Münchener Kommentar
zum Bürgerlichen Gesetzbuch

Herausgegeben von

Dr. Dr. Dr. h. c. Franz Jürgen Säcker
Professor an der Freien Universität Berlin

Dr. Roland Rixecker
Präsident des Saarländischen Oberlandesgerichts
Honorarprofessor an der Universität des Saarlandes

Band 7/1. Halbband

§§ 1297–1588
Gewaltschutzgesetz

Die einzelnen Bände
des Münchener Kommentars zum BGB

Band 1, 1. Halbband: Einleitung und Allgemeiner Teil
§§ 1–240 · ProstG
Band 1, 2. Halbband: Allgemeines Gleichbehandlungsgesetz – AGG
Redakteur: Prof. Dr. Dr. Dr. h.c. Franz Jürgen Säcker

Band 2: Schuldrecht · Allgemeiner Teil
§§ 241–432
Redakteur: Vors. Richter am BGH Prof. Dr. Wolfgang Krüger

Band 3: Schuldrecht · Besonderer Teil I
§§ 433–610 · Finanzierungsleasing
HeizkostenV · BetriebskostenV · CISG
Redakteure: Prof. Dr. Wolfgang Krüger/Prof. Dr. Dr. h.c Harm Peter Westermann

Band 4: Schuldrecht · Besonderer Teil II
§§ 611–704 · EFZG · TzBfG · KSchG
Redakteur: Prof. Dr. Martin Henssler

Band 5: Schuldrecht · Besonderer Teil III
§§ 705–853 · PartGG · ProdHaftG
Redakteur: Prof. Dr. Mathias Habersack

Band 6: Sachenrecht
§§ 854–1296 · WEG · ErbbauRG
Redakteur: Richter des BVerfG Dr. Reinhard Gaier

Band 7, 1. Halbband: Familienrecht I
§§ 1297–1588 · GewSchG
Redakteurin: Richterin am BGH Beatrix Weber-Monecke

Versorgungsausgleich aF
§§ 1587–1587 p · VAHRG · VAÜG
Redakteurin: Richterin am BGH Beatrix Weber-Monecke

Band 7, 2. Halbband: Familienrecht I
§ 1587 · VersAusglG
Redakteurin: Prof. Dr. Elisabeth Koch

Band 8: Familienrecht II
§§ 1589–1921 · SGB VIII
Redakteur: Prof. Dr. Dr. h.c. Dieter Schwab

Band 9: Erbrecht
§§ 1922–2385 · §§ 27–35 BeurkG
Redakteur: Richter am BGH Dr. Gerhard Schlichting

Band 10: Rom I-VO · Rom II-VO · Art. 1–24 EGBGB · Internationales Privatrecht
Redakteur: Prof. Dr. Dres. h.c. Hans Jürgen Sonnenberger

Band 11: Art. 25–245 EGBGB · Internationales Wirtschaftsrecht
Redakteur: Prof. Dr. Dres. h.c. Hans Jürgen Sonnenberger

Münchener Kommentar zum Bürgerlichen Gesetzbuch

Band 7/1. Halbband
Familienrecht I

§§ 1297–1588
Gewaltschutzgesetz

Redakteurin:
Beatrix Weber-Monecke
Richterin am Bundesgerichtshof, Karlsruhe

5. Auflage

Verlag C. H. Beck München 2010

Zitiervorschlag:
MünchKommBGB/*Maurer* § 1570 RdNr. 3

Verlag C. H. Beck im Internet:
beck.de

ISBN 978 3 406 54847 5

Wilhelmstraße 9, 80801 München
Druck: Druckerei C. H. Beck Nördlingen
(Adresse wie Verlag)

Gedruckt auf säurefreiem, alterungsbeständigem Papier
(hergestellt aus chlorfrei gebleichtem Zellstoff)

Die Bearbeiter des Bandes 7/1. Halbband

Claus Dörr
Richter am Bundesgerichtshof, Karlsruhe

Gabriele Ey
Vorsitzende Richterin am Oberlandesgericht, Köln

Rainer Glockner
Rentenberater, Karlsruhe

Dr. Rainer Kanzleiter
Notar in Neu-Ulm
Honorarprofessor an der Universität Augsburg

Dr. Elisabeth Koch
Professorin an der Universität Jena

Dr. Antje Krüger
Richterin am Oberlandesgericht, Karlsruhe

Dr. Hans-Ulrich Maurer
Vorsitzender Richter am Oberlandesgericht, Stuttgart

Dr. Dierk Müller-Gindullis
Vorsitzender Richter am Hamburgischen OVG a. D., Hamburg

Dr. Andreas Roth
Professor an der Universität Mainz

Dr. Karl August Prinz von Sachsen Gessaphe
Professor an der Fernuniversität Hagen

Beatrix Weber-Monecke
Richterin am Bundesgerichtshof, Karlsruhe

Dr. Marina Wellenhofer
Professorin an der Universität Frankfurt am Main

Im Einzelnen haben bearbeitet:

Einleitung	Dr. Elisabeth Koch
§§ 1297–1302	Dr. Andreas Roth
§ 1302 Anh.	Dr. Marina Wellenhofer
§§ 1303–1320	Dr. Dierk Müller-Gindullis
§ 1353	Dr. Andreas Roth
§ 1355	Dr. Karl August Prinz von Sachsen Gessaphe
§§ 1356–1359	Dr. Andreas Roth
§§ 1360–1362	Beatrix Weber-Monecke
§§ 1363–1390	Dr. Elisabeth Koch
§§ 1408–1563	Dr. Rainer Kanzleiter
§§ 1564–1568	Gabriele Ey
§§ 1568 a, 1568 b	Dr. Marina Wellenhofer
§§ 1569–1586 b Anh.	Dr. Hans-Ulrich Maurer
§ 1587	Claus Dörr/Rainer Glockner
§ 1588	Beatrix Weber-Monecke
Gewaltschutzgesetz	Dr. Antje Krüger
Rechtstatsachen zum Familienrecht	Dr. Elisabeth Koch

Vorwort

Das Familienrecht war auch nach dem Erscheinen der Vorauflage von ganz erheblichen Änderungen geprägt. Im Rahmen der 5. Auflage war deshalb nicht nur die Fortentwicklung durch höchst- und instanzgerichtliche Rechtsprechung sowie das Schrifttum zu bewältigen, sondern auch den verschiedenen Reformgesetzen Rechnung zu tragen. Allein in der 16. Wahlperiode gab es vier große Baustellen: das Unterhaltsrecht, die Strukturreform des Versorgungsausgleichs, das Familienverfahrensrecht und das eheliche Güterrecht. Deshalb sind wir den Autorinnen und Autoren dankbar, dass es gelungen ist, die Kommentierung des Bandes 7/1. Halbband auf dem aktuellsten Stand vorlegen zu können. Die Rechtsprechung ist durchweg berücksichtigt worden, soweit die Entscheidungen bis April 2009 veröffentlicht worden sind, zum Teil auch über diesen Zeitpunkt hinaus.

Die Aufteilung des Bandes 7 in zwei Teile erfolgt im Hinblick auf das **Gesetz zur Strukturreform des Versorgungsausgleichs** (VAStrRefG) vom 3. 4. 2009 (BGBl. I S. 700), das der Bundestag am 12. 2. 2009 verabschiedet und dem der Bundesrat am 6. 3. 2009 zugestimmt hat. Die deshalb notwendige Neukommentierung des Versorgungsausgleichs, die nicht kurzfristig zu bewältigen ist, wird in Band 7/2. Halbband erfolgen, der auch die Kommentierung des Lebenspartnerschaftsgesetzes enthalten wird.

Die Einleitung stammt, wie in der Vorauflage, von Frau Prof. Dr. Koch. Das Verlöbnisrecht (§§ 1297 bis 1302 BGB) ist nunmehr von Herrn Prof. Dr. A. Roth erläutert worden, da Herr Prof. Dr. Wacke auf eigenen Wunsch weitgehend als Mitautor ausgeschieden ist. Er wirkt in der 5. Auflage nur noch im Rahmen der Kommentierung des Lebenspartnerschaftsgesetzes mit. Den Anhang zu § 1302 BGB, in dem die zunehmend bedeutsamen zivilrechtlichen Fragen der nichtehelichen Lebensgemeinschaft dargestellt werden, hat Frau Prof. Dr. Wellenhofer verfasst.

Die Kommentierung des Rechts der Eingehung und Aufhebung der Ehe sowie der Wiederheirat nach Todeserklärung (§§ 1303 bis 1320 BGB) hat auch in der 5. Auflage Herr Vorsitzender Richter am Oberverwaltungsgericht a. D. Dr. Müller-Gindullis übernommen. Hierbei war zum einen das **Gesetz zur Reform des Personenstandsrechts** vom 19. 2. 2007 (BGBl. I S. 122) und zum anderen das **Gesetz zur Reform des Verfahrens in Familiensachen und in Angelegenheiten der freiwilligen Gerichtsbarkeit** – FGG-ReformG – vom 17. 12. 2008 (BGBl. I S. 2586), die zum 1. 1. bzw 1. 9. 2009 in Kraft getreten sind, einzuarbeiten.

Die Erläuterung des Rechts der Ehewirkungen (§§ 1353 bis 1362 BGB) teilen sich Herr Prof. Dr. Roth (§§ 1353, 1356 bis 1359 BGB), Herr Prof. Dr. Prinz von Sachsen Gessaphe (§ 1355 BGB) und die Bandredakteurin (§§ 1360 bis 1362 BGB). Zu berücksichtigen war insoweit die Neuregelung des § 1355 BGB durch das **Gesetz zur Änderung des Ehe- und Lebenspartnerschaftsnamens** vom 6. 2. 2005 (BGBl. I S. 203), im Rahmen der Kommentierung der §§ 1360, 1360 a, 1361 BGB das **Gesetz zur Änderung des Unterhaltsrechts** vom 21. 12. 2007 (BGBl. I S. 3189) sowie bei § 1361 b die Neufassung der Bestimmung durch das **Gesetz zur Verbesserung des zivilrechtlichen Schutzes bei Gewalttaten und Nachstellungen sowie zur Erleichterung der Überlassung der Ehewohnung bei Trennung** vom 11. 12. 2001 – Gewaltschutzgesetz – GewSchG – (BGBl. I S. 3513).

Das eheliche Güterrecht wurde wiederum von Frau Prof. Dr. Koch (§§ 1363 bis 1390 BGB) und Herrn Prof. Dr. Kanzleiter (§§ 1408 bis 1563 BGB) kommentiert. Das gesetzliche Güterrecht ist durch das **Gesetz zur Änderung des Zugewinnausgleichs- und Vormundschaftsrechts** vom 6. 7. 2009 (BGBl. I S. 1696) teilweise neu gestaltet worden. Vorgesehen ist nunmehr in § 1374 Abs. 3 BGB die Berücksichtigung eines negativen Anfangsvermögens, so dass die Tilgung von Schulden während der Ehe güterrechtliche

Bedeutung erlangen kann. Ferner sind die Auskunftsrechte unter anderem durch den Anspruch auf Vorlage von Belegen (§ 1379 Abs. 1 S. 2 BGB) gestärkt worden. Darüber hinaus ist der Berechnungszeitpunkt für die Höhe der Ausgleichsforderung vorverlegt worden (§ 1384 BGB). Dies soll dem Schutz gegen unredliche Vermögensverschiebungen des ausgleichpflichtigen Ehegatten zulasten des begünstigten Ehegatten dienen. Zu diesem Zweck ist schließlich auch der vorläufige Rechtsschutz verbessert worden. Obwohl der Gesetzentwurf der Bundesregierung auf der Grundlage der Beschlussempfehlung und des Berichts des Rechtsausschusses vom 13. 5. 2009 (BT-Drucks. 16/13 027) quasi noch in letzter Minute einige Änderungen erfahren hat, ist es gelungen, bereits eine Kommentierung der neuen Bestimmungen zu präsentieren. Für die damit verbundenen großen Anstrengungen gilt Frau Prof. Dr. Koch besonderer Dank. Im Rahmen der Kommentierung des § 1408 BGB war insbesondere auf die umfangreiche Rechtsprechung zur Inhalts- und Ausübungskontrolle von Vereinbarungen unter Ehegatten einzugehen.

Die Kommentierung der Vorschriften über die Ehescheidung (§§ 1564 bis 1568 BGB) hat in der 5. Auflage Frau Vorsitzende Richterin am Oberlandesgericht Ey übernommen, nachdem Herr Ministerialdirigent a. D. Dr. Wolf auf eigenen Wunsch ausgeschieden ist. Einzuarbeiten waren unter anderem die verfahrensrechtlichen Änderungen, die sich durch das FGG-Reformgesetz ergeben.

Die Hausratsverordnung ist mit Wirkung zum 1. 9. 2009 außer Kraft getreten. Die durch das Gesetz zur Änderung des Zugewinnausgleichs- und Vormundschaftsrechts in das BGB eingefügten Bestimmungen über die Behandlung der Ehewohnung und der Haushaltsgegenstände anlässlich der Scheidung (§§ 1568 a, 1568 b BGB), die an die Stelle der Hausratsverordnung getreten sind, hat ebenfalls Frau Prof. Dr. Wellenhofer kommentiert. Auch ihr sind wir besonders dankbar, dass sie diese Aufgabe in der kurzen Zeit seit der Verabschiedung des Gesetzes bewältigt hat.

Das Recht des nachehelichen Unterhalts (§§ 1569 bis 1586 b BGB) ist – wie schon in der Vorauflage – von Herrn Vorsitzenden Richter am Oberlandesgericht Dr. Maurer erläutert worden. Stoff für die Neukommentierung brachte insbesondere das Unterhaltsänderungsgesetz 2007 sowie die umfangreiche Rechtsprechung. Vieles ist insofern im Fluss; diese Entwicklungen waren aufzuzeigen und hierzu Stellung zu nehmen.

Aufgrund des Gesetzes zur Strukturreform des Versorgungsausgleichs besteht der Untertitel 3 des Titels 7 nur noch aus der Bestimmung des § 1587 BGB, die allgemein darauf verweist, dass der Versorgungsausgleich zwischen den geschiedenen Ehegatten nach Maßgabe des Versorgungsausgleichsgesetzes stattfindet. Die Kommentierung der Vorschrift, die Herr Richter am Bundesgerichtshof Dörr und Herr Rentenberater Glockner übernommen haben, gibt einen Überblick über die neuen materiell-rechtlichen und verfahrensrechtlichen Bestimmungen. Beiden gebührt unser besonderer Dank für die zügige Erledigung dieser Aufgabe.

Das Gewaltschutzgesetz ist von Frau Richterin am Oberlandesgericht Dr. Krüger erläutert worden. Auch in diesem Zusammenhang hat das Verfahrensrecht für die Zeit ab 1. 9. 2009 wesentliche Änderungen erfahren.

Dem Münchener Kommentar ist es nach dem Urteil der Fachwelt bisher gelungen, die Bedürfnisse von Wissenschaft und Praxis in hervorragender Weise zu erfüllen. Das ist das Verdienst aller am Kommentar Beteiligten, in erster Linie der Autorinnen und Autoren. Deshalb sei den ausgeschiedenen Autoren auch an dieser Stelle nochmals ausdrücklich für die in den Vorauflagen geleistete Arbeit gedankt. Mit den hinzu gekommenen Autorinnen und Autoren konnten Verlag und Herausgeber wissenschaftlich ausgewiesene und in der Praxis erfahrene Zivilrechtler gewinnen. Wir hoffen, dass auch der vorliegende Band den an den Kommentar gestellten hohen Erwartungen gerecht wird und sprechen allen Autorinnen und Autoren Dank und Anerkennung für die von ihnen geleistete erhebliche Arbeit aus.

München im September 2009 — Herausgeber, Bandredakteurin und Verlag

Aus dem Vorwort zur 1. Auflage

Das bürgerliche Recht ist wegen zahlreicher Reformgesetze und Reformvorhaben in wesentlichen Bereichen im Umbruch. Der neue Münchener Großkommentar bringt in dieser Zeit des Umbruchs eine den aktuellen Bedürfnissen von Praxis und Wissenschaft angepaßte Neukommentierung des Bürgerlichen Gesetzbuchs und der wichtigsten ergänzenden Vorschriften.

Der Münchener Kommentar versteht sich nicht nur als ein Erläuterungswerk im herkömmlichen Sinne. Er will vielmehr über die Darstellung der rechtlichen Tragweite der einzelnen Normen und ihrer inneren Zusammenhänge hinausgehend auch die Veränderungen in der zivilrechtlichen Interessenlage aufzeigen, die durch neue, dem Gesetzgeber des BGB noch unbekannte Entwicklungen im sozialen, technischen, ökonomischen und kulturellen Bereich bestimmt sind. Dabei steht das Bestreben im Vordergrund, dem Benutzer des Kommentars realitätsnahe Lösungsvorschläge anzubieten.

Von dieser Zielsetzung ausgehend bemüht sich der Kommentar um eine moderne rechtssystematische Aufbereitung des bürgerlichen Rechts, die auch rechtspolitische Gesichtspunkte und Erkenntnisse der Tatsachenwissenschaften einbezieht. Damit will der Kommentar der Praxis und der Wissenschaft im umfassenden Sinne Entscheidungshilfen geben, auch in den Bereichen, in denen gerichtliche Entscheidungen oder Stellungnahmen der Literatur bislang noch fehlen. Dies gilt vor allem für die durch neuere Reformgesetze geprägten Regelungsmaterien des BGB. Hier will der Kommentar die Anwendung des neuen Rechts wegweisend beeinflussen.

Der Münchener Kommentar bringt im Rahmen seiner Erläuterungen eine präzise Zusammenfassung der neueren Rechtsprechung und eine exakte Information über die wesentliche Literatur. Altes Fallmaterial wurde ausgesondert. Theoretische Streitfragen, die ausgetragen oder nicht von praktischer Bedeutung sind, werden grundsätzlich nicht behandelt. Die aktuellen Rechtsprobleme sind dagegen möglichst vollständig erfaßt und bearbeitet. Die Kommentierung erschöpft sich nicht in der bloßen Erörterung von Problemen. Vielmehr werden stets klare Entscheidungen angeboten.

Der Aufbau der Kommentierung erfolgt grundsätzlich nach einem einheitlichen Standard, um die Benutzung des Kommentars zu erleichtern. Die Erläuterung beginnt regelmäßig mit der Darlegung des Normzwecks oder des Grundgedankens der Vorschrift. Auf die Entstehungsgeschichte einer Norm wird nur dort eingegangen, wo sie – wie insbesondere bei den Reformmaterien – für die Auslegung von Bedeutung ist. Auf Rechtstatsachen wird hingewiesen, wenn mit ihrer Hilfe die praktische Bedeutung der Vorschrift aufgezeigt werden kann. Die Einzelerläuterung erfolgt vom Wortlaut ausgehend zur Rechtsfolge. Die einschlägigen Verfahrensvorschriften sind weitgehend in die Darstellung des materiellen Rechts einbezogen. Auf Parallelvorschriften anderer Rechtsgebiete, z. B. des öffentlichen Rechts, und auf Reformvorhaben wird besonders hingewiesen.

Der Münchener Kommentar versteht sich vor allem als Kommentar für die juristische Praxis. Herausgeber und Verlag haben deshalb neben anerkannten Hochschullehrern auch erfahrene Praktiker – Richter, Ministerialbeamte, Rechtsanwälte und Notare – als Autoren verpflichtet.

Herausgeber und Verlag wissen, daß das Erscheinen eines neuen Großkommentars zum BGB in dieser Zeit ein Wagnis ist. Sie hoffen zuversichtlich, daß die Qualität des Münchener Kommentars dieses Wagnis rechtfertigt.

München, im September 1977 — Herausgeber und Verlag

Inhaltsverzeichnis

Verzeichnis der Abkürzungen und der abgekürzt zitierten Literatur

Zeitschriften werden, soweit nicht anders angegeben, nach Jahrgang und Seite zitiert.

aA	anderer Ansicht
aaO	am angegebenen Ort
AAÜG	Gesetz zur Überführung der Ansprüche und Anwartschaften aus Zusatz- und Sonderversorgungssystemen des Beitrittsgebiets (Anspruchs- und Anwartschaftsüberführungsgesetz – AAÜG), Art. 3 des RÜG v. 25. 7. 1991 (BGBl. I S. 1606, 1677)
Abg.	Abgeordneter
ABGB	Allgemeines Bürgerliches Gesetzbuch v. 1. 6. 1811 (Österreich)
AbgG	Gesetz über die Rechtsverhältnisse der Mitglieder des Deutschen Bundestags (Abgeordnetengesetz) idF der Bek. v. 21. 2. 1996 (BGBl. I S. 326)
Abh.	Abhandlung(en)
Abk.	Abkommen
ABl.	Amtsblatt
abl.	ablehnend
ABl. EG	Amtsblatt der Europäischen Gemeinschaften
Abs.	Absatz
Abschn.	Abschnitt
Abt.	Abteilung
abw.	abweichend
AcP	Archiv für die civilistische Praxis (Zeitschrift; zitiert nach Bd. und Seite; in Klammer Erscheinungsjahr des jeweiligen Bandes)
AdoptG	Adoptionsgesetz v. 2. 7. 1976 (BGBl. I S. 1749)
AdoptRÄndG	Gesetz zur Änderung von Vorschriften des Adoptionsrechts v. 14. 8. 1973 (BGBl. I S. 1013)
AdVermiG	Gesetz über die Vermittlung der Annahme als Kind idF v. 27. 11. 1989 (BGBl. I S. 2016)
aE	am Ende
AFG	Arbeitsförderungsgesetz v. 25. 6. 1969 (BGBl. I S. 582) (jetzt SGB III)
Ärztl. Lab.	Das Ärztliche Laboratorium (Zeitschrift)
aF	alte(r) Fassung
AfP	Archiv für Presserecht (Zeitschrift)
AG	Aktiengesellschaft; Die Aktiengesellschaft (Zeitschrift); Amtsgericht (mit Ortsnamen)
AGB	Allgemeine Geschäftsbedingungen
AGBG	Gesetz zur Regelung des Rechts der Allgemeinen Geschäftsbedingungen idF der Bek. v. 29. 6. 2000 (BGBl. I S. 946), aufgehoben
AGBGB	Ausführungsgesetz zum BGB (Landesrecht)
AGG	Allgemeines Gleichbehandlungsgesetz v. 14. 8. 2006 (BGBl. I S. 1897)
AGJ	Arbeitsgemeinschaft für Jugendhilfe
AGJJ	Arbeitsgemeinschaft für Jugendpflege und Jugendfürsorge
AgrarR	Agrarrecht, Zeitschrift für das gesamte Recht der Landwirtschaft, der Agrarmärkte und des ländlichen Raumes
AgV	Arbeitsgemeinschaft für Verbraucher
AHB	Allgemeine Versicherungsbedingungen für die Haftpflichtversicherung
AHG	Gesetz über Altschuldenhilfen für kommunale Wohnungsunternehmen, Wohnungsgenossenschaften und private Vermieter in dem in Artikel 3 des Einigungsvertrages genannten Gebiet (Altschuldenhilfe-Gesetz) v. 23. 6. 1993 (BGBl. I S. 986)
AHGB	Allgemeines Handelsgesetzbuch
AHK	Alliierte Hohe Kommission

Abkürzungen

AHKBl.	Amtsblatt der Alliierten Hohen Kommission in Deutschland
AHKGes.	Gesetz der Alliierten Hohen Kommission
AiB	Arbeitsrecht im Betrieb (Zeitschrift)
AJP	Aktuelle Juristische Praxis (Zeitschrift)
AK	Alliierte Kommandantur
AK-BGB/Bearbeiter	Alternativkommentar zum Bürgerlichen Gesetzbuch, hrsg. v. Wassermann, 1979 ff.
AkDR	Akademie für Deutsches Recht
AktG	Aktiengesetz v. 6. 9. 1965 (BGBl. I S. 1089)
allgM	allgemeine Meinung
ALR	Allgemeines Landrecht für die Preußischen Staaten von 1794 (zitiert nach §, Teil und Titel)
allg.	allgemein
Alt.	Alternative
aM	anderer Meinung
AMG	Arzneimittelgesetz idF der Bek. v. 12. 12. 2005 (BGBl. I S. 3394)
Amtl. Begr.	Amtliche Begründung
ANBA	Amtliche Nachrichten der Bundesanstalt für Arbeit
ÄndG	Gesetz zur Änderung
Anh.	Anhang
Anm.	Anmerkung
AnwBl.	Anwaltsblatt (Zeitschrift)
AnwK-BGB/Bearbeiter	Anwaltkommentar BGB, Bd. 2 Schuldrecht, hrsg. v. Dauner-Lieb/Heidel/Ring, 2005
AO	Abgabenordnung idF der Bek. v. 1. 10. 2002 (BGBl. I S. 3866)
AöR	Archiv des öffentlichen Rechts (Zeitschrift)
AP	Arbeitsrechtliche Praxis, Nachschlagewerk des Bundesarbeitsgerichts (Nr. ohne Gesetzesstelle bezieht sich auf den gerade kommentierten Paragraphen)
AppG	Appellationsgericht
ArbG	Arbeitsgericht (mit Ortsnamen)
ArbGeb.	Der Arbeitgeber (Zeitschrift)
ArbGG	Arbeitsgerichtsgesetz idF der Bek. v. 2. 7. 1979 (BGBl. I S. 853, ber. S. 1036)
ArbnErfG	Gesetz über Arbeitnehmererfindungen v. 25. 7. 1957 (BGBl. I S. 756)
ArbPlSchG	Gesetz über den Schutz des Arbeitsplatzes bei Einberufung zum Wehrdienst (Arbeitsplatzschutzgesetz) idF der Bek. v. 14. 2. 2001 (BGBl. I S. 253)
ArbRGeg.	Das Arbeitsrecht der Gegenwart (Jahrbuch)
ArbRspr.	Die Rechtsprechung in Arbeitssachen (Entscheidungssammlung)
ArbSG	Arbeitssicherstellungsgesetz v. 9. 7. 1968 (BGBl. I S. 787)
ArbuR	Arbeit und Recht (Zeitschrift)
ArbZG	Arbeitszeitgesetz v. 6. 6. 1994 (BGBl. I S. 1170)
Arch.	Archiv
ArchBürgR	Archiv für Bürgerliches Recht (Zeitschrift)
ArchRWPhil.	Archiv für Rechts- und Wirtschaftsphilosophie (Zeitschrift)
ArchSozG	Archiv für soziale Gesetzgebung und Statistik (Zeitschrift)
ArchSozWiss.	Archiv für Sozialwissenschaft und Sozialpolitik (Zeitschrift)
ArchVR	Archiv für Völkerrecht (Zeitschrift)
arg.	argumentum
ARS	Arbeitsrechts-Sammlung, Entscheidungen des Reichsarbeitsgerichts und der Landesarbeitsgerichte (1928–1944)
ARSP	Archiv für Rechts- und Sozialphilosophie (Zeitschrift; zitiert nach Bd. und Seite)
ARSt.	Arbeitsrecht in Stichworten (Entscheidungssammlung)
Art.	Artikel
AS	Sammlung der eidgenössischen Gesetze
ASp.	Arbeit und Sozialpolitik (Zeitschrift)

AsylVfG	Asylverfahrensgesetz idF der Bek. v. 27. 7. 1993 (BGBl. I S. 1361)
AT	Allgemeiner Teil
AuA	Arbeit und Arbeitsrecht (Zeitschrift)
AUB	Allgemeine Unfallversicherungs-Bedingungen
Aufl.	Auflage
AÜG	Arbeitnehmerüberlassungsgesetz idF der Bek. v. 3. 2. 1995 (BGBl. I S. 159)
AUG	Gesetz zur Geltendmachung von Unterhaltsansprüchen im Verkehr mit ausländischen Staaten (Auslandsunterhaltsgesetz) v. 19. 2. 1986 (BGBl. I S. 2563)
AuR	Arbeit und Recht, Zeitschrift für die Arbeitsrechtspraxis
ausf.	ausführlich
AusfG	Ausführungsgesetz
AusfVO	Ausführungsverordnung
AuslG	Ausländergesetz v. 9. 7. 1990 (BGBl. I S. 1354)
AVB	Allgemeine Versicherungsbedingungen; Allgemeine Vertragsbestimmungen
AVO	Ausführungsverordnung
AVG	Angestelltenversicherungsgesetz idF v. 28. 5. 1924 (RGBl. S. 563)
AVV	Allgemeine Verwaltungsvorschrift
AWD	Außenwirtschaftsdienst des Betriebsberaters (Zeitschrift, 4. 1958–20. 1974; vorher und anschließend RIW)
AWG	Außenwirtschaftsgesetz idF v. 22. 11. 1993 (BGBl. I S. 1934)
AWV	Außenwirtschaftsverordnung idF der Bek. v. 22. 11. 1993 (BGBl. I S. 1934)
Az.	Aktenzeichen
B	Bundes-
BABl.	Bundesarbeitsblatt (Zeitschrift)
BadNotZ	Badische Notar-Zeitschrift
BadRpr.	Badische Rechtspraxis
Bad.-Württ.; bad.-württ.	Baden-Württemberg; baden-württembergisch
BÄO	Bundesärzteordnung idF der Bek. v. 16. 4. 1987 (BGBl. I S. 1218)
BAFin	Bundesanstalt für Finanzdienstleistungsaufsicht
BAföG	Bundesgesetz über individuelle Förderung der Ausbildung (Bundesausbildungsförderungsgesetz) idF der Bek. v. 6. 6. 1983 (BGBl. I S. 645)
BAG	Bundesarbeitsgericht
BAGE	Entscheidungen des Bundesarbeitsgerichts
Bamberger/Roth/Bearbeiter	Bamberger/Roth, Bürgerliches Gesetzbuch, Kommentar, Bd. 1 (§§ 1–610) 2. Aufl. 2007; Bd. 2 (§§ 611–1296) 2. Aufl. 2008; Bd. 3 (§§ 1297–2385, EGBGB) 2. Aufl. 2008
BankA	Bank-Archiv (Zeitschrift, 1. 1901–43. 1943; aufgegangen in Bankwirtschaft [1943–1945])
BankR-HdB/Bearbeiter	Schimanski/Bunte/Lwowski (Hrsg.), Bankrechts-Handbuch, 3. Aufl. 2007
bank und markt	bank und markt (Zeitschrift)
BAnz.	Bundesanzeiger
BarwÄndV	Verordnung zur Änderung der BarwertV v. 22. 5. 1984 (BGBl. I S. 692)
BarwertV	Verordnung zur Ermittlung des Barwerts einer auszugleichenden Versorgung nach § 1587 a Abs. 3 Nr. 2, Abs. 4 des Bürgerlichen Gesetzbuchs (Barwert-Verordnung) v. 24. 6. 1977 (BGBl. I S. 1014)
Bassenge/Roth	Bassenge/Roth, FGG/RPflG, Kommentar, 11. Aufl. 2007
Bauer/v. Oefele/Bearbeiter	Bauer/v. Oefele, GBO, Kommentar, 2. Aufl. 2006
BauGB	Baugesetzbuch idF der Bek. v. 23. 9. 2004 (BGBl. I S. 2414)
Baumbach/Bearbeiter	Baumbach/Lauterbach/Albers/Hartmann, Zivilprozessordnung, Kommentar, 67. Aufl. 2009

Baumbach/Hefermehl/ Casper	Baumbach/Hefermehl/Casper, Wechselgesetz und Scheckgesetz, Recht der kartengestützten Zahlungen, Kommentar, 23. Aufl. 2008
Baumbach/Hopt	Baumbach/Hopt, Handelsgesetzbuch, Kommentar, 33. Aufl. 2008
Baumbach/Hueck/ Bearbeiter	Baumbach/Hueck, GmbHG, Kommentar, 18. Aufl. 2006
Baumgärtel/Laumen	Handbuch der Beweislast im Privatrecht, begründet von Baumgärtel, fortgeführt von Laumen, Bd. 1: Allgemeiner Teil, Schuldrecht BGB, 2. Aufl. 1991, Bd. 2: Sachenrecht, Familienrecht, Erbrecht, Recht der EG, UN-Kaufrecht, 2. Aufl. 1999
BauSpkG	Gesetz über Bausparkassen idF v. 15. 2. 1991 (BGBl. I S. 454)
Baur/Stürner	Baur/Stürner, Lehrbuch des Sachenrechts, 18. Aufl. 2009
BauR	Baurecht (Zeitschrift 1. 1970 ff.)
BaWüGVBl.	Gesetz- und Verordnungsblatt für Baden-Württemberg
Bay.; bay.	Bayern; bayerisch
BayAGBGB	Bayerisches Ausführungsgesetz zum BGB
BayBS	Bereinigte Sammlung des bayerischen Landesrechts
BayJMBl.	Bayerisches Justizministerialblatt
BayNotZ	Bayerische Notariats-Zeitung und Zeitschrift für die freiwillige Rechtspflege der Gerichte in Bayern
BayObLG	Bayerisches Oberstes Landesgericht
BayObLGZ	Amtliche Sammlung von Entscheidungen des Bayerischen Obersten Landesgerichts in Zivilsachen
BayObLGSt	Amtliche Sammlung von Entscheidungen des Bayerischen Obersten Landesgerichts in Strafsachen
BayStAZ	Bayerisches Standesamt (Zeitschrift; jetzt verbunden mit StAZ)
BayVBl.	Bayerische Verwaltungsblätter (Zeitschrift)
BayVerfG	Bayerischer Verfassungsgerichtshof
BayVerfGE	Sammlung von Entscheidungen des Bayerischen Verfassungsgerichtshofes
BayZ	Zeitschrift für Rechtspflege in Bayern
BB	Betriebs-Berater (Zeitschrift)
BBankG	Gesetz über die Deutsche Bundesbank idF der Bek. v. 22. 10. 1992 (BGBl. I S. 1782)
BBauBl.	Bundesbaublatt (Zeitschrift)
BBesG	Bundesbesoldungsgesetz idF der Bek. v. 6. 8. 2002 (BGBl. I S. 3020)
BBG	Bundesbeamtengesetz idF der Bek. v. 31. 3. 1999 (BGBl. I S. 675)
BBiG	Berufsbildungsgesetz v. 14. 8. 1969 (BGBl. I S. 1112)
Bd. (Bde.)	Band (Bände)
BDA	Bundesvereinigung der Deutschen Arbeitgeberverbände
BDSG	Bundesdatenschutzgesetz idF der Bek. v. 14. 1. 2003 (BGBl. I S. 66)
BeamtVG	Gesetz über die Versorgung der Beamten und Richter in Bund und Ländern (Beamtenversorgungsgesetz) idF der Bek. v. 16. 3. 1999 (BGBl. I S. 322)
Bearb., bearb.	Bearbeitung/Bearbeiter; bearbeitet
Beck-FormB/Bearbeiter	Beck'sches Formularbuch zum Bürgerlichen, Handels- und Wirtschaftsrecht, hrsg. v. Hoffmann-Becking/Rawert, 9. Aufl. 2006
Beck-FormB FamR/ Bearbeiter	Becksches Formularbuch Familienrecht, 2004
BeckRS	Rechtsprechungssammlung in Beck-Online (Jahr, Entscheidungsnummer)
BEG	Bundesgesetz zur Entschädigung für Opfer der nationalsozialistischen Verfolgung (Bundesentschädigungsgesetz) idF der Bek. v. 29. 6. 1956 (BGBl. I S. 559, 562)
Begr.	Begründung
Beih.	Beiheft
Beil.	Beilage
Bek.	Bekanntmachung
Belchaus	Belchaus, Elterliches Sorgerecht, Kommentar zum Gesetz zur Neuregelung der elterlichen Sorge, 1980

Bem.	Bemerkung
ber.	berichtigt
BerGesVR	Berichte der Deutschen Gesellschaft für Völkerrecht
Bergmann/Ferid	Bergmann/Ferid, Internationales Ehe- und Kindschaftsrecht (Loseblattausgabe), 7 Bde.
BErzGG	Gesetz zum Erziehungsgeld und zur Elternzeit (Bundeserziehungsgeldgesetz) idF der Bek. v. 9. 2. 2004 (BGBl. I S. 206)
bes.	besonders
bespr.	besprochen
bestr.	bestritten
1./2. BesVNG	Erstes/Zweites Gesetz zur Vereinheitlichung und Neuregelung des Besoldungsrechts in Bund und Ländern v. 18. 3. 1971 (BGBl. I S. 208)/v. 23. 5. 1975 (BGBl. I S. 1173)
betr.	betreffend; betreffs
BetrAV	Mitteilungsblatt der Arbeitsgemeinschaft für betriebliche Altersversorgung
BetrAVG	Gesetz zur Verbesserung der betrieblichen Altersversorgung v. 19. 12. 1974 (BGBl. I S. 3610)
BetrVG	Betriebsverfassungsgesetz idF der Bek. v. 25. 9. 2001 (BGBl. I S. 2518)
BeurkG	Beurkundungsgesetz v. 28. 8. 1969 (BGBl. I S. 1513)
BewG	Bewertungsgesetz idF der Bek. v. 1. 2. 1991 (BGBl. I S. 230)
bez.	bezüglich
BezG	Bezirksgericht
BFH	Bundesfinanzhof
BFHE	Sammlung der Entscheidungen und Gutachten des Bundesfinanzhofs
BG	Bundesgericht (Schweiz)
BGB	Bürgerliches Gesetzbuch v. 18. 8. 1896 (RGBl. S. 195), idF der Bek. v. 2. 1. 2002 (BGBl. I S. 42, berichtigt S. 2909 und BGBl. 2003 I S. 738)
BGB-InfoV	Verordnung über Informations- und Nachweispflichten nach bürgerlichem Recht (BGB-Informationspflichtenverordnung) idF der Bek. v. 5. 8. 2002 (BGBl. I S. 3002)
BGBl. I, II, III	Bundesgesetzblatt Teil I, Teil II, Teil III
BGE	Entscheidungen des Schweizerischen Bundesgerichts
BGH	Bundesgerichtshof
BGHR	Rechtsprechung des Bundesgerichtshofs (Bd. und Seite)
BGHSt.	Entscheidungen des Bundesgerichtshofs in Strafsachen
BGHWarn.	Rechtsprechung des Bundesgerichtshofs in Zivilsachen – in der Amtlichen Sammlung nicht enthaltene Entscheidungen (als Fortsetzung von WarnR)
BGHZ.	Entscheidungen des Bundesgerichtshofs in Zivilsachen
Bienwald/Bearbeiter	Bienwald/Sonnefeld/Hoffmann, Betreuungsrecht, 4. Aufl. 2005
BKGG.	Bundeskindergeldgesetz idF der Bek. v. 2. 1. 2002 (BGBl. I S. 6)
BKR	Zeitschrift für Bank- und Kapitalmarktrecht
Bl.	Blatt
BLG	Bundesleistungsgesetz idF der Bek. v. 27. 9. 1961 (BGBl. I S. 1769)
BlGBW	Blätter für Grundstücks-, Bau- und Wohnungsrecht
BlGenW	Blätter für Genossenschaftswesen
BlStSozArbR	Blätter für Steuerrecht, Sozialversicherung und Arbeitsrecht
BMA	Bundesminister(ium) für Arbeit und Sozialordnung
BMBau	Bundesminister(ium) für Raumordnung, Bauwesen und Städtebau
BMFJG	Bundesministerium für Jugend, Familie und Gesundheit (1973–1986)
BMFSFJ	Bundesministerium für Familie, Senioren, Frauen und Jugend (ab 1994)
BMI	Bundesminister(ium) des Innern
BMJ	Bundesminister(ium) der Justiz
BMJErl.	Das erste Gesetz zur Reform des Ehe- und Familienrechts vom 14. Juni 1976, Gesetzestext, Auszug aus den Materialien und ergänzende Erläuterungen, herausgegeben vom BMJ
BMJFFG	Bundesminister(ium) für Jugend, Familie, Frauen und Gesundheit
BNotO	Bundesnotarordnung idF der Bek. v. 24. 2. 1961 (BGBl. I S. 98, ber. 1999 I S. 194)

Böhmer/Finger/
Bearbeiter .... Böhmer/Finger, (Hrsg.) Das gesamte Familienrecht, Loseblatt, 1982 ff.
BöhmsZ .... Zeitschrift für internationales Privat- und Strafrecht (ab 12. 1903: für internationales Privat- und Öffentliches Recht), begr. v. Böhm
BolzeRG............. Die Praxis des Reichsgerichts in Zivilsachen bearb. v. A. Bolze
BonnKomm/Bearbeiter Kommentar zum Bonner Grundgesetz, begr. v. Mangoldt, hrsg. v. Klein/Starck, 4 Bde., 4. Aufl. 1999 ff.
BörsG .... Börsengesetz idF der Bek. v. 21. 6. 2002 (BGBl. I S. 2010)
Borth................ Borth, Bedarfs- und Einkommensermittlung im Unterhaltsrecht, 1987
BPatA .... Bundespatentamt
BPatG .... Bundespatentgericht
BPersVG .... Bundespersonalvertretungsgesetz v. 15. 3. 1974 (BGBl. I S. 693)
BPolBG.............. Bundespolizeibeamtengesetz idF v. 3. 6. 1976 (BGBl. I S. 1357)
Brambring............ Brambring, Ehevertrag und Vermögenszuordnung unter Ehegatten, 6. Aufl. 2008
BR .... Bundesrat
BR-Drucks. .... Drucksache des Deutschen Bundesrates
BRAO .... Bundesrechtsanwaltsordnung v. 1. 8. 1959 (BGBl. I S. 565)
BRatE............... Entwurf des Deutschen Bundesrates
BReg................ Bundesregierung
Breithaupt .... Breithaupt, Sammlung von Entscheidungen aus dem Sozialrecht
Brem.; brem........... Bremen; bremisch
BR-Prot.............. Protokoll des Deutschen Bundesrates
Brox .... Brox, Erbrecht, 23. Aufl. 2009
Brox/Walker AT .... Brox/Walker, Allgemeiner Teil des Bürgerlichen Gesetzbuchs, 32. Aufl. 2008
Brox/Walker SchR I/II. . Brox/Walker, Allgemeines Schuldrecht (SchR I), 33. Aufl. 2009; Besonderes Schuldrecht (SchR II), 33. Aufl. 2008
BRRG .... Beamtenrechtsrahmengesetz idF v. 31. 3. 1999 (BGBl. I S. 654)
BrZ................. Britische Zone
BSG .... Bundessozialgericht
BSGE .... Entscheidungen des Bundessozialgerichts
BSHG............... Bundessozialhilfegesetz idF v. 23. 3. 1994 (BGBl. I S. 646) (aufgehoben)
BSpkG .... Gesetz über Bausparkassen v. 15. 2. 1991 (BGBl. I S. 454)
BStBl................ Bundessteuerblatt
bspw................. beispielsweise
BT.................. Besonderer Teil
BTag .... Bundestag
BtÄndG .... Betreuungsrechtsänderungsgesetz idF v. 25. 6. 1998 (BGBl. I S. 1580)
BtBG................ Gesetz über die Wahrnehmung behördlicher Aufgaben bei der Betreuung Volljähriger (Betreuungsbehördengesetz-BtBG) (Art. 8. BtG) v. 12. 9. 1990 (BGBl. I S. 2025)
BT-Drucks............ Drucksache des Deutschen Bundestages
BtG................. Gesetz zur Reform des Rechts der Vormundschaft und Pflegschaft für Volljährige (Betreuungsgesetz – BtG) v. 12. 9. 1990 (BGBl. I S. 2002)
BtPrax............... Betreuungsrechtliche Praxis (Zeitschrift)
BT-Prot. .... Protokoll des Deutschen Bundestages
BuB................. Bankrecht und Bankpraxis, Loseblattwerk, 3 Bde., 1979 ff.
Büro .... Das Büro (Zeitschrift)
Bumiller/Winkler...... Bumiller/Winkler, Freiwillige Gerichtsbarkeit, Kommentar, 9. Aufl. 2009
Bunte .... Bunte, Entscheidungssammlung zum AGB-Gesetz
Bunte HdB .... Bunte, Handbuch der Allgemeinen Geschäftsbedingungen, 1982
BUrlG............... Mindesturlaubsgesetz für Arbeitnehmer (Bundesurlaubsgesetz) idF der Bek. v. 27. 7. 1969 (BGBl. I S. 2)
II. BV .... Verordnung über wohnungswirtschaftliche Berechnungen (Zweite Berechnungsverordnung) idF der Bek. v. 12. 10. 1990 (BGBl. I 2178)
BVerfG .... Bundesverfassungsgericht

BVerfGE	Entscheidungen des Bundesverfassungsgerichts
BVerfGG	Gesetz über das Bundesverfassungsgericht (Bundesverfassungsgerichtsgesetz) idF der Bek. v. 11. 8. 1993 (BGBl. I S. 1473)
BVerwG	Bundesverwaltungsgericht
BVerwGE	Entscheidungen des Bundesverwaltungsgerichts
BVFG	Gesetz über die Angelegenheiten der Vertriebenen und Flüchtlinge (Bundesvertriebenengesetz) idF der Bek. v. 2. 6. 1993 (BGBl. I S. 829)
BVG	Gesetz über die Versorgung der Opfer des Krieges (Bundesversorgungsgesetz) idF der Bek. v. 22. 1. 1982 (BGBl. I S. 21)
BWG	Bundeswahlgesetz idF der Bek. v. 23. 7. 1993 (BGBl. I S. 1288, 1594)
BWNotZ	Mitteilungen aus der Praxis, Zeitschrift für das Notariat in Baden-Württemberg (früher WürttNotV)
bzgl.	bezüglich
BZRG	Bundeszentralregistergesetz idF v. 21. 9. 1984 (BGBl. I S. 1229)
bzw.	beziehungsweise
ca.	circa
Canaris, Schuldrechtsmodernisierung 2002	Canaris, Schuldrechtsmodernisierung 2002: Beck'sche Gesetzesdokumentation, 2002
CIC	Codex Iuris Canonici
c. i. c.	culpa in contrahendo
c. i. f.	cost, insurance, freight
Clunet	Clunet, Journal du droit international
Cod.	Codex
Cosack/Mitteis	Cosack/Mitteis, Lehrbuch des Bürgerlichen Rechts, 8. Aufl. 1927
DA	Dienstanweisung für die Standesbeamten und ihre Aufsichtsbehörden idF v. 23. 11. 1987 (BAnz. Nr. 227 a), zuletzt geändert am 17. 8. 2000 (BAnz. Nr. 154 a)
DAngVers.	Die Angestelltenversicherung (Zeitschrift)
Das neue Schuldrecht/Bearbeiter	Haas/Medicus/Rolland/Schäfer/Wendtland, Das neue Schuldrecht, 2002
Damrau/Zimmermann	Damrau/Zimmermann, Betreuung und Vormundschaft, 3. Aufl. 2001
DAngVers.	Die Angestelltenversicherung (Zeitschrift)
Danzig	Danzig, Kindschaftsrecht, Die familienrechtlichen Beziehungen in ihrer Bedeutung für Sozialarbeit und Sozialpädagogik, 1974
Dauer-Lieb/Heidel/Lepa/Ring	Dauer-Lieb/Heidel/Lepa/Ring, Das neue Schuldrecht in der anwaltlichen Praxis, 2002
Dauner-Lieb/Konzen/Schmidt	Dauner-Lieb/Konzen/K. Schmidt (Hrsg.), Das neue Schuldrecht in der Praxis, 2003
DAVorm.	Der Amtsvormund, Rundbrief des Deutschen Instituts für Vormundschaftswesen (Zeitschrift, zitiert nach Jahrgang und Spalte)
DB	Der Betrieb (Zeitschrift)
DDR	Deutsche Demokratische Republik
Demharter	Demharter, Grundbuchordnung, Kurzkommentar, 26. Aufl. 2008
Denkschr.	Denkschrift des Reichsjustizamts zum Entwurf eines Bürgerlichen Gesetzbuchs, 1896
DepG	Gesetz über die Verwahrung und Anschaffung von Wertpapieren (Depotgesetz) idF der Bek. v. 11. 1. 1995 (BGBl. S. 34)
ders.	derselbe
DFG	Deutsche Freiwillige Gerichtsbarkeit (Zeitschrift, 1. 1936–9. 1944)
DFGT	Deutscher Familiengerichtstag
DGB	Deutscher Gewerkschaftsbund
dgl.	desgleichen; dergleichen

DGVZ	Deutsche Gerichtsvollzieher-Zeitung
dh.	das heißt
Die Bank	Die Bank (Zeitschrift)
dies.	dieselbe(n)
DIJuF	Deutsches Institut für Jugendhilfe und Familienrecht
DiskE	Diskussionsentwurf
Diss.	Dissertation (Universitätsort)
Dittmann/Reimann/Bengel	s. Mayer/Reimann/Bengel
DIV	Deutsches Institut für Vormundschaftswesen
DJ	Deutsche Justiz (Zeitschrift)
DJT	Deutscher Juristentag
DJZ	Deutsche Juristenzeitung (Zeitschrift)
DNotV	Zeitschrift des Deutschen Notarvereins (1. 1901–33. 1933), dann DNotZ
DNotZ	Deutsche Notar-Zeitung (Zeitschrift)
DÖD	Der öffentliche Dienst (Zeitschrift)
Dölle	Dölle, Darstellung des deutschen Familienrechts mit rechtsvergleichenden Hinweisen Bd. I 1964, Bd. II 1965
DogmJ	Jahrbücher für die Dogmatik des heutigen römischen und deutschen Privatrechts
Dok.	Dokument
DONot.	Dienstordnung für Notare – Bundeseinheitliche Verwaltungsvorschrift der Landesjustizverwaltungen; für Bayern: idF der Bek. v. 25. 1. 2001 (BayJMBl. S. 32)
DÖV	Die öffentliche Verwaltung (Zeitschrift)
DR	Deutsches Recht (Zeitschrift)
DRdA	Das Recht der Arbeit (österreichische Zeitschrift)
DRiG	Deutsches Richtergesetz idF der Bek. v. 19. 4. 1972 (BGBl. I S. 713)
DRiZ	Deutsche Richterzeitung (Zeitschrift)
DRspr.	Deutsche Rechtsprechung, Entscheidungssammlung und Aufsatzhinweise
DRV	Deutsche Rentenversicherung (Zeitschrift); Deutscher Reisebüro-Verband e. V.
DRWiss.	Deutsche Rechtswissenschaft (Zeitschrift, 1. 1936–8. 1943)
DRZ	Deutsche Rechts-Zeitschrift
DSb.	Der Sozialberater (Zeitschrift)
DStR	Deutsches Steuerrecht (Zeitschrift)
DStZ/A	Deutsche Steuerzeitung Ausgabe A
Dt.; dt.	deutsch
DtZ	Deutsch-Deutsche Rechts-Zeitschrift
DuR	Demokratie und Recht (Zeitschrift)
DVBl.	Deutsches Verwaltungsblatt
DVO	Durchführungsverordnung
DWW	Deutsche Wohnungswirtschaft (hrsg. v. Zentralverband der deutschen Haus-, Wohnungs- und Grundeigentümer; Zeitschrift)
DZWiR	Deutsche Zeitschrift für Wirtschafts- und Insolvenzrecht (Zeitschrift)
E	Entwurf
ebd.	ebenda
Ebenroth/Boujong/Joost/Strohn/Bearbeiter	Ebenroth/Boujong/Joost/Strohn, Handelsgesetzbuch, Kommentar, Bd. 1: §§ 1–342 e, 2. Aufl. 2008, Bd. 2: §§ 343–475 h, 2. Aufl. 2009
Ec. J.	The Economic Journal (seit 1891)
ecolex	(österr.) Fachzeitschrift für Wirtschaftsrecht
ECRL	Richtlinie 2000/31/EG des Europäischen Parlaments und des Rates über bestimmte rechtliche Aspekte der Dienste der Informationsgesellschaft, insbesondere des elektronischen Geschäftsverkehrs, im Binnenmarkt (E-Commerce-Richtlinie) v. 8. 6. 2000 (ABl. EG Nr. L 178 S. 1)

ECU	European Currency Unit
EFG	Entscheidungen der Finanzgerichte
EFZG	Gesetz über die Zahlung des Arbeitsentgelts an Feiertagen und im Krankheitsfalle (Entgeltfortzahlungsgesetz) v. 26. 5. 1994 (BGBl. I S. 1014, 1065)
EG	Einführungsgesetz; Europäische Gemeinschaft
EGBGB	Einführungsgesetz zum Bürgerlichen Gesetzbuche idF der Bek. v. 21. 9. 1994 (BGBl. S. 2494)
EGFGB	Einführungsgesetz zum Familiengesetzbuch der Deutschen Demokratischen Republik vom 20. 12. 1965 (GBl. 1966 I S. 19)
EGMR	Europäischer Gerichtshof für Menschenrechte
EG-Vertrag	Vertrag zur Gründung der Europäischen Gemeinschaften idF der Bek. des Vertrages von Amsterdam v. 2. 10. 1997 (ABl. EG Nr. C 340 S. 1)
EheG	Ehegesetz v. 20. 2. 1946 (= KRG Nr. 16; ABlKR S. 77)
1. EheRG	1. Gesetz zur Reform des Ehe- und Familienrechts vom 14. 6. 1976 (BGBl. I S. 1421)
EheschlRG	Gesetz zur Neuregelung des Eheschließungsrechts v. 4. 5. 1998 (BGBl. I S. 833)
Ehmann/Sutschet	Ehmann/Sutschet, Modernisiertes Schuldrecht: Lehrbuch der Grundsätze des neuen Rechts und seiner Besonderheiten, 2002
Eicher/Haase/Rauschenbach	Die Rentenversicherung der Arbeiter und Angestellten, 7. Aufl. 1983 ff.
Einf.	Einführung
einhM	einhellige Meinung
Einl.	Einleitung
EJF	Entscheidungen aus dem Jugend- und Familienrecht (Abschnitt und Nr.)
EKMR	Europäische Kommission für Menschenrechte
Endemann	Endemann, Lehrbuch des Bürgerlichen Rechts, 5 Bde., 1903–1920
endg.	endgültig
Enneccerus	Enneccerus/Kipp/Wolff, Lehrbuch des Bürgerlichen Rechts
Enneccerus/Kipp	IV. Bd. Familienrecht (Teil II und III), 7. Aufl. 1931
Enneccerus/Lehmann	II. Bd. Recht der Schuldverhältnisse, 15. Aufl. 1958
Enneccerus/Nipperdey	I. Bd. AT des Bürgerlichen Rechts, 1. Halbbd. 15. Aufl. 1959; 2. Halbbd. 15. Aufl. 1960
Enneccerus/Wolff FamR	IV. Bd. Familienrecht (Teil 1), 7. Aufl. 1931
Enneccerus/Wolff/Raiser	III. Bd. Sachenrecht, 10. Aufl. 1957
entspr.	entsprechend
ErbbauRG	Gesetz über das Erbbaurecht v. 15. 1. 1919 (RGBl. S. 72, ber. S. 122)
ErbGleichG	Gesetz zur erbrechtlichen Gleichstellung nichteheliche Kinder v. 16. 12. 1997 (BGBl. I S. 2968)
ErbStG	Erbschaftsteuer- und Schenkungsteuergesetz idF der Bek. v. 27. 2. 1997 (BGBl. I S. 378)
ErfK/Bearbeiter	Erfurter Kommentar zum Arbeitsrecht, hrsg. v. Müller-Glöge/Preis/Schmidt, 9. Aufl. 2009
Erg.	Ergänzung
Erl.	Erlass; Erläuterung
Erman/Bearbeiter	Erman, Handkommentar zum Bürgerlichen Gesetzbuch, hrsg. v. Westermann, 11. Aufl. 2004
Ernst/Zimmermann	Ernst/Zimmermann, Zivilrechtswissenschaft und Schuldrechtsreform, Tagungsband, 2001
Erstbearb.	Erstbearbeitung (Verweis aus dem Loseblatt-Ergänzungsband auf die genannte Fundstelle im Hauptwerk)
ESchG	Gesetz zum Schutz von Embryonen (Embryonenschutzgesetz) v. 13. 12. 1990 (BGBl. I S. 2746)
Esser/Schmidt AT/1 bzw. AT/2	Esser/Schmidt, Schuldrecht, Bd. I: Allgemeiner Teil, Teilband 1, 8. Aufl. 1995; Teilband 2, 8. Aufl. 2000

Esser/Weyers BT/1 bzw. BT/2	Esser/Weyers, Schuldrecht, Bd. II: Besonderer Teil, Teilband 1, 8. Aufl. 1998; Teilband 2, 8. Aufl. 2000
EStG 2002	Einkommensteuergesetz 2002 idF der Bek. v. 19. 10. 2002 (BGBl. I S. 4210, ber. S. 179)
etc.	et cetera
EU	Europäische Union
EuG	Europäisches Gericht Erster Instanz
EuGH	Gerichtshof der Europäischen Gemeinschaften
EuGHE	Entscheidungen des Gerichtshofes der Europäischen Gemeinschaften
EuGHMR	Europäischer Gerichtshof für Menschenrechte
EuGVÜ	Europäisches Übereinkommen über die gerichtliche Zuständigkeit und die Vollstreckung gerichtlicher Entscheidungen in Zivil- und Handelssachen v. 27. 9. 1968 (BGBl. 1972 II S. 773; 1986 II S. 1020)
EuGVO	Verordnung Nr. 44/2001/EG des Rates über die gerichtliche Zuständigkeit und die Anerkennung und Vollstreckung von Entscheidungen in Zivil- und Handelssachen v. 22. 12. 2000 (ABl. EG Nr. L 12 S. 1, ber. Nr. L 307 S. 28)
EuR	Europarecht (Zeitschrift)
EurEntfÜ	Europäisches Übereinkommen vom 20. 5. 1980 über die Anerkennung und Vollstreckung von Entscheidungen über das Sorgerecht für Kinder und die Wiederherstellung des Sorgeverhältnisses (BGBl. 1990 II S. 220)
EuroEG	Gesetz zur Einführung des Euro v. 9. 6. 1998 (BGBl. I S. 1242)
EuroVO 1997	Verordnung über bestimmte Vorschriften im Zusammenhang mit der Einführung des Euro (EG-VO 1103/97) v. 19. 6. 1997 (ABl. EG Nr. L 162, S. 1)
EuroVO 1998	Verordnung über die Einführung des Euro v. 7. 7. 1997 (abgedruckt in ABl. EG Nr. C 236 v. 2. 8. 1997, BT-Drucks. 13/7727)
EuZW	Europäische Zeitschrift für Wirtschaftsrecht
EV	Eigentumsvorbehalt
e. V.	eingetragener Verein
EVertr.	Vertrag zwischen der Bundesrepublik Deutschland und der Deutschen Demokratischen Republik über die Herstellung der Einheit Deutschlands (Einigungsvertrag v. 31. 8. 1990 (BGBl. II S. 889)
evtl.	eventuell
EVÜ	(Europäisches) Übereinkommen über das auf vertragliche Schuldverhältnisse anzuwendende Recht v. 19. 6. 1980 (BGBl. 1986 II S. 809; 1991 II S. 871)
EWGV	Vertrag zur Gründung der Europäischen Wirtschaftsgemeinschaft v. 25. 3. 1957 (BGBl. II S. 766)
EWiR	Entscheidungen zum Wirtschaftsrecht (Zeitschrift)
EWIV	Europäische wirtschaftliche Interessenvereinigung
EWS	Europäisches Währungssystem
EzA	Entscheidungen zum Arbeitsrecht, hrsg. v. Stahlhacke (Nr. ohne Gesetzesstelle bezieht sich auf den gerade kommentierten Paragraphen)
EZB	Europäische Zentralbank
EzFamR	Entscheidungen zum Familienrecht
f., ff.	folgend(e)
FamFG	Gesetz über das Verfahren in Familiensachen und in den Angelegenheiten der freiwilligen Gerichtsbarkeit
FamG	Familiengericht
FamGB	Familiengesetzbuch der DDR v. 20. 12. 1965 (GBl. DDR 1966 S. 1)
FamGb/Bearbeiter	Baumeister/Fehmel/Griesche/Hochgräber/Kayser/Wick, Familiengerichtsbarkeit, 1992
FamNamRG	Gesetz zur Neuordnung des Familiennamenrechts v. 16. 12. 1993 (BGBl. I S. 2054)
FamR	Familienrecht

FamRÄndG	Familienrechtsänderungsgesetz v. 11. 8. 1961 (BGBl. I S. 1221)
FamRB	Der Familien-Rechts-Berater
FamRefK	Bäumel/Bienwald/Häußermann, Familienrechtsreformkommentar, 1998
FamRZ	Ehe und Familie im privaten und öffentlichen Recht, Zeitschrift für das gesamte Familienrecht
FernUSG	Gesetz zum Schutz der Teilnehmer am Fernunterricht (Fernunterrichtsschutzgesetz) idF der Bek. v. 4. 12. 2000 (BGBl. I S. 1670)
FEVG	Gesetz über das gerichtliche Verfahren bei Freiheitsentziehungen v. 29. 6. 1956 (BGBl. I S. 599)
FEVS	Fürsorgerechtliche Entscheidungen der Verwaltungs- und der Sozialgerichte
FF	Forum Familien- und Erbrecht (Zeitschrift)
FG	Festgabe
FGB	s. FamGB
FGG	Gesetz über die Angelegenheit der freiwilligen Gerichtsbarkeit idF der Bek. v. 20. 5. 1898 (RGBl. S. 369, 771)
FGG-ReformG	Gesetz zur Reform des Verfahrens in Familiensachen und in Angelegenheiten der freiwilligen Gerichtsbarkeit v. 17. 12. 2008 (BGBl. I S. 2586)
FGO	Finanzgerichtsordnung idF der Bek. v. 28. 3. 2001 (BGBl. I S. 442)
FGPrax	Praxis der Freiwilligen Gerichtsbarkeit (Zeitschrift)
FidKomAuflG	Gesetz zur Vereinheitlichung der Fideikommißauflösung v. 26. 6. 1935 (RGBl. I S. 785)
Fieseler/Bearbeiter	Fieseler/Schleicher/Busch (Hrsg.), Kinder- und Jugendhilfe, Gemeinschaftskommentar zum SGB VIII, Loseblatt, Stand April 2007
Fikentscher/Heinemann	Fikentscher/Heinemann, Schuldrecht, 10. Aufl. 2006
FinG	Finanzgericht
Firsching/Graba FamR ..	Firsching/Graba, Familienrecht, 1. Halbband: Familiensachen, 6. Aufl. 1998
Firsching/Graf	Firsching/Graf, Nachlaßrecht, 9. Aufl. 2008
Firsching/v. Hoffmann ..	Firsching/v. Hoffmann, Internationales Privatrecht, 9. Aufl. 2007
Firsching/Dodegge FamR	Firsching/Ruhl, Familienrecht, 2. Halbband: Vormundschafts- und Betreuungsrecht sowie andere Gebiete der freiwilligen Gerichtsbarkeit, 6. Aufl. 1999
Fischer	Fischer StGB, 56. Aufl. 2009
FLF	Finanzierung-Leasing-Factoring (Zeitschrift)
Flume	Flume, Allgemeiner Teil des Bürgerlichen Rechts, 1. Bd., 1. Teil: Die Personengesellschaft, 1977, 1. Bd. 2. Teil: Die juristische Person, 1983, 2. Bd.: Das Rechtsgeschäft, 4. Aufl. 1992
Fn.	Fußnote
FNA	Fundstellennachweis A, Beilage zum Bundesgesetzblatt Teil I
FNB	Fundstellennachweis B, Beilage zum Bundesgesetzblatt Teil II
FoSiG	Gesetz zur Sicherung von Werkunternehmeransprüchen und zur verbesserten Durchsetzung von Forderungen v. 23. 10. 2008 (BGBl. I S. 2022)
FPR	Familie Partnerschaft Recht (Zeitschrift)
FR	Finanz-Rundschau (Zeitschrift)
FrankfRdsch.	Rundschau. Sammlung von Entscheidungen in Rechts- und Verwaltungssachen aus dem Bezirke des OLG Frankfurt am Main (ab 1914: Frankfurter Rundschau)
franz.	französisch
FRES	Entscheidungssammlung zum gesamten Bereich von Ehe und Familie
FRG	Fremdrentengesetz v. 25. 2. 1960 (BGBl. I S. 93)
Friederici	Friederici, Aktuelles Unterhaltsrecht, 2. Aufl. 1991
FrzZ	Französische Besatzungszone
FS	Festschrift
Fuchs FamR	Kommentar zum Bürgerlichen Recht 4. Band, Familienrecht. 1. Abschnitt: Schmidt, Bürgerliche Ehe, 1907; 3. Abschnitt: Fuchs, Vormundschaft, 1909

FuR	Familie und Recht (Zeitschrift)
FVE	Sammlung fremdenverkehrsrechtlicher Entscheidungen
FWW	Die freie Wohnungswirtschaft (Informationsdienst des Verbandes Freier Wohnungsunternehmen; Zeitschrift)
FZR	Freiwillige Zusatzrentenversicherung der Sozialversicherung
G	Gesetz
GA	Goltdammer's Archiv für Strafrecht (1953 ff.; vorher: Dt. Strafrecht)
Gaaz/Bornhofen	Gaaz/Bornhofen, Personenstandsgesetz, 2008
GBBerG	Grundbuchbereinigungsgesetz vom 20. 12. 1993 (BGBl. I S. 2182)
GBl.	Gesetzblatt
GBl. DDR	Gesetzblatt Deutsche Demokratische Republik
GBO	Grundbuchordnung idF der Bek. v. 26. 5. 1994 (BGBl. I S. 1114)
GbR	Gesellschaft bürgerlichen Rechts
GBVfg.	Grundbuchverfügung idF vom 24. 1. 1995 (BGBl. I S. 114)
GE	Gemeinsame Erklärung; Das Grundeigentum (Zeitschrift)
GebrMG	Gebrauchsmustergesetz idF der Bek. v. 28. 8. 1986 (BGBl. I S. 1455)
Geigel/Bearbeiter	Geigel, Der Haftpflichtprozess, hrsg. v. Schlegelmilch, 25. Aufl. 2008
gem.	gemäß
GemSOBG	Gemeinsamer Senat der obersten Bundesgerichte
GenG	Gesetz betreffend die Erwerbs- und Wirtschaftsgenossenschaften (Genossenschaftsgesetz) idF der Bek. v. 16. 10. 2006 (BGBl. S. 2230)
Gernhuber Erfüllung	Gernhuber, Die Erfüllung und ihre Surrogate, Handbuch des Schuldrechts, Bd. 3, 2. Aufl. 1994
Gernhuber Schuldverhältnis	Gernhuber, Das Schuldverhältnis, Handbuch des Schuldrechts, Bd. 8, 1989
Gernhuber/Coester-Waltjen	Gernhuber/Coester-Waltjen, Familienrecht, Lehrbuch des Familienrechts, 5. Aufl. 2006
Gerold	Gerold, Ehegesetz, Kommentar, 1950
Gerold/Schmidt/Bearbeiter	Gerold/Schmidt/v. Eicken/Madert, Rechtsanwaltsvergütungsgesetz, Kommentar, 18. Aufl. 2008
GeschmMG	Gesetz betreffend das Urheberrecht an Mustern und Modellen (Geschmacksmustergesetz) v. 11. 1. 1876 (RGBl. S. 11)
Ges.; ges.	Gesetz; gesetzlich
gesetzl. GV	gesetzliches Gewaltverhältnis
GesO	Gesamtvollstreckungsordnung idF der Bek. v. 23. 5. 1991 (BGBl. I S. 1185), aufgehoben
GesRZ	Der Gesellschafter (Zeitschrift, 1. 1972 ff.)
GewA	Gewerbe-Archiv (Zeitschrift)
GewO	Gewerbeordnung idF der Bek. v. 22. 2. 1999 (BGBl. I S. 202)
gewöhnl.	gewöhnlich
gewöhnl. A.	gewöhnlicher Aufenthalt
GewStG	Gewerbesteuergesetz idF der Bek. v. 15. 10. 2002 (BGBl. I S. 4167)
GG	Grundgesetz für die Bundesrepublik Deutschland v. 23. 5. 1949 (BGBl. S. 1)
ggf.	gegebenenfalls
Gierke	O. v. Gierke, Deutsches Privatrecht, Bd. I 1895, Bd. II 1905, Bd. III 1917
Gierke SachR	J. v. Gierke, Bürgerliches Recht, Sachenrecht, 3. Aufl. 1948
Gierke/Sandrock	J. v. Gierke/Sandrock, Handels- und Wirtschaftsrecht, 9. Aufl. Bd. I 1975
Giesen	Giesen, BGB Allgemeiner Teil, Rechtsgeschäftslehre, 2. Aufl. 1995
GK-SGB VI-Bearbeiter	Lueg, von Maydell, Ruland, Gemeinschaftskommentar zum Sozialgesetzbuch, gesetzliche Rentenversicherung 1991
GK-SGB X 3	von Maydell, Schellhorn, Gemeinschaftskommentar zum Sozialgesetzbuch, Zusammenarbeit der Leistungsträger und ihre Beziehung zu Dritten, 1984
GKG	Gerichtskostengesetz idF der Bek. v. 5. 5. 2004 (BGBl. I S. 718)

gl. Ans.	gleiche Ansicht
GleichberG	Gesetz über die Gleichberechtigung von Mann und Frau auf dem Gebiete des bürgerlichen Rechts (Gleichberechtigungsgesetz) v. 18. 6. 1957 (BGBl. I S. 609)
GmbH	Gesellschaft mit beschränkter Haftung
GmbH & Co. (KG)	Gesellschaft mit beschränkter Haftung und Compagnie (Kommanditgesellschaft)
GmbHG	Gesetz betreffend die Gesellschaften mit beschränkter Haftung idF der Bek. v. 20. 5. 1898 (RGBl. S. 369, 846)
GmbHR	GmbH-Rundschau (Zeitschrift)
GMBl.	Gemeinsames Ministerialblatt
GmS-OGB	Gemeinsamer Senat der obersten Gerichte des Bundes
GO	Gemeindeordnung
GOÄ	Gebührenordnung für Ärzte idF der Bek. v. 9. 2. 1996 (BGBl. I S. 210)
GOA	Gebührenordnung für Architekten (ersetzt durch HOAI)
GoA	Geschäftsführung ohne Auftrag
v. Godin	K. u. H. v. Godin/Tölke, Ehegesetz, Kommentar, 2. Aufl. 1950
Göppinger/Börger	Göppinger, Vereinbarungen anläßlich der Ehescheidung, 8. Aufl. 2005
Göppinger/Wax/Bearbeiter	Göppinger/Wax, Unterhaltsrecht, 9. Aufl. 2008
Grabitz/Hilf/Bearbeiter	Grabitz/Hilf, Das Recht der Europäischen Union, Loseblatt-Ausgabe
grdlg.	grundlegend
grds.	grundsätzlich
Grdst-VerkVO	Grundstücksverkehrsverordnung idF der Bek. v. 20. 12. 1993 (BGBl. I S. 2221)
GrdstVG	Gesetz über Maßnahmen zur Verbesserung der Agrarstruktur und zur Sicherung land- und forstwirtschaftlicher Betriebe (Grundstücksverkehrsgesetz) v. 28. 7. 1961 (BGBl. I S. 1091)
GrEStG 1983	Grunderwerbsteuergesetz idF der Bek. v. 26. 2. 1997 (BGBl. I S. 418, 1804)
griech.	griechisch
GrS	Großer Senat
GruchB	s. Gruchot
Gruchot	Beiträge zur Erläuterung des (bis 15. 1871: Preußischen) Deutschen Rechts, begr. von Gruchot (1. 1857–73. 1933)
GrundE	Das Grundeigentum (Zeitschrift)
Grunewald BR	Grunewald, Bürgerliches Recht, begr. v. Gernhuber, 7. Aufl. 2006
GrünhutsZ	Zeitschrift für das Privat- und öffentliche Recht der Gegenwart, begr. v. Grünhut
GRUR	Gewerblicher Rechtsschutz und Urheberrecht (Zeitschrift)
GRUR Int.	Gewerblicher Rechtsschutz und Urheberrecht, Internationaler Teil (Zeitschrift, 1970 ff.)
GRUR-RR	GRUR-Rechtsprechungs-Report (Zeitschrift)
Grziwotz	Grziwotz, Begr. de Witt-Huttmann, Nichteheliche Lebensgemeinschaft, 4. Aufl. 2006
GS	Gedenkschrift; Gedächtnisschrift
GSZ	Großer Senat in Zivilsachen
GüKG	Güterkraftverkehrsgesetz idF der Bek. v. 22. 6. 1998 (BGBl. I S. 1485)
GuT	Gewerbemiete und Teileigentum (Zeitschrift)
GV	Gewaltverhältnis
GVBl.	Gesetz- und Verordnungsblatt
GVG	Gerichtsverfassungsgesetz idF der Bek. v. 9. 5. 1975 (BGBl. I S. 1077)
GvKostG	Gesetz über Kosten der Gerichtsvollzieher (Gerichtsvollzieherkostengesetz) v. 19. 4. 2001 (BGBl. I S. 623)
GVO	Grundstücksverkehrsordnung idF der Bek. v. 20. 12. 1993 (BGBl. I S. 2182)
GVÜ	siehe EuGVÜ
GW	siehe GIW

GWB .... Gesetz gegen Wettbewerbsbeschränkungen idF der Bek. v. 26. 8. 1998 (BGBl. I S. 2546)
GWW............... Gemeinnütziges Wohnungswesen (hrsg. v. Gesamtverband Gemeinnütziger Wohnungsunternehmen; Zeitschrift)

HaagAbk. .... Haager Abkommen
Habilschr. .... Habilitationsschrift
Habscheid FG .... Habscheid, Freiwillige Gerichtsbarkeit, 7. Aufl. 1983
Hachenburg/Bearbeiter Hachenburg, Kommentar zum GmbHG, 8. Aufl. 1992 ff.
Haegele/Winkler TV ... Haegele/Winkler, Der Testamentsvollstrecker nach bürgerlichem, Handels- und Steuerrecht, 15. Aufl. 1999
HAG................ Heimarbeitsgesetz v. 14. 3. 1951 (BGBl. I S. 191)
Hahn................ Hahn, Kindheits-, Jugend- und Erziehungsrecht, 2004
Halbbd............... Halbband
Halbs. .... Halbsatz
Hamb.; hamb. .... Hamburg; hamburgisch
HansGZ .... Hanseatische Gerichtszeitung
HansOLG............ Hanseatisches Oberlandesgericht
HansRGZ............ Hanseatische Rechts- und Gerichtszeitschrift
Hauck/Noftz/Bearbeiter Hauck/Noftz (Hrsg.), Sozialgesetzbuch SGB VIII. Kinder- und Jugendhilfe, Kommentar, Stand November 2006 2000
HAuslG.............. Gesetz über die Rechtsstellung heimatloser Ausländer im Bundesgebiet v. 25. 4. 1951 (BGBl. I S. 269)
HausratsV .... Verordnung über die Behandlung der Ehewohnung und des Hausrats (Sechste Durchführungsverordnung zum Ehegesetz) v. 21. 10. 1944 (RGBl. I S. 256)
HaustürWG .... Gesetz über den Widerruf von Haustürgeschäften und ähnlichen Geschäften idF der Bek. v. 29. 6. 2000 (BGBl. I S. 955), aufgehoben
HaustürW-RL......... Richtlinie 85/577/EWG betreffend den Verbraucherschutz im Falle von außerhalb von Geschäftsräumen geschlossenen Verträgen v. 20. 12. 1985 (ABl. EG Nr. L 372 S. 31)
HdB .... Handbuch
HdWW.............. Handwörterbuch der Wirtschaftswissenschaften, Bd. 1–10, 1977 ff.
Heck SchuldR .... Heck, Grundriß des Schuldrechts, Nachdruck der Ausgabe von 1929, 1974
Heck SachenR .... Heck, Grundriß des Sachenrechts, Nachdruck der Ausgabe von 1930, 1960
Hefermehl/Köhler/
Bornkamm .... Hefermehl/Köhler/Bornkamm, Gesetz gegen den unlauteren Wettbewerb, UWG, Kommentar, begr. v. Baumbach, bearbeitet v. Köhler/Bornkamm, 27. Aufl. 2009
HeimG .... Heimgesetz idF der Bek. v. 5. 11. 2001 (BGBl. I S. 2970)
Heinsius/Horn/
Than Komm. DepG .... Heinsius/Horn/Than, Depotgesetz, Kommentar, 1975
Heiß/Born .... Heiß/Born, Unterhaltsrecht, Loseblatt
HeizkostenV .... Verordnung über die verbrauchsabhängige Abrechnung der Heiz- und Warmwasserkosten idF der Bek. v. 20. 1. 1989 (BGBl. I S. 115)
Henrich.............. Henrich, Familienrecht, 4. Aufl. 1999
Henrich/Wagenitz/
Bornhofen............ Henrich/Wagenitz/Bornhofen, Deutsches Namensrecht, Kommentar (Stand: Februar 2007)
Henssler .... Henssler, Partnerschaftsgesellschaftsgesetz, 2. Aufl. 2008-03-05
HEntfü .... Haager Übereinkommen vom 25. 10. 1980 über die zivilrechtlichen Aspekte internationaler Kindesentführung (BGBl. 1990 II S. 207)
Hepting/Gaaz......... Hepting/Gaaz, Begr. Massfeller/Hoffmann, Personenstandsrecht mit Eherecht und internationalem Privatrecht, Loseblatt-Kommentar, Bd. 1, Personenstandsgesetz
Hess.; hess. .... Hessen; hessisch

HessRspr.	Hessische Rechtsprechung
Heymann/Bearbeiter	Heymann, Handelsgesetzbuch, 2. Aufl. 1995 ff.
HEZ	Höchstrichterliche Entscheidungen (Entscheidungssammlung)
HEZG	Gesetz zur Neuordnung der Hinterbliebenenrenten sowie zur Anerkennung von Kindererziehungszeiten in der gesetzlichen Rentenversicherung (Hinterbliebenenrenten- und Erziehungszeiten-Gesetz) v. 11. 7. 1985 (BGBl. I S. 1450)
HFR	Höchstrichterliche Finanzrechtsprechung
HGB	Handelsgesetzbuch v. 10. 5. 1897 (RGBl. S. 219)
hins.	hinsichtlich
HintO	Hinterlegungsordnung v. 10. 3. 1937 (RGBl. S. 285)
Hk-BGB/Bearbeiter	Dörner/Ebert/Eckert/Hoeren/Kemper/Saenger/Schulte-Nölke/Schulze/Staudinger, Bürgerliches Gesetzbuch (BGB), Handkommentar, 5. Aufl. 2007
HK-BUR/Autor	Bauer/Klie/Rinck, Heidelberger Kommentar zum Betreuungs- und Unterbringungsrecht, Loseblatt, Stand Dezember 1999
HKK/Bearbeiter	Historisch-kritischer Kommentar zum BGB, Bd. I Allgemeiner Teil, hrsg. v. Schmoekel, 2003
hL	herrschende Lehre
hM	herrschende Meinung
HOAI	Verordnung über die Honorare für Leistungen der Architekten und der Ingenieure (Honorarordnung für Architekten und Ingenieure) idF der Bek. v. 4. 3. 1991 (BGBl. I S. 533)
HöfeO	Höfeordnung idF der Bek. v. 26. 7. 1976 (BGBl. I S. 1933)
Hoffmann/Stephan	Hoffmann/Stephan, Ehegesetz, Kommentar, 2. Aufl. 1968
v. Hoffmann IPR	v. Hoffmann, Internationales Privatrecht, 7. Aufl. 2002
HPflG	Haftpflichtgesetz idF der Bek. v. 4. 1. 1978 (BGBl. I S. 145)
HRG	Hochschulrahmengesetz idF der Bek. v. 19. 1. 1999 (BGBl. I S. 18)
HRR	Höchstrichterliche Rechtsprechung (Zeitschrift)
Hrsg.; hrsg.	Herausgeber; herausgegeben
HS	Halbsatz
U. Huber Leistungsstörungen I bzw. II	U. Huber, Leistungsstörungen Bd. I bzw. Bd. II, Handbuch des Schuldrechts in Einzeldarstellungen, Bd. 9 I und II, 1999
Huber/Faust	P. Huber/Faust, Schuldrechtsmodernisierung, Einführung in das neue Recht, 2002
Hübner AT	Hübner, Allgemeiner Teil des Bürgerlichen Gesetzbuches, 2. Aufl. 1996
Hueck	G. Hueck, Gesellschaftsrecht, 19. Aufl. 1991
Hueck/Canaris	Hueck/Canaris, Das Recht der Wertpapiere, Kommentar, 12. Aufl. 1986
Hueck OHG	A. Hueck, Das Recht der offenen Handelsgesellschaft, 4. Aufl. 1971
Hüffer	Hüffer, Aktiengesetz, 9. Aufl. 2008
HuW	Haus und Wohnung (Zeitschrift)
HWB	Handwörterbuch
HWBdSozW	Handwörterbuch der Sozialwissenschaften (1956 ff.)
HWBRWiss	Handwörterbuch der Rechtswissenschaft, hrsg. v. Stier-Somlo und Elster (Bd. u. Seite)
HWG	Gesetz über die Werbung auf dem Gebiete des Heilwesens idF der Bek. v. 19. 10. 1994 (BGBl. I S. 3068)
HwO	Gesetz zur Ordnung des Handwerks (Handwerksordnung) idF der Bek. v. 24. 9. 1998 (BGBl. I S. 3074)
idF der Bek.	in der Fassung der Bekanntmachung
idR	in der Regel
idS	in diesem Sinne
iE	im Einzelnen; im Ergebnis
I. E. C. L.	International Encyclopedia of Comparative Law, hrsg. v. David u. a., ab 1974
ieS	im engeren Sinne

IfSG	Gesetz zur Verhütung und Bekämpfung von Infektionskrankheiten beim Menschen (Infektionsschutzgesetz) v. 20. 7. 2000 (BGBl. I S. 1045)
IHK	Industrie- und Handelskammer
ILO	International Labour Organization
IMF	International Monetary Fund
INF	Information über Steuer und Wirtschaft (Zeitschrift)
InfAuslR	Informationsbrief Ausländerrecht
insbes.	insbesondere
InsO	Insolvenzordnung v. 5. 10. 1994 (BGBl. I S. 2866)
IntHK	Internationale Handelskammer
IntRDipl.	Internationales Recht und Diplomatie (Zeitschrift)
InvG	Investmentgesetz v. 15. 12. 2003 (BGBl. I S. 2676)
InVo	Insolvenz und Vollstreckung (Zeitschrift)
IPG	Gutachten zum internationalen und ausländischen Privatrecht
IPR	Internationales Privatrecht
IPRG	Gesetz zur Neuregelung des Internationalen Privat- und Verfahrensrechts v. 25. 7. 1986 (BGBl. I S. 1142)
IPRax	Praxis des internationalen Privat- und Verfahrensrechts (Zeitschrift, 1. 1981 ff.)
IPRspr.	Makarov, Gamillscheg, Müller, Dierk, Kropholler, Die deutsche Rechtsprechung auf dem Gebiet des internationalen Privatrechts, 1952 ff.
iran.	iranisch
iS	im Sinne
iSv.	im Sinne von
ital.	italienisch
iÜ	im Übrigen
iVm.	in Verbindung mit
iwS	im weiteren Sinne
IZPR	Internationales Zivilprozeßrecht
iZw.	im Zweifel
JA	Juristische Arbeitsblätter (Zeitschrift)
Jansen/Bearbeiter FGG	FGG (Großkommentar), 3. Aufl. 2006
Jans/Happe/Saurbier	Jans/Happe/Saurbier, Kinder- und Jugendhilferecht, Kommentar, Stand Dezember 2006
Jansen/Knöpfle	Jansen/Knöpfle, Das neue Unehelichengesetz, 1967
JAmt	Das Jugendamt (bis 2000: DAVorm)
japan.	japanisch
JArbSchG	Gesetz zum Schutze der arbeitenden Jugend (Jugendarbeitsschutzgesetz) v. 12. 4. 1976 (BGBl. I S. 965)
Jauernig/Bearbeiter	Jauernig, Bürgerliches Gesetzbuch, Kommentar, 13. Aufl. 2009
Jb.	Jahrbuch
JbIntR	Jahrbuch des internationalen Rechts
JbJZivRWiss	Jahrbuch Junger Zivilrechtswissenschaftler
JBl.	Juristische Blätter (österreichische Zeitschrift)
JBlSaar	Justizblatt des Saarlandes
JbPraxSchG	Jahrbuch für die Praxis der Schiedsgerichtsbarkeit
JFG	Jahrbuch für Entscheidungen in Angelegenheiten der freiwilligen Gerichtsbarkeit und des Grundbuchrechts, begründet von Ring (1. 1924–23. 1943)
Jg.	Jahrgang
JGG	Jugendgerichtsgesetz idF v. 11. 12. 1974 (BGBl. I S. 3427)
Jh.	Jahrhundert
JherJb.	Jherings Jahrbuch für die Dogmatik des bürgerlichen Rechts (Zeitschrift, Bd. u. Seite)
JM	Justizministerium
JMBl.	Justizministerialblatt

JöR	Jahrbuch des öffentlichen Rechts der Gegenwart
Johannsen/Henrich/ Bearbeiter	Eherecht, 4. Aufl. 2003 hrsg. v. Henrich
JR	Juristische Rundschau (Zeitschrift)
JRfPrV	Juristische Rundschau für die Privatversicherung (Zeitschrift)
Jürgens	Jürgens, Betreuungsrecht, 3. Aufl. 2005
Jürgens/Kröger/ Marschner/Winterstein	Jürgens/Kröger/Marschner/Winterstein, Betreuungsrecht kompakt, 6. Aufl. 2007
JuMiG	Justizmitteilungsgesetz v. 18. 6. 1997 (BGBl. I S. 1430)
Jung/Bearbeiter	Jung (Hrsg.), SGB VIII, Kinder – und Jugendhilfe, Kommentar zum SGB VIII mit Schriftsatz und Vertragsmustern, 2006
Jura	Juristische Ausbildung (Zeitschrift)
JurA	Juristische Analysen (Zeitschrift)
JurBüro	Das juristische Büro (Zeitschrift)
jurisPK/Bearbeiter	juris Praxiskommentar BGB, hrsg. v. Herberger/Martinek/Weth, 4. Aufl. 2009
JurJb	Juristen-Jahrbuch
JuS	Juristische Schulung (Zeitschrift)
Justiz	Die Justiz (Zeitschrift)
JVBl.	Justizverwaltungsblatt (Zeitschrift)
JW	Juristische Wochenschrift (Zeitschrift)
JWohl	Jugendwohl, Zeitschrift für die Kinder- und Jugendhilfe
JZ	Juristenzeitung (Zeitschrift)
JZ-GD	Juristenzeitung Gesetzgebungsdienst (monatliche Beilage der Juristenzeitung über die Bundesgesetzgebung)
K&R	Kommunikation und Recht (Zeitschrift)
Kalthoener/Büttner/ Niepmann	Kalthoener/Büttner/Niepmann, Die Rechtsprechung zur Höhe des Unterhalts, 10. Aufl. 2008
Kant.G	Kantonsgericht
Kap.	Kapital; Kapitel
Kegel/Schurig IPR	Kegel/Schurig, Internationales Privatrecht, 8. Aufl. 2000
Kegel/Schurig IPR	Kegel/Schurig, Internationales Privatrecht, 9. Aufl. 2004
KEHE/Bearbeiter	Kuntze/Ertl/Herrmann/Eickmann, Grundbuchrecht, Kommentar, 6. Aufl. 2006
Keidel/Kuntze/Winkler	Kuntze/Winkler, Freiwillige Gerichtsbarkeit, Kommentar, begr. von Keidel, 15. Aufl. 2003
Kfz.	Kraftfahrzeug
KG	Kammergericht (Berlin); Kommanditgesellschaft
KGaA	Kommanditgesellschaft auf Aktien
KGBl.	Blätter für Rechtspflege im Bereich des Kammergerichts in Sachen der freiwilligen Gerichtsbarkeit in Kosten-, Stempel- und Strafsachen (Zeitschrift)
KGJ	Jahrbuch für Entscheidungen des Kammergerichts in Sachen der freiwilligen Gerichtsbarkeit, in Kosten-, Stempel- und Strafsachen (bis 19. 1899: in Sachen der nichtstreitigen Gerichtsbarkeit), 1. 1881–53. 1922
Kilger/K. Schmidt	Kilger/K. Schmidt, Insolvenzgesetze, 17. Aufl. 1997
Kind-Prax	Kindschaftsrechtliche Praxis (Zeitschrift)
KindRG	Kindschaftsrechtsreformgesetz v. 16. 12. 1997 (BGBl. I S. 2942)
KindRVerbG	Gesetz zur weiteren Verbesserung von Kinderrechten v. 9. 4. 2002 (BGBl. I S. 1239
KindUG	Gesetz zur Vereinheitlichung des Unterhaltsrechts minderjähriger Kinder v. 6. 4. 1998 (BGBl. I S. 666)
Kipp/Coing	s. Enneccerus/Coing
Kipp/Coing	Kipp/Coing, Erbrecht, 14. Aufl. 1990
Kissel	Kissel, Ehe- und Ehescheidung, 1977

Kissel .... Kissel, Gerichtsverfassungsgesetz, Kommentar, 5. Aufl. 2008
KiStG .... Kirchensteuergesetz
KJHG .... Gesetz zur Neuordnung des Kinder- und Jugendhilferechts idF v. 15. 3. 1996 (BGBl. I S. 478); siehe SGB VIII
KK-OWiG/Bearbeiter .. Karlsruher Kommentar zum OWiG, 3. Aufl. 2006
KLG .... Gesetz über Leistungen der gesetzlichen Rentenversicherung für Kindererziehung an Mütter der Geburtsjahrgänge vor 1921 (Kindererziehungsleistungsgesetz) v. 12. 7. 1987 (BGBl. I S. 1585)
Klin. Lab. .... Klinisches Labor (Zeitschrift)
Knittel .... Knittel, Betreuungsgesetz, Kommentar, Loseblatt
KnVNG .... Gesetz zur Neuregelung der knappschaftlichen Rentenversicherung (Knappschaftsrentenversicherungs-Neuregelungsgesetz) v. 21. 5. 1957 (BGBl. I S. 533), außer Kraft am 31. 12. 1991
KO .... Konkursordnung idF der Bek. v. 20. 5. 1898 (RGBl. S. 369, 612), aufgehoben
Köhler .... Köhler, BGB Allgemeiner Teil, 32. Aufl. 2008
Kölner KommAktG/
Bearbeiter .... Kölner Kommentar zum Aktiengesetz, hrsg. v. Zöllner, 3. Aufl. 2004 ff.
KölnZfSoz. .... Kölner Zeitschrift für Soziologie und Sozialpsychologie
Koller/Roth/Morck .... Koller/Roth/Morck, Handelsgesetzbuch, Kommentar, 6. Aufl. 2007
Kom.endg. .... Kommission, endgültig
Komm. .... Kommentar
KommBer. .... Reichstagskommission über den Entwurf eines Bürgerlichen Gesetzbuchs und Einführungsgesetzes
KonsG .... Gesetz über die Konsularbeamten, ihre Aufgaben und Befugnisse (Konsulargesetz) v. 11. 9. 1974 (BGBl. I S. 2317)
Konv.. .... Konvention
Korintenberg/Lappe/
Bengel/Reimann ...... Korintenberg/Lappe/Bengel/Reimann, Kostenordnung, Kommentar, 17. Aufl. 2008
KostO .... Gesetz über die Kosten in Angelegenheiten der freiwilligen Gerichtsbarkeit (Kostenordnung) idF der Bek. v. 26. 7. 1957 (BGBl. I S. 861, 960)
KR .... Kontrollrat
KreisG/KrG .... Kreisgericht
Kress .... Kress, Lehrbuch des Allgemeinen Schuldrechts, unveränderter Neudruck der Ausgabe München 1929; mit einer Einführung versehen und herausgegeben von Weitnauer und Ehmann, 1974
KRG .... Kontrollratsgesetz
krit. .... kritisch
KritJ .... Kritische Justiz (Zeitschrift)
Kropholler .... Kropholler, Internationales Privatrecht, 6. Aufl. 2006
Krüger/Breetzke/Nowack Krüger/Breetzke/Nowack, Gleichberechtigungsgesetz, 1958
Krug .... Krug, Gesetz für Jugendwohlfahrt, Loseblatt-Kommentar
Krug/Grüner/Dalichau. . Krug/Grüner/Dalichau, Kinder- und Jugendhilfe, Sozialgesetzbuch (SGB), Achtes Buch (VIII), Kommentar, Stand Februar 2009
KrVjschr. .... Kritische Vierteljahresschrift für Gesetzgebung und Rechtswissenschaft
KSchG .... Kündigungsschutzgesetz idF der Bek. v. 25. 8. 1969 (BGBl. I S. 1317)
KStG .... Körperschaftssteuergesetz idF der Bek. v. 15. 10. 2002 (BGBl. I S. 4144)
KTS .... Zeitschrift für Konkurs-, Treuhand- und Schiedsgerichtswesen
KSÜ .... Haager Übereinkommen v. 19. 10. 1996 über die Zuständigkeit, das anwendbare Recht, die Anerkennung, Vollstreckung und Zusammenarbeit auf dem Gebiet der elterlichen Verantwortung und der Maßnahmen zum Schutze von Kindern (RabelsZ 1998, 502)
KUG .... Gesetz betreffend das Urheberrecht an Werken der bildenden Künste und der Photographie v. 9. 1. 1907 (RGBl. 7), aufgehoben durch § 141 Nr. 5 des Urheberrechtsgesetzes v. 9. 9. 1965 (BGBl. I S. 1273), soweit es nicht den Schutz von Bildnissen betrifft

Kübler/Prütting, InsO ..	Kübler/Prütting, InsO, Loseblatt
Kunkel/(Bearbeiter), LPK-SGB VIII	Kunkel (Hrsg.), Lehr- und Praxiskommentar SGB VIII, 3. Aufl. 2006
L	Landes-
LAG	Landesarbeitsgericht (mit Ortsnamen); Gesetz über den Lastenausgleich (Lastenausgleichsgesetz) idF der Bek. v. 2. 6. 1993 (BGBl. I S. 845); Landwirtschaftsanpassungsgesetz v. 3. 7. 1991 (BGBl. I S. 1418)
Lange/Kuchinke	Lange/Kuchinke, Lehrbuch des Erbrechts, 5. Aufl. 2001
Langenfeld............	Langenfeld, Handbuch der Eheverträge und Scheidungsvereinbarungen, 5. Aufl. 2005
Larenz I..............	Larenz, Lehrbuch des Schuldrechts, Bd. I Allgemeiner. Teil, 14. Aufl. 1987
Larenz II 1............	Larenz, Lehrbuch des Schuldrechts, Bd. II 1 Besonderer Teil/1. Halbband, 13. Aufl. 1986
Larenz/Canaris II 2.....	Larenz/Canaris, Lehrbuch des Schuldrechts, Bd. II 2 Besonderer Teil/2. Halbband, 13. Aufl. 1994
Larenz Methodenlehre ..	Larenz, Methodenlehre der Rechtswissenschaft, 6. Aufl. 1991
Larenz/Wolf AT	Larenz/M. Wolf, Allgemeiner Teil des Bürgerlichen Rechts, 9. Aufl. 2004
Laufs/Uhlenbruck......	Laufs/Uhlenbruck, Handbuch des Arztrechts, 3. Aufl. 2002
LBG	Landesbeamtengesetz
Lehmann/Henrich	Lehmann/Henrich, Deutsches Familienrecht, 4. Aufl. 2000
Leipold	Leipold, Erbrechts, 17. Aufl. 2009
LeistungsVO	Verordnung über die Leistungssätze des Unterhaltsgeldes, des Kurzarbeitergeldes, des Schlechtwettergeldes, des Arbeitslosengeldes und der Arbeitslosenhilfe für das Jahr
Lewald...............	Lewald, Das deutsche internationale Privatrecht, 1931
LG.................	Landgericht (mit Ortsnamen)
LGZ	(österreichisches) Landgericht für Zivilrechtssachen
Lipp................	Lipp, Freiheit und Fürsorge: Der Mensch als Rechtsperson, 2000
Lipp/Wagenitz	Lipp/Wagenitz, Das neue Kindschaftsrecht, 1999
Lit.	Literatur
lit..................	litera
LKV	Landes- und Kommunalverwaltung (Zeitschrift)
LM	Lindenmaier/Möhring, Nachschlagewerk des Bundesgerichtshofs (Nr. ohne Gesetzesstelle bezieht sich auf den gerade kommentierten Paragraphen)
LMK...............	Kommentierte BGH-Rechtsprechung Lindenmaier/Möhring
Looschelders SchR AT ..	Looschelders, Schuldrecht Allgemeiner Teil, 6. Aufl. 2008
Lorenz/Riehm	Lorenz/Riehm, Lehrbuch zum neuen Schuldrecht, 2002
LPachtVG............	Gesetz über die Anzeige und Beanstandung von Landpachtverträgen (Landpachtverkehrsgesetz) v. 8. 11. 1985 (BGBl. I S. 2075)
LPartG	Gesetz zur Beendigung der Diskriminierung gleichgeschlechtlicher Gemeinschaften: Lebenspartnerschaften v. 16. 2. 2001 (BGBl. I S. 266)
LPersVG	Landespersonalvertretungsgesetz
L.Q.R.	Law Quaterly Review (Zeitschrift)
LS.................	Leitsatz
LSG................	Landessozialgericht (mit Ortsnamen)
LuftfzRG	Gesetz über Rechte an Luftfahrzeugen (LuftRG) v. 26. 2. 1959 (BGBl. I S. 57, 223)
LuftVG	Luftverkehrsgesetz idF der Bek. v. 27. 3. 1999 (BGBl. I S. 550)
LugÜ...............	Lugano Übereinkommen v. 16. 9. 1988 über die gerichtliche Zuständigkeit und die Vollstreckung gerichtlicher Entscheidungen in Zivil- und Handelssachen (BGBl. 1994 II S. 2660)
v. Lübtow	v. Lübtow, Erbrecht, Band I und II, 1971
Lüderitz/Dethloff......	Lüderitz/Dethloff, Familienrecht, 28. Aufl. 2007
Luthin/Bearbeiter......	Luthin, Handbuch des Unterhaltsrechts, 10. Aufl. 2004
lux................	luxemburgisch

LVA	Landesversicherungsanstalt
LwG	Landwirtschaftsgericht
LwVG	Gesetz über das gerichtliche Verfahren in Landwirtschaftssachen v. 21. 7. 1953 (BGBl. I S. 667)
LZ	Leipziger Zeitschrift für Deutsches Recht
m. Änd.	mit Änderung(en)
MA	Der Markenartikel (Zeitschrift, 1. 1934 – 11. 1944; 12. 1950 ff.)
m. abl. Anm.	mit ablehnender Anmerkung
MaBV	Verordnung über die Pflichten der Makler, Darlehens- und Anlagenvermittler, Bauträger und Baubetreuer (Makler- und Bauträgerverordnung) idF der Bek. v. 7. 11. 1990 (BGBl. I S. 2479)
MAH-FamR/Bearbeiter	Münchener Anwaltshandbuch Familienrecht, 2. Aufl. 2008
MarkenG	Gesetz über den Schutz von Marken und sonstigen Kennzeichen (Markengesetz) v. 25. 10. 1994 (BGBl. I S. 3082)
Massfeller/Böhmer	s. Böhmer/Siehr
Maunz/Dürig/Bearbeiter	Maunz/Dürig, Grundgesetz, Loseblatt-Kommentar
maW	mit anderen Worten
Mayer/Reimann/Bengel	Mayer/Reimann/Bengel, Testament und Erbvertrag, 5. Aufl. 2006
MBl.	Ministerialblatt
MDR	Monatsschrift für Deutsches Recht (Zeitschrift)
mE	meines Erachtens
MecklZ	Mecklenburgische Zeitschrift für Rechtspflege, Rechtswissenschaft, Verwaltung (Band u. Seite)
Medicus BR	Medicus, Bürgerliches Recht, 21. Aufl. 2007
Medicus AT	Medicus, Allgemeiner Teil des BGB, 9. Aufl. 2006
Medicus SchR I	Medicus, Schuldrecht I, Allgemeiner Teil, 18. Aufl. 2008
Medicus SchR II	Medicus, Schuldrecht II, Besonderer Teil, 14. Aufl. 2007
MedR	Medizinrecht (Zeitschrift 1. 1983 ff.)
Meikel/Bearbeiter	Meikel, Grundbuchrecht, Kommentar zur Grundbuchordnung, 10. Aufl. 2008
Meilicke/Graf von Westphalen/Hoffmann/Lenz	Meilicke/Graf von Westphalen/Hoffmann/Lenz/Wolff, Partnerschaftsgesellschaftsgesetz, 2. Aufl. 2006
Melchior	Melchior, Die Grundlagen des deutschen internationalen Privatrechts, 1932
MHbeG	Gesetz zur Beschränkung der Haftung Minderjähriger – Minderjährigenhaftungsbeschränkungsgesetz v. 25. 8. 1998 (BGBl. I S. 2487)
MinNamÄndG	Minderheiten-Namensänderungsgesetz, Art. 2 des Zustimmungsgesetzes zum Rahmenübereinkommen des Europarates zum Schutz nationaler Minderheiten v. 1. 2. 1995 (BGBl. 1997 II S. 1408)
Mio.	Million(en)
MitbestG	Gesetz über die Mitbestimmung der Arbeitnehmer (Mitbestimmungsgesetz) v. 4. 5. 1976 (BGBl. I S. 1153)
Mitt.	Mitteilung(en)
Mitt. AGJ	Mitteilungen der Arbeitsgemeinschaft für Jugendhilfe (Zeitschrift)
Mitt. AGJJ	Mitteilungen der Arbeitsgemeinschaft für Jugendpflege und Jugendfürsorge (Zeitschrift)
MittBayNot	Mitteilungen des Bayerischen Notarvereins (Zeitschrift)
MittBlBLJA	Mitteilungsblatt des Bayerischen Landesjugendamtes
MittBl. Königsteiner Kreis	Mitteilungsblatt des Königsteiner Kreises
m. krit. Anm.	mit kritischer Anmerkung
MittPat	Mitteilungen der deutschen Patentanwälte (Zeitschrift)
MittRhNotK	Mitteilungen der Rheinischen Notarkammer (Zeitschrift)
MiZi	Allgemeine Verfügung über Mitteilungen in Zivilsachen v. 1. 10. 1967 (BAnz. Nr. 218)
Mj., Mje., Mjen	Minderjähriger, e, en
mj.	Minderjährig

MKSchG	Gesetz über den Mutter- und Kindesschutz und die Rechte der Frau (DDR) v. 27. 9. 1950 (GBl. I S. 1037)
MKSchVO	Verordnung über den Mutter- und Kindesschutz und die Rechte der Frau (Ost-Berlin)
MMR	Multi-Media und Recht (Zeitschrift)
mN	mit Nachweisen
Möhring	Möhring/v. Selzam, Vermögensverwaltung in Vormundschafts- und Nachlaßsachen, 8. Aufl. 1999
Möller/Nix-Bearbeiter	Möller/Nix (Hrsg.), Kurzkommentar zu SGB VIII – Kinder- und Jugendhilfe, 2006.
MoMiG	Gesetz zur Modernisierung des GmbH-Rechts und zur Bekämpfung von Missbräuchen v. 23. 10. 2008 (BGBl. I S. 2026)
Mot. I–V	Motive zu dem Entwurf eines Bürgerlichen Gesetzbuches für das Deutsche Reich (Bd. I Allgemeiner Teil; Bd. II Recht der Schuldverhältnisse; Bd. III Sachenrecht; Bd. IV Familienrecht; Bd. V Erbrecht)
MRK	Konvention zum Schutze der Menschenrechte und Grundfreiheiten v. 4. 11. 1950 (Gesetz v. 7. 8. 1952, BGBl. II S. 685)
Mrozynski	Mrozynski, Kinder- und Jugendhilfe SGB VIII, 5. Aufl. 2009
MSA	Übereinkommen über die Zuständigkeit und das anzuwendende Recht auf dem Gebiet des Schutzes von Minderjährigen (Haager Minderjährigenschutzabkommen) v. 5. 10. 1961 (BGBl. 1971 II S. 217)
MRS	Mietrechtssammlung, Rechtsprechung des BVerfG, des BGH, des BayObLG, des Kammergerichts und der OLGe zum Mietrecht, hrsg. v. Otto, 1980 ff.
MuA	Mensch und Arbeit (Zeitschrift)
MünchArbR/Bearbeiter	Münchener Handbuch zum Arbeitsrecht, hrsg. v. Richardi/Wlotzke, 2. Aufl. 2000
MünchHdbGesR I (bzw. II–V)/Bearbeiter	Münchener Handbuch des Gesellschaftsrecht, 2. Aufl.: Bd. 1 hrsg. v. Gummert/Riegger/Weipert, 2004; Bd. 2 hrsg. v. Riegger/Weipert, 2004; Bd. 3 hrsg. v. Priester/Mayer, 2003; Bd. 4 hrsg. v. Hoffmann-Becking, 3. Aufl. 2007; Bd. 5 hrsg. v. Beuthien/Gummert, 3. Aufl. 2009
MünchKommAktG/Bearbeiter	Münchener Kommentar zum Aktiengesetz, hrsg. v. Kropff/Semler, 2. Aufl. 2000 ff.; hrsg. Goette/Habersack 3. Aufl.
MünchKommHGB/Bearbeiter	Münchener Kommentar zum Handelsgesetzbuch, hrsg. v. K. Schmidt, 2. Aufl. 1996 ff.
MünchKommInsO/Bearbeiter	Münchener Kommentar zur Insolvenzordnung, hrsg. v. Kirchhof/Lwowski/Stürner, 2. Aufl. 2007 f.
MünchKommZPO/Bearbeiter	Münchener Kommentar zur Zivilprozessordnung, hrsg. v. Rauscher/Wax/Wenzel, 3. Aufl. 2007 f.
Münder/Bearbeiter	Münder/Baltz/Kreft/Lakies/Meysen/Proksch/Schäfer/Schindler/Struck/Tammen/Trenczek, Frankfurter Kommentar zum SGB VIII, Kinder- und Jugendhilfe, 5. Aufl. 2006
Mugdan	Die gesamten Materialien zum Bürgerlichen Gesetzbuch für das deutsche Reich, hrsg. v. Mugdan, Bd. I–V, 1899
Muscheler FamR	Muscheler, Familienrecht, 2006
MuSchG	Gesetz zum Schutz der erwerbstätigen Mutter (Mutterschutzgesetz) idF der Bek. v. 20. 6. 2002 (BGBl. I S. 2318)
Musielak/Bearbeiter	Musielak, Zivilprozessordnung, Kommentar, 5. Aufl. 2007
Musielak BGB	Musielak, Grundkurs BGB, 10. Aufl. 2007
Musielak ZPO	Musielak, Grundkurs ZPO, 8. Aufl. 2007
MuW	Markenschutz und Wettbewerb (Zeitschrift)
m. weit. Bsp.	mit weiteren Beispielen
mwN	mit weiteren Nachweisen

mzN	mit zahlreichen Nachweisen
m. zust. Anm.	mit zustimmender Anmerkung
nachf.	nachfolgend
NachhBG	Gesetz zur zeitlichen Begrenzung der Nachhaftung von Gesellschaften (Nachhaftungsbegrenzungsgesetz) v. 18. 3. 1994 (BGBl. I S. 560)
Nachw.	Nachweis
NamensÄndG	Gesetz über die Änderung von Familiennamen und Vornamen v. 5. 1. 1938 (RGBl. I S. 9)
Nbl.	Nachrichtenblatt
NblLVABa.	Nachrichtenblatt, Zeitschrift der Landesversicherungsanstalt Baden
NDBZ	Neue Deutsche Beamtenzeitung (Zeitschrift)
Nds., nds.	Niedersachsen, niedersächsisch
NdsRpfl.	Niedersächsische Rechtspflege (Zeitschrift)
NDV-RD	Rechtsprechungsdienst, Beilage zum Nachrichtendienst des Deutschen Vereins für öffentliche und private Fürsorge
ne.	nichtehelich
NEhelG.	Gesetz über die rechtliche Stellung der nichtehelichen Kinder v. 19. 8. 1969 (BGBl. I S. 1243)
Nerlich/Römermann/ Bearbeiter	Nerlich/Römermann, Insolvenzordnung, Kommentar, Loseblatt
Neuhaus	Neuhaus, Die Grundbegriffe des internationalen Privatrechts, 2. Aufl. 1976
NF	Neue Folge
nF	neue Fassung
NiemeyersZ	Niemeyers Zeitschrift für internationales Recht (25. 1915–52. 1937/38; vorher s. BöhmsZ)
NJ	Neue Justiz (Zeitschrift)
NJOZ	Neue Juristische Online Zeitschrift
NJW	Neue Juristische Wochenschrift (Zeitschrift)
NJW-FER	NJW-Entscheidungsdienst Familien- und Erbrecht (Zeitschrift, vereinigt mit FPR ab 2002)
NJW-MietR	NJW-Entscheidungsdienst Miet- und Wohnungsrecht (Zeitschrift)
NJW-RR	NJW-Rechtsprechungs-Report, Zivilrecht (Zeitschrift)
NJW-VHR	NJW-Entscheidungsdienst Versicherungs- und Haftungsrecht (Zeitschrift)
NJW-WettbR	NJW-Entscheidungsdienst Wettbewerbsrecht (Zeitschrift)
NMV	Verordnung über die Ermittlung der zulässigen Miete für preisgebundene Wohnungen (Neubaumietenverordnung 1970) idF der Bek. v. 12. 10. 1990 (BGBl. I S. 2203)
NotBZ	Zeitschrift für die notarielle Beratungs- und Beurkundungspraxis
norddt.	norddeutsch
Nov.	Novelle
Nr.	Nummer(n)
NRW	Nordrhein-Westfalen
NStZ	Neue Zeitschrift für Strafrecht
NStZ-RR	NStZ-Rechtsprechungs-Report Strafrecht (Zeitschrift)
NuR	Natur und Recht (Zeitschrift)
Nußbaum	Nußbaum, Deutsches IPR, 1932
NVersZ	Neue Zeitschrift für Versicherung und Recht
NVwZ	Neue Zeitschrift für Verwaltungsrecht
NVwZ-RR	Rechtsprechungs-Report Verwaltungsrecht (Zeitschrift)
NWB	Neue Wirtschaftsbriefe (Loseblatt-Sammlung)
NWVBl.	Zeitschrift für öffentliches Recht und öffentliche Verwaltung
NZA	Neue Zeitschrift für Arbeits- und Sozialrecht
NZA-RR	NZA-Rechtsprechungs-Report Arbeitsrecht
NZBau	Neue Zeitschrift für Baurecht und Vergaberecht
NZG	Neue Zeitschrift für Gesellschaftsrecht
NZI	Neue Zeitschrift für Insolvenz und Sanierung

NZM	Neue Zeitschrift für Mietrecht
NZS	Neue Zeitschrift für Sozialrecht
NZV	Neue Zeitschrift für Verkehrsrecht
o.	oben
o. a.	oben angegeben
o. Ä.	oder Ähnliches
ObG	Obergericht
ÖBA	(österr.) Bank-Archiv (Zeitschrift)
ObG	Obergericht
Odersky	Odersky, Nichtehelichengesetz, Kommentar, 4. Aufl. 1978
OECD	Organization of Economic Cooperation and Development
Oertmann	Oertmann, Kommentar zum Bürgerlichen Gesetzbuch und seinen Nebengesetzen, Bd. I Allgemeiner Teil, 3. Aufl. 1927, Bd. II Recht der Schuldverhältnisse, 5. Aufl. 1928/29, Bd. III Sachenrecht, 3. Aufl. 1914, Bd. IV Familienrecht, 1906, Bd. V Erbrecht, 2. Aufl. 1912
OG	Oberstes Gericht (der ehem. DDR)
OGH	Oberster Gerichtshof (Österreich)
OGH-BrZ	Oberster Gerichtshof für die Britische Zone
OGHSt.	Entscheidungen des Obersten Gerichtshofes für die Britische Zone in Strafsachen (Bd. u. Seite)
OGHZ	Entscheidungen des Obersten Gerichtshofes für die Britische Zone in Zivilsachen (Bd. u. Seite)
OHG	offene Handelsgesellschaft
oJ.	ohne Jahrgang
ÖJZ	Österreichische Juristenzeitung (Zeitschrift)
OLG	Oberlandesgericht
OLGE	s. OLGRspr.
OLG-NL	OLG-Rechtsprechung Neue Länder (Zeitschrift)
OLGR	OLG-Report (Zeitschrift)
OLGRspr.	Die Rechtsprechung der Oberlandesgerichte auf dem Gebiete des Zivilrechts, hrsg. v. Mugdan und Falkmann (1. 1900–46. 1928; aufgegangen in HRR)
OLGZ	Rechtsprechung der Oberlandesgerichte in Zivilsachen, Amtliche Entscheidungssammlung
ÖNotZ	Österreichische Notariats-Zeitung
OR	Schweizerisches Obligationsrecht
öRdW	(österr.) Recht der Wirtschaft (Zeitschrift)
ORDO	ORDO, Jahrbuch für die Ordnung von Wirtschaft und Gesellschaft
österr.	österreichisch
oV	ohne Verfasser
OVG	Oberverwaltungsgericht
OV spezial	Offene Vermögensfragen spezial Informationsdienst zum Vermögens- und Entschädigungsrecht in den neuen Bundesländern
OWiG	Gesetz über Ordnungswidrigkeiten idF der Bek. v. 19. 2. 1987 (BGBl. I S. 602)
ÖZöffR	Österreichische Zeitschrift für öffentliches Recht (zitiert nach Bd. und Seite)
PAngV	Preisangabenverordnung idF der Bek. v. 18. 10. 2002 (BGBl. I S. 4197)
Palandt/Bearbeiter	Palandt, Bürgerliches Gesetzbuch, Kommentar, 68. Aufl. 2009
PaPkG	Preisangaben- und Preisklauselgesetz v. 3. 12. 1984 (BGBl. I S. 1429)
ParteiG	Gesetz über die politischen Parteien (Parteiengesetz) idF der Bek. v. 31. 1. 1994 (BGBl. I S. 150)
PartGG	Gesetz über Partnerschaftsgesellschaften Angehöriger Freier Berufe (Partnerschaftsgesellschaftsgesetz) v. 25. 7. 1994 (BGBl. I S. 1744)
PatG	Patentgesetz idF der Bek. v. 16. 12. 1980 (BGBl. 1981 I S. 1)
PBefG	Personenbeförderungsgesetz idF der Bek. v. 8. 8. 1990 (BGBl. I S. 1690)

PersV	Die Personalvertretung (Zeitschrift)
PfandBG	Pfandbriefgesetz v. 22. 5. 2005 (BGBl. I S. 1373)
PflegeVG	Gesetz zur sozialen Absicherung des Risikos der Pflegebedürftigkeit (Pflege-Versicherungsgesetz) v. 26. 5. 1994 (BGBl. I S. 1014)
PflVersG	Gesetz über die Pflichtversicherung für Kraftfahrzeughalter (Pflichtversicherungsgesetz) idF der Bek. v. 5. 4. 1965 (BGBl. I S. 213)
Picone/Wengler	Picone/Wengler, Internationales Privatrecht, 1974
Pikart/Henn	Pikart/Henn, Lehrbuch der freiwilligen Gerichtsbarkeit, 1963
Planck/Bearbeiter	Plancks Kommentar zum BGB nebst Einführungsgesetz, 5 Bde., Bd. 4/2, 6: 3. Aufl. 1905/06; Bd. 1, 2, 4/1, 5: 4. Aufl. 1913–30; Bd. 3: 5. Aufl. 1933–38
port.	portugiesisch
Potrykus	Potrykus, Jugendwohlfahrtsgesetz, Kommentar, 2. Aufl. 1972 (Nachtrag 1974)
PostG	Postgesetz idF der Bek. v. 22. 12. 1997 (BGBl. I S. 3294)
Pr.; pr.	Preußen; preußisch
Praxis	Die Praxis des Bundesgerichts (Zeitschrift)
PresseG	Pressegesetz (Landesrecht)
ProdHaftG	Gesetz über die Haftung für fehlerhafte Produkte (Produkthaftungsgesetz) v. 15. 12. 1989 (BGBl. I S. 2198)
Prölss/Martin	Prölss/Martin, VVG, Kommentar, 28. Aufl. 2009
ProstG	Gesetz zur Regelung der Rechtsverhältnisse der Prostituierten (Prostitutionsgesetz) v. 20. 12. 2001 (BGBl. I S. 3983)
Prot. I–VI	Protokolle der Kommission für die zweite Lesung des Entwurfs des BGB (Bd. I und IV 1897; Bd. II 1898; Bd. III, V und VI 1899)
ProtRA	Protokolle des Rechtsausschusses
PrOVG	Preußisches Oberverwaltungsgericht
PStG	Personenstandsgesetz idF der Bek. v. 8. 8. 1957 (BGBl. I S. 1125)
PStV	Verordnung zur Ausführung des Personenstandsgesetzes v. 22. 11. 2008 (BGBl. I S. 2263)
PSVaG	Pensionssicherungsverein auf Gegenseitigkeit
PucheltsZ	Zeitschrift für französisches Zivilrecht
pVV	positive Vertragsverletzung
PWW/Bearbeiter	Prütting/Wegen/Weinreich, Bürgerliches Gesetzbuch, Kommentar, 3. Aufl. 2008
RA	Rechtsausschuss
Raape	Raape, Internationales Privatrecht, 5. Aufl. 1961
Raape/Sturm	Raape/Sturm, Internationales Privatrecht Band I, 6. Aufl. 1977
Rabel	Rabel, The Conflict of Laws, I 2. Aufl. 1958, II 2. Aufl. 1960, III 2. Aufl. 1964, IV 1. Aufl. 1958
RabelsZ	Zeitschrift für ausländisches und internationales Privatrecht (Bd. u. Seite)
RAG	Reichsarbeitsgericht, zugleich amtliche Sammlung der Entscheidungen (Bd. u. Seite)
RAnz.	Deutscher Reichs-Anzeiger
Rauscher FamR	Rauscher, Familienrecht, 2001; 2. Aufl. 2008
RAV	Rentenanpassungsverordnung
RBerG	Rechtsberatungsgesetz v. 13. 12. 1935 (RGBl. S. 1478)
RbfDJugArch	Rundbrief des Deutschen Jugendarchivs
RdA	Recht der Arbeit (Zeitschrift)
RdErl.	Runderlass
RdJ	Recht der Jugend (Zeitschrift)
RdJB	Recht der Jugend und des Bildungswesens (Zeitschrift)
RdK	Das Recht des Kraftfahrers (Zeitschrift, ab 1952: Deutsches Autorecht)
RdL	Recht der Landwirtschaft (Zeitschrift)
RdNr.	Randnummer(n)
RE	Rechtsentscheid
Recht	Das Recht (Zeitschrift)

Rechtstheorie	Rechtstheorie (Zeitschrift)
rechtsw.	rechtswidrig
RefE	Referentenentwurf
Reg.	Regierung
RegBez.	Regierungsbezirk
RegBl.	Regierungsblatt
RegE	Regierungsentwurf
RegUnterhV	Regelunterhalt-Verordnung v. 27. 6. 1970 (BGBl. I S. 1010)
RegVBG	Gesetz zur Vereinfachung und Beschleunigung registerrechtlicher und anderer Verfahren (Registerverfahrensbeschleunigungsgesetz) v. 20. 12. 1993 (BGBl. I S. 2182)
Reithmann/Martiny/Bearbeiter	Reithmann/Martiny, Internationales Vertragsrecht, 6. Aufl. 2004
RelKErzG	Gesetz über die religiöse Kindererziehung v. 15. 7. 1921 (RGBl. 939)
REMiet.	Rechtsentscheide Mietrecht (Thieler, Frantzioch, Uetzmann)
RES	Sammlung der Rechtsentscheide in Wohnraummietsachen, hrsg. v. Landfermann, Herde, Bd. I Entscheidungen 1980/1981, Bd. II Entscheidungen 1982, Bd. III Entscheidungen 1983, Bd. IV Entscheidungen 1984, Bd. V Entscheidungen 1985, Bd. VI Entscheidungen 1986/1987
RFH	Reichsfinanzhof, zugleich amtliche Sammlung der Entscheidungen (Bd. u. Seite)
RG	Reichsgericht
RGBl.	Reichsgesetzblatt
RG-Praxis	Die Reichsgerichtspraxis im deutschen Rechtsleben
RGRK/Bearbeiter	Das Bürgerliche Gesetzbuch mit besonderer Berücksichtigung der Rechtsprechung des Bundesgerichtshofs, Kommentar, hrsg. v. Mitgliedern des Bundesgerichtshofs, 12. Aufl. 1974 ff.
RGSt.	Amtliche Sammlung von Entscheidungen des Reichsgerichts in Strafsachen
RGZ	Amtliche Sammlung von Entscheidungen des Reichsgerichts in Zivilsachen
RheinZ	Rheinische Zeitschrift für Zivil- und Prozeßrecht
Rh.-Pf.; rh.-pf.	Rheinland-Pfalz; rheinland-pfälzisch
RiA	Recht im Amt (Zeitschrift); s. auch AW/RiA
Riezler	Riezler, Internationales Zivilprozeßrecht und prozessuales Fremdenrecht, 1949
RiM	Rechtsentscheide im Mietrecht (Müller, Oske, Becker, Blümmel)
Ring	Ring, Fernabsatzgesetz, Kommentar, 2000
Riv. di diritto civile	Rivista di diritto civile (Zeitschrift)
RIW	Recht der internationalen Wirtschaft (Zeitschrift, 1. 1954/55–3. 1957 u. 21. 1975 ff.; früher AWD)
RJA	Entscheidungen in Angelegenheiten der freiwilligen Gerichtsbarkeit und des Grundbuchrechts, zusammengestellt im Reichsjustizamt (1. 1900–17. 1922)
RJM	Reichsminister der Justiz
RJWG	Reichsjugendwohlfahrtsgesetz
RL	Richtlinie
RLA	Rundschau für den Lastenausgleich (1. 1952 ff.)
RMBl.	Reichsministerialblatt
ROHG	Reichsoberhandelsgericht, auch Entscheidungssammlung (Bd. und Seite)
Rosenberg/Schwab/Gottwald Zivilprozessrecht	Rosenberg/Schwab/Gottwald, Zivilprozessrecht, 16. Aufl. 2004
Rolland	Rolland, Kommentar zum 1. Eherechtsreformgesetz, 2. Aufl. 1982, mit Nachtrag 1983
Rolland HRG	Rolland, Gesetz zur Regelung von Härten im Versorgungsausgleich (HRG), Kommentar, 1983
Roth	Roth, Handels- und Gesellschaftsrecht, 6. Aufl. 2001
Roth/Altmeppen	Roth/Altmeppen, GmbHG, 5. Aufl. 2005

ROW	Recht in Ost und West (Zeitschrift)
Rpfleger	Der Deutsche Rechtspfleger (Zeitschrift)
RPflG	Rechtspflegergesetz v. 5. 11. 1969 (BGBl. I S. 2065)
RPflJb.	Rechtspflegerjahrbuch
RRa	Reiserecht aktuell
RRG 1992	Gesetz zur Reform der gesetzlichen Rentenversicherung (Rentenreformgesetz 1992 – RRG 1992) v. 18. 12. 1989 (BGBl. I S. 2261)
RRG 1999	Gesetz zur Reform der gesetzlichen Rentenversicherung (Rentenreformgesetz 1999) v. 16. 12. 1997 (BGBl. I S. 2998)
Rs.	Rechtssache
RSiedlG	Reichssiedlungsgesetz v. 11. 8. 1919 (RGBl. S. 1429)
Rspr.	Rechtsprechung
RT	Reichstag
RuG	Recht und Gesellschaft (Zeitschrift)
Ruland/Tiemann	Ruland/Tiemann, Versorgungsausgleich und steuerliche Folgen der Ehescheidung, 1977
r+s.	Recht und Schaden (Zeitschrift)
RÜG.	Gesetz zur Herstellung der Rechtseinheit in der gesetzlichen Renten- und Unfallversicherung (Renten-Überleitungsgesetz – RÜG) v. 25. 7. 1991 (BGBl. I S. 1606)
RuStAG	siehe StAG
RuW.	Recht und Wirtschaft (Zeitschrift)
RV.	Die Rentenversicherung (Zeitschrift)
RVÄndG.	Zweites Rentenversicherungs-Änderungsgesetz v. 23. 12. 1966 (BGBl. I S. 745)
RVG	Gesetz über die Vergütung der Rechtsanwältinnen und Rechtsanwälte (Rechtsanwaltsvergütungsgesetz) v. 5. 5. 2004 (BGBl. I S. 718)
RvglHWB	Rechtsvergleichendes Handwörterbuch für das Zivil- und Handelsrecht des In- und Auslandes (Bd. u. Seite)
RVO	Reichsversicherungsordnung v. 15. 12. 1924 (RGBl. S. 779)
RWP	Rechts- und Wirtschaftspraxis (Loseblatt-Ausgabe)
RzW	Rechtsprechung zum Wiedergutmachungsrecht (Zeitschrift)
S.	Seite; Satz; Recueil Sirey
s.	siehe; section
s. a.	siehe auch
Saage/Göppinger	Saage/Göppinger, Freiheitsentziehung und Unterbringung, 3. Aufl. 1994
v. Sachsen Gessaphe	Prinz v. Sachsen Gessaphe, Der Betreuer als gesetzlicher Vertreter für eingeschränkt Selbstbestimmungsfähige, 1999
Saarl.	Saarland
SaBl.	Sammelblatt für Rechtsvorschriften des Bundes und der Länder
SaBremR	Sammlung des bremischen Rechts
Sachgeb.	Sachgebiet
SAE.	Sammlung arbeitsrechtlicher Entscheidungen (Zeitschrift)
SächsAnn.	Annalen des Sächsischen Oberlandesgerichts zu Dresden
SächsArch..	Sächsisches Archiv für Rechtspflege (Zeitschrift)
Savigny	Savigny, System des heutigen römischen Rechts, Bd. I–VIII, 1814–49, 2. Neudruck 1981
Schaub/Bearbeiter	Schaub, Arbeitsrechts-Handbuch, 13. Aufl. 2009
ScheckG	Scheckgesetz v. 14. 8. 1933 (RGBl. I S. 597)
Schellhorn u. a., SGB VIII/KJHG	Schellhorn/Fischer/Mann (Hrsg.), SGB VIII/KJHG, Kommentar, 3. Aufl. 2007
SchiffsRegO	Schiffsregisterordnung idF der Bek. v. 26. 5. 1951 (BGBl. I S. 359)
SchiffsRG	Gesetz über Rechte an eingetragenen Schiffen und Schiffsbauwerken (Schiffsrechtegesetz) v. 15. 11. 1940 (RGBl. I S. 1499)
Schlechtriem SchuldR BT	Schlechtriem, Schuldrecht Besonderer Teil, 7. Aufl. 2009

Schlegelberger/Bearbeiter	Schlegelberger, Handelsgesetzbuch, Kommentar von Geßler, Hefermehl, Hildebrand, Schröder, Martens und K. Schmidt, 5. Aufl. 1973 ff.
SchlH	Schleswig-Holstein
SchlHA	Schleswig-Holsteinische Anzeigen (NF 1. 1837 ff. Zeitschrift)
K. Schmidt HandelsR	K. Schmidt, Handelsrecht, 5. Aufl. 1999
K. Schmidt GesR	K. Schmidt, Gesellschaftsrecht, 4. Aufl. 2002
Schöner/Stöber	Schöner/Stöber, Grundbuchrecht, begr. v. Haegele, 14. Aufl. 2008
Schönke/Schröder/Bearbeiter	Schönke/Schröder, StGB. Kommentar, 27. Aufl. 2006
Scholz/Bearbeiter	Scholz, Kommentar zum GmbHG, 10. Aufl. 2006
Scholz/Stein	Scholz/Stein, Praxishandbuch Familienrecht, Loseblatt
Sternel	Sternel, Mietrecht, 3. Aufl. 1988
Sternel MietR aktuell	Sternel, Mietrecht aktuell, 4. Aufl. 2001
Schubert Vorentwürfe	Die Vorlagen der Redaktoren für die erste Kommission zur Ausarbeitung des Entwurfs eines Bürgerlichen Gesetzbuches, hrsg. v. W. Schubert, 1980 ff.
Schwab/Bearbeiter	Schwab, Handbuch des Scheidungsrechts, 5. Aufl. 2004
Schwab FamR	Schwab, Familienrecht, 16. Aufl. 2008
SchwbG	Gesetz zur Sicherung der Eingliederung Schwerbehinderter in Arbeit, Beruf und Gesellschaft (Schwerbehindertengesetz) idF d. Bek. v. 26. 8. 1986 (BGBl. I S. 1422)
schweiz.	schweizerisch
SchweizAG	Schweizerische Aktiengesellschaft, Société anonyme suisse (Zeitschrift)
SE	Societas Europaea, Europäische Gesellschaft
SeemannsG	Seemannsgesetz v. 26. 7. 1957 (BGBl. II S. 713)
SeeRÄndG	Gesetz zur Änderung des Handelsgesetzbuchs und anderer Gesetze (Seerechtsänderungsgesetz) v. 21. 6. 1972 (BGBl. I S. 966, 1300) iVm. Bek. v. 21. 3. 1973 (BGBl. I S. 266)
SeeRVerteilO	Gesetz über das Verfahren bei der Errichtung und Verteilung eines Fonds zur Beschränkung der Haftung für Seeforderungen (Seerechtliche Verteilungsordnung) idF der Bek. v. 23. 3. 1999 (BGBl. I S. 530)
Sem. Jud.	La Semaine Judiciaire (Zeitschrift)
SeuffA	Seufferts Archiv für Entscheidungen der obersten Gerichte in den deutschen Staaten (Zeitschrift, zitiert nach Bd. u. Nr.; 1. 1847–98. 1944)
SeuffBl.	Seufferts Blätter für Rechtsanwendung (Zeitschrift, zitiert nach Bd. u. Seite)
SG	Sozialgericht
SGB	Sozialgesetzbuch – SGB I: (1. Buch) Allgemeiner Teil v. 11. 12. 1975 (BGBl. I S. 3015); SGB II: (2. Buch) Grundsicherung für Arbeitsuchende v. 24. 12. 2003 (BGBl. I S. 2954); SGB III: (3. Buch) Arbeitsförderung v. 24. 3. 1997 (BGBl. I S. 594); SGB IV: (4. Buch) Gemeinsame Vorschriften für die Sozialversicherung v. 23. 12. 1976 (BGBl. I S. 3845); SGB V: (5. Buch) Gesetzliche Krankenversicherung v. 20. 12. 1988 (BGBl. I S. 2477); SGB VI: (6. Buch) Gesetzliche Rentenversicherung v. 19. 2. 2002 (BGBl. I S. 754); SGB VII: (7. Buch) Gesetzliche Unfallversicherung v. 7. 8. 1996 (BGBl. I S. 1254); SGB VIII: (8. Buch) Kinder- und Jugendhilfe idF der Bek. v. 14. 12. 2006 (BGBl. I S. 3134); SGB IX: (9. Buch) Rehabilitation und Teilhabe behinderter Menschen v. 19. 6. 2001 (BGBl. I S. 1046); SGB X: (10. Buch) Sozialverwaltungsverfahren und Sozialdatenschutz v. 18. 1. 2001 (BGBl. I S. 130); SGB XI: (11. Buch) Soziale Pflegeversicherung v. 26. 5. 1994 (BGBl. I S. 1014); SGB XII: (12. Buch) Sozialhilfe v. 27. 12. 2003 (BGBl. I S. 3022)
SGb.	Die Sozialgerichtsbarkeit (Zeitschrift)
SGG	Sozialgerichtsgesetz idF der Bek. v. 23. 9. 1975 (BGBl. I S. 2535)
SigG	Gesetz über Rahmenbedingungen für elektronische Signaturen (Signaturgesetz) v. 16. 5. 2001 (BGBl. I S. 876)
Simader	Simader, Dienstanweisung für die Standesbeamten und ihre Aufsichtsbehörden, Loseblatt-Kommentar

SJZ	Süddeutsche Juristenzeitung (Zeitschrift)
SM; SMen	Schutzmaßnahme(n)
SMG	Gesetz zur Modernisierung des Schuldrechts v. 26. 11. 2001 (BGBl. I S. 3138)
s. o.	siehe oben
SoldG	Gesetz über die Rechtsstellung der Soldaten (Soldatengesetz – SG) idF der Bek. v. 14. 2. 2001 (BGBl. I S. 232)
Soergel/Bearbeiter	Bürgerliches Gesetzbuch mit Einführungsgesetz und Nebengesetzen, begr. v. Soergel, 12. Aufl. 1987 ff.; 13. Aufl. 1999 ff.
SoergRspr.	Soergel(s) Rechtsprechung zum gesamten Zivil-, Handels- und Prozeßrecht (Jahr, Paragraph und Nr.)
sog.	so genannt
Sonnenfeld	Sonnenfeld, Betreuungs- und Pflegschaftsrecht, 2. Aufl. 2001
SorgeRG	Gesetz zur Neuregelung des Rechts der elterlichen Sorge v. 18. 7. 1979 (BGBl. I S. 1061)
SorgeRÜbkAG	Gesetz zur Ausführung von Sorgerechtsübereinkommen und zur Änderung des Gesetzes über die Angelegenheiten der freiwilligen Gerichtsbarkeit sowie anderer Gesetze vom 5. 4. 1990 (BGBl. I S. 701)
Sozialer Fortschritt	Sozialer Fortschritt (Zeitschrift)
SozR	Sozialrecht, Rechtsprechung und Schrifttum, bearbeitet von den Richtern des Bundessozialgerichts
SozVers.	Die Sozialversicherung (Zeitschrift)
SozW	Sozialwissenschaft(en)
SP	Schaden-Praxis (Zeitschrift)
Sp.	Spalte
SpuRt	Zeitschrift für Sport und Recht (Zeitschrift)
st.	ständig
Staat	Der Staat. Zeitschrift für Staatslehre, öffentliches Recht und Verfassungsgeschichte (Bd. u. Seite)
StabG	Gesetz zur Förderung der Stabilität und des Wachstums der Wirtschaft v. 8. 6. 1967 (BGBl. I S. 582)
StAG	Staatsangehörigkeitsgesetz idF der Bek. v. 15. 7. 1999 (BGBl. 1618), bis 31. 12. 1999 amtliche Überschrift: Reichs- und Staatsangehörigkeitsgesetz
StARegG	Gesetz zur Regelung von Fragen der Staatsangehörigkeit v. 22. 2. 1955 (BGBl. I S. 65) und 2. v. 17. 5. 1956 (BGBl. I S. 431)
Staub/Bearbeiter	Staub, Handelsgesetzbuch, Großkommentar, 4. Aufl. 1982 ff.
Staudinger/Bearbeiter	v. Staudinger, Kommentar zum Bürgerlichen Gesetzbuch, 12. Aufl. 1978 ff., weitere Bände zitiert mit Angabe der Jahreszahl in Klammern
StAZ	Das Standesamt (Zeitschrift)
StB	Der Steuerberater (Zeitschrift)
StBerG	Steuerberatungsgesetz idF der Bek. v. 4. 11. 1975 (BGBl. I S. 2735)
StBG	Gesetz vom 20. 2. 1967 über die Staatsbürgerschaft der Deutschen Demokratischen Republik
StBp.	Die steuerliche Betriebsprüfung (Zeitschrift)
Stein/Jonas/Bearbeiter	Stein/Jonas, Zivilprozessordnung, Kommentar, 22. Aufl. 2006
Sten. Prot.	Stenographisches Protokoll
StGB	Strafgesetzbuch idF der Bek. v. 13. 11. 1998 (BGBl. I S. 3322)
StGH	Staatsgerichtshof
StiftG	Stiftungsgesetz
StPO	Strafprozessordnung idF der Bek. v. 7. 4. 1987 (BGBl. I S. 1074, 1319)
str.	streitig
StrEG	Gesetz über die Entschädigung von Strafverfolgungsmaßnahmen v. 8. 3. 1971 (BGBl. I S. 157)
Streit	Streit, Feministische Rechtszeitschrift
Strohal	Strohal, Das deutsche Erbrecht, 3. Aufl., Band 1 (1903), Band 2 (1904)
st. Rspr.	ständige Rechtsprechung
StudK/Bearbeiter	Kropholler, Studienkommentar zum BGB, 11. Aufl. 2008

StuR	Staat und Recht (DDR-Zeitschrift)
StuW	Steuer und Wirtschaft (Zeitschrift)
StVG	Straßenverkehrsgesetz v. 19. 12. 1952 (BGBl. I S. 837)
StVO	Straßenverkehrs-Ordnung idF der Bek. v. 16. 11. 1970 (BGBl. I S. 1565; 1971 I S. 38)
StVollzG	Strafvollzugsgesetz v. 16. 3. 1976 (BGBl. I S. 581)
StVZO	Straßenverkehrs-Zulassungs-Ordnung idF der Bek. v. 28. 9. 1988 (BGBl. I S. 1793)
s. u.	siehe unten
SV-Abk.	Sozialversicherungsabkommen
SVG	Gesetz über die Versorgung für die ehemaligen Soldaten der Bundeswehr und ihre Hinterbliebenen (Soldatenversorgungsgesetz) idF d. Bek. v. 6. 5. 1999 (BGBl. I S. 882, 1491)
SVO	Verordnung zur Sozialpflichtversicherung der Arbeiter und Angestellten (DDR)
SZS	Schweizerische Zeitschrift für Sozialversicherung und berufliche Vorsorge
TDG	Gesetz über die Nutzung von Telediensten (Teledienstegesetz) v. 22. 7. 1997 (BGBl. I S. 1870), aufgehoben
TestG	Gesetz ü. d. Errichtung v. Testamenten und Erbverträgen (Testamentsgesetz) v. 31. 7. 1938 (RGBl. I S. 973)
Thomas/Putzo	Thomas/Putzo/Reichold/Hüßtege, Zivilprozessordnung, Kommentar, 29. Aufl. 2008
TierSchG	Tierschutzgesetz idF der Bek. v. 15. 5. 2006 (BGBl. I S. 1206, ber. S. 1313)
Timesharing-RL	Richtlinie 94/47/EG des Europäischen Parlaments und des Rates v. 26. 10. 1994 zum Schutz der Erwerber im Hinblick auf bestimmte Aspekte von Verträgen über den Erwerb von Teilzeitnutzungsrechten an Immobilien (ABl. EG Nr. L 280 S. 83)
TKG	Telekommunikationsgesetz idF der Bek. v. 22. 6. 2004 (BGBl. I S. 1190)
TOA	Täter-Opfer-Ausgleich
TPG	Gesetz über die Spende, Entnahme und Übertragung von Organen (Transplantationsgesetz) v. 5. 11. 1997 (BGBl. I S. 2631)
TranspR	Transport- und Speditionsrecht (Zeitschrift)
Tröndle/Fischer	s. Fischer
TSG	Gesetz über die Änderung der Vornamen und die Feststellung der Geschlechtszugehörigkeit in besonderen Fällen (Transsexuellengesetz) v. 10. 9. 1980 (BGBl. I S. 1654)
türk.	türkisch
v. Tuhr	v. Tuhr, Der Allgemeine Teil des Deutschen Bürgerlichen Rechts, Bd. I 1910, Bd. II 1. Halbbd. 1914, 2. Halbbd. 1918
TVG	Tarifvertragsgesetz idF der Bek. v. 25. 8. 1969 (BGBl. I S. 1323)
TzBfG	Gesetz über Teilzeitarbeit und befristete Arbeitsverträge (Teilzeit- und Befristungsgesetz) v. 21. 12. 2000 (BGBl. I S. 1966)
TzWrG	Gesetz über die Veräußerung von Teilnutzungsrechten an Wohngebäuden (Teilzeit-Wohnrechtegesetz) idF der Bek. v. 29. 6. 2000 (BGBl. I S. 957), aufgehoben
Tz.	Textziffer
u.	und; unten; unter
u. a.	unter anderem; und andere
u. a. m.	und andere(s) mehr
u. Ä.	und Ähnliche(s)
u. Ä. m.	und Ähnliches mehr
überwM	überwiegende Meinung
Übk.	Übereinkommen
ÜG	Überweisungsgesetz v. 21. 7. 1999 (BGBl. I S. 1642)
UFITA	Archiv für Urheber-, Film-, Funk- und Theaterrecht (Zeitschrift, zitiert nach Bd. und Seite)

Uhlenbruck/Bearbeiter. .	Uhlenbruck, Insolvenzordnung, Kommentar, 12. Aufl. 2003
UJ	Unsere Jugend (Zeitschrift)
UKlaG	Gesetz über Unterlassungsklagen bei Verbraucherrechts- und anderen Verstößen (Unterlassungsklagengesetz) idF der Bek. v. 27. 8. 2002 (BGBl. I S. 3422)
Ulmer/Brandner/Hensen	Ulmer/Brandner/Hensen, AGB-Recht, Kommentar, 10. Aufl. 2006
Ulmer/Habersack/Winter	Ulmer/Habersack/Winter, GmbHG, Kommentar, Bd. I 2005, Bd. II 2006
Unterhaltsrecht/Bearbeiter	Unterhaltsrecht, Handbuch für die Praxis, von G. Heiß, und W. Born, u. a. Loseblatt
UmweltHG.	Umwelthaftungsgesetz v. 10. 12. 1990 (BGBl. I S. 2634)
UmwG	Umwandlungsgesetz v. 28. 10. 1994 (BGBl. I S. 3210)
UNCTAD	United Nations Congress of Trade and Development
UNIDROIT.	Institut International pour l'Unification du Droit Privé
Unilex.	Datenbank Unilex www.unilex.info
UN-KaufR.	(Wiener) Übereinkommen der Vereinten Nationen über Verträge über den internationalen Warenkauf v. 11. 4. 1980 (BGBl. 1989 II S. 586; 1990 II S. 1477), siehe auch CISG
UNO	United Nations Organization
unstr.	unstreitig
UnterhRÄndG	Gesetz zur Änderung des Unterhaltsrechts v. 21. 12. 2007 (BGBl. I S. 3189)
UPR	Umwelt- und Planungsrecht (Zeitschrift)
UrhG	Gesetz über Urheberrecht und verwandte Schutzrechte (Urheberrechtsgesetz) v. 9. 9. 1965 (BGBl. I S. 1273)
USt	Umsatzsteuer
UStA.	Haager Übereinkommen über das auf Unterhaltspflichten anzuwendende Recht (Unterhaltsstatutabkommen von 1973) v. 2. 10. 1973 (BGBl. 1986 II S. 825, 837; 1987 II S. 225)
UStAK	Haager Übereinkommen über das auf Unterhaltsverpflichtungen gegenüber Kindern anwendbare Recht (Unterhaltsstatutabkommen für Kinder von 1956) v. 24. 10. 1956 (BGBl. 1961 II S. 1013)
UStG.	Umsatzsteuergesetz idF der Bek. v. 21. 2. 2005 (BGBl. I S. 386)
usw.	und so weiter
uU.	unter Umständen
UVG	Unterhaltsvorschussgesetz
UWG	Gesetz gegen den unlauteren Wettbewerb idF der Bek. v. 3. 7. 2004 (BGBl. I S. 1414)
v.	vom; von
VA.	Vermittlungsausschuß
VAE	Verkehrsrechtliche Abhandlungen und Entscheidungen (Zeitschrift)
VAG	Gesetz über die Beaufsichtigung der Versicherungsunternehmen (Versicherungsaufsichtsgesetz) idF der Bek. v. 17. 12. 1992 (BGBl. 1993 I S. 3)
VAHRG	Gesetz zur Regelung von Härten im Versorgungsausgleich v. 21. 2. 1983 (BGBl. I S. 105)
Var.	Variante
VAStrRefG	Gesetz zur Strukturreform des Versorgungsausgleichs v. 3. 4. 2009 (BGBl. I S. 700)
VAÜG.	Gesetz zur Überleitung des Versorgungsausgleichs auf das Beitrittsgebiet (Versorgungsausgleichs-Überleitungsgesetz – VAÜG), Art. 31 des RÜG v. 25. 7. 1991 (BGBl. I S. 1606, 1702)
VAWMG.	Gesetz über weitere Maßnahmen auf dem Gebiet des Versorgungsausgleichs v. 8. 12. 1986 (BGBl. I S. 2317)
VBL	Versorgungsanstalt des Bundes und der Länder
VBlBW.	Verwaltungsblätter für Baden-Württemberg
VerBAV	Veröffentlichungen des Bundesaufsichtsamtes f. das Versicherungs- und Bausparwesen (Zeitschrift)

Verb. Komm.	Verbandskommentar, Kommentar zur Reichsversicherungsordnung (4. und 5. Buch), hrsg. v. Verband Deutscher Rentenversicherungsträger
Verb. Komm. SGB VI	Kommentar zum Recht der gesetzlichen Rentenversicherung. Sozialgesetzbuch, Sechstes Buch – Gesetzliche Rentenversicherung, hrsg. vom Verband Deutscher Rentenversicherungsträger
VereinsG	Vereinsgesetz idF der Bek. v. 5. 8. 1964 (BGBl. I S. 593)
Verf.	Verfassung
VerglO	Vergleichsordnung v. 26. 2. 1935 (RGBl. I S. 321)
Verh.	Verhandlung(en)
Verh. DJT	Verhandlungen des Deutschen Juristentages
VerkBl.	Verkehrsblatt, Amtsblatt des Bundesministers für Verkehr
VerkMitt.	Verkehrsrechtliche Mitteilungen (Zeitschrift)
VerkRdsch.	Verkehrsrechtliche Rundschau (Zeitschrift)
VerlG.	Gesetz über das Verlagsrecht v. 19. 6. 1901 (RGBl. S. 217)
VermG	Gesetz zur Regelung offener Vermögensfragen (Vermögensgesetz) idF der Bek. v. 21. 12. 1998 (BGBl. I S. 4026)
Veröff.	Veröffentlichung
VersArch.	Versicherungswissenschaftliches Archiv (Zeitschrift)
VersAusglG	Gesetz über den Versorgungsausgleich v. 3. 4. 2009 (BGBl. I S. 700)
VerschG.	Verschollenheitsgesetz idF der Bek. v. 15. 1. 1951 (BGBl. I S. 63)
VersR	Versicherungsrecht, Juristische Rundschau für die Individualversicherung (Zeitschrift)
VersRdSch.	Versicherungsrundschau (österreichische Zeitschrift)
VersR-HdB	Handbuch Versicherungsrecht, hrsg. v. van Bühren, 4. Aufl. 2009
VersW	Versicherungswirtschaft (Zeitschrift)
Verw.	Verwaltung
VerwA	Verwaltungsarchiv (Zeitschrift)
VerwG	Verwaltungsgericht
VerwGH	Verwaltungsgerichtshof
VerwRspr.	Verwaltungsrechtsprechung in Deutschland (Bd. u. Seite)
Vfg.	Verfügung
VFGüterstandsG	Gesetz über den ehelichen Güterstand von Vertriebenen und Flüchtlingen v. 4. 8. 1969 (BGBl. I S. 1067)
VG	Verwaltungsgericht
VGH	Verfassungsgerichtshof
vgl.	vergleiche
vH	von (vom) Hundert
VHB	Allgemeine Hausratversicherungsbedingungen
VIZ	Zeitschrift für Vermögens- und Investitionsrecht
VMBl.	Ministerialblatt des Bundesministers für (ab 1962: der) Verteidigung
VO	Verordnung
VOBl.	Verordnungsblatt
VolljG	Gesetz zur Neuregelung des Volljährigkeitsalters v. 31. 7. 1974 (BGBl. I S. 1713)
Vorauf l.	Vorauflage
VormG	Vormundschaftsgericht
Vorb.	Vorbemerkung
VPB	Verwaltungspraxis der Bundesbehörden (früher VEB)
VR	Verkehrs-Rundschau
VRG	Gesetz zur Förderung v. Vorruhestandsleistungen (Vorruhestandsgesetz) v. 13. 4. 1984 (BGBl. I S. 601)
VRÜ	Verfassung und Recht in Übersee (Zeitschrift, 1. 1968 ff.)
VSSR	Vierteljahresschrift für Sozialrecht
VStG	Vermögensteuergesetz idF v. 14. 11. 1990 (BGBl. I S. 2468)
VuR	Verbraucher und Recht (Zeitschrift)
VVaG	Versicherungsverein auf Gegenseitigkeit
VVDStRL	Veröffentlichungen der Vereinigung Deutscher Staatsrechtslehrer
VVG	Gesetz über den Versicherungsvertrag v. 30. 5. 1908 (RGBl. S. 263)

VwGO	Verwaltungsgerichtsordnung idF der Bek. v. 19. 3. 1991 (BGBl. I S. 686)
VwKostG	Verwaltungskostengesetz v. 23. 6. 1970 (BGBl. I S. 821)
VwV	Verwaltungsverordnung; Verwaltungsvorschrift
VwVfG	Verwaltungsverfahrensgesetz idF der Bek. v. 21. 9. 1998 (BGBl. I S. VZS Vereinigte Zivilsenate
VwZG	Verwaltungszustellungsgesetz v. 3. 7. 1952 (BGBl. I S. 379)
Wagenitz/Bornhofen	Wagenitz/Bornhofen, Familiennamensrechtsgesetz, 1994
WarnR	Rechtsprechung des Reichsgerichts, herausgegeben von Warneyer (Bd. u. Nr.), ab 1961: Rechtsprechung des Bundesgerichtshofs in Zivilsachen
WE	Wohnungseigentum
WEG	Gesetz über das Wohnungseigentum und das Dauerwohnrecht (Wohnungseigentumsgesetz) v. 15. 3. 1951 (BGBl. I S. 175)
WehrPflG	Wehrpflichtgesetz idF d. Bek. v. 21. 12. 1995 (BGBl. I S. 1756)
Wendl/Staudigl	Wendl/Staudigl, Das Unterhaltsrecht in der familienrichterlichen Praxis, 7. Aufl. 2008
WertV	Verordnung über die Grundsätze für die Ermittlung der Verkehrswerte von Grundstücken (Wertermittlungsverordnung – WertV) v. 6. 12. 1988 (BGBl. I S. 2209)
Westermann, Schuldrecht 2002	Westermann, Das Schuldrecht 2002, Systematische Darstellung der Schuldrechtsreform, 2002
Graf v. Westphalen/Bearbeiter	Graf v. Westphalen, Vertragsrecht und AGB-Klauselwerke, Loseblatt-Ausgabe
WG	Wechselgesetz v. 21. 6. 1933 (RGBl. I S. 399)
WGO	Die wichtigsten Gesetzgebungsakte in den Ländern Ost-, Südosteuropas und in den asiatischen Volksdemokratien (Zeitschrift)
WHG	Gesetz zur Ordnung des Wasserhaushalts (Wasserhaushaltsgesetz) idF der Bek. v. 19. 8. 2002 (BGBl. I S. 3245)
Wiedemann GesR I bzw. II	Wiedemann, Gesellschaftsrecht, Bd. I: Grundlagen, 1980; Bd. II: Recht der Personengesellschaften, 2004
Wiesner/Bearbeiter	Wiesner/Fegert/Mörsberger/Oberloskamp/Struck, SGB VIII, Kinder- und Jugendhilfe, Kommentar, 3. Aufl. 2006
WiGBl.	Gesetzblatt der Verwaltung des Vereinigten Wirtschaftsgebiets
Windscheid I, II, III	Windscheid, Lehrbuch des Pandektenrechts, Bd. I–III, 9. Aufl. 1906, bearbeitet v. Kipp
WiR	Wirtschaftsrecht
WiRO	Wirtschaft und Recht in Osteuropa (Zeitschrift)
WiSta	Wirtschaft und Statistik (hrsg. v. Statistischen Bundesamt; Zeitschrift)
WiStG	Gesetz zur weiteren Vereinfachung des Wirtschaftsstrafrechts (Wirtschaftsstrafgesetz) idF der Bek. v. 3. 6. 1975 (BGBl. I S. 1313)
WM	Wertpapiermitteilungen, Zeitschrift für Wirtschaft und Bankrecht (Zeitschrift)
WoGG	Wohngeldgesetz idF der Bek. v. 23. 1. 2002 (BGBl. I S. 474)
Wolf AT	E. Wolf, Allgemeiner Teil des bürgerlichen Rechts, 3. Aufl. 1982
Wolf SaR	E. Wolf, Lehrbuch des Sachenrechts, 2. Aufl. 1979
Wolf SchR	E. Wolf, Lehrbuch des Schuldrechts, 1978
Wolf/Lindacher/Pfeiffer	M. Wolf/Lindacher/Pfeiffer, AGB-Recht, Kommentar, 5. Aufl. 2009
WoM	Wohnungswirtschaft und Mietrecht (Informationsdienst des Deutschen Mieterbundes; Zeitschrift)
WoVermG	Gesetz zur Regelung der Wohnungsvermittlung v. 4. 11. 1971 (BGBl. I S. 1745, 1747)
WP	Wahlperiode
WPflG	Wehrpflichtgesetz idF der Bek. v. 20. 2. 2002 (BGBl. I S. 954)
WPg	Die Wirtschaftsprüfung (Zeitschrift)

WpHG	Gesetz über den Wertpapierhandel (Wertpapierhandelsgesetz) idF der Bek. v. 9. 9. 1998 (BGBl. I S. 2708)
WPO	Gesetz über die Berufsordnung der Wirtschaftsprüfer (Wirtschaftsprüferordnung) v. 5. 11. 1975 (BGBl. I S. 2833)
WRP	Wettbewerb in Recht und Praxis (Zeitschrift)
WRV	Weimarer Reichsverfassung v. 11. 8. 1919 (RGBl. S. 1383)
WStG	Wehrstrafgesetz v. 24. 5. 1974 (BGBl. I S. 1213)
WuB	Wirtschafts- und Bankrecht (Zeitschrift)
WÜK	Gesetz zu dem Wiener Übereinkommen vom 24. April 1963 über konsularische Beziehungen v. 26. 8. 1969 (BGBl. II S. 1585)
WürttNV	Mitteilungen aus der Praxis, hrsg. v. Württembergischen Notarverein (bis 20. 1954), dann BWNotZ
WürttRpflZ	Württembergische Zeitschrift für Rechtspflege und Verwaltung
WürttZ	Zeitschrift für die freiwillige Gerichtsbarkeit und Gemeindeverwaltung in Württemberg
WuR	Die Wirtschaft und das Recht (Zeitschrift)
WuM	Wohnungswirtschaft und Mietrecht (Zeitschrift, 1. 1948 ff.)
WuW	Wirtschaft und Wettbewerb (Zeitschrift)
WuW/E	Wirtschaft und Wettbewerb – Entscheidungssammlung
WzS	Wege zur Sozialversicherung
ZAkDR	Zeitschrift der Akademie für Deutsches Recht
ZaöRV	Zeitschrift für ausländisches öffentliches Recht und Völkerrecht (zitiert nach Bd. u. Seite)
ZAP	Zeitschrift für die Anwaltspraxis
ZAS	Zeitschrift für Arbeits- und Sozialrecht (Österreich)
ZAR	Zeitschrift für Ausländerrecht und Ausländerpolitik
zB	zum Beispiel
ZBB	Zeitschrift für Bankrecht und Bankwirtschaft
ZBergR	Zeitschrift für Bergrecht
ZBernJV	Zeitschrift des Bernischen Juristenvereins
ZBlFG	Zentralblatt für freiwillige Gerichtsbarkeit und Notariat (ab 12. 1911/12: für freiwillige Gerichtsbarkeit, Notariat und Zwangsversteigerung), 1. 1900/01–22. 1921/22
ZBlHR	Zentralblatt für Handelsrecht
ZBlJugR	Zentralblatt für Jugendrecht und Jugendwohlfahrt
ZblSozVers	Zentralblatt für Sozialversicherung, Sozialhilfe und -versorgung
ZBR	Zeitschrift für Beamtenrecht
ZDJ	Zeitschrift des Bundes Deutscher Justizamtmänner
ZERB (ZErb)	Zeitschrift für Steuer- und Erbrechtspraxis
ZEuP	Zeitschrift für Europäisches Privatrecht (Zeitschrift)
ZEV	Zeitschrift für Erbrecht und Vermögensnachfolge (Zeitschrift)
ZevKR	Zeitschrift für evangelisches Kirchenrecht
ZfA	Zeitschrift für Arbeitsrecht
ZfbF	(Schmalenbachs) Zeitschrift für betriebswirtschaftliche Forschung
ZfBR	Zeitschrift für deutsches und internationales Baurecht (1. 1978 ff.)
ZFE	Zeitschrift für Familien- und Erbrecht
ZfF	Zeitschrift für das Fürsorgewesen (Zeitschrift)
ZfgK	Zeitschrift für das gesamte Kreditwesen (Zeitschrift)
ZfIR	Zeitschrift für Immobilienrecht (Zeitschrift)
ZfJ	Zeitschrift für Jugendrecht (Zeitschrift)
ZfKiJugPsychiatrie	Zeitschrift für Kinder- und Jugendpsychiatrie
ZfRV	Zeitschrift für Rechtsvergleichung (Österreich)
ZfS	Zeitschrift für Schadensrecht (1. 1980 ff.)
ZfSH	Zeitschrift für Sozialhilfe (1. 1962 ff.)
ZfSoz	Zeitschrift für Soziologie
ZfSozReform	Zeitschrift für Sozialreform
ZfSozW	Zeitschrift für Sozialwissenschaft

ZfVersWesen	Zeitschrift für Versicherungswesen
ZfZ	Zeitschrift für Zölle und Verbrauchssteuern
ZGB	Schweizerisches Zivilgesetzbuch
ZGB DDR	Zivilgesetzbuch der Deutschen Demokratischen Republik v. 19. 6. 1975 (GBl. DDR I S. 465)
ZgesGenW	Zeitschrift für das gesamte Genossenschaftswesen
ZgesStaatsW	Zeitschrift für die gesamte Staatswissenschaft
ZgesStrafW	(s. ZStrW)
ZGR	Zeitschrift für Unternehmens- und Gesellschaftsrecht
ZGS	Zeitschrift für das gesamte Schuldrecht
ZHR	Zeitschrift für das gesamte Handelsrecht und Wirtschaftsrecht (früher Zeitschrift für das gesamte Handelsrecht und Konkursrecht)
Ziff.	Ziffer(n)
ZImmunForsch	Zeitschrift für Immunitätsforschung, Allergie und klinische Immunologie
ZInsO	Zeitschrift für das gesamte Insolvenzrecht (Zeitschrift)
ZIP	Zeitschrift für Wirtschaftsrecht (bis 1982: Zeitschrift für Wirtschaftsrecht und Insolvenzpraxis)
ZIR	Zeitschrift für internationales Recht (früher NiemeyersZ)
zit.	zitiert
ZivG	Zivilgericht
ZKredW	Zeitschrift für das gesamte Kreditwesen
ZLR	Zeitschrift für Luftrecht
ZLW	Zeitschrift für Luftrecht und Weltraumrechtsfragen
ZMR	Zeitschrift für Miet- und Raumrecht
ZöffR	Zeitschrift für öffentliches Recht
Zöller/Bearbeiter	Zöller, Zivilprozessordnung, Kommentar, 27. Aufl. 2009
Zöllner Wertpapierrecht	Zöllner, Wertpapierrecht, begr. v. Rehfeldt, 14. Aufl. 1987
ZOV	Zeitschrift für offene Vermögensfragen
ZPO	Zivilprozessordnung idF der Bek. v. 5. 12. 2005 (BGBl. I S. 3202, berichtigt 2006 S. 431)
ZRechtsmed.	Zeitschrift für Rechtsmedizin
ZRG	Zeitschrift der Savigny-Stiftung für Rechtsgeschichte (germ. Abt. = germanistische Abteilung; rom. Abt. = romanistische Abteilung, kanon. Abt. = kanonistische Abteilung)
ZRP	Zeitschrift für Rechtspolitik
ZRvgl.	Zeitschrift für Rechtsvergleichung
ZS	Zivilsenat
ZSR	Zeitschrift für Sozialreform
ZStrW	Zeitschrift für die gesamte Strafrechtswissenschaft (Bd. u. Seite)
zT	zum Teil
ZTR	Zeitschrift für Tarifrecht
ZUM	Zeitschrift für Verkehr- und Medienrecht
Zur Sache	Zur Sache 2/76, Reform des Ehe- und Familienrechts – Versorgungsausgleich –, hrsg. v. Presse- und Informationszentrum des Deutschen Bundestages
zust.	zuständig; zustimmend
ZustErgG	Gesetz zur Ergänzung von Zuständigkeiten auf den Gebieten des Bürgerlichen Rechts, des Handelsrechts und des Strafrechts (Zuständigkeitsergänzungsgesetz) v. 7. 8. 1952 (BGBl. I S. 407)
ZustG	Zustimmungsgesetz
ZustG/MSA	(deutsches) Gesetz vom 30. 4. 1971 zu dem Haager Übereinkommen über die Zuständigkeit der Behörden und das anzuwendende Recht auf dem Gebiet des Schutzes von Minderjährigen v. 5. 10. 1961 (BGBl. 1971 II S. 217, 1150)
zutr.	zutreffend
ZVerkR	Zeitschrift für Verkehrsrecht (Österreich)
ZVersWes.	Zeitschrift für Versicherungswesen

ZVersWiss. . . . . Zeitschrift für die gesamte Versicherungswissenschaft (1. 1901–43. 1943; 49. 1960 ff.)
ZVG . . . . Gesetz über die Zwangsversteigerung und Zwangsverwaltung idF der Bek. v. 20. 5. 1898 (RGBl. S. 369, 713)
ZVglRWiss. . . . . Zeitschrift für vergleichende Rechtswissenschaft (Bd., Jahr u. Seite)
ZVOBl. . . . . Zentralverordnungsblatt
ZVölkR . . . . Zeitschrift für Völkerrecht
ZVP . . . . Zeitschrift für Verbraucherpolitik
ZWE . . . . Zeitschrift für das Wohnungseigentum
ZZP . . . . Zeitschrift für Zivilprozeß (Bd., Jahr u. Seite)
zZt . . . . zur Zeit

Bürgerliches Gesetzbuch

in der Fassung der Bekanntmachung vom 2. Januar 2002
(BGBl. I S. 42, ber. S. 2909 und 2003 I S. 738),
zuletzt geändert durch Gesetz vom 28. September 2009 (BGBl. I S. 3161)

Buch 4. Familienrecht

Abschnitt 1. Bürgerliche Ehe
(§§ 1297–1588)

Einleitung

Allgemeines Schrifttum zum Familienrecht

(Das Spezialschrifttum ist vor den einzelnen Abschnitten, Titeln oder Paragraphen aufgeführt)

Alternativkommentar zum BGB, Bd. 5, Familienrecht, 1981; *Bamberger/Roth,* Kommentar zum BGB, Bd. 3, 2. Aufl. 2008; *Bergerfurth,* Das Eherecht, 8. Aufl. 1987; *Bergmann/Ferid,* Internationales Ehe- und Kindschaftsrecht (Loseblattausgabe), 6. Aufl. 1983 ff., 170. Lfg. 2007; *Boschan,* Europäisches Familienrecht, 6. Aufl. 1998; *Dölle,* Familienrecht, Bd. 1: 1964, Bd. 2: 1965; *Dreier,* Grundgesetz Kommentar, Bd. 1, Art. 1–19, 2. Aufl. 2004; *Enneccerus/Kipp/Wolff,* Lehrbuch des Bürgerlichen Rechts, Bd. 4, Familienrecht, 7. Bearb. 1931; *Erman,* Kommentar zum BGB, Bd. 2, 12. Aufl. 2008; *Fahrenhorst,* Familienrecht und Europäische Menschenrechtskonvention, 1994; *Gernhuber,* Neues Familienrecht. Eine Abhandlung zum Stil des jüngeren Familienrechts, 1977; *Gernhuber/Coester-Waltjen,* Lehrbuch des Familienrechts, 5. Aufl. 2006; *Giesen,* Familienrecht, 3. Aufl. 2004; *Gottwald* (Hrsg.), Münchener Prozessformularbuch, Bd. 3, Familienrecht, 2001; *Henrich,* Familienrecht, 5. Aufl. 1995; *Hofer/Klippel/Walter* (Hrsg.), Perspektiven des Familienrechts, FS Dieter Schwab, 2005; *Huffmann,* Die Erfassung der Ehe im Zivilrecht, 1990; *Jauernig,* Kommentar zum BGB, 12. Aufl. 2007; *Johannsen/Henrich,* Eherecht, Kommentar, 4. Aufl. 2003; *Kissel,* Ehe und Ehescheidung, 1977; *Lipp,* Examens-Repetitorium Familienrecht, 2. Aufl. 2005; *Lüderitz/Dethloff,* Familienrecht, 28. Aufl. 2007; *v. Mangoldt/Klein/Starck,* Grundgesetz-Kommentar, Bd. 1, Art. 1–19, 5. Aufl. 2005; *Maunz/Dürig,* Kommentar zum Grundgesetz, Bd. 1, Art. 1–5, 7. Aufl. 2006 (Loseblattausgabe: 47. Lfg.); *Motive* zu dem Entwurfe eines Bürgerlichen Gesetzbuches für das Deutsche Reich, Bd. 4, Familienrecht, 2. Aufl. 1896; *Müller-Freienfels,* Ehe und Recht, 1962; *Mugdan,* Die gesamten Materialien zum Bürgerlichen Gesetzbuch für das Deutsche Reich, Bd. 4, Familienrecht, 1899; *Muscheler,* Familienrecht, 2006; *Palandt,* Kommentar zum BGB, 67. Aufl. 2008; *Ramm,* Familienrecht I, Recht der Ehe, 1985; *Rauscher,* Familienrecht, 2. Aufl. 2008; *RGR*-Kommentar zum BGB, Bd. 4, Familienrecht, 12. Aufl., Teil 1 1984, Teil 2–4 1999; *Schellhammer,* Familienrecht nach Anspruchsgrundlagen, 4. Aufl. 2006; *Schwab,* Familienrecht, 15. Aufl. 2007; *ders.,* Familienrecht und deutsche Einigung, 1991; *Schwab/Hahne,* Familienrecht im Brennpunkt, 2004; *Schlüter,* BGB-Familienrecht, 12. Aufl. 2006; *Simitis/Zenz,* Familie und Familienrecht, 2 Bde. 1975; *Soergel/Siebert,* Bd. 7, Familienrecht I, 12. Aufl. 1988; *Staudinger,* Kommentar zum BGB, Buch 4, Familienrecht, Teilbände: §§ 1297–1362, Bearb. 2000; §§ 1363–1563, Neubearb. 2007; §§ 1564–1568, Neubearb. 2004; §§ 1587–1588, Neubearb. 2004; §§ 1589–1600 e, Neubearb. 2004; §§ 1601–1615 o, Neubeab. 2000; §§ 1616–1625, Bearb. 2000; §§ 1626–1633, Bearb. 2002; §§ 1638–1683, Neubearb. 2004; §§ 1684–1717, Neubearb. 2006; §§ 1741–1772, Neubearb. 2007; §§ 1773–1895, Neubearb. 2004; §§ 1896–1921, Neubearb. 2006; *Stern,* Staatsrecht, Bd. IV/1, Die einzelnen Grundrechte, 2006; *Weinreich/Klein,* Kompaktkommentar Familienrecht, 2. Aufl. 2005.

Übersicht

A. Allgemeines

Schrifttum: *Bosch/Hegnauer/Hoyer,* Ziviltrauung vor religiöser Trauung – sinnvoll oder überholt?, FamRZ 1997, 1313; *Müller-Freienfels,* Zur Diskussion um die systematische Einordnung des Familienrechts, RabelsZ 37 (1973), 609; *Müller-Vollbehr,* Der Begriff des Sozialrechts im Wandel, JZ 1978, 249; *Renck,* Staatliche und kirchliche Eheschließung, NJW 1996, 907; *Schwarz,* Zur Entstehung des modernen Pandektensystems, ZRG RA 42 (1921), 578; *Tillmanns,* Die Unvereinbarkeit des § 67 PStG mit dem Grundgesetz, NVwZ 2003, 43.

I. Historische Entwicklung zum bürgerlichen Ehe- und Familienrecht

1 **1. Eherecht.** Als 1880 der ersten Kommission zur Ausarbeitung eines Bürgerlichen Gesetzbuchs der Entwurf des vierten Buches vorgestellt wurde, rechtfertigte der Redaktor Gottlieb Planck einleitend die staatliche Gesetzgebungstätigkeit auf dem Gebiet des Eherechts mit der Notwendigkeit, diese Materie konfessionell neutral und damit einheitlich für alle Angehörigen des Reiches zu regeln.[1] Den Hintergrund dieser Erklärung bildeten die Auseinandersetzungen, die Staat und Kirche im 19. Jahrhundert um die Regelungskompetenz in Ehesachen geführt hatten und die in Deutschland erst 1875 endgültig zugunsten des Staates entschieden worden waren. Nach einem heftigen, das ganze Jahrhundert durchziehenden Streit war in diesem Jahr durch das Personenstandsgesetz die Zivilehe eingeführt worden und damit im gesamten Gebiet des deutschen Reiches die Zuständigkeit für Eheschließungen von kirchlichen auf staatliche Stellen übergegangen. Hierdurch war die letzte der von den Kirchen gehaltenen Bastionen im Eherecht gefallen und eine jahrhundertelange Zuständigkeit der Kirche für Ehefragen endgültig beendet.

[1] Begründung des Entwurfs eines Familienrechts für das Deutsche Reich, Berlin 1880, 1. Abschnitt, Die Ehe, Einleitung, S. 12, in: Die Vorlage der Redaktoren für die erste Kommission zur Ausarbeitung des Entwurfs eines Bürgerlichen Gesetzbuchs, Familienrecht Teil 1, *Schubert* (Hrsg.), 1983. Auch die ersten Kommentare thematisieren diese Kompetenzfrage noch, etwa *Schmidt/Habicht,* Kommentar zum BGB, Familienrecht, 1900, 4. Buch, 1. Abschn. II.

a) Kirchliche Zuständigkeit. Das Eheschließungs- und Ehescheidungsrecht hatte in Europa seit dem 12. Jahrhundert **kirchlicher Gesetzgebung und Rechtsprechung** unterstanden und war damit fast 600 Jahre lang Kirchenrecht gewesen. Der Zuständigkeit der weltlichen Obrigkeit hatten in diesem Zeitraum lediglich die güter- und vermögensrechtlichen Folgen der Ehe unterlegen. Theoretische Grundlage für das Jurisdiktionsmonopol der Kirche war die von der Theologie im Laufe des 12. Jahrhunderts entwickelte Lehre von der Sakramentsnatur der Ehe. Als ein von Christus eingesetztes Gnadenmittel zählte die Ehe zu den causae spirituales, den geistlichen Angelegenheiten, für deren Regelung nach den zeitgenössischen Vorstellungen über die Einflusssphären der geistlichen und weltlichen Obrigkeit nicht die politische Ordnungsmacht, sondern die Kirche zuständig war. Diese setzte mit den Normen des kanonischen Rechts die christliche Ehelehre um, zu deren zentralen Elementen das Prinzip der Eheschließungsfreiheit und der Grundsatz der Unauflöslichkeit der Ehe gehörten. Freiheit der Eheschließung bedeutete juristisch die Durchsetzung des aus dem römischen Recht bekannten Konsensprinzips, nach dem zum gültigen Eheschluss allein der übereinstimmende Wille der Eheleute, nicht aber Zustimmungen Dritter oder sonstige Äußerlichkeiten erforderlich waren. Unauflöslichkeit der Ehe hieß in der juristischen Umsetzung, dass die Ehe auf Lebenszeit geschlossen wurde und nur durch den Tod der Eheleute enden konnte. Das kanonische Recht kannte somit keine Scheidung der Ehe und ließ in eng umgrenzten Ausnahmefällen lediglich eine Trennung von Tisch und Bett (separatio quoad mensam et thorum) zu, was jedoch, da die eheliche Verbindung als solche bestehen blieb, eine erneute Eheschließung zu Lebzeiten des Ehepartners ausschloss.[2] Eine Aufhebung der Ehe kam lediglich in Betracht, wenn sich herausstellte, dass eines der – in großer Zahl aufgestellten – Ehehindernisse bei Eingehung der Ehe nicht beachtet worden war. 2

b) Konfessionelle Aufspaltung. Die Grundsätze des kanonischen Rechts zu den Voraussetzungen der Ehe und zu ihrer Nichtauflösbarkeit wurden geschichtlich zum ersten Mal in der Reformation in Frage gestellt und angegriffen. Die Auseinandersetzungen um ihre Berechtigung endeten noch **im 16. Jahrhundert** mit der konfessionellen Aufspaltung des bis dahin einheitlichen christlichen Eherechts. Dabei konnte es auf protestantischer Seite wegen des landeskirchlichen Aufbaus keine einheitliche Kodifikation des Eherechts geben; die landesherrlichen Regelungen in den einzelnen Territorien erfolgten jedoch auf der gemeinsamen Grundlage der evangelischen Lehre und unterschieden sich im Ergebnis nur in Einzelfragen. 3

Die folgenschwerste inhaltliche Divergenz zwischen den Konfessionen bestand in der Anerkennung der **Ehescheidung** durch die Reformatoren. Diese hielten in bestimmten Fällen, zu denen jedenfalls Ehebruch, die böswillige Verlassung und der Abfall vom Glauben gehörten, die Auflösung der Ehe mit dem Recht auf Wiederheirat für zulässig.[3] Zu unterschiedlichen Lösungen kamen die christlichen Kirchen aber auch in einer zentralen Frage der **Eheschließung.** Die konsequente Umsetzung des Konsensprinzips hatte in der Vergangenheit zu religiös problematischen und sozial unhaltbaren Zuständen geführt. Auf seiner Grundlage war es einem Paar zum Beispiel möglich, ohne jede Publizität und Förmlichkeit allein aufgrund entsprechender Willensäußerungen die Ehe zu schließen. Solche ohne elterliche Einwilligung, ohne Zeugen und ohne Kenntnis Dritter bei einer Zusammenkunft zu zweit an irgendeinem Ort geschlossenen **heimlichen Ehen** hatten zu sozialen Missständen geführt. Zum einen blieben sie regelmäßig unbeweisbar, wenn einer 4

---

[2] Die einzige Möglichkeit der Wiederheirat noch zu Lebzeiten des Ehepartners gab das privilegium Paulinum (vgl. 1. Kor. 7, 12–15). Nach diesem konnte ein während der Ehe katholisch gewordener Ehegatte „zugunsten des Glaubens" eine neue Ehe eingehen, wenn der Partner der ersten Ehe ungläubig blieb oder nicht gewillt war, seine Glaubensausübung zu dulden.

[3] Andere Umstände wie die Verweigerung der ehelichen Pflicht, Misshandlung und Lebensnachstellung blieben als Scheidungsgründe umstritten, dazu *Dieterich,* Das protestantische Eherecht in Deutschland bis zur Mitte des 17. Jahrhunderts, 1970, 1. Kap., VI, 5, S. 69; 2. Kap., II, 6, S. 105; 3. Kap., III, 14, S. 143; 4. Kap., IV, 9, S. 163; 5. Kap., IV, 13, S. 234.

der beiden Beteiligten später den Eheschluss leugnete. Die Nachteile trafen in diesem Fall vielfach die (schwangere) Frau, die sich auf ein der sexuellen Beziehung vorausgegangenes beidseitiges Eheversprechen berief, das der Mann, da ohne Zeugen abgegeben, erfolgreich leugnen konnte. Abgesehen von solchen Konstellationen waren die „Winkelehen" untragbar geworden, weil sie die Möglichkeit eröffneten, die Ehe gegen den elterlichen Willen einzugehen und damit familiäre Erb- und Heiratsstrategien zu durchkreuzen. Nicht nur unter sozialen, sondern auch unter religiösen Gesichtspunkten waren die matrimonia clandestina problematisch, ermöglichten sie doch die Eingehung mehrerer Ehen nebeneinander. Denn eine heimlich geschlossene Ehe war und blieb vollgültig und hatte vor Gott Bestand, auch wenn sie vor menschlichen Gerichten unbeweisbar war und den Beteiligten eine weitere Eheschließung nicht verwehrt werden konnte.

5 Nachdem alle von weltlichen wie kirchlichen Gesetzgebern angeordneten straf- und zivilrechtlichen Sanktionen die heimlichen Eheschlüsse nicht hatten verhindern können, begegnete die katholische Kirche dem Problem der heimlichen Ehen 1563 auf dem Konzil von Trient mit einer Änderung des Eheschließungsrechts und machte die priesterliche Trauung zur Gültigkeitsvoraussetzung der Eheschließung.[4] Man hielt zwar am Konsens der Eheleute als tragendem Prinzip für den Eheschluss fest, forderte jedoch, dass dieser in einem Publizitätsakt vor dem Priester geäußert wurde. Auch wenn die praktische Umsetzung dieses Dekrets lange dauerte, weil seine Wirksamkeit von der Verkündung in den einzelnen Kirchengemeinden abhing, war das Problem der heimlichen Ehen in den katholischen Ländern theoretisch klar gelöst. In den protestantischen Territorien war dies nicht der Fall, hier wurde die kirchliche Trauung durch einen Geistlichen von den Landesgesetzgebern erst im Laufe des 18. Jahrhunderts als zwingendes Erfordernis für einen gültigen Eheschluss eingeführt.[5]

6 **c) Regelungszuständigkeit.** Konfessionell unterschiedlich wurde seit der Reformation auch die Frage der Regelungszuständigkeit in Ehesachen entschieden. Nach der protestantischen Ehelehre war die Ehe kein Sakrament, sondern wie Luther es formulierte, „eyn eußerlich leyplich ding",[6] also eine allgemeine weltliche Angelegenheit, für die nicht die Kirche, sondern die **weltliche Obrigkeit zuständig** war. Inhaltlich änderte die neue Kompetenzverteilung allerdings am Einfluss der kirchlichen Lehre auf das Eherecht nichts, denn die Ehe war durch die neue Zuordnung nicht als theologischer Gegenstand aufgegeben worden. So zählte das Eherecht in den evangelischen Territorien niemals zu den Gegenständen des ius civile, sondern wurde von Theologen wie Juristen immer zu den Gegenständen des protestantischen Kirchenrechts gerechnet.[7] Nach lutherischem Verständnis war und blieb die Ehe ihrer Natur nach ein geistlicher, heiliger Stand, den die evangelischen Landesherren und Städte nach den biblischen Vorgaben zu regeln hatten. In diesem Sinne befassten sich die protestantischen Herrscher mit den Ehefragen nicht im Rahmen ihrer weltlichen Regierungsgeschäfte, sondern in Ausübung des ihnen als Landesherren zukommenden Kirchenregiments. Vielfach siedelten sie das Eherecht in Kirchen- oder speziellen Eheordnungen an, nicht aber in den die politisch-bürgerliche Ordnung regelnden Stadt- und Landrechten. Auch die Rechtsprechung in Ehesachen wurde nicht weltlichen Gerichten übertragen, sondern unterstand weiterhin der kirchlichen Gerichtsbarkeit, nämlich den Konsistorien. Mit Juristen und Theologen besetzt waren diese in den protestantischen Ländern neu geschaffenen Behörden mit kirchlichen Verwaltungs- und Rechtsprechungsaufgaben betraut und unter anderem für Ehesachen zuständig.

---

[4] Decretum tametsi v. 11. 11. 1563, in: Concilium Tridentinum, *Societas Goerresiana* (Hrsg.), Freiburg 1901 ff.

[5] Vgl. dazu *Friedberg,* Das Recht der Eheschließung in seiner geschichtlichen Entwicklung, 1865, 3. Buch, II, 1 c, S. 262 ff. und 2 c, S. 297 ff.

[6] Vom ehelichen Leben (1522), Martin Luthers Werke, Kritische Gesamtausgabe (Weimarer Ausgabe), 1883 ff., Bd. 10/2, S. 266, 283.

[7] Vgl. dazu *Schwab,* Grundlagen und Gestalt der staatlichen Ehegesetzgebung in der Neuzeit, 1967, Teil III, Kap. 1, S. 104 ff.; Teil V, Kap. 2, S. 221 ff.

In den katholischen Territorien blieb die Regelung der Ehefragen auch nach der Reformation Gegenstand des kanonischen Rechts und formell wie materiell fest in kirchlicher Hand. Ein einheitliches, nicht konfessionell bestimmtes Eherecht gab es in Europa von dieser Zeit an jahrhundertelang nicht. Dies warf historisch so lange keine Probleme auf, wie die europäischen Länder in glaubensmäßig homogene Gebiete aufgeteilt waren und es, außer den Angehörigen der jüdischen Religion, die traditionell eine Sonderstellung hatten, Nicht-Christen in nennenswertem Umfang nicht gab. Seit dem Augsburger Religionsfrieden von 1555 beanspruchten die territorialen Obrigkeiten das ius reformandi, das Recht, die Religionsangelegenheiten in ihrem Herrschaftsgebiet eigenständig zu regeln und das Bekenntnis der Untertanen entsprechend dem Grundsatz cuius regio – eius religio zu bestimmen. 1648 im Westfälischen Frieden ausdrücklich anerkannt, führte diese Konfessionshoheit der Reichsstände zu religiös geschlossenen Territorien, in denen die Bewohner grundsätzlich dem gleichen Bekenntnis anhingen. Bei Heiraten führte demzufolge auch die Anwendung eines konfessionell bestimmten Eherechts weder zu kollisionsrechtlichen noch zu persönlichen Glaubens- und Gewissensproblemen. In dieser Zeit, in der jeder Mensch selbstverständlich einer der christlichen Religionen angehörte und sich die individuellen Rechte in Religionsangelegenheiten auf das ius emigrationis, das Recht des andersgläubigen Untertanen auf freien „Ab- und Zugang“ unter Mitnahme seines Vermögens beschränkte, gab es das Bedürfnis nach einer anderen als religiös bestimmten und konfessionell ausgerichteten Regelung des Eherechts nicht. 7

d) Säkularisierung des Eherechts. Dies änderte sich in der **Zeit der Aufklärung,** in der sich die religiöse Gebundenheit der Menschen erstmals seit dem Mittelalter wieder lockerte und anstelle der göttlichen Offenbarung die menschliche Vernunft zum Ausgangspunkt des Denkens und aller Erkenntnis wurde. In dem neuen, rational bestimmten Denken hatten absolute, objektive Glaubensgewissheiten keinen Platz mehr und es konnte folglich auch keine Religion, auch nicht die christliche, Anspruch auf Allgemeingültigkeit ihrer Lehren erheben. Die Zurückweisung des Richtigkeitsanspruchs einer Religion – Lessing hat diesen Gedanken in der Ringparabel des Nathan literarisch unübertroffen formuliert – hatte rechtlich zur Folge, dass den Vorschriften einer Religionsgemeinschaft jeweils nur auf religiöser Ebene für die Angehörigen des entsprechenden Glaubens Bedeutung zuerkannt wurde. Die christlichen Vorschriften des Eherechts konnten mithin nicht länger Allgemeingültigkeit beanspruchen, eine sozial verbindliche Normierung der Ehe musste konfessionell neutral erfolgen. 8

Auf diesem gedanklichen Hintergrund basierte im 18. Jahrhundert der staatliche Zugriff auf das Eherecht, das nun nicht nur formal der Regelungszuständigkeit, sondern auch inhaltlich dem Einfluss der christlichen Kirchen entzogen wurde. Man begriff in dieser Epoche die Ehe als profane Angelegenheit, die der staatliche Gesetzgeber als Teil der weltlichen Rechtsordnung zu regeln hatte. Die anderslautenden christlichen Konzeptionen, nach denen die Ehe ein Sakrament beziehungsweise eine geistliche Institution war, verwies man in den Bereich nur subjektiv geltender Glaubensvorstellungen. 9

Die folgenschwerste Auswirkung der Säkularisierung des Eherechts war die weitestgehende Relativierung des Grundsatzes der Unauflöslichkeit der Ehe. So enthielt das Preußische Allgemeine Landrecht von 1794 – hier als zeittypische Kodifikation herangezogen, weil das Eherecht des BGB gerade in Abgrenzung von ihm konzipiert wurde – ein äußerst liberales Scheidungsrecht. Der preußische Gesetzgeber sah eine Vielzahl von bislang nicht gekannten Scheidungsgründen vor und schuf ein großes Angebot an Beendigungsmöglichkeiten einer Ehe. Nicht erst der Ehebruch, sondern auch schon der „verdächtige Umgang“ gab eine Scheidungsmöglichkeit, daneben waren scheidungsrelevant die bösliche Verlassung, die Versagung der ehelichen Pflicht, Impotenz und Geisteskrankheit, Lebensnachstellungen, die Verübung grober Verbrechen, unordentliche Lebensart, Versagung des Unterhalts sowie die Veränderung der Religion (II 1 §§ 669–751). Geschichtlich ein novum stellte die auf der Vertragsdoktrin basierende Möglichkeit dar, kinderlose Ehen aufgrund „gegenseitiger Ein- 10 willigung" zu scheiden (II 1 § 716).[8] Nicht die rechtsdogmatische Konstruktion der Ehe als Vertrag, sondern das politische Ziel der „Vermehrung der Population" führte zur Einführung eines weiteren Scheidungsgrundes, des der „unüberwindlichen Abneigung"; diese rechtfertigte die Scheidung der Ehe auch bei nur einseitigem Vorliegen (II 1 §§ 718 a–b). Wie mit dieser Scheidungsmöglichkeit die bevölkerungspolitischen Interessen des preußischen Staates gefördert wurden, erläuterte Carl Gottlieb Svarez: „Wenn eine gegenseitige unversöhnliche Abneigung obwaltet, so ist wohl wenig Hoffnung vorhanden, daß irgend einer von den Zwecken der Ehe unter diesen Eheleuten jemals werde erreicht werden können. Es schadet also der Population, wenn man solche Leute, die in besser assortirten Verbindungen dem Staate noch mehr Kinder verschaffen könnten, zwingen will, bei einander zu bleiben".[9] Diese unmittelbare Orientierung des Eherechts an Staatswohlinteressen entsprach aufklärerischen Gesetzgebungsprinzipien, nach denen sich die rechtliche Regelung einer sozialen Angelegenheit am Wohle der Gesellschaft, und nicht an Glaubensgrundsätzen einer Konfession, auszurichten hatte.

11 **e) Kirchliches Trauungsmonopol.** Während das ALR im Scheidungsrecht die säkulare Ehekonzeption der Aufklärung voll verwirklichte, behauptete sich im Eheschließungsrecht Preußens weiterhin die christliche Kirche. Der preußische Gesetzgeber nahm von der Regelung der Eingehung der Ehe Abstand und stellte für die Eheschließung ein staatliches Verfahren nicht zur Verfügung. Er verwies stattdessen Christen auf die priesterliche Trauung, Angehörige anderen Glaubens auf „die Gebräuche ihrer Religion" (II 1 §§ 136, 137).

12 Diese **(Nicht)Regelung der Eheschließung** im Allgemeinen Landrecht des protestantischen Preußen stellte ein in den damaligen staatlichen Ehegesetzgebungen typisches **Zugeständnis an die christlichen Kirchen** dar, die Berücksichtigung auch sonstiger Religionsgemeinschaften beruhte auf aufklärerischem Toleranzdenken. Auch im katholischen Österreich beispielsweise hatte Kaiser Joseph II., als er im Ehepatent von 1783 das Eherecht regelte, die Trauung vor dem „Pfarrer, Pastor oder Popen" als einzig zulässige Eheschließungsform vorgesehen, 1811 wurde diese Lösung im ABGB fortgeschrieben.[10] Ähnlich gingen die Gesetzgeber anderer Territorien bei der Normierung des Eherechts vor. Das Scheidungs- und Ehehindernisrecht wurde staatlich eigenständiger Regelung unterworfen und dabei in der Regel zugleich den Kirchen die Jurisdiktionsgewalt über Ehesachen entzogen. Gleichwohl aber behielt man die religiöse Zeremonie als einzige Eheschließungsform bei.[11] Bei allem Zugriff der weltlichen Gesetzgeber auf Gerichtsbarkeit, Ehevoraussetzungs- und Scheidungsrecht behauptete sich mithin das **kirchliche Trauungsmonopol** in den Ländern des deutschen Reiches durchgängig. Unangetastet bestand dieses ohnehin fort in den Territorien, in denen es zu einer weltlichen Ehegesetzgebung überhaupt nicht gekommen und das konfessionelle Eherecht der christlichen Kirchen unangetastet geblieben war.[12]

13 Angegriffen und beseitigt wurde die Eheschließungskompetenz der Kirchen erstmals in **Frankreich,** wo 1792 durch die Revolutionsgesetzgebung die **Zivilehe,** der Eheschluss vor einer staatlichen Behörde, als einzig zulässige Eheschließungsform eingeführt worden war.

[8] Gekannt hatte die Ehescheidung aufgrund bloßer Einwilligung beider Teile allerdings schon das Corpus juris Fridericiani von 1749/51, doch war dieses Gesetz nur in einzelnen preußischen Landesteilen in Kraft getreten (*Savigny,* Darstellung der in den Preußischen Gesetzen über die Ehescheidung unternommenen Reformen, Berlin 1844, in: Vermischte Schriften, Bd. V, Berlin 1850, S. 222 ff., 257).

[9] *Svarez,* Amtliche Vorträge bei der Schlußrevision des Allgemeinen Landrechts, Berlin 1833, ad Teil 2, Tit. 1, Abschn. 8, S. 157; *Hubrich,* Das Recht der Ehescheidung in Deutschland, 1891, S. 185.

[10] § 29 Ehepatent von 1783, in: Handbuch aller unter der Regierung des Kaisers Joseph II. für die k. k. Erbländer ergangenen Verordnungen und Gesetze, Bd. 1780–1784, 1817, Nr. 117, S. 192. Das ABGB forderte die Erklärung vor dem Seelsorger eines der Brautleute, er mag nun, ... Pfarrer, Pastor oder wie sonst immer heißen (§§ 69, 75 ABGB).

[11] Vgl. etwa § 1588 sächs. BGB von 1863 (in Kraft seit 1865).

[12] So etwa in Nassau, Kurhessen, Württemberg, vgl. dazu *Buchholz,* Handbuch der Quellen und Literatur der neueren europäischen Privatrechtsgeschichte, hrsg. v. *Coing,* Bd. III/2, 1982, 4. Kap., I, A, 7, S. 1626, 1647 f., und *Schulte,* Handbuch des katholischen Eherechts, 1855, 2. Teil, § 1, S. 498.

Der **code civil** schrieb 1804 diese Säkularisierung fort mit der Bestimmung, dass eine Ehe „devant l'officier civil" zu schließen sei (artt. 165, 75). **In Deutschland** fand diese Regelung Eingang in den Territorien, in denen im Zusammenhang mit den Siegen Napoleons der code civil Einfluss und Geltung erlangt hatte. „Die Civilehe ging", so die treffende Formulierung Friedbergs, „unmittelbar im Gefolge der siegenden Heere".[13] Sie wurde eingeführt in den linksrheinischen Gebieten, im Hansischen und Lippischen Departement, in der Stadt Danzig, im Großherzogtum Berg, im Königreich Westfalen, in einer Reihe der Rheinbundstaaten, im Fürstentum Arenberg, im Großherzogtum Frankfurt, in den Herzogtümern Köthen und Nassau. In Baden, wo der code civil mit Zusätzen versehen in deutscher Übersetzung 1810 als Badisches Landrecht eingeführt wurde, kam es in Sachen Zivilehe zu dem sonderbaren Kompromiss, dass zwar die standesamtliche Eheschließung vorgeschrieben war, mit den Aufgaben des Standesbeamten jedoch Geistliche betraut wurden.[14]

Die militärische Niederlage Napoleons drängte den Einfluss seines Gesetzbuches wieder **14**
zurück. In einem Teil der genannten deutschen Territorien wurde bereits in den Jahren 1813/14 der code civil wieder aufgehoben und in Folge davon auch die Zivilehe abgeschafft. Während ihre Einführung hier nur ein kurzes Zwischenspiel gewesen war, blieb in anderen Ländern, wie den linksrheinischen Gebieten, dem ehemaligen Großherzogtum Berg und in Baden, das französische Recht und mit ihm auch die Zivilehe als einzig verbindliche Eheschließungsform in Geltung.

Schon bald wurde die kirchliche Zuständigkeit für die Eheschließung jedoch wieder **15**
allgemein zum Problem. Es zeigte sich, dass in der **bürgerlichen Gesellschaft des 19. Jahrhunderts,** die ein individuelles Recht auf Glaubens- und Gewissensfreiheit anerkannte und sich nach dem Prinzip allgemeiner Rechtsgleichheit organisierte, ein Rechtsakt wie die Eheschließung nicht länger den unterschiedlichen Bestimmungen der Kirchen und Glaubensgemeinschaften unterliegen konnte. Zunehmend ergaben sich bei Heiraten Konstellationen, in denen die Inkompatibilität der kirchlichen Eheschließungskompetenz mit den rechtlichen und politischen Organisationsgrundsätzen des bürgerlichen Staates zutage trat.

Streit entzündete sich zum einen an der Frage der Wiederheirat nach einer Scheidung. **16**
Unter Hinweis auf die noch bestehende Ehe verweigerten katholische wie evangelische Priester ihre Mitwirkung bei einer erneuten Eheschließung geschiedener Partner, wenn sie deren Scheidung nach kirchlichem Recht für unzulässig hielten. Da dies bei Katholiken immer der Fall war und bei Protestanten dann, wenn kein nach protestantischem Recht anerkannter Scheidungsgrund vorgelegen hatte, kam es zu solchen **Trauungsverweigerungen** auch in protestantischen Territorien, vor allem in solchen, in denen wie in Preußen ein liberales staatliches Scheidungsrecht galt. Aber selbst in den Territorien, in denen das kanonische Recht Geltung behalten hatte oder in denen die weltliche Gesetzgebung ihm insoweit folgte, als sie Katholiken nur die Trennung ihrer Ehe von Tisch und Bett gestattete,[15] kam es wegen der Zulässigkeit einer Wiederheirat zu Konflikten. Die weltlichen Gesetze gestatteten diese nämlich vielfach auch einem nur beständig von Tisch und Bett getrenntlebenden Ehepartner und erkannten damit der Ehetrennung die gleiche juristische Wirkung zu wie der Scheidung.[16] Der katholische Klerus unterlief auch hier das staatliche Recht, indem er in solchen Fällen die Mitwirkung bei der erneuten Eheschließung verweigerte.

Schwierigkeiten bereitete die kirchliche Trauungskompetenz zudem im Hinblick auf die **17**
Ehevoraussetzungen, bei deren Regelung die staatlichen Gesetzgebungen von den Vorgaben des kanonischen Rechts abwichen. So erkannten die weltlichen Gesetzgeber das stark

---

[13] *Friedberg* (Fn. 5) 4. Buch, VII, 2, S. 594.

[14] Badisches Landrecht I, Tit. 5, § 165, dazu *Friedberg* (Fn. 5) 4. Buch, XII, 3, S. 684.

[15] So zB § 39 Joseph. Ehepatent von 1783; §§ 103, 110, 111 ABGB; § 1766 sächs. BGB von 1863 (in Kraft seit 1865); I, 6, § 40 Codex Maximilianeus Bavaricus Civilis von 1756.

[16] So der Rechtszustand etwa in Sachsen-Weimar, Württemberg, Baden, Nassau, Kurhessen, zum Problem vgl. *Stölzel,* Wiederverheirathung eines beständig von Tisch und Bett getrennten Ehegatten, 1876; *Schulte* (Fn. 12) 2. Teil, § 6, S. 529 ff.

ausgedehnte kirchliche Ehehindernis der Verwandtschaft und der Schwägerschaft nicht an,[17] stellten andererseits aber aus Staatsraisongründen neue, der christlichen Ehelehre unbekannte Ehehindernisse auf – machten etwa die Eheschließung von Militärpersonen oder Beamten von der Erlaubnis des Dienstvorgesetzten abhängig oder verlangten von Kindern unter 24 Jahren die Einwilligung der Eltern.[18] Die Gültigkeit der Ehe von Bedingungen abhängig zu machen, die „aus puren Utilitäts-Administrations-Finanzverwaltungsrücksichten entsprungen sind",[19] war für einen christlichen Geistlichen nicht hinnehmbar. Für ihn waren die Bedingungen für die Eingehung einer Ehe durch Theologie und christliche Jurisprudenz nach den Aussagen der Bibel festgelegt worden und aus politischen Gründen nicht variierbar. Wie in der Frage der Wiederverheiratung nach Scheidung löste man den Konflikt, indem man sich über das staatliche Recht hinwegsetzte und die Trauung vornahm trotz gesetzlichen Verbots beziehungsweise sie verweigerte trotz gesetzlicher Zulässigkeit. Damit wurde auch das Ehehindernisrecht zu einer der Ursachen für die sich steigernden Spannungen zwischen Staat und Kirche um die Bestimmungsmacht in Ehesachen.

18 Zu unlösbaren Konflikten führte das Nebeneinander von kirchlichem und staatlichem Eherecht auch im Fall **konfessionell gemischter Ehen.** Aufgrund der politischen Neuordnung durch den Reichsdeputationshauptschluß von 1803 war in Deutschland die religiöse Geschlossenheit der Territorien aufgelöst worden. Es waren neue, konfessionell uneinheitliche Staaten entstanden, in denen es in zunehmendem Maße zu Heiraten zwischen Personen kam, die unterschiedlichen Glaubensgemeinschaften angehörten. Auch die Entwicklung der Verkehrsmittel, die die Mobilität der Menschen in bislang nicht gekanntem Ausmaß förderte, trug zur Verbreitung von Ehen zwischen Personen verschiedenen Glaubens bei. Wurde eine solche Mischehe eingegangen, war nun nicht nur unklar, welche Glaubensgemeinschaft für die Eheschließung zuständig war, sondern auch, in welchem Bekenntnis die Kinder erzogen werden sollten, außerdem die Frage, welches Recht im Fall der Scheidung einer solchen Ehe heranzuziehen sei. Da die Eherechte der Kirchen, Glaubensgemeinschaften und Staaten hier jeweils eigene Lösungen aufstellten, gestaltete sich die **Rechtslage völlig unübersichtlich.**

19 Katholisches wie evangelisches Eherecht entschieden alle Fragen zu ihren Gunsten. Sie forderten von ihren Gläubigen jeweils die Trauung vor dem eigenen Priester, die Kindererziehung im eigenen Glauben und die Durchführung der Scheidungsverfahren vor den eigenen Gerichten unter Anwendung des jeweils eigenen Scheidungsrechts.[20] Die Territorialstaaten stellten in ihren Gesetzen hingegen andere, differenzierende Lösungen zur Verfügung.[21] In der Scheidungsfrage etwa knüpften sie, soweit es nicht ohnehin eine eigenständige staatliche Regelung gab, an die Stellung im Verfahren an und bestimmten das anzuwendende Recht nach der Konfession des Klägers oder der des Beklagten. Die Frage der religiösen Kindererziehung überließen die Landesgesetzgeber meist der freien Vereinbarung der Eltern und bestimmten nur für den Fall der Nicht-Einigung die Religion des Vaters zum ausschlaggebenden Kriterium. In wenigen Fällen orientierte man sich auch am Geschlecht der Kinder und verlangte, dass Söhne das Bekenntnis des Vaters, Töchter das der Mutter anzunehmen hatten. Die Zuständigkeit für die Eheschließung bestimmten die territorialen Gesetzgeber teils nach der Konfession des Bräutigams, teils nach der der Braut. Über die unumgängliche Mitwirkung bei der Eheschließung konnten sich die Kirchen via Trauungsverweigerung jedoch auch in all diesen Fragen der Mischehe über die staatlichen Regeln hinwegsetzen und ihre anderslautenden Vorstellungen durchsetzen.

20 **f) Einführung der Zivilehe.** Das **Nebeneinander verschiedener Eherechte** führte letztlich zu einem rechtlichen Chaos. Eine kollisionsrechtliche Einigung zwischen kirchli-

[17] Zu den Auflockerungen im protestantischen Recht *Dieterich* (Fn. 3) 5. Kap. IV, 8, S. 214.

[18] ALR II 1 §§ 34 f., 45 ff., 950; ABGB § 54.

[19] *Schulte* (Fn. 12) 2. Teil, § 11, S. 555.

[20] Nachweise bei *Schulte* (Fn. 12) 2. Teil § 7, S. 534.

[21] Vgl. zum Folgenden die Übersicht bei *Schulte* (Fn. 12) 2. Teil, § 7, S. 534 und *Hubrich* (Fn. 9) 2. Buch, § 20, S. 166.

chen und staatlichen Normsetzern war nicht möglich. Zu sehr betraf das Eherecht Grundsatzfragen, in denen weder die Kirchen noch die Staaten nachgeben und die Regeln der Gegenseite anerkennen konnten. Während die Unauflöslichkeit der Ehe beispielsweise zum zentralen Kernbereich der christlichen Lehre zählte, war die Möglichkeit, eine Ehe zu scheiden, längst zum wesentlichen Bestandteil der säkularen Rechtsordnungen geworden.

Aus staatlicher Sicht war der Konflikt nur durch Verdrängung der Kirchen aus dem 21
Eherecht zu lösen. Das Mittel dazu war die Einführung der Zivilehe. Nur durch die Übertragung der öffentlichen Funktionen bei der Eheschließung auf staatliche Stellen konnte den Kirchen die Einflussmöglichkeit in Ehesachen genommen und die dem **bürgerlichen Staat** zustehende umfassende **Rechtsautorität** durchgesetzt werden. In diesem Sinne war die Zivilehe zum unverzichtbaren Bestandteil des säkularen Rechtsstaates geworden. Zusätzliche Bedeutung bekam die Einführung eines staatlichen Trauungsaktes im Zusammenhang mit der **nationalen Einigung** Deutschlands insofern, als die bürgerliche Rechtsgleichheit für alle Deutschen nur mit einem überkonfessionellen, allgemein verbindlichen Eheschließungsrecht herzustellen war.

So enthielt denn auch die **Paulskirchenverfassung** von 1849 im Zusammenhang mit 22
der Garantie der Glaubens- und Gewissensfreiheit die Bestimmung, dass niemand zu einer kirchlichen Handlung oder Feierlichkeit gezwungen werden dürfe und dass die Gültigkeit der Ehe nur „von der Vollziehung des Civilaktes abhängig" zu machen sei (§§ 49, 50). Das Scheitern der nationalen Einigungsbewegung von 1848 hatte zur Folge, dass diese erste freiheitliche Verfassung für Deutschland Entwurf blieb und nie in Kraft trat. Die Umsetzung der in ihr enthaltenen Grundsätze zum Eheschließungsrecht blieb Sache der Territorien.[22] Nur in einzelnen von ihnen wurde nach 1848 die Zivilehe obligatorisch, das heißt als einzig verbindliche Eheschließungsform eingeführt – teils bleibend wie im Jahre 1850 in Frankfurt am Main, teils nur vorübergehend wie 1849 in Anhalt-Köthen, wo sie ein Jahr später wieder abgeschafft wurde, oder in Kurhessen, wo sie immerhin fünf Jahre lang, von 1848 bis 1853, galt. Im Übrigen gab es die obligatorische Zivilehe noch in den Ländern, in denen nach wie vor der code civil galt. Andere Länder wie das Herzogtum Oldenburg oder Städte wie Hamburg stellten nach 1848 die Zivilehe fakultativ zur Verfügung, gaben den Paaren also die Entscheidungsmöglichkeit zwischen kirchlicher und standesamtlicher Trauung. In den meisten Territorien stand die Zivilehe jedoch nur als sog. Notzivilehe zur Verfügung, dh. als Notbehelf für Personen, denen von ihrer Kirche die Trauung verweigert wurde oder die keiner Religionsgemeinschaft angehörten, deren Trauungsakte und Registerführung staatlich anerkannt waren.

Abschließend entschieden wurde das Ringen um die Säkularisierung des Trauungsaktes 23
erst in den 70er Jahren des Jahrhunderts, als sich im preußisch-deutschen Kulturkampf die Auseinandersetzungen vor dem Hintergrund der allgemeinen antikatholischen Stimmung noch einmal verschärft hatten.[23] Von Bismarck, der als Abgeordneter des preußischen Herrenhauses 1849 noch einer der schärfsten Gegner der obligatorischen Zivilehe gewesen war, wurde das Thema – jetzt von der Gegenposition aus – in den Kampf gegen die Macht und den Einfluss der katholischen Kirche eingebracht. Da sich für die römisch-katholische Kirche vom Verständnis der Ehe als Sakrament her ein staatlicher Trauungsakt in weit grundlegenderem Maß verbot als für die evangelischen Landeskirchen, hatte sie sich in der Frage der Zivilehe von Anfang an sehr viel stärker engagiert und exponiert als die evangelische Kirche, für die die Ehe im lutherischen Sinn eine grundsätzlich weltliche Angelegenheit war. Die Niederlage der katholischen Kirche, die so in dieser Frage zur Hauptgegnerin der laizistischen Forderungen geworden war, war **1875** besiegelt, als durch das **Personenstandsgesetz** im gesamten Deutschen Reich die standesamtliche Trauung als

---

[22] Vgl. zum Folgenden die Zusammenstellung der Einzelgesetzgebung bei *Buchholz* (Fn. 12) 4. Kap., I, A, S. 1626 ff.

[23] Hierzu *Buchholz,* Beiträge zum Ehe- und Familienrecht des 19. Jahrhunderts, in: *Coing* (Hrsg.), Ius commune IX, 1980, S. 229 ff.

einzig verbindliche Form der Eheschließung eingeführt wurde. § 24 bestimmte: „Innerhalb des Deutschen Reiches kann eine Ehe rechtsgültig nur vor dem Standesbeamten geschlossen werden". Die Belange der Kirche erkannte der siegreiche Gesetzgeber in § 82 an, in dem er darauf hinwies, dass durch den staatlichen Trauungsakt die kirchlichen Verpflichtungen nicht berührt würden. Diese als „Höflichkeitsformel ohne juristisch faßbaren Inhalt" bezeichnete Norm[24] wurde als § 1588 in das BGB übernommen. Dort steht sie noch heute und weist auf den einstigen Machtkampf zwischen Staat und Kirche hin. Bis zum 31. 12. 2008 zeugten von diesem auch die §§ 67, 67 a PStG, in denen die zeitliche Reihenfolge der Trauungen – zuerst standesamtliche, dann kirchliche – zwingend festgelegt war.[25]

24 Reichsrechtlich beseitigte das Personenstandsgesetz auch die kirchliche Gerichtsbarkeit in Ehesachen (§ 76). Zudem kam es im Scheidungsrecht zu einer gesetzlichen Regelung für das gesamte Deutsche Reich. Das Personenstandsgesetz vereinheitlichte dieses insofern, als es für die Zukunft nur mehr die Rechtsfolge der Scheidung, nicht aber die der Trennung von Tisch und Bett für zulässig erklärte (§ 77 PStG). Abgesehen hiervon griff man in die konfessionell wie territorial zersplitterte scheidungsrechtliche Materie jedoch nicht ein, eine einheitliche Regelung für das Deutsche Reich brachte hier, wie in den übrigen Fragen des Eherechts, erst das BGB.

25 Mit dem den Zivilehestreit zugunsten des Staates beendenden Personenstandsgesetz war der Konflikt um die Zuständigkeit für die Ehegesetzgebung entschieden worden. Als das BGB konkrete Gestalt annahm, gab es, wie die eingangs wiedergegebene Äußerung Plancks zeigt, zwar noch immer einen Legitimationsbedarf für das Tätigwerden des Staates, der sich dagegen regende Widerstand wurde jedoch ohne größere Diskussionen überwunden. Nur auf verbaler Ebene lagen die Zugeständnisse, die der BGB-Gesetzgeber noch an die kirchlich-konservativen Kreise machte; so fügte er den schon genannten § 1588 in das BGB ein und sprach in der Überschrift des 1. Abschnitts des 4. Buches des BGB nicht einfach von der „Ehe" sondern von der **„Bürgerlichen Ehe"**.[26]

26 **2. Familienrecht.** In den anderen familienrechtlichen Materien hatte es vergleichbare Kompetenzkonflikte zwischen Kirchen und Staat nicht gegeben. Wie die ehegüterrechtlichen Fragen hatte der weltliche Gesetzgeber die Fragen der Verwandtschaft und Vormundschaft, orientiert zwar an christlichen Wertvorstellungen und an Bestimmungen des kanonischen Rechts, aber ohne Streit um seine Befugnis hierzu, geregelt. Die staatliche Gesetzgebungszuständigkeit war bei der Konzeption eines reichseinheitlichen Familienrechts also kein Thema, die hier zu entscheidenden grundsätzlichen Frage drehten sich vielmehr um die richtige **Einordnung des Familienrechts in das bürgerliche Rechtssystem.**

27 **a) Einordnung in das Privatrecht.** Dabei bestand bei Schaffung des BGB Konsens darüber, dass das Familienrecht innerhalb der auf den Kategorien öffentlich und privat beruhenden Zweiteilung des Rechtssystems **dem Privatrecht** zuzuordnen war, dem Sektor, der in staatsfreiem Handlungsraum bürgerliche Selbstentfaltung ermöglichte.[27] Angesichts der allgemeinen Übereinstimmung blieben rechtfertigende Erklärungen wie die von Rudolph Sohm, der auf das „Bestimmungsvermögen" des Hausherrn über Sachgüter und Familienangehörige abstellte und im Hinblick hierauf das Familienpersonenrecht als Vermögensrecht zum Privatrecht zählte, selten.[28]

---

[24] *Sacher* (Hrsg.), Staatslexikon, 5. Aufl. 1926, Bd. 1 „Ehe und Eherecht", Sp. 1549.

[25] Zum PersonenstandsreformG, das §§ 67, 67 a PStG aufhob, vgl. RdNr. 186. Im Hinblick auf ihre Entstehungsgeschichte wurden die §§ 67, 67 a PStG vielfach schon vor ihrer Aufhebung für unzeitgemäß gehalten, *Staudinger/Strätz* § 1310 RdNr. 7; *Mangoldt/Klein/Starck/Robbers,* GG, Art. 6 Abs. 1 RdNr. 41; *Renck* NJW 1996, 907; *Bosch/Hegnauer/Hoyer* FamRZ 1997, 1313; teils wurde auch ihre Verfassungswidrigkeit behauptet, *Tillmanns* NVwZ 2003, 43.

[26] Weitere Beispiele solcher Reverenzbezeigungen an die Kirchen bei *Kipp/Wolff,* Lehrbuch des Bürgerlichen Rechts, Bd. 2/2, 3. Aufl. 1920, Abschn. 1, § 2, IV, 3, S. 10.

[27] Öffentlich-rechtliche Ansätze hatten ohne nennenswerte Resonanz auch Thibaut und Burchardi vertreten, dazu *Bextermöller,* Das Familienrecht in den Systemen der Pandektistik des 19. Jahrhunderts, Diss. Münster, 1970, 6. Kap., S. 68.

[28] *Sohm,* Institutionen, 11. Aufl. 1903, Einleitung, Kap. 2, § 7, S. 24.

b) Pandektensystem. Fest stand mithin, dass das Familienrecht in das Bürgerliche Gesetzbuch, das die privatrechtlichen Beziehungen der Bürger untereinander regelte, aufzunehmen war. Die Frage, an welcher Stelle diese Materie dort angesiedelt werden sollte, entschied der BGB-Gesetzgeber zugunsten einer eigenständigen Regelung **in einem gesonderten Buch.** Anders als bei der Anordnung der Rechtsmaterien in den ersten drei Büchern des BGB stellte er hier also nicht auf abstrakte, begriffliche Kriterien ab, sondern orientierte sich, wie bei der Regelung des Erbrechts, am gesellschaftlichen Lebensbereich. Die deutsche Zivilrechtskodifikation folgte damit nicht, wie etwa der französische code civil oder das österreichische ABGB, dem römischen **Institutionensystem,** sondern dem im 19. Jahrhundert entwickelten **Pandektensystem.** Das römische System geht auf das berühmte Lehrbuch des Juristen Gaius, die „Institutionen" zurück. In diesem Lehrbuch sind personenrechtliche Stellung und vermögensrechtliche Beziehungen eines Menschen in der Familie nicht zusammenhängend, sondern getrennt dargestellt: Der familiäre Status eines Menschen ist als Teil des allgemeinen Personenrechts, seine familiär bestimmten vermögensrechtlichen Beziehungen sind als Teil des Obligationenrechts erfasst. Gaius war bei dieser Anordnung also vom Individuum und nicht von der sozialen Einheit „Familie" ausgegangen. In Abweichung hiervon regelten die Entwürfe der Pandektisten die familiär bestimmten Beziehungen und Positionen eines Menschen zusammenhängend in einem eigenen Abschnitt, nahmen also die Familie als eigenständiges soziales Gebilde zum Ausgangspunkt der Bestimmungen. 28

Mit seiner Entscheidung gegen das Institutionen- und für das Pandektensystem folgte der BGB-Gesetzgeber bei der Anordnung der Materien im BGB also den – erstmals im Naturrecht entwickelten[29] – Systementwürfen, nach denen der Mensch in der Rechtsordnung primär nicht als Individuum, sondern als Mitglied sozialer Gesamtheiten zu berücksichtigen war. Ausgangspunkt der Regelung der familienspezifischen Stellung und Beziehungen eines Menschen wurde im BGB die Familie selbst als überindividueller Verband, die von ihr geprägten Rechtsbeziehungen folglich zusammenhängend dargestellt und nicht, wie im römischen Recht, dem Personen- beziehungsweise Vermögensrecht zugeordnet.

Das so als eigenständiges Rechtsgebiet erfasste Familienrecht wurde dann mit der Begründung, dass die Beziehungen der Familienmitglieder auch schuld- und sachenrechtlich geprägt seien, das Familienrecht insofern Elemente der ersten drei Bücher des BGB enthalte, als **viertes Buch** in das BGB eingestellt. Anton Menger sah in dieser Reihenfolge einen Ausdruck der Prävalenz der materiellen Beziehungen in der bürgerlich-kapitalistischen Gesellschaft und forderte, das Familienrecht an den Anfang des Gesetzbuches zu stellen, da es in ihm um die „Grundlagen der ganzen bürgerlichen Gesellschaft" gehe und nicht, wie im Vermögensrecht, nur um die Interessen der besitzenden Schichten[30] – Erfolg war seinem Vorschlag nicht beschieden. 29

c) Zuordnung der Materien. Im vierten Buch des BGB wurden in drei verschiedenen Abschnitten **Ehe, Verwandtschaft und Vormundschaft** geregelt. Vereinzelt gemachte Vorschläge, das **Familiengüterrecht** und die Regelung des **Verhältnisses zwischen Mündel und Vormund** wegen ihrer schuldrechtlichen Aspekte nicht als Regelungsgegenstände des Familienrechts, sondern als solche des Schuldrechts anzusehen und im Obligationenrecht anzusiedeln, fanden keine Verbreitung.[31] Die Einstellung der **vormundschaftlichen Materie,** untergliedert in Vormundschaft und Pflegschaft, in das vierte Buch entsprach dem Verständnis des BGB-Gesetzgebers vom Familienrecht als Recht **personaler Herrschaftsbeziehungen.** Kennzeichnend für familienrechtliche Beziehungen war, dass sich die Personen, anders als sonst in der bürgerlichen Rechtsordnung, nicht in gleichstufigen, sondern in hierarchisch geordneten Verhältnissen gegenüber standen. Unter diesem 30

[29] Dazu *Schwarz* ZRG RA 42 (1921), 578, 585; *Müller-Freienfels* RabelsZ 37 (1973), 609, 639.

[30] Das bürgerliche Recht und die besitzlosen Volksklassen, Nachdruck der 4. Aufl. 1908, 1968, Kap. XIII, S. 37.

[31] Vgl. dazu *Bextermöller* (Fn. 27) 7. Kap., S. 79.

Gesichtspunkt befanden sich Ehefrauen, Kinder und Mündel insofern in einer vergleichbaren Situation, als sie sämtlich der Herrschafts- und Schutzgewalt eines männlichen Familienoberhauptes unterstanden.[32] Außer dieser personenrechtlichen Parallele stiftete der Aspekt **Fürsorge für andere** einen Zusammenhang zwischen Vormundschaft und Familienrecht. Im Fall der Vormundschaft wie der Pflegschaft ging es um die Betreuung von Menschen, die aus Alters-, Krankheits- oder sonstigen Gründen nicht in der Lage waren, für sich selbst zu sorgen. Der in solchen Fällen der Hilfsbedürftigkeit notwendige Beistand hatte sich geschichtlich erst allmählich von einer reinen Familienangelegenheit zur gesellschaftlichen Aufgabe entwickelt.[33] Von den auch im 19. Jahrhundert noch stark vorhandenen familiären Bezügen dieser Fürsorge- und Pflegeverhältnisse ausgehend, konnte der Gesetzgeber die Vorschriften über die Vormundschaft und Pflegschaft sinnvoll in einem (dritten) Abschnitt des Familienrechts ansiedeln.

II. Familienrechtliche Begriffe

31 Einen gesetzlich festgelegten einheitlichen Begriff der **Familie** gibt es nicht. Soweit Europäische Menschenrechtskonvention, Grundgesetz, BGB und andere Gesetze den Begriff allein oder in Wortzusammensetzungen gebrauchen,[34] ist sein Bedeutungsgehalt dem Sinn und Zweck der jeweiligen Norm zu entnehmen. Ausgangspunkt ist dabei der allgemeine Sprachgebrauch, nach dem das Wort Familie die Einheit von Eltern und Kindern, die in einem Haushalt zusammenleben, bezeichnet, aber auch die Gesamtheit der durch Ehe, Verwandtschaft oder Schwägerschaft verbundenen Personen umfassen kann. Im ersten Fall spricht man von der **Kleinfamilie,** im zweiten von der **Großfamilie.** Eng verbunden ist der Begriff Familie mit dem der Ehe. Wenn auch nach traditionellem, teils heute noch verbreitetem Verständnis Familie ohne Ehe eine von der Norm abweichende Negativerscheinung ist, so setzt die rechtliche Anerkennung familialer Beziehungen keine Eheschließung voraus. Nach allgemeiner Auffassung bildet zum Beispiel ein Kind, unabhängig davon, ob seine Eltern miteinander verheiratet sind oder nicht, mit diesen, wie auch bereits mit jedem Elternteil allein, eine Familie.[35]

32 Als Einheit ist die Familie nicht Gegenstand von Regelungen des BGB, sie ist weder juristische Person noch sonst in ihrer Gesamtheit rechtlich anerkannt. Bei der Regelung der Rechte und Pflichten der Familienmitglieder knüpft das BGB nicht an die Gemeinschaft, sondern an das Individuum an und bestimmt die vermögens- und personenrechtlichen Beziehungen der familiär miteinander verbundenen Personen jeweils von der Einzelperson aus.

33 Weiter als der Begriff Familie ist der Begriff **Angehöriger** (vgl. zB Art. 104 Abs. 4 GG; § 530, § 1611 BGB; § 11 Abs. 1 Nr. 1 StGB; § 20 Abs. 5 VwVfG) beziehungsweise **Familienangehöriger** (vgl. zB § 563 Abs. 2 S. 3, § 573 Abs. 2 Nr. 2, § 1969 BGB; § 67 Abs. 2 VVG). Diese Begriffe haben keine allgemein feststehende Bedeutung, ihr Sinngehalt ist vom jeweiligen Normzweck abhängig. So können darunter fallen Verwandte und Verschwägerte unterschiedlichen Grades (vgl. etwa § 20 Abs. 5 Nr. 3 VwVfG), Pflegeeltern und Pflegekinder (§ 11 Abs. 1 Nr. 1 b StGB), Verlobte (§ 20 Abs. 5 Nr. 1 VwVfG) und auch Partner einer nichtehelichen Lebensgemeinschaft.[36]

34 Der Begriff der **häuslichen Gemeinschaft** oder des **gemeinsamen Hausstandes** oder, wie es in neueren Gesetzen heißt, des ***gemeinsamen Haushaltes*** (vgl. zB § 549 Abs. 2 Nr. 2,

[32] *Sohm,* Institutionen, 11. Aufl. 1903, Buch 3, § 90; *Kipp/Wolff* (Fn. 26) § 1 III.

[33] *Erler/Kaufmann/Werkmüller* (Hrsg), Handwörterbuch zur Deutschen Rechtsgeschichte, Bd. 5 1998, Sp. 1050 ff.; *Kipp/Wolff* (Fn. 26) § 100 IV.

[34] Vgl. etwa Art. 8 Abs. 1 EMRK; Art. 6 Abs. 1, 3 GG; § 574 Abs. 1 S. 1, § 1355 Abs. 1, §§ 1360 ff., § 1630 Abs. 3, § 1632 Abs. 4, § 2047 Abs. 2 BGB.

[35] BVerfGE 8, 210, 215; BVerfGE 45, 104, 123; EuGHMR FamRZ 1995, 110.

[36] So BGH FamRZ 1993, 553 zu § 569 a Abs. 2 S. 1 BGB aF. Zwischenzeitlich erübrigt sich allerdings vielfach die Erstreckung des Angehörigenbegriffs auf Partner einer nichtehelichen Lebensgemeinschaft, da diese in den Gesetzen neben den Familienangehörigen ausdrücklich aufgeführt werden, vgl. § 563 Abs. 1 S. 2 oder § 564 Abs. 2 S. 4.

§ 563 Abs. 2 S. 3 BGB; § 178 Abs. 1 Nr. 1 ZPO) stellt allein auf das faktische Zusammenleben in einem Haushalt ab. Da es auf familiäre Verbundenheit nicht ankommt, fallen hierunter auch Personen, die nicht Familienangehörige sind. Die Zugehörigkeit zum **elterlichen Hausstand** hingegen setzt die Verwandtschaft des Kindes voraus (§§ 1619 f. BGB).[37] Die **Verwandtschaft** ist in § 1589 BGB, die **Schwägerschaft** in § 1590 BGB definiert.

Eine gesetzliche Definition der **Ehe** gibt es nicht. BGB und Grundgesetz setzen den Ehebegriff voraus (vgl. § 1353 BGB, Art. 6 GG). Nach abendländisch-christlicher Tradition ist hierunter die auf Lebenszeit eingegangene, grundsätzlich unauflösbare Beziehung zwischen einem Mann und einer Frau zu verstehen. Ein Wandel des Eheverständnisses in dem Sinne, dass der Gegengeschlechtlichkeit keine zentrale Bedeutung mehr zukäme, ist bislang nicht erfolgt, was die bundesverfassungsgerichtliche Rechtsprechung richtig konstatiert.[38] Der Erlass des LPartG bestätigt zudem, dass auch beim Gesetzgeber kein solcher Gesinnungswandel stattgefunden hat. **35**

III. Regelungsgegenstände des Familienrechts

Im Sinne des BGB ist Familienrecht der Inbegriff all der Normen, die die personen- und vermögensrechtlichen Beziehungen der durch Ehe, Verwandtschaft oder Schwägerschaft verbundenen Personen regeln.[39] Neben Ehe (erster Abschnitt) und Verwandtschaft (zweiter Abschnitt) regelt das BGB im vierten Buch das Recht der Vormundschaft, der rechtlichen Betreuung und der Pflegschaft (dritter Abschnitt). Aufgrund ihrer **systematischen Stellung** im BGB zählen mithin auch diese Materien zum Familienrecht, inhaltlich würde man diese Zuordnung heute allerdings kaum mehr vornehmen.[40] **36**

Einen sachlichen Bezug zum Familienrecht hat nämlich allenfalls noch die **Vormundschaft über Minderjährige.**[41] Hier ersetzt die vormundschaftliche Fürsorgetätigkeit die elterliche Sorge, weshalb sich ihre Ausübung auch an den Vorschriften über das Sorgerecht der Eltern orientiert (§§ 1793, 1800 BGB). Abgesehen davon ist die Vormundschaft über Minderjährige in der gesamten Handhabung und Durchführung zur öffentlich-rechtlichen Angelegenheit ohne familiären Bezug geworden. Da in den wenigsten Fällen eine zur Familie gehörende Person als Vormund zur Verfügung steht, wird ein Mitarbeiter eines Jugendamts oder ein Berufsvormund eingeschaltet. In beiden Fällen organisiert mithin der Staat nicht nur die Tätigkeit, sondern finanziert sie in aller Regel auch – die des Jugendamtsmitarbeiters, der als Angestellter des öffentlichen Dienstes handelt, die des Berufsvormunds, der wegen seines Tätigwerdens einen Erstattungsanspruch gegen die Staatskasse hat (§ 1836 Abs. 2 BGB). **37**

Die **rechtliche Betreuung,** das weitere in dem vormundschaftlichen Abschnitt des Familienrechts geregelte Rechtsinstitut, hat weder von der Zuständigkeit noch von der inhaltlichen Tätigkeit her etwas Familienspezifisches. Seit im Jahre 1992 die Vormundschaft über Volljährige durch das Rechtsinstitut der Betreuung ersetzt worden ist, fehlt bereits der sprachliche Anknüpfungspunkt an das Familienrecht, der mit dem Wort Vormundschaft zumindest historisch gegeben war. Zudem ist die hier gerichtlich angeordnete und kontrollierte Fürsorge für Erwachsene inhaltlich dem kindschaftsrechtlichen Sorgeverhältnis nicht vergleichbar. Der betreute Volljährige bleibt grundsätzlich geschäfts- und handlungsfähig und bekommt lediglich unterstützend zur Wahrnehmung der Angelegenheiten, zu deren Erledigung er selbst nicht in der Lage ist, einen Betreuer zur Seite gestellt. Allein die Tatsache, dass Betreuer auch ein Familienangehöriger sein kann, rechtfertigt es kaum, dieses Rechtsinstitut insgesamt als familiale Angelegenheit zu definieren. **38**

---

[37] Dies ergibt sich schon aus der systematischen Stellung der §§ 1619, 1620 BGB im 2. Abschnitt, 4. Titel des 4. Buches des BGB.

[38] BVerfG FamRZ 2008, 1593, 1594 f.; NJW 1993, 3058; vgl. dazu RdNr. 198.

[39] *Rauscher* RdNr. 58; *Dölle,* Familienrecht I, § 1; *Palandt/Brudermüller* Einl. v. § 1297 RdNr. 2.

[40] AA *Lüderitz/Dethloff* § 1 RdNr. 4; *Giesen* RdNr. 1 für die Fälle der §§ 1909 und 1912 BGB und die Vormundschaft. Zur historischen Entwicklung s. RdNr. 30.

[41] *Erman/Gamillscheg* Vor § 1297 RdNr. 3.

39 Ebenso hat die **Pflegschaft** als Rechtsinstitut inhaltlich nichts mit dem bürgerlichen Familienrecht zu tun. Um die Aufbringung von Kindern und damit um Belange mit familialem Bezug geht es lediglich bei der Ergänzungs- beziehungsweise Ersatzpflegschaft (§ 1909 Abs. 1 und 3 BGB) und der Pflegschaft für ein ungeborenes Kind (§ 1912 BGB). In diesen Fällen wird die elterliche Sorge ergänzt oder ersetzt, in allen anderen Pflegschaftsfällen gibt es einen an familientypische Fürsorge erinnernden Anknüpfungspunkt nicht – weder im Fall der Abwesenheitspflegschaft (§ 1911 BGB), noch im Fall der Pflegschaft für einen unbekannten Beteiligten (§ 1913 BGB), noch in dem Fall, in dem es um die Verwaltung eines durch öffentliche Sammlung entstandenen Vermögens geht (§ 1914 BGB). Erst recht fehlen familiale Bezüge bei der Nachlasspflegschaft (§ 1960 BGB) und den außerhalb des BGB geregelten Fällen, in denen ein (Verfahrens)Pfleger zur Wahrnehmung der Interessen eines nicht feststellbaren Betroffenen eingesetzt wird, wie etwa in den Fällen der §§ 57, 58, 494 Abs. 2, 779 Abs. 2, 787 ZPO und der §§ 6, 7, 135, 157 Abs. 2 ZVG. In der Sache sind Pflegschaften gerichtlich angeordnete und kontrollierte Geschäftsführungen in fremdem Interesse. Es handelt sich bei ihnen um treuhänderische Tätigkeiten, die beschränkt sind auf bestimmte Aufgabenbereiche und mit einem elterlichen Fürsorgeverhältnis auch dann wenig zu tun haben, wenn es sich einmal zufällig um Belange von Minderjährigen handelt.[42]

IV. Standort des Familienrechts in der Rechtsordnung der Bundesrepublik Deutschland

40 **1. Bundesrecht.** Das Familienrecht des BGB und der es ergänzenden Gesetze und Rechtsverordnungen ist Bundesrecht. Es beruht, soweit es nach Inkrafttreten des GG ergangen ist, vor allem auf der konkurrierenden Gesetzgebungszuständigkeit des Bundes aus Art. 74 Nr. 1 GG („das bürgerliche Recht“) und aus Art. 74 Nr. 2 GG („Personenstandswesen“). Soweit es sich um früheres Recht handelt, ist es – wie das BGB – unter den Voraussetzungen des Art. 125 GG Bundesrecht geworden. Bundesrecht sind auch die Bestimmungen des FamGB (und sonstige familienrechtliche Vorschriften) der DDR,[43] soweit sie für dort vor dem 3. 10. 1990 begründete familienrechtliche Verhältnisse nach Maßgabe des Art. 234 EGBGB §§ 1 bis 15 (BGBl. 1990 II S. 946 ff.) und in Bezug auf das – inzwischen außer Kraft getretene – Ehegesetz nach Maßgabe des EVertr. Anl. I Kap. III Sachgebiet B Abschnitt III Nr. 11 (BGBl. 1990 II S. 954) noch fortgelten (vgl. Art. 9 Abs. 4 S. 2 EVertr., BGBl. 1990 II S. 889, 892). Im Bereich des Familienrechts bestehen noch einige **wenige Vorbehalte für den Landesgesetzgeber;**[44] sie haben jedoch nur geringe sachliche Bedeutung.[45]

41 **2. Privatrecht.** Das Familienrecht ist als Teil des Privatrechts im Bürgerlichen Gesetzbuch geregelt worden und zählt trotz vielfacher öffentlich-rechtlicher Bezüge aufgrund dieser Stellung im Gesamtzusammenhang der Rechtsordnung zum Privatrecht und nicht zum öffentlichen Recht.[46] Diese vom BGB-Gesetzgeber vorgenommene Einordnung entspricht auch der heutigen Auffassung zur Abgrenzung des privaten vom öffentlichen Recht als Sonderrecht für Hoheitsträger. Entscheidend für das Vorliegen öffentlichen Rechts ist, daß die Normen Rechtsfolgen anordnen, die nur gelten, wenn ein Träger staatlicher Gewalt gerade in dieser Eigenschaft beteiligt ist. Nach dieser Kategorisierung zählt das für jedermann geltende Familienrecht nicht zum öffentlichen Recht. Zwar bedürfen viele ehe- und familienrechtliche Handlungen und Akte zu ihrer Rechtsverbindlichkeit staatlicher Mitwirkung, doch wird der Staat hier nur als Kontroll- und Urkundsbehörde tätig, hat aber keine eigenständigen hoheitlichen Weisungs- und Handlungsbefugnisse. Regelungsgegenstand des

---

[42] Vgl. *Gernhuber/Coester-Waltjen* § 75 RdNr. 1 ff.

[43] S. Einl. 2. Aufl. 1989, Bd. 5/1, RdNr. 184 ff.

[44] Vgl. §§ 1784, 1807 Abs. 2, 1888 BGB; Art. 1 Abs. 2, 137, 212, 218 EGBGB.

[45] Anders im Verfahrensrecht, vgl. Art. 147 EGBGB, §§ 189, 192 ff. FGG.

[46] HM, vgl. Einl. 3. Aufl. 1993, RdNr. 7; *Giesen* RdNr. 30; *Muscheler* RdNr. 7; *Lüderitz/Dethloff* § 1 RdNr. 4.

Familienrechts sind die vermögens- und personenrechtlichen Beziehungen von Privatrechtssubjekten, die familiär miteinander verbunden sind und deren Beziehungen im Hinblick auf diese spezifische Verbundenheit Besonderheiten aufweisen. Insgesamt ist das Familienrecht mithin nach wie vor sinnvoll zum Privatrecht zu zählen.

Von dieser Zuordnung ausnehmen könnte man das im dritten Abschnitt des Familienrechts geregelte Recht der Vormundschaft, der rechtlichen Betreuung und der Pflegschaft. **42** Die Eigenheiten und Strukturen dieser Materien, die losgelöst von familiären Zuständigkeiten als gesellschaftliche Aufgaben im Rahmen der staatlichen Leistungsverwaltung erledigt und finanziert werden, sind in der Sache jedenfalls auch treffend zu erfassen, wenn man sie **kategorial als Sozialrecht** begreift und damit in der herkömmlichen Dichotomie des Rechtssystems dem öffentlichen Recht zuordnet.[47] Der in den Regelungen über die Betreuung, Vormundschaft und Pflegschaft geregelte Beistand für hilfsbedürftige Personen ist Erfüllung einer Aufgabe der staatlichen Wohlfahrtspflege und Ausdruck sozialstaatlichen Handelns.[48] Es geht hier um einen von Amts wegen veranlassten und kontrollierten Schutz, der durch Dritte unabhängig von familiären Verbundenheiten gewährleistet wird und bei Mittellosigkeit des Schutzbedürftigen auch abschließend vom Staat finanziert wird (§§ 1835 Abs. 4, 1836 Abs. 2, 1908 i Abs. 1, 1915 BGB). Dass sich im Fall der Vormundschaft über Minderjährige die Tätigkeit des Vormunds in einzelnen Punkten an das elterliche Sorgerecht anlehnt, ist eine Parallele mit marginaler Bedeutung gegenüber den Unterschieden zwischen der Rechtsstellung von Eltern und den ein Amt ausübenden, teils hoheitlich handelnden[49] Vormündern.

Zu Gesetzesänderungen geben diese Überlegungen gleichwohl keinen Anlass. Abgesehen **42 a** davon, dass die Beibehaltung der systematischen Stellung des Vormundschafts-, Betreuungs- und Pflegschaftsrechts im vierten Buch des BGB noch niemals zu Problemen bei der Rechtsanwendung geführt hat, verweist die Einordnung in das Familienrecht auf ein gesellschaftlich wohl nach wie vor weitgehend anerkanntes Leitbild: Dass es nämlich „eigentlich" Sache der Familie ist, für ihre des Schutzes bedürftigen Mitglieder zu sorgen und dass die Gesellschaft diese Aufgabe nur ersatzweise übernimmt.[50]

V. Dogmatische Besonderheiten des Familienrechts

1. Zwingendes Recht. Anders als das Privatrecht sonst ist das Familienrecht vorwiegend **43** zwingendes Recht. Dies ist Ausdruck des staatlichen Interesses an der Familie als der wichtigsten Grundlage von Gesellschaft und Staat.[51] Ein **Familienverhältnis** kann außer durch Eheschließung, die jedoch der staatlichen Mitwirkung bedarf und an bestimmte Voraussetzungen gebunden ist (vgl. §§ 1303 ff. BGB), vertraglich nicht begründet und durch rechtsgeschäftliche Vereinbarung der Beteiligten auch nicht aufgehoben werden. Auch der **Inhalt** der im Familienrecht geregelten Beziehungen ist im objektiven Recht festgelegt und, wie beispielsweise die Elternrechte und -pflichten, die aus der Verwandtschaft resultierenden Unterhaltsverbindlichkeiten oder die durch Adoption, Vormundschaft oder Betreuung entstehenden Rechtsbindungen, der rechtlichen Disposition der Beteiligten grundsätzlich entzogen.

Weitgehender **Privatautonomie** unterliegt allerdings die **Ehegattenbeziehung.** Nicht **44** nur die vermögensrechtliche, auch die **personenrechtliche** Ausgestaltung der Lebens-

---

[47] Ähnlich *Müller-Vollbehr* JZ 1978, 249, 254; *Rauscher* RdNr. 60. Vgl. dazu auch Einl. RdNr. 36 ff.

[48] BVerfGE 10, 302.

[49] BVerfGE 10, 302, 328; BVerfGE 54, 251, 268/269; BGH bejaht hoheitliches Handeln beim beamteten Amtsvormund, BGHZ 9, 255, nimmt privatrechtliches Handeln an, wenn ein nicht beamteter Einzelvormund tätig wird, BGHZ 17, 108, 115.

[50] In diesem Sinne auch *Gernhuber/Coester-Waltjen* § 1 RdNr. 33; *Lüderitz/Dethloff* § 1 RdNr. 4; *Muscheler* RdNr. 4; anders die Vorauflage RdNr. 42.

[51] Das staatliche Interesse an der Familie kommt in der Rechtsordnung vielfältig zum Ausdruck, so zB in der Verfassungsgarantie des Art. 6 Abs. 1 GG (s. RdNr. 189 ff.), im strafrechtlichen Schutz von Ehe und Familie (s. RdNr. 268 ff.) und in der Steuer- und Sozialgesetzgebung.

gemeinschaft obliegt grundsätzlich den Ehepartnern selbst. In Bezug auf letztere stellt der Gesetzgeber dies für die Organisation der Haushaltsführung ausdrücklich klar (§ 1356 BGB). Nur im Konfliktfall, der etwa in der Situation des § 1565 Abs. 2 BGB (Scheidung wegen unzumutbarer Härte), des § 1579 Nr. 6 BGB (Versagung des Unterhaltsanspruchs wegen Fehlverhaltens) oder des § 1381 BGB (grobe Unbilligkeit des Zugewinnausgleichs) gegeben sein kann, ist unter Heranziehung der herrschenden Moralvorstellungen und gesellschaftlichen Gepflogenheiten zu entscheiden, ob ein bestimmtes Verhalten typischerweise zur ehelichen Lebensgemeinschaft gehört und deshalb erwartet werden kann oder nicht.

45 Bei der Regelung ihrer **vermögensrechtlichen Beziehungen** sind die Ehegatten weitestgehend frei. Bei der Festlegung der Unterhaltsbeziehungen ergibt sich allerdings eine bedeutsame Grenze aus §§ 1614 Abs. 1, 1360 a Abs. 3 BGB, nach denen ein Unterhaltsverzicht während bestehender Ehe nicht zulässig ist. In güterrechtlicher Hinsicht ist die Vertragsfreiheit hingegen nur durch marginale Bestimmungen beschränkt (vgl. §§ 1409, 1518 BGB). Im Übrigen können die im Gesetz typisiert geregelten Güterstände vertraglich frei modifiziert werden, inwieweit sie überhaupt einen numerus clausus bilden, ist umstritten (dazu § 1408 RdNr. 1).

46 **2. Rechtssicherheit und Rechtsklarheit.** Angesichts der Bedeutung der Familie für Gesellschaft und Staat bedürfen die Familienverhältnisse in besonderem Maße der Rechtssicherheit und Rechtsklarheit.[52] Familienrechtliche Rechtsgeschäfte sind deshalb strengen **Formvorschriften** unterworfen. Dies gilt für Eheschließung und Eheverträge (§§ 1310 Abs. 1 S. 1, 1311 S. 1, 1410 BGB) ebenso wie für wichtige familienrechtliche Willenserklärungen wie für die Anerkennung der Vaterschaft (§ 1597 Abs. 1 BGB) oder für den Antrag auf Ausspruch der Annahme als Kind (§ 1752 Abs. 2 S. 2 BGB).

47 Familienrechtliche Rechtsgeschäfte sind – abgesehen von den Eheverträgen – durchweg **bedingungsfeindlich** ausgestaltet (§§ 1311 S. 2, 1594 Abs. 3, 1752 Abs. 2 S. 1 BGB). Ihrem Wesen entsprechend sind sie grundsätzlich **höchstpersönlich;** Vertretung ist also nicht oder nur beschränkt zulässig (§§ 1311 S. 1, 1516 Abs. 2 S. 1, 1596 Abs. 4, 1752 Abs. 2 S. 1 BGB). Zur Begründung und Auflösung familienrechtlicher Rechtsverhältnisse bedarf es weithin der Mitwirkung staatlicher Organe, so des Standesbeamten bei der Eheschließung (§ 1310 BGB), oder gerichtlicher Entscheidung, so des Familiengerichts bei der Annahme als Kind (§ 1752 Abs. 1 BGB) oder bei Aufhebung oder Scheidung der Ehe (vgl. §§ 1313, 1564 BGB).

48 **3. Einfluss sittlicher Wertvorstellungen.** Ehe und Familie stellen nach verfassungsrechtlich verankertem Verständnis einen Privat- und Freiraum dar, der grundsätzlich frei von staatlichen Eingriffen ist. Das bedeutet, dass Ehegatten ebenso wie auch Eltern und Kinder in der Gestaltung ihrer Gemeinschaft frei sind. Es gibt weder ein rechtlich vorgegebenes Eheleitbild noch ein solches für die Gemeinschaft zwischen Eltern und Kindern. Insbesondere gibt es für die Ehegatten keine staatliche Empfehlung zur Fortpflanzung, wie sie in vergangenen Rechtsordnungen, in Deutschland zuletzt im Familiengesetzbuch der DDR,[53] gang und gäbe waren.

49 Diese Nicht-Regelung des Ehe- und Familienverhältnisses entspricht der grundgesetzlichen Garantie der freien Entfaltung der Persönlichkeit (Art. 1 Abs. 1 iVm. Art. 2 Abs. 1 GG) und der Anerkennung von Ehe und Familie als **staatsfreie Privatsphären** (Art. 6 GG). Die familienrechtlichen Normen des BGB haben deshalb nicht die Funktion, die persönlichen Beziehungen in Ehe- und Familienverhältnissen konkret vorzuschreiben und zu gestalten. Sie beschränken sich im Wesentlichen darauf, Rechtsschutz in Konfliktsituationen, insbesondere für den Fall des Auseinanderbrechens der Familie, zu gewähren und die

---

[52] Dazu *Gernhuber/Coester-Waltjen* § 1 RdNr. 44 f.; *Lüderitz/Dethloff* § 1 RdNr. 10, 15.

[53] § 5 Abs. 2 FGB: „Aus der Ehe soll eine Familie erwachsen, die ihre Erfüllung im gemeinsamen Zusammenleben, in der Erziehung der Kinder und in der gemeinsamen Entwicklung der Eltern und Kinder zu charakterfesten, allseitig gebildeten Persönlichkeiten findet"; § 9 Abs. 2 FGB: „Die eheliche Gemeinschaft erfährt ihre volle Entfaltung und findet ihre Erfüllung durch die Geburt und Erziehung der Kinder".

vermögensrechtlichen Wirkungen der Ehe- und Familienverhältnisse festzulegen. Soweit sie überhaupt Handlungsempfehlungen enthalten, wie etwa §§ 1618 a, 1619 BGB betreffend das Verhalten zwischen Kindern und Eltern, geben sie mit Generalklauseln und unbestimmten Rechtsbegriffen nur die gesellschaftlich erwünschte allgemeine Zielrichtung ehelichen und familiären Verhaltens an.

Trotz des zwingenden Charakters und der Formenstrenge des Familienrechts lassen seine Regelungen deshalb Ehepartnern, Eltern, aber auch Vormündern, Betreuern und Pflegern, Raum bei der konkreten Gestaltung der persönlichen Beziehungen und der Ausübung der daraus resultierenden Rechte und Pflichten. Soweit im Konfliktfall die Zulässigkeit einer Maßnahme oder eines Verhaltens rechtlich zu beurteilen ist, kann dies nur unter Heranziehung der herrschenden **moralischen Wertvorstellungen** und unter Einbeziehung der **gesellschaftlichen Gepflogenheiten** geschehen. Generalklauseln und unbestimmte Rechtsbegriffe sind dann unter Berücksichtigung der sich wandelnden Richtigkeitsvorstellungen auszufüllen und auf den zur Entscheidung anstehenden Fall anzuwenden. **50**

4. Klagbarkeit, Vollstreckbarkeit. Im Hinblick auf die höchstpersönliche Natur des umstrittenen Verhaltens sind bestimmte familienrechtliche Ansprüche **nicht einklagbar,** andere **nicht vollstreckbar.** So kann das bei Eingehung des Verlöbnisses rechtsverbindlich gegebene Versprechen, die Ehe zu schließen, nicht eingeklagt werden (§ 1297 Abs. 1 BGB). Andere Ansprüche können zwar gerichtlich geltend gemacht werden, das obsiegende Urteil ist dann jedoch im Wege der Zwangsvollstreckung nicht durchsetzbar. Letzteres verbietet § 120 Abs. 3 FamFG bei Anträgen auf **Herstellung der ehelichen Lebensgemeinschaft.** Solche Anträge haben seit der Geltung des verschuldensunabhängigen Scheidungsrechts so gut wie keine Bedeutung mehr. Zu Rechtsnachteilen kann ehewidriges Verhalten nur noch mittelbar führen, dann nämlich, wenn es im Rahmen der Härteklauseln der §§ 1565 Abs. 2, 1579 Nr. 2–8, 1381 oder im Zusammenhang mit der Auskunftsverweigerung nach §§ 1385 Nr. 4 zu berücksichtigen ist. **51**

5. Übertragbarkeit, Verzicht. Wegen ihrer höchstpersönlichen Natur sind die Familienrechte **nicht übertragbar** und **nicht verzichtbar.** Sie sind grundsätzlich auch **nicht** aktiv und passiv **vererblich;** dieser Grundsatz ist durch einige wichtige Ausnahmetatbestände durchbrochen, in denen das Gesetz die passive Vererblichkeit familienrechtlicher Ansprüche vorsieht (vgl. §§ 1378 Abs. 3 S. 1, 1586 b Abs. 1 S. 1, 1587 e Abs. 4, 1615 l Abs. 3 S. 5 BGB). **52**

6. Verjährung. Auch im Recht der **Verjährung** bestehen für die Familienrechte besondere, der Eigenart des Familienrechts entsprechende Regelungen. So unterliegen familienrechtliche Ansprüche, soweit sie auf die Herstellung des dem familienrechtlichen Verhältnis entsprechenden Zustandes für die Zukunft gerichtet sind, nicht der Verjährung (§ 194 Abs. 2 BGB); dies gilt auch für Ansprüche gegenüber Dritten, die im familienrechtlichen Verhältnis begründet sind, wie der Anspruch auf Herausgabe des Kindes nach § 1632 BGB (dazu § 194 RdNr. 7). Darüber hinaus ist die Verjährung familienrechtlicher Ansprüche zwischen Ehegatten, zwischen Eltern und minderjährigen Kindern und zwischen Vormund und Mündel gehemmt, solange das familienrechtliche Verhältnis besteht (§ 207 Abs. 1 BGB). **53**

7. Deliktsrechtlicher Schutz. Einige der aus einem familienrechtlichen Verhältnis entspringenden Rechte sind als **absolute Rechte** anerkannt und genießen als solche **deliktsrechtlichen Schutz.** Hierzu zählen nach allgemeiner Meinung das Recht der elterlichen Sorge[54] und das Recht auf Schutz des **räumlich-gegenständlichen Bereichs der Ehe.**[55] Diese Rechte wirken gegenüber jedermann und geben bei Eingriffen Schadensersatz- und Unterlassungsansprüche auch gegen Dritte. **54**

---

[54] St. Rspr. seit RG (für die frühere elterliche Gewalt); BGH NJW 1990, 2060; OLG Koblenz FamRZ 1995, 36.

[55] St. Rspr. seit BGHZ 6, 360.

55 Umstritten ist, inwieweit die **eheliche Lebensgemeinschaft** auch über den räumlichen Bereich hinaus gegen Störungen durch Dritte geschützt ist. Die Rechtsprechung verneint den deliktischen Schutz der Ehe als solcher. Sie sieht im ehewidrigen Verhalten einen im Wesentlichen innerehelichen Vorgang, der nicht dem allgemeinen Rechtsgüterschutz des Deliktsrechts unterstellt werden kann.[56] Nach einem Teil der Literatur stellt die eheliche Beziehung hingegen einen Bereich dar, der – da von außen eingegriffen werden kann – auch durch deliktsrechtliche Ansprüche gegen jedermann zu schützen ist.[57]

56 Als **relative Familienrechte** werden die aus einem familienrechtlichen Verhältnis herrührenden Ansprüche bezeichnet, die gegenüber anderen Familienmitgliedern bestehen, wie Unterhaltsansprüche, ehegüter- und versorgungsausgleichsrechtliche Ansprüche oder die aus §§ 1618 a, 1619 BGB resultierenden Ansprüche auf persönliche Beistands- und Dienstleistungen.

57 **8. Anwendbarkeit des Allgemeinen Teils.** Nach dem Aufbau des BGB dienen die im ersten Buch „vor die Klammer" gestellten abstrakten Rechtsbegriffe und Regeln der einheitlichen Gestaltung des bürgerlichen Rechts. Die Vorschriften des Allgemeinen Teils des BGB sind deshalb im Grundsatz auch auf familienrechtliche Tatbestände anwendbar. Zu untersuchen ist allerdings stets, ob nicht **familienrechtliche Sonderregelungen** bestehen, die den Sachverhalt spezieller regeln und deshalb vorgehen. So verdrängen zum Beispiel im Recht der Aufhebung der Ehe die Vorschriften der §§ 1313 ff. BGB die Bestimmungen der §§ 116 ff. BGB über die Anfechtbarkeit von Willenserklärungen. Auch die §§ 164 ff. BGB über Vertretung und Vollmacht kommen bei wichtigen familienrechtlichen Rechtsgeschäften und Willenserklärungen nicht oder nur beschränkt zur Anwendung (vgl. dazu vor § 164 RdNr. 71). Abweichend von den Bestimmungen des Allgemeinen Teils gewährt das Familienrecht dem beschränkt Geschäftsfähigen insbesondere nach Vollendung des 14. oder 16. Lebensjahres für höchstpersönliche Rechtsgeschäfte und Willenserklärungen in verschiedenem Umfang eigene Rechte (zB §§ 1303, 1516 Abs. 2, 1596 Abs. 1 S. 1, 1746 BGB). Verjährungsrechtliche Sondervorschriften des Familienrechts finden sich im Verlöbnisrecht (§ 1302 BGB), im gesetzlichen Güterrecht hinsichtlich der Ausgleichsforderung (§§ 1378 Abs. 4, 1390 Abs. 3 BGB) und im Unterhaltsrecht (§ 16151 Abs. 4 BGB). Im Übrigen enthalten auch die Verjährungsvorschriften des Allgemeinen Teils spezielle Regeln für familienrechtliche Tatbestände (dazu § 194 RdNr. 7).

58 Aber auch, wenn es keine ausdrücklichen Sonderregelungen gibt, ist jeweils zu prüfen, ob die vorwiegend personenrechtliche Natur der familienrechtlichen Rechtsverhältnisse und Rechtsgeschäfte der Anwendbarkeit der Vorschriften des Allgemeinen Teils entgegensteht. So ist beim Verlöbnis seinem Wesen nach Vertretung ausgeschlossen (dazu § 1297 RdNr. 9) und neben dem Rücktritt (§§ 1298, 1299 BGB) für die Anwendung der Vorschriften über eine Anfechtung kein Raum.[58]

Bedenklich ist es, im Eherecht über die in § 138 vorgegebenen Grenzen hinaus Privatautonomie und Vertragsfreiheit einzuschränken. Nach einer Vorgabe des BVerfG ist Eheverträgen bereits dann die Wirksamkeit zu versagen, wenn sie nicht Ergebnis gleichberechtigten Aushandelns und Ausdruck einer gleichberechtigten Partnerschaft iSd Art. 6 Abs. 1 S. 1 iVm. Art 3 Abs. 2 S. 2 GG sind. Über richterliches Eingreifen Gleichberechtigung durchsetzen und fördern zu wollen, macht jedoch kaum Sinn, denn per paternalistischer Fürsorge durchgesetzter Schutz vermag nur im Einzelfall helfend auszugleichen, generell aber perpetuieren Kontrolle und Zuhilfeeilen immer nur Abhängigkeit und Unmündigkeit.

59 **9. Anwendbarkeit des Schuldrechts.** Die **allgemeinen Vorschriften** des Schuldrechts (§§ 241 bis 432 BGB) sind grundsätzlich auch auf schuldrechtliche Verhältnisse im Bereich des Familienrechts **anwendbar.** Dabei sind jedoch die gesetzlichen Modifikationen

[56] BGH NJW 1990, 706 mwN.

[57] Zum Streitstand *Medicus,* Bürgerliches Recht, 21. Aufl. 2007, RdNr. 616; vgl. dazu auch *Gernhuber/Coester-Waltjen* § 17; Einl. RdNr. 204.

[58] Dazu § 1297 RdNr. 11; *Gernhuber/Coester-Waltjen* § 8 RdNr. 19, 32; *Lüderitz/Dethloff* § 2 RdNr. 4.

durch die Vorschriften des vierten Buches zu beachten, wie sie etwa beim Unterhaltsanspruch bestehen (vgl. dazu Vor § 1601 RdNr. 21 ff. und § 1569 RdNr. 7). Ausgeschlossen kann die Anwendung einer Bestimmung des allgemeinen Schuldrechts dann sein, wenn sie mit der familienrechtlichen Eigenart des Schuldverhältnisses nicht zu vereinbaren ist. So kann etwa nach hM dem personenrechtlich geprägten, auf Kindesherausgabe gerichteten Anspruch des § 1632 BGB nicht das Zurückbehaltungsrecht aus § 273 BGB wegen Unterhaltskosten entgegengehalten werden (dazu § 1632 RdNr. 31).

B. Die Entwicklung des Familienrechts seit Inkrafttreten des BGB

Schrifttum: *Dieckmann,* Rückkehr zum Verschuldensprinzip im nachehelichen Unterhaltsrecht?, FamRZ 1984, 946; *Diederichsen,* Der Ehe- und Familienname nach dem 1. EheRG, NJW 1976, 1169; *Habscheid,* Vermutungen im neuen Scheidungsrecht, in: Festschrift für Bosch, 1976, S. 355; *Hillermeier,* Das Erste Gesetz zur Reform des Ehe- und Familienrechts aus der Sicht der Bundesratsvorschläge, FamRZ 1976, 577; *Lüke,* Die persönlichen Ehewirkungen und die Scheidungsgründe nach dem neuen Ehe- und Familienrecht, in: Festschrift für Bosch, 1976, S. 627; *Ruthe,* Die Neuordnung des Namensrechts, FamRZ 1976, 409; *Schwab,* Das Recht der Ehescheidung nach dem 1. EheRG: Die Scheidungsgründe, FamRZ 1976, 491; *Vogel,* Das Erste Gesetz zur Reform des Ehe- und Familienrechts vom 14. Juni 1976, FamRZ 1976, 481; *Weber,* Gesetz zur Änderung adoptionsrechtlicher Fristen, DtZ 1992, 10; *Wolf,* Überprüfung von in der DDR ausgesprochenen Adoptionen, FamRZ 1992, 12.

I. Änderungs- und Ergänzungsgesetze zum Familienrecht

Das Familienrecht gehört zu den Materien des bürgerlichen Rechts, die seit Inkrafttreten 60
des BGB viele **elementare und tiefgreifende Änderungen und Ergänzungen** erfahren haben. Es ist in zentralen Bereichen wie dem Ehepersonen- und Ehegüterrecht, dem Scheidungsrecht, dem Unterhaltsrecht, dem Kindschafts- und Adoptionsrecht und dem Recht der Vormundschaft und der Pflegschaft durch Reformgesetze aus den letzten Jahrzehnten, teilweise der jüngsten Vergangenheit geprägt. Die **wichtigsten Gesetze und Rechtsverordnungen,** durch die das Familienrecht des BGB geändert oder ergänzt wurde, werden im Folgenden in chronologischer Reihenfolge nach dem Zeitpunkt ihres Erlasses aufgeführt. Die Skizzierung des jeweiligen wesentlichen Inhalts zeigt die Entwicklung auf, die das Familienrecht aufgrund sich wandelnder gesellschaftlicher Anschauungen im 20. und beginnenden 21. Jahrhundert genommen hat.

1. Gesetz über die religiöse Kindererziehung (RelKErzG) v. 15. 7. 1921 (RGBl. 61
S. 939, 1263). In diesem Gesetz ist die bis dahin landesrechtlich bestimmte religiöse Kindererziehung erstmalig reichseinheitlich geregelt worden. Es enthält eine Sonderregelung für das Recht der Eltern zur **Religionserziehung ihrer Kinder.** Die Regelungen des RelKErzG hatten insofern von Beginn an eine über ihren Inhalt hinaus weisende Bedeutung, als sie die mit dem Heranwachsen zunehmende Fähigkeit der Jugendlichen zur Selbstbestimmung rechtlich anerkannten und damit einen Gedanken umsetzten, der in anderen Materien des Minderjährigenrechts erst allmählich Eingang fand.[59]

2. Reichsjugendwohlfahrtsgesetz v. 9. 7. 1922 (RGBl. I S. 633). Das Gesetz regelte 62
die Leistungsangebote der **öffentlichen und privaten Jugendhilfe.** Diese waren gegenüber der Familienerziehung grundsätzlich subsidiär, griffen also nur im Fall des Versagens der familiären Sozialisation. Träger der öffentlichen Jugendhilfe waren im Wesentlichen die Jugendämter, Träger der freien Jugendhilfe die Wohlfahrtsverbände, Kirchen und Jugendverbände (vgl. § 5 Abs. 4 JWG).

3. Ersatzlos aufgehobene Gesetze aus der NS-Zeit. Ersatzlos aufgehoben und entfal- 63
len sind die folgenden familienrechtlich bedeutsamen Gesetze aus der NS-Zeit.

---

[59] Abgedruckt und erläutert ist das RelKErzG im Anhang zu § 1631 BGB.

a) Gesetz zur Verminderung der Arbeitslosigkeit v. 1. 6. 1933 (RGBl. I S. 323). Familienrechtliche Relevanz hatte dieses Gesetz insofern, als darin zur Eindämmung der Arbeitslosigkeit auch die Förderung von Eheschließungen durch die Gewährung unverzinslicher **Ehestandsdarlehen** vorgesehen war. Voraussetzung für die Gewährung eines solchen Darlehens war, dass die berufstätige künftige Ehefrau spätestens zum Zeitpunkt der Eheschließung aus dem Berufsleben ausschied und sich verpflichtete, die Arbeit nicht wieder aufzunehmen, solange das Darlehen nicht getilgt war und der Mann monatliche Einkünfte von mindestens 125 RM hatte, die Familie also ernähren konnte (Abschnitt 5 § 1 des Gesetzes).

64 Ging es bei dieser Regelung um die Zurückdrängung der Frauen aus dem Arbeitsleben, so traten die bevölkerungspolitischen Intentionen des Gesetzes in den Bestimmungen der **DurchführungsVO vom 20. 6. 1933** (RGBl. I S. 377) zutage. So erfolgte die Darlehensvergabe nicht, wenn die Gefahr bestand, dass aus der Ehe kein erbgesunder Nachwuchs zu erwarten war (§ 1 Nr. c DVO). § 8 der Verordnung erleichterte die Tilgung nach der Zahl der in der Ehe geborenen Kinder: Für jedes lebend geborene Kind wurden 25% des ursprünglichen Darlehensbetrages erlassen, nach der Geburt von vier gesunden Kindern entfiel mithin die Rückzahlungspflicht ganz.

65 **b) Gesetz zur Verhütung erbkranken Nachwuchses** (ErbgesundheitsG) v. 14. 7. 1933 (RGBl. I S. 529). Das Gesetz regelte die Voraussetzungen und das Verfahren für die freiwillige beziehungsweise zwangsweise Sterilisation von Erbkranken. Mit seiner Intention, die Geburt kranker Kinder zu vermeiden und die Hervorbringung gesunder deutscher Nachkommen sicherzustellen, griff es in elementarer Weise in die Ehe- und Familienplanung eines Paares ein und steht damit in familienrechtlichem Zusammenhang. Als **erbkrank** galt, wer an einer der acht in § 1 Abs. 2 des Gesetzes aufgezählten Krankheiten litt: An angeborenem Schwachsinn, an Schizophrenie, an manisch-depressivem Irresein, an erblicher Blindheit oder Taubheit, an erblicher Fallsucht, an erblichem Veitstanz oder an schwerer erblicher körperlicher Missbildung. Nicht erbkrank, aber nach den Regeln des Gesetzes gleichwohl unfruchtbar gemacht werden konnte, wer an schwerem Alkoholismus litt (§ 1 Abs. 3).

66 **c) Gesetz gegen Missbräuche bei der Eheschließung und der Annahme an Kindes Statt** v. 23. 11. 1933 (RGBl. I S. 979). Durch dieses Gesetz wurde § 1325a BGB eingefügt, der eine Ehe, die ausschließlich geschlossen wurde, um der Frau den Namenswechsel zu ermöglichen, für nichtig erklärte. Die **Nichtigkeit** solcher **Namensehen** sollte verhindern, dass Ehen als Mittel zur Verdeckung der Abstammung eingesetzt werden konnten. In diesem Sinn wurde auch § 1754 BGB ergänzt. Die Annahme an Kindes Statt war nach der neuen Regelung über den bisher vorgesehenen Fall des Fehlens einer der formalen gesetzlichen Voraussetzungen hinaus auch dann zu versagen, wenn **Zweifel** daran bestanden, dass durch die Adoption tatsächlich ein **Familienband hergestellt** werden sollte (Abs. 2 Nr. 2). Außerdem war sie zu versagen, wenn vom Standpunkt der Familie des Annehmenden aus oder im öffentlichen Interesse **wichtige Gründe gegen die Herstellung eines Familienbandes** sprachen (Abs. 2 Nr. 3).

67 **d) Gesetz zum Schutze des deutschen Blutes und der deutschen Ehre** (Blutschutzgesetz) v. 15. 9. 1935 (RGBl. I S. 1146). Das Gesetz, verkündet auf dem Reichsparteitag der Freiheit in Nürnberg, **verbot die Eheschließung** zwischen **Juden und Staatsangehörigen** deutschen oder artverwandten Blutes. Gleichwohl, etwa im Ausland, geschlossene Ehen waren nichtig (§ 1). Zudem wurde der Verstoß gegen das Heiratsverbot mit Zuchthaus bestraft (§ 5 Abs. 1). § 2 des Gesetzes verbot den außerehelichen sexuellen Verkehr zwischen Juden und Staatsangehörigen deutschen oder artverwandten Blutes und erklärte ihn als **Rassenschande** für den Mann für strafbar (§ 5 Abs. 2). Die Organisation der Familienhaushalte betraf § 3 des Gesetzes, der es Juden verbot, weibliche arische Staatsangehörige unter 45 Jahren **im Haushalt** zu beschäftigen.

e) Gesetz zum Schutze der Erbgesundheit des deutschen Volkes (Ehegesundheitsgesetz) v. 18. 10. 1935 (RGBl. I S. 1246). Das Gesetz änderte das Eheschließungsrecht durch die Aufstellung von **Eheverboten aus eugenischen Gründen.** Eine Ehe durfte fortan nicht mehr geschlossen werden, wenn einer der Verlobten an einer ansteckenden, die Gesundheit des Partners oder der Nachkommen gefährdenden Krankheit litt (§ 1 Abs. 1 a). Außerdem war die Eheschließung untersagt, wenn einer der Verlobten entmündigt war (§ 1 Abs. 1 b) oder an einer geistigen Störung litt, die die Ehe der Volksgemeinschaft unerwünscht machte (§ 1 Abs. 1 c). Verboten war die Eheschließung zudem bei Vorliegen einer Erbkrankheit iSdes Gesetzes zur Verhütung erbkranken Nachwuchses (s. RdNr. 65). Das Nichtvorliegen dieser Umstände musste vor der Eheschließung anhand eines vom Gesundheitsamt ausgestellten **Ehetauglichkeitszeugnisses** nachgewiesen werden (§ 2). 68

f) Gesetz über erbrechtliche Beschränkungen wegen gemeinschaftswidrigen Verhaltens v. 7. 11. 1937 (RGBl. I S. 1161). § 2 des Gesetzes komplettierte das Blutschutzgesetz (s. RdNr. 67) in erbrechtlicher Hinsicht insofern, als darin ein deutscher Erblasser berechtigt wurde, einem Abkömmling den **Pflichtteil zu entziehen,** wenn dieser eine Mischehe einging. 69

4. Personenstandsgesetz (PStG) v. 3. 11. 1937 (RGBl. I S. 1146) idF der Bek. v. 8. 8. 1957 (BGBl. I S. 1125). Das PStG 1937 hatte das Gesetz v. 6. 2. 1875 (RGBl. S. 23), mit dem für das Gebiet des gesamten deutschen Reichs die Zivilehe eingeführt worden war (s. RdNr. 23), abgelöst. Es führte vor allem die Vorschriften über die Beurkundung und den Beweis familienrechtlicher Tatbestände wie Geburt, Eheschließung und Tod ein (§§ 2, 60). 70

5. Gesetz über die Änderung von Familiennamen und Vornamen (NamÄndG) v. 5. 1. 1938 (RGBl. I S. 9 = BGBl. III S. 401–1). Das Gesetz regelte die Voraussetzungen für die Änderung des Familien- oder Vornamens einer Person. Grundsätzlich wurde eine solche nur ausnahmsweise für zulässig erklärt, dann nämlich, wenn ein wichtiger Grund die Änderung rechtfertigte (vgl. § 3). 71

6. Gesetz zur Vereinheitlichung des Rechts der Eheschließung und der Ehescheidung im Lande Österreich und im übrigen Reichsgebiet (EheG) v. 6. 7. 1938 (RGBl. I S. 807). Das EheG brachte die bis dahin einschneidenste Änderung im Familienrecht des BGB. Anlass für die Regelung des Eherechts in einem speziellen Gesetz war der im Frühjahr 1938 erfolgte **Anschluss Österreichs** an Deutschland, der die Anpassung des österreichischen Eherechts an das im übrigen Reichsgebiet geltende Recht erforderlich machte. Die Schaffung eines „einheitlichen großdeutschen Ehe- und Familienrechts“[60] war insofern dringend, als in Österreich nach wie vor kirchliches Eheschließungsrecht galt, die Ehe also ohne Mitwirkung des Staates allein nach den Voraussetzungen und den Verfahren des Rechts der christlichen Kirchen oder anderer anerkannter Religionsgemeinschaften eingegangen wurde. Dieser Rechtszustand war im Hinblick auf die Bedeutung der Ehe für Volk und Staat unhaltbar: Ehe und Familie bildeten die „Grundlagen des völkischen Zusammenlebens“, ihre Gründung zu überwachen und bei dieser die Mitwirkung der eigenen Organe sicherzustellen, wurde als „heilige Pflicht“ des Staates apostrophiert.[61] Der politisch einfachste Weg, die Zivilehe in den österreichischen Teilen Großdeutschlands einzuführen, war nun, die den Bestand der Ehe betreffenden Vorschriften über die Eheschließung und die Eheauflösung aus dem BGB herauszunehmen, sie in einem speziellen Gesetz zusammenzufassen und dieses Gesetz dann in ganz Deutschland als neue Kodifikation einzuführen. Methodisch stand dieses Vorgehen zudem in Einklang mit dem in der Rechtswissenschaft propagierten **konkreten Ordnungsdenken.** Nach diesem waren Rechtsmaterien systematisch sinnvoll nicht – wie im BGB – unter theoretischen, abstrakten Gesichtspunkten anzuordnen, sondern unter dem Aspekt der faktisch existierenden Lebensverhältnisse. Familie, Sippe, Arbeitsdienst oder Heer etwa wurden als Beispiele für solche 72

[60] Offizielle Begründung des Ehegesetzes durch das RJM, in: Deutsche Justiz 1938, 1102.
[61] Offizielle Begründung des Ehegesetzes (Fn. 60) S. 1102, 1112.

Verhältnisse genannt, denen Ordnungen und Strukturen innewohnten, die das Recht durch Regelung in zusammenhängenden Sachkomplexen zu berücksichtigen hatte.

73 Mit Schaffung des neuen Gesetzes traten im Eheschließungsrecht **neben die traditionellen Eheverbote** der Verwandtschaft, der Doppelehe, des Ehebruchs u. a. (§§ 6 bis 14) die neuen, von der NS-Ideologie getragenen Verbote, das der **Blutsverschiedenheit** (§ 4) und das des **Mangels der Ehetauglichkeit** (§ 5). Das EheG verwies hier auf das Blutschutzgesetz, das die Verbindung von Angehörigen arischer und nichtarischer Abstammung verbot, sowie auf das Ehegesundheitsgesetz, das die zum Schutz der Volksgesundheit erforderlichen Eheverbote enthielt.

74 Auf dem neuen Eheverständnis beruhte auch die **Ersetzung der bisherigen Anfechtbarkeit** der Ehe durch die **Aufhebbarkeit.** Nach der traditionellen Regelung des BGB war eine Ehe wegen Willensmängeln beim Eheschluss anfechtbar mit der Folge, dass sie im Fall erfolgreicher Anfechtung ex tunc als nichtig galt. Diese, den allgemeinen vertragsrechtlichen Prinzipien entsprechende Regelung widersprach der nationalsozialistischen Auffassung vom Wert und von der Bedeutung der Ehe für die Volksgemeinschaft. Einem individuellen Willensmangel eines Ehegatten die gleichen Wirkungen beizulegen wie einem Verstoß gegen die aus Gründen der völkischen Ordnung erlassenen zwingenden Eheverbote war nach der geltenden Werteordnung nicht tragbar. Subjektive Umstände wie ein Willensmangel sollten allenfalls zur Auflösung der Ehe für die Zukunft führen können, weshalb nach den neuen Regeln im Ehegesetz Ehen in solchen Fällen nur noch mit **ex nunc-Wirkung** aufhebbar waren (§§ 33 ff.).[62]

75 Im Hinblick darauf, dass nicht nur bei Eingehung der Ehe, sondern auch bei ihrer Auflösung nicht die Individualinteressen der Ehegatten, sondern der Wert der Ehe für die Volksgemeinschaft im Vordergrund zu stehen hatte, wurden die **Scheidungsgründe erweitert.** Zulässig wurde die Scheidung u. a. wegen Verweigerung der Fortpflanzung (§ 48), wegen einer ansteckenden oder ekelerregenden Krankheit des Partners (§ 52) oder auch wegen einer während der Ehe eingetretenen Unfruchtbarkeit (§ 53). Im letzteren Fall war die Scheidung allerdings ausgeschlossen, wenn gemeinsame erbgesunde Nachkommenschaft vorhanden war (Abs. 2). Außerdem hatte hier, wer selbst unfruchtbar war, kein Recht auf Scheidung (Abs. 3).

76 **1946** wurde das **Ehegesetz aufgehoben** und – bereinigt von den Bestimmungen nationalsozialistischen Gehalts – ersetzt durch das Kontrollratsgesetz Nr. 16 v. 20. 2. 1946 (ABlKR S. 77, ber. S. 294) mit Ergänzung durch KRG Nr. 52 v. 21. 4. 1947 (ABlKR S. 273).

77 Zum EheG sind **6 Durchführungsverordnungen** ergangen. Die wichtigste war die sechste, die „Verordnung über die Behandlung der Ehewohnung und des Hausrats" (HausratsVO) v. 21. 10. 1944 (RGBl. I S. 256). Diese Verordnung stellte für den Fall der Nichteinigung über die Hausratsverteilung und die künftige Nutzung der Ehewohnung bei Auflösung der ehelichen Lebensgemeinschaft ein richterliches Zuordnungsverfahren zur Verfügung. Notwendig geworden war die Regelung, da die kriegsbedingte Knappheit von Wohnraum und Konsumgütern zu verschärften Verteilungskonflikten führten, diese jedoch allein nach schuld- und sachenrechtlichen Regeln nicht befriedigend zu lösen waren.[63]

78 **7. Personenstandsverordnung der Wehrmacht (WehrmPStVO)** v. 17. 10. 1942 (RGBl. I S. 597). Die Verordnung regelte insbesondere die Voraussetzungen der Ferntrauung.

79 **8. Gesetz über die Anerkennung freier Ehen rassisch und politisch Verfolgter** v. 23. 6. 1950 (BGBl. S. 226). Das Gesetz regelte, dass die dauernde Verbindung von Personen, denen die standesamtliche Eheschließung aus rassischen Gründen nicht möglich gewesen

[62] Offizielle Begründung des Ehegesetzes (Fn. 60) S. 1106.

[63] Durch das EheschlRG v. 4. 5. 1998, das das EheG aufhob (RdNr. 168), ist der Klammerzusatz „6. DVO zum Ehegesetz" gestrichen worden. Die 2. bis 5. DVO sind 1961 durch das FamRÄndG (RdNr. 86) aufgehoben worden; die 1. DVO ist durch das EheschlRG v. 4. 5. 1998 (RdNr. 168) aufgehoben worden.

war, unter bestimmten Voraussetzungen rückwirkend als Ehen anerkannt werden konnten. Durch das **Gesetz zur Änderung** dieses Gesetzes v. 7. 3. 1956 (BGBl. I S. 104) wurde die Antragsfrist bis zum 31. 12. 1958 verlängert.

9. Gesetz über die Anerkennung von Nottrauungen v. 2. 12. 1950 (BGBl. I S. 778). 80
Das Gesetz bestimmte, dass Ehen, die zwischen dem 1. Januar 1945 und dem 1. August 1948 nicht vor dem zuständigen Standesbeamten, aber vor – im einzelnen genannten – Autoritätspersonen in Lagern oder besetzten Gebieten geschlossen worden waren, vollgültige Ehen im Sinne der geltenden Gesetze darstellten.

10. Gesetz über die Rechtswirkungen des Ausspruchs einer nachträglichen Ehe- 81
schließung v. 29. 3. 1951 (BGBl. I S. 215). Das Gesetz regelte die Wirkungen derjenigen Ehen, die aufgrund des Runderlasses des RJM v. 15. 6. 1943 zwischen deutschen Frauen und bereits gefallenen oder im Krieg verstorbenen Wehrmachtsangehörigen geschlossen worden waren.

11. Gesetz über die Gleichberechtigung von Mann und Frau auf dem Gebiete 82
des bürgerlichen Rechts (GleichberG) v. 18. 6. 1957 (BGBl. I S. 609), in Kraft getreten am 1. 7. 1958 (vgl. dazu auch RdNr. 245 ff.). Mit diesem Gesetz ist der Gesetzgeber auf dem Gebiet des Ehe- und Familienrechts dem **Verfassungsauftrag aus Art. 117 Abs. 1 GG** nachgekommen, das dem Grundsatz der Gleichberechtigung von Mann und Frau iS des Art. 3 Abs. 2 GG entgegenstehende Recht dieser Verfassungsvorschrift anzupassen. Nachdem die Anpassung nicht innerhalb der in Art. 117 Abs. 1 GG dafür bestimmten Frist (31. 3. 1953) erfolgt war, war am 1. 4. 1953 alles Recht, das Art. 3 Abs. 2 GG widersprach, außer Kraft getreten. Bis zum Inkrafttreten des GleichberG hatte nun die Rechtsprechung die entstandenen Gesetzeslücken auszufüllen, was gelang, ohne dass die Rechtsunsicherheit, wie zunächst befürchtet, zu groß wurde.

Das GleichberG brachte Änderungen des BGB, der ZPO, der KO, der VerglO, des FGG, 83
der HausratsVO, des RPflG und der KostO. Die **wichtigsten Änderungen** im Familienrecht betrafen das Unterhaltsrecht, in dem die Unterhaltsverpflichtungen der Frau gegenüber Ehemann und Kindern denen des Mannes gleichgestellt wurden (§§ 1360 ff.; 1606 ff. BGB), das Kindschaftsrecht, in dem die Eltern in ihren Rechten gegenüber den Kindern grundsätzlich gleichgestellt wurden (§§ 1626 ff. BGB) und das eheliche Güterrecht, in dem der gesetzliche Güterstand der Verwaltung und Nutznießung des Ehemannes durch die Zugewinngemeinschaft ersetzt wurde (§§ 1363 ff. BGB).

Nur ein Jahr in Geltung waren § 1628 BGB idF des GleichberG, der in Konfliktfällen bei 84
der Ausübung der elterlichen Gewalt den **Stichentscheid** des Vaters vorsah, und § 1629 Abs. 1 BGB idF des GleichberG, der die **Alleinvertretungsmacht** des Vaters statuierte. Beide Normen wurden durch Urteil des BVerfG v. 29. 7. 1959 wegen Verstoßes gegen Art. 3 Abs. 2 GG für nichtig erklärt.[64]

12. Gesetz zur Vereinheitlichung und Änderung familienrechtlicher Vorschriften 85
(FamRÄndG) v. 11. 8. 1961 (BGBl. I S. 1221), in Kraft getreten am 1. 1. 1962. Dieses Gesetz änderte außerhalb des mit Art. 3 Abs. 2 GG zusammenhängenden Bereichs Vorschriften des BGB, des EheG, der ZPO, des FGG, der HausratsVO, der KostO und des RPflG. Hervorzuheben ist die Einschränkung des Scheidungsrechts durch Verstärkung des Widerspruchsrechts des nicht oder minder schuldigen Ehegatten in § 48 Abs. 2 EheG. Außerdem hob das FamRÄndG das 1938 aus rassenpolitischen Gründen eingeführte Recht des Staatsanwalts zur Anfechtung der Ehelichkeit eines Kindes auf (§ 1595 a BGB aF). Weitere wesentliche Änderungen erfolgten auf dem Gebiet der Adoption und des Rechts der nichtehelichen Kinder. Die Anerkennung ausländischer Entscheidungen in Ehesachen sowie die rechtliche Gleichstellung volksdeutscher Flüchtlinge iS des Art. 116 Abs. 1 GG mit deutschen Staatsangehörigen waren weitere Regelungsmaterien.

---

[64] BVerfGE 10, 59 = NJW 1959, 1483.

86 Im Übrigen wurden in dem das **Übergangsrecht zum FamRÄndG** regelnden Art. 9 Abs. 2 27 Gesetze und Rechtsverordnungen, die zur Ergänzung des Familienrechts außerhalb des BGB ergangen waren, aufgehoben. Das FamRÄndG hat damit wesentlich zur Bereinigung und Vereinfachung des Familienrechts beigetragen.

87 **13. Gesetz über den ehelichen Güterstand von Vertriebenen und Flüchtlingen** v. 4. 8. 1969 (BGBl. I S. 1067). In diesem Gesetz wurde bestimmt, dass für Vertriebene und Flüchtlinge grundsätzlich das gesetzliche Güterrecht des BGB galt.

88 **14. Gesetz über die rechtliche Stellung der nichtehelichen Kinder** (NEhelG) v. 19. 8. 1969 (BGBl. I S. 1243), in Kraft getreten am 1. 7. 1970. Dieses Gesetz erging in Erfüllung des Verfassungsauftrages aus Art. 6 Abs. 5 GG, den nichtehelichen Kindern die gleichen Bedingungen für ihre Entwicklung und ihre Stellung in der Gesellschaft zu verschaffen wie den ehelichen Kindern. Das Gesetz enthält zahlreiche Änderungen und Ergänzungen des BGB und der ZPO, außerdem Änderungen des EheG, der HöfeO, des GVG, der KO, des FGG, des PStG, des GKG, der BRAGO und der KostO.

89 Eine der wichtigsten Neuregelungen war die Anerkennung der durch nichteheliche Abstammung vermittelten Verwandtschaft zwischen dem Kind und seinem Vater. § 1589 Abs. 2 BGB, der diese Beziehung ausdrücklich negiert hatte, wurde ersatzlos gestrichen. Neu eingeführt wurde zudem, dass die nichteheliche **Vaterschaft** durch Anerkennung oder gerichtliche Entscheidung festgestellt wurde und zwar **mit Wirkung für und gegen alle** (§§ 1600 a ff. BGB idF des NEhelG). Konsequenzen ergaben sich aus der neuen rechtlichen Beziehung zwischen Vater und Kind vor allem im Unterhaltsrecht und im Erbrecht. Für die **Unterhaltspflicht** gegenüber nichtehelichen Kindern (vgl. RdNr. 128, 165) galten fortan die allgemeinen Vorschriften über den Verwandtenunterhalt (§ 1615 a BGB idF des NEhelG). Unterhaltspflichtig war damit nicht nur – wie bis dato – der Vater gegenüber seinem nichtehelichen Kind, sondern auch das Kind gegenüber seinem Vater (§ 1601 BGB). Außerdem erstreckte sich die Unterhaltspflicht damit auch auf die Verwandten des Vaters und die Abkömmlinge des Kindes. Zur Sicherung des Lebensunterhalts der nicht in den väterlichen Haushalt aufgenommenen, in der Pflege der Mutter befindlichen Kinder wurde der **Regelunterhalt** eingeführt. Das nichteheliche Kind konnte den Anspruch auf diesen Unterhalt, der auf der Basis des von der Bundesregierung in der Regelunterhaltsverordnung festzusetzenden Regelbedarfs zu ermitteln war, in einem vereinfachten Verfahren geltend machen (§§ 1615 f bis 1615 h BGB idF des NEhelG). Die Möglichkeit, den dem individuellen Lebensbedarf entsprechenden Unterhalt im regulären Unterhaltsverfahren zu verlangen, blieb daneben bestehen. Außerdem erweiterte das NEhelG die **Unterhaltsansprüche der Mutter** des nichtehelichen Kindes (§§ 1615 k ff. BGB idF des NEhelG).

90 Im **Erbrecht** bekamen die nichtehelichen Verwandten gesetzlich den gleichen Rang wie eheliche Verwandte. Das nichteheliche Kind gehört seitdem beim Tod des Vaters zu den Erben 1. Ordnung (§ 1924 BGB), der nichteheliche Vater beim Tod des Kindes zu denen 2. Ordnung (§ 1925 BGB). Jedoch stand nichtehelichen Kindern beim Zusammentreffen mit ehelichen Abkömmlingen oder dem Ehegatten des Erblassers kein realer Erbteil, sondern nur ein Geldanspruch in Höhe des Wertes des Erbteils gegen den Erben zu, sog. Erbersatzanspruch (§§ 1934 a ff. BGB idF des NEhelG). Weitere Reformvorschriften betrafen das Namensrecht (§§ 1617, 1618 BGB idF des NEhelG), die elterliche Sorge, die – mit Einschränkungen – der Mutter zugewiesen wurde (§§ 1705 ff. BGB idF des NEhelG), die Ehelicherklärung auf Antrag des Vaters (§§ 1723 ff. BGB idF des NEhelG) und des Kindes (§§ 1740 a ff. BGB idF des NEhelG) sowie das Adoptionsrecht (§§ 1741 ff. BGB idF des NEhelG).

91 Die wichtigsten **verfahrensrechtlichen Neuerungen** des NEhelG waren die erstinstanzliche Zuweisung aller Kindschaftssachen an das Amtsgericht (§ 23 a Nr. 1 GVG), die Einführung des Rechtszuges in diesen Sachen vom Amtsgericht zum Oberlandesgericht (§ 119 Abs. 1 Nr. 1 und 2 GVG idF des NEhelG), die Neuregelung des Begriffs der Kindschaftssachen und des Verfahrens in ihnen (§§ 640 bis 641 k ZPO idF des NEhelG)

sowie die Neugestaltung des Verfahrens über den Unterhalt des nichtehelichen Kindes (§§ 642 bis 644 ZPO idF des NEhelG).

15. Verordnung zur Berechnung des Regelunterhalts (Regelunterhalt-VO) v. 27. 6. 1970 (BGBl. I S. 1010), in Kraft getreten am 1. 7. 1970. Die VO führte auf der Grundlage der Ermächtigung in § 1615 f Abs. 2 BGB idF des NEhelG für nicht in den väterlichen Haushalt aufgenommene, in der Pflege der Mutter befindliche nichteheliche Kinder pauschalierte, nach drei Altersgruppen abgestufte Unterhaltssätze ein. Die Sätze sind im Laufe der Jahre mehrfach erhöht worden. **92**

16. Gesetz zur Änderung von Vorschriften des Adoptionsrechts v. 14. 8. 1973 (BGBl. I S. 1013). Durch dieses Gesetz wurden – im Vorgriff auf die grundlegende Reform des Adoptionsrechts im Jahre 1977 (RdNr. 124) – die Mindestaltersgrenze für den Annehmenden auf die Vollendung des 25. Lebensjahres herabgesetzt (§ 1744 S. 1 BGB idF des AdoptÄndG) und die Möglichkeiten, die elterliche Einwilligung in die Adoption zu ersetzen, erweitert (§ 1747 a BGB idF des AdoptÄndG). **93**

17. Gesetz zur Neuregelung des Volljährigkeitsalters v. 31. 7. 1974 (BGBl. I S. 1713), in Kraft getreten am 1. 1. 1975. Durch dieses Gesetz wurde der Eintritt der Volljährigkeit von der Vollendung des 21. auf die Vollendung des 18. Lebensjahres herabgesetzt (§ 2 BGB). In Konsequenz dieser Regelung wurde auch der **Beginn der Ehemündigkeit** von Mann und Frau auf dieses Alter festgelegt (§ 1 Abs. 1 EheG) mit der Maßgabe, dass das Vormundschaftsgericht von diesem Erfordernis Befreiung erteilen konnte, wenn der Antragsteller das 16. Lebensjahr vollendet hatte und sein künftiger Ehegatte volljährig war (§ 1 Abs. 2 EheG). **94**

18. Erstes Gesetz zur Reform des Ehe- und Familienrechts (1. EheRG) v. 14. 6. 1976 (BGBl. I S. 1421). Das Gesetz, das in Einzelvorschriften am 16. 6. 1976, bezüglich des Namensrechts am 1. 7. 1976 und im Übrigen am 1. 7. 1977 in Kraft getreten ist (Art. 12 Nr. 13 Buchst. a–c), enthält die **bedeutendste Reform des Familienrechts** seit Inkrafttreten des BGB. Die wichtigsten Neuregelungen betreffen folgende Materien:[65] **95**

a) Das Recht der **persönlichen Ehewirkungen.** Hier ist hervorzuheben: In § 1353 Abs. 1 S. 1 BGB ist ausdrücklich bestimmt worden, dass die Ehe auf Lebenszeit geschlossen wird. Dadurch sollte bekräftigt werden, dass die Einführung des Zerrüttungsprinzips im materiellen Ehescheidungsrecht (dazu RdNr. 99) den Grundsatz der auf Lebenszeit angelegten Ehe nicht berührt. Die übrigen Änderungen im Bereich der persönlichen Ehewirkungen verfolgten das Ziel, die **Ehe als partnerschaftliche Verbindung** gleichberechtigter und gleichverpflichteter Personen auszugestalten. Das bisherige Leitbild der Hausfrauenehe (§ 1356 Abs. 1 BGB aF) entfiel. Die Arbeitsteilung in der Ehe wird seither der Vereinbarung der Ehegatten überlassen (§ 1356 Abs. 1 BGB), jedoch haben die Ehegatten bei der Wahl und Ausübung eines Berufs auf die Belange des anderen und der Familie die gebotene Rücksicht zu nehmen (§ 1356 Abs. 2 BGB). Die „Schlüsselgewalt“ ist auf beide Ehegatten ausgedehnt worden (§ 1357 BGB). Der Unterhaltsanspruch bei Getrenntleben ist entsprechend der Neukonzeption des Scheidungsrechts (dazu RdNr. 98 ff.) von Verschuldenselementen weitgehend gelöst worden. Allerdings ist die negative Härteklausel des § 1579 BGB, die beim Geschiedenenunterhalt in bestimmten Konstellationen Verursachung und Verschulden am Scheitern der Ehe berücksichtigt (dazu RdNr. 102), auch auf den Unterhaltsanspruch während bestehender Ehe für anwendbar erklärt worden (§ 1361 BGB). **96**

b) Das **Recht des Ehe- und Familiennamens** (§ 1355 BGB idF des 1. EheRG) wurde wesentlich geändert:[66] So konnten die Ehegatten bei der Eheschließung durch gemeinsame Erklärung gegenüber dem Standesbeamten zum Ehenamen den **Geburtsnamen des Man-** **97**

---

[65] Zum Inhalt aus zeitgenössischer Sicht *Hillermeier* FamRZ 1976, 577 ff.; *Vogel* FamRZ 1976, 481 ff.; *Lüke,* FS für Bosch, 1976, S. 627 ff.

[66] Überblick über die Änderungen aus zeitgenössischer Sicht bei *Diederichsen* NJW 1976, 1169 ff.; *Ruthe* FamRZ 1976, 409 ff.

nes oder den der Frau bestimmen (Abs. 2 S. 1). Trafen die Eheleute keine Bestimmung, so war Ehename der Geburtsname des Mannes (Abs. 2 S. 2). Der Ehegatte, dessen Geburtsname nicht zum Ehenamen gewählt wurde, konnte durch Erklärung gegenüber dem Standesbeamten seinen Geburtsnamen oder den zur Zeit der Eheschließung geführten anderen Namen dem Ehenamen für seine Person **voranstellen** (Abs. 3). Für die vor dem 1. 7. 1976 geschlossenen Ehen blieb es grundsätzlich beim bisherigen Recht, wonach die Ehefrau den Familiennamen des Mannes als Ehenamen führte. Jedoch hatte die Ehefrau das Recht, diesem Namen ihren Geburtsnamen oder den zur Zeit der Eheschließung geführten Namen voranzustellen, und zwar auch dann, wenn sie nach § 1355 S. 2 BGB aF dem Mannesnamen ihren Mädchennamen hinzugefügt hatte.

98 **c)** Die Neuregelung des **Ehescheidungsrechts** war das **Kernstück** der mit dem 1. EheRG verwirklichten Reformen. Die wichtigste Neuerung auf gesetzessystematischer Ebene war die Herauslösung der Scheidungsgründe und Scheidungsfolgen aus dem EheG und ihre Wiedereinfügung in das BGB (§§ 1564 ff. BGB idF des 1. EheRG).

99 Die inhaltlich elementare Neuerung war die Abkehr vom Verschuldensprinzip und die Einführung des **Zerrüttungsprinzips** im materiellen Ehescheidungsrecht.[67] Ab 1. 7. 1977 wurde **alleiniger Scheidungsgrund** das objektive **Scheitern** der Ehe (§ 1565 Abs. 1 S. 1 BGB). Dieses ist seither gem. § 1565 Abs. 1 S. 2 BGB anzunehmen, wenn die Lebensgemeinschaft der Ehegatten nicht mehr besteht und auch nicht erwartet werden kann, dass die Ehegatten sie wiederherstellen. Ausgesprochen wird die Scheidung – wie seit Inkrafttreten des BGB – durch gerichtliches Urteil, das hierauf gerichtete Verfahren allerdings nicht mehr durch eine Klage, sondern durch einen Antrag eingeleitet (§ 1564 BGB). Eine Prüfung und Feststellung eines Verschuldens am Scheitern der Ehe und an der Scheidung findet grundsätzlich nicht mehr statt.

100 Auf der Grundlage des Zerrüttungsprinzips wurden in §§ 1565 ff. BGB **vier Scheidungstatbestände** eingeführt, nämlich:
- die Scheidung über den Grundtatbestand **nach Ablauf eines Trennungsjahres,** bei der das Scheitern der Ehe konkret nachzuweisen ist (§ 1565 Abs. 1 BGB);
- die Scheidung über den Grundtatbestand **vor Ablauf eines Trennungsjahres,** bei der nachzuweisen ist, dass die Fortsetzung der Ehe eine unzumutbare Härte darstellen würde (§ 1565 Abs. 2 BGB);
- die **einverständliche** Scheidung **nach einjährigem Getrenntleben,** bei der das Scheitern der Ehe unwiderlegbar vermutet wird (§ 1565 Abs. 1 iVm. § 1566 Abs. 1 BGB);
- die Scheidung **nach dreijährigem Getrenntleben** der Ehegatten, bei der das Scheitern der Ehe unwiderlegbar vermutet wird (§ 1565 Abs. 1 iVm. § 1566 Abs. 2 BGB).

101 Der **Begriff des Getrenntlebens** ist in § 1567 Abs. 1 S. 1 BGB definiert worden. Danach ist für die Trennung sowohl ein objektives Merkmal, die Aufhebung der häuslichen Gemeinschaft, als auch eine subjektive Komponente erforderlich, nämlich der erkennbare Wille eines Ehegatten, die häusliche Gemeinschaft nicht mehr herzustellen, weil er die eheliche Lebensgemeinschaft ablehnt.

102 Zur **Vermeidung außergewöhnlicher Scheidungshärten** wurde in § 1568 Abs. 1 BGB idF des 1. EheRG die **Härteklausel** eingeführt, mit deren Hilfe die Scheidung einer Ehe, obwohl sie gescheitert ist, versagt werden kann, wenn dies im Interesse der aus der Ehe hervorgegangenen minderjährigen Kinder oder wegen immaterieller oder materieller Härten für den Antragsgegner aus besonderen Gründen ausnahmsweise geboten erscheint.

103 **d) Ehegattenunterhalt nach der Scheidung** (§§ 1569 ff. BGB). Hervorzuheben ist Folgendes: Der **Unterhaltsanspruch** des bedürftigen Ehegatten (§§ 1569, 1577 BGB) nach der Scheidung wurde – wie die Scheidung selbst – **vom Verschulden** an der Zerrüttung der Ehe **gelöst.** Nach der Vorstellung des Gesetzgebers war ein Unterhaltsanspruch grundsätzlich dann berechtigt, wenn die **Bedürfnislage ehebedingt** war, also eine Folge der

---

[67] Eingehender Überblick über das neue Scheidungsrecht bei *Schwab* FamRZ 1976, 491 ff.; kritisch *Habscheid,* FS Bosch, 1976, S. 355 ff.

Aufgabenverteilung in der Ehe. Hiervon ausgehend sind in den §§ 1570 ff. BGB **sechs Unterhaltstatbestände** normiert worden. Danach kann ein geschiedener Ehegatte von dem anderen Unterhalt verlangen, wenn er nicht erwerbstätig sein kann – und zwar aus einem der folgenden Gründe: Wegen der Erziehung oder Pflege eines gemeinschaftlichen Kindes (§ 1570 BGB), wegen Alters (§ 1571 BGB), wegen Krankheit und anderer Gebrechen (§ 1572 BGB), wegen Arbeitslosigkeit (§ 1573 BGB idF des 1. EheRG), wegen Wiederaufnahme einer ehebedingt abgebrochenen Ausbildung (§ 1575 BGB) oder weil er aus sonstigen schwerwiegenden Gründen nicht erwerbstätig sein kann und die Versagung von Unterhalt grob unbillig wäre (§ 1576 BGB).

Der Unterhalt umfasst seit dieser Neuregelung den gesamten Lebensbedarf, dessen **Höhe** 104 sich nach den ehelichen Lebensverhältnissen im Zeitpunkt der Scheidung bestimmt (§ 1578 Abs. 1 BGB idF des 1. EheRG).

Heiratet der Unterhaltspflichtige wieder, so hat der **Unterhaltsanspruch des geschiedenen Ehegatten Vorrang** 105 vor dem des neuen Ehegatten, wenn die Ehe von langer Dauer war oder der frühere Ehegatte einen Anspruch auf Unterhalt wegen der Erziehung oder Pflege eines gemeinsamen Kindes oder aufgrund der Billigkeitsklausel des § 1576 BGB hat (§ 1582 S. 2 BGB). Im Übrigen geht der Unterhaltsanspruch des früheren Ehegatten vor, wenn der neue Ehegatte bei entsprechender Anwendung der Vorschriften über den Geschiedenenunterhalt keinen Unterhalt zu beanspruchen hätte (§ 1582 S. 1 BGB).

Nach der **Härteklausel** des § 1579 BGB idF des 1. EheRG waren Unterhaltsansprüche 106 gemindert oder auch ganz ausgeschlossen, wenn die Inanspruchnahme des Verpflichteten grob unbillig war, etwa weil die Ehe nur von kurzer Dauer gewesen war (Nr. 1), weil der Berechtigte eine schwere Straftat gegen den Verpflichteten oder dessen nahe Angehörige begangen hatte (Nr. 2), weil der Berechtigte seine Bedürftigkeit mutwillig herbeigeführt hatte (Nr. 3) oder weil ein sonstiger schwerwiegender Grund die Versagung des Unterhalts rechtfertigte (Nr. 4).

e) Versorgungsausgleich (§§ 1587 bis 1587 p BGB idF des 1. EheRG). Die Einfüh- 107 rung des Versorgungsausgleichs war die wichtigste Neuerung im Scheidungsfolgenrecht und zugleich die **bedeutendste sozialpolitische Neuregelung** des 1. EheRG. Sie war ein erster Schritt auf dem Wege zur eigenständigen wirtschaftlichen Sicherung des nicht erwerbstätigen Ehegatten – regelmäßig der Ehefrau – im Falle der Ehescheidung. Mit dem Versorgungsausgleich hatte der Gesetzgeber juristisches Neuland betreten. Trotz aller seit seiner Einführung erfolgten Änderungen ist an der **generellen Konzeption** bis heute festgehalten worden:

Der Versorgungsausgleich besteht darin, dass die von den Ehegatten in der Ehezeit 108 erworbenen Renten- und sonstigen Versorgungsanwartschaften für Invalidität oder Alter im Falle der Scheidung nach den Grundsätzen des Zugewinnausgleichs auf Mann und Frau je zur Hälfte aufgeteilt werden. Abgewickelt wird dies über zivilrechtliche Ansprüche der Ehegatten gegeneinander. Obgleich die zur Durchführung erforderlichen Vorschriften vielfach in öffentlich-rechtlichen Gesetzen, bei gesetzlichen Rentenversicherungen zum Beispiel in den Sozialversicherungsgesetzen, bei Beamtenversorgungen in den Versorgungsgesetzen des Bundes und der Länder, enthalten sind, handelt es sich beim Versorgungsausgleich also nicht um eine öffentlich-rechtliche Regelung.

Ausgleichspflichtig ist der Ehegatte, der in der Ehezeit die im Wert höheren Ver- 109 sorgungsanwartschaften oder -aussichten erworben hat. Dem **ausgleichsberechtigten Ehegatten** steht als Ausgleich die Hälfte des Wertunterschiedes zwischen den Versorgungsanwartschaften des anderen Ehegatten und seinen eigenen zu. Der Versorgungsausgleich wird im Scheidungsverfahren vom Familiengericht **von Amts wegen** vorgenommen.

Er erfolgt grundsätzlich ohne Rücksicht auf die Bedürftigkeit des Ausgleichsberechtigten, 110 weil es hier – anders als im Unterhaltsrecht – nicht um die ökonomische Absicherung, sondern um die gerechte Aufteilung der in der Ehezeit erworbenen Altersversorgung geht.

In Härtefällen konnte der Versorgungsausgleich jedoch mit Hilfe der „negativen Härteklausel" des § 1587 c BGB vermindert oder auch ganz ausgeschlossen werden (§ 1587 b Abs. 4 BGB). Der Versorgungsausgleich galt für jede Ehe, unabhängig vom Güterstand der Ehegatten (§ 1587 Abs. 3 BGB).

111 In den Versorgungsausgleich einbezogen worden sind Ansprüche, Anwartschaften und Aussichten auf eine **Invaliditäts- oder Altersrente jeder Art,** sofern sie in der Ehezeit mit Hilfe des Vermögens oder durch Arbeit begründet oder aufrechterhalten worden sind (§ 1587 Abs. 1 BGB), also etwa Renten aus der gesetzlichen Rentenversicherung oder Pensionen nach dem Beamtenversorgungsrecht, nicht aber zB Renten nach dem Bundesversorgungsgesetz oder aus der gesetzlichen Unfallversicherung. Einen Katalog der erfassten Versorgungen enthielt § 1587 a Abs. 2 iVm. § 1587 Abs. 1 S. 1 BGB.

112 Die **Ermittlung des Wertes** der auszugleichenden Versorgungen erfolgte nach Maßgabe der Bewertungsvorschriften des § 1587 a Abs. 2 bis 8 BGB. Das Familiengericht kann über Grund und Höhe der Versorgungsanwartschaften bei den hierfür zuständigen Behörden, Rentenversicherungsträgern usw. Auskünfte einholen (§ 53 b Abs. 2 FGG/§ 220 FamFG). Ein Streit unter den Beteiligten über Grund oder Höhe einer Versorgungsanwartschaft wird vor dem für diese Materie zuständigen Fachgericht, zB Sozialgericht oder Verwaltungsgericht, ausgetragen. In diesem Falle kann oder muss das Familiengericht das Verfahren über den Versorgungsausgleich aussetzen (§ 53 c FGG/§ 21 Abs. 1 FamFG).

113 Der **Vollzug des Versorgungsausgleichs** erfolgte nach Maßgabe des § 1587 b BGB nach der Art der auszugleichenden Versorgung. Am einfachsten durchzuführen war das in Abs. 1 geregelte Rentensplittung: Renten und Rentenanwartschaften aus der **gesetzlichen Rentenversicherung** wurden vom Versicherungskonto des Verpflichteten auf das – eventuell neu zu errichtende – Konto des Berechtigten übertragen. Komplizierter war der Ausgleich, wenn **beamtenrechtliche Pensionen** und Pensionsanwartschaften geteilt werden mussten. Abs. 2 sah hier das sog. Quasisplitting vor, nach dem in der gesetzlichen Rentenversicherung durch das Familiengericht Anwartschaften begründet wurden und die Versorgung des Beamten um den entsprechenden Betrag gekürzt wurde. Für die **übrigen Versorgungsarten** bestimmte Abs. 3 ausnahmslos die **Realteilung,** dh. den Vollzug des Versorgungsausgleichs durch Entrichtung von Beiträgen in eine der gesetzlichen Rentenversicherungen. Diese Regelung war später um differenziertere Ausgleichsformen ergänzt worden (vgl. RdNr. 130, 136 f.).

114 **Hilfsweise** trat unter den Voraussetzungen des § 1587 f BGB der **schuldrechtliche Versorgungsausgleich** ein. Bei diesem wurden dem ausgleichsberechtigten Ehegatten keine eigenen Anwartschaften übertragen, es entstand vielmehr lediglich ein – erst im Versorgungsfall fälliger – Zahlungsanspruch gegen den ausgleichsverpflichteten Partner.

115 Der Versorgungsausgleich unterlag grundsätzlich der **Dispositionsfreiheit der Ehegatten.** Sie konnten ihn in einem **Ehevertrag** durch ausdrückliche Vereinbarung ausschließen (§ 1408 Abs. 2 S. 1 BGB) mit der Folge, dass Gütertrennung eintrat, sofern sich aus dem Ehevertrag nichts anderes ergab (§ 1414 S. 2 BGB). Der Ausschluss wurde allerdings unwirksam, wenn innerhalb eines Jahres nach Vertragsschluss Antrag auf Scheidung der Ehe gestellt wurde (§ 1408 Abs. 2 S. 2 BGB). Die Ehegatten konnten auch nach Maßgabe des § 1587 o BGB „im Zusammenhang mit der Scheidung" durch notariellen Vertrag mit Zustimmung des Familiengerichts den Versorgungsausgleich modifizieren oder ausschließen.

116 **f) Sonstige Scheidungsfolgen.** Mit der Einführung des Zerrüttungsprinzips in das Scheidungsrecht durch das 1. EheRG im Jahr 1977 sind auch die **sonstigen Scheidungsfolgen** verschuldensunabhängig ausgestaltet worden. Dies hatte auf personenrechtlicher Ebene vor allem Bedeutung für die **Regelung der elterlichen Sorge** im Falle der Scheidung und bei Getrenntleben der Eltern (§§ 1671, 1672 BGB idF des 1. EheRG). Auf ökonomischer Ebene war dies außer für das Unterhaltsrecht vor allem relevant für die **Verteilung des Hausrats** und für die **Zuteilung der Ehewohnung** nach der HausratsVO (Art. 11 Nr. 3 Buchst. c des 1. EheRG).

g) Einrichtung von Familiengerichten – Eheverfahrensrecht. Auch der verfahrensrechtliche Teil des 1. EheRG (Art. 5 bis 8) brachte mit der Schaffung von Familiengerichten und der Einführung der Entscheidungskonzentration für Scheidungs- und Folgesachen tiefgreifende Änderungen. Hervorzuheben sind folgende: **117**

Bei den Amtsgerichten wurden Abteilungen für Familiensachen – **Familiengerichte** – gebildet (§ 23 b Abs. 1 S. 1 GVG). In ihre ausschließliche Zuständigkeit fielen fortan alle **Familiensachen,** dh. Ehesachen (vgl. § 606 Abs. 1 S. 1 ZPO) und die sonstigen im Katalog des § 23 b Abs. 1 S. 2 GVG aufgeführten Verfahren. **118**

Der **Rechtszug** führt seit dem 1. EheRG vom Amtsgericht (Familiengericht) zum Oberlandesgericht (§ 119 Abs. 1 Nr. 1 und 2 GVG). Dritte Instanz wurde unter den dafür in der ZPO statuierten Voraussetzungen der Bundesgerichtshof (§§ 621 d und 621 e ZPO idF des 1. EheRG; § 133 GVG). **119**

Über die **Ehescheidung** selbst und **über Folgesachen** war seit dem 1. EheRG grundsätzlich gleichzeitig zu verhandeln und, sofern dem Scheidungsantrag stattgegeben wird, zu entscheiden, sog. **Entscheidungsverbund** (§§ 623, 629 ZPO idF des 1. EheRG). Die **Abtrennung einer Folgesache** war nur unter bestimmten Voraussetzungen für zulässig erklärt worden (§ 628 ZPO idF des 1. EheRG). Wurde dem Scheidungsantrag stattgegeben und gleichzeitig über Folgesachen entschieden, so erging die Entscheidung einheitlich durch Urteil (§ 629 Abs. 1 ZPO idF des 1. EheRG). Die im Verbundurteil enthaltenen einzelnen Entscheidungen konnten jeweils eigenständig mit Rechtsmitteln angegriffen werden (§§ 621 d, 621 e ZPO idF des 1. EheRG). **120**

h) Beseitigung von Eheverboten und Ehenichtigkeitsgründen. Durch das 1. EheRG wurde auch das Eheschließungsrecht geändert. Aufgehoben wurden das **Eheverbot** wegen Geschlechtsgemeinschaft mit den Eltern oder Abkömmlingen des Partners (§ 4 Abs. 2 EheG) sowie das Eheverbot wegen Ehebruchs (§ 6 Abs. 1 EheG). Außerdem ist der **Nichtigkeitsgrund** der Namensehe (§ 19 EheG) **beseitigt** worden. **121**

19. Gesetz über die Annahme als Kind und zur Änderung anderer Vorschriften (AdoptG) v. 2. 7. 1976 (BGBl. I S. 1749), in Kraft getreten am 1. 1. 1977. Durch dieses Gesetz wurde das bisherige Rechtsinstitut der „Annahme an Kindes Statt" grundlegend umgestaltet. Dabei wurden die Adoption Minderjähriger (§§ 1741 bis 1766 BGB) und die Volljähriger (§§ 1767 bis 1772 BGB) weiterhin unterschiedlich geregelt und zwar in den Grundzügen wie folgt: Die Kindesannahme **Minderjähriger** wurde als **Volladoption** ausgestaltet. Das Kind erhält seither durch die Annahme die volle rechtliche Stellung eines Kindes des Annehmenden (§ 1754 BGB). Es wird also mit dem Ehegatten des Annehmenden verschwägert und mit den Verwandten des Annehmenden verwandt. Gleichzeitig erlöschen mit der Annahme das Verwandtschaftsverhältnis des Kindes zu seinen bisherigen Verwandten und die sich aus ihm ergebenden Rechte und Pflichten, zum Beispiel im Erb- oder Unterhaltsrecht (§ 1755 BGB). Auswirkungen hat die Adoption auch auf die Staatsangehörigkeit. Mit der wirksamen Annahme durch einen Deutschen erwirbt das Kind die deutsche Staatsangehörigkeit (§ 6 RuStAG). Die Kindesannahme **Volljähriger** ist seit dem AdoptG zulässig, wenn sie sittlich gerechtfertigt ist (§ 1767 BGB). Ihre Wirkungen entsprechen denen der Annahme an Kindes Statt des bis zum 31. 12. 1976 geltenden Rechts. Sie erstreckt sich also nicht auf die Verwandten des Annehmenden. Auch wird der Ehegatte des Annehmenden nicht mit dem Angenommenen, dessen Ehegatte nicht mit dem Annehmenden verschwägert (§ 1770 BGB). Nur in den in § 1772 BGB festgelegten Ausnahmefällen kann auch ein Volljähriger mit den Wirkungen der Volladoption angenommen werden. **122**

Im **Verfahren** der Annahme wurde das Vertragssystem des bis dahin geltenden Rechts (vgl. § 1741 BGB aF) durch das **System des richterlichen Dekrets** ersetzt. Die Annahme sowohl Minderjähriger wie Volljähriger wird seither durch Beschluss des Vormundschaftsgerichts ausgesprochen (§§ 1752, 1768 BGB). Als Folge des Dekretsystems erfolgt auch die Aufhebung des Annahmeverhältnisses, die nur in eng begrenzten Fällen möglich ist, durch **123**

Entscheidung des Vormundschaftsgerichts (§§ 1759 ff., 1771 BGB); sie wirkt nur für die Zukunft (§§ 1764, 1767 Abs. 2 BGB).

124 **20. Gesetz über die Vermittlung der Annahme als Kind** (AdVermiG) v. 2. 7. 1976 (BGBl. I S. 1749), in Kraft getreten am 1. 1. 1977. Durch dieses Gesetz, das an die Stelle des entsprechenden Gesetzes v. 29. 3. 1951 (BGBl. I S. 214) getreten ist, wurden die organisatorischen und personellen Voraussetzungen der **Adoptionsvermittlung** (zum Begriff vgl. § 1 AdVermiG) grundlegend neu geordnet. Die Adoptionsvermittlung ist seither auf wenige Vermittlungsstellen im Bereich der Jugendämter und der freien Wohlfahrtsverbände konzentriert (§ 2 AdVermiG). Die Vermittlungsstellen müssen mit mindestens einer hauptamtlichen Fachkraft besetzt sein (§ 3 AdVermiG). Nichtfachkräften wurde die Adoptionsvermittlung grundsätzlich verboten (§ 5 AdVermiG). Bei den Landesjugendämtern wurden zentrale Adoptionsstellen eingerichtet, deren Aufgabe es ist, die Adoptionsvermittlungsstellen bei ihrer Arbeit zu unterstützen (§ 11 AdVermiG). Zwecks möglichst vollständiger und frühzeitiger Erfassung der für eine Adoption in Frage kommenden Kinder wurden Meldepflichten der Adoptionsvermittlungsstellen und der Heime eingeführt (§ 10 AdVermiG; § 78 a JWG). Weitere Vorschriften betrafen vor allem die Zusammenarbeit zwischen den örtlichen und den zentralen Vermittlungsstellen (§ 10 AdVermiG), die Beratung der Beteiligten (§ 9 AdVermiG) und das Verbot von Adoptionsanzeigen (§ 6 AdVermiG).

125 **21. Gesetz zur vereinfachten Abänderung von Unterhaltsrenten** v. 29. 7. 1976 (BGBl. I S. 2029), in Kraft getreten am 1. 1. 1977. Kernstück des Gesetzes war die Einfügung eines neuen § 1612 a in das BGB. Diese Vorschrift sah für Unterhaltsansprüche minderjähriger **ehelicher Kinder,** deren Höhe in einem vollstreckbaren Titel oder in einer Vereinbarung festgelegt war, eine Dynamisierung in der Weise vor, dass die Bundesregierung ermächtigt wurde, durch Rechtsverordnung eine prozentuale Anpassung der Unterhaltsrenten an die Veränderungen der allgemeinen wirtschaftlichen Verhältnisse zu bestimmen. Die Bundesregierung hatte spätestens alle zwei Jahre zu prüfen, ob die Voraussetzungen für eine erneute Anpassung gegeben waren (Art. 5 § 1 Abs. 2). Geltend gemacht werden konnte die Anpassung der Unterhaltstitel im vereinfachten Verfahren vor dem Rechtspfleger (§§ 641 l bis 641 t ZPO aF). Daneben blieben Abänderungsklagen nach § 323 ZPO unter bestimmten Voraussetzungen zulässig (§ 323 Abs. 5 ZPO aF). Das Gesetz brachte ferner zur Vereinheitlichung des Verfahrens in Unterhaltssachen ehelicher und nichtehelicher Kinder Änderungen der Verfahrensvorschriften über den Regelunterhalt nichtehelicher Kinder (§§ 642 a, 642 b, 642 d ZPO aF – dazu RdNr. 89).

126 **22. Gesetz zur Änderung des Ehenamens** (Ehenamensänderungsgesetz – EheNÄndG) v. 27. 3. 1979 (BGBl. I S. 401), in Kraft getreten am 1. 7. 1979. Das Gesetz hat die Regelung des 1. EheRG geändert, nach der die Befugnis, anstelle des Namens des Mannes den der Frau zum Ehenamen zu bestimmen, für **Altehen** nicht galt (dazu RdNr. 97). In Erfüllung des Auftrags des BVerfG von 1978[68] räumte der Gesetzgeber den Ehegatten, die vor dem 1. 7. 1976 die Ehe geschlossen hatten, für eine einjährige Übergangsfrist das Recht ein, durch gemeinsame Erklärung anstelle des Mannesnamens den Geburtsnamen der Frau zum Ehenamen zu bestimmen. Die Erklärung bedurfte der öffentlichen Beglaubigung und war gegenüber dem Standesbeamten abzugeben (§§ 3 f. EheNÄndG). Die Erstreckung der Namensänderung auf Abkömmlinge war in § 2 des Gesetzes geregelt.

127 **23. Gesetz zur Neuregelung des Rechts der elterlichen Sorge** (SorgeRG) v. 18. 7. 1979 (BGBl. I S. 1061), in Kraft getreten am 1. 1. 1980. Das Gesetz enthielt die bedeutendste Änderung des Rechts der Eltern-Kind-Beziehung seit Inkrafttreten des BGB. Es gab neue **Leitlinien für das Eltern-Kind-Verhältnis** durch Ablösung des Begriffs der „elterlichen Gewalt" durch den der „elterlichen Sorge", durch Begründung des gegenseitigen Gebots zu Beistand und Rücksichtnahme (§ 1618 a BGB), durch Beteiligung des Kindes an

[68] BVerfGE 48, 327 = NJW 1978, 2289.

Sorgerechtsentscheidungen der Eltern (§ 1626 Abs. 2 BGB) und durch Absage an entwürdigende Erziehungsmaßnahmen (§ 1631 Abs. 2 BGB idF des SorgeRG). Für den Fall der **Nichteinigung der Eltern** in sorgerechtlichen Angelegenheiten statuierte das Gesetz eine Entscheidungsbefugnis des Vormundschaftsgerichts (§ 1628 BGB idF des SorgeRG). Das **staatliche Wächteramt** wurde näher ausgestaltet durch die Neuregelung des § 1631 a Abs. 1 BGB zur Berücksichtigung von Eignung und Neigung des Kindes in Angelegenheiten der Ausbildung und des Berufs, durch Einführung der vormundschaftsgerichtlichen Genehmigung für eine mit Freiheitsentziehung verbundene Unterbringung des Kindes (§ 1631 b BGB idF des SorgeRG) und durch wirksamere Sicherung des Kindesvermögens (§§ 1640, 1667 BGB idF des SorgeRG). Der **Schutz gefährdeter Kinder** wurde durch eine Neufassung des § 1666 BGB insofern verbessert, als vormundschaftsgerichtliches Eingreifen auch bei nicht schuldhaftem Versagen der Eltern zulässig wurde. Einen verbesserten Schutz der **Pflegekinder** brachten die Regelungen in §§ 1630 Abs. 3, 1632 Abs. 4 BGB idF des SorgeRG. Eine stärkere Berücksichtigung der Bindungen und des Willens des Kindes bei Sorgerechtsentscheidungen, die durch die **Trennung der Eltern** veranlasst waren, gewährleisteten die neuen Regelungen in § 1671 Abs. 2 und Abs. 3 BGB idF des SorgeRG. Neuregelungen zum **Umgangsrecht** brachten insbesondere die Wohlverhaltensklausel sowie das Auskunftsrecht des nicht sorgeberechtigten Elternteils (§ 1634 Abs. 1 und 3 BGB idF des SorgeRG); beide Regelungen galten auch für das Umgangsrecht des Vaters mit seinem nichtehelichen Kind (§ 1711 BGB idF des SorgeRG). Verbesserungen des **Verfahrensrechts** in Sorgerechtsangelegenheiten brachten vor allem die §§ 50 a bis c FGG BGB idF des SorgeRG durch Verstärkung der Pflicht zur persönlichen Anhörung der Betroffenen.

24. Gesetz zur Sicherung des Unterhalts von Kindern alleinstehender Mütter und Väter durch Unterhaltsvorschüsse oder -ausfallleistungen (Unterhaltsvorschußgesetz – UVG) v. 23. 7. 1979 (BGBl. I S. 1184), in Kraft getreten am 1. 1. 1980. Nach diesem Gesetz haben unterhaltsberechtigte Kinder alleinerziehender Mütter und Väter bis zur Vollendung des 6. Lebensjahres bei Vorliegen der in § 1 des Gesetzes genannten Voraussetzungen einen **öffentlich-rechtlichen Anspruch** auf Unterhalt. Mit dem Gesetz soll durch den Einsatz öffentlicher Mittel in einer Art besonderer Sozialhilfe den Schwierigkeiten begegnet werden, die alleinstehende Elternteile und ihre Kinder haben, wenn sich der andere Elternteil den Zahlungsverpflichtungen gegenüber dem unterhaltsberechtigten Kind entzieht, zur Zahlung nicht in der Lage oder verstorben ist. Die Unterhaltsleistung wird monatlich gezahlt, längstens für die Dauer von **drei Jahren** (§ 3 UVG). Die Höhe orientierte sich zunächst am Regelbedarf für nichteheliche Kinder, nach Einführung der für nichteheliche wie eheliche Kinder gleichermaßen geltenden **Regelbetrag-**Verordnung nach dieser. Ersatz- und Rückzahlungspflichten sind in § 5 des Gesetzes geregelt. Mit der jeweiligen Zahlung des Vorschusses an den Berechtigten gehen dessen Unterhaltsansprüche auf das leistende Land über (§ 7 UVG). Die Geldleistungen nach diesem Gesetz werden zu 50 vom Hundert vom Bund, im Übrigen von den Ländern getragen (§ 8 UVG). 128

25. Gesetz über die Änderung der Vornamen und die Feststellung der Geschlechtszugehörigkeit in besonderen Fällen (Transsexuellengesetz – TSG) v. 10. 9. 1980 (BGBl. I S. 1654), in Kraft getreten am 1. 1. 1981. Das Gesetz regelt – auch im Anschluss an den Beschluss des BVerfG v. 11. 10. 1978[69] – die Änderung der Vornamen Transsexueller (§§ 1 bis 7 TSG), die Feststellung ihrer Geschlechtszugehörigkeit (§§ 8 ff. TSG) sowie die von der Änderung der Geschlechtszugehörigkeit betroffenen rechtlichen Beziehungen (§§ 10 bis 12 TSG). Die zunächst bestehende Altersgrenze von 25 Jahren für das Verfahren auf Feststellung der ursprünglichen Geschlechtszugehörigkeit (§ 8 TSG) und für das auf Änderung des Vornamens (§ 1 TSG) hat das BVerfG wegen Verstoßes gegen Art. 3 Abs. 1 GG für unwirksam erklärt;[70] eine solche Altersgrenze gibt es mithin nicht 129

[69] BVerfGE 49, 286 = NJW 1979, 595.
[70] BVerfGE 60, 123 = NJW 1982, 2061; BVerfGE 88, 87 = NJW 1993, 1517.

mehr. Die Änderung der Vornamen und die Feststellung der Zugehörigkeit zum anderen Geschlecht erfolgen auf Antrag durch Entscheidung des Amtsgerichts (§§ 1, 2, 8, 9 Abs. 3 TSG). Ab rechtskräftiger Feststellung der Zugehörigkeit zum anderen Geschlecht bestimmen sich die vom Geschlecht abhängigen Rechte und Pflichten des Antragstellers grundsätzlich nach dem neuen Geschlecht (§ 10 Abs. 1 TSG). Ein bestehendes Eltern-Kind-Verhältnis bleibt von der Feststellung der Geschlechtszugehörigkeit unberührt (§ 11 TSG).

130 **26. Gesetz zur Regelung von Härten im Versorgungsausgleich** (VAHRG) v. 21. 2. 1983 (BGBl. I S. 105), in Kraft getreten am 1. 4. 1983. Mit dem VAHRG wurden vor allem verfassungsrechtliche Bedenken ausgeräumt, die gegen Einzelregelungen des Versorgungsausgleichs (§§ 1587 ff. BGB) bestanden. Das BVerfG hatte dem Gesetzgeber 1980 aufgegeben, zur Vermeidung verfassungswidriger Auswirkungen des Versorgungsausgleichs ergänzende Regelungen für die **(Härte)Fälle** zu schaffen, in denen beim Ausgleichspflichtigen eine spürbare Kürzung der Versorgung erfolgt, ohne dass sich der Erwerb von Versorgungsanrechten beim Ausgleichsberechtigten angemessen auswirkt.[71] Das Gesetz trug diesen Anforderungen durch die Neuregelungen in §§ 4 bis 10 rückwirkend zum 1. 7. 1977 – und folglich mit Anwendbarkeit auf alle familiengerichtlichen Entscheidungen über den Versorgungsausgleich – Rechnung. 1983 hatte das BVerfG dann die **ausnahmslose Anordnung des Versorgungsausgleichs durch Beitragszahlung** in § 1587 b Abs. 3 S. 1 BGB für verfassungswidrig und **nichtig** erklärt.[72] Das VAHRG ersetzte diese Regelung durch die Ausgleichsformen der Realteilung (§ 1 Abs. 2), des Quasi-Splitting (§ 1 Abs. 3) und des schuldrechtlichen Versorgungsausgleichs (§ 2). Die **Geltungsdauer** des VAHRG war ursprünglich bis zum **31. 12. 1986** begrenzt (zur Verlängerung RdNr. 136).

131 **27. Gesetz zur Anpassung rechtlicher Vorschriften an das Adoptionsgesetz** (Adoptionsanpassungsgesetz – AdAnpG) v. 24. 6. 1985 (BGBl. I S. 1144), in Kraft getreten am 25. 6. 1985. In diesem Gesetz wurde die familienrechtliche Gleichstellung der angenommenen Kinder mit leiblichen Kindern, die 1977 durch das Adoptionsgesetz (s. RdNr. 122) in Angriff genommen worden war, auch auf anderen Rechtsgebieten verwirklicht. Entsprechend geändert wurden Vorschriften des BundeskindergeldG, der RVO, des AngestelltenversicherungsG, der Versorgungsgesetze des Bundes und der Länder, des SchornsteinfegerG, des UmzugskostenG des Bundes u. a.

132 **28. Gesetz zur Änderung unterhaltsrechtlicher, verfahrensrechtlicher und anderer Vorschriften** (UÄndG) v. 20. 2. 1986 (BGBl. I S. 301), in Kraft getreten am 1. 4. 1986.[73] Das Gesetz enthält vor allem verfassungsrechtlich notwendige Korrekturen sowie sonstige Ergänzungen und Klarstellungen des mit dem 1. EheRG geschaffenen materiellen Rechts und Verfahrensrechts.

133 Das BVerfG hatte 1980 festgestellt, dass die scheidungsrechtliche Härteklausel des **§ 1568 Abs. 2 BGB idF des 1. EheRG** insoweit nicht mit Art. 6 Abs. 1 GG zu vereinbaren war, als die Scheidung nach fünfjährigem Getrenntleben der Ehegatten in jedem Fall, dh. auch bei Fortbestehen des Härtegrundes, auszusprechen war.[74] Das UÄndG hat § 1568 Abs. 2 BGB ersatzlos gestrichen. Es gibt seither keine gesetzliche Befristung mehr für die Geltendmachung einer die Scheidung verhindernden Härte.

134 Den rechtspolitischen Schwerpunkt des UÄndG bildete die Neufassung und Ergänzung der **unterhaltsrechtlichen Härteklausel** des § 1579 BGB. 1981 hatte das BVerfG § 1579 BGB idF des 1. EheRG insoweit als mit Art. 2 Abs. 1 GG nicht vereinbar erklärt, als ein Unterhaltsausschluss wegen unzumutbarer Härte in Fällen der **Kindesbetreuung** generell nicht in Betracht kam.[75] Das UÄndG beseitigte § 1579 Abs. 2 BGB, der dies anordnete, ersatzlos und bestimmte lediglich im Einleitungssatz des neuen § 1579, dass bei Anwendung

[71] BVerfGE 53, 257 = NJW 1980, 692.
[72] BVerfGE 63, 88 = NJW 1983, 1417.
[73] Zum rechtspolitischen Hintergrund *Dieckmann* FamRZ 1984, 946.
[74] BVerfGE 55, 134 = NJW 1981, 108.
[75] BVerfGE 57, 361 = NJW 1981, 1771.

der Härteklausel die Belange eines gemeinschaftlichen, vom Unterhaltsberechtigten betreuten Kindes zu berücksichtigen seien.

Erweitert wurden durch das UÄndG die **Reaktionsmöglichkeiten** in Fällen grober Unbilligkeit der Unterhaltsverpflichtung – der Unterhalt konnte nicht nur versagt, sondern auch herabgesetzt und/oder zeitlich begrenzt werden. Außerdem war die negative Härteklausel auf **weitere Fälle** erstreckt worden: Gründe für die Unterhaltsverweigerung waren seither auch, dass sich der Berechtigte mutwillig über schwerwiegende Vermögensinteressen des Verpflichteten hinweggesetzt hat (§ 1579 Nr. 4 BGB aF), dass er die Pflicht, zum Familienunterhalt beizutragen, gröblich verletzt hatte (§ 1579 Nr. 5 BGB aF) sowie dass er sich gegenüber dem Verpflichteten schwerwiegend fehl verhalten hat (§ 1579 Nr. 6 BGB aF). Die **Bemessung des Unterhalts** nach den ehelichen Lebensverhältnissen konnte unter bestimmten Voraussetzungen zeitlich begrenzt und danach auf den (nur) angemessenen Lebensbedarf beschränkt werden (§ 1578 Abs. 1 BGB aF). Einer zeitlichen Begrenzung unterlagen seither die Unterhaltspflicht gegenüber einem arbeitslosen Ehegatten sowie die Pflicht zur Zahlung von Aufstockungsunterhalt (§ 1573 Abs. 5 BGB aF). Zu den zwischenzeitlich erfolgten weiteren Änderungen s. RdNr. 182. Außerdem war mit § 1361 b BGB eine Regelung zur **Benutzung der Ehewohnung** vor Anhängigkeit eines Scheidungsverfahrens geschaffen worden. **135**

29. Gesetz über weitere Maßnahmen auf dem Gebiet des Versorgungsausgleichs (VAWMG) v. 8. 12. 1986 (BGBl. I S. 2317), in Kraft getreten am 1. 1. 1987. Das Gesetz brachte in Art. 1 eine – einschränkende – Neufassung des § 1587 Abs. 1 BGB dahingehend, dass ein Ehegatte wegen seiner künftigen Ausgleichsansprüche von dem anderen eine Abfindung verlangen kann, wenn diesem die Zahlung nach seinen wirtschaftlichen Verhältnissen zumutbar ist. Des Weiteren änderte das VAWMG das VAHRG (s. RdNr. 130). Einmal wurde die **Geltungsdauer des VAHRG** – zum Teil befristet, zum Teil unbefristet – **verlängert** (Art. 2 Nr. 1; Art. 2 Nr. 7 – Neufassung des § 13 VAHRG). Die Befristung der §§ 4 bis 10 a ist durch Art. 30 RÜG wieder beseitigt worden, dazu RdNr. 151 Fn. 81). **136**

Zum anderen wurde auf eine entsprechende Vorgabe des Bundesverfassungsgerichts hin[76] der Anwendungsbereich des schuldrechtlichen Versorgungsausgleichs weiter eingeschränkt (Art. 2 Nr. 2 und 3 – Neufassung der §§ 2 und 3 b VAHRG). Nach der Neuregelung kommt ein schuldrechtlicher Versorgungsausgleich nur noch in eng begrenzten Ausnahmefällen in Betracht. **137**

30. Gesetz zur Geltendmachung von Unterhaltsansprüchen im Verkehr mit ausländischen Staaten (Auslandsunterhaltsgesetz – AUG) v. 19. 12. 1986 (BGBl. I S. 2563), in Kraft getreten am 1. 1. 1987. Nach diesem Gesetz können auf gesetzlicher Grundlage beruhende Unterhaltsansprüche nach dem im AUG vorgesehenen Verfahren geltend gemacht werden, wenn eine Partei im Geltungsbereich des AUG und die andere Partei ihren gewöhnlichen Aufenthalt in einem Staat hat, mit dem die Gegenseitigkeit verbürgt ist (§ 1 AUG). Empfangs- und Übermittlungsbehörde in Deutschland **eingehender Unterhaltsgesuche** ist der Generalbundesanwalt als Zentrale Behörde (§ 2 Abs. 2 AUG). Für die Entgegennahme und Prüfung **ausgehender Gesuche** ist das Amtsgericht als Justizverwaltungsbehörde zuständig, in dessen Bezirk der Unterhaltsberechtigte seinen gewöhnlichen Aufenthalt hat (§ 3 Abs. 1 AUG). **138**

31. Gesetz über die Vermittlung der Annahme als Kind und über das Verbot der Vermittlung von Ersatzmüttern (Adoptionsvermittlungsgesetz – AdVermiG) idF der Bek. v. 27. 11. 1989, in Kraft seit 1. 12. 1989 (BGBl. I S. 2016, 2017). Dieses Gesetz ist die – durch das Gesetz zur Änderung des Adoptionsvermittlungsgesetzes v. 27. 11. 1989 (BGBl. I S. 2014) erfolgte – Neufassung des AdVermiG v. 2. 7. 1976 (s. RdNr. 124). Das neue Gesetz enthält vor allem eine Definition des Begriffs der Ersatzmutter und der **Ersatzmuttervermittlung** (§§ 13 a und b AdVermiG). Letztere wurde untersagt (§ 13 c AdVer- **139**

[76] BVerfGE 71, 364 = NJW 1986, 1321.

miG) und das **Verbot mit Strafe** bewehrt mit einem abgestuften Strafrahmen für unentgeltliche, entgeltliche sowie gewerbs- und geschäftsmäßige Vermittlung (§ 14 b AdVermiG). Ebenso wurde es untersagt, Ersatzmütter oder Bestelleltern durch öffentliche Erklärungen, insbesondere durch Zeitungsanzeigen oder Zeitungsberichte, zu suchen oder anzubieten (§ 13 d AdVermiG); Verstöße gegen das Anzeigenverbot werden als Ordnungswidrigkeiten geahndet (§ 14 Abs. 1 Nr. 2 AdVermiG). Strafvorschriften gegen Kinderhandel durch gewerbliche Adoptionsvermittlung enthält § 14 a AdVermiG. **Ergänzt** wird diese Strafvorschrift **durch § 236 StGB,** der die entgeltliche Überlassung von Kindern auch in Fällen, die nicht unter die Tatbestände des AdVermiG fallen, unter Strafe stellt.

140 **32. Gesetz zur Neuordnung des Kinder- und Jugendhilferechts** (Kinder- und Jugendhilfegesetz – KJHG) v. 26. 6. 1990 (BGBl. I S. 1163) idF der Bek. v. 15. 3. 1996 (BGBl. I S. 477), in Kraft getreten am 1. 1. 1991 (Art. 24 S. 1). Das Gesetz löste das aus dem Jahre 1922 stammende RJWG (s. RdNr. 62) ab, das idF der Bekanntmachung des **Gesetzes für Jugendwohlfahrt** (JWG) v. 25. 4. 1977 (BGBl. I S. 633, berichtigt S. 795) galt und ersetzte es durch ein **präventiv orientiertes Leistungsgesetz,** das Eltern bei ihren Erziehungsaufgaben unterstützen und jungen Menschen das Hineinwachsen in die Gesellschaft erleichtern soll.[77] Das Recht der Kinder- und Jugendhilfe ist **als achtes Buch in das SGB** eingefügt worden.

141 Schwerpunkte der **Neuregelung des Kinder- und Jugendhilferechts** waren die Verstärkung der allgemeinen Angebote der Jugendarbeit und der Jugendsozialarbeit (§§ 11 bis 15 KJHG – SGB VIII), die Verbesserung der Angebote zur Förderung der Familienerziehung und der Familienhilfen in besonderen Lebenssituationen (§§ 16 bis 21 KJHG – SGB VIII), die Verbesserung der Angebote der Tagesbetreuung von Kindern (§§ 22 bis 26 KJHG – SGB VIII), die gesetzliche Verankerung der ambulanten und teilstationären Erziehungshilfen (§§ 27 bis 40 KJHG – SGB VIII). Verstärkt wurden zudem die Hilfen für junge Volljährige (§ 41 KJHG – SGB VIII).

142 Das KJHG änderte zudem **wesentliche Vorschriften des BGB.** Sie betrafen insbesondere die Einsetzung des Jugendamtes als Pfleger eines nichtehelichen Kindes (§ 1709 BGB idF des KJHG) sowie das Recht der Amtsvormundschaft über Minderjährige (§§ 1791 a und 1791 c; §§ 1838, 1849, 1850, 1851, 1851 a BGB idF des KJHG). Das KJHG enthielt außerdem Änderungen des JGG (Art. 6), des FGG (Art. 7), des RPflG (Art. 9 Abs. 2) und des StGB (Art. 9 Abs. 3).

143 **33. Gesetz zur Reform des Rechts der Vormundschaft und Pflegschaft für Volljährige** (Betreuungsgesetz – BtG) v. 12. 9. 1990 (BGBl. I S. 2002), in Kraft getreten am 1. 1. 1992.

144 Durch das BtG wurden das Rechtsinstitut der **Entmündigung und** der **Gebrechlichkeitspflegschaft abgeschafft,** §§ 6, 114, 115 sowie §§ 1910, 1920 BGB wurden aufgehoben. Vormundschaft und Pflegschaft über Volljährige wurden durch das neue **Rechtsinstitut** der **Betreuung** ersetzt, das im BGB in den §§ 1896 ff. geregelt wurde. Einem Volljährigen wird seither auf seinen Antrag hin oder von Amts wegen statt eines Vormunds oder Gebrechlichkeitspflegers ein **Betreuer** bestellt, wenn er wegen Krankheit oder Gebrechen seine Angelegenheiten nicht mehr eigenständig besorgen kann (§ 1896 Abs. 1 BGB).

145 Die Bestellung des Betreuers hat **keine Auswirkungen auf die Geschäftsfähigkeit** des Betroffenen. Diese beurteilt sich ebenso wie für Nichtbetreute nach der Regelung des § 104 Nr. 2 BGB über die „natürliche" Geschäftsfähigkeit. Die Einsetzung eines Betreuers schränkt deshalb die Möglichkeiten des Betreuten, am Rechtsverkehr teilzunehmen, nicht ein; nur dort, wo es im Einzelfall erforderlich ist, kann das Vormundschaftsgericht anordnen, dass der Betreute zu einer Willenserklärung der Einwilligung des Betreuers bedarf (§ 1903 BGB).

[77] Die Vorschriften des KJHG mit zivilrechtlichem Bezug sind abgedruckt und erläutert im Anh. nach § 1921.

In seinem Aufgabenbereich vertritt der **Betreuer** den Betreuten **gerichtlich und außergerichtlich** (§ 1902 BGB), er bedarf in besonders wichtigen Angelegenheiten der Personensorge wie der Heilbehandlung, Unterbringung, Wohnungsauflösung o. Ä. jedoch der Genehmigung des Vormundschaftsgerichts (§§ 1903 bis 1908 BGB). Der Erhaltung der **Autonomie des Betreuten** – und damit der Verwirklichung eines wesentlichen Prinzips des Betreuungsrechts – dient die Pflicht des Betreuers, die Angelegenheiten des Betreuten nach dessen Wünschen und Vorstellungen zu erledigen (§ 1901 BGB). **146**

Mit Inkrafttreten des BtG wurden die **bisherigen Vormundschaften über Volljährige** und die **Pflegschaften nach § 1910 BGB** zu Betreuungen nach dem neuen Gesetz (Art. 9 § 1 des Gesetzes). Für Betreuungssachen wurde ein **einheitliches Verfahren der freiwilligen Gerichtsbarkeit** vor dem Vormundschaftsgericht eingeführt (§§ 65 ff. FGG). In diesem Verfahren war der Betroffene ohne Rücksicht auf seine Geschäftsfähigkeit prozessfähig (§ 66 FGG). Im **Gesetz** über die **Wahrnehmung behördlicher Aufgaben bei der Betreuung Volljähriger** (Betreuungsbehördengesetz – BtBG), eingeführt aufgrund des Art. 8 BtG, wurden die mit dem neuen Rechtsinstitut verbundenen Verwaltungsfragen geregelt. **147**

34. Gesetz zur unterhaltsrechtlichen Berechnung von Aufwendungen für Körper- oder Gesundheitsschäden v. 15. 1. 1991 (BGBl. I S. 46), in Kraft getreten am 23. 1. 1991. Durch das Gesetz wurde ein **neuer § 1610 a** in das Recht des **Verwandtenunterhalts** des **BGB** eingefügt mit der **gesetzlichen Vermutung,** dass die für Körper- oder Gesundheitsschäden bedingten Mehraufwendungen die hierfür empfangenen **Sozialleistungen** aufzehren. Die hierin zum Ausdruck kommende unterhaltsrechtliche Zuordnung der Sozialleistungen hat zur Folge, dass ihr Empfänger gegenüber dem Unterhaltsverpflichteten nicht länger die Beweislast dafür trägt, dass er die Sozialleistungen tatsächlich **zur Deckung der schadensbedingten Mehraufwendungen** benötigt. Die Regelung des § 1610 a BGB gilt durch Anfügung eines neuen Halbsatzes in § 1361 Abs. 1 S. 1 BGB auch für den Unterhalt bei Getrenntleben der Ehegatten und durch Einfügung eines neuen § 1578 a BGB auch für den Unterhalt nach geschiedener Ehe. **148**

35. Gesetz zur Änderung adoptionsrechtlicher Fristen (AdoptFristG) v. 30. 9. 1991 (BGBl. I S. 1930), in Kraft getreten am 3. 10. 1991. Durch das Gesetz wurde das für die neuen Bundesländer im Einigungsvertrag geschaffene Übergangsrecht für Adoptionen geändert.[78] Nach Art. 234 EGBGB § 13 Abs. 4 bis 6 aF konnten **Annahmeverhältnisse,** die **unter** dem Recht der DDR ohne wirksame Einwilligung der Eltern begründet worden waren, **auf Antrag** eines Elternteils in einem rechtsstaatlichen justitiellen Verfahren untersucht und rückgängig gemacht werden. Im Blick hatte man bei der Regelung vor allem die politisch motivierten Zwangsadoptionen. **149**

Der Antrag auf Aufhebung solcher Adoptionen musste nach Art. 234 EGBGB § 13 Abs. 4 bis 6 aF bis zum 2. 10. 1991 gestellt werden. Diese Frist erwies sich zur Aufklärung der einzelnen Schicksale und zur rechtzeitigen Stellung von Aufhebungsanträgen als zu kurz.[79] Die Antragsfrist wurde deshalb bis zum 2. 10. 1993 verlängert, zugleich wurden die Voraussetzungen für die Aufhebung von Annahmeverhältnissen in Art. 234 EGBGB § 13 Abs. 4 und 5 zusammengefasst und erweitert (Art. 1 Nr. 2). **150**

36. Gesetz zur Überleitung des Versorgungsausgleichs auf das Beitrittsgebiet (Versorgungsausgleichs-Überleitungsgesetz – VAÜG) v. 25. 7. 1991 (BGBl. I S. 1606, 1702), in Kraft getreten am 1. 1. 1992.[80] **151**

Das VAÜG stellte das Instrumentarium zur Durchführung des Versorgungsausgleichs für Scheidungen von Ehen zur Verfügung, bei denen in der DDR erworbene Anrechte zu

---

[78] EVertr. Anl. I Kap. III Sachgebiet B Abschnitt II (BGBl. 1990 II S. 889, 949); s. dazu Zivilrecht im Einigungsvertrag RdNr. 572 ff.

[79] Dazu *Weber* DtZ 1992, 10, 13; *Wolf* FamRZ 1992, 12, 14.

[80] Das VAÜG ist Bestandteil des Renten-Überleitungsgesetzes (RÜG) v. 25. 7. 1991, in das es als Art. 31 eingefügt worden ist; es ist abgedruckt und erläutert in Anh. II nach §§ 1587 bis 1587 p.

berücksichtigen waren. Die Vorschriften regeln, welche Anrechte in den Ausgleich einzubeziehen sind, und wie sie zu bewerten sind.

152 **37. Gesetz zur Änderung adoptionsrechtlicher Vorschriften** (Adoptionsrechtsänderungsgesetz – AdoptRÄndG) v. 4. 12. 1992 (BGBl. I S. 1974), in Kraft getreten am 12. 12. 1992. Durch das Gesetz wurde das Adoptionsrecht des BGB durch Neufassung der §§ 1757, 1768 und 1772 in drei Einzelfragen geändert: Einmal kann das Vormundschaftsgericht seither auf Antrag des Annehmenden mit Einwilligung des Kindes bei der Annahme dessen **Vornamen ändern** oder ergänzen, wenn dies **dem Wohle des Kindes entspricht,** also nicht nur – wie nach zuvor geltendem Recht – wenn dies aus schwerwiegenden Gründen zum Wohle des Kindes erforderlich ist (§ 1757 Abs. 2 S. 1 BGB). Ferner wurde das in § 1742 BGB enthaltene **Verbot der Mehrfachadoption auf Minderjährige beschränkt,** eine Zweitadoption bei Volljährigen also nicht mehr ausgeschlossen (§§ 1768 Abs. 1 S. 2, 1742 BGB). Schließlich wurde die **Volladoption eines Volljährigen** für unzulässig erklärt, wenn ihr **überwiegende Interessen** der **Eltern des Anzunehmenden entgegenstehen** (§ 1772 Abs. 1 S. 2 BGB). Mit dieser Regelung wurde zugleich verfahrensrechtlich gewährleistet, dass die leiblichen Eltern an einem auf Volladoption ihres volljährigen Kindes gerichteten Annahmeverfahren iSdes § 1772 BGB beteiligt werden und dass ihnen der Ausspruch einer Volladoption vom Vormundschaftsgericht bekannt gemacht wird.

153 **38. Gesetz zur Neuordnung des Familiennamensrechts** (Familiennamensrechtsgesetz – FamNamRG) v. 16. 12. 1993 (BGBl. I S. 2054), in Kraft seit 1. 4. 1994. Dringender Handlungsbedarf zur Neuregelung des Ehenamensrechts war entstanden, nachdem das BVerfG 1991 die subsidiäre Geltung des Mannesnamens als Ehename in § 1355 Abs. 2 S. 2 BGB aF für unvereinbar mit dem Gleichberechtigungsgrundsatz des Art. 3 Abs. 2 GG erklärt und den Gesetzgeber verpflichtet hatte, das Ehenamensrecht neu zu regeln.[81]

154 Nach der Neufassung des § 1355 BGB **entfällt die Pflicht** der Ehegatten zur Führung eines **gemeinsamen Familiennamens.** Dass die Namenseinheit gleichwohl weiterhin erwünscht ist, drückte der Gesetzgeber in der Formulierung aus, dass die Ehegatten einen gemeinsamen Familiennamen (Ehenamen) bestimmen **sollen.** Unterbleibt die Bestimmung, so führt jeder Ehegatte seinen zur Zeit der Eheschließung geführten Namen auch nach der Eheschließung weiter. Zum Ehenamen können die Ehegatten bei der Eheschließung, aber auch danach, durch Erklärung gegenüber dem Standesbeamten entweder den Geburtsnamen des Mannes oder den der Frau – **nicht** aber einen aus beider Namen zusammengesetzten **Doppelnamen** – bestimmen.

155 Der Ehegatte, der den Namen des anderen als Ehenamen übernimmt, kann seinen eigenen Namen dem Ehenamen als **Begleitnamen hinzufügen** – dh. voranstellen oder anfügen. Um Namensketten zu vermeiden, wird die Wahlmöglichkeit des Ehegatten hier allerdings beschränkt: Soweit durch die Hinzufügung ein mehrgliedriger Name entstehen würde, darf ein Begleitnamen nicht angefügt werden. Nach der **Übergangsregelung** des Art. 7 FamNamRG gilt die Neuregelung grundsätzlich auch für die vor ihrem Inkrafttreten geschlossenen Altehen.

156 Das FamNamRG änderte auch das Recht des **Kindesnamens.** Nach § 1616 Abs. 1 BGB bekam das eheliche Kind grundsätzlich den **Ehenamen** seiner **Eltern** zum **Geburtsnamen.** Führten die Eltern keinen Ehenamen, so sollten sie binnen eines Monats nach der Geburt des Kindes den Geburtsnamen des Kindes bestimmen. Zur Wahl standen die jeweils von ihnen geführten Namen. Trafen die Eltern keine Bestimmung, so hatte das Vormundschaftsgericht das Namensbestimmungsrecht einem Elternteil zu übertragen. Machte dieser davon innerhalb der gesetzten Frist keinen Gebrauch, so erhielt das Kind den Namen des bestimmungsberechtigten Elternteils.

157 § 1617 BGB regelte den **Familiennamen des nichtehelichen Kindes** dahingehend, dass dieses den von der Mutter zur Zeit der Geburt geführten Namen erhielt.

[81] BVerfGE 84, 9 = NJW 1991, 1602.

39. Gesetz zur erbrechtlichen Gleichstellung nichtehelicher Kinder (Erbrechtsgleichstellungsgesetz – ErbGleichG) v. 16. 12. 1997 (BGBl. I S. 2968; berichtigt am 17. 3. 1998, BGBl. I S. 524), in Kraft getreten am 1. 4. 1998. Dieses Gesetz verwirklichte die rechtliche Gleichstellung von nichtehelichen und ehelichen Kindern insofern, als es die **erbrechtlichen Sonderregelungen** für das nichteheliche Kind **aufhob.** Bei gesetzlicher Erbfolge wird nun das nichteheliche Kind nach dem Tod des Vaters ebenso wie ein eheliches Kind gesamthänderisch berechtigter Miterbe. Mit dieser Gleichstellung entfällt auch das Recht des nichtehelichen Kindes, von seinem Vater einen vorgezogenen Erbausgleich in Geld zu verlangen. Für die vor dem 1. Juli 1949 geborenen Kinder bleibt es bei der bisherigen Rechtslage. **158**

40. Gesetz zur Reform des Kindschaftsrechts (Kindschaftsrechtsreformgesetz – KindRG) v. 16. 12. 1997 (BGBl. I S. 2942; berichtigt am 29. 4. 1998, BGBl. I S. 946), in Kraft getreten am 1. 7. 1998. Mit diesem Gesetz wurde das Kindschaftsrecht des BGB **grundlegend erneuert.** Unter Aufgabe des jahrhundertelang Sinn und Richtigkeit beanspruchenden Paradigma Nichtehelichkeit/Ehelichkeit sind eheliche und nichteheliche Kinder insofern gleichgestellt worden, als die Tatsache des Verheiratetseins ihrer Eltern per se kein Differenzierungskriterium mehr darstellt für die Regelung der abstammungsrechtlichen, unterhaltsrechtlichen und personensorgerechtlichen Position eines Kindes. **159**

a) Im **Abstammungsrecht** wurde die begriffliche Unterscheidung zwischen ehelicher und nichtehelicher Herkunft aufgehoben. Die Abstammungsregeln sind nun im zweiten Titel des Abschnitts über die Verwandtschaft (§§ 1591 ff. BGB) ohne die herkömmliche Differenzierung zwischen Ehelichkeit und Nichtehelichkeit enthalten. Neu ist die Definition der **Mutterschaft** in § 1591 BGB und in § 1592 BGB die übersichtliche Zusammenstellung der Konstellationen, in denen die **Vaterschaft** anzunehmen ist. Zur **Anfechtung der Vaterschaft** sind neben dem Vater seither auch die Mutter und – ohne Rücksicht auf Ehe- und Familienfrieden – das Kind berechtigt (§§ 1600 ff. BGB).[82] **160**

b) Sorgerecht. Die Neuregelung der elterlichen Sorge im KindRG sieht das gemeinsame Sorgerecht nach der Scheidung nicht mehr nur wie bisher als Möglichkeit vor,[83] sondern bestimmt, dass die Scheidung auf den Fortbestand des beidseitigen elterlichen Sorgerechts keine Auswirkungen hat. Nur im Ausnahmefall kann das Familiengericht auf Antrag hin das Sorgerecht einem Elternteil allein übertragen (§§ 1671 ff. BGB). **161**

Das **Sorgerecht über ein nichteheliches Kind** steht der Mutter zu, doch können die Eltern es durch Erklärung oder Eheschließung als gemeinsames begründen (§§ 1626 a ff. BGB). Das **Umgangsrecht** steht seit 1. 7. 1998 beiden Eltern gleichermaßen zu, unabhängig davon, ob das Kind als eheliches oder nichteheliches geboren worden ist. Inhaltlich ist es als subjektives Recht des Kindes ausgestaltet worden: Die Eltern haben daher **nicht nur das Recht,** sondern ausdrücklich **auch die Pflicht,** Umgang mit ihrem Kind zu pflegen (§ 1684 Abs. 1 BGB). Außerdem hat das KindRG den Personenkreis der Umgangsberechtigten erweitert: Auch Großeltern, Geschwister, Stief- und Pflegeeltern haben, wenn es dem Wohl des Kindes entspricht, ein Recht zum Umgang mit diesem (§ 1685 BGB). **162**

c) Adoptionsrecht. Hier wurden die Rechte des Vaters eines nichtehelichen Kindes gestärkt. Gem. § 1747 BGB ist im Fall der **Annahme des Kindes** auch seine Einwilligung erforderlich. Mit der im KindRG umgesetzten rechtlichen Gleichsetzung von ehelicher und nichtehelicher Geburt erübrigten sich die Vorschriften des bürgerlichen Rechts, deren Funktion die Herbeiführung des ehelichen Status eines Kindes war. § 1747 Abs. 3 BGB, der die **Adoption des eigenen nichtehelichen Kindes** regelte, wurde daher ebenso aufgeho- **163**

[82] Zur Herleitung des Anfechtungsrechts des Kindes aus Art. 2 Abs. 1 GG s. RdNr. 256.

[83] Die seit 1. 1. 1980 (vgl. RdNr. 127) geltende Regelung des § 1671 Abs. 4 S. 1 BGB, nach der ein gemeinsames Sorgerecht geschiedener Ehegatten selbst dann ausgeschlossen war, wenn sie willens und geeignet waren, die Elternverantwortung weiterhin zusammen zu tragen, hatte das BVerfG wegen Verstoßes gegen das Elternrecht des Art. 6 Abs. 2 S. 1 GG bereits 1982 für verfassungswidrig und nichtig erklärt, BVerfGE 61, 358, 371 = NJW 1983, 101; s. dazu RdNr. 223.

ben wie die Vorschriften über die **Legitimation nichtehelicher Kinder** durch nachfolgende Heirat der Eltern (§§ 1719 bis 1740 BGB aF).

164 **d) Namensrecht.** Wichtige Neuerungen brachte das KindRG auch im **Namensrecht.** Hier gilt seither Folgendes: Das eheliche Kind erhält als Geburtsnamen den Ehenamen der Eltern (§ 1616 BGB). Gibt es einen solchen nicht, so kommt es auf das Sorgerecht an. Steht den Eltern dieses gemeinsam zu, so haben sie beide den Geburtsnamen des Kindes zu bestimmen. Alternativ zur Wahl stehen dabei die in diesem Zeitpunkt von ihnen geführten Namen. Die Möglichkeit, aus diesen Namen einen **Doppelnamen** zu bilden, besteht **nicht** (§ 1617 Abs. 1 BGB). Nehmen die Eltern eine Namensbestimmung für das Kind nicht vor, sieht das Gesetz familiengerichtliches Eingreifen vor (§ 1617 Abs. 2 BGB). Bei Alleinsorge eines Elternteils erhält das Kind als Geburtsnamen den Namen des sorgeberechtigten Elternteils; mit Einwilligung des anderen kann dieser Elternteil, typischerweise wohl die nicht verheiratete Mutter, auch den Namen des anderen, also den des Vaters, zum Geburtsnamen bestimmen (§ 1617 a BGB).

165 **41. Gesetz zur Vereinheitlichung des Unterhaltsrechts minderjähriger Kinder** (Kindesunterhaltsgesetz – KindUG) v. 6. 4. 1998 (BGBl. I S. 666), in Kraft getreten am 1. 7. 1998. Auch dieses Gesetz brachte eine weitere Gleichstellung der rechtlichen Position nichtehelicher und ehelicher Kinder. Es beseitigte nämlich im Unterhaltsrecht die traditionelle Zweigleisigkeit, aufgrund derer sich die unterhaltsrechtliche Position eines Kindes nach seinem familienrechtlichen Status gerichtet hatte. Während eheliche Kinder nur den ihren persönlichen Verhältnissen entsprechenden Unterhalt geltend machen konnten, hatten nichteheliche Kinder zusätzlich die Möglichkeit gehabt, in einem vereinfachten Verfahren einen Titel auf Regelunterhalt zu erlangen. Durch das KindUG wurden nun die den Unterhaltsanspruch nichtehelicher Kinder speziell regelnden §§ 1615 a ff. BGB samt der auf ihnen basierenden **Regelunterhalts-Verordnung aufgehoben** (dazu RdNr. 92) und der Unterhalt **einheitlich für alle Kinder in §§ 1601 ff. BGB** geregelt.

166 Ehelichen wie nichtehelichen Kindern steht nun ein vereinfachtes Verfahren zur Geltendmachung des unterhaltsrechtlichen **Regelbetrages** zur Verfügung (§ 1612 a BGB). Die Regelbeträge sind in der **Regelbetrags-Verordnung** festgesetzt und werden alle zwei Jahre der Nettolohnentwicklung angepasst. Entscheidende Neuerung ist dabei, dass ein Unterhaltstitel, der auf einem Vomhundertsatz eines Regelbetrags basiert, automatisch an der zweijährigen Dynamisierung teilnimmt und nicht geändert werden muss.

167 **42. Gesetz zur Abschaffung der gesetzlichen Amtspflegschaft und Neuordnung des Rechts der Beistandschaft** (Beistandschaftsgesetz – BeistandschaftsG) v. 4. 12. 1997 (BGBl. I S. 2846; berichtigt am 18. 6. 1998, BGBl. I S. 1660), in Kraft getreten am 1. 7. 1998. Das Gesetz hob die im Falle der Geburt eines nichtehelichen Kindes bis dahin von Gesetzes wegen eintretende, das Sorgerecht der Mutter einschränkende **Amtspflegschaft** auf. Nur noch auf Antrag eines Elternteils hin wird seither zur Unterstützung ein Beistand eingesetzt (§ 1712 BGB). Mit dieser Regelung wurde zum einen die Rechtseinheit in Deutschland weiter komplettiert – in der DDR und in den neuen Bundesländern galt für die Mutter eines nichtehelichen Kindes eine vergleichbare Regelung nie – zum anderen wurden durch die geschlechtsneutrale Fassung und die Voraussetzung der Freiwilligkeit ein Stück Frauenemanzipation verwirklicht.

168 **43. Gesetz zur Neuordnung des Eheschließungsrechts** (Eheschließungsrechtsgesetz – EheschlRG) v. 4. 5. 1998 (BGBl. I S. 833), in Kraft getreten am 1. 7. 1998. Dieses Gesetz führte wesentliche Neuerungen im Eheschließungsrecht ein. Unter **Aufhebung des Ehegesetzes** vom 6. Juli 1938 stellte der Gesetzgeber die Normen über die Eheschließung wieder in das BGB ein und beseitigte damit ein aus der Zeit des Nationalsozialismus stammendes legislatives Relikt (vgl. RdNr. 72). Inhaltliche Änderungen erfuhr das Eheschließungsrecht durch die Aufhebung des öffentlichen **Aufgebotes.** Abgesehen davon, dass dieses seine ursprüngliche Funktion, Dritten Gelegenheit zur Anmeldung von Ehehindernissen zu geben, längst verloren hatte, war es unter datenschutzrechtlichen Aspekten bedenk-

lich geworden. Auch für die Aufrechterhaltung des **Eheverbotes der Schwägerschaft** sah der Gesetzgeber keinen Grund mehr; es wurde abgeschafft (vgl. § 1307 BGB). Vereinfacht wurden die **Rechtsfolgen fehlerhafter Eheschließungen.** Die ex tunc wirkende Nichtigkeit wurde beseitigt, einzige Rechtsfolge bei Eheschließungsmängeln ist nunmehr die ex nunc wirkende **Aufhebung der Ehe** (§§ 1313 ff. BGB).[84]

Außer diesen, die ehegesetzlichen Normen betreffenden Änderungen brachte das Gesetz **169** eine **Änderung der in § 1353 Abs. 1 BGB festgestellten Ehewirkungen.** Mit der Betonung der gegenseitigen Verantwortlichkeit der Ehegatten füreinander sollte eine Handhabe gegen die Eingehung von Scheinehen geschaffen werden (vgl. §§ 1310 Abs. 1, 1314 Abs. 2 Nr. 5 BGB). Von den Neuerungen des EheschlRG hervorzuheben ist zudem, dass der schon lange als problematisch und unzeitgemäß empfundene **Kranzgeldparagraph** (§ 1300 BGB) **aufgehoben** wurde.

44. Gesetz zur Änderung des Betreuungsrechts sowie weiterer Vorschriften (Be- **170** treuungsrechtsänderungsgesetz – BtÄndG) v. 25. 6. 1998 (BGBl. I S. 1580), in Kraft getreten am 1. 1. 1999, einige Folgeänderungen zum KindRG und EheschlRG bereits am 1. 7. 1998. Das Gesetz brachte keine konzeptionelle Änderung des erst 6 Jahre alten Betreuungsrechts, sondern betraf in erster Linie Fragen der **Finanzierung.** Die **Kostentragung** wurde dahingehend geregelt, dass der Staatskasse für verauslagte Betreuungskosten nach sozialhilferechtlichen Grundsätzen der Rückgriff auf Einkommen, Vermögen und Nachlass des Betreuten offensteht (§§ 1908 i, 1836 c ff. BGB). Der **Vergütungsanspruch des Betreuers** richtet sich seither nach seiner beruflichen Qualifikation und der für die Tätigkeit konkret aufgewendeten Zeit; in Angelegenheiten mit vorhersehbarem Zeitaufwand kann das Vormundschaftsgericht auch Vergütungspauschalen festsetzen (§§ 1908 i, 1836 ff. BGB). Zudem enthielt das BtÄndG eine wichtige Regelung zur **Vorsorgevollmacht.** Diese wurde zum Schutz des Vollmachtgebers für bestimmte Situationen entsprechend den Regeln des Betreuungsrechts beschränkt (§§ 1904 Abs. 2, 1906 Abs. 5 BGB).

Änderungen brachte das BtÄndG auch im Recht der **Vormundschaft über Minderjährige.** **171** Hier wurde die Benachteiligung des Vaters eines nichtehelichen Kindes bei der Auswahl des Vormunds beseitigt (§ 1779 Abs. 2 BGB). Außerdem erleichterte die Neufassung des § 1775 BGB die Möglichkeit, Ehegatten gemeinsam zu Vormündern zu bestellen. § 1793 BGB wurde um Satz 3 ergänzt, danach wird in Zukunft die Tatsache, dass der Mündel im Haushalt des Vormunds lebt, rechtlich berücksichtigt. Die neue Fassung des § 1817 BGB sieht bei der Verwaltung des Mündelvermögens erweiterte Dispensmöglichkeiten von gerichtlichen Genehmigungsvorbehalten vor.

45. Gesetz zur Beschränkung der Haftung Minderjähriger (Minderjährigenhaf- **172** tungsbeschränkungsgesetz – MHbeG) v. 25. 8. 1998 (BGBl. I S. 2487), in Kraft getreten am 1. 1. 1999. In seinen wesentlichen Bestimmungen setzte dieses Gesetz eine bundesverfassungsgerichtliche Vorgabe aus dem Jahre 1986[85] um und beschränkte die Haftung des volljährig Gewordenen für Verbindlichkeiten, die **durch Vertreterhandeln oder aus Erbfällen** während seiner Minderjährigkeit entstanden sind, auf den Bestand des bei Eintritt der Volljährigkeit vorhandenen Vermögens (§ 1629 a BGB). Außerdem wird dem volljährig Gewordenen das Recht eingeräumt, aus einer Personengesellschaft oder Erbengemeinschaft auszuscheiden (§§ 723, 1629 a Abs. 4 BGB).

46. Gesetz zur Ächtung der Gewalt in der Erziehung und zur Änderung des **173** **Kindesunterhaltsrechts** v. 2. 11. 2000 (BGBl. I S. 1479), in Kraft getreten am 8. 11. 2000 beziehungsweise am 1. 1. 2001. Das Gesetz fügte in § 1631 Abs. 2 die ausdrückliche Feststellung ein, dass Kinder ein Recht auf gewaltfreie Erziehung haben und konkretisierte die Unzulässigkeit zuwiderlaufender Erziehungsmaßnahmen. Außerdem änderte das Gesetz § 1612 b Abs. 5 BGB aF: Um Kindern das unterhaltsrechtliche Existenzminimum zu sichern,

[84] Zur Einführung dieser Rechtsfolge in nationalsozialistischer Zeit s. RdNr. 74.
[85] Beschl. v. 13. 5. 1986 BVerfGE 72, 155 = NJW 1986, 1859; s. auch RdNr. 258.

unterblieb die Anrechnung von Kindergeld zugunsten des Unterhaltsschuldners, sofern dieser nicht 135% des Regelunterhalts zahlt (zur zwischenzeitlichen Änderung vgl. RdNr. 182).

174 **47. Gesetz über die Eingetragene Lebenspartnerschaft** (Lebenspartnerschaftsgesetz – LPartG) = Art. 1 des Gesetzes zur Beendigung der Diskriminierung gleichgeschlechtlicher Gemeinschaften v. 16. 2. 2001 (BGBl. I S. 266), in Kraft getreten am 1. 8. 2001. Das Gesetz regelt die gleichgeschlechtliche Lebenspartnerschaft weitgehend durch Verweis auf die eherechtlichen Vorschriften. Dass darin ein Verstoß gegen die in Art. 6 Abs. 1 GG verankerte Institutsgarantie der Ehe liegt, hat das Bundesverfassungsgericht mit der Mehrheit seiner Stimmen verneint.[86]

175 **48. Gesetz zur Verbesserung des zivilgerichtlichen Schutzes bei Gewalttaten und Nachstellungen sowie zur Erleichterung der Überlassung der Ehewohnung bei Trennung** v. 11. 12. 2001 (BGBl. I S. 3513), in Kraft getreten am 1. 1. 2002. Art. 1 dieses Gesetzes führte das **Gesetz zum zivilrechtlichen Schutz vor Gewalttaten und Nachstellungen** ein (Gewaltschutzgesetz – GewSchG). Art. 2 senkte in § 1361 b BGB die Schwelle für die Möglichkeit, die Ehewohnung bei Getrenntleben einem der Ehepartner zuzuweisen. Dies ist seither schon möglich, um eine unbillige – und nicht wie früher schwere – Härte zu vermeiden.

176 **49. Bekanntmachung der Neufassung des Adoptionsvermittlungsgesetzes** v. 22. 12. 2001 (BGBl. 2002 I S. 354), geltend ab 1. 1. 2002. Eingearbeitet wurden die Änderungen, die das Gesetz zur Regelung von Rechtsfragen auf dem Gebiet der internationalen Adoption und zur Weiterentwicklung des Adoptionsvermittlungsrechts v. 5. 1. 2001 (BGBl. I S. 2950) bestimmt hatte. Im AdVermiG ist nun klargestellt, dass Kind, Eltern und Bewerber einen Rechtsanspruch auf Adoptionsvermittlung haben (vgl. § 7). Im Übrigen betrafen die Änderungen Organisation, Ausgestaltung und Aufgaben der Adoptionsvermittlungsstellen.

177 **50. Gesetz zur weiteren Verbesserung von Kinderrechten** (Kinderrechteverbesserungsgesetz – KindRVerbG) v. 9. 4. 2002 (BGBl. I S. 1239), in Kraft getreten am 12. 4. 2002. Das Gesetz enthält u. a. eine Neuregelung für die Einbenennung von Kindern, eine Ergänzung des § 1666 a für den Fall, dass ein Elternteil bereits aus der Familienwohnung verwiesen ist, außerdem den **Ausschluss** des Rechts der Eltern zur **Vaterschaftsanfechtung** im Falle konsentierter heterologer **Insemination.**

178 **51. Zweites Gesetz zur Änderung schadensersatzrechtlicher Vorschriften** v. 19. 7. 2002 (BGBl. I S. 2674), in Kraft getreten am 1. 8. 2002. Familienrechtlich von Bedeutung ist die darin vorgenommene haftungsrechtliche Besserstellung von **Kindern im Straßenverkehr.** Diese wird dadurch erreicht, dass Kinder zwischen 7 und 10 Jahren für von ihnen im Straßenverkehr verursachte Schäden nicht verantwortlich sind, es sei denn, sie haben diese vorsätzlich herbeigeführt (§ 828 Abs. 2 BGB).

179 **52. Gesetz zur Änderung der Vorschriften über die Anfechtung der Vaterschaft und das Umgangsrecht von Bezugspersonen des Kindes, zur Registrierung von Vorsorgeverfügungen und zur Einführung von Vordrucken für die Vergütung von Berufsbetreuern** v. 23. 4. 2004 (BGBl. I S. 598), in Kraft getreten am 30. 4. 2004 beziehungsweise am 31. 7. 2004. Das Gesetz führte ein Vaterschaftsanfechtungsrecht für die nichtehelichen Väter ein, die zum Kind eine sozial-familiäre Beziehung haben. Außerdem erweiterte das Gesetz den Kreis der umgangsberechtigten Bezugspersonen des Kindes.

180 **53. Zweites Gesetz zur Änderung des Betreuungsrechts (Zweites Betreuungsrechtsänderungsgesetz – 2. BtÄndG)** v. 21. 4. 2005 (BGBl. I S. 1073). Das Gesetz regelte die Finanzierung der Betreuung neu und führte in Art. 8 das Vormünder- und Betreuervergütungsgesetz – VBVG ein. Außerdem wurde die Bedeutung von Betreuungswünschen und Vorsorgevollmachten verstärkt.

[86] BVerfGE 105, 313.

54. Gesetz zur Weiterentwicklung der Kinder- und Jugendhilfe (Kinder- und Jugendhilfeweiterentwicklungsgesetz – KICK) v. 8. 9. 2005 (BGBl. I S. 2729), in Kraft getreten am 1. 10. 2005. 181

Das Gesetz änderte verschiedene Bestimmungen des SGB VIII. Familienrechtliche Relevanz hat die Konkretisierung des Schutzauftrages der Kinder- und Jugendhilfe bei Kindeswohlgefährdungen (§ 8a SGBVIII), die das Verhalten der Jugendämter in Verfahren nach § 1666 BGB bestimmen wird. Auch die Neuregelung der Voraussetzungen für die Inobhutnahme von Kindern und Jugendlichen in § 42 SGBVIII wird in Verfahren nach § 1666 BGB von Bedeutung werden, weil die familiengerichtlichen Anordnungen auf sie abzustimmen sein werden.

55. Gesetz zur Änderung des Unterhaltsrechts (Unterhaltsrechtsänderungsgesetz – UÄndG) v. 21. 12. 2007 (BGBl. I S. 3189), in Kraft getreten am 1. 1. 2008. Mit dem Ziel, dem Prinzip der nachehelichen Eigenverantwortlichkeit Nachdruck zu verleihen, beschränkt das Gesetz die Unterhaltspflichten geschiedener Ehegatten. So ist der **Unterhaltsanspruch wegen Betreuung** gemeinschaftlicher Kinder grundsätzlich auf die Dauer von **drei Jahren nach der Geburt** beschränkt und nur aus Billigkeitsgründen verlängerbar (§ 1570 BGB). Außerdem können **sämtliche Unterhaltsansprüche zeitlich begrenzt** und **der Höhe nach herabgesetzt** werden (§ 1578b BGB). Der Förderung des Kindeswohls soll die **Änderung der Rangfolge** mehrerer Unterhaltsberechtigter im Mangelfall dienen. Während an erster Stelle nach wie vor die minderjährigen Kinder stehen, rangieren auf zweiter Stelle kinderbetreuende Elternteile – und zwar unabhängig davon, ob sie mit dem Unterhaltspflichtigen verheiratet sind oder nicht. Bei Ehen von langer Dauer stehen geschiedene Ehegatten mit auf dieser zweiten Stufe, ansonsten folgen sie erst auf dem dritten Rang. Im Interesse des Kindeswohls gestärkt wurde auch der **Betreuungsunterhaltsanspruch der nicht verheirateten Mutter.** Dieser kann bereits bei einfacher Unbilligkeit über die drei Jahresfrist hinaus verlängert werden (§ 1615l BGB). Außerdem enthält das Gesetz eine am steuerlichen Kinderfreibetrag orientierte Definition des **Kindesmindestunterhalts,** die **Regelbetrag-VO entfällt** deshalb. 182

56. Gesetz zur Klärung der Vaterschaft unabhängig vom Anfechtungsverfahren v. 26. 3. 2008 (BGBl. I S. 441), in Kraft getreten am 1. 4. 2008. Das Gesetz gibt Vater, Mutter und Kind wechselseitige **Ansprüche auf Einwilligung in eine genetische Abstammungsuntersuchung** und **auf Duldung der Entnahme einer genetischen Probe** zur Klärung der leiblichen Abstammung. Ob und welche rechtlichen Konsequenzen aus den gewonnenen Erkenntnissen gezogen werden, steht den Beteiligten frei (§ 1598a BGB). Reagiert hat die Legislative mit diesem Gesetz auf die Vorgabe des BVerfG's, neben dem Vaterschaftsanfechtungsverfahren nach §§ 1600ff. BGB ein Verfahren nur zur Vaterschaftsfeststellung zur Verfügung zu stellen (zu diesem Verfahren über die (Nicht)Verwertbarkeit eines heimlich eingeholten DNA-Vaterschaftstests s. RdNr. 259). 183

57. Gesetz zur Ergänzung des Rechts zur Anfechtung der Vaterschaft v. 13. 3. 2008 (BGBl I S. 313), in Kraft getreten am 1. 6. 2008. Das Gesetz will ausländerrechtlich motivierten missbräuchlichen Vaterschaftsanerkennungen entgegenwirken und führt zu diesem Zwecke ein **(landes)behördliches Vaterschaftsanfechtungsrecht** ein (§ 1600 Abs. 1 Nr. 5 BGB). 184

58. Gesetz zur Erleichterung familiengerichtlicher Maßnahmen bei Gefährdung des Kindeswohls v. 4. 7. 2008 (BGBl. I S. 1188), in Kraft getreten am 12. 7. 2008. Das Gesetz senkt die Schwelle für staatliches Eingreifen bei Gefährdung des Kindeswohls. Anders als bisher sind **familiengerichtliche Maßnahmen unabhängig von den Gründen,** aus denen es zu dieser Gefährdung gekommen ist, **zulässig** (§ 1666 Abs. 1 BGB). Außerdem werden die in Betracht kommenden familiengerichtlichen Maßnahmen konkretisiert aufgezählt (§ 1666 Abs. 3 BGB). Zur Reform des § 1666 BGB s. auch RdNr. 187. 185

59. Gesetz zur Reform des Personenstandsrechts (Personenstandsrechtsreformgesetz – PStRG) v. 19. 2. 2007 (BGBl. I S. 1122), im Wesentlichen in Kraft getreten am 186

1. 1. 2009. Wichtigste Neuerung dieses Gesetzes ist die **Aufhebung der §§ 67, 67 a PStG,** in denen zwingend festgelegt war, dass die kirchliche Trauung der standesamtlichen nachzufolgen habe. Das staatliche Recht verbietet nun nicht mehr, die kirchliche Eheschließung vor der staatlichen vorzunehmen (zur historischen Bedeutung der §§ 67, 67a PStG s. RdNr. 23).

187 **60. Gesetz zur Reform des Verfahrens in Familiensachen und in den Angelegenheiten der freiwilligen Gerichtsbarkeit (FGG-Reformgesetz – FGG-RG)** v. 17. 12. 2008 (BGBl. I S. 2585), in Kraft getreten am 1. 9. 2009. Das Gesetz führt ein im **FamFG** geregeltes einheitliches, für sämtliche Familiensachen geltendes Verfahrensrecht ein. Es bereitet damit der durch die Hin- und Herverweise in ZPO und FGG unübersichtlich gewordenen Regelung des familiengerichtlichen Verfahrens ein Ende. Das FGG und das 6. Buch der ZPO werden aufgehoben.

188 **61. Gesetz zur Strukturreform des Versorgungsausgleichs (VAStRefG)** v. 3. 4. 2009 (BGBl. I S. 700), in Kraft getreten am 1. 9. 2009.

Das VAStRefG ordnet an, dass Zusatzversorgungen der Ehegatten grundsätzlich unmittelbar zum Zeitpunkt der Scheidung – auf der Basis eines Kapitalwertes – geteilt werden. Damit entfällt, und das war das Hauptziel der Reform, die mit zu vielen Unzulänglichkeiten behaftete Umrechnung von Zusatzversorgungen in Rentenanwartschaften der Regelversicherungssysteme auf der Grundlage der BarWertVO. Im Übrigen nimmt das Gesetz mit der Aufhebung der §§ 1587 ff. eine systematische Neuordnung vor. Der Versorgungsausgleich ist nicht mehr im BGB, sondern in einem eigenständigen Gesetz, dem **Gesetz über den Versorgungsauslgeich** (VersAusglG) geregelt.

189 **62. Gesetz zur Änderung des Zugewinnausgleichs- und Vormundschaftsrechts** v. 6. 7. 2009 (BGBl. I S. 1696), in Kraft getreten am 1. 9. 2009. Mit dem Ziel, den Grundgedanken des Zugewinnausgleichs „hälftige Teilhabe an dem während der Ehe erzielten Gewinn" effektiver durchzusetzen, ändert das Gesetz die Bestimmungen, die der wertschöpfenden Beteiligung der Ehegatten nicht hinreichend Rechnung tragen. So wird insbesondere der in der Schuldentilgung liegende wirtschaftliche Gewinn durch Ansetzung negativen Anfangsvermögens berücksichtigt. Außerdem erweitert das Gesetz die Auskunftsansprüche der Ehegatten sowie die Möglichkeiten, unabhängig von einem Scheidungsverfahren güterrechtliche Maßnahmen zu ergreifen. Außerdem werden die Regelungen zur Verteilung von Hausrat und Ehewohnung anlässlich der Scheidung in das BGB integriert und die HausratsVO aufgehoben.

II. Reformvorhaben im Bereich des Familienrechts

190 **1.** Der Freistaat Bayern hat mit dem erneut eingebrachten **Entwurf eines Gesetzes zur Änderung des § 1666 BGB und weiterer Vorschriften** v. 3. 5. 2006 (BR-Drucks. 296/06) an seinem Vorhaben festgehalten, der steigenden Jugendkriminalität durch frühzeitige Intervention effektiver zu begegnen (so schon BR-Drucks. 645/98). So sollen gerichtliche Erziehungsgespräche mit den Sorgeberechtigten und Weisungen an diese und die Jugendlichen zulässig sein, wenn der Minderjährige wiederholt durch erhebliche Straftaten oder Drogenkonsum auffällig geworden ist. Außerdem sieht der Entwurf verstärkte Möglichkeiten für die gerichtliche Genehmigung einer geschlossenen Unterbringung von solchen Minderjährigen vor. Ob dieser Entwurf trotz der zwischenzeitlich erfolgten Änderung des § 1666 BGB (dazu RdNr. 185) weiter verfolgt wird, bleibt abzuwarten.

191 **2.** Der Bundesrat hält an seinem bereits in der 14. Legislaturperiode eingebrachten, in der 15. wiederholten **Entwurf eines Gesetzes zur Änderung der §§ 1360, 1360 a BGB** v. 23. 3. 2006 fest (BT-Drucks. 16/1026).[87] Gesetzlich klargestellt werden soll, dass der haushaltsführende Ehegatte einen Anspruch auf angemessenes Wirtschafts- und Taschengeld hat.

[87] Vgl. Erg.Bd. 4. Aufl., Einl. RdNr. 183 a.

Außerdem sieht der Entwurf vor, dass Eheleute wie unterhaltsrechtsberechtigte Verwandte einen wechselseitigen Auskunftsanspruch über ihre Einkommens- und Vermögensverhältnisse haben.

3. Entwurf eines Gesetzes zur Bekämpfung der Zwangsheirat und zum besseren Schutz der Opfer von Zwangsheirat (Zwangsheirat-Bekämpfungsgesetz) v. 23. 3. 2006 (BT-Drucks. 16/1035). Im Hinblick darauf, dass das derzeit zur Verfügung stehende rechtliche Instrumentarium nicht ausreicht, um die Zwangsverheiratung von Migrantinnen zu verhindern, sieht der Entwurf des Bundesrates die Schaffung eines neuen Straftatbestandes vor (§ 234 b StGB-E). Außerdem soll die Änderung zivilrechtlicher Normen die Aufhebung solcher Ehen erleichtern und sicherstellen, dass diese ohne unterhaltsrechtliche Nachteile erfolgt. **191a**

4. Der **Entwurf eines Gesetzes zur Änderung des Erb- und Verjährungsrechts** v. 23. 6. 2009 (BT-Drucks. 16/13543) sieht die Aufhebung der dreißigjährigen (Sonder)Verjährungsfrist für familien- und erbrechtliche Ansprüche (§ 197 Nr. 2) vor. Zur Vermeidung von Wertungswidersprüchen und praktischen Abwicklungsschwierigkeiten soll die Verjährung dieser Ansprüche in das System der Regelverjährung des BGB integriert werden. **191b**

C. Familienrecht und Grundgesetz

Schrifttum: *Koch,* Der Anspruch der Deszendenten auf Klärung der genetischen Abstammung – ein Paradigmawechsel im Abstammungsrecht, FamRZ 1990, 569; *König,* Die Grundgesetzänderung in Art. 3 Abs. 2 GG – Ein Fortschritt auf dem Weg zur tatsächlichen Gleichberechtigung?, DÖV 1995, 837; *Siedhoff,* Diskussion: Schwangerschaftsabbruch bei Minderjährigen und elterliche Zustimmung, FamRZ 1998, 8.

I. Allgemeines

Das Familienrecht ist durch zentrale Bestimmungen des GG geprägt. Von maßgeblicher Bedeutung sind Art. 6, Art. 3 Abs. 2 und Art. 2 Abs. 1 GG, die in den Grundrechtskatalog aufgenommen sind und gem. Art. 1 Abs. 3 GG Gesetzgebung, vollziehende Gewalt und Rechtsprechung als unmittelbar geltendes Recht binden. **192**

1. Prüfung durch die Gerichte. Die Gerichte haben das Recht und die Pflicht, die für ihre Entscheidung erheblichen **familienrechtlichen Vorschriften** auf ihre **Vereinbarkeit mit dem Grundgesetz** zu prüfen. Das richterliche Entscheidungsrecht ist jedoch grundsätzlich auf eine inzidente **Bejahung** der Verfassungsmäßigkeit beschränkt. Eine Verwerfungskompetenz besteht nur für vorkonstitutionelles Recht und für Vorschriften, die nicht Gesetz im förmlichen Sinne sind. Hält ein Gericht ein förmliches, nachkonstitutionelles Gesetz, auf dessen Gültigkeit es bei seiner Entscheidung ankommt, für unvereinbar mit dem Grundgesetz, so hat es gem. Art. 100 Abs. 1 GG sein Verfahren auszusetzen und die Entscheidung des BVerfG einzuholen. **193**

2. Vorkonstitutionelles Recht. Dieses kann vom Gesetzgeber in der Weise zu nachkonstitutionellem gemacht worden sein, dass er es in seinen Willen aufgenommen hat. Das ist dann der Fall, wenn sich ein **Bestätigungswille** aus dem Inhalt des Gesetzes selbst oder – bei Gesetzesänderungen – aus dem engen sachlichen Zusammenhang zwischen unveränderten und geänderten Normen objektiv erschließen lässt. So liegt es etwa bei der Verweisung einer neuen Norm auf eine vorkonstitutionelle Bestimmung.[88] Die bloße Hinnahme einer gesetzlichen Regelung genügt dagegen nicht.[89] **194**

3. Auslegung. Bevor ein Gericht dem Bundesverfassungsgericht nach Art. 100 Abs. 1 GG vorlegt, hat es neben der Entscheidungserheblichkeit der verfassungsrechtlichen Frage zu prüfen, ob eine verfassungsgemäße Entscheidung des Rechtsstreits im Wege der Aus- **195**

[88] BVerfGE 13, 290, 294 = NJW 1962, 437.
[89] BVerfGE 70, 126, 129 = NJW 1986, 915 LS.

legung der Verfassung oder des „einfachen" Rechts möglich ist. In Zweifelsfällen ist diejenige Auslegung der Grundrechtsnorm zu wählen, welche deren juristische Wirkungskraft am stärksten entfaltet.[90] Bei der Prüfung einfachen Rechts gilt das Gebot der **verfassungskonformen Auslegung:** Ein Gesetz ist nicht verfassungswidrig, wenn eine Auslegung möglich ist, die im Einklang mit dem Grundgesetz steht und das Gesetz bei dieser Auslegung sinnvoll bleibt.[91] Dabei darf der Gesetzeszweck nicht außer Acht gelassen werden. Die verfassungskonforme Auslegung findet dort ihre Grenze, wo sie mit dem Wortlaut und dem klar erkennbaren Willen des Gesetzgebers in Widerspruch treten würde.[92]

196 **4. Drittwirkung der Grundrechte.** Von dem Problem der unmittelbaren Geltung der Grundrechte zu trennen ist die Frage, ob die Grundrechte unmittelbar auch **zwischen den an familienrechtlichen Verhältnissen Beteiligten** gelten. Dies ist ein Problem der sog. Drittwirkung der Grundrechte.[93] Grundrechte sind in erster Linie dazu bestimmt, die Freiheitssphäre des Einzelnen vor Eingriffen der öffentlichen Gewalt zu sichern; sie sind also primär Abwehrrechte des Bürgers gegen den Staat.[94] Aus diesem Grund lehnen überw. Meinung und BVerfG es ab, den Grundrechten im Privatrecht unmittelbare Wirkung zuzuerkennen. Allerdings verkörpert sich in den Grundrechtsbestimmungen des GG eine objektive Wertordnung, die für alle Bereiche des Rechts gilt. Die Wertvorstellungen des GG müssen deshalb auch bei der Anwendung zivilrechtlicher Vorschriften berücksichtigt werden. Dies ist vor allem möglich und geboten bei der Konkretisierung von Generalklauseln und Rechtsbegriffen, die der wertenden Auslegung bedürfen. Über diese „Einbruchstellen" entfalten die Grundrechte dann ihre **mittelbare Wirkung im bürgerlichen Recht.**[95] Auch im familienrechtlichen Zusammenhang ist mithin, insbesondere bei der Heranziehung von Generalklauseln und unbestimmten Rechtsbegriffen, der Reichweite und Wirkungskraft der Grundrechte Rechnung zu tragen.

II. Art. 6 GG

197 **1. Art. 6 Abs. 1 GG.** Die **zentrale Grundrechtsvorschrift** für den Bereich des Familienrechts ist Art. 6 Abs. 1 GG, wonach **Ehe und Familie** unter dem **besonderen Schutz der staatlichen Ordnung stehen.**

198 **a) Begriffe. Ehe** iSd. GG ist die auf freiem Entschluss von Mann und Frau beruhende, unter Wahrung bestimmter vom Gesetz vorgesehener Formen eingegangene Verbindung zu einer grundsätzlich unauflösbaren Lebensgemeinschaft.[96] Gleichgeschlechtliche Partnerschaften sind nach hM nicht als Ehe iSd. Art. 6 Abs. 1 GG anzuerkennen. Ein Wandel des traditionellen Eheverständnisses in dem Sinne, dass der Geschlechtsverschiedenheit der Ehepartner keine zentrale Bedeutung mehr zukommt, ist nicht erfolgt.[97] Deutlich wird das auch dadurch, dass im Jahre 2001 die gleichgeschlechtliche Beziehung in einem speziellen (Lebenspartnerschafts)Gesetz außerhalb des BGB geregelt worden ist.

199 **Familie** iSd. Art. 6 Abs. 1 GG ist die „umfassende Gemeinschaft von Eltern und Kindern",[98] seien diese volljährig oder minderjährig,[99] ehelich oder nichtehelich. Auch die

---

[90] BVerfGE 80, 54, 58.
[91] BVerfGE 59, 360, 386 = NJW 1982, 1375.
[92] BVerfGE 18, 97, 111 = NJW 1964, 1563.
[93] Vgl. dazu *Herdegen,* in: *Maunz/Dürig,* Bd. 1, Art. 1 Abs. 3 RdNr. 59 ff.
[94] BVerfGE 7, 198, 204 f. = NJW 1958, 257.
[95] Vgl. BVerfGE 73, 261, 269 = NJW 1987, 827.
[96] BVerfGE 49, 286, 300; 53, 224, 245. Der mehr subjektivierende Begriff Unauflösbarkeit ist seit der Einführung des Zerrüttungsprinzips im Scheidungsrecht an die Stelle des stärker objektivierenden Begriffs Unauflöslichkeit (so BVerfGE 10, 59, 66) getreten, dazu *Dreier/Gröschner* Bd. 1, Art. 6 RdNr. 51.
[97] BVerfG FamRZ 2008, 1593, 1594 f.; NJW 1993, 3058; *Dreier/Gröschner,* Bd. 1, Art. 6 RdNr. 43 ff.; Einl. RdNr. 35.
[98] BVErfGE 10, 59, 66 = NJW 1959, 1483.
[99] BVerfGE 57, 170, 178 = NJW 1981, 1943.

Gemeinschaft des nichtehelichen Kindes mit seiner Mutter[100] oder seinem Vater[101] fällt also unter den Schutzbereich des Art. 6 Abs. 1 GG. Zu den Kindern, die zur Familie gehören, zählen ebenso Stief-, Adoptiv- und Pflegekinder;[102] auch das in einer Mehrehe begründete Eltern-Kindverhältnis unterfällt dem verfassungsrechtlichen Schutz des Art. 6 Abs. 1 GG.[103] Dieser erstreckt sich mithin, ohne nach der Ausgestaltung der juristischen Beziehung zwischen Eltern und Kindern zu differenzieren, allgemein auf die in häuslicher Gemeinschaft geeinte – oder geeint gewesene, zwischenzeitlich zur sog. Begegnungsgemeinschaft gewordene[104] – vollständige wie unvollständige[105] engere Kleinfamilie.

b) Bedeutung. Das in Art. 6 Abs. 1 GG enthaltene verfassungsrechtliche Bekenntnis zu Ehe und Familie enthält zunächst eine sog. **Instituts- oder Einrichtungsgarantie.** In dieser Eigenschaft sichert das GG die Existenz von Ehe und Familie als Lebensordnungen und schützt den wesentlichen Kern des staatlichen Ehe- und Familienrechts vor Aufhebung und Änderung. Das bedeutet jedoch nicht, dass der Inhalt der verfassungsrechtlichen Institutsgarantie erst aus dem einfachen Recht zu erschließen ist. Die einfachgesetzlichen Normen werden vielmehr durch die Institutsgarantie des Art. 6 Abs. 1 GG nur soweit geschützt, als sie dem der Verfassung zugrunde liegenden Bild von Ehe und Familie entsprechen und die in Art. 6 Abs. 1 GG enthaltenen Grundprinzipien umsetzen.[106] **200**

Freiheitsrecht. Art. 6 Abs. 1 GG ist zudem ein Freiheitsrecht im Sinne der klassischen Grundrechte und gewährleistet als solches Schutz vor störenden Eingriffen des Staates in die Familie. Diesem negatorischen Schutz nach außen entspricht im Innenverhältnis das Recht, die ehelichen beziehungsweise familiären Beziehungen eigenständig und selbstverantwortlich auszugestalten und zu regeln.[107] Damit schützt Art. 6 Abs. 1 GG auch die private Entscheidungsfreiheit und verstärkt insofern im familiären Zusammenhang das allgemeine Selbstbestimmungsrecht des Art. 2 GG.[108] **201**

Verbindliche Wertentscheidung. Über die Funktion als Institutsgarantie und Freiheitsrecht hinaus stellt Art. 6 Abs. 1 GG eine verbindliche Wertentscheidung für den gesamten Bereich des Ehe und Familie betreffenden privaten und öffentlichen Rechts dar.[109] Aus dieser Bedeutung des Art. 6 Abs. 1 GG als wertentscheidender Grundsatznorm ergibt sich für den Staat einmal das Verbot, selbst die Ehe zu schädigen oder sonst zu beeinträchtigen,[110] zum andern erwächst dem Staat aus dieser Verfassungsbestimmung die Aufgabe, Ehe und Familie vor Beeinträchtigungen durch andere Kräfte zu bewahren und durch geeignete Maßnahmen zu fördern.[111] Beeinträchtigungsverbot und Förderungsgebot von Ehe und Familie haben wesentliche Auswirkungen **im öffentlichen Recht.** Um zu bestimmen, ob und welche Differenzierungen in einer Sachfrage gerechtfertigt sind, sind die Positionen Verheirateter und Lediger beziehungsweise die von Familienmitgliedern und Nichtfamilienmitgliedern gegenüberzustellen und wertend miteinander zu vergleichen. **202**

Große Bedeutung hat das **Beeinträchtigungsverbot** im Zusammenhang mit aufenthaltsrechtlichen Fragen ausländischer Ehepartner oder Eltern(teile) erlangt. Bei der Güterabwägung zwischen den öffentlichen Interessen der Bundesrepublik Deutschland mit den persönlichen Interessen des Ausländers kommt dem Schutz seiner ehelichen und familiären Beziehungen besonderes Gewicht zu. Dies hindert jedoch nicht die Ausweisung eines ausländischen Ehepartners aus generalpräventiven Gründen, wenn dieser eine besonders **203**

100 St. Rspr. seit BVerfGE 8, 210, 215.
101 BVerfGE 45, 104, 123 = NJW 1978, 33; 79, 256, 267 = NJW 1989, 891.
102 BVerfGE 18, 97, 105 = NJW 1964, 1563; 68, 176, 187 = NJW 1985, 423.
103 BVerwGE 71, 228, 231.
104 BVerfGE 80, 81, 90, 91.
105 BVerfGE 61, 319, 342 = NJW 1983, 271; 112, 268 = NJW 2005, 2448.
106 BVerfGE 31, 58, 69 = NJW 1971, 1509; 36, 146, 161 = NJW 1974, 545.
107 BVerfGE 6, 55, 71; 80, 81, 92.
108 BVerfGE 57, 170, 178; 107, 27, 53.
109 BVerfGE 80, 81, 93.
110 BVerfGE 42, 95, 101 = NJW 1976, 1311.
111 BVerfGE 6, 55, 76 = NJW 1957, 417; 24, 104, 109 = NJW 1968, 1771; 32, 260, 267 = NJW 1972, 524.

schwerwiegende Straftat begangen hat.[112] Auch kann einem adoptierten erwachsenen Ausländer die Aufenthaltserlaubnis versagt werden, wenn die durch die Adoption begründete Familie nicht auf eine Lebens- oder Hausgemeinschaft angelegt ist.[113] Anders verhält es sich hingegen, wenn ein Familienmitglied auf Hilfe angewiesen ist und das andere, adoptierte Familienmitglied diese Hilfe tatsächlich regelmäßig erbringt.[114] Auch sollen einwanderungspolitische Belange des Staates regelmäßig hintangestellt werden, wenn es um die Verwirklichung der Lebensgemeinschaft eines ausländischen Vaters mit seinem nichtehelichen deutschen Kind geht.[115]

204 Relevanz entfaltet das Beeinträchtigungsverbot auch in den Fällen ungleicher Behandlung verheirateter und unverheirateter Paare im Steuerrecht,[116] im Versorgungsrecht oder bei der Vergabe öffentlicher (Sozial)Leistungen.[117] So ist es mit dem Grundgesetz vereinbar, dass der Gesetzgeber die Leistungspflicht der gesetzlichen Krankenkassen für eine künstliche Befruchtung auf verheiratete Paare beschränkt.[118] Auch die Frage, ob und inwieweit Besuche eines inhaftierten Partners durch seinen Ehepartner durch Trennscheiben oder Anwesenheit von Wachpersonal behindert werden dürfen, ist unter Berücksichtigung des Beeinträchtigungsverbots des Art. 6 Abs. 1 GG zu entscheiden.[119]

205 Aus dem **Förderungsgebot** des Art. 6 Abs. 1 GG folgt kein individualrechtlicher Anspruch auf bestimmte staatliche Leistungen oder Maßnahmen, insbesondere ist der Staat nicht gehalten, jegliche die Familie treffende Belastung auszugleichen.[120]

206 **c) Schutzbereich.** Art. 6 Abs. 1 GG enthält als wesentlichen Bestandteil die **Eheschließungsfreiheit.** Darunter versteht man das Recht, die Ehe mit einem selbstgewählten Partner einzugehen, wenn beide Partner die entsprechenden Voraussetzungen des deutschen Rechts, die ihrerseits der Verfassung entsprechen müssen, erfüllen.[121] Die Eheschließungsfreiheit verlangt vom Staat äußerste Zurückhaltung bei der Festlegung der **Ehevoraussetzungen** und der Aufstellung von Ehehindernissen. Solche sind nur insoweit zulässig, als sie von Sachgründen gefordert werden, die aus einem für das Institut der Ehe wesentlichen Strukturelement erwachsen. Zeugungsfähigkeit oder Gebärfähigkeit sind beispielsweise keine Umstände, die zur Voraussetzung für eine Eheschließung gemacht werden könnten.[122] Der Staat ist auch nicht berechtigt, fürsorglich Ehen zu verhindern, deren Bestand etwa wegen extremer Altersunterschiede oder charakterlicher Mängel von vornherein fraglich erscheint oder bei denen mit großer Wahrscheinlichkeit schwere Nachteile für die Frau zu besorgen sind.[123]

207 Bei der **Eheschließung eines deutschen** mit einem **ausländischen Partner** bestimmen sich gem. **Art. 13 Abs. 1 EGBGB** die Voraussetzungen der Eheschließung nach dem jeweiligen Heimatrecht der Verlobten. Unter dem Gesichtspunkt des Art. 6 Abs. 1 GG ist dies **prinzipiell nicht zu beanstanden,** obwohl diese kollisionsrechtliche Verweisung dazu führen kann, dass der deutsche Partner stärker in seiner Eheschließungsfreiheit beschränkt wird, als dies bei ausschließlicher Anwendung der deutschen Gesetze der Fall wäre.[124] Das

---

112 BVerfGE 51, 386, 396 = NJW 1980, 514.

113 BVerfGE 80, 81, 90 ff. = NJW 1989, 2195.

114 BVerfG NJW 1990, 895.

115 BVerfG NJW 1994, 3155.

116 BVerfGE 6, 55, 76 = NJW 1957, 417; 18, 97, 105 = NJW 1964, 1563; 99, 246 = NJW 1999, 561; 114, 316, 333 = NJW 2005, 3556.

117 BVerfGE 22, 100 = NJW 1967, 1901; 28, 104, 112 = NJW 1970, 1176; 28, 324, 346 = NJW 1970, 1675; 55, 114, 128 = NJW 1981, 107; 75, 382, 392 = NJW 1988, 403.

118 BVerfG NJW 2007, 1343.

119 BVerfGE 42, 95, 100 = NJW 1976, 1311; BVerfG FamRZ 1994, 496; BVerfG NJW 1995, 1478. Zum Schriftverkehr zwischen Eltern und volljährigem Kind BVerfGE 57, 170, 177 = NJW 1981, 1943.

120 BVerfGE 23, 258, 264; 28, 104, 113 = NJW 1970, 1176; 43, 108, 121 = NJW 1977, 241; 45, 104, 120, 121 = NJW 1978, 33; 55, 114, 127 = NJW 1981, 107; 107, 205 = NJW 2003, 1381; BVerfG NJW 1995, 1342.

121 BVerfGE 31, 58, 67, 78 = NJW 1971, 1509; 36, 146, 161 = NJW 1974, 545.

122 BVerfGE 49, 286, 300 = NJW 1979, 595.

123 BVerfGE 31, 58, 84 = NJW 1971, 1509.

124 BVerfGE 31, 58, 79 = NJW 1971, 1509.

ausländische Recht, das aufgrund der in Art. 13 Abs. 1 EGBGB vorgesehenen Anknüpfung an das Personalstatut maßgebend ist, ist im Einzelfall allerdings auf seine Vereinbarkeit mit dem Grundgesetz zu überprüfen. Ist zum Beispiel in einem Fall mit starker Inlandsbeziehung das in Art. 6 Abs. 1 GG enthaltene Prinzip der Eheschließungsfreiheit verletzt, weil das ausländische Recht die Scheidung der früheren Ehe des deutschen Partners durch ein deutsches Gericht nicht anerkennt, so ist das ausländische Recht nicht anzuwenden.[125]

Sog. **Zölibatsklauseln,** in denen vertraglich Heiratsverbote für die Dauer von Dienst- **208**
oder Arbeitsverhältnissen vereinbart werden, sind in aller Regel wegen Verstoßes gegen die Wertentscheidung des Art. 6 Abs. 1 GG unzulässig. Eine Ausnahme gilt in Fällen, in denen das Selbstbestimmungsrecht der Kirchen, das in Art. 140 GG iVm. Art. 137 Abs. 3 WRV gewährleistet und dem Schutzgut des Art. 6 Abs. 1 GG grundsätzlich gleichwertig ist, tangiert ist.[126] Ebenso sind Klauseln in Erbverträgen, die die standesgemäße Eingehung einer Ehe (sog. Ebenbürtigkeitsklauseln) als Bedingung für die Erbeinsetzung beinhalten, mit Art. 6 Abs. 1 GG nicht vereinbar, wenn sie bei der Eingehung der Ehe einen unzumutbaren Druck auf den eheschließungswilligen Erben ausüben.[127]

Die Entscheidung, **keine Ehe** einzugehen, wird nicht durch Art. 6 Abs. 1 GG, sondern **durch Art. 2 Abs. 1 GG** geschützt.[128] In Art. 6 Abs. 1 GG geht es allein um den Schutz der Ehe. Dieser verlangt, den ungehinderten Zugang zu ihr zu gewährleisten und gewollte Eheschließungen nicht zu erschweren.[129] Art. 6 Abs. 1 GG garantiert aber nicht die allgemeine Entscheidungsfreiheit in Ehesachen an sich, schützt mithin nicht die Entscheidung der Ehe fernzubleiben.

d) Nichteheliche Lebensgemeinschaften werden von dem Eheschutz des Art. 6 **209**
Abs. 1 GG nicht erfasst.[130] Sie unterfallen dem Schutz des Art. 2 Abs. 1 GG, den allerdings jeder Partner als Ausfluss seiner allgemeinen Handlungsfreiheit individuell für sich beanspruchen muss.[131] Da die nichteheliche Lebensgemeinschaft zu einer gesellschaftlich allgemein akzeptierten Lebensform geworden ist, ist es auch juristisch selbstverständlich geworden, dass die Partner der nichtehelichen Lebensgemeinschaft den vollen Schutz derjenigen Rechtsvorschriften und Grundrechte genießen, deren Verwirklichung vom Bestehen der Ehe unabhängig ist. Im Übrigen liegt es innerhalb der dem Gesetzgeber obliegenden Gestaltungsbefugnis und verstößt daher auch nicht gegen Art. 3 Abs. 1 GG, wenn die mit vielfältigen Rechten und Pflichten verbundene förmliche Eheschließung andere Rechtsfolgen nach sich zieht als eine freie Partnerschaft.[132]

e) Scheidungsrecht. Art. 6 Abs. 1 GG setzt eine auf Lebenszeit geschlossene Ehe vo- **210**
raus. Der besondere Schutz der staatlichen Ordnung gilt daher auch der gescheiterten Ehe.[133] Angesichts des starken personalen Bezugs der Institutsgarantie lässt sich aus Art. 6 Abs. 1 GG aber nicht die Pflicht herleiten, gescheiterte Ehen als Zwangsgemeinschaft gegen die Ablehnung eines der Partner aufrechtzuerhalten. Das BVerfG hat daher die Abkehr des Ehescheidungsrechts vom Verschuldensprinzip und den Übergang zum **Zerrüttungsprinzip** für **verfassungsmäßig** befunden.[134]

Im Hinblick auf die sich hierin dokumentierende grundlegende Änderung des Schei- **211**
dungsverständnisses ist es sprachlich richtiger, im subjektivierenden Sinn von der grundsätzlichen **Unauflösbarkeit** der Ehe, und nicht von ihrer grundsätzlichen Unauflöslichkeit,

---

125 BVerfGE 31, 58, 80 = NJW 1971, 1509.
126 BVerfG NJW 1983, 257.
127 BVerfG ZEV 2004, 241 (Hohenzollernentscheidung).
128 BVerfGE 56, 363, 384 = NJW 1981, 1201.
129 BVerfGE 29, 166, 175.
130 BVerfG NJW 2005, 1413; vgl. BVerfGE 9, 20, 34 = NJW 1959, 283; 36, 146, 165 = NJW 1974, 545.
131 BVerfGE 82, 6, 16.
132 BVerfG NJW 1984, 114; vgl. auch BVerfG NJW 1987, 179.
133 BVerfGE 55, 134, 141/142 = NJW 1981, 108; 108, 351 = NJW 2003, 3466.
134 BVerfGE 53, 224, 245 = NJW 1980, 689.

zu sprechen.[135] Bei der Festlegung der Scheidungsvoraussetzungen wie auch bei der Regelung der Folgewirkungen der gescheiterten Ehe ist jedoch die fortwirkende personale Verantwortung der Ehegatten füreinander zu berücksichtigen. Deshalb enthält das Scheidungsrecht in § 1568 BGB die sog. Härteklausel,[136] sind Unterhalts- und Versorgungsregelungen am Prüfungsmaßstab des Art. 6 Abs. 1 GG gemessen und ausgerichtet worden.[137] Bei mehreren Eheschließungen kommt der neuen Ehe nach Art. 6 Abs. 1 GG iVm. Art. 3 Abs. 1 GG grundsätzlich kein geringerer Schutz zu als der vorhergehenden.[138] Gleichwohl ist es nicht verfassungswidrig, im Mangelfall den Unterhaltsansprüchen des geschiedenen Ehegatten Vorrang einzuräumen.[139] Auch kann die Entscheidungsfreiheit bei der Aufgabenverteilung in der neuen Ehe durch Unterhaltsverpflichtungen, die gegenüber Kindern aus einer vorhergehenden Ehe bestehen, eingeschränkt sein.[140]

212 Aus Art. 6 Abs. 1 GG hat die Rechtsprechung das – deliktsrechtlich geschützte – Recht eines Ehegatten auf **Schutz des räumlich-gegenständlichen Bereichs der Ehe** hergeleitet.[141] Wird von einem Ehegatten einem Dritten die Anwesenheit in der Ehewohnung gestattet, so kann sich der andere mit Ansprüchen aus § 823 Abs. 1 beziehungsweise § 1004 Abs. 1 BGB sowohl gegenüber dem Dritten wie gegenüber dem Partner wehren. Eine Ausdehnung des deliktsrechtlichen Schutzes auf Fälle sonstiger Ehestörungen durch Dritte lehnen Rechtsprechung und überwiegendes Schrifttum ab.[142]

213 **2. Art. 6 Abs. 2 GG. a) Individualrecht für jeden Elternteil.** Das Grundrecht zur Pflege und Erziehung der Kinder steht als Individualrecht **jedem Elternteil** einzeln zu.[143] Durch Art. 6 Abs. 2 S. 1 GG ist das elterliche Sorgerecht ebenso wie das Umgangsrecht des nichtsorgeberechtigten Elternteils[144] verfassungsrechtlich geschützt. Das wirkt sich auch auf die Verpflichtungen des Sozialhilfeträgers aus: Ist der umgangsberechtigte Elternteil sozialhilfebedürftig, so gebietet Art. 6 Abs. 2 S. 1 GG, dass die Sozialleistungen die Durchführung einer einverständlich getroffenen Umgangsregelung ermöglichen, auch wenn diese über das im Streitfall gerichtlich durchsetzbare Maß von einem Wochenendbesuch im Monat hinausgeht.[145]

214 Träger des Grundrechts sind zunächst die **Eltern ehelich geborener Kinder.** Der Schutz des Art. 6 Abs. 2 S. 1 GG endet nicht mit der Ehescheidung.[146] Deshalb sah das BVerfG in der Regelung des § 1671 Abs. 4 S. 1 BGB aF, wonach ein gemeinsames Sorgerecht geschiedener Ehegatten auch dann ausgeschlossen war, wenn die Eltern willens und geeignet waren, die Elternverantwortung weiterhin gemeinsam auszuüben, einen Verstoß gegen Art. 6 Abs. 2 S. 1 GG und erklärte die Vorschrift für nichtig.[147]

215 Der **Mutter eines nichtehelichen Kindes** steht das Recht aus Art. 6 Abs. 2 S. 1 GG ebenfalls zu;[148] für den **Vater eines nichtehelichen Kindes** war dies lange umstritten, ist 1995 jedoch verfassungsgerichtlich anerkannt worden.[149] Der Gesetzgeber ist allerdings nicht verpflichtet, Eltern, die sich bewusst gegen eine rechtsverbindliche Ausgestaltung ihrer Beziehungen entscheiden, ein gemeinsames Sorgerecht zuzubilligen.[150] Es ist also auch nicht

---

[135] Vgl. hierzu *Dreier/Gröschner* Art. 6 RdNr. 51 f.

[136] BVerfGE 53, 224, 250 = NJW 1980, 689; 55, 134, 141 = NJW 1981, 108.

[137] BVerfGE 57, 361, 378 = NJW 1981, 1771; 53, 257, 289 = NJW 1980, 692; 63, 88, 109 = NJW 1983, 1417.

[138] BVerfGE 55, 114, 128 = NJW 1981, 107; 108, 351, 365 = NJW 2003, 3466.

[139] BVerfGE 66, 84, 95 = NJW 1984, 1523.

[140] BVerfGE 68, 256, 266 = NJW 1985, 1211.

[141] StRspr. seit BGHZ 6, 360.

[142] Dazu Einl. RdNr. 54 f.; *Schwab,* Familienrecht, RdNr. 131 ff.

[143] BVerfGE 47, 46, 76 = NJW 1978, 807.

[144] BVerfGE 31, 194, 206 = NJW 1971, 1447; BVerfG FamRZ 2007, 335; 2007, 531.

[145] BVerfG NJW 1995, 1342.

[146] BVerfGE 56, 363, 382 = NJW 1981, 1201.

[147] BVerfGE 61, 358, 371 = NJW 1983, 101.

[148] BVerfGE 24, 119, 135 = NJW 1968, 2233.

[149] BVerfGE 92, 158, 176.

[150] BVerfGE 56, 363, 383 ff. = NJW 1981, 1201.

verfassungswidrig, dass nach § 1626 a BGB nicht miteinander verheiratete Eltern nur durch übereinstimmende Erklärungen das zunächst der Mutter allein zustehende Sorgerecht in ein gemeinsames umwandeln können. Dass der Vater hier auch nach langem Zusammenleben mit dem Kind das Sorgerecht gegen den Willen der Mutter nicht erlangen kann, ist den unterschiedlichen Lebensverhältnissen ehelicher und nichtehelicher Kinder geschuldet und nicht verfassungswidrig.[151]

Eltern iS des Art. 6 Abs. 2 GG sind auch **Adoptiveltern.**[152] Ob **Pflegeeltern** unter bestimmten Voraussetzungen Träger des Grundrechts aus Art. 6 Abs. 2 S. 1 GG sein können, ist umstritten; das BVerfG hat diese Frage ausdrücklich dahingestellt sein lassen.[153] **Vormund und Pfleger iS der §§ 1909 ff. BGB** können sich auf Art. 6 Abs. 2 GG berufen, soweit sie an Stelle der Eltern für die Erziehung und Pflege des Kindes verantwortlich sind.[154] Den **Kindern** selbst steht aus Art. 6 Abs. 2 GG kein Grundrecht zu,[155] als individuelle Personen sind sie allerdings als Träger anderer Grundrechte zu berücksichtigen.[156] 216

b) Inhalt und Umfang des Elternrechts. Art. 6 Abs. 2 GG garantiert den Eltern Vorrang, Eigenständigkeit und Selbstverantwortlichkeit bei der Pflege und Erziehung der Kinder und überlässt ihnen die freie Entscheidung darüber, wie sie ihrer Verantwortung nachkommen wollen. Der Staat hat den Willen der Eltern selbst dann zu respektieren, wenn dieser einer den Fähigkeiten des Kindes bestmöglichen Förderung entgegensteht.[157] 217

Der in Art. 6 Abs. 2 GG normierte Vorrang der Eltern gebietet auch eine **bevorzugte Berücksichtigung der Familienangehörigen** bei der Auswahl von **Pflegern** und **Vormündern,** sofern keine Interessenkollision besteht oder der Zweck der Fürsorgemaßnahme nicht aus anderen Gründen die Bestellung eines Dritten verlangt; in diesen Grenzen sind auch bei der Bestellung von Interessenvertretern für künftige Kinder zunächst die Eltern heranzuziehen.[158] Zudem folgt aus der vorrangigen Verantwortlichkeit der Eltern, dass deren Umgangsrecht Vorrang vor dem sonstiger Bezugspersonen hat.[159]

Das **Elternrecht ist umfassend.** Es ergreift die gesamte körperliche, seelisch-geistige und weltanschaulich-religiöse Entwicklung des Kindes zu einer eigenständigen Persönlichkeit. Es unterliegt allerdings einer starken **Pflichtenbindung.** Das Grundrecht aus Art. 6 Abs. 2 GG unterscheidet sich von allen anderen Grundrechten durch die unlösliche Verknüpfung des Rechts zur Pflege und Erziehung mit der Pflicht zu dieser Tätigkeit. Diese Pflicht ist nicht nur eine das Recht begrenzende Schranke, sondern wesensbestimmender Bestandteil des Elternrechts.[160] Zum Verantwortungsbereich der Eltern gehört auch, die Rechte ihrer Kinder dem Staat oder Dritten gegenüber zu schützen. Art. 6 Abs. 2 S. 1 GG gebietet daher, Eltern im Jugendstrafverfahren frühzeitige Beteiligungsmöglichkeiten zu geben. Vorschriften, die dies verhindern, sind verfassungswidrig.[161] 218

c) Grenzen. Inhalt und weiter Umfang bringen das elterliche Erziehungsrecht in Konkurrenz zu anderen Grundrechten, insbesondere zum **Persönlichkeitsrecht des Kindes nach Art. 2 Abs. 1 GG.**[162] Das Verhältnis von Elternrecht zum Kindesrecht ist durch die besondere Struktur des Elternrechts geprägt. Mit abnehmender Pflege- und Erziehungsbedürftigkeit sowie zunehmender Selbstbestimmungsfähigkeit des Kindes werden die im 219

---

151 BVerfGE 107, 150, 169 = NJW 2003, 955.

152 BVerfGE 24, 119, 150 = NJW 1968, 2233; *Stern/Stern,* Bd IV/1 S. 531 mwN.

153 BVerfG NJW 1994, 183.

154 BVerfGE 34, 165, 200 = NJW 1973, 133; vgl. andererseits aber BVerfGE 10, 302, 328 = NJW 1960, 811.

155 BVerfGE 28, 104, 112 = NJW 1970, 1176.

156 BVerfGE 37, 217, 252 = NJW 1974, 1609; 55, 171, 179 = NJW 1981, 217; 56, 363, 383 = NJW 1981, 1201. S. dazu auch RdNr. 256 ff.

157 BVerfGE 60, 79, 94 = NJW 1982, 1379.

158 BVerfGE 33, 236, 238.

159 BVerfG FamRZ 2007, 335.

160 BVerfGE 24, 119, 143 = NJW 1968, 2233; zur Erziehung zur Freikörperkultur s. BVerfGE 7, 320, 323 = NJW 1958, 865; s. auch BVerfGE 56, 363, 382 = NJW 1981, 1201; 79, 203, 210 = NJW 1989, 1275.

161 BVerfGE BVerfGE 107, 104 = NJW 2003, 2004 zu § 51 Abs. 2 JGG.

162 BVerfGE 72, 155, 170 = NJW 1986, 1859; dazu auch RdNr. 256 ff.

Elternrecht wurzelnden Befugnisse bis hin zu deren Erlöschen bei Volljährigkeit zurückgedrängt.[163] Im Übrigen dürfen die kraft elterlichen Bestimmungs- und Vertretungsrechts getroffenen Maßnahmen nicht so nachwirken, dass den Kindern bei Erreichen der Volljährigkeit die Möglichkeit genommen ist, ihr Leben selbstbestimmt zu gestalten. Mit der Beschränkung der Minderjährigenhaftung in § 1629 a BGB und dem Kündigungsrecht in § 723 BGB ist insoweit dem Persönlichkeitsrecht der Kinder Rechnung getragen worden.[164]

220 Auch die **allgemeine Schulpflicht** beschränkt das in Art. 6 Abs. 2 S. 1 GG gewährleistete elterliche Bestimmungsrecht über die Erziehung des Kindes. Die Zulässigkeit dieser Beschränkung ergibt sich aus dem in **Art. 7 Abs. 1 GG statuierten Erziehungsauftrag des Staates.** Da dieser dem elterlichen Erziehungsrecht gleichgeordnet ist,[165] können schulische und familiäre Erziehung in Konflikt miteinander geraten. Dabei ist die Zulässigkeit der schulischen Sexualerziehung[166] zwischenzeitlich kein Thema mehr, umso umstrittener sind Fragen der **weltanschaulich-religiösen Beeinflussung** der Kinder in der Schule geworden. In diesem Zusammenhang hat das BVerfG in der Anbringung von Kruzifixen in den Unterrichtsräumen staatlicher Schulen einen Verstoß gegen das elterliche Erziehungsrecht in Glaubens- und Weltanschauungsfragen (Art. 4 Abs. 1 GG iVm. Art. 6 Abs. 2 S. 1 GG) gesehen.[167] Ob in gleicher Weise das Tragen eines Kopftuches durch eine muslimische Lehrerin das Recht der Eltern tangiert, ihre Kinder von ihnen unrichtig erscheinenden Glaubensinterpretationen fernzuhalten, wird kontrovers diskutiert. Zu entscheiden ist dies unter der Prämisse, dass der staatliche Bildungs- und Erziehungsauftrag eigenständig und dem Erziehungsrecht der Eltern nicht nachgeordnet ist.[168] Gewahrt wird das Elternrecht auf dem Gebiet des Schulwesens dadurch, dass Eltern ein **Anspruch auf Information** über die schulischen Vorgänge zugebilligt wird, deren Verschweigen die von ihnen konzipierte Erziehung beeinträchtigen könnte.[169] Ein Mitspracherecht, etwa bei der organisatorischen Gliederung von Schulen und Ausbildungsgängen oder bei der Festlegung von Unterrichtszielen, haben die Eltern nicht.[170]

221 Auch in der Einführung der Neuregelung der deutschen **Rechtschreibung im Schulunterricht** hat das BVerfG keinen unzulässigen Eingriff in das Elternrecht aus Art. 6 Abs. 2 S. 1 GG gesehen: Da die Bestimmung der Grundlagen des Rechtschreibeunterrichts seit der Einführung der allgemeinen Schulpflicht vornehmlich Aufgabe von Staat und Schule sei, könne der Erziehungsplan der Eltern durch die Unterrichtung des Kindes in einer bestimmten Schreibweise nicht ernsthaft tangiert werden.[171]

222 **d) Wächteramt.** Handlungen, mit denen sich die Eltern ihrer Verantwortung entziehen, insbesondere ein **Missbrauch des Erziehungsrechts** oder die **Vernachlässigung des Kindes,** werden nicht von dem Grundrecht aus Art. 6 Abs. 2 S. 1 GG gedeckt.[172] Wenn Eltern in dieser Weise versagen, greift das **Wächteramt des Staates** ein. Der Staat ist berechtigt und verpflichtet, dafür zu sorgen, dass die Entwicklung des Kindes durch einen Missbrauch des Elternrechts oder eine Vernachlässigung des Kindes keinen Schaden leidet.[173] Seine Eingriffsmöglichkeiten sind im Hinblick auf den Grundsatz der Verhältnismäßigkeit allerdings auf das begrenzt, was nach Art und Ausmaß des Versagens der Eltern im Interesse

[163] BVerfGE 59, 360, 382 = NJW 1982, 1375; BVerfGE 72, 122, 137 = NJW 1986, 3129.
[164] BVerfGE 72, 155, 167; s. dazu auch RdNr. 179, 265.
[165] BVerfGE 96, 288, 303; BVerfG NJW 2003, 3111.
[166] BVerfGE 47, 46 = NJW 1978, 807.
[167] BVerfGE 93, 1, 15. Zur Ausrichtung des Gesamtcharakters der Schule an christlichen Grundsätzen BVerfGE 41, 29, 44; 41, 65, 77; zum Schulgebet BVerfGE 52, 223, 235.
[168] BVerfG NJW 2003, 3111. Da das Elternrecht jedoch nicht Gegenstand des Verfahrens war – es ging um die Glaubensfreiheit und den Zugang zum öffentlichen Dienst der klagenden Lehrerin –, hatte dieser Hinweis in den Urteilsgründen keine entscheidungserhebliche Relevanz.
[169] BVerfGE 59, 360, 376, 381 = NJW 1982, 1375.
[170] BVerfGE 34, 165, 182; 45, 400, 415/416; 53, 185, 196.
[171] BVerfG NJW 1998, 2515, 2520.
[172] BVerfGE 24, 119, 143 = NJW 1968, 2233.
[173] BVerfGE 75, 201, 217 = NJW 1988, 125.

der Entwicklung des Kindes geboten ist. **§ 1666 BGB** konkretisiert für diesen Fall die aus dem staatlichen Wächteramt fließenden Rechte und Pflichten und stellt das verfassungsrechtlich allein relevante Kindeswohl in den Mittelpunkt der Regelung.

Auch wenn sich die Eltern bei Trennung oder Scheidung über die **Verteilung der Elternrechte und -pflichten** nicht einigen können, muss der Staat aufgrund seines Wächteramtes für eine Regelung Sorge tragen, die dem Kindeswohl am besten entspricht.[174] Während man hier zunächst annahm, dass dies ausnahmslos die Übertragung des Sorgerechts auf einen Elternteil allein erfordere und diese Regelung zwingend vorsah (§ 1671 Abs. 4 S. 1 BGB aF), hat sich das Einschätzungspendel zwischenzeitlich in die andere Richtung bewegt: Seit 1998 gilt, dass die Eltern im Falle der Scheidung das Sorgerecht grundsätzlich gemeinsam behalten und dieses nur ausnahmsweise einem allein übertragen werden kann, § 1671 BGB. 223

3. Art. 6 Abs. 3 GG. a) Trennung des Kindes von der Familie. Art. 6 Abs. 3 GG sichert die Elternverantwortung gegen staatliche Maßnahmen, die Kinder von ihren Familien trennen. Solche Maßnahmen bedürfen von verfassungswegen einer gesetzlichen Grundlage und sind nur unter eng bestimmten Voraussetzungen, nämlich bei Elternversagen oder der drohenden Verwahrlosung der Kinder, zulässig. 224

Trennung von der Familie ist die **faktische Wegnahme des Kindes** bei grundsätzlichem Fortbestand des Eltern-Kind-Verhältnisses. Art. 6 Abs. 3 GG richtet sich gegen eine Herausnahme von Kindern aus der Familiengemeinschaft. Die Verfassungsbestimmung ist in ihrer Grundtendenz durch die Erfahrungen der nationalsozialistischen Zeit motiviert und will insoweit die Wegnahme der Kinder von ihren Eltern zum Zwecke einer staatlichen Zwangserziehung verhindern, wie sie in totalitären Staaten üblich ist.[175]

b) Erziehungsberechtigte. Als **Erziehungsberechtigte** wird man die **Eltern iS des Art. 6 Abs. 2 Satz 1 GG** anzusehen haben. Im Hinblick darauf, dass Art. 6 Abs. 3 GG einen speziellen Fall des Eingriffs in das elterliche Erziehungsrecht regelt, sprechen keine zwingenden Gründe dafür, den Kreis der Grundrechtsträger weiter zu ziehen als bei Art. 6 Abs. 2 GG. 225

Bei der Entscheidung über die **Herausnahme des Kindes aus einer Pflegefamilie** kann es zu einer Kollision der Interessen zweier Grundrechtsträger kommen. Den natürlichen Eltern steht nämlich der Schutz des Art. 6 Abs. 3 GG nicht nur im Augenblick der Trennung der Kinder von der Familie zu, sondern er gebührt ihnen auch dann, wenn es um die Aufrechterhaltung dieses Zustandes geht. Andererseits muss Art. 6 Abs. 3 GG auch auf Seiten der Pflegeeltern berücksichtigt werden, wenn das Kind von ihnen, und das heißt aus seiner sozialen Familie, herausgenommen werden soll. Bestimmend bei der Lösung dieses Konfliktes muss das Kindeswohl sein.[176] 225a

Die vom BVerfG offen gelassene Frage,[177] ob auch das **Kind Träger des Grundrechts aus Art. 6 Abs. 3 GG** ist und einen Rechtsanspruch auf Verbleiben in der Familie hat, wird man wegen des Charakters des Art. 6 Abs. 3 GG als einer Sondervorschrift für einen bestimmten Eingriff in das Elternrecht zu verneinen haben. 225b

Eine aufgrund von §§ 1626 Abs. 3 S. 1, 1684 BGB getroffene **Umgangsregelung** berührt nicht den Schutzbereich dieser Verfassungsbestimmung. Denn das Kind wird in diesem Fall nicht den Erziehungsberechtigten weggenommen und staatlicher Erziehung unterstellt. Wenn gerichtlich bestimmt wird, in welchem Umfang der eine Elternteil sein Elternrecht ausüben darf und der andere dies dulden oder ermöglichen muss, betätigt sich die staatliche Gewalt nur als Schiedsrichter zwischen den streitenden Eltern.[178] Dass hierbei das Wohl des Kindes den Richtpunkt der Entscheidung bilden muss, hat der BGB-Gesetzgeber in § 1626 Abs. 3 BGB ausdrücklich betont. 226

---

174 BVerfG NJW 1994, 1208.
175 BVerfGE 24, 119, 142 = NJW 1968, 2233; 31, 194, 210 = NJW 1971, 1447.
176 BVerfGE 68, 176, 187; 79, 51, 59 jeweils zu § 1632 Abs. 4 BGB in seiner alten Fassung.
177 BVerfGE 28, 104, 112 = NJW 1970, 1176; 75, 201, 207, 217 = NJW 1988, 125.
178 BVerfGE 31, 194, 210 = NJW 1971, 1447.

227 Auch bei einer **Adoption gegen den Willen der Eltern** wird nicht die elterliche Erziehungstätigkeit zugunsten einer staatlichen Erziehung beschränkt. Vielmehr wird wegen Versagens der Eltern auf privatrechtlicher Ebene ein neues, funktionsfähiges Eltern-Kind-Verhältnis begründet.[179]

228 **c)** Die Zulässigkeit von **Maßnahmen aufgrund von § 1666 BGB** oder **aufgrund des Kinder- und Jugendhilfegesetzes** (§§ 42, 43 KJHG – SGB VIII),[180] die im Sinne des Art. 6 Abs. 3 GG eine Trennung des Kindes von der Familie zum Inhalt haben, ist an dieser Verfassungsvorschrift zu messen. Nur wenn das elterliche Fehlverhalten ein solches Ausmaß erreicht, dass ein Verbleiben des Kindes dessen körperliches, geistiges oder seelisches Wohl gefährdet, ist eine Trennung des Kindes von seiner Familie zulässig,[181] allerdings nur unter strikter Wahrung des Grundsatzes der Verhältnismäßigkeit. Art und Ausmaß des staatlichen Eingriffs müssen sich nach dem Grad des Elternversagens und nach dem, was im Kindesinteresse geboten ist, richten. Daher muss der Staat nach Möglichkeit zunächst versuchen, durch unterstützende, auf Herstellung eines verantwortungsgerechten Verhaltens der Eltern gerichtete Maßnahmen sein Ziel zu erreichen.[182]

229 **4. Art. 6 Abs. 4 GG. a) Bedeutung.** Art. 6 Abs. 4 GG ist Ausdruck einer verfassungsrechtlichen **Wertentscheidung** und für den gesamten Bereich des privaten und öffentlichen Rechts verbindlich.[183] Die Vorschrift enthält nicht nur einen Programmsatz, sondern einen **bindenden Auftrag** an den **Gesetzgeber** zum Schutz und zur Fürsorge für die Mutter.[184] Außerdem statuiert Art. 6 Abs. 4 GG ein echtes **Grundrecht.**[185] Insgesamt konkretisiert Art. 6 Abs. 4 GG für den von ihm erfassten speziellen Bereich das allgemeine Sozialstaatsprinzip, ist gegenüber diesem also lex specialis.[186]

230 **b) Schutzbereich.** Art. 6 Abs. 4 GG verpflichtet den Gesetzgeber, die besonderen Belastungen im Zusammenhang mit Schwangerschaft und Mutterschaft auszugleichen. Er schützt **jede Mutter** unabhängig von Familienstand, Alter oder Staatsangehörigkeit.[187] Im **Arbeitsrecht** gebietet die Norm, die werdende Mutter vor dem Verlust ihres Arbeitsplatzes zu schützen.[188] Die dieses Verfassungsgebot umsetzenden arbeitsrechtlichen Kündigungsvorschriften waren auch bei der Abwicklung öffentlicher Einrichtungen im Zusammenhang mit der Wiedervereinigung Deutschlands zu beachten.[189] Wie die Kündigungsschutzvorschriften konkretisieren auch die Ansprüche auf Mutterschaftsgeld die Verfassungsentscheidung des Art. 6 Abs. 4 GG. Allerdings geht der grundgesetzliche Schutz nicht so weit, dass jede mit der Mutterschaft zusammenhängende wirtschaftliche Belastung zu berücksichtigen ist.[190] Es ist daher mit Art. 6 Abs. 4 GG vereinbar, nicht erwerbstätige oder arbeitslose Mütter vom Bezug des Mutterschaftsgeldes auszunehmen.[191]

231 Aus Art. 6 Abs. 4 GG können besondere Rechte nur für Sachverhalte hergeleitet werden, die ausschließlich Mütter betreffen. Da dies etwa bei der Berücksichtigung von Kindererziehungszeiten im Rentenrecht nicht der Fall ist, hier können auch Väter betroffen sein, fallen entsprechende Ansprüche nicht unter den Schutzbereich dieser Norm.[192]

---

179 BVerfGE 24, 119, 142 = NJW 1968, 2233 zu § 1747 Abs. 3 BGB aF, neu § 1748 BGB.
180 Das KJHG ist im Auszug abgedruckt und erläutert im Anh. nach § 1921.
181 BVerfGE 24, 119, 147 = NJW 1968, 2233; 60, 79, 89 = NJW 1982, 1379.
182 BVerfG FamRZ 1989, 145, 146.
183 BVerfGE 32, 273, 277 = NJW 1972, 572.
184 BVerfGE 60, 68, 74.
185 BVerwG 47, 23, 27.
186 BVerfGE 32, 273, 279 = NJW 1972, 572.
187 *Dreier/Gröschner* Art. 6 RdNr. 140 f.
188 BVerfGE 32, 273, 277 = NJW 1972, 577; 44, 211, 215 = NJW 1977, 1493; 52, 357, 365 = NJW 1980, 824; 55, 154, 157 = NJW 1981, 1313.
189 BVerfG NJW 1991, 1667.
190 BVerfGE 60, 68, 74 = NJW 1982, 1863.
191 BVerfGE 65, 104 = NJW 1984, 603.
192 Vgl. BVerfGE 87, 1, 41. Anders als der frühere Anspruch auf Mutterschaftsurlaub fällt deshalb auch der heutige Anspruch auf Elternzeit (§ 15 BEEG) nicht mehr unter Art. 6 Abs. IV GG.

Relevant wird das Schutz- und Fürsorgegebot zugunsten der Mutter auch bei der Wirksamkeitskontrolle von Eheverträgen. Lässt ein vor der Heirat geschlossener Ehevertrag eine einseitige Lastenverteilung zuungunsten der schwangeren Frau erkennen, so obliegt es den Zivilgerichten, in Umsetzung des verfassungsrechtlichen Auftrags aus Art. 6 Abs. 4 GG die die werdende Mutter einseitig belastenden und von ihr in bedrängter Lage getroffenen Vertragsabsprachen gemäß § 138 BGB für sittenwidrig zu erklären.[193] **232**

5. Art. 6 Abs. 5 GG. a) Bedeutung. Als Schutznorm zugunsten des nichtehelichen Kindes[194] erfasst die Verfassungsbestimmung des Art. 6 Abs. 5 GG den gesamten Rechtskreis der nichtehelich Geborenen. Dem an ihn gerichteten **bindenden Auftrag ist der Gesetzgeber,** allerdings erst nach Fristsetzung durch das Bundesverfassungsgericht,[195] im Jahre 1969 nachgekommen (s. RdNr. 88 ff.). **233**

Außer der Anweisung an den Gesetzgeber enthält Art. 6 Abs. 5 GG auch eine **verfassungsrechtliche Wertentscheidung,** die für Gerichte und Verwaltung einen verbindlichen Maßstab bei der Auslegung und Anwendung des einfachen Rechts darstellt und unmittelbare Beachtung fordert. In dieser Funktion gibt die Verfassungsbestimmung zugleich den Prüfungsmaßstab für nachkonstitutionelles Recht ab.[196] Subjektiv-rechtlich begründet Art. 6 Abs. 5 GG ein **Grundrecht** für nichtehelich geborene Kinder, das nicht mit Erreichen eines bestimmten Alters endet. Kind im Sinne dieser Bestimmung ist daher auch der Volljährige, was insbesondere in erbrechtlichen Zusammenhängen von Bedeutung ist.[197] **234**

b) Abgrenzung. Die in Art. 6 Abs. 5 GG zum Ausdruck gekommene Wertentscheidung ist eine **spezielle Ausprägung des Gleichheitssatzes** und geht diesem vor, soweit die rechtliche Stellung der nichtehelichen und der ehelichen Kinder in Rede steht.[198] Dies steht jedoch einer Anwendung der sonstigen Gleichheitssätze des Art. 3 GG innerhalb ihrer jeweiligen Geltungsbereiche nicht entgegen. Insbesondere gilt Art. 3 Abs. 2 GG im Verhältnis zwischen dem Kindesvater und der Mutter des nichtehelichen Kindes, denn es handelt sich insoweit um die interne Rechtsbeziehung zwischen den beiden Elternteilen, die in Art. 6 Abs. 5 GG nicht geordnet ist. **235**

Zwischen Art. 6 Abs. 5 GG und **Art. 6 Abs. 1 GG** besteht **keine Antinomie.** Abs. 5 des Art. 6 GG schafft lediglich einen Ausgleich für die bei nichtehelicher Geburt fehlende, in Abs. 1 als Modell vorausgesetzte eheliche Familiengemeinschaft. Eine im Rahmen des Art. 6 Abs. 5 GG angemessene und erforderliche Begünstigung des nichtehelichen Kindes beeinträchtigt daher weder den Schutz der Familie noch den der Ehe im Sinne von Art. 6 Abs. 1 GG.[199] **236**

c) Rechtsstellung der ehelichen Kinder als Modell. Das Verfassungsgebot, den nichtehelichen Kindern die „gleichen Bedingungen" für die körperliche und seelische Entwicklung sowie für ihre Stellung in der Gesellschaft zu schaffen wie den ehelichen Kindern, bedeutet, dass die **Entwicklungsbedingungen der ehelichen Kinder** den Richtpunkt oder das **Modell** für die aufgrund von Art. 6 Abs. 5 GG **erforderlichen Maßnahmen** bilden müssen. **237**

Jedoch ist keine schematische Übertragung der für eheliche Kinder geltenden Rechtsvorschriften auf die nichtehelichen Kinder geboten. Um die Situation der nichtehelichen Kinder insgesamt möglichst gleichwertig auszugestalten, kann es im Hinblick auf die unterschiedliche Ausgangslage gerechtfertigt oder sogar geboten sein, nichteheliche Kinder in einzelnen Beziehungen anders zu behandeln als eheliche Kinder.[200] Der Gesetzgeber hat **238**

---

193 BVerfGE 103, 89, 102 = NJW 2001, 957.
194 BVerfGE 79, 203, 209 = NJW 1989, 1275.
195 BVerfGE 25, 167, 185 = NJW 1969, 597.
196 BVerfGE 25, 167, 173, 182 = NJW 1969, 597; vgl. auch BVerfGE 74, 33, 38 = NJW 1987, 1007.
197 BVerfGE 44, 1, 19 = NJW 1977, 1677.
198 BVerfGE 26, 265, 272 = NJW 1969, 1617; 26, 44, 61 = NJW 1969, 1339; 17, 280, 286 = NJW 1964, 763.
199 BVerfGE 25, 167, 195 = NJW 1969, 597.
200 BVerfGE 26, 44, 61 = NJW 1969, 1339 zum nichteheliche Kinder begünstigenden Unterhaltsanspruch nach § 1708 BGB aF.

Spielraum bei der Auswahl der Mittel, der erst dort endet, wo für eine abweichende Regelung ein – am Verfassungsauftrag gemessen – einleuchtender Grund fehlt.[201]

238a Innerhalb dieses ihm zur Verfügung stehenden Spielraums hat der Gesetzgeber im Laufe der Zeit die Gleichstellung der nichtehelichen Kinder immer weiter ausgebaut. Mit der zunehmenden beruflichen und ökonomischen Selbständigkeit alleinlebender Frauen und der gesellschaftlichen Verbreitung und Akzeptanz nichtehelicher Lebens- und Familiengemeinschaften haben sich in vielerlei Hinsicht die tatsächlichen Verhältnisse, in denen nichteheliche Kinder typischerweise aufwachsen, geändert und es sind viele der ehemals gegebenen Notwendigkeiten spezifischer Regelungen für die Aufbringung nichtehelicher Kinder entfallen.

239 Hierauf hat der Gesetzgeber reagiert und im Jahr 1998 durch Aufhebung bis dato geltender Sonderregelungen weitere einschneidende Schritte zur rechtlichen Gleichstellung nichtehelicher mit ehelichen Kindern getan (vgl. RdNr. 159 ff.). Von zentraler Bedeutung war die Anerkennung der sorgerechtlichen Position der Väter nichtehelicher Kinder in §§ 1626 a, 1678, 1680 BGB, mit der der verfassungsrechtlichen Stellung dieser Väter als Grundrechtsträger des Art. 6 Abs. 2 S. 1 GG auch im Zivilrecht Rechnung getragen worden ist. Dass das Sorgerecht nach § 1626 a BGB allein der Mutter zusteht und nur mit ihrem Einverständnis zu einem gemeinsamen werden kann, stellt keinen Verstoß gegen Art. 6 Abs. 5 GG dar. Im Gegensatz zum ehelichen Kind kann nämlich ein nichteheliches Kind bei seiner Geburt nicht ohne weiteres einem Vater zugeordnet werden. Zudem kann auch nicht davon ausgegangen werden, dass der Vater das Sorgerecht übernehmen oder auch nur faktisch eine Beziehung zu seinem Kind aufbauen will. Diese Umstände rechtfertigen es, im Falle nichtehelicher Geburt der Mutter das Alleinsorgerecht zu übertragen.[202]

Mit der ebenfalls 1998 erfolgten erbrechtlichen und unterhaltsrechtlichen Gleichstellung nichtehelicher Kinder haben sich die in der Vergangenheit vieldiskutierten Fragen nach der Verfassungsmäßigkeit divergierender Regelungen auch auf diesen Gebieten erübrigt.[203]

240 Ein **Recht auf Kenntnis der eigenen Abstammung** kann das nichteheliche Kind nicht aus Art. 6 Abs. 5 GG herleiten.[204]

III. Art. 3 GG

241 **1. Bedeutung des Art. 3 Abs. 2 GG im Familienrecht.** Die Verfassungsbestimmung des Art. 3 GG ist im Familienrecht primär in der Konkretisierung relevant, die **Art. 3 Abs. 2 GG** im Verhältnis zum allgemeinen Gleichheitssatz darstellt.[205] Art. 3 Abs. 3 GG hat, soweit es um das Verbot der Differenzierung nach dem Geschlecht geht, gegenüber Art. 3 Abs. 2 GG keine eigenständige Bedeutung.

242 Das **Grundrecht** aus **Art. 3 Abs. 2 S. 1 GG** schützt Männer wie Frauen davor, wegen der Geschlechtszugehörigkeit gegenüber Personen des anderen Geschlechts benachteiligt zu werden und enthält insofern ein **Differenzierungs-** beziehungsweise **Diskriminierungsverbot.** Nur ausnahmsweise bildet das Geschlecht ein zulässiges Unterscheidungskriterium. Zum einen ist das der Fall, wenn andere Verfassungsnormen dies gebieten oder zulassen, wie die Wehrpflichtregelung des Art. 12 a Abs. 1 GG und die Regelung über den Dienst an der Waffe des Art. 12 a Abs. 4 GG. Zum anderen ist eine Differenzierung nach dem Geschlecht zulässig, wenn es um Probleme geht, die ihrer Natur nach entweder nur bei Männern oder bei Frauen auftreten können.[206]

[201] BVerfGE 85, 80, 87 zum damals noch unterschiedlich geregelten Instanzenzug in Unterhaltssachen ehelicher und nichtehelicher Kinder.

[202] BVerfGE 107, 150, 183; zum Alleinsorgerecht der Mutter nach § 1705 BGB aF BVerfGE 56, 363, 380.

[203] Vgl. etwa zur Verfassungsmäßigkeit der in § 1709 BGB aF statuierten vorrangigen Barunterhaltspflicht des Vaters BVerfGE 26, 265, 272 = NJW 1969, 1617; zum Anspruch nichtehelicher Kinder auf vorzeitigen Erbausgleich nach § 1934 d BGB aF BVerfGE 58, 377, 388.

[204] BVerfGE 96, 56. Zum Recht auf Abstammungskenntnis vgl. auch RdNr. 256.

[205] BVerfGE 21, 329, 343 = NJW 1967, 1851.

[206] BVerfGE 85, 191, 207; 92, 91, 109.

Umstritten ist, ob eine rechtlich unterschiedliche Behandlung von Männern und Frauen zudem auch zulässig ist, wenn biologische oder funktionale Unterschiede das in Frage stehende Lebensverhältnis so entscheidend prägen, dass gemeinsame Elemente daneben nicht mehr zu erkennen sind oder vollkommen zurücktreten.[207] Die Lehre lehnt einen solchen dritten Ausnahmetatbestand einer berechtigten Ungleichbehandlung einhellig ab, auch das Bundesverfassungsgericht scheint nicht mehr an ihm festzuhalten.[208] Da funktionale Unterschiede allein auf Herkommen und gesellschaftlicher Konvention beruhen, vermag das Festhalten an ihnen lediglich rollentypisches Verhalten und bestehende gesellschaftliche Ungleichheit zu tradieren. Auch dem Kriterium des biologischen Unterschieds ist mit Skepsis zu begegnen. Denn vielfach werden unter diesem Stichwort soziale Gepflogenheiten als von der Natur vorgegebene Tatsachen ausgegeben, obgleich die einstmals unter dem Gesichtspunkt unterschiedlicher körperlicher Konstitution sinnvolle Zuordnung der Angelegenheit zu einem Geschlecht aufgrund der veränderten sozialen und technischen Bedingungen längst ihren Sinn verloren hat – so etwa im Fall vieler ehemals „typischer Männerberufe“. **243**

Der 1994 in **Art. 3 Abs. 2** eingefügte **Satz 2 GG** enthält einen **bindenden Auftrag an den Staat,** für die Durchsetzung der Gleichberechtigung zu sorgen. Bei der Auswahl der Mittel haben die staatlichen Organe einen weiten Gestaltungsspielraum, Art. 3 Abs. 2 S. 2 GG gibt also keinen individualrechtlichen Anspruch auf bestimmte Fördermaßnahmen. Inwieweit Bund und Länder der Förderklausel durch **Quotenregelungen** bei der Einstellung und Beförderung von Frauen im öffentlichen Dienst nachkommen können, ist umstritten. Nach Feststellungen des EuGH gehen nationale Regelungen, die Frauen bei Ernennungen und Beförderungen bedingungslos den Vorrang einräumen, über eine Förderung der Chancengleichheit hinaus und verstoßen gegen das in der EG-Richtlinie über die Gleichbehandlung von Männern und Frauen in beruflichen Zusammenhängen niedergelegte europäische Gemeinschaftsrecht.[209] **244**

2. Historische Schritte bei der Umsetzung des Art. 3 Abs. 2 GG. Die Umsetzung des auf die Aufhebung der Benachteiligung der Frau gerichteten Gleichberechtigungsgrundsatzes begegnete von Anfang an besonderen Schwierigkeiten. So war es im Zusammenhang mit Art. 3 Abs. 2 GG **im Jahr 1953** zu einer in der Bundesrepublik Deutschland einmaligen Situation gekommen. **245**

Nachdem der Gesetzgeber dem **Verfassungsauftrag des Art. 117 Abs. 1 GG,** das dem Gleichberechtigungsgrundsatz des Art. 3 Abs. 2 GG entgegenstehende Recht bis zum 31. März 1953 anzupassen, nicht nachgekommen war, traten am 1. April 1953 die entsprechenden Vorschriften außer Kraft. Es wurde Sache der Rechtsprechung, die dadurch entstandenen Gesetzeslücken im Wege der Rechtsfortbildung zu schließen. Nach der Feststellung des BVerfG verstieß dieser gesetzlose Zustand, in dem die Judikative die Versäumnisse der Legislative zu korrigieren hatte, weder gegen den Grundsatz der Gewaltenteilung noch führte er zu einer rechtsstaatlich nicht vertretbaren Rechtsunsicherheit.[210] Letztere Einschätzung entsprach insofern der Wirklichkeit, als die Gerichte von ihren weitreichenden Befugnissen nur eingeschränkt Gebrauch machten. **246**

In nicht-vermögensrechtlichen Fragen kamen sie bei der Überprüfung, ob eine Norm gegen Art. 3 Abs. 2 GG verstieß, regelmäßig zu dem Ergebnis, dass dies nicht der Fall sei, weil die konkret angeordnete gesetzliche Ungleichbehandlung von Mann und Frau in naturgegebenen Wesensunterschieden zwischen den Geschlechtern begründet lag und damit die Differenzierung rechtfertigte. So widersprach nach der Rechtsprechung weder die Regelung des § 847 Abs. 2 BGB aF, nach der einer Frau, nicht aber einem Mann, wegen **247**

---

207 So das BVerfG in st. Rspr. seit BVerfGE 6, 389, 422.

208 In BVerfGE 84, 9, 18 ist die Frage offen gelassen; Nachweise zur Kritik der Wissenschaft bei *Dreier/Heun* Art. 3 RdNr. 111.

209 EuGH NJW 1995, 3109 zur Vereinbarkeit des Bremer Gleichstellungsgesetzes mit der EG-Richtlinie 76/207 EWG Art. 2.

210 BVerfGE 3, 225, 237 = NJW 1954, 65.

Verletzung der Geschlechtsehre ein Schmerzensgeldanspruch zustand, dem Gleichheitssatz,[211] noch stand diesem § 181 Abs. 2 Nr. 2 StGB aF, der die Ehegattenkuppelei einseitig für den Mann unter Strafe stellte, entgegen.[212] Auch der *sog.* Kranzgeldanspruch des § 1300 BGB aF wurde für verfassungsgemäß gehalten, da er nach Ansicht des BGH der besonderen Schutzbedürftigkeit der Frau in sexuellen Angelegenheiten Rechnung trug.[213]

248 Ebenso wenig kam es im Kindschaftsrecht, im Namensrecht und im internationalen Privatrecht zu einer richterlichen Rechtsfortbildung unter dem Aspekt der Verwirklichung der Gleichberechtigung der Geschlechter. So blieb es dabei, dass als Ehe- und Familienname allein der Name des Mannes in Betracht kam, dass dieser als Vater bei Meinungsverschiedenheiten in sorgerechtlichen Fragen das letzte Wort hatte, dass sich in Fällen mit Auslandsberührung das anzuwendende Recht allein nach ihm bestimmte.

249 Anders als in diesen Bereichen waren die Gerichte **auf vermögensrechtlichem Gebiet** eher bereit, die Verfassungsmäßigkeit von Vorschriften, die dem Mann eine dominante Position einräumten, in Zweifel zu ziehen. Hier erklärte man etwa die ehegüterrechtlichen Vorschriften, die das eingebrachte Gut der Frau der Verwaltung und Nutznießung des Ehemannes unterstellten, für verfassungswidrig und sah auch in der nur hilfsweise, unter bestimmten Voraussetzungen eintretenden ehelichen Unterhaltspflicht der Frau gegenüber dem Mann (§ 1360 BGB aF) einen Verstoß gegen Art. 3 Abs. 2 GG.[214]

250 Im **Gesetz über die Gleichberechtigung von Mann und Frau auf dem Gebiete des bürgerlichen Rechts,** das am 1. Juli 1958 in Kraft trat (s. RdNr. 82), übernahm der Gesetzgeber dann weitestgehend die von der Judikative entwickelten Lösungen. Das bedeutete insbesondere, dass in den nicht-vermögensrechtlichen Fragen des Kindschafts-, Namens- und internationalen Privatrechts die Benachteiligungen der Frau *bestehen blieben* und auch die §§ 1300 und 847 Abs. 2 BGB aF nicht aufgehoben wurden. Erst in der Folgezeit wurde die rechtliche Gleichberechtigung von Mann und Frau, immer wieder auch erst auf Vorgaben des Bundesverfassungsgerichts hin,[215] kontinuierlich weiter ausgebaut.

251 Angesichts der Tatsache, dass sich trotz weitgehender rechtlicher Gleichstellung an der tatsächlichen gesellschaftlichen Benachteiligung von Frauen wenig änderte, kam es dann zu neuen Überlegungen zum **Regelungsgehalt des Art. 3 Abs. 2 S. 1 GG.** In den 70er Jahren mehrten sich die Stimmen, die aus ihm nicht nur ein Diskriminierungsverbot, sondern **zugleich ein staatliches Handlungsgebot** herleiteten.[216] Erstmals im Rentenaltersbeschluss stellte das BVerfG fest, dass der Gesetzgeber zumindest die Befugnis hat, faktische Nachteile, die typischerweise Frauen treffen, durch begünstigende Regelungen auszugleichen.[217]

252 1992 stellte das Bundesverfassungsgericht im Urteil zum Nachtarbeitsverbot für Arbeiterinnen dann ausdrücklich fest, dass der Regelungsgehalt des Art. 3 Abs. 2 GG über das Diskriminierungsverbot des Art. 3 Abs. 3 GG hinausgeht und ein **positives Gleichbehandlungsgebot** enthält, das die Angleichung der faktischen Lebensverhältnisse für die Zukunft fordert.[218] 1994 wurde diese Interpretation des Art. 3 Abs. 2 GG durch Einfügung des Satzes 2 im Grundgesetz festgeschrieben.

IV. Art. 2 Abs. 1 GG

253 **1. Persönlichkeitsrecht der Ehe- und Lebenspartner.** Eine spezielle Bedeutung für Ehepartner hat Art. 2 Abs. 2 GG heute nicht mehr. Seit es der Gesetzgeber in § 1355 BGB

---

[211] OLG Bamberg FamRZ 1957, 260.
[212] BGH FamRZ 1954, 107.
[213] BGHZ 20, 195.
[214] BGH FamRZ 1957, 92.
[215] Vgl. etwa BVerfGE 10, 59 zur Gleichstellung bei Ausübung der elterlichen Gewalt; BVerfGE 15, 337 zur gleichen Erbfolge im Höferecht; BVerfGE 48, 327 zur Bestimmung des Ehenamens.
[216] Zur rechtspolitischen Debatte vgl. *König* DÖV 1995, 837.
[217] BVerfGE 74, 163, 180.
[218] BVerfGE 85, 191, 206/207.

den Ehegatten freigestellt hat, sich für die Führung eines gemeinsamen Namens zu entscheiden oder jeweils den eigenen Namen beizubehalten und die Verpflichtung der Ehegatten zur Führung eines gemeinsamen Namens nicht mehr besteht, haben sich die verfassungsrechtlichen Debatten über die Frage, ob der Ehegatte, dessen Name nicht Ehename wurde, in seinem Persönlichkeitsrecht verletzt war, erledigt.[219]

Von grundlegender Bedeutung ist das in Art. 2 Abs. 1 iVm. Art. 1 Abs. 1 GG geschützte **254** Grundrecht auf individuelle Selbstbestimmung für **Partner einer nichtehelichen Lebensgemeinschaft** – das Persönlichkeitsrecht gewährt ihnen bei der Verwirklichung dieser Lebensform grundgesetzlichen Schutz.[220]

Unterhaltspflichten beschränken die Dispositionsfreiheit des Verpflichteten im finanziel- **255** len Bereich und beeinträchtigen ihn in seinem Persönlichkeitsrecht aus Art. 2 Abs. 1 iVm. Art. 1 Abs. 1 GG. Voraussetzungen und Umfang der unterhaltsrechtlichen Belastung haben daher dem Gebot der Verhältnismäßigkeit zu entsprechen.[221]

2. Persönlichkeitsrecht der Kinder. Im Familienrecht von besonderer Bedeutung ist **256** das allgemeine Persönlichkeitsrecht im Verhältnis heranwachsender Kinder zu ihren Eltern. Das aus Art. 2 Abs. 1 iVm. Art. 1 Abs. 1 GG herzuleitende Recht auf individuelle Entfaltung umfasst nach der stRspr. und überw. Meinung grundsätzlich das **Recht auf Kenntnis der eigenen Abstammung.**[222] Bei der Bestimmung der Voraussetzungen, unter denen dieses Recht im Konfliktfall gegen die Interessen und den Willen der Mutter durchgesetzt werden kann, stehen den staatlichen Organen, so hat das Verfassungsgericht festgestellt, Wertungs- und Gestaltungsspielräume zu. Doch darf den Kindesinteressen bei der Abstammungserforschung nicht ohne genaue Prüfung aller Einzelumstände der Vorrang vor den Interessen der – in diesem Punkt ebenfalls nach Art. 2 Abs. 1 iVm. Art. 1 Abs. 1 GG geschützten – Mutter eingeräumt werden. Die Zivilgerichte haben deshalb bei der Beurteilung des Interessenkonflikts den zustehenden Wertungsspielraum voll auszuschöpfen, wenn sie den Anspruch des Kindes aus § 1618 a BGB herleiten[223] – was dogmatisch im übrigen unhaltbar ist, weil diese Norm keine Anspruchsgrundlage enthält, sondern lediglich die generelle Beistandspflicht zwischen Eltern und Kind statuiert.[224]

Um die Klärung der eigenen Abstammung zu ermöglichen und dem Persönlichkeitsrecht **257** des Kindes Rechnung zu tragen, ist das Recht des Kindes, die **eigene Ehelichkeit anzufechten,** voraussetzungslos zugelassen (§§ 1600 ff. BGB)[225] und die Laufzeit der Anfechtungsfrist durch das volljährig gewordene Kind (§ 1600 b BGB) kenntnisabhängig ausgestaltet worden.[226]

Aus dem aus Art. 2 Abs. 1 iVm. Art. 1 Abs. 1 GG herzuleitenden Recht auf individuelle **258** Selbstbestimmung der Kinder folgt, dass sie bei Erreichen der Volljährigkeit die Möglichkeit haben müssen, ihr weiteres Leben selbstbestimmt zu gestalten. Von daher ist es verfassungsrechtlich geboten, die **elterliche Vertretungsmacht einzuschränken** und den Eltern die Möglichkeit zu unbegrenzter rechtsgeschäftlicher Verpflichtung ihrer minderjährigen Kinder zu nehmen. Der Gesetzgeber hat auf entsprechende Vorhaltungen des Bundesverfassungsgerichts hin[227] das elterliche Vertretungsrecht insofern eingeschränkt, als der volljährig Gewordene die Möglichkeit hat, seine während der Zeit seiner Minderjährigkeit begründeten rechtsgeschäftlichen Verpflichtungen zu begrenzen (hierzu RdNr. 172).

---

[219] In BVerfGE 78, 38, 49 = NJW 1988, 1577 war dies mit der Begründung verneint worden, dass es eine Namensführungspflicht nicht gab, es dem übergangenen Ehegatten damit frei stand, statt des Doppelnamens seinen eigenen Namen weiterzuführen.

[220] BVerfGE 82, 6, 16; 87, 234, 267: s. dazu auch RdNr. 200.

[221] BVerfGE 80, 286, 292, 295 = NJW 1989, 2807.

[222] Zur grundlegenden Kritik *Koch* FamRZ 1990, 569 mwN.

[223] BVerfGE 96, 56, 64 = NJW 1997, 1769.

[224] Vgl. *Koch* FamRZ 1990, 569.

[225] In BVerfGE 79, 256 = NJW 1989, 891 waren die auf die Ehe der Mutter Rücksicht nehmenden Einschränkungen für verfassungswidrig erklärt worden.

[226] In BVerfGE 90, 263 = NJW 1994, 2475 war die kenntnisunabhängig ab Volljährigkeit laufende 2-Jahresfrist für verfassungswidrig erklärt worden.

[227] BVerfGE 72, 155 = NJW 1986, 1859.

259 Unter dem Gesichtspunkt, dass das volljährige Kind nicht mit irreversiblen Entscheidungen, die die Eltern in Ausübung ihrer Vertretungsmacht getroffen haben, in die Volljährigkeit entlassen wird, ist auch der **Konflikt** zwischen einer Tochter, die einen **Schwangerschaftsabbruch** vornehmen lassen will, und ihren Eltern, die dies missbilligen, zu beurteilen. Es verstößt gegen das Recht auf individuelle Selbstbestimmung und Selbstentfaltung (Art. 2 Abs. 1 iVm. Art. 1 Abs. 1 GG), wenn die minderjährige Tochter, die hinreichend einsichtsfähig ist, um die Tragweite des Eingriffs strafrechtlich und deliktsrechtlich zu beurteilen, von den Sorgeberechtigten an der Durchführung des Eingriffs dadurch gehindert wird, dass diese ihre Zustimmung zu dem körperlichen Eingriff beziehungsweise ihre Einwilligung in den Abschluss des ärztlichen Behandlungsvertrages verweigern.[228]

In der Kontroverse, ob ein ohne Wissen und Einverständnis des Kindes oder seines gesetzlichen Vertreters **heimlich eingeholter DNA-Vaterschaftstest** gegen das Persönlichkeitsrecht des Kindes verstößt und deshalb im Vaterschaftsanfechtungsverfahren nicht verwertbar ist, hat sich die Judikative auf die Seite des Kindes geschlagen und die Unverwertbarkeit des Beweises wegen Verstoßes gegen dessen Recht auf informationelle Selbstbestimmung angenommen.[229]

V. Sonstige Grundrechte

260 Die übrigen Grundrechte haben **für das Familienrecht keine größere Bedeutung** als für **sonstige Rechtsgebiete.** Auf das verfassungsrechtliche Schrifttum wird verwiesen. Im Zusammenhang mit der Regelung des **Versorgungsausgleichs** kam es zu Zweifeln über die Vereinbarkeit einzelner Regelungen mit der Eigentumsgarantie und dem Gebot der Berücksichtigung der hergebrachten Grundsätze des Berufsbeamtentums. Die Überprüfung ergab, dass es nicht gegen **Art. 14 Abs. 1 GG** oder **Art. 33 Abs. 5 GG** verstößt, dass beim Vorversterben des ausgleichsberechtigten Ehegatten die Kürzung der Versorgung des Ausgleichsverpflichteten nur unter bestimmten Voraussetzungen und zur Vermeidung von Härten entfällt.[230] Andererseits war der Gesetzgeber nach **Art. 14 Abs. 1** und **Art. 33 Abs. 5 GG** verpflichtet, die Regelung, dass der **öffentlich-rechtliche Versorgungsausgleich** sofort wirksam wird, durch Vorschriften zu ergänzen, die eine Abänderung der rechtskräftigen Entscheidung in den Fällen ermöglichen, in denen sich später herausstellt, dass die in den Versorgungsausgleich einbezogenen Anwartschaften nicht so entstanden sind, wie bei der Verteilung angenommen. Die Regelung, dass eine Abänderung nur erfolgen kann, wenn die Abweichung von den durch die frühere Entscheidung übertragenen oder begründeten Anrechten 10 vom Hundert des insgesamt übertragenen Wertes übersteigt (§ 10a Abs. 2 S. 2 1. Alt. VAHRG), ist mit dem Grundgesetz vereinbar.[231]

D. Familienrecht und Strafrecht

Schrifttum: *Coester-Waltjen,* Künstliche Fortpflanzung und Zivilrecht, FamRZ 1992, 369; *Kreß,* Das Sechste Gesetz zur Reform des Strafrechts, NJW 1998, 633; *Kudlich,* Das 6. Gesetz zur Reform des Strafrechts, JuS 1998, 468; *Lackner,* Die Neuregelung des Schwangerschaftsabbruchs. Das 15. Strafrechtsänderungsgesetz, NJW 1976, 1233; *Reis,* Offene Fragen zum Einigungsvertrag: Verfassungsrechtliche Implikationen der DDR-Fristenregelung, NJW 1991, 662.

[228] *Siedhoff* FamRZ 1998, 8 mwN über die uneinheitliche Rechtsprechung in dieser Frage.

[229] BGHZ 162,1 = NJW 2005, 497; BGHZ 166, 283 = NJW 2006, 1657; BVerfG NJW 2007, 753 (mit dem Auftrag an den Gesetzgeber, zur Verwirklichung des Rechts des Vaters, die Abstammung des Kindes zu klären, neben dem Vaterschaftsanfechtungsverfahren nach §§ 1600ff. BGB ein Verfahren nur zur Vaterschaftsfeststellung bereitzustellen, zu diesem Gesetz RdNr. 183.

[230] BVerfGE 80, 297, 308 = NJW 1989, 1983.

[231] BVerfGE 87, 348; zum VAHRG s. RdNr. 135.

I. Strafvorschriften zum unmittelbaren Schutz von Ehe und Familie

1. Entwicklung. Strafvorschriften zum Schutz von Ehe und Familie enthält das StGB explizit im **12. Abschnitt,** der die **„Straftaten gegen den Personenstand, die Ehe und die Familie"** regelt. In der ursprünglichen Fassung des StGB war dieser Abschnitt nur den Straftaten „in Beziehung auf den Personenstand" gewidmet, also der Personenstandsfälschung (§ 169) und dem Ehebetrug (§ 170), während sich die Tatbestände der Doppelehe (§ 171) und des Ehebruchs (§ 172) im folgenden 13. Abschnitt über die „Verbrechen und Vergehen wider die Sittlichkeit" fanden. **261**

Die VO zum Schutze von Ehe, Familie und Mutterschaft v. 9. 3. 1943 (RGBl. I S. 140) iVm. der DVO v. 18. 3. 1943 (RGBl. I S. 169) gab dem 12. Abschnitt des StGB dann die heutige Überschrift. In ihn wurden zusätzlich zu den §§ 169, 170 die bereits vorhandenen Vorschriften gegen Doppelehe und Ehebruch eingegliedert; darüber hinaus wurde auch eine Reihe neu geschaffener Straftatbestände aufgenommen: so das Vergehen der Verschleuderung von Familienhabe (§ 170 a) und das der Verletzung der Unterhaltspflicht (§ 170 b), das Vergehen der Versagung der Hilfe gegenüber einer vom Täter schwangeren Frau (§ 170 c) und das der Vernachlässigung eines Kindes (§ 170 d). **262**

Die **grundlegenden Strafrechtsreformen** in den Jahren 1969 und 1974 führten zu einschneidenden Änderungen der familienrechtlich relevanten Strafvorschriften. Nach langen kontroversen Diskussionen um Sinn und Funktion der Strafbarkeit eines Verhaltens im Bereich von Ehe und Familie hatte sich Ende der 60er Jahre die Überzeugung durchgesetzt, „daß der Strafschutz gerade hier leicht mehr Schaden als Nutzen stiftet, weil sich die Ordnung der Beziehungen innerhalb von Ehe und Familie mit strafrechtlichen Normierungen kaum garantieren läßt".[232] **263**

Der Gesetzgeber legte sich infolgedessen bei der Entscheidung, welche strafrechtlichen Schranken im Bereich von Ehe und Familie erhalten bleiben sollten, weitgehende Zurückhaltung auf. So brachte das 1. StrRG v. 25. 6. 1969 (BGBl. I S. 645) die Streichung des lange Zeit umstritten gewesenen Ehebruchstatbestandes in § 172 StGB. Durch das 4. StrRG v. 23. 11. 1973 (BGBl. I S. 1725) wurden weitere Straftatbestände wie die Ehegattenkuppelei (§ 181 StGB) beseitigt und die verbleibenden Vorschriften zum Schutze von Ehe und Familie neu gestaltet. Als „gegen den Personenstand, die Ehe und die Familie" gerichtete Straftaten gelten seither nur noch die Personenstandsfälschung (§ 169 StGB), die Verletzung der Unterhaltspflicht (§ 170 StGB), die Verletzung der Fürsorge- und Erziehungspflicht (§ 171 StGB), die Doppelehe (§ 172 StGB) und der Beischlaf zwischen Verwandten (§ 173 StGB).[233] **264**

2. Verletzung der Unterhaltspflicht (§ 170 StGB). Die Strafvorschrift dient primär dem **Schutz der Unterhaltsberechtigten** vor Gefährdung ihrer wirtschaftlichen Existenzgrundlage. Daneben schützt sie auch die Allgemeinheit vor ungerechtfertigter Inanspruchnahme von öffentlichen Mitteln. Der Gesetzgeber hatte sich für die Beibehaltung der – kriminalpolitisch sehr umstrittenen[234] – Regelung entschieden, weil der Druck der strafrechtlichen Sanktion erfahrungsgemäß häufig das einzige Mittel ist, um säumige Unterhaltsschuldner zur Erfüllung ihrer gesetzlichen Unterhaltspflichten anzuhalten. Durch das 6. StrRG v. 26. 1. 1998 (BGBl. I S. 164) ist Absatz 2 eingefügt worden, der die Vorenthaltung von Unterhalt mit erhöhter Strafe bedroht, wenn dadurch ein Schwangerschaftsabbruch veranlasst wird. Schutzgut dieses Absatzes ist das werdende Leben und die das Recht auf Mutterschaft umfassende Autonomie der Frau. **265**

3. Verletzung der Fürsorge- oder Erziehungspflicht (§ 171 StGB). Schutzgut dieser Vorschrift ist die körperliche und psychische **Entwicklung von Personen unter 16 Jah-** **266**

[232] Alternativ-Entwurf eines Strafgesetzbuchs. Besonderer Teil – Sexualdelikte, Straftaten gegen Ehe, Familie und Personenstand, Tübingen 1968, S. 59.

[233] Zu den Entwicklungen in den 60er Jahren MünchKommBGB/*Gernhuber* Einl. Familienrecht 3. Aufl. 1993 RdNr. 62 ff.

[234] Zur Verfassungsmäßigkeit der Vorläufervorschrift § 170 b StGB BVerfGE 50, 143 = NJW 1979, 1445.

ren. Neben den Eltern und den gleich ihnen kraft Gesetzes zur Fürsorge oder Erziehung Verpflichteten gehören auch solche Personen zum Täterkreis, die die Fürsorge- oder Erziehungspflicht vertraglich übernommen haben. Damit schließt der Straftatbestand Lücken, die Zivilrecht und öffentliches Recht gegenüber möglichen Gefährdungen Jugendlicher offenlassen.

267 **4. Doppelehe** (§ 172 StGB). Das 4. StrRG hatte 1973 diesen Tatbestand bei sprachlicher Vereinfachung mit dem bisherigen Inhalt beibehalten. Der Strafrahmen ist jedoch so herabgesetzt worden, dass die Tat seither Vergehen ist; bei geringer Schuld ist also auch die Einstellung nach den §§ 153, 153 a StPO möglich.

268 **5. Beischlaf zwischen Verwandten** (§ 173 StGB). Die Vorschrift dient dem Zweck, die engste Familie von sexuellen Beziehungen freizuhalten. Inwieweit daneben die psychische Integrität der Beteiligten (Kinder, Geschwister) und die Gefahr eugenischer oder genetischer Schäden Strafgrund ist, ist umstritten.[235] Nach der jetzigen Fassung wird vom Tatbestand des § 173 StGB nur noch der Beischlaf mit Verwandten absteigender und aufsteigender Linie sowie zwischen Geschwistern erfasst.

II. Sonstige Strafvorschriften im Bereich des Familienrechts

269 Auch außerhalb des 12. Abschnitts enthält der Besondere Teil des Strafgesetzbuches Bestimmungen, die in besonderem Maß Ehe und Familie betreffen. Das ist zunächst der Fall bei einem Teil der im 13. Abschnitt geregelten **„Straftaten gegen die sexuelle Selbstbestimmung“**. Diese sind im Jahr 1998 anlässlich der umfassenden Reform des Besonderen Teils des Strafgesetzbuchs durch das 6. StrRG[236] wesentlich umgestaltet worden. Zum einen führte die durch dieses Gesetz vorgenommene Anpassung der Strafrahmen von Tatbeständen zum Schutz höchstpersönlicher Rechtsgüter an die Strafrahmen zum Schutz materieller Rechtsgüter bei den Sexualdelikten vielfach zu einer Strafverschärfung. Zum anderen wurden einige Deliktstatbestände des 13. Abschnitts mit dem Ziel neu gefasst, besonders schutzbedürftigen Personen qualifizierteren strafrechtlichen Schutz zu geben.

270 **1. Sexueller Missbrauch von Schutzbefohlenen** (§ 174 StGB). Rechtsgut der Strafvorschrift ist der Schutz der **ungestörten sexuellen Entwicklung** des jungen Menschen. Absatz 1 Nr. 1 der Bestimmung schützt Kinder und Jugendliche unter 16 Jahren, die sich in Unterordnungs- und Abhängigkeitsverhältnissen befinden, vor sexuellen Übergriffen der Autoritätspersonen. Soweit die Vorschrift an Erziehungs-, Ausbildungs- und Betreuungsverhältnisse anknüpft, bezweckt der Straftatbestand auch, diese Verhältnisse zur Sicherung ihrer sozialen Funktion von sexuellen Handlungen freizuhalten. Über 16, aber noch nicht 18 Jahre alte **eigene Kinder** oder Adoptivkinder sind durch § 174 Abs. 1 Nr. 3 StGB besonders geschützt. Für **Stiefkinder** gilt diese Vorschrift nicht. Sie werden aber häufig unter den Schutz des Abs. 1 Nr. 2 fallen, der ebenfalls die über 16, aber noch nicht 18 Jahre alten Jugendlichen erfasst, allerdings zusätzlich voraussetzt, dass der sexuelle Missbrauch unter Ausnutzung der in dem Erziehungs- und Betreuungsverhältnis bestehenden Abhängigkeit des Jugendlichen erfolgte.

271 **2. Sexueller Missbrauch von Kindern** (§§ 176 bis 176 b StGB). Geschütztes Rechtsgut ist die **ungestörte sexuelle Entwicklung von Kindern** unter 14 Jahren. In Reaktion auf eine Reihe aufsehenerregender Sexualverbrechen an Kindern wurde 1998 durch das 6. StrRG – nicht zuletzt in Reaktion auf immer lauter werdende öffentliche Forderungen – der Schutz von Kindern vor sexuellen Übergriffen durch Einfügung der Qualifikationstatbestände der §§ 176 a und 176 b StGB verschärft. Korrespondierend zu dieser Erhöhung des Strafrechtsschutzes von Kindern wurden in § 66 Abs. 3 StGB die Voraussetzungen für die Anordnung

[235] *Lenckner,* in: *Schönke/Schröder,* Strafgesetzbuch, 27. Aufl. 2006 § 173 RdNr. 1.

[236] Bereits das 4. StrRG v. 23. 11. 1973 hatte den Titel des 13. Abschnitts „Verbrechen und Vergehen gegen die Sittlichkeit“ in „Straftaten gegen die sexuelle Selbstbestimmung“ und die Normen in diesem Sinne umgestaltet.

der Sicherungsverwahrung herabgesetzt. Zudem wurde in diesem Zusammenhang in § 184 Abs. 4 StGB die Höchststrafandrohung für das gewerbsmäßige Verbreiten pornographischer Schriften, die den sexuellen Missbrauch von Kindern zum Gegenstand haben, heraufgesetzt.

3. Sexuelle Nötigung, Vergewaltigung (§ 177 StGB). 1997 wurden in § 177 StGB die Strafrechtstatbestände der sexuellen Nötigung und der Vergewaltigung in einer Vorschrift **zusammengefasst** und die traditionelle **Differenzierung** zwischen außerehelichen und ehelichen Kontakten sowie die zwischen Beischlaf und anderen Formen erzwungenen sexuellen Verhaltens **aufgegeben.** Außerdem wurde die Strafhöhe für einzelne Begehungsweisen heraufgesetzt.[237] 1998 wurde durch das 6. StrRG der Tatbestand der sexuellen Nötigung und Vergewaltigung durch Ergänzungen in § 177 StGB und Neueinfügung des § 178 StGB tatbestandlich weiter differenziert und der **Strafrahmen** noch einmal **angehoben.**[238] 272

4. Förderung sexueller Handlungen Minderjähriger (§ 180 StGB). Gegen die Förderung und Beeinflussung sexueller Handlungen Minderjähriger richtet sich der Straftatbestand des § 180 StGB. Diese **der ungestörten sexuellen Entwicklung** und damit dem Jugendschutz dienende Vorschrift untersagt in Abs. 1 in Bezug auf Personen unter 16 Jahren jedes Vorschubleisten sexueller Handlungen, während ältere Jugendliche in den Absätzen 2 und 3 nur vor bestimmten, intensiven kupplerischen Einwirkungen geschützt werden. Durch ein Unterlassen (§ 13 StGB) kann sexuellen Handlungen eines Minderjährigen mit Dritten namentlich dann Vorschub geleistet werden, wenn die Unterlassenden aufgrund ihrer Garantenstellung, etwa als Eltern, Lehrer, Jugendgruppenleiter, rechtlich verpflichtet sind, die vom Tatbestand missbilligten sexuellen Beziehungen zu unterbinden. 273

Jedoch werden durch das sog. **Erzieherprivileg** des § 180 Abs. 1 S. 2 StGB Handlungen **des Sorgeberechtigten,** die sich auf das Gewähren und Verschaffen von Gelegenheit beschränken und nicht gröblich gegen Erziehungspflichten verstoßen, von der Strafbarkeit ausgenommen. Diese Regelung beruht auf dem Gedanken, dass der Erziehungsberechtigte im Hinblick auf Art. 6 Abs. 2 GG auch in sexuellen Angelegenheiten einen Handlungsspielraum hat, den das Strafrecht respektieren muss. Umstritten war die Privilegierung bereits im Gesetzgebungsverfahren, sie wird auch heute teilweise noch kritisch beurteilt.[239] 274

5. Aussetzung (§ 221 StGB). Von den im 16. Abschnitt des Besonderen Teils des Strafgesetzbuchs geregelten **„Straftaten gegen das Leben"** hat die von Eltern oder sonstigen für die Erziehung oder Betreuung von Kindern Verantwortlichen begangene Aussetzung, wie sie § 221 Abs. 2 Nr. 1 StGB als Qualifikationstatbestand enthält, familienrechtliche Beziehungen zur Grundlage. In dieser Konstellation ist die Aussetzung im Jahre 1998 durch das 6. StrRG als Verbrechen definiert worden. 275

6. Kindestötung. Der praktisch ohnehin bedeutungslose Straftatbestand der Kindestötung (§ 217 StGB aF) ist 1998 durch das 6. StrRG aufgehoben worden, da nach allgemeiner Überzeugung die hier vorgesehene Strafmilderung für nichteheliche Mütter eine nicht mehr zeitgemäße Privilegierung darstellt. 276

7. Schwangerschaftsabbruch (§§ 218 bis 219 b StGB). Die strafrechtlichen Vorschriften über den **Abbruch der Schwangerschaft,** die das im Mutterleib sich entwickelnde Leben als Rechtsgut schützen, sind insofern im familienrechtlichen Zusammenhang zu nennen, als sie das generative Verhalten der weiblichen Bevölkerung betreffen. Anders als die bisher genannten Delikte stellt der Schwangerschaftsabbruch einen Tatbestand dar, dessen **Strafbarkeit umstritten** und immer wieder Gegenstand rechtspolitischer Auseinandersetzungen ist. In den Diskussionen stehen sich im Wesentlichen folgende Positionen gegenüber: Die eine verweist die Frage der Zulässigkeit des Schwangerschaftsabbruchs grundsätzlich in den Bereich der Ethik und Moral. Von diesem Standpunkt aus hat der Staat im Konflikt zwischen 277

[237] Dazu Übersicht bei *Kudlich* JuS 1998, 468.
[238] Dazu *Kreß* NJW 1998, 633, 638, 643.
[239] *Lenckner* u. a., in: *Schönke/Schröder* (Fn. 238) § 180 RdNr. 12 ff. mwN.

dem zum Persönlichkeitsrecht der schwangeren Frau gehörenden Selbstbestimmungsrecht über ihren Körper und dem Recht des ungeborenen Kindes auf Leben Zurückhaltung zu üben und die Frage der Austragung der Schwangerschaft der freien Entscheidung der betroffenen Frau zu überlassen. Nach der anderen Meinung gebietet der Schutz des werdenden Lebens staatliche Intervention und das Zurücktreten der Persönlichkeitsrechte der Frau.

278 In der Bundesrepublik sollte es **erstmals im Jahre 1974** zu einer **Liberalisierung** des bis dahin strengen Abtreibungsstrafrechts kommen. Das 5. StrRG v. 18. 6. 1974 (BGBl. I S. 1297) sah eine **Fristenlösung** vor, nach welcher der mit Einwilligung der Schwangeren von einem Arzt vorgenommene Schwangerschaftsabbruch in den ersten 12 Wochen seit der Empfängnis straffrei bleiben sollte. Diese Regelung ist allerdings nie in Kraft getreten, denn das BVerfG hatte sie 1975 insoweit **für nichtig erklärt,** als sie den Schwangerschaftsabbruch auch dann von der Strafbarkeit ausnahm, wenn für ihn keine Gründe vorlagen, die vor der Wertordnung des Grundgesetzes Bestand hatten.[240] Daraufhin wurde im folgenden Jahr die Strafbarkeit des Schwangerschaftsabbruchs in den §§ 218 bis 219 d StGB im Sinne einer durchgängigen **Indikationsregelung** geregelt.[241]

279 Diese Regelung ist dann mit der **Wiedervereinigung Deutschlands** unhaltbar geworden. Nach dem Einigungsvertrag bestimmte sich nämlich die Strafbarkeit des Schwangerschaftsabbruchs in den neuen Bundesländern weiterhin nach dem Strafgesetzbuch der DDR und die §§ 153 ff. StGB/DDR sahen eine uneingeschränkte Fristenregelung vor.[242] Da § 5 Nr. 9 StGB, der die Geltung der §§ 218 ff. StGB auch für Auslandstaten Deutscher anordnet, innerhalb Deutschlands nicht anwendbar war,[243] galt also im Bundesgebiet nach der Wiederherstellung der deutschen Einheit für den Schwangerschaftsabbruch zweierlei Recht – im alten Bundesgebiet die Indikationenlösung, in den neuen Bundesländern die uneingeschränkte Fristenlösung.[244]

280 Nach dem Einigungsvertrag war es Aufgabe des gesamtdeutschen Gesetzgebers, spätestens bis zum 31. Dezember 1992 eine **einheitliche Neuregelung** zu treffen.[245] In Erfüllung dieser Aufgabe erging am 27. 7. 1992 das Schwangeren- und Familienhilfegesetz (BGBl. I S. 1398). Die hierin neu gefassten §§ 218 bis 219 b StGB regelten die Strafbarkeit der Abtreibung auf der Basis einer Fristenlösung mit Beratungspflicht. Diese Neuregelung trat jedoch nie in Kraft. Nachdem ihre Umsetzung zunächst von den Gegnern der darin vorgesehenen Straffreigaben im Wege eines einstweiligen Anordnungsverfahrens gestoppt worden war,[246] erklärte das BVerfG im Urteil v. 28. 5. 1993 wichtige Teile der Neuregelung für nichtig.[247]

281 Nach nochmaligen von beiden Seiten scharf und vehement geführten Auseinandersetzungen ist **im Jahr 1995** durch das Schwangeren- und Familienhilfeänderungsgesetz v. 21. 8. 1995 (BGBl. I S. 1050) in den §§ 218 bis 219 b StGB dann folgende Lösung gefunden worden.

Nach § 218 StGB bleibt der **Abbruch** der Schwangerschaft **grundsätzlich verboten** und wird mit Freiheitsstrafe bedroht. In der Sache führt § 218 a Abs. 1 und Abs. 4 StGB dann jedoch eine **Fristenlösung mit Beratungspflicht** ein: Der von einem Arzt vorgenommene Schwangerschaftsabbruch bleibt zwar rechtswidrig, die **Schwangere** ist aber **nicht strafbar,** wenn sie sich entsprechend den Vorgaben des § 219 StGB hat beraten lassen und der Eingriff innerhalb von 22 Wochen nach der Empfängnis vorgenommen wird. Die **Strafbarkeit des Arztes entfällt** in dieser Konstellation allerdings nur, wenn der Eingriff innerhalb von 12 Wochen seit Beginn der Schwangerschaft erfolgt. Praktisch nutzen kann

[240] BVerfGE 39, 1.
[241] Dazu *Lackner* NJW 1976, 1233 ff.
[242] EVertr. Anl. II Kap. III Sachgebiet C Abschnitt I Nr. 1 und 4, BGBl. 1990 II S. 889, 1168.
[243] EVertr. Anl. I Kap. III Sachgebiet C Abschnitt III Nr. 1, BGBl. 1990 II S. 889, 957.
[244] Zur verfassungsrechtlichen Problematik *Sachs* DtZ 1990, 193; *Reis* NJW 1991, 662.
[245] Art. 31 Abs. 4 S. 1 EVertr. (BGBl. 1990 II S. 889, 900). Zu den Problemen der Neuregelung vgl. Literaturnachweise Einl., 3. Aufl., Fn. 166.
[246] BVerfGE 86, 390; die einstweilige Anordnung wurde durch Beschluss des BVerfG v. 25. 1. 1993 wiederholt, BVerfGE 88, 83.
[247] BVerfGE 88, 203; zur Übergangsregelung s. Einl. 3. Aufl. RdNr. 75 d.

die Frau den ihr zur Verfügung stehenden längeren Zeitraum, wenn sie den Eingriff im Ausland vornehmen lässt. Da der Schwangerschaftsabbruch zu den Auslandstaten gegen inländische Rechtsgüter zählt (§ 5 Nr. 9 StGB), führt die Verlängerung des zeitlichen Rahmens zu einer erweiterten Straffreiheit.

Nicht nur straflos, sondern bereits **nicht rechtswidrig** ist der Schwangerschaftsabbruch aufgrund medizinischer (§ 218 a Abs. 2 StGB) und kriminologischer Indikation (§ 218 a Abs. 3 StGB). Da die **medizinische Indikation** auch die Berücksichtigung sozialer Aspekte verlangt, entfiel die Notwendigkeit, die embryopathische Indikation weiterhin ausdrücklich gesetzlich zu regeln. Eine zeitliche Befristung für die Vornahme des medizinisch indizierten Abbruchs gibt es nicht. **Kriminologisch indiziert** ist die Abtreibung, wenn die Schwangerschaft die Folge einer gegen die Frau nach §§ 176 bis 179 StGB verübten Straftat ist. In diesem Fall muss der Abbruch innerhalb von 12 Wochen nach Beginn der Schwangerschaft vorgenommen werden, andernfalls ist er sowohl in der Person der Frau wie der des Arztes rechtswidrig.

8. Misshandlung von Schutzbefohlenen (§ 225 StGB). Von den Vorschriften des **282** 17. Abschnitts über die „Straftaten gegen die körperliche Unversehrtheit" hat § 225 StGB familienrechtliche Relevanz. Die Strafandrohung gegen die Misshandlung von Schutzbefohlenen umfasst nämlich auch Täter, denen aufgrund **familienrechtlicher** Beziehungen Fürsorgepflichten gegenüber Minderjährigen oder wehrlosen Pflegebefohlenen obliegen. Durch das 6. StrRG von 1998 ist die Höchststrafandrohung für dieses Delikt angehoben worden.

9. Entziehung Minderjähriger (§ 235 StGB). Innerhalb der im 18. Abschnitt enthalte- **283** nen „Straftaten gegen die persönliche Freiheit" ist die in § 235 StGB geregelte Entziehung Minderjähriger familienrechtlich relevant. **Schutzgut** des § 235 StGB ist seit der Neufassung der Vorschrift durch das 6. StrRG im Jahre 1998 nicht mehr allein das **Sorgerecht der Eltern** oder sonstiger Inhaber, sondern **auch der entzogene Minderjährige** selbst. Um nicht familienrechtliche Konflikte um Sorge- und Umgangsrechte mit strafrechtlichen Mitteln zu lösen, differenziert § 235 StGB auf der Täterseite zwischen Angehörigen und sonstigen Personen und knüpft im ersten Fall die Strafbarkeit an besondere Voraussetzungen.[248] Wird das Kind im Ausland vorenthalten, ordnet § 5 Nr. 6 a StGB die Geltung deutschen Strafrechts für die **Auslandstat** an.

10. Kinderhandel (§ 236 StGB). In § 236 StGB war einst die Entführung einer nicht **284** verheirateten Frau ohne Einwilligung ihrer Sorgeberechtigten geregelt; seit dem 6. StrRG aus dem Jahr 1998 hat die Vorschrift einen anderen Inhalt. Sie erweitert den strafrechtlichen Schutz von Kindern, die von ihren Eltern **gegen ein Entgelt** dauerhaft anderen Personen **überlassen werden.** Schutzgut ist die **ungestörte körperliche und seelische Entwicklung** des Kindes. Bestraft werden nicht nur die Eltern, sondern auch ihre Geschäftspartner, die das Kind auf Dauer aufnehmen. Die Neuregelung war erforderlich, da sich Fälle derartiger „Verkäufe" von Kindern häuften und die nebenstrafrechtliche Norm des Adoptionsvermittlungsgesetzes (s. RdNr. 286) nur den Fall der gewerblichen Adoptionsvermittlung erfasste.

III. Nebenstrafrecht

An strafrechtlichen Regelungen im Bereich des Familienrechts im weiteren Sinne sind **285** hier insbesondere zu nennen die Strafvorschriften des **Gesetzes über die Vermittlung der Annahme als Kind und über das Verbot der Vermittlung von Ersatzmüttern** v. 27. 11. 1989 (BGBl. I S. 2014) und die strafrechtlichen Regelungen im **Gesetz zum Schutz von Embryonen** v. 13. 12. 1990 (BGBl. I S. 2746).

1. Adoptionsvermittlungsgesetz. § 14 AdVermiG (Zu diesem Gesetz vgl. Rd- **286** Nr. 124, 139) richtet sich gegen den **Kinderhandel im Wege der gewerblichen Adop-**

[248] Zur Zulässigkeit mehrfacher Verurteilung bei fortwährender Kindesentziehung vgl. BVerfG FamRZ 2007, 338.

tionsvermittlung. Nach dieser Vorschrift handelt ordnungswidrig, wer gegen das Verbot der Adoptionsvermittlung (§§ 5, 6 AdVermiG) verstößt. Wer eine Adoption vermittelt und dafür ein Entgelt erhält oder in der Absicht handelt, sich oder einen Dritten zu bereichern, wird nach **§ 236 Abs. 2 StGB** wegen Kinderhandels mit Freiheitsstrafe bis zu 5 Jahren oder Geldstrafe bestraft.[249]

287 Nach § 14 b Abs. 1 und 2 AdVermiG macht sich auch strafbar, wer entgegen dem Verbot der **Vermittlung von Ersatzmutterschaften** (§ 13 c AdVermiG) eine solche Vermittlung betreibt; nicht bestraft werden die Ersatzmutter und die Bestelleltern (§ 14 Abs. 3 AdVermiG).

288 **2. Embryonenschutzgesetz.** Mit diesem Gesetz werden die Grenzen der Anwendung neuer Methoden der Gentechnologie und der künstlichen Reproduktion beim Menschen festgelegt. Entscheidendes Ziel des Gesetzes ist es, jeder Manipulierung menschlichen Lebens bereits im Vorfeld zu begegnen. Familienrechtlichen Bezug haben vor allem die strafbewehrten **Verbote** der gezielten **Festlegung des Geschlechts** eines künftigen Kindes (§ 3 S. 1 ESchG) und der Mitwirkung an der Entstehung sog. **gespaltener Mutterschaften,** bei denen genetische und austragende Mutter nicht identisch sind; Ersatzmutter und Wunscheltern bleiben allerdings straffrei (vgl. § 1 Nr. 1 ESchG). Verboten ist zudem die **postmortale Insemination,** bei der für die Frau allerdings Straffreiheit besteht (§ 4 Abs. 2 ESchG). Strafbar macht sich hingegen der, der eine **künstliche Befruchtung** oder einen **Embryotransfer bei einer Frau vornimmt,** die sich bereit erklärt hat, das **Kind** nach der Geburt **Dritten auf Dauer zu überlassen** (§ 1 Abs. 1 Nr. 7 ESchG).[250]

IV. Angehörige im Strafrecht

289 Bei Straftaten gegen Angehörige setzt die Strafverfolgung vielfach einen **Strafantrag** voraus – so bei Diebstahl und Unterschlagung (§ 247 StGB), im Fall der Hehlerei (§ 259 Abs. 2 StGB), in Betrugsfällen (§§ 263 Abs. 4, 263 a Abs. 2, 265 a Abs. 3 StGB), bei Untreue (§ 266 Abs. 2 StGB) und Wilderei (§ 294 StGB). Will in diesen Fällen der verletzte Angehörige die Tat nicht verfolgt haben, so tritt die Durchsetzung des staatlichen Strafanspruchs aus Rücksicht auf das Angehörigenverhältnis zurück, um den Familienfrieden nicht zu gefährden.

290 Der Gesetzgeber trägt durch **Straffreiheit oder Strafreduzierung** darüber hinaus besonderen Zwangslagen Rechnung, die entstehen, wenn ein Angehöriger sich einer Straftat schuldig gemacht hat – so bei der Nichtanzeige geplanter Verbrechen (§ 139 Abs. 3 StGB), bei Falschaussagen (§ 157 Abs. 1 StGB) und im Fall der Strafvereitelung (§ 258 Abs. 6 StGB). Ähnlich berücksichtigt werden familienrechtliche Bindungen, wenn die Tat in Reaktion auf die Befindlichkeit eines Angehörigen begangen wird, so im Fall des entschuldigenden Notstands (§ 35 StGB) oder beim Totschlag (§ 213 StGB).

291 Auch das **Strafprozessrecht** nimmt in bestimmten Verfahrenslagen auf das Verhältnis des Beschuldigten zu seinen Angehörigen Rücksicht. So will das **Zeugnisverweigerungsrecht** des § 52 Abs. 1 StPO vermeiden, dass der in verwandtschaftlichen Beziehungen zum Beschuldigten stehende Zeuge dem Pflichtenwiderstreit ausgesetzt wird, entweder den Beschuldigten belasten oder die Unwahrheit sagen zu müssen. Der Gesetzgeber legt hier, wie im Fall des **Auskunftsverweigerungsrechts** des § 55 StPO, dem persönlichen Interesse des Zeugen an einem ungestörten Familienfrieden höheres Gewicht bei als dem öffentlichen Interesse an einer möglichst ungehinderten Strafverfolgung. In diesen Zusammenhang gehört auch das **Eidesverweigerungsrecht** des Angehörigen der Beschuldigten in § 63 StPO, der die Vereidigung bei Aussagen von Angehörigen in das Ermessen des Gerichts stellt: Im Übrigen kann nach § 61 Nr. 2 StPO das Gericht von der Vereidigung auch von vornherein absehen.

---

[249] § 14 a AdVermiG, der tatbestandlich der Regelung des § 236 Abs. 2 StGB entsprach, ist aufgehoben.
[250] Einen informativen Überblick über das Gesetz gibt *Coester-Waltjen* FamRZ 1992, 369.

E. Familienrecht im internationalen Zusammenhang

Schrifttum: *Andrae,* Zum Verhältnis der Haager Unterhaltskonvention 2007 und des Haager Protokolls zur geplanten EU-Unterhaltsverordnung, FPR 2008, 196; *Baer/Marx,* Das Europäische Übereinkommen über die Ausübung von Kinderrechten, FamRZ 1997, 1185; *Rieck,* Kindesentführung und die Konkurrenz zwischen dem HKÜ und der EheEugVVO 2003 (Brüssel IIa), NJW 2008, 182; *Stöcker,* Die UNO-Kinderkonvention und das deutsche Familienrecht, FamRZ 1992, 245.

I. Allgemeines

Zahlreiche völkerrechtliche Verträge der Bundesrepublik Deutschland multilateraler Art enthalten **familienrechtliche Bestimmungen** oder regeln Materien, die auch einen Bezug zum Familienrecht haben. Solche Verträge bestehen innerhalb der **Vereinten Nationen** und zwischen den **Mitgliedstaaten des Europarats.** Eine Reihe von Verträgen beruht auf den Arbeiten der **Internationalen Kommission für das Zivilstandswesen.** Wichtig sind darüber hinaus vor allem die **Haager familienrechtlichen Abkommen.** 292

Die **im Folgenden dargestellten Abkommen** sind – mit Ausnahme der Allgemeinen Erklärung der Menschenrechte – **völkerrechtlich verbindliche Verträge.** Sie enthalten aufgrund des jeweils ergangenen Zustimmungsgesetzes nach Art. 59 Abs. 2 GG innerstaatlich unmittelbar geltendes Recht im **Range eines einfachen Bundesgesetzes.** Einzelne Vorschriften in den Abkommen können allgemeine Regeln des Völkerrechts iS des Art. 25 S. 1 GG enthalten oder zu solchen erstarken und daher gem. Art. 25 S. 2 GG **den einfachen Gesetzen vorgehen.** Unmittelbar geltendes Bundesrecht ist nach hM auch die Europäische Konvention zum Schutze der Menschenrechte und Grundfreiheiten (EMRK). Ihre generelle Anwendbarkeit als Völkerrecht iS des Art. 25 GG wird abgelehnt, doch ist sie nach allgM bei der Auslegung deutscher Rechtsnormen, einschließlich des Verfassungsrechts, zu berücksichtigen.[251] 293

II. Vereinte Nationen

1. Die **Charta der Vereinten Nationen** v. 26. 6. 1945 idF v. 20. 12. 1965 (BGBl. 1973 II S. 430, 505)[252] bekräftigt in der Präambel „den Glauben an die Gleichberechtigung von Mann und Frau". 294

2. Die **Allgemeine Erklärung der Menschenrechte,** verkündet von der Generalversammlung der Vereinten Nationen am 10. 12. 1948,[253] nimmt in der Präambel Bezug auf die der Charta der Vereinten Nationen und bekennt sich damit ebenfalls zur Gleichberechtigung von Mann und Frau. Art. 12 gewährt Schutz vor Eingriffen in Privatleben, Heim und Familie. Art. 16 schützt die Freiheit der Eheschließung. Nach Art. 25 Nr. 2 haben Mutter und Kind Anspruch auf besondere Hilfe und Unterstützung; eheliche und nichteheliche Kinder genießen den gleichen Schutz. In Art. 26 Nr. 3 wird das Recht der Eltern bestätigt, die Art der Bildung ihrer Kinder zu bestimmen. Die Menschenrechtsdeklaration ist **kein völkerrechtlicher Vertrag.** Sie enthält jedoch, zumindest was die in ihr aufgeführten grundlegenden Menschenrechte angeht, allgemeine Regeln des Völkerrechts, die nach Art. 25 GG in Deutschland unmittelbar gelten. Die familienrechtlichen Artikel zählen allerdings nicht hierzu, insbesondere gehört wegen der entgegenstehenden Vorstellungen der islamischen Staaten das in Art. 16 genannte Recht auf Eheschließung nicht zu diesen Grundsätzen.[254] 295

[251] BVerwGE 52, 313; *Dreier/Pernice* Bd. 2, Art. 25 RdNr. 36; *Maurer,* Staatsrecht, 3. Aufl. 2003, § 4 RdNr. 6.

[252] Inkrafttreten BGBl. 1974 II S. 1397.

[253] Französischer Urtext in ArchVR 1950, 213; Übersetzung in *Sartorius* Bd. II Internationale Verträge – Europarecht Nr. 19.

[254] *Dreier/Pernice* Bd. 1, Art. 25 RdNr. 36.

296 **3.** Das **Übereinkommen** über die **Geltendmachung von Unterhaltsansprüchen im Ausland** (ÜGUA) v. 20. 6. 1956 (BGBl. 1959 II S. 149)[255] ist ein **Rechtshilfevertrag** zur Erleichterung der Durchsetzung unterhaltsrechtlicher Ansprüche im Ausland durch Einrichtung besonderer Übermittlungs- und Empfangsstellen für entsprechende Klagen.

297 Wie dieses UN-Übereinkommen dient das Gesetz zur **Geltendmachung von Unterhaltsansprüchen im Verkehr mit ausländischen Staaten** (Auslandsunterhaltsgesetz – AUG) v. 19. 12. 1986 (BGBl. I S. 2563) der Erleichterung der Verfolgung von Unterhaltsansprüchen in anderen Staaten. Das AUG ist kein völkerrechtlicher Vertrag, sondern ein **Rechtshilfegesetz,** das zu seiner Geltung Gegenseitigkeit, das heißt entsprechende Verfahrensregeln des anderen Staates, voraussetzt. Vertragliche Vereinbarungen, wie sie insbesondere das UN-Übereinkommen enthält, gehen dem AUG vor. Dieses ist am 1. 1. 1987 in Kraft getreten und gilt vor allem in Ländern des anglo-amerikanischen Rechtskreises, da diese vielfach dem UN-Übereinkommen nicht beigetreten sind.[256]

298 **4.** Das **Übereinkommen** über die **Staatsangehörigkeit verheirateter Frauen** v. 20. 2. 1957 (BGBl. 1973 II S. 1249)[257] garantiert das Recht verheirateter Frauen auf Beibehaltung ihrer Staatsangehörigkeit unabhängig von der Staatsangehörigkeit ihres Ehemannes. In Art. 3 Abs. 1 wird die Einräumung einer vereinfachten Einbürgerung für ausländische Ehefrauen von Inländern grundsätzlich anerkannt.

299 **5.** Das **Übereinkommen** über die **Erklärung des Ehewillens, das Heiratsmindestalter und die Registrierung von Eheschließungen** v. 10. 12. 1962 (BGBl. 1969 II S. 161)[258] bestimmt in Art. 1 Abs. 1, dass eine Ehe ohne die freie und uneingeschränkte Willenseinigung beider Verlobten nicht rechtmäßig eingegangen werden kann. In Art. 2 und Art. 3 werden die Vertragsstaaten verpflichtet, durch Gesetz ein Heiratsmindestalter festzulegen und alle Eheschließungen in ein amtliches Register einzutragen.

300 **6.** Nach Art. 3 des **Internationalen Pakts** über **bürgerliche und politische Rechte** v. 19. 12. 1966 (BGBl. 1973 II S. 1533)[259] sind Männer und Frauen bei der Ausübung aller in diesem Pakt festgelegten bürgerlichen und politischen Rechte gleichberechtigt. Art. 17 schützt Privatleben, Familie, Wohnung und Schriftverkehr. Art. 18 Abs. 4 gewährleistet Eltern die Freiheit zur religiösen und sittlichen Erziehung der Kinder entsprechend ihren eigenen Überzeugungen. Art. 23 bezeichnet die Familie als natürliche Kernzelle der Gesellschaft und stellt ihren Anspruch auf Schutz durch Gesellschaft und Staat fest. Er gewährleistet zudem die Freiheit der Eheschließung und verpflichtet die Vertragsstaaten, durch geeignete Maßnahmen sicherzustellen, dass die Ehegatten bei Eingehung, Auflösung sowie während des Bestehens der Ehe die gleichen Rechte und Pflichten haben. Außerdem gebietet Art. 23, Kindern im Falle der Auflösung der Ehe den nötigen Schutz zu gewähren. In Art. 24 wird das Recht der Kinder auf Schutz durch Familie, Gesellschaft und Staat normiert, ferner der Anspruch auf Erwerb einer Staatsangehörigkeit.

301 **7. Übereinkommen** über die **Rechte des Kindes** (UN-Kinderrechtekonvention – UNKRÜ) v. 20. 11. 1989 (BGBl. 1992 II S. 121). Die Konvention geht zurück auf die 1979, dem „Jahr des Kindes", entstandene Idee, die Rechte der Kinder umfassend in einem internationalen Vertragswerk mit weltweitem Geltungsanspruch zu verankern.

302 Inhaltlich berührt das Übereinkommen zahlreiche Fachgebiete, formuliert allerdings vielfach lediglich Positionen, die in anderen internationalen Abkommen bereits als allgemeine Menschenrechte anerkannt sind, explizit als Kindesrechte aus oder übernimmt dort bereits anerkannte Kindesrechte.[260]

---

[255] Inkrafttreten BGBl. 1959 II S. 1377.
[256] Vgl. Bekanntmachung v. 7. 1. 1997, BGBl. I S. 155. Zu den Regelungen des Gesetzes vgl. RdNr. 138.
[257] Inkrafttreten BGBl. 1974 II S. 1304.
[258] Inkrafttreten BGBl. 1970 II S. 110.
[259] Inkrafttreten BGBl. 1976 II S. 1068.
[260] Vgl. hierzu *Stöcker* FamRZ 1992, 245.

Nach Art. 4 Satz 1 waren die Vertragsstaaten gehalten, zur Verwirklichung der in dem Übereinkommen anerkannten Rechte alle geeigneten Gesetzgebungs-, Verwaltungs- und sonstigen Maßnahmen zu treffen. Aus dieser Formulierung geht hervor, dass die Regelungen der Konvention durch Ratifizierung nicht unmittelbar anwendbares Recht wurden, sondern lediglich die Verpflichtung der Staaten begründen, diese in innerstaatliches Recht umzusetzen. **303**

Das Abkommen ist in Deutschland am 5. 4. 1992 in Kraft getreten. Die Bundesrepublik hatte es am 6. 3. 1992 ratifiziert, allerdings unter dem Vorbehalt, dass die geltenden Vorschriften des deutschen Rechts über die familien- und erbrechtliche Stellung der nichtehelichen Kinder[261] und die deutschen Einreisevorschriften für Ausländer durch die Bestimmungen der Konvention nicht berührt würden und dass nicht für jedes Strafverfahren Anspruch auf Beistand bestehe.[262] **304**

III. Europa

1. Die **Konvention zum Schutze der Menschenrechte und Grundfreiheiten** (Europäische Menschenrechtskonvention – EMRK) v. 4. 11. 1950 (BGBl. 1952 II S. 685, 953)[263] schützt in Art. 8 das Privat- und Familienleben, Wohnung und Briefverkehr. Nach Art. 12 haben Männer und Frauen mit Erreichung des Heiratsalters das Recht, eine Ehe einzugehen und eine Familie zu gründen. **305**

2. Die **Europäische Sozialcharta** v. 18. 10. 1961 (BGBl. 1964 II S. 1261)[264] enthält folgende Schutzbestimmungen mit familienrechtlichem Bezug: In Art. 4 Nr. 3 wird das Recht männlicher und weiblicher Arbeitnehmer auf gleiches Entgelt für gleichwertige Arbeit statuiert. Art. 7 gibt Kindern und Jugendlichen ein Recht auf Schutz im Arbeitsleben. Art. 8 gewährleistet Mutterschutz und Schutz der Frauen vor ungeeigneten, insbesondere gefährlichen und gesundheitsschädlichen Arbeiten. Art. 16 legt das Recht der Familie auf sozialen, gesetzlichen und wirtschaftlichen Schutz fest. Art. 17 normiert für Mütter und Kinder ein Recht auf sozialen und wirtschaftlichen Schutz. **306**

3. Das **Europäische Übereinkommen** über die **Anerkennung und Vollstreckung von Entscheidungen über das Sorgerecht für Kinder und die Wiederherstellung des Sorgeverhältnisses** (Europäisches Sorgerechts-Übereinkommen – ESÜ) v. 20. 5. 1980 (BGBl. 1990 II S. 220) regelt, wie Sorge- und Umgangsrechtsentscheidungen in einem anderen Vertragsstaat anzuerkennen und zu vollstrecken sind.[265] Zudem enthält das ESÜ Bestimmungen zur Wiederherstellung der Sorgeverhältnisse, die durch unzulässiges Verbringen des Kindes aus seinem Heimat- oder Aufenthaltsstaat willkürlich unterbrochen worden sind. **307**

Das Übereinkommen ist für die Bundesrepublik Deutschland am 1. 2. 1991 in Kraft getreten (BGBl. 1991 II S. 392). Das Sorgerechtsübereinkommens-Ausführungsgesetz (SorgeRÜbkAG) v. 5. 4. 1990 (BGBl. I S. 701), das die innerstaatliche Durch- und Ausführung geregelt hatte, ist durch das **Gesetz zur Aus- und Durchführung bestimmter Rechtsinstrumente auf dem Gebiet des internationalen Familienrechts** (Internationales Familienrechtsverfahrensgesetz – IntFamRVG) v. 26. 1. 2005, in Kraft seit 1. 3. 2005, ersetzt worden; rechtstechnisch wurde das IntFamRVG als Art. 1 des **Gesetzes zum internationalen Familienrecht** (BGBl. I S. 162) erlassen.[266] Die Aufgaben der nach Art. 2 des Übereinkommens im Hinblick auf die Zusammenarbeit einzurichtenden Zentralen **308**

---

[261] Vgl. dazu LG Essen FamRZ 1994, 399.
[262] BGBl. 1992 II S. 990 ff.
[263] Inkrafttreten BGBl. 1954 II S. 14.
[264] Inkrafttreten BGBl. 1965 II S. 1122.
[265] Das Übereinkommen ist abgedruckt und erläutert in Bd. 10, 4. Aufl. 2006, Art. 21 EGBGB Anh. III.
[266] Das IntFamRVG enthält die Durch- und Ausführungsvorschriften für insgesamt drei Abkommen: für das ESÜ, für die Brüssel IIa-VO (RdNr. 310) und für das HKiEntÜ (RdNr. 325). Abgedruckt ist das IntFamRVG in Bd. 10, 4. Aufl. 2006, Art. 21 EGBGB Anh. IV.

Behörde nimmt in Deutschland der Generalbundesanwalt beim Bundesgerichtshof wahr (§ 3 IntFamRVG, so schon § 1 SorgeRÜbkGAG). Er hat die Anträge entgegenzunehmen und alle zur Erledigung erforderlichen Maßnahmen zu treffen, insbesondere auch den Aufenthalt des Kindes zu ermitteln (§ 7 IntFamRVG). Zuständig für gerichtliche Erledigungen sind die Familiengerichte. Diese werden wie die Zentrale Behörde selbst von den Jugendämtern unterstützt (§ 9 IntFamRVG).

309 **4.** Das vom Europarat ausgearbeitete **Europäische Übereinkommen** über die **Ausübung von Kinderrechten** (EÜAK) v. 25. 1. 1996, in Kraft seit 13. 11. 2001 (BGBl. II S. 1074) sieht vor, die verfahrensrechtliche Stellung von Kindern in familienrechtlichen Konflikten vor Behörden und Gerichten durch Schaffung von Informations-, Anhörungs- und Vertretungsrechten zu stärken.[267] Die in dem Übereinkommen vorgesehenen prozessualen Kindesrechte waren in der deutschen Rechtsordnung bereits verwirklicht (vgl. §§ 50, 50b FGG), so dass die Ratifizierung in der Bundesrepublik keinen Gesetzgebungsdruck schuf.

310 **5. Verordnung EG Nr. 2201/2003** über die **Zuständigkeit und die Anerkennung und Vollstreckung von Entscheidungen in Ehesachen und in Verfahren betreffend die elterliche Verantwortung** (Brüssel IIa-VO) v. 27. 11. 2003 (ABl Nr. L 338 v. 23. 11. 2003).[268] Die VO trat an die Stelle der EG-Verordnung Nr. 1347/2000 (EheVO oder Brüssel II–VO) v. 29. 5. 2000. Inhaltlich übernimmt die Brüssel IIa-VO die bisherigen Regelungen über die gerichtliche Zuständigkeit und die Voraussetzungen für die Durchsetzung von Entscheidungen in Ehesachen im europäischen Rechtsraum. In Sorgerechtsverfahren wurden die bis dahin geltenden Einschränkungen aufgegeben. Die Brüssel IIa-VO gilt nicht nur, wie ihre Vorläufer, für gemeinsame Kinder der Ehegatten, sondern für sämtliche Kinder und zudem unabhängig davon, ob die Sorgerechtsentscheidung im Zusammenhang mit einer Ehesache steht. Die Durchführung und Ausführung der Bestimmungen der Brüssel IIa-VO sind im Internationalen Familienverfahrensgesetz (IntFamRVG) v. 26. 1. 2005 geregelt.[269] Als Zentrale Behörde zuständig ist das Bundesamt für Justiz, das bei der Erledigung dieser Aufgaben von den Jugendämtern unterstützt wird; wird gerichtliches Eingreifen erforderlich, so sind die Familiengerichte zuständig.

311 **6.** Am 7. 12. 2000 ist in Nizza die **Charta der Grundrechte der Europäischen Union** proklamiert worden.[270] Sie stellt derzeit nur eine politische Deklaration ohne rechtliche Verbindlichkeit dar, ist im Entwurf der EU-Verfassung aber als Teil II enthalten. Familienrechtlich von Bedeutung sind die Anerkennung des Rechts auf Wahrung des Privat- und Familienlebens (Art. 7), die Anerkennung der Eheschließungsfreiheit (Art. 9), das Gebot, die Gleichheit von Mann und Frau auf allen Rechtsgebieten sicherzustellen (Art. 23), die Verankerung des Rechts der Kinder auf Schutz und Fürsorge (Art. 24), die Gewährleistung des Schutzes der Familie (Art. 33) und der Mutterschaft (Art. 33 Abs. 2, Art. 34 Abs. 1).

IV. Internationale Kommission für das Zivilstandswesen (C. I. E. C)

312 **1.** Das **Übereinkommen** über die **Erteilung gewisser für das Ausland bestimmter Auszüge aus Personenstandsbüchern** v. 27. 9. 1956 (BGBl. 1961 II S. 1055)[271] vereinfacht und vereinheitlicht die Erteilung von Auszügen aus Geburten-, Heirats- und Sterbebüchern zwischen den Vertragsstaaten.

313 **2.** Im **Übereinkommen** über die **kostenlose Erteilung von Personenstandsurkunden und den Verzicht auf ihre Legalisation** v. 26. 9. 1957 (BGBl. 1961 II S. 1055, 1067)[272]

---

267 Vgl. dazu *Baer/Marx* FamRZ 1997, 1185.
268 Abgedruckt und kommentiert ist die Verordnung in Bd. 10, 4. Aufl. 2006, Art. 21 EGBGB Anh. I.
269 Zu diesem Gesetz RdNr. 308.
270 Abdruck in FamRZ 2001, 78.
271 Inkrafttreten BGBl. 1962 II S. 42.
272 Inkrafttreten BGBl. 1962 II S. 43.

wird die unentgeltliche Erteilung von Abschriften oder Auszügen aus Personenstandsbüchern für Verwaltungszwecke und zugunsten bedürftiger Personen zugesichert.

3. Nach dem **Übereinkommen** über den **internationalen Austausch von Auskünften in Personenstandsangelegenheiten** v. 4. 9. 1958 (BGBl. 1961 II S. 1055, 1071)[273] hat jeder Standesbeamte die Beurkundung einer Eheschließung oder eines Sterbefalles dem Standesbeamten des Geburtsortes jedes Ehegatten oder des Verstorbenen mitzuteilen, wenn dieser Ort im Gebiet eines anderen Vertragsstaates liegt. 314

4. Das **Übereinkommen** über die **Änderung von Namen und Vornamen** v. 4. 9. 1958 (BGBl. 1961 II S. 1055, 1076)[274] regelt die gegenseitige Anerkennung der behördlichen Bewilligung von Namensänderungen. 315

5. Das **Übereinkommen** über die **Erweiterung der Zuständigkeit der Behörden** v. 14. 9. 1961 (BGBl. 1965 II S. 19)[275] regelt Behördenzuständigkeit für die Anerkennung nichtehelicher Kinder im Hoheitsgebiet eines anderen Vertragsstaates und dient der Erleichterung von Anerkennungen. 316

6. Das **Übereinkommen** über die **Feststellung der mütterlichen Abstammung nichtehelicher Kinder** v. 12. 9. 1962 (BGBl. 1965 II S. 23)[276] soll die Vorschriften der Vertragsstaaten über den Eintritt von Rechtsbeziehungen zwischen Müttern und ihren nichtehelichen Kindern miteinander in Einklang bringen. 317

7. Das **Übereinkommen zur Erleichterung der Eheschließung im Ausland** v. 10. 9. 1964 (BGBl. 1969 II S. 445, 451, berichtigt S. 588)[277] enthält Regelungen zum Aufgebot und den Eheschließungsvoraussetzungen. 318

V. Abkommen auf dem Gebiet des internationalen Privatrechts

1. Haager Abkommen zur Regelung des Geltungsbereichs der **Gesetze auf dem Gebiete der Eheschließung** (Haager Eheschließungsabkommen) v. 12. 6. 1902 (RGBl. 1904 S. 221).[278] Das Abkommen vom 14. 3. 1978, das an die Stelle des bisherigen treten soll, ist bislang immer noch nicht in Kraft getreten. 319

2. Haager Abkommen zur Regelung der **Vormundschaft über Minderjährige** (Haager Vormundschaftsabkommen) v. 12. 6. 1902 (RGBl. 1904 S. 240).[279] 320

3. Haager Abkommen über die **Entmündigung** und gleichartige Fürsorgemaßnahmen (Haager Entmündigungsabkommen) v. 17. 7. 1905 (RGBl. 1912 S. 463).[280] Das Abkommen ist im Zusammenhang mit der Einführung des Betreuungsrechts von der Bundesrepublik Deutschland gekündigt worden und mit Wirkung vom 23. 8. 1992 nicht mehr anzuwenden. 321

4. Haager Übereinkommen über das auf die **Unterhaltsverpflichtungen gegenüber Kindern** anzuwendende Recht (Haager Unterhaltsabkommen) v. 24. 10. 1956.[281] Es wird ergänzt durch Anerkennungs- und Vollstreckungsverträge. Das Unterhaltsabkommen von 322

---

[273] Inkrafttreten BGBl. 1962 II S. 44.

[274] Inkrafttreten BGBl. 1962 II S. 45. Abgedruckt ist das Übereinkommen in Bd. 10, 4. Aufl. 2006, Art. 10 EGBGB Anh.

[275] Inkrafttreten BGBl. 1965 II S. 1162. Abgedruckt und kommentiert ist das Übereinkommen in Bd. 10, 3. Aufl. 1998, Art. 20 EGBGB Anh. I.

[276] Inkrafttreten BGBl. 1965 II S. 1163. Abgedruckt und kommentiert ist das Übereinkommen in Bd. 10, 3. Aufl. 1998, Art. 20 EGBGB Anh. II.

[277] Inkrafttreten BGBl. 1969 II S. 2054. Das Übereinkommen ist auszugsweise – unkommentiert – abgedruckt in Bd. 10, 3. Aufl. 1998, Art. 13 EGBGB Anh. II.

[278] Inkrafttreten RGBl. 1904 S. 249. Das Übereinkommen ist auszugsweise abgedruckt und kommentiert in Bd. 10, 3. Aufl. 1998, Art. 13 EGBGB Anh. I.

[279] Inkrafttreten RGBl. 1904 S. 249. Das Abkommen ist abgedruckt und kommentiert in Bd. 10, 4. Aufl. 2006, Art. 24 EGBGB Anh.

[280] Inkrafttreten RGBl. 1912 S. 475.

[281] Inkrafttreten BGBl. 1962 II S. 16. Das Übereinkommen ist abgedruckt und kommentiert in Bd. 10, 4. Aufl. 2006, Art. 18 EGBGB Anh. II.

1956 hat durch das Unterhaltsstatutabkommen v. 2. 10. 1973 (RdNr. 332), das Kindesunterhaltsansprüche mitumfasst, weitgehend seine Bedeutung verloren.

323 5. **Haager Übereinkommen** über das auf **Unterhaltspflichten** anzuwendende Recht (Unterhaltsstatutabkommen – UStA) v. 2. 10. 1973 (BGBl. 1986 II S. 825).[282] Ergänzt ist das Übereinkommen durch einen Vertrag über die Anerkennung und Vollstreckung von Unterhaltsentscheidungen v. 2. 10. 1973 (BGBl. 1986 II S. 825).[283]

324 6. **Haager Übereinkommen** über die Zuständigkeit der Behörden und das anzuwendende Recht auf dem Gebiet des **Schutzes von Minderjährigen** (Minderjährigenschutzabkommen – MSA) v. 5. 10. 1961 (BGBl. 1971 II S. 219) nebst Ergänzungsgesetz v. 30. 4. 1971 (BGBl. II S. 217).[284] Das MSA wird ersetzt durch das „Haager Übereinkommen über die Zuständigkeit, das anzuwendende Recht, die Anerkennung, Vollstreckung und Zusammenarbeit auf dem Gebiet der elterlichen Verantwortung und der Maßnahmen zum Schutz von Kindern" (**Kinderschutzübereinkommen** – KSÜ) v. 19. 10. 1996. Das KSÜ ist am 1. 1. 2002 in Kraft getreten. Wegen der aufgrund der Brüssel II–VO v. 29. 5. 2000 (vgl. RdNr. 310) entstandenen Außenkompetenz der EU konnten die Mitgliedstaaten der Europäischen Union das Übereinkommen allerdings erst am 1. 4. 2003 auf der Basis eines Ratsbeschlusses gemeinsam zeichnen. Mit dem baldigen Inkrafttreten in den einzelnen Ländern ist nun zu rechnen.

325 7. **Haager Übereinkommen über die zivilrechtlichen Aspekte internationaler Kindesentführung** (Haager Kindesentführungs-Übereinkommen – HKiEntÜ) v. 25. 10. 1980 (BGBl. 1990 II S. 206).[285] Das HKiEntÜ bezweckt die sofortige Rückgabe widerrechtlich in einen Vertragsstaat verbrachter oder dort zurückgehaltener Kinder. Es soll überdies gewährleisten, dass das in einem Vertragsstaat bestehende Sorge- und Umgangsrecht in den anderen Vertragsstaaten beachtet wird. Umgesetzt wird das Übereinkommen seit dem 1. 3. 2005 durch das Internationale Familienverfahrensgesetz (IntFamRVG) v. 26. 1. 2005.[286] Als zentrale Behörde zuständig ist danach das Bundesamt für Justiz. Unterstützt wird dieses von den Jugendämtern; gerichtliche Entscheidungen sind vom Familiengericht zu treffen.

326 8. Das **Haager Übereinkommen über den Schutz von Kindern und die Zusammenarbeit auf dem Gebiet der internationalen Adoption** (Haager Adoptionsübereinkommen – AdÜbk) v. 29. 5. 1993 (BGBl. II 2001 S. 1034) regelt die zwischenstaatliche Zusammenarbeit auf dem Gebiet der internationalen Adoption, um das Wohl und die Rechte der Kinder bei grenzüberschreitenden Adoptionen zu wahren.[287] Den Vertragsstaaten geht es um den Schutz der Kinder vor Verkauf, Entführung und Handel. Die innerstaatliche Umsetzung des AdÜbk in Deutschland erfolgte durch das Gesetz zur Regelung von Rechtsfragen auf dem Gebiet der internationalen Adoption und zur Weiterentwicklung des Adoptionsvermittlungsrechts v. 5. 11. 2001 (BGBl. I S. 2950), in Kraft seit 1. 1. 2002. Das Gesetz regelt Zuständigkeiten, Verfahren und behördliche Aufgabenteilung bei der grenzüberschreitenden Adoptionsvermittlung; außerdem bestimmt es die Voraussetzungen von Auslandsadoptionen.

327 9. Das **Haager Übereinkommen zur grenzüberschreitenden Durchsetzung von Kindesunterhalt und anderer familienrechtlicher Unterhaltsansprüche** v. 23. 11.

---

[282] Inkrafttreten BGBl. 1987 II S. 225. Abgedruckt und kommentiert ist das Abkommen in Bd. 10, 4. Aufl. 2006, Art. 18 Anh. I.

[283] Inkrafttreten BGBl. 1987 II S. 220.

[284] Inkrafttreten BGBl. 1971 II S. 1150. In Europa wird das MSA seit 1. 3. 2005 weitgehend verdrängt durch die Regelungen der Brüssel II a-VO (RdNr. 310); das MSA ist im Hinblick hierauf abgedruckt und kommentiert im Zusammenhang mit dieser VO in Bd. 10, 4. Aufl. 2006, Art. 21 EGBGB Anh. I. Zum Verhältnis von MSA, KSÜ und Brüssel IIa *Solomon* FamRZ 2004, 1409, 1414.

[285] Inkrafttreten BGBl. 1990 II S. 206. Abgedruckt und kommentiert ist das Übereinkommen in Bd. 10, 4. Aufl. 2006, Art. 21 EGBGB Anh. II. Bei Kindesentführungen in EU-Staaten verdrängt innerhalb ihres Anwendungsbereichs seit 1. 3. 2005 die Brüssel II a-VO (RdNr. 310) die Geltung des HKiEntÜ. Zur Konkurrenz von HKiEntÜ und Brüssel IIa *Rieck* NJW 2008, 182.

[286] Zu diesem RdNr. 308.

[287] Abgedruckt und kommentiert ist das AdÜbk in Bd. 10, 4. Aufl. 2006, Art. 22 EGBGB Anh.

2007[288] sieht die Einrichtung zentraler Behörden vor, die Kinder bei der Durchsetzung ihrer Unterhaltsansprüche unterstützen. Außerdem enthält das Übereinkommen verfahrens- und zwangsvollstreckungsrechtliche Regelungen zur Durchsetzung dieser Ansprüche im Ausland und erleichtert Kindern die Voraussetzungen für die Erlangung von Prozesskostenhilfe bei der Verfolgung ihrer Rechte im Ausland.

10. Das Gesetz zur Ausführung des **Haager Übereinkommens vom 13. Januar 2000 über den internationalen Schutz von Erwachsenen (Erwachsenenschutzübereinkommens-Ausführungsgesetz – ErwSÜAG)** v. 17. 3. 2007 (BGBl. I S. 314), in Kraft seit 1. 1. 2009 (BGBl. 2009 II S. 39), enthält Regelungen zu den Zuständigkeiten und anzuwendenden Rechten bei grenzüberschreitenden Betreuungsfällen. **327a**

VI. Familienrecht im deutschen IPR

Die familienrechtlichen Vorschriften des IPR sind in den Art. 13 bis 24 EGBGB enthalten. Die grundlegendste Reform dieser Vorschriften hat 1986 stattgefunden, als mit Art. 14 EGBGB auf der Basis der Gleichberechtigung der Geschlechter eine zentrale Kollisionsnorm für die Rechtsbeziehungen zwischen Ehegatten und die Rechtsbeziehungen zwischen Eltern und Kindern geschaffen wurde. Im IPR hatte es also fast vierzig Jahre gedauert, bis es zur Umsetzung des Art. 3 Abs. 2 GG kam.[289] **328**

Im **Eherecht** knüpfen die Kollisionsnormen des IPR vorrangig an die **Staatsangehörigkeit,** ergänzend an den gewöhnlichen **Aufenthaltsort,** an. Außerdem gibt es für die Regelung der Rechtsbeziehungen der Ehegatten zueinander die Anknüpfung kraft **Rechtswahl.** **329**

Form und Voraussetzungen der **Eheschließung** sind in Art. 13 EGBGB geregelt. Die sachlichen Voraussetzungen der Eheschließung unterliegen nach Abs. 1 dem Heimatrecht eines jeden Verlobten. Das bedeutet, dass für jeden von beiden jeweils getrennt nach dem Recht des Staates, dem er zur Zeit der Heirat angehört, zu prüfen ist, ob die Voraussetzungen für die Eingehung einer rechtsgültigen Ehe vorliegen. Ist nach den herangezogenen Rechtsordnungen eine Voraussetzung für die Eheschließung nicht erfüllt, so ist nach Abs. 2 insoweit, das heißt partiell, deutsches Recht anzuwenden. Voraussetzung dafür ist jedoch, dass zumindest ein Verlobter seinen gewöhnlichen Aufenthalt im Inland hat oder Deutscher ist (Abs. 2 Nr. 1), dass die Verlobten die zumutbaren Schritte zur Beseitigung des Ehehindernisses unternommen haben (Abs. 2 Nr. 2) und dass es mit dem Grundrecht der Eheschließungsfreiheit unvereinbar wäre, die Eheschließung zu versagen (Abs. 2 Nr. 3). Geschlossen werden kann eine Ehe im Inland nur nach den deutschen Formvorschriften (§§ 1310 ff. BGB); eine Ausnahme hiervon sieht das Gesetz bei Eheschließungen von Ausländern im Inland vor (Art. 13 Abs. 3 EGBGB). **330**

Eine zentrale Vorschrift im Bereich des internationalen Familienrechts ist Art. 14 EGBGB, der die Anknüpfung für die **allgemeinen Ehewirkungen** regelt. Nach Art. 14 EGBGB unterliegen diese in erster Linie dem Recht der gemeinsamen Staatsangehörigkeit oder der letzten gemeinsamen Staatsangehörigkeit bei einseitigem Fortbestand (Abs. 1 Nr. 1), in zweiter Linie dem Recht des gemeinsamen gewöhnlichen Aufenthalts oder des letzten gemeinsamen gewöhnlichen Aufenthalts bei einseitigem Fortbestand (Abs. 1 Nr. 2), hilfsweise dem Recht des Staates, mit dem die Ehegatten gemeinsam am engsten verbunden sind (Abs. 1 Nr. 3). Die Abs. 2 bis 4 lassen unter engen Voraussetzungen eine Abweichung von der gesetzlichen Anknüpfung durch Rechtswahl zu, die bestimmten Formerfordernissen unterliegt. **331**

Unter die in Art. 14 EGBGB geregelten „allgemeinen Wirkungen der Ehe" fallen die Sachbereiche, welche die **persönlichen Rechtsbeziehungen** der Ehegatten zueinander sowie ihr **Verhältnis zu Dritten** betreffen. Das sind praktisch die im BGB mit „Wirkungen **332**

[288] Dazu *Andrae* FPR 2008, 196.

[289] Zu den Schwierigkeiten der Umsetzung des Art. 3 Abs. 2 GG im materiellen Familienrecht vgl. RdNr. 245 ff.

der Ehe im allgemeinen" (§§ 1353 bis 1362 BGB) umschriebenen Tatbestände mit Ausnahme derjenigen, deren Anknüpfung außerhalb des Art. 14 EGBGB besonders geregelt ist, so das Ehenamensrecht (Art. 10 EGBGB) und das Unterhaltsrecht (Art. 18 EGBGB).

333 Die in Art. 14 EGBGB für die allgemeinen Ehewirkungen aufgestellten Grundsätze gelten kraft Verweisung auch für das eheliche **Güterrecht** (Art. 15 EGBGB), die **Scheidung** und den für den **nachehelichen Unterhalt** (Artt. 17, 18 Abs. 4 EGBGB) sowie für die **Adoption** eines Kindes durch Ehegatten (Art. 22 EGBGB).

334 Im Inland kann eine Ehe **nur durch ein Gericht geschieden** werden (Art. 17 Abs. 2 EGBGB) Damit ist klargestellt, dass sich das gerichtliche Scheidungsmonopol auch auf Scheidungen nach ausländischem Scheidungsstatut erstreckt. Art. 17 Abs. 3 EGBGB knüpft den **Versorgungsausgleich** grundsätzlich an das Scheidungsstatut. Durchzuführen ist er allerdings nur, wenn ihn das Heimatrecht mindestens eines der Ehegatten kennt (Art. 17 Abs. 3 S. 1 EGBGB). Bei Beteiligung eines deutschen Ehegatten findet der Versorgungsausgleich nach dieser Regelung also regelmäßig statt.

335 Anknüpfungspunkt im **Kindschaftsrecht** ist grundsätzlich der gewöhnliche **Aufenthaltsort des Kindes.** Das gilt sowohl für die rechtliche Beurteilung seiner **Abstammung** (Art. 19 EGBGB) wie auch seines **Unterhaltsanspruchs** (Art. 18 EGBGB) wie auch für das allgemeine **Rechtsverhältnis zu seinen Eltern** (Art. 21 EGBGB).

336 **Vormundschaft, Betreuung und Pflegschaft** stellen vorrangig auf das **Heimatrecht des Schützlings** ab (Art. 24 EGBGB). Entstehung, Änderung und Ende dieser Verhältnisse bestimmen sich also nach dem Recht des Staates, dem der Mündel, Betreute oder Pflegling angehört. Für einen im Inland lebenden Ausländer kann allerdings ein Betreuer nach deutschem Recht bestellt werden (Art. 24 Abs. 1 S. 2 EGBGB).

F. Familienrecht und Verfahrensrecht

337 **1. Familiensachen.** Die bislang im Buch 6 der Zivilprozessordnung geregelten „Verfahren in Familiensachen" waren durch ein unübersichtliches Zusammenspiel von Vorschriften der ZPO und des FGG geprägt. Das am 1. 9. 2009 in Kraft tretende FamFG (Gesetz über das Verfahren in Familiensachen und in den Angelegenheiten der freiwilligen Gerichtsbarkeit) hebt das FGG komplett auf und regelt sämtliche familiengerichtlichen Verfahren einheitlich in seinem zweiten Buch (§§ 111 bis 270 FamFG). Nach der Definition des § 111 FamFG sind Familiensachen Ehesachen (§ 121 FamFG), Kindschaftssachen (§ 151 FamFG), Abstammungssachen (§ 169 FamFG), Adoptionssachen (§ 186 FamFG), Wohnungszuweisungs- und Hausratssachen (§ 200 FamFG), Gewaltschutzsachen (§ 210 FamFG), Versorgungsausgleichssachen (§ 217 FamFG), Unterhaltssachen (§ 231 FamFG), Güterrechtssachen (§ 261 FamFG), sonstige Familiensachen (§ 266 FamFG) sowie Lebenspartnerschaftssachen (§ 269 FamFG).

Im Folgenden werden die Besonderheiten der wichtigsten der in §§ 606 bis 660 ZPO geregelten Familiensachen dargestellt und auf ihre künftige Regelung im FamFG verwiesen.

338 **2. Ehesachen.** In Ehesachen nach § 121 FamFG ist im Hinblick auf das öffentliche Interesse am Bestand der Ehe und Familie die **prozessuale Privatautonomie eingeschränkt.** Gemäß § 127 Abs. 1 FamFG gilt hier nicht der Verhandlungsgundsatz, sondern der **Amtsermittlungsgrundsatz** – beschränkt allerdings auf eheerhaltende Tatsachen und solche ehefeindlichen, denen der die Scheidung begehrende Ehegatte nicht widerspricht (§ 127 Abs. 2 FamFG). Auch die **Dispositionsmaxime,** die den Parteien die Verfügungsfreiheit über den Streitgegenstand gibt, gilt in Ehesachen nicht in vollem Umfang. So haben gemäß § 113 Abs. 4 Nr. 5 und 6 FamFG insbesondere Geständnis und Anerkenntnis nicht die ihnen von Gesetzes wegen nach §§ 307, 288 ZPO zukommenden Wirkungen, sondern können vom Gericht allenfalls im Rahmen des § 286 Abs. 1 ZPO, § 113 Abs. 1 FamFG frei gewürdigt werden. Auch ein Versäumnisurteil gegen den Antragsgegner ist nicht zulässig, da

der Umfang der rechtlichen Tatsachennachprüfung in Ehesachen nicht zur Disposition der Beteiligten steht (§ 130 Abs. 2 FamFG).

In **Eheaufhebungsverfahren** ist die Parteiherrschaft zudem dadurch eingeschränkt, dass die Einleitung des Verfahrens auch **von Staats wegen** – also ohne Willen der Beteiligten – möglich ist. So kann zum Beispiel der Antrag auf Eheaufhebung im Falle der Eheschließung trotz Geschäftsunfähigkeit (§ 1304 BGB) oder bei einem Verstoß der Eheschließung gegen das Verbot der Doppelehe (§ 1306 BGB) oder das der Verwandtschaft (§ 1307 BGB) von der zuständigen Verwaltungsbehörde gestellt werden (§ 1316 Abs. 1 BGB).[290] **339**

3. Kindschafts- und Abstammungssachen. Kindschaftssachen waren nach § 640 Abs. 2 ZPO aF Vaterschafts- und sonstige Abstammungssachen. Diese Verfahren regelt das FamFG nun als Abstammungssachen (§ 169 FamFG). Als Kindschaftssachen definiert § 151 FamFG nur noch Verfahren betreffend das elterliche Sorge- und Umgangsrecht, die Kindesherausgabe, die Vormundschaft und Pflegschaft über Minderjährige, die Anordnung freiheitsentziehender Maßnahmen sowie Verfahren betreffend die familienrechtlichen Aufgaben nach dem JGG. Auch in diesen Verfahren gilt gemäß § 26 FamFG der Amtsermittlungsgrundsatz – bei Vaterschaftsanfechtungen allerdings eingeschränkt gemäß § 177 FamFG. **340**

4. Unterhaltssachen. Das Verfahren in Unterhaltssachen Minderjähriger ist bereits seit 1998[291] einheitlich für eheliche und nichteheliche Kinder geregelt (§§ 642 bis 660 ZPO aF). § 231 Abs. 1 Nr. 1 FamFG schreibt diese Regelung fort. **341**

Minderjährige Kinder haben zudem die Möglichkeit, den Unterhalt in einem **vereinfachten Verfahren** geltend zu machen (§§ 249 ff. FamFG). Der so verlangte Unterhalt darf allerdings eine bestimmte Höhe, nämlich das 1½-fache des Mindestunterhalts nach § 1612 a BGB, nicht überschreiten (§ 249 Abs. 1 FamFG). Der leichteren Durchsetzung des Unterhaltsanspruchs dient auch § 237 FamFG, nach dem der Antrag auf Feststellung der Vaterschaft mit dem Antrag auf Zahlung von Unterhalt verbunden werden kann. **342**

5. Verfahren vor dem Familiengericht. Für die Durchführung der Verfahren vor den Familiengerichten gelten im Einzelnen unterschiedliche Vorschriften. Die Allgemeinen Bestimmungen der **ZPO** gelten in **Ehesachen und Familienstreitsachen** (§ 113 FamFG). Als Familienstreitsachen definiert § 112 FamFG den größten Teil der Unterhalts-, Güterrechts- und sonstigen Familiensachen. Alle anderen Familiensachen sind als Verfahren der freiwilligen Gerichtsbarkeit nach den Vorschriften des FamFG zu führen. **343**

6. Verfahren vor dem Betreuungsgericht. Mit der am 1. 9. 2009 in Kraft tretenden FGG-Reform werden die **Vormundschaftsgerichte** aufgelöst. Deren Aufgaben sind dann den Familiengerichten beziehungsweise den neu geschaffenen **Betreuungsgerichten** übertragen. **344**

G. Rechtstatsachen zum Familienrecht

Siehe hierzu die am Ende dieses Bandes abgedruckten Statistiken. **345**

---

[290] Ein Beteiligungsrecht der Staatsanwaltschaft (vgl. § 24 EheG) gibt es seit der Aufhebung des EheG im Jahr 1998 nicht mehr.

[291] S. KindRG (Einl. RdNr. 159) sowie KindUG (Einl. RdNr. 165).

Abschnitt 1. Bürgerliche Ehe

Titel 1. Verlöbnis

§ 1297 Unklagbarkeit, Nichtigkeit eines Strafversprechens

(1) Aus einem Verlöbnis kann nicht auf Eingehung der Ehe geklagt werden.

(2) Das Versprechen einer Strafe für den Fall, dass die Eingehung der Ehe unterbleibt, ist nichtig.

Schrifttum (älteres s. 3. Aufl.): *Beitzke,* Anfechtung des Verlöbnisses?, JR 1947, 141; *ders.,* Zur rechtlichen Qualifikation der Verlöbnisfolgen, FS Ficker, 1967, S. 78 ff.; *Bosch,* Weitere Reformen im Familienrecht?, FamRZ 1982, 862 (866 ff.); *ders.,* Familien- und Erbrecht als Themen der Rechtsangleichung nach dem Beitritt der DDR zur Bundesrepublik Deutschland, FamRZ 1991, 749; *ders.,* Die geplante Neuregelung des Eheschließungsrechts, FamRZ 1997, 65, 138; *Brandt,* Ist es notwendig und sinnvoll, die BGB-Vorschriften über die Geschäftsfähigkeit durch eine faktische Betrachtungsweise auszuschalten, um einen Schutz des minderjährigen Verlobten zu erreichen?, Diss. Frankfurt/M. 1951; *Canaris,* Das Verlöbnis als „gesetzliches Rechtsverhältnis", AcP 165 (1965), 1 ff.; *Carsten,* Zur Neuregelung des Verlöbnisrechts, StAZ 1973, 81 ff.; *Evans-von Krbek,* Das „Zusammenleben" und sein Verhältnis zu Verlobung und Ehe, JA 1979, 236; *Füllkrug,* Die Bedeutung des Eheversprechens nach der Reform des Ehe- und Scheidungsrechts, Diss. Bochum 1982; *Gamillscheg,* Das Verlöbnis im deutschen internationalen Privatrecht, RabelsZ 1968, 473; *Griesebach,* Verlöbnis nach Strafrecht und Zivilrecht, DJZ 1925, 1644 ff.; *Grupp,* Das doppelte Verlöbnis, Diss. Tübingen 1940; *Heinz,* Das Verlöbnis: ein Beitrag zum Familienbegriff, Rechtstheorie 27 (1996) 551; *R. Kanzleiter,* Gemeinschaftliche Testamente bitte nicht auch für Verlobte!, FamRZ 2001, 1198–1201; *Luther,* Art. Verlöbnis, Schlegelbergers RvglHWB VII (1939), 193 bis 216; *Montanari,* Verlobung und Verlöbnisbruch, 1974; *A. Müller,* Die Wiederverlobung, Diss. Erlangen 1934; *Reichel,* Schadensersatzanspruch der Braut des Getöteten, DJZ 1931, 562; *A. Röthel,* Rückgewähr von Zuwendungen durch Verlobte, Ehegatten Lebenspartner, Jura 2006, 641–650; *Schnitzerling,* Das Verlöbnis der Minderjährigen, ZBLJugR 1960, 291; *ders.,* Das Verlöbnis – ein familienrechtlicher Vertrag, StAZ 1961, 185; *Spiegel,* Das Verlöbnis im deutschen internationalen Privatrecht, Diss. Heidelberg 1929; *Strätz,* Der Verlobungskuß und seine Folgen rechtsgeschichtlich besehen, 1979, (dazu *Kobler* FamRZ 1980, 408); *ders.,* Das Verlöbnis als ehevorbereitendes Rechtsverhältnis, Jura 1984, 449; *Thönnissen,* Grundfragen des Verlöbnisrechts, 1964; *Völger/v. Welck* (Hrsg.); Die Braut (etc.): Zur Rolle der Frau im Kulturvergleich, 2 Bde. Köln 1985; *A. Wacke,* Gemeinschaftliche Testamente von Verlobten, FamRZ 2001, 457–462; *Wissing,* Die Rechtsnatur des Verlöbnisses, Diss. Saarbrücken 1967. Weitere Literatur u. zu §§ 1298, 1300, 1301.

Übersicht

I. Normzweck

Durch die Versagung der Erfüllungsklage aus dem Verlöbnis will § 1297 die **Freiheit der Eheschließung** sichern (vgl. RdNr. 14). Bis zur formgerechten Eheschließung gemäß 1

§ 1311 soll die Heirat dem freien Entschluss der Verlobten überlassen bleiben. Absatz 2 schließt auch einen mittelbaren Erfüllungszwang durch Vereinbarung einer Vertragsstrafe aus.

II. Entstehungsgeschichte

2 Das Verlöbnis, das in früher Zeit als Teil einer zweiaktigen Eheschließung von dieser nicht genau getrennt wurde, erhielt mit der Eheschließungsreform, die in erster Linie auf kirchliche Bemühungen zurückgeht, seine eigene Bedeutung als Brautstand. Vor allem wegen der vielen Erschwernisse der Eheschließung, die durch die verschiedenen Gesetzgeber bis weit ins 19. Jh. hinein ständig verstärkt wurden, war die praktische Bedeutung des Verlöbnisses groß. Seitdem im Zuge der stärkeren Betonung der Eheschließungsfreiheit der Zugang zur Ehe erheblich erleichtert wurde, ist die Relevanz im Rechtsleben heute nur noch gering. Um das Missverständnis nicht aufkommen zu lassen, das Verlöbnis erzeuge nicht einmal eine moralische Pflicht zur Heirat, **verneinte** der 2. Entw. **nur die Klagbarkeit** des Eheversprechens. Eine Klärung der Rechtsnatur des Verlöbnisses überließ man bewusst der Wissenschaft.[1]

III. Begriff und Rechtsnatur

3 **1. Doppelnatur.** Das Verlöbnis hat eine Doppelnatur, denn es stellt auf der einen Seite einen Vertrag dar, durch den zwei Personen sich versprechen, künftig die Ehe miteinander einzugehen. Auf der anderen Seite begründet das **wechselseitige Eheversprechen** (die Verlobung) das personenrechtliche Dauerrechtsverhältnis des **Brautstandes.**[2] Der Eheschließung muss eine Verlobung nicht vorausgehen.[3] Viele ausländische Rechtsordnungen lassen das Verlöbnis ungeregelt.[4] Das BGB enthält im Wesentlichen „negative" Rechtsfolgen: den Ausschluss des Erfüllungszwanges (§ 1297) und die Ersatzpflichten bei unbegründetem Rücktritt (§§ 1298 ff.).[5]

4 **2. Ansichten.** Die Rechtsnatur des Verlöbnisses ist lebhaft umstritten:[6] Die früher vertretene Tatsächlichkeitstheorie[7] sah im Verlöbnis kein Rechtsgeschäft, sondern lediglich eine Erscheinung des sozialen Lebens ohne Rechtspflicht zur Eheschließung. Die ihr nahe stehende neuere Vertrauenshaftungslehre[8] hält das Verlöbnis für ein gesetzliches Rechtsverhältnis und erklärt die Ersatzpflichten der §§ 1298 ff. aus der Enttäuschung des im Partner erweckten Vertrauens auf die bevorstehende Heirat. Die herrschende allgemeine Vertragstheorie[9] behandelt demgegenüber das aus zwei übereinstimmenden Willenserklärungen bestehende wechselseitige Heiratsversprechen als Vertrag iSd. §§ 133 ff., 145 ff. mit der

---

[1] *Mugdan* IV S. I, 2, 676. – Zur Geschichte des Verlöbnisrechts *Luther* RvglHWB VII, S. 193 ff.; *Dölle* I § 6 II; *Staudinger/Strätz* (2007) Vor § 1297 RdNr. 47 ff. Weit. Hinw. u. Fn. 25, 27, 55, 59.

[2] RGZ 80, 88, 89 f.; *Schwab* RdNr. 34; *Dölle* I § 6 I; *Gernhuber/Coester-Waltjen* § 8 I 2. Die auf *Stutz* zurückgehende Unterscheidung zwischen Verlobungsakt und Verlobtenverhältnis begegnet auch in anderen Rechtsordnungen, bes. deutlich in Art. 90 bis 95 Schweizer ZGB; vgl. *Montanari* S. 32.

[3] So ausdrücklich bereits ALR II 1 § 81.

[4] So etwa der Code civil; vgl. *Luther* RvglHWB VII, 193 ff.; *Dölle* § 6 III 3 c. Auch das Familiengesetzbuch der DDR kannte das Rechtsinstitut des Verlöbnisses nicht (mehr).

[5] Ähnlich die §§ 45, 46 österr. ABGB, Art. 90 bis 95 Schweizer ZGB, Art. 79 bis 81 ital. c. c.; vgl. *Staudinger/Strätz* (2007) Vor § 1297 RdNr. 95 ff.; zum Schweizer Recht *Montanari* (Fn. 2).

[6] Ausführlicher Überblick bei *Staudinger/Strätz* (2007) Vor § 1297 RdNr. 17 ff. Ähnliche Kontroversen bestehen im Ausland; Überblick bei *Luther* RvglHWB VII, 196 ff.

[7] Vgl. noch *Lehmann*, Familienrecht 1. Aufl. § 6 I (später von ihm aufgegeben; vgl. 3. Aufl. aaO); *Krüger/Breetzke/Nowack* Einl. RdNr. 287. Das LG Koblenz FamRZ 1957, 325 behandelte das gegen den Willen der Eltern eingegangene Verlöbnis einer (nach damaligem Recht) Minderjährigen als wirksam.

[8] *Canaris* AcP 165 (1965), 1, 10, 15, 29 u. passim; *ders.*, Die Vertrauenshaftung im deutschen Privatrecht (1971), S. 544; zust. *Pawlowski*, Das Studium der Rechtswiss., 1965, S. 301 ff.; modifizierend *Henrich* § 4 I 2; *Erman/Gamillscheg* Vor § 1297 RdNr. 6.

[9] RGZ 61, 267, 271 f.; 80, 88, 89 f.; 98, 13, 14; BGHZ 28, 376, 377 = NJW 1959, 529; *Beitzke*, FS Ficker, S. 78 ff.; *Dölle* I § 6 III; *Muscheler* RdNr. 228; *Gernhuber/Coester-Waltjen* § 8 I 4.

Besonderheit, dass dessen Primärpflicht, die Eingehung der Ehe, nach § 1297 nicht erzwingbar ist. Die Lehre vom familienrechtlichen Vertrag sui generis[10] endlich postuliert statt der Geschäftsfähigkeitsvorschriften in §§ 106 ff. eine besondere „Verlöbnisfähigkeit“, für die teils auf die individuelle geistige Reife,[11] teils auf die Ehemündigkeitsvorschriften (analog § 1303) abgestellt werden soll.[12]

3. Stellungnahme. Die Tatsächlichkeitstheorie steht mit dem historischen Willen des Gesetzgebers vom rechtsgeschäftlichen Charakter des Verlöbnisses nicht in Einklang. Die ältere Vertrauenstheorie bejaht zwar das Rechtsverhältnis, ist aber zu unbestimmt, was den Beginn des Verlöbnisses angeht. Die jüngeren Vertreter der Vertrauenslehre, die auf die Abgabe der Verlöbniserklärungen abstellen,[13] vermeiden zwar diese Rechtsunsicherheit, wählen aber letztlich doch als Kriterium nichts anderes als den Vertragsschluss, auch wenn sie ihn nicht so bezeichnen. Die Vertragstheorie ist dagegen in der Lage, das Verlöbnis sowohl dogmatisch sauber einzuordnen, als auch vernünftige Ergebnisse zu erzielen. Denn es besteht kein Widerspruch zwischen der Annahme einer Rechtspflicht und dem freien Rücktritt, da beides mit der Rechtsordnung unproblematisch vereinbart werden kann.[14] Auch ist die Differenzierung zwischen der (fehlenden) Erzwingbarkeit einer Primärpflicht und der Entstehung von Sekundäransprüchen im Falle ihrer Verletzung dogmatisch einwandfrei. Schließlich ist der Ausschluss eines Rückgewährschuldverhältnisses (bei Beendigung) dem Gesetz von den Dauerschuldverhältnissen her durchaus geläufig. Der Vorwurf, die Parteien hätten mangels Wissens um das Verlöbnisrecht keinen Rechtsbindungswillen, überzeugt nicht, weil die Kenntnis von möglichen Sekundäransprüchen für die Frage einer Bindung unerheblich ist. Im Ergebnis ist es eine Frage des Einzelfalles, ob die Parteien sich ernsthaft verloben mit dem Bindungswillen hinsichtlich einer späteren Heirat, was dann die Sekundärpflichten begründet, egal ob sie gewollt sind. Andererseits genügt eine bloße Absichtserklärung nicht, die aber wohl auch eine Vertrauenshaftung (nach der Vertrauenshaftungslehre) nicht begründen würde. 5

Praktisch relevant wird der Theorienstreit für die Frage der Behandlung des Verlöbnisses Minderjähriger. Sind beide Verlobte minderjährig, so werden sie durch die §§ 104 ff. geschützt. Im Übrigen wird der Schutz durch die elterliche Genehmigung gemäß § 107 gewährt, da eine solche Genehmigung auch noch nach dem Rücktritt des anderen Verlobten möglich ist und somit Schadensersatzansprüche auslösen kann. Das Argument, dass die Rolle der Eltern im Rahmen der Eheschließung zurückgedrängt wurde (§ 1303 Abs. 3),[15] ist schwach, da bei der Heirat der minderjährige Verlobte gerade nicht allein handeln kann, sondern eine familiengerichtliche Genehmigung seinen Schutz gewährleistet, beim Verlöbnis leisten dies die Eltern. Aus § 1303 Abs. 3 lassen sich also eher Argumente für als gegen die Vertragstheorie herleiten. Ein möglicher Inhaltsirrtum ist grundsätzlich unbeachtlich, weil die Unkenntnis des Rechtsinstituts „Verlöbnis“ (vorgebracht wird dies für ehemalige DDR-Bürger) anders zu lösen ist: Wer sich nicht verlobt, braucht nicht zurückzutreten und haftet auch nicht, wenn der andere vertraut. Wer andererseits ernsthaft die Ehe verspricht, muss die Rechtsfolgen auch tragen, wenn er diese aus einer früheren Rechtsordnung her nicht im Einzelnen kannte. 6

IV. Gültigkeitsvoraussetzungen

1. Persönlicher Anwendungsbereich. Das BGB geht selbstverständlich davon aus, dass ein Verlöbnis nur möglich ist zwischen Personen verschiedenen Geschlechts. Aufgrund der 7

[10] *Boehmer* JZ 1961, 267; *Lehmann,* Familienrecht 3. Aufl. § 6 I; *Staudinger/Strätz* (2007) Vor § 1297 RdNr. 30 ff.

[11] So *Lehmann* (Fn. 10).

[12] *Staudinger/Strätz* (2007) Vor § 1297 RdNr. 30 ff.

[13] *Rauscher* RdNr. 107; *Lüderitz/Dethloff* § 2 RdNr. 6 f.

[14] Im BGB etwa im Falle des vorbehaltenden Rücktritts.

[15] *Rauscher* RdNr. 107.

am 1. 1. 2005 in Kraft getretenen Novelle zum Lebenspartnerschaftsgesetz[16] gilt das Verlöbnisrecht nunmehr auch für eingetragene Lebenspartner (§ 1 Abs. 3 LPartG).[17] Diese Vorschrift ist auf nichteheliche Lebensgemeinschaften nicht analog anwendbar.[18]

8 **2. Geschäftsfähigkeit.** Nach der herrschenden (und hier vertretenen) allgemeinen Vertragstheorie verlangt eine Verlobung die Geschäftsfähigkeit beider Partner. Die Verlobung eines Geschäftsunfähigen ist nach § 105 nichtig, eine Vertretung ist wegen des höchstpersönlichen Charakters nicht möglich.[19] Ein beschränkt Geschäftsfähiger bedarf nach § 107 der Einwilligung seiner Eltern als gesetzl. Vertreter;[20] ohne sie ist das Verlöbnis schwebend unwirksam (§ 108). Eine erteilte Zustimmung ist weder widerruflich noch anfechtbar. Etwas anderes gilt bei der Verweigerung der Genehmigung: Eine erneute Genehmigung ist möglich, falls die Verlobten (wie häufig) nach der Verweigerung noch eine Zeitlang am Verlöbnis festhalten (und es damit gemäß § 141 bestätigen). Zur Heirat können die Eltern trotz Genehmigung des Verlöbnisses ihre Zustimmung nach § 1303 Abs. 3 aus triftigen Gründen verweigern. Um einem Minderjährigen (insbes. der verlassenen Braut) zu den Ersatzansprüchen nach §§ 1298 ff. zu verhelfen, können die Eltern das Verlöbnis noch nach dem grundlosen Rücktritt des volljährigen Partners genehmigen.[21] Der volljährige Partner ist nach § 109 Abs. 2 auch an ein ungenehmigtes Verlöbnis gebunden, wenn er (wie regelmäßig) die Minderjährigkeit des anderen Teils kennt. Problematisch ist der Fall der (seltenen) Unkenntnis der Minderjährigkeit. In dieser Situation hängt das Bestehen von Ansprüchen aus §§ 1298 ff. von der Genehmigung der Eltern ab.

9 **3. Ernsthaftes, wechselseitiges Heiratsversprechen.** Vorausgesetzt ist ein ernsthaftes wechselseitiges Heiratsversprechen; es unterscheidet das Verlöbnis von der nichtehelichen Lebensgemeinschaft. Allein die Tatsache, dass beide von der späteren Möglichkeit einer Heirat ausgehen, genügt genauso wenig wie ein faktisches Zusammenleben, die Anmietung einer Wohnung, die gemeinsame Anschaffung von Hausrat.[22] Ein Zusammenleben ohne ernstliches Eheversprechen ist selbst dann kein Verlöbnis, wenn sich die Partner als „Verlobte" bezeichnen und als solche kirchlichen Segen empfingen.[23] Wird der Hochzeitstermin auf Dauer einverständlich aufgeschoben (zB um eine bestehende Witwenversorgung nicht zu verlieren) bedeutet dies die Beendigung des Verlöbnisses.[24] Die Verlobung ist **formfrei,**[25] kann also **auch konkludent** durch schlüssiges Verhalten zustande kommen (zB indem konkrete Hochzeitsvorbereitungen getroffen werden, etwa das Drucken von Einladungskarten).[26] Kundgabe (durch Ringwechsel,[27] Verlobungsanzeigen, Familienfeier) erleichtert nur den Nachweis eines ernsthaften Eheversprechens.[28]

---

[16] BGBl. I, 2004 S. 3396.

[17] Für das frühere Recht der Lebenspartner: *Kaiser* JZ 2001, 617.

[18] *Hausmann/Hohloch*, Nichteheliche Lebensgemeinschaft, RdNr. 47 mwN.; aA *Evans-von Krebk* JA 1979, 236.

[19] *Gernhuber/Coester-Waltjen* § 8 I 6; RGRK/*Roth-Stielow* RdNr. 7; vgl. auch RG WarnR 1914, Nr. 163.

[20] RGZ 61, 267, 271 ff.; OLG Bremen FamRZ 1977, 555 f.; *Gernhuber/Coester-Waltjen* § 8 I 5; *Planck/Unzner* Vor § 1297 Anm. 3 c. Wie hier ausdrücklich Art. 90 Abs. 2 Schweizer ZGB.

[21] *Gernhuber/Coester-Waltjen* § 8 I 5.

[22] LG Hildesheim FamRZ 1960, 152 ff.

[23] BayObLG FamRZ 1983, 1226, 1228; vgl. RdNr. 11; BayObLG NJWE-FER 2001, 261.

[24] OLG Celle NJW 1983, 1065; vgl. § 1298 RdNr. 2.

[25] OLG Stettin OLGE 4, 352, 353 f. Ebenso bereits Digesten 23, 1, 4 principium. Nach ALR II 1 § 82 konnte aus gerichtlichen oder notariellen Verlöbnissen auf Eingehung der Ehe geklagt werden. Für Formbedürftigkeit rechtspolitisch *Bosch* FamRZ 1982, 867 f.

[26] AG Neumünster FamRZ 2000, 817.

[27] Der Verlobungsring ist ein Überrest des alten Brautkaufpreises, ähnlich der *arrha sponsalicia* im spätrömischen Recht (*Kaser,* Das Röm. Privatrecht II, 1975, § 216), dem heutigen Hand- oder Angeld (Draufgabe) nach §§ 336 ff. Hierin lebt fort der Realkontraktgedanke; vgl. auch das Ringgeld der Naturvölker (Manilla). Zur Geschichte etwa *O. Zallinger,* Die Ringgaben bei der Heirat, 1931; *Mühl,* Anulus pronubus, Diss. Würzburg 1961; weit. Angaben in Brockhaus Enzyklopädie Art. Verlobung.

[28] RG WarnR 1917, Nr. 273.

4. Erklärung durch Dritte. Als höchstpersönliches Rechtsgeschäft verträgt die Verlobung **keine Stellvertretung,**[29] auch nicht durch den gesetzlichen Vertreter eines beschränkt Geschäftsfähigen (ihm bleibt nur die Zustimmung zu dessen persönlicher Verlobungserklärung). Die Verlobung kann daher nicht Aufgabenkreis eines Betreuers sein, ein Einwilligungsvorbehalt ist insoweit nicht möglich.[30] Eine Erklärung durch **Boten** (Brautwerber) ist allerdings zulässig. 10

5. Mentalreservation, Scheingeschäft. Ein geheimer Vorbehalt (zB eines Heiratsschwindlers), die Eheschließung nicht zu wollen, ist nach § 116 unbeachtlich,[31] die Verlobung ist gültig. Ein Scheinverlöbnis (zB zwecks Erlangung eines Zeugnisverweigerungsrechts) ist nach § 117 nichtig.[32] Nichtig ist nach § 118 auch ein erkennbar nicht ernst gemeinter Heiratsantrag.[33] Die gemeinsame Absicht, nur eine kurzfristige Ehe zu führen, nimmt der Verlobung nicht die Ernstlichkeit.[34] Wollen die beiden Nupturienten aber eine Scheinehe (§ 1314 Abs. 2 Nr. 5) eingehen, handelt es sich nicht um ein Scheingeschäft, weil sie ja tatsächlich heiraten wollen (allerdings verstößt eine solche Ehe gegen § 138 – vgl. RdNr. 14). 11

6. Anfechtung, Rücktritt. Eine Anfechtung wegen Irrtums, arglistiger Täuschung oder Drohung kann das Verlöbnis als Dauerrechtsverhältnis nicht nach § 142 rückwirkend beseitigen. Anstelle der Anfechtung lässt die hM nur den Rücktritt zu.[35] Ein Willensmangel bildet für den Zurücktretenden den wichtigen Grund iSd. §§ 1298 Abs. 3, 1299. 12

7. Bedingung. Im Gegensatz zur Eheschließung ändert die Verlobung nicht den familienrechtlichen Status und verträgt daher einen Schwebezustand (vgl. o. RdNr. 8). Bedingte Verlöbnisse sind darum (abweichend von § 1311 S. 2) zulässig.[36] Die Unterscheidung zwischen aufschiebender und auflösender Bedingung ist eine Auslegungsfrage: Bei der Suspensivbedingung betrachten sich die Beteiligten als verlobt erst ab dem künftigen Bedingungseintritt. Bei der Resolutivbedingung wollen sie sogleich Verlobte sein, aber ungebunden bleiben, falls die Bedingung eintritt.[37] Zulässige Bedingungen sind zB das Bestehen einer Prüfung, die Erlangung einer bestimmten Berufsposition, die Einwilligung der Eltern[38] (bei Minderjährigen Rechtsbedingung), die Befreiung von einem Ehehindernis,[39] das Ergebnis ärztlicher Untersuchung.[40] Die Bedingung, dass ein gehabter Geschlechtsverkehr Folgen haben werde, verstößt nicht gegen die guten Sitten.[41] Einen **Endtermin** verträgt das Verlöbnis ebenso wenig wie die Ehe.[42] 13

---

29 Einhellige Meinung: *Gernhuber/Coester-Waltjen* § 8 II 2; *Erman/Gamillscheg* Vor § 1297 RdNr. 13; *Staudinger/Strätz* (2007) Vor § 1297 RdNr. 76. Für Ausnahmen *Thönnissen* S. 136 ff.

30 *Roth* BtPrax 2007, 100.

31 RGZ 149, 143, 148.

32 *Erman/Gamillscheg* Vor § 1297 RdNr. 14.

33 Vgl. OLG München OLGE 26, 209, 210.

34 RG JW 1905, 288 f. Die Verabredung, sich alsbald wieder scheiden zu lassen, ist unverbindlich, die Verlobung daher gültig: LG Wiesbaden FamRZ 1965, 272 f.

35 LG Saarbrücken NJW 1970, 327 f.; *Beitzke* JR 1947, 141 f.; *Gernhuber/Coester-Waltjen* § 8 II 4; *Staudinger/Strätz* (2007) Vor § 1297 RdNr. 78 ff.; *Muscheler* RdNr. 229; aA (Anfechtung zulässig) RG JW 1936, 863; *Palandt/Brudermüller* Vor § 1297 RdNr. 1; *Erman/Gamillscheg* Vor § 1297 RdNr. 15.

36 RGZ 80, 88, 89; *Thönnissen* S. 132 ff.; *Montanari* S. 61 ff.

37 Str.: Im Anschluss an RGZ 80, 88, 89 wird oft das bedingte Verlöbnis unterschieden vom unbedingten Verlöbnis mit bedingter Eheschließungsabrede; krit. dazu *Thönnissen* S. 132 ff.; *Soergel/Lange* RdNr. 8.

38 Bei Volljährigen als Bedingung unbeachtlich jedoch nach *Gernhuber/Coester-Waltjen* § 8 II 3. Vgl. § 1298 RdNr. 13 m. Fn. 73.

39 Ebenfalls Rechtsbedingung: RGSt 40, 420, 421.

40 *Staudinger/Strätz,* (2007) Vor § 1297 RdNr. 75.

41 Zutr. OLG Hamburg OLGE 16, 203 f.; *Gernhuber/Coester-Waltjen* § 8 II 3, Fn. 27. Wenn es sittliche Pflicht ist, eine Geschwängerte zu heiraten, darf man ein darauf aufbauendes Verlöbnis nicht als unmoralisch verurteilen. Für Sittenwidrigkeit hingegen *Staudinger/Strätz* (2007) Vor § 1297 RdNr. 82 ff.; *Erman/Gamillscheg* Vor § 1297 RdNr. 16.

42 *Staudinger/Strätz* (2007) Vor § 1297 RdNr. 75; *Montanari* S. 67 ff.

14 **8. Gesetzliches Verbot, Sittenwidrigkeit.** Die Nichtigkeitsgründe der §§ 134 (gesetzliches Verbot), 138 (Sittenwidrigkeit), gelten auch für Verlöbnisse.[43] Bei **unbehebbarem Ehehindernis** (Verwandtschaft) ist ein Verlöbnis aus beiden Gründen nichtig.[44] Wer das Hindernis kannte oder kennen musste, haftet dem Partner, der es unverschuldet nicht kannte, auf Ersatz des Vertrauensschadens im Umfang der §§ 1298 ff.[45] Bei behebbarem Eheverbot (§§ 1308, 1309 je Abs. 2) gilt das Verlöbnis nach dem mutmaßlichen Parteiwillen unter der aufschiebenden Bedingung, dass die Befreiung erteilt wird. Wegen Sittenwidrigkeit für nichtig angesehen, wird verbreitet das Eheversprechen eines derzeit mit einem Dritten **Verheirateten.**[46] Das wird man allerdings dann nicht annehmen können, wenn der Verheiratete zur Scheidung berechtigt ist[47] und diese auch betreibt. Denn wenn eine Ehe gescheitert ist, besteht auch die Verpflichtung aus § 1353 nicht mehr, so dass die Rechtsordnung dieser Ehe auch nicht den vollen Schutz gewährt.[48] Zwar wird die Eheschließungsfreiheit erst mit Auflösung der Ehe wieder gewonnen, gleichwohl dürfte ein Eheversprechen unter der aufschiebenden Bedingung, dass der noch Verheiratete geschieden wird, zulässig sein. Strafrechtlich kann die Angehörigen-Eigenschaft (bes. bei Zusammenleben) trotz Sittenwidrigkeit zu bejahen sein (vgl. RdNr. 20). Die Unkenntnis des unverheirateten Verlöbnispartners nimmt einem Eheversprechen nicht die Sittenwidrigkeit,[49] kann für ihn aber Schadensersatzansprüche im Umfang der §§ 1298 ff. auslösen. Nach Auflösung der entgegenstehenden Ehe kann ein zunächst nichtiges Verlöbnis gemäß § 141 mit *ex-nunc*-Wirkung bestätigt werden, auch durch schlüssiges Handeln (zB Zusammenleben, Geschlechtsverkehr, Anerkennung eines Kindes).[50] Der Ehegatte eines für tot erklärten **Verschollenen** kann sich wegen § 1319 unbedenklich mit einer anderen Person verloben. Ohne Todeserklärung gilt die Verlobung unter der Bedingung, dass der Verschollene für tot erklärt wird.[51] Das Verlöbnis eines bereits anderweitig Verlobten ist sittenwidrig (**Doppelverlobung** eines Heiratsschwindlers), sofern nicht in der Zweitverlobung ein konkludenter Rücktritt von dem ersten Verlöbnis zu sehen ist.[52] Ein Eheversprechen, das auf eine sogenannte Scheinehe (i. S. des § 1314 Abs. 2 Nr. 5) gerichtet ist, verstößt zwar nicht gegen ein Eheverbot, § 134 ist insoweit nicht einschlägig. Wenn eine eheliche Lebensgemeinschaft nicht beabsichtigt ist, stellt die Heirat aber einen Missbrauch der Ehe dar; daher ist eine Sittenwidrigkeit i. S. des § 138 zu bejahen.[53]

15 **9. Beendigung.** Das Verlöbnis endet mit Eheschließung, durch den Tod eines der Verlobten, durch Eintritt einer auflösenden Bedingung, durch Aufhebungsvertrag[54] oder durch Rücktritt.

V. Wirkungen

16 **1. Kein Erfüllungszwang.** Eine Klage aus dem Verlöbnis auf Eingehung der Ehe ist nach Abs. 1 unzulässig. Daher ist es eigentlich überflüssig, dass die §§ 888 Abs. 3, 894

[43] *Staudinger/Strätz* (2007) Vor § 1297 RdNr. 80 ff.; *Muscheler* RdNr. 226; *Rauscher* RdNr. 111.

[44] RG JW 1937, 996 f.; *Staudinger/Strätz* (2007) Vor § 1297 RdNr. 80 ff.

[45] OLG Karlsruhe NJW 1988, 3023; *Muscheler* RdNr. 229 „analog § 311 Abs. 2".

[46] RGZ 170, 72, 76; BGH VRS 36, Nr. 10; OLG Hamm NJW 1983, 1436; *Schwab* RdNr. 38; *Gernhuber/Coester-Waltjen* § 8 II 5.

[47] So aber: BGH FamRZ 1984, 386 = NStZ 1983, 564 m. Anm. *Pelchen*; BayObLG FamRZ 1983, 277 = JR 1984, 125 m. beachtenswert krit. Anm. *Strätz*; für Nichtigkeit trotz nicht rechtskräftigen Scheidungsurteils LG Nürnberg-Fürth FamRZ 1956, 282 und OLG Karlsruhe NJW 1988, 3023. AA LG Duisburg NJW 1950, 714.

[48] Wie hier: *Lüderitz/Dethloff* § 2 RdNr. 10; in die gleiche Richtung geht das Argument mit § 1599 II (*Rauscher* RdNr. 111).

[49] Zweifelnd LG Nürnberg-Fürth FamRZ 1956, 282.

[50] OLG Halle JR 1951, 439 f.

[51] Vgl. OLG Schleswig SchlHA 1950, 288; *Schrodt* NJW 1950, 732 f. Für sittenwidrig halten ein solches Verlöbnis dagegen *Staudinger/Strätz* (2007) Vor § 1297 RdNr. 85; *Soergel/Lange* RdNr. 7.

[52] RGZ 105, 245, *Grupp*, Das doppelte Verlöbnis, Diss. Tübingen 1940.

[53] *Gernhuber/Coester-Waltjen* § 8 I 5; *Bamberger/Lohmann* Vor § 1297 RdNr. 14.

[54] Zum Vertragscharakter des Verlöbnisses s. RdNr. 4, 5.

Abs. 2 ZPO auch die Vollstreckung hierauf gerichteter Urteile untersagen. Diese vor dem BGB erlassenen ZPO-Vorschriften waren aber vor 1900 von Bedeutung, da einige wenige Partikularrechte und das kanonische Recht den Bräutigam verpflichteten, die geschwängerte Braut zu ehelichen.[55] Auch für ausländische Urteile[56] haben die §§ 888 Abs. 3, 894 Abs. 2 ZPO keine Bedeutung, da wegen Verstoßes gegen den *ordre public* etwaige Urteile auf Eingehung einer Ehe nach §§ 328 Abs. 1 Nr. 4, 722ff. ZPO im Inland nicht anerkannt würden.[57] Einer Klage auf **Feststellung** des Bestehens oder Nichtbestehens eines Verlöbnisses (§ 256 ZPO) steht § 1297 Abs. 1 nicht entgegen.[58] Ein **Vertragsstrafeversprechen** für den Fall, dass die Eheschließung unterbleibt, erklärt § 1297 Abs. 2 (ergänzend zu § 344) für nichtig;[59] das gilt auch für Strafversprechen Dritter.[60]

2. Pflichten aus dem Verlöbnis. Trotz fehlenden Erfüllungszwanges besteht nach hL eine Rechtspflicht zur Eheschließung,[61] da ein unbegründeter Rücktritt nach §§ 1298ff. Ersatzpflichten auslöst. Die übrigen Pflichten aus dem Dauerrechtsverhältnis des Brautstandes sind weniger intensiv als unter Ehegatten. Weder bestehen die Hauptpflichten aus § 1353 (Haus- und Geschlechtsgemeinschaft) noch klagbare Unterhaltspflichten.[62] Gleichwohl besteht eine personale Verbindung mit Pflichten zur Verlöbnistreue, zur Rücksichtnahme und zur Beistandsleistung.[63] Als Fürsorgepflicht kommt die Pflicht in Betracht, einen **Selbstmord des Partners** zu verhindern.[64] Bei widerrechtlicher Tötung des Verlobten durch einen Dritten hat dessen Partner keine Unterhaltsansprüche nach § 844 Abs. 2 gegen den Schädiger.[65] Der Überlebende hat auch keinen sozialrechtlichen Anspruch auf „Witwenversorgung" nach dem Opferentschädigungsgesetz (§ 1 Abs. 1, 8 OEG).[66] Daher ist es fraglich, ob ein körperlich verletzter Verlobter als Schaden auch den ihm entgehenden Unterhalt ersetzt verlangen kann, wenn die Heirat infolge der Verletzung unterbleibt;[67] denn beeinträchtigt wird lediglich eine Aussicht auf Unterhalt, nicht aber eine verfestigte Rechtsposition. 17

3. Vermögensrechtliche Folgen. Das Verlöbnis begründet keine Unterhaltspflichten. Immerhin können Verlobte nach § 1408 schon einen **Güterrechtsvertrag** (Ehevertrag) 18

---

[55] Ein besonders drastisches Beispiel für solchen Heiratszwang bei *Ebel,* Curiosa iuris germanici, 1968, S. 71; weitere bei *Luther* RvglHWB VII, S. 194 Fn. 1; *Schubart/Fikentscher,* Hallesche Spruchpraxis, 1960, S. 48f. m. Nachw.; *Zimmer,* Die Geschichte des OLG Frankfurt/M., 1976, S. 58f.; zu ALR II 1 § 82 s. o. Fn. 25.

[56] Die meisten Rechtsordnungen haben den Heiratszwang abgeschafft; vgl. den Überblick bei *Luther* S. 194, 202; *Staudinger/Strätz* (2007) Vor § 1297 RdNr. 45ff.

[57] *Dölle* I § 6 IV 1.

[58] RGRK/*Roth-Stielow* RdNr. 11; Kaum praktisch: *Staudinger/Strätz* (2007) RdNr. 2.

[59] Codex Justinianus 8, 38, 2; ähnlich Digesten 45, 1, 134 principium. In der Frühzeit waren Verlöbnisse klagbar und wurde bei Nichterfüllung Schadensersatz geschuldet; vgl. *Medicus,* Id quod interest, 1962, S. 213f.; *Söllner,* Zur Vorgeschichte etc. der actio rei uxoriae, 1969, S. 23. Bald entwickelte sich jedoch die Freiheit zur Eheschließung; vgl. *Kaser,* Römisches Privatrecht, § 58 III; *ders.* ZRG rom. Abt. 60 (1940), 121ff.

[60] *Planck/Unzner* Anm. 3; beide Absätze des § 1297 sind Ausdruck der bereits im klassischen römischen Recht anerkannten Eheschließungsfreiheit (*„libera matrimonia esse placet"*, vgl. RdNr. 1).

[61] RG JW 1971, 848; *Beitzke,* FS Ficker, S. 80f.; *Gernhuber/Coester-Waltjen* § 8 III 1; *Erman/Gamillscheg* Vor § 1297 RdNr. 17; RdNr. 1; *Palandt/Brudermüller* Vor § 1297 RdNr. 3; RdNr. 1; **aA** (nur sittliche Pflicht) *Reichel* JherJb. 59 (1911), 409, 426; *Stech* ZZP 77 (1964), 178, 182; *Canaris* AcP 165 (1965), 1, 4ff.; unter Überbetonung der Eheschließungsfreiheit und nicht widerspruchsfrei *Montanari* S. 70ff.; 89f. Bloßer „Eheschließungsplan" nach *Staudinger/Strätz* (2007) Vor § 1297ff. RdNr. 54f., 88ff.

[62] Steuerrechtlich kann an den bedürftigen Verlobten gezahlter Unterhalt (als sittliche Pflicht) uU als außergewöhnliche Belastung anerkannt werden: BFH NJW 1994, 959.

[63] OLG Koblenz FamRZ 1995, 1068; *Gernhuber/Coester-Waltjen* § 8 III 2; *Staudinger/Strätz* (2007) RdNr. 3 u. 4.

[64] BGH LM StGB § 222 Nr. 25 = FamRZ 1955, 136 = JR 1955, 104 m. abl. Anm. *Heinitz*; kritisch auch *Geilen* FamRZ 1961, 147, 150f. Eine Garantenstellung folgt jedenfalls aus faktischem Zusammenleben, so BGH FamRZ 1960, 402; *Staudinger/Strätz* (2007) Vor § 1297 RdNr. 93.

[65] KG NJW 1967, 1089f. (zu § 845); aA *Reichel* DJZ 1931, 562. Das Rechtsverhältnis, kraft dessen der Getötete unterhaltspflichtig werden konnte (§ 844 Abs. 2), muss nach hM bereits zZ der Tötung bestehen; vgl. Nach § 1302 RdNr. 32. Dagegen eindringlich *Bosch* FamRZ 1993, 1404, 1406f.

[66] BVerfG FamRZ 1993, 1419, 1420; BSG FamRZ 1992, 808; krit. *Bosch* FamRZ 1993, 1404, 1406f.

[67] So aber BGH FamRZ 1961, 260; *Wacke,* Voraufl.

schließen (nach ausländischen Rechten mit Unwandelbarkeit des Güterstandes nur Verlobte), der allerdings erst mit der Eheschließung wirksam wird.[68] Auch für einen Ehevertrag unter Verlobten gelten die von der Rechtsprechung entwickelten Regeln zur Inhaltskontrolle.[69] Zu Ausgleichsansprüchen wegen **Dienstleistungen** s. § 1301 RdNr. 10. Zuwendungen anderer Art können eventuell als unbenannte Zuwendungen oder über die Regeln einer Innengesellschaft behandelt werden.[70]

19 **4. Erbrecht.** Das Verlöbnis begründet kein gesetzliches Erbrecht. Bei Erbverträgen und Erbverzichtsverträgen stehen Verlobte den Ehegatten gleich (§§ 2275 Abs. 3, 2276 Abs. 2, 2279 Abs. 2, 2290 Abs. 3 S. 2, 2347 Abs. 1). Ein Ehegattentestament können Verlobte nicht errichten. Die Gegenansicht will eine Heilung gemeinschaftlicher Testamente von Verlobten durch die spätere Eheschließung zulassen, da die Gründe des BGB-Gesetzgebers gegen ein gemeinschaftliches Testieren von Verlobten nicht überzeugten.[71] Gegen die Gleichstellung von Ehegatten und Verlobten spricht, dass ein gemeinschaftliches Testament ein Vertrauensverhältnis sowie eine rechtliche Bindung voraussetzt, die noch am ehesten bei Ehegatten besteht, nicht jedoch schon bei Verlobten. Ein praktisches Bedürfnis besteht wegen der Möglichkeit, einen Ehevertrag abzuschließen, ohnehin kaum.[72] Setzt ein Verlobter den anderen in einem Testament oder Ehevertrag zum Erben ein, so ist diese Verfügung im Zweifel unwirksam, wenn das Verlöbnis aufgelöst wird (§ 2077 Abs. 2). Dagegen bleibt die Verfügung von Todes wegen wirksam, wenn erst der Tod das Verlöbnis beendet; zwar erfolgte die testamentarische Zuwendung mit der Vorstellung, dass eine Eheschließung erfolgen werde, aber ein Ausschluss für den Fall des eigenen Todes ist in der Regel nicht gewollt. § 2077 Abs. 2 ist auf ein nichtiges Verlöbnis analog anzuwenden, wenn der Verfügende davon ausgeht, wirksam verlobt zu sein. Denn in diesem Fall ist Geschäftsgrundlage der Zuwendung die Hoffnung auf die baldige Eheschließung, die mit dem Scheitern des (nichtigen) Verlöbnisses wegfällt. Liegt überhaupt kein Verlöbnis vor, sondern lediglich eine nichteheliche Lebensgemeinschaft, so greift § 2077 nicht ein.[73]

20 **5. Strafrecht.** Im Strafrecht sind Verlobte **Angehörige** gemäß § 11 Abs. 1 Nr. 1 a StGB. Für sie gilt der entschuldigende Notstand des § 35 StGB. Eine Strafvereitelung zugunsten des Verlobten bleibt straffrei (§ 258 Abs. 6 StGB). Manche Straftaten zum Nachteil des Verlobten sind Antragsdelikte (§§ 247, 259 Abs. 2, 263 Abs. 4 StGB). Im Strafrecht gelten jedoch zT vom bürgerlichen Recht **abweichende Verlöbnisvoraussetzungen:**[74] Statt der Geschäftsfähigkeit ließ RGSt. 38, 242 die tatsächliche Einsichtsfähigkeit genügen. Ein geheimer Vorbehalt wurde entgegen § 116 beachtet,[75] was problematisch ist. Die innere Aufgabe des Eheschließungswillens beendet das Verlöbnis auch ohne Rücktrittserklärung gegenüber dem Partner.[76] Trotz sittenwidriger Verlobung (RdNr. 14) kann ein Angehörigen-Verhältnis zu bejahen sein.

21 **6. Prozessrecht.** Die Prozessordnungen gewähren Verlobten ein Zeugnis-, Auskunfts-, Eides- und Gutachtenverweigerungsrecht: ZPO §§ 383 bis 385, 408; FGG § 15; (ab 1. 9. 2009 FamFG § 29 Abs. 3); StPO §§ 52, 55, 61 Nr. 2, 63, 76. Bekannte des Verlobten eines

---

[68] Die Heirat ist Rechtsbedingung für ihr Gültigwerden. Die gegenteilige Ansicht in den Motiven (*Mugdan* V 133, 718, 719 f.) bindet nicht; die besseren Gründe sprechen gegen sie. S. *Wacke,* FS W. Wolodkiewicz, 1999, sub IV.

[69] OLG Schleswig NJW-RR 1999, 1094.

[70] Vom Bräutigam im Auftrag und mit Mitteln seiner Braut gekaufte Möbel will er im Zweifel für sie erwerben (RGZ 100, 190, 193).

[71] *Wacke,* Vorauflage RdNr. 16; *ders.* FamRZ 2001, 457.

[72] *Kanzleiter* FamRZ 2001, 1198.

[73] BayObLG NJWE-FER 2001, 261.

[74] *Bruns,* Die Befreiung des Strafrechts vom zivilistischen Denken, 1938, S. 182 ff.; *ders.* MDR 1953, 458 ff.; *Geilen* FamRZ 1961, 156 f.; *Gernhuber/Coester-Waltjen* § 8 I 5, Fn. 9. Eine Vereinigung von zivil- und strafrechtlichem Verlöbnisbegriff unternimmt auf der Grundlage der Vertrauenshaftungslehre *Wissing* S. 37 ff., 88 f.

[75] RGSt. 35, 49; HRR 1939, Nr. 1070; BGHSt. 3, 215.

[76] RGSt. 75, 290.

Beschuldigten haben kein Weigerungsrecht.[77] Für Verlöbnisse nach ehemaligem DDR-Recht (sofern noch relevant) sind die Weigerungsrechte (entgegen dem zu engen Wortlaut von Art. 234 § 2 EGBGB) ebenfalls anzuerkennen.[78]

7. Ausländerrecht. Im Ausländerrecht hat das Verlöbnis nicht die gleichen starken Wirkungen wie eine Ehe, insbesondere entsteht kein genereller Anspruch auf ein Aufenthaltsrecht eines mit einem Deutschen verlobten Ausländers.[79] Im Einzelfall kann jedoch, wenn die Eheschließung unmittelbar bevorsteht, das Ermessen der Behörde eingeschränkt sein, da Art. 6 Abs. 1 GG auch den ungehinderten Zugang zur Ehe garantiert. 22

§ 1298 Ersatzpflicht bei Rücktritt

(1) [1] Tritt ein Verlobter von dem Verlöbnis zurück, so hat er dem anderen Verlobten und dessen Eltern sowie dritten Personen, welche anstelle der Eltern gehandelt haben, den Schaden zu ersetzen, der daraus entstanden ist, dass sie in Erwartung der Ehe Aufwendungen gemacht haben oder Verbindlichkeiten eingegangen sind. [2] Dem anderen Verlobten hat er auch den Schaden zu ersetzen, den dieser dadurch erleidet, dass er in Erwartung der Ehe sonstige sein Vermögen oder seine Erwerbsstellung berührende Maßnahmen getroffen hat.

(2) Der Schaden ist nur insoweit zu ersetzen, als die Aufwendungen, die Eingehung der Verbindlichkeiten und die sonstigen Maßnahmen den Umständen nach angemessen waren.

(3) Die Ersatzpflicht tritt nicht ein, wenn ein wichtiger Grund für den Rücktritt vorliegt.

Schrifttum: *Frohnhausen,* Der Verlöbnisbruch nach dem BGB, Diss. Leipzig 1906; *Hartmann,* Der Rücktritt vom Verlöbnis und seine Rechtsfolgen, 1921; *Schirsner,* Der Verlöbnisbruch und seine besonderen Rechtsfolgen, Diss. Erlangen 1936; *Zihlmann,* Der Verlöbnisbruch, 1902.

Übersicht

I. Normzweck – Rechtsnatur

1 §§ 1298, 1299 ziehen eine Konsequenz aus der bestehenden Primärpflicht zur Eheschließung, die durch ein wirksames Verlöbnis begründet wird. Daher gewährt das Gesetz einen Ersatzanspruch für einen Vertrauensschaden, wenn einer der Verlobten grundlos vom Ver-

[77] BGHR StPO § 70 Ordnungsgeld 2.
[78] Vgl. 3. Aufl. RdNr. 19 ff., 22; Zivilrecht im Einigungsvertrag RdNr. 434.
[79] OVG NRW NWVBl 2006, 418; VGH Baden-Württemberg FamRZ 2002, 1113.

löbnis zurücktritt oder dem anderen durch sein schuldhaftes Verhalten einen Grund zum Rücktritt gibt. Die Vorschriften stellen keine Strafe für den Verlöbnisbruch dar, gewähren daher auch keinen Ersatz des positiven Interesses. Im Ergebnis ist damit der Rücktritt vom Verlöbnis zwar jederzeit möglich (unbeschränkte Rücktrittsmacht),[1] ist jedoch sanktionslos zulässig nur bei einem bestehenden Grund[2] (eingeschränktes Rücktrittsrecht). Die Beschränkung des Schadensersatzes auf das Abwicklungsinteresse steht nicht im Widerspruch zum Bestehen der Primärpflicht, da im höchstpersönlichen Bereich Primärpflichten nicht erzwungen werden können.

II. Der Rücktritt

2 **1. Voraussetzungen.** Der **Rücktritt** ist eine einseitige empfangsbedürftige Willenserklärung.[3] Wirksam wird die Rücktrittserklärung nach § 130 Abs. 1 S. 2 mit ihrem Zugang beim Verlöbnispartner.[4] Stillschweigende Rücktrittserklärung ist möglich,[5] etwa durch fluchtartige Abreise[6] oder ostentative Hinwendung zu einem Dritten. (Versuchter) Selbstmord ist idR nicht Ausdruck eines Rücktrittswillens.[7] Die Frage, ob das Verlöbnis durch Rücktritt beendet ist, beurteilt sich nur nach dem Verhalten der Verlobten zueinander, nicht nach ihren Erklärungen gegenüber Dritten.[8] Als höchstpersönliche Rechtsgeschäfte können Rücktritt und Entlobung auch durch einen beschränkt geschäftsfähigen Verlobten erklärt werden,[9] sein gesetzlicher Vertreter kann ihn nicht gegen seinen Willen durch Verweigerung der Genehmigung am Verlöbnis festhalten (Eheschließungsfreiheit).[10] Vertretung ist bei Geschäftsunfähigen allerdings möglich.[11] Eine Rücktrittserklärung durch Boten ist zulässig. Bei der **einverständlichen Entlobung** entstehen keine Ansprüche aus §§ 1298 ff.[12] Keine Entlobung liegt vor, wenn die Verlobten einverständlich am Eheschließungswillen festhalten und nur gegenüber Dritten (zB den nicht einverstandenen Brauteltern) eine Auflösung behaupten.[13]

3 **2. Wirkungen.** Der erklärte Rücktritt hebt das Verlöbnis **für die Zukunft** auf[14] und beseitigt auch die Bindung des anderen Verlobten.[15] Die schuldrechtlichen Rücktrittsfolgen aus §§ 346 ff. sind grundsätzlich unanwendbar.[16] Zu beseitigen ist ein erklärter Rücktritt nicht durch einseitigen Widerruf, sondern nur durch einverständliche Aussöhnung **(Wiederverlobung).**[17] Solange die zweite Verlobung hält, wollen sich die Verlobten danach im Zweifel so stellen, als sei der Rücktritt nicht erfolgt.[18]

---

[1] RGZ 80, 88, 90; 98, 13 f.

[2] *Gernhuber/Coester-Waltjen* § 8 V 1; RGRK/*Roth-Stielow* RdNr. 7; *Staudinger/Strätz* (2007) RdNr. 13; *Soergel/Lange* RdNr. 2, 9.

[3] *Palandt/Brudermüller* RdNr. 1; *Gernhuber/Coester-Waltjen* § 8 IV 1; RGRK/*Roth-Stielow* RdNr. 3; *Giesen* RdNr. 96. Nur analoge Anwendung der Rechtsgeschäftsvorschriften nach *Planck/Unzner* Anm. 13.

[4] RGZ 105, 245 f. Nach *Wissing,* Die Rechtsnatur des Verlöbnisses, Diss. Saarbrücken, 1967, S. 85 soll schon die innere Aufgabe des Eheschließungswillens genügen, der Partner aber bis zur Kenntniserlangung noch als verlobt gelten.

[5] RGZ 170, 72, 81.

[6] RG Recht 1913, Nr. 1298.

[7] *Staudinger/Strätz* (2007) RdNr. 39; für die Rechtslage vor 1900 RGZ 39, 188 ff.

[8] RGZ 141, 360. Kundgabe nach außen ist auch für die Verlobung nicht konstitutiv: § 1297 RdNr. 9.

[9] RGZ 98, 13, 15; *Erman/Gamillscheg* § 1289 RdNr. 4; *Staudinger/Strätz* (2007) RdNr. 6.

[10] RGZ 98, 13, 15; OLG Königsberg HRR 1942, 51; *Gernhuber/Coester-Waltjen* § 8 IV 2.

[11] Vgl. *Roth* BtPrax 2007, 100, 102.

[12] *Palandt/Brudermüller* RdNr. 2; *Rauscher* RdNr. 116.

[13] RGZ 141, 358, 360 f. = JW 1933, 2329, 2331 m. Anm. *Fraeb.*

[14] *Gernhuber/Coester-Waltjen* § 8 IV 1; *Staudinger/Strätz* (2007) RdNr. 3.

[15] RG WarnR 1914, Nr. 164.

[16] *Gernhuber/Coester-Waltjen* § 8 IV 1.

[17] RG WarnR 1914, Nr. 164; OLG Stettin OLGE 30, 33; *A. Müller,* Die Wiederverlobung, Diss. Erlangen 1934.

[18] Vgl. *Wacke* ZRG rom. Abt. 91 (1974), 251 ff.; abl. *Staudinger/Strätz* (2007) RdNr. 11. Über andere, in der Konstruktion (nicht im Ergebnis) abweichende Ansichten vgl. *Gernhuber/Coester-Waltjen* § 8 IV 3.

III. Schadensersatz

1. Aufwendungen und Verbindlichkeiten. Vom Zurücktretenden zu ersetzen sind Schäden durch angemessene Aufwendungen oder eingegangene Verbindlichkeiten in Erwartung der Ehe. Aufwendungen sind freiwillige Vermögensopfer[19] für die beabsichtigte Ehegemeinschaft: Ausgaben und Anschaffungen für den künftigen Haushalt,[20] vor allem die Miete einer Wohnung,[21] Kaufverpflichtungen über ein Wohngrundstück oder eine Eigentumswohnung,[22] Umzugskosten, Ausgaben und Darlehensaufnahmen zum Kauf von Hausrat,[23] die Kosten für Verlobungsanzeigen,[24] und für die Verlobungsfeier.[25] Geldwerte Arbeitsleistungen zum Hausbau auf dem Grundstück des Verlobten sind ersatzfähig,[26] soweit daraus Vermögensnachteile iSv. Abs. 1 S. 2 resultieren (RdNr. 7). Nicht zu ersetzen sind die aus persönlicher Gastfreundschaft im geselligen Verkehr gelegentlich erbrachten Bewirtungskosten für gratulierende Verwandte,[27] ebensowenig regelmäßige Beiträge für den Unterhalt beider oder auch nur des anderen Verlobten.[28] Zuschüsse zur Finanzierung einer Berufsausbildung des Ex-Verlobten sind jedoch zu erstatten. Nicht zu ersetzen sind die Kosten einer gemeinsamen Vergnügungsreise, die auch Nichtverlobte unternehmen könnten; ersetzt wurden die Reisekosten zum entfernt wohnenden Partner zwecks gegenseitigen näheren Kennenlernens in Vorbereitung der Ehe,[29] was aber wohl etwas weit geht, da derartige Kosten ebenfalls bei jedem Paar anfallen dürften. Für Geschenke unter Verlobten ist § 1301 *lex specialis* und § 1298 unanwendbar.[30] 4

2. Sonstige Maßnahmen, die das Vermögen oder die Erwerbsstellung **des Verlöbnispartners** nach Abs. 1 S. 2 berühren, sind die Aufgabe seines Berufes, die Kündigung seiner Anstellung[31] oder seiner bisherigen Wohnung, die Veräußerung von Einrichtungsgegenständen am bisherigen Wohnort, der Ankauf eines (gemeinsam zu betreibenden) Geschäfts.[32] Die Ausschlagung eines anderweitigen Heiratsantrages berührt jedoch nicht das Vermögen der Braut.[33] Über Dienstleistungen s. § 1301 RdNr. 10. 5

3. Ehebezogenheit. In Erwartung der Ehe wurden die Aufwendungen oder Maßnahmen getroffen, wenn sie bei vorausgesehenem Scheitern der Verlobung unterblieben wären.[34] Die erwartete Heirat muss der **Hauptbeweggrund** gewesen sein; anderweitige Nebenmotive sind alsdann unschädlich.[35] Nicht in Erwartung der Ehe werden Maßnahmen 6

---

19 Vgl. BGHZ 59, 329 f.

20 *Palandt/Brudermüller* RdNr. 5.

21 Vgl. RGZ 58, 255.

22 OLG Köln FamRZ 1995, 1142.

23 OLG Hamburg OLGE 14, 243.

24 OLG Frankfurt NJW-RR 1995, 899.

25 OLG Karlsruhe OLGE 11, 278 f.; OLG Hamburg OLGE 14, 243; aM *Staudinger/Strätz* (2007) RdNr. 53.

26 Vgl. (zu §§ 994, 996) BGHZ 131, 220, 224 ff. = LM § 249 (A) Nr. 111 m. zust. Anm. *Stürner/Dittmann.* Strengere Anforderungen (nur bei berufstypischer Arbeit oder nachweisbarem Verdienstentgang) nach AG Augsburg FamRZ 1987, 1141; LG Gießen FamRZ 1994, 1522. Dass „berufsfremd eingesetzte Arbeitskraft typischerweise keinen Vermögenswert" habe (so *Staudinger/Strätz* (2007) RdNr. 60), ist übertrieben. Bei berufstypischen Leistungen fällt nur der Schadensnachweis leichter; vgl. den (auch bei § 683 analog angewendeten) Rechtsgedanken des § 1835 Abs. 3. Reiner Freizeitverlust ist nicht kommerzialisiert.

27 OLG Kiel SchHA 1924, 66; OLGE 6, 276; OLG Königsberg DRiZ 1933, Nr. 303.

28 OLG Hamburg OLGE 16, 203; auch nicht bei längerem Verlöbnis, *Schwab* RdNr. 42; *Rauscher* RdNr. 127; aA RG LZ 1917, 868 und die 3. Aufl.

29 OLG Königsberg DRiZ 1933 Nr. 303; aA *Rauscher* RdNr. 127.

30 KG LZ 1922, 691 f.

31 RG WarnR 1914, Nr. 254; 1918, Nr. 76; 1924, Nr. 181; OLG Hamburg OLGE 16, 203; OLG Stuttgart FamRZ 1977, 545 f. = NJW 1977, 1779.

32 RG JW 1903; Beil. S. 144 ff.

33 RG JW 1902, Beil. S. 259; *Giesen* RdNr. 100. Geminderte Heiratsaussichten sollte nur der Kranzgeldanspruch des früheren § 1300 ausgleichen.

34 RG JW 1903, Beil. S. 144 ff.; WarnR 1914, Nr. 254; 1935, Nr. 69.

35 RG Recht 1914, Nr. 2673.

getroffen, bei deren Vornahme der mangelnde Eheschließungswille des Partners bereits bekannt war.[36] Gleiches gilt für erst in Erwartung einer Verlobung erbrachte Aufwendungen (Bewirtung des zukünftigen Verlobten).[37] Bei nichtigem, später wirksam gewordenem Verlöbnis sind Aufwendungen in Erwartung der Ehe getroffen, wenn es der Aufwendende für gültig hielt oder mit dessen Wirksamwerden rechnete.[38] **Unterhaltsbeiträge** unter Verlobten, die schon vor der Heirat einen gemeinsamen Haushalt führen, sind auf das gegenwärtige Zusammenleben hin erbracht, nicht in Erwartung der Ehe, sondern in deren Vorwegnahme.[39] Gleiches gilt für diesbezügliche Leistungen von Angehörigen (zB mietfreies Wohnen bei den Brauteltern),[40] fallweise auch von Aufwendungen für Anschaffungen zum Zwecke vorehelichen Zusammenlebens. Geschützt wird nur konkretes Vertrauen auf das Zustandekommen einer Ehe, nicht der Aufwand um einer Partnerschaft willen. Verdienstentgang und Aufwendungen der Braut infolge einer **Schwangerschaft** und der Sorge für ein von ihr geborenes Kind sind laut OLG Hamm nicht vom Schutzzweck des § 1298 erfasst.[41] Das wird man so allgemein nicht sagen können, sondern nur hinsichtlich solcher Ansprüche, die auf ein positives Interesse hinsichtlich der Eheschließung hinauslaufen (etwa § 1570). Allerdings ist der mittlerweile erweiterte § 1615 l in den Voraussetzungen dem § 1570 angeglichen.

7 **4. Schäden.** Ein Schaden i. S. d. Vorschrift setzt eine Kausalität zwischen den getätigten Aufwendungen und einer Vermögenseinbuße voraus, woran es bei anderweitiger Verwendbarkeit von angeschafftem Hausrat fehlt. Bei einer Berufsaufgabe liegt der Schaden im Verdienstausfall bis zur Erlangung einer gleichwertigen Stellung. Für den Schadensersatzanspruch gelten die §§ 249 ff.; nach der Schadensminderungspflicht des § 254 Abs. 2 muss sich der Ex-Verlobte möglichst bald um die Wiedererlangung einer entsprechenden Berufsposition bemühen, für die vergeblich angemietete Wohnung müssen Nachmieter gesucht, aufgenommene Darlehen müssen möglichst storniert werden. **Gesundheitsschäden** infolge Verlöbnisbruches gehören **nicht** zu den nach § 1298 zu ersetzenden, das Vermögen berührenden Aufwendungen oder Maßnahmen[42] in Erwartung der Ehe; auch nicht Aufwendungen für eine (auf Drängen des Partners vorgenommene) Sterilisation oder psychotherapeutische Behandlung.[43] Zu anderen Anspruchsgrundlagen (bes. aus § 823) s. u. RdNr. 18. Hinsichtlich der Schadenshöhe entscheidet der Zeitpunkt der Urteilsfällung.[44] Wie allgemein im Schadensrecht gelten auch hier die Grundsätze des Vorteilsausgleichs; so kann eine Verheiratung mit einem anderen Partner zu einer Schadensminderung führen.[45]

8 **5. Ersatzberechtigter.** Ersatzberechtigt sind nach Abs. 1 S. 1 der (die) verlassene Verlobte sowie dessen (deren) Eltern oder die an deren Stelle handelnden Personen wegen der von ihnen selbst erbrachten Aufwendungen und eingegangenen Verbindlichkeiten. Wegen sonstiger Maßnahmen ist nach Abs. 1 S. 2 nur der Verlobte persönlich anspruchsberechtigt. Anstelle der Eltern handelt, wer aus gleicher persönlicher Bindung und sittlicher Einstellung heraus handelt; er kann auch neben den Eltern ergänzend handeln.[46]

---

[36] RG WarnR 1935, Nr. 69.

[37] RG Recht 1907, Nr. 1447; KG OLGE 18, 249.

[38] In RGZ 170, 72, 77 mangels Schaden dahingestellt.

[39] OLG Oldenburg FamRZ 1996, 287 = NJW-RR 1996, 577; OLG Hamm OLGR 1998 248; OLG Düsseldorf FamRZ 1981, 770 (auch kein Ersatz aus § 812); OLG Celle OLGZ 1970, 326; OLG Frankfurt NJW 1971, 470 f.; *Richter* FamRZ 1960, 267. Gleiches Ergebnis (mit so nicht mehr haltbarer Begr.) in BGH FamRZ 1960, 129 m. Anm. *Bosch* = JZ 1960, 320; *Staudinger/Strätz* (2007) RdNr. 54.

[40] OLG Frankfurt NJW-RR 1995, 899 = JuS 1995, 936 (Anm. *Hohloch*).

[41] OLG Hamm FamRZ 1995, 296; dagegen *Bosch* FamRZ 1995, 483 und *Hohloch* JuS 1995, 741; *Soergel/Hohloch* Nachtr. RdNr. 12.

[42] RG WarnR 1924, Nr. 181; OLG Düsseldorf FamRZ 1962, 429 f. Die gegenteilige Ansicht (RG WarnR 1918, Nr. 76) wurde ausdrücklich aufgegeben in RG LZ 1925, 594.

[43] OLG Düsseldorf FamRZ 1981, 355.

[44] RG WarnR 1924, Nr. 181.

[45] RG WarnR 1925, 132.

[46] *Staudinger/Strätz* (2007) RdNr. 44.

6. Angemessenheit (Abs. 2). Wegen ihrer Höhe oder ihres Zeitpunktes unangemessene Aufwendungen oder Dispositionen sind nicht zu ersetzen. Hinsichtlich ihrer Angemessenheit kommt es nach Abs. 2 auf die Einzelfallumstände an, vor allem auf die Vermögensverhältnisse des Aufwendenden, unter Berücksichtigung des Lebensstandards der künftigen Eheleute.[47] Zu berücksichtigen ist die Ferne oder Nähe des in Aussicht genommenen Hochzeitstermins.[48] Je vager er geplant ist, desto besonnener muss man disponieren. Mit Einverständnis des Partners erbrachte Aufwendungen sind selten unangemessen.[49] Nicht angemessen (auch weil verfrüht oder gar überstürzt) ist die Aufgabe einer gut gehenden Steuerberaterpraxis durch einen lebenserfahrenen Mann wenige Wochen nach seiner Verlobung mit einer kurz zuvor kennengelernten Frau zwecks Ordnung ihrer Vermögensverhältnisse.[50] 9

IV. Wichtiger Rücktrittsgrund (Abs. 3)

1. Allgemeines. Durch den Nachweis eines wichtigen, anerkennenswerten Grundes kann sich der Zurücktretende von seiner Schadensersatzpflicht befreien. Wichtige Gründe sind erhebliche Tatsachen, die bei verständiger, die Einzelfallumstände berücksichtigender Würdigung den Zurücktretenden von der Verlobung abgehalten hätten.[51] Die Hinderungsgründe können in objektiven Tatsachen oder in der Person eines Verlobten (auch des Zurücktretenden selbst)[52] liegen. Vom Zurücktretenden selbst verschuldete Rücktrittsgründe befreien ihn jedoch nicht von seiner Ersatzpflicht.[53] Ob die Überzeugung, die Ehe mit dem Partner werde nicht glücklich werden, als wichtiger Grund anzuerkennen ist, entscheidet über die Konzeption des Verlöbnisses als bloßer Probe- und Prüfungszeit oder aber als Vorvertrag mit der Rechtspflicht zur Heirat[54] (vgl. § 1297 RdNr. 17): Die ganz hM lässt eine derartige unkontrollierbare Behauptung mit Recht nicht als wichtigen Grund gelten, da sich sonst jeder darauf berufen könnte und jede Bindung an den erklärten Eheschließungswillen entfiele.[55] Das Risiko eines nicht motivierbaren Verlusts der Ehebereitschaft trägt damit der Zurücktretende. Zur Vermeidung der Ersatzpflicht empfiehlt sich in diesem Fall eine einverständliche Entlobung (vgl. RdNr. 2, aber auch 17). Sinnvoll ist es auch, den anderen frühzeitig über wechselnde Gefühle zu informieren, weil dann später getätigte Aufwendungen nicht ersatzfähig sind. 10

2. Einzelfälle. Wichtige Gründe sind zB: Bruch der Verlöbnistreue, auch schon der erweckte Anschein aufgrund ungewöhnlicher Vertraulichkeiten mit einem Dritten;[56] Beschimpfungen und Verdächtigungen des Partners,[57] soweit nicht verziehen;[58] Feindseligkeit 11

---

47 *Staudinger/Strätz* (2007) RdNr. 49 stellt im Zweifel auf den höheren Lebensstandard eines Verlobten ab.

48 RG WarnR 1918, Nr. 76; OLG München HRR 1938, 1595; OLG Stuttgart FamRZ 1977, 545 f.

49 Vgl. Prot. *Mugdan* IV 678; RGRK/*Scheffler* 11. Aufl. Anm. 6 unter Hinweis auf ein RG-Urteil vom 28. 10. 1935 (IV 120/35).

50 BGH NJW 1961, 1716 = FamRZ 1961, 424.

51 HM; vgl. *Schwab* RdNr. 4; *Rauscher* RdNr. 125; *Gernhuber/Coester-Waltjen* § 8 IV 4.

52 Vgl. OLG München DJ 1938, 198 m. Anm. *Maßfeller* (damals allerdings zeitbedingt durch die NS-Erbgesundheitsgesetzgebung).

53 Verbot des *venire contra factum proprium*; vgl. OLG Königsberg HRR 1937, 555; *Erman/Gamillscheg* RdNr. 8; *Staudinger/Strätz* (2007) RdNr. 8; aA *Gernhuber/Coester-Waltjen* § 8 IV 6.

54 Im zweiten Sinn zutr. *Montanari* S. 60 f. mwN (der Heiratspflicht S. 70 ff., 89 f. allerdings inkonsequent ablehnt). Ob man zueinander passt, ist nach hM vor der Verlobung zu prüfen: man verlobt sich nicht, um sich kennenzulernen, sondern nachdem und weil man sich kennen gelernt hat.

55 *Schwab* RdNr. 41; *Lüderitz/Dethloff* § 2 RdNr. 13; *Staudinger/Strätz* (2007) RdNr. 16 (trotz abweichender Konzeption vom Verlöbnis als bloßem „Eheschließungsplan" ohne Förderungspflicht, Vorbem. § 1297 RdNr. 88 f.); *Montanari* S. 100 ff. – aM *Erman/Gamillscheg* RdNr. 6. *Rauscher* RdNr. 124. Unzutreffend halten *Gernhuber/Coester-Waltjen* § 8 IV 4 die Streitfrage für gegenstandslos.

56 RG Recht 1914, Nr. 1570; OLG Düsseldorf FamRZ 1962, 429 f. Ein schwerwiegender Fall (Untreue mit der Brautmutter) in OLG Nürnberg FamRZ 1959, 114 f. Verheimlichtes Zusammenleben mit anderer Partnerin bis kurz vor der Heirat: OLG Koblenz NJW-RR 1995, 899 = JuS 1995, 939 (Anm. *Hohloch*).

57 RGZ 98, 13: Ungerechtfertigte Bezichtigung einer Straftat.

58 *Strätz* Jura 1984, 462; *Soergel/Lange* RdNr. 3 aE; *Staudinger/Strätz* (2007) RdNr. 40.

naher Angehöriger des Partners;[59] grundlose langfristige Verzögerung der Heirat;[60] Nichteinhaltung von Zusagen von erkennbar wichtigem Wert für den Partner, woraus auf mangelnde Zuverlässigkeit zu schließen ist[61] (doch vgl. RdNr. 13). Ferner schlechter Ruf des Verlöbnispartners[62] aufgrund nachträglich bekannt gewordener erheblicher Tatsachen; schwere **Erkrankung** eines Verlobten (auch des zurücktretenden),[63] die eine Heirat auf absehbare Zeit ausschließt oder unzumutbar macht,[64] insbes. wenn unheilbar oder ansteckend.[65] Eine nicht völlig ausgeheilte Geschlechtskrankheit ist erheblich auch bei einer Infektion *vor* der Verlobung, sofern der Zurücktretende über ihre Tragweite nicht aufgeklärt wurde.[66] Besteht ein durch Anhaltspunkte objektiv nachvollziehbarer Krankheitsverdacht, so bildet die Verweigerung einer ärztlichen Untersuchung einen wichtigen Rücktrittsgrund.[67]

12 Bei aufschiebend **bedingter** Verlobung (§ 1297 RdNr. 13) bedarf es bei Nichteintritt der Bedingung keiner Rücktrittserklärung (insbes. nicht bei unbehebbarem Ehehindernis, s. o. § 1297 RdNr. 14), ebensowenig bei auflösend bedingtem Verlöbnis nach dem Bedingungseintritt. Die **Anfechtungsgründe** nach §§ 119 ff. können wichtige Rücktrittsgründe bilden,[68] da die hM eine Anfechtung mit Rückwirkung nicht zulässt (§ 1297 RdNr. 12). Wichtig ist eine erhebliche, längerfristig aufrechterhaltende Täuschung über das **Alter.**[69] Irrtum oder Täuschung über die **Vermögensverhältnisse** (oder späterer Vermögensverfall) berechtigen zum Rücktritt nur bei ernsthafter Gefährdung der Existenzgrundlage der beabsichtigten Ehe[70] oder wenn die Umstände der Täuschung ein charakterliches Defizit erkennen lassen. Bei Nichtaufklärung über andere Umstände ist deren Verschweigen nur dann arglistig, wenn ein Interesse des Partners an wahrheitsgemäßer Aufklärung über diese „Gretchenfrage" erkennbar war.[71]

13 **Kein wichtiger Grund** ist das Drängen des verlobten Partners auf baldige Heirat;[72] mangelndes Einverständnis der Eltern volljähriger Verlobter;[73] die Weigerung der Frau, dem vom Manne bestimmten Wohnsitz zu folgen,[74] denn kein Partner darf rücksichtslos seinen Willen durchsetzen; ein an der Braut vor oder während der Verlobung durch einen Dritten verübtes Notzuchtverbrechen.[75] Zur Überzeugung vom voraussichtlichen Scheitern der Ehe s. RdNr. 10.

14 **3. Zeitpunkt.** Der wichtige Grund muss zur Zeit der Rücktrittserklärung vorliegen. Nachher eintretende Gründe können die entstandene Schadensersatzpflicht nicht beseiti-

---

59 RG Recht 1915, Nr. 1099.

60 RG WarnR 1925, Nr. 132; OLG Saarbrücken FamRZ 1954, 180.

61 *Strätz* Jura 1984, 461.

62 OLG Braunschweig OLGE 21, 210 f.; OLG Celle OLGE 33, 335.

63 LG Dessau JW 1927, 1225 m. Anm. *Landsberg.*

64 RG Recht 1907, Nr. 1447; HRR 1933, 1189 (Pflicht zur Bemühung um Genesung).

65 Vgl. OLG Braunschweig OLGE 21, 210. Für Tuberkulose (heute nicht mehr unheilbar) s. OLG Karlsruhe OLGE 7, 43 f.

66 OLG Jena SeuffA 66, Nr. 212.

67 KG JW 1920, 979 m. Anm. *Blume.*

68 RG JW 1936, 863; *Gernhuber/Coester-Waltjen* § 8 IV 4; *Soergel/Lange* RdNr. 5.

69 KG DR 1940, 1114, mit zeitbedingt zu ideologisch gefärbter Begründung (Verkürzung des gebärfähigen Alters der Braut).

70 Arg. § 1314 Abs. 2 Nr. 3 HS 2; vgl. OLG Hamburg SeuffA 68, Nr. 15. Zu weitgehend als wichtiger Grund anerkannt von OLG Hamm Recht 1917, Nr. 412 (Täuschung): RG Recht 1908, Nr. 3275 (Irrtum); OLG Posen SeuffA 56, Nr. 153 (auf falschen Angaben des Partners beruhender Irrtum); *Staudinger/Strätz* (2007) RdNr. 34; *Gernhuber/Coester-Waltjen* § 8 IV 4.

71 *Staudinger/Strätz* (2007) RdNr. 22 ff.

72 OLG München HRR 1938, Nr. 1595.

73 RG Recht 1915, Nr. 1099; überholt OLG Hamburg OLGE 30, 34 unter Berufung auf die in „guten Gesellschaftskreisen" herrschenden Ansichten. Vgl. *Staudinger/Strätz* (2007) RdNr. 35. Bei Minderjährigen bedarf es keines Rücktritts von einem durch die Eltern nicht genehmigten Verlöbnis. Zu einer Konsensverweigerung ohne triftigen Grund abweichend RGZ 58, 248, 254 f. Vgl. § 1297 RdNr. 13 Fn. 38.

74 Entgegen OLG Rostock SeuffA 77, Nr. 38, da die Wohnsitzbegründung heute eine Einigung beider Partner voraussetzt. Hatten sich die Verlobten bereits geeinigt, gibt die grundlose Abweichung hiervon einen wichtigen Rücktrittsgrund, vgl. RdNr. 11.

75 Anders *Soergel/Lange* RdNr. 6.

gen.[76] Ein Nachschieben rechtzeitig gegebener Gründe zur Begründung eines zunächst auf andere Umstände gestützten Rücktritts ist zulässig.[77] Dem Zurücktretenden bei der Verlobung **bekannte** Tatsachen geben ihm keinen wichtigen Grund.[78] Verziehene Gründe zählen nicht. Schlüssige Verzeihung ist anzunehmen bei Fortsetzung des Verlöbnisses in Kenntnis des Rücktrittsgrundes. Ein Versöhnungsversuch (die Bereitschaft, es noch einmal miteinander zu versuchen) ist nicht vorschnell als Verzeihung zu werten.

V. Gerichtsstand – Beweislast

1. Zuständigkeit. Zuständig ist das Gericht am Wohnsitz des Beklagten (§§ 12 ff. ZPO); 15
bei Deliktsansprüchen wegen Heiratsschwindels (§ 823 Abs. 2; § 263 StGB) das Gericht des Tatorts. Das Verlöbnis ist keine Ehesache gemäß §§ 606 f. ZPO, so dass auch insoweit eine Zuständigkeit des Familiengerichts nicht begründet ist. Ebensowenig wird vom BGH eine Zuständigkeit gemäß § 29 ZPO gebilligt, da der Erfüllungsort der beabsichtigten Eheschließung mangels eines klagbaren Anspruchs nicht in Betracht komme.[79] Zu beachten ist bei Verlobten aus zwei EU-Staaten das EuGVÜ (§§ 1, 2), dessen Anwendungsbereich für Ansprüche aus Verlöbnis (Schadensersatz, Rückgabe von Geschenken) grundsätzlich eröffnet ist, da eine Ausnahme gemäß § 1 Abs. 2 EuGVÜ nicht vorliegt.[80]

2. Beweislast. Der Schadensersatzkläger hat zu beweisen: eine wirksame Verlobung, den 16
Rücktritt des Beklagten, die Höhe und Angemessenheit der von ihm in Erwartung der Ehe erbrachten Aufwendungen u. dgl.[81] Den wichtigen Rücktrittsgrund nach Abs. 3 (oder einen etwaigen Erlass: RdNr. 17) hat der zurücktretende Beklagte nachzuweisen.[82]

VI. Verfügungen über den Ersatzanspruch – Konkurrenzen

1. Forderungsübergang. Erlöschen. Der Ersatzanspruch ist vererblich, abtretbar, 17
pfändbar und verzichtbar.[83] In einer Wiederaussöhnung liegt allerdings noch kein schlüssiger Verzicht,[84] sondern nur ein für die Dauer der (zweiten) Verlobung wirkendes *pactum de non petendo* (Fn. 18). Es wirkt auch gegen die Eltern und die anderen nach Abs. 1 Ersatzberechtigten.[85] Nicht als Verzicht angesehen wurde ein einmaliger Geschlechtsverkehr nach erklärtem Rücktritt.[86] Letztlich sind immer die Umstände des Einzelfalles zu würdigen, so auch bei einer einvernehmlichen Entlobung. Der Versuch rationaler Konfliktbewältigung würde vorschnell mit Anspruchsverlust bestraft, wenn darin immer ein Verzicht gesehen würde. Wo ein Anspruchsverlust droht, ist statt einvernehmlicher Entlobung im Zweifel Rücktritt anzunehmen, denn ein Rechtsverzicht ist nicht zu vermuten. Ein Minderjähriger bedarf nicht zum Rücktritt (RdNr. 2), wohl aber zum Verzicht auf seinen Ersatzanspruch der Zustimmung seiner Eltern als gesetzlicher Vertreter.[87] Mit der Heirat erlischt der Ersatzanspruch; nach einer Ehescheidung lebt er nicht wieder auf. Nach § 1575 hat jedoch der Verlobte, der wegen der erwarteten Ehe seine Schul- oder Berufsausbildung nicht aufnahm oder abbrach, uU Unterhaltsansprüche. Zur Verjährung s. § 1302.

---

[76] RG Recht 1907, Nr. 1447; 1914, Nr. 1568; WarnR 1914, Nr. 163 aE, 164; OLG Karlsruhe OLGE 26, 210 f.

[77] BGHZ 45, 258, 267; 21, 211; OLG Colmar OLGE 11, 279 f.; OLG München DJ 1938, 198.

[78] *Venire contra factum proprium* (vgl. § 460); RG JW 1907, 480; OLG Jena SeuffA 66, Nr. 212; OLG Braunschweig OLGE 21, 210; LG Wiesbaden FamRZ 1965, 272; aA LG Dessau JW 1927, 1225. Zur zumutbaren Erkundigungspflicht s. RG Recht 1908, Nr. 3275; o. RdNr. 12 aE.

[79] BGHZ 132, 105, 108 = NJW 1996, 1411.

[80] *von Sachsen Gessaphe* LMK 2005 II, 57.

[81] RGRK/*Roth-Stielow* RdNr. 31.

[82] RGZ 170, 72, 82; JW 1925, 2110 f. Zu allem *Baumgärtel/Laumen* RdNr. 1–3.

[83] *Staudinger/Strätz* (2007) RdNr. 44.

[84] So RGZ 98, 13, 15; vgl. Fn. 18; RdNr. 14.

[85] Vgl. *Planck/Unzner* Anm. 15.

[86] OLG Nürnberg FamRZ 1959, 115 m. Anm. *Bosch*.

[87] RGZ 98, 13, 15.

18 **2. Deliktsrecht etc.** Die Deliktsvorschriften der §§ 823 ff. sind neben den §§ 1298 ff. anwendbar,[88] insbes. der qualifizierte Verführungstatbestand des § 825.[89] Durch Heiratsschwindel angerichtete Vermögensschäden sind nach § 823 Abs. 2 iVm. § 263 StGB, aber auch nach § 826 zu ersetzen.[90] Ein Ersatz immaterieller Schäden (zB wegen Nervenzusammenbruchs) ist trotz Aufhebung des Kranzgeldanspruchs aus § 1300 ausweislich der für die Aufhebung angegebenen amtlichen Begründung nicht ausgeschlossen,[91] insbesondere nicht wegen Verletzung des Allgemeinen Persönlichkeitsrechts in schweren Fällen von Verlöbnisbruch.[92] Der auch ohne wichtigen Grund wirksame Rücktritt ist als solcher keine unerlaubte Handlung.[93] Wer jahrelang ein Verhältnis mit einem Verheirateten unterhält, der vorgibt, sich scheiden zu lassen, hat keinen Anspruch auf Schmerzensgeld: Das Vertrauen eines Ehebrechers auf Scheidung der Ehe ist nicht schützenswert; wer an der Untreue eines Ehegatten partizipiert, kann nicht Treue für sich beanspruchen. Ansprüche gegen Dritte wegen Störung der Verlöbnistreue aus § 823 Abs. 1 (sonstiges Recht) scheiden aus,[94] da das Verlöbnis kein absolutes, gegenüber jedermann wirkendes Recht begründet; insoweit kommt allenfalls ein Anspruch aus § 826 in Betracht. Denkbar sind auch Ansprüche aus §§ 677 ff. und 812 ff.,[95] sowie aus Auseinandersetzung einer Innengesellschaft.[96] Darüber hinaus gelten die Grundsätze zur Auflösung nichtehelicher Lebensgemeinschaften (Nach § 1302 RdNr. 49 ff.) auch für den Fall, dass die Partner miteinander verlobt waren.

VII. Internationales Privatrecht

19 Für Ansprüche aus Verlöbnis ist nach der ständigen Rechtsprechung des BGH das Heimatrecht des Schuldners maßgeblich,[97] während in der Literatur wegen der Nähe zur Ehe überwiegend auf Art. 14 EGBGB zurückgegriffen wird,[98] was in der Tat konsequent ist, wenn man, wie auch der BGH, für die Eingehung eines Verlöbnisses Art. 13 EGBGB anwendet.[99]

§ 1299 Rücktritt aus Verschulden des anderen Teils

Veranlasst ein Verlobter den Rücktritt des anderen durch ein Verschulden, das einen wichtigen Grund für den Rücktritt bildet, so ist er nach Maßgabe des § 1298 Abs. 1, 2 zum Schadensersatz verpflichtet.

I. Normzweck

1 Ergänzend zu § 1298 stellt § 1299 dem grundlosen Rücktritt die schuldhafte Verursachung eines wichtigen Grundes für den Rücktritt des Partners gleich (mittelbarer Verlöbnis-

[88] RG WarnR 1911, Nr. 259 aE; *Gernhuber/Coester-Waltjen* § 8 V 4; *Erman/Gamillscheg* RdNr. 15; *Staudinger/Strätz* (2007) RdNr. 61.

[89] RGZ 149, 143, 148; JW 1909, 415. Bei vorgespiegelter Heiratsabsicht ist das Verlöbnis nach § 116 wirksam.

[90] Vgl. BGHZ 132, 105, 108; *Staudinger/Strätz* (2007) RdNr. 61. Zum Aufwendungsersatz aus § 826 bei vorgespiegeltem Verlöbnis eines Verheirateten BGH FamRZ 1960, 192 ff. m. Anm. *Bosch*. Allg. zum Verlöbnis bei Heiratsschwindel *Bruns* MDR 1953, 458 ff.

[91] BT-Drucks. 13/4998 S. 14 f.

[92] Vgl. OLG Düsseldorf NJW 1962, 429.

[93] RGZ 163, 280, 286 f.; AG St. Ingbert FamRZ 1987, 941 f. (trotz seelischer Erkrankung kein Schmerzensgeld).

[94] *Erman/Gamillscheg* RdNr. 15; *Soergel/Lange* RdNr. 15.

[95] Allerdings selten, vgl. BGH FamRZ 1961, 424, 427.

[96] AG Augsburg FamRZ 1987, 1141 f. (Innengesellschaft bei Hausbau; vgl. RdNr. 4 Fn. 26).

[97] BGHZ 132, 105, 116; NJW-RR 2005, 1089 = FamRZ 2005, 1089; *Palandt/Heldrich* Art. 13 EGBGB RdNr. 30.

[98] *Mankowski* IPRax 1997, 178; *Henrich* Familienrecht Fn. 32; *Lorenz/Unberath* IPRax 2005, 520 f.; *Kropholler*, 5. Aufl. 2004, § 44 IV 3; *v. Sachsen Gessaphe* LMK 2005 II, 57.

[99] BGHZ 28, 375, 376.

bruch).[1] Dadurch wird vermieden, dass ein Verlobter, der ohne wichtigen Grund seinen Eheschließungswillen aufgibt, sich seiner Ersatzpflicht dadurch entzieht, dass er dem Partner einen wichtigen Rücktrittsgrund liefert. Wer aus einem vom Gegner schuldhaft veranlassten Grund zurücktritt, ist daher nicht nur selbst von Ersatzpflichten frei (§ 1298 Abs. 3), sondern sogar seinerseits ersatzberechtigt.

II. Einzelheiten

1. Rücktritt, Schäden. Wegen des Rücktritts s. die Erläuterungen zu § 1298 RdNr. 2; wegen der (auch den Eltern und den ihnen gleichgestellten Personen) zu ersetzenden Schäden aus Aufwendungen, eingegangenen Verbindlichkeiten und sonstigen Maßnahmen sowie zu deren Angemessenheit s. ebenda RdNr. 4 bis 9; zum wichtigen Grund dort RdNr. 10 bis 14. 2

2. Verschulden. Schuldhaft veranlasst ein Verlobter einen wichtigen Grund für den Rücktritt des Partners eigentlich nur durch vorsätzlichen oder fahrlässigen Verstoß gegen die aus dem Verlöbnis resultierenden Pflichten (§ 276).[2] Dieser allgemeine Verschuldensbegriff ist allerdings in diesem Zusammenhang zu eng; denn die Abwendung vom Partner wegen einer Veränderung seiner Zuneigung mag häufig nicht fahrlässig im technischen Sinne sein, muss aber gleichwohl Schadensersatzansprüche auslösen können, da jeder die Konsequenzen der Unbeständigkeit der eigenen Gefühle zu tragen hat, weil sie in den eigenen Risikobereich fallen (vgl. § 1298 RdNr. 10). Wegen der höchstpersönlich zu erfüllenden Verlöbnispflichten steht ein Verschulden der Eltern als gesetzliche Vertreter (abweichend von § 278) dem eigenen Verschulden nicht gleich.[3] Die Absicht, den Partner zum Rücktritt zu veranlassen, ist nicht erforderlich. Das vorwerfbare Verhalten muss aber die Ursache für den Rücktritt sein.[4] Nicht mehr ursächlich ist ein nach erklärtem Rücktritt gezeigtes Verhalten.[5] Dagegen genügt ein vor oder bei der Verlobung verschuldetes Verhalten, vor allem unterlassene Aufklärung.[6] Verschulden wurde verneint, wenn beide Partner das Risiko eines Scheiterns bewusst eingingen, weil sie sich verlobten, ohne einander zu kennen.[7] Das ist so pauschal problematisch: Das Bewusstsein des Scheiterns allein wird man nicht genügen lassen, allenfalls wenn es Anhaltspunkte für einen konkludenten Verzicht auf Ersatzansprüche gibt. 3

3. Wichtiger Grund. Haben **beide Teile** einen wichtigen Grund für einen Rücktritt des Partners verschuldet, so kann – unabhängig davon, wer zuerst zurücktritt – jede Seite von der anderen Ersatz verlangen;[8] bei der Aufrechnung kann es nicht darauf ankommen, ob der Ersatzanspruch einem Verlobten persönlich oder seinen Eltern bzw. den ihnen gleichgestellten Personen zusteht.[9] Verschuldete nur **ein** Verlobter einen wichtigen Grund, so ist – wiederum unabhängig davon, wer (zuerst) zurücktritt – nur er zum Ersatz verpflichtet.[10] Vom Zufall des schnelleren Entschlusses darf in beiden Fällen die Haftung nicht abhängen. 4

4. Abwendung der Schadensersatzpflicht. Der ersatzpflichtige Verlobte kann seine Ersatzpflicht nicht abwenden, indem er seine Bereitschaft zur Eheschließung erklärt.[11] Wer 5

---

[1] *Gernhuber/Coester-Waltjen* § 8 IV 5.
[2] *Staudinger/Strätz* (2007) RdNr. 38.
[3] *Staudinger/Strätz* (2007) RdNr. 38.
[4] *Erman/Gamillscheg* RdNr. 1; *Soergel/Lange* RdNr. 1.
[5] RG WarnR 1914, Nr. 164.
[6] *Planck/Unzner* Anm. 5. Vgl. aber § 1298 RdNr. 12 aE.
[7] OLG Zweibrücken FamRZ 1986, 354 f.
[8] Zutr. *Enneccerus/Wolff* § 6 III 4; *Staudinger/Strätz* (2007) RdNr. 8 m. ausf. Begr. Die hM schließt dagegen die Ersatzansprüche beider Seiten aus; so *Gernhuber/Coester-Waltjen* § 8 IV 6; *Erman/Gamillscheg* § 1298 RdNr. 8; *Palandt/Brudermüller* § 1298 RdNr. 8; *Soergel/Lange* RdNr. 2. Das ist unbillig, wenn eine Seite sehr viel höhere Aufwendungen hatte als die andere, zumal ein Mitverschulden ja nicht zu einem völligen Anspruchsausschluss führt.
[9] Das Gesetz stellt die Aufwendungen der Brauteltern den Aufwendungen der Braut gleich.
[10] OLG Saarbrücken FamRZ 1956, 109.
[11] *Planck/Unzner* Anm. 7.

durch sein Verschulden dem Partner einen wichtigen Rücktrittsgrund liefert, kann ihn nicht deshalb am Verlöbnis festhalten und ist von seiner Ersatzpflicht auch nicht deswegen befreit, weil sie ihn in wirtschaftliche Not bringt.[12]

6 **5. Beweislast.** Zu beweisen hat der Kläger nach allgemeinen Regeln sämtliche Anspruchsvoraussetzungen des § 1299: den vom Beklagten verschuldeten wichtigen Rücktrittsgrund, seinen dadurch veranlassten Rücktritt sowie den daraus entstehenden Schaden.[13]

§ 1300 *(weggefallen)*

Aufgehoben durch Art. 1 Nr. 1 EheschlRG.

§ 1301 Rückgabe der Geschenke

[1] Unterbleibt die Eheschließung, so kann jeder Verlobte von dem anderen die Herausgabe desjenigen, was er ihm geschenkt oder zum Zeichen des Verlöbnisses gegeben hat, nach den Vorschriften über die Herausgabe einer ungerechtfertigten Bereicherung fordern. [2] Im Zweifel ist anzunehmen, dass die Rückforderung ausgeschlossen sein soll, wenn das Verlöbnis durch den Tod eines der Verlobten aufgelöst wird.

Schrifttum: *Göppinger,* Rückforderung von Geschenken durch früheren Verlobten, JuS 1968, 405. Das Anwendungsgebiet des § 1301 BGB, ArchBürgR 39 (1913), 242.

I. Normzweck

1 Die Vorschrift gewährt unabhängig von den Voraussetzungen der in §§ 1298, 1299 geregelten Schadensersatzansprüche bei jedwedem Scheitern der Verlobung einen Bereicherungsanspruch eigener Art auf Rückgabe der Verlobungsgeschenke durch Verweis auf die Rechtsfolgen der §§ 812 ff.[1]

II. Voraussetzungen

2 **1. Gültiges Verlöbnis.** Vorausgesetzt sind **während eines gültigen Verlöbnisses** erfolgte[2] Schenkungen oder sonstige Zuwendungen. Bei nichtigem Verlöbnis können sich Rückgabeansprüche nur unmittelbar aus §§ 812 ff. ergeben, die aber idR an der wirksamen Schenkungsabrede scheitern.[3] Auf § 1301 kann sich der Schenker jedoch stützen, wenn er den Nichtigkeitsgrund bei der Zuwendung nicht kannte[4] oder wenn er nach dem Wegfall des Nichtigkeitsgrundes und der anschließenden Bestätigung des Verlöbnisses leistete.[5] Eine bei gültigem Verlöbnis angetragene Schenkung genügt zur Rückforderung auch dann, wenn sie erst nach erklärtem Rücktritt angenommen wurde.[6]

3 **2. Schenkungsbegriff.** Unter den **weit auszulegenden** Schenkungsbegriff in § 1301 fallen außer unentgeltlichen Sachzuwendungen auch der Erlass einer Schadensersatzforde-

---

[12] RG WarnR 1925, Nr. 132.

[13] RGRK/*Roth-Stielow* RdNr. 5; *Erman/Gamillscheg* RdNr. 3; *Staudinger/Strätz* (2007) RdNr. 36.

[1] RG JW 1925, 2110 f. m. Anm. *Jacobi;* OLG Köln NJW 1961, 1726; vgl. BGHZ 132, 105, 108; *Gernhuber/Coester-Waltjen* § 8 VI 1.

[2] BGHZ 35, 103, 105; BGHZ 45, 258, 260 = NJW 1966, 1653.

[3] OLG Karlsruhe NJW 1988, 3023; hM vgl. *Erman/Gamillscheg* RdNr. 7; *Staudinger/Strätz* (2007) RdNr. 21.

[4] BGH FamRZ 1969, 474 ff.

[5] *Fenn* FamRZ 1975, 41, 42. Zur schlüssigen Bestätigung einer anfangs nichtigen Verlobung s. § 1297 RdNr. 14.

[6] BGHZ 45, 258, 260 = NJW 1966, 1653; *Göppinger* JuS 1968, 405.

rung aus unerlaubter Handlung[7] oder die Mithilfe am Aufbau eines Familienheimes.[8] Auf ihre Angemessenheit kommt es abweichend von § 1298 Abs. 2 nicht an.[9] Kleinere Aufmerksamkeiten im geselligen Verkehr (Blumen, Theaterkarten) sind aber nicht zu erstatten.[10] Unterhaltsleistungen unter eheähnlich Zusammenlebenden sind keine Geschenke (§ 1298 RdNr. 6). Was die beiden Verlobten jeweils zum Zusammenleben beigetragen haben, muss nicht auseinandergerechnet werden.[11] Fraglich ist, ob die Bezahlung einer Zahnarztrechnung in Höhe von fast 3000 DM (im Jahr 1998) noch als Unterhalt eingeordnet werden kann.[12] Zuwendungen, die bei Ehegatten als „ehebedingt" eingeordnet würden, sind unter Verlobten nach § 1301 zurückzufordern. Zum Zeichen des Verlöbnisses gegeben sind besonders **Verlobungsringe** und Schmucksachen.[13] Der Rückforderung unterliegen nicht nur materielle Werte. Auf **Briefe** ist § 1301 analog anzuwenden[14] (wohl auch auf Fotographien).

3. Auflösungsgrund. Wird die Verlobung durch Rücktritt eines oder beider Verlobter 4
aufgelöst, besteht der Herausgabeanspruch unabhängig von den Gründen oder einem eventuellen Verschulden. Abweichend von §§ 1298 ff. genügt auch eine einverständliche Entlobung. Bei **Tod** eines Verlobten ist nach der widerlegbaren Auslegungsregel von Satz 2 zu vermuten, dass der Verstorbene nicht den Willen zur Rückforderung hatte.[15] Zur Widerlegung, für die der Anspruchsteller beweispflichtig ist, kann sich auch die Art des Geschenks eignen (alter Familienschmuck).

III. Rechtsfolgen

1. Umfang des Rückgabeanspruchs. Wegen der Verweisung auf die Rechtsfolgen der 5
Bereicherungsvorschriften bestimmt sich der Umfang des Rückgabeanspruchs nach den §§ 818 Abs. 3, 819 Abs. 1, 822 (gegenstandslos sind die §§ 819 Abs. 2, 820).[16] Der Beklagte hat nur seine noch vorhandene Bereicherung zurückzuerstatten.[17] Wusste er beim Empfang vom Scheitern der Verlobung oder erfuhr er es später, so kann er sich nach § 819 Abs. 1 nicht auf einen Wegfall seiner Bereicherung berufen.[18] Dies gilt vor allem für den grundlos zurücktretenden Verlobten vom Zeitpunkt seines Rücktritts an, bei schuldhafter Veranlassung eines wichtigen Grundes spätestens von der Kenntnis vom Rücktritt des Partners an.[19] Angemessen scheint eine verschärfte Haftung bereits ab dem Zeitpunkt, in dem der Rücktrittsgrund schuldhaft geschaffen wird, wenn mit dem Rücktritt ernsthaft zu rechnen ist.

2. §§ 814, 815. Eine ergänzende Anwendung der §§ 814, 815 (je Fall 2) über den 6
Ausschluss des Bereicherungsanspruchs ist daneben nach h. M. zulässig (str.). § 814 Fall 2 gilt für kleinere Gelegenheitsgeschenke (o. Fn. 10); darüber hinausgehende Zuwendungen sind aber zurückzugewähren, falls die sittliche Pflicht oder die Anstandspflicht gerade aus dem Verlöbnis entsprangen, da diese Pflichten mit dem Verlöbnis wegfallen, so dass ein

---

7 Vgl. OLG Köln (Fn. 1); *Erman/Gamillscheg* RdNr. 5; *Staudinger/Strätz* (2007) RdNr. 10; zu eng OLG Hamburg OLGE 12, 298; RGRK/*Roth-Stielow* RdNr. 4.

8 *Soergel/Lange* RdNr. 3.

9 *Staudinger/Strätz* (2007) RdNr. 10.

10 Entsprechend § 534, § 814 Fall 2. *Erman/Gamillscheg* RdNr. 5; *Staudinger/Strätz* (2007) RdNr. 10.

11 OLG Düsseldorf FamRZ 1981, 770; *Schwab*, RdNr. 42.

12 So BGH NJW-RR 2005, = FamRZ 2005, 1151.

13 *Erman/Gamillscheg* RdNr. 6; *Staudinger/Strätz* (2007) RdNr. 11.

14 Str.: bejahend *Gernhuber/Coester-Waltjen* § 8 VI 2; *Soergel/Lange* RdNr. 4; *Staudinger/Strätz* (2007) RdNr. 12; verneinend RGRK/*Roth-Stielow* RdNr. 5; *Palandt/Brudermüller* RdNr. 3; *Rauscher* RdNr. 131.

15 *Erman/Gamillscheg* RdNr. 3; *Staudinger/Strätz* (2007) RdNr. 7; *Reichel* AcP 104 (1909), 24 f. Zum römischen Recht vgl. *Kaser*, Röm. Privatrecht I, 2. Aufl. 1971, 332 m. A. 34.

16 *Göppinger* JuS 1968, 405; RGRK/*Roth-Stielow* RdNr. 7; *Erman/Gamillscheg* RdNr. 8; *Palandt/Brudermüller* RdNr. 3; *Staudinger/Strätz* (2007) RdNr. 20. Keine reine Rechtsfolgenverweisung nach *Gernhuber/Coester-Waltjen* § 8 VI 1; wohl auch BGHZ 45, 258, 264 f. = NJW 1966, 1653.

17 OLG Zweibrücken SeuffBl. 72, 455 f.

18 *Erman/Gamillscheg* RdNr. 8.

19 *Planck/Unzner* Anm. 4.

Behalten der Geschenke dem Anstandsempfinden widerspräche.[20] Hat der rückfordernde Verlobte die Heirat wider Treu und Glauben vereitelt, so ist nach hM auch der Kondiktionsausschlussgrund des § 815 Fall 2 (zumindest analog) anzuwenden.[21] Dieser aus § 162 (exceptio doli) entnommene Grundsatz passt jedoch nicht für die verschuldensabhängige Norm des § 1301. Überdies betrifft § 815 mit der Zweckverfehlungskondiktion gerade nicht die hier vorliegende Konstellation, da mit den Zuwendungen nicht die Eheschließung „erreicht" werden sollte.[22] Was für voreheliche Zuwendungen im Fall des Scheiterns der Ehe gilt,[23] muss auch im Fall des Scheiterns des Verlöbnisses gelten.[24]

7 **3. Geschenke der Eltern etc.** Abweichend von §§ 1298, 1299 kann nach dem Wortlaut des § 1301, dem die hM folgt, nur jeder Verlobte selbst seine Geschenke zurückfordern.[25] Für die Geschenke der Eltern und anderer ihnen in § 1298 Abs. 1 gleichgestellter Personen an den anderen Verlobten ist § 1301 jedoch analog anzuwenden. Ebenso wie bei ehebedingten Zuwendungen von Schwiegereltern an das Schwiegerkind ist auch für entsprechende Zuwendungen an Verlobte Geschäftsgrundlage, dass das Verlöbnis in eine Eheschließung mündet. Da § 1301 eine Konkretisierung der Lehre von der Geschäftsgrundlage ist, der Gesetzgeber aber die Ausweitung dieser Lehre auf Leistungen von Schwiegereltern nicht ahnen konnte, sollte sie auch auf die Geschenke der Schwiegereltern angewandt werden.[26]

8 **4. Disponibilität.** Der Rückgabeanspruch aus § 1301 ist übertragbar, vererblich und verzichtbar.[27] Da auch von vornherein abdingbar,[28] kann die eventuelle Rückgabepflicht schon bei der Schenkung ausgeschlossen werden.

IV. Beweislast – Konkurrenzen

9 **1. Beweislast.** Der Rückforderungskläger hat die Zuwendung während eines wirksamen Verlöbnisses und dessen Auflösung zu beweisen, der Beklagte den eventuellen Wegfall seiner Bereicherung sowie die einen Kondiktionsausschluss nach § 815 Fall 2 begründenden Tatsachen.[29]

10 **2. Konkurrenzen.** § 530 (Rückforderung wegen groben Undanks) ist neben § 1301 anwendbar,[30] wird wegen der strengeren Voraussetzungen aber praktisch nur relevant, wenn der Anspruch aus § 1301 nach § 1302 verjährt ist. Nicht grob undankbar ist eine Braut, die weiteren vorehelichen Geschlechtsverkehr verweigert.[31] Die Ausschlussgründe der §§ 532 ff. gelten nur für § 530, nicht für § 1301.[32] Auch das Deliktsrecht kann neben § 1301 zur Anwendung kommen. Ein Anspruch aus Wegfall der Geschäftsgrundlage wird grundsätzlich von § 1301 verdrängt, kann aber außerhalb des Anwendungsbereichs der Norm bestehen.

[20] OLG Köln NJW 1961, 1726; *Soergel/Lange* RdNr. 2; für gänzliche Unanwendbarkeit des § 814 Fall 2 *Göppinger* JuS 1968, 405.

[21] So RG JW 1925, 2110 f. m. abl. Anm. *Jacobi*; BGHZ 45, 258, 262 ff. = NJW 1966, 1653; OLG Naumburg SeuffA 57, Nr. 12; OLG Kiel JW 1931, 2252; *Gernhuber/Coester-Waltjen* § 8 VI 1; RGRK/*Roth-Stielow* RdNr. 7; *Erman/Gamillscheg* RdNr. 1 und 9. Ablehnend KG LZ 1922, 691 f.; *Staudinger/Strätz* (2007) RdNr. 14 ff. (§ 1301 nicht Rechtsgrundverweisung); *Göppinger* JuS 1968, 406 f.; *Rauscher* RdNr. 132; *Henrich* § 4 I 4 c.

[22] Wie hier *Rauscher* RdNr. 132; vgl. auch BGHZ 115, 262, 267: Wegfall der GG für Arbeitsleistungen unter Verlobten.

[23] BGHZ 115, 267.

[24] AA *Wacke*, Voraufl. RdNr. 6.

[25] HM: LG Altona JW 1932, 1410; *Gernhuber/Coester-Waltjen* § 8 IV 1; *Erman/Gamillscheg* RdNr. 7; *Palandt/Brudermüller* RdNr. 1; *Jauernig/Berger* RdNr. 1.

[26] Wie hier *Wacke*, Vorauflage; *Rauscher* RdNr. 131. Eine Subsidiarität gegenüber dem Zugewinnausgleich kommt naturgemäß nicht in Betracht.

[27] Entspr. § 1298 RdNr. 17; *Palandt/Brudermüller* RdNr. 1 und 4; *Planck/Unzner* Anm. 5.

[28] *Sternberg* ArchBürgR 39 (1913), 242, 255; *Planck/Unzner* Anm. 1.

[29] RG JW 1925, 2110 f. m. Anm. *Jacobi*; OLG Rostock OLGE 41, 42.

[30] *Göppinger* JuS 1968, 405 f.; *Staudinger/Strätz* (2007) RdNr. 28.

[31] BGH FamRZ 1961, 361 f.

[32] *Soergel/Lange* RdNr. 2 aE.

Dies ist etwa bei Arbeitsleistungen der Fall,[33] und zwar sowohl bei Tätigkeiten des Verlobten als auch solchen seiner Eltern, die dem anderen Verlobten zugute gekommen sind.[34]

§ 1302 Verjährung

Die Verjährungsfrist der in den §§ 1298 bis 1301 bestimmten Ansprüche beginnt mit der Auflösung des Verlöbnisses.

Schrifttum: *Josef,* Verlöbnisbruch und abstraktes Schuldversprechen, AcP 119 (1921), 419.

1. Regelverjährungsfrist. Durch das Gesetz zur Änderung des Erb- und Verjährungsrechts, das der Bundestag am 2. 7. 2009 verabschiedet hat, wird die kurze zweijährige Verjährungsfrist abgeschafft. Ab Inkrafttreten der Regelung zum 1. 1. 2010 gilt für die Ersatzansprüche der §§ 1298 bis 1301 damit die allgemeine dreijährige Verjährungsfrist nach § 195. Intention der Gesetzesänderung ist es, die Verjährung der familien- und erbrechtlichen Ansprüche an die durch das Schuldrechtsmodernisierungsgesetz neugeordneten allgemeinen Verjährungsvorschriften anzupassen.[1] 1

2. Beginn der Verjährung. Die Verjährung beginnt auch nach der Gesetzesänderung, abweichend von § 199 mit der Entstehung des Anspruchs, also mit der Auflösung des Verlöbnisses, gleichviel aus welchem Grunde; im Falle der Rücktrittserklärung mit deren Zugang beim Verlöbnispartner (vgl. § 1298 RdNr. 2). Bei einer anderweitigen Verlobung oder Heirat beginnt die Frist ebenfalls erst mit dem Zugang der hierin liegenden stillschweigenden Rücktrittserklärung beim früheren Verlobten.[2] Diese Einschränkung ist geboten, weil sonst derjenige Ehegatte privilegiert würde, der ohne Kenntnis des anderen Verlobten einen anderen heiratet. Für die Fristberechnung gelten die allgemeinen Verjährungsvorschriften (§§ 203 f., 212). 2

---

[33] BGHZ 115, 261, 264.

[34] BGHZ 115, 261, 265.

[1] Beschlussempfehlung und Bericht des Rechtsausschusses (BT-Drucks. 16/13543 S. 1 f.).

[2] Zutr. *Planck/Unzner* Anm. 2; *Staudinger/Strätz* (2007) RdNr. 4. – AM (Verjährungsbeginn ohne Kenntnis des Ersatzberechtigten): *Erman/Gamillscheg* RdNr. 1; *Palandt/Brudermüller* RdNr. 1.

Nach § 1302
Zivilrechtsfragen der nichtehelichen Lebensgemeinschaft

Schrifttum: *Appel,* Die eheähnl. Gemeinschaft, insbesondere ihre Bewertung und ihre Abwicklung, Diss. Tübingen 1981; *Arndts,* Die Ansprüche aus einer beendeten nichtehel. Lebensgemeinschaft, Diss. Hamburg 1981; *Balke,* Der Haushaltsführungsschaden, SVR 2006, 321 und 361; *Battes,* Nichtehel. Zusammenleben im Zivilrecht, 1983; *ders.,* Gesellschaftsrechtliche Überlegungen zur nichtehel. Lebensgemeinschaft, ZHR 1979, 385; *ders.,* Auseinandersetzung, Rückabwicklung, Entgelt, FS Heinz Hübner, 1984, S. 379; *ders.,* Unterhaltsansprüche aufgrund nichtehel. Zusammenlebens?, FS Klemens Pleyer, 1986, S. 467; *ders.,* Neue Rechtsprechung und Literatur zum nichtehel. Zusammenleben, JZ 1988, 909 u. 957; *ders.,* Die rechtliche Behandlung der nichtehel. Lebensgemeinschaften in der Bundesrepublik Deutschland, in *Blaurock* (s. u.) 21 ff.; *H.-J. Becker,* Die nichtehel. Lebensgemeinschaft im Schadensrecht, VersR 1985, 201; *M. Becker,* Das Gesetz über die nichtehel. Lebensgemeinschaft in Belgien, MittRhNotK 2000, 155; *Bernöster,* Grundlagen zur aktuellen Familienpolitik in Deutschland, Diss. Erlangen-Nürnberg 1999; *Beyerle,* Die bereicherungsrechtliche Abwicklung eheähnl. Gemeinschaften, Diss. München 1981; *Blank,* Anspruch des Vermieters auf Erteilung der Erlaubnis zur Aufnahme eines Lebensgefährten in die Mietwohnung, LMK 2004, 1; *Blaurock* (Hrsg.), Entwicklungen im Recht der Familie und der außerehel. Lebensgemeinschaften, 1989; *Boele-Woelki/Schrama,* Die nichtehel. Lebensgemeinschaft im niederländischen Recht, in *Scherpe/Yassari* (s. u.), 307; *Bosch,* Bundesverfassungsgericht und nichtehel. Lebensgemeinschaft, FamRZ 1991, 1; *Brötel,* Die gesetzliche Amtspflegschaft für nichtehel. Kinder im Kontext einer gemeineuropäischen Grundrechtsentwicklung, FamRZ 1991, 775; *Brudermüller,* Mietrechtliche Aspekte eheähnl. Gemeinschaften, 1982; *ders.,* Wohnungszuweisung bei Beendigung der nichtehel. Lebensgemeinschaft, FamRZ 1994, 207; *ders.,* Regelung der Nutzungs- und Rechtsverhältnisse an Ehewohnungen und Hausrat, FamRZ 2003, 1705; *ders.,* Zuweisung der Mietwohnung bei Ehegatten, Lebenspartnern, Lebensgefährten, WuM 2003, 250; *Bültmann,* Steuerrechtliche Behandlung der nichtehel. Lebensgemeinschaft und der Eingetragenen Lebenspartnerschaft, insb. im Lichte des Verfassungsrechts, StuW 2004, 131; *Burger,* Grundsätze über den Vermögensausgleich bei gescheiterter nichtehel. Lebensgemeinschaft, FamRZ 2003, 1543; *Burhoff,* Handbuch der nichtehel. Lebensgemeinschaft, 2. Aufl. 1998; *ders.,* Ersatzzustellung an den Partner der nicht ehelichen Lebensgemeinschaft?, ZFE 2002, 207; *ders.,* Zwangsvollstreckung gegen den Partner einer nicht ehelichen Lebensgemeinschaft, ZFE 2002, 272; *ders.,* Muster eines Partnerschaftsvertrages für eine nichtehel. Lebensgemeinschaft, ZFE 2002, 94; *ders.,* Anwendung von Normen des Deliktsrechts, Verfahrensrechts und Prozessrechts auf nichtehel. Lebensgemeinschaften, FPR 2001, 18; *ders.,* Vermögensrechtliche Auseinandersetzung der nichtehel. Lebensgemeinschaft bei Trennung der Partner, ZAP Fach 11, 575; *Busche,* Unterhaltsansprüche nach Beendigung nichtehel. Lebensgemeinschaften, JZ 1998, 387; *Büttner,* Das Zusammenleben mit einem neuen Partner und seine Auswirkungen auf den Unterhaltsanspruch, FamRZ 1996, 136; *Coester-Waltjen,* Die nichtehel. Lebensgemeinschaft: Strapazierung des Parteiwillens oder staatliche Bevormundung? NJW 1988, 2085; *O. Conradt,* Unbenannte Zuwendungen unter Ehegatten und Partnern einer nichtehel. Lebensgemeinschaft, 1998; *Dahm,* Häusliche Gemeinschaft und nichteheliche Lebensgemeinschaft, NZV 2008, 280; *Debus,* Die eheähnliche Gemeinschaft im Sozialrecht, SGb 2006, 82; *Delank,* Sind nichtehel. Partner im Verkehrs- und Versicherungsrecht den ehelichen Partnern gleich zu stellen?, zfs 2007, 183; *Derleder,* Vermögenskonflikte zwischen Lebensgefährten bei der Auflösung der Gemeinschaft, NJW 1980, 545; *Dethloff,* Nichtehel. Lebensgemeinschaft und Kinder, in *Scherpe/Yassari* (s. u.), 137; *dies.,* Unterhalt, Zugewinn, Versorgungsausgleich – sind unsere familienrechtlichen Ausgleichssysteme noch zeitgemäß?, Gutachten zum 67. DJT, 2008; *Deuerler,* Vermögenszuwendungen in eheähnl. Verhältnissen in Urteilen der Obergerichte seit 1900, Diss. Konstanz 1979; *Diederichsen,* Die nichtehel. Lebensgemeinschaft im Zivilrecht, NJW 1983, 1017; *ders.,* Rechtsprobleme der nichtehel. Lebensgemeinschaft, FamRZ 1988, 889; *ders.,* Die nichtehel. Lebensgemeinschaft – ein Paradoxon der Rechtsdogmatik, FS Zöllner, 1998, S. 1077; *Duderstadt,* Die nichtehel. Lebensgemeinschaft, 2. Aufl. 2004; *Ebbing,* Zur Sittenwidrigkeit der Bürgschaft eines sich im Unternehmen des Partners engagierenden nichtehel. Lebenspartners wegen krasser finanzieller Überforderung, WuB I F 1 a Bürgschaft 6.03; *Ehinger,* Unterhaltsansprüche in der nichtehel. Lebensgemeinschaft, FPR 2001, 25; *Ehmann,* Partner ohne Trauschein, 2. Aufl. 1999; *Emmerich,* Rechtsprechungsübersicht – Sittenwidrigkeit von Bürgschaften naher Angehöriger, JuS 2000, 494; *Erchinger,* Probleme bei der Zwangsvollstreckung gegen die Partner einer eheähnl. Gemeinschaft und einzelne Mitglieder einer Wohngemeinschaft, Diss. Tübingen 1987; *Erler,* Nichtehel. Lebensgemeinschaften zwischen Alternativen und Normalität (Statistisches), FuR 1996, 10; *Ernst,* Mobiliar- und Räumungsvollstreckung gegen den Partner einer nichtehel. Lebensgemeinschaft, JurBüro 2004, 407; *Esser/Zimmermann,* Die nichtehel. Lebensgemeinschaft, 1985; *Evans–v. Krbek,* Die „Kohabitation" als Gegenstand eines Vertrages mit Schutzwirkung zugunsten Dritter, VersR 1978, 906; *dies.,* Das „Zusammenleben" und sein Verhältnis zur Verlobung und Ehe, JA 1979, 236; *Eyrich,* Nichtehel. Lebensgemeinschaft: eine Aufgabe für den Gesetzgeber?, ZRP 1990, 139; *Fahrenhorst,* Familie in einer sich wandelnden Gesellschaft: zum Thema „Nichtehel. Lebensgemeinschaft", FamRZ 1980, 440; *Ferrand,* Das französische Gesetz über den pacte civil de solidarité, FamRZ

2000, 517; *dies.*, Die Rechtsstellung nichtehel. Lebensgemeinschaften in Frankreich, in *Scherpe/Yassari* (s. u.), 211; *Ferrari*, Eheähnl. Lebensgemeinschaft und Nachfolge in den Mietvertrag, ZEuP 1994, 151; *dies.*, Wer ist deliktischer Gläubiger: Der Schutz des Lebensgefährten etc., ZEuP 1997, 1122; *Finger*, Wohngemeinschaft, Partnerschaft, Lebensgemeinschaft, JZ 1981, 497; *ders.*, Unverheiratetes Zusammenleben als Mieter, WuM 1982, 256; *ders.*, Zuweisung der Ehe-/Partnerschaftswohnung; GewSchutzG, FuR 2006, 241; *Frank*, Gesellschaften zwischen Ehegatten und Nichtehegatten, FamRZ 1983, 541; *ders.*, Vermögensrechtliche Ansprüche beim Scheitern nichtehel. Lebensgemeinschaften, FS Müller-Freienfels, 1986, S. 131; *ders.*, Rechtsvergleichende Betrachtungen zur Entwicklung des Familienrechts, FamRZ 2004, 841; *Frank* (Hrsg.), Die eheähnl. Gemeinschaft in Gesetzgebung und Rechtsprechung der Bundesrepublik Deutschland, Österreichs und der Schweiz, Beiheft zur Zeitschrift für Schweizer. Recht 1986, 855; *Chr. Georgiou*, Die nichtehel. Lebensgemeinschaft in der Sozialversicherung, Diss. Frankfurt/M. 1996; *Glatzer*, Nichtehel. Lebensgemeinschaften: Eheähnlich oder alternativ?, 1997; *Gotthardt*, „Lebensgefährten" mit beschränkter Haftung, FamRZ 1980, 17; *Grziwotz*, Rechtsfragen des nichtehel. Zusammenlebens, 2. Aufl. 2002; *ders.*, Partnerschaftsvertrag für die nichtehel. und nicht eingetragene Lebensgemeinschaft, 4. Aufl. 2002; *ders.*, Nichtehel. Lebensgemeinschaft, 4. Aufl. 2006 [zit. als: *Grziwotz*, Nichtehel. LG]; *ders.*, Erbrechtliche Probleme des nichtehel. Zusammenlebens, ZEV 1994, 267; *ders.*, Rechtsprechung zur nichtehel. Lebensgemeinschaft, FamRZ 1994, 1217 und 1999, 413 und 2003, 1417 und 2006, 1069; *ders.*, „Unbedachte" Zuwendungen unter Ehegatten und nichtehel. Partnern, MDR 1998, 129; *ders.*, Partnerschaftsverträge für nichtehel. Lebensgemeinschaften, MDR 1999, 709; *ders.*, Der Erbvertrag nichtehel. Partner, ZEV 1999, 299; *ders.*, Letztwillige Verfügungen zugunsten des nichtehel. Partners, MDR 1999, 913; *ders.*, Vollmachten in der nichtehel. Lebensgemeinschaft?, FPR 2001, 45; *ders.*, Vertragsstrafen- und Abfindungsklauseln in Partnerschaftsverträgen, FPR 2005, 156; *Grosse*, Freie römische Ehe und nichtehel. Lebensgemeinschaft, 1991; *Halfmeier*, Ausgleichsansprüche bei Auflösung einer nichtehel. Lebensgemeinschaft, JA 2008, 97; *Halstrick*, Das nichtehel. Zusammenleben und seine Beendigung: Unterhalts- und Vermögensrecht in Deutschland und USA, Diss. Münster 1983; *Hauser*, Nichtehel. Lebensgemeinschaft in Frankreich, DEuFamR 2000, 29; *Hausmann*, Nichtehel. Lebensgemeinschaften und Vermögensausgleich, 1989; *Hausmann/Hohloch* (Hrsg.), Das Recht der nichtehel. Lebensgemeinschaft, 2. Aufl. 2004; *Haußleiter/Schulz*, Vermögensauseinandersetzung bei Trennung und Scheidung, 4. Aufl. 2004; *Heilmann*, Die nichtehel. Lebensgemeinschaft (Deutschland/Schweden), JA 1990, 116; *Heinrich*, Unterhaltsansprüche nach Aufhebung der nichtehel. Lebensgemeinschaft, 1995; *Henrich/Schwab* (Hrsg.), Eheliche Gemeinschaft, Partnerschaft und Vermögen im europäischen Vergleich, 1999; *Hofmann*, Eigentumsvermutung und Gewahrsamsfiktion in der „Ehe ohne Trauschein"?, ZRP 1990, 409; *Hohloch*, Finanzprobleme in der nichtehel. Lebensgemeinschaft, JuS 1986, 46; *ders.*, Anwendung der „Hausmann-Rechtsprechung" auf nichtehel. Lebensgemeinschaften, JuS 2001, 611; *Hohnerlein*, Sozialversicherungsrechtliche und versicherungsvertragliche Probleme der nichtehel. Lebensgemeinschaft, FPR 2001, 49; *Holzhauer*, Zur Rechts- und Rechtsprechungsgeschichte des Verhältnisses von Ehe und nichtehel. Lebensgemeinschaft, besonders im Unterhaltsrecht, Festschrift für Erik Jayme, 2004, S. 1447; *Huber*, Nichtehel. Lebensgemeinschaft – Ersatz nur bei Erfüllung einer gesetzlichen Unterhaltspflicht?, NZV 2007, 1; *J.-Fr. Huffmann*, Die Erfassung der Familie im Zivilrecht: Auslegung der Begriffe „Familie", „Angehöriger" etc., Diss. Hamburg 1989; *Jänterä-Jareborg*, Das neue schwedische Gesetz über die nichtehel. Lebensgemeinschaft, FamRZ 2004, 1431; *Jahnke*, Versicherungsrecht – Die nichtehel. Lebensgemeinschaft im Schadenfall, MDR 2005, 668; *ders.*, Versorgungsschaden in der nichtehel. Lebensgemeinschaft nach einem Unfall, NZV 2007, 329; *Kapp*, Zur erbschaftsteuerlichen Behandlung einer nichtehel. Lebensgemeinschaft, DStZ 1989, 166; *Käser*, Die nichtehel. Lebensgemeinschaft: unterschiedliche Behandlung im Innen- und Außenverhältnis, Diss. Tübingen 1990; *Kemmler*, Grundrechte – Unterschiedliche Behandlung von Ehen und nichtehel. Lebensgemeinschaften in Bezug auf den Ausschluss von Kindern aus der Familienversicherung der gesetzlichen Krankenversicherung, JA 2003, 931; *Kingreen*, Verfassungsrechtliche Stellung der nichtehel. Lebensgemeinschaft, Diss. Münster 1995 (s. Rez. *Bergerfurth* FamRZ 1997, 273; *Dethloff* NJW 1997, 2938); *Kinne*, Nichtehel. Lebensgemeinschaft und Mietverhältnis, FPR 2001, 36; *Kleffmann*, Ehe und andere Lebensgemeinschaften nach Landes- und Bundesverfassungsrecht, Diss. Frankfurt 1999; *Klein/Lauterbach* (Hrsg.), Nichtehel. Lebensgemeinschaften, Analysen zum Wandel partnerschaftlicher Lebensformen, 1999; *Klinkhammer*, Gewaltopferentschädigung – Witwenrente – Waisenrente – nichtehel. Lebensgemeinschaft – nicht verheiratetes Gewaltopfer – Stiefkind – Stiefvater – Verfassungsmäßigkeit, FamRZ 2005, 596; *Kloster-Harz/Schmidt*, Ehewohnung – Partnerwohnung – Wohngemeinschaften, 1999; *Kluth*, Die vermögensrechtl. Abwicklung einer beendeten nichtehel. Lebensgemeinschaft in Dtld. u. Italien, Diss. Köln 1996; *Knoche*, Die Partner einer nichtehel. Lebensgemeinschaft als „Familienangehörige"?, Diss. München 1986; *ders.*, Sind nichtehel. Lebensgemeinschaften im Privatrecht wie „Familien" zu behandeln?, MDR 1988, 743; *Koch*, Schuldentilgung nach Auflösung nichtehel. Lebensgemeinschaft, FamRZ 1987, 240; *Kossendey*, Eheähnliche Verhältnisse im Arbeitsrecht, Diss. Köln 1973; *Koutses*, Nichtehel. Lebensgemeinschaft und das Erbrecht, FPR 2001, 41; *R. Krause*, Abwicklungsprobleme bei der nichtehel. Lebensgemeinschaft, JuS 1989, 455; *Krause*, Gedanken zum US-amerikanischen Familienrecht, FamRZ 1998, 1406; *Kretschmer*, Die nichtehel. Lebensgemeinschaft in ihren strafrechtlichen und strafprozessualen Problemen, JR 2008, 51; *Kreyenfeld/Konietzka*, Nichtehel. Lebensgemeinschaften – Demographische Trends und gesellschaftliche Strukturen, in *Scherpe/Yassari* (s. u.), 45; *Krings*, Verfassungsrechtliche Vorgaben für eine rechtliche Ordnung nichtehel. Lebensgemeinschaften, FPR 2001, 7; *Lakebrink*, Nichtehel. Lebensgemeinschaften – Neue Rechtsfragen und Regelungsaufgaben im In- und Ausland, ZRP 2000, 540; *Lamarca i Marquès*, Das neue Familiengesetzbuch Kataloniens, ZEuP 2002, 557; *Landwehr* (Hrsg.), Die nichtehel. Lebensgemeinschaft, 1978; *Langenfeld*, Ausgleichsansprüche eines Partners einer nichtehel. Lebensgemeinschaft wegen Verwendungen auf ein im Alleineigentum des anderen Partners stehenden Grundstückes bei Auflösung der nichtehel. Lebensgemeinschaft, LMK 2003, 227; *Leipold,* Zur Anwendung der BGB §§ 2077 und 2078 Abs. 2 bei Scheitern einer nichtehel. Lebensgemeinschaft, ZEV 2003, 330; *Lieb,* Empfiehlt es sich, die rechtlichen Fragen der nichtehel. Lebensgemeinschaften gesetzlich zu regeln?, Gutachten f. d. 57. DJT, 1988; *Liebs,* Zum Ausgleich von Zuwendungen im Rahmen einer nichtehel. Lebensgemeinschaft, JZ 1998, 408; *Limbach,* Die nichtehel. Lebensgemeinschaft als Regelungsproblem, Recht und Politik 1983, 91; *dies;* Familienrecht und sozialer Wandel, FuR 1995, 200; *Limbach/Schwenzer* (Hrsg.), Familie ohne Ehe, 1988; *Lindenberg,* Rechtsstellung nichtehel. Lebensgemeinschaften, ZEuP 2005, 682; *Lingelbach,* Gescheiterte nichtehel. Lebensgemeinschaft: Zum Ausgleich von Finanzierungsbeiträgen zum Eigenheimbau, NJ 1998, 318; *Lipp,* Die nichtehel. Lebensgemeinschaft und das bürgerliche Recht, AcP 180 (1980), 537; *ders.,* Ausgleichsansprüche zwischen den ehemaligen Partnern einer nichtehel. Lebensgemeinschaft (zu BGH NJW 1981, 1502), JuS 1982, 17; *ders.,* Die eherechtlichen Pflichten und ihre Verletzung: ein Beitrag zur Fortbildung des persönlichen Eherechts, 1988; *Löffler/Schaeble,* Partnerschaft ohne Trauschein, 1992; *Löhnig,* Der Haushaltsführungsschaden des Mitglieds einer Solidargemeinschaft, FamRZ 2005, 2030; *Löhnig/Würdinger,* Eigentums- und Gewahrsamsvermutung bei nichtehel. Lebensgemeinschaften, FamRZ 2007, 1856; *Lorenz/Unberath,* Nichtehel. Lebensgemeinschaft und Verlöbnis im Internationalen Privat- und Verfahrensrecht, IPRax 2005, 516; *W. Lorenz,* Unbenannte Zuwendungen und partnerschaftliche Mitarbeit in ehelichen und nichtehel. Lebensgemeinschaften, Festgabe 50 Jahre Bundesgerichtshof, 2000, S. 571; *Luckey,* Eheähnliche Gemeinschaft, Arbeitslosengeld und Arbeitslosenhilfe, FuR 1991, 33; *Martiny,* Rechtsprobleme der nichtehel. Lebensgemeinschaft während ihres Bestehens nach deutschem Recht, in *Scherpe/Yassari* (s. u.), 79; *Mathy,* Zur nichtehel. Lebensgemeinschaft in der Rechtsschutzversicherung, RuS 2002, 119; *Maus,* Scheidung ohne Trauschein, Diss. Mainz 1984; *Meier-Scherling,* Die eheähnl. Lebensgemeinschaft, DRiZ 1979, 296; *J. Mayer,* Fortbestand letztwilliger Verfügungen bei Scheitern von Ehe, Verlöbnis und Partnerschaft, ZEV 1997, 280; *N. Mayer,* Hausbau bzw. Hauserwerb durch nicht eheliche Partner bei Miteigentum beider Partner, ZEV 2003, 453; *ders.,* Hausbau durch nichtehel. Lebenspartner auf dem Grundstück eines Partners – ein Grundfall der Vertragsgestaltung, ZEV 1999, 384; *Merten,* Eheliche und nichtehel. Lebensgemeinschaften unter dem Grundgesetz, FS Leisner, 1999, S. 615; *Messerle,* Zivilrechtliche Probleme der nichtehel. Lebensgemeinschaft, JuS 2001, 28; *Milzer,* Der Interessenausgleich bei gemeinsamen Bauvorhaben nichtehel. Lebenspartner, NJW 2008, 1621; *Mögle,* Vertrag zur Sicherung nichtehel. Lebenspartner bei gemeinsamer Eigenheimfinanzierung, BWNotZ 1998, 34; *Möschl,* Die nichtehel. Lebensgemeinschaft, 3. Aufl. 2006; *Moritz,* Haftungsrecht/Familienrecht – Reichweite des versicherungsrechtlichen Haftungsprivilegs für Familienangehörige, JA 2002, 829; *H.-F. Müller,* Der „nahe Angehörige" in der Bürgschaftsrechtsprechung des BGH, DZWir 1998, 447; *Müller-Freienfels,* Tendenzen zur Verrechtlichung nichtehel. Lebensgemeinschaften, Z. f. ev. Ethik 1980, 55; *ders.,* Die „Naien"-Beziehung des japanischen Recht. Zur Typologie der nichtehel. Lebensgemeinschaften, FS Rebmann, 1989, S. 643; *ders.,* Rechtsfolgen nichtehel. Gemeinschaften und Eheschließungsrecht, FS Gernhuber, 1993, S. 737; *E. M. v. Münch,* Zusammenleben ohne Trauschein, 7. Aufl. 2001; *Muscheler,* Das Recht der Stieffamilie, FamRZ 2004, 213; *Nave-Herz,* Die nichtehel. Lebensgemeinschaft – eine soziologische Analyse, FPR 2001, 3; *S. Neumann,* Der personelle und sachliche Anwendungsbereich des § 1357 Abs. 1 BGB unter besonderer Berücksichtigung der nichtehel. Lebensgemeinschaft, Diss. Hannover 1985; *Niebler,* Die nichtehel. Lebensgemeinschaft aus der Sicht der Bundesrepublik Deutschland, Beiheft zur Zeitschrift für Schweizer. Recht 1986, 13; *Nöthen,* Von der „traditionellen Familie" zu „neuen Lebensformen", WiSta 2005, 25; *Oberto,* Partnerverträge in rechtsvergleichender Sicht (bes. in Italien), FamRZ 1993, 1; *Oehlmann/Stille,* Ausgleich von Vermögensdispositionen nach Gesellschaftsrecht bei Beendigung einer nichtehel. Lebensgemeinschaft, FamRZ 2004, 151; *dies.,* Das geteilte Familienprivileg – Der Ausschluss des Versicherungsregresses nach § 116 SGB X und § 67 VVG auch bei nichtehel. Lebensgemeinschaften?, FPR 2003, 457; *Otto,* Zum Begriff der nichtehel. Lebensgemeinschaft und zum Umgangsrecht des nichtehel. Partners, FamRZ 2000, 44; *Pardey,* Die nichtehel. Lebensgemeinschaft im Versicherungs- und Verkehrsrecht, zfs 2007, 243 (Teil 1) und 303 (Teil 2); *Pawlowski,* Abschied von der „bürgerlichen Ehe"?, JZ 1998, 1032; *Peukert,* Familienformen im sozialen Wandel, 6. Aufl. 2005; *Pintens,* Partnerschaft im belgischen und niederländischen Recht, FamRZ 2000, 69; *ders.,* Die Rechtsstellung nichtehel. Lebensgemeinschaften in Belgien, in *Scherpe/Yassari* (s. u.), 277; *Plate,* Neue Rechtsprechung zum nichtehel. Zusammenleben, FuR 1995, 212 u. 273; *Poll,* Die vermögensrechtl. Auseinandersetzung der nichtehel. Lebensgemeinschaft (in Amerika u. Dtld.), FamRZ 1993, 266; *Pulver,* Unverheiratete Paare, 2000; *Raddatz,* Die zivilrechtliche Rechtsstellung des überlebenden nichtehel. Partners, Diss. Bremen 1985; *Reinecke,* Rechtsprechungstendenzen zur nichtehel. Lebensgemeinschaft von Mann und Frau, FPR 2001, 56; *Reinken,* Das Urteil des BGH v. 5. 7. 2006 zum Unterhaltsanspruch nach § 1615l BGB und die Auswirkungen in der Praxis, ZFE 2006, 324; *Reng,* Unterhaltsansprüche aufgrund nichtehel. Lebensgemeinschaft, 1994; *Rijsbergen,* Der besondere Schutz von Ehe und Familie, Diss. Tübingen 2005; *Roemer,* Gesellschaftsrechtliche Ausgleichsansprüche nach Beendigung des nichtehel. Zusammenlebens, BB 1986, 1522; *Röthel,* Rückgewähr von Zuwendungen durch Verlobte, Ehegatten, Lebenspartner, Jura 2006, 641; *dies.,* Ehe und Lebensgemeinschaft im Personenschadensrecht, NZV 2001, 329; *dies.,* Nichtehel. Lebensgemeinschaften – Neue Rechtsfragen und Regelungsaufgaben im In- und Ausland, ZRP 1999, 511; *dies.,* Registrierte Partnerschaften und österreichisches Kollisionsrecht, ZfRV 1999, 208; *dies.,* Lebensformen – Status – Personenstand – rechtsvergleichend und rechtspolitisch betrachtet, StAZ 2006, 34; *Roth-Stielow,* Rechtsfragen des ehelosen Zusammenlebens von Mann und Frau, JR 1978, 233; *Ruland,* Das Bundesverfassungsgericht und die eheähnl. Lebensgemeinschaft, NJW 1993, 2855; *Ryrstedt,* Legal Status of Cohabitants in Sweden and Norway, in *Scherpe/Yassari* (s. u.), 414 und 439; *Sandweg,* Grenzen der Vertragsgestaltung bei nichtehel. Lebensgemeinschaften, BWNotZ 1990, 45; *Schacht*, Zuwendungen Dritter an Partner einer nichtehel. Lebensgemeinschaft, Diss. Würzburg 2003; *Scherpe/Yassari* (Hrsg.), Die Rechtsstellung nichtehel. Lebensgemeinschaften, 2005; *Scherpe*, Nichtehel. Lebensgemeinschaften als Problem für den Gesetzgeber, in *Scherpe/Yassari* (s. o.), 1 ff.; *Schildge*, Die nichtehel. Lebensgemeinschaft im Mietrecht, 1986; *Schilling*, Grundsätzliche Befristung des Unterhaltsanspruchs, FamRZ 2006, 1368; *Schirmer*, Die nichtehel. Lebensgemeinschaft im Versicherungs- und Verkehrsrecht, DAR 2007, 2; *Schlaich*, Ehebezogene Zuwendungen unter Nichtehegatten?, Diss. Konstanz 1997; *Schlünder/Geißler*, Schenkungsteuer bei der Immobilienfinanzierung durch nichteheliche Lebenspartner, ZEV 2007, 64; *Schlüter*, Die nichtehel. Lebensgemeinschaft, 1981; *Schlüter/Belling*, Die nichtehel. Lebensgemeinschaft und ihre vermögensrechtliche Abwicklung, FamRZ 1986, 405; *J. Schmidt*, Soziologische Aspekte der Genese von Rechtsnormen: Probleme der Verrechtlichung von nichtehel. Lebensgemeinschaften, 1998; *J. F. K. Schmidt*, Verrechtlichung von Intimbeziehungen, in *Lampe* (Hrsg.), Zur Entwicklung von Rechtsbewußtsein, 1997, 429, 440 ff.; *K. Schmidt*, Rechtsprechungsübersicht – Ausgleich von Leistungen bei gescheiterter nichtehel. Lebensgemeinschaft, JuS 1998, 267; *Schneider*, Untervermietung als Beteiligung Dritter am Hauptmietvertrag, WuM 1999, 195; *Scholz*, Die nichtehel. Lebensgemeinschaft: Ein Problem für den Gesetzgeber?, ZRP 1991, 227; *ders.*, Die nichtehel. Lebensgemeinschaft in der Rechtspraxis, 2. Aufl. 1992; *Chr. Schreiber*, Vertragsgestaltungen in der nichtehel. Lebensgemeinschaft, NJW 1993, 624; *dies.*, Die nichtehel. Lebensgemeinschaft, 2. Aufl. 2000; *dies.*, Folgen der Trennung bei nichtehel. Lebensgemeinschaften, FPR 1997, 26; *dies.*, Definition der nichtehel. Lebensgemeinschaft, FPR 2001, 12; *Schümann*, Nichtehel. Lebensgemeinschaften und ihre Einordnung im Internationalen Privatrecht, Diss. Frankfurt 2001; *Schumacher*, Zum gesetzlichen Regelungsbedarf für nichtehel. Lebensgemeinschaften, FamRZ 1994, 857; *E. Schumann*, Die nichtehel. Familie, 1998; *H. Schuhmann*, Die nichtehel. Lebensgemeinschaft, 1993 (dazu *Griwotz* FamRZ 1994, 1019); *Schulz*, Vermögensauseinandersetzung der nichtehel. Lebensgemeinschaft, FamRZ 2007, 593; *Schuschke*, Vorläufiger Rechtsschutz unter Lebensgefährten im Hinblick auf die gemeinsame Wohnung, NZM 1999, 481; *D. Schwab*, Eheschließungsrecht und nichtehel. Lebensgemeinschaft: Eine rechtsgeschichtliche Skizze, FamRZ 1981, 1151; *ders.*, Zivilrechtliche Schutzmöglichkeiten bei häuslicher Gewalt, FamRZ 1999, 1317; *Schwenzer*, Vom Status zur Realbeziehung 1987, 155–224 (rezensiert von *Harder* AcP 189, 1989, 179 u. *Jayme* FamRZ 1988, 357); *dies.*, Gesetzliche Regelung der Rechtsprobleme der nichtehel. Lebensgemeinschaft, JZ 1988, 781; *Schwidich*, Die nichtehel. Lebensgemeinschaft im deutschen und niederländischen Recht, 2007; *Seidel*, Der Anspruch der Mutter eines nichtehelich geborenen Kindes gegen den Kindsvater auf Betreuungsunterhalt im Lichte des Verfassungsrechts, Diss. Frankfurt 2000; *Skwirblies*, Nichtehel. Lebensgemeinschaft und Angehörigenbegriff im Straf- und Strafprozeßrecht, 1990; *Steiger*, Verfassungsgarantie und sozialer Wandel: Das Beispiel von Ehe und Familie, VVDStRL Bd. 45 (1987), 55; *Steinert*, Vermögensrechtliche Fragen während des Zusammenlebens und nach Trennung Nichtverheirateter, NJW 1986, 683; *H. Stintzing*, Nichtehel. Lebensgemeinschaft und rechtliche Regelung: ein Widerspruch? 1992; *dies.*, Das Eintrittsrecht des nichtehel. Lebenspartners gemäß § 569 a Abs. 2 BGB, JuS 1994, 550; *Stopfer*, Erbrechtliche Wiederverheiratungsklauseln und nichtehel. Lebensgemeinschaften des Erben, Diss. Regensburg 1988; *Strätz*, Rechtsfragen des Konkubinats im Überblick, FamRZ 1980, 301 u. 434; *ders.*, Die „Bürgerliche Ehe“: ein Auslaufmodell?, in *Strätz/Blumenröhr/Hesselberger*, Karlsruher Begegnung (Dialog Konstanz-Karlsruhe) 1998, 1; *Striewe*, Ausländisches und Internationales Privatrecht der nichtehel. Lebensgemeinschaft, Diss. Osnabrück 1986; *Struck*, Rechtspolitische Grundfragen zu Ehe und eheähnl. Partnerschaft am Beispiel des Vermögensrechts, ZRP 1983, 215; *Sturm*, Wertewandel im Familienrecht, in *Henrich/Jayme/Sturm* (Hrsg.), Ehe und Kindschaft im Wandel, 1998, S. 1, 8–20; *Süßmuth*, Wandel und Bindungsverhalten: Liebe und Treue im Blick auf die nichtehel. Lebensgemeinschaft, Herderkorrespondenz 1981, 195 u. 246; *Täger*, Die Behandlung gemeinschaftsbezogener Zuwendungen nach Auflösung der nichtehel. Lebensgemeinschaft, Diss. Münster 2003; *Tegge*, Die nichtehel. Lebensgemeinschaft im Mietrecht, Diss. Göttingen 1983; *Theimer*, Wohnungszuweisung bei Trennung nichtehel. Lebenspartner in Mittel- und Nordeuropa, FuR 1998, 294; *Thieler*, Lebensgemeinschaft ohne Trauschein, 1995; *Thofern*, Die nichtehel. Lebensgemeinschaft im dt. u. ital. Mietrecht, Diss. Bonn 1993 (dazu Rez. *Stintzing* FamRZ 1995, 145); *Trimbach/El Alami*, Die nichtehel. Lebensgemeinschaft: eine Herausforderung für den Gesetzgeber, NJ 1996, 57; *Uhlenbrock*, Gesetzliche Regelungen für nichtehel. Lebensgemeinschaften in Deutschland und Frankreich, Diss. Köln 2004; *Vaskovics/Rupp*, Partnerschaftskarrieren: Entwicklungspfade nichtehel. Lebensgemeinschaften, 1995; *Vaskovics/Rupp/Hofmann*, Lebensverläufe in der Moderne: Nichtehel. Lebensgemeinschaften, 1997; *Verschraegen*, Nichtehel. Partnerschaft – eine rechtsvergleichende Einführung, FamRZ 2000, 65; *S. Voß*, Ein Gesetzesvorschlag für die vermögens- und unterhaltsrechtliche Auseinandersetzung nichtehel. Lebensgemeinschaften in Deutschland nach dem Beispiel des De facto relationship act 1984 von Neusüdwales/Australien, Diss. Münster 1993 (s. Rez. *Stintzing* FamRZ 1995, 271); *Wagner*, Das nichtehel. Zusammenleben aus rechtshistorischer Sicht, in *Scherpe/Yassari* (s. o.), 13 ff.; *Weber*, Die vermögensrechtl. Auseinandersetzung nichtehel. Lebensgemeinschaften, JR 1988, 309; *Wegner*, Die nichtehel. Lebensgemeinschaft im deutschen Ausländerrecht, Diss. Bremen 1998; *Weimar*, Ausgleichsansprüche bei Auflösung nichtehel. Gemeinschaften?, MDR 1997, 713; *Weimer*, Nochmals: Schenkungsteuer bei der Immobilienfinanzierung durch nichtehel. Lebenspartner, ZEV 2007, 316; *Weinreich*, Vermögensrecht in der nichtehel. Lebensgemeinschaft, FPR 2001, 29; *ders.*, Die vermögensrechtliche Auseinandersetzung der nichtehel. Lebensgemeinschaft, FuR 1999, 356; *Wellenhofer*, Rechtsprobleme bei Auflösung der nichtehel. Lebensgemeinschaft – unter Lebenden und im Todesfall, in *Scherpe/Yassari* (s. o.), 101; *dies.*, Regelungslücken bei der nichtehel. Lebensgemeinschaft, AnwBl. 2008, 559; *Wever*; Zur Befristung des Betreuungsunterhaltsanspruchs, FF 2006, 253; *Wever/Schilling*, Streitfragen zum Unterhalt nicht miteinander verheirateter Eltern wegen Kindesbetreuung, FamRZ 2002, 581;

Wilker, Die vertragliche Gestaltung nichtehel. Zusammenlebens durch „Partnervereinbarungen", Diss. Bielefeld 1989; *Winde,* Regelungsbedarf und Regelungsmöglichkeiten bei nichtehel. Lebensgemeinschaften unterschiedlichen Typs, Diss. Berlin 2002; *Wingen,* Nichtehel. Lebensgemeinschaften: Formen, Motive, Folgen, 1984; *ders.,* Der Wandel familiärer Lebensmuster und das Sozialrecht, Verhandlungen des Dt. Sozialrechtsverbandes 1985, 31; *de Witt/Huffmann,* s. Grziwotz; *Zain,* Praxisbezogene Ansätze zur Behandlung unbenannter Zuwendungen und lebensgemeinschaftsbedingter Dienstleistungen, Diss. Köln 1999; *Zippelius,* Verfassungsgarantie und sozialer Wandel: Das Beispiel von Ehe und Familie, DÖV 1986, 805; *Zöller,* Nichtehel. Lebensgemeinschaften im Erbschafts- bzw. Schenkungsteuer- und Einkommensteuerrecht, BWNotZ 1985, 13; *Zwißler,* Die nichtehel. Lebensgemeinschaft, 1999; *ders.,* Paare ohne Trauschein, 5. Aufl. 2001; *ders.,* Vorhandene gesetzliche Regelungen für nichtehel. Lebenspartner, FPR 2001, 15. – Weitere Lit.-angaben bei *Grziwotz,* Nichtehel. LG, S. XXXIII ff. und in den einzelnen Kapiteln bei *Hausmann/Hohloch;* zum Schrifttum zum ausländischen Recht s. die Angaben bei *Hausmann/Hohloch/Martiny* S. 776 f.

Übersicht

I. Grundlagen

1 **1. Die Problematik der rechtlichen Erfassung.** Lange Zeit war die rechtliche Beschäftigung mit der nichtehelichen Lebensgemeinschaft **(neLG)** von der Grundauffassung geprägt, dass diejenigen, die sich außerhalb des Rechts stellten bzw. nicht heirateten, auch nicht den Schutz des Rechts einfordern könnten. Demgemäß wurden Ansprüche auf Ausgleich von Zuwendungen, auf Unterhalt und vieles mehr kurzer Hand verneint. Mit diesem pauschalen Grundsatz wird man den Besonderheiten der neLG, die als tatsächliches Phänomen heute omnipräsent ist, jedoch nicht gerecht. Hierüber dürfte man sich im neueren Schrifttum mittlerweile auch einig sein,[1] über die Details und die richtigen rechtlichen Ansatzpunkte besteht gleichwohl nach wie vor Unklarheit. Mehr in den Blick geraten

[1] Vgl. nur *Rauscher* FamR RdNr. 734; *Dethloff* Gutachten S. A 137 f.; *Trimbach/El Alami* NJ 1996, 57, 59.

ist mittlerweile der **Gleichbehandlungsgrundsatz.**[2] Diente er anfangs noch dazu, eine Schlechterstellung von Ehegatten (vor allem bei der Sozialhilfe) zu vermeiden, so gibt es inzwischen auch Ansätze, die neLG positiv der Ehe gleichzusetzen, zB im Hinblick auf Opferentschädigungsleistungen an den nichtehelichen Partner, der gemeinsame Kinder betreut.[3] Tatsächlich zeichnet sich auch immer mehr eine Sonderrolle der **neLG mit Kindern** bzw. der „nichtehelichen" Familie ab.[4] Das reicht von der Anerkennung der neLG als Vertrauenstatbestand im Zusammenhang mit der Ausdehnung von Unterhaltsansprüchen der Kindesmutter gem. § 1615 l[5] bis zur Erstreckung der unterhaltsrechtlichen Hausmann-Rspr. auf die Rollenverteilung auch in der neLG. Insoweit erkennt auch die Rspr. an, dass die Beziehung zwischen unverheirateten Partnern zumindest dann eine *rechtliche* Qualität aufweist, wenn Kinder vorhanden sind. Vom Recht vernachlässigt wird insoweit allerdings noch die faktische Stieffamilie, deren Schutzbedürftigkeit weder Gesetzgebung noch Rspr. bislang die nötige Aufmerksamkeit geschenkt haben.[6] Im Übrigen werden zur Lösung von Einzelfragen **Analogien zum Eherecht** erwogen. Die Bereiche, in denen der Gesetzgeber bereits an die Fälle der neLG gedacht hat und (auch) dafür den Begriff des „Haushaltsangehörigen" eingeführt hat (zB §§ 138 Abs. 1 Nr. 1, 3 InsO; § 178 Abs. 1 Nr. 1 ZPO, 549 Abs. 2 Nr. 2 BGB, 2 Abs. 1 GewSchG) betreffen zwar nur wenige Teilbereiche, zeigen aber immerhin, dass das Problem erkannt ist. Weitergehende Analogien zum Eherecht werden dort befürwortet, wo es nicht um ehespezifische Regelungen geht, sondern um Normen, die allgemein die aus enger zwischenmenschlicher Beziehung resultierenden Sachverhalte regeln.[7] Auf dieser Linie liegt auch die Rspr. zur Sittenwidrigkeit von Bürgschaften naher Angehöriger, die auf nichteheliche Partner erstreckt wurde.[8] Allein aus der Vergleichbarkeit des nichtehelichen Zusammenlebens mit der ehelichen Lebensgemeinschaft heraus wagen es aber nur wenige, Analogien zu bejahen.[9] Der schlichte Verweis darauf, dass das Schweigen des Gesetzgebers absichtlich sei und daher einer Analogie im Wege stehe, schöpft das Problem allerdings noch nicht aus. Hier müsste doch noch ein einzelfallbezogenerer Maßstab angelegt werden.

Die rechtlichen Schwierigkeiten bei der Erfassung der neLG ergeben sich aus dem **2**
Widerstreit von anscheinend gewollter rechtlicher **Bindungslosigkeit** zum einen und nicht unerheblicher rechtlicher **Schutzbedürftigkeit** zum anderen. Natürlich darf man den Partnern nicht Rechtswirkungen aufdrängen, die sie wirklich nicht gewollt haben; die privatautonome Entscheidung für die neLG (die nicht unbedingt eine endgültige Entscheidung gegen die Ehe ist) bleibt daher beachtlich. Das Recht hat gleichwohl die Aufgabe, dem Schutz des Schwächeren zu dienen,[10] bei neLG insbes. dann, wenn der Schwächere in eine eheähnliche Rollenverteilung gedrängt wird, ihm aber vom Partner im Ernstfall ein eheähnlicher Schutz versagt wird. Gerade dann wird auch die familienrechtliche Natur[11] der Streitigkeiten offensichtlich, der man allein mit Mitteln des allgemeinen Schuldrechts kaum gerecht wird. Beachtung muss hier zudem die immer größere gesellschaftliche Funktion der neLG als Solidargemeinschaft finden; diese sollte nicht nur im Sozialrecht zur Kürzung von Ansprüchen führen, sondern auch positiv als Gemeinschaft gewürdigt werden, in der – in jungen wie in alten Jahren – füreinander Verantwortung und Fürsorge übernommen wird.[12]

---

[2] Dazu auch *Martiny* in *Scherpe/Yassari* S. 79, 81; näher unten RdNr. 10.
[3] Vgl. BVerfGE 112, 50 = NJW 2005, 1413.
[4] Siehe auch die Verfassungen von Thüringen, Sachsen und Sachsen-Anhalt, die jede häusliche Gemeinschaft mit Kindern als schutz- und förderungswürdig begreifen.
[5] BGH NJW 2006, 2687 = FamRZ 2006, 1362; FamRZ 2008, 1830.
[6] Vgl. BVerfG FamRZ 2005, 595 (betr. Opferentschädigung) mit zutreffender krit. Anm. *Klinkhammer.*
[7] *Schwenzer* JZ 1988, 781, 782; *Erman/Gamillscheg* Vor § 1353 RdNr. 17.
[8] BGH NJW 2000, 1182; FamRZ 2003, 1741.
[9] Vgl. zuletzt ablehend der BGH für § 1372, BGH FamRZ 2007, 459, Tz. 17 ff.
[10] So auch *Hausmann* in *Hausmann/Hohloch* S. 56; ähnl. *Dethloff* Gutachten S. A 138 f.
[11] Vgl. schon *Schwenzer* JZ 1988, 781, 785. Beleg dafür ist nun auch die Zuständigkeit des familienrechtlichen XII. Senats beim BGH.
[12] Vgl. *Löhnig* FamRZ 2005, 2030, 2032.

3 **2. Begriff der nichtehelichen Lebensgemeinschaft (neLG).**[13] Das BVerfG definierte die „eheähnliche" Gemeinschaft 1993 als auf Dauer angelegte Lebensgemeinschaft zwischen einem Mann und einer Frau, die daneben keine weitere Lebensgemeinschaft gleicher Art zulässt und sich durch innere Bindungen auszeichnet, die ein gegenseitiges Einstehen der Partner füreinander begründen, also über die Beziehungen in einer reinen Haushalts- und Wirtschaftsgemeinschaft hinausgehen.[14] Diese Definition übernahmen inzwischen die obersten Bundesgerichte[15] und auch das Schrifttum.[16] Entscheidend ist, dass das Zusammenleben nicht nur als bloße Wohn- oder Wirtschaftsgemeinschaft, sondern als sog. **„Verantwortungs- und Einstehensgemeinschaft"** charakterisiert werden kann, bei der nicht die persönlichen Bedürfnisse im Vordergrund stehen, sondern primär der gemeinsame Lebensbedarf.[17] Die Existenz einer so definierten Gemeinschaft ist aufgrund von **Indizien** zu ermitteln. Dazu zählen der Bestand einer häuslichen Gemeinschaft,[18] die auf Dauer angelegt ist,[19] das gemeinsame Wirtschaften, die gemeinsame Lebensführung, die (allerdings nicht notwendig vorausgesetzte[20]) Geschlechtsgemeinschaft,[21] die Versorgung von Kindern, die Verfügungsmacht über Konten des Partners, die nach außen erkennbare Intensität der Beziehung u. a. Bloß gemeinsame Freizeitgestaltung, Urlaubsreisen oder gegenseitige Besuche genügen nicht. Infolge mangelnder Publizität ist der genaue **Beginn** einer neLG nachträglich freilich oft nicht zweifelsfrei feststellbar.[22] Es gibt eben kein besonderes Zeremoniell, keinen Austausch von Geschenken; allenfalls die gemeinsame Wohnungseinweihung oder die Anmeldung beim Einwohnermeldeamt nach einem Umzug können als Startzeitpunkt gedeutet werden. Dauerndes gewolltes Getrenntleben löst die Gemeinschaft auf,[23] während vorübergehendes oder gar erzwungenes Getrenntleben (Strafhaft) die neLG fortbestehen lässt, solange Zuneigung und Zusammengehörigkeitsgefühl beiderseits andauern. Ausschlaggebend ist stets das Gesamtbild aller feststellbaren Indizien. Trotz etwaiger Ermittlungsschwierigkeiten im Einzelfall setzt sich die neLG damit „hinreichend deutlich" von anderen Gemeinschaften ab.[24] Verbleibende Abgrenzungsprobleme können – wie auch sonst – kein Argument gegen die angemessene rechtliche Erfassung bilden.[25]

4 Die genannte Definition ergab sich zunächst aus den aus Art. 6 Abs. 1 GG abgeleiteten Bemühungen, eine Benachteiligung von Ehegatten beim Bezug von Sozialleistungen im

---

[13] *Staudinger/Löhnig* (2007) Anh zu §§ 1297 ff. bevorzugt den Begriff „faktische Lebensgemeinschaft".

[14] BVerfGE 87, 234, 264 = NJW 1993, 643, 645 = FamRZ 1993, 164, 168.

[15] BSGE 72, 125 = NJW 1993, 3346 (zu §§ 5, 6 BErzGG aF); BVerwGE 85, 195 = NJW 1995, 2802 (zu § 122 BSHG aF); BGH NJW 1993, 999 = FamRZ 1993, 533 (zu § 569 a); NJW 2006, 2687, Tz. 19 = FamRZ 2006, 1362 (zu § 1615 l). Siehe auch Gesetzentwurf von Bündnis 90/Die Grünen zur Regelung nichtehelicher (unter Einbeziehung homosexueller) Partnerschaften, BT-Drucks. 13/7228.

[16] Vgl. nur *Palandt/Brudermüller* Einl v § 1297 RdNr. 11; *Lüderitz/Dethloff* § 8 RdNr. 2; *Schumacher* FamRZ 1994, 857, 864; *Schreiber* FPR 2001, 12, 14; ausführlich zur Definition *Grziwotz,* Nichtehel. LG, § 3 RdNr. 33 ff.

[17] Vgl. auch BGH NJW 2006, 2687, Tz. 19 = FamRZ 2006, 1362, mit der Feststellung, dass die Lage dann mit der von Ehegatten vergleichbar sei.

[18] Allerdings werden je nach Zusammenhang das räumliche Zusammenleben und die gemeinsame Haushaltsführung nicht vorausgesetzt, BGH FamRZ 2002, 23 mit Anm *Schwab* S. 92 f.; OLG Frankfurt FamRZ 2003, 99; *Lüderitz/Dethloff* § 8 RdNr. 3.

[19] Die tatsächliche Dauer kann – wie bei Ehen auch – nicht entscheidend sein, vgl. zutr. *Grziwotz,* Nichtehel. LG, § 3 RdNr. 42; PWW/*Weinreich* Vor § 1297 RdNr. 5. Anderes mag gelten, wenn es zB um Analogien zum Eherecht geht, vgl. zu §§ 1362 BGB, 739 ZPO *Hofmann* ZRP 1990, 409, 411, der insoweit ein mindestens dreimonatiges Zusammenleben fordert.

[20] BVerfG FamRZ 1993, 164, 169.

[21] Sie kann als intime Tatsache nicht Beweisthema sein; vgl. *Holzhauer* in *Hausmann/Hohloch* S. 434; BVerwG NJW 1995, 2802, 2803. Zum weitergehenden US-amerikanischen „bed-check" vgl. *Wacke,* FS Medicus, S. 668.

[22] Zu diesen Problem am Rande auch BVerfGE 107, 205 = NJW 2003, 1381. *De lege ferenda* wurde für deren Aufnahme und Beendigung die Möglichkeit zu einer notariellen Erklärung vorgeschlagen, s. Anhörungsbericht in ZRP 1998, 286. Skeptisch *Schumacher* FamRZ 1994, 857, 858 f.

[23] *Holzhauer* in *Hausmann/Hohloch* S. 434. Bei überwiegendem Auslandsaufenthalt eines Partners ist Auflösung anzunehmen nach LG Berlin WM 1995, 38 = FamRZ 1995, 600 (LS).

[24] So auch BVerfG FamRZ 1993, 164, 168.

[25] In diesem Sinne auch BGH NJW 1993, 999, 1001.

Vergleich zu unverheiratet Zusammenlebenden zu verhindern.[26] Mittlerweile steht die Entwicklung eigener Rechtsgrundsätze für die neLG im Vordergrund. Angesichts dieser Zielrichtung kann die Formulierung, dass daneben „typischerweise keine weitere Lebensgemeinschaft"[27] dieser Art bestehen darf, regelmäßig nicht bedeuten, dass Lebensgemeinschaften, bei denen ein Partner **noch** anderweitig **verheiratet** ist, nicht erfasst werden.[28] Anderes kann nur gelten, soweit es der Schutz dieser Ehe ausnahmsweise erfordert. Weiterhin wird vorgeschlagen, den Begriff auch auf **homosexuelle Paare** zu beziehen.[29] Schließlich stellen sich bei der (noch) „nicht eingetragenen"[30] Lebenspartnerschaft spiegelbildliche Probleme. Auch wenn man hierfür einen eigenen Begriff (zB „lebenspartnerschaftsähnlich"[31] in § 20 SGB XII) wählt, sollten Rechtsgrundsätze – wie auch ausländische Regelungen zeigen[32] – hier wie dort entsprechend gelten.[33] Für die neLG muss lediglich darauf geachtet werden, dass der umgangssprachliche Begriff des „Lebenspartners" von Rechts wegen mittlerweile nur noch für eingetragene Lebenspartner iSd. LPartG gilt. Bei nichtehelichen Partnern wird daher vorgeschlagen, von „Lebensgefährten" zu sprechen.[34]

3. Erscheinungsformen und Verbreitung. a) Statistik. Die neLG hat sich in den letzten Jahrzehnten[35] europaweit zu einem Massenphänomen entwickelt. Die Zahl der neLG ist von ca. 137.000 im Jahre 1972 (im ehemaligen Bundesgebiet) mittlerweile auf rund 2,4 Mio. gestiegen.[36] Das betrifft fast 5 Mio. Menschen in Deutschland und etwa 11% der zusammenlebenden Paare. Der typische Fall ist dabei, dass beide Partner unter 35 Jahre alt sind, voll berufstätig oder in Ausbildung sowie ledig und kinderlos.[37] Für diese Lebensphase bildet die neLG auch kein Konkurrenzmodell zur Ehe,[38] sondern eine vorgeschaltete Lebensform. Vor allem in der jüngeren Generation bis zu 30 Jahren stieg die Zahl nichtehelicher Partnerschaften beachtlich an. Paare unter 25 leben zu 75% in neLG.[39] Das Bildungsniveau bei nichtehelichen Partnern soll im Schnitt höher liegen als das von Ehegatten.[40] Motiv ist wie bei Eheschließungen die emotionale Bindung aneinander; sexuelle Treue wird in ähnlicher Weise vorausgesetzt.[41] Dabei geht rund ein Drittel auch davon aus, später einander zu heiraten. Studien[42] haben ergeben, dass ca. 38% der Paare nach fünf Jahren immer noch unverheiratet zusammenleben (nach zehn Jahren noch 22%), während 45% geheiratet und 17% sich getrennt haben. Meist wird geheiratet, wenn sich ein Kind 5

---

[26] Insoweit krit. gegenüber dem engen Begriff des BVerfG: *Ruland* NJW 1993, 2855; *Grziwotz* FamRZ 1999, 413. Gegen eine Übernahme der Definition ins Zivilrecht *Finger* FuR 1993, 159.

[27] Vgl. BVerfGE 87, 234, 264 = NJW 1993, 643, 645 = FamRZ 1993, 164, 168.

[28] So auch VGH Mannheim NJW 1996, 2178; OVG Hamburg NJW 1996, 1225; *Martiny* in *Scherpe/Yassari* S. 79, 85.

[29] Im Hinblick auf das AGB-Transparenzgebot hält OLG Köln VersR 2002, 182 es nicht für eindeutig, dass unter die neLG auch homosexuelle Paare fallen.

[30] Davon spricht etwa BVerfG NJW 2005, 1709.

[31] So auch BVerfG NJW 2006, 895 = FamRZ 2006, 470.

[32] S. zB die schwedischen Sambo-Gesetze oder die französische Regelung des PACS, vgl. RdNr. 19f.

[33] So auch *Lüderitz/Dethloff* § 8 RdNr. 5; *Martiny* in *Scherpe/Yassari* S. 79, 83; *Staudinger/Löhnig* (2007) Anh. zu §§ 1297ff. RdNr. 9; *Hausmann* in *Hausmann/Hohloch* S. 49; *Schulz* FamRZ 2007, 593, 594; *Busche* JZ 1998, 387, 390; *Kinne* FPR 2001, 36, 38 für Mietrecht; wohl auch *Rauscher* FamR RdNr. 728; *Grziwotz,* Nichtehel. LG, § 3 RdNr. 39.

[34] ZB *Palandt/Brudermüller* Einl v § 1297 RdNr. 11.

[35] Zur Rechtsgeschichte: *Limbach* in *Limbach/Schwenzer* S. 1ff.; *Schreiber* S. 1ff.; *Grosse* S. 74ff.; *Kingreen* S. 23ff.; *Schwab* FamRZ 1981, 1151; eingehend *Schumann* S. 1ff.

[36] Statistisches Bundesamt, Stat. Jahrbuch 2007, S. 47; *Schulz* FamRZ 2007, 593; *Nave-Herz* FPR 2001, 3 spricht von 2,1 Mio im Jahre 1999; Bestandsaufnahme auch bei *Dethloff* Gutachten S. A 13f.

[37] *Nave-Herz* FPR 2001, 3, 4.

[38] Deutlich *Nave-Herz* FPR 2001, 3, 6.

[39] *Nave-Herz* (FPR 2001, 3, 5) belegt das nichteheliche Zusammenleben von 75% der Paare mit Kindern in der Altersgruppe der 18 bis 29 Jährigen. *Hausmann* in *Hausmann/Hohloch* S. 51 spricht von 8,2% der 18 bis 24 Jährigen und von 11,3% der 25 bis 34 Jährigen im Jahr 1995.

[40] *Nave-Herz* FPR 2001, 3, 4.

[41] Vgl. *Nave-Herz* FPR 2001, 3, 5; *Knoche* MDR 1988, 743, 745; *Schwenzer* JZ 1988, 781, 782.

[42] Vgl. *Hausmann* in *Hausmann/Hohloch* S. 52f.; ähnliche Zahlen bei *Nave-Herz* FPR 2001, 3, 6.

ankündigt, im Westen allerdings eher als im Osten.[43] Gleichwohl nimmt auch die Zahl von neLG mit Kindern zu, v. a. in Ostdeutschland. Dort wird mittlerweile jedes zweite Kind nichtehelich geboren.[44] Der Anteil der neLG mit Kindern wird demgemäß insgesamt mittlerweile auf ca. 30% geschätzt.[45] Allerdings betrifft das ganz überwiegend Kinder, die aus früheren Beziehungen stammen und in die neLG mitgebracht wurden. Gemeinschaftliche Kinder findet man nur in 5% der neLG.[46]

6 **b) Die Gründe für die Zunahme von nichtehelichen Lebensgemeinschaften** sind vielfältig.[47] Große Bedeutung kommt den geänderten gesellschaftlichen Rahmenbedingungen zu. Beachtlich sind die veränderte Rolle der Frau, die längeren Ausbildungszeiten, die dazu führen, dass junge Menschen erst später an Familiengründung und Heirat denken, sowie insgesamt zunehmende Individualisierungstendenzen. Außerdem nahmen die normativen Zwänge zur Eheschließung ab. Liebeserklärung und Heiratsversprechen sind nicht mehr miteinander verknüpft. Das nichteheliche Zusammenleben wird akzeptiert und als „Ehe auf Probe"[48] sogar gutgeheißen und erwartet.[49] Wohnungen sind problemlos zu bekommen. Zahlenmäßig im Vordergrund steht demgemäß das Zusammenleben junger Menschen (zwischen 20 und 30) im Vorfeld einer denkbaren späteren Eheschließung mit diesem oder einem anderen Partner. Die Zahl derer, die die Ehe prinzipiell ablehnen, ist hingegen gering. Die neLG wird nicht mehr als Gegenentwurf zur Ehe verstanden; sie weist vielmehr zunehmend den Charakter einer eigenständigen Lebensform für eine besondere Lebensphase auf.[50] Bedeutung hat das nichteheliche Zusammenleben allerdings auch im Anschluss an eine vorangegangene gescheiterte Ehe. Hier spielt nicht nur die Enttäuschung über die gescheiterte frühere Beziehung eine wichtige Rolle, sondern auch der befürchtete Verlust einer Witwenversorgung oder eines Unterhaltsanspruchs. Zudem können – gerade aus Sicht von Kindern – erbrechtliche Folgen einer weiteren Eheschließung unerwünscht sein (obwohl durch Erbverzicht und Ehevertrag die wirtschaftlichen Konsequenzen freilich weitgehend abgefangen werden könnten). Auch mag die Erfahrung eines Scheidungsverfahrens von einer weiteren Eheschließung abhalten. Nicht zu vergessen sind i. Ü. Paare, die gerne heiraten würden, es aber nicht können, zB weil einer der Partner (auf dem Papier) noch verheiratet, noch als Lebenspartner eingetragen ist oder als katholischer Geistlicher zum Zölibat verpflichtet ist. Und schließlich gibt es die „Dauer-Verlobten", von denen einer zwar gerne heiraten möchte (oft die Frau), vom anderen aber immer wieder hingehalten wird. Abgesehen davon mag es auch ein Alter geben, in dem der Einzelne eine Eheschließung für sich als nicht mehr passend erachtet.

7 **4. Verfassungsrecht.**[51] **a) Handlungsfreiheit.** Eingehung und Führung einer neLG unterfallen der allgemeinen Handlungsfreiheit, Art. 2 Abs. 1 GG.[52] Da es zugleich um die Intimsphäre des Einzelnen geht, wird zum Teil auch auf das allgemeine Persönlichkeitsrecht

[43] *Kreyenfeld/Konietzka* in *Scherpe/Yassari* S. 45, 61 f.; *Nave-Herz* FPR 2001, 3, 5.

[44] *Kreyenfeld/Konietzka* in *Scherpe/Yassari* S. 45, 57; vgl. auch BVerfGE 112, 50 = NJW 2005, 1413, 1416, mehr als 20% der Kinder würden bei ihren nicht verheirateten Eltern aufwachsen.

[45] Einzelheiten bei *Dethloff* Gutachten S. A. 12 ff.

[46] Vgl. *Dethloff* in *Scherpe/Yassari* S. 137, 138.

[47] Vgl. *Grziwotz,* Nichtehel. LG, § 2 RdNr. 14 ff.; *Muscheler* FamR RdNr. 491 f.; *Hohloch* in *Hausmann/Hohloch* S. 63 f. Spannend sind insoweit auch die historischen Bezüge, vgl. *Wagner* in *Scherpe/Yassari* S. 19 ff.

[48] Wobei Untersuchungen ergeben haben, dass voreheliches Zusammenleben die Stabilität späterer Ehen mit demselben Partner nicht begünstigt, *Nave-Herz* FPR 2001, 3, 6. Der Ursachenzusammenhang ist offen. Wahrscheinlich vertreten diejenigen, die „gleich" heiraten, andere (traditionelle) Werte, die eben auch der Ehestabilität förderlich sind.

[49] Vgl. *Kreyenfeld/Konietzka* in *Scherpe/Yassari* S. 45, 49.

[50] *Kreyenfeld/Konietzka* in *Scherpe/Yassari* S. 45, 50.

[51] Dazu *Schmitt-Kammler* in *Sachs* GG, 3. Aufl. 2003, Art. 6 RdNr. 16; *Badura* in *Maunz/Dürig* GG, Art. 6 RdNr. 61; *Coester-Waltjen* in *v. Münch/Kunig* GG, Art. 6 RdNr. 11; *Pieroth* in *Jarass/Pieroth* GG, 8. Aufl. 2006, Art. 6 RdNr. 2; *Hofmann* in *Schmidt-Bleibtreu/Klein* GG, 10. Aufl. 2004, Art. 6 RdNr. 23 ff; *Robbers* in *v. Mangoldt/Klein/Starck,* GG I, 5. Aufl. 2005, Art. 6 RdNr. 90; ausführliche verfassungsrechtliche Einordnung bei *Vogelgesang* in *Hausmann/Hohloch* S. 193–224.

[52] *Grziwotz* FamRZ 2003, 1417, 1418; *Trimbach/El Alami* NJ 1996, 57, 58.

verwiesen, um daraus Abwehrrechte und staatliche Schutzpflichten abzuleiten.[53] Weiterhin ist die Entscheidung nicht zu heiraten von Art. 6 Abs. 1 GG geschützt, der auch die negative Eheschließungsfreiheit erfasst.[54] Von den Verfassungen der neuen Bundesländer erkennen Brandenburg (Art. 26 Abs. 2 BrandVerf) sowie abgeschwächt auch Berlin „die Schutzbedürftigkeit anderer, auf Dauer angelegter Lebensgemeinschaften" (Art. 12 Abs. 2 VvB) an.[55]

b) Verhältnis zur Ehe, Art. 6 Abs. 1 GG. Nach einhelliger Ansicht kann die neLG keinen mit der Ehe vergleichbaren Schutz für sich beanspruchen. Aus Art. 6 Abs. 1 ergibt sich insbes. kein Anspruch auf Teilhabe an den Vergünstigungen für Verheiratete.[56] Art. 6 Abs. 1 GG steht einem Schutz der neLG aber auch nicht im Wege. In seiner Entscheidung zur Verfassungsmäßigkeit des LPartG hat das BVerfG[57] dargelegt, dass es keinen exklusiven Schutzanspruch der Ehe gibt, und das sog. Abstandsgebot deutlich relativiert. Das Fördergebot für die Ehe kann nicht als Benachteiligungsgebot für andere Lebensformen verstanden werden. Daher könnten Judikative und Legislative durchaus einzelne Regelungen zum Schutz der neLG entwickeln.[58] Die verfassungsrechtliche Absicherung der Ehe ist dadurch nicht in Gefahr. Befürchtungen, die neLG könnte zur Ehe in Konkurrenz treten, sollten überwunden sein. Die Wechselbeziehungen[59] zwischen Ehe und nichtehelichem Zusammenleben dürfen aber nicht übersehen werden. 8

c) Schutz der „nichtehelichen Familie", Art. 6 Abs. 1 GG. In Erfüllung des Verfassungsauftrags aus Art. 6 Abs. 5 GG wurde mittlerweile im Kindschaftsrecht eine Gleichstellung von ehelichen und nichtehelichen Kindern erreicht. Die Unterhaltsansprüche der unverheirateten Mutter aus § 1615l und der verheirateten Mutter aus § 1570 wegen Kindesbetreuung sind vereinheitlicht worden.[60] Der Begriff der „Familie" iSv. Art. 6 Abs. 1 GG, der selbstständig neben dem der Ehe steht, wird inzwischen weit gefasst. Auch das unverheiratete Paar und sein Kind bilden eine Familie im Sinne des GG.[61] Eheliche und nichteheliche Familien nehmen dieselben erzieherischen Aufgaben wahr und können daher ähnlichen rechtlichen Schutz und Förderung beanspruchen. Angesichts der gesetzlichen Unterhaltspflicht aus § 1615l sowie der Möglichkeit der gemeinsamen Sorgerechtsausübung kann zwischen den Partnern nicht mehr von einem rechtsfreien Raum gesprochen werden.[62] Daraus resultiert vielmehr eine rechtliche Sonderstellung der neLG mit Kindern.[63] Das gilt insoweit bisher aber nur für die neLG mit *gemeinschaftlichen* Kindern. Die faktische Stieffamilie hingegen (dh regelmäßig die Beziehung von Mutter und Kind zum nichtehelichen Partner der Mutter) genießt im BGB bislang keinen Schutz. Ob sie als Familie iSd. GG anzusehen ist, hat das BVerfG offen gelassen.[64] Hier besteht noch Handlungsbedarf für den Gesetzgeber.[65] 9

---

53 *Krings* FPR 2001, 7, 11f.

54 Klarstellend *Merten,* FS Leisner, S. 615, 616f.

55 Vgl. *J. Dietlein* DtZ 1993, 136ff.; näher auch *Grziwotz,* Nichtehel. LG, § 4 RdNr. 7f.

56 ZB im Erbschaftsteuerrecht: BVerfG FamRZ 1983, 1211; BFH BB 1983, 430 = FamRZ 1983, 486 (LS). Kein Anspruch auf Arbeitsfreistellung bei Niederkunft der Lebensgefährtin BAG FamRZ 1987, 939ff.; keine Rundfunkgebührenbefreiung: bayVGH Beschl. 7 ZB 07790 vom 10. 3. 2008.

57 BVerfGE 105, 313, 342f. = FamRZ 2002, 1169.

58 So auch *Coester-Waltjen* Jura 2008, 108, 109; *Delank* zfs 2007, 183, 184; *Lieb* Gutachten S. A 16ff.; *Staudinger/Löhnig* (2007) Anh. zu §§ 1297ff. RdNr. 21, 24.

59 Vgl. dazu *Schwab* FamRZ 1981, 1151f. passim und S. 1156.

60 S. vorangehend BVerfG NJW 2007, 1735 mit Anm. *Caspary.*

61 BVerfGE 112, 50 = NJW 2005, 1413; BFH NJW 2007, 2143 (Anerkennung von Mehrkosten für doppelte Haushaltsführung); BGH NJW 2006, 2687, Tz. 20 = FamRZ 2006, 1362; *Coester-Waltjen* in *v. Münch/Kunig,* GG, Art. 6 RdNr. 11; *Robbers* in *v. Mangoldt/Klein/Starck* GG, Art. 6 RdNr. 90; *Badura* in *Maunz/Dürig,* GG, Art. 6 RdNr. 61; *Schmitt-Kammler* in *Sachs* GG, Art. 6 RdNr. 16; *Gröschner* in *Dreier* GG Bd. 1, 2. Aufl. 2004, Art. 6 RdNr. 78; *Schumann* S. 169ff. mwN; *Oehlmann/Stille* FPR 2003, 457, 458f.; *Krings* FPR 2001, 7, 9. Vgl. EuGHMR FamRZ 2002, 1017, 1018 zu Art. 8 EMRK, der auch die de facto family erfasst.

62 In diesem Sinne auch BGHZ 147, 19 = NJW 2001, 1488.

63 Dazu *Dethloff* in *Scherpe/Yassari* S. 137ff.

64 BVerfG FamRZ 2005, 595, 596.

65 Dazu *Wellenhofer* AnwBl. 2008, 559.

10 **d) Gleichbehandlungsgrundsatz.** Im Einzelfall kann sich aus Art. 3 Abs. 1 GG im Vergleich mit Ehegatten auch ein Anspruch auf Gleichbehandlung ergeben.[66] So sah sich das BVerfG gehalten, Leistungen nach dem OpferentschädigungsG nicht nur dem überlebenden Ehegatten, sondern aus Gründen der Gleichbehandlung und des Familienschutzes auch dem nichtehelichen Partner zu gewähren, soweit dieser unter Verzicht auf Erwerbstätigkeit für die gemeinschaftlichen Kinder sorgt.[67] Im Hinblick auf Maßnahmen der künstlichen Befruchtung werden neLG allerdings schlechter gestellt; § 27 a Abs. 1 Nr. 3 SGB V schließt für sie eine entsprechende Finanzierung durch die Krankenkasse aus. Laut BVerfG[68] hatte der Gesetzgeber jedoch hinreichende sachliche Gründe, die Gewährung von Leistungen der gesetzlichen **Krankenversicherung** zur Herbeiführung einer Schwangerschaft auf Ehepaare zu beschränken; denn nur in der Ehe könne die gegenseitige Solidarität auch rechtlich eingefordert werden. Ehegatten könnten zudem als besonders geeignet angesehen werden, die mit den jeweiligen medizinischen Maßnahmen verbundenen Belastungen und Risiken gemeinsam zu bewältigen. Mit dem Gleichbehandlungsgrundsatz ist es vereinbar, wenn ein Dienstherr bei der Niederkunft der Ehefrau **Sonderurlaub** gewährt, bei der nichtehelichen Partnerin jedoch nicht.[69]

11 **5. Rechtliche Erfassung außerhalb des Zivilrechts.**[70] **a) Sozialrecht.**[71] Gem. § 20 SGB XII (früher § 122 BSHG) dürfen Personen, die in eheähnlicher Gemeinschaft leben, hinsichtlich der Sozialhilfe nicht besser gestellt werden als Ehegatten. Faktische Unterhaltsleistungen des Partners werden daher bedarfsmindernd angerechnet. Gleiches gilt bei der Grundsicherung von Arbeitssuchenden, wo zur Bedarfsgemeinschaft auch Personen gezählt werden, die mit dem Hilfebedürftigen als Partner in einem gemeinsamen Haushalt so zusammenleben, dass nach verständiger Würdigung der wechselseitige Wille anzunehmen ist, Verantwortung füreinander zu tragen und füreinander einzustehen (§ 7 Abs. 3 Nr. 3 c SGB II).[72] Bei dem nach der Geburt eines (vor dem 1. 1. 2007 geborenen) Kindes zu zahlenden Erziehungsgeld (§§ 5 Abs. 2 S. 3, 6 Abs. 3 S. 2 BErzGG) wird ebenfalls Einkommen des Partners angerechnet.

12 **b)** In der gesetzlichen **Krankenversicherung** umfasst die Familienversicherung den nichtehelichen Partner nicht (§ 10 Abs. 1, 2 SGB V).[73] Entsprechendes gilt in der gesetzlichen Pflegeversicherung (§ 25 SGB XI). § 10 Abs. 3 SGB V verstößt laut BVerfG nicht gegen Art. 3 Abs. 1 iVm. Art. 6 Abs. 1 GG, soweit er Ehen und neLG in Bezug auf den Ausschluss von Kindern aus der Familienversicherung unterschiedlich behandelt.[74] Problematisch bleibt i. Ü., dass das nichteheliche Stiefkind kein Stiefkind oder Pflegekind iSd. Sozialversicherung ist.[75]

13 **c) Versicherungsvertragsrecht.**[76] Der BGH hat eine Erstreckung des Familienprivilegs aus § 116 Abs. 6 SGB X, das den Regress des Versicherers gegen den familienangehörigen Schadensverursacher ausschließt, auf die neLG im Jahre 1987 abgelehnt.[77] Zu § 67 Abs. 2

---

[66] Zum Themenkreis *Diederichsen,* FS Zöllner, S. 1077, 1091 f.

[67] BVerfGE 112, 50 = NJW 2005, 1413 mit Verweis auf die ges. Unterhaltspflicht gem. § 1615 l; anders bei Versorgung von Stiefkindern BVerfG NJW 2005, 1417 = FamRZ 2005, 595 (Nichtannahmebeschluss); näher *Grziwotz,* Nichtehel. LG, § 11 RdNr. 74.

[68] BVerfG NJW 2007, 1343 = FamRZ 2007, 529; dazu *Helms/Wanitzek* FamRZ 2007, 685.

[69] BVerfG FamRZ 1998, 606 und 894 (Nichtannahmebeschlüsse).

[70] Überblick bei *Zwißler* FPR 2001, 15. Zu Fragen des Arbeitsrechts *Kremhelmer* in *Hausmann/Hohloch* S. 569 ff.; *Grziwotz,* Nichtehel. LG, § 17 RdNr. 41 ff.

[71] Dazu *Udsching* in *Hausmann/Hohloch* S. 639 ff. Zu verschiedenen Bereichen *Hohnerlein* FPR 2001, 49 ff.; *Kärcher* FPR 1995, 115 ff.; zur ges. Rentenversicherung *Grziwotz,* Nichtehel. LG, § 25 RdNr. 53 f.

[72] Dazu LSG Hamburg EuG 2007, 276; ausführlich *Spellbrink* NZS 2007, 121, 125 f.

[73] BSGE 67, 46 = NJW 1991, 447; LSG Niedersachsen NZS 1995, 221.

[74] BVerfG FamRZ 2003, 356.

[75] Vgl. BSG NZS 1995, 132 für Pflegekindbegriff.

[76] Überblick bei *Hohnerlein* FPR 2001, 49 ff.; *Jahnke* MDR 2005, 668 f.; *Staudinger/Löhnig* (2007) Anh. zu §§ 1297 ff. RdNr. 254 f.

[77] BGHZ 102, 257 = NJW 1988, 1091 m. krit. Anm. *Striewe;* LG Saarbrücken VersR 1995, 158; OLG Potsdam FamRZ 1997, 878; offen gelassen von OLG Rostock NJW-RR 2008, 694; *Kothe* NZV 1997, 89; *Röthel* NZV 2001, 329; *Hohloch* in *Hausmann/Hohloch* S. 114 ff.

VVG aF ließ der BGH die Frage offen.[78] Die Rspr. der Instanzgerichte hierzu war uneinheitlich.[79] Dieses Problem hat sich erledigt, weil § 67 Abs. 3 VVG nF nun ausdrücklich den Schutz derjenigen Personen vorsieht, mit denen der Versicherungsnehmer in häuslicher Gemeinschaft lebt. Damit wird nun auch der nichteheliche Partner erfasst.[80] Die Angehörigenklausel in § 4 Abs. 2, Nr. 2 a AHB, die Haftpflichtansprüche von bestimmten Angehörigen aus dem Versicherungsschutz ausnimmt, erfasst nicht Partner in einer neLG.[81] Wer noch verheiratet ist, kann auch bei Getrenntleben vom Ehepartner nicht in der Rechtsschutzversicherung des nichtehelichen Lebensgefährten mitversichert sein.[82]

d) Steuerrecht.[83] Steuerrechtlich werden die unverheirateten Partner wie Einzelpersonen behandelt.[84] Vorteile ergeben sich evtl. dort, wo die Finanzgerichte bei Ehegatten sehr kritisch sind, nämlich bei der Anerkennung von Miet- und Pachtverhältnissen, Arbeits- und Darlehensverträgen sowie Gesellschaftsverhältnissen zwischen den Partnern. Hier wird die Existenz der neLG noch weitgehend ignoriert, so dass die steuerrechtliche Anerkennung bislang eher unproblematisch war.[85] **Unterhaltsleistungen** an den Lebensgefährten können nur in Ausnahmefällen gem. §§ 33 a Abs. 1, 33 Abs. 2 EStG einkommenmindernd geltend gemacht werden.[86] Bei der Übertragung eines Grundstücks auf den Partner gilt keine Grunderwerbsteuerbefreiung.[87] Einschneidend ist, dass im Rahmen der Schenkung-[88] und Erbschaftsteuer Unverheirateten (wie Fremden) in Steuerklasse III nur der winzige Freibetrag von 5200 Euro zusteht (§ 15 Abs. 1 ErbStG), während Ehegatten den Vorzug eines Freibetrags von 307 000 Euro (§ 16 Abs. 1 Nr. 1 ErbStG) und eines zusätzlichen Versorgungsfreibetrags von 256 000 Euro (§ 17 Abs. 1 ErbStG) genießen.[89] Hier sollte *de lege ferenda* für langjährige Lebensgefährten eine Vergünstigung eingeführt werden;[90] sie könnten etwa auf eine Ebene mit Geschwistern gestellt und demgemäß in Steuerklasse II eingeordnet werden. 14

e) Strafrecht.[91] Im Strafrecht stellt sich die Frage, ob der nichteheliche Partner als Angehöriger zu begreifen ist,[92] was sowohl bei Taten zu Gunsten als auch zum Nachteil des Partners wegen der besonderen Motivationslage diverse Privilegierungen (zB §§ 247, 259 15

[78] BGH NJW 1980, 1468. Ausführlich zum Themenkreis *Oehlmann/Stille* FPR 2003, 457 ff.

[79] Für Analogie OLG Brandenburg NJW 2002, 1581; aA OLG Koblenz VersR 2003, 1381; OLG Frankfurt/M. VersR 1997, 561. Für Analogie zumindest bei neLG mit Kindern: OLG Naumburg VersR 2007, 1405; OLG Köln NJW-RR 1991, 670; LG Potsdam FamRZ 1997, 878; OLG Brandenburg NJW 2002, 1581; LG Saarbrücken VersR 1995, 158; *Grziwotz,* Nichtehel. LG, § 18 RdNr. 95; *Plate* FuR 1995, 273, 274; *Martiny* in *Scherpe/Yassari* S. 79, 92; *Jahnke* MDR 2005, 668, 669; *Oehlmann/Stille* FPR 2003, 457; ferner *Knoche* MDR 1988, 743, 745; *Moritz* JA 2002, 831.

[80] *Dahm* NZV 2008, 280, 281.

[81] Vgl. *Jahnke* MDR 2005, 668 mwN.

[82] AG Pfaffenhofen VersR 2002, 310.

[83] Dazu AnwK-BGB/*Heimann* Anh zu LPartG RdNr. 1 ff.; *Staudinger/Löhnig* (2007) Anh. zu §§ 1297 ff. RdNr. 275 f.; *Bültmann* in *Hausmann/Hohloch* S. 665 ff.; *Seikel,* Die nichtehel. Lebensgemeinschaft im Steuerrecht, 1998; *List* DStR 1997, 1101 ff.; *Bilsdorfer* FR 1998, 673 ff.; *Grziwotz* FamRZ 2003, 1417, 1420; *Christ* FamRB 2003, 373 ff.

[84] Kein Splitting-Tarif, vgl. BVerfGE 61, 319 = NJW 1983, 271; BFH NJW 1990, 734 und 2712; FG Niedersachsen FamRZ 2005, 1253.

[85] Vgl. BFH GS BStBl. 1990 II S. 160; abl. für Mietverhältnis innerhalb der gemeinsam genutzen Wohnung: BFH FamRZ 1996, 1471.

[86] Dazu BFH BStBl. 1990 II S. 886; 1994, 31; 1994, 442; 1994, 236; 1998, 187; ausführlich *Bültmann* in *Hausmann/Hohloch* S. 675 ff.

[87] BFH NJW 2001, 2655.

[88] Zur Schenkungsteuer bei lebzeitigen Zuwendungen BFH DStR 1997, 2018, einzelfallabhängig; BFH/NV 2007, 2296; *Weimer* ZEV 2007, 316; *Schlünder/Geißler* ZEV 2007, 64.

[89] Laut BVerfG unbedenklich, NJW 1990, 1593 (Nichtannahmebeschluss); so auch BSG NJW-FER 1999, 102, 104 zur Ungleichbehandlung von neLG und Ehegatten im Einkommensteuerrecht; FG Köln DStRE 2006, 36; FG Niedersachsen ZEV 2006, 87.

[90] So auch *Gernhuber/Coester-Waltjen* § 43 RdNr 3; *Schumacher* FamRZ 1994, 857, 862.

[91] Näher *Kretschmer* JR 2008, 51 ff.; *Grziwotz,* Nichtehel. LG, § 11 RdNr. 49 ff. Zum Strafvollzugsrecht *Burhoff* FPR 2001, 18, 24 f.

[92] Dazu *Skwirblies,* Nichtehel. Lebensgemeinschaft und Angehörigenbegriff im Straf- und Strafprozessrecht, 1990; *Burhoff* FPR 2001, 18.

Abs. 2, 263 Abs. 4 StGB) mit sich bringt. Ein Teil des Schrifttums[93] will hier § 11 Abs. 1 Nr. 1a StGB, der die unverheirateten Partner nicht explizit dem Begriff des Angehörigen unterstellt, zu Recht analog anwenden, während sich die wohl hM[94] – von Einzelfällen abgesehen – dagegen wendet. Eine strafrechtlich relevante Garantenpflicht zwischen nichtehelichen Partnern wird ebenfalls verneint.[95] Das Gleiche gilt nach hM für Zeugnisverweigerungsrechte im Strafprozess analog § 52 StPO.[96] Zumindest ist der nichteheliche Partner aber eine nahe stehende Person im Sinne des StGB (vgl. §§ 35, 241 Abs. 1 StGB).[97]

16 f) Im **Ausländerrecht**[98] steht der nichteheliche Partner weder dem Ehegatten (§§ 27 ff. AufenthG) noch den sonstigen Familienangehörigen (§ 36 AufenthG) gleich. Daher bestehen keine abgeleiteten Aufenthalts- oder Nachzugsrechte. Das ist iSd. Rechtssicherheit und um Manipulationen vorzubeugen kaum anders regelbar.

17 **6. Gesetzgebungsvorschläge.**[99] **a) Verfassungsrecht.** Die Gemeinsame Verfassungskommission sah 1993 keinen Bedarf für eine Änderung der bisherigen Rechtslage.[100] Sie betrachtete eine Erstreckung des Art. 6 Abs. 1 GG auf die neLG als sachlich verfehlt und praktisch kaum durchführbar.[101]

18 **b) Gesetz für nichteheliche Lebensgemeinschaften.** Bereits mehrfach angedacht wurde – im Anschluss an europäische Vorbilder (s. RdNr. 19) – der Entwurf eines Gesetzes für die neLG.[102] Zu nennen ist v. a. der Entwurf eines Gesetzes zur Regelung der Rechtsverhältnisse nichtehelicher Lebensgemeinschaften (NeLgG) der Fraktion Bündnis 90/Die Grünen.[103] Die Diskussion ist insoweit noch im Fluss. Die Defizite des geltenden Rechts, wie insbes. die Unsicherheiten bei der analogen Anwendung einzelner eherechtlicher Vorschriften, das Fehlen einer vermögensrechtlichen Ausgleichsregelung für den Fall der Trennung und das Fehlen eines Mindestschutzes für den haushaltsführenden Partner,[104] ließen sich wohl am besten durch eine gesetzliche Regelung bewältigen, die an den faktischen Tatbestand der neLG anknüpft und dafür eine ges. Definition bietet.[105] Dazu wird vorgeschlagen, die entsprechende Regelung systematisch im Familienrecht des BGB zu verorten.[106] Demgegenüber wird die Idee, Regelungen nur an die Registrierung einer neLG zu knüpfen, ganz überwiegend abgelehnt; denn gerade der wichtige Schutz des schwächeren Teils lässt sich nicht erreichen, wenn man auch hier einen formalen Akt voraussetzt.[107]

---

[93] *Tröndle* in *Tröndle/Fischer* StGB, § 11 RdNr. 8a, 10; *Kingreen* Jura 1997, 408.

[94] BayObLG NJW 1983, 831; NJW 1986, 202; OLG Celle NJW 1997, 1084; so auch *Lackner/Kühl* StGB, 25. Aufl. 2005, § 11 RdNr. 2; differenzierend *Eser* in *Schönke/Schröder* StGB, 27. Aufl. 2006, § 11 RdNr. 11; *Gribbohm* in Leipziger Kommentar I, 11. Aufl. 2003, § 11 RdNr. 10, 15; weitere Nachw. bei *Burhoff* FPR 2001, 18 f.

[95] *Grziwotz,* Nichtehel. LG, § 11 RdNr. 67 f. mwN; aA *Kretschmer* JR 2008, 51, 52.

[96] Vgl. nur BVerfG NJW 1999, 1622; weitere Nachw. bei *Wollweber* NStZ 1999, 629. Für Analogie *Burhoff* FPR 2001, 18, 19; *Grziwotz,* Nichtehel. LG, § 11 RdNr. 84; BVerfG NJW 1993, 3316 f., kein Recht des Lebensgefährten zur Nebenklage im Strafverfahren.

[97] *Lenckner/Perron* in *Schönke/Schröder,* 27. Aufl. 2006, § 35 RdNr. 3.

[98] Dazu *Wegner* FamRZ 1996, 587 ff.; *Grziwotz,* Nichtehel. LG, § 33 RdNr. 14 ff.

[99] Dazu *Schwenzer* JZ 1988, 781 ff.; *Schumacher* FamRZ 1994, 857; *Trimbach/El Alami* NJ 1996, 57; ferner *Röthel* ZRP 1999, 511 ff.

[100] Bericht vom 5. 11. 1993, BT-Drucks. 12/6000, S. 57; dazu *Kingreen* S. 300 ff. (selber ablehnend S. 302 f.).

[101] Vgl. *Vogelgesang* in *Hausmann/Hohloch* S. 202 ff., 742.

[102] *Schumacher* FamRZ 1994, 857 ff.; *Trimbach/El Alami* NJ 1996, 57 ff.; *Vogelgesang* in *Hausmann/Hohloch* S. 556 ff. Der Dt. Juristentag 1988 empfahl Einzelregelungen für den Fall der Auflösung (Vermögensauseinandersetzung, evtl. Zuteilung von Wohnung und Hausrat); Bericht von *Ihrig* JZ 1989, 31 ff.; ähnlich der 8. Dt. Familiengerichtstag, s. FamRZ 1990, 24, 27.

[103] BT-Drucks. 13/7228 vom 14. 3. 1997.

[104] Dazu eindringlich *Dethloff* Gutachten S. A 140 ff. mit näheren Vorschlägen; *Wellenhofer* AnwBl. 2008, 559.

[105] So auch *Martiny* in *Scherpe/Yassari* S. 79, 98; (zu weit gehender) Vorschlag für eine Norm zur Vermögensauseinandersetzung bei *Trimbach/El Alami* NJ 1996, 57, 62.

[106] *Martiny* in *Scherpe/Yassari* S. 79, 97; *Trimbach/El Alami* NJ 1996, 57, 62.

[107] Zutreffend *Schumacher* FamRZ 1994, 857, 864.

Lediglich im Hinblick auf weitergehende Schutzwirkungen – zB steuerrechtlicher Art oder im Hinblick auf § 844 Abs. 2 – könnte man ergänzend eine optionale Registrierung vorsehen.

7. Ausländische Rechtsordnungen.[108] **a) Anknüpfung an faktisches Zusammenleben.** In ganz Europa wird eine steigende Zahl von neLG verzeichnet, allerdings mit deutlichem Nord-Süd-Gefälle.[109] Darauf wurde in unterschiedlicher Form reagiert. **Schweden**[110] hat seit 1988 ein (2003 reformiertes) Gesetz über das gemeinsame Heim Zusammenlebender (*Cohabitees Act; Sambolag*). Angeknüpft wird nicht an einen Vertrag oder Erklärungen, sondern an das bloße Bestehen einer eheähnlichen Haushalts- und Geschlechtsgemeinschaft seit mindestens sechs Monaten, sei es zwischen einem hetero- oder homosexuellen Paar. Das (teilweise dispositive) Gesetz enthält für die während des Zusammenlebens erworbenen, gemeinsam genutzten Güter Regelungen über die Auseinandersetzung im Trennungsfall. Hinzu kommen begleitende Regelungen im Steuer- und Sozialrecht. Hintergrund ist vor allem der Schutz des wirtschaftlich schwächeren Teils. Noch weitergehend sind die Regelungen in **Slowenien.** Wenn die Voraussetzungen einer neLG erfüllt sind (Lebensgemeinschaft zwischen Mann und Frau in natürlichen, moralisch-geistlichen, geschlechtlichen und wirtschaftlichen Sinne auf längere Zeit) und Ehehindernisse auf beiden Seiten fehlen, gelten kraft Gesetzes viele eherechtliche Normen, insbes. aus dem Vermögensrecht, Erbrecht und Unterhaltsrecht.[111] Damit verbundene Streitigkeiten müssen ggf. gerichtlich entschieden werden, Eingehung und Auflösung der neLG erfolgen jedoch formlos durch faktischen Entschluss. 19

b) Eigenständige Rechtsinstitute[112] sind nur in wenigen Ländern eingeführt worden. Die Akzeptanz gerade bei verschiedengeschlechtlichen Paaren hält sich sehr in Grenzen. Die **Niederlande**[113] haben das Rechtsinstitut der Registrierten Partnerschaft 1998 eingeführt, das zunächst gerade auch als Rechtsform für gleichgeschlechtliche Paare gedacht war. Nachdem dort inzwischen auch die Ehe gleichgeschlechtlichen Paaren offen steht, hat das Institut an Bedeutung verloren. Im Jahr 2003 zählte man nur 13 000 registrierte Partnerschaften im Vergleich zu 3,4 Mio. Ehen. Die Regelungen entsprechen weitgehend dem Eherecht; Unterschiede betreffen u. a. die fehlende Vaterschaftsvermutung zu Gunsten des Partners und die Möglichkeit der einverständlichen Auflösung ohne Richterspruch. Davon zu unterscheiden ist die **faktische,** nicht institutionalisierte neLG, deren Zahl in den Niederlanden auf 700 000 geschätzt wird.[114] Dafür gibt es keine einheitliche rechtliche Regelung, aber immerhin zahlreiche Einzelvorschriften, die teilweise eine Gleichstellung mit der Ehe bewirkt haben. Große Unterschiede gibt es aber nach wie vor in der Eltern-Kind-Beziehung, im Vermögens- und im Erbrecht. Beachtenswert ist, dass in einigen Bereichen des Privat- wie des öffentlichen Rechts ein notariell beurkundeter Partnerschaftsvertrag erforderlich ist, um bestimmte Begünstigungen beanspruchen zu können. Demgemäß findet sich in der Hälfte der neLG ein solcher Vertrag.[115] In **Belgien** gibt es seit dem 20

---

[108] Länderberichte (auch zu Kanada, Dänemark, Australien und Neuseeland) bei: *Scherpe/Yassari* S. 205 ff.; *Martiny* in *Hausmann/Hohloch* S. 781 ff.; *Dethloff* Gutachten S. A 35 ff.; ferner *Verschraegen* FamRZ 2000, 65 ff.; *Röthel* ZRP 1999, 511 ff.; *dies.* StAZ 2006, 34; *Lüderitz/Dethloff* § 8 RdNr. 44 f. Zu Norwegen, das keine einschlägige gesetzliche Regelung hat, *Ryrstedt* in *Scherpe/Yassari* S. 439 ff.; zur Schweiz *Trimbach/El Alami* NJ 1996, 57, 59 f.; zu Australien *Schatte* FamRZ 1987, 14 und *Trimbach/El Alami* NJ 1996, 57, 60.

[109] Vgl. Übersicht bei *Kreyenfeld/Konietzka* in *Scherpe/Yassari* S. 45, 53.

[110] Dazu *Ryrstedt* in *Scherpe/Yassari* S. 415 ff.; *Jänterä-Jareborg* FamRZ 2004, 1431; ferner *Heilmann* JA 1990, 116.

[111] Einzelheiten bei *Rijavec/Kraljic* in *Scherpe/Yassari* S. 375 ff.; ganz ähnlich liegt es in Kroatien.

[112] Weitere Beispiele finden sich in Portugal und elf Autonomen Gemeinschaften von Spanien, dazu *Gonzales Beilfuss* in *Scherpe/Yassari* S. 249 ff.; zu Katalonien *Lamarca i Marquès* ZEuP 2002, 557, 571 f.; außerdem in den kanadischen Provinzen Nova Scotia und Quebec.

[113] Ausführl. *Schwidich* S. 23 ff.; *Boelke-Woelki/Schrama* in *Scherpe/Yassari* S. 307 ff.; *Pintens* FamRZ 2000, 69 ff.

[114] *Boelke-Woelki/Schrama* (Fn. 113) S. 312.

[115] *Boelke-Woelki/Schrama* (Fn. 113) S. 337.

Jahr 2000 das Institut des gesetzlichen Zusammenwohnens *(wettelijke samenwoning/cohabitation légale)*.[116] Die Bedeutung ist allerdings – wie die damit verbundenen Rechtsfolgen – gering. Gleichgeschlechtlichen Paaren steht dort auch die Ehe offen.

21 **Frankreich**[117] ermöglicht seit 1999 mit dem in Art. 515–1 ff: Titre XII des Code Civil geregelten *Pacte civil de solidarité* **(PACS)** eine Registrierung der (gleich- oder verschiedengeschlechtlichen) Lebensgemeinschaft auf einem Niveau unterhalb der Ehe.[118] Im Jahr 2004 wurden bereits über 100 000 registrierte PACS gezählt.[119] Ca. 60% davon entfallen auf heterosexuelle Paare. Ein Rückgang der Eheschließungen wurde nicht verzeichnet. Zur Begründung des PACS ist eine gemeinsame schriftliche Erklärung vor dem *Tribunal d'Instance,* einer Amtsstelle der Gerichte, erforderlich. Rechtsfolgen sind u. a. eine zwingende Beistandspflicht, eine gegenseitige materielle Unterstützungspflicht und die gesamtschuldnerische Haftung für Ausgaben des täglichen Lebens. Nach dreijährigem Zusammenleben kommt eine gemeinsame Besteuerung wie bei Ehegatten in Betracht. Es gibt kein gesetzliches Erbrecht; Kinder gelten als nichtehelich. Die Auflösung erfolgt ohne Gerichtsentscheidung durch Tod, durch Eheschließung eines oder beider Partner, einvernehmliche Erklärung gegenüber dem *Tribunal* **d'Instance** oder automatisch drei Monate nach Zustellung einer einseitigen Auflösungserklärung. Nicht weiter rechtlich erfasst ist demgegnüber auch in Frankreich das faktische nichtehelichen Zusammenleben, die sog. *concubinage.* Deren rechtliche Erfassung entspricht der neLG in Deutschland. Daran knüpfen nur einzelne Normen, zB. des Miet- oder Sozialrechts, an.

II. Rechtliche Erfassung der bestehenden Lebensgemeinschaft im Zivilrecht

22 **1. Allgemeines. a) Anzuwendendes Recht.** Die rechtliche Einordnung als solche ist schwierig, weil regelmäßig kein Rechtsgeschäft feststellbar ist, an das Rechte oder Pflichten geknüpft werden könnten. In einen völlig rechtsfreien Raum wollen sich die Partner gleichwohl nicht begeben.[120] Die fehlende Eheschließung kann auch nicht mit einer strikten Ablehnung sämtlicher eherechtlicher Normen gleichgesetzt werden. Es ist vielmehr Aufgabe des Richters, bei Rechtsproblemen aller Art eine angemessene Lösung auf Basis des geltenden Rechts oder auch in vorsichtiger Rechtsfortbildung zu finden. Dazu kann insbes. auf die Vorschriften des Allgemeinen Teils (etwa die §§ 164 ff. an Stelle von § 1357) sowie des Schuld- und Sachenrechts zurückgegriffen werden.[121] Außerdem bleibt in jedem Einzelfall eine (analoge) Anwendung familienrechtlicher Vorschriften zu prüfen. Zwar scheidet sowohl eine direkte Anwendung von Eherecht als auch eine pauschale **Analogie zum Eherecht** nach ganz h. M.[122] aus; zumal dagegen regelmäßig auch der Parteiwillen spricht.[123] Als analogiefähig gelten aber Normen, die keinen ehespezifischen Gehalt aufweisen, sondern generell die Beziehung zwischen nahe stehenden Personen betreffen.[124]

23 **b) Sittenwidrigkeit.** Sittenwidrigkeitsfragen haben sich praktisch erledigt. Weder lebzeitige unentgeltliche Zuwendungen an den Lebensgefährten noch entsprechende Verfügungen von Todes wegen oder Mietverträge mit Unverheirateten verstoßen nach heutiger

[116] Dazu *Pintens* in *Scherpe/Yassari* S. 277 ff.; *ders.* FamRZ 2000, 69 ff.; *Becker* MittRhNotK 2000, 155.

[117] Dazu *Ferrand* in *Scherpe/Yassari* S. 211 ff.; *dies.,* FamRZ 2000, 517 ff.; *Hauser* DEuFamR 2000, 29 ff.

[118] Deutsche Übersetzung des Gesetzes in FamRZ 2000, 531; ausführlich dazu *Uhlenbrock* S. 99 ff.

[119] Vgl. *Ferrand* in *Scherpe/Yassari* S. 220 mwN.

[120] Vgl. nur *Schwenzer* JZ 1988, 781, 782; *Helms/Wanitzek* FamRZ 2007, 685, 687.

[121] OLG Köln FamRZ 2001, 1608; OLG Hamm NZG 2000, 929.

[122] BGH FamRZ 1980, 40; LG Wiesbaden FamRZ 1955, 262; LG Aachen FamRZ 1983, 486; *Grziwotz,* Nichtehel. LG, § 5 RdNr. 14; *Derleder* NJW 1980, 546 f.; *Diederichsen* FamRZ 1988, 891; *Lipp* AcP 180 (1980), 561 mwN; *Battes,* FS Hübner, S. 386.

[123] LG Aachen FamRZ 1988, 717, 718; *Battes,* Nichtehel. Zusammenleben, RdNr. 7 und ZHR 1979, 390; *Lipp* AcP 180 (1980), 569; *Strätz* FamRZ 1980, 304; *Diederichsen* NJW 1983, 1019; aA AG Berlin-Lichterfelde JR 1952, 244 f.

[124] Vgl. Einteilung bei *Schumacher* FamRZ 1994, 857, 859 f.; Einzelfragen bei *Holzhauer* in *Hausmann/Hohloch* S. 431 ff.

Sozialmoral gegen die guten Sitten (§ 138);[125] und zwar auch dann nicht, wenn ein Partner verheiratet ist.[126] Nach länger dauernder Partnerschaft können Zuwendungen sogar einer moralischen Pflicht iSd. § 534 entspringen, für den Unterhalt des Partners zu sorgen und seine Altersversorgung zu sichern.[127]

c) Kein konkludenter „Zusammenlebensvertrag". Die Abrede über die Begründung eines gemeinsamen Hausstandes impliziert nach allgM keinen konkludenten Zusammenlebensvertrag („Kooperationsvertrag"), aus dem sich umfangreiche, dem Eherecht analog zu entwickelnde Rechte und Pflichten ergeben könnten.[128] Ein umfassender Bindungswille zum Abschluss eines Rahmenvertrags nach Art eines Dauerschuldverhältnisses liegt (trotz jederzeitiger Kündigungsmöglichkeit) in der Regel nicht vor. Abgesehen davon wäre ein hinreichend konkreter Vertragsinhalt zur Lösung praktischer Einzelfragen aus solch hypothetischen Generalabreden meist nicht zu ermitteln. Konkludente Einzelabreden bezüglich der Ausgestaltung des gemeinschaftlichen Lebens (Wohnung, Rollenverteilung betr. Beruf und Haushaltsführung,[129] Anschaffungen, Lastenverteilung) sind hingegen kaum weniger häufig als unter Ehegatten. Wie unter Eheleuten werden sie selten ausdrücklich vereinbart, vielmehr idR schlicht gelebt. 24

2. Rücksichtnahmegebot. Pflichten iSv. § 1353 bestehen zwischen Unverheirateten nicht und können auch nicht vertraglich vereinbart werden. Erst recht muss eine Analogie zur Eheherstellungsklage ausscheiden. Ebenso lässt sich das für die Ausübung einer **Erwerbstätigkeit** gem. § 1356 Abs. 2 S. 2 geltende Gebot der Familienverträglichkeit nicht auf die neLG erstrecken,[130] auch nicht durch Partnerschaftsvertrag.[131] Allerdings findet die sog. Hausmann-Rspr. entsprechende Anwendung, wenn der Unterhaltspflichtige in einer neLG mit einem anderen Partner zusammenlebt und ein aus dieser Beziehung stammendes Kind betreut; die Unterhaltspflicht gegenüber einem (Ex)Ehegatten oder anderen Kinder erlaubt dann grundsätzlich keine freie Rollenwahl in der neLG, sondern fordert mittelbar auch Rücksichtnahme vom neuen Partner.[132] I. Ü. besteht das allgemeine Gebot gegenseitiger Rücksichtnahme, das im Rechtsverkehr auch sonst (vgl. nur § 1 StVO) und in engeren Gemeinschaften im Besonderen gilt (§§ 242, 705), auch in einer neLG.[133] Daher gelten auch die von der Rspr. entwickelten Grundsätze zur Sittenwidrigkeit einer **Bürgschaft** von Angehörigen wegen Ausnutzung einer emotionalen Nähebeziehung für unverheiratete Partner analog.[134] Demgemäß sollte auch § 207 über die Hemmung der **Verjährung** aus familiären und ähnlichen Gründen auf Ansprüche zwischen unverheirateten Partnern entsprechend angewandt werden.[135] Die Privat- und Intimsphäre des Partners (Briefgeheimnis etc.) ist ebenso wie unter Ehegatten[136] zu respektieren. 25

---

[125] BGH FamRZ 1980, 664; NJW 1984, 797, 798 und 2150; OLG Hamm NJW 1978, 224; *Grziwotz,* Nichtehel. LG, § 22 RdNr. 40 ff. Zur Sittenwidrigkeit sog. Mätressen-Testamente § 138 RdNr. 59 ff.

[126] BGH NJW 1991, 830, 831.

[127] BGH FamRZ 1983, 53, 55. Erheblich zB für die Frage der Beeinträchtigungsabsicht bei § 2287 und für den Pflichtteilsergänzungsanspruch gemäß §§ 2325, 2329.

[128] So allerdings *Roth-Stielow* JR 1978, 233 ff.; RGRK/*Roth-Stielow* Vor § 1353 RdNr. 30 ff. Dagegen aber die ganz hM: LG Aachen FamRZ 1988, 717, 719; *Finger* JZ 1978, 504 ff.; *Lipp* AcP 180 (1980), 570 ff.; *Derleder* NJW 1980, 547; *Strätz* FamRZ 1980, 305; *Grziwotz,* Nichtehel. LG, § 5 RdNr. 12; *Hohloch* in *Hausmann/Hohloch* S. 72 f.

[129] Ob auch unter Ehegatten letztlich nicht erzwingbare Abreden über die Rollenverteilung dem rechtsfreien Raum angehören (so *Hausmann* 1989, S. 90) ist str.; dag. *Grziwotz,* Nichtehel. LG, § 16 RdNr. 1 f.

[130] Vgl. *Huffmann* S. 197 ff.

[131] *Burhoff* ZFE 2002, 94.

[132] BGHZ 147, 19 = NJW 2001, 1488.

[133] Näher *Grziwotz,* Nichtehel. LG, § 10 RdNr. 12, 16.

[134] BGH FamRZ 2003, 1741; NJW 2002, 744; NJW 2000, 1182 = FamRZ 2000, 736; ZIP 1997, 409; OLG Naumburg EWiR 2004, 165; OLG Dresden WM 2003, 277; NJ 2006, 564; *E. Schmidt* EWiR 1997, 397 f.

[135] OLG Köln NJW-RR 2000, 558, 559; *Palandt/Heinrichs* § 207 RdNr. 2; *Bamberger/Roth/Henrich* § 207 RdNr. 7; diff.: MünchKommBGB/*Grothe* § 207 RdNr. 10 (Analogie im Einzelfall); abl. *Soergel/Niedenführ* § 207 RdNr. 6; *Staudinger/Peters* (2004) § 207 RdNr. 7.

[136] Dazu § 1353 RdNr. 29.

26 **3. Vertretungsmacht.**[137] Jeder Partner haftet grundsätzlich nur für seine eigenen Schulden. **§ 1357** über die Schlüsselgewalt ist als ehespezifische Norm (da prinzipiell an den in § 1360 a gesetzlich definierten Begriff des ehelichen und familiären Lebensbedarf anknüpfend) nach allgM weder direkt noch analog anwendbar.[138] Schließlich müsste sonst auch der Ausschluss zum Güterrechtsregister angemeldet werden können. Der beim Wohnungsmieter mit eingezogene Partner haftet daher zB. nicht für bezogene Energie.[139] Eine Bevollmächtigung des Partners für laufende Bedarfsdeckungsgeschäfte ist zwar möglich, ergibt sich aber nicht schon konkludent aus dem Zusammenleben.[140] Ansonsten finden die Grundsätze über die Duldungs- oder Anscheinsvollmacht Anwendung; der Vollmachtsumfang wird allerdings im Zweifel nicht über den Rahmen des § 1357 hinausgehen.[141] Für den Rechtsschein genügt dabei nicht, dass ein unverheiratetes Paar den Anschein eines verheirateten erweckt.[142] Wird der Name des Partners mit dessen Einverständnis benutzt, muss sich das Paar jedoch daran festhalten lassen, um Täuschungen des Rechtsverkehrs zu vermeiden.[143]

27 **4. Namensrecht.** Die Partner führen keinen gemeinsamen Familiennamen.[144] Zwecks scheinbarer Legalisierung bildet eheähnliches Zusammenleben keinen wichtigen Grund für eine Namensänderung gem. § 3 NamÄndG.[145]

28 **5. Eigentums- und Besitzverhältnisse.** Nichteheliches Zusammenleben verändert nicht die Zuordnung des beiderseitigen Vermögens. Jeder Partner bleibt Eigentümer seiner mitgebrachten Sachen (vgl. auch § 1006 Abs. 2).[146] Später erworbene Sachen gehören prinzipiell demjenigen, der sie anschafft bzw. nach §§ 929 f. der Erwerber ist,[147] sofern er nicht als Vertreter des anderen handelt. Entscheidend ist insoweit der Erwerbswillen; es gelten die Regeln über das „Geschäft für den es angeht". Allerdings wird später zum Erwerbsvorgang oft nichts mehr feststellbar sein. Welche Indizien dann ausschlaggebend sein sollen, ist umstritten.[148] Die Vermutung des § 1568 b Abs. 2, die beim Hausrat der Ehegatten im Zweifel von Miteigentum ausgeht, gilt nach hM nicht analog.[149] Zum Teil wird angenommen, dass Gegenstände, die zur gemeinsamen Benutzung angeschafft werden, im Zweifel Miteigentum werden sollen.[150] Das passt jedoch nur bei einer neLG, die von der Arbeitsteilung her einer Hausfrauenehe entspricht.[151] Ansonsten ist auf die **Finanzierung** als entscheidendem Indiz für den Erwerb(swillen) abzustellen.[152] Demnach liegt nur bei gemeinsamer Finanzierung gemeinschaftlicher Erwerb zu Miteigentum vor, und zwar regel-

---

[137] Zu Vollmachten in der neLG *Grziwotz* FPR 2001, 45 ff.; zur Vertretung des Partners bei Wohnungseigentümergemeinschaften OLG Köln NZM 2004, 656.

[138] OLG Hamm NJW 1989, 909, 910 = FamRZ 1989, 616; *Palandt/Brudermüller* Einl v § 1297 RdNr. 25; AnwK-BGB/*Wellenhofer* § 1357 RdNr. 33; *Gernhuber/Coester-Waltjen* § 43 RdNr 8; *Lüderitz/Dethloff* § 8 RdNr. 10; *Weinreich* FPR 2001, 29, 32; *Grziwotz* FPR 2001, 45, 46; *Martiny* in *Scherpe/Yassari* S. 79, 86; aA *Harke* FamRZ 2006, 88, 91; zweifelnd auch *Rauscher* FamR RdNr. 730.

[139] AG Hamburg NJW-RR 1988, 1522, Gasentnahme.

[140] *Weinreich* FPR 2001, 29, 32; *Staudinger/Löhnig* (2007) Anh. zu §§ 1297 ff. RdNr. 50.

[141] Näher *Weinreich* FPR 2001, 29, 32.

[142] *Grziwotz,* Nichtehel. LG, § 18 RdNr. 60.

[143] *Grziwotz,* Nichtehel. LG, § 10 RdNr. 24 am Ende.

[144] Zur Führung des Partnernamens besteht kein Recht; bei Unterzeichnung mit ihm setzt eine Bestrafung wegen Urkundenfälschung allerdings absichtliche Identitätsänderung voraus: RG JW 1912, 338 und 431. Für eine Führung des Partnernamens als „Wahlnamen" (Pseudonym) *Grziwotz,* Nichtehel. LG, § 10 RdNr. 24.

[145] Österr. VwGH vom 11. 11. 1969 (Z 628/69) VWGH Slg nF 7682.

[146] Vgl. OLG Düsseldorf MDR 1999, 233; *Rauscher* FamR RdNr. 731.

[147] Vgl. OLG Hamm FamRZ 2003, 529, gemeinsames Auftreten beim Kauf eines Wohnmobils.

[148] Differenzierend nach der Art der Lebensgemeinschaft OLG Düsseldorf NJW 1992, 1706.

[149] *Palandt/Brudermüller* Einl v § 1297 RdNr. 22.

[150] LG Aachen FamRZ 1983, 61; PWW/*Weinreich* Vor § 1297 RdNr. 46; aA OLG Hamm FamRZ 1989, 616.

[151] Dafür Miteigentum bejahend *Schulz* FamRZ 2007, 593, 601.

[152] OLG Hamm NJW 1989, 909 = MDR 1989, 271; OLG Brandenburg Beschl. 11 W 62/07 vom 11. 10. 2007; *Schwab* FamR RdNr. 848; *Gernhuber/Coester-Waltjen* § 44 RdNr. 12; *Rauscher* FamR RdNr. 731; *Messerle* JuS 2001, 28, 30; aA *Palandt/Brudermüller* Einl v § 1297 RdNr. 22; *Staudinger/Löhnig* (2007) Anh. zu §§ 1297 ff. RdNr. 55; *Schlüter* FamR RdNr. 497; *Halfmeier* JA 2008, 97, 98; *Steinert* NJW 1986, 683, 685.

mäßig im Verhältnis der Beiträge, lediglich hilfsweise je zur Hälfte.[153] Nur zum **persönlichen Gebrauch** eines Partners bestimmte Gegenstände erwirbt (sofort oder durch nachträgliche Übereignung) im Zweifel derjenige, für dessen Gebrauch sie bestimmt sind (Rechtsgedanke des § 1362 Abs. 2).[154] Ersatzanschaffungen für unbrauchbar gewordenen Hausrat können im Einzelfall zu Gunsten des Eigentümers des ersetzten Stückes gedacht sein (vgl. Surrogationsgedanke des § 1370 aF), eine Vermutung hierfür besteht jedoch nicht.[155] Unentgeltliche **Zuwendungen Dritter** durch Erbschaft, Vermächtnis oder Schenkung (von Todes wegen oder unter Lebenden) gelten im Zweifel als Zuwendungen allein an denjenigen Partner, dem der Zuwendende persönlich nahe steht.[156] Vorbehaltlich dieser Spezialregeln gilt für gemeinschaftlich besessenes Mobiliar die widerlegliche **Miteigentumsvermutung** aus § 1006 Abs. 1 iVm. § 1008 mit im Zweifel gleichen Anteilen gem. § 742.[157] Im Hinblick auf die Besitzverhältnisse besteht regelmäßig (berechtigter) **Mitbesitz** der Partner an allen Gegenständen, die zum gemeinsamen Haushalt gehören.[158] Bindende Leihverträge iSv. § 598 sind aber grundsätzlich nicht anzunehmen. Das Recht zum Mitbesitz endet für den Lebensgefährten mit Aufkündigung der neLG. Danach kann Anspruch auf Nutzungsentschädigung aus § 987 bestehen.[159]

6. Vollstreckungsschutz. Nach zutreffender Auffassung des BGH ist die Gläubigerschutzvorschrift des **§ 1362 Abs. 1** mit der **Eigentumsvermutung** zu Gunsten des jeweiligen Schuldners **nicht** auf die neLG analog anzuwenden.[160] Die dafür gelieferte Begründung, dass angesichts der absichtlichen Untätigkeit des Gesetzgebers eine planwidrige Regelungslücke fehle, die eine Analogie rechtfertigen könnte,[161] überzeugt aber nicht. Schließlich muss immer wieder neu überprüft werden, ob eine Untätigkeit wirklich auf einen entsprechenden negativen gesetzgeberischen Willen hindeutet.[162] Ansonsten wird das Ergebnis auch rechtspolitisch kritisiert,[163] da die neLG in ähnlicher Weise wie ein ehelicher Haushalt von Vermögensvermischungen geprägt sei, so dass die ratio legis eher für eine analoge Anwendung spreche.[164] Demgemäß hatte man sich im Schrifttum bislang auch überwiegend für die Analogie ausgesprochen.[165] Andererseits ist zu berücksichtigen, dass die 29

[153] OLG Köln NJW-RR 1996, 1411, Teppichersteigerung; *Palandt/Brudermüller* Einl v § 1297 RdNr. 22; *Rauscher* FamR RdNr. 731.

[154] *Martiny* in *Scherpe/Yassari* S. 79, 88; *Battes,* Nichtehel. Zusammenleben, RdNr. 17; *Palandt/Brudermüller* Einl v § 1297 RdNr. 22; *Staudinger/Löhnig* (2007) Anh. zu §§ 1297 ff. RdNr. 88; *Steinert* NJW 1986, 683, 685, ausführlich zum Auto *Schulz* FamRZ 2007, 593, 602.

[155] *Palandt/Brudermüller* Einl v § 1297 RdNr. 22; zurückhaltend auch *Schulz* FamRZ 2007, 593, 601; aA *Battes,* Nichtehel. Zusammenleben, RdNr. 19; *Weinreich* FPR 2001, 29, 31; eher großzügig auch *Staudinger/Löhnig* (2007) Anh. zu §§ 1297 ff. RdNr. 52.

[156] Rechtsgedanke der §§ 1374 Abs. 2, 1418 Abs. 2 Nr. 2 (Vorbehaltsgut); vgl. *Wacke* JA 1981, 549 f.

[157] ZB OLG Karlsruhe FamRZ 2007, 59, 61; OLG Düsseldorf MDR 1999, 233; *Gernhuber/Coester-Waltjen* § 44 RdNr. 19; *Muscheler* FamR RdNr. 495; *Palandt/Brudermüller* Einl v § 1297 RdNr. 22; *Soergel/Lange* Nehel. LG RdNr. 104; *Weinreich* FPR 2001, 29, 31.

[158] *Palandt/Brudermüller* Einl v § 1297 RdNr. 22.

[159] BGH FamRZ 2008, 1404, Tz. 31 ff.

[160] BGH FamRZ 2007, 459, Tz. 17 ff., m. abl. Anm. *Böttcher;* abl. auch *Löhnig/Würdinger* FamRZ 2007, 1856; *Roth* JZ 2007, 530; *Seier* ZFE 2007, 295; wie der BGH: OLG Köln NJW 1989, 1737; LG Frankfurt NJW 1986, 729; AG Weilburg DGVZ 2004, 30; AG Eschweiler FamRZ 1992, 942; AG Tübingen DGVZ 1973, 141, 142; AG Gütersloh DGVZ 1979, 94; AG Siegen DGVZ 1993, 61; FG Niedersachsen BB 1991, 1996, 1997; *Staudinger/Hübner/Voppel* (2007) § 1362 RdNr. 12; *Zöller/Stöber* ZPO § 739 RdNr. 14; *Martiny* in *Scherpe/Yassari* S. 79, 93; *Ahrens* EWiR 2007, 171; *Metz* NJW 2007, 995.

[161] So auch AnwK-BGB/*Gruber* § 1362 RdNr. 6.

[162] Vgl. *Holzhauer* in *Hausmann/Hohloch* S. 442; *Roth* JZ 2007, 530, 531; *Löhnig/Würdinger* FamRZ 2007, 1856.

[163] AnwK-BGB/*Gruber* § 1362 RdNr. 6; *Thran* NJW 1995, 1458, 1461.

[164] Hierauf ging der IX. Zivilsenat des BGH im genannten Urteil gar nicht ein.

[165] *Palandt/Brudermüller* Vor § 1297 RdNr. 28 und § 1362 RdNr. 1; *Staudinger/Löhnig* (2007) Anh. zu §§ 1297 ff. RdNr. 266; *Putzo* in *Thomas/Putzo* ZPO § 739 RdNr. 7; *Gernhuber/Coester-Waltjen* § 43 RdNr. 7; *Lüderitz/Dethloff* § 8 RdNr. 16, einzelfallabhängig; *Burhoff* ZFE 2002, 272, 273 und FPR 2001, 18, 22; *Messerle* JuS 2001, 28, 35; *Weimar* JR 1982, 323, 324; *Diederichsen* FamRZ 1988, 889, 891; *Thran* NJW 1995, 1458; *Harke* FamRZ 2006, 88, 91.

Gefahr von manipulativen Vermögensverschiebungen zwischen Unverheirateten doch geringer sein dürfte als zwischen Ehegatten. Zudem mag gerade bei der typischen neLG zwischen jüngeren Leuten der Grad der Vermögensvermischung doch deutlich schwächer sein als bei Ehegatten.

30 **7. Haftungsfragen. a) Interner Haftungsmaßstab.** Im Innenverhältnis haften die Partner einander nach ganz h. M. nur für eigenübliche Sorgfalt iSv. § 277.[166] Das ergibt sich aus einer Gesamtanalogie zu den §§ 708, 1359, 1664, die an die enge persönliche Verbundenheit der Partner anknüpfen. Zur Geltung des Haftungsprivilegs innerhalb spezieller Vertragsverhältnisse sowie im Straßenverkehr kann auf die für Ehegatten geltenden Grundsätze zurückgegriffen werden, s. § 1359 RdNr. 10ff. Anders als Ehegatten[167] sind unverheiratete Partner nicht verpflichtet, die gerichtliche Geltendmachung von Schadensersatzansprüchen während des Zusammenlebens zu unterlassen.[168] Zum versicherungsrechtlichen Angehörigenprivileg s. RdNr. 13.

31 **b) Deliktischer Schutz der Beziehung und Intimsphäre.** Die Beziehung als solche genießt – wie die Ehe auch – grundsätzlich keinen deliktsrechtlichen Schutz. Die bei der Ehe anerkannte Ausnahme für den räumlich-gegenständlichen Schutzbereich der Ehe (Ehewohnung) sollte auf die neLG erstreckt werden, soweit es um den Schutz desjenigen Partners geht, der den Haushalt führt und gemeinsame Kinder betreut.[169] Insoweit kann man, ebenfalls mit Verweis auf Art. 6 Abs. 1 GG, vom räumlich-gegenständlichen Schutz der Familie sprechen. Nach Auflösung der neLG soll der Aufnahme eines neuen Partners in die Wohnung aber nicht widersprochen werden können.[170] Der Verstoß gegen interne Abreden über Empfängnisverhütung, Familienplanung etc. begründet – wie unter Ehegatten – keine Schadensersatzpflichten, da solche Abreden als unverbindlich gelten.[171] Die gem. § 844 Abs. 2 einer Witwe zustehende Schadensersatzrente entfällt zwar mit ihrer Wiederverheiratung, nicht aber bei Eingehung einer neLG. Zur Legalisierung der neuen Partnerschaft besteht dem Schädiger gegenüber keine Obliegenheit.[172]

32 **c) Schadensersatz wegen entgangenen Unterhalts? aa) Bei Tötung** des Lebensgefährten besteht kein Schadensersatzanspruch des überlebenden Partners wegen entgangenen, bislang geleisteten Unterhalts.[173] Es fehlt – vom Fall des § 1615l abgesehen – an der von **§ 844 Abs. 2** und diversen entsprechenden Haftungsgesetzen[174] aus Rechtssicherheitsgründen vorausgesetzten, gesetzlichen Unterhaltspflicht zur Zeit der Verletzung; auf eine etwaig geplante spätere Heirat kommt es nicht an. Das kann insbes. bei vorsätzlicher Tötung zu Härten führen.[175] *De lege ferenda* wäre ein Schadensersatzanspruch wünschens-

---

[166] OLG Celle FamRZ 1992, 941, 942; OLG Oldenburg NJW 1986, 2259m. zust. Anm. *Bosch*; OLG Karlsruhe FamRZ 1992, 940; AnwK-BGB/*Wellenhofer* § 1359 RdNr. 12; *Erman/Gamillscheg* Vor § 1353 RdNr. 25; *Lüderitz/Dethloff* § 8 RdNr. 7; *Gernhuber/Coester-Waltjen* § 44 RdNr. 4 (allerdings nur über § 277, nicht analog § 1359); *Grziwotz,* Nichtehel. LG, § 10 RdNr. 41ff.; *Hausmann* 1989, S. 42; *Diederichsen* FamRZ 1988, 891; offen *Palandt/Brudermüller* Einl v § 1297 RdNr. 25. S. auch OLG Celle FamRZ 1992, 941 und OLG Karlsruhe FamRZ 1992, 940: stillschweigender Haftungsverzicht. Haftung im Einzelfall bejahend: OLG Koblenz NJW-RR 1995, 24.

[167] Dazu BGH NJW 1988, 1208.

[168] *Palandt/Brudermüller* Einl v § 1297 RdNr. 25.

[169] AA *Grziwotz,* Nichtehel. LG, § 13 RdNr. 5; abl. für Fall der vorherigen Aufkündigung der neLG AG Offenbach FamRZ 1992, 1427.

[170] AG Offenbach FamRZ 1992, 1427.

[171] BGH NJW 1986, 2043; s. auch RdNr. 48.

[172] BGH NJW 1984, 2520f. = JZ 1985, 86ff. m. krit. Anm. *H. Lange* (für Ruhen des Anspruchs); *Soergel/Lange* Nehel. LG RdNr. 38.

[173] OLG Frankfurt FamRZ 1984, 790; s. auch BGH NJW 2007, 506, Tz. 24f.; *Gernhuber/Coester-Waltjen* § 43 RdNr. 10; *Lüderitz/Dethloff* § 8 RdNr. 37; *Martiny* in *Scherpe/Yassari* S. 79, 93; *Röthel* NZV 2001, 329, 330; *Schumacher* FamRZ 1994, 857, 862; *H.J. Becker* VersR 1985, 204; aA AG Säckingen FamRZ 1997, 293.

[174] Etwa §§ 10 Abs. 2 StVG, 5 Abs. 2 HaftpflG, 35 Abs. 2 LuftVG, 7 Abs. 2 ProdHG, 12 Abs. 2 UmweltHG, 86 Abs. 2 AMG, 28 Abs. 2 AtG, 35 Abs. 2 BKAG, 53 Abs. 2 BPolG, 42 Abs. 2 ZFdG, 32 Abs. 4 GenTG.

[175] Wenn etwa bei einer jahrzehntelang geführten „Sinti-Ehe" der Mann (und Vater von 5 Kindern) erschlagen wird, s. BVerfG NJW 1993, 3316, 3317; ferner OLG Nürnberg FamRZ 1988, 1047.

wert.[176] Ansprüche Hinterbliebener nach dem OpferentschädigungsG bestehen aus Gleichbehandlungsgründen (Art. 3 Abs. 1 GG) immerhin dann, wenn der überlebende Partner ein gemeinschaftliches Kind betreut.[177]

bb) Bei Verletzung. Ob eine Verletzung des Lebensgefährten, der den Haushalt führt, für ihn selbst einen Erwerbsschaden gem. **§§ 842, 843** begründet, ist umstritten.[178] Mit der im Schrifttum überwiegenden Ansicht ist dies jedoch zu bejahen.[179] Nachdem für solche Ansprüche nur auf §§ 842, 843 und nicht auf § 844 abzustellen ist, kommt es auf eine gesetzliche Unterhaltspflicht nicht an.[180] Ausschlaggebend sind die Beeinträchtigung der faktischen Erwerbsfähigkeit und die dadurch entstandene Vereitelung einer Erwerbsaussicht. Dafür muss es genügen, dass der Partner tatsächlich Leistungen im Haushalt erbracht hat und die begründete Annahme besteht, dass solche Leistungen künftig im Rahmen der fortbestehenden neLG weiter erbracht worden wären. Man kann auch eine konkludente Entgeltvereinbarung unterstellen, schließlich erweist sich die Haushaltsführung als Gegenstück zur Erwerbstätigkeit des anderen Teils.[181] I. Ü. kann auch nur so ein Gleichklang mit dem unterhaltsrechtlichen Grundsatz erzielt werden, wonach ein bedürftigkeitsminderndes (fiktives) Entgelt angesetzt wird, wenn die geschiedene Ehefrau einem neuen nichtehelichen Partner (ohne Rechtspflicht) Haushaltsleistungen erbringt. Von rechtlicher Unbeachtlichkeit der faktischen Leistungen kann demgemäß eben nicht ausgegangen werden. 33

d) Vertragliche Schutzwirkungen zu Gunsten des Partners u. a. In den Schutzbereich von Mietverträgen, die ein Partner schließt, ist der Lebensgefährte miteinbezogen.[182] Das gilt je nach Zusammenhang auch für andere Verträge.[183] So kann der Partner Ansprüche wegen eines Unterhaltsschadens für ein Kind auch auf den **Arztvertrag** der Partnerin stützen, der Maßnahmen der Empfängnisverhütung[184] oder genetische Beratung betrifft.[185] Auch in den Kreis derjenigen Personen, die Ersatz sog. Schockschäden beim Unfalltod eines Angehörigen beanspruchen können, ist der Lebensgefährte einzubeziehen.[186] Fahrtkosten für Krankenhausbesuche zum unfallgeschädigten Lebensgefährten sind vom Schädiger gem. § 249 Abs. 2 S. 1 als Heilungskosten zu erstatten.[187] 34

---

[176] *Gernhuber/Coester-Waltjen* § 43 RdNr. 10; *Schwenzer* JZ 1988, 781, 787; *Lüderitz/Dethloff* § 8 RdNr. 37; *Dethloff* in *Scherpe/Yassari* S. 137, 158; *Battes,* FS Pleyer, S. 467, 470f.; *Denck,* Schadensersatzansprüche Dritter bei Tötung ihnen nahestehender Personen im frz. und dt. Recht, 1975; *Schwenzer* 1987, S. 216ff.; *Kingreen* S. 264f.; *Ferrari* ZEuP 1997, 1122; abl. aber *Schumacher* FamRZ 1994, 857, 861 f.

[177] BVerfGE 112, 50 = NJW 2005, 1413 mit Verweis auf die ges. Unterhaltspflicht gem. § 1615 l; anderes gilt für die nichtehel. Stieffamilie, BVerfG NJW 2005, 1417 = FamRZ 2005, 595.

[178] Abl. OLG Düsseldorf RuS 2006, 436; OLG Nürnberg FamRZ 2005, 2069; LG Hildesheim VersR 2002, 1431, 1432; *Palandt/Brudermüller* Einl v § 1297 RdNr. 26; *Palandt/Sprau* § 843 RdNr. 8; *Raiser* NJW 1994, 2672; *Röthel* NZV 2001, 329, 333; *Jahnke* NZV 2007, 329, 335.

[179] LG Zweibrücken NJW 1993, 3207 = FamRZ 1994, 955; AG Säckingen FamRZ 1997, 293; *Rauscher* FamR RdNr. 745; *Löhnig* FamRZ 2005, 2030f.; *Pardey* zfs 2007, 243, 248; *Delank* zfs 2007, 183, 188; *Plate* FuR 1995, 273; *Jauernig/Teichmann* § 843 RdNr. 4; MünchKommBGB/*Wagner* §§ 842, 843 RdNr. 53; *Chr. Huber* NZV 2007, 1, 7; in diese Richtung auch *Hohloch* in *Hausmann/Hohloch* S. 100f.; krit. *Diederichsen,* FS Zöllner, S. 1077, 1081. Rechtsvergleichend *Ferrari* RabelsZ 56 (1992), 757.

[180] In diesem Sinne auch schon BGH FamRZ 1974, 526 für Ehegatten.

[181] *Chr. Huber* NZV 2007, 1, 3. Vgl. auch OLG Nürnberg NZV 2006, 209, das für den Fall einer vertraglich vereinbarten Unterhaltspflicht ein anderes Ergebnis andeutet.

[182] OLG Hamburg NJW-RR 1988, 1481; *Palandt/Brudermüller* Einl v § 1297 RdNr. 20; *Staudinger/Löhnig* (2007) Anh. zu §§ 1297 ff. RdNr. 192; *Schwab* FamR RdNr. 844; *Spranger* ZMR 2001, 11; *Knoche* S. 181 ff.; *Sternel* in *Hausmann/Hohloch* S. 384f.; *Grziwotz,* Nichtehel. LG, § 14 RdNr. 64f.; aA noch OLG Hamm FamRZ 1977, 318.

[183] *Soergel/Lange* Nehel. LG RdNr. 55.

[184] BGH NJW 2007, 989 = FamRZ 2007, 126.

[185] *Gehrlein* MDR 2002, 638, 639; *Palandt/Heinrichs* vor § 249 RdNr. 48; *Staudinger/Jagmann* § 328 RdNr. 132.

[186] Vgl. LG Frankfurt NJW 1969, 2286.

[187] Für Fälle, in denen die Partner danach heiraten: LG Münster NJW 1998, 1801; aA OLG Oldenburg ZfS 1989, 45; näher *Hohloch* in *Hausmann/Hohloch* S. 99f. Einschränkend *Grziwotz,* Nichtehel. LG, § 16 RdNr. 22.

35 **8. Unterhalt.**[188] **a) Allgemeines.** Die Beitragspflicht zum Familienunterhalt gem. §§ 1360, 1360 a gilt für die neLG weder direkt noch analog.[189] **Gesetzliche** Unterhaltspflichten oder ein Taschengeldanspruch[190] bestehen – vorbehaltlich § 1615 l – nicht.[191] Unterhaltsgewährung bildet auch keine sittliche Pflicht iSv. § 40 Abs. 1 Nr. 4 S. 1 BBesG; ein Beamter hat darum keinen Anspruch auf Familienzuschlag.[192] Analogiefähig ist aber die Vermutung des § 1360 S. 2 über die Gleichwertigkeit von Haushaltsführung und tatsächlich geleistetem Unterhalt. Auch der Gedanke des § 1360 b über die freiwillige Zuvielleistung gilt entsprechend.[193] Eine Prozesskostenvorschusspflicht unter nichtehelichen Partnern ist zu verneinen; § 1360 a Abs. 4 setzt eine gesetzliche Unterhaltspflicht voraus und ist nicht analog anwendbar.[194]

36 **b) Unterhalt gem. § 1615 l bei Kindesbetreuung.** Geregelt ist der Unterhaltsanspruch des Vaters oder der Mutter, die das gemeinschaftliche Kind betreut. Der Anspruch aus § 1615 l Abs. 2 S. 2 ist unabhängig vom Zusammenleben der Eltern, endet aber grundsätzlich mit dem dritten Geburtstag des Kindes. Verlängerungen sind aus Billigkeitsgründen denkbar, so etwa wenn in der neLG ein gemeinsamer Kinderwunsch verwirklicht wird und Einigkeit bestand, dass ein Elternteil das gemeinsame Kind betreut, während der andere den hierfür benötigten Unterhalt zur Verfügung stellt.[195] Aufgrund des parallelen Wortlauts des § 1570 ist hier nun auch anerkannt, dass einzelne Normen des Ehegattenunterhaltsrechts auf den Betreuungsunterhalt aus § 1615 l – trotz der anderweitigen Bestimmung in § 1615 l Abs. 3 S. 1 – analog anzuwenden sind.[196] Das betrifft etwa die Anwendung von § 1586 Abs. 1 über den Unterhaltswegfall bei Wiederheirat,[197] von § 1577 Abs. 2 im Hinblick auf die Anrechnung überobligationsmäßigen Einkommens der Mutter oder auch des Halbteilungsgrundsatzes als Grenze für den Unterhaltsbedarf der Mutter.[198]

37 **c) Rechtsgeschäftliche Vereinbarungen** über Unterhaltszahlungen sind zulässig.[199] Darin liegt grundsätzlich kein unzulässiges Vertragsstrafeversprechen.[200] Zu empfehlen sind Regelungen im Hinblick auf gemeinschaftsbedingte Bedürfnislagen infolge der partnerschaftlichen Arbeitsteilung, dh. vor allem zu Gunsten der Frau, die während der neLG auf eigene Berufstätigkeit verzichtet und für Haushalt und gemeinsame Kinder sorgt.[201] Insoweit können auch die Dauer der Zahlungen und ihre Höhe bestimmt werden (zB. abhängig von der Dauer der neLG). Eine Abänderungsmöglichkeit iSv. § 323 ZPO sollte vorbehalten werden. Zudem sollte an eine Regelung für den Fall des Zusammentreffens mit weiteren Ansprüchen (aus § 1615 l oder auch aus Ehe) gedacht werden. Alternativ kann für den Trennungsfall eine

[188] Dazu *Holzhauer* in *Hausmann/Hohloch* S. 491 ff.; *Busche* JZ 1998, 387 ff.; *Battes,* FS Pleyer, S. 467 ff.; Vorschläge de lege ferenda bei *Schumacher* FamRZ 1994, 857, 861; ferner *Bartsch* JR 1979, 364 ff.

[189] BGH FamRZ 1980, 879 f.; *Palandt/Brudermüller* Einl v § 1297 RdNr. 19; *Muscheler* FamR RdNr. 496; *Strätz* FamRZ 1980, 307; *Rebe* ZBlJugR 1981, 78, 89; aA nur *Roth-Stielow* JR 1978, 233 ff.

[190] Bejahend nur für Fälle, in denen Anspruch aus § 1615 l besteht: LG Tübingen FamRZ 2002, 556 (mit Anm. *Ernst*).

[191] BSG NJW 1993, 3346, 3347.

[192] BVerwG NVwZ-RR 1991, 309 f.; *Rüthers* NJW 1992, 879 f.; anders nach einjährigem Zusammenleben OVG Schleswig NJW 1992, 258, aber aufgehoben von BVerwGE 94, 253 = NJW 1994, 1168. Ein Jahr ist jedenfalls zu kurz, da auch nachehelicher Unterhalt wegen kurzer Ehedauer (dh. unter 3 Jahren) gemäß § 1579 Nr. 1 versagt werden kann; *Grziwotz,* Nichtehel. LG, § 17 RdNr. 44 f.

[193] *Rauscher* FamR RdNr. 740.

[194] *Palandt/Brudermüller* Einl v § 1297 RdNr. 19; *Burhoff* FPR 2001, 18, 21 mwN.

[195] BGH NJW 2006, 2687, Tz. 31 ff. = FamRZ 2006, 1362; ähnlich schon OLG Frankfurt/M. FamRZ 2000, 1522; s. auch BGH FamRZ 2008, 1739.

[196] BGH NJW 2005, 500 = FamRZ 2005, 354.

[197] BGHZ 161, 124 = NJW 2005, 503 = FamRZ 2005, 347 m. Anm. *Schilling.*

[198] BGH FamRZ 2005, 442.

[199] *Busche* JZ 1998, 387, 395; *Rebe* ZBlJugR 1981, 78, 89 f.; *Strätz* FamRZ 1980, 301, 307; näher *Grziwotz,* Nichtehel. LG, § 24 RdNr. 9, *ders.* Partnerschaftsvertrag S. 75 ff.; *Hausmann* in *Hausmann/Hohloch* S. 852 ff., 865 ff.; siehe auch OLG Köln FamRZ 2001, 1608 f.

[200] Fraglich im Einzelfall OLG Hamm JZ 1988, 249; krit auch *Busche* JZ 1998, 392; näher *Grziwotz* FPR 2005, 156 ff.

[201] Vgl. *Ehinger* FPR 2001, 25, 28 f.; *Grziwotz* FPR 2005, 156, 158.

angemessene Abfindung vereinbart werden. Solche Vereinbarungen sind nicht deshalb unzulässig, weil sie mittelbar eine Trennung vom Partner erschweren;[202] schließlich gilt das auch für das Ehegattenunterhaltsrecht. Bei der Annahme konkludenter Unterhaltsvereinbarungen ist jedoch Zurückhaltung geboten. Da es sich bei Abfindungen in Form von Unterhaltszusagen nicht um Schenkungen sondern um unbenannte Zuwendungen handelt, gilt die Form des § 518 nicht.[203] Vereinbarungen über den laufenden Unterhalt in der neLG enden nicht notwendig mit der Trennung.[204] Unterhaltsversprechen für die Zukunft nach Trennung sind grundsätzlich **schenkungsteuerpflichtig**[205] und daher selten; schenkungsteuerfrei sind nur laufende Unterhaltszahlungen.[206]

d) Unterhaltspflichten kraft Vertrauenstatbestands können im Einzelfall denkbar 38
sein.[207] Zwar genügt dafür weder das (jederzeit beendbare) Zusammenleben als solches noch der Umstand faktisch gewährter Unterhaltsleistungen.[208] Vertrauensbegründend kann im Anschluss an die Rspr. des BGH zu § 1615 l[209] jedoch der Umstand wirken, dass einvernehmlich für die auf Dauer angelegte neLG eine bestimmte Form der Arbeitsteilung gewählt wird; denn damit ist für den berufstätigen Teil regelmäßig eine erhebliche Entlastung verbunden, während der haushaltsführende Teil Fortkommensnachteile erleidet und in Abhängigkeit gerät. Diese Risiken einseitig letzterem (meist der Frau) zuzuweisen, wäre treuwidrig.[210] Das Vertrauen dieses Partners darauf, im Fall der Trennung zumindest für eine Übergangszeit angemessen zu unterstützt zu werden, kann daher schützenswert sein. Das gilt erst recht, wenn für einen späteren Zeitpunkt – zB nach Abschluss eines Studiums – die Eheschließung geplant war.[211] Zum Teil wird im Schrifttum dabei auch von konkludent übernommenen Unterhaltspflichten ausgegangen.[212] Es erscheint jedoch vorzugswürdig, auf die allgemeinen Prinzipien der Vertrauenshaftung zurückzugreifen. Wie die Regelung des § 1298 zeigt, sind diese Prinzipien auch dem Familienrecht nicht fremd. Soweit gemeinsame Kinder betreut werden, können angemessene Ergebnisse freilich schon auf Basis von § 1615 l Abs. 2 erzielt werden.[213] Nichts anderes sollte aber gelten, wenn Pflegekinder betreut werden oder Kinder, die vom berufstätigen Teil in die neLG mitgebracht worden sind. Insoweit können die zu § 1576 anerkannten Fallgruppen Anhaltspunkte bieten. Weitere Voraussetzungen und Kriterien zur Bestimmung von Höhe und Dauer des Anspruchs können in Anlehnung an die Grundsätze zu § 1615 l bzw. das Ehegattenunterhaltsrecht (zB § 1579 Nr. 1) entwickelt werden.[214]

**e) Einfluss nichtehelichen Zusammenlebens auf bestehende Unterhaltsansprü- 39
che.** Bestehende Unterhaltsansprüche gegen einen geschiedenen oder getrennt lebenden Ehegatten können infolge der Eingehung einer neLG wegen geminderter Bedürftigkeit oder

---

[202] *Grziwotz* FPR 2005, 156, 158; etwas kritischer PWW/*Weinreich* Vor § 1297 RdNr. 7.

[203] BGH FamRZ 1986, 145, 146; *Grziwotz* FPR 2005, 158; PWW/*Weinreich* Vor § 1297 RdNr. 9; *Erman/Gamillscheg* Vor § 1353 RdNr. 19; OLG Saarbrücken OLGR 2008, 285 für Einmalzahlung. OLG Köln FamRZ 2001, 1608 lässt Schriftform für Zahlungszusage für Fall der Trennung entspr. § 780 genügen.

[204] Fortgeltung ist Auslegungsfrage: bejahend BGH NJW 1986, 374 = JZ 1986, 239 m. Anm. *Battes;* krit. *Rauscher* FamR RdNr. 740.

[205] *Meincke* ErbStG, 13. Aufl. 2002, § 13 RdNr. 39 ff.; zum Themenkreis auch *Grziwotz,* Nichtehel. LG, § 22 RdNr. 45 f., § 23 RdNr. 67.

[206] *Grziwotz* FamRZ 1999, 413, 414; *ders.* MDR 1999, 709, 710.

[207] Dazu *Busche* JZ 1998, 392 f.; s. auch OLG Schleswig NJW 1992, 258, 259; *Staudinger/Löhnig* (2007) Anh. zu §§ 1297 ff. RdNr. 72 zur Vertrauenshaftung. *Ramm* FamR I (1985) S. 547, schlug einen Anspruch analog § 723 Abs. 2 S. 2 vor, gerichtet auf Hilfe zur Wiedereingliederung in das Erwerbsleben.

[208] Vgl. BVerfG DVBl. 2004, 36 für Hinterbliebenenrente; *Rauscher* FamR RdNr. 729; *Grziwotz,* Nichtehel. LG, § 24 RdNr. 17.

[209] BGH NJW 2006, 2687 = FamRZ 2006, 1362.

[210] Vgl. *Busche* JZ 1998, 387, 393; gesetzgeberisches Handeln fordern: *Schwenzer* JZ 1988, 781, 785; *Palandt/Brudermüller* Einl v § 1297 RdNr. 19; *Dethloff* Gutachten S. A 138 f.

[211] Vgl. *Bartsch* JR 1979, 364, 365.

[212] *Rebe* ZBlJugR 1981, 78, 89 ff.; *Battes* JZ 1986, 240 f.

[213] BGH NJW 2006, 2687 = FamRZ 2006, 1362.

[214] Ähnlich *Busche* JZ 1998, 387, 394.

grober Unbilligkeit zu reduzieren sein bzw. ganz entfallen.[215] Bedürftigkeitsmindernd wirken sich Versorgungsleistungen an den neuen Partner (zB in Form der Haushaltsführung) aus, für die ein fiktives Einkommen angesetzt wird.[216] Alternativ bejahte die Rspr. die Unzumutbarkeit von Unterhaltsleistungen, wenn bei hinreichender Versorgung durch den neuen Partner eine „ehegleiche ökonomische Solidarität" bzw. eine Unterhaltsgemeinschaft entstanden ist.[217] Unabhängig hiervon und unabhängig von einer nachhaltigen Absicherung des Unterhalts wird aber zumindest nach 2–3 Jahren des Zusammenlebens in einer **festen sozialen Verbindung** angenommen, dass diese nun an die Stelle einer Ehe getreten ist und damit (letztlich entsprechend § 1586) den Unterhaltsanspruch entfallen lässt.[218] Dabei wird aber nicht auf den Tatbestand der neLG abgestellt, sondern auf die sog. verfestigte soziale Verbindung, die nicht notwendig sexueller Natur sein muss[219] und auch nicht unbedingt einen gemeinsamen Haushalt voraussetzt.[220] In Anschluss an diese Grundsätze bestimmt nun § 1579 Nr. 2 ausdrücklich die verfestigte Lebensgemeinschaft zum Unterhaltsausschlussgrund. Aus Sicht des Unterhaltsverpflichteten wiederum kann es bei Aufnahme einer neLG zur Absenkung des Selbstbehalts kommen.[221] Außerdem gilt auch bei Eingehung einer neLG mit einem neuen Partner die sog. **Hausmann-Rspr.**[222] Danach ist in der neuen Beziehung bei der Rollenwahl Rücksicht auf bestehende Unterhaltspflichten gegenüber dem (Ex)Ehegatten oder Kindern zu nehmen. Der Rückzug in die Hausmann- bzw. Hausfrauenrolle zum Zweck der Betreuung eines gemeinschaftlichen Kindes wird nur dann als leistungsmindernd akzeptiert, wenn der neue Partner deutlich mehr verdient; andernfalls wird fortdauernde Leistungsfähigkeit unterstellt.

40 **9. Miet- und Wohnungsrecht.**[223] **a) Vertragsabschluss.** Nur wenn beide Partner im Mietvertrag genannt sind *und* beide den Mietvertrag unterzeichnen, werden beide Partner Mietvertragsparteien und haften gem. § 427 als Gesamtschuldner. Bezeichneten sie sich wahrheitswidrig als verheiratet und hätte der Vermieter an Unverheiratete nachweislich nicht vermietet, kann er gem. § 123 wegen arglistiger Täuschung anfechten.[224] Das AGG setzt bei Auswahl der Mieter insoweit keine Grenzen. Nennt das Mietvertragsformular beide Partner als Mieter, unterschreibt aber nur einer von ihnen, so kann sich Stellvertretung für den anderen idR nur aus einem Zusatz zur Unterschrift ergeben.[225] Die schlichte Mitunterzeichnung macht den Partner nicht zur Partei.[226] Die Beschränkung der Vertretungsmacht in einer Gemeinschaftsordnung auf den Ehegatten und auf Verwandte des Wohnungseigentümers schließt dessen nichtehelichen Partner (der selber nicht Eigentümer ist) als Vertreter

---

[215] BGH FamRZ 1980, 40, 42 und 665, 668; FamRZ 1991, 542 ff.; OLG Nürnberg FamRZ 1981, 954; OLG Düsseldorf FamRZ 1982, 932 und 1076; näher *Holzhauer,* FS Jayme, 2004, S. 1447 ff.

[216] Vgl. BGH FamRZ 2004, 1170 (Trennungsunterhalt); FamRZ 1995, 343; *Büttner* FamRZ 1996, 136, 137 f.; *Holzhauer* in *Hausmann/Hohloch* S. 494 f.; abl. OLG München FamRZ 2006, 1535 (kein fiktives Einkommen, sondern ersparte Aufwendungen).

[217] BGH FamRZ 1995, 540.

[218] BGHZ 150, 209 = NJW 2002, 810 mwN; OLG Schleswig FamRZ 2005, 277 (18 Monate); OLG Nürnberg FuR 2002, 328 (18 Monate); zu Recht teilweise krit. schon *Büttner* FamRZ 1996, 136, 140.

[219] Zu den Abgrenzungsproblemen: BGHZ 150, 209 = NJW 2002, 810; FamRZ 2002, 23; OLG Koblenz FamRZ 2000, 1372.

[220] BGHZ 150, 209 = NJW 2002, 810.

[221] BGH NJW 2008, 1373, Tz. 43 f.; OLG Brandenburg OLGR 2007, 132; OLG Dresden FamRZ 2007, 1477; OLG Düsseldorf FuR 2006, 425; OLG Hamm FamRZ 2005, 156; 2005, 53; 2003, 1210; 2002, 693; OLG Nürnberg FamRZ 2005, 1502; OLG Stuttgart FamRZ 2005, 54; OLG München FamRZ 2004, 485; OLG Koblenz NJW-RR 2003, 146; aA OLG Karlsruhe FamRZ 2005, 2091.

[222] BGH FamRZ 2001, 614 mit Verweis auf die in BGHZ 75, 272, BGH FamRZ 1996, 796 und 2001, 614, 615 sowie FPR 2004, 261 entwickelten Grundsätze; AG Saarbrücken NJW-RR 2003, 865.

[223] Dazu *Kinne* FPR 2001, 36; *Huffmann,* Familie, S. 169 ff., 247 ff.; *Schreiber* S. 79 ff.; eingehend *Grziwotz,* Nichtehel. LG, §§ 14, 15; *Sternel* in *Hausmann/Hohloch* S. 363 ff.; rechtsvergleichend *Thofern* passim.

[224] *Battes,* Nichtehel. Zusammenleben, RdNr. 120; *Rauscher* FamR RdNr. 742. Zur Frage einer Aufklärungspflicht *Soergel/Lange* Nehel. LG RdNr. 40; *Sternel* in *Hausmann/Hohloch* S. 375 f.

[225] AG Osnabrück NJW-RR 1997, 774; *Kinne* FPR 2001, 36; für Stellvertretung spricht insoweit nicht (wie bei Eheleuten) die Verkehrssitte; Einzelheiten bei *Sternel* in *Hausmann/Hohloch* S. 375.

[226] LG Berlin ZMR 1988, 103; *Kinne* FPR 2001, 36.

aus.[227] Bei gemeinschaftlicher Miete der Partner unterliegen ihre Rechtsbeziehungen im Innenverhältnis dem Gesellschaftsrecht.[228] Ein nachträglicher Anspruch auf internen Ausgleich wegen während der neLG geleisteter Mietzahlungen aus § 426 wird meist ausscheiden[229] (vgl. RdNr. 57); zu bejahen ist ein solcher Anspruch aber für Zahlungen nach Auszug des Partners.[230]

b) Aufnahme des Partners in die Mietwohnung. Die Aufnahme eines Lebensgefährten in eine bereits gemietete Wohnung ist nach § 553 Abs. 1 erlaubnispflichtig. Während man bei der Aufnahme von Ehegatten (auch wegen Art. 6 Abs. 1 GG) keine Erlaubnis benötigt,[231] werden nichteheliche Partner insoweit als „Dritte" eingeordnet.[232] Allerdings begründet die neLG ein **berechtigtes Interesse** an der Aufnahme des Partners,[233] so dass grundsätzlich Anspruch auf die Erlaubnis besteht. Nur bei Überbelegung oder einem wichtigen Grund gerade in der Person des Partners kann die Erlaubnis verweigert werden, Abs. 2. Vorbehalte gegen das nichteheliche Zusammenleben als solches genügen nicht.[234] Eine Vertragsklausel, die das nichteheliche Zusammenleben verbietet, ist grundsätzlich unwirksam, § 553 Abs. 3.[235] Das Interesse an der Aufnahme des Partners muss allerdings „nach Abschluss des Mietvertrags" entstanden sein, was vom Mieter darzulegen ist. Bei engem zeitlichem Zusammenhang mit dem Vertragsabschluss muss ggf. bewiesen werden, dass man es nicht darauf anlegte, erwarteten Widerstand des Vermieters gegen eine Vermietung an Unverheiratete zu umgehen.[236] Duldet der Vermieter die neLG längere Zeit, kann er deswegen nicht mehr kündigen[237] oder auf Unterlassung klagen. Aber auch die unterlassene Einholung der Erlaubnis gibt regelmäßig keinen Grund zur fristlosen Kündigung; denn wenn Anspruch auf die Erlaubnis besteht, liegt keine erhebliche Pflichtverletzung vor, die nach § 543 Abs. 2 Nr. 2 die Kündigung rechtfertigen könnte.[238] Der aufgenommene Lebensgefährte hat keinen Anspruch auf Abschluss eines Mietvertrages mit dem Vermieter,[239] der Vermieter auch nicht gegen ihn.[240] Vom Partner eingebrachte Sachen unterliegen nicht dem Vermieterpfandrecht nach § 562. Der Partner ist jedoch in die Schutzwirkungen des Vertrags mit aufgenommen.[241] Die Aufnahme in die Wohnung führt 41

[227] Evtl. jedoch schlüssige Zulassung bei längerer Duldung (§ 242): BayObLG FamRZ 1997, 1477.

[228] LG München NJW-RR 1993, 334; LG Bonn NJW-RR 1989, 1498; *Rauscher* FamR RdNr. 735; *Messerle* JuS 2001, 28, 30.

[229] LG Oldenburg FamRZ 2008, 155; anders OLG Dresden FamRZ 2003, 158; *Staudinger/Löhnig* (2007) Anh. zu §§ 1297 ff. RdNr. 199.

[230] OLG Köln FamRZ 2003, 1839; OLG Düsseldorf NJW-RR 1998, 658.

[231] BGH NJW 1991, 1750, 1751; BayObLG NJW 1998, 1324, 1325; *Palandt/Weidenkaff* § 540 RdNr. 5; *Sternel* in *Hausmann/Hohloch* S. 390.

[232] BGHZ 157, 1 = NJW 2004, 56 (mit Hinweis auf BT-Drucks. 14/4553 S. 49); BGHZ 92, 213 = FamRZ 1985, 42 m. krit Anm. *Bosch* S. 45; OLG Hamm NJW 1982, 2876; OLG Hamburg NJW-RR 1988, 1481; LG Berlin WE 2006, 81; *Lüderitz/Dethloff* § 8 RdNr. 11; *Soergel/Lange* Nehel. LG RdNr. 41 ff.; *Plate* FuR 1995, 217 f.; *Schreiber* S. 82 ff.; aA: *Sternel* in *Hausmann/Hohloch* S. 389 ff.; *P. Schneider* WuM 1999, 195 ff.; *Blank* LMK 2004, 1. Rechtsvergleichend *Ferrari* ZEuP 1994, 151 f.

[233] BGHZ 157, 1 = NJW 2004, 56; BGHZ 92, 213, 214; BGH FamRZ 2004, 91, 93 mit Anm *Borth* S. 358; OLG Hamm FamRZ 1992, 308 = NJW 1992, 513; vgl. auch BVerfG NJW 2000, 2658; *Schwab* FamR RdNr. 843; *Martiny* in *Scherpe/Yassari* S. 79, 91; *Kinne* FPR 2001, 36, 38; s. auch BR-Drucks. 439/00. Anders noch: *Diederichsen* FamRZ 1988, 889, 892 f.

[234] Auch nicht bei Kirchengemeinde, OLG Hamm NJW 1992, 513; aA *Listl* FamRZ 1993, 326 f. Duldungspflicht wurde aber verneint, wenn Wohngebäude eindeutig dem kirchlichen Bereich zugehört, LG Aachen FamRZ 1993, 325.

[235] AG Berlin-Schöneberg NJW 1979, 2051.

[236] Vgl. BGHZ 92, 213, 221 f.; *Kinne* FPR 2001, 36, 38.

[237] OLG Frankfurt MDR 1967, 216; LG Köln FamRZ 1975, 164; *Strätz* FamRZ 1980, 438.

[238] Vgl. LG München NJW-RR 1991, 1112; *Staudinger/Löhnig* (2007) Anh. zu §§ 1297 ff. RdNr. 194; *Kraemer* NZM 2001, 553, 560.

[239] *Kinne* FPR 2001, 36, 37. Erst recht kein unmittelbarer Vertragseintritt: *Sternel* in *Hausmann/Hohloch* S. 377 f. Auch bei einvernehmlicher Mietzinserhöhung gem. § 557 Abs. 1 begründet der Einzug des Lebensgefährten weder ein Miet- noch ein Untervermietverhältnis, *Plate* FuR 1995, 212, 218.

[240] *Kinne* FPR 2001, 36, 37.

[241] OLG Hamburg NJW-RR 1988, 1481; *Palandt/Brudermüller* Einl v § 1297 RdNr. 20; *Staudinger/Löhnig* (2007) Anh. zu §§ 1297 ff. RdNr. 192; *Schwab* FamR RdNr. 844; *Spranger* ZMR 2001, 11.

regelmäßig zur Einräumung von Mitbesitz an der Wohnung (zur Räumungsvollstreckung RdNr. 44). Mit der Auflösung der neLG endet das Gebrauchsrecht des aufgenommenen Partners.[242] Zieht der Mieter aus und überlässt er seinem Lebensgefährten die Wohnung zum Alleingebrauch, berechtigt dies zur fristlosen Kündigung.[243] Der Inhaber eines **dinglichen Wohnrechts** darf entspr. § 1093 Abs. 2 seinen dauernden Lebensgefährten aufnehmen.[244]

42 **c) Eintritt bei Tod des Partners.** Bei Tod des Mieters erstreckt sich das Familienangehörigen zustehende Eintrittsrecht in den Mietvertrag gem. § 563 Abs. 2 S. 4 auch auf Personen, die mit dem Mieter einen auf Dauer angelegten gemeinsamen Haushalt führen, also auch auf den nichtehelichen Lebensgefährten.[245] Sein Eintrittsrecht gilt allerdings nur subsidiär zum Eintrittsrecht der Ehegatten, Kinder oder sonstigen Familienangehörigen. Sind beide Partner Mietvertragsparteien, gilt § 563 a, wonach das Mietverhältnis grundsätzlich mit dem Überlebenden fortgesetzt wird.

43 **d) Kündigung des Mietvertrags.** Sind *beide* Partner Mietvertragsparteien, kann eine Kündigung nur von beiden bzw. gegen beide gemeinsam ausgesprochen werden.[246] Eine Empfangsvollmacht zu Gunsten des Partners kann bestimmt werden.[247] Einen Anspruch auf Kautionsrückzahlung können beide nur gemeinsam geltend machen.[248] Jeder Partner kann vom anderen gem. § 730 Abs. 1 verlangen, an der Kündigung mitzuwirken;[249] zu klagen ist auf Abgabe einer entspr. Willenserklärung (§ 894 ZPO). Wer nicht mitwirkt, handelt treuwidrig, wenn er sich zugleich auch einer Vertragsänderung bzw. Fortsetzung des Vertrags mit ihm allein widersetzt.[250] Allerdings hat keiner der Partner einen Anspruch auf Vertragsfortsetzung mit ihm allein. Will ein Partner nicht kündigen und den Vertrag allein fortsetzen, muss er den Mietzins intern allein tragen und den Partner von der Forderung freistellen.[251] Wirkung gegenüber dem Vermieter hat das aber nur, wenn dieser zustimmt.[252] Der Auszug eines Partners aus der Wohnung bedeutet zwar im Innenverhältnis die Kündigung der durch den gemeinsamen Mietvertrag begründeten Innengesellschaft, ändert im Außenverhältnis aber nichts an den Pflichten aus dem Mietvertrag.[253] Die Kündigungsfristen für den Mietvertrag gelten für die Mitmieter untereinander nicht. Die Gemeinschaft kann jedenfalls gem. § 723, wohl auch ohne wichtigen Grund, gekündigt werden.[254] **Hat nur ein Partner gemietet,** braucht der Vermieter nur ihm zu kündigen. Mit Ablauf der Kündigungsfrist verliert auch der andere Partner sein vom Mieter abgeleitetes Besitzrecht an der Wohnung. Ein Kündigungsgrund in der Person des aufgenommenen Lebensgefährten (zB störendes Benehmen) genügt für eine Kündigung gegenüber dem Mieter (§ 278).[255] Übernimmt ein rechtsschutzversicher-

---

[242] LG Berlin WM 1995, 38 = FamRZ 1995, 600 (LS); LG Potsdam FamRZ 1995, 1142.

[243] AG Neukölln NJW-RR 1997, 584; genauso für Ehegatten LG Cottbus WM 1995, 38. Härten sind durch Zubilligung von Räumungsfristen zu mildern.

[244] BGHZ 84, 36, 38 = NJW 1982, 1868; BGH NJW 1993, 999f. = FamRZ 1993, 533f. Abweichende Vereinbarung ist zulässig: *Hohloch* in *Hausmann/Hohloch* S. 97.

[245] Vgl. nur *Gernhuber/Coester-Waltjen* § 43 RdNr. 10; *Sternel* in *Hausmann/Hohloch* S. 424. So auch schon zuvor analog § 569a Abs. 2 aF BGHZ 112, 116 = NJW 1993, 999; LG Hannover FamRZ 1993, 547; BVerfGE 82, 6 = FamRZ 1990, 727; aA noch: *Roellecke* JZ 1990, 813ff.; *Bosch* FamRZ 1991, 1ff.; *Medicus* JZ 1993, 952; *Hillgruber* JZ 1996, 118ff.

[246] BGH NJW 2005, 1715; OLG Frankfurt/M. WuM 1991, 103; LG Köln WuM 1990, 298.

[247] BGHZ 136, 314.

[248] *Kinne* FPR 2001, 36, 40 mwN.

[249] BGH NJW 2005, 1715, 1716; OLG Düsseldorf FamRZ 2008, 154; OLG Köln WuM 1999, 521; KG NJW-RR 1992, 1940; LG Gießen WuM 1996, 273; PWW/*Weinreich* Vor § 1297 RdNr. 44; *Schulz* FamRZ 2007, 593, 600.

[250] BGH NJW 2005, 1715, 1716.

[251] OLG Düsseldorf FamRZ 1998, 739f.; OLG Koblenz FamRZ 2001, 95; OLG Hamburg NJW-RR 2001, 1012. Der Ausziehende schuldet dem Verbleibenden keine hälftige Mietzinserstattung: AG Bad Homburg NJW-RR 1992, 1035.

[252] Die Frage, ob die vom Vermieter akzeptierte Entlassung aus dem Mietvertrag der Zustimmung des Mitmieters bedarf, ist umstr., vgl. BGH NJW 2004, 1797; 2005, 1715.

[253] Vgl. etwa OLG Dresden FamRZ 2003, 158; PWW/*Weinreich* Vor § 1297 RdNr. 43.

[254] LG München II FamRZ 1992, 1077 = NJW-RR 1993, 334; LG Karlsruhe FamRZ 1995, 94.

[255] AA *Sternel* in *Hausmann/Hohloch* S. 405f.; vgl. KG NZM 2000, 905.

ter Partner die Kosten eines Mietrechtsstreits, hat die Versicherungsgesellschaft keinen Regress gegen den anderen Partner, wenn die Partner dessen Kostenbeteiligung einvernehmlich ausgeschlossen haben.[256] Ein Kündigungsrecht wegen **Eigenbedarfs** des Vermieters, der die Wohnung seinem Sohn zwecks Begründung einer neLG überlassen will, ist zu bejahen.[257]

e) Räumung. Sind beide Partner Mietvertragsparteien, haben sich Räumungsklage und Zwangsräumung gegen beide Partner als Schuldner zu richten. Nach hM[258] gilt das auch, wenn nur ein Partner Vertragspartei ist. Dem ist nun auch zu Recht der BGH gefolgt und hat seine einschlägige Ehegatten-Rspr.[259] sinngemäß auf die neLG erstreckt. Für eine Zwangsvollstreckung auf Räumung und Herausgabe der Wohnung nach § 885 ZPO ist danach auch ein gegen den nichtehelichen Lebensgefährten des Schuldners gerichteter Vollstreckungstitel erforderlich, wenn er aufgrund der tatsächlichen Besitzverhältnisse klar als Mitbesitzer anzusehen ist. Das kann auch anzunehmen sein, wenn dem Vermieter die Aufnahme des Partners in die Wohnung nicht angezeigt worden war.[260] 44

f) Schutz gegen Partnerwillkür. Gegen den „Rauswurf" kann sich ein Partner als Mitbesitzer der Wohnung über die Besitzschutzvorschriften (§§ 861, 866) wehren[261] und vorübergehend Wiedereinräumung des Mitbesitzes (auch an beweglichen Sachen) verlangen, solange der Partner keinen Räumungstitel gegen ihn erwirkt hat (vgl. § 864 Abs. 2). Außerdem genießt der Lebensgefährte Räumungsschutz gem. § 721 ZPO,[262] notfalls zudem noch Vollstreckungsschutz gem. § 765 a ZPO.[263] Bei einem Räumungsverlangen zur Unzeit kann ihm uU analog § 723 Abs. 2 S. 2 ein Schadensersatzanspruch zustehen.[264] Gegenüber dem Anspruch des bisherigen Lebensgefährten auf Räumung seiner Eigentumswohnung hat der hinaus geklagte Partner kein Zurückbehaltungsrecht wegen von ihm gezahlter Finanzierungsbeiträge, denn damit könnte er die Fortführung der Wohngemeinschaft mittelbar erzwingen.[265] Bei weiterer Nutzung trotz Räumungsverlangens besteht Anspruch auf Nutzungsentschädigung aus § 987.[266] Eine richterliche **Zuweisung von Hausrat** und Wohnung kommt nach hM nicht in Betracht, da die §§ 1361 a, b und §§ 1568 a, b nicht analog anwendbar seien.[267] Indes stellt sich die Interessenlage vor allem bei einer neLG mit Kindern, die möglichst in ihrer gewohnten Umgebung bleiben sollen, nicht anders dar als bei einer zerbrechenden Ehe. Daher sollte – von Forderungen *de lege ferenda* nach ausländischem Vorbild[268] abgesehen – bereits *de lege lata* eine analoge Anwendung bejaht wer- 45

---

[256] LG Tübingen NJW-RR 1989, 1193. Zu Versicherungsfragen *Grziwotz,* Nichtehel. LG, § 18 RdNr. 93 ff.

[257] OLG Karlsruhe FamRZ 1982, 599 = NJW 1982, 889; dazu *Lieb* Gutachten S. A 104.

[258] KG NJW-RR 1994, 713; OLG Düsseldorf NZM 1998, 880; OLG Köln MDR 1997, 782; *Putzo* in *Thomas/Putzo* ZPO § 885 RdNr. 4 a; *Lüderitz/Dethloff* § 8 RdNr. 11; *Grziwotz,* Nichtehel. LG, § 14 RdNr. 48; *Burhoff* FPR 2001, 18, 23; *Becker-Eberhard* FamRZ 1994, 1296, 1303; *Brunn* NJW 1988, 1362; *Sternel* in *Hausmann/Hohloch* S. 407 f.; aA OLG Frankfurt MDR 1969, 852, 853 (für Titel gegen Ehegatten); OLG Düsseldorf WuM 1989, 362.

[259] BGHZ 159, 383 = NJW 2004, 3041 = FamRZ 2005, 269.

[260] BGH NJW 2008, 1959, Tz. 17.

[261] LG Chemnitz NJW-RR 1995, 269; AG Waldshut NJW-RR 1994, 712 = FamRZ 1994, 522, 523; *Schwab* FamR RdNr. 845; *Rauscher* FamR RdNr. 735; *Staudinger/Löhnig* (2007) Anh. zu §§ 1297 ff. RdNr. 204; *Battes,* Nichtehel. Zusammenleben, RdNr. 168; *Schreiber* RdNr. 426 ff.; *Derleder* NJW 1980, 551; krit. *Diederichsen,* FS Zöllner, S. 1077, 1080; aA AG Bruchsal FamRZ 1981, 447.

[262] LG Wiesbaden FamRZ 1960, 152, 154; PWW/*Weinreich* Vor § 1297 RdNr. 29; *Battes,* Nichtehel. Zusammenleben, RdNr. 169.

[263] AA *Baumbach/Lauterbach/Hartmann* ZPO § 765 a RdNr. 4.

[264] *Battes,* Nichtehel. Zusammenleben, RdNr. 170.

[265] OLG Hamm NJW 1986, 728; zust. *Diederichsen* FamRZ 1988, 891 f.

[266] BGH FamRZ 2008, 1404, Tz. 31 ff.

[267] OLG Hamm FamRZ 2005, 2085; LG Hagen FamRZ 1993, 187; AG Berlin-Schöneberg NJW-RR 1993, 1038, 1039; *Brudermüller* FamRZ 2003, 1705, 1713; *ders.* WuM 2003, 250, 254; *Hausmann* in *Hausmann/Hohloch* S. 236; *Gernhuber/Coester-Waltjen* § 44 RdNr. 19; *Schlüter* FamR RdNr. 493; *Schwab* FamR RdNr. 842; *Staudinger/Hübner/Voppel* (2007) § 1361 b RdNr. 4; *Weinreich* FPR 2001, 29, 30; aA nur LG München NJW-RR 1991, 834 für § 1361 b.

[268] *Coester* FamRZ 1993, 249, 253; *Schreiber* FPR 1997, 116 ff.; *Brudermüller* WuM 2003, 250, 255; *E. Schumann* S. 371 ff., 388 f.; *Theimer* FuR 1998, 294 ff.; *Lüderitz/Dethloff* § 8 RdNr. 39; *Dethloff* in *Scherpe/Yassari* S. 137, 161; vgl. auch Gesetzentwurf BR-Drucks. 307/94 und BT-Drucks. 13/196.

den.[269] Eine Nutzungsteilung gem. §§ 730 ff., 741 ff. erfordert einen Beschluss der Mitmieter (§ 745); ihn kann das Gericht nicht ersetzen.[270] Bei **Gewalt**(androhung) kann gem. § 2 GewSchG beantragt werden, dass die gemeinsam genutzte Wohnung dem Verletzten zur Alleinbenutzung zugewiesen wird. Unterhalb dieser Schwelle bestehen allerdings keine gerichtlichen Eingriffsmöglichkeiten.[271]

46 **10. Nichteheliche Lebensgemeinschaft mit Kindern.**[272] **a) Gemeinschaftliche Kinder.** Kinder unverheirateter Eltern galten bis zum KindRG von 1998 als nichtehelich. Mittlerweile spricht das BGH nur noch von dem Kind, dessen Eltern nicht miteinander verheiratet sind. Eine notwendige Differenzierung ergibt sich gleichwohl hinsichtlich der Voraussetzungen für die Begründung der **Vaterschaft.** Sind die Eltern im Zeitpunkt der Geburt nicht miteinander verheiratet, kann die rechtliche Vaterschaft nur durch freiwillige Vaterschaftsanerkennung oder gerichtliche Vaterschaftsfeststellung begründet werden (§ 1592 Nr. 2, 3). Kinder, die in eine neLG hineingeboren werden, werden nicht automatisch dem Lebensgefährten der Mutter zugerechnet. Eine Ehelichkeitserklärung durch den Vater mit Einwilligung der Mutter (§§ 1723 ff. aF) ist entfallen. Eine Anfechtung der Vaterschaft des (Noch-)Ehemanns der Mutter durch den neuen Partner kommt nur unter den Voraussetzungen des § 1600 Abs. 1 Nr. 2, Abs. 2, 3 in Betracht.[273] Eine gemeinsame **Adoption** eines Kindes mit der Folge einer gemeinsamen Elternschaft ist einem unverheirateten Paar nicht möglich (§§ 1741 Abs. 2, 1742). Das **Sorgerecht** für ein Kind steht der unverheirateten Mutter grundsätzlich allein zu (§ 1626 a Abs. 2). Ein gemeinsames Sorgerecht kann durch Verheiratung oder die Abgabe von Sorgeerklärungen erlangt werden, (§ 1626 a Abs. 1). Gegen den Willen der Mutter kann der Vater ein gemeinsames Sorgerecht nicht erzwingen.[274] Das alles gilt unabhängig davon, ob die Eltern zusammenleben. Die Trennung der Eltern ändert am Sorgerecht nichts; auf Antrag kann das Gericht dann aber eine Neuregelung treffen (§§ 1671, 1672). Für das Umgangsrecht gelten die §§ 1684, 1685.[275] Den **Familiennamen** einer unverheirateten Mutter erhält das Kind, wenn sie die Personensorge allein ausübt (§ 1617 a). Das Kind kann aber auch den Namen des anderen Elternteils erhalten (§ 1617 a Abs. 2). Haben die unverheirateten Eltern ein gemeinsames Sorgerecht, so müssen sie sich binnen eines Monats nach der Geburt einigen, ob das Kind (einschließlich etwaiger noch ungeborener Geschwister) den Geburtsnamen des Vaters oder der Mutter erhalten soll (§ 1617). Bei nachträglich eintretender gemeinsamer Sorge kann der Name neu bestimmt werden (§ 1617 b). Die Beilegung eines Doppelnamens kommt nur ausnahmsweise bei Nachweis eines im Verfahren nach § 3 NamÄndG anerkannten wichtigen Grundes in Betracht.[276] Für **Unterhaltsansprüche** des Kindes gelten – von der Möglichkeit der einstweiligen Verfügung nach § 1615 o abgesehen – keine Besonderheiten. Zum Unterhaltsanspruch des kindbetreuenden Elternteils s. RdNr. 36.

47 **b) Stiefkinder.** Die Aufnahme eines Kindes eines Partners in die neLG (vgl. auch RdNr. 5) hat keine rechtlichen Konsequenzen. Eine Adoption des Kindes durch den Lebensgefährten, die die Verwandtschaft des Kindes zu seinem betreuenden Elternteil unberührt lässt **(Stiefkindadoption),** mit der Folge, dass das Kind gemeinschaftliches Kind der Partner wird, ist bislang gesetzlich nicht vorgesehen. Auch eine langjährige Eltern-Kind-Beziehung zwischen dem Kind und dem Stiefelternteil ist damit keiner rechtlichen Absicherung zugänglich. Auf diese Weise hat das Kind – vorbehaltlich vertraglicher Vereinbarungen – keine Möglichkeit, Unterhaltsansprüche oder ein Erbrecht gegenüber dem nichtehelichen Stiefelternteil zu

[269] *Schwenzer* JZ 1988, 781, 786; *Schreiber* RdNr. 416 ff.; für § 1361 b LG München I NJW-RR 1991, 834.

[270] AG Berlin Neukölln NJW-RR 1993, 133; LG Berlin NJW-RR 1995, 463.

[271] Krit. *Brudermüller* WuM 2003, 250, 255 = FuR 2003, 433, 442.

[272] Dazu *Holzhauer* in *Hausmann/Hohloch* S. 446 ff.

[273] Vgl. dazu wegweisend BVerfGE 108, 82 = NJW 2003, 2151.

[274] Vgl. BGH FamRZ 2001, 907; BVerfGE 107, 150 = FamRZ 2003, 285 sowie FamRZ 2003, 1447; zu Recht krit. zB *Dethloff* in *Scherpe/Yassari* S. 137, 145; *Coester* FamRZ 2007, 1137.

[275] Zum Umgangsrecht des nichtehelichen Vaters EuGHMR FamRZ 2004, 337.

[276] *E. Schumann* S. 310 f. Krit. *Sacksofsky* KritV 1995, 94 ff.; *M. Baldus* FuR 1996, 3 ff.

erlangen. Zudem bleiben ihm Vorteile im Steuer- oder Krankenversicherungsrecht vorenthalten. Auch im Fall des Todes des leiblichen Elternteils kann der Stiefelternteil das Sorgerecht nicht erlangen. Hier besteht sowohl im Hinblick auf ein Sorgerecht von Stiefelternteilen als auch auf die Stiefkindadoption in der neLG **Reformbedarf.**[277] Die Stiefkindadoption sollte man zumindest für den Fall einführen, dass der andere leibliche Elternteil gestorben oder unbekannt ist oder sich der Verantwortung bewusst entzieht und die neLG bereits mehrere Jahre besteht.[278] Geregelt ist bislang nur das **Umgangsrecht:** Hat das Kind längere Zeit mit dem nichtehelichen Partner seines Elternteils in häuslicher Gemeinschaft zusammengelebt, steht auch diesem Partner als enger Bezugsperson nach der Trennung ein Recht auf Umgang mit dem Kind zu (§ 1685 Abs. 2). Allerdings passt jetzt § 1682 nicht mehr dazu. Eine Anordnung, dass das Kind im Haushalt der neLG beim „nichtehelichen" Stiefelternteil verbleibt, nachdem der leibliche Elternteil verstorben ist, scheidet nach dem Gesetzeswortlaut, der dieses Recht nur dem Ehe- oder Lebenspartner einräumt, aus.[279]

11. Partnerschaftsverträge.[280] Vertragliche Regelungen des Zusammenlebens sind eher selten,[281] aber empfehlenswert. Sie verstoßen grundsätzlich nicht gegen die guten Sitten (§ 138),[282] auch nicht bei noch bestehender Ehe.[283] Wo etwaige Grenzen der Vertragsfreiheit liegen, ergibt sich aus allgemeinen Prinzipien (kein Eingriff in Rechte Dritter oder öffentlich-rechtliche Rechtsverhältnisse etc.) sowie aus den für Ehegatten entwickelten Grundsätzen.[284] Demgemäß bleiben etwa Klauseln über den höchstpersönlich-sittlichen Bereich wie beiderseitige Treue,[285] Kinderwunsch, Empfängnisverhütung,[286] Abtreibung,[287] persönlichen Umgang mit Dritten, politische, weltanschauliche und religiöse Betätigung oder auch Wohnort unverbindlich.[288] Schadensersatzansprüche bei Nichterfüllung scheiden aus. Auch Klauseln ohne erhebliche Relevanz, etwa über Nebensächlichkeiten des Zusammenlebens wie Haushaltsorganisation oder Freizeitgestaltung sind rechtlicher Regelung nicht zugänglich.[289] Auf Normen des Eherechts kann – von der Gütergemeinschaft und dem öffentlich-rechtlichen Versorgungsausgleich abgesehen – grundsätzlich verwiesen werden.[290] Pauschale Verweisungen können aber nur das Innenverhältnis gestalten, nicht Statusfragen. Etwa vereinbarte Zustimmungserfordernisse analog §§ 1365, 1369 gelten nur in den Grenzen von § 137.[291] Im Hinblick auf die gerichtliche Durchsetzung bleibt der Gedanke des § 120 Abs. 3 FamFG (früher § 888 Abs. 3 ZPO) zu beachten.[292] Sinnvoll sind Rege- 48

[277] Näher *Dethloff* in *Scherpe/Yassari* S. 137, 146 ff.

[278] Näher zum Themenkreis *Muscheler* FamRZ 2004, 913, 915 f.

[279] Für Änderung de lege ferenda *Muscheler* FamRZ 2004, 921.

[280] Siehe *Grziwotz,* Partnerschaftsverträge für die nichteheliche und die nicht eingetragene Lebenspartnerschaft, 4. Aufl. 2002; *ders.,* Nichtehel. LG, § 8, 9; *ders.* MDR 1999, 709 ff.; Muster bei: *Burhoff* ZFE 2002, 94 ff.; *Hausmann* in *Hausmann/Hohloch* S. 841 ff.; *Langenfeld* in Münchener Vertragshandbuch VI, S. 703 ff.; *Schreiber* NJW 1993, 624 ff.

[281] Nach *Hausmann* 1989, S. 2, trifft nur ein Fünftel der Paare schriftliche Vereinbarungen. Fast die Hälfte vertraue auf die Fairness des Partners. Fast 30 Prozent hätten über die Folgen einer etwaigen Trennung noch nicht nachgedacht. Laut *Grziwotz,* Nichtehel. LG, § 12 RdNr. 1 f., steht bei probeweisem Zusammenleben der Gedanke an eine Legalisierung durch Heirat im Vordergrund.

[282] BGH FamRZ 1965, 368; NJW 1970, 1540; OLG Hamm FamRZ 1988, 618; OLG Köln FamRZ 2001, 1608, 1609.

[283] OLG Hamm FamRZ 2000, 95; aA Vorinstanz LG Paderborn FamRZ 1999, 790.

[284] *Schreiber* RdNr. 410.

[285] Dazu *Grziwotz,* Nichtehel. LG, § 10 RdNr. 27.

[286] Vgl. BGHZ 97, 372 = NJW 1986, 2043; *Kolb,* Absprachen über die Verwendung empfängnisverhütender Mittel, 1992 (Diss. Marburg 1991) 42 f.; *Erman/Gamillscheg* Vor § 1353 RdNr. 25; aA *Grziwotz,* Nichtehel. LG, § 10 RdNr. 28 f.; *Muscheler* FamR RdNr. 499.

[287] *Limbach* in *Limbach/Schwenzer* S. 37.

[288] Teilweise großzügiger *Rauscher* FamR RdNr. 739; *Grziwotz,* Nichtehel. LG, § 10 RdNr. 23 ff.

[289] Vgl. *Hausmann* 1989, 90 ff. mit aufschlussreichen Gegenbeispielen aus der amerikanischen Kautelarpraxis; teilweise aA *Grziwotz,* Nichtehel. LG, § 10 RdNr. 33 ff.; *ders.* FPR 2005, 156, 157.

[290] Tendenziell anders *Lipp* AcP 180 (1980), 537, 576 ff. mit Lehre vom „Typenzwang des Eherechts"; ähnlich *Sandweg* BWNotZ 1990, 49 ff.; *Hausmann* in *Hausmann/Hohloch* S. 845 ff.

[291] *Hausmann* in *Hausmann/Hohloch* S. 875 f.

[292] *Hausmann* aaO S. 847 ff.; *Rauscher* FamR RdNr. 739; *Grziwotz,* Nichtehel. LG, § 10 RdNr. 17 ff.

lungen für Teilbereiche, etwa Eigenheimfinanzierung[293] einschließlich Verlustbeteiligung, Vollmachten für bestimmte Lebensbereiche,[294] insbes. Vorsorgevollmachten;[295] Unterhalt (dazu RdNr. 37). Soweit Abreden Schenkungsversprechen enthalten – zB. auch in Form von Prämienklauseln,[296] etwa für die Geburt eines Kindes –, ist gem. § 518 notarielle Beurkundung erforderlich.[297] Zwecks Vermeidung etwaiger Gesamtnichtigkeit gem. § 139 können einzelne formbedürftige Klauseln eine Beurkundung des ganzen Vertrages erfordern.[298]

III. Die Auflösung der Gemeinschaft

49 **1. Auflösung durch Tod; Erbrecht.**[299] **a) Verfügungen von Todes wegen.** Beerben kann der überlebende Gefährte den Verstorbenen nur aufgrund einer Verfügung von Todes wegen;[300] eine (auch analoge) Anwendung der §§ 1931, 1371 über das ges. Ehegattenerbrecht scheidet aus.[301] Die Einführung eines ges. Erbrechts des Partners erschiene auch nicht sinnvoll.[302] Zu denken wäre allenfalls an ein ges. Erbrecht für den Fall des Fehlens von Verwandten.[303] **Sittenwidrigkeit** letztwilliger Verfügungen kann nur höchst ausnahmsweise in eklatanten Fällen bejaht werden,[304] etwa bei besonders familienfeindlicher Gesinnung des Erblassers.[305] Gerade nach längerem Zusammenleben werden Zuwendungen an den Lebensgefährten vielmehr einer sittlichen Pflicht entspringen. Ob Abkömmlinge des bedachten Partners auch dessen Ersatzerben sein sollen, muss durch Auslegung ermittelt werden.[306] Testamentarische Zuwendungen an den Partner können mit Pflichtteilsansprüchen der nächsten Angehörigen des Verstorbenen belastet sein (§§ 2303 ff.).[307] Zuwendungen zu Lebzeiten können im Erbfall Pflichtteilsergänzungsansprüche der Pflichtteilsberechtigten auslösen, da meist Schenkungen iSd. § 2325 vorliegen.[308] Die für Ehegatten vorgesehenen Vergünstigungen des Erbschaft- und Schenkungsteuerrechts stehen dem überlebenden Partner nicht zu (s. RdNr. 14).[309] Gemeinschaftliche Kinder sind seit dem Erbrechtsgleich-

[293] *Milzer* NJW 2008, 1621; *Mayer* ZEV 2003, 453; *Mögle* BWNZ 1998, 34 ff.; *Hausmann* in *Hausmann/Hohloch* S. 893 ff.; „Beratungscheckliste" bei *Grziwotz* MDR 1999, 710 ff.

[294] Einzelheiten über Typisierung, Umfang und Widerruf bei *Grziwotz,* Nichtehel. LG, § 18 RdNr. 61 ff. Gegen Missbrauchsgefahr empfehlen *Zwißler* S. 38 f. und *Grziwotz* MDR 1999, 714 eine summenmäßige Beschränkung (zB auf 500 Euro pro Einzelfall); ebenso *Hausmann* in *Hausmann/Hohloch* S. 851, 863.

[295] Für Krankheit oder Todesfall: *Grziwotz* MDR 1999, 714 f.; *ders.,* Nichtehel. LG, § 18 RdNr. 20 ff.

[296] Vorgeschlagen von *Oberto* FamRZ 1993, 1, 7; *Grziwotz* Partnerschaftsvertrag S. 38; *ders.,* Nichtehel. LG, § 10 RdNr. 20; *Schreiber* RdNr. 398; Zweifel an der Zulässigkeit bei *Rauscher* FamR RdNr. 732.

[297] OLG Saarbrücken OLGR 2008, 285; *Oberto* FamRZ 1993, 1, 10; *Staudinger/Löhnig* (2007) Anh. zu §§ 1297 ff. RdNr. 31. Da für die Haushaltsführung keine Vergütung erwartet wird, ist von Unentgeltlichkeit auszugehen. Zur gleichfalls schwierigen Abgrenzung gegenüber formfreien Unterhaltsversprechen vgl. *Schwab* in *Landwehr* S. 66 ff.

[298] *Grziwotz,* Nichtehel. LG, § 9 RdNr. 27; allg. zu Regelungsschwerpunkten, Beratung, Form und Kosten aaO. RdNr. 17 ff.

[299] Dazu *Grziwotz* ZEV 1999, 299; *ders.* MDR 1999, 913; *Koutses* FPR 2001, 41; *dies.* in *Hausmann/Hohloch* S. 535 ff.

[300] Zu Einzelheiten *Grziwotz* ZEV 1994, 267 ff.; *ders.* MDR 1999, 913; *Koutses* FPR 2001, 41 ff.; näher *Schmidt-Burbach,* Die nichteheliche Lebensgemeinschaft und ihre erbrechtlichen Verfügungsmöglichkeiten, 2004.

[301] OLG Saarbrücken NJW 1979, 2050 = FamRZ 1979, 796 m. Anm. *Köhler; Koutses* FPR 2001, 41; *Hohloch* JuS 1980, 549 ff.; *Lange/Kuchinke* ErbR § 12 II 1; zu Reformüberlegungen *Götz* FamRZ 1985, 987, 988 ff.

[302] Vgl. *Schwenzer* JZ 1988, 781, 786.

[303] Vorschläge bei *Bosch* FamRZ 1980, 849, 853; *Leipold* AcP 180 (1980), 160, 180 f.

[304] BGH NJW 1983, 674; NJW 1984, 2150; FamRZ 1992, 226; FamRZ 2002, 915; OLG Frankfurt/M. FamRZ 1995, 1026.

[305] Näher *Reinicke* FPR 2001, 56, 64.

[306] BayObLG FamRZ 2005, 840; NJWE-FER 2000, 318.

[307] OLG Düsseldorf FamRZ 1997, 1110, Schenkungen iSd. Erbrechts.

[308] Dazu OLG Köln FamRZ 1997, 1113; OLG Düsseldorf NJW-RR 1997, 1497.

[309] *Grziwotz* ZEV 1994, 267, zu günstigen Gestaltungsmöglichkeiten S. 273 f.

stellungsG von 1997 wie eheliche Kinder erbberechtigt, sofern der Erbfall nach dem 1. 4. 1998 liegt und das Kind nach dem 1. 7. 1949 geboren ist.[310]

Ein gemeinschaftliches Testament der Partner nach § 2265 scheidet aus;[311] eine **Umdeutung** in Einzeltestamente ist möglich, soweit die dafür vorgeschriebene Form für jeden Partner eingehalten ist und die Aufrechterhaltung als Einzelverfügung dem Parteiwillen entspricht.[312] Die Beschränkung des Formprivilegs aus § 2267 auf Ehegatten ist verfassungsgemäß.[313] **Erbverträge** sind zulässig und erlauben vielfältige Regelungen;[314] auch bei beiderseitigem Rücktrittsvorbehalt bis zum Tode des Erstversterbenden ist ein Erbvertrag sicherer vor einem heimlichen Widerruf als wechselseitige testamentarische Zuwendungen.[315] Im Fall der **Trennung** ist ein Erbvertrag gem. §§ 2078 Abs. 2, 2281 ff. anfechtbar. Ein Testament zu Gunsten des Partners ist nach der Trennung analog **§ 2077 Abs. 1, 2** nach hier vertretener Auffassung im Zweifel als hinfällig anzusehen.[316] Schließlich handelt es sich nur um eine Auslegungsregel, deren Gedanke auf die neLG in gleicher Weise passt. Nach der wohl überwiegenden Gegenansicht[317] kann das Testament in solchen Fällen – wenn nicht schon die Auslegung weiterhilft – nur durch Anfechtung unwirksam werden, deren Voraussetzungen aber nicht leicht darzulegen sind. 50

b) Ausgleichsansprüche im Todesfall. Etwaige Ausgleichsansprüche, die bei Trennung zu Lebzeiten entstanden wären (RdNr. 58 ff.), kann der Leistende bei Tod des Schuldners im Zweifel gegen dessen Erben geltend machen. Bei Ansprüchen infolge Wegfalls der Geschäftsgrundlage werden testamentarische Zuwendungen an ihn aber im Rahmen der Gesamtabwägung zu berücksichtigen sein. Stirbt hingegen der Leistende bzw. Ausgleichsgläubiger, so wird die Inanspruchnahme des überlebenden Leistungsempfängers durch die Erben des Verstorbenen oft nicht dessen Willen entsprechen. Im Zweifel ist hier von einem konkludenten Verzicht des zuerst Versterbenden auf seinen Ausgleichsanspruch auszugehen. Bei Ansprüchen wegen Wegfalls der Geschäftsgrundlage müsste ohnehin durch Auslegung ermittelt werden, ob der Tod überhaupt als Störung der Geschäftsgrundlage gedeutet werden kann (s. RdNr. 68). Eine letztwillige Verfügung gleichen Inhalts lässt selbst bei Formnichtigkeit auf einen entsprechenden Verzichtswillen schließen.[318] 51

c) Sonderfragen. Der Anspruch auf Unterhalt und Haushaltsnutzung für 30 Tage nach dem Erbfall für im Haushalt lebende Familienangehörige nach § 1969 **(„Dreißigster“)** ist auch dem Lebensgefährten zuzubilligen, falls er vom Verstorbenen Unterhalt bezog.[319] Als Hausgenosse des Erblassers ist der Lebensgefährte dem Erben andererseits **auskunftspflichtig** gem. § 2028;[320] die weitergehende Pflicht aus § 2027 Abs. 2 trifft ihn nur bei Ansichnahme von Sachen, die er nicht schon vor dem Erbfall gemeinsam mit dem Erblasser besaß.[321] Der sog. **Voraus** gem. § 1932 steht dem Partner nach hM nicht 52

---

310 Art. 3 Nr. 3, Art. 2 Nr. 1 Abs. 1 ErbGleichG; Art. 12 § 10 Abs. 1 iVm. § 1 NEhelG.

311 Zur Konvaleszenz im Fall nachträglicher Heirat siehe § 1297 RdNr. 19.

312 OLG Braunschweig NJW-RR 2005, 1027; LG Bonn FamRZ 2004, 405; OLG Frankfurt FamRZ 1979, 347; BayObLG FamRZ 2001, 1563.

313 BVerfG NJW 1989, 1986; *Kingreen* S. 282 ff.

314 Vorschlag bei *Grziwotz* Partnerschaftsvertrag S. 123 ff.

315 *Grziwotz,* Nichtehel. LG, § 30 RdNr. 64 ff.

316 *Meier-Scherling* DRiZ 1979, 299; *Koutses* FPR 2001, 41, 42.

317 Vgl. OLG Celle FamRZ 2004, 310, das auch die Anfechtung nicht durchgreifen ließ; BayObLG FamRZ 1983, 1226; *Leipold* ZEV 2003, 330; PWW/*Weinreich* Vor § 1297 RdNr. 65; *Staudinger/Löhnig* (2007) Anh. zu §§ 1297 ff. RdNr. 159 f.; vgl. auch BGH NJW 2003, 2095, keine Analogie bei Schwiegerkindscheidung; es empfiehlt sich daher eine Klarstellung im Text, vgl. *J. Mayer* ZEV 1997, 280 ff.

318 LG Aachen FamRZ 1988, 717, 719. Im Erg. genauso BGHZ 77, 55 = NJW 1980, 1520 nach Verneinung einer Innengesellschaft.

319 OLG Düsseldorf FamRZ 1983, 274 mit abl Anm. *Bosch; Koutses* FPR 2001, 41, 42; *Palandt/Edenhofer* § 1969 RdNr. 1; *Schwab* FamR RdNr. 868; *Gernhuber/Coester-Waltjen* § 43 RdNr. 10; *Staudinger/Löhnig* (2007) Anh. zu §§ 1297 ff. RdNr. 163; *Knoche* S. 162 ff.; auch *Lieb* Gutachten S. A 94 ff.; krit. *Diederichsen* FamRZ 1988, 890 f.; für zeitliche Ausdehnung de lege ferenda *Schwenzer* JZ 1988, 781, 787.

320 LG Berlin FamRZ 1979, 503; *Staudinger/Löhnig* (2007) Anh. zu §§ 1297 ff. RdNr. 162.

321 *Soergel/Lange* Nehel. LG RdNr. 132. § 2027 Abs. 2 gilt nicht bei Besitzerlangung vor dem Todesfall.

zu.[322] Eben diese Regelung sollte indes *de lege ferenda* auf die Fälle der langjährigen neLG ausgedehnt werden, um Notlagen zu vermeiden.[323] Das **Totenfürsorgerecht** kann im Einzelfall auch ohne eine ausdrückliche Regelung dem Partner zustehen, soweit auf einen dahin gehenden Willen des Verstorbenen geschlossen werden kann.[324]

53 **2. Die Trennung unter Lebenden.** Der Entschluss zur Beendigung der Gemeinschaft kann jederzeit einvernehmlich, aber auch einseitig formfrei und ohne Angabe von Gründen mit sofortiger Wirkung gefasst werden. Die jederzeitige freie Lösbarkeit der Gemeinschaft lässt sich nicht vertraglich einschränken.[325] Vereinbarte Kündigungsfristen begründen (abweichend von § 723 Abs. 1) keine Rechtspflicht zur Fortsetzung der neLG, auch nicht für eine Übergangszeit. Sie mögen aber als Verpflichtung zur wirtschaftlichen Absicherung des Partners während dieser Zeit auszulegen sein. Vereinbarte Geldzahlungen für den Fall der Aufkündigung der neLG können unzulässige Vertragsstrafeversprechen beinhalten, wenn sie dazu dienen, das Verbleiben in der Gemeinschaft zu erzwingen.[326] Meist werden sie aber als pauschalierte Unterhaltszahlung zur Absicherung des wirtschaftlich schwächeren Partners zu deuten sein; je länger die Beziehung dauerte und je intensiver die rollenspezifische Abhängigkeit, desto höhere Abfindungssummen sind zuzulassen.[327] Gegen Belästigungen (Telefonterror), persönliche Nachstellungen oder tätliche Angriffe nach konfliktgeladener Auflösung der Gemeinschaft sind bei Wiederholungsgefahr gerichtliche Anordnungen nach § 1 GewSchG möglich.[328] Zum Rechtsschutz hinsichtlich **Wohnung** und Hausrat s. RdNr. 45; zum **Mietrecht** RdNr. 43; zu **Unterhaltsfragen** RdNr. 35 f.

54 **3. Kein Versorgungs- und Zugewinnausgleich.** Die §§ 1363 ff. sowie das VersAusglG gelten für die neLG nicht analog.[329] Vertragliche Vereinbarungen sind möglich. Ein vereinbarter Versorgungsausgleich ist aber nur als schuldrechtlicher Ausgleich denkbar. Für den Fall des Vorversterbens des Ausgleichspflichtigen bietet das aber keine Vorsorge. Insoweit müsste durch freiwillige Beiträge zur Rentenversicherung oder den Abschluss einer privaten Lebensversicherung vorgesorgt werden.[330] Das (gegenseitige) Versprechen eines Zugewinnausgleichs sollte wegen der weitreichenden Folgen analog §§ 1410, 1414 der notariellen Beurkundung bedürfen.

55 **4. Vermögensauseinandersetzung. a) Sachen.** Zum Zweck des gemeinschaftlichen Lebens genutzte **Sachen** sind dem **Eigentümer** gem. §§ 985, 732 herauszugeben (zu den Eigentumsverhältnissen RdNr. 28) bzw. können von diesem mitgenommen werden;[331] ein Zurückbehaltungsrecht steht dem anderen Teil nicht zu, wenn dies faktisch, insbes. an der gemeinsamen Wohnung, zu einer Fortsetzung der Gemeinschaft führen würde.[332] Über Miteigentum (nicht aber über Mitbesitz) müssen sich die Partner nach gemeinschaftsrechtlichen Regeln (§§ 741 ff.) auseinandersetzen.[333] Eine richterliche Zuweisung von Wohnung und Hausrat analog §§ 1361 a, b oder §§ 1568 a, b scheidet nach hM aus (s. RdNr. 45).

---

[322] *Soergel/Lange* Nehel. LG RdNr. 131; krit. *Koutses* in *Hausmann/Hohloch* S. 542 f.; aA *Grziwotz,* Nichtehel. LG, § 29 RdNr. 2 f.

[323] *Schwenzer* JZ 1988, 781, 787; *Koutses* FPR 2001, 41.

[324] OLG Karlsruhe NJW 2001, 2980.

[325] *Hausmann* 1989, S. 91 f.; *Staudinger/Löhnig* (2007) Anh. zu §§ 1297 ff. RdNr. 30 f., 67.

[326] Vgl. OLG Hamm NJW 1988, 2474 für eine vorgesehene Abfindung von 40 000 DM, die sich nach 10 Jahren verdoppeln sollte; abl. *Finger* Anm. JZ 1988, 249; *Schreiber* RdNr. 395 ff.; *Lieb* DNotZ 1988, 712, 714 ff.; näher *Grziwotz,* Nichtehel. LG, § 12 RdNr. 107 ff.

[327] Vgl. OLG Köln FamRZ 2001, 1608; ferner LG Coburg FamRZ 2005, 518.

[328] Näher dazu *Palandt/Brudermüller* GewSchG § 1 RdNr. 1 ff.

[329] Vgl. nur LG Aachen NJW-RR 1988, 450, 451.

[330] *Hausmann* in *Hausmann/Hohloch* S. 852, 867; *Grziwotz,* Nichtehel. LG, § 25 RdNr. 67 ff.

[331] *Gernhuber/Coester-Waltjen* § 44 RdNr. 18.

[332] OLG Hamm NJW 1986, 728 f.

[333] AG Walsrode NJW-RR 2004, 365 (Zuweisung eines gemeinschaftlichen Hundes); *Staudinger/Löhnig* (2007) Anh. zu §§ 1297 ff. RdNr. 89.

b) Bankguthaben.[334] Gemeinsam angelegte Ersparnisse sind einschließlich der Gewinne analog §§ 734, 743 im Verhältnis zu den erbrachten Einlagen, bei unaufklärbarer Herkunft der Einlagen analog §§ 430, 742 hälftig zu teilen. Bei faktischen Gemeinschaftskonten, dh. Bankkonten, die zwar nur auf den Namen eines Partners lauten, faktisch aber im Innenverhältnis als gemeinsame Konten betrachtet werden,[335] ist die Rspr. mit Ausgleichsansprüchen des formal nicht berechtigten Partners bei Auflösung der neLG sehr zurückhaltend.[336] Hier sollte wie bei Ehegatten ein Ausgleich entsprechend §§ 430, 742 bejaht werden, wenn die gemeinsame Benutzung des Kontos, insbes. auf Grundlage einer Kontovollmacht, auf eine rechtsgeschäftlich begründete Bruchteilsgemeinschaft am Konto schließen lässt.[337] Hierfür kann auch eine stillschweigende Vereinbarung genügen. Diese Grundsätze sollten in gleicher Weise für die neLG gelten.[338] 56

IV. Vermögensrechtliche Ausgleichsansprüche nach Beendigung der Gemeinschaft

1. Grundsatz der Nichtausgleichung für laufende Beiträge. Als Ausgangspunkt kann gelten, dass es zwischen den Partnern einer neLG bei Trennung grundsätzlich keine Ausgleichsansprüche gibt: „Bei einer solchen Gemeinschaft stehen die persönlichen Beziehungen derart im Vordergrund, dass sie auch das die Gemeinschaft betreffende vermögensmäßige Handeln der Partner bestimmen und daher nicht nur in persönlicher, sondern auch in wirtschaftlicher Hinsicht keine Rechtsgemeinschaft besteht. Wenn die Partner nicht etwas Besonderes unter sich geregelt haben, werden dementsprechend persönliche und wirtschaftliche Leistungen nicht gegeneinander aufgerechnet. Beiträge werden geleistet, sofern Bedürfnisse auftreten, und, wenn nicht von beiden, so von demjenigen erbracht, der dazu in der Lage ist. Soweit nachträglich noch etwas ausgeglichen wird, geschieht das aus Solidarität, nicht in Erfüllung einer Rechtspflicht."[339] Dem hat sich die hM im Schrifttum angeschlossen, soweit es um die **laufenden Beiträge** zur Aufrechterhaltung der Gemeinschaft geht.[340] Daher wird für Haushaltsführung,[341] Pflegeleistungen,[342] Kinderbetreuung, Unterhalts- oder Wohnraumgewährung, Handwerkerleistungen[343] und laufende finanzielle Leistungen kein Ausgleich geschuldet. Gleiches gilt für eine Mitarbeit im Beruf oder Betrieb des Partners, die sich im Rahmen der auch unter Ehegatten zu erwartenden Mitarbeit hält. Es wäre auch kaum möglich, alle diese Leistungen nachträglich noch zu erfassen und zu beziffern. Zudem kann auf den Gedanken des **§ 1360 b** verwiesen werden, wonach derjenige, der vergleichsweise mehr Unterhaltsbeiträge leistet, im Zweifel keinen Ausgleich dafür verlangen kann. Auch in der neLG sind entsprechend § 1360 S. 2 Haushaltsführung und Barunterhalt als gleichwertig anzusehen. Bestehen demnach im Einzelfall 57

---

334 Dazu *Schulz* FamRZ 2007, 593, 602 f.; *Derleder* NJW 1980, 545, 550.

335 Dazu *Hausmann* in *Hausmann/Hohloch* S. 296 f.; zum Gesamtgläubigerregress beim gemeinsamen Oder-Konto *ders.* S. 255 ff. Zur Auseinandersetzung von Kontobeständen *Derleder* NJW 1980, 545, 550.

336 OLG Düsseldorf NJW 1979, 1509; OLG Frankfurt NJW 1982, 1885.

337 BGH FamRZ 2002, 1696, 1697; 2000, 948, 949; OLG Brandenburg FamRZ 1997, 363 (LS); OLG Düsseldorf FamRZ 1997, 562.

338 Vgl. *Hausmann* in *Hausmann/Hohloch* S. 297; *Schulz* FamRZ 2007, 593, 603; *Staudinger/Löhnig* (2007) Anh. zu §§ 1297 ff. RdNr. 148.

339 BGH NJW 2008, 443, Tz. 16 = FamRZ 2008, 247; BGHZ 77, 55, 57 = NJW 1980, 1520, 1521; NJW 2004, 58; NJW 1997, 3371; NJW 1996, 2727; NJW-RR 1996, 1473; NJW-RR 1993, 774, 775; NJW 1992, 906, 907; NJW-RR 1991, 898, 899; NJW 1983, 1055; NJW 1981, 1502, 1503; OLG Karlsruhe FamRZ 1986, 1095; NJW 1994, 948; OLG Oldenburg FamRZ 1986, 465; OLG München FamRZ 1988, 58; OLG Hamm FamRZ 1990, 625; NJW-RR 1989, 624; OLG Düsseldorf FamRZ 1997, 1110; LG Köln FamRZ 2006, 623.

340 *Gernhuber/Coester-Waltjen* § 44 RdNr. 20; *Lüderitz/Dethloff* § 8 RdNr. 19; *Palandt/Brudermüller* Vor § 1297 RdNr. 32; *Staudinger/Löhnig* (2007) Anh. zu §§ 1297 ff. RdNr. 124; *Hausmann* in *Hausmann/Hohloch* S. 233 f.; *Koch* FamRZ 1987, 240; *Schlüter/Belling* FamRZ 1986, 405; *Diederichsen* NJW 1983, 1017, 1023; *Weinreich* FPR 2001, 29, 31, 33; *Battes* JZ 1988, 908, 909; grundsätzlich auch *Lieb,* Gutachten, S. A 46.

341 BGH FamRZ 1960, 129; OLG München FamRZ 1980, 239; OLG Frankfurt FamRZ 1981, 253 f.; krit. insoweit *Oehlmann/Stille* FamRZ 2004, 151, 155; *Dethloff* Gutachten S. A 140.

342 OLG Frankfurt NJW 1982, 1885; LG Berlin FamRZ 1979, 503.

343 BGH FamRZ 1983, 349.

keine Ansprüche, kann ein abgegebenes abstraktes Schuldanerkenntnis kondiziert werden (§ 812 Abs. 2).[344]

58 **2. Ausnahme bei vertraglichen Ansprüchen.** Ansprüche können ausnahmsweise bestehen, wenn entsprechende vertragliche Vereinbarungen getroffen wurden. Ein Entgelt für **Dienstleistungen** aus § 611 ist nur geschuldet, wenn ein echtes Dienst- oder Arbeitsverhältnis bestand und eine Vergütung als vereinbart galt, was für Haushaltsführung, Kinderbetreuung oder geringfügige Mitarbeit im Beruf regelmäßig nicht zutrifft.[345] Bei Geldleistungen setzt ein Rückzahlungsanspruch aus **Darlehen** (§ 488) eine zumindest stillschweigende Abrede über die Rückzahlungsverpflichtung voraus.[346] Fehlen dafür konkrete Anhaltspunkte, ist im Zweifel nicht von einer vertraglichen Bindung auszugehen. Die nachträgliche Konstruktion von Vertragsschlüssen muss ausscheiden.[347] Gleiches gilt für nachträgliche Ansprüche auf Mietzins nach Wohnungsgewährung. Bei einem nachweisbaren Heiratsversprechen, das allerdings noch nicht im längeren Zusammenleben als solchem liegt, sind Ansprüche aus **Verlöbnisrecht** (§§ 1298 ff.), gerichtet auf Rückgabe von echten Verlobungsgeschenken oder Schadensersatz bei unbegründetem Rücktritt vom Verlöbnis, denkbar.[348] Eine generelle analoge Anwendung dieser Normen auf die neLG ist mit der hM[349] jedoch abzulehnen.

59 Geld- und Sachzuwendungen, die dem Empfänger ausschließlich zu eigenen Zwecken zugute kamen, können **Schenkungen** (§ 516) sein.[350] Allerdings gehen h. M. und Rspr. – wie bei Ehegatten – davon aus, dass die meisten unentgeltlichen Leistungen zwischen Unverheirateten nicht als Schenkungen, sondern als sog. **unbenannte Zuwendungen**[351] einzuordnen sind. Diese erfolgen weder unentgeltlich noch rechtsgrundlos, sondern um der Partnerschaft willen.[352] Indes würde auch die Anwendbarkeit der §§ 516 ff. im Einzelfall kaum nennenswerte Vorteile bringen. Eine Rückforderung wegen **groben Undanks** (§ 530) erfordert wegen der jederzeitigen Auflösbarkeit der Gemeinschaft mehr als Untreue oder den Abbruch der Beziehungen.[353] Hinzukommen müssen schwere Verfehlungen oder ein grober Vertrauensbruch, zB die Strafanzeige gegen den Partner, Anschwärzung bei dessen Arbeitgeber[354] oder die Entgegennahme einer Zuwendung nach dem bereits gefassten Entschluss zur Trennung oder zur heimlichen Beziehung mit einer anderen Person.[355] In den zuletzt genannten Fällen kommt auch eine Rückforderung gem. § 826 in Betracht.[356] Ansonsten könnte ein Schenkungswiderruf nur auf die Verarmung des Schenkers gestützt werden (§ 528).

---

[344] BGH NJW-RR 1999, 573.

[345] Vgl. OLG München FamRZ 1980, 239; OLG Stuttgart NJW 1977, 1779; LAG Köln MDR 1999, 1331; *Schwab* FamR RdNr. 862; näher *Weinreich* FPR 2001, 29, 33; zu Sonderfällen *Staudinger/Löhnig* (2007) Anh. zu §§ 1297 ff. RdNr. 126 f.

[346] Abl. im Einzelfall zB OLG Karlsruhe FamRZ 1994, 377. Bejahend OLG Koblenz NJW-RR 1998, 1516 für Ausgleich eines Kontos nach nur zweimonatiger Beziehung.

[347] BAG NJW 1959, 1511; BFH NJW 1989, 1696.

[348] Vgl. BGH FamRZ 2005, 1151 (abl. für Zahnbehandlungskosten); OLG Oldenburg FamRZ 1996, 287.

[349] *Lipp* AcP 180 (1980), 535, 563; *Strätz* FamRZ 1980, 436; *Battes,* Nichtehel. Zusammenleben, RdNr. 43; *Hausmann* in *Hausmann/Hohloch* S. 236 ff.; *Staudinger/Löhnig* (2007) Anh. zu §§ 1297 ff. RdNr. 39; ausführlich *Grziwotz,* Nichtehel. LG, § 7; aA *Evans-v. Krbek* JA 1979, 236 ff.

[350] Vgl. OLG Stuttgart Justiz 1985, 201, für Zuwendung von Miteigentum an der gemeinsam benutzten Wohnung.

[351] BGH FamRZ 2008, 1822, Tz. 15 f.; OLG Naumburg FamRZ 2006, 1534; OLG Düsseldorf FamRZ 1997, 1110, 1112; OLG Köln FamRZ 2001, 1608; OLG Karlsruhe FamRZ 1994, 377; *Schwab* FamR RdNr. 858; *Gernhuber/Coester-Waltjen* § 44 RdNr. 21; *Lüderitz/Dethloff* § 8 RdNr. 21; *Schulz* FamRZ 2007, 593, 598; *Steinert* NJW 1986, 683, 688; *Weinreich* FPR 2001, 29, 35; näher *Lorenz,* Festgabe 50 Jahre BGH, S. 571 ff.; *Conradt,* Unbenannte Zuwendungen…, 1998; *Zain,* Praxisbezogene Ansätze zur Behandlung unbenannter Zuwendungen…, 1999.

[352] *Gernhuber/Coester-Waltjen* § 44 RdNr. 14.

[353] OLG Hamm NJW 1978, 224, 225; OLG Celle NJW 1983, 1065; OLG Karlsruhe FamRZ 1986, 1095; *Lüderitz/Dethloff* § 8 RdNr. 22; *Battes,* Nichtehel. Zusammenleben, RdNr. 39; *Frank,* FS Müller-Freienfels, S. 131, 151 f.; *Soergel/Lange* Nehel. LG RdNr. 98; *Weinreich* FPR 2001, 29, 35.

[354] BGHZ 112, 259 = JR 1991, 281 m. Anm. *Probst.*

[355] OLG Hamm NJW 1978, 224, 225; *Schwab* FamR RdNr. 858.

[356] *Soergel/Lange* Nehel. LG RdNr. 103.

3. Ansprüche aus Gesellschaftsrecht. a) Keine Gesellschaft durch Zusammenleben. Nach hM bilden weder die neLG als solche noch das gemeinsame Wirtschaften[357] eine Gesellschaft gem. oder analog § 705.[358] Dagegen spricht zwar nicht unbedingt, dass die überwiegend vermögensrechtlichen Regeln der BGB-Gesellschaft die neLG als umfassende personale Beziehung nicht hinreichend erfassen könnten.[359] Das Problem wäre vielmehr, dass man bei genereller Annahme einer Gesellschaft – abgesehen von Detailfragen, was alles zum Gesellschaftsvermögen zu zählen wäre[360] und wem welcher Anteil zustände[361] – im Fall der Trennung zu einer umfassenden Vermögensauseinandersetzung ähnlich dem Zugewinnausgleich käme.[362] Es kann jedoch nicht sein, dass die Folgen einer neLG weiter greifen als die einer Ehe mit Gütertrennung. Zur Regelung etwa eines Bauvorhabens kann es sich aber anbieten, eine BGB-Gesellschaft zu gründen.[363] 60

b) Ausnahme: Abfindungsanspruch aus beendeter Innengesellschaft. Nach der Rspr. kann im Hinblick auf einzelne Vermögensgegenstände oder Wirtschaftsziele nach den Regeln der §§ 730 ff. ein Ausgleichsanspruch zu bejahen sein, wenn auf Grund der Gesamtwürdigung aller „in Betracht zu ziehender Umstände"[364] ausnahmsweise ein Gesellschaftsverhältnis (Innengesellschaft ohne Gesamthandsvermögen[365]) anzunehmen ist.[366] Während der BGH früher dazu tendierte, insoweit eine rein faktische Willensübereinstimmung genügen zu lassen,[367] hat der mittlerweile zuständige XII. Senat klargestellt, dass ein ausdrücklicher oder zumindest ein schlüssig zustande gekommener Vertrag vorauszusetzen ist.[368] Indizien dafür können sich aus Planung, Umfang und Dauer der Zusammenarbeit ergeben. In der Sache wird dabei gefordert, dass die Partner über die Lebensgemeinschaft hinaus durch gemeinschaftliche Leistungen einen Vermögensgegenstand erworben und hierbei die Absicht verfolgt haben, einen – wenn auch nur wirtschaftlich – gemeinsamen Wert zu schaffen, der von ihnen nicht nur gemeinsam genutzt werden, sondern ihnen nach ihrer Vorstellung auch gemeinsam gehören sollte.[369] Die formal-dingliche, also sachenrecht- 61

---

[357] So aber: MünchKommBGB/*Wacke*, 4. Aufl., Nach § 1302 RdNr. 18; *Meier-Scherling* DRiZ 1979, 296, 297; *Krause* JuS 1989, 455, 456 f.; *Liebs* JZ 1998, 408, 409; *Battes*, FS Hübner, S. 379 ff.; *ders.* ZHR 143 (1979), 385 ff.; *ders.* JZ 1988, 908, 910 f.; *Schwenzer*, Vom Status zur Realbeziehung, S. 192 ff.

[358] BGHZ 77, 55 = FamRZ 1980, 664; FamRZ 1985, 1232 = NJW 1986, 51; FamRZ 1983, 271; FamRZ 1981, 1010; OLG Naumburg NJW 2003, 1819; OLG Frankfurt FamRZ 1982, 265 u. 1984, 1013; OLG Düsseldorf FamRZ 1979, 581; OLG Saarbrücken FamRZ 1979, 796; OLG München FamRZ 1988, 58; *Staudinger/Löhnig* (2007) Anh. zu §§ 1297 ff. RdNr. 41; *Muscheler* FamR RdNr. 501; *Diederichsen* NJW 1983, 1022; *Frank* FamRZ 1983, 544 ff.; *Lieb*, Gutachten, S. A 69 f.; *Coester-Waltjen* NJW 1988, 2088 f.; *Schlüter/Belling* FamRZ 1986, 405, 406.

[359] So noch: *Schwab* in *Landwehr* S. 68; *Derleder* NJW 1980, 547; *Strätz* FamRZ 1980, 436; *Simon* JuS 1980, 253; *Finger* JZ 1982, 502; RGRK/*Roth-Stielow* Vor § 1353 RdNr. 31; *Lipp* AcP 180 (1980), 572; *Soergel/Lange* Nehel. LG RdNr. 12.

[360] Krit. *Schlüter/Belling* FamRZ 1986, 405, 410. Zur Lösung dieses Problems *Battes* ZHR 143 (1979), 385, 398 f.

[361] Für hälftige Beteiligung am Überschuss *Krause* JuS 1989, 455, 457.

[362] PWW/*Weinreich* Vor § 1297 RdNr. 10; *Schlüter/Belling* FamRZ 1986, 405, 410.

[363] Empfehlungen bei *Milzer* NJW 2008, 1621.

[364] BGH FamRZ 2003, 1542, 1543 mit Anm. *Burger*; zustimmend *Langenfeld* LMK 2003, 227.

[365] Krit. gegenüber der dogmatischen Konstruktion *Schlüter* FamR RdNr. 502.

[366] Ausführliche Darstellung dazu bei *Hausmann* in *Hausmann/Hohloch* S. 269 ff.

[367] BGHZ 77, 55; 84, 388; BGH NJWE-FER 2000, 209; ähnlich OLG Schleswig FamRZ 2002, 96. Daran wurde kritisiert, dass der BGH nur über die Fiktion von Willenserklärungen zur Annahme von Gesellschaftsverhältnissen komme, vgl. zuvor schon *Frank* FamRZ 1983, 541, 545; *Krause* JuS 1989, 455, 457.

[368] BGHZ 165, 1, Tz. 17 f. = NJW 2006, 1268 = FamRZ 2006, 607; BGHZ 142, 137, 153; bestätigt in BGH FamRZ 2008, 1822, Tz. 18 ff.

[369] BGH FamRZ 2005, 1151; FamRZ 2003, 1542 mit Anm. *Burger/Schmidt* JuS 2004, 249; NJW 1999, 2962 (für Ehegatten); BGHZ 84, 388, 390 = NJW 1982, 2863, 2864; NJW 1981, 1502, 1503 = FamRZ 1981, 530; NJW 1992, 906, 907 = FamRZ 1992, 408; NJW 1983, 2375; NJW-RR 1993, 774, 775 = FamRZ 1993, 939; NJW-RR 1996, 1473; NJW 1997, 3371 = FamRZ 1997, 1533; WM 2000, 522; NJW 1986, 51; NJW-RR 1991, 898, 899; FamRZ 1980, 664; FamRZ 1985, 1232; OLG Schleswig FamRZ 2002, 884; OLG Frankfurt FamRZ 1984, 1013; NJW 1985, 810; OLG Hamm NJW 1980, 1530; FamRZ 1990, 625; OLG Köln FamRZ 1993, 432, 433; OLG Stuttgart NJW-RR 1993, 1475, 1476; zustimmend: *Rauscher* FamR RdNr. 736; *Hausmann* in *Hausmann/Hohloch* S. 268 ff.; *Steinert* NJW 1986, 683, 688; *Simon* JuS 1980,

liche Zuordnung kann dabei in den Hintergrund treten,[370] solange aufgrund gemeinsamen Einsatzes von Arbeit und Kapital auch subjektiv von der Vorstellung ausgegangen wird, etwas Gemeinsames zu schaffen. Versucht man, diese Aussagen tatbestandlich zu fassen, kommt es laut BGH im Wesentlichen auf drei Voraussetzungen an: (1) Es muss ein **hochwertiger Vermögensgegenstand**[371] geschaffen worden sein, zB Immobilie[372] oder Unternehmen.[373] Dabei kann es sich auch um die von den Partnern bewohnte Immobilie handeln. Der Zweck des Vermögensgegenstands kann also zugleich auch der Verwirklichung der Lebensgemeinschaft dienen.[374] Dann sind allerdings höhere Anforderungen an die Annahme einer stillschweigend vereinbarten Gesellschaft zu stellen. Es müssen (2) von beiden Partnern erhebliche[375] und gewissermaßen gleichberechtigte **wirtschaftliche Beiträge** geleistet worden sein, sei es in Form von Geld oder Dienstleistungen.[376] Für die Erheblichkeit wird dabei auf die konkreten wirtschaftlichen Verhältnisse der Partner abgestellt.[377] Und (3) muss aus subjektiver Sicht der Partner die **Absicht gemeinsamer Wertschöpfung** bestanden haben, die gesondert zu prüfen und nicht schon bei Vorliegen der anderen Voraussetzungen zu vermuten ist.[378] Auf Basis einer einzelfallbezogenen Beteiligungsberechnung ist dann der konkrete Auseinandersetzungsanspruch analog §§ 733 Abs. 2, 734[379] zu ermitteln. Entscheidend ist dabei, welche Wertsteigerung das betreffende Objekt durch die Beitragsleistungen des Partners erfahren hat und welcher Anteil insofern auf diesen Partner entfällt.[380] Das ist ggf. vom Gericht zu schätzen.[381] Für die Bewertung eines Unternehmens ist der Veräußerungswert entscheidend. Nur als Auffanglösung ist auf den Halbteilungsgrundsatz des § 722 Abs. 1 zurückzugreifen.[382] Für eine Verlustbeteiligung gilt Entsprechendes.[383] Als Rechtsfolge kommt zudem die Heraus- bzw. Zurückgabe von Gegenständen in Betracht (§ 732).

62 **Kritisch** anzumerken ist insoweit, dass die Anwendung der genannten Kriterien nach wie vor zu großer Rechtsunsicherheit bei der Subsumtion führt. Die Entscheidungen sind wenig vorhersehbar[384] und bringen im Ergebnis recht zufällige Alles-Oder-Nichts-Lösungen.[385] So konnte ein Urteil des BGH von 1997 kaum überzeugen, in dem eine Schuldentilgung im Umfang von fast 100 000 DM mangels gemeinschaftlicher Wertschöpfungsabsicht als nicht ausgleichsfähig eingeordnet wurde.[386] Die Einengung auf erhebliche Werte benachteiligt zudem wirtschaftlich schlechter gestellte Paare.[387] Auch lässt sich über die §§ 730 f. die

---

252, 253; *Diederichsen* NJW 1983, 1017, 1023; abl. *Frank* FamRZ 1983, 541, 545; *Schlüter/Belling* FamRZ 1986, 405, 408 ff.; *Soergel/Lange* Nehel LG RdNr. 13 ff.

[370] Klarstellend BGH NJW-RR 1993, 774, 775; NJW 1997, 3371, 3372; NJWE-FER 2000, 209; ferner BGH NJW 1992, 906, 907; anders noch BGH NJW 1983, 2375.

[371] Nicht verallgemeinerungsfähig: OLG Düsseldorf FamRZ 1978, 109 (Autofinanzierung); krit. auch *Soergel/Lange* Nehel. LG RdNr. 18; sowie KG FamRZ 1983, 271 (Wohnungseinbauten und Inventar).

[372] BGH NJW 1992, 906; NJW-RR 1993, 774 = FamRZ 1993, 939; FamRZ 1985, 1232; NJW 1986, 51 f. mit Anm. *Roemer* BB 1986, 1522; BGH FamRZ 1965, 368; OLG Hamm NJW 1980, 1530; anders bei Mietobjekt, OLG München FamRZ 1988, 58.

[373] BGHZ 84, 388 = NJW 1982, 2863 = FamRZ 1982, 1065; dazu *Schulte* ZGR 1983, 437.

[374] BGH FamRZ 2008, 1822, Tz. 18 ff.

[375] Vgl. BGH NJW-RR 1993, 774, 775 f., wo ein erheblicher Beitrag des Mannes abzulehnen war.

[376] Bei Dienstleistungen reichen untergeordnete Tätigkeiten nicht aus, BGH DB 1974, 1957.

[377] BGH WM 2000, 522, 523.

[378] BGH FamRZ 2003, 1542, 1543 m. Anm. *Burger*; restriktiv auch OLG Schleswig OLGR 2002, 45 ff.

[379] *Staudinger/Löhnig* (2007) Anh. zu §§ 1297 ff. RdNr. 107 f. Teilweise wird auch auf § 738 Abs. 2 S. 2 verwiesen: *Krause* JuS 1989, 455, 457; *Hausmann* in *Hausmann/Hohloch* S. 281; *Weinreich* FPR 2001, 29, 34.

[380] Näher dazu *Hausmann* in *Hausmann/Hohloch* S. 282 f.

[381] BGH WM 2000, 522, 523.

[382] BGH FamRZ 1999, 1580, 1585 (für Ehegatteninnengesellschaft); *Soergel/Lange* Nehel LG RdNr. 83 f.; *Staudinger/Löhnig* (2007) Anh. zu §§ 1297 ff. RdNr. 97 sieht hälftige Teilung als Grundsatz.

[383] *Schulz* FamRZ 2007, 593, 597.

[384] *Schulz* FamRZ 2007, 593, 595; *Schlüter* FamR RdNr. 502; *Oehlmann/Stille* FamRZ 2004, 151, 153; *Dethloff*, Gutachten, S. A 140; ferner *Weimar* MDR 1997, 713, 716.

[385] In diesem Sinne wohl auch *Schlüter* FamR RdNr. 502; *Rauscher* FamR RdNr. 736.

[386] BGH FamRZ 1997, 1533; ähnlich auch schon BGH NJW 1985, 1541.

[387] *Lüderitz/Dethloff* § 8 RdNr. 26.

spezifische Interessenlage im Fall der Auflösung der neLG durch Tod kaum erfassen. Und nicht zuletzt bleibt – mangels gemeinschaftlicher Wertschöpfung – auch der klassische Fall der unbenannten Zuwendung in Form der hälftigen Eigentumsbeteiligung am Wohnhaus ungelöst.

4. Ansprüche aus Sachenrecht. Bei Investitionen in Sachen, zB eine Eigentumswohnung des Partners, sind Ansprüche auf Verwendungsersatz (§§ 994 f.) denkbar.[388] Zwar besteht während der neLG berechtigter Mitbesitz an den gemeinsam genutzten Gegenständen; mit dem Trennungsbegehren verliert der Partner jedoch sein Besitzrecht, so dass nun eine Vindikationslage gegeben ist. Das müsste nach den Grundsätzen, dass der berechtigte Besitzer nicht schlechter stehen darf als der unberechtigte,[389] für die Anwendung der §§ 994 f. genügen. Indes kann auch hier der Grundsatz der Nichtausgleichung (RdNr. 57) vorrangig zu beachten sein. 63

5. Verbleibendes Ausgleichsbedürfnis bei größeren Zuwendungen. Angesichts der Schwächen des geschilderten gesellschaftsrechtlichen Ansatzes der Rspr. (RdNr. 62) bleibt die Frage, ob man es im Übrigen tatsächlich bei dem Grundsatz der Nichtausgleichung belassen kann. **Problemlagen** ergeben sich, wenn ein Partner während der neLG zu Gunsten des anderen Leistungen erbracht hat, die deutlich über das hinausgehen, was zur Aufrechterhaltung der Lebensgemeinschaft erforderlich war. Das kann laufende Dienstleistungen betreffen (etwa im Betrieb des anderen), größere Zuwendungen von Geld (Investitionen in Haus oder Unternehmen des Partners), die Bezahlung von Schulden oder die Übertragung großer Sachwerte, v. a. von Immobilien. Es im Falle einer Trennung stets endgültig bei solchen Vermögensverschiebungen zu belassen, weil keine gemeinsame, gesellschaftsähnliche Wertschöpfung gegeben oder kein diesbezüglicher Vertragsschluss feststellbar ist, kann zu großen Ungerechtigkeiten führen.[390] Die Rspr. war hier bislang mit Ausgleichsansprüchen insgesamt zu restriktiv.[391] Es sollte Ziel eines gerechten Vermögensausgleichs sein, dass kein Partner auf Kosten des anderen bereichert aus der Gemeinschaft hervorgeht.[392] Klar ist, dass weitergehende Ansprüche nur denkbar sind bei Leistungen, die über die laufenden Beiträge zur Aufrechterhaltung der neLG hinausgehen. Teilweise wird darauf abgestellt, dass es Leistungen sein müssten, bei denen sich der Empfänger, wäre diese Frage bedacht worden, mit einer Ausgleichslösung für den Fall der Trennung einverstanden hätte erklären müssen.[393] Entscheidend ist letztlich, dass es Leistungen größeren Umfangs sind, die sich im Zeitpunkt der Trennung noch messbar im Vermögen des Empfängers niederschlagen, deren Wert und Nutzen somit über die Zeit der Lebensgemeinschaft hinausgehen, für die der Leistende aber keine angemessene Gegenleistung erhalten hat, so dass ein Festhalten an der Vermögensverschiebung für ihn nach der Trennung unzumutbar erscheint. Das betrifft insbes. die Übertragung von Immobilieneigentum sowie größere Investitionen in das Haus oder den Betrieb des Partners oder umfangreiche Dienstleistungen, die sich wertsteigernd ausgewirkt haben. Als Anspruchsgrundlagen werden hier im Wesentlichen § 313 (RdNr. 65) und § 812 Abs. 1 (RdNr. 71) diskutiert. Nun hat auch der BGH in Abkehr von seiner bisherigen Rspr. klargestellt, dass im Einzelfall geprüft werden müsse, ob unter diesen rechtlichen Gesichtspunkten ein Ausgleichsverlangen begründet ist.[394] 64

6. Ansprüche wegen Wegfalls der Geschäftsgrundlage. a) Vergleich mit Ehegatten-Rspr. Die hM im Schrifttum spricht sich seit Langem für die Anwendung der Regeln 65

[388] Vgl. OLG Braunschweig MDR 2000, 1017 gegenüber Schwiegereltern.
[389] ZB BGH NJW 2002, 2876.
[390] Unbefriedigend, weil Ansprüche verneinend etwa: LG Bamberg NJW 1988, 1219; OLG Saarbrücken DAR 2002, 70.
[391] Vgl. zB BGHZ 77, 55 = NJW 1980, 1520; zust. aber *Plate* FuR 1995, 212 ff.
[392] *Schwab* FamR RdNr. 867; ähnl. *Dethloff* Gutachten S. A 135 ff..
[393] Vgl. *Lieb* Gutachten S. A 57 f.; vgl. auch *Röthel,* die einen Ausgleich nur in „Extremfällen“ zulassen will, Jura 2006, 641, 649.
[394] BGH FamRZ 2008, 1822, Tz. 24 ff.

über den Wegfall bzw. die Störung der Geschäftsgrundlage (§ 313) auf die neLG aus.[395] Anknüpfungspunkt wäre die entsprechende Ehegatten-Rspr. des BGH.[396] Danach ist für Ehen mit Gütertrennung anerkannt, dass umfangreiche oder längerfristige Leistungen eines Ehegatten, die deutlich über das unterhaltsrechtlich geschuldete Maß hinausgehen, die Annahme eines stillschweigenden familienrechtlichen Vertrags rechtfertigen können, dessen Geschäftsgrundlage mit der Scheidung entfällt. Schließlich wird etwa bei umfänglichen Dienstleistungen darauf vertraut, dass man im Rahmen der ehelichen Lebensgemeinschaft an den gemeinsam erarbeiteten Überschüssen teilhaben und auf diese Weise auch in den Genuss der Früchte der eigenen Arbeit gelangen werde. Daraus resultiert ein Ausgleichsanspruch, dessen Höhe sich bei Dienstleistungen auf die ersparten Arbeitskosten und höchstens auf die noch vorhandene Bereicherung beläuft.

66 **b) Übertragung auf die neLG.** Auch bei Unverheirateten liegt größeren Investitionen meist die Vorstellung und Erwartung der Partner zu Grunde, dass die neLG Bestand haben werde und dass die Leistung als Beitrag zur Erhaltung oder Sicherung der neLG erbracht wird und hierin ihre Geschäftsgrundlage hat. Demgemäß hat auch das OLG Koblenz Ansprüche bejaht, die darauf beruhten, dass die Eltern der Partnerin Investitionen in das Hausgrundstück des Mannes getätigt hatten.[397] Die **frühere, abweichende Auffassung des BGH,**[398] der bei der neLG mangels Rechtsgeschäfts von vornherein keine Geschäftsgrundlage sehen wollte, überzeugte nicht. Es geht nicht darum, die neLG schlechthin als Rechtsgemeinschaft einzuordnen, sondern nur darum, bestimmte vermögensmäßige Leistungen rechtlich zu erfassen. Und insofern zeigt der BGH selbst mit der gesellschaftsrechtlichen Lösung, dass zwischen Unverheirateten auch ohne ausdrücklichen Vertragsschluss durchaus Rechtsbeziehungen bestehen können. Außerdem arbeitet der BGH auch bei Ehegatten mit der Konstruktion eines stillschweigenden familienrechtlichen Vertrags sui generis. Rechtsgeschäft im Sinne der Geschäftsgrundlage ist auch dort nicht die Ehe selbst, sondern das spezifische Zuwendungsverhältnis. Und mag man bei der neLG Hemmungen haben, von einem „*familien*rechtlichen" Vertrag zu sprechen, so könnte man doch auf den Begriff des **Zuwendungs- oder Kooperationsvertrags** sui generis ausweichen.[399]

67 Schließlich hatte der BGH auch schon bei Leistungen von Schwiegereltern[400] oder unter Verlobten[401] die Geschäftsgrundlagenkonstruktion bejaht. Soweit diese richterliche Rechtsfortbildung für das Eherecht mit einer **Gesetzeslücke** zu rechtfertigen ist, muss das erst recht für Unverheiratete gelten. Anders als bei der an sich lebenslangen Ehe, die mit

---

[395] Dafür: OLG Naumburg NJW 2003, 1819; NJW 2006, 2418; OLG Karlsruhe FamRZ 1994, 377; OLG Frankfurt ZEV 1999, 404; OLG Koblenz NJW 2001, 2480 (für Zuwendungen von Eltern); immerhin angeprüft auch von BGH FamRZ 2008, 247; *Gernhuber/Coester-Waltjen* § 44 RdNr. 24; *Lüderitz/Dethloff* § 8 RdNr. 33 f.; *Schulz* FamRZ 2007, 593, 598 f.; *Frank* FamRZ 1983, 541, 546; *ders.*, FS Müller-Freienfels, S. 131, 148 ff.; *Lieb* Gutachten S. A 70; *Hausmann* in *Hausmann/Hohloch* S. 323 ff.; *Wellenhofer* in *Scherpe/Yassari* S. 101, 124; *Staudinger/Löhnig* (2007) Anh. zu §§ 1297 ff. RdNr. 128 ff.; *Soergel/Lange* Nehel. LG RdNr. 95; *Rauscher* FamR RdNr. 737; *Lipp* AcP 180 (1980), 537, 593 ff. in Ergänzung zum Bereicherungsrecht; ferner für Einzelfälle auch *Weimar* MDR 1997, 713, 716; wohl auch *Schwab* FamR RdNr. 864; abl. *Liebs* JZ 1998, 408, 410; *Krause* JuS 1989, 455, 458; *Steinert* NJW 1986, 683, 686; *Schlüter* FamR RdNr. 505.

[396] BGH NJW 1994, 2545 für Mitarbeit; BGH FamRZ 1982, 910 für Zuwendungen; s. auch OLG Koblenz NJW 2001, 2480.

[397] OLG Koblenz NJW 2001, 2480. Ansprüche aus Geschäftsgrundlage gewährten auch: OLG Karlsruhe FamRZ 1994, 377 = NJW-RR 1994, 1157; OLG Frankfurt ZEV 1999, 404, allerdings auf Basis eines notariellen Vertrags; geprüft, aber im Fall verneint von OLG Schleswig OLGR 2002, 45; auch in Erwägung gezogen von BGH NJW 1991, 830 bei Schenkung.

[398] BGH FamRZ 2008, 247, Tz. 17 f. (im Erg. zu Recht); NJW 1996, 2727; NJW 1997, 3371, 3372; NJW 2004, 58 (zutreffend wegen entspr. Parteivereinbarung); BGH FamRZ 2005, 1151 (zutreffend für Zahnbehandlungskosten); ferner BGH NJW-RR 1996, 1473; OLG Koblenz FamRZ 1998, 770, 771; OLG Hamm FamRZ 2002, 159; FamRZ 1990, 625, 626; LG Aachen NJW 1988, 450, 451; so auch: *Schlüter* FamR RdNr. 505; *Schlüter/Belling* FamRZ 1986, 405, 412; *Halfmeier* JA 2008, 97, 100.

[399] So auch *Lüderitz/Dethloff* § 8 RdNr. 35; *Staudinger/Löhnig* (2007) Anh. zu §§ 1297 ff. RdNr. 129 f.; *Coester* JZ 2008, 315.

[400] BGHZ 129, 259, 263; BGH FamRZ 1998, 669, 670; NJW 1999, 353.

[401] BGHZ 115, 261; OLG Celle NJW-RR 2001, 1675.

gesetzlichem Erbrecht, Zugewinnausgleich etc. ausgestattet ist, herrscht bei der neLG sogar erst recht die Erwartung eines aktuellen Gegenseitigkeitsverhältnisses und einer entsprechenden Zweckvereinbarung.[402] Auch hier gilt, dass nicht geschuldete und nicht dem laufenden Lebensunterhalt dienende größere Zuwendungen in der erkennbaren Erwartung gemacht werden, die Gemeinschaft habe Bestand.[403] Letztlich steht in allen Fällen der personale Gesichtspunkt im Vordergrund.[404] Wie bei der Ehe liegt die Besonderheit darin, dass der Zuwendung Motive affektiver Art zu Grunde liegen und nicht das wirtschaftliche Eigeninteresse. Daher muss bei der neLG gleichfalls eine Korrektur möglich sein, wenn das **Festhalten an der Vermögensverschiebung unzumutbar** erscheint.[405] Zumutbarkeit ergibt sich nicht daraus, dass das Trennungsrisiko bei nichtehelichen Lebensgemeinschaften allgegenwärtig sei,[406] während Geschäftsgrundlage nur unbewusst eingegangene Risiken sein könnten.[407] Diesen Einwand müsste man nämlich bei den aktuellen Scheidungsziffern konsequenter Weise auch gegen die Anwendung der Geschäftsgrundlagenlösung bei Ehen erheben.[408] Im Übrigen kann dieser Aspekt noch bei der Zumutbarkeitsbetrachtung Berücksichtigung finden.

Die Kritik im Schrifttum hat den BGH mittlerweile auch überzeugt, der nun klargestellt 68
hat, dass Ansprüche nach den Regeln über den **Wegfall der Geschäftsgrundlage** nicht mehr von vornherein ausgeschlossen sind. Vielmehr seien die jeweiligen Voraussetzungen im Einzelfall zu prüfen.[409] Die Geschäftsgrundlagenlösung bietet in der Tat den Vorteil, dass von den Voraussetzungen und Rechtsfolgen her auf die gefestigte Rspr. des BGH zum Eherecht zurückgegriffen werden kann. Auf der Rechtsfolgenseite kann **einzelfallorientiert** reagiert werden. Und nicht zuletzt lässt sich das Problem der **Auflösung durch Tod** im Rahmen der Geschäftsgrundlagenlösung relativ gut bewältigen. Denn als Geschäftsgrundlage des leistenden Partners ist nur seine eigene persönliche Teilhabe oder Nutzung am Geleisteten zu werten; ist diese Nutzung bis zum Tag des eigenen Todes gegeben, so erfüllt sich die zu Grunde liegende Erwartung und die Geschäftsgrundlage wird nicht gestört. Ansprüche seiner Erben scheiden demgemäß aus. Anders liegt es aber, wenn der Leistungsempfänger verstirbt und die Zuwendung im Wege der Erbfolge in das Vermögen von dessen Angehörigen gerät. Hier erfüllt sich die Erwartung der eigenen Teilhabe des Leistenden nicht, so dass Ansprüche gegeben sein können.

c) Voraussetzungen. Ein Anspruch nach den Geschäftsgrundlagenregeln ist **subsidiär** 69
gegenüber vertraglichen, insbesondere gesellschaftsrechtlichen Ansprüchen. Vorausgesetzt wird eine Zuwendung, der nach den jeweiligen Verhältnissen erhebliche Bedeutung zukommt und der die Vorstellung oder Erwartung zu Grunde lag, die Lebensgemeinschaft, deren Ausgestaltung sie gedient hat, werde Bestand haben.[410] Nur dann kann von einem (stillschweigenden) Kooperationsvertrag eigener Art mit dem **Bestand der Lebensgemeinschaft als Geschäftsgrundlage** gesprochen werden. Nicht berücksichtigt werden demgegenüber Leistungen, die im Rahmen des täglichen Zusammenlebens ersatzlos erbracht werden, sei es als laufende Beiträge oder größere Einmalzahlungen.[411] Erfasst werden neben Vermögenszuwendungen aber auch Arbeits- oder andere Eigenleistungen, die wirtschaftlich betrachtet ebenso eine geldwerte Leistung darstellen (z. B. Architektenleistungen). Ein Ausgleichsanspruch setzt dabei in jedem Fall voraus, dass die Leistung zu einem messbaren und noch vorhandenen **Vermögenszuwachs** des anderen Partners geführt hat.

---

402 Vgl. *Lipp* AcP 180 (1980), 537, 585, allerdings zur Rechtfertigung der Anwendung von § 812 Abs. 1 S. 2 Alt. 2.

403 *Rauscher* FamR RdNr. 737; jetzt auch BGH FamRZ 2008, 1822, Tz. 32 f.

404 *Rauscher* aaO; *Lieb* Gutachten S. A 51 ff.

405 Vgl. für Ehe BGHZ 84, 361, 365.

406 Vgl. etwa *Simon* JuS 1980, 252, 254, das Scheitern sei „vorprogrammiert".

407 So aber *Krause* JuS 1989, 455, 458.

408 In diesem Sinne nun auch BGH FamRZ 2008, 1822, Tz. 32.

409 BGH aaO; andeutungsweise schon BGH FamRZ 2008, 247, Tz. 26.

410 BGH FamRZ 2008, 1822, Tz. 40 ff.

411 BGH FamRZ 2008, 1822, Tz. 40.

Entscheidende Voraussetzung ist überdies, dass das Festhalten an der erfolgten Vermögensverschiebung für den Leistenden im Ergebnis untragbar ist.[412] Zu bedenken ist schließlich, dass es der Partner einmal für richtig erachtet hat, dem anderen diese Leistung zu gewähren. Ein korrigierender Eingriff ist daher laut BGH[413] nur gerechtfertigt, wenn dem Leistenden die Beibehaltung der durch die Leistungen geschaffenen Vermögensverhältnisse nach **Treu und Glauben** nicht zuzumuten ist. Insoweit kann auf die für Ehegatten entwickelten Maßstäbe zurückgegriffen werden. Von **Zumutbarkeit** wird also auszugehen sein, wenn Zweck der Leistung war, den anderen auf Dauer zu versorgen; wenn die Leistung trotz ihres Umfangs als unselbstständiger Beitrag zur laufenden Verwirklichung der Lebensgemeinschaft gedacht war; wenn die Leistung durch Gegenleistungen des Partners praktisch kompensiert worden ist, zB aufgrund langjährigen mietfreien Wohnens im Haus des Partners; oder wenn die Leistung dem Partner mehr oder weniger aufgedrängt worden war (zB unnötige Luxusrenovierung in dessen Haus). **Unzumutbarkeit** wird anzunehmen sein, wenn die Hälfte der bewohnten Immobilie dem anderen Partner in der Erwartung einer lebenslangen Partnerschaft zu Miteigentum übertragen worden war. Unzumutbarkeit kann aber auch bei kleineren Investitionen zu bejahen sein, wenn sie unter den konkreten Umständen bzw. Einkommensverhältnissen ein besonderes Opfer darstellten.

70 **d) Rechtsfolgen.** Erscheint danach ein Festhalten an der Vermögensverschiebung als unzumutbar, so ergibt sich als Rechtsfolge ein **Ersatzanspruch** gegen den Partner, der regelmäßig auf eine Geldleistung, ausnahmsweise – bei besonders schützenswertem Interesse des Zuwendenden – auf Wiederherstellung einer früheren dinglichen Rechtslage (zB Rückübertragung des Eigentums an einer Haushälfte) gerichtet ist.[414] Bei Arbeitsleistungen kann eine angemessene Beteiligung an dem gemeinsam Erarbeiteten verlangt werden, höchstens aber die ersparten Kosten einer fremden Arbeitskraft.[415] Außerdem setzt die noch vorhandene Bereicherung beim Leistungsempfänger dem Anspruch eine Obergrenze.

71 **7. Ansprüche aus Bereicherungsrecht.** Fehlen vertragliche Ansprüche und sind auch die Voraussetzungen für einen Anspruch nach §§ 730f. (analog) nicht erfüllt, so kann auch ein Anspruch aus § 812 Abs. 1 in Betracht kommen.[416] § 812 Abs. 1 S. 2 Alt. 1 passt nicht; denn da die neLG keine rechtlichen Leistungspflichten erzeugt, ist sie selbst von vornherein nicht der Rechtsgrund, sondern nur das Motiv der Leistung.[417] Demgemäß bedeutet auch die Trennung keinen Wegfall eines Rechtsgrunds.[418] Auch § 812 Abs. 1 S. 1 Alt. 1 muss zumindest wegen § 814 ausscheiden, da die Partner wissen, dass sie rechtlich zu nichts verpflichtet sind.[419] Bedeutung hat jedoch die **condictio ob rem** (§ 812 Abs. 1 S. 2 Alt. 2).[420] Danach muss der Leistung eine **Zweckvereinbarung** zu Grunde gelegen haben und dieser Zweck verfehlt worden sein. Voraussetzung wäre also eine tatsächliche Willensübereinstimmung der Partner über einen mit der Leistung bezweckten Erfolg; einseitige Vorstellungen genügen nicht.[421] Die Beurteilung, was nur einseitiges Motiv und was bereits beiderseitige stillschweigende Zweckvereinbarung ist, bereitet freilich Schwierigkeiten. Da

---

[412] Vgl. BGHZ 84, 1, 9; 121, 378, 393; 128, 230, 238.

[413] BGH FamRZ 2008, 1822, Tz. 44.

[414] Vgl. *Schulz* FamRZ 2007, 593, 599.

[415] BGH FamRZ 2008, 1822, Tz. 45.

[416] Gegen die Anwendung von Bereicherungsrecht BGH NJW-RR 1996, 1473, 1474; FamRZ 1992, 408.

[417] *Staudinger/Löhnig* (2007) Anh zu §§ 1297ff. RdNr. 112; *Soergel/Lange* Nehel. LG RdNr. 90; ferner *Frank,* FS Müller-Freienfels, S. 131, 136.

[418] *Lüderitz/Dethloff* § 8 RdNr. 27.

[419] Vgl. *Steinert* NJW 1986, 683, 686; *Halfmeier* JA 2008, 97, 100.

[420] BGH FamRZ 2008, 1822, Tz. 34f.; OLG Stuttgart NJW-RR 1993, 1475; NJW 1977, 1779; OLG Karlsruhe NJW 1994, 948; OLG Hamm FamRZ 1990, 625; *Lipp,* FamR, RdNr. 267f.; *ders.* AcP 180 (1980) 537, 580 für Teilbereich; *ders.* JuS 1982, 17, 22; *Joost* JZ 1985, 10; ferner für Einzelfälle: *Weimar* MDR 1997, 713, 716; *Ziegler/Mäuerle* FamR RdNr. 617; *Beyerle,* Diss. 1981, S. 67ff.; *Rogalski* AnwBl. 1983, 358ff.; *Schlüter* FamR RdNr. 510; *Schlüter-Belling* FamRZ 1986, 412ff.; *Diederichsen* FamRZ 1988, 896f.; *Soergel/Lange* Nehel. LG RdNr. 90ff; *Strätz* FamRZ 1980, 434, 435; *Krause* JuS 1989, 455, 459 in Ergänzung zu einem weiten gesellschaftsrechtlichen Ansatz; abl. *Steinert* NJW 1986, 683, 686; *Weinreich* FPR 2001, 29, 34.

[421] BGH FamRZ 2008, 1822, Tz. 34.

der jeweilige primäre Zweck (Hausbau etc.) zunächst erreicht wird, ist es schwierig zu bestimmen, ob und unter welchen Voraussetzungen ein Partner seine Leistungen tatsächlich von einem weitergehenden Zweck abhängig gemacht oder ob er damit nur vage Hoffnungen verbunden hat.[422] Die Rspr. setzt insofern zumindest voraus, dass der andere Teil die stillschweigende einseitige **Erwartung positiv erkannt** hat und die Leistung annimmt, ohne zu widersprechen.[423] Demgemäß haben einzelne Oberlandesgerichte die condictio ob rem nur in Sonderfällen bejaht, in denen eine ausdrückliche beiderseitige Willensübereinstimmung über die Zweckbestimmung ermittelt werden konnte.[424] Das betrifft etwa den Fall, dass ein Partner in der (nicht nur allgemeinen sondern) erkennbaren Erwartung der Eheschließung[425] (oder Erbeinsetzung) erhebliche Dienstleistungen[426] zu Gunsten des anderen Teils erbracht hat. Bei der neLG könnte die (auch konkludente) Zweckvereinbarung[427] über den zunächst unmittelbar verfolgten Zweck (zB Renovierung eines Hauses, Abbau von Schulden) hinausgehend darin liegen, zumindest für eine gewisse Dauer die Lebensgemeinschaft zu fördern und aufrecht zu erhalten[428] oder ein dauerndes Wohnrecht zu erhalten. Im Fall einer (vorzeitigen) Trennung würde dann die erkennbare Erwartung, an dem Investitionsgegenstand (zB Wohnung, Betrieb Auto etc.) noch in Form von Mitbesitz und Mitbenutzung partizipieren zu können, enttäuscht.[429] Ein Bereicherungsanspruch könnte demgemäß zu bejahen sein, wenn sich die neLG gewissermaßen vor Vollamortisation der jeweiligen Investition auflöst, weil unter solchen Umständen nur partielle Zweckerreichung eingetreten wäre. Das setzt freilich – wie bei der Geschäftsgrundlage (RdNr. 65, 69) – voraus, dass die Zuwendung oder Arbeitsleistung vom Umfang her deutlich über laufende Beiträge zur Gemeinschaft hinausgeht. Bejaht man § 812 Abs. 1 S. 2 Alt. 2 im Einzelfall, so bleibt zu prüfen, ob **§ 815** im Wege steht, wenn der Leistende die Trennung selbst wider Treu und Glauben herbeiführt.[430] Eine **verschärfte Haftung** nach § 820 Abs. 1 wird regelmäßig ausscheiden, da die als entfernt angesehene Möglichkeit der Trennung noch keine Ungewissheit im Sinne dieser Norm begründet.[431]

8. Schuldentilgung; Gesamtschuldnerausgleich. a) Aufwendungen zur Verwirklichung der nichtehelichen Lebensgemeinschaft. Bei Ausgleichsansprüchen wegen Schuldentilgung muss nach Leistungszeitpunkt und Verwendungszweck differenziert werden.[432] Diente die eingegangene Verbindlichkeit der Verwirklichung der neLG, gelten bei darauf erbrachten Zins- oder Tilgungsleistungen die oben genannten Grundsätze. Ausgangspunkt ist der Grundsatz der Nichtausgleichung;[433] nur bei großen Investitionen kommen Ausgleichsansprüche aus Gesellschaft oder wegen Störung der Geschäftsgrundlage in Be- 72

[422] Vgl. Kritik bei *Rauscher* FamR RdNr. 733; *Diederichsen* NJW 1983, 1017, 1023; *Weinreich* FPR 2001, 29, 34; *Hausmann* in *Hausmann/Hohloch* S. 312 ff.

[423] BGH FamRZ 2008, 1822, Tz. 34; BGHZ 115, 261, 263 = FamRZ 1992, 160, 161.

[424] OLG Hamm FamRZ 1990, 625.

[425] OLG Stuttgart NJW 1977, 1779.

[426] Für Anwendung von § 611 insoweit noch: BAG AP § 612 Nr. 24 m. Anm. *Diederichsen.* Eine Geschäftsführung ohne Auftrag scheitert regelmäßig schon am fehlenden Fremdgeschäftsführungswillen, vgl. OLG München FamRZ 1988, 58 f.

[427] Zweckvereinbarung und -verfehlung sind selten festzustellen, vgl. OLG Düsseldorf FamRZ 1975, 40 ff. m. Anm. *Fenn*; OLG Stuttgart FamRZ 1977, 545; OLG München FamRZ 1980, 239, 240; OLG Frankfurt FamRZ 1981, 253 und 1982, 265; OLG Hamm FamRZ 1983, 494; LG Aachen FamRZ 1983, 61, 62; *Frank,* FS Müller-Freienfels, S. 131, 138 ff.; *Soergel/Lange* Nehel. LG RdNr. 91.

[428] *Lipp,* FamR, RdNr. 268; ähnlich *Schlüter* FamR RdNr. 504.

[429] BGH FamRZ 2008, 1822, Tz. 35; *Schlüter/Belling* FamRZ 1986, 405, 414; *Soergel/Lange* Nehel LG RdNr. 91.

[430] Abl. *Lipp* AcP 180 (1980), 588; *Schlüter/Belling* FamRZ 1986, 414; *Staudinger/Löhnig* (2007) Anh. zu §§ 1297 ff. RdNr. 120.

[431] BGH FamRZ 2008, 1822, Tz. 49.

[432] So auch OLG Celle NJW 1983, 1063; *Lipp* JuS 1982, 17, 21; *Rauscher* FamR RdNr. 738; PWW/*Weinreich* Vor § 1297 RdNr. 63; *Erman/Gamillscheg* Vor § 1353 RdNr. 37; krit. zur Unterscheidung nach dem Zeitpunkt *Staudinger/Löhnig* (2007) Anh. zu §§ 1297 ff. RdNr. 137.

[433] OLG Oldenburg FamRZ 1986, 465; LG Oldenburg FamRZ 2008, 155; *Schulz* FamRZ 2007, 593, 603.

tracht (RdNr. 65f.). Hier kann es keinen Unterschied machen, ob die jeweilige Leistung sofort voll erbracht wurde, oder ob infolge einer Kreditaufnahme oder Stundung erst nach und nach Abzahlung erfolgt. Daher bestehen für **während der neLG erbrachte Tilgungsleistungen** grundsätzlich keine Ausgleichsansprüche, auch nicht aus § 426. In gleicher Weise scheidet ein Bürgschaftsregress nach § 774 aus, wenn man sich für den Partner verbürgt hatte und der Kredit Zwecken des Zusammenlebens diente.[434]

73 Für weitere Tilgungsleistungen auf gemeinsame Schulden oder im Namen des Partners eingegangene Schulden, die **nach Trennung** erfolgen, besteht jedoch im Zweifel ein anteiliger Ausgleichsanspruch aus Auftrag (§ 670) oder aus § 426. Denn die Vermutung, dass keine gegenseitige Aufrechnung gewollt ist, kann nur solange gelten wie dieses Gegenseitigkeitsverhältnis besteht. Sofern nicht (stillschweigend) anderes vereinbart ist, treffen die Lasten insoweit jeden Partner zur Hälfte, vgl. § 426 Abs. 1 S. 1. Sollte allerdings noch ein Gegenwert vorhanden sein – zB der mithilfe des Kredits angeschaffte Gegenstand – hat im Innenverhältnis im Zweifel denjenigen die Last zu treffen, dem dieser Wert nun verbleibt. Ein Ausgleichsanspruch kann sich dann auch auf den gesamten Betrag richten.

74 Fraglich bleibt eine Entscheidung des BGH, die die Bezahlung von **Werkleistungen** im Haus des Partners betraf, die während der neLG vom anderen Partner in Auftrag gegeben, aber erst nach Trennung von ihm bezahlt worden waren.[435] Laut BGH war hier allein der Zeitpunkt der Auftragsvergabe entscheidend, der eben noch in die Zeit der neLG fiel; daher sei von einem nicht ausgleichsfähigen Beitrag zur Lebensgemeinschaft auszugehen. Dem ist insoweit zuzustimmen, als eine zunächst freiwillig zur Verwirklichung der Lebensgemeinschaft erbrachte Leistung nicht nachträglich ex post in eine Geschäftsführung ohne Auftrag umgedeutet werden kann. Auch war § 426 nicht einschlägig, da eine **Alleinverpflichtung** des Zahlenden gegeben war. Wenn eine Zahlung nach Trennung jedoch eine Schuld tilgt, deren Gegenwert nicht schon verbraucht ist, wie etwa bei einer Reise, sondern deren Zweck nun allein dem anderen Partner zu Gute kommt, gibt es keinen Grund, hier anders als in den Kreditfällen zu entscheiden. Will man auch nicht mit Auftragsrecht[436] arbeiten, so müsste zumindest ein Anspruch wegen Störung der Geschäftsgrundlage geprüft werden.

75 **b) Bei Tilgung von Schulden,** die **ausschließlich im Interesse des Partners** eingegangen wurden, bestehen nach einhelliger Meinung zumindest insoweit Ausgleichsansprüche, als die Zahlungen nach Auflösung der neLG erfolgen. Werden **nach Trennung**[437] noch Schulden des Partners abgetragen, kann regelmäßig von einem Auftragsverhältnis oder zumindest von Geschäftsführung ohne Auftrag ausgegangen werden, so dass sich Aufwendungsersatzansprüche aus § 670 ergeben.[438] Bei **gesamtschuldnerischer Verpflichtung** oder Schuldbeitritt besteht im Hinblick auf künftig fällig werdende Raten ein Anspruch auf Freistellung (§ 257) im Innenverhältnis,[439] ansonsten ein voller Regressanspruch aus § 426. Bei der Inanspruchnahme als Bürge folgt der Anspruch aus §§ 774, 488.[440] Anders liegt es nur, wenn im Einzelfall tatsächlich etwas anderes gewollt war, zB Schenkung oder Darlehen.[441]

76 Soweit Tilgungsleistungen vom Partner **noch während der neLG** erbracht werden, muss differenziert werden. Die Rspr. verneinte bislang Ansprüche aller Art und verweist wieder-

---

[434] LG Bamberg FamRZ 1988, 59.

[435] BGH NJW 1983, 1055.

[436] So OLG Saarbrücken MDR 1997, 944.

[437] Auf diesen Zeitpunkt stellen ab: BGH NJW 1981, 1502, 1503; OLG Frankfurt FamRZ 1984, 1013, 1014; OLG Karlsruhe FamRZ 1986, 1095; OLG Saarbrücken FamRZ 1998, 738, 739; OLG Celle NJW 1983, 1063; *Krause* JuS 1989, 455, 459; krit. *Schlüter/Belling* FamRZ 1986, 405, 407f.

[438] BGH NJW 1981, 1502; OLG Frankfurt FamRZ 1984, 1013; NJW 1985, 810; OLG Saarbrücken FamRZ 1998, 738; dazu *Battes,* Nichtehel. Zusammenleben, RdNr. 83ff., 96; *Lipp* JuS 1982, 17; vgl. auch OLG Frankfurt FamRZ 1984, 1013, 1014; abl. LG Bamberg FamRZ 1988, 59 (für Inanspruchnahme als Bürge); OLG Oldenburg FamRZ 1986, 465, 466.

[439] OLG Saarbrücken FamRZ 1998, 738, 739; OLG Köln NJW-RR 1995, 1282.

[440] LG Bamberg NJW 1988, 1219 will keinen Anspruch geben, wenn die ursprüngliche Schuld auch der gemeinsamen neLG diente. Dazu auch *Schulz* FamRZ 2007, 593, 605.

[441] Bei kurzfristiger Beziehung für Darlehen OLG Koblenz NJW-RR 1998, 1516.

um auf den Grundsatz der Nichtausgleichung.[442] Tatsächlich scheiden Ansprüche aus, wenn die Leistungen als unselbstständiger Beitrag zum laufenden Zusammenleben zu werten sind.[443] Das gilt insbes., wenn die Kreditrückführung von einem der Partner vereinbarungsgemäß (auch stillschweigend, aufgrund tatsächlicher Übung oder beiderseitiger Erwartung mit Rücksicht auf die Einkommensverhältnisse[444]) als sein Beitrag zur Ermöglichung und Förderung der Wohn- und Wirtschaftsgemeinschaft geschuldet wurde. Ähnliches gilt, wenn die neLG durch Tod des ausgleichsberechtigten Partners aufgelöst worden ist und angenommen werden kann, dass dieser keine Regressansprüche erhoben hätte. Gerade wenn die **Leistungen** ausschließlich **Zwecken des Partners dienten** (seinen individuellen Konsumbedürfnissen, seinem Beruf), kann es jedoch auch anders liegen. Die generelle Annahme, dass während der neLG erbrachte Tilgungsleistungen allein im Interesse des Zusammenlebens erbracht würden,[445] greift insofern zu kurz. Je nach Umständen kann die Schuld im Innenverhältnis – unabhängig vom Zeitpunkt der Zahlungen[446] – auch allein von dem begünstigten Partner zu tragen sein[447] und demgemäß Ausgleichsansprüche des Zahlenden aus Auftrag oder GoA auslösen.[448] Das sollte im Zweifel gelten, wenn der Gegenwert noch im Vermögen des anderen vorhanden ist, zB das abzuzahlende Auto. Bei gemeinsamer Verpflichtung im Außenverhältnis weist § 426 Abs. 1 insofern auch auf die Notwendigkeit einer einzelfallbezogenen Prüfung hin. Die Belastung im Innenverhältnis hat hier im Zweifel in dem Verhältnis zu erfolgen, in dem der Gegenwert dem Vermögen des einen oder anderen Partners zugeflossen ist.[449] Es kann insoweit nicht darauf ankommen, ob die Tilgung zufällig noch voll während der Lebensgemeinschaft erfolgt oder teilweise erst danach.[450] Im Übrigen wäre hilfsweise immer noch auf den **Halbteilungsgrundsatz** von § 426 Abs. 1 zurückzugreifen. Mit einer Teilrückzahlung an den Partner während bestehender Gemeinschaft hat der Begünstigte seine Erstattungspflicht anerkannt. Ein unterlassenes Erstattungsbegehren während der Gemeinschaft deutet andererseits eher auf bloße Stundung als auf dauernden Verzicht (Rechtsgedanke des § 204).

V. Verfahrensrecht; Insolvenz; internationales Privatrecht

1. Verfahrensrecht. a) Zuständige Gerichte. Für Streitigkeiten zwischen den Parteien 77
einer neLG sind während ihres Bestehens und nach Trennung grundsätzlich die allgemeinen Zivilgerichte zuständig, da es sich nicht um Familiensachen iSd. § 23 a Abs. 1 Nr. 1 GVG handelt. Anders liegt es nur bei Kindschaftssachen (§ 151 FamFG) und Abstammungssachen (§ 169 FamFG) sowie Gewaltschutzsachen (§ 210 FamFG), die gem. § 111 Nr. 2, 3, 6 FamFG Familiensachen sind. Die Behauptung eines familienrechtlichen Anspruchs genügt nicht,[451] da sich die Qualifizierung objektiv nach dem jeweiligen Streitgegenstand richtet. Beim BGH ist grundsätzlich der (familienrechtliche) XII. Senat zuständig.

---

[442] So grundsätzlich BGHZ 77, 55 = NJW 1980, 1520; BGH NJW 1983, 1055; NJW 1981, 1502, 1503; OLG Oldenburg FamRZ 1986, 465 m. zust. Anm. *Bosch;* zustimmend *Schlüter* FamR RdNr. 511; aA *Hausmann* in *Hausmann/Hohloch* S. 333 ff.; *Rauscher* FamR RdNr. 738; *Lipp* FamR RdNr. 269; *Schlüter/Belling* FamRZ 1986, 405, 407; *Koch* FamRZ 1987, 240, 241 bez. OLG Karlsruhe FamRZ 1986, 1095.

[443] ZB OLG Oldenburg FamRZ 1986, 465.

[444] Vgl. BGHZ 77, 55, 58 = FamRZ 1980, 664, 665; *Soergel/Lange* Nehel. LG RdNr. 101.

[445] So zB *Steinert* NJW 1986, 683, 688.

[446] Krit. gegenüber der zeitlichen Einteilung des BGH und abstellend auf den Zweck der Tilgung: *Schwab* FamR RdNr. 841, der einen vollen Anspruch geben will; so auch *Koch* FamRZ 1987, 240, 241; MünchKommBGB/*Wacke,* 4. Aufl., Nach § 1302 RdNr. 58.

[447] OLG Hamm FamRZ 2001, 95. In diesem Sinne auch *Grziwotz,* Nichtehel. LG, § 21 RdNr. 26; *Staudinger/Löhnig* (2007) Anh. zu §§ 1297 ff. RdNr. 141 f.; so wohl auch OLG Köln NJW-RR 1995, 1282; *Soergel/Lange* Nehel LG RdNr. 101.

[448] Bejahend etwa OLG Frankfurt FamRZ 1984, 1013, 1014; letztlich auch BGH NJW 1981, 1502; *Lipp* JuS 1982, 17, 21.

[449] OLG Köln NJW-RR 1995, 1282.

[450] LG Bamberg NJW 1988, 1219; *Schlüter/Belling* FamRZ 1986, 407; *Grziwotz,* Nichtehel. LG, § 21 RdNr. 26.

[451] Anders wohl OLG Hamm NJW 1982, 2876.

78 **b)** Eine **Ersatzzustellung** an den nichtehelichen Lebensgefährten ist wirksam.[452] Dies wurde schon für den Wortlaut des § 181 ZPO aF überwiegend vertreten.[453] Jetzt bestimmt § 178 Abs. 1 Nr. 1 ZPO ausdrücklich, dass die Zustellung auch an einen „erwachsenen ständigen Mitbewohner" erfolgen kann. Gleiches gilt nach den einschlägigen Normen der anderen Verfahrensordnungen.

79 **c)** Auf **Prozesskostenvorschuss** besteht gegen den Partner kein Anspruch; es fehlt an einer gesetzlichen Unterhaltspflicht iSv. § 1360 a Abs. 4.[454] Einem Antragsteller auf **Prozesskostenhilfe** sind gleichwohl geldwerte Zuwendungen seines Partners (freie Kost und Wohnung) analog zu sozialhilferechtlichen Grundsätzen als Einkommen iSv. § 115 Abs. 1 S. 2 ZPO anzurechnen.[455] Umgekehrt sind – wenig konsequent – vom Antragsteller an seinen Lebensgefährten erbrachte Leistungen, da nicht aufgrund Gesetzes geschuldet, nicht gem. § 115 Abs. 1 S. 3 Nr. 2 ZPO von seinem Einkommen absetzbar.[456] Als besondere Belastungen wären sie gem. Nr. 4 absetzbar, wenn man sie (konsequent) zumindest auf eine sittliche Verpflichtung stützt.[457]

80 **d) Als Richter,** Rechtspfleger, Sachverständiger etc. kann der Lebensgefährte wegen Besorgnis der Befangenheit abgelehnt werden oder sich selbst ablehnen.[458] Die **Zeugnisverweigerungsrechte** aus § 383 ZPO, § 52 StPO sind zwar bislang nicht kraft Gesetzes auf nichteheliche Partner erstreckt worden, sollten aber analog angewandt werden.[459] Gegen die Bestellung eines **Betreuers** steht nun nach § 303 Abs. 2 Nr. 2 FamFG auch einer Person des Vertrauens das Beschwerderecht zu, sofern diese Person im ersten Rechtszug (nach 274 Abs. 4 FamFG) beteiligt wurde; damit ist auch der nichteheliche Lebensgefährte erfasst.[460]

81 **2. Zwangsvollstreckung.** Zur Vollstreckung zwecks Räumung s. RdNr. 44, in bewegliche Sachen analog § 1362 s. RdNr. 29. Pfändungsschutz gem. § 811 ZPO genießen auch dem Bedarf des Lebensgefährten des Schuldners dienende Kompetenzstücke. Im Positiven in den Kreis der Familien- und Hausangehörigen einzubeziehen ist der Lebensgefährte bei den Bestimmungen über unpfändbare Sachen des § 811 Abs. 1 Nr. 1, 2, 3, 4, 4 a, 10, 12 ZPO.[461] § 850 c Abs. 1 S. 2, Abs. 2 ZPO, wonach sich der unpfändbare Teil des Arbeitseinkommens erhöht, wenn der Schuldner auf Grund einer gesetzlichen Verpflichtung seinem Ehegatten Unterhalt gewährt, gilt nicht analog, wenn der Schuldner seinen nichtehelichen Partner unterhält. Auch im Rahmen von § 850 f ZPO kann der Schuldner keine Änderung des unpfändbaren Betrags mit dem Hinweis auf Unterhaltsleistungen gegenüber dem nichtehel. Partner erlangen.[462] Bei richterlichen Durchsuchungsanordnungen gem. § 758 a ZPO, in die der Schuldner einwilligt, hat der nichteheliche Partner als Mitgewahrsamsinhaber an der Wohnung des Schuldners nach Abs. 3 die Durchsuchung zu dulden.

---

[452] Vgl. nur *Grziwotz,* Nichtehel. LG, § 11 RdNr. 85 mwN; *Musielak/Wolst* ZPO § 178 RdNr. 3.

[453] OLG Köln VersR 2001, 1536; OLG Schleswig NJW 1999, 2602; *Burhoff* FPR 2001, 18, 20; *Messerle* JuS 2001, 28, 34; für Familienkonstellationen auch BGHZ 111, 1, 5 = NJW 1990, 1666; aA BGHSt 34, 250 = BGH NJW 1987, 1562.

[454] *Burhoff* FPR 2001, 18, 21 mwN; PWW/*Weinreich* Vor § 1297 RdNr. 11, 34.

[455] OLG Köln FamRZ 1984, 304; OLG Koblenz FamRZ 1987, 612; NJW-RR 1992, 1348; OLG Hamm FamRZ 1984, 409; 1981, 493; *Hohloch* in *Hausmann/Hohloch* S. 105 ff; *Grziwotz,* Nichtehel. LG, § 11 RdNr. 87; aA OLG Köln FamRZ 1988, 306; *Zöller/Philippi* ZPO § 115 RdNr. 8; *Burhoff* FPR 2001, 18, 20.

[456] OLG Köln FamRZ 1988, 306.

[457] Str.; vgl. *Hohloch* in *Hausmann/Hohloch* S. 106.

[458] §§ 42, 48 ZPO etc.: *Grziwotz,* Nichtehel. LG, § 11 RdNr. 88 f. § 41 Nr. 2 ZPO (Ehegatte) gilt nicht analog.

[459] BayObLG NJW 1986, 202; *Palandt/Brudermüller* Vor § 1297 RdNr. 28; *Gernhuber/Coester-Waltjen* § 43 RdNr. 3; *Lüderitz/Dethloff* § 8 RdNr. 17; *Burhoff* FPR 2001, 18, 19; aA. *Musielak/Huber* ZPO § 383 RdNr. 3; *Zöller/Greger* ZPO § 383 RdNr. 9.

[460] So schon auf Basis von § 69 g FGG analog: LG Oldenburg FamRZ 1996, 1343; PWW/*Weinreich* Vor § 1297 RdNr. 24; aA zum früheren Recht OLG Karlsruhe FamRZ 2008, 184; OLG Oldenburg NJW-RR 1997, 451; BayObLG NJW 1998, 1567; OLG Schleswig FamRZ 2002, 987.

[461] Vgl. *Musielak/Becker* § 811 ZPO RdNr. 11; MünchKommZPO/*Schilken* § 811 RdNr. 19.

[462] LG Schweinfurt NJW 1984, 374; LG Osnabrück FamRZ 1999, 526; *Burhoff* FPR 2001, 18, 22.

3. Insolvenz. Ohne namentliche Erwähnung werden Partner einer neLG durch den von § 138 Abs. 1 InsO definierten Kreis der nahe stehenden Personen erfasst. Im Kontext der Insolvenzanfechtung gehören dazu (außer dem Ehegatten des Schuldners, seinen oder dessen Verwandten in gerader Linie und Geschwistern) gem. Nr. 3 auch Personen, die mit dem Schuldner in häuslicher Gemeinschaft leben. Darunter sind vor allem die Partner einer neLG zu verstehen,[463] nicht aber Zweck-Wohngemeinschaften wie sog. „Studenten-WGs" oder Dienstpersonal[464] (zur Ersatzzustellung an den Partner s. RdNr. 78). Die Einbeziehung des nichtehelichen Lebensgefährten in den Kreis der suspekten Kontrahenten des späteren Gemeinschuldners war ein Anliegen der Insolvenzreform, um die frühere Benachteiligung des Ehegatten durch das *privilegium odiosum* der Beweislastumkehr bei der Anfechtung innerhalb und außerhalb des Konkurses (§ 31 Nr. 2 KO, § 3 Abs. 1 Nr. 2 AnfG aF) zu beseitigen. 82

4. Hinweise zum IPR.[465] Eine besondere Regelung für die neLG fehlt. Für einzelne Gebiete (Erbrecht, Art. 25 EGBGB; Verhältnis zu Kindern, Art. 19 ff. EGBGB) bestehen eindeutige kollisionsrechtliche Anknüpfungspunkte. Für vertragliche Verpflichtungen kann auf das Vertragsstatut zurückgegriffen werden. Probleme macht die Einordnung von Fragen der Außenwirkung der neLG[466] sowie von vermögensrechtlichen Ausgleichsansprüchen der Partner untereinander. Gerade letzteres ist umstritten. Zum Teil wird vorgeschlagen, die neLG familienrechtlich einzuordnen; dementsprechend sei analog an die Regeln des Verlöbnis- und Eherechts anzuknüpfen (für den Fall der Auflösung besonders an Art. 14, 15 EGBGB).[467] Das würde in erster Linie zur Anwendung des gemeinsamen Heimatrechts der Partner führen; hilfsweise käme es auf den gewöhnlichen Aufenthaltsort an (Art. 14 Abs. 1 Nr. 2 EGBGB). Eine andere Meinung plädiert für eine ausschließlich schuldrechtliche Anknüpfung (Art. 27 ff. EGBGB), wonach das Recht des Staates maßgeblich ist, in dem die Partner das Rechtsgeschäft tätigen.[468] In diese Richtung weist auch die aktuelle Rspr. des BGH zu Ansprüchen der Partner aus Gesellschaft, Bereicherungsrecht oder infolge Wegfalls der Geschäftsgrundlage. Ob solche finanziellen Ausgleichsansprüche nach Trennung bestehen, bestimmt sich demgemäß nach dem Statut, dem die Zuwendung unterstand bzw. – mangels eines konnexen Vertragsstatuts – nach dem Recht des Staates, in dem die Bereicherung eingetreten ist (Art. 38 EGBGB), also das Vermögen des einen Partners durch Leistungen des anderen vermehrt worden ist.[469] Ggf. ist also je nach Leistung gesondert zu prüfen. 83

---

463 Amtl. Begr. zu § 153 RegEInsO, BT-Drucks. 12/2443, S. 161 f. Einzelheiten bei *Grziwotz,* Nichtehel. LG, § 21 RdNr. 37 f.; Überblick bei *App* FamRZ 1996, 1523, 1524.

464 *Smid/Zeuner* InsO § 138 RdNr. 7; *Braun/Riggert* InsO § 138 RdNr. 7.

465 Dazu *Grziwotz,* Nichtehel. LG, § 32 RdNr. 2 ff.; *Martiny* in *Hausmann/Hohloch* S. 786 ff; *Henrich,* FS Beitzke, S. 507 ff.; *Schümann,* Nichtehel. Lebensgemeinschaften und ihre Einordnung im Internationalen Privatrecht, Diss. Frankfurt 2001.

466 Näher *Grziwotz,* Nichtehel. LG, § 32 RdNr. 10.

467 Vgl. *Martiny* in *Scherpe/Yassari* S. 79, 93; *Röthel* IPRax 2000, 74; *Striewe,* Ausl. u. IPR der nichtehel. LG 1986, passim; *Martiny* in *Hausmann/Hohloch* S. 786 ff.

468 *Palandt/Thorn* Art. 17 b EGBGB RdNr. 12.

469 BGH FamRZ 2005, 1151.

Titel 2. Eingehung der Ehe

Vorbemerkungen

Schrifttum: *Arndt,* Erfahrungen eines Oberlandesgerichtspräsidenten bei der Erteilung der Befreiung vom Ehefähigkeitszeugnis, StAZ 1971, 243; *Barth/Wagenitz,* Zur Neuordnung des Eheschließungsrechts, FamRZ 1996, 833; *Beitzke,* Eheschließung unter falschem Namen, FS Dölle, 1963, II S. 229; *Böhmer,* Die Prüfung der allgemeinen Ehefähigkeit beim Aufgebot unter besonderer Berücksichtigung des Betreuungsgesetzes, StAZ 1990, 213; *Bosch,* Die geplante Neuregelung des Eheschließungsrechts, FamRZ 1997, 65, 138; *ders.,* Neuordnung oder nur Teilreform des Eheschließungsrechts?, NJW 1998, 2004; *Coester,* Nichtehe, doch Ehe? Neue Feststellungen zu einem alten Problem, FS Heldrich, 2005, S. 537; *Dilger,* Befreiung vom Ehefähigkeitszeugnis, StAZ 1981, 229; *Eherechtskommission beim Bundesministerium der Justiz,* Vorschläge zur Verbesserung der sozialen Sicherung der Ehegatten, zur Neuregelung des Verlöbnisrechts, zur Reform des formellen und materiellen Eheschließungsrechts sowie zur Ehemündigkeit der Frau, 1972 – zit.: Eherechtskommission III; *Engler,* Zulässigkeit und Folgen der Aufhebung eines Scheidungsurteils durch das Bundesverfassungsgericht nach Wiederheirat eines der geschiedenen Ehegatten, FS Gebhard Müller, 1970, S. 39; *Eisfeld,* Rechtspolitische und verfassungsrechtliche Probleme des Eheaufhebungsgrundes der Scheinehe, AcP 201 (2001), 662; *ders.,* Die Scheinehe in Deutschland im 19. und 20. Jahrhundert, 2005; *Finger,* Eheschließung Geschäftsunfähiger?, StAZ 1996, 225; *Gaaz,* Der Beitritt der Bundesrepublik Deutschland zu den CIEC-Übereinkommen ... über die Ausstellung von Ehefähigkeitszeugnissen, StAZ 1996, 289; *ders.,* Ausgewählte Probleme des neuen Eheschließungs- und Kindschaftsrechts, StAZ 1998, 241; *Henrich,* Scheinehen im Internationalen Privatrecht, FS Rolland, 1999, S. 167; *Hepting,* Neuerungen im Eheschließungsrecht, StAZ 1996, 257; *ders.,* Das Eheschließungsrecht nach der Reform, FamRZ 1998, 713; *Lutter,* Das Eheschließungsrecht in Frankreich, Belgien, Luxemburg und Deutschland, 1963; *Muscheler,* Der Entwurf eines Gesetzes zur Neuordnung des Eheschließungsrechts, JZ 1997, 1142; *Neumann-Duesberg,* Der Unterhaltsanspruch des zu Unrecht für tot Erklärten – bei Auflösung seiner Ehe gemäß § 38 Abs. 2 EheG – gegen den früheren Ehegatten, JR 1968, 209; *Otte,* „Wenn der Schein trügt" – zum zivil-, verfahrens- und kollisionsrechtlichen Umgang mit der sog. „Aufenthaltsehe" in Deutschland und Europa, JuS 2000, 148; *Riedel,* Die Befreiung von der Beibringung des Ehefähigkeitszeugnisses – Das Verfahren zwischen Oberlandesgericht und Standesamt, StAZ 1989, 241; *Roth,* Unterhaltsansprüche nach Eheaufhebung, FS Dieter Schwab, 2005, S. 687; *Rüßmann,* Zur Wiederaufnahme eines Ehescheidungsrechtsstreites nach Wiederverheiratung eines der früheren Ehepartner, AcP 167 (1967), 410; *Schmitz-Justen,* Das Verfahren zur Befreiung von der Beibringung des Ehefähigkeitszeugnisses nach § 1309 BGB, StAZ 2007, 107; *Schrodt,* Zur Wiederverheiratung bei nur scheinbarem Tod des anderen Ehegatten, JR 1950, 235; *Schulz,* Verfahren und materielle Voraussetzungen der Befreiung von der Beibringung des Ehefähigkeitszeugnisses, StAZ 1991, 32; *Schwab,* Aspekte des Eheaufhebungsverfahrens nach der Eherechtsreform, FS Beitzke, 1979, S. 357; *Spellenberg,* Scheinehen, StAZ 1987, 33; *Sturm,* Zum neuen § 1310 Absatz 3 BGB, FS Rolland, 1999, S. 373; *ders.,* Die Nichtehe und ihre „Heilung" (§ 1313 Abs. 3 BGB) im Alltag des Standesbeamten, StAZ 1999, 289; *Wacke,* Mentalreservation und Simulation als antizipierte Konträrakte bei formbedürftigen Geschäften, FS Medicus, 1999, S. 651; *Wagenitz,* Wider die Verantwortungslosigkeit im Eherecht, FS Rolland, 1999, S. 379; *Wagenitz/Bornhofen,* Handbuch des Eheschließungsrechts, 1998; *Winkler,* Der Ehename bei Eheaufhebung, 2004; *Wolf,* Der Standesbeamte als Ausländerbehörde oder das neue Eheverbot der pflichtenlosen Ehe, FamRZ 1998, 1477; *Zeuner,* Über den Einfluß von Wiedereinsetzung und Wiederaufnahme auf die neue Ehe eines geschiedenen Ehegatten, MDR 1960, 85; *Zimmermann,* Befreiung vom ausländischen Ehefähigkeitszeugnis, StAZ 1980, 137.

Übersicht

I. Gesetzliche Entwicklung

1 **1. Das Ehegesetz von 1938.** Das Eheschließungs- und Ehescheidungsrecht des BGB, das bis 1933 überhaupt nicht und auch danach nur geringfügig geändert worden war,

wurde vom nationalsozialistischen Gesetzgeber durch das Gesetz zur Vereinheitlichung des Rechts der Eheschließung und der Ehescheidung im Lande Österreich und im übrigen Reichsgebiet v. 6. 7. 1938 (RGBl. I S. 807) – EheG 1938 – ersetzt.[1] Das EheG 1938 brachte eine Reihe von wichtigen Änderungen, die zum Teil auf den politischen Anschauungen des Nationalsozialismus beruhten (zB Eheverbote aus rassischen Gründen), zum Teil der Angleichung des österreichischen Rechts an das deutsche Recht dienten, zum Teil aber auch bereits vor 1933 hervorgetretene Reformbestrebungen verwirklichten und dem Wandel der Anschauungen seit Inkrafttreten des BGB Rechnung trugen. An Verbesserungen des Eheschließungsrechts sind hervorzuheben die Einschränkung der Möglichkeit, die Nichtigkeit der Ehe geltend zu machen (Geltendmachung ausschließlich im Wege der Klage, Ausschluß des Klagerechts Dritter), und die Ersetzung der Anfechtung der Ehe, die zur rückwirkenden Vernichtung der Ehe führte, durch die „Aufhebung" der Ehe, welche die Ehe nur für die Zukunft auflöste und in ihren Wirkungen weitgehend der Scheidung glich.

2. Das Ehegesetz von 1946. Das Ehegesetz (Gesetz Nr. 16 des Kontrollrats) v. 20. 2. 1946 (KRABl. S. 77, 294) – EheG – beruhte im wesentlichen auf dem durch § 79 aufgehobenen EheG 1938, an das es sich eng anlehnte. Die Vorschriften des EheG 1938 wurden überwiegend wörtlich oder nur mit geringen Abweichungen übernommen. Die nationalsozialistischen Unrechtsvorschriften wurden ausgemerzt, insbesondere die auf rassen- und bevölkerungspolitischen Erwägungen beruhende Eheverbote der Blutsverschiedenheit und der Volksgesundheit. In manchen Punkten knüpfte das EheG wieder an das vor 1933 geltende Recht an, so im Eheschließungsrecht mit der Wiedereinführung des Eheverbots der Geschlechtsgemeinschaft, der Beseitigung des Nichtigkeitsgrundes der Staatsangehörigkeitsehe, der Eheaufhebung wegen Irrtums über persönliche Eigenschaften des anderen Ehegatten (statt Umstände, die die Person des anderen Ehegatten betreffen). 2

3. Bundesrepublik. In der Bundesrepublik ist das EheG in der Folgezeit durch eine Reihe von Gesetzen ergänzt und geändert worden. Nachdem bereits durch das GleichberG v. 18. 6. 1957 (BGBl. I S. 609) die sorgerechtlichen Bestimmungen für Kinder aus nichtigen, aufgehobenen und geschiedenen Ehen in das BGB zurückgeführt worden waren, wurde mit dem Ersten Gesetz zur Reform des Ehe- und Familienrechts (1. EheRG) v. 14. 6. 1976 (BGBl. I S. 1421) ein größerer Schritt zur Rückführung des Eheschließungs- und Ehescheidungsrechts in das BGB getan. Das Scheidungsrecht wurde wieder in das BGB eingefügt und der zweite Abschnitt des EheG (Recht der Ehescheidung) vollständig aufgehoben. Daneben brachte Art. 3 des 1. EheRG eine ganze Reihe von Änderungen im Recht der Eheschließung, die überwiegend durch die Neuregelung des Ehescheidungs- und Scheidungsfolgenrechts und den Wegfall des Verschuldungsprinzips erforderlich wurden. Weiter beseitigte das Gesetz das verfassungswidrige Eheverbot der Geschlechtsgemeinschaft sowie das Eheverbot der Namensehe und gestaltete die vermögensrechtlichen Folgen der Nichtigkeit neu.[2] 3

4. DDR. In der DDR und Ost-Berlin ist das EheG im Jahre 1955 außer Kraft getreten (vgl. NJ 1955, 580). Seit dem 29. November 1955 galt zunächst die Verordnung über Eheschließung und Eheauflösung v. 24. 11. 1955 (GBl. DDR I S. 849). Seit dem 1. 4. 1966 galten die Bestimmungen des Familiengesetzbuchs (FGB) v. 20. 12. 1965 (GBl. DDR 1966 I S. 1), geändert durch das Einführungsgesetz zum ZGB v. 19. 6. 1975 (GBl. DDR I S. 517) und das 1. FamRÄndG v. 20. 7. 1990 (GBl. DDR I S. 1038). Ergänzende Vorschriften über die Eheschließung enthielten §§ 10 ff. des PStG v. 4. 12. 1981 (GBl. DDR I S. 421). 4

---

[1] Zur Entstehungsgeschichte vgl. *Wolf* FamRZ 1988, 1217 ff.; *Gruchmann* ZNR 11 (1989), 63 ff.

[2] Zu ersten, nicht weiterverfolgten Überlegungen der Bundesregierung für eine Reform des Eheschließungsrechts und dessen Rückführung in das BGB s. *Bosch* FamRZ 1982, 862, 868 ff. sowie *Finger* JZ 1983, 125 ff.

5 Nach der Anl. I Kap. III Sachgebiet B Abschn. III **Nr. 11** EVertr. (BGBl. 1990 II S. 954) ist das EheG im Beitrittsgebiet am 3. 10. 1990 mit folgenden Maßgaben in Kraft getreten:

a) §§ 1 bis 21 und §§ 28 bis 37 des Ehegesetzes gelten nicht für Ehen, die vor dem Wirksamwerden des Beitritts geschlossen worden sind. Die Wirksamkeit solcher Ehen bestimmt sich nach dem bisherigen Recht.

b) Ist nach dem bisherigen Recht eine Ehe nichtig, so bestimmen sich die Folgen der Nichtigkeit nach den §§ 23 bis 26 des Ehegesetzes. Dies gilt nicht, wenn eine Ehe vor dem Wirksamwerden des Beitritts für nichtig erklärt worden ist.

c) Ist eine Ehe vor dem Wirksamwerden des Beitritts für nichtig erklärt worden, so bestimmen sich die Folgen der Nichtigkeit nach dem bisherigen Recht. Für den Anspruch auf Unterhalt gelten die Vorschriften über den Unterhalt von Ehegatten, deren Ehe vor dem Wirksamwerden des Beitritts geschieden worden ist, entsprechend. Ein Unterhaltsanspruch besteht nicht, wenn der Berechtigte die Nichtigkeit der Ehe bei der Eheschließung gekannt hat.

d) Ist ein Ehegatte vor dem Wirksamwerden des Beitritts für tot erklärt worden, so bestimmt sich die Beendigung der Ehe nach dem bisherigen Recht. Ist der andere Ehegatte eine neue Ehe eingegangen und ist diese vor dem Wirksamwerden des Beitritts geschieden worden, weil der für tot erklärte Ehegatte noch lebte, so bestimmt sich ein Wiederaufleben der durch die Todeserklärung beendeten Ehe nach dem bisherigen Recht.

6 **5. Eheschließungsrechtsgesetz.** Durch das nach seinem Art. 16 Abs. 3 am 1. 7. 1998 in Kraft getretene Gesetz zur Neuregelung des Eheschließungsrechts (Eheschließungsrechtsgesetz – EheschlRG) v. 4. 5. 1998 (BGBl. I S. 833)[3] wurde das Eheschließungsrecht wieder in das BGB zurückgeführt (§§ 1303 bis 1320) und die dort seit 1938 bestehende Lücke gefüllt. Damit wurde zugleich einer Absprache während der Beitrittsverhandlungen mit dem Justizministerium der DDR Rechnung getragen, das es als unerträglich erachtet hatte, Besatzungsrecht und Rechtsvorschriften des Dritten Reichs im Beitrittsgebiet neu in Kraft zu setzen. Das EheG nebst seinen auf die Eheschließung bezogenen Durchführungsverordnungen wurde aufgehoben (Art. 14 EheschlRG). Zum Übergangsrechts s. unten RdNr. 7. Zugleich wurde das Eheschließungsrecht gestrafft und insbesondere hinsichtlich einzelner Formalien vereinfacht; Zuständigkeits-, Verfahrens- und Registrierungsvorschriften wurden zum Teil in das PStG eingestellt. Abgeschafft wurden die Eheverbote der Schwägerschaft, der Wartezeit nach vorangegangener Auflösung der Vorehe und des fehlenden Auseinandersetzungszeugnisses sowie die Aufhebungsgründe des Mangels der Einwilligung des gesetzlichen Vertreters, des Irrtums über die Person des anderen Ehegatten und des Irrtums über die persönlichen Eigenschaften des anderen Ehegatten. An die Stelle des Aufgebots, dessen öffentlicher Aushang seine Funktion seit langem nicht mehr erfüllte und das auch datenschutzrechtlich Bedenken begegnete, ist die Anmeldung der Ehe getreten. Bei der Beseitigung fehlerhafter Ehen ist die Zweispurigkeit zwischen Nichtigerklärung, die in ihrer Rückwirkung bereits durch zahlreiche Ausnahmen durchbrochen war, und Aufhebung entfallen. Verstöße gegen Eheverbote führen jetzt ebenso wie Willensmängel zur Aufhebung der Ehe mit Wirkung für die Zukunft. Hierbei wurden die Rechtsfolgen der Aufhebung deutlicher von den Scheidungsfolgen abgegrenzt und damit die Unterschiede zwischen Aufhebbarkeit und Scheidbarkeit der Ehe stärker betont. An Neuerungen hervorzuheben ist weiter der Versuch, fehlerhafte Ehen, insbesondere Scheinehen, möglichst präventiv zu verhindern, indem dem Standesbeamten untersagt wird, an solchen Eheschließungen mitzuwirken, die Einbeziehung von Scheinehen, bei denen sich beide Ehegatten bei der Eheschließung darüber einig waren, keine eheliche Lebens- und Verantwortungsgemeinschaft zu begründen, in den Kreis der aufhebbaren Ehen sowie schließlich die Möglichkeit der Heilung nicht vor dem Standesbeamten geschlossener Ehen.

[3] Materialien: Gesetzentwurf der Bundesregierung nebst Stellungnahme des Bundesrats und Gegenäußerung der Bundesregierung, BT-Drucks. 13/4898; Stellungnahme der Bundesregierung zu den Prüfungsempfehlungen des Bundesrats BR-Drucks. 827/96; Beschlußempfehlung und Bericht des Rechtsausschusses BT-Drucks. 13/9416.

6. Überleitung. Nach der Überleitungsvorschrift des Art. 226 EGBGB finden auf die vor dem 1. Juli 1998 geschlossenen Ehen die §§ 1303 bis 1320 mit folgenden Ausnahmen Anwendung: Die Aufhebung einer vor dem 1. Juli 1998 geschlossenen Ehe ist ausgeschlossen, wenn die Ehe nach dem bis dahin geltenden Recht nicht hätte aufgehoben oder für nichtig erklärt werden können; ist vor dem 1. Juli 1998 die Nichtigkeits- oder Aufhebungsklage erhoben worden, so bleibt für die Voraussetzungen und Folgen der Nichtigkeit oder Aufhebung sowie für das Verfahren das bis dahin geltende Recht maßgebend. Wegen der Einzelheiten wird auf § 1313 RdNr. 13 bis 15 verwiesen. 7

II. Eheschließung und Verfassung

Grundnorm für das Eheschließungsrecht ist Art. 6 Abs. 1 GG, der Ehe und Familie unter den besonderen Schutz der staatlichen Ordnung stellt. Ehe ist auch für das Grundgesetz die auf freiem Entschluß beruhende Vereinigung eines Mannes und einer Frau.[4] Zu den prägenden Merkmalen der Ehe gehört damit neben dem Prinzip der Einehe und der Willensübereinstimmung der Verlobten die Geschlechtsverschiedenheit. Daraus folgt, daß aus Art. 6 Abs. 1 GG ein Recht auf Eingehung einer Ehe mit einem Partner gleichen Geschlechts nicht hergeleitet werden kann.[5] Der Gesetzgeber darf bei der Ausgestaltung der Ehe den Zugang denjenigen Lebensgemeinschaften vorbehalten, auf die sich der verfassungsrechtliche Schutzauftrag bezieht. Ungeachtet der Berechtigung seines Anliegens, am Strukturmerkmal der Ehe als einer Vereinigung von Mann und Frau festzuhalten, verstößt es gegen Art. 2 Abs.1 iVm. Art. 1 Abs. 1 und Art. 6 Abs. 1 GG, einem verheirateten Transsexuellen die Möglichkeit, die personenstandsrechtliche Anerkennung seines neuen Geschlechts zu erhalten, nur einzuräumen, wenn seine Ehe vorher geschieden wird (§ 8 Abs. 1 Nr. 2 TSG); der Gesetzgeber muss mindestens dafür Sorge tragen, dass die Ehe des Transsexuellen jedenfalls als rechtlich gesicherte Verantwortungsgemeinschaft fortbestehen kann.[6] 8

Art. 6 Abs. 1 GG enthält als wesentlichen Bestandteil das Recht oder die Freiheit, die Ehe mit einem selbst gewählten Partner einzugehen.[7] Die **Eheschließungsfreiheit,** die einen elementaren Bestandteil der durch die Grundrechte gewährleisteten freien persönlichen Existenz des Menschen bildet, ist weder durch einen Gesetzesvorbehalt noch auf andere Weise eingeschränkt. Die allgemeinen Schranken, wie sie Art. 2 Abs. 1 GG für die Handlungsfreiheit normiert, gelten daher nicht. Dennoch läßt die Freiheit der Eheschließung gesetzliche Regeln über die Form der Eheschließung und ihre sachlichen Voraussetzungen nicht nur zu, sondern setzt sie geradezu voraus. Art. 6 Abs. 1 GG bedarf zu seiner Verwirklichung einer allgemeinen famlienrechtlichen Regelung, welche diejenige Lebensgemeinschaft zwischen Mann und Frau, die als Ehe den Schutz der Verfassung genießt, rechtlich definiert und abgrenzt. Hierbei hat der Gesetzgeber einen erheblichen Gestaltungsraum, zB bei der Regelung der Form der Eheschließung, der Ehemündigkeit, der Voraussetzungen der Auflösung. Stets müssen jedoch die einzelnen Regelungen an Art. 6 Abs. 1 GG als vorrangiger, selbst die Grundprinzipien enthaltener Leitnorm gemessen und dürfen nicht etwa umgekehrt Inhalt und Umfang des Rechts auf Eheschließung erst aus den Regelungen des BGB erschlossen werden. Das Grundrecht auf Eheschließung existiert also nicht von vornherein nur in den Grenzen, die durch die Ehehindernisse des einfachen Rechts gezogen sind.[8] 9

Die Freiheitsgarantie des Art. 6 Abs. 1 GG erfordert vom Staat insbesondere äußerste Zurückhaltung bei der **Aufstellung von Eheverboten.** Er darf sich nur dort verbietend dem Wunsch eines ehefähigen Mannes und einer ehefähigen Frau, miteinander die Ehe 10

[4] BVerfGE 10, 59, 66; 29, 166, 176; 62, 323, 330; 87, 234, 264; 105, 313, 345; 115, 1, 19.
[5] BVerfG NJW 1993, 3058; BVerfGE 105, 313, 342.
[6] BVerfGE 121, 175, 202 ff. = JZ 2009, 45 m. Anm. *Stüben.* Dazu jetzt TSG-ÄndG v. 17. 7. 2009, BGBl. I S. 1978 (Aufhebung von § 8 Abs. 1 Nr. 2).
[7] BVerfGE 31, 58, 67; 36, 146, 161; 76, 1, 42; 105, 313, 342; BVerfG NJW 2004, 2008, 2010.
[8] BVerfGE 31, 58, 69 f.; 36, 146, 161 f.; 105, 313, 345.

einzugehen, entgegenstellen, wo einleuchtende Sachgründe, die sich aus Wesen und Gestalt der den heutigen Auffassungen entsprechenden Ehe ergeben und ihrerseits aus einem das Institut der Ehe im Sinne der Verfassung bestimmenden Strukturprinzip oder Strukturelement erwachsen, dies erfordern.[9]

11 Bestimmungen, nach denen Beamte oder andere Angehörige des öffentlichen Dienstes zur Eingehung der Ehe der **dienstlichen Erlaubnis** bedürften oder die Verheiratete von der Zugehörigkeit zu bestimmten Zweigen des öffentlichen Dienstes (zB der Bereitschaftspolizei) ausschlössen, würden gegen Art. 6 Abs. 1 GG verstoßen und nichtig sein. Nichtig sind auch **Zölibatsklauseln** in Dienst- und Arbeitsverträgen. Sie begründen weder eine Verpflichtung, sich nicht zu verheiraten, noch sind sie als auflösende Bedingung, daß mit der Verheiratung das Arbeits- oder Dienstverhältnis beendet sei, möglich. Schließlich darf auch **Strafgefangenen,** selbst wenn sie zu lebenslanger Haft verurteilt sind, die Eingehung einer Ehe nicht verwehrt werden.[10]

12 Ist in außergewöhnlichen Zeiten die **Einhaltung** der gesetzlichen **Eheschließungsform** für eine größere Bevölkerungsgruppe praktisch **unmöglich** oder unzumutbar (zB Fehlen von Trauungsorganen, politische Verfolgung), kann aufgrund des Menschenrechts auf Eheschließung die Gültigkeit einer in einer anderen Form eingegangenen Ehe ohne Hinzutreten weiterer Umstände anerkannt werden, wobei allerdings eine nachträgliche Regelung des Gesetzgebers zu beachten bleibt.[11]

13 Verfassungsrechtlich unbedenklich ist demgegenüber das Erfordernis der Eheschließung vor einem zur Mitwirkung bereiten **Standesbeamten** (§ 1310 Abs. 1).[12] Es hat den Zweck, die im Hinblick auf die Bedeutung der Ehe erforderliche Mitwirkung des Staates an der Eheschließung sicherzustellen, eine Mitwirkung, die vor allem für die Prüfung der Ehevoraussetzungen und Ehehindernisse von Bedeutung ist und zugleich die Offenkundigkeit der Eheschließung und damit die Klarheit der Rechtsverhältnisse gewährleistet.

III. Internationales Privatrecht

14 **1. Allgemeines.** Eine Darstellung des Internationalen Rechts der Eheschließung kann hier auch in gedrängter Form nicht gegeben werden. Dazu sind die Problem zu vielschichtig. Lediglich einige Grundprinzipien seine angedeutet. Auch insoweit ist noch einzelnes streitig. Auf die Erläuterungen zu Art. 13 EGBGB *(Coester)* wird verwiesen.

15 **2. Die sachlichen Voraussetzungen der Eheschließung,** also insbesondere der Ehemündigkeit, der Kreis der Eheverbote, die Zustimmung dritter Personen (Eltern, gesetzliche Vertreter), erforderliche Zeugnisse, richten sich, auch wenn keiner der Verlobten die deutsche Staatsangehörigkeit besitzt, für jeden Verlobten nach seinem Heimatrecht im Zeitpunkt der Heirat (vgl. Art. 13 Abs. 1 EGBGB). Das Heimatrecht gilt auch, soweit das nach Art. 13 Abs. 1 maßgebende Recht auf die Geschäftsfähigkeit abstellt (Art. 7 Abs. 1 EGBGB). Nach dem Heimatrecht eines jeden Verlobten ist ferner zu beurteilen, ob ein Ehehindernis einseitig oder zweiseitig ist. Weiterverweisung und Rückverweisung sind zu beachten (Art. 4 Abs. 1 EGBGB). Für Staatenlose ist das Recht ihres gewöhnlichen Aufenthalts maßgebend (Art. 5 Abs. 2 EGBGB).

16 Nach dem Heimatrecht eines jeden der Verlobten bestimmen sich auch die **Rechtsfolgen,** die sich aus materiellen Mängeln der Eheschließung (zB Verstoß gegen ein Eheverbot, fehlende Zustimmung des gesetzlichen Vertreters, Willensmängel) ergeben, also die Fragen, ob eine **Nichtehe** vorliegt, ob eine **nichtige Ehe** geschlossen wurde

[9] BVerfGE 36, 146, 163.

[10] Vgl. OLG Hamm FamRZ 1968, 387; AG Freiburg Inf AuslR 2002, 436; *v. Münch* JZ 1958, 75; aA OLG Frankfurt NJW 1965, 412 mit abl. Anm. *Altenhain*; OLG Celle NJW 1961, 692 (für lebenslange Haft).

[11] Vgl. *Neuhaus,* Ehe und Kindschaft, § 12 V 1; BVerfGE 29, 166, 177; für im Sommer 1940 in der Nordbukowina vor einem Geistlichen geschlossene Ehen OLG Stuttgart FamRZ 1963, 39, 41 und OLG München FamRZ 1968, 599, 600.

[12] BVerfGE 29, 166, 176; 62, 323, 330; BGH FamRZ 2003, 838, 840.

und ob die Ehe **anfechtbar** oder **aufhebbar** ist. Nichtigkeit, Aufhebbarkeit und Anfechtbarkeit einer Ehe sind in Ansehung eines jeden Gatten nach seinem Heimatrecht zur Zeit der Eheschließung, nicht etwa nach dem Scheidungsstatut (Art. 17 EGBGB) zu beurteilen.

Gehören die Verlobten verschiedenen Staaten an, so sind auf die Eheschließung verschiedene Rechtsverordnung nebeneinander anzuwenden. Für jeden Verlobten sind die sachlichen Ehevoraussetzungen gesondert nach seinem Heimatrecht zu beurteilen, so daß bei zweiseitigen Ehehindernissen beide Rechtsordnungen kumulativ bestimmen, ob die Eheschließung zulässig ist oder nicht. Hinsichtlich der Folgen materieller Mängel der Eheschließung bedeutet dies, daß sich die Rechtsordnung mit den weiterreichenden Rechtsfolgen durchsetzt (Grundsatz des ärgeren Rechts). Ist die Ehe zB nach der einen Rechtsordnung nichtig, nach der anderen aber bloß aufhebbar oder anfechtbar oder gar wirksam, so ist sie nichtig. 17

Wer hinsichtlich der Voraussetzungen der Eheschließung ausländischem Recht unterliegt, hat nach § 1309 durch **Vorlage eines Ehefähigkeitszeugnisses** oder den Nachweis einer Befreiung von diesem Erfordernis darzutun, daß der Eheschließung nach dem Recht dieses Staates kein Ehehindernis entgegensteht. 18

Eine Einschränkung des Grundsatzes des Art. 13 Abs. 1 EGBGB aus ordre public-Erwägungen enthält Art. 13 Abs. 2. Fehlt eine vom Heimatrecht des ausländischen Verlobten aufgestellte Eheschließungsvoraussetzung, so ist insoweit deutsches Recht anzuwenden, wenn (1.) ein Verlobter seinen gewöhnlichen Aufenthalt im Inland hat oder Deutscher ist, (2.) die Verlobten die zumutbaren Schritte zur Erfüllung der Voraussetzung unternommen haben und (3.) es mit der Eheschließungsfreiheit unvereinbar ist, die Eheschließung zu versagen; insbesondere steht die frühere Ehe eines Verlobten nicht entgegen, wenn ihr Bestand durch eine hier erlassene oder anerkannte Entscheidung beseitigt oder der Ehegatte des Verlobten für tot erklärt ist. 19

3. Form der Ehe. a) Eheschließung im Inland. Eine Ehe kann im Inland nur in der in den §§ 1310 bis 1312 vorgeschriebenen Form geschlossen werden (Art. 13 Abs. 3 S. 1 EGBGB). Eine Ausnahme vom Erfordernis der Inlandsform macht Art. 13 Abs. 3 S. 2 EGBGB. Verlobte, von denen keiner Deutscher ist, können die Ehe auch vor einer von der Regierung des Staates, dem einer der Verlobten angehört, ordnungsgemäß ermächtigten Person in der nach dem Recht dieses Staates vorgeschriebenen Form schließen. 20

b) Eheschließung im Ausland. Die im Ausland geschlossen Ehe ist formgültig, wenn sie entweder dem Ortsrecht (Art. 11 Abs. 1 Halbs. 2 EGBGB) oder dem Recht, das nach dem oben Gesagten für die Ehe selbst maßgeblich ist, dem Wirkungsstatut (Art. 11 Abs. 1 Halbs. 1 EGBGB), entspricht. Deutsche können im Ausland eine Ehe nur in der Ortsform eingehen, da § 1310 sich nur auf die Eheschließung vor einem inländischen Standesbeamten bezieht (vgl. § 1310 RdNr. 21). 21

c) Anwendungsbereich. Zur Form der Ehe gehören das Aufgebot, das Erfordernis kirchlicher Eheschließung sowie die Stellvertretung in der Erklärung (Handschuhehe). 22

d) Wirkung von Formverstößen. Die Rechtsordnung, die für die Form maßgeblich ist, bestimmt auch die Folgen des Verstoßes gegen formelles Eheschließungsrecht. Die Folgen der Verletzung der Inlandsform richten sich also nach deutschem Recht. Fehlen die Voraussetzungen für eine Eheschließung nach Art. 13 Abs. 3 S. 2 EGBGB, ist insbesondere die Eheschließung nicht vor einer ordnungsgemäß ermächtigten Person erfolgt, so liegt eine Nichtehe vor. Zur Heilung s. § 1310 Abs. 3. Dagegen richten sich die Folgen einer Verletzung von Formvorschriften des ausländischen Rechts nach dem betreffenden Recht. 23

Untertitel 1. Ehefähigkeit

§ 1303 Ehemündigkeit

(1) Eine Ehe soll nicht vor Eintritt der Volljährigkeit eingegangen werden.

(2) Das Familiengericht kann auf Antrag von dieser Vorschrift Befreiung erteilen, wenn der Antragsteller das 16. Lebensjahr vollendet hat und sein künftiger Ehegatte volljährig ist.

(3) Widerspricht der gesetzliche Vertreter des Antragstellers oder ein sonstiger Inhaber der Personensorge dem Antrag, so darf das Familiengericht die Befreiung nur erteilen, wenn der Widerspruch nicht auf triftigen Gründen beruht.

(4) Erteilt das Familiengericht die Befreiung nach Absatz 2, so bedarf der Antragsteller zur Eingehung der Ehe nicht mehr der Einwilligung des gesetzlichen Vertreters oder eines sonstigen Inhabers der Personensorge.

Übersicht

I. Normzweck

1 § 1303 koppelt die Ehemündigkeit,[1] ohne zwischen Mann und Frau zu differenzieren, mit der Volljährigkeit. Diese tritt nach § 2 mit Vollendung des 18. Lebensjahres ein. Einem Verlobten, der das 16. Lebensjahr vollendet hat, kann vom Familiengericht Befreiung vom Erfordernis der Volljährigkeit erteilt werden, wenn der andere Verlobte bereits volljährig ist. Durch den Ausschluß einer Ehe zwischen zwei Minderjährigen wird vermieden, daß keiner der Ehegatten Geschäfte zur Deckung des Lebensbedarfs der Familie selbständig tätigen kann (§ 107) und einem aus der Ehe hervorgehenden Kinder wegen Minderjährigkeit beider Eltern ein Vormund bestellt werden muß (§§ 1773 Abs. 1, 1673 Abs. 2). Wird die Befreiung erteilt, bedarf der Minderjährige nicht mehr der Einwilligung des gesetzlichen Vertreters bzw. Personensorgeberechtigten. Die Rechte des gesetzlichen Vertreters und des Personensorgeberechtigten des Minderjährigen werden dadurch gewahrt, daß das Familiengericht im Falle ihres Widerspruchs die Befreiung nur erteilen darf, wenn der Widerspruch nicht auf triftigen Gründen beruht. So wird in einem einzigen gerichtlichen Verfahren gerichtlich geklärt, ob der Minderjährige bereits vor Eintritt der Volljährigkeit die von ihm beabsichtigte Ehe eingehen kann, und ein weiteres gerichtliches Verfahren über die Ersetzung der verweigerten Einwilligung vermieden.

II. Entstehungsgeschichte

2 Die Fassung der Abs. 1 und 2 geht auf das Gesetz zur Neuregelung des Volljährigkeitsalters v. 31. 7. 1974 (BGBl. I S. 1713) zurück. Zuvor wurde der Mann mit Vollendung des

[1] Zum klar umrissenen Gehalt der Ehemündigkeit *Gernhuber/Coester-Waltjen* § 9 RdNr. 2; gegen die Berechtigung dieses Begriffs RGRK/*Lohmann* RdNr. 5; *Staudinger/Strätz* (2007) RdNr. 8.

21. Lebensjahres, also regelmäßig ebenfalls mit Eintritt der Volljährigkeit, die Frau dagegen bereits mit Vollendung des 16. Lebensjahres ehemündig. Das Vormundschaftsgericht konnte dem Mann und der Frau Befreiung erteilen, dem Mann jedoch nur dann, wenn er das 18. Lebensjahr vollendet hatte und für volljährig erklärt worden war. Die Neuregelung verbesserte die Stellung des **Mannes.** Die Herabsetzung seines Ehemündigkeitsalters von 21 auf 18 Jahre war eine notwendige Folge der Herabsetzung des Volljährigkeitsalters. Es wäre nicht sachgerecht gewesen, den 18- bis 21 jährigen Männern für einen Teilbereich, die Eheschließung, die Entscheidungsfreiheit zu versagen. Anders als früher kann jetzt einem Mann schon nach Vollendung des 16. Lebensjahres Befreiung erteilt werden, sofern seine Verlobte volljährig, also mindestens 18 Jahre alt ist. Indem das Gesetz auch für die **Frau** die Ehefähigkeit an den Eintritt der Volljährigkeit knüpft, „verschlechterte" es deren bisherige Stellung. 16 und 17 Jahre alte Frauen bedürfen nunmehr stets der Befreiung, einem noch nicht 16 Jahre alten Mädchen ist die Eingehung einer Ehe ausnahmslos verwehrt. Bedenken im Hinblick auf Art. 6 Abs. 1 und Abs. 4 GG bestehen nicht. Die alte Regelung beruhte nicht nur auf dem Gesichtspunkt der früheren biologischen Reife der Frau, sondern war zugleich Ausdruck des tradierten Eheverständnisses, das der Frau vor allem die Haushaltsführung und die Erziehung der Kinder, dem Mann aber die Sorge für den Lebensunterhalt, die Verwaltung des Vermögens und die Vertretung der Familie im Rechtsverkehr zuwies.[2]

III. Einzelerläuterung

1. Ehemündigkeit und Geschäftsfähigkeit. Wie § 1304 zeigt, hat die Ehemündigkeit nichts mit der Geschäftsfähigkeit zu tun, sondern ist eine neben der Geschäftsfähigkeit erforderliche Ehevoraussetzung. 3

2. Maßgebender Zeitpunkt. Die Volljährigkeit muß im Zeitpunkt der Eheschließung gegeben sein. Für die Berechnung des Lebensalters gilt § 187 Abs. 2 S. 2. Die Anmeldung der Eheschließung (§ 12 PStG) und die Prüfung der Voraussetzungen für die Eheschließung (§ 13 PStG) können schon vor Vollendung des 18. Lebensjahres erfolgen.[3] 4

3. Befreiung (Abs. 2). a) Grundsatz. Das Gesetz kennt keine Ehemündigkeitserklärung. Einem Verlobten, der das 16. Lebensjahr vollendet hat, kann jedoch vom FamG auf Antrag Befreiung vom Erfordernis der Volljährigkeit erteilt werden, sofern der künftige Ehegatte des Antragstellers volljährig, also mindestens 18 Jahre alt ist. Die Befreiung darf danach nicht vor Vollendung des 16. Lebensjahres mit der Maßgabe erteilt werden, daß die Eheschließung erst nach Vollendung des 16. Lebensjahres erfolgt. Dagegen genügt es, daß der Partner im Zeitpunkt der beabsichtigten Eheschließung volljährig ist (vgl. RdNr. 4). Es ist unschädlich, wenn für den volljährigen Partner ein Betreuer (§ 1896) bestellt ist, jedoch wird in einem solchen Fall die Befreiung regelmäßig dem Wohl des minderjährigen Verlobten widersprechen. 5

b) Maßstab. Maßgebendes Kriterium für die Entscheidung des FamG ist der Schutz des Wohls des Antragstellers.[4] Die Befreiung ist zu versagen, wenn nach den gesamten Umständen die beabsichtigte Ehe dem wohlverstandenen Interesse des Minderjährigen nicht entspricht. Sie ist demgemäß zu erteilen, wenn – sofern die gesetzlichen Vertreter dem Heiratswunsch nicht widersprechen (Abs. 3, unten RdNr. 14ff.) – das Wohl des Minderjährigen der beabsichtigten Eheschließung nicht erkennbar entgegensteht. Das gebietet Art. 6 Abs. 1, Abs. 2 S. 2 GG. Das FamG hat zu prüfen, ob eine echte wechselseitige Bindung zwischen den Partnern besteht, sie die mit einer Ehe verbundenen Pflichten übernehmen können und wollen, die notwendigen wirtschaftlichen Grundlagen (Wohnung, Einkommen) für die Ehe 6

---

[2] Vgl. die Begründung der BReg., BT-Drucks. 7/117 S. 10 sowie den Bericht des RA des BTages, BT-Drucks. 7/1762 S. 5; s. auch Eherechtskommission III 104ff.

[3] Vgl. *Wagenitz/Bornhofen* Abschn. 1 RdNr. 6.

[4] OLG Hamm FamRZ 1965, 562; OLG Jena FamRZ 1997, 1274f.; OLG Saarbrücken NJW-RR 2007, 1302; LG Augsburg FamRZ 1998, 1106; *Barth/Wagenitz* FamRZ 1996, 833, 840 mit Fn. 136; *Staudinger/Strätz* (2007) RdNr. 14; aA RGRK/*Lohmann* RdNr. 16.

gegeben sind und eine geordnete Erziehung des etwa erwarteten Kindes gewährleistet erscheint. Beeinträchtigungen der schulischen oder beruflichen Ausbildung des Minderjährigen sind dabei nicht überzubewerten.[5] Der Heiratswunsch muß dem eigenen inneren Antrieb der Verlobten entspringen und darf nicht nur auf dem Einfluß der Umwelt (Drängen der Eltern) oder wirtschaftlichen Überlegungen beruhen. Daß für den gewählten Zeitpunkt der Eheschließung die Absicht maßgebend ist, eine Abschiebung des ausländischen Verlobten zu verhindern, stellt eine echte wechselseitige Bindung nicht in Frage.[6]

7 Der Antragsteller braucht nicht notwendig die **persönliche Reife** und Selbständigkeit eines 18jährigen zu haben. Abs. 2 ist keine Ausnahmevorschrift für frühreife Jugendliche; die Befreiung soll gerade die gesetzliche Folge des Fehlens der erforderlichen Reife beseitigen. Andererseits darf die Persönlichkeitsentwicklung des Minderjährigen nicht hinter dem bei seinem Alter zu erwartenden Stand zurückgeblieben sein.[7]

8 Ob die beabsichtigte Ehe von **Bestand** sein wird, läßt sich kaum vorhersagen. Die Befreiung ist abzulehnen, wenn bestimmte besondere Gründe das Scheitern der Ehe befürchten lassen. Dagegen ist nicht zu verlangen, daß das Gericht von der Beständigkeit der Ehe überzeugt sein muß oder besonders günstige Vorbedingungen für die zu gründende Ehe bestehen. Der allgemeine Gesichtspunkt, Frühehen seien besonders gefährdet, genügt zur Ablehnung nicht.

9 Befreiung vom Erfordernis der Ehemündigkeit wurde früher fast ausschließlich beantragt, weil die Verlobte ein Kind erwartet oder geboren hat und dieses in einer Ehe aufwachsen soll. Ein solcher Wunsch wird auch heutzutage häufig für die Erteilung einer Befreiung sprechen. Stets bleibt jedoch zu bedenken, daß es keine echte Hilfe für die Beteiligten bedeutet, ihnen eine Ehe zu ermöglichen, deren gedeihliche Entwicklung gefährdet erscheint. Wird die Ehe später wieder geschieden, so sind die Folgen für alle Beteiligten nachteiliger als die einer vorerst unterbliebenen Eheschließung. Andererseits geht es nicht an, einen beachtlichen Anlaß für eine Befreiung allein in der Schwangerschaft der Braut zu sehen, mit der Folge der Ablehnung der Befreiung im Falle einer Fehlgeburt.[8]

10 Keinen ausreichenden Grund für die Befreiung bildet regelmäßig der Umstand, daß die Verlobten bereits zusammenleben und ihre Verbindung auch ohne Eheschließung fortsetzen wollen. Anderenfalls hätten es die Verlobten in der Hand, die Befreiung in jedem Fall herbeizuführen.

11 **c) Inhalt.** Die Befreiung ist – wie sich aus dem Vorstehenden, aber auch aus dem Gesetzeswortlaut „künftiger Ehegatte" ergibt – nicht allgemein, sondern nur **für die Ehe mit einem bestimmten Partner** zu erteilen. Kommt die beabsichtigte Ehe nicht zustande und will der Betreffende vor Erreichen der Volljährigkeit die Ehe mit einem anderen Partner eingehen, so muß er erneut Befreiung beantragen.

12 **d) Gebundene Entscheidung.** Die Befreiung steht nicht im Ermessen des Gerichts.[9] Die Befreiung ist zu erteilen, wenn die beabsichtigte Ehe dem Wohle des Antragstellers nicht widerspricht.

13 **e) Antrag.** Der Antrag kann vom Minderjährigen, aber trotz des höchstpersönlichen Charakters der Eheschließung auch von einem gesetzlichen Vertreter gestellt werden, da der Minderjährige im Verfahren stets anzuhören ist (RdNr. 24), eine Befreiung ohne seinen dahingehenden Willen nicht in Betracht kommt und es ihm im übrigen später freisteht, von der erteilten Befreiung Gebrauch zu machen.[10]

---

[5] Weitergehend OLG Saarbrücken NJW-RR 2007, 1302, 1303; *Staudinger/Strätz* (2007) RdNr. 25.

[6] Vgl. OLG Jena und LG Augsburg (Fn. 4).

[7] Vgl. KG FamRZ 1960, 500, 501; OLG Hamm FamRZ 1960, 288 und 404, 405; BayObLG FamRZ 1963, 525.

[8] So aber OLG Hamm FamRZ 1965, 562.

[9] AA OLG Karlsruhe FamRZ 2000, 819.

[10] Vgl. OLG Hamm FamRZ 1965, 562; RGRK/*Lohmann* RdNr. 11; *Bamberger/Roth/Hahn* RdNr. 4; aA *Staudinger/Strätz* (2007) RdNr. 33; *Erman/Roth* RdNr. 4; *Jansen/Wick* § 64 FGG RdNr. 126.

4. Widerspruch des gesetzlichen Vertreters oder des sonstigen Inhabers der Personensorge. Widerspricht der gesetzliche Vertreter des Antragstellers oder ein sonstiger Inhaber der Personensorge dem Antrag, so darf das Familiengericht die Befreiung nur erteilen, wenn der Widerspruch nicht auf triftigen Gründen beruht **(Abs. 3).** 14

a) Widerspruchsberechtigte. Das Recht zum Widerspruch ist Ausfluß des Personensorgerechts, nicht eines besonderen Elternrechts. Das ergibt das Wort „sonstiger" in Abs. 3. Es steht daher demjenigen zu, der zur Vertretung des Minderjährigen in den persönlichen Angelegenheiten befugt ist. Zum Widerspruch berechtigt ist weiter, wem die tatsächliche Personensorge, dh. die Personensorge ohne die Befugnis zur Vertretung in persönlichen Angelegenheiten zusteht. Wer lediglich die Vermögenssorge ausübt, hat kein Widerspruchsrecht.[11] Maßgebend ist der **Zeitpunkt** der Entscheidung des Familiengerichts. Der Widerspruch eines früheren gesetzlichen Vertreters oder Personensorgeberechtigten wirkt nicht fort. 15

Wer den Minderjährigen in persönlichen Angelegenheiten gesetzlich vertritt, ergibt sich aus den einschlägigen Vorschriften des Kindschaftsrechts. Steht die gesetzliche Vertretung den **Eltern gemeinschaftlich** zu, sind sie im Falle einer Meinungsverschiedenheit nicht wie bei anderen wichtigen Angelegenheiten befugt, gemäß § 1628 das Familiengericht anzurufen, damit dieses einem Elternteil die Entscheidungsbefugnis zuweise. Der Streit der Eltern ist vielmehr allein im Rahmen des Abs. 3 auszuräumen, dh. das Familiengericht hat zu prüfen, ob der Widerspruch des einen Elternteils auf triftigen Gründen beruht. 16

Nach Abs. 3 ist außerdem der **Inhaber der Personensorge** zum Widerspruch berechtigt, wenn dem gesetzlichen Vertreter die tatsächliche Personensorge nicht oder nicht allein zusteht. Das betrifft zB einen Elternteil, dem die gesetzliche Vertretung nach § 1666 entzogen worden ist, oder einen Pfleger (oder Pflegeperson gem. § 1630 Abs. 3 S. 3), dem lediglich die tatsächliche Personensorge (unter Ausschluß der Vertretung in persönlichen Angelegenheiten) übertragen worden ist. Nicht zu den Inhabern der Personensorge gehören Pflege- und Erziehungspersonen iSv. § 1688. Die Eheschließung ist keine Angelegenheit des täglichen Lebens. Auch handelt es sich nicht um ein eigenständiges Recht, sondern um eine von dem Personensorgeberechtigten jederzeit (§ 1688 Abs. 3 S. 1) beschränkbare Befugnis. 17

b) Widerspruch ist die Erklärung, in die Eingehung der Ehe nicht einzuwilligen. Ein passives Verhalten (Stillschweigen) oder eine unentschiedene Äußerung ist kein Widerspruch. Eine mit dem Wesen der Ehe verträgliche auflösende Bedingung (zB Abschluß eines Ehevertrages) kann beigefügt werden. Eine Vertretung im Willen ist nicht zulässig. Der Widerspruch kann jederzeit zurückgenommen werden. Zu erklären ist der Widerspruch gegenüber dem Familiengericht,[12] und zwar schriftlich oder zur Niederschrift. Gelegenheit dazu gibt insbesondere die Anhörung (§ 50a FGG, ab 1. 9. 2009 § 160 FamFG). Der Widerspruch ist, soll er nicht von vornherein ohne Erfolg bleiben („triftige Gründe"), zu begründen. 18

c) Triftige Gründe. Der Widerspruch darf auf einem einzigen triftigen Grund beruhen; es brauchen also entgegen dem Gesetzeswortlaut nicht mehrere triftige Gründe vorzuliegen. Das bedeutet jedoch nicht, daß bei Vorliegen eines vernünftigen oder verständlichen Grundes eine Befreiung selbst dann nicht in Betracht kommt, wenn andere erhebliche Gründe für die Eheschließung sprechen. Vielmehr kann die Entscheidung, ob der Grund „triftig" ist, immer erst nach Abwägung aller in Betracht kommenden Umstände des Einzelfalls getroffen werden. Der Widerspruch beruht nicht auf triftigen Gründen, wenn er sich bei Abwägung des Für und Wider nach sachgemäßer Auffassung nicht rechtfertigen läßt, maW, wenn das Wohl des Minderjährigen erkennbar für die Eheschließung spricht.[13] Der Ansatz ist damit 19

---

[11] Vgl. BayObLG NJW 1965, 868 für den Fall, dass einem Elternteil das Recht, für die Person des Kindes zu sorgen, gemäß § 1666 entzogen ist.

[12] Vgl. *Johannsen/Henrich* § 1314 RdNr. 9; *Wagenitz/Bornhofen* Abschn. 1 RdNr. 19.

[13] Vgl. BGHZ 21, 340, 346 ff.; KG OLGZ 1969, 104, 105; OLG Hamm OLGZ 1958, 349, 351 und Rpfleger 1960, 296, 297; OLG Neustadt FamRZ 1963, 443, 444; BayOblGZ 1981, 358, 362; *Barth/Wagenitz* FamRZ 1996, 833, 840; enger *Staudinger/Strätz* (2007) RdNr. 18 (keine Befreiung, wenn der Widerspruch auf nachvollziehbaren Erwägungen, die das Kindeswohl mitbedacht haben, beruht).

ein anderer als nach Abs. 2 (oben RdNr. 6). Im „non liquet" Fall ist nach Abs. 2 Befreiung zu erteilen, nach Abs. 3 dagegen nicht.[14]

20 Das Widerspruchsrecht ist Ausfluß der Personensorge. Es ist kein eigenbezogenes, sondern wie die gesamte Personensorge ein pflichtbezogenes Recht, das allein im Interesse des Minderjährigen auszuüben ist. Als triftige Gründe kommen daher nur Umstände in Betracht, die in der Person eines Verlobten liegen oder die unmittelbar die beabsichtigte Ehe betreffen, nicht aber persönliche Interessen des Widersprechenden oder seiner Familie.

21 Danach kann im Einzelfall ein triftiger Grund vorliegen, wenn einem Verlobten die nötige persönliche und charakterliche Reife fehlt,[15] die Ehe die Ausbildung des Minderjährigen gefährdet, die wirtschaftliche Basis der Ehe völlig ungesichert ist, zwischen den Verlobten ein erheblicher Altersunterschied besteht,[16] oder die Minderjährige einen Ausländer heiraten will, nach dessen Heimatrecht die Frau in ihrer Stellung in Ehe und Familie stark benachteiligt ist.[17]

22 Problematisch ist, wenn Eltern die Einwilligung aus **religiösen Bedenken** verweigern, zB wegen Konfessionsverschiedenheit der Ehegatten oder weil gar ein Übertritt zur Religion des anderen Verlobten beabsichtigt ist oder weil die Erziehung der Kinder im eigenen Glauben nicht gesichert ist oder eine kirchliche Trauung abgelehnt wird. Allein um der eigenen Glaubensüberzeugung willen darf der Berechtigte bereits nach dem oben Gesagten die Einwilligung nicht verweigern. Aber auch die Sorge um das Seelenheil des anvertrauten Kindes bildet keinen triftigen Grund. Nach Vollendung des vierzehnten Lebensjahres kann das Kind in religiösen Fragen frei und eigenverantwortlich entscheiden (§ 5 RelKErzG). In dieses Entscheidungsrecht des Kindes würden die Eltern eingreifen, wollten sie ihre Ansicht über eine Verweigerung der Einwilligung durchsetzen.[18] Anders liegt es, wenn zu befürchten ist, daß die Glaubensverschiedenheit der Verlobten zu Spannungen führt, die den Bestand der künftigen Ehe gefährden.

23 **5. Rechtsfolgen.** Erteilt das Familiengericht die Befreiung, so bedarf der Antragsteller zur Eingehung der Ehe nicht mehr der Einwilligung des gesetzlichen Vertreters oder eines sonstigen Inhabers der Personensorge **(Abs. 4).** Die entgegen § 1303 ohne Befreiung vom Erfordernis der Volljährigkeit geschlossene Ehe kann aufgehoben werden (§ 1314 Abs. 1), sofern nicht die Aufhebung nach § 1315 Abs. 1 Nr. 1 ausgeschlossen ist.

IV. Verfahren

24 Zuständig ist das Familiengericht.[19] Es entscheidet der Richter (§ 14 Abs. 1 Nr. 18, ab 1. 9. 2009 § 14 Abs. 1 Nr. 13 RPflG). Vor der Entscheidung sind der Minderjährige persönlich (§ 50 b FGG, ab 1. 9. 2009 § 159 Abs. 1 FamFG), das Jugendamt (§ 49 a Abs. 1 Nr. 1 FGG, ab 1. 9. 2009 § 162 Abs. 1 FamFG) und die Eltern (§ 50 a FGG, ab 1. 9. 2009 § 160 FamFG) zu hören. Die Aufklärungspflicht des Familiengerichts (§ 12 FGG, ab 1. 9. 2009 § 26 FamFG) gebietet, auch den anderen Verlobten persönlich anzuhören.[20] Die Entscheidung wird mit Bekanntgabe wirksam (§ 16 Abs. 1 FGG, ab 1. 9. 2009 § 40 Abs. 1 FamFG).[21] Gegen die Entscheidung findet die Beschwerde statt (§ 621 e Abs. 1 ZPO, ab 1. 9. 2009 § 58 FamFG). Beschwerdeberechtigt ist bei Ablehnung des Gesuchs der Antragsteller (§ 20 Abs. 2 FGG, ab 1. 9. 2009 § 59 Abs. 2 FamFG); dem anderen Verlobten steht ein Beschwerderecht nicht zu.[22] Gegen die Befreiung hat der gesetzliche Vertreter oder ein sonstiger Inhaber der Personensorge ein Beschwerderecht (§ 20 Abs. 1 FGG, ab 1. 9. 2009

[14] Vgl. *Muscheler* RdNr. 240; aA *Rauscher* RdNr. 150; *Lüderitz/Dethloff* § 3 RdNr. 23.
[15] Vgl. BayObLGZ 1981, 358, 364 f.
[16] Vgl. OLG Düsseldorf FamRZ 1961, 80.
[17] Vgl. OLG Neustadt FamRZ 1963, 443.
[18] Vgl. BGHZ 21, 340, 349 = NJW 1956, 1794.
[19] Zu den Gründen s. BT-Drucks. 13/9416 S. 27.
[20] KG FamRZ 1960, 500, 501; OLG Saarbrücken FamRZ 2003, 1662.
[21] AA *Keidel/Engelhardt* § 53 RdNr. 6.
[22] Vgl. OLG Jena FamRZ 1997, 1274.

§ 59 Abs. 1 FamFG),[23] hingegen vor Inkrafttreten des FamFG nicht das Jugendamt (anders Vorauflage),[24] zum Beschwerderecht des Jugendamts ab 1. 9. 2009 s. § 162 Abs. 3 FamFG.

§ 1304 Geschäftsunfähigkeit

Wer geschäftsunfähig ist, kann eine Ehe nicht eingehen.

I. Normzweck

1 Der Geschäftsunfähige kann nicht heiraten. Das ist angesichts der Bedeutung der Ehe und ihres Vertragscharakters selbstverständlich. Auch mit Zustimmung seines gesetzlichen Vertreters kann er eine Ehe nicht eingehen. Befreiung ist nicht möglich. Eine gleichwohl geschlossene Ehe kann aufgehoben werden (§ 1314 Abs. 1).

II. Einzelerläuterung

2 **1. Fälle der Geschäftsunfähigkeit.** Geschäftsunfähig ist:

3 **a)** Wer nicht das **siebente Lebensjahr** vollendet hat (§ 104 Nr. 1).

4 **b)** Wer sich in einem die freie Willensbestimmung ausschließenden Zustand **krankhafter Störung der Geistestätigkeit** befindet, sofern nicht der Zustand seiner Natur nach ein vorübergehender ist (§ 104 Nr. 2). Wegen der Einzelheiten ist auf die Erläuterungen zu § 104 zu verweisen. Hervorzuheben ist, daß nicht jede krankhafte Störung der Geistestätigkeit den freien Willensentschluß in Frage stellt und sich die Störung auf bestimmte Lebensbereiche beschränken kann. Eine Person, die in ihrer geistigen Entwicklung zurückgeblieben, schlicht strukturiert und von unterdurchschnittlicher Intelligenz ist, ist deswegen nicht schon geschäftsunfähig.[1] Weiter ist im Einzelfall zu prüfen, ob sich die Störung auch auf den Bereich der Ehe erstreckt oder ob der Betreffende die nötige Einsicht in das Wesen der Ehe und die Tragweite der Eheschließung besitzt und insoweit zu einem freien Willensentschluß in der Lage ist (Ehegeschäftsfähigkeit).[2] Die Auslegung des § 104 Nr. 2 dahin, dass eine partielle Geschäftsfähigkeit für die Eheschließung gegeben sein kann, ist im Lichte der von Art. 6 Abs. 1 GG geschützten Eheschließungsfreiheit geboten.[3] Jedoch ist bei der Annahme einer partiellen Geschäftsfähigkeit eines im Übrigen Geschäftsunfähigen Zurückhaltung geboten. Erstreckt sich die Störung ausnahmsweise nicht auf den Bereich der Ehe, zB bei Querulantenwahn, so kann der Betreffende vollwirksam eine Ehe eingehen. Weiter ist zu beachten, daß eine Störung der Geistestätigkeit nicht ständig zu sein braucht. Ist die Geistestätigkeit zeitweilig nicht gestört, so ist der Betreffende in den lichten Intervallen voll geschäfts- und ehefähig.

5 **c) Betreuung.** Eine Entmündigung wegen Geisteskrankheit mit der Folge der Geschäftsunfähigkeit (§ 104 Nr. 3 aF) gibt es seit Inkrafttreten des BtG v. 12. 9. 1990 nicht mehr. Die Bestellung eines Betreuers (§ 1896 Abs. 1) führt nicht zur Geschäftsunfähigkeit des Betreuten und hat damit keine Auswirkungen auf dessen Ehefähigkeit. Ein Betreuter bedarf zur Eheschließung niemals der Einwilligung seines Betreuers. Ein Einwilligungsvorbehalt erstreckt sich nicht auf Willenserklärungen, die auf Eingehung einer Ehe gerichtet sind (§ 1903 Abs. 2). Ein geschäftsfähiger Erwachsener, der aufgrund einer psychischen Krankheit oder

---

[23] Vgl. *Bamberger/Roth/Hahn* RdNr. 18; *Palandt/Brudermüller* RdNr. 10; *Staudinger/Strätz* (2007) RdNr. 40; *Jansen/Wick* § 64 FGG RdNr. 175; aA *Gernhuber/Coester-Waltjen* § 9 RdNr. 15; *Jansen/Müller-Lukoschek* § 44 a FGG RdNr. 46.

[24] Vgl. *Wagenitz/Bornhofen* Abschn. 1 RdNr. 24; *Staudinger/Strätz* (2007) RdNr. 42; *Jansen/Müller-Lukoschek* § 44 a FGG RdNr. 45; aA *Jansen/Wick* § 64 RdNr. 175.

[1] Vgl. BGH NJW 1970, 1680, 1681 (Schwachsinn leichten bis mittleren Grades); BayObLG FamRZ 1997, 294, 295 = StAZ 1996, 229; AG Rottweil FamRZ 1990, 626; AG Bremen StAZ 1992, 272, 273.

[2] Vgl. BayObLG FamRZ 1997, 294 f. und 2003, 373, 374; LG Osnabrück FPR 2002, 90; *Böhmer* StAZ 1992, 65, 67; *Finger* StAZ 1996, 225, 228 f.

[3] BVerfG FamRZ 2003, 359, 360 f.

einer körperlichen, geistigen oder seelischen Behinderung seine Angelegenheiten ganz oder teilweise nicht zu besorgen vermag, bleibt somit bei der Eheschließung ohne Schutz, ungeachtet des Umstandes, daß es dem anderen Verlobten (beispielsweise einem Ausländer, dem von vornherein der Wille zur Herstellung der ehelichen Lebensgemeinschaft mit dem Kranken oder Behinderten fehlt) gerade um die Ausnutzung dieser Situation zu tun sein kann.[4]

6 **2. Prüfung.** Das Standesamt hat – im Rahmen der Prüfung nach § 13 Abs. 1 PStG – die Frage der Geschäftsfähigkeit selbständig zu beurteilen.[5] Die persönliche Anhörung des Betroffenen ist dabei in der Regel unerlässlich.[6] Eine konstitutive gerichtliche Feststellung der Geschäftsunfähigkeit gibt es nicht mehr.[7] In Zweifelsfällen hat der Standesbeamte die Möglichkeit, von sich aus die Entscheidung des Gerichts herbeizuführen (§ 49 Abs. 2 PStG). Anlaß zu Zweifeln an der Ehefähigkeit und zu näheren Ermittlungen, insbes. zur Einholung eines Sachverständigengutachtens kann ein auffälliges Verhalten eines Nupturienten geben, ferner die Bestellung eines Betreuers, insbes. mit Einwilligungsvorbehalt (§ 1903 Abs. 1).[8] Eine zuverlässige Kenntnis hiervon wird dem Standesbeamten allerdings eine Mitteilung des Vormundschaftsgerichts nach § 69 k Abs. 1 FGG bzw. ab 1. 9. 2009 des Betreuungsgerichts nach § 308 Abs. 1 FamFG kaum je vermitteln.[9] Ist eine Geschäftsunfähigkeit nicht nachweisbar, darf die Eheschließung nicht abgelehnt werden.

7 **3. Vorübergehende Störung der Geistestätigkeit.** Eine Willenserklärung, die im Zustande der Bewußtlosigkeit oder vorübergehender Störung der Geistestätigkeit abgegeben wird, ist nichtig (§ 105 Abs. 2 BGB). Wer sich in einem solchen, die freie Willensbestimmung ausschließenden Zustande (zB Fieberdelirium, Volltrunkenheit, Hypnose, Drogenrausch) befindet, kann ebenfalls eine Ehe nicht eingehen.[10] Wie die Ehe eines Geschäftsunfähigen ist auch eine im Zustande der Bewußtlosigkeit oder vorübergehenden Störung der Geistestätigkeit eingegangene Ehe aufhebbar (§ 1314 Abs. 2 Nr. 1).

8 **4. Heilung.** Eine Heilung ist bei Fortsetzung der Ehe nach Wegfall der Geschäftsunfähigkeit, der Bewußtlosigkeit oder der Störung der Geistestätigkeit rückwirkend möglich (§ 1315 Abs. 1 Nr. 2 und Nr. 3).

9 **5. Verfahren.** Lehnt der Standesbeamte seine Mitwirkung bei der beabsichtigten Eheschließung wegen Geschäftsunfähigkeit eines Eheschließenden ab, so kann gemäß § 49 Abs. 1 PStG das Gericht angerufen werden. Der Eheschließende ist ungeachtet fehlender Geschäftsfähigkeit verfahrensfähig.[11]

§ 1305 *(weggefallen)*

Untertitel 2. Eheverbote

Vorbemerkungen

I. Abschließende Aufzählung der Eheverbote

1 Das BGB regelt in den §§ 1306 bis 1308 die Eheverbote. Ihr Bestand ist nach dem Fortfall der Eheverbote der Schwägerschaft (§ 4 EheG),[1] der Wartezeit nach vorangegangener Auflösung einer Vorehe (§ 8 EheG), des fehlenden Auseinandersetzungszeugnisses (§ 9

[4] Vgl. *Schwab*, FS Rebmann, 1989, S. 685, 692 ff.; *Finger* StAZ 1996, 225, 226 f.
[5] Im einzelnen s. *Böhmer* StAZ 1990, 215 f.; BT-Drucks. 11/4528 S. 65.
[6] Vgl. BayObLG FamRZ 2003, 373, 374.
[7] Zu den Gründen vgl. BT-Drucks. 11/4528 S. 64 f.; kritisch *Dieckmann* JZ 1988, 789, 794 f.
[8] Vgl. *Böhmer* StAZ 1990, 216 und 1992, 65, 66 f.
[9] Vgl. *Böhmer* StAZ 1990, 215; anders die Annahme der Bundesregierung, BT-Drucks. 11/4528 S. 65, 182.
[10] Zur Prüfung der Ehefähigkeit bei lebensbedrohender Erkrankung vgl. *Böhmer* StAZ 1990, 217.
[11] Vgl. OLG Stuttgart FamRZ 1991, 724.
[1] Dazu EuGHMR FamRZ 2005, 1971 m. Anm. *Henrich*: Verstoß gegen Art. 12 EMRK.

EheG) sowie des Eheverbots aus § 39 Abs. 2 S. 1 EheG auf ein Minimum reduziert worden. Das entspricht der in Art. 6 Abs. 1 GG gewährleisteten Eheschließungsfreiheit, die dem Gesetzgeber insbesondere bei der Aufstellung von Eheverboten äußerste Zurückhaltung auferlegt (vgl. Vor § 1303 RdNr. 10).

II. Einteilung der Eheverbote

Das Gesetz unterscheidet sprachlich **trennende** Eheverbote (darf nicht) und **aufschiebende** Eheverbote (soll nicht). Ein Verstoß gegen ein trennendes Eheverbot (§§ 1306, 1307) führt zur Aufhebbarkeit der Ehe; ein aufschiebendes Eheverbot (§ 1308) steht zwar ebenfalls der Eheschließung entgegen, beeinträchtigt aber die Gültigkeit der gleichwohl geschlossenen Ehe nicht. Die Unterscheidung ist praktisch wenig erheblich, weil der Standesbeamte Ehehindernisse fast immer rechtzeitig erkennen wird; zudem wird der Sprachgebrauch anderswo (§ 1303 Abs. 1) nicht beibehalten. 2

Weiter kann man Eheverbote danach einteilen, ob eine Befreiung ausgeschlossen ist (**absolute** Eheverbote) oder nicht (**relative oder dispensable** Eheverbote). Die Unterscheidung deckt sich nicht mit der ersten. So kann vom aufschiebenden Eheverbot der Annahme als Kind bei Verwandtschaft in gerader Linie (§ 1308 Abs. 2) keine Befreiung erteilt werden. 3

Eine weitere Unterscheidungsmöglichkeit bietet die Frage, ob das Eheverbot nur einen Beteiligten betrifft (**einseitige** Eheverbote) oder sich gleichermaßen gegen beide Beteiligte richtet (**zweiseitige** Eheverbote). Die Eheverbote der §§ 1306 bis 1308 sind alle zweiseitig. 4

§ 1306 Bestehende Ehe oder Lebenspartnerschaft

Eine Ehe darf nicht geschlossen werden, wenn zwischen einer der Personen, die die Ehe miteinander eingehen wollen, und einer dritten Person eine Ehe oder Lebenspartnerschaft besteht.

I. Normzweck

§ 1306 enthält als selbstverständliche Konsequenz des unser Eherecht tragenden Grundsatzes der Einehe das Verbot der Doppelehe. Das Gesetz zur Überarbeitung des Lebenspartnerschaftsrechts vom 15. 12. 2004 (BGBl. I S. 3396) stellt einer bestehenden Ehe eine bestehende Lebenspartnerschaft gleich. Das Verbot, von dem keine Befreiung möglich ist, ist zweiseitig und richtet sich auch gegen den Teil, der nicht verheiratet oder nicht Lebenspartner ist. Ein lediger Inländer darf daher die Ehe mit einem verheirateten Ausländer auch dann nicht eingehen, wenn dessen Heimatrecht das Eheverbot der Doppelehe nicht kennt.[1] 1

II. Einzelerläuterung

1. Bestehende Ehe. a) Aufhebbare Ehe. Auch eine **aufhebbare** Ehe steht, solange sie nicht aufgehoben ist (§ 1313 S. 2), einer erneuten Eheschließung entgegen, dagegen nicht eine sog. Nichtehe (zB eine Ehe, die ohne Mitwirkung eines Standesbeamten geschlossen ist). 2

b) Auflösung der Ehe. Die Ehe wird aufgelöst durch Tod eines Ehegatten, durch Wiederverheiratung nach Todeserklärung eines Ehegatten (§ 1319 Abs. 2), durch Aufhebung (§ 1313) oder durch Scheidung (§ 1564), und zwar auch dann, wenn das Scheidungs- oder Aufhebungsurteil erschlichen wurde. Eine Ehe ist nicht aufgelöst, solange das die Scheidung oder Aufhebung aussprechende Urteil noch nicht rechtskräftig ist (vgl. § 1315 Abs. 2 Nr. 1). Solange die Ehe nicht aufgelöst ist, begründet sie das Ehehindernis der Doppelehe, ohne daß es auf den guten oder schlechten Glauben der Ehepartner ankommt. 3

---

[1] Vgl. OLG Zweibrücken FamRZ 2004, 950, 951.

4 **c) Ausländische Entscheidungen in Ehesachen.** Wird eine Ehe im Ausland für nichtig erklärt, aufgehoben oder geschieden, so wird die Entscheidung im Inland nur anerkannt, wenn die Landesjustizverwaltung oder der Präsident des Oberlandesgerichts festgestellt hat, daß die Voraussetzungen für die Anerkennung vorliegen, es sei denn, daß ein Gericht des Staates entschieden hat, dem beide Ehegatten zur Zeit der Entscheidung angehört haben (Art. 7 § 1 Abs. 1 FamRÄndG, ab 1. 9. 2009 § 107 Abs. 1 FamFG), und keiner der Ehegatten außerdem Deutscher war (Art. 5 Abs. 1 S. 2 EGBGB) oder dass die Entscheidung in den Anwendungsbereich der EuEheVO fällt. In diesen Fällen hat der Standesbeamte zu prüfen, ob die Entscheidung nach § 328 ZPO bzw. Art. 22 EuEheVO im Inland anzuerkennen ist.

5 **d) Wiedereinsetzung in den vorigen Stand und Wiederaufnahme des Verfahrens.** Wiedereinsetzung in den vorigen Stand wegen Versäumung der Rechtsmittelfrist (§ 233 ZPO) und Wiederaufnahme des Verfahrens (§§ 578 ff. ZPO) sind in Ehesachen uneingeschränkt zulässig (s. ab 1. 9. 2009 §§ 113 Abs. 1, 117 Abs. 5, 118 FamFG), und zwar auch dann, wenn eine Partei zwischenzeitlich wieder geheiratet hat. Die Rechtsunsicherheit, die hiermit verbunden ist, hat der Gesetzgeber bewußt in Kauf genommen. Entsprechendes gilt für die Verfassungsbeschwerde.[2]

6 Ist einer der Ehegatten unter Vorlegung der bereits als endgültig angesehenen Entscheidung in der Zwischenzeit eine neue Ehe eingegangen, so ist zu unterscheiden:

7 **aa) Aufhebung der Entscheidung.** Wird die Entscheidung nachträglich aufgehoben und die erste Ehe aufrechterhalten, so wird die neue Ehe rückwirkend zu einer bigamischen Ehe.[3] Das Eherecht enthält keine Vorschrift zum Schutze einer Ehe, die unter der irrtümlichen Voraussetzung geschlossen wurde, die frühere Ehe eines der Eheschließenden sei rechtskräftig aufgelöst. Der Vorschlag, § 38 Abs. 2 EheG, jetzt § 1319 Abs. 2 analog anzuwenden,[4] entbehrt der rechtlichen Grundlage. Auch Art. 6 Abs. 1 GG, unter dessen Schutz auch die erste Ehe steht, gestattet es nicht, die Erhebung der Wiederaufnahmeklage als unzulässige Rechtsausübung anzusehen, wenn bei einer Abwägung die zweite Ehe als schützenswerter erscheint.[5]

8 **bb) Bestätigung der Entscheidung.** Wird die Entscheidung nachträglich rechtskräftig, so ist die neue Ehe als von Anfang an gültig anzusehen (§ 1315 Abs. 2 Nr. 1). Wird die frühere Entscheidung in dem wiedereröffneten Verfahren bestätigt, so ist – wie vor allem von *Zeuner* vorgeschlagen – im Interesse der neuen Ehe darüber hinwegzusehen, daß die Bestätigung eine Aufhebung der alten Entscheidung ex tunc und deren Ersetzung durch eine neue Entscheidung mit Wirkung ex nunc bedeutet, und dem Bestandsschutz der zweiten Ehe der Vorrang einzuräumen.[6] Hier wiegt das Interesse der Ehegatten der neuen Ehe an deren Aufrechterhaltung schwerer als das Bedürfnis, den Zeitpunkt der Auflösung der ersten Ehe neu zu bestimmen. Der Vorrang der älteren Ehe verliert seinen Sinn. Das entspricht der in § 1315 Abs. 2 Nr. 1 getroffenen Entscheidung.

9 **e) Rechtsfolgen.** Ein Verstoß gegen das Eheverbot der Doppelehe führt zur Aufhebbarkeit der Ehe (§ 1314 Abs. 1). Die Eingehung einer bigamischen Ehe ist unter Strafe gestellt (§ 172 StGB). Die Aufhebbarkeit wird nicht durch Auflösung der ersten Ehe (durch Tod des anderen Ehegatten, Scheidung oder Aufhebung, Wiederheirat des anderen Ehegatten nach Todeserklärung) geheilt. Die bigamische Ehe ist aber voll wirksam, wenn die erste Ehe später – nach dem alten (vgl. Art. 226 Abs. 2 EGBGB) oder nach dem maßgebenden auslän-

---

[2] Vgl. *Engler,* FS Gebhard Müller, S. 39, 48 ff.

[3] BGHZ 8, 284 = NJW 1953, 423; BGH LM EheG § 48 Abs. 2 Nr. 33 = NJW 1959, 45; ZPO § 632 Nr. 1 = NJW 1976, 1590, 1591; ZPO § 578 Nr. 1 und Nr. 2; *Lutter* S. 128 ff.; *Stein/Jonas/Grunsky* § 578 RdNr. 4.

[4] *Rüßmann* AcP 167 (1967), 427 ff.

[5] So aber OLG Frankfurt FamRZ 1978, 922, 923.

[6] *Zeuner* MDR 1960, 85 ff.; vgl. weiter *Lutter* S. 132; *Gernhuber/Coester-Waltjen* § 10 RdNr. 17; RGRK/*Lohmann* RdNr. 27; Piekenbrock IPRax 2001, 119, 122; aA BGH LM EheG § 48 Abs. 2 Nr. 33 = NJW 1959, 45, 46; *Muscheler* RdNr. 246.

dischen Recht – für nichtig erklärt wird, weil damit rückwirkend feststeht, daß der Ehegatte bei der zweiten Eheschließung nicht mit einem Dritten in gültiger Ehe lebte. Das gleiche gilt, wenn die Landesjustizverwaltung oder der Präsident des OLG nachträglich feststellt, daß die Voraussetzungen für die Anerkennung der die Scheidung der Erstehe aussprechenden ausländischen Entscheidung vorliegen, weil die Anerkennung auf den Zeitpunkt der Rechtskraft der ausländischen Ehescheidung zurückwirkt.[7]

f) Wiederholung der Eheschließung. Das Verbot der Doppelehe steht – wie sich bereits aus dem Gesetzeswortlaut „einer dritten Person" ergibt – einer Wiederholung der Eheschließung mit demselben Partner nicht entgegen, wenn die Ehegatten Zweifel an der Gültigkeit oder an dem Fortbestand ihrer Ehe hegen oder wenn sie mit Sicherheit wissen, daß ihre frühere Ehe nicht gültig ist.[8] Der Standesbeamte hat zu prüfen, ob ernsthafte Zweifel an der Gültigkeit oder dem Fortbestand der Ehe möglich sind.[9] Ist das nicht der Fall, kommt eine Wiederholung der Eheschließung nicht in Betracht. Ist die Behebung eines Aufhebungsgrundes durch Bestätigung möglich(§ 1315 Abs. 1 S. 1 Nr. 1 bis 4), so ist eine Wiederholung der Eheschließung gleichfalls ausgeschlossen.[10] Bei der Wiederholung sind alle Vorschriften über die Eheschließung zu beachten. Als Erklärungen des Eheschließungswillens kann die Bekundung genügen, die Ehe fortsetzen zu wollen.[11] Die Wiederholung hat keine rückwirkende Kraft, heilt also etwaige Mängel nur für die Zukunft. 10

2. Bestehende Lebenspartnerschaft. Durch Art. 2 Nr. 2 des Gesetzes zur Überarbeitung des Lebenspartnerschaftsrechts vom 15. 12. 2004 (BGBl. I S. 3396), in Kraft getreten am 1. 1. 2005, wird das Eheverbot der Doppelehe ergänzt: Dem Bestehen einer Ehe gleichgestellt ist nunmehr das Bestehen einer Lebenspartnerschaft mit einer dritten Person. Nach bisheriger Gesetzeslage stand eine von einem Partner eingegangene eingetragene Lebenspartnerschaft der Eheschließung nicht entgegen. Ungeregelt war allerdings die Frage geblieben, welche Folgen eine Eheschließung bei bestehender eingetragener Lebenspartnerschaft für den weiteren Bestand der Lebenspartnerschaft nach sich zieht.[12] Der Gesetzgeber ist nunmehr der vom BVerfG aufgezeigten Möglichkeit gefolgt, das Eingehen der Ehe davon abhängig zu machen, dass eine Lebenspartnerschaft nicht oder nicht mehr besteht, und so dem Gebot, die Ehe als Lebensform zwischen Mann und einer Frau zu schützen, nachzukommen.[13] Eine unter Verstoß gegen die Vorschrift geschlossene Ehe ist gemäß § 1314 Abs. 1 aufhebbar. Nicht unter das Eheverbot („und einer dritten Person") fällt die Eheschließung von bereits durch eine eingetragene Lebenspartnerschaft miteinander verbundenen Personen nach der Feststellung, dass einer von ihnen als dem anderen Geschlecht zugehörig anzusehen ist.[14] 11

§ 1307 Verwandtschaft

[1] Eine Ehe darf nicht geschlossen werden zwischen Verwandten in gerader Linie sowie zwischen vollbürtigen und halbbürtigen Geschwistern. [2] Dies gilt auch, wenn das Verwandtschaftsverhältnis durch Annahme als Kind erloschen ist.

I. Normzweck

§ 1307 verbietet die Ehe zwischen Verwandten in gerader Linie und zwischen Geschwistern. Eine Befreiung ist nicht möglich. Das Inzestverbot erfüllt für die gesellschaftliche Entwicklung wichtige Funktionen. Die Unzweideutigkeit der sozialen Rolle des einzelnen Familienmit- 1

[7] BGH FamRZ 1982, 1203, 1205.
[8] Vgl. BT-Drucks. 13/4898 S. 15.
[9] AA *Erman/Roth* RdNr. 7.
[10] AA *Bamberger/Roth/Hahn* RdNr. 14.
[11] Vgl. BGH FamRZ 1983, 450, 451.
[12] Vgl. BVerfGE 105, 313, 343.
[13] Vgl. BVerfG aaO 344; BT-Drucks. 15/3445 S. 17.
[14] Vgl. LG Berlin StAZ 2008, 146, 147; *Windel* JR 2006, 265, 268.

glieds wird sichergestellt, eine Geschlechtskonkurrenz in der Kernfamilie verhindert oder vermindert und jedes Familienmitglied gezwungen, außerfamiliäre Beziehungen einzugehen.[1]

II. Einzelerläuterungen

2 **1. Verwandtschaft. a) Gerade Linie.** § 1307 verbietet zunächst die Ehe zwischen Verwandten in gerader Linie. In gerader Linie verwandt sind nach § 1589 Personen, deren eine von der anderen abstammt, gleichgültig, ob Vater und Mutter der Person miteinander verheiratet sind oder nicht. Auf den Grad der Verwandtschaft kommt es nicht an. Verboten ist also die Ehe zwischen Vater und Tochter, Großmutter und Enkel, Urgroßvater und Urenkelin.

3 Maßgebend für das Eheverbot ist die **tatsächliche blutsmäßige Abstammung.** Der genetische Erzeuger (Samenspende genügt) einer nach § 1592 Nr. 1 als Kind des Ehemannes der Mutter geltenden Tochter kann sein Kind daher auch dann nicht heiraten, wenn die Vaterschaft des Ehemannes nicht angefochten und er nicht als Vater des Kindes festgestellt ist.

4 Das Eheverbot bleibt zwischen den leiblichen Eltern und ihrem Kind auch dann bestehen, wenn dieses von Dritten **als Kind angenommen** worden ist (S. 2). Zwar erlischt mit der Annahme eines Minderjährigen das Verwandtschaftsverhältnis des Kindes und seiner Abkömmlinge zu den bisherigen Verwandten (§ 1755). Das gleiche gilt bei der Annahme eines Volljährigen, wenn das Vormundschaftsgericht gemäß § 1772 beim Ausspruch der Annahme bestimmt hat, daß sich die Wirkungen der Annahme nach den Vorschriften über die Annahme eines Minderjährigen richten sollen. Dies berührt jedoch das Eheverbot der Verwandtschaft nicht, da es an der Anstößigkeit der Ehe zwischen Blutsverwandten gerader Linie oder zwischen Geschwistern nichts ändert, daß ein Teil von Dritten adoptiert worden ist.

5 Der biologischen Verwandtschaft gleichgestellt ist die **rechtliche Verwandtschaft.** Wer nach §§ 1591, 1592, 1593 Mutter oder Vater eines Kindes ist, ist mit dem Kinde verwandt, auch wenn in Wirklichkeit eine genetische Verwandtschaft nicht besteht. Der Gegenbeweis wird nicht zugelassen. So kann der Ehemann die im Ehebruch empfangene Tochter seiner Frau nicht heiraten, solange nicht aufgrund einer Anfechtung gerichtlich festgestellt ist, daß er nicht der Vater des Kindes ist.[2] Die Vaterschaft eines vor dem 1. Juli 1998 geborenen Kindes richtet sich nach den bisherigen Vorschriften (Art. 224 § 1 Abs. 1 EGBGB). Verwandtschaft kann auch durch die **Annahme als Kind** begründet werden. Jedoch gilt insoweit wegen der unterschiedlichen Rechtsfolgen die Regelung des § 1308.

6 **b) Seitenlinie.** Das Eheverbot erstreckt sich in der Seitenlinie lediglich auf Geschwister, gleichgültig ob sie beide Eltern gemeinsam haben (vollbürtige Geschwister) oder nur einen Elternteil (halbbürtige Geschwister). Der genetischen Abstammung steht auch hier die rechtliche Verwandtschaft gleich. So kann ein von einer Leihmutter ausgetragenes Kind ein anderes Kind der Leihmutter nicht heiraten.[3] Andere in der Seitenlinie Verwandte können einander heiraten, so Geschwisterkinder (Cousin und Cousine), Onkel und Nichte, Tante und Neffe. Nicht verwandt sind von den Eltern zusammengebrachte Kinder aus früheren Ehen. Für Adoptivkinder und leibliche Kinder der Adoptiveltern gilt wiederum die Sonderregelung des § 1308.

7 **2. Schwägerschaft.** Das Eheverbot der Schwägerschaft in gerader Linie (§ 4 EheG) – verschwägert sind nach § 1590 die Verwandten eines Ehegatten mit dem anderen Ehegatten – ist entfallen. Danach dürfen einander nunmehr heiraten Stiefeltern und Stiefkinder, Schwiegereltern und Schwiegerkinder. Die Ehe zwischen Schwager und Schwägerin, Stiefmutter und Mann der Stieftochter – Schwägerschaft in der Seitenlinie – war schon bisher erlaubt.

8 **3. Rechtsfolgen.** Die verbotswidrig geschlossene Ehe ist aufhebbar (§ 1314 Abs. 1).

---

[1] Vgl. BVerfGE 120, 224, 243 ff. zur Vereinbarkeit der Strafvorschrift des § 173 Abs. 2 S. 2 StGB, die den Beischlaf zwischen Geschwistern mit Strafe bedroht, mit dem Grundgesetz.

[2] Abweichend bei Versäumung der Anfechtungsfrist *Hepting/Gaaz* III RdNr. 158.

[3] AA *Hepting/Gaaz* (Fn. 2) und *Erman/Roth* RdNr. 3: Gerichtliches Feststellungsverfahren.

§ 1308 Annahme als Kind

(1) [1] Eine Ehe soll nicht geschlossen werden zwischen Personen, deren Verwandtschaft im Sinne des § 1307 durch Annahme als Kind begründet worden ist. [2] Dies gilt nicht, wenn das Annahmeverhältnis aufgelöst worden ist.

(2) [1] Das Familiengericht kann auf Antrag von dieser Vorschrift Befreiung erteilen, wenn zwischen dem Antragsteller und seinem künftigen Ehegatten durch die Annahme als Kind eine Verwandtschaft in der Seitenlinie begründet worden ist. [2] Die Befreiung soll versagt werden, wenn wichtige Gründe der Eingehung der Ehe entgegenstehen.

I. Normzweck

§ 1308 enthält eine mit § 1307 weitgehend gleichlaufende Sonderregelung für die durch Annahme als Kind begründete Verwandtschaft: Eine Ehe soll nicht geschlossen werden zwischen Personen, deren Verwandtschaft durch Annahme als Kind begründet worden ist. Im Gegensatz zum Eheverbot der Verwandtschaft ist das Eheverbot der Annahme als Kind nicht trennend, sondern nur aufschiebend; auch ist teilweise Befreiung möglich. 1

II. Einzelerläuterung

1. Stellung des Adoptivkindes. Durch die Adoption erlangt das **minderjährige Kind** in vollem Umfang die rechtliche Stellung eines Kindes des oder der Annehmenden (§ 1754). Das Kind und seine Abkömmlinge werden mit allen Verwandten des oder der Annehmenden gleichfalls verwandt. Bei der **Annahme Volljähriger** erstrecken sich die Wirkungen der Annahme nicht auf die Verwandten des Annehmenden (§ 1770 Abs. 1). Jedoch kann das Vormundschaftsgericht gemäß § 1772 beim Ausspruch der Annahme eines Volljährigen bestimmen, daß auch hier die Wirkungen der Annahme eines Minderjährigen eintreten. 2

2. Umfang des Eheverbotes. Bei der Annahme eines **Minderjährigen** bestimmt sich der Kreis der Verwandten, auf die sich das Eheverbot erstreckt, unmittelbar nach § 1307. Verboten ist danach die Ehe bei Verwandtschaft in gerader Linie oder in der Seitenlinie zwischen Geschwistern (vgl. § 1307 RdNr. 2, 6). Durchgreifende verfassungsrechtliche Bedenken gegen das Eheverbot zwischen Adoptivgeschwistern bestehen im Hinblick auf die Befreiungsmöglichkeit (RdNr. 5) nicht.[1] Bei der Annahme eines **Volljährigen** – sofern ihr nicht die Wirkungen der Minderjährigenannahme beigelegt worden sind – erstreckt sich das Eheverbot auf alle Abkömmlinge des Adoptierten, gleichgültig, ob sie im Zeitpunkt der Adoption bereits geboren waren oder nicht, dagegen nicht auf Verwandte des Annehmenden. Der angenommen Volljährige kann daher beispielsweise eine anderes Kind des Annehmenden heiraten. 3

3. Auflösung des Annahmeverhältnisses (Abs. 1 S. 2). Die Adoption hindert die Eheschließung nicht, wenn das Annahmeverhältnis bei Minderjährigen gemäß §§ 1760, 1763, bei Volljährigen gemäß §§ 1771, 1772 Abs. 2 nachträglich wieder aufgehoben worden ist. Bei der nicht auf Abstammung beruhenden Verwandtschaft besteht kein Bedürfnis, das Eheverbot aufrechtzuerhalten, wenn das Annahmeverhältnis aufgelöst ist. 4

4. Befreiung. Anders als bei leiblichen Verwandten kann das Familiengericht nach Abs. 2 von dem Eheverbot bei Verwandtschaft in der Seitenlinie Befreiung erteilen. Ausgeschlossen ist die Befreiung bei Verwandtschaft in gerader Linie. Ein Elternteil kann daher nicht das angenommene Kind und dessen Abkömmlinge, ein Großelternteil (bei Annahme Minderjähriger) nicht sein Enkelkind heiraten. Dagegen kann das Familiengericht die Ehe zwischen Geschwistern zulassen, deren Verwandtschaft auf der Annahme (eines Minderjährigen) beruht. Die Befreiung darf nur verweigert werden, wenn der Eingehung der Ehe 5

[1] AA *Bamberger/Roth/Hahn* RdNr. 2.

wichtige Gründe entgegenstehen. Sind keine wichtigen Gründe vorhanden, muß Befreiung erteilt werden. In Betracht kommen nur Versagensgründe, die mit dem Sinn und Zweck des Eheverbots in Zusammenhang stehen, also im Bereich der Sittenordnung liegen und ihm im Einzelfall ein besonderes Gewicht verleihen. Zu denken ist insbesondere an eine bisherige familienmäßige Zusammengehörigkeit der Verlobten, an ein gelebtes Geschwisterverhältnis. Keine Rolle spielen, weil außerhalb des Eheverbots liegend, persönliche Eigenschaften oder eine ungünstige Eheprognose. Stets ist die gesamte familiäre Situation aufzuklären.

6 Die Befreiung kann jeder Verlobte beantragen. Die örtliche Zuständigkeit des Familiengerichts ergibt sich aus § 44a Abs. 1 FGG, ab 1. 9. 2009 § 187 Abs. 3, 4 FamFG. Es entscheidet der Richter (§ 14 Abs. 1 Nr. 18, ab 1. 9. 2009 § 14 Abs. 1 Nr. 16 RPflG). Die Befreiung ist unanfechtbar (§ 44a Abs. 2 FGG, ab 1. 9. 2009 § 198 Abs. 3 FamFG).

7 **5. Rechtsfolgen.** Die Nichtbeachtung des Eheverbots beeinflußt die Gültigkeit der Ehe nicht. Schließt ein Annehmender mit dem Angenommenen oder einem seiner Abkömmlinge § 1308 zuwider die Ehe, so wird mit der Eheschließung das durch die Annahme zwischen ihnen begründete Rechtsverhältnis aufgehoben (§§ 1766, 1767 Abs. 2).

Untertitel 3. Ehefähigkeitszeugnis

§ 1309 Ehefähigkeitszeugnis für Ausländer

(1) [1] Wer hinsichtlich der Voraussetzungen der Eheschließung vorbehaltlich des Artikels 13 Abs. 2 des Einführungsgesetzes zum Bürgerlichen Gesetzbuche ausländischem Recht unterliegt, soll eine Ehe nicht eingehen, bevor er ein Zeugnis der inneren Behörde seines Heimatstaats darüber beigebracht hat, dass der Eheschließung nach dem Recht dieses Staates kein Ehehindernis entgegensteht. [2] Als Zeugnis der inneren Behörde gilt auch eine Bescheinigung, die von einer anderen Stelle nach Maßgabe eines mit dem Heimatstaat des Betroffenen geschlossenen Vertrags erteilt ist. [3] Das Zeugnis verliert seine Kraft, wenn die Ehe nicht binnen sechs Monaten seit der Ausstellung geschlossen wird; ist in dem Zeugnis eine kürzere Geltungsdauer angegeben, ist diese maßgebend.

(2) [1] Von dem Erfordernis nach Absatz 1 Satz 1 kann der Präsident des Oberlandesgerichts, in dessen Bezirk das Standesamt, bei dem die Eheschließung angemeldet worden ist, seinen Sitz hat, Befreiung erteilen. [2] Die Befreiung soll nur Staatenlosen mit gewöhnlichem Aufenthalt im Ausland und Angehörigen solcher Staaten erteilt werden, deren Behörden keine Ehefähigkeitszeugnisse im Sinne des Absatzes 1 ausstellen. [3] In besonderen Fällen darf sie auch Angehörigen anderer Staaten erteilt werden. [4] Die Befreiung gilt nur für die Dauer von sechs Monaten.

Übersicht

I. Normzweck

Das ausländische Ehefähigkeitszeugnis bzw. die Befreiung von diesem Erfordernis durch den OLG-Präsidenten soll dem Standesbeamten die Prüfung erleichtern, ob das nach deutschem Internationalen Eheschließungsrecht maßgebende Heimatrecht des Ausländers (Art. 13 Abs. 1 EGBGB) die Eheschließung erlaubt; es soll mittelbar eine Ehe verhindern, die den Vorschriften des Heimatrechts des Betroffenen widerspricht.[1] § 1309 enthält kein Eheverbot, sondern eine das die Eheschließung vorbereitende Verfahren betreffende, der Sache nach personenstandsrechtliche Verfahrensvorschrift.[2] 1

II. Einzelerläuterung

1. Ehefähigkeitszeugnis. a) Betroffener Personenkreis. Wer hinsichtlich der Voraussetzungen der Eheschließung **ausländischem Recht** unterliegt, bedarf für die Eingehung der Ehe vor dem deutschen Standesbeamten ein Zeugnis der inneren Behörde seines Heimatstaats, daß der Eheschließung nach dem Recht dieses Staates kein Ehehindernis entgegensteht. Das gilt auch dann, wenn dieses Recht auf das deutsche Recht zurückverweist (Art. 4 Abs. 1 S. 2 EGBGB), weil diese vorrangige kollisionsrechtliche Frage allein nach dem ausländischen Recht zu beantworten ist.[3] Der Beibringung des Ehefähigkeitszeugnisses bedarf es – wie der Vorbehalt in Abs. 1 zugunsten des Art. 13 Abs. 2 EGBGB klarstellt – ferner auch in den Fällen, in denen aufgrund des deutschen ordre public das ausländische Recht nicht zur Anwendung gelangt.[4] Hier muß nämlich zunächst einmal der Inhalt des ausländischen Rechts festgestellt sein. Kein Ehefähigkeitszeugnis bedürfen nichtdeutsche Verlobte, die im Inland in der Form des Art. 13 Abs. 3 S. 2 EGBGB heiraten wollen. 2

Kein Ehefähigkeitszeugnis bedarf dem Normzweck entsprechend, wer hinsichtlich der Voraussetzungen der Eheschließung **deutschem Recht** unterliegt. Das sind zunächst deutsche Staatsangehörige und Deutsche i. S. des Art. 116 Abs. 1 GG (vgl. Art. 9 II Nr. 5 FamRÄndG). Das gilt auch dann, wenn sie gleichzeitig eine ausländische Staatsangehörigkeit besitzen (Art. 5 Abs. 1 S. 2 EGBGB). 3

Wie das Gesetz nunmehr klargestellt hat, benötigen **Ausländer** kein Ehefähigkeitszeugnis, wenn sich ihre Ehefähigkeit ungeachtet ihrer Staatsangehörigkeit nach deutschem Recht bestimmt, weil sie ein deutsches Personalstatut haben. Das gilt, sofern sie ihren Wohnsitz oder gewöhnlichen Aufenthalt, hilfsweise ihren Aufenthalt, im Bundesgebiet haben, für verschleppte Personen und Flüchtlinge iS des AHKG Nr. 23 v. 17. 3. 1950 (ABl. AHK S. 140) gemäß dessen Art. 1 und 4, für heimatlose Ausländer iS des Gesetzes v. 25. 4. 1951 (BGBl. I S. 269),[5] Flüchtlinge iS des Genfer Abkommens v. 28. 7. 1951 (BGBl. 1953 II S. 559) gemäß dessen Art. 12, Asylberechtigte (§ 2 Abs. 1 AsylVfg idF v. 27. 7. 1993, BGBl. I S. 1361) sowie für Kontingentflüchtlinge iS des Gesetzes v. 22. 7. 1980 (BGBl. I S. 1057) gemäß dessen § 1. 4

Staatenlose und Personen, deren Staatsangehörigkeit nicht festgestellt werden kann, benötigen kein Ehefähigkeitszeugnis, wenn sie ihren gewöhnlichen Aufenthalt oder mangels eines solchen ihren Aufenthalt im Inland haben (Art. 5 Abs. 2 EGBGB, Art. 12 Abs. 1 des 5

---

[1] Vgl. BGHZ 41, 136, 139 = NJW 1964, 976; 46, 87, 92 = NJW 1966, 1811; *Barth/Wagenitz* FamRZ 1996, 833, 837; *Staudinger/Mankowski* (2003) Art. 13 EGBGB RdNr. 561 f.; RGRK/*Lohmann* RdNr. 6 f. sowie BT-Drucks. 13/4898 S. 15.

[2] Vgl. BayObLG FamRZ 1997, 817; *Hepting* FamRZ 1998, 713, 718.

[3] Vgl. BT-Drucks. 13/4898 S. 15; *Barth/Wagenitz* FamRZ 1996, 833, 837; *Hepting* StAZ 1996, 257, 259 und FamRZ 1998, 713, 718; Art. 13 EGBGB RdNr. 101 *(Coester)*; *Staudinger/Strätz* (2007) RdNr. 15 (anders allerdings RdNr. 6); *Staudinger/Mankowski* (2003) Art. 13 EGBGB RdNr. 568 f.; *Gernhuber/Coester-Waltjen* § 11 RdNr. 32; aA *Palandt/Thorn* Art. 13 EGBGB RdNr. 22. Zur Weiterverweisung durch das Heimatrecht s. *Staudinger/Mankowski* (2003) Art. 13 EGBGB RdNr. 571 f.; RGRK/*Lohmann* RdNr. 33.

[4] Vgl. *Barth/Wagenitz* FamRZ 1996, 833, 837; *Hepting* StAZ 1996, 257, 259 f.; *Hepting/Gaaz* § 5 a PStG RdNr. 46.

[5] Vgl. BT-Drucks. 13/4898 S. 16.

Übereinkommens über die Rechtsstellung der Staatenlosen v. 28. 9. 1954, BGBl. 1976 II S. 474, 1977 II S. 235).

6 **b) Heimatstaat.** Gehört jemand mehreren ausländischen Staaten an, so genügt ein Ehefähigkeitszeugnis des Staates, mit dem der Mehrstaater am engsten verbunden ist; in aller Regel ist das der Staat, in dem er seinen gewöhnlichen Aufenthalt hat (vgl. Art. 5 Abs. 1 S. 1 EGBGB). Als Heimatstaat eines Staatenlosen oder Flüchtlings ist der Staat anzusehen, nach dessen Recht sich sein Personalstatut bestimmt, also regelmäßig der Staat, in dem er sich gewöhnlich aufhält. Jede andere Auffassung wäre inkonsequent, nachdem sich Deutschland als Heimatstaat derjenigen Staatenlosen, heimatlosen Ausländer, Asylberechtigten und Flüchtlinge ansieht, die hinsichtlich der Voraussetzungen der Eheschließung deutschem Recht unterliegen, und diesem Personenkreis auch selbst Ehefähigkeitszeugnisse ausstellt (§ 39 Abs. 3 PStG). Der – beibehaltenen – Regelung des Abs. 2 S. 2, wonach die Befreiung Staatenlosen mit gewöhnlichem Aufenthalt im Ausland erteilt werden kann, ist weder zu entnehmen, daß Staatenlose keinen Heimatstaat iSv. Abs. 1 haben, noch daß Ehefähigkeitszeugnisse des Staates, in dem sie sich gewöhnlich aufhalten, nicht akzeptiert werden können.[6]

7 **c) Anforderungen.** Das Ehefähigkeitszeugnis muß von der inneren Behörde des Heimatstaates ausgestellt sein. Das Zeugnis einer anderen Stelle, insbesondere einer diplomatischen oder konsularischen Vertretung, genügt auch dann nicht, wenn nach dem Recht des Heimatstaates die andere Stelle für die Ausstellung ausschließlich zuständig ist. Als Zeugnis einer inneren Behörde gilt jedoch auch eine Bescheinigung, die von einer anderen Stelle nach Maßgabe eines mit dem Heimatstaat des Betroffenen geschlossenen Vertrages erteilt ist (Abs. 1 S. 2). Das Gesetz trägt damit in gewissem Umfang dem Unverständnis Rechnung, das von manchen Staaten gegen die mangelnde Respektierung ihrer Zuständigkeitsregelungen geäußert worden ist. Es eröffnet die Möglichkeit, ausländische Ehefähigkeitszeugnisse in erweitertem Umfang anzuerkennen und doch die Einhaltung der erforderlichen Seriosität zu gewährleisten.[7] Ein derartiger Staatsvertrag ist das CIEC-Übereinkommen v. 5. 9. 1980 über die Ausstellung von Ehefähigkeitszeugnissen (Gesetz v. 5. 6. 1997, BGBl. II S. 1086).[8] Jeder Vertragsstaat benennt die für die Ausstellung der Zeugnisse zuständigen Behörden (Art. 8). Ein von der danach zuständigen anderen Behörde (zB einer Auslandsvertretung) ausgestelltes Ehefähigkeitszeugnis steht nach § 1309 Abs. 1 S. 2 dem Zeugnis der inneren Behörde gleich. Ausgestellt wird das Ehefähigkeitszeugnis nach dem vom Übereinkommen vorgesehenen Muster nicht nur Angehörigen des Heimatstaates (Art. 1), sondern auch Flüchtlingen und Staatenlosen, deren Personalstatut sich nach dem Recht dieses Staates bestimmt (Art. 2).

8 Das ausländische Ehefähigkeitszeugnis braucht nicht mehr mit der bislang vorgeschriebenen Bescheinigung des zuständigen deutschen Konsuls darüber versehen zu werden, daß die ausländische Behörde zur Ausstellung befugt ist.[9] Verträge mit Luxemburg, Österreich und der Schweiz enthalten Bestimmungen über eine erleichterte Beschaffung des Ehefähigkeitszeugnisses (vgl. §§ 169, 169 a, 169 b DA 2000).

9 Inhaltlich muß sich das Zeugnis auf eine bestimmte Ehe und auf alle materiellrechtlichen Ehevoraussetzungen beziehen. Aus ihm muß hervorgehen, daß der ausstellenden Behörde kein Ehehindernis bekannt oder dem Betroffenen von einem bestehenden dispensablen Ehehindernis Befreiung erteilt ist. Beide Verlobten müssen ihrer Person nach benannt sein, also auch der Verlobte, der nicht dem Staat angehört, der das Ehefähigkeitszeugnis ausstellt,

---

[6] Vgl. *Wagenitz/Bornhofen* Abschn. 5 RdNr. 103, 128; RGRK/*Lohmann* RdNr. 41; *Hepting/Gaaz* § 5 a PStG RdNr. 27; aA *Staudinger/Mankowski* Art. 13 EGBGB RdNr. 574, 597.

[7] Vgl. BT-Drucks. 13/4898 S. 16; *Barth/Wagenitz* FamRZ 1996, 833, 838.

[8] Dazu *Gaaz* StAZ 1996, 289 ff.; Denkschrift der Bundesregierung, BT-Drucks. 13/4339 S. 15 f. Das Übereinkommen ist am 1. 11. 1997 für die Bundesrepublik in Kraft getreten; weitere Vertragsstaaten sind Italien, Luxemburg, Niederlande, Österreich, Portugal, Schweiz, Spanien, Türkei (vgl. Bek. v. 25. 5. 1999, BGBl. II S. 486).

[9] Vgl. BT-Drucks. 13/4898 S. 23 f.

da durch das Zeugnis der Nachweis erbracht werden soll, daß der fremde Staatsangehörige nach den Vorschriften seines Heimatrechts mit einer bestimmten anderen Person die Ehe schließen kann.[10] Haben beide Verlobte die gleiche Staatsangehörigkeit, so genügt ein gemeinsames Zeugnis. Verweist das Recht des Heimatstaates auf das deutsche Recht zurück, so genügt die Bejahung dieser Frage. Ein Zeugnis, das dem Betroffenen nur allgemein Ehefähigkeit (Ledigkeit) bescheinigt, reicht nicht aus. Das Zeugnis verliert seine Kraft, wenn die Ehe nicht binnen sechs Monaten seit der Ausstellung geschlossen wird; ist in dem Zeugnis eine kürzere Geltungsdauer angegeben, ist diese maßgebend (Abs. 1 S. 3).

Die wichtigsten Staaten, die ein Ehefähigkeitszeugnis ausstellen, und die dafür zuständigen 10
Behörden sind in § 166 Abs. 4 DA 2000 aufgeführt: Bulgarien, Dänemark, Finnland, Griechenland, Großbritannien, Irland, Italien, Japan, Kenia, Kuba, Liechtenstein, Luxemburg, Mosambik, Neuseeland, Niederlande, Norwegen, Österreich, Polen, Portugal, Schweden, Schweiz, Slowakei, Spanien, Tansania, Tschechische Republik, Türkei, Ungarn. Die Aufstellung zeigt, daß nur verhältnismäßig wenige Staaten Ehefähigkeitszeugnisse ausstellen. Die Zeugnisse mancher Staaten entsprechen zudem nicht den an sie zu stellenden Mindestanforderungen.

d) Wirkung. Das Zeugnis bindet den Standesbeamten nicht. Das gilt auch für Ehefähig- 11
keitszeugnisse nach dem obengenannten CIEC-Übereinkommen. Der Standesbeamte hat sich zunächst zu vergewissern, ob der Ausstellungsstaat überhaupt der Heimatstaat des Ausländers ist. Dieser hat daher seine Staatsangehörigkeit zu belegen. Darüber hinaus kann er prüfen, ob ein Ehehindernis vorliegt, und hat dies zu tun, wenn ihm Umstände bekannt werden, die die Richtigkeit des Zeugnisses in Frage stellen. Er hat die Mitwirkung bei der Eheschließung abzulehnen, wenn er der Überzeugung ist, die Eheschließung sei verboten.[11] Die Eheschließenden können in einem solchen Falle gemäß § 49 Abs. 1 PStG Antrag auf gerichtliche Entscheidung stellen. In Zweifelsfällen kann auch der Standesbeamte eine Entscheidung des Gerichts herbeiführen (§ 49 Abs. 2 PStG). Der Beschluß des Amtsgerichts (§ 50 PStG) ist für den Standesbeamten bindend.

2. Befreiung. a) Bei Nichtausstellung von Zeugnissen. Befreiung von der Beibrin- 12
gung eines Ehefähigkeitszeugnisses wird Angehörigen solcher Staaten erteilt, deren Behörden kein Ehefähigkeitszeugnis iS des Abs. 1 ausstellen, sowie Staatenlosen mit gewöhnlichem Aufenthalt im Ausland (Abs. 2 S. 2). Bei diesen ist nach dem Gesetz nicht zu prüfen, ob sie ein Zeugnis ihres Aufenthaltslandes beibringen könnten. Werden diejenigen Angaben des Antragstellers, die gerade die förmliche Befreiung vom Erfordernis der Beibringung eines Ehefähigkeitszeugnisses erst entbehrlich machen, von den zuständigen Behörden angezweifelt (zB die Staatenlosigkeit eines Ausländers mit gewöhnlichem Aufenthalt im Inland), so besteht ebenfalls ein Anspruch auf Befreiung.[12] Die Befreiung steht nicht im Ermessen des OLG-Präsidenten. Dieser hat unter allen rechtlichen Aspekten zu prüfen, ob der Betroffene die beabsichtigte Ehe eingehen kann oder ob das maßgebliche Recht die Eingehung der Ehe verbietet, gleichgültig ob die Nichtbeachtung des Ehehindernisses die Gültigkeit der Ehe beeinträchtigt oder nicht.[13]

Der OLG-Präsident hat das ausländische Recht nur in dem Umfange heranzuziehen, als 13
ihm das deutsche Internationale Privatrecht die Anwendung des fremden Rechts vorschreibt, also nur hinsichtlich der **sachlichen Voraussetzungen,** nicht hinsichtlich der Form der Eheschließung (vgl. Art. 13 Abs. 3 S. 1 EGBGB). Liegen nach dem Heimatrecht des Verlobten die materiellen Ehevoraussetzungen vor, steht also der beabsichtigten Ehe weder mangelnde Ehefähigkeit noch ein Eheverbot entgegen, und besteht auch nach deutschem

---

[10] BGHZ 41, 136, 142 = NJW 1964, 976.

[11] BGHZ 46, 87, 92 = NJW 1966, 1811; *Barth/Wagenitz* FamRZ 1996, 833, 838; *Hepting/Gaaz* § 5a PStG RdNr. 69f.

[12] Vgl. KG InfAuslR 2000, 299, 301.

[13] Vgl. BGHZ 41, 136, 140 = NJW 1964, 976; 56, 180, 183 = NJW 1971, 1519; *Hepting* FamRZ 1998, 713, 718.

Recht kein Ehehindernis,[14] liegt insbesondere keine Scheinehe gem. § 1310 Abs. 1 S. 2 Halbs. 2 iVm. § 1314 Abs. 2 Nr. 5 vor (dazu RdNr. 19), so ist die Befreiung zu erteilen. Insbesondere darf die Befreiung nicht von einer Traubereitschaftserklärung des zuständigen Geistlichen abhängig gemacht werden, wenn das Heimatrecht eines Verlobten die kirchliche Trauung als Voraussetzung für eine gültige Ehe ansieht und eine standesamtliche Eheschließung nicht anerkennt. Insoweit geht es allein um die Form der Eheschließung, die sich gemäß Art. 13 Abs. 3 S. 1 EGBGB ausschließlich nach deutschem Recht richtet.

14 **Verbietet** das maßgebende Recht die beabsichtigte Ehe, so hat der OLG-Präsident weiter zu prüfen, ob die Anwendung des ausländischen Rechts im Einzelfall gemäß Art. 13 Abs. 2 EGBGB – erforderlich ist danach insbes., daß der Ausländer die zumutbaren Schritte zur Behebung des Ehehindernisses unternommen, beispielsweise die Anerkennung eines inländischen Scheidungsurteils im Heimatstaat betrieben hat (Art. 13 Abs. 2 Nr. 2)[15] – oder gemäß Art. 6 EGBGB (ordre public) ausgeschlossen ist, insbesondere weil sie die Eheschließungsfreiheit (Art. 6 Abs. 1 GG, Art. 13 Abs. 2 Nr. 3) verletzt.[16] Ist das der Fall, hat er die Befreiung auszusprechen, weil dann ein vom deutschen Recht anerkanntes Ehehindernis nicht besteht. Ist auch dies zu verneinen, so hat er die Befreiung zu verweigern. Die Befreiung darf kein Mittel sein, sich über ausländische Ehehindernisse hinwegzusetzen, gleichgültig, ob es sich um ein aufschiebendes oder trennendes Ehehindernis handelt.[17] Ein festgestelltes Ehehindernis darf auch nicht aus besonderen Gründen des Einzelfalls, zB weil der Ausländer aus seinem Heimatstaat emigriert ist und keine Beziehung mehr zu ihm hat, unbeachtet bleiben.[18]

15 **b) Bei Ausstellung von Zeugnissen.** In besonderen Fällen darf die Befreiung auch Angehörigen von Staaten erteilt werden, deren innere Behörden **Ehefähigkeitszeugnisse ausstellen** (Abs. 2 S. 3). Diese Ausnahme bedeutet nach dem zuvor Gesagten nicht, daß ein vom deutschen Recht anerkanntes Ehehindernis aus besonderen Gründen des Einzelfalles unbeachtet bleiben darf. Ein besonderer Fall ist nur dann anzunehmen, wenn die materiellen Voraussetzungen für die Eheschließung gegeben sind, der ausländische Verlobte aber das Ehefähigkeitszeugnis aus anderen Gründen nicht oder nicht in angemessener Zeit oder nur unter unzumutbaren Schwierigkeiten oder Nachteilen zu erlangen vermag, etwa wegen Krieges oder Naturkatastrophen in seinem Heimatland oder weil ihm das Zeugnis aus politischen Gründen, wegen Auslandsaufenthalts, wegen Rückverweisung auf das deutsche Recht, wegen Nichterfüllung der Wehrpflicht oder im Hinblick auf ein Ehehindernis verweigert wird, das nach deutschem Recht nicht anzuerkennen ist,[19] oder weil eine Kontaktaufnahme mit den Behörden des Heimatstaats sein Asylverfahren ungünstig beeinflussen könnte oder weil die angerufene Heimatbehörde untätig bleibt (§ 168 Abs. 2 DA 2000).

16 Dagegen genügt es nicht, daß die Erlangung des ausländischen Ehefähigkeitszeugnisses Kosten und Zeit erfordert, zB weil vorher noch die Anerkennung eines ausländischen Scheidungsurteils beantragt werden muß, oder daß die Eheschließung aus persönlichen Gründen eilbedürftig ist. Die Möglichkeit der Befreiung dient nicht dazu, die nach dem Heimatrecht der ausländischen Verlobten zur Erlangung des Ehefähigkeitszeugnisses normalerweise erforderlichen Formalitäten zu umgehen oder zu ersparen.[20]

17 Von dem Angehörigen eines Staates, dessen innere Behörden Ehefähigkeitszeugnisse ausstellen, ist im Regelfall der urkundliche Nachweis zu verlangen, daß er bei der zuständi-

[14] Vgl. KG FamRZ 1976, 353 und StAZ 2001, 298, 299 f. (Scheinehe); OLG Düsseldorf StAZ 1980, 239, 240 (Nichtauflösung einer früheren Ehe); RGRK/*Lohmann* RdNr. 88 (Scheinehe).

[15] Vgl. OLG Köln NJW 1990, 644, 645; OLG Hamm StAZ 2003, 169, 170; *Schulz* StAZ 1991, 32, 34 (akute Todesgefahr begründet Unzumutbarkeit).

[16] Verneint für ein ausländisches Eheverbot der Schwägerschaft in direkter Linie: OLG Stuttgart FamRZ 2000, 821.

[17] BGHZ 41, 136, 142 f. = NJW 1964, 976; 56, 180, 184 = NJW 1971, 1519; KG NJW 1969, 987; OLG Hamm StAZ 1977, 101, 102; OLG Düsseldorf StAZ 1980, 239; *Zimmermann* StAZ 1980, 138; *Dilger* StAZ 1981, 230.

[18] Vgl. OLG Hamm FamRZ 1963, 566, 567 und 1974, 457.

[19] OLG Hamm FamRZ 1972, 140, 141 und 1974, 457.

[20] Vgl. OLG Karlsruhe FamRZ 1972, 507; OLG Hamm FamRZ 1972, 140. 142.

gen Behörde einen ordnungsgemäßen Antrag gestellt und welchen Bescheid er erhalten hat.[21]

c) Verfahren. Den **Antrag** auf Befreiung von der Beibringung des Ehefähigkeitszeugnisses hat nach § 12 Abs. 3 PStG das Standesamt aufzunehmen. Dieses hat auch die Entscheidung vorzubereiten; hierfür haben die Eheschließenden auch die Nachweise zu erbringen, die für die Prüfung der Zulässigkeit der Ehe nach anzuwendendem ausländischen Recht erforderlich sind, wobei § 9 PStG entsprechend gilt. Können erhebliche Tatsachen weder durch öffentliche noch durch andere Urkunden nachgewiesen werden, zB dass der Antrag auf Erteilung eines Ehefähigkeitszeugnisses von der ausländischen Behörde ohne zureichenden Grund in angemessener Zeit nicht beschieden worden ist, so kann der Standesbeamte zum Nachweis dieser Tatsachen Versicherungen an Eides Statt der Eheschließenden oder anderer Personen verlangen und abnehmen (§ 9 Abs. 2 S. 2 PStG). Zum Nachweis seiner Staatsangehörigkeit hat der Antragsteller grundsätzlich einen gültigen Paß vorzulegen (§ 8 Abs. 2 PStV).[22] 18

Über den Antrag entscheidet der Präsident des OLG, in dessen Bezirk das Standesamt, bei dem die Eheschließung angemeldet worden ist, seinen Sitz hat. Das ist folgerichtig, weil die Befreiung systematisch Teil des Anmeldeverfahrens ist. Letztlich maßgebend ist also in der Regel der Wohnsitz oder gewöhnliche Aufenthalt eines der Verlobten (§ 12 Abs. 1 PStG). Der OLGPräsident hat nicht zu prüfen, ob der Standesbeamte danach seine örtliche Zuständigkeit bejahen durfte.[23] Es gilt der Untersuchungsgrundsatz. Regelmäßig ist die Legalisation ausländischer öffentlicher Urkunden zu verlangen, ersatzweise eine Überprüfung der Urkunde durch einen Vertrauensanwalt der deutschen Botschaft.[24] Die Einsichtnahme in die Ausländerakte wird häufig geboten sein.[25] Unzumutbare Anforderungen dürfen indes nicht gestellt werden.[26] Das gilt auch hinsichtlich der Frage, ob der Ausländer die behauptete Staatsangehörigkeit besitzt. Ausreichend ist ein Grad von Gewißheit und nicht nur von Wahrscheinlichkeit, der einem etwaigen restlichen Zweifel Schweigen gebietet. Die Feststellungslast trägt der Antragsteller; diesem ist die Möglichkeit zu geben, obwaltende Bedenken auszuräumen. Demgemäß ist die Befreiung zu versagen, wenn nach Ausschöpfung aller zumutbaren in Betracht kommenden Erkenntnisquellen nicht ausgeräumte Zweifel an Identität oder Personenstand des Ausländers, zB Bestehen einer Vorehe, verbleiben, insbesondere durchgreifende Zweifel daran bestehen, dass der vorgelegte Pass gerade für den Antragsteller als Inhaber ausgestellt worden ist und seine Personalien zutreffend wiedergibt.[27] Der Antrag ist – wie bereits betont (RdNr. 13) – mangels eines rechtlich schutzwürdigen Interesses abzulehnen, wenn der Standesbeamte seine Mitwirkung an der Eheschließung verweigern muß, also wenn offenkundig ist, daß die Ehe nach § 1314 Abs. 2 aufhebbar wäre (§ 1310 Abs. 1 S. 2 Halbs. 2 und dazu § 1310 RdNr. 15). Praktisch am wichtigsten ist dabei der Aufhebungsgrund des § 1314 Abs. 2 Nr. 5, der Fall der sog. Scheinehe.[28] Gegen die Erteilung der Befreiung ist ein Rechtsmittel nicht gegeben, gegen die Ablehnung oder bei Untätigbleiben Antrag auf gerichtliche Entscheidung gemäß §§ 23 ff. EGGVG.[29] Gebühr: Justizverwaltungskostenordnung, Gebührenverzeichnis Nr. 203. 19

---

[21] Vgl. KG NJW 1969, 987. Zur Antragsbegründung *Schulz* StAZ 1991, 32, 37.

[22] Vgl. Präs OLG Frankfurt StAZ 1999, 281; KG StAZ 2000, 303, 304 und 2004, 9, 10; OLG Hamm StAZ 2007, 177, 178; OLG Rostock StAZ 2007, 208, 209 und FamRZ 2009, 1324.

[23] Vgl. *Kissner* StAZ 2003, 276.

[24] Vgl. *Schmitz-Justen* StAZ 2007, 107, 110.

[25] Vgl. KG StAZ 2001, 298, 300 und 2004, 9, 11; *Kissner* StAZ 2007, 283, 285; *Riedel* StAZ 1989, 241, 244 ff.; *Schulz* StAZ 1991, 32, 39 f. Gegen Amtsermittlungen OLG Düsseldorf StAZ 1980, 239, 240 mit abl. Anm. *Gottwald*.

[26] Vgl. KG StAZ 1999, 112; OLG Rostock StAZ 2007, 208, 209; *Riedel* StAZ 1989, 241, 246 f.

[27] Vgl. OLG Düsseldorf FamRZ 1998, 1107; KG StAZ 1999, 112 und 334, 336 sowie 2004, 9, 10.

[28] Vgl. OLG Dresden StAZ 2001, 35, 36; KG StAZ 2001, 298, 299 und 2004, 9, 10; OLG Naumburg StAZ 2003, 112, 113, FamRZ 2002, 1115 und FamRZ 2008, 276; PräsKG StAZ 1996, 84; OLG Hamburg StAZ 1996, 139, 140; OLG Celle StAZ 1996, 366 und FamRZ 1998, 1108; OLG Jena StAZ 1998, 177, 178 f.; *Schmitz-Justen* StAZ 2007, 107, 111; aA OLG Düsseldorf FamRZ 1996, 1145, 1146; *Weizsäcker* InfAuslR 2003, 300, 306; *Hepting/Gaaz* § 5 a PStG RdNr. 93; *Erman/Roth* RdNr. 10, 15.

[29] BGHZ 41, 136, 138 f. = NJW 1964, 976; 56, 180, 182 f. = NJW 1971, 1519; BGH NJW 1972, 1619; OLG Hamm FamRZ 1974, 93, 94.

20 **d) Wirkung.** Da die Befreiung die gleiche Funktion hat wie das Ehefähigkeitszeugnis, das sie ersetzen soll, und auf die materielle Rechtslage ohne Einfluß ist, **bindet** sie den Standesbeamten **ebensowenig wie das ausländische Ehefähigkeitszeugnis** selbst (vgl. dazu RdNr. 11). Die Befreiung hat nicht zur Folge, daß ein nach ausländischem Recht begründetes Ehehindernis beseitigt wird. Das gilt auch, soweit der OLG-Präsident die Anwendung des ausländischen Rechts nach Art. 13 Abs. 2 oder Art. 6 EGBGB (RdNr. 14) verneint hat. Der Standesbeamte hat daher die Mitwirkung bei der Eheschließung abzulehnen, wenn nach seiner Überzeugung ein Ehehindernis vorliegt und die Ehe verboten ist.[30] Ist jedoch eine Entscheidung über die Befreiung durch das zuständige OLG im Verfahren nach §§ 23ff. EGGVG ergangen, so ist der Standesbeamte daran gebunden, da auch das Verfahren nach §§ 49ff. PStG bei diesem OLG enden würde. – Die Befreiung gilt wie das ausländische Ehefähigkeitszeugnis nur für die Dauer von sechs Monaten. Danach muß eine neue Befreiung erwirkt werden.

21 **3. Rechtsfolgen.** Die Nichtbeachtung des § 1309 beeinträchtigt die Gültigkeit der Ehe nicht. Auf der anderen Seite ist zu berücksichtigen, daß weder das Ehefähigkeitszeugnis noch die Befreiung materiellrechtliche Wirkungen haben. Trotz Vorlage eines Ehefähigkeitszeugnisses oder der Befreiungsurkunde kann daher die Ehe wegen eines in dem ausländischen Recht begründeten Ehehindernisses fehlerhaft sein.

22 **4. Zwingendes Recht.** Der Gesetzeswortlaut „soll" (Abs. 1 S. 1) will nur besagen, daß die gleichwohl geschlossene Ehe gültig ist, nicht, daß der Standesbeamte in Härtefällen (bevorstehende Niederkunft der Braut oder Abschiebung des Ausländers) von der Vorlage eines Ehefähigkeitszeugnisses oder der Befreiung absehen darf. Lediglich im Falle dringender Todesgefahr ist er als berechtigt anzusehen, die Eheschließung auch ohne diese Urkunde vorzunehmen, sofern er sich anderweit von dem Nichtvorliegen eines Ehehindernisses zu überzeugen vermag.[31]

III. Ehefähigkeitszeugnis für Deutsche bei Heirat im Ausland

23 Die Ausstellung eines Ehefähigkeitszeugnisses, dessen ein Deutscher oder ein Staatenloser, heimatloser Ausländer, Asylberechtigter oder ausländischer Flüchtling mit gewöhnlichem Aufenthalt im Inland zur Eheschließung im Ausland bedarf, regelt § 39 PStG (vgl. weiter Art. 1 und 2 des Übereinkommens über die Ausstellung von Ehefähigkeitszeugnissen, oben RdNr. 7). Das Verbot des § 1310 Abs. 1 S. 2 Halbs. 2, an einer aufhebbaren Ehe mitzuwirken, erfasst auch die Ausstellung des Ehefähigkeitszeugnisses zur Eheschließung im Ausland.[32]

Untertitel 4. Eheschließung

§ 1310 Zuständigkeit des Standesbeamten, Heilung fehlerhafter Ehen

(1) [1] Die Ehe wird nur dadurch geschlossen, dass die Eheschließenden vor dem Standesbeamten erklären, die Ehe miteinander eingehen zu wollen. [2] Der Standesbeamte darf seine Mitwirkung an der Eheschließung nicht verweigern, wenn die Voraussetzungen der Eheschließung vorliegen; er muss seine Mitwirkung verweigern, wenn offenkundig ist, dass die Ehe nach § 1314 Abs. 2 aufhebbar wäre.

[30] BGHZ 46, 87, 93; OLG Hamm FamRZ 1974, 457; OLG Braunschweig StAZ 1996, 85, 86; OLG Dresden StAZ 2001, 35, 36; aA *Arndt* StAZ 1971, 246f.; *Riedel* StAZ 1989, 241, 248; *Wagenitz/Bornhofen* Abschn. 5 RdNr. 158; *Staudinger/Mankowski* (2003) Art. 13 EGBGB RdNr. 593 (für Fallgestaltungen nach Art. 13 Abs. 2 EGBGB).

[31] AA *Bamberger/Roth/Hahn* RdNr. 18.

[32] Vgl. OLG Düsseldorf FamRZ 2008, 277, 278.

(2) Als Standesbeamter gilt auch, wer, ohne Standesbeamter zu sein, das Amt eines Standesbeamten öffenlich ausgeübt und die Ehe in das Eheregister eingetragen hat.

(3) Eine Ehe gilt auch dann als geschlossen, wenn die Ehegatten erklärt haben, die Ehe miteinander eingehen zu wollen, und

1. der Standesbeamte die Ehe in das Eheregister eingetragen hat,
2. der Standesbeamte im Zusammenhang mit der Beurkundung der Geburt eines gemeinsamen Kindes der Ehegatten einen Hinweis auf die Eheschließung in das Geburtenregister eingetragen hat oder
3. der Standesbeamte von den Ehegatten eine familienrechtliche Erklärung, die zu ihrer Wirksamkeit eine bestehende Ehe voraussetzt, entgegengenommen hat und den Ehegatten hierüber eine in Rechtsvorschriften vorgesehene Bescheinigung erteilt worden ist

und die Ehegatten seitdem zehn Jahre oder bis zum Tode eines der Ehegatten, mindestens jedoch fünf Jahre, als Ehegatten miteinander gelebt haben.

Übersicht

I. Normzweck

1. Obligatorische Zivilehe. Der Vierte Unterabschnitt (§§ 1310 bis 1312) bringt die formellen Eheschließungsvorschriften. An der Spitze steht in § 1310 Abs. 1 S. 1 der Grundsatz der obligatorischen Zivilehe. Die **Mitwirkung des Standesbeamten** stellt die im Hinblick auf die Bedeutung der Ehe erforderliche Mitwirkung des Staates an der Eheschließung sicher, weist die Verlobten auf die Bedeutung der von ihnen abzugebenden Erklärungen hin und schützt sie vor Übereilung, ermöglicht eine Überprüfung ihrer persönlichen Verhältnisse im Hinblick auf etwaige Ehehindernisse, schafft Klarheit über das Zustandekommen einer Ehe und macht die Ehe leicht und zuverlässig feststellbar.[1] Eine **Nottrauung** ohne Mitwirkung eines Standesbeamten kennt das geltende Recht nicht. § 1310 nimmt gegenüber allen anderen Formvorschriften eine Sonderstellung ein. Die ohne Mitwirkung eines Standesbeamten geschlossene Ehe wird als nicht existent **(Nichtehe)** angesehen (vgl. RdNr. 22). Die Verletzung anderer wesentlicher Formvorschriften führt dagegen nur zu einer aufhebbaren Ehe (vgl. § 1314 Abs. 1). – **Verfassungsrechtliche Bedenken** gegen die obligatorische Zivilehe **bestehen nicht.** Die Ehe iS des GG ist ein öffentliches Rechtsverhältnis in dem Sinne, daß die Tatsache der Eheschließung für die Allgemeinheit erkennbar ist, die Eheschließung selbst unter amtlicher Mitwirkung erfolgt und der Bestand der Ehe amtlich registriert wird.[2] Insbesondere ist das Grundrecht der Glaubens- und Gewis- 1

[1] Vgl. BVerfGE 29, 166, 176; 56, 363, 386; BGHZ 29, 137, 141; *Coester* StAZ 1996, 33 ff.
[2] BVerfGE 62, 323, 330.

sensfreiheit (Art. 4 Abs. 1 GG) nicht verletzt. Das BGB regelt nur die bürgerlichrechtliche Ehe (vgl. § 1588). Die Frage, wann nach kirchlichem Recht eine Ehe vorliegt, ist der selbständigen und eigenverantwortlichen Regelung der Kirche überlassen. Jedermann steht es frei, sich kirchlich trauen zu lassen und allein den kirchlichen Akt als ehebegründend anzusehen.[3]

2 **2. Rechtsnatur der Eheschließung.** Der Wortlaut von § 1310 Abs. 1 und § 1312 zeigt, daß die Eheschließung nicht durch staatlichen Hoheitsakt erfolgt, sondern durch die von den Eheschließenden vor dem Standesbeamten einander gegebenen Erklärungen, die Ehe miteinander eingehen zu wollen. Die Rechtswirkungen der Ehe, über deren Wesen damit noch nichts gesagt ist, haben in einer vertraglichen Einigung der Eheschließenden ihren Ursprung. Der Standesbeamte ist nicht Erklärungsgegner. Der Ausspruch des Standesbeamten und die Eintragung der Eheschließung in das Eheregister (§ 1312 RdNr. 5) haben nur deklaratorische Bedeutung. Daß für das Zustandekommen der Ehe die Mitwirkung eines Staatsorgans unerläßlich ist, schließt nicht aus, in der Eheschließung einen Vertrag familienrechtlicher Art zu sehen.

3 **3. Vorliegen von Aufhebungsgründen.** Die in Abs. 1 S. 2 Halbs. 2 festgelegte Pflicht des Standesbeamten, seine Mitwirkung an der Eheschließung zu verweigern, wenn offenkundig ist, daß die Ehe nach § 1314 Abs. 2 aufhebbar wäre, soll insbesondere die Eingehung sog. Scheinehen (§ 1314 Abs. 2 Nr. 5) eindämmen. Die bisherige standesamtliche Praxis, in derartigen Fällen die Mitwirkung unter dem Gesichtspunkt des Rechtsmißbrauchs zu verweigern, die von der Rechtsprechung – mit unterschiedlicher Begründung – mehrheitlich gebilligt wurde, hat damit eine klare Rechtsgrundlage erhalten.

4 **4. Heilung.** Abs. 3 ermöglicht unter den dort genannten Voraussetzungen die statusrechtliche Heilung einer nicht vor dem Standesbeamten eingegangenen Nicht-Ehe. Wird im Nachhinein durch eine Amtshandlung des Standesbeamten der Rechtsschein einer gültigen Eheschließung erweckt, so wird der gute Glaube der Betroffenen nach Ablauf einer bestimmten Frist des Zusammenlebens geschützt. Damit nimmt auch die Heilungsvorschrift den Grundsatz auf, daß in Deutschland eine gültige Ehe nur unter Mitwirkung des Standesbeamten zustandekommt.

II. Einzelerläuterung

5 **1. Mitwirkung des Standesbeamten. a) Bestellung.** Im Inland (vgl. Art. 13 Abs. 3 S. 1 EGBGB) kommt eine Ehe, sofern nicht der Ausnahmefall des Art. 13 Abs. 3 S. 2 EGBGB vorliegt, nur zustande, wenn sie vor einem Standesbeamten geschlossen wird. Standesbeamte sind eigens bestellte Urkundspersonen, die im Standesamt (§ 1 Abs. 2 PStG) insbes. die Beurkundungen für Zwecke des Personenstandswesens vornehmen; zu Standesbeamten dürfen nur nach Ausbildung und Persönlichkeit geeignete Beamte und Angestellte bestellt werden; bei der Wahrnehmung ihrer Aufgaben als Urkundspersonen sind sie nicht an Weisungen gebunden (§ 2 PStG). Maßgebend ist allein der Bestellungsakt. Ist jemand zum Standesbeamten bestellt, der nicht hätte bestellt werden dürfen oder sollen, zB weil ihm die erforderliche Eignung fehlt, so berührt das die Gültigkeit seiner Amtshandlungen nicht. Der Standesbeamte darf nur in dem Bezirk tätig werden, für den er bestellt ist. Außerhalb seines Bezirkes ist er nicht etwa nur unzuständig, sondern überhaupt kein Standesbeamter.

6 **b) Bereitschaft.** Vor einem Standesbeamten ist die Ehe nur geschlossen, wenn er **zur Mitwirkung bereit** ist. Es genügt also nicht, daß bei der Eheschließung ein Standesbeamter körperlich zugegen ist, er muß auch zur Entgegennahme der Erklärungen der Verlobten bereit und in der Lage sein. Dabei kommt es allein auf das äußere Verhalten des Standesbeamten an, ein innerer Vorbehalt des keine erkennbar ablehnende Haltung einnehmenden Standesbeamten beeinträchtigt die Gültigkeit der Eheschließung nicht. Wird der Standes-

[3] Zum Wegfall des Verbots kirchlicher Voraustrauung s. *Schwab* FamRZ 2008, 1121 ff. und 2009, 1, 3; *Schüller* NJW 2008, 2745 ff.; Entschließung des Bundesrats BR-Drucks. 713/08 (Beschluss) S. 30 f.

beamte von den Verlobten oder anwesenden Dritten mit Gewalt oder Drohung zur Mitwirkung gezwungen, so wird die Ehe nicht vor ihm geschlossen. Die Mitwirkung des Standesbeamten braucht lediglich darin zu bestehen, die Erklärung der Verlobten entgegenzunehmen. § 1312 über die aktive Mitwirkung ist nur eine Sollvorschrift, deren Nichtbeachtung die Gültigkeit der Eheschließung nicht berührt. Es ist auch nicht erforderlich, daß der Standesbeamte die Erklärungen der Verlobten rechtlich zutreffend wertet.[4] Auch ein betrunkener Beamter kann in diesem Sinne an der Eingehung der Ehe mitwirken.

c) Örtliche Zuständigkeit. Zuständig für die Eheschließung ist jedes deutsche Standes- 7
amt (§ 11 PStG). Seit dem 1. 1. 2009 gibt es keine Festschreibung der Zuständigkeit für die Vornahme der Eheschließung auf ein bestimmtes Standesamt (Wohnsitzstandesamt) mehr; die Eheschließenden haben unter den deutschen Standesämtern die freie Wahl. Danach kann jedermann in Deutschland die Ehe eingehen, auch ein Ausländer, der sich hier nur vorübergehend aufhält. Vor Mißbräuchen schützt das Erfordernis der Beibringung eines Ehefähigkeitszeugnisses (§ 1309).

d) Anmeldung der Eheschließung. Die Eheschließenden haben die beabsichtigte 8
Eheschließung mündlich oder schriftlich bei einem Standesamt, in dessen Zuständigkeitsbereich einer seinen Wohnsitz oder gewöhnlichen Aufenthalt hat, anzumelden (§ 12 Abs. 1 S. 1 PStG; dazu § 28 Abs. 1 PStV). **Die Anmeldung** bei einem Wohnsitzstandesamt erschwert einen Mißbrauch der Ehe (Scheinehe); zugleich kommt sie (bei Eheschließung an einem vom Wohnsitz der Eheschließenden entfernten Ort) auch den Eheschließenden entgegen.[5] Hat keiner der Eheschließenden Wohnsitz oder gewöhnlichen Aufenthalt im Inland, so ist das Standesamt, vor dem die Ehe geschlossen werden soll, für die Entgegennahme der Anmeldung zuständig (§ 12 Abs. 1 S. 2 PStG). Die Eheschließenden haben bei der Anmeldung nach § 12 Abs. 2 PStG nachzuweisen: ihren Personenstand – Begriffsbestimmung § 1 Abs. 1 PStG – (Nr. 1), ihren Wohnsitz oder gewöhnlichen Aufenthalt (Nr. 2), ihre Staatsangehörigkeit (Nr. 3, dazu § 8 PStV) sowie, wenn sie schon verheiratet waren oder eine Lebenspartnerschaft begründet hatten, die letzte Eheschließung oder Begründung der Lebenspartnerschaft sowie die Auflösung dieser Ehe oder Lebenspartnerschaft (Nr. 4). Das Standesamt hat zu prüfen, ob der Eheschließung ein Hindernis entgegensteht (§ 13 Abs. 1 PStG). Bestehen konkrete Anhaltspunkte dafür, dass die zu schließende Ehe nach § 1314 Abs. 2 aufhebbar wäre, so können die Eheschließenden einzeln oder gemeinsam befragt werden; zum Beleg der Angaben kann ihnen die Beibringung geeigneter Nachweise aufgegeben werden (§ 13 Abs. 2 PStG). Soll die Ehe wegen lebensgefährlicher Erkrankung eines Eheschließenden ohne abschließende Prüfung der Ehevoraussetzungen geschlossen werden, so muss durch ärztliches Zeugnis oder auf andere Weise nachgewiesen werden, dass die Eheschließung nicht aufgeschoben werden kann, sowie glaubhaft gemacht werden, dass kein Ehehindernis besteht (§ 13 Abs. 3 PStG). Wird bei der Prüfung der Ehevoraussetzungen ein Ehehindernis nicht festgestellt, so teilt das Standesamt den Eheschließenden mit, dass die Eheschließung vorgenommen werden kann; die **Mitteilung** ist für das Standesamt, das die Eheschließung vornimmt, verbindlich (zur Unterrichtung dieses Standesamts s. § 28 Abs. 3 PStV). Die Eheschließenden sind verpflichtet, Änderungen in ihren die Ehevoraussetzungen betreffenden tatsächlichen Verhältnissen unverzüglich anzuzeigen. Sind seit der Mitteilung mehr als sechs Monate vergangen, ohne dass die Ehe geschlossen wurde, so bedarf die Eheschließung erneut der Anmeldung und der Prüfung der Voraussetzungen für die Eheschließung (§ 13 Abs. 4 PStG). **Vor der Eheschließung** sind die Eheschließenden zu befragen, ob sich seit der Anmeldung ihrer Eheschließung Änderungen in ihren die Ehevoraussetzungen betreffenden tatsächlichen Verhältnissen ergeben haben (§ 14 Abs. 1 PStG). Ist die Eheschließung durch einen Bevollmächtigten angemeldet worden, hat der Vertretene die bei der Anmeldung abgegebenen Erklärungen persönlich zu bestätigen (§ 29 Abs. 1 PStV). Sind Änderungen eingetreten oder ist dem Standesamt ein

[4] Vgl. BGH FamRZ 1983, 450, 452.
[5] Vgl. BT Drucks. 16/1831 S. 44 f.

sonstiger Anlass dafür bekannt geworden, hat eine erneute Prüfung der Ehevoraussetzungen durch das Anmeldestandesamt zu erfolgen (§ 29 Abs. 2 PStV). Mithin hat ungeachtet der Verbindlichkeit der Mitteilung der Standesbeamte, vor dem die Eheschließung stattfindet, seine Mitwirkung zu verweigern, wenn ihm durch die Befragung der Eheschließenden oder aus anderen Erkenntnisquellen ein Ehehindernis oder ein Aufhebungsgrund bekannt wird (§ 1310 Abs. 1 S. 2 Halbs. 2).[6] Stellt das Standesamt fest, dass die Voraussetzungen für die Eheschließung nicht vorliegen, so können die Eheschließenden das Gericht anrufen (§ 49 Abs. 1 PStG).

9 **e) Scheinstandesbeamter.** Nach Abs. 2 gilt als Standesbeamter auch, wer, ohne Standesbeamter zu sein, das Amt eines Standesbeamten öffentlich ausgeübt und die Ehe in das Eheregister (§§ 3, 15 PStG) – bis zum 31. 12. 2008: Heiratsbuch – eingetragen hat. **Öffentliche Ausübung** bedeutet zunächst, daß der Scheinstandesbeamte nicht insgeheim, im Verborgenen tätig geworden sein darf; er muß sich vielmehr so wie ein wirklicher Standesbeamter verhalten haben. Das ist insbesondere anzunehmen, wenn er in den Räumen des Standesamts aufgetreten ist. Neben der öffentlichen Amtsausübung verlangt das Gesetz, daß der Scheinstandesbeamte die Ehe in das **Eheregister eingetragen** hat. Die Beurkundung in der Niederschrift (§ 14 Abs. 3 PStG) genügt nicht.[7] Die Eintragung muß der Scheinstandesbeamte selbst vornehmen. Es genügt nicht, daß die Ehe vor dem Scheinstandesbeamten geschlossen und alsdann von dem richtigen Standesbeamten eingetragen wird. Jedoch braucht die Eintragung nicht unmittelbar der Eheschließung nachzufolgen. Die Ehe wird erst mit der Eintragung gültig, die gewissermaßen heilende Kraft hat. Weitere Anforderungen stellt das Gesetz nicht. Insbesondere kommt es weder auf den guten Glauben der Verlobten noch auf den des Scheinstandesbeamten an. Praktische Bedeutung kann Abs. 2 erlangen, wenn eine noch nicht oder nicht mehr zum Standesbeamten bestellte Person oder ein Standesbeamter außerhalb seines Bezirks tätig geworden ist.[8]

10 **2. Erklärung des Eheschließungswillens (Abs. 1 S. 1).** Die Erklärung der Verlobten, die Ehe miteinander eingehen zu wollen, ist das wesentliche Element der Eheschließung. Sie erzeugt die rechtliche Bindung. Fehlt es am Konsens der Verlobten, verneint zB der eine Teil die Frage, ob er mit dem anderen die Ehe eingehen wolle, so kommt eine Ehe nicht zustande.

11 Die Eheschließenden müssen die Erklärung persönlich und bei gleichzeitiger Anwesenheit unbedingt und unbefristet abgeben (§ 1311). Weitere zwingende Vorschriften über die Erklärung des Eheschließungswillens enthält das Gesetz nicht. Die Erklärung kann mündlich (auch in einer Mundart, zB plattdeutsch), schriftlich, aber auch durch schlüssige Handlung (Kopfnicken) abgegeben werden. Es gelten die allgemeinen Auslegungsgrundsätze. Auch eine Erklärung, die lediglich auf eine (angeblich) bereits erfolgte Eheschließung hinweist oder diese bestätigt, kann unter Umständen genügen.[9] Versteht ein Beteiligter die deutsche Sprache nicht, so hat der Standesbeamte, falls er die fremde Sprache nicht beherrscht, einen Dolmetscher zuzuziehen (§ 2 PStV). Dasselbe gilt, wenn ein Beteiligter taub, stumm oder sonst am Sprechen verhindert und auch keine schriftliche Verständigung mit ihm möglich ist (§ 3 PStV). Unterbleibt die Zuziehung eines Dolmetschers, so ist das unschädlich, auch wenn der Standesbeamte oder die Zeugen die Erklärungen der Verlobten nicht verstanden haben, es sei denn, daß auch die Verlobten selbst die einander abgegebenen Erklärungen nicht erfassen.

12 Eine gültige Ehe kommt auch dann zustande, wenn die Erklärungen der Eheschließenden oder eines Verlobten nur zum Schein oder aus Scherz abgegeben worden sind. §§ 117, 118 sind nicht anwendbar. Willensmängel (Irrtum, Täuschung und Drohung) machen die Ehe allenfalls aufhebbar (§ 1314 Abs. 2 Nr. 2 bis 4).

---

[6] Vgl. *Bornhofen* StAZ 2007, 33, 38.
[7] Vgl. *Staudinger/Strätz* (2007) RdNr. 43.
[8] Vgl. auch OLG Oldenburg StAZ 1962, 218 (Bürgermeister als Scheinstandesbeamter).
[9] Vgl. BGH FamRZ 1983, 450, 451 sowie § 1306 RdNr. 10.

3. Verweigerung der Mitwirkung (Abs. 1 S. 2). a) Vorliegen der Voraussetzungen der Eheschließung. Der Standesbeamte darf seine Mitwirkung an der Eheschließung **nicht verweigern,** wenn die Voraussetzungen der Eheschließung vorliegen (Abs. 1 S. 2 Halbs. 1). Er ist nicht berechtigt, die Schließung einer ihm anstößig erscheinenden Ehe – zB wegen großen Altersunterschiedes der Partner, mangelnder Ehegesundheit – abzulehnen oder auch nur zu versuchen, die Verlobten von der Eingehung einer solchen Ehe abzuhalten. Auch die Motive für die Eheschließung und die mit ihr verfolgten Zwecke unterliegen nicht der Prüfung und Bewertung durch den Standesbeamten. Es ist für die Eheschließung ohne Bedeutung, ob ein Verlobter die eheliche Lebensgemeinschaft mit seinem Partner vor allem deshalb anstrebt, um seinen Aufenthalt im Bundesgebiet zu sichern, materiell versorgt zu sein, leichter eine Wohnung, einen Studienplatz oder eine Strafvergünstigung zu erhalten, dessen Namen zu erwerben oder ein erwartetes Kind in einer Ehe aufwachsen zu lassen. 13

b) Aufhebbarkeit der Ehe. Der Standesbeamte **muß** sein Mitwirkung **verweigern,** wenn offenkundig ist, daß die Ehe nach § 1314 Abs. 2 aufhebbar wäre (Abs. 1 S. 2 Halbs. 2). Hinsichtlich der einzelnen Aufhebungsgründe wird auf die Erläuterungen zu § 1314 verwiesen. Bedeutsam ist im vorstehenden Zusammenhang vor allem der Aufhebungsgrund des § 1314 Abs. 2 Nr. 5, und zwar in der Konstellation, daß ein Ausländer mit einem Deutschen eine sog. Scheinehe eingehen will. Zu denken ist auch an eine Zwangsheirat (Aufhebungsgrund des § 1314 Abs. 2 Nr. 4). 14

Kollisionsrechtlich ist Abs. 1 S. 2 Halbs. 2 auch dann anzuwenden, wenn die Voraussetzungen der Eheschließung in Ansehung beider Verlobten gemäß Art. 13 Abs. 1 EGBGB fremden Recht unterliegen und dieses Recht nicht auf deutsches Recht zurückverweist und den Aufhebungsgrund nicht kennt oder der Trauungsperson untersagt, deswegen die Mitwirkung an der Eheschließung abzulehnen.[10] Wegen ihres Zusammenhangs mit Satz 1 ist die Vorschrift als Annex der Eheschließungsform (Art. 13 Abs. 3 S. 1 EGBGB) anzusehen. Zudem hat sie einen verfahrensrechtlichen Einschlag. Dem deutschen Standesbeamten wird unabhängig vom Heimatrecht der Verlobten nicht angesonnen, an einer Eheschließung mitzuwirken, bei der beispielsweise ein Teil nicht bei klarem Bewußtsein ist, bedroht wird oder bei der beide Teile auf einen „offenkundigen" Mißbrauch der Ehe für ehefremde Zwecke und auf eine Täuschung deutscher Behörden abzielen (zB eine Ausländerin, die eine Aufenthaltsberechtigung besitzt, will mit einem Landsmann eine Scheinehe eingehen, um diesem den Zuzug ins Bundesgebiet zu ermöglichen). Wollte man demgegenüber für die Verweigerung der Mitwirkung fordern, daß nach Art. 13 Abs. 1 EGBGB deutsches Recht Anwendung findet oder das maßgebende ausländische Recht dem deutschen Recht entspricht, so griffe in solchen Fällen die Vorbehaltsklausel des Art. 6 EGBGB ein. Jedenfalls die Anwendung eines die Eingehung einer Scheinehe gestattenden ausländischen Rechts wäre in Ansehung des Ehebegriffs des Grundgesetzes aufgrund des deutschen ordre public ausgeschlossen.[11] Letztlich würde auch ein Rückgriff auf die bisherige Rechtsmißbrauchslehre (oben RdNr. 3) zum gleichen Ergebnis führen. 15

c) Pflichten des Standesbeamten. § 1310 Abs. 1 S. 2 Halbs. 2 gibt dem Standesbeamten nicht nur die Befugnis, seine Mitwirkung an einer offenkundig willensfehlerhaften oder rechtsmißbräuchlichen Eheschließung zu verweigern, sondern begründet auch eine ebensolche Pflicht („muß").[12] Ermessen ist dem Standesbeamten nicht eingeräumt. Ist das Vorliegen eines Aufhebungsgrundes offenkundig, muß er seine Mitwirkung verweigern, ist dies nicht offenkundig, hat er an der Eheschließung mitzuwirken. Verfahrensmäßig ergänzt wird die Vorschrift durch § 13 Abs. 2 PStG: Bestehen konkrete Anhaltspunkte dafür, daß die zu 16

---

[10] AA *Gaaz* StAZ 1998, 241, 242 f.; *Hepting* FamRZ 1998, 713, 721 f.; *Henrich,* FS Rolland, S. 167, 170 ff.; *Palandt/Thorn* Art. 13 EGBGB RdNr. 22; *Palandt/Brudermüller* RdNr. 8.

[11] So *Henrich,* FS Rolland, S. 167, 172; *Hepting/Gaaz* § 5 a PStG RdNr. 74 f., 93 und III – 409 f.; Art. 13 EBGBG RdNr. 61 *(Coester)*; aA *Erman/Roth* RdNr. 7; *Staudinger/Mankowski* (2003) Art. 13 EGBGB RdNr. 341.

[12] Unklar Bericht des Rechtsausschusses, BT-Drucks. 13/9416 S. 27 f.

schließende Ehe nach § 1314 Abs. 2 aufhebbar wäre, so kann der Standesbeamte die Eheschließenden in dem hierzu erforderlichen Umfang einzeln oder gemeinsam befragen und ihnen die Beibringung geeigneter Nachweise aufgeben; notfalls kann er auch eine eidesstattliche Versicherung über Tatsachen verlangen, die für das Vorliegen oder Nichtvorliegen von Aufhebungsgründen von Bedeutung sind.[13] Eine Vermutung, daß die versicherten Umstände vorliegen bzw. nicht vorliegen, begründet die eidesstattliche Versicherung nicht. Die Vorschrift beschränkt die Nachforschungspflicht nicht auf die dort genannten Mittel. Daneben hat der Standesbeamte insbesondere die Möglichkeit, im Wege der Amtshilfe von öffentlichen Stellen Auskünfte einzuholen und Akten anzufordern.[14] § 13 Abs. 2 PStG ist – wie der Zusammenhang mit § 1310 Abs. 1 S. 2 Halbs. 2 ergibt – keine Ermessensvorschrift, sondern eine Befugnisnorm. Bei Vorliegen eines konkreten Verdachts hat der Standesbeamte den Sachverhalt von Amts wegen aufzuklären und die ihm hierfür zur Verfügung stehenden Mittel auszuschöpfen. Es ist ihm auch verwehrt, die Angelegenheit einfach gemäß § 49 Abs. 2 PStG an das Gericht weiterzureichen.[15] Erst wenn feststeht, daß von einem „offenkundigen" Vorliegen eines Aufhebungsgrundes nicht die Rede sein kann, insbesondere die anfangs vorhandenen Verdachtsmomente ausgeräumt sind, oder wenn die Aufklärungsmöglichkeiten ausgeschöpft sind, darf er seine Bemühungen einstellen. – § 13 Abs. 2 PStG verlangt konkrete Anhaltspunkte. Der Standesbeamte ist daher nicht berechtigt, etwa bei jeder deutsch-ausländischen Ehe, die vor ihm eingegangen werden soll, jeweils vorab zu ermitteln, ob es sich nicht bloß um eine sog. Scheinehe handelt.[16]

17 Die Zulässigkeit von Ermittlungen und Feststellungen über die Absicht, eine sog. Scheinehe einzugehen, begegnet keinen verfassungsrechtlichen Bedenken. Sieht das Gesetz eine Ehe als aufhebbar an, wenn beide Ehegatten sich bei der Eheschließung darüber einig waren, keine Verpflichtung gemäß § 1353 Abs. 1 zu begründen, und untersagt es dem Standesbeamten, an der Eingehung einer offenkundig aufhebbaren Ehe mitzuwirken, so ist er bei berechtigtem Anlaß zu der Prüfung befugt, ob diese Voraussetzungen vorliegen. Dies darf freilich nur unter Wahrung des Verfassungsgebots geschehen, die Menschenwürde und die Intimsphäre der Betroffenen zu achten. Insbesondere die Befragung hat in einer Weise zu geschehen, die deren Grundrechte aus Art. 1, 2 Abs. 1 GG respektiert.[17]

18 **d) Offenkundigkeit.** Offenkundig ist nicht iSv. § 291 ZPO als allgemeinkundig oder amtskundig zu verstehen. Es ist daher nicht zu verlangen, daß die Umstände, welche die Aufhebbarkeit der beabsichtigten Ehe begründen, insbesondere ihr Charakter als sog. Scheinehe bekannt sind oder jedermann, insbesondere der Standesbeamte sich hierüber ohne besondere Sachkunde aus allgemein zugänglichen, zuverlässigen Quellen unschwer überzeugen kann.[18] Dieses Normverständnis würde die Vorschrift von vornherein leerlaufen lassen und auch mit § 13 Abs. 2 PStG unvereinbar sein, der den Standesbeamten auffordert, vorliegenden Verdachtsmomenten nachzugehen und die noch verborgene Wahrheit ans Licht zu fördern. Dem Normzweck entspricht es vielmehr, offenkundig iSv. offensichtlich oder evident auszulegen. Danach hat der Standesbeamte seine Mitwirkung zu verweigern, wenn nach Erforschung des Sachverhalts (§ 13 Abs. 2 PStG) vernünftigerweise kein Zweifel daran bestehen kann, daß die Ehe nach § 1314 Abs. 2 aufhebbar wäre, sich dieses Ergebnis also einem verständigen und erfahrenen Menschen geradezu aufdrängt.[19] Dazu bedarf es des Vorliegens eindeutiger und widerspruchsfreier Umstände; entgegenstehendes übereinstimmendes Vorbringen der Verlobten muß widerlegt sein. Verbleibende Zweifel an der Ernst-

---

[13] Näher *Gaaz* StAZ 1998, 241, 243 f.; *Hepting/Gaaz* § 5 PStG RdNr. 51 ff.

[14] Zu den datenschutzrechtlichen Anforderungen für eine Aktenübersendung s. *Kissner* StAZ 2007, 283, 284 f.

[15] Vgl. *Hepting* FamRZ 1998, 713, 721.

[16] Vgl. BVerfGE 76, 1, 61.

[17] Vgl. BVerwGE 98, 298, 306; 65, 174, 181.

[18] Vgl. etwa BVerfGE 10, 177, 183.

[19] Vgl. dazu KG StAZ 2001, 298, 300 f.; OVG Saarlouis NVwZ 2006, 718, 719; OLG Naumburg FamRZ 2008, 276, 277; OLG Düsseldorf FamRZ 2008, 277, 278.

haftigkeit der beabsichtigten Ehe gehen daher nicht zu Lasten der Eheschließungswilligen.[20] Der Vorschlag von *Hepting,*[21] nicht auf den Grad der Gewißheit, sondern auf die Leichtigkeit abzustellen, mit der man sich Gewißheit verschaffen kann, führt letztlich zu keinem besseren Normverständnis. Zwar muß die Beantwortung der Frage, ob die beabsichtigte Ehe nach § 1314 Abs. 2 aufhebbar wäre, nach Abschluß der Ermittlungen in der Tat leicht geworden sein; das bedeutet aber keineswegs, daß der Standesbeamte mit Leichtigkeit zu diesem Ergebnis gelangt sein muß, also beispielsweise die Befragung der Betroffenen immer kurz und knapp zu sein und sich auf das zu beschränken hat, was relativ leicht zugänglich ist. Darüberhinaus ist das Vorliegen eines Aufhebungsgrundes auch dann als offenkundig anzusehen, wenn die Verlobten es ablehnen, an der Aufklärung (§ 13 Abs. 2 PStG) mitzuwirken, zB sich einzeln befragen zu lassen, Nachweise beizubringen oder eine eidesstattliche Versicherung abzugeben, und Ansatzpunkte für weitere Ermittlungen fehlen.[22] Andernfalls blieben die dem Standesbeamten eingeräumten Befugnisse ohne Wert. Die Herbeiführung einer Entscheidung des Gerichts (§ 49 Abs. 2 PStG) bei Zweifeln über Tatfragen (anders bei Rechtsfragen, zB nach dem kollisionsrechtlichen Anwendungsbereich der Vorschrift) ist dem Standesbeamten grundsätzlich verwehrt, weil Zweifel Offenkundigkeit ausschließen.[23]

Als **konkrete Anhaltspunkte** für das Vorliegen einer Scheinehe kommen vornehmlich 19
in Betracht:[24] Fehlen einer für beide Verlobten verständlichen Sprache; ein eklatanter Altersunterschied; Alkohol- oder Drogenabhängigkeit des deutschen Teils; gewöhnlicher Aufenthalt der Verlobten in weit auseinanderliegenden Standesamtsbezirken, insbesondere wenn das Aufenthaltsrecht des ausländischen Verlobten räumlich beschränkt ist; Zusammenleben eines oder beider Verlobter mit einem anderen Partner; fehlende Kenntnis der Verlobten von den persönlichen Daten und den Lebensumständen des jeweils anderen Teils; fehlende persönliche Kontakte; widersprüchliche Angaben über die Umstände des persönlichen Kennenlernens; Zahlung eines Geldbetrages für die Eingehung der Ehe; frühere Scheinehen eines oder beider Verlobten; kürzlich vorausgegangene Anmeldung einer beabsichtigten Ehe mit einem anderen Partner. Keinen konkreten Anhaltspunkt bildet für sich genommen der Umstand, daß der ausländische Verlobte über kein gesichertes Aufenthaltsrecht verfügt oder sich gar illegal im Bundesgebiet aufhält und gegen ihn aufenthaltsbeendende Maßnahmen eingeleitet worden sind.[25] Auch fehlendes Wissen über die Verwandten des anderen Teils und fehlendes Interesse, diese kennenzulernen, brauchen noch nicht dafür zu sprechen, dass die Begründung einer ehelichen Lebensgemeinschaft nicht beabsichtigt ist.[26] Stets dürfen die angegebenen Verdachtsmomente nicht isoliert, sondern nur im Gesamtzusammenhang betrachtet werden. Die Anhaltspunkte für das Vorliegen eines Aufhebungsgrundes können sich insbesondere aus einem Gespräch des Standesbeamten mit den Verlobten bei Anmeldung der beabsichtigten Eheschließung ergeben, ferner beispielsweise aus Mitteilungen Dritter oder Erkenntnissen des Standesbeamten bei Vorbereitung der Entscheidung über die Befreiung von der Beibringung des Ehefähigkeitszeugnisses (§ 12 Abs. 3 PStG).

e) Rechtsschutz. Lehnt der Standesbeamte die Mitwirkung ab, so kann jeder Eheschlie- 20
ßende gemäß § 49 Abs. 1 PStG das Gericht anrufen. Eine schriftliche Begründung der Ablehnung ist bereits aus diesem Grunde geboten.[27]

---

[20] Vgl. OLG Naumburg FGPrax 2005, 212, 213; OLG Köln FGPrax 2005, 260, 261; LG Braunschweig InfAuslR 2005, 337.

[21] *Hepting* FamRZ 1998, 713, 721.

[22] Vgl. *Wagenitz/Bornhofen* Abschn. 1 RdNr. 131; *Wagenitz,* FS Rolland, S. 379, 392 f.

[23] Vgl. OLG Düsseldorf FamRZ 1999, 225 m. abl. Anm. *Otto* ebd. 791 f.; *Gaaz* StAZ 1998, 241, 244; *Otte* JuS 2000, 148, 152 f.; *Muscheler* RdNr. 263; aA OLG Jena StAZ 2000, 175, 176; *Palandt/Brudermüller* RdNr. 8.

[24] Vgl. auch die Entschließung des Rates der EU über Maßnahmen zur Bekämpfung von Scheinehen v. 4. 12. 1997, ABl. v. 16. 12. 1997 Nr. C 382/01; inhaltliche Wiedergabe bei *Finger* FuR 1998, 289, 291 f.

[25] AA *Gaaz* StAZ 1998, 241, 242; *Hepting/Gaaz* § 5 PStG RdNr. 48.

[26] Anders KG StAZ 2001, 298, 301.

[27] Vgl. OLG Düsseldorf FamRZ 1999, 225.

21 **4. Eheschließung Deutscher im Ausland.** Die Möglichkeit der konsularischen Eheschließung in vom Auswärtigen Amt im Benehmen mit dem Bundesministerium des Innern besonders bezeichneten Konsularbezirken ist seit der Änderung des § 8 KonsularG durch Art. 2 Abs. 7 Nr. 1 PStRG mit Wirkung vom 1. 1. 2009 entfallen.

22 **5. Nichtehe.** Hat die Eheschließung nicht vor einem zur Mitwirkung bereiten Standesbeamten stattgefunden, so kommt keine Ehe zustande, auch wenn sie im Eheregister eingetragen sein sollte. Es handelt sich vielmehr um eine sog. Nichtehe (matrimonium non existens). Das gilt auch dann, wenn eine kirchliche Trauung oder eine andere religiöse Feierlichkeit vorausgegangen oder nachgefolgt ist, und zwar auch im Falle einer lebensgefährlichen Erkrankung eines Eheschließenden (dazu § 13 Abs. 3 PStG). An dem Begriff Nichtehe sollte der Klarheit willen auch nach Abschaffung des Instituts der Ehenichtigkeit festgehalten werden.

23 Die fehlende Mitwirkung eines Standesbeamten bildet nicht den einzigen Falle einer Nichtehe. Eine Ehe kommt auch dann nicht zustande, wenn einer der Verlobten bei der Eheschließung nicht mehr am Leben war, wenn es an einem gegenseitigen Ehekonsens gefehlt hat (vgl. RdNr. 10) sowie wenn zwei Personen desselben Geschlechts die Ehe miteinander eingegangen sind (vgl. Vor § 1303 RdNr. 8). Eine Eheschließung zwischen Personen gleichen Geschlechts ist, ohne daß dies wegen seiner Selbstverständlichkeit einfachrechtlich ausdrücklich statuiert werden müßte, nicht möglich.[28] Der Ehebegriff des BGB ist kein anderer als der des Grundgesetzes. Abzustellen ist dabei auf das personenstandsrechtlich bestimmte Geschlecht, nicht auf die sexuelle Orientierung der Verlobten. Einem **Transsexuellen** ist nach Feststellung, daß er als dem andern Geschlecht zugehörig anzusehen ist, die Ehe mit einem Partnern seines früheren Geschlechts gestattet (§§ 8, 10 TSG). Das gebietet auch Art. 12 EMRK.[29] Die vor Rechtskraft des abschließenden Beschlusses eingegangene Ehe ist eine Nichtehe, auch wenn die Zugehörigkeit des Transsexuellen zum anderen Geschlecht schon vorab gemäß § 9 TSG festgestellt war.[30]

24 Die Nichtehe begründet keinerlei Rechtsbeziehung zwischen den Beteiligten. Jeder von ihnen kann sich anderweit verheiraten, eine Aufhebung oder Scheidung einer Nichtehe kommt nicht in Betracht. Geschieht dies versehentlich doch einmal, so wird damit weder festgestellt, daß die Ehe vorher bestanden hat, noch kommt dem Ausspruch anderweit rechtserzeugende Kraft zu.[31] Auf das Nichtbestehen der Ehe kann sich jedermann, jederzeit und in jeder Form berufen. Eine Feststellungsklage (§ 256 ZPO) ist zulässig. Klagt einer der Beteiligten gegen den anderen auf Feststellung des Bestehens oder Nichtbestehens einer Ehe, so handelt es sich um eine Ehesache iS der §§ 606 ff. ZPO – es gelten die besonderen Vorschriften des § 632 ZPO –, ab 1. 9. 2009 §§ 121 ff. FamFG (§ 121 Nr. 3 FamFG).

25 **6. Heilung. Abs. 3** ermöglicht die statusrechtliche Heilung solcher Nichtehen, die im Inland nicht vor dem Standesbeamten oder im Ausland vor einer unzuständigen Stelle eingegangen sind. Zu denken ist besonders an deutsch-ausländische oder rein ausländische Ehen, die im Inland vor einer Trauungsperson geschlossen wurden, die nach dem jeweiligen Auslandsrecht zur Eheschließung befugt war, ohne daß die Voraussetzungen des Art. 13 Abs. 3 S. 2 EGBGB vorlagen. Voraussetzung ist, daß für die Form der Eheschließung deutsches Recht maßgeblich ist (Art. 11 Abs. 1, 13 Abs. 3, 4 Abs. 1 EGBGB).[32] Danach kommt die Vorschrift bei Auslandsheiraten von Ausländern im Regelfall nicht zum Zuge. Die Ehe gilt nach Abs. 3 auch dann als geschlossen, wenn erstens die Betroffenen erklärt

---

[28] Vgl. BayObLG NJW 1993, 1996; OLG Köln NJW 1993, 1997; KG StAZ 1994, 220; OLG Celle FamRZ 1993, 1082; LG Frankfurt NJW 1993, 1998.

[29] Vgl. EuGMR NJW-RR 2004, 289, 293 f.

[30] Vgl. *Windel* JR 2006, 265, 267; aA OLG Rostock FamRZ 2005, 900: aufhebbare Ehe.

[31] Vgl. BGH FamRZ 2003, 838, 840 f.

[32] Vgl. *Sturm,* FS Rolland, S. 373, 377 und StAZ 1999, 289, 293 f.; weitergehend *Wagenitz/Bornhofen* Abschn. 4 RdNr. 41, die über Art. 11 Abs. 1 Halbs. 2 EGBGB allein an den vom deutschen Standesbeamten gesetzten Vertrauenstatbestand anknüpfen.

haben, die Ehe miteinander eingehen zu wollen, wenn zweitens von dem Standesbeamten ein bestimmter, abschließend aufgeführter Vertrauenstatbestand gesetzt worden ist, der die irrige Auffassung der Eheschließenden, nach deutschem Recht wirksam verheiratet zu sein, generell als schutzwürdig erscheinen läßt, und wenn diese drittens seitdem über einen längeren Zeitraum als Ehegatten zusammengelebt haben. Danach genügt das bloße mehrjährige Zusammenleben allein nicht. Ohne die qualifizierte Mitwirkung eines Standesbeamten kommt eine Heilung nicht in Betracht. Auch aus Art. 6 Ab. 1 GG lässt sich eine allgemeine oder weitergehende vollständige Heilung der gutgläubig gelebten Nichtehe durch Zeitablauf (wielange?) nicht herleiten.[33] Die Heilung entfaltet Rückwirkung. Keine zusätzliche Heilungsvoraussetzung ist nach dem Gesetz das Fehlen von Eheverboten.[34] Allerdings kann auch die nach Abs. 3 zustandegekommene Ehe nach § 1314 aufhebbar sein.

Was den **Ehekonsens** anbelangt, setzt das Gesetz eine förmliche Trauungszeremonie voraus, welche von den Eheschließenden als ehebegründend angesehen werden durfte. Eine reine Privatveranstaltung genügt nicht.[35] Das folgt schon aus den nachfolgend aufgeführten Vertrauenstatbeständen: Der rechtskundige Standesbeamte muß in einer Amtshandlung von einer gültigen Ehe ausgegangen sein. 26

Ein **Vertrauenstatbestand** ist zunächst, daß der deutsche[36] Standesbeamte die Ehe – fälschlicherweise – in das Eheregister (§ 15 PStG) – bis Ende 2008 Heiratsbuch oder Familienbuch – eingetragen hat (Nr. 1). Einen zweiten Vertrauenstatbestand bildet ein Hinweis des Standesbeamten auf die Eheschließung im Geburtenregister (§ 21 Abs. 3 Nr. 2 PStG) – bis Ende 2008 Hinweis auf die Eheschließung nach § 33 Abs. 1 PStV 1977 im Geburtenbuch –[37] im Zusammenhang mit der Beurkundung der Geburt eines gemeinsamen Kindes der Ehegatten (Nr. 2). Schließlich entsteht ein Vertrauenstatbestand, wenn der Standesbeamte von den Ehegatten eine familienrechtliche Erklärung, die zu ihrer Wirksamkeit eine bestehende Ehe voraussetzt, entgegengenommen hat und den Ehegatten hierüber eine in Rechtsvorschriften vorgesehene Bescheinigung erteilt worden ist (Nr. 3). In Betracht kommt insbesondere eine Erklärung über die Bestimmung des Ehenamens (vgl. Art. 10 Abs. 2 EGBGB, § 46 PStV, § 9a PStV 1977). 27

Außerdem müssen die vermeintlichen Ehegatten nach Entstehung des Vertrauenstatbestandes („seitdem") zehn Jahre oder bis zum Tod eines Ehegatten, mindestens jedoch fünf Jahre, **als Ehegatten miteinander gelebt** haben (s. dazu näher § 1315 RdNr. 12, 14). Ein Zusammenleben als Ehegatten setzt voraus, daß diese die Eheschließung als ehebegründend angesehen haben.[38] Lehnt der Standesbeamte während des Laufs der Frist eine Eintragung oder die Entgegennahme einer Erklärung mit der Begründung ab, die Ehegatten seien überhaupt nicht verheiratet, so braucht das im Hinblick auf die vorliegende abweichende Auffassung eines anderen Standesbeamten (RdNr. 27) den guten Glauben nicht zu zerstören.[39] Dagegen kommt eine Heilung nicht in Betracht, wenn die Eintragung vor Fristablauf förmlich berichtigt wird.[40] Auf den Ort des Zusammenlebens kommt es nicht an. 28

Abs. 3 gilt nach der **Übergangsvorschrift** des Art. 226 Abs. 3 EGBGB auch für alle vor dem 1. 7. 1998 geschlossenen Ehen, so daß vor allem manche in den Wirren der Kriegs- und ersten Nachkriegszeit nicht vor dem Standesbeamten geschlossene Nicht-Ehen als wirksam zu behandeln sind, soweit nicht bereits die unter III angeführten Sonder- 29

[33] Vgl. BGH FamRZ 2003, 838, 839f.; *Palandt/Thorn* Art. 13 EBGBG RdNr. 21; *Staudinger/Voppel* (2007) Vor § 1313 RdNr. 21f.; aA *Coester,* FS Heldrich, S. 537, 543ff. und Art. 13 EGBGB RdNr. 166ff.; *Pfeiffer* LMK 2003, 128, 129; *Staudinger/Mankowski* (2003) Art. 13 EGBGB RdNr. 542ff. Zur Kritik an der Neuregelung als nicht weitrechend genug s. *Hepting* FamRZ 1998, 713, 726; *Hepting/Gaaz* III RdNr. 290ff.

[34] AA *Staudinger/Strätz* (2007) RdNr. 74f.

[35] Vgl. BayObLG FamRZ 2000, 699, 701; *Sturm* StAZ 1999, 289, 290f.; aA *Staudinger/Strätz* (2007) RdNr. 76.

[36] AA *Sturm* StAZ 1999, 289, 294; *Coester,* FS Heldrich, S. 537, 539f. und Art. 13 EGBGB RdNr. 165.

[37] Vgl. *Hepting* FamRZ 1998, 713, 725f.

[38] AA *Erman/Roth* RdNr. 11; *Palandt/Brudermüller* RdNr. 13.

[39] AA *Sturm* StAZ 1999, 289, 292.

[40] Vgl. *Staudinger/Strätz* (2007) RdNr. 63.

vorschriften zu einer Legalisierung der Verbindung geführt haben. Das gilt auch dann, wenn die Nichtehe vor dem 1. 7. 1998 durch den Tod eines Partners beendet worden ist.[41]

30 Unabhängig von Abs. 3 kann bei Sachverhalten mit internationalem Bezug – und das ist in vorstehendem Zusammenhang die Regel – ein kollisionsrechtlicher Heilungstatbestand gegeben sein, z. B. Heilung durch Statutenwechsel.[42] Darüber hinaus ist im Falle einer gutgläubig geschlossenen und tatsächlich geführten Nichtehe stets zu prüfen, ob vom Nichtbestehen einer Ehe wirklich uneingeschränkt und in jeder Beziehung auszugehen oder nicht zwischen dem Personenstand als solchem und seinen einzelnen Rechtswirkungen zu unterscheiden ist. Eine Modifikation kann insbes. angebracht sein, wenn es sich um eine „hinkende" Ehe handelt, die dem Heimatrecht eines Teils entspricht. Hier ist zu fragen, ob nicht die maßgebliche deutsche Sachnorm dahin ausgelegt werden kann, daß eine hinkende Ehe ausreicht, um etwa Renten-, Unterhalts- oder Erbansprüche zu begründen.[43] In diesem Sinne hat das BVerfG – allerdings ohne tragfähige Begründung – entschieden, daß Art. 6 Abs. 1 GG – richtig erscheint eine Heranziehung des Grundsatzes des Vertrauensschutzes (Art. 20 Abs. 3 GG) – eine Auslegung des § 1264 RVO (jetzt § 46 SGB VI) dahin gebietet, daß Witwe iS dieser Vorschrift auch die hinterbliebene Frau aus einer „hinkenden" Ehe ist.[44]

III. Sonderrecht der Kriegs- und Nachkriegszeit

31 Das Sonderrecht der Eheschließung der Kriegs- und Nachkriegszeit, das gegenüber dem dargestellten gegenwärtigen Rechtszustand eine Reihe von Ausnahmen enthält, braucht hier nicht erläutert zu werden (vgl. die Hinweise in der Vorauflage), da den Vorschriften eine aktuelle Bedeutung nicht mehr zukommt. Im einzelnen sind zu nennen:

1. Die Personenstandsverordnung der Wehrmacht idF v. 17. 10. 1942 (RGBl. I S. 597);[45]
2. Art. 6 bis 9 des AHKGesetzes Nr. 23 über die Rechtsverhältnisse verschleppter Personen und Flüchtlinge v. 17. 3. 1950 (AHK ABl. S. 140): Anerkennung von Eheschließungen in der Zeit vom 8. 5. 1945 bis 1. 8. 1948 in Deutschland vor einem Geistlichen;
3. das Gesetz über die Anerkennung freier Ehen rassisch und politisch Verfolgter v. 23. 6. 1950 (BGBl. S. 226);[46]
4. das Gesetz über die Anerkennung von Nottrauungen v. 2. 12. 1950 (BGBl. S. 778);[47]
5. das Gesetz über die Rechtswirkung des Ausspruchs einer nachträglichen Eheschließung v. 29. 3. 1951 (BGBl. I S. 215).

§ 1311 Persönliche Erklärung

[1] Die Eheschließenden müssen die Erklärungen nach § 1310 Abs. 1 persönlich und bei gleichzeitiger Anwesenheit abgeben. [2] Die Erklärungen können nicht unter einer Bedingung oder Zeitbestimmung abgegeben werden.

---

[41] Vgl. AG Mainz FamRZ 2003, 600; *Staudinger/Strätz* (2007) RdNr. 80.

[42] Vgl. *Coester,* FS Heldrich, S. 537, 541 f. und Art. 13 EBGBG RdNr. 17 ff.; Einl. IPR RdNr. 685 *(Sonnenberger); Palandt/Thorn* Art. 13 EGBGB RdNr. 4, 25.

[43] Vgl. *v. Maydell,* FS Bosch, 1976, S. 645, 648 ff.; *Winkler v. Mohrenfels* RabelsZ 51 (1987), 20, 30; *Staudinger/Mankowski* (2003) Art. 13 EGBGB RdNr. 531 ff.; *Erman/Roth* RdNr. 13; *Mäsch* IPRax 2004, 421, 424; ablehnend hinsichtlich einer entsprechenden Auslegung familienrechtlicher Normen BGH FamRZ 2003, 838, 840.

[44] BVerfGE 62, 323; dazu kritisch *Müller-Freienfels* JZ 1983, 230 ff. und Sozialversicherungs-, Familien- und Internationalprivatrechtrecht und das BVerfG, 1984, S. 14 ff., 97 ff.; *Beitzke* SGb 1983, 238 f.

[45] Aufgehoben durch § 75 Nr. 2 PStV.

[46] Zur Möglichkeit einer Nachsichtgewährung bei verspäteter Antragstellung KG FamRZ 2005, 1674.

[47] Aufgehoben durch Art. 26 des Rechtsbereinigungsgesetzes v. 23. 11. 2007 (BGBl. I S. 2614).

I. Normzweck

§ 1311 nennt die zwingenden Vorschriften für die Erklärung des Eheschließungswillens vor dem Standesbeamten: Das Gesetz will Ehen verhindern, die nicht auf einer freien und ernstlichen Willenseinigung der Verlobten beruhen. Ihr Konsens soll über jeden Zweifel erhaben, Bestand und Fortbestand der Ehe sollen gewiß sein. 1

II. Einzelerläuterung

1. Persönliche und gleichzeitige Anwesenheit der Eheschließenden. a) Persönliche Anwesenheit. Das Erfordernis der persönlichen Anwesenheit schließt sowohl eine Vertretung im Willen wie in der Erklärung (Handschuhehe) als auch eine Übermittlung der Erklärung durch Boten, Brief, Telefon, Telefax aus. In der Regel wird in solchen Fällen der Standesbeamte seine Mitwirkung an der Eheschließung von vornherein ablehnen. Geschieht das einmal nicht, so ist zwar die Ehe mit dem nichterschienenen Verlobten geschlossen, sofern ein Konsens der Ehegatten besteht, die Ehe jedoch aufhebbar (§ 1314 Abs. 1). 2

Im Fall der **verdeckten Stellvertretung** kommt eine – aufhebbare – Ehe mit dem Vertretenen zustande, sofern der andere Teil weiß, für wen der ihm Gegenüberstehende handeln will.[1] Ist dem anderen Teil dagegen die Stellvertretung nicht bekannt, so kommt eine gültige Ehe zwischen den Erschienenen zustande.[2] 3

Handeln unter falschem Namen berührt die Wirksamkeit der Eheschließung nicht. Zwischen den tatsächlichen vor dem Standesbeamten Erschienenen kommt eine gültige Ehe zustande, die allerdings bei Täuschung eines Verlobten nach § 1314 Abs. 2 Nr. 3 aufgehoben werden kann.[3] Das gleiche gilt, wenn bei der Eheschließung an Stelle eines Verlobten eine andere Person unter dessen Namen auftritt (zB der Zwillingsbruder oder die Zwillingsschwester). 4

b) Gleichzeitige Anwesenheit. Das Erfordernis der gleichzeitigen Anwesenheit bedeutet, daß der Standesbeamte nicht zu verschiedenen Zeiten zunächst die Erklärung des einen und später die des anderen entgegennehmen darf und daß die Verlobten ihren Eheschließungswillen nicht vor verschiedenen Standesbeamten erklären können. Ausnahmen vom Erfordernis der gleichzeitigen Anwesenheit der Verlobten (Ferntrauung) enthielt die heute obsolet gewordene Kriegsgesetzgebung (vgl. § 1310 RdNr. 31). 5

2. Bedingung und Befristung. Die Erklärung der Verlobten, die Ehe miteinander eingehen zu wollen, darf weder unter einer aufschiebenden oder auflösenden Bedingung noch unter Bestimmung eines Anfangs- oder Endtermins abgegeben werden. Das entspricht § 1353 Abs. 1 S. 1: „Die Ehe wird auf Lebenszeit geschlossen". In der Regel wird der Standesbeamte die Entgegennahme einer bedingten oder befristeten Erklärung ablehnen und seine Mitwirkung an der Eheschließung verweigern.[4] Dann kommt eine Ehe überhaupt nicht zustande (Nichtehe). Geschieht das einmal nicht, so ist die geschlossene Ehe aufhebbar. § 1314 Abs. 1 sanktioniert nach seinem eindeutigen Wortlaut nicht nur Verstöße gegen § 1311 S. 1, sondern auch gegen § 1311 S. 2.[5] Das gilt jedoch nur für Vorbehalte, die in die vor dem Standesbeamten abgegebene Erklärung aufgenommen sind. Dagegen ist eine bloß von den Verlobten untereinander ausbedungene, aber nicht vor dem Standesbeamten offenbarte Bedingung, Zeitbestimmung oder andere Einschränkung des Ehewillens ohne Einfluß auf den Bestand der Ehe.[6] Eine 6

---

[1] Vgl. *Beitzke,* FS Dölle II, S. 244 ff.; *Kremer* StAZ 1990, 367; *Johannsen/Henrich* § 1314 RdNr. 32; *Bamberger/Roth/Hahn* RdNr. 4; *Palandt/Brudermüller* RdNr. 5; aA *Staudinger/Strätz* (2007) RdNr. 15 (Ehe zwischen den Anwesenden).

[2] Vgl. *Beitzke* (Fn. 1) S. 246.

[3] Vgl. i. e. *Beitzke* (Fn. 1) S. 236 ff., 242; *Palandt/Brudermüller* RdNr. 5.

[4] Vgl. *Hepting/Gaaz* III RdNr. 240 ff.: Entsprechende Anwendung von § 1310 Abs. 1 S. 2 Halbs. 2.

[5] AA *Gernhuber/Coester-Waltjen* § 11 RdNr. 50, § 14 RdNr. 55.

[6] Vgl. BGH LM EheG § 48 Abs. 2 Nr. 13; RG Recht 1920 Nr. 3396; BayObLG FamRZ 1982, 603, 605; OLG Hamm FamRZ 1982, 1073; *Beitzke* StAZ 1983, 1, 3; *Spellenberg* StAZ 1987, 33, 39 f.

solche Vereinbarung ist ausnahmslos als mit dem Wesen der Ehe unvereinbar nichtig und entfaltet keinerlei Rechtswirkungen unter den Eheleuten. Auch eine bloße Mentalreservation ist unbeachtlich. Unstatthaft ist es, die von den Verlobten bei der Trauungsverhandlung abgegebenen vorbehaltlosen Erklärungen im Hinblick auf anderweit bekanntgewordene Umstände, zB Erklärungen gegenüber Dritten, im Wege der Auslegung als bedingt oder befristet anzusehen.

§ 1312 Trauung

[1] Der Standesbeamte soll bei der Eheschließung die Eheschließenden einzeln befragen, ob sie die Ehe miteinander eingehen wollen, und, nachdem die Eheschließenden diese Frage bejaht haben, aussprechen, dass sie nunmehr kraft Gesetzes rechtsmäßig verbundene Eheleute sind. [2] Die Eheschließung kann in Gegenwart von einem oder zwei Zeugen erfolgen, sofern die Eheschließenden dies wünschen.

I. Normzweck

1 § 1312 enthält die nicht zwingenden Formvorschriften für die Eheschließung, die der Standesbeamte zu beachten hat, deren Verletzung jedoch ohne Einfluß auf den Bestand der Ehe ist.

II. Einzelerläuterung

2 **1.** Die **Eheschließung** soll in einer der Bedeutung der Ehe entsprechenden würdigen Form, die dem Standesbeamten eine ordnungsgemäße Vornahme seiner Amtshandlung ermöglicht, vorgenommen werden (§ 14 Abs. 2 PStG). Ihr Kern ist die vom Standesbeamten an die Verlobten einzeln, dh. nacheinander gerichtete **Frage,** ob sie die **Ehe miteinander eingehen wollen,** und die Bejahung dieser Frage durch die Verlobten (§ 1310 RdNr. 10 ff.). Eine bestimmte Reihenfolge ist nicht vorgeschrieben. Haben die Verlobten die an sie gerichtete Frage bejaht, so spricht der Standesbeamte aus, daß sie nunmehr kraft Gesetzes rechtmäßig verbundene Eheleute seien. Der **Ausspruch** hat lediglich deklaratorische Bedeutung. Stirbt ein Ehegatte vor dem Ausspruch, so ist die Ehe gültig. Bei der Eheschließung können die Verlobten eine Erklärung über den **Ehenamen** (§ 1355 Abs. 3) abgeben. Der Standesbeamte hat die Eheschließenden vor der Eheschließung zu befragen, ob sie einen Ehenamen bestimmen wollen (§ 14 Abs. 1 PStG).

3 Die Eheschließung kann auf Wunsch der Eheschließenden in Gegenwart von einem oder zwei **Zeugen** stattfinden.[1] Dabei sollten wie bisher (§ 15 PStV 1977) als Zeugen Minderjährige nicht mitwirken. Das gleiche muß für jemanden gelten, der gem. § 104 Nr. 2 geschäftsunfähig ist oder dessen Erklärung nach § 105 Abs. 2 nichtig wäre.

4 **Ort** der Eheschließung ist regelmäßig das Dienstgebäude des Standesbeamten oder ein von der Gemeinde außerhalb des Standesamts eingerichtetes besonderes Trauzimmer; **Zeit** der Eheschließung sind grundsätzlich die Dienststunden des Standesbeamten. Auf Wunsch der Verlobten kann der Standesbeamte die Eheschließung jedoch auch an jedem anderen Ort seines Amtsbezirks, an dem eine Eheschließung in würdiger Form möglich ist, vornehmen und zu jeder beliebigen Stunde (zB an einem Sonnabend).[2] Ein Anspruch auf eine Trauung außerhalb des Standesamts oder außerhalb der regulären Dienststunden des Standesbeamten besteht beim Vorliegen besonderer Gründe (zB Krankheit, Inhaftierung).

---

[1] Zu den Gründen für die Abschaffung der bisherigen Sollvorschrift des § 14 Abs. 1 EheG vgl. BT-Drucks. 13/4898 S. 30.

[2] Vgl. *Gebel/Richert* StAZ 1994, 250 ff.

2. Eintragung in das Eheregister. Die Erklärungen der Eheschließenden, die Ehe miteinander eingehen zu wollen, sind von dem Standesbeamten im Anschluss an die Eheschließung in einer Niederschrift zu beurkunden (§ 14 Abs. 3 PStG). Diese ist nach dem Muster der Anlage 10 zu fertigen (§ 29 Abs. 3 PStV). Die Niederschrift muss alle im Eheregister zu beurkundenden Angaben enthalten; sie ist von den Ehegatten, den Zeugen und dem Standesbeamten zu unterschreiben. Im Eheregister werden im Anschluss an die Eheschließung beurkundet: 1. Tag und Ort der Eheschließung, 2. die Vornamen und die Familiennamen der Ehegatten, Ort und Tag ihrer Geburt sowie auf Wunsch eines Ehegatten seine rechtliche Zugehörigkeit zu einer Religionsgemeinschaft, die Körperschaft des öffentlichen Rechts ist, 3. die nach der Eheschließung geführten Familiennamen der Ehegatten (§ 15 Abs. 1 PStG). Bis zur Beurkundung der Eheschließung im Eheregister können Eheurkunden auch aus der Niederschrift über die Eheschließung ausgestellt werden (§ 55 Abs. 1 Nr. 2 PStG). Das Eheregister ist an die Stelle des bisherigen Heiratsbuchs getreten. Um eine überflüssige Doppelregelung zu vermeiden, ist § 1312 Abs. 2 durch Art. 2 Abs. 16 Nr. 4 PStRG v. 19. 2. 2007 (BGBl. I S. 122) aufgehoben worden. 5

3. Rechtsfolgen. Eine Verletzung der Ordnungsvorschriften des § 1312 oder der registerrechtlichen Vorschriften berührt die Gültigkeit der Ehe nicht. Zur Bedeutung der Eintragung der Ehe in das Eheregister bei der Eheschließung vor einem Scheinstandesbeamten s. § 1310 RdNr. 9. 6

Titel 3. Aufhebung der Ehe

§ 1313 Aufhebung durch Urteil

[1] Eine Ehe kann nur durch gerichtliches Urteil auf Antrag aufgehoben werden. [2] Die Ehe ist mit der Rechtskraft des Urteils aufgelöst. [3] Die Voraussetzungen, unter denen die Aufhebung begehrt werden kann, ergeben sich aus den folgenden Vorschriften.

Neufassung ab 1. 9. 2009 **(Art. 50 Nr. 10 FGG-RG v. 17. 12. 2008)**

§ 1313 Aufhebung durch richterliche Entscheidung

[1] Eine Ehe kann nur durch richterliche Entscheidung auf Antrag aufgehoben werden. [2] Die Ehe ist mit der Rechtskraft der Entscheidung aufgelöst. [3] Die Voraussetzungen, unter denen die Aufhebung begehrt werden kann, ergeben sich aus den folgenden Vorschriften.

Übersicht

I. Normzweck

1 Die Aufhebung der Ehe bildet neben Tod eines Ehegatten, Scheidung und Wiederverheiratung im Falle der Todeserklärung (§ 1319 Abs. 2) einen Fall der Auflösung der Ehe mit Wirkung für die Zukunft (ex nunc). Von der Scheidung unterscheidet sich die Aufhebung vor allem durch die Gründe. Die Scheidung erfolgt wegen des späteren Scheiterns der Ehe (§ 1565), die Aufhebung wegen eines Mangels beim Zustandekommen der Ehe, mögen auch im Einzelfall sich beide Gesichtspunkte überschneiden. Die Aufhebung dient zum einen der Wahrung der allgemeinen, durch das Sittengesetz geprägten Ordnung der Ehe und damit öffentlichen Interessen, zum anderen schützt sie die Willensfreiheit des einzelnen Ehegatten bei der Eheschließung.

2 Das BGB kennt als Mittel zur Beseitigung einer anfänglich fehlerhaften Ehe nur noch deren Aufhebung. Das Institut der **Ehenichtigkeit** iS einer rückwirkenden Vernichtbarkeit der Ehe gibt es nicht mehr. Die tradierte Zweispurigkeit „Nichtigkeit der Ehe" (§§ 16 ff. EheG) und „Aufhebung der Ehe" (§§ 28 ff. EheG) ist entfallen. Das ist konsequent, nachdem der Grundsatz der rückwirkenden Vernichtbarkeit der Ehe – insbes. bei Verletzung öffentlicher Interessen – durch so weitreichende Ausnahmen durchbrochen war, daß der Begriff Nichtigkeit seine Aussagekraft verloren hatte und weitgehend gleichfalls nur noch eine Auflösung der Ehe für die Zukunft bedeutete (vgl. etwa hinsichtlich der Ehelichkeit der Kinder § 1591 Abs. 1 S. 1 aF, hinsichtlich der vermögensrechtlichen Folgen § 26 EheG).[1] Die durch das Eheschließungsrechtsgesetz geschaffene Rechtslage entspricht dem Grundsatz, ein in Vollzug gesetztes Dauerrechtsverhältnis auch bei anfänglichen Mängeln nur mit Wirkung für die Zukunft zu beenden.

[1] Vgl. BT-Drucks. 13/4898 S. 13 f., 17 f.; FamRefK/*Wax* Vor § 1300 RdNr. 6; für eine Zusammenführung der Institute der Ehenichtigkeit und Eheaufhebung im Rahmen der Nichtigerklärung *Bosch* FamRZ 1997, 138, 141 ff.; Eherechtskommission III 87 f.

II. Einzelerläuterung

1. Aufhebungsgründe. Die Aufhebungsgründe sind in §§ 1314, 1320 erschöpfend aufgezählt. Ein Rückgriff auf die allgemeinen Vorschriften des bürgerlichen Rechts über Rechtsgeschäfte ist ausgeschlossen. Die Möglichkeit der Aufhebung tritt an die Stelle einer Nichtigkeit wegen eines Verstoßes gegen ein gesetzliches Verbot oder die guten Sitten oder einer Anfechtung der Erklärung über die Eingehung der Ehe wegen eines Willensmangels. Die durch die Eheschließung begründete und in der Regel auch verwirklichte Lebensgemeinschaft der Ehegatten soll nicht rückwirkend beseitigt und damit in ihrer Existenz ignoriert, sondern nur für die Zukunft aufgelöst werden. Ebenso ausgeschlossen ist eine entsprechende Anwendung der §§ 1313 ff. auf in §§ 1314, 1320 nicht genannte Mängel beim Zustandekommen der Ehe oder auf Fälle der Nichtehe (hierzu § 1310 RdNr. 22 ff.). Dass sich die Folgen des Fehlens einer Ehevoraussetzung mit der Aufhebung besser lösen lassen als mit der Annahme einer Nichtehe, genügt nicht.[2] 3

Als Aufhebungsgrund ist neben den praktisch bedeutungslosen Fällen des Erklärungsirrtums (§ 31 Abs. 1 S. 1 Halbs. 2 EheG) und des Irrtums über die Person des anderen Ehegatten (§ 31 Abs. 1 S. 2 EheG) der bis zum Inkrafttreten des Eheschließungsrechtsgesetzes wichtigste Aufhebungsgrund, der Irrtum über die persönlichen Eigenschaften des anderen Ehegatten (§ 32 EheG) entfallen. Auch das ist konsequent. Die Aufhebung der Ehe wegen eines solchen Irrtums wurde nur begehrt, wenn der Aufhebungsberechtigte über den Verlauf der Ehe enttäuscht war. Da jede Ehe, die gescheitert ist, geschieden werden kann, bedurfte es dieses Aufhebungsgrundes nicht mehr. Zudem warf die Frage, was als persönliche Eigenschaft des anderen Ehegatten anzusehen ist, zahlreiche Abgrenzungsprobleme auf (zB Schwangerschaft, Existenz eines Kindes). 4

2. Aufhebung. Die Aufhebung erfolgt in allen Fällen der Aufhebbarkeit durch gerichtliches Urteil, ab 1. 9. 2009 durch Beschluss (§ 116 Abs. 1 FamFG). Es handelt sich bei der Neufassung des § 1313 durch Art. 50 Nr. 10 FGG-RG um eine Folgeänderung aufgrund der Einführung einer einheitlichen Entscheidungsform für Endentscheidungen in Familiensachen. Eine durch Tod oder Scheidung bereits aufgelöste Ehe kann nicht mehr aufgehoben werden (§ 1317 Abs. 3). Das Aufhebungsbegehren wird nicht mehr im Wege der Klage, sondern wie bei der Scheidung (§ 1564 S. 1) im Wege des Antrags verfolgt. Zum Antragsrecht s. § 1316, zur Antragsfrist s. § 1317. Das Aufhebungsurteil/der Aufhebungsbeschluss löst die Ehe mit Eintritt der Rechtskraft mit Wirkung für und gegen alle für die Zukunft auf. Eine abweisende Entscheidung wirkt dagegen nur inter partes, also nicht gegen andere Antragsberechtigte. Zahlenmäßig spielt die Eheaufhebung bei den gerichtlichen Ehelösungen keine Rolle. In den Jahren 2000 bis 2006 wurden durchschnittlich rund 300 Ehen jährlich aufgehoben.[3] 5

3. Die Wirkungen der aufhebbaren Ehe für die Zeit ihres Bestehens. Die aufhebbare Ehe hat bis zur rechtskräftigen Aufhebung für beide Ehegatten alle Wirkungen einer gültigen Ehe. Auch der doppelt verheiratete Ehegatte lebt in zwei von der Rechtsordnung anerkannten Ehe mit allen sich daraus ergebenden Folgen. Der aufhebungsberechtigte Ehegatte kann jedoch die Herstellung der ehelichen Lebensgemeinschaft verweigern, wenn er dadurch sein Aufhebungsrecht verlieren könnte (vgl. § 1315 Abs. 1, Abs. 2 Nr. 2). Der doppelt Verheiratete ist nicht zur ehelichen Lebensgemeinschaft mit dem zweiten Gatten verpflichtet, wenn er mit dem ersten Gatten zusammenlebt oder zusammenleben will. Die Pflichten aus der gültigen ersten Ehe haben den Vorrang vor denen aus der mit einem dauernden Mangel behafteten zweiten Ehe. 6

Ist der aufhebungsberechtigte Ehegatte nach Stellung des Aufhebungsantrags gestorben, ohne daß es vor seinem Tode zur Aufhebung der Ehe gekommen ist, so ist – falls der Antrag 7

---

[2] AA OLG Rostock FamRZ 2005, 900, 901 f. für die Eheschließung eines Transsexuellen, insb. wenn dessen Zugehörigkeit zum anderen Geschlecht schon vorab gemäß § 9 TSG festgestellt war.

[3] Vgl. Statistisches Jahrbuch 2008, 55.

begründet gewesen wäre – das gesetzliche **Erbrecht** des überlebenden Ehegatten sowie das Recht auf den Voraus und den Pflichtteil ausgeschlossen (§ 1933 S. 2); eine letztwillige Verfügung zugunsten des Ehegatten und ein Erbvertrag, in dem der Ehegatte oder seitens der Ehegatten ein Dritter bedacht wurde, sind im Zweifel unwirksam (vgl. §§ 2077 Abs. 1 S. 3 und Abs. 3, 2268, 2279). Voraussetzung ist immer, daß der Erblasser den Aufhebungsantrag vor seinem Tode gestellt hatte. Andernfalls kann die Aufhebbarkeit der Ehe, ohne daß ein Aufhebungsurteil ergangen ist, auch in erbrechtlicher Hinsicht nicht geltend gemacht werden.

8 Hängt die Entscheidung eines Rechtsstreits davon ab, ob eine Ehe, deren Aufhebung beantragt wurde, aufhebbar ist, so hat das Gericht auf Antrag (§ 152 ZPO) oder fakultativ von Amts wegen (§ 148 ZPO) das Verfahren bis zur Erledigung des Aufhebungsverfahrens **auszusetzen.** Eine inzidente Entscheidung über die Aufhebbarkeit ist nicht zulässig. Vor Anhängigkeit des Aufhebungsantrags kommt eine Aussetzung nicht in Betracht. Die Ehe ist als gültig zu behandeln.

9 Auch nach Aufhebung kommen der Ehe für den Zeitraum ihres Bestehens alle Wirkungen einer Ehe zu. Der Aufhebungsberechtigte kann nicht im Wege des Schadensersatzes aus unerlaubter Handlung (§ 826) verlangen, so gestellt zu werden, als habe die Ehe nicht bestanden oder wäre zu einem früheren Zeitpunkt aufgelöst worden, und damit die Belastungen durch die vermögensrechtlichen Wirkungen der Ehe (zB Unterhalt) beseitigen.[4] Das hat auch für den getäuschten oder bedrohten Ehegatten zu gelten. Nicht auf Beseitigung einer bestehen bleibenden vermögensrechtlichen Wirkung der Ehe gerichtet ist dagegen der Anspruch des Mannes, den die Frau durch die Vorspiegelung, er sei der Vater des von ihr erwarteten Kindes, zur Eheschließung bestimmt hat, auf Erstattung der Unterhaltsleistungen für das Kind nach Feststellung, daß er nicht der Vater des Kindes ist.[5]

10 **4. Aufhebungsverfahren.** Für das Aufhebungsverfahren gelten die besonderen Vorschriften des § 631 ZPO und daneben die allgemeinen Vorschriften für Ehesachen (§§ 606 ff. ZPO), ab 1. 9. 2009 die §§ 121 ff. FamFG. Das Verfahren wird durch Einreichung einer Antragsschrift anhängig (§ 631 Abs. 2 S. 1 ZPO, ab 1. 9. 2009 § 124 S. 1 FamFG). Ein Verhandlungs- und Entscheidungsverbund mit Folgesachen (§ 623 ZPO, ab 1. 9. 2009 § 137 FamFG) findet nicht statt; wird auf Aufhebung der Ehe erkannt, ist über die Folgesachen gesondert zu entscheiden.[6] Kosten: §§ 93 a Abs. 3 und 4, 631 Abs. 5 ZPO, ab 1. 9. 2009 § 132 FamFG.

11 Stehen dem Ehegatten mehrere Aufhebungsgründe zur Seite, so muß er wählen, auf welchen Grund er den Antrag stützen will. Er kann seinen Aufhebungsantrag auch auf mehrere Gründe stützen und dabei die Reihenfolge bestimmen, in welcher das Gericht über sie befinden soll. Mehrere Aufhebungsgründe können dagegen nicht nebeneinander in selbständigen Verfahren geltend gemacht werden. Wohl aber kann der Ehegatte nach Abweisung eines ersten Aufhebungsantrags nunmehr aus einem anderen Grund erneut die Aufhebung verlangen, sofern die Antragsfrist noch nicht verstrichen ist.

12 Mit einem Aufhebungsantrag kann – auch hilfsweise oder im Wege der Widerklage – ein Antrag auf Scheidung der Ehe verbunden werden und umgekehrt (vgl. § 610 Abs. 1 ZPO, ab 1. 9. 2009 § 126 Abs. 1 FamFG). Wird in demselben Rechtsstreit **Aufhebung und Scheidung** der Ehe beantragt, so hat das Aufhebungsbegehren Vorrang, sofern nicht der Antragsteller dem Scheidungsbegehren ausdrücklich den Vorrang einräumt.[7] Sind beide Anträge begründet, so ist nur auf Aufhebung der Ehe zu erkennen (§ 631 Abs. 2 S. 3 ZPO, ab 1. 9. 2009 § 126 Abs. 3 FamFG), gleichgültig, ob beide Begehren von einer Partei geltend gemacht worden sind oder der eine Ehegatte die Scheidung, der andere die Aufhebung beantragt hat. Eine Abweisung des anderen Antrags kommt nicht in Betracht. Der

---

[4] Vgl. BGHZ 48, 82 = NJW 1967, 2008.

[5] Vgl. BGHZ 80, 235, 237 ff. = NJW 1981, 1445.

[6] BGH LM ZPO § 78 Nr. 24 = NJW 1982, 2386; FamRZ 1989, 153, 154 = NJW-RR 1989, 72; OLG Hamm FamRZ 1981, 61, 62; OLG Stuttgart FamRZ 1981, 579; OLG Zweibrücken FamRZ 1982, 373, 375; *Schwab*, FS Beitzke, S. 357, 366 ff.; *Staudinger/Voppel* (2007) Vor § 1313 RdNr. 38.

[7] Vgl. BGHZ 133, 227, 229 = NJW 1996, 2727.

Ehegatte kann bis zum Schluß der mündlichen Verhandlung die Rangfolge verbundener Verfahren auf Aufhebung und Scheidung der Ehe ändern oder von dem einen zu dem anderen Begehren übergehen (§ 611 ZPO, ab 1. 9. 2009 s. § 113 Abs. 4 Nr. 2 FamFG).[8]

5. Übergangsrecht. Art. 226 EGBGB enthält für vor dem Inkrafttreten des Eheschließungsrechtsgesetzes geschlossene Ehen zwei Übergangsvorschriften: 13

a) Koppelung des alten und neuen Rechts. Eine vor dem 1. Juli 1998 geschlossene Ehe kann nur dann aufgrund des neuen Rechts aufgehoben werden, wenn sie auch nach dem bis zum 1. Juli 1998 geltenden Recht hätte aufgehoben oder für nichtig erklärt werden können (Abs. 1). Dabei genügt es nicht, daß nach bisherigem Recht ein Nichtigkeits- oder Aufhebungsgrund vorliegt; eine Nichtigkeits- oder Aufhebungsklage muß auch noch wirksam erhoben werden können (keine unzulässige Rechtsausübung, Wahrung der Klagefrist des § 35 EheG). Dieses zusätzliche Erfordernis dient dem Vertrauensschutz. Eine bis dato nicht (mehr) vernichtbare oder aufhebbare Ehe soll nicht nach neuem Recht aufgehoben werden können. Von Bedeutung ist dies namentlich im Hinblick auf den neuen Aufhebungsgrund des § 1314 Abs. 2 Nr. 5 BGB (Einigkeit beider Ehegatten bei der Eheschließung, keine Verpflichtung gemäß § 1353 Abs. 1 BGB begründen zu wollen). Eine vor dem 1. Juli 1998 eingegangene Scheinehe kann daher nicht aufgehoben werden. Eine Kongruenz zwischen Aufhebungsgrund nach neuem Recht und Nichtigkeits- oder Aufhebungsgrund nach altem Recht verlangt Abs. 1 allerdings nicht.[9] Dies bleibt jedoch bei der Scheinehe ohne Relevanz. Nach Abs. 1 ist ferner die Aufhebung einer vor dem 1. Juli 1998 von einem Minderjährigen ohne Befreiung vom Erfordernis der Ehemündigkeit eingegangenen Ehe (vgl. § 1 EheG) ausgeschlossen, sofern nicht zugleich der Aufhebungsgrund des § 30 EheG (mangelnde Einwilligung des gesetzlichen Vertreters) vorliegt; auch das ist praktisch bedeutungslos. 14

b) Klageerhebung vor dem 1. Juli 1998. Ist vor dem 1. Juli 1998 die Nichtigkeits- oder Aufhebungsklage erhoben worden, so bleibt für die Voraussetzungen und Folgen der Nichtigkeit oder Aufhebung sowie für das Verfahren das bis dahin geltende Recht maßgeblich. Laufende Verfahren werden also nach bisherigem Recht weitergeführt (zB Mitwirkung des Staatsanwalts bei der Nichtigkeitsklage) und entschieden (Abs. 2). 15

§ 1314 Aufhebungsgründe

(1) Eine Ehe kann aufgehoben werden, wenn sie entgegen den Vorschriften der §§ 1303, 1304, 1306, 1307, 1311 geschlossen worden ist.

(2) Eine Ehe kann ferner aufgehoben werden, wenn

1. **ein Ehegatte sich bei der Eheschließung im Zustand der Bewusstlosigkeit oder vorübergehender Störung der Geistestätigkeit befand;**
2. **ein Ehegatte bei der Eheschließung nicht gewusst hat, dass es sich um eine Eheschließung handelt;**
3. **ein Ehegatte zur Eingehung der Ehe durch arglistige Täuschung über solche Umstände bestimmt worden ist, die ihn bei Kenntnis der Sachlage und bei richtiger Würdigung des Wesens der Ehe von der Eingehung der Ehe abgehalten hätten; dies gilt nicht, wenn die Täuschung Vermögensverhältnisse betrifft oder von einem Dritten ohne Wissen des anderen Ehegatten verübt worden ist;**
4. **ein Ehegatte zur Eingehung der Ehe widerrechtlich durch Drohung bestimmt worden ist;**
5. **beide Ehegatten sich bei der Eheschließung darüber einig waren, dass sie keine Verpflichtung gemäß § 1353 Abs. 1 begründen wollen.**

---

[8] Vgl. BGH FamRZ 1989, 153, 155 = NJW-RR 1989, 72; OLG Stuttgart FamRZ 2007, 1111 (auch zur entsprechenden Anwendung von § 629 b Abs. 1 S. 1 ZPO).

[9] Vgl. *Hepting* FamRZ 1998, 713, 728.

Übersicht

I. Normzweck

1 § 1314 nennt die Gründe, aus denen die Aufhebung der Ehe begehrt werden kann. Die Aufzählung ist, abgesehen von dem in § 1320 enthaltenen Aufhebungsgrund, abschließend. Die Aufhebungsgründe des Abs. 1 sanktionieren die Verletzung der angeführten Vorschriften über die Eingehung der Ehe – Ehefähigkeit, Eheverbote, Eheschließungsform –, die des Abs. 2 dienen der Wahrung der Willensfreiheit der Eheschließenden, darüberhinaus der Beseitigung mißbräuchlich eingegangener, inhaltsloser Ehen.

II. Einzelerläuterung

2 **1. Die Aufhebungsgründe des Abs. 1.** Nach Abs. 1 kann eine Ehe aufgehoben werden, wenn sie entgegen den Vorschriften des § 1303 (Ehemündigkeit), § 1304 (Geschäftsfähigkeit), § 1306 (Bestehende Ehe oder Lebenspartnerschaft), § 1307 (Verwandtschaft) und § 1311 (Erklärung des Ehekonsenses) geschlossen worden ist. Anders als nach bisherigem Recht bleibt ein Verstoß gegen das Erfordernis der Ehemündigkeit (§ 1303) nicht mehr sanktionslos. Größere Bedeutung hat diese Änderung allerdings nicht, da jedenfalls der deutsche Standesbeamte das Alter der Eheschließenden zutreffend ermitteln wird; auch kann die Aufhebung nach § 1315 Abs. 1 S. 1 Nr. 1 ausgeschlossen sein. Auch bei einer Verletzung der Vorschriften der §§ 1304, 1306, 1311 kommt eine Heilung in Betracht (§ 1315 Abs. 1 S. 1 Nr. 2, Abs. 2 Nr. 1 und Nr. 2).

3 Geht ein Ehegatte, nachdem der andere Ehegatte für tot erklärt worden ist, eine neue Ehe ein, so kann, wenn der für tot erklärte Ehegatte noch lebt, die neue Ehe nur dann wegen Verstoßes gegen **§ 1306** aufgehoben werden, wenn beide Ehegatten bei der Eheschließung wußten, daß der für tot erklärte Ehegatte im Zeitpunkt der Todeserklärung noch lebte (§ 1319 Abs. 1).

4 Bei einer entgegen **§ 1307** geschlossenen Ehe entfällt die Aufhebbarkeit rückwirkend, wenn die bloß rechtliche Verwandtschaft nach der Eheschließung im Wege der Anfechtung (§ 1599 Abs. 1) beseitigt worden ist und sich damit nachträglich herausstellt, daß eine Verwandtschaft iSv. § 1307 nicht besteht.

5 Eine Verletzung der Vorschriften des § 1308 (Adoptivverwandtschaft) und des § 1312 (Trauungsformalitäten) berührt die Gültigkeit der Ehe nicht. Bei einer Verletzung der Vorschriften über die Mitwirkung des Standesbeamten sowie bei fehlendem Ehekonsens (§ 1310 Abs. 1) kommt eine Ehe von vornherein nicht zustande (sog. Nichtehe).

2. Die Aufhebungsgründe des Abs. 2. Abs. 2 ermöglicht die Aufhebung von Ehen, die zwar unter Beachtung der Vorschriften über die Eingehung der Ehe, aber willensfehlerhaft zustande gekommen sind (Nr. 1 bis 4), ferner die Aufhebung sog. Scheinehen, die rechtsmißbräuchlich, unter Inanspruchnahme des Instituts der Ehe für ehefremde Zwecke geschlossen worden sind (Nr. 5).[1] 6

3. Vorübergehende Störung der Geistestätigkeit (Abs. 2 Nr. 1). Ergänzend zur Aufhebbarkeit wegen Verstoßes gegen § 1304 (Abs. 1) bestimmt Abs. 2 **Nr. 1,** daß die Ehe aufhebbar ist, wenn einer der Ehegatten bei der Eheschließung bewußtlos war oder sich in einem Zustande vorübergehender Störung der Geistestätigkeit befand (vgl. dazu § 1304 RdNr. 7). Wie bei der dauernden krankhaften Störung der Geistestätigkeit (§ 1304 iVm. § 104 Nr. 2) ist auch für die bloß vorübergehende Störung zu fordern, daß sie die freie Willensbestimmung in bezug auf die Eingehung der Ehe ausschließt.[2] Zur Bestätigung s. § 1315 Abs. 1 S. 1 Nr. 3. 7

4. Irrtum über die Eheschließung (Abs. 2 Nr. 2). Abs. 2 **Nr. 2** begründet ein Aufhebungsrecht in einem in der Praxis bedeutungslosen Fall:[3] Die Ehe kann aufgehoben werden, wenn ein Ehegatte bei der Eheschließung nicht gewußt hat, daß es sich um eine Eheschließung handelt. Bloße Zweifel sind nicht ausreichend. Gleichgültig ist, ob der Irrtum auf Verschulden beruht. Der Irrtum kann ein Tatsachen- oder ein Rechtsirrtum sein. Maßgeblicher Zeitpunkt ist die Eheschließung. Antragsberechtigt ist nur der irrende Ehegatte (§ 1316 Abs. 1 Nr. 2). Zur Antragsfrist s. § 1317 Abs. 1, zur Bestätigung § 1315 Abs. 1 S. 1 Nr. 4. 8

Mangelnde deutsche Sprachkenntnisse und die Nichtaufnahme einer ehelichen Lebensgemeinschaft (Scheinehe!) sind bei Eheschließung im Inland noch kein Beweis für den behaupteten Irrtum. Für den Fall, daß ein im Ausland kirchlich heiratender Deutscher nicht gewußt hat, daß die Trauung eine in Deutschland gültige bürgerliche Ehe begründet, gilt folgendes: Ein Aufhebungsrecht besteht, wenn der Eheschließende davon überzeugt war, es handele sich nach Ortsrecht lediglich um eine rechtlich wirkungslose kirchliche Zeremonie, und ihm der Eheschließungswille gefehlt hat. Rechnete er jedoch damit, daß die Trauung im Ausland eine zivilrechtlich gültige Ehe begründe, und irrte er sich lediglich über die Anerkennung dieser Ehe im Inland, so hat er kein Aufhebungsrecht.[4] 9

Nicht hierher gehört der Fall, daß der Ehegatte die Erklärung, eine Ehe eingehen zu wollen, gar nicht abgegeben hat. Dann liegt überhaupt keine Ehe vor (Fall der sog. Nichtehe). War der Ehegatte bei Abgabe der Erklärung nicht geschäfts- oder urteilsfähig, so ist die Ehe nach § 1314 Abs. 1, Abs. 2 Nr. 1 aufhebbar. 10

5. Arglistige Täuschung (Abs. 2 Nr. 3). Der Tatbestand des Abs. 2 **Nr. 3,** die arglistige Täuschung, – er entspricht § 33 EheG – ist der wichtigste verbliebene Aufhebungsgrund. Das gegenseitige Vertrauen bildet eine der wesentlichen Grundlagen für den Bestand der Ehe. Bewegt ein Ehegatte den anderen Teil durch arglistige Täuschung, die Ehe mit ihm einzugehen, dann entbehrt die Ehe von vornherein der Grundlage, auf der eine dem Wesen der Ehe entsprechende dauerhafte Lebensgemeinschaft errichtet werden kann. Es ist sittlich nicht gerechtfertigt, den getäuschten Ehegatten an einer so zustande gekommenen Ehe festzuhalten.[5] 11

a) Begriff. Der Begriff der arglistigen Täuschung entspricht dem des § 123 BGB, auf dessen Erläuterung ergänzend verwiesen wird. Daß nur die Täuschung über bestimmte eherelevante Umstände objektiv erheblich ist, steht nicht entgegen. Arglistige Täuschung ist das vorsätzliche Hervorrufen oder Unterhalten eines Irrtums in der Absicht, den Getäuschten zur Eingehung der Ehe zu veranlassen, wobei die Täuschung durch Vorspiegelung falscher oder durch Entstellung oder Unterdrückung wahrer Tatsachen erfolgen kann. 12

---

1 Vgl. BT-Drucks. 13/4898 S. 19, 13/9416 S. 28.
2 RGZ 74, 110 ff.
3 Siehe allerdings AG Prüm FamRZ 2002, 1561 mit abl. Anm. *Hau.*
4 Vgl. auch *Staudinger/Voppel* (2007) RdNr. 18 f.
5 BGHZ 5, 186, 188 = NJW 1952, 701.

13 **b) Getäuschter** muß immer der eine Ehegatte sein. Die Täuschung Dritter etwa der Eltern, ist unerheblich. Der Irrtum muß im Zeitpunkt der Eheschließung noch bestehen.

14 **c) Täuschender** kann der andere Ehegatte oder ein Dritter sein. Die Aufhebung ist jedoch ausgeschlossen, wenn der Dritte die Täuschung ohne Wissen des anderen Ehegatten verübt hat. Der andere Ehegatte muß die Täuschung des Dritten und deren ursächliche Bedeutung für den Entschluß seines Partners, die Ehe mit ihm einzugehen, gekannt haben. Wissenmüssen genügt nicht. Maßgeblich ist der Zeitpunkt der Eheschließung. Spätere Kenntnis schadet nicht.

15 Zu beachten ist, daß bei Täuschung eines Ehegatten durch einen Dritten zugleich eine arglistige Täuschung durch den anderen Ehegatten vorliegen kann. Ein Ehegatte, der die von einem Dritten verübte Täuschung erkennt, ist gehalten, den Irrtum seines Partners aufzuklären. Tut er das nicht und will er dadurch erreichen, daß die Ehe zustandekommt, so liegt darin seinerseits eine arglistige Täuschung. Das ist bedeutsam, wenn der Dritte gutgläubig war, also nicht arglistig gehandelt hat, oder bei späterer Kenntniserlangung.

16 **d) Gegenstand der Täuschung** kann jeder Umstand sein, der den Ehegatten bei Kenntnis der Sachlage und richtiger (verständiger) Würdigung des Wesens der Ehe von der Eingehung der Ehe abgehalten hätte. Danach muß zwischen der Täuschung und der Eheschließung ein **ursächlicher Zusammenhang** bestehen, wobei es genügt, daß der Getäuschte die Ehe nicht zu diesem Zeitpunkt geschlossen hätte.[6] Dieser Zusammenhang ist sowohl objektiv vom Standpunkt einer verständigen Würdigung des Wesens der Ehe als auch subjektiv vom Standpunkt des getäuschten Ehegatten bei fiktiver Kenntnis der Sachlage zu beurteilen.[7] Beide Erfordernisse müssen erfüllt sein, wenn das Aufhebungsbegehren Erfolg haben soll. Sowohl unter objektivem wie unter subjektivem Maßstab muß anzunehmen sein, daß der Ehegatte die Ehe nicht geschlossen hätte.

17 Das Erfordernis der **richtigen Würdigung des Wesens der Ehe** erfüllt die Aufgabe, den Kreis der für die Eheaufhebung in Betracht kommenden Umstände gegenüber unerheblichen Umständen abzugrenzen. Die Würdigung des Wesens der Ehe schließt aus, daß ein Ehegatte die Aufhebung wegen jeder Täuschung verlangen kann. Ein Ehegatte muß von vornherein mit gewissen Enttäuschungen, mit Schwächen und Lügen seines Partners rechnen. Dabei ist kein rein abstrakter Maßstab anzulegen; die Umstände des Einzelfalls sind mitzuberücksichtigen. Es kommt darauf an, ob der Umstand unter den allgemeinen Lebensverhältnissen der Eheleute mit den sich daraus ergebenden Notwendigkeiten nach der Denk- und Empfindungsweise der Bevölkerungsschicht, der sie angehören, den anderen Ehegatten veranlassen könnte, von der Eingehung der Ehe abzusehen.[8]

18 Weiter müßte gerade der getäuschte Ehegatte unter Berücksichtigung der Verhältnisse zur Zeit der Eheschließung und seiner damaligen persönlichen Denk- und Empfindungsweise bei **Kenntnis der wahren Sachlage** von der Eheschließung abgesehen haben. Maßgebend ist also der Zeitpunkt der Eheschließung. An dieser Ursächlichkeit fehlt es, wenn ihm der Umstand auch bei Kenntnis gleichgültig oder mindestens nicht so wichtig gewesen wäre, daß er seinen Eheschließungswillen beeinflußt hätte. Ein Rückschluß darauf ergibt sich oft aus dem eigenen Verhalten des Ehegatten. Wer zB alsbald nach der Eheschließung mehrmals die Ehe bricht, wird nicht beweisen können, daß er bei Kenntnis des mehrfachen vorehelichen Geschlechtsverkehrs des anderen Teils von der Ehe Abstand genommen hätte.[9]

19 Als erhebliche Umstände kommen danach in erster Linie persönliche Eigenschaften und persönliche Verhältnisse des anderen Teils in Betracht, zB Schwangerschaft,[10] Sterilisation[11]

[6] RG JW 1920, 832 (Täuschung über Schwangerschaft der Verlobten).
[7] Vgl. RG JW 1928, 896; OLG München FamRZ 2008, 1536.
[8] Vgl. BGHZ 25, 66, 78 = NJW 1957, 1517 (krankhafte Schlafsucht bei einer Bäuerin).
[9] OLG Celle NdsRpfl. 1959, 248.
[10] RGZ 163, 139.
[11] Vgl. OLG Stuttgart NJW 2004, 2247.

oder Beruf und berufliche Aktivitäten.[12] An sonstigen Umständen ist beispielhaft zu nennen die fehlende Absicht des Ausländers zu ehelicher Lebensgemeinschaft mit seinem deutschen Ehegatten oder die fehlende Bereitschaft zu einer kirchlichen Trauung. Vom Gesetz ausdrücklich ausgenommen sind die Vermögensverhältnisse.

e) Schweigen. Die Täuschung kann insbesondere auch durch Verschweigen wesentlicher Umstände erfolgen, wenn sich im Einzelfall eine besondere Offenbarungspflicht ergibt.[13] Eine allgemeine Offenbarungspflicht besteht nicht. Eine Offenbarungspflicht kann aus einer ausdrücklichen Nachfrage des anderen Teils, aus dem ausgesprochenen Verlangen, über einen bestimmten Punkt aufgeklärt zu werden,[14] aber auch aus den Umständen folgen, wenn nämlich der andere Teil zu erkennen gibt, daß er auf einen bestimmten Punkt besonderen Wert legt.[15] Vor allem aber ergibt sich aus dem Wesen der Ehe eine Offenbarungspflicht hinsichtlich solcher Umstände, die für die eheliche Gemeinschaft und das Familienleben von grundlegender Bedeutung sind,[16] zB Beiwohnungsunfähigkeit oder absolute Beiwohnungsunwilligkeit,[17] Unfruchtbarkeit, Zeugungsunfähigkeit, unheilbare, ansteckende oder erbliche Krankheiten (Aids, HIV-Infektion, Geschlechtskrankheiten), homosexuelle Veranlagung,[18] Geschlechtsverkehr der Frau in der gesetzlichen Empfängniszeit mit einem weiteren Mann mit der Folge, dass das erwartete Kind auch von diesem stammen kann,[19] Existenz eines minderjährigen Kindes oder einer weiteren Ehefrau,[20] frühere Ehe mit fortwirkenden Pflichten,[21] langjährige Ausübung der Prostitution,[22] nicht unerhebliche Vorstrafen mit laufender Bewährungszeit.[23] Dagegen besteht ohne ausdrückliche Nachfrage grundsätzlich keine Offenbarungspflicht über das voreheliche Geschlechtsleben, geringe körperliche Mängel (Schwerhörigkeit),[24] einen ohne Folgen überstandenen Nervenzusammenbruch, auch wenn dieser einen mehrmonatigen Aufenthalt in einer Heilanstalt erforderlich machte,[25] getilgte oder geringfügige Bestrafungen, die Religion oder – gegenüber einem nichtkatholischen Verlobten – die ehemalige Stellung als katholischer Priester.[26] Dasselbe gilt für den Wunsch nach Empfängnisverhütung oder nach einem Kinde. Ein Ehegatte, der solche Fragen nicht mit dem anderen vor Eingehung der Ehe bespricht, kann sich nicht auf Täuschung berufen, wenn seine Vorstellungen mit denen des Partners nicht in Einklang zu bringen sind.[27] Nicht offenbarungspflichtig sind auch subjektive Empfindungen (z. B. fehlende Liebe).[28] In Zweifelsfällen sollte darauf abgestellt werden, ob es sich um fortbestehende, fortwirkende oder in der Vergangenheit liegende, abgeschlossene Umstände handelt. 20

f) Arglist. Die Täuschung muß arglistig sein, also vorsätzlich erfolgen. Dolus eventualis genügt, dagegen nicht grobe Fahrlässigkeit (Wissenmüssen). Mitwirkendes Verschulden des Getäuschten schadet nicht. Der Täuschende muß sich bewußt sein oder damit rechnen, der Getäuschte werde bei voller Kenntnis der Sachlage von der Eheschließung Abstand nehmen.[29] 21

---

[12] RG JW 1930, 74; AG Krefeld FamRZ 1987, 815; AG Weinheim FamRZ 1995, 1411.
[13] Vgl. *Staudinger/Voppel* (2007) RdNr. 24.
[14] BGH FamRZ 1958, 314, 315.
[15] Vgl. RG DR 1944, 416.
[16] BGH FamRZ 1958, 314, 315.
[17] Vgl. OLG Köln FamRZ 2000, 819, 820; aA OLG Zweibrücken FamRZ 2006, 1201, 1203.
[18] BGH FamRZ 1958, 314, 315.
[19] BGHZ 29, 265, 268; OLG Hamm FamRZ 1964, 438, 439; OLG Karlsruhe NJW-RR 2000, 737; aA OLG Stuttgart FamRZ 2005, 2070 (wenn sich aufgrund der Gesamtsituation dem Bräutigam erhebliche Zweifel an seiner Vaterschaft aufdrängen mussten).
[20] AG Warendorf FamRZ 2006, 1377, 1378.
[21] Vgl. OLG Celle FamRZ 1965, 213, 214.
[22] Vgl. OLG Brandenburg FamRZ 2006, 1376, 1377.
[23] AG Kulmbach NJW 2002, 2112.
[24] OLG München HRR 1940 Nr. 71.
[25] BGH FamRZ 1967, 372, 376.
[26] OLG Frankfurt FamRZ 1964, 258, 260.
[27] OLG Köln FamRZ 2000, 819, 820.
[28] Vgl. OLG Hamm FPR 2004, 26; OLG Brandenburg FamRZ 2008, 1534, 1535.
[29] Vgl. BGH FamRZ 1958, 314, 315; RG JW 1931, 1362, 1363; RG WarnR 1931 Nr. 125.

Eine Schädigungsabsicht ist nicht erforderlich.[30] Ein Verschweigen von Umständen aus Scham, fehlendem Mut, Scheu vor Aufregung oder die Hoffnung auf einen glücklichen Verlauf der Ehe schließt Arglist nicht aus.[31] Wesentlich ist die Meinung des Täuschenden über das gegenwärtige Verhalten des Getäuschten, nicht darüber, wie dieser sich nach erfolgter Eheschließung verhalten werde. Der Täuschende braucht **nicht schuldfähig** zu sein. Auch wer durch die Täuschung eines Geisteskranken zur Eingehung der Ehe verleitet worden ist, hat ein Aufhebungsrecht.[32]

22 **g) Bestätigung.** Die Aufhebung ist ausgeschlossen, wenn der Ehegatte nach Entdeckung der Täuschung zu erkennen gegeben hat, daß er die Ehe **fortsetzen** will (§ 1315 Abs. 1 S. 1 Nr. 4).

23 **h) Unzulässige Rechtsausübung.** Das Verlangen nach Aufhebung wegen arglistiger Täuschung kann gegen Treu und Glauben verstoßen und sich als unzulässige Rechtsausübung darstellen. Daß sich die Ehe bewährt hat, reicht allerdings nicht aus, es müssen vielmehr weitere Umstände hinzukommen, die bewirken, daß das Aufhebungsbegehren dem Empfinden aller billig und gerecht Denkenden grob widerspricht.[33] Das ist zB der Fall, wenn die arglistige Täuschung nicht schwerwiegend war, die Schuld des Täuschenden gering ist und sich die arglistige Täuschung nicht oder nur in geringem Maße auf das eheliche Leben ausgewirkt hat und auswirken wird.[34] Eine unzulässige Rechtsausübung liegt auch vor, wenn sich aus dem Gesamtverhalten des Ehegatten ergibt, daß die Täuschung ihn innerlich nicht berührt hat, er die Aufhebung der Ehe allein deswegen erstrebt, um sich ohne die vermögensrechtlichen Folgen einer Scheidung von dem als lästig empfundenen Eheband zu befreien, und er sich auf die arglistige Täuschung nur als willkommenen Vorwand beruft, um dieses Ziel zu verwirklichen.[35] Anders liegt es, wenn der getäuschte Ehegatte schon vor Aufdeckung der Täuschung aus einem triftigen Grunde entschlossen war, das Eheband zu lösen, auch wenn er die Täuschung dazu benutzt, die erstrebte Auflösung der Ehe leichter zu erreichen.[36]

24 **i) Verfahren.** Antragsberechtigt ist nur der getäuschte Ehegatte. Zur Antragsfrist s. § 1317. Der Antragsteller hat den gesamten Aufhebungstatbestand zu beweisen, bei der Täuschung durch einen Dritten auch die Kenntnis des anderen Ehegatten.

25 **6. Drohung (Abs. 2 Nr. 4).** Nach Abs. 2 **Nr. 4** kann – wie nach § 34 EheG – ein Ehegatte, der widerrechtlich durch Drohung zur Eheschließung bestimmt worden ist, die Aufhebung der Ehe verlangen.

26 **a) Begriff.** Zum Begriff der Drohung vgl. die Erl. zu § 123. Die Drohung enthält ein objektives und ein subjektives Element: **Objektiv** die Ankündigung der Herbeiführung eines vom Drohenden zu bewirkenden Übels oder der Aufrechterhaltung eines schon bestehenden Übels, wenn der Drohende in der Lage und rechtlich oder sittlich verpflichtet ist, das Übel zu beseitigen; **subjektiv** die Absicht, hierdurch den Bedrohten zu einem bestimmten Verhalten, der Eingehung einer Ehe, zu veranlassen. Es genügt jedes Übel, das geeignet ist, die Willensentscheidung des Verlobten zu beeinflussen. Daher kann sich die Drohung auch gegen Dritte (zB Angehörige des Verlobten) richten. Die Drohung braucht nicht ernst gemeint zu sein, wenn nur der Bedrohte sie als solche aufgefaßt hat und der Drohende damit rechnete. Keine Drohung ist der Hinweis auf ein bevorstehendes Übel oder die bloße Ausnutzung einer bestehenden Zwangslage, auf dessen Eintritt oder deren Fortbestand der Betreffende keinen Einfluß hat.

---

[30] RGZ 111, 5, 7; RG JW 1931, 1362, 1363.

[31] Vgl. BGH FamRZ 1958, 314, 315; RGZ 111, 5, 7 f.; RG JW 1931, 1362, 1363.

[32] OLG Hamm FamRZ 1964, 438, 439; *Staudinger/Voppel* (2007) RdNr. 37; aA *Johannsen/Henrich* RdNr. 55; *Bamberger/Roth/Hahn* RdNr. 7.

[33] BGH FamRZ 1958, 314, 315 f.

[34] BGH (Fn. 33).

[35] BGHZ 5, 186, 189 = NJW 1952, 701.

[36] BGHZ 29, 265, 269 = NJW 1959, 876.

Die Drohung kann von dem anderen Verlobten oder einem Dritten ausgehen. Anders als bei der arglistigen Täuschung (Nr. 3) ist nicht erforderlich, daß der andere Ehegatte von der Drohung des Dritten gewußt hat.

b) Widerrechtlichkeit. Eine Drohung ist im allgemeinen widerrechtlich, wenn der mit der Drohung verfolgte Zweck oder das angedrohte Mittel rechtswidrig ist oder wenn die Anwendung des Druckmittels zur Herbeiführung des verfolgten Zwecks von der Rechtsordnung mißbilligt wird, mögen auch das angedrohte Verhalten und der Zweck für sich betrachtet nicht widerrechtlich sein. Hier ist der mit der Drohung verfolgte **Zweck** selbst nie widerrechtlich, da eine Eheschließung stets rechtmäßig ist. Das angedrohte **Mittel** ist zB rechtswidrig bei Androhung von Gewalt oder einer anderen strafbaren Handlung. Aufgrund der **Mittel-Zweck-Relation** ist die Widerrechtlichkeit nicht schon deswegen zu bejahen, weil der Drohende keinen Rechtsanspruch auf den mit der Drohung erstrebten Erfolg hat. Dann wäre nämlich eine Drohung mit einem an sich erlaubten Mittel, die auf Eingehung einer Ehe zielt, von vornherein widerrechtlich, da ein erzwingbarer Anspruch auf Eingehung einer Ehe nie besteht (vgl. § 1297), und das Merkmal der Widerrechtlichkeit überflüssig. Es kommt vielmehr darauf an, ob der Drohende ein anerkennenswertes, sittlich zu billigendes Interesse an dem erstrebten Erfolg hat und die Drohung nach Auffassung aller billig und gerecht Denkenden ein angemessenes Mittel ist, um diesen Erfolg zu erreichen.[37] Hierbei ist angesichts der Tragweite der Eheschließung für das ganze weitere Leben des Betroffenen ein strenger Maßstab anzulegen. Als erlaubt wird man den Hinweis auf die vermögensrechtlichen Folgen eines Verlöbnisbruches (§ 1298) anzusehen haben;[38] verboten ist die Drohung mit einer Strafanzeige, mit Selbstmord oder mit Enterbung. Der Widerrechtlichkeit der Drohung braucht sich der Drohende nicht bewußt gewesen zu sein. 27

c) Kausalität. Die Drohung muß für die Eingehung der Ehe kausal geworden sein. Mitursächlichkeit genügt. Ebenso reicht aus, daß die Drohung zum vorzeitigen Abschluß einer bereits beabsichtigten Ehe geführt hat. 28

d) Bestätigung. Die Aufhebung ist ausgeschlossen, wenn der Ehegatte nach Aufhören der durch die Drohung begründeten Zwangslage zu erkennen gegeben hat, daß er die Ehe fortsetzen will (§ 1315 Abs. 1 S. 1 Nr. 4). 29

e) Verfahren. Antragsberechtigt ist nur der bedrohte Ehegatte (§ 1316 Abs. 1 Nr. 2). Zur Antragsfrist s. § 1317. Die Beweislast für den Aufhebungstatbestand trifft den Antragsteller. 30

7. Scheinehe (Abs. 2 Nr. 5). a) Begriff. Der Aufhebungstatbestand des Abs. 2 **Nr. 5** ist neu.[39] Sind sich die Ehegatten bei der Eheschließung darüber einig, eine eheliche Lebensgemeinschaft nicht zu begründen, fehlt ihnen die Absicht zu einer umfassenden miteinander gelebten Gemeinschaft und damit der Geschäftswille für das durch die Heirat begründete familienrechtliche Dauerverhältnis der Ehe mit seinen daraus erwachsenden Einzelpflichten, so entbehrt die Ehe jeden Gehalts. Eine rechtsmißbräuchliche Inanspruchnahme des Instituts der Ehe für ehefremde Zwecke, insbesondere zur Erlangung an die Ehe geknüpfter Vorteile oder zwecks Vortäuschung einer ehelichen Lebensgemeinschaft gegenüber Behörden und Gerichten, darf das Gesetz in Vorwege zu verhindern suchen (§ 1310 Abs. 1 S. 2 Halbs. 2) und, wenn dies nicht gelungen ist, im nachhinein beseitigen. Hauptanwendungsfall ist die sog. Scheinehe zwischen einem Ausländer und einem Deutschen oder einem hier aufenthaltsberechtigten Ausländer ohne Aufnahme einer ehelichen Lebensgemeinschaft allein zu dem Zweck, dadurch die Erteilung einer Aufenthaltsgenehmigung zu erreichen oder eine Aufenthaltsbeendigung zu verhindern. Zahlenmäßig von geringer Bedeutung ist die Eingehung einer Ehe allein zu dem Zweck, den Geburtsnamen des 31

[37] BGHZ 2, 287, 296 f. = NJW 1951, 643; 25, 217, 220 = NJW 1957, 1796.

[38] Vgl. *Johannsen/Henrich* RdNr. 73; *Staudinger/Voppel* (2007) RdNr. 58.

[39] Zur Gesetzgebungsgeschichte vgl. *Wacke,* FS Medicus, S. 651, 663 ff.; zur Bekämpfung von Scheinehen nach bisherigem Recht RGRK/*Lohmann* RdNr. 20 ff.

anderen Teils als Ehenamen zu führen (Namensehe), Steuern zu sparen oder dem anderen Teil eine Versorgung zukommen zu lassen.[40] Durchgreifende verfassungsrechtliche Bedenken gegen den Aufhebungsgrund bestehen nicht. Insbesondere verstößt Abs. 2 Nr. 5 nicht durch die Verweisung auf § 1353 Abs. 1 gegen den Bestimmtheitsgrundsatz – die eheliche Lebensgemeinschaft ist kein konturenloser Begriff – und bedeutet auch keinen unverhältnismäßigen Eingriff in die Eheschließungsfreiheit und das allgemeine Persönlichkeitsrecht.[41]

32 **b) Eheliche Lebens- und Verantwortungsgemeinschaft.** Nach **§ 1353 Abs. 1** wird die Ehe auf Lebenszeit geschlossen; die Ehegatten sind einander zur ehelichen Lebensgemeinschaft verpflichtet und tragen füreinander Verantwortung.[42] Im Rahmen des Aufhebungstatbestandes geht es allein um die eheliche Lebensgemeinschaft. Nur insoweit spricht das Gesetz von einer „Verpflichtung". Es reicht nicht aus, daß die Ehegatten bei der Eheschließung darüber einig waren, die Ehe nicht auf Lebenszeit einzugehen, sondern sich nach einer bestimmten Zeit wieder zu trennen. Das bestätigt auch der Ausschlußgrund des § 1315 Abs. 1 S. 1 Nr. 5. Im Hinblick darauf, daß hiernach die Aufhebung der Ehe ausgeschlossen ist, wenn die Ehegatten nach der Eheschließung als Ehegatten miteinander gelebt haben, kommt es auch im Rahmen von Abs. 2 Nr. 5 lediglich darauf an, ob die Ehegatten sich bei der Eheschließung darüber einig waren, keine eheliche Lebensgemeinschaft zu begründen und künftig nicht als Ehegatten miteinander zu leben. Es schadet nicht, daß sie eine solche Beziehung nur auf freiwilliger Basis, nicht aber als rechtliche Verpflichtung begründen und aufrechterhalten wollten. Auf der anderen Seite wird die Einigkeit der Ehegatten, eine eheliche Lebensgemeinschaft nicht aufzunehmen, nicht dadurch in Frage gestellt, daß der eine Teil sich für den anderen in Teilbereichen verantwortlich zeigt, zB der Ausländer die Bereitschaft des anderen Teils, mit ihm eine Scheinehe einzugehen, dadurch honoriert, daß er sich verpflichtet, während des Bestehens der Ehe für dessen Unterhalt aufzukommen. Auf die Einigkeit der Ehegatten, keine Verpflichtung gemäß § 1353 Abs. 1 begründen zu wollen, kann sowohl aus Umständen vor der Eheschließung (Fehlen jeglicher auf Zuneigung und Achtung beruhender partnerschaftlichen Verbundenheit) als auch aus dem Verhalten nach der Eheschließung geschlossen werden. Der Begriff der ehelichen Lebensgemeinschaft fordert in der Regel eine gemeinsame Lebensführung, die einen Mittelpunkt besitzt; zur Entfaltung eines gemeinsamen Lebens gehört daher im allgemeinen eine gemeinsame Wohnung. Leben die Ehegatten räumlich getrennt, bedarf es zusätzlicher Anhaltspunkte, um gleichwohl eine eheliche Lebensgemeinschaft annehmen zu können; solche Anhaltspunkte können beispielsweise intensive persönliche Kontakte, gemeinsam verbrachte Ferien und erhebliche Beistandsleistungen sein, dagegen nicht schon gelegentliche Begegnungen.[43] Die tatsächliche persönliche Verbundenheit muß nach außen erkennbar und nachprüfbar in konkreter Weise in Erscheinung treten und in der Ausgestaltung der Beziehung einen faßbaren Niederschlag finden.

33 **c) Ehe auf dem Sterbebett.** Nicht unter den Aufhebungstatbestand fällt in der Regel, insbesondere wenn eine durch die Ehe zu befestigende, auf Zuneigung und Achtung beruhende Partnerschaft oder personale Beziehung bereits in der Vergangenheit bestanden hat, die sog. **Ehe auf dem Sterbebett.**[44] Da eine Ehe, die durch Tod eines Ehegatten aufgelöst ist, nicht mehr aufgehoben werden kann (§ 1317 Abs. 3), ist die Frage lediglich für

[40] AA (teleologische Reduktion auf die Aufenthaltsehe) *Hepting* FamRZ 1998, 713, 722; *Otte* JuS 2000, 148, 151 f.; *Palandt/Brudermüller* § 1310 RdNr. 9 (anders allerdings § 1314 RdNr. 14); *Muscheler* RdNr. 262; gegen eine teleologische Reduktion *Eisfeld* AcP 201 (2001) 662, 679 ff., 693 ff. und Die Scheinehe in Deutschland S. 243 ff.; *Staudinger/Voppel* (2007) RdNr. 70 ff., 76; *Bamberger/Roth/Hahn* RdNr. 14; *Gernhuber/Coester-Waltjen* § 11 RdNr. 21; OLG Saarbrücken FamRZ 2009, 626, 627 (Eheschluss aus Scherz).

[41] AA *Eisfeld* AcP 201 (2001) 662, 675 ff., 685 ff. und Die Scheinehe in Deutschland S. 248 ff. – allerdings jetzt unter Verneinung eines Verstoßes gegen den Bestimmtheitsgrundsatz (aaO S. 237 ff.).

[42] Vgl. dazu *Wagenitz,* FS Rolland, S. 379 ff.

[43] Vgl. BVerwG 106, 13, 18.

[44] Vgl. *Wolf* FamRZ 1998, 1477, 1483; *Johannsen/Henrich* RdNr. 78; *Erman/Roth* RdNr. 12 b; aA *Eisfeld,* Die Scheinehe in Deutschland, S. 242 f.

den Standesbeamten im Rahmen seiner Prüfung nach § 1310 Abs. 1 S. 2 Halbs. 2 von praktischer Relevanz. Hier sind sich die Ehegatten allenfalls darüber einig, eine eheliche Lebensgemeinschaft wegen des nahen Todes des einen Teils nicht aufnehmen zu „können", „wollen" werden sie diese durchaus, zB im Falle einer wider aller Voraussicht eintretenden Genesung oder einer größeren als der erwarteten Lebensspanne. Die Richtigkeit dieses Ergebnisses bestätigt zum einen die beibehaltene Vorschrift über die erleichterte Eingehung der Ehe im Falle einer lebensgefährlichen Erkrankung eines Verlobten (§ 13 Abs. 3 PStG), die zeigt, daß die Aussicht auf eine eheliche „Lebens"gemeinschaft keine Voraussetzung der Eheschließung ist, zum anderen der Ausschlußgrund des § 1315 Abs. 1 S. 1 Nr. 5: Als Ehegatten miteinander gelebt haben die Ehegatten nach der Eheschließung auch dann, wenn sich das eheliche Miteinander wegen des Zustandes des einen Teils auf Besuche am Krankenbett beschränkt hat.

d) Einigkeit beider Ehegatten. Beide Ehegatten müssen sich darüber einig gewesen sein, keine eheliche Lebensgemeinschaft aufzunehmen. Es reicht nicht aus, daß ein Ehegatte hierzu entschlossen war.[45] In diesem Falle wird allerdings regelmäßig eine arglistige Täuschung des anderen Ehegatten und damit der Aufhebungsgrund des Abs. 2 Nr. 3 vorliegen. 34

e) Zeitpunkt. Maßgebend ist der Zeitpunkt der Eheschließung. Waren die Ehegatten bei der Eheschließung noch willens, eine eheliche Lebensgemeinschaft zu begründen, ist der Aufhebungsgrund nicht gegeben. Die spätere Einigung, dies nicht zu tun, reicht auch dann nicht aus, wenn es nach der Eheschließung noch nicht zur Aufnahme der ehelichen Lebensgemeinschaft gekommen war. 35

f) Eheliches Miteinanderleben. Die Aufhebung der Ehe ist **ausgeschlossen,** wenn die Ehegatten nach der Eheschließung als Ehegatten miteinander gelebt haben (§ 1315 Abs. 1 S. 1 Nr. 5). 36

g) Verfahren. Antragsberechtigt ist jeder Ehegatte sowie die Verwaltungsbehörde (§ 1316 Abs. 1 Nr. 1). Eine Antragsfrist besteht nicht. § 1565 Abs. 2 ist auf den Aufhebungsantrag eines Partners der Scheinehe nicht entsprechend anzuwenden. Ob es zu einer Heilung (§ 1315 Abs. 1 S. 1 Nr. 5) kommt, braucht nicht ein Jahr lang abgewartet zu werden. Eine mißbräuchliche Umgehung der Scheidungsvorschriften steht nicht zu befürchten.[46] Die Beweislast für den Aufhebungstatbestand trifft den Antragsteller. Der Antrag auf Bewilligung von **Prozesskostenhilfe** kann nicht wegen Mutwilligkeit abgelehnt werden.[47] Rechtsmißbräuchlich ist zwar die Eingehung der Scheinehe, nicht aber deren Aufhebung; die (alsbaldige) Auflösung der Ehe ist auch nicht stets von vornherein beabsichtigt. Eine Partei trifft jedoch grundsätzlich, insbes. wenn sie für die Eingehung der Scheinehe ein Entgelt erhalten hat, die Pflicht, Rücklagen zu bilden, um die Kosten eines absehbaren Eheaufhebungsverfahrens finanzieren zu können. Nur wenn sie hierzu nicht imstande war, sind die wirtschaftlichen Voraussetzungen für die Bewilligung von Prozesskostenhilfe erfüllt.[48] 37

h) Internationales Privatrecht. Zur kollisionsrechtlichen Frage nach der Anwendbarkeit deutschen Rechts s. Vor § 1303 RdNr. 16f. Unter Berufung auf den deutschen ordre public (Art. 6 EGBGB) kann jedenfalls eine Scheinehe zwecks Erlangung eines Aufenthaltsrechts regelmäßig auch dann aufgehoben werden, wenn das Heimatrecht der Ehegatten die Ehe als wirksam ansieht; entsprechendes gilt für das Antragsrecht der Verwaltungsbehörde, wenn nach dem Heimatrecht nur die Ehegatten befugt sind, den Aufhebungsantrag zu stellen.[49] 38

---

[45] Vgl. AG Saarbrücken StAZ 2006, 235, 236.

[46] AA *Wacke,* FS Medicus, S. 651, 671 f.

[47] Vgl. OLG Hamm FamRZ 2001, 1081; OLG Karlsruhe FamRZ 2003, 1760; OLG Frankfurt FamRZ 2006, 1128, 1129: SchlHOLG SchlHA 2006, 402; OLG Köln FamRZ 2008, 1260; OLG Saarbrücken FamRZ 2009, 626 sowie tendenziell BGH FamRZ 2005, 1477 f. mit Darstellung des Sach- und Streitstandes.

[48] Vgl. BGH FamRZ 2005, 1477, 1478; OLG Rostock FamRZ 2007, 1335.

[49] Vgl. hierzu *Henrich,* FS Rolland, S. 167, 173; aA Art. 13 EGBGB RdNr. 61 *(Coester).*

§ 1315 Ausschluss der Aufhebung

(1) [1] Eine Aufhebung der Ehe ist ausgeschlossen

1. bei Verstoß gegen § 1303, wenn die Voraussetzungen des § 1303 Abs. 2 bei der Eheschließung vorlagen und das Familiengericht, solange der Ehegatte nicht volljährig ist, die Eheschließung genehmigt oder wenn der Ehegatte, nachdem er volljährig geworden ist, zu erkennen gegeben hat, dass er die Ehe fortsetzen will (Bestätigung),

2. bei Verstoß gegen § 1304, wenn der Ehegatte nach Wegfall der Geschäftsunfähigkeit zu erkennen gegeben hat, dass er die Ehe fortsetzen will (Bestätigung),

3. im Falle des § 1314 Abs. 2 Nr. 1, wenn der Ehegatte nach Wegfall der Bewusstlosigkeit oder der Störung der Geistestätigkeit zu erkennen gegeben hat, dass er die Ehe fortsetzen will (Bestätigung),

4. in den Fällen des § 1314 Abs. 2 Nr. 2 bis 4, wenn der Ehegatte nach Entdeckung des Irrtums oder der Täuschung oder nach Aufhören der Zwangslage zu erkennen gegeben hat, dass er die Ehe fortsetzen will (Bestätigung),

5. in den Fällen des § 1314 Abs. 2 Nr. 5, wenn die Ehegatten nach der Eheschließung als Ehegatten miteinander gelebt haben.

[2] Die Bestätigung eines Geschäftsunfähigen ist unwirksam. [3] Die Bestätigung eines Minderjährigen bedarf bei Verstoß gegen § 1304 und im Falle des § 1314 Abs. 2 Nr. 1 der Zustimmung des gesetzlichen Vertreters; verweigert der gesetzliche Vertreter die Zustimmung ohne triftige Gründe, so kann das Familiengericht die Zustimmung auf Antrag des Minderjährigen ersetzen.

(2) Eine Aufhebung der Ehe ist ferner ausgeschlossen

1. bei Verstoß gegen § 1306, wenn vor der Schließung der neuen Ehe die Scheidung oder Aufhebung der früheren Ehe oder die Aufhebung der Lebenspartnerschaft ausgesprochen ist und dieser Ausspruch nach der Schließung der neuen Ehe rechtskräftig wird;

2. bei Verstoß gegen § 1311, wenn die Ehegatten nach der Eheschließung fünf Jahre oder, falls einer von ihnen vorher verstorben ist, bis zu dessen Tode, jedoch mindestens drei Jahre als Ehegatten miteinander gelebt haben, es sei denn, dass bei Ablauf der fünf Jahre oder zur Zeit des Todes die Aufhebung beantragt ist.

Übersicht

I. Normzweck

1 § 1315 regelt, für jeden Aufhebungsgrund gesondert, wann die Aufhebbarkeit einer Ehe, insbesondere durch Bestätigung des Ehewillens, nachträglich geheilt werden kann. Lediglich bei einem Verstoß gegen § 1307 (Verwandtenehe) kommt eine Heilung nicht in Betracht.

II. Einzelerläuterung

1. Nachträgliche Genehmigung einer vor Eintritt der Volljährigkeit ohne Befreiung eingegangenen Ehe (Abs. 1 S. 1 Nr. 1 Halbs. 1). Die Aufhebung einer entgegen § 1303 eingegangenen Ehe ist ausgeschlossen, wenn das Familiengericht die Eheschließung nachträglich genehmigt. Die Genehmigung ist nur möglich, wenn die Voraussetzungen des § 1303 Abs. 2 im Zeitpunkt der Eheschließung vorlagen, dh. der eine Ehegatte das 16. Lebensjahr vollendet hatte und der andere Ehegatte volljährig war, und nur solange der eine Ehegatte noch minderjährig und die Ehe noch nicht aufgelöst ist. Nach Eintritt der Volljährigkeit ist eine Heilung nur noch durch die Bestätigung des volljährig gewordenen Ehegatten möglich. Für die nachträgliche Genehmigung gelten die gleichen Grundsätze wie für die Befreiung (§ 1303 Abs. 2 und 3), insbesondere darf sich das Gericht über den Widerspruch des gesetzlichen Vertreters oder Inhabers der Personensorge nur hinwegsetzen, wenn der Widerspruch nicht auf triftigen Gründen beruht. Wesentliche Bedeutung für die Entscheidung des Familiengerichts kommt dem bisherigen Verlauf der Ehe zu. Das Familiengericht wird nicht von Amts wegen, sondern auf Antrag tätig. Als zur Antragstellung befugt ist jeder anzusehen, der nach § 1316 Abs. 1 die Aufhebung der Ehe beantragen kann, also auch der andere Ehegatte und die Verwaltungsbehörde. Der minderjährige Ehegatte bedarf zum Genehmigungsantrag entsprechend § 1316 Abs. 2 S. 2 nicht der Zustimmung seines gesetzlichen Vertreters. Es entscheidet der Richter (§ 14 Abs. 1 Nr. 18, ab 1. 9. 2009 § 14 Abs. 1 Nr. 13 RPflG). 2

2. Bestätigung (Abs. 1 S. 1 Nr. 1 Halbs. 2, Nr. 2, Nr. 3, Nr. 4). Die Aufhebbarkeit der Ehe entfällt, wenn der noch nicht ehemündige Ehegatte nach Erreichen der Volljährigkeit **(Abs. 1 S. 1 Nr. 1 Halbs. 2),** der geschäftsunfähige Ehegatte nach Wegfall der Geschäftsunfähigkeit **(Abs. 1 S. 1 Nr. 2),** der bewußtlose oder geistesgestörte Ehegatte nach Wegfall der Bewußtlosigkeit oder Störung der Geistestätigkeit **(Abs. 1 S. 1 Nr. 3),** der nicht um die Eheschließung wissende, der getäuschte oder der bedrohte Ehegatte nach Entdeckung des Irrtums oder der Täuschung oder nach Aufhören der Zwangslage **(Abs. 1 S. 1 Nr. 4)** zu erkennen gegeben hat, daß er die Ehe fortsetzen will. Da in diesen Fällen die Aufhebbarkeit dem Schutz der Willensfreiheit des betreffenden Ehegatten dient, verliert sie ihre Berechtigung, wenn der Ehegatte nach Erlangung der Willensfreiheit an der Ehe trotz des Mangels bei ihrer Begründung festhält. 3

a) Entdeckung. Der Irrtum oder die Täuschung ist entdeckt **(Abs. 1 S. 1 Nr. 4)**, wenn dem Ehegatten die eine Aufhebung rechtfertigenden Tatsachen in ihrer Tragweite und ihren Auswirkungen ausreichend bekannt sind.[1] Ein bloßer Verdacht oder eine Vermutung genügt nicht. Fahrlässige Unkenntnis (Kennenmüssen) steht der Kenntnis nicht gleich. Die Kenntnis muß alle wesentlichen Umstände erfassen, im Falle der Täuschung auch die Täuschungsabsicht. Die Entdeckung braucht jedoch nicht auf Grundlagen zu beruhen, wie sie zur Herstellung voller Gewißheit erforderlich sind. Es genügt, wenn für das Bestehen des Aufhebungsgrundes Anhaltspunkte bekannt werden, die einen über eine bloße Vermutung hinausgehenden Schluß gestatten und bei vernünftiger Überlegung zur Geltendmachung des Aufhebungsrechts ausreichen.[2] Eine Kenntnis des Aufhebungsrechts als solchem ist nicht erforderlich.[3] 4

b) Fortsetzungswille. Die Bestätigung ist keine rechtsgeschäftliche empfangsbedürftige Willenserklärung, insbes. keine Bestätigung iSv. § 141, sondern eine Rechtshandlung. Sie ist möglich, solange die Ehe nicht rechtskräftig aufgelöst ist. Eine Kenntnis des Aufhebungsrechts als solchem ist nicht erforderlich. Auch ein besonderer Wille, auf das Aufhebungsrecht zu verzichten und die Heilung der Ehe herbeizuführen, ist nicht zu verlangen. Der Ehegatte muß jedoch wenigstens ein allgemeines Bewußtsein davon haben, daß er die Ehe wegen des 5

[1] Vgl. RGZ 164, 106, 109; RG JW 1928, 896, 897; OLG Nürnberg FamRZ 1967, 152, 154.
[2] RG JW 1927, 2124; 1928, 896, 897; WarnR 1933 Nr. 81.
[3] BGH FamRZ 1967, 372, 375; RG WarnR 1934 Nr. 105.

Mangels bei ihrer Eingehung zur Auflösung bringen kann oder daß Zweifel an ihrer Gültigkeit bestehen und er durch sein Verhalten ein möglicherweise vorhandenes Aufhebungsrecht aufgibt.[4]

6 Eine Bestätigung liegt in jedem Verhalten, durch das der Ehegatte seinen Willen, den Aufhebungsgrund auf sich beruhen zu lassen, zum Ausdruck bringt. Eine Vertretung ist ausgeschlossen. Die Bestätigung kann sowohl durch ausdrückliche Erklärung, die keiner Form bedarf, gegenüber dem anderen Ehegatten oder gegenüber einem Dritten, wie auch durch schlüssige Handlung erfolgen, insbes. durch weiteres Zusammenleben, Eheverkehr, Rücknahme des Aufhebungsantrags.[5] Dagegen brauchen situationsbedingte Zeichen freundlicher Gesinnung, Äußerungen des Wohlwollens und des Mitgefühls gegenüber dem anderen Ehegatten (Besuche im Krankenhaus, kleine Geschenke) noch nicht die Bekundung des Willens darstellen, die Ehe fortzusetzen. Zu berücksichtigen sind alle Umstände des Einzelfalls. Ein innerer Vorbehalt entgegen dem äußeren Verhalten ist unbeachtlich. Auf die Auffassung des anderen Ehegatten kommt es nicht an. Dieser braucht nicht seinerseits zu bekunden, die Ehe fortsetzen zu wollen.

7 Keine Bestätigung ist es, wenn der getäuschte oder bedrohte Ehegatte erklärt, er wolle versuchen, über die seelische Erschütterung hinwegzukommen, und die Ehe noch kurze Zeit fortsetzt. Allerdings darf dieser Versuch nicht zeitlich so ausgedehnt werden, daß dadurch für lange Zeit ein unerträglicher Schwebezustand entsteht.[6] Entsprechendes gilt, wenn der über die Sterilisation getäuschte Ehegatte noch einige Monate mit dem anderen zusammenlebt, wenn er in dieser Zeit durchgehend, aber vergeblich versucht hat, diesen zur Teilnahme an medizinischen Maßnahmen zur Behebung seiner Zeugungsunfähigkeit zu veranlassen.[7]

8 Eine der Bestätigung hinzugefügte Bedingung oder Zeitbestimmung ist beachtlich, sofern der Vorbehalt nicht dem Wesen der Ehe widerspricht oder einen unangemessen langen Schwebezustand schafft.[8] Die einmal erfolgte Bestätigung ist unwiderruflich. Die §§ 116 bis 124 sind nicht anwendbar.

9 **c) Geschäftsfähigkeit (Abs. 1 S. 2 und 3).** Der geschäftsunfähige Ehegatte kann die Ehe nicht bestätigen (Abs. 1 S. 2), und zwar im Hinblick auf den höchstpersönlichen Charakter der Rechtshandlung auch nicht durch seinen gesetzlichen Vertreter. Der minderjährige Ehegatte kann eine aufhebbare Ehe nur selbst bestätigen; besteht der Aufhebungsgrund gerade in der Minderjährigkeit, kommt eine Bestätigung erst nach Eintritt der Volljährigkeit in Betracht (Abs. 1 S. 1 Nr. 1). Zur Bestätigung bedarf der minderjährige Ehegatte nur bei den Aufhebungsgründen der Geschäftsunfähigkeit (§ 1304) und der Bewußtlosigkeit oder vorübergehenden Störung der Geistestätigkeit (§ 1314 Abs. 2 Nr. 1) der Zustimmung des gesetzlichen Vertreters (Abs. 1 S. 3 Halbs. 1). In diesen beiden Fällen fehlt es – anders als etwa in den Fällen der Täuschung und Drohung – an einer dem minderjährigen Ehegatten zurechenbaren Eheschließungserklärung. Vielmehr wird die Ehe überhaupt erst durch die Bestätigung des Minderjährigen konstituiert.[9]

10 Die Zustimmung bedarf keiner Form. Sie kann auch durch schlüssige Handlung erfolgen. Die Duldung der Ehe allein reicht aber nicht aus. Die Zustimmung ist unwiderruflich. Sie kann erfolgen, solange die Ehe noch nicht aufgelöst ist. Versagt der gesetzliche Vertreter die Zustimmung ohne triftige Gründe (vgl. § 1303 RdNr. 19 bis 22), so kann das Familiengericht die Zustimmung auf Antrag des Minderjährigen ersetzen (Abs. 1 S. 3 Halbs. 2). Es entscheidet der Richter (§ 14 Abs. 1 Nr. 12, ab 1. 9. 2009 § 14 Abs. 1 Nr. 12 c RPflG). Das Jugendamt ist zu hören (§ 49 a Abs. 1 Nr. 2 FGG, ab 1. 9. 2009 § 162 FamFG). Zum Verfahren s. weiter § 1303 RdNr. 24.

---

[4] AA für die Bestätigung nach Abs. 1 S. 1 Nr. 1 und Nr. 2 FamRefK/*Wax* RdNr. 4 f.

[5] Vgl. BGH FamRZ 1983, 450, 451; OLG Köln FamRZ 2003, 375; FamRefK/*Wax* RdNr. 4.

[6] RGZ 163, 139.

[7] Vgl. OLG Stuttgart NJW 2004, 2247.

[8] Vgl. RG DR 1944, 664.

[9] Vgl. BT-Drucks. 13/4898 S. 20; *Staudinger/Voppel* (2007) RdNr. 15; kritisch RGRK/*Lohmann* RdNr. 12.

d) Ausschluß der Aufhebung. Nach der Bestätigung können auch der andere Ehegatte und die Verwaltungsbehörde die Aufhebung der Ehe nicht mehr herbeiführen. 11

3. Eheliches Miteinanderleben (Abs. 1 S. 1 Nr. 5, Abs. 2 Nr. 2). Eheliches Miteinanderleben führt in den Fällen der Scheinehe und bei Verstoß gegen § 1311 zur Heilung der aufhebbaren Ehe. Die Ehegatten leben als Ehegatten miteinander, wenn sie in häuslicher und ehelicher Gemeinschaft zusammenleben,[10] aber auch dann, wenn sie aufgrund äußerer Umstände oder ihrer Entscheidung über die eheliche Lebensführung keinen gemeinsamen Haushalt haben, sich aber innerlich als Ehegatten fühlen, dies auch nach außen dokumentieren und die eheliche Gemeinschaft in der unter den gegebenen Verhältnissen möglichen Weise verwirklichen. Die Eheleute brauchen nicht zu wissen, daß ihre Ehe aufhebbar ist, und nicht den Willen zu haben, die Heilung ihrer Ehe herbeizuführen. 12

a) Scheinehe (Abs. 1 S. 1 Nr. 5). Im Falle einer Scheinehe (§ 1314 Abs. 2 Nr. 5) kommt es auf die Dauer des ehelichen Miteinanderlebens nicht an. Jedoch wird ein nur ganz kurzfristiges Zusammenleben nur dann als eheliches Miteinander angesehen werden können, wenn der Entschluß der Ehegatten feststeht, entgegen ihrer ursprünglichen Vereinbarung nun doch eine auf Dauer angelegte eheliche Lebens- und Verantwortungsgemeinschaft einzugehen, mag diese dann auch bereits nach kurzer Zeit scheitern. Daß die Frau während der Ehe ein Kind geboren hat, belegt noch nicht, daß die Ehegatten nach der Eheschließung als Ehegatten miteinander gelebt haben.[11] Die einseitige Aufnahme der Fürsorge für den infolge Geisteskrankheit jeglicher ehelichen Gesinnung unfähigen anderen Ehegatten führt noch nicht zur Heilung.[12] Erst recht reichen finanzielle Zuwendungen des einen an den anderen Ehegatten nicht aus. 13

b) Verstoß gegen § 1311 (Abs. 2 Nr. 2). Bei einem Verstoß gegen § 1311 muß das eheliche Zusammenleben entsprechend dem bisherigen § 17 Abs. 2 EheG fünf oder bei Tod eines Ehegatten mindestens drei Jahre gedauert haben; außerdem darf bei Fristablauf nicht die Aufhebung der Ehe beantragt sein. Das macht auch im Falle des Todes, der nach § 619 ZPO, ab 1. 9. 2009 § 131 FamFG zur Erledigung des Aufhebungsverfahrens führt, im Hinblick auf §§ 1933 S. 2, 2077 Abs. 1 S. 3 einen Sinn.[13] Die fünf- bzw. dreijährige Frist berechnet sich nach §§ 187 Abs. 1, 188. Sie beginnt frühestens mit der Eheschließung, kann jedoch auch erst später beginnen, wenn nämlich die Ehegatten die eheliche Gemeinschaft nicht sofort aufgenommen haben. Eine vorübergehende kürzere Trennung der Eheleute infolge Strafhaft, Wehrdienst, Krankheit, auswärtiger Berufstätigkeit usw. schließt eheliches Miteinanderleben nicht aus, sofern die ehelichen Beziehungen fortdauern. Haben die Ehegatten die häusliche Gemeinschaft bewußt aufgegeben, sie aber später nach einer Aussöhnung wieder aufgenommen, so ist der Ablauf der Frist während der Zeit der Trennung gehemmt und läuft nach Wiederaufnahme der häuslichen Gemeinschaft weiter. 14

Nach Ablauf der Frist ist der Mangel geheilt, es sei denn, daß bei Ablauf der Frist ein auf die Verletzung des § 1311 gestützter Aufhebungsantrag (zB seitens der antragsberechtigten Verwaltungsbehörde) anhängig ist (§ 631 Abs. 2 S. 1 ZPO, ab 1. 9. 2009 § 124 S. 1 FamFG) und dem Antrag stattgegeben wird. Wird der Antrag dagegen zurückgenommen oder abgewiesen, so bleibt die Antragstellung auf die Heilung ohne Einfluß. Das gleiche gilt für einen auf einen anderen Aufhebungsgrund gestützten Antrag. 15

4. Nachträgliche Rechtskraft der die frühere Ehe oder die Lebenspartnerschaft auflösenden Entscheidung (Abs. 2 Nr. 1). Eine nach Ausspruch der Scheidung oder Aufhebung der früheren Ehe oder nach Aufhebung der Lebenspartnerschaft eingegangene bigamische Ehe wird rückwirkend geheilt, wenn die Entscheidung über die Auflösung der 16

---

[10] Vgl. hierzu OLG Celle FamRZ 2004, 949.

[11] AA *Wolf* FamRZ 1998, 1477, 1486.

[12] Vgl. den Fall BGHZ 149, 140, 145 = JZ 2002, 710, 716 m. abl. Anm. *Muscheler* = JR 2002, 455, 459 m. abl. Anm. *Rauscher*.

[13] Vgl. FamRefK/*Wax* RdNr. 9.

früheren Ehe oder der Lebenspartnerschaft nachträglich Rechtskraft erlangt. Die Wörter „oder die Aufhebung der Lebenspartnerschaft" sind durch Art. 2 Abs. 16 Nr. 5 PStRG v. 19. 2. 2007 (BGBl. I S. 122) eingefügt worden. Es handelt sich um eine Folgeänderung zur Neufassung des § 1306 durch das Gesetz zur Überarbeitung des Lebenspartnerschaftsrechts (dazu § 1306 RdNr. 11). Die Vorschrift des Abs. 2 Nr. 1 soll die nach einer vermeintlich rechtskräftigen Auflösung der früheren Beziehung – insbesondere weil die Entscheidung von der Geschäftsstelle des Familiengerichts vorzeitig mit einem Rechtskraftvermerk versehen worden war[14] – eingegangene Ehe schützen. Sollte bereits ein Aufhebungsantrag gestellt worden sein, so ist der Rechtsstreit gemäß § 148 ZPO bis zum rechtskräftigen Abschluß des Scheidungs- oder Aufhebungsverfahrens auszusetzen. Stirbt einer der Partner der Erstehe oder Lebenspartnerschaft vor Rechtskraft,[15] so kann die Entscheidung nicht mehr rechtskräftig werden (§ 619 ZPO ab 1. 9. 2009 §§ 131, 270 Abs. 1 FamFG). Eine Heilung ist nicht mehr möglich.[16] Zur Heranziehung des Rechtsgedankens des Abs. 2 Nr. 1 im Falle der Bestätigung der früheren Entscheidung nach Wiederaufnahme des Verfahrens s. § 1306 RdNr. 8.

17 Dagegen bleibt die bigamische Ehe nach dem eindeutigen Wortlaut des Gesetzes aufhebbar, wenn die erste Ehe später durch Tod des anderen Ehegatten, Aufhebung oder Scheidung aufgelöst oder die Lebenspartnerschaft später aufgehoben wird, und zwar auch dann, wenn die Ehegatten die eheliche Lebensgemeinschaft fortsetzen.[17] Die Aufhebung der bigamischen Ehe bezweckt nicht nur, das alleinige Vorrecht der ersten Ehe bzw. der Lebenspartnerschaft wiederherzustellen, sondern auch den in der Eingehung der bigamischen Ehe liegenden Verstoß gegen das Sittengesetz zu beseitigen. Die Partner der zweiten Ehe haben nach Auflösung der ersten Ehe oder nach Aufhebung der Lebenspartnerschaft lediglich die Möglichkeit, durch Wiederholung der Eheschließung ihre Ehe mit Wirkung ex nunc zu einer vollgültigen Ehe zu machen.

§ 1316 Antragsberechtigung

(1) Antragsberechtigt

1. **sind bei Verstoß gegen die §§ 1303, 1304, 1306, 1307, 1311 sowie in den Fällen des § 1314 Abs. 2 Nr. 1 und 5 jeder Ehegatte, die zuständige Verwaltungsbehörde und in den Fällen des § 1306 auch die dritte Person. Die zuständige Verwaltungsbehörde wird durch Rechtsverordnung der Landesregierungen bestimmt. Die Landesregierungen können die Ermächtigung nach Satz 2 durch Rechtsverordnung auf die zuständigen obersten Landesbehörden übertragen;**
2. **ist in den Fällen des § 1314 Abs. 2 Nr. 2 bis 4 der dort genannte Ehegatte.**

(2) [1] Der Antrag kann für einen geschäftsunfähigen Ehegatten nur von seinem gesetzlichen Vertreter gestellt werden. [2] In den übrigen Fällen kann ein minderjähriger Ehegatte den Antrag nur selbst stellen; er bedarf dazu nicht der Zustimmung seines gesetzlichen Vertreters.

(3) Bei Verstoß gegen die §§ 1304, 1306, 1307 sowie in den Fällen des § 1314 Abs. 2 Nr. 1 und 5 soll die zuständige Verwaltungsbehörde den Antrag stellen, wenn nicht die Aufhebung der Ehe für einen Ehegatten oder für die aus der Ehe hervorgegangenen Kinder eine so schwere Härte darstellen würde, dass die Aufrechterhaltung der Ehe ausnahmsweise geboten erscheint.

---

[14] Zu den Ursachen s. *Otto* StAZ 1980, 226 f.

[15] Vgl. OLG München FamRZ 1980, 565.

[16] Vgl. *Johannsen/Henrich* RdNr. 20; aA *Rauscher* RdNr. 165.

[17] BGHZ 37, 51, 55 f.; BGH JZ 1962, 446, 447; NJW 1964, 1953 f.; NJW 1986, 3083, 3084; OLG Oldenburg IPRax 2001, 143, 144; *Piekenbrock* IPRax 2001, 119, 122.

Übersicht

I. Normzweck

Die Vorschrift regelt, wer befugt ist, die Aufhebung der Ehe zu beantragen. An die Stelle der bislang im Fall der Ehenichtigkeit zuständigen Staatsanwaltschaft (§ 24 EheG) ist die Zuständigkeit der Verwaltungsbehörde getreten. Damit soll das Eheschließungsrecht auch optisch entkriminalisiert und die Staatsanwaltschaft von einer ihrer eigentlichen Funktion als Strafverfolgungsbehörde fremden Aufgabe entlastet werden.[1] Ob eine Verwaltungsbehörde sich dieser Nebenaufgabe mit größerer Kompetenz und Neigung widmen wird, steht auf einem anderen Blatt. 1

II. Einzelerläuterung

1. Ehegatten. a) Umfang des Antragsrechts. Jeder Ehegatte ist antragsbefugt in den Fällen des § 1314 Abs. 1, Abs. 2 Nr. 1 und Nr. 5. Keine Rolle spielt, ob er den Aufhebungsgrund bei Eingehung der Ehe kannte oder nicht. Im Falle der bigamischen Ehe (Verstoß gegen § 1306) ist weiter antragsberechtigt der andere Ehegatte der Erstehe oder der andere Lebenspartner. An ein im Einzelfall darzulegendes besonderes Rechtsschutzinteresse ist sein Antragsrecht grundsätzlich nicht geknüpft. Gleichgültig ist, ob die frühere Ehe oder die Lebenspartnerschaft noch besteht (vgl. § 1315 RdNr. 17).[2] Sein Antrag ist gegen beide Ehegatten der bigamischen Ehe zu richten (§ 631 Abs. 3 ZPO, ab 1. 9. 2009 § 129 Abs. 1 FamFG). In den verbleibenden Fällen des § 1314 Abs. 2 Nr. 2 bis 4 ist nur der Ehegatte antragsbefugt, der sich geirrt hat oder getäuscht oder bedroht worden ist, also ausschließlich der Ehegatte, in dessen Person der genannte Willensmangel vorliegt. 2

b) Geschäftsfähigkeit (Abs. 2). Für einen geschäftsunfähigen Ehegatten kann der Aufhebungsantrag nur von dem gesetzlichen Vertreter gestellt werden. Dieser bedarf der Genehmigung des Vormundschaftsgerichts (§ 607 Abs. 2 S. 2 ZPO), ab 1. 9. 2009 des Familiengerichts (§ 125 Abs. 2 FamFG). Ein minderjähriger Ehegatte kann den Antrag nur selbst stellen; er bedarf dazu nicht der Zustimmung seines gesetzlichen Vertreters. Das entspricht seiner Prozeßfähigkeit in Ehesachen (§ 607 Abs. 1 ZPO, ab 1. 9. 2009 § 125 Abs. 1 FamFG). Der gesetzliche Vertreter ist nicht antragsbefugt, und zwar auch nicht bei Verstoß gegen § 1303. 3

c) Unzulässige Rechtsausübung. Ein Aufhebungsantrag kann sich im Einzelfall als unzulässige Rechtsausübung darstellen. Zum Antrag auf Aufhebung der Ehe wegen **arglistiger Täuschung** s. dazu § 1314 RdNr. 23. Bei einem **Verstoß gegen § 1306** kommt dies insbesondere für einen Aufhebungsantrag des Ehegatten der Erstehe nach deren Auflösung in Betracht. Ein solcher Aufhebungsantrag setzt die Geltendmachung eigener Belange des früheren Ehegatten voraus, die sein objektives Interesse an der Aufhebung der bigamischen Ehe begründen, zB die Klärung vermögensrechtlicher, insbesondere renten- und versorgungsrechtlicher Fragen, und die sich gegenüber den Belangen der Ehegatten der bigamischen Ehe und etwaiger aus ihr hervorgegangener Kinder als schutzwürdig erweisen. Demgegenüber begründet die Wahrung der staatlichen Ordnung und ihrer Eheverbote für sich genommen ein eigenes Aufhebungsinteresse des früheren Ehegatten der Erstehe nicht.[3] 4

---

[1] Vgl. BT-Drucks. 13/4898 S. 20.
[2] Vgl. BGHZ 149, 357, 360 f.
[3] BGHZ 149, 357, 362 = LM § 1316 Nr. 1 m. Anm. *Hohloch;* vgl. auch *Oehlmann/Stille* FuR 2003, 494 ff.; aA OLG Oldenburg IPRax 2001, 143, 144 – Vorinstanz.

5 Als unzulässige Rechtsausübung ist es weiter anzusehen, wenn der Antragsteller nach Auflösung der ersten Ehe die Aufhebung einer bigamischen Ehe allein zu dem Zweck anstrebt, um von einer ihm lästig gewordenen ehelichen Bindung trotz Fehlen eines Scheidungsgrundes loszukommen und alsdann eine andere dritte Ehe einzugehen.[4] Dem Aufhebungsantrag wird dagegen in aller Regel ein schutzwürdiges Interesse nicht fehlen, solange die frühere Ehe noch besteht[5] oder wenn der Antragsteller die Scheidung der bigamischen Ehe unschwer erreichen könnte und die Aufhebung anstelle der Scheidung wegen der vermögensrechtlichen Folgen der Aufhebung (§ 1318) beantragt. Ein Mißbrauch kann ferner vorliegen, wenn der Antragsteller den Aufhebungsgrund beseitigen könnte, zB durch Stellung eines Antrags auf Anerkennung eines ausländischen Scheidungsurteils, durch das seine frühere Ehe schon vor Eingehung der bigamischen Ehe rechtskräftig geschieden war.[6]

6 **2. Verwaltungsbehörde. a) Zuständigkeit.** In den Fällen des § 1314 Abs. 1, Abs. 2 Nr. 1 und 5 ist auch die zuständige Verwaltungsbehörde antragsbefugt. Bei diesen Aufhebungstatbeständen geht es zuvörderst um die Wahrung der rechten Ordnung der Ehe und damit um öffentliche Belange. Die Verwaltungsbehörde wird durch Rechtsverordnung der Landesregierungen bestimmt; diese können die Ermächtigung durch Rechtsverordnung auf die zuständigen obersten Landesbehörden übertragen. Sollte eine Landesregierung keine Rechtsverordnung erlassen, ist sie selbst zuständig.[7]

7 **Übersicht** über die zuständige Verwaltungsbehörde (Abs. 1 Nr. 1 Satz 2) in den einzelnen Bundesländern:

Baden-Württemberg:	VO vom 16. 1. 2001, GVBl. S. 2: Regierungspräsidium Tübingen
Bayern:	VO v. 3. 6. 2008, GVBl. S. 326: Regierung von Mittelfranken
Berlin:	§§ 3 Abs. 2 S. 1, 4 Abs. 1 S. 2 AZG idF v. 22. 7. 1996, GVBl. S. 302: Bezirksverwaltungen
Brandenburg:	§ 18 BbgAGBGB v. 28. 7. 2000, GVBl. I S. 114: Ministerium des Innern
Bremen:	VO v. 7. 8. 2001, GBl. S. 261: Standesämter Bremen-Mitte, Bremen-Nord und Bremerhaven
Hamburg:	Anordnung v. 1. 9. 1998, Amtl. Anz. S. 2450: Bezirksämter
Hessen:	VO v. 22. 12. 1999, GVBl. I S. 26, iVm. Art. 1 VO v. 13. 12. 2004, GVBl. I S. 414: Regierungspräsidium
Mecklenburg-Vorpommern:	G v. 10. 12. 1999, GVBl. S. 632: Landkreise und kreisfreie Städte
Niedersachsen:	§ 2 Nr. 8 VO v. 14. 12. 2004, GVBl. S. 589: Landkreise, kreisfreie Städte und die großen selbständigen Städte
Nordrhein-Westfalen:	VO v. 26. 5. 1998, GVBl. S. 391: Bezirksregierungen Köln und Arnsberg
Rheinland-Pfalz:	VO v. 3. 7. 1998, GVBl. S. 197: Bezirksregierung Trier

[4] BGHZ 30, 140, 145 ff. = JZ 1959, 633 mit Anm. *Müller-Freienfels*; OLG Bamberg FamRZ 1958, 370, 371 – Vorinstanz.
[5] BGH NJW 1975, 872, 873.
[6] BGH LM ZPO § 606 a Nr. 1; OLG Celle NdsRpfl. 1961, 30 – Vorinstanz.
[7] OLG Karlsruhe Justiz 2001, 192.

Saarland:	Art. 2 Abs. 1 Nr. 1 G v. 24. 6. 1998, ABl. S. 518: Landkreise, Stadtverband Saarbrücken, Landeshauptstadt Saarbrücken
Sachsen:	Art. 5 VO v. 16. 7. 2008, GVBl. S. 487: Landesdirektionen
Sachsen-Anhalt:	VO v. 9. 12. 1998, GVBl. S 476: Landkreise und kreisfreie Städte
Schleswig-Holstein:	VO v. 26. 5. 1998, GVBl. S. 199: Landräte sowie Bürgermeister der kreisfreien Städte
Thüringen:	VO v. 11. 1. 1999, GVBl: S. 52: Landesverwaltungsamt

b) Ermessen. Nur bei Verstößen gegen § 1303 und § 1311 steht die Antragstellung im pflichtgemäßen Ermessen der Behörde. Sie hat sich daran zu orientieren, ob die Aufhebung der Ehe unter Berücksichtigung der Belange der Betroffenen im Einzelfall im öffentlichen Interesse liegt. Das ist nicht der Fall, wenn eine Heilung nach § 1315 Abs. 1 S. 1 Nr. 1 oder Abs. 2 Nr. 2 bevorsteht.[8] 8

c) Rechtspflicht (Abs. 3). In allen anderen Fällen soll die Behörde den Antrag stellen, 9
wenn nicht die Aufhebung der Ehe für einen (oder beide) Ehegatten oder für die (oder eines der) aus der Ehe hervorgegangenen Kinder eine so schwere Härte darstellen würde, daß die Aufrechterhaltung der Ehe ausnahmsweise geboten erscheint. Hierbei handelt es sich um eine **Soll-Vorschrift** im verwaltungsrechtlichen Sinne, dh. um eine Vorschrift, die zwar im Regelfall für die Behörde rechtlich zwingend ist, also ein „Muß" bedeutet, ihr aber im Sonderfall, wenn Umstände vorliegen, die den Fall als atypisch erscheinen lassen, erlaubt, von der Regel abzuweichen.[9] Verfassungsrechtliche Bedenken bestehen auch im Fall der Doppelehe nicht; die gesetzliche Regelung dient der Wahrung des Verhältnismäßigkeitsgrundsatzes. Voraussetzung der Rechtspflicht der Behörde ist, daß die Aufhebung der Ehe nicht für einen Ehegatten oder die aus der Ehe hervorgegangenen Kinder eine so schwere Härte darstellt, daß die Aufrechterhaltung der Ehe ausnahmsweise geboten erscheint. Das bedeutet, daß die Härteklausel nicht als gesetzliche Bestimmung des Ausnahmefalls zu verstehen ist,[10] sondern die Behörde in atpyischen Fällen auch dann von der Antragstellung absehen darf, wenn die Voraussetzungen der Härteklausel nicht erfüllt sind.

Die der Regelung des § 1568 nachempfundene **Härteklausel** kann vor allem bei einem 10
Verstoß gegen das Eheverbot der Doppelehe nach Auflösung der Erstehe eingreifen.[11] Dagegen spielt sie bei dem für die Behörde bedeutsamsten Aufhebungsgrund, der Scheinehe, keine Rolle. Beantragt die Behörde die Aufhebung der Ehe, obwohl die Härteklausel eingreift, so ist der Antrag als unzulässig abzuweisen. Die Voraussetzungen der Härteklausel sind vom Familiengericht im Aufhebungsverfahren zu prüfen. Nur so kann das „Gebot", die Ehe aufrechtzuerhalten, erfüllt und zugleich dem weiteren Erfordernis, den Ehegatten gegen die Vorgehensweise der Behörde Rechtsschutz zu gewähren, Rechnung getragen werden.[12]

Ein **atypischer Fall,** in dem die Behörde von der Stellung des Aufhebungsantrags 11
ausnahmsweise abzusehen hat, ist gegeben, wenn vom Standpunkt eines billig und gerecht denkenden Betrachters dem öffentlichen Interesse an der Aufhebung kein wesentliches Gewicht mehr beigemessen werden kann, also insbes. in den Fällen, in denen bislang die Nichtigkeitsklage des Staatsanwalts als unzulässige Rechtsausübung angesehen wurde.[13]

---

[8] Vgl. *Johannsen/Henrich* RdNr. 12.
[9] Vgl. BVerwGE 56, 220, 223; 90, 88, 93.
[10] Vgl. *Staudinger/Voppel* (2007) RdNr. 17; aA *Johannsen/Henrich* RdNr. 9.
[11] Vgl. FamRefK/*Wax* RdNr. 7.
[12] AA *Baumbach* § 129 FamFG RdNr. 5.
[13] BGH NJW 1975, 872 f.; FamRZ 1994, 498, 499; NJW 2001, 2394, 2395.

Hierfür genügt allein der bloße Zeitablauf nicht. So kann im Falle des Verstoßes gegen § 1306 der Aufhebungsantrag auch noch Jahrzehnte nach Eingehung der bigamischen Ehe erhoben werden, wenn die frühere Ehe noch besteht.[14] Ebensowenig reicht es aus, daß die Behörde nach Auflösung der ersten Ehe lediglich bezweckt, die vermögens- und versorgungsrechtlichen Folgen der zweiten Eheschließung zu klären.[15] Auch Art. 6 Abs. 1 GG verlangt kein anderes Ergebnis.[16] Dagegen kommt eine Ausnahme in Betracht, wenn die Behörde die bigamische Ehe in der Vergangenheit bewußt hingenommen und von der Antragstellung abgesehen hat,[17] bei einer deutsch-ausländischen Ehe das Heimatrecht des ausländischen Teils die Aufhebung nicht anerkennen würde und die Erstehe bereits aufgelöst ist[18] oder wenn eine Heilung nach § 1315 Abs. 2 Nr. 1 nur wegen Todes des Partners der Erstehe nicht möglich ist.[19] Bei einer Scheinehe (§ 1314 Abs. 2 Nr. 5) kann ein öffentliches Interesse an der Aufhebung fehlen, wenn der ausländische Ehegatte wegen der fehlenden ehelichen Lebensgemeinschaft eine Aufenthaltserlaubnis nicht besitzt, sich nicht mehr im Inland aufhält und auch nicht zu erwarten ist, dass er in Zukunft unter Berufung auf die Ehe einen Aufenthaltstitel beanspruchen wird.

12 Voraussetzung für die Rechtspflicht der Behörde ist weiter, daß sie von der Erweislichkeit des Aufhebungsgrundes in einem gerichtlichen Verfahren überzeugt ist. Kommt sie zB zu dem Ergebnis, daß die Abrede, keine eheliche Lebensgemeinschaft aufnehmen zu wollen, zwar vermutet, den Ehegatten aber nicht nachgewiesen werden kann, so darf die Behörde von der Antragstellung absehen. Das gleiche gilt, wenn zu erwarten steht, daß der Eheschließungsmangel im Laufe des Aufhebungsverfahrens geheilt werden wird.

13 Lehnt es die Verwaltungsbehörde ab, einen Aufhebungsantrag zu stellen, oder bleibt sie untätig, so haben **Dritte** dagegen keine Rechtsbehelfe. Sie werden nicht in ihren Rechten verletzt.[20]

14 **d) Antragstellung.** Der Antrag der Verwaltungsbehörde ist gegen beide Ehegatten zu richten (§ 631 Abs. 3 ZPO, ab 1. 9. 2009 § 129 Abs. 1 FamFG). Diese sind notwendige Streitgenossen (§ 62 ZPO). Ein Ehegatte kann der Behörde nicht als Streitgehilfe beitreten.[21] Auch die Behörde unterliegt dem Grundsatz von Treu und Glauben. Wird sie auch kaum jemals aus sittlich verwerflichen Motiven handeln, kann sich doch aus anderen, objektiven Gründen eine unzulässige Rechtsausübung ergeben (vgl. oben RdNr. 4f., 11). Zur Kostenentscheidung s. § 631 Abs. 5 ZPO, ab 1. 9. 2009 § 132 Abs. 2 FamFG.

15 **e) Mitwirkung.** Hat in den Fällen des Abs. 1 Nr. 1 einer der Ehegatten oder die dritte Person den Aufhebungsantrag gestellt, so ist die zuständige Verwaltungsbehörde vom Familiengericht über den Antrag zu unterrichten. Die Behörde kann in diesen Fällen, auch wenn sie den Antrag nicht gestellt hat, das Verfahren selbständig betreiben, insbesondere selbständig Anträge stellen oder Rechtsmittel einlegen (§ 631 Abs. 4 ZPO, ab 1. 9. 2009 § 129 Abs. 2 S. 1 und 2 FamFG). Nimmt der Antragsteller den Antrag zurück oder stirbt die dritte Person, so kann die bereits mitwirkende Verwaltungsbehörde das Verfahren fortführen; hatte sie sich dagegen noch nicht beteiligt, so muß sie einen neuen Aufhebungsantrag stellen.

---

[14] BGH (Fn. 13).

[15] Vgl. BGH NJW 1975, 872, 873; NJW 1986, 3083, 3084; NJW 2001, 2394, 2395; OLG München FamRZ 1980, 565, 566; OLG Nürnberg FamRZ 1998, 1109, 1110; aA OLG Hamm FamRZ 1986, 1204 mit abl. Anm. *Bosch.*

[16] BGH NJW 1986, 3083, 3084; OLG Karlsruhe Justiz 1985, 296, 297; aA OLG Nürnberg FamRZ 1998, 1109, 1111; LG Frankfurt NJW 1976, 1096.

[17] Vgl. hierzu OLG Karlsruhe IPRax 1986, 166.

[18] Vgl. OLG Nürnberg FamRZ 1998, 1109, 1110f.; aber auch OLG Frankfurt StAZ 2006, 142.

[19] Vgl. KG FamRZ 1986, 355, 356f.

[20] Vgl. KG NJW 1987, 197; OLG Düsseldorf FamRZ 1996, 109.

[21] Vgl. OLG München NJW 1957, 954.

§ 1317 Antragsfrist

(1) [1]Der Antrag kann in den Fällen des § 1314 Abs. 2 Nr. 2 bis 4 nur binnen eines Jahres gestellt werden. [2]Die Frist beginnt mit der Entdeckung des Irrtums oder der Täuschung oder mit dem Aufhören der Zwangslage; für den gesetzlichen Vertreter eines geschäftsunfähigen Ehegatten beginnt die Frist jedoch nicht vor dem Zeitpunkt, in welchem ihm die den Fristbeginn begründenden Umstände bekannt werden, für einen minderjährigen Ehegatten nicht vor dem Eintritt der Volljährigkeit. [3]Auf den Lauf der Frist sind die §§ 206, 210 Abs. 1 Satz 1 entsprechend anzuwenden.

(2) Hat der gesetzliche Vertreter eines geschäftsunfähigen Ehegatten den Antrag nicht rechtzeitig gestellt, so kann der Ehegatte selbst innerhalb von sechs Monaten nach dem Wegfall der Geschäftsunfähigkeit den Antrag stellen.

(3) Ist die Ehe bereits aufgelöst, so kann der Antrag nicht mehr gestellt werden.

Übersicht

I. Normzweck

1 Im Interesse der beteiligten Ehegatten und ihrer Familie, aber auch wegen des öffentlichen Interesses, über den Fortbestand einer wegen eines Willensmangels aufhebbaren Ehe alsbald Klarheit zu schaffen, kann der Aufhebungsantrag in den Fällen des § 1314 Abs. 2 Nr. 2 bis 4 entsprechend § 35 EheG nur binnen Jahresfrist gestellt werden.[1] Eine entsprechende Regelung trifft § 1320 für den dort genannten Aufhebungsgrund. Nach Fristablauf ist der Antrag ausgeschlossen. Ausgeschlossen ist der Aufhebungsantrag stets, wie Abs. 3 klarstellt, wenn die aufhebbare Ehe bereits aufgelöst ist.

II. Einzelerläuterung

2 **1. Antragsfrist.** Die Jahresfrist für die Stellung des Aufhebungsantrags in den Fällen des § 1314 Abs. 2 Nr. 2 bis 4 – die Geltendmachung der übrigen Aufhebungsgründe ist unbefristet möglich – ist eine Ausschlußfrist, die von Amts wegen zu beachten ist. Ihre Versäumung führt zum Verlust des Rechts auf Aufhebung der Ehe. Auf die Innehaltung der Frist kann nicht verzichtet, eine Abkürzung oder Verlängerung nicht vereinbart werden. Eine zusätzliche Überlegungsfrist besteht neben der einjährigen Frist nicht.[2] Die Frist wird gewahrt durch Zustellung der Antragsschrift an den Gegner (§§ 631 Abs. 2 S. 2, 622 Abs. 2 S. 2, 253 Abs. 1 ZPO; ab 1. 9. 2009 §§ 124 S. 2 FamFG, 253 Abs. 1 ZPO), jedoch tritt die Wirkung, sofern die Zustellung demnächst erfolgt, bereits mit der Einreichung der Antragsschrift (§ 631 Abs. 2 S. 1 ZPO, ab 1. 9. 2009 § 124 S. 1 FamFG) ein (§ 167 ZPO). Das gilt auch bei Anrufung eines unzuständigen Gerichts, wenn der Rechtsstreit später gemäß § 281 ZPO an das zuständige Gericht verwiesen wird. Wird der Aufhebungsantrag zurückgenommen oder als unzulässig abgewiesen und danach abermals die Aufhebung beantragt, kommt es für die Fristwahrung auf den neuen Antrag an. Die Berechnung der Frist erfolgt nach §§ 187 Abs. 1, 188 Abs. 2.

---

[1] Vgl. BGHZ 25, 66, 74 = NJW 1957, 1517.

[2] Zu Bestrebungen des Bundesrats, die Antragsfrist im Falle der Drohung auf drei Jahre zu verlängern s. den Entwurf eines Zwangsheirat-Bekämpfungsgesetzes BT-Drucks. 16/1035 S. 9 mit abl. Stellungnahme der Bundesregierung S. 11.

3 Durch den Antrag wird die Frist auch für einen neben dem geltend gemachten Aufhebungsgrund etwa noch vorhandenen Aufhebungsgrund gewahrt, für welchen die Antragsfrist noch nicht abgelaufen war, wenn der Antragsteller sich im Laufe des Rechtsstreits auf diesen beruft. Auch ein Scheidungsantrag wahrt die Frist, da es sich auch insoweit um ein auf Auflösung der Ehe gerichtetes Verfahren handelt.[3] Zugunsten des Antragsgegners wirkt die Fristwahrung nicht.

4 Eine absolute Ausschlußfrist nach Art der §§ 121 Abs. 2, 124 Abs. 3 besteht für den Aufhebungsantrag nicht. Er kann also unter Umständen auch noch Jahrzehnte nach der Eheschließung gestellt werden.

5 **2. Fristbeginn (Abs. 1 S. 2).** In den Fällen des § 1314 Abs. 2 Nr. 2 und 3 beginnt die Frist mit dem Zeitpunkt, in welchem der Ehegatte den Irrtum oder die Täuschung entdeckt (vgl. dazu § 1315 RdNr. 4). Erfährt der Ehegatte besondere Umstände, die eine erheblich schwerere Wertung rechtfertigen, erst später, so läuft die Jahresfrist von da ab neu.[4]

6 Im Falle der **Drohung** beginnt die Frist mit dem Zeitpunkt, in welchem die Zwangslage aufhört. Von dem Ende der Zwangslage muß der Ehegatte Kenntnis haben. Die Zwangslage endet nicht, solange er nach der Eheschließung durch Ankündigung eines Übels veranlaßt wird, von der Lösung des Ehebandes abzusehen.

7 **3. Fristhemmung.** Auf den Lauf der Frist ist außer § 210 Abs. 1 S. 1 (dazu die folgende RdNr.) § 206 entsprechend anzuwenden (Abs. 1 S. 3). Der Lauf der Frist ist gehemmt, solange der Aufhebungsberechtigte innerhalb der letzten sechs Monate der Antragsfrist durch höhere Gewalt an der Stellung des Antrags gehindert war. Gemeint ist ein Ereignis, das von dem Ehegatten unter den gegebenen Umständen auch bei Anwendung äußerster Sorgfalt nicht abgewendet werden konnte, zB eine plötzliche schwere Erkrankung, Mittellosigkeit, sofern er spätestens am Tage des Ablaufs der Frist das Prozeßkostenhilfeverfahren durch einen ordnungsgemäß begründeten vollständigen Antrag eingeleitet hat.[5] Eigenes Verschulden oder Verschulden des Prozeßbevollmächtigten[6] schließt höhere Gewalt aus. Ein Rechtsirrtum ist keine höhere Gewalt, zB nicht Unkenntnis von dem Bestehen der Frist. Auch Beweisschwierigkeiten führen nicht zur Fristhemmung. Im einzelnen wird auf die Erläuterungen zu § 206 verwiesen.

8 **4. Fehlende Geschäftsfähigkeit.** Ist der **antragsberechtigte** Ehegatte geschäftsunfähig, beginnt die Frist für seinen gesetzlichen Vertreter nicht vor dem Zeitpunkt, in welchem ihm die den Fristbeginn begründenden Umstände bekannt werden; für einen minderjährigen Ehegatten beginnt sie nicht vor dem Eintritt der Volljährigkeit (Abs. 1 S. 2 Halbs. 2). Bei einem Wechsel in der Person des gesetzlichen Vertreters läuft die einmal begonnene Frist weiter. Der gesetzliche Vertreter bedarf für den Antrag der vormundschaftsgerichtlichen Genehmigung (§ 607 Abs. 2 ZPO), ab 1. 9. 2009 der Genehmigung des Familiengerichts (§ 125 Abs. 2 FamFG). Diese muß vor Fristablauf vorgelegt werden. Ist der geschäftsunfähige Ehegatte ohne gesetzlichen Vertreter, so endet die Antragsfrist nicht vor Ablauf von sechs Monaten nach dem Zeitpunkt, in welchem der Ehegatte unbeschränkt geschäftsfähig oder der Mangel der Vertretung behoben wird (Abs. 1 S. 3 iVm. § 210 Abs. 1 S. 1). Maßgebend ist der Zeitpunkt des Fristablaufs. Hat es der gesetzliche Vertreter versäumt, innerhalb der Antragsfrist den Aufhebungsantrag zu stellen, so kann der Ehegatte binnen einer Frist von sechs Monaten, gerechnet vom Wegfall der Geschäftsunfähigkeit an, selbst den Antrag stellen (Abs. 2). War im Zeitpunkt des Wegfalls der Geschäftsunfähigkeit die Aufhebungsfrist noch nicht voll abgelaufen, so steht dem Ehegatten der Rest der Frist, mindestens jedoch die in Abs. 2 vorgesehene Frist von sechs Monaten zu. Der bisher Geschäftsunfähige soll nach dem Gesetz mindestens sechs Mo-

[3] RGZ 104, 155, 157; 160, 19, 23; OLG Oldenburg MDR 1955, 166; so jetzt auch *Staudinger/Voppel* (2007) RdNr. 11.

[4] RGZ 128, 74, 76; RG JW 1939, 635, 636; HRR 1939 Nr. 1396; KG NJW 1952, 980.

[5] Vgl. BGHZ 70, 235, 239.

[6] BGHZ 17, 199, 205 f. = NJW 1955, 1225; 31, 342, 347 = NJW 1960, 766.

nate Zeit für die Rechtsverfolgung haben.[7] Für den Lauf der Sechsmonatsfrist gilt Abs. 1 S. 3.

Ist der **andere** Ehegatte geschäftsunfähig und fehlt ein gesetzlicher Vertreter, so endet die Antragsfrist gleichfalls nicht vor dem Ablauf von sechs Monaten nach dem Zeitpunkt, in dem dieser geschäftsfähig oder der Mangel der Vertretung behoben wird (Abs. 1 S. 3 iVm. § 210 Abs. 1 S. 1). Eines Rückgriffs auf § 206[8] bedarf es nicht mehr, nachdem die Ablaufhemmung in § 210 jetzt beidseitig ausgestaltet ist. 9

5. Beweislast. Der Antragsgegner hat den Fristablauf (zB die frühere Entdeckung der Täuschung), der Antragsteller die Voraussetzungen für eine Hemmung zu beweisen. Ist dem Antragsteller der Aufhebungsgrund in einer Weise mitgeteilt worden, die für einen vernünftigen Menschen überzeugend wirken mußte, so muß er Umstände darlegen, warum diese Mitteilung ihre überzeugende Wirkung auf ihn verfehlt habe.[9] 10

6. Bereits aufgelöste Ehe (Abs. 3). Anders als Abs. 1 und 2 gilt Abs. 3 nicht nur für Aufhebungsbegehren aus den Gründen des § 1314 Abs. 2 Nr. 2 bis 4, sondern allgemein: Ist die Ehe bereits aufgelöst – insbesondere durch Scheidung –, so kann der Antrag nicht mehr gestellt werden; ein gleichwohl gestellter Antrag ist als unzulässig abzuweisen.[10] Dies entspricht der Natur der Eheaufhebung. Sie führt zur Auflösung der Ehe mit Rechtskraft der richterlichen Entscheidung (§ 1313), also mit Wirkung ex nunc. Danach ist es konsequent, daß eine bereits rechtskräftig geschiedene Ehe nicht nachträglich nochmals aufgelöst werden kann; dieses Ziel eines möglichen Aufhebungsverfahrens ist bereits erreicht.[11] Entdeckt der Ehegatte nach Ausspruch der Scheidung einen Aufhebungsgrund (zB daß er durch arglistige Täuschung über seine Vaterschaft des erwarteten Kindes zur Eingehung der Ehe bestimmt worden ist), so kann er allerdings ein anerkennenswertes und rechtsschutzwürdiges Interesse daran haben, die Folgen einer Eheaufhebung (§ 1318) herbeizuführen. Im Hinblick auf dieses Interesse ist es geboten, ihm einen in einem gerichtlichen Verfahren, in dem er wie in einem Eheaufhebungsverfahren den Aufhebungstatbestand darzulegen und zu beweisen hat, durchsetzbaren Anspruch darauf einzuräumen, daß der Auflösung seiner Ehe nunmehr die Rechtsfolgen des § 1318 beigegeben werden.[12] 11

§ 1318 Folgen der Aufhebung

(1) Die Folgen der Aufhebung einer Ehe bestimmen sich nur in den nachfolgend genannten Fällen nach den Vorschriften über die Scheidung.

(2) [1] Die §§ 1569 bis 1586 b finden entsprechende Anwendung

1. **zugunsten eines Ehegatten, der bei Verstoß gegen die §§ 1303, 1304, 1306, 1307 oder § 1311 oder in den Fällen des § 1314 Abs. 2 Nr. 1 oder 2 die Aufhebbarkeit der Ehe bei der Eheschließung nicht gekannt hat oder der in den Fällen des § 1314 Abs. 2 Nr. 3 oder 4 von dem anderen Ehegatten oder mit dessen Wissen getäuscht oder bedroht worden ist;**
2. **zugunsten beider Ehegatten bei Verstoß gegen die §§ 1306, 1307 oder 1311, wenn beide Ehegatten die Aufhebbarkeit kannten; dies gilt nicht bei Verstoß gegen § 1306, soweit der Anspruch eines Ehegatten auf Unterhalt einen entsprechenden Anspruch der dritten Person beeinträchtigen würde.**

---

7 *Staudinger/Voppel* (2007) RdNr. 27; *Erman/Roth* RdNr. 4; aA *Johannsen/Henrich* RdNr. 17.

8 Vgl. OLG Zweibrücken FamRZ 1982, 373, 375.

9 RG WarnR 1933 Nr. 81.

10 Vgl. BT-Drucks. 13/9416 S. 28.

11 Vgl. BGHZ 133, 227, 230 ff. = NJW 1996, 2727; *Lüke* JuS 1997, 397, 398 f. und FS Gaul, 1997, S. 425, 429 f.; OLG Stuttgart FamRZ 1995, 618 – Vorinstanz.

12 BGHZ 133, 227, 233 ff. = LM EheG § 29 Nr. 4 m. Anm. *Wax* zu § 37 Abs. 2 EheG; *Bosch* NJW 1998, 2004, 2011; *Johannsen/Henrich* RdNr. 18; *Palandt/Brudermüller* RdNr. 10; *Staudinger/Voppel* (2007) RdNr. 44; kritisch *Lüke* JuS 1997, 397, 399 und FS Gaul S. 431 f.: Feststellungsantrag.

[2] Die Vorschriften über den Unterhalt wegen der Pflege oder Erziehung eines gemeinschaftlichen Kindes finden auch insoweit entsprechende Anwendung, als eine Versagung des Unterhalts im Hinblick auf die Belange des Kindes grob unbillig wäre.

(3) Die §§ 1363 bis 1390 und 1587 finden entsprechende Anwendung, soweit dies nicht im Hinblick auf die Umstände bei der Eheschließung oder bei Verstoß gegen § 1306 im Hinblick auf die Belange der dritten Person grob unbillig wäre.

(4) Die §§ 1568 a und 1568 b finden entsprechende Anwendung; dabei sind die Umstände bei der Eheschließung und bei Verstoß gegen § 1306 die Belange der dritten Person besonders zu berücksichtigen.

(5) § 1931 findet zugunsten eines Ehegatten, der bei Verstoß gegen die §§ 1304, 1306, 1307 oder 1311 oder im Falle des § 1314 Abs. 2 Nr. 1 die Aufhebbarkeit der Ehe bei der Eheschließung gekannt hat, keine Anwendung.

Übersicht

I. Normzweck (Abs. 1)

1 § 1318 regelt, wann sich die Folgen einer Aufhebung der Ehe nach den Vorschriften über die Scheidung bestimmen. Er geht damit regelungstechnisch einen anderen Weg als das EheG (vgl. §§ 26, 37). Nach **Abs. 1** bestimmen sich die Folgen der Aufhebung der Ehe nur bei ausdrücklicher Regelung nach den Vorschriften über die Scheidung. Derartige Anordnungen treffen die nachfolgenden Abs. 2 bis 4 für den nachehelichen Unterhalt, den Zugewinn- und Versorgungsausgleich sowie für die Behandlung der Ehewohnung und des Hausrats, dagegen beispielsweise nicht für den Ehenamen. Damit trägt das Gesetz den tiefgreifenden Unterschieden zwischen Scheidung und Aufhebung der Ehe Rechnung.

II. Einzelerläuterung

2 **1. Unterhaltsansprüche der vormaligen Ehegatten (Abs. 2).** Abs. 2 regelt, wann die Vorschriften über den Unterhalt des geschiedenen Ehegatten (§§ 1569 bis 1586 b) entsprechende Anwendung finden. Unterhaltsansprüche kommen nach Aufhebung der Ehe in Betracht bei Gutgläubigkeit eines oder beider Ehegatten (S. 1 Nr. 1), bei Bösgläubigkeit beider Ehegatten (S. 1 Nr. 2) sowie bei Pflege und Erziehung eines gemeinschaftlichen Kindes (S. 2). Im Anwendungsfall kann sich naturgemäß auch der andere Ehegatte auf ihn günstige Vorschriften, etwa § 1579, berufen.

3 **a) Abs. 2 S. 1 Nr. 1.** Bei **Verstoß** gegen die §§ 1303, 1304, 1306, 1307 oder 1311 oder in den Fällen des § 1314 Abs. 2 Nr. 1 oder Nr. 2 kann derjenige Ehegatte nachehelichen Unterhalt entsprechend §§ 1569 bis 1586 b verlangen, der die Aufhebbarkeit der Ehe nicht gekannt hat. Ob ein Verstoß gegen einen in S. 1 Nr. 1 genannten Aufhebungstatbestand vorliegt, ergibt sich aus der Aufhebungsentscheidung. Bei Vorliegen mehrerer Aufhebungsgründe genügt es also beispielsweise für die Anwendbarkeit des Unterhaltsrechts nicht, daß die Ehe zwar wegen des in S. 1 Nr. 1 nicht genannten Aufhebungsgrundes des § 1314 Abs. 2 Nr. 5 (Scheinehe) aufgehoben worden ist, sie aber zugleich eine Doppelehe (Verstoß gegen § 1306) war; umgekehrt schadet es nicht, daß bei Aufhebung wegen Bigamie der Ehegatte einen weiteren Aufhebungsgrund, der aber nicht zur Aufhebung der Ehe geführt

hat (Scheinehe), kannte.[1] Ist die Aufhebung dagegen einmal aus mehreren Gründen erfolgt (Bigamie und Scheinehe), schließt bereits ein Aufhebungsgrund, der nicht zu einer entsprechenden Anwendung des nachehelichen Unterhaltsrechts führt (zB Scheinehe), jeglichen Unterhaltsanspruch nach S. 1 Nr. 1 aus.

Der begünstigte Ehegatte darf im maßgeblichen Zeitpunkt der Eheschließung von dem Verstoß **keine Kenntnis** gehabt haben. Ihm sollen Unterhaltsansprüche nicht versagt werden, wenn er auf den rechtsfehlerfreien Bestand seiner Ehe vertraute. Kennen- oder Wissenmüssen sowie spätere Kenntnis schadet nicht. Kenntnis ist nicht bereits dann gegeben, wenn der Ehegatte die das Aufhebungsrecht begründenden äußeren und inneren Tatsachen kannte. Hinzukommen muß eine zumindest laienhafte Kenntnis der Rechtsfolgen,[2] der Auswirkungen des Verstoßes auf den Bestand der Ehe. Das Gesetz spricht von der Nichtkenntnis der „Aufhebbarkeit". Allerdings hat der Unterhalt begehrende Ehegatte dies im Streitfall zu beweisen (RdNr. 9).[3] Haben beide Ehegatten die Aufhebbarkeit der Ehe bei der Eheschließung nicht gekannt, so finden die Vorschriften über den Unterhalt nach Scheidung zugunsten beider entsprechende Anwendung. Das gilt auch bei einem Verstoß gegen **§ 1304** oder **§ 1314 Abs. 2 Nr. 1.**[4] Hier hat von vornherein der geschäftsunfähige oder geistesgestörte Ehegatte die Aufhebbarkeit nicht gekannt, weil ihm ein etwaiges Wissen über seinen Zustand nicht zugerechnet werden darf. Unterhaltsberechtigt kann nach dem Gesetz aber auch der andere Ehegatte sein, sofern er gutgläubig war. Aus Gründen der Parität leuchtet es nicht ein, dass der Geschäftsunfähige gegen seinen Ehegatten nach Aufhebung der Ehe stets Unterhaltsansprüche geltend machen darf, er aber niemals dessen Unterhaltsschuldner werden kann.[5] Auch bei einem Verstoß gegen **§ 1303** sind Unterhaltsansprüche des gutgläubigen anderen Ehegatten nicht unter dem Gesichtspunkt des Minderjährigenschutzes von vornherein ausgeschlossen.[6] Was die eigenen Ansprüche des Minderjährigen angeht, bestehen keine Bedenken, jedenfalls dem über 16 Jahre alten Ehegatten seine eigene Kenntnis zuzurechnen.[7] Bei einem Verstoß gegen **§ 1306** können der gutgläubige Ehegatte der Zweitehe und der Ehegatte der Erstehe vom Bigamisten gleichrangig Unterhalt verlangen; bei geminderter Leistungsfähigkeit sind die §§ 1581 ff. zu beachten. 4

In gleicher Weise ist nach S. 1 Nr. 1 unterhaltsberechtigt der Ehegatte, der in den Fällen des **§ 1314 Abs. 2 Nr. 3 oder 4** von dem anderen Ehegatten oder mit dessen Wissen getäuscht oder bedroht worden ist. Der andere Ehegatte hat auch dann keinen Unterhaltsanspruch, wenn die Drohung ohne sein Wissen erfolgt ist. Daß die Täuschung oder Drohung durch einen Dritten mit Wissen des anderen Ehegatten verübt sein muß, ist nur für den Fall der Drohung von Bedeutung, weil gemäß § 1314 Abs. 2 Nr. 3 die Aufhebung ausgeschlossen ist, wenn die Täuschung von einem Dritten ohne Wissen des anderen Ehegatten verübt worden ist. Zum Wissen gehört die Kenntnis des gesamten äußeren und inneren Aufhebungstatbestandes einschließlich der Ursächlichkeit der Drohung. Mit Wissen des anderen Ehegatten ist der Ehegatte auch dann getäuscht oder bedroht worden, wenn der andere Ehegatte von der Täuschung oder Drohung noch nichts gewußt hat, als der Dritte diese verübte, er aber bis zur Eheschließung von der fortwirkenden Täuschung oder Drohung Kenntnis erlangt hat.[8] 5

---

[1] Vgl. RGZ 78, 369, 370; RG WarnR 1932 Nr. 139; aA *Johannsen/Henrich* RdNr. 4; *Palandt/Brudermüller* RdNr. 2; *Schwab/Borth* IV RdNr. 151; *Bamberger/Roth/Hahn* RdNr. 4.

[2] Vgl. OLG Koblenz FamRZ 1980, 589, 590; *Roth,* FS Schwab, S. 690; *Bamberger/Roth/Hahn* RdNr. 3; *Göppinger/Wax/Maurer* RdNr. 1175; *Staudinger/Voppel* (2007) RdNr. 15; aA *Winkler* S. 155; *Johannsen/Henrich* RdNr. 3; *Wagenitz/Bornhofen* Abschn. 4 RdNr. 17; *Schwab/Borth* IV RdNr. 151; *Palandt/Brudermüller* RdNr. 2.

[3] *Roth,* FS Schwab, S. 691.

[4] Vgl. RGRK/*Lohmann* RdNr. 10, 14; aA *Johannsen/Henrich* RdNr. 7, 11; *Palandt/Brudermüller* RdNr. 4.

[5] AA *Roth,* FS Schwab, S. 693, 697 f.

[6] AA wiederum *Roth* (Fn. 5) S. 694 f.

[7] Vgl. *Roth* (Fn. 5) S. 696.

[8] Zu Bestrebungen, im Falle der Drohung die Tatbestandsvorausssetzung „von dem anderen Ehegatten oder mit dessen Wissen" zu streichen, s. den Bundesratsentwurfs eines Zwangsheirat-Bekämpfungsgesetzes BT-Drucks. 16/1035 S. 9 f. mit abl. Stellungnahme der Bundesregierung S. 11.

6 **b) Abs. 2 S. 1 Nr. 2.** Bei **Bösgläubigkeit beider Ehegatten** sind nacheheliche Unterhaltsansprüche nur bei Verstoß gegen §§ 1306, 1307 oder 1311 gegeben (S. 1 Nr. 2). Im Falle der Doppelehe gehen Unterhaltsansprüche des Ehegatten der Erstehe gegen den Bigamisten Ansprüchen des bösgläubigen Ehegatten der Zweitehe vor (S. 1 Nr. 2 Halbs. 2). Der Bigamist hat seinen Unterhaltsverpflichtungen gegenüber dem Ehegatten der Erstehe ungeschmälert nachzukommen.[9] Abweichend von Nr. 1 sind in Nr. 2 neben § 1303 auch die §§ 1304, 1314 Abs. 2 Nr. 1 und Nr. 2 nicht aufgeführt. Ersteres dient dem Schutz des Minderjährigen, bei den letztgenannten Verstößen ist eine zurechenbare Kenntnis beider Ehegatten ausgeschlossen.

7 **c) Abs. 2 S. 2.** Liegen die Voraussetzungen für eine entsprechende Anwendung des nachehelichen Unterhaltsrechts nach S. 1 Nr. 1 und Nr. 2 nicht vor, so kommt nach S. 2 lediglich ein Unterhaltsanspruch wegen **Betreuung eines Kindes** in entsprechender Anwendung von § 1570 in Betracht, sofern eine Versagung des Unterhalts im Hinblick auf die Belange des Kindes grob unbillig wäre. Die grobe Unbilligkeit hat sich am Kindeswohl zu orientieren. Es ist zu fragen, ob sich das Angewiesensein des für das Kind sorgenden Elternteils auf eine Erwerbstätigkeit für die Entwicklung des Kindes ganz nachteilig auswirken würde. Dies hängt im wesentlichen von dem Alter sowie der körperlichen und geistigen Entwicklung des Kindes und dem Vorhandensein anderweitiger Betreuungsmöglichkeiten ab. Dem Grundsatz der Verhältnismäßigkeit ist Rechnung zu tragen. Insoweit sind die in § 1579 genannten Gesichtspunkte zu beachten. Sie können insbesondere zu einer Reduzierung des eheangemessenen Unterhalts (§ 1578) auf das zur Kindesbetreuung notwendige Maß führen.

8 **d) Scheinehe.** Kein Unterhaltsanspruch besteht von vornherein bei einem Verstoß gegen **§ 1314 Abs. 2 Nr. 5.** Das ist konsequent. Nacheheliche Unterhaltsansprüche sind Ausdruck der fortwirkenden Verantwortung der Ehegatten füreinander. Bei der Scheinehe waren sich jedoch die Ehegatten bei der Eheschließung darüber einig, keine Verantwortung füreinander zu übernehmen.[10] Abs. 2 S. 2 spielt keine Rolle, da aus einer Scheinehe gemeinschaftliche Kinder nicht hervorzugehen pflegen.

9 **e) Beweislast.** Beweispflichtig für das Vorliegen der Voraussetzungen ist der nachehelichen Unterhalt begehrende Ehegatte. Ob ein Ehegatte die Aufhebbarkeit der Ehe bei der Eheschließung nicht gekannt hat (S. 1 Nr. 1) oder gekannt hat (S. 1 Nr. 2), kann in der Aufhebungsentscheidung ohne Rechtskraftwirkung (zB bei der Kostenentscheidung nach § 93a Abs. 3 ZPO, ab 1. 9. 2009 § 132 Abs. 1 FamFG) festgestellt sein. Im Hinblick auf § 1318 ist es zweckmäßig, in den Gründen auszusprechen, ob einem oder beiden Ehegatten die Aufhebbarkeit bei der Eheschließung bekannt war. Enthält die Entscheidung keine solche Feststellung oder wird die Richtigkeit der getroffenen Feststellung bestritten, so ist hierüber im Unterhaltsprozeß zu entscheiden.

10 **2. Zugewinn- und Versorgungsausgleich (Abs. 3).** Abs. 3 – die Fassung beruht auf Art. 3 Nr. 2 VAStrRefG v. 3. 4. 2009 (BGBl. I S. 700) – erklärt die Vorschriften über die Zugewinngemeinschaft und den Versorgungsausgleich für entsprechend anwendbar, soweit dies nicht im Hinblick auf die Umstände der Eheschließung oder bei Verstoß gegen § 1306 im Hinblick auf die Belange des Ehegatten der Erstehe grob unbillig wäre. Beides ist sachlich gerechtfertigt, da Zugewinn- und Versorgungsausgleich retrospektive Folgen der Auflösung der Ehe sind. Durch die Verweisung auf die §§ 1363 bis 1371, die keine Folgen der gerichtlichen Ehelösung betreffen, wird zugleich deutlich, daß durch die Aufhebungsentscheidung der gesetzliche Güterstand der Zugewinngemeinschaft nicht rückwirkend entfällt. Haben die Ehegatten durch Ehevertrag etwas anderes vereinbart, verbleibt es dabei (§ 1363 Abs. 1).

11 Bei einer **Doppelehe** gelten im rechtlichen Ansatz weder für die Erst- noch für die Zweitehe Besonderheiten. Der Ausgleich findet nicht zu Dritt, sondern allein zwischen den

[9] Vgl. RGRK/*Lohmann* RdNr. 18.
[10] AA *Wolf* FamRZ 1998, 1477, 1487; kritisch auch *Finger* FuR 2007, 341, 343.

Parteien der jeweiligen Ehesache statt. Sowohl der Ehegatte der Erstehe als auch der Ehegatte der Zweitehe können grundsätzlich vollen Zugewinn- und Versorgungsausgleich in Anspruch nehmen, und zwar jeweils so, als ob es die jeweils andere Ehe nicht gäbe. Korrekturmöglichkeiten eröffnen §§ 1381 und § 27 VersAusglG. Nach § 1381 kann eine teilweise Ausgleichspflicht in Betracht kommen.[11] Wieweit die Einbeziehung der zugleich auf beide Ehezeiten entfallenden Versorgungszeiten grob unbillig ist, hängt von den Umständen des Einzelfalls ab, insbes. der wirtschaftlichen Situation der Ehegatten, den Umständen, die zur Doppelehe geführt haben, der Möglichkeit zum Aufbau weiterer Versorgungsanwartschaften, der Dauer der ehelichen Lebensgemeinschaft.[12]

Die Billigkeitsklausel des Abs. 3 ergänzt und konkretisiert § 1381 und § 27 VersAusglG durch Einbeziehung der Umstände der Eheschließung und – bei Aufhebung einer bigamischen Ehe – der Belange des Ehegatten der Erstehe. Sie erlaubt neben einem völligen auch den teilweisen Ausschluß des Zugewinn- und Versorgungsausgleichs („soweit"). Grobe Unbilligkeit liegt vor, wenn der Ausgleich in der vom Gesetz vorgesehenen Weise dem Gerechtigkeitsgefühl in unerträglicher Weise widersprechen würde. Die Umstände der Eheschließung werden den Zugewinn- und Versorgungsausgleich insbes. bei Verstoß gegen § 1314 Abs. 2 Nr. 5 als grob unbillig erscheinen lassen. Bei der Schließung einer Doppelehe liegen solche besonderen Umstände vor, wenn der Berechtigte unter Täuschung des Verpflichteten vorsätzlich die bigamische Ehe eingegangen ist.[13] Inwieweit Ansprüche des Ehegatten der Zweitehe im Hinblick auf den Ehegatten der Erstehe grob unbillig wären, mit der Folge, daß er hinter den ersten Ehegatten zurücktreten muß, hängt wiederum von einer umfassenden Würdigung der näheren Umstände des jeweiligen Falls ab. Eine Rolle spielen die jeweiligen Einkommens- und Vermögensverhältnisse, die Gut- oder Bösgläubigkeit des Ehegatten der bigamischen Zweitehe, der Dauer der ehelichen Lebensgemeinschaft zwischen den Gatten der Erstehe. Weiter kann eine Rolle spielen, wieweit sich der Ehegatte der Erstehe in seiner Lebensplanung seinerseits von der Ehe gelöst hatte. 12

3. Ehewohnung und Haushaltsgegenstände (Abs. 4). Nach Aufhebung der Ehe finden die Vorschriften über die Behandlung der Ehewohnung und der Haushaltsgegenstände anlässlich der Scheidung entsprechende Anwendung (Abs. 4). Die §§ 1568a und 1568b sind durch das Gesetz zur Änderung des Zugewinnausgleichs- und Vormundschaftsrechts vom 6. 7. 2009 (BGBl. I S. 1696) mit Wirkung vom 1. 9. 2009 unter gleichzeitiger Aufhebung der HausratsV in das Gesetz eingefügt worden. Bei der entsprechenden Anwendung der §§ 1568a und 1568b sind wie beim Zugewinn- und Versorgungsausgleich (Abs. 3) die Umstände der Eheschließung und bei einer Doppelehe die Belange des Ehegatten der Erstehe besonders zu berücksichtigen. Damit werden §§ 1568a Abs. 1 und Abs. 2 und 1568b Abs. 1 um die genannten Gesichtspunkte ergänzt. 13

4. Erbrecht (Abs. 5). Abs. 5 regelt – anders als die Ankündigung des Abs. 1 erwarten läßt – nicht die Folgen der Aufhebung der Ehe, sondern Folgen einer durch Tod aufgelösten aufhebbaren Ehe. Er trägt dem Umstand Rechnung, daß nach dem Tode eines Ehegatten ein Aufhebungsantrag (mit der Folge des Erbrechtsausschlusses nach § 1933 S. 2) nicht mehr gestellt werden kann (§ 1317 Abs. 3) und erweitert damit § 1933 S. 2. Das gesetzliche Erbrecht des überlebenden Ehegatten ist ausgeschlossen, wenn dieser bei Verstoß gegen die §§ 1304, 1306, 1307 oder 1311 oder im Falle des § 1314 Abs. 2 Nr. 1 die Aufhebbarkeit bei der Eheschließung gekannt hat. Das ist im Hinblick auf den bewussten Verstoß gegen die durch das Sittengesetz geprägte Ordnung der Ehe sachgerecht. Abweichend von Abs. 2 S. 1 Nr. 1, auf dessen Erläuterung verwiesen wird, werden der Verstoß gegen § 1303 (Ehemündigkeit) und § 1314 Abs. 2 Nr. 2 (Irrtum über das Vorliegen einer Eheschließung) nicht aufgeführt, ebenso bleiben die Fälle der Täuschung oder Bedrohung des verstorbenen 14

[11] Vgl. BGH NJW 1980, 1462, 1463 = JR 1981, 115 m. Anm. *Görgens.*

[12] Vgl. BGH NJW 1983, 176, 177f.; OLG Zweibrücken FamRZ 1983, 1145, 1146; OLG Stuttgart FamRZ 1986, 1006.

[13] Vgl. OLG Karlsruhe NJW-RR 2004, 1514f.

Ehegatten (§ 1314 Abs. 2 Nr. 3 und 4) unerwähnt.[14] Der Erbrechtsausschluß beschränkt sich auf Verstöße, die bisher zur Ehenichtigkeit führten. Er tritt auch dann ein, wenn der verstorbene Ehegatte von einem Aufhebungsantrag abgesehen hat.[15] Da es sich bei Abs. 5 um eine Erweiterung des § 1933 S. 2 handelt, der wiederum eine Berechtigung, die Aufhebung der Ehe zu beantragen, fordert, ist es sachgerecht, ihn nicht anzuwenden, wenn die Aufhebung der Ehe nach § 1315 ausgeschlossen war.[16]

15 **5. Ehename.** Auch die nichtvermögensrechtlichen Folgen der Aufhebung richten sich gemäß Abs. 1 nur dann nach den Folgen der Scheidung, wenn dies vom Gesetzgeber ausdrücklich angeordnet worden ist. Dies schließt allerdings nicht von vornherein aus, eine etwaige Gesetzeslücke im Wege einer analogen Anwendung einer Norm des Scheidungsfolgenrechts zu schließen.[17] Eine solche Lücke besteht jedoch hinsichtlich des Ehenamens nicht. Es handelt sich insoweit bei der Auflösung der Ehe durch Scheidung oder Tod einerseits, ihrer Aufhebung anderseits nicht um wertungsmäßig gleichliegende Sachverhalte. Im Gegenteil, in vielen Fällen besteht nachgerade ein berechtigtes Interesse, dem Ehegatten das Recht, den zum Ehenamen bestimmten Namen des anderen Ehegatten weiter zu tragen, abzuerkennen, zB wenn er den anderen Ehegatten arglistig getäuscht oder bedroht hat, es sich um eine Doppelehe handelte sowie in allen Fällen der Scheinehe, insbesondere der Namensehe.[18] Der Vorschlag, je nach Schutzbedürftigkeit des betroffenen Ehegatten entsprechend den in Abs. 2 bis 4 enthaltenen Wertungen zu differenzieren,[19] erscheint wenig praktikabel und trifft nicht den hypothetischen Willen des Gesetzgebers. § 1355 Abs. 5 ist demgemäß nicht entsprechend anzuwenden.[20] Jeder Ehegatte führt nach Aufhebung der Ehe wieder den Namen, den er zur Zeit der Eheschließung geführt hat.[21]

---

[14] Zum Bestreben, die widerrechtliche Drohung in den Anwendungsbereich von Abs. 5 einzubeziehen, s. den Entwurf eines Zwangsheirat-Bekämpfungsgesetzes, BT-Drucks. 16/1035 S. 10, 11.

[15] AA bei einem Verstoß gegen § 1311 FamRefK/*Wax* RdNr. 20.

[16] Zur Kritik an der Neuregelung vgl. *Staudinger/Voppel* (2007) RdNr. 45; *Rauscher* RdNr. 223; *Gernhuber/Coester-Waltjen* § 14 RdNr. 7 f. und den Entwurf eines Zwangsheiratbekämpfungsgesetzes, BT-Drucks. 16/1035 S. 10, 11.

[17] Zur analogen Anwendung des § 1599 Abs. 2 bei Aufhebung einer Scheinehe vgl. AG Hagen FamRZ 2005, 1191; aA *Erman/Roth* vor § 1313 RdNr. 9.

[18] Vgl. die Untersuchung der einzelnen Eheaufhebungsgründe unter Berücksichtigung der Gut- und Bösgläubigkeit der Ehegatten bei *Winkler* S. 156 ff.

[19] Vgl. *Winkler* S. 147 ff., 177 f., 191 ff.; für eine Differenzierung auch § 1355 RdNr. 34 *(v. Sachsen Gessaphe)*.

[20] Vgl. *Bosch* NJW 1998, 2001, 2011; *Bamberger/Roth/Hahn* RdNr. 23; *Muscheler* RdNr. 277; *Staudinger/Voppel* (2007) RdNr. 51 f.; aA *Hohloch* JuS 2006, 266, 268; *Wagenitz/Bornhofen* Abschn. 4 RdNr. 30; *Hepting/Gaaz* III RdNr. 750; *Erman/Roth* RdNr. 11; *Palandt/Brudermüller* RdNr. 16; *Rauscher* RdNr. 225.

[21] Zum bisherigen Recht (Art. 226 Abs. 2 EGBGB) für eine vor Inkrafttreten des EheschlRG erhobene Aufhebungsklage vgl. BGH NJW-RR 2005, 1521.

Titel 4. Wiederverheiratung nach Todeserklärung

§ 1319 Aufhebung der bisherigen Ehe

(1) Geht ein Ehegatte, nachdem der andere Ehegatte für tot erklärt worden ist, eine neue Ehe ein, so kann, wenn der für tot erklärte Ehegatte noch lebt, die neue Ehe nur dann wegen Verstoßes gegen § 1306 aufgehoben werden, wenn beide Ehegatten bei der Eheschließung wussten, dass der für tot erklärte Ehegatte im Zeitpunkt der Todeserklärung noch lebte.

(2) [1] Mit der Schließung der neuen Ehe wird die frühere Ehe aufgelöst, es sei denn, dass beide Ehegatten der neuen Ehe bei der Eheschließung wussten, dass der für tot erklärte Ehegatte im Zeitpunkt der Todeserklärung noch lebte. [2] Sie bleibt auch dann aufgelöst, wenn die Todeserklärung aufgehoben wird.

I. Normzweck

Eine Ehe wird außer durch richterliche Entscheidung allein durch den Tod, nicht aber durch die Todeserklärung eines verschollenen Ehegatten aufgelöst. Eine Todeserklärung begründet lediglich die widerlegbare Vermutung, daß der Verschollene in dem im Todeserklärungsbeschluß festgestellten Zeitpunkt gestorben ist (§ 9 Abs. 1 VerschG). Erweist sich die durch die Todeserklärung begründete Vermutung als unrichtig, so sind die Rechtsverhältnisse der wirklichen Sachlage entsprechend zu beurteilen, wie wenn die Todeserklärung nicht erfolgt wäre. Geht der zurückgebliebene Ehegatte gestützt auf die Vermutung des § 9 Abs. 1 VerschG, daß seine frühere Ehe durch den Tod des anderen Ehegatten mit dem festgestellten Zeitpunkt aufgelöst ist, eine neue Ehe ein und stellt sich später heraus, daß der für tot erklärte Ehegatte noch lebt, so wäre danach die neue Ehe eine nach §§ 1306, 1314 Abs. 1 aufhebbare Doppelehe. Dieses Ergebnis vermeidet im Interesse der Aufrechterhaltung der neuen Ehe die Ausnahmevorschrift des § 1319. Sie statuiert, daß die neue Ehe nicht deshalb wegen Verstoßes gegen § 1306 aufhebbar ist, weil der für tot erklärte Ehegatte zur Zeit der Wiederverheiratung noch lebt, sofern nicht die Partner der neuen Ehe gewußt haben, daß er die Todeserklärung überlebt hat, und ordnet – da nicht zwei Ehen nebeneinander bestehen können – gleichzeitig an, daß mit der im Vertrauen auf die staatliche Todeserklärung erfolgten Schließung der neuen Ehe die frühere Ehe aufgelöst wird.[1] 1

II. Einzelerläuterung

1. Aufhebbarkeit der neuen Ehe wegen Verstoßes gegen § 1306 (Abs. 1). Die Aufhebung einer nach Todeserklärung des früheren Ehegatten eingegangenen neuen Ehe wegen Verstoßes gegen das Eheverbot der Doppelehe setzt zunächst voraus, daß der für tot erklärte Ehegatte im Zeitpunkt der Eheschließung noch lebt. Ist das nicht der Fall, scheidet Aufhebbarkeit aus, und zwar auch dann, wenn der frühere Ehegatte den Zeitpunkt der Todeserklärung überlebt hat oder die neuen Ehegatten annehmen, er sei noch am Leben. Weiter ist für die Aufhebung erforderlich, daß beide Ehegatten der neuen Ehe bei der Eheschließung wußten, daß der für tot erklärte Ehegatte im Zeitpunkt der Todeserklärung noch lebte. Entscheidend ist die Kenntnis beider Ehegatten, Bösgläubigkeit eines Teils genügt nicht. Zweifel, fahrlässige, selbst grobfahrlässige Unkenntnis reichen nicht aus. Maßgebend ist der Zeitpunkt der Eheschließung. Nachträgliche Kenntnis schadet nicht. Darauf, daß der frühere Ehegatte noch lebt, braucht sich die Kenntnis nicht zu erstrecken. Die irrtümliche Annahme, der frühere Ehegatte, der die Todeserklärung überlebt hat, sei zwischenzeitlich gestorben, hebt Bösgläubigkeit nicht auf. Auf die Aufhebbarkeit der neuen 2

---

[1] Vgl. BGH FamRZ 1994, 498 m. Anm. *Bosch*.

Ehe ist es ohne Einfluß, daß der frühere Ehegatte nachträglich stirbt oder die erste Ehe im Wege der Scheidung oder Aufhebung aufgelöst wird.

3 Zur Antragsbefugnis s. § 1316 Abs. 1 Nr. 1, Abs. 3. Der Antragsteller hat zu beweisen, daß die Ehegatten bösgläubig waren. Bis zur Aufhebung ist die alte Ehe als gemäß Abs. 2 aufgelöst zu behandeln, weil hier zunächst einmal von der Gutgläubigkeit zumindest eines Partners der neuen Ehe auszugehen ist („es sei denn, daß").

4 Die neue Ehe ist stets eine bigamische Ehe, wenn sie vor der Todeserklärung des früheren Ehegatten eingegangen wird, wobei zu beachten ist, daß es nicht auf den Zeitpunkt des Beschlusses, sondern auf den seiner Rechtskraft ankommt, da der Beschluß erst mit seiner Rechtskraft wirksam wird (§ 29 Abs. 1 VerschG). Eine bigamische Ehe liegt auch vor, wenn die Todeserklärung vor Schließung der neuen Ehe wieder aufgehoben worden ist. Durch den späteren Eintritt der Rechtskraft des Beschlusses wird eine zuvor geschlossene Ehe jedoch geheilt. § 1315 Abs. 2 Nr. 1 ist entsprechend anzuwenden.

5 **2. Auflösung der bisherigen Ehe (Abs. 2). a) Eingehung einer neuen Ehe.** Falls die Ehe des zurückgebliebenen Ehegatten nicht bereits durch den Tod des anderen, für tot erklärten Ehegatten aufgelöst ist, wird sie – und zwar auch mit Wirkung für den irrtümlich für tot erklärten Ehegatten – dadurch aufgelöst, daß der zurückgebliebene Ehegatte eine neue Ehe eingeht, sofern nicht beide Ehegatten der neuen Ehe gewußt haben, daß der alte Ehegatte die Todeserklärung überlebt hat. In diesem Falle ist die neue Ehe eine aufhebbare Doppelehe (Abs. 1) und die alte Ehe nicht aufgelöst. Abs. 2 hat nicht den Sinn, daß die frühere Ehe auf jeden Fall bis zur Wiederverheiratung fortbesteht.[2] Die alte Ehe bleibt nach Abs. 2 S. 2 auch dann aufgelöst, wenn die Todeserklärung später aufgehoben (§§ 30 ff. VerschG) oder ein anderer Todeszeitpunkt festgestellt wird (§ 33 a VerschG).

6 Die alte Ehe besteht nach der Auflösung auch nicht latent fort. Sie wird nicht etwa dadurch wieder wirksam, daß die neue Ehe aufgelöst wird.[3] Die Ehegatten der früheren Ehe müssen einander erneut heiraten. Zu diesem Zweck gewährt § 1320 dem zurückgebliebenen Ehegatten, sofern er bei Eingehung der neuen Ehe gutgläubig war, ein Aufhebungsrecht.

7 **b) Rechtsfolgen.** Mit der Eheauflösung entfällt das Ehegattenerbrecht. Der Güterstand wird beendet. Für die Berechnung des Zugewinns ist der Zeitpunkt der Eingehung der neuen Ehe maßgebend. Hausrat und Ehewohnung werden entsprechend § 25 HausratsV gemäß deren Vorschriften auseinandergesetzt. Im übrigen können die Vorschriften über die vermögensrechtlichen Folgen einer Scheidung entsprechend angewandt werden.[4] § 1318 ist nicht heranzuziehen, da die Ehe aufgelöst, aber nicht – wegen eines Mangels – aufgehoben worden ist.

III. Analoge Anwendung der §§ 1319, 1320

8 Die §§ 1319, 1320 gelten entsprechend, wenn ein Ehegatte, nachdem der Tod des anderen Ehegatten gemäß §§ 39 ff. VerschG gerichtlich festgestellt worden ist, eine neue Ehe eingeht (Art. 3 § 1 des Gesetzes zur Änderung von Vorschriften des Verschollenheitsrechts v. 15. 1. 1951, BGBl. I S. 59). Zur Eheschließung vor Rechtskraft des Beschlusses s. Art. 3 § 2 des Gesetzes.

9 § 1319 ist eine Ausnahmevorschrift, die nicht ausdehnend auf andere Fälle der unrichtigen Annahme des Todes einer Person angewandt werden kann.[5] Insbesondere kann auf ihn nicht zurückgegriffen werden, wenn die Wiederheirat ohne Todeserklärung aufgrund einer irrig ausgestellten standesamtlichen Sterbeurkunde erfolgt ist.[6] Die Regelung des § 1319 ist

[2] Vgl. RGZ 60, 196, 198; BSG 12, 139, 140; OLG Neustadt NJW 1952, 940, 941.
[3] OLG Düsseldorf FamRZ 1965, 612.
[4] Zur beschränkten Unterhaltspflicht des wiederverheirateten Ehegatten vgl. *Bamberger/Roth/Hahn* RdNr. 12.
[5] Vgl. BGH LM EheG § 38 Nr. 1; SchlHOLG NJW 1951, 201.
[6] Vgl. SchlHOLG SchlHA 1950, 88; *Beitzke* NJW 1950, 390; *Volkmar* SJZ 1949, 322; *Schrodt* JR 1950, 236.

nicht entsprechend auf den Fall anwendbar, daß nicht der scheinbar zurückgelassene, sondern der fälschlich für tot erklärte Ehegatte eine neue Ehe eingeht.[7]

§ 1320 Aufhebung der neuen Ehe

(1) [1] Lebt der für tot erklärte Ehegatte noch, so kann unbeschadet des § 1319 sein früherer Ehegatte die Aufhebung der neuen Ehe begehren, es sei denn, dass er bei der Eheschließung wusste, dass der für tot erklärte Ehegatte zum Zeitpunkt der Todeserklärung noch gelebt hat. [2] Die Aufhebung kann nur binnen eines Jahres begehrt werden. [3] Die Frist beginnt mit dem Zeitpunkt, in dem der Ehegatte aus der früheren Ehe Kenntnis davon erlangt hat, dass der für tot erklärte Ehegatte noch lebt. [4] § 1317 Abs. 1 Satz 3, Abs. 2 gilt entsprechend.

(2) Für die Folgen der Aufhebung gilt § 1318 entsprechend.

I. Normzweck

Das Wiederauftauchen des für tot geglaubten früheren Ehegatten kann den zurückgeblie- 1
benen Ehegatten, der sich gutgläubig wiederverheiratet hat, in einen schweren inneren Konflikt stürzen. Dieser seelischen Bedrängnis trägt § 1320 Rechnung. Er gibt dem zurückgebliebenen Ehegatten das Recht, die Aufhebung seiner zweiten Ehe zu begehren, und eröffnet ihm so die Möglichkeit, seinen irrtümlich für tot erklärten ersten Ehegatten wieder zu heiraten.[1] Die Vorschrift gehört damit ihrem Gehalt nach in den Abschnitt über die Aufhebung der Ehe. Aus Gründen des Sachzusammenhangs hat der Gesetzgeber sie jedoch in den Abschnitt über die Wiederverheiratung im Falle der Todeserklärung gestellt.

II. Einzelerläuterung

1. Aufhebungsrecht. a) Aufhebungsberechtigt ist lediglich der zurückgebliebene 2
Ehegatte, der sich wiederverheiratet hat. Die Aufhebung ist ausgeschlossen, wenn der zurückgebliebene Ehegatte bei Eingehung der neuen Ehe wußte, daß der für tot erklärte Ehegatte die Todeserklärung überlebt hat. Der bösgläubige Ehegatte kann die Aufhebung der neuen Ehe auch dann nicht verlangen, wenn er annahm, sein früherer Ehegatte sei vor der Wiederheirat gestorben. Der irrtümlich für tot erklärte Ehegatte hat kein Aufhebungsrecht aus § 1320, ebensowenig der Partner der neuen Ehe. War dieser gutgläubig, so kommt die Aufhebung der Ehe wegen arglistiger Täuschung (§ 1314 Abs. 2 Nr. 3) in Betracht.

b) Leben des Toterklärten. Der für tot erklärte Ehegatte muß im Zeitpunkt der letzten 3
Tatsachenverhandlung noch leben.[2] Es genügt nicht, dass er zur Zeit der Antragstellung noch am Leben war, erst recht nicht, dass er die Todeserklärung überlebt oder die neue Eheschließung erlebt hat.

c) Bestand der neuen Ehe. Die neue Ehe muß noch bestehen. Ist sie zwischenzeitlich aufgelöst, so entfällt das Aufhebungsrecht (§ 1317 Abs. 3).

d) Wiederheirat. Das Gesetz knüpft das Aufhebungsrecht nicht an die weitere Voraussetzung, dass der zurückgebliebene Ehegatte die Möglichkeit hat, den alten Ehegatten wiederzuheiraten. Das Aufhebungsbegehren wird also nicht bereits dadurch ausgeschlossen, dass der zurückgekehrte Ehegatte eine erneute Heirat entschieden ablehnt oder sich gar anderweit wiederverheiratet hat. Jedoch ist in diesen Fällen zu prüfen, ob nicht der Aufhebungsantrag eine **unzulässige Rechtsausübung** darstellt. Das wird immer dann zu bejahen sein, wenn er nicht wegen der Rückkehr des alten Ehegatten, sondern aus anderen Beweggründen gestellt wird.

---

[7] Vgl. BGH FamRZ 1994, 498 f. m. Anm. *Bosch* und NJW 2001, 2394.

[1] Vgl. BayObLG NJW 1961, 1725.

[2] AA *Staudinger/Strätz* (2007) RdNr. 4.

4 **2. Antragsfrist.** Die Aufhebung der Ehe kann nur **binnen eines Jahres** begehrt werden. Die Frist ist eine Ausschlußfrist und von Amts wegen zu beachten. Sie beginnt mit dem Zeitpunkt, in dem der Ehegatte Kenntnis davon erlangt, daß der für tot erklärte andere Ehegatte noch lebt. Darauf, ob der Verschollene zu seinem früheren Ehegatten zurückkehren kann oder daran durch äußere Umstände (zB Kriegsgefangenschaft) gehindert ist, kommt es für den Fristbeginn nicht an.[3] Kenntnis bedeutet sicheres Wissen, eine Vermutung oder grobfahrlässige Unkenntnis genügt nicht. Erfährt der Ehegatte lediglich, daß der Verschollene den Zeitpunkt der Todeserklärung überlebt hat, so beginnt die Frist noch nicht zu laufen. § 1317 Abs. 1 S. 3 und Abs. 3 sind entspr. anzuwenden.

5 Eine Bestätigung der neuen Ehe entspr. § 1315 Abs. 1 mit der Folge, daß die Aufhebung ausgeschlossen ist, kennt das Gesetz nicht. Auch ein Verzicht auf das Aufhebungsrecht, der auf das gleiche hinauslaufen würde, ist nicht zuzulassen.[4] Der zurückgebliebene Ehegatte hat also immer ein Jahr Zeit, in dem er sich für die alte oder für die neue Ehe entscheiden kann, ohne an einen ersten Entschluß sofort gebunden zu sein. Das ist der Schwere seines Konflikts angemessen.

6 **3. Beweislast.** Der Antragsteller hat zu beweisen, daß sein früherer Ehegatte noch am Leben ist, der Antragsgegner, daß der Antragsteller wußte, der für tot erklärte Ehegatte habe die Todeserklärung überlebt, und daß die Antragsfrist abgelaufen ist.

7 **4. Wiederheirat.** Wird die neue Ehe aufgehoben, so lebt die alte Ehe nicht wieder auf. Die alten Ehegatten müssen einander vielmehr erneut heiraten, wobei alle Ehevoraussetzungen vorliegen müssen. Die Aufhebung der neuen Ehe dient diesem Ziel. Das aufschiebende Eheverbot des bisherigen § 39 Abs. 2 S. 1 EheG, wonach der zurückgebliebene Ehegatte zu Lebzeiten seines früheren Ehegatten nur mit diesem eine neue Ehe eingehen durfte, ist jedoch entfallen.[5] Dem Ehegatten steht es daher nach Aufhebung der Zweitehe frei, seinen früheren Partner oder jemand anderen zu heiraten oder unverehelicht zu bleiben. Ein nennenswerter Mißbrauch des Aufhebungsrechts zur Umgehung der Scheidungsvorschriften ist nicht zu befürchten. Ein Aufhebungsantrag aus offensichtlich unlauteren Motiven kann wegen unzulässiger Rechtsausübung abgewiesen werden.

8 **5. Die Folgen der Aufhebung** bestimmen sich nach § 1318 (Abs. 2). Das bedeutet insbes., daß der Ehegatte der Zweitehe keinen Unterhalt verlangen kann, wenn er bei der Eheschließung bösgläubig war (§ 1318 Abs. 2 S. 1 Nr. 1).[6]

§§ 1321–1352 *(weggefallen)*

[3] Vgl. BayObLG (Fn. 1).
[4] Vgl. OLG Oldenburg FamRZ 1958, 321, 323.
[5] Zu den Gründen vgl. BT-Drucks. 13/4898 S. 21 f.
[6] Vgl. *Johannsen/Henrich* RdNr. 8.

Titel 5. Wirkungen der Ehe im Allgemeinen

§ 1353 Eheliche Lebensgemeinschaft

(1) [1] Die Ehe wird auf Lebenszeit geschlossen. [2] Die Ehegatten sind einander zur ehelichen Lebensgemeinschaft verpflichtet; sie tragen füreinander Verantwortung.

(2) Ein Ehegatte ist nicht verpflichtet, dem Verlangen des anderen Ehegatten nach Herstellung der Gemeinschaft Folge zu leisten, wenn sich das Verlangen als Missbrauch seines Rechts darstellt oder wenn die Ehe gescheitert ist.

Schrifttum: *Ambrock,* Zur Bedeutung des § 1353 BGB nach Inkrafttreten des Eherechtsgesetzes, JR 1978, 1; *Bauernfeind,* Zweckgemeinschaften im Bereich ehelicher Lebensgemeinschaft auf der Basis einvernehmlicher Entscheidungen der Ehegatten, Diss. Regensburg 1984; *Beitzke,* Personenrechtliche Rechtsgeschäfte, FS Flume I, 1978, 317; *ders.,* Libera debent esse matrimonia, FamRZ 1981, 1122; *ders.,* Bestandskraft personenrechtlicher Rechtsgeschäfte, FS Mühl, 1981, S. 103; *Berg-Schwab,* Ehestörungsklage und Schadensersatzansprüche wegen Ehestörung, JuS 1961, 137, 142; *Bergerfurth,* Die negative Herstellungsklage im Eheprozeß, FamRZ 1965, 585; *Boehmer,* Zur Ehestörungsklage, AcP 155 (1956), 181; *Bosch,* Ehe und Familie in der Rechtsordnung, Bochumer Univ. Reden 2, 1966; *ders.,* Die Neuordnung des Eherechts ab 1. 7. 1977, FamRZ 1977, 569; *ders.,* Rückblick und Ausblick, oder: De legibus ad familiam pertinentibus reformatio et reformandis?, FamRZ 1980, 739; *ders.,* Weitere Reformen im Familienrecht der Bundesrepublik Deutschland?, FamRZ 1982, 862; *Deutsch,* Familienrechte als Haftungsgrund, FS Gernhuber, 1993, S. 581; *Diederichsen,* Die allgemeinen Ehewirkungen nach dem 1. EheRG und Ehevereinbarungen, NJW 1977, 217; *ders.,* Entwicklung und Funktion des Familien-, insbesondere des Eheprozeßrechts in der Bundesrepublik Deutschland, ZZP 91 (1978), 397; *ders.,* Die Familie – Menschen in der Reform, FS Beitzke, 1979, S. 169; *ders.,* Bewährung und Nichtbewährung der Eherechtsreform von 1977, in: Hat sich das Erste Eherechtsreformgesetz bewährt? Bericht über das Symposium des Justizministeriums Baden-Württemberg vom 6. u. 7. 5. 1981 in Triberg, 11; *ders.,* „Richtiges" Familienrecht, FS Larenz, 1983, S. 127; *Dostmann,* Bürgerlich-rechtlicher Einkommenssteuerausgleich zwischen Ehegatten, FamRZ 1991, 760; *Eichenhofer,* Die Auswirkungen der Ehe auf Besitz und Eigentum der Eheleute, JZ 1988, 326; *Eisfeld,* Die Scheinehe in Deutschland im 19. und 20. Jahrhundert, 2005; *Fiedler-Zydek,* Die Schadensersatzpflicht des Ehebrechers, JR 1954, 452; *Finger,* Vier Jahre 1. EheRG, Erfahrungen aus anwaltlicher Sicht, JR 1981, 397; *Geilen,* Eingeschränkte Notwehr unter Ehegatten?, JR 1976, 314; *ders.,* Garantenpflicht aus ehelicher und eheähnlicher Gemeinschaft, FamRZ 1961, 147; *Gernhuber,* Das eheliche Vermögensrecht und die Verpflichtung zur ehelichen Lebensgemeinschaft, FamRZ 1959, 465; *ders.,* Die geordnete Ehe, FamRZ 1979, 193; *ders.,* Eherecht und Ehetypen, 1981; *ders.,* Ehe und Familie als Begriffe des Rechts, FamRZ 1981, 721; *Giese,* Die Rechtsstellung der minderjährigen Ehefrau, Diss. Hamburg 1965; *Giesen,* Ehe, Familie und Erwerbsleben, 1977; *ders.,* Ehe und Familie in der Ordnung des Grundgesetzes, JZ 1982, 817; *ders.,* Allgemeine Ehewirkungen gemäß §§ 1353, 1356 BGB im Spiegel der Rechtsprechung, JR 1983, 89; *Gordon,* Das Wesen der Ehe. Die wechselnde Auffassung der Ehe im Wandel der Verfassungsepochen des 20. Jahrhunderts, Diss. Berlin 1978; *Greiff,* Die Ordnung der Ehe. Eine rechtsphilosophische Studie, 1977; *Grziwotz,* Möglichkeiten und Grenzen von Vereinbarungen unter Ehegatten, MDR 1998, 1075; *Hanelt,* Schadensersatz-, Beseitigungs- und Unterlassungsansprüche gegen den anderen Ehegatten und den Drittstörer aus ehewidrigem Verhalten, Diss. Mainz 1971; *Heinz,* Die Trennungsfristen des neuen Eherechts und ihre Bedeutung für die Klage auf Wiederherstellung des ehelichen Lebens, DRiZ 1978, 80; *ders.,* Der Begriff der Ehe etc., Rechtstheorie 19 (1988), 167; *Henrich,* Wertentscheidungen im Wertewandel: Betrachtungen zu Art. 6 Abs. 1 GG, in: Wege u. Verfahren des Verfassungslebens, FS Lerche, 1993, S. 239; *Hepting,* Ehevereinbarungen, 1984; *Hillermeier,* Das Erste Gesetz zur Reform des Ehe- und Familienrechts aus der Sicht der Bundesratsvorschläge, FamRZ 1976, 577; *v. Hippel,* Schadensersatz bei Ehestörung, NJW 1965, 665; *Holzhauer,* Auslegungsprobleme des neuen Eherechts, JZ 1977, 729; *H. Hübner,* Eheschließung und allgemeine Wirkungen der Ehe als dogmatisches Problem, FamRZ 1962, 1; *ders.,* Eherecht am Ausgang des 20. Jahrhunderts: Versuch einer Positionsbestimmung, FS Baumgärtel, 1990, S. 663; *Jayme,* Die Familie im Recht der unerlaubten Handlungen, 1971; *Johannson,* Das absolute Recht im persönlichen Ehebereich und sein Klageschutz, Diss. Tübingen 1966; *E. Kaufmann,* Das „sittliche Wesen der Ehe" als Maßstab für die inhaltliche Bestimmung der Normen bei der Kodifizierung des BGB, in: „Rechtsgeschichte als Kulturgeschichte", FS Erler, 1976, S. 649; *Kern-Eimann,* Das neue Ehebild des EheschlRG. Eine Untersuchung anhand der Scheineheregelungen, Diss. Mainz 2003; *Kerschner,* Vereinbarungen der Ehegatten über die Gestaltung der ehel. Lebensgemeinschaft, in: *Harrer/Zitta,* Familie und Recht, Wien 1992, 391; *Klauser,* Hat sich das Erste Eherechtsreformgesetz bewährt?, in: Bericht über das Symposium des Justizministeriums Baden-Württemberg vom 6. u. 7. 5. 1981 in Triberg, 69 ff.; *Gerh. Krüger,* Schadensersatz- und Unterlassungsansprüche wegen Ehebruchs und anderen ehewidrigen Verhaltens gegen den anderen Ehegatten und gegen Dritte, Diss. Frankfurt 1956; *Larenz,* Zur „Institution Ehe", JZ 1968, 96; *Lipp,* Die eherechtlichen Pflichten und ihre Verletzung, 1988; *Löwisch,* Der Deliktsschutz relativer Rechte, 1970; *Lüke,* Die persönlichen Ehewirkungen und die Scheidungsgründe nach dem neuen Ehe- und Familienrecht, FS Bosch, 1976, S. 627; *ders.,* Grundsätzliche Veränderungen im Familienrecht durch das 1. EheRG, AcP 178, (1978) 1; *S. Maier,* Die Abwehr von Ehestörungen im räumlich-gegenständlichen Bereich, Diss. Regensburg 1996; *Mikat,* Die Ehe im staatlichen Recht, in: Stimmen der Zeit 1976, 101; *H. Mitteis,* Die Ehe in der Rechtsprechung des Reichsgerichts, in: Die Reichsgerichtspraxis im deutschen Rechtsleben III (1929), 180; *Möcke,* Gleichberechtigung und das 1. EheRG, Diss. Tübingen 1980; *Müller-Freienfels,* Zur Scheidung wegen Glaubenswechsels, JZ 1964, 305, 344; *ders.,* Normen und Normwandel im Eherecht, in: Die Institution der Ehe, 1979, S. 125; *Neuhaus,* Ehe und Kindschaft in rechtsvergleichender Sicht, 1979; *Neumann-Duesberg,* Schadensersatzpflicht des Ehebrechers, DRZ 1950, 511; *Padrutt,* Die Ehestörungsklage, Diss. Bern 1954; *Pawlowski,* Das Studium der Rechtswissenschaft (1969), S. 296; *ders.,* Die Ehe als Problem des staatlichen Rechts, FS Coing I, 1982, S. 637; *ders.,* Die „Bürgerliche Ehe" als Organisation, 1983, (bespr. von *Hepting* FamRZ 1983, 1204); *Ramm,* Die Umgestaltung des Eherechts durch das Grundgesetz, JZ 1973, 722; *Rasch,* Juristische Probleme bei der Durchführung des Getrenntlebens, Diss. Berlin 1983; *Reinhart,* Zur Festlegung persönlicher Ehewirkungen durch Rechtsgeschäft, JZ 1983, 184; *Riegel,* Grenzen des Schutzes des räumlich-gegenständlichen Bereichs der Ehe, NJW 1989, 2798; *Roth-Stielow,* Das erschlichene Kind als Heiratsköder, JR 1987, 7; *Ruethers,* Die unbegrenzte Auslegung, 1968, S. 400; *J. P. Schäfer,* Die Entstehung der Vorschriften des BGB über das persönliche Eherecht, Diss. Münster 1983 (dazu *Schubert* FamRZ 1984, 753); *Schlüter,* Zur Klage auf Wiederherstellung der ehelichen Gemeinschaft, MDR 1951, 584; *Schmitz,* Auswirkungen des 1. EheRG auf das Haftpflichtrecht, 1985; *A. Schulz,* Ehewohnung und Hausrat in der ungestörten Ehe, 1982 (dazu *John* FamRZ 1983, 866); *D. Schwab,* Der Wandel der Ordnung im Familienrecht, FS Nüchterlein, 1978, S. 303; *Schwimann,* Eherecht und Ehewirklichkeit, FS Gschnitzer, 1969, S. 375; *Schwind,* Ehe und Recht, FS Bosch, 1976, S. 303; *ders.,* Verrechtlichung und Entrechtlichung der Ehe, FamRZ 1982, 1053; *Smid,* Zur Dogmatik der Klage auf Schutz des „räumlich-gegenständlichen Bereichs" der Ehe, Diss. Mannheim 1983; *ders.,* Zum Schutz des Besitzes an der Ehewohnung während des Scheidungsverfahrens, NJW 1983, 2486; *ders.,* Schutz des räumlich-gegenständlichen Bereichs der Ehe oder Eheschutz, JuS 1984, 101; *ders.,* Der Fluch der bösen Tat, FamRZ 1989, 1144; *ders.,* Fallweise Abwägung zur Bestimmung des Schutzes des räumlich-gegenständlichen Bereichs der Ehe? NJW 1990, 1344; *Sonnenschein,* Interner Steuerausgleich zusammenveranlagter Ehegatten, NJW 1980, 257; *Stake,* Die Pflichten aus der ehel. Lebensgemeinschaft und ihre gerichtliche Durchsetzung, JA 1994, 115; *Streck,* Generalklausel und unbestimmter Begriff im Recht der allgemeinen Ehewirkungen, 1970; dazu *Brühl* FamRZ 1970, 612; *Struck,* „Räumlich-gegenständlicher Bereich der Ehe" oder Gemeinsamkeit der Wohnung?, JZ 1976, 160; *Tiedemann,* Aids – Familienrechtliche Probleme, NJW 1988, 729; *Tiedtke,* Die Verpflichtung eines Ehegatten, an der Zusammenveranlagung der Einkommenssteuer mitzuwirken, FamRZ 1977, 686; *ders.,* Mitwirkungspflichten der Ehegatten an der Zusammenveranlagung zur Einkommenssteuer und ihre Durchsetzung, FPR 2003, 400; *Vlassopoulos,* Der eheliche Hausrat im Familien- und Erbrecht, Berlin 1983; *Vogel,* Das Erste Gesetz zur Reform des Ehe- und Familienrechts, FamRZ 1976, 481; *Wacke,* Logische Paradoxien in antiker und moderner Jurisprudenz, FS Rechtswissenschaftliche Fakultät Köln, 1988, S. 325, 360 ff.; *ders.,* Die Registrierung homosexueller Partnerschaften in Dänemark, FamRZ 1990, 347; *ders.,* Mentalreservation und Simulation als antizipierte Konträrakte bei formbedürftigen Geschäften, FS Medicus, 1999, S. 651, 662 (Schein-Heiraten); *Marianne Weber,* Ehefrau und Mutter in der Rechtsentwicklung, Tübingen 1907; *Weinkauff,* Zwang zur Ehe?, JZ 1968, 15; *Nikolaus Werner,* Ehestörung und Gattenrecht, Diss. Bonn 1968; *H. P. Westermann,* Die Funktion von Richter und Gesetz nach dem neuen deutschen Scheidungsrecht, JBl. 1979, 113 ff.; *ders.,* Die Rechtslage der Familienwohnung, Deutsche zivil-, kollisions- u. wirtschaftsrechtl. Beitr. z. X. Intern. Kongr. f. Rvgl. Budapest (Tübingen 1977), S. 3; *A. Wolf,* Der Standesbeamte als Ausländerbehörde, oder: Das neue Eheverbot der pflichtenlosen Ehe, FamRZ 1998, 1477; *E. Wolf,* Grundgesetz und Eherecht, JZ 1973, 647; *ders.,* Zwang zur Ehe, JZ 1967, 659; *ders.,* Zwang zur Ehe – „Institution Ehe", JZ 1968, 172; *ders.,* Zur Institution der Ehe, JZ 1967, 749; *Zeidler,* Ehe und Familie, in: Handbuch des Verfassungsrechts der Bundesrepublik Deutschland, 1983, S. 555; *Zoras,* Ehe und Familie unter dem besonderen Schutz der verfassungsmäßigen Ordnung, Diss. Freiburg 1977.

Übersicht

I. Das Wesen der Bürgerlichen Ehe; Freiheit und Bindung in der Ehe

1. Das Wesen der Bürgerlichen Ehe. Der Begriff der Ehe bezeichnet eine soziale Erscheinung, eine religiöse Kategorie, nach katholischer Lehre sogar ein Sakrament, sowie schließlich die von der Rechtsordnung des Staats anerkannte heterosexuelle Verbindung von Mann und Frau zur Lebensgemeinschaft. Der genaue juristische Gehalt dieses Rechtsbegriffs (sein „Wesen") war lange Zeit umstritten, insbesondere ob er eher institutionell zu verstehen oder als Vertrag zu begreifen ist. Für Ersteres spricht die Verankerung in Art. 6 GG als Institutsgarantie. Je nach der politischen oder weltanschaulichen Überzeugung des Interpreten lässt die „Institution Ehe" allerdings die verschiedensten Ausdeutungen zu. So entwarfen die nationalsozialistische Rechtsdoktrin, die marxistische Staatsideologie, die christkatholische Kirchenlehre drei verschiedene Konzepte vom „Wesen der Ehe" mit unterschiedlichen Inhalten und divergierenden praktischen Konsequenzen.[1] Nicht zuletzt deshalb setzte sich zunehmend die pragmatische Deutung der Ehe als **soziale Verhaltensform**[2] durch, die ihren Inhalt erhält aus den gesellschaftlichen Vorstellungen und Erwartungen, die sich mit der Ehe verbinden. Es handelt sich dabei sowohl um historisch überlieferte, sozial nachweisbare Eheinhalte als auch um aktuell vorgefundene Verhaltensmuster, die von den Ehegatten selbst gelebt werden. 1

Die relativierende Befreiung der bürgerlichen Ehe von ihren metaphysischen und religiösen Hintergründen sichert ihr zugleich den Vorteil der Wandlungsfähigkeit. Gleichzeitig ist sie auch stark durch die christliche Kultur und abendländische Wertvorstellungen geprägt; 2

---

[1] Einzelheiten bei *E. Wolf* JZ 1967, 659 ff.; dazu *Weinkauff* JZ 1968, 15 und wieder *E. Wolf* JZ 1968, 172; *ders.* JZ 1967, 749; dazu *Larenz* JZ 1968, 96 und wieder *E. Wolf* JZ 1968, 173. Krit. zur Auffassung der Ehe als Institution auch *Rüthers,* Institutionelles Rechtsdenken im Wandel der Verfassungsepochen, 1970; dazu *Teichmann* Rechtstheorie 3 (1972), S. 113 ff.; zum Einfluss der NS-Ideologie auf das damalige Eheverständnis *Rüthers* S. 400 ff. Zu konfessionellen und sozialistischen Eheleitbildern *A. Wolf* FamRZ 1998, 1481.

[2] *Gernhuber/Coester-Waltjen* § 3 (6); *Pawlowski,* Die „Bürgerliche Ehe" als Organisation, S. 2 f.

der juristische Geltungsanspruch ist jedoch von der kirchlichen Trauung unabhängig, ohne dass damit besondere kirchenrechtliche Regelungen ausgeschlossen wären, denen jedoch keine bürgerlich-rechtlichen Wirkungen zukommen.[3]

3 Das GG schützt die Ehe als Institution[4] in Art. 6 Abs. 1 GG und damit in gewissem Umfang auch einen unverzichtbaren Kern des BGB-Eherechts.[5] Das ist unstreitig und unabhängig von einer institutionellen Eheauffassung. Gleichwohl wird die Ehe in erster Linie konkret durch die beiden Ehegatten entsprechend ihren individuellen Vorstellungen gestaltet, wobei das Recht dazu Orientierungshilfen zu geben vermag. Auch wenn die Ehe insoweit weniger als Institut, sondern eher als individueller Vertrag aufgefasst wird, enthält das Bürgerliche Eherecht, das die soziale Verhaltensform „Ehe" regelt, einige zwingende Vorgaben. Dieser Kern, hat durch die Rechtsprechung der letzten Jahre etwas an Konturen gewonnen: Zum einen hat der BGH klargestellt, dass zum **Kernbereich** ehelicher Solidarität der Versorgungsaspekt und der Ausgleich ehebedingter Nachteile im Falle der Eheauflösung gehören, insbesondere wenn auch gemeinsame Kinder betroffen sind.[6] Ferner hat das Gericht den objektiven Pflichtcharakter hervorgehoben und betont, dass die Gemeinschaft auch dann noch verwirklicht werden kann, wenn einer der beiden Ehegatten wegen einer starken Behinderung zu einem ehelichen Empfinden nicht mehr in der Lage ist.[7] Des weiteren hat das BVerfG die Ehe und eine gleichgeschlechtliche Lebensgemeinschaft als zwei unterschiedliche Institute gewertet und die Besonderheit der Ehe betont.[8] Schließlich hat der Gesetzgeber mit der Normierung der Verantwortungsgemeinschaft und der Schaffung der Scheinehevorschriften (§§ 1310, 1314 Abs. 2 Nr. 5) ein Bekenntnis zu einem Merkmal der ehelichen Lebensgemeinschaft abgelegt, das über das rein individuelle Eheverhalten der jeweiligen Ehegatten hinausgeht.[9] Insoweit lässt sich nach wie vor die Ehe interindividuell als Institution begreifen. Damit ist es aber nicht unvereinbar, dass die Ehepartner weitgehend selbst ihre Ehe gestalten und ganz unterschiedliche Ehemodelle wählen können.

4 **2. Zwingendes Recht.** Zu den Wesensmerkmalen der Ehe als (prinzipiell lebenslanger) Verbindung eines Mannes mit einer Frau gehören die Gebote der **Einehe** (§ 1306) und der **Geschlechtsverschiedenheit.** Letzteres ist vom Gesetzgeber des BGB als selbstverständlich vorausgesetzt worden. Die seit 2001 geschaffene Möglichkeit für gleichgeschlechtliche Paare, eine eingetragene Lebenspartnerschaft einzugehen (geregelt im LPartG), ändert daran nichts. Zwar ist damit ein der Ehe in vielen Punkten ähnliches Rechtsinstitut geschaffen worden, gleichwohl bleibt die Ehe „als Institut in ihren verfassungsrechtlichen Strukturprinzipien und ihrer Ausgestaltung" erhalten.[10] Die aus § 1353 fließenden Pflichten der Ehegatten untereinander galten früher als zwingend,[11] ihre Unabdingbarkeit betonen besonders die institutionellen Ehelehren. Die interindividuellen Ehelehren lassen der Parteivereinbarung dagegen weiten Spielraum.[12] Das 1. EheRG hat ihre Verfügbarkeit bedeutend erweitert, etwa hinsichtlich der Rollenverteilung (§§ 1356, 1357) oder indem es die frühere Mit-

[3] Dazu *Schnur* (Hrsg.), Institution und Recht, 1968; *Raiser,* Rechtsschutz und Institutionenschutz im Privatrecht (in: Summum ius, summa iniuria, 1963, S. 145 ff.); *Fikentscher,* FS Raiser, 1974, S. 559 ff.

[4] Zum Begriff der Institution s. Historisches Wörterbuch der Philosophie IV.

[5] Eine Übersicht über die institutionelle Rechtslehre Haurions findet sich bei *Wacke* in der Voraufl. RdNr. 1 f. Dort auch Hinweise auf Ursprünge in Savignys organischer Rechtslehre.

[6] BGHZ 158, 81–110.

[7] BGHZ 149, 140, 143.

[8] BVerfG NJW 2000, 25.

[9] Dazu: *Kern-Eimann,* Das neue Ehebild, S. 65 ff.

[10] BVerfG NJW 2002, 25.

[11] RGZ 61, 50, 53; JW 1914, 355 f.; DJ 1941, 712; BGHZ 26, 196, 199 = NJW 1958, 546; *Planck/Unzner* Anm. 17; RGRK/*Roth-Stielow* RdNr. 7, 13; *Soergel/Lange* RdNr. 4: zwingender Kernbereich; *Staudinger/Hübner/Voppel* (2007) RdNr. 23; *Joerges* S. 33 f.; *v. Marchtaler* S. 56; OLG Frankfurt OLGE 7, 548 f.: jederzeitiges Rücktrittsrecht.

[12] Insbesondere *Pawlowski,* Studium der Rechtswissenschaft, 296 ff. und *Streck* § 10 (passim); letzterer anerkennt nur noch die beiden Formalpflichten zur gemeinsamen Entscheidung und zum Leben in räumlicher Zuordnung und verweist ansonsten auf die jeweilige Vertrauenslage. Für weite Dispositionsbefugnis auch *Lüke,* FS Bosch, S. 629, 632; übereinstimmend *Gernhuber/Coester-Waltjen* § 18 III, IV 4, V.

arbeitspflicht (§ 1356 Abs. 2 aF) entfallen ließ. Das geltende Eherecht enthält kaum noch absolut zwingende Normen; zu erwähnen wäre insoweit das Lebenszeitprinzip (§ 1353 Abs. 1 Satz 1). Nur grundsätzlich verpflichtend ist das Leben in häuslicher Gemeinschaft (RdNr. 34), denn man wird Ehegatten gestatten müssen, dass sie einvernehmlich verschiedene Wohnsitze wählen. Ausnahmslos verbindlich ist das staatliche Personenstandsrecht und damit Beginn und Ende der Ehe; denn mit Wirkung allen gegenüber muss feststehen, ob zwei Personen miteinander verheiratet sind.

3. Privatautonome Regelungen. Mit der Zurückdrängung institutioneller Ehelehren 5
und der Gleichberechtigung der Geschlechter gewinnt die Autonomie der Ehegatten zur Gestaltung der ehelichen Lebensgemeinschaft an Gewicht.[13] Damit wendet sich das heutige Recht deutlich ab von früheren Versuchen, selbst Einzelheiten des intimen Ehelebens rechtlich regeln zu wollen.[14] Stattdessen erkennt das Gesetz Ehe und Familie als primär sittliches Verhältnis an und gewährt den Ehegatten insoweit einen relativ großen Freiraum. Das Versprechen einer **Vertragsstrafe** zur Sicherung eines bestimmten Verhaltens in der Ehe ist allenfalls in Ausnahmefällen zulässig, im Übrigen aber nach § 138 nichtig.[15]

a) Inhalte. Ehevereinbarungen können sich auf verschiedenste Materien beziehen und 6
dann auch sehr unterschiedlich wirken, wobei eine Kategorienbildung meist nur einen Erklärungsversuch darstellt,[16] ohne dass daraus konkrete Rechtsfolgen abgeleitet werden können. Zunächst müssen sich die Ehegatten ganz generell über das von ihnen gelebte „Ehemodell" einigen, etwa ob sie eine Doppel- oder Einzelverdienerehe bilden wollen, ob nur einer den Haushalt führt und wer dies sein soll und ob Kinder gewollt sind. Darüber hinaus müssen sie sich einigen, wo sie ihren Wohnsitz begründen, wie sie konkret wohnen wollen und – damit zusammenhängend – welchen Lebensstandard sie sich leisten möchten. Einzelne vermögensrechtliche Fragen, insbesondere über den Güterstand, können Gegenstand gesonderter Verträge sein. Letztere werden mitunter konkret formuliert, zumal wenn, wie bei Eheverträgen, eine Form vorgeschrieben ist; in vielen anderen Fällen werden die Absprachen jedoch konkludent getroffen, indem die Ehegatten sich einfach entsprechend verhalten.

Die geschilderten Vereinbarungen sind grundsätzlich zulässig, soweit sie nicht gegen 7
zwingendes Recht verstoßen oder formunwirksam sind. Da selbst die wenigen ehelichen Pflichten, die dem § 1353 heute noch entnommen werden, als dispositiv anzusehen sind, besteht eine weitgehende Freiheit der Ehegatten. Eine ausdrücklich normierte Grenze steckt lediglich § 1314 Abs. 2 Nr. 5 BGB ab: Die Ehepartner können nicht die Verpflichtung zur ehelichen Lebensgemeinschaft generell abbedingen. Das bedeutet, dass sie zumindest das Gebot der gegenseitigen Rücksichtnahme und der Übernahme von Verantwortung für den anderen Ehegatten ernst nehmen müssen.[17] Inwieweit die getroffenen Absprachen justitiabel sind, ist eine davon zu unterscheidende zweite Frage.[18]

b) Zulässigkeit. Die Zulässigkeit von Ehevereinbarungen richtet sich danach, ob der zu 8
regelnde Bereich im Verhältnis der Ehegatten zueinander **zwingend oder dispositiv rechtsfrei** gestellt ist. Nur im zweiten Fall, d. h. soweit ein Ehegatte seine persönlichen, internen Gestaltungsfreiräume durch Rechtsakt innerhalb der Zweierbeziehung einschränken kann, ist eine Ehevereinbarung wirksam. Als Gesichtspunkte[19] zur Beurteilung der Dispositi-

[13] *Hepting* Ehevereinbarungen S. 15 ff.

[14] Je genauer solche Versuche von Gesetzgebern unternommen wurden, desto schneller veralteten ihre Produkte. Vgl. *Schulz,* Prinzipien des römischen Rechts (1934/1954), 15. Zum Wandel der Familienmodelle von ALR, Code civil und BGB s. *Dörner,* Industrialisierung und Familienrecht, 1974, dazu *Kleinheyer* FamRZ 1975, 524 ff.; *Schwab* JZ 1975, 422 f.

[15] So RGZ 158, 294, 300; dazu *Hepting* Ehevereinbarungen S. 206 f., 216 f. und zu Vertragsstrafen differenzierend S. 223 f.

[16] *Gernhuber* FamRZ 1979, 193 ff.; *Gernhuber/Coester-Waltjen* § 18 III 3–6: Sie unterscheiden die Kategorien der Ordnung, der Beschlüsse und der Verträge.

[17] *Kern-Eimann,* Das neue Ehebild, S. 129 ff., 169.

[18] *Hepting* Ehevereinbarungen S. 209 ff.; 215 ff.

[19] Vgl. *Pawlowski* AcP 185 (1985), 396, 399.

vität des intern rechtsfrei gelassenen Bereichs können das Maß an Autonomiebedürfnis des einzelnen Ehegatten (dazu RdNr. 30 f.), die Bedeutung der Absprache für das gemeinschaftliche Leben (keine Absprachen über „Bagatellen") und die Konkretheit der Absprache gelten. Grenzen der Privatautonomie bestehen dort, wo **Dritte benachteiligt** werden, etwa beim Verzicht auf Unterhalt für die Zukunft zu Lasten der Kinder; aber bei einem Verzicht auf den Unterhalt zu Lasten der Sozialhilfe hat grundsätzlich die eheliche Disposition Vorrang.[20]

9 **c) Geltungsgrund.** Die **Verbindlichkeit** und die **Rechtsfolgen** von Ehevereinbarungen, die den so ermittelten dispositiv rechtsfreien Raum ausfüllen, sind nur beschränkt anhand schuldrechtlicher Regeln zu beurteilen. Ehevereinbarungen, im Spannungsfeld von schuldrechtlicher Verpflichtung und Eherecht stehend, entziehen sich zumeist, außer bei **förmlichen Eheverträgen** und bei **Vereinbarungen anlässlich der Abkehr von der ehelichen Lebensgemeinschaft,**[21] mangels Erklärungsbewusstseins bzw. Rechtsfolgewillens der Erfassung als Rechtsgeschäft.[22] Damit wird auch die Kategorisierung als „Ordnung", „Beschluss" oder „Vertrag", obwohl als Inhaltsangabe tauglich, zur Lösung des Verbindlichkeits- und Rechtsfolgeproblems fraglich,[23] und auch die Frage nach der Geltung der §§ 104 ff., 119, 123 stellt sich nur bei unmittelbarer Involvierung von Vermögensinteressen.[24] Wo Ehevereinbarungen hingegen „schlicht gelebt" werden, wie bei der Rollenverteilung gemäß § 1356, beziehen sie ihren Geltungsgrund weniger aus rechtsgeschäftlicher Verbindlichkeit als vielmehr aus dem Gedanken der Bindung an zurechenbar geschaffenes **Vertrauen.**[25] Als Leitlinie gilt: Je klarer eine Einigung erzielt, je länger sie praktisch befolgt wurde, umso größeres Vertrauen erzeugt und desto bestandskräftiger ist sie deshalb. Von einem rechtswidrigen übereinstimmenden Verhalten ist jedoch jederzeit die einseitige Abkehr erlaubt. Bei bloßer Konkretisierung der ehelichen Lebensgemeinschaft ohne unmittelbare Vermögensrelevanz ist auch die Alleinentscheidung eines minderjährigen Ehegatten anzuerkennen, wenn er ehefähig ist.[26]

10 **d) Verbindlichkeit.** Für die Verbindlichkeit von Ehevereinbarungen ist zwischen dem persönlichen und dem vermögensrechtlichen Bereich zu unterscheiden. Soweit Vereinbarungen zwischen den Ehegatten den Intimbereich betreffen, entfalten sie keine Bindungswirkung im rechtlichen Sinne.[27] Hierunter fallen insbesondere Abreden über die Familienplanung, also etwa das abredewidrige Absetzen empfängnisverhütender Maßnahmen,[28] der Widerruf der Zustimmung zu einer homologen In-Vitro-Fertilisation[29] oder zu einer heterologen Insemination.[30] Solche Absprachen binden die Ehegatten zwar im sittlich-moralischen Sinne, sind aber jederzeit (ganz gleich aus welchem Grund) widerrufbar,[31] selbst dann, wenn das Vertrauen eines Ehegatten auf den Fortbestand dieser Vereinbarung als schutzwürdig anzusehen ist. Allerdings kann ein Zuwiderhandeln ohne Rücksprache mit dem Partner ehewidrig sein und dann Sanktionen nach sich ziehen.

11 Vereinbarungen persönlicher Art, die nicht den Intimbereich berühren, also etwa die Haushaltsführung oder die Aufnahme eines Angehörigen in den gemeinsamen Haushalt, sind insoweit bindend, dass bei Verstoß der Vertrauensschaden zu ersetzen ist.[32] Ein Erfül-

[20] BGH FamRZ 2007, 197.
[21] „Trennungsverträge" in der Terminologie von *Gernhuber/Coester-Waltjen* § 18 III 6.
[22] *Hepting* Ehevereinbarungen S. 229 ff.; *Lipp* S. 85 ff., 99.
[23] Dazu *Hepting* Ehevereinbarungen S. 67 ff., 90 ff., 120 ff.
[24] Dort ist eine zumindest analoge Anwendung im Erg. mit *Gernhuber/Coester-Waltjen* § 18 III 6 zu bejahen, nach deren Kategorisierung es sich regelmäßig um „Verträge" handeln wird.
[25] Anders akzentuierend *Hepting* Ehevereinbarungen S. 257 ff., 280 ff.; vgl. *Streck* S. 99 f.
[26] Vgl. *Gernhuber* FamRZ 1979, 193, 196; *Hepting,* Ehevereinbarungen, S. 81 f., 404. Bezüglich Namenswahl § 1355 RdNr. 20.
[27] BGHZ 146, 391, 397 f.; dem folgend auch *Palandt/Brudermüller* RdNr. 7; *Hepting* Ehevereinbarungen S. 90 ff.
[28] BGHZ 97, 372, 379; siehe auch BGHZ 146, 391, 397.
[29] BGHZ 146, 391, 396; *Luh* ZKJ 2007, 351 ff.
[30] BGHZ 87, 169, 174.
[31] BGHZ 146, 391, 397 f.
[32] Wie hier *Rauscher* RdNr. 235; *Muscheler* RdNr. 285.

lungszwang ist genauso wenig zulässig wie das Versprechen einer Vertragsstrafe. Die Möglichkeit einer klageweisen Geltendmachung der Abrede[33] würde dazu führen, dass der Richter in die künftige Gestaltung der Ehe eingreifen würde,[34] was einen nicht hinnehmbaren staatlichen Eingriff in den ehelichen Autonomiebereich bedeuten würde. Ein Widerruf wird bei wichtigem Grund zuzulassen sein, wobei die Anforderungen an einen solchen Grund nicht sehr hoch angesetzt werden sollten.[35]

In Vermögensangelegenheiten, insbesondere bei Unterhaltsvereinbarungen, kommen bindende Verträge in Betracht, die dann auch einklag- und vollstreckbar sind. Dies ist in der Regel bei getrennt Lebenden der Fall, denn nach Aufhebung der häuslichen Gemeinschaft enden zumeist die persönlichen Beziehungen, die durch eine richterliche Entscheidung im oben genannten Sinne beeinflusst werden könnten.[36] Bei nicht getrennt lebenden Ehegatten werden derartige Abreden häufig in Abhängigkeit von persönlichen Ehevereinbarungen getroffen, da in einer funktionierenden Ehe eine Unterhaltsabrede die persönliche zwischen den Ehegatten getroffene Lebensgestaltung widerspiegelt. Dann haben Entscheidungen in dem einen Bereich auch Auswirkungen auf den anderen zur Folge. 12

e) Rechtsfolgen. Durch die Nichtbefolgung getroffener Abreden oder die einseitige Lossagung von einer Ehevereinbarung wird häufig ein zurechenbar geschaffenes Vertrauen enttäuscht. Im Intimbereich der Ehegatten zieht die Nichtbefolgung persönlicher Abreden dennoch keine unmittelbaren Sanktionen nach sich, etwa im Wege des Ersatzes von Vertrauensschaden.[37] Die Abkehr von Entscheidungen in diesem höchstpersönlichen Bereich muss jederzeit möglich sein und soll nicht durch die Gefahr einer Schadensersatzforderung eingeschränkt werden,[38] und zwar unabhängig davon, ob der Grund für die Abkehr von der Vereinbarung nachvollziehbar und begründet ist oder nicht, da unabhängig von einem Grund eine Verbindlichkeit nicht besteht.[39] Allerdings kann eine Abweichung von einer Vereinbarung, insbesondere wenn sie ohne vorherige Information des Partners erfolgt, ein ehewidriges Verhalten darstellen, das dann negative Folgen nach sich zieht, sei es dass der ehewidrig Handelnde nicht seinerseits vom anderen Unterlassen von Ehewidrigkeiten verlangen kann, sei es dass es im Rahmen einer ausfüllungsbedürftigen Norm (Bsp. § 1579) bewertet wird.[40] 13

Im vermögensrechtlichen Bereich kommen Schadensersatzansprüche in Betracht, wenn die betreffende Vereinbarung als verbindlich einzustufen ist. Zu ersetzen ist der Schaden, der durch die Vertragsverletzung entstanden ist, etwa die Kosten für eine Haushaltshilfe. Zu denken ist ferner an Ansprüche auf Rückabwicklung bereits erbrachter Leistungen. Nach Scheitern und Scheidung der Ehe richten sich diese aber nach dem allgemeinen Scheidungsfolgenrecht, vor Scheidung finden die allgemeinen Regelungen Anwendung. Eine Rückabwicklung von Leistungen, die aufgrund getroffener Ehevereinbarungen bereits erbracht wurden, über bereicherungsrechtliche Vorschriften kommt jedoch zumeist nicht in Betracht, denn mit der Vereinbarung wurde regelmäßig eine Ausgestaltung der ehelichen Lebensgemeinschaft in der Vergangenheit bezweckt. Dieser Zweck ist damit bereits zum damaligen Zeitpunkt erreicht, weshalb die Vereinbarung den Rechtsgrund bildet. 14

II. Das Lebenszeitprinzip (Abs. 1 S. 1)

1. Normzweck. Das Prinzip der Lebenszeitehe galt seit jeher als selbstverständliche Folgerung aus der Pflicht zur ehelichen Lebensgemeinschaft (Abs. 1 S. 2). Denn die Ehe ist 15

[33] *Staudinger/Hübner/Voppel* (2007) § 1353 RdNr. 20f.; Vgl. auch *Erman/Gamillscheg* § 1353 RdNr. 4.
[34] *Hepting* Ehevereinbarungen S. 93.
[35] *Gernhuber/Coester-Waltjen* § 18 III 4.
[36] Vgl. zum Ganzen *Hepting* Ehevereinbarungen S. 93ff.
[37] BGH 146, 391, 396.
[38] BGHZ 23, 215 (217ff.).
[39] Vgl. oben RdNr. 10.
[40] Ähnlich: *Rauscher* RdNr. 235; *Lüderitz/Dethloff* RdNr. 23.

(als „Lebensbund") begrifflich eine auf Lebenszeit angelegte Gemeinschaft.[41] Die Verankerung des Lebenszeitprinzips am Beginn des Rechts der allgemeinen Ehewirkungen soll etwaigen Missverständnissen vorbeugen und klarstellen, dass **eine Ehe grundsätzlich nur durch den Tod aufgelöst wird.** Dieses Bekenntnis zum Lebenszeitprinzip gehört seit jeher zu den konstituierenden Merkmalen der bürgerlichen Ehe; durch die **verfassungsrechtliche Institutsgarantie** des Art. 6 GG ist es der Disposition des einfachen Gesetzgebers entzogen.[42] Da die Unauflöslichkeit der Ehe kein absolutes Dogma, sondern nur ein Grundsatz ist, steht die Scheidungsmöglichkeit zu ihr nicht in Widerspruch.[43] Dass wegen der naturgegebenen menschlichen Unvollkommenheiten und gewisser schicksalhafter Entwicklungen viele Ehen unabhängig vom jeweils geltenden Scheidungsrecht zerbrechen, ist eine statistisch nachweisbare Tatsache. Sie fordert die Scheidung als notwendige Ausnahme, um hinter unglücklich verlaufenen Ehen einen Schlussstrich ziehen zu können und die Chance für einen neuen Anfang zu erhalten.

16 **2. Folgerungen: Scheidungserleichterungen, Scheinehen.** Das Lebenszeitprinzip äußert sich konkret darin, dass die Ehegatten über das Ende der Ehe nicht disponieren können, ferner folgt daraus das Verbot der Zeitehe oder Probeehe, die Bedingungsfeindlichkeit der Eheschließungserklärung (§ 1311 S. 2), die Unzulässigkeit von Rücktritts- oder Widerrufsvorbehalten. Durch eine Abrede kann eine Scheidung nicht erleichtert werden,[44] der *numerus clausus* der gesetzlichen Aufhebungs- oder Scheidungsgründe ist nicht erweiterungsfähig. Auch die Aufhebungsgründe des § 1314 stehen nicht zur Disposition.

17 Bei offenkundig fehlender Absicht zur Begründung einer ehelichen Lebensgemeinschaft (§ 1314 Abs. 2 Nr. 5 verweist auf § 1353) darf der Standesbeamte an der Schließung einer **Scheinehe** nicht mitwirken (§ 1310 Abs. 1 Satz 2 HS 2 – dort RdNr. 14f.). Der Aufhebungsgrund knüpft unmittelbar nicht an den Missbrauchstatbestand an, sondern an den Willen, eine Lebensgemeinschaft nicht zu wollen. Das ist nicht schon dann der Fall, wenn einzelne Pflichten des § 1353 abbedungen werden, sondern erst, wenn keine Verantwortungsgemeinschaft gewollt wird.[45] Eine dennoch geschlossene Scheinehe ist jedoch bürgerrechtlich (zunächst) gültig. Ein nur auf **kurze Frist** zu erwartendes Zusammenleben verstößt nicht gegen das Lebenszeitprinzip, wenn es bis zum Tode gewollt ist; gültig sind darum Eheschließungen **angesichts des Todes**[46] oder trotz großen Altersunterschieds.[47] Das Versorgungsrecht erkennt erst im Ruhestand eingegangene Ehen allerdings nicht an, grundsätzlich auch nicht, wenn die Ehe noch keine zwei Jahre bestanden hat.[48] Eine **postmortale Heirat** kennt das geltende Recht nicht.[49]

III. Die Pflicht zur ehelichen Lebensgemeinschaft (Abs. 1 S. 2)

18 **1. Normzweck.** Die **Generalklausel** der Verpflichtung zur ehelichen Lebensgemeinschaft beruht auf der Einsicht, dass es ausgeschlossen ist, das, was Ehe fordert, in einem

---

[41] Als *consortium omnis vitae* bezeichnete sie bereits *Modestin* in seiner berühmten Definition der Ehe, Dig. 23, 2, 1. Dazu *Kaser,* Römisches Privatrecht I, 1971, S. 310ff., auch S. 73m. Fn. 9 zur beabsichtigten Lebenslänglichkeit und Unzulässigkeit der Probeehe.

[42] *Gernhuber/Coester-Waltjen* § 5 I 2.

[43] BVerfG FamRZ 1980, 319, 323; u.a. dazu *Giesen* JZ 1982, 817, 819; *Gernhuber/Coester-Waltjen* § 24 II 1 hält das Zerrüttungsprinzip zutreffend für vereinbar mit dem Lebenszeitprinzip.

[44] BGH LM EheG § 48 Nr. 13.

[45] *Erman/Roth* § 1314 RdNr. 12.

[46] § 1314 RdNr. 33; *Müller-Freienfels* RabelsZ 26 (1961), 153ff.

[47] OLG München HRR 1941 Nr. 600; OLG Schleswig JR 1950, 27; OLG Nürnberg FamRZ 1959, 116m. zust. Anm. *Bosch.*

[48] S. Deutsches Rechts-Lexikon unter „Spätehenklausel"/„Ruhegeld" § 19 BeamtVersG: die Versorgung ist ausgeschlossen, wenn sie erst im Ruhestand eingegangen wurde oder nicht mindestens ein Jahr gedauert hat (ähnlich § 46 Abs. 2a SGB VI).

[49] Die aufgrund des „Führererlasses" von 1941 (veröffentl. erst in JR 1947, 113) postmortal geschlossenen Ehen waren Nichtehen. Rechtsvergleichend *Macherey,* Die postmortale Eheschließung in Frankreich, Diss. Köln 1969.

Mosaik scharfkonturierter Rechtssätze zu regeln. Die Generalklausel erzeugt auch rechtlich verbindliche **Verhaltenspflichten** und hat damit sowohl pflichtenbegründende als auch rechtsbegrenzende Funktionen.[50] Die Pflicht zur ehelichen Lebensgemeinschaft dient als **Auslegungsrichtlinie** für vorhandene und als **Lückenbüßer** für fehlende Eherechtsnormen bzw. Ehevereinbarungen.[51] Heute tritt die Aushilfsfunktion des § 1353 besonders hervor, nachdem das 1. EheRG die Vorschriften sowohl über die Mitarbeitspflicht unter Ehegatten (§ 1356 Abs. 2 aF) als auch über die Pflicht der Hausfrau (jetzt des haushaltsführenden Ehegatten) zur Berufstätigkeit in Notfällen (§ 1360 S. 2 Abs. 2 aF) gestrichen hat: Beide Pflichten werden jetzt aus § 1353 abgeleitet.[52] Als Ersatz für eine fehlende Norm tritt § 1353 etwa ein bezüglich der Pflicht des berufstätigen Ehegatten zur Mithilfe im Haushalt. Andere Vorschriften wie § 1356 Abs. 2 über die Familienverträglichkeit einer Erwerbstätigkeit sind nur ein klarstellender oder präzisierender (daher uU entbehrlicher) Ausfluss aus der Generalklausel des § 1353 (§ 1356 RdNr. 14).

2. Sanktionen. Die Ehepflichten aus § 1353 sind zwar mit der **Klage auf Herstellung des ehelichen Lebens** einklagbar (RdNr. 54 ff.). Deren praktische Bedeutung war jedoch immer gering, denn eine Verurteilung war nie vollstreckbar (§ 888 Abs. 3 ZPO). Zu Zeiten des Verschuldensprinzips im Scheidungsrecht gab es vielfältige Sanktionen für ehewidriges Verhalten, während das an die formalen Trennungsfristen anknüpfende geltende Scheidungsrecht nicht mehr auf die Auslegung der §§ 1353 ff. zurückwirkt. Nur besonders schwerwiegende Eheverfehlungen können noch Bedeutung haben für die Auslegung der §§ 1565 Abs. 2, 1381, 1579 Nr. 2, 6 bis 8. Das sind in den meisten Fällen nur Eheverfehlungen mit ehezerstörender Wirkung und Folgen für das Vermögen des schuldlosen Partners. Davon abgesehen bleibt eine Verletzung der Pflichten aus § 1353 jedoch **sanktionslos.** Außerhalb des Scheidungsrechts kommen in praktisch nennenswertem Umfang Schadensersatzansprüche infolge von Verletzungen der Verpflichtung zur ehelichen Lebensgemeinschaft allenfalls im vermögensrechtlichen Bereich (u. RdNr. 37, 51) in Betracht.[53] 19

3. Normqualität. Die Sanktionslosigkeit der Verletzung von Pflichten aus § 1353, mehr noch der Verzicht auf ein gesetzliches Eheleitbild und die weitgezogene Befugnis der Ehegatten zur selbständigen Regelung ihrer ehelichen Verhältnisse (RdNr. 5 ff.) haben erhebliche praktische Konsequenzen für die Auslegung des § 1353. Zu Recht wurde schon früh betont, dass eine Darstellung des Pflichtenkatalogs aus § 1353 im früheren Umfang nach Inkrafttreten des 1. EheRG nicht mehr möglich ist.[54] Neue Urteile zur Präzisierung des § 1353 sind selten und betreffen meist vermögensrechtliche Fragen. Die Auslegung des § 1353 hat zu beachten, dass das weitgehende Fehlen von Sanktionen ehewidrigen Verhaltens es erschwert und auch praktisch weitgehend überflüssig macht, das Bestehen einzelner Ehepflichten zu erkennen, sofern sie nicht elementar oder konkret fassbarer vermögensrechtlicher Natur sind. Dies gilt auch, wenn es sich bei den allgemeinen Ehepflichten um **Rechtspflichten** handelt. Für diese wohl zutreffende Einordnung[55] sprechen immerhin die Rechtstradition und die Tatsache, dass Sanktionsbewehrtheit keine Voraussetzung von Rechtspflichten ist; die allgemeinen Ehepflichten erzeugen häufig keine unmittelbar durchsetzbaren Verbindlichkeiten und wirken nur reflexweise zum 20

[50] *Gernhuber/Coester-Waltjen* § 18 IV 4 bis 6.

[51] *Gernhuber/Coester-Waltjen* § 18 IV 3.

[52] BGH NJW 1980, 2196, 2197; § 1356 RdNr. 11.

[53] Nicht zB bei Täuschung anlässlich gemeinsamer Adoption, OLG Karlsruhe FamRZ 1988, 1270. Allg. *Diederichsen* NJW 1977, 217, 219; dag. *Pawlowski* (Fn. 12) S. 45 ff., der jedoch S. 71 ff. solchenfalls vollstreckbare Ansprüche nach allg. Recht wegen Verletzung „organisationsrechtlicher Treuepflichten" (S. 87) zulassen will.

[54] *Diederichsen* NJW 1977, 217; *Gernhuber/Coester-Waltjen* § 18 V 1; AK/*Lange-Klein* RdNr. 3 ff. (krit. *Wollschläger* AcP 182 (1982), 474). Ebenso zutr. wies die Minderheit im BT-Rechtsausschuss darauf hin, dass der bisherigen Rspr. zu § 1353 die Grundlage entzogen wird. BT-Drucks. 7/4361 S. 7.

[55] *Lipp* S. 57 f.

Nachteil des Verpflichteten, indem dieser insbes. als *ultima ratio* eine Scheidung hinnehmen muss.[56]

21 **4. Interpretationsrichtlinie.** Die im Zusammenhang mit dem 1. EheRG veränderte Normqualität der Verpflichtung zur ehelichen Lebensgemeinschaft führte aus den genannten Gründen zu einer **restriktiven** Interpretation der Norm, während die Stärkung der Verantwortungsgemeinschaft im EheschlRG der Norm neue Impulse geben kann. Detaillierte Verhaltensmaßregeln zu geben, ist nicht Sache des Eherechts oder des Familiengerichts.[57] Die Eheleute müssen ihre Ehe in weiten Bereichen autonom gestalten, und für die dazu erforderliche Einigung gibt es keinen Ersatz.

IV. Die Ehe als Verantwortungsgemeinschaft (Abs. 1 S. 2 Hs. 2)

22 Der durch das EheSchlRG 1998 eingefügte Zusatz **gegenseitiger Verantwortung** dehnt den Pflichtenkreis der Eheleute nicht aus. Die Verweisung auf sozialethische Verhaltensgebote einer harmonischen Partnerschaft hat laut Gesetzgeber zunächst klarstellende Funktion und soll die Ehe gegenüber anderen Lebensgemeinschaften aufwerten.[58] Auch wenn der Begriff der Verantwortungsgemeinschaft erstmals im BGB verankert wird, führt der Gesetzgeber doch kein neues Prinzip ein, sondern greift einen schon bestehenden Grundsatz[59] auf, der nicht unmittelbar neues Recht schafft, aber vielleicht mittelbar den Pflichtcharakter der Ehe konturieren kann. Verantwortung unter Eheleuten ist an sich schon immer eine Selbstverständlichkeit gewesen, die sich etwa in der Pflicht zum wechselseitigen Beistand oder in Garantenpflichten ausdrückt.[60] Nunmehr charakterisiert diese Verantwortung füreinander als ein fundamentales Prinzip das „Wesen der Ehe". Bei aller (zunehmender) Offenheit der Ehe gegenüber dem personalen Eheverständnis und den persönlichen Gestaltungsmöglichkeiten wird hiermit ein allen Ehen gemeinsames Prinzip hervorgehoben. Es ging dem Gesetzgeber damit offensichtlich auch darum, die Ehe davor zu bewahren, dass sie völlig den subjektiven individuellen Einstellungen überlassen bleibt und als überindividuelles Institut nicht mehr erkennbar ist.[61]

23 Der Satz enthält eine ausfüllungsbedürftige **Wertentscheidung,** die zum einen den Pflichtencharakter betont und ein Gegengewicht zum dispositiv – vertraglichen Charakter der Ehe bildet. Zum anderen vermittelt er der Ehe einen Sinn, der unabhängig ist von den verschiedenen Funktionen wie der Versorgung der Ehegatten oder der Kinderzeugung. Darüber hinaus wirkt der Grundsatz der Verantwortungsgemeinschaft in andere Rechtsnormen hinein: So wird man die Scheineheregelungen (§§ 1310, 1314 Abs. 2 Nr. 5) dahingehend auszulegen haben, dass sie solche „Paare" erfassen, die eine gegenseitige Verantwortung nicht wollen.[62] Sodann kann die Norm im Rahmen der Inhaltskontrolle von Eheverträgen herangezogen werden, ferner bei den Tatbeständen grober Unbilligkeit, etwa im Rahmen der Verwirkung des nachehelichen Unterhalts gemäß § 1579,[63] oder schließlich auch bei der Frage, ob eine Ehe gescheitert ist, wenn einer der Gatten mittlerweile so stark geistig behindert ist, dass er das Wesen der Ehe nicht mehr erfasst.[64]

---

[56] Gegen die Qualifizierung der allgemeinen Ehepflichten als „Obliegenheiten" *Lipp* S. 59; *Stake* JA 1994, 115 f.; vgl. auch *Hepting* Ehevereinbarungen S. 204.

[57] Zu den prozessualen Folgen RdNr. 54 ff.

[58] BT-Drucks. 13/9416 S. 29. Die Verantwortung füreinander ist nicht identisch mit der eigenen Verantwortung bei Haushaltsführung (§ 1356) und Ausübung der elterlichen Sorge (§ 1627); s. krit. *A. Wolf* FamRZ 1998, 1477, 1481 f. m. Fn. 45. In eheähnlichem Zusammenleben ebenfalls eine „Verantwortungs- und Einstehungsgemeinschaft" zu sehen, ist problematisch und missverständlich.

[59] Bericht des Rechtsausschusses zum Regierungsentwurf des 1. EheRG – BT-Drucks. 7/4316 S. 15.

[60] *Gernhuber/Coester-Waltjen* § 18 V 3.

[61] Vgl. auch Bericht des Rechtsausschusses BT-Drucks 13/9416 S. 29.

[62] *Kern-Eimann,* Das neue Ehebild, S. 167 f.; *Erman/Roth* § 1314 RdNr. 12 f.

[63] *Wagenitz,* FS D. Schwab, S. 382 f.; *Schwab* RdNr. 98.

[64] Vgl. BGHZ 149, 140, 145.

Die Verantwortung überdauert (in abgeschwächter Form) auch eine Ehescheidung (als nacheheliche Solidarität bes. im Unterhaltsrecht). 24

V. Einzelpflichten aus der ehelichen Lebensgemeinschaft

1. Grundsätze. Einer konkretisierenden Beschreibung der aus der Generalklausel fließenden Einzelpflichten enthält sich das BGB zu Recht.[65] Den Vorschlägen, für die Inhaltsbestimmung der Generalklausel die wichtigsten Einzelpflichten ausdrücklich zu normieren, folgte der Gesetzgeber nicht wegen der Befürchtung, eine solche Festschreibung könnte die Weiterentwicklung des Ehebildes hemmen.[66] Das geltende Eherecht bezieht seine Leitbilder aus der historisch erfahrbaren soziokulturellen Überlieferung; es ist folglich innerhalb der vom Verfassungsrecht (Art. 6 GG) und von den wenigen zwingenden Privatrechtsnormen gelassenen Grenzen wandelbar (RdNr. 3 f.). Die Ausweitung des Bereichs autonomer eherechtlicher Regelungen durch die Ehegatten selbst hat den Kreis der aus dem Gesetz ableitbaren Ehepflichten wesentlich verkleinert (RdNr. 5). Wegen der gebotenen restriktiven Interpretation der gesetzlichen Verpflichtung zur ehelichen Lebensgemeinschaft (RdNr. 21) werden im folgenden nur die wichtigsten Grundpflichten dargestellt, die für den Richter notwendig sind, solange die Möglichkeit zur Erhebung der Herstellungsklage fortbesteht. 25

2. Verständnisbereitschaft. Liebe und Zuneigung, die noch vom Reichsgericht als Grundpflicht der Ehegatten verlangt wurden,[67] können rechtlich nicht verordnet werden, wohl aber ein äußerliches Verhalten, das von Verständnisbereitschaft zeugt. So ergibt sich aus der Pflicht zur ehelichen Lebensgemeinschaft das Gebot, Verletzungen oder Kränkungen des Partners zu unterlassen oder ihm in Zeiten der Krankheit beizustehen sowie kleinere Fehler zu verzeihen. Letztlich drückt sich allerdings auch hier eher ein Appell aus als eine Rechtspflicht; nur ausnahmsweise kann ein Verstoß in diesem Bereich im Zusammenhang mit anderen Normen rechtlich relevant werden. Eigene Pflichtverletzungen (etwa Ehebruch) sind zu offenbaren, falls der Partner die vermeintliche eheliche Treue zum Anlass für testamentarische Zuwendungen nimmt.[68] 26

3. Verständigungsbereitschaft. Die Achtung vor dem Partner gebietet, alle wichtigen gemeinschaftlichen Angelegenheiten einvernehmlich zu regeln, so vor allem die Funktionsteilung in der Ehe (RdNr. 6 ff.; zur Haushaltsführung § 1356 RdNr. 6 ff.). Orientierungsrichtlinie für die **Einigungsbemühungen** sind das Familieninteresse, Rücksichtnahme und Toleranz;[69] persönliche Wünsche müssen zurücktreten. Innerhalb des einem Ehegatten überlassenen Bereichs kann er grundsätzlich allein entscheiden (vgl. § 1356 Abs. 1 S. 2). Dritte dürfen oft vom (stillschweigenden) Einverständnis des Ehepartners ausgehen (vgl. § 15 FGB der ehemaligen DDR u. § 1357 RdNr. 1). Bei Widerspruch des Partners muss die geplante Maßnahme nicht ohne weiteres unterbleiben,[70] doch kann dies im Einzelfall zuzumuten sein (vgl. §§ 711 BGB, 115 Abs. 1 HGB; § 1357 RdNr. 37). Eine Streitschlichtung durch das Familiengericht (RdNr. 21) scheidet aus. 27

4. Rücksicht auf Verwandte. Um **erst- oder voreheliche minderjährige Kinder** des Partners muss sich der Stiefelternteil grundsätzlich ebenso kümmern wie um gemeinsame.[71] Diese Pflicht korrespondiert mittlerweile mit dem entsprechenden Recht aus 28

---

[65] Vgl. bereits *Lehmann* Familienrecht, 1960, § 11 II 1: „Was im einzelnen dazu gehört, ist mit Fug im Gesetz nicht gesagt, eine Zergliederung wäre geschmacklos." – *Bosch* FamRZ 1977, 569, 573 hält dagegen eine Erwähnung der wichtigsten Grundpflichten im Gesetz nach ausländischen Vorbildern für wünschenswert.

[66] Vgl. BT-Drucks. 7/4361 S. 7.

[67] RGZ 87, 56, 61; kritisch *Huba* FamRZ 1989, 127, 128.

[68] BGHZ 49, 155 ff. = NJW 1968, 642.

[69] *Gernhuber/Coester-Waltjen* § 18 V 4.

[70] *Gernhuber/Coester-Waltjen* § 18 III 5 aE; *Lüke,* FS Bosch, S. 629, 632.

[71] RGZ 126, 173, 177 (Pflicht der Frau, ersteheliche Kinder des Mannes während dessen Heeresdienstes zu versorgen); auch RGZ 124, 55 f. = JW 1930, 986 m. Anm. *Rosenberg;* OLG Karlsruhe FamRZ 1961, 371, 373; ferner OVG Lüneburg FamRZ 1957, 30 f.; *Veit* FPR 2004, 68 f.; *Erman/Gamillscheg* RdNr. 9; aA *Carré-Jesch* (Hrsg.), Das Stiefkindverhältnis im Sorge- und Unterhaltsrecht, 1995, S. 35.

§ 1687 a. Minderjährige Stiefkinder sind in den gemeinsamen Haushalt aufzunehmen, außer wenn sie das Zusammenleben unzumutbar stören.[72] Dagegen besteht ihnen gegenüber keine Unterhaltspflicht kraft Gesetzes. Nicht anzuerkennen ist die Pflicht zur dauernden Aufnahme **anderer Verwandter** des Ehepartners in die gemeinschaftliche Wohnung,[73] insbesondere seiner Eltern: Selbst wenn diese pflegebedürftig sind, ist zur Aufnahme die Einigung beider Ehegatten erforderlich. Die eheliche Lebensgemeinschaft genießt stets den Vorrang vor den Beziehungen eines Ehegatten zu dessen Angehörigen.[74]

29 **5. Persönlichkeitsrecht und Privatsphäre.** Das Persönlichkeitsrecht und die Privatsphäre des Partners hat auch der Ehegatte zu **respektieren.**[75] Insoweit soll juristisch kein Druck auf den Ehegatten ausgeübt werden, auch nicht mit der Herstellungsklage. Aus diesem Grund wird auch ein (nachehelicher) Anspruch des Scheinvaters gegen seine Frau zur Auskunft über die Identität des wirklichen Vaters abgelehnt.[76] Unverbindlich sind Ehevereinbarungen, die den Bereich der frei gestaltbaren persönlichen Angelegenheiten in einem darüber hinausgehenden Maße einengen.[77] Das **Briefgeheimnis** ist zu wahren.[78] Eine Beschattung durch private **Detektive** ist unzulässig,[79] ebenso heimliche **Tonbandaufnahmen** oder Beobachtungen durch Dritte in der Wohnung.[80] Ehewidrig sind herabsetzende Äußerungen gegenüber Dritten, auch falls sie wahr sind,[81] oder das Ausplaudern von Einzelheiten aus dem ehelichen Intimleben.[82] Letzteres ist auch nicht durch die Kunstfreiheit gerechtfertigt.[83] Zur vom Partner zu achtenden persönlichen Freiheitssphäre gehört der Umgang mit anderen Personen.[84] Beziehungen zu Dritten, die weder ehewidrig sind noch den Anschein der Ehewidrigkeit erwecken, kann er nicht untersagen, selbst wenn sie ihm missfallen. Ungültig ist die dem Partner gegebene Zusage, Geschäftsreisen nur in dessen Begleitung zu unternehmen oder keine Verwandten ins eigene Handelsgewerbe aufzunehmen.[85] Die Respektierung des Arzt/Patienten-Verhältnisses gehört ebenfalls hierher, jedoch kann die Verpflichtung bestehen, dem Ehegatten eine Vollmacht zu erteilen, damit dieser selbständig die Krankheitskosten abrechnen kann.[86]

30 **6. Religiöse und weltanschauliche Überzeugung.** Die Freiheit der religiösen und weltanschaulichen Überzeugung hat der Ehepartner gleichfalls zu respektieren, ebenso eine (partei-)politische Bindung.[87] Das Grundrecht des Art. 4 GG wirkt über die Generalklausel des § 1353 Abs. 1 S. 2 ins Eherecht hinein (Drittwirkung). Einen Konfessionswechsel können Ehegatten nicht vertraglich ausschließen,[88] auch gegen den Willen des Partners verletzt er als solcher nicht die Verpflichtung zur ehelichen Lebensgemeinschaft,[89] er entbindet andererseits nicht von den ehelichen Pflichten. Aus § 1353 folgt lediglich die Pflicht zur

---

[72] RG WarnR 1916, Nr. 141; Recht 1924, Nr. 1124; *Erman/Gamillscheg* RdNr. 5, 9.

[73] *Gernhuber/Coester-Waltjen* § 18 V 6.

[74] RG HRR 1932, Nr. 307.

[75] Sanktion: vollstreckbare Unterlassungsklage (RdNr. 60); bei Verkauf der Lebensgeschichte uU Schadensersatzklage oder Anspruch auf Gewinnherausgabe.

[76] LG Heilbronn FamRZ 2005, 474.

[77] *Hepting* Ehevereinbarungen S. 210 f.; o. RdNr. 10 f.

[78] LG Bonn FamRZ 1967, 678 ff. m. Anm. *Bosch.* Zur Verletzung des allgemeinen Persönlichkeitsrechts unter getrennt lebenden Ehegatten BGH JZ 1990, 754 ff.

[79] RG DRiZ 1927, Nr. 277; OLG Dresden HRR 1939, Nr. 5.

[80] BGH NJW 1970, 1848; OLG Düsseldorf FamRZ 1955, 362 m. Anm. *Bosch.*

[81] *Soergel/Lange* RdNr. 13.

[82] RG WarnR 1926, Nr. 215.

[83] Und zwar unabhängig von einer bestehenden Ehe (BGH NJW 2005, 2844 – „Esra" von Maxim Biller; im Falle einer fiktiven Darstellung geht allerdings die Kunstfreiheit vor: BVerfG NJW 2008, 39).

[84] *Gernhuber/Coester-Waltjen* § 18 I 3.

[85] RGZ 158, 294, 298; krit. *Hepting* Ehevereinbarungen S. 206 ff., 216 f.

[86] OLG Hamm NJW-RR 2007, 1234.

[87] *Bauernfeind* S. 16 f.

[88] *Soergel/Lange* RdNr. 20.

[89] BGHZ 33, 145 ff. = NJW 1961, 68 (bestätigt durch BVerfG NJW 1964, 1174); BGHZ 38, 317 ff. = NJW 1963, 761; KG FamRZ 1954, 145; OLG Stuttgart FamRZ 1955, 256 m. Anm. *Dunz*; *Gernhuber/Coester-Waltjen* § 18 I 2; vgl. auch *Müller-Freienfels* JZ 1964, 305 ff., 344 ff.; aA *Erdsiek* NJW 1959, 2007.

vorherigen Information des Partners[90] vor allen wichtigen Entscheidungen und die Gewährung der Gelegenheit zu einer Aussprache. Eine einseitige konfessionelle Beeinflussung der Kinder ist unzulässig. (Vgl. auch die Erläuterungen zu § 1588).

7. Beistand, Fürsorge, Gefahrenabwehr. Zu Beistand, Hilfe und Abwehr von Gefah- 31
ren (bes. für Leib und Leben)[91] sind die Ehegatten einander verpflichtet. Dazu gehört die Pflicht, einen **Selbstmord** des Partners zu verhindern.[92] Bei zerrütteter Ehe sind die Anforderungen aber nicht zu überspannen; so ist beispielsweise nicht zu erwarten, dass ein Ehegatte die Ehegemeinschaft aufrechterhält, wenn der andere mit Selbstmord und Tötung der Kinder für den Fall droht, dass sich die Ehegatten trennen sollten.[93] Auch ist nicht zumutbar, sich zur Rettung des Partners selbst in Lebensgefahr zu begeben.[94] Die **Fürsorgepflicht** im Krankheitsfalle umfasst die Pflicht, einen gefährlich geisteskranken Partner uU in eine Heil- und Pflegeanstalt einweisen zu lassen.[95] Die Pflege eines Schwerstbehinderten unter Aufgabe eigener Ausbildung oder Erwerbstätigkeit geht jedoch über das Maß der im Rahmen von § 1353 geschuldeten Krankenpflege hinaus.[96] Ohne diesbezügliche Vereinbarung erfolgt sie freiwillig und ist nicht zu vergüten (§ 1360 b). Nur soweit Pflegeleistungen das von einem Ehegatten geschuldete Maß überschreiten, wirkt eine für sie vereinbarte Vergütung anderen Unterhaltsgläubigern gegenüber leistungsmindernd, selbst wenn die angeheiratete Pflegeperson eine gelernte Fachkraft ist.[97] Aus der Beistandspflicht folgt eine Pflicht zur **Nothilfe** (vgl. § 32 Abs. 2 StGB) gegen rechtswidrige Angriffe Dritter (zur zivilrechtlichen Ersatzpflicht des Begünstigten s. § 1360 b RdNr. 6). Gegen den angreifenden Ehepartner ist das eigene **Notwehrrecht eingeschränkt** durch § 1353 Abs. 1 S. 2, soweit dem Angegriffenen ein Ausweichen zugemutet werden kann.[98]

8. Verhinderung von Straftaten. Aus der Pflicht, den Partner an strafbaren Handlungen 32
zu hindern, folgert der BGH eine generelle Garantenstellung zur Verhinderung strafbarer Handlungen in der Ehewohnung.[99] Die dem Schutz des Partners dienende Pflicht wird hier aber in fragwürdiger Weise umgedeutet in eine Pflicht, Rechtsgüter Dritter vor Angriffen durch den eigenen Ehegatten zu schützen; das führt zu einer Art Sippenhaftung, die im Ergebnis abzulehnen ist.[100] Den Ehemann trifft keine Pflicht, Betrügereien seiner Frau zu verhindern.[101] Der BGH lässt die Garantenpflicht enden, wenn sich ein Ehegatte von dem anderen in der Absicht trennt, sich scheiden zu lassen.[102]

9. Anzeige von Straftaten. Strafanzeigen gegen den Ehepartner können ehewidrig 33
sein,[103] denn in der Ehe als Sphäre der Privatheit darf man sich aussprechen. Dem **Zeug-**

[90] *Schwab* RdNr. 105.

[91] RGSt 71, 187, 189; HRR 1933 Nr. 1624.

[92] BGHSt 2, 150, 153 f. = LM StGB § 212 Nr. 2; BGHSt 32, 367, 373 ff.; kritisch *Scholderer* JuS 1989, 918, 921; vgl. auch OLG Bamberg FamRZ 1987, 1264 f.: Polizeiliche Anzeige von Trunkenheitsfahrten zumind. erlaubt, wenn aus Sorge um Ehegatten u. unbeteiligte Dritte geschehen.

[93] BGHSt 7, 268 = LM StGB § 222 Nr. 28; dazu *Diederichsen,* FS Larenz, S. 127, 175 f.

[94] BSG NJW 1957, 1943 f.

[95] RGZ 70, 48, 50.

[96] BGH NJW 1995, 1486 = LM § 1353 Nr. 34 m. Anm. *Hohloch* = FamRZ 1995, 537 ff.

[97] OLG Hamm FamRZ 1999, 166, 167.

[98] BGH NJW 1969, 802 m. Anm. *Deubner* 1184; BGH JR 1976, 335 f. m. krit. Anm. *Geilen* 314 ff.; doch vgl. zB *Schönke/Schröder/Perron* StGB § 32 RdNr. 53; *Sangviroatjanapat,* Einschränkungen des Notwehrrechts im Rahmen ehelicher Beziehungen, 2003.

[99] BGH NJW 2003, 3212 in ständiger Rspr.: BGH LM StGB (aF) § 47 Nr. 5 = NJW 1953, 591 (Ehemann duldet fortgesetzt Fremdabtreibungshandlungen seiner Frau in der Ehewohnung); FamRZ 1956, 81 (Ehefrau duldet wiederholten Geschlechtsverkehr zwischen Ehemann und Stieftochter); OLG Bremen NJW 1957, 72 f. (fortgesetzte Körperverletzung durch gemeinsam gehaltenen bissigen Hund).

[100] Zutr. Bedenken bei OLG Celle StV 2000, 624; *Gernhuber/Coester-Waltjen* § 18 V 3; *Soergel/Lange* RdNr. 25; *Ranft* JZ 1987, 909; abl. *Geilen* FamRZ 1961, 157 ff.; *Schönke/Schröder/Stree* StGB, 27. Aufl. 2007, § 13 RdNr. 53.

[101] OLG Stuttgart NJW 1986, 1767.

[102] BGH NJW 2003, 3212 m. Anm. *Freund* S. 3384.

[103] BGH FamRZ 1963, 515 = LM EheG § 48 Abs. 2 Nr. 56; FamRZ 1964, 493, 495 = LM Nr. 9. Ausnahme bei Wahrnehmung berechtigter Interessen, insbes. gegen rechtswidrige Angriffe des Partners oder

nisverweigerungsrecht des Ehegatten (§§ 52 Abs. 1 Nr. 2 StPO, 383 Abs. 1 Nr. 2 ZPO) entspricht seine **Verschwiegenheitspflicht;** eine Bespitzelung (wie in totalitären Regimes) wäre eine Pflichtverletzung (vgl. RdNr. 29). Anders sieht es bei der Gefährdung hoher Rechtsgüter aus. Die Pflicht zur Anzeige eines geplanten Mordes oder anderer gemeingefährlicher Delikte trifft nach §§ 138, 139 StGB auch den Ehegatten, sofern es ihm nicht gelingt, den Partner von der geplanten Straftat abzubringen oder den Erfolg abzuwenden.[104]

34 **10. Wohngemeinschaft.** Ehegemeinschaft ist in der Regel auch Wohngemeinschaft (uU auch ohne festen Wohnsitz: Weltenbummler, Wanderzirkus).[105] Das Leben in einer selbständigen Ehewohnung geht dem Wunsch eines Ehegatten, die Wohnung bei den (Schwieger-)Eltern zu nehmen, grundsätzlich vor.[106] Die Herstellung der häuslichen Gemeinschaft ist das primäre Ziel der Eheherstellungsklage. Sie hat jedoch nur bei willkürlicher Weigerung eines Ehegatten Erfolg; im Übrigen gibt es für eine Einigung keinen Ersatz.[107] Eine einverständliche räumliche Trennung aus beruflichen oder sonstigen Gründen ist mit ehelicher Gemeinschaft nicht unvereinbar.[108] Haft oder längerer Aufenthalt in einer Klinik heben die eheliche Lebensgemeinschaft nicht auf.[109] Das gilt selbst dann, wenn ein Ehegatte aller Voraussicht nach dauerhaft in einem Heim lebt.[110] Vereinbarungen über ein **Getrenntleben** sind grundsätzlich als zulässig anzusehen,[111] ebenso Vereinbarungen über die Ehewohnung, die zur Aufhebung der Gemeinschaft führen sollen, auch wenn nur der Ehegatte, der kein Recht zum Getrenntleben gemäß § 1353 Abs. 2 hat, den Entschluss fasste, die Lebensgemeinschaft auf Dauer aufzuheben, und die Vereinbarungen nicht der einvernehmlichen Vorbereitung der Scheidung dienen.[112] Der **gemeinschaftliche Wohnsitz**[113] ist nach § 1353 einvernehmlich zu begründen. Inwieweit der nicht berufstätige Partner berufsbedingte Wohnortwechsel mitzuvollziehen hat, ist eine Frage des Einzelfalles; sie hängt etwa von der Notwendigkeit der beruflichen Veränderung, der Situation der Kinder und den Möglichkeiten des Pendelns ab.[114] Bei Versetzungsgesuchen ist das Familieninteresse zu berücksichtigen.[115] In der Doppelverdienerehe sind Wohnsitzwahl und Wahl der Arbeitsstätten miteinander zu koordinieren (§ 1356 RdNr. 14). Jeder Ehegatte darf selbständig einen Zweitwohnsitz begründen. Beim Fehlen eines gemeinsamen Wohnsitzes leben die Eheleute jedoch getrennt. Selbständige Begründung und Aufhebung eines Wohnsitzes sind wirksam, auch wenn sie ehewidrig sind. Zur Wohnsitzbegründung und -aufhebung durch einen minderjährigen Ehegatten s. § 8 Abs. 2.

35 **11. Nutzung von Ehewohnung und Hausrat.** Das Recht auf die **Mitbenutzung** von Ehewohnung und Hausrat ist als Teil des Unterhaltsanspruchs klag- und vollstreckbar.[116]

---

als Maßnahme der Fürsorge für Ehegatten oder unbeteiligte Dritte (vgl. OLG Bamberg FamRZ 1987, 1264 f.); uU ist die Anzeige geboten, um Bestrafung eines unschuldig in Verdacht Geratenen zu verhindern.

[104] Vgl. *Staudinger/Hübner/Voppel* (2007) RdNr. 62.

[105] BGH LM Nr. 26 = NJW 1987, 1761, 1762; RGZ 53, 337, 340; 97, 286 f.; 137, 102 f.; HRR 1930 Nr. 295; *Streck,* §§ 5 III u. 9 I hält dies für eine unzulässige Präzisierung und betrachtet nur ein Leben in „räumlicher Zuordnung" als geboten.

[106] OLG Hamm FamRZ 1980, 247; dazu *Giesen* JR 1983, 89, 91.

[107] BGH NJW 1987, 1761, 1762; auch im Rahmen von § 1579 Nr. 6 hat nur die willkürliche Weigerung nachhaltige Folgen.

[108] RGZ 95, 330, 332; 151, 159, 163; *Soergel/Lange* RdNr. 4 und 8; *Staudinger/Hübner/Voppel* (2007) RdNr. 72 ff.; vgl. auch OLG Frankfurt OLGE 7, 458 f.

[109] LSG RhPf NZS 2005, 661 f.; BGHZ 38, 266, 268 bei längerer Strafhaft.

[110] BGHZ 149, 140, 144.

[111] So schon OLG Schleswig FamRZ 1957, 420 ff. m. Anm. *Bosch; Rasch* S. 52 ff. (zur Verbindlichkeitsgrenze S. 66 ff.); aA OLG Köln FamRZ 1982, 403, 404.

[112] OLG Düsseldorf FamRZ 1981, 545 f. m. abl. Anm. *Knütel;* OLG Köln FamRZ 1982, 403 ff.; zust. *Giesen* JR 1983, 89, 92.

[113] Vgl. *Staudinger/Hübner/Voppel* (2007) RdNr. 76; *Gernhuber/Coester-Waltjen* § 16 III, § 18 III 5; *Henrich* § 76 I 2.

[114] *Diederichsen* NJW 1977, 217, 218; einschränkend *Bauernfeind* S. 173 ff.

[115] OLG München FamRZ 1967, 394.

[116] *Gernhuber/Coester-Waltjen* § 19 III 1; bes. BGHZ 12, 380 = NJW 1954, 918; NJW 1977, 43 f.; OLG Bremen FamRZ 1965, 77; LG Tübingen JZ 1965, 107 f. m. Anm. *F. Baur.* Anders noch RGZ 87, 56, 61. Das gilt auch bei Gütertrennung.

Unabhängig von der Eigentumslage haben beide Ehegatten daran **Mitbesitz.**[117] Ein Ehegatte kann wegen seines ehelichen Rechts zum Besitz bezüglich der dem anderen Ehegatten gehörenden beweglichen Sachen Besitzmittler sein. **Übereignungsvorgänge** sind daran jedoch für Außenstehende schwer durchschaubar.[118] Im Interesse eines Minimums an Erkennbarkeit ist zur Übereignung gemeinsam besessener Mobilien unter Ehegatten (zumal schenkungshalber) eine **Umkehrung der Besitzerrolle** zu fordern, die auf irgendeine Weise objektiv nachvollziehbar ist.[119] Das Recht zum Mitbesitz der dem anderen Ehegatten gehörenden Ehewohnung bzw. seines Hausrats entfällt erst mit rechtskräftiger Scheidung, sofern keine abweichende Regelung des Gerichts im Scheidungsverfahren gem. §§ 1361 a, 1361 b ergeht.[120] Vorher besteht auch kein Anspruch auf Räumung der dem Partner vermieteten Geschäftsräume.[121] Das Besitzrecht eines gemeinsamen Kindes am eigenen Zimmer kann der ausziehende Elternteil nicht ohne Zustimmung des anderen beenden, auch wenn das Kind nicht mehr unterhaltsberechtigt ist; auf Nutzungsvergütung hat der ausziehende darum keinen Anspruch.[122] Ein Recht zum Betreten der vom Ehepartner und den gemeinschaftlichen Kindern bewohnten Wohnung folgt für einen dauernd getrenntlebenden Gatten weder aus § 1353 noch aus §§ 1626 ff.[123]

Gegen **ehewidrige Veräußerungen** von Haushaltsgegenständen schützt im gesetzlichen 36
Güterstand das Zustimmungserfordernis des § 1369. Bei Veräußerung der Ehewohnung können die Voraussetzungen des § 1365 vorliegen (dort RdNr. 55 ff.).[124] Bei Gütertrennung besteht nach § 1353 nur eine **Unterlassungspflicht ohne Außenwirkung.**[125] Ein nach §§ 935 ff. ZPO erwirktes Veräußerungsverbot ist zwar gemäß § 890 ZPO vollstreckbar, bewirkt aber keine effektive dingliche Bindung der betroffenen Sache. Die Veräußerung eines Familienwohngrundstücks ist nicht deshalb nichtig, weil der Erwerber dessen Zweckbestimmung kennt. Die **Kündigung eines Mietverhältnisses** kann ausnahmsweise[126] wegen Verstoßes gegen § 1353 rechtsmissbräuchlich sein, wenn die Kündigung eine Familie mit Kindern in große soziale Schwierigkeiten bringt und der Vermieter dies weiß.;[127] zum Teil wird dem in der Wohnung verbleibenden Ehegatten ein Eintrittsrecht in den Mietvertrag analog § 569 a (jetzt § 563) gewährt.[128] Ein nach §§ 180 ff. ZVG zulässiger Antrag auf **Teilungsversteigerung** gemeinschaftlichen Grundbesitzes oder Wohnungseigentums ist nach § 1353 zu unterlassen bzw. zurückzunehmen.[129] Bei ernsthafter Gefährdung des

---

[117] BGHZ 12, 380 = NJW 1954, 918. Eine Räumungsvollstreckung verlangt daher einen Titel gegen beide Ehegatten: s. § 1362 RdNr. 37. Für Mitbesitz iSv. § 866 *Schulz* S. 64, 68; für gesamthänderischen Mitbesitz *Smid* S. 62 f.; vgl. dazu auch *Eichenhofer* JZ 1988, 327 f. u. 331 f.

[118] Für eine Übereignung gemäß §§ 929, 930 BGHZ 73, 253 ff. = NJW 1979, 976, 977; dazu *Schulz* S. 126 ff.; *Vlassopoulos* S. 22 ff., 27 ff.; krit. *Eichenhofer* JZ 1988, 328 f.

[119] Zu diesem abgeschwächten Traditionsprinzip beifallswert *Gernhuber/Coester-Waltjen* § 19 III 1; unentschieden *Eichenhofer* JZ 1988, 326, 328 f.

[120] BGHZ 71, 216, 222 f. = NJW 1978, 1529, 1530 = FamRZ 1978, 496, 497; dazu *Giesen* JR 1983, 89, 92; OLG Düsseldorf FamRZ 1988, 1053 (weitgehend: gemietete Praxisräume); zur Haftung wegen Beschädigung der dem einen Ehegatten gehörenden Ehewohnung durch den diese während des Scheidungsverfahrens allein bewohnenden anderen Ehegatten OLG Stuttgart FamRZ 1983, 68.

[121] OLG Düsseldorf FamRZ 1988, 1053.

[122] LG Frankfurt/M FamRZ 1990, 44.

[123] BGH LM § 862 Nr. 1 = NJW 1972, 44.

[124] *H. P. Westermann,* Die Rechtslage der Familienwohnung, 11 ff. Gerichtliche Veräußerungsverbote aufgrund einstweiliger Verfügung zur Sicherung des Zustimmungserfordernisses (dafür OLG Celle NJW 1970, 1982 f.) bewirken jedoch keinen dinglichen Erfolg unter Vermittlung des § 136; dazu *Kohler,* Das Verfügungsverbot gemäß § 938 Abs. 2 ZPO im Liegenschaftsrecht, 1984, S. 341 ff.

[125] *Gernhuber/Coester-Waltjen* § 19 III 2.

[126] So auch LG Stuttgart FamRZ 1977, 200 f. m. Anm. *Bosch*; aA LG Bamberg FamRZ 1957, 258 m. Anm. *Bosch* und *Brühl.* Bei Einstellung der Mietzinszahlungen kann dem Vermieter ein Kündigungsrecht nicht verwehrt sein.

[127] LG Hamburg FamRZ 2002, 818; *Johannsen/Henrich/Brudermüller* § 5 HausrVO RdNr. 9; *Gernhuber/Coster-Waltjen* § 29 II 2.

[128] Vgl. *Hanisch* NJW 1967, 1033.

[129] S. § 1365 RdNr. 56 ff.; BGHZ 37, 38, 40 ff. = NJW 1962, 1244; für eine Abwägung der Verfügungsfreiheit gegen das Ehegatteninteresse an fortgesetztem Mitbesitz RGRK/*Roth-Stielow* RdNr. 84.

Wohls eines gemeinschaftlichen Kindes ermächtigt § 180 Abs. 3 ZVG zur einstweiligen Einstellung des Teilungsversteigerungsverfahrens.[130]

37 **12. Vermögensverhältnisse.** Grundsätzlich hat jeder Ehegatte eine Fürsorgepflicht für das Vermögen des anderen, aus der sich ergibt, dass die Gatten negativ alles zu unterlassen haben, was das Vermögen des anderen mindert, was auch gewisse Mitwirkungshandlungen erfordern kann.[131]

38 **a) Auskunfts- und Fürsorgepflichten.** Bezüglich des Vermögens erzeugt § 1353 Rechte und Pflichten,[132] zB zur **Unterrichtung** über den wesentlichen Bestand, einschließlich des laufenden Einkommens,[133] zur Information über wichtige Transaktionen[134] (über § 1365 hinaus). Belege müssen nicht vorgelegt werden, ein Anspruch auf Einsicht in Geschäftsbücher ergibt sich aus § 1353 nicht. Auch Auskunftsansprüche können aus § 1353 abgeleitet werden,[135] sie bestehen aber nur in engen Grenzen.[136] Zusammenlebende Ehegatten schulden einander Aufklärung nur in groben Zügen,[137] ohne detaillierte Rechnungslegung (wie zur Bemessung des Trennungs- und Geschiedenenunterhalts gemäß §§ 1361 Abs. 4 aE, 1580, 1605 erforderlich). Die Begleichung von Verbindlichkeiten des Ehegatten wird ehelich nicht geschuldet, doch kommt sie häufig vor; eine Darlehensvereinbarung zwischen den Ehegatten ist substanziiert darzulegen.[138] Schadensersatzansprüche sind auf das pflichtgemäß schonend auszuübende Mitbenutzungsrecht (RdNr. 35) bzw. auf die durch § 1353 begründete Pflicht zur Wahrnehmung sonstiger, nicht dem höchstpersönlichen Ehebereich zuzurechnender Vermögensinteressen des Partners, in den Grenzen des § 1359 möglich.[139] Aus dem Gebot der Rücksichtnahme folgt ein Verbot ruinöser existenzgefährdender Ersatzklagen.[140] Die **Fürsorgepflicht** für das Partnervermögen umfasst die Pflicht, dagegen gerichtete Straftaten Dritter abzuwehren.[141] Ansprüche gegen Dritte kann der Ehepartner in gewillkürter Prozessstandschaft geltend machen.[142] Auch nachehelich kann § 1353 iVm. § 242 vor allem im vermögensrechtlichen Bereich bedeutsam sein: So etwa bei Kreditabwicklungen[143] oder als Grundlage eines Anspruchs auf Übertragung eines Schadensfreiheitsrabatts, wenn dies den in Anspruch genommenen Ehegatten nicht benachteiligt; anderenfalls ist eine Übertragung nur bei auftragsweiser Versicherung des Fahrzeugs gem. § 667 zu verlangen.[144] Ehebedingte Kontoverfügungsrechte erlöschen dagegen im Innenverhältnis mit Trennung der Ehegatten.[145]

---

[130] Dazu § 1365 RdNr. 57; *Diederichsen* NJW 1986, 1283, 1285; *Brudermüller* FamRZ 1996, 1516 ff.

[131] BGH FamRZ 2005, 182; OLG Oldenburg FamRZ 2007, 147.

[132] Vgl. bes. *Gernhuber* FamRZ 1959, 465.

[133] BGH FamRZ 1978, 677; OLG Hamburg FamRZ 1967, 101; OLG Schleswig FamRZ 1975, 164; OLG Düsseldorf FamRZ 1990, 46 (über Versorgungsanwartschaften); OLG Karlsruhe FamRZ 1990, 161 (zwecks Ermittlung des Wirtschafts- und Taschengeldes). Beharrliche Weigerung berechtigt zu vorzeitigem Zugewinnausgleich (§ 1386 Abs. 3).

[134] BGH FamRZ 1976, 516 f.; BGH FamRZ 1978, 677 (zur Durchsetzung mit der Herstellungsklage und zur eidesstattlichen Bekräftigung).

[135] OLG Karlsruhe FPR 2002, 312.

[136] ZB bei Beendigung des Güterstandes § 1379. Keine Rechnungslegungspflicht über die Verwendung des Wirtschaftsgeldes: § 1360 a RdNr. 16.

[137] OLG Karlsruhe FamRZ 1990, 161.

[138] OLG Schleswig FamRZ 1988, 165.

[139] BGH LM § 1381 Nr. 8 = FamRZ 1977, 38, 40 f. u. FamRZ 1988, 143 f. (gegen Anspruch auf Erstattung der Kosten eines vom anderen Ehegatten unberechtigt eingeleiteten Rechtsstreits); *Hepting* Ehevereinbarungen S. 103 f., 202; *A. Schulz* S. 130 ff.

[140] BGHZ 53, 352, 356 = NJW 1970, 1271; vgl. auch § 1359 RdNr. 7.

[141] Garantenpflicht: RGSt. 64, 273, 278 f.; JW 1933, 427 f. (Mittäterschaft an Brandstiftung zum Schaden der Ehefrau).

[142] BGH FamRZ 1961, 435.

[143] BGH FamRZ 1989, 835 ff.; OLG Saarbrücken FamRZ 1990, 58 f.

[144] Vgl. LG Flensburg NJW-RR 2006, 1300; *Wever* FamRZ 2003, 760; LG Köln NJW 1977, 1969 f., LG Freiburg FamRZ 1991, 1147.

[145] BGH FamRZ 1988, 476, 478; BGH FamRZ 1989, 834, 835; OLG Bamberg FamRZ 1991, 1058 f.

b) Gemeinsame steuerliche Veranlagung. Aus der gegenseitigen Beistandspflicht (RdNr. 31) ergibt sich für beide Ehegatten die Verpflichtung, die finanziellen Lasten des anderen Teils zu vermindern, soweit dies ohne eine Verletzung eigener Interessen möglich ist.[146] Dies gilt insbesondere im Bereich des Steuerrechts. Danach hat jeder Ehegatte einer Zusammenveranlagung zur Einkommenssteuer nach § 26 b EStG zuzustimmen, wenn die Gesamtbelastung beider dadurch geringer wird,[147] unabhängig davon, wer die Unterhaltslast trägt.[148] Dies gilt selbst dann, wenn es zweifelhaft erscheint, ob die Voraussetzungen des § 26 Abs. 1 S. 1 EStG vorliegen.[149] Ein Anspruch auf gemeinsame Veranlagung ist nur ausgeschlossen, wenn eindeutig feststeht, dass eine solche nicht in Betracht kommt.[150] Das Recht, die Art der steuerlichen Veranlagung nach § 26 EStG zu wählen, steht im Falle der Insolvenz eines Ehegatten dem Insolvenzverwalter nach § 80 Abs. 1 InsO zu.[151] Ist ein Anspruch auf Zustimmung gegeben, löst ihre Verweigerung Schadensersatzpflichten aus.[152] Von etwaigen Nachteilen durch die gemeinsame Veranlagung (Steuernachzahlungen) ist der Zustimmungspflichtige Zug um Zug durch eine Gegenerklärung des Berechtigten freizustellen.[153] Eine Mehrbelastung nach erfolgter Zusammenveranlagung ist im Innenverhältnis auszugleichen.[154] Diese **Ausgleichung** erfolgt grds. nach gleichen Anteilen, wobei sich aus den Umständen der konkreten Ehe (§ 426 Abs. 1 S. 1 HS. 2 BGB) etwas anderes ergeben kann.[155] Der Anspruch auf gemeinsame Veranlagung ist vor den ordentlichen Gerichten in einem gewöhnlichen Rechtsstreit geltend zu machen.[156] Hierbei wird beantragt, den Beklagten zu verurteilen, die Wahl der getrennten Veranlagung zu unterlassen oder den hierauf bezogenen bereits gestellten Antrag zurückzunehmen.[157] Mit der Rechtskraft des Urteils gilt die Zustimmung für das Finanzamt als gegeben (§ 894 ZPO); § 888 ZPO (Zwangsgeld-Festsetzung) ist nicht anzuwenden, auch dessen Abs. 2 hindert eine Verurteilung nicht.[158] Eine Trennung lässt die Zustimmungspflicht nicht entfallen.[159] Nach Trennung oder Scheidung kann der Unterhaltsschuldner zu dessen Absetzung als Sonderausgabe die Zustimmung des anderen verlangen (sog. begrenztes Realsplitting nach § 10 Abs. 1 Nr. 1 EStG).[160] 39

13. Sexualbereich. a) Eheliche Treue. Im Sexualbereich[161] ist die Einhaltung der ehelichen **Treue** als Rechtspflicht anzuerkennen,[162] da die Ausschließlichkeit der Sexualbeziehung zwischen den Ehegatten ein Element unseres Prinzips der Einehe ist.[163] Eine 40

---

[146] BGH FamRZ 2002, 1024–1027.

[147] BGH NJW 1977, 378 = FamRZ 1977, 38, 40 f.; BGH FamRZ 2005, 182 f.; FamRZ 2007, 1229 (RdNr 10); OLG Düsseldorf FamRZ 1990, 160; aA (nicht klagbar, wohl überholt) OLG Nürnberg FamRZ 1971, 434 f. Vgl. *Staudinger/Hübner/Voppel* (2007) RdNr. 88 ff.

[148] LG Fulda FamRZ 1989, 1174 f. gegen LG Bremen FamRZ 1982, 1070; Vgl. zum Ganzen: *Tiedtke* FPR 2003, 400 ff.

[149] BGH FamRZ 2005, 182 f.; aA OLG Hamm FamRZ 1994, 893 f.

[150] BGH FamRZ 2005, 182 f. m. Anm. *Meyer.*

[151] AG Essen ZVI 2004, 196 f.

[152] BGH NJW 1977, 378; OLG Köln FamRZ 1989, 1174; *Soergel/Lange* RdNr. 26. Zur Schadensberechnung LG Köln NJW-RR 1990, 140.

[153] BGH FamRZ 1979, 115 ff.; OLG Düsseldorf FamRZ 1990, 160; OLG Hamm FamRZ 1990, 291 ff.; LG Ulm FamRZ 1988, 1051; LG Berlin FamRZ 1992, 436 f.; AG Neuss FamRZ 1989, 1176.

[154] OLG Hamm FamRZ 1998, 241; *Dostman* FamRZ 1991, 760; *Sonnenschein* NJW 1980, 257 ff. Vgl. auch LG Bremen FamRZ 1982, 1070 für die Gefahr, dass Ausgleichsanspruch nicht durchsetzbar ist.

[155] BGH FamRZ 2007, 1229 (RdNr. 13 ff.) m. Anm. *Engels*; BGH FamRZ 2002, 1024, 1026; Vgl. auch Bsp. in *Palandt/Brudermüller* RdNr. 12 c.

[156] OLG Koblenz FamRZ 1982, 942; *Tiedtke* FamRZ 1978, 385; *ders.* FPR 2003, 400, 405 f.; aA für Zuständigkeit des Familiengerichts LG München II FamRZ 1978, 126.

[157] *Tiedtke* FPR 2003, 400, 405 f.

[158] OLG Düsseldorf FamRZ 1990, 160; OLG Frankfurt FamRZ 1989, 1321; *Tiedtke* FamRZ 1978, 385 ff.

[159] OLG Karlsruhe FamRZ 1994, 894; OLG Hamm FamRZ 1994, 893; FamRZ 1998, 241.

[160] OLG Hamburg FamRZ 1991, 831; *Soergel/Häberle* § 1578 RdNr. 42.

[161] Die hM stellt ihn traditionsgemäß im Pflichtenkatalog zu § 1353 oft an erster Stelle heraus (zB *Staudinger/Hübner/Voppel* (2007) RdNr. 29 ff.) und neigte früher zu einer übertriebenen Verrechtlichung.

[162] *Grziwotz* MDR 1998, 1075, 1078; zweifelnd *Pawlowski,* FS Coing I, S. 637, 654.

[163] Ausdrücklich anerkannt vom Rechtsausschuss des Bundestages BT-Drucks. 7/4361 S. 7. Zur Treuepflicht nach kanonischem Kirchenrecht *Rokahr,* Ehe ohne Treue?, 1976.

Eheverfehlung begeht bereits, wer nur den Anschein ehewidriger Beziehungen erweckt.[164] Sind die Ehegatten jedoch einig, eine „liberale“ Ehe führen zu wollen, so kann die Rechtsordnung dies nicht für unzulässig erklären. Ein geschlechtskrank gewesener oder gewordener Ehegatte muss den behandelnden Arzt von seiner Schweigepflicht entbinden, um dem Partner Gewissheit über seine Gesundung zu verschaffen.[165] Ein eventuell mit AIDS Infizierter hat den Ehepartner schon über den Infektionsverdacht aufzuklären.

41 **b) Geschlechtsverkehr.** Zum **Geschlechtsverkehr** besteht keine Rechtspflicht,[166] eine Herstellungsklage ist insoweit ausgeschlossen.[167] Dem Staat kommt es nicht zu, den Eheleuten (wie zZ des Preuß. ALR, II 1 §§ 178 ff.) für ihren Intimbereich Vorschriften zu machen. Abreden über dauernde Enthaltsamkeit sind zulässig (platonische Kameradschaftsehe, Josefsehe).[168] Ohne ausdrücklichen Verzicht darf jeder Heiratende freilich davon ausgehen, dass sich der Partner dem Wunsch nach geschlechtlicher Erfüllung nicht verschließen werde.[169] Gewaltsam darf Geschlechtsverkehr auch in der Ehe selbstverständlich nicht erzwungen werden; dies ist strafbar gem. § 177 StGB und verpflichtet uU zu Schmerzensgeldzahlung.[170]

42 **c) Kinderzeugung.** Die Zeugung von Nachwuchs ist keine Rechtspflicht der Ehegatten.[171] Eine kinderlos bleibende oder im nicht mehr zeugungsfähigen Alter geschlossene Ehe ist eine vollwertige Ehe.[172] **Abreden über Kinderlosigkeit** oder Methoden der Empfängnisverhütung sind zweifellos zulässig, jedoch rechtlich nicht verbindlich, da sie den Intimbereich betreffen und insoweit weder mit staatlichem Zwang durchgesetzt werden können noch Schadensersatzansprüche auslösen. Wird entgegen einer entsprechenden Absprache ein Kind geboren, so kann der eine Ehegatte von dem abredewidrig handelnden Ehegatten nicht eine Freistellung von der gesetzlichen Unterhaltspflicht verlangen, da die Zuordnung des Kindes zu beiden Eltern mit allen entsprechenden Rechten und Pflichten für beide Seiten existentiell wichtig ist. Immerhin kommt den Abreden jedoch insoweit Rechtswirkung zu, als derjenige, der gegen sie verstößt, pflichtwidrig handelt. Die Vereinbarungen (sei es über Kinderlosigkeit, sei es über den Verzicht auf empfängnisverhütende Methoden) sind jederzeit frei widerrufbar,[173] jedoch ist der Ehegatte, der davon abweichen will, verpflichtet, den Partner von seinem Sinneswandel zu informieren.[174] Ohne konkrete Absprache ist davon auszugehen, dass die Eheleute Kinder wollen. Deshalb ist vor einer Sterilisation der andere Ehegatte zu befragen.[175] Ist der Kindeswunsch beidseitig, wäre die

---

[164] RGZ 138, 73, 75 f.; WarnR 1926, 215; *Staudinger/Hübner/Voppel* (2007) RdNr. 32. Ebenso schon ALR II 1 § 183.

[165] OLG Hamburg OLGE 3, 245.

[166] Anders die früher allg. Meinung und zu § 43 EheG aF ergangene Rspr.; vgl. *Staudinger/Hübner/Voppel* (2007) RdNr. 35; *Soergel/Lange* RdNr. 10. BGH LM EheG § 48 Abs. 2 Nr. 77 = NJW 1967, 1078 ff. ließ es nicht genügen, den Beischlaf teilnahmslos oder gar widerwillig über sich ergehen zu lassen und forderte sogar von einer empfindungslosen Ehefrau, ihn in Zuneigung und Opferbereitschaft zu erdulden; zust. noch *Diederichsen* NJW 1977, 218; dag. aber krit. *Gernhuber/Coester-Waltjen* § 18 V 1 Fn. 1.

[167] *Finger* Familienrecht S. 109 ff.; *Gernhuber/Coester-Waltjen* § 18 V 1; *Horn* ZZP 1985, 266; *Lüke* AcP 178 (1978), 1, 6.

[168] *Grziwotz* MDR 1998, 1075, 1079; aA OLG Hamburg HansGZ 1915, Beibl. S. 142.

[169] Zutr. insoweit *Streck,* S. 87 ff.

[170] OLG Schleswig FamRZ 1993, 548 f.

[171] Auch dies gegen die früher hL: RG HRR 1942, 780; *Soergel/Lange* RdNr. 11; *Palandt/Brudermüller* RdNr. 7. Die Kinderzeugung als vornehmsten Zweck der Ehe betonen frühere Rechtsordnungen häufig; vgl. noch § 44 österr. ABGB und § 9 Abs. 2 S. 1 FGB der ehemaligen DDR; zum röm. Recht *Kaser* I S. 73 m. Fn. 8.

[172] BGHZ 146, 391 = NJW 2001, 1789.

[173] S. o. RdNr. 10; im Erg. *Hepting* Ehevereinbarungen S. 211 ff.; RGRK/*Roth-Stielow* RdNr. 27; aA *Gernhuber/Coester-Waltjen* § 18 V 7. – Für eine Verwirkung des Rechts auf Zeugung und Empfängnis nach jahrelang kinderlos geführter Ehe *Streck* S. 88 f., 100; vgl. *Brühl* FamRZ 1970, 614.

[174] *H. P. Westermann* Justizblatt 1979, 113, 119; *Rauscher* RdNr. 241; *Lüderitz/Dethloff* § 4 RdNr. 26.

[175] Mangels Einigung der Ehegatten über die Sterilisation kommen andere Methoden zur Empfängnisverhütung in Betracht, die es erlauben, einen eventuellen späteren Entschluss zur Kindeszeugung zu verwirklichen. Nicht entgegen steht BGHZ 67, 48, 54 = NJW 1976, 1790 (von einer Mutter von 3 Kindern gewünschte Sterilisation nicht rechtswidrig).

einseitige Verhinderung ehewidrig.[176] Ein gerechtfertigter **Schwangerschaftsabbruch** ist eine höchstpersönliche Entscheidung der Frau, gleichwohl gebietet § 1353, sich vorher mit dem Ehemann zu besprechen.[177] Eine Beeinflussung der Schwangeren durch Druck oder Zwang zum Abbruch ist nicht nur ehewidrig, sondern sogar strafbar.[178] Schließlich bedarf auch eine künstliche Insemination der Zustimmung des Ehepartners.[179]

14. Wechselseitige Pflichtverletzungen. Die beiderseitigen Ehepflichten stehen zueinander nicht im Synallagma nach §§ 320 ff. Pflichtverletzungen des anderen Teils entschuldigen eigene Pflichtverletzungen nicht.[180] Hat ein Ehegatte die Gemeinschaft schuldhaft zerstört (zB durch Alkoholismus), muss ihm der andere im Gegenteil uU helfen, in sie zurückzufinden.[181] 43

VI. Wegfall der Herstellungspflicht (Abs. 2)

1. Normzweck; Rechtsmissbrauch. Abs. 2 normiert eine Grenze der grundsätzlich bestehenden Pflicht zur Herstellung der ehelichen Lebensgemeinschaft und stellt dabei auf den Missbrauchsgedanken ab. Die Norm war zur der Zeit, als es noch die Verschuldensscheidung gab, konsequent, hat aber nach Einführung des Zerrüttungsprinzips im Jahre 1977 kaum noch eine Funktion. Die von der früheren Rechtsprechung als Missbrauchsfälle eingeordneten Sachverhalte[182] lassen nach heutigem Verständnis schon die eheliche Pflicht entfallen, so dass Abs. 2 erst gar nicht bemüht werden muss. Die immer restriktiver werdende Haltung zu den konkreten ehelichen Pflichten hat den Anwendungsbereich des Abs. 2 zusätzlich reduziert. Es bleiben allerdings noch solche Fälle, in denen eine eheliche Pflicht grundsätzlich besteht, diese aber verweigert werden kann, weil der andere Ehegatte seinerseits sich pflichtwidrig verhält (oder verhalten hat). Im Übrigen besteht aber das Recht eines Ehegatten, getrennt zu leben, wenn er die Voraussetzung für eine Scheidung herstellen will (s. RdNr. 47). 44

Ein **nicht ernstlich gemeintes Herstellungsverlangen** ist schon nach § 118 unbeachtlich.[183] Die Ernsthaftigkeit fehlt aber nicht allein deswegen, weil primär Scheidung beantragt und Herstellung nur hilfsweise verlangt wird.[184] Die mangelnde Aussicht, dass der Beklagte dem Urteil folgen werde, macht das Herstellungsverlangen nicht missbräuchlich.[185] 45

Für einen Missbrauch sprechende, aber vom Beklagten nicht vorgebrachte Tatsachen darf das Gericht als **ehefeindlich** nach § 616 Abs. 2 ZPO nicht von Amts wegen ermitteln. Vorgetragene Tatsachen sind jedoch auch ohne Einrede von Amts wegen zu berücksichtigen.[186] Die **Beweislast** für die einen Missbrauch begründenden Tatsachen trägt der auf Herstellung Verklagte.[187] 46

2. Gescheiterte Ehe. Bei gescheiterter Ehe entfällt die Herstellungspflicht nach Abs. 2 Fall 2 ebenfalls,[188] dh. wenn nach § 1565 ff. die Voraussetzungen für eine Scheidung vor- 47

---

[176] RG WarnR 1914, Nr. 23; OLG Frankfurt NJW 1947/48, 303; OLG Hamburg MDR 1948, 176 m. Anm. *Gieseke*; vgl. auch RGZ 94, 123, 126.

[177] Ein rechtswidriger Abbruch ist unzulässig und daher auch nicht möglicher Gegenstand einer Vereinbarung.

[178] Besonders schwerer Fall einer Nötigung gemäß § 240 Abs. 4 S. 2 Nr. 2 StGB nF.

[179] *Benecke,* Die heterologe künstliche Insemination im geltenden deutschen Zivilrecht, 1986, S. 94. *Roth* DNotZ 2003, 805, 809 ff.

[180] Ebenso bereits ALR II 1 § 182.

[181] BGH LM EheG § 48 Abs. 2 Nr. 79 = FamRZ 1967, 324.

[182] Vgl. *Wacke* Voraufl. RdNr. 34 Fn. 185 f.

[183] Ähnlich *Gernhuber/Coester-Waltjen* § 18 VI 2 mwN: gar keine Rechtsausübung.

[184] RG WarnR 1919, Nr. 116; 1920, Nr. 79; 1932, Nr. 25.

[185] RGZ 163, 380, 384; DJ 1940, 1142; OLG Köln NJW 1966, 1864.

[186] RG JW 1906, 336; 1907, 107; SeuffA 61, Nr. 177.

[187] RGZ 95, 330, 333; 103, 347. ZB für die Behauptung, der Kläger werde auch in Zukunft sein ehewidriges Verhalten nicht ändern: RG DR 1940, 1052, 1054 m. Anm. *Lauterbach.* UU jedoch *prima facie*-Beweis aufgrund des früheren Verhaltens: RG LZ 1923, 58 f.; eingehend *Baumgärtel/Laumen* RdNr. 2.

[188] Abs. 2 aE insoweit neu formuliert durch 1. EheRG, BT-Drucks. 7/650 S. 96; näher dazu *Rasch* S. 62 ff.

liegen, so dass eine Wiederherstellung der Ehegemeinschaft sinnlos wäre. Als gescheitert gilt eine Ehe gemäß § 1566 Abs. 2 nach dreijährigem Getrenntleben. Da ein Scheitern der Ehe i. d. R. ein Getrenntleben voraussetzt, ein Recht zum Getrenntleben aber das Scheitern, muss die Vorschrift erweiternd ausgelegt werden: Schon wenn ein Ehegatte die häusliche Gemeinschaft ablehnt, weil er die Ehe für gescheitert hält und sich scheiden lassen möchte, ist eine Herstellungsklage nicht mehr möglich.[189] Scheitert die Scheidung an der Härteklausel des § 1568, schließt dies ein Recht zum Getrenntleben nicht notwendig aus.[190] Die **Beweislast** für die ein Scheitern der Ehe begründenden Tatsachen trägt der Beklagte.[191]

48 **3. Aufhebbare Ehe.** Bei aufhebbarer Ehe kann der zur Aufhebung berechtigte Ehegatte auf sein Aufhebungsrecht verzichten und Fortsetzung der Ehe verlangen (vgl. § 1315 Abs. 1). Zur Herstellung kann er seinerseits aber nicht verpflichtet werden, da er durch sie sein Aufhebungsrecht verlieren würde.[192]

VII. Der Schutz gegen Ehestörungen

49 **1. Allgemeines.** Bedeutsamer als die wenig praktische Herstellungsklage ist für den durch einen Ehebruch oder eine andere schwere Eheverfehlung Verletzten die Frage, inwieweit er von dem Ehebrecher und dem schuldigen Ehepartner Schadensersatz bzw. vorbeugend Unterlassung verlangen kann. Ein materiellrechtlicher Anspruch auf Erstattung der Scheidungskosten wurde dadurch bedeutsamer, dass es bei der Verurteilung in die Prozesskosten nach § 93 a ZPO auf ein Verschulden an der Scheidung nicht mehr ankommt. Eheverfehlungen mit wirtschaftlich nachteiligen Folgen sind nach wie vor beachtlich (§ 1381 Abs. 2).

50 **2. Schadensersatz.** Der BGH lehnt Schadensersatzansprüche wegen Ehestörungen sowohl gegen den ungetreuen Ehepartner als auch gegen den Dritten ab.[193] Ehebruch sei als eheinterner Vorgang, durch die Vorschriften des Familienrechts abschließend geregelt und nicht in den Schutzzweck der deliktsrechtlichen Haftungstatbestände einbezogen; eine Außenhaftung des Dritten dürfe den mitschuldigen Ehepartner überdies nicht über den Gesamtschuldnerausgleich mitverantwortlich machen. Diese Begründung überzeugt nicht. Die ablehnende Haltung widerspricht der höchstrichterlichen Zubilligung von Geldersatz für Verletzungen des allgemeinen Persönlichkeitsrechts.[194] Aus § 826 lässt der BGH[195] Schadensersatzansprüche gegen den Ehepartner zu, wenn zum Ehebruch weitere sittenwidrige Schädigungen hinzutreten (zB hartnäckiges Leugnen, nicht aber bloßes Verschweigen ehelicher Untreue); ähnlich bei vorehelicher Täuschung über die Abstammung eines erwarteten Kindes.[196] Das (im Einzelnen kontroverse) Schrifttum[197] gewährt dagegen überwiegend **auf das Abwicklungsinteresse beschränkte Ersatzansprüche, zum Teil gegen beide an der Ehezerstörung Schuldige.** Anspruchsgrundlage gegen den **ungetreuen**

---

[189] Wie hier *Rauscher* RdNr. 239.

[190] *Lüke* AcP 178 (1978), 1, 7 f.

[191] BGH NJW 1971, 1406 = FamRZ 1971, 364; *Baumgärtel/Laumen* RdNr. 3.

[192] BayObLG NJW 1949, 221; OLG Nürnberg FamRZ 1966, 104, 106; *Staudinger/Hübner/Voppel* (2007) RdNr. 154; RGRK/*Roth-Stielow* RdNr. 109.

[193] BGHZ 23, 215 ff. = NJW 1957, 670; BGHZ 23, 279 ff. = NJW 1957, 671; BGHZ 26, 217 ff. = NJW 1958, 544; BGHZ 48, 82, 85 = NJW 1967, 2008; BGHZ 57, 229; ebenso OLG Oldenburg VersR 1978, 1123; OLG Celle FamRZ 1971, 371; LG Arnsberg FamRZ 1967, 630; *Henrich* § 8 II.

[194] Im Ausland werden z. T. Schadensersatzansprüche bejaht – *Jayme* S. 223 ff. Art. 151 Schweizer ZGB gewährt bei schuldhafter Ehezerrüttung einen Genugtuungsanspruch, der mit den Ansprüchen aus Verlöbnisbruch und außerehelicher Schwängerung (Art. 93, 318 ZGB) auf gleicher Stufe steht wie die Ansprüche wegen Persönlichkeitsverletzung (Art. 28 ZGB, 49 OR): *Frank* AcP 172 (1972), 61, 70 ff.

[195] BGH NJW 1990, 706 = JZ 1990, 438 m. Anm. *Schwenzer.*

[196] BGHZ 80, 235, 238.

[197] Vor allem *Boehmer* JZ 1953, 745 f.; *ders.* AcP 155 (1956), 190 ff.; *ders.* FamRZ 1957, 196; *Gernhuber/Coester-Waltjen* § 17 III 1 ff., 3; *Hepting* Ehevereinbarungen S. 104 ff.; *Medicus,* Bürgerliches Recht, RdNr. 616 ff., 619; *v. Hippel* NJW 1965, 665 ff.; *Künkel* FamRZ 1966, 176, 178 ff.; *Fabricius* AcP 160 (1961), 322, 333 f.; *Werner* Ehestörungen, S. 141 f.; *Jayme* S. 260 ff.; *Giesen* RdNr. 187 ff.; *Staudinger/Hübner/Voppel* RdNr. 116 ff.; *Lüderitz/Dethloff* § 4 RdNr. 16; dem BGH folgend *Rauscher* RdNr. 254; *Schlüter* RdNr. 60.

Ehepartner sei die verletzte Rechtspflicht auf Einhaltung der geschlechtlichen Treue (RdNr. 40), als Anspruchsgrundlage gegen den **Ehebruchspartner** wird das nach § 823 Abs. 1 absolut geschützte Recht auf Ungestörtheit der geschlechtlichen Beziehungen in der Ehe angesehen.[198] Das Gegenargument, die Verpflichtungen aus § 1353 seien „dem Wesen der Ehe entsprechend" persönlicher Natur, sie bänden daher nur die Ehegatten und könnten folglich von Dritten nicht verletzt werden,[199] ist ungenau: Der Anspruch auf Einhaltung der ehelichen Pflichten gegen den Ehepartner und das Recht auf Ungestörtheit dieser Beziehung gegenüber allen übrigen Personen sind nicht identisch, aber gut miteinander vereinbar.[200] Auch wer sich der institutionellen Ehelehre nicht anschließt (vgl. RdNr. 1), kann Schadensersatzansprüche gegen den Ehezerstörer bejahen, da die auf Lebenszeit angelegte Ehe (§ 1353 Abs. 1 S. 1) wesentlich schwerer lösbar ist als ein Vertragsverhältnis.[201] Das Vollstreckungsverbot des § 888 Abs. 3 ZPO wird nicht umgangen, denn es schließt nur den unmittelbaren Erfüllungszwang aus; sekundäre Schadensersatzpflichten sind ebenso vollstreckbar wie bei Verletzung der dort ebenfalls erwähnten Dienstleistungspflichten.[202] Die Berücksichtigung vermögensschädigender Eheverfehlungen durch die §§ 1381 Abs. 2, 1579 Abs. 1 Nr. 8 ist nicht abschließend.[203]

Obwohl somit keine generellen Bedenken gegen einen Schadensersatzanspruch bestehen, 51
kommt ein solcher nur selten in Betracht. Auszuklammern ist zunächst der **Bestandsschutz,** da es ein schützenswertes Interesse am Fortbestand der Ehe nicht gibt;[204] daher sind durch die Scheidung entgangene Vorteile nicht ersatzfähig. Im Übrigen ist das Familienrecht hinsichtlich der Scheidungsfolgen abschließend; die Regeln über den nachehelichen Unterhalt, über den Zugewinnausgleich und die Hausratsverteilung verdrängen einen Schadensersatzanspruch wegen Ehebruchs. Letzterer kommt daher allenfalls für das **Abwicklungsinteresse** in Betracht.[205] Genannt werden vor allem die Prozesskosten für das Scheidungsverfahren.[206] Insoweit bestehen jedoch zwei Bedenken: Zum einen ist wohl § 93a ZPO als Spezialvorschrift anzusehen, neben der ein Schadensersatzanspruch nicht zulässig ist, weil das Gesetz bewusst die Verschuldensfrage für die Prozesskosten außen vor lässt. Zum anderen ist die Kausalität zweifelhaft: Hat wirklich der Ehebruch zur Scheidung geführt oder war die Ehe schon vorher gescheitert? Die Frage, ob die ehewidrige Handlung Symptom oder Ursache ist, kann schwer zu beantworten sein. Ein weiterer denkbarer Schaden sind die Kosten für das Kind, das aufgrund eines Ehebruchs geboren wurde (Kosten für die Vaterschaftsanfechtung, für die Entbindung, Unterhalt). Hier gewährt § 1607 Abs. 3 einen Forderungsübergang gegen den wirklichen Vater, so dass häufig ein Schaden erst gar nicht entsteht. Allerdings werden durch die Vorschrift nicht alle Nachteile aufgefangen.[207] Für den Unterhalts„schaden" gilt schließlich die Einschränkung, dass er nicht unmittelbar Folge der Zeugung und Geburt ist, sondern auf der Ehelichkeitsvermutung beruht.[208] Denn die Zeugung an sich löst

---

198 Keine zivilrechtliche Anspruchsgrundlage liefert Art. 6 GG, *Gernhuber/Coester-Waltjen* § 17 I 1. Zu § 826 vgl. RGZ 152, 397 ff.; RG SeuffA 61 Nr. 38; *Löwisch,* Deliktschutz relativer Rechte, S. 190 f.; *Lüke* AcP 178 (1978), 1, 8 ff. Abl. BGHZ 23, 221 f. = NJW 1957, 670.

199 So BGHZ 23, 279, 281 = NJW 1957, 671; BGHZ 26, 221 = NJW 1958, 544; BGHZ 57, 232 f. = NJW 1972, 199; OLG Celle FamRZ 1971, 371; vgl. *Henrich* § 8 II.

200 *Rauscher* RdNr. 250; *Gernhuber/Coster-Waltjen* § 17 III 4.

201 Ebenso *Gernhuber/Coester-Waltjen* § 17 I 1 u. 2.

202 Zutr. Analyse der Motive durch *Fabricius* AcP 160 (1961), 324 ff.; zust. *Jayme* S. 253, 261; aA *Hanelt* S. 98 f.

203 Entgegen BGHZ 23, 217 f. = NJW 1957, 670; BGHZ 48, 85 = NJW 1967, 2008; *Medicus* RdNr. 619.

204 Nur dessen Ausschluss wird vom Normzweck des Deliktsrechts gefordert, nicht der gänzliche Ausschluss jeglichen Ersatzes. Gegen die zu pauschale Berufung auf den Normzweck durch den BGH (etwa BGHZ 57, 232 f. = NJW 1972, 199; NJW 1973, 991 f.) zutr. *Medicus* RdNr. 618. Wie hier auch *Lipp,* S. 290 f.

205 *Fabricius* AcP 160 (1961), 326 ff. gegen BGHZ 23, 216 ff. = NJW 1957, 670 und *Berg* JuS 1961, 137, 140. Zu den in Mot. IV 613 ff. abgelehnten Scheidungsstrafen nach römischem Recht s. *Söllner,* Zur Vorgeschichte und Funktion der actio rei uxoriae, 1969.

206 *Wacke* Voraufl. RdNr. 41; aA *Lipp* S. 314 f.

207 *Gernhuber/Coster-Waltjen* § 17 III 3.

208 Vgl. *Roth* FuR 1991, 86.

keinen Unterhaltsanspruch aus. Kausal ist insoweit die Geburt in der Ehe und die unterlassene Vaterschaftsanfechtung geworden: Hätte der Mann die Vaterschaft angefochten, wäre auch kein Unterhaltsanspruch angefallen. Verletzungshandlung ist insoweit das Verschweigen des Ehebruchs durch die Ehefrau, ein Verhalten, das zu einem Vermögensschaden geführt hat, der aber nicht über § 823, sondern allenfalls über § 826 zu ersetzen ist. Ersatzfähig sind wohl die dem Ehemann nach § 93 c ZPO auferlegten Verfahrenskosten. Als ersatzfähiger Schaden bleibt ferner ein denkbarer, allerdings nicht so häufig vorkommender Gesundheitsschaden.[209] Ein Schmerzensgeldanspruch wegen des Ehebruchs ist im Ergebnis jedoch abzulehnen.[210] Der Anspruch ist keine Ehesache.

52 **3. Unterlassung.** Der Ehepartner kann mit der **nicht vollstreckbaren Herstellungsklage** auf Unterlassung von Ehebruch und anderen Ehewidrigkeiten in Anspruch genommen werden,[211] obwohl eine solche Klage im Enumerativkatalog des § 606 ZPO nicht vorgesehen ist.[212] Die Zuordnung dieses Unterlassungsanspruchs zur Herstellungsklage und, damit verbunden, dem Vollstreckungsverbot des § 888 Abs. 3 ZPO ergibt sich daraus, dass die Unterscheidung zwischen Tun und Unterlassen bloß eine Formulierungsfrage ist (zB „die ehewidrigen Beziehungen zu X abzubrechen" oder „den ehewidrigen Verkehr mit X zu unterlassen").[213] Eine vollstreckbare Unterlassungsklage wegen Ehebruchs oder anderer Ehewidrigkeiten gegen den ehestörenden **Dritten** lehnen Rechtsprechung und wohl hL ab.[214]

53 **4. Schutz des räumlich-gegenständlichen Ehebereichs.** Gegen das Eindringen des Ehestörers in den räumlich-gegenständlichen Bereich der Ehe gewährt die gefestigte Rechtsprechung jedoch vollstreckbare Unterlassungs- und Beseitigungsansprüche sowohl gegen den Ehepartner als auch gegen den Dritten.[215] Das geschützte Rechtsgut wurzelt im **allgemeinen Persönlichkeitsrecht.** Die Klage ist im allgemeinen Zivilverfahren zu erheben, auch wenn sie gegen den Ehegatten gerichtet und das Scheidungsverfahren bereits anhängig ist;[216] auch eine einstweilige Verfügung ist möglich.[217] Eine Ehefrau kann von ihrem Mann die Entfernung der Geliebten aus der Ehewohnung verlangen, von der Geliebten selbst das Verlassen der Wohnung und das Unterlassen künftigen Betretens.[218] Schutznorm ist weniger Art. 6 GG als vielmehr im Verhältnis zum Ehegatten § 1353, im Verhältnis zu Dritten § 823 Abs. 1 (sonstiges Recht). Dass der Kläger selbst die Scheidung betreibt,

---

[209] So auch *Schlüter* RdNr. 60.

[210] Zutr. im Erg. insoweit BGHZ 23, 279 ff. = NJW 1957, 671. Ebenso *v. Hippel* NJW 1965, 667; aA *Boehmer* AcP 155 (1956), 194 ff.; *Künkel* FamRZ 1966, 179.

[211] BGHZ 6, 360, 364 f. = NJW 1952, 975; BGHZ 37, 38, 41 f. = NJW 1962, 1244; BGHZ 46, 392, 397 = NJW 1967, 1081; *Hanelt* S. 171; *Jayme* S. 268; *Streck* S. 170 f.; *Werner* Ehestörung S. 144, 157; *Boehmer* Grundlagen I S. 42 f.; *ders.* JZ 1953, 745; *D. Schwab* JuS 1961, 145; *Gernhuber/Coester-Waltjen* § 17 II 2.

[212] Da für Unterlassungsurteile in § 890 ZPO ein dem § 888 Abs. 3 ZPO entsprechendes Vollstreckungsverbot fehlt und dies daher umgangen werden könnte, ließ RGZ 151, 159, 162 eine Unterlassungsklage im gewöhnlichen Zivilprozess nicht zu. Ähnlich OLG Frankfurt NJW 1974, 2325.

[213] Krit. insofern *Lipp* S. 244 f.

[214] RGZ 71, 85, 88 f.; 151, 159, 164; BGHZ 6, 360, 364 f. = NJW 1952, 975; OLG Frankfurt NJW 1974, 2325; *v. Marchtaler* S. 153; *Berg* JuS 1961, 138; *D. Schwab* JuS 1961, 145; *Gernhuber/Coester-Waltjen* § 17 II 2. *Rauscher* RdNr. 249; aA *Jayme* S. 267; *Magis* S. 78; *Boehmer* AcP 155 (1956) 202, 205 ff.

[215] BGHZ 6, 360, 365 ff. = NJW 1952, 975; BGHZ 34, 80 ff. = NJW 1961, 504; LM GG Art. 6 Nr. 3 = FamRZ 1956, 50 f.; FamRZ 1963, 553 ff.; OLG Celle FamRZ 1963, 295; OLG München FamRZ 1973, 93 f.; OLG Stuttgart FamRZ 1980, 49 f. (auf das Eigentum an der Wohnung abstellend); OLG Celle NJW 1980, 711 = FamRZ 1980, 242, dazu *Smid* JuS 1984, 101 ff.; *ders.* FamRZ 1989, 1144 ff.; *ders.* (Diss.) S. 141. unter Betonung des Gedankens solidarischen Mitbesitzes und der Auffassung von der Ehe als Organisation gemeinsamen Handelns mit mitgliedschaftlichen Rechten und Pflichten; *Hepting* Ehevereinbarungen S. 109 ff.; *Gernhuber/Coester-Waltjen* § 17 II 2; *Schwab* RdNr. 133; auch *Streck* S. 90 ff.; vgl. *Struck* JZ 1976, 160 ff.

[216] OLG Zweibrücken FamRZ 1989, 55; OLG Düsseldorf FamRZ 1981, 577; OLG Hamm MDR 1981, 415; *Riegel* NJW 1989, 2798, 2799; aA OLG Celle NJW 1980, 711 = FamRZ 1980, 242; im Erg. *Soergel/Lange* RdNr. 38; vgl. *Giesen* JR 1983, 89, 96; *Walter* JZ 1983, 476 f.; eine gesetzliche Zuweisung ans Familiengericht wäre wünschenswert; vgl. *S. Maier* Diss. Regensburg 1996, 141 ff.

[217] OLG Karlsruhe FamRZ 1980, 139.

[218] OLG Karlsruhe FamRZ 1980, 139 f.; OLG Celle NJW 1980, 711 = FamRZ 1980, 242.

schließt seinen Unterlassungsanspruch nicht aus.[219] Der Anspruch bleibt bestehen, obgleich die Ehefrau die Wohnung vorübergehend verlassen hat, solange noch ein gemeinschaftliches Kind in ihr zurückblieb.[220] Der Anspruch erlischt, wenn die Wohnung ihre Eigenschaft als Ehewohnung verliert.[221] Die Aufnahme der Geliebten in eine andere Wohnung desselben Dreifamilienhauses braucht die Ehefrau gleichfalls nicht zu dulden:[222] Die tägliche Konfrontation mit der Konkurrentin unter einem Dach ist ihr nicht zuzumuten; gemeinschaftliche Nebenräume, evtl. Garten sind in den Schutzbereich einzubeziehen. Auch die **Geschäftsräume** können zum räumlich-gegenständlichen Ehebereich gehören,[223] jedenfalls bei untrennbarer Verbindung zum Wohnbereich und langjähriger Mitarbeit des Ehegatten. Die (frühere) Beschränkung dieses Eheschutzes auf die Ehefrau[224] ist (zumal nach dem Wegfall des Leitbilds der Hausfrauenehe, § 1356 Abs. 1) nicht mehr aufrechtzuerhalten; dem **Ehemann** muss der Schutz **gleichermaßen** zugute kommen.[225] Den Ehebrecher, der beim Ehebruch in der ehelichen Wohnung erwischt und vom Ehemann tätlich angegriffen wird, trifft an seiner Körperverletzung ein Mitverschulden gem. § 254.[226]

VIII. Prozessuales

1. Die Eheherstellungsklage. Die Möglichkeit, die aus § 1353 fließenden Ehepflichten mit der Klage auf Herstellung des ehelichen Lebens zu verfolgen, hat wegen des Ausschlusses der Vollstreckbarkeit eines obsiegenden Urteils (§ 888 Abs. 3 ZPO) **nur geringe praktische Bedeutung.** Die Klage erscheint heute als ein Anachronismus. Sie verlor wesentliche Funktionen bereits mit der Beseitigung des Scheidungsgrundes der böslichen Verlassung durch das Ehegesetz von 1938, dann weiter durch die Aufgabe des Verschuldensprinzips im Rahmen des 1. EheRG und der Tendenz, wesentliche Eheinhalte der einvernehmlichen Regelung durch die Ehegatten selbst zu überlassen. Solange jedoch die rechtspolitische Forderung nicht erfüllt ist, die Eheherstellungsklage zu beseitigen,[227] ist sie **nicht** unter Hinweis auf § 888 Abs. 3 ZPO mangels Rechtsschutzbedürfnisses als **unzulässig** anzusehen, da einem obsiegenden Urteil immerhin **Apellwirkung** eigen ist. Bei gescheiterter Ehe (Abs. 2 Fall 2) ist die Klage zulässig,[228] aber unbegründet. Den Lauf der Trennungsfrist unterbricht auch eine erfolgreiche Klage nicht.[229] 54

2. Klagegrenzen. Die Klage ist wegen der Erforderlichkeit, den Anspruch auf Herstellung der ehelichen Lebensgemeinschaft restriktiv zu interpretieren (RdNr. 21), zunächst auf ihren ursprünglichen Anwendungsbereich zu beschränken, wie er aus ihrem Ziel „Herstellung des ehelichen Lebens" hervorgeht: Voraussetzung ist das **Fehlen einer häuslichen Gemeinschaft.** Ohne Getrenntleben ist die Herstellungsklage nur zuzulassen, wenn die eheliche Gemeinschaft im Meinungskonflikt der Eheleute ernsthaft in Frage gestellt ist. Es kann nicht die Aufgabe des Familienrichters sein, in jedem Einzelfall positiv festzustellen, welches Verhalten der Ehe gemäß ist. Diese Begrenzung fordert die Rechtssicherheit. Das Familiengericht 55

---

[219] OLG Schleswig FamRZ 1989, 979.
[220] BGH LM § 1356 Nr. 12 = FamRZ 1963, 553 ff.
[221] AG Mönchengladbach FamRZ 1988, 1057.
[222] Zu eng OLG Düsseldorf FamRZ 1991, 705.
[223] BGHZ 34, 80 f. = NJW 1961, 504; OLG Düsseldorf FamRZ 1988, 1053; OLG Celle FamRZ 1963, 295; LG Hamburg FamRZ 1964, 265.
[224] Dazu neigt OLG Bremen NJW 1963, 395 f. Dass ein Mann sich leichter selber helfen könne als eine Frau, darf entgegen BGHZ 6, 360, 366 = NJW 1952, 975 seinen Klageschutz nicht ausschließen.
[225] OLG Karlsruhe FamRZ 1980, 139 f.; LG Saarbrücken FamRZ 1967, 288 f.; *Gernhuber/Coester-Waltjen* § 17 II 2; *Schwab* RdNr. 133.
[226] LG Paderborn FamRZ 1990, 516 m. zust. Anm. *D. Schwab*; krit. jedoch *Ennuschat/Pohl* FamRZ 1994, 622 f.
[227] Vgl. näher 1. Aufl. RdNr. 6 ff.; *Gernhuber/Coester-Waltjen* § 23, 4; dag. *Heinz* DRiZ 1978, 80, 81 Fn. 11; *Staudinger/Hübner/Voppel* (2007) RdNr. 139 ff.
[228] AA nach dreijährigem Getrenntleben wegen § 1566 Abs. 2: *Heinz* DRiZ 1978, 80, 81.
[229] *Gernhuber/Coester-Waltjen* § 23, 4.

ist kein Eheaufsichtsorgan, das um die Entscheidung über einzelne Meinungsverschiedenheiten angegangen werden könnte.

56 **3. Konkurrenzen.** Die fehlende Vollstreckbarkeit hat die Herstellungsklage gemeinsam mit der Feststellungsklage (§ 256 ZPO). Wie diese ist sie darum **subsidiär,** soweit ein anderes Rechtsmittel gegeben ist (wie nach §§ 1360 ff. die Unterhaltsklage[230] oder nach § 1357 Abs. 2 der Antrag auf Aufhebung des Entzugs der Schlüsselgewalt ans Vormundschaftsgericht, dort RdNr. 47). Zu Klagen auf Unterlassung oder auf Schadensersatz wegen Ehestörung s. RdNr. 49 ff.

57 **4. Anspruchspräzisierung.** Für Klageantrag und Urteilstenor wird vielfach die detaillierte Anführung der speziell zu erfüllenden Einzelpflichten gefordert.[231] Angesichts der Vollstreckungslosigkeit hat dieses Erfordernis jedoch keinen großen Wert und führt oft sogar zu geschmacklosem Perfektionismus.[232] Der allgemeine Antrag auf **Herstellung des ehelichen Lebens** ist daher zulässig.[233] Das allgemein auf Herstellung gerichtete Urteil umfasst in der Regel besonders die Pflicht zur Wiederherstellung der häuslichen Gemeinschaft.[234]

58 **5. Feststellung des Rechts zum Getrenntleben.** Das Gegenstück zur Herstellungsklage bildet die Klage auf Feststellung des Rechts zum Getrenntleben.[235] Die Klage ist Ehesache gem. §§ 606 ff. ZPO.[236] Begründet ist sie, wenn der klagende Ehegatte nach § 1353 Abs. 2 zum Getrenntleben berechtigt ist (dazu RdNr. 44 ff.). Das 1. EheRG hat das Rechtsschutzbedürfnis für die Klage auf Feststellung des Rechts zum Getrenntleben nicht beseitigt.[237] Das nach § 256 ZPO erforderliche Feststellungsinteresse ist gegeben, wenn der Beklagte das Recht des Klägers zum Getrenntleben bestreitet[238] oder sich des Anspruchs auf die häusliche Gemeinschaft berühmt.[239] Das Feststellungsinteresse fehlt, wenn der Beklagte mit dem Getrenntleben einverstanden ist oder beide Seiten die Ehegemeinschaft nicht mehr herstellen wollen.[240] Da eine Klage auf Trennung von Tisch und Bett vom geltenden Recht abgelehnt wird und ein lebenslängliches Weigerungsrecht gegenwärtig nicht festgestellt werden kann (auch nicht, wenn die Ehe gescheitert ist),[241] wirkt die Feststellung des Rechts zum Getrenntleben grundsätzlich nur für einen vorübergehenden Zeitraum.[242]

59 **6. Provisorische Regelungen.** Durch **einstweilige Anordnung** kann das Familiengericht nach § 620 Nr. 5 ZPO das Getrenntleben den Ehegatten auf Antrag für die Dauer des anhängigen Scheidungsprozesses gestatten. Bei noch bestehenden Versöhnungschancen ist unter dem Aspekt der Eheerhaltung praktisch bedeutsam die Befugnis zur **Aussetzung** des Verfahrens, § 614 ZPO.

---

[230] OLG München NJW 1963, 49 f.

[231] RGZ 97, 286, 287; *Staudinger/Hübner/Voppel* RdNr. 142.

[232] Zutr. *Gernhuber/Coester-Waltjen* § 23, 3; *Leipold* ZZP 80 (1967), 90 Fn. 1.

[233] RGZ 51, 182, 186; OLG Hamburg FamRZ 1967, 100 lässt neben dem allgemeinen Antrag die Angabe der konkret verletzten Einzelpflichten zu.

[234] Außer wenn aus den Urteilsgründen das Gegenteil hervorgeht (RGZ 137, 102, 104) oder eine häusliche Gemeinschaft den Umständen zufolge nicht möglich ist (BGH NJW 1957, 300).

[235] OLG Bamberg FamRZ 1979, 804; zu ihrer gestiegenen Bedeutung nach neuem Scheidungsrecht *Wacke* FamRZ 1977, 508; RGRK/*Roth-Stielow* RdNr. 113; aus der früheren Zeit BGH LM ZPO § 511 Nr. 18 = FamRZ 1964, 38; RGZ 150, 70.

[236] HM; s. insbes. OLG Celle FamRZ 1968, 165 ff.

[237] AG Merzig FamRZ 1980, 244; praktisch bedeutsam vor allem bei Streit über ein Getrenntleben innerhalb der ehelichen Wohnung.

[238] OLG Düsseldorf FamRZ 1967, 629; OLG Hamm OLGE 1968, 405 ff.; *Bergerfurth* FamRZ 1965, 587; *Gernhuber/Coester-Waltjen* § 23, 5; *Soergel/Lange* RdNr. 53.

[239] KG FamRZ 1964, 507 ff.; OLG Celle FamRZ 1968, 165 ff. Das OLG Nürnberg FamRZ 1965, 508 f. lässt bereits eine dauernde Ungewissheit über das Recht zum Getrenntleben genügen.

[240] OLG Nürnberg FamRZ 1965, 150; LG Saarbrücken FamRZ 1970, 140; OLG Hamburg FamRZ 1970, 487.

[241] *Gernhuber/Coester-Waltjen* § 23, 5 Fn. 20.

[242] OLG Hamm OLGZ 1968, 405 ff.; *Bergerfurth* FamRZ 1965, 585 ff.; *Gernhuber/Coester-Waltjen* § 23, 5.

7. Vollstreckbarkeit. Vollstreckungszwang ist gemäß § 888 Abs. 3 ZPO ausgeschlossen. Soweit dies nicht der Fall ist, ist im allgemeinen Streitverfahren zu klagen und zu vollstrecken, gleichgültig ob die eingeklagte Pflicht aus § 1353 oder aus einem speziellen Rechtssatz folgt.[243] Leistungsklagen mit Vollstreckungszwang kommen demgemäß insbesondere in unmittelbar **vermögensrechtlichen Angelegenheiten** in Betracht (vgl. RdNr. 35 f.). Für Schadensersatzklagen folgt dies bereits aus § 1359 (s. dort RdNr. 7). Das Gleiche gilt für Unterhaltsklagen. Vollstreckbar sind insbesondere die im gewöhnlichen Zivilprozess durchzusetzenden, auf **Schadensersatz** oder **Unterlassung** gerichteten Ansprüche gegen den Ehepartner aus Rechtsgütern, die (nicht allein durch dessen ehewidriges Verhalten, sondern) **durch beliebige Dritte gleichermaßen verletzbar** sind, zB auf Wahrung der Gesundheit gegen Körperverletzungen,[244] der Ehre gegen üble Nachrede,[245] der Privatsphäre (einschließlich des Briefgeheimnisses) gegen unberechtigte Nachforschungen oder Überwachungen des persönlichen Umgangs (RdNr. 29); auf Unterlassung unerwünschter Annäherungsversuche in Fällen des Abs. 2;[246] auf Schutz des Ehenamens gegen unberechtigte Verwendung durch Dritte (§ 1355 RdNr. 21). Vollstreckbar ist auch der Anspruch gegen Dritte (wie die Eltern der minderjährigen oder volljährigen Ehefrau) gegen die unberechtigte **Vorenthaltung des Ehepartners** oder die Behinderung an der Rückkehr in die eheliche Lebensgemeinschaft. Vollstreckbar sind auch Urteile auf **Unterlassung** von Ehestörungen im **räumlich-gegenständlichen Bereich** der Ehe sowie aus Ehestörungen erwachsene **Schadensersatzansprüche** (RdNr. 50 ff.). 60

§ 1354 *(weggefallen)*

§ 1355 Ehename

(1) [1] Die Ehegatten sollen einen gemeinsamen Familiennamen (Ehenamen) bestimmen. [2] Die Ehegatten führen den von ihnen bestimmten Ehenamen. [3] Bestimmen die Ehegatten keinen Ehenamen, so führen sie ihren zur Zeit der Eheschließung geführten Namen auch nach der Eheschließung.

(2) Zum Ehenamen können die Ehegatten durch Erklärung gegenüber dem Standesamt den Geburtsnamen oder den zur Zeit der Erklärung über die Bestimmung des Ehenamens geführten Namen der Frau oder des Mannes bestimmen.

(3) [1] Die Erklärung über die Bestimmung des Ehenamens soll bei der Eheschließung erfolgen. [2] Wird die Erklärung später abgegeben, so muss sie öffentlich beglaubigt werden.

(4) [1] Ein Ehegatte, dessen Name nicht Ehename wird, kann durch Erklärung gegenüber dem Standesamt dem Ehenamen seinen Geburtsnamen oder den zur Zeit der Erklärung über die Bestimmung des Ehenamens geführten Namen voranstellen oder anfügen. [2] Dies gilt nicht, wenn der Ehename aus mehreren Namen besteht. [3] Besteht der Name eines Ehegatten aus mehreren Namen, so kann nur einer dieser Namen hinzugefügt werden. [4] Die Erklärung kann gegenüber dem Standesamt widerrufen werden; in diesem Falle ist eine erneute Erklärung nach Satz 1 nicht zulässig. [5] Die Erklärung und der Widerruf müssen öffentlich beglaubigt werden.

(5) [1] Der verwitwete oder geschiedene Ehegatte behält den Ehenamen. [2] Er kann durch Erklärung gegenüber dem Standesamt seinen Geburtsnamen oder den Namen wieder annehmen, den er bis zur Bestimmung des Ehenamens geführt hat,

[243] *Gernhuber/Coester-Waltjen* § 23, 2 mwN.
[244] OLG Celle NJW 1953, 1789; OLG Karlsruhe FamRZ 1961, 375.
[245] RGJW 1912, 1105.
[246] *Gernhuber/Coester-Waltjen* § 23, 6.

oder dem Ehenamen seinen Geburtsnamen oder den zur Zeit der Bestimmung des Ehenamens geführten Namen voranstellen oder anfügen. [3] Absatz 4 gilt entsprechend.

(6) Geburtsname ist der Name, der in die Geburtsurkunde eines Ehegatten zum Zeitpunkt der Erklärung gegenüber dem Standesamt einzutragen ist.

Aktuelle Literatur (ältere s. 4. Aufl.): *Arndt,* Die Geschichte und Entwicklung des familienrechtlichen Namensrechts in Deutschland unter Berücksichtigung des Vornamensrechts, 2003; *Battes,* Prologomena zu einer grundlegenden Reform des deutschen Namensrechts, FS H. P. Westermann, 2008, S. 93; *ders.,* Der Weg aus der Sackgasse – Vorschlag für eine gründliche Reform des deutschen Namensrechts, FamRZ 2008, 1037; *Bornhofen,* Das geänderte Recht zum Ehenamen und Lebenspartnerschaftsnamen, StAZ 2005, 226; *Coester,* Das neue Familiennamensrechtsgesetz, FuR 1994, 1; *Coester-Waltjen,* „Auf dass Ihr Euch ewig bindet. . .“ – Das Ehenamensrecht, Jura 2007, 586; *Everts,* Vereinbarungen zur nachehelichen Namensführung, FamRZ 2005, 249; *Gaaz,* Das deutsche Ehenamensrecht – gestern, heute und morgen, StAZ 2006, 157; *Giesen,* Der Familienname aus rechtshistorischer, rechtsvergleichender und rechtspolitischer Sicht, FuR 1993, 65; *Henrich,* Die Angleichung im internationalen Namensrecht – Namensführung nach Statutenwechsel, StAZ 2007, 197; *Hepting,* Regelungszwecke und Regelungswidersprüche im Namensrecht, StAZ 1996, 1; *ders.,* Grundlinien des aktuellen Familiennamensrechts, FPR 2002, 115; *Manteuffel,* Zur Reform des Ehenamensrechts – quo vadis, Gesetzgeber?, NJW 2004, 1773; *v. Oertzen/Engelmeier,* Namensrechtliche Regelungen in Eheverträgen und Scheidungsfolgevereinbarungen, FamRZ 2008, 1133; *Sacksofsky,* Das Ehenamensrecht zwischen Tradition und Gleichberechtigung – zum neuen Ehenamensurteil des BVerfG, FPR 2004, 371; *v. Schorlemer,* Die zivilrechtlichen Möglichkeiten der Namensänderung, 1998; *Schwenzer,* Namensrecht im Überblick, Entwicklung – Rechtsvergleich – Analyse, FamRZ 1991, 390; *Seeger,* Der Ehe- und Lebenspartnerschaftsname in der notariellen Praxis, MittBayNot. 2002, 229; *v. Spoenla-Metternich,* Namenserwerb, Namensführung und Namensänderung, 1997 (dazu Rezension *Wacke* FamRZ 1999, 977); *Wagenitz,* Perspektiven des Familienrechts, FS D. Schwab, 2005, S. 443; *ders.,* Grundlinien zum neuen Familiennamensrecht, FamRZ 1994, 409; *Wagenitz/Bornhofen,* Familiennamensrechtsgesetz mit Materialien etc., 1994; *dies.,* Wahl und Qual im Namensrecht – zum Gesetz zur Änderung des Ehe- und Lebenspartnerschaftsnamensgesetz, FamRZ 2005, 1425; *Winkler,* Der Ehename bei Eheaufhebung, 2005.

Übersicht

I. Allgemeines

1 **1. Gesetzgebungsgeschichte.** Die Vorschrift über den Ehenamen wurde seit 1900 mehrmals geändert.[1] Die seit dem ALR (§ 192, II 1) bestehende Tradition fortführend, wurde in der ursprünglichen Fassung ein gemeinsamer Ehename dadurch gebildet, dass die Frau den Familiennamen des Mannes erhielt. Ungeachtet der zwischenzeitlichen Geltung des Art. 3 Abs. 2 GG beließ es das GleichberG von 1957 gleichheitssatzwidrig[2] bei dieser Regelung und gestattete es der Frau lediglich, dem Ehenamen für ihre Person ihren Mädchennamen anzufügen. Das 1. EheRG von 1976 hielt am Prinzip des einheitlichen Ehenamens fest, brachte aber mit dem Wahlrecht der Ehegatten in Abs. 2 ein Element der Gleichberechtigung; die männliche Namensherrschaft setzte sich insoweit fort, als bei unterbliebener Namenswahl subsidiär der Mannesname kraft Gesetzes Ehename wurde. Das früher in bestimmten Fällen vorgesehene Recht des Mannes, der geschiedenen Frau die Fortführung des erheirateten Namens zu untersagen, wurde beseitigt (RdNr. 41). Die Anfügung des Mädchennamens wurde dahin modifiziert, dass der mit seinem Namen weichende Ehegatte dem Ehenamen seinen Geburtsnamen oder den vor der Ehe aktuell geführten Namen voranstellen konnte (Begleitname). Es blieb damit bei einer Ungleichbehandlung von Mann und Frau, denn eine Wahl des Namens der Frau war nur einvernehmlich möglich, so dass der Mann faktisch die Geltung seines Namens gegen den Willen der Frau durchsetzen konnte, wenn es zu keiner Einigung kam. Das BVerfG erklärte deshalb 1991 den damaligen Abs. 2 S. 2 für mit Art. 3 Abs. 2 GG unvereinbar und erließ eine Übergangsregelung, derzufolge mangels Einigung der Ehegatten jeder seinen aktuell geführten Namen beibehielt;[3] damit war erstmals die getrennte Namensführung in der Ehe möglich. Das FamNamRG von 1993 erfüllte den Auftrag des BVerfG zur gleichheitssatzkonformen Neuregelung des Ehenamensrechts durch eine Neufassung der Vorschrift, die mit Ausnahme des Abs. 3 bis zur Reform von 2005 Bestand hatte:[4] Vorrangig blieb die Bestimmung eines einheitlichen Ehenamens, die auch noch nach Eheschließung zugelassen wurde;[5] mangels Einigung der Ehegatten hierüber behielten diese aber ihre bisherigen Namen bei. Die Wahl blieb entgegen der ursprünglichen Konzeption[6] auf den Geburtsnamen jedes Ehegatten unter Ausschluss erheirateter Namen und der Bildung von Doppelnamen begrenzt. Ein Begleitname konnte voran- oder nachgestellt werden. Das KindRG änderte die Folgenregelungen in §§ 1616 ff. über den Kindesnamen, das EheschlRG erlaubte wieder die Aufhebung von Scheinehen zum Namenserwerb gem. §§ 1314 Abs. 2 Nr. 5, 1318 (str., RdNr. 34). Das BVerfG erklärte 2004 die Beschränkung des Wahlrechts auf die

[1] Zu deren geschichtlicher Entwicklung *Arndt* S. 51 ff.; *Gaaz* StAZ 2006, 157; *Wagenitz,* FS Schwab, S. 443 ff.; *Coester-Waltjen* Jura 2007, 586 f.; *Staudinger/Voppel* (2007) RdNr. 1 ff.; *Henrich/Wagenitz/Bornhofen* Vor § 1355 RdNr. 1 ff.; eingehend *Giesen* FuR 1993, 65, 68 ff.

[2] Für Altfälle vor Inkrafttreten des 1. EheRG nachträglich festgestellt, BVerfGE 48, 327 = NJW 1978, 2289.

[3] BVerfGE 84, 9, 23 = NJW 1991, 1602, 1603 = FuR 1991, 93, 95 m. zust. Anm. *Niemeyer* = JZ 1991, 769, 770 m. krit. Anm. *Kimminich.*

[4] Zu den diversen Neuregelungsvorschlägen BT-Drucks. 12/3163, S. 9 f.; *Giesen* FuR 1993, 65, 73 ff.; *Wagenitz,* FS Schwab, S. 444 ff.

[5] Die ursprüngliche Befristung auf fünf Jahre nach Eheschließung wurde schon 1998 durch das KindRG wieder beseitigt, indem Abs. 3 S. 2 idF des FamNamRG durch Art. 1 Nr. 47 KindRG aufgehoben wurde.

[6] § 1355 Abs. 2 idF des RegE, BT-Drucks. 12/3163; diese Optionen wurden im weiteren Gesetzgebungsverfahren verworfen, dazu *Wagenitz,* FS Schwab, S. 444 ff.; zur damaligen Diskussion um Doppelnamen *Arndt* S. 98 ff.

jeweiligen Geburtsnamen in § 1355 Abs. 2 insoweit für verfassungswidrig, als danach der durch frühere Ehe erworbene und geführte Name eines Ehegatten in dessen neuer Ehe nicht zum Ehenamen bestimmt werden konnte.[7] Den Neuregelungsauftrag erfüllt das Gesetz zur Änderung des Ehe- und Lebenspartnerschaftsnamensrechts von 2005.[8] Art. 229 § 13 EGBGB (s. Erl. dazu) räumte Ehegatten mit einem nach altem Recht bestimmten Ehenamen innerhalb eines Jahres ab Inkrafttreten (12. 2. 2005) eine Neubestimmung des Ehenamens in den aktuell geführten Namen eines von ihnen sowie Änderungen eines geführten Begleitnamens ein. Die Regelung des § 1355 übertrug § 3 LPartG von 2001 inhaltlich auf gleichgeschlechtliche eingetragene Lebenspartnerschaften, durch das Reformgesetz von 2005 wurde diese Vorschrift der Neufassung des § 1355 angepasst (s. Erl. § 3 LPartG). Zu den praktischen Auswirkungen der letzten Reformen, RdNr. 44.

2 **2. Normzweck.** Ursprünglich bezweckte die Norm die **Namenseinheit** der Eheleute. Es sei „eine natürliche Folge der Innigkeit und der das ganze Leben umfassenden Bedeutung der ehelichen Gemeinschaft, dass beide Ehegatten denselben Familiennamen führen".[9] Dass die Namenseinheit anfangs durch Anknüpfung an den Mannesnamen hergestellt wurde, war weniger Normziel als Folge der patriarchalischen Familienstruktur des BGB, wonach die Frau mit Eheschließung in die Familie des Mannes als des Familienoberhauptes eintrat.[10] Die Namenseinheit der Ehegatten soll die **familiäre Zuordnung** ermöglichen; führen ein Mann und eine Frau einen einheitlichen Ehenamen, so dokumentiert dies, dass sie verheiratet sind.[11] Von Anfang an sollten auch die Kinder aus einer Ehe einen mit ihren Eltern einheitlichen Namen haben, um so ihre familiäre Zugehörigkeit nach außen kundzutun (§ 1616 RdNr. 2). Unter dem Einfluss des Grundgesetzes und dem Wandel der Wertvorstellungen ist die familiäre Zuordnungsfunktion des Familiennamens indes zusehends abgeschwächt worden: Nach den Vorgaben des BVerfG hat der Gesetzgeber für die Herstellung von Namenseinheit eine gleichheitssatzkonforme Lösung anzubieten (RdNr. 1, 3). Da er sich nicht zur Zulassung eines aus dem Namen beider Ehegatten gebildeten Doppelnamens als Ehenamen durchringen wollte (RdNr. 1) und dies im Hinblick auf § 1355 Abs. 4 verfassungsrechtlich auch nicht musste,[12] blieb nur die Möglichkeit, eine Fremdbestimmung – Richterspruch (vgl. § 1617 Abs. 2) oder Losentscheid[13] – über die Namenswahl einzuführen oder den Grundsatz der Namenseinheit zur Disposition der Ehegatten zu stellen, wie seit dem FamNamRG in § 1355 Abs. 1 geschehen. Zwar hält diese Vorschrift am Ideal der Namenseinheit in Ehe und Familie (§ 1616) fest, doch lediglich in Form einer sanktionslosen Empfehlung (RdNr. 12). Regelungstechnisch macht die Norm die **Namensverschiedenheit** indes zum Grundsatz, weil diese bei fehlender Ehenamensbestimmung ipso iure eintritt (RdNr. 23). Abs. 2 kennt keine Auffangregelung mehr für den Fall einer unterbliebenen einvernehmlichen Bestimmung und dient daher insoweit der **Gleichberechtigung** der Ehegatten. Die Vorschrift räumt den Ehegatten also eine mehrfache **Dispositionsbefugnis** ein: die Wahl zwischen Namensverschiedenheit oder einem einheitlichen Ehenamen; letzterenfalls die Auswahl zwischen dem Namen des einen oder des anderen Ehegatten und, seit 2005, die Auswahl zwischen dem Geburtsnamen oder dem

---

7 BVerfGE 109, 256, 267 ff. = NJW 2004, 1155.

8 BGBl. I 203.

9 Mot. IV, S. 106. Zur Kritik an der Mystifizierung des Einheitsgedankens jedoch *Simitis* StAZ 1969, 276 m. Fn. 13.

10 Mot. IV, S. 106; dazu *Sturm* StAZ 1994, 370; *Hepting* StAZ 1996, 1, 2; *Giesen* FuR 1993, 65, 69.

11 *Hepting* FPR 2002, 115; *ders.* StAZ 1996, 1, 2, der insoweit von der gesellschaftlichen Namensfunktion spricht; *Klippel*, Der zivilrechtliche Schutz des Namens, 1985, S. 361 ff.; *Raschauer*, Namensrecht: Eine systematische Darstellung des geltenden österreichischen und des geltenden deutschen Rechts, Wien 1978, S. 22 f.; zu den Namensprinzipien s. a. Vor § 1616 RdNr. 8.

12 BVerfGE 104, 373 = NJW 2002, 1256 = FamRZ 2002, 306.

13 So als Übergangsregelung für eheliche Kinder namensverschiedener Eltern vorgesehen von BVerfGE 84, 9, 23 f. = NJW 1991, 1602, 1604; zu dem im Gesetzgebungsverfahren des FamNamRG diskutierten Losentscheid und weiteren Optionen zur Bildung einer gleichheitssatzkonformen Auffangregelung näher *Arndt* S. 96 ff.

aktuell geführten, selbst erheirateten Namen eines jeden Ehegatten. Überdies gewähren Abs. 4 und 5 verheiratet gewesenen Ehegatten vielfältige Möglichkeiten, den aktuell geführten Namen vor der Ehenamensbestimmung zu ändern und dadurch mittelbar die Wahloptionen zu vergrößern (RdNr. 16). Das Gesetz eröffnet damit jedem Ehegatten in weitem Maße die Möglichkeit, den eigenen vorehelichen Namen fortzuführen: als Ehename, als Begleitname, bei Namensverschiedenheit oder bei Ablegung eines abweichenden Ehenamens nach Eheauflösung. Diese Optionen sollen das **Persönlichkeitsrecht** eines jeden Ehegatten an seinem bisherigen Namen wahren, doch gibt es bei Doppelnamen Durchbrechungen (RdNr. 17, 27 f.). Durch die vielfältigen Wahlmöglichkeiten ist der Ehename ein Mittel namensmäßiger **Selbstdarstellung** der Ehegatten geworden, so dass gerade mehrfach Verheiratete sich einen Wunschnamen zurechtbasteln können. In der gegenwärtigen Regelung manifestieren sich somit **widersprechende Namensprinzipien,** woraus sich zahlreiche Ungereimtheiten ergeben (dazu RdNr. 43).

3. Verfassung und internationale Menschenrechte. Bei der Ausgestaltung des Ehe- 3
namensrechts kann der Gesetzgeber die verschiedenen Namensfunktionen unterschiedlich gewichten, hat dabei aber den Schutz des eigenen Namens als Ausdruck der Identität und Individualität durch das allgemeine Persönlichkeitsrecht (Art. 2 Abs. 1 iVm. Art. 1 Abs. 1 GG) sowie die Gleichbehandlung von Mann und Frau nach Art. 3 Abs. 2 GG zu beachten.[14] Daher verstieß die frühere einseitige (vor dem 1. EheRG) oder subsidiäre Anknüpfung an den Mannesnamen (bis 1991) gegen Art. 3 Abs. 2 GG (RdNr. 1), selbst wenn die Frau ihren Geburtsnamen dem Ehenamen beifügen konnte; gleiches gilt für das Diskriminierungsverbot des Art. 14 iVm. Art. 8 EMRK.[15] Dem wird das Wahlrecht des § 1355 Abs. 2, welches keinem der Ehegatten einen namensmäßigen Vorrang einräumt, jetzt gerecht.[16] Die von § 1355 Abs. 1 erwünschte Namenseinheit der Ehegatten entspricht zwar dem Leitbild der Einheit der Familie in Art. 6 Abs. 1 GG, ist aber verfassungsrechtlich nicht geboten.[17] Umgekehrt verletzt die mit der Bildung eines Ehenamens verbundene Aufgabe des eigenen Namens des einen Ehegatten nicht dessen allgemeines Persönlichkeitsrecht, zumal er jenen als Begleitnamen fortführen kann.[18]

In seiner **Entscheidung vom 18. 2. 2004** hat das BVerfG allerdings in der Beschränkung 4
des Wahlrechts auf den jeweiligen Geburtsnamen unter Ausschluss eines durch frühere Eheschließung erworbenen und aktuell geführten Namens durch § 1355 Abs. 2 idF des FamNamRG einen unverhältnismäßigen Eingriff in das allgemeine Persönlichkeitsrecht des Namensträgers erblickt:[19] Der durch Eheschließung erworbene, vom anderen Ehegatten abgeleitete Ehename drücke nicht nur die familiäre Einheit der Eheleute aus, sondern werde zugleich zum neuen Familiennamen des erwerbenden Ehegatten und somit Teil und Ausdruck von dessen eigener Persönlichkeit. Als eigener und nicht nur geliehener Name falle er unter den Schutz des Persönlichkeitsrechts, unabhängig von Anlass und Grund des Namenserwerbs; es handele sich nicht um einen Namen minderer Qualität, und dessen Schutz sei nicht auf die Ehezeit begrenzt. Durch die Begrenzung auf die Wahl des Geburtsnamens werde bereits in die Auswahlentscheidung desjenigen Ehegatten, der einen erheirateten Namen führt, eingegriffen, weil er nur entweder den Namen des anderen Ehegatten oder seinen eigenen, nicht mehr geführten Geburtsnamen wählen könne. Die gegen die Weitergabe eines erheirateten Namens sprechenden Gründe – vor allem das Interesse des namensspendenden

[14] Zusammenfassend BVerfGE 104, 373, 385 ff. = NJW 2002, 1256, 1257 = FamRZ 2002, 306, 308 mwN.

[15] Zu einer vergleichbaren Regelung im türkischen Recht EuGHMR 16. 11. 2004 FamRZ 2005, 427.

[16] BVerfGE 104, 373, 388 = NJW 2002, 1256, 1258 = FamRZ 2002, 306, 309.

[17] BVerfGE 78, 38, 49 = NJW 1988, 1577 = FamRZ 1988, 587, 589; BVerfGE 84, 9, 17 f. = NJW 1991, 1602, 1603 f.; BVerfGE 104, 373, 384 ff. = NJW 2002, 1256, 1257 = FamRZ 2002, 306, 307 f.; BVerfGE 109, 256 = NJW 2004, 1155 f.

[18] BVerfGE 78, 38 = NJW 1988, 1577 = FamRZ 1988, 587 m. zust. Anm. *Bosch*; s. a. BVerfGE 104, 373, 388 = NJW 2002, 1256, 1258 = FamRZ 2002, 306, 309; BVerfGE 109, 256 = NJW 2004, 1155, 1157.

[19] BVerfGE 109, 256 = NJW 2004, 1155; im Ergebnis zust. *Sacksofsky* FPR 2004, 371; kritisch dazu hingegen *v. Hein* FamRZ 2004, 519 ff.; *Wagenitz,* FS Schwab, S. 447 ff.

früheren Ehegatten an der Nichtweitergabe seines Namens und mögliche Missbrauchsgefahren – erachtet das BVerfG demgegenüber als geringerwertig. Diese Entscheidung hält einer **kritischen Prüfung** nicht stand: Es trifft zwar zu, dass der erheiratete Name als nunmehr eigener Name vom Persönlichkeitsrecht des erwerbenden Ehegatten geschützt wird. Die Aufgabe dieses aktuell geführten Namens bei der Bestimmung eines Ehenamens stellt jedoch keine Verletzung dieses Grundrechts des mit seinem Namen weichenden Ehegatten dar, denn dieser verzichtet ja freiwillig auf die Fortführung seines Namens,[20] zudem ist sein Persönlichkeitsrecht an der Beibehaltung des eigenen Namens durch die Möglichkeit getrennter Namensführung oder der Beifügung als Begleitname hinreichend gewahrt.[21] In Wirklichkeit geht es darum, dem Träger eines in früherer Ehe erworbenen Namens die Möglichkeit zu eröffnen, diesen zum Ehenamen in einer neuen Ehe zu bestimmen und damit auf dessen neuen Ehegatten zu übertragen, doch ist diese Namensweitergabe gerade nicht vom Persönlichkeitsrecht des Namensträgers gedeckt.[22] Der eigentliche Grund ist denn auch eine vermeintliche mittelbare Frauenbenachteiligung, welche darin liegen soll, dass sich nach wie vor in der Mehrzahl der Fälle der Mannesname als Ehename durchsetzt und die Frau bei dessen Nichtweitergabe in einer neuen Ehe zum wiederholten Male auf die Fortführung ihres Namens bei Bildung eines Ehenamens verzichten müsse.[23] Die gegen die Namensweitergabe sprechenden Argumente hat das Gericht nur zum Teil gesehen oder sehen wollen und, soweit geschehen, lediglich oberflächlich gewichtet: Der durch eine Namensweitergabe an einen Dritten bewirkten Verfälschung der familiären Zuordnung und des Nachzeichnens von Abstammungslinien schenkt das Gericht keinerlei Beachtung;[24] ohne großen argumentativen Aufwand werden die Interessen des namensspendenden früheren Ehegatten an der Nichtweitergabe seines Namens an einen Dritten, die nicht nur bei Trägern vormaliger Adelsbezeichnungen durchaus vorstellbar sind,[25] u. a. mit dem Pauschalhinweis, die Verfassung kenne kein Recht auf Namensexklusivität, in das Reich unbeachtlicher Wünsche verwiesen;[26] wohl völlig unterschätzt hat das Gericht die tatsächlich bestehenden Missbrauchsgefahren (zB Inflation von Adelstiteln);[27] der Verweis auf das Instrumentarium der Aufhebung einer Scheinehe verfängt nicht, denn zum einen ist dessen Anwendbarkeit auf Namensehen strittig, zum anderen insofern untauglich, als es hierzu eines Antrages eines Ehegatten bedarf, der nur unter engen Voraussetzungen Erfolg versprechend ist (RdNr. 34). Letztlich erscheint die Entscheidung als ergebnisorientierte Verwirklichung feministischer Ziele[28] mit erheblichen handwerklichen Fehlern. Deren praktische Konsequenzen bleiben noch abzuwarten (dazu RdNr. 44).

5 Die der Umsetzung dieser Entscheidung dienende Neufassung des § 1355 birgt indes neuen Sprengstoff: Abs. 2 enthält für Ehegatten nach wie vor das **Verbot,** einen aus ihren jeweiligen Namen gebildeten **Doppelnamen** zum Ehenamen zu bestimmen, während der

---

[20] Ebenso BVerfG NJW 2009, 1657 Tz. 42; *Sacksofsky* FPR 2004, 371, 373; *Manteuffel* NJW 2004, 1773, 1774.

[21] So bereits BVerfGE 78, 38 = NJW 1988, 1577 = FamRZ 1988, 587 m. zust. Anm. *Bosch*; BVerfGE 104, 373, 388 = NJW 2002, 1256, 1258 = FamRZ 2002, 306, 308 f.; NJW 2009, 1657 Tz. 26; ebenso *Battes,* FS Westermann, S. 98; *Manteuffel* NJW 2004, 1773, 1774; *Wagenitz,* FS Schwab, S. 447.

[22] Zu letzterem ebenso BVerfGE 104, 373, 392 f. = NJW 2002, 1256, 1259 = FamRZ 2002, 306, 310; *Sacksofsky* FPR 2004, 371, 373.

[23] So auch *Sacksofsky* FPR 2004, 371, 373 f.

[24] Kritisch auch *Battes,* FS Westermann, S. 97 f.; *Manteuffel* NJW 2004, 1773, 1774; *v. Hein* FamRZ 2004, 519, 520.

[25] Ein beredtes Beispiel hierfür bietet *v. Hein* FamRZ 2004, 519, 521.

[26] Zu Recht ablehnend *Battes,* FS Westermann, S. 97 f.

[27] *Manteuffel* NJW 2004, 1773, 1774; *v. Hein* FamRZ 2004, 519, 521; s. schon *Schwab* FamRZ 1992, 1015. Dem Autor sind solche Gefahren aus eigener Erfahrung durchaus bekannt: So erhielt er am Tag der Veröffentlichung der Entscheidung ein Schreiben einer Titelübertragungsfirma mit dem Angebot auf Eingehung einer entgeltlichen Namensehe, kurze Zeit später ein entsprechendes Telephonat im Auftrag eines bekannten Titelhändlers mit einem lukrativen Angebot.

[28] In diese Richtung auch *Wagenitz,* FS Schwab, S. 447, 449 (frauenpolitischer Zungenschlag an Schärfe zugenommen); *v. Hein* FamRZ 2004, 519.

mit seinem Namen weichende Ehegatte nach Scheidung genau diesen Doppelnamen, zusammengesetzt aus dem Ehenamen der Vorehe und einem Begleitnamen, in einer neuen Ehe mit einem Dritten als Ehenamen zur Wahl stellen kann (RdNr. 15, 17). Trotz dieser absurden Konsequenz hält das BVerfG die Verhinderung der Entstehung mehrgliedriger Namensketten in diesem Falle für legitim.[29] Gleiches gilt für die widersprüchliche Regelung zur Vermeidung mehrgliedriger Namensketten durch Beifügung eines **Begleitnamens** in Abs. 4 S. 2 (RdNr. 27 f.).[30]

4. Begriffe. a) Ehename. Der erstmals vom EheG von 1938 verwendete Begriff des Ehenamens war bis zum GleichberG mit dem des Familiennamens identisch, doch gab das 1. EheRG diese Identität auf: Ehename ist nur noch der **gemeinsam geführte Familienname** beider Ehegatten. Einen Ehenamen können **allein Ehegatten** bzw. Verwitwete oder Geschiedene als Nachwirkung ihrer Ehe (Abs. 5 S. 1) führen, gemeinschaftliche Namensführung ist sonst nur gleichgeschlechtlichen Partnern einer eingetragenen Lebenspartnerschaft iSv. § 1 LPartG möglich (Lebenspartnerschaftsname, § 3 LPartG), nicht dagegen hetero- oder homosexuelle Personen, die ohne Ehe oder gesetzliche Lebenspartnerschaft zusammenleben; diese tragen je ihren eigenen Familiennamen. Der mit seinem Namen weichende Ehegatte erwirbt den Familiennamen des anderen als Ehenamen und zugleich als eigenen, neuen Familiennamen; fügt er dem Ehenamen einen **Begleitnamen** an, so führt er einen vom Ehenamen abweichenden Familiennamen, da der Begleitname zum Bestandteil seines persönlichen Familiennamens wird. Entgegen dem Sprachverständnis wird der Ehename nicht erst mit der Geburt von Kindern zum Familiennamen, sondern bereits mit Erklärung nach Abs. 3. Einigen sich die Ehegatten nicht auf einen gemeinsamen Ehenamen, so führt jeder von ihnen seinen zur Zeit der Eheschließung geführten Familiennamen weiter (Abs. 1 S. 3). 6

b) Familienname. Gemeint ist damit der personenstandsrechtlich zu führende Name; 7
dieser ist gleichbedeutend mit dem Zu- oder **Nachnamen** iSd. allgemeinen Sprachgebrauchs, im Unterschied zum **Vornamen** (dazu Nach § 1618). Obgleich der Begriff des Familiennamens nur in § 1355 auftaucht, sind die Begriffe „Geburtsname" oder „Name" in §§ 1616 ff. gleichbedeutend (Vor § 1616 RdNr. 10).[31] Im personenstandsrechtlichen Sinne ist Familienname der Oberbegriff für Geburts-, Ehe- und Begleitnamen. Kein Familienname ist grundsätzlich ein davon abweichender Gebrauchsname (dazu RdNr. 9). Gem. Art. 109 Abs. 3 WRV iVm. Art. 123 Abs. 1 GG sind **ehemalige Adelsbezeichnungen** Bestandteile des Familiennamens[32] und werden bei Erwerb vor Inkrafttreten der Weimarer Verfassung (14. 8. 1919) seit diesem Zeitpunkt nach bürgerlichem Recht erworben und verloren;[33] da es für die Art der Namensführung auf das frühere Adelsrecht ankommt, ist es durchaus konsequent, dass Frauen die vormalige Adelsbezeichnung durch Deklination des männlichen Titels in die weibliche Form führen (näher dazu Vor § 1616 RdNr. 14).[34] Unter deutschem Namensstatut sind ausländische **Namenszusätze** mit geringer Kennzeichnungsfunktion[35] grundsätzlich keine Familiennamen, wie der bei indischen Sikhs gebräuchliche religiöse Namenszusatz „Singh" (Löwe) bei Männern bzw. „Kaur" (Schmuck) bei Frauen, und kann daher nicht allein zum Ehenamen bestimmt werden,[36] sofern nicht ein persönlichkeitsrechtlich geschützter Vertrauenstatbestand begründet worden ist;[37] bei einem Statuten-

---

[29] BVerfG NJW 2009, 1657 Tz. 30 ff.

[30] BVerfG NJW 2009, 1657 Tz. 27 ff.; BayObLG FamRZ 2004, 374.

[31] S. a. *Bamberger/Roth/Hahn* RdNr. 2.

[32] St. Rspr., BVerwGE 23, 344, 345.

[33] RGZ 103, 190, 194; BayObLG FamRZ 1980, 445; allgM.

[34] RGZ 113, 107, 112 ff.; BayObLGZ 1967, 62, 67; OLG Düsseldorf NJWE-FER 1997, 127 = StAZ 1997, 178; für inkonsequent halten dies *Staudinger/Coester* (2007) § 1616 RdNr. 8; *Staudinger/Voppel* (2007) RdNr. 35; vehement dagegen *v. Spoenla-Metternich* S. 130 bis 138, 151 bis 154.

[35] Zu solchen *Staudinger/Hepting* (2007) Vor Art. 10 EGBGB RdNr. 23 ff.; s. a. *Henrich* StAZ 2007, 197, 200.

[36] OLG Jena StAZ 1996, 172; vgl. BayObLGZ 1998 Nr. 66 = StAZ 1999, 72.

[37] BVerfG NJWE-FER 2001, 193 = StAZ 2001, 207, 208 (Singh); dazu RdNr. 9.

wechsel greift Art. 47 EGBGB. Dazu sowie zu weiteren internationalprivatrechtlichen Fragen des Familiennamens, RdNr. 42.

8 **c) Geburtsname.** Geburtsname iSd. Abs. 2, 4 und 5 ist gem. Abs. 6 der zur Zeit des Wirksamwerdens der Erklärung über die Ehenamensbestimmung (Abs. 2, 3), die Hinzufügung eines Begleitnamens (Abs. 4, 5) oder die Wiederannahme als vorehelicher Name (Abs. 5) gegenüber dem Standesbeamten in das Geburtenregister (§ 21 Abs. 1 Nr. 1 PStG) und die Geburtsurkunde (§ 59 Abs. 1 Nr. 1 PStG) einzutragende Familienname eines Ehegatten. Meist ist dieser mit dem bei der Geburt gem. §§ 1616 ff. erworbenen Namen identisch, er kann jedoch davon abweichen, denn sämtliche nachgeburtlichen Änderungen desselben nach § 1617 a Abs. 2, §§ 1617 b, c, durch substituierende Einbenennung (§ 1618 S. 1), durch Adoption (§ 1757) oder nach dem NamensÄndG sind in die Geburtsurkunde einzutragen, mit Ausnahme einer Änderung durch Bestimmung eines Ehenamens bzw. Lebenspartnerschaftsnamens (§ 3 LPartG) und der Hinzufügung eines Begleitnamens (§ 1355 Abs. 4, 5 S. 2, § 1618 S. 2, § 3 Abs. 2 LPartG);[38] kein bloßer Begleitname ist jedoch der bei Adoption nach § 1757 Abs. 4 S. 1 Nr. 2 dem neuen Familiennamen hinzugefügte bisherige Familienname des Angenommenen, vielmehr wird der zusammengesetzte Name neuer Geburtsname des Angenommenen.[39] Der neue Name mutiert dann zum Geburtsnamen. Geburtsname ist also der **ohne jede Ehe** bzw. Lebenspartnerschaft oder additive Einbenennung **geführte Familienname.**

9 **d) Geführter Name, Gebrauchsname.** Die Vorschrift stellt mehrfach auf den zur Zeit der Eheschließung (Abs. 1 S. 3) bzw. der Erklärung über die Bestimmung des Ehenamens (Abs. 2, 4, 5) geführten Namen eines Ehegatten ab. Wie schon beim Geburtsnamen ist der personenstandsrechtlich zu führende Name gemeint. Er wird teils als Tages- oder Präsenzname bezeichnet,[40] besser ist indes die Bezeichnung als **aktuell geführter Name.** Ob er tatsächlich vom Namensträger geführt wird, ist unerheblich.[41] Nicht erfasst wird demgegenüber ein entgegen den gesetzlichen Namenserwerbstatbeständen bloß faktisch geführter **Künstler**- oder **Gebrauchsname.** Solche Pseudonyme oder Wahlnamen können zwar den Schutz des § 12 genießen, doch stellen sie keine Familiennamen dar (Erl. § 12 RdNr. 24 f.) und sind daher für die Zwecke des § 1355 grundsätzlich unbeachtlich. Gleichwohl ist deren Verwendung gesellschaftlich durchaus üblich; so wird vielfach selbst bei getrennter Namensführung von Ehegatten die Frau noch mit dem Namen des Mannes angeredet oder ein Ehegatte lässt sich trotz Annahme eines Ehenamens mit seinem bisherigen Namen ansprechen.[42] Allerdings kann das rein tatsächliche Führen eines Gebrauchsnamens über längere Zeit entgegen den gesetzlichen Namenserwerbstatbeständen vom Schutz des allgemeinen Persönlichkeitsrechts umfasst sein, wenn er über einen nicht unbedeutenden Zeitraum die Persönlichkeit des Trägers tatsächlich mitbestimmt hat und ein entsprechender Vertrauenstatbestand vorliegt;[43] der Gebrauchsname wird dann als Ehe- oder Begleitname wählbar (RdNr. 15 bzw. 26). Der nach den gesetzlichen Namenserwerbstatbeständen zu führende Name kann der **Geburtsname** sein, es kann aber auch ein davon abweichender, durch frühere Eheschließung oder Begründung einer homosexuellen Lebenspartnerschaft (§ 3 LPartG) erworbener Name sein. Soweit nachfolgend von dem **erheirateten Namen** oder dem durch frühere Ehe erworbenen, vom damaligen anderen Ehegatten abgeleiteten Namen die Rede ist, gelten die Ausführungen sinngemäß für den durch frühere homosexuelle Lebenspartnerschaft iSd. § 1 LPartG gem. § 3 LPartG erworbenen, vom damaligen anderen Partner abgeleiteten **Lebenspartnerschaftsnamen;** ebenso gelten die Ausführungen zu einem aus einem erheirateten Namen und einem Begleitnamen zusammengesetzten unech-

---

38 Zum Ehenamen *Hepting/Gaaz* RdNr. III-678; zu dessen Nichteintragbarkeit in das Geburtenbuch, ebd., § 30 PStG RdNr. 172.

39 Erl. § 1757 RdNr. 9; *Staudinger/Frank* (2007) § 1757 RdNr. 25 mwN.

40 Für ersteres *Gernhuber/Coester-Waltjen* § 16 RdNr. 9; für letzteres *Manteuffel* NJW 2004, 1773, 1774.

41 Ebenso *Staudinger/Voppel* (2007) RdNr. 21; anders offensichtlich 4. Aufl. RdNr. 19 *(Wacke).*

42 Ausdrücklich angesprochen in BVerfGE 78, 38, 50 ff. = NJW 1988, 1577 f. = FamRZ 1988, 587, 589 f.

43 BVerfG NJWE-FER 2001, 193 = StAZ 2001, 207, 208.

ten Doppelnamen für die Kombination aus einem „erheirateten" Lebenspartnerschaftsnamen und einem Begleitnamen iSd. § 3 LPartG entsprechend.

e) Begleitname. Dieser ist ein vorehelicher Name desjenigen Ehegatten, dessen Name nicht Ehename wird, den dieser gem. Abs. 4 bzw. Abs. 5 S. 2 dem Ehenamen voranstellt oder anfügt („Beifügung" oder „Hinzufügung" decken als Oberbegriffe beide Fälle).[44] Er setzt demnach die Bestimmung eines Ehenamens voraus. Der Begleitname ist persönlicher Namenszusatz, durch dessen Beifügung der betroffene Ehegatte einen vom Ehenamen abweichenden Familiennamen im personenstandsrechtlichen Sinne erhält. Dadurch entsteht ein **unechter Doppelname,** welcher durch Ablegen des Begleitnamens gem. Abs. 4 S. 4 jederzeit auflösbar ist; er kann indes in einer neuen Ehe oder als Geburtsname von Kindern zum echten Doppelnamen mutieren (RdNr. 30). 10

f) Echte und unechte Doppelnamen. Besteht der Familienname aus mehreren Bestandteilen, so spricht man von einem Doppel- oder mehrgliedrigen Namen, im Gegensatz zum eingliedrigen Namen. Hier gilt es zu unterscheiden: Werden **mehrgliedrige Namen** herkömmlich als einheitliche Namen empfunden, so können sie wie eingliedrige Namen problemlos zum Ehenamen bestimmt (RdNr. 14f.) oder als Begleitname hinzugefügt (RdNr. 27) werden; das gilt für vormalige Adelsbezeichnungen (zB Prinz von Preußen, Graf von Brockdorff-Rantzau), Hofnamen (zB Meier auf der Heide, Schulze zur Wiesche) oder unselbständige Namensbestandteile wie Mac (schottisch), oder De, Di oder Del (romanische Sprachen).[45] **Echte Doppelnamen** sind zusammengesetzte Namen, die eine grundsätzlich untrennbare Einheit bilden, vorbehaltlich des Abs. 4 S. 3, RdNr. 28. Sie können durch Geburt, nachgeburtliche Namensänderung oder Eheschließung erworben und regelmäßig nur insgesamt zum Ehenamen bestimmt oder auf Kinder übertragen werden; hierzu gehört insbes. auch der durch Adoption nach § 1757 Abs. 4 S. 1 Nr. 2 aus dem neuen und dem bisherigen Familiennamen zusammengesetzte Name des Angenommenen.[46] **Unechte Doppelnamen** entstehen dadurch, dass einem Namen ein weiterer hinzugefügt wird und diese Verbindung vom Namensträger wieder aufgelöst werden kann, wie dies bei der Beifügung eines Begleitnamens zu einem Ehenamen wegen Abs. 4 S. 4 der Fall ist; führen die Eltern einen Ehenamen, so geht der Begleitname des einen nicht auf deren eheliche Kinder über. Allerdings kann ein unechter Doppelname zum echten mutieren, wenn er außerhalb der Fälle des § 1616 als aktuell geführter Name eines Elternteils zum Kindesnamen wird oder ein Ehegatte ihn in einer Vorehe getragen hatte und ihn in einer neuen Ehe zum Ehenamen bestimmt. 11

II. Die Bestimmung des Ehenamens (Abs. 1 S. 1, 2, Abs. 2, 3)

1. Das gesetzliche Leitbild des einheitlichen Ehenamens (Abs. 1 S. 1). Nach der Wunschvorstellung des Gesetzgebers sollen die Ehegatten möglichst einen gemeinsamen Ehenamen bilden. Dies kommt systematisch darin zum Ausdruck, dass das Postulat der Ehenamensbestimmung am Anfang der Vorschrift steht. Das Wort „sollen" verdeutlicht indes, dass es sich um ein bloßes gesetzliches Leitbild handelt, nicht hingegen um eine Rechtspflicht.[47] Das Unterlassen einer Ehenamensbestimmung hat lediglich die Namensverschiedenheit zwischen den Ehegatten und zu deren Kindern zur Folge (RdNr. 24), einer Eheschließung steht sie nicht entgegen.[48] Namensverschiedenheit ist somit der regelungs- 12

---

[44] Auf Vorschlag von *Diederichsen* NJW 1976, 1169, 1171.

[45] BT-Drucks. 12/3163 S. 16; für den Begleitnamen ebenso *Staudinger/Voppel* (2007) RdNr. 70; *Henrich/Wagenitz/Bornhofen* RdNr. 65f.

[46] *Staudinger/Frank* (2007) § 1757 RdNr. 25 mwN.

[47] BT-Drucks. 12/3163 S. 11, 15: Namenseinheit in der Familie als Ziel, nicht als Zwang; *Gaaz* StAZ 2006, 157, 161f.; *Coester-Waltjen* Jura 2007, 586, 587 Fn. 24; *Bamberger/Roth/Hahn* RdNr. 1; wohl auch *Hepting/Gaaz* RdNr. III-677; aA *Henrich/Wagenitz/Bornhofen* RdNr. 14; *Wagenitz/Bornhofen* RdNr. 31; *Staudinger/Voppel* (2007) RdNr. 26: echte Rechtspflicht, aber ohne Verletzungssanktion.

[48] *Wagenitz/Bornhofen* RdNr. 33; *Henrich/Wagenitz/Bornhofen* RdNr. 16.

technische Grundsatz der Norm (RdNr. 23), Namenseinheit hingegen der vom Gesetzgeber erwünschte Regelfall.[49] Um die Entscheidung für einen Ehenamen zu erleichtern, hat der Gesetzgeber zahlreiche Anreize geschaffen:[50] Die Namenswahl soll, muss aber nicht bei der Eheschließung erfolgen, sondern kann während der Ehe zu jedem späteren Zeitpunkt nachgeholt werden (Abs. 3 S. 2); nach Auflösung der Ehe wird der Ehename grundsätzlich weitergeführt, kann dann aber wieder abgelegt werden (Abs. 5). Zwang wird nur insoweit ausgeübt, als der einmal gewählte Ehename während der Ehe nicht mehr aufgegeben werden kann. Den Ehegatten steht ein durch die Reform von 2005 noch wesentlich erweitertes Angebot an wählbaren Ehenamen zur Verfügung (RdNr. 13 ff.). Dem mit seinem Namen weichenden Teil wird die Entscheidung weiterhin dadurch versüßt, dass er jederzeit ab Ehenamenswahl und sogar noch nach Auflösung der Ehe seinen Geburtsnamen oder den bei der Ehenamensbestimmung davon abweichenden aktuell geführten Namen zum Begleitnamen bestimmen, dabei über die Reihenfolge von Ehe- und Begleitname entscheiden und letzteren später wieder ablegen kann. Schließlich müssen die Ehegatten sich eines Ehenamens bedienen, wenn sie vollständige Namenseinheit zu ihren Kindern herstellen wollen (§ 1616); eine nachträgliche Ehenamensbestimmung wirkt sich nach Maßgabe des § 1617 c Abs. 1 auf den Kindesnamen aus. Zur Kritik an der Regelung, RdNr. 43.

13 **2. Die Wahl des Ehenamens (Abs. 2). a) Wahlmöglichkeiten.** Seit dem FamNamRG hatten die Verlobten allein die Wahl zwischen dem **Geburtsnamen** der Frau und demjenigen des Mannes. Der Geburtsname eines Ehegatten kann aber von dem zur Zeit der Namensbestimmung aktuell geführten Namen abweichen, wenn dieser in einer früheren Ehe als vom damaligen anderen Ehegatten abgeleiteter Ehename gewählt worden war. Vor der Reform von 2005 hatte die Regelung des Abs. 2 daher zur Folge, dass bei einem Verlobten mit einem erheirateten Namen nur dessen von ihm nicht geführter Geburtsname oder der Name des anderen Verlobten zur Wahl stand; dieser konnte indes ebenfalls einen von seinem Geburtsnamen abweichenden erheirateten Namen führen, der dann auch nicht wählbar war, so dass sich das Wahlrecht der Ehegatten dann auf deren jeweilige, aktuell nicht mehr geführte Geburtsnamen beschränkte.[51] Seit dem Reformgesetz von 2005 ist die Beschränkung auf die jeweiligen Geburtsnamen als verfassungswidrig gefallen (RdNr. 1, 4), so dass die Wahl jetzt zwischen dem Geburtsnamen oder dem im Zeitpunkt der Erklärung über die Namensbestimmung davon abweichenden **aktuell geführten Namen** eines jeden Ehegatten besteht. Wählbar sind nur die in Abs. 2 bezeichneten Namen der Ehegatten, welche nach den gesetzlichen Namenserwerbstatbeständen erworben worden sind. Unwirksam ist die Bestimmung des von einem Ehegatten entgegen den gesetzlichen Namenserwerbstatbeständen geführten (zB Gebrauchsname, aber RdNr. 15) oder nach Abs. 2 nicht zur Wahl stehenden Namens (zB aus den Namen beider gebildeter Doppelname, RdNr. 17) zum Ehenamen; die Ehegatten führen dann bis zur wirksamen Bestimmung eines Ehenamens ihre jeweiligen aktuellen Namen weiter (Abs. 1 S. 3).[52] Mit einmaliger Ehenamensbestimmung ist das Wahlrecht während der Ehe verbraucht (RdNr. 21).

14 **b) Wahl eines der Geburtsnamen.** Zur Wahl steht nur der im Erklärungszeitpunkt maßgebliche Geburtsname eines der Ehegatten, nicht hingegen ein davon abweichender früherer.[53] Der Geburtsname kann von dem im Zeitpunkt der Namensbestimmung rechtlich zu führenden Namen unterschiedlich sein, wenn er durch einen erheirateten Namen verdrängt worden ist. Er kann **einseitiger mehrgliedriger Name** eines Ehegatten sein (RdNr. 11). Wird dieser als einheitlicher Name empfunden, so ist er problemlos wählbar. Dies gilt ebenso für den echten Doppelnamen eines Ehegatten, den dieser auf Grund der

[49] Von einem normativen Grundsatz des § 1355 Abs. 1 S. 1 spricht *Hepting/Gaaz* RdNr. III-677.
[50] Dazu *Gaaz* StAZ 2006, 157, 161 f.
[51] Kritisch dazu zB *Coester* FuR 1994, 1, 2; *Wagenitz* FamRZ 1994, 409, 410.
[52] OLG Zweibrücken FamRZ 1996, 487; *Hepting/Gaaz* RdNr. III-667; *Staudinger/Voppel* (2007) RdNr. 34, 54.
[53] OLG Hamm FamRZ 1981, 360, *Seeger* MittBayNot. 2002, 229, 231 mwN.

vom BVerfG bis zum Inkrafttreten des FamNamRG geschaffenen Übergangsregelung,[54] nach Art. 224 § 3 EGBGB (§ 1616 RdNr. 14 f.), als aktuell geführten Namen des namensgebenden Elternteils nach §§ 1617, 1617 a, 1617 b, 1617 c Abs. 2, 3, durch substituierende Einbenennung (§ 1618 S. 1), durch Adoption (§ 1757, aber Abs. 1 S. 2)[55] oder nach dem NamensÄndG erworben hat. Wählbar ist weiterhin ein nach ausländischem Recht als Geburtsname geführter Doppelname, wie im spanischen Rechtskreis, wo ein aus dem ersten Vaters- und Muttersnamen gebildeter Name üblich ist; ein solcher kann selbst bei Maßgeblichkeit deutschen Rechts über Art. 10 Abs. 1 oder 2 EGBGB zum Ehenamen bestimmt werden.[56] Gerade bei einem Erwerb nach §§ 1617 ff. konnte bereits vor der Reform von 2005 ein aus dem Ehenamen und einem Begleitnamen des namensgebenden Elternteils gebildeter unechter Doppelname nach strittiger Ansicht zum Kindesnamen werden und in dessen Person zum echten Doppelnamen mutieren, der dann in dessen Ehe zum Ehenamen bestimmbar war.[57] Ein echter Doppelname als Geburtsname steht allerdings nur **ungetrennt** zur Wahl.[58] Bei der Bestimmung eines Begleitnamens kann dies zu Wertungswidersprüchen führen (RdNr. 27 f.). Ist der Geburtsname beider Verlobter jeweils ein echter Doppelname, können sie nur zwischen dem des Mannes oder der Frau wählen, nicht aber Teile von beiden miteinander kombinieren. Mit der Wahl erlangt der Geburtsname die **rechtliche Qualität** des Ehenamens, sogar für denjenigen Ehegatten, von dem er sich herleitet. Dies zeigt sich daran, dass eine nachträgliche Änderung von dessen Geburtsnamen nicht automatisch auf den Ehenamen durchschlägt, sondern nur, wenn sich der andere Ehegatte der Änderung anschließt (§ 1617 c Abs. 3, § 1757 Abs. 3).[59] Aus diesem Grunde ist sogar eine Ehenamensbestimmung bei zufällig identischem Geburtsnamen (zB Schmitz) möglich: Nur wenn der Name des einen der Ehegatten zum Ehenamen bestimmt wird, folgt er nicht automatisch Änderungen des ihm zu Grunde liegenden Geburtsnamens nach;[60] zur Möglichkeit der Beifügung eines identischen Namens als Begleitname, RdNr. 26 aE.

c) Wahl eines der aktuell geführten Namen. Einen entscheidenden Schritt zur völligen namensmäßigen Beliebigkeit im Interesse der Selbstdarstellung stellt die Zulassung der 15
Wahl des aktuell geführten Namens jedes Ehegatten dar (RdNr. 9). Zur Wahl stehen diejenigen Namen, welche die Ehegatten im Zeitpunkt der Ehenamensbestimmung personenstandsrechtlich führen. Dies kann der Geburtsname sein, eine echte Alternative stellt der aktuell geführte Name jedoch nur in den Fällen dar, in denen er von jenem abweicht. Ein anders lautender, bloß faktisch geführter **Gebrauchsname** steht dagegen grundsätzlich nicht zur Wahl, sofern nicht ein persönlichkeitsrechtlich geschützter Vertrauenstatbestand begründet worden ist (dazu RdNr. 9); in diesem Falle ist er ausnahmsweise als Ehename wählbar.[61] Nach den Intentionen des Gesetzgebers sollte gerade ein in einer Vorehe **erheirateter,** vom damaligen Ehegatten abgeleiteter Ehename zur Wahl stehen, um dem Verdikt des Bundesverfassungsgerichts (RdNr. 4) zu entsprechen.[62] Dies kann sogar ein **Lebenspartnerschaftsname** (§ 3 LPartG) aus einer früheren homosexuellen Lebenspartnerschaft

[54] BVerfGE 84, 9, 23 f. = NJW 1991, 1602, 1604.

[55] Das gilt auch für einen nach § 1757 Abs. 4 S. 1 Nr. 2 aus dem neuen und dem bisherigen Familiennamen des Angenommenen zusammengesetzten Doppelnamen, s. RdNr. 11.

[56] BGH NJW-RR 1999, 873 = FamRZ 1999, 570 = IPRax 2000, 428 m. Anm. *Hepting/Bauer* ebd. S. 394 ff.; zur Bildung des Familiennamens im spanischen Recht *v. Sachsen Gessaphe* IPRax 1991, 107, 111; näher dazu § 1616 RdNr. 18.

[57] *Hepting/Gaaz* RdNr. IV-546 f., wenngleich kritisch dazu; ablehnend noch 4. Aufl. § 1617 RdNr. 17 f.; näher dazu jetzt § 1617 RdNr. 16.

[58] Implizit BayObLG FamRZ 2004, 374; LG Koblenz StAZ 1997, 343; AG Berlin-Schöneberg StAZ 1998, 180; *Palandt/Brudermüller* RdNr. 4; *Seeger* MittBayNot. 2002, 229, 232; *Staudinger/Voppel* (2007) RdNr. 33 a; *Henrich/Wagenitz/Bornhofen* RdNr. 20; *Wagenitz/Bornhofen* RdNr. 45; *v. Schorlemer* S. 60; *Wagenitz* FamRZ 1994, 409, 412.

[59] *Hepting/Gaaz* RdNr. III-679; *Staudinger/Voppel* (2007) RdNr. 19.

[60] *Henrich/Wagenitz/Bornhofen* RdNr. 31; *Wagenitz/Bornhofen* RdNr. 82; *Coester* FuR 1994, 2 Fn. 16; aA 4. Aufl. RdNr. 12 *(Wacke)*; *Diederichsen* NJW 1994, 1089, 1090 Fn. 14.

[61] BVerfG NJWE-FER 2001, 193 = StAZ 2001, 207, 208.

[62] BT-Drucks. 15/3979 S. 7.

sein. Dieser aktuell geführte Name kann Einzelname, ein dem gleichzustellender mehrgliedriger Name oder Doppelname sein (dazu RdNr. 11). Für einen vom Geburtsnamen abweichenden, in einer Vorehe oder früheren Lebenspartnerschaft erworbenen echten Doppelnamen gilt das zum Geburtsnamen Gesagte, RdNr. 14. Durch das Abstellen auf den aktuell geführten Namen kann insb. ein **unechter Doppelname** eines Ehegatten, der aus dem Ehenamen einer Vorehe und einem Begleitnamen zusammengesetzt ist, zum Ehenamen bestimmt werden,[63] wie die Übergangsregelung des Art. 229 § 13 S. 1 Halbs. 2 EGBGB eindeutig klarstellt. Mit der Bestimmung zum Ehenamen erlangt er dessen Rechtsqualität und **mutiert** zum **echten** Doppelnamen: Während der Ehe kann der namensgebende Ehegatte diesen durch Ablegen des (früheren) Begleitnamens nicht wieder trennen, dies ist ihm erst nach Auflösung der Ehe wieder möglich;[64] als Ehename geht der unechte Doppelname nach § 1616 auf gemeinsame Kinder über. Gleiches gilt für den von einem Ehegatten im Wege **additiver Einbenennung** erworbenen Doppelnamen, der sich gem. § 1618 S. 2 Halbs. 1 aus dessen Geburtsnamen und dem diesem beigefügten stiefelterlichen Ehenamen zusammensetzt (§ 1618 RdNr. 16). Seit der Neuregelung können somit echte wie unechte einseitige Doppelnamen eines Ehegatten zum Ehenamen und damit mittelbar zum Kindesnamen bestimmt werden. Erstere stehen – wie beim Geburtsnamen (RdNr. 14) – nur **ungetrennt** zur Wahl, und nichts anderes gilt für letztere: Die Problematik des Abs. 4 S. 2 wird dadurch entschärft, dass ein Ehegatte mit einem aus dem Ehenamen einer Vorehe und einem Begleitnamen gebildeten unechten Doppelnamen über die Kombination der durch Abs. 4 S. 4 und Abs. 5 S. 2 eröffneten Möglichkeiten diese Namensverbindung noch vor der Ehenamensbestimmung beseitigen und so nur einen der beiden Namensteile zur Wahl stellen kann.[65] Den (die) hierfür nötigen Zwischenschritt(e) – Ablegen des aktuellen Namens, ggf. kombiniert mit dem Widerruf einer Begleitnamensbeifügung, s. RdNr. 16 – halten einige für unnötig oder verfassungsrechtlich bedenklich und wollen daher den Ehegatten unmittelbar die Bestimmung eines Teiles des unechten Doppelnamens eines von ihnen zum Ehenamen gestatten, mit der Folge, dass die Sperre des Abs. 4 S. 2 für den anderen Ehegatten dann nicht greift.[66] Da die Vorschrift aber eindeutig auf den „zur Zeit der Bestimmung des Ehenamens geführten Namen" abstellt,[67] erscheint dieser Weg nicht gangbar; er ist auch nicht geboten: Wer sich einen Namen zurechtbasteln will, soll sich der Werkzeuge bedienen, welche das Gesetz hierfür vorsieht. Zur Beifügung eines Begleitnamens bei Bestimmung eines – echten oder unechten – Doppelnamens zum Ehenamen, RdNr. 27 f.

16 Nach dem Wortlaut des Abs. 2 scheint nur der im Bestimmungszeitpunkt aktuell zu führende Name als Alternative zum Geburtsnamen zur Verfügung zu stehen. Damit könnte ein **mehrfach verheirateter** Ehegatte bloß den noch geführten Ehenamen aus seiner (letzten) Vorehe unter Ausschluss zwischenzeitlich nach Abs. 5 S. 2 abgelegter früherer Ehenamen wählen. Indes kommt es auf das geschickte Ausnutzen der durch diese Vorschrift eröffneten Möglichkeiten an:[68] Möchte zB eine mehrfach verheiratete Frau mit Geburtsnamen Scholz für ihre jetzige dritte Ehe nicht ihren aktuell geführten, von ihrem zweiten Ehemann abgeleiteten Ehenamen Müller, sondern den von ihrem ersten Ehemann stammenden Ehenamen Agricola zur Wahl stellen, so kann sie dies dadurch erreichen, dass sie vor der Ehenamensbestimmung den Ehenamen aus der Zweitehe (Müller) gem. Abs. 5 S. 2 ablegt und dadurch denjenigen aus der Erstehe (Agricola) wieder annimmt und diesen für die Bestimmung des Ehenamens der Drittehe als aktuell geführten Namen zur Wahl stellt. Erleichtert wird dies dadurch, dass die Ehenamensbestimmung nicht notwendig bei der

---

[63] BT-Drucks. 15/3979 S. 7.

[64] Dazu *Wagenitz/Bornhofen* FamRZ 2005, 1425, 1427; *Bornhofen* StAZ 2005, 226, 228.

[65] Beispiele dazu bei *Wagenitz,* FS Schwab, S. 453 f.; *Wagenitz/Bornhofen* FamRZ 2005, 1425, 1427 f.

[66] *Wagenitz/Bornhofen* FamRZ 2005, 1425, 1427 f.; *Henrich/Wagenitz/Bornhofen* RdNr. 25.

[67] Wenig konsequent wollen *Henrich/Wagenitz/Bornhofen* RdNr. 27 aus ebendiesem Grunde einen direkten Zugriff auf nicht mehr geführte frühere Ehenamen nicht zulassen, dazu Erl. RdNr. 16.

[68] Eingehend dazu *Wagenitz/Bornhofen* FamRZ 2005, 1425, 1426 ff.

Eheschließung, sondern auch noch später erfolgen kann. Der Rückgriff auf Ehenamen aus weiteren Vorehen, bei der Viertehe zB statt auf den aktuell geführten aus der Drittehe (Meyer) auf denjenigen aus der Erstehe (Agricola), ist zwar nicht unmittelbar, aber doch im Wege eines **gestuften Vorgehens** möglich: Zunächst wird der Name aus der Drittehe (Meyer) nach Abs. 5 S. 1 zu Gunsten desjenigen aus der Zweitehe (Müller) abgelegt, sodann dieser nach Abs. 5 S. 2 zu Gunsten desjenigen aus der Erstehe (Agricola). Ein unmittelbarer oder mittelbarer Rückgriff auf frühere Ehenamen funktioniert freilich nur, solange der betreffende Ehegatte nicht zwischendurch zu seinem Geburtsnamen (hier: Scholz) zurückgekehrt war.[69] Mehrfach Verheiratete können also einen aktuell geführten Namen eigens für eine neue Ehe zusammenbasteln. Erweitert werden diese Möglichkeiten durch die Kombination mit Begleitnamen, und ein so entstehender unechter Doppelname steht in einer erneuten Ehe ebenfalls zur Wahl (RdNr. 17).[70]

d) Ausschluss neu gebildeter Doppelnamen. Grundsätzlich sind Familiennamen im deutschen Recht **eingliedrig,** die Bildung von Doppelnamen daher unerwünscht,[71] wie § 1355 Abs. 2, Abs. 4 S. 2, 3 und § 1617 Abs. 1 deutlich zeigen: § 1355 Abs. 2 lässt nur die Wahl zwischen dem Geburts- oder aktuell geführten Namen des Mannes *oder* der Frau zu und verwehrt den Ehegatten dadurch implizit die Bildung eines aus ihren beiden wählbaren Namen **zusammengesetzten Doppelnamens;** dementsprechend beschränkt § 1617 Abs. 1 bei namensverschiedenen, gemeinsam sorgeberechtigten Eltern die Wahl auf den Namen des Vaters oder der Mutter; und § 1355 Abs. 4 S. 2 schließt die Beifügung eines Begleitnamens aus, wenn der Ehename bereits mehrgliedrig ist. **Zweck** der Regelung ist es, durch Heirat **keine neuen Doppelnamen** entstehen zu lassen. Der Gesetzgeber des FamNamRG befürchtete, dass sonst der Ehename in der Generationenfolge bald seine identitätsstiftende Wirkung verliere und sich das Ordnungsgefüge der Familiennamen innerhalb weniger Generationen tiefgreifend verändern könne.[72] Außerdem schreckte er vor praktischen Problemen im Rechtsverkehr und bei der Registerführung zurück.[73] Das Verbot aus den Namen der Ehegatten gebildeter Doppelnamen ist zwar verfassungsrechtlich nicht zu beanstanden, da das Persönlichkeitsrecht des mit seinem Namen weichenden Teils durch die Möglichkeit eines Begleitnamens gewahrt wird;[74] gleichwohl erscheint es als **fragwürdig.**[75] Zunächst ist es inkonsequent, da das Gesetz zahlreiche Fälle kennt, in denen der einseitige Doppelname eines Ehegatten als Ehename wählbar ist, seit der Reform von 2005 sogar der aus einem erheirateten Ehenamen und einem Begleitnamen gebildete unechte Doppelname (RdNr. 14f.). Bei einem mehrfach verheirateten Ehegatten führt dies im Beispielsfall RdNr. 16 dazu, dass Ehefrau Scholz zwar in der Erstehe nicht einen aus ihrem und ihres damaligen Ehemannes Agricola gebildeten Doppelnamen Scholz-Agricola (oder umgekehrt) als Ehenamen erwerben, diesen aber bei Bestimmung von Agricola zum Ehenamen durch Hinzufügung des eigenen Geburtsnamens Scholz nach Abs. 4 als unechten Doppelnamen führen kann; in der Zweitehe mit Müller kann sie den in ihrer Erstehe noch verbotenen Doppelnamen Scholz-Agricola dann als ihren aktuellen Namen doch zum Ehenamen wählen, welcher für beide Ehegatten, vor allem aber für den Ehemann Müller, eine falsche familiäre Zuordnung vortäuscht. Noch grotesker sind die Folgen in der nächsten 17

[69] *Wagenitz/Bornhofen* RdNr. 113, 117; *dies.* FamRZ 2005, 1425, 1426; *Bornhofen* StAZ 2005, 226, 228.

[70] Anschaulich zu diesen Möglichkeiten *Wagenitz/Bornhofen* FamRZ 2005, 1425, 1427; *Gaaz* StAZ 2006, 157, 162.

[71] BVerfGE 104, 373, 388 = NJW 2002, 1256, 1258 = FamRZ 2002, 306, 309; *Staudinger/Voppel* (2007) RdNr. 67.

[72] BT-Drucks. 12/5982, S. 17f.; *Schwab* FamRZ 1992, 1015ff.; zust. *Gaaz* StAZ 2006, 157, 164; kritisch zu Doppelnamen auch *Rauscher* FamR RdNr. 256; zu den Beratungen anlässlich des FamNamRG s. *Wagenitz/Bornhofen* RdNr. 41ff., 44; *Arndt* S. 98ff.

[73] *Hepting/Gaaz* RdNr. III-683; *Wagenitz/Bornhofen* RdNr. 42.

[74] BVerfGE 104, 373, 388 = NJW 2002, 1256, 1258 = FamRZ 2002, 306, 309; bestätigend BVerfG NJW 2009, 1657 Tz. 30ff.

[75] Kritisch auch *Staudinger/Coester* (2007) § 1617 RdNr. 25 mwN; *Staudinger/Voppel* (2007) RdNr. 33; *Wagenitz/Bornhofen* RdNr. 43f.; *Hepting* FPR 2002, 115, 119f.

Generation: Die Kinder aus der Erstehe erwerben den Ehenamen Agricola, nicht aber den Doppelnamen Scholz-Agricola, obgleich deren Mutter diesen führt; dagegen erlangen die Kinder aus der Zweitehe diesen Doppelnamen als Ehenamen ihrer Eltern gem. § 1616 kraft Gesetzes, obgleich sie nicht von Agricola abstammen![76] Als Gipfel der Absurdität können Ehegatten über einen – zugegebenermaßen skurrilen – Umweg ihr Ziel eines aus ihren beiden voreheliehen Nachnamen gebildeten Doppelnamens doch erreichen: In unserem Beispiel fügt die Ehefrau dem Ehenamen Agricola den eigenen Geburtsnamen Scholz hinzu, die Ehegatten lassen sich scheiden, um sogleich erneut einander zu heiraten und auf Grund des wiedererlangten Wahlrechts aus Abs. 2 (RdNr. 21) nun den unechten Doppelnamen Scholz-Agricola der Ehefrau als deren aktuell geführten Namen zum Ehenamen zu bestimmen.[77] Damit ist das Verbot der Neubildung aus den Namen der Ehegatten zusammengesetzter Doppelnamen – und dessen Entsprechung in § 1617 Abs. 1 – vollends unhaltbar geworden[78] und wirft sogar die Frage nach dessen Verfassungsmäßigkeit auf (RdNr. 5). Überdies ist die Begründung dieses Verbotes nicht stichhaltig (RdNr. 45).

18 **3. Die Namensbestimmung (Abs. 3). a) Verfahren.** Der Standesbeamte hat die Eheschließungswilligen bei der Eheschließung danach zu fragen, ob sie einen Ehenamen führen wollen (§ 14 Abs. 1 PStG); allerdings soll er nach § 134 Abs. 1 a DA bereits bei Anmeldung der Eheschließung diese Frage stellen und auf die Folgen einer unterlassenen Erklärung hinweisen, so dass ihn insoweit doch eine Belehrungspflicht trifft.[79] Gründe für die Wahl eines Ehenamens oder deren Unterlassen haben die Eheschließungswilligen jedoch nicht anzugeben. Die Verletzung der Belehrungspflicht des Standesbeamten aus § 14 Abs. 1 PStG zeitigt keine Folgen, da die Ehenamensbestimmung jederzeit nachholbar ist.[80] Im Regelfall soll sie bereits bei der Trauung als Begleitakt erfolgen (Abs. 3 S. 1) und ist dann gegenüber dem Standesbeamten zu erklären, der sie nach § 190 Abs. 5 DA aktenkundig macht und die Namensführung in das Eheregister einträgt (§ 15 Abs. 1 Nr. 3 PStG); zur vorherigen oder nachträglichen Bestimmung s. RdNr. 19.

19 **b) Rechtsnatur, Wirksamkeit, Form und Zeitpunkt.** Die Bestimmung des Ehenamens geschieht durch namensgestaltende, amtsempfangsbedürftige Willenserklärungen der Ehegatten,[81] welche gemeinsam oder getrennt abgegeben werden können, aber jedenfalls **gleichlautend** sein müssen; sie sind bedingungs- und befristungsfeindlich. Nur die einverständliche Bildung des Ehenamens ist eine personenstandsrechtlich relevante Erklärung, während bei Verneinung der Frage nach der Bildung eines Ehenamens ebenso wie bei deren Nichtbeantwortung kraft Gesetzes Namensverschiedenheit eintritt (RdNr. 23). **Wirksam** wird die Namensbestimmung bei Vorliegen der übrigen Wirksamkeitsvoraussetzungen mit Zugang der Erklärungen beim zuständigen Standesbeamten (§ 130 Abs. 3 iVm. Abs. 1); insoweit ist nach dem **Zeitpunkt** zu differenzieren: Aus dem Bezug auf die Ehegatten folgt, dass eine verbindliche Namensbestimmung frühestens mit Vollzug der Eheschließung und danach nur während der Ehedauer möglich ist. Die Erklärungen können schon **vor Eheschließung** (zB bei der Anmeldung) formlos (Abs. 3 S. 2 e contrario) erfolgen, sind dann aber bis zur Trauung nicht verbindlich und sollten bei dieser daher bestätigt werden.[82] Bei Abgabe **während der Eheschließung** kommt es auf die Wahrnehmung seitens des Standesbeamten und den Vollzug der Eheschließung an, nicht hingegen

[76] Näher zu diesem Beispiel *Wagenitz,* FS Schwab, S. 452; *Wagenitz/Bornhofen* FamRZ 2005, 1425, 1430.

[77] *Bornhofen* StAZ 2005, 226, 230; *Henrich/Wagenitz/Bornhofen* RdNr. 30; *Coester-Waltjen* Jura 2007, 586, 589.

[78] Anders BVerfG NJW 2009, 1657 Tz. 30 ff.; wie hier dagegen *Gaaz* StAZ 2006, 157, 161; *Staudinger/Coester* (2007) § 1617 RdNr. 25; *Sacksofsky* FPR 2004, 371, 375; *Wagenitz/Bornhofen* FamRZ 2005, 1425, 1430; schärfer *Wagenitz,* FS Schwab, S. 453 (bar jeder Vernunft).

[79] Dazu *Henrich/Wagenitz/Bornhofen* Vor § 1355 RdNr. 12, 17; *Gaaz/Bornhofen* § 14 PStG RdNrn. 6 f.; ungenau daher 4. Aufl. RdNr. 8 *(Wacke).*

[80] *Gaaz/Bornhofen* § 14 PStG RdNr. 6.

[81] *Wagenitz/Bornhofen* RdNr. 57; *Hepting/Gaaz* RdNr. III-688; *Seeger* MittBayNot. 2002, 229, 232.

[82] *Gaaz/Bornhofen* § 14 PStG RdNr. 7; *Henrich/Wagenitz/Bornhofen* Vor § 1355 RdNr. 21, § 1355 RdNr. 33.

auf die rein deklaratorische Eintragung in das Heiratsregister;[83] eine Form ist nicht vorgeschrieben. Bei **nachträglicher** Bestimmung müssen die Erklärungen demselben (zuständigen) Standesbeamten zugehen, aber nicht notwendig gleichzeitig abgegeben werden;[84] die Erklärungen bedürfen dann nach Abs. 3 S. 2 **öffentlicher Beglaubigung;** hierzu sind neben Notaren nach § 41 Abs. 1 S. 1 Nr. 1 PStG auch die Standesbeamten zuständig. Die namensbestimmenden Erklärungen unterliegen nur bedingt den allgemeinen Regeln über Willenserklärungen (s. a. RdNr. 20). Mit wirksamer Abgabe werden sie grundsätzlich **unwiderruflich,**[85] aber auch **unanfechtbar,** sofern nicht ein ganz offensichtlicher Irrtum oder ein Restitutionsgrund nach § 580 ZPO besteht,[86] doch wird man aus Praktikabilitätsgründen eine Korrektur bis zur Eintragung in die Personenstandsbücher zulassen müssen.[87] In gravierenden Fällen bleibt die Namensänderung nach dem NamensÄndG.

c) Stellvertretung, Geschäftsfähigkeit. Wegen ihrer höchstpersönlichen Natur kann 20
die Erklärung nicht durch einen gewillkürten **Vertreter** abgegeben werden; aus demselben Grunde kommt die Abgabe durch einen gesetzlichen Vertreter nur bei einem geschäftsunfähigen Betreuten nach Maßgabe der folgenden Ausführungen in Betracht. Keine Vorschrift enthält das Gesetz über die zur Namenswahl erforderliche Geschäftsfähigkeit, im Unterschied zu vergleichbaren Fällen des Namenswechsels von Kindern (zB § 1617 c Abs. 1 S. 2). Die Frage dürfte von geringer praktischer Relevanz sein: Unwirksam ist die Erklärung eines **geschäftsunfähigen Volljährigen** (§ 104 Nr. 2, 105 Abs. 1), doch ist umstritten, wie die Lage bei Bestehen einer **Betreuung** zu beurteilen ist. Überwiegend wird der Schluss von der Ehefähigkeit auf die Fähigkeit der Ehenamensbestimmung gezogen: Da bei der Eheschließung keine Vertretung durch einen Betreuer möglich sei und ein Einwilligungsvorbehalt sich gem. § 1903 Abs. 2 nicht hierauf erstrecken könne, scheide dies bei der Ehenamensbestimmung ebenfalls aus, so dass ein geschäftsfähiger Erwachsener, selbst wenn er sich unter Betreuung befinde, hierfür allein zuständig sei und insoweit nicht einem sonst bestehenden Einwilligungsvorbehalt unterfalle, während ein Geschäftsunfähiger überhaupt keine wirksame Bestimmung treffen könne.[88] Dem ist im Ergebnis für den Regelfall zu folgen, dass die Ehenamensbestimmung **anlässlich der Eheschließung** erfolgt, denn für den allein relevanten Fall des geschäftsfähigen betreuten Ehegatten erschiene es widersinnig, die wesentlich wichtigere Eheschließung seiner alleinigen Verantwortung zu überlassen, nicht jedoch die Mitbestimmung über den in der Ehe zu führenden Namen. Da die Namensbestimmung jedoch zu jedem späteren Zeitpunkt während der Ehe und damit noch Jahre später möglich ist, verfängt dieses Argument bei einer **nachträglichen,** in einigem zeitlichen Abstand zur Eheschließung erklärten Namenswahl nicht mehr, vor allem, wenn der Ehegatte erst in der Zwischenzeit einen Betreuer erhalten hat. Für derartige Situationen ist entsprechend § 1617 c Abs. 1 S. 2 (s. dort Erl. RdNr. 10) der geschäftsfähige Betreute

---

[83] So zum alten PStG OLG München StAZ 2009, 78, 79; *Wagenitz/Bornhofen* RdNr. 58 f.; zum geltenden Recht *Gaaz/Bornhofen* § 14 PStG RdNr. 18, § 41 PStG RdNr. 3.

[84] *Schwab,* FS Medicus, 1999, S. 587, 600; *Hepting/Gaaz* RdNr. III-693.

[85] BayObLG NJW 1993, 337, 338 = FamRZ 1993, 61, 62; *v. Schorlemer* S. 68; *Erman/Gamillscheg* RdNr. 14; *Staudinger/Voppel* (2007) RdNr. 41; *Wagenitz/Bornhofen* RdNr. 60; *Gernhuber/Coester-Waltjen* § 16 RdNr. 11; grundsätzlich auch *Gaaz/Bornhofen* § 41 PStG RdNr. 5; s. aber bei Fn. 87.

[86] BayObLG NJW 1993, 337, 338 = FamRZ 1993, 61, 62; BayObLGZ 1997, 323 = NJW-RR 1998, 1015, 1016; OLG Zweibrücken NJWE-FER 2001, 4 = FamRZ 2000, 1361; OLG München StAZ 2009, 78, 79; *Staudinger/Voppel* (2007) RdNr. 46 ff. mwN; *Gernhuber/Coester-Waltjen* § 16 RdNr. 11; grundsätzlich auch *Gaaz/Bornhofen* § 41 PStG RdNr. 11; s. aber bei Fn. 87; für unbegrenzte Anfechtung hingegen: 4. Aufl. RdNr. 14 *(Wacke)*; *v. Schorlemer* S. 68 ff.; *Henrich/Wagenitz/Bornhofen* RdNr. 45; *Wagenitz/Bornhofen* RdNr. 61; AnwK-BGB/*Wellenhofer* RdNr. 9; *Bamberger/Roth/Hahn* RdNr. 6.

[87] So auch die gerichtliche Praxis, vgl. die in Fn. 86 zit. Entscheidungen; ebenso *Gaaz/Bornhofen* § 41 PStG RdNrn. 5 (Widerruf), 11 (Anfechtung)

[88] *Böhmer* StAZ 1992, 65, 67 f.; *v. Sachsen Gessaphe,* Der Betreuer als gesetzlicher Vertreter für eingeschränkt Selbstbestimmungsfähige, 1999, S. 155 f. und in Fn. 150; *Seeger* MittBayNot. 2002, 229, 233; *Bienwald/Bienwald* Betreuungsrecht § 1903 RdNr. 59; *Wagenitz/Bornhofen* RdNr. 61; *Henrich/Wagenitz/Bornhofen* RdNr. 46; *Gaaz/Bornhofen* § 41 PStG RdNr. 10; *Staudinger/Voppel* (2007) RdNr. 45; *Palandt/Diederichsen* § 1896 RdNr. 23, § 1903 RdNr. 10; *Knittel* Betreuungsgesetz § 1903 RdNr. 21.

gleichfalls allein erklärungszuständig, die Erklärung kann aber von einem Einwilligungsvorbehalt erfasst sein, so dass der Betreute dann insoweit der Einwilligung seines Betreuers bedarf; für den zwischenzeitlich geschäftsunfähig gewordenen Ehegatten kann nur ein Betreuer als dessen gesetzlicher Vertreter die Erklärung für ihn abgeben.[89] Bei Zweifeln an der Geschäftsfähigkeit eines Ehegatten hat der Standesbeamte daher Ermittlungen hierüber anzustellen.[90] Eine Namensbestimmung durch eine **beschränkt geschäftsfähige** Person kommt nur bei eheschließungsfähigen, über 16jährigen Minderjährigen in Betracht; diese können gem. § 1303 Abs. 2 bis 4 durch familiengerichtliche Entscheidung vom Erfordernis der Ehemündigkeit befreit werden und bedürfen dann zur Eingehung der Ehe keiner Einwilligung des gesetzlichen Vertreters mehr. Diese Befreiung ist nach inzwischen wohl einhelliger Meinung auf die Wahl des Ehenamens als ersten Akt der höchstpersönlichen Gestaltung der ehelichen Lebensgemeinschaft zu erstrecken, so dass der minderjährige Ehegatte diese allein treffen kann (§ 1353, vgl. § 1356).[91] Wegen des kurzen Zeitraums bis zum Eintritt der Volljährigkeit besteht – anders als bei bereits Volljährigen – kein Bedarf für eine abweichende Beurteilung bei nachträglicher Ehenamenswahl. Kein wichtiger Grund iSv. § 1303 Abs. 3 wäre ein Widerspruch personensorgeberechtigter Eltern gegen die Heirat ihrer Tochter, weil ihnen der von der Tochter gewünschte Familienname des Schwiegersohnes missfalle.[92]

21 **d) Wirkungen der Namensbestimmung.** Mit der wirksamen Namensbestimmung wird der vom namensgebenden Ehegatten abgeleitete Name zum Ehenamen, und zwar auch für diesen Ehegatten; der andere Ehegatte erwirbt ihn zum **eigenen Namen** unter dem vollen Schutz des allgemeinen Persönlichkeitsrechts, da der Ehename nicht nur vom namensgebenden Ehegatten entliehen ist.[93] Dies zeigt sich darin, dass der mit seinem Namen weichende Ehegatte nach Auflösung der Ehe allein darüber entscheidet, ob er den Ehenamen fortführt, ihm einen früheren Namen beifügt oder ihn wieder ablegt (Abs. 5 S. 2) oder ihn gar zum Ehenamen in einer neuen Ehe mit einem Dritten oder zum Lebenspartnerschaftsnamen in einer homosexuellen Lebenspartnerschaft nach § 3 LPartG macht. Zu möglichen Beschränkungen der Fortführung oder Weitergabe des Ehenamens nach Eheauflösung, RdNr. 40 f. Im Interesse identitätswahrender **Kontinuität** bleibt der einmal gewählte Ehename während der Ehe **bindend** (zu Widerruf und Anfechtung RdNr. 19) und überdauert grundsätzlich sogar die Auflösung der ihn vermittelnden Ehe (Abs. 5 S. 1). Eine Rückkehr zur Namensverschiedenheit oder Neubestimmung eines anderen Ehenamens ist nicht möglich (aber Art. 229 § 13 EGBGB, RdNr. 1), der Weg hierzu wird erst nach Auflösung der Ehe frei (Abs. 5); jederzeit möglich sind hingegen die Beifügung eines Begleitnamens und deren Widerruf (Abs. 4). Heiraten Ehegatten nach Scheidung einander erneut, so erlangen sie in der neuen Ehe wieder das Wahlrecht aus Abs. 2 und können sich diesbezüglich jetzt anders als in ihrer ersten Ehe entscheiden.[94] Freilich ist eine **nachträgliche Änderung** des Ehenamens möglich, sei es durch eine von den Ehegatten beantragte öffentlichrechtliche Namensänderung, sei es durch Änderung des zum Ehenamen gewordenen Geburtsnamens des namensgebenden Ehegatten, der sich der andere Ehegatte jedoch anzuschließen hat (RdNr. 14). Da der Ehename gemeinsamer Familienname ist, muss er identisch sein, so dass unter Geltung deutschen Namensrechts eine **geschlechtsbezogene**

[89] Offensichtlich weitergehend als hier auch für die anfängliche Namensbestimmung § 1902 RdNr. 26 *(Schwab)*.

[90] *Gaaz/Bornhofen* § 13 PStG RdNr. 7; *Staudinger/Strätz* (2000) § 1304 RdNr. 5.

[91] *Böhmer* StAZ 1992, 65, 67 f.; *Seeger* MittBayNot. 2002, 229, 233; *v. Schorlemer* S. 63 f.; *Gaaz/Bornhofen* § 41 PStG RdNr. 9; *Beitzke*, FS Flume I, 1978, S. 329 f.; *ders.*, FS Mühl, 1981, S. 107; *Staudinger/Voppel* (2007) RdNr. 44; *Bamberger/Roth/Hahn* RdNr. 6; offengelassen *Henrich/Wagenitz/Bornhofen* RdNr. 43 f.; aA noch *Wagenitz/Bornhofen* RdNr. 61.

[92] Dem folgend *Staudinger/Voppel* (2007) RdNr. 44; zu anerkennenswerten Gründen s. § 1303 RdNr. 19 ff.

[93] Ganz deutlich BVerfGE 109, 256 = NJW 2004, 1155, 1156; bestätigend BGH NJW-RR 2005, 1521, 1522 = StAZ 2005, 356, 357; näher dazu RdNr. 4.

[94] OLG Frankfurt NJW 1978, 2301; s. dazu das Beispiel RdNr. 17 bei Fn. 77.

Differenzierung des vom Mann und der Frau geführten Namens ausscheidet, wie sie bei slawischen Namen üblich ist (zB Plominski/Plominska);[95] mit der Wahl des Ehenamens ist auch dessen geschlechtsabhängige Endung von beiden zu führen,[96] doch kann die jeweils andere Form als Gebrauchsname benutzt werden. Zur Lage bei einem Statutenwechsel, RdNr. 42. Anders ist dagegen bei Wahl eines ehemaligen Adelsprädikats zu verfahren: Der vom namensgebenden Ehegatten herrührende Name (zB Prinz von Preußen) wird für dessen Frau in weiblicher Form geführt (zB Prinzessin von Preußen, RdNr. 7), wie auch umgekehrt der weibliche Adelsname für den Mann die männliche Form erhält. Gehen **Kinder** aus der Ehe hervor, so erwerben sie kraft Gesetzes den Ehenamen, selbst wenn bei deren Geburt die Eltern nicht mehr verheiratet sind, sofern sie dann noch den Ehenamen führen (§ 1616 RdNr. 8). Die Pflicht zur **Führung des Ehenamens** folgt öffentlichrechtlich aus § 111 OWiG, § 15 Abs. 1 Nr. 3 PStG, privatrechtlich gegenüber dem Ehepartner aus § 1353 und ist mit der wegen § 888 Abs. 3 nicht vollstreckbaren Eheherstellungsklage verfolgbar.[97] Den **Schutz vor Missbrauch** des Ehenamens gem. § 12 kann jeder Ehegatte ohne Einwilligung des anderen wahrnehmen. Die Ehefrau kann der Geliebten des Mannes den Gebrauch des Ehenamens untersagen; ihm kann sie verbieten, die Geliebte als seine Ehefrau auszugeben.[98] Dritten gegenüber besteht Anspruch auf die Anrede (auch des Ehepartners) mit dem Ehenamen.

4. Vereinbarungen über die Namensführung. Auf Grund der Vertragsfreiheit 22
(§ 311 Abs. 1) können Verlobte nach str., aber zutreffender Ansicht vor Eheschließung Vereinbarungen über den zu wählenden Ehenamen treffen.[99] Diese sind nämlich von den amtsempfangsbedürftigen namensgestaltenden Erklärungen in Abs. 2 und 3 zu unterscheiden, die allein den Standesbeamten zu binden vermögen; sie sind indes von geringer Wirkungskraft, da sie entsprechend § 1297 nicht klagbar[100] oder jedenfalls nicht vollstreckbar sind,[101] auch nicht mittelbar über ein Vertragsstrafeversprechen erzwingbar (analog § 1297 Abs. 2). Als einzige Sanktion bleibt somit die Abstandnahme von der Heirat; ein Bruch der Abrede kann einen wichtigen Grund zum Rücktritt vom Verlöbnis abgeben (§ 1298 RdNr. 11). Zu Vereinbarungen über die Fortführung des Ehenamens nach Eheauflösung, s. RdNr. 40.

III. Weiterführung des bisherigen Namens (Abs. 1 S. 3)

1. Regelungstechnischer Grundsatz der Namensverschiedenheit. Das Unterblei- 23
ben einer Ehenamensbestimmung, gleich aus welchen Gründen, oder die unwirksame Bestimmung eines nach Abs. 2 nicht wählbaren Namens (RdNr. 13) hindern nicht die Eheschließung (RdNr. 12); die Ehegatten tragen dann weiterhin ihren jeweils bei der Eheschließung geführten Namen. Entgegen dem von der Systematik des Abs. 1 vermittelten Eindruck stellt nicht die Ehenamenswahl, sondern die Namensverschiedenheit den regelungstechnischen Grundsatz dar, da dieser immer dann greift, wenn und solange die Ehegat-

---

95 *Henrich/Wagenitz/Bornhofen* RdNr. 50; zu weiteren Beispielen geschlechtsabhängiger Namensendungen *Staudinger/Hepting* (2007) Vor Art. 10 EGBGB RdNr. 27.

96 LG Berlin NJW-RR 2000, 1247; *Soergel/Kegel/Schurig* Art. 10 EGBGB RdNr. 6; *Staudinger/Voppel* (2007) RdNr. 36; aA *Bamberger/Roth/Mäsch* Art. 10 EGBGB RdNr. 21 mwN.

97 Vgl. RGZ 108, 230 *(obiter)*; *Staudinger/Voppel* (2007) RdNr. 31 mwN.

98 Wegen Störung des Ehegatten-Persönlichkeitsrechts, auch außerhalb des räumlich-gegenständlichen Ehebereichs: *Gernhuber/Coester-Waltjen* § 17 RdNr. 18 mwN.

99 Offengelassen in BGH NJW 2008, 1528, 1529, 1530, Tz. 15, 22 = FamRZ 2008, 859, 860, 861; wie hier *v. Oertzen/Engelmeier* FamRZ 2008, 1133, 1135; *Gernhuber/Coester-Waltjen* § 16 RdNr. 12; *Palandt/Brudermüller* RdNr. 4, 5; *Hepting,* Ehevereinbarungen, 1984, S. 84; *Langenfeld* RdNr. 150; eingehend dazu *v. Schorlemer* S. 73 f. mwN; aA *Hohloch* LMK 2008, 259989; *Staudinger/Voppel* (2007) RdNr. 51; *Bamberger/Roth/Hahn* RdNr. 8; *Wagenitz/Bornhofen* RdNr. 63 f.; *Ruthe* FamRZ 1976, 409, 411.

100 Eingehend *v. Schorlemer* S. 76 ff.; s. a. *Ruthe* FamRZ 1976, 409, 411; *Staudinger/Voppel* (2007) RdNr. 51; *Gernhuber/Coester-Waltjen* § 16 RdNr. 12; *Henrich/Wagenitz/Bornhofen* RdNr. 48.

101 Ein solches Vollstreckungshindernis analog § 888 Abs. 3 ZPO werde nur bei vor Eheschließung getroffenen Vereinbarungen, die aber erst danach erfüllt werden sollen, relevant, *v. Schorlemer* S. 78 ff.

ten nicht positiv einen Ehenamen bestimmen.[102] Auch handelt es sich nicht bloß um eine subsidiäre Auffangregel für den Fall einer unterbliebenen oder unwirksamen Ehenamensbestimmung, vielmehr räumt die Vorschrift den Ehegatten zur Wahrung ihrer Gleichberechtigung und ihres Namenskontinuität erheischenden Persönlichkeitsrechts am je eigenen bisherigen Namen eine echte Alternative zum Ehenamen ein (RdNr. 2).

24 **2. Auswirkungen unterbliebener Ehenamensbestimmung.** Jeder Ehegatte trägt dann weiterhin seinen personenstandsrechtlich vor der Eheschließung zu führenden Namen, ausnahmsweise einen davon abweichenden Gebrauchsnamen, sofern ein persönlichkeitsrechtlich geschützter Vertrauenstatbestand begründet worden ist (RdNr. 9). Freilich können die Ehegatten noch zu jedem Zeitpunkt während der Ehe einen Ehenamen bestimmen (Abs. 3 S. 2); eine Rückkehr zur getrennten Namensführung ist dann jedoch bis zur Auflösung der Ehe nicht mehr möglich (Abs. 5). Ein verwitweter, geschiedener oder vormals in einer Lebenspartnerschaft iSd. § 1 LPartG verbundener Ehegatte hat umfängliche Möglichkeiten, den im Zeitpunkt der Eheschließung zu tragenden Namen dadurch zu beeinflussen, dass er zuvor seinen Geburtsnamen oder einen anderen, früher geführten Namen wieder annimmt, einen dieser Namen zum Begleitnamen bestimmt oder die Beifügung eines Begleitnamens widerruft (§ 1355 Abs. 4, 5 bzw. § 3 Abs. 2 und 3 LPartG, RdNr. 16). Da kein gemeinsamer Name gebildet wird, behält der Name eines Ehegatten seine bisherige rechtliche Qualität bei und ist hinsichtlich **späterer Namensänderungen** selbständig zu beurteilen: Diese können nach dem NamensÄndG, den §§ 1616 ff., 1757 oder infolge Abänderung eines erheirateten Ehenamens nach Maßgabe des § 1355 Abs. 4, 5 eintreten, ohne dass der andere Ehegatte dem zustimmen müsste, da es sich um den individuellen Familiennamen des Namensträgers handelt.[103] Dem eigenen Namen kann derjenige des anderen Ehegatten **nicht als Begleitname** beigefügt werden;[104] gegen dessen Gebrauch im Alltag wird der Partner jedoch nichts einzuwenden haben. Die getrennte Namensführung gestattet im Gegensatz zum Ehenamen keinen Rückschluss auf den familiären Status der Ehegatten; Dritten fehlt damit ein Indiz für die Erkenntnis, ob ihr Schuldner verheiratet ist und sie daher nach §§ 1357, 1362 und § 739 ZPO auf den anderen Ehegatten zugreifen können. Gemeinsame **Kinder** erwerben im Regelfall gemeinsamer elterlicher Sorge nicht kraft Gesetzes den Namen eines der Ehegatten, vielmehr ist dann gem. § 1617 die Bestimmung des Namens eines von ihnen nötig, die Bildung eines Doppelnamens aus ihren beiden Namen ist nicht möglich, so dass auf diesem Wege nur partielle Namenseinheit zu den Eltern herstellbar ist (§ 1617 RdNr. 5).

IV. Die Beifügung eines vorehelichen Namens (Begleitname: Abs. 4)

25 **1. Zweck.** Als erster Schritt zur gleichheitssatzkonformen Ausgestaltung des Ehenamens gestattete es das GleichberG von 1957 Frauen, dem stets zum Ehenamen gewordenen Mannesnamen ihren Mädchennamen als Begleitnamen anzufügen; im Laufe der Zeit verselbständigte sich das Beifügungsrecht und steht nun unabhängig vom Geschlecht jeweils demjenigen Ehegatten zu, der bei Bildung eines Ehenamens mit seinem vorehelichen Namen weichen muss (RdNr. 1). Heute soll das Beifügungsrecht das **Persönlichkeitsrecht** des bei Bildung eines Ehenamens mit seinem Namen weichenden Ehegatten wahren, um neben der durch den Ehenamen ausgedrückten neuen gemeinsamen auch die über den bisher geführten Namen vermittelte eigene Identität wenigstens partiell nach außen kundtun zu können und ihm so das Zurücktreten bei der Ehenamenswahl zu erleichtern;[105] als

[102] *Hepting* FPR 2002, 115, 116; *Hepting/Gaaz* RdNr. III-665 f.

[103] Ebenso *Henrich/Wagenitz/Bornhofen* RdNr. 17; *Hepting/Gaaz* RdNr. III-674 ff.; ähnlich *Staudinger/Voppel* (2007) RdNr. 55.

[104] *Rauscher* FamR RdNr. 265.

[105] BVerfGE 78, 38 = NJW 1988, 1577 = FamRZ 1988, 587 m. zust. Anm. *Bosch*; BVerfGE 104, 373, 388 = NJW 2002, 1256, 1258 = FamRZ 2002, 306, 308 f.; BVerfGE 109, 256 = NJW 2004, 1155, 1157; s. a. RdNr. 3 f.

weitere Anreize ist die Beifügung ab Eheschließung und Ehenamensbildung jederzeit noch nachträglich möglich und auch wieder auflösbar und kann der Beifügende zwischen Voranstellung oder Anfügung des Begleitnamens wählen.[106] Diese Individualisierungs- und Identifikationsmöglichkeit bleibt ihm für die Dauer seines Lebens erhalten und überdauert selbst die Auflösung der den Ehenamen vermittelnden Ehe, wenn er sich nicht durch einmaligen Widerruf nach Abs. 4 S. 4 wieder davon lösen will; eine Beifügung ist sogar erst nach Auflösung der Ehe möglich (Abs. 5 S. 2). Dem mit seinem Namen weichenden Ehegatten steht somit hinsichtlich der Beifügung eines Begleitnamens eine mehrfache **Dispositionsbefugnis** zu, welche das Beifügungsrecht zu einem weiteren Mittel namensmäßiger **Selbstdarstellung** macht. Allerdings manifestieren sich in der Regelung zahlreiche **Wertungswidersprüche,** RdNr. 43.

2. Beifügungsmöglichkeiten. a) Wahloptionen. Zur Wahl steht zum einen der **Geburtsname** (RdNr. 8) im Zeitpunkt des Wirksamwerdens der Beifügungserklärung (Abs. 6); er bleibt selbst dann wählbar, wenn er durch einen erheirateten Namen verdrängt worden und daher nicht mehr rechtlich zu führen ist, da sonst die Alternative des aktuell geführten Namens keinen Sinn machte.[107] Wählbar ist zum anderen der rechtlich **aktuell zu führende Name** (RdNr. 9), für den es im Gegensatz zum Geburtsnamen nach dem Wortlaut des Abs. 4 S. 1 auf den Zeitpunkt des Wirksamwerdens der Ehenamensbestimmung ankommt. Dies ist regelmäßig ein vom Geburtsnamen abweichender, in früherer Ehe bzw. Lebenspartnerschaft iSd. § 1 LPartG erheirateter Name oder ein aus einem solchen und einem Begleitnamen zusammengesetzter unechter Doppelname (dann aber Abs. 4 S. 3); es kann sogar der Geburtsname als aktuell geführter Name gewählt werden, um ein automatisches Nachfolgen in spätere Änderungen desselben auszuschließen.[108] Nicht wählbar ist grundsätzlich ein bloß faktisch geführter **Gebrauchsname,** sofern nicht ein persönlichkeitsrechtlich geschützter Vertrauenstatbestand begründet worden ist (RdNr. 9). Wie schon bei der Ehenamensbestimmung, können auch gegenwärtig nicht mehr geführte Ehenamen aus früheren Ehen – ggf. in Verbindung mit früheren Begleitnamen – über die Möglichkeiten der Abs. 4 und 5 mittelbar zur Wahl gestellt werden (dazu RdNr. 15 f.).[109] Ob der Begleitname voran- oder nachgestellt wird, ist reine Geschmacksfrage (zB vom Wohlklang[110] oder von der Reihenfolge im Alphabet abhängig). Bei zufällig identischem Geburtsnamen beider Ehegatten kann keiner von ihnen den Namen verdoppeln (Schmitz-Schmitz); wessen Name zum Ehenamen bestimmt wurde, wäre dann entgegen Abs. 4 S. 1 nicht erkennbar.[111] 26

b) Verbot mehrgliedriger Namensketten. Ähnlich wie beim Ehenamen (RdNr. 17) ist bei der Beifügung eines Begleitnamens die Neubildung mehrgliedriger Namensketten unerwünscht. Zum einen entfällt gem. **Abs. 4 S. 2** das Recht zur Hinzufügung eines Begleitnamens, wenn der zum **Ehenamen** gewählte Partnername ein **Doppelname** ist.[112] Das Verbot betrifft nicht mehrgliedrige Namen, die als einheitliche Namen aufzufassen sind (RdNr. 11), so dass zB dem Namen „Graf von Brockdorff-Rantzau" durchaus ein Begleitname hinzufügbar ist,[113] was indes zu Namensungetümen führen kann. Dagegen erfasst es **echte wie unechte** Doppelnamen, gleich, ob durch Geburt, Vorehe oder aus anderem Grund erworben. Dadurch werden die **Dispositionsmöglichkeiten** der Ehegatten erheb- 27

---

[106] Zu letzterem BT-Drucks. 12/3163 S. 12.

[107] Zur früheren Streitfrage, inwieweit im Wege teleologischer Reduktion nur der noch zu führende Geburtsname zur Verfügung stehe, *v. Schorlemer* S. 83 ff. mwN.

[108] *Hepting/Gaaz* RdNr. III-702; *Staudinger/Voppel* (2007) RdNr. 62; *v. Schorlemer* S. 82 f.

[109] *Henrich/Wagenitz/Bornhofen* RdNr. 73; *v. Schorlemer* S. 91.

[110] Wohltönende Namenskombinationen (Schmitz-Rogall) können in ihrer Umkehrung eine Kakophonie ergeben.

[111] *Erman/Gamillscheg* RdNr. 16; *Palandt/Brudermüller* RdNr. 7; *Staudinger/Voppel* (2007) RdNr. 59; *Seeger* MittBayNot. 2002, 229, 234; aA *Henrich/Wagenitz/Bornhofen* RdNr. 68; *Bamberger/Roth/Hahn* RdNr. 10; *Wagenitz/Bornhofen* RdNr. 82.

[112] Zur historischen Begründung *Wagenitz/Bornhofen* RdNr. 72.

[113] *Henrich/Wagenitz/Bornhofen* RdNr. 65 f.; *Staudinger/Voppel* (2007) RdNr. 70 mit Beispielen; aA offenbar 4. Aufl. RdNr. 20 bei Fn. 91 *(Wacke)*.

lich **eingeschränkt:** Wird der Doppelname des einen Ehegatten zum Ehenamen, so kann der andere diesem seinen vorehelichen Namen nicht beifügen. Er hat daher nur die Wahl, entweder seinen vorehelichen Namen als Ehenamen durchzusetzen, sich mit dem Doppelnamen seines Ehepartners als Ehenamen abzufinden, ohne seiner bisherigen Identität durch Beifügung eines Begleitnamens Ausdruck verleihen zu können, oder auf die Bildung eines Ehenamens ganz zu verzichten, so dass jeder Ehegatte seinen bisherigen Namen fortführt. Haben jedoch beide Ehegatten einen (echten oder unechten) vorehelichen Doppelnamen, so scheidet die Beifügung eines Begleitnamens für beide aus, sie können nur entweder den Namen des einen oder des anderen wählen oder es bei getrennter Namensführung bewenden lassen. Der mit seinem Namen weichende Ehegatte muss also insgesamt auf die Weiterführung seines Namens verzichten. Dies schafft nicht nur eine schwierige Verhandlungssituation, sondern erscheint im Hinblick auf die identitätswahrende Funktion des Begleitnamens als Kompensation für den Verzicht auf die Fortführung des eigenen Namens (RdNr. 25) in höchstem Maße befremdlich;[114] hinnehmbar ist dies am ehesten noch für den aus einem früheren Ehenamen und einem Begleitnamen zusammengesetzten unechten Doppelnamen, weil der Namensträger einen der Namensteile ablegen, den verbleibenden zum Ehenamen bestimmen und dem anderen Ehegatten die Beifügung eines Begleitnamens ermöglichen kann, so dass das Persönlichkeitsrecht beider zumindest partiell gewahrt wird.

28 Zum anderen schränkt **Abs. 4 S. 3** das Beifügungsrecht ein, wenn der **beizufügende Name** seinerseits aus mehreren Teilen besteht. Hiervon werden wiederum mehrgliedrige Namen, die als einheitliche Namen verstanden werden (RdNr. 11), nicht erfasst.[115] Aus dem Zusammenspiel von S. 2 und 3 des Abs. 4 folgt, dass die Vorschrift allein den Fall eines eingliedrigen – oder diesem gleichzusetzenden mehrgliedrigen – Namens betrifft, dem ein mehrgliedriger Begleitname hinzugefügt werden soll; ist hingegen bereits der Ehename mehrgliedrig, so greift bereits der Ausschlusstatbestand des S. 2. Soll einem eingliedrigen Ehenamen ein mehrgliedriger Begleitname beigefügt werden, so erzwingt S. 3 dessen Aufspaltung; das gilt gleichermaßen für sonst untrennbare **echte** Doppelnamen wie für auflösbare **unechte Doppelnamen.**[116] Durch den Zwang zur Abspaltung eines Teiles des Doppelnamens des mit seinem Namen weichenden Ehegatten wird dessen Persönlichkeitsrecht tangiert, welches sich ja auf den gesamten Namen erstreckt.[117] Insgesamt erscheint die Regelung zur Vermeidung mehrgliedriger Namensketten in **Abs. 4 S. 2 und 3** als **widersprüchlich,** doch ist sie angesichts ihres eindeutigen Wortlauts hinzunehmen:[118] Ist der Geburtsname zB des Mannes echter Doppelname, so lässt er sich für die Ehenamensbestimmung nicht aufteilen, so dass die Ehefrau diesem Namen nach Abs. 4 S. 2 keinen Begleitnamen beifügen könnte; die Vorschrift verwehrt der Ehefrau also die der Wahrung ihres Persönlichkeitsrechts dienende Beifügung eines selbst eingliedrigen Begleitnamens. Bei Bestimmung des (eingliedrigen) Namens der Ehefrau zum Ehenamen wäre dagegen eine Aufspaltung des Doppelnamens des Mannes zum Zwecke der Beifügung eines Begleitnamens nicht nur möglich, sondern nach Abs. 4 S. 3 sogar geboten; hier ist die Beifügung wenigstens eines Teiles eines Doppelnamens zu einem eingliedrigen Ehenamen somit gestattet, so dass der Namensträger einen Teil seines identitätswahrenden vorehelichen Namens beibehalten kann und den anderen aufzugeben hat.

29 **3. Beifügungserklärung.** Diese **setzt voraus,** dass der beifügende Ehegatte bereits einen Ehenamen führt, der wegen Abs. 4 S. 2 nicht aus mehreren Namen bestehen darf; beifü-

[114] *Wagenitz/Bornhofen* FamRZ 2005, 1425, 1428; *Henrich/Wagenitz/Bornhofen* RdNr. 58; *v. Schorlemer* S. 86 ff.; *Staudinger/Voppel* (2007) RdNr. 68.

[115] Oben Fn. 113.

[116] Ebenso *Henrich/Wagenitz/Bornhofen* RdNr. 74.

[117] So auch *Wagenitz/Bornhofen* FamRZ 2005, 1425, 1428.

[118] BVerfG NJW 2009, 1657 (zu Abs. 4 S. 2); BayObLG FamRZ 2004, 374 f.; implizit OVG Lüneburg FamRZ 2009, 47; krit. zur Regelung *Henrich/Wagenitz/Bornhofen* RdNr. 58; *Wagenitz/Bornhofen* FamRZ 2005, 1425, 1428; *v. Schorlemer* S. 90; *Coester* FuR 1994, 1, 2; *Hepting/Gaaz* RdNr. III-711 f.; *Staudinger/Voppel* (2007) RdNr. 68.

gungsberechtigt ist nur der **mit seinem Namen weichende Ehegatte,** der seinen Wunsch nicht zu begründen hat, auch ist weder eine Anhörung oder Zustimmung des anderen Ehegatten nötig. Die Beifügung erfolgt durch namensgestaltende, amtsempfangsbedürftige Willenserklärung des mit seinem Namen weichenden Ehegatten, welche mit Zugang beim zuständigen Standesbeamten **wirksam** wird, sofern die übrigen Wirksamkeitsvoraussetzungen gegeben sind; soweit nachfolgend nichts anderes gesagt wird, gelten die Ausführungen zur Ehenamensbestimmung entsprechend (RdNr. 19f.). Allerdings bedarf die Beifügungserklärung stets **öffentlicher Beglaubigung** (Abs. 4 S. 5), wozu neben Notaren nach § 41 Abs. 1 S. 1 Nr. 2 PStG auch die Standesbeamten befugt sind. Einen **Zeitpunkt** für die Erklärung fixiert das Gesetz nicht. Aus dem Bezug auf die Ehegatten folgt, dass eine verbindliche Beifügungserklärung frühestens mit Vollzug der Eheschließung und danach nur **während der Ehedauer** möglich ist, während sich die Beifügungsmöglichkeit für den geschiedenen oder verwitweten Ehegatten nach Abs. 5 S. 2, 3 richtet;[119] diese meist nicht gesehene tatbestandliche Differenzierung wirkt sich bei der Bindungswirkung eines Widerrufes nach Abs. 4 S. 4 aus (dazu RdNr. 31, 39). Als Annex zur Ehenamensbestimmung ist die Beifügungserklärung dieser notwendigerweise zeitlich nachgeschaltet; eine Ausschlussfrist besteht hierfür nicht.[120] Die Erklärung muss erkennen lassen, welchen der nach Abs. 4 wählbaren Namen der Berechtigte beifügen möchte; ist der gewählte Name **mehrgliedrig** (vgl. RdNr. 28), so hat der Berechtigte gem. Abs. 4 S. 3 zugleich anzugeben, welcher von beiden Namensteilen hinzugefügt werden soll, widrigenfalls die Erklärung unwirksam ist.[121] Eine **Anfechtung** der Bestimmung des Begleitnamens und seiner Position (Voranstellung oder Anfügung) wegen Willensmängeln ist ebenso wie die Ehenamensbestimmung selbst (RdNr. 19) grundsätzlich unzulässig,[122] es bleibt nur der Widerruf nach Abs. 4 S. 4 (dazu RdNr. 31).

4. Wirkungen. Gebildet wird der aus Ehe- und Begleitname zusammengesetzte Name durch Verknüpfung mit einem Bindestrich, der die Zusammengehörigkeit beider Namen verdeutlichen und Missverständnisse vermeiden soll.[123] Die **rechtliche Natur** des aus Ehe- und Begleitname gebildeten Namens ist komplex: Der Begleitname ist zunächst reiner **persönlicher Namenszusatz** des mit seinem Namen weichenden Ehegatten. Einerseits ist er wegen der Widerrufsmöglichkeit des Abs. 4 S. 4 grundsätzlich nur lose mit dem Ehenamen verbunden, andererseits ist er von dessen Führung abhängig, indem der Namensverbund gem. Abs. 5 S. 1 grundsätzlich die Eheauflösung überdauert und der Begleitname zugleich mit der nach Eheauflösung erfolgenden Ablegung des Ehenamens durch Rückkehr zu einem vorehelichen Namen (Abs. 5 S. 2) oder durch Bestimmung eines neuen Ehenamens in einer neuen Ehe entfällt.[124] Ehename und Begleitname bilden zusammen den personenstandsrechtlich zu führenden **persönlichen Familiennamen** des betreffenden Ehegatten, der im amtlichen Verkehr mit Beamten und Behörden zu führen ist (§ 111 OWiG)[125] und im Handelsverkehr gem. §§ 17, 18 HGB als Firma eines Einzelkaufmanns verwendet werden kann.[126] Der Schutz des § 12 erfasst ebenfalls den Begleitnamen. Er bleibt dem Namensträger solange erhalten, als er die Verbindung nicht durch Widerruf (Abs. 4 S. 4) auflöst oder den Ehenamen nach Eheauflösung ablegt (Abs. 5 S. 2). Es kommt also zu **partieller Namensverschiedenheit** in der Ehe, da der namensgebende Ehegatte rechtlich nur den Ehenamen führt und diesem nicht den vorehelichen Namen des anderen hinzufügen darf, doch bleibt ihm dies im rein gesellschaftlichen Verkehr unbenommen. Durch die Beifügung entsteht ein 30

[119] Wie hier *Hepting/Gaaz* RdNr. III-718f., s. a. RdNr. III-762; aA *Wagenitz/Bornhofen* RdNr. 125.

[120] BT-Drucks. 7/3119, S. 9; näher dazu *v. Schorlemer* S. 92f.

[121] *Hepting/Gaaz* RdNr. III-714.

[122] Speziell zum Begleitnamen eingehend BayObLGZ 1997, 323 = NJW-RR 1998, 1015 mwN; dem folgend *Palandt/Brudermüller* RdNr. 6, 12; aA OLG Celle FamRZ 1982, 267; 4. Aufl. RdNr. 24 *(Wacke); v. Schorlemer* S. 93f.; *Wagenitz/Bornhofen* RdNr. 93.

[123] *Henrich/Wagenitz/Bornhofen* RdNr. 77 mit Beispielen.

[124] *Hepting/Gaaz* RdNr. III-730.

[125] KK – OWiG/*Rogall* § 111 OWiG RdNr. 41.

[126] *Baumbach/Hopt/Hopt* § 19 HGB RdNr. 6.

unechter Doppelname, weil jene jederzeit nach Abs. 4 S. 4 widerruflich ist; der Doppelname muss sogar aufgespalten werden, wenn aus ihm in einer neuen Ehe ein Begleitname gebildet werden soll (Abs. 4 S. 3). Auf Kinder der Ehegatten geht gem. § 1616 nur der Ehename ohne den Begleitnamen über, für ein Adoptivkind gehört dieser nach § 1757 Abs. 1 S. 2 auch nicht zum Familiennamen des Annehmenden. Allerdings **ändert** dieser unechte Doppelname seine **rechtliche Qualität**, wenn er in einer neuen Ehe des Namensträgers mit einem Dritten zum Ehenamen bestimmt wird und als solcher kraft Gesetzes auf eheliche Kinder aus dieser Verbindung (§ 1616) oder im Wege der Einbenennung auf – auch eigene – einseitige Kinder übertragen wird; wählen die neuen Ehegatten keinen Ehenamen, so kann der unechte Doppelname als aktuell geführter des einen Ehegatten nach § 1617 zum Kindesnamen bestimmt werden. Auch in anderen Fällen (§§ 1617 a, 1617 b, 1617 c) kann dieser Name als aktuell geführter des namensgebenden Elternteils auf dessen Kinder aus anderen Verbindungen übergehen. In all diesen Konstellationen **mutiert** der unechte zu einem **echten Doppelnamen.** Das sinnwidrige Ergebnis beruht darauf, dass der seit dem 1. EheRG stereotype (aber nur noch in § 1757 Abs. 1 S. 2 beibehaltene) Zusatz, der Begleitname gelte insoweit nicht als Ehename,[127] vom KindRG weggelassen wurde. Fraglich ist, inwieweit sich **Änderungen des Geburtsnamens,** der zum Begleitnamen bestimmt worden ist, auf letzteren auswirken. Man könnte ab Wirksamwerden der Beifügung des Begleitnamens im Interesse der Namenskontinuität dessen Versteinerung befürworten. Demgegenüber ist zu bedenken, dass der Geburtsname als Begleitname auch Abstammungsverhältnisse offen legen soll.[128] Außerdem erstrecken sich elterliche Namensänderungen auf den Geburtsnamen grundsätzlich nur, wenn der Namensträger sich diesen anschließt (vgl. § 1617 c Abs. 1 S. 2). Es sollte daher der Autonomie des Namensträgers überlassen bleiben, ob er sich einer Änderung seines Geburtsnamens anschließt, welche dann auf seinen Begleitnamen durchschlägt.[129] Will er dies vermeiden, so kann er den Geburtsnamen als im Zeitpunkt der Ehenamensbestimmung geführten Namen zum Begleitnamen erklären, weil dieser dann eine neue rechtliche Qualität erlangt und selbst nach § 1617 c Abs. 1 S. 2 konsentierten Änderungen des Geburtsnamens nicht mehr folgt.[130]

31 **5. Widerruf.** Die Hinzufügung eines Begleitnamens ist mit Wirkung ex nunc jederzeit widerruflich (Abs. 4 S. 4).[131] Alleiniges Ziel ist die Beseitigung der Beifügung des Begleitnamens, weil die dadurch ermöglichte Rückkehr zum eingliedrigen Ehenamen dem gesetzlichen Leitbild des Abs. 1 S. 1 entspricht. Dagegen soll der Widerruf keine Korrektur der Namenswahl ermöglichen und schließt daher die Wahl eines anderen Begleitnamens (vor Ehenamensbestimmung geführter statt Geburtsname oder umgekehrt) oder einen Wechsel seiner Position (von Voranstellung zu Anfügung oder umgekehrt) aus.[132] Eine solche Korrektur kann nach hier vertretener Ansicht nicht durch Anfechtung der Beifügungserklärung (RdNr. 29), sondern nur nach dem NamensÄndG erreicht werden. Der einmal erklärte Widerruf ist **während der Ehedauer bindend,** so dass eine erneute Beifügung eines Begleitnamens – und sei es auch eines anderen als des widerrufenen – ausgeschlossen ist; allerdings erlangt der Namensträger nach Auflösung der Ehe gem. Abs. 5 wieder Wahlfreiheit und kann dem fortgeführten Ehenamen aus der aufgelösten Ehe wieder einen Begleitnamen beifügen, selbst den zuvor durch Widerruf abgelegten (RdNr. 37).[133] Im Übrigen gelten die Ausführungen zur Beifügungserklärung für den Widerruf als einer

[127] Für nichteheliche Kinder zB § 1617 Abs. 1 S. 2 idF des FamNamRG; weitere Fälle s. 3. Aufl. RdNr. 24.

[128] *Hepting/Gaaz* RdNr. III-699 f.; *Staudinger/Voppel* (2007) RdNr. 78; *v. Schorlemer* S. 82.

[129] Im Ergebnis auch BayObLG StAZ 2000, 107; *Gernhuber/Coester-Waltjen* § 16 RdNr. 21; *Seeger* MittBayNot. 2002, 229, 236; *Henrich/Wagenitz/Bornhofen* RdNr. 84; so auch die in der Vornote Genannten, aaO.

[130] *Hepting/Gaaz* RdNr. III-702; *v. Schorlemer* S. 82 f.

[131] Vor dem FamNamRG war dies nicht der Fall gewesen, dazu 3. Aufl. RdNr. 24.

[132] Zu letzterem BayObLGZ 1997, 323 = NJW-RR 1998, 1015; wie hier *Wagenitz* FamRZ 1994, 409, 411; *Staudinger/Voppel* (2007) RdNr. 72; *Gernhuber/Coester-Waltjen* § 16 RdNr. 19.

[133] So auch *Staudinger/Voppel* (2007) RdNr. 73; offenbar ebenso *Hepting/Gaaz* RdNr. III-762.

namensbestimmenden Willenserklärung einschl. des Formerfordernisses (Abs. 4 S. 5) entsprechend (RdNr. 29).

6. Vereinbarungen und Verzicht. Vorherige Abreden über die Hinzufügung eines Begleitnamens oder deren Unterlassung sind zwar zulässig, vermögen den Standesbeamten indes nicht zu binden und sind überdies von geringer Wirkungskraft (vgl. RdNr. 22).[134] Hingegen sind Vereinbarungen für den Fall der Scheidung oder den Tod des anderen Ehegatten wirksam und bindend (vgl. RdNr. 40) und können nach § 894 ZPO durch Verurteilung zur Abgabe einer öffentlich beglaubigten Erklärung gegenüber dem zuständigen Standesbeamten erzwungen werden; eine solche Erklärung ist nicht mehr widerruflich.[135] 32

V. Der Name verwitweter oder geschiedener Ehegatten (Abs. 5)

1. Grundsatz: Beibehaltung des Ehenamens (S. 1). Traditionsgemäß behält ein Ehegatte den Ehenamen gem. Abs. 5 S. 1 auch nach Auflösung seiner Ehe durch Scheidung oder Tod.[136] Die Perpetuierung des Ehenamens gehört zu den persönlichen Nachwirkungen der Ehe und entspricht dem Grundsatz der **Namenskontinuität**. Sie überdauert selbst eine erneute Heirat und endet erst, wenn der Namensträger den Ehenamen gem. Abs. 5 S. 2 zu Gunsten eines früheren Namens ablegt oder in einer neuen Verbindung einen davon abweichenden Ehenamen bzw. Lebenspartnerschaftsnamen annimmt. Die Namenskontinuität nach Eheauflösung kann seit der Reform von 2005 sogar dazu führen, dass der Ehename – mit oder ohne Begleitnamen – in einer neuen Ehe des Namensträgers als dessen aktuell geführter Name zum Ehenamen und so zum Familiennamen eines Dritten wird. Die Namensfortführung stellt den Grundsatz dar, denn sie tritt ein, solange der Namensträger nicht eine Erklärung nach Abs. 5 S. 2 abgibt; es bedarf also weder einer Erklärung oder gar Begründung des Namensträgers noch einer Zustimmung des früheren, namensgebenden Ehegatten. Zu Beschränkungen des Rechts zur Namensfortführung, RdNr. 40 f. Ungeachtet der Statusänderung behält der fortgeführte Ehename seine **rechtliche Qualität** bei: Die Beifügung eines Begleitnamens bleibt erhalten, solange der Namensträger diese nicht durch Widerruf nach Abs. 4 S. 4 auflöst oder den Ehenamen aufgibt; sie ist sogar noch nach Eheauflösung möglich, selbst nach erneuter Heirat, sofern nur der Ehename weiter geführt wird. Nach Eheauflösung – sei es durch Tod oder durch Scheidung – eintretende **Änderungen** des dem Ehenamen zu Grunde liegenden Geburtsnamens des namensgebenden Ehegatten wirken sich für keinen der Ehegatten auf den Ehenamen aus, da die hierfür nötige Zustimmung des anderen Ehegatten nicht mehr möglich ist.[137] Will der namensgebende Ehegatte seinen geänderten Geburtsnamen führen, hat er zu dessen Gunsten den Ehenamen nach Abs. 5 S. 2 abzulegen. 33

Nicht **anwendbar** ist Abs. 5 auf Ehegatten, welche bei Eheauflösung keinen Ehenamen führen; es bleibt bei deren getrennter Namensführung. Umstritten ist die Anwendbarkeit bei **Aufhebung** einer Ehe: Einige befürworten eine (entspr.) Anwendung des Abs. 5, da die unterbliebene Verweisung auf das Ehenamensrecht eine planwidrige Lücke darstelle,[138] während andere dies angesichts des streng formulierten § 1318 ablehnen.[139] Eine pauschale Anwendung des § 1355 Abs. 5 wird indes den wertungsmäßigen Unterschieden zwischen 34

[134] Ebenso *Henrich/Wagenitz/Bornhofen* RdNr. 80; *Hepting/Gaaz* RdNr. III-717; näher dazu *v. Schorlemer* S. 95 f.

[135] Nur zu letzterem wie hier *Gernhuber/Coester-Waltjen* § 16 RdNr. 20; *Staudinger/Voppel* (2007) RdNr. 75; eingehend *v. Schorlemer* S. 95 ff.; für Widerruflichkeit hingegen noch 4. Aufl. RdNr. 22 Fn. 100 *(Wacke)*.

[136] Zur Entwicklungsgeschichte s. 3. Aufl. RdNr. 25 ff.

[137] *Henrich/Wagenitz/Bornhofen* RdNr. 96; näher dazu *v. Schorlemer* S. 103 ff.

[138] *Henrich/Wagenitz/Bornhofen* RdNr. 93; *Hepting/Gaaz* RdNr. III-750; *Erman/Roth* § 1318 RdNr. 11; *Palandt/Brudermüller* § 1318 RdNr. 16; AnwK-BGB/*Finger* § 1318 RdNr. 25; *Gernhuber/Coester-Waltjen* § 14 RdNr. 26 (vgl. aber Fn. 139).

[139] *Bosch* NJW 1998, 2004, 2011; 4. Aufl. RdNr. 25 *(Wacke)*; Erl. § 1318 RdNr. 15; *Bamberger/Roth/Hahn* RdNr. 18, § 1318 RdNr. 23; *Staudinger/Voppel* (2007) RdNr. 80; AnwK-BGB/*Wellenhofer* RdNr. 14; *Gernhuber/Coester-Waltjen* § 16 RdNr. 24 Fn. 47, wenngleich kritisch (vgl. aber in Fn. 138).

Scheidung und Eheaufhebung nicht gerecht, vielmehr ist sie nur hinsichtlich des/der gutgläubigen Ehegatten angezeigt.[140] Seit dem EheschlRG ist insbes. eine bloß zwecks **Namenserwerbs** geschlossene **Scheinehe** jedenfalls bei nicht hinnehmbarem Missbrauch der Eheschließungsform nach § 1314 Abs. 2 Nr. 5 aufhebbar.[141] Die Beseitigung der Befugnis zur Führung des Ehenamens ist das Ziel dieser Aufhebungsklage; ein Recht zur Namensfortführung wäre in diesem Falle sinnwidrig.[142]

35 **2. Abweichende oder ergänzende Wahlmöglichkeiten (S. 2).** Die Namenskontinuität wird keinem Ehegatten aufgezwungen.[143] Die Gründe für die Einheit des Ehenamens entfallen mit der Eheauflösung.[144] Abs. 5 S. 2 räumt daher geschiedenen oder verwitweten Ehegatten eine **mehrfache Dispositionsbefugnis** ein: Solange sie keine namensbezogenen Erklärungen abgeben, behalten sie den Ehenamen, ggf. in Verbindung mit einem Begleitnamen. Stattdessen kann der Ehename zu Gunsten eines früheren Namens abgelegt (Abs. 5 S. 2 Fälle 1 und 2) oder zwar beibehalten, diesem aber ein früherer Name hinzugefügt werden (Abs. 5 S. 2 Fälle 3 und 4). Grundvoraussetzung hierfür ist, dass der in der (zuletzt) aufgelösten Ehe bestimmte **Ehename noch geführt** wird.

36 **a) Wiederannahme des vorehelichen Namens.** Der Ehename aus der aufgelösten Ehe kann abgelegt und durch den Geburtsnamen oder den vor der Bestimmung des abgelegten Ehenamens geführten Namen ersetzt werden, Abs. 5 S. 2 Fälle 1 und 2; die Wiederannahme ist **unwiderruflich,** RdNr. 39. Zum **Geburtsnamen** iSd. Abs. 6, RdNr. 14. Auch der namensgebende Ehegatte kann zu seinem Geburtsnamen, von dem sich der abzulegende Ehename ableitet, zurückkehren, wenn der Geburtsname sich nachträglich geändert hat, der Ehename aber nicht (RdNr. 14). Die Rückkehr zu einem **früher geführten Namen** steht ebenfalls beiden Ehegatten offen und setzt voraus, dass der Erklärende ihn bis zur Bestimmung des Ehenamens aus der aufgelösten Ehe getragen hatte. Vielfach wird es sich dabei um den Ehenamen aus einer Vorehe handeln; einer Einwilligung des namensgebenden früheren Ehepartners bedarf es hierzu nicht. Der Bezug auf den Zeitpunkt der Bestimmung des jetzt abzulegenden Ehenamens bedeutet aber nicht, dass einem mehrfach verheirateten Ehegatten die Rückkehr zu einem noch vor diesem Zeitpunkt geführten Namen, zB zum Ehenamen aus einer Vorvorehe, verschlossen wäre; vielmehr erlaubt die Vorschrift den **gestuften Rückgriff** auf zwischenzeitlich abgelegte Ehenamen aus früheren Ehen, um einen solchen ggf. für eine weitere Ehe zur Wahl zu stellen: Der wiederangenommene Ehename aus einer Vorehe kann als solcher seinerseits nach Abs. 5 S. 2 abgelegt werden, usw. (dazu RdNr. 16). Allerdings scheidet ein gestufter Rückgriff aus, wenn der Ehename aus der Vorehe im maßgeblichen Zeitpunkt gar nicht mehr geführt, sondern zuvor seinerseits nach Abs. 5 S. 2 abgelegt worden war.[145] Wählbar ist der früher geführte Name nur in der **konkreten Form,** in welcher er im maßgeblichen Zeitpunkt rechtlich zu führen war: War dem Ehenamen aus der Vorehe damals ein Begleitname beigefügt worden, so steht allein dieser unechte Doppelname in der damals gebrauchten Reihenfolge als rechtlich zu führender Name zur Wahl, doch kann der Namensträger nach Rückkehr zu diesem den Begleitnamen

[140] Eingehend dazu *Winkler* S. 81 ff., 115 ff.; gegen eine solche Differenzierung Erl. § 1318 RdNr. 15 *(Müller-Gindullis).*

[141] Allgemein hierfür: § 1314 RdNr. 31; *Winkler* S. 107; *v. Hein* FamRZ 2005, 519, 521; wie hier restriktiv: *Hepting* FamRZ 1998, 713, 722 bei Fn. 113 (entgeltlicher Namensschacher); *Staudinger/Voppel* (2007) RdNr. 121; *Staudinger/Klippel* (2000) § 1314 RdNr. 76; *Palandt/Brudermüller* § 1314 RdNr. 14; *Bamberger/Roth/Hahn* § 1314 RdNr. 14. Zur wechselvollen Gesetzgebungsgeschichte s. *Wacke,* FS Medicus, 1999, S. 651, 665, 670 ff.; s. a. *Eisfeld,* Die Scheinehe in Deutschland im 19. und 20. Jahrhundert, 2005, der die jetzige Norm für verfassungswidrig hält, ebd., S. 234 ff. Entgegen der für die Aufhebung von § 19 EheG angeführten amtlichen Begründung zum 1. EheRG gibt es unter Ausnutzung menschlicher Eitelkeit einen gewerbsmäßigen Handel mit ehemaligen Adelsprädikaten und akademischen Titeln, s. *v. Spoenla-Metternich* S. 249; *Wacke* FamRZ 1999, 977; *Eisfeld,* aaO, S. 1, 208.

[142] *Winkler* S. 174 ff., 192; *Bamberger/Roth/Hahn* RdNr. 18.

[143] *Gernhuber/Coester-Waltjen* § 16 RdNr. 24.

[144] BT-Drucks. 7/650, S. 119.

[145] *Henrich/Wagenitz/Bornhofen* RdNr. 106.

durch Widerruf nach Abs. 4 S. 4 davon abspalten. Frauen können eine frühere Adelsbezeichnung jedoch in der für verheiratete Frauen gebräuchlichen Form (Freifrau statt Freiin) wieder annehmen.[146]

b) Beibehaltung des Ehenamens und Hinzufügung eines früheren Namens. Der geschiedene oder verwitwete Ehegatte kann den Ehenamen aus der aufgelösten Ehe beibehalten und ihm den Geburtsnamen oder den zur Zeit der Bestimmung des Ehenamens geführten Namen hinzuzufügen; die zweite Option ist zwar erst durch die Reform von 2005 eingeführt worden, war aber schon zuvor aus Abs. 4 S. 1 abgeleitet worden.[147] Die Neufassung des Abs. 5 betont die **Eigenständigkeit** des darin normierten Beifügungsrechts gegenüber dem des Abs. 4: Es steht **jedem** der **Ehegatten** und nicht nur dem mit seinem Namen weichenden zu; freilich macht dies bloß Sinn, wenn der fortgeführte Ehename und der Begleitname nicht identisch sind.[148] Widerruft der mit seinem Namen weichende Ehegatte während der Ehe die Beifügung eines Begleitnamens nach Abs. 4 S. 4, so kann er ungeachtet dessen nach Auflösung der Ehe dem fortgeführten Ehenamen nach Maßgabe des Abs. 5 S. 2 den gleichen oder einen anderen Begleitnamen beifügen, sein Beifügungsrecht lebt insoweit wieder auf.[149] Zum Widerruf dieser Beifügung, RdNr. 39. 37

3. Namensrechtliche Erklärungen. Die Erklärungen über die Wiederannahme oder die Hinzufügung eines früheren Namens weisen dieselbe Rechtsnatur wie die Erklärungen über die Ehenamensbestimmung (RdNr. 19 f.) oder die Beifügung eines Begleitnamens (RdNr. 29) auf, so dass insoweit sowie hinsichtlich der Voraussetzungen, dem Wirksamwerden und den Wirkungen auf die dortigen Ausführungen verwiesen wird, sofern hier nichts Abweichendes gesagt wird. Aus Abs. 5 S. 3 und Abs. 4 S. 5 folgt das Erfordernis öffentlicher Beglaubigung. Die Erklärungen können bei Auflösung der Ehe und danach noch **jederzeit** abgegeben werden, selbst nach erneuter Eheschließung, doch endet das Erklärungsrecht mit Bestimmung eines neuen Ehenamens in einer neuen Ehe; gleiches gilt für die Bestimmung eines Lebenspartnerschaftsnamens. Wird der frühere Ehename dem neuen Ehenamen einer erneuten Ehe beigefügt, so ist er nicht mehr Ehename und kann daher nicht nach Abs. 5 S. 2 geändert werden. 38

4. Verweisung auf Abs. 4, insbes. Widerruf. Die Bedeutung der Verweisung in Abs. 5 S. 3 ist umstritten. Im Gesetzgebungsverfahren war lediglich ein Bezug zur Beifügung eines Begleitnamens hergestellt worden; für diesen Fall sollte ein einmaliger Widerruf möglich sein.[150] Überwiegend wird die Verweisung daher zu Recht so verstanden, dass sie mit Ausnahme des Formerfordernisses des Abs. 4 S. 5 nur die Beifügung eines Begleitnamens betrifft; insbes. ist die **Wiederannahme** eines früheren Namens danach **unwiderruflich.**[151] Hinsichtlich der Beifügung eines Begleitnamens zum fortgeführten Ehenamen erfasst die Verweisung hingegen den Abs. 4 insgesamt: das Verbot mehrgliedriger Namensketten in S. 2 und 3, die einmalige Widerrufsmöglichkeit des S. 4 sowie das Formerfordernis des S. 5.[152] Zum Verhältnis von Abs. 5 und 4 s. a. RdNr. 29, 37. 39

5. Vereinbarungen und Verzicht. Aus der Möglichkeit, auf die grundsätzlich vorgesehene Fortführung des Ehenamens nach Scheidung gem. § 1355 Abs. 5 S. 2 zu verzichten, folgt, dass Ehegatten vor oder während der Ehe – in einem Ehevertrag oder einer Scheidungsvereinbarung – wirksam die Verpflichtung des mit seinem Namen weichenden Ehe- 40

---

[146] KG FamRZ 1964, 303 = StAZ 1964, 132; s. o. Erl. RdNr. 7.

[147] Dazu *Staudinger/Voppel* (2007) RdNr. 92; *Wagenitz/Bornhofen* RdNr. 125.

[148] *Wagenitz/Bornhofen* FamRZ 2005, 1425, 1429 mit teils paradoxen Beispielen für diese Regelung.

[149] Ebenso *Staudinger/Voppel* (2007) RdNr. 73, 94; *Hepting/Gaaz* RdNr. III-762; dem folgend *Seeger* MittBayNot. 2002, 229, 237; aA *v. Schorlemer* S. 110, freilich zum alten Recht.

[150] BT-Drucks. 12/5982, S. 18.

[151] *Wagenitz* FamRZ 1994, 409, 412; *Wagenitz/Bornhofen* RdNr. 121; *Gaaz* StAZ 2006, 157, 162 Fn. 43; *Bamberger/Roth/Hahn* RdNr. 21; *Staudinger/Voppel* (2007) RdNr. 101; *Henrich/Wagenitz/Bornhofen* RdNr. 109; *v. Schorlemer* S. 107, 112; im Ergebnis ebenso 4. Aufl. RdNr. 26; aA *Hepting/Gaaz* RdNr. III-762.

[152] *Bornhofen* StAZ 2005, 226, 228; *Staudinger/Voppel* (2007) RdNr. 101 ff.

gatten vereinbaren können, nach Scheidung oder Tod des anderen Ehegatten den durch Eheschließung erworbenen Ehenamen aufzugeben; das Persönlichkeitsrecht des verpflichteten Ehegatten an dem als eigenem Familiennamen erheirateten Ehenamen steht dem nicht entgegen.[153] Diese Verpflichtung ist einklagbar und nach § 894 ZPO vollstreckbar durch Verurteilung zur Abgabe einer öffentlich beglaubigten Erklärung gegenüber dem zuständigen Standesbeamten, den Geburtsnamen oder den vor der Ehe geführten oder sonst vereinbarten Namen anzunehmen.[154] Gleiches muss für die Verpflichtung gelten, den erheirateten Ehenamen nicht in einer neuen Ehe mit einem Dritten zum Ehenamen zu bestimmen, doch sollten derartige Unterlassungsverpflichtungen zu ihrer Durchsetzung mit einer Vertragsstrafe sanktioniert werden.[155] Die Berufung auf solche Vereinbarungen kann im Einzelfall nach § 242 rechtsmissbräuchlich sein,[156] doch ist dies nicht automatisch bei langer Ehedauer und gemeinsamen Kindern der Fall.[157] Ein entgeltlicher Verzicht kann im Einzelfall im Hinblick auf die Höchstpersönlichkeit des Namensrechts sittenwidrig sein (§ 138).[158] Umgekehrt ist eine Verpflichtung zur Fortführung des Ehenamens denkbar, etwa im Hinblick auf die Namenseinheit zu ehelichen Kindern.[159] Zur Wirksamkeit eines Verzichts auf die Beifügung eines Begleitnamens, RdNr. 32; es ist jedoch im Wege der Auslegung zu ermitteln, ob dieser sich auch auf die Zeit nach Eheauflösung erstrecken soll.

41 **6. Namensaberkennung.** Die Befugnis des Mannes, einer schuldig geschiedenen Frau die Weiterführung seines Namens zu untersagen (§ 56 EheG), beseitigte das 1. EheRG zusammen mit dem Verschuldensprinzip. Zugleich entfiel seine Untersagungsbefugnis, falls sich die Frau später einer schweren sittlichen Verfehlung schuldig machte (§ 57 EheG).[160] Da der vom anderen Ehegatten abgeleitete Ehename nicht bloß geliehener, sondern zu eigenem Recht erworbener Name des mit seinem Namen weichenden Ehegatten wird (RdNr. 4), hat der namensgebende Ehegatte grundsätzlich **kein Recht zur Untersagung** der Fortführung des Ehenamens durch den anderen Ehegatten[161] oder der Weitergabe durch ihn an einen neuen Ehegatten; eine Untersagung kommt nur in Fällen krassen Rechtsmissbrauchs als Sanktion für ein in so hohem Maße zu missbilligendes Verhalten des anderen Ehegatten in Betracht, dass die Fortführung – oder Weitergabe – des Namens gegen Treu und Glauben verstößt.[162]

---

[153] BGH NJW 2008, 1528, 1529f., Tz. 17ff. = FamRZ 2008, 859, 860f.; m. zust. Anm. *Hohloch* LMK 2008, 259989 und *Löhnig* JA 2009, 64, 65f.; OLG Frankfurt StAZ 1971, 137; LG Bonn MittBayNot. 2008, 134; für auf den Fall einer Wiederheirat bedingten Verzicht RGZ 86, 114; eingehend *Everts* FamRZ 2005, 249ff., 253f.; *v. Oertzen/Engelmeier* FamRZ 2008, 1133, 1135; *Gernhuber/Coester-Waltjen* § 16 RdNr. 27; *Staudinger/Voppel* (2007) RdNr. 110; *Bamberger/Roth/Hahn* RdNr. 17; *v. Hein* FamRZ 2004, 519, 521; grundsätzlich auch *Seeger* MittBayNot. 2002, 229, 238f.; *v. Schorlemer* S. 112ff.; aA *Wagenitz/Bornhofen* RdNr. 120.

[154] BGH NJW 2008, 1528, 1531, Tz. 28ff. = FamRZ 2008, 859, 862 (implizit); RG SeuffA 76 Nr. 55; LG Bonn MittBayNot. 2008, 134; LG München I FamRZ 2000, 1168; *v. Oertzen/Engelmeier* FamRZ 2008, 1133, 1137f.; *Seeger* MittBayNot. 2002, 229, 238; *Everts* FamRZ 2005, 249, 253; *v. Hein* FamRZ 2004, 519, 521; *Staudinger/Voppel* (2007) RdNr. 110; differenzierend nach dem Inhalt der Vereinbarung, *v. Schorlemer* S. 114; aA (§ 888 ZPO) *Göppinger/Börger* § 8 RdNr. 3 mwN.

[155] Dazu *Everts* FamRZ 2005, 249, 251, 253; *Staudinger/Voppel* (2007) RdNr. 110; die Verknüpfung jeglicher Namensvereinbarung mit einer Vertragsstrafe empfehlen *v. Oertzen/Engelmeier* FamRZ 2008, 1133, 1138.

[156] ZB bei Verstoß gegen das Wohl der den Ehenamen als Familiennamen führenden ehelichen Kinder, dazu *Everts* FamRZ 2005, 249, 251.

[157] BGH NJW 2008, 1528, 1530f., Tz. 25f. = FamRZ 2008, 859, 862.

[158] Offengelassen in BGH NJW 2008, 1528, 1530, Tz. 20 = FamRZ 2008, 859, 861; bejahend LG Bonn MittBayNot. 2008, 134; eingehend dazu *Everts* FamRZ 2005, 249, 250f.; nur in seltensten Fällen bejahend *v. Oertzen/Engelmeier* FamRZ 2008, 1133, 1135ff.; vorsichtig *Gernhuber/Coester-Waltjen* § 16 RdNr. 27 (es liegt nahe); ablehnend *Löhnig* JA 2009, 64, 65f.; anders noch RG SeuffA 76 Nr. 55.

[159] *Gernhuber/Coester-Waltjen* § 16 RdNr. 27; *Staudinger/Voppel* (2007) RdNr. 105; *v. Schorlemer* S. 112ff.

[160] Dazu *Gaaz* StAZ 2006, 157, 158; *Staudinger/Voppel* (2007) RdNr. 1ff.

[161] BGH NJW-RR 2005, 1521 = FamRZ 2005, 1658m. teils krit. Anm. *Wellenhofer* LMK 2005, 159865; ebenso *Gernhuber/Coester-Waltjen* § 16 RdNr. 26 mwN; aA noch 4. Aufl. RdNr. 28 *(Wacke)*.

[162] BGH NJW-RR 2005, 1521 = FamRZ 2005, 1658.

VI. Internationales Privatrecht

Die Bestimmung des Ehenamens unterliegt gem. Art. 10 Abs. 1 EGBGB dem Personalstatut eines jeden Ehegatten, vorbehaltlich einer abweichenden Rechtswahl nach Art. 10 Abs. 2 EGBGB (Erl. Art. 10 EGBGB RdNr. 63ff.). Bei gemischtnationalen Ehen kann Art. 10 Abs. 1 EGBGB zur Anwendung zweier unterschiedlicher Ehenamensstatute führen; dadurch entstehende Spannungen sind im Wege der Angleichung zu lösen (Art. 10 EGBGB RdNr. 66ff.). So ist eine gemeinsame Erklärung eines ausländischen und eines deutschen Ehegatten, den Mannesnamen als Ehenamen führen zu wollen, hinsichtlich des deutschen Ehegatten als gemeinsame Ehenamensbestimmung nach dem für diesen gem. Art. 10 Abs. 1 EGBGB maßgeblichen § 1355 Abs. 2 anzusehen, wenn dies im Ergebnis mit dem vom ausländischen Ehegatten nach dessen Heimatrecht kraft Gesetzes zu führenden Namen (hier der Mannesname nach türkischem Recht) übereinstimmt.[163] Ehegatten, die unter dem für ihre Namensführung zuvor maßgebenden ausländischen Recht bereits einen Ehenamen bestimmt hatten, können, wenn für sie nunmehr deutsches Recht über Art. 10 Abs. 1 oder Abs. 2 EGBGB anwendbar wird, unter Ausschöpfung sämtlicher Möglichkeiten des § 1355 ihren Ehenamen mit Wirkung ex nunc neu bestimmen[164] oder statt des Ehenamens zu getrennter Namensführung übergehen,[165] zumal die erforderlichen namensrechtlichen Erklärungen jeweils auch nach Eheschließung abgegeben werden können; das betrifft insbes. Spätaussiedler. Eine Durchbrechung des Ehenamensstatuts soll auch ohne Statutenwechsel möglich sein, wenn dieses (hier türkisches Recht) einem deutschen Ehegatten die Fortführung des Ehenamens nach Scheidung verwehrt; analog Art. 10 Abs. 2 EGBGB ist ihm die Rückkehr zum deutschen Recht und damit zur Namensfortführung nach § 1355 Abs. 5 S. 1 zu ermöglichen.[166] Einige Angleichungsprobleme beim Wechsel vom vormals ausländischen zum nun deutschen Namensstatut (zB keine Unterscheidung zwischen Vor- und Familiennamen, unbekannte Namensbestandteile) regeln speziell für Aussiedler § 94 BVFG[167] und allgemein Art. 47 EGBGB.[168] So kann nach Art. 47 Abs. 1 S. 1 Nr. 4 EGBGB eine vormals ausländischem Namensrecht unterstehende Namensträgerin aus dem slawischen Rechtskreis statt der weiblichen Form nun die ursprüngliche Form ihres Namens annehmen, zB Golowin statt Golowina; fraglich ist indes, ob bei polnischen Namen die männliche Form die ursprüngliche statt der weiblichen ist, also zB Plominski statt Plominska.[169] Der so geänderte Name steht dann als Ehename zur Wahl, sofern ein solcher noch nicht gebildet wurde; war der zu ändernde Name hingegen bereits zum Ehenamen bestimmt worden, so ist dessen Änderung während der Ehedauer nur durch gemeinsame Erklärung(en) der Ehegatten möglich, Art. 47 Abs. 1 S. 2 EGBGB. Zum Einfluss der europäischen Grundfreiheiten auf die Namensführung in Sachverhalten mit Bezug zum EU-Ausland, Erl. Art. 10 EGBGB RdNr. 140ff. 42

VII. Würdigung und Reformbedarf

Das geltende Ehenamensrecht ist in den letzten Jahren immer wieder reformiert worden, 43
um den Vorgaben der Verfassung und den gewandelten gesellschaftlichen Vorstellungen gerecht zu werden. Die ständigen Nachbesserungen haben dazu geführt, ein ursprünglich einfaches Konzept immer komplexer werden zu lassen, weil jetzt widersprüchliche namens-

---

163 OLG Stuttgart FamRZ 2007, 149 = StAZ 2006, 361.

164 BGHZ 147, 159 = NJW 2001, 2469.

165 OLG Frankfurt FGPrax 2006, 262.

166 OLG Frankfurt FGPrax 2005, 25; OLG Dresden StAZ 2004, 170; OLG Hamm StAZ 1999, 370.

167 Dazu *Palandt/Thorn* Art. 10 EGBGB RdNr. 10; zur Unwiderruflichkeit einer Erklärung nach dieser Vorschrift OLG München StAZ 2007, 239.

168 Art. 2 Nr. 15 lit. b des Gesetzes zur Reform des Personenstandsrechts v. 19. 2. 2007, BGBl. I 122, in Kraft seit 24. 5. 2007 gem. Art. 4, 7 des Gesetzes v. 16. 5. 2007, BGBl. I 748; dazu *Henrich* StAZ 2007, 197ff.; *Hepting* StAZ 2008, 161ff.

169 Dazu *Henrich* StAZ 2007, 197, 202f.

rechtliche Prinzipien aufeinanderprallen und diese ihrerseits nicht konsequent verwirklicht werden;[170] dazu kommen gesetzestechnische Fehlleistungen. Am traditionellen Prinzip der **Namenseinheit** in der ehelichen Familie wird festgehalten. Diese entspricht dem Gedanken der Familieneinheit in Art. 6 Abs. 1 GG, soll die innere Verbundenheit der Ehegatten und ihrer Kinder nach außen kundtun, so die familiäre Zuordnung der Namensträger ermöglichen und die Abstammung ihrer Kinder kenntlich machen.[171] Die mit der Eheschließung verbundene Statusänderung rechtfertigt einen Wechsel des Namens, der als Ausdruck der Individualität seines Trägers sonst auf Kontinuität angelegt ist; der einmal gewählte Ehename bleibt dann im Interesse der Kontinuität während der Ehe bestehen. Allerdings ist die Ehenamensregelung mit dem **Gleichberechtigungsgebot** von Mann und Frau in Einklang zu bringen. Problematisch ist dies, weil der Gesetzgeber sich bislang weigert, die Bildung eines aus den Namen beider zusammengesetzten Ehenamens zuzulassen (RdNr. 17, 45), und am grundsätzlich eingliedrigen Ehenamen festhält: Es muss daher eine Wahl zwischen den Namen beider Ehegatten erfolgen, und diese überlässt das Gesetz der Autonomie der Parteien, denn das automatische Abstellen auf den Namen des Mannes oder der Frau ist nicht gleichheitssatzkonform. Damit muss einer der Ehegatten mit seinem bisherigen Namen weichen, so dass die Möglichkeit, diesen als Begleitnamen dem Ehenamen beizufügen, vom Persönlichkeitsrecht des weichenden Ehegatten eingefordert wird (RdNr. 25). Des Weiteren ist eine gleichheitssatzkonforme Auffanglösung bei unterbliebener Ehenamensbestimmung zu finden. Der subsidiäre Rückgriff auf den Namen nur des Mannes oder der Frau scheidet aus; und der Gesetzgeber hat den Ausweg der Doppelnamensbildung ebenso wie Modelle einer Fremdbestimmung oder subsidiären Anknüpfung mit Hilfe geschlechtsunabhängiger Kriterien nicht aufgegriffen.[172] Stattdessen hat er als Alternative zur Namenseinheit deren gegenläufiges Prinzip der **Namensverschiedenheit** vorgesehen. Diese wahrt zwar in jedem Fall das Persönlichkeitsrecht eines jeden Ehegatten an seinem bisherigen Namen, macht aber die Tatsache der Eheschließung nicht kenntlich und erlaubt nur partiell ein Nachzeichnen der Abstammung (§ 1617 Abs. 1). Der Gesetzgeber hat also die Lösung der Spannung zwischen Namenseinheit und Gleichberechtigung den Ehegatten überlassen, indem er ihnen die **Dispositionsbefugnis** darüber eingeräumt hat, ob sie einen Ehenamen führen und wessen Name dazu bestimmt wird, oder ob jeder bei seinem Namen bleibt. Um trotz fehlenden Zwangs zum Ehenamen den Ehegatten die Entscheidung hierfür schmackhaft zu machen, werden ihnen zahlreiche Brücken gebaut, welche freilich die hinter dem Prinzip der Namenseinheit stehenden Wertungen wieder aufweichen: Die Ehenamensbestimmung wird zeitlich von der Eheschließung entkoppelt und weist daher nicht mehr notwendig auf die erfolgte Statusänderung hin; mehr noch gilt dies für die nach Ehenamensbestimmung und selbst nach Eheauflösung jederzeit mögliche Beifügung eines Begleitnamens und dessen spätere Abtrennung. Überhaupt erscheint der Begleitname als Fremdkörper:[173] Wer dem Ehenamen einen Begleitnamen hinzufügt, führt einen anderen Familiennamen als der namensgebende Ehegatte und die gemeinsamen Kinder; durch die Wahlfreiheit zwischen Voranstellung und Anfügung des Begleitnamens wird für Außenstehende verschleiert, welcher der Ehename und welcher der Begleitname ist; schließlich ist der entstehende unechte Doppelname ein Vehikel zur Umgehung des Doppelnamensverbotes, jedenfalls in einer neuen Ehe und für daraus hervorgehende Kinder. Vollends konterkariert wird die soziale Zuordnungsfunktion des Namens durch die 2005 eingeführte Option, den aktuell geführten Namen aus einer Vorehe in einer neuen Ehe zum Ehenamen zu bestimmen. Auf diese Weise wird die **Weitergabe erheirateter Namen,** die sich von einem früheren Ehegatten ableiten, auf mit diesem nicht

[170] Eingehend dazu *Hepting* StAZ 1996, 1, 3 ff.; *ders.* FPR 2002, 115, 119 ff.; *Gaaz* StAZ 2006, 157, 161 ff.; kritisch auch *Battes,* FS Westermann, S. 93, 96 ff.; *ders.* FamRZ 2008, 1037 f.

[171] Zu den Namensfunktionen Vor § 1616 RdNr. 8.

[172] Zu den nicht verwirklichten Neuregelungsvorschlägen im Zusammenhang mit dem FamNamRG BT-Drucks. 12/3163 S. 9 f.; *Giesen* FuR 1993, 65, 73 ff.; *Wagenitz,* FS Schwab, S. 444 ff.; zu weitergehenden Vorschlägen *Arndt* S. 129 ff.

[173] Kritisch auch *Hepting* FPR 2002, 115, 119; *Gaaz* StAZ 2006, 157, 165 (Büchse der Pandora).

verwandte Dritte und deren Kinder zugelassen. Die vom BVerfG hierfür ins Feld geführten Argumente vermögen nicht zu überzeugen, zumal es die dagegen sprechenden gewichtigen Gründe im Interesse des gewünschten frauenpolitischen Ergebnisses nicht hinreichend hat würdigen wollen (RdNr. 4). Die zahlreichen Wahlmöglichkeiten haben das einst statische Namensrecht **dynamisiert**[174] und die Namensführung in der Ehe weithin der **Privatautonomie** der Ehegatten überlassen. Durch das Abstellen auf den aktuell geführten Namen, die damit verbundene Zulassung der Weitergabe erheirateter Namen, die über Abs. 5 S. 2 sogar eine gestufte Rückkehr zu Ehenamen aus Vorvorehen erlaubt (RdNr. 16, 36), und die vielfältigen Kombinationen mit Begleitnamen (RdNr. 26 ff., 37) ist der Ehename ein Mittel namensmäßiger **Selbstdarstellung** der Ehegatten geworden: Gerade mehrfach Verheiratete können sich so einen Wunschnamen zurechtbasteln.[175] Allerdings hat der Gesetzgeber den Schritt zur völligen Freigabe der Namensführung, wie sie den angloamerikanischen Rechtsordnungen bekannt ist,[176] dann doch nicht unternehmen wollen, sondern ein hochkomplexes Regelungswerk geschaffen, das der sonst herrschenden Beliebigkeit teils völlig willkürliche Grenzen setzt. Das gilt insbes. für das fortbestehende Verbot der Bildung von Doppel- oder Mehrfachnamen, welches aber die Bestimmung eines unechten Doppelnamens aus einer Vorehe zum Ehenamen einer neuen Ehe nicht hindert (RdNr. 17). Und Ähnliches gilt für die widersprüchliche Regelung des Abs. 4 S. 2 und 3 (RdNr. 28).

In Ermangelung zentraler Statistiken sind die **praktischen Auswirkungen** der letzten Reformen noch nicht absehbar. Wahrscheinlich ist einerseits eine Zunahme von Doppelnamen als Ehe- und Kindesnamen durch die Weitergabe unechter Doppelnamen aus Vorehen.[177] Andererseits wird vielfach der Wunsch bestehen, nach Eheauflösung eine Weitergabe des eigenen Namens durch den Ehegatten an dessen neue(n) Ehegatten und einseitige Kinder oder gar einen homosexuellen Lebenspartner zu vermeiden. Am besten eignet sich hierfür der Verzicht auf einen Ehenamen, weil es dann gar nicht erst zu einer unerwünschten Namensweitergabe kommen kann;[178] allerdings verlagert sich das Problem der Namenswahl dann auf die Ebene der Kinder (§ 1617 Abs. 1). Ein anderer Weg ist es, die Wahl eines Ehenamens mit einer Vereinbarung über den Verzicht des mit seinem Namen weichenden Ehegatten, den Ehenamen nach Auflösung der Ehe weiterzuführen, zu verbinden (RdNr. 40).[179] Hier bleibt abzuwarten, wie sich die Rechtsprechung zu derartigen Vereinbarungen verhalten wird. 44

Die Komplexität, Widersprüchlichkeit und Fehlerhaftigkeit der gegenwärtigen Regelung verlangt nach einer grundlegenden **Neukonzeption des Ehenamensrechts,** wenn nicht gar des gesamten Namensrechts.[180] Die Vorschläge hierzu reichen von einzelnen Korrekturen wie der Abschaffung der von der Eheschließung entkoppelten nachträglichen Bestimmung des Ehenamens[181] oder des Begleitnamens[182] über die Beseitigung des Verbotes der Doppelnamensbildung[183] bis zu einem grundlegenden Paradigmenwechsel. Für die Zulassung der Bildung eines aus den Namen beider Ehegatten zusammengesetzten **Doppelnamens** spricht schon, dass das geltende Verbot im Widerspruch zu den immer weitergehenden Möglichkeiten steht, bestehende einseitige Doppelnamen zum Ehenamen zu bestimmen (RdNr. 17). 45

---

174 *Hepting* FPR 2002, 115; s. Erl. § 1617 RdNr. 5, 33 f.

175 Zu den neuen Wahl- und Kombinationsmöglichkeiten näher *Bornhofen* StAZ 2005, 226, 227 ff.

176 Anschaulich dazu *Woelke* FamRZ 2004, 1342; *Schwenzer* FamRZ 1991, 390, 393 f.; zu England *Odersky,* Eherecht in Großbritannien: England und Wales, RdNr. 18 in Süß/Ring, Eherecht in Europa, 2006.

177 In diese Richtung auch *Wagenitz,* FS Schwab, S. 455.

178 So auch *v. Hein* FamRZ 2004, 519, 521.

179 Dazu *Manteuffel* NJW 2004, 1773, 1774 f.; *v. Hein* FamRZ 2004, 519, 521.

180 So auch *Battes,* FS Westermann, S. 93, 105 ff.; *ders.* FamRZ 2008, 1037, 1038 ff.; *Bornhofen* StAZ 2005, 226, 230; Reformbedarf sehen auch *Gaaz* StAZ 2006, 157, 164 f.; *Wagenitz/Bornhofen* FamRZ 2005, 1425, 1430; *Manteuffel* NJW 2004, 1773, 1775; *Hepting* FPR 2002, 115, 121.

181 *Gaaz* StAZ 2006, 157, 165; kritisch dazu auch *Hepting* FPR 2002, 115, 116, 119.

182 So wohl *Gaaz* StAZ 2006, 157, 165.

183 Offenbar *Sacksofsky* FPR 2004, 371, 375; *Wagenitz,* FS Schwab, S. 453; eher ablehnend *Gaaz* StAZ 2006, 157, 165.

Wichtiger aber ist, dass ein solcher Doppelname die eheliche und – bei gemeinsamen Kindern (§ 1617 RdNr. 35) – die familiäre Einheit am sinnfälligsten nach außen zum Ausdruck bringt,[184] das Persönlichkeitsrecht der Ehegatten an ihrem bisherigen Namen wahrt, dem Gleichheitsgebot genügt und die Kompromisssuche bei der Entscheidung für einen Ehenamen erleichtert.[185] Die praktischen Probleme für den Rechtsverkehr und die Registerführung ließen sich bewältigen, wenn man die Zulassung auf zweigliedrige Namen beschränkte; ohnehin treten echte und unechte Doppelnamen auf Grund der widersprüchlichen namensrechtlichen Regelungen immer häufiger auf. Freilich kann zwischen den Ehegatten Streit über die Reihenfolge ihrer Namen entstehen, zudem wird sich dieser Name in der Generationenfolge notwendigerweise ändern.[186] Diese Probleme lassen sich freilich lösen: Bei fehlender Einigung über die Reihenfolge könnte jeder Ehegatte seinen bisherigen Namen voran und den des anderen hintan stellen; freilich müssten sie sich dann auf eine Reihenfolge für den Kindesnamen einigen, doch hierfür könnte auf den Mechanismus des § 1617 Abs. 1 zurückgegriffen werden. In jedem Fall sollte den Kindern bei Erreichen der Volljährigkeit das Recht eingeräumt werden, die Reihenfolge der Namen umzustellen. Mit der notwendigen Aufspaltung des elterlichen Doppelnamens in nachfolgenden Generationen müsste man leben. All dies wird in Spanien schon lange unproblematisch praktiziert (vgl. Art. 109 Código Civil).[187] Der weitestgehende Vorschlag zielt auf die völlige **Abschaffung des Ehenamens** ab.[188] Jeder Ehegatte behielte personenstandsrechtlich seinen bisherigen Namen bei. Zur Verdeutlichung des ehelichen Status bieten sich unterschiedliche Wege an: Man überlässt es den Ehegatten, sich in der Gesellschaft eines gemeinsamen eingliedrigen oder zusammengesetzten Gebrauchsnamens zu bedienen oder einen solchen nur von einem Ehegatten zu führen.[189] Eine solche Trennung von rechtlich zu führendem und Gebrauchsnamen *(nom d'usage)* kennen das französische Recht und zahlreiche diesem folgende Rechtsordnungen.[190] Diese Lösung hätte den Vorteil, einerseits dem Persönlichkeitsrecht jedes Ehegatten an seinem Namen, dessen Kontinuität sowie dem Gleichberechtigungsgebot gerecht zu werden, andererseits dem Regulierungswahn mit seinen ständig neuen Blüten zu Gunsten einer einfachen und praktikablen Regelung ein Ende zu setzen. Die Komplexität und Widersprüchlichkeit des jetzigen § 1355 reduzierte sich auf eine einfache Norm, eine Normierung könnte auch überhaupt unterbleiben. Dass der Familienname dann keinen Rückschluss auf den ehelichen Status und die Zugehörigkeit der Ehegatten zueinander ermöglichte, lässt sich hinnehmen, weil der tatsächliche Gebrauchsname eine solche Zuordnung erlaubte. Die Namensführung ehelicher Kinder richtete sich dann nach der schon jetzt bei Namensverschiedenheit der Eltern geltenden Regel des § 1617 Abs. 1, welche zumindest partielle Namenseinheit zu einem Elternteil bewirkt; im Interesse des Selbstbestimmungsrechts des Kindes sollte diesem nach Erreichen der Volljährigkeit ein Optionsrecht zu Gunsten des Namens des anderen Elternteils eingeräumt werden. Dass sich damit nur der Name eines Elternteils in der nächsten Generation fortsetzt, ist bei der Wahl eines notwendigerweise eingliedrigen Ehenamens nach der gegenwärtigen Regelung auch nicht anders. Die andere Lösung ist kürzlich von *Battes* vorgeschlagen worden:[191] Ungeachtet der Eheschließung behält jeder Ehegatte seinen Ge-

---

[184] *Diederichsen* NJW 1998, 1977, 1981; *Schwenzer,* 59. DJT, S. A 58.

[185] Ebenso *Gernhuber/Coester-Waltjen* § 16 RdNr. 15; *Henrich/Wagenitz/Bornhofen* RdNr. 29; *Sacksofsky* FPR 2004, 371, 375; näher dazu *Arndt* S. 135 f.

[186] Daher kritisch dazu *Arndt* S. 136 ff.

[187] Dazu *Flägel* StAZ 1995, 229, 231 f.; kritisch dazu *Arndt* S. 150 ff.; zu weiteren ausländischen Vergleichsmodellen und den dabei auftretenden Problemen ebd., S. 147 ff.; *Sturm,* FS G. Lüke, 1997, S. 825 ff.

[188] So jetzt auch dezidiert *Battes* FamRZ 2008, 1037, 1038 f.

[189] *Hepting* StAZ 1996, 1, 9 f.; *ders.* FPR 2002, 115, 121; dem folgend *Gaaz* StAZ 2006, 157, 165; mit rechtsvergleichenden Argumenten *Schwenzer* FamRZ 1991, 390, 395; eingehend dazu *Arndt* S. 132 ff.; kritisch dazu *Battes* FamRZ 2008, 1037, 1038; *ders.,* FS Westermann, S. 105 f.

[190] Überblick bei *Schwenzer* FamRZ 1991, 390, 393; *Arndt* S. 150 ff. (Spanien, Italien); zum französischen Recht *Ferid/Sonnenberger,* Das Französische Zivilrecht, Bd. 1/1, 1994, RdNr. 1 D 196 ff., 211 ff.; allerdings normiert dieses sogar den *nom d'usage,* insb. im Falle der Scheidung in Art. 264 Code Civil.

[191] *Battes,* FS Westermann, S. 107 f.; *ders.* FamRZ 2008, 1037, 1038 ff.

burtsnamen bei; die eheliche Verbundenheit kann jedoch dadurch zum Ausdruck gebracht werden, dass die Ehegatten das Recht erhalten, dem eigenen Geburtsnamen den des anderen Ehegatten als Begleitname beizufügen, um die Abstammungsverhältnisse aber nicht zu verschleiern, ausschließlich durch Nachstellung; dieser Begleitname geht bei Wiederverheiratung nach Scheidung wieder verloren. Für den Kindesnamen plädiert er für ein Wahlrecht der Eltern, wessen Geburtsname das Kind als Hauptnamen erhalten soll, und diesem kann der nicht gewählte Geburtsname des anderen Elternteils als Begleitname hinzugefügt werden, wobei nur der Hauptname in die nächste Generation weitergegeben wird. Ob der deutsche Gesetzgeber den Mut zu solcher Radikalität aufbringen wird, erscheint jedoch sehr fraglich, eher wird es weitergehen mit dem Herumbasteln an der gegenwärtigen Regelung, die immer neue Wertungs- und Regelungswidersprüche hervorbringen wird.

§ 1356 Haushaltsführung, Erwerbstätigkeit

(1) [1] Die Ehegatten regeln die Haushaltsführung im gegenseitigen Einvernehmen. [2] Ist die Haushaltsführung einem der Ehegatten überlassen, so leitet dieser den Haushalt in eigener Verantwortung.

(2) [1] Beide Ehegatten sind berechtigt, erwerbstätig zu sein. [2] Bei der Wahl und Ausübung einer Erwerbstätigkeit haben sie auf die Belange des anderen Ehegatten und der Familie die gebotene Rücksicht zu nehmen.

Schrifttum: *Adomeit,* Hausarbeit: Männersache!, NJW 1996, 299; *Bauernfeind,* Zweckgemeinschaften im Bereich ehelicher Lebensgemeinschaften (Haushalt, Wohnung, Kind) auf der Basis einvernehmlicher Entscheidungen der Ehegatten, Diss. Regensburg 1984; *Burckhardt,* Der Ausgleich für Mitarbeit eines Ehegatten im Beruf oder Geschäft des anderen, Diss. Bonn 1969; *Diederichsen,* Die allgemeinen Ehewirkungen nach dem 1. EheRG, NJW 1977, 217, 219; *Fenn,* Die Mitarbeit in den Diensten Familienangehöriger, 1970; *Genthe,* Arbeitsverträge zwischen Ehegatten auf dem Prüfstand der Rechtssprechung des BFH, FuR 1992, 207, 346; *Gernhuber,* Die Mitarbeit der Ehegatten im Zeichen der Gleichberechtigung, FamRZ 1958, 243; *ders.,* Das eheliche Vermögensrecht und die Verpflichtung zur ehelichen Lebensgemeinschaft, FamRZ 1959, 465; *Giesen,* Ehe, Familie und Erwerbsleben, 1977; *ders.,* Allgemeine Ehewirkungen gem. §§ 1353, 1356 BGB im Spiegel der Rechtsprechung, JR 1983, 89; *Halmburger,* Familienunternehmen: Recht, Steuer, 1976, 73; *Henrich,* Schuldrechtliche Ausgleichsansprüche zwischen Ehegatten in der Rechtsprechung des BGH, FamRZ 1975, 533; *Hepting,* Ehevereinbarungen, 1984; *Hergenröder,* Ehegattenmitarbeit, AR-Blattei 615.1 (2003); *Hülsheger,* Zuwendungen zwischen Ehegatten zum gemeinsamen Hausbau, Diss. Münster 1982; *Köbl,* Familienarbeit und soziale Sicherheit, FS D. Schwab, 2005, S. 997; *Klunzinger,* Mitarbeit im Familienverband, FamRZ 1972, 70 (Sammelbesprechung, guter Überblick); *Körner-Dammann,* Veränderte Erwerbs- und Familienstrukturen als Voraussetzung der Vereinbarkeit von Beruf und Familie, NJW 1994, 2056; *Kropholler,* Die Rechtsnatur der Familienmitarbeit und die Ersatzpflicht bei Verletzung oder Tötung des mitarbeitenden Familienangehörigen, FamRZ 1969, 241; *Kurr,* Vertragliches „Einvernehmen" der Ehegatten gemäß § 1356 I S. 1 BGB?, FamRZ 1978, 2; *Langohr-Plato,* Die rechtlichen Rahmenbedingungen von Ehegattenarbeitsverhältnissen, ZAP Fach 20, 307 (1997); *Leuze-Ott,* Arbeitsverhältnisse zwischen Familienangehörigen, FamRZ 1965, 15; *Lieb,* Die Ehegattenmitarbeit im Spannungsfeld zwischen Rechtsgeschäft, Bereicherungsausgleich und gesetzlichem Güterstand, 1970; *Lüke,* Die persönlichen Ehewirkungen etc., FS Bosch, 1976, S. 627, 633 bis 635; *Maiberg,* Ehegatten-Innengesellschaften nach der Rechtsprechung des Bundesgerichtshofs, DB 1975, 385; *Mann,* Rechtliche Betrachtungen zur Haushaltsführung und zur Mitarbeit der Frau im Beruf oder Geschäft des Mannes, Diss. Hamburg 1965; *Marschner,* Sozialversicherungsrechtliche Beurteilung von mitarbeitenden Ehegatten, AR-Blattei 615.2 (1998); *Menken,* Arbeitsrechtliche Probleme des Ehegattenarbeitsverhältnisses, DB 1993, 161; *Motsch,* Rechtsvergleichende Betrachtungen zur Mitarbeit von Familienangehörigen in Deutschland und Italien, FamRZ 1966, 220; *Müller-Freienfels,* Ehe und Recht, 1962; *ders.,* Die Gesellschaft zwischen Ehegatten, Eranion Maridakis II 1963, S. 327; *ders.,* Der Ausgleich für Mitarbeit in Beruf oder Geschäft des Ehepartners, FS Nipperdey I, 1965, S. 625; *Pickartz,* Die zivil- und arbeitsrechtliche Stellung der Ehegatten bei Mitarbeit im Familienverband, Diss. Köln 1967; *Reiche,* Eheliche Mitarbeit und Arbeitsverhältnisse unter Ehegatten, Diss. Freiburg 1966; *Schacht,* Die Bewertung der Hausfrauentätigkeit, FamRZ 1980, 107; *ders.,* Die Bewertung der Hausarbeit im Unterhaltsrecht, Diss. Göttingen 1980; *Schön,* Mitarbeit und Mithilfe von Familienangehörigen im Steuerrecht als verfassungsrechtliches Problem, FS Franz Klein, 1994, S. 467; *Schubert,* Das Recht auf Haushaltsführung und die Unterhaltspflicht der Ehefrau und Mutter, Diss. Saarbrücken 1967; *D. Schwab,* Die Mitarbeitspflicht der Ehegatten nach § 1356 Abs. 2, JZ 1970, 1; *Siebert,* Arbeits- und Gesellschafts- (Beteiligungs-) Verhältnisse unter Ehegatten, Steuerberater-Jahrbuch 1958/59, 211; *Wägenbaur,* Zur Frage der vermögensrechtlichen Ansprüche des mitarbeitenden Ehegatten, FamRZ 1958, 398.

Übersicht

I. Normzweck

1 Die Vorschrift betrifft das Recht und die Pflicht der Ehegatten zur Haushaltsführung und zur Erwerbstätigkeit. Beide Fragenkreise gehören zusammen, denn ein stärkeres Engagement im Haushalt wird idR mit einem entsprechenden Verzicht auf eigene Berufstätigkeit erkauft. Die Haushaltsführung überlässt Abs. 1 der einvernehmlichen Regelung durch beide Ehegatten. Das Recht beider Ehegatten zur Berufstätigkeit stellt Abs. 2 unter den Vorbehalt der familiären Verträglichkeit. § 1356 betrifft grundsätzlich nur das Verhältnis der Ehepartner zueinander und berührt nicht die Interessen familienfremder Personen (RdNr. 16). Unterhaltsberechtigte Angehörige eines Ehegatten (bes. aus früherer Ehe) darf eine gemäß § 1356 zu treffende Regelung aber nicht benachteiligen (RdNr. 15).

II. Rechtsentwicklung

2 Nach der ab 1900 geltenden Fassung war die Ehefrau zur Leitung des gemeinschaftlichen Hauswesens berechtigt und verpflichtet, unbeschadet des dem Manne zustehenden Entscheidungsrechts in allen Angelegenheiten des gemeinschaftlichen Ehelebens. Zur Mitarbeit im Haus und Geschäft des Mannes war die Frau verpflichtet, soweit dies nach den Verhältnissen der Eheleute üblich war. Dieses Leitbild der Hausfrauenehe modifizierte das GleichberG nur insoweit, als die Ehefrau den Haushalt in eigener Verantwortung zu führen hatte. Zu einer Erwerbstätigkeit war die Frau berechtigt, soweit dies mit ihren Pflichten in Ehe und Familie vereinbar war. Die Mitarbeitspflicht in Beruf oder Geschäft des Ehepartners erstreckte das GleichberG auf beide Ehegatten.

3 Trotz der vom GleichberG als gleichwertig anerkannten Partnerfunktionen (vgl. § 1360 S. 2 aF) widersprach die gesetzlich festgelegte Rollenverteilung dem Gleichheitssatz.[1] Die

[1] *Gernhuber/Coester-Waltjen* § 18 III 1 (RdNr. 14).

gewandelten wirtschaftlichen Verhältnisse und gesellschaftlichen Anschauungen veranlassten den Reformgesetzgeber zur Aufgabe des alleinigen Leitbilds der Hausfrauenehe. Entsprechend dem heutigen Eheverständnis als einer auf Partnerschaft basierenden Lebensgemeinschaft[2] verzichtet das 1. EheRG auf die Fixierung eines neuen Eheleitbildes[3] und überläßt die Aufgabenverteilung der einvernehmlichen Regelung durch beide Ehegatten. Eine gesetzliche Vorgabe in diesem Bereich wäre ein nicht gerechtfertigter Eingriff in das Recht der Ehegatten, ihr eigenes Eheverständnis umzusetzen. Die in Abs. 2 aF enthaltene Vorschrift über die Pflicht zur Mitarbeit im Beruf oder Geschäft des Ehepartners entfiel mit dem 1. EheRG.

III. Leitbild/Rechtswirklichkeit

Der Prozentsatz der berufstätigen Ehefrauen ist seit Kriegsende beträchtlich gestiegen. 1950 4
waren weniger als 25% (= 2,76 Mio.) aller verheirateten Frauen berufstätig.[4] Bis 1979 stieg ihr Anteil auf 43,3% (= 5,8 Mio.)[5] und bis zum 1. 1. 2005 auf 57,8% (= 10,7 Mio.).[6] Diese Entwicklung vollzieht das Gesetz mit dem Recht beider Ehegatten zur Erwerbstätigkeit gemäß Abs. 2 nach und trägt damit dem Gleichheitssatz Rechnung.[7] Andererseits verbietet sich eine Festlegung der Doppelverdienerehe als verbindliches Modell.[8] Arbeitsmarkt- und Familienpolitik können zwar grundsätzlich das eine oder andere Familienmodell bevorzugen, das Ehebild des BGB hat jedoch insoweit Neutralität zu wahren. Eine freie Gesellschaftsordnung muss den Ehegatten die freie Wahl in der Gestaltung ihres Zusammenlebens lassen.

IV. Die Regelung der Haushaltsführung (Abs. 1 S. 1)

1. Ehetypen. Die Haushaltsführungsehe (Abs. 1 S. 2) kann sowohl **Hausfrauenehe** als 5
auch **Hausmannehe** sein. Gekennzeichnet ist sie durch eine strenge Trennung der Partnerfunktionen. Die **Doppelverdienerehe** ist dadurch charakterisiert, dass beide voll berufstätig sind, so dass sich auch beide um den Haushalt kümmern müssen. Bei der **Zuverdienstehe** übt der den Haushalt führende Ehegatte eine Nebenbeschäftigung aus (Teilzeitarbeit, Heimarbeit). Auf diese Ehetypen beschränkt sich indes das Wahlrecht der Eheleute nicht. Sie können jede beliebige Mischform einvernehmlich festlegen. Alle Ehetypen schützt das Grundgesetz (Art. 6) gleichermaßen.

2. Gegenstand der einvernehmlichen Regelung. Einvernehmlich zu regeln ist nicht 6
die (alltägliche) Haushaltsführung, sondern die Frage, welcher Ehegatte die Haushaltsführung übernehmen bzw. in welcher Weise sie gegebenenfalls zwischen ihnen gegenständlich oder zeitlich aufgeteilt werden soll. Diese Festlegung auf einen bestimmten Ehetyp (RdNr. 5) betrifft gewissermaßen das **„Grundverhältnis"** der Ehegatten zueinander, nicht das tägliche „Betriebsverhältnis".[9] Abs. 1 S. 1 enthält entgegen dem Wortlaut keine reine Zustandsbeschreibung, sondern eine **Sollvorschrift:** Aus der Verpflichtung zur ehelichen Lebensgemeinschaft (§ 1353) folgt die Pflicht zur Einigung hinsichtlich der Übernahme der Haushaltsführung. In welcher Weise die Ehegatten sie regeln, ist ihnen freigestellt, insbesondere gibt es keine gesetzliche Vermutung kraft Herkommens für die Hausfrauenehe. Können sich die Partner nicht einigen, müssen beide nach § 1353 dazu beitragen, dass ihr Haushalt nicht verkommt. Eine zwecks Streitschlichtung erhobene Herstellungsklage ist nicht zulässig,

---

[2] Vgl. BVerfG FamRZ 1975, 328, 329; *Müller-Freienfels,* Ehe und Recht, S. 104.

[3] BT-Drucks. 7/650 S. 97.

[4] Vgl. Vogel FamRZ 1976, 482 mit Quellennachweis.

[5] Statist. Jahrb. 1980, S. 100.

[6] Statist. Jahrb. 2006, S. 43, 86. Alte und neue Bundesländer werden statistisch nicht mehr getrennt.

[7] *Lüderitz/Dethloff* § 4 RdNr. 28.

[8] *Giesen* JZ 1982, 824 und JR 1983, 96 f.; *Adomeit* NJW 1996, 299; *Schwab* RdNr. 111; aA *Ramm* JZ 1968, 41 ff., 90 ff., *Körner-Dammann* NJW 1994, 2056.

[9] Dazu *Hepting* Ehevereinbarungen S. 72 f. Für detailliertere Einzelregelungen *Grziwotz* MDR 1998, 1075, 1077, 1079.

da ein Gericht nicht in die Autonomie der Ehegatten eingreifen kann.[10] § 1356 normiert zumindest eine Obliegenheit zur Einigung.[11]

7 **3. Rechtsnatur des Einvernehmens.** Überwiegend wird hierin ein Vertrag gesehen,[12] mitunter ein Realakt,[13] ein Beschluss[14] oder das Einvernehmen als „Ordnung" der Ehe angesehen.[15] Die einvernehmliche Regelung der Haushaltsführung ist ein Hauptanwendungsfall zulässiger Ehevereinbarungen (dazu § 1353 RdNr. 7 ff.). Sie ist nicht Rechtsgeschäft in dem Sinne, dass die Vorschriften über Willenserklärungen anwendbar wären. Der Ausdruck „überlassen" in Abs. 1 S. 2 (und § 1360 S. 2) stellt klar, dass die tatsächliche Handhabung in der Ehe genügt, was weniger ist als ein konkludenter Vertragsschluss.[16] Die Überlassung der Haushaltsführung durch faktische Übung ist indessen **kein bloßer Realakt,** sondern eine rechtlich relevante Handlung und begründet einen **Vertrauenstatbestand**[17] (s. § 1353 RdNr. 7, 9).

8 **4. Bestandskraft des Einvernehmens.** Einvernehmlich können die Ehegatten jederzeit eine andere Aufgabenverteilung beschließen. Auch eine **einseitige Lossagung** ist grundsätzlich möglich,[18] muss aber dem Partner mitgeteilt werden. An einen Grund für eine Änderung sind keine zu hohen Anforderungen zu stellen, da es um den persönlichen Bereich geht, in dem eine dauerhafte Selbstbindung allein durch konkludentes Handeln zu vermeiden ist (vgl. § 1353 RdNr. 11). Bei wesentlicher Änderung der tatsächlichen Voraussetzungen (Krankheit, Geburt) kann jeder Ehegatte eine Anpassung an die veränderte Sachlage vom anderen verlangen,[19] in besonderen Notfällen uU auch mit der nicht vollstreckbaren Herstellungsklage.[20] Eine Tötung des alleinverdienenden Ehegatten hebt die Festlegung der einvernehmlich überlassenen Haushaltsführung nicht auf: Der gemäß § 844 Abs. 2 für den Tod Verantwortliche haftet dem überlebenden Gatten auf Schadensersatz; dieser ist nicht verpflichtet, erwerbstätig zu sein.[21]

V. Die Haushaltsführung durch einen Ehegatten (Abs. 1 S. 2)

9 **1. Eigenverantwortlichkeit des Haushaltsführenden.** Abs. 1 S. 2 ist zugeschnitten auf die Einverdienerehe, passt aber auch auf die Zuverdienstehe. Der mit der Führung des Haushalts allein betraute Ehegatte leitet ihn in eigener Verantwortung. Er unterliegt keinen Weisungen seines Partners, denn Haushaltsführung und Erwerbstätigkeit außer Haus sind von Rechts wegen gleichwertig. Diese gesetzliche Wertung ist zwingendes Recht.[22] Der erwerbstätige Ehegatte darf auch nicht indirekt durch Entzug oder Kürzung des Wirtschaftsgeldes die Haushaltsführung beeinflussen. Denn über die Höhe des Wirtschaftsgeldes entscheiden beide Ehegatten im Rahmen des § 1353 gemeinsam, und eine detaillierte Abrechnung über dessen Verwendung wird nicht verlangt (§ 1360 a RdNr. 16).

10 **2. Pflicht zur Haushaltsführung.** Dem Recht auf eigenverantwortliche Führung des Haushalts korrespondiert die Pflicht, sich ihm zu widmen.[23] Aber nur bei schwerer Vernach-

[10] Vgl. *Gernhuber/Coester-Waltjen* § 20 I 1; *Lüke,* FS Bosch, S. 634.
[11] Vgl. *Lüke,* FS Bosch, S. 634.
[12] *Diederichsen* NJW 1977, 219.; *Holzhauer* JZ 1977, 729.
[13] Nw bei: *Hepting* Ehevereinbarungen S. 67 ff.
[14] *Pawlowski* S. 54, 58.
[15] *Gernhuber* FamRZ 1979, 193 ff.
[16] BT-Drucks. 7/650 S. 98. Krit. dazu *Lüke,* FS Bosch, S. 634 und *Palandt/Diederichsen* (44. Aufl.) Anm. 2 a bb.
[17] So auch *Lüderitz/Dethloff* § 4 RdNr. 31.
[18] Vgl. *Lüke* AcP 178 (1978), 13.
[19] *Gernhuber/Coester-Waltjen* § 20 I 2.
[20] Vgl. *Diederichsen* NJW 1977, 219 (II 3).
[21] OLG Celle FamRZ 1980, 137.
[22] *Gernhuber/Coester-Waltjen* § 18 III 2; *Hepting* Ehevereinbarungen S. 224; aA *Grziwotz* MDR 1998, 1075, 1079.
[23] BGHZ 51, 109, 111 = NJW 1969, 321; OLG Nürnberg FamRZ 1967, 151, 152; *Gernhuber/Coester-Waltjen* § 20 I; *Lüderitz/Dethloff* § 4 RdNr. 29.

lässigung kann der andere die Pflicht mittels der Herstellungsklage einfordern (aber nicht vollstrecken: § 888 Abs. 2 ZPO), im Übrigen ist die Art und Weise der Haushaltführung nicht justitiabel. Die Autonomie des haushaltsführenden Gatten muß auf die Belange der gesamten Familie Rücksicht nehmen und die Haushaltsführung den wirtschaftlichen Verhältnissen anpassen. Er ist **verantwortlich** für eine ordnungsgemäße Haushaltsführung und für die pflichtgemäße Verwendung des zur Verfügung stehenden Wirtschaftsgeldes. Recht und Pflicht zur Haushaltsführung **entfallen** mit der einvernehmlichen Aufhebung der häuslichen Gemeinschaft,[24] spätestens mit der Scheidung.

3. Mithilfepflicht des Erwerbstätigen. Eine Pflicht des erwerbstätigen Ehegatten zur 11
Mithilfe im Haushalt folgt im Rahmen des Zumutbaren je nach den Umständen aus der allgemeinen Beistandspflicht des § 1353. Von einem ganztägig berufstätigen Ehegatten wird diesbezüglich kein großer Einsatz zu erwarten sein. Größere Anstrengungen kann der haushaltsführende Partner von ihm verlangen, falls auch er berufstätig ist.[25] Da in Doppel- oder Zuverdienerehen beide Gatten gemäß § 1360 S. 1 barunterhaltspflichtig sind, muß auch die Naturalunterhaltspflicht auf beide verteilt werden, woraus sich eine entsprechende Teilung der Hausarbeit ergibt.[26] Leistet statt dessen nur einer die Hausarbeit, muss der andere einen entsprechend höheren Barunterhaltsbeitrag beisteuern.

4. Inhalt des Rechts zur Haushaltsführung. Die eigenverantwortliche Haushaltsfüh- 12
rung umfasst sowohl die Leitung des Hauswesens als auch die Verrichtung der anfallenden einzelnen Arbeiten. Dem Partner gegenüber ermächtigt sie zu allen mit dem **Wirtschaftsgeld** (§ 1360 a Abs. 2 S. 2) zu finanzierenden und darüber hinaus von der ehelichen **Vertretungsmacht** nach § 1357 (dort RdNr. 17 ff.) gedeckten Geschäften, insbes. zum Abschluss von Rechtsgeschäften. Die **Grenze** zwischen Haushaltsführung und allgemeinen Angelegenheiten, die beide Ehegatten im Rahmen ihrer Lebensgestaltung angehen, läßt sich nicht generell bestimmen, sondern nur je nach den zur Verfügung stehenden Mitteln, den persönlichen Anschauungen der Ehegatten und nach dem in ihren Gesellschaftskreisen Üblichen.[27]

5. Einzelfälle. Zur Haushaltsführung gehören[28] der Einkauf von Nahrungsmitteln, von 13
Kleidung für beide Ehegatten und die Kinder, die Bezahlung der Strom- und Gasrechnungen, die Erneuerung von Hausrat, der Bezug von Zeitungen und Zeitschriften, die Versorgung mit Medikamenten, die Zuziehung eines Arztes. Je nach dem Zuschnitt des Haushalts kann die Haushaltsführung auch größere Anschaffungen umfassen wie den Bezug von Kohle oder Öl für die gesamte Heizperiode, die Anstellung, Beurlaubung und Entlassung von Hauspersonal oder den Kauf von Einrichtungsgegenständen.

VI. Das Recht zur Erwerbstätigkeit (Abs. 2)

1. Familienverträglichkeit. Das GleichberG gestattete der Frau eine Erwerbstätigkeit 14
insoweit, als dies mit ihren häuslichen und familiären Pflichten vereinbar war (§ 1356 Abs. 1 S. 2 aF). Unter derselben **Schranke** der Familienverträglichkeit[29] ist jetzt grundsätzlich jeder Ehegatte zur Erwerbstätigkeit berechtigt, Abs. 2 S. 1.[30] Den Eheleuten ist aufgegeben, ihre beruflichen Vorstellungen partnerschaftlich zu koordinieren. Jeder Ehegatte muss bei der Wahl und Ausübung seines Berufes auf seinen Partner und die Belange der Familie die gebotene Rücksicht nehmen (Abs. 2 S. 2); das folgt schon aus der Generalklausel des § 1353 (dort RdNr. 27). Auf betreuungsbedürftige Kinder ist besondere Rücksicht zu nehmen. Das Kindeswohl gefährdende Tätigkeiten sind unzulässig (§ 1666). Zur Familie

---

[24] AG Kleve FamRZ 1996, 1408.
[25] BGH LM § 845 Nr. 10 = FamRZ 1960, 21, 22; OLG Stuttgart NJW 1961, 2113 f.
[26] *Schacht,* Diss. Göttingen 1980, S. 35.
[27] RGZ 61, 78, 81; *Soergel/Lange* RdNr. 7.
[28] Weitere Nachweise zur Rechtsprechung § 1357 RdNr. 23.
[29] *Giesen* JZ 1982, 822.
[30] Für unnötig hält diese Vorschrift *Lüke,* FS Bosch, S. 635.

gehören auch außerhalb der Hausgemeinschaft lebende Angehörige, die aus sittlichen Gründen der Betreuung bedürfen.[31] Der Vorrang der Familienverträglichkeit gilt entsprechend für sportliche, politische, gemeinnützige oder karitative Aktivitäten.[32] Soweit Haushaltsführungspflichten nicht betroffen sind, ist der mit ihnen betraute Ehegatte jedoch erwerbsberechtigt, wie idR bei kinderlosen Ehen. Die Verträglichkeit mit den Familieninteressen beurteilt sich nicht allein nach dem subjektiven Empfinden des erwerbswilligen Ehegatten, sondern nach den Auswirkungen auf alle Familienmitglieder, wobei tunlichst auch die Kinder (je nach Alter und Reife) um ihre Meinung zu befragen sind (§ 1626 Abs. 2). Außer der Anzahl und dem Alter der Kinder ist erheblich, inwieweit der andere Ehegatte im Haushalt mithelfen kann.

15 **2. Hausfrau/Hausmann-Rollenverteilung.** Die Aufgabenverteilung ist grundsätzlich für jede Ehe neu möglich, so dass ein Ehegatte, der in einer früheren Ehe den Haushalt geführt hat, sich nunmehr für eine Erwerbstätigkeit entscheiden kann. Im umgekehrten Fall kann dieser Rollenwechsel (vom Erwerbstätigen zum Hausmann) Nachteile für die Unterhaltsberechtigten aus einer vorangegangenen Ehe mit sich bringen. Gleichwohl ist der Rollenwechsel nach der Rechtsprechung hinzunehmen, wenn die Unterhaltsberechtigten aus der ersten Ehe nachrangig oder gleichrangig mit Unterhaltsberechtigten der neuen Familie sind.[33] Das gleiche gilt, wenn die Rollenwahl sich auf den Familienunterhalt insgesamt günstiger auswirkt, etwa weil der neue Ehegatte erheblich mehr verdient.[34] In diesem Fall kann allerdings eine Obliegenheit bestehen, durch Aufnahme eines Nebenerwerbs zum Unterhalt minderjähriger Kinder aus der früheren Ehe beizutragen. Der früher Erwerbstätige hat dann seine Haushaltstätigkeit in der neuen Ehe entsprechend zu beschränken.[35] Ist der Rollenwechsel wirtschaftlich sinnlos, erfolgt eine fiktive Zurechnung des früher vom Unterhaltspflichtigen erzielten Einkommens.[36] Ein fiktives Einkommen wegen bestehender Erwerbsobliegenheit wird ferner angenommen, wenn alle Unterhaltsberechtigten gleichberechtigt sind.[37] Bei Nachrangigkeit der Unterhaltsberechtigen der Zweitehe müssen die vorhandenen Geldmittel für den Unterhalt der ersten Familie verwendet werden. Während der BGH früher die Erwerbsobliegenheit der Höhe nach begrenzte durch die Kontrollrechnung, welcher Betrag sich ergäbe wenn der Rollenwechsel nicht stattgefunden hätte,[38] bemisst der BGH die Höchstgrenze nunmehr auch nach den bestehenden Verhältnissen.[39] Im Ergebnis können dann der Taschengeldanspruch gegenüber dem neuen Ehegatten und die Nebenerwerbstätigkeitspflicht letztlich zu einem höheren Unterhaltsanspruch führen als die (frühere) vollzeitige Erwerbstätigkeit.

16 **3. Dienstverhältnisse mit Dritten.** Die familieninterne Pflicht zur Rücksichtnahme beschränkt nicht die Fähigkeit zur Eingehung von Dienst- und Arbeitsverhältnissen mit Dritten. Kein Ehegatte bedarf dazu einer ausdrücklichen Einwilligung seines Partners. Selbst

[31] BT-Drucks. 7/4361 S. 26.

[32] An der Übernahme und Ausübung eines **Abgeordnetenmandats** darf zwar niemand gehindert werden (Art. 48 Abs. 2 GG), doch geht diese Grundgesetznorm nur einer vertraglichen Bindung vor (BGHZ 43, 384, 386 = NJW 1965, 270 ff.), aber nicht dem Ehe- und Familienschutz des Art. 6 GG, als dessen Ausfluß das Gebot der Familienverträglichkeit zu sehen ist. Schadensersatzansprüche gegen einen Ehegatten wegen Verletzung dieses Gebots sind freilich selbst innerhalb einer Familiengesellschaft ausgeschlossen; vgl. BGHZ s. o. = NJW 1965, 1958 m. Anm. *Ganssmüller; Bertermann* BB 1967, 270 ff. sowie RdNr. 32.

[33] BGH NJW 1987, 1549 f; BGH NJW 1996, 1815 = FamRZ 1996, 796; BGHZ 75, 272 = NJW 1980, 340 = FamRZ 1980, 43; LM § 1612 Nr. 1 = FamRZ 1981, 341; LM Nr. 23 = NJW 1982, 1590 = FamRZ 1982, 590; OLG Hamm FamRZ 1980, 73; 1996, 1493; 1997 830 f. (vollj. Kind); OLG Köln FamRZ 1979, 328; OLG Stuttgart FamRZ 1994, 1403; vgl. bereits RGZ 124, 54, 56 ff. Fallweise Bedenken äußert *Giesen* JR 1983, 89, 97 f.; BVerfG FamRZ 1985, 143 hält diese Rspr. für verfassungsgemäß.

[34] BGH NJW 2006, 2404 = FamRZ 2006, 1010, 1012; FamRZ 2006, 1827.

[35] BGH (Fn. 34).

[36] BGH NJW 2007, 139 f. = FamRZ 2006, 1827.

[37] BGH NJW 1987, 1549.

[38] BGH FamRZ 1985, 318 f.; 1987, 472 f.

[39] BGH NJW 2007, 139 f.

eine Vernachlässigung familieninterner Belange berechtigt den Partner nicht zu deren Kündigung.[40]

4. Getrennt lebende Ehegatten. Da unter getrennt lebenden Ehegatten Recht und Pflicht zur Haushaltsführung entfallen (RdNr. 10 aE), hat der erwerbstätige Teil entsprechend Abs. 2 S. 2 nur auf die Belange der bei ihm lebenden Familienmitglieder Rücksicht zu nehmen. Diese müssen sich eine stärkere Beschränkung ihrer Bedürfnisse gefallen lassen als in einer intakten Vollfamilie. 17

5. Verpflichtung zur Erwerbstätigkeit. Abs. 2 betrifft nur die Berechtigung zur Erwerbstätigkeit. Eine etwaige Verpflichtung des haushaltsführenden Ehegatten hierzu in Notfällen folgt gegebenenfalls aus § 1360 (dort RdNr. 17). Da sie der Verpflichtung zur Haushaltsführung vorgeht,[41] erfordern derartige Notfälle ggf. eine Neuverteilung der familiären Aufgaben (vgl. RdNr. 8). Eine den Haushalt führende Mutter ist zur (Wieder)aufnahme einer Erwerbstätigkeit verpflichtet, wenn ihr Ehemann in seinem Beruf kein hinreichendes Einkommen erzielen, aber statt ihrer die Kinderbetreuung übernehmen kann.[42] 18

VII. Die Mitarbeit im Beruf oder Geschäft des Ehepartners

1. Ausgangssituation. Ursprünglich kannte das BGB eine Pflicht der Ehefrau zur Mitarbeit in Beruf oder Geschäft des Mannes, die dann durch das GleichberG geschlechtsneutral auf beide Ehegatten erstreckt wurde. Da diese durch das 1. EheRG gestrichen wurde, besteht gegenwärtig eine gesetzliche Mitarbeitspflicht unter Ehegatten von Ausnahmen abgesehen (RdNr. 2) nicht mehr. Probleme bereitet heute weniger die fehlende Pflicht zur Mitarbeit als eher die fehlende Regelung einer Vergütungsfrage, die der Gesetzgeber hätte treffen sollen.[43] Denn nach wie vor arbeiten Ehegatten häufig freiwillig im Betrieb des anderen mit, so schon immer in der Landwirtschaft und im Handwerk,[44] aber auch mitunter in den freien Berufen (Arztpraxis, Anwaltskanzlei), wozu die steigenden Personalkosten und die bessere berufliche Qualifizierung der Frauen beitragen. 19

2. Rechtsgrundlagen einer Pflicht. Grundsätzlich steht es jedem Ehegatten frei, seine Arbeitskraft nach seinen persönlichen Wünschen einzusetzen. Eine Mitarbeitspflicht im Beruf oder Geschäft des Ehepartners bestand nach Abs. 2 aF, soweit dies nach den Lebensverhältnissen der Eheleute üblich war.[45] Aus der Verweisung auf das faktisch Übliche ist gegenwärtig weder eine Pflicht zur Mitarbeit noch ihr Umfang abzuleiten. Aus der Generalklausel des § 1353 ergibt sich eine Mitarbeitspflicht heute nur noch in Gestalt der ehegenossenschaftlichen **Beistandspflicht,** vor allem in Notfällen (§ 1360 RdNr. 17),[46] sowie aus der Pflicht zur Wahrung der Familienbelange bei der Wahl und Ausübung der Berufstätigkeit nach § 1356 Abs. 2. Wenn der Ehepartner auf die Mitarbeit (für eine begrenzte Zeit) 20

---

[40] Das bis 1953 geltende Recht des Mannes, Dienstverträge seiner Frau mit Zustimmung des Vormundschaftsgerichts fristlos zu kündigen (§ 1358 aF), verstieß gegen den Gleichheitssatz.

[41] OLG Stuttgart NJW 1961, 2113; *Staudinger/Hübner/Voppel* (2007) RdNr. 24; *Palandt/Brudermüller* RdNr. 5.

[42] Entsprechend § 1608 dann keine Unterhaltspflicht von Verwandten mütterlicherseits: AG Lahnstein FamRZ 1986, 199.

[43] Vgl. allg. *Diederichsen,* Die Flucht des Gesetzgebers aus der politischen Verantwortung im Zivilrecht, 1974.

[44] Die ungeregelte Mitarbeit von Angehörigen (ohne Lohnauszahlung und Sozialabgaben) ging allerdings deutlich zurück. 1983 gab es in Westdeutschland 872 000 mithelfende Familienangehörige (Statist. Jahrb. 1984, S. 98). 1997 waren es im wiedervereinigten Deutschland noch 360 000 (1% aller Erwerbstätigen: Statist. Jahrb. 1998, S. 108). Der Großteil davon sind Frauen (278 000, knapp 3% aller weiblichen Arbeitskräfte), davon sind 249 000 verheiratet.

[45] Zum schwierigen Begriff der Üblichkeit s. *Reiche,* Eheliche Mitarbeit, S. 14 ff.; *Streck,* Generalklausel und unbestimmter Begriff im Recht der allg. Ehewirkungen, 1970, S. 121 ff.; je mwN.

[46] *Gernhuber/Coester-Waltjen* § 20 III 1; *Henrich* § 6 III 4 a, *Palandt/Brudermüller* RdNr. 6; *Schwab* RdNr. 116. Offenlassend, ob sich durch die geänderte Rechtsgrundlage der Umfang entscheidend änderte: BGHZ 127, 48, 55 = NJW 1994, 2524. Ausnahmslos gegen eine Mitarbeitspflicht, da der partnerschaftlichen Eheauffassung entgegenstehend, *Ramm* FamR I § 22 III 1 a.

angewiesen ist, kann es gegen das Gebot der Rücksichtnahme verstoßen, eine fremde Arbeit anzunehmen.

21 **3. Einzelheiten.** Unter Beachtung der hiernach gebotenen **restriktiven Auslegung** ist eine Pflicht zur Mitarbeit nur noch ausnahmsweise (meist für begrenzte Zeit) zu bejahen:[47] bei Krankheit und in Notzeiten;[48] Aufbau einer Arzt- oder Anwaltspraxis durch den anderen Ehegatten;[49] Personalmangel (zB in der Landwirtschaft, im Handwerk oder Einzelhandel);[50] Liquiditätsschwierigkeiten. Allein die Tatsache, dass in bestimmten Bereichen die Mitarbeit „üblich" ist, begründet noch keine Pflicht.[51] In diesen engen Grenzen besteht eine Mitarbeitspflicht auch, wenn der Ehepartner sein Geschäft gemeinsam mit einem **Dritten** betreibt (etwa als Gesellschafter einer oHG oder Komplementär einer KG).[52] Der Dritte hat auf die Mitarbeit aber keinen Anspruch. Da die Mitarbeitspflicht jedoch nur im Rahmen des **Zumutbaren** besteht, kann kein Ehegatte gezwungen werden, eine einträglichere Stellung oder den notwendigen Aufbau einer eigenen Existenz aufzugeben[53] oder eine seiner Ausbildung und seinen Fähigkeiten inadäquate Position im Geschäft seines Ehepartners zu übernehmen. Da sich die Mitarbeit begrifflich nicht auf weisungsabhängige Hilfsarbeiten beschränkt, können auch **gleichgeordnete** oder bei entsprechender Befähigung sogar **leitende** Tätigkeiten übernommen werden.[54] Bei einer Änderung der sie begründenden Umstände kann die Mitarbeitspflicht sich ändern oder ganz entfallen.

22 **4. Recht auf Mitarbeit.** Ein Recht auf Mitarbeit im Geschäft des Ehepartners lässt sich aus Abs. 2 S. 1 nicht herleiten. Eine Ablehnung der Mitarbeit kann zuweilen ehewidrig sein; zB verstieße es gegen das Gebot der ehelichen Partnerschaft, einen fremden Arbeitnehmer statt des beschäftigungslosen aber gleichbefähigten Ehepartners einzustellen.[55] Eine begonnene Mitarbeit darf nicht in verletzender Form beendet werden. Ein **Verzicht** auf Mitarbeit ist zulässig, soweit sie nicht unterhaltsrechtlich geschuldet wird (§ 1360 RdNr. 12, 14, 17; vgl. § 1614).

VIII. Vergütungsansprüche des mitarbeitenden Ehegatten

23 **1. Das Problem.** Die „Grundfrage des Familienrechts",[56] ob und in welchem Umfang dem mitarbeitenden Ehegatten ein Entgeltsanspruch zusteht, ist weder theoretisch noch praktisch geklärt und mit den Mitteln der herkömmlichen Zivilrechtsdogmatik schwer bewältigen. Denn die Ehegatten treffen häufig keine Vereinbarungen, obwohl in einigen Konstellationen das Gerechtigkeitsgefühl ein Entgelt für die geleistete Mitarbeit fordert, und da es auch an einer konkreten gesetzlichen Regelung fehlt, sind Rechtsprechung und Lehre gehalten, die Probleme (vor allem innerfamiliärer Vermögensausgleich und externer Gläubigerschutz) zu lösen.

24 **2. Mögliche Anspruchsgrundlagen.** Jedenfalls für eine unterhaltsrechtlich geschuldete Mitarbeit besteht kein Vergütungsanspruch („Unterhaltsarbeit");[57] das folgt auch aus § 1360 b.[58] Verneint wird eine Entgeltspflicht auch für gemäß §§ 1353, 1356 geschuldete Mitarbei-

[47] Bei den im folgenden zitierten älteren Präjudizien sind die Begründungen für die geänderte Rechtslage nur noch begrenzt aussagekräftig.

[48] RGZ 133, 381, 382 f.

[49] BGH FamRZ 1959, 454.

[50] BGH LM Nr. 13.

[51] *Schwab* RdNr. 116.

[52] HM: BGH FamRZ 1963, 343, 344; RGZ 148, 303, 308; RG JW 1909, 502; differenzierend *Reiche,* Eheliche Mitarbeit, S. 6.

[53] Vgl. BGH LM § 1353 Nr. 13 = FamRZ 1967, 611, 612 f.

[54] BVerfGE 13, 311 = NJW 1962, 437; *Gernhuber/Coester-Waltjen* § 20 III 1; anders noch BGH LM Nr. 18 = FamRZ 1967, 618, 620.

[55] Einschränkend *Gernhuber/Coester-Waltjen* § 20 III 2.

[56] *Bosch* FamRZ 1958, 291; *ders.* FamRZ 1958, 81, 84.

[57] BGHZ 38, 55, 59 = NJW 1962, 2248; RGZ 133, 381, 383; *Fenn,* Die Mitarbeit, S. 216 ff.

[58] Dazu bes. *Burckhardt,* Der Ausgleich, S. 80 ff.

ten, jedenfalls für kleinere, gelegentliche oder kurzfristige Hilfeleistungen.[59] Für darüber hinausgehende Tätigkeiten gewährt weder das gesetzliche Güterrecht noch das Unterhaltsrecht einen angemessenen Ausgleich. Zwar führt das fehlende Entgelt des mitarbeitenden Ehegatten idR zu einem umso höheren Zugewinn seines Ehepartners. Mitunter wird aber trotz Mitarbeit kein Zugewinn bei dem begünstigten Gatten erzielt, etwa weil Verluste den objektiv vorhandenen Wert der Mitarbeit kompensieren.[60] Und beim Vorversterben des Mitarbeitenden bleibt der an sich ausgleichspflichtige Partner nicht nur von seiner Teilungspflicht (§ 1378) verschont, sondern es erhöht sich überdies sein gesetzliches Erbrecht (§ 1371). Außerdem gewährt der Zugewinnausgleich keine sofortige, periodisch fällig werdende Beteiligung am Ertrag.[61] Unterhaltsrechtlich wird die geleistete Arbeit durch die Teilhabe an dem durch sie erhöhten Lebensstandard ebenfalls nur teilweise abgegolten; zwischen Unterhaltspflicht und Mitarbeitspflicht besteht keine Korrelation.[62] Die Vergütungsfiktion des § 612 ist nur selten anwendbar, da bei Arbeiten im Familienverband eine Vergütung regelmäßig nicht wie unter Externen zu erwarten ist;[63] die Vorschrift findet überdies nur Anwendung, wenn die Erbringung der Dienstleistung rechtsgeschäftlich zugesagt ist.[64] Zur Annahme einer Schenkung (mit Rückforderung gemäß §§ 528, 530) vermisst die Rechtsprechung die Übertrag von Vermögenssubstanz.[65] Ein Bereicherungsanspruch wegen Nichteintritts des mit der Arbeitsleistung bezweckten Erfolges aus § 812 Abs. 1 S. 2 Fall 2 *(condictio ob rem)* scheitert schließlich regelmäßig am Fehlen einer hinreichend konkretisierten beiderseitigen Zweckvereinbarung. Denn dafür genügt nicht die allgemeine Erwartung, dass die Ehe Bestand haben und der mithelfende Gatte an den Früchten seiner Arbeit irgendwie teilhaben werde.[66] Unanwendbar ist auch der Bereicherungsanspruch wegen Zweckfortfalls *(condictio ob causam finitam)* gemäß § 812 Abs. 1 S. 2 Fall 1, da der Rechtsgrund nicht die „Ehe“ ist, sondern der Aufbau des Betriebes, der Bau des Eigenheimes usw. und dieser Zweck i. d. R. erreicht wurde.[67] Der Vorschlag einer Abhilfe über die Annahme konkludenter familienrechtlicher Kooperationsverträge[68] mit einem „fairen Ausgleich“ mittels ergänzender Vertragsauslegung ähnelt der Lösung des BGH (vgl. RdNr. 27).

3. Rechtsgeschäftliche Regelung. Nach alldem ist Ehegatten anzuraten, die Entgelts- 25
frage rechtsgeschäftlich zu regeln. Arbeits- und Gesellschaftsverträge unter Ehegatten sind unbedenklich zulässig und vor allem in sozialversicherungsrechtlicher, aber auch in steuerrechtlicher Hinsicht empfehlenswert.[69] Eine freiwillige dienstvertragliche Subordination im Teilbereich der Mitarbeit ist mit partnerschaftlichem Eheverständnis nicht unvereinbar, doch ist sie im Zweifel nicht zu vermuten.[70] Bei gleichgewichtigen Dienstleistungen ist der

---

[59] *Soergel/Lange* RdNr. 27; *Hergenröder* AR-Blattei SD 615.1 (2003) RdNr. 99 f.; vgl. BGHZ 127, 48, 53, 55 = LM § 242 Cd Nr. 337 = NJW 1994, 2524.

[60] Vgl. *Gernhuber/Coster-Waltjen* § 21 III 7 (RdNr. 33).

[61] Wegen weiterer Nachteile vgl. *Gernhuber/Coester-Waltjen* § 20 III 7; *Müller-Freienfels,* FS Nipperdey I, S. 651 f.; insbes. *Lieb,* Die Ehegattenmitarbeit, S. 153 ff., 156 ff.

[62] *Klunzinger* FamRZ 1972, 70 f. mit Nachw.

[63] Im einzelnen *Klunzinger* FamRZ 1972, 72 f.

[64] So *Richardi,* FS D. Schwab, S. 1027, 1032. Aus einem ähnlichen Grund hilft ebenfalls nicht die (umstrittene) Lehre vom faktischen Dienst- oder Gesellschaftsvertrag; denn auch sie kann eine gänzlich fehlende rechtsgeschäftliche Regelung nicht ersetzen. Ältere Versuche einer Herleitung eines Anspruchs aus § 1353 werden heute nicht mehr vertreten (vgl. *Wacke,* Voraufl. RdNr. 24 Fn. 66).

[65] BGHR 127, 48, 51; ältere Nachweise bei *Hepting* Ehevereinbarungen S. 146 ff.

[66] Dafür allerdings RGZ 158, 380, 383; RG HRR 1939, Nr. 1221; *Maier* JurJb 1963/64, S. 87; *Fenn* FamRZ 1968, 291, 296; dagegen aber *Lieb,* Die Ehegattenmitarbeit, S. 116 f.; *Hepting* Ehevereinbarungen S. 154 ff.; *Soergel/Lange* RdNr. 29.

[67] Vgl. BGH LM § 812 Nr. 78 = FamRZ 1968, 23; *Hergenröder* AR-Blattei SD 615.1 RdNr. 117; krit. und noch strenger *Lieb,* Die Ehegattenmitarbeit, S. 118 ff.; *Hepting* Ehevereinbarungen S. 153 ff.: Die streitigen Zuwendungen beruhen regelmäßig nicht auf der Ehe „als Rechtsgrund“, da sie über eheliche Pflichten hinausgehen.

[68] *Gernhuber/Coester-Waltjen* § 20 III 7; vgl. auch BGHZ 127, 48, 51.

[69] BGH FamRZ 1962, 357, 358; *Pickartz,* Diss. Köln 1967, S. 4 mwN; zur steuerrechtlichen Seite u. RdNr. 29.

[70] Vgl. BGH LM BEG 1956 § 65 Nr. 6 = FamRZ 1961, 212, 214; LM Nr. 13 = FamRZ 1966, 492, 494.

Gesellschaftsvertrag die angemessene Rechtsform (gemeinsamer Hotelbetrieb). Dienst- und Gesellschaftsverträge können Ehegatten **auch stillschweigend** schließen.[71] An der oft weitherzigen Bereitschaft der Rechtsprechung zur Anerkennung konkludenter Verträge wird kritisiert, dass sie zwecks Erzielung billiger Ergebnisse nicht ohne Unterstellungen und Willensfiktionen auskomme.[72] Darum müssen hinreichende Anhaltspunkte für ein Erklärungsbewusstsein und einen Rechtsbindungswillen vorliegen. Ein (stillschweigender) Arbeitsvertrag erfordert eine erkennbare Einigung, dass Mitarbeit auf vertraglicher Basis gegen Entgelt geleistet werden soll, und eine (grundsätzlich weisungsgebundene) Eingliederung in den Betrieb.[73]

26 **4. Innengesellschaft.** Ansprüche wegen geleisteter Mitarbeit werden von der Rechtsprechung in einer Reihe von Sachverhalten aus einer Innengesellschaft zwischen Ehegatten hergeleitet.[74] Voraussetzung für eine solche Ehegatteninnengesellschaft ist zunächst der Abschluss eines Gesellschaftsvertrages, woran keine hohen Anforderungen geknüpft werden: Allein die Tatsache, dass die Ehegatten beiderseitige Leistungen zu einem gemeinsamen Zweck beisteuern, kann bereits genügen. Höhere Anforderungen werden an den Gesellschaftszweck gestellt: Er muß über die Förderung der ehelichen Lebensgemeinschaft hinausgehen, so dass die Mitarbeit beim Aus- oder Aufbau eines Familienheimes nicht nach gesellschaftsrechtlichen Regeln zu bewerten ist. Da die Art der Leistungen der Ehegatten nicht vorgeschrieben ist, kommen nicht nur Vermögensleistungen in Betracht,[75] sondern eben auch die Mitarbeit im Betrieb. Dabei ist es unerheblich, ob die Ehegatten gemeinsam ein Unternehmen aufbauen oder eine berufliche oder gewerbliche Tätigkeit ausüben.[76] Während die Rechtsprechung früher ein größeres Gewicht auf die gleichgeordnete Stellung im Betrieb legte,[77] tritt dieses Erfordernis in der neueren Rechtsprechung zurück.[78] Entscheidend ist, dass die Ehegatten durch eine planvolle und zielstrebige Zusammenarbeit das gemeinsame Ziel verfolgen. Eine nur untergeordnete und eher sporadische Mitarbeit, die der eines Angestellten gleichzusetzen ist, dürfte dagegen nicht genügen. Der Ausgleichsanspruch wird mit Beendigung der Gesellschaft, also der Auflösung der Ehe bejaht, wobei teilweise auch schon auf die Trennung der Ehegatten abgestellt wird.[79] Gehört ein gemeinsam betriebenes Erwerbsgeschäft zum Gesamtgut einer Gütergemeinschaft, so ist jedoch nicht von einer konkludenten Innengesellschaft auszugehen.[80]

27 **5. Wegfall der Geschäftsgrundlage.** Bei nicht feststellbarem Gesellschaftszweck verhilft die Rechtsprechung dem Leistenden nach gescheiterter Ehe unter Umständen zu einem Ausgleichsanspruch über den Wegfall der Geschäftsgrundlage.[81] Diese Rechtsfigur wird insbesondere bemüht, wenn eine Innengesellschaft daran scheitert, dass die Ehegatten nur

---

[71] Vgl. bes. RdNr. 26.

[72] Vgl. *Schlüter* RdNr. 84; *Henrich* FamRZ 1975, 533, 534; treffend *Gernhuber* FamRZ 1979, 202: ein beredtes Beispiel für scheinpositivistisches Richterrecht. Vgl. auch *Hepting* Ehevereinbarungen S. 130 ff.

[73] BSG MDR 1995, 294, 295; *Menken* DB 1993, 161, 162 f.; vgl. u. RdNr. 29.

[74] Vgl. BGHZ 8, 249, 253 = NJW 1953, 418; BGHZ 14, 147 ff. = NJW 1967, 1275; Zusammenstellung der Rspr. in BGH NJW 1989, 1920, 1921 u. bei *Maiberg* DB 1975, 385 ff.; krit. Würdigung: *Henrich* FamRZ 1975, 533 ff. Ausdrückliche Vereinbarungen haben Vorrang nach BGH FamRZ 1990, 1219, 1220; NJW 1995, 3383, 3384 = FamRZ 1995, 1062, 1063.

[75] Sacheinlage: BGHZ 47, 157, 164 = NJW 1967, 127; vgl. § 1360 RdNr. 16. Kreditbeschaffung für Wirtschaftsbetrieb unter Stellung dinglicher Sicherheit genügt allein noch nicht: BGH FamRZ 1987, 907 ff. BGH LM § 1353 Nr. 17 = NJW 1974, 2045 f.; BGH LM Nr. 18 = NJW 1972, 580; auch BGHZ 8, 249 ff. = NJW 1953, 418 einerseits, BGH FamRZ 1961, 301 andererseits sowie BGH FamRZ 1961, 431 und BGH FamRZ 1967, 319.

[76] BGH NJW 1974, 2278; FamRZ 1975, 35, 36; LM § 242 (Bb) Nr. 102 = FamRZ 1982, 910, 911 f.; *Hepting* Ehevereinbarungen S. 129 f.

[77] BGHZ 8, 249 = NJW 1953, 418; FamRZ 1962, 357 f. = LM § 854 Nr. 11.

[78] BGH FamRZ 1999, 1584; 2003, 1454, 1456.

[79] Konsequenterweise müßte man schon während des Bestehens der Gesellschaft gewisse Zahlungsansprüche des mitarbeitenden Ehegatten bejahen (so auch *Lipp,* FS Schwab, S. 621).

[80] BGH FamRZ 1994, 295, 297.

[81] BGHZ 127, 48, 54 ff.; BGH NJW 1974, 2045; OLG Düsseldorf FamRZ 1976, 344, 345; zust. *Henrich* FamRZ 1975, 533, 537; abl. *Kühne* JR 1975, 157; *ders.* JZ 1976, 487.

Beiträge zur Verwirklichung der ehelichen Lebensgemeinschaft leisteten; hier kommt der Wegfall der Geschäftsgrundlage eines **familienrechtlichen Vertrages besonderer Art** in Betracht, etwa wenn (namentlich bei Gütertrennung) ein Ehegatte zum Aufbau der Familienwohnung durch erhebliche Arbeitsleistungen beitrug.[82] Nicht nur bei Sachleistungen, sondern auch bei Mitarbeit im Geschäft oder Betrieb des anderen Ehegatten gelangt die Rechtsprechung zu einem Ausgleich mittels nach Scheidung weggefallener Geschäftsgrundlage eines stillschweigenden familienrechtlichen Vertrages.[83] Die Höhe des Ausgleichs bemisst sich nach den Umständen des Einzelfalles (Umfang der Leistungen, dadurch ersparte Kosten, noch vorhandene Vermögensmehrung, etc.). Bei gesetzlichem Güterstand soll allerdings der Zugewinnausgleich nach hM grundsätzlich abschließenden Charakter haben.[84] Die Unzulänglichkeiten des gesetzlichen Güterrechts erfordern jedoch gleichermaßen eine Korrektur zumindest ihrer gröbsten Ungerechtigkeiten (s. RdNr. 24) wie durch die bei Gütertrennung inzwischen konsolidierte Rechtsprechung über den Wegfall der Geschäftsgrundlage. Der kraft Gesetzes geschuldete Zugewinnausgleich ist systematisch jeder ausdrücklich oder stillschweigend getroffenen einzelvertraglichen Regelung nachgeordnet. Die Anforderungen an die Darlegungslast für länger zurückliegende Mitarbeit dürfen nicht zu hoch angesetzt werden.[85]

6. Das Gläubigerinteresse an der Entgeltlichkeit. Ist für die Mitarbeit des Ehegatten kein oder nur ein unverhältnismäßig geringes Entgelt angesetzt, gilt den Gläubigern gegenüber nach **§ 850h Abs. 2 ZPO** eine angemessene Vergütung als vereinbart, wenn diese Mitarbeit regelmäßig geleistet wird.[86] Dem Gläubigerschutzzweck der Vorschrift entsprechend fallen darunter Dienstleistungen jeder Art, unabhängig von der Rechtsform, in der sie erbracht werden, somit auch rein tatsächliche, familienrechtliche Mitarbeit.[87] Entscheidend ist, ob aus der Sicht eines Dritten eine ständige, üblicherweise zu vergütende Tätigkeit vorliegt.[88] 28

7. Steuerrecht. Der BFH erkennt Arbeitsverträge unter Ehegatten steuerlich an, wenn sie (zivilrechtlich wirksam und) ernstlich und eindeutig vereinbart sind, tatsächlich durchgeführt werden und eine angemessene Vergütung ausgezahlt wird. Vertragsgestaltung und Durchführung müssen vergleichbar sein mit dem, was im Verhältnis zu Familienfremden üblich ist.[89] Seit der Einführung des Steuersplittings bei zusammenveranlagten Ehegatten 29

[82] BGHZ 82, 227 = NJW 1982, 1093 = FamRZ 1982, 246 = JR 1982, 237 m. krit. Anm. *Kühne*; BGH FamRZ 1982, 910, 912 = JR 1982, 493 m. Anm. *Olzen*; *Schwab* (RdNr. 122) und *Schlüter* (RdNr. 84) sprechen sich für einen familienrechtlichen Ausgleichsanspruch aus.

[83] BGHZ 127, 48 = LM § 242 Cd Nr. 337 = NJW 1994, 2545 = FamRZ 1994, 1167; zust. *Jaeger* DNotZ 1995, 674; krit. *Gernhuber* EWiR 1994, 977; dagegen *Hergenröder* AR-Blattei SD 615.1 RdNr. 124, 130 mit dem Argument, die Mitarbeit sei keine Zuwendung.

[84] BGHZ 65, 320 = NJW 1976, 328 = FamRZ 1976, 82; BGHZ 68, 299 = NJW 1977, 1234 = FamRZ 1977, 458; dazu *Hülsheger* S. 136 ff. mwN; *Schlüter* RdNr. 84; krit. *Gernhuber/Coester-Waltjen* § 20 III 7.

[85] BGH FamRZ 2002, 949, 950.

[86] *Hergenröder* AR-Blattei SD 615.1 RdNr. 179 f. *Menken* DB 1993, 161, 163 ff., jeweils mit weit. Nachw. Zur Entstehungsgeschichte *Burkhardt,* Der Ausgleich, S. 153 ff. Eine Absicht der Gläubigerbenachteiligung bei der Festsetzung des Entgelts ist für § 850h Abs. 2 ZPO nicht erforderlich: RAG JW 1936, 1247; BGH NJW 1979, 1600, 1602.

[87] BAG NJW 1978, 343 = FamRZ 1977, 707; LAG Frankfurt MDR 1965, 1026; *Fenn* AcP 167 (1967), 148, 151 ff. mit umfass. Nachw.; *ders.* Mitarbeit S. 75 f., 496 f.; *Stein/Jonas/Brehm* § 850h ZPO RdNr. 20, 27; *Zöller/Stöber* RdNr. 4; s. auch *Baumbach/Lauterbach* RdNr. 7. Bei Mitarbeit in Form einer Gesellschaft jedoch Pfändung des Gesellschaftsanteils nach §§ 859, 857 ZPO: *Menken* DB 1993, 161, 163.

[88] BAG NJW 1978, 343 = FamRZ 1977, 707 (nach § 850h Abs. 2 S. 2 ZPO sind die familiären Beziehungen allerdings bei der Bemessung der Vergütungshöhe zu berücksichtigen).

[89] Sog. Fremd-Vergleich: BFH NJW 1990, 853; NJW 1997, 1872; BVerfG BStBl. 1996, 34, 36 verlangt ausgewogene Gesamtwürdigung aller Umstände, die Anerkennung dürfe nicht automatisch am Fehlen eines der Merkmale scheitern; dazu *Tipke/Lang* Steuerrecht, 19. Aufl. § 9 RdNr. 162 ff.; *Gernhuber/Coester-Waltjen* § 20 III 4; ausführlich *Langohr-Plato* ZAP Fach 20 (1997), 307 ff. sowie *Genthe* FuR 1992, 346 ff. Zur mangelnden Rechtfertigung von Verdachtsvermutungen gegen Familienverträge vor Art. 6 GG s. *G. Wacke,* Die Beweislast der Familienunternehmen in Steuersachen: Verdachtsvermutungen gegen Familienverträge? 1966, passim, bes. S. 71 ff.; *Görlich,* Die steuerliche Behandlung von Vertragsgestaltungen zwischen Angehörigen, 1979; kritisch zur gegenwärtigen Praxis im Hinblick auf Art. 6 GG auch *Schön,* FS Franz Klein, 1994, S. 467, 472 ff., 480 ff. mwN.

verlor die Absetzbarkeit des Ehegattengehalts als Betriebsausgabe an praktischer Bedeutung. Die Absetzbarkeit wirkt sich aber weiterhin aus für die Gewerbesteuer. Außerdem kann der Arbeitnehmer-Ehegatte zusätzlich den Werbungskostenpauschbetrag und Steuervergünstigungen für vermögenswirksame Leistungen beanspruchen. Von Vorteil können auch die Vorschriften zur Pauschalierung der Lohnsteuer sein (§§ 40, 40 a, 40 b EStG).[90]

30 **8. Sozialversicherungsrecht.** Seit 1964 werden Arbeitsverhältnisse zwischen Ehegatten auch sozialversicherungsrechtlich anerkannt;[91] wie jedes andere entgeltliche Beschäftigungsverhältnis unterliegen sie den Bestimmungen der Renten-, Unfall-, Kranken-, Pflege- und Arbeitslosenversicherung. Für die Haushaltsführung eines Ehegatten besteht kein Schutz in der Unfallversicherung (§ 4 Abs. 4 SGB VII).[92]

IX. Haftungsfragen

31 **1. Haftungsmaßstab.** Zusammenarbeitende Ehegatten haften einander nach §§ 277, 1359 nur für sog. *eigenübliche Sorgfalt,*[93] insbes. innerhalb eines zwischen ihnen bestehenden Gesellschaftsverhältnisses (§ 708). Bei Arbeitsverträgen ist § 1359 im Zweifel ebenfalls anzuwenden[94] (s. dort RdNr. 15 aE); zumindest gelten die Regeln über gefahrengeneigte Tätigkeiten.

32 **2. Folgen der Nichterfüllung.** Aus der Nichterfüllung der gesetzlichen Mitarbeitspflicht folgt keine Schadensersatzpflicht.[95] Dem geschädigten Partner bleibt nur die nicht vollstreckbare Eheherstellungsklage; im gesetzlichen Güterstand besteht als Sanktion auch die Verweigerung des Zugewinnausgleichs wegen grober Unbilligkeit und die Klage auf vorzeitigen Zugewinnausgleich (§§ 1381, 1386). Wegen Verletzung einer arbeits- oder gesellschaftsvertraglich geschuldeten Mitarbeit sind auch Schadensersatzansprüche nicht ausgeschlossen.[96]

33 **3. Deliktshaftung.** Für die Deliktshaftung **gegenüber Dritten** gelten die allgemeinen Regeln: Der mitarbeitende Ehegatte haftet als Schädiger nach § 823, 276 für jede Sorgfalt; sein Ehepartner haftet für ihn als Verrichtungsgehilfen uU nach §§ 823, 831.[97] Die **Haftung des Dritten** für eine Tötung oder Verletzung des haushaltsführenden oder sonst mitarbeitenden Ehegatten richtet sich nach §§ 844, 845.[98]

§ 1357 Geschäfte zur Deckung des Lebensbedarfs

(1) [1]Jeder Ehegatte ist berechtigt, Geschäfte zur angemessenen Deckung des Lebensbedarfs der Familie mit Wirkung auch für den anderen Ehegatten zu besorgen. [2]Durch solche Geschäfte werden beide Ehegatten berechtigt und verpflichtet, es sei denn, dass sich aus den Umständen etwas anderes ergibt.

(2) [1]Ein Ehegatte kann die Berechtigung des anderen Ehegatten, Geschäfte mit Wirkung für ihn zu besorgen, beschränken oder ausschließen; besteht für die Beschränkung oder Ausschließung kein ausreichender Grund, so hat das Vor-

[90] *Tipke/Lang* 19. Aufl. § 9 RdNr. 162 ff., 165.

[91] BVerfG FamRZ 1965, 29, 31 f. Zu den Anerkennungskriterien im Sozialversicherungsrecht sowie zur Abgrenzung zur (nicht sozialversicherungspflichtigen) familienrechtlichen Mitarbeit und zur Ehegattengesellschaft s. BSG MDR 1995, 294, 295; ferner *Fenn,* Die Mitarbeit, S. 89 ff., 505 ff. Ausdrückliche Regelung in § 134 Abs. 2 Nr. 1 SGB III.

[92] Dazu: *Köbl,* FS D. Schwab, S. 1008 ff. mit Hinweisen dazu, wann die Rechtsprechung etwa bei Mithilfe von Großeltern im Haushalt eine Ausnahme macht.

[93] RGZ 148, 303, 308; u. § 1359 RdNr. 10.

[94] AA *Gernhuber/Coester-Waltjen* § 20 III 4.

[95] *Fenn,* Die Mitarbeit, S. 235 u. 464.

[96] Vgl. BGHZ 34, 80, 85; 37, 38, 41 f. jeweils mit der Einschränkung, daß dadurch der „äußere Lebensbereich" des anderen Ehegatten nicht beeinträchtigt werden darf.

[97] Hierzu *Meyer* FamRZ 1955, 156; *P. Schlosser* FamRZ 1961, 287, 292; *Weimar* JR 1967, 248 ff.

[98] Vgl. *Muscheler* RdNr. 291.

mundschaftsgericht [ab 1. 9. 2009 Familiengericht] sie auf Antrag aufzuheben. [2]Dritten gegenüber wirkt die Beschränkung oder Ausschließung nur nach Maßgabe des § 1412.

(3) Absatz 1 gilt nicht, wenn die Ehegatten getrennt leben.

Schrifttum (ab 1976): *J. Arndt,* Kreditgeschäfte und Schlüsselgewalt, Diss. Göttingen 1978; *H.J. Bartel,* „Beiderseitige Schlüsselgewalt", Diss. Tübingen 1978; *F. Baur,* Die prozessualen Auswirkungen der Neuregelung der „Schlüsselgewalt", FS Beitzke, 1979, S. 111; *C. Berger,* Gestaltungsrechte und Prozessführung bei Schlüsselgewaltgeschäften nach § 1357 BGB, FamRZ 2005, 1129; *A.M. Binder,* Die neue Schlüsselgewalt, Diss. Regensburg 1980; *Bosch,* Entwicklungslinien des Familienrechts in den Jahren 1947 bis 1987, NJW 1987, 2617; *Brötel,* Eigentumsverhältnisse am ehelichen Hausrat, Jura 1992, 470; *Brox,* Schlüsselgewalt und Haustürgeschäfte, FS Mikat, 1989, S. 841; *Büdenbender,* Die Neuordnung der „Schlüsselgewalt", FamRZ 1976, 662; *Cebulla/Pützhoven,* Geschäfte nach dem Haustürwiderrufsgesetz und Schlüsselgewalt, FamRZ 1996, 1124; *Derleder,* Wirksamkeitsanforderungen an die Mitverpflichtung von Ehegatten für Ratenkredite, NJW 1993, 2401; *Diederichsen,* Die allgemeinen Ehewirkungen nach dem 1. EheRG etc., NJW 1977, 217; *Eichenhofer,* Die Auswirkungen der Ehe auf Besitz und Eigentum der Eheleute, JZ 1988, 326; *Elsing,* Probleme bei Schlüsselgewaltgeschäften minderjähriger Ehegatten, bes. in der Zwangsvollstreckung, JR 1978, 494; *Harke,* Schlüsselgewalt als Versionshaftung, FamRZ 2006, 88; *Heinrichsmeier,* Die Einbeziehung des Ehegatten in die Haftung für Geldkredite, 1993; *Holzhauer,* Auslegungsprobleme des neuen Eherechts, JZ 1977, 729; *P. Huber,* Die Schlüsselgewalt, § 1357 BGB, Jura 2003, 145; *Käppler,* Familiäre Bedarfsdeckung im Spannungsfeld von Schlüsselgewalt und Güterstand, AcP 179 (1979), 245; *Kl. Kilian,* Die Neuregelung der Schlüsselgewalt durch das 1. EheRG, Diss. Berlin 1980; *Kliffmüller,* Verbraucherschutz des Ehepartners bei Abzahlungsverträgen, FuR 1992, 138; *Kobusch,* Der Hausrat als Streitobjekt zwischen getrennt lebenden Ehegatten, 1995, S. 28; *W. Krüger,* Erwerbszurechnung kraft Status, 1979, S. 158; *Leipold,* Wirtschaftsgemeinschaft oder Güterindividualismus: Eigentum an Hausrat in Ehe u. nichtehelicher Partnerschaft, FS Gernhuber 1993, S. 695; *Löhnig,* Verbrauchergeschäfte mit Ehegatten – zum Verhältnis von Verbraucherschutz und Schlüsselgewalt, FamRZ 2001, 135; *Lüke,* Die persönlichen Ehewirkungen etc., FS Bosch 1976, S. 627; *ders.,* Grundsätzliche Veränderungen im Familienrecht, AcP 178 (1978), 1; *Medicus,* Gedanken zur „Schlüsselgewalt", Perspektiven des Familienrechts, FS Dieter Schwab, 2005, S. 359; *Mikat,* Verfassungsrechtliche Aspekte der Neuordnung der „Schlüsselgewalt", FS Beitzke, 1979, S. 293; *ders.,* Rechtsprobleme der Schlüsselgewalt, Rhein.-Westf. Akad. Düsseldorf 1981; *ders.,* Zur Schlüsselgewalt in der Rechtsprechung nach der Neuordnung durch das 1. EheRG, FamRZ 1981, 1128; *J. Peter,* Schlüsselgewalt bei Arzt- und Krankenhausverträgen, NJW 1993, 1933; *Herb. Roth,* Die Mitberechtigung der Ehegatten in Fällen des § 1357 BGB, FamRZ 1979, 361; *Schanbacher,* Geschäfte zur Deckung des Familienlebensbedarfs und Verbraucherkreditgesetz, NJW 1994, 2335; *M. Schmidt,* Die Anwendung der Schlüsselgewalt auf Ratenkaufverträge, FamRZ 1991, 629; *Seidel,* § 1357 BGB de lege lata und de lege ferenda, Regensburg, Univ.-Diss., 1996; *Teschner,* Die Ehe als Schuldnergemeinschaft, 1999, S. 155; *D. v. Simon,* Zu den Gestaltungs- und Gewährleistungsrechten bei den Schlüsselgewaltgeschäften des § 1357 BGB, Perspektiven des Familienrechts, FS Dieter Schwab, 2005, S. 417; *Vlassopoulos,* Der eheliche Hausrat im Familien- und Erbrecht, 1983; *Wacke,* Streitfragen um die neugeregelte „Schlüsselgewalt", NJW 1979, 2585; *ders.,* Einzelprobleme der neugeregelten „Schlüsselgewalt", FamRZ 1980, 13; *G. Walter,* Eigentumserwerb in der Ehe, Konstanzer Univ. Reden 1981; *ders.,* Dingliche Schlüsselgewalt und Eigentumsvermutung: Enteignung kraft Eheschließung, JZ 1981, 601; *Weimar,* Das Vertretungsrecht beider Ehegatten, MDR 1977, 464; *ders.,* Der Wohnraummietvertrag unter dem Gesichtspunkt der Schlüsselgewalt der Ehegatten, ZMR 1977, 225; *Weinreich,* Vermögensrecht in der nichtehelichen Lebensgemeinschaft, FPR 2001, 29; *H.P. Westermann,* Die Rechtslage der Familienwohnung (s. o. zu § 1353); *Witte-Wegmann,* Schlüsselgewalt bei Teilzahlungsgeschäften?, NJW 1979, 749.

Aus der älteren Literatur (weit. Ang. s. 3. Aufl.): *Kaden,* Art. Schlüsselgewalt, Schlegelbergers Rvgl. Hwb. (1938, Neudr.) VI 196; *Kipp,* Rechtsvergleichende Studien zur Lehre von der Schlüsselgewalt, 1928; *Müller-Freienfels,* Zur heutigen Schlüsselgewalt, FS Lehmann I, 1956, S. 388.

Übersicht

I. Normzweck – Entstehungsgeschichte

1 **1. Normzweck.** Die Vorschrift regelt unabhängig vom Güterstand die vor allem bei Kreditgeschäften praktisch werdende[1] Frage, in welchem Umfang die von einem Ehegatten abgeschlossenen Rechtsgeschäfte auch ohne ausdrückliche Vollmacht zugleich für und gegen dessen Ehepartner wirken, ihn also mitberechtigen und mitverpflichten. Diese Wirkung wird bejaht unter den beiden Voraussetzungen, dass die Ehegatten einen gemeinsamen Haushalt führen (Abs. 3) und das Rechtsgeschäft zur angemessenen Deckung des Lebensbedarfs der Familie erforderlich ist (Abs. 1 S. 1). Ausnahmsweise wird die Wirkung verneint, falls sich aus den Umständen etwas anderes ergibt (Abs. 1 S. 2), oder falls das Mitvertretungsrecht des handelnden Ehegatten durch einen Vermerk im Güterrechtsregister ausgeschlossen bzw. der Ausschluss dem Dritten bekannt ist (Abs. 2).

2 Bis 1976 hatte die Schlüsselgewalt die Hauptaufgabe, der Ehefrau die eigenverantwortliche Haushaltsführung (§ 1356 Abs. 1 S. 1 aF) zu ermöglichen, ohne bei Rechtsgeschäften mit Dritten jeweils auf eine Vollmacht ihres Mannes angewiesen zu sein.[2] Die Pflicht und Befugnis des haushaltsführenden Ehegatten zur eigenständigen Haushaltsführung kann auch heute noch in begrenztem Maße die Eingehung von Kreditgeschäften erfordern (besonders bei plötzlich auftretendem Sonderbedarf). Soweit der verdienende Ehepartner seine Zustimmung hierzu billigerweise nicht verweigern darf, kann der handelnde auch ihn mitverpflichten. Die Vorschrift ermöglicht den direkten Zugriff auch gegen den nichthandelnden (aber oft mitbegünstigten) Ehepartner, ohne dass der Dritte den Unterhaltsanspruch des handelnden gegen den verdienenden Ehegatten pfänden und sich überweisen lassen müsste. Die eigenständige Rechtsmacht des § 1357 ist zugleich eine Ausnahme von dem das ganze Eheleben bestimmenden Grundsatz der Verpflichtung zu einvernehmlicher Regelung

[1] Vgl. RdNr. 26.
[2] Vgl. etwa *Gernhuber* (2. Aufl.) § 19 III 2; krit. dazu *Struck* MDR 1975, 449, 452.

(§ 1353 RdNr. 27, vgl. § 1356) und ist schon deshalb eng auszulegen. § 1357 wird vielfach als Folgenorm zu § 1356 aufgefasst.[3]

Der gegenüber früher verstärkte **Gläubigerschutz** ist laut BVerfG nicht Zweck der Norm,[4] wohl aber (praktisch wichtige) Konsequenz der aus Gründen der Geschlechterparität eingeführten wechselseitigen Schlüsselgewalt, die wegen technischer Unzuträglichkeiten der früheren Regelung mit einer gesamtschuldnerischen Haftung verbunden wurde (RdNr. 6). Für den erwerbstätigen Ehegatten war die Ermächtigung zur Mitverpflichtung des haushaltsführenden jedoch aus Gründen des Gläubigerschutzes nicht geboten. 3

2. Entstehungsgeschichte. Bis 1953 war die Ehefrau berechtigt, Geschäfte innerhalb ihres häuslichen Wirkungskreises für den Mann zu besorgen und ihn zu vertreten. Derartige Geschäfte galten als im Namen des Mannes vorgenommen, sofern die Umstände nichts anderes ergaben. Da nach dem **GleichberG** die Frau den Haushalt in eigener Verantwortung führte, galten ihre Schlüsselgewaltgeschäfte nicht mehr allein als für den Mann abgeschlossen; doch wurde die Frau nur subsidiär aus ihnen verpflichtet, falls der Mann zahlungsunfähig war. 4

Die Vereinbarkeit dieser Regelung mit dem Gleichheitssatz war fraglich, so dass schließlich das 1. EheRG die Vorschrift wesentlich veränderte:[5] Die Schlüsselgewalt wurde geschlechtsneutral ausgestaltet und wegen der Preisgabe des Modells der Hausfrauenehe von der internen Aufgabenverteilung losgelöst. Im Zusammenhang damit wurde der „häusliche Wirkungskreis“ durch den „angemessenen Lebensbedarf der Familie“ ersetzt, sowie die gesamtschuldnerische Haftung beider Ehegatten anstelle der bisherigen bloßen Ausfallhaftung der Ehefrau eingeführt. Die Bindung der Schlüsselgewalt an den haushaltführenden Gatten musste gelöst werden, da die vom Geschlecht unabhängige einvernehmliche Rollenverteilung (§ 1356) dem Geschäftspartner nicht erkennbar ist.[6] Der Vorschlag, die Schlüsselgewalt nur dem jeweils haushaltsführenden Ehegatten zuzugestehen und die gesamtschuldnerische Haftung auf die Doppelverdienerehe zu beschränken,[7] war nicht praktikabel.[8] Die Haftung darf nicht vom Zufall abhängen, welcher Ehegatte eine bestimmte Besorgung für die Familie vornimmt. Vergleichbare Regelungen einer solchen „beiderseitigen Schlüsselgewalt“ finden sich in Skandinavien,[9] in mehreren osteuropäischen Staaten[10] und seit 1965 in Frankreich.[11] 5

II. Würdigung – Rechtsnatur

1. Rechtfertigung der Gesamtschuld. Die gesamtschuldnerische Haftung beider Ehegatten wurde letztlich aus Gründen des Gläubigerschutzes eingeführt, obwohl dieser nicht unmittelbar den Zweck der Norm bildet, sondern lediglich ein Mittel zum Zweck.[12] Ob die Gesamtschuld wirklich notwendig ist, um dem haushaltführenden Ehegatten den Abschluss bestimmter Geschäfte für die Familie zu ermöglichen, ist zweifelhaft.[13] Verständlich wäre 6

---

[3] Vgl. *Diederichsen* NJW 1977, 221 (bei Fn. 63); *Lüke* AcP 178 (1978), 1, 18; *Mikat* Rechtsprobleme S. 44f.

[4] BVerfGE 81, 1 = NJW 1990, 175 = FamRZ 1989, 1273.

[5] Zu den Materialien eingehend *Mikat,* Rechtsprobleme, S. 9–22, 92ff. mit rechtsvergl. Überblick S. 23–33.

[6] BT-Drucks. 7/4361 S. 26.

[7] So *Bosch* FamRZ 1976, 401, 403; vgl. *Büdenbender* FamRZ 1976, 662, 663

[8] *Mikat* Rechtsprobleme S. 46f., 95f.; BT-Drucks. 7/650 S. 99.

[9] Beiderseitige „Hausvertretung“ mit solidarischer Haftung seit 1920 in Schweden, 1925 in Dänemark usw., s. *Müller-Freienfels,* FS Lehmann I, S. 388, 395 Fn. 24, S. 404f. Fn. 64. Zu Dänemark auch *Büdenbender* FamRZ 1976, 662, 665.

[10] *Müller-Freienfels,* FS Lehmann I, S. 388, 405 Fn. 65.

[11] Art. 220 Code civil nF; *Sturm* FamRZ 1966, 161f.; *Ferid,* Französisches Zivilrecht II, RdNr. 4 B, S. 127ff. („pouvoir à double clef“); Schweizer ZGB Art. 166 (seit 1984). Zu Österreich s. *Wacke* NJW 1979, 2585, 2586 Fn. 11.

[12] BVerfG NJW 1990, 175.

[13] *Gernhuber,* Neues Familienrecht, S. 130ff.; *Gernhuber/Coester-Waltjen* § 19 IV 3; *Holzhauer* FamRZ 1977, 729, 731; *Käppler* AcP 179 (1979), 245, 252ff.

eine gesamtschuldnerische Haftung, wenn man den Sinn der Vorschrift darin sieht, die Kreditwürdigkeit der gesamten Familie zu erhöhen;[14] dies ist allerdings deshalb wenig überzeugend, weil eine Kenntnis des Gläubigers vom Verheiratetsein seines Vertragspartners unerheblich ist. Im Ergebnis ist die Notwendigkeit des Gläubigerschutzes nicht überzeugend zu begründen.

7 **2. Rechtfertigung als Versionshaftung.** Die Vorschrift wird neuerdings mit dem Gedanken gerechtfertigt, dass die durch das Schlüsselgewaltgeschäft erworbene Leistung dem ehelichen Haushalt und damit beiden Ehegatten zugute kommt; diese bildeten letztlich eine Wirtschaftseinheit.[15] Dieses Verständnis hat den Vorteil, die Mithaftung des haushaltführenden Ehegatten akzeptieren zu können. Damit werden einige Widersprüche der Vorschrift vermieden und eine schlüssige Begründung für den Gläubigerschutz geliefert. Andererseits führt die Auffassung zu einer Haftung des nicht handelnden Ehegatten aufgrund einer als Wirtschaftseinheit bezeichneten Gemeinschaft, womit die dogmatischen Grenzen des Vertretungs- und Gesellschaftsrechts verwischt werden. Denn das geltende Recht kennt eine Haftung wegen mittelbar erworbener Vorteile nicht.[16] Auch zu § 1357 Abs. 2 passt die Theorie nicht, denn die Ausschlussmöglichkeit dürfte es bei einer Wirtschaftseinheit nicht geben. Würde der Versionsgedanke greifen, müsste trotz ausdrücklichen Ausschlusses einer Haftung eine Eingriffskondiktion des Dritten gegen den nicht handelnden Ehegatten bejaht werden, was wohl kaum vertretbar ist. Schließlich führt der Austausch des Gesetzeszweckes zu einer völligen Umfunktionierung der Norm, die methodisch nicht mehr im Wege der Auslegung zu bewerkstelligen ist.

8 **3. Vergleich mit Ledigen.** Im Vergleich zu Unverheirateten ist die Regelung ebenfalls angreifbar.[17] Denn wenn der Gläubigerschutz nicht Zweck der Vorschrift ist, führt die gesamtschuldnerische Haftung der Ehegatten zu einer Benachteiligung verheirateter Paare gegenüber nichtehelich zusammenlebenden. Nach der vom BVerfG bestätigten Lehre ist § 1357 jedoch mit den Art. 2 Abs. 1, 3 und 6 GG vereinbar.[18]

9 **4. Konsequenz für die Auslegung.** Gleichwohl hat die hier vertretene Auffassung Auswirkungen auf das Verständnis der Norm: Diese ist – verfassungskonform – eng auszulegen und damit weitgehend auf Ergebnisse reduziert, die auch mit den Mitteln der allgemeinen Rechtsgeschäftslehre erzielt werden können.

10 **5. Rechtsnatur.** Die solidarische Berechtigung und Verpflichtung aus Geschäften nach § 1357 verleiht dem handelnden Ehegatten eine Rechtsmacht *sui generis,*[19] eine Art gesetzlicher Verpflichtungsermächtigung,[20] die zu einer akzessorischen Verbindlichkeit führt.[21] Der Unterschied zur Vertretungsmacht ist die fehlende Offenheit sowie die Doppelverpflichtung. Ein Handeln im Namen des Mitverpflichteten wie nach § 164 ist unnötig.

11 Grundlage der Verpflichtungsermächtigung ist das stillschweigende Einverständnis des anderen Ehegatten mit üblichen Bedarfsdeckungsgeschäften. Historisch entwickelte sich die Schlüsselgewalt aus einer **vermuteten Vollmacht** *(mandatum praesumptum, mandat tacite*

---

[14] RegE zum 1. EheRG, BT-Drucks. 7/650 S. 98 f.; für einen Schutz des Rechtsverkehrs: *Schlüter* RdNr. 86.

[15] *Harke* FamRZ 2006, 89 f.

[16] Wird der Geschäftsvorteil als Verpflichtungsgrund angesehen und ein Widerrufsrecht abgelehnt, weil der Geschäftsvorteil nicht mehr rückgängig gemacht werden kann (*Harke* S. 91), so beruht diese Überlegung auf einem Zirkelschluss.

[17] *Lüke,* FS Bosch, S. 627, 636; ebenso im Erg. *Büdenbender* FamRZ 1976, 662, 664 ff., 672 f.

[18] BVerfGE 81, 1 = NJW 1990, 175 = FamRZ 1989, 1273; *Mikat,* Rechtsprobleme, S. 92 ff.; *ders.,* FS Beitzke, S. 293, 295 ff., 305 ff.; *Holzhauer* JZ 1977, 729, 731; *Bartel* S. 130 ff.; *Käppler* AcP 179 (1979), 245, 255 f.; *Wacke* NJW 1979, 2585, 2587; *Soergel/Lange* RdNr. 2; *Teschner* S. 172 ff.

[19] *Gernhuber/Coester-Waltjen* § 19 IV 4; *Lüke* AcP 178 (1978), 1, 19; *Käppler* AcP 179 (1979), 245, 273 ff.

[20] *Schwab* Familienrecht RdNr. 150; *Medicus,* FS Schwab, S. 361. *Diederichsen* NJW 1977, 217, 221; zur rechtsgeschäftlichen Verpflichtungsermächtigung allgemein abl. *Peters* AcP 171 (1971), 234 ff. Zur adjektizischen Haftung des römisch-gemeinen Rechts aus Geschäften von Gewaltunterworfenen und Angestellten: *Kaser,* Römisches Privatrecht, § 141; *Wacke* ZRG rom. Abt. 111 (1994) 280 ff., 356.

[21] *Berger* FamRZ 2005, 1132.

domestique).[22] Für die Auslegung ist daraus abzuleiten, dass der zulässige Kreis der Geschäfte nur so weit reicht wie das mutmaßliche Einverständnis (RdNr. 19).

6. Vergleich mit § 1362. § 1362 und § 1357 beruhen trotz ihrer gemeinsamen Gläubigerschutztendenz auf verschiedenen Grundlagen und decken sich im praktischen Ergebnis nur teilweise. § 1357 gilt nur für Schulden aus Rechtsgeschäft, § 1362 für Schulden jeder Art (auch aus Delikt). § 1357 stellt gegenständlich auf die Zweckbestimmung des Geschäfts ab, § 1362 auf das Haftungssubstrat der beweglichen Sachen im Besitz der Ehegatten. § 1362 geht insofern über § 1357 hinaus, als die (allerdings widerlegbare) Vermutung des Schuldnereigentums an beweglichen Sachen auch für Vollstreckungen wegen persönlicher Schulden eines Ehegatten wirkt, die nicht aus Geschäften zur Deckung des familiären Lebensbedarfs herrühren oder zu denen ihm die Geschäftsbesorgungsmacht nach Abs. 2 entzogen war. Wegen unter § 1357 fallenden Schulden beider Ehegatten ist ein Rückgriff auf § 1362 dagegen unnötig und kann auch in anderes Vermögen als bewegliche Sachen vollstreckt werden (Grundstücke, Forderungen u. dgl.). Für das Gros der durchschnittlichen Alltagsgeschäfte wird § 1357 jedoch durch § 1362 relativiert.[23] Der Gläubiger gelangt meist auch dann zum Ziel, wenn er nur gegen den vertragschließenden Ehegatten einen Vollstreckungstitel erwirkt. 12

III. Allgemeine Voraussetzungen

1. Zusammenleben in gültiger Ehe. Für das Zusammenleben (vgl. Abs. 3) ist ein eigenständiger Hausstand nicht erforderlich; genausowenig ist ein fester Wohnsitz nötig (Schausteller). Auf Reisen abgeschlossene Geschäfte werden mit umfasst.[24] Eine aufhebbare Ehe gilt bis zum Aufhebungsurteil als gültig (§ 1313). § 1357 gilt für alle Güterstände und ist darum **güterrechtsneutral** auszulegen (s. RdNr. 42 aE). Mit Eheauflösung endet die Befugnis; ein Gläubiger wird in seinem guten Glauben auf den Bestand der Ehe nicht geschützt,[25] zum einen weil unser Recht den gutgläubigen Erwerb eines Schuldners nicht kennt, zum anderen weil der Gläubigerschutz nicht Sinn der Vorschrift ist.[26] 13

2. Eheloses Zusammenleben, Verlobte. Bei eheähnlichem Zusammenleben ist die Erzielung eines dem § 1357 ähnlichen Ergebnisses nach den Grundsätzen über die Duldungs- oder Anscheinsvollmacht möglich,[27] eine analoge Anwendung wird überwiegend zu Recht abgelehnt, da die eheähnliche Gemeinschaft zu wenig rechtlich verfestigt ist, um eine gesetzlich angeordnete Gesamtschuld zu rechtfertigen.[28] Für **Verlobte** gilt **§ 1357 nicht,** auch nicht bei Anschaffungen für den künftigen gemeinsamen Hausstand. Auch die Heirat bewirkt keine automatische Gesamthaftung aus vorehelichen Geschäften; jeder Ehegatte kann sie für sich ebenso wie für den Partner durch Genehmigung herbeiführen (vgl. RdNr. 34). 14

3. Geschäftsfähigkeit. Der vertragschließende Ehegatte kann **beschränkt** geschäftsfähig sein (§ 165 analog),[29] aber nicht geschäftsunfähig (§ 105). Gegen einen beschränkt geschäfts- 15

[22] Zur (umstrittenen) Lehre vom *mandatum praesumptum* im 19. Jahrh. vgl. *Brincker* S. 30; *Stobbe,* Hdb. des deutschen Privatrechts IV (1884), S. 229 I. Sie galt in Frankreich als *mandat tacite domestique* bis 1942; vgl. Fn. 14 und *Sonnenberger,* Verkehrssitten im Schuldvertrag, 1972, S. 217 f. Sie gilt wohl heute noch in Italien; noch weiter geht das englische Recht; vgl. *Müller-Freienfels,* FS Lehmann I, S. 388, 392 Fn. 18, S. 415; *Wacke* NJW 1979, 2585, 2596 m. Fn. 21 u. 25, S. 2588 f.

[23] Vgl. bereits *F. Baur* FamRZ 1958, 254.

[24] OLG Celle HRR 1932 Nr. 237.

[25] So auch *Schwab* RdNr. 170.

[26] AA *Wacke* (Voraufl.), der eine Analogie zu §§ 674, 169, 173 befürwortet: ebenso *Mikat* Rechtsprobleme S. 57 ff.

[27] *Mikat* Rechtsprobleme S. 54 ff.; *Käppler* AcP 179 (1979), 245, 285; *Müller-Freienfels,* FS Lehmann I, S. 388, 412 f; *Weinreich* FPR 2001, 29, 32.

[28] *Battes* RdNr. 18; *Erman/Gamillscheg* RdNr. 7; *Holzhauer* in *Hausmann/Hohloch* S. 438 mwN.

[29] Dazu *Elsing* JR 1978, 494; *Wacke* FamRZ 1980, 13, 14 f.; *Fahr* S. 57, 86 ff.; *Weimar* MDR 1961, 745, 746; *Lüke* JuS 1970, 288, 289; *Büdenbender* FamRZ 1976, 662, 669. AA *Gernhuber/Coester-Waltjen* § 19 IV 4; dag. *Mikat* Rechtsprobleme S. 52.

fähigen Ehegatten wirken die Geschäfte aus § 1357, wenn sie vom volljährigen Partners getätigt wurden;[30] dann haftet der Minderjährige auch ohne Zustimmung seines gesetzlichen Vertreters (§ 107; vgl. § 179 Abs. 3 S. 2),[31] denn die Verpflichtung tritt ein, ohne dass der Minderjährige rechtsgeschäftlich handelt, so dass der Minderjährigenschutz nicht eingreift. Handelt dagegen der Minderjährige selbst, so hängt seine Haftung von der Genehmigung des gesetzlichen Vertreters ab, weil insoweit der Schutzzweck der §§ 104 ff. (vor einer Verpflichtung durch Eigenhandeln) einschlägig ist. Die Haftung des volljährigen Ehegatten bleibt unberührt.[32] Wusste der Geschäftspartner nichts von der Minderjährigkeit eines Ehegatten, kann er nach § 109 widerrufen. Der Widerruf beseitigt das ganze Geschäft.[33]

16 **4. Ausschluss der Eigenhaftung.** Ob der Gläubiger seinen Kontrahenten als verheiratet erkennt, ist gleichgültig, da § 1357 objektiv wirkt. Beim Handeln **im Namen und in Vollmacht** des anderen Ehegatten ist in der Regel eine Vertretung gewollt, die dann eine Eigenhaftung ausschließen würde. Zum Ausschluss der Eigenhaftung des handelnden Ehegatten bedarf es allerdings deutlicher Offenlegung der gegen eine Gesamthaftung sprechenden Umstände.[34] Eine Akzeptanz des Vertragspartners ist unerheblich, da der Gläubigerschutz nicht Zweck der Vorschrift ist. Ein solcher Ausschluss der Eigenhaftung bedarf regelmäßig keiner Zustimmung des alleinhaftenden Ehepartners, lässt aber die eventuelle interne (sich nach Unterhaltsrecht richtende) Beitragspflicht des kontrahierenden Gatten unberührt. Auch ein späterer Erlassvertrag mit einem Ehegatten berührt (als bloßes *pactum de non petendo*) im Zweifel nicht dessen interne Ausgleichspflicht.[35]

IV. Geschäfte für den Lebensbedarf der Familie (Abs. 1 S. 1)

17 **1. Sicherung des Lebensbedarfs.** Vorwiegend aus Gründen der Geschlechterparität wurde der frühere, auf die Hausfrau zugeschnittene Begriff „häuslicher Wirkungskreis" (RdNr. 4, 5) ersetzt durch die „Geschäfte zur angemessenen Deckung des Lebensbedarfs der Familie". Dass der Gesetzgeber mit der terminologischen Änderung zugleich den *Umfang* der bisherigen Schlüsselgewaltgeschäfte ändern wollte, geht aus der amtlichen Begründung nicht hervor. Eine Begrenzung auf den *laufenden* Unterhalt wurde danach bewusst nicht vorgenommen; denn jeder Ehegatte sollte auch außergewöhnliche Geschäfte vornehmen können, die keinen Aufschub dulden, z. B. die Unterbringung eines Kindes im Krankenhaus. Das Mitvertretungsrecht sei jedoch zu begrenzen auf Geschäfte, „die zur sachgerechten Sicherung des angemessenen Lebensbedarfs notwendig sind: Geschäfte größeren Umfangs, die ohne Schwierigkeiten zurückgestellt werden können, sollen nicht darunter fallen".[36]

18 **2. Anknüpfung an das Unterhaltsrecht.** Der Begriff „angemessene Deckung des Lebensbedarfs der Familie" ist ohne Rückgriff auf den früheren Begriff des „häuslichen Wirkungskreises" selbständig aus sich und der Systematik des Gesetzes heraus auszulegen, insbesondere gestattet die insoweit unmissverständliche amtliche Begründung (RdNr. 17) keine Begrenzung auf die laufenden Haushaltsführungsgeschäfte, die regelmäßig wieder-

---

[30] *Käppler* AcP 179 (1979), 245, 276 f.; *Gernhuber/Coester-Waltjen* § 19 IV 4; *Erman/Gamillscheg* RdNr. 9; aA *Wacke* FamRZ 1980, 13, 16; *Mikat* Rechtsprobleme S. 53.

[31] RGRK/*Roth-Stielow* RdNr. 14; vgl. *Soergel/Lange* RdNr. 6.

[32] Aus dem Begriff der Gesamtschuld folgt, dass durch den Wegfall eines Schuldners die Haftung der übrigen unberührt bleibt. § 139 ist entgegen *Büdenbender* FamRZ 1976, 662, 670 und *Elsing* JR 1978, 494, 495 f. nicht heranzuziehen; kein Gesamtschuldner kann sich damit herausreden, seine Haftung sei nur unter dem Vorbehalt der Mithaftung der übrigen von ihm gewollt. Verfehlt insbes. BGH LM § 139 Nr. 44 = NJW 1970, 240 und *Gerhardt* JuS 1970, 326 ff. (zu §§ 177, 179).

[33] Gründe s. *Wacke* FamRZ 1980, 13, 16.

[34] BGHZ 94, 1, 3 f. = NJW 1985, 1395 = FamRZ 1985, 576 = JZ 1985, 680 m. Anm. *Holzhauer* JR 1986, 20 m. Anm. *Böhmer*; OLG Köln MDR 1993, 1057 (Arztvertrag). Vgl. *Büdenbender* FamRZ 1976, 662, 667; *Käppler* AcP 179 (1979), 245, 276.

[35] *Wacke* AcP 170 (1970), 42, 50 ff.; aA *Gernhuber/Coester-Waltjen* § 19 IV 7.

[36] BT-Drucks. 7/650 S. 99.

kehren.[37] Auch Leistungen, die nur einem Ehegatten zugute kommen, können unter die Vorschrift fallen.

19 Der Begriff „angemessene Deckung des Lebensbedarfs" knüpft begrifflich an das Unterhaltsrecht an.[38] Bei seiner Auslegung sind daher die §§ 1360, 1360 a zu berücksichtigen. Die Norm erfasst also neben den Anschaffungen, soweit sie der unmittelbaren Bedarfsdeckung (vgl. § 1356 RdNr. 13) tatsächlich dienen,[39] auch Geschäfte, die nach den Verhältnissen der Ehegatten erforderlich sind zur Führung des Haushalts und zur Befriedigung der Bedürfnisse der Ehegatten und der gemeinsamen unterhaltsberechtigten Kinder (vgl. § 1360 a Abs. 1; u. RdNr. 23). Die Begriffe „angemessen" und „Bedarf" sind in § 1357 jedoch restriktiver auszulegen als in §§ 1360, 1360 a, denn § 1357 gewährt (anders als §§ 1360 f.) dem vertragschließenden Ehegatten ein **Selbstbestimmungsrecht** bei der Verwendung des Familieneinkommens, durch das der Ehepartner vor vollendete Tatsachen gestellt werden könnte. Deshalb sind **Einschränkungen** bei der Anschaffung von Luxusartikeln geboten. Auch für Sonderbedarf (vgl. §§ 1360 a Abs. 3, 1613 Abs. 2) gewährt § 1357 ein Selbstbeschaffungsrecht nur in Notfällen. Über die Verwendung überschüssigen Einkommens müssen sich die Eheleute zuvor verständigen (zu Einzelheiten RdNr. 23 ff.).

20 **3. Angemessenheit.** Der Begriff begrenzt die Geschäfte dem Umfang nach, wobei auf den Unterhalt Bezug genommen wird. Allerdings ist nicht dessen allgemeine Höhe (eheliche Lebensverhältnisse) der Maßstab, sondern das, was von einem Ehegatten selbständig, d. h. ohne Konsultation und Mitwirkung des anderen, zwecks Bedarfsdeckung erledigt zu werden pflegt.[40] Die Notwendigkeit eines Geschäfts im Einzelfall ist nicht Voraussetzung, kann aber mitunter zur Begründung dienen.[41] Unangemessen ist die Deckung des Lebensbedarfs durch ein Geschäft größeren Umfangs, das ohne Schwierigkeiten zurückgestellt werden kann und über das eine vorherige Vereinbarung der Ehegatten angezeigt ist.[42] Beruht ein solches Geschäft aber im Einzelfall auf einer zuvor erfolgten Abstimmung beider Gatten, so kann § 1357 eingreifen.[43]

21 Bei der Beurteilung der Angemessenheit im Einzelfall ist nicht von einer Durchschnittsfamilie, sondern vom äußerlich erkennbaren Zuschnitt des individuellen Haushalts auszugehen.[44] Maßgeblich ist die Sicht eines **objektiven Betrachters,** denn bei den heutigen anonymen Warengeschäften (z. B. im Supermarkt oder im Versandhandel, bei denen persönlicher Kontakt überhaupt nicht stattfindet) gibt das jeweilige Auftreten beim Vertragsschluss, wenn überhaupt, nur ein schwaches Indiz.[45] Ebenso muss außer Betracht bleiben, ob der tatsächliche Lebensstil den Einkommensverhältnissen „angemessen" ist.[46] Wenn Ehegatten einverständlich über ihre Verhältnisse leben, müssen sie andererseits auch solidarisch dafür aufkommen. Zu beurteilen ist nur das konkret abgeschlossene Geschäft. Bleiben mehrere selbständige Geschäfte je für sich im Rahmen des § 1357, so werden sie nicht deshalb unangemessen, weil sie zusammengerechnet dessen Rahmen übersteigen würden.[47] Ohne Bedeutung ist auch die Gefahr mehrfacher Geschäftsabschlüsse, etwa weil es an einer Koordination der Ehegatten gefehlt hat.

---

[37] Schon bei § 1357 aF waren Praxis und hL darüber hinausgegangen und hatten auch andere zum Familienunterhalt im weiteren Sinne gehörende Geschäfte in die Schlüsselgewalt einbezogen (vgl. *Wacke* Voraufl. RdNr. 18).

[38] Wie hier mittlerweile ganz h. M.: *Erman/Gamillscheg* RdNr. 11; *Gernhuber/Coester-Waltjen* § 19 IV 6.

[39] Vgl. AG Bochum FamRZ 1991, 435, 436.

[40] BGHZ 94, 1, 8 (vgl. Fn. 43); *Gernhuber/Coester-Waltjen* § 19 IV 6. Dazu können grds. auch sog. Haustürgeschäfte gehören, vgl. *R. Gaul* NJW 1987, 2855; u. RdNr. 30.

[41] *Soergel/Lange* RdNr. 10; *Mugdan* IV 65.

[42] Begr. zum RegE, BT-Drucks. 7/650 S. 99.

[43] BGHZ 94, 1, 9.

[44] RGZ 61, 79, 81; *Erman/Gamillscheg* RdNr. 11; *Käppler* AcP 179, 277 ff.; aA *Staudinger/Hübner/Voppel* (2007) RdNr. 41.

[45] *Diederichsen* NJW 1977, 217, 221; *Schlüter* RdNr. 88.

[46] So schon RGZ 61, 79, 81.

[47] *Gernhuber/Coester-Waltjen* § 19 IV 6 Fn. 19.

22 **4. Widerspruch des Partners.** Bei ausdrücklichem Widerspruch des Partners muss das Geschäft zwar intern unterbleiben (vgl. §§ 711 BGB, 115 Abs. 1 HGB). Für die nach objektiven Kriterien (Üblichkeit der Alleingeschäftsführung, äußerlicher Lebenszuschnitt der Familie) zu beurteilende Angemessenheit ist ein Widerspruch aber grundsätzlich bedeutungslos. Dritten gegenüber wirkt der entgegenstehende Wille nur nach den entsprechend anzuwendenden Regeln über den Missbrauch der Vertretungsmacht, d. h. wenn er dem Dritten bekannt oder doch so evident war, dass er ihn hätte erkennen müssen.[48] Ein nachträgliches Vetorecht gibt es nicht; unberührt bleibt aber das jedem Ehegatten zustehende Recht zum Ausschluss nach Abs. 2 (vgl. RdNr. 44 f.).

23 **5. Einzelfälle gegebener Solidarwirkung.** Unter § 1357 fallen die täglichen Einkäufe, besonders von Lebensmitteln,[49] aber auch von Bekleidung für Mann oder Frau[50] und für die unterhaltsberechtigten Kinder;[51] der Kauf einzelner Einrichtungsgegenstände, nicht jedoch einer gesamten Wohnungseinrichtung,[52] wohl aber der Abschluss einer Hausratsversicherung,[53] der Vertrag mit einer Möbelspedition für den Umzug der Familie.[54] Zu den persönlichen Bedürfnissen der Ehegatten gehören auch die Ausgaben für Haar- und Körperpflege und Kosmetika, des weiteren für Bildung und Unterhaltung,[55] nicht jedoch für Fachliteratur (vgl. RdNr. 24). Ferner fallen unter § 1357 für die Kindererziehung notwendige Anschaffungen wie Spielzeug, Bücher und Lernmittel;[56] die Versorgung mit Medikamenten;[57] Tierarztkosten für ein in die Familienwohnung aufgenommenes Haustier;[58] Reparaturaufträge für gemeinsam benutztes Gut;[59] Begutachtung eines Wasserschadens im gemeinsam bewohnten Haus;[60] die stundenweise Beschäftigung einer Putzfrau oder eines Gärtners.[61] Auch die Bestellung eines Handwerkers zur Vornahme einer kleinen Reparatur verpflichtet den anderen Ehegatten,[62] bei Dringlichkeit (Beseitigung eines Brandschadens) sogar für größere Summen.[63] Ferner die Kosten für die Unterhaltung eines den Verhältnissen entsprechenden gesellschaftlichen Lebens (vgl. § 1360 a RdNr. 5), sowie der Kauf von Pflicht- und Anstandsgeschenken für Verwandte und Freunde.[64] Die Befriedigung persönlicher Genüsse (Tabak-Konsum) und Liebhabereien (Hobbys) fällt unter § 1357 nur, soweit sie den Anspruch auf ein angemessenes Taschengeld aus dem Familieneinkommen nicht übersteigen (vgl. § 1360 a RdNr. 6). Die Anschaffung eines PKW ist Lebensbedarf der Familie, wenn er überwiegend für familiäre Zwecke genutzt wird (Urlaubsfahrt, Einkäufe, „Bringdienste" für Kinder).[65]

24 **6. Einzelfälle fehlender Solidarwirkung.** Alle der beruflichen oder rein vermögensrechtlichen Sphäre eines Ehegatten angehörenden Geschäfte fallen nicht unter § 1357.[66]

[48] Vgl. *Brox/Walker* Allgemeiner Teil RdNr. 582.
[49] OLG Braunschweig OLGE 26, 212.
[50] Vgl. RGZ 61, 78; für den erwerbstätigen Ehegatten zurückhaltend OLG München OLGE 21, 212.
[51] Nach KG OLGE 34, 248 auch für die erwachsene, im elterlichen Haushalt lebende Tochter.
[52] OLG Hamburg OLGE 40, 54, 66.
[53] AG Eschwege VersR 1959, 1038; AG Karlshafen VersR 1965, 871. Für andere Versicherungsverträge abl. LG Siegen VersR 1951, 168; ganz abl. *Gernhuber/Coester-Waltjen* § 19 IV 6 und *Soergel/Lange* RdNr. 15.
[54] AG Besigheim WM 1998, 350. Vgl. aber RdNr. 24 aE.
[55] LG Iztehoe SchlHA 1964, 215: Lesemappe.
[56] Obiter LG Stuttgart MDR 1967, 45; *Soergel/Lange* RdNr. 12.
[57] LG Itzehoe FamRZ 1969, 90; LG München FamRZ 1970, 314. Vgl. RdNr. 35.
[58] AG Kerpen FamRZ 1989, 619.
[59] LG Freiburg FamRZ 1988, 1052 (Familien-PKW); *Staudinger/Hübner/Voppel* (2007) RdNr. 45; *Struck* MDR 1975, 449, 451.
[60] LG Frankfurt NJW-RR 1993, 1286.
[61] RGRK/*Roth-Stielow* RdNr. 28. Jedoch keine Haftung nach § 1357 für die Abschiebekosten einer illegal eingereisten Putzhilfe: VG Darmstadt NJW 1993, 1349.
[62] OLG Düsseldorf NJW-RR 2001, 1084.
[63] OLG Düsseldorf NJW FER 2001, 197: 18 000 DM für Beseitigung von Brandschäden.
[64] *Erman/Gamillscheg* RdNr. 13.
[65] OLG Naumburg NJW 2007, 1011; *Gernhuber/Coester-Waltjen* § 19 VI 6; *Erman/Gamillscheg* RdNr. 13; weitergehend OLG Düsseldorf FamRZ 2007, 1325.
[66] Vgl. *Müller-Freienfels,* FS Lehmann I, S. 388, 402.

Berufliche Schulden gehören selbst dann nicht dazu, wenn beide Ehegatten zusammenarbeiten,[67] Berufsausbildungskosten ebensowenig, selbst wenn der Ehepartner unterhaltsrechtlich für sie aufzukommen hat (vgl. § 1360 a RdNr. 8). Zu der von § 1357 nicht erfassten **vermögensrechtlichen Seite** gehören die nicht den gegenwärtigen Bedarf deckenden Geschäfte zur **Altersvorsorge,**[68] ebensowenig die Verfügung über ein **Girokonto** des Ehegatten[69] sowie die Abrechnung mit dessen Gläubigern.[70] Der **Vermögensanlage** dienender Erwerb von Gegenständen, die nicht Hausrat sind (§ 1361 a RdNr. 7), wie Grundstücke, Eigentumswohnungen, Wertpapiere, Sammlungen, Schmuck[71] gehören nicht zum Familienunterhalt (§ 1360 a RdNr. 5) und scheiden für § 1357 selbst dann aus, wenn sie sich im Rahmen des regelmäßig verfügbaren Einkommens bewegen.[72] Gleiches gilt für die Provision eines Immobilienmaklers,[73] sowie für den Abschluss eines Bauvertrages, selbst wenn das zu errichtende Gebäude für Wohnzwecke auf gemeinschaftlichem Grundstück vorgesehen ist.[74] Ein wertvoller Teppich ist jedoch, wenn gemeinsam benutzt, Einrichtungsgegenstand.[75] Die Anschaffung eines **Kraftfahrzeugs** für berufliche oder sportliche Zwecke fällt nicht unter § 1357.[76] **Anmietung**[77] **und Kündigung**[78] **einer Wohnung** sowie einvernehmliche Mietaufhebung[79] werden ebenfalls nicht von § 1357 erfasst, weil sie die Lebensgrundlage der Familie berühren und deshalb vorheriger Absprache unter den Ehegatten bedürfen.[80] Die Gegenansicht dehnt den Anwendungsbereich über den – ohnehin fraglichen Normzweck hinaus – ohne Grund aus. Gleiches gilt für die längerfristige Pacht eines Kleingartens und die Errichtung eines Gartenhauses.[81] Der Beitritt zu einem Mieterverein unterfällt nicht § 1357,[82] genauso wenig die Zustimmung zu einer Mieterhöhung bei einem von beiden Ehegatten abgeschlossenen Mietvertrag.[83] Nicht unter § 1357 zu subsumieren ist die Buchung einer Urlaubsreise,[84] oder die Anmietung eines Ferienappartements, da sich die Ehegatten bei beidem abzustimmen pflegen.[85] Bei Nichtvorliegen des § 1357 kann sich eine konkludente Mitverpflichtung des Ehepartners ergeben bei gemeinsam geführten Vertragsverhandlungen und Abschluss in seiner Gegenwart,[86] etwa bei einem Maklervertrag[87] (vgl. § 164 Abs. 1 S. 2). § 1357 gilt schließlich nicht für Geschäfte zwecks **Auflösung** der ehelichen Lebensgemeinschaft,[88] z. B. für den Umzugsvertrag eines trennungswilligen Ehegatten.[89] Geschäfte zur Anbahnung des Getrenntlebens (Abs. 3) sind nicht Lebensbedarf der Familie.

---

67 LG Hannover FamRZ 1984, 268 wendet dagegen § 1357 an, wenn eine Hausfrau einen kleinen Wirtschaftsbetrieb auf dem ehelichen Wohngrundstück betreibt; wie hier AG Augsburg FamRZ 1987, 819 f.

68 *Erman/Gamillscheg* RdNr. 15: „im Zweifel nicht".

69 *Gernhuber/Coester-Waltjen* § 19 IV 6; aA *Westermann* FamRZ 1967, 646 f. (nach Lage des Einzelfalles).

70 Nach OLG Frankfurt OLGE 18, 254 f. nicht einmal mit Gläubigern aus Schlüsselgewaltschulden. Das ist abzulehnen, s. RdNr. 38.

71 RGRK/*Roth-Stielow* RdNr. 25.

72 *Diederichsen* NJW 1977, 217, 221.

73 OLG Düsseldorf NJW-RR 1996, 1524.

74 BGH FamRZ 1989, 35; OLG Hamm OLG-Rp Hamm 1995, 74.

75 Vgl. OLG Karlsruhe OLGE 3, 13; aA *Gernhuber/Coester-Waltjen* § 19 IV 6.

76 RGRK/*Roth-Stielow* RdNr. 25; anders für das familiär genutzte Fahrzeug (RdNr. 23).

77 LG Mannheim FamRZ 1994, 445; dazu *Pauly* Jura 1995, 193, 195 ff.

78 Obiter AG Münster MDR 1996, 900 f.

79 LG Köln WM 1990, 142.

80 LG Köln FamRZ 1990, 744 (nur LS); RGRK/*Roth-Stielow* RdNr. 26; *Gernhuber/Coester-Waltjen* § 19 IV 6; aA *Mikat,* Rechtsprobleme, S. 75; *Henrich* § 7 II 3; *H. P. Westermann,* Die Rechtslage der Familienwohnung, S. 6 ff.

81 OLG Koblenz NJW-RR 1991, 66.

82 AG Marl FamRZ 1988, 283.

83 LG Berlin Grundeigentum 2003, 1210; aA AG Münster MDR 1996, 900.

84 Einschränkend OLG Köln FamRZ 1991, 434 f.; vgl. auch oben RdNr. 20; *Gernhuber/Coester-Waltjen* § 19 IV 6.

85 Anders OLG Celle HRR 1932 Nr. 237.

86 Lieferung einer Einbauküche: OLG Hamm OLG-Rp Hamm 1993, 289.

87 LG Darmstadt NJW-RR 2006, 306.

88 *Mikat* Rechtsprobleme S. 79.

89 LG Aachen FamRZ 1980, 996; im Erg. zust. *Mikat* Rechtsprobleme S. 77.

25 **7. Veräußerungen.** Nur der unmittelbaren Bedarfsdeckung dienende Geschäfte fallen unter § 1357, also vor allem Anschaffungen, nicht Veräußerungen **zwecks Beschaffung von Geldmitteln** zum Familienunterhalt.[90] Veräußerungsgeschäfte dienen allenfalls mittelbar der Bedarfsdeckung, die erst mit diesen Mitteln erfolgen soll. Das gilt unabhängig davon, ob es sich um die Veräußerung von Hausrat[91] oder von Erzeugnissen der Hof- oder Gartenwirtschaft handelt.[92] Erst recht gilt das Gesagte für die unentgeltliche Weggabe von Sachen, sei es als Spende oder als Beteiligung an Altkleidersammlungen. Hierdurch wird kein Bedarf gedeckt. Und auch die Untervermietung von Zimmern der Ehewohnung fällt nicht unter § 1357.[93]

26 **8. Kreditgeschäfte. a) Im Allgemeinen.** Für Kreditgeschäfte ist die Bestimmung der Angemessenheit besonders wichtig, denn nur für sie wird § 1357 in Streitfällen praktisch. Die Masse der unproblematischen Bargeschäfte des Alltags regelt sich von selbst. Wollte man alle Kreditaufnahmen von § 1357 ausnehmen, so könnte man die alsdann entbehrliche Vorschrift streichen. Bei der Beurteilung der Angemessenheit der Bedarfsdeckung durch ein Kreditgeschäft sind **anderweitige Schulden** nur zu berücksichtigen, soweit sie **dem Geschäftspartner erkennbar** sind.[94] Weitere Verbindlichkeiten gegenüber Dritten, von denen der Geschäftspartner nichts wissen kann, bleiben außer Betracht (s. auch RdNr. 22). Ausgehend vom historischen Hauptanwendungsfall der Schlüsselgewalt, dem **„Anschreiben"**,[95] erfasst § 1357 vor allem **Warenlieferungen und Dienstleistungen auf Kredit,** bei denen eine Prüfung der Kreditwürdigkeit des einzelnen Ehegatten weder üblich noch zumutbar ist,[96] zB einzelne Warenlieferungen durch den Versandhandel (aber nicht gewerbliche Sammelbestellungen).[97]

27 **b) Geldkredite.** Im Gegensatz zu Naturaldarlehen unterfallen Geldkredite dem § 1357 in der Regel nicht, da sie genauso wie Dienst- oder Arbeitsverträge lediglich die Geldmittel zum Unterhalt der Familie beschaffen und deren Bedarf nicht unmittelbar decken. Wenn in der Literatur darauf hingewiesen wird, dass der Darlehensgeber das Darlehen der Familie zur Verfügung stellt (etwa wenn der Geldkredit von Freunden oder Nachbarn gegeben wird), so ist es eine Frage der Auslegung, ob der Vertrag mit beiden Ehegatten geschlossen wurde. Dagegen ist die Tatsache, dass der Geber von Geld nicht schlechter behandelt werden darf als der Geber von Naturalien,[98] unerheblich, da der Gläubigerschutz nicht Zweck des § 1357 ist. Eine Ausnahme ist zu machen, wenn der Geldkredit mit dem Lebensbedarfsdeckungsgeschäft unmittelbar verknüpft wird, etwa bei verbundenen Geschäften i. S. d. § 358.[99]

28 **c) Bankkredite.** Bankkredite sind nach dem Gesagten erst recht von § 1357 **auszunehmen.**[100] Überdies prüft die Bank anhand der Angaben über die Einkommensverhältnisse im Darlehensvertrag, ob der Kunde allein kreditwürdig oder die Mitverpflichtung des Ehegatten erforderlich ist. Ohne Mitunterzeichnung haftet der Ehepartner nicht. Auch hier gilt etwas anderes für verbundene Geschäfte. Bei **„Hausfrauenkrediten** ohne Unterschrift des Ehemannes" gibt der Kreditgeber den Umständen nach zu erkennen, dass er den Ehemann nicht

---

[90] Vgl. *Gernhuber/Coester-Waltjen* § 19 IV 6.

[91] So der Vorschlag von *Hobelmann* FamRZ 1971, 499, 500; zurückhaltend auch *H. Westermann* FamRZ 1967, 645, 647.

[92] AA *Wacke* Voraufl. RdNr. 25.

[93] *Gernhuber/Coester-Waltjen* § 19 IV 6; *Käppler* AcP 179 (1979), 245, 279.

[94] RGZ 61, 79, 82; OLG Frankfurt OLGE 16, 205, 206; LG Flensburg MDR 1950, 611; *Staudinger/Hübner/Voppel* (2007) RdNr. 17 Abs. 4.

[95] Krit., inwieweit für heutige Verhältnisse noch relevant: *Teschner* S. 193 Fn. 164, 203 f.

[96] *Wacke* NJW 1979, 2585, 2590.

[97] AG Bochum FamRZ 1991, 435 ff.

[98] *Wacke* Voraufl. RdNr. 27; für eine Haftung auch AG Solingen FamRZ 1992, 554 ff.; *Mikat,* FS Beitzke, S. 293, 301.

[99] *Schwab* RdNr. 159.

[100] Auch wenn zur Hausfinanzierung dienend (LG Aachen FamRZ 1989, 1176). Ebenso wohl *Gernhuber/Coester-Waltjen* § 19 IV 6; *Arndt* S. 18 ff.; *Erman/Gamillscheg* RdNr. 17;. *Heinrichsmeier* S. 12–28.

mitverpflichten will.[101] Auch **Wechselzeichnungen** sind niemals Geschäfte der Schlüsselgewalt.[102]

9. Dauerschuldverhältnisse. Dauerschuldverhältnisse können von § 1357 erfasst werden, da sie gerade Ausdruck davon sind, dass hier ein für die Familie ständig anfallender Bedarf gedeckt wird. Anerkannt ist dies für Verträge über die Lieferung von Strom und Heizmaterial.[103] Die Frage, ob das Geschäft angemessen ist, bestimmt sich nach dem Zeitpunkt des Vertragsschlusses, so dass eventuelle Schwankungen im Verbrauch hinzunehmen sind. Auch der Telefonfestnetzanschluss für die Ehewohnung ist ein Geschäft zur Deckung des angemessenen Lebensbedarfs der Familie, wenn der Apparat für alle Familienmitglieder zugänglich ist, so dass für die Telefongebühren von diesem Apparat grundsätzlich auch der andere Ehegatte haftet.[104] Auch hier besteht keine betragsmäßige Grenze für die Mitverpflichtung. Der BGH hat jedoch die Haftung abgelehnt, wenn in einem Monat aufgrund der Wahl bestimmter teurer Nummern mehr als das Doppelte des bisherigen Durchschnittswerts vertelefoniert wurde.[105] Der darüber hinausgehende Betrag sei nicht mehr angemessen. Im Ergebnis wird dieses Urteil begrüßt,[106] ob allerdings ein Durchschnittswert als Begrenzungsmaßstab taugt, ist zu bezweifeln, wenn beispielsweise jeden Monat sehr viel über entsprechend teure Nummern telefoniert wird. 29

10. Verbraucherschutz. a) Anwendbarkeit/Verhältnis von Verbraucherschutzvorschriften und Schlüsselgewalt. § 1357 ist neben den Vorschriften über den Verbraucherschutz, insbesondere über Haustürgeschäfte, Fernabsatz- und Verbraucherkreditverträge anzuwenden.[107] Die Gegenansicht, wonach die speziell dem Verbraucher dienenden Bestimmungen über die Vertragsurkunde und das Widerrufsrecht § 1357 vollständig verdrängen,[108] stützt sich im Wesentlichen darauf, dass sonst die kurze Dauer der Widerrufsfrist von zwei Wochen (§ 355 Abs. 1 S. 2) gegenüber dem Ehepartner des Handelnden laufe, obwohl der Mitverpflichtete nicht unbedingt Kenntnis von dem Geschäft habe. Der Beginn der kurzen Frist sei allenfalls gerechtfertigt, wenn der Mitverpflichtete selbst über den Fristbeginn informiert sei.[109] Für eine Mitverpflichtung des anderen (nicht handelnden) Ehegatten müssten die Formvorschriften ihm gegenüber eingehalten werden.[110] 30

Dass die kurze Widerrufsfrist ohne Wissen des Mitverpflichteten zu laufen beginnt, ist hinzunehmen, da es sich bei der rechtzeitigen Information durch den handelnden Ehegatten um ein Problem des Innenverhältnisses zwischen den Ehegatten handelt, vergleichbar dem Verhältnis zwischen Vertretenem und Vertreter. Darüber hinaus wird der Anwendungsbereich der Schlüsselgewalt bei der Annahme einer vollständigen Verdrängung enorm geschmälert, denn eine große Anzahl von Geschäften zur Deckung des täglichen Bedarfs dürfte unter die Verbraucherschutzvorschriften fallen; soll § 1357 überhaupt noch einen Sinn haben, ist die Vorschrift auf die genannten Geschäfte anzuwenden.[111] 31

---

[101] LG Aachen FamRZ 1980, 566 f.; *Wacke* NJW 1979, 2585, 2588; ebenso *Mikat,* FS Beitzke, S. 293, 302; *Heinrichsmeier* S. 27; *Teschner* S. 192 Fn. 160.

[102] *Soergel/Lange* RdNr. 15; vgl. auch *Mikat,* FS Beitzke, S. 293, 302.

[103] LG Koblenz WM 1990, 445; OLG Düsseldorf NJW-RR 1998, 490 (Stromlieferung).

[104] BGH NJW 2004, 1593= FamRZ 2004, 778.

[105] BGH (Fn. 104).

[106] *Medicus,* FS Schwab, S. 361; *Brudermüller* NJW 2004, 2265.

[107] *Staudinger/Hübner/Voppel* (2007) RdNr. 73; *Soergel/Lange* RdNr. 13; *Schanbacher* NJW 1994, 2335, 2337; *Schmidt* FamRZ 1991, 629, 632 f; *Cebulla/Pützhofen* FamRZ 1996, 1124, 1125 f; *Schwab* FamRZ 2000, 1207, 1208; *Löhnig* FamRZ 2001, 135, 136; *Palandt/Brudermüller* RdNr. 11; LG Würzburg NJW-RR 1988, 1324; LG Kiel SchlHA 1956, 17.

[108] So *Kliffmüller* FuR 1992, 138, 142; *Witte-Wegmann* NJW 1979, 749 ff; *Wacke* NJW 1979, 2585, 2588.

[109] Andernfalls werde kein ausreichender Schutz des mitverpflichteten Verbrauchers sichergestellt. Wünsche der Geschäftspartner eine gesamtschuldnerische Haftung, so müsse er auf die Unterzeichnung des Vertrages durch beide Ehegatten bestehen (vgl. *Wacke* NJW 1979, 2585, 2588).

[110] Vgl. AG Michelstadt NJW 1985, 205; AG Elmshorn NJW-RR 1987, 457; LG Detmold NJW-RR 1989, 10.

[111] Ebenso *Erman/Gamillscheg* RdNr. 17; *Cebulla/Pützhoven* FamRZ 1996, 1124, 1126; *Soergel/Lange* RdNr. 13; *Staudinger/Hübner/Voppel* (2007) RdNr. 73; *Löhnig* FamRZ 2001, 135, 136.

32 **b) Einzel- oder Gesamtwirkung.** Fraglich ist, ob der andere Ehegatte den Schutz der jeweiligen Verbraucherschutzvorschrift genießt, insbesondere ob ihm gegenüber die Schriftform gewahrt, er informiert oder über sein Widerrufsrecht belehrt werden muss[112] und welchem Ehegatten gegebenenfalls das Widerrufsrecht zusteht und welche Wirkung der Ausübung zukommt.[113]

33 Die Form- und Informationsvorschriften sehen ausschließlich die Einhaltung gegenüber dem Verbraucher vor; darunter ist der nach außen auftretende Ehegatte zu verstehen, der erst durch den Vertragsschluss den anderen Ehegatten mitverpflichtet bzw. -berechtigt. Die Einhaltung der Form- und Informationsanforderungen gegenüber dem Handelnden wirkt demnach auch gegenüber dem anderen Ehegatten.[114]

34 Überdies ist davon auszugehen, dass jedem Ehegatten ein Widerrufsrecht[115] mit Wirkung für beide Ehegatten zusteht.[116] Zwar wird teilweise eine lediglich einseitige akzessorische Mitverpflichtung des anderen Ehegatten angenommen, die nur durch den Widerruf des Handelnden erlöschen könne,[117] was zum Teil auf die fehlende Eigenschaft des nicht handelnden Ehegatten als Vertragspartei[118] und zum anderen auf die Selbständigkeit und Eigenverantwortlichkeit der Ehegatten bei der Unterhaltsgewährung durch Haushaltführung nach § 1356 Abs. 1 S. 2 gestützt wird.[119] Doch besteht § 1357 in dem begründeten Schuldverhältnis fort[120] und die aus der Schlüsselgewalt folgende Handlungseinheit zwischen Ehegatten muss in einem Verhältnis gegenseitiger Akzessorietät von beiden Ehegatten wieder beseitigt werden können.[121] Der Beginn der Widerrufsfrist tritt wegen der wechselseitigen Akzessorietät mit der korrekten Belehrung des handelnden Ehegatten für beide Eheleute ein.[122] Widerruft der mitverpflichtete Ehegatte, so bringt dies das gesamte Geschäft zum Erlöschen und nicht nur seine eigene Verpflichtung.[123]

---

[112] *Schmidt* FamRZ 1991, 629; *Brox,* FS Mikat, S. 850; LG Würzburg NJW-RR 1988, 1324: sprechen sich für eine Einhaltung der jeweiligen Form- und Informationsvorschriften gegenüber beiden Ehegatten aus; während *Staudinger/Hübner/Voppel* (2007) RdNr. 75; *Löhnig* FamRZ 2001, 135, 137: für eine Wahrung allein dem handelnden Ehegatten gegenüber plädieren.

[113] *Gernhuber/Coester-Waltjen* § 19 IV 7; *Berger* FamRZ 2005, 1131 f; *Schmidt* JuS 1987, 425, 430; *Schanbacher* NJW 1994, 1335, 1336; *Simon,* FS Schwab, S. 426 ff.; *Muscheler* RdNr. 330 nehmen eine einseitige akzessorische Mitverpflichtung des nicht handelnden Ehegatten an, die lediglich durch einen Widerruf des handelnden Ehegatten erlöschen könne; demgegenüber sprechen sich *Staudinger/Hübner/Voppel* (2007) RdNr. 76; *Schwab* FamRZ 2000, 1207, 1208; *Löhnig* FamRZ 2001, 135, 137; *Medicus,* FS Schwab, S. 365 für ein gemeinsames Widerrufsrecht beider Ehegatten mit Wirkung für beide unter dem Gesichtspunkt des § 351 BGB aus.

[114] *Ähnlich Staudinger/Hübner/Voppel* (2007) RdNr. 75; *Cebulla/Pützhoven* FamRZ 1996, 1124, 1129 f.; *Schanbacher* NJW 1994, 2335, 2337; AG Lampertheim, NJW-RR 1987, 1155 unter Verweis auf die Stellvertretungsregeln, insbesondere auf § 166 I BGB; *Löhnig* FamRZ 2001, 136, 137; Nw zur aA vgl. Fn 113.

[115] *Lüke* AcP 178, 1, 21; *Mikat,* FS Beitzke, S. 293, 301 ff.; *Staudinger/Hübner/Voppel* (2007) RdNr. 76 spricht zutreffend von einem eigenen Widerrufsrecht sowohl des handelnden als auch des anderen Ehegatten, das beide unabhängig voneinander ausüben können.

[116] So auch *Löhnig* FamRZ 2001, 135, 137; *Medicus,* FS Schwab, S. 365.

[117] Vgl. die Nw. in Fn 114.

[118] *Schmidt* JuS 1987, 425, 430; *Schanbacher* NJW 1994, 2335, 2336; *Simon,* FS Schwab, S. 428.

[119] *Gernhuber/Coester-Waltjen* § 19 IV 7.

[120] *Lüderitz* 27. Aufl. 1999 RdNr. 252.

[121] So auch *Löhnig* FamRZ 2001, 135, 138; zum gleichen Ergebnis kommen *Büdenbender* FamRZ 1976, 662, 666; *Müller-Freienfels,* FS Lehmann I, S. 406 f., die aber die Vergleichbarkeit der familienrechtlichen Schlüsselgewalt mit dem Gesellschaftsrecht für entscheidend halten, da die eheliche Gemeinschaft bei einem Auftreten nach außen als personengesellschaftsähnlich angesehen und der Vergleich zu einem Auftreten von vertretungsberechtigten Gesellschaftern einer Personengesellschaft gezogen werden könne. Innerhalb der ehelichen Gemeinschaft könne jeder Ehegatte mit Wirkung für und gegen die Gemeinschaft aufgrund der nach innen bestehenden Geschäftsführungsbefugnis und nach außen bestehenden Vertretungsmacht handeln; Doch besteht bei der der ehelichen Gemeinschaft, anders als bei Personengesellschaften, kein Rechtssubjekt und kein dem gesamthänderisch verbundenen Gesellschaftsvermögen ähnliches Vermögen, das einer Verpflichtung zugänglich wäre, da im gesetzlichen Güterstand der Zugewinngemeinschaft Gütertrennung besteht und eine beiden Ehegatten gemeinsam zustehende Vermögensmasse nicht existent ist (vgl. auch *Gernhuber/Coester-Waltjen* § 19 IV 3 und 4 RdNr. 50 und § 1363 II S. 1 BGB).

[122] Ebenso *Löhnig* FamRZ 2001, 135, 137; *Staudinger/Hübner/Voppel* (2007) RdNr. 76.

[123] So aber *Schmidt* FamRZ 1991, 629, 639.

11. Arzt- und Krankenhausverträge. Die Gesundheit des Ehegatten und der Kinder ist für das gemeinsame Zusammenleben von zentraler Bedeutung, so dass die ärztliche Versorgung (einschließlich der Verschaffung von Medikamenten) zum Lebensbedarf der Familie gehört und zwar sowohl eine ambulante als auch eine stationäre Behandlung.[124] Auch die eigene medizinische Versorgung des handelnden Ehegatten kann die Mithaftung des anderen auslösen, wobei jedoch nach der Dringlichkeit der Maßnahme sowie dem Umfang zu differenzieren ist (vgl. RdNr. 36). Die sich aus dem Vertrauensverhältnis zwischen Arzt und Patient ergebenden Besonderheiten der medizinischen Behandlung (Schweigepflicht)[125] hindern eine Anwendung des § 1357 nicht, denn sie sind von der wirtschaftlichen Seite des Vertrages (Honorierung der ärztlichen Bemühung) zu trennen.[126] Bedeutsam ist die Haftung immer dann, wenn die Krankenkassen die angefallenen Kosten nicht oder nur teilweise übernehmen,[127] was bei immer mehr ärztlichen Leistungen der Fall ist. 35

Laut BGH lassen sich die allgemeinen Kriterien, nach denen sich beurteilt, ob eine größere Anschaffung zur **angemessenen Deckung** des Lebensbedarfs der Familie dient, nicht auf eine ärztlich gebotene Handlung übertragen. Denn auf deren Kosten könne der Patient keinen Einfluss nehmen.[128] Bejaht wurde die Haftung für alle Arzt- und Krankenhausverträge über unaufschiebbare und notwendige Maßnahmen.[129] Überschreiten die Kosten einer solchen Maßnahme die Leistungsfähigkeit der Familie, scheide eine Anwendung des § 1357 gleichwohl aus, weil sich insoweit gemäß Abs. 1 S. 2 aus den Umständen etwas anderes ergebe. Dasselbe Ergebnis wird auch mit der fehlenden Angemessenheit der Behandlung begründet.[130] Handelt es sich um eine teure, aber nicht gebotene medizinische Leistung, scheidet eine Mithaftung des anderen Ehegatten aus. Das gilt insbesondere, wenn Zusatzleistungen vereinbart werden, die nicht notwendig sind (Einzelzimmer, spezieller Zahnersatz, privatärztliche Behandlung). Dies werden häufig Maßnahmen sein, die nicht durch die gesetzliche Versicherung abgedeckt sind; eine Prüfung, ob die Kosten von einer Versicherung (möglicherweise auch einer Privatversicherung) getragen werden, ist allerdings für die Anwendbarkeit des § 1357 nicht notwendig.[131] Bei nicht teuren, aber auch nicht notwendigen Behandlungen oder Medikamenten liegt kein Geschäft zur Deckung des Lebensbedarfs der Familie vor; die Kostentragung ist allein Sache des handelnden Ehegatten, selbst wenn derartiger Behandlungsaufwand dem Lebenszuschnitt der Eheleute entspricht. In solchen Fällen kann eine Mithaftung allerdings ausnahmsweise in Betracht kommen, wenn sich die Ehegatten zuvor abgestimmt haben.[132] 36

V. Wirkungen (Abs. 1 S. 2)

1. Interne Geschäftsführungsbefugnis. Im Innenverhältnis ist grundsätzlich **jeder Ehegatte** zur Besorgung der entsprechenden Geschäfte berechtigt (Abs. 1 S. 1), soweit nicht durch Ehevereinbarungen (§ 1353 RdNr. 5 ff. und § 1356 RdNr. 6 f.) etwas anderes geregelt ist. Einvernehmliche Aufhebung oder einseitige Lossagung (§ 1353 RdNr. 13 und § 1356 RdNr. 8) bringen die Verpflichtungsmacht jedoch nicht zum Erlöschen, s. RdNr. 44 ff. Die Geschäftsführungsbefugnis ist nicht auf Dritte übertragbar. Für das Ver- 37

124 *Palandt/Brudermüller* RdNr. 17.

125 Vgl. *Holzhauer* JZ 1985, 685.

126 *Palandt/Brudermüller* RdNr. 17; *Soergel/Lange* RdNr. 14; *Gernhuber/Coester-Waltjen* § 19 IV 6; aA *Dölle* I § 45 II 2 a.

127 LG Koblenz NJW 1981, 1324. Keine Mithaftung des haushaltsführenden Ehegatten für Arztkosten des beihilfeberechtigten und privat versicherten Partners mit eigenem Einkommen: OLG Köln MDR 1993, 55 = VersR 1993, 441.

128 BGHZ 114, 74 = NJW 1992, 909 = FamRZ 1992, 291.

129 BGHZ 114, 74; KG NJW 1985, 682; OLG Stuttgart MedR 1995, 320.

130 OLG Köln, NJW RR 1999, 733.

131 Wie hier *Erman/Gamillscheg* RdNr. 16.

132 BGHZ 94, 1, 9 (vgl. Fn. 43); OLG Schleswig NJW 1993, 2996.

schulden hinzugezogener Gehilfen haftet der handelnde Ehegatte dem Partner nach §§ 277, 278, 1359 ebenso wie für eigenes Verschulden (§ 1359 RdNr. 10).

38 **2. Haftung. a) Gesamtschuldner.** Dem Geschäftsgegner haften beide Ehegatten im Zweifel als Gesamtschuldner, Abs. 1 S. 2 (§ 421). Richtet ein Ehegatte als Sammelbesteller gebündelte Bestellungen mehrerer Einzelbesteller an ein Versandhaus, so schließt dies die Mithaftung des anderen Ehegatten aus, wenn der Lieferant nicht beweist, dass Teile der Bestellungen dem familiären Lebensbedarf des Sammelbestellers dienen.[133] Unerheblich ist, ob der Geschäftsgegner den vertragschließenden Ehegatten für unverheiratet hielt (RdNr. 10, 16). Die Haftung des erwerbstätigen Gatten ist nicht deshalb ausgeschlossen, weil er dem haushaltführenden Partner bereits das Wirtschaftsgeld vorgeschossen hatte.[134] Zur Haftung eines nicht (voll) geschäftsfähigen Ehegatten s. RdNr. 15. Bei nichtigem Vertrag haften beide Ehegatten aus §§ 812, 822 als Teilschuldner auf das jeweils Erlangte.[135]

39 **b) Schuldveränderungen.** Die konkrete Ausgestaltung der Gesamtschuld, insbesondere **Veränderungen** des Schuldverhältnisses, richten sich grundsätzlich nach § 425, jedoch mit einigen Abweichungen, die sich aus der besonderen Situation der ehelichen Lebensgemeinschaft ergeben. Dazu gehört, dass die Ehegatten für das Verschulden des jeweils anderen nach § 278 einzustehen haben. Überdies unterbricht jedes Anerkenntnis die Verjährungsfrist auch für den anderen, und umgekehrt wirken verjährungsunterbrechende Handlungen des Gläubigers gegen beide Gatten.[136] Beide Ehegatten sind empfangszuständig für die vom Gläubiger abgegebenen Willenserklärungen.[137] Im Innenverhältnis der Ehegatten werden die Kosten entsprechend der finanziellen Unterhaltslast getragen.[138] Erlass und Stundung sind gegenüber jedem einzelnen Ehegatten mit Einzelwirkung jederzeit möglich.[139] Von der Existenz des anderen Ehegatten braucht der Gläubiger für rechtserhaltende Maßnahmen gar nichts zu wissen, da ja auch dessen Mithaftung von vornherein ohne Rücksicht auf die Kenntnis des Gläubigers kraft Gesetzes eintritt (RdNr. 16). Aufrechnen kann jeder Ehegatte nur mit eigenen Gegenforderungen, mangels Gegenseitigkeit (§ 387) nicht mit einer Gegenforderung seines Partners.[140]

40 **c)** Die **interne Ausgleichspflicht** (§ 426) richtet sich nach Unterhaltsrecht (§§ 1360 ff.).[141] Gegebenenfalls muss ein Vorschuss auf das Wirtschaftsgeld gezahlt werden (§ 1360 a RdNr. 16 ff.). Der nicht erwerbstätige Ehegatte erfüllt die Ausgleichspflicht regelmäßig voll durch seine Haushaltsführung.

41 **3. Gesamtgläubigerschaft.** Der Gesamtschuld entspricht die Gesamtgläubigerschaft gemäß **§ 428.**[142] Das dafür geforderte enge Vertrauensverhältnis[143] besteht zwischen Ehegatten. Der Geschäftsgegner kann an jeden Ehegatten mit befreiender Wirkung leisten.[144] Das

---

[133] AG Bochum FamRZ 1991, 435.

[134] Vgl. RdNr. 37.

[135] *P. Schlosser* FamRZ 1961, 287, 294, 295.

[136] AA *Gernhuber/Coester-Waltjen* § 19 IV 7.

[137] *Schwab* RdNr. 175; *Lüderitz/Dethloff* § 4 RdNr. 68; aA *Büdenbender* FamRZ 1976, 662, 667.

[138] *Rauscher* RdNr. 282; vgl. auch *Gernhuber* JZ 1996, 765, 767 insgesamt zur Gesamtschuld.

[139] So auch *Gernhuber/Coester-Waltjen* § 19 IV 7.

[140] Vgl. *Lüke* JuS 1970, 288, 290.

[141] *Käppler* AcP 179 (1979), 245, 272, 284; *Gernhuber/Coester-Waltjen* § 19 IV 7.

[142] Heute ganz hM *Gernhuber/Coester-Waltjen* § 19 IV 8; *Simon,* FS Schwab, S. 422; *Lüderitz/Dethloff* § 4 RdNr. 67; *Rauscher* RdNr. 282; *Käppler* AcP 179 (1979), 245, 284 f.; wohl auch *Baur,* FS Beitzke, S. 111, 117 f.; *Weimar* MDR 1977, 465; *Mikat* Rechtsprobleme S. 47 f. Für die Anwendung des § 432 *Büdenbender* FamRZ 1976, 662, 667 f.; *Lüke* AcP 178 (1978), 1, 20; *H. Roth* FamRZ 1979, 361, 363 ff.; *Binder* S. 78 ff. Aber § 428 hat selbst bei unteilbaren Leistungen Vorrang vor dem subsidiären § 432 (s. dessen Wortlaut). § 432 gilt nur, wenn eine Leistung an einen Ehegatten nach dem Inhalt des Schuldverhältnisses von vornherein ausscheidet (Hochzeitsreise im Gegensatz zur gewöhnlichen Urlaubsreise). Für „Berechtigung eigener Art" *Bartel* S. 118.

[143] *Soergel/Wolf* § 428 RdNr. 2.

[144] *Rütten,* Mehrheit von Gläubigern, 1989, S. 240 ff., 247 f. Nach § 432 wirkt die Leistung an einen Gläubiger nicht befreiend, soweit sie nicht allen zugute kommt (*Palandt/Weidenkaff* § 432 RdNr. 8). Das wäre für den Schuldner hier untragbar.

muss hinsichtlich der Leistung an den handelnden Ehegatten schon deshalb gelten, da der Dritte oft nicht wissen kann, ob sein Vertragspartner verheiratet ist (zB eine Frau kauft für sich ein Kleid). Jeder Ehegatte ist allein empfangszuständig und daher auch zur Leistung an sich klagebefugt. Mahnung, Fristsetzung und dgl. durch einen Ehegatten wirken auch für den Ehepartner.[145] Ebenso brauchen Gestaltungsrechte (Anfechtung, Kündigung, Rücktritt, Widerruf), Minderung und Schadensersatz nicht gemeinschaftlich geltend gemacht zu werden (RdNr. 31).[146] § 1357 erlaubt jedem Ehegatten allein nicht nur die Begründung von Rechten und Pflichten mit Wirkung für und gegen den Partner, sondern auch sekundär deren Änderung mit Gesamtwirkung.[147] Auch die Kenntnis eines Ehegatten (zB für §§ 460, 464, 932ff.) wirkt (über § 166 hinaus) gegen beide.[148]

4. Dingliche Rechtslage. Die dingliche Rechtslage wird nach allgemeinen sachenrechtlichen Regeln (§§ 929ff., 164ff.) geordnet. § 1357 enthält keinen selbständigen Eigentumserwerbstatbestand.[149] Laut BGH übereignet der Veräußerer an den Ehegatten, **den es angeht.**[150] Das seien mit Rücksicht auf den mutmaßlichen Willen der Ehegatten im Zweifel beide. Die Gegenansicht argumentiert damit, dass § 1357 ohne eine dingliche Wirkung zu einer reinen Gläubigerschutzvorschrift degradiert.[151] Diese Kritik trifft indes die Konzeption der Vorschrift insgesamt, die aber durch eine Konstruktion einer Surrogatsfolge auch nicht wesentlich an Sinn gewinnt. Konkret wird man daher hinsichtlich der Übereignung auf die Umstände des Einzelfalls abstellen müssen. Vorrangig ist dabei immer der Wille der Parteien, da für die Übereignung beweglicher Sachen (um die es hier nur geht) die Einigung i. S. des § 929 maßgeblich ist. Auch die Auffassung des BGH ist zu pauschal. In vielen Fällen wird es dem Veräußerer zwar in der Tat gleichgültig sein, an wen er übereignet, zwingend ist dies jedoch nicht, sondern immer konkret zu begründen. Werden Haushaltsgegenstände erstmalig angeschafft, spricht der in § 1370 enthaltene Surrogatsgedanke dafür, dass derjenige Ehegatte Eigentum erwerben soll, mit dessen Mitteln sie angeschafft werden. Das mag häufig dem Willen der Ehegatten entsprechen, ist aber nicht generell anzunehmen. Genauso ist eine allgemeine Regel, wonach der allein finanzierende erwerbstätige Ehegatte Alleineigentum erwirbt bzw. bei gemeinsamer Finanzierung Miteigentum nach Finanzierungsbeiträgen[152] entsteht, im Ergebnis abzulehnen.[153] Dazu ist die Bandbreite der unter § 1357 fallenden Geschäfte zu weit (Medikamente, Haustier usw.), so dass es bei der Einzelfallbetrachtung bleiben muss.[154] Gesamthandseigentum entsteht nur bei Gütergemeinschaft (§§ 1416 Abs. 1 S. 2, 1419). 42

Die Unterhaltspflicht über die Eigentumszuordnung entscheiden zu lassen, ist nicht gerechtfertigt: Erstens wäre der haushaltsführende Gatte benachteiligt, falls er die Gegenleistung aufbringt, denn der wirtschaftlich stärkere Partner erhielte aufgrund seiner Barunterhaltspflicht Miteigentum, ohne sich an der Finanzierung beteiligt zu haben. Zweitens würde 43

[145] *Rauscher* RdNr. 282; *Lüderitz/Dethloff* § 4 RdNr. 68; aA *Gernhuber/Coester-Waltjen* § 19 IV 8.

[146] So aber Herbert *Roth* FamRZ 1979, 361, 366ff.

[147] *Wacke* NJW 1979, 2585, 2589m. Fn. 66 (zu § 1b AbzG); *ders.* FamRZ 1980, 13, 14f.; *Rauscher* RdNr. 282; *Lüderitz/Dethloff* § 4 RdNr. 68; aA *Binder* S. 84f.

[148] *Weimar* JR 1976, 318ff.; *Büdenbender* FamRZ 1976, 662, 668; *Staudinger/Hübner/Voppel* (2007) RdNr. 79.

[149] BGHZ 114, 74 = NJW 1991, 2283 = JuS 1991, 960 *(Hohloch)* = JZ 1992, 217 m. Anm. *Kick* = JR 1992, 287 m. Anm. *W. Lüke* = FamRZ 1991, 923ff.; *Schlüter* RdNr. 89.

[150] BGHZ 114, 74; OLG Köln NJW-RR 1996, 904. Trotz ihrer Kritik im Erg. auch *Käppler* AcP 179 (1979), 245, 269f.; ebenso *Mikat* Rechtsprobleme S. 50f.; krit. *Gernhuber/Coester-Waltjen* § 19 VI 9.

[151] *Schwab* RdNr. 176; *Lipp* RdNr. 148.

[152] Für alleinigen Eigentumserwerb desjenigen, „der am Ende zahlt", *Hanisch* FamRZ 1977, 832, 833; *Lüderitz/Dethloff* § 4 RdNr. 69; im Erg. auch *Eichenhofer* JZ 1988, 329; *Erman/Gamillscheg* RdNr. 20. Kritisch *Käppler* AcP 179 (1979), 245, 269.

[153] *Kick* JZ 1992, 219f.; *Brötel* Jura 1992, 470, 472ff. gegen die in sich widersprüchliche Argumentation des BGH (Fn. 150). Nach dem BGH ist insoweit 1 Euro von der Hochzeit an effektiv nur noch 50 Cent wert. Nach *Brötel* 475 zu vermutendes Alleineigentum des anschaffenden Ehegatten vestößt gegen den Grundgedanken des § 1357, dass die Person des jeweils handelnden Ehegatten irrelevant ist.

[154] Wie hier *Gernhuber/Coester-Waltjen* § 19 IV 9.

der erwerbstätige Ehegatte durchweg ebenfalls benachteiligt, weil wegen der Gleichwertigkeit der Haushaltsführung (§ 1360 S. 2) unter Verstoß gegen das Gütertrennungsprinzip (§ 1363 Abs. 2) regelmäßig Miteigentum je zur Hälfte angenommen werden müsste.[155] Dies verstieße zudem gegen die gesetzliche Vermutung für alleiniges Eigentum des schuldenden Ehegatten gemäß § 1362 (dort RdNr. 23 aE). In der Einverdienerehe genügt der erwerbstätige Gatte seiner Unterhaltspflicht aber vollkommen, wenn er dem Partner die Mitbenutzung des aus seinen Mitteln angeschafften Hausrats gestattet.[156]

VI. Ausschluss und Beschränkung der Verpflichtungsermächtigung (Abs. 2)

44 **1. Ausschlusserklärung; Kenntnis des Dritten.** Jeder Ehegatte ist allein zur Entziehung berechtigt (Abs. 2);[157] dem trägt § 1561 Abs. 2 Nr. 4 Rechnung. Der Ausschluss erfolgt durch **formlose Erklärung** gegenüber dem Ehepartner oder dem kontrahierungswilligen Dritten (§§ 167 Abs. 1 und 2, 168 Abs. 3 analog) oder gegenüber der Allgemeinheit durch einen Antrag auf Eintragung im Güterrechtsregister (RdNr. 45). In jedem Fall folgt aus § 1353 die Pflicht, den Partner (vorher) zu informieren. Wirkung gegenüber **Dritten** entfaltet die Erklärung nur, wenn sie ihnen bekannt oder im Güterrechtsregister eingetragen ist (Abs. 2 S. 2, § 1412). Grob fahrlässige Unkenntnis steht der Kenntnis nicht gleich; ein Zugang der Erklärung spricht aber *prima facie* für die Kenntnisnahme.[158] Zeitungsinserate sind fast wertlos, denn der Nachweis, dass sie gelesen und im Gedächtnis behalten wurden, ist meist nicht zu führen.[159] Von der Veröffentlichung (§ 1562) hängt die Wirksamkeit nicht ab. Eine unrichtige Eintragung wirkt nicht gegen Dritte (zB: trotz Aufhebungsbeschluss oder freiwilliger Rücknahme unterbleibt die Löschung); im Streitfall prüft dies inzident das Prozessgericht.[160] Das Ausschließungsrecht ist als solches unverzichtbar.[161] Zulässig ist aber ein Vergleich über den Widerruf der Ausschlusserklärung im Einzelfall.[162]

45 **2. Eintragungsverfahren und Rücknahme.** Den Eintragungsantrag kann jeder Ehegatte in beglaubigter Form vor dem zuständigen Registergericht stellen (§§ 1558, 1560, 1561 Abs. 2 Nr. 4). Die Bevollmächtigung eines Vertreters zur Antragstellung ist möglich.[163] Der Antrag ist nicht an Gründe gebunden, aber bedingungsfeindlich. Ein beschränkt geschäftsfähiger Ehegatte kann ihn ohne Zustimmung seines gesetzlichen Vertreters stellen.[164] Die Heiratsurkunde ist vorzulegen.[165] Die Eintragung bleibt wirksam, solange sich der betroffene Ehegatte nicht nach Abs. 2 S. 1 Halbs. 2 dagegen wehrt.[166] Die Rücknahme ist jederzeit möglich; fällt der Grund später weg, ist der Antragsteller nach § 1353 zur Gegenerklärung verpflichtet. Ob der Antrag gerechtfertigt ist, hat das Registergericht nicht zu prüfen. Hatte der betroffene Ehegatte einen Aufhebungsbeschluss erwirkt (RdNr. 47), kann ein neuer Ausschluss jederzeit auf neue Tatsachen gestützt erfolgen. Der Aufhebungsbeschluss hat keine Rechtskraftwirkung.[167]

---

155 Dafür aber BGH (Fn. 150); OLG Köln NJW-RR 1996, 904; LG Aachen NJW-RR 1987, 712, 713; *Meincke* DStR 1977, 363, 365; *Holzhauer* JZ 1977, 729, 731 f.; *Lüke* AcP 178 (1978), 1, 20; *Elsing* JR 1978, 494, 497; *H. Roth* FamRZ 1979, 361, 369 f. *Leipold,* FS Gernhuber, S. 695 ff., 712. Dagegen *Käppler* AcP 179 (1979), 245, 257 ff.; *Gernhuber/Coester-Waltjen* § 19 IV 9; *Wacke* NJW 1979, 2585, 2591; *ders.* Jura 1979, 617, 620; RGRK/*Roth-Stielow* RdNr. 39.

156 Ebenso *Eichenhofer* JZ 1988, 326, 329.

157 Vgl. BT-Drucks. 7/650 S. 99.

158 *Lüke* JuS 1970, 288, 290; *ders.,* FS Bosch, S. 629, 637.

159 *Gernhuber/Coester-Waltjen* § 19 IV 11; vgl. auch *Mikat* Rechtsprobleme S. 41.

160 *Lüke* JuS 1970, 288, 290.

161 HM; *Gernhuber/Coester-Waltjen* § 19 IV 11; *Soergel/Lange* RdNr. 27.

162 Zu streng OLG Hamm OLGE 26, 216.

163 *Erman/Gamillscheg* RdNr. 21; aA *Reichel,* Höchstpersönliche Rechtsgeschäfte, 1931, S. 55.

164 *Beitzke,* FS Flume I, S. 329.

165 KG RJA 13, 120, 121.

166 Vgl. RGZ 60, 15.

167 *Staudinger/Hübner/Voppel* (2007) RdNr. 92; *Erman/Gamillscheg* RdNr. 22; *Gernhuber/Coester-Waltjen* § 19 IV 11 (RdNr. 78); aA *Wacke* (Voraufl. RdNr. 40).

3. Wirkung; wechselseitige Entziehung. Die Verpflichtungsmacht kann ganz ausgeschlossen oder für bestimmte Geschäfte beschränkt werden; der Ausschluss wirkt für die Zukunft und nicht für bereits getätigte Geschäfte. Recht und Pflicht zur Haushaltsführung bleiben unberührt (RdNr. 37). Zu Bargeschäften mit dem überlassenen Wirtschaftsgeld bleibt die Vertretungsmacht stets erhalten[168] (Rechtsgedanke des § 110). Der Partner des ausgeschlossenen Ehegatten kann ihn zu einzelnen Geschäften bevollmächtigen oder sie genehmigen (§§ 164 ff., 177). Für die Vollstreckung bleibt § 1362 unberührt (o. RdNr. 12). Oft wird der ausgeschlossene Ehegatte kontern und die Geschäftsbesorgungsmacht dem Partner ebenfalls entziehen. 46

4. Anrufung des Familiengerichts (früher Vormundschaftsgerichts). Gegen eine **grundlose Entziehung** kann der betroffene Ehegatte (auch ein minderjähriger, vgl. (§ 60 FamFG, § 59 FGG) das Familiengericht anrufen (örtl. Zuständigkeit: § 267 FamFG, § 45 FGG; Richtervorbehalt: § 14 Abs. 1 Nr. 1 RPflG). Kein Antragsrecht auf Aufhebung hat der Geschäftspartner des ausgeschlossenen Ehegatten.[169] Für eine auf das gleiche Ziel gerichtete, aber nicht vollstreckbare Herstellungsklage fehlt idR das Rechtsschutzbedürfnis.[170] Das Familiengericht ermittelt von Amts wegen (§ 26 FamFG, § 12 FGG), die Parteien müssen durch eingehende Tatsachendarstellungen mitwirken.[171] Zur Feststellungslast bei erfolglosen Ermittlungen unten RdNr. 55. Ob **ausreichende Gründe** vorliegen, ist ein (unbestimmter) Rechtsbegriff, keine Ermessensfrage.[172] Berechtigte Gründe sind Tatsachen, die die mangelnde Befähigung oder den mangelnden guten Willen zur pflichtgemäßen (§ 1353) Ausübung der Geschäftsführungsmacht anzeigen.[173] Auf ein Verschulden kommt es nicht an;[174] es genügt zB die Unfähigkeit, mit Geld umzugehen oder die Verschwendung des Familieneinkommens. Allgemeine eheliche Verfehlungen stellen einen Grund nur dann dar, wenn sie finanzielle Auswirkungen haben; daran fehlt es etwa bei einem Ehebruch.[175] Das Gericht kann die Entziehung oder Beschränkung ganz oder teilweise aufheben (letzteres unzweckmäßig). Die Entscheidung wird erst mit der Rechtskraft wirksam (§ 40 Abs. 3 S. 1 FamFG = § 53 Abs. 1 FGG); bei anfänglich gegebenem, später weggefallenem Grund ist die Entziehung daher aufzuheben.[176] Bestand kein Grund für den Ausschluss, treten die Wirkungen des § 1357 Abs. 1 für die Zukunft wieder ein,[177] zwischenzeitlich abgeschlossene Geschäfte verpflichten und berechtigen den Ehepartner aber nicht. Aufgrund des Aufhebungsbeschlusses kann der betroffene Ehegatte entsprechend § 1561 Abs. 2 Nr. 4 die Löschung im Güterrechtsregister beantragen. Erneute Entziehung nur aufgrund neuer Tatsachen: oben RdNr. 45 aE. 47

VII. Ruhen der Verpflichtungsermächtigung (Abs. 3)

1. Normzweck. Aus dem Begriff „häuslicher Wirkungskreis" wurde seit jeher gefolgert, dass die Schlüsselgewalt bei Getrenntleben ruht. Der vom 1. EheRG hinzugefügte Abs. 3 normiert diese Folge ausdrücklich. Das Ruhen der Geschäftsführungsmacht von Rechts wegen trägt dazu bei, unnötige und entwürdigende Auseinandersetzungen unter getrennt lebenden Ehegatten über deren Entziehung nach Abs. 2 zu vermeiden. 48

---

[168] Vgl. OLG Hamm OLGE 26, 216.

[169] *Büdenbender* FamRZ 1976, 662, 669.

[170] S. § 1353 RdNr. 45; *Dölle* I § 45 IV 3 c. Für die Herstellungsklage bei wiederholtem unbegründetem Ausschluß *Eißer* FamRZ 1959, 179; *Staudinger/Hübner/Voppel* (2007) RdNr. 117.

[171] BayObLG FamRZ 1959, 504, 505.

[172] *Staudinger/Hübner/Voppel* (2007) RdNr. 121.

[173] OLG Hamm FamRZ 1958, 465; *Staudinger/Hübner/Voppel* (2007) RdNr. 120. Zu weitgehend ließ OLG Karlsruhe HRR 1932 Nr. 954 bereits Geschäfte genügen, die vom Wirtschaftsgeld nicht bestritten werden können.

[174] OLG Hamm FamRZ 1958, 465; BayObLG FamRZ 1959, 504, 505; *Soergel/Lange* RdNr. 32.

[175] KGJ 53, A 20, 24.

[176] OLG Hamm FamRZ 1958, 465, 466; BayObLG FamRZ 1959, 504, 505.

[177] *Gernhuber/Coester-Waltjen* § 19 IV 11; *Müller* AcP 168 (1968), 136 f., jetzt auch *Staudinger/Hübner/Voppel* (2007) RdNr. 116.

49 **2. Getrenntleben.** Gesamthaftung und Gesamtberechtigung nach Abs. 1 treten nicht ein, wenn die Eheleute zur Zeit des Vertragsabschlusses dauernd getrennt leben.[178] Getrennt leben die Ehegatten nach § 1567, wenn zwischen ihnen keine häusliche Gemeinschaft besteht und ein Ehegatte sie erkennbar ablehnt.[179] Eine vorübergehende oder durch äußere Umstände (Strafhaft) erzwungene Trennung schadet nicht.[180] Bei einer Wiedervereinigung nach einer absichtlich vollzogenen Trennung lebt die Geschäftsführungsmacht *ex nunc* wieder auf.[181] Lebten sie zZ des Vertragsabschlusses noch zusammen, hindert eine spätere Trennung die Gesamthaftung nicht. Bei Sukzessivlieferungen über die Zeit der Trennung hinaus bleibt die Gesamthaftung bestehen, bis sie dem Gläubiger mitgeteilt wird.[182]

50 **3. Verkehrsschutz.** Gutgläubigkeit des Geschäftspartners hinsichtlich des Zusammenlebens wird nicht geschützt, auch nicht, wenn die Ehegatten innerhalb einer Wohnung getrennt leben, da das Interesse des Gläubigers (an einem zweiten Schuldner) nicht Schutzzweck der Norm ist.[183] Insoweit ist es auch unerheblich, ob eine laufende Geschäftsbeziehung besteht, es sei denn, die Grundsätze über eine Anscheinsvollmacht greifen ein. Verlegt ein Ehegatte aus beruflichen Gründen ohne Trennungsabsicht seinen Wohnsitz, um seine Familie später nachzuholen, so ist zwar für Dritte nicht erkennbar, wenn er sich später (durch Einstellen des Briefwechsels u. dgl.) dennoch von ihr abwendet, allerdings dienen Geschäfte zur Ermöglichung des Getrenntlebens den Umständen nach nicht dem Lebensbedarf der Familie (RdNr. 24 aE).

51 **4. Entziehung bei Trennung?** Da die Verpflichtungsmacht nur ruht und Abs. 3 den Abs. 2 nicht ausnimmt, kann sie trotz des Getrenntlebens entzogen werden.[184] Dadurch wird der Gefahr einer Reaktivierung der Schlüsselgewalt vorgebeugt.[185] Umgekehrt kann der von ihr ausgeschlossene Ehegatte gegen eine ihn kränkende grundlose Entziehung ebenfalls das Vormundschaftsgericht anrufen,[186] solange die Eheleute zwar getrennt leben, aber nicht geschieden sind.[187]

52 **5. Eintragung des Ruhens?** Das Ruhen der Verpflichtungsermächtigung kann nicht analog Abs. 2 im Güterrechtsregister eingetragen werden,[188] da das Getrenntleben eine reine Tatsache ist, die als solche nicht eintragungsfähig ist und der Geschäftsverkehr nicht schutzwürdig ist. Außerdem würde bei späterer Wiederbegründung eines gemeinsamen Haushalts die Eintragung automatisch unrichtig.

VIII. Prozessuales

53 **1. Passivprozesse.** In Passivprozessen sind Ehegatten **keine notwendigen Streitgenossen** (§ 62 Abs. 1 ZPO), weder aus materiell-rechtlichen noch aus prozessualen Gründen.[189] Der mitverklagte Partner des geschäftsführenden Gatten kann vorbringen, dass ihm gegenüber die Verbindlichkeit gestundet worden sei (§ 425 Abs. 2); dass das Geschäft den Rahmen des Abs. 1 überschritten habe; dass der geschäftsführende Ehegatte allein verpflichtet werden sollte (Abs. 1 S. 2 aE) oder ihm die Geschäftsbesorgungsmacht entzogen worden sei

---

178 Für Arztkosten zB BGH NJW 1991, 2958; OLG Hamm VersR 1997, 1360 = NJW-RR 1998, 263.

179 *Mikat* Rechtsprobleme S. 38 ff.; *Gernhuber/Coester-Waltjen* § 19 IV 10; aA *Schlüter* RdNr. 91, der mit dem Gläubigerschutz argumentiert; s. a. *Staudinger/Hübner/Voppel* (2007) RdNr. 99.

180 HM vgl. § 1362 RdNr. 13 aE; teilw. abweichend *Büdenbender* FamRZ 1976, 662, 669.

181 *Soergel/Lange* RdNr. 18 aE.

182 Energieversorgung: AG Beckum FamRZ 1988, 501 f.; Telefon: o. RdNr. 29.

183 *Gernhuber/Coester-Waltjen* § 19 IV 10, aA *Wacke* FamRZ 1980, 13, 16; *Käppler* AcP 179 (1979), 245, 285.

184 *Binder* S. 164; *Staudinger/Hübner/Voppel* (2007) RdNr. 117; *Soergel/Lange* RdNr. 18.

185 *Gernhuber/Coester-Waltjen* § 19 IV 11.

186 HM: *Gernhuber/Coester-Waltjen* § 19 IV 11.

187 Dann fehlt das Rechtsschutzbedürfnis: KG DJ 1937, 1784.

188 So aber *Wacke* in der Voraufl.; *Lüke* JuS 1970, 288, 289 Fn. 4; *ders.,* FS Bosch, S. 629, 637. wie hier die hM: OLG Hamburg OLGE 41, 46 f.: OLG Hamm MDR 1951, 740 f. *Mikat,* Rechtsprobleme, S. 68 f.; *Müller-Freienfels,* FS Lehmann I, S. 388, 418; *Gernhuber/Coester-Waltjen* § 19 IV 10.

189 *F. Baur,* FS Beitzke, S. 111 ff.; *Zöller/Vollkommer* § 62 ZPO RdNr. 17.

(Abs. 2). Erscheint oder verhandelt nur ein Ehegatte (vgl. §§ 330, 333 ZPO), so ergeht trotz einfacher Streitgenossenschaft gegen den anderen **kein Versäumnisurteil,** weil im Zweifel die Prozessführung des einen Ehegatten für den anderen durch § 1357 gedeckt ist.[190] Wurde nur ein Ehegatte verklagt, erfolgt **keine Rechtskrafterstreckung** des Urteils gegen den Partner.[191]

2. Aktivprozesse. § 1357 ermächtigt einen Ehegatten, im eigenen sowie im Namen seines Partners Klage zu erheben, wenn es sich bei dem streitigen Rechtsverhältnis um ein Geschäft iSv. § 1357 handelt.[192] Beide Ehegatten sind im gemeinschaftlichen Aktivprozess notwendige Streitgenossen gemäß § 62 Abs. 1 ZPO.[193] Bei Einzelprozessführung eines Gatten erstreckt das Urteil seine Rechtskraft auch auf den Partner.[194] **54**

3. Beweislast. Die Angemessenheit der Bedarfsdeckung muss beweisen, wer sich darauf beruft.[195] Gegen die Solidarwirkung sprechende Umstände (Abs. 1 S. 2) hat der jeweilige Gegner zu beweisen.[196] Auch die Unanwendbarkeit von Abs. 1 wegen Trennung der Ehegatten (Abs. 3) muss die sich darauf berufende Partei beweisen.[197] In einem vormundschaftsgerichtlichen Verfahren über die Aufhebung einer Entziehung nach Abs. 2 S. 1 Halbs. 2 (RdNr. 44) sind die entscheidungserheblichen Tatsachen gemäß § 12 FGG zwar von Amts wegen zu ermitteln. Nach dem FamFG wird das Familiengericht für Verfahren nach Abs. 2 zuständig (§ 266 Abs. 2). Die Feststellungslast bei ergebnislosen Ermittlungen trägt, wer die Schlüsselgewalt beschränkt oder entzogen hat; im *non liquet*-Fall ist die Beschränkung bzw. Entziehung (entgegen dem Wortlaut) aufzuheben.[198] **55**

§ 1358 [Kündigung persönlicher Dienstleistungspflichten der Frau durch den Mann]

(aufgehoben durch Art. I Ziff. 7 GleichberG vom 18. 6. 1957)

§ 1359 Umfang der Sorgfaltspflicht

Die Ehegatten haben bei der Erfüllung der sich aus dem ehelichen Verhältnis ergebenden Verpflichtungen einander nur für diejenige Sorgfalt einzustehen, welche sie in eigenen Angelegenheiten anzuwenden pflegen.

Schrifttum: *Bern,* Ersatzansprüche bei Schädigung Angehöriger, NZV 1991, 449; *Böhmer,* § 1359 ist bei Kraftfahrzeugunfällen nicht anzuwenden, MDR 1965, 712; *Christensen,* Gestörter Gesamtschuldnerausgleich bei familienrechtlichen Haftungsbeschränkungen, MDR 1989, 948; *Deutsch,* Abschied von der culpa in concreto? JuS 1967, 496; *ders.,* Allgemeines Haftungsrecht, 1996; *Dieckmann,* Zur Haftung unter Ehegatten, FS Reinhardt, 1972, S. 51; *Diederichsen,* Haftungsfreistellungen zwischen Familienmitgliedern, 25 Jahre Karlsruher Forum (Beiheft VersR) 1983, 141; *Hager,* Das Mitverschulden von Hilfspersonen und gesetzlichen Vertretern des Geschädigten, NJW 1989, 1640; *Hasse,* Die culpa des Römischen Rechts, 2. Aufl. 1838, Neudr. 1963, S. 136–280; *Hausmaninger,* Diligentia quam in suis, FS Kaser, 1976, S. 265; *ders.,* Rechtsvergleichende Notizen zur diligentia quam in suis, FS Baltl, Innsbruck 1978, S. 283; *N. Heller,* Die „Diligentia Quam in Suis" und Ihre Stellung unter den Deutschen Haftungsprivilegien, Diss. Würzburg 1996; *Hoffmann,* Die Fragwürdigkeit der Haftung für diligentia quam in suis, NJW 1967, 1207;

---

190 *F. Baur,* FS Beitzke, S. 111, 113.

191 *F. Baur,* FS Beitzke, S. 111, 113.

192 Vgl. *F. Baur,* FS Beitzke, S. 111, 118.

193 *Zöller/Vollkommer* § 62 ZPO RdNr. 16 aE.

194 *Zöller/Vollkommer* § 325 ZPO RdNr. 30; zweifelhaft ist dies, wenn die Klage des nicht kontrahierenden Ehegatten scheiterte, weil die Voraussetzungen des § 1357 nicht vorlagen, weil dann gleichwohl eine Verpflichtung des handelnden Ehegatten bestehen kann.

195 *Baumgärtel/Laumen* RdNr. 1 u. 2 mwN in Fn. 2 u. 6; hM, aA RGRK/*Roth-Stielow:* Beklagter Ehegatte muss beweisen, dass angemessene Bedarfsdeckung nicht vorlag.

196 *Baumgärtel/Laumen* RdNr. 1 u. 2.

197 *Baumgärtel/Laumen* RdNr. 6.

198 *Baumgärtel/Laumen* RdNr. 5.

ders., Die Abstufung der Fahrlässigkeit in der Rechtsgeschichte, 1968, S. 207; *Jayme,* Die Familie im Recht der unerlaubten Handlungen, 1971, S. 167–222; *Knolle,* Das Haftungsprivileg der eigenüblichen Sorgfalt im Familienrecht, Diss. Freiburg 1999; *Kötz,* Zum Haftungsprivileg des Ehegatten im Straßenverkehr, eine rechtsvergleichende Skizze, NJW 1967, 1213; *Mauel,* Die Sorgfalt in eigenen Angelegenheiten: Ursprung, Zweck und Grenzen des Haftungsprivilegs, Diss. Köln 1985; *Muscheler,* Die Störung der Gesamtschuld: Lösung zu Lasten des Zweitschädigers?, JR 1994, 441; *Rother,* Haftungsbeschränkungen im Schadensrecht, 1965; *Salje,* Haftung für Unfälle im Straßenverkehr und Ehegattenprivileg, VersR 1982, 922; *Schlechtriem,* Vertragsordnung und außervertragliche Haftung, 1972, S. 413; *Steininger,* Die deliktische Haftung zwischen Ehegatten, Diss. Hamburg 1970; *Sundermann,* Schadensausgleich bei Mitschädigung Minderjähriger durch Vernachlässigung der Aufsichtspflicht und elterliches Haftungsprivileg, JZ 1989, 927; *Tatzel,* Die diligentia quam in suis im ehelichen Verhältnis, Diss. Tübingen 1970; *Wacke,* Diligentia quam in suis rebus adhibere solet, JA 1981, 400; *Wilts,* Zum Anwendungsbereich der §§ 1664, 1359 BGB, VersR 1967, 105.

Übersicht

I. Entstehungsgeschichte

1 Die *diligentia quam in suis (rebus adhibere solet)* galt im klassischen römischen Recht teilweise als Haftungs*ausdehnungs*prinzip in Rechtsverhältnissen mit ursprünglich auf den Vorsatz beschränkter Verantwortlichkeit (Verwahrungsvertrag, vgl. § 690),[1] überwiegend jedoch als Haftungs*milderungs*prinzip im Gegensatz zur *exactissima diligentia.*[2] Das Gemeine Recht hatte sie übernommen, und die landesrechtlichen Kodifikationen[3] kannten – ungeachtet der gegen sie im 19. Jahrhundert vielfach vorgebrachten Bedenken[4] – unterschiedliche Ansätze, das ALR differenzierte nach Sachgebieten, das lübische Gesetz von 1862 beschränkte die Haftung unter Ehegatten generell auf grobe Fahrlässigkeit.[5] Ihre geltende Fassung erhielt die Vorschrift durch die 2. Kommission, während noch Planck und der erste Entwurf die Haftungserleichterung auf das Güterrecht hatten beschränken wollen. Bei rechtsgeschäftlichen Beziehungen unter Eheleuten sollte nach dem Willen der Gesetzesverfasser jedoch der für das jeweilige Rechtsverhältnis vorgesehene normale Haftungsmaßstab gelten.[6] Die Vorschrift ist trotz der wiederholt an ihr geäußerten Kritik seit 1900 unverändert geblieben.[7]

[1] Denn es ist treuwidrig, die anvertrauten fremden Sachen nachlässiger als die eigenen zu behandeln (*Celsus* Dig. 16, 3, 32).

[2] *Rother,* Haftungsbeschränkung im Schadensrecht, 1965, S. 185; *Kaser,* Röm. Privatrecht II, 1975, S. 354 f.; *Hausmaninger,* FS Kaser, 1976, S. 265 bis 284.

[3] PrALR II 1 §§ 554 f., 561, 595 iVm. I 21 § 132; Sächs. BGB § 1655. Eingehend *Hasse,* Die Culpa des röm. Rechts², 1838; Neudr. 1963, S. 136 bis 280.

[4] *Hoffmann,* Abstufung der Fahrlässigkeit, 1968, S. 207 ff.

[5] *Mugdan* IV 67 f.

[6] *Mugdan* IV 742; dazu krit. RdNr. 11, 15; *Planck* wollte sie für das Auftragsverhältnis anwenden, bei GoA nicht (aA *Oldenburg,* 1873).

[7] Ablehnend bes. *Dölle* I § 44 I 1 c; *Rother* (Fn. 2); *Hoffmann* NJW 1967, 1207 ff.; *Eike Schmidt,* in Grundlagen des Vertrags- und Schuldrechts, 1974, S. 502.

II. Normzweck

1. Funktion. Die Vorschrift regelt nur den **Haftungsmaßstab,** ist also eine Modifikation der §§ 276 f., und **keine Anspruchsgrundlage** (nur für die Parallelvorschrift des § 1664 str.). Sie beruht auf der Vorstellung, dass Ehegatten sich gegenseitig mit ihren persönlichen Qualitäten, ihren Vorzügen und Schwächen so hinnehmen, wie sie sind. Denn, so der Gesetzgeber, den Ehegatten pflege man sich **sorgfältig** auszusuchen. Ihre rechtliche Grundlage hat dieser Gedanke in § 1363 Abs. 1 S. 2 gefunden. Wer einen minder befähigten oder weniger zuverlässigen Partner heiratet, hat dies sich selbst zuzuschreiben und die Folgen zu tragen, jedenfalls soweit es um eheinterne Angelegenheiten geht. Angelegenheiten seines Partners braucht daher kein Ehegatte sorgfältiger zu behandeln als seine eigenen;[8] von ihm wird nur erwartet, dass er in ihnen nicht sorgloser verfährt. Hinzu kommt wie bei den **Parallelvorschriften** in §§ 690, 708, 1664 und 2131, die sämtlich eine uneigennützige Obhutspflicht oder eine mehr oder weniger enge personenrechtliche Beziehung voraussetzen, dass die Haftung für jede Fahrlässigkeit den Rechtsfrieden mit Rücksicht auf die Intensität und Dauer der Beziehung zwischen Schädiger und Geschädigtem unerträglich belasten würde.[9] Wer hiernach nur für sog. **eigenübliche Sorgfalt** einzustehen hat, ist nach § 277 von einer Haftung für grobe Fahrlässigkeit und Vorsatz nicht befreit. Nur bei leichter Fahrlässigkeit wirkt sich die Haftungserleichterung aus: Der Beklagte kann sich durch den Nachweis exkulpieren, dass er auch in vergleichbaren[10] eigenen Angelegenheiten nicht sorgfältiger zu handeln „pflegt". 2

2. Sinn und Interpretationsrichtlinie. Die Norm wurde vor allem in der Vergangenheit als verfehlt kritisiert, weil sie zu einer Privilegierung des besonders nachlässigen Ehegatten führe. Der Schuldner werde verleitet, „nachlässiger zu handeln, als es seiner Natur entspricht",[11] und vor Gericht ein möglichst schlechtes Bild von sich zu malen.[12] Die hier angesprochene Missbrauchsgefahr der Vorschrift ist für Extremfälle dadurch gebannt, dass eine Haftung für grobe Fahrlässigkeit immer besteht und fadenscheinige Behauptungen eigener Nachlässigkeit vom Gericht nicht nachvollzogen werden müssen. Auf der anderen Seite unterstellt die Praxis mitunter eine Nachlässigkeit in eigenen Angelegenheiten, was im Ergebnis zu einem generellen Ausschluss der leichten Fahrlässigkeit führt, ohne dass dies vom Gesetzgeber beabsichtigt ist. 3

Um die vermeintliche Ungerechtigkeit zu vermeiden, wurde vorgeschlagen, in § 1359 ein normatives Element einzufügen[13] und die eigen-übliche Sorgfalt durch eine eigen-mögliche, persönlich zumutbare Sorgfalt zu ersetzen. Denn eine vernachlässigte Eigenliebe mindere nicht die Pflicht zur Partnerliebe.[14] Diese Überlegung ist weder mit dem Wortlaut noch dem Sinn der Vorschrift vereinbar, wonach sich Ehegatten so anzunehmen haben, wie sie sind – mit all ihren Vorzügen und Fehlern. Ferner findet die Vorschrift ihre Berechtigung darin, dass das Zusammenleben in einer ehelichen Lebensgemeinschaft das Risiko einer Rechtsgutsverletzung erhöht, so dass der allgemeine Fahrlässigkeitsmaßstab als zu hart empfunden wird.[15] Die Ehe soll als privater Rückzugsbereich von den allgemeinen Anforderungen, die sonst im Alltag an den Einzelnen gestellt werden, verschont bleiben. Die Gefahr 4

---

[8] Die gegenteilige Ansicht, das eheliche Verhältnis verlange *gesteigerte* Sorgfaltsanforderungen für die Partnerangelegenheiten (*Dölle* I § 44 I 2; *Rother* S. 193 f.) imponiert zwar als moralisch besonders hochstehender Grundsatz („Du sollst deinen Partner mehr lieben als dich selbst"), ist jedoch unrealistisch bei der Vielzahl möglicher und verzeihlicher Alltagsversehen, derentwegen der Partner mutmaßlich keine Ersatzansprüche erheben wird.

[9] *Deutsch* RdNr. 429; *Diederichsen,* 25 Jahre Karlsruher Forum 1983, 142.

[10] Nicht in seinem Gesamtverhalten: *Hoffmann,* Abstufung der Fahrlässigkeit, 1968, S. 210 Fn. 1371.

[11] So *Hoffmann* NJW 1967, 1209. „Wahre Lockspeise der Faulheit": *Hoffmann,* Abstufung der Fahrlässigkeit, S. 209.

[12] So *Rother* S. 188; *Hoffmann* (Fn. 11); *Larenz,* Schuldrecht I, § 20 V aE.

[13] *Wacke,* Vorauflage RdNr. 4; ähnlich OLG Hamm VersR 2002, 732.

[14] *Wacke,* Vorauflage RdNr. 4.

[15] So auch *Staudinger/Hübner/Voppel* (2007) § 1359 RdNr. 6.

einer Schädigung des anderen ist hier einerseits leichter möglich, wird andererseits auch eher in Kauf genommen. Daher muss es bei der eigenüblichen Sorgfalt als Haftungsmaßstab bleiben. Eine generelle Haftungserleichterung für leichte Fahrlässigkeit enthält die Vorschrift nicht. Wo allerdings vergleichbare eigene Angelegenheiten fehlen, wird man die dem jeweiligen Schuldner **zumutbare** Sorgfalt verlangen können.[16]

5 **3. Sorgfalt des Geschädigten als Haftungsgrenze.** Die Überlegung, den Haftungsmaßstab für beide Ehegatten weitgehend dadurch anzunähern, dass die eigenübliche Sorgfalt des Geschädigten als Haftungsgrenze normiert wird und dessen (hypothetisches) Alternativverhalten berücksichtigt wird,[17] beruht auf dem Gedanken, den sorgfältigeren Partner nicht zu benachteiligen. Dieser Ansatz steht jedoch mit dem zuvor skizzierten Sinn der Norm nicht in Einklang. Die Forderung, ein Ehegatte müsse gegenüber seinem Partner ein höheres Maß an Sorgfalt aufbringen als gegenüber sich selbst, ist sittlich diskutabel, aber nicht der Maßstab des § 1359.

6 **4. Bloße Haftungsmilderung.** Höhere Anforderungen als im Verkehr erforderlich werden an einen Ehegatten andererseits unstreitig auch dann nicht gestellt, wenn er in eigenen Angelegenheiten eine gesteigerte Sorgfalt zu beobachten pflegt.[18] Die Vorschrift enthält eine Haftungserleichterung (arg. „nur" in §§ 277, 1359), keine Verschärfung.

7 **5. Sonstige Schadenshaftung unter Ehegatten.** Soweit das Haftungsprivileg nicht eingreift, verstößt eine Klage auf Schadensersatz gegen den Ehepartner nicht durchweg gegen die Verpflichtungen zur Rücksichtnahme aus der ehelichen Lebensgemeinschaft[19] (vgl. § 1353 RdNr. 38). Anderes kann gelten, wenn sich der schädigende Ehegatte im Rahmen seiner Möglichkeiten um einen anderweitigen, ehegerechten Schadensausgleich bemüht, insbes. den Schaden partnerschaftlich mitträgt.[20] Auch gegen Schmerzensgeldbegehren ist (trotz deren Genugtuungsfunktion) grundsätzlich nichts einzuwenden.[21] Während bestehender Ehe wird dem Verletzten jedoch deren Einklagung nicht zwecks Verjährungsunterbrechung zugemutet, § 204.[22] Die Haftungserleichterung erstreckt sich auch auf parallel-deliktische Ansprüche und damit auch auf Gefährdungstatbestände.[23]

III. Anwendungsbereich

8 **1. Persönlicher Geltungsbereich.** Die Vorschrift gilt für **Ehegatten,** für die eingetragene Lebenspartnerschaft enthält § 4 LPartG eine entsprechende Regelung. Auf eheähnlich Zusammenlebende, evtl. auch auf Verlobte, ist ihr Grundgedanke entsprechend anwendbar (§ 708!).[24] Strittig ist, ob auch bei Getrenntleben der Ehegatten die Vorschrift eingreift, etwa wenn ein Ehegatte die ihm zum Gebrauch überlassenen Haushaltsgegenstände (§ 1361 a Abs. 1 S. 2) beschädigt.[25] Besteht zwischen den Ehegatten keine häusliche Ge-

---

[16] Ebenso *Deutsch,* Fahrlässigkeit und die erforderliche Sorgfalt, 2. Aufl. 1996, S. 374. – Im Ergebnis ähnlich der von *Deutsch* RdNr. 435 angelegte „gleitende" Fahrlässigkeitsmaßstab.

[17] *Wacke,* Vorauflage RdNr. 5.

[18] *Staudinger/Hübner/Voppel* (2007) RdNr. 4; *Soergel/Lange* RdNr. 10.

[19] BGH FamRZ 1988, 476, 477; *Bern* NZV 1991, 447 ff. Übereinstimmend das französische Recht. Anders jedoch die erst 1962 beseitigte „doctrine of interspousal immunity" des englischen Rechts: *Kötz* NJW 1967, 1214 f.; *Jayme* S. 171 ff., 194 ff. Ihr sehr ähnlich schon das justinianische Recht: *Wacke,* Actio rerum amotarum, 1963, S. 78 ff.

[20] BGH FamRZ 1988, 476.

[21] BGHZ 61, 101, 105 ff. = NJW 1973, 1654; *Steininger* S. 79 f. Eine Ausnahme erwägt BGHZ s. o., falls der ersatzpflichtige Ehegatte durch die Inanspruchnahme wesentliche, den angerichteten Schaden übersteigende Nachteile erleiden würde. Bei leichtem Verschulden ist das Schmerzensgeld geringer zu bemessen als unter Unverheirateten (OLG Schleswig VersR 1992, 462, 463).

[22] Für eine Ausdehnung der Verjährungshemmung auf alle miteinander in häuslicher Gemeinschaft lebenden Personen *Spiro,* FS Bosch, 1976, S. 975 ff.

[23] KG Berlin MDR 2002, 35 für § 833; s. a. RdNr. 20.

[24] OLG Celle FamRZ 1992, 941, 942; i. Erg. OLG Karlsruhe FamRZ 1992, 940, 941; *Diederichsen* FamRZ 1988, 891; *Holzhauer* in *Hohloch/Hausmann,* S. 439.

[25] Dafür: OLG Stuttgart FamRZ 1983, 68 f.; *Gernhuber/Coester-Waltjen* § 22 I 1 (Fn. 8); aA *Rauscher* RdNr. 302 f.

meinschaft mehr, ist ein wesentlicher Zweck der Vorschrift, die besondere Gefahr der Schädigung durch den anderen, weggefallen, so dass mehr dafür spricht, die Haftungserleichterung bei getrennt lebenden Ehegatten nicht anzuwenden. **Zeitlich** gilt das Haftungsprivileg für alle während der Ehe entstandenen Ansprüche, auch wenn sie erst nach der Scheidung geltend gemacht werden (vgl. § 207 S. 1). Für erst mit oder nach der Scheidung entstehende Ansprüche (zB auf Zugewinnausgleich einschließlich der Auskunftspflicht nach § 1379)[26] gilt dagegen § 276. Für Schadensersatzansprüche wegen herauszugebender Vermögensgegenstände unter geschiedenen Gatten entscheidet hinsichtlich der zu vertretenden Sorgfalt demnach der Zeitpunkt der Schadensverursachung.[27]

Bei **aufhebbarer Ehe** gilt § 1359 gleichfalls für alle bis zur Rechtskraft des Aufhebungs- 9
urteils entstandenen Ansprüche (§ 1313). Doch müssen von diesem Grundsatz Ausnahmen gemacht werden: Ein bei der Heirat Geschäftsunfähiger, ein über persönliche Eigenschaften des Partners arglistig Getäuschter sowie ein Bedrohter braucht sich das Haftungsprivileg aus der aufgehobenen Ehe nicht entgegenhalten lassen. Denn die Eheschließungserklärung, auf der das Haftungsprivileg aufbaut (weil man sich den Partner ausgesucht hat), ist gerade nicht zurechenbar abgegeben worden.

2. Sachlicher Geltungsbereich. Die Haftungserleichterung gilt für die Erfüllung (ein- 10
schließlich Nichterfüllung und Schlechterfüllung) aller „sich aus dem ehelichen Verhältnis ergebenden Verpflichtungen", also – über die §§ 1353 bis 1362 hinaus – grundsätzlich für den **Gesamtbereich des ehelichen Pflichtenkreises** (s. die Entstehungsgeschichte RdNr. 1).[28] So im Rahmen der allgemeinen Beistandspflicht (§ 1353), der daraus auch heute noch in engen Grenzen resultierenden Mitarbeitspflicht (§ 1356 RdNr. 20 ff.), bei der Haushaltsführung (§ 1356), für die Geschäfte zur Deckung des familiären Lebensbedarfs (§ 1357) und für die Unterhaltspflichten (§§ 1360 ff.). Den Haftungsvorzug genießt ein Ehegatte auch bei Einschaltung eines Dritten.[29]

Im **Ehegüterrecht,** der ursprünglichen Domäne des konkreten Sorgfaltsmaßstabs im 11
gemeinrechtlichen Dotalprinzip und im ehemaligen gesetzlichen Güterstand der Nutzverwaltung, verlor § 1359 seit der Einführung der gesetzlichen Gütertrennung mit Zugewinnausgleich ebenso an Bedeutung (s. § 1364) wie bei vertraglicher Gütertrennung. Übernimmt ein Ehegatte nun freiwillig die Vermögensverwaltung für den Partner (vgl. § 1413), muss die Haftungserleichterung des § 1359 jedoch ebenfalls gelten.[30] Bei Gütergemeinschaft gilt § 1359 überdies für die Verantwortlichkeit des verwaltenden Ehegatten nach § 1435 und bei gemeinschaftlicher Verwaltung für die Mitwirkungspflicht nach § 1451.[31]

3. Rechte und Pflichten aus Rechtsgeschäften. Treten die Ehegatten in rechts- 12
geschäftliche Beziehungen, so gilt grundsätzlich der jeweilige gesetzliche Haftungsmaßstab, etwa bei einem Auftrag oder einer Leihe. Allerdings bedeutet allein die Tatsache, dass der eine Ehegatte dem anderen seine Sache „leiht", noch nicht den Abschluss eines Vertrages; häufig wird es sich um eine Gefälligkeit handeln, da bei intakter Ehe die eheliche Verbundenheit gegen den Vertragscharakter spricht.[32] Dann aber bleibt es beim Haftungsmaßstab aus § 1359.[33] Etwas anderes gilt bei Benutzung einer Sache des Ehepartners gegen

---

[26] *Diederichsen* (Fn. 9) S. 142; vgl. RdNr. 19.

[27] Die Beweislast für die Anwendung des milderen Haftungsmaßstabs trifft den Herausgabepflichtigen; arg. §§ 280 Abs. 1 S. 2, 286 Abs. 4.

[28] *Diederichsen* (Fn. 9) S. 144 f. m. zahlr. weit. Nachw., insbes. BGHZ 46, 313, 316; *Bern* NZV 1991, 449, 451 f.

[29] RGZ 138, 1, 5 f. (= JW 1932, 3711, 3712); 148, 303, 308: Haftung nach §§ 1359, 277 (und nicht nach § 278) für die „Eignung" (dh. wohl: Auswahl nach § 664) eines Kraftwagenfahrers zum Transport der Ehefrau. Bei Anwendung des § 278 wäre Vergleichsmaßstab jedenfalls die eigenmögliche Sorgfalt des verpflichteten Ehegatten, nicht die des Erfüllungsgehilfen.

[30] Ebenso *Staudinger/Hübner/Voppel* (2007) RdNr. 25; sowie bereits *Mugdan* IV 68; aA *Gernhuber/Coester-Waltjen* § 32 IV 2. Vgl. auch den Rechtsgedanken des § 690 sowie sogleich RdNr. 12.

[31] *Staudinger/Hübner/Voppel* (2007) RdNr. 20; *Soergel/Lange* § 1435 RdNr. 10.

[32] *Wacke,* Voraufl. RdNr. 12.

[33] Ähnlich von Ergebnis BGHZ 35, 317; *Lüderitz/Dethloff* § 4 RdNr. 76.

dessen Willen, hier ist der allgemeine Haftungsmaßstab anzuwenden.[34] Für vorsätzlich entwendete Sachen gilt sogar die Zufallshaftung des deliktischen Besitzers (§§ 848, 990 Abs. 2, 287, vgl. 678).[35]

IV. Änderungen kraft Parteiwillens

13 **1. Disponibilität.** Unstreitig können die Ehegatten für Einzelfälle oder Teilbereiche des ehelichen Lebens den Haftungsmaßstab des § 1359 durch ausdrückliche Vereinbarung **verschärfen** oder (über § 277 hinaus bis zur Vorsatzgrenze des § 276 Abs. 2) **mildern.**[36] Da die Konkretisierung der ehelichen Lebensgemeinschaft Sache der beiden Ehegatten ist, muss auch eine Vereinbarung über eine generelle Änderung des Haftungsmaßstabes zulässig sein;[37] soweit nicht eine gegenseitige Freistellung von jeglicher Haftung wegen besonderer Umstände einen Verstoß gegen das – zwingende – in § 1353 S. 2 normierte Rücksichtnahmegebot darstellt.[38]

14 **2. Übernahme besonderer Pflichten.** Für **rechtsgeschäftliche Beziehungen** unter Eheleuten gilt, wie gesagt (RdNr. 12) grundsätzlich der für das jeweilige Rechtsverhältnis vorgesehene, sonst der allgemeine Haftungsmaßstab (§ 276).[39] Aber wer auf Bitten seines Ehepartners einen „Auftrag" übernimmt, tut dies meist aus ehelicher Verbundenheit und will im Zweifel nicht strenger haften als nach § 1359.[40] Aus der nach § 1353 gebotenen Pflicht zur Auftragsübernahme folgt allein noch nicht die strenge Auftragshaftung (vgl. RdNr. 11 m. Fn. 30), da sich Eheleute insoweit nicht wie ausschließlich rechtsgeschäftlich Gebundene gegenüberstehen. Es muss ihnen überlassen bleiben, die Haftung evtl. ausdrücklich abweichend von § 1359 zu verschärfen (RdNr. 14). Im Zweifelsfall ist daher § 1359 anzuwenden.

15 **3. Haftungsverzicht.** Für einen Haftungsverzicht bleibt neben § 1359 Raum, da er dem Haftpflichtigen auch für grobe Fahrlässigkeit[41] sowie insbesondere dann gewährt werden kann, wenn er nicht in eigenen Angelegenheiten leicht fahrlässig verfährt. Die Fiktion eines **stillschweigenden** Haftungsverzichts beim Handeln auf eigene Gefahr gaben Rspr. und hL jedoch auf zugunsten der elastischeren Lösung über § 254 (Anspruchskürzung je nach Verschuldensabwägung statt Anspruchsausschluss).[42] Ist der Schädiger haftpflichtversichert, sind Haftungsausschlüsse nicht zu vermuten.[43] Den Grundsätzen über **gefahrengeneigte Tätigkeiten** entsprechend bleibt auch im Rahmen des § 254 bei leichtester Fahrlässigkeit ein Anspruchsausschluss möglich, sofern der Haftpflichtige nicht versichert ist.

V. Verkehrsunfallrecht

16 **1. Allgemeiner Haftungsmaßstab.** Der BGH beschränkt das Haftungsprivileg auf den häuslichen Bereich; bei Sachbeschädigungen und Körperverletzungen des Ehepartners im Straßenverkehr wendet er § 276 an, da die Schutzfunktion des Haftungsrechts dies erfordere.

---

[34] So BGHZ 53, 352 = NJW 1970, 1271; aA *Wacke* (Voraufl. RdNr. 12): Der Benutzer dürfe nicht sorgloser handeln als der andere Ehegatte.

[35] Diebstahl unter Ehegatten ist auf Antrag strafbar: § 247 StGB.

[36] Die Vorschrift ist daher allgemein weder abdingbar (so *Dölle* § 44 I 2; *Palandt/Brudermüller* RdNr. 3 und *Diederichsen* (Fn. 9) S. 141 f.), noch zwingend (*Soergel/Lange* RdNr. 1).

[37] *Gernhuber/Coester-Waltjen* § 22 I 5.

[38] *Rauscher* RdNr. 299; *Bamberger/Roth/Lohmann* RdNr. 3.

[39] Vgl. zur Entstehungsgeschichte RdNr. 1; *Diederichsen* (Fn. 9) S. 145; *Staudinger/Hübner/Voppel* (2007) RdNr. 15.

[40] Entgegen *Mugdan* IV 68; zur „Leihe" RdNr. 12.

[41] Vgl. OLG Karlsruhe VersR 1963, 685. Stark einschränkend jedoch *Deutsch* (Fn. 16) S. 330 ff., 333 f.

[42] BGHZ 34, 355 = NJW 1961, 655; 41, 81 = NJW 1964, 860; *Stoll*, Das Handeln auf eigene Gefahr, 1961, S. 361 ff.; *Schlechtriem* S. 413 ff.; *Deutsch* (Fn. 16) S. 327 ff.

[43] *Böhmer* MDR 1959, 816; *Jayme* S. 215. Ein Verzicht soll nur den Schädiger vor dem Griff in die eigene Tasche, nicht aber dessen Versicherer verschonen. Den Grundsätzen der Vorteilsausgleichung entsprechend bleibt der dem Schädiger aus rein persönlichen Gründen gewährte Verzicht dessen Haftpflichtversicherer gegenüber unberücksichtigt.

Denn die Straßenverkehrsregeln ließen keinen Spielraum für individuelle Sorglosigkeit, und niemand dürfe sich darauf berufen, er pflege sie gewöhnlich zu verletzen.[44]

Mit dieser generalpräventiven verkehrserzieherischen Begründung ist erstens beabsichtigt, dem geschädigten Ehegatten zu Ersatzansprüchen gegen den **Versicherer** des Schädigers zu verhelfen.[45] Zweitens sollte einem zunächst auf die volle Ersatzleistung in Anspruch genommenen **Zweitschädiger** nach älterer Rspr. auch der **Rückgriff** gegen den Versicherer des mitschuldigen Ehegatten offen stehen,[46] während der BGH nunmehr[47] den Zweitschädiger den vollen Schaden allein tragen lässt (für ein gemäß § 1664 nicht zurechenbares leichtes Mitverschulden eines Sorgeberechtigten – auch für § 1359 beachtlich).[48] 17

2. Stellungnahme. Die geschilderte Rechtsprechung überzeugt nicht in allen Punkten, da § 1359 grundsätzlich auch für deliktische Ansprüche wegen Verletzung ehelicher Pflichten gilt und ein außerhäuslicher Bereich sich nicht vom häuslichen konkret abtrennen lässt.[49] Da jedoch der BGB-Gesetzgeber weder die Entwicklung des modernen Straßenverkehrs noch das Versicherungswesen mit einer gesetzlichen Haftpflicht voraussehen konnte, kann eventuell eine nachträglich eingetretene Gesetzeslücke bejaht werden, die die geschilderte Normkorrektur rechtfertigt.[50] Die Rechtsprechung wird jedenfalls mittlerweile als Gewohnheitsrecht allgemein akzeptiert,[51] sollte aber leicht modifiziert werden (RdNr. 19 f.). In den Fällen der gestörten Gesamtschuld sollte die Haftungserleichterung im Ergebnis zu Lasten des verletzten Ehegatten gehen.[52] 18

Eine totale **Beseitigung** des Privilegs ist auch für den Straßenverkehr **nicht gerechtfertigt.** Mit der verkehrsstrafrechtlich sanktionierten Pflicht zur Anwendung der objektiv gebotenen Sorgfalt sind zivilrechtliche Haftungsbeschränkungen gegenüber bestimmten Personen durchaus vereinbar (sonst wäre jeder vertragliche Haftungsausschluss nichtig).[53] Der Widerspruch in einem beachtlichen Teil des Schrifttums gegen die BGH-Rspr. (Fn. 47) beruht auf dem auch bei den Instanzgerichten spürbaren Empfinden, dass der objektive **Sorgfaltsmaßstab des § 276** besonders bei gemeinschaftlichen Fahrten **unangemessen streng** ist:[54] Ein sehr leichtes Versehen hätte dem Geschädigten ebenso gut unterlaufen können; und das haftungsrechtliche Ergebnis darf auch hier nicht davon abhängen, welcher 19

---

[44] BGHZ 53, 352, 355 = NJW 1970, 1271; 61, 101, 105 = NJW 1973, 1654; 63, 51, 57 = NJW 1974, 2124. Zust. *Jayme* FamRZ 1970, 388; *ders.* S. 218; *Rother* S. 193 f.; insbes. *Böhmer* in zahlreichen Veröff., zuletzt JR 1967, 56; 1969, 54. Als richterliche Rechtsfortbildung hingenommen von *Gernhuber/Coester-Waltjen* § 22 I 3, *Staudinger/Hübner/Voppel* (2007) RdNr. 23, 18. Ebenso BGH NJW 1992, 1227, 1228 aE, falls anstelle des schädigenden Ehegatten gemäß Art. 34 GG der Staat haftet. – Anders OLG Hamburg VersR 1958, 809 f.; Bremen VersR 1964, 644; *Stoll* FamRZ 1962, 64, 65; krit. auch *Medicus* RdNr. 930; *Brandenburg* JuS 1974, 20.

[45] BGHZ 63, 51, 59 = NJW 1974, 2124.

[46] BGHZ 35, 317, 323 f. = NJW 1961, 1966; OLG Frankfurt NJW 1971, 1993. Kein Rückgriff gegen den nichtversicherten Ehegatten persönlich (vgl. zur Luftfahrt BGH LM § 708 Nr. 1 a = JZ 1972, 88; *Brandenburg* JuS 1974, 16 ff.). Der Anspruch des geschädigten Ehegatten gegen den Zweitschädiger muss von vornherein gekürzt werden um den nach § 254 auf den mitschuldigen Ehepartner entfallenden Tatbeitrag; zur Aufspaltung der Gesamtschuld in Fällen dieser Art *Wacke* AcP 170 (1970), 42 ff., 67 ff.; *Gernhuber/Coester-Waltjen* § 22 I 4; anders bei § 1664, für ungekürzte Haftung des Zweitschädigers, BGHZ 103, 338, 348 f. Keine Kürzung bei Haftpflichtversicherung des mitschuldigen Ehegatten; entgegen *Prölß* JuS 1966, 400.

[47] BGHZ 103, 338, 344 ff = NJW 1988, 2667 = JR 1989 m. Anm. *Dunz* = JZ 1989, 45 m. Anm. *Herm. Lange.* Dazu *Medicus* RdNr. 932; *J. Hager* NJW 1989, 1640 ff.; *Christensen* MDR 1989, 948 ff.: *Sundermann* JZ 1989, 927 ff.; *Muscheler* JR 1994, 441 ff.

[48] BGHZ 103, 348.

[49] Auf die sicher außerhäusliche Sportfliegerei wendet der BGH (JZ 1972, 88) § 708 an und müsste folglich auch § 1359 anwenden. Auch in § 1357 ist der antiquierte Begriff „häuslicher Wirkungskreis" weggefallen (dort RdNr. 7, 17). Krit. auch *Diederichsen* (Fn. 9) S. 143.

[50] Vgl. *Larenz,* Methodenlehre, 6. Aufl., S. 370 ff., 391 ff.

[51] Vgl. die Gesetzesbegründung zu § 4 LPartG (BT-Drucks. 14/3751 S. 37).

[52] *Medicus* RdNr. 933 f. mwN.

[53] *Medicus* RdNr. 930; zust. *Larenz,* FS Westermann, S. 305. Die Gefahr, eine teilweise Haftungsfreistellung könnte den Begünstigten zur Sorglosigkeit verleiten, ist kaum begründet, soweit er sich selbst gefährden würde.

[54] *Hartung* VersR 1970, 674.

Ehegatte auf der gemeinsamen Unglücksfahrt zufällig am Steuer saß. Entsprechend den im Arbeitsrecht anerkannten, dort auch auf den Kraftverkehr angewendeten Regeln über **schadensgeneigte Tätigkeiten** ist die Verantwortlichkeit für leichteste Fahrlässigkeit daher – unter Erhaltung sämtlicher Versicherungsansprüche[55] (insoweit ist § 1359 konkludent abbedungen) – im Innenverhältnis unter den Eheleuten auszuschließen bzw. für leichte zu mindern.[56]

20 Eine besondere Beurteilung könnte gerechtfertigt sein, wenn es nicht um Verhaltensanforderungen geht, nämlich im Bereich der **Gefährdungshaftung.**[57] Jedoch trifft der spezielle Zeck der Gefährdungshaftung in erster Linie im Verhältnis zu Dritten zu, weniger auf die eigene Familie. Das zeigt auch der frühere § 8 a StVG, der die unentgeltlich beförderten Insassen von der Halterhaftung ausnahm; allein die Tatsache, dass diese Vorschrift gestrichen wurde, taugt nicht als Begründung für den Ausschluss des § 1359. Es ist aber nach wie vor nicht gerechtfertigt, den Ehegatten als Fahrzeughalter haften zu lassen, wenn in seinem PKW der andere Ehegatte und die Kinder in den Urlaub fahren. Insoweit führt § 1359 nach der hier vertretenen Auffassung zu einem Ausschluss der Halterhaftung gegenüber dem Ehegatten.

21 **3. Weitere Schädiger; Regress.** Beim Zusammentreffen mit einem **Amtshaftungsanspruch** gegen einen zweiten Schädiger bleibt die Forderung gegen den mitverantwortlichen Ehegatten als anderweitige Ersatzmöglichkeit iSd. § 839 Abs. 1 S. 2 unberücksichtigt.[58] Haben Dritte den verletzten Ehegatten entschädigt (§ 116 SGB X, § 6 EFZG, § 87 a BBG), **hindert** sie der entsprechend anzuwendende § 86 Abs. 3 VVG **am Rückgriff gegen den Schädiger.**[59] Der Forderungsübergang ist ausgeschlossen bei jeder unvorsätzlichen Schädigung des mit ihm in häuslicher Gemeinschaft lebenden Ehepartners. Denn eine auf dem Regresswege auf den anderen Ehegatten zurückgeworfene Ersatzleistung wäre für die Familie wertlos; was ihr der Versicherer mit der einen Hand gegeben hat, darf er ihr nicht mit der anderen Hand nehmen. Zur analogen Anwendung auf nichtehelich Zusammenlebende s. Nach § 1302 RdNr. 30.

VI. Beweislast

22 Der Geschädigte muss im Rahmen des § 823 eine Verletzung der im Verkehr erforderlichen Sorgfalt beweisen, der Schädiger, dass die von ihm beobachtete Sorgfalt hinter der eigenüblichen (und eigenmöglichen) nicht zurückblieb.[60] Die Tatsache der einmaligen **Selbstschädigung** durch das die Haftung auslösende Verhalten ist bestenfalls ein Indiz, aber kein Beweis für generelle Sorglosigkeit in eigenen Angelegenheiten.[61]

VII. Würdigung und Ausblick

23 Die Kritiker der §§ 277, 1359 fordern die Beseitigung des Haftungsprivilegs (Fn. 8), auch mit dem Hinweis auf oft fehlende Entsprechungen im Ausland.[62] Demgegenüber ist es für

55 Vgl. BGHZ 63, 51, 59 = NJW 1974, 2124; o. Fn. 39.

56 Vgl. *Clauß* FamRZ 1959, 41 f.; *Stoll* JZ 1964, 63; *Deutsch* JuS 1967, 496; *Diederichsen* (Fn. 9) S. 144; abl. *Jayme* S. 219 ff. Offengelassen von BGHZ 43, 72, 77 = NJW 1965, 907; 53, 352, 356 = NJW 1970, 1271; 63, 51, 58 f. = NJW 1974, 2124. Für „Stillhaltepflicht" während der Ehe *Soergel/Lange* RdNr. 4.

57 *Gernhuber/Coester-Waltjen* (§ 22 RdNr. 5) halten den Sinn der Gefährdungshaftung mit einer Sonderrolle der Ehegatten nicht für vereinbar.

58 So BGHZ 68, 217 = NJW 1977, 1238 f., gegen BGHZ 42, 176, 178 = NJW 1964, 1895 (dazu krit. *Hartung* VersR 1970, 674, 675).

59 BGHZ 41, 79, 83 f. = NJW 1964, 860; 43, 72, 78 f. = NJW 1965, 907; BGH LM RVO § 1542 Nr. 31 = FamRZ 1977, 35, 37 = NJW 1977, 108; *Soergel/Lange* RdNr. 6; *Dieckmann* S. 54 ff. (jeweils zu § 67 VVG aF).

60 *Staudinger/Hübner/Voppel* (2007) RdNr. 28; *Baumgärtel/Laumen* RdNr. 1.

61 OLG Düsseldorf VersR 59, 568; *Baumgärtel/Laumen* RdNr. 2; *Böhmer* JR 64, 416; *ders.* MDR 65, 712 f.; *Rother* S. 188 Anm. 3. Als generelle Schlussfolgerung dagegen zugelassen von RG Recht 1915, Nr. 506; *Soergel/Lange* RdNr. 11; *Wilts* VersR 1964, 455, 459.

62 Vgl. *Hoffmann* NJW 1967, 1208 m. Fn. 12; *Kötz,* Zum Haftungsprivileg, S. 1214 f.; eingehender Überblick bei *Jayme* S. 171 ff.

den innerhäuslichen privaten Bereich nicht gerechtfertigt, den strengen Maßstab des § 276 BGB anzuwenden. Das würde den Wert der Ehe als einer auf gegenseitigem Vertrauen ausgerichteten Gemeinschaft beeinträchtigen. Auch für die Wahrung aller Vermögensinteressen des Ehepartners, ihren historischen Ursprung, ist die Vorschrift nach wie vor angemessen, zumal wegen des Ausgleichs im Innenverhältnis über das Unterhaltsrecht die Praxisrelevanz gering ist. Für den Straßenverkehr empfiehlt sich eine Haftung entsprechend den Grundsätzen über gefahrgeneigte Tätigkeiten (RdNr. 20).

§ 1360 Verpflichtung zum Familienunterhalt

[1] Die Ehegatten sind einander verpflichtet, durch ihre Arbeit und mit ihrem Vermögen die Familie angemessen zu unterhalten. [2] Ist einem Ehegatten die Haushaltsführung überlassen, so erfüllt er seine Verpflichtung, durch Arbeit zum Unterhalt der Familie beizutragen, in der Regel durch die Führung des Haushalts.

Schrifttum: *Balthasar,* Die Pfändung des Taschengeldanspruchs des vermögenslosen Ehegatten, FamRZ 2005, 85; *H. P. Bodmann,* Die Pfändbarkeit des Taschengeldanspruchs des nicht erwerbstätigen Ehegatten, Diss. Göttingen 1981; *I. Börner,* Familienunterhalt im BGB, Frankfurt 1994; *Braun,* Der Taschengeldanspruch des Ehegatten, AcP 195 (1995) 311; *Büttner,* Unterhalt und Zwangsvollstreckung, FamRZ 1994, 1434; *Derleder,* Die Pfändung des Taschengeldanspruchs einkommens- und vermögensloser Ehegatten, JurBüro 1994, 129 u. 195; *Ernst,* Zum Taschengeldanspruch von Eheleuten und seiner Pfändbarkeit, Rpfleger 1992, 531; *Göppinger/Wax,* Unterhaltsrecht, 9. Aufl. 2008; *Heiß u. a.,* Unterhaltsrecht, 4. Aufl. 1997; *Grziwotz,* Möglichkeiten und Grenzen von Vereinbarungen unter Ehegatten, MDR 1998, 1075; *Th. Haumer,* Der Taschengeldanspruch zwischen Ehegatten im Recht des Familienunterhalts, Berlin 1995; *ders.,* Taschengeld unter Ehegatten: Ein Anspruch ohne Grundlage, FamRZ 1996, 193; *Henrich,* Aktuelle Probleme des Unterhaltsrechts, 6. Aufl. 1994; *Hoffmann-Bludau,* Die Neuordnung der ehelichen Unterhaltspflicht nach dem 1. EheRG, Diss. Bonn 1975; *Johannsen/Henrich,* Eherecht 4. Aufl. 2003; *Kalthoener/Büttner/Niepmann,* Die Rechtsprechung zur Höhe des Unterhalts, 10. Aufl. 2008; *Herm. Lange,* Familienrechtsreform und Ersatz für Personenschäden, FamRZ 1983, 1181; *Lengtat,* Eigenverantwortung und Unterhaltspflicht zwischen Ehegatten, 1984; *Macke,* Der Unterhaltsschaden zwischen Schadensrecht und Familienrecht, NZV 1989, 249; *von Maydell,* Sozialstaatliche Existenzsicherung und Familienunterhalt, in *Posser/Wassermann* (Hrsg.), Von der bürgerlichen zur sozialen Rechtsordnung, 1981, S. 171; *Mayer,* Die Pfändung des Taschengeldanspruchs, Rpfleger 1990, 281; *Sauer/Maiendresch,* Zur Pfändung des Taschengeldanspruchs, FamRZ 1994, 1441; *Schacht,* Bemessung und Bewertung des Naturalunterhalts in der Doppelverdienerehe, Diss. Göttingen 1979; *ders.,* Die Bewertung der Hausarbeit im Unterhaltsrecht, 1980; *ders.,* Die Bewertung der Hausfrauentätigkeit, FamRZ 1980, 107; *Scherer,* Offenbarungspflichten hinsichtlich des Taschengeldanspruchs im Verfahren der eidesstattlichen Versicherung, DVGZ 1995, 81; *Smid,* Taschengeldansprüche der Ehegatten gegeneinander und ihre Pfändbarkeit, JurBüro 1988, 1105; *M. Schmitz,* Auswirkungen des 1. EheRG auf das Haftpflichtrecht, 1985; *Schubert,* Das Recht auf Haushaltsführung und die Unterhaltspflicht der Ehefrau und Mutter. Diss. Saarbrücken 1967; *Schwab (/Bearb.)* Handbuch des Scheidungsrechts, 5. Aufl. 2005.

Übersicht

I. Normzweck (Überblick)

1 Die gegenseitige Verpflichtung der Eheleute, ihre Familie angemessen zu unterhalten, ist die bedeutsamste Ausprägung der ehelichen Grundpflicht zur Lebensgemeinschaft. Die Verantwortung für einander (§ 1353 Abs. 1 aE) impliziert vor allem die Pflicht, dem Ehepartner und den gemeinsamen Kindern beizustehen und sie zu unterstützen. Die konkrete Ausgestaltung dieser Pflicht bleibt seit der Aufgabe des bis 1977 vorgegebenen Leitbilds der Hausfrauenehe dem Einvernehmen der Ehegatten überlassen (§ 1356). Die einvernehmlich einem Ehegatten überlassene Haushaltsführung genügt nach S. 2 regelmäßig als dessen Beitrag zum Familienunterhalt. In den **§§ 1360 bis 1361 a** behandelt das Gesetz die gegenseitige Unterhaltspflicht bei **bestehender Ehe.** Dabei wird unterschieden, ob die Ehegatten in häuslicher Gemeinschaft (dazu §§ 1360 bis 1360 b) oder getrennt leben (dazu §§ 1361, 1361 a, 1361 b). § 1360 regelt die grundsätzlichen Voraussetzungen, § 1360 a den Umfang der Unterhaltspflicht zusammenlebender Gatten. Unterhaltspflichten unter geschiedenen Gatten richten sich nach den §§ 1569 ff. Die Unterhaltsansprüche zwischen Eltern und Kindern sind in den §§ 1601 ff. geregelt.

II. Grundsatz der Unterhaltspflicht (S. 1)

2 **1. Bestehende Ehegemeinschaft.** Die Unterhaltspflicht obliegt den **Ehegatten.** Voraussetzung ist eine bestehende Ehe. Die Ansprüche entstehen mit der Heirat nach § 1310. Mit dem Tode eines Gatten erlöschen sie (§§ 1360 a Abs. 3, 1615 Abs. 1). Außerdem muss grundsätzlich eine **häusliche Gemeinschaft** bestehen. Getrennt lebende Ehegatten haben Unterhaltsansprüche nach § 1361, nicht nach § 1360, geschiedene nach §§ 1569 ff. § 1361 ist aber nur anwendbar, wenn die Ehegatten vollständig getrennt leben; § 1360 bleibt – ggf. modifiziert – anwendbar, wenn die Ehegatten, ohne die eheliche Lebensgemeinschaft abzulehnen – etwa aus beruflichen Gründen –, nicht oder nur eingeschränkt zusammenleben.[1]

3 **2. Wechselseitige Verpflichtung.** Die Unterhaltspflicht der Ehegatten richtet sich als wechselseitige gegeneinander.[2] Je nach den Umständen schuldet jeder Gatte dem anderen Unterhalt oder kann er von ihm Unterhalt verlangen. Zwischen den im Familieninteresse zu erbringenden gegenseitigen Unterhaltsbeiträgen besteht keine synallagmatische Verknüpfung.[3] Die Nichterbringung des dem einen Teil obliegenden Beitrages berechtigt den Partner nicht zur Aufrechnung oder Zurückbehaltung des erforderlichen eigenen Beitrages. Muss ein Ehegatte mehr leisten, weil sich der Partner seiner Unterhaltspflicht entzieht, kann er ggf. gegen ihn Regress nehmen (§ 1360 b RdNr. 9). Zu leisten ist der Unterhalt dem Ehepartner (zur zweckentsprechenden Verwendung), nicht an eine gemeinsame Kasse.[4] Die Einrichtung einer besonderen Kasse oder eines Kontos für das Wirtschaftsgeld bleibt den

---

[1] *Staudinger/Voppel* RdNr. 12; *Rauscher* RdNr. 308.
[2] BGH FamRZ 2006, 1827 Tz. 34. Vgl. auch *Staudinger/Voppel* RdNr. 9.
[3] Teilw. aA *Ramm* Familienrecht, 1985, § 22 I 5 b mit Fn. 4 für die kinderlose „partnerschaftliche Erwerbstätigenehe".
[4] OLG München FamRZ 1982, 801.

Eheleuten überlassen. Für eine Unterhaltsberechtigung „der Familie" als solcher fehlt es an deren Rechtspersönlichkeit.

3. Begrenzt disponibel. Die Unterhaltspflicht bestimmt sich prinzipiell nach objektivem Recht und gilt herkömmlicherweise sogar als zwingend (doch s. RdNr. 21). Gebunden sind die Ehegatten besonders an den in § 1360a Abs. 1 festgelegten Umfang.[5] Damit legt das Gesetz aber nur einen weiten allgemeinen Rahmen fest; angesichts äußerst unterschiedlicher Lebensverhältnisse wäre dies auch gar nicht anders möglich. Die konkrete Ausgestaltung der Unterhaltsgewährung bleibt weitestgehend dem gegenseitigen Einvernehmen überlassen (§§ 1353 Abs. 1 S. 2, 1356).[6] Diesbezügliche Regelungen ergeben sich meist nur aus den Umständen, besonders aus dem jeweiligen Ehetyp. 4

4. Proportionalität und Leistungsfähigkeit. Der vom einzelnen Ehegatten zum Unterhalt beizusteuernde Anteil bestimmt sich nach dem Verhältnis, in dem seine Arbeitskraft und sein Vermögen zu Arbeitskraft und Vermögen seines Partners stehen.[7] Dieses Proportionalitätsprinzip ist ebenso wenig abdingbar wie der Grundsatz der Wechselbezüglichkeit der Unterhaltspflicht.[8] In der Doppelverdienerehe müssen beide Gatten sowohl Geld leisten als sich auch die Haushaltsführung und Kindererziehung teilen. Bei gleich starker beruflicher Belastung müssen beide auch gleiche Anteile an der Hausarbeit übernehmen. Dabei muss nicht jede einzelne Arbeit aufgeteilt werden, sondern bei unterschiedlichen Verrichtungen nur die Gesamtbelastung gleich bleiben.[9] Der Betrag der Unterhaltspflicht kann auch unterschiedlich hoch sein, je nach Arbeitskraft und Vermögen des (oder der) Verpflichteten.[10] Wer nichts leisten kann, schuldet nichts. Anders als unter Verwandten (§ 1603 Abs. 1) entfällt die Unterhaltspflicht jedoch nicht schon mit der Gefährdung des eigenen angemessenen Unterhalts. Denn Ehegatten müssen **alle verfügbaren Mittel** auch in Notfällen **gleichmäßig miteinander teilen** (und mit ihren minderjährigen unverheirateten und privilegierten volljährigen Kindern, § 1603 Abs. 2). Der für Verwandte sonst geltende Vorrang der angemessenen Selbsterhaltung vor der Fremderhaltung (§ 1603 Abs. 1) ist dem ehegemeinschaftlichen Prinzip fremd. Die Selbsterhaltung begrenzt nicht die eheliche Unterhaltspflicht, sondern bestimmt nur das Rangverhältnis zum nächsten unterhaltspflichtigen Verwandten.[11] Ist der eigene Unterhalt des verpflichteten Ehegatten gefährdet, muss dessen Partner nach § 1608 S. 2 seine Verwandten in Anspruch nehmen[12] (RdNr. 26). 5

5. Bedürftigkeit. Bedürftig braucht der aus § 1360 berechtigte Ehegatte nicht zu sein[13] (im Gegensatz zu Verwandten nach § 1602 Abs. 1). Auch wegen sittlichen Verschuldens beschränkt sich der Anspruch nicht auf den notdürftigen Unterhalt; § 1611 ist auf den Ehegatten nicht anwendbar (vgl. § 1360a Abs. 3). Selbstverschuldete Bedürftigkeit oder schwere Verfehlungen gegen den Partner führen nicht zur Herabsetzung des Unterhaltsanspruchs, solange die Gatten zusammenleben (bei Getrenntleben siehe § 1361 Abs. 3, dort RdNr. 62ff.). 6

6. Familienunterhalt. Gerichtet ist die aus § 1360 folgende Verpflichtung seit dem GleichberG auf den Unterhalt der Familie. Der Familienunterhalt gilt **für alle Güterstände.** Er setzt sich zusammen aus dem Ehegattenunterhalt und dem ehelichen Aufwand iSd. früheren Güterrechts. Das Unterhaltsrechtsänderungsgesetz vom 21. 12. 2007 hat den Familienunterhalt unberührt gelassen. Aus der Begründung wird jedoch erkennbar, dass die 7

[5] Zwingend zB bezüglich Eigenheimkosten in ihrer Abgrenzung zu Vermögensanlage-Aufwendungen (§ 1361 a RdNr. 7); BGH FamRZ 1984, 980f. = VersR 1984, 961.

[6] Vgl. BAG FamRZ 1986, 573f. sowie auch BGHZ 77, 157, 162 = NJW 1980, 2196.

[7] BGH FamRZ 2004, 366, 368.

[8] Vgl. *Gernhuber* FamRZ 1979, 198 (r. Sp.).

[9] Vgl. OLG Bamberg FamRZ 1983, 914f.; auch BSG FamRZ 1977, 641 f.; *Schacht* Hausarbeit S. 37 f.

[10] Vgl. BGH FamRZ 2004, 366, 368. Beiderseits erwerbstätige Ehegatten haben grds. nach dem Verhältnis ihrer Nettoeinkommen zum Familienunterhalt beizutragen.

[11] *Staudinger/Voppel* RdNr. 15, 15 a; *Soergel/Lange* RdNr. 11; vgl. auch BVerfG FamRZ 1984, 346, 350.

[12] *Staudinger/Voppel* RdNr. 15 a; *Palandt/Brudermüller* RdNr. 3.

[13] BGH FamRZ 1966, 138f.; BAG FamRZ 1986, 573f.; *Soergel/Lange* RdNr. 11; *Dölle* I § 36 A II 1 a.

Haushaltsführungsehe als der sozialen Wirklichkeit nicht mehr entsprechend angesehen wird. Wegen des angemessenen Umfangs des Familienunterhalts s. § 1360 a.

8 **7. Kindesunterhalt.** Den Unterhalt für die **gemeinsamen Kinder** kann ein Elternteil vom andern kraft eigenen Rechts verlangen.[14] Eine Mindermeinung folgert aus § 1360 auch eigene Ansprüche der Kinder.[15] Diese Ansicht entspricht aber nicht der gesetzlichen Systematik. Die §§ 1353 ff. behandeln nur die sich aus der ehelichen Lebensgemeinschaft ergebenden Rechte und Pflichten der Gatten gegeneinander; eine mittelbare Begünstigung der gemeinsamen Kinder durch solche eigenen Rechte eines Elternteils ist damit vereinbar. Eigene Unterhaltsansprüche der Kinder gegen ihre Eltern sind in den §§ 1601 ff. gesondert geregelt; ein Rückgriff auf § 1360 erübrigt sich daneben.

9 **8. Rangordnung der Unterhaltsquellen.** Zu erfüllen ist die Unterhaltspflicht nach § 1360 aus den **Arbeitseinkünften** oder dem **Vermögen.** Diese Aufzählung ist nicht erschöpfend. Eine Verpflichtung zur **Kreditaufnahme** besteht aber allenfalls in besonders gelagerten Einzelfällen, etwa wenn sich ein unabweisbarer Sonderbedarf ergibt, nicht dagegen, um dem Wunsch eines Ehegatten nach einem höheren Lebensstandard zu entsprechen.[16] Eine Reihenfolge, nach der die Unterhaltsquellen heranzuziehen sind, schreibt das Gesetz nicht vor. (Nur bei Gütergemeinschaft legt § 1420 die Reihenfolge der zum Familienunterhalt zu verwendenden Vermögensmassen fest.) Die Eheleute müssen sich über eine Reihenfolge unter Berücksichtigung ihrer Vermögensverhältnisse verständigen. Hinsichtlich der Aufgabenverteilung – Erwerbstätigkeit und Haushaltsführung – wird herkömmlich zwischen den folgenden **Ehetypen** unterschieden: Haushaltsführungs-/Alleinverdienerehe, Doppelverdienerehe und Zuverdienstehe.[17]In der sozialen Wirklichkeit entscheiden sich Ehegatten allerdings zumeist nicht mehr auf Dauer für die Alleinverdienerehe, vielmehr wird dieser Ehetyp überwiegend nur phasenweise gewählt, zB um einem Ehegatten die Kinderbetreuung zu ermöglichen, aber auch wegen der Situation auf dem Arbeitsmarkt.[18] Von wem und in welcher Weise der Familienunterhalt aufzubringen ist, richtet sich nach der Aufgabenverteilung in dem zu beurteilenden Zeitraum (§ 1360 a Abs. 2 S. 1). Bei fehlender Einigung der Eheleute lassen sich folgende Grundsätze aufstellen:

10 **9. Vermögenserträge.** Ein über ausreichendes Vermögen verfügender Gatte kann den geschuldeten Unterhalt aus dessen Erträgen bestreiten und ist insoweit nicht zu einer Erwerbstätigkeit verpflichtet.[19] Bei zulänglichem Vermögen kann auch die einem Ehegatten obliegende Haushaltsführung bezahlten Hausangestellten überlassen werden, soweit dies nicht die Belange des anderen Ehegatten und der Kinder beeinträchtigt (Rechtsgedanke des § 1356 Abs. 2). Ist nur *ein* Ehegatte vermögend, so muss der vermögenslose Partner seine Arbeitskraft zum Familienunterhalt beisteuern; denn es widerspräche dem sittlichen Wesen der Ehe, wenn ein Teil gar nicht zum Unterhalt beitrüge. Selbst wenn das Vermögen des ersteren zum Unterhalt der ganzen Familie ausreichen würde, darf der Partner nicht auf den Einsatz seiner Arbeitskraft verzichten; zumindest muss er die Haushaltsführung übernehmen.

11 **10. Vermögensstamm.** In Bezug auf den Stamm des Vermögens – als Unterhaltsquelle in § 1360 nicht mehr besonders erwähnt – gilt das Gesagte erst recht. Ein Ehegatte darf nur dann von einer Erwerbstätigkeit absehen und den Partner bei unzureichenden Erträgen auf die Verwertung seines Vermögensstammes verweisen, wenn dies den Verhältnissen der Ehegatten entspricht (so die sachgerechte Lösung des früheren § 1360 S. 2 Halbs. 2 idF des

---

[14] *Staudinger/Voppel* RdNr. 11, 53; *Göppinger/Wax/Bäumel* RdNr. 925 f.; *Erman/Gamillscheg* § 1360 a RdNr. 7.

[15] So *Schrade* FamRZ 1957, 342, 347; *Gernhuber/Coester-Waltjen* § 21 RdNr. 2 f. gliedern den Anspruch auf Familienunterhalt in mehrere individuelle, aber „kollektiv formierte" Ansprüche auf. Den Anspruch der Kinder mache ein Ehegatte im eigenen Namen als Prozeßstandschafter geltend.

[16] *Staudinger/Voppel* RdNr. 47; *Rauscher* RdNr. 315; *Gernhuber/Coester-Waltjen* § 21 RdNr. 8; aA *Soergel/Lange* RdNr. 13 und 4. Aufl.

[17] *Staudinger/Voppel* RdNr. 20 ff.

[18] Vgl. auch *Wendl/Scholz* § 3 RdNr. 11 a.

[19] *Staudinger/Hübner* RdNr. 48.

GleichberG). Dies trifft vor allem auf ältere Ehepaare zu, die sich zur Ruhe gesetzt haben. Bei jüngeren Ehegatten kommt eine Verwertung auch des eigenen Vermögensstammes nicht in Betracht, soweit aus ihm beide Partner im Alter unterhalten werden müssen. Die Unterhaltspflicht umfasst nämlich auch eine Altersversorgung für den nicht berufstätigen Ehegatten (§ 1360 a RdNr. 5 aE).

11. Erwerbstätigkeit. Bei unzureichenden Vermögenseinkünften müssen die Eheleute 12
die Mittel für den Familienunterhalt durch Arbeit aufbringen. Wie sie das im Einzelnen gestalten, regeln beide im gegenseitigen Einvernehmen (§ 1356 Abs. 1 S. 1; RdNr. 9). Allerdings kann diese **Gestaltungsfreiheit** nur im Verhältnis der Ehegatten zueinander Geltung beanspruchen. Unterhaltsrechtlich entlastet die Übernahme der Haushaltsführung den Ehegatten nur gegenüber den Mitgliedern der Familie, denen diese Leistung zugute kommt, nicht dagegen gegenüber anderen Unterhaltsberechtigten. Kinder iS des § 1603 Abs. 2 S. 1 und 2 aus einer früheren Verbindung stehen denjenigen aus der gegenwärtigen Ehe aber im Rang gleich (§ 1609 Nr. 1), ebenso können die ein Kind betreuenden Elternteile gleichrangig sein (§ 1609 Nr. 2). Da die gewählte **Funktionsteilung** nicht zu Lasten vorrangiger oder gleichrangiger, außerhalb des Haushalts stehender Berechtigter gehen darf, kann diesen gegenüber eine **Erwerbsobliegenheit** bestehen. Der neue Ehegatte des Unterhaltspflichtigen hat die Erfüllung dieser Obliegenheit, die etwa die Aufnahme einer Nebentätigkeit erfordern kann, zu ermöglichen (§ 1356 Abs. 2).[20] Ein nach der Funktionsteilung erwerbstätiger Ehegatte muss seine Arbeitskraft voll einsetzen und bestrebt sein, das nach seiner Ausbildung und seinen Fähigkeiten mögliche Einkommen zu erzielen.[21] Zu einer geringer bezahlten, wenngleich angenehmeren Tätigkeit darf er nicht willkürlich wechseln. Kündigen darf er nicht von sich aus; Kündigungen der Arbeitgeberseite muss er, soweit zumutbar, mit den Behelfen des KSchutzG und BetrVerfG entgegentreten.[22] Bei Aufgabe des Arbeitsplatzes zwecks (Zweit-)Ausbildung zu einem anderen Beruf, die gegen den Willen des Partners und ohne Rücksicht auf eine hierdurch eintretende Bedürftigkeit erfolgt, ist dem Ehegatten der Abbruch der Ausbildung auch im fortgeschrittenen Stadium zuzumuten.[23] Die Grundrechte des Unterhaltspflichtigen auf freie Berufswahl und Entfaltung seiner Persönlichkeit (Art. 12 und 2 GG) müssen zurücktreten gegenüber seiner höherwertigen, aus Art. 6 Abs. 2 GG resultierenden unterhaltsrechtlichen Verantwortung für seine Familie.[24] Berufliche Veränderungen mit zeitweiliger Einkommensminderung können jedoch im gemeinsamen Lebensplan angelegt sein (ein angestellter Mediziner läßt sich als praktischer Arzt nieder: § 1361 RdNr. 22). Haben Eheleute vereinbart, dass einer von ihnen zunächst sein **Studium** abschließen solle, dann ist der Studierende so lange von Unterhaltspflichten befreit; der andere hat auch ihn zu unterhalten und dessen Ausbildungskosten mit zu tragen.[25] Hindert solchenfalls ein unvorhergesehenes Ereignis (wie eine Geburt) den unterhaltspflichtigen Gatten an weiterer Erwerbstätigkeit, so ist bei der Frage, ob der Studierende deswegen seine Ausbildung abbrechen muss, abzuwägen zwischen Art, Dauer und Ziel der Ausbildung einerseits und den Belangen der Unterhaltsgläubiger andererseits; aus dieser Abwägung kann sich die Unzumutbarkeit des Abbruchs ergeben, besonders bei schon weit fortgeschrittener Ausbildung.[26] Wegen der Pflicht zu weitestgehender Rücksichtnahme auf die Partnerbelange muss jeder Ehegatte jedoch bei veränderten Umständen grundsätzlich in eine zumutbare Änderung früherer Regelungen einwilligen.[27]

---

[20] BGH FamRZ 2006, 1827 Tz. 17 f.; *Staudinger/Voppel* RdNr. 27 f.

[21] AM nur AK-BGB/*Derleder* RdNr. 3.

[22] OLG Frankfurt FamRZ 1983, 392 f.

[23] BGH NJW 1981, 1609 = FamRZ 1981, 539 f.; NJW 1983, 814 = FamRZ 1983, 140 f. (zu § 1360); einschränkend AnwK-BGB/*Kaiser* RdNr. 24: Die angemessene Ausbildung habe Vorrang vor den Unterhaltsansprüchen.

[24] BGH FamRZ 1983, 140 f.

[25] BGH MDR 1985, 473.

[26] BGH NJW 1983, 814 = FamRZ 1983, 140 f. = MDR 1983, 474.

[27] *Gernhuber/Coester-Waltjen* § 21 I 7; § 18 III 5; ausführl. *Hepting* Ehevereinbarungen S. 89 ff. u. passim (Reg. „Ehepflicht zur Änderung").

13 **12. Berufswechsel zwecks Einkommenssteigerung.** Wer in seinem erlernten Beruf genügend verdient, ist nicht zum Berufswechsel oder zur Leistung von Überstunden verpflichtet, um den Lebensstandard der Familie zu erhöhen oder kostspielige Anschaffungen zu ermöglichen.[28] Wer im gegenwärtigen Beruf kein zum Familienunterhalt ausreichendes Einkommen erzielt, muss jedoch – uU nach einer Umschulung – den Beruf wechseln, soweit ihm dies möglich und zumutbar ist.[29] Wer gleichwohl einen möglichen und zumutbaren Wechsel zu besseren Verdienstchancen unterlässt, schuldet Unterhalt in Höhe des danach erzielbaren Einkommens[30] (trotz geringer Vollstreckungsaussichten wichtig für § 1613 BGB und § 170 StGB). Die Frau ist zu einer Erwerbstätigkeit nach dem Wegfall des früheren § 1360 S. 2 Hs. 2 nicht mehr nur subsidiär bei unzulänglichen Arbeitseinkünften des Mannes oder Vermögenserträgnissen der Ehegatten verpflichtet. Einem nicht berufstätigen Gatten ist solchenfalls darum die zusätzliche Aufnahme einer sich anbietenden und seinen Fähigkeiten entsprechenden Erwerbstätigkeit eher zuzumuten als dem bereits berufstätigen Partner ein schwieriger, uU eine Umschulung voraussetzender Berufswechsel. Dies gilt nicht, soweit die häusliche Anwesenheit dieses Elternteils zur Betreuung minderjähriger Kinder erforderlich ist (Rechtsgedanke des § 1356 Abs. 2 S. 2).

14 **13. Partnerschaftliche Mitarbeit.** Auch eine nicht vergütete Mitarbeit im Geschäft oder auf dem Hof des Partners erfüllt die Unterhaltspflicht.[31] Das gleiche kann – zumindest teilweise – für die unentgeltliche Überlassung eines Vermögensgegenstands (Grundstücks) für den Betrieb des Ehegatten gelten.

III. Unterhaltsleistung durch Haushaltsführung (S. 2)

15 **1. Keine Ergänzungspflicht.** Die einem Ehegatten übertragene Haushaltsführung ist ein der Unterhaltsgewährung aus Erwerbstätigkeit oder Vermögen gleichwertiger und nicht ergänzungsbedürftiger Beitrag zum Familienunterhalt.[32] Nach der Anrechnungsvorschrift des § 1360 S. 2 bedeutet die Haushaltsführung im Verhältnis zur Erwerbstätigkeit des anderen Ehegatten die volle Erfüllung der Unterhaltspflicht;[33] eine Bewertung findet zwischen den Ehegatten insofern nicht statt. Zur Aufnahme einer Erwerbstätigkeit ist der haushaltführende Ehegatte deshalb grundsätzlich nicht verpflichtet.[34] Ob er aus seinem Vermögen zum Unterhalt der Familie beizutragen hat, ist nach dem Grundsatz der Proportionalität (RdNr. 5) zu entscheiden. Die Gleichstellung des § 1360 S. 2 von Unterhaltsleistung durch Haushaltsführung und durch Arbeit gilt nur bezogen hierauf.[35]

16 **2. Pflicht zur Mithilfe im Haushalt.** Eine Pflicht zur Mithilfe im Haushalt ist für den Ehegatten, der seinen Unterhaltsbeitrag vereinbarungsgemäß primär durch eine Erwerbstätigkeit leistet, nicht ausdrücklich geregelt. Sie ist aber aus der Generalklausel des § 1353 zu folgern.[36] Sind beide Ehegatten berufstätig, müssen sie die Hausarbeit entsprechend der beruflichen Belastung aufteilen;[37] Ausmaß und Art und Weise lassen sich nicht allgemein, sondern nur nach den Umständen bestimmen. Im Haushalt mithelfen muss vor allem ein Ehepartner, der den Familienunterhalt ohne gegenwärtigen Arbeitseinsatz aus seinem Ver-

[28] *Staudinger/Voppel* RdNr. 38; *Soergel/Lange* RdNr. 15.

[29] *Staudinger/Voppel* RdNr. 39; *Wendl/Scholz* § 3 RdNr. 16.

[30] BGH FamRZ 1987, 930, 932; FamRZ 1987, 372, 374; *Staudinger/Voppel* RdNr. 40; *Wendl/Scholz* § 3 RdNr. 21.

[31] BGH FamRZ 1980, 776, 777; *Staudinger/Voppel* RdNr. 42; *Soergel/Lange* RdNr. 16.

[32] Begr. zum 1. EheRG BT-Drucks. 7/650 S. 99.

[33] BGH FamRZ 1980, 873 f.; *Soergel/Lange* RdNr. 17.

[34] BGH MDR 1980, 924 f.; *Staudinger/Voppel* RdNr. 25; *Wendl/Scholz* § 3 RdNr. 17; für eine Teilerwerbsobliegenheit, wenn keine Kinder zu betreuen sind und die Finanzierung des gewählten Lebensszuschnitts übermäßige Anstrengungen des anderen Ehegatten erfordern würde: *Rauscher* RdNr. 318.

[35] *Staudinger/Voppel* RdNr. 25; *Rauscher* RdNr. 317; aA 4. Aufl.

[36] *Staudinger/Voppel* RdNr. 35; *Wendl/Scholz* § 3 RdNr. 12.

[37] OLG Bamberg FamRZ 1983, 914 f.; auch BSG FamRZ 1977, 641 f.

mögen oder einer Altersversorgung bestreitet: Die Frau eines Rentners oder Pensionärs kann verlangen, dass er sie im Alter anteilig entlastet.

3. Noterwerbstätigkeit. In Notfällen kann auch für den bisher nur den Haushalt führenden Ehegatten die Verpflichtung bestehen, statt dessen oder zusätzlich eine Erwerbstätigkeit aufzunehmen, insbesondere wenn die Arbeitskraft des anderen und die Vermögenseinkünfte beider Gatten zum Familienunterhalt nicht (mehr) ausreichen. Eine solche Verpflichtung muss jedoch mit Rücksicht auf den aus § 1360 S. 2 folgenden Vertrauensschutz die Ausnahme bleiben. Eine Erwerbspflicht besteht deshalb nicht bereits, wenn allein ein höherer Lebensstandard erreicht werden soll.[38] 17

4. Zusätzliche Erwerbstätigkeit. Ist der den Haushalt betreuende Ehegatte zusätzlich erwerbstätig, ist zu unterscheiden: Wenn und soweit das zusätzliche Erwerbseinkommen für den Familienunterhalt benötigt wird, ist der zuverdienende Ehegatte auch mit diesem Einkommen unterhaltspflichtig; sein Anteil am Familienunterhalt kann aber wertend zu verändern sein, falls die Beanspruchung des einen Ehegatten insgesamt die des anderen erheblich übersteigt. Wird das Erwerbseinkommen zum Familienunterhalt ganz oder teilweise nicht gebraucht, zB weil es zum Teil zur Vermögensbildung verwendet wird, kann der zuverdienende Ehegatte den nicht benötigten Teil für sich beanspruchen.[39] 18

5. Deliktsrechtliche Auswirkungen auf die §§ 844, 845. a) Wird der **haushaltführende Ehegatte** durch einen Dritten **getötet,** so ist der andere Ehegatte nicht nach § 845 ersatzberechtigt, da eine Dienstleistungspflicht ihm gegenüber – seit der Qualifizierung der Haushaltsführung als Unterhaltsbeitrag – nicht (mehr) besteht.[40] Der überlebende Ehegatte hat vielmehr einen Ersatzanspruch nach § 844 Abs. 2, der sich konkret nach den Kosten einer vergleichbaren Ersatzkraft für die Haushaltsführung bemisst.[41] Die Gleichstellung von Haushaltsführung und Erwerbstätigkeit gilt nur im Verhältnis der Ehegatten zueinander. Wird der haushaltführende Ehegatte **verletzt,** so erwirbt er selbst einen Ersatzanspruch gegen den Schädiger.[42] Der Anspruch ist insoweit – anders als derjenige nach § 844 Abs. 2 – nach dem Wert der ohne die Verletzung tatsächlich erbrachten Arbeitsleistung zu bemessen.[43] Die Kosten einer etwaigen Ersatzkraft bieten für die Schadenshöhe nur einen Anhalt.[44] 19

b) Bei Tötung oder Verletzung des in Beruf oder Geschäft des Partners **mitarbeitenden Ehegatten** gilt nach dem BGH Entsprechendes:[45] Soweit diese Mitarbeit unterhaltsrechtlich geschuldet wird (vgl. § 1356 RdNr. 20f.), ist § 844 Abs. 2 anwendbar und der Ersatzanspruch dem überlebenden Partner des Getöteten zuzuerkennen, im Falle seiner Verletzung ihm selbst. Für § 845 verbleibt danach bei Tötung oder Verletzung eines Ehegatten auch in der „Mitarbeitsehe" kein Raum (sondern wegen § 1619 nur noch bei mitarbeitenden Kindern). Bei entgeltlicher Mitarbeit innerhalb eines Arbeits- oder Gesellschaftsvertrages haftet der Schädiger der Restfamilie des Getöteten danach ebenso wenig wie bei Tötung eines familienfremden Mitarbeiters. 20

---

[38] *Staudinger/Voppel* RdNr. 46; *Wendl/Scholz* § 3 RdNr. 12, 17; *Göppinger/Wax/Bäumel* RdNr. 895.

[39] BGH FamRZ 2004, 366, 368; 2004, 370, 372f.; 2004, 792, 797f.; *Wendl/Scholz* § 3 RdNr. 13; vgl. auch *Staudinger/Voppel* RdNr. 23. Zum Taschengeldanspruch in der Zuverdienerehe s. § 1360a RdNr. 6, 16 aE.

[40] BGHZ – GSZ – 50, 304ff. = NJW 1968, 1823.

[41] BGHZ 51, 109, 111 = NJW 1969, 321; BGHZ 77, 157, 159 = NJW 1980, 2196ff.; BGH FamRZ 1990, 31; *Palandt/Sprau* § 844 RdNr. 11; vgl. im Einzelnen § 844 RdNr. 63ff.; kritisch bzgl. der sich daraus ergebenden Einschränkung der Schadensbemessung: *Rauscher* RdNr. 317 Fn. 290.

[42] BGHZ – GSZ – 50, 304, 306 = NJW 1968, 1823.

[43] BGH NJW 1974, 1651; *Palandt/Sprau* § 843 RdNr. 8; vgl. im Einzelnen §§ 842, 843 RdNr. 50ff.

[44] BGHZ –GSZ -50, 304ff. = NJW 1968, 1823; BGHZ 51, 109ff. = NJW 1969, 321; BGH NJW 1974, 41ff.; vgl. §§ 842, 843 RdNr. 51.

[45] BGHZ 59, 172ff. = NJW 1972, 2217 (Verletzung); 77, 157, 160ff. = NJW 1980, 2196ff. = FamRZ 1980, 776ff. (Tötung), dazu teilw. krit. *Herm. Lange* FamRZ 1983, 1185f.; auch *Lüke* AcP 178 (1978), 17.

IV. Unterhaltsverträge

21 Die Eheleute können die aus §§ 1360 ff. folgende Unterhaltspflicht in Grenzen vertraglich festlegen oder ändern.[46] Insbesondere können sie vereinbaren, sparsamer zu leben. Die Form des Ehevertrages (§ 1410) ist dafür unnötig. Eine vereinbarte Verringerung darf Dritte nicht benachteiligen.[47] Ein Unterhaltsverzicht für die Zukunft ist nach §§ 1360 a Abs. 3, 1614 nichtig. Ein durch gegenseitiges Nachgeben abgeschlossener Unterhaltsvergleich ist noch kein Verzicht. Ein Verzicht erfordert einen schenkungshalber bewusst niedriger angesetzten Unterhaltsbetrag als den nach §§ 1360, 1360 a aus dem Gesetz sich ergebenden. Auch die vereinbarte Unterhaltshöhe muss darum angemessen sein (§ 1361 RdNr. 49); sie muss bes. die Kinder gebührend berücksichtigen und deren Recht auf eine den Verhältnissen entsprechende Ausbildung.[48] Bei vertraglicher Festlegung kann der Berechtigte auch für die Vergangenheit Unterhalt fordern, unabhängig von den Voraussetzungen der §§ 1360 a Abs. 3, 1613 Abs. 1. Unterhaltsverträge müssen überdies mit dem Wesen der Ehe vereinbar sein.[49] Abreden über die Unterhaltsgewährung in Form einer Geldrente bei bestehender häuslicher Gemeinschaft sind nicht stets unzulässig, s. u. § 1360 a RdNr. 14; wohl aber die Sicherung der Unterhaltspflicht durch eine Vertragsstrafe.[50] Doch kann aus Unterhaltsvereinbarungen generell nicht geklagt werden, soweit dabei über die Ausgestaltung der persönlichen Beziehungen inzident mitentschieden werden müsste.[51] Aus triftigen Gründen kann der Verpflichtete eine Unterhaltsvereinbarung überdies widerrufen, etwa bei Gefährdung seines eigenen Unterhalts oder wenn die Eheleute sich trennen.[52] Zu vertraglichen Erweiterungen der Unterhaltspflicht, bes. zugunsten von Stiefkindern s. § 1360 a RdNr. 12.

V. Eigenschaften des Unterhaltsanspruchs

22 **1. Pfändbarkeit; Taschengeld.** Eine Leistung an einen anderen als den Unterhaltsgläubiger wäre eine Inhaltsänderung des Unterhaltsanspruchs; darum ist dieser **nicht abtretbar** (§ 399)[53] und grundsätzlich **unpfändbar,** § 851 ZPO. Auch die beschränkte Pfändbarkeit gemäß § 850 b ZPO gilt nicht für den Anspruch aus § 1360[54] (wohl für den aus § 1361), denn der Unterhalt ist nicht durch Zahlung einer Geldrente, sondern in der durch die eheliche Lebensgemeinschaft gebotenen Weise zu leisten (vgl. § 1360 a Abs. 2 S. 1). Die begrenzte Pfändbarkeit des zum Unterhalt gehörenden Anspruchs auf **Taschengeld** gemäß § 850 b Abs. 1 Nr. 2, Abs. 2 ZPO ist mit der überwiegenden Ansicht zu bejahen.[55] Das Taschengeld stellt eine auf gesetzlicher Vorschrift beruhende Unterhaltsrente iS des § 850 d Abs. 1 Nr. 1 ZPO dar, auch wenn es Teil des Familienunterhalts ist. Es handelt sich um

---

[46] Vgl. RdNr. 4 u. Vor § 1601 RdNr. 10; RGZ 164, 65 ff.; *Soergel/Lange* RdNr. 12; *Staudinger/Voppel* RdNr. 55. Für stärkere Disponibilität *Hepting* Ehevereinbarungen S. 94 ff.; *Grziwotz* MDR 1998, 1075, 1080.

[47] Hess. FG EFG 1998, 107, 108: keine Wirkung gegenüber Familienkasse.

[48] *Staudinger/Voppel* RdNr. 55; *Rauscher* RdNr. 307.

[49] *Dölle* I § 36 A I 3.

[50] RGZ 158, 294, 299 ff.

[51] *Hepting* Ehevereinbarungen S. 98 f.

[52] *Staudinger/Voppel* § 1360 a RdNr. 46 f.

[53] LG München II NJW 1976, 1796 mwN.

[54] Zu einer Ausnahme bei Sonderbedarf (Kosten der ärztlichen Behandlung), wenn wegen eines hieraus resultierenden Anspruchs des Arztes gepfändet wird: LG Frankenthal FamRZ 2001, 842; *Wendl/Scholz* § 3 RdNr. 95.

[55] BGH FamRZ 2004, 1784 ff.; 1279 f.; OLG Nürnberg FamRZ 1999, 505; OLG Stuttgart FamRZ 1997, 1494; OLG Köln FamRZ 1995, 309; OLG Celle NJW 1991, 1960; OLG Frankfurt FamRZ 1991, 727 ff.; OLG Hamm NJW-RR 1990, 1224; eingehend OLG München FamRZ 1988, 1161 mwN; *Balthasar* FamRZ 2005, 85; *Foerste* NJW 2006, 2945; *Ackermann* FamRZ 1983, 520, 521; *Büttner* FamRZ 1994, 1433, 1439 ff.; *Staudinger/Voppel* RdNr. 71; *Zöller/Stöber* § 850 b RdNr. 18. Eine Pfändbarkeit verstößt nach BVerfG FamRZ 1986, 773 nicht gegen Art. 6 Abs. 1 GG.– *Gegen Pfändbarkeit:* LG Braunschweig Rpfleger 1997, 394; AG Dieburg FamRZ 1991, 729; *Bodmann* S. 106 ff., 192 ff.; *Derleder* JurBüro 1994, 129, 195, 198; MünchKommZPO/*Smid* § 850 b RdNr. 7; vgl. auch *Haumer* FamRZ 1986, 193, 195 und *Braun* AcP 195 (1995), 311, 332 ff., 352 ff. und NJW 2000, 97 ff. (bereits gegen Taschengeldanspruch als solchen).

einen nicht zweckgebundenen, bezifferbaren Baranspruch, da das Taschengeld dem Ehegatten zur Befriedigung seiner persönlichen Bedürfnisse nach eigenem Gutdünken gewährt wird.[56] Der Anspruch auf Taschengeld ist deshalb nicht gem. § 850 Abs. 1 ZPO unpfändbar, sondern unterliegt unter den Voraussetzungen des § 850 b Abs. 2 ZPO der Pfändung nach den für Arbeitseinkommen geltenden Vorschriften. Bei der Prüfung der nach § 850 c Abs. 1 ZPO zu beachtenden Pfändungsfreigrenzen ist auf den fiktiven betragsmäßigen Unterhaltsanspruch abzustellen. Das daraus zu entnehmende Taschengeld ist zu 7/10[57] pfändbar, wenn der fiktive Unterhaltsanspruch den Pfändungsfreibetrag insoweit übersteigt und die Voraussetzungen des § 850 b Abs. 2 ZPO vorliegen, insbesondere wenn die Pfändung der Billigkeit entspricht.[58] Letzteres muss positiv feststehen; die Darlegungs- und Beweislast hierfür liegt beim Gläubiger.[59] Für die Beurteilung der Billigkeit sind neben der Höhe der Bezüge und derjenigen des dem Schuldner verbleibenden Betrages vor allem Art und Umstände der Entstehung der beizutreibenden Forderung von Bedeutung. Kommt die Pfändung eines Taschengeldanspruchs in Betracht, so hat der Schuldner in dem nach § 807 Abs. 1 ZPO vorzulegenden Vermögensverzeichnis auch die ihm möglichen Angaben zur Höhe des Einkommens seines Ehegatten zu machen.[60]Ein etwaiger Zuverdienst des Schuldners mindert (auch wenn gemäß § 850 c ZPO unpfändbar) allerdings seinen Anspruch auf Taschengeld, so dass ein solcher Anspruch nicht besteht, wenn der Eigenverdienst eines Ehegatten höher ist als sein Taschengeldbedarf.[61] Die Klage des Forderungspfandgläubigers gegen den Ehepartner als Drittschuldner ist Familiensache gemäß § 23 b Abs. 1 S. 2 Nr. 6 GVG.[62] Haften beide Ehegatten als Gesamtschuldner (wie aus Geschäften zur Deckung des familiären Bedarfs, § 1357), ist der geschilderte Weg entbehrlich.

2. Pfändungsprivilegien. Unterhaltsgläubiger genießen das Pfändungsprivileg aus 23
§ 850 d ZPO. Umgekehrt erhöht sich der Betrag des unpfändbaren Arbeitseinkommens gemäß § 850 c Abs. 1 S. 2 ZPO wegen der dem Vollstreckungsschuldner seinen Angehörigen gegenüber obliegenden Unterhaltspflichten. Dabei darf nicht der volle aus §§ 1360, 1360 a resultierenden Betrag zugrunde gelegt werden, denn in diesem ist auch der eigene Unterhalt des Vollstreckungsschuldners enthalten.

3. Insolvenz; Tod des Schuldners. Im Insolvenzfall gilt: Bzgl. der Unterhaltsansprüche 24
für die Zeit vor Eröffnung des Insolvenzverfahrens ist der unterhaltsberechtigte Ehegatte Insolvenzgläubiger iS des § 38 InsO; später entstehende Ansprüche richten sich grundsätzlich (anders soweit der Schuldner als Erbe des Unterhaltspflichtigen haftet) gegen des insolvenzfreie Vermögen des Schuldners.[63] Diesem sowie seiner Familie kann jedoch der notwendige Unterhalt aus der Insolvenzmasse (durch die Gläubigerversammlung bzw. den Insolvenzverwalter, § 100 Abs. 1 und 2 InsO) gewährt werden. Die bewilligte Unterstützung gehört zu den Masseverbindlichkeiten, die vorweg zu berichtigen sind (§§ 55 Abs. 1 Nr. 1, 53 InsO). Im Übrigen können sich die Unterhaltsgläubiger nur noch an das unpfändbare Arbeitseinkommen des Schuldners halten, denn nur insoweit ist die Zwangsvollstreckung auch in künftiges Einkommen zulässig (§ 89 Abs. 2 S. 2 InsO).[64] Vollstreckt werden kann in den Teil der Bezüge, der dem Zugriff anderer Gläubiger entzogen ist (nämlich in die Differenz zwischen den Pfändungsfreibeträgen des § 850 c ZPO und dem notwendigen

[56] BGH NJW 1998, 1553 = FamRZ 1998, 607, 608. Zur Höhe u. § 1360 a RdNr. 6.
[57] Vgl. § 850 c Abs. 2 ZPO; BGH FamRZ 2004, 1784, 1785; OLG Nürnberg FamRZ 1999, 505, 506.
[58] BGH FamRZ 2004, 1784, 1785 f.; OLG Stuttgart FamRZ 2002, 185 f.; OLG Hamm RPfleger 2002, 161 f.; *Staudinger/Voppel* RdNr. 72; *Palandt/Brudermüller* § 1360 a RdNr. 4; *Balthasar* FamRZ 2005, 85, 86; aA *Göppinger/Wax* RdNr. 2614; *Sauer/Meiendresch* FamRZ 1994, 1441, 1448 und 4. Aufl.: Die Billigkeitsprüfung muss zur Unpfändbarkeit des Taschengeldanspruchs führen, soweit er – für sich gesehen – die Pfändunsfreigrenzen nicht übersteigt.
[59] BGH FamRZ 2004, 1784, 1786.
[60] BGH FamRZ 2004, 1279, 1280.
[61] BGH FamRZ 1998, 608 ff.
[62] *Staudinger/Voppel* RdNr. 73.
[63] *Häsemeyer* Insolvenzrecht 4. Aufl. RdNr. 16.19.
[64] *Häsemeyer* (Fn. 63) RdNr. 14.20.

Unterhalt nach § 850 d ZPO).[65] Unterhaltsansprüche des Ehegatten (auch des getrennt lebenden) erlöschen mit dem **Tode des Verpflichteten** ebenso wie Unterhaltsansprüche von Kindern (§§ 1360 a Abs. 3, 1361 Abs. 4 S. 4, 1615); doch bleibt diesen Unterhaltsberechtigten ihr Erbrecht, mindestens ihr Pflichtteilsrecht.

25 **4. Verjährung.** Unterhaltsansprüche verjähren in **drei Jahren,** gerechnet vom Schluss des Jahres an, in dem sie entstanden sind und der Gläubiger Kenntnis iS des § 199 Abs. 1 Nr. 2 erlangt hat oder hätte erlangen müssen; ohne Rücksicht auf die Kenntnis oder grob fahrlässige Unkenntnis in 10 Jahren (§§ 195, 197 Abs. 2, 199 Abs. 1, 4). Während bestehender Ehe ist die Verjährung gehemmt (§ 207 Abs. 1). Das Stammrecht auf Unterhalt verjährt nicht.

VI. Verhältnis zum Verwandtenunterhalt

26 Ehegatten stehen einander näher als Verwandte. Der Ehepartner schuldet Unterhalt darum vor den Verwandten des Bedürftigen, § 1608 S. 1. Nur soweit der eigene angemessene Unterhalt des Ehepartners gefährdet ist, haften vor ihm die Verwandten des Bedürftigen (§ 1608 S. 2 und RdNr. 5). Als Unterhaltsgläubigern kommt seit dem 1. 1. 2008 infolge der Neuregelung der Rangverhältnisse durch das Unterhaltsrechtsänderungsgesetz minderjährigen unverheirateten und privilegierten volljährigen Kindern der erste Rang zu (§ 1609 Nr. 1). Ehegatten stehen demgegenüber erst im 2. oder 3. Rang (§ 1609 Nr. 2 und 3)[66] und gehen den übrigen Verwandten vor (§ 1609 Nr. 4–7).

VII. Verhältnis zum Unterhalt unter Getrenntlebenden und Geschiedenen

27 Der Anspruch auf Familienunterhalt ist mit demjenigen auf Trennungsunterhalt und auf nachehelichen Unterhalt nicht identisch.[67] Einem Unterhaltstitel aus §§ 1360 ff. ist nach der Scheidung daher mit der Vollstreckungsabwehrklage aus § 767 ZPO, nicht mit der Abänderungsklage aus § 323 ZPO zu begegnen (vgl. § 1361 RdNr. 79 aE). Dasselbe gilt für einen bei bestehender Lebensgemeinschaft ergangenen Titel nach vollzogener Trennung.[68]

VIII. Verfahrensrechtliches

28 Unterhaltsstreitigkeiten aus §§ 1360 ff. sind Familiensachen; ausschließlich zuständig ist das AmtsG als Familiengericht (§ 23 a Nr. 2, § 23 b Abs. 1 Nr. 6 GVG, § 621 Abs. 1 Nr. 5 ZPO; nach Inkrafttreten des FGG-Reformgesetzes: § 23 a Abs. 1 Nr. 1, § 23 b Abs. 1 GVG, §§ 111 Nr. 8, 112 Nr. 1, 231 Abs. 1 Nr. 2 FamFG). Bezüglich vermögenswerter Unterhaltsleistungen ist die Unterhaltsklage als vollstreckbare Leistungsklage gegeben, besonders für bezifferbare pekuniäre Ansprüche etwa auf Wirtschaftsgeld, Taschengeld oder auf einmalige Leistungen für persönliche Zwecke (zB Kosten einer ärztlichen Behandlung). Ihnen gegenüber ist die nicht vollstreckbare Herstellungsklage (§ 888 Abs. 2 ZPO) wie die allgemeine Feststellungsklage (§ 256 ZPO) als subsidiär zu betrachten (§ 1353 RdNr. 56). Nur die Herstellungsklage ist gegeben, wenn die Streitigkeit lediglich die nicht erzwingbare konkrete Ausgestaltung der ehelichen Lebensgemeinschaft in Zusammenhang mit der Unterhaltsgewährung betrifft, so etwa bei Streit um die ehegerechte Art und Weise der Erfüllung[69] oder bei Ansprüchen auf Wohnungsgewährung,[70] auf Haushaltsführung und

---

[65] *Häsemeyer* (Fn. 63) RdNr. 16.19 Fn. 57; zur Kritik: *Uhlenbruck* FamRZ 1993, 1026, 1027 ff.; FamRZ 1998, 1473.

[66] Vgl. § 1609 RdNr. 10, 16 ff.; sowie zur Rechtslage bis zum 31. 12. 2007 Vorauﬂ. RdNr. 28.

[67] OLG Düsseldorf FamRZ 1992, 943; OLG Hamm FamRZ 1988, 947; OLG München FamRZ 1982, 1801; *Staudinger/Voppel* RdNr. 52; *Wendl/Scholz* § 3 RdNr. 90; ablehnend: 4. Aufl. RdNr. 29.

[68] OLG Hamm FamRZ 1980, 249; OLG München FamRZ 1981, 450 ff.

[69] RGZ 97, 286, 289 f. (Gewährung von Taschengeld in unwürdiger Weise).

[70] *Brühl* FamRZ 1957, 281 Fn. 34; OLG Hamm FamRZ 1966, 450; s. aber OLG Hamm FamRZ 1966, 449 (vollsreckbarer vermögensrechtlicher Anspruch, wenn es v. a. um Vermeidung von Obdachlosigkeit geht); *Zöller/Stöber* § 888 RdNr. 17.

Kinderbetreuung, auf Mitarbeit des haushaltsführenden Ehegatten im Familiennotstand (vgl. RdNr. 17).[71]

§ 1360 a Umfang der Unterhaltspflicht

(1) Der angemessene Unterhalt der Familie umfasst alles, was nach den Verhältnissen der Ehegatten erforderlich ist, um die Kosten des Haushalts zu bestreiten und die persönlichen Bedürfnisse der Ehegatten und den Lebensbedarf der gemeinsamen unterhaltsberechtigten Kinder zu befriedigen.

(2) [1] Der Unterhalt ist in der Weise zu leisten, die durch die eheliche Lebensgemeinschaft geboten ist. [2] Die Ehegatten sind einander verpflichtet, die zum gemeinsamen Unterhalt der Familie erforderlichen Mittel für einen angemessenen Zeitraum im Voraus zur Verfügung zu stellen.

(3) Die für die Unterhaltspflicht der Verwandten geltenden Vorschriften der §§ 1613 bis 1615 sind entsprechend anzuwenden.

(4) [1] Ist ein Ehegatte nicht in der Lage, die Kosten eines Rechtsstreits zu tragen, der eine persönliche Angelegenheit betrifft, so ist der andere Ehegatte verpflichtet, ihm diese Kosten vorzuschießen, soweit dies der Billigkeit entspricht. [2] Das Gleiche gilt für die Kosten der Verteidigung in einem Strafverfahren, das gegen einen Ehegatten gerichtet ist.

Schrifttum: Allgemein: *Göppinger/Wax/(Bearbeiter),* Unterhaltsrecht, 9. Aufl. 2008; *Haumer,* Taschengeld unter Ehegatten, FamRZ 1996, 193; *Johannsen/Henrich,* Eherecht 4. Aufl. 2003; *Krenzler,* Unterhalt nach den „ehelichen Lebensverhältnissen". Dogmatische Grundlagen und ihre Konsequenzen, FamRZ 1990, 221; *Schwab/(Bearbeiter),* Handbuch des Scheidungsrechts, 5. Aufl. 2004; *Wendl/Staudigl/(Bearbeiter),* Das Unterhaltsrecht in der familienrichterlichen Praxis, 7. Aufl. 2008.

Zu Abs. 4 (Prozesskostenvorschuss): *Benkelberg,* Prozesskosten-„Vorschuss" und Rückzahlungspflicht, FuR 2003, 68; *Bißmaier,* Der Prozesskostenvorschuss in der familiengerichtlichen Praxis, FamRZ 2002, 863; *Caspary,* Der Anspruch auf Prozesskostenvorschuss, NJW 2005, 2577; *Huber,* Prozessuale Geltendmachung des Anspruchs auf Prozesskostenvorschuss, FamRZ 2002, 1541; *Klein,* Der familienrechtliche Anspruch auf Prozesskostenvorschuss, FuR 1996, 69 und 147; *Kleinwegener,* Die Erstattung außergerichtlicher Kosten der Rechtsverfolgung durch den Unterhaltspflichtigen, FamRZ 1992, 755; *Knops,* Der familienrechtliche Prozesskostenvorschuss, NJW 1993, 1237; *ders.,* Der Prozesskostenvorschuss in kostenrechtlicher Sicht, JurBüro 1992, 448; *Knops/Knops,* Die Bestimmung der „persönlichen Angelegenheiten" beim familienrechtlichen Prozesskostenvorschuss, FamRZ 1997, 208; *Koch,* Prozesskostenvorschusspflicht der Ehegatten in „persönlichen Angelegenheiten", NJW 1974, 87; *Pastor,* Prozesskostenvorschuss und Prozesskostentragung, Diss. Bonn 1962; *ders.,* Die Prozesskostenvorschusspflicht der Ehegatten, FamRZ 1958, 298; *Olzen,* Die Rückforderung von Prozesskostenvorschüssen unter Ehegatten, JR 1990, 1. S. ferner die Schrifttumsangaben zu § 1360.

Übersicht

[71] *Palandt/Brudermüller* § 1356 RdNr. 8.

I. Normzweck

1 § 1360 a ist Ausführungsvorschrift zu § 1360. Die in § 1360 dem Grunde nach festgelegte Unterhaltspflicht umschreibt § 1360 a Abs. 1 näher bezüglich des Umfangs sowie des Kreises der Empfänger (RdNr. 3 ff.). § 1360 a Abs. 2 regelt die Art der Unterhaltsgewährung (RdNr. 14 ff.). In Bezug auf die Unterhaltspflicht für die Vergangenheit, auf Verzicht und Erlöschen des Unterhaltsanspruchs verweist Abs. 3 auf die §§ 1613 bis 1615 aus dem Verwandtenunterhaltsrecht (RdNr. 19). § 1360 a Abs. 4 rechnet zum Unterhalt schließlich die Pflicht, dem bedürftigen Ehepartner die Kosten eines Rechtsstreits über eine persönliche Angelegenheit vorzuschießen (RdNr. 20 ff.).

II. Umfang der Unterhaltspflicht und Kreis der Empfänger (Abs. 1)

2 **1. Grundsätze.** Der Unterhaltsanspruch nach §§ 1360, 1360 a ist nicht ohne weiteres nach den zum Ehegattenunterhalt nach Trennung oder Scheidung entwickelten Grundsätzen zu bemessen. Er geht nach seiner Ausgestaltung nicht auf Gewährung einer – frei verfügbaren – laufenden Geldrente für den jeweils anderen Ehegatten, sondern ist als **gegenseitiger Anspruch der Ehegatten** darauf gerichtet, dass jeder von ihnen seinen Beitrag zum Familienunterhalt entsprechend seiner nach dem individuellen Ehebild übernommenen Funktion leistet.[1] Der Unterhalt umfasst den **gesamten Lebensbedarf der Familie.** Dazu gehören nicht nur die persönlichen Bedürfnisse der **Ehegatten** (RdNr. 5 ff.), sondern auch die Kosten des **Haushalts** (RdNr. 4) sowie der Unterhalt der gemeinsamen **Kinder,** den diese nach §§ 1601 ff. auch selber verlangen können (RdNr. 9 ff.; § 1360 RdNr. 8). Das Maß des Unterhalts bestimmt sich nach den ehelichen Lebensverhältnissen, so dass § 1578 als Orientierungshilfe herangezogen werden kann.[2]

3 **2. Einkommensverhältnisse beider Ehegatten.** Den **Maßstab** für die Angemessenheit des Unterhalts bilden die Verhältnisse beider Ehegatten. Ihre Zugehörigkeit zu einer bestimmten Gesellschaftsschicht ist nicht ausschlaggebend; das Gesetz spricht nicht mehr vom standesgemäßen, sondern vom angemessenen Unterhalt. Als Merkmale bleiben daher nur die Vermögens- und Einkommensverhältnisse der Eheleute. Sie sind **objektiv** nach den Maßstäben eines vernünftigen Betrachters zu beurteilen: Nicht der tatsächliche Lebenszuschnitt entscheidet (der im Einzelfall besonders sparsam, aber auch übertrieben aufwendig sein kann), sondern derjenige Standard, den entsprechend situierte Eheleute im Regelfall wählen.[3] Nur in diesem Rahmen kann das tatsächliche Konsumverhalten berücksichtigt werden.[4] Dabei begrenzt das Einkommen der Ehegatten sowie vorhandenes Vermögen die

[1] BGH FamRZ 2003, 363, 366; 2004, 24, 25; 2006, 26, 29.
[2] BGH FamRZ 2003, 363, 366; 2004, 24, 25; 2006, 26, 29.
[3] BGH FamRZ 2007, 1532 Tz. 27; 1993, 789, 792; 1990, 283, 285; 1987, 36, 39; *Staudinger/Voppel* RdNr. 3; *Göppinger/Wax/Bäumel* RdNr. 908; *Palandt/Brudermüller* RdNr. 1.
[4] BGH FamRZ 2007, 1532 Tz. 27.

Unterhaltspflicht nach oben.[5] Fixe Größen des geschuldeten Unterhalts lassen sich nicht angeben, nicht einmal eine absolute Obergrenze. Konkurriert der Anspruch auf Familienunterhalt mit anderen Unterhaltsansprüchen, so kann er zu Berechnungszwecken auf die einzelnen Familienmitglieder aufgeteilt und in Geldbeträgen veranschlagt werden. Dabei ist davon auszugehen, dass den Ehegatten als Familienunterhalt grundsätzlich die Hälfte der beiderseitigen Einkommen – ohne Abzug eines Erwerbstätigenbonus[6] – zusteht, soweit diese die ehelichen Lebensverhältnisse prägen und nicht zur Vermögensbildung verwendet werden. Ebenfalls als prägend, nämlich den Bedarf innerhalb der Familie senkend, können weitere (auch latente) Unterhaltspflichten zu berücksichtigen sein.[7] Das soll nach neuer Rspr. des BGH allerdings nicht gelten, wenn es sich um gleichrangige Unterhaltsansprüche handelt. Dann sollen sich die Ansprüche des geschiedenen und des jetzigen Ehegatten in der Weise beeinflussen, dass sich der Bedarf des einen dem des anderen angleicht.[8] Danach ist für die Bemessung des Familienunterhalts nicht von einem um den – isoliert berechneten – nachehelichen Unterhalt reduzierten Einkommen des Unterhaltspflichtigen auszugehen. Vielmehr soll jedem der Ehegatten ein Drittel des unterhaltsrelevanten Einkommens zustehen. Diese Rspr. ist mit einer Unterhaltsbemessung nach den ehelichen Lebensverhältnissen (§ 1578 Abs. 1), die das Gesetz auch nach der Unterhaltsreform vorgibt, schwerlich in Einklang zu bringen. Denn bei der erneuten Eheschließung handelt es sich um eine nacheheliche Entwicklung, die für sich allein in Anspruch nehmen kann, die persönlichen Verhältnisse des Unterhaltspflichtigen widerzuspiegeln, nicht aber einen Bezug zur Erstehe aufzuweisen (vgl. § 1361 RdNr. 14 f.).

3. Haushaltskosten. Zu den Haushaltskosten gehören vor allem die Aufwendungen für die **Ernährung** der Familienmitglieder und für eine den Raumbedarf der Familie befriedigende **Wohnung** samt entsprechender Einrichtung.[9] Aber nur die **laufenden** Aufwendungen für die Wohnung sind Haushaltskosten (Miete, Mietnebenkosten, Unterhaltungskosten eines Eigenheims, Hypothekenzinsen, nicht jedoch Tilgungsbeiträge). Der **Erwerb** eines **Eigenheims** ist **Vermögensbildung** und wird unterhaltsrechtlich auch bei hohem Einkommen nicht geschuldet.[10] Bei schuldenfreiem Eigentum(santeil) ist dessen Überlassung zur Benutzung Unterhaltsleistung in Höhe des sonst erforderlichen Mietaufwands. Je nach den Verhältnissen der Ehegatten gehören zu den Haushaltskosten auch die Aufwendungen für die PKW-Haltung, eventuell auch diejenigen für einen Zweitwagen.[11] Jedenfalls bei überdurchschnittlichem Einkommen dient ein Teil davon aber regelmäßig der Vermögensbildung;[12] es vollständig zum laufenden Unterhalt aufzubrauchen, wäre nach objektivem Maßstab (RdNr. 3) nicht angemessen.[13] Die Anschaffung gewisser **Luxusgüter** kann hingegen bei entsprechenden Einkommensverhältnissen zu den Haushaltungskosten rechnen.[14] Nicht hierzu gehören die Steuern, die auf die Einkünfte der Ehegatten entfallen und die diese Bezüge mindern.[15] 4

[5] *Staudinger/Voppel* RdNr. 5; *Wendl/Scholz* § 3 RdNr. 33; *Palandt/Brudermüller* RdNr. 1. Zur Verpflichtung zur Aufnahme von Krediten: § 1360 RdNr. 9. Zur Pflicht zur Erzielung des nach Ausbildung und Fähigkeiten bestmöglichen Einkommens s. § 1360 RdNr. 12

[6] BGH FamRZ 2002, 742.

[7] BGH FamRZ 2004, 792, 793; 2003, 860, 864 ff., jeweils zum Elternunterhalt.

[8] BGH FamRZ 2008, 1911 Tz. 35 f. m. krit. Anm. *Maurer* 1919 ff.; FamRZ 2009, 23 Tz. 27 ff.; vgl. auch BGHZ 166, 351, 362 = FamRZ 2006, 683, 686 m. krit. Anm. *Borth* 852 f. Zur Kritik s. auch § 1361 RdNr. 15.

[9] BGH FamRZ 1998, 608, 609; *Staudinger/Voppel* RdNr. 7; *Wendl/Scholz* § 3 RdNr. 23; *Palandt/Brudermüller* RdNr. 2.

[10] BGH FamRZ 1984, 980 f. mwN; LG Lüneburg Schaden-Praxis 1995, 333; *Göppinger/Wax/Bäumel* RdNr. 909; aA *Wendl/Scholz* § 3 RdNr. 23 bzgl. Tilgungsleistungen.

[11] BGH FamRZ 1983, 351; *Staudinger/Voppel* RdNr. 9; *Wendl/Scholz* § 3 RdNr. 23; *Göppinger/Wax/Bäumel* RdNr. 912.

[12] BGH FamRZ 2004, 370, 372; 2004, 795, 798.

[13] BGH (Fn. 3); vgl. § 1361 RdNr. 3.

[14] Vgl. KG OLGE 21, 243 f.; *Staudinger/Voppel* RdNr. 10; *Soergel/Lange* RdNr. 5.

[15] BGH FamRZ 2002, 1024, 1026.

5 **4. Persönliche Bedürfnisse.** Zu den persönlichen Bedürfnissen der Ehegatten gehören die Kosten für eine angemessene **Kleidung** (auch eventuell erforderliche Berufskleidung),[16] für Körperpflege und eine notwendige **ärztliche Behandlung**[17] einschließlich unaufschiebbarer Krankenhausbehandlung (als Sonderbedarf: Abs. 3 iVm. § 1613 Abs. 2) sowie – vorbeugend – angemessener **Krankenversicherung;**[18] kostspielige längerfristige Kuraufenthalte und andere, nicht unbedingt notwendige, teure Behandlungen (Zahnimplantate) hingegen nur aufgrund diesbezüglicher Einigung.[19] Bei dauerhaften Gesundheitsschäden (Behinderungen) umfasst die Unterhaltspflicht auch den Betreuungs- und Pflegeaufwand.[20] Ferner gehören hierzu die Kosten für geistige, künstlerische, politische Aktivitäten,[21] auch innerhalb entsprechender Organisationen (Vereinsbeiträge), ebenso **Kirchensteuer** oder Kirchgeld.[22] Über die rein physischen Bedürfnisse hinaus umfasst die Unterhaltspflicht also auch nach heutiger Lebensweise angemessene Aufwendungen für ein psychisches Wohlbefinden. Außer den angeführten kulturellen Bedürfnissen sind zu nennen etwaige **Liebhabereien,**[23] die Unterhaltung eines den Verhältnissen entsprechenden **geselligen Verkehrs,**[24] die weithin üblich gewordene **Urlaubsreise.**[25] Ferner gehört zum persönlichen Bedarf der Aufbau einer angemessenen **Altersversorgung,** bei entsprechenden Einkommensverhältnissen auch im Umfang der über die primäre Altersversorgung hinausgehenden zusätzlichen Altersversorgung.[26] Geschuldet wird aber keine eigenständige Altersversorgung des nicht erwerbstätigen Ehegatten, sondern nur eine vom erwerbstätigen Ehegatten abhängige Versorgung.[27] Für die Kosten eines **Unterbringungsverfahrens** haftet der unterhaltspflichtige Ehegatte des Untergebrachten (§ 15 BFreihEntzG).[28]

6 **5. Taschengeld.** Bestandteil des Familienunterhalts ist auch das Taschengeld. Beide Ehegatten haben Anspruch auf einen angemessenen Teil des Gesamteinkommens als Taschengeld, dh. auf einen Geldbetrag, der jedem von ihnen die Befriedigung persönlicher Bedürfnisse nach eigenem Gutdünken und freier Wahl unabhängig von einer Mitsprache des anderen ermöglichen soll.[29] Hinsichtlich der Höhe wird idR eine Quote von **5–7% des verfügbaren Nettoeinkommens** zugrunde gelegt.[30] Der Anspruch wird, falls beide Ehegatten über Einkommen verfügen, nach der Lebenserfahrung in der Weise befriedigt, dass der mehr verdienende Ehegatte den entsprechenden Betrag von seinem Einkommen einbehält, ebenso der weniger verdienende Ehegatte, so dass er nur insoweit einen Bar-

---

[16] RGRK/*Wenz* RdNr. 2; *Staudinger/Voppel* RdNr. 11; *Soergel/Lange* RdNr. 5 (trotz steuerlicher Absetzbarkeit als Werbungskosten wichtig für Vorschüsse).

[17] Vgl. BGH FamRZ 1998, 608, 609; 1992, 291, 292; NJW 1982, 328 = FamRZ 1982, 145; OLG Braunschweig FamRZ 1996, 288; OLG Schleswig FamRZ 1994, 444; *Staudinger/Voppel* RdNr. 11; *Erman/Gamillscheg* RdNr. 4.

[18] OLG Hamm FamRZ 1987, 1142 f.

[19] OLG Braunschweig FamRZ 1996, 288; *Soergel/Lange* RdNr. 5.

[20] BGH FamRZ 1993, 411, 412; NJW 1995, 1486; OLG Düsseldorf NJW 2002, 1353; OLG Hamm FamRZ 1999, 166; *Wendl/Scholz* § 3 RdNr. 23.

[21] *Staudinger/Voppel* RdNr. 11; *Erman/Gamillscheg* RdNr. 4; *Wendl/Scholz* § 3 RdNr. 23.

[22] BVerwG NJW 1977, 1304 (für Hessen); FG Hamburg FamRZ 1997, 1155; *Staudinger/Voppel* RdNr. 12; *Erman/Gamillscheg* RdNr. 4; *Wendl/Scholz* § 3 RdNr. 23.

[23] *Staudinger/Voppel* RdNr. 13; *Soergel/Lange* RdNr. 5.

[24] S. Fn. 21.

[25] BGH FamRZ 1998, 608, 609.

[26] BGH FamRZ 2005, 1817; *Wendl/Scholz* § 3 RdNr. 23; *Staudinger/Voppel* RdNr. 14, 31; *Soergel/Lange* RdNr. 6; einschr. *Göppinger/Wax/Bäumel* RdNr. 914: Sicherung im Rahmen bestehender gesetzlicher Versorgungen ist ausreichend.

[27] BGHZ 74, 38, 46 f.; *Rauscher* RdNr. 314.

[28] Vgl. OLG Frankfurt NJW 1964, 2116.

[29] BGH FamRZ 1998, 608, 609; 2004, 366, 369; 2006, 1827, 1831; *Staudinger/Voppel* RdNr. 17; *Wendl/Scholz* § 3 RdNr. 56; *Göppinger/Wax/Bäumel* RdNr. 921. Abl. *Haumer* FamRZ 1996, 193 ff.; *Braun* AcP 195 (1995), 311, 352 ff. und NJW 2000, 97 ff.

[30] BGH FamRZ 1998, 608, 609; 2004, 1784, 1785; 2004, 366, 369; OLG Celle FamRZ 1999, 162, 163; OLG Nürnberg FamRZ 1999, 505, 506; *Wendl/Scholz* § 3 RdNr. 60; *Kalthoener/Büttner/Niepmann* RdNr. 433.

anspruch hat, als sein Einkommen zur Erfüllung des Taschengeldanspruchs nicht ausreicht.[31] Taschengeld ist **unterhaltspflichtiges Einkommen;** es kann deshalb, soweit der jeweilige Selbstbehalt des Unterhaltspflichtigen gewahrt ist, zur Erfüllung von Unterhaltsansprüchen (zB gegenüber Kindern aus einer früheren Ehe oder gegenüber Eltern) einzusetzen sein.[32] Der Taschengeldanspruch ist **bedingt pfändbar** (vgl. § 1360 RdNr. 22). Im Falle der Pfändung besteht keine „Nachschusspflicht" des anderen Ehegatten.[33]Kein Anspruch besteht, soweit das Einkommen zur Bestreitung des notwendigen Familienunterhalts nicht ausreicht.[34] Eine Abrede über die Verwaltung des Taschengeldes durch den Unterhaltspflichtigen verstieße gegen die Natur des individuellen Baranspruchs.[35] Einem Alkoholkranken steht ein solcher jedoch nicht zu.[36]

6. Negativabgrenzung. Nicht zum Familienunterhalt gehören Aufwendungen zur Ver- 7
mögensbildung (RdNr. 4), die Begleichung von **Schulden** der Kinder oder des Ehepartners (außer solchen nach § 1357)[37] und von Geldstrafen,[38] die Aufwendungen für Bestattung und Grabpflege von Verwandten des Ehepartners (zu deren Unterhalt RdNr. 10 ff.).

7. Berufsausbildung. Ob die Kosten für Berufsausbildung oder Hochschulstudium des 8
Partners zur Unterhaltspflicht gehören, hängt von den Verhältnissen der Eheleute ab. Ein Anspruch auf **Ausbildungsfinanzierung** kommt jedenfalls in Betracht bei entsprechender Einigung, eine zur Zeit der Heirat begonnene Ausbildung fortzusetzen, oder bei späterem gemeinsamen Entschluss, eine weitere Ausbildung zu beginnen.[39] Die Pflicht zur Ausbildungsfinanzierung steht unter dem Vorbehalt, dass die Umstände gleich bleiben; sie kann sich ändern bei Krankheit oder bei Geburt eines Kindes, durch Arbeitslosigkeit des unterhaltsverpflichteten Partners (s. § 1360 RdNr. 12). Ob darüber hinaus ein solcher Anspruch besteht, wird nicht einheitlich beantwortet.[40] Ausgehend von der Erwägung, dass eine Berufsausbildung eine nachhaltige Sicherung des Einkommens aus Erwerbstätigkeit verspricht und das UÄndG 2007 den Grundsatz der Eigenverantwortung hervorgehoben hat, erscheint die Annahme gerechtfertigt, dass auch während des Zusammenlebens der Ehegatten bestehenden Ausbildungswünschen Rechnung zu tragen ist, wenn sie nach den gegebenen Verhältnissen einer vernünftigen Lebensplanung entsprechen. Nach dem Gebot der Rücksichtnahme (§ 1356 Abs. 2 S. 2) muss der Ausbildungswunsch zurücktreten, falls Belange der Familie entgegenstehen.

8. Kindesbedarf. Der Lebensbedarf der Kinder umfasst vor allem die Aufwendungen für 9
Nahrung, Kleidung, Gesundheitsfürsorge und **geistiges Wohlergehen.** Besonders bedeutsam sind naturgemäß die Kosten für die **Erziehung** und für eine den Anlagen und Neigungen entsprechende **Berufsausbildung.**[41] Zum Lebensbedarf kleinerer Kinder gehören auch **Spielsachen.** Von einem bestimmten Alter an und je nach ihrem geistigen Entwicklungsstand ist auch Kindern ein angemessenes **Taschengeld** zu überlassen.

---

[31] BGH FamRZ 1998, 608, 609; *Staudinger/Voppel* RdNr. 18; *Wendl/Scholz* § 3 RdNr. 58.

[32] BGH FamRZ 2006, 1827, 1831; 2004, 366, 369.

[33] BGH FamRZ 2004, 1784, 1785.

[34] BGH FamRZ 2004, 1784; 1998, 608, 609; OLG Köln FuR 2004, 249; NJW 1998, 1553; OLG Hamm FamRZ 1986, 357.

[35] AG Holzminden FamRZ 1997, 1156, 1157.

[36] OLG Hamburg FamRZ 1998, 182 f.

[37] BGH FamRZ 1990, 280, 282; 1985, 902.

[38] LG Essen FamRZ 1970, 494 (insoweit auch keine Pflicht zur Geltendmachung oder zur Erhöhung des Taschengeldes).

[39] BGH NJW 1985, 803 = FamRZ 1985, 353 f.; FamRZ 1981, 439, 440; *Staudinger/Voppel* RdNr. 28; *Göppinger/Wax/Bäumel* RdNr. 922; *Wendl/Scholz* § 3 RdNr. 24; auch OLG Stuttgart FamRZ 1983, 1030.

[40] *Staudinger/Voppel* RdNr. 27 f.; *Wendl/Scholz* § 3 RdNr. 24; *Rauscher* RdNr. 14: wenn die Ausbildung durch die ehelichen Lebensverhältnisse gerechtfertigt ist; AnwK-BGB/*Kaiser* RdNr. 9: Ausbildung zählt zu den persönlichen Bedürfnissen eines Ehegatten; *Palandt/Brudermüller* RdNr. 3: kein allgemeiner Anspruch auf Ausbildungsfinanzierung; Ausnahme: bei Eheschließung bereits begonnene, aber noch nicht abgeschlossene Ausbildung; *Erman/Gamillscheg* RdNr. 4: generell abl.

[41] *Staudinger/Voppel* RdNr. 34; *Schwab/Borth* Teil IV RdNr. 23.

III. Unterhaltsgewährung an Verschwägerte, besonders an Stiefkinder

10 **1. Grundsatz.** Unterhaltsberechtigt sind nach §§ 1360 a Abs. 1, 1601 ff. nur die gemeinsamen Kinder; dazu zählen auch voreheliche sowie beiderseits adoptierte und das von einem Ehegatten angenommene Kind des anderen Ehegatten (§§ 1754 Abs. 1, 1767 Abs. 1). Das gilt unabhängig davon, ob die Kinder minderjährig oder volljährig sind; entscheidend ist, ob sie unterhaltsberechtigt sind und den Unterhalt im elterlichen Haushalt empfangen.[42] Keine gesetzliche Unterhaltspflicht besteht unter Verschwägerten, dh. gegenüber Verwandten des unterhaltsberechtigten Ehegatten (§ 1590), insbes. dessen (einseitigen) Kindern, auch dann nicht, wenn diese im ehelichen Haushalt leben.[43] Der Unterhalt für Verwandte des unterhaltsberechtigten Ehegatten gehört weder zu dessen persönlichen Bedürfnissen noch zu den Haushaltskosten. Ein Unterhaltsanspruch Verschwägerter lässt sich auch nicht mittelbar aus einer Verpflichtung des Unterhaltspflichtigen zu Mehrleistungen im Rahmen des Familienunterhalts herleiten, mit denen der Partner seine Verwandten unterstützen kann.[44] Der Partner kann nur seinen eigenen Beitrag zum Familienunterhalt vermindern, wenn er zugleich seine Kinder aus einer anderen Beziehung unterhalten muss (vgl. § 1360 RdNr. 12). Ein zuverdienender Ehegatte kann gegenüber seinen bedürftigen Verwandten auch dann als leistungsfähig gelten, falls sein Zuverdienst seinen eigenen Bedarf nicht voll deckt, nämlich wenn und soweit sein Selbstbehalt durch seinen Anspruch auf Familienunterhalt gesichert ist, der Zuverdienst hierfür also nicht benötigt wird.[45]

11 **2. Stiefkinder.** Der im 2. RegE zum GleichberG vorgesehene § 1360 c, der Unterhaltsansprüche naher Angehöriger eines Ehegatten vorsah, ist nicht Gesetz geworden. Die Novelle zum Kindesrecht von 1998 brachte keine Änderung. Mit dem vom überlebenden Stiefelternteil nach § 1371 Abs. 4 aus dem erhöhten gesetzlichen Erbteil zu erfüllenden Ausbildungsanspruch[46] ist dem bedürftigen Kind nur ausnahmsweise geholfen, falls der verstorbene leibliche Elternteil zureichendes eigenes Vermögen hinterlässt. Das öffentliche Recht, bes. das Sozialrecht, stellt Stiefkinder den leiblichen Kindern (bezüglich Kindergeld etc.) weitgehend gleich.[47] Ob hinsichtlich der unterhaltsrechtlichen Belange von Stiefkindern **Reformbedarf** besteht, erscheint indes zweifelhaft.[48] Eine Verrechtlichung tatsächlich erbrachter Leistungen dürfte im System des Unterhaltsrechts erheblichen Schwierigkeiten begegnen; problematisch wäre in jedem Fall die Einbeziehung derjenigen Kinder, deren leiblicher Elternteil mit einem neuen Partner in nichtehelicher Lebensgemeinschaft zusammenlebt.

12 **3. (Stillschweigende) Unterhaltsverträge?** Mangels gesetzlicher Verpflichtung kann eine Unterhaltspflicht zwar durch Vertrag übernommen werden. In der Annahme stillschweigend geschlossener Alimentierungsverträge[49] ist jedoch Zurückhaltung geboten.[50] Aus bloßem Mitgefühl gewährte Gefälligkeiten lassen noch nicht auf einen Rechtsfolgewil-

---

[42] *Staudinger/Voppel* RdNr. 35; *Schwab/Borth* Teil IV RdNr. 23; aA AnwK-BGB/*Kaiser* RdNr. 14: mit Eintritt der Volljährigkeit verdrängt der Unterhaltsanspruch des Kindes aus §§ 1601 ff. den kindesbezogenen Anspruch der Eltern auf Familienunterhalt.

[43] BGH NJW 1969, 2007; FamRZ 1984, 462 f.; *Staudinger/Voppel* RdNr. 36 f.

[44] *Staudinger/Voppel* RdNr. 39; *Wendl/Scholz* § 3 RdNr. 27, 46; *Erman/Gamillscheg* RdNr. 9 *Göppinger/Wax/Bäumel* RdNr. 889.

[45] BGH FamRZ 2006, 1827, 1829; 2006, 1010, 1014.

[46] Dazu *Boehmer* FamRZ 1961, 41 ff.; eingehend § 1371 RdNr. 57 ff.

[47] Vgl. *Muscheler* FamRZ 2004, 913, 918, auch zu Reformvorschlägen: Regelung eines gesetzlichen Unterhaltsanspruchs des Stiefkindes gegen den ehelichen/lebenspartnerschaftlichen Stiefelternteil, der mit dem Kind in häuslicher Gemeinschaft lebt; Nachrangigkeit dieser Unterhaltspflicht gegenüber derjenigen des leiblichen Elternteils; Erlöschen des Anspruchs bei Auflösung von Ehe oder Lebenspartnerschaft; vgl. auch *Kremer,* Das Stiefkind im Unterhaltsrecht, 2000; *Peschel-Gutzeit* FPR 2004, 47, 49 f.

[48] AA 4. Aufl.

[49] Dazu *Hepting* Ehevereinbarungen S. 170 ff.

[50] AA *Schwab/Borth* Teil IV RdNr. 26: idR sei von einer stillschweigenden Vereinbarung der Ehegatten auszugehen, dass der Unterhaltsbedarf eines einseitigen, in den Haushalt aufgenommenen Kindes gedeckt werde, soweit der für dieses geleistete Barunterhalt nicht ausreiche.

len schließen. Keine ausreichenden Indizien für einen fortdauernden rechtlichen Bindungswillen sind hiernach die Aufnahme des Verschwägerten in die eheliche Wohnung[51] und die Einbenennung nach § 1618 (andernfalls könnte dies einer entsprechenden Bereitschaft entgegenwirken). Ein konkludenter Vertragsabschluss ist aber anzunehmen, wenn eine bisher alleinstehende, berufstätige Frau mit Kind ihren Beruf aufgibt, um den Haushalt ihres jetzigen Ehemannes zu versorgen. Der den Haushalt führende Ehegatte übernimmt im Zweifel auch die Pflicht zur persönlichen Betreuung und Versorgung einseitiger, im Haushalt lebender Kinder des berufstätigen Partners.[52] Wegen der fehlenden gesetzlichen Verpflichtung besteht kein Abschlusszwang zu Unterhaltsverträgen. Die Verwahrung des Stiefelternteils gegen die Deutung seines Verhaltens als konkludente Verpflichtungserklärung ist grundsätzlich beachtlich.[53] Zulässig ist die Übernahme bloß eingeschränkter Unterhaltsbeiträge, die die Bedürfnisse des Verschwägerten nicht voll befriedigen.[54] Die Inanspruchnahme öffentlich-rechtlicher Leistungen (Kindergeld, Lohnsteuerermäßigung, Sozialhilfe) lässt auf den Willen des Stiefvaters schließen, dem Kinde in Höhe dieser Vergünstigungen Unterhalt zu gewähren,[55] solange er sie bezieht.

Derartige ausdrückliche oder stillschweigende Unterhaltsverträge unter Ehegatten sind im 13
Zweifel **unechte Verträge** zugunsten des Verschwägerten. Ihre einvernehmliche Aufhebung oder Änderung bedarf keiner Zustimmung des Verschwägerten (vgl. § 328 Abs. 2). Da unter dem Vorbehalt gleichbleibender Umstände stehend, kann sich der Verpflichtete aus triftigen Gründen davon auch einseitig lösen, bes. bei Verschlechterung seiner wirtschaftlichen Lage.[56] Nach dem mutmaßlichen Parteiwillen erlischt die Verpflichtung mit dem Ausscheiden des Begünstigten aus dem gemeinsamen Haushalt, desgleichen mit dem Getrenntleben der Eheleute (§ 1361 RdNr. 5, aber auch RdNr. 40), nicht erst mit deren Scheidung.[57] **Echte Verträge** zugunsten des unterhaltsberechtigten (Stief-)Kindes werden hingegen bei Zustimmung zu heterologer Insemination bejaht. Als mitverantwortlich bereits für das Entstehen des Kindes steht der Ehemann der Mutter dort einem Adoptivvater näher.[58] Seine konkludent übernommene Unterhaltspflicht ist dann nicht einseitig kündbar, sie erlischt auch nicht infolge Trennung oder Scheidung, ggf. aber durch Wegfall der Geschäftsgrundlage.[59]

IV. Art der Unterhaltsgewährung

1. Grundsätzlich Naturalleistung (S. 1). Der Unterhalt ist in der durch die eheliche 14
Lebensgemeinschaft gebotenen Weise zu leisten, Abs. 2 S. 1. Die eheliche Lebensgemeinschaft gebietet grundsätzlich Unterhaltsleistungen **in Natur.** Die Haushaltsführung und die Kinderbetreuung sind regelmäßig persönlich zu erfüllende Pflichten. Abreden über die Erfüllung der Unterhaltspflicht durch **Geldrenten** verstoßen aber nicht zwangsläufig gegen die eheliche Lebensgemeinschaft; bei berufsbedingter Abwesenheit zB sind Geldüberwei-

---

[51] So zu Recht die hM: OLG Nürnberg FamRZ 1965, 217; *Staudinger/Voppel* RdNr. 44; *Soergel/Lange* RdNr. 11, gegen LG Berlin FamRZ 1955, 267 m. Anm. *Bosch* und *Boehmer*; auch BVerwG MDR 1960, 525 f.

[52] *Staudinger/Voppel* RdNr. 42; *Soergel/Lange* RdNr. 11; vgl. auch OLG Karlsruhe FamRZ 1961, 371, 373.

[53] *Staudinger/Voppel* RdNr. 45; LG Berlin FamRZ 1955, 267.

[54] *Staudinger/Voppel* RdNr. 41; *Soergel/Lange* RdNr. 11.

[55] *Soergel/Lange* RdNr. 11; *Boehmer* FamRZ 1955, 125, 128; auch BayVGH FamRZ 1955, 190; abl. VG Ansbach FamRZ 1956, 127.

[56] BVerwG MDR 1960, 526 f.; *Staudinger/Voppel* RdNr. 46; *Soergel/Lange* RdNr. 11; *Boehmer* FamRZ 1961, 41 f.

[57] OLG Nürnberg FamRZ 1965, 217; *Staudinger/Voppel* RdNr. 47; *Schwab/Borth* Teil IV RdNr. 26; *Soergel/Lange* RdNr. 11; aA LG Berlin FamRZ 1955, 267 f. m. Anm. *Boehmer.*

[58] BGHZ 129, 297, 302 f. = FamRZ 1995, 861, 862 mwN; BGH FamRZ 1995, 865; ebenso bei fehlgeschlagener Adoption durch beide Ehegatten, BGH FamRZ 1995, 995. *Grziwotz* MDR 1998, 1075, 1079 befürwortet Gleiches auch für andere Fälle, wie geduldeten Drittverkehr, Abhalten von Schwangerschaftsabbruch und Methoden moderner Fortpflanzungsmedizin.

[59] BGH FamRZ 1995, 865: Geschäftsgrundlage ist die Vorstellung, die Beziehungen des sozialen Elternteils zum Kind entwickelten sich wie bei biologischer Elternschaft.

sungen einzig ehegemäß,[60] ebenso ist von einem Anspruch auf Barunterhalt auszugehen, wenn ein Ehegatte in einem Pflegeheim untergebracht werden musste.[61]Bei Nichterfüllung ist Verurteilung zur Zahlung stets zulässig.[62] Keine echte Rente ist der nach Lage der Dinge in Geld zu erfüllende Taschengeldanspruch (RdNr. 6; RdNr. 16), da ein nicht erwerbstätiger Ehegatte einen Geldbetrag zwecks persönlicher Bedürfnisbefriedigung zur freien Verfügung haben muss.

15 **2. Vorschusspflicht (S. 2).** Die erforderlichen Unterhaltsmittel für einen angemessenen Zeitraum im Voraus zur Verfügung zu stellen, sind **beide Ehegatten** einander verpflichtet, Abs. 2 S. 2. Die Vorschrift passt dem Wortlaut nach nur auf die Doppelverdienerehe. Bei **Einverdienerehen** ist sie einschränkend nur auf den erwerbstätigen Ehegatten anzuwenden (arg. § 1360 S. 2). Der Anspruch des haushaltführenden Gatten auf Wirtschaftsgeld ist für die große Zahl der kleinen Alltagsgeschäfte praktisch bedeutsamer als seine Schlüsselgewalt (§ 1357).

16 **3. Wirtschaftsgeld. Taschengeld.** Die Pflicht zur Gewährung von Wirtschaftsgeld ist eine weitere (unechte) Ausnahme von der grundsätzlich in natura zu erfüllenden Unterhaltspflicht. Das Wirtschafts- oder Haushaltsgeld umfasst die Mittel zur Deckung der gewöhnlichen, **regelmäßig wiederkehrenden Aufwendungen** für den Haushalt, für die persönlichen Bedürfnisse der Ehegatten und für den laufenden Lebensbedarf der gemeinsamen unterhaltsberechtigten Kinder. Grundsätzlich nicht dazu gehören über die Alltagsgeschäfte hinausgehende, **außergewöhnliche Ausgaben** (wie größere, einmalige Anschaffungen). Für diese braucht der haushaltführende Ehegatte aus dem erhaltenen Wirtschaftsgeld keine Rücklagen zu bilden.[63] Der Anspruch ist auf treuhänderische Überlassung mit Verfügungsmacht nach §§ 185, 1357 zur zweckentsprechenden Verwendung gerichtet, nicht auf Übereignung des Geldes.[64] Die Geldüberlassung erfüllt die Unterhaltspflicht noch nicht, sondern bereitet sie erst vor. Bei zweckwidriger Verwendung durch den Empfänger ist der Pflichtige von den Unterhaltsansprüchen der Kinder nicht befreit.[65] Im Unterschied zum Vorschussanspruch eines Beauftragten (§ 669) ist Wirtschaftsgeld spontan zu gewähren,[66] nicht erst auf Verlangen. Eine **Rechnungslegungspflicht** aus § 666 verstieße gegen die Befugnis zur eigenverantwortlichen Leitung des Haushalts (§ 1356 RdNr. 9). Lediglich bei Streit über die Angemessenheit bestimmter Ausgaben oder bei begründetem Verdacht fortlaufend zweckwidriger Verwendung ist eine Auskunftspflicht zu bejahen, allerdings nicht buchhalterisch detailliert, sondern in ehegerecht großzügiger Weise.[67] Ansonsten muss der haushaltführende Ehegatte den Partner über die Verwendung des Wirtschaftsgeldes nur in groben Zügen unterrichten,[68] ungewöhnliche Ausgaben mit ihm vorher beraten und darf größere Überschüsse vor ihm nicht verheimlichen.[69] Kleinere Ersparnisse darf er im Zweifel als **Taschengeld** betrachten.[70] Denn das Taschengeld des haushaltführenden Gatten ist regelmäßig ohne nähere Bezifferung im Wirtschaftsgeld enthalten (ebenso wie der verdienende bei dessen Auszahlung sein Taschengeld einbehält).[71] Auch bei Doppelverdiener- oder Zuverdienst-

---

[60] Für Toleranz zutr. *Hepting* S. 94 ff., 98; vgl. *Staudinger/Voppel* RdNr. 50 a; strenger *Erman/Gamillscheg* RdNr. 13.

[61] OLG Düsseldorf NJW 2002, 1353 f.

[62] OLG Dresden OLGE 2, 385.

[63] *Staudinger/Voppel* RdNr. 51; *Göppinger/Wax/Bäumel* RdNr. 917; *Wendl/Scholz* § 3 RdNr. 50.

[64] OLG Hamburg FamRZ 1984, 583 f.; *Staudinger/Voppel* RdNr. 51; *Palandt/Brudermüller* RdNr. 5.

[65] *Staudinger/Voppel* RdNr. 51; *Göppinger/Wax/Bäumel* RdNr. 920; *Schwab/Borth* Teil IV RdNr. 35.

[66] AA OLG Hamm FamRZ 1988, 947 f.

[67] BGH FamRZ 2001, 23, 24; OLG Hamburg FamRZ 1984, 583 f.

[68] BGH FamRZ 2001, 23, 24; *Staudinger/Voppel* RdNr. 54; *Göppinger/Wax/Bäumel* RdNr. 920; *Schwab/Borth* Teil IV RdNr. 35. Aus dem Begriff „Vorschuss" ergeben sich keine weitergehenden Rechenschaftspflichten oder Kontrollrechte.

[69] Für eine Herausgabepflicht analog § 667, die nur bei (nicht zu vermutender) Zustimmung des Verdienenden entfalle: OLG Frankfurt NJW 1970, 1882; OLG Schleswig FamRZ 1958, 218; wie hier *Staudinger/Voppel* RdNr. 55.

[70] OLG Hamburg FamRZ 1984, 583 f.

[71] *Staudinger/Voppel* RdNr. 55; AnwK-BGB/*Kaiser* RdNr. 31.

ehen behält jeder Gatte sein Taschengeld von seinem Verdienst ein; ein Zahlungsanspruch besteht nur bei zu geringem Eigenverdienst.[72] Der Anspruch auf Wirtschaftsgeld kann im Wege der Leistungsklage eingeklagt, aber auch durch **einstweilige Anordnung** gemäß §§ 49 ff., 246 FamFG geregelt werden.[73] Nach einer Trennung wird Wirtschaftsgeld – anders als Taschengeld – grundsätzlich nicht für die vor der Trennung liegenden Zeiträume geschuldet.[74]

Die **Angemessenheit des Zeitraums,** für den Wirtschaftsgeld im Voraus zur Verfügung 17
zu stellen ist (§ 1360 a Abs. 2 S. 2), richtet sich bei abhängig Beschäftigten nach den Zeitabständen, in denen Arbeitsverdienst ausbezahlt wird.[75] Neigt der Vorschussberechtigte zu unwirtschaftlichem Verhalten, sind kürzere Zeiträume zulässig. Allzu kurzfristige (tägliche) Übergabe macht ihm die selbständige Leitung des Haushalts aber unmöglich.[76] Geht umgekehrt der erwerbstätige Gatte mit seinem Arbeitsverdienst zu leichtfertig oder verschwenderisch um, kann der haushaltführende das ganze Einkommen verwalten und dem verdienenden Partner sein Taschengeld zuteilen. Unvorhergesehener Sonderbedarf (wie Krankenkosten: Abs. 3 iVm. § 1613 Abs. 2) ist gesondert zu befriedigen, soweit dafür Rücklagen nicht gebildet werden können und entsprechende finanzielle Leistungsfähigkeit besteht.[77]

Das Wirtschaftsgeld ist **unpfändbar** (§ 811 Nr. 2 ZPO). Der Anspruch auf Wirtschafts- 18
geld ist als zweckgebundener nicht abtretbar und nicht verpfändbar, daher auch nicht pfändbar (§§ 399, 1274 Abs. 2 BGB, 851 ZPO). Er genießt das Vollstreckungsprivileg des § 850 d ZPO. Vgl. § 1360 RdNr. 22 f. (auch zur Pfändbarkeit von Taschengeld).

V. Entsprechende Anwendung des Verwandten-Unterhaltsrechts (Abs. 3)

In Bezug auf die Unterhaltspflicht für die Vergangenheit, den Verzicht auf Unterhalt für 19
die Zukunft und das Erlöschen des Unterhaltsanspruchs mit dem Tode des Berechtigten oder des Verpflichteten wird auf die Kommentierung zu den §§ 1613 bis 1615 verwiesen. Auf § 1605 verweist Abs. 3 nicht; insofern gelten die aus § 1353 folgenden Pflichten. Vgl. § 1353 RdNr. 37 f.

VI. Prozesskostenvorschusspflicht (Abs. 4)

1. Wesen. Einen unterhaltsberechtigten Ehegatten für eine Prozessführung über eine 20
persönliche Angelegenheit trotz Leistungsfähigkeit des unterhaltspflichtigen Partners auf die Prozesskostenhilfe zu verweisen, wäre sowohl dem prozessentschlossenen Ehegatten als auch der Staatskasse gegenüber unbillig. Nach dem zwischen Staat und Familie geltenden Subsidiaritätsprinzip ist die eheliche Beistands- und Fürsorgepflicht **vorrangig.** Die Prozesskostenvorschusspflicht des leistungsfähigen Ehegatten gestaltete das GleichberG abweichend vom früheren Güterrecht als **Teil der Unterhaltspflicht** aus.[78] Die Vorläufigkeit des (eventuell zurück zu gewährenden) Vorschusses (RdNr. 32) ändert nichts an der gesetzlichen Qualifizierung als Unterhaltsanspruch (vgl. zum Wirtschaftsgeld RdNr. 16). Die Vorschuss-

---

[72] BGH FamRZ 1998, 608, 609; s. RdNr. 6 und § 1360 RdNr. 22.

[73] Vgl. hierzu § 1361 RdNr. 80; zur Rechtslage vor dem 1. 9. 2009 s. 4. Aufl.

[74] OLG Hamm FamRZ 1988, 947 f.; AG Holzminden FamRZ 1997, 1156. Bei trotz laufendem Scheidungsverfahren fortgesetzter gemeinsamer Haushaltsführung besteht der Anspruch auf Wirtschaftsgeld fort: AG Kleve FamRZ 1996, 1408. Aus gerichtlichem Vergleich titulierte Beträge sind auch rückwirkend bis zur Trennung beitreibbar: AG Lingen FamRZ 1994, 1272.

[75] Vgl. *Staudinger/Voppel* RdNr. 53; RGRK/*Wenz* RdNr. 11; *Soergel/Lange* RdNr. 14.

[76] Wochenweise Gewährung als kleinster angemessener Zeitraum: *Staudinger/Voppel* RdNr. 53.

[77] Vgl. RdNr. 16; BGH FamRZ 1992, 292, 292 f.; NJW 1982, 328 = FamRZ 1982, 145; nicht für vorhersehbare längerfristige Zahnbehandlung: OLG Zweibrücken FamRZ 1984, 169 f.

[78] So die hM: BGH FamRZ 2004, 1633, 1635; BGHZ 110, 247 f. = NJW 1990, 1476 = FamRZ 1990, 491; *Göppinger/Wax/Vogel* RdNr. 2623; ausführlicher Überblick über Entstehungsgeschichte und Meinungsstand bei *Olzen* JR 1990, 1 ff. – Eine Mindermeinung leitet die Vorschusspflicht aus der allgemeinen Fürsorgepflicht des § 1353 ab: OLG Frankfurt FamRZ 1959, 62; LG Münster NJW 1977, 1066 f. Beide Gesichtspunkte schließen sich nicht aus. Für Darlehenscharakter *Künkel* FamRZ 1964, 550 ff.

pflicht besteht nur gegenüber dem Ehepartner, nicht gegenüber der Gerichtskasse.[79] Sie gilt für Prozesse **zwischen Ehegatten**[80] ebenso wie **eines Ehegatten gegen Dritte.**

21 **2. Anwendungsbereich.** Die Vorschusspflicht besteht **zwischen den Partnern einer wirksam geschlossenen Ehe;** sie ist in Abs. 4 abschließend geregelt.[81] Weitergehende Vorschusspflichten sind für Ehegatten weder aus der Generalklausel des § 1353 noch aus der rein prozessualen Vorschrift des § 620 Nr. 10 ZPO herleitbar.[82] Die Pflicht besteht auch unter Getrenntlebenden (§ 1361 Abs. 4 aE). Entsprechende Bezugnahmen fehlen aber bei den Unterhaltspflichten unter **Geschiedenen** (§§ 1569 ff.) und unter Verwandten (§§ 1601 ff.). Eine analoge Anwendung unter Geschiedenen kommt nicht in Betracht.[83] Sonderbedarf wird zwar auch dort geschuldet (§§ 1585 b Abs. 1, 1613 Abs. 2), ist aber angesichts der im Prozesskostenhilfeverfahren gegebenen Klagemöglichkeit fraglich.[84] Die nach Auffassung des BGH bestehende Wesensverschiedenheit von Ehegatten- und Geschiedenenunterhalt (§ 1360 RdNr. 27) steht einer entsprechenden Anwendung entgegen. Der der Vorschusspflicht zugrunde liegende Billigkeitsgedanke (RdNr. 24) mag auf andere Unterhaltspflichten ebenfalls zutreffen, unterliegt aber der freien Gestaltung durch den Gesetzgeber. Die Qualifikation als Teil des Unterhaltsanspruchs schließt den Gesichtspunkt der nur unter Ehegatten bestehenden engen Fürsorgepflicht nicht aus. Mit dem sachlichen Umfang der Unterhaltspflicht kann Abs. 4 zugleich den persönlichen Anwendungsbereich konkretisieren. Da ein Versehen des Gesetzgebers in den übrigen Fällen nicht ersichtlich ist, spricht die ausdrückliche Bezugnahme in § 1361 Abs. 4 aE für einen Umkehrschluss. Anzunehmen ist eine Vorschusspflicht aber für das Wiederaufnahmeverfahren gegen ein rechtskräftiges Scheidungsurteil.[85] Sie kann ferner für eine im Verbund anhängig gemachte Scheidungsfolgesache bestehen, auch nach deren Abtrennung. Auch wenn eine § 1360 a Abs. 4 entsprechende Vorschrift im Rahmen des Verwandtenunterhalts fehlt, bejahen Rspr. und hM einen Prozesskostenvorschuss in analoger Anwendung der Bestimmung für minderjährige[86] und privilegierte volljährige **Kinder** (§ 1603 Abs. 2 S. 2) sowie für volljährige Kinder, die sich noch in der Ausbildung befinden und noch keine eigene Lebensstellung erlangt haben.[87] Begründet wird dies zu Recht mit der zu diesen Kindern bestehenden engen Verbundenheit, die derjenigen unter Verheirateten vergleichbar ist. Ein Anspruch auf Prozesskostenvorschuss zwischen unverheirateten Eltern[88] sowie im Verhältnis zwischen Eltern und Kindern[89] ist dagegen abzulehnen. Die entscheidenden Gründe für eine analoge

---

[79] Mangels gesamtschuldnerischer Kostenhaftung des Unterhaltsschuldners: *Staudinger/Voppel* RdNr. 59; *Palandt/Brudermüller* RdNr. 7.

[80] Vom 1. EheRG (entgegen dem ursprünglichen Entwurf) ausdrücklich beibehalten: BT-Drucks. 7/4361 S. 26 f.; vgl. 3. Aufl. RdNr. 20 aE.

[81] BGHZ 41, 104, 110 = NJW 1964, 1129, 1131; *Staudinger/Voppel* RdNr. 62.

[82] BGH FamRZ 2005, 883, 884; OLG Düsseldorf NJW 1961, 1563 = FamRZ 1961, 380.

[83] BGH FamRZ 1990, 280, 282; 1984, 148 f.; OLG Zweibrücken FamRZ 2000, 757; OLG München FamRZ 1997, 1542; *Staudinger/Voppel* RdNr. 64; *Göppinger/Wax/Vogel* RdNr. 2624; *Johannsen/Henrich/Thalmann* § 115 ZPO RdNr. 67; *Schwab/Borth* Teil IV RdNr. 67; *Wendl/Scholz* § 6 RdNr. 22.

[84] OLG Schleswig FamRZ 1985, 481 f. sieht die Kosten eines Rechtsstreites über eine persönliche Angelegenheit bei Vorliegen besonderer Voraussetzungen als Sonderbedarf iS des § 1613 Abs. 2 an; ähnlich *Herpers* FamRZ 1984, 465; ähnlich *Duderstadt* FamRZ 1995, 1305, 1307; abl. BGHZ 89, 33, 37 = NJW 1984, 291 f. = FamRZ 1984, 148 f. m. Anm. *Herpers* 465.

[85] OLG Hamm NJW 1972, 590 = FamRZ 1971, 651. Insoweit noch Annex der Scheidungskosten, selbst wenn die Wiederaufnahmeklage im Endeffekt erfolglos bleibt.

[86] BGH FamRZ 2004, 1633, 1634; OLG Köln FamRZ 2003, 102; OLG Nürnberg FamRZ 2001, 233, 234; OLG Karlsruhe FamRZ 1996, 872 f.; OLG Koblenz FamRZ 1996, 226; *Göppinger/Wax/Vogel* RdNr. 2626; *Zöller/Philippi* § 115 ZPO RdNr. 67 b; iE § 1610 RdNr. 159 ff.

[87] BGH FamRZ 2005, 883, 885 m. zust. Anm. *Borth* 886; OLG München FamRZ 2007, 911; KG FPR 2002, 539, 540; OLG Köln FamRZ 2000, 757; OLG Hamm FamRZ 2000, 255; OLG Braunschweig OLGR 1999, 307; OLG Nürnberg FamRZ 1996, 814; s. § 1610 RdNr. 164 ff.

[88] *Staudinger/Voppel* RdNr. 64 b; *Wendl/Scholz* § 6 RdNr. 22; *Bißmaier* FamRZ 2002, 863, 864; *Büttner* FamRZ 2000, 781, 786; *Göppinger/Wax/Vogel* RdNr. 2624; aA OLG München FamRZ 2002, 1219; *Palandt/Diederichsen* § 1615 l RdNr. 25; vgl. auch *Caspary* NJW 2005, 2577, 2578.

[89] OLG München FamRZ 1993, 821; *Wendl/Scholz* § 6 RdNr. 24 a; *Zöller/Philippi* § 115 ZPO RdNr. 6 d; *Caspary* NJW 2005, 2577, 2578; vgl. auch § 1610 RdNr. 161; aA BSG NJW 1970, 352.

Anwendung liegen insofern nicht vor. Auch zwischen den Partnern einer nichtehelichen Lebensgemeinschaft besteht mangels gesetzlichen Unterhaltsanspruchs keine Vorschusspflicht.[90]

3. Verhältnis zur Prozesskostenhilfe. Der Anspruch auf Prozesskostenvorschuss lässt (als Vermögenswert) die Bedürftigkeit für Prozesskostenhilfe entfallen, soweit er zweifelsfrei besteht und alsbald realisiert werden kann.[91] Bei **zweifelhafter Realisierbarkeit** des Vorschussanspruchs ist eine Verweisung darauf unzumutbar und Prozesskostenhilfe zu gewähren.[92] Auf die Vorschusspflicht darf ein Prozesskostenhilfe beantragender Ehegatte dann nicht verwiesen werden, wenn der andere Ehegatte selbst Anspruch auf Prozesskostenhilfe ohne Raten hätte.[93] Andernfalls stünde letzterer schlechter als bei eigener Prozessführung. Ein Prozesskostenvorschuss kommt dagegen in Betracht, wenn der hierauf in Anspruch Genommene seinerseits gemäß § 115 ZPO **Raten auf die Prozesskosten** zahlen müsste; dann kann er nach der Rspr. des BGH verpflichtet sein, den **Prozesskostenvorschuss in entsprechenden Raten** zu leisten (vgl. RdNr. 24).[94] In einem solchen Fall kann dem Berechtigten Prozesskostenhilfe unter Auferlegung von Ratenzahlungen bewilligt werden.[95] Unterlässt es der Berechtigte vorwerfbar, rechtzeitig einen Prozesskostenvorschussanspruch geltend zu machen, kann dies im Rahmen bewilligter Prozesskostenhilfe zur Festsetzung von aus dem Vermögen zu zahlenden Beträgen führen.[96] Bei der gerichtlichen Geltendmachung der von einem Sozialleistungsträger rückübertragenen Unterhaltsansprüche steht dem Leistungsberechtigten grundsätzlich ein Prozesskostenvorschussanspruch gegen den Leistungsträger zu, so dass Prozesskostenhilfe nicht zu bewilligen ist.[97] – Bereits bewilligte Prozesskostenhilfe kann wegen nachträglichen Entstehens der Voraussetzungen von § 1360 a Abs. 4 (zB gestiegenes Einkommen des Verpflichteten) nicht mehr entzogen, doch kann gemäß § 120 Abs. 4 ZPO bei wesentlichen Änderungen Nachzahlung der Prozesskosten (auch teil- oder ratenweise) angeordnet werden.[98] 22

4. Voraussetzungen. a) Bedürftigkeit. Die Vorschusspflicht besteht nur, soweit der begehrende Ehegatte **außer Stande** ist, die Prozesskosten zu tragen, ohne seinen eigenen angemessenen Unterhalt zu gefährden. Der Maßstab der §§ 114 ff. ZPO gilt nicht.[99] Bei geringer Leistungsfähigkeit des Vorschussverpflichteten muss der Berechtigte aber dennoch seine eigenen Mittel je nach Billigkeit heranziehen, so dass ihm uU nur der notwendige Unterhalt verbleibt.[100] Die Billigkeit kann eventuell gebieten, zunächst den **Stamm des eigenen Vermögens** zu verwerten, sofern es sich nicht lediglich um eine angemessene Rücklage für Notfälle handelt.[101] Ein Prozesskostenvorschuss kann in Betracht kommen, wenn die Vermögensverhältnisse des in Anspruch genommenen Ehegatten wesentlich günstiger sind und der Berechtigte den Vermögensstamm zur Zeit nur schwer verwerten kann. Generell gilt: Je leistungsfähiger der Verpflichtete ist, umso geringer sind die Anforderungen an die Bedürftigkeit des Berechtigten und umgekehrt;[102] das gebietet die für den Anspruch maßgebende Billigkeit. Nur soweit der Berechtigte im Vermögensstamm über zur Prozessführung bereite Mittel verfügt, kann ihn ein leistungsfähiger Verpflichteter darauf verweisen. 23

[90] Büte FF 2004, 272, 273; *Göppinger/Wax/Vogel* RdNr. 2624; *Palandt/Brudermüller* RdNr. 9.

[91] BGH FamRZ 2008, 1842 Tz. 8; OLG Celle NJW-RR 2006, 1304.

[92] *Zöller/Philippi* § 115 ZPO RdNr. 71; *Staudinger/Voppel* RdNr. 84.

[93] OLG Rostock OLG-NL 1995, 88 f.; OLG Oldenburg JurBüro 1994, 484; *Göppinger/Wax/Vogel* RdNr. 2719; *Wendl/Scholz* § 6 RdNr. 27.

[94] BGH FamRZ 2004, 1633, 1635.

[95] *Göppinger/Wax/Vogel* RdNr. 2719; *Wendl/Scholz* § 6 RdNr. 27; *Viefhues* FamRZ 2004, 1636.

[96] OLG Zweibrücken FamRZ 2002, 1200 f.; *Palandt/Brudermüller* RdNr. 8.

[97] BGH FamRZ 2008, 1159 Tz. 13 ff.

[98] Vgl. OLG Bamberg NJW-RR 1996, 69; *Bratfisch* Rpfleger 1987, 100 f.; *Büttner* Rpfleger 1997, 347 ff.

[99] *Staudinger/Voppel* RdNr. 74; AnwK-BGB/*Kaiser* RdNr. 50; *Palandt/Brudermüller* RdNr. 11.

[100] *Palandt/Brudermüller* RdNr. 11; *Staudinger/Voppel* RdNr. 74; *Soergel/Lange* RdNr. 22.

[101] OLG Fankfurt FamRZ 1986, 485.

[102] OLG Köln NJW-RR 2002, 1585 f.; *Staudinger/Voppel* RdNr. 74; *Palandt/Brudermüller* RdNr. 11.

24 **b) Leistungsfähigkeit. Billigkeit.** Der nur nach Billigkeit geschuldete Vorschuss setzt **Leistungsfähigkeit des Verpflichteten** voraus. Sie entfällt bereits mit der Gefährdung des eigenen **angemessenen Unterhalts,** nicht erst des notwendigen wie nach § 114 ZPO.[103] Bei Verbindlichkeiten des Verpflichteten scheidet eine Vorschusspflicht zwar nicht schlechthin aus; diese können aber nach allgemeinen unterhaltsrechtlichen Grundsätzen zu beachten sein. Ein genereller Vorrang der Vorschusspflicht kann deshalb nicht angenommen werden.[104] Anderweitige Unterhaltspflichten zur Deckung des allgemeinen Lebensbedarfs gehen der Vorschusspflicht vor. Sie entfällt, wenn sie zusammen mit den Unterhaltspflichten und sonstigen zu berücksichtigenden Schulden die Leistungsfähigkeit des Verpflichteten übersteigt, insbesondere wenn er für einen entsprechenden Prozess selbst Prozesskostenhilfe ohne Raten beanspruchen könnte. Sozialrentenansprüche des Verpflichteten sind, soweit gemäß § 54 Abs. 4 iVm. Abs. 3 SGB I pfändbar, bei seiner Leistungsfähigkeit zu berücksichtigen.[105] Bei beschränkter Leistungsfähigkeit des Verpflichteten kann der Bedürftige für den Restbetrag Prozesskostenhilfe erhalten.[106] Kann der Prozesskostenvorschuss nicht in einem Betrag aufgebracht werden, etwa weil der Verpflichtete seinerseits **Prozesskostenhilfe mit Raten** beanspruchen könnte, kann in Höhe der nach § 115 ZPO bemessenen Raten Leistungsfähigkeit bestehen, soweit der angemessene Selbstbehalt gewahrt bleibt (RdNr. 22). Eine Einschränkung der Vorschusspflicht kann sich auch aus anderen Umständen, etwa den sonstigen persönlichen Verhältnissen der Ehegatten, ergeben, deren Berücksichtigung unter Billigkeitsgesichtspunkten geboten ist.[107]

25 **c) „Rechtsstreit".** Der Begriff „Rechtsstreit" ist weit auszulegen.[108] Die persönliche Angelegenheit kann **jedwede Verfahrensart** betreffen: die streitige Zivilgerichtsbarkeit einschl. einstweiliger Verfügung und Arrest; die Verwaltungs-,[109] Sozial-[110] und freiwillige Gerichtsbarkeit, eventuell das Schiedsgerichtsverfahren;[111] in Strafsachen außer der Verteidigung (Abs. 4 S. 2) auch Privatklage- und Nebenklagekosten.[112] Ein Prozesskostenvorschuss kommt auch für ein mit dem Ziel der Restschuldbefreiung eingeleitetes Insolvenzverfahren in Betracht.[113] Die Kosten für eine den Unterhaltsanspruch verbriefende vollstreckbare Urkunde muss der Unterhaltspflichtige analog § 1360 a Abs. 4 vorschießen.[114]

26 **d) Persönliche Angelegenheiten.**[115] Abgesehen von den in Abs. 4 S. 2 beispielhaft erwähnten Kosten der Verteidigung in einem Strafverfahren[116] muss der Rechtsstreit, für den Kostenvorschuss verlangt wird, eine persönliche Angelegenheit betreffen. Dieser Begriff ist schwierig zu bestimmen. Die Unterscheidung zwischen vermögensrechtlichen und nichtvermögensrechtlichen Streitigkeiten ist nicht maßgebend;[117] in beiden Fällen kann der

[103] OLG München FamRZ 2006, 791 f.; OLG Brandenburg FamRZ 2002, 1414 f.; OLG Köln FamRZ 1999, 792; OLG Zweibrücken FamRZ 1997, 757, 759; *Staudinger/Voppel* RdNr. 75; *Wendl/Scholz* § 6 RdNr. 27; *Göppinger/Wax/Vogel* RdNr. 2652; *Schwab/Borth* Teil IV RdNr. 76; *Palandt/Brudermüller* RdNr. 12. Anders im Verhältnis zu Kindern: BGH FamRZ 2004, 1633, 1635 (notwendiger Selbstbehalt); aA *Wendl/Scholz* aaO.

[104] Vgl. *Schwab/Borth* Teil IV RdNr. 76; OLG Hamm FamRZ 1986, 1013; aA *Göppinger/Wax/Vogel* RdNr. 2654; *Staudinger/Voppel* RdNr. 76; zweifelnd *Palandt/Brudermüller* RdNr. 12.

[105] OLG Düsseldorf FamRZ 1979, 806 f.

[106] *Soergel/Lange* RdNr. 23; *Palandt/Brudermüller* RdNr. 12.

[107] *Staudinger/Voppel* RdNr. 78; *Schwab/Borth* Teil IV RdNr. 75; *Göppinger/Wax/Vogel* RdNr. 2655 zu weiteren Einzelheiten.

[108] BGHZ 156, 92 = FamRZ 2003, 1651 f.

[109] OVG Lüneburg FamRZ 1973, 145 f.

[110] BSG NJW 1960, 502.

[111] *Erman/Gamillscheg* RdNr. 23.

[112] BGH NStZ 1993, 351; aA OLG Frankfurt NStZ 1994, 298.

[113] BGH (Fn. 108).

[114] OLG Karlsruhe FamRZ 1984, 584 f.

[115] Vgl. dazu *Schwab/Borth* Teil IV RdNr. 69 ff.

[116] Entgegen *Koch* NJW 1974, 89 keine Fiktion.

[117] BGHZ 31, 384, 386.

Rechtsstreit eine persönliche Angelegenheit betreffen. Auch die Lebenswichtigkeit ist kein geeignetes Abgrenzungskriterium;[118] denn für jemand, der nicht in der Lage ist, die Kosten eines Rechtsstreits zu tragen, sind vermögensrechtliche Prozesse von einiger Bedeutung zumeist „lebenswichtig" und rühren an die Existenzgrundlage. Zu den persönlichen Angelegenheiten gehören, insbesondere **im vermögensrechtlichen Bereich,** vielmehr diejenigen Ansprüche, die „ihre Wurzel in der ehelichen Lebensgemeinschaft" haben, die auch die wirtschaftliche Existenz der Ehegatten umfasst.[119] Bei einem **Rechtsstreit mit einem Dritten** scheidet die eheliche Lebensgemeinschaft „als Wurzel" des Anspruchs idR aus. In solchen Fällen liegt eine persönliche Angelegenheit vor, wenn eine genügend enge Verbindung zur Person eines Ehegatten besteht.[120] Nicht zu fordern ist dagegen, dass der Rechtsstreit auch im Verhältnis zu dem anderen Ehegatten einen persönlichen Bezug aufweist; § 1360 a Abs. 4 stellt allein auf die Verhältnisse des vorschussberechtigten Ehegatten ab.[121] Ein Rechtsstreit, der danach als persönliche Angelegenheit zu qualifizieren ist, verliert diese Eigenschaft nicht in einer neuen Ehe. Deshalb kann auch ein neuer Ehegatte prozesskostenvorschusspflichtig für Rechstreitigkeiten sein, die eine frühere Ehe des anderen betreffen (RdNr. 28).[122] **Keine persönlichen Angelegenheiten** stellen dagegen vermögensrechtliche Ansprüche dar, die in Wahrnehmung allgemeiner wirtschaftlicher Interessen eines Ehegatten entstanden sind, vor allem Vertragsbeziehungen mit Dritten entstammen.[123] Dass die eheliche Lebensgemeinschaft vom Erfolg eines hierüber geführten Rechtsstreits materiell berührt wird, reicht für die Beurteilung als persönliche Angelegenheit nicht aus. Auch ein Rechtsstreit mit dem anderen Ehegatten ist nicht zwingend eine persönliche Angelegenheit, nämlich dann nicht, wenn sich die Ehegatten wie andere Vertragspartner gegenüber stehen.[124]

Wann danach eine persönliche Angelegenheit vorliegt, lässt sich nur nach Fallgruppen **27**
entscheiden. Unzweifelhaft, aber nicht ausnahmslos, gehören dazu unübertragbare nichtvermögensrechtliche (personenrechtliche) Ansprüche.[125] Bei vermögensrechtlichen Streitigkeiten ist die Unübertragbarkeit des eingeklagten Anspruchs kein geeignetes Abgrenzungskriterium.[126] Insofern sind vielmehr die vorgenannten Grundsätze zur Beurteilung heranzuziehen. Persönliche Angelegenheiten betreffen hiernach vor allem **immaterielle Rechtsgüter** wie die körperliche Integrität, Gesundheit, Freiheit, Ehre; den Status in Abstammungssachen;[127] Unterlassungsansprüche gegen den Missbrauch des Ehe- und Geburtsnamens (vgl. § 1355 RdNr. 21 aE) und des Rechts am eigenen Bild;[128] aber auch die Entziehung einer Aufenthaltserlaubnis (Ausweisung) oder einer Fahrerlaubnis. In die Kategorie der Streitigkeiten bzgl. der Gesundheit gehören solche um Rente wegen krankheits-

---

[118] So allerdings *Pastor* S. 52 ff.; dagegen BGHZ 41, 111 f. = NJW 1964, 1129; OLG Köln NJWE-FER 2000, 31; OLG Nürnberg FamRZ 1986, 697 f.

[119] BGHZ 31, 384, 386 f.; BGH FamRZ 2003, 1651.

[120] BGHZ 41, 104, 111 f.; OLG Celle FamRZ 2008, 2199, 2200; OLG Karlsruhe FamRZ 2005, 1744, 1745; OLG Koblenz FamRZ 1986, 466; OLG Nürnberg FamRZ 1986, 697 f.; *Palandt/Brudermüller* RdNr. 14; nur auf den Bezug zur ehelichen Lebensgemeinschaft abstellend: OLG Düsseldorf FamRZ 1984, 388, 389; *Göppinger/Wax/Vogel* RdNr. 2633; *Staudinger/Voppel* RdNr. 68 und 4. Aufl.

[121] Diesem Verständnis steht BGH FamRZ 2003, 1651 nicht entgegen. Zwar wird dort nur auf einen Zusammenhang mit den aus der Ehe erwachsenen Bindungen eingegangen; die Frage, ob eine allein in der Person des Ehegatten begründete persönliche Angelegenheit vorlag, stellte sich aber nicht.

[122] OLG Celle FamRZ 2008, 2199, 2200; OLG Karlsruhe FamRZ 2005, 1744, 1745; OLG Koblenz FamRZ 1986, 466; OLG Hamm FamRZ 1989, 277, 278; aA *Staudinger/Voppel* RdNr. 69; *Göppinger/Wax/Vogel* RdNr. 2633; *Wendl/Scholz* § 6 RdNr. 28.

[123] BGHZ 41, 104, 112; OLG Köln NJW-RR 1989, 967; *Staudinger/Voppel* RdNr. 67; *Schwab/Borth* Teil IV RdNr. 72; *Göppinger/Wax/Vogel* RdNr. 2637.

[124] OLG Frankfurt FamRZ 2001, 1148 m. krit. Anm. *Carnap*; *Staudinger/Voppel* RdNr. 67.

[125] *Staudinger/Voppel* RdNr. 68; *Schwab/Borth* Teil IV RdNr. 72.

[126] Zu einseitig herausgestellt von *Koch* NJW 1974, 88 Fn. 12 f. Vgl. dagegen nur § 399 Alt. 2. Rein geldwerte Ansprüche auf Dienstleistungen, aus Nießbrauch oder Verletzung des Urheberrechts sind trotz Unübertragbarkeit nicht vorschusspflichtig (entgegen S. 89).

[127] OLG Köln FamRZ 1999, 792; OLG Koblenz FamRZ 1997, 679.

[128] *Koch* NJW 1974, 88.

bedingter Arbeitsunfähigkeit,[129] Schadensersatz wegen ärztlichen Kunstfehlers,[130] Schmerzensgeld.[131] Als **mit der ehelichen Lebensgemeinschaft in Zusammenhang stehend** sind zu bevorschussen: Ehesachen einschließlich der Folgesachen sowie sämtliche Familiensachen iS des § 621 Abs. 1 ZPO, die Herstellungsklage, eine auf Nichtveräußerung des Familieneigenheims gerichtete Unterlassungsklage,[132] Klagen wegen Eingriffs in den räumlich-gegenständlichen Bereich der Ehe;[133] Ansprüche auf güterrechtliche Auseinandersetzung der Ehegatten einschließlich der sie vorbereitenden Auskunftsklage.[134] In Scheidungsverfahren und Folgesachen sind die Kosten zwar gemäß § 93 a ZPO regelmäßig gegeneinander aufzuheben; gleichwohl kommt ein Anspruch auf Prozesskostenvorschuss in Betracht, denn die nach Billigkeit zu treffende Kostenentscheidung kann erst am Ende des Verfahrens ergehen, zuvor also nicht der Billigkeit iS des § 1360 a Abs. 4 S. 1 entgegenstehen.[135] Als **die eheliche Lebensgemeinschaft betreffend** und damit gleichermaßen als persönliche Angelegenheit gelten: Die Nachbarklage auf Immissionsabwehr, wenn der vorschusspflichtige Ehepartner das beeinträchtigte Grundstück mitbewohnt,[136] desgleichen ein Baugenehmigungsverfahren zur Errichtung eines Familieneigenheims.[137] Andernfalls könnte nach Grundstücksüberschreibung der finanzschwache Teil vorgeschickt werden, um auf Staatskosten zu prozessieren. – Als vermögensrechtliche Angelegenheiten sind **nicht vorschusspflichtig:** Streitigkeiten um ein gesellschaftsrechtliches Auseinandersetzungsguthaben,[138] um Steuern und sonstige Abgaben,[139] um ein Erb-[140] oder Pflichtteilsrecht.[141] Bei arbeitsgerichtlichen Streitigkeiten ist zu differenzieren: Bei Bestandsstreitigkeiten handelt es sich wegen der Bedeutung des Arbeitsverhältnisses für die Persönlichkeitsentfaltung um eine persönliche Angelegenheit.[142] Bei Streitigkeiten um Lohn oder Gehalt erscheint dies fraglich; auch wenn die eheliche Lebensgemeinschaft davon materiell berührt wird, dürfte der erforderliche persönliche Bezug fehlen.[143] Ein mit dem Ziel der Restschuldbefreiung eingeleitetes Insolvenzverfahren zählt nicht zu den persönlichen Angelegenheiten, falls die Insolvenz im Wesentlichen auf vorehelichen Schulden oder solchen Verbindlichkeiten beruht, die mit der gemeinsamen Lebensführung der Ehegatten nicht in Zusammenhang stehen.[144]

28 Umstritten ist, ob und ggf. unter welchen Umständen eine Vorschusspflicht des jetzigen Ehegatten für die prozessuale **Durchsetzung oder Abwehr von Ansprüchen aus einer geschiedenen Ehe** oder einer hiermit in Zusammenhang stehenden anderweitigen Auseinandersetzung gegeben ist. Die Rspr. hierzu ist uneinheitlich. Die Beurteilung ist davon

---

[129] BSG NJW 1960, 502.

[130] OLG Frankfurt FamRZ 1967, 43 f.

[131] OLG München NJW-RR 2007, 657; LG Koblenz FamRZ 2000, 761; *Koch* NJW 1974, 88.

[132] LG München I FamRZ 1970, 84.

[133] OLG Frankfurt FamRZ 1982, 606 f.

[134] BGHZ 31, 384 = NJW 1960, 765 = FamRZ 1960, 130 f. m. Anm. *Bosch*. Zust. auch *Koch* NJW 1974, 88 für eine Klage auf Auskunft zwecks Aufstellung einer Auseinandersetzungsbilanz über die gemeinsam erarbeitete Errungenschaft.

[135] KG – 18. ZS – FamRZ 2003, 773; *Palandt/Brudermüller* RdNr. 8; aA KG – 16. ZS – FamRZ 1995, 680 und 4. Aufl.

[136] OVG Lüneburg FamRZ 1973, 145 f.

[137] *Palandt/Brudermüller* RdNr. 14.

[138] BGHZ 41, 104, 112 = NJW 1964, 1129.

[139] AA für „tätigkeitsbezogene" Abgaben BFH JurBüro 1992, 557 und BFH/NV 1998, 489.

[140] OLG Düsseldorf NJW 1960, 2189. Für die Klage auf Feststellung der Gültigkeit eines Erbvertrags unter Ehegatten jedoch bejahend OLG Köln MDR 1963, 51.

[141] Entgegen OLG Köln FamRZ 1961, 122. Trotz des zugrundeliegenden Verwandtschaftsverhältnisses berührt der Pflichtteil nicht den Status des Berechtigten; anderenfalls wäre jedes gesetzliche Verwandtenerbrecht eine vorschusspflichtige Angelegenheit. Abl. wegen der Übertragbarkeit des Pflichtteilsrechts nach § 2317 Abs. 2 auch *Koch* NJW 1974, 89 m. Fn. 28. Krit. *Erman/Gamillscheg* RdNr. 24 (mit praktisch undurchführbarer Unterscheidung zwischen zugrundeliegendem Pflichtteilsrecht und finanziellem Folgeanspruch).

[142] BAG FamRZ 2006, 1117.

[143] OLG Köln NJWE-FER 2000, 31; *Staudinger/Voppel* RdNr. 71; zweifelnd *Schwab/Borth* Teil IV RdNr. 71.

[144] BGHZ 156, 92 = FamRZ 2003, 1651.

abhängig, ob es sich um eine Angelegenheit handelt, die eine genügend enge, persönliche Verbindung zu dem einen Vorschuss begehrenden Ehegatten aufweist. Davon wird etwa bei Verfahren, die die elterliche Sorge oder das Umgangsrecht betreffen, auszugehen sein. Ebenso wird es für unterhaltsrechtliche Streitigkeiten zu bejahen sein, da die Unterhaltspflicht Ausdruck fortwirkender ehelicher oder verwandtschaftlicher Verantwortung ist.[145] Zu erwägen ist allerdings, ob in solchen Fällen aus Billigkeitsgründen eine Begrenzung der Vorschusspflicht in Betracht kommt.[146] Bei güterrechtlichen[147] oder sonstigen vermögensrechtlichen Auseinandersetzungen nach gescheiterter Ehe[148] dürfte der notwendige persönliche Bezug dagegen regelmäßig fehlen.

e) Erfolgsaussichten. Der Billigkeit entspricht eine Kostenvorschusspflicht außerdem 29
nur dann, wenn der beabsichtigte Rechtsstreit **nicht als mutwillig** erscheint und die beabsichtigte Rechtsverfolgung oder Rechtsverteidigung **hinreichende Aussicht auf Erfolg** bietet, was jeweils nach den für die Prozesskostenhilfe geltenden Maßstäben des § 114 ZPO zu beurteilen ist.[149] Dem Ehegatten eine Prozessfinanzierung nach einem großzügigeren Maßstab zuzumuten, erschiene unbillig.[150] Wird ein Prozesskostenvorschuss zur Rechtsverteidigung gegen ein Scheidungsverfahren begehrt, kann die Erfolgsaussicht aus den Erwägungen, wie sie im Rahmen der Bewilligung von Prozesskostenhilfe herangezogen werden, allerdings regelmäßig nicht maßgebend sein.[151]

f) „Vorschuss" grundsätzlich nicht rückwirkend. Prozesskostenvorschuss kann ver- 30
langt werden, solange die Partei gegenüber ihrem Rechtsanwalt vorschusspflichtig ist.[152] Der Begriff „Vorschuss" knüpft an die **Vorschusspflicht der Partei gegenüber ihrem Rechtsanwalt** an (§ 9 RVG; § 17 BGAGO aF). Diese Vorschusspflicht besteht auch für Gebühren, die durch die Vornahme der betreffenden anwaltlichen Tätigkeit bereits entstanden, aber noch nicht fällig geworden sind. Prozesskostenvorschuss kann dagegen grundsätzlich **nicht für die Vergangenheit** und deshalb nicht mehr verlangt werden, wenn der Rechtsstreit oder die betreffende Instanz abgeschlossen ist.[153] Etwas anderes gilt, wenn der Anspruch zuvor gerichtlich geltend gemacht oder der Verpflichtete rechtzeitig in Verzug gesetzt worden ist.[154] Säumnis des Zahlungspflichtigen darf ihm nicht zum Vorteil gereichen. Bei bevorstehender endgültiger Kostenregelung widerspräche ein Vorschussbegehren dagegen der Billigkeit. Aus tituliertem Vorschussanspruch kann jedoch auch nach dem Endurteil in der Hauptsache (ungeachtet einer dortigen Kostenentscheidung) vollstreckt werden.[155] Ansonsten können Kosten rückwirkend auch nicht als Sonderbedarf gemäß Abs. 3 iVm. § 1613 Abs. 2 Nr. 1 verlangt werden.[156] Kein Verlust des Anspruchs tritt ein, falls der Berechtigte einen Anwaltskostenvorschuss zunächst durch Kreditaufnahme oder aus eigener Tasche aufbringt.[157]

---

145 OLG Celle FamRZ 2008, 2199, 2200 (für eine gegen den früheren Ehegatten gerichtete Unterhaltsabänderungsklage); OLG Karlsruhe FamRZ 2005, 1744, 1745 (für eine Abänderungs- und Vollstreckungsabwehrklage gegen ein aus einer früheren Ehe stammendes Kind); *Palandt/Brudermüller* RdNr. 14; aA *Staudinger/Voppel* RdNr. 69; *Wendl/Scholz* § 6 RdNr. 28; *Göppinger/Wax/Vogel* RdNr. 2633.

146 *Schwab/Borth* Teil IV RdNr. 72.

147 Verneinend OLG Nürnberg FamRZ 1986, 697, 968; anders OLG Koblenz FamRZ 1986, 466.

148 Bejahend aber OLG Hamm FamRZ 1989, 277 (für Klage der Ehefrau gegen ihren früheren Ehemann auf Erstattung der ihr aus der Zustimmung zu dem Realsplitting erwachsenen Steuernachteile).

149 BGH FamRZ 2001, 1363, 1364 mwN; zust. *Bißmaier* FamRZ 2002, 863 f.; aA 4. Aufl.

150 *Staudinger/Voppel* RdNr. 79; *Schwab/Borth* Teil IV RdNr. 79; aA 4. Aufl.

151 Vgl. *Zöller/Philippi* § 114 ZPO RdNr. 42 f.

152 BGHZ 94, 316, 320 f. = NJW 1985, 2263 = FamRZ 1985, 802.

153 BGH FamRZ 1985, 902 = NJW 1985, 2265; ferner nicht nach Ehescheidung, RdNr. 21.

154 OLG Frankfurt ZFE 2005, 96; OLG Karlsruhe FamRZ 2000, 431; *Palandt/Brudermüller* RdNr. 16; vgl. auch OLG Schleswig ZFE 2008, 36 und OLG Köln FamRZ 1991, 842 (als Verzugsschaden) mit krit. Anm. Knops; ebenso *Wendl/Scholz* § 6 RdNr. 31; aA *Schwab/Borth* Teil IV RdNr. 84.

155 BGHZ 94, 316, 319 f. = NJW 1985, 2263 f. = FamRZ 1986, 803; OLG Hamm FamRZ 1977, 466.

156 BGH NJW 1985, 2265 = FamRZ 1985, 902; auch OLG Nürnberg FamRZ 1982, 937.

157 OLG Kiel SchlHA 1967, 57; aA OLG München FamRZ 1976, 696; obiter auch OLG Frankfurt FamRZ 1967, 484.

31 **g) Umfang.**[158] Die Vorschusspflicht umfasst alle zur **sachdienlichen Prozessführung** erforderlichen Geldmittel, auch falls sie nach § 91 ZPO ausnahmsweise nicht erstattungsfähig sein sollten:[159] die notwendigen gerichtlichen und außergerichtlichen Kosten, Gebühren und Auslagen, einschließlich derjenigen, die zur Durchsetzung des Prozesskostenvorschussanspruchs benötigt werden.[160] Die Vorschusspflicht für Anwaltskosten in Verfahren ohne Anwaltszwang, desgleichen für einen Verkehrsanwalt, richtet sich nach Erforderlichkeit und Billigkeit, dh. nach der Verhältnismäßigkeit unter Berücksichtigung von Schwierigkeit, wirtschaftlicher Bedeutung der Sache und Leistungsfähigkeit des Verpflichteten. Unter diesen Voraussetzungen sind Anwaltsgebühren auch für das Prüfungsverfahren über die Bewilligung von Prozesskostenhilfe zu bevorschussen.[161] Für die bloße Rechtsberatung wird dagegen kein Vorschuss geschuldet, da es sich nicht um Kosten eines Rechtsstreits iS des Abs. 4 handelt.[162]

32 **5. Verhältnis zu §§ 91 ff. ZPO. Rückzahlungspflicht.** Über eine endgültige Kostentragungspflicht zwischen Ehegatten fehlen gesetzliche Vorschriften (abgesehen von den §§ 1441 Nr. 3, 1442, 1443, 1463 Nr. 3, 1464, 1465 bei Gütergemeinschaft). Über eine Rückzahlungspflicht des vorschussberechtigten Gatten sagt Abs. 4 nichts aus; der Gesetzgeber überließ die Frage bewusst Wissenschaft und Rspr.[163] Die früher hM beurteilte die richtete endgültige Kostentragungspflicht schematisch nach der Kostenentscheidung in der rechtskräftig entschiedenen Hauptsache.[164] Nach einer Grundsatzentscheidung des BGH,[165] der die Oberlandesgerichte folgen,[166] richtet sich die Rückzahlungspflicht (ebenso wie die Vorschusspflicht selbst) **nur nach Billigkeit** (und soll wegen wesentlicher Verbesserung der Vermögenslage des Vorschussempfängers in Betracht kommen,[167] ferner wenn sich herausstellt, dass die Voraussetzungen von vornherein nicht vorlagen), während die Kostenentscheidung ausschließlich den prozessualen Vorschriften der §§ 91 ff. ZPO folgt. Der Rückzahlungsanspruch leitet sich aus den unterhaltsrechtlichen Vorschriften her; mangels einer speziellen gesetzlichen Regelung ist der den §§ 1360 ff. zugrunde liegende Rechtsgedanke heranzuziehen und der Vorschusscharakter der Leistung zu berücksichtigen.[168] Da es sich um einen familienrechtlichen Anspruch eigener Art handelt, ist Bereicherungsrecht nicht anwendbar.[169] Der in der Hauptsache **unterlegene** Vorschussempfänger ist somit nur nach Billigkeit rückerstattungspflichtig, gleichviel ob er den Rechtsstreit gegen den Ehepartner oder einen Dritten führte. Der gegen einen Dritten **obsiegende** Vorschussempfänger ist jedoch sofort rückerstattungspflichtig (allgM). Stellt sich während des Rechtsstreits heraus, dass der Vorschussberechtigte die Kosten ganz oder teilweise selber tragen muss, so rechtfertigt dies noch keine Abänderung des den Vorschuss anordnenden Beschlusses.[170] Eine abweichende Kostenentscheidung in der Hauptsache setzt den (einstweiligen) Anordnungsbeschluss nicht automatisch außer Kraft.[171]

---

158 Vgl. *Göppinger/Wax/Vogel* RdNr. 2656 ff.

159 KG NJW 1961, 737; *Schwab/Borth* Teil IV RdNr. 82.

160 BGH FamRZ 1981, 760; OLG Zweibrücken OLGR 2002, 179.

161 *Staudinger/Voppel* RdNr. 81.

162 OLG München FamRZ 1990, 312, 313; *Göppinger/Wax/Vogel* RdNr. 2658; AnwK-BGB/*Kaiser* RdNr. 51; aA *Kleinwegener* FamRZ 1992, 755; *Schwab/Borth* Teil IV RdNr. 83 und 4. Aufl.

163 BT-Drucks. 2/3409 S. 38.

164 OLG München NJW 1960, 438 = FamRZ 1960, 69 f.; NJW 1965, 1721; ebenso noch *Gernhuber/Coester-Waltjen* § 21 IV RdNr. 85 mN.

165 BGHZ 56, 92 = NJW 1971, 1262 = FamRZ 1971, 360; ebenso BGHZ 94, 316 = NJW 1985, 2263 f. = FamRZ 1985, 802 f.; bestätigt von BGHZ 110, 247 = NJW 1990, 1476 = JR 1991, 25 m. abl. Anm. *Olzen*.

166 OLG Düsseldorf FamRZ 1981, 295 f.; OLG München FamRZ 1994, 1605; OLG Bamberg FamRZ 1986, 484 f.; OLG Hamm FamRZ 1992, 672 = NJW-RR 1992, 582.

167 Dagegen mit beachtlichen Argumenten *Benkelberg* FuR 2003, 68, 69 ff.

168 BGHZ 110, 247, 248.

169 AA *Olzen* JR 1990, 1, 8 f.

170 OLG Bamberg FamRZ 1975, 421.

171 BGHZ 94, 316, 319 = NJW 1985, 2263 = FamRZ 1985, 803; OLG Hamm FamRZ 1977, 466 f.; OLG Düsseldorf FamRZ 1980, 815 u. FamRZ 1981, 295 f.; OLG Nürnberg NJW 1980, 349 = MDR 1980, 236; OLG Bamberg FamRZ 1986, 484; aA OLG Köln FamRZ 1978, 912 f.

Ein Rückzahlungsanspruch ist im Wege der Klage geltend zu machen; soweit auf einen Titel noch nicht gezahlt ist, kommt auch eine negative Feststellungsklage dahingehend in Betracht, dass die Vorschusspflicht nicht (mehr) besteht.[172] Ob und ggf. inwieweit ein – unstreitig gezahlter – **Prozesskostenvorschuss im Kostenfestsetzungsverfahren** berücksichtigt werden kann, wird nicht einheitlich beantwortet. Folgende Fallgestaltungen sind zu unterscheiden: Sind dem Vorschusspflichtigen die Kosten des Rechtsstreits auferlegt worden, kann er einwenden, er habe den Erstattungsanspruch des Vorschussberechtigten (teilweise) erfüllt.[173] Der Empfänger kann in Höhe des Vorschusses keine Kostenerstattung mehr verlangen. – Sind dem Vorschussempfänger die Kosten des Rechtsstreits auferlegt worden, kann ein Kostenvorschuss nur insoweit berücksichtigt werden, als er die tatsächlichen Kosten des Empfängers übersteigt.[174] – Bei **Kostenquotelung** hängt die Antwort auf die Frage, ob der Vorschuss auf den Erstattungsanspruch des Empfängers anzurechnen ist, davon ab, worauf der Vorschuss gezahlt wurde. Richtigerweise ist anzunehmen, dass die Zahlung nicht auf einen künftigen Erstattungsanspruch erfolgte, sondern auf den in den Prozesskosten bestehenden unterhaltsrechtlichen Sonderbedarf. Der Vorschuss deckt damit auch die Kosten des Empfängers ab, deretwegen ihm kein Erstattungsanspruch zusteht. Eine Anrechnung des Vorschusses kann deshalb nicht in voller Höhe, sondern nur insoweit erfolgen, als dieser zusammen mit dem Kostenerstattungsanspruch die tatsächlichen Kosten des Vorschussempfängers übersteigt.[175] Auf diese Weise bleiben die dem Berechtigten entstandenen Kosten gedeckt, es wird aber vermieden, dass er aus dem Prozess einen Gewinn erzielt. – Zulässig ist auch die Aufrechnung mit einem Rückforderungsanspruch gegen einen Anspruch des anderen Ehegatten auf Zugewinn oder rückständigen Unterhalt.[176] 33

6. Prozessuales. Für die Klage auf Kostenvorschuss fehlt neben der Möglichkeit der einstweiligen Anordnung gemäß §§ 49 ff., 246 FamFG nicht das Rechtsschutzbedürfnis.[177] Sachlich zuständig für Klage und einstweilige Anordnung ist das Familiengericht (§§ 23 a Abs. 1 Nr. 1 23 b Abs. 1 GVG, § 111 Nr. 8 FamFG), da der Vorschussanspruch Teil der Unterhaltspflicht ist.[178] Dies gilt auch für einstweilige Anordnungen auf Kostenvorschuss für Ehesachen und Folgesachen (§§ 121, 137 FamFG). Nach § 246 Abs. 1 FamFG kann das Gericht abweichend von § 49 FamFG auf Antrag die Verpflichtung zur Zahlung von Unterhalt oder zur Zahlung eines Kostenvorschusses für ein gerichtliches Verfahren regeln.[179] Die **Darlegungs- und Beweislast** richtet sich nach den allgemeinen Regeln; sie umfasst auch die Erfolgsaussicht der beabsichtigten Rechtsverfolgung.[180] Die Klage auf Rückzahlung eines gewährten Prozesskostenvorschusses ist ebenfalls Familiensache. Zu Fragen des **IPR** s. 4. Aufl. Art. 18 EGBGB RdNr. 33. 34

---

172 OLG Hamm FamRZ 1999, 728; KG FamRZ 1988, 167.

173 OLG Köln FamRZ 2006, 218; OLG Koblenz FamRZ 1996, 887 f.; OLG Celle FamRZ 1985, 731 f.

174 *Johannsen/Henrich/Sedemund-Treiber* § 127 a ZPO RdNr. 11; *Dose,* Einstweiliger Rechtsschutz in Familiensachen, RdNr. 121.

175 OLG Frankfurt OLGR 2005, 278 f.; FuR 2001, 523; KG NJW-RR 2002, 140 f.; OLG Nürnberg FuR 2002, 287 f.; OLG Hamm FamRZ 1999, 728; OLG Bamberg FamRZ 1999, 724; 1997, 1417; OLG Karlsruhe FamRZ 1986, 376 f.; vgl. auch OLG Köln (26. ZS) FamRZ 2006, 218; *Staudinger/Voppel* RdNr. 95; *Stein/Jonas/Bork* § 104 ZPO RdNr. 22; *Johannsen/Henrich/Sedemund-Treiber* § 127 a ZPO RdNr. 11; *Palandt/Brudermüller* RdNr. 21; *Benkelberg* FuR 203. 68. 72 f.; *Dose* (vorige Fn.). Keine Anrechnung: OLG Oldenburg FamRZ 1998, 445; OLG Düsseldorf FamRZ 1996, 1409 f.; KG Rpfleger 1980, 438 f. Volle Anrechnung: OLG Köln OLGR 2006, 133; OLG Düsseldorf Rpfleger 2005, 483 f.; OLG Braunschweig FamRZ 2005, 1190; OLG Schleswig OLGR 2002, 269 f.; OLG Zweibrücken MDR 1998, 862; OLG München FamRZ 1994, 1605 f.; OLG Stuttgart FamRZ 1992, 1462 f.; MünchKommZPO/*Giebel* § 104 RdNr. 46; 4. Aufl.

176 BGHZ 56, 92, 97; OLG Koblenz OLGR 2000, 333 f.; *Staudinger/Voppel* RdNr. 90; *Palandt/Brudermüller* RdNr. 21; *Schwab/Borth* Teil IV RdNr. 89.

177 BGH FamRZ 1979, 472, 473; OLG Hamm FamRZ 1978, 816.

178 Zur Zuständigkeit im Rechtsmittelverfahren vgl. *Göppinger/Wax/Vogel* RdNr. 2668 ff.

179 Zur Rechtslage vor dem Inkrafttreten des FamFG vgl. 4. Aufl.

180 BGH FamRZ 2001, 1363, 1364.

35 **7. Pfändbarkeit.** Der zweckgebundene Anspruch auf Kostenvorschuss ist weder abtretbar noch verpfändbar oder pfändbar[181] (§§ 399, 1274 Abs. 2 BGB, 851 ZPO), außer zugunsten des Gebührengläubigers (Gerichtskasse, Anwalt). Gemäß § 394 kann gegen ihn auch nicht **aufgerechnet** werden (zB mit einem Kostenerstattungsanspruch).[182] Nach zulässiger Pfändung und Überweisung ist die Klage gegen den Drittschuldner Familiensache.[183] Als Teil der Unterhaltspflicht genießt der Vorschussanspruch das Vollstreckungsprivileg des § 850 d ZPO.[184]

§ 1360 b Zuvielleistung

Leistet ein Ehegatte zum Unterhalt der Familie einen höheren Beitrag als ihm obliegt, so ist im Zweifel anzunehmen, dass er nicht beabsichtigt, von dem anderen Ehegatten Ersatz zu verlangen.

Schrifttum: S. die Angaben zu §§ 1360 und 1360 a sowie *Gießler,* Erlöschen der elterlichen Prozessführungsbefugnis und Übergang zum familienrechtlichen Ausgleichsanspruch, FamRZ 1994, 800; *Holzhauer,* Der Unterhaltsregress, FS Ernst Wolf, 1985, S. 223; *Kohler,* Rückforderung aufgrund einstweiliger Anordnung gezahlten Ehegattenunterhalts, FamRZ 1988, 1005; *Müller,* Die Bank- und Sparkonten bei der Trennung und Scheidung von Ehegatten, ZfJ 1991, 35; *Roth,* Der familienrechtliche Ausgleichsanspruch, FamRZ 1994, 793; *Roth-Stielow,* Vermögensrechtliche Streitfragen nach der Scheidung, NJW 1970, 1032; *M. Schwab,* Rückforderung von Ehegattenunterhalt nach einstweiliger Anordnung, FamRZ 1994, 1567; *Wacke,* Donatio non praesumitur, AcP 191 (1991), 1; *Wohlfahrt,* Aufrechnung gegen Unterhaltsansprüche mit Rückzahlungsansprüchen aus Unterhaltsüberzahlungen, FamRZ 2001, 1185.

Übersicht

I. Zweck und Wesen der Norm; Parallelvorschriften

1 **1. Normzweck.** Die widerlegbare Vermutung des § 1360 b soll Streit zwischen Ehegatten über die Rückforderung eventuell zuviel geleisteten Unterhalts im **Interesse des Familienfriedens** möglichst vermeiden. Es entspricht der Lebenserfahrung und dem Wesen der ehelichen Lebensgemeinschaft, dass der Zuvielleistende **im Zweifel keinen Rückforderungswillen** hat.[1] Der geschuldete Unterhalt steht selten ziffernmäßig genau fest. Bei überschüssigen Leistungen, besonders bei gebräuchlichen Mehraufwendungen und Gelegenheitsgeschenken zu bestimmten Anlässen,[2] die mit zur Unterhaltspflicht iwS gehören, ist

[181] BGH FamRZ 1985, 802 f.; *Staudinger/Voppel* RdNr. 98; *Soergel/Lange* RdNr. 20.

[182] BGHZ 94, 316, 321 ff. = NJW 1985, 2264 = FamRZ 1985, 803 f.; OLG Karlsruhe FamRZ 1984, 1090.

[183] Vgl. OLG Hamm FamRZ 1978, 602.

[184] Str.; dafür: *Staudinger/Voppel* RdNr. 99; *Erman/Gamillscheg* RdNr. 38 aE; *Pastor* FamRZ 1958, 298, 302; *Weimar* NJW 1959, 2102; dagegen: LG Essen Rpfl. 1960, 250 f.; LG Bremen Rpfl. 1970, 214 f.; *Soergel/Lange* RdNr. 20; *Palandt/Brudermüller* RdNr. 18. Die Gefahr einer unbilligen Belastung des Schuldners besteht nicht, da die Billigkeit im Erkenntnisverfahren zu prüfen ist.

[1] BGHZ 50, 266, 270 = NJW 1986, 1780; *Soergel/Lange* RdNr. 2; *Palandt/Brudermüller* RdNr. 2.

[2] Zu den Gelegenheitsgeschenken, Pflicht- und Anstandsschenkungen *Migsch* AcP 173 (1973), 46.

die Abgrenzung zur Schenkung schwierig. Für eine Schenkung erfordert § 516 Einigung über die Unentgeltlichkeit; bloßes Fehlen einer Entgeltlichkeitsvereinbarung genügt nicht. Demgegenüber lässt § 1360 b (als *quasi*-Schenkung) schon das bloße Fehlen der Rückforderungsabsicht zum Rückforderungsausschluss genügen. Eine Verpflichtung des Ehepartners zum Ersatz bestimmungsmäßig verbrauchten Unterhalts brächte ihn wegen der sich schnell summierenden Einzelbeträge ähnlich unbillig in Schwierigkeiten wie umgekehrt den Unterhaltspflichtigen eine Nachzahlungspflicht im Falle des für die Vergangenheit nicht entrichteten Unterhalts (vgl. §§ 1613, 1360 a Abs. 3, 1361 Abs. 4 S. 3). Für die Vergangenheit kann darum Unterhalt grundsätzlich weder gefordert noch zurückgefordert werden. Großzügig bemessene Unterhaltsbeiträge nach § 1360 a Abs. 2 S. 2 erhöhen den Lebenszuschnitt der gesamten Familie, an dem idR auch der Leistende partizipiert. Die praktizierte Großzügigkeit bei einer Ehekrise oder Scheidung einer kleinlichen Nachkalkulation zu unterwerfen, wäre ein Verstoß gegen das Rechtsgebot des konsequenten Verhaltens.[3] Ausgleichsansprüche nach der Scheidung sind grundsätzlich auf das Ehegüterrecht, den vorhandenen Zugewinn, beschränkt.

2. Wesen. Der Normzweck bestimmt das Wesen der Vorschrift. Teilweise wird in ihr 2
(dem Wortlaut entsprechend) eine bloße Auslegungsregel[4] (gemeint ist wohl: Beweisregel) gesehen, die erst bei einem *non liquet* hinsichtlich eines von vornherein bestehenden Rückforderungswillens des Leistenden angewendet werden dürfe. Dann würde es sich um eine reine Schutzvorschrift zugunsten des redlichen Rückforderungsbeklagten handeln, ähnlich §§ 818 Abs. 3, 814; von leichtfertigen Rückforderungsbegehren würde sie den Leistenden aber nicht abhalten. Wird die Hauptaufgabe des § 1360 b dagegen in der darüber hinausgehenden präventiven Streitvermeidung zwecks Gewährleistung des familiären Friedens gesehen, muss die Vorschrift schärfer als **gesetzliche Vermutung** zu Lasten des Rückfordernden aufgefasst werden, welche dieser durch den Beweis des Gegenteils zu widerlegen hat.[5] Seiner Darlegungslast genügt der Rückfordernde nur, wenn er über die Tatsache der Zuvielleistung hinaus substantiiert die Umstände behauptet, aus denen seine Rückforderungsabsicht – für den Empfänger von vornherein erkennbar – zu folgern war.[6]

3. Parallelvorschriften. Verwandte Regelungen finden sich in § 685 Abs. 2 (Unter- 3
haltsleistungen von Eltern und Voreltern an Abkömmlinge und umgekehrt) und § 1620 (Aufwendungen volljähriger, dem elterlichen Hausstand angehörender Kinder zu den Haushaltskosten). Diese Vorschriften enthalten Regeln, nach denen Schenkung ausnahmsweise vermutet wird,[7] als ergänzende Spezialnormen zu § 685 Abs. 1 (kein Geschäftsführerregress bei fehlender Rückforderungsabsicht) und zu § 814 (Kondiktionsausschluss bei wissentlicher Zuvielleistung oder Erfüllung einer sittlichen bzw. gesellschaftlichen Pflicht; dazu s. Fn. 2). Der darin zum Ausdruck kommende allgemeine Rechtsgedanke erlaubt eine analoge Anwendung bei Unterhaltsleistungen innerhalb vergleichbar enger Gemeinschaften, besonders unter nichtehelich Zusammenlebenden (RdNr. 6). Vgl. auch § 534 mit weiteren Parallelen.

II. Anwendungsbereich

1. Persönlicher Geltungsbereich; präkludierte Ansprüche. § 1360 b gilt in allen 4
Güterständen für überschießende Unterhaltsleistungen unter zusammen lebenden Ehegatten

---

[3] OLG Karlsruhe FamRZ 1990, 744.
[4] So *Erman/Gamillscheg* RdNr. 1; *Palandt/Brudermüller* RdNr. 1; *Soergel/Lange* RdNr. 2; RGRK/*Wenz* RdNr. 2.
[5] OLG Karlsruhe FamRZ 1990, 744, 745; OLG Oldenburg FamRZ 2006, 267, 268; *Baumgärtel/Pruskowski* RdNr. 1; *Staudinger/Voppel* RdNr. 5; AnwK-BGB/*Kaiser* RdNr. 4; *Johannsen/Henrich/Büttner* § 1361 RdNr. 134.
[6] OLG Karlsruhe FamRZ 1990, 744, 745; OLG Oldenburg FamRZ 2006, 267, 268; *Wohlfahrt* FamRZ 2001, 1185, 186.
[7] *Wacke* AcP 191 (1991), 1, 5 ff.

ebenso wie unter getrennt lebenden (§ 1361 Abs. 4 S. 3),[8] nicht dagegen für Leistungen unter Geschiedenen.[9] Bei beschränkter Geschäftsfähigkeit gilt § 1360 b nur für vom gesetzlichen Vertreter erbrachte oder konsentierte Leistungen. Die Vorschrift schließt Regressansprüche aus jedwedem rechtlichen Gesichtspunkt aus, sei es aus Geschäftsführung ohne Auftrag, ungerechtfertigter Bereicherung oder etwaiger besonderer familienrechtlicher Ausgleichspflicht (s. RdNr. 11).[10] Ausgeschlossen ist auch eine Aufrechnung gegen künftig fällig werdende Unterhaltsraten sowie deren Zurückbehaltung.

5 **2. Freiwillige unterhaltsartige Leistungen. Konto-Abhebungen.** Der vermutete Rückforderungsverzicht des § 1360 b gilt **nur für freiwillige Leistungen,** die der Art nach **zum Familienunterhalt** gehören. Hierbei kann es sich auch um Zins- und sonstige Leistungen für ein als Familienheim dienendes Hausgrundstück handeln, selbst wenn die Ehegatten als Gesamtschuldner für die entsprechenden Darlehen haften.[11] Besteht eine gesamtschuldnerische Haftung, ohne dass die Schuld zur Deckung des Familienunterhalts eingegangen wurde, greift § 1360 b nicht ein, ebenso wenig bzgl. der Tilgungsleistungen für das Familienheim (§ 1360 a RdNr. 4). In solchen Fällen ist während intakter Ehe hinsichtlich der Ausgleichspflicht nach § 426 Abs. 1 idR konkludent „etwas anderes bestimmt" (§ 426 Abs. 1 S. 1 Halbs. 2), weil der ehelichen Lebensgemeinschaft die Anschauung zugrunde liegt, mit dem Einkommen gemeinsam zu wirtschaften und finanzielle Mehrleistungen eines Ehegatten nicht auszugleichen. Will sich ein Ehegatte die Rückforderung von Mehrleistungen für den Fall der Trennung vorbehalten, bedarf es hierzu einer Vereinbarung.[12] Im Übrigen gilt: Bei Leistungen, welche nicht gemäß §§ 1360 ff. zum Unterhalt der Kleinfamilie gehören, ist § 1360 b schon tatbestandlich nicht anwendbar, ohne dass es noch auf eine Widerlegung der Vermutung ankäme. So zB bei Begleichung von Schulden des Ehepartners (bes. geschäftlichen oder vorehelichen), bei Zuschüssen zum Aufbau eines vom Partner betriebenen Geschäfts,[13] bei Unterhaltsgewährung an Schwiegereltern und Stiefkinder.[14] Soweit ein Ehegatte die Unterhaltspflicht für ein gemeinsames Kind übernimmt, weil der andere sich insoweit der Unterhaltspflicht entzieht, greift § 1360 b ebenfalls vom Tatbestand her nicht ein. Denn dem Kind gegenüber ist der Leistende aufgrund seiner Ersatzhaftung zum Unterhalt verpflichtet. Dann ist es aber nicht sachgerecht, im Verhältnis zu dem anderen Ehegatten von einer überobligationsmäßigen Leistung auszugehen.[15] Freiwilligkeit der Leistung ist dagegen anzunehmen bei Duldung der Verfügung über gemeinsame (Oder-)**Konten** während des Zusammenlebens, nicht aber wenn heimlich oder nach der Trennung geschehen.[16] Die Zweckbestimmung des Oder-Kontos (Finanzierung der gemeinsamen Lebensführung) entfällt mit der Trennung; danach mutmaßlich nicht mehr konsentierte Abhebungen sind gemäß §§ 430, 742 im Zweifel hälftig auszugleichen.[17] Die Rückforderung von Unterhalt, der aufgrund ungerechtfertigter **einstweiliger Anordnung** (und damit unfreiwillig) gezahlt wurde, wird

---

[8] OLG Karlsruhe FamRZ 1990, 191; OLG Oldenburg FamRZ 2006, 267; einschr. *Erman/Gamillscheg* RdNr. 2: Lockerung der ehelichen Beziehungen kann leichter zur Widerlegung der Vermutung führen.

[9] Vgl. OLG Koblenz FamRZ 1997, 368, 370; OLG Celle NJW 1974, 504; *Wohlfahrt* FamRZ 2001, 1185, 186; zweifelnd OLG Frankfurt FamRZ 1987, 1185. Zu Mehrleistungen zu Gunsten gemeinsamer Kinder s. RdNr. 5.

[10] BGHZ 50, 266, 270 = NJW 1968, 1780; OLG Karlsruhe FamRZ 1990, 744; *Staudinger/Voppel* RdNr. 16.

[11] OLG Oldenburg FamRZ 2005, 1837, 1838.

[12] BGH FamRZ 2002, 739, 740 mwN zur Frage des gesamtschuldnerischen Ausgleichs wegen während des Zusammenlebens erbrachter Steuervorauszahlungen; vgl. auch OLG Karlsruhe FamRZ 1991, 441.

[13] Nach *Gernhuber/Coester-Waltjen* § 21 RdNr. 63 Fn. 107 gilt solchenfalls die Vermutung des § 1360 b idR als widerlegt.

[14] Vgl. § 1360 a RdNr. 10 ff.; *Staudinger/Voppel* RdNr. 10; *Soergel/Lange* RdNr. 3.

[15] *Roth* FamRZ 1994, 793, 798; *Staudinger/Voppel* RdNr. 15; *Schwab/Borth* Teil IV RdNr. 93; *Holzhauer,* FS Ernst Wolf, 1985, S. 223, 230 ff.; iE ebenso 4. Aufl.; aA BGH FamRZ 1968, 450; *Soergel/Häberle* § 1607 RdNr. 3.

[16] *W. Müller* ZfJ 1991, 35, 36.

[17] OLG Karlsruhe FamRZ 1990, 629 f. und 744 ff.

durch § 1360 b nicht beschränkt,[18] ebenso wenig diejenige eines Prozesskostenvorschusses.[19]

3. Analogie. Für tatbestandsmäßig nicht unter § 1360 b subsumierbare Erstattungsansprüche im Zweifel eine Erlassofferte zu vermuten, würde eine analoge Anwendung bedeuten, die nur in engen Grenzen zulässig ist: zB für erlittene Körperschäden bei spontanen Rettungshandlungen (Hilfeleistungen) in Gefahrensituationen (tätlicher Angriff Dritter).[20] Bei anderen Aufwendungen muss der Schenkungswille in Umkehrung des § 1360 b positiv festgestellt, etwa aus bestimmten Indizien[21] (uU auch aus längerem Schweigen) erschlossen werden. Doch bleibt § 814 anwendbar (zB für Studiumsfinanzierung).[22] Zur Mitarbeit in Beruf oder Geschäft des Ehepartners entfiel mit dem 1. EheRG die gesetzliche Verpflichtung. Die Pflicht zu nicht vergüteter Mitarbeit kann sich aber ausnahmsweise aus der ehelichen Beistandspflicht (§ 1353) ergeben. In solchen Fällen kommt eine Anwendung von § 1360 b in Betracht, wenn die Leistungen über das unterhaltsrechtlich geschuldete Maß hinausgehen.[23] In der Regel stellt sich die Mitarbeit allerdings schon nicht als Unterhaltsleistung dar, so dass § 1360 b nicht eingreift. Ein Ausgleich erfolgt insofern güterrechtlich; er ist, soweit keine vertragliche Regelung besteht, aber auch aufgrund einer ggf. anzunehmenden Ehegatteninnengesellschaft oder eines stillschweigend zustande gekommenen besonderen familienrechtlichen Vertrages (sog. Kooperationsvertrag) möglich (§ 1356 RdNr. 24, 26 f.). Für nichtehelich Zusammenlebende kann, auch wenn Leistungen in diesem Verhältnis ohne rechtliche Verpflichtung erfolgen, der Rechtsgedanke des § 1360 b herangezogen werden, soweit es um Gewährung dessen geht, was das tägliche Zusammenleben betrifft.[24] 6

4. Maß. Das Maß des geschuldeten Unterhalts ergibt sich aus § 1360 a,[25] für Getrenntlebende aus § 1361 Abs. 1 bis 3. Für dieses Maß übersteigende einmalige oder laufende Unterhaltsleistungen iS der §§ 1360 ff. gilt § 1360 b; gleichviel ob in Geld oder Naturalien, ob aus den Arbeitseinkünften[26] oder dem Vermögensstamm[27] erbracht, oder ob bei Gütergemeinschaft dem Vorbehaltsgut (vgl. Fn. 26) oder dem Sondergut entnommen. 7

III. Rechtsfolge

Bei freiwilligen Unterhaltsleistungen, die das Ausmaß der §§ 1360 a, 1361 Abs. 1 bis 3 übersteigen, wird vermutet, dass dem Leistenden im Zeitpunkt der Unterhaltsgewährung die Absicht fehlte, vom Ehepartner Ersatz zu verlangen. Fehlende Absicht genügt (so besser formuliert in §§ 685 Abs. 2, 1620). Nicht nötig ist Schenkungswille, also auf Ersatzverzicht gerichtete Absicht (vgl. RdNr. 6). Ob der Leistende das Fehlen seiner rechtlichen Verpflichtung kannte, ist unerheblich. Auch wenn er sich irrtümlich für verpflichtet hielt, verhindert der spezielle Kondiktionsausschließungsgrund des § 1360 b eine Rückforderung aus § 812[28] (und § 683; vgl. § 685 Abs. 2 zu Abs. 1), sofern die Leistung nur der Art nach 8

[18] *Schwab* FamRZ 1994, 1567, 1568; *Staudinger/Voppel* RdNr. 15 a.

[19] BGH FamRZ 1990, 491, 492; *Staudinger/Voppel* RdNr. 11.

[20] Vgl. (zu § 685 Abs. 2) BGHZ 38, 302 = NJW 1963, 483. Für Analogie vgl. *Soergel/Lange* RdNr. 1.

[21] Etwa spätere Zuwendungen im Testament ohne Vorbehalt bezüglich der bezahlten Schulden; so schon Dig. 32, 33, 2; *Wacke* ZRG rom. Abt. 91 (1974), 255 f.

[22] OLG Düsseldorf OLGZ 1966, 283.

[23] AnwK-BGB/*Kaiser* RdNr. 11; *Palandt/Brudermüller* RdNr. 1; vgl. auch BGH FamRZ 1995, 537, 538.

[24] Im Ergebnis ebenso BGH FamRZ 2008, 1822 Tz. 40. Angesichts mehrerer Parallelvorschriften (RdNr. 3) ist § 1360 b keine ehespezifische Norm, s. auch Nach § 1302 RdNr. 57.

[25] Für intensive Krankenpflege BGH FamRZ 1995, 537, 538; vgl. auch § 1353 RdNr. 31.

[26] BGHZ 50, 266, 269 = NJW 1968, 1780.

[27] BGH FamRZ 1985, 351; OLG Oldenburg FamRZ 2005, 1837, 1838; OLG Düsseldorf OLGR 1995, 70.

[28] Anders OLG Stuttgart FamRZ 1981, 36; *Gernhuber/Coester-Waltjen* § 21 III 4: „Die irrtümliche Mehrleistung findet in § 1360 b keinen Anknüpfungspunkt; es bleibt der Anspruch aus § 812.“ Gewiss kann sich der Leistende die Rückforderung nur vorbehalten, wenn er den Mangel seiner Rechtspflicht kennt. Da diese Kenntnis nach der Regelung des § 814 jedoch der rückforderungsbeklagte Ehepartner beweisen müsste, wäre

Unterhaltsgewährung ist (RdNr. 5). Von dem nach § 814 erforderlichen Nachweis, dass der Leistende den Mangel seiner Rechtspflicht kannte, will § 1360 b den rückforderungsbeklagten Ehepartner im Interesse des familiären Friedens freistellen. Nur eine solche ehefreundliche Interpretation wird dem Sinn und Zweck der Vorschrift gerecht (vgl. RdNr. 1, 2). Wer für § 1360 b Kenntnis der mangelnden Rechtspflicht verlangt, entleert die Vermutung jedes über § 814 hinausgehenden Sinngehalts. Bei der überwiegenden Zahl von Leistungen, bei denen der Gedanke an eine Rückforderung erst im späteren Streitfalle auftaucht, schließt § 1360 b die Erstattung aus.[29] Gemäß § 1360 b nicht rückforderbare Leistungen sind jedoch nach § 1380 als Vorausempfang auf die Zugewinnausgleichsforderung des Empfängers anrechenbar.[30]

IV. Widerlegung der Vermutung

9 **1. Grundsatz.** Die Vermutung des § 1360 b ist widerlegbar durch den **Beweis des Gegenteils** (RdNr. 2; nicht durch bloßen Gegenbeweis). Seine Rückforderungsabsicht kann der Leistende bei der Leistung ausdrücklich erklärt, insbes. mag er Sicherheitsleistung, die Ausstellung eines Schuldscheins,[31] einer Quittung verlangt haben. Die Absicht kann sich aber auch aus den Umständen ergeben, zB aus der ungewöhnlichen Höhe einmaliger Mehrleistungen (für Zuschüsse zum Geschäftsbetrieb des Partners s. Fn. 13). Aus dem Getrenntleben allein ist die Rückforderungsabsicht im allgemeinen nicht zu folgern;[32] damit würde die Schlichtungswirkung des § 1360 b illusorisch, die das Gesetz durch die Bezugnahme in § 1361 Abs. 4 S. 3 ausdrücklich auch für Getrenntlebende anordnet. Bei Zuschüssen zur Berufsausbildung (Studium) des Partners wird, soweit sie nicht schon zum Unterhalt gehören (§ 1360 a RdNr. 8), Rückforderungsabsicht meist fehlen; zumindest hilft § 814.[33] Stellte der finanzierende, in untergeordneter Stellung berufstätige Ehegatte eigene Studienabsichten einvernehmlich zunächst zurück, hat er nach der Scheidung Unterhaltsansprüche nach § 1575 gegen den Partner mit abgeschlossener Ausbildung. Vertraglich bedungene Mehrleistungen im sachlichen Rahmen der § 1360 ff. sind im Zweifel Schenkungen, nicht Vollzug eines zur Rückerstattung verpflichtenden Vertrages.[34]

10 Ein geheimer Vorbehalt genügt nicht: Seine Rückforderungsabsicht muss der Leistende dem Ehepartner gegenüber im Zeitpunkt der Leistung zum Ausdruck gebracht haben; zumindest müssen dem Partner die Umstände erkennbar gewesen sein, aus denen diese Absicht schon damals zu folgern war.[35] Der Partner muss sich in seinen Dispositionen von vornherein auf die Rückforderbarkeit einstellen können; § 1360 b ist (ähnlich § 1613; s. RdNr. 1) zugleich Vertrauensschutzvorschrift.

11 **2. Kein selbständiger Ersatzanspruch.** In der **Erschwerung der Rückforderung** erschöpft sich § 1360 b. Die Widerlegung der Vermutungsfolge begründet noch kein Rückforderungsrecht: § 1360 b enthält **keinen eigenen Ersatzanspruch,** falls sich der Leistende die Rückforderung vorbehalten hatte.[36] Der nachgewiesene Vorbehalt eröffnet vielmehr erst

---

für § 1360 b seiner Zwecksetzung zuwider in den meisten Fällen von zweifelhaftem Umfang der Unterhaltspflicht kein Raum; der Vorschrift wären damit tatbestandlich zu enge Grenzen gezogen. Richtigerweise enthält § 1360 b mit seinen Parallelen in §§ 685 Abs. 2, 1620 – über § 814 hinaus – eine eigenständige Einschränkung des Bereicherungs- und Geschäftsführungsregresses: Rückforderung nur bei positiv nachweisbarer Rückforderungsabsicht objektiv zuviel geleisteter Beträge ohne Rücksicht auf Kenntnis.

[29] Zutr. im Ergebnis insoweit *Roth-Stielow* NJW 1970, 1033.

[30] BGH FamRZ 1983, 351.

[31] Vgl. RG JW 1909, 661.

[32] Krit. *Holzhauer,* FS Ernst Wolf, 1985, S. 223, 235 f.; *Gießler* FamRZ 1994, 800. Als Widerlegungsindiz jedoch zu würdigen nach *Staudinger/Voppel* RdNr. 23; *Erman/Gamillscheg* RdNr. 2.

[33] Sittliche Pflicht: OLG Düsseldorf OLGZ 1966, 283.

[34] *Gernhuber/Coester-Waltjen* § 21 III 4.

[35] OLG Karlsruhe FamRZ 1990, 744; *Staudinger/Voppel* RdNr. 19 ff.; RGRK/*Wenz* RdNr. 3.

[36] BGH NJW 1984, 2096 = FamRZ 1984, 767, 768 f.; *Staudinger/Voppel* RdNr. 24; *Schwab/Borth* Teil IV RdNr. 93; *Soergel/Lange* RdNr. 4; *Gernhuber/Coester-Waltjen* § 21 III 4. Für einen eigenständigen familien-

die Regresswege[37] über § 607, §§ 683 ff. oder §§ 812 ff., deren Voraussetzungen gesondert zu prüfen sind. Zulässig bleibt auch die Berufung auf den Bereicherungswegfall (§ 818 Abs. 3), wenngleich ihr § 819 bei erkanntem (nicht bei bloß erkennbarem) und berechtigtem Vorbehalt entgegensteht. Eine Umdeutung in eine (unter den Voraussetzungen des § 530 wegen groben Undanks widerrufbare) Schenkung[38] wäre nur möglich bei nachgewiesener Einigkeit über die Unentgeltlichkeit der Zuwendung und unterläge nach § 531 Abs. 2 ebenfalls den Beschränkungen des Bereicherungsanspruchs. Das Schenkungswiderrufsrecht des schuldlos geschiedenen Gatten (§ 73 EheG) beseitigte das 1. EheRG mit dem Wegfall des Schuldprinzips ersatzlos. Diese Entscheidung ist auch bei § 1360 b zu respektieren: keine Rückforderung der Aufwendungen für das eheliche Leben nach der Scheidung wegen Wegfalls des Leistungszwecks iS des § 812 Abs. 1 S. 2 Alt. 2.[39]

3. Beweislast. Der Ersatz begehrende Ehegatte muss beweisen, (1.) dass er Unterhalts- 12 leistungen erbracht hat, die (2.) das gesetzliche Maß überstiegen, dass er (3.) schon bei der Leistung die Absicht hatte, Ersatz zu verlangen, und (4.) dass diese Absicht dem beklagten Partner von vornherein entweder bekannt oder doch den Umständen nach erkennbar war.[40]

V. Zuständigkeit

Für Rückforderungsklagen ist gemäß § 23 b Abs. 1 S. 2 Nr. 5 und 6 GVG das **Familien-** 13 **gericht** zuständig,[41] nach Inkrafttreten des FGG-RG gemäß §§ 23 a Abs. 1 Nr. 1, 23 b Abs. 1 GVG, 111 Nr. 8 FamFG.

§ 1361 Unterhalt bei Getrenntleben

(1) [1]Leben die Ehegatten getrennt, so kann ein Ehegatte von dem anderen den nach den Lebensverhältnissen und den Erwerbs- und Vermögensverhältnissen der Ehegatten angemessenen Unterhalt verlangen; für Aufwendungen infolge eines Körper- oder Gesundheitsschadens gilt § 1610 a. [2]Ist zwischen den getrennt lebenden Ehegatten ein Scheidungsverfahren rechtshängig, so gehören zum Unterhalt vom Eintritt der Rechtshängigkeit an auch die Kosten einer angemessenen Versicherung für den Fall des Alters sowie der verminderten Erwerbsfähigkeit.

(2) Der nicht erwerbstätige Ehegatte kann nur dann darauf verwiesen werden, seinen Unterhalt durch eine Erwerbstätigkeit selbst zu verdienen, wenn dies von ihm nach seinen persönlichen Verhältnissen, insbesondere wegen einer früheren Erwerbstätigkeit unter Berücksichtigung der Dauer der Ehe, und nach den wirtschaftlichen Verhältnissen beider Ehegatten erwartet werden kann.

(3) Die Vorschrift des § 1579 Nr. 2 bis 8 über die Beschränkung oder Versagung des Unterhalts wegen grober Unbilligkeit ist entsprechend anzuwenden.

(4) [1]Der laufende Unterhalt ist durch Zahlung einer Geldrente zu gewähren. [2]Die Rente ist monatlich im Voraus zu zahlen. [3]Der Verpflichtete schuldet den vollen Monatsbetrag auch dann, wenn der Berechtigte im Laufe des Monats stirbt. [4]§ 1360 a Abs. 3, 4 und die §§ 1360 b, 1605 sind entsprechend anzuwenden.

---

rechtlichen Ausgleichsanspruch auch BGHZ 31, 329, 332 = NJW 1960, 957; BGHZ 50, 267 = NJW 1968, 1780; krit. *Roth* FamRZ 1994, 793; vgl. *Gießler* FamRZ 1994, 800, 804.

[37] Dazu *Holzhauer* JuS 1983, 830 ff.; vgl. auch *Wohlfahrt* FamRZ 2001, 1185, 1186 ff.

[38] Dazu *Bosch,* FS Beitzke, 1979, S. 122 ff.

[39] OLG Düsseldorf OLGZ 1966, 283 f.; *Roth-Stielow* NJW 1970, 1032 f., je mwN.

[40] Ebenso *Baumgärtel/Pruskowski* RdNr. 1; im Ergebnis OLG Düsseldorf OLGR 1995, 70.

[41] BGH FamRZ 1978, 582.

Schrifttum (s. auch das Schrifttum zu § 1360 und zu §§ 1569ff., besonders zu § 1578, bezüglich Abs. 3 auch zu § 1579): *Bernreuther,* Zur Berücksichtigung von Schulden des Verpflichteten bei der Unterhaltsberechnung, FamRZ 1995, 769; *ders.,* Das System des vorläufigen Rechtsschutzes in Unterhaltssachen, FamRZ 1999, 69; *Böhmel,* Getrenntlebendenunterhalt zwischen Zivilrecht, Steuerrecht und Sozialversicherungsrecht, FamRZ 1995, 270; *Born,* Verlust der Arbeit und Bewerbungsbemühen: ein Bonus für sorgloses Verhalten?, FamRZ 1995, 523; *ders.,* Ist der Fleißige der Dumme? Überobligationsmäßige Einkünfte in der unterhaltsrechtlichen Praxis, FamRZ 1997, 129; *ders.,* Der Bedarf in der aktuellen Rechtsprechung, NJW 2008, 3089; *Borth,* Unterhaltsrechtsänderungsgesetz, 2007; *Büttner,* Auswirkungen der Pflegeversicherung auf das Unterhaltsrecht, FamRZ 1995, 193; *ders.,* Das Zusammenleben mit einem neuen Partner und seine Auswirkungen auf den Unterhaltsanspruch; FamRZ 1996, 136; *ders.,* Grenzen ehevertraglicher Gestaltungsmöglichkeiten, FamRZ 1998, 1; *Eschenbruch/Loy,* Die Sättigungsgrenze beim Ehegattenunterhalt, FamRZ 1994, 665; *Alb. Esser,* Zur Rechtmäßigkeit richterlicher Tabellen, Diss. Köln 1998; *Finke,* Alkoholmissbrauch als Problem bei Trennungs- und nachehelichem Unterhalt, FPR 1998, 9; *ders.,* Der Wohnwert beim Ehegatten- und Kindesunterhalt unter besonderer Berücksichtigung unterschiedlicher Eigentumsverhältnisse am Familienheim, FPR 2008, 94; *Fischer-Winkelmann/Maier,* Unterhaltsrechtliche Einkommensberechnung bei Selbständigen, FuR 1992, 12; *Gerhardt,* Die Berechnung des Ehegattenunterhalts nach der Additionsmethode, FamRZ 1993, 261; *ders.,* Wohnwert und „Drittelobergrenze" bei der Unterhaltsberechnung, FamRZ 1993, 1139; *ders.,* Die Bereinigung des Nettoeinkommens nach der geänderten Rechtsprechung des BGH, FamRZ 2007, 945; *Graba,* Mietfreies Wohnen und Unterhalt, FamRZ 1985, 657; *ders.,* Zum Erwerbstätigenbonus im Unterhaltsrecht, NJW 1993, 3033; *ders.,* Zur Mietersparnis im Unterhaltsrecht, FamRZ 1995, 385; *ders.,* Auf dem Weg zu einem Ehegattenunterhaltsrecht nach Billigkeit, FamRZ 2008, 1217; *Griesche,* Die neuere Rechtsprechung des BGH zu den wandelbaren ehelichen Lebensverhältnissen und ihre Auswirkungen auf den Bedarf des Unterhaltsberechtigten im Ehegattenunterhaltsrecht, FPR 2008, 63; *Häberle,* Zum Einfluß persönlicher Eheverfehlungen auf den Ehegattenunterhalt, FamRZ 1982, 557; *Hampel,* Probleme des Altersvorsorgeunterhalts, FamRZ 1979, 249; *ders.,* Unterhalt und Sozialhilfe, FamRZ 1996, 513; *Hoppenz,* Fiktive Einkommensverhältnisse im Unterhaltsrecht, NJW 1984, 2327; *Johannsen/Henrich/(Bearbeiter),* Eherecht: Scheidung, Trennung, Folgen, 4. Aufl. 2003; *Kalthoener/Büttner/Niepmann,* Die Rechtsprechung zur Höhe des Unterhalts, 10. Aufl. 2008; *Klein,* Einkünfte aus „Schwarzarbeit" – Profit der Unterhaltsberechtigten, FuR 1997, 292; *Kleinle,* Trennungsunterhalt und Gütergemeinschaft mit gemeinschaftlicher Gesamtgutsverwaltung, FamRZ 1997, 1194; *Köbl,* Weitergereichtes Pflegegeld als Einkommen der Pflegeperson?, FS Krasney, 1997, S. 251; *Köhler,* Geschichte der Düsseldorfer Tabelle, FS Rebmann, 1989, S. 569; *Kohler,* Überholte Vollstreckungsabwehr und verschärfte Bereicherungshaftung, ZZP 99 (1986), 34; *ders.,* Rückforderung aufgrund einstweiliger Anordnung gezahlten Ehegattenunterhalts, FamRZ 1988, 1005; *Krenzler,* Unterhalt „nach den ehelichen Lebensverhältnissen", FamRZ 1990, 221; *Künkel,* Unterhalt und Sozialhilfe, FamRZ 1994, 540; *Laws,* Steuerrechtliche Unterlagen im Unterhaltsrecht: Bemessungsgrundlagen der Leistungsfähigkeit und Bedürftigkeit, 1998; *Lemke,* Familienrechtliche Tabellen, 1986; *Liebelt,* Praktische Probleme des Steuerrechts bei Trennung und Scheidung von Ehegatten, NJW 1994, 609; *Limbach,* Unterhaltsverlust wegen grober Unbilligkeit bei Getrenntleben, NJW 1980, 871; *Luthin,* Zum Bedarf nach den ehelichen Lebensverhältnissen in der Rspr. des BGH, FamRZ 1988, 1109; *Maurer,* Ersatzhaftung von Verwandten bei Ausschluss des Ehegattenunterhalts, FPR 2005, 331; *v. Maydell,* Altersvorsorgeunterhalt, FS Gernhuber, 1993, S. 725; *Möller,* Vorsorgeunterhalt und Bremer Tabelle, FamRZ 1998, 342; *Münder,* Sozialrechtliche Aspekte bei Trennung und Scheidung, NJW 1998, 5; *B. Oppermann,* Das Zusammenleben mit einem neuen Partner im Unterhalts- und Sozialrecht, Diss. Köln 1997; *Pauling,* Die unterhaltsrechtliche Behandlung der Kosten für die Ehewohnung nach deren Zuweisung an einen Ehegatten, FPR 1997, 130; *Rasch,* Juristische Probleme bei der Durchführung des Getrenntlebens, Diss. Berlin 1983; *Richter,* Der Halbteilungsgrundsatz im Unterhaltsrecht, FS Rebmann, 1989, S. 675; *Riegner,* Erwerbsaufwand und Erwerbstätigenbonus im Unterhaltsrecht, FamRZ 1995, 641; *ders.,* Die Verteilung des Erwerbseinkommens zwischen den Ehegatten: Unterhaltsleitlinien 1996 und Rechtsprechung des BGH, FamRZ 1997, 257; *Runge,* Vereinfachte Berechnung des Wohnvorteils beim Ehegattenunterhalt, FamRZ 1997, 262; *Sauter,* Die Auswirkungen des eheähnlichen Zusammenlebens auf die Unterhaltsberechtigung des Ehegatten, Diss. Freiburg 1982; *Scheld,* Offene Elementarfragen zum Trennungsunterhalt, JZ 1980, 77; *Schellhorn,* Der Übergang von Unterhaltsansprüchen nach § 91 BSHG, FuR 1999, 4; *Schnitzler/(Bearbeiter),* Münchener Anwaltshandbuch Familienrecht, 2. Aufl. 2008; *Schnitzler,* Auswirkungen von Straftaten auf das Familienrecht: Verwirkung, FPR 2006, 376; *Scholz,* Trennungs- und Scheidungsunterhalt bei Aufnahme einer nichtehelichen Lebensgemeinschaft, MDR 1983, 441; *Schwab/(Bearbeiter),* Handbuch des Scheidungsrechts, 5. Aufl. 2004; *Schwab,* Unterhaltsbemessung zwischen Gesetz, Richtlinien und freier richterlicher Entscheidung, FF 2004, Sonderheft 2, 164; *Schwolow,* Arbeitslosenunterhalt: Anforderungen an die Arbeitsplatzsuche, FuR 1998, 344; *Soyka,* Der Wandel der ehelichen Lebensverhältnisse, FuR 2008, 264; *Strohal,* Jahreswagen und Unterhalt, FamRZ 1995, 459; *ders.,* Der Vorruhestand im Unterhaltsrecht, FamRZ 1996, 197; *Seetzen,* Sozialhilfeleistungen und Unterhaltsprozeß, NJW 1978, 1350; *Tintelnot,* Unterhaltsausgleich nach verheimlichter Besserstellung versus Rechtskraft, FamRZ 1988, 242; *Viefhues/Mleczko,* Das neue Unterhaltsrecht 2008, 2. Aufl. 2008; *Weinreich,* Unterhalt in der Gütergemeinschaft, FuR 1999, 49; *Wendl/Staudigl/(Bearbeiter),* Das Unterhaltsrecht in der familiengerichtlichen Praxis, 7. Aufl. 2008; *Winckelmann,* Unterhaltsberechnung und Wohnwert für die Praxis, FuR 1997, 14, 48.

Übersicht

I. Allgemeines

1 **1. Normzweck.** § 1361 regelt die Unterhaltspflichten unter getrennt lebenden Ehegatten. Mit dem Beginn des Getrenntlebens ändert sich das eheliche Pflichtenverhältnis: Während bei bestehender ehelicher Lebensgemeinschaft die Verpflichtung zum Familienunterhalt nach §§ 1360, 1360a gegeben ist, erzwingt der faktische Zerfall der Familie die Preisgabe kollektiver Züge der Unterhaltsgewährung.[1] An die Stelle der gegenseitigen Verpflichtung beider Ehegatten, ihre Familie durch ihre Arbeit und mit ihrem Vermögen zu unterhalten (§ 1360 S. 1), tritt ein isolierter **einseitiger Anspruch** des bedürftigen Ehegatten gegen den leistungsfähigen anderen (RdNr. 16 ff.). An die Stelle des Naturalunterhalts (§ 1360a Abs. 2) tritt gemäß § 1361 Abs. 4 S. 1 die Zahlung einer Geldrente (RdNr. 75). Die Möglichkeit, gemäß § 1360 S. 2 durch Haushaltsführung zum Familienunterhalt beizutragen, entfällt. Nur der Grundsatz der Gleichwertigkeit von Barunterhalt und Kinderbetreuung (§ 1606 Abs. 2 S. 3) lässt sich (mit Einschränkungen) aufrecht erhalten (zum Betreuungsbonus RdNr. 31, 35). Der Trennungsunterhalt steht zwischen Familienunterhalt und Geschiedenenunterhalt. Die Verantwortung füreinander ist geringer als unter zusammenlebenden Ehegatten, aber größer als unter Geschiedenen.[2] Daraus ist zunächst zu folgern, dass getrennt lebende Ehegatten nicht schlechter stehen sollen als geschiedene, aber auch nicht besser als zusammenlebende. Denn trotz der Trennung besteht das Eheband weiter, und es ist nicht voraussehbar, ob die Ehe geschieden wird oder ob es zu einer Versöhnung der Ehegatten kommt. Ausgangspunkt für die Unterhaltsgewährung ist deshalb die Erwägung, dass sich die Eheleute während des Getrenntlebens in einem Stadium befinden, in dem die Ehe noch nicht aufgehoben und eine Wiederherstellung der ehelichen Lebensgemeinschaft nicht gänzlich auszuschließen ist.[3] Mit der Regelung des Trennungsunterhalts soll erreicht werden, dass die **Chance einer Versöhnung** so wenig wie möglich beeinträchtigt wird. Der wirtschaftlich schwächere Ehegatte soll im Vertrauen auf den Fortbestand der gemeinsamen Planung jedenfalls für eine gewisse Zeit vor nachteiligen Veränderungen der Verhältnisse geschützt werden. Der bisherige eheliche Lebensstandard soll deshalb möglichst erhalten und in die bisherige Lebensplanung möglichst wenig eingegriffen werden. Der bisher nicht erwerbstätige, wirtschaftlich schwächere Ehegatte ist nach der Schutzvorschrift des Abs. 2 (RdNr. 51 ff.) nur ausnahmsweise zur Aufnahme einer Erwerbstätigkeit gezwungen. Die Dauer der Ehe steht in Relation zur Zeit der Trennung: Solidarität füreinander wirkt umso intensiver fort, je länger die Ehe dauerte. Mit zunehmender Trennungszeit tritt angesichts schwindender Versöhnungschancen andererseits die Eigenverantwortlichkeit in den Vordergrund (vgl. RdNr. 51, 60). Auf die Gründe, welche zur Trennung führten, bzw. auf ein Recht zum Getrenntleben (§ 1353 Abs. 2), insbesondere auf ein etwaiges Verschulden eines Gatten am Zerwürfnis, kommt es seit dem Wegfall des Verschuldensprinzips im Scheidungsrecht mit dem 1. EheRG nicht mehr an.[4] Diese Gründe sind bei der Prüfung der Anspruchsvoraussetzungen (zunächst) außer Acht zu lassen. Als Korrektiv dient bei schweren Solidaritätsverstößen des Unterhaltsgläubigers die Versagung oder Reduzierung seines Anspruchs wegen grober Unbilligkeit gemäß der in Abs. 3 in Bezug genommenen Härteklausel des § 1579 Nr. 2 bis 8 (RdNr. 62 ff.). Durch das UÄndG vom 21. 12. 2007 (BGBl I S. 3189) wurde § 1361 nicht berührt. Die erfolgten gesetzlichen Änderungen können sich jedoch mittelbar auf den Trennungsunterhalt auswirken (zB Verschärfung der Erwerbsobliegenheit, Rang).

---

[1] *Gernhuber/Coester-Waltjen* § 21 II 1.

[2] Gleichwohl werden die Unterschiede zwischen Trennungs- und nachehelichem Unterhalt zunehmend für nicht bedeutsam gehalten, vgl. etwa BGHZ 166, 351 = FamRZ 2006, 683 = NJW 2006, 1654 zum Selbstbehalt des Unterhaltspflichtigen, der in gleicher Höhe gegenüber Trennungs- und nachehelichem Unterhalt gelten soll. Der zur Begründung allein herangezogene Grundsatz der Verhältnismäßigkeit rechtfertigt dieses Ergebnis indessen nicht. So auch Anm. *Büttner* FamRZ 2006, 765.

[3] BGH FamRZ 1994, 87, 90.

[4] BGHZ 176, 150 Tz. 25 = FamRZ 2008, 1414 = NJW 2008, 2779. Das ist verfassungskonform: BVerfG NJW 1981, 1771 = FamRZ 1981, 745.

2. Die konkretisierende Aufgabe der Rspr. Ehemodelle und Berechnungsmethoden. Unterhaltsrechtliche Streitigkeiten sind unter getrenntlebenden Ehegatten ungleich häufiger als bei bestehender häuslicher Gemeinschaft. In der intakten Familie tragen Ehegatten finanzielle Auseinandersetzungen selten gerichtlich untereinander aus; zum Rechtsstreit gelangen die in §§ 1360, 1360 a geregelten Fragen öfter bei einer Beteiligung Dritter.[5] Bei einer Ehekrise belasten Streitigkeiten um den *nervus rerum* des begehrten Geldes nach empirischen Erhebungen von Ehepsychologen das ohnehin gespannte und emotionsgeladene Verhältnis zusätzlich[6] zu dem durch eine Trennung hervorgerufenen finanziellen Mehrbedarf (RdNr. 8). Das in intakter Ehe selbstverständlich praktizierte „Teilen" fällt schwer, wenn die Lebensgemeinschaft in die Brüche geht. Der Weg zum Anwalt und Gericht zwecks Erwirkung eines Vollstreckungstitels ist häufig unvermeidlich. Die Rspr. zum Unterhalt unter Getrenntlebenden konkretisierte die unbestimmten Rechtsbegriffe der Lebensverhältnisse der Ehegatten (RdNr. 6 ff.) und ihrer jeweiligen Erwerbs- und Vermögensverhältnisse (RdNr. 16 ff.). Das von den Ehegatten einvernehmlich gewählte Rollenmodell (§ 1356 RdNr. 6) wirkt in der Trennungsphase prinzipiell fort (vgl. zur Erwerbsobliegenheit RdNr. 51 ff.). Allerdings kommt dem Umstand, ob die Ehegatten eine Doppelverdiener- oder eine Haushaltsführungsehe geführt haben, nach der geänderten Rspr. des BGH[7] regelmäßig keine Bedeutung mehr für die Art der Unterhaltsberechnung zu. Während zuvor entscheidend darauf abgestellt wurde, dass an Barmitteln für den Lebensunterhalt nur die Einkünfte eines erwerbstätigen Ehegatten zur Verfügung standen und die für die Unterhaltsbemessung maßgebenden ehelichen Lebensverhältnisse grundsätzlich hierdurch entscheidend geprägt wurden,[8] wird nunmehr auch der wirtschaftliche Wert der von dem haushaltführenden Ehegatten erbrachten Leistungen als die ehelichen Lebensverhältnisse mitbestimmend berücksichtigt. In Fällen, in denen der Unterhalt begehrende Ehegatte ein Einkommen erzielt oder erzielen kann, wird dieses gleichsam als Surrogat des wirtschaftlichen Werts der bisherigen Familienarbeit angesehen und in die Unterhaltsberechnung nach der Differenzmethode einbezogen (RdNr. 43). Der (tatsächlich oder fiktiv) geringer verdienende Ehegatten erhält (unter beiderseitiger Berücksichtigung eines Erwerbstätigenbonus, RdNr. 42) als Unterhalt eine Quote – nach den Unterhaltstabellen häufig von 3/7 – der Differenz der beiderseitigen Nettoeinkünfte. Der Anwendungsbereich der Anrechnungsmethode, bei der das Einkommen des Unterhaltsberechtigten von dessen ohne dieses Einkommen ermittelten Bedarf in Abzug gebracht wird, ist dadurch deutlich reduziert worden. 2

II. Grundsätzliche Unterhaltspflicht unter Getrenntlebenden (Abs. 1)

1. Güterstand. Vermögensbildung. Erbschaftserwerb. Die Vorschrift des § 1361 gilt unabhängig vom Güterstand. Bei **Gütergemeinschaft** sind für den Unterhalt allerdings gemäß § 1420 vorrangig die ins Gesamtgut fallenden Einkünfte zu verwenden; statt des Anspruchs auf Geldrente gemäß § 1361 Abs. 4 besteht die Mitwirkungspflicht an der Verwaltung gemäß § 1451.[9] Bei **Zugewinngemeinschaft** mindern Aufwendungen des erwerbstätigen Ehegatten infolge hoher Unterhaltspflichten seine Zugewinnausgleichspflicht. Niedrige Unterhaltslasten können umgekehrt seinen Zugewinn erhöhen. Niedrige Unterhaltsbemessung für den bedürftigen Ehegatten kann durch Steigerung seines Zuge- 3

[5] Etwa nach Übergang von Ansprüchen der Träger von Sozialleistungen oder Ausbildungsförderung, nach Pfändung eines Anspruchs auf Taschengeld (§ 1360 RdNr. 22; § 1360 a RdNr. 6) oder als Vorfrage für den Umfang der Schlüsselgewalt (§ 1357 RdNr. 19 ff.).

[6] *W. Beelmann,* Stressbelastung und Bewältigungsreaktionen bei der Auseinandersetzung mit einer Trennung vom Ehepartner: eine empirische Langzeitstudie, 1994, S. 151; *Schmidt-Denter/Beelmann/Hauschild,* Formen der Partnerbeziehung und familiäre Anpassungsleistung nach der Trennung, in: Psychologie in Erziehung und Unterricht 44 (1997), 289 bis 306.

[7] BGHZ 146, 105 = NJW 2001, 2254 = FamRZ 2001, 986.

[8] Vgl. etwa BGH FamRZ 1985, 161 = NJW 1985, 1026; FamRZ 1986, 783 = NJW 1987, 898.

[9] BGHZ 111, 248 = NJW 1990, 2252 = FamRZ 1990, 851; OLG München FamRZ 1996, 166 und 557; OLG Zweibrücken FamRZ 1998, 239; *Kleinle* FamRZ 1997, 1194; *Weinreich* FuR 1999, 49.

winnanteils kompensiert werden, solange der Zugewinn noch wachsen kann, nämlich bis zur Rechtshängigkeit des Scheidungsantrags (§ 1384). Mit höheren Unterhaltsraten steht sich der Empfänger jedoch besser: Sie laufen über den Stichtag des § 1384 hinaus, während der Zugewinnausgleichspflichtige von diesem Stichtag an für sich selbst spart. Vor allem kann die Aussicht auf den einmaligen Ausgleich des Zugewinns (zumal durch Mehrausgaben des Ausgleichspflichtigen während der Trennungsphase) verloren gehen; die Verfügungsbeschränkungen der §§ 1365, 1369 schützen dagegen nicht hinreichend. Die Ermittlung von Unterhaltshöhe und Zugewinnausgleich beeinflussen sich somit wechselseitig. Partizipation am Vermögen des erwerbstätigen Partners ist jedoch Aufgabe des Zugewinnausgleichs, nicht des Unterhaltsrechts.[10] Letzteres bezweckt keine Umverteilung der beiderseitigen Vermögensverhältnisse. Zu einer Konkurrenz zwischen Zugewinnausgleich und Unterhalt kann es unter anderem dann kommen, wenn zum Unterhalt auch der Vermögensstamm herangezogen wird. Insofern ist eine doppelte Teilhabe – einerseits durch den Zugewinnausgleich, andererseits im Wege des Unterhalts – zu vermeiden (vgl. zur Doppelverwertung RdNr. 33). In welcher Weise ihre Einkünfte für den Lebensunterhalt und für eine **Vermögensbildung** aufzuteilen sind, bestimmen die Ehegatten durch ihre bis zur Trennung gezeigten Lebensverhältnisse. Allerdings hat für die Unterhaltsbemessung sowohl eine zu dürftige Lebensführung als auch ein übermäßiger Aufwand außer Betracht zu bleiben. Entscheidend ist der Lebensstandard, der nach einem objektiven Maßstab angemessen erscheint.[11] Aufwendungen für die Vermögensbildung wirken unterhaltsrechtlich allerdings im allgemeinen nicht einkommensmindernd,[12] es sei denn, dass sie – wie etwa Investitionen zur Bildung von Wohneigentum – bereits die ehelichen Lebensverhältnisse prägten (RdNr. 27) oder als zusätzliche Altersversorgung anzuerkennen sind (RdNr. 28). Zur Behandlung vermögenswirksamer Arbeitgeberleistungen sowie der Arbeitnehmersparzulage s. RdNr. 19.

4 Unterhalt ist grundsätzlich für den laufenden Verbrauch, zur Deckung der Lebenshaltungskosten bestimmt. Nach Deckung des notwendigen Bedarfs kann in überdurchschnittlichen Verhältnissen aber bei einem sparsamen Empfänger ein Überschuss für die Thesaurierung verbleiben. – Vermögenszuwächse, die nach § 1374 Abs. 2 nicht einmal ausgleichspflichtiger Zugewinn sind, weil sie evident nicht auf gemeinsamer Lebensleistung beruhen, insbesondere **Erbschaften,**[13] sind grundsätzlich auch unterhaltsrechtlich außer Betracht zu lassen. Beim Erbschaftsanfall nach vollzogener Trennung ist der mangelnde Einfluss auf die ehelichen Lebensverhältnisse idR evident.[14] Grundsätzlich nicht zu berücksichtigen sind auch Einkünfte aus einer (je nach Lebensalter) nicht unerwartet nach der Trennung anfallenden Erbschaft. Vor oder nach der Trennung angefallener Erbschaftserwerb bleibt zugewinnausgleichsfreies Sparkapital jedes Ehegatten gemäß § 1374 Abs. 2. Daraus fließende **Erträgnisse** sind zwar wegen dieser eng ausgelegten Ausnahmeklausel zugewinnausgleichspflichtig (dort RdNr. 15); aber auch die Erträgnisse sind prinzipiell für die Thesaurierung und nicht für die Lebenshaltung bestimmt. Als bedarfserhöhend sind sie nur anzusehen, wenn sie nachweislich der Konsumsteigerung während des Zusammenlebens dienten. Das kann auch dann in Betracht kommen, wenn die ehelichen Lebensverhältnisse dadurch geprägt waren, dass ein Ehegatte mit Rücksicht auf eine zu erwartende Erbschaft davon abgesehen hat, in angemessener Weise für sein Alter vorzusorgen und den Ehegatten deshalb höhere Mittel für den allgemeinen Lebensunterhalt zur Verfügung standen.[15] Der entsprechende Beweis obliegt dem Anspruchssteller. Im Zweifel erhöhen Erbschaftserträgnisse nicht den Unterhaltsbedarf,[16] wohl aber die Leistungsfähigkeit des Verpflichteten; auf

[10] BGH FamRZ 2008, 761 Tz. 16 = NJW 2008, 1221; vgl. auch *Schwab* FamRZ 1982, 456.
[11] BGH FamRZ 2007, 1532 Tz. 27 = NJW 2008, 57; iE s. RdNr. 6.
[12] *Kalthoener/Büttner/Niepmann* RdNr. 1065.
[13] *Wacke,* JA 1981, 476 f.
[14] Zutr. OLG Frankfurt FamRZ 1986, 165, 166.
[15] BGH FamRZ 2006, 387, 390 m. Anm. *Büttner* = NJW 2006, 1794; OLG Hamburg FamRZ 2003, 1108.
[16] Entgegen OLG Hamm FamRZ 1998, 620 cit.

Seiten des Gläubigers mindern sie dessen Bedürftigkeit. Die Erträgnisse sind nach allgemeinem unterhaltsrechtlichen Prinzip vor dem Stamm zu verwerten. Den Stamm einer angefallenen oder anfallenden Erbschaft braucht ein Ehegatte analog § 1581 S. 2 nicht zu verwerten, wenn dies bei intakter Ehe nie beabsichtigt war.[17] Bei lebzeitig von elterlicher Seite gewährter **Ausstattung** (§ 1624) entscheidet die Bestimmung des Zuwendenden über den Verwendungszweck (dort RdNr. 5 f.).

2. Getrenntleben. Zum Begriff des Getrenntlebens s. die Legaldefinition des § 1567. 5
Erforderlich ist vor allem die vollständige, auf Trennungswillen und Ablehnung der ehelichen Lebensgemeinschaft beruhende **Aufhebung der häuslichen Gemeinschaft.** Bei nur zeitweisem oder durch äußere Umstände erzwungenem Getrenntleben gelten die §§ 1360, 1360 a; abweichend von diesen Vorschriften ist dann aber entsprechend § 1361 Abs. 4 zumeist Geldzahlung geboten. Auf ein Verschulden an der Trennung oder auf Scheidungsabsichten kommt es nicht an (RdNr. 1). Ein Getrenntleben ist gemäß § 1567 Abs. 1 S. 2 auch innerhalb der Ehewohnung möglich. Ohne eine darin vollständig vollzogene Trennung gelten jedoch die §§ 1360, 1360 a.[18] Zwecks Betreuung gemeinsamer Kinder noch bestehende Verbindungen stehen einem Getrenntleben aber nicht entgegen.[19] Lebten Ehegatten niemals zusammen, besteht kein Anspruch auf Trennungsunterhalt:[20] Es fehlt an prägenden Faktoren für die ehelichen Lebensverhältnisse des Abs. 1 als Bemessungsgrundlage (RdNr. 6 ff.); vom Prinzip der Eigenverantwortlichkeit abzurücken besteht kein Grund, wenn kein gemeinsamer Lebensbereich entstanden ist und eheliche Solidarität damit nie in Kraft trat, insbesondere wenn Unterhaltszahlungen zuvor nie geflossen sind. Bei anfänglichem Einvernehmen darüber, keine eheliche Lebensgemeinschaft zu begründen, zumal bei aufhebbarer Scheinehe gemäß § 1314 Abs. 2 Nr. 5, wäre ein Unterhaltsbegehren vollends rechtsmissbräuchlich[21] (falls das Paar nicht gemäß § 1315 Abs. 1 Nr. 5 dennoch zusammenlebte). Nach Wiederaussöhnung erlischt der titulierte Anspruch; mit erneuter Trennung lebt er nicht wieder auf (Abwehr gemäß § 767 ZPO).[22] Der Anspruch erlischt dagegen nicht durch vorübergehendes (maximal dreimonatiges)[23] Zusammenleben zwecks Versöhnungsversuchs iS von § 1567 Abs. 2; seine Durchsetzung ist während der Interimsphase jedoch gehemmt.[24] Die Dauer des Getrenntlebens hat auf den Unterhaltsanspruch an sich keine Auswirkungen; ihr kommt erst im Rahmen der Prüfung einer Erwerbsobliegenheit Bedeutung zu.[25]

3. Prägende eheliche Lebensverhältnisse. a) Garantie des bisherigen angemessenen Lebensstandards. Trennungsbedingter Mehrbedarf. Spekulationsgewinne. Illegaler Erwerb. Der Begriff der Lebensverhältnisse in Abs. 1 stimmt mit dem in § 1360 a 6

[17] OLG München FamRZ 1993, 62, 63.

[18] BGHZ 35, 302, 307 f. = NJW 1961, 1811, 1812; *Staudinger/Voppel* RdNr. 14.

[19] OLG Köln FamRZ 2002, 1341; *Johannsen/Henrich/Büttner* RdNr. 9; *Palandt/Brudermüller* RdNr. 9 Für noch verbliebene andere (zB wohnungsbedingte) Gemeinsamkeiten OLG Jena FamRZ 2002, 99; OLG München FamRZ 1998, 826; OLG Stuttgart FamRZ 1992, 1435; enger OLG München FamRZ 2001, 1457.

[20] AA noch die 3. Aufl. RdNr. 4 im Anschluss an BGH NJW 1982, 1460 f. = FamRZ 1982, 573, 574; FamRZ 1989, 838 f.; dagegen zutr. *Henrich* Anm. FamRZ 1989, 839; *Staudinger/Voppel* RdNr. 11; *Soergel/Hohloch* Nachtrag zu RdNr. 7; zweifelnd *Palandt/Brudermüller* RdNr. 10. Kein Anspruch nach kriegsbedingt nur sechstägigem Zusammenleben, nach dem sich 30 Jahre lang jeder Ehegatte selbst unterhielt, OLG Hamm FamRZ 1979, 581; ähnlich OLG Celle FamRZ 1990, 519.

[21] Zum Anspruchausschluss gemäß Abs. 3, § 1579 Nr. 8 s. § 1579 RdNr. 57. Ebenso bei Einigkeit, noch keine Gemeinschaft aufzunehmen, BGH FamRZ 1994, 558 f. = NJW-RR 1994, 644; einschr. *Johannsen/Henrich/Büttner* RdNr. 8.

[22] OLG Düsseldof FamRZ 1992, 943.

[23] Vgl. OLG Hamm NJW-RR 1986, 554. Eine Klarstellung (in welcher Weise?), dass der Versöhnungsversuch nicht zum dauernden Verlust des titulierten Anspruchs führen solle, empfiehlt (wenig lebensnah) *Büttner* NJW 1999, 2315, 2318 f. Eine solche *protestatio* würde den Versuch von vornherein zum Scheitern verurteilen. Die Frage klärt sich ohnedies durch tatrichterliche Beurteilung *ex post.*

[24] Zunächst konkludentes, dilatorisches *pactum de non petendo* bzw. *dolo petit*-Einwand (§ 242): *Johannsen/Henrich/Büttner* RdNr. 10.

[25] *Staudinger/Voppel* RdNr. 18; *Johannsen/Henrich/Büttner* RdNr. 12; *Palandt/Brudermüller* RdNr. 9.

Abs. 1 überein (dort RdNr. 3).[26] Danach kann jeder Ehegatte grundsätzlich die Beibehaltung des vor der Trennung erreichten Lebensstandards verlangen. Das erreichte eheliche Lebensniveau beruht zum Teil auf den beiderseitigen Anfangsvermögen (§ 1374 Abs. 1), zum Teil ist es das Ergebnis gemeinschaftlicher Anstrengungen. Einen sozialen Abstieg des bedürftigen Ehegatten soll die im Rahmen des Getrenntlebens geltende Lebensstandardgarantie soweit möglich verhindern.[27] Dies soll nach hM im Ansatz selbst dann gelten, wenn beide vorher in außergewöhnlich luxuriösen Verhältnissen zusammenlebten.[28] Die Garantie des bisherigen, zunächst rein faktischen Lebensstandards ist jedoch im Grenzbereich normativ zu korrigieren und einzuschränken durch den in Abs. 1 und § 1360 a Abs. 1 festgelegten **objektiven Maßstab** der Angemessenheit und Erforderlichkeit (vgl. § 1578 RdNr. 3): Eine nach den Erwerbs- und Vermögensverhältnissen zu dürftige Lebensführung („Geizkragen-Ehe“) bleibt ebenso außer Betracht wie übertriebener Aufwand („Verschwender-Ehe“).[29] Künftig weiterhin so karg wie ein Geizkragen oder so üppig wie ein Verschwender zu leben, kann unter den veränderten Umständen der Trennung billigerweise kein Ehegatte vom anderen verlangen. Eine Verabredung, möglichst hart für ein später gemeinsam zu verwirklichendes Ziel zu sparen, hält nicht länger als das faktische Einvernehmen und entfällt mit dem Zerfall der gemeinschaftlichen Lebensplanung.[30] An einem zwecks **Vermögensbildung** während des Zusammenlebens geübten Konsumverzicht braucht sich der bedürftige Ehegatte nicht festhalten zu lassen.[31] Eine ausschweifende Lebensweise muss ein Ehegatte auch während des Zusammenlebens einstellen dürfen (soweit angesichts eingegangener Bindungen – gesellschaftlicher Art oder etwa kostspielige Internatsunterbringung eines Kindes – möglich), ohne damit gegen seine Pflichten aus §§ 1353, 1360 zu verstoßen.[32] Der andere Ehegatte muss der Reduzierung des Konsums auf ein vernünftiges Maß zustimmen. Eine Überschuldung infolge übermäßigen Konsumverhaltens müssen beide Ehegatten kooperativ durch bescheidene Lebensweise abbauen; der Bedürftige muss sich uU mit Beträgen begnügen, die seinen notwendigen Unterhalt unterschreiten.[33] Wo der Luxus beginnt, hört der Bedarf auf. Luxus kann immer nur faktisch gewährt, aber nie rechtlich garantiert werden. Bei auffälligem Missverhältnis zwischen tatsächlicher Lebensführung und effektiven Einkommens- und Vermögensverhältnissen ist somit gemäß Abs. 1 ein „angemessener“ Betrag zugrunde zu legen. Angemessen ist das bei Personen in gleichen Verhältnissen typische, übliche und vernünftige Maß.[34] Der danach für eine **Korrektur unangemessener Vermögensbildung** heranzuziehende Maßstab wird häufig dazu führen, dass nicht sämtliche Einkünfte als die Lebensverhältnisse prägend zugrunde zu legen sind; dies ist insoweit nicht der Fall, als die betreffenden Mittel auch nach einem objektiven Maßstab nicht für die allgemeine Lebensführung verwendet werden.[35] Die vom Unterhaltskläger zu beweisenden durchschnittlichen Ausgaben während des Zusammenlebens (im Ansatz ausgehend von Haushaltsgeld: § 1360 a RdNr. 16 ff.) begründen nur eine faktische Vermutung für die ehelichen Lebensverhältnisse.[36] Im Durchschnittsfall ist davon auszugehen, dass die tatsächliche Lebensgestaltung während der Ehe vernünftigen Maßstäben entspricht.

---

[26] Geringfügige Abweichungen im Gesetzeswortlaut sind unerheblich: *Eschenbruch/Loy* FamRZ 1994, 665.

[27] *Luthin* FamRZ 1988, 1109, 1110.

[28] BGH NJW 1969, 919, 920; vgl. auch OLG Stuttgart FamRZ 1971, 255. Zur Sättigungsgrenze jedoch einschränkend sogleich und RdNr. 44.

[29] BGH FamRZ 2007, 1532 Tz. 26 ff.; FamRZ 1997, 281, 284; FamRZ 1990, 283, 285; FamRZ 1988, 256, 258; *Staudinger/Voppel* RdNr. 101, 169; *Wendl/Gerhardt* § 4 RdNr. 213 ff.; teilweise aA *Luthin* FamRZ 1988, 1109, 1110, vorwiegend mit Blick auf den nachehelichen Unterhalt.

[30] BGH NJW 1992, 2477 = FamRZ 1992, 1045, 1048. Gegen den Rückgriff auf die Unterhaltspflicht konkretisierende Ehevereinbarungen *Hepting* S. 97.

[31] BGH NJW 1992, 2477 = FamRZ 1992, 1045, 1048.

[32] Vgl. *Schwab* FamRZ 1982, 456, 458. § 1360 b schützt den Empfänger jedenfalls vor Rückgabeansprüchen (auch vor einer Aufrechnung mit in der Vergangenheit überzahltem Unterhalt: § 1360 b RdNr. 4).

[33] BGH NJW 1984, 2351, 2352 = FamRZ 1984, 657; *Wendl/Gerhardt* § 4 RdNr. 215 aE.

[34] Vgl. RdNr. 44; *Schwab* FamRZ 1982, 456, 457 f.

[35] BGH FamRZ 2007, 1532 Tz. 30 = NJW 2008, 57; FamRZ 1997, 281, 284.

[36] *Baumgärtel/Pruskowski* RdNr. 18.

Die Lebensverhältnisse bemessen sich in erster Linie nach dem **verfügbaren Gesamteinkommen** (§ 1360 a RdNr. 3). In einer Doppelverdienerehe sind also die Einkünfte beider Ehegatten zu addieren. War dagegen nur ein Ehegatte erwerbstätig, während der andere die Haushaltsführung übernommen hatte, werden die ehelichen Lebensverhältnisse allein durch das Einkommen des verdienenden Ehegatten bestimmt. Das ändert sich erst, wenn der andere Ehegatte ebenfalls Erwerbseinkommen erzielt oder – bei bestehender Erwerbsobliegenheit – erzielen könnte (RdNr. 51 ff.). Dann ist auch das tatsächlich erzielte oder fiktiv zu berücksichtigende Einkommen als Surrogat des Wertes der früheren Familienarbeit bedarfsprägend.[37] Weiterhin richten sich die Lebensverhältnisse nach Alter, Gesundheit, Vorbildung und sozialer Stellung der Ehegatten sowie nach Zahl und Alter der zu betreuenden Kinder.[38] Diese Kriterien sind insbesondere für die Frage von Bedeutung, ob und ggf. welche Erwerbstätigkeit dem bisher haushaltführenden Ehegatten angesonnen werden kann (Abs. 2). Die Dauer der Ehe bis zur Trennung ist dagegen grundsätzlich nicht maßgeblich für die Beurteilung der Lebensverhältnisse (wohl aber für die Zumutbarkeit einer Erwerbstätigkeit nach Abs. 2; dazu RdNr. 52 ff.).[39] Entscheidend für die Berechnung des angemessenen Unterhaltsbedarfs sind diejenigen Einkünfte, welche die ehelichen Lebensverhältnisse einigermaßen dauerhaft oder nachhaltig **„prägten"**. Wegen des dafür in Betracht zu ziehenden Zeitraums unterscheidet sich die Beurteilung grundlegend von der Berechnung des Zugewinnausgleichs, wofür rein punktuell auf die Momente des Beginns und der Beendigung des Güterstandes abzustellen ist (erheblich bei naturgemäß schwankenden Spekulationsgewinnen oder -verlusten). Kurzfristige, vorübergehende Veränderungen sind keine eheprägenden Faktoren.[40] Grds. ist für die Bedarfsbemessung auf die aktuellen wirtschaftlichen Verhältnisse abzustellen, an deren Entwicklung die Ehegatten jedenfalls bis zur Scheidung teilnehmen.[41] Die Differenzierung zwischen prägenden und nicht prägenden Einkünften unterscheidet die Berechnung des Ehegattenunterhalts grundlegend von derjenigen des Kindesunterhalts. Zu beachten ist der Unterschied vor allem, wenn ein Ehegatte im selben Verfahren zugleich Kindesunterhalt geltend macht.[42] In die Bedarfsbemessung (1. Berechnungsstufe) sind nur die prägenden Einkünfte einzustellen. Nicht prägende Einkünfte jedes Ehegatten sind erst bei der Ermittlung seiner Leistungsfähigkeit bzw. seiner Bedürftigkeit zu berücksichtigen (2. und 3. Berechnungsstufe). Auch **fiktive Einkünfte** können die ehelichen Lebensverhältnisse prägen, insbesondere wenn ihre Zurechnung auf einer Verletzung der Erwerbsobliegenheit des Unterhaltsberechtigten oder des Unterhaltspflichtigen beruht (RdNr. 23, 35). Sie sind dagegen nicht prägend, wenn sie keine Grundlage in der tatsächlichen Einkommenssituation der Ehegatten haben, für den Unterhaltsbedarf also nie zur Verfügung standen (etwa aus der Veräußerung einer nicht ertragreichen, ererbten Immobilie).[43] 7

Infolge getrennter Haushaltsführung mit zusätzlichem Aufwand (gegenüber den Kosten des ehelichen Haushalts iS von § 1360 a Abs. 1) lässt sich der bisherige Lebensstandard meist nicht in vollem Umfang aufrecht erhalten. Deshalb kann sowohl auf Seiten des Unterhaltsberechtigten als auch des Unterhaltspflichtigen **trennungsbedingter Mehrbedarf** entstehen, der entweder zu einem höheren Bedarf oder zu einer eingeschränkten Leistungsfähigkeit führt. Gleichwohl bleibt diese Position im Anwendungsbereich der Differenz- oder Additionsmethode jedenfalls bei durchschnittlichen Einkommensverhältnissen grundsätzlich unberücksichtigt. Denn der nach einer Quote ermittelte Bedarf wird idR bereits nach dem 8

---

[37] BGH FamRZ 2003, 434 = FPR 2003, 245; vgl. RdNr. 2. Zur Behandlung von Einkünften aus überobligationsmäßiger Erwerbstätigkeit s. RdNr. 35.

[38] BGH FamRZ 2001, 986, 989; *Staudinger/Voppel* RdNr. 25; *Soergel/Lange* RdNr. 7.

[39] *Staudinger/Voppel* RdNr. 18, 25; *Johannsen/Henrich/Büttner* RdNr. 9; *Palandt/Brudermüller* RdNr. 9.

[40] BGH NJW 1999, 717 = FamRZ 1999, 367 für den nachehelichen Unterhalt.

[41] Zu der in der Rspr. des BGH inzwischen betonten Wandelbarkeit der ehelichen Lebensverhältnisse s. RdNr. 14 f.

[42] *Wendl/Dose* § 1 RdNr. 18 f., 27.

[43] BGH NJW 1997, 735, 737 f. = FamRZ 1997, 281; FamRZ 2007, 1532 Tz. 30 = NJW 2008, 57. Vgl. näher § 1578 RdNr. 182.

gesamten verfügbaren Einkommen bemessen, so dass schon hierdurch eine angemessene Einkommensverteilung erreicht wird und für weitere Zu- oder Abschläge kein Raum ist.[44] Die Berücksichtigung trennungsbedingten Mehrbedarfs kann deshalb grundsätzlich nur bei Heranziehung der Anrechnungsmethode in Betracht kommen.[45] Die betreffenden Mehrkosten hat der Anspruchssteller spezifiziert darzulegen.[46] Nach luxuriösem ehelichen Aufwand kann sich trennungsbedingt aber auch ein **Minderbedarf** einstellen, etwa infolge Verzichts auf die Ausübung von bisher gemeinsam gepflegten kostspieligen Hobbies[47] oder wenn übertriebener Aufwand dem Zweck dienen sollte, den Partner an sich zu binden, aber die Ehe gescheitert ist.[48] In solchen Fällen gelangt regelmäßig das Korrektiv der Bedarfsbemessung nach einem objektiven Maßstab zur Anwendung.

9 Bei hohem **Lottogewinn** kurz vor der Trennung ist nur der Teil als eheprägendes Einkommen anzusehen, der nach objektivem Maßstab vernünftigerweise für die laufende Lebensführung verwendet wird.[49] Ein unerwarteter Glückstreffer nach vollzogener Trennung ist unterhaltsrechtlich irrelevant. Schon vorher einigermaßen regelmäßig erzielte **Spielgewinne** sollten als überobligatorische Anstrengungen (dem Nebenverdienst eines Ruheständlers vergleichbar: RdNr. 20) ebenso außer Betracht bleiben[50] wie umgekehrt (noch wahrscheinlichere) Spielverluste, welche die Unterhaltspflicht nicht mindern würden (falls der Gläubiger der Teilnahme am Spiel nicht zustimmte).[51] Von der Garantie des bisherigen Lebensstandards wird die Fortsetzung der Spielgewinne jedenfalls nicht gedeckt.[52] Dem Unterhaltsschuldner muss erlaubt sein, seine Spielleidenschaft einzuschränken oder aufzugeben (vgl. auch § 762). Nicht alle bisher faktisch erzielten Einkünfte werden dauerhaft garantiert und für die Zukunft festgeschrieben.

10 **Illegal** (durch Hehlerei, Rauschgifthandel, Zuhälterei) **erzieltes Einkommen** ist ebenso wenig garantiert. Es gibt keine unterhaltsrechtliche Obliegenheit zu verbotenem Tun.[53] Eine entsprechende Einkommensfiktion für die Zukunft scheidet deshalb ebenso aus wie eine Heranziehung der aus schweren Straftaten (Erpressung, Raub) stammenden Mittel zum Unterhalt für die Vergangenheit.[54] Hiervon zu unterscheiden sind Einkünfte, bei denen das Unrecht nicht im Erwerbsvorgang an sich liegt (Arbeit), sondern in der Nichterfüllung daraus folgender gesetzlicher Pflichten (zB **Schwarzarbeit,** Steuerhinterziehung eines Selbständigen). Solche Einkünfte sind für Unterhaltszwecke einzusetzen, allerdings mit der Maßgabe, dass auch die mit der Aufdeckung der Gesetzwidrigkeit verbundenen Folgen (etwa steuer- oder strafrechtlicher Art) bis zur Höhe des Einkom-

[44] BGH FamRZ 2004, 1357 = NJW 2004, 3106; FamRZ 1995, 343, 344; OLG Hamburg FamRZ 1998, 1585, 1586; OLG Zweibrücken FamRZ 1998, 239; *Staudinger/Voppel* RdNr. 32; *Kalthoener/Büttner/Niepmann* RdNr. 69, 447; *Schwab/Borth* Teil IV RdNr. 930, 946, 949.

[45] *Staudinger/Voppel* RdNr. 32; *Kalthoener/Büttner/Niepmann* RdNr. 69, 447; *Palandt/Brudermüller* § 1578 RdNr. 41. Generell gegen die Berücksichtigung von trennungsbedingtem Mehrbedarf, da als Folge der Trennung nicht eheprägend: *Wendl/Gutdeutsch* § 4 RdNr. 428.

[46] Eine pauschale prozentuale Erhöhung genügt im Allgemeinen nicht: BGH NJW 1990, 2886 = FamRZ 1990, 1085, 1088; NJW 1995, 963 = FamRZ 1995, 346; NJW 1996, 517 = FamRZ 1996, 345. Zu Einzelheiten vgl. die Übersicht bei *Kalthoener/Büttner/Niepmann* RdNr. 71.

[47] OLG Köln FamRZ 1992, 322, 324 im Anschluss vornehmlich an *Schwab* FamRZ 1982, 456 ff.

[48] Materielle Gunsterweise des Ehegatten verpflichten ihn nach der Trennung nicht zur Fortsetzung: *Schwab* FamRZ 1982, 456, 458.

[49] OLG Frankfurt FamRZ 1995, 874, 875 = NJW-RR 1995, 2. Der Rest dient der Vermögensbildung, ist mit dem Zugewinn auszugleichen (BGHZ 68, 43 = NJW 1977, 377; § 1374 RdNr. 14) und für die Unterhaltsberechnung irrelevant. Einmalige Ausgaben anlässlich des Gewinns (Vergnügungsreise) mindern diesen um den verbrauchten Betrag, prägen aber nicht dauerhaft die Lebensverhältnisse.

[50] AA OLG Düsseldorf NJW 1993, 3078 = FamRZ 1994, 896. Monatliche Gewinne von 1400 DM beim Kartenspielen sind jedenfalls keine freiwilligen Zuwendungen Dritter iS von RdNr. 30.

[51] Eine Partizipation bloß am Glück, aber nicht am (noch wahrscheinlicheren) Pech des Partners verstieße gegen die eheliche Solidarität und gegen das Symmetrieprinzip. Eine Teilnahme am Spiel kann nicht nur unter der Voraussetzung erlaubt sein, dass man gewinnt.

[52] *Kalthoener/Büttner/Niepmann* RdNr. 774.

[53] *Kalthoener/Büttner/Niepmann* RdNr. 778.

[54] *Kalthoener/Büttner/Niepmann* RdNr. 673; *Staudinger/Voppel* RdNr. 58.

mens zu berücksichtigen sind.[55] Da Schwarzarbeit jederzeit aufgegeben werden darf, kann der betreffende Ehegatte nicht auf die weitere Erzielung dieses Einkommens verwiesen werden. Für die Zukunft können derartige Einkünfte deshalb nicht berücksichtigt, wohl aber der Ehegatte darauf verwiesen werden, soweit möglich in gesetzlich einwandfreier Weise Einkommen zu erzielen.[56] Schwarz angelegte (vor dem Fiskus verheimlichte) Gelder sind zu berücksichtigen, falls die Erträgnisse daraus nachweisbar für den Unterhalt verwendet wurden.[57]

b) Änderungen während der Trennung. Die zum Zeitpunkt der Trennung nachhaltig vorliegenden wirtschaftlichen Verhältnisse sind nicht allein Grundlage der Unterhaltsbemessung. Da die Ehe bis zur Scheidung fortbesteht und die Eheleute jederzeit wieder zu der ehelichen Lebensgemeinschaft zurückkehren können, nehmen sie auch während der Trennungsphase an der Weiterentwicklung der wirtschaftlichen Verhältnisse teil, soweit diese nicht auf einer unerwarteten, vom Normalverlauf erheblich abweichenden Veränderung beruht. Demgemäß können sich zwischen Trennung und Scheidung eintretende Verbesserungen und Verschlechterungen der Einkommenssituation auf die ehelichen Lebensverhältnisse auswirken.[58] 11

Verbesserung der Verhältnisse: Erwerbseinkommen, das im Zeitpunkt der Trennung bereits in prägender Weise vorhanden war, bleibt prägend, auch wenn es sich – etwa aufgrund Anpassung an die allgemeine Einkommensentwicklung, Regelbeförderung oder in der Ehe angelegter beruflicher Qualifikation – erhöht.[59] Anders zu beurteilen ist ein Einkommensanstieg, der aufgrund außergewöhnlicher Umstände erfolgt und zu einer nicht zu erwartenden Karriereentwicklung führt (sog. **Karrieresprung**); hiervon werden die ehelichen Lebensverhältnisse nicht mitbestimmt.[60] Erwerbeinkommen, das im Zeitpunkt der Trennung noch nicht erzielt wurde, das aber als Surrogat der bisherigen Familienarbeit gilt, wirkt sich ebenfalls bedarfsprägend aus, und zwar – im Gegensatz zur früheren Rspr. des BGH – unabhängig davon, ob die Aufnahme oder Ausweitung der Erwerbstätigkeit bereits während des Zusammenlebens geplant und angelegt war und deshalb auch ohne die Trennung erfolgt wäre.[61] Die gleiche Bewertung erfährt fiktives Einkommen, das dem haushaltführenden Ehegatten aufgrund einer Verletzung seiner Erwerbsobliegenheit zugerechnet wird.[62] Auch für sonstige Einkünfte, die schon bei der Trennung prägend waren, perpetuiert sich diese Beurteilung, sofern keine außergewöhnliche Entwicklung vorliegt. Hierzu zählen etwa Erträge aus Kapitalvermögen oder aus Beteiligungen, aber auch die Nutzungsvorteile eines Eigenheims, soweit diese den 12

---

[55] OLG Nürnberg EzFamR aktuell 1997, 339; *Kalthoener/Büttner/Niepmann* RdNr. 673; *Palandt/Brudermüller* RdNr. 31; *Johannsen/Henrich/Büttner* RdNr. 57; *Schwab/Borth* Teil IV RdNr. 608. Wegen zahlreicher Einzelfragen anschaulich *E. Metzger,* Nichtigkeit und Wirksamkeit von Geschäften der Schattenwirtschaft, 1996. Zu Einschränkungen der Berücksichtigungsfähigkeit von Einkünften aus Schwarzarbeit, die neben der hauptberuflichen Tätigkeit verrichtet wird: *Klein* FuR 1997, 292 f.

[56] *Kalthoener/Büttner/Niepmann* RdNr. 673; *Schwab/Borth* Teil IV RdNr. 608.

[57] Vgl. BGH FamRZ 2007, 1532 Tz. 25 ff.

[58] BGH FamRZ 1999, 367 mwN; BGHZ 153, 358, 364 f. = NJW 2003, 1518 = FamRZ 2003, 590. Vgl. § 1578 RdNr. 18 ff. Die Rspr. des BGH zu den wandelbaren ehelichen Lebensverhältnissen (RdNr. 14 f.) hat auch für den Trennungsunterhalt Bedeutung. Die Auffassung, im Interesse der Rechtssicherheit sollten prinzipiell die zur Zeit der Trennung bestehenden Lebensverhältnisse maßgebend sein, spätere Änderungen seien nur bei Erheblichkeit zu berücksichtigen (so die 4. Aufl.), wird nicht aufrecht erhalten. Sie ist nicht damit zu vereinbaren, dass der Unterhaltsbemessung während des Getrenntlebens grundsätzlich die für den jeweiligen Zeitraum maßgeblichen Verhältnisse, die sich weiterentwickeln können, zugrunde zu legen sind.

[59] *Staudinger/Voppel* RdNr. 26; *Bamberger/Roth/Beutler* RdNr. 44; *Schwab/Borth* IV RdNr. 889.

[60] BGHZ 171, 206 Tz. 21 = FamRZ 2007, 793 = NJW 2007, 1961; BGHZ 166, 351, 361 = FamRZ 2006, 683, 685; BGHZ 148, 105 = NJW 2001, 2254 = FamRZ 2001, 986; vgl. zu derartigen Fallgestaltungen etwas die Nachweise bei *Palandt/Brudermüller* § 1578 RdNr. 24 und *Born* FamRZ 1999, 541, 549 f.

[61] BGHZ 148, 105 = NJW 2001, 2254 = FamRZ 2001, 986. Das ist verfassungsrechtlich nicht zu beanstanden: BVerfGE 105, 1 = FamRZ 2002, 527 = FPR 2002, 180. Zur Kritik s. etwa *Schwab* FF 2004, 164, 169 ff.; *Rauscher* FuR 2001, 385, 387 f.; *Muscheler* JZ 2002, 661; *Schürmann* FPR 2005, 292, 294.

[62] BGH FamRZ 2003, 434 = FPR 2003, 245; NJW 2005, 3639 = FamRZ 2005, 1979.

Aufwand übersteigen.[63] Im Fall einer Veräußerung der Immobilie tritt an die Stelle der Nutzungsvorteile der Erlös als Surrogat mit der Folge, dass die Vorteile, die die Ehegatten in Form von Zinseinkünften aus dem Erlös ziehen oder ziehen könnten, die ehelichen Lebensverhältnisse bestimmen.[64] Einkünfte, die zwar tatsächlich vorhanden waren, aber für den Lebensunterhalt nicht eingesetzt wurden, bleiben für die Beurteilung der ehelichen Lebensverhältnisse außer Betracht, soweit nicht die Anlegung eines objektiven Maßstabs zur Korrektur einer zu dürftigen Lebensweise und damit zu einer Berücksichtigung führt (vgl. RdNr. 6). Wenn allerdings während der Trennungszeit Kapitaleinkünfte erzielt und zur weiteren Vermögensbildung verwendet wurden, an der der Unterhaltsberechtigte über den Zugewinnausgleich bereits teilnimmt, haben die bis zur Rechtshängigkeit des Scheidungsantrags geflossenen Kapitaleinkünfte unter dem Gesichtspunkt einer andernfalls erfolgenden Doppelberücksichtigung (vgl. RdNr. 33) für die Unterhaltsbemessung unberücksichtigt zu bleiben.[65] Dem Wegfall von Aufwendungen, also einer Verbesserung im Ausgabenbereich, kommt prägende Bedeutung zu, wenn er sich auf prägende Einkünfte bezieht. Auswirkungen hat demgemäß der Wegfall oder die Reduzierung von Kreditverpflichtungen, die aus prägendem Einkommen bedient wurden,[66] aber auch von Unterhaltsverpflichtungen.[67]

13 **Verschlechterung der Verhältnisse:** Einkommensminderungen (etwa durch Krankheit, Rentenbezug, Arbeitslosigkeit) wirken sich auf die ehelichen Lebensverhältnisse aus, sofern sie nicht auf einer Verletzung der Erwerbsobliegenheit beruhen oder durch freiwillige berufliche oder wirtschaftliche Dispositionen veranlasst sind und durch zumutbare Vorsorge aufgefangen werden können.[68] Erhöhte Ausgaben prägen, wenn sie sich auf prägende Einkünfte beziehen und zwangsläufig entstehen (erhöhte Steuerlast, gestiegene Krankenversicherungskosten). Trennungsbedingte Aufwendungen bleiben außer Betracht, schon weil die ehelichen Lebensverhältnisse hiervon nicht mitbestimmt worden sind.[69] Prägend wirken sich aber Erhöhungen des Kindesunterhalts aus. Auch die Unterhaltspflicht gegenüber einem nichtehelichen, nach der Trennung geborenen Kind beeinflusst nach der Rspr. des BGH die ehelichen Lebensverhältnisse.[70] Das soll auch dann gelten, wenn ein Kind aus einer neuen Verbindung in der Zeit zwischen dem Scheidungsurteil und dessen Rechtskraft geboren worden ist.[71] Eine Änderung der ehelichen Lebensverhältnisse kann sich auch dann ergeben, wenn sich eine bereits vor der Trennung latent vorhandene Unterhaltslast gegenüber einem Elternteil realisiert, und zwar soweit die sich aus einem entsprechenden Vorwegabzug ergebende Verteilung der zum Unterhalt zur Verfügung stehenden Mittel nicht zu einem Missverhältnis hinsichtlich des wechselseitigen Bedarfs der Beteiligten führt.[72] Auch

---

[63] BGH NJW 1998, 753 = FamRZ 1998, 87; NJW 2007, 1974 = FamRZ 2007, 879; NJW 2008, 1946 = FamRZ 2008, 963. Vgl. zum Wohnvorteil RdNr. 27 f.

[64] BGH NJW 2005, 3277 = FamRZ 2005, 1817; NJW 2002, 436 = FamRZ 2002, 88; NJW 2001, 2259 = FamRZ 2001, 1140.

[65] BGH NJW 2008, 57 Tz. 33 = FamRZ 2007, 1532.

[66] *Staudinger/Voppel* RdNr. 26; *Kalthoener/Büttner/Niepmann* RdNr. 86

[67] So BGH NJW 1990, 2886 = FamRZ 1990, 1086; NJW-RR 1990, 1346 = FamRZ 1990, 1090 – unter Aufgabe der früheren Rspr. – hinsichtlich des Wegfalls von Kindesunterhalt für die Bemessung des nachehelichen Unterhalts; dies muss für den Trennungsunterhalt erst recht gelten.

[68] BGHZ 175, 182 Tz. 43 f f. = FamRZ 2008, 968 = NJW 2008, 1663; BGHZ 166, 351 Tz. 26 = NJW 2006, 1654 = FamRZ 2006, 683; BGHZ 153, 358 = NJW 2003, 1518 = FamRZ 2003, 590

[69] BGH NJW 2004, 1357 = FamRZ 2004, 1357 und RdNr. 8.

[70] BGH NJW 2000, 3140 = FamRZ 2000, 1492 m. insoweit krit. Anm. *Scholz*; NJW 1999, 717 = FamRZ 1999, 367 m. krit. Anm. *Graba* und abl. Anm. *Veit* JZ 1999, 681; NJW 1994, 190 = FamRZ 1994, 87; ebenso OLG Koblenz FamRZ 1998, 1584 m. abl. Anm. *Schumacher*; *Johannsen/Henrich/Büttner* § 1578 RdNr. 17; krit. *Born* FamRZ 1999, 541, 553; aA *Staudinger/Voppel* RdNr. 28; *Schwab/Borth* IV RdNr. 886; *Gernhuber/Coester-Waltjen* § 21 RdNr. 37.

[71] BGH NJW 1999, 717 = FamRZ 1999, 367; OLG Hamm FamRZ 1997, 886. Nach BGHZ 171, 206 Tz. 21 = FamRZ 2007, 793 = NJW 2007, 1961; BGHZ 166, 351 Tz. 27 = NJW 2006, 1654 = FamRZ 2006, 683 sollen sich auch nach der Scheidung entstandene vorrangige oder gleichrangige Unterhaltspflichten auf den nachehelichen Unterhaltsbedarf auswirken. Vgl. hierzu RdNr. 14 f.; § 1578 RdNr. 33 f.

[72] BGH NJW 2003, 1660 = FamRZ 2003, 860; NJW-RR 2004, 212 = FamRZ 2004, 186; NJW-RR 2004, 793 = FamRZ 2004, 792.

die latente Gefahr der Inanspruchnahme aus einer Bürgschaft prägt bereits die ehelichen Lebensverhältnisse.[73]

c) Wandelbare eheliche Lebensverhältnisse. Kritik. Nach der Rspr. des BGH schließt eine Unterhaltsbemessung nach den ehelichen Lebensverhältnissen es generell nicht aus, nacheheliche Entwicklungen, und zwar Einkommensverbesserungen wie -verminderungen, schon bei der Bedarfsbemessung zu berücksichtigen. Das Recht des nachehelichen Unterhalts begründe keine die früheren ehelichen Lebensverhältnisse unverändert fortschreibende Lebensstandardgarantie. Vielmehr solle der bedürftige Ehegatte nach der Scheidung wirtschaftlich im Grundsatz nicht besser gestellt werden, als er ohne die Scheidung stünde. Bei Fortbestehen der Ehe hätte ein Ehegatte die negative Einkommensentwicklung des anderen Ehegatten aber mitzutragen, sofern diese nicht auf einer Verletzung der Erwerbsobliegenheit beruhe oder durch freiwillige berufliche oder wirtschaftliche Dispositionen veranlasst sei und durch zumutbare Vorsorge aufgefangen werden könne. Nichts anderes habe für sonstige Änderungen der maßgeblichen Verhältnisse zu gelten, wenn sich dadurch das verfügbare Einkommen des Unterhaltspflichtigen vermindere. Die Berücksichtigung derartiger Entwicklungen finde ihre Grenze erst in der nachehelichen Solidarität und scheide deshalb nur aus bei einem vorwerfbaren Verhalten, das unterhaltsbezogen mutwillig sei. Das sei nicht der Fall, wenn ein geschiedener Unterhaltsschuldner eine neue Familie gründe und in der neuen Ehe Kinder geboren würden. Träten **vorrangige oder gleichrangige Unterhaltsberechtigte** hinzu, müsse sich auch das auf den Unterhaltsbedarf eines geschiedenen Ehegatten auswirken. Zwar sei im Rahmen der Unterhaltsansprüche eines geschiedenen und eines neuen Ehegatten im Ansatz ein unterschiedlicher Bedarf nach den jeweiligen ehelichen Lebensverhältnissen denkbar. Nach der Rspr. zu den wandelbaren ehelichen Lebensverhältnissen gleiche sich der höhere Bedarf eines früheren Ehegatten aber zwangsläufig dem unter Berücksichtigung mehrerer Unterhaltspflichtigen geringeren Bedarf eines neuen Ehegatten an. Der ursprünglich höhere Bedarf eines geschiedenen Ehegatten verringere sich nämlich wegen des Hinzutreten des unterhaltsberechtigten neuen Ehegatten, da sich die weitere Unterhaltspflicht auch auf die Lebensverhältnisse der Erstehe auswirke. Auf diese Weise passe sich der Unterhaltsbedarf eines geschiedenen Ehegatten demjenigen eines neuen Ehegatten an.[74] – Danach wirkt sich das Vorhandensein eines geschiedenen unterhaltsberechtigten Ehegatten zwar weiterhin auf die ehelichen Lebensverhältnisse einer späteren Ehe und damit auf den Anspruch auf Familienunterhalt (§§ 1360, 1360 a) bzw. auf Trennungsunterhalt aus, im Gegensatz zur früheren Rspr. aber nicht mehr in der Weise, dass ein ungekürzter Unterhaltsbedarf des geschiedenen Ehegatten dem von dieser Unterhaltspflicht geprägten und deshalb geringeren Unterhaltsbedarf des neuen Ehegatten gegenübersteht, sondern dergestalt, dass – unabhängig von Rangfragen – von gleichen ehelichen Lebensverhältnissen der beiden Ehen auszugehen ist. Mit Rücksicht darauf soll der angemessene Unterhalt der jeweiligen Unterhaltsberechtigten sowie der eigene Bedarf des Unterhaltspflichtigen im Wege der **Dreiteilung der verfügbaren Einkommen** bemessen werden.[75] 14

Diese Rspr. hat zu Recht **Kritik** erfahren.[76] Zuzustimmen ist zwar dem Ausgangspunkt, dass negative Veränderungen des Einkommens des Unterhaltspflichtigen, die auch bei Fortsetzung der Ehe eingetreten wären, schon bei der Bemessung des Unterhaltsbedarfs nach Maßgabe der ehelichen Lebensverhältnisse (§ 1578) zu berücksichtigen sind. Von 15

[73] OLG Hamm NJW-RR 1998, 6 = FamRZ 1998, 558.

[74] BGHZ 166, 351, 361 ff. = FamRZ 2006, 683, 685 f. = NJW 2006, 1654; BGHZ 171, 206 Tz. 21 = FamRZ 2007, 793 = NJW 2007, 1961; BGHZ 175, 182 Tz. 43 ff. = FamRZ 2008, 968 = NJW 2008, 1663; FamRZ 2008, 1911 Tz. 30 ff.

[75] BGH FamRZ 2008, 1911 Tz. 35 ff.

[76] *Borth* FamRZ 2006, 852; *Born* NJW 2008, 1669 und 3089; *Graba* FPR 2008, 309; FamRZ 2008, 1217, 1222; FF 2008, 437 ff.; *Grandel* NJW 2008, 796; *Griesche* FPR 2008, 63; *Maurer* FamRZ 2008, 975 und 1919; *Schürmann* NJW 2006, 2301; *Soyka* FuR 2008, 264; *Büttner/Niepmann* NJW 2008, 796. 797; *Palandt/Brudermüller* § 1578 RdNr. 12.

daher ist es richtig, Verminderungen des Einkommens, etwa durch Krankheit, Alter oder nicht vermeidbare Arbeitslosigkeit, schon auf der Bedarfsebene Rechnung zu tragen. Der BGH hat dies in seiner Grundsatzentscheidung vom 29. 1. 2003[77] damit gerechtfertigt, der Unterhaltsberechtigte dürfe sich nach Trennung oder Scheidung nicht besser stehen als er sich bei fortbestehender Lebensgemeinschaft stünde. Dieser Gedanke ist tragend. Andere künftige Entwicklungen können, wenn man an der vom Gesetz vorgegebenen Bemessung des nachehelichen Unterhalts an den ehelichen Lebensverhältnissen festhält, nur dann die Bedarfsbemessung beeinflussen, wenn sie bei wertender Betrachtung noch der früheren Ehe zuzurechnen sind. Das ist dann der Fall, wenn dem früheren Ehegatten zugemutet werden kann, eine Veränderung – in praxi idR: Verschlechterung – des verfügbaren Einkommens als eine Folge der nachehelichen Solidarität mit seinem früheren Ehegatten mit zu tragen. Der Gesichtpunkt der Solidarität scheint zwar auch in der Rspr. des BGH zu den „wandelbaren ehelichen Lebensverhältnissen" auf; doch will der BGH diese Solidarität nur anspruchsbegründend – beim Unterhaltspflichtigen – einfordern. Eine solche Einbahnstraße ist die Solidaritätspflicht indes auch im Unterhaltsrecht nicht: Zwar begründet sie, wie der BGH anerkennt, eine Erwerbsobliegenheit des den Unterhalt schuldenden Gatten. Insoweit begrenzt sie die Berücksichtigung von Einkommensminderungen beim Unterhaltspflichtigen auf das von ihm nicht verschuldete Maß. Doch gilt sie auch umgekehrt für den unterhaltsberechtigten früheren Ehegatten – und zwar auch hier zu dessen Gunsten und zu dessen Lasten: Unverschuldete Einkommenseinbußen durch Arbeitsplatzverlust u. Ä. mit zu tragen, gebietet (wie das eheliche, so auch) das nachehelich wirkende Solidaritätsgebot. Dies und nichts anderes meinte auch der BGH in der Entscheidung vom 29. 1. 2003, wenn er – zu Recht – den nachehelichen Arbeitsplatzverlust des Unterhaltsschuldners bedarfsmindernd dem Unterhaltsgläubiger in Rechnung stellte. Doch beschneidet der Grundsatz der nachehelichen Solidarität des früheren Ehegatten nicht nur dessen Begehrlichkeit; in ihm findet die Zurechenbarkeit nachehelicher Entwicklungen zugleich ihre Grenze. Wer – wie der BGH – spätere Ehegatten, Mütter und Kinder mit in das Boot der früheren Ehe setzt, lässt dieses Schiff schon auf der Bedarfsebene und damit, bar des Rettungsrings von Leistungsfähigkeit und Angemessenheit, leichtfertig und zu früh sinken. Mehr noch: Wer solches tut, gerät – bei gebotener Bindung an das Gesetz – in Begründungsnot.[78] Denn die „wandelbaren ehelichen Lebensverhältnisse" sind – entgegen § 1578 – nicht länger „ehelich".[79] Sie beschreiben allenfalls, was der BGH für richtig hält – doch dies, ohne es auch nur im Ansatz dogmatisch zu erklären. Die Berücksichtigung der persönlichen Verhältnisse des Unterhaltspflichtigen, die in solchen Fällen allein betroffen sind, hat richtigerweise erst auf der Stufe der **Leistungsfähigkeit** zu erfolgen, wo letztlich auch die Gesichtspunkte des Selbstbehalts und der Halbteilung als Billigkeitskriterien einzuordnen sind.[80] Eine andere Beurteilung übergeht den verbindlichen **Maßstab des § 1578,** beraubt § 1581 seiner wesentlichen Funktion und führt zu einer gesetzlich nicht gerechtfertigten Besserstellung der neuen Ehe, obwohl jene im Bewusstsein anderweitiger Unterhaltspflichten geschlossen wurde, während die geschiedene Ehefrau auf eine – nur durch die Leistungsfähigkeit und eine Angemessenheitsprüfung zu

---

[77] FamRZ 2003, 590, 591 f.

[78] Das erkennt auch *Gerhardt* FamRZ 2007, 945, 946: „Neue nach der Scheidung entstandene Unterhaltslasten durch die Geburt von Kindern in einer Zweitehe haben mit der ersten Ehe nichts zu tun." Der aaO vertretenen Auffassung, der Unterhalt für ein nachehelich geborenes Kind des Unterhaltspflichtigen sei aber selbst ohne Prägung der ehelichen Lebensverhältnisse berücksichtigungswürdig, ist bereits entgegen zu halten, dass minderjährigen Kindern nach § 1609 Nr. 1 nunmehr Vorrang zukommt, so dass ihr Unterhalt im Mangelfall bevorzugt zu leisten ist.

[79] Am Erfordernis des Ehebezugs einer Entwicklung ist mit Rücksicht auf § 1578, den das UÄndG unverändert gelassen hat, indes festzuhalten. Der BGH sieht freilich auch das anders: Ein Bezug des nachehelichen Einkommensrückgangs zu den Lebensverhältnissen der früheren Ehe sei nicht erforderlich; eine Begrenzung ergebe sich lediglich durch die nacheheliche Solidarität; s. FamRZ 2009, 23 Tz. 23 m. Anm. *Norpoth,* der die Frage nach der Wahrung des Gewaltenteilungsprinzips aufwirft.

[80] *Schwab* FF 2004, 164, 170; *Bergschneider* FamRZ 2007, 479.

korrigierende – Bedarfsbemessung nach den Lebensverhältnissen der beendeten Ehe vertrauen durfte.[81]

III. Beiderseitige Erwerbs- und Vermögensverhältnisse

1. Überblick. Nach den prägenden (konsolidierten) ehelichen Lebensverhältnissen richtet sich der grundsätzlich auch während der Trennung aufrecht zu erhaltende Unterhaltsbedarf (RdNr. 6). Der objektive Bedarf bildet die erste Berechnungsgröße für das Maß des zu erbringenden Unterhalts. Auf der zweiten und dritten Berechnungsstufe folgen die in Abs. 1 weiter erwähnten beiderseitigen Erwerbs- und Vermögensverhältnisse; nach ihnen bestimmen sich individuell (s. RdNr. 1) unter Einbeziehung nichtprägender Einkünfte die Leistungsfähigkeit des Verpflichteten (RdNr. 17 ff.) und die Bedürftigkeit des Berechtigten (RdNr. 35 ff.). Jeder getrennt lebende Ehegatte hat seinen Unterhalt zunächst durch zumutbaren Einsatz der eigenen Arbeitskraft und jedenfalls der eigenen Vermögenseinkünfte zu bestreiten (RdNr. 35). Ist er trotzdem bedürftig, muss ihn der leistungsfähige Partner unterhalten. Die in § 1361 (abweichend von § 1602) nicht ausdrücklich erwähnte Bedürftigkeit ist eine allgemeine Anspruchsvoraussetzung im Unterhaltsrecht. 16

2. Leistungsfähigkeit des Verpflichteten. a) Grundlagen. Steuerrechtliche Konsequenzen. Leistungsfähig ist der Verpflichtete, der über die zur Unterhaltszahlung erforderlichen Mittel entweder tatsächlich verfügt oder unter Berücksichtigung seiner Vorbildung und Fähigkeiten sowie der Arbeitsmarktlage (uU nach einem Orts- oder Berufswechsel, § 1360 RdNr. 13) und durch ertragreichen Einsatz eventuell vorhandenen Vermögens bei gutem Willen in zumutbarer Weise verfügen könnte.[82] Maßgebend sind die **Nettoeinkünfte,** also die Bruttobezüge abzüglich der Lohn- bzw. Einkommensteuer und der Sozialversicherungsbeiträge.[83] Über die **primäre Altersvorsorge** hinaus können grundsätzlich 4% des Jahresbruttoeinkommens für eine **zusätzliche Altersversorgung** aufgewendet werden. Als solche können auch Tilgungsleistungen, die dem Erwerb einer Immobilie dienen, anerkannt werden.[84] **Steuervorteile** (Eintragung von Freibeträgen auf der Lohnsteuerkarte, mögliche Steuererstattungen) sind wahrzunehmen.[85] Im Jahr der Trennung können die Ehegatten noch nach der Splittingtabelle zusammen veranlagt werden (§§ 26, 26 b EStG). Ab dem Jahre nach der Trennung werden sie getrennt veranlagt (§ 26 a EStG). Durch den Wechsel von der Lohnsteuerklasse III zur Lohnsteuerklasse I erleidet der Unterhaltsschuldner einen spürbaren Steuernachteil (vgl. § 1578 RdNr. 28 f.). Bei **Anwendung des begrenzten Realsplittings**[86] kann der Unterhaltsschuldner Unterhaltszahlungen an den getrennt lebenden oder geschiedenen Ehegatten bis zu jährlich 13 805 Euro als Sonderausgaben absetzen (§ 10 Abs. 1 Nr. 1 EStG).[87] Alsdann hat allerdings der Empfänger den Unterhalt zu 17

---

[81] Das obige Bild lässt sich weiter ausmalen: Wenn der Pflichtige nicht wieder heiratet, sondern mit einer neuen Partnerin eheähnlich zusammenlebt und aus der Verbindung ein Kind hervorgeht, müsste dieser Mutter nach Sicht des BGH gleichermaßen ein Platz in dem Boot gebühren. Sie wird aber in einem anderen Boot Platz nehmen dürfen, das – jedenfalls zunächst – auch Oberwasser haben kann. Ihr Unterhaltsanspruch bemisst sich nach ihrer eigenen Lebensstellung (§§ 16151 Abs. 3 S. 1, 1610 Abs. 1), so dass das erklärtermaßen kommunizierende System der ehelichen Lebensverhältnisse versagt. Zum Bedarf der nichtehelichen Mutter BGH FamRZ 2008, 1739 Tz. 23 ff., 32 ff.

[82] BGH NJW 2003, 3122 = FamRZ 2003, 1471.

[83] BGH NJW 1980, 934, 935 = FamRZ 1980, 555, 556. Zur Steuer bei Selbständigen *Wendl/Kemper* § 1 RdNr. 110 ff.; Einzelheiten bei *Laws,* Steuerrechtliche Unterlagen im Unterhaltsrecht, 1998.

[84] BGH FamRZ 2005, 1817, 1821 f.; 2006, 387, 390; 2007, 793 Tz. 27; 2008, 963 Tz. 23. Zu Einzelheiten s. *Wendl/Gerhardt* § 1 RdNr. 597 b.

[85] BGH NJW-RR 1999, 297 = FamRZ 1999, 372; OLG Koblenz NJW-RR 2002, 364.

[86] Eine Obliegenheit des Unterhaltsschuldners zur Geltendmachung des begrenzten Realsplittings besteht nur, wenn die Unterhaltspflicht auf einem Anerkenntnis oder einer rechtskräftigen Verurteilung beruht oder freiwillig erfüllt wird, BGHZ 171, 206 Tz. 41 = NJW 2007, 1961 = FamRZ 2007, 793.

[87] Der Unterhaltsberechtigte muss dem darauf gerichteten Antrag zustimmen: BGH NJW-RR 1998, 1153 = FamRZ 1998, 953; NJW 1988, 2886 = FamRZ 1988, 820, und zwar selbst dann, wenn zweifelhaft ist, ob steuerlich geltend gemachte Aufwendungen dem Grunde und der Höhe nach als Unterhaltsleistungen iS des § 10 Abs. 1 Nr. 1 EStG anerkannt werden.

versteuern. Diese Steuerlast sowie sonstige finanzielle Nachteile (zB Entzug oder Kürzung öffentlicher Leistungen, wie Eigenheim- oder Arbeitnehmersparzulage) hat der Schuldner dem Gläubiger wiederum zu erstatten.[88] Nicht steuerpflichtig wird der Gläubiger, wenn der Schuldner den Unterhalt als außergewöhnliche Belastung geltend macht (bis zum Höchstbetrag von 7680 Euro jährlich, unter Abzug eigener Einkünfte des Gläubigers, falls sie 624 Euro jährlich übersteigen, § 33 a Abs. 1 EStG).[89] Nach der geänderten Rspr. des BGH steht der aktuellen Ehe des Pflichtigen der **Splittingvorteil** allerdings nicht allein zu; vielmehr fließt er in das im Wege der Dreiteilung aufzuteilende Einkommen ein.[90]

18 **Bemessungsgrundlage** für die Höhe des geschuldeten Unterhalts ist das im Durchschnitt nachhaltig erzielte Einkommen.[91] Deshalb sind nicht allein die im Zeitpunkt des Unterhaltsbegehrens gegebenen Einkünfte zugrunde zu legen; zu berücksichtigen sind auch die Einkünfte aus einem genügend langen, zurückliegenden Zeitraum.[92] Diesen Zeitraum bemisst die Rspr. bei unselbständig Erwerbstätigen auf ein Jahr, bei Selbständigen idR auf drei Jahre.[93] Zwecks Erlangung eines repräsentativen Querschnitts über das Durchschnittseinkommen ist bei Freiberuflern im Einzelfall auch ein längerer oder kürzerer Zeitraum zu betrachten.[94] Ausnahmsweise kann nur das zuletzt erzielte Einkommen zugrunde zu legen sein, wenn (zB bei einer Arztpraxis) nach einer Anlaufphase eine stabile Aufwärtsbewegung eintrat.[95] Eine Anlaufphase und atypische Schwankungen bleiben nämlich außer Betracht.[96] Maßgeblich ist grundsätzlich das vor der letzten mündlichen Verhandlung in der Tatsacheninstanz abgelaufene Kalenderjahr; weitere bis zur Entscheidung über den Unterhaltsanspruch eintretende Änderungen der Einkommensverhältnisse sind aber noch zu berücksichtigen.[97] Bei **Freiberuflern und Gewerbetreibenden** ist der Gewinn notfalls gemäß § 287 Abs. 2 ZPO zu schätzen. Getätigte Entnahmen können dafür ein Indiz darstellen, falls sie nicht in die Substanz des Unternehmens eingreifen.[98] **Steuerliche Abschreibungen** können zwecks Auflösung verdeckter Rücklagen zu korrigieren sein.[99] Das gilt in erster Linie bezüglich der Abschreibungen für die Abnutzung von Gebäuden, die das unterhaltsrechtsrechtlich maßgebende Einkommen nicht berühren, soweit die Wertminderung durch die Entwicklung auf dem Immobilienmarkt ausgeglichen werden kann.[100] Im Übrigen hält der BGH die AfA-Ansätze dagegen für berücksichtigungsfähig, soweit sie der tatsächlichen Wertminderung entsprechen. Nur soweit die Ansätze über die Wertminderung hinausgehen, kommt eine unterhaltsrechtliche Kürzung der AfA in Betracht. Insofern wird es für unbedenklich gehalten, die Erfahrungswerte zu übernehmen, die den von der Finanzverwaltung herausgegebenen AfA-Tabellen (insbesondere der neuen Tabelle für die all-

---

[88] BGH NJW 1983, 1545 = FamRZ 1983, 576; NJW 1988, 2886 = FamRZ 1988, 826; OLG Hamm NJW-RR 1989, 1353 = FamRZ 1989, 638; *Kalthoener/Büttner/Niepmann* RdNr. 938 ff.

[89] *Kalthoener/Büttner/Niepmann* RdNr. 929.

[90] BGH FamRZ 2008, 1911 Tz. 47 ff.; gegenteilig allerdings noch BGHZ 163, 84, 90 f. = FamRZ 2005, 1817, 1819 mit Rücksicht auf BVerfG FamRZ 2003, 968, 971 f.

[91] OLG Hamm FamRZ 1986, 1102. Vgl. § 1578 RdNr. 88.

[92] OLG München FamRZ 1984, 173, 174. Vgl. RdNr. 7.

[93] BGH NJW 1985, 909 = FamRZ 1985, 357 mwN; *Kalthoener/Büttner/Niepmann* RdNr. 680. Vgl. § 1578 RdNr. 93. Für die Zugrundelegung eines Fünfjahreszeitraums *Wendl/Kemper* § 1 Rdn. 274.

[94] BVerfG FamRZ 1993, 169.

[95] OLG Hamm FamRZ 1997, 310.

[96] BGH FamRZ 1985, 471, 472; OLG Köln NJW-RR 1995, 1157.

[97] BGH NJW 1983, 996; OLG München FamRZ 1984, 173, 174; *Wendl/Dose* § 1 Rdn. 12

[98] OLG Hamm FamRZ 1996, 1216; *Kalthoener/Büttner/Niepmann* RdNr. 680. Nach *Schürmann* FamRB 2006, 215 f. und FamRZ 2002, 1149 ff. sollen die Privatentnahmen regelmäßig der Einkommensfeststellung Selbständiger zugrunde gelegt werden. Vgl. allgemein zur Einkommensermittlung bei Selbstständigen: *Strohal,* Unterhaltsrechtlich relevantes Einkommen bei Selbstständigen, 3. Aufl. 2006; *Wendl/Kemper* § 1 RdNr. 110 ff.; *Göppinger/Wax/Strohal* RdNr. 442 ff.

[99] BGH FamRZ 1980, 770; OLG Bremen FamRZ 1995, 935; OLG Brandenburg NJW-RR 1998, 217, 218.

[100] BGH FamRZ 1984, 39, 41; 1986, 48 f.; 1997, 281, 283. Der BGH hat die Frage, ob an dieser Beurteilung festzuhalten sei, inzwischen allerdings offen gelassen, BGH NJW 2005, 2077 = FamRZ 2005, 1159, 1160.

gemein verwendbaren Anlagegüter vom 15. 12. 2000, durch die die maßgebliche Nutzungsdauer der Wirtschaftsgüter im Vergleich zu früher weitgehend verlängert wurde) zugrunde zu legen. Eine hiervon abweichende Bestimmung der Nutzungsdauer und eine dementsprechende unterhaltsrechtliche Korrektur der AfA-Ansätze sollen nur in Betracht kommen, wenn die Tabellen nicht auf Erfahrungswissen beruhen, also offensichtlich unzutreffend sind.[101] – Die mit dem Einkommenserwerb aus nicht selbständiger Tätigkeit verbundenen **Werbungskosten,** insbesondere Fahrtkosten, sind idR abzuziehen.[102] Dazu können auch die Mehrkosten für eine einvernehmlich während des Zusammenlebens begründete Zweitwohnung am Dienstort gehören.[103] Auf der Basis des maßgeblichen Kalenderjahres ist das Nettoeinkommen zu errechnen und hiervon $^{1}/_{12}$ als monatliches Nettoeinkommen anzusetzen.

b) Einzelne Einkunftsarten. Zur Ermittlung des verteilungsfähigen Einkommens sind 19
grundsätzlich **alle Einkünfte** heranzuziehen, gleich welcher Art sie sind und aus welchem Anlass sie erzielt werden. Maßgebend ist nur, dass sie geeignet und dazu bestimmt sind, den laufenden Lebensbedarf des Unterhaltspflichtigen und seiner Unterhaltsgläubiger zu decken.[104] Anzurechnen ist daher jedwedes Entgelt, das dem unterhaltspflichtigen Ehegatten aufgrund eines Arbeits- oder Dienstverhältnisses gewährt wird; vgl. die Aufzählung in § 850 Abs. 2, 3 ZPO. Hierzu gehören auch Zulagen und sonstige Nebeneinnahmen[105] (Trinkgelder),[106] Weihnachts- und Urlaubsgeld sowie Prämien,[107] sogar das Entgelt für Schwarzarbeit (abzüglich darauf lastender Steuerschuld).[108] Aufwandsentschädigungen, Spesenpauschalen und Dergleichen sind abzüglich der tatsächlich anfallenden Kosten – aber unter Berücksichtigung einer häuslichen Ersparnis – der Vergütung hinzuzurechnen.[109] Sachbezüge (Firmenwagen, verbilligte Dienstwohnung, freie Verpflegung) sind entsprechend dem ersparten Aufwand in Geld umzurechnen.[110] Bei (aktiven oder Ruhestands-)Beamten sind grundsätzlich alle Bezüge ohne Rücksicht auf ihre Benennung oder Berechnungsart zugrunde zu legen, also das Beamtengehalt nebst Familienzuschlag, einschließlich kindbezogener Bestandteile der Vergütung.[111] Sog. **vermögenswirksame Leistungen** des Arbeitgebers oder Dienstherrn (eigentlich Lohn- oder Gehaltszuschläge) gehören an sich zum laufenden Einkommen. Da sie dem Empfänger aber nicht zur freien Verfügung stehen, erscheint es gerechtfertigt, weder die vermögenswirksamen Arbeitgeberleistungen noch die **Arbeitnehmersparzulage,** die für bestimmte Einkommensgruppen als staatliche Leistung gewährt

[101] BGH NJW 2003, 1734 = FamRZ 2003, 741, 743 m. krit. Anm. *Gerken* 744 und im Wesentlichen zust. Anm. *Weychardt* FamRZ 2003, 1001. Einzelheiten – auch zu sonst. Abschreibungsmöglichkeiten – bei *Strohal* RdNr. 257 ff.; *Wendl/Kemper* § 1 RdNr. 243 ff.; *Göppinger/Wax/Strohal* RdNr. 470 ff.; *Kalthoener/Büttner/Niepmann* RdNr. 999 ff.

[102] Zu Einzelheiten s. *Johannsen/Henrich/Büttner* RdNr. 49 ff.; *Kalthoener/Büttner/Niepmann* RdNr. 982 ff.

[103] OLG Hamm NJW-RR 1998, 724; OLG Schleswig NJW-RR 1994, 584.

[104] BGH FamRZ 1994, 21, 22; 1994, 228, 229; *Kalthoener/Büttner/Niepmann* RdNr. 782 ff.

[105] BGH FamRZ 1986, 780; 1982, 250.

[106] Je nach Branche gemäß § 287 Abs. 2 ZPO zu schätzen: OLG Köln FamRZ 1996, 1215, 1216. Einem konkreten Beweisantritt ist aber nachzugehen: BGH FamRZ 1991, 182, 184.

[107] BGH FamRZ 1991, 416, 418; 1982, 250; NJW 1971, 137 = FamRZ 1970, 636 f. (Gratifikationen, Leistungszulagen und Treueprämien).

[108] OLG Nürnberg EzFamR aktuell 1997, 339. Vgl. auch RdNr. 10.

[109] BGH NJW 1994, 1334 = FamRZ 1994, 21 (Kampfflieger-Aufwandsentschädigung); OLG Bamberg FamRZ 1997, 1339 (Kaufkraftausgleich und Mietzuschuss für Auslandstätigkeit); OLG Stuttgart FamRZ 1994, 1251 (Abgeordneten-Pauschale). Näher *Johannsen/Henrich/Büttner* RdNr. 39 f.; *Kalthoener/Büttner/Niepmann* RdNr. 804 ff., 836 ff.; *Wendl/Dose* § 1 RdNr. 56 ff. u. § 1578 RdNr. 90.

[110] Vgl. OLG Köln FamRZ 1994, 897 = NJW-RR 1994, 2; OLG Karlsruhe FamRZ 2006, 1759. Näher *Johannsen/Henrich/Büttner* RdNr. 42; *Wendl/Dose* § 1 RdNr. 69 f. und § 1578 RdNr. 88.

[111] BGH FamRZ 2008, 1911 Tz. 52 ff.: Der Familienzuschlag nach § 40 Abs. 1 BBesG ist grundsätzlich in voller Höhe Bestandteil des Einkommens des Pflichtigen, auch wenn er hiervon nachehelichen Unterhalt zu zahlen hat. Das muss nach der geänderten Rspr. auch dann gelten, wenn beide Ehegatten im öffentlichen Dienst tätig sind und der Zuschlag nur einmal ausgezahlt wird. Denn auch das Einkommen der Ehefrau fließt in die zu verteilenden Gesamteinkünfte ein. Vgl. zur früheren Rspr. BGHZ 171, 206 Tz. 45 f. = NJW 2007, 1961 = FamRZ 2007, 793; NJW 2007, 1969 Tz. 33 f. = FamRZ 2007, 882; FamRZ 2005, 1817, 1822 = NJW 2005, 3277.

wird, als unterhaltspflichtiges Einkommen anzusehen.[112] Langfristig angelegte Teile des Arbeitslohns mindern das verfügbare Einkommen unterhaltsrechtlich jedenfalls dann, wenn die Anlage bereits die ehelichen Lebensverhältnisse prägte und einen angemessenen Rahmen nicht übersteigt.[113] Unterschiede zwischen allgemeiner Vermögensbildung und zusätzlicher Altersversorgung bestehen – in dem der Höhe nach vorgegebenen Rahmen – grundsätzlich ohnehin nicht mehr (zur zusätzlichen Altersversorgung s. RdNr. 17, 33). Dienen vom Arbeitgeber zugunsten des Arbeitnehmers in eine Lebensversicherung direkt eingezahlte Gehaltsanteile der angemessenen Altersversorgung, sind sie nicht als Sachbezüge dem Einkommen zuzurechnen.[114]

20 Einnahmen aus **Mehrarbeit** sind zu berücksichtigen, wenn die Zahl der Überstunden gering oder in dem ausgeübten Beruf üblich ist.[115] Inwieweit Einnahmen aus darüber hinausgehender Mehrarbeit anzurechnen sind, richtet sich nach den Umständen des Einzelfalles;[116] bei Einkünften aus einer **Nebenbeschäftigung,** die zusätzlich zu einer anderen Tätigkeit ausgeübt wird, hat sich die Beurteilung daran zu orientieren, ob der weitergehende Einsatz zumutbar und nicht unverhältnismäßig belastend ist.[117] Der ohne finanzielle Not erfolgten Aufnahme kann indizielle Bedeutung für die Zumutbarkeit zukommen.[118] Eine unzumutbare Nebenbeschäftigung kann jederzeit eingestellt werden, da insoweit keine Erwerbsobliegenheit besteht. Überstunden darf der Unterhaltspflichtige dagegen nicht grundlos einstellen, wenn der Berechtigte der Eingehung erheblicher Kreditverbindlichkeiten im Vertrauen auf den Fortbestand der durch die Mehrarbeit erzielten Einkommenslage zugestimmt hat.[119] **Überobligationsmäßig erzielte Einkünfte** des Unterhaltspflichtigen (der zB trotz schwerer Erkrankung noch arbeitet, diese Tätigkeit aber jederzeit aufgeben könnte), sind gemäß § 242– nach dem entsprechend heranzuziehenden Rechtsgedanken des § 1577 Abs. 2 – nicht in voller Höhe anzusetzen.[120] Entgegen der früheren Rspr. des BGH[121] sind sie nach einer Billigkeitsabwägung aber in der zu berücksichtigenden Höhe als bedarfsprägend – und nicht nur als die Leistungsfähigkeit steigernd – anzusehen.[122] Nach Erreichen des regulären Ruhestandsalters erzieltes Erwerbseinkommen ist idR nicht zu berücksichtigen, da grundsätzlich keine Erwerbsobliegenheit mehr besteht.[123] Auch ein Selbständiger muss nicht über das 65. Lebensjahr hinaus erwerbstätig sein. Anders kann dies bei einer selbständigen Tätigkeit zu beurteilen sein, die üblicherweise über das 65. Lebensjahr hinaus fortgesetzt wird (zB bei Ärzten oder Rechtsanwälten). Das in solchen Fällen noch erzielte Erwerbseinkommen kann unterhaltsrechtlich zu berücksichtigen sein, sofern es auch ohne die Trennung zur Verfügung gestanden hätte.[124] Eine Obliegenheit zur Weiterführung

---

[112] *Kalthoener/Büttner/Niepmann* RdNr. 819, 1066; *Palandt/Brudermüller* RdNr. 29, jeweils mwN; BGH NJW 1980, 2251 = FamRZ 1980, 984 zur Arbeitnehmersparzulage. AA bzgl. der Arbeitgeberleistungen 4. Aufl. RdNr. 9.

[113] BGH NJW 1984, 292 = FamRZ 1984, 149 f.

[114] OLG Celle FamRZ 2005, 297; OLG Hamm OLGR 1998, 66; aA OLG München FamRZ 1997, 613.

[115] BGH FamRZ 2004, 186 = FPR 2004, 148: Im Regelfall können Überstunden bis zu 10% der normalen Arbeitszeit als solche geringen Umfangs angesehen werden; FamRZ 1983, 886; 1982, 779; eingehend *Kalthoener/Büttner/Niepmann* RdNr. 821 ff.; *Wendl/Dose* § 1 RdNr. 64 f.

[116] BGH NJW 1980, 2251 = FamRZ 1980, 984; OLG Stuttgart FamRZ 1995, 681, 1487.

[117] BGH FamRZ 2008, 872 Tz. 29 ff.; BVerfG FamRZ 2003, 661 f. und FamRZ 1985, 143. Dabei ist auch das Arbeitszeitgesetz vom 6. 4. 1994 (BGBl. I S. 1170) zu beachten. Vgl. auch KG FamRZ 2003, 1208, 1210.

[118] S. BGH FamRZ 2006, 846 zu der vergleichbaren Frage, ob eine Berufstätigkeit neben der Betreuung eines behinderten Kindes überobligationsmäßig ist.

[119] OLG Düsseldorf FamRZ 1981, 38.

[120] BGHZ 153, 372, 381 = NJW 2003, 1796 = FamRZ 2003, 848.

[121] BGH FamRZ 1983, 360.

[122] BGHZ 153, 372, 381; anders 4. Aufl. RdNr. 9. Wegen weiterer unterhaltsrechtlicher Konsequenzen des Eintritts in den Ruhestand vgl. § 1578 RdNr. 46, 169 ff.

[123] BGH NJW 1999, 1547 = FamRZ 1999, 708; NJW-RR 92, 1474 = FamRZ 1993, 43; OLG Düsseldorf NJW-RR 2007, 1157 = FamRZ 2007, 1817.

[124] OLG Köln FamRZ 2008, 1538 f.; OLG Düsseldorf NJW-RR 2007, 1157 = FamRZ 2007, 1817: wenn etwa wegen eingeplanter längerer Lebensarbeitszeit keine hinreichende Alterssicherung aufgebaut wurde; OLG Hamburg FamRZ 1985, 394.

der Tätigkeit wird dagegen regelmäßig nicht bestehen. Bei der Inanspruchnahme von **Vorruhestandsregelung oder Altersteilzeit** darf nicht ohne weiteres auf die Ruhestandsbezüge oder Abfindung abgestellt werden. Zu fragen ist vielmehr zunächst, ob ein Verstoß gegen die Erwerbsobliegenheit vorliegt. Fehlen unterhaltsrechtlich anzuerkennende Gründe, so ist bis zum Erreichen des regulären Ruhestandsalters fiktiv das frühere Einkommen zugrunde zu legen.[125] Auch neben einer zeitlich begrenzt bezogenen **Erwerbsunfähigkeitsrente** erzieltes Arbeitseinkommen hat nicht generell außer Betracht zu bleiben; der Bezug einer solchen Rente bedeutet nicht zwingend, dass der Empfänger nicht noch leichte Tätigkeiten verrichten kann.[126] Einmalige Leistungen (zB Gratifikationen, Jubiläumszuwendungen) sind zu berücksichtigen und auf einen angemessenen Zeitraum zu verteilen.[127]

Für **Abfindungen,** die aufgrund eines Sozialplans gemäß § 112 BetrVG oder einer 21
Einzelmaßnahme anlässlich der Beendigung eines Beschäftigungsverhältnisses gezahlt werden, gilt: Werden sie als Ersatz für künftigen Lohn- oder Gehaltsausfall und damit als vorweggenommenes Einkommen gewährt, haben sie Lohnersatzfunktion und sind unterhaltsrechtlich relevantes Einkommen.[128] Soweit eine Abfindung dagegen in erster Linie vergangenheitsbezogen als Entschädigung für den Verlust des Arbeitsplatzes und des damit verbundenen Besitzstands gewährt wird, soll sie einen – ggf. dem Zugewinnausgleich unterliegenden – Vermögenswert darstellen.[129] Diese Differenzierung erscheint unterhaltsrechtlich indes nicht zwingend,[130] denn aus der Sicht des seinen Arbeitsplatz verlierenden Ehegatten gleicht auch bei der vorgenannten (arbeitsrechtlichen) Zweckbestimmung die Abfindung idR einen entstehenden Einkommensverlust aus.[131] Der Pflichtige hat den unterhaltsrechtlich zu berücksichtigenden Teil der erhaltenen Abfindung (mit ihrem Nettobetrag und ohne Abzug eines Erwerbstätigenbonus sowie berufsbedingter Aufwendungen)[132] zur Aufstockung seines geringeren Einkommens auf die Höhe des bisherigen Nettoeinkommens einzusetzen, soweit der Unterhaltsberechtigte die negative Einkommensentwicklung nicht mitzutragen hat.[133] Für den Umlegungszeitraum sind die Höhe des bisherigen Einkommens und die Zeit, die voraussichtlich zu überbrücken ist, von Bedeutung.[134] Bei älteren Arbeitnehmern ist idR eine Verteilung auf die Zeit bis zum Beginn der Altersrente angemessen.[135] Ein vollständiger Einsatz einer Abfindung kann, insbesondere bei beengten wirtschaftlichen Verhältnissen, für Unterhaltszwecke nicht verlangt werden.[136] Endet die Zeit der Einkommensminderung vor ihrer angenommenen Dauer, wird der nicht verbrauchte Teil der Abfindung wie sonstiges Vermögen behandelt.[137] Das gilt entsprechend, wenn kein Einkommensrückgang eintritt. Soweit eine Abfindung unterhaltsrechtlich berücksichtigt wird, ist ihre Einbeziehung in den Zugewinnausgleich aus Gründen einer andernfalls erfolgenden Doppelberücksichtigung ausgeschlossen.[138] Das gilt auch, wenn und soweit die Ehegatten

---

[125] BGH NJW 1999, 1549 = FamRZ 1999, 708; anders 4. Aufl. RdNr. 9; vgl. auch *Kalthoener/Büttner/Niepmann* RdNr. 749.

[126] OLG Düsseldorf FamRZ 2001, 1477; OLG Jena FamRZ 2006, 1299. Einzelheiten bei *Kalthoener/Büttner/Niepmann* RdNr. 741. Zu Einkünften aus selbstständiger Tätigkeit neben Erwerbsunfähigkeitsrente: OLG Hamm FamRZ 1998, 1169.

[127] BGH FamRZ 1982, 250, 252; OLG München FamRZ 1998, 559 (auch zum Abzug von Sonderausgaben); OLG Braunschweig FamRZ 1995, 357; nach OLG Oldenburg FamRZ 1996, 672 ggf. Streckung auf 5–6 Jahre; *Strohal* FamRZ 1996, 197, 200 f.

[128] BGH FamRZ 2001, 278, 282; 2004, 1352, 1353; 2007, 983 Tz. 36.

[129] BGH FamRZ 2001, 278, 280 ff.

[130] Sie dürfte in der Praxis auch zu Problemen hinsichtlich der Aufteilung in vergangenheits- und zukunftsbezogene Elemente führen.

[131] *Kalthoener/Büttner/Niepmann* RdNr. 879; *Maurer* FamRZ 2005, 757 ff., auch zu weiteren Einzelheiten.

[132] BGH FamRZ 2007, 793 Tz. 38 m. zust. Anm. *Born* NJW 2007, 2253 f.

[133] BGH FamRZ 2003, 590, 592; RdNr. 13, 15.

[134] BGH FamRZ 1987, 359, 360; 1990, 269, 271; OLG Karlsruhe FamRZ 2001, 1615; OLG Brandenburg FamRZ 1995, 1220.

[135] BGH FamRZ 2007, 793 Tz. 36.

[136] BGH FamRZ 1990, 269, 271; OLG München FamRZ 1998, 559; *Kalthoener/Büttner/Niepmann* RdNr. 880; *Palandt/Brudermüller* RdNr. 29.

[137] BGH FamRZ 2003, 590, 592.

vereinbart haben, eine im Zugewinnausgleich zu berücksichtigende Abfindung in die Unterhaltsbemessung einzubeziehen. Umzulegen auf den Zeitraum, den die Zahlung betrifft, sind ferner Rentennachzahlungen[139] und Steuerrückerstattungen. Einen Anspruch auf Abfindung muss der Unterhaltsschuldner geltend machen.

22 **c) Arbeitsplatzverlust. Tätigkeitswechsel.** Schwerwiegende Verstöße gegen das Gebot, seine Leistungsfähigkeit zu erhalten, mindern die Unterhaltspflicht grundsätzlich nicht; mittels fiktiver Ansätze[140] wird der Unterhaltspflichtige als in der früheren Höhe leistungsfähig behandelt.[141] Da er seine Arbeitskraft so gut wie möglich einsetzen muss (vgl. § 1360 RdNr. 12), ist eine durch freiwillige Aufgabe seines Arbeitsplatzes herbeigeführte Leistungsunfähigkeit idR treuwidrig und damit unbeachtlich,[142] besonders dann, wenn er sich dadurch seiner Unterhaltspflicht entziehen wollte. Für Fälle des unfreiwilligen, jedoch selbstverschuldeten Verlusts des Arbeitsplatzes geht der BGH in Übereinstimmung mit der Rspr. der Oberlandesgerichte sowie der hM im Schrifttum davon aus, dass dem Unterhaltsschuldner die Berufung auf seine Leistungsunfähigkeit nur dann versagt ist, wenn diese unterhaltsbezogen mutwillig herbeiführt worden ist, was voraussetzt, dass das Unterhaltsschuldner die Möglichkeit des Eintritts der Leistungsunfähigkeit als Folge seines Verhaltens erkannt und im Bewusstsein dieser Möglichkeit, wenn auch im Vertrauen auf den Nichteintritt jener Folge, gehandelt hat. Allein die Vorhersehbarkeit des Arbeitsplatzverlusts reicht danach nicht aus, um den unterhaltsrechtlichen Bezug zu begründen.[143] Mit Rücksicht auf die Erwerbsobliegenheit des Unterhaltsschuldners ist jedoch darauf Bedacht zu nehmen, dass die vorgenannten Anforderungen nicht zulasten des Unterhaltsberechtigten überspannt werden.[144] Unbeachtlich sollte ein leichtfertig verschuldeter Arbeitsplatzverlust, zB bei Kündigung eines Berufskraftfahrers wegen alkoholbedingten Führerscheinentzuges[145] oder die Entlassung eines Zeitsoldaten wegen Fahnenflucht[146] sein. Lohnkürzungen aufgrund beruflicher Fehlleistungen sind hingegen wie bei intakter Familie von allen gemeinsam zu tragen.[147] Unterhaltsrechtlich vorwerfbar ist ein Arbeitsplatzverlust nur in schwerwiegenden Kündigungsfällen.[148] Aus sachgerechten Gründen kann der Unterhaltspflichtige seinen Arbeitsplatz hingegen aufgeben.[149] Das Grundrecht auf freie Arbeitsplatzwahl (Art. 12 GG) ist dabei gegenüber den von Art. 6 GG geschützten Belangen des Unterhaltsgläubigers abzuwägen (§ 1360 RdNr. 12). War eine berufliche Veränderung schon während des Zusammenlebens geplant (zB dass ein angestellter Krankenhausarzt sich selbständig niederlässt), gebührt der freien Berufswahl der Vorrang vor der Aufrechterhaltung des ehelichen Lebensstandards.[150] Verfügt der Gläubiger über ausrei-

---

[138] BGH FamRZ 2003, 423; FamRZ 2004, 1352; vgl. auch *Schulz* FamRZ 2006, 1237 ff. und RdNr. 33.

[139] BGH NJW 1985, 486, 487 = FamRZ 1985, 155, 156.

[140] Die unterhaltsrechtliche Berücksichtigung fiktiven Einkommens ist verfassungsrechtlich nicht zu beanstanden: BVerfG FamRZ 2007, 273 f. Vgl. zu fiktivem Einkommen im Unterhaltsrecht allgemein *Graba* FamRZ 2001, 1257 ff.

[141] Zahlreiche Einzelnachweise zum Folgenden bei *Kalthoener/Büttner/Niepmann* RdNr. 724 ff.

[142] BGH NJW 1985, 732, 733 f. = FamRZ 1985, 158, 159 f.; anderes kann bei Arbeitsplatzwechsel mit (vorübergehender) Einkommensminderung gelten, BGH FamRZ 1988, 256 f.

[143] BGH FamRZ 2000, 815, 816 f.; FamRZ 1993, 1055, 1056 f. (Beachtlichkeit jeweils bejaht bei Kündigung wegen Diebstahls am Arbeitplatz); FamRZ 2002, 813, 814 f. (ebenso bei Strafhaft wegen Sexualstraftaten); FamRZ 1994, 240, 241; OLG Koblenz NJW 1997, 1588.

[144] So auch *Staudinger/Voppel* RdNr. 78 aE.

[145] OLG Bamberg FamRZ 1987, 699 f. Eine Kündigung wegen zweimaligen Arbeitsantritts in alkoholisiertem Zustand kurz nacheinander trotz Abmahnung wertete hingegen der BGH – FamRZ 1994, 240, 241 – nicht als schwerwiegendes Verschulden; dagegen zutr. Anm. *G. H. Raiser* FamRZ 1994, 817 ff.; ihm grundsätzlich zust. *Born* FamRZ 1995, 523 ff. Allgemein zu Alkoholproblemen im Unterhaltsrecht *Finke* FPR 1998, 9 ff.

[146] OLG Bamberg FamRZ 1997, 1486; *Staudinger/Voppel* RdNr. 80.

[147] AG Groß-Gerau FamRZ 1993, 806; insoweit gilt *ultra posse nemo obligatur.*

[148] OLG Schleswig NJW-RR 1994, 1095 f.

[149] BGH FamRZ 2003, 1471, 1473; OLG Hamm FamRZ 2005, 211; 1997, 310. Vgl. OLG Düsseldorf FamRZ 1981, 1177, 1178; OLG Frankfurt FamRZ 1987, 1144 bei einer Kündigung zu dem Zweck, die eigenen Chancen im Sorgerechtsverfahren zu verbessern. Weitere Beispiele bei *Kalthoener/Büttner/Niepmann* RdNr. 733.

chendes eigenes Einkommen, kann der Vorwurf treuwidrigen Verhaltens entfallen, falls der Schuldner nicht mutwillig handelte.[151] Im Übrigen ist ein Tätigkeitswechsel trotz geringerer Entlohnung anzuerkennen, wenn dafür vernünftige Gründe bestehen, insbesondere wenn der Mindestbedarf weiterhin gesichert ist.[152] Eine befristete Umschulung mit Verdienstminderung kann mit Blick auf die Chancen späterer Einkommensmehrung hinnehmbar sein.[153] Einer Änderungskündigung wegen schlechter Auftragslage darf der Verpflichtete nicht widersprechen; mit einer geringeren, aber über dem Arbeitslosengeld liegenden Entlohnung muss er sich einverstanden erklären.[154] Eine Arbeitsplatzaufgabe wegen innerbetrieblicher Konflikte ohne intensives Bemühen um deren Beilegung ist bei fehlender Aussicht auf anderweitige Beschäftigung als mutwillig anzusehen.[155] Die Nichterhebung einer **Kündigungsschutzklage** ist nur in Fällen einer offensichtlich unbegründeten Kündigung vorwerfbar, nicht dagegen bei ungewissem Ausgang eines arbeitsgerichtlichen Rechtsstreits.[156] Erfolgt eine Kündigung wegen Alkoholabhängigkeit, ist dies dem Unterhaltspflichtigen grundsätzlich nicht vorwerfbar, weil die Abhängigkeit als Krankheit anzusehen ist, soweit sie nicht leichtfertig herbeigeführt wurde.[157] Der Plan, sich selbständig zu machen, darf erst verwirklicht werden, nachdem durch Bildung von Rücklagen oder anderweitig (Kredite) die Erfüllung der Unterhaltspflicht während einer Übergangszeit mit geringeren Einkünften gesichert ist.[158] Scheitert der Weg in die Selbständigkeit, muss der Unterhaltspflichtige alles unternehmen, um wieder leistungsfähig zu werden.[159]

d) Arbeitslosigkeit. Ein Arbeitsloser hat sich ernsthaft und intensiv um einen neuen Arbeitsplatz zu bemühen. Wegen der Anforderungen, die insoweit zu stellen sind, kann seit dem 1. 4. 2003 auf die Regelungen der sog. „Hartz-Gesetze“, insbesondere §§ 37 b, 121 Abs. 4 SGB III, zurückgegriffen werden. Denn das, was dem Unterhaltspflichtigen gegenüber der Allgemeinheit abverlangt werden kann, muss er idR auch gegenüber seinen Unterhaltsberechtigten leisten.[160] Danach muss bei Verlust des Arbeitsplatzes frühzeitig mit der **Suche nach einer neuen Stelle** begonnen werden (vgl. § 37 b SGB III: grundsätzlich spätestens drei Monate vor Beendigung des Arbeits- oder Ausbilungsverhältnisses). Die Meldung bei der Agentur für Arbeit ist erforderlich, aber nicht genügend.[161] Zu verlangen sind vielmehr eigene **intensive Anstrengungen,** wie systematisches Verfolgen von geeigneten Stellenanzeigen, gezielte Bewerbungen aus eigenem Antrieb, konkrete Bemühungen im Rahmen des Möglichen.[162] Die Bewerbungen müssen je nach den Umständen auch über 23

[150] BGH NJW-RR 1987, 519 = FamRZ 1988, 256, 257; OLG Bamberg FamRZ 2000, 307; *Staudinger/Voppel* RdNr. 82.

[151] KG FamRZ 1998, 1112 f.

[152] OLG Oldenburg FamRZ 1998, 289.

[153] OLG Hamm FamRZ 1997, 1168 f.; 2004, 1574; OLG Stuttgart FamRZ 2005, 646; OLG Jena NJW-RR 2004, 76, 77. Voraussetzung ist, dass die Umschulung arbeitsmarktpolitisch und individuell sinnvoll ist und die Arbeitschancen nachhaltig verbessert.

[154] OLG Celle FamRZ 1983, 704, 705.

[155] OLG Hamm FamRZ 1997, 357.

[156] BGH FamRZ 1994, 372, 374; OLG Hamm FamRZ 2002, 1427 f.; OLG Dresden FamRZ 1997, 836, 837; OLGR 2000, 51, 52.

[157] BGH FamRZ 1987, 359, 361; 1988, 375, 378; 1990, 240; OLG Hamm FamRZ 1996, 1017; KG FamRZ 2001, 1617 f.; *Staudinger/Voppel* RdNr. 80; *Kalthoener/Büttner/Niepmann* RdNr. 742.

[158] BGH FamRZ 1987, 372, 374 f.; OLG Hamm FamRZ 2000, 21; OLG Köln FamRZ 2006, 1756 (LS); *Staudinger/Voppel* RdNr. 82.

[159] BGH FamRZ 1999, 843, 844; *Graba* FamRZ 2001, 1257, 1263; *Kalthoener/Büttner/Niepmann* RdNr. 736.

[160] *Büttner* FF 2003, 192 ff.; *Kalthoener/Büttner/Niepmann* RdNr. 711.

[161] BGH FamRZ 1982, 255, 257; 1986, 244; 2008, 2104 Tz. 18; OLG Brandenburg FamRZ 2006, 3286, 3287; OLG Frankfurt FamRZ 2001, 624, 625; OLG Düsseldorf FamRZ 1998, 852.

[162] BGH FamRZ 2000, 1358, 1359; OLG Brandenburg FamRZ 2006, 1297, 1298; OLG Karlsruhe FamRZ 2002, 1567; OLG Koblenz FamRZ 2000, 313, 314; OLG Dresden FamRZ 1997, 836. Die Darlegungs- und Beweislast für die getätigten Anstrengungen trifft den Unterhaltspflichtigen: *Kalthoener/Büttner/Niepmann* RdNr. 717 f. Vgl. auch *Schwolow* FuR 1998, 344 f.: 20 bis 30 Bewerbungen pro Monat. Nicht ernstliche „Blindbewerbungen“ zählen grundsätzlich nicht. – Wegen der anfallenden Kosten können unterstützende Leistungen der Agentur für Arbeit in Anspruch genommen werden (§ 45 SGB III).

den engeren Umkreis des Wohnortes hinaus ausgedehnt, im Einzelfall selbst auf das gesamte Bundesgebiet erstreckt werden.[163] Für die Suche nach einer vollschichtigen Arbeitsstelle ist nahezu die gesamte Zeit eines voll Erwerbstätigen aufzuwenden.[164] Bei fehlendem Bemühen ist fiktiv das erzielbare, nicht das zuletzt erzielte Einkommen zugrunde zu legen, wenn für den Arbeitslosen eine reale Beschäftigungschance bestanden hätte. Das hängt neben den Verhältnissen auf dem Arbeitsmarkt auch von den persönlichen Eigenschaften des Bewerbers (Alter, Ausbildung, Berufserfahrung, Gesundheitszustand) ab.[165] Nicht vorwerfbar sind unterbliebene Bewerbungsbemühungen, wenn sie aller Voraussicht nach erfolglos geblieben wären.[166] Für die Aussichtslosigkeit trägt der Arbeitslose die Beweislast.[167] Eine vom Arbeitsamt vorgeschlagene Umschulungsmaßnahme ist idR ein Indiz für die Unvermittelbarkeit.[168] Von einem fiktiv anzurechnenden Erwerbseinkommen sind (konsequenterweise) sowohl berufsbedingte Aufwendungen als auch ein Erwerbstätigenbonus abzuziehen; außerdem ist der Selbstbehalt eines Erwerbstätigen zu berücksichtigen. War bereits das Zusammenleben von Arbeitslosigkeit geprägt, sind keine fiktiven Einkünfte anzusetzen.[169]

24 Das vom Unterhaltsverpflichteten bezogene **Arbeitslosengeld I** (§§ 117 ff. SGB III) hat Lohnersatzfunktion und gehört deshalb zum anrechnungsfähigen Einkommen.[170] Es ist auch dann in voller Höhe anzusetzen, wenn es an die Stelle von Einkommen aus einer an sich unzumutbaren Tätigkeit tritt.[171] Dem **Arbeitslosengeld II,** das mit Wirkung zum 1. 1. 2005 an die Stelle der früheren Arbeitslosenhilfe getreten ist, kommt als bedarfsabhängiger Sozialleistung keine Lohnersatzfunktion zu. Die Leistung ist subsidiär; Unterhaltsansprüche des Empfängers gehen seit dem 1. 8. 2006 kraft Gesetzes[172] auf den Leistungsträger über. Deshalb ist Arbeitslosengeld II beim Unterhaltsberechtigten nicht als Einkommen anzurechnen.[173] Das gilt grundsätzlich auch für das dem Unterhaltspflichtigen gewährte Arbeitslosengeld II, weil es allein den sozialhilferechtlichen Bedarf deckt. In jedem Fall liegt es – auch bei Einbeziehung der Kosten der Unterkunft – unter den Selbstbehaltssätzen der Unterhaltstabellen, so dass hierdurch keine Leistungsfähigkeit begründet wird.[174] Der nach § 24 SGB II gewährte befristete Zuschlag zählt[175] dagegen nicht zum sozialhilferechtlichen Lebensbedarf, sondern stellt eine zusätzliche Leistung dar. Mit Rücksicht darauf dürfte ihm Lohnersatzfunktion zukommen, so dass er unterhaltsrechtlich als Einkommen zu behandeln ist.[176]

---

163 OLG Hamm FamRZ 1999, 165; *Staudinger/Voppel* RdNr. 85; *Johannsen/Henrich/Büttner* RdNr. 71. Im Rahmen des Trennungsunterhalts ist insoweit allerdings auch zu berücksichtigen, dass noch eine Wiederherstellung der ehelichen Lebensgemeinschaft in Betracht kommen kann.

164 OLG Brandenburg FamRZ 2006, 1297, 1298; OLG Stuttgart FamRZ 2006, 1757; OLG Koblenz FamRZ 2000, 313 f.; OLG Naumburg FamRZ 2003, 1022, 1023; OLG Köln FamRZ 1997, 1104, 1105; OLG Karlsruhe FamRZ 1995, 615, 617 ff.

165 BGH FamRZ 1996, 345, 346; 2003, 1471, 1473; OLG Frankfurt FamRZ 2000, 25., 1217.

166 BGH FamRZ 1986, 668; 1987, 691, 693 und 912; FamRZ 2008, 2104 Tz. 22; *Kalthoener/Büttner/Niepmann* RdNr. 716.

167 *Staudinger/Voppel* RdNr. 86 aE. Jeder ernsthafte Zweifel geht zu seinen Lasten: BGH FamRZ 1986, 885, 886.

168 OLG Dresden FamRZ 1997, 836.

169 OLG Karlsruhe FamRZ 1994, 754, 755.

170 BGH FamRZ 1996, 1067, 1069; BSG FamRZ 1987, 274, 275; *Wendl/Dose* § 1 RdNr, 81; *Staudinger/Voppel* RdNr. 87, *Kalthoener/Büttner/Niepmann* RdNr. 883.

171 OLG Düsseldorf FamRZ 2002, 99; OLG München FamRZ 1996, 150; *Staudinger/Voppel* RdNr. 87; *Wendl/Dose* § 1 RdNr. 81; *Kalthoener/Büttner/Niepmann* RdNr. 883.

172 Nach entspr. Regelung durch das am 1. 8. 2006 in Kraft getretene Gesetz zur Fortentwicklung der Grundsicherung für Arbeitssuchende vom 20. 7. 2006, BGBl. I S. 1706; zuvor sah § 33 SGB II die Überleitung durch Verwaltungsakt vor.

173 BGH FamRZ 2009, 307 Tz. 20; *Kalthoener/Büttner/Niepmann* RdNr. 884; *Staudinger/Voppel* RdNr. 87; *Wendl/Dose* § 1 RdNr. 83; *Palandt/Brudermüller* RdNr. 24.

174 OLG München NJW-RR 2006, 439 sowie vorstehende Fn. Zu Einzelheiten *Klinkhammer* FamRZ 2006, 1171 und FamRZ 2004, 1909; *Wendl/Dose* § 1 RdNr. 83; *Wendl/Scholz* § 8 RdNr. 171 ff.

175 Nach Klarstellung durch das vorgenannte Gesetz vom 20. 7. 2006.

176 OLG München FamRZ 2006, 1125; *Klinkhammer* FamRZ 2006, 1171, 1172; *Palandt/Brudermüller* RdNr. 24; vgl. auch *Wendl/Dose* § 1 RdNr. 83. Zum Einstiegsgeld nach § 29 SGB II s. OLG Celle FamRZ 2006, 1203; *Klinkhammer* aaO; *Wendl/Dose* aaO.

e) Kindergeld. Erziehungsgeld. Elterngeld. Das staatliche **Kindergeld,** das früher als Ausgleich für die Last der Familie durch die Kindererziehung gezahlt wurde, ist durch das Jahressteuergesetz 1996 vom 11. 10. 1995 (BGBl. I S. 1250) neu geregelt worden. Der verfassungsrechtlich gebotene[177] Familienleistungsausgleich erfolgt seitdem vorrangig durch das Einkommensteuerrecht; der Anspruch ergibt sich idR aus §§ 62 ff. EStG und nur noch ausnahmsweise aus den Vorschriften des BKGG.[178] Kindergeld – sowohl nach dem BKGG als auch nach dem EStG – ist grundsätzlich kein für den Ehegattenunterhalt einzusetzendes Einkommen,[179] so dass es weder im Rahmen der Leistungsfähigkeit noch der Bedürftigkeit zu berücksichtigen ist. Nach § 1612 b Abs. 1[180] ist das auf das Kind entfallende Kindergeld zur Deckung seines Barbedarfs zu verwenden, „mindert" diesen also entsprechend. Damit entlastet es den barunterhaltspflichtigen Elternteil, was zur Folge hat, dass bei der Berechnung des Ehegattenunterhalts nur der Zahlbetrag des Kindesunterhalts vorweg vom Einkommen des Unterhaltspflichtigen abzuziehen ist, so dass sich der zu zahlende Ehegattenunterhalt im Ergebnis erhöht.[181] **Kindbezogene Einkommensbestandteile** sind dagegen grundsätzlich unterhaltsrelevantes Einkommen, jedenfalls in der aktuellen Ehe.[182] **– Erziehungsgeld** nach dem BErzGG wird nur noch für Kinder gezahlt, die vor dem 1. 1. 2007 geboren sind. Für später geborene Kinder richtet sich die Förderung nach dem Gesetz zum Elterngeld und zur Elternzeit (BEEG) vom 5. 12. 2006 (BGBl. I S. 2748). Erziehungsgeld ist nur in den Fällen der §§ 1361 Abs. 3, 1579, 1603 Abs. 2 und 1611 Abs. 1 unterhaltsrechtlich anrechenbares Einkommen (§ 9 BErzGG).[183] **Elterngeld** wird nach § 2 Abs. 1 BEEG in Höhe von 67% des in den letzten zwölf Monaten vor der Geburt eines Kindes erzielten Nettoeinkommens (bis höchstens 1800 Euro) gezahlt, falls der betreuende Elternteil vor der Geburt nicht erwerbstätig war in Höhe von 300 Euro.[184] In Höhe dieses Sockelbetrages wird Elterngeld wie das bisherige Erziehungsgeld behandelt (vgl. § 11 BEEG). Der darüber hinaus (einkommensabhängig) gezahlte Betrag hat dagegen Lohnersatzfunktion und ist als unterhaltsrechtliches Einkommen des Bezugsberechtigten zu berücksichtigen.[185] Zu BAFöG-Leistungen s. § 1578 RdNr. 113. 25

f) Sozialstaatliche Leistungen. Beschädigtenrenten. Bei Sozialleistungen ist je nach ihrem Leistungszweck zu unterscheiden: Solche mit **Lohnersatzfunktion** (zB Arbeitslosengeld I: RdNr. 24; Krankengeld) sind unterhaltsrechtlich als Einkommen anzurechnen, diejenigen mit **Unterhaltsersatzfunktion** (zB Sozialhilfe) hingegen nicht.[186] Daher kann **Sozialhilfe**[187] kein Einkommen des Unterhaltspflichtigen sein; ihm müssen die Mittel verbleiben, die er für seinen eigenen, existenznotwendigen Bedarf benötigt.[188] Bezogene Sozialhilfe ist wegen ihrer Subsidiarität (§ 2 SGB XII) grundsätzlich auch auf Seiten des Unterhaltsberechtigten kein Einkommen. Der Unterhaltsanspruch geht für die Zeit, für die 26

---

177 BVerfG FamRZ 1999, 285.

178 ZB für beschränkt Steuerpflichtige, vgl. *Wendl/Scholz* § 2 RdNr. 487.

179 BGH FamRZ 2005, 347, 350; 2000, 1492, 1494; 1997, 806, 809 ff.; *Kalthoener/Büttner/Niepmann* RdNr. 893; *Wendl/Dose* § 1 RdNr. 461; *Staudinger/Voppel* RdNr. 65. S. auch § 1578 RdNr. 116.

180 In der seit dem 1. 1. 2008 geltenden Fassung des UÄndG. Vgl. hierzu *Dose* FamRZ 2007, 1289 ff.

181 *Kalthoener/Büttner/Niepmann* RdNr. 893; *Wendl/Dose* RdNr. 461. Krit. hierzu *Maurer* FamRZ 2008, 1985, 1991 ff.

182 *Kalthoener/Büttner/Niepmann* RdNr. 908, auch zu den in Betracht kommenden Leistungen. Zu Einschränkungen der Berücksichtigungsfähigkeit im Rahmen des nachehelichen Unterhalts s. § 1578 RdNr. 30 f.

183 BGH FamRZ 2006, 1182, 1183; BVerfG FamRZ 2000, 1149. Vgl. § 1578 RdNr. 114.

184 Einzelheiten bei *Scholz* FamRZ 2007, 7 ff.; *Wendl/Dose* § 1 RdNr. 85 a.

185 *Kalthoener/Büttner/Niepmann* RdNr. 919; *Wendl/Dose* RdNr. 85 a; *Palandt/Brudermüller* RdNr. 24.

186 Zur grundlegenden Unterscheidung *Wendl/Dose* § 1 RdNr. 80. Zusammenstellung zur ersten Kategorie § 1 RdNr. 81 ff., zur zweiten § 1 RdNr. 383 f.

187 Ausführlich zu den Fragen des Verhältnisses von Unterhalt und Sozialhilfe: *Scholz* FamRZ 2004, 751 ff.; *Wendl/Scholz* § 8 RdNr. 5 ff.; zur Frage der Geltendmachung von Unterhalt für die Zukunft bei laufendem Sozialhilfebezug, zur Rückübertragung des übergegangenen Unterhaltsanspruchs und zur erneuten Abtretung an den Sozialhilfeträger: *Wendl/Scholz* § 8 RdNr. 107 ff. S. ferner *Münder* NJW 1998, 5, 9 ff. und NJW 2001, 2021 ff.; *Schellhorn* FuR 1999, 4; *Hampel* FamRZ 1996, 513; *Künkel* FamRZ 1994, 540.

188 BGH FamRZ 2006, 683, 684; BVerfG FamRZ 2004, 253.

Leistungen erbracht werden, bis zur Höhe der geleisteten Aufwendungen nach § 94 Abs. 1 S. 1 SGB XII[189] kraft Gesetzes auf den Sozialhilfeträger über (§ 1578 RdNr. 109). Geht er ausnahmsweise nicht über, bleibt es gleichwohl bei der Nachrangigkeit der Sozialhilfe;[190] dem Unterhaltsbegehren des Hilfeempfängers kann jedoch im Einzelfall der Grundsatz von Treu und Glauben entgegenstehen.[191] Aufgrund fiktiven Einkommens berechnete Unterhaltsansprüche gehen nicht auf den Sozialhilfeträger über, da solche Einkünfte kein Einkommen iS des § 82 SGB XII sind, im Rahmen der nach § 94 Abs. 3 S. 1 Nr. 1 SGB XII erforderlichen Vergleichsberechnung also grundsätzlich unberücksichtigt zu bleiben haben.[192] **Leistungen der Grundsicherung** nach §§ 41 ff. SGB XII[193] sind unter den Voraussetzungen des § 43 Abs. 2 S. 1 SGB XII auf den Unterhaltsbedarf des Leistungsempfängers anzurechnen; allerdings mindern Unterhaltsleistungen – anders als bloße Unterhaltsansprüche – den Anspruch auf Grundsicherungsleistungen.[194] **Pflegegeld** nach § 37 Abs. 1 SGB XI, das an die Pflegeperson weitergeleitet wird, bleibt nach § 13 Abs. 6 S. 1 SGB XI bei der Ermittlung von Unterhaltsansprüchen der Pflegeperson unberücksichtigt, soweit kein Ausnahmefall nach Abs. 6 S. 2 vorliegt.[195] Nach **§ 1610 a** besteht die (widerlegliche) Vermutung, dass infolge von Körper- oder Gesundheitsschäden dem Berechtigten gewährte Sozialleistungen durch den schädigungsbedingten Mehrbedarf aufgezehrt werden. Obwohl sie grundsätzlich Einkommen sind, stehen sie damit für Unterhaltsleistungen nicht zur Verfügung.[196] – Die **Beschädigtenrenten** nach dem BVersG gehören wegen ihrer Eignung, neben dem schädigungsbedingten auch den allgemeinen Lebensbedarf des Beschädigten zu decken, zum unterhaltsrechtlich relevanten Einkommen,[197] jedoch nur insoweit, als sie nicht aufgrund des beschädigungsbedingten Mehrbedarfs verbraucht werden.[198] **Wohngeld** stellt unterhaltsrelevantes Einkommen dar, soweit ihm nicht unvermeidbar erhöhte Wohnkosten gegenüberstehen.[199]

27 **g) Vermögenseinkünfte. Wohnvorteile. Zuwendungen Dritter.** Zu den Einkünften aus Vermögen gehören Kapitalerträge (Zinsen und Dividenden) sowie Einnahmen aus Vermietung und Verpachtung, jeweils mit ihren Nettobeträgen.[200] Zu berücksichtigen sind auch die Gebrauchsvorteile (§ 100) eines im Eigentum eines oder beider Ehegatten stehenden, selbst bewohnten Familienheims. Der Wert derartiger Nutzungsvorteile ist den Einkünften hinzuzurechnen, soweit er die Belastungen übersteigt, die durch allgemeine Grundstückskosten und -lasten, Zins- und Tilgungsleistungen und sonstige verbrauchsunabhängige

[189] In den in Abs. 1 S. 2 – 5, Abs. 2 und 3 festgelegten Grenzen. Zur öffentl.-rechtl. Vergleichsberechnung im Fall des Abs. 3 S. 1 Nr. 1: *Wendl/Scholz* § 8 RdNr. 91 ff.; zum Ausschluss des Anspruchsübergangs bei unbilliger Härte, Abs. 3 S. 1 Nr. 2: BGH FamRZ 2004, 1097, 1098 f.

[190] BGH FamRZ 1999, 843, 845 ff.; FamRZ 2000, 1358, 1359.

[191] BGH FamRZ 1993, 417, 419; FamRZ 1999, 843, 847; FamRZ 2000, 1358, 1359. Zu Einzelheiten s. *Wendl/Scholz* § 8 RdNr. 124 ff.

[192] BGH FamRZ 1998, 818, 819 mwN; OLG München FamRZ 1998, 553 f. Zur Kritik vgl *Kalthoener/Büttner* NJW 1998, 2012, 2016: *Büttner* NJW 1999, 2315, 2321.

[193] Vgl. hierzu *Münder* NJW 2002, 3661; *Strohal* FamRZ 2002, 277; *Klinkhammer* FamRZ 2002, 997 und FamRZ 2003, 1793; *Günther* FF 2003, 10; *Wendl/Dose* § 1 RdNr. 467 a ff.

[194] BGH FamRZ 2007, 1158 Tz. 14, 17 ff. m. Anm. *Scholz.*

[195] BGH FamRZ 2006, 846, 848.

[196] Dazu allg. *Drerup* NJW 1991, 683; *Kalthoener* NJW 1991, 1037; *Hülsmann* FuR 1991, 218; *Künkel* FamRZ 1991, 1131.

[197] BGH NJW 1981, 1313, 1314 = FamRZ 1981, 338, 339; NJW 1982, 41, 42 = FamRZ 1981, 1165, 1166 (Grundrente gemäß § 31 BVersG); NJW 1982, 1593 = FamRZ 1982, 252, 253 (Ausgleichsrente gemäß § 32 BVersG; Ehegattenzuschlag gemäß § 33 a BVersG).

[198] BGH NJW 1981, 1313, 1314 = FamRZ 1981, 338, 339; NJW 1982, 41, 42 = FamRZ 1981, 1165, 1167; NJW 1982, 1593 = FamRZ 1982, 252, 253, 898 f.; OLG Düsseldorf FamRZ 1982, 380 f.; krit. (insbes. zur Anrechenbarkeit der Grundrente nach § 31 BVersG) *Schwagerl* NJW 1982, 1798 ff. Außer der Ausgleichsrente nach § 32 BVersG fallen Kriegsopferrenten jedoch in den Anwendungsbereich des § 1610 a: OLG Nürnberg FuR 1993, 170.

[199] BGH FamRZ 1985, 374, 375; 2003, 860, 862.

[200] BGH FamRZ 1998, 87, 88; *Kalthoener/Büttner/Niepmann* RdNr. 573 ff., 681, 847. Zur Inflationsbereinigung s. Fn. 29.

Kosten entstehen.[201] Denn der Eigentümer lebt nur in Höhe der Differenz günstiger als ein Mieter.[202] Während der Trennungszeit ist der **Vorteil mietfreien Wohnens** idR allerdings nicht mit dem objektiven Mietwert, sondern nur in dem Umfang zu berücksichtigen, wie er sich als angemessene Wohnungsnutzung durch den in der Ehewohnung verbliebenen Ehegatten darstellt. Denn insoweit besteht grundsätzlich noch keine Obliegenheit, das Familienheim zu verwerten oder zu vermieten, weil es im Falle einer möglichen Versöhnung der Ehegatten weiterhin der ehelichen Lebensgemeinschaft dienen soll. Deshalb ist auf die Miete abzustellen, den der die Ehewohnung nutzende Ehegatte auf dem örtlichen Wohnungsmarkt für eine dem ehelichen Lebensstandard entsprechende kleinere Wohnung zahlen müsste.[203] Bei der **Bemessung der ersparten Miete** ist eine strikte Anknüpfung an durchschnittliche Mietkosten (sog. Drittelobergrenze) nicht zulässig.[204]

Nach neuer Rspr. des BGH soll diese Behandlung des Wohnvorteils indes nicht gelten, 28
wenn eine Wiederherstellung der ehelichen Lebensgemeinschaft nicht mehr zu erwarten ist, etwa von der Zustellung des Scheidungsantrags an oder nach einer ehevertraglichen Regelung, durch die die Ehegatten die vermögensrechtlichen Folgen ihrer Ehe abschließend geregelt haben. Zur Begründung wird angeführt, die mit der Kredittilgung verbundene Vermögensbildung gehe von da an einseitig zu Lasten des unterhaltsberechtigten Ehegatten, weil dieser hiervon nicht mehr über den Zugewinnausgleich profitieren könne.[205] Mit Rücksicht darauf soll unter den vorgenannten Umständen auch während des Getrenntlebens einerseits vom objektiven Mietwert, andererseits von einer Außerachtlassung des Tilgungsanteils der Darlehensraten auszugehen sein, soweit diese nicht als Form der zusätzlichen Altersversorgung zu berücksichtigen sind.[206] Diese Abkehr von der bisherigen Rspr. ist mit beachtlichen Argumenten kritisiert worden.[207] Sie steht zum einen nicht damit in Einklang, dass die ehelichen Lebensverhältnisse auch durch die Tilgungsleistungen eingeschränkt waren. Deren Nichtberücksichtigung hat deshalb zur Folge, dass der Bedarf des Unterhaltsberechtigten steigt,[208] er sich also besser steht als bei fortbestehender ehelicher Lebensgemeinschaft (ein Umstand, dem die Rspr. zu den wandelbaren Lebensverhältnissen gerade entgegenwirken will, vgl. RdNr. 14), und das, obwohl der volle Wohnwert als Vermögenswert noch nicht vorhanden ist, sondern durch fortschreitende Tilgungsleistungen erst erworben wird.[209] Hinzu kommt, dass es der ausziehende Ehegatte in der Hand hat, durch Einleitung des Scheidungsverfahrens die Erhöhung seines Bedarfs (objektiver Mietwert, kein Abzug von Tilgungsleistungen) herbeizuführen.[210] Zutreffend erscheint es deshalb, den Wohnvorteil iS der bisherigen Rspr. zu behandeln.[211]

---

[201] BGH FamRZ 1992, 1045, 1049; 1995, 291, 292; 1998, 899, 901; 2003, 1179, 1180; 2007, 879 Tz. 9 f.; 2008, 963 Tz. 11.

[202] Zutr. dürfte es sein, nicht zw. verbrauchsunabhängigen und -abhängigen Kosten zu differenzieren, sondern danach zu unterscheiden, ob einzelne Kosten üblicherweise auf den Mieter umgelegt werden, vgl. die unterhaltsrechtl. Leitlinien der Oberlandesgerichte; *Quack* FamRZ 2000, 665; *Kalthoener/Büttner/Niepmann* RdNr. 386.

[203] BGH FamRZ 2000, 351, 353; FamRZ 1998, 899, 901; FamRZ 2003, 1179, 1180.

[204] BGH FamRZ 2007, 879 Tz. 11; FamRZ 1998, 899, 902.

[205] BGH FamRZ 2008, 963 Tz. 18f.; so auch *Gerhardt* FamRZ 2007, 945ff.; *Wendl/Gerhardt* § 1 RdNr. 344.

[206] Vgl. BGHZ 163, 84, 97 = FamRZ 2005, 1817 (in Höhe von 4% des Jahresbruttoeinkommens) sowie RdNr. 17.

[207] *Born* NJW 2009, 148; *Büttner* FamRZ 2008, 967f.; *Graba* FF 2008, 253; *Juncker* FamRZ 2008, 1601; *Norpoth* FamRZ 2008, 2245; vgl. auch *Finke* FPR 2008, 94ff.; grundsätzlich zust. dagegen *Griesche* NJW 2008, 1949.

[208] So auch *Juncker, Finke* und *Norpoth,* jeweils aaO. Zu Recht wird darauf hingewiesen, dass auch einseitige Vermögensbildung iRd Bedarfs nicht immer unbeachtlich ist; als Korrektiv einer unangemessenen Vermögensbildung wird ein objektiver Maßstab herangezogen, RdNr. 6.

[209] Zu diesem Gesichtspunkt vor allem *Norpoth* FamRZ 2008, 2245, 2247f.

[210] Vgl. insoweit auch *Born* NJW 2009, 148; *Büttner* FamRZ 2008, 967. 968.

[211] Zur Behandlung des Wohnvorteils, wenn ein Ehegatte den Miteigentumsanteil des anderen erwirbt: BGH FamRZ 2005, 1159 und 1817. Zur Behandlung des Erlöses bei Veräußerung einer selbst genutzten Immobilie: RdNr. 12.

29 Ob nicht gezogene Erträge, die bei anderer Vermögensverwendung hätten erzielt werden können, als gezogen anzusehen sind, richtet sich nach der Zumutbarkeit einer **Vermögensumschichtung.**[212] Die Art und Weise der Vermögensanlage unterliegt grundsätzlich der Disposition des Inhabers. Er hat es so anzulegen, dass es möglichst sichere und hohe Einkünfte erbringt. Bei eindeutig unwirtschaftlicher Anlage (zB Goldbarren, leerstehendes Haus) ist er auf eine ertragreichere Anlageform zu verweisen; in Höhe der daraus möglichen Erträge sind fiktive Einkünfte hinzuzurechnen.[213] Auch der **Vermögensstamm** kann in Anlehnung an § 1581 S. 2 zur Erfüllung der Unterhaltspflicht herangezogen werden, jedoch noch schonender und restriktiver als in den Fällen von § 1577 Abs. 3, weil noch nicht geschiedene Ehegatten verstärkt aufeinander Rücksicht nehmen müssen.[214] Als **Inflationsausgleich** dürfen Zinserträge zwecks Erhaltung der Kapitalsubstanz zur Aufrechterhaltung des Lebensstandards (RdNr. 6) teilweise reinvestiert werden,[215] sofern zum Unterhalt nicht ausnahmsweise der Vermögensstamm angegriffen werden muss. Von Mieteinkünften sind Rücklagen für notwendige Reparaturen und Modernisierungsmaßnahmen zu bilden.[216] Zwecks Aufrechterhaltung des bisherigen Lebensstandards (zumal in höherem Alter) ist eine Teilveräußerung von beträchtlichem Immobilienbesitz jedoch uU zumutbar.[217] Eine Existenzgefährdung ist aber regelmäßig nicht zumutbar.[218]

30 **Freiwillige Zuwendungen Dritter** sind anzurechnen, wenn dies der Zweckbestimmung des Dritten entspricht.[219] Liegt keine ausdrückliche Willensbestimmung des Zuwendenden vor, lässt sie sich idR aus den persönlichen Beziehungen der Beteiligten zueinander schließen.[220] Ausschlaggebend ist, ob der Dritte außer dem ihm nahestehenden Zuwendungsempfänger auch den anderen Ehegatten begünstigen oder entlasten will (vgl. § 1578 RdNr. 134). Bisher gemeinsames mietfreies Wohnen im elterlichen Haus eines Ehegatten prägte nicht die ehelichen Lebensverhältnisse und hat trotz der Mietersparnis keinen Ein-

---

[212] BGH FamRZ 2000, 950, 951; 2001, 1140, 1143; 2005, 1159, 1162; 2006, 387, 391; NJW 2009, 145 Tz. 19. Häufig ist ein Verzicht auf den Erwerb von Immobilien zugunsten von ertragreicheren Anlagen nicht zumutbar, insbes. dann nicht, wenn Wohneigentum bereits die ehelichen Lebensverhältnisse prägte. Risikoreiche Anlageformen können nicht verlangt werden. Zu Einzelheiten vgl. *Kalthoener/Büttner/Niepmann* RdNr. 848, 855; *Wendl/Dose* § 1 RdNr. 429 ff.

[213] BGH FamRZ 2007, 1532 Tz. 29; OLG Hamm FamRZ 1995, 1418, 1421; vgl. OLG Stuttgart FamRZ 1993, 559, 560.

[214] BGH FamRZ 2005, 97, 99; FamRZ 1986, 556, 557; *Kalthoener/Büttner/Niepmann* RdNr. 583 ff.; *Wendl/Dose* § 1 RdNr. 414 ff., 418; *Duderstadt* FamRZ 1998, 273, 277. Vgl. zum Maßstab während der Trennung auch BGH FamRZ 2008, 963 Tz. 26.

[215] Zutr. OLG Saarbrücken FamRZ 1985, 477; OLG Stuttgart FamRZ 1985, 607; aA BGH NJW 1992, 1044 = FamRZ 1992, 423. Jede Stiftung reinvestiert pflichtgemäß einen Teil ihrer Erträgnisse, um nicht im Laufe der Zeit auszubluten. Die Versagung eines Inflationsausgleichs widerspricht dem Grundsatz des schonendsten Zugriffs auf den Vermögensstamm unter noch nicht geschiedenen Ehegatten, so förderungswürdig die Suche nach Erschließung weiterer Unterhaltsquellen an sich ist; vgl. zu dieser Tendenz *Müller-Freienfels,* FS Beitzke, 1979, S. 311 ff.

[216] Nur für Instandsetzungskosten (Erhaltungsaufwand), nicht für wertsteigernde Ausbauten (welche der Vermögensbildung dienen): BGH FamRZ 2000, 351, 354; 1997, 281, 283. Zu steuerrechtlichen Abschreibungen: *Wendl/Gerhardt* § 1 RdNr. 300 sowie RdNr. 18. Eine Orientierung bietet der Begriff der notwendigen Verwendungen iS von § 994. Aber auch Modernisierungen können mit allgemein steigendem Wohnkomfort erforderlich werden. Ihr Unterbleiben darf nicht dahin führen, dass ein Mietobjekt nicht mehr oder nur noch zu unrentablen Konditionen vermietbar ist.

[217] OLG Hamm FamRZ 1992, 1175, 1176.

[218] BGH FamRZ 1986, 556, 557; s. aber OLG Schleswig FamRZ 1985, 809 m. abl. Anm. *Zieroth*: Pflicht zur Veräußerung eines unrentablen landwirtschaftlichen Betriebes. Nach Scheidung ist eine Veräußerung eher zumutbar (OLG Koblenz FamRZ 1985, 812), nicht jedoch nach kurzer Trennungszeit: OLG Hamm FamRZ 1994, 895, 896. Schon wegen Art. 12 GG darf einem Landwirt nicht das Dasein eines Zwangsprivatiers aufoktroyiert werden, um die Staatskasse von Soziallasten zu befreien: *Erman/Gamillscheg* RdNr. 42 aE.

[219] AllgM, BGH FamRZ 2005, 967, 969 (Gewährung eines zinslosen Darlehens durch die Eltern, für dessen Rückzahlung keine Zeit bestimmt ist); *Kalthoener/Büttner/Niepmann* RdNr. 603 ff. Das gilt *vice versa* auch für Zuwendungen Dritter an den Unterhaltsberechtigten. Sie sollen den Unterhaltspflichtigen im Zweifel nicht entlasten. Zum Zusammenleben mit einem neuen Partner s. RdNr. 36.

[220] BGH FamRZ 2005, 967, 969; 2000, 153, 154; 1995, 537, 538 f.

kommenscharakter.[221] **Freiwillige Pflegeleistungen** erhöhen die Leistungsfähigkeit nur, wenn sie außer dem Unterhaltspflichtigen auch dem Unterhaltsberechtigten zugute kommen sollen.[222] Zum Erbschaftserwerb s. RdNr. 4.

h) Abzüge. Kindesunterhalt. Betreuungsbonus. Vom Nettoeinkommen des Verpflichteten ist vorweg der den gemeinsamen Kindern[223] geschuldete **Unterhalt** abzusetzen, und zwar **sowohl für minderjährige als auch für privilegierte volljährige Kinder** (auch Adoptivkinder), da die ehelichen Lebensverhältnisse davon geprägt werden, dass die entsprechenden Mittel für den allgemeinen Lebensbedarf der Ehegatten nicht zur Verfügung stehen (allgM). Daran hat sich durch die seit dem 1. 1. 2008 geltende Rangordnung nichts geändert; der Vorrang der Kinder nach § 1609 Nr. 1 wirkt sich nicht auf der Bedarfsebene, sondern erst im Rahmen der Leistungsfähigkeit aus.[224] Ein Vorwegabzug ist auch auf Seiten des Unterhaltsberechtigten vorzunehmen, wenn dieser für ein beim Unterhaltspflichtigen lebendes Kind Unterhalt schuldet und tatsächlich zahlt.[225] Vorweg abzuziehen ist ferner der Unterhalt, den der Berechtigte für ein nicht aus der Ehe stammendes Kind aufzubringen hat, das vor der Trennung im Haushalt der Ehegatten unterhalten worden ist.[226] Nicht privilegierte volljährige Kinder stehen zwar seit dem 1. 1. 2008 im vierten Rang (§ 1609 Nr. 4). Da aber auch der für sie aufzubringende Unterhalt die ehelichen Lebensverhältnisse geprägt hat, ist diese Unterhaltspflicht ebenfalls vorweg in Abzug zu bringen, solange sich hieraus kein Missverhältnis zum verbleibenden Bedarf des Ehegatten ergibt.[227] Der Rang ist erst im Rahmen der Leistungsfähigkeit von Bedeutung. Abzugsfähig ist der Zahlbetrag des Kindesunterhalts, dh. der um das volle oder anteilige Kindergeld (vgl. § 1612 b) reduzierte Tabellenbetrag. 31

Wegen Betreuung gemeinsamer minderjähriger Kinder im eigenen Haushalt sind entweder die hierdurch veranlassten Kosten oder – falls keine konkreten Betreuungskosten anfallen – ein sog. **Betreuungsbonus** zu berücksichtigen.[228] Durch Ausübung des Umgangsrechts mit dem Kind entstehende Kosten des Barunterhaltspflichtigen sind bei entsprechender Leistungsfähigkeit von diesem zu tragen. Bleibt ihm nach Abzug seiner Unterhaltsverpflichtungen und unter Beachtung des notwendigen Selbstbehalts indes kein ausreichendes Einkommen, um ein dem Kindeswohl entsprechendes, angemessenes Umgangsrecht auszuüben, so sind die dafür anfallenden Kosten entweder durch Minderung des unterhaltsrelevanten Einkommens oder durch Erhöhung des Selbstbehalts zu berücksichtigen. Denn das Unterhaltsrecht darf dem Pflichtigen nicht die Möglichkeit nehmen, sein Umgangsrecht zur Erhaltung der Eltern-Kind-Beziehung auszuüben.[229] 32

---

[221] OLG München FamRZ 1996, 169. Zu bedarfsprägenden Wohnvorteilen s. RdNr. 27 f.; § 1578 RdNr. 120 ff.

[222] BGH NJW 1995, 1486 = FamRZ 1995, 537 (für überobligatorische Pflege eines Schwerstbehinderten).

[223] Zur Berücksichtigung von Unterhaltsleistungen für nichteheliche und nachehelich geborene Kinder s. RdNr. 13 ff.

[224] BGH FamRZ 2008, 968 Tz. 48. Nach der Gesetzesbegründung (BT-Drucks. 16/1830 S. 24) ist trotz des Vorrangs von Kindern zu prüfen, ob die Aufteilung des verfügbaren Einkommens auf diese sowie den oder die unterhaltsberechtigten Ehegatten insgesamt billig und angemessen ist. Nach Auffassung des BGH kann eine ausgewogene Verteilung etwa mithilfe der Bedarfskontrollbeträge der Unterhaltstabellen erreicht werden; ebenso *Scholz* FamRZ 2007, 2021, 2028 f.; *Wever* FamRZ 2008, 553, 559; aA *Born* NJW 2008, 1, 2; *Vossenkämper* FamRZ 2008, 201, 210; *Schürmann* FamRZ 2008, 313, 320 f.; krit. *Maurer* FamRZ 2006, 975, 977.

[225] OLG Zweibrücken NJW-RR 2006, 1659; OLG Koblenz NJW 2005, 686.

[226] BGH FamRZ 1999, 367, 370.

[227] BGH FamRZ 2003, 860, 865; *Scholz* FamRZ 2007, 2021, 2028; *Wendl/Gerhardt* § 4 RdNr. 194, auch zu der Feststellung, wann ein Missverhältnis vorliegt.

[228] BGH FamRZ 2001, 350, 352; OLG Hamburg FamRZ 1997, 357, 358; KG FamRZ 1998, 1112, 1113; OLG München FamRZ 1998, 824. Kosten der Erziehung (wie Kindergartenbeiträge) gehören dagegen zum Bedarf eines Kindes: BGH FamRZ 2008, 1152 Tz. 17 ff.

[229] So für die bis zum 31. 12. 2007 hinsichtlich des Kindergeldes geltende Rechtslage: BGH FamRZ 2005, 706, 708; 2007, 193, 194; 2008, 594 Tz. 46. An dieser Beurteilung hat sich durch die Neufassung des § 1612 b durch das UÄndG 2007 im Ergebnis nichts geändert. Unabhängig von der bedarfsdeckenden Anrechnung des hälftigen Kindergeldes kann dem Pflichtigen nach Abzug des Kindesunterhalts nur der notwendige Selbstbehalt zur Verfügung stehen, aus dem Aufwendungen zur Wahrnehmung des Umgangsrechts nicht bestritten werden können. Ebenso *Wendl/Klinkhammer* § 2 RdNr. 169.

33 **Verbindlichkeiten** mindern die Leistungsfähigkeit nur, wenn sie aus beachtlichen Gründen eingegangen wurden. Werbungskosten im steuerrechtlichen Sinne sind unterhaltsrechtlich abzusetzen, soweit sie unabweisbar notwendig sind (vgl. RdNr. 18 aE). Dem Verpflichteten obliegt die Ausschöpfung möglicher Steuervorteile (vgl. RdNr. 17). **Schulden aus der Zeit des Zusammenlebens** sind grundsätzlich abzuziehen, da sie die ehelichen Lebensverhältnisse bereits geprägt haben.[230] Dazu gehören vor allem Zins- und Tilgungsleistungen für ein gemeinsames Haus (vgl. RdNr. 27 f.). Wegen der Möglichkeit nur vorübergehender Trennung der Ehegatten ist eine Veräußerung des Familienheims vor der Scheidung grundsätzlich unzumutbar.[231] Die Nichtberücksichtigung von Tilgungsleistungen könnte die Notwendigkeit einer Veräußerung bewirken. Der Verpflichtete muss sich um Stundung und ratenweise Abtragung seiner Verbindlichkeiten nach einem Tilgungsplan bemühen.[232] Eine Verschuldung zwecks Finanzierung der übernommenen Miteigentumshälfte am Hausgrundstück (im Rahmen einer Vermögensauseinandersetzung der Ehegatten) vermindert die Leistungsfähigkeit des Verpflichteten nur hinsichtlich der Zinsen, nicht dagegen in Höhe der Tilgungsleistungen.[233] Die Erträgnisse aus einem gezahlten Erlös verringern jedoch die Bedürftigkeit des Berechtigten (RdNr. 12).[234] Finanzierte der Schuldner seine Ausbildung mit Krediten, muss der Gläubiger Einschränkungen von dessen Solvenz durch Tilgungsleistungen auch nach der Trennung hinnehmen. – Zur Finanzierung des Zugewinnausgleichs eingegangene Schulden sind nicht absetzbar, da der Berechtigte ansonsten die Ausgleichsforderung über einen geringeren Unterhaltsanspruch mittragen müsste. Auch in anderen Fallgestaltungen ist darauf Bedacht zu nehmen, dass sich dieselbe Position, sei es im Rahmen der Aktiva,[235] sei es der Passiva, nicht gleichzeitig in den Ausgleichsystemen des Unterhaltsrechts und des Güterrechts auswirkt, weil dies zu einer Benachteiligung des davon betroffenen Ehegatten führen kann. Das in der Literatur heftig diskutierte sog. **Verbot der Doppelverwertung**[236] betrifft in der Praxis in erster Linie die Frage der Berücksichtigungsfähigkeit von Verbindlichkeiten in der Zeit zwischen Rechtshängigkeit der Scheidung und rechtskräftiger Entscheidung über den Zugewinnausgleich. Denn vor Rechtshängigkeit des Scheidungsantrags erhöht die Beteiligung des Unterhaltsberechtigten an der Schuldentilgung (durch einen niedrigeren Unterhalt) das Endvermögen des anderen mit der Möglichkeit der Partizipation hieran. Eine allgemein gültige Lösung für alle Fallgestaltungen dürfte indes nicht zur Verfügung stehen. Es kommt im Einzelfall darauf an, ob und ggf. auf welcher Grundlage in dem einen oder anderen Ausgleichssystem eine Regelung getroffen worden ist, die bei der Entscheidung im Übrigen zu berücksichtigen ist, damit ein unangemessenes Ergebnis vermieden wird. Falls keine Vereinbarung vorliegt, spricht einiges dafür, in der Auseinandersetzung über den Trennungsunterhalt nach allgemeinen Grundsätzen zu verfahren, zumal idR zunächst nicht absehbar ist, ob überhaupt ein Zugewinnausgleichsanspruch besteht. Bei der Regelung eines möglichen späteren Zugewinnausgleichs sind sodann im Rahmen des rechtlich Möglichen die unterhaltsrechtlichen Auswirkungen zu berücksichtigen.[237] Dadurch kann zugleich verhindert werden, dass der Bedarfsbemessung nicht Umstände zugrunde gelegt

[230] BGH NJW 1982, 232 f. = FamRZ 1982, 23, 24; FamRZ 1984, 657, 658 f.; OLG Hamm FamRZ 1999, 851; OLG Koblenz FamRZ 1991, 459; KG FamRZ 1991, 808; OLG Karlsruhe FamRZ 1981, 548, 549; *Staudinger/Voppel* RdNr. 102; *Kalthoener/Büttner/Niepmann* RdNr. 1048.

[231] BGH FamRZ 2007, 879 Tz. 10; 2008, 963 Tz. 15.

[232] BGH NJW 1982, 232, 233 = FamRZ 1982, 23, 24; NJW 1982, 822, 823 = FamRZ 1982, 250, 252; NJW 1982, 1641 = FamRZ 1982, 678, 679; OLG Bamberg FamRZ 1997, 23, 24; OLG Hamm FamRZ 1997, 821; *Kalthoener/Büttner/Niepmann* RdNr. 1063 mwN, auch zu Einzelheiten.

[233] BGH FamRZ 2007, 1159, 1161.

[234] BGH FamRZ 2007, 1159, 1162.

[235] Etwa einer arbeitsrechtlichen Abfindung (RdNr. 21), des Wertes einer freiberuflichen Praxis – BGH FamRZ 2008, 761 – oder eines ertragreich angelegten Vermögens – BGH FamRZ 2007, 1532 Tz. 32 f.

[236] *Gerhardt/Schulz* FamRZ 2005, 145, 317, 1523; *Schulz* FamRZ 2006, 1237; *Maurer* FamRZ 2005, 757, 1526; *Hoppenz* FamRZ 2006, 1242; *Münch* FamRZ 2006, 1164; *Wohlgemuth* FamRZ 2007, 187; *Jakobs* NJW 2007, 2885; *Hermes* FamRZ 2007, 184.

[237] Vgl. zur Behandlung von Verbindlichkeiten, die sich unterhaltsrechtlich ausgewirkt haben, im Rahmen des Zugewinnausgleichs BGH FamRZ 2008, 761 Tz. 37 m. Anm. *Hoppenz*.

werden, die die ehelichen Lebensverhältnisse nicht geprägt haben. – Als Selbständiger oder Freiberufler darf der Verpflichtete einen angemessenen Teil seines Einkommens für ausreichende **Vorsorgeaufwendungen** (Alter, Krankheit und Pflege) einsetzen. Ausgehend davon, dass als angemessene primäre Altersvorsorge regelmäßig der Betrag anzusehen ist, den ein Nichtselbständiger für seine Altersversicherung entrichtet, nämlich idR ca. 20% des Bruttoeinkommens, ist einem Selbständigen zuzubilligen, in Höhe von insgesamt 24% seines Bruttoeinkommens/Gewinns primäre sowie zusätzliche Altersversorgung (4%) zu betreiben.[238]

i) Selbstbehalt. Mangelfall. Für die Unterhaltspflicht kommt es zum einen auf die 34
Leistungsfähigkeit des Verpflichteten, zum anderen auf die **Bedürftigkeit** des Berechtigten an. Das Recht des Trennungsunterhalts enthält zwar keine den §§ 1581 ff. bzw. § 1603 Abs. 1 entsprechende Regelung, die die Unterhaltspflicht ausdrücklich begrenzt, wenn der Pflichtige außerstande ist, den Unterhalt zu gewähren. Die Leistungsfähigkeit ist jedoch Grundvoraussetzung jedes Unterhaltsanspruchs. Überschreitet der ausgeurteilte Unterhalt die Grenze des Zumutbaren, ist die Beschränkung der Dispositionsfreiheit des Pflichtigen im finanziellen Bereich nicht mehr Bestandteil der verfassungsmäßigen Ordnung und kann vor dem Grundrecht des Art. 2 Abs. 1 GG nicht bestehen.[239] Der Grundsatz der Verhältnismäßigkeit gebietet es deshalb, auch im Rahmen des Trennungsunterhalts die Vorschrift des § 1581 entsprechend anzuwenden.[240] Die finanzielle Leistungsfähigkeit endet jedenfalls dort, wo der Pflichtige nicht mehr in der Lage ist, seine eigene Existenz zu sichern; er darf durch die Unterhaltsgewährung nicht sozialhilfebedürftig werden. Zur Bestimmung dieser Grenze können die in den unterhaltsrechtlichen Leitlinien aufgeführten **Selbstbehaltssätze** herangezogen werden.[241] Der Selbstbehalt gegenüber einem Anspruch auf Trennungsunterhalt entspricht nach der Rspr. des BGH aber nicht dem notwendigen Selbstbehalt, wie er gegenüber minderjährigen Kindern heranzuziehen ist; denn im Verhältnis der Ehegatten zueinander besteht keine gesteigerte Unterhaltspflicht, wie sie § 1603 Abs. 2 vorsieht. Im Regelfall ist vielmehr von einem Betrag auszugehen, der zwischen dem notwendigen und dem angemessenen Selbstbehalt liegt.[242] Das gilt auch dann, wenn der Berechtigte ein gemeinsames minderjähriges Kind betreut.[243] Einem erwerbstätigen Schuldner ist dabei als Anreiz ein gewisser Alimentationsvorteil (wie auch durch den Erwerbstätigenbonus: RdNr. 42) zu belassen.[244] Der Selbstbehalt kann herabgesetzt werden, wenn der Pflichtige in einer Lebensgemeinschaft wohnt und durch das Zusammenleben Kosten der allgemeinen Lebensführung spart.[245] Andererseits kann der Selbstbehalt heraufgesetzt werden, wenn unvermeidbare Wohnkosten den in den Selbstbehaltssätzen enthaltenen Wohnkostenanteil übersteigen.[246] – Reicht das unter Berücksichtung des maßgebenden Selbstbehalts verbleibende Einkommen nicht für alle Berechtigten aus **(Mangelfall)**, sind die betreffenden Mittel nach den vorgegebenen Rangverhältnissen (§ 1609) zu verteilen.[247] Dem verschuldeten Pflichtigen obliegt es im Rahmen des

---

238 BGH FamRZ 2003, 860, 863; 2006, 387, 389; *Wendl/Gerhardt* § 1 RdNr. 598 a.

239 BVerfGE 57, 361, 381 = FamRZ 1981, 745; BVerfG FamRZ 2003, 661 f.; 2007, 273 f.

240 BVerfG FamRZ 2002, 1397, 1398 f.

241 BVerfG FamRZ 2002, 1397, 1398 f.

242 BGHZ 166, 351, 358 = FamRZ 2006, 683 = NJW 2006, 1654: etwa mittig zwischen notwendigem und angemessenem Selbstbehalt. S. auch RdNr. 1 Fn. 2.

243 BGH FamRZ 2009, 307 Tz. 26 f. (zum Trennungsunterhalt); 2009, 311 Tz. 18 ff. (zum nachehelichen Unterhalt).

244 BGH FamRZ 2008, 594 Tz. 26. m. Anm. *Borth.* Die unterhaltsrechtlichen Leitlinien der Oberlandesgerichte sehen idR Selbstbehaltssätze vor, bei denen zwischen dem erwerbstätigen und dem nichterwerbstätigen Unterhaltsschuldner differenziert wird.

245 BGH FamRZ 2008, 594 Tz. 34 ff. Bei Heranziehung des notwendigen Selbstbehalts soll die Herabsetzung bis auf den notwendigen Lebensbedarf nach sozialhilferechtlichen Grundsätzen möglich sein.

246 Einzelheiten bei *Wendl/Gutdeutsch* § 5 RdNr. 19 ff.; *Kalthoener/Büttner/Niepmann* RdNr. 384 f. Eine Herabsetzung des Selbstbehalts wegen geringer Wohnkosten (weil der Pflichtige sich insoweit bescheidet) kommt nicht in Betracht: BGH FamRZ 2006, 1664.

247 Vgl. RdNr. 46, § 1609 RdNr. 10 ff.; Einzelheiten bei *Kalthoener/Büttner/Niepmann* RdNr. 106 ff.; *Wendl/Gutdeutsch* § 5 RdNr. 26 ff.

Trennungsunterhalts wie des nachehelichen Unterhalts im Hinblick auf die damit verbundene Einschränkung der allgemeinen Handlungsfreiheit regelmäßig nicht, ein **Verbraucherinsolvenzverfahren** einzuleiten, um den Unterhaltsansprüchen Vorrang vor Kreditverpflichtungen zu verschaffen.[248]

35 **3. Bedürftigkeit des Berechtigten. a) Zu berücksichtigendes Einkommen. Kinderbetreuungsbonus.** Der Unterhaltsanspruch bei Getrenntleben setzt – wie jeder Unterhaltsanspruch – die Bedürftigkeit des Berechtigten voraus. Der Bedarf richtet sich nach den Einkommens- und Vermögensverhältnissen der Ehegatten (RdNr. 6ff.). Bedürftig ist ein Ehegatte, wenn er diesen Bedarf nicht durch eigene Einkünfte oder zumutbare Erwerbstätigkeit selbst decken kann. Hinsichtlich der Art der Einkünfte und der einzelnen Einkommensbestandteile kann auf die Ausführungen zur Leistungsfähigkeit (RdNr. 17ff.) verwiesen werden. Einkünfte aus zumutbarer Arbeit mindern die Bedürftigkeit. **Einkünfte,** die **aus unzumutbarer Erwerbstätigkeit** erzielt werden, sind nach den Grundsätzen zu beurteilen, die sich aus § 1577 Abs. 2 ergeben;[249] denn es muss gewährleistet sein, dass bei an sich gleicher Sachlage der Anspruch auf Trennungsunterhalt nicht niedriger ausfällt als derjenige für die nacheheliche Zeit. Ob und inwieweit Einkommen des Berechtigten, das dieser neben der Kindererziehung erzielt, als überobligatorisch zu bewerten ist, richtet sich nach den Umständen des Einzelfalls.[250] Soweit überobligatorische Anstrengungen vorliegen, hat das Einkommen gleichwohl nicht von vornherein außer Betracht zu bleiben. Über die Berücksichtigung ist aber nicht schematisch, sondern unter Würdigung der konkreten Umstände nach Treu und Glauben zu entscheiden. Konkreter Betreuungsaufwand für ein Kind kann abgezogen werden.[251] Das nach § 1577 Abs. 2 zuzurechnende Einkommen ist in die Unterhaltsberechnung nach der Additions- bzw. Differenzmethode einzustellen (sog. unterhaltsrelevanter Anteil). Nach der geänderten Rspr. des BGH handelt es sich auch bei Einkünften aus unzumutbarer Tätigkeit um ein Surrogat der früheren Familienarbeit und damit um prägendes Einkommen.[252] Der weitere, nach §§ 1577 Abs. 2, 242 nicht unterhaltsrelevante Anteil des Einkommens prägt die ehelichen Lebensverhältnisse dagegen nicht; er ist nicht als bedarfsdeckend zu behandeln, sondern bleibt bei der Unterhaltsberechnung außer Betracht.[253] – Wegen der Berücksichtigung von Kinder- bzw. Elterngeld, von kindbezogenen Einkommensbestandteilen, Arbeitslosengeld und Sozialhilfe s. RdNr. 24 bis 26. BAFöG-Leistungen sind, soweit es sich nicht um Vorausleistungen nach § 36 BAföG handelt,[254] grundsätzlich voll anzurechnen.[255] – Inwieweit eine Erwerbstätigkeit dem Berechtigten zumutbar ist, richtet sich nach Abs. 2 (dazu RdNr. 51ff.). Bei Nichtausübung einer zumutbaren Tätigkeit ist fiktiv ein erzielbares angemessenes Entgelt zuzurechnen. Kann eine selbständig Erwerbstätige ihr Geschäft noch nach längerer Zeit nicht gewinnbringend betreiben, muss sie es schließen und ein abhängiges Arbeitsverhältnis eingehen.[256]

---

[248] BGHZ 175, 67 Tz. 18ff. = FamRZ 2008, 497 m. im Wesentlichen zust. Anm. *Hauß* = NJW 2008, 85; aA OLG Koblenz FamRZ 2004, 823f. Anders grundsätzlich bei Unterhaltsansprüchen minderjähriger Kinder: BGHZ 162, 234, 240ff. = FamRZ 2005, 608 = NJW 2005, 1279.

[249] BGH NJW 1983, 833, 835 = FamRZ 1982, 146, 148f.

[250] BGH FamRZ 2001, 350, 352; 2005, 442, 444 mwN: Ein Indiz für die Zumutbarkeit kann die freiwillige Aufnahme der Tätigkeit sein; iÜ ist entscheidend, inwieweit sich Kindererziehung und Arbeitsmöglichkeiten vereinbaren lassen. Ebenso BGH FamRZ 2006, 846, 848.

[251] BGH FamRZ 2005, 1154, 1155. Ein angemessener Betrag kann aber auch dann anrechnungsfrei sein, wenn tatsächlich keine Kosten entstehen, weil das Kind anderweit mitbetreut wird, vgl. BGH FamRZ 2001, 350, 352; 1986, 790, 791.

[252] BGHZ 148, 368, 381 = FamRZ 2001, 1687, 1691; BGH FamRZ 2005, 1154, 1157.

[253] BGH FamRZ 2005, 1154, 1157f. Zu Einzelheiten § 1577 RdNr. 13ff.; *Kalthoener/Büttner/Niepmann* RdNr. 535ff.; *Wendl/Gerhardt* § 1 RdNr. 546ff.; 557b und 557d.

[254] BGH FamRZ 1985, 916 = NJW 1985, 2331.

[255] OLG Nürnberg FamRZ 2003, 1025; OLG Hamm FamRZ 1995, 1422ff. Einzelheiten bei *Kalthoener/Büttner/Niepmann* RdNr. 663.

[256] OLG München MDR 1998, 658 (zwei Jahre). Ebenso OLG Hamm FamRZ 1995, 1144 = NJW-RR 1995, 1283, falls eine Boutique nach drei Jahren noch keine Gewinne abwirft.

b) Zusammenleben mit neuem Partner. Lebt ein Ehegatte mit einem Dritten in eheähnlicher Gemeinschaft, kann sein Unterhaltsanspruch gemäß Abs. 3 (RdNr. 67, 74), § 1579 Nr. 2 oder 8 (dort RdNr. 12ff., 58) ausgeschlossen oder eingeschränkt sein (RdNr. 62). Andernfalls muss er sich Zuwendungen und Leistungen des neuen Partners (auch ersparten Mietaufwand einschließlich Wohnnebenkosten)[257] **bedarfsmindernd** anrechnen lassen, soweit es sich nicht um freiwillige Leistungen handelt (RdNr. 30), sondern ein Entgeltcharakter für Versorgungs- und Betreuungsleistungen anzunehmen ist, die für den neuen Partner erbracht werden.[258] Für das Fehlen derartiger Einkünfte trägt der Unterhalt fordernde Ehegatte die Darlegungs- und Beweislast;[259] eine tatsächliche Vermutung dafür, dass Einkünfte erzielt werden, besteht nicht.[260] Auch wenn der Nachweis gelingt, dass keine Zuwendungen erfolgen, ist gleichwohl analog § 850h Abs. 2 ZPO ein fiktives Einkommen für tatsächlich erbrachte geldwerte Dienste anzusetzen, die statt dem unterhaltspflichtigen Ehegatten dem neuen Partner zugute kommen,[261] falls sie nicht etwa (bei sehr kleiner Wohnung) nur geringfügig sind[262] oder der neue Partner zu einer Vergütung außerstande wäre.[263] Die Höhe des anzusetzenden Betrages ist nach dem objektiven Wert der erbrachten Leistungen zu bestimmen.[264] Anhaltspunkte für die Bewertung können die von der Rspr. entwickelten Berechnungsgrundsätze für Schadensersatzansprüche bei Tötung oder Verletzung des haushaltführenden Ehegatten bieten.[265] Zu berücksichtigen ist ein fiktives Entgelt für die Haushaltsführung auch bei gleichzeitiger Betreuung minderjähriger Kinder.[266] Nach der geänderten Rspr. des BGH tritt der **Wert der Versorgungsleistungen als Surrogat** an die Stelle der Haushaltsführung während des ehelichen Zusammenlebens und ist deshalb im Wege der Differenzmethode in die Unterhaltsberechnung einzubeziehen.[267] Andere, nicht als Entgelt für die Haushaltsführung anzusehende geldwerte Zuwendungen des neuen Partners sollen den Unterhaltspflichtigen im Zweifel nicht entlasten (vgl. RdNr. 30); sie mindern die Bedürftigkeit des Unterhaltsberechtigten nicht.[268] Die Erwerbsobliegenheit gegenüber der ehelichen Familie (RdNr. 51ff.) wird durch das Zusammenleben mit einem neuen Partner nicht eingeschränkt. Eine Berufstätigkeit daneben ist nicht stets überobligatorisch; trotz Unzumutbarkeit sind Einkünfte daraus jedenfalls analog § 1577 Abs. 2 nach Billigkeit anzurechnen.[269] 36

c) Sonstige Einkünfte. Schulden. Der Bedürftige muss sich ferner seine sämtlichen (realisierbaren, fälligen) **Vermögenseinkünfte,** ohne Rücksicht auf die Herkunft des Ver- 37

---

[257] BGH NJW 1995, 962 = FamRZ 1995, 343; *Staudinger/Voppel* RdNr. 151. Eingehend *Wendl/Dose* § 1 RdNr. 473, 478.

[258] Vgl. BGH FamRZ 2001, 1693, 1694; *Staudinger/Voppel* RdNr. 149; *Kalthoener/Büttner/Niepmann* RdNr. 563ff.; *Schwab/Borth* IV RdNr. 1054ff.; *Wendl/Dose* § 1 RdNr. 472f.

[259] BGH FamRZ 1997, 343, 344; 1995, 291, 292; OLG Hamm FuR 1998, 263, 265; *Staudinger/Voppel* RdNr. 149; *Kalthoener/Büttner/Niepmann* RdNr. 572.

[260] BGH NJW 1980, 124, 126 = FamRZ 1980, 40, 41f.; *Staudinger/Voppel* RdNr. 149; *Baumgärtel/Pruskowski* RdNr. 13ff. Die sozialhilferechtlichen Vorschriften sind nicht entsprechend anwendbar.

[261] BGH NJW 1980, 1686, 1688 = FamRZ 1980, 665, 668; FamRZ 1983, 150; 2004, 1170ff., 1173ff.; *Staudinger/Voppel* RdNr. 150; *Kalthoener/Büttner/Niepmann* RdNr. 567; *Wendl/Dose* § 1 RdNr. 472.

[262] OLG Hamm FamRZ 1999, 93 (LS).

[263] BGH FamRZ 1989, 487; 1985, 273; OLG Celle FamRZ 1994, 1324; OLG Hamm FamRZ 1997, 1080f.; *Staudinger/Voppel* RdNr. 150; *Kalthoener/Büttner/Niepmann* RdNr. 565; *Wendl/Dose* § 1 RdNr. 474. Krit. zu der Frage, ob es auf die Leistungsfähigkeit des Partners ankommt, *Schwab/Borth* IV RdNr. 1057.

[264] BGH FamRZ 2001, 1693, 1694 mwN.

[265] Vgl. § 1360 RdNr. 19f.; BGH FamRZ 1984, 662; 1980, 40, 42; OLG Koblenz NJW 1991, 183 = FamRZ 1991, 944 veranschlagt für die Haushaltsführung mindestens 17 Stunden wöchentlich. Nach *Büttner* FamRZ 1996, 136, 137 sind die für Haushaltshilfskräfte zu zahlenden Löhne zugrunde zu legen; ebenso *Staudinger/Voppel* RdNr. 150. Vgl. hierzu auch die Leitlinien der Oberlandesgerichte.

[266] BGH FamRZ 1995, 343; OLG Hamm FamRZ 1997, 1080, 1081 = NJW-RR 1997, 645.

[267] BGH FamRZ 2001, 1693, 1694; 2004, 1170, 1171f.; 1173f. AA OLG München FamRZ 2005, 713; 2006, 1535: Kein Einkommen, sondern nur ersparte Aufwendungen durch das Zusammenleben.

[268] BGH FamRZ 1995, 537, 538f.; OLG Hamm FamRZ 2000, 1285.

[269] BGH NJW 1995, 962 = FamRZ 1995, 343.

mögens,[270] und den fiktiven Mietwert bei mietfreiem Wohnen[271] bedarfsmindernd anrechnen sowie grundsätzlich (§ 1577 Abs. 3) auch auf eine **Verwertung seines Vermögensstamms** verweisen lassen;[272] letzteres aber wegen des vorläufigen Charakters der Unterhaltsregelung nach § 1361 nicht, soweit wirtschaftlich unzumutbar.[273] Die Zumutbarkeit richtet sich nach den Umständen des Einzelfalls. Eine Vermögensverwertung, durch die die wirtschaftliche Grundlage des Einkommens entzogen und damit die gemeinsame Lebensplanung im Fall einer Fortsetzung der ehelichen Lebensgemeinschaft gefährdet würde, kann grundsätzlich nicht erwartet werden.[274] Eine Verwertung des Stammes kann unbillig sein, wenn der Erlös für die voraussichtliche Lebenszeit des Berechtigten nicht genügt.[275] Ein Pflichtteils-(ergänzungs) anspruch ist geltend zu machen; im Rahmen der Zumutbarkeit ist jedoch dessen Höhe gegenüber dem Prozessrisiko abzuwägen (vgl. § 1577 Abs. 3).[276] Ob unentgeltliches Wohnen bei den Eltern das unterhaltspflichtige Schwiegerkind entlasten soll, hängt von deren Willen ab (vgl. RdNr. 30). Für die Anlage eines güterrechtlich zugeflossenen Auseinandersetzungsguthabens kann der Berechtigte eine angemessene Überlegungsfrist genießen.[277]

38 **Schulden** des Berechtigten sind von dessen Einkommen ebenso abzuziehen wie beim Verpflichteten;[278] maßgebend ist unter anderem, wann die Schulden entstanden sind und ob damit ein unterhaltsrechtlich anzuerkennender Bedarf gedeckt worden ist. Wesentliche Einkommensverbesserungen sind dem Unterhaltsverpflichteten nach Treu und Glauben unaufgefordert mitzuteilen;[279] widrigenfalls kommt eine Haftung nach § 826 auf Erstattung überzahlten Unterhalts in Betracht.[280] Das Unterlassen kann auch einen Verwirkungsgrund nach §§ 1361 Abs. 3, 1579 Nr. 5 darstellen.[281]

IV. Unterhaltsberechnung

39 **1. Nur persönlicher Unterhalt.** Ein getrenntlebender Ehegatte hat nur Anspruch auf seinen persönlichen Unterhalt, nicht auf Familienunterhalt (wie nach §§ 1360, 1360 a), daher auch nicht auf Wirtschaftsgeld.[282] Nicht zu seinem Lebensbedarf gehören die Unterhaltspflichten gegenüber Dritten; andernfalls würde man zu einer mittelbaren Unterhaltsgewährung nicht Unterhaltspflichtiger gelangen.[283] Für ein in seiner Obhut befindliches minderjähriges Kind kann ein getrenntlebender Ehegatte in gesetzlicher Prozessstandschaft den Unterhalt nach § 1629 Abs. 2 S. 2 bzw. Abs. 3 vom anderen Elternteil verlangen.

---

[270] BGH FamRZ 1994, 228 (Leibrente); 2007, 1532 Tz. 29, 43 f. (Zugewinnausgleich; fiktive Zinsen bei thesaurierenden Fonds); 1988, 1031 (Anlage einer kapitalisierten Schmerzensgeldrente); 2003, 432 (Einnahmen aus Kapitalbeteiligungen an Personengesellschaften); OLG Oldenburg FamRZ 2005, 718; OLG Hamm FamRZ 1998, 620 (Erbschaft); 1986, 441, 442.

[271] Vgl. iE RdNr. 27 f.; die Ausführungen für den Pflichtigen gelten für den Berechtigten entsprechend.

[272] BGH NJW 1985, 907 = FamRZ 1985, 360

[273] BGH NJW 1985, 907 = FamRZ 1985, 360; FamRZ 2005, 97, 99. Vgl. RdNr. 29 aE.

[274] BGH FamRZ 2007, 97, 99.

[275] OLG Hamm FamRZ 1997, 1537, 1538; vgl. auch BGH FamRZ 2002, 1698, 1702 (zum Elternunterhalt).

[276] BGH NJW 1993, 1920 = FamRZ 1993, 1065; OLG Hamm FamRZ 1997, 1537. Unwirtschaftlich wäre die Geltendmachung beim Berliner Testament (§ 2269), wenn wegen einer Verwirkungsklausel die Aussicht auf die Schlusserbschaft vereitelt würde.

[277] BGH NJW-RR 1986, 682 = FamRZ 1986, 441.

[278] RdNr. 33; zu Einzelheiten vgl. etwa *Kalthoener/Büttner/Niepmann* RdNr. 445.

[279] BGH FamRZ 2000, 153, 154 (allgemein im Rahmen der prozessualen Geltendmachung eines Unterhaltsanspruchs); FamRZ 2008, 1325 Tz. 28: jedenfalls aufgrund vertraglicher Treuepflicht nach Abschluss eines Unterhaltsvergleichs. Aufgrund des unterhaltsrechtlichen Treueverhältnisses: *Büttner* FF 2008, 15.

[280] BGH FamRZ 1988, 270 = NJW 1988, 1965; OLG Düsseldorf FamRZ 1985, 599; OLG Hamm FuR 1998, 319; vgl. RdNr. 50 aE. Zur Rechtskraftdurchbrechung mittels § 826 *Tintelnot* FamRZ 1988, 242 ff.

[281] BGH FamRZ 2008, 1325 Tz. 28 ff.

[282] Nach OLG Hamm FamRZ 1988, 947 nicht einmal für die Zeit vor der Trennung.

[283] BGH FamRZ 1985, 273, 275. Ob der Berechtigte aufgrund des ihm gezahlten Unterhalts seinerseits leistungsfähig gegenüber Personen ist, denen er unterhaltspflichtig ist, stellt eine andere Frage dar. Vgl. hierzu BGH FamRZ 2004, 366, 369 (zur Verpflichtung, das Taschengeld für den Elternunterhalt einzusetzen).

2. Unterhaltsvereinbarungen zugunsten Verschwägerter. Verschwägerte (Stiefkinder, Schwiegereltern) haben nach § 1361 ebenso wenig Unterhaltsansprüche wie nach §§ 1360, 1360a (s. § 1360a RdNr. 10ff.). Soweit aus vor der Trennung freiwillig erbrachten Unterhaltsleistungen ausnahmsweise ein bindender Unterhaltsvertrag gefolgert werden kann, ist er einseitig nur aus wichtigem Grunde widerruflich (§ 1360a RdNr. 13). Getrenntleben ist nach dem mutmaßlichen Regelungswillen als Widerrufsgrund idR beachtlich.[284] Eine einseitig vollzogene grundlose Trennung berechtigt im Zweifel aber nicht zum sofortigen Widerruf.[285] Die Härteklausel (Abs. 3; RdNr. 62ff.) gilt auch für Unterhaltsvereinbarungen. 40

3. Unterhaltsverteilung. a) Nach Tabellen. Halbteilungsgrundsatz. Erwerbstätigenbonus. Geschuldet wird der nach den beiderseitigen Lebens- und Einkommensverhältnissen angemessene Unterhalt. Dabei sind alle Einzelfallumstände zu berücksichtigen. Eine Orientierungshilfe bieten die **Unterhaltstabellen und Leitlinien** der Oberlandesgerichte, die aber nur den Charakter von Hilfsmitteln haben und nicht schematisch angewandt werden dürfen.[286] Sie fördern die Entscheidungskonformität verschiedener Gerichte bei gleichen Sachverhalten und erleichtern den Parteien die Vorausberechnung. Wie bei der Ausfüllung von Generalklauseln tragen sie innerhalb des Richterrechts zur Konkretisierung der vom Gesetzgeber gelassenen Entscheidungsspielräume bei. Das mit Hilfe der Tabellen gewonnene Ergebnis ist stets auf seine Angemessenheit und Ausgewogenheit im Einzelfall zu überprüfen.[287] 41

Grundsätzlich sind alle bereinigten eheprägenden Einkünfte (RdNr. 7ff., 17ff., 35ff.) in die Unterhaltsberechnung einzubeziehen und im Wege der Halbteilung auszugleichen. Für **Einkommen aus Erwerbstätigkeit** wäre eine Halbteilung aber unangemessen. Denn insofern ist der mit einer Erwerbstätigkeit typischerweise verbundene, nicht spezifiziert als Werbungskosten messbare (RdNr. 18 aE.), höhere Aufwand abzugelten und zugleich ein Anreiz für die weitere Erwerbstätigkeit zu schaffen. Nach der Rspr. des BGH muss dem erwerbstätigen Unterhaltspflichtigen deshalb bei der Bemessung des Unterhaltsbedarfs ein die Hälfte des verteilungsfähigen Erwerbseinkommens maßvoll übersteigender Betrag verbleiben.[288] Die Festlegung einer bestimmten Quote ist dem Tatrichter überlassen.[289] Sind bereits vorweg berufsbedingte Aufwendungen abgezogen worden, dient der **Bonus** nur dazu, einen Anreiz zur Erwerbstätigkeit zu schaffen. Mit Rücksicht darauf kann er niedriger als sonst üblich zu bemessen sein.[290] Auf **Lohnersatzleistungen** (Arbeitslosen-, Krankengeld, Abfindung als Ersatz für entfallendes Arbeitseinkommen) ist kein Erwerbstätigenbonus zu gewähren, da es weder eines Arbeitsanreizes noch eines Ausgleichs nicht messbaren Mehraufwands bedarf.[291] Soweit Einkünfte nicht aus Erwerbstätigkeit stammen, bedarf eine Abweichung vom Grundsatz der gleichmäßigen Teilhabe der Ehegatten einer besonderen Begründung.[292] Mit dem Ausscheiden aus dem Erwerbsleben entfällt der Bonus;[293] der Halbteilungsgrundsatz gilt dann uneingeschränkt. 42

---

[284] OLG Nürnberg FamRZ 1965, 217.

[285] Vgl. OLG Düsseldorf FamRZ 1958, 106.

[286] BGHZ 166, 351, 356 = FamRZ 2006, 683; BGH FamRZ 2000, 358.

[287] BGH FamRZ 2000, 358, 1492; 1992, 539, 541.

[288] BGH FamRZ 2007, 983 Tz. 38; 1990, 1090, 1091; 1990, 503; 1989, 842; 2005, 23, 25 (bei fiktivem Einkommen).

[289] BGH FamRZ 1997, 806, 807; 2001, 1693.

[290] BGH FamRZ 1990, 1090, 1091; 1998, 806, 807. Wenn in besonders beengten wirtschaftlichen Verhältnissen vorweg pauschal 5% berufsbedingte Aufwendungen abgezogen werden, kann es angemessen sein, iÜ bei der strikt hälftigen Aufteilung zu bleiben: BGH FamRZ 1992, 539, 541.

[291] BGH FamRZ 2007, 983 Tz. 38 (Arbeitslosengeld, Abfindung); 2009, 307 Tz. 15 (Krankengeld).

[292] BGH FamRZ 2007, 983 Tz. 38; 2005, 387, 392. Zu weiteren Einzelheiten, auch zu Mischeinkünften, vgl. *Kalthoener/Büttner/Niepmann* RdNr. 35ff.; *Wendl/Dose* § 1 RdNr. 94a; *Wendl/Gerhardt* § 4 RdNr. 373ff.

[293] BGH FamRZ 1982, 894.

43 **b) Anrechnung von Einkünften.** Dem allein erwerbstätigen Ehegatten gebühren – nach der Düsseldorfer Tabelle – 4/7 seines bereinigten Nettoeinkommens, dem nicht mehr erwerbstätigen (Rentner, Pensionär) gebührt nur 1/2. Erzielt der Berechtigte eigene Einkünfte aus zumutbarer Arbeit, sind diese grundsätzlich nach der **Additons- bzw. Differenzmethode** in die Unterhaltsberechnung einzustellen,[294] so dass er nur in Höhe der Quote der Einkommensdifferenz unterhaltsberechtigt ist. Ist ein Ehegatte erwerbstätig, obwohl er nach Abs. 2 nicht dazu verpflichtet ist, oder erzielt er sonst **überobligatorische Einkünfte,** soll er einen Anreiz erhalten, diese Tätigkeit nicht aufzugeben. Darum ist nur ein Teil des Einkommens entsprechend § 1577 Abs. 2 nach Billigkeit bei der Unterhaltsbemessung zu berücksichtigen.[295] Als unangemessen ist es angesehen worden, wenn im Ergebnis der Berechtigte einen höheren Geldbetrag als der Verpflichtete zur Verfügung hat, auch soweit der Mehrbetrag auf unzumutbarer Arbeitsleistung beruht.[296]

44 **c) Grenzfälle.** Eine absolute Obergrenze zum nicht mehr angemessenen Unterhalt gibt es nach hM nicht.[297] Eine relative **Sättigungsgrenz**e (von lat. *satis* ‚genug') muss es jedoch geben, wenngleich ihre Festlegung schwierig und nur mit erheblicher Bandbreite möglich ist.[298] Das gesamte Familieneinkommen für den Konsum zu verbrauchen, wäre nicht vernünftig. Unvernünftiges darf ein Richter jedoch nicht anordnen. Von einem Teil dürfen Rücklagen gebildet werden (auch zwecks Befriedigung unvorhersehbaren Sonderbedarfs: RdNr. 75) nach der Devise „Spare in der Zeit, so hast du in der Not". Bei weit überdurchschnittlichen Einkommen bleiben deshalb Einkommensteile außer Betracht, die zur Vermögensbildung und nicht für den Unterhalt verwendet werden. Der **Unterhaltsbedarf** ist dann nicht pauschal nach einer Quote, sondern **konkret** nach dem tatsächlichen Zuschnitt der ehelichen Lebensverhältnisse zu bestimmen.[299] Dabei ist ein objektiver Maßstab anzulegen.[300]

45 Umgekehrt ist bei beengten wirtschaftlichen Verhältnissen **kein Mindestbedarf** (orientiert am Existenzminimum oder am notwendigen Eigenbedarf nach der Düsseldorfer Tabelle) anzusetzen.[301] Maßgeblich bleiben immer die individuellen Lebens-, Erwerbs- und Vermögensverhältnisse, was zur Unterhaltsberechnung nach der 3/7-Quote oder je nach den Umständen zu einer anderen Quote bis hin zur Halbteilung führt.[302] Im Gegensatz zur früheren Rspr. kann ein Ausgleich – jedenfalls im Anwendungsbereich der Differenz- oder Additionsmethode – bei durchschnittlichen Einkommensverhältnissen grundsätzlich auch nicht über die Annahme trennungsbedingten Mehrbedarfs geschaffen werden.[303] Dieser ist, soweit überhaupt noch erheblich, jedenfalls konkret vorzutragen und geltend zu machen.[304]

---

294 BGHZ 148, 105 = FamRZ 2001, 986 = NJW 2001, 2254; s. RdNr. 2; § 1578 RdNr. 7. Wegen Einzelheiten vgl. auch *Kalthoener/Büttner/Niepmann* RdNr. 513 ff.

295 Zur Berücksichtigung beim Berechtigten vgl. RdNr. 35. Beim Unterhaltpflichtigen gilt nach Treu und Glauben Entsprechendes, auch wenn eine § 1577 Abs. 2 vergleichbare Bestimmung fehlt (arg. unterhaltsrechtliche Gleichbehandlung). Zur Berücksichtigung von Einkünften aus Nebentätigkeit, Überstunden usw. s. RdNr. 20.

296 OLG Düsseldorf NJW-RR 1997, 385, 386. Der getrenntlebende Ehegatte soll nach der Trennung nicht besser stehen als vorher (RdNr. 1).

297 BGH FamRZ 1990, 280; 1983, 150, 678; OLG Hamm FamRZ 1992, 1175; vgl. § 1578 RdNr. 47.

298 Die von Abs. 1 vorgeschriebene Angemessenheitskontrolle (RdNr. 6) darf nicht außer Acht gelassen werden. Dazu eingehend *Schwab* FamRZ 1982, 456 ff.; *Eschenbruch/Loy* FamRZ 1994, 665 ff.

299 BGH FamRZ 1990, 280; OLG Köln FamRZ 1993, 64 f.; 1994, 1323; 1998, 1170; OLG Hamm FamRZ 1995, 1578 (beim Vorsorgebedarf [RdNr. 47] entfällt uU die sonst übliche zweistufige Berechnung); FamRZ 2006, 1603; OLG Frankfurt FamRZ 1997, 353; OLG Koblenz FamRZ 1995, 1577.

300 S. Nachweise in vorstehender Fn. sowie RdNr. 6 und § 1360 a RdNr. 3. Die Beweislast für die Höhe des konkret geltend gemachten Bedarfs trägt nach allgemeinen Grundsätzen der Berechtigte.

301 BGH FamRZ 2003, 363, 364 mwN (anders im Mangelfall). So aber *Luthin* FamRZ 1995, 472; 1996, 328 mwN; *Becker* FamRZ 1995, 667; *Eschenbruch/Loy* FamRZ 1994, 667.

302 BGH FamRZ 1995, 346; FamRZ 1997, 806, 808; NJW-RR 1998, 721; FamRZ 2003, 363, 364.

303 BGH FamRZ 2004, 1357; OLG Hamm FamRZ 1997, 944 (bei beengten wirtschaftlichen Verhältnissen sei trennungsbedingter Mehrbedarf nicht zu berücksichtigen, da nach der Trennung nicht mehr Mittel vorhanden seien als vorher; die Differenzmethode trage dem Mehrbedarf regelmäßig angemessen Rechnung); ebenso OLG Hamburg DAVorm 1992, 1121. S. auch RdNr. 8; § 1578 RdNr. 66 f.

304 BGH FamRZ 1995, 346, 347.

Relevant wurde die Frage nach dem Mindestbedarf vor allem im echten **Mangelfall bei Konkurrenz mit** den Unterhaltsansprüchen minderjähriger und privilegierter volljähriger Kinder. Nach der früheren Rspr. des BGH war der **Kindesunterhalt** auch im Mangelfall abzuziehen, bevor der „eheangemessene" Bedarf des Gatten nach Quote oder Halbteilungsgrundsatz ermittelt wurde.[305] Das konnte zu einem Unterhaltsanspruch des Ehegatten führen, der deutlich unter dem Sozialhilfeniveau lag. An dieser Rspr. hat der BGH nicht festgehalten. Er ist vielmehr – vor allem mit Rücksicht auf den seinerzeit nicht mehr definierten Mindestbedarf minderjähriger Kinder – davon ausgegangen, dass im absoluten Mangelfall für den unterhaltsberechtigten Ehegatten der seiner jeweiligen Lebenssituation entsprechende notwendige Eigenbedarf als Einsatzbetrag in die Mangelverteilung einzustellen ist. Für gleichrangige Kinder war insoweit ein Betrag von 135% des Regelbetrags nach der Regelbetrag-Verordnung zugrunde zu legen.[306] Durch das **UÄndG 2007** hat die Rechtslage insofern eine Änderung erfahren, als seit dem 1. 1. 2008 minderjährigen **Kindern** und Kindern iS des § 1603 Abs. 2 S. 2 **Vorrang** zukommt. Zunächst sind deshalb deren Ansprüche zu befriedigen, ohne dass sich die Frage nach der Höhe des Ehegattenunterhalts stellt. Erst dann noch vorhandene Mittel können in der zweiten Rangstufe (§ 1609 Nr. 2) verteilt werden. Ob es insofern angemessen ist, von Mindestbedarfssätzen gleichrangiger Unterhaltsberechtigter auszugehen, erscheint zweifelhaft. Eine solche Bedarfsbemessung würde unberücksichtigt lassen, dass sich der Bedarf jeweils an unterschiedlichen Lebensverhältnissen (der Erst- und der Zweitehe sowie der eigenen Lebensstellung der nichtehelichen Mutter, §§ 1615l Abs. 3 S. 1, 1610 Abs. 1) auszurichten hat.[307] Das Ergebnis der quotalen Kürzung ist auf seine Angemessenheit zu überprüfen. Dem Verpflichteten verbleibt in jedem Fall der **Selbstbehalt** (s. RdNr. 34). 46

4. Vorsorgeunterhalt. Der (verfassungsgemäße[308]) Anspruch auf Versicherungsbeiträge nach **Abs. 1 Satz 2**[309] ab Beginn des Monats, in dem die Scheidungsklage rechtshängig wird,[310] besteht neben dem Anspruch auf laufenden Elementarunterhalt als Teil eines einheitlichen Unterhaltsanspruchs.[311] Der laufende Unterhalt hat gegenüber dem Vorsorgeunterhalt aber Vorrang.[312] Der Anspruch auf Vorsorgeunterhalt ergänzt die §§ 1587 Abs. 2 und 1578 Abs. 3. Das Gesetz sorgt auf diese Weise für eine **lückenlose „soziale Biografie"**, da der Versorgungsausgleich gemäß § 1587 Abs. 2 nur die Zeit bis zum Ende des Monats umfasst, der der Rechtshängigkeit der Scheidungsklage vorangeht, und § 1578 Abs. 3 erst ab dem Tag der Rechtskraft der Scheidung eingreift. Vorsorge- und Elementarunterhalt hängen voneinander ab: Bemessungsgrundlage für den Vorsorgeunterhalt ist der an sich zu zahlende Elementarunterhalt. Dieser Betrag wird als Nettoeinkommen angesehen, das durch (fiktive) Zuschläge (für Lohnsteuer und den Arbeitnehmeranteil zu den Sozialabgaben, ohne Krankenversicherung) auf eine fiktive Bruttobemessungsgrundlage hochgerechnet wird.[313] Der jeweils maßgebliche Prozentsatz (seit 1. 1. 2007: 19,9%) hiervon stellt den Vorsorgeunterhalt dar. Der endgültige Elementarunterhalt ist sodann unter Berücksichtigung des Vorsorgeunterhalts zu ermitteln, um eine Verletzung des Halbteilungsgrundsatzes zu Lasten des Pflichtigen zu ver- 47

---

[305] BGH FamRZ 1997, 806, 808; FamRZ 1999, 367, 368 f.

[306] BGH FamRZ 2003, 363 ff.

[307] Vgl. RdNr. 14 f. Zum Bedarf der nichtehelichen Mutter nach § 1615l BGH FamRZ 2008, 1739 Tz. 34.

[308] BGH NJW 1981, 1556 = FamRZ 1981, 442, 443.

[309] Eingefügt auf Antrag des BT-Rechtsausschusses, BT-Drucks. 7/4361 S. 27. Zu Einzelheiten *v. Maydell,* FS Gernhuber, 1993, S. 725 ff. Die zum 1. 1. 2000 in Kraft getretene Änderung des Wortlauts von Abs. 1 S. 2 aE (BGBl. 1997 I S. 3034) ist sachlich von untergeordneter Bedeutung.

[310] BGH FamRZ 2007, 193, 196; 1981, 442.

[311] BGH NJW 1982, 1873, 1875 = FamRZ 1982, 255, 257; NJW 1982, 1875, 1876 = FamRZ 1982, 465; FamRZ 2007, 117 und 193, 196. Zunächst nicht geforderter Vorsorgeunterhalt kann deshalb nicht mittels Zusatz- oder Abänderungsklage verlangt werden (OLG Karlsruhe FamRZ 1995, 1498), es sei denn, die Abänderungsklage wäre aus anderen Gründen eröffnet (BGH FamRZ 1985, 690; 1987, 684).

[312] BGH FamRZ 1999, 367, 369 mN; *Kalthoener/Büttner/Niepmann* RdNr. 424.

[313] Das kann unter Heranziehung der sog. Bremer Tabelle erfolgen; vgl. BGH FamRZ 1999, 372, 374.

meiden.[314] Bei überdurchschnittlichen Einkünften kann die zweistufige Berechnung entfallen.[315] Vorsorgeunterhalt kann für die Vergangenheit nicht erst von dem Zeitpunkt an verlangt werden, in dem er ausdrücklich geltend gemacht worden ist. Es reicht vielmehr aus, dass von dem Pflichtigen Auskunft mit dem Ziel der Geltendmachung eines Unterhaltsanspruchs begehrt worden ist.[316] Dem Berechtigten steht es frei, in welcher Weise er den Vorsorgeunterhalt für die Absicherung im Alter verwendet.[317] Bei zweckwidriger Verwendung muss er sich so behandeln lassen, als habe er mit den Mitteln für sein Alter gesorgt.[318] Beim Berechtigten ist neben der primären Altersversorgung grundsätzlich ebenfalls ein zusätzlicher Altersvorsorgeaufwand in Höhe von 4% des Jahresbruttoeinkommens zu berücksichtigen.[319]

48 **5. Krankenversicherung.** Auch die – in dem nach Quoten bemessenen Unterhalt nicht enthaltenen – Kosten angemessener Krankenversicherung gehören zum Unterhalt.[320] Sie müssen ausdrücklich geltend gemacht werden, sind sodann aber Bestandteil des Gesamtunterhalts. Die Kosten bemessen sich danach, was der Berechtigte für gleichwertigen Versicherungsschutz zu zahlen hätte, wenn er sich freiwillig weiterversichern würde und ein Einkommen in Höhe des Elementarunterhalts bezöge.[321] Auch diese Beiträge sind zur Ermittlung des verteilungsfähigen Nettoeinkommens des Verpflichteten von dessen tatsächlichem Einkommen vorweg abzuziehen.[322] Krankenvorsorgeunterhalt ist auch im Mangelfalle zuzusprechen; ein Vorrang des Elementarunterhalts besteht insofern – wegen der Dringlichkeit des Versicherungsschutzes – nicht.[323] Bei in Anspruch genommenem Realsplitting (RdNr. 17) sind Unterhaltszahlungen als Einkommen iS von § 10 Abs. 1 Nr. 5 SGB V anzusehen. Dadurch kann der getrenntlebende unterhaltsberechtigte Ehegatte seinen Anspruch auf beitragsfreie Familienhilfe verlieren und selbst versicherungspflichtig werden.[324] **Pflegeversicherungsunterhalt** wird wie Krankenversicherungsunterhalt gleichrangig neben dem Elementarunterhalt geschuldet.[325]

49 **6. Unterhaltsvereinbarungen zwischen Getrenntlebenden.** Unterhaltsvereinbarungen zwischen Getrenntlebenden sind innerhalb gewisser Grenzen zulässig,[326] wegen ihrer befriedenden Wirkung für die Dauer des Scheidungsverfahrens sogar erwünscht.[327] Sie liegen aber nicht schon dann vor, wenn ein Ehegatte einen Unterhaltsanspruch nicht geltend macht, etwa weil der andere Ehegatte Schulden abträgt.[328] Unterhaltsvereinbarungen ändern idR nicht die auf Gesetz beruhende Natur des Anspruchs (von Bedeutung für § 844 Abs. 2: s. § 1360 RdNr. 19f.), sondern gestalten diesen nur inhaltlich nach Höhe, Dauer und Modalitäten der Unterhaltsgewährung näher aus.[329] Möglich sind vor allem Erhöhungen über das Maß des gesetzlichen Unterhalts hinaus[330] (vgl. auch § 1360b). **Nichtig** ist aber

---

[314] BGH FamRZ 1999, 367, 370; 372, 373f.; FamRZ 2007, 193, 197 (mit Berechnungsbeispiel).

[315] BGH FamRZ 1999, 372, 374. Die Höhe ist in solchen Fällen auch nicht auf den Betrag beschränkt, der sich aus der Beitragsbemessungsgrenze der gesetzl. Rentenversicherung ergibt: BGH FamRZ 2007, 117, 119. Zur Bemessung des Vorsorgeunterhalts, wenn der Elementarunterhalt anderweitig, etwa durch ein eheähnliches Verhältnis, gedeckt ist, sowie zu weiteren Einzelheiten § 1578 RdNr. 77, 74f.; *Kalthoener/Büttner/Niepmann* RdNr. 409ff.; *Wendl/Gutdeutsch* § 4 RdNr. 449ff.

[316] BGH FamRZ 2007, 193, 195f. m. zust. Anm. *Borth*; *ders.* FRP 2008, 86ff.

[317] BGH FamRZ 2007, 117, 119.

[318] Zur Anwendbarkeit von § 1579 Nr. 3 aF (jetzt Nr. 4) vgl. BGH FamRZ 2003, 848, 853 und RdNr. 70.

[319] Vgl. für den Pflichtigen RdNr. 17, 33 aE; *Kalthoener/Büttner/Niepmann* RdNr. 410.

[320] Soweit in der Trennungszeit keine Mitversicherung in der gesetzlichen Krankenversicherung besteht.

[321] BGH NJW 1983, 2937, 2938 = FamRZ 1983, 888f.

[322] BGH NJW 1983, 2937, 2938 = FamRZ 1983, 888f.

[323] OLG München FamRZ 1998, 553 im Anschluss an BGH FamRZ 1989, 364.

[324] BSG FamRZ 1994, 1239 m. Anm. *Weychardt*; LSG Darmstadt FamRZ 1991, 992m. abl. Anm. *Weychardt*; *L. Müller* FPR 2003, 160, 162; *Böhmel* FamRZ 1995, 270; *Johannsen/Henrich/Büttner* RdNr. 111.

[325] *Büttner* FamRZ 1995, 193, 197; *Gutdeutsch* FamRZ 1994, 878; *Wendl/Gutdeutsch* § 4 RdNr. 525 a.

[326] Vgl. § 1360 RdNr. 21. Eingehend: *Göppinger/Börger/Kilger/Pfeil* Teil 5 RdNr. 122ff.

[327] RGRK/*Cuny* RdNr. 39; *Rauscher* RdNr. 328 a.

[328] BGH FamRZ 2005, 1236, 1237 (im Rahmen des Gesamtschuldnerausgleichs zwischen Ehegatten).

[329] BGH FamRZ 2009, 198 Tz. 17 m. Anm. *Bergschneider*; 1990, 867; 1987, 1021.

[330] Zu den Grenzen einer solchen Gestaltung: BGH FamRZ 2009, 198 Tz, 22ff., 35 ff.

abweichend vom Geschiedenenunterhalt (§ 1585 c RdNr. 21 f.) ein Unterhaltsverzicht für die Zukunft (Abs. 4 S. 4, §§ 1360 a Abs. 3, 1614 Abs. 1; dazu § 1360 RdNr. 21),[331] selbst wenn eine Abfindung gewährt wird.[332] Angesichts des schmalen Grats zwischen zulässiger inhaltlicher Ausgestaltung und unzulässigem Teilverzicht wird von der Wirksamkeit einer Vereinbarung ausgegangen, wenn der gesetzlich geschuldete Betrag um bis zu 20% unterschritten wird.[333] Bei Vereinbarung eines Unterhalts, der um ein Drittel unter dem an sich geschuldeten liegt, wird idR ein Verstoß gegen § 1614 vorliegen.[334] In dem Bereich dazwischen ist nach den Umständen des Einzelfalls zu entscheiden, ob ein unwirksamer Teilverzicht vorliegt. Dabei ist zu berücksichtigen, dass hinsichtlich der Bestimmung des Unterhalts in verschiedener Hinsicht Unsicherheiten bestehen können.[335] Auch der Ausschluss der Abänderbarkeit einer Unterhaltsvereinbarung kann auf einen unzulässigen Teilverzicht hinauslaufen, nämlich dann, wenn nach einer Veränderung der Verhältnisse eine nicht mehr zu tolerierende Unterschreitung des gesetzlich geschuldeten Unterhalts vorliegt. Durch ein pactum de non petendo kann § 1614 nicht umgangen werden.[336] Sittenwidrig ist ein Verzicht auf Kosten Dritter, bes. zu Lasten der Sozialhilfe;[337] eine dahingehende Benachteiligungsabsicht ist Tatfrage.[338] Im Interesse des Gläubigers sollte die ausgehandelte Höhe in gerichtlichem Protokoll oder in notarieller Urkunde unter Festschreibung ihrer Bemessungsgrundlage[339] **tituliert** werden. Vorhersehbare künftige Änderungen sollten einbezogen oder insoweit ein Vorbehalt angebracht werden.

Bei **nachträglicher Änderung** der einem gerichtlichen oder notariellen Unterhaltsvergleich zugrunde liegenden Verhältnisse kann Abänderung beantragt werden (§ 239 FamFG; bis zu dessen Inkrafttreten am 1. 9. 2009: **Abänderungsklage** nach §§ 323 Abs. 1, Abs. 4, 794 Abs. 1 und 5 ZPO). Die Präklusionsvorschrift des § 323 Abs. 3 ZPO gilt nicht für einen Vergleich.[340] Bei erneuter Trennung nach kurzem zwischenzeitlichem Zusammenleben gilt eine Vereinbarung über Trennungsunterhalt weiter (§ 1567 Abs. 2; vgl. RdNr. 5). Nach längerem Zusammenleben unterliegt ein vollstreckbarer Titel der Vollstreckungsabwehrklage nach § 767 ZPO; der nach erneuter Trennung geschuldete Unterhalt ist neu zu bemessen.[341] Ob ein im Verfahren der einstweiligen Anordnung geschlossener Unterhaltsvergleich nur eine einstweilige Anordnung ersetzen und damit nur vorläufige Geltung beanspruchen soll, ist durch Auslegung zu ermitteln.[342] Für die Vergangenheit kann vertraglich festgelegter Unterhalt ohne die Schranken des § 1613 Abs. 1 verlangt werden, weil der Schuldner seine Leistungspflicht kennt.[343] Die Entgegennahme von Unterhalt in dem 50

---

[331] OLG Karlsruhe FamRZ 1993, 316, 317; *Staudinger/Voppel* RdNr. 284; *Johannsen/Henrich/Büttner* RdNr. 137.

[332] *Staudinger/Voppel* RdNr. 284.

[333] *Göppinger/Börger/Kilger/Pfeil* Teil 5 RdNr. 126 ff., 131 ff. mit Gegenüberstellung zulässiger und unzulässiger Vereinbarungen. Gegen die Festlegung fixer prozentualer Abschläge die Empfehlungen des 12. Dt. Familiengerichtstages, NJW 1998, 2025, 2027.

[334] BGH FamRZ 1984, 997, 999; OLG Hamm FamRZ 2007, 732, 733 m. zust. Anm. *Bergschneider*; OLG Düsseldorf FamRZ 2001, 1148 (LS); *Wendl/Pauling* § 4 RdNr. 39, § 6 RdNr. 604; *Göppinger/Wax/Hoffmann* RdNr. 1478; *Kalthoener/Büttner/Niepmann* RdNr. 153; *Palandt/Brudermüller* RdNr. 71.

[335] *Johannsen/Henrich/Büttner* RdNr. 139; *Staudinger/Voppel* RdNr. 284.

[336] Anders OLG Köln FamRZ 2000, 609 m. krit. Anm. *Bergschneider* und abl. Anm. *Deisenhofer* FamRZ 2000, 1368 f.

[337] *Büttner* FamRZ 1998, 1, 3 f.; BGHZ 86, 82, 88 = FamRZ 1983, 137; FamRZ 1985, 788, 790 (zum nachehelichen Unterhalt).

[338] BGH FamRZ 2009, 198 Tz. 38 ff. Verneint von OLG Koblenz FamRZ 1995, 171 f., falls mit dem Verzicht primär die Wiederherstellung der Lebensgemeinschaft auf überschaubarer wirtschaftlicher Grundlage bezweckt war.

[339] Eine Aufnahme der Vergleichsgrundlagen empfiehlt sich im Hinblick auf die Darlegungslast für spätere Abänderungsklagen gemäß § 323 ZPO bzw. § 239 FamFG. Eine Korrektur erfolgt nur durch Anpassung nach Maßgabe der veränderten Umstände.

[340] BGH FamRZ 2008, 1911 Tz. 21 ff.

[341] OLG Karlsruhe FamRZ 2003, 1104 m. Anm. *Bergschneider*. Vgl. RdNr. 5.

[342] BGH FamRZ 1991, 1175, 1176; OLG Köln FamRZ 1983, 1122, 1123. Vgl. iE *Johannsen/Henrich/Sedemund-Treiber* § 620 b ZPO RdNr. 3.

[343] *Kalthoener/Büttner/Niepmann* RdNr. 268.

Wissen, dass sich die Bemessungsgrundlagen zu Ungunsten des Empfängers verändert haben (zB durch Erwerbsaufnahme), kann Schadensersatzansprüche gemäß § 826 auslösen.[344] Über die Pflicht zur unaufgeforderten Offenbarung erheblicher Veränderungen s. RdNr. 69.

V. Der Schutz des nicht erwerbstätigen Ehegatten (Abs. 2)

51 **1. Normzweck. Ausnahmevorschrift.** Ein getrennt lebender Ehegatte kann nach Abs. 1 grundsätzlich die Aufrechterhaltung des im Trennungszeitpunkt erreichten Lebensstandards beanspruchen (RdNr. 6). Abs. 2 bezweckt den Schutz des während des Zusammenlebens nicht bzw. nicht vollschichtig berufstätig gewesenen Ehegatten vor dem Zwang zur Aufnahme oder Erweiterung einer Erwerbstätigkeit. Hieran hat sich durch das UÄndG, das in den §§ 1569 ff. für den nachehelichen Unterhalt die gesteigerte Eigenverantwortung betont, jedenfalls für die Zeit bis zum Ablauf des Trennungsjahrs nichts geändert.[345] Eine veränderte Erwerbsobliegenheit besteht für den getrennt lebenden Ehegatten (unter den sonstigen Voraussetzungen des Abs. 2) nach dem Wortlaut („kann nur dann") und Schutzzweck mithin zunächst nur ausnahmsweise; insofern gelten regelmäßig engere Voraussetzungen als für die Zeit nach der Scheidung. Die mit der Trennung bereits eingetretene Zerrüttung soll nicht durch die Pflicht, sich seinen Lebensunterhalt selbst zu verdienen, weiter vertieft werden. Entsprechend der mit dem GleichBerG eingeführten, seitdem insoweit unveränderten Vorgängervorschrift enthält Abs. 2 somit nach hM eine Ausnahmevorschrift.[346] Die Darlegungs- und Beweislast für ihre Voraussetzungen trägt folglich der in Anspruch genommene Beklagte.[347] Abs. 2 statuiert mithin nicht etwa in Antizipation der für den Scheidungsunterhalt geltenden Maßstäbe eine grundsätzliche Erwerbsobliegenheit zwecks Wiedereingliederung in den Arbeitsprozess.[348] Wenn allerdings eine (teilweise) Erwerbsobliegenheit zu bejahen ist, besteht idR kein Anlass, an die Bemühungen um Erlangung einer Arbeitsstelle geringere Anforderungen zu stellen, als sie für den Unterhaltspflichtigen bestehen.[349] Nach längerer Trennungszeit oder endgültigem Scheitern der Ehe kann eine Erwerbstätigkeit eher erwartet werden,[350] auch wenn sie bei fortgesetztem Zusammenleben nicht aufgenommen worden wäre.[351] Einzelfragen, wie der Gesundheitszustand des Berechtigten (RdNr. 57), sind nicht allein ausschlaggebend, vielmehr ist eine Gesamtwürdigung der in Abs. 2 (vgl. auch § 1574 Abs. 2) erwähnten Kriterien vorzunehmen.[352]

52 **2. Erwerbsobliegenheit. a) Persönliche Verhältnisse.** Eine Pflicht zur Aufnahme einer Erwerbstätigkeit besteht zunächst nur, wenn dies vom bisher nicht berufstätigen Ehegatten nach seinen persönlichen Verhältnissen erwartet werden kann. Das richtet sich unter anderem nach seinem Alter (RdNr. 57) und nach einer von ihm eventuell früher (vor oder während der Ehe) ausgeübten Erwerbstätigkeit unter Berücksichtigung der Dauer der

---

[344] BGH NJW 1986, 1751 f. = FamRZ 1986, 450 ff.; Vgl. RdNr. 38 aE.

[345] *Palandt/Brudermüller* RdNr. 13; *Schnitzler/Grandel* § 8 RdNr. 23; *Büte* FuR 2008, 309; vgl. auch *Borth* RdNr. 74: Verschärfung der Erwerbsobliegenheit bei langer Trennungszeit. Zu Auswirkungen des UÄndG nach Ablauf des Trennungsjahrs: RdNr. 54.

[346] BGH FamRZ 2008, 963 Tz. 26; 2001, 350, 351; 1990, 283, 285 f.; 1991, 416, 418; *Johannsen/Henrich/Büttner* RdNr. 159; *Staudinger/Voppel* RdNr. 200; *Göppinger/Wax/Bäumel* RdNr. 947.

[347] *Baumgärte/Pruskowski* RdNr. 27; *Johannsen/Henrich/Büttner* RdNr. 159; *Staudinger/Voppel* RdNr. 203; *Wendl/Pauling* § 4 RdNr. 6 a, 16, 24; *Palandt/Brudermüller* RdNr. 72. Wenn dagegen feststeht, dass eine Erwerbsobliegenheit besteht, trägt der Unterhaltsberechtigte die Beweislast dafür, dass er sich in ausreichender Weise um eine Erwerbstätigkeit bemüht hat: BGH FamRZ 1986, 244, 246; OLG Hamm FamRZ 1996, 1219, 1220.

[348] So allerdings *Schwab/Borth* Teil IV RdNr. 105, 121 mit der Begr., aus Abs. 2 ergebe sich, wenn auch schwächer ausgeprägt, eine Obliegenheit zur (Wieder-)Eingliederung in das Erwerbsleben.

[349] *Johannsen/Henrich/Büttner* RdNr. 28; *Palandt/Brudermüller* RdNr. 18; aA OLG Stuttgart FamRZ 1993, 559, 560 und 4. Aufl. RdNr. 28.

[350] RdNr. 54 f.; BGH FamRZ 2008, 963 Tz. 26; 2001, 350, 351; NJW-RR 1990, 323 = FamRZ 1990, 282.

[351] OLG Hamm FamRZ 1996, 1219.

[352] BGH FamRZ 2001, 350, 351; 1991, 416, 418; 1989, 1160.

Zurechnung fiktiven Einkommens für dessen Versorgung). Schließlich können die Belange des Kindes gewahrt sein, wenn seine Pflege und Erziehung in anderer Weise als durch elterliche Betreuung sichergestellt werden kann.[410] Diesem Gesichtspunkt kommt seit der Neufassung des § 1570 durch das UÄndG 2007 besondere Bedeutung zu, da ein „Basisunterhalt" nur für drei Jahre zu leisten und über eine Verlängerung des Unterhalts unter anderem unter Berücksichtigung bestehender Möglichkeiten der Kinderbetreuung zu entscheiden ist. Im Rahmen der Billigkeitsabwägung ist deshalb auch beim Trennungsunterhalt die frühzeitige Aufnahme einer (teilweisen) Erwerbstätigkeit oder deren Ausweitung in Betracht zu ziehen.[411] Die Kinderbetreuung garantiert dem betreuenden Elternteil einen dem Mindestbedarf entsprechenden Unterhaltsanspruch allerdings nicht ausnahmslos. Eine weitergehende Herabsetzung oder gar ein völliger Ausschluss kommt jedoch nur bei besonders krassen, schwerwiegenden Verstößen iS der Nr. 2 bis 8 des § 1579 zur Vermeidung untragbarer Ergebnisse in Betracht.[412] Dabei kann die Erwerbslosigkeit eines neuen Partners von Bedeutung sein, die jenem die Möglichkeit der Kinderbetreuung unter entsprechender Freistellung des Elternteils zu Gunsten einer Erwerbstätigkeit eröffnet.[413] Die Verweisung des Elternteils auf Sozialhilfeleistungen oder Arbeitslosengeld II kommt nach dem Grundsatz der Subsidiarität nicht in Betracht (RdNr. 24, 26). Der Anspruch ist auf den Zeitpunkt zu befristen, von dem an nach den Umständen des Falles neben der Betreuung eine Erwerbstätigkeit, durch die der Mindestbedarf gedeckt werden kann, voraussichtlich zumutbar ist.[414]

3. „Entsprechende Anwendung". Die für den nachehelichen Unterhalt zum Enumerativ-Katalog der Nr. 2 bis 8 des § 1579 ergangene Judikatur ist auf den Trennungsunterhalt **nicht schematisch** zu übertragen. Die noch bestehende Ehe begründet Unterschiede in den Verhaltensanforderungen, insbesondere die (anders als unter Geschiedenen) fortbestehende eheliche Treuepflicht zeitigt Konsequenzen beim einseitigen Ausbruch aus intakter Ehe (RdNr. 73). Voreheliches Fehlverhalten spielt generell keine Rolle.[415] Spätere Verfehlungen sind grundsätzlich erst für den danach fällig werdenden Unterhalt beachtlich.[416] 65

4. Härtegründe. a) Kurze Ehedauer. Auf die in § 1579 **Nr. 1** erwähnte kurze Dauer der Ehe wird in Abs. 3 nicht mit verwiesen. Die *ratio* der Nr. 1, einem geschiedenen Ehegatten kein lebenslanges Rentnerdasein aufgrund kurzer Ehedauer zu ermöglichen, passt auf den zunächst als vorübergehend anzusehenden Zustand des Getrenntlebens nicht. Die als heilbar zu betrachtende Ehekrise soll nicht durch Versagung von Unterhalt verschärft werden. Auch eine entsprechende Anwendung scheidet aus.[417] Die Dauer des Zusammenlebens ist grundsätzlich für die Frage der Erwerbsobliegenheit (Abs. 2) von Bedeutung. Bei vorliegenden anderen Härtegründen ist sie überdies im Rahmen der Billigkeitsprüfung mit zu berücksichtigen.[418] Extrem kurzes Zusammenleben kann auch einen Versagungsgrund wegen objektiver Unzumutbarkeit innerhalb der Generalklausel des § 1579 Nr. 8 bilden.[419] Nach sehr langem Getrenntleben kommt mit zunehmender Eigenverantwortlichkeit gegenüber nachlassender Solidarität füreinander eher ein Unterhaltsausschluss oder eine Beschrän- 66

---

[410] BGH FamRZ 1997, 671, 672 und 873, 875; 1989, 1279, 1280.

[411] OLG Bremen FamRZ 2007, 1465, 1466 f. (offensichtlich bereits mit Blick auf § 1570 nF) m. Anm. *Bergschneider* NJW 2007, 1892 f.; *Wendl/Gerhardt* § 4 RdNr. 631.

[412] BGH NJW 1998, 1309 = FamRZ 1998, 541, 542; BVerfG FamRZ 1989, 941, 943.

[413] OLG Celle FamRZ 2000, 1374 f. = NJW 2000, 2283; *Palandt/Brudermüller* § 1579 RdNr. 40.

[414] BGH NJW 1997, 1851 = FamRZ 1997, 671, 673.

[415] OLG Köln FamRZ 1994, 1253.

[416] ZB bei Nr. 2 erst ab Verübung der Straftat: BGH NJW 1984, 296 f. = FamRZ 1984, 34 f. In besonders gelagerten Ausnahmefällen kann allerdings auch ein Anspruch auf rückständigen Unterhalt ausgeschlossen sein: BGH FamRZ 2004, 612, 613 f.

[417] BGH FamRZ 1982, 573; OLG Köln 1998, 1427, 1428; OLG Hamm FamRZ 1997, 417; OLG Schleswig FamRZ 1996, 489; *Staudinger/Voppel* RdNr. 235.

[418] OLG Celle FamRZ 1990, 519; *Johannsen/Henrich/Büttner* RdNr. 136; *Palandt/Brudermüller* RdNr. 70.

[419] OLG Celle FamRZ 1990, 519. Insbesondere nach späterem längeren Getrenntleben: OLG Köln FamRZ 1999, 93; vgl. RdNr. 74.

Ehe (Abs. 2). Die Pflicht ist, falls die weiteren Voraussetzungen vorliegen, zu bejahen, wenn der Ehegatte aus früherer längerer Erwerbstätigkeit noch über hinreichende berufliche Kenntnisse und Fähigkeiten verfügt und eine entsprechende Stellung wiedererlangen kann.[353] Die Wiedereingliederung wird umso schwerer möglich sein, je älter der Ehegatte ist. Zuzumuten ist ihm nur eine den ehelichen Lebensverhältnissen entsprechende, also eheangemessene Tätigkeit. Als Kriterien für die Beurteilung der Angemessenheit nennt der insoweit auch im Rahmen des Trennungsunterhalts heranzuziehende § 1574 Abs. 2 unter anderem Ausbildung, Fähigkeiten und Lebensalter eines Ehegatten. Daraus folgt aber nicht, dass allein eine der Ausbildung entsprechende Tätigkeit als angemessen in Betracht kommt. Neben der Berufsausbildung ist zu berücksichtigen, ob der Unterhaltsberechtigte nicht nur vorübergehend eine ausbildungsfremde Tätigkeit verrichtet hat. Deren Fortsetzung kann ihm, insbesondere wenn in dem erlernten Beruf keine realistische Beschäftigungschance besteht, zuzumuten sein.[354] Je kürzer die bisherige Dauer der Ehe ist, desto eher ist eine Erwerbstätigkeit zumutbar.[355] Bei kurzer Ehedauer tritt der Gesichtspunkt des durch die Eheschließung erlangten Status zurück; die Zumutbarkeit einer Erwerbstätigkeit beurteilt sich dann allein nach den sonstigen persönlichen Verhältnissen des Ehegatten.[356] Nach 30jährigem Zusammenleben kann auch einer über 50-jährigen Ehefrau eine Erwerbstätigkeit nach einer Übergangszeit zuzumuten sein.[357] Bei **Doppelverdienern** ist eine Fortsetzung der Erwerbstätigkeit nach der Trennung zu erwarten, wenn kein wichtiger Grund entgegensteht.[358] Eine trotz Kinderbetreuung ausgeübte Erwerbstätigkeit kann aber infolge der Trennung unzumutbar werden, wenn die Doppelbelastung nur durch Unterstützung des anderen Ehegatten bewältigt werden konnte.[359] Hat ein Ehegatte während einer langen Trennungszeit freiwillig Unterhalt gezahlt, ohne den anderen auf eine Erwerbstätigkeit zu verweisen, so ist hierdurch regelmäßig ein Vertrauenstatbestand geschaffen worden, der den Zeitpunkt für die Annahme einer Erwerbsobliegenheit hinausschiebt.[360] Eine frühere Erwerbstätigkeit bleibt außer Betracht, wenn der Ehegatte zu ihr gezwungen war, weil sich der andere seiner Unterhaltspflicht entzog. Wer sich trotz Erwerbsobliegenheit nicht ernsthaft um eine Beschäftigung bemüht, muss sich das erzielbare Einkommen fiktiv anrechnen lassen. An die Ernsthaftigkeit der Bemühungen des Unterhaltsberechtigten sind gleich hohe Anforderungen zu stellen wie an die des Verpflichteten (RdNr. 51 aE; vgl. zu den an den Pflichtigen zu stellenden Anforderungen RdNr. 23). Für die Ausdehnung einer Teilzeitbeschäftigung nach der Trennung gelten entsprechende Maßstäbe.

b) Kinderbetreuung. Trotz früherer Erwerbstätigkeit und kurzer Ehedauer kann eine 53
Pflicht zur Erwerbstätigkeit ausscheiden, wenn der bedürftige Ehegatte berechtigtermaßen[361] gemeinsame minderjährige Kinder zu betreuen hat (§§ 1570, 1579 analog); im Gegensatz

353 *Staudinger/Voppel* RdNr. 209; *Erman/Gamillscheg* RdNr. 38; PWW/*Kleffmann* RdNr. 8; *Wendl/Pauling* § 4 RdNr. 23; *Soergel/Lange* RdNr. 13. Sprachprobleme (bei Ausländern) können ähnlich wie fehlende Berufsqualifikation zu berücksichtigen sein, vgl. BGH FamRZ 2005, 23, 25; OLG Oldenburg FamRZ 1988, 170 f.

354 BGH FamRZ 2005, 23, 24 f.

355 BGH NJW 1979, 1348, 1349 = FamRZ 1979, 569, 571, dort auch dazu, dass kurze Ehedauer gemäß § 1361 Abs. 3 kein Versagensgrund wie bei § 1579 Nr. 1 ist; NJW 1979, 1452, 1453 = FamRZ 1979, 571, 572.

356 BGH FamRZ 1979, 571, 572.

357 OLG Hamm FamRZ 1995, 1580. OLG München FamRZ 2001, 1618 (LS): Nach 20jähriger Ehe mit einem Kind Ausweitung der bisherigen Tätigkeit frühestens zwei Jahre nach der Trennung. Ebenso OLG Zweibrücken FamRZ 2007, 470 f. nach mehr als 30jähriger Ehe.

358 OLG Hamm FamRZ 1979, 508, 509; OLG München FamRZ 1982, 270 f.

359 OLG Düsseldorf FamRZ 1985, 1039; *Kalthoener/Büttner/Niepmann* RdNr. 454; *Wendl/Pauling* § 4 RdNr. 28.

360 BGH FamRZ 2006, 769, 770 f. (zu § 1587 c Nr. 1); OLG Köln FamRZ 1999, 853; OLG Hamm FamRZ 1995, 1580; *Wendl/Pauling* § 4 RdNr. 25; *Staudinger/Voppel* RdNr. 223; *Kalthoener/Büttner/Niepmann* RdNr. 454; *Palandt/Brudermüller* RdNr. 13. Krit. *Schürmann* FPR 2005, 492, 495 f. unter Hinweis auf das Prinzip der Eigenverantwortung, das einem schützenswerten Vertrauen entgegenstehe.

361 Eine im Widerspruch zu einer Sorgerechtsentscheidung stehende Betreuung entlastet nicht von der Erwerbsobliegenheit: OLG Frankfurt FamRZ 1995, 234. S. auch RdNr. 64.

zum nachehelichen Unterhalt kann aber auch die Betreuung nicht gemeinschaftlicher, minderjähriger Kinder einer Erwerbsobliegenheit entgegenstehen.[362] Inwieweit Kinderbetreuung und Erwerbstätigkeit miteinander zu vereinbaren sind, richtet sich vor allem nach der **Betreuungsbedürftigkeit** eines Kindes. Dabei spielt nicht nur das Alter des Kindes eine Rolle, sondern insbesondere auch sein Gesundheitszustand, sein sonstiger Entwicklungsstand sowie eventuell aufgetretene Verhaltensstörungen.[363] Die Rspr. beurteilte die Betreuungsbedürftigkeit bis zum Inkrafttreten des UÄndG 2007 – ebenso wie bei § 1570 – im Allgemeinen nach dem sog. Altersphasenmodell, wenn auch im Rahmen des Trennungsunterhalts aufgrund eines großzügigeren Maßstabs. Danach bestand bis zum Beginn der dritten Grundschulklasse des jüngsten Kindes idR keine Erwerbsobliegenheit; für die Zeit danach, etwa bis zur Vollendung des 15. Lebensjahres des jüngsten Kindes, wurde von der Obliegenheit zur Aufnahme einer Teilzeitbeschäftigung ausgegangen und erst anschließend von einer solchen zu vollschichtiger Erwerbstätigkeit.[364]

54 Nach der zum 1. 1. 2008 in Kraft getretenen **Neuregelung des § 1570,** nach der ein „Basisunterhalt" nur für die ersten drei Lebensjahre eines Kindes gewährt wird und danach – von Verlängerungsmöglichkeiten aus kind- oder elternbezogenen Gründen abgesehen – die Eigenverantwortung des betreuenden Elternteils eingreift (zu Einzelheiten s. § 1570 RdNr. 39 ff.), stellt sich die Frage, inwieweit sich hierdurch Auswirkungen auf die Erwerbsobliegenheit des getrennt lebenden Ehegatten ergeben, auch wenn § 1361 keine Änderung erfahren hat. Mit Rücksicht auf den Schutzzweck der Vorschrift wird davon auszugehen sein, dass **bis zum Ablauf des Trennungsjahrs** grundsätzlich **keine Erwerbsobliegenheit** besteht (RdNr. 51, 60). Denn zunächst sollen die vorliegenden Verhältnisse geschützt und die Wiederherstellung der ehelichen Lebensgemeinschaft soll nicht erschwert werden. Schon nach der früheren Rspr. schwächen sich die Folgen der ehelichen Lebensgemeinschaft mit fortdauernder Trennung aber ab, so dass die Verfestigung der Trennung eine allmähliche Annäherung der unterschiedlichen Maßstäbe der Erwerbsobliegenheit bewirkt. Wenn die Scheidung nur noch eine Frage der Zeit ist, besteht für eine erheblich großzügigere Beurteilung idR kein Grund mehr.[365]

55 Werden diese Erwägungen weiterhin herangezogen, so gilt bei verfestigter Trennung jedenfalls im Ansatz nunmehr auch die gesteigerte Eigenverantwortung: Zum einen erscheint es grundsätzlich nicht gerechtfertigt, den getrennt lebenden Ehegatten erheblich besser zu stellen als den geschiedenen, wenn vom Scheitern der Ehe auszugehen ist; zum anderen wird vermieden, dass derjenige Ehegatte begünstigt wird, dem es gelingt, die Scheidung zu verzögern. Mit Rücksicht darauf wird das bisherige **Altersphasenmodell** auch im Rahmen des Trennungsunterhalts **nicht mehr heranzuziehen,** sondern zu berücksichtigen sein, dass der Ehegatte in die verstärkte Eigenverantwortung hineinzuwachsen hat.[366] Dabei ist allerdings zu bedenken, dass die zusätzlich zu der Betreuung eines Kindes in einer Betreuungseinrichtung zu erbringenden eigenen Leistungen des Elternteils iVm. einer vollschichtigen Tätigkeit zu einer überobligationsmäßigen Belastung führen können. Insoweit ist deshalb zu prüfen, ob, in welchem Umfang und bis zu welchem Zeitpunkt die Erwerbspflicht des betreuenden Ehegatten unter dem Gesichtspunkt einer sich andernfalls ergebenden unzumutbaren Doppelbelastung noch eingeschränkt ist.[367] Dem bedürftigen Ehegatten kann im Einzelfall eine Teilzeitbeschäftigung zuzumuten sein, ins-

---

[362] BGH FamRZ 1981, 752, 754 (gemeinsam aufgenommenes Pflegekind); FamRZ 1982, 463 f. (nichteheliches Kind); FamRZ 1995, 995 (Kind, das unter Umgehung einer förmlichen Adoption in den Haushalt aufgenommen worden ist); *Staudinger/Voppel* RdNr. 213; *Wendl/Pauling* § 4 RdNr. 19 a; *Palandt/Brudermüller* RdNr. 14.

[363] BGH FamRZ 2006, 846, 847 (zum erhöhten Betreuungsbedarf sog. Problemkinder).

[364] Vgl. § 1570 RdNr. 4 bis 8.

[365] BGH FamRZ 2008, 963 Tz. 26; 2001, 350, 351.

[366] *Palandt/Brudermüller* RdNr. 13; *Wendl/Pauling* § 4 RdNr. 19, 19 a; *Göppinger/Wax/Bäumel* RdNr. 951; PWW/*Kleffmann* RdNr. 7; *Borth* RdNr. 74; *Büte* FuR 2008, 309, 310. Nach *Grandel* (in: *Schnitzler/Grandel* § 8 RdNr. 23) könnte sich ein modifiziertes Altersphasenmodell mit herabgesetzten Altersgrenzen anbieten.

[367] BGH FamRZ 2008, 1739 Tz. 103 f.

besondere wenn sie zu Hause ausgeübt werden kann.[368] Ist das Hauptmotiv für die Aufgabe einer zumutbaren Teilzeitbeschäftigung nicht in der Kinderbetreuung, sondern in der Zuwendung zu einem neuen Partner zu sehen, wird von einer Erwerbsobliegenheit auszugehen sein.[369] Wegen einer Erwerbstätigkeit entstehende Kosten der Kinderbetreuung sind zu berücksichtigen (RdNr. 32, 35). Aus voller Berufstätigkeit neben Kinderbetreuung während des Zusammenlebens folgt nicht, dass auch nach der Trennung in jedem Fall vom allein erziehenden Elternteil die Fortführung der Tätigkeit zu erwarten wäre. Vielmehr kommt dem Umstand Bedeutung zu, dass mit der Trennung die Mehrbelastung des ein Kind betreuenden Elternteils nicht wie früher durch den anderen Elternteil aufgefangen werden kann, sondern der betreuende Elternteil nunmehr grundsätzlich auf sich allein angewiesen ist.[370] – Um Aktualisierung seiner Ausbildung und Weiterbildung zwecks späterer Arbeitsplatzaufnahme muss sich der betreuende Elternteil bemühen, um bei Beginn der Erwerbspflicht eine adäquate Tätigkeit ausüben zu können.[371]

Betreut die Mutter neben ehelichen Kindern ein **in der Trennungszeit geborenes nichteheliches Kind,** so haften der Ehemann gemäß § 1361 und der Vater des nichtehelichen Kindes gemäß § 1615 l Abs. 2 S. 2 für ihren Unterhalt in entsprechender Anwendung von § 1606 Abs. 3 S. 1 anteilig.[372] Soweit das Alter der ehelichen Kinder an einer Erwerbstätigkeit nicht mehr hindert, besteht eine anteilige Mithaftung des Ehemannes nur insoweit, als er ohne die Geburt des nichtehelichen Kindes auf Unterhalt in Anspruch genommen werden könnte. Das neben der Betreuung der ehelichen Kinder erzielbare Einkommen ist der Mutter fiktiv zuzurechnen.[373] Entsteht ein Anspruch auf Trennungsunterhalt erst dadurch, dass die Ehefrau die bisher ausgeübte Erwerbstätigkeit wegen der Geburt eines nicht von ihrem Ehemann abstammenden Kindes aufgibt, so tritt der Anspruch auf Trennungsunterhalt hinter einem gleichzeitig bestehenden Anspruch aus § 1615 l zurück. Nur wenn auch bei Ausübung der Erwerbstätigkeit ein ungedeckter Bedarf der Mutter besteht, haftet der Ehemann anteilig neben dem Vater des Kindes.[374] 56

c) Alter oder Krankheit. Alter oder Krankheit kann die Erwerbspflicht ebenfalls mindern oder ausschließen. Bei Unterhaltsneurosen kommt es darauf an, ob eine krankheitsbedingte Erwerbsunfähigkeit oder eine – ggf. mit ärztlicher Hilfe – zu überwindende Flucht in die Krankheit vorliegt.[375] Der Bezug einer vorgezogenen Altersrente beseitigt die Arbeitsobliegenheit nicht.[376] Unterschiedliche Altersgrenzen für Männer und Frauen sind unter- 57

[368] ZB fremdsprachliche Übersetzungen, OLG München FamRZ 1981, 461, 462.

[369] OLG Naumburg FamRZ 1998, 552.

[370] BGH FamRZ 2006, 846, 848; OLG Düsseldorf FamRZ 1981, 39, 40; OLG Frankfurt FamRZ 1995, 877, 878.

[371] Approbierte Ärztin ohne praktische Berufserfahrung: OLG Hamm FamRZ 1998, 243, 244.

[372] BGH FamRZ 2008, 1739 Tz. 45 (für Ansprüche aus § 1570 und § 1615 l); 2007, 1303, 1305; 2005, 357, 358; 1998, 541, 543 f. = MDR 1998, 473 m. zust. Anm. *A. Wenger* = JuS 1998, 560 m. Anm. *Hohloch.*

[373] OLG Köln NJW-RR 2006, 218 (auch zur Ersatzhaftung vor Feststellung der Vaterschaft); OLG Koblenz FamRZ 2005, 804, 805 (auch dann, wenn der benannte Erzeuger seine Vaterschaft bestreitet und eine Unterhaltszahlung verweigert); OLG Hamm FamRZ 2000, 637.

[374] OLG Bremen FamRZ 2005, 213, 214 mit der zutr. Begr., die an sich analog § 1606 Abs. 3 S. 1 bestehende nur anteilige Haftung des Vaters des Kindes müsse sich mit Rücksicht auf dessen Verantwortlichkeit für die eingetretene Bedürftigkeit zu einer Alleinhaftung ausweiten. Der Haftungsmaßstab kann auch nach der Rspr. des BGH nach Lage des Einzelfalls wertend zu verändern sein, um der jeweiligen Verantwortung flexibel Rechnung zu tragen. AA OLG Jena FamRZ 2006, 1205 mit Rücksicht auf das Fehlen eines Verwirkungsgrundes und einen (nach damaliger Rechtslage) nicht bestehenden Vorrang des Anspruchs auf Betreuungsunterhalt gegenüber dem nicht auf Kinderbetreuung beruhenden Unterhaltsanspruch. Vgl. auch KG FamRZ 2001, 29, 30; OLG Hamm FamRZ 2000, 637 (LS); OLG Schleswig FamRZ 2000, 637, 638; *Wever/Schilling* FamRZ 2002, 581, 589; *Wendl/Pauling* § 7 RdNr. 34; *Büttner* FamRZ 2000, 781, 785. Zur anteiligen Haftung OLG Bremen FamRZ 2006, 1207, 1208 f.

[375] BGH FamRZ 1984, 660, 661; OLG Düsseldorf FamRZ 1981, 255, 256; *Göppinger/Wax/Bäumel* RdNr. 1030, auch zu weiteren Einzelheiten. Abzugrenzen ist die echte Erkrankung von der bloß simulierten. Vgl. § 1572 RdNr. 3. Zeitweiliges Aussetzen des Anspruchs kann sich empfehlen, um zu testen, ob die Schwellenangst vor dem Wiedereintritt in das Erwerbsleben für den Betroffenen überwindbar ist: *Kalthoener/Büttner/Niepmann* RdNr. 495.

[376] BGH FamRZ 1999, 708. Zu Ausnahmen: *Göppinger/Wax/Bäumel* RdNr. 1020 aE.

haltsrechtlich nicht anzuerkennen.[377] Die individuelle Zumutbarkeit hängt vielmehr von den jeweiligen Umständen ab. Auch ein Ehegatte, der nie berufstätig war, muss bei Trennung eine Arbeit aufnehmen, wenn ihn nicht besondere Umstände (Krankheit, Kinderbetreuung) daran hindern, und sich notfalls berufsqualifizierend weiterbilden. Wer bei fortbestehender häuslicher Gemeinschaft zur Erwerbstätigkeit verpflichtet gewesen wäre (§ 1360 RdNr. 12, 17), muss sich nach der Trennung erst recht darauf verweisen lassen.[378] Obliegenheitswidrig nicht erzieltes Einkommen ist wie erzieltes bei der Unterhaltsbemessung zu berücksichtigen.[379]

58 **d) Zeitpunkt der Beurteilung. Ausbildung.** Die „persönlichen Verhältnisse" iS des Abs. 2 sind zunächst nach der konkreten Situation im Zeitpunkt der Trennung zu beurteilen.[380] Die gemeinsame Lebensplanung kann aber auch nach der Trennung noch bedeutsam sein. Haben sich die Ehegatten zB dahin verständigt, dass einer von ihnen **studiert** und der andere den gemeinsamen Unterhalt erarbeitet, so kann dem Studenten der Abbruch des Studiums nicht zugemutet werden, wenn er es planvoll betreibt und ein erfolgreicher Abschluss mit daraus folgender Unterhaltssicherung zu erwarten ist.[381] Im Übrigen ist die Frage, ob ein getrennt lebender Ehegatte Unterhalt verlangen kann, soweit er durch eine **Berufsausbildung** an einer Erwerbstätigkeit gehindert ist, in Anlehnung an die §§ 1573 Abs. 1, 1574 Abs. 3 zu beantworten. Wenn die Ehe zerrüttet und die Trennung endgültig ist, kann ein Recht auf Ausbildung, ebenso wie eine Obliegenheit zur Ausbildung, in Betracht kommen, weil der Ehegatte sich auf eine Wiedereingliederung in das Erwerbsleben einstellen muss bzw. sich hierauf frühzeitig einrichten darf. In besonders gelagerten Ausnahmefällen kann auch ein Unterhaltsanspruch nach den Maßstäben des § 1575 in Betracht kommen, etwa wenn ein Ehegatte während der Trennungszeit im Vorgriff auf die Voraussetzungen des § 1575 eine Ausbildung aufnimmt, nachdem das endgültige Scheiten der Ehe feststeht.[382]

59 **3. Wirtschaftliche Verhältnisse.** Unter den wirtschaftlichen Verhältnissen beider Ehegatten sind die Einkommens- und Vermögensverhältnisse eines jeden zu verstehen (Abs. 1, dazu RdNr. 6ff.), seine Schulden, sonstigen Unterhaltspflichten und Bedürfnisse. Je schlechter der Unterhaltsschuldner situiert ist, desto eher ist dem Berechtigten eine Erwerbstätigkeit zuzumuten.[383] Demgegenüber ist die Erwerbsobliegenheit bei günstigen wirtschaftlichen Verhältnissen großzügiger zu beurteilen: Der unterhaltsberechtigte Ehegatte braucht sich zB nicht sogleich nach Ablauf des Trennungsjahrs auf eine nicht sozialversicherungspflichtige Tätigkeit verweisen zu lassen, sondern darf sich längerfristig um eine qualifizierte Beschäftigung bemühen.[384] Stellt sich eine aufgenommene selbständige Tätigkeit nach zwei oder drei Jahren als unrentabel heraus, ist der Wechsel in eine abhängige Stellung zumutbar (RdNr. 35 aE). An einem beruflichen Aufstieg nach der Trennung partizipiert der andere Ehegatte nur, wenn ein solcher schon vor der Trennung zu erwarten war, nicht bei außergewöhnlicher, unvorhersehbarer Karriere (RdNr. 12).

60 **4. Zu erwartende Tätigkeit. Beginn. Umfang.** Welche **Art der Erwerbstätigkeit** erwartet werden kann, richtet sich nach den Umständen des Einzelfalls,[385] aber auch nach

[377] BGH FamRZ 1999, 708, 709f.; *Büttner* NJW 1999, 2315, 2320; *Wendl/Pauling* § 4 RdNr. 92; aA *Göppinger/Wax/Bäumel* RdNr. 1021.

[378] BT-Drucks. 7/650 S. 101.

[379] Im Wege der Additions- bzw. Differenzmethode, wenn es als Surrogat des wirtschaftlichen Werts der Haushaltsführung anzusehen ist: BGH FamRZ 2003, 434, 435; 2004, 254, 255f.

[380] BGH FamRZ 2001, 350, 351; 1990, 283, 286.

[381] BGH NJW 1981, 1214, 1215 = FamRZ 1981, 439, 440; OLG Düsseldorf FamRZ 1991, 76.

[382] BGH FamRZ 2001, 350, 351.

[383] OLG Koblenz FamRZ 1994, 1253, 1254; OLG Karlsruhe FamRZ 1994, 755; OLG Bamberg NJW 1993, 601; OLG Hamm FamRZ 1997, 1073 (LS); *Staudinger/Voppel* RdNr. 221; *Johannsen/Henrich/Büttner* RdNr. 24; *Kalthoener/Büttner/Niepmann* RdNr. 454; *Wendl/Pauling* § 4 RdNr. 25.

[384] BGH FamRZ 1990, 283, 286; *Staudinger/Voppel* RdNr. 221; *Wendl/Pauling* § 4 RdNr. 25; *Johannsen/Henrich/Büttner* RdNr. 24. Krit. *Palandt/Brudermüller* RdNr. 15: Widerspruch zum Grundsatz der Eigenverantwortung.

[385] BT-Drucks. 7/650 S. 101.

der gesamtwirtschaftlichen Lage. Während einer Übergangszeit ist dem Ehegatten ein Unterhaltsanspruch nach dem Rechtsgedanken des § 1573 Abs. 1 zuzubilligen, damit er sich um eine angemessene Tätigkeit bemühen kann.[386] Das gilt entsprechend für die Ausweitung einer Teilzeitbeschäftigung.[387] – Der **Beginn** der Erwerbsobliegenheit kann nicht allgemein festgelegt werden, sondern richtet sich ebenfalls nach den Umständen des Einzelfalls.[388] Ein Jahr nach der Trennung ist einem bisher nicht Berufstätigen jedoch die Aufnahme intensiver Arbeitssuche im Allgemeinen zumutbar.[389] Die Frist von einem Jahr kann je nach den Umständen erheblich kürzer sein, etwa bei hoher Verschuldung und früherer langjähriger Tätigkeit während des Zusammenlebens,[390] oder wenn der bisher den Haushalt und die Kinder versorgende Ehegatte die Familie verlassen hat.[391] Die Frist kann bei langer Ehe und langjähriger Berufspause auch länger zu messen sein.[392] Sobald das endgültige Scheitern der Ehe feststeht,[393] gleichen sich die Voraussetzungen der Erwerbsobliegenheit tendenziell den Maßstäben des nachehelichen Unterhalts an (RdNr. 54 aE).

Der **Umfang** der aufzunehmenden Tätigkeit richtet sich nach den genannten Kriterien, 61
wobei sich insbesondere aus der Betreuungsbedürftigkeit von Kindern Einschränkungen ergeben können. Bei einer Obliegenheit zu vollschichtiger Tätigkeit muss idR eine zwar gesicherte, aber nicht ausweitbare Teilzeitbeschäftigung zu Gunsten einer vollen Stelle aufgegeben werden;[394] stattdessen kann aber auch die Aufnahme einer Nebenbeschäftigung in Betracht kommen.[395] Das Risiko des Verlusts der neuen Arbeitsstelle trägt grundsätzlich der Unterhaltspflichtige.[396] Die Beweislast für fortdauernde Unzumutbarkeit einer objektiv zumutbaren Erwerbstätigkeit trägt der Anspruchssteller.[397] Bei späterem schuldlosem **Verlust der Arbeitsstelle** (vgl. RdNr. 22) lebt der Anspruch ohne die Begrenzung des § 1573 Abs. 4 (der von nachehelicher Eigenverantwortlichkeit ausgeht) wieder auf.[398]

VI. Die Härteklausel (Abs. 3, § 1579)

1. Normzweck. Wesen. Die negative Härteklausel des Abs. 3 iVm. § 1579 Nr. 2 bis 8 62
bietet einen beschränkten Ersatz für die mit dem 1. EheRG entfallene Billigkeitsprüfung als Voraussetzung für eine Unterhaltspflicht unter getrennt lebenden Ehegatten (RdNr. 1 aE). Sie bildet eine spezielle Ausprägung des Grundsatzes von Treu und Glauben (§ 242) im Unterhaltsrecht und beruht auf dem Gedanken des Rechtsmissbrauchs verbunden mit dem unterhaltsrechtlichen **Gegenseitigkeitsprinzip** (§ 1360 RdNr. 3): Unterhaltsrechtliche Solidarität darf ein Ehegatte vom anderen nicht fordern, wenn er sie dem anderen nicht zuteil werden ließ.[399] *Frangenti fidem fides frangatur eidem* (Wer anderen die Treue bricht, dem soll man halten Treue nicht). **Schwere Loyalitätsverstöße** des Unterhaltsberechtigten lassen ein während des Zusammenlebens gewachsenes Vertrauen auf Versorgung nicht mehr als gerechtfertigt erscheinen. Unter den abschließend aufgezählten Voraussetzungen des § 1579 Nr. 2 bis 8 entfällt die Unterhaltspflicht ganz, nur zeitweilig oder sie wird – auch zeitweise – reduziert, soweit das Begehren grob unbillig wäre. Obwohl ein Rückfall in das Verschuldensprinzip vermieden werden sollte, enthalten die Ausnahmetatbestände Verschul-

---

[386] OLG Bamberg FamRZ 1997, 1486; OLG Hamm FamRZ 1997, 1536; *Staudinger/Voppel* RdNr. 223.
[387] OLG Hamm FamRZ 1994, 1253 (LS).
[388] BGH FamRZ 2001, 350, 351; FamRZ 1987, 691.
[389] OLG Köln NJW-RR 1995, 1157; *Johannsen/Henrich/Büttner* RdNr. 25.
[390] BGH FamRZ 2001, 350, 351; OLG Koblenz FamRZ 1994, 1253, 1254.
[391] OLG München FamRZ 1997, 313.
[392] BGH FamRZ 1986, 722, 724; KG FamRZ 1991, 1188; *Johannsen/Henrich/Büttner* RdNr. 25.
[393] Manifestiert etwa durch Einleitung des Scheidungsverfahrens oder den Abschluss einer Scheidungsfolgenvereinbarung: BGH FamRZ 2008, 963 Tz. 27; *Borth* RdNr. 74; *Viefhues/Mleczko* RdNr. 246.
[394] OLG Frankfurt FamRZ 2000, 25; OLG Celle FamRZ 1994, 963, 964 f.
[395] OLG Köln FamRZ 2002, 1627 (LS); OLG Schleswig FamRZ 1993, 72, 73.
[396] OLG Frankfurt FamRZ 2000, 25; *Staudinger/Voppel* RdNr. 226; *Johannsen/Henrich/Büttner* RdNr. 22.
[397] OLG Hamm FamRZ 1996, 1219, 1220.
[398] *Staudinger/Voppel* RdNr. 225.
[399] BGHZ 176, 150 Tz. 26 = FamRZ 2008, 1414 mwN.

denselemente, weil sich herausstellte, dass ein Trennungs- und Scheidungsfolgenrecht ohne die Möglichkeit, Unterhalt aus Gründen grober Unbilligkeit zu versagen, nicht gestaltet werden kann.[400] Da § 1579 nicht von Verwirkung spricht, kann die Unterhaltspflicht wieder aufleben.[401] Neben den unterhaltsrechtlichen Bestimmungen über den Verlust des Unterhaltsanspruchs haben die allgemeinen Regeln über die Verwirkung von Ansprüchen keine eigenständige Bedeutung.[402] Die auf das objektive Vorliegen eines Härtegrundes gestützte **Einwendung** ist von Amts wegen zu beachten. Unterhaltszahlungen über einen längeren Zeitraum trotz Kenntnis eines Härtegrundes kann als Verzicht auf seine Geltendmachung gedeutet werden.[403] Kein konkludenter Verzicht ist anzunehmen, wenn der unterhaltspflichtige Ehegatte das Zusammenleben trotz Vorliegens eines Härtegrundes zunächst versuchsweise fortsetzt: Er darf nicht schlechter stehen als jemand, der sofort Konsequenzen zieht (zum misslungenen Versöhnungsversuch s. RdNr. 69).

63 Die jeweiligen Ausnahmetatbestände sind mit Blick auf das Merkmal der „groben Unbilligkeit" **eng auszulegen;** ihr Vorliegen darf auch nicht zu einer schematischen Begrenzung führen. Zur Bejahung eines vom Anspruchsgegner zu beweisenden Härtegrundes[404] ist eine Billigkeitsprüfung vorzunehmen.[405] Der Anspruchssteller hat Tatsachen darzulegen und ggf. zu beweisen, die trotz des bewiesenen Härtegrundes sein Begehren nicht als grob unbillig erscheinen lassen sollen.[406] Ein Abänderungsbegehren (§§ 323 ZPO, 238 f. FamFG) erfordert eine erneute Billigkeitsprüfung unter den veränderten Umständen. Ob der Bedürftige bei Versagung des Anspruchs analog § 1611 Abs. 3 auch seine Verwandten nicht in Anspruch nehmen kann, ist in der Literatur streitig. Es spricht einiges dafür, dies nur dann zu verneinen, wenn sich der Härtegrund des § 1579 zugleich als unter § 1611 fallender Ausschlussgrund darstellt.[407]

64 **2. Vorrang der Kindesbetreuung.** Zugunsten des Unterhaltsgläubigers ist bei der Billigkeitsprüfung der **Vorrang von Kindesinteressen** zu berücksichtigen (vgl. 1579 RdNr. 65 ff.). Soweit ihm die Betreuung gemeinschaftlicher Kinder anvertraut ist, sind deren Belange zu wahren. Ein „Anvertrauen" geht über die rein faktische Kindesbetreuung hinaus und setzt eine Berechtigung hierzu aufgrund elterlicher Einigung (§ 1687 Abs. 1) oder gerichtlicher Sorgerechtsregelung voraus (§ 1579 RdNr. 68).[408] Trotz Herabsetzung oder Versagung des Unterhalts muss die Pflege und Erziehung der Kinder gesichert bleiben. Das setzt voraus, dass dem betreuenden Elternteil zumindest die Mittel zur Verfügung stehen, die er – ggf. zusammen mit seinen Erwerbseinkünften – zur Deckung seines Mindestbedarfs[409] benötigt. Die Belange des Kindes können auch gewahrt sein, soweit der betreuende Elternteil die erforderlichen Mittel von anderer Seite erhalten kann und deshalb auf den Unterhalt nicht angewiesen ist (zB Zuwendungen durch einen neuen Partner,

[400] Vgl. *Staudinger/Voppel* RdNr. 231; *Erman/Gamillscheg* RdNr. 50.

[401] Vgl. § 1579 RdNr. 77 bis 81; OLG Hamm FamRZ 2007, 1106 f.; OLG Schleswig MDR 2000, 770; *Kalthoener/Büttner/Niepmann* RdNr. 1193 ff. Eine einheitliche Beurteilung für alle Tatbestände ist nicht möglich. Erforderlich ist eine Würdigung des Einzelfalls, ob etwa der Härtegrund seiner Natur nach zeitlich begrenzt ist (Auflösung einer eheähnlichen Verbindung) oder ob die Inanspruchnahme dauerhaft grob unbillig erscheint (schwere Straftat).

[402] BGHZ 84, 280, 283 = FamRZ 1982, 898 = NJW 1982, 1999; FamRZ 1985, 376, 378 = NJW 1985, 1345, 1347; *Staudinger/Voppel* RdNr. 234. Zur Verwirkung wegen verzögerter Geltendmachung eines Unterhaltsanspruchs: RdNr. 76.

[403] OLG Düsseldorf FamRZ 1997, 1159. Von Verzeihung (RdNr. 69) zu unterscheiden.

[404] BGH FamRZ 1991, 670; FamRZ 1989, 1054; *Baumgärtel/Pruskowski* RdNr. RdNr. 28 sowie § 1579 RdNr. 86 ff.; *Kalthoener/Büttner/Niepmann* RdNr. 1025.

[405] BGH FamRZ 2002, 810, 813; NJW 1998, 1309. Zu den zu berücksichtigenden Gesichtspunkten: *Kalthoener/Büttner/Niepmann* RdNr. 1189; *Wendl/Gerhardt* § 4 RdNr. 617 ff.; *Schwab/Borth* IV RdNr. 399 ff.

[406] ZB die Verzeihung eines Fehlverhaltens oder sonst zu seinen Gunsten sprechende Umstände: *Johannsen/Henrich/Büttner* RdNr. 60; *Wendl/Gerhardt* § 4 RdNr. 613.

[407] AA 4. Aufl. RdNr. 35 aE. Zum Meinungsstand: *Maurer* FPR 2005, 331 ff. Vgl. auch § 1579 RdNr. 83.

[408] BGH FamRZ 1983, 142, 143; BVerfGE 57, 361 ff. = FamRZ 1981, 745 ff.

[409] Krit. zum Mindestbedarf, weil Betreuender und Kinder gemeinsam wirtschafteten und letztere deshalb an den erheblichen wirtschaftlichen Einschränkungen teilnähmen: *Johannsen/Henrich/Büttner* RdNr. 46; *Schwab* FamRZ 1997, 521, 525 f.; *Wendl/Gerhardt* § 4 RdNr. 626, 633.

kung in Betracht.[420] Bei fehlendem Zusammenleben von Anfang an ist Unterhalt schon dem Grunde nach zu versagen (s. RdNr. 5).

67 **b) Verfestigte Lebensgemeinschaft.** Der in der Praxis bedeutsamste Härtegrund, das dauerhafte Zusammenleben des Unterhaltsberechtigten mit einem neuen Partner, den die Rspr. früher unter Nr. 7 gefasst hat, ist durch das UÄndG 2007 als eigenständiger Ausschlusstatbestand normiert worden. Nach wie vor gilt, dass kein vorwerfbares Verhalten des Unterhaltsberechtigten sanktioniert wird, sondern es wird eine rein objektive Gegebenheit bzw. eine Veränderung in den Lebensverhältnissen des bedürftigen Ehegatten erfasst, die eine dauerhafte Unterhaltsleistung unzumutbar erscheinen lässt.[421] Ob im Einzelfall eine verfestigte Lebensgemeinschaft vorliegt, ist entsprechend der bisherigen, hierzu ergangenen Rspr. zu entscheiden. Vor Ablauf einer gewissen **Mindestdauer,** die idR mit zwei bis drei Jahren angesetzt wird, im Einzelfall aber auch kürzer sein kann, wird sich kaum verlässlich beurteilen lassen, ob die Partner nicht nur „probeweise" zusammen leben.[422] Einem gemeinsamen Haushalt wird regelmäßig indizielle Bedeutung für das Vorliegen einer Lebensgemeinschaft zukommen, wenngleich räumliches Zusammenleben und gemeinsame Haushaltsführung hierfür nicht zwingend erforderlich sind.[423] Legen die Partner ihre Beziehung dagegen bewusst auf Distanz an und entspricht dies auch dem Erscheinungsbild der Verbindung in der Öffentlichkeit, so ist die Entscheidung für eine solche Lebensgestaltung unterhaltsrechtlich zu akzeptieren; Auswirkungen auf den Unterhaltsanspruch nach Nr. 2 kommen dann nicht in Betracht.[424] Unerheblich ist, ob eine intime Beziehung oder die Möglichkeit der Eheschließung besteht.[425] Auch auf finanzielle Leistungsfähigkeit des neuen Partners kommt es grundsätzlich nicht an, denn der Härtegrund knüpft nicht an eine Bedarfsdeckung, sondern an ein Herauslösen aus der (nach-)ehelichen Solidarität als Anwendungsfall der groben Unbilligkeit an. Die Leistungsfähigkeit kann aber für die Frage, ob die Belange eines Kindes bei einer Beschränkung des Unterhaltsanspruchs gewahrt sind, Bedeutung haben, ebenso im Rahmen der umfassenden Billigkeitsabwägung.[426] Die genannten Grundsätze gelten ebenfalls für das Zusammenleben in einer gleichgeschlechtlichen Beziehung.[427]

68 **c) Verbrechen oder schwere vorsätzliche Vergehen.** Verbrechen oder schwere vorsätzliche Vergehen (§ 1579 **Nr. 3,** dort RdNr. 19 ff.), die der Berechtigte gegen den Verpflichteten oder einen nahen Angehörigen des Verpflichteten begangen hat, können ebenfalls zum vollen oder eingeschränkten Unterhaltsausschluss führen. Dieselben Tatbestandselemente wie Nr. 3 enthält § 2333 Nr. 3 (Pflichtteilsentziehung); für den Unterhaltsanspruch Verwandter vgl. § 1611 (unter anderem bei „schwerer Verfehlung" Reduktion nach Billigkeit und Wegfall bei grober Unbilligkeit). Bei Verbrechen (mit Freiheitsstrafe von mindestens einem Jahr bedroht, § 12 Abs. 1 StGB) wird die weitere Unterhaltszahlung meist grob unbillig sein. Vergehen haben dies nur dann zur Folge, wenn sie „schwer" sind. Die

---

[420] Vgl. AG Holzminden FamRZ 1994, 1033.

[421] BT-Drucks. 16/1830 S. 21.

[422] BGH FamRZ 1997, 671, 672; 2002, 810, 811. Indizien für eine bereits früher eingetretene Verfestigung können sein: Erwerb eines gemeinsamen Wohnzwecken dienenden Hausgrundstücks (OLG Köln FamRZ 2000, 290, 291; OLG Hamburg FamRZ 2002, 1038; OLG Schleswig FamRZ 2005, 277, 278; 2006, 954 f.); Zusammenleben mit gemeinsamem Kind (OLG Köln FF 2005, 192 f.; OLG Schleswig NJW-RR 2005, 734 f.).

[423] BGH FamRZ 2002, 23, 25; 1997, 671, 672; OLG Frankfurt FamRZ 2003, 99; OLG Saarbrücken FF 2003, 252 f.; OLG Hamm NJW-RR 2003, 1297; OLG Koblenz NJW-RR 2004, 1373; OLG Stuttgart OLGR 2005, 127 = FamRZ 2005, 1746 (LS); OLG Köln FF 2006, 319 f.; OLG Bremen FamRZ 2007, 1465, 1466; OLG Zweibrücken FamRZ 2008, 1630. Zu sonstigen Indizien für eine verfestigte Lebensgemeinschaft *Kalthoener/Büttner/Niepmann* RdNr. 1117 c; *Palandt/Brudermüller* RdNr. 12.

[424] BGH FamRZ 2002, 22, 25 m. Anm. *Schwab* 92 ff.

[425] BGH FamRZ 2002, 810, 812 f.; vgl. auch BT-Drucks. 16/1830 S. 21.

[426] BGH FamRZ 1989, 487, 491; *Kalthoener/Büttner/Niepmann* RdNr. 1117 d; *Schwab/Borth* IV RdNr. 505; vgl. auch BT-Drucks. 16/1830 S. 21. Krit. *Schwab* FamRZ 2005, 1417, 1420 f.

[427] BGH FamRZ 2008, 1414 Tz. 27 m. Anm. *Wellenhofer,* vgl. auch BGH FamRZ 2002, 810, 812; BT-Drucks. 16/1830 S. 21.

Schwere der Tat ist nicht nach dem im StGB vorgesehenen Strafrahmen zu beurteilen; entscheidend ist vielmehr, ob der Verpflichtete im Einzelfall von der Tat besonders schwer getroffen worden ist.[428] Als schwere Vergehen kommen auch Straftaten nach § 4 GewSchG in Betracht.[429] Nr. 3 setzt schuldhaftes Verhalten und damit Schuldfähigkeit voraus. Ein Mitverschulden des Verpflichteten ist zu berücksichtigen.[430] Verminderte **Schuldfähigkeit** kann genügen;[431] bei Schuldunfähigkeit iS des 20 StGB kann der Unterhaltsanspruch nicht beschränkt oder ausgeschlossen werden.[432] Von Schuldfähigkeit ist auszugehen; vorliegende Anzeichen für deren Verminderung oder Ausschluss hat der Anspruchsgegner auszuräumen.[433] Auch der Versuch und alle Teilnahmehandlungen unterfallen Nr. 3. Beim Versuch ist im Rahmen der Billigkeitsabwägung zu berücksichtigen, aus welchen Gründen die Vollendung gescheitert ist.[434] Ein Strafurteil bindet nicht.[435]

Als schwere Straftaten kommen sowohl Gewalt- und Vermögensdelikte als auch gravie- 69
rende Beleidigung, Verleumdung[436] und Falschaussage (zB im Ehelichkeitsanfechtungsprozess) in Betracht.[437] Unter den **Vermögensdelikten** sind Fälle (versuchten) Prozessbetrugs häufig, etwa im Unterhaltsrechtsstreit durch Verschweigen von Einkünften.[438] Umstände von einiger Bedeutung sind auch ungefragt zu offenbaren[439] (RdNr. 38 aE; § 1579 RdNr. 25 bis 27). Auf Nachfrage müssen sämtliche Einkünfte angegeben werden.[440] Das Erfordernis der „groben Unbilligkeit" gebietet aber, nur schwerwiegende Unredlichkeiten zu sanktionieren. Leichtere Unaufrichtigkeiten sind nicht mit scharfen Folgen zu belegen.[441] Ein Verschweigen von ohnehin anrechnungsfrei gebliebenen Einkünften, die den Mindestbedarf nicht übersteigen, wiegt weniger schwer.[442] – Bei eskalierenden Auseinandersetzungen von Ehegatten kommt es darauf an, welche Bedeutung sie selbst dem Vorfall beigemessen ha-

---

[428] *Staudinger/Voppel* RdNr. 239; *Schwab/Borth* IV RdNr. 437. AA 4. Aufl. RdNr. 39.

[429] OLG Bamberg FamRZ 2007, 1465 (LS).

[430] OLG Koblenz OLGR 1999, 223; OLG Hamm FamRZ 1995, 808; *Kalthoener/Büttner/Niepmann* RdNr. 1119.

[431] Sie kann im Rahmen der Gesamtabwägung die grobe Unbilligkeit aber auch beseitigen: BGH NJW 1982, 100; OLG Hamm FamRZ 2002, 240, 241; NJW 1990, 1119, 1120 = FamRZ 1990, 887.

[432] Im Einzelfall kann die Anwendung von Nr. 8 gerechtfertigt sein, weil objektive Gründe vorliegen, die eine Inanspruchnahme des Unterhaltspflichtigen unzumutbar erscheinen lassen: BGH BGHR § 1579 Nr. 7 Schuldunfähigkeit 1 u. 2. OLG Schleswig FamRZ 2000, 1375, 1376 f.: Berücksichtigung der Folgen der rechtswidrigen Tat jedenfalls dann, wenn sie fortwirken und derart schwer wiegen, dass die uneingeschränkte Unterhaltsverpflichtung unzumutbar und unverhältnismäßig wäre. Vgl. auch OLG Hamm FamRZ 1997, 1485, 1486: Nr. 7 aF nach Tötung eines gemeinsamen Kindes durch die Mutter im Zustand der Schuldunfähigkeit nur im Ergebnis verneint. Vgl. auch RdNr. 74.

[433] *Baumgärtel/Prukowski* § 1579 RdNr. 7.

[434] OLG Köln FamRZ 2003, 678, 679; NJW-FER 2001, 276; OLG Koblenz OLGR 1997, 245; *Johannsen/Henrich/Büttner* § 1579 RdNr. 8.

[435] *Baumgärtel/Pruskowski* § 1579 RdNr. 7; vgl. auch BGH FamRZ 2004, 612, 613.

[436] BGH NJW 1982, 100 ff.: jedenfalls wiederholte, schwerwiegende Beleidigungen und Verleumdungen, wenn sie mit nachteiligen Auswirkungen auf die persönliche und berufliche Entfaltung sowie die Stellung in der Öffentlichkeit verbunden sind.

[437] Vgl. die Zusammenstellung bei *Kalthoener/Büttner/Niepmann* RdNr. 1122 f.; *Schwab/Borth* IV RdNr. 439 ff.; *Wendl/Gerhardt* § 4 RdNr. 667 ff. sowie § 1579 RdNr. 20 ff.

[438] Im Regelfall wird dabei auch der Tatbestand der Nr. 5 – sich Hinwegsetzen über schwerwiegende Vermögensinteressen des Verpflichteten – erfüllt sein.

[439] Jedenfalls wenn ein Vergleich vorausgegangen ist: BGH FamRZ 2008, 1325 Tz. 28; 2000, 153 (erhebliche freiwillige Zuwendungen Dritter, die iR eines Unterhaltsrechtsstreits nicht angegeben wurden); OLG Schleswig FamRZ 2000, 1367 (verschwiegener Rentenbeginn); OLG Hamm NJW-RR 2003, 510 (verschwiegene Nebeneinkünfte). Für eine weitergehende Offenbarungspflicht – auch nach einem Urteil – *Büttner* FF 2008, 15, 17.

[440] OLG Karlsruhe FamRZ 2002, 1037, *Johannsen/Henrich/Büttner* RdNr. 12. Angaben dürfen nicht mit der Begründung zurückgehalten werden, sie seien unterhaltsrechtlich nicht von Bedeutung. Die Entscheidung hierüber obliegt dem Gericht; vgl. BGH FamRZ 2000, 153, 155.

[441] *Johannsen/Henrich/Büttner* § 1579 RdNr. 12. In jedem Fall ist auch das Prozessverhalten der Gegenseite in die Würdigung einzubeziehen. Vgl. aber BGH FamRZ 2007, 1325, 1327: Das Verschweigen von Einkünften durch den Verpflichteten könne die unterbliebene Mitteilung einer Einkommenssteigerung der Berechtigten nicht ungeschehen machen.

[442] OLG Hamm FamRZ 1998, 561. Mangelnde Kausalität der Pflichtverletzung.

ben;[443] aus dem Verzicht auf eine Strafanzeige kann idR geschlossen werden, dass sie nicht von einer schwerwiegenden Tat ausgegangen sind. – Im Übrigen ist für die unterhaltsrechtliche Beurteilung einer Straftat zu fragen, ob das Vergehen den Verpflichteten ebenso schwer trifft wie den Berechtigten der Verlust des Unterhaltsanspruchs.[444] Danach ist im Rahmen der gebotenen Gesamtabwägung zu entscheiden, ob und ggf. inwieweit die Inanspruchnahme des Verpflichteten grob unbillig ist. Ein nicht als schwerwiegend beurteiltes Vergehen kann keinen Versagungsgrund nach der Generalklausel der Nr. 8 bilden, weil es an der „gleichen Schwere" fehlt.[445] Die tatrichterliche Beurteilung der Schwere des Vergehens ist nur begrenzt revisibel.[446] – Als an einem nahen Angehörigen[447] verübte Straftaten kommen unter anderem sexuelle Vergehen an einem Kind des Verpflichteten in Betracht.[448] Fahrlässige Tötung genügt nicht.[449] Eine kaltblütige Eifersuchtstat gegenüber dem neuen Partner des Unterhaltsschuldners sollte zur Verwirkung (zumindest gemäß § 1579 Nr. 8) genügen.[450] – Versuchsweise Wiederaufnahme der Lebensgemeinschaft oder Festhalten an ihr sind nicht stets als **Verzeihung** mit Fortfall des Verwirkungsgrundes zu würdigen: Anfängliche Versöhnungsbereitschaft darf nicht bestraft, Unversöhnlichkeit nicht durch Wegfall der Unterhaltspflicht prämiiert werden.[451] Ein Versöhnungsversuch kann misslingen und ist von definitiver Verzeihung zu unterscheiden. Zu beweisen hat eine Verzeihung der Unterhaltskläger.[452] – Die Rechtsfolgen treten grundsätzlich nur für die Zukunft ein; besondere Umstände der Tat können in Ausnahmefällen auch die Inanspruchnahme wegen Unterhaltsrückständen grob unbillig erscheinen lassen.[453]

70 **d) Mutwillig herbeigeführte eigene Bedürftigkeit.** Mutwillig herbeigeführte eigene Bedürftigkeit (§ 1579 **Nr. 4,** dort RdNr. 28 ff.) dient der Abgrenzung des Bereichs der (nach-) ehelichen Solidarität gegen grob unbillige Unterhaltsforderungen.[454] Seine Anwendung setzt unterhaltsbezogene Mutwilligkeit voraus.[455] Der Berechtigte muss sich über die von ihm erkannte Möglichkeit nachteiliger Folgen für seine Bedürftigkeit bewusst oder in Verantwortungs- und Rücksichtslosigkeit gegen den Verpflichteten hinweggesetzt haben. Dabei braucht er nicht vorsätzlich oder absichtlich gehandelt zu haben, vielmehr genügt leichtfertiges Verhalten.[456] Erfasst wird jede **selbstverschuldete Arbeitsplatzaufgabe** entgegen der Erwerbsobliegenheit des § 1361 Abs. 2 (auch in Gestalt einer provozierten Kündigung von Seiten des Arbeitgebers). Erfasst wird ferner die **Verschleuderung** oder die völlig unwirtschaftliche Anlage **von Vermögen;** ebenso eine leichtfertig herbeigeführte Beeinträchtigung der Erwerbsfähigkeit. Soweit letztere auf einer Suchterkrankung beruht, geht der Vorwurf nicht dahin, der Berechtigte habe in Kenntnis einer gesundheitlichen Gefahr gehandelt,[457] sondern er habe eine zumutbare, Erfolg versprechende Behandlung zur

---

[443] OLG Düsseldorf FamRZ 1994, 896; *Kalthoener/Büttner/Niepmann* RdNr. 1118, 1125.

[444] *Soergel/Häberle* § 1579 RdNr. 6; *Johannsen/Henrich/Büttner* § 1579 RdNr. 11; *Schwab/Borth* IV RdNr. 438.

[445] OLG Düsseldorf FamRZ 1983, 585, 587.

[446] BGH FamRZ 1984, 34, 35.

[447] Der Begriff ist nicht mit dem in § 11 Abs. 1 Nr. 1 StGB definierten Personenkreis gleichzusetzen; es kommt weniger auf die rechtliche Verbindung als auf eine besondere soziale und gefühlsmäßige Verbundenheit an: *Baumgärtel/Pruskowski* § 1579 RdNr. 6.

[448] OLG Hamm NJW 1990, 1119 = FamRZ 1990, 887; FamRZ 2002, 240.

[449] *Göppinger/Wax/Bäumel* RdNr. 1159.

[450] Auch wenn keine häusliche Gemeinschaft mit dem neuen Partner begründet wurde. Str.: für Einbeziehung des neuen Lebensgefährten *Baumgärtel/Pruskowski* § 1579 RdNr. 6; aA *Göppinger/Wax/Bäumel* RdNr. 1159; § 1579 RdNr. 19 aE.

[451] Im Erg. ebenso *Johannsen/Henrich/Büttner* § 1579 RdNr. 45; *Baumgärtel/Pruskowski* § 1579 RdNr. 8; aA *Schwab/Borth* IV RdNr. 435.

[452] *Johannsen/Henrich/Büttner* § 1579 RdNr. 45; *Baumgärtel/Pruskowski* § 1579 RdNr. 8.

[453] BGH FamRZ 2004, 612, 613 f.

[454] BGH FamRZ 1984, 364, 367.

[455] BGH FamRZ 1988, 375, 378; 1984, 364, 367; 1981, 1042, 1044 f.; 2000, 815, 817 (für die Entsprechung auf Seiten des Verpflichteten); OLG Koblenz FamRZ 1990, 51, 52; *Staudinger/Voppel* RdNr. 242.

[456] BGH FamRZ 1988, 375, 378; 1984, 364, 367; 1981, 1042, 1044 f.; 2000, 815, 817.

[457] Darin kann regelmäßig keine Mutwilligkeit gesehen werden, vgl. BGH FamRZ 2000, 815, 816; OLG Hamm FamRZ 2006, 1603, 1605.

Wiederherstellung seiner Erwerbsfähigkeit unterlassen. Die Annahme leichtfertigen Verhaltens ist insofern nur dann gerechtfertigt, wenn die Einsicht in die Behandlungsbedürftigkeit und die Fähigkeit, danach zu handeln, nicht suchtbedingt erheblich eingeschränkt waren.[458] In anderen Fällen krankheitsbedingt eingeschränkter oder völliger Erwerbsunfähigkeit knüpft der Vorwurf daran, dass eine gebotene und zumutbare (weil nicht über das allgemeine Lebensrisiko hinausgehende) ärztliche Behandlung, die Aussicht auf Heilung oder wesentliche Besserung versprochen hätte, nicht wahrgenommen wurde.[459] Beruht das Unterlassen der Behandlung allerdings auf der Krankheit selbst, fehlt es wiederum an einer Vorwerfbarkeit.[460] Weitere Anwendungsfälle der Nr. 4 sind die zweckwidrige Verwendung von Alters- und Krankenvorsorgeunterhalt, das Unterlassen einer für eine angemessene Erwerbstätigkeit als notwendig erkannten, Erfolg versprechenden Ausbildungsmaßnahme, um den Unterhaltsanspruch zu erhalten, sowie die unterbliebene Geltendmachung vermögensrechtlicher Ansprüche.[461] Die Trennung ist als solche keine mutwillig herbeigeführte Bedürftigkeit.[462] Dasselbe gilt nach der Rspr. des BGH, wenn die Ehefrau einen Kinderwunsch mit dem Ehemann (durch Täuschung über die Anwendung empfängnisverhütender Mittel) oder im Wege der homologen In-vitro-Fertilisation ohne sein Einverständnis realisiert. Insofern fehlt es an einer unterhaltsbezogenen Leichtfertigkeit.[463]

e) Mutwilliges Hinwegsetzen über schwerwiegende Vermögensinteressen des Verpflichteten. Mutwilliges Hinwegsetzen über schwerwiegende Vermögensinteressen des Verpflichteten (§ 1579 **Nr. 5**) ist ein Fall widersprüchlichen Verhaltens: Wer seinen Ehepartner auf Unterhalt in Anspruch nimmt, darf dessen Leistungsfähigkeit nicht untergraben. Wie bei Nr. 4 ist mutwilliges Handeln, das zumindest leichtfertiges Verhalten voraussetzt, erforderlich. Erfasst werden schwerwiegende Einkommens- und Vermögensschädigungen – wobei eine Gefährdung ausreicht[464] –, etwa durch Anschwärzen bei Geschäftspartnern oder beim Arbeitgeber;[465] belastende Aussagen in einem Disziplinarverfahren, anstatt vom Aussageverweigerungsrecht Gebrauch zu machen, selbst wenn sie sich letztlich als zutreffend herausstellen;[466] Anschwärzen beim Finanzamt;[467] ferner gezielt existenzgefährdendes Herabsetzen im Patientenkreis eines Arztes bzw. innerhalb der Klientel eines Rechtsanwalts. – Nr. 5 kommt darüber hinaus in Betracht, wenn unterhaltsrelevante Umstände nicht offenbart werden (Anstieg des Einkommens, Zusammenleben mit einem neuen Partner in eheähnlicher Gemeinschaft),[468] ebenso wenn Vermögen mit der Folge verschwendet worden 71

---

[458] BGH NJW 1981, 2085, 2086 f. = FamRZ 1981, 1042, 1044; FamRZ 1988, 375, 377 f.; OLG Bamberg FamRZ 1998, 370. Zum Problemkreis des Alkoholmissbrauchs *Finke* FPR 1998, 9 ff. Vgl. auch *Kalthoener/Büttner/Niepmann* RdNr. 1129.

[459] OLG Hamm FamRZ NJW-RR 2003, 510; 1996, 1080; OLG Köln FamRZ 1999, 920.

[460] BGH FamRZ 2005, 1897, 1898 (fehlende Krankheitseinsicht in eine Schizophrenie).

[461] Zu Einzelheiten *Kalthoener/Büttner/Niepmann* RdNr. 1129 f.; *Schwab/Borth* IV RdNr. 447; *Wendl/Gerhardt* § 4 RdNr. 683 ff.

[462] BGH FamRZ 1989, 1160; FamRZ 1986, 434.

[463] BGH FamRZ 2001, 541, 543 f. Zust. *Schwab/Borth* IV RdNr. 450, 465 *Kalthoener/Büttner/Niepmann* RdNr. 1129. Krit. *Palandt/Brudermüller* RdNr. 23; *Niepmann* MDR 2002, 794, 796.

[464] BGH FamRZ 2008, 1325 Tz. 27; OLG Düsseldorf FamRZ 1996, 1419 f.

[465] OLG Zweibrücken FamRZ 1989, 63 (Äußerung des Verdachts von Diebstählen am Arbeitsplatz sowie von sexuellen Übergriffen auf Auszubildende); OLG Karlsruhe FamRZ 1998, 746, 747 (Diebstahlsverdacht); OLG Düsseldorf FamRZ 1996, 1418, 1419 f.; OLG Koblenz EzFamR aktuell 1996, 279 = FamRZ 1997, 418 (LS) (Äußerung eines – wohl begründeten – Korruptionsverdachts aus Hass und Rachsucht).

[466] OLG Köln FamRZ 1995, 1580 ff. (u. a. Ehebruchsvorwurf gegenüber dem Dienstherrn eines evangelischen Pfarrers).

[467] Im Einzelfall kann aber in Wahrnehmung berechtigter Interessen gehandelt worden sein, etwa bei Sachvortrag im Unterhaltsrechtsstreit, die ehelichen Lebensverhältnisse seien durch nicht versteuerte Einkünfte geprägt gewesen, der die Vorlage der Akten an die Ermittlungsbehörden zur Folge hatte: OLG Zweibrücken OLGR 2002, 105.

[468] BGH FamRZ 2008, 1325 Tz. 28: Verpflichtung zur ungefragten Information, jedenfalls bei vorausgegangenem Vergleich; offengelassen, ob sich die Pflicht bereits aus dem unterhaltsrechtlichen Treueverhältnis ergibt; vgl. auch *Büttner* FF 2008, 15 ff.; ebenso OLG Hamm FamRZ 2007, 215, 216; bei Verschweigen im Rahmen des Unterhaltsrechsstreits; OLG Frankfurt FuR 2002, 83; OLG Hamm FamRZ 2002, 242, 243.

ist, dass die Klage des Verpflichteten auf Zugewinnausgleich gemäß § 1378 Abs. 2 wegen Vermögenslosigkeit des Berechtigten abgewiesen wird.[469] – Die Weigerung zur Mitwirkung an der steuerlichen Zusammenveranlagung begründet allein noch keine mutwillige Verletzung schwerwiegender Vermögensinteressen.[470]

72 **f) Wegen gröblicher längerfristiger Verletzung der eigenen Beitragspflicht zum Familienunterhalt.** Wegen gröblicher längerfristiger Verletzung der eigenen Beitragspflicht zum Familienunterhalt während des Zusammenlebens (§§ 1360, 1601 ff.) kann ein Unterhaltsanspruch nach der Trennung nach dem Talionsprinzip ausgeschlossen oder beschränkt werden („Wie du mir, so ich dir"), § 1579 **Nr. 6,** dort RdNr. 36 ff. Der Tatbestand ist den §§ 1587 c Nr. 3, 1587 h Nr. 3 nachgebildet. Für den Zugewinnausgleich findet sich eine Parallelvorschrift in § 1381 Abs. 2. Die praktische Bedeutung der Bestimmung, die eine „gröbliche" Verletzung voraussetzt und damit zB über den Vorwurf der Vernachlässigung des Haushalts deutlich hinausgeht, ist gering.

73 **g) Eindeutig beim Berechtigten liegendes, offensichtlich schwerwiegendes Fehlverhalten gegenüber dem Verpflichteten.** Eindeutig beim Berechtigten liegendes, offensichtlich schwerwiegendes Fehlverhalten gegenüber dem Verpflichteten (§ 1579 **Nr. 7,** dort RdNr. 43 ff.) erfasst wiederum die Unbilligkeit der Unterhaltsgewährung aufgrund widersprüchlichen Verhaltens des Berechtigten, der sich zum einen aus den ehelichen Bindungen löst, zum anderen aber die (nach-)eheliche Solidarität durch ein Unterhaltsbegehren einfordert und damit gegen das Prinzip der Gegenseitigkeit verstößt.[471] Wesentlicher Anwendungsbereich ist ein Fehlverhalten vor dem Scheitern der Ehe, wobei die Verletzung der ehelichen Treuepflicht im Vordergrund steht.[472] Die „reaktive Flucht" aus bereits gescheiterter Ehe erfüllt den Tatbestand dagegen idR nicht,[473] auch wenn die Treuepflicht bis zur rechtskräftigen Scheidung fortbesteht.[474] Als Hauptanwendungsfall von Nr. 7 kommt demgemäß der **Ausbruch aus intakter Ehe** und die Zuwendung zu einem neuen Partner in Betracht, wobei unerheblich ist, ob es sich um einen heterosexuellen oder einen gleichgeschlechtlichen Partner handelt und ob die Begründung einer eheähnlichen Gemeinschaft oder die Aufnahme eines nachhaltigen, auf längere Dauer angelegten intimen Verhältnisses im unmittelbaren Anschluss an die Trennung oder erst später erfolgt.[475] Eindeutig beim Berechtigen liegen hingegen nur **einseitige Eheverfehlungen.**[476] Unanwendbar ist Nr. 7 deshalb, wenn der verlassene Ehegatte nicht unerhebliche Mitschuld an der Zerrüttung trägt,[477] vor allem wenn er seinerseits Ehebruch beging[478] (§ 1579 RdNr. 51). Weitere Anwendungsfälle von Nr. 7 können sein: die fortgesetzte, massive Vereitelung des Umgangsrechts,[479] das **Unterschieben eines** von einem Dritten abstammenden **Kindes,**[480] der

[469] OLG Hamm FamRZ 2007, 1889, 1890. Weitere Anwendungsfälle bei *Schnitzler* FPR 2006, 376 ff.; *Palandt/Brudermüller* § 1579 RdNr. 26; *Kalthoener/Büttner/Niepmann* RdNr. 1133 f.

[470] Vgl. OLG Hamm FamRZ 2004, 1786, 1787; OLG Celle FamRZ 1994, 1324; aA § 1579 RdNr. 35.

[471] BGHZ 176, 150 Tz. 26 = FamRZ 2008, 1414 m. krit. Anm. *Wellenhofer* = FF 2008, 413 m. zust. Anm. *Schnitzler* = FPR 2008, 452 m. zust. Anm. *Zimmermann*; OLG Hamm FamRZ 2006, 1538, 1539. Zur Verfassungsmäßigkeit BVerfG FamRZ 1980, 319, 324.

[472] KG FamRZ 2006, 1542 f.; OLG Hamm FamRZ 2006, 1538, 1539; OLG Frankfurt NJW 2006, 3286; OLG Koblenz FPR 2002, 446.

[473] BGH FamRZ 1981, 752, 753; BGHZ 176, 150 Tz. 30 = FamRZ 2008, 1414.

[474] BGH FamRZ 1983, 569, 572; 1995, 344, 345.

[475] BGHZ 176, 150 Tz. 22, 26 f. = FamRZ 2008, 1414; OLG Brandenburg FPR 2008, 639, 640.

[476] BGH NJW 1981, 1782 = FamRZ 1981, 752, 753; NJW 1982, 1461, 1462 = FamRZ 1982, 463, 464.

[477] ZB langdauernde beharrliche Vorenthaltung jeglichen ehelichen Verkehrs: KG NJW-RR 1992, 648, 649 = FamRZ 1992, 571.

[478] BGH FamRZ 1989, 487, 489; NJW 1987, 893, 895. Zu weiteren Gründen, die gegen eine Einseitigkeit des Fehlverhaltens sprechen können: *Kalthoener/Büttner/Niepmann* RdNr. 1144, 1146 f.; *Wendl/Gerhardt* § 4 RdNr. 745 ff.; *Palandt/Brudermüller* § 1579 RdNr. 31.

[479] BGH FamRZ 2007, 883 Tz. 64 f.; OLG München FamRZ 2006, 1605; OLG Schleswig FamRZ 2004, 808.

[480] BGH FamRZ 1985, 267; OLG Brandenburg NJW-RR 2000, 1098; OLG Köln FamRZ 1998, 749; OLG Frankfurt OLGR 1998, 176; OLG Schleswig SchlHA 1998, 159 f.; OLG Hamburg FamRZ 1996, 946. Die Geltendmachung ist grundsätzlich erst nach rechtskräftiger Feststellung des Nichtbestehens der Vaterschaft

leichtfertig und ohne hinreichend gravierende Anhaltspunkte gegen einen Elternteil geäußerte Verdacht des Kindesmissbrauchs,[481] ehebrecherische Beziehungen, die besonders schwer sind,[482] weil sie langfristig[483] oder mit häufig wechselnden Partnern[484] geführt wurden,[485] Eingriffe in das Eigentum des Verpflichteten durch Vernichtung von Gegenständen von beträchtlichem Wert.[486] Nicht ausreichend ist hingegen die schlichte Trennung vom Ehegatten,[487] die regelmäßig Voraussetzung für eine Ehescheidung ist.

h) Sonstige, ebenso schwerwiegende Gründe. Die General- oder **Auffangklausel** des 74
§ 1579 **Nr. 8** (dort RdNr. 55 ff.) erfasst außer verschuldeten auch **objektive,** nicht auf vorwerfbarem Verhalten des Anspruchsstellers beruhende Versagungsgründe,[488] so etwa bei Einigkeit der Eheschließenden, (vorerst) keine Lebensgemeinschaft miteinander einzugehen.[489] Bei Unanwendbarkeit von Nr. 3 wegen Schuldunfähigkeit kann eine Unterhaltsleistung nach Nr. 8 objektiv unzumutbar sein.[490] Auch nach kurzfristigem Zusammenleben und späterem langjährigem Getrenntleben ohne Unterhaltsbegehren kann eine unbefristete Unterhaltsgewährung grob unbillig sein.[491] Die Beziehung zu einem neuen Partner, die sich (noch) nicht als verfestigte Lebensgemeinschaft iS der Nr. 2 darstellt, kann in Ausnahmefällen als Härtegrund nach Nr. 8 zu bewerten sein, zB wenn sie wegen besonderer, etwa kränkender oder sonst anstößiger Begleitumstände geeignet ist, den Verpflichteten in außergewöhnlicher Weise zu treffen.[492] Umstände, die für sich allein die Anwendung der Nr. 2 bis 7 nicht zu rechtfertigen vermögen, können idR auch den Auffangtatbestand nicht erfüllen, allenfalls wenn sie zusammen mit weiteren Gesichtspunkten einen „anderen Grund" iS der Nr. 8 abgeben können.[493]

VII. Art und Weise der Unterhaltsgewährung (Abs. 4)

1. Laufende monatliche Geldrente. Sonderbedarf. Naturalleistung. Verzug. Für 75
die *praenumerando* (üblicherweise bis zum dritten Kalendertag) zu zahlende Unterhaltsrente gilt das **Monatsprinzip** (Abs. 4 S. 2 und 3). Auch für den Monat der Scheidungsrechtskraft ist der volle Monatsbetrag zu zahlen.[494] Vorausleistungen sind gemäß §§ 1361 Abs. 3, 1360 a

---

des Ehemannes zulässig: OLG Köln FamRZ 2003, 1751; OLG Düsseldorf NJW-RR 1994, 197, 198 = FamRZ 1993, 962, 964.

[481] OLG Frankfurt FuR 2005, 460, 46; OLG Celle FamRZ 2008, 1627, 1629, wenn auszuschließen ist, dass das Verhalten in Wahrnehmung der Interessen des Kindes erfolgte. Vgl. hierzu KG FamRZ 1995, 355 f.; *Kalthoener/Büttner/Niepmann* RdNr. 1157.

[482] Bei Wiederaufnahme einer früheren ehebrecherischen Beziehung bejaht von OLG Hamm FamRZ 1996, 289.

[483] BGH NJW 1981, 1214, 1215 = FamRZ 1981, 439, 441; NJW 1982, 1216, 1217 f. = FamRZ 1982, 466, 468; NJW 1983, 451 = FamRZ 1983, 142; NJW 1986, 722; OLG Oldenburg FamRZ 1981, 775, 776 f.; OLG Frankfurt FamRZ 1994, 169.

[484] BGH FamRZ 1983, 670, 671 f.; OLG Frankfurt OLGR 2002, 8. Nicht, wenn verziehen: OLG Hamm FamRZ 1997, 1080, 1081.

[485] Als ohne weitere Umstände nicht ausreichend angesehen wird es, wenn die Ehefrau während der Trennungszeit ein Kind von einem anderen Partner geboren hat: OLG Bremen FamRZ 2005, 213 f.; OLG Köln NJW-RR 2006, 218; OLG Jena FamRZ 2006, 1205; offen gelassen von OLG Koblenz FamRZ 2005, 804, 805. Nr. 7 ist ebenfalls verneint worden, wenn trotz lang andauernden intimen Verhältnisses zu einem Dritten die Ehegemeinschaft fortgesetzt und der Bestand der Ehe nicht in Frage gestellt wurde: OLG Köln FamRZ 2007, 1463, 1464.

[486] OLG Oldenburg FamRZ 2002, 243, 244.

[487] BGHZ 176, 150 Tz. 25 = FamRZ 2008, 1414.

[488] BGH FamRZ 1983, 569; 1987, 572; 1988, 930; 1994, 566; OLG Hamm FamRZ 1996, 1080, 1081; OLG Celle FamRZ 1986, 910, 912.

[489] BGH FamRZ 1994, 558 f.

[490] OLG Hamm FamRZ 1998, 371 f.; OLG Schleswig FamRZ 2000, 1375, 1376 f. Vgl. auch OLG Hamm FamRZ 1997, 1485, 1486 bei Tötung eines gemeinsamen Kindes in schuldunfähigem Zustand; ferner RdNr. 68.

[491] BGH FamRZ 1988, 930, 932; OLG Köln FamRZ 1999, 93; OLG Brandenburg NJW-RR 2004, 581.

[492] BGH FamRZ 1989, 487, 490.

[493] BGH FamRZ 1987, 572, 575; 1980, 981, 983.

[494] *Luthin* FamRZ 1985, 262 f.; *Schmitz* FamRZ 1988, 700; *Kalthoener/Büttner/Niepmann* RdNr. 231; *Schwab/Borth* IV RdNr. 138 Die gegenteilige Ansicht von BGHZ 103, 62, 67 = NJW 1988, 1137 = FamRZ

Abs. 3, 1614 Abs. 2, 760 Abs. 2 nur für drei Monate wirksam, so dass der Verpflichtete bei weitergehenden Zahlungen auf eigene Gefahr handelt und erforderlichenfalls erneut leisten muss.[495] Die Rente steht dem Berechtigten zur freien Verfügung zu;[496] über ihre Verwendung schuldet er keine Rechenschaft. Gemäß Abs. 4 S. 1 deckt die Rente den laufenden (regelmäßig wiederkehrenden) Bedarf. Abweichend von der Zahlung einer Geldrente können auch Naturalunterhaltsleistungen vereinbart werden.[497] In der Praxis finden sich vor allem solche durch unentgeltliche Wohnungsüberlassung (§ 1361 b RdNr. 18); diese erlaubt einen Abzug vom Barunterhalt in Höhe des angemessenen Nutzungswertes (vgl. RdNr. 27). Unregelmäßiger, außergewöhnlich hoher Bedarf (**Sonderbedarf,** §§ 1613 Abs. 2 Nr. 1, 1585 b Abs. 1) kann ggf. neben der laufenden Geldrente verlangt werden.[498] Er wird zusätzlich zum bereits titulierten Unterhalt mittels Zusatzklage geltend gemacht. Die verzugsbegründende **Mahnung** erfordert grundsätzlich eine ziffernmäßige Angabe des geschuldeten Betrages.[499] Die bloße Berechnungsmöglichkeit für den Verpflichteten anhand von Tabellen genügt nicht.[500] Ausreichend ist die sog. **Stufenmahnung,** dh. die mit dem Auskunftsersuchen gemäß Abs. 4 Satz 4, § 1605 verbundene Aufforderung, den daraus resultierenden Unterhalt zu zahlen. Seit der Neufassung des § 1613 Abs. 1 zum 1. 7. 1998 bedarf es der Stufenmahnung im Rahmen des Verwandtenunterhalts und kraft Verweisung auch im Rahmen des Trennungsunterhalts allerdings nicht mehr; Unterhalt für die Vergangenheit kann von dem Zeitpunkt an gefordert werden, zu dem der Verpflichtete zur Auskunftserteilung zum Zweck der Geltendmachung des Unterhaltsanspruchs aufgefordert worden ist.[501]

76 **2. Anzuwendende weitere Vorschriften (Abs. 4 Satz 4). Nachforderung von Rückständen. Verjährung. Verwirkung.** Wegen der Bezugnahme auf die §§ 1360 a Abs. 3 bis 4, §§ 1360 b und 1605 (auf deren Erläuterung verwiesen wird) schuldet der Unterhaltspflichtige insbesondere auch einen **Prozesskostenvorschuss** (§ 1360 a RdNr. 20 ff.). Für Mehrleistungen gilt ferner die **Vermutung des fehlenden Rückforderungswillens** (§ 1360 b); aus dem Getrenntleben allein darf eine Rückforderungsabsicht nicht gefolgert werden (§ 1360 b RdNr. 9). § 1605 gewährt dem Unterhaltskläger ebenso wie § 1580 den praktisch wichtigen **Auskunftsanspruch.** Für die **Vergangenheit** kann Unterhalt gemäß Abs. 4 S. 4, §§ 1360 a Abs. 3, 1613 Abs. 1 vom Zugang des Auskunftsbegehrens (vgl. RdNr. 75) an verlangt werden; bei Verfolgungshindernissen (§ 1613 Abs. 2 Nr. 2, Abs. 3) uU auch darüber hinaus.[502] Eine § 1578 b entsprechende Befristungsmöglichkeit ist im Rahmen des Trennungsunterhalts dagegen nicht vorgesehen. Nach der Begründung des Regierungsentwurfs[503] fehlt für eine entsprechende Anwendung der Bestimmung eine Notwendigkeit, solange die Ehe besteht. Ungeachtet dessen kann in besonders gelagerten Fällen – etwa bei nur kurzer Zeit des Zusammenlebens und sehr langem Getrenntleben – eine Inanspruchnahme grob unbillig sein und zur Annahme eines Härtegrundes nach Abs. 3 iVm. § 1579 Nr. 8 führen.[504] – Unterhaltsansprüche **verjähren,** ohne dass es auf eine

---

1988, 370 erscheint dogmatisch nicht zwingend und erweist sich auch als wenig praktikabel: Der Eintritt der Rechtskraft der Scheidung lässt sich im Voraus nicht verlässlich bestimmen; Rückforderungsansprüche werden aber regelmäßig an der Entreicherung des Berechtigten scheitern.

[495] BGH FamRZ 1993, 1186 = NJW 1993, 2105.

[496] Im Gegensatz zum Wirtschaftsgeld nach § 1360 a Abs. 2 S. 2; s. dort RdNr. 16.

[497] BGH FamRZ 1997, 484 = NJW 1997, 731.

[498] BGH NJW 1982, 328, 329 = FamRZ 1982, 145, 146 (Arztkosten); FamRZ 1983, 29 (Umzugskosten zur Erlangung einer Arbeitsstelle); OLG Düsseldorf FamRZ 1982, 1068, 1069 (Umzugskosten bei unerwarteter Trennung); *Staudinger/Voppel* RdNr. 273; *Kalthoener/Büttner/Niepmann* RdNr. 335.

[499] BGH FamRZ 1985, 155, 157; 1984, 163.

[500] Vgl. § 1585 b RdNr. 7; *Kalthoener/Büttner/Niepmann* RdNr. 273.

[501] Seit Inkrafttreten des UÄndG 2007 am 1. 1. 2008 nimmt auch § 1585 b Abs. 2 für den nachehelichen Unterhalt auf § 1613 Abs. 1 Bezug.

[502] *Johannsen/Henrich/Graba* § 1613 RdNr. 13 a, b; *Kalthoener/Büttner* NJW 1998, 2012, 2016.

[503] BT-Drucks. 16/1830 S. 16.

[504] Weitergehend *Graba* FamRZ 2008, 1217, 1221: analoge Anwendung auch im Fall einfacher Unbilligkeit.

Titulierung ankommt, nach der Neufassung der Verjährungsvorschriften zum 1. 1. 2002 gemäß §§ 197 Abs. 2, 195 in drei Jahren. Erfasst werden, anders als nach früherem Recht,[505] auch Ansprüche auf Sonderbedarf (§§ 1613 Abs. 2, 1585 b Abs. 1). Die Verjährungsfrist beginnt nach § 199 Abs. 1 mit dem Schluss des Jahres, in dem der Anspruch entstanden ist und der Gläubiger von den den Anspruch begründenden Umständen und der Person des Schuldners Kenntnis erlangt oder ohne grobe Fahrlässigkeit erlangen müsste.[506] Die Verjährung von Ansprüchen zwischen Ehegatten ist gehemmt, solange die Ehe besteht (§ 207 Abs. 1 S. 1). Wegen § 207 insoweit unverjährbare Ansprüche können darum infolge treuwidrig verzögerter Geltendmachung **verwirkt** werden (§ 242); deswegen hat der Verwirkungseinwand hier größere praktische Bedeutung als sonst im Verjährungsrecht. Da Unterhalt für die Vergangenheit nur ausnahmsweise gefordert werden kann (§ 1613 Abs. 1), sind an das „Zeitmoment" keine strengen Anforderungen zu stellen. Die Jahresfrist des § 1585 b Abs. 3 (dort RdNr. 26) ist zwar nicht analog anzuwenden, das „Zeitmoment" kann aber erfüllt sein, wenn die Rückstände Zeitabschnitte betreffen, die etwas mehr als ein Jahr zurückliegen.[507] Weitere Rechtsfolgen des Getrenntlebens s. § 1567 RdNr. 67.

VIII. Prozessuales

1. Zuständigkeit. Verfahren. Darlegungs- und Beweislast. Sachlich ausschließlich zuständig ist das Amtsgericht als Familiengericht nach §§ 23 a Abs. 1 Nr. 1 GVG, 23 b Abs. 1, 111 Nr. 8 FamFG.[508] Örtlich ausschließlich zuständig ist nach § 232 Abs. 1 FamFG während der Anhängigkeit einer Ehesache das Gericht, bei dem die Ehesache im ersten Rechtszug anhängig ist oder war. Sofern eine Zuständigkeit nach § 232 Abs. 1 FamFG nicht besteht, bestimmt sich die Zuständigkeit nach den Vorschriften der ZPO (§§ 12 ff.) mit der Maßgabe, dass in den Vorschriften über den allgemeinen Gerichtsstand an die Stelle des Wohnsitzes der gewöhnliche Aufenthalt tritt (§ 232 Abs. 3 S. 1 FamFG).[509] Abweichend von den §§ 91 ff. ZPO entscheidet das Gericht in Unterhaltssachen nach billigem Ermessen über die Verteilung der Kosten des Verfahrens auf die Beteiligten (§ 243 FamFG).[510] Endentscheidungen in Familienstreitsachen[511] werden mit Rechtskraft wirksam. Soweit die Endentscheidung eine Verpflichtung zur Leistung von Unterhalt enthält, soll das Gericht die sofortige Wirksamkeit anordnen (§ 116 Abs. 3 FamFG). Die §§ 708 bis 713 ZPO sind nicht anwendbar.[512] Nach § 235 FamFG kann das Gericht anordnen, dass der Antragsteller und der Antragsgegner Auskünfte über ihre Einkünfte, ihr Vermögen und ihre persönlichen und wirtschaftlichen Verhältnisse erteilen, soweit dies für die Bemessung des Unterhalts von Bedeutung ist, ferner dass die Wahrheitsgemäßheit und Vollständigkeit der Auskunft schriftlich versichert wird.[513] – Bezüglich etwa bereits vorliegender Vollstreckungstitel hat der Anwalt zwecks richtiger Antragsstellung (Erst- oder Abänderungsantrag; vgl. RdNr. 78) seinen Mandanten bei Ungenauigkeit von dessen Angaben zu befragen.[514] § 308 ZPO *(ne ultra* 77

---

[505] BGHZ 103, 160, 167 = FamRZ 1988, 387 = NJW 1988, 2604.

[506] Die bis zur Rechtskraft des Urteils aufgelaufenen Leistungen bzw. bis zum Abschluss eines Vergleichs oder Errichtung einer vollstreckbaren Urkunde entstandenen Ansprüche verjähren dagegen in 30 Jahren (§ 197 Abs. 1 Nr. 3 und 4). Zur Übergangsregelung s. Art. 229 § 6 EGBGB.

[507] BGHZ 103, 62 = NJW 1988, 1137 = FamRZ 1988, 370, 372; aA 4. Aufl. Vgl. auch BGH FamRZ 2002, 1698 (zum Elternunterhalt).

[508] Zur Rechtslage vor dem Inkrafttreten des FGG-Reformgesetzes am 1. 9. 2009 vgl. 4. Aufl.

[509] Zu weiteren Zuständigkeiten nach Wahl des Antragstellers vgl. § 232 Abs. 3 S. 2 FamFG.

[510] Zu den hierbei insbesondere zu berücksichtigenden Gesichtspunkten vgl. § 243 S. 2 FamFG, etwa Nr. 4 (sofortiges Anerkenntnis nach § 93 ZPO).

[511] Solche sind u. a. die Verfahren, die die durch Ehe begründete Unterhaltspflicht betreffen, §§ 112 Nr. 1, 231 Abs. 1 Nr. 2 FamFG.

[512] BT-Drucks. 16/6308 S. 226.

[513] Die „schriftliche Versicherung" ist aber keine eidesstattliche Versicherung, so dass eine falsche Erklärung nicht nach § 156 StGB strafbar ist.

[514] BGH NJW 1998, 2048 = FamRZ 1998, 896. Der Anwalt haftet, selbst wenn das Gericht entgegen § 139 ZPO nicht auf sachdienliche Antragsstellung hinwirkte oder wenn es die Leistungsklage rechtsfehlerhaft nicht in eine Abänderungsklage umdeutete; krit. *Büttner* NJW 1999, 2315, 2325.

petita) ist nach der Verweisung in § 113 Abs. 1 FamFG auf die Vorschriften der ZPO zu beachten; besonders zu beantragen sind Sonderbedarf (RdNr. 75) und Vorsorge-Unterhalt (RdNr. 47 f.). Die Darlegungs- und **Beweislast** wird grundsätzlich entsprechend den Informationssphären der Parteien verteilt.[515] Demgemäß hat der Anspruchssteller seine Bedürftigkeit zu beweisen.[516] Der Beweis einer ausnahmsweisen Erwerbsobliegenheit gemäß Abs. 2 oder eines Härtegrundes gemäß Abs. 3 ist grundsätzlich vom Anspruchsgegner zu führen. Steht die Erwerbsobliegenheit fest, muss der Anspruchssteller beweisen, dass ihm die Arbeitsaufnahme aus gesundheitlichen Gründen oder wegen der Situation am Arbeitsmarkt nicht möglich ist.[517] Der Kläger trägt ferner die Darlegungs- und Beweislast für die Angemessenheit seiner Unterhaltsforderung.[518] Der Anspruchsgegner muss seine fehlende oder eingeschränkte Leistungsfähigkeit beweisen.[519] – Über Prozesskostenhilfe ist nach den §§ 114 ff. ZPO zu entscheiden, da die §§ 76 bis 79 FamFG bei Familienstreitsachen nicht anwendbar sind.

78 **2. Abänderung gerichtlicher Entscheidungen sowie von Vergleichen und Urkunden. Änderungen nach Klageabweisung.** § 323 ZPO wird mit dem Inkrafttreten des FGG-Reformgesetzes zum 1. 9. 2009 geändert und den §§ 238 ff. FamFG angepasst. Die Bestimmung betrifft in der neuen Fassung nur noch Urteile, während die Abänderung von Vergleichen und Urkunden in § 323 a ZPO geregelt ist. § 238 FamFG gilt für die Abänderung gerichtlicher Endentscheidungen, die nach § 38 Abs. 1 FamFG allein durch Beschluss ergehen. § 238 Abs. 1 und 2 FamFG entsprechen § 323 Abs. 1 und 2 ZPO. Die für eine Herab- oder Heraufsetzung des Unterhalts zu wahrenden Zeitgrenzen ergeben sich aus § 238 Abs. 3 FamFG. Abs. 4 sieht vor, dass im Falle einer wesentlichen Änderung die Ausgangsentscheidung unter Wahrung ihrer Grundlagen anzupassen ist. Die Abänderung von Vergleichen und Urkunden ist in § 239 FamFG geregelt. – Die Rechtskraft einer abgewiesenen Unterhaltsklage bildet bei späterer Änderung der zugrunde liegenden Verhältnisse nach hM kein Hindernis für eine erneute Unterhaltsklage.[520] Die Gegenmeinung,[521] nach der in diesem Fall § 323 ZPO entsprechend anzuwenden ist, vermag nicht zu überzeugen. § 323 ZPO passt auf klageabweisende Urteile schon dem Wortlaut nach nicht. Die Abänderung einer Vorverurteilung (gleich in welcher Höhe) erfordert einen Angriff gegen den Vollstreckungstitel durch prozessuale Gestaltungsklage. Eine Klageabweisung bildet jedoch in der Hauptsache keinen Vollstreckungstitel. Die Verurteilung zur Rentenzahlung erfolgt aufgrund einer in die Zukunft wirkenden Bedarfsprognose. Eine Klageabweisung erfasst demgegenüber nur den gegenwärtigen Zeitpunkt; für die Zukunft ist dem Kläger kein Anspruch aberkannt.

79 **3. Verhältnis zum Geschiedenen-Unterhalt.** Zum Familienunterhalt bei intakter Ehe (§§ 1360, 1360 a) bestehen zahlreiche Unterschiede (s. RdNr. 1), zum Unterhalt unter Geschiedenen hingegen viele Übereinstimmungen. Die Übereinstimmungen zum Geschiedenenunterhalt manifestieren sich in gesetzlichen Bezugnahmen (Abs. 3) und in diversen jurisdiktionellen Analogieschlüssen. Unterschiede zeigen sich hingegen in den Grundannahmen: Die Garantie des zunächst aufrecht zu erhaltenden bisherigen Lebensstandards verpflichtet den getrennt lebenden Unterhaltsberechtigten nur ausnahmsweise zu einer Erwerbstätigkeit (RdNr. 51 ff.). Nach der Scheidung ist hingegen umgekehrt von prinzipieller Eigenverantwortlichkeit auszugehen; die grundsätzlich bestehende Pflicht zu angemessener eigener Erwerbstätigkeit wird nur in bestimmten Bedarfssituationen eingeschränkt. Angesichts von einerseits gleichen, andererseits unterschiedlichen Merkmalen fragt sich, ob die Ähnlichkeiten oder die Unterschiede überwiegen. Hiernach richtet sich, ob real von

---

515 *Baumgärtel/Pruskowski* RdNr. 1.

516 BGH FamRZ 1995, 291; 1986, 244, 246; 1984, 988; *Johannsen/Henrich/Büttner* RdNr. 158.

517 *Baumgärtel/Pruskowski* RdNr. 6 ff.

518 *Baumgärtel/Pruskowski* RdNr. 1.

519 *Baumgärtel/Pruskowski* RdNr. 21.

520 BGH FamRZ 2005, 101; 1990, 863, 864; 1985, 376, 377.

521 *Göppinger/Wax/Vogel* RdNr. 2409; *Zöller/Vollkommer* § 323 ZPO RdNr. 22: *Wax* LMK 2005, 27, 28; *ders.* FamRZ 1982, 347, 348.

gleichen oder von unterschiedlichen Lebenssachverhalten und prozessual von identischen oder von disparaten Streitgegenständen auszugehen ist. Nach der Rspr. des BGH sind ehelicher und nachehelicher Unterhalt nicht identisch.[522] Titel, die Trennungsunterhalt zum Gegenstand haben, können nach rechtskräftiger Scheidung deshalb nicht gemäß § 323 ZPO in solche auf nachehelichen Unterhalt „angepasst" werden. Diese Ansicht hat sich trotz damit verbundener prozessualer Nachteile für die Parteien[523] in der Praxis durchgesetzt.

4. Einstweiliger Rechtsschutz. Die Neuregelung des einstweiligen Rechtsschutzes[524] 80
durch die §§ 49 ff. FamFG führt zu einem Systemwechsel:[525] Anders als nach den §§ 621 g, 644, 127 a ZPO setzt die Zulässigkeit nicht mehr die Anhängigkeit einer gleichartigen Hauptsache bzw. eines entsprechenden Prozesskostenhilfegesuchs oder einer Ehesache voraus. Für den Erlass einer einstweiligen Anordnung sind erforderlich: ein Antrag (§ 51 Abs. 1 FamFG)[526] und ein Anordnungsanspruch, dh. eine materiell-rechtliche Grundlage für den Anspruch. Der Antrag ist zu begründen; die Voraussetzungen für die Anordnung sind glaubhaft zu machen (§ 51 Abs. 1 FamFG). In Abweichung von der Regelung des § 49 FamFG gelten nach § 246 FamFG folgende Besonderheiten, wenn die Verpflichtung zur Zahlung von Unterhalt oder eines Kostenvorschusses für ein gerichtliches Verfahren angeordnet werden soll: Es erfolgt nicht nur eine vorläufige Sicherung oder Regelung eines Zustands, sondern es wird eine Zahlungspflicht begründet; ein dringendes Bedürfnis für ein sofortiges Tätigwerden des Familiengerichts ist nicht notwendig. Anders als bei der Leistungsverfügung (§§ 935, 940 ZPO) erfolgt weder eine Befristung noch eine Begrenzung des Unterhalts der Höhe nach auf den zur Abdeckung eines Mindestbedarfs notwendigen Betrag. Die dadurch geschaffene verfahrensrechtliche Möglichkeit dürfte in vielen Fällen zur Folge haben, dass ein Hauptsacheverfahren überflüssig wird, weil der Antragsteller im Wege der einstweiligen Anordnung schneller und einfacher zu seinem Ziel kommen kann (zB keine Beweisführung, sondern Glaubhaftmachung).[527] Im Übrigen gelten die §§ 50 bis 57 FamFG: Die einstweilige Anordnung auf Unterhalt ist mithin unanfechtbar, falls sie auf mündliche Verhandlung ergangen ist (§ 57 S. 1 FamFG). Der Zahlungspflichtige kann aber ein Hauptsacheverfahren erzwingen (§ 52 Abs. 2 FamFG) bzw. – falls ohne mündliche Verhandlung entschieden wurde – den Antrag stellen, aufgrund mündlicher Verhandlung erneut zu entscheiden (§ 54 Abs. 2 FamFG) sowie die Aufhebung oder Änderung der Entscheidung beantragen (§ 54 Abs. 1 FamFG). Das Außerkrafttreten der einstweiligen Anordnung bestimmt sich nach § 56 FamFG. Sie tritt – ebenso wie nach § 620 f ZPO – nicht ohne weiteres mit der Rechtskraft des Scheidungsurteils außer Kraft. Eine Änderung kann prozessual durch eine negative Feststellungsklage herbeigeführt werden,[528] die mit der Klage auf Rückforderung überzahlten Unterhalts verbunden werden kann. Rückzahlung kann unter den Voraussetzungen der §§ 812 Abs. 1, 818 mit der Leistungskondiktion verlangt werden. Der Leistungsempfänger kann sich auf den Wegfall der Bereicherung (§ 818 Abs. 3) berufen. Die Entreicherung muss er zwar beweisen, die Rspr. hat insofern jedoch, insbesondere für untere und mittlere Einkommensverhältnisse, Beweiserleichterungen geschaffen.[529] Die Berufung auf den Entreicherungseinwand ist dem Unterhaltsempfänger in den Fällen der verschärften Haftung gemäß §§ 818 Abs. 4, 819 Abs. 1 verwehrt. Die Anwendung von § 818 Abs. 4 erfordert die Rechtshängigkeit der Rückforderungsklage.[530] § 820 ist auf Unterhaltsüberzahlungen nicht anwendbar, auch nicht analog.[531] – Für

[522] BGHZ 78, 130 ff. = NJW 1980, 2811 = FamRZ 1980, 1099 f.; BGH FamRZ 1981, 242, 243 m. abl. Anm. *Mutschler.*
[523] Vgl. 4. Aufl. RdNr. 49.
[524] Zu der vor dem 1. 9. 2009 geltenden Rechtslage vgl. 4. Aufl. RdNr. 50 f.
[525] So *van Els* FPR 2008, 406, 408.
[526] Wenn – wie bei einem Unterhaltsbegehren – ein entsprechendes Hauptsacheverfahren nur auf Antrag eingeleitet wird.
[527] *Zimmermann* Das neue FamFG RdNr. 423.
[528] BGHZ 143, 65 = FamRZ 2000, 751 = NJW 2000, 740; BGH FamRZ 1991, 180 = NJW 1991, 705 f.
[529] BGHZ 118, 363 = FamRZ 1992, 1152; BGH FamRZ 2000, 751 = NJW 2000, 74.

die Kosten des Verfahrens der einstweiligen Anordnung gelten die allgemeinen Vorschriften (§ 51 Abs. 4 FamFG).

81 **5. Sicherheitsleistung. Pfändung. Arrest.** Ein gesetzlicher Anspruch auf Sicherheitsleistung für den Unterhaltsanspruch besteht nicht; § 1585 a ist nicht entsprechend anwendbar (dort RdNr. 1). Vereinbarung einer Sicherheitsleistung ist zulässig, sie ändert nicht die Rechtsnatur des zu sichernden Anspruchs (vgl. § 1585 c RdNr. 14). Ein titulierter Anspruch ermöglicht die vorteilhafte Vorratspfändung gemäß § 850 d Abs. 3 ZPO. Unterhaltsansprüche können bei Gefährdung, etwa wenn sich abzeichnet, dass der Schuldner sich in das Ausland absetzt, durch **Arrest** gesichert werden; der Arrestgrund der Auslandsvollstreckung (§ 917 Abs. 2 ZPO) gilt im Geltungsbereich von EuGVO bzw. EuGVÜ/LugÜ nicht allgemein.[532]

82 **6. Pfändbarkeit. Aufrechnung.** Pfändbar ist die laufende Unterhaltsrente einschließlich eventueller Rückstände, auch wenn vertraglich modifiziert (RdNr. 49), gemäß § 850 b Abs. 1 Nr. 2, Abs. 2 ZPO nur beschränkt. Der zweckgebundene Anspruch auf Deckung von Sonderbedarf ist unpfändbar. Soweit unpfändbar, ist der Anspruch auch nicht abtretbar (§ 400). Unpfändbaren Unterhaltsansprüchen gegenüber kann mit einem Rückforderungsanspruch wegen überhöht beigetriebenen Unterhaltsraten (zB aufgrund überzogener Lohnpfändung) grundsätzlich nicht **aufgerechnet** werden (§ 394).[533] Mit einer Schadensersatzforderung aus einer im Rahmen des Unterhaltsrechtsverhältnisses begangenen vorsätzlichen unerlaubten Handlung kann der Unterhaltsschuldner aufrechnen, da in einem solchen Fall dem Aufrechnungsverbot des § 394 der Einwand der Arglist entgegensteht. Dem Unterhaltsberechtigten muss jedoch das Existenzminimum verbleiben. Da der Unterhaltsgläubiger nicht verpflichtet ist, Vorauszahlungen auf den Trennungsunterhalt für einen längeren Zeitraum als drei Monate entgegen zu nehmen (§§ 1614 Abs. 2, 760 Abs. 2, 1361 Abs. 4, 1360 a Abs. 3), kann gegen den Anspruch auf Unterhalt auch nicht in weitergehendem Umfang aufgerechnet werden.[534] Trotz der bei Vorsatz gebotenen Restriktion des § 394 besteht die Aufrechnungsmöglichkeit nicht, wenn der Gläubiger bis zur Klärung des Schuldvorwurfs Sicherheit leistet.[535]

§ 1361 a Verteilung der Haushaltsgegenstände bei Getrenntleben

(1) [1] Leben die Ehegatten getrennt, so kann jeder von ihnen die ihm gehörenden Haushaltsgegenstände von dem anderen Ehegatten herausverlangen. [2] Er ist jedoch verpflichtet, sie dem anderen Ehegatten zum Gebrauch zu überlassen, soweit dieser sie zur Führung eines abgesonderten Haushalts benötigt und die Überlassung nach den Umständen des Falles der Billigkeit entspricht.

(2) Haushaltsgegenstände, die den Ehegatten gemeinsam gehören, werden zwischen ihnen nach den Grundsätzen der Billigkeit verteilt.

(3) [1] Können sich die Ehegatten nicht einigen, so entscheidet das zuständige Gericht. [2] Dieses kann eine angemessene Vergütung für die Benutzung der Haushaltsgegenstände festsetzen.

---

530 BGH FamRZ 1998, 951, auch zur Bösgläubigkeit bzgl. zuviel gezahlten Unterhalts gemäß § 819 Abs. 1. Hierzu ferner BGHZ 133, 246 = NJW 1996, 2652; BGHZ 118, 383 = FamRZ 1992, 1152.

531 BGH FamRZ 1998, 951; aA 4. Aufl. RdNr. 50.

532 Ausführliche Darstellung bei *Menne* FamRZ 2004, 6 ff. Bei Wegzug des Schuldners nach Übersee kein Arrestgrund, wenn ausreichendes Grundvermögen zurückbleibt: OLG Stuttgart NJW-RR 1996, 775 = FamRZ 1997, 181 f.

533 Zu Einzelheiten *Wohlfahrt* FamRZ 2001, 1183 ff. AA OLG Schleswig FamRZ 1986, 707; OLG Hamburg und OLG Naumburg FamRZ 1999, 436 und 437 sowie 4. Aufl. RdNr. 53.

534 BGH FamRZ 1993, 1186, 1187 f.

535 AG Groß-Gerau FamRZ 1995, 297 f.

(4) Die Eigentumsverhältnisse bleiben unberührt, sofern die Ehegatten nichts anderes vereinbaren.

Schrifttum (vgl. auch das zu § 1568 a): *Brudermüller,* Ehewohnung und Hausrat als Streitobjekt bei Trennung der Ehegatten, FuR 1996, 229; *ders.,* Regelungen der Nutzungs- und Rechtsverhältnisse an Ehewohnung und Hausrat, FamRZ 1999, 129, 193; FamRZ 2003, 1705; FamRZ 2006, 1157; FamRZ 2008, 1895; *Hambitzer,* Der possessorische Besitzschutz unter getrennt lebenden Ehegatten, FamRZ 1989, 236; *Haußleiter/Schulz,* Vermögensauseinandersetzung bei Trennung und Scheidung, 4. Aufl. 2004; *Klein,* Rechtsverhältnisse an Ehewohnung und Hausrat, FuR 1997, 39, 73, 107, 142, 199, 239, 269; *Kobusch,* Die eigenmächtige Hausratsteilung, FamRZ 1994, 935; *ders.,* Der Hausrat als Streitobjekt zwischen getrenntlebenden Ehegatten, 1995; *ders.,* Eigenmächtiges Handeln bei der Trennung, FPR 1998, 129; *Krebs,* Die Eigentumsvermutung des § 1006 Abs. 1 S. 1 BGB bei Auszug aus einer gemeinschaftlichen Wohnung, FamRZ 1994, 281; *Kuhnt,* Die Regelung des Hausrats nach der Ehescheidung, AcP 150 (1949), 130; *Quambusch,* Zur rechtlichen Behandlung der Vorräte bei Ehescheidung und Getrenntleben, FamRZ 1989, 691; *Smid,* Einheitlicher Prozess über Herausgabeansprüche zwischen Ehegatten etc., AcP 189 (1989), 51; *Vlassopoulos,* Der eheliche Hausrat im Familien- und Erbrecht, 1983; *H. Vogel,* Herausgabe eigenmächtig entfernten Hausrats, FamRZ 1981, 839; *Walter,* Die eigenmächtige Hausratsteilung, JZ 1983, 54.

Übersicht

I. Normzweck

1. Normzweck. Durch § 1361 a soll der Gebrauch der Haushaltsgegenstände einstweilen geregelt werden können. Abs. 1 Satz 1 gibt jedem Ehegatten einen Anspruch auf Herausgabe ihm gehörender Haushaltsgegenstände gegen den getrenntlebenden Partner. Ist die Herausgabe unbillig, weil dem Partner bestimmte Haushaltsgegenstände unentbehrlich sind, gewährt Abs. 1 Satz 2 insoweit einen **Gebrauchsüberlassungsanspruch.** Die Ansprüche nach § 1361 a Abs. 1 sind Teil des Anspruchs auf Trennungsunterhalt nach § 1361; vor dem GleichberG waren beide gemeinsam in § 1361 aF geregelt. Sie dienen aber nicht dazu, den vor der Trennung erreichten Lebensstandard zu erhalten.[1] Erzielt werden soll vielmehr ein billiger Ausgleich zwischen der dinglichen Berechtigung an Hausratsgegenständen und dem Interesse an ihrer Benutzung zwecks Führung eines gesonderten Haushalts während der Trennung. Abs. 2 enthält eine Regelungsmöglichkeit für die im Miteigentum der Ehegatten stehenden Haushaltsgegenstände. 1

[1] OLG Köln FamRZ 1980, 249, 250.

2 **2. Parallelvorschriften.** Für Geschiedene enthält § 1568 b entsprechende Regelungen. Danach können (im Gegensatz zu § 1361 a Abs. 4) auch die Eigentumsverhältnisse durch Richterspruch geändert werden. Eine analoge Anwendung auf ehelos Zusammenlebende scheidet aus (s. aber Nach § 1302 RdNr. 45).

II. Allgemeine Voraussetzungen

3 **1. Getrenntleben.** Nach dem Wortlaut von Abs. 1 S. 1 wird das Getrenntleben der Ehegatten vorausgesetzt. Der Begriff entspricht dem des § 1361 (dort RdNr. 5) sowie der Legaldefinition des § 1567.[2] Die Gründe, die zu dem Getrenntleben geführt haben, sind für die Anwendbarkeit der Bestimmung unerheblich; sie können aber im Rahmen der Billigkeitsprüfung nach Abs. 1 S. 2, Abs. 2 Bedeutung haben.[3] Im Unterschied zu § 1361 b genügt die Absicht des Getrenntlebens nicht. Dies erscheint wenig sachgerecht, hat es doch zur Folge, dass nicht gleichzeitig mit der Regelung der Nutzung der Ehewohnung eine solche bezüglich des Hausrats erfolgen kann. Mit Rücksicht darauf wird die Auffassung vertreten, der Wortlaut des § 1361 a hindere nicht, die Anwendung der Norm schon bei bloßer Trennungsabsicht zuzulassen.[4] Der strikten Formulierung des Gesetzes entspricht dies freilich nicht.

4 **2. Haushaltsgegenstände.** Der Begriff Haushaltsgegenstände (so auch in § 1568 b) ist identisch mit den „Gegenständen des ehelichen Haushalts" nach §§ 1369, 1932 und mit dem „Hausrat" nach §§ 8 ff. der zum 1. 9. 2009 außer Kraft getretenen HausratsVO (abweichend der versicherungsvertragliche Hausratsbegriff). Erfasst werden bei der gebotenen (und im Rahmen des § 1361 a, der nicht auf eine endgültige Regelung zielt, jedenfalls unbedenklichen) weiten Auslegung alle beweglichen Gegenstände, die nach den Lebens- und Vermögensverhältnissen der Ehegatten für die gemeinsame Wohnung, die Hauswirtschaft und das Zusammenleben der Familie sowie deren Freizeitgestaltung bestimmt sind.[5] Die betroffenen Gegenstände müssen als Hausrat geeignet, ihre Zweckbestimmung muss auf die tatsächliche Verwendung im Rahmen der Lebensführung der Familie gerichtet sein.[6] Der Zeitpunkt der Anschaffung ist unerheblich; auch vor der Eheschließung – bis zur endgültigen Trennung – für den gemeinsamen Haushalt erworbene Gegenstände sind Hausrat.[7] Dazu gehört die **Wohnungseinrichtung** (vgl. § 1 HausratsVO; § 1568 b sieht insofern von einer ausdrücklichen Erwähnung ab) – soweit nicht ausschließlich für einen Ehegatten bestimmt (Arbeitszimmer) – einschließlich Lampen, Teppichen, Bildern und sonstigem Wandschmuck, Haus- und Küchengeräten, Geschirr, Besteck, Gläsern, Wäsche, Heizmaterial.[8] Je nach Ehezuschnitt können dies auch wertvolle Gegenstände einschließlich kostbarer **Kunstgegenstände** sein.[9] Hinzukommen alle der Versorgung, Erziehung, Ausbildung und Gesundheit der Kinder dienenden Sachen.[10] Über die Gegenstände des körperlichen Wohlbefindens hinaus ist Hausrat alles der **Bildung und Unterhaltung** der Familienmitglieder Dienliche,[11] wie Radio- und Fernsehgeräte, Film- und Videogeräte, Musikanlagen,[12] Bücher,[13] auch Nachschlagewerke,[14] aber nicht

---

[2] *Staudinger/Voppel* RdNr. 6; *Johannsen/Henrich/Brudermüller* RdNr. 8; *Schwab/Motzer* VIII RdNr. 116.

[3] *Staudinger/Voppel* RdNr. 6; *Johannsen/Henrich/Brudermüller* RdNr. 9; s. RdNr. 12.

[4] *Johannsen/Henrich/Brudermüller* RdNr. 8; ähnlich *Schnitzler/Müller* § 17 RdNr. 50 f.: erwägenswert; vgl. auch AnwK-BGB/*Boden* RdNr. 8: sachgerecht, aber in der Praxis nicht unprobematisch.

[5] BGH FamRZ 1984, 144, 146; 575; *Kuhnt* AcP 150 (1948/49), 130, 132; *Soergel/Lange* RdNr. 6; *Staudinger/Voppel* RdNr. 8; *Vomberg* FPR 2000, 67; aA *Smid* AcP 189 (1989), 51, 67: „alle in der Ehewohnung befindlichen Gegenstände im Alleineigentum eines oder Miteigentum beider Ehegatten".

[6] *Vomberg* FPR 2000, 67; *Johannsen/Henrich/Brudermüller* RdNr. 11.

[7] OLG Brandenburg FamRZ 2003, 532 (LS Ziff. 2).

[8] *Vomberg* FPR 2000, 67; *Johannsen/Henrich/Brudermüller* RdNr. 11.

[9] BGH NJW 1984, 1758 = FamRZ 1984, 575 = JR 1984, 379 m. Anm. *Schubert*; OLG Brandenburg FamRZ 2003, 532 (LS Ziff. 3); OLG Bamberg FamRZ 1997, 378 (jeweils: sofern nicht als Kapitalanlage angeschafft).

[10] *Kuhnt* AcP 150 (1948/49), 130, 133.

[11] Amtl. Erläuterung zu § 1 HausratsVO, DJ 1944, 278; *Kuhnt* AcP 150 (1948/49), 130, 133.

[12] *Staudinger/Voppel* RdNr. 11; *Johannsen/Henrich/Brudermüller* RdNr. 11; *Vomberg* FPR 2000, 67.

[13] *Staudinger/Voppel* RdNr. 11; *Michaelis* JR 1949, 436.

[14] KG FamRZ 1960, 71; *Staudinger/Voppel* RdNr. 11.

Fachliteratur[15] (RdNr. 7), Computer, die der Familie zur allgemeinen Nutzung zur Verfügung stehen[16] und Musikinstrumente, wenn sie überwiegend von den Mitgliedern der Familie gemeinsam benutzt werden,[17] nicht dagegen bei Benutzung durch nur einen Ehegatten. Auch Fahrräder, Sportgeräte, Segel- oder Motoryacht,[18] Wohnanhänger und Wohnmobile[19] sowie die Einrichtung und Ausstattung eines Wochenendhauses[20] können Hausrat darstellen, soweit sie der **Freizeit- und Urlaubsgestaltung** der Familie – und nicht nur derjenigen eines Ehegatten – dienen.

Bei **eingebaute**n **Einrichtungsgegenstände**n hängt die Qualifizierung als Hausrat davon ab, ob es sich um Normteile handelt, die ohne größeren Zeit- und Kostenaufwand ausgebaut und anderweitig genutzt werden können und die durch den Einbau deshalb nicht wesentliche Bestandteile des Gebäudes geworden sind (§ 94 Abs. 2).[21] Die Zuordnung einer **Einbauküche** hängt von der regional unterschiedlichen Verkehrsanschauung darüber ab, ob die serienmäßig hergestellten und an Ort und Stelle zusammengefügten Teile einer vollständigen Kücheneinrichtung als zum Haus gehörend angesehen werden.[22] Zum Verbrauch bestimmte **Vorräte** sind wie Hausrat zu behandeln.[23] Gemeinsam gehaltene **Haustiere** sind wie Hausrat nach § 1361 a zu verteilen; dabei sind Aspekte des Tierwohls zu berücksichtigen.[24] 5

Ein **PKW** ist nach der Rspr. des BGH nur ausnahmsweise ein Hausratsgegenstand, nämlich dann, wenn er von den Ehegatten gemeinschaftlich zum Zweck der Haushalts- und privaten Lebensführung der Familie und nicht für berufliche Zwecke genutzt wurde.[25] In der Instanzrechtsprechung wird teilweise – weitergehend – ein PKW auch dann als Hausrat angesehen, wenn er aufgrund gemeinsamer Zweckbestimmung überwiegend der familiären Nutzung dient.[26] Nach einer zunehmend vertretenen Auffassung ist ein PKW dagegen grds. dem Hausrat zuzuordnen, wenn es sich um das einzige im Besitz der Familie befindliche Fahrzeug handelt, weil es dann zwangsläufig für alle im familiären Bereich anfallenden Fahrten eingesetzt werde. Dass ein Ehegatte den PKW auch für die Fahrt zur Arbeit nutze, stehe nicht entgegen, da auch das dem Interesse der Familie diene.[27] Dieser Ansicht ist zuzustimmen: Es liegt jedenfalls eine Familienzwecken dienende Nutzung vor, die für die Einordnung als Hausrat unabhängig davon, welcher der Ehegatten das Fahrzeug mehr nutzt, 6

[15] *Staudinger/Voppel* RdNr. 11.

[16] OLG Hamburg FamRZ 1990, 1118; AG Amberg NJW-RR 2009, 2f.; *Staudinger/Voppel* RdNr. 11.

[17] BayObLG OLGZ 1952, 279, 282; *Staudinger/Voppel* RdNr. 10; *Vomberg* FPR 2000, 67, 68.

[18] OLG Dresden FPR 2003, 596 = FamRZ 2004, 273 (LS).

[19] OLG Hamm MDR 1999, 615; OLG Koblenz MDR 1994, 589 = FamRZ 1994, 1255; OLG Köln FamRZ 1992, 696: aA OLG Düsseldorf FamRZ 1992, 60f. (güterrechtlich zu berücksichtigen). Bei dauernder Nutzung sind sie als Ehewohnung anzusehen: OLG Zweibrücken FamRZ 1980, 569.

[20] OLG Bamberg FamRZ 1993, 335.

[21] OLG Köln NJW-RR 1991, 1077; OLG Zweibrücken NJW-RR 1989, 84; FamRZ 1993, 82; OLG Hamm FamRZ 1991, 89; 1998, 1028; *Johannsen/Henrich/Brudermüller* RdNr. 16; *Vomberg* FPR 2000, 67; *Klein* FuR 1997, 142, 145.

[22] BGH NJW-RR 1990, 586, 587; 1990, 787; 1990, 914, jeweils mwN; OLG Karlsruhe NJW-RR 1986, 19; OLG Hamm NJW-RR 1989, 333; OLG Düsseldorf NJW-RR 1994, 1039; OLG Celle NJW-RR 1989, 913; *Johannsen/Henrich/Brudermüller* RdNr. 16; *Klein* FuR 1997, 142, 145; *Vomberg* FPR 2000, 67, 68.

[23] *Kuhnt* AcP 150 (1948/49), 133; *Michaelis* JR 1949, 436; hM. Einschr. *Staudinger/Voppel* RdNr. 12 (in Zeiten der Knappheit). Insoweit Anspruch auf Verbrauch, nicht bloß auf Gebrauch (Abs. 1 S. 2). Wer dies ablehnt (*Quambusch* FamRZ 1989, 691), müsste eine Überlassungspflicht zumindest aus der Unterhaltspflicht herleiten (vgl. RdNr. 1).

[24] OLG Bamberg FamRZ 2004, 559; OLG Zweibrücken FamRZ 1998, 1432; *Johannsen/Henrich/Brudermüller* RdNr. 23; *Schneider* MDR 1999, 193; *Niepmann* MDR 1999, 653, 658. Eine Umgangsrechtsregelung mit dem Hund (so AG Bad Mergentheim NJW 1997, 3033f. = FamRZ 1998, 1432, 1434) ginge aber zu weit, vgl. OLG Schleswig NJW 1998, 3127; OLG Bamberg aaO.

[25] BGH FamRZ 1991, 43, 49; 1992, 538; 1983, 794.

[26] OLG Zweibrücken FamRZ 2005, 902; OLG Frankfurt FamRZ 2004, 1105; OLG Köln FamRZ 2002, 322; OLG Karlsruhe FamRZ 2001, 760; OLG Oldenburg FamRZ 1997, 942 (LS).

[27] KG FamRZ 2003, 1926m. zust. Anm. *Wever*; OLG Düsseldorf FamRZ 2007, 1325, 1326; OLG Koblenz FamRB 2006, 102; ebenso *Haußleiter/Schulz* Kap. 4 RdNr. 117; *Staudinger/Voppel* RdNr. 13; *Palandt/Brudermüller* RdNr. 5

ausreicht. Bei dieser Betrachtungsweise kann im Rahmen der Verteilung den Besonderheiten des Einzelfalles durch den heranzuziehenden Billigkeitsmaßstab auch besser Rechnung getragen und der beruflichen Nutzung als Verteilungskriterium angemessene Bedeutung beigemessen werden. – Besitzt jeder der Ehegatten einen eigenen PKW, mit dem er nur selbst fährt, so gehören beide Fahrzeuge nicht zum Hausrat.[28] – Wird der PKW eines Ehegatten dem anderen zum Gebrauch zugewiesen,[29] so muss der andere als Halter die Steuern übernehmen und zu eigenen Lasten eine Haftpflichtversicherung, bei hohem Zeitwert auch eine Vollkaskoversicherung abschließen.[30]

7 **Kein Hausrat** sind der Vermögensanlage dienende Luxus- oder Kunstgegenstände (Sammlungen),[31] ebenso wenig die zum ausschließlich persönlichen Gebrauch (oder zur Berufsausübung) eines Ehegatten dienenden Sachen iS des § 1362 Abs. 2 (s. dort RdNr. 27 ff.),[32] Kleider und Schmuck, Fachbücher. Auch das von einem Berufsmusiker gespielte Klavier ist nicht Hausrat (zur Abgrenzung s. RdNr. 4). Hat ein Ehegatte einen Hausratsgegenstand unter Verstoß gegen § 1369 veräußert, so ist der Gegenstand rechtlich aus dem Hausrat ausgeschieden; der andere Ehegatte hat insoweit einen Rückschaffungsanspruch gegen den Dritten nach §§ 1369 Abs. 3, 1368.[33]

III. Der Herausgabeanspruch (Abs. 1 S. 1)

8 **1. Anwendungsbereich.** Der Herausgabeanspruch des Eigentümers nach Abs. 1 S. 1 ist *lex specialis* zu § 985[34] und beschränkt sich auf Haushaltsgegenstände (zum Begriff RdNr. 4 ff.); Klagen gemäß § 985 auf Herausgabe von Hausrat sind ab dem Zeitpunkt der Trennung der Eheleute unzulässig.[35] Die herausverlangten Gegenstände müssen nicht Sachen iS der §§ 90, 985 sein. In Betracht kommen auch surrogierte Geldansprüche unter getrennt lebenden Partnern gegen Sachversicherer[36] oder gegen sonstige Dritte wegen Zerstörung oder (unbefugter) Veräußerung eines dem Anspruchsteller gehörenden Haushaltsgegenstandes.[37] Körperliche Gegenstände brauchen nicht im (Voll-)Eigentum des fordernden Ehegatten zu stehen; Anwartschaften aus aufschiebend bedingter Übereignung genügen.[38] Desgleichen ist aktivlegitimiert, wer etwa aufgrund Nießbrauchs, einer Sicherungsübereignung oder eines Mietvertrages mit einem Dritten zum Besitz berechtigt ist.[39] Die Vorfrage des Eigentums oder der sonstigen Berechtigung des Anspruchstellers ist von Amts wegen (§ 26 FamFG)[40] zu ermitteln, soweit es für die Entscheidung darauf ankommt.[41] Anderes persönliches Eigentum kann jeder Ehegatte ohne die Beschränkungen des § 1361 a

[28] BGH FamRZ 1991, 43, 49; *Haußleiter/Schulz* Kap. 3 RdNr. 117; *Brudermüller* FamRZ 2006, 1157 ff. Fn. 56.

[29] Auch ein vom Ehemann geleaster PKW kann ungeachtet der Bestimmungen des Leasingvertrags der Frau zufallen, die ihn bisher benutzte: OLG Stuttgart FamRZ 1995, 1275, 1276.

[30] OLG Koblenz FamRZ 1991, 1302; OLG München FamRZ 1998, 1230.

[31] Amtl. Erläuterung zu § 1 HausratsVO, DJ 1944, 278; hM.

[32] OLG Bamberg FamRZ 1997, 378; vgl. *Staudinger/Voppel* RdNr. 9; *Johannsen/Henrich/Brudermüller* RdNr. 22; *Kuhnt* AcP 150 (1948/49), 130, 133.

[33] OLG Frankfurt FamRZ 2004, 1106.

[34] Ebenso OLG Zweibrücken FamRZ 1991, 848; *Staudinger/Voppel* RdNr. 17; *Johannsen/Henrich/Brudermüller* RdNr. 24; aA BayObLG NJW 1972, 949; *Soergel/Lange* RdNr. 7; *Gernhuber/Coester-Waltjen* § 19 RdNr. 28: bloße Verweisungsvorschrift auf § 985.

[35] BGHZ 67, 217, 220; OLG Zweibrücken FamRZ 1991, 848.

[36] HM; *Staudinger/Voppel* RdNr. 15; *Bamberger/Roth/Neumann* RdNr. 4; *Palandt/Brudermüller* RdNr. 8; *Erman/Gamillscheg* RdNr. 5.

[37] Vgl. (obiter) BGH FamRZ 1980, 45, 46; 1980, 988; 1983, 794; KG FamRZ 2003, 1927. S. auch RdNr. 7 aE.

[38] BayObLG FamRZ 1968, 319, 320; *Staudinger/Voppel* RdNr. 20; *Johannsen/Henrich/Brudermüller* RdNr. 19.

[39] *Staudinger/Voppel* RdNr. 20; *Jauernig/Berger* RdNr. 3; RGRK/*Wenz* RdNr. 13; OLG Stuttgart FamRZ 1995, 1275, 1276 (Besitz aufgrund Leasingvertrags).

[40] Bis zu dessen Inkrafttreten am 1. 9. 2009: § 12 FGG iVm. §§ 18 a, 13 Abs. 1 HausratsVO.

[41] OLG Brandenburg FamRZ 2000, 1102, 1103; *Staudinger/Voppel* RdNr. 18; *Johannsen/Henrich/Brudermüller* RdNr. 49. Auch wenn nach § 1361 a nur eine vorläufige Regelung getroffen wird, folgt daraus nicht,

vom anderen nach § 985 herausverlangen (zur Zuständigkeit RdNr. 18; zum Eigentumsbeweis RdNr. 14).

2. Einwendungen. Das situationsabhängige Recht des Ehepartners zum Mitbesitz der Haushaltsgegenstände iS des § 986 aus § 1353 reduziert sich mit der Trennung auf die Einwendung aus einer eventuellen Gebrauchsüberlassungsverpflichtung nach Abs. 1 S. 2 (RdNr. 10 f.). Wegen Verwendungen kann der Besitzer Gegenansprüche und ein Zurückbehaltungsrecht haben: gemäß §§ 683, 677, 273 iVm. § 601 Abs. 2 S. 1 analog bei Verwendungen als rechtmäßiger Besitzer, gemäß §§ 994 Abs. 2, 1000 bei Vornahme der Verwendung als unrechtmäßiger Besitzer.[42] Außerdem hat er das allgemeine Zurückbehaltungsrecht aus § 273, wenn ihm der Eigentümer seinerseits die Rückgabe anderer Sachen schuldet (Konnexität folgt aus § 1353). Wendet der Gegner einen Anspruch auf Rückübereignung aus widerrufener Schenkung ein (§ 530), ist das Verfahren bis zur Klärung dieser vorgreiflichen Frage auszusetzen.[43] Derartige Einwendungen können aber ausgeschlossen sein, wenn der Eigentümer seine Sachen zur Führung eines abgeschlossenen Haushalts benötigt (Rechtsgedanke des Abs. 1 S. 2, *a fortiori*).[44] Nicht zulässig sind weitergehende Einwendungen, insbesondere nicht deswegen, weil der Eigentümer den Besitzer grundlos verlassen oder kein Recht zum Getrenntleben hat,[45] oder weil er die herausverlangten Sachen mit seinem jetzigen Lebensgefährten zusammen benutzen will, mit dem er die Ehe gebrochen hat.[46] Unbeachtlich ist für Abs. 1 S. 1 auch der Einwand, dass der Eigentümer die herausverlangten Sachen nicht benötige;[47] diese Frage ist nur unter den Voraussetzungen des angriffs- oder einredeweise gegen ihn geltend gemachten Gebrauchsüberlassungsanspruchs nach Abs. 1 S. 2 erheblich. Ein stillschweigend abgeschlossener Gebrauchsüberlassungsvertrag[48] ist nur bei ausreichenden Indizien anzunehmen; also bei mindestens so langem Schweigen, dass der Besitzer billigerweise davon ausgehen darf, der Eigentümer wolle auf den eigenen Gebrauch verzichten. 9

IV. Der Anspruch auf Gebrauchsüberlassung (Abs. 1 Satz 2)

1. Allgemeines. Wer seinem Ehepartner gehörige Sachen zur Führung eines abgesonderten Haushalts benötigt, kann von ihm deren Überlassung zum Gebrauch verlangen, wenn dies der Billigkeit entspricht. Die Voraussetzungen entsprechen denen des § 1568 a; doch geht der Anspruch hier nur auf Gebrauchsüberlassung, nicht auf Übereignung. Zu beweisen hat die Voraussetzungen, wer die Überlassung beansprucht. Die Gebrauchsüberlassungspflicht begründet nicht nur eine Einrede gegenüber dem Herausgabeverlangen nach Abs. 1 S. 1, sondern auch einen davon unabhängigen Anspruch auf Überlassung des Gebrauchs (weitergehend als § 986).[49] Satz 2 ist damit als selbständiger Anspruch zu sehen, nicht als bloße Ausnahme von Satz 1. 10

2. Begriff der benötigten Gegenstände. Zu den benötigten Gegenständen gehören nicht nur die schlechthin unentbehrlichen (dringlichst erforderlichen),[50] sondern alle, auf deren Weiterbenutzung der Nichteigentümer zur alleinigen Führung eines nach den ehelichen 11

---

dass an den Nachweis des Eigentums geringere Anforderungen zu stellen wären. So aber *Baumgärtel/Laumen* RdNr. 1; *Soergel/Lange* RdNr. 7; FamK/*Rolland/Brudermüller* RdNr. 17.

[42] KG FamRZ 1960, 71, 72; *Staudinger/Voppel* RdNr. 22; *Soergel/Lange* RdNr. 7.

[43] Abw. OLG Celle FamRZ 1997, 381 f.; *Johannsen/Henrich/Brudermüller* RdNr. 43: keine Zuständigkeit des Familiengerichts.

[44] *Soergel/Lange* RdNr. 7; *Staudinger/Voppel* RdNr. 23.

[45] KG FamRZ 1960, 71; *Staudinger/Voppel* RdNr. 24; *Gernhuber/Coester-Waltjen* § 19 RdNr. 30; *Johannsen/Henrich/Brudermüller* RdNr. 30.

[46] AA LG Berlin FamRZ 1956, 55 f.; LG Bonn NJW 1960, 2243 f. § 1361 a dient jedoch nicht der Sanktion für Fehlverhalten; allein solches kann nicht zur Abweisung des Herausgabeverlangens führen. So auch FamK/*Rolland/Brudermüller* RdNr. 6; *Staudinger/Voppel* RdNr. 24. Zur Berücksichtigung beim Gebrauchsüberlassungsanspruch nach Abs. 1 Satz 2 s. RdNr. 12 aE.

[47] OLG Köln FamRZ 1986, 703, 704; OLG Frankfurt NJW 1960, 1768, 1769; *Staudinger/Voppel* RdNr. 24.

[48] Dafür *Soergel/Lange* RdNr. 7; *Staudinger/Voppel* RdNr. 21; *Johannsen/Henrich/Brudermüller* RdNr. 32.

[49] *Staudinger/Voppel* RdNr. 25; *Johannsen/Henrich/Brudermüller* RdNr. 28.

[50] BayObLG NJW 1972, 949; nicht einmal bei Trennungsverschulden: OLG Frankfurt NJW 1960, 1768 f.

Lebensverhältnissen angemessenen Haushalts (§ 1932 Abs. 1 S. 2) angewiesen ist (vgl. auch § 1568 b).[51] Auf die Aufrechterhaltung des bisherigen Lebensstandards eines Ehegatten zielt § 1361 a allerdings nicht.[52] Neben den persönlichen Bedürfnissen sind die der mitzuversorgenden **Kinder** ausschlaggebend.[53] Beansprucht werden können nur zum Eigengebrauch, nicht zum Fremdgebrauch (Untermieter) benötigte Sachen. Wer keinen abgesonderten Haushalt führt, hat ebenfalls keinen Überlassungsanspruch.[54] Ein Fernsehgerät gehört heute zum allgemeinen Lebensstandard. Schlechtere (abgenutzte, ausrangierte) Stücke oder Sachen Dritter statt der bisher gemeinsam benutzten darf der Überlassungspflichtige (ohne Zustimmung des Berechtigten) nicht gewähren,[55] die vorhandenen braucht er nicht nachzubessern,[56] andere nicht anzuschaffen.[57] Keinesfalls muss er dem Berechtigten eine neue Wohnung einrichten.[58]

12 3. **Billigkeit.** Die Gebrauchsüberlassungspflicht besteht nur, soweit sie den Umständen nach der Billigkeit entspricht. Dies hängt primär davon ab, ob die Überlassung der Gegenstände dem Eigentümer zugemutet werden kann (vgl. § 9 Abs. 1 HausratsVO, § 1568 b verzichtet für Hausrat, der im Alleineigentum eines Ehegatten steht, auf eine Regelungsmöglichkeit), dh. ob er die beanspruchten Stücke entbehren und sich ggf. neue anschaffen kann, während sie für den anderen erforderlich sind.[59] Dabei sind auch die Bedürfnisse, die sich für den einen oder den anderen Ehegatten aus der Kinderbetreuung ergeben, zu berücksichtigen.[60] Da Abs. 1 S. 2 Folgerungen aus der Unterhaltspflicht zieht, gelten Bedürftigkeit und Leistungsfähigkeit auch hier als Verteilungskriterien.[61] Je mehr der Nichteigentümer eine Sache braucht, umso eher kann dem Eigentümer zuzumuten sein, hierauf zu verzichten. Ausgeschlossen ist der Gebrauchsüberlassungsanspruch, soweit ein Unterhaltsanspruch gemäß § 1361 Abs. 3 aus Billigkeitsgründen herabzusetzen oder zu versagen ist. Ein **Verschulden an der Trennung** ist dabei nur insoweit zu berücksichtigen, als es im Rahmen der von § 1361 Abs. 3 in Bezug genommenen Härteklausel des § 1579 beachtlich ist (§ 1361 RdNr. 62 ff.).[62] Deshalb führt das Eingehen einer neuen Partnerschaft nicht ohne weiteres zur Unbilligkeit der begehrten Gebrauchsüberlassung. Da letztere indes nur zur Deckung des eigenen Bedarfs verlangt werden kann, vermag ein Bedarf, der erst durch das Zusammenleben mit einem Dritten entsteht, eine Gebrauchsüberlassung nicht zu rechtfertigen.[63]

13 4. **Inhalt des Anspruchs.** Die Gebrauchsüberlassungspflicht ist **Holschuld** (vgl. § 269). Der Überlassungspflichtige schuldet weder den Transport noch dessen Kosten[64] (anders nur aufgrund besonderer Umstände des Einzelfalls).[65] Die Überlassungspflicht ist ein verhaltener Anspruch und entsteht **nur auf Verlangen:** Nicht gewünschte Sachen braucht sich der

[51] KG FamRZ 2003, 1927; OLG Köln FamRZ 1986, 703; *Staudinger/Voppel* RdNr. 26; *Johannsen/Henrich/Brudermüller* RdNr. 28.

[52] RdNr. 1; aA in diesem Zusammenhang 4. Aufl. Der bisherige Lebensstandard lässt sich für beide Ehegatten regelmäßig nicht aufrecht erhalten, wenn die zum Gebrauch zu überlassenden Gegenstände nur einmal zur Verfügung stehen.

[53] KG FamRZ 2003, 1927; *Staudinger/Voppel* RdNr. 26; *Soergel/Lange* RdNr. 8.

[54] Bewohnt der Ehegatte eine möblierte Wohnung, kommt es darauf an, ob er auf weiteren Hausrat angewiesen ist. Das kann jedenfalls nicht grds. verneint werden. AA 4. Aufl.

[55] Um den bisherigen Lebensstandard des Berechtigten nicht zu schmälern: OLG Hamm JMBl. NRW 1961, 175.

[56] KG OLGE 21, 215; *Staudinger/Voppel* RdNr. 29; *Klein* FuR 1997, 199, 200.

[57] KG OLGE 7, 45 f.; 21, 215; OLG Frankfurt FamRZ 2004, 1105: nur Überlassung vorhandener Gegenstände, kein Beschaffungsanspruch.

[58] *Staudinger/Voppel* RdNr. 29; *Soergel/Lange* RdNr. 8; *Johannsen/Henrich/Brudermüller* RdNr. 31.

[59] BayObLG NJW 1972, 949 f.; *Staudinger/Voppel* RdNr. 30; *Soergel/Lange* RdNr. 8; *Johannsen/Henrich/Brudermüller* RdNr. 29.

[60] *Staudinger/Voppel* RdNr. 30; *Johannsen/Henrich/Brudermüller* RdNr. 29; *Erman/Gamillscheg* RdNr. 10.

[61] *Vlassopoulos* S. 59 f.; *Kobusch* FamRZ 1994, 935, 937. Vgl. § 1361 RdNr. 17 ff., 35 ff.

[62] *Staudinger/Voppel* RdNr. 35; *Bamberger/Roth/Neumann* RdNr. 9; *Gernhuber/Coester-Waltjen* § 19 RdNr. 30 f.; aA *Vlassopoulos* S. 61 f.; großzügiger *Soergel/Lange* RdNr. 8.

[63] Ebenso *Staudinger/Voppel* RdNr. 35; *Johannsen/Henrich/Brudermüller* RdNr. 31; einschr. *Klein* FuR 1997, 199, 200 (strenger Maßstab); aA 4. Aufl. Zur entspr. Situation beim Herausgabeanspruch s. RdNr. 9.

[64] KG OLGE 21, 215; JW 1920, 713; OLG Darmstadt OLGE 42, 17; allgM.

[65] *Staudinger/Voppel* RdNr. 36; *Soergel/Lange* RdNr. 10 (jedenfalls über § 1361).

Berechtigte nicht aufdrängen zu lassen.[66] Die Eigentumsverhältnisse bleiben im Zweifel unverändert (Abs. 4); der Überlassende behält den mittelbaren Besitz.[67]

V. Die Verteilung gemeinschaftlicher Haushaltsgegenstände (Abs. 2)

1. Gemeinschaftliches Eigentum. Beiden Ehegatten gemeinsam gehörende Sachen kann keiner vom anderen herausverlangen; auch die Einräumung von Mitbesitz scheidet unter Getrenntlebenden aus. Insoweit hat deshalb eine Aufteilung nach Billigkeitskriterien zu erfolgen. Zum gemeinschaftlichen Eigentum zählt Bruchteilseigentum (§ 1008) ebenso wie Gesamthandseigentum bei Gütergemeinschaft (§ 1416). An während der Ehe angeschafftem Hausrat wird gemeinsames Eigentum vermutet (analog § 8 Abs. 2 HausratsVO, jetzt § 1568 b Abs. 2), sofern nicht Alleineigentum feststeht.[68] Widerlegbar ist die Vermutung im gesetzlichen Güterstand durch den Nachweis des surrogierenden Erwerbs nach § 1370. Unabhängig vom Güterstand steht jedem Ehegatten der Nachweis offen, Alleineigentümer eines Haushaltsgegenstandes zu sein. Dafür reicht der Beweis nicht aus, die Sache im eigenen Namen gekauft und mit eigenen Mitteln bezahlt zu haben; zusätzlich hat der Ehegatte vielmehr zu beweisen, den Gegenstand für sich selbst erworben zu haben.[69] 14

2. Verteilung nach Billigkeit. Es gelten die gleichen Grundsätze wie für die Gebrauchsüberlassung nach Abs. 1 Satz 2. Maßgebend sind mithin Bedürftigkeit und Leistungsfähigkeit, eventuelles ehewidriges Verhalten[70] und insbesondere die Interessen der von einem Ehegatten betreuten Kinder.[71] Verteilt werden können nicht nur die zur Führung eines abgesonderten Haushalts benötigten, sondern alle Gegenstände. Anzustreben ist eine möglichst gleichmäßige Verteilung, bei der auch zu berücksichtigen ist, inwieweit ein Ehegatte Alleineigentümer von Hausrat ist.[72] Durch die Regelung erfolgt eine vorläufige Zuweisung zum Gebrauch; die Eigentumsverhältnisse bleiben unberührt (Abs. 4). Für Ausgestaltung und Folgen der Gebrauchsüberlassung gelten die Ausführungen zu Abs. 1 Satz 2 (RdNr. 13) entsprechend. 15

VI. Gerichtliche Entscheidung – Überlassungsvergütung (Abs. 3)

1. Entscheidung des Familiengerichts. Verfahren. In erster Linie obliegt den Ehegatten die Verteilung des Hausrats zum Zweck des Getrenntlebens, wie sich aus dem in Abs. 3 normierten Vorrang der Einigung ergibt. Gelingt ihnen das nicht, so entscheidet das Familiengericht (§§ 23 a Abs. 1 Nr. 1, 23 b Abs. 1 GVG, § 111 Nr. 5 FamFG)[73] auf Antrag eines Ehegatten (§ 203 Abs. 1 FamFG). Der Antrag soll in Hausratssachen (hier: § 200 Abs. 2 Nr. 1 FamFG) die Angabe der Gegenstände enthalten, deren Zuteilung begehrt wird. Den Nachweis, dass zuvor ernsthafte Einigungsverhandlungen stattfanden, kann das Gericht nicht verlangen.[74] Für das **Verfahren** gilt die zum 1. 9. 2009 außer Kraft getretene HausratsVO nicht mehr sinngemäß (§ 18 a), sondern die §§ 200 ff. FamFG. Das Gericht soll auf eine gütliche Einigung hinwirken (§ 36 Abs. 1 FamFG). Es kann jedem Ehegatten Auflagen erteilen (§ 206 Abs. 1 FamFG), insbesondere die Hausratsgegenstände anzugeben, deren Zuteilung er begehrt 16

---

[66] *Dölle* I § 36 A III 6 b.

[67] *Staudinger/Voppel* RdNr. 37; *Bamberger/Roth/Neumann* RdNr. 10; *Soergel/Lange* RdNr. 9.

[68] OLG Brandenburg FamRZ 2000, 1102, 1103; OLG Hamburg FamRZ 1980, 250; *Staudinger/Voppel* RdNr. 39; *Baumgärtel/Laumen* RdNr. 5; *Soergel/Lange* RdNr. 11; *Johannsen/Henrich/Brudermüller* RdNr. 38.

[69] *Staudinger/Voppel* RdNr. 39; *Baumgärtel/Laumen* RdNr. 6; *Soergel/Lange* RdNr. 11; weitergehend 4. Aufl.: Nachweis der von einem Ehegatten erbrachten Gegenleistung ist ausreichend.

[70] RdNr. 12. Derartige Vorwürfe führen nicht dazu, dass der betreffende Ehegatte sich auf das unbedingt Notwendige beschränken muss; ihm kann aber weniger als dem anderen zuerkannt werden: *Staudinger/Voppel* RdNr. 40; *Rauscher* § 15 RdNr. 343. AA *Erman/Gamillscheg* RdNr. 12: Trennungsgründe und -verschulden können grds. nicht mehr herangezogen werden.

[71] *Staudinger/Voppel* RdNr. 40; *Johannsen/Henrich/Brudermüller* RdNr. 38; *Erman/Gamillscheg* RdNr. 12.

[72] *Staudinger/Voppel* RdNr. 40; *Rauscher* § 15 RdNr. 343.

[73] Nach dem Inkrafttreten des FamFG am 1. 9. 2009; zur Rechtslage bis dahin vgl. 4. Aufl.

[74] RGRK/*Wenz* RdNr. 15.

(Nr. 1).[75] § 206 Abs. 2 FamFG enthält eine Präklusionsregelung für den Fall der Versäumung einer zur Mitwirkung gesetzten Frist. Abs. 3 stellt klar, dass das Gericht zur weiteren Aufklärung des Sachverhalts nicht verpflichtet ist, soweit ein Ehegatte einer Auflage nicht nachgekommen oder nach Abs. 2 mit bestimmten Umständen präkludiert ist. Im Übrigen hat das Gericht die zur Entscheidung erforderlichen Tatsachen von Amts wegen zu ermitteln und die notwendigen Beweise in geeigneter Form zu erheben (§§ 26, 29 FamFG). Hausratssachen nach § 1361 a sind stets als isolierte Verfahren zu führen, da insoweit keine Entscheidung für den Fall der Scheidung zu treffen ist. Sie gehören nicht zu den Familienstreitsachen (§ 112 FamFG). Beschlüsse sind mit Wirksamwerden vollstreckbar (§ 86 Abs. 2 FamFG); Endentscheidungen in Hausratssachen werden mit Rechtskraft wirksam (§ 209 Abs. 2 FamFG). Das Gericht soll mit der Endentscheidung die Anordnungen treffen, die zu ihrer Durchsetzung erforderlich sind (§ 209 Abs. 1 FamFG). Entscheidungen nach § 1361 a gelten nur für die Zeit der Trennung und verlieren ihre Kraft, wenn die Ehegatten die eheliche Lebensgemeinschaft wieder aufnehmen oder die Ehe rechtskräftig geschieden wird. Die Zuweisung von Hausrat und das zum Zweck der Durchführung nötige Herausgabegebot müssen mit der für die Zwangsvollstreckung notwendigen Bestimmtheit ausgesprochen werden.[76]

17 Nach § 48 Abs. 1 FamFG können rechtskräftige Entscheidungen mit Dauerwirkung (also auch solche über Hausratssachen) in Antragsverfahren auf Antrag aufgehoben oder geändert werden, wenn sich die zugrunde liegende Sach- oder Rechtslage nachträglich wesentlich geändert hat.[77] – Das Gericht kann durch **einstweilige Anordnung** (hier: auf Antrag, § 51 Abs. 1 FamFG) eine vorläufige Maßnahme treffen, soweit dies nach den für das Rechtsverhältnis maßgebenden Vorschriften gerechtfertigt ist und ein dringendes Bedürfnis für ein sofortiges Tätigwerden besteht (§ 49 Abs. 1 FamFG). Eine einstweilige Anordnung setzt kein gleichartiges Hauptverfahren voraus. Sie darf die Hauptsache aber nicht vorwegnehmen, sondern ist auf vorläufige Maßnahmen, die § 49 Abs. 2 FamFG nennt,[78] beschränkt. Das Gericht kann mit der einstweiligen Anordnung auch die zu ihrer Durchführung erforderlichen Anordnungen treffen (§ 49 Abs. 2 S. 2 FamFG). Zuständigkeit und Verfahren richten sich nach den §§ 50 ff. FamFG.

18 Die Zuständigkeit des Familiengerichts in Hausratssachen (§ 200 Abs. 2 Nr. 1 FamFG) besteht grds. für alle als Hausrat in Betracht kommenden Gegenstände, auch wenn sie möglicherweise nicht zum *gemeinsamen* Hausrat gehören (Einrichtung eines Arbeitszimmers). Das Familiengericht ist zuständig, wenn ein Ehegatte in schlüssiger Weise Tatsachen für einen Streit um Hausrat vorträgt.[79] Bei der Art nach nicht zum Hausrat gehörendem persönlichen Eigentum eines Ehegatten, dessen Herausgabe im Zusammenhang mit der Trennung begehrt wird, entfällt mit dem Inkrafttreten des FamFG die Notwendigkeit, eine Klage vor dem Zivilgericht zu erheben. Familiensachen, und zwar Familienstreitsachen, sind auch **sonstige Familiensachen,** §§ 111 Nr. 10, 112 Nr. 3 FamFG, die unter anderem in § 266 Abs. 1 Nr. 3 FamFG dahin definiert werden, dass sie Ansprüche zwischen miteinander verheirateten oder ehemals miteinander verheirateten Personen im Zusammenhang mit Trennung oder Scheidung oder Aufhebung der Ehe betreffen.[80] Darunter fallen auch im Zuge der Trennung entstandene Ansprüche auf Herausgabe anderer Gegenstände als Hausrat. Allerdings handelt es sich – im Gegensatz zu den Hausratssachen – um Familienstreitsachen, für die § 113 FamFG bestimmt, dass für das Verfahren maßgeblich nicht die Bestimmungen des FamFG, sondern der ZPO gelten. Grds. sind die Ansprüche (Hausrat einerseits, persönliche Sachen anderer-

---

[75] Das betrifft den Antragsteller, soweit er entgegen § 203 Abs. 2 keine Angaben gemacht hat, aber auch den Antragsgegner, der von dieser Bestimmung nicht betroffen ist.

[76] OLG Brandenburg FamRZ 2000, 1102, 1103.

[77] Die in § 17 Abs. 1 HausratsVO für eine Änderung der Entscheidung vorgesehene Einschränkung (Notwendigkeit zur Vermeidung einer unbilligen Härte) enthält § 48 Abs. 1 FamFG nicht. Nicht ausdrücklich vorgesehen ist – im Gegensatz zu § 17 Abs. 2 HausratsVO – eine Abänderung von Vergleichen.

[78] Sicherung oder vorläufige Regelung eines bestehenden Zustands; Gebot oder Verbot einer Handlung, insbesondere Untersagung der Verfügung über einen Gegenstand.

[79] BGH FamRZ 1982, 1200.

[80] BT-Drucks. 16/6308 S. 262 f.

seits) deshalb in unterschiedlichen Verfahren vor dem Familiengericht geltend zu machen. In Verfahren, die nicht den Hausrat betreffen, besteht kein Anlass, die entscheidungserheblichen Tatsachen von Amts wegen zu ermitteln (§ 26 FamFG).[81] – Zur Zuständigkeit des Familiengerichts gehören über den Anwendungsbereich des § 1361 a hinaus auch anderweitige Streitigkeiten der Ehegatten, die mit Besitz und Benutzung des Hausrats in Zusammenhang stehen. Sie lassen sich unter den Begriff der sonstigen Familiensachen fassen, stellen dann aber Familienstreitsachen dar. Für den Streit um possessorische Ansprüche in Bezug auf Haushaltsgegenstände ist ebenfalls das Familiengericht zuständig (RdNr. 24).

2. Rechtsverhältnisse nach Besitzzuweisung. Eine Verteilung des gesamten Hausrats 19
ist nach § 1361 a Abs. 3 nicht geboten (anders nach der Scheidung); der Antrag kann auf einzelne Gegenstände beschränkt werden.[82] Da sich die Eigentumslage im Zweifel nicht ändert (Abs. 4), begründet die gerichtliche Besitzzuweisung ein der Leihe oder (wenn entgeltlich) der Miete ähnliches Verhältnis (vgl. § 9 Abs. 2 HausratsVO, § 1568 b verzichtet für Hausrat, der im Alleineigentum eines Ehegatten steht, auf eine Abgeltungsmöglichkeit).[83] Es ist nicht einseitig kündbar.[84] Für Verlust oder Beschädigung **haftet** der Besitzer nicht nur beschränkt nach § 1359, sondern in Analogie zu den vorgenannten schuldrechtlichen Regelungen. Das Haftungsprivileg des § 1359 erscheint nach einer Trennung und der damit einhergehenden Einschränkung der ehelichen Rücksichtnahme nicht mehr angemessen.[85] Für normale Abnutzungen haftet der Besitzer aber nicht (§§ 548, 602).[86]

3. Benutzungsvergütung (Abs. 3 S. 2). Das Familiengericht kann eine angemessene 20
Benutzungsvergütung festsetzen (Abs. 3 S. 2). Zu berücksichtigen sind dabei der übliche Mietzins und die Einkommens- und Vermögensverhältnisse der Beteiligen.[87] Eine außergerichtlich vereinbarte Vergütung ist ebenso wie eine gerichtlich festzusetzende vor dem **Familiengericht** geltend zu machen (RdNr. 18).

VII. Eigentumsübergang – Pfändungen

1. Nur provisorische Gebrauchsüberlassung. Eigentum kann das Gericht (abwei- 21
chend von §§ 8 Abs. 3 S. 1, 9 Abs. 2 S. 2 HausratsVO, jetzt § 1568 b) nicht rechtsgestaltend übertragen; es kann nur eine provisorische Gebrauchsregelung, keine Eigentumsauseinandersetzung beschließen.[88] Solange die Ehe nicht geschieden ist, sind Änderungen des Beschlusses wegen wesentlich veränderter Sachlage auf Antrag eines Beteiligten zulässig (RdNr. 17). So lange ist Eigentum nur im beiderseitigen Einverständnis gemäß §§ 929 ff. übertragbar (Abs. 4). Einvernehmliche Regelungen sind im Zweifel nur Benutzungsregelungen;[89] ein Übereignungswille ist nicht zu vermuten, sondern zu beweisen.[90] Alleineigentum des nunmehrigen Alleinbesitzers wird entgegen § 1006 im Verhältnis der Ehegatten zueinander nicht vermutet.[91] Verfügungen über Hausratsgegenstände unterliegen jedoch nach Auflösung

---

[81] Zum Rechtszustand vor Inkrafttreten des FamFG vgl. *Johannsen/Henrich/Brudermüller* RdNr. 44.

[82] OLG Frankfurt FamRZ 2004, 1105; OLG Brandenburg FamRZ 2000, 1102, 1103; OLG Düsseldorf FamRZ 1999, 1293; *Staudinger/Voppel* RdNr. 4.

[83] *Staudinger/Voppel* RdNr. 47; *Erman/Gamillscheg* RdNr. 14; *Rauscher* § 15 RdNr. 344; *Lüderitz* RdNr. 285; aA *Johannsen/Henrich/Brudermüller* RdNr. 33: Besitzmittlungsverhältnis ergibt sich aus § 1353 Abs. 1 Satz 2.

[84] *Staudinger/Voppel* RdNr. 47.

[85] Str., wie hier *Staudinger/Voppel* RdNr. 37; *Johannsen/Henrich/Brudermüller* RdNr. 33; *Rauscher* § 15 RdNr. 344; *Schnitzler/Müller* § 17 RdNr. 64; FAKomm-FamR/*Klein* RdNr. 23. AA *Soergel/Lange* RdNr. 9; RGRK/*Wenz* RdNr. 28; *Bamberger/Roth/Neumann* RdNr. 10.

[86] Vgl. auch OLG München FamRZ 1998, 1230.

[87] OLG München FamRZ 1998, 1230; *Staudinger/Voppel* RdNr. 48 f.; *Johannsen/Henrich/Brudermüller* RdNr. 39 f.; *Soergel/Lange* RdNr. 12.

[88] OLG Brandenburg FamRZ 2000, 1102, 1103; *Staudinger/Voppel* RdNr. 51; *Johannsen/Henrich/Brudermüller* RdNr. 48.

[89] OLG Köln FamRZ 2002, 322, 323 f.; *Johannsen/Henrich/Brudermüller* RdNr. 45; *Baumgärtel/Laumen* RdNr. 9.

[90] *Baumgärtel/Laumen* RdNr. 9.

[91] *Krebs* FamRZ 1994, 281 ff.; *Staudinger/Voppel* RdNr. 53.

des „ehelichen Haushalts" gemäß vordringender Ansicht nicht mehr der Zustimmungspflicht des anderen Ehegatten aus § 1369 (dort RdNr. 22). Die Übereignung kann auch in einem gerichtlichen **Vergleich** erklärt werden (§ 36 FamFG). Auf übereinstimmenden Antrag beider Parteien müsste der Familienrichter als sachverständiger Schlichter ebenfalls das Eigentum unter ihnen aufteilen können. Eine gegen Abs. 4 verstoßende gerichtliche Eigentumszuweisung ist darum nicht nichtig,[92] sondern nur bis zur Rechtskraft des Beschlusses unter den Voraussetzungen der §§ 58 ff. FamFG mit der Beschwerde anfechtbar. In **Rechte Dritter** kann das Gericht ohne deren Zustimmung aber (selbst dadurch) nicht eingreifen; ebenso wenig können dies die Ehegatten: Ein Beschluss oder Vergleich, wie Dritte zu befriedigen sind, wirkt unter den Ehegatten nur intern. Das gilt vor allem für unter Eigentumsvorbehalt gekaufte Sachen (§ 10 Abs. 1 und Abs. 2 HausratsVO analog; der Regelungsgehalt des § 10 HausratsVO ist in § 1568 b nicht übernommen worden).[93]

22 **2. Pfändungen.** Wegen seiner höchstpersönlichen Natur ist der Gebrauchsüberlassungsanspruch – im Gegensatz zu dem Herausgabeanspruch nach Abs. 1 Satz 1 und Anspruch auf Benutzungsvergütung nach Abs. 3 Satz 2 – **unpfändbar.** Gegen Pfändungen in den zu überlassenden Gegenstand kann sich auch der Überlassungsberechtigte mit der **Erinnerung** nach §§ 766, 811 Nr. 1 ZPO wehren.[94]

VIII. Auskunftspflicht

23 Gemäß §§ 1353, 242 muss Auskunft über den vorhandenen Hausrat erteilt werden, wenn der Anspruchssteller den derzeitigen Bestand entschuldbar nicht kennt, sich die Kenntnis nicht anderweitig zumutbar verschaffen und der Verpflichtete die Auskunft unschwer geben kann.[95] Kein Anspruch besteht auf Anfertigung eines detaillierten Bestandsverzeichnisses bei umfangreichem Hausrat.[96]

IX. Verbotene Eigenmacht

24 In Fällen eigenmächtiger Entfernung von Hausratsgegenständen durch einen Ehegatten ist das Verhältnis des Anspruchs auf Wiedereinräumung des Mitbesitzes gemäß § 861 zu einem Hausratsteilungsverfahren umstritten. Im Wesentlichen werden drei Auffassungen vertreten: Die §§ 861, 1361 a stünden in freier Konkurrenz zueinander, weil sie unterschiedliche Zwecke verfolgten.[97] Eine weitere Ansicht hält § 1361 a für eine Spezialvorschrift, durch die Besitzschutzansprüche generell verdrängt würden.[98] Nach einer vermittelnden Meinung ist § 1361 a – in entsprechender Anwendung – auch dann heranzuziehen, wenn possessorische Ansprüche geltend gemacht werden, allerdings sei der Regelungsgehalt letzterer im Rahmen der Billigkeitsprüfung einzubeziehen.[99] Es erscheint konsequent, die unterschiedlichen Rechtsschutzziele zu berücksichtigen und den possessorischen Besitzschutz grds. uneinge-

---

[92] So aber RGRK/*Scheffler* § 18 a HausratsVO Anm. 1 Nr. 3.

[93] Für Zuweisung eines geleasten PKW (abw. vom Leasingvertrag) jedoch OLG Stuttgart FamRZ 1995, 1275.

[94] OLG Bamberg JR 1953, 424 (zu § 1361 Abs. 1 S. 2 aF); *Dölle* I § 36 Fn. 79.

[95] KG FamRZ 1982, 68 bei Strafhaft; OLG Düsseldorf FamRZ 1987, 81; OLG Frankfurt FamRZ 1988, 645; OLG Bamberg FamRZ 1992, 332. Einschränkend *Johannsen/Henrich/Brudermüller* RdNr. 41.

[96] OLG Zweibrücken FamRZ 1995, 1211, 1212.

[97] OLG Bamberg FamRZ 1993, 335, 336; OLG Düsseldorf FamRZ 1987, 484; KG FamRZ 1987, 1147; *Staudinger/Voppel* RdNr. 58; *Soergel/Lange* RdNr. 13; *Rauscher* § 15 RdNr. 345; *Hambitzer* FamRZ 1989, 236, 237 f.

[98] OLG Schleswig FamRZ 1997, 892; OLG Stuttgart FamRZ 1996, 172; OLG Oldenburg FamRZ 1994, 1254; OLG Düsseldorf FamRZ 1994, 390; OLG Zweibrücken FamRZ 1987, 1146; OLG Hamm FamRZ 1988, 1303.

[99] OLG Koblenz NJW 2007, 2337 f. m. zust. Anm. *Caspary* = FF 2007, 271 m. Anm. *Brudermüller*; OLG Karlsruhe FamRZ 2001, 760; FamRZ 2007, 59; OLG Köln FamRZ 2001, 174; OLG Frankfurt FamRZ 2003, 47; OLG Hamm FamRZ 1991, 81; *Johannsen/Henrich/Brudermüller* RdNr. 61 ff. und FuR 1996, 229, 230 f.; *Schnitzler/Müller* § 15 RdNr. 74 f.; FAKomm-FamR/*Klein* RdNr. 39. Weitergehend OLG Nürnberg FamRZ 2006, 484 = NJW-RR 2006, 149 f. m. krit. Anm. *Miesen*; krit. auch *Brudermüller* FamRZ 2006, 1157, 1161.

schränkt zu gewähren. Die eigenmächtige Wegnahme zwecks Durchsetzung des Herausgabe- oder Überlassungsanspruchs ist verboten (§ 858). Der bisherige Besitzer hat den Anspruch auf Wiedereinräumung des entzogenen Besitzes aus § 861. Ihm gegenüber ist die Einwendung eines Gegenanspruchs auf Herausgabe nicht zulässig, § 863 (außer wenn der Antragsteller zustimmt).[100] Gegenüber § 861 ist § 1361 a nicht *lex specialis,* weil die Billigkeitsentscheidung nach § 1361 a auch die einen bestimmten Bedarf indizierenden Besitzverhältnisse bei der Trennung berücksichtigen muss und eine Nutzungsregelung nur für die Dauer des Getrenntlebens vorsieht. Deshalb ist keinem Beteiligten die willkürliche Änderung der Besitzlage gestattet; eigenmächtigen „Sicherstellungen" von Hausrat soll nicht Vorschub geleistet werden. Durchzusetzen ist der Restitutionsanspruch nicht vor dem allgemeinen Prozessgericht,[101] sondern nach den Verfahrensregeln des FamFG[102] vor dem Familiengericht (ggf. durch einstweilige Anordnung, §§ 49 ff. FamFG) wie eine Hausratssache.[103] Analog zu § 864 Abs. 2 ist allerdings wie bei petitorischer Widerklage (§ 33 ZPO) ein entscheidungsreifer Gegenantrag auf einstweilige Zuweisung an den Besitzentzieher (gestützt auf § 1361 a) zu berücksichtigen.[104]

X. IPR

Für den im Inland befindlichen Hausrat ordnet Art. 17 a EGBGB (eingefügt durch Art. 10 des GewSchG vom 11. 12. 2001) die Anwendung deutscher Sachvorschriften an. In Fällen mit Auslandsberührung sind die Ansprüche auf Hausratsteilung während des Getrenntlebens (ebenso wie die auf Wohnungszuweisung, § 1361 b RdNr. 30) wegen des engen Sachzusammenhangs mit dem Unterhalt Art. 18 EGBGB zuzuordnen.[105] 25

§ 1361 b Ehewohnung bei Getrenntleben

(1) [1] Leben die Ehegatten voneinander getrennt oder will einer von ihnen getrennt leben, so kann ein Ehegatte verlangen, dass ihm der andere die Ehewohnung oder einen Teil zur alleinigen Benutzung überlässt, soweit dies auch unter Berücksichtigung der Belange des anderen Ehegatten notwendig ist, um eine unbillige Härte zu vermeiden. [2] Eine unbillige Härte kann auch dann gegeben sein, wenn das Wohl von im Haushalt lebenden Kindern beeinträchtigt ist. [3] Steht einem Ehegatten allein oder gemeinsam mit einem Dritten das Eigentum, das Erbbaurecht oder der Nießbrauch an dem Grundstück zu, auf dem sich die Ehewohnung befindet, so ist dies besonders zu berücksichtigen; Entsprechendes gilt für das Wohnungseigentum, das Dauerwohnrecht und das dingliche Wohnrecht.

(2) [1] Hat der Ehegatte, gegen den sich der Antrag richtet, den anderen Ehegatten widerrechtlich und vorsätzlich am Körper, der Gesundheit oder der Freiheit verletzt oder mit einer solchen Verletzung oder der Verletzung des Lebens widerrechtlich gedroht, ist in der Regel die gesamte Wohnung zur alleinigen Benutzung zu überlassen. [2] Der Anspruch auf Wohnungsüberlassung ist nur dann ausgeschlossen, wenn keine weiteren Verletzungen und widerrechtlichen Drohungen zu besor-

---

[100] OLG Düsseldorf FamRZ 1983, 164 m. weit. Nachw. und FamRZ 1984, 1095; KG FamRZ 1987, 1147; AG Darmstadt FamRZ 1994, 109; *Hambitzer* FamRZ 1989, 236, 238; *Vlassopoulos* S. 63.

[101] So aber OLG Bamberg FamRZ 1993, 335; OLG Frankfurt FamRZ 1981, 184; OLG Düsseldorf FamRZ 1983, 164; AG Darmstadt FamRZ 1994, 109; *Hambitzer* FamRZ 1989, 236, 238.

[102] Ab 1. 9. 2009; zuvor gelten gemäß § 18 a HausratsVO die Verfahrensvorschriften der HausratsVO sinngemäß.

[103] BGH FamRZ 1982, 1200; OLG Frankfurt FamRZ 2003, 47; OLG Köln FamRZ 2001, 174; OLG Hamm FamRZ 1991, 81; Düsseldorf FamRZ 1987, 484; KG FamRZ 1987, 1147; *Walter* JZ 1983, 54; *Kobusch* FamRZ 1994, 935, 941 f.; *Staudinger/Voppel* RdNr. 59.

[104] *Staudinger/Voppel* RdNr. 58 aE; vgl. auch *Kobusch* FamRZ 1994, 935, 940 f., *ders.* FRP 1998, 129, 132 f., mit weitgehend entsprechenden Ergebnissen.

[105] Str., vgl. zum Meinungsstand *Staudinger/Voppel* RdNr. 77 f.

gen sind, es sei denn, dass dem verletzten Ehegatten das weitere Zusammenleben mit dem anderen wegen der Schwere der Tat nicht zuzumuten ist.

(3) [1] Wurde einem Ehegatten die Ehewohnung ganz oder zum Teil überlassen, so hat der andere alles zu unterlassen, was geeignet ist, die Ausübung dieses Nutzungsrechts zu erschweren oder zu vereiteln. [2] Er kann von dem nutzungsberechtigten Ehegatten eine Vergütung für die Nutzung verlangen, soweit dies der Billigkeit entspricht.

(4) Ist nach der Trennung der Ehegatten im Sinne des § 1567 Abs. 1 ein Ehegatte aus der Ehewohnung ausgezogen und hat er binnen sechs Monaten nach seinem Auszug eine ernstliche Rückkehrabsicht dem anderen Ehegatten gegenüber nicht bekundet, so wird unwiderleglich vermutet, dass er dem in der Ehewohnung verbliebenen Ehegatten das alleinige Nutzungsrecht überlassen hat.

Schrifttum: *Brudermüller,* Die Zuweisung der Ehewohnung an einen Ehegatten, FamRZ 1987, 109; *ders.,* Ehewohnung und Hausrat als Streitobjekt bei Trennung der Ehegatten, FuR 1996, 229; *ders.,* Regelungen der Nutzungs- und Rechtsverhältnisse an Ehewohnung und Hausrat, FamRZ 1999, 129, 193; 2003, 1705; 2006, 1157; *Coester,* Wohnungszuweisung bei getrenntlebenden Ehegatten, FamRZ 1993, 249; *Erbrath,* Die Benutzungsvergütung des die Ehewohnung verlassenden Ehegatten bei Bestehen eines dinglichen Wohnrechts, NJW 1997, 974; *ders.,* Die zeitlichen Grenzen des § 1361 b II, FamRZ 1998, 1007; *ders.,* Der Anspruch auf Entrichtung einer Nutzungsvergütung des die Ehewohnung „freiwillig" verlassenden Ehegatten gemäß § 1361 b Abs. 3 S. 2 BGB, FamRZ 2005, 1713; *Finger,* Die Zuweisung der Ehewohnung für die Dauer des Getrenntlebens, NJW 1987, 1001; *Finke,* Wohnwert – Nutzungsentschädigung. Die Nutzung des Familienheims im Unterhaltsrecht und allgemeinen Zivilrecht, FF 2007, 185; *Götz/Brudermüller,* Die gemeinsame Wohnung, 2008; *dies.,* Regelungen der Nutzungs- und Rechtsverhältnisse an Ehewohnung und Hausrat, FamRZ 2008, 1895; *Haußleiter/Schulz,* Wohnungszuweisung bei Alkoholmißbrauch eines Ehegatten, FPR 1998, 33; *Kemper,* Der Rechtsstreit um Wohnung und Hausrat, 2004; *Klein,* Rechtsverhältnisse an Ehewohnung und Hausrat, FuR 1997, 39, 73, 107, 199, 239, 269; *Kobusch,* Eigenmächtiges Handeln bei der Trennung, FPR 1998, 129; *Maurer,* Die Wirkung vorläufiger Benutzungsregelungen zum Hausrat und zur Ehewohnung, FamRZ 1991, 886; *Menter,* Verbotene Eigenmacht hinsichtlich der Ehewohnung bei getrenntlebenden Ehegatten, FamRZ 1997, 76; *Nies,* Einstweilige Anordnungen zur Einweisung und Besitzentsetzung bei Ehewohnungen, MDR 1994, 8; *Oenning,* Die Rechtsverhältnisse an der Ehewohnung bei Getrenntleben und nach Rechtskraft der Scheidung, FPR 1997, 122; *Pauling,* Die unterhaltsrechtliche Behandlung der Kosten für die Ehewohnung (Miet- und Eigentumswohnung) nach der Zuweisung der Ehewohnung an einen Ehegatten, FPR 1997, 130; *Sander,* Prozessuales im Wohnungszuweisungsverfahren, FPR 1997, 127; *Schreiber,* Benutzungsregelung nach § 1361 b, FPR 1997, 116; *Schumacher,* Mehr Schutz bei Gewalt in der Familie – Das Gesetz zur Verbesserung des zivilrechtlichen Schutzes bei Gewalttaten und Nachstellungen sowie zur Erleichterung der Überlassung der Ehewohnung bei Trennung, FamRZ 2002, 645; *Schumacher/Janzen,* Gewaltschutz in der Familie, 2003; *Schwab,* Zivilrechtliche Schutzmöglichkeiten bei häuslicher Gewalt, FamRZ 1999, 1317; *Schweikert,* Recht und häusliche Gewalt: zivilrechtliche Maßnahmen, bes. Wohnungszuweisung, für den Schutz mißhandelter Frauen, FPR 1997, 111; *dies.,* Schutz der physischen und psychischen Integrität: häusliche Gewalt und vorläufiger Zivilrechtsschutz, FPR 1998, 134; *Wever,* Die vermögensrechtliche Auseinandersetzung der Ehegatten: Schuldrechtliche Ausgleichsansprüche (Rechtsprechungs-Übersicht), FamRZ 1996, 905; *ders.,* Die Entwicklung der Rechtsprechung zur Vermögensauseinandersetzung der Ehegatten außerhalb des Güterrechts, FamRZ 2003, 565; *ders.,* Vermögensauseinandersetzung der Ehegatten außerhalb des Güterrechts, 4. Aufl. 2006; *Vaskovics/Buba,* Zuweisung einer Ehewohnung bei Getrenntleben – Rechtstatsächliche Untersuchung zu § 1361 b BGB, 1999.

Übersicht

I. Normzweck

1 **1. Regelungsbedürfnis.** Ein Bedürfnis für eine gerichtliche Zuweisung der Ehewohnung kann unabhängig von einem Scheidungsverfahren, insbesondere aber vor dessen Anhängigkeit, bestehen, um den Ehegatten ein Getrenntleben zu ermöglichen. Die durch das UÄndG vom 20. 2. 1986 (BGBl. I S. 301) eingeführte Vorschrift schloss eine vom 1. EheRG gelassene Lücke, weil grundsätzlich mindestens einjähriges Getrenntleben Voraussetzung für die Einleitung eines Scheidungsverfahrens ist (§§ 1565 ff.), eine einstweilige richterliche Wohnungsregelung aber nur annexweise während eines *anhängigen* Eheverfahrens oder nach Einreichung eines Gesuchs um Prozesskostenhilfe zulässig war. Durch Art. 2 Nr. 1 des Gesetzes zur Verbesserung des zivilrechtlichen Schutzes bei Gewalttaten und Nachstellungen sowie zur Erleichterung der Überlassung der Ehewohnung bei Trennung (GewSchG) vom 11. 12. 2001 (BGBl. I S. 3513) ist § 1361 b mit Wirkung zum 1. 1. 2002 umfassend geändert worden. Die bis dahin geltende Eingriffsschwelle des Vorliegens einer „schweren Härte" ist herabgesetzt worden; nunmehr genügt eine „unbillige Härte". Das Gesetz sieht von einer Aufführung der einzelnen Härtegründe ab, macht hiervon aber zwei Ausnahmen: die Beeinträchtigung des Kindeswohls (Abs. 1 Satz 2) und die Anwendung oder Androhung von Gewalt (Abs. 2). § 1361 b erlaubt – anders als die §§ 3 ff. HausratsVO, jetzt § 1568 a – nur eine vorläufige Regelung während der Trennungszeit.

2 **2. Konkurrenzen.** Als *lex specialis* verdrängt der Überlassungsanspruch die Vindikation aus § 985,[1] bei Miteigentum beider Ehegatten auch eine Benutzungsregelung gemäß § 745 Abs. 2.[2] Einem eigenmächtig ausgesperrten Ehegatten bleiben hingegen die Besitzschutzrechte aus § 861 ebenso erhalten wie bei unberechtigter Hausratsentziehung (vgl. § 1361 a RdNr. 24). Bei (bloß) beanspruchter Wiedereinräumung von Mitbesitz liegt § 1361 b tatbestandlich nicht vor.[3] Einen Anspruch auf Überlassung der gemeinsam genutzten Wohnung sieht – unter den dort genannten Voraussetzungen – auch § 2 GewSchG vor. Die Bestimmung findet jedoch auf Ehegatten nur Anwendung, wenn sie nicht getrennt leben oder wenn sie eine Trennung nicht beabsichtigen. Ist das der Fall, so ist § 1361 b lex specialis.[4] Wird Gewalt gegen ein Kind verübt, kommt eine Nutzungsregelung der Wohnung sowohl nach § 2 GewSchG als auch nach den §§ 1666, 1666 a in Betracht. Aus dem Schutzbereich des GewSchG sind Kinder allerdings ausgenommen, wenn die Gewalt von einem Sorgebe-

[1] BGH FamRZ 2006, 930, 933; *Staudinger/Voppel* RdNr. 55. Der (letztlich aus § 1353 herleitbare) Überlassungsanspruch gewährt ein Recht zum Besitz (§ 986): *Brudermüller* FamRZ 1987, 109 f.; *Graba* NJW 1987, 1722; vgl. (für anhängigen Scheidungsprozess, aber nicht darauf zu beschränken) BGHZ 71, 216, 222 = NJW 1978, 1529, 1530 = FamRZ 1978, 496, 497.

[2] KG FamRZ 1997, 421 (LS); im Ergebnis ebenso *Erbrath* FamRZ 1998, 1007, 1011 f. mwN (anders wohl noch in NJW 1997, 974, 977); sehr str., aA *Wever* FamRZ 1996, 905, 906. Nach BGH FamRZ 1994, 98 und 822 ist bei Auszug mit endgültiger Trennungsabsicht § 745 Abs. 2 anzuwenden; die dann geschuldete Nutzungsvergütung ist nach Inkrafttreten des FamFG aber als sonstige Familiensache (§ 266 Abs. 1 Nr. 3) anzusehen. Zur derzeitigen Rechtslage *Johannsen/Henrich/Brudermüller* RdNr. 32 mzN.

[3] Vgl. OLG Brandenburg FamRZ 2008, 1930 f.: Es ist zu prüfen, ob die Einräumung des Mitbesitzes zu unterbleiben hat, weil sich der andere Ehegatte auf § 1361 b berufen kann.

[4] BT-Drucks. 14/5429, S. 21. HM, vgl. *Götz/Brudermüller* RdNr. 259 m. N.

rechtigten ausgeht (§ 3 Abs. 1 GewSchG). Insoweit treten die §§ 1666, 1666 a an die Stelle der §§ 1, 2 GewSchG. Im Übrigen bestehen beide Ansprüche nebeneinander. Die nach Abs. 2 begehrte Wohnungszuweisung setzt Gewaltanwendung im Verhältnis der Ehegatten zueinander voraus. Wird ein Kind hiervon im Rahmen eines eskalierenden Paarkonflikts betroffen, so ist die Beeinträchtigung des Kindeswohls für das Vorliegen einer unbilligen Härte zu berücksichtigen.

II. Voraussetzungen

3 **1. Regelungsbereich.** Nach Wortlaut und systematischer Stellung kommt eine Regelung nur zwischen Ehegatten in Betracht. Eine entsprechende Anwendung auf Partner, die in nichtehelicher Lebensgemeinschaft zusammenleben, scheidet aus, selbst wenn aus der Beziehung Kinder hervorgegangen sind.[5] Für Lebenspartner findet sich eine § 1361 b nachgebildete Vorschrift in § 14 LPartG. Fehlende Scheidungsabsicht steht dem Überlassungsbegehren nicht entgegen.[6] Die Trennung braucht noch nicht vollzogen, muss aber, wenn auch nur seitens eines Ehegatten, beabsichtigt sein. Dann kann jeder der Ehegatten die Zuweisung der Ehewohnung jeweils an sich beantragen.[7]

4 **2. Ehewohnung.** Der Begriff Ehewohnung entspricht § 1 HausratsVO, jetzt § 1568 a (s. dort). Er ist weit auszulegen und umfasst alle von den Ehegatten zum Wohnen benutzten Räumlichkeiten.[8] Die Qualifizierung als „Ehewohnung" richtet sich nach dem Zustand vor Beginn des Getrenntlebens; der Auszug eines Gatten ändert hieran nichts,[9] solange der andere darin bleibt, außer der Ausziehende gibt die Ehewohnung eindeutig endgültig auf.[10] Den Antrag auf Zuweisung kann deshalb – vorbehaltlich der Regelung des Abs. 4 (RdNr. 25 ff.) – auch der Ehegatte stellen, der die Wohnung zunächst verlassen hat.[11]

5 **3. Unbillige Härte. a) Begriffswechsel.** Durch das Absenken der Eingriffsschwelle **(Ersetzung der „schweren" durch die „unbillige" Härte)** soll erreicht werden, dass zugunsten des von Gewalt des Ehegatten betroffenen Ehepartners und/oder der im Haushalt lebenden Kinder ein rasches und effektives Einschreiten des Familiengerichts erleichtert wird; bei Gewalttaten unter Eheleuten soll die Wohnung im Regelfall dem Opfer zu überlassen sein. Bei der Einführung der Vorschrift im Jahr 1986 hatte sich der Gesetzgeber noch veranlasst gesehen, die Eingriffsschwelle hoch anzusetzen, um ehefeindlichen Tendenzen entgegen zu wirken; es sollte verhindert werden, dass die Ehegatten bei einem ernsteren Konflikt im Frühstadium einer Ehekrise vorzeitig in die Inanspruchnahme gerichtlicher Hilfe „flüchten".[12] Der gegenläufige Wechsel verdeutlicht, dass der – auch in der früheren Rspr. angelegte und im Schrifttum geforderte – strenge Maßstab[13] nicht mehr der Zielrichtung des Gesetzes entspricht. Eine weitergehende Erläuterung ergibt sich aus den Gesetzesmaterialien nicht; auf einen Katalog von Härtegründen ist mit Rücksicht auf die Vielgestaltigkeit der Lebensverhältnisse verzichtet worden. Die konkreten gesetzlichen Vorgaben beschränken sich auf die durch Gewalttätigkeiten gekennzeichneten Fällen sowie die Beeinträchtigung des Wohls von im Haushalt lebenden Kindern,

---

[5] *Staudinger/Voppel* RdNr. 5; *Johannsen/Henrich/Brudermüller* RdNr. 4; *Bamberger/Roth/Neumann* RdNr. 2. Zur Kritik: *Schumann* FF 2007, 227, 230 f.; *Götz/Brudermüller* RdNr. 457.

[6] OLG Naumburg FamRZ 2003, 1748; *Staudinger/Voppel* RdNr. 14; *Palandt/Brudermüller* RdNr. 4; *Hoppenz/Müller* RdNr. 21; aA OLG Bamberg FamRZ 1992, 1299 und 4. Aufl. RdNr. 8.

[7] *Staudinger/Voppel* RdNr. 14; *Johannsen/Henrich/Brudermüller* RdNr. 7; *Hoppenz/Müller* RdNr. 21.

[8] Auch ein Gartenhaus: BGH NJW-RR 1990, 1026 = FamRZ 1990, 987 988.

[9] OLG Jena FamRZ 2004, 877 (LS); OLG Bamberg FamRZ 1990, 1353; OLG Hamm FamRZ 1989, 739.

[10] KG FamRZ 2007, 908; NJW-RR 1993, 132; OLG Köln FamRZ 2005, 1993 f.; OLG München FamRZ 2007, 836 (Auszug der Ehegatten und Einigung, das gemeinsame Hausgrundstück zu veräußern).

[11] OLG Bamberg FamRZ 1990, 1353; *Staudinger/Voppel* RdNr. 8; *Rauscher* § 15 RdNr. 347.

[12] BT-Drucks. 14/5429 S. 21, 33; 10/2888 S. 16.

[13] Vgl. 4. Aufl. RdNr. 1 und 4: Es ist eine restriktive Handhabung geboten. Entsprechend dem Normzweck ist die Eingangsschwelle hoch anzusetzen und der Begriff der schweren Härte eng auszulegen.

die als die häufigsten, eine unbillige Härte begründenden Lebenssachverhalte bezeichnet werden.

b) Begriff der unbilligen Härte. Mit Rücksicht auf die Absenkung der Eingriffsschwelle ist davon auszugehen, dass Sachverhalte, die nach der alten Fassung des § 1361 b die Zuweisung der Wohnung rechtfertigten, nunmehr erst recht ein Überlassungsbegehren zu begründen vermögen. In den Fällen, in denen eine schwere Härte verneint wurde, stellt sich die Frage, ob die Eingriffsschwelle nach der neuen Fassung erreicht ist. Festzuhalten ist jedenfalls daran, dass bloße Unbequemlichkeiten oder Belästigungen, die zum regelmäßigen Erscheinungsbild einer in Auflösung befindlichen Ehe zu rechnen sind, nicht genügen,[14] andererseits aber – schon nach früherer Rechtslage zweifelsfrei – die begründete Furcht vor Gewalttätigkeiten mit Gefahr für Leib oder Leben nicht zu fordern ist.[15] Damit ist zur Beantwortung der Frage, welcher Grad der Unerträglichkeit des weiteren Zusammenlebens erreicht sein muss, um eine Wohnungszuweisung zu rechtfertigen, aber nur in den Grenzbereichen etwas gewonnen. Trotz der Bandbreite der Interpretationsmöglichkeiten für die dazwischen liegenden Fallgestaltungen findet sich – bezogen auf § 1361 b aF – verbreitet die Umschreibung, eine schwere Härte liege vor, wenn und soweit aufgrund außergewöhnlicher Umstände ausnahmsweise die Wohnungszuweisung – unter Berücksichtigung auch der Belange des anderen Ehegatten – dringend erforderlich sei, um eine unerträgliche Belastung des die Zuteilung begehrenden Ehegatten abzuwenden.[16] Eine entsprechende Definition ist für den Maßstab der unbilligen Härte nicht entwickelt worden. Allerdings werden in Abs. 2 und Abs. 1 Satz 2 die in der Praxis hauptsächlich auftretenden Sachverhalte ausgeübter oder angedrohter Gewalt sowie die Beeinträchtigung des Wohls eines Kindes als solche bezeichnet, die eine unbillige Härte begründen können. Für den weiteren Anwendungsbereich eine allgemeine Umschreibung zu finden, begegnet schon deshalb Schwierigkeiten, weil die Eingriffsschwelle Veränderungen unterliegen kann. Je geringer etwa aufgrund der Trennungsdauer die Chance auf eine Wiederherstellung der ehelichen Lebensgemeinschaft wird, umso weniger streng können tendenziell die Voraussetzungen für die Wohnungszuweisung anzusetzen sein.[17] Danach ist der Begriff der unbilligen Härte **einzelfallbezogen auszufüllen.**[18] In die Gesamtabwägung einzubeziehen sind neben dem Verhältnis der Ehegatten zueinander die Belange des anderen Ehegatten, dingliche Rechtspositionen (RdNr. 10) und alle wesentlichen sonstigen Umstände, die die Lebensbedingungen der Ehegatten, aber auch ihre Beziehung zu der Ehewohnung bestimmen (RdNr. 11). In jedem Fall ist angesichts der Schwere des Eingriffs der Grundsatz der Verhältnismäßigkeit zu beachten und dem Gedanken des Rechtsmissbrauchs Rechnung zu tragen. Die Entscheidung soll einerseits dem Persönlichkeitsschutz des in der Wohnung Verbleibenden dienen, andererseits dem anderen die räumliche und soziale Lebensbasis möglichst erhalten. 6

c) Härtefälle. Ein Überlassungsanspruch kommt nach Abs. 1 in Betracht, soweit eine Benutzungsregelung unter Berücksichtigung der Belange des anderen Ehegatten notwendig ist, um eine unbillige Härte zu vermeiden. Dabei kann eine unbillige Härte auch dann gegeben sein, wenn das Wohl von im Haushalt lebenden Kindern beeinträchtigt ist (Abs. 1 Satz 2). Abs. 2 sieht einen Überlassungsanspruch, und zwar idR hinsichtlich der gesamten 7

[14] OLG Naumburg FamRZ 2006, 1207 (LS); OLG Brandenburg FamRZ 1996, 743, 744; OLG Hamburg FamRZ 1993, 190; OLG Bamberg FamRZ 1995, 560; OLG München FamRZ 1996, 730; *Staudinger/Voppel* RdNr. 20; *Johannsen/Henrich/Brudermüller* RdNr. 19; *Rauscher* § 15 RdNr. 348.

[15] OLG Köln FamRZ 2001, 761 (LS); OLG Hamm FamRZ 1997, 301; OLG Naumburg FamRZ 2006, 1207; *Staudinger/Voppel* RdNr. 23; *Rauscher* § 15 RdNr. 348.

[16] KG FamRZ 1987, 850, 851; FuR 1997, 123; OLG München FamRZ 1996, 730; OLG Frankfurt FamRZ 1996, 289; OLG Karlsruhe FamRZ 1991, 1440; OLG Celle FamRZ 1992, 676; OLG Schleswig FamRZ 1991, 82 und 1301. Krit. hierzu *Schwab* FamRZ 1999, 1317, 1320 f.: der Ausnahmecharakter werde über den gesetzlichen Wortlaut hinaus betont.

[17] *Brudermüller* FamRZ 1999, 129, 132 mit Nachw. aus der Rspr.; *Staudinger/Voppel* RdNr. 43; *Rauscher* § 15 RdNr. 348; *Bamberger/Roth/Neumann* RdNr. 10.

[18] OLG Köln FamRZ 2006, 126 f. (LS); *Staudinger/Voppel* RdNr. 17; *Palandt/Brudermüller* RdNr. 9.

Wohnung, wegen ausgeübter oder angedrohter Gewalt in der im Einzelnen bezeichneten Form vor, nämlich einer widerrechtlichen, vorsätzlichen Verletzung von Körper, Gesundheit oder Freiheit oder der widerrechtlichen Drohung mit einer solchen Verletzung oder der Verletzung des Lebens.

8 Danach lassen sich folgende Anwendungsfälle unterscheiden: Bei einer **Gewalttat** iS des § 1 Abs. 1 Satz 1 GewSchG[19] **oder** der **Drohung** mit ihr greift Abs. 2 Satz 1 ein; in solchen Fällen ist idR die gesamte Wohnung zu überlassen (zu Ausnahmen s. RdNr. 12 f.). Für die Feststellung, ob die Voraussetzungen einer Körper-, Gesundheits- oder Freiheitsverletzung erfüllt sind, kann auf die Rspr. zu § 823 Abs. 1 zurückgegriffen werden.[20] Mit den Rechtsgütern Körper und Gesundheit wird auch die psychische Integrität geschützt, und zwar insoweit als Gewaltanwendung zu einer psychischen Erkrankung führt.[21] Darüber hinaus wird die Anwendung psychischer Gewalt ebenso wenig vom GewSchG erfasst wie der Schutz des allgemeinen Persönlichkeitsrechts als solches;[22] deshalb scheidet insoweit auch eine Anwendung von Abs. 2 Satz 1 aus. **Psychische Gewalt** in ihren unterschiedlichen Erscheinungsformen (Erniedrigung, Anschreien, Psychoterror, häuslicher Vandalismus)[23] kann eine Wohnungszuweisung allein nach Abs. 1 rechtfertigen. Unter diese Regelung fallen außerdem schwere **Störungen des Familienfriedens,** etwa infolge Alkohol- oder Drogenmissbrauchs oder durch wiederholtes Randalieren,[24] und sonstige grob rücksichtslose Verhaltensweisen, die das Zusammenwohnen unerträglich machen.[25] Dabei kann auch eine Vielzahl von Vorkommnissen, die für sich allein als bloße Belästigungen zu beurteilen wären, bei einer Gesamtbetrachtung (RdNr. 11) eine unbillige Härte begründen.[26] Die Ursachen für das Scheitern der Ehe sind dabei – entsprechend dem verschuldensunabhängigen Scheidungs- und Scheidungsfolgenrecht – grundsätzlich ohne Bedeutung. Auch die Umstände, aus denen eine unbillige Härte iS des Abs. 1 folgt, müssen nicht verschuldet sein.[27]

9 Besonders beachtet wurde schon nach § 1361 b aF das **Wohl von Kindern.**[28] Die jetzige Fassung sieht ausdrücklich vor, dass das Wohl von Kindern – ohne Rücksicht darauf, ob es sich um gemeinschaftliche Kinder, um Stief- oder Pflegekinder oder um minderjährige oder volljährige Kinder handelt – bei der Beurteilung, ob eine unbillige Härte vorliegt, maßgeblich zu berücksichtigen ist. Richtet sich physische oder psychische Gewalt eines Ehegatten gegen Kinder, so begründet dies eine unbillige Härte, die zu einer Wohnungszuweisung zugunsten des anderen Ehegatten führen kann. Erleben Kinder Gewalt zwischen Erwachsenen mit, führt dies bei ihnen regelmäßig zu seelischen Schäden sowie zur Ausbildung von Verhaltensauffälligkeiten.[29] Aber auch wenn schwere Spannungen zwischen den Erwachsenen bestehen und die häusliche Atmosphäre durch Streitigkeiten und rücksichtslosen Umgang miteinander nachhaltig gestört ist, kann dies zu erheblichen Belastungen eines Kindes führen.[30] Seinen Bedürfnissen an einer geordneten und spannungsfreien Familiensituation

---

[19] Insofern gilt für § 1361 b Abs. 2 dieselbe Definition: *Schumacher/Janzen* RdNr. 60; *Palandt/Brudermüller* RdNr. 15.

[20] Vgl. etwa *Palandt/Sprau* RdNr. 4 bis 6.

[21] BGHZ 56, 163, 164 ff.

[22] BT-Drucks. 14/5429, S. 18 f.; *Schumacher* FamRZ 2002, 645, 647; *Götz/Brudermüller* RdNr. 218.

[23] Vgl. auch OLG Hamm FamRZ 1993, 1442: Aufnahme eines neuen Lebensgefährten in die Ehewohnung verletzt die seelische Integrität.

[24] OLG Hamm FamRZ 1997, 301, 302; OLG München FamRZ 1996, 730; OLG Frankfurt FamRZ 1993, 1343; OLG Celle FamRZ 1992, 676, 677; OLG Karlsruhe FamRZ 1991, 1440, 1441; OLG Schleswig FamRZ 1991, 82.

[25] OLG Naumburg FamRZ 2006, 1207 (LS); OLG Köln FamRZ 2001, 761 (LS).

[26] AG Tempelhof-Kreuzberg FamRZ 2003, 532, 533; *Staudinger/Voppel* RdNr. 23; *Palandt/Brudermüller* RdNr. 10.

[27] *Staudinger/Voppel* RdNr. 24; FAKomm-FamR/*Klein* RdNr. 22.

[28] OLG Schleswig FamRZ 1991, 1301; OLG Bamberg FamRZ 1995, 560; OLG Frankfurt FamRZ 1996, 289; OLG Hamm FamRZ 1997, 301, 302.

[29] *Kindler/Salzgeber/Fichtner/Werner* FamRZ 2004, 1241, 1245; *Buba/Hofmann* in: *Vaskovics/Buba* S. 195.

[30] AG Tempelhof-Kreuzberg FamRZ 2003, 532, 533; OLG Karlsruhe OLGR 1998, 112; *Staudinger/Voppel* RdNr. 37; *Johannsen/Henrich/Brudermüller* RdNr. 14; *Schwab/Motzer* VIII RdNr. 74.

kommt auch in solchen Fällen Vorrang zu.[31] Die Wohnung ist vorzugsweise dem Elternteil zuzuweisen, der das Kind in erster Linie betreut.[32] Für eine Zuweisung an den anderen Elternteil gelten verschärfte Anforderungen (unter anderem wegen der schwierigeren Wohnungssuche mit Kindern und der nachteiligen Auswirkungen eines Wohnungswechsels auf sie).[33] Im Kampf um die Wohnung dürfen die Kinder jedoch nicht zur Waffe werden.[34] Haben die Belange des Kindes Vorrang, kommt es grundsätzlich nicht mehr darauf an, welcher Ehegatte die dem Kindeswohl schädliche Situation verursacht hat.[35] – Die Interessen von pflege- oder betreuungsbedürftigen **Angehörigen,** die dem gemeinsamen Haushalt angehören, sind gleichfalls zu bedenken.[36]

d) Dingliche Rechtspositionen. Eigentum eines Ehegatten oder ein **dingliches Nutzungsrecht** an der Ehewohnung ist nach **Abs. 1 S. 3** besonders zu berücksichtigen[37] und darf nicht geändert werden (vgl. § 1361 a Abs. 4);[38] eine Zuweisung zur Nutzung an den anderen darf nur unter engen Voraussetzungen erfolgen.[39] Beantragt der dinglich Berechtigte die Zuweisung an sich selbst, so ist die Eingriffsschwelle niedriger; im umgekehrten Fall sind dagegen höhere Anforderungen an die unbillige Härte zu stellen.[40] Bei einer Beeinträchtigung des Kindeswohls tritt die dingliche Berechtigung jedoch regelmäßig zurück.[41] Ist eine solche nicht zu besorgen und haben beide Ehegatten gleichermaßen das Vorliegen einer unbilligen Härte verursacht, so ist die dingliche Berechtigung ausschlaggebend.[42] Sind beide Ehegatten an der Ehewohnung dinglich berechtigt, ergibt sich hieraus kein Abwägungskriterium, vielmehr ist nach den sonstigen Gesichtspunkten zu entscheiden.[43] Eine Zuweisung an den Eigentümer scheidet aus, wenn er die Wohnung nicht bewohnen, sondern veräußern (oder vermieten) will.[44] Entsprechende Grundsätze gelten für eine **Dienst- oder Werkswohnung** (§ 4 HausratsVO, jetzt § 1568 a Abs. 4); die Zuweisung kann nur in Ausnahmefällen – und dann regelmäßig nur befristet – an den nicht zur Dienstleistung verpflichteten Ehegatten erfolgen.[45] Im Übrigen sind obligatorische Überlassungsansprüche eines Ehegatten (Alleinmieter der Wohnung) für die Zuweisung nicht relevant.[46] 10

[31] OLG Celle FamRZ 2006, 1143 = NJW-RR 2006, 505.

[32] OLG Celle FamRZ 2006, 1143; OLG Karlsruhe OLGR 1998, 112; OLG Frankfurt FamRZ 1993, 1343; OLG Nürnberg EzFamR aktuell 1997, 200 (Zuweisung an den Nichteigentümer, der die gesamten Hauskosten trägt und eine Nutzungsentschädigung zahlt, um den Kindern einen Umgebungswechsel zu ersparen).

[33] *Coester* FamRZ 1993, 249, 251,

[34] *Haußleiter/Schulz* Kap. 4 RdNr. 19; *Johannsen/Henrich/Brudermüller* RdNr. 15; *Coester* FamRZ 1993, 249, 251.

[35] OLG Bamberg FamRZ 1995, 560; *Staudinger/Voppel* RdNr. 37; *Haußleiter/Schulz* Kap. 4 RdNr. 20; *Palandt/Brudermüller* RdNr. 11.

[36] *Johannsen/Henrich/Brudermüller* RdNr. 27.

[37] Besteht die Eigentümerposition dagegen nur formal – etwa um die Wohnung dem Vollstreckungszugriff von Gläubigern des anderen Ehegatten zu entziehen –, kommt ihr geringere Bedeutung zu: *Johannsen/Henrich/Brudermüller* RdNr. 25; *Staudinger/Voppel* RdNr. 48; FAKomm-FamR/*Klein* RdNr. 28.

[38] OLG Hamm FamRZ 1989, 739, 740; OLG Köln FamRZ 1994, 632, 633; AG Kerpen FamRZ 1997, 420.

[39] Ist ein Ende des Getrenntlebens nicht absehbar, sollte die Zuweisung an den Nichteigentümer zudem nur befristet erfolgen: *Klein* FuR 1997, 73, 77.

[40] *Staudinger/Voppel* RdNr. 46; *Rauscher* § 15 RdNr. 349; *Götz/Brudermüller* RdNr. 180.

[41] FAKomm-FamR/*Klein* RdNr. 27; *Götz/Brudermüller* RdNr. 180; *Kemper* RdNr. 171; OLG Stuttgart FamRZ 2004, 876 (jedenfalls für einen eingeschränkten Zeitraum, in dem der Nichteigentümer sich um eine andere Wohnung zu bemühen hat).

[42] OLG Köln FamRZ 1994, 632, 633 (für einen Fall, in dem der Eigentümer sich zwar aus der Ehe lösen, das Hausgrundstück aber wieder gewerblich nutzen will).

[43] *Staudinger/Voppel* RdNr. 48; FAKomm-FamR/*Klein* RdNr. 28; *Götz/Brudermüller* RdNr. 180; *Kemper* RdNr. 172.

[44] OLG Frankfurt FamRZ 2004, 875; OLG Saarbrücken OLGR 2004, 515 f.; OLG Köln FamRZ 1997, 942; OLG Hamm FamRZ 1998, 1172. Ein Verwertungsinteresse wird von § 1361 b nicht geschützt (vgl. auch RdNr. 16). AA OLG Hamburg FamRZ 1992, 1298.

[45] *Johannsen/Henrich/Brudermüller* RdNr. 25; *Staudinger/Voppel* RdNr. 49.

[46] *Johannsen/Henrich/Brudermüller* RdNr. 25; *Staudinger/Voppel* RdNr. 49; *Rauscher* § 15 RdNr. 349. AA 4. Aufl. RdNr. 7.

11 **e) Gesamtabwägung.** Nach Maßgabe der vorstehenden Grundsätze ist im Einzelfall eine Gesamtabwägung aller relevanten Umstände vorzunehmen, in die die persönliche und wirtschaftliche Lage beider Ehegatten sowie ihr Gesundheitszustand,[47] die berufliche, schulische oder sonstige familiäre Bindung an einen Ort, die Möglichkeit, eine angemessene Ersatzwohnung zu beschaffen, ferner die Einkommens- und Vermögensverhältnisse (die allerdings modifiziert werden durch den Anspruch auf Trennungsunterhalt gemäß § 1361) einzubeziehen sind. Dabei kann von Bedeutung sein, dass ein Ehegatte die Wohnung schon vor der Heirat bewohnt oder durch Eigenleistungen ausgebaut hat.[48] Auch ein Verhalten, das für sich allein noch keine unbillige Härte bewirkt, kann bei der Abwägung eine Rolle spielen.[49] Da ein Verschulden für die unbillige Härte nach Abs. 1 nicht erforderlich ist, kommt es für die Wohnungsüberlassung vor allem darauf an, welcher Ehegatte den unzumutbaren Zustand verursacht hat; untadeliges Verhalten des Antragstellers ist andererseits nicht zu fordern.[50] Haben beide durch ihr Verhalten in etwa gleichermaßen zu der Situation beigetragen, ist maßgebend, wer von ihnen aus persönlichen oder beruflichen Gründen mehr auf die Wohnung angewiesen ist.[51]

12 **4. Gewaltschutzregelung.** Nach früherer Rechtslage entsprach es einhelliger Auffassung, dass eine Alleinzuweisung nach dem Grundsatz des Übermaßverbots nicht in Betracht kam, wenn als weniger einschneidende Maßnahme eine Aufteilung der Wohnung zur jeweils alleinigen Nutzung erfolgen konnte.[52] Nunmehr enthält Abs. 2 insofern eine besondere Regelung für Gewalttaten. Die Bestimmung knüpft an die allgemeine Gewaltschutzregelung an und sieht als spezielle Ausprägung des Grundsatzes der Verhältnismäßigkeit vor, dass der Ehegatte, gegen den sich der Antrag richtet, idR die gesamte Wohnung zur alleinigen Benutzung zu überlassen hat, wenn er gegen den anderen eine Gewalttat der im einzelnen bezeichneten Art verübt oder damit gedroht hat (RdNr. 8).[53] Dabei kommt es auf die objektive Ernsthaftigkeit einer Bedrohung nicht (mehr) entscheidend an, sondern darauf, ob sich der betroffene Ehegatte subjektiv so belastet fühlt, dass ihm objektiv die Fortsetzung der häuslichen Gemeinschaft nicht mehr zumutbar ist.[54] Gleichwohl muss ein objektivierender Maßstab dazu führen, völlig unerhebliche Verhaltensweisen als Drohung mit Gewalt auszuscheiden.[55] Hintergrund der Regelung des Abs. 2 ist es zu vermeiden, dass durch eine Aufteilung der Wohnung weiteres Konfliktpotential für neue Gewalttätigkeiten geschaffen wird.[56] Eine Aufteilung der Wohnung kann danach nur noch ausnahmsweise in Betracht kommen. Das kann der Fall sein, wenn die Wohnverhältnisse entweder so großzügig sind, dass mit einem Zusammentreffen der Ehegatten nicht zu rechnen ist,[57] oder wenn durch bauliche Maßnahmen eine Aufteilung in völlig getrennte Wohnbereiche entstehen kann[58] und unter solchen Umständen ein erträgliches

---

[47] OLG Hamm FamRZ 1993, 1441 (auf Erdgeschoßwohnung angewiesener Lungenkranker); FamRZ 1996, 1411; OLG Thüringen FamRZ 1997, 559.

[48] KG FamRZ 1988, 182.

[49] Vgl. OLG Hamm FamRZ 1993, 1441 und 1996, 1411 (Aussperrung aus der Wohnung durch verbotene Eigenmacht); OLG Braunschweig NJW-RR 1996, 578 (wiederholte Verstöße gegen eine Teilungsregelung).

[50] *Johannsen/Henrich/Brudermüller* RdNr. 24.

[51] *Staudinger/Voppel* RdNr. 42; *Johannsen/Henrich/Brudermüller* RdNr. 24; *Schumacher/Janzen* RdNr. 58.

[52] Vgl. etwa OLG Frankfurt FamRZ 1987, 159; OLG Zweibrücken FamRZ 1987, 508.

[53] OLG Stuttgart FamRZ 2007, 829, 830.

[54] OLG Köln FamRZ 2006, 126 (LS); *Staudinger/Voppel* RdNr. 23; *Palandt/Brudermüller* RdNr. 10; aA noch OLG Karlsruhe FamRZ 1991, 1440.

[55] *Kemper* RdNr. 212; *Götz/Brudermüller* RdNr. 174; *Rauscher* § 15 RdNr. 348 a, zugleich mit dem zutr. Hinweis, auch bei den Regelbeispielen der Gewaltanwendung sei eine realitätsnahe Einschätzung der Zumutbarkeit der Rechtsfolge geboten, um nur Rechtsgutsverletzungen von einer gewissen Schwere oder Nachhaltigkeit zu erfassen, nicht dagegen – etwa auf verbale Provokation zurückzuführende – kleinere Handgreiflichkeiten.

[56] *Vaskovics/Buba* S. 161; *Schumacher* FamRZ 2002, 645, 656.

[57] BT-Drucks. 14/5429 S. 21.

[58] OLG Frankfurt FamRZ 1996, 289, 290.

Miteinander noch möglich ist. Andererseits können – wie bei § 2 Abs. 3 Nr. 3 GewSchG – in eng begrenzten Ausnahmefällen besonders schwerwiegende Belange des Täters[59] einer Wohnungsüberlassung entgegenstehen, wie aus dem Zusammenhang von Abs. 1 und Abs. 2 zu schließen ist,[60] ebenso andernfalls zu befürchtende Beeinträchtigungen des Kindeswohls.[61]

Der Anspruch auf Wohnungsüberlassung ist nach **Abs. 2 Satz 2** ausgeschlossen, wenn keine weiteren Verletzungen oder widerrechtlichen Drohungen zu besorgen sind, es sei denn, dass dem verletzten Ehegatten das weitere Zusammenleben mit dem anderen wegen der Schwere der Tat nicht zuzumuten ist. Damit wird eine tatsächliche **Vermutung für die Wiederholungsgefahr** aufgestellt; es obliegt dem Täter, darzulegen und zu beweisen, dass keine weiteren Taten zu befürchten sind.[62] An die Widerlegung der Vermutung sind hohe Anforderungen zu stellen.[63] Das Angebot, eine (uU auch strafbewehrte) Unterlassungserklärung abzugeben, genügt hierfür nicht, insbesondere wenn heftige verbale Auseinandersetzungen in der Vergangenheit bereits mehrfach zu kritischen Situationen geführt haben.[64] Selbst wenn dem Täter der Nachweis fehlender Wiederholungsgefahr gelingt, wird die Wohnungszuweisung an den verletzten Ehegatten nicht ausgeschlossen, falls die Schwere der Tat ein weiteres Zusammenleben mit dem Täter unzumutbar macht.[65] Dies hat der Verletzte darzulegen. 13

III. Regelungsinhalt

1. Vorläufige Benutzungsregelung. Ziel ist nur eine vorläufige Benutzungsregelung unter den Ehegatten bis zur rechtskräftigen Scheidung. Rechtsgestaltende Maßnahmen mit Außenwirkung sind im Unterschied zu § 1568 a (bis zum 1. 9. 2009 § 5 HausratsVO), der eine Scheidung voraussetzt, im Rahmen von § 1361 b nicht möglich,[66] auch nicht bei Einverständnis beider Ehegatten.[67] Mit Rücksicht auf den vorläufigen Charakter der Regelung kann eine Befristung der Wohnungszuweisung in Betracht kommen, vor allem bei einer Zuweisung an den Nichteigentümer.[68] 14

2. Verhältnismäßigkeit; Regelungsumfang. Voraussetzungen und Anordnungsfolgen müssen dem Gebot der Verhältnismäßigkeit entsprechen. Die Zuweisung der gesamten Wohnung an einen Ehegatten ist deshalb – außerhalb der Regelung des Abs. 2 – nur dann zulässig, wenn weniger einschneidende Maßnahmen nicht in Betracht kommen, insbesondere eine Aufteilung der Wohnung wegen Unerträglichkeit des weiteren Zusammenlebens ausscheidet. Bei zumutbarem Getrenntleben in der bisherigen Wohnung ist eine geeignete Benutzungsregelung mit zweckdienlichen Einzelgeboten und -verboten möglich.[69] Darüber hinaus soll das Gericht mit der Endentscheidung die Anordnungen treffen, die zu ihrer Durchführung erforderlich sind.[70] Das schließt sowohl die Anordnung der Räumung und 15

[59] Behinderung, schwerwiegende Erkrankung und daraus resultierendes Angewiesensein auf die Wohnung: *Palandt/Brudermüller* § 2 GewSchG RdNr. 7.

[60] *Schumacher* FamRZ 2002, 645, 656; *Schumacher/Janzen* RdNr. 60.

[61] *Staudinger/Voppel* RdNr. 44: Wenn die Gewalt von dem Ehegatten ausgeht, der trotzdem besser für die Kinder zu sorgen vermag.

[62] OLG Stuttgart FamRZ 2004, 876 und FamRZ 2007, 829, 830.

[63] OLG Brandenburg NJW-RR 2006, 220 f.; *Palandt/Brudermüller* RdNr. 16; vgl. auch BGHZ 140, 1, 11 mwN.

[64] OLG Stuttgart FamRZ 2007, 829, 830.

[65] BT-Drucks. 14/5429 S. 31 nennt insofern zu § 2 GewSchG schwere Körperverletzung, versuchte Tötung und Vergewaltigung.

[66] OLG Köln FamRZ 2005, 1993, 1994.

[67] KG NJW-RR 1993, 964; OLG Köln FamRZ 1994, 632.

[68] *Johannsen/Henrich/Brudermüller* RdNr. 56; vgl. auch RdNr. 10 Fn. 39, 41.

[69] Zuweisung einzelner Zimmer, Benutzungsweise der gemeinschaftlichen Räume, von Telefon und Fernseher, Gebot zur Rückschaffung unerlaubt entfernter Möbel, Verbot des Wegschaffens von Hausrat: *Johannsen/Henrich/Brudermüller* RdNr. 61 f.

[70] § 209 Abs. 1 FamFG, der inhaltlich dem bis zum 31. 8. 2009 geltenden § 15 HausratsVO entspricht.

Fall der Scheidung, sondern für die Dauer des Getrenntlebens zu treffen ist. Wohnungszuweisungssachen sind Familiensachen (§ 111 Nr. 5 FamFG); das sie betreffende Verfahren ist in den §§ 200 ff. FamFG geregelt.[123] Sachlich zuständig ist das Amtsgericht – Familiengericht – (§§ 23 a Abs. 1 Nr. 1, 23 b Abs. 1 GVG); die – ausschließliche – örtliche Zuständigkeit regelt § 201 FamFG. Nach der dort vorgegebenen Reihenfolge ist zunächst das Gericht zuständig, bei dem die Ehesache anhängig ist (Nr. 1); die Zuständigkeit vor Anhängigkeit einer Ehesache richtet sich nach Nr. 2 bis 4. § 202 FamFG bewirkt die Zuständigkeitskonzentration bei dem Gericht der Ehesache für den Fall der nachträglichen Rechtshängigkeit einer Ehesache bei einem anderen Gericht; in diesem Fall ist das Verfahren von Amts wegen an das Gericht der Ehesache abzugeben. Das Verfahren wird durch den Antrag eines Ehegatten eingeleitet (§ 203 Abs. 1 FamFG); der Antrag soll die Angabe enthalten, ob Kinder im Haushalt der Ehegatten leben (§ 203 Abs. 3 FamFG), um frühzeitig eine sachgerechte Beteiligung des Jugendamtes zu gewährleisten. Das Vorliegen einer Einigung wird nicht mehr ausdrücklich als Verfahrenshindernis erwähnt; es lässt aber weiterhin das Rechtsschutzbedürfnis für ein gerichtliches Verfahren entfallen.[124] Das Gericht soll die Angelegenheit mit den Ehegatten in einem Termin erörtern (§ 207 FamFG) und auf eine gütliche Einigung der Beteiligten hinwirken (§ 36 Abs. 1 FamFG). Da das Wohnungszuweisungsverfahren nicht zu den selbständigen Familienstreitsachen (§ 112 FamFG) gehört, besteht kein Anwaltszwang (vgl. § 114 FamFG). Einer Beteiligung der Vermieter, Grundstückseigentümer usw. bedarf es in dem die Dauer des Getrenntlebens betreffenden Verfahren nicht (vgl. § 204 Abs. 1 FamFG; anders bei der Wohnungszuweisung für die Zeit nach Rechtskraft der Scheidung), da eine Umgestaltung des Mietverhältnisses nicht in Betracht kommt (RdNr. 14, 23). Das Jugendamt ist allerdings auf seinen Antrag zu beteiligen, wenn Kinder im Haushalt leben (§ 204 Abs. 2 FamFG); in jedem Fall soll es dann angehört werden (§ 205 Abs. 1 FamFG).

Beschlüsse sind mit Wirksamwerden vollstreckbar (§ 86 Abs. 2 FamFG); Endentscheidun- 29
gen in Wohnungszuweisungssachen werden mit Rechtskraft wirksam (§ 209 Abs. 2 FamFG). In Wohnungszuweisungssachen nach § 1361 b soll das Gericht die sofortige Wirksamkeit anordnen (§ 209 Abs. 2 Satz 2 FamFG). Nach § 209 Abs. 1 FamFG sollen mit der Endentscheidung die Anordnungen getroffen werden, die zu ihrer Durchsetzung erforderlich sind (etwa Räumungsverpflichtung, Verbot, die Wohnung erneut zu betreten, Wohlverhaltensgebote); vgl. RdNr. 16. Zur Änderung von Entscheidungen oder Vereinbarungen sowie zum Eilverfahren s. § 1361 a RdNr. 17. Rechtsmittel: Beschwerde (§§ 58 ff. FamFG); Vollstreckung einer Überlassungspflicht: § 95 FamFG, der auf die Vorschriften der ZPO verweist; Sondervorschrift in § 96 Abs. 2 FamFG: Bei einer einstweiligen Anordnung in Wohnungszuweisungssachen ist die mehrfache Einweisung des Besitzes iS des § 885 Abs. 1 ZPO während der Geltungsdauer möglich; einer erneuten Zustellung bedarf es nicht. Im Übrigen erfolgt die Vollstreckung, wenn zugleich die Räumungspflicht angeordnet wurde (vgl. RdNr. 15 Fn. 71), gemäß § 885 ZPO, sonst nach § 888 ZPO.[125] Kostenentscheidung: §§ 80 ff. FamFG; Kosten Drittbeteiligter gehören zu den Verfahrenskosten; ihnen können nur nach Maßgabe des § 81 Abs. 4 FamFG Kosten auferlegt werden. Verfahrenswert: grundsätzlich 3000 Euro mit der Möglichkeit der Abweichung im Einzelfall (§ 48 Abs. 1 und 3 FamFGKG); im Verfahren der einstweiligen Anordnung ist der Wert zu ermäßigen (§ 41 FamFGKG). Zur Zuständigkeit des Familiengerichts für Ansprüche auf Nutzungsentschädigung s. RdNr. 17 aE.

---

122 Dazu für die Zeit nach Inkrafttreten des FamFG am 1. 9. 2009 *Götz/Brudermüller* FPR 2009, 38 ff.; *dies.* RdNr. 199 ff.; *Zimmermann* RdNr. 116 ff., 144 ff., 387 ff.; § 1361 a RdNr. 16 ff.; zur früheren Rechtslage 4. Aufl. RdNr. 18.

123 Die HausratsVO gilt ab 1. 9. 2009 nicht mehr sinngemäß; § 18 a HausratsVO wird mit Wirkung zum 1. 9. 2009 aufgehoben.

124 BT-Drucks. 16/6308 S. 249.

125 Vgl. iE *Eckebrecht* FPR 2008, 436 ff.; *Götz/Brudermüller* RdNr. 388 ff.; *Haußleiter/Schulz* 4. Kap. RdNr. 37 ff.

Herausgabe[71] als auch einzelne Gebote (zB Schlüsselherausgabe) ein. Dem Ausgewiesenen kann eine Räumungsfrist bewilligt, selbige kann nachträglich geändert werden (§ 48 Abs. 1 FamFG).[72]

16 **3. Schutz- und Durchführungsanordnungen.** Abs. 3 Satz 1 enthält seit der zum 1. 1. 2002 erfolgten Änderung des § 1361 b die ausdrückliche Verpflichtung, dass derjenige Ehegatte, der dem anderen die Wohnung ganz oder teilweise überlassen muss, alles zu unterlassen hat, was geeignet ist, die Benutzung zu erschweren oder zu vereiteln. Zu den hiernach in Betracht kommenden, nach § 209 Abs. 1 FamFG möglichen Maßnahmen gehört insbesondere das an einen Ehegatten gerichtete **Verbot, die Wohnung wieder zu betreten,** oder sich der Wohnung auf eine bestimmte Distanz zu nähern.[73] Dem ausziehenden Alleinmieter kann auch ein **Kündigungsverbot** auferlegt werden, um durch die Rechtswirkungen der §§ 135, 136 zu verhindern, dass die Anordnung der Wohnungsüberlassung vereitelt wird.[74] Gegen eine Veräußerung des Eigenheims durch den ausgewiesenen Ehegatten kann den verbleibenden im Einzelfall § 1365 schützen (dort RdNr. 53 ff.; vgl. § 1353 RdNr. 36). Dessen verweigerte Zustimmung darf nur nach einer Abwägung der Interessen beider Ehegatten gemäß § 1365 Abs. 2 ersetzt werden, so dass einerseits das Nutzungsrecht und andererseits das Interesse an der Veräußerung zu würdigen sind.[75] Liegen die Voraussetzungen des § 1365 nicht vor, kommt – entgegen der Intention der Gesetzesbegründung[76] – die Anordnung eines Veräußerungsverbots nicht in Betracht. Das Gericht darf zwar das Eigentum durch eine zeitweilige Nutzungsregelung einschränken, nicht aber in die Eigentumsverhältnisse eingreifen, wie es durch Anordnung eines Veräußerungsverbots als Verfügungsbeschränkung der Fall wäre. Hierzu bedürfte es einer materiellen Rechtsgrundlage, die aber fehlt.[77] Zum Schutz des Zuweisungsberechtigen kann das Gericht allerdings ein (befristetes) Miet- oder Nutzungsverhältnis zwischen den Ehegatten begründen;[78] § 566 gewährt dann dem Erwerber gegenüber den Schutz aus dem Mietverhältnis.[79] Ob bei Miteigentum der Ehegatten an der Wohnung als zusätzliche Anordnung das – ggf. zeitweilige – Verbot, eine Teilungsversteigerung zu beantragen, in Betracht kommt, ist streitig. Dagegen dürfte sprechen, dass sich ein solches Verbot wie ein Eingriff in die Eigentümerposition auswirkt,[80] für den § 1361 b keine Rechtsgrundlage bietet.[81] Schutz kann dem Zuweisungsberechtigen – ebenso wie bei Alleineigentum des Weggewiesenen – durch Begründung eines Mietverhältnisses gewährt werden. Denn der Ersteher tritt mit allen Rechten und Pflichten in das Mietverhältnis ein (§§ 57 ZVG, 566) und hat nach § 183 ZVG kein Sonderkündigungsrecht gemäß § 57 a ZVG.

IV. Benutzungsvergütung (Abs. 3 S. 2)

17 **1. Verhaltener Anspruch. Voraussetzungen. Bezüge zum Unterhalt.** Wurde einem Ehegatten die Wohnung ganz oder zum Teil überlassen, kann der andere zum Ausgleich für

[71] Eine Wohnungszuweisung ist noch kein Räumungstitel: BGH FamRZ 1994, 98, 101; *Johannsen/Henrich/Brudermüller* RdNr. 63.

[72] Zur Rechtsgrundlage vor dem 1. 9. 2009 vgl. 4. Aufl. RdNr. 9.

[73] OLG Köln FamRZ 2003, 319, 320; OLG Stuttgart FamRZ 2004, 876; *Schwab* FamRZ 1999, 1317, 1322; *Palandt/Brudermüller* RdNr. 17.

[74] *Brudermüller* FuR 2003, 433, 436 f.; zu § 1361 b aF OLG Dresden FamRZ 1997, 183 m. Anm. *Drescher.*

[75] Vgl. OLG Stuttgart NJW 1983, 634; *Palandt/Brudermüller* § 1365 RdNr. 23; *Smid* NJW 1983, 2486 f.

[76] BT-Drucks. 14/5429 S. 21, ebenso *Schumacher* FamRZ 2002, 645, 656; *Schumacher/Janzen* RdNr. 62.

[77] Ebenso *Johannsen/Henrich/Brudermüller* RdNr. 59; *Haußleiter/Schulz* Kap. 4 RdNr. 111; *Schnitzler/Müller* § 16 RdNr. 73; *Rauscher* § 15 RdNr. 349 a; *Finger* FuR 2006, 241, 244.

[78] Vgl § 18 LPartG. Zur Möglichkeit der Befristung: *Götz/Brudermüller* RdNr. 318.

[79] *Palandt/Brudermüller* RdNr. 17. Das eheabhängige Mitbesitzrecht aus § 1353 ist nicht nachfolgefest; § 566 gilt dafür auch nicht analog: *A. Schulz,* Ehewohnung und Hausrat in der ungestörten Ehe, 1982, S. 122 f.

[80] Vgl. BGH FamRZ 2007, 1634, 1635: Der Teilungsversteigerungsantrag stellt zwar weder eine Verfügung über das Grundstück dar noch eine rechtsgeschäftliche Verpflichtung dazu, führt aber zu einem Verlust des Grundeigentums, weshalb es geboten erscheint, ihn wie eine Veräußerung des Grundstücks zu behandeln.

[81] Ebenso *Götz/Brudermüller* RdNr. 319, auch zu weiteren Einzelheiten; aA *Haußleiter/Schulz* Kap. 4 RdNr. 113 a.

den Verlust des Besitzrechts und der damit einhergehenden wirtschaftlichen Nachteile[82] vom Partner eine Benutzungsvergütung verlangen, soweit dies der Billigkeit entspricht. Im Gegensatz zur früheren Rechtslage, nach der es für den Vergütungsanspruch darauf ankam, ob der Ausziehende nach Abs. 1 zur Wohnungsüberlassung verpflichtet war (Abs. 2 aF), ist dies nach dem Wortlaut der Neufassung nicht mehr erforderlich. Hierunter fallen vielmehr alle Sachverhalte, in denen die Ehewohnung dem anderen Ehegatten während der Trennungszeit zur alleinigen Nutzung tatsächlich überlassen worden ist, unbeschadet der Gründe hierfür und unabhängig davon, ob die Wohnung im Alleineigentum eines Ehegatten oder im Miteigentum beider Ehegatten steht. Abs. 3 Satz 2 ist deshalb auch im Fall der **freiwilligen Überlassung** anwendbar.[83] Die für Abs. 2 aF streitige Frage einer analogen Anwendung der Bestimmung als Spezialregelung gegenüber § 745 Abs. 2[84] dürfte sich damit nicht mehr stellen. Abs. 3 Satz 2 ist jedenfalls einschlägig, wenn ein Ehegatte dem anderen die in seinem Alleineigentum stehende Ehewohnung freiwillig zur alleinigen Nutzung überlassen hat.[85] Aus dieser Vorschrift – und nicht aus § 745 Abs. 2 – ergibt sich der Anspruch aber auch dann, wenn die Wohnung im Miteigentum der Ehegatten steht; eine unterschiedliche Behandlung dieser beiden rechtlichen Konstellationen ist nicht gerechtfertigt.[86] Nach Inkrafttreten des FamFG kommt der Anspruchsgrundlage allerdings keine Bedeutung für die gerichtliche Zuständigkeit mehr zu: Bei einem auf § 745 Abs. 2 gestützten Anspruch handelt es sich – wegen des Zusammenhangs mit Trennung oder Scheidung – um eine sonstige Familiensache iS des § 266 Nr. 3 FamFG,[87] für die gleichermaßen das Familiengericht zuständig ist (§ 111 Nr. 10 FamFG, §§ 23 a Abs. 1 Nr. 1, 23 b Abs. 1 GVG).

Der verhaltene Anspruch auf Benutzungsvergütung entsteht (entsprechend §§ 745 Abs. 2) 18
erst mit dem **deutlichen Zahlungsverlangen.** Ohne ein solches kann er nicht rückwirkend geltend gemacht werden; nach dem Vertrauensgrundsatz muss sich der Zahlungspflichtige darauf einstellen können.[88] Die Vergütungspflicht kann durch jederzeitiges Angebot auf Wiedereinräumung des aufgegebenen Mitbesitzes abwendet werden.[89] Sie wird idR nur bei dinglicher Berechtigung an der Wohnung geltend gemacht, kann aber auch bei einer Mietwohnung in Betracht kommen.[90] Häufig besteht ein **Zusammenhang mit der Unterhaltsregelung:** Begehrt der in der Wohnung verbliebene Ehegatte Trennungsunterhalt oder ist er seinerseits unterhaltspflichtig, ist bei der Unterhaltsbemessung der Vorteil mietfreien Wohnens zu berücksichtigen, entweder als bedarfsdeckendes Einkommen des Unterhaltsberechtigten oder als unterhaltsrelevantes Einkommen des Unterhaltpflichtigen

---

[82] BGH FamRZ 2006, 930, 933.

[83] OLG Brandenburg FamRZ 2006, 1392 f.; OLG Jena FamRZ 2006, 868 f.; OLG Dresden NJW 2005, 3151 f.; *Johannsen/Henrich/Brudermüller* RdNr. 33; *Götz/Brudermüller* RdNr. 274; *Haußleiter/Schulz* Kap. 4 RdNr. 56; FAKomm-FamR/*Klein* RdNr. 44; *Kemper* RdNr. 180; *Müller* FF 2002, 43, 48: *Finke* FF 2007, 185, 191; aA *Wever* FamRZ 2003, 565, 566; *Staudinger/Voppel* RdNr. 63; *Erbrath* FamRZ 2005, 1713, 1719 (das bloße Verlassen der Wohnung reiche nicht aus, um einen Vergütungsanspruch zu begründen). Unerheblich ist mithin, ob die Überlassung durch eine andernfalls drohende unbillige Härte gerechtfertigt ist, vgl. BGH FamRZ 2006, 930, 933. Unerheblich ist demgemäß ferner, ob noch ein Zuweisungsanspruch besteht; aA KG FamRZ 2007, 908.

[84] Zum Meinungsstand *Huber* FamRZ 2000, 129, 130.

[85] So auch *Staudinger/Voppel* RdNr. 68.

[86] OLG München FamRZ 2007, 1655, 1656 m. abl. Anm. *Wever,* soweit die Entscheidung den auf eine analoge Anwendung der §§ 2, 3 HausratsVO gestützten Anspruch auf Nutzungsentschädigung für die Zeit nach Rechtskraft der Scheidung betrifft; OLG Brandenburg FamRZ 2006, 1392 f.; OLG Jena FamRZ 2006, 868; 2008, 1934 f.; KG FamRZ 2008, 1933 f.; OLG Hamm FamRZ 2008, 1935 f.; OLG Dresden NJW 2005, 3151; *Palandt/Brudermüller* RdNr. 20; *Götz/Brudermüller* RdNr. 277; *Haußleiter/Schulz* 4. Kap. RdNr. 56.

[87] So auch *Wever* FF 2008, 399, 401.

[88] OLG Braunschweig FamRZ 1996, 548, 549; OLG München FamRZ 1999, 1270; *Johannsen/Henrich/Brudermüller* RdNr. 34; FAKomm-FamR/*Klein* RdNr. 46; *Schnitzler/Müller* § 16 RdNr. 53; *Gernhuber* JZ 1996, 765, 772; aA (für Rückwirkung ab dem Zeitpunkt des Verlassens der Ehewohnung) *Staudinger/Voppel* RdNr. 74 f.; *Erbrath* FamRZ 1998, 1007, 1009 ff.

[89] KG FamRZ 2001, 368.

[90] Vgl. aber OLG München FamRZ 2008, 696: Nutzungsentschädigung könne grundsätzlich nur aufgrund einer nachweislichen dinglichen Berechtigtung verlangt werden.

(§ 1361 RdNr. 37, 27 f.). Dann kommt daneben eine Nutzungsvergütung grundsätzlich nicht mehr in Betracht, weil durch die Unterhaltsregelung bereits ein angemessener Ausgleich für den Wohnvorteil bewirkt worden ist.[91]

19 **2. Vergütungsgrundsätze.** Die Zubilligung einer Nutzungsvergütung setzt voraus, dass der Verlust des Mitbesitzes an der Ehewohnung einen **Eingriff** in Rechtspositionen des Anspruchstellers darstellt, die auch im Verhältnis zu dem anderen Ehegatten einen ihm vorbehaltenen **Vermögenswert** haben. Dies bedeutet im Einzelnen:

20 **a) Gleichwertige Wohnungsteilung.** Eine etwa gleichwertige Wohnungsteilung verwandelt Mitbesitz in Teilbesitz, stellt aber keinen so schwerwiegenden Eingriff in die Position des dinglich Alleinberechtigten oder Alleinmieters dar, dass dafür eine Vergütung geboten wäre.[92] Gleichwertigkeit ist auch gegeben, wenn ein Partner für von ihm zu versorgende Kinder größere Räumlichkeiten erhält.

21 **b) Auszug des Alleinberechtigten.** Beim Auszug des dinglich Alleinberechtigten (Abs. 1 Satz 3) oder Alleinmieters entspricht eine am Mietwert und an den sonstigen Lasten (zB Zinskosten) orientierte Vergütung idR der Billigkeit.[93] Mit diesem Kriterium kann auch Fällen Rechnung getragen werden, in denen der weichende Ehegatte dem anderen Ehegatten die Alleinnutzung gegen dessen Willen aufdrängt und die Wohnung den tatsächlichen Wohnbedarf des verbleibenden Ehegatten übersteigt.[94] In solchen Fällen wird regelmäßig eine Herabsetzung der Vergütung auf den angemessenen Wohnwert billig sein. Maßgebend sind in jedem Fall die persönlichen und wirtschaftlichen Verhältnisse, auch die Betreuungsbedürftigkeit gemeinsamer Kinder, weshalb im Einzelfall – bei mangelnder finanzieller Leistungsfähigkeit – ein Anspruch auf Nutzungsvergütung entfallen kann.[95] Im Übrigen ist eine Vergütung **billig,** weil und soweit der weichende Ehegatte im Außenverhältnis allein die Wohnungskosten (Miete; als dinglich Berechtigter oft den Kapitaldienst) trägt und als dinglich Berechtigter durch die Nutzungsüberlassung an der Verwertung der Wohnung gehindert wird (RdNr. 16).[96] In Betracht kommt auch eine Übernahme der Wohnungskosten im Innenverhältnis.[97] Die Billigkeit kann jedoch je nach den Lebensverhältnissen und sonstigen Umständen eine Herabsetzung der so errechneten Vergütung gebieten.[98]

22 **c) Verbleiben des Alleinberechtigen.** Beim Verbleiben des dinglich Alleinberechtigten oder Alleinmieters in der Wohnung trägt dieser auch deren Kosten. Das vom weichenden Partner aufgegebene eheliche Recht auf unentgeltliche Mitbenutzung hat keinen so erheblichen merkantilen Wert, dass dessen Umsetzung in Geld geboten wäre.

23 **d) Gemeinsame Berechtigung.** Sind beide Ehegatten dinglich berechtigt[99] oder gemeinsam Mieter der Ehewohnung, gilt das zu RdNr. 21 Ausgeführte entsprechend. Abs. 3 Satz 2 geht als *lex specialis* und *lex posterior* § 745 Abs. 2 vor (RdNr. 2). Ein Zahlungsanspruch entfällt, wenn der verbleibende Mitberechtigte die Wohnungskosten faktisch allein trägt;[100] denn die Billigkeit gebietet, stärker die faktische wirtschaftliche Lastentragung als die formale Rechtslage zu berücksichtigen. Die Auflösung eines gemeinschaftlichen Mietver-

---

[91] Vgl. BGH FamRZ 1986, 434, 435 = NJW 1986, 1340, 1341; FamRZ 1986, 436, 437; FamRZ 1997, 484, 486 f.; OLG Köln FamRZ 2005, 640, das eine „überschießende" Nutzungsentschädigung für möglich hält, wenn der unterhaltsrechtlich berücksichtigte Wohnwert hinter einem billigen Ausgleich zurückbleibt.

[92] OLG Brandenburg FamRZ 2008, 1931, 1932.

[93] OLG München FamRZ 2008, 695, 696; *Staudinger/Voppel* RdNr. 76; *Palandt/Brudermüller* RdNr. 21.

[94] BGH FamRZ 2006, 930, 933; *Staudinger/Voppel* RdNr. 77; *Palandt/Brudermüller* RdNr. 21.

[95] BGH FamRZ 1986, 436, 437; OLG Brandenburg FamRZ 2002, 397 (LS Nr. 4); OLG Köln FamRZ 1997, 943.

[96] OLG Schleswig FamRZ 1988, 722, 723 f.

[97] OLG Naumburg FamRZ 2003, 1748; OLG Frankfurt FamRZ 1992, 677, 679.

[98] OLG Köln FamRZ 1998, 1438 (LS); FamRZ 1993, 562 (Berücksichtigung des Verhaltens, das zur Alleinzuweisung führte); OLG Celle OLGR 1998, 193 (für Übergangszeit nach der Trennung Beschränkung auf den unterhaltsrechtlich angemessenen Wohnwert).

[99] Zur Sonderproblematik bei Gütergemeinschaft OLG Düsseldorf FamRZ 1984, 1098 f.

[100] BGHZ 87, 265, 271 f. = NJW 1983, 1845, 1847 = FamRZ 1983, 795, 797; BGH FamRZ 1986, 436, 437; vgl. auch OLG Braunschweig FamRZ 1996, 548, 549.

hältnisses kann (da endgültige Maßnahme) vor rechtskräftiger Scheidung nicht verlangt werden;[101] erst danach gilt § 1568 b.

24 **e) Höhe der Vergütung.** Die Höhe der idR monatlich zu entrichtenden Nutzungsvergütung sowie deren Fälligkeit setzt das Gericht nach pflichtgemäßem Ermessen fest. Obergrenze ist stets die ortübliche Miete für eine vergleichbare Wohnung;[102] vor Ablauf des Trennungsjahres wird allerdings regelmäßig nicht der volle Mietwert, sondern lediglich die für eine angemessene kleinere Wohnung zu entrichtende Miete anzusetzen sein.[103] Denn während der Trennungszeit kann eine Wiederherstellung der ehelichen Lebensgemeinschaft nicht ausgeschlossen werden; sie soll durch die Notwendigkeit der vorzeitigen Aufgabe des Familienheims nicht erschwert werden. Bei Miteigentum ist der anteilige (idR hälftige) objektive Mietwert anzusetzen.[104] Trägt der in der Wohnung verbliebene Ehegatte die Hauslasten und verbrauchsunabhängigen Nebenkosten, ist die Nutzungsvergütung entsprechend zu kürzen,[105] soweit die Nebenkosten nicht üblicherweise auf den Mieter umgelegt werden (§ 1361 RdNr. 27). Für sonstige Ausgleichs- oder Abstandszahlungen (etwa für in der Wohnung verbliebene Möbelstücke) ergibt sich aus Abs. 3 Satz 2 keine Rechtsgrundlage.[106]

V. Vermutung der Überlassung (Abs. 4)

25 **1. Grundsätze.** Ist nach der Trennung iS des § 1567 Abs. 1 ein Ehegatte aus der Ehewohnung ausgezogen, so stellt Abs. 4 eine **unwiderlegliche Vermutung** dafür auf, dass er dem in der Ehewohnung verbliebenen Ehegatten das alleinige Nutzungsrecht überlassen hat, falls er diesem gegenüber nicht binnen sechs Monaten nach seinem Auszug eine ernstliche Rückkehrabsicht bekundet hat. Die – zum 1. 1. 2002 eingeführte – Bestimmung[107] soll der Rechtssicherheit dienen, indem innerhalb des genannten Zeitraums Klarheit über die Nutzungsverhältnisse an der Wohnung geschaffen wird.[108] Die Frist beginnt mit dem Auszug, dh. dem tatsächlichen Verlassen der Wohnung zur Durchführung einer Trennung iS des § 1567 Abs. 1, wobei auch die Fälle erfasst werden, in denen die Trennung erst mit dem Auszug herbeigeführt wird.[109] Voraussetzung ist danach – wie bei der Trennung – die Begründung eines neuen räumlichen Lebensmittelpunkts.[110] Unerheblich sind die Gründe für den Auszug, da das Gesetz – anders als in Abs. 1 bis 3 – nicht von einem Überlassen spricht.[111] Die Vermutung greift ein, wenn nicht innerhalb der Frist eine ernstliche – nicht nur vorgeschobene – Rückkehrabsicht bekundet wird, für deren Verlautbarung – im Gegensatz zu § 2 Abs. 3 Nr. 2 GewSchG – eine bestimmte Form nicht vorgesehen, aus Beweisgründen aber zu empfehlen ist (Schriftform, ggf. Zustellung). Im Fall der Fristversäumung wird unwiderleglich vermutet, dass die Wohnung dem anderen Ehegatten zur alleinigen Nutzung überlassen worden ist. Rechtsfolge ist mithin eine endgültige – freilich bis zur

---

101 Vgl. RdNr. 14; OLG Zweibrücken FamRZ 1990, 55; OLG Hamm FamRZ 1984, 1016. Keine Entlassung des Ausziehenden aus dem Mietvertrag analog § 736: *Vollmer* FamRZ 1999, 262 gegen LG Duisburg NJW 1998, 1499 = FamRZ 1998, 1581.

102 BGH FamRZ 1994, 822.

103 BGH FamRZ 2000, 351, 353 (zum unterhaltsrechtlich zu berücksichtigenden Wohnvorteil); OLG Brandenburg FamRZ 2003, 378 (LS Nr. 5): für eine Übergangszeit von sechs bis zwölf Monaten nach der Trennung.

104 *Palandt/Brudermüller* RdNr. 22.

105 OLG Düsseldorf FamRZ 1999, 1271, 1272; OLG Braunschweig FamRZ 1996, 548; OLG Frankfurt FamRZ 1992, 677.

106 *Brudermüller* FamRZ 1989, 7 ff.; *Finger* FuR 2006, 241, 246.

107 Die aufgrund ihrer systematischen Stellung nur für die Trennungszeit gilt: *Palandt/Brudermüller* RdNr. 25 aE.

108 *Schumacher* FamRZ 2002, 645, 656.

109 *Schumacher* FamRZ 2002, 645, 656.

110 OLG Koblenz FamRZ 2006, 1207; *Johannsen/Henrich/Brudermüller* RdNr. 48; *Schwab/Motzer* VIII RdNr. 71; *Johannsen/Henrich/Jaeger* § 1567 RdNr. 13; krit. *Rauscher* § 15 RdNr. 350: Im Ergebnis billigenswerter, aber mit dem Wortlaut der Norm kaum zu vereinbarender Korrekturversuch der Rspr.

111 *Johannsen/Henrich/Brudermüller* RdNr. 48; *Schnitzler/Müller* § 16 RdNr. 56.

Scheidung begrenzte (RdNr. 14) – Nutzungsregelung. Sie führt dazu, dass die Wohnung den Charakter als Ehewohnung verliert (RdNr. 4); eine Zuweisung nach Abs. 1 und 2 kommt danach nicht mehr in Betracht.[112]

26 **2. Kritik.** Die Vorschrift wird in verschiedener Hinsicht kritisiert. Zum einen wird darauf hingewiesen, dass durch die **knappe Bemessung der Frist** vor Ablauf des Trennungsjahres vollendete Tatsachen geschaffen würden.[113] Der von der Vermutung betroffene Ehegatte könne eine Änderung erst für die Zeit nach der Scheidung erreichen, die aber grundsätzlich den Ablauf des Trennungsjahres voraussetze (§§ 1565 Abs. 1, 1566 Abs. 1). Bis dahin müsse der weichende Alleineigentümer sich mit der nach Billigkeit festgesetzten Nutzungsvergütung begnügen, die keinen hinreichenden Ausgleich für seine Einbuße gewährleiste.[114] Darüber hinaus könne sich ein eklatanter **Widerspruch zum Normzweck des GewSchG** ergeben, der dahin gehe, dass idR. dem Opfer die Wohnung zu überlassen sei.[115] Da es auf die Gründe für den Auszug nicht ankomme, könne der Fall eintreten, dass das Gewaltopfer aus der Wohnung „fliehe" und der Täter aufgrund der Regelung des Abs. 4 bis zur Scheidung dort verbleiben könne. Unklar sei auch, wie mit der Vermutung umzugehen sei, wenn das Kindeswohl nach Ablauf der Frist eine Rückkehr des weichenden Ehegatten in die Wohnung gebiete; erforderlichenfalls müsse der Familienrichter dann im Rahmen des § 1666 zu Gunsten des Kindes auch eine Regelung über die Nutzung der Ehewohnung treffen.[116]

27 Die Kritik erscheint in mancher Hinsicht gerechtfertigt. Ihr kann nur teilweise durch eine am Normzweck orientierte Auslegung begegnet werden, insbesondere soweit ein Widerspruch zum Gewaltschutz in Rede steht. Auch wenn das Motiv für den Auszug irrelevant ist, muss gefordert werden, dass dieser freiwillig erfolgte.[117] Eine solche Einschränkung schließt die Anwendung auf Fälle der Flucht vor ausgeübter oder angedrohter Gewalt aus, bei denen zudem fraglich ist, ob das Verlassen der Wohnung in Trennungsabsicht geschah. Zu Lasten des Gewaltopfers kann die Vermutung danach nicht eingreifen.[118] Die darüber hinaus zu findende Einschränkung, die Frist beginne bei erstmaligem Eintreten von Härtegründen nach der Trennung erst von da an zu laufen,[119] ist dagegen mit dem Wortlaut des Abs. 4 nicht zu vereinbaren.[120] Die Intention, den Fristbeginn hinauszuzögern, ist zwar im Hinblick auf die Bemessung der Frist mit (nur) sechs Monaten und die Rechtsfolgen der unwiderleglichen Vermutung verständlich, das angestrebte Ziel *de lege lata* aber nicht erreichbar. Um verfassungsrechtlich nicht unbedenkliche Folgen eines nur eingeschränkten Ausgleichs für den Besitzverlust, vor allem des Alleineigentümers, zu vermeiden und sonstigen schwer erträglichen Ergebnissen, die aufgrund der unwiderleglichen Vermutung eintreten können, entgegenzuwirken, sollte eine Verlängerung der Frist erwogen werden.[121]

VI. Verfahren. IPR

28 **1. Verfahren.**[122] Der Anspruch aus § 1361 b ist in einem isolierten Verfahren geltend zu machen und nicht im Verbund (§ 137 Abs. 2 Nr. 3 FamFG), da keine Entscheidung für den

---

[112] *Staudinger/Voppel* RdNr. 12.

[113] *Rauscher* § 15 RdNr. 350.

[114] *Johannsen/Henrich/Brudermüller* RdNr. 50; *Schnitzler/Müller* § 16 RdNr. 61.

[115] *Rauscher* § 15 RdNr. 350; *Schnitzler/Müller* § 16 RdNr. 62 f.; AnwK-BGB/*Boden* RdNr. 37.

[116] *Bamberger/Roth/Neumann* RdNr. 16. Zur weiteren Kritik *Erbrath* FamRZ 2005, 1713, 1714 f.; *ders.* FuR 2001, 197, 201 f.

[117] *Staudinger/Voppel* RdNr. 11; *Götz/Brudermüller* RdNr. 188; AnwK-BGB/*Boden* RdNr. 37; *Erman/Gamillscheg* RdNr. 17; FA-FamR/*Klein* 8. Kap. RdNr. 82 h.

[118] Ebenso AnwK-BGB/*Boden* RdNr. 37; *Erman/Gamillscheg* RdNr. 17.

[119] OLG Hamburg OLGR 2003, 272 f. = FamRB 2003, 277 (LS); FA-FamR/*Klein* 8. Kap. RdNr. 82 h.

[120] *Rauscher* § 15 RdNr. 350; *Götz/Brudermüller* RdNr. 188.

[121] Ebenso *Götz/Brudermüller* RdNr. 188; Bedenken gegen die Unwiderleglichkeit der Vermutung bei *Palandt/Brudermüller* RdNr. 25.

30 **2. IPR.** Für die im Inland belegene Ehewohnung ordnet Art. 17 a EGBGB (eingefügt durch Art. 10 des GewSchG vom 11. 12. 2001) die Anwendung deutscher Sachvorschriften an, und zwar sowohl für die Nutzungsbefugnis als auch für damit zusammenhängende Betretungs-, Näherungs- und Kontaktverbote. In Fällen mit Auslandsberührung sind die Ansprüche auf Wohnungszuweisung während des Getrenntlebens (ebenso wie die auf Hausratsteilung, vgl. § 1361 a RdNr. 25) wegen des engen Sachzusammenhanges mit dem Unterhalt Art. 18 EGBGB zuzuordnen.[126]

§ 1362 Eigentumsvermutungen

(1) [1] Zugunsten der Gläubiger des Mannes und der Gläubiger der Frau wird vermutet, dass die im Besitz eines Ehegatten oder beider Ehegatten befindlichen beweglichen Sachen dem Schuldner gehören. [2] Diese Vermutung gilt nicht, wenn die Ehegatten getrennt leben und sich die Sachen im Besitz des Ehegatten befinden, der nicht Schuldner ist. [3] Inhaberpapiere und Orderpapiere, die mit Blankoindossament versehen sind, stehen den beweglichen Sachen gleich.

(2) Für die ausschließlich zum persönlichen Gebrauch eines Ehegatten bestimmten Sachen wird im Verhältnis der Ehegatten zueinander und zu den Gläubigern vermutet, dass sie dem Ehegatten gehören, für dessen Gebrauch sie bestimmt sind.

Schrifttum: *F. Baur,* Zwangsvollstreckungs- und konkursrechtliche Fragen zum GleichberG, FamRZ 1958, 252; *Becker-Eberhard,* Die Räumungsvollstreckung gegen Ehegatten und sonstige Hausgenossen, FamRZ 1995, 1296; *Brandner,* Formen des Gläubigerzugriffs auf Ehegattenvermögen, FS Merz, 1992, S. 2; *Brox,* Zur Frage der Verfassungswidrigkeit der §§ 1362 BGB, 739 ZPO, FamRZ 1981, 1125; *Eichenhofer,* Die Auswirkungen der Ehe auf Besitz und Eigentum der Eheleute, JZ 1988, 326; *Erchinger,* Probleme der Zwangsvollstreckung gegen die Partner einer eheähnlichen Gemeinschaft und einzelne Mitglieder einer Wohngemeinschaft, Diss. Tübingen 1987; *Dieter Groß,* Die Zulässigkeit der Zwangsvollstreckung wegen Geldforderungen gegen in Wohngemeinschaften lebende Schuldner, Diss. Bonn 1985; *Hofmann,* Eigentumsvermutung und Gewahrsamsfiktion in der „Ehe ohne Trauschein?", ZRP 1990, 409; *Holzapfel,* Ehegattenschenkungen und Gläubigerschutz, 1979; *Kabisch,* Die Mobiliarvollstreckung gegen einen mit einem Dritten in Wohngemeinschaft lebenden Schuldner, DGVZ 1963, 17; *Kilian,* Probleme der Vollstreckung gegen Ehegatten, JurBüro 1996, 67; *Heinzjörg Müller,* Zwangsvollstreckung gegen Ehegatten, 1970; *Noack,* Aktuelle Fragen der Pfändungsvollstreckung gegen Ehegatten, JurBüro 1978, 1425; *Reinicke,* Zwangsvollstreckung gegen Ehegatten, DB 1965, 961, 1001; *Scherer,* Titel gegen Nicht-Mieter bei der Wohnungsräumung?, DGVZ 1993, 161; *Schneider,* Widerlegte Eigentumsvermutung des § 1362 BGB, JurBüro 1979, 664; *Struck,* Gläubigerschutz und Familienschutz, AcP 187 (1987), 404; *Teschner,* Die Ehe als Schuldnergemeinschaft, 1999; *Thran,* Die analoge Anwendung der §§ 1362 BGB, 739 ZPO auf nichteheliche Lebensgemeinschaften, NJW 1995, 1458; *Wacke,* Zur Pfändung bei nichtehelicher Partnerschaften etc., ZZP 105 (1992), 436; *Weimar,* Ist die entsprechende Anwendung des § 739 ZPO auf eheähnliche Gemeinschaften begründet?, JR 1982, 323; *B. Wolf,* Zur Verfassungsmäßigkeit der §§ 739 ZPO, 1362 BGB nach der Entscheidung des BVerfG zur „Schlüsselgewalt", FuR 1990, 216.

Übersicht

[126] Str., vgl. zum Meinungsstand *Staudinger/Voppel* RdNr. 99; diff. 4. Aufl. Art. 14 EGBGB RdNr. 105 ff.

I. Vorgeschichte

§ 1362 wurde neu gefasst durch Art. 1 Nr. 8 GleichberG. Nach § 1362 **Abs. 1 aF** wurde nur zugunsten der Gläubiger des Mannes vermutet, dass die von einem oder von beiden Ehegatten besessenen beweglichen Sachen dem Manne gehörten. Diese einseitige Vermutungswirkung zugunsten der Mannesgläubiger war dadurch zu rechtfertigen, dass regelmäßig nur der Mann im Erwerbsleben stand und Schulden machte, der Mann zudem nach Güterrecht weitgehend für die Frauenschulden haftete, so dass sich die Gläubiger meist an ihn hielten. Das Vorbild für diese vom Güterstand gleichwohl unabhängige Vermutung war die (nach ihrem Urheber *Quintus Mucius Scaevola,* um 100 v. Chr.) sog. **praesumptio Muciana** des römisch-gemeinen Rechts. Danach wurde im Zweifelsfall angenommen, dass die von der Frau während der Ehe erworbenen Sachen aus Zuwendungen ihres Mannes herrührten.[1] Da Schenkungen unter Ehegatten überdies nichtig waren, blieben die der Frau vom Manne geschenkten Sachen Eigentum des Mannes. 1

II. Normzweck – Rechtfertigung und Verfassungsmäßigkeit der Vorschrift

1. Gläubigerschutz. Die Eigentumsvermutung dient dem Gläubigerschutz. Sie soll hauptsächlich im Vollstreckungsfall einen **Beweisnotstand** der Gläubiger verhindern, denen die Eigentumsverhältnisse der Ehegatten an Mobilien nicht bekannt sind.[2] Nach § 1006 müsste aus dem idR bestehenden Mitbesitz beider Ehegatten an den in der Ehewohnung befindlichen Sachen auf entsprechendes Miteigentum geschlossen werden. Die Zwangsvollstreckung würde folglich scheitern, sofern die Ehegatten nicht kraft Rechtsgeschäfts (wie häufig bei Mietverträgen) oder Gesetzes (wie nach § 1357) als Gesamtschuldner haften. Zur Abwendung dieser Beweisnot trifft § 1362 Abs. 1 S. 1 eine Sonderregelung für bewegliche Sachen von Ehegatten[3] in Abweichung von der allgemeinen Beweislastregel des § 1006. Für die durch das Grundbuch ausgewiesenen Liegenschaftsrechte, desgleichen für Forderungen und andere unkörperliche Rechte, ist eine Sonderregelung entbehrlich, da § 1006 für sie ohnehin nicht gilt. 2

2. Sachrichtigkeit. Die Regelung des Abs. 1 S. 1 ist sachgerecht.[4] Zur Abwendung der unzumutbaren Beweisnot des Gläubigers ist die Sondernorm zwecks Gewährleistung eines effektiven Vollstreckungsbetriebes erforderlich. Sie statuiert für Ehegatten die Last, rechtzeitig für eine Klarstellung ihrer Eigentumsverhältnisse an beweglichen Sachen zu sorgen, ehe ein Gatte Schulden macht. Der nichtschuldende Gatte kann die gegen ihn sprechende Vermutung zwar häufig nicht entkräften, da zweifelsfreies Alleineigentum an gemeinsam besessenen Sachen selten ist. Soweit die Vermutung nicht widerlegbar ist, führt Abs. 1 S. 1 somit praktisch oft zu einer **Gesamthaftung** beider Gatten für einseitige Verbindlichkeiten eines von ihnen. Der güterrechtliche Grundsatz der Haftungstrennung (§§ 1363 Abs. 2 S. 1, 1364) erscheint dadurch vielen für bewegliche Sachen bedenklich weit eingeschränkt.[5] Doch 3

[1] Dig. 24, 1, 51; Cod. 5, 16, 6, 1; *Kaser,* Römisches Privatrecht I, 2. Aufl. 1971, S. 332; *ders.,* Studi in onore di P. De Francisci, 1956, S. 216 ff. Zur Entwicklung im 19. Jh. eingehend *Mugdan* IV S. 70 ff.; auch *Windscheid,* Pandekten 9III (1906), 54 (§ 509 aE); *Kreller,* Römisches Recht II, 1950, S. 134 (auch zu § 1237 S. 2 ABGB). Weitere rechtsvergleichende Hinweise bei *Dölle* I § 44 Fn. 20 und unten Fn. 3, 35.

[2] Vgl. Amtl. Begr., BT-Drucks. 2/224 S. 33. Zu den Schwierigkeiten der Zwangsvollstreckung gegen Ehegatten *Pohle* MDR 1954, 705 ff.; 1955, 1 ff.; ZZP 68 (1955), 260 ff.; *Beitzke* dort 241 ff.; *Boennecke* NJW 1959, 1260 f.; *Baur* FamRZ 1958, 252 ff.; *Reinicke* DB 1965, 961 ff., 1001 ff.; *Hj. Müller,* Zwangsvollstreckung gegenüber Ehegatten.

[3] Das englische Recht kennt keine entsprechende Eigentumsvermutung; zu den nachteiligen Auswirkungen *Hanisch,* Moderne Tendenzen des engl. Ehegüterrechts, 1963, S. 97 ff.

[4] Zutr. im Ergebnis namentlich *Hj. Müller* S. 16 ff., 43 f., *ders.* KTS 1969, 157 f.; auch *Reinicke* DB 1965, 961. AA *Teschner* 84 ff.

geht es nicht an, das Risiko, dass der Eigentumsnachweis misslingt, dem Vollstreckungsgläubiger aufzubürden.

4 **3. Normwürdigung.** Die Würdigung der Vorschrift ist eine vom Standort des jeweiligen Beurteilers abhängige **Tendenzfrage.** Familienrechtler betrachten den Vollstreckungsvorteil des Gläubigers und die Einschränkung des Familienschutzes meist kritisch; Praktiker des Vollstreckungs- und Insolvenzrechts halten die Maßnahme für unzulänglich. Als präzisierende Ausführungsvorschrift zu § 1006 Abs. 1 S. 1 enthält § 1362 Abs. 1 S. 1 zunächst dessen notwendige Begrenzung: Aus Mitbesitz oder Alleinbesitz des nichtschuldenden Ehegatten darf nicht – auch nicht im Wege des Anscheinsbeweises – auf Miteigentum oder Alleineigentum dieses Ehegatten geschlossen werden. § 1362 schaltet die Vermutungswirkung des § 1006 aus, welche u. a. durch die weitgehende Zulassung besitzloser Mobiliarsicherheiten im heutigen Wirtschaftsleben ohnehin stark durchlöchert ist.[6] In der rein negativen Ausschaltung des Besitzes als Beweisindiz erschöpft sich § 1362 jedoch nicht. Die weitergehende Wirkung, dass die Vorschrift ihrem Wortlaut und der einhelligen Auslegung entsprechend dem nichtschuldenden Ehegatten die volle Beweislast für sein Eigentum auferlegt, lässt sich nur durch den Erfahrungssatz rechtfertigen, dass die Neigung zu Scheinübertragungen und Schiebungsgeschäften zwecks Vereitelung von Vollstreckungsmaßnahmen unter Ehegatten unverhältnismäßig groß ist.[7] („Böse Schuldner kriechen ihren Frauen unter den Pelz", lautet ein altes Rechtssprichwort.) Da Übereignungsvorgänge unter Ehegatten für Außenstehende überdies schwer durchschaubar sind (s. § 1353 RdNr. 35), erscheint eine solche Umkehrung der Beweislast angemessen.

5 Die Vorschrift entspricht damit der allgemeinen Regel, dass sich Dritte gegen Vollstreckungsübergriffe auf ihr nichthaftendes Vermögen mit der Interventionsklage nach § 771 ZPO wehren müssen und für deren Voraussetzungen die Beweislast tragen (s. RdNr. 31 ff.). Die gegenwärtige Besitzrechtsvermutung des § 1006 Abs. 1 S. 1 kommt Interventionsklägern niemals zugute. Die Vermutung aus früherem Besitz (§ 1006 Abs. 2), auf die sie sich berufen können (iVm. dem Beweisantritt, dass eine Übergabe an den Vollstreckungsschuldner keinen Eigentumsübergang bewirkt habe), hilft auch einem Ehegatten, der vorehelichen Alleinbesitz nachweist (RdNr. 23 Fn. 51). Auch die problematische Bereicherungshaftung des Vollstreckungsgläubigers bei eventuell versäumter Drittwiderspruchsklage ist bei § 1362 ebenso zu entscheiden wie allgemein bei § 771 ZPO.[8] Der Grundgedanke des § 1362 Abs. 1 S. 1 erweist sich somit als durchaus **systemgerecht;** eine andere Regelung wäre nicht gut denkbar und bevorzugte die Interessen des mit einem Vollstreckungsschuldner verheirateten Ehegatten ungebührlich gegenüber sonstigen Drittintervenienten.

6 Dass die Wirkung des Abs. 1 S. 1 bei gescheitertem Eigentumsbeweis mit dem güterrechtlichen Prinzip der Vermögens- und Haftungstrennung in Widerspruch treten kann (s. RdNr. 3), ist kein neues, etwa erst nach Einführung der Zugewinngemeinschaft aufgekommenes Argument: Bereits die BGB-Verfasser nahmen diese Wirkung des § 1362 bewusst in Kauf.[9] Seit Jahrhunderten zog man besondere zivil- und strafrechtliche Konsequenzen aus der unter Ehegatten trotz juristischer Vermögenstrennung faktisch doch immer bestehenden **Besitz- und Gewahrsams-, Gebrauchs- und Nutzungsgemeinschaft** an beweglichen Sachen.[10] Unangetastet bleibt die Vermögenstrennung für die wichti-

[5] Vgl. vor allem *Bosch* FamRZ 1957, 194; 1958, 85; 1963, 421; 1968, 439; ferner *Gernhuber,* 1. Aufl. § 22 II 9 (in folgenden Aufl. entfiel der Passus); *Baur* FamRZ 1958, 253 f.; *Boennecke* NJW 1959, 1260 f.

[6] Zur geminderten Aussagekraft des Besitzes für die Rechtszuständigkeit statt aller *Wacke,* Das Besitzkonstitut als Übergabesurrogat, Köln 1974, S. 31 ff., 33 f.

[7] Vgl. LG Aachen NJW-RR 1987, 712, 713. Den Ehegatten als typischen Scheingeschäfts-Partner in der *familia suspecta* analysiert anhand der BVerfG-Rspr. *Teschner* S. 76 ff.

[8] Dazu *Blomeyer,* Zivilprozessrecht: Vollstreckungsverfahren, 1975, § 39; *Bruns/Peters,* Zwangsvollstreckungsrecht, 3. Aufl. 1987, § 15 IV 6; *Gerhardt,* Vollstreckungsrecht, § 8 II 3; *Baur/Stürner* § 29 RdNr. 13.

[9] S. *Mugdan* IV S. 71, 73.

[10] Zum Ausschluss der Diebstahlshaftung aus diesem Grunde seit dem römischen Recht *A. Wacke,* Actio rerum amotarum (1963), 1, 94–105. Der persönliche Strafausschließungsgrund des § 247 Abs. 2 StGB entfiel

gen Liegenschaftsrechte, für Forderungen und andere unkörperliche Gegenstände. Bei beweglichen Sachen aber widerspräche eine strikte Trennung von Gewahrsam und Nutzung dem Wesen der ehelichen Lebensgemeinschaft;[11] dieses naturgegebene Faktum ist insoweit stärker als die Idee der getrennten Vermögen.[12] Die quasi-solidarische Haftung bei misslungenem Beweis mit dem Gedanken der **Schicksalsgemeinschaft** zu rechtfertigen, ist nicht zu gewagt, wenn das Gesetz wegen desselben ehegenossenschaftlichen Gesichtspunktes andererseits in § 1374 Abs. 2 bewusst pauschalierend auch einen Lottogewinn nicht von der Zugewinnausgleichspflicht ausnimmt.[13]

Die Angemessenheit dieser Lösung des Konflikts zwischen Gläubigerinteressen und Fami- 7
lieninteressen ist aber auch daran zu prüfen, wieweit sie den Eheleuten Mittel an die Hand gibt, den Eigentumsnachweis mit geringstmöglichem Aufwand zu führen. Bei Schaffung des BGB war der Kreis der Güter, die zum eingebrachten Gut der Frau gehörten, durch Mitgiftbestellungsurkunden u. dgl. verhältnismäßig leicht zu bestimmen.[14] Heute ist das Vermögen der Eheleute nur noch selten überkommenes, regelmäßig während des Ehestandes erarbeitetes Gut; das Erbrecht trägt dem Rechnung durch Erhöhungen des Ehegattenerbteils auch bei Gütertrennung (§§ 1371 Abs. 1, 1931 Abs. 4). Die gemeinsame Errungenschaft aber wird oft (vor allem an Hausrat) im Miteigentum beider Ehegatten stehen.[15] Da die daraus resultierende Ungewissheit den Gläubigern nicht zum Nachteil gereichen darf, muss es Aufgabe einer zeitgemäßen Rechtsanwendung sein, den Eheleuten **liquide und nicht zu aufwendige Beweismittel** für den Eigentumsnachweis zur Verfügung zu stellen (notarielle Beglaubigung: RdNr. 24). Auch ist die Gegenvermutung des Abs. 2 nicht allzu engherzig auszulegen (RdNr. 26).

Bei **Hausrat** sind auffallend die **gegenläufigen Tendenzen zwischen § 1362 und** 8
§ 1369: § 1362 betont vor allem bei Vollstreckungsmaßnahmen den Gläubigerschutz, § 1369 bei rechtsgeschäftlichen Verfügungen umgekehrt den Familienschutz. Solange nicht § 1365 eingreift, kann ein Ehegatte ohne Zustimmung des Partners Schulden machen, für die notfalls (bis auf die unpfändbaren Sachen) der gesamte Hausrat haften muss; einen einzelnen Haushaltsgegenstand aber kann er, selbst wenn er ihm allein gehört, nicht ohne Zustimmung des Partners veräußern. Liegt die ratio des § 1362 im Schutz des Gläubigers vor seiner Unkenntnis der familieninternen Eigentumsverhältnisse, so erklärt die hM zu § 1369 umgekehrt eine ebensolche Unkenntnis des Erwerbers durch Verweigerung gutgläubigen Erwerbs für nicht schutzwürdig. Diese selten hervorgehobenen Friktionen[16] werden allerdings praktisch weitgehend abgeschwächt durch die Unpfändbarkeitsvorschriften der §§ 811 Nr. 1, 812 ZPO, auf die sich auch der nichtschuldende Ehegatte berufen kann.

Dass **Alleinbesitz** des nichtschuldenden Ehegatten zum Eigentumsbeweis nicht genügt, 9
sondern dem Mitbesitz nach Abs. 1 S. 1 gleichgestellt wird, ist schließlich dadurch begründet, dass sich durch einverständliche Schiebungen der Anschein solchen Alleinbesitzes allzu leicht herstellen ließe (vgl. RdNr. 4). An die Stelle des Alleinbesitzes setzt **Abs. 2** darum das brauchbarere Kriterium der **Zweckbestimmung für den persönlichen Gebrauch.** Bei Abs. 2 tritt der Gläubigerschutz überdies zurück gegenüber dem zusätzlich verfolgten

---

mit dem 1. 1. 1975. Diebstahl unter Ehegatten ist seither Antragsdelikt; dazu BT-Drucks. 7/550 vom 11. 5. 1973 S. 246 f.

[11] Aus § 1353 und dem Unterhaltsrecht ergibt sich sogar ein Anspruch auf angemessene Mitbenutzung: *Kremer* FamRZ 1954, 186 ff., *ders.*, Besitz und Besitzberechtigung der Ehegatten an Hausrat und Ehewohnung, Diss. Bonn 1956.

[12] *Beitzke* ZZP 68 (1955), 254 verweist hierzu auf das Horazwort: *naturam expellas furca, tamen usque recurret.*

[13] BGH FamRZ 1977, 124.

[14] Vgl. *Mudgan* IV S. 73.

[15] Vgl. *Thiele* FamRZ 1958, 115 ff.; *Weimar* MDR 1962, 525 f.; einschränkend § 1357 RdNr. 42 f.; RdNr. 23 aE.

[16] Doch vgl. RdNr. 35 und § 1369 RdNr. 27 f. Bei den Beratungen zum GleichberG wurde die beantragte Schaffung eines Hausguts als Sondervermögen u. a. mit der Begründung abgelehnt, wenn man den Hausrat nur für gemeinsame Verbindlichkeiten beider Ehegatten haften lasse, so führe das zu einer Benachteiligung der Gläubiger, denen lediglich ein Ehegatte haftet: Anlage zu BT-Drucks. 2/3409 S. 7; *Schmidt* NJW 1974, 323.

Zweck: der erleichterten güterrechtlichen Auseinandersetzung der Ehegatten untereinander (RdNr. 25 ff.).

10 **4. Verfassungsmäßigkeit; Analogie.** Die Vorschrift ist nicht analog auf zusammenlebende erwachsene **Verwandte** oder **nichteheähnliche Lebensgemeinschaften** anzuwenden.[17] Zwar lassen sich durchaus Gründe dafür anführen, nichteheliche Lebensgemeinschaften einer vergleichbaren Regelung zu unterwerfen, um der Beweisnot der Gläubiger eines Partners entgegen zu wirken. Dagegen sprechen aber bereits praktische Probleme der Abgrenzung, welche Lebensgemeinschaften betroffen sein sollen, denn Dauer und Festigkeit solcher Gemeinschaften sind für Außenstehende kaum feststellbar.[18] Auch die von der Gegenansicht angeführte *ratio* des § 1362 Abs. 1 S. 1 rechtfertigt allein eine Analogie nicht; es fehlt an der hierfür erforderlichen planwidrigen Regelungslücke. Obwohl dem Gesetzgeber die Problematik seit längerer Zeit bekannt war, hat er sowohl im Rahmen des Zweiten Gesetzes zur Änderung zwangsvollstreckungsrechtlicher Vorschriften vom 17. 12. 1997 (BGBl. I S. 2039) als auch des LPartG, das in § 8 Abs. 1 für Lebenspartner eine § 1362 entsprechende Regelung vorsieht, davon abgesehen, die für Ehegatten geltenden Eigentums- und Gewahrsamsvermutungen auf nichteheliche Lebensgemeinschaften zu erstrecken.[19] Einer „gesetzesübersteigenden" Rechtsfortbildung steht jedenfalls entgegen, dass die Korrektur eines möglicherweise verfassungswidrigen Ergebnisses auf verschiedene Weise erfolgen kann, nämlich durch Aufhebung der Norm oder durch Erstreckung ihres Anwendungsbereichs auf einen näher zu definierenden Personenkreis. Dann ist ein eventueller Verfassungsverstoß aber grundsätzlich im Wege einer Neuregelung durch den Gesetzgeber zu beseitigen.[20]

III. Die Eigentumsvermutung nach Abs. 1

11 **1. Voraussetzungen.** Voraussetzung ist eine **gültige Ehe** im maßgeblichen Zeitpunkt (Pfändung u. dgl., RdNr. 18). Nachträgliche Heirat hilft nicht,[21] nachträgliche Scheidung schadet nicht. Für eine aufhebbare Ehe gilt § 1362 wegen § 1313 bis zur rechtskräftigen gerichtlichen Entscheidung.[22] Für eheähnliche Verhältnisse s. RdNr. 10.

12 Weitere Voraussetzung ist ein **gemeinsam geführter Hausstand.** Nur dann besteht die typische Gebrauchsgemeinschaft und Gewahrsamsvermischung (RdNr. 6). Gleichgültig ist, wer Eigentümer oder Mieter der Ehewohnung ist.[23] Bei **Getrenntleben** gilt die Vermutung nicht für Sachen im Besitz des nichtschuldenden Ehegatten (Abs. 1 S. 2); insofern gilt die allgemeine Vermutung des § 1006. Vollstreckungsübergriffe auf den nichtschuldenden Ehegatten sind unzulässig; es bleibt nur die Pfändung eines eventuellen Herausgabeanspruchs gegen den abwesenden Gatten gemäß §§ 846, 847 ZPO.

13 Dem Schutzzweck des § 1362 entsprechend genügt für **Abs. 1 S. 2** nach hM (abweichend von §§ 1567, 1361, 1361 a) die **rein tatsächliche,** nicht nur vorübergehende räumliche **Trennung.**[24] Unerheblich ist, ob wenigstens einer der Ehegatten die eheliche Ge-

[17] Vgl. BGHZ 170, 187 Tz. 11 ff. = NJW 2007, 992 = FamRZ 2007, 457, 458 f. m. im Ergebnis zust. Anm. *Böttcher;* OLG Köln NJW 1989, 1737 f. = FamRZ 1990, 623; LG Frankfurt NJW 1986, 729 = FamRZ 1985, 1380 = DGVZ 1985, 115, 116; AG Siegen DGVZ 1993, 61; *Brox* FamRZ 1981, 1125, 1127; *O. Werner* DGVZ 1986, 53; AK-BGB/*Finger* RdNr. 7; *Erman/Gamillscheg* RdNr. 4; *Staudinger/Voppel* RdNr. 12; *Teschner* S. 54 ff., 67 ff., 108 f.; *Kingreen* (Lit. Nach § 1302) RdNr. 275 ff.; *Bruns/Heese* LMK 2007, 226293. – AA AG Berlin-Neukölln und im Ergebnis zust. *Kabisch* DGVZ 1966, 24 ff.; *Diederichsen* FamRZ 1988, 889, 891; *Erchinger* S. 50 ff.; *Weimar* JR 1982, 323 f.; *Thran* NJW 1995, 1458, 1460 ff. mwN; *Gernhuber/Coester-Waltjen* § 43 RdNr. 7; *Soergel/Lipp* Nachtr. RdNr. 2; eingehend *Baumgärtel/Laumen* RdNr. 3–6; *Hausmann/Hohloch/Sternel* (Lit. Nach § 1302) Kap. 5 RdNr. 53; *Löhnig/Würdinger* FamRZ 2007, 1856, 1858; *Roth* JZ 2007, 530; *Palandt/Brudermüller* RdNr. 1 und 4. Aufl.

[18] *Staudinger/Voppel* RdNr. 12; aA *Thran* NJW 1995, 1458, 1460.

[19] Vgl. BGH FamRZ 2007, 457, 458 *Bruns/Heese* LMK 2007, 226293; gleichwohl eine Analogie bejahend *Roth* JZ 2007, 530.

[20] Vgl. BGH FamRZ 2007, 457, 458 f.; dagegen krit. *Seier* ZFE 2007, 295, 296.

[21] BGHZ 170, 187 Tz. 10 = NJW 2007, 992 = FamRZ 2007, 457.

[22] Vgl. *Stein/Jonas/Münzberg* § 739 ZPO RdNr. 11.

[23] LG Kaiserslautern DGVZ 1986, 63.

meinschaft aufheben will. Mit dem äußeren Merkmal der getrennten Haushaltsführung muss sich der Gerichtsvollzieher begnügen; mit der Prüfung der subjektiven Einstellung der Ehegatten zueinander soll er nicht belastet werden. Abs. 1 S. 2 gilt darum sinngemäß auch für Ehegatten, die (etwa als Jungvermählte noch) keinen gemeinsamen Hausstand führen („Besuchsehe"). Klares räumliches Getrenntwohnen ist andererseits – wiederum abweichend von §§ 1567 Abs. 1 S. 2, 1361, 1361 a – auch erforderlich; bloßes Getrenntleben innerhalb desselben Wohnbereichs schaltet die Vermutungswirkung von S. 1 nicht aus. Bei arglistig vollzogener Trennung zwecks Vollstreckungsvereitelung soll (nach hM nicht ganz konsequent) § 1362 Abs. 1 S. 1 ausnahmsweise wieder eingreifen;[25] die dafür zu fordernde Evidenz wird jedoch selten vorliegen. Vorübergehende Abwesenheit genügt nicht: Der Kraftwagen, mit dem die Ehefrau eine Reise unternimmt, kann unterwegs für Schulden des Mannes gepfändet werden. Strafhaft (auch längere) ist kein Getrenntleben.[26]

Seiner Stellung im Gesetzessystem entsprechend gilt § 1362 **für alle Güterstände.**[27] Bei Gütergemeinschaft ist allerdings die Gesamtgutsvermutung des **§ 1416** vorrangig.[28] § 1362 greift erst ein, wenn der Gläubiger nachweist, dass die zu pfändende Sache nicht zum Gesamtgut gehörendes Vorbehaltsgut ist. Gelingt dieser Nachweis, sind die Eigentumsverhältnisse idR soweit geklärt, dass für § 1362 Abs. 1 S. 1 praktisch kaum Raum bleibt.[29] Für die Vollstreckung ist vom gesetzlichen Güterstand auszugehen; Gütergemeinschaft wäre nachzuweisen (§§ 740 bis 745, 860 ZPO).[30] 14

Wegen der Anknüpfung an den Besitz gilt § 1362 nur für **bewegliche Sachen** (auch vertretbare und verbrauchbare; Vorräte), nicht für Grundstücke, Forderungen und unkörperliche Rechte (RdNr. 2 aE). Abs. 1 gilt auch für **Bargeld,**[31] sowie kraft ausdrücklicher Hervorhebung in S. 3 für **Inhaber-** und (weitergehend als § 1006) **blankoindossierte Orderpapiere.** Inhaberpapiere sind Inhaberschuldverschreibungen (§§ 793 ff.) einschließlich Inhaberzeichen (§ 807) und Inhaberaktien. Nicht genügen qualifizierte Legitimationspapiere („hinkende Inhaberpapiere") nach § 808, gewöhnliche Orderpapiere und blankozedierte Rektapapiere. 15

Vorausgesetzt sind bewegliche Sachen im **Alleinbesitz** eines oder Mitbesitz beider Ehegatten (RdNr. 9). Nötig ist grundsätzlich **gegenwärtiger** Besitz. Früherer Besitz (§ 1006 Abs. 2) kann genügen, wenn Sachen in den Fremdbesitz eines Dritten gelangen und der Herausgabeanspruch des schuldenden Ehegatten gepfändet wird.[32] Ob Eigen- oder Fremdbesitz bleibt gleich; der Gerichtsvollzieher muss sich auf die Prüfung des Gewahrsams beschränken.[33] Bei Fremdbesitz eines oder beider Ehegatten zugunsten Dritter ist der Dritte auf § 771 ZPO zu verweisen; bei Fremdbesitz zugunsten des vollstreckenden Gläubigers ist § 1362 analog anzuwenden (RdNr. 18 aE). Mittelbarer Besitz eines oder beider Gatten genügt; zugunsten des Gläubigers wird dann vermutet, dass der nach §§ 846 ff. ZPO zu pfändende Herausgabeanspruch dem schuldenden Gatten allein zusteht.[34] 16

2. Wirkungen. Die Vermutung des Abs. 1 gilt nur zugunsten der **Gläubiger** eines Ehegatten, nicht im Verhältnis der Ehegatten zueinander oder zu deren Rechtsnachfolgern (anders für die unter Abs. 2 fallenden Sachen RdNr. 25); insoweit gilt § 1006 Abs. 1. Die Vorschrift enthält **zwingendes Recht;** Abreden der Ehegatten untereinander können die 17

---

[24] OLG Köln FamRZ 1965, 510 f.; *Erman/Gamillscheg* RdNr. 8; *Pohle* MDR 1954, 705, 706. Anders vor allem *Gernhuber/Coester-Waltjen* § 22 RdNr. 18; auch AG Bonn MDR 1963, 680 f. fordert eine ehefeindliche Gesinnung.
[25] *Baumbach/Lauterbach/Albers/Hartmann* § 739 ZPO RdNr. 8.
[26] OLG Düsseldorf NJW-RR 1995, 963, 964.
[27] LG Aachen NJW-RR 1987, 712 f.; *Staudinger/Voppel* RdNr. 16; *Soergel/Lange* RdNr. 3.
[28] LG München II FamRZ 1983, 172 = DGVZ 1982, 188.
[29] *Mugdan* IV S. 71; *Weber* RPfleger 1959, 179, 180; *Staudinger/Voppel* RdNr. 16; *Soergel/Lange* RdNr. 3.
[30] *Stein/Jonas/Münzberg* § 740 ZPO RdNr. 14.
[31] BGH NJW 1955, 20.
[32] BGH FamRZ 1993, 668 = LM § 857 Nr. 3 m. krit. Anm. *Hohloch.*
[33] *Staudinger/Voppel* RdNr. 22; str., aA *Soergel/Lange* RdNr. 5.
[34] OG Danzig SeuffA 81 (1927) Nr. 190 ff.; BGH FamRZ 1993, 668.

2. Gütertrennung. Gütertrennung ist ein Güterstand, der güterrechtliche Wirkungen ausschließt. Zu regeln sind für ihn folglich nur die Tatbestände, die zu seinem Eintritt führen. Das BGB hat die Gütertrennung dem „vertragsmäßigen Güterrecht" zugeordnet (vgl. die systematische Stellung in §§ 1408 ff.), weil sie meist Folge ehevertraglicher Vereinbarungen ist (vgl. § 1414 S. 1 und S. 2). Doch ist diese Einordnung fragwürdig, da Gütertrennung auch von Gesetzes wegen eintreten kann (vgl. die §§ 1388, 1449, 1470). Insofern ist sie im System des BGB ein außerordentlicher gesetzlicher Güterstand mit subsidiärer Geltung (dazu RdNr. 2). 6

III. Grundgedanke der Zugewinngemeinschaft

Zugewinngemeinschaft heißt **Gütertrennung** während der Ehe und **wirtschaftlicher Ausgleich** bei deren Ende. Die Zugewinngemeinschaft ist insofern ein Güterstand der freien Marktwirtschaft: Jeder Ehegatte bleibt freies Wirtschaftssubjekt, gemeinsames Eigentum gibt es von Ehe wegen nicht. Gleichwohl sind mit dem Gedanken des Zugewinnausgleichs Elemente wie etwa Verfügungsbeschränkungen zur Sicherung des künftigen Ausgleichsanspruchs zu vereinbaren, zwingend erforderlich sind sie zur Umsetzung der Ausgleichsidee allerdings nicht. 7

Rechtfertigender Grundgedanke des Zugewinnausgleichs ist, dass in einer arbeitsteiligen Ehe der Ehegatte, der im Interesse der Familie nicht oder nur in geringem Umfang beruflich tätig ist und dem anderen die volle Teilhabe am Berufsleben ermöglicht, an dem von diesem erzielten Gewinn beteiligt werden muss. Evident ist damit der Zuschnitt des Güterstandes auf den Typ der Hausfrauen- oder Zuverdienerehe, in der ein Ehegatte – in der Regel ist dies nach wie vor die Frau – die berufliche Karriere wegen Haushaltsführung und Kinderbetreuung zurückstellt. Weil praktisch kaum anders möglich, wird der Vermögenszuwachs zwischen den Ehegatten schematisch geteilt, ohne dass das Ausmaß des eigenen Erwerbsverzichts und das Ausmaß der Mitverursachung an dem ökonomischen Erfolg des anderen konkret ermittelt wird. Gerechtfertigt wird die schematische Teilung zur Hälfte mit dem – von marktwirtschaftlichen Bewertungen abstrahierenden – Gedanken der grundsätzlichen Gleichwertigkeit von Berufs- und Haushaltstätigkeit.[2] 8

IV. Zugewinngemeinschaft des BGB

1. Teilungsposten. Mit dem Gedanken „Teilung des in gemeinschaftlicher Lebensleistung erarbeiteten Gewinns" nicht in Einklang zu bringen ist, dass nach geltendem Recht grundsätzlich das gesamte während der Ehe erworbene Vermögen auszugleichen ist – und nicht nur das, zu dessen Erwerb beide direkt oder indirekt beigetragen haben. § 1374 Abs. 2 versucht hier zu korrigieren und nimmt individuell – dh. durch Schenkung oder von Todes wegen – erworbenes Gut von der Teilung aus. Doch bleiben andere Posten, die ebenfalls nicht auf gemeinschaftliche Anstrengung zurückgeführt werden können, wie Schmerzensgeld oder Spielgewinne, nach dem Wortlaut des Gesetzes in der Teilungsmasse.[3] 9

Im Interesse eines klaren und einfachen Ausgleichsmodus errechnet sich der Ausgleichsanspruch aus **vier Rechnungsgrößen,** dem beiderseitigen Anfangsvermögen und dem beiderseitigen Endvermögen, die jeweils auf zwei Bilanzstichtage fixiert sind. Art und Grund von Vermögenszuwächsen spielen bei der Berechnung ebensowenig eine Rolle wie die Ursachen von Vermögensverlusten. Ein Ehegatte, der durch tatkräftige Hilfe einen bestimmten Teil des Vermögens seines Partners (etwa ein Unternehmen) mehrt, kann demzufolge jeden Ausgleichsanspruch verlieren und selbst ausgleichspflichtig werden, wenn in anderen Teilen des Partnervermögens (etwa durch einen Kurssturz der Aktien) Verluste eintreten. Umgekehrt kann freilich auch ein Ehegatte, der keinen oder sogar einen negativen Beitrag zur Vermögensentwicklung beim Partner leistet, in den Genuss einer 10

[2] Zur Fragwürdigkeit dieses Gedankens *Muscheler* RdNr. 336.
[3] Grundlegend hierzu *Schwab*, FS Söllner, S. 1079, 1084.

Vermutungswirkung zugunsten der Gläubiger naturgemäß nicht aufheben (zB eine ehevertragliche Vereinbarung, dass bestimmte oder sogar alle Vermögensstücke bis zum Beweis des Gegenteils als Eigentum des Mannes oder der Frau gelten sollen).[35] Unzweifelhafte Übertragungen bestimmter Vermögensstücke auf einen Ehegatten wirken aber auch gegenüber den Gläubigern und werden spätestens nach vier Jahren unanfechtbar (§ 134 Abs. 1 InsO, § 4 Abs. 1 AnfG).

18 Die Vermutung des Abs. 1 wirkt primär in Zwangsvollstreckung und Insolvenz (auch im Offenbarungsverfahren: RdNr. 22 aE), ist darauf jedoch nicht beschränkt. Sie greift vielmehr stets ein, wo die **Eigentumsverhältnisse** des Schuldners **für die Gläubiger von Bedeutung** sind, zB auch bei freiwillig gewährter Deckung (Sicherungsübereignung)[36] oder bei gesetzlichen Einbringungspfandrechten,[37] desgleichen bei Vollstreckung eines Urteils auf Übereignung einer beweglichen Sache gemäß §§ 883, 894 ZPO.[38] Bei Vollstreckung von Herausgabetiteln aus fremdem Eigentum verweist § 1362 Abs. 1 S. 1 den Ehepartner des Verurteilten sinngemäß ebenfalls auf den Weg des § 771 ZPO.[39]

19 Gesteigerte Bedeutung erlangte § 1362 bei Insolvenz eines Ehegatten, nachdem **§ 45 KO** wegen Verstoßes gegen Art. 6 Abs. 1 GG für **verfassungswidrig** erklärt wurde.[40] Die Vermutung des Abs. 1 S. 1 spricht für das Eigentum des Gemeinschuldners und gegen dessen Ehegatten, damit für die Zugehörigkeit beweglicher Sachen zur Masse. Sie gilt sowohl bei Herausgabeansprüchen des Verwalters an die Masse als auch bei Aussonderungsansprüchen des Ehegatten des Gemeinschuldners. Der aussondernde Ehegatte kann sich auf die Besitzrechtsvermutung des § 1006 nicht stützen, sondern muss sein Eigentum anderweit voll beweisen.[41]

20 Bei einer **Schenkungsanfechtung** des Verwalters nach § 134 Abs. 1 InsO streitet § 1362 Abs. 1 S. 1 ebenfalls **zugunsten der Masse:** Alle Zuwendungen, die Ehegatten einander aus ihrem Besitz gewähren, weist die Vermutung im Zweifel den unentgeltlichen zu, da jede vereinbarte Gegenleistung mutmaßlich bereits von vornherein zum Vermögen des zuwendenden Ehegatten gehört.[42] Die (bedenklich erscheinende) Vermutung, dass Vermögensübertragungen unter Ehegatten im Zweifel unentgeltlich erfolgen, ist der Lebenserfahrung nach notwendig; Sachschenkungen lassen sich durch simulierte Quittungen oder vorgeschobene Kontoabbuchungen für angebliche Vergütungen leicht verschleiern.

21 **Schulden beide Ehegatten** aus verschiedenen Titeln, so kann sich bezüglich derselben Sachen ein **konkurrierender Zugriff mehrerer Gläubiger** ergeben. Können die

---

[35] Vgl. LG Aachen NJW-RR 1987, 712 f.; übereinstimmend das niederländische Recht, vgl. *Sielemann* MittRhNotK 1971, 16.

[36] RGZ 80, 62. Den verfügenden Ehegatten weist § 1362 gegenüber der ehelichen Gemeinschaft bis auf weiteres als Eigentümer aus. Gutgläubiger Erwerb ist ohne Übergabe wegen § 933 nicht möglich. Für den Beweis des Gegenteils ist guter oder schlechter Glaube des Gläubigers folglich vorher bedeutungslos, nachher ist er ausgeschlossen. An Haushaltsgegenständen geht im gesetzlichen Güterstand das Zustimmungserfordernis aus § 1369 jedoch dem § 1362 vor.

[37] §§ 562, 704; RGSt. 36, 332. Gutgläubiger Erwerb des Vermieterpfandrechts an den von der Ehefrau eingebrachten Sachen wird jedoch zutr. abgelehnt bei *Mugdan* II S. 857 f.

[38] *F. Baur* FamRZ 1958, 252, 254; *Hj. Müller* S. 45 f.; unstr. Für den guten Glauben des Vollstreckungsgläubigers (§ 898 ZPO) entscheidet erst der Zeitpunkt der Ablieferung an den Gläubiger, trotz der Übergabefiktion des § 897 ZPO nicht schon der Wegnahme durch den Gerichtsvollzieher. Denn die Interventionsklage des Ehepartners (oder eines Dritten) muss materiell-rechtlich solange Aussicht auf Erfolg haben, wie sie prozessual zulässig ist; zutr. *Deubner* MDR 1952, 405 ff.; zust. *Blomeyer* (Fn. 8) § 90 V 3, Fn. 59; aA *Baumbach/Lauterbach/Hartmann/Albers* § 897 ZPO RdNr. 4; *Thomas/Putzo* § 897 ZPO RdNr. 2.

[39] Str.; wie hier *Hj. Müller* S. 45 ff.; aA *Gernhuber/Coester-Waltjen* § 22 RdNr. 22. Gleichstellung mit dem vorigen Fall (Fn. 38) ist praktisch erforderlich, da dem Tenor von Herausgabetiteln nicht anzusehen ist, ob sie aus obligatorischem oder dinglichem Recht ergangen sind. Bei wortgetreuer Auslegung würde im Widerspruch zum Urteil das Eigentum des Verurteilten vermutet; doch darf sich diese Vermutung nur „zugunsten" des Klägers auswirken. Gegenüber dem Ehepartner des Verurteilten schafft der Herausgabetitel keine Rechtskraft.

[40] BVerfGE 24, 104 = NJW 1968, 1771. Zu den Folgen *Brox* FamRZ 1968, 406 ff.; krit. *Hj. Müller* S. 77 ff.; *ders.* KTS 1969, 146 ff.; zust. *Teschner* 79 ff.

[41] Nach § 45 KO musste er überdies nachweisen, dass er den Gegenstand nicht mit Mitteln des Gemeinschuldners erworben hatte.

[42] *Gernhuber/Coester-Waltjen* § 22 RdNr. 15; RGZ 120, 107; BGH NJW 1955, 20.

einander widersprechenden Vermutungen weder von den Ehegatten noch im Verfahren nach § 805 oder §§ 872 ff. ZPO von den Gläubigern widerlegt werden, so bestimmt sich der Rang der Pfändungspfandrechte analog § 804 Abs. 3 ZPO nach der **Priorität.**[43]

Im **Strafrecht** ist § 1362 **nicht anwendbar,** wo es auf die dingliche Rechtslage ankommt. Der Strafrichter muss die Vermögenszugehörigkeit gemäß §§ 261, 262 StPO von Amts wegen feststellen.[44] Vor dem Prinzip der materiellen Wahrheit wäre ein vermutetes Alleineigentum sowohl des Mannes als auch der Frau an denselben Sachen ein innerer Widerspruch. § 1362 gilt jedoch, soweit das Strafrecht an die Vermutungslage anknüpft: für die Rechtmäßigkeit der Amtsausübung des Gerichtsvollziehers bei § 113 StGB;[45] für die falsche eidesstattliche Offenbarungsversicherung.[46] 22

3. Widerlegung der Vermutung. § 1362 enthält eine Rechtsvermutung, keine Tatsachenvermutung iS des § 292 ZPO. Die Voraussetzungen (RdNr. 11 bis 16) hat der Gläubiger zu beweisen; Tatsachen für einen Eigentumserwerb seines Schuldners braucht er nicht nachzuweisen. Eine Widerlegung durch den nichtschuldenden Ehegatten erfordert **vollen Beweis des Gegenteils** (Hauptbeweis, nicht bloßer Gegenbeweis).[47] Der Beweis des alleinigen Eigentumserwerbs (vor oder während der Ehe) genügt.[48] Ausreichend ist auch der Nachweis des Erwerbs von Miteigentum,[49] der allerdings nicht bereits dadurch als geführt angesehen werden kann, dass es sich um ein Geschäft zur angemessenen Deckung des Lebensbedarfs der Familie gemäß § 1357 Abs. 1 gehandelt hat. Der Fortbestand eines einmal erworbenen Rechts wird vermutet,[50] nicht der Verlust an den Ehepartner (ihn müsste der Gläubiger beweisen). Nicht gefordert wird darum der Beweis, dass der nichtschuldende Gatte bis zu dem für § 1362 maßgeblichen Zeitpunkt Eigentümer geblieben sei. Der Nachweis vorehelichen Alleinbesitzes reicht aus; § 1006 Abs. 2 streitet dann für den nichtschuldenden Gatten.[51] Ihm nützt auch nachgewiesener Besitz seines Erblassers (§ 857).[52] Vorehelicher Mitbesitz unter bereits Zusammenlebenden spricht für, nicht gegen die Vermutung von Abs. 1 S. 1 (zur Frage einer analogen Anwendung s. RdNr. 10). An während der Ehe gemäß § 1357 erworbenen Haushaltsgegenständen entsteht nicht kraft Gesetzes Miteigentum;[53] die dingliche Berechtigung richtet sich vielmehr nach den allgemeinen sachenrechtlichen Vorschriften der §§ 929 ff. Zwar wird es häufig zu einem Miteigentumserwerb der Ehegatten kommen,[54] eine generelle Widerlegung der Eigentumsvermutung ist damit aber nicht verbunden. Daher wird die Vermutung des § 1362 durch § 1357 nicht allgemein betroffen.[55] 23

---

[43] *Staudinger/Voppel* RdNr. 41; *Erman/Gamillscheg* RdNr. 11 aE; *Gernhuber/Coester-Waltjen* § 22 RdNr. 25; MünchKommZPO/*Arnold* § 739 RdNr. 17; im Ergebnis auch *Hj. Müller* S. 39, 66 ff.; *Baur* FamRZ 1958, 252, 254; krit. *Bosch* FamRZ 1958, 81, 85. Zur Wirkung des § 1362 im Konkurs beider Ehegatten *Brox* FamRZ 1968, 406, 408.

[44] Vgl. RGSt. 36, 332, 334 zu § 289 StGB an vom Vermieter gepfändeten eingebrachten Sachen.

[45] BayObLGSt 3, 125.

[46] AA *Boennecke* NJW 1959, 1260, 1261.

[47] *Baumgärtel/Laumen* RdNr. 14 f.; *Staudinger/Voppel* RdNr. 45. Zum Unterschied s. etwa *Rosenberg/Schwab/Gottwald* § 112 II 4. Unscharf *Erman/Gamillscheg* RdNr. 10: Widerlegung durch Gegenbeweis, für den der Nachweis des Eigentumserwerbs ausreiche; *Teschner* S. 43 ff.

[48] BGH NJW 1976, 238 = FamRZ 1976, 81 = JR 1976, 328 m. zust. Anm. *Kaehler.*

[49] *Staudinger/Voppel* RdNr. 45; *Baumgärtel/Laumen* RdNr. 15; *Palandt/Brudermüller* RdNr. 7; *Rauscher* § 14 RdNr. 293.

[50] BGH FamRZ 1992, 409; 1993, 668, 669; 1976, 81; KG OLGE 12, 129; *Staudinger/Voppel* RdNr. 46; *Palandt/Brudermüller* RdNr. 7; *Baumgärtel/Laumen* RdNr. 15; *Stein/Jonas/Münzberg* § 739 ZPO RdNr. 29.

[51] BGH NJW 1992, 1162; FamRZ 1993, 668; *Gernhuber/Coester-Waltjen* § 22 RdNr. 16; *Soergel/Lange* RdNr. 8; *Hj. Müller* S. 7 Fn. 16; *Baumgärtel/Laumen* RdNr. 16. Vgl. RdNr. 5.

[52] BGH FamRZ 1993, 668, 670.

[53] BGH FamRZ 1991, 923; *Staudinger/Voppel* RdNr. 7; *Baumgärtel/Laumen* RdNr. 7; aA OLG Schleswig FamRZ 1989, 88 f.; *Soergel/Lange* § 1357 RdNr. 23.

[54] Vgl. hierzu im Einzelnen BGH FamRZ 1991, 923, 924 f.

[55] *Staudinger/Voppel* RdNr. 7; *Baumgärtel/Laumen* RdNr. 7. Ähnlich. 4. Aufl.

24 An die **Beweisführung** sind dem Gläubigerschutzzweck entsprechend (RdNr. 5) **strenge Anforderungen** zu stellen. Eine zwingende Beweisführungsregel, dass die Vermutung etwa nur durch ein Inventar des eingebrachten Gutes widerlegt werden könne, stellte das BGB bewusst nicht auf.[56] Ein von den Ehegatten ohne Mitwirkung Dritter aufgenommenes **Vermögensverzeichnis** begründet eine Richtigkeitsvermutung nach § 1377 Abs. 1 nur im Verhältnis der Ehegatten zueinander und genügt nicht zur Widerlegung des § 1362 (vgl. RdNr. 17); der Beweiswert ist (auch für einen Anscheinsbeweis)[57] gering, da stets die **Gefahr rückdatierter nachträglicher Anfertigung zwecks Gläubigertäuschung** besteht (vgl. RdNr. 4). Dieser Verdacht besteht nicht bei einem gemäß §§ 1035 S. 2, 1377 Abs. 2 S. 2 **öffentlich beglaubigten** Verzeichnis. Vollen Beweis erbringt (trotz des Wortlauts von § 1377 Abs. 1) ein gemäß § 1035 S. 3 behördlich oder notariell aufgenommenes Verzeichnis.[58] Auch bei Vermögenstransaktionen unter Ehegatten empfiehlt sich zumindest die öffentliche Beglaubigung zwecks Schaffung eines für eventuelle Anfechtungsprozesse feststehenden Datums.[59] Eine Eintragung im **Güterrechtsregister** beweist gemäß §§ 1412, 1418 Abs. 4 nur für hinreichend deutlich bezeichnetes Vorbehaltsgut.[60] Der **Kraftfahrzeugbrief** weist gemäß § 25 StVZO den Halter, nicht den Eigentümer aus; die legitimierende Funktion des Briefbesitzes wird unter Ehegatten durch § 1362 Abs. 1 oder Abs. 2 verdrängt.[61]

IV. Die Vermutung nach Abs. 2

25 **1. Wirkungen.** Anders als Abs. 1 wirkt Abs. 2 **auch zwischen den Ehegatten** und gegenüber deren Rechtsnachfolgern.[62] Hierin liegt dessen primäre Bedeutung, vor allem bei einer Vermögensauseinandersetzung nach der Scheidung. Als Zugriffserleichterung für die Gläubiger wird Abs. 2 seltener praktisch, da einer Pfändung persönlicher Gegenstände oft § 811 Nr. 1 oder 5 ZPO entgegenstehen. Zwischen den Ehegatten und deren Rechtsnachfolgern wirkt Abs. 2 über das Ende der Ehe hinaus **bis zur endgültigen Vermögensauseinandersetzung.**[63] Da statt des Besitzes die Zweckbestimmung für den persönlichen Gebrauch entscheidet (RdNr. 9), gilt Abs. 2 darum **auch bei Getrenntleben.**[64]

26 Abs. 2 enthält eine Schutznorm für den persönlichen Bereich eines Ehegatten. Für die **Auslegung** ist zu beachten, dass eine Subsumtion unter Abs. 1 zugunsten aller Gläubiger von Mann oder Frau wirkt und so deren Kollektivhaftung verstärkt; eine Subsumtion unter Abs. 2 begünstigt hingegen den durch die Zweckbestimmung als Eigentümer ausgewiesenen Gatten persönlich und dessen Eigengläubiger. Die problematische Kollektivhaftung des Abs. 1 (RdNr. 3 ff.) lässt sich durch eine behutsame Extension des Abs. 2 zweckentsprechend einengen (Gewerbebetrieb: RdNr. 29).

---

[56] *Mugdan* IV S. 72 f.

[57] Anders RG Gruchot 51, 1005.

[58] *Baumgärtel/Laumen* RdNr. 19. Zweifelnd *Teschner* S. 47 m. Fn. 25.

[59] Zum parallelen Problem einer *date certaine* für die Sicherungsübereignung, wie im Ausland vielfach vorgeschrieben, s. *Wacke* JZ 1975, 543; *Drobnig,* Empfehlen sich gesetzliche Maßnahmen zur Reform der Mobiliarsicherheiten? Gutachten zum 51. DJT, 1976, S. 67 f.; *Holzapfel,* Ehegattenschenkungen und Gläubigerschutz, 1979, S. 6, 141 ff.

[60] KG OLGE 12, 303.

[61] *Hj. Müller* S. 36 f.; *Baumgärtel/Laumen* RdNr. 22; aA *Baumbach/Lauterbach/Albers/Hartmann* § 793 ZPO RdNr. 7.

[62] Erben, Nachlassgläubigern und sonstigen Nachlassbeteiligten; auch bei unentgeltlicher Einzelnachfolge (der Ehemann schenkt von seiner ersten Frau getragenen Schmuck seiner zweiten Frau, vgl. § 816 Abs. 1 S. 2). OLG München OLGE 42, 141; BGHZ 2, 82, 86 f. = NJW 1951, 839; *Staudinger/Voppel* RdNr. 67; *Gernhuber/Coester-Waltjen* § 22 RdNr. 19.

[63] RG WarnR 1923/24 Nr. 128; BGHZ 2, 85 = NJW 1951, 839. Nachher gilt wieder § 1006.

[64] *Staudinger/Voppel* RdNr. 71, unstr.; Abs. 1 S. 2 gilt nach der gesetzlichen Systematik nur für Abs. 1 (RdNr. 12 f.). Besitzt der vom Schuldner getrennt lebende Ehegatte eine ausschließlich zum persönlichen Gebrauch des Schuldners bestimmte Sache, erleichtert Abs. 2 dem Gläubiger den Zugriff: *Hj. Müller* S. 11 Fn. 28.

2. Voraussetzungen. Nach den in Abs. 2 aF beispielhaft für die Frau aufgezählten Sachen (Kleider, Schmuck, Arbeitsgeräte [einst Spinnrad; Handarbeitszeug, Nähmaschine]) erschiene es im Rechtssicherheitsinteresse wünschenswert, den Kreis dieser Dinge abstrakt-geschlechtsspezifisch danach zu bestimmen, ob sie ihrer Natur nach typischerweise von einer Frau oder von einem Mann benutzt werden (Damen-/Herrenfahrrad; Kosmetikartikel/Rasierapparat). Die Kriterien für diese generell-typisierende Auslegung versagen jedoch oft (das Damenfahrrad benutzt allein der Mann). Bei zahlreichen Gebrauchsartikeln (Trauring; Krankenfahrstuhl für den kranken Ehegatten; Violine für den, der darauf spielt) lässt sich die Zweckbestimmung nur konkret-individuell ermitteln. Die **konkrete Betrachtungsweise** ist darum ganz **herrschend.**[65] Auch das Erbrecht gab die nicht mehr durchführbare Güteraufteilung je nach ihrer Funktion oder Herkunft und deren gesonderte Vererbung im Mannes- oder im Frauenstamm (Schwertmagen/Spindelmagen) längst preis. Nach Aufgabe der gesetzlichen Rollenfixierung wäre eine strikt nach dem Geschlecht typisierende Sichtweise nicht mehr zeitgemäß (Küchengerät: RdNr. 29). Abs. 2 erfasst darum alle Sachen, für die der begünstigte Ehegatte den Vermutungstatbestand konkret nachweisen kann. Bei geschlechtstypischer Gebrauchsbestimmung ist ihr konkreter Nachweis jedoch entbehrlich. Die geschlechtstypische Auslegung gilt, soweit eine ihr widersprechende konkrete Benutzungsbestimmung nicht nachweisbar ist (Damenrad; Damenschmuck: RdNr. 29). 27

Entscheidend ist die **Zweckbestimmung** für den ausschließlich persönlichen Gebrauch, nicht der tatsächliche Gebrauch. Tatsächlicher Gebrauch und Besitz sind nur Indizien für die konkrete Gebrauchsbestimmung; sie geht dem Besitz vor. Zeitweiliger Nichtgebrauch oder Mitgebrauch des Ehepartners sind unschädlich. Widerstreitet die geschlechtstypische Gebrauchsbestimmung dem Besitz (der Mann verwahrt Schmuckstücke in seinem Safe), geht die typische Bestimmung bis zum Beweis des Gegenteils vor (der Gerichtsvollzieher darf für die Gläubiger der Frau pfänden).[66] 28

Bei **Damenschmuck** streitet die generelle Vermutung für das Eigentum der Frau (so bereits Abs. 2 aF); dass er zu ihrem alleinigen Gebrauch bestimmt sei, braucht sie nicht noch konkret nachzuweisen.[67] Dem Mann obliegt der Beweis, dass von ihm angeschaffter Schmuck ihr nicht übereignet, sondern nur geliehen[68] oder als Kapitalanlage erworben sei,[69] oder dass er ihn während der Ehe geerbt habe.[70] Nach Auffassung des BGH besteht demgegenüber keine die Beweislast umkehrende Vermutung,[71] aber in der Normalehe immerhin ein Erfahrungssatz für eine Benutzungsbestimmung zugunsten der Frau.[72] Bei wertvollem, unstreitig als Kapitalanlage angeschafftem Schmuck muss die Frau umgekehrt eine Bestimmung zu ihrem Gebrauch nachweisen, selbst wenn sie den Schmuck nach Belieben tragen darf.[73] **Bargeld** fällt unter Abs. 1, nicht Abs. 2 (auch nicht bei persönlichen Ersparnissen oder alleinigem Verfügungsrecht).[74] Abs. 1 unterfällt auch **Hausrat,** insbesondere **Küchengeräte,** selbst wenn überwiegend von der Frau zur Haushaltsführung benutzt.[75] Zum **Geschäftsbetrieb** eines Ehegatten gehörende Sachen fallen bei klarer räumli- 29

---

65 *Staudinger/Voppel* RdNr. 60; *Soergel/Lange* RdNr. 9; FamK/*Rolland/Brudermüller* RdNr. 16; *Bamberger/Roth/Beutler* RdNr. 13; *Hj. Müller* S. 11.

66 *Stein/Jonas/Münzberg* § 739 ZPO RdNr. 21. Vgl. auch RdNr. 35.

67 Anders BGHZ 2, 82, 84; BGH FamRZ 1971, 24, 25; OLG Nürnberg FamRZ 2000, 1220 f. m. zust. Anm. *Bergschneider*; *Palandt/Brudermüller* RdNr. 9.

68 KG OLGZ 44, 67.

69 *Henrich* § 8 I 2.

70 RGZ 99, 152; insoweit auch BGH FamRZ 1971, 24.

71 FamRZ 1971, 24, 25.

72 BGHZ 2, 82 = NJW 1951, 839 f.

73 Vgl. (nicht deutlich) BGH FamRZ 1959, 13 = NJW 1959, 142. Diente er nur möglicherweise als Kapitalanlage, gewinnt die Frau; anders *Hj. Müller* S. 14.

74 *Staudinger/Voppel* RdNr. 63.

75 Zu den Eigentumsverhältnissen am Hausrat s. RdNr. 23 und § 1357 RdNr. 42 f. In der partnerschaftlichen Ehe sollte nicht entscheidend sein, welcher Ehegatte die „Küchengewalt" ausübt. Auch in einer Hausfrauenehe kann der Mann ein passionierter Hobbykoch sein.

cher Trennung vom Ehebereich unter Abs. 2, sonst unter Abs. 1 S. 1.[76] Das gilt auch für Damenschmuck eines verheirateten Juweliers.

30 **3. Widerlegung der Vermutung.** Widerlegbar ist die Vermutung des Abs. 2 durch den Nachweis, dass derjenige Ehegatte, zu dessen persönlichem Gebrauch eine Sache ausschließlich bestimmt ist, an ihr kein Eigentum erworben habe (Beweis des Gegenteils, s. RdNr. 23). Die Beweislast für die von der Vermutung abweichende Eigentumslage trifft den anderen Ehegatten oder dessen Gläubiger (Hauptbeweis). Der Nachweis, dass der andere Gatte Eigentum erworben habe, genügt nur dann, wenn dieser Erwerb ausnahmsweise *später* erfolgte als die Benutzungsbestimmung für den Vermutungsbegünstigten. Bei der idR umgekehrten Zeitfolge muss zusätzlich bewiesen werden, dass die Zweckbestimmung nicht zu einem Eigentumswechsel geführt habe. Aus der Widmung zum ausschließlich persönlichen Gebrauch eines Gatten folgt vermutungsweise dessen Eigentumserwerb und damit ein Eigentumsverlust des Partners an ihn. Die allgemeine Vermutung der Fortdauer eines einmal erworbenen Rechts gilt hier nicht.[77]

V. Vollstreckungsrechtliche Besonderheiten

31 **1. § 739 ZPO.** Anknüpfend an die für das Eigentum des Vollstreckungsschuldners sprechenden (widerleglichen) Vermutungen des § 1362 Abs. 1 und Abs. 2 gilt nach § 739 ZPO für die Durchführung der Zwangsvollstreckung auch *nur* der Schuldner als Besitzer und Gewahrsamsinhaber. Der Alleinbesitz des Schuldners wird unwiderleglich vermutet, der oft vorhandene Mitbesitz des nichtschuldenden Ehepartners wird hinwegfingiert.[78] Diese „Parallelfiktion" entlastet den Gläubiger vom sonst notwendigen Nachweis vollstreckungsrechtlichen Alleingewahrsams des Schuldners (§§ 808, 809, 883 ZPO).[79] Dessen Ehepartner kann der Vollstreckung nicht wegen seines Mitgewahrsams widersprechen; ein Duldungstitel gegen ihn ist entbehrlich. § 739 ZPO, der seinem Wortlaut nach nur als notwendige Ergänzung und Vervollständigung des in § 1362 angeordneten Gläubigerschutzes, als dessen bloß akzessorische Nebenfunktion erscheint, enthält in Wahrheit die praktisch vorrangige Hauptfunktion, weil er dem Gläubiger das Recht auf den ersten Zugriff einräumt.

32 **2. Drittwiderspruchsklage; Erinnerung.** Zwecks Widerlegung der gegen ihn sprechenden Eigentumsvermutungen aus Abs. 1 und Abs. 2 hat der Ehepartner des Schuldners unstreitig die Drittwiderspruchsklage aus **§ 771 ZPO** (vgl. RdNr. 5). Die Erinnerung aus **§ 766 ZPO** steht ihm entgegen einer beachtlichen Mindermeinung[80] daneben nicht zu[81] (außer sein entgegenstehendes Eigentum an der gepfändeten Sache sei evi-

[76] So zu Recht vermittelnd LG Aurich DGVZ 1966, 171; LG Mosbach MDR 1972, 518; *Stein/Jonas/Münzberg* § 739 ZPO RdNr. 18; *Noack* DGVZ 1963, 97 f.; MDR 1966, 809; *Hj. Müller* S. 11 ff.; *Blomeyer* (Fn. 8) § 45 I 2 a; *Baumgärtel/Laumen* RdNr. 13. – Ohne die Unterscheidung im Text wenden Abs. 2 schlechthin an LG Coburg/OLG Bamberg FamRZ 1962, 387/391; LG Essen DGVZ 1963, 103; *Gernhuber/Coester-Waltjen* § 22 RdNr. 19; *Staudinger/Voppel* RdNr. 64. Für die Erheblichkeit räumlich klar abgegrenzter Bereiche spricht jedoch der in Abs. 1 S. 2 (RdNr. 12 f.) zum Ausdruck kommende Normzweck. – Abs. 1 S. 1 will dagegen stets anwenden *Soergel/Lange* RdNr. 10. „Ausschließlich persönlicher" heißt jedoch nur zweifelsfrei nicht-gemeinschaftlicher Gebrauch, nicht notwendig rein privater, nichtkommerzieller Gebrauch.

[77] EinhM: RGZ 99, 153; *Staudinger/Voppel* RdNr. 73 f.; *Baumgärtel/Laumen* RdNr. 26; *Palandt/Brudermüller* RdNr. 9;*Hj. Müller* S. 9 f. mwN. Zur Beweiswürdigung RGRK/*Wenz* RdNr. 25. Anders zu Abs. 1 s. Fn. 50.

[78] Ob § 739 ZPO eine unwiderlegliche Vermutung oder eine Fiktion enthält, ist str., für das Ergebnis jedoch belanglos. Für Fiktion *Reinicke* DB 1965, 961; *Hj. Müller* S. 25 ff. Anders *Stein/Jonas/Münzberg* § 739 ZPO RdNr. 23.

[79] Dies gilt für den aufgrund der ehelichen Lebensgemeinschaft aus §§ 1353, 1360 titulierten Besitz. Für rechtsgeschäftlich eingeräumten Besitz unter Ehegatten s. *Stein/Jonas/Münzberg* § 739 ZPO RdNr. 30.

[80] Vor allem *F. Baur* FamRZ 1958, 252, 253; *Gernhuber/Coester-Waltjen* § 22 RdNr. 23; *Erman/Gamillscheg* RdNr. 11.

[81] OLG Bamberg FamRZ 1962, 391; OLG Karlsruhe FamRZ 1970, 174; LG Essen NJW 1962, 2307; s. § 1363 RdNr. 18 *(Koch)* gegen die 3. Aufl. *(Gernhuber)* RdNr. 19; *Staudinger/Voppel* RdNr. 53; *Palandt/Brudermüller* RdNr. 10; *Soergel/Lange* RdNr. 15; *Dölle* I § 4 II d.; *Stein/Jonas/Münzberg* § 739 ZPO RdNr. 27 ff. und sämtliche anderen ZPO-Kommentare; eingehend *Hj. Müller* S. 27 ff. mwN S. 28/32.

dent).[82] Dass der Eigentumsnachweis zugleich die Voraussetzungen des § 739 ZPO beseitige, ist Scheinlogik; § 739 ZPO ist nicht in dem Sinne akzessorisch, dass mit der Vermutungsfolge zugleich der Vermutungstatbestand des § 1362 entfiele. Eine Widerlegung der Eigentumsvermutung hebt die an den Vermutungstatbestand gekoppelte Gewahrsamsfiktion nicht auf. Eine Entkräftung der widerlegbaren Eigentumsvermutung kann der unwiderlegbaren Gewahrsamsvermutung nicht die Grundlage entziehen. § 739 ZPO stützt sich mit anderen Worten nicht auf das vermutete Eigentum, sondern nur auf die **Voraussetzungen,** an die § 1362 die Eigentumsvermutung knüpft. Zu prüfen hat der Gerichtsvollzieher nur die Fakten des Vermutungstatbestandes (RdNr. 11 bis 16), nicht die Richtigkeit der Vermutungsfolge. Die Pfändung bleibt verfahrensmäßig untadelig, selbst wenn sich die Verwertung aufgrund der widerlegten Vermutung materiellrechtlich als „unzulässig" erweist (ebenso § 1363 RdNr. 18). Zur Prüfung der schwierigen Eigentumsfrage ist weder der Gerichtsvollzieher noch das Vollstreckungsgericht (im formlosen nichtöffentlichen Erinnerungsverfahren), sondern nur das Prozessgericht das funktionell zuständige Organ. Die Erinnerung ist nicht gegeben bei Streit, ob entgegenstehendes Eigentum evident ist.

Trotz Widerlegung der Eigentumsvermutung bleibt die Interventionsklage erfolglos, 33
wenn der widersprechende Ehegatte als **Gesamtschuldner** mithaftet (insoweit ist die Sonderregelung der §§ 1362, 739 ZPO entbehrlich, vgl. RdNr. 2; bei fehlendem Titel uU *dolo-petit*-Einwand). Weist der nichtschuldende Ehegatte **Miteigentum** nach (häufig bei Hausrat), und lässt er sich seinen Anteil nicht abkaufen, so ist die Sachpfändung aufzuheben und der Gläubiger wegen des anderen Bruchteils auf die Rechtspfändung (§ 857 ZPO) zu verweisen.[83] Da die Sachpfändung unpraktischerweise keine rangwahrende Kraft hat, empfiehlt sich die **Doppelpfändung** (wie beim Anwartschaftsrecht), zumindest ergänzende Bruchteilspfändung, sobald der Ehepartner der Sachpfändung wegen seines Miteigentums widerspricht.

3. Vollstreckung entgegen der Vermutung. Wird nach § 1362 Abs. 2 zu Ungunsten 34
des Gläubigers vermutet, dass die Sache dem nichtschuldenden Gatten gehört, scheint § 739 ZPO dem Wortlaut nach nicht zu gelten. Wie sollte ein Gläubiger des Mannes dann ein Schmuckstück pfänden können, von dem *entgegen* § 1362 Abs. 2 anzunehmen ist, dass es dem Mann gehört? Alsdann muss entsprechend § 1362 Abs. 1 S. 1, § 739 ZPO eine Pfändung zulässig sein.[84] § 739 ZPO will Vollstreckungsgläubiger begünstigen, nicht benachteiligen. Die Vorschrift lässt sich (entgegen der hL) nicht umkehren, dass *zu Lasten* des Gläubigers Alleingewahrsam des nichtschuldenden Gatten vermutet werde, wenn nach § 1362 Abs. 2 dessen Eigentum zu Ungunsten des Gläubigers zu vermuten ist. (Ein nach § 846 ZPO zu pfändender Herausgabeanspruch besteht nicht, wenn der Mann sein Schmuckstück allein besitzt). Eine dem Gläubiger nach § 1362 Abs. 2 entgegenstehende Gebrauchsbestimmung wird der Gerichtsvollzieher zwar tunlichst beachten. Doch muss er pfänden, wenn nicht ganz unbegründeter Anlass besteht, dass die Vermutung des Abs. 2 widerlegt werden kann. Eine Verletzung dieser Faustregel ist kein Verfahrensverstoß, der von dem nichtschuldenden Gatten mit der Erinnerung gerügt werden könnte (sie hat der Gläubiger, § 766 Abs. 2 ZPO). Der Gläubiger muss auch hier den ersten Zugriff erhalten (vgl. RdNr. 31 aE). Ihn allein trifft das Risiko (einschließlich der Kostenfolge), wenn er eine ihm entgegenstehende Vermutung im Interventionsprozess nicht entkräften kann. Dem nichtschuldenden Ehegatten droht aus der Zulassung der Pfändung hier kein Rechtsnachteil.

---

[82] *Hj. Müller* S. 37; *Staudinger/Voppel* RdNr. 52; *Soegel/Lange* RdNr. 15; *Baumgärtel/Laumen* RdNr. 30.

[83] *Staudinger/Voppel* RdNr. 56; *Soergel/Lange* RdNr. 15. Anders ohne Begr. *Bruns/Peters* (Fn. 8) § 10 I 3c g (§ 49): Die Sachpfändung reduziere sich automatisch auf eine Anteilspfändung. Dieser gewiss praktikableren Lösung steht die unterschiedliche funktionelle Zuständigkeit nach §§ 808 und 857 ZPO entgegen. Zur schwierigen Problematik der Bruchteilspfändung *Blomeyer* § 65 I und *Furtner* NJW 1969, 871 ff.

[84] Ebenso im Ergebnis zu Recht *Stein/Jonas/Münzberg* § 739 ZPO RdNr. 21 gegen die ganz hL (*Baur* FamRZ 1958, 252, 254; *Baumbach/Lauterbach/Hartmann/Albers* § 739 ZPO RdNr. 10; *Erman/Gamillscheg* RdNr. 11; *Hj. Müller* S. 35; *Blomeyer* (Fn. 8) § 45 I 2b).

Ihm steht zur Geltendmachung des § 1362 Abs. 2 (ebenso wie zu dessen Widerlegung: RdNr. 32) nur die Drittwiderspruchsklage, nicht die Erinnerung zu (anders die hM).

35 **4. Sonstige Vollstreckungshindernisse.** Unberührt bleibt auch die dem nichtschuldenden Gatten zustehende Berufung auf die **Unpfändbarkeit** nach §§ 811 ff. ZPO (ausgenommen § 811 Nr. 5).[85] Die **Hausratsvinkulierung** im gesetzlichen Güterstand (§ 1369) kann der Vollstreckungsschuldner (oder sein Ehegatte gemäß § 1368) nicht bei gewöhnlicher Vollstreckung wegen Geldforderungen einwenden, sondern nur gegenüber einem obligatorischen Titel auf Übereignung oder einem Herausgabetitel aufgrund bereits vollzogener Übereignung (da insoweit quasi-rechtsgeschäftlicher Vollstreckungserwerb, vgl. §§ 894, 897 f. ZPO).[86] Zur **Bereicherungshaftung** bei versäumter Drittwiderspruchsklage RdNr. 5 m. Fn. 8. Bei einer **Schadensersatzklage** aus § 823 sind für das Verschulden des Gläubigers dem Schutzzweck des § 1362 entsprechend **strenge Beweisanforderungen** zu stellen (mindestens Evidenz: RdNr. 32).[87]

---

[85] *Hj. Müller* S. 39 ff.

[86] *Lorenz* JZ 1959, 109; *Stein/Jonas/Münzberg* § 739 ZPO RdNr. 31; *Hj. Müller* S. 62 f.; *K. Schmidt* NJW 1974, 323 gegen LG Krefeld NJW 1973, 2304; § 1369 RdNr. 19 f. Vgl. RdNr. 8.

[87] Vgl. RG JW 1911, 368; s. auch RdNr. 24.

Titel 6. Eheliches Güterrecht

Einleitung

Schrifttum: *Bosch,* Zur Neuordnung des ehelichen Güterrechts, FamRZ 1954, 149; *Eberhardt,* Die Novellierung des Familiengesetzbuchs der DDR, FamRZ 1990, 917; *Haegele,* Gesetz über den ehelichen Güterstand von Vertriebenen und Flüchtlingen, Rpfleger 1969, 325; *Henrich,* Ist eine Neuordnung des Güterrechts angezeigt?, Bitburger Gespräche, Jahrbuch 2001; *Henrich/Schwab,* Eheliche Gemeinschaft, Partnerschaft und Vermögen im europäischen Vergleich, 1999; *Herz,* Das Gesetz über den ehelichen Güterstand von Vertriebenen und Flüchtlingen, DNotZ 1970, 134; *Krauss,* Verteidigung der Gütergemeinschaft, FamRZ 1954, 89; *Lipp,* Die Eigentums- und Vermögensgemeinschaft des FGB und der Einigungsvertrag – eine vergebene Chance für eine Reform des Güterstandes?, FamRZ 1996, 1117; *Maué,* Zur Frage des gesetzlichen Güterstandes, FamRZ 1955, 281; *Offen,* Von der Vermögensgemeinschaft des BGB von 1896 zur Zugewinngemeinschaft des Gleichberechtigungsgesetzes von 1957, 1994; *Otto,* Das Ehegüterrecht nach dem Einigungsvertrag – Überleitung und Fortbestand der Eigentums- und Vermögensgemeinschaft, 1994; *Pawlowski/Lipp,* Überlegungen zur Option für die Zugewinn- oder die Errungenschaftsgemeinschaft, FamRZ 1992, 377; *Peters,* Zum Optionsrecht nach Art. 234 § 4 EGBGB, FamRZ 1993, 877; *Pleyer-Lieser,* Eheliches Güterrecht und Wirtschaftsordnung in beiden Teilen Deutschlands, FamRZ 1970, 1 ff.; *Schreiber,* Selbstbestimmung im Familienrecht insbesondere im Ehegüterrecht, FamRZ 1954, 125; *ders.,* Freie Auswahl des ehelichen Güterstandes, FamRZ 1955, 64; *Schwab,* Der Vermögensausgleich bei Trennung und Scheidung – ein unbeackertes Reformfeld des Gesetzgebers?, Brühler Schriften zum Familienrecht, Bd. 9, 1996, S. 33; *Spiritus,* Obligatorische oder fakultative Wahl des ehelichen Güterstandes?, FamRZ 1955, 203; *Wassermann,* Die güterrechtlichen Beziehungen von Übersiedlern aus der DDR, FamRZ 1990, 333.

Übersicht

I. Begriff und Funktionen

1. Begriff. Der Begriff Eheliches Güterrecht kennzeichnet die im sechsten Titel des vierten Buches des BGB enthaltenen Normen, deren Aufgabe es ist, die Zuordnung des bei 1

Eheschließung vorhandenen und während der Ehe erworbenen Vermögens des Mannes und der Frau zu regeln, sofern es sich nicht um vermögensrechtliche Beziehungen handelt, die das Gesetz den „Wirkungen der Ehe im Allgemeinen" (§ 1357; §§ 1360 ff.), dem Scheidungsfolgenrecht (§§ 1569 ff.; §§ 1587 ff.) oder dem allgemeinen Ehegattenerbrecht (§§ 1931 ff.) zugewiesen hat.

2 Das eheliche Güterrecht regelt demnach nicht alle vermögensrechtlichen Beziehungen der Ehegatten zueinander und zu Dritten, soweit sie das Bestehen der Ehe zur Voraussetzung haben, sondern nur ein **Segment der vermögensrechtlichen Beziehungen** der Ehegatten.[1]

3 Der Regelungsbereich des sechsten Titels des Familienrechts des BGB ist identisch mit den **güterrechtlichen Verhältnissen,** die § 1408 anlässlich der Postulierung der Vertragsfreiheit im ehelichen Güterrecht nennt.

4 **2. Funktionen.** Die Ordnungssysteme des jeweiligen positiven Rechts variieren entsprechend den rechtspolitischen Vorstellungen und der gesellschaftlichen und wirtschaftlichen Funktion des ehelichen Güterrechts.[2] So kann eine Ordnung geschaffen werden, die auf die Bildung und Erhaltung von Familienvermögen ausgerichtet ist und güterrechtliche Bindungen der Ehegatten auch für die Zeit nach Auflösung der Ehe durch Tod vorsieht oder gar neu begründet. Im Gegensatz hierzu kann das eheliche Güterrecht aber auch auf reine Ordnungsfunktionen für die Dauer der Ehe und für die Ehegatten beschränkt sein.

5 Von der individuellen oder institutionellen Ausrichtung des Güterrechts hängen Zahl und Umfang der **Interdependenzen mit anderen Rechtsgebieten** ab, insbesondere aber das Verhältnis von ehelichem Güterrecht und Erbrecht. Eine „natürliche Verbindung" dieser beiden Regelungsbereiche in dem Sinne, dass es eine jeder Rechtsordnung vorgegebene Verknüpfung gibt,[3] besteht nicht.

II. Typologie der Güterstände

6 **1. Alternativen.** Der rechtlichen Grundstruktur nach sind typologisch die Systeme der Gütertrennung von den Systemen der Gütergemeinschaft zu unterscheiden. Systeme der Gütertrennung kennen kein gemeinschaftliches Gut der Ehegatten – ohne diesen allerdings die Möglichkeit zu nehmen, wie unverbundene Dritte gemeinschaftliches Vermögen zu begründen. Für die Systeme der Gütergemeinschaft ist gemeinschaftliches Vermögen der Ehegatten hingegen das konstitutive Element.

7 **2. Gütergemeinschaft.** Der Gedanke der Gütergemeinschaft kann in unterschiedlichem Ausmaß verwirklicht werden. Die totale Gütergemeinschaft bezeichnet lediglich das Extrem auf einer Skala, die im allmählichen Absteigen von der Totalität schließlich bei der Bildung eines nur noch unbedeutenden gemeinschaftlichen Vermögens endet. Jede Minderung des Umfangs des gemeinschaftlichen Gutes führt notwendig zur Sonderung individuellen Vermögens der Ehegatten, also zu mindestens drei Vermögensmassen. Werden einzelne Teile des individuellen Vermögens mit besonderen Rechtsfolgen auf das gemeinschaftliche Gut bezogen, so vermehren sich die Vermögensmassen weiter; die Regelung des Güterstandes wird zunehmend komplizierter.

8 **3. Gütertrennung.** Auch der Gedanke der Gütertrennung ist variabel. Er kann zwar nicht in graduell unterschiedlichem Ausmaß durchgeführt werden, was die Zuständigkeit der Ehegatten für ihr Vermögen anbelangt. Wohl aber gestattet er rechtliche Ausgestaltungen, die die Ehegatten in anderer Form binden. Bei starker Verdichtung derartiger Bindungen kann sogar ein Güterstand geschaffen werden, der funktional einer Gütergemeinschaft nahesteht.

9 **4. Gütertrennung mit Zusätzen.** Güterstände der Gütertrennung mit Zusätzen verwenden als Mittel rechtlicher Bindung der Ehegatten vorzugsweise Verfügungsbeschränkun-

---

[1] *Staudinger/Thiele* (2007) RdNr. 1 u. 2; *Bamberger/Roth/Mayer* § 1363 RdNr. 1.
[2] Hierzu *Schwab* S. 33 f.
[3] So *Soergel/Lange* RdNr. 2.

gen, Verwaltungsrechte am Vermögen des Partners, Handlungs- und Verhaltenspflichten, die am Interesse des anderen orientiert sind, und auch Ausgleichsregelungen für das während der Ehe erworbene Vermögen. Die Annäherung dieser Güterstände an die Systeme der Gütergemeinschaft wird in ihrer begrifflichen Kennzeichnung als Gemeinschaft deutlich – Verwaltungsgemeinschaft, Zugewinngemeinschaft u. Ä. Irreführend ist dies insofern, als der Begriff der Gemeinschaft hier abweichend von seiner sonstigen vermögensrechtlichen Bedeutung gebraucht wird (vgl. dazu § 1363 RdNr. 6 f.).

III. Ehelehren, Ehetypen und Güterstand

1. **Interindividuelle Ehelehren,**[4] die in der Ehe lediglich einen offenen Rahmen sehen, in dem sich die privaten Erwartungen der Ehegatten in einem interindividuellen Gemeinschaftsverhältnis erfüllen sollen, können als gesetzlichen Regelgüterstand nur ein System der Gütertrennung wählen. 10

2. **Institutionelle Ehelehren** mit ihrer (angeblich) sicheren Kenntnis all dessen, was das „Wesen Ehe" fordert, tendieren zu Systemen der Gütergemeinschaft. Sie unterliegen stets der Gefahr, Rationalität für plakative Aussagen in Anspruch zu nehmen, etwa „die Gütergemeinschaft einigt, die Gütertrennung trennt".[5] Empirisch erweisen sich solche Behauptungen als irrational: die entscheidenden Akzente der ehelichen Beziehung werden nicht von den vermögensrechtlichen Bindungen gesetzt, Relationen zwischen Güterstand und Stabilität der Ehen gibt es nicht. 11

3. **Pragmatische Ehelehren,** die unter Verzicht auf religiöse und metaphysische Gehalte Ehemodelle entwickeln, die sich an den tradierten Verhaltensmustern orientieren, diese aber relativieren, sind in der Lage, in Anpassung an wechselnde gesellschaftliche Standards und ökonomische Daten frei zwischen Systemen der Gütertrennung und Systemen der Gütergemeinschaft zu wählen. Die Legislative hat sich nach 1945 stets derart pragmatisch verhalten: dass sie in ihren Formulierungen und Begründungen bis in die 70er Jahre hinein immer wieder das Pathos der institutionellen Ehelehren bemühte, ändert daran nichts. 12

4. **Ehetypen.** Nach ökonomischer Situation und persönlichem Lebensstil der Ehegatten lassen sich Ehetypen unterscheiden, für die unterschiedliche Güterstände als jeweils sachrichtige Lösungen vorgesehen werden könnten. Hausfrauenehen, Ehen mit Mitarbeit eines Ehegatten im Beruf oder Geschäft des anderen, Doppelverdienerehen, Ehen mit wechselnden Phasen unterscheiden sich in den güterstandserheblichen Daten so entscheidend voneinander, dass jeder Versuch einer einheitlichen Regelung des Güterrechts für alle Ehen notwendig Disparitäten in Kauf nehmen muss.[6] 13

Solche **Disparitäten** zwischen dem gesetzlichen Regelgüterstand und bestimmten Ehetypen sind im geltenden Recht dem Ausgleich durch die Ehegatten selbst überlassen. Problematisch ist dies insofern, als die Vertragsfreiheit im ehelichen Güterrecht weit seltener genutzt wird als es notwendig wäre, um Ehetyp und adäquaten Güterstand zur Deckung zu bringen (vgl. auch RdNr. 16). Gleichwohl ist juristische Aufklärung im Sinne der Förderung selbstbestimmter Regelung einem Eingreifen der Legislative vorzuziehen. 14

IV. Rechtsentwicklung seit 1900[7]

1. **Abkehr vom Regionalprinzip.** Das BGB hat die in Deutschland vorhandene Vielzahl gesetzlicher Güterstände mit zT räumlich sehr begrenzter Geltung außer Kraft gesetzt 15

---

[4] Zu den verschiedenen Ehelehren *Gernhuber/Coester-Waltjen* § 4 RdNr. 3 ff.; *Rauscher* RdNr. 1 ff.

[5] Plakativ auch Behauptungen wie die, dass sich die Ehegemeinschaft auch im Vermögensrecht real widerspiegeln muß, *Bosch* FamRZ 1954, 149, 154; ähnlich *Krauss* FamRZ 1954, 89, 90.

[6] Vgl. *Gernhuber,* Eherecht und Ehetypen, 1981.

[7] Zu den vorausgegangenen historischen Entwicklungen des ehelichen Güterrechts *Ogris* ‚Eheliches Güterrecht', in: Handwörterbuch zur Deutschen Rechtsgeschichte, 2. Aufl., hrsg. v. *Cordes/Lück/Werkmüller,* Bd. 1, 2007, Sp. 1216 ff.

und damit auch auf dem Gebiet des ehelichen Güterrechts Rechtseinheit hergestellt. Nennenswerte Bedeutung hatten als gesetzliche Güterstände vor dem Inkrafttreten des BGB die Verwaltungsgemeinschaft (für etwa 21 Millionen Einwohner), die allgemeine Gütergemeinschaft (für etwa 11 Millionen Einwohner), die Errungenschaftsgemeinschaft (für etwa 10 Millionen Einwohner), die Fahrnisgemeinschaft (für etwa 9 Millionen Einwohner) und das auf Gütertrennung basierende gemeinrechtliche Dotalsystem (für etwa 3 Millionen Einwohner).[8]

16 **2. Privatautonomie.** Gesichertes Rechtsgut ist im ehelichen Güterrecht seit dem Inkrafttreten des BGB das Prinzip der Vertragsfreiheit (vgl. §§ 1408 ff.). Es ist notwendiges Korrektiv zwischen dem Anspruch des gesetzlichen Regelgüterstandes auf typische Sachrichtigkeit und den ökonomischen Daten der konkreten Ehe. Der zwar nur dispositiv, aber doch ohne jedes Zutun eintretende gesetzliche Güterstand verhindert – im Verein mit der gerade auf dem Gebiet des ehelichen Güterrechts herrschenden Rechtsunkenntnis – vielfach die an sich notwendige vertragliche Regelung der güterrechtlichen Verhältnisse. Gleichwohl hat sich der Gedanke, auf einen gesetzlichen Güterstand überhaupt zu verzichten, um die Ehegatten zu zwingen, einen der Ausgestaltung ihrer Ehe entsprechenden Güterstand individuell zu vereinbaren, nicht durchgesetzt.[9]

17 **3. Systeme der Gütertrennung.** Als gesetzlichen Güterstand führte das BGB den Güterstand der **Verwaltung und Nutznießung des Ehemannes** am eingebrachten Gut der Frau ein.[10] Dieser Güterstand war ein System der Gütertrennung, das dem Mann die Verwaltung und Nutznießung seines eigenen Vermögens beließ, ihm daneben diese Zuständigkeit auch für das von der Frau eingebrachte Vermögen übertrug. Für bestimmte Ausnahmesituationen – und damit als subsidiären gesetzlichen Güterstand – regelte das BGB die Gütertrennung. Im Übrigen stellte es als gesetzlich geregelte **Wahlgüterstände** drei Systeme der Gütergemeinschaft zur Verfügung – die allgemeine Gütergemeinschaft, die Errungenschaftsgemeinschaft und die Fahrnisgemeinschaft.[11]

18 Die **gesetzlichen Güterstände** sind seit dem Inkrafttreten des BGB sämtlich – ob als Regelgüterstand oder subsidiär geltend – **Systeme der Gütertrennung** gewesen; gewechselt haben Umfang und Art der Zusätze. Auch die Zugewinngemeinschaft des geltenden Rechts ist ein System der Gütertrennung mit Zusätzen.

19 **4. Gleichberechtigungsgrundsatz.** Die Geltung des Güterstandes der ehemännlichen Verwaltung und Nutznießung endete am 31. 3. 1953. Dies folgte aus der Anordnung des Art. 117 Abs. 1 GG, nach der das dem Gleichberechtigungsgrundsatz entgegen stehende Recht zu diesem Zeitpunkt außer Kraft trat (dazu Einl. RdNr. 250 ff.). Diskussionen hierüber gab es nicht – die Unvereinbarkeit der im patriarchalischen Denken verwurzelten Güterstandsregelung mit Art. 3 Abs. 2 GG war evident. Bis zur gesetzlichen Neuregelung wurde von Lehre und Rspr. die **reine Gütertrennung** als gesetzlicher Güterstand anerkannt.[12] Von der Möglichkeit, bis zur gesetzlichen Regelung einen neuen Güterstand im Wege richterlicher Rechtsfortbildung zu entwerfen, wurde mithin nicht Gebrauch gemacht.

20 **5. Zugewinngemeinschaft.** Seit dem 1. 7. 1958, dem Tag des Inkrafttretens des GleichberG, ist gesetzlicher Regelgüterstand die Zugewinngemeinschaft, ein System der **Gütertrennung mit Zusätzen,** die sich vornehmlich in Verfügungsbeschränkungen (§§ 1365 ff.) äußern sowie in einer Ausgleichsregelung für das während der Ehe erworbene

[8] Eine geraffte Darstellung dieser Güterstände gibt *Hübner,* Grundzüge des Deutschen Privatrechts, 5. Aufl. 1930, S. 689 ff.

[9] Der Vorschlag findet sich auch in der Diskussion um die Neugestaltung des Güterrechts bei der Umsetzung des Gleichberechtigungsgrundsatzes, befürwortend *Schreiber* FamRZ 1954, 125; 1955, 64; *Maué* FamRZ 1955, 281; dagegen *Spiritus* FamRZ 1955, 203. Ernsthaft erwogen wurde er jedoch während der legislatorischen Vorarbeiten nicht.

[10] Letzte ausführliche Darstellung dieses Güterstandes bei *Enneccerus/Kipp/Wolff,* 7. Aufl. 1931, §§ 45 ff.

[11] Zu den ideengeschichtlichen und sozioökonomischen Grundlagen des Güterrechts des BGB s. *Doerner,* Industrialisierung und Familienrecht, 1974 mwN.

[12] BGHZ 10, 266, 279 ff. = NJW 1953, 1342.

Vermögen (§§ 1371 ff.). Von den in die Reformdiskussion eingeführten Alternativen hatte lediglich der Gedanke der Errungenschaftsgemeinschaft stärkere Verbreitung gefunden. Durchgesetzt hat sich dieser funktional vergleichbare, nur eben anders strukturierte, nämlich auf dinglicher Mitberechtigung basierende, Güterstand in der Bundesrepublik nicht.[13]

6. Gesetzlich geregelte Wahlgüterstände. Vermindert hat sich seit Inkrafttreten des BGB die Bereitschaft der Legislative, Güterstände als gesetzlich geregelte Muster – vergleichbar den Schuldvertragstypen – bereitzustellen, auf die in Eheverträgen kurzerhand Bezug genommen werden kann. Während das BGB in seiner ursprünglichen Gestalt neben dem Güterstand der Verwaltung und Nutznießung des Ehemannes als gesetzlichem Regelgüterstand und der Gütertrennung als subsidiärem gesetzlichen Güterstand noch drei Wahlgüterstände kannte (dazu Einl. RdNr. 17), ist dem geltenden Recht neben der Zugewinngemeinschaft als gesetzlichem Regelgüterstand und der Gütertrennung als subsidiärem gesetzlichen Güterstand (dazu Vor § 1363 RdNr. 6) als Wahlgüterstand nur noch die Gütergemeinschaft geläufig. Die Verarmung hat neben den unmittelbaren Wirkungen auch mittelbare gehabt: Die ohnehin erkennbare Tendenz in Rechtstheorie und Praxis, die Vertragsfreiheit im ehelichen Güterrecht einzuschränken, wurde verstärkt; der Kreis der im Ehegüterrecht zugelassenen Gestaltungsmöglichkeiten (Universalsukzessionen, Verfügungsbeschränkungen, Haftungsbeschränkungen) verengte sich; der Typenzwang gewann größere Bedeutung; die Grenzen zwischen Modifikation eines Güterstandes (durch sog. speziellen Ehevertrag) und dessen Denaturierung wurden kontrastreicher.[14] 21

V. Einführung der Zugewinngemeinschaft 1958

1. Option. Das GleichberG führte die Zugewinngemeinschaft auch für bestehende Ehen im gesetzlichen Güterstand ein, milderte aber die Entscheidung durch ein befristetes Recht zur **Option** für die **reine Gütertrennung** oder negativ formuliert: durch ein Recht zur Ablehnung der Zugewinngemeinschaft (Art. 8 Abs. 1 Nr. 3 und Nr. 4). Übergangslösungen verboten sich: Eine Konservierung des alten Güterstandes der Nutzverwaltung des Ehemannes verbot der Gleichberechtigungsgrundsatz und die bis zum Inkrafttreten des GleichberG an seine Stelle getretene reine Gütertrennung war von vornherein nur als Interimslösung gedacht, denn abgesehen davon, dass sie den Gleichberechtigungsgrundsatz in den meisten Fällen mehr formal als real verwirklichte, war sie von vielen Ehegatten nicht als sachadäquate Regelung der wirtschaftlichen Verhältnisse ihrer Beziehung angenommen worden. 22

Die Option war als **einseitiges Rechtsgeschäft** ausgestaltet worden, um Streitigkeiten zwischen den Ehegatten zu vermeiden. Die Folge waren verfassungsrechtliche Bedenken und Auseinandersetzungen um die Frage nach den von § 1353 bestimmten Grenzen ehegemäßen Verhaltens, so insbesondere bei heimlicher Abgabe der Erklärung. Die Erklärung war formgebunden – gerichtliche oder notarielle Beurkundung – und nur bis zum Inkrafttreten des Gesetzes, also bis zum 30. 6. 1958, zulässig.[15] Zur Option berechtigt waren alle Ehegatten, die bei der Verkündung des GleichberG, also am 18. 6. 1957, im gesetzlichen Regelgüterstand gelebt hatten. 23

2. Wahlgüterstände. Differenzierend behandelt hat das GleichberG die Ehen, die sich für einen Wahlgüterstand entschieden hatten. Unangetastet blieben Errungenschafts- und Fahrnisgemeinschaften (Art. 8 Abs. 1 Nr. 7). Für die Gütergemeinschaft galt hingegen das neu gestaltete Recht der Gütergemeinschaft (Art. 8 Abs. 1 Nr. 6). Da die Differenzen zwischen dem alten und dem neuen Recht der Gütergemeinschaft jedoch eher peripher waren, änderte sich güterrechtlich auch in diesen Ehen praktisch nichts. 24

---

[13] Zur güterrechtlichen Situation in der DDR vgl. RdNr. 26, 32 ff.

[14] Zu den Schranken der Vertragsfreiheit vgl. iÜ § 1408 RdNr. 9 ff.

[15] Vgl. dazu BGH NJW 1964, 356 sowie Art. 9 Abs. 2 Nr. 6 FamRÄndG mit Verlängerung der Frist bis zum 31. 12. 1961 für von Rechtspflegern beurkundete Erklärungen.

25 **3. Subsidiärer gesetzlicher Güterstand.** Ehegatten, die beim Inkrafttreten des GleichberG im subsidiären gesetzlichen Güterstand der Gütertrennung gelebt hatten (Art. 8 Abs. 1 Nr. 5) und die Gütertrennung beibehalten wollten, war grundsätzlich ein Recht zur Option für die Gütertrennung neuen Stils eingeräumt, nur ausnahmsweise wurde dies zugunsten einer Überleitung in die Zugewinngemeinschaft durchbrochen.

VI. Übergangsprobleme in der Nachkriegszeit

26 **1. Vertriebene und Flüchtlinge.** Die nach dem zweiten Weltkrieg einsetzende Bevölkerungsverschiebung in das Bundesgebiet und nach Berlin haben früh zur Diskussion der Frage geführt, ob es sachrichtig sei, für alle Zuwanderer an dem alten (aus Art. 15 EGBGB abgeleiteten) **Grundsatz der Unwandelbarkeit des Güterstandes** festzuhalten. Die Rspr. entschied sich jedenfalls für die Sowjetzonenflüchtlinge nach anfänglichem Schwanken zur Entscheidung für diesen Grundsatz.[16] Das Schrifttum versuchte hingegen auf verschiedenen Wegen, eine Eingliederung bestimmter Personengruppen in die Zugewinngemeinschaft des BGB zu begründen – vornehmlich mit dem Hinweis darauf, dass ein kollektiver Wechsel der Staatsangehörigkeit anders zu behandeln sei als der individuelle. Für die Flüchtlinge aus der ehemaligen DDR kam das Argument hinzu, dass deren Flucht auch eine Flucht aus der dortigen Rechtsordnung und eine Option für das Recht der BRD impliziere. Insgesamt blieb die Situation nach der Entscheidung des BGH unbefriedigend und wurde infolge der sich in der DDR vollziehenden politischen und rechtlichen Änderungen verwirrend. Für die Zuwanderer aus der DDR ergaben sich nämlich unterschiedliche Rechtslagen: Bei Zuzug vor dem 7. 10. 1949, also vor dem Inkrafttreten der Verfassung und der Gründung der DDR, galt das Recht der Zugewinngemeinschaft gemäß Art. 8 Abs. 1 Nr. 3 GleichberG; bei späterer Einreise galt die seit 7. 10. 1949 in der DDR geltende Gütertrennung mit Ausgleichsanspruch fort; bei Zuzug nach dem 1. 4. 1966 galt die an diesem Tag mit Inkrafttreten des Familiengesetzbuchs in der DDR eingeführte Errungenschaftsgemeinschaft fort.[17]

27 **2. Deutsche Zuwanderer.** Unter Verzicht auf die (mehrfach vorgeschlagene) Neuregelung des Güterrechtsstatuts überhaupt hat das Gesetz über den ehelichen Güterstand von Vertriebenen und Flüchtlingen (VFGüterstandG) vom 4. 8. 1969[18] die **vor dem 30. 9. 1969** zugewanderten deutschen Flüchtlinge, Vertriebene und Übersiedler am 1. 10. 1969 in das Recht der Zugewinngemeinschaft eingewiesen, ihnen aber eine **Option** für ihren alten Güterstand eröffnet. Die Option hatte durch einseitige Erklärung zu erfolgen; zu wahren war eine bis zum 31. 12. 1970 laufende Ausschlussfrist.

28 **Übergeleitet** wurden Ehegatten, die Vertriebene oder Sowjetzonenflüchtlinge iS der §§ 1, 3 und 4 Bundesvertriebenengesetz waren – womit sich der Personenkreis auf deutsche Volkszugehörige und deren Ehegatten beschränkte –, ferner Zuwanderer aus der DDR, sofern sie im Zeitpunkt des Zuzugs deutsche Staatsangehörige waren oder als Deutsche iS des Art. 116 Abs. 1 GG Aufnahme gefunden hatten (§ 1 VFGüterstandsG).

29 **Nicht übergeleitet** wurden Ehegatten dieses Personenkreises, die in einem Vertragsgüterstand lebten, und Ehegatten, die ihren bisherigen Güterstand im Güterstandsregister eintragen ließen (§ 1 Abs. 1 und 2 VFGüterstandsG). Hier wie dort wurde – dem Prinzip der Vertragsfreiheit folgend – dem Willen der Ehegatten Rechnung getragen. Nicht übergeleitet wurden Zuwanderer anderer Art, insbesondere Zuwanderer mit fremder Staatsangehörigkeit, die eingebürgert wurden. Das Recht der Zugewinngemeinschaft konnte von ihnen nur durch Ehevertrag vereinbart werden.

---

[16] BGHZ 40, 32 = NJW 1963, 1975.

[17] Zum ehelichen Güterrecht in der DDR *Wirsing,* Das eheliche Güterrecht der DDR – Teil einer sozialistischen Gesetzgebung, 1973; *Pleyer-Lieser* FamRZ 1970, 1 ff.; *Eberhardt* FamRZ 1990, 917. Für das Schrifttum der ehemaligen DDR *Autorenkollektiv, Ministerium der Justiz (Hrsg.)* Das Familienrecht der DDR, Kommentar, 5. Aufl. 1982; *Autorenkollektiv unter Leitung v. Grandke,* Familienrecht, Lehrbuch, 3. Aufl. 1981.

[18] Vgl. zu ihm *Haegele* Rpfleger 1969, 325; *Herz* DNotZ 1970, 134; *Wassermann* FamRZ 1990, 333.

Die Überleitung an sich hatte keine Rückwirkung, jedoch wurde sie in beschränktem Maß durch **Vordatierung des Anfangsvermögens** herbeigeführt (§ 1 Abs. 3). Stichtag für dieses war nicht der Tag des Eintritts des Güterstandes, also der 1. 10. 1969, sondern der Tag, an dem die Voraussetzungen der Überleitung vorlagen, äußerstenfalls jedoch der 1. 7. 1958 (Inkrafttreten des GleichberG). 30

Deutsche **Zuwanderer nach dem 30. 9. 1969** traten – unter den Voraussetzungen, die für die vor diesem Zeitpunkt eingewanderten galten – in die Zugewinngemeinschaft zum Anfang des vierten Monats, der auf die Aufenthaltsbegründung folgte, ein – also nach einer Bedenkzeit. Dieser Zeitpunkt war auch Stichtag für die Berechnung des Anfangsvermögens. Ihre Option zugunsten des alten Güterstandes mussten sie binnen Jahresfrist nach der Überleitung ausüben (§ 3 VFGüterstandsG). 31

VII. Wiedervereinigung Deutschlands

1. Güterstandsänderung mit Optionsvorbehalt. Mit dem Beitritt der DDR zur Bundesrepublik Deutschland am 3. 10. 1990 (Art. 1 EVertr. vom 31. 8. 1990) trat in den neuen Bundesländern als Bestandteil des allgemeinen Bundesrechts auch das BGB in Kraft, soweit nichts anderes bestimmt war (Art. 8 EVertr.). Für das eheliche Güterrecht wurde eine Regelung gefunden, die als Art. 234 § 4 Eingang in das EGBGB fand. Dem GleichberG und dem VFGüterstandsG folgend, wurde erneut der Grundsatz der Güterstandsänderung mit Optionsvorbehalt aufgegriffen. Ehegatten, die am 3. 10. 1990 im gesetzlichen Güterstand des FGB gelebt hatten – nicht also diejenigen, die einen Vertragsgüterstand vereinbart hatten –, lebten fortan im Güterstand der Zugewinngemeinschaft, sofern nicht wenigstens einer der Ehegatten mit einer einseitigen und notariell beurkundeten Willenserklärung für die Bewahrung des Güterstandes optierte.[19] Stichtag für die Berechnung des Anfangsvermögens war der Tag der Überleitung. Die Option, von der nur eine sehr geringe Anzahl von Bürgern Gebrauch gemacht hat,[20] konnte nur bis zum 2. 10. 1992 erfolgen; sie hatte rückwirkende Kraft.[21] 32

2. Bewahrung gemeinschaftlichen Gutes. Ehegatten, die nicht gegen die Überleitung in die Zugewinngemeinschaft optiert hatten, konnten gleichwohl aus dem alten Güterstand herrührendes gemeinschaftliches Gut in Form einer Gesamthandsgemeinschaft erhalten und damit Restbestände des alten Güterrechts im neuen Güterstand konservieren. Es gab keine Liquidationsfrist und es brauchte sie auch nicht zu geben: Mit dem Recht der Zugewinngemeinschaft sind auch sonst spezielle Gesamthandsgemeinschaften der Ehegatten (Gesellschaften, Miterbengemeinschaften) zu vereinbaren. 33

VIII. Ausübung der Rechte

1. Schrankenfunktion des § 1353. Wie alle Rechtsausübung unter Ehegatten, so kann auch die Ausübung subjektiver Rechte, die einem Ehegatten kraft ehelichen Güterrechts erwachsen, durch § 1353 in seiner Schrankenfunktion begrenzt sein.[22] Grundsätzlich jedoch steht § 1353 der Rechtsverfolgung zwischen Ehegatten in den Formen des Prozessrechts nicht entgegen. 34

2. Verträge über entstandene Ansprüche. Ansprüche, die kraft Güterrechts entstanden, gehören nicht mehr zu den güterrechtlichen Verhältnissen der Ehegatten, zu deren Regelung ein Ehevertrag erforderlich ist. Insbesondere sind Verträge über die bereits entstandene Ausgleichsforderung eines Ehegatten im gesetzlichen Güterstand (§ 1378 Abs. 3) formlos möglich: Präzisierung, Erlass, Stundung usw. 35

---

[19] Zu möglichen Entscheidungskriterien *Pawlowski/Lipp* FamRZ 1992, 377 ff.; krit. zur Übernahmeregelung mit grundlegenden Überlegungen zu den Güterständen *Lipp* FamRZ 1996, 1117.

[20] *Peters* FamRZ 1993, 877.

[21] Zu den Details vgl. Zivilrecht im Einigungsvertrag RdNr. 451 ff. und § 1374 RdNr. 5 f.

[22] Zu den verschiedenen Funktionen des § 1353 vgl. *Gernhuber/Coester-Waltjen* § 18 RdNr. 39 ff.; *Rauscher* RdNr. 229 ff.

IX. Prozessuales

36 **1. Familienstreitsachen.** Ansprüche aus dem ehelichen Güterrecht sind zwar nicht Ehesachen, wohl aber Familiensachen, und zwar Familienstreitsachen, für die das FamG ausschließlich zuständig ist (§§ 23 b Abs. 1, 23 a Abs. 1 Nr. 1 GVG, §§ 111 Nr. 9, 112 Nr. 2 FamFG). Im Scheidungsverfahren gehören sie zum sog. fakultativen Entscheidungsverbund des § 137 FamFG. Auch wenn Ansprüche wie der auf Information über das Vermögen – in Ergänzung der spezifischen güterrechtlichen Auskunftsansprüche – aus § 1353 abgeleitet werden, schließt § 120 Abs. 3 FamFG ihre Vollstreckbarkeit nicht aus, da die Ansprüche nicht die persönliche, sondern die vermögensrechtliche Ebene zwischen den Ehegatten betrifft. Die – zu § 888 Abs. 3 ZPO aF – anders entscheidende hM ist abzulehnen (dazu §§ 1385, 1386 RdNr. 25). Dass auch güterrechtliche Verfahren unter Beteiligung Dritter und Streitigkeiten eines Ehegatten mit Dritten, die aus dem ehelichen Güterrecht herrühren, Familienstreitsachen sind, stellt § 261 Abs. 1 FamFG ausdrücklich klar.[23]

37 **2. Ansprüche aus dem ehelichen Güterrecht.** Zu den Ansprüchen aus dem ehelichen Güterrecht zählt die Rspr. alle „Ansprüche, die sich aus den gesetzlichen Vorschriften über das eheliche Güterrecht (§§ 1363 ff.) oder aus Vereinbarungen der Ehegatten ergeben, durch die güterrechtliche Verhältnisse abweichend von einer gesetzlichen Ausgestaltung geregelt, güterrechtliche Ansprüche modifiziert oder die Auseinandersetzung güterrechtlicher Beziehungen geregelt werden".[24] Kürzere Formeln sind verschiedentlich vorgeschlagen worden, doch sind sie sämtlich entweder unvollständig oder zu wenig präzise.[25] Zu den Ansprüchen aus dem ehelichen Güterrecht gehören jedenfalls nicht mehr Ansprüche, die zwar als vermögensmindernde oder vermögensmehrende Faktoren innerhalb des Güterstandes der Ehegatten erheblich sind, jedoch aus anderen Zusammenhängen herrühren. Keine Güterrechtssache ist etwa der Streit der Ehegatten um die Herausgabe von Sachen des persönlichen Gebrauchs,[26] der Streit um den Steuerausgleich unter ihnen[27] oder der Streit um Schadensersatz, wenn ein Ehegatte ohne Berechtigung über Eigentum des anderen verfügte.[28] Zu den Güterrechtssachen gehören ferner nicht die Streitigkeiten der Ehegatten, die aus Miteigentum nach Bruchteilen herrühren[29] oder aus einem zwischen ihnen bestehenden Gesellschafts- oder Arbeitsverhältnis.[30]

38 Zu den Ansprüchen aus dem ehelichen Güterrecht gehören insbesondere alle Ansprüche aus güterrechtlicher **Auseinandersetzung,** mag diese Bestandteil einer Scheidungsfolgenvereinbarung sein, mag sie anderweitig erfolgen,[31] und zwar einschließlich etwaiger Rückabwicklungsansprüche.[32]

39 **3. Vollstreckungsgegenklagen.** Familienstreitsachen sind auch Vollstreckungsgegenklagen (§ 767 ZPO, § 120 Abs. 1 FamFG), die sich gegen einen Titel richten, der eine Familiensache zum Gegenstand hat.[33] Maßnahmen der Zwangsvollstreckung selbst sind dagegen grund-

[23] In diesem Sinn schon BGH FamRZ 1980, 551 zu §§ 1437 Abs. 2, 1480.

[24] BGH NJW 1978, 1923; BGHZ 76, 305, 307 = NJW 1980, 1626; OLG Hamm FamRZ 1980, 66. Ähnlich OLG Karlsruhe FamRZ 1979, 56; *Zöller/Philippi* § 621 ZPO RdNr. 58 ff.

[25] Vgl. etwa OLG Hamburg FamRZ 1980, 903, 904: Streitigkeiten entweder aus den Vorschriften über den gesetzlichen Güterstand oder aus einem Ehevertrag; *Stein/Jonas/Schlosser* § 621 ZPO RdNr. 33: Streitigkeiten über Ansprüche, die ihren Rechtsgrund in einem Güterstand haben.

[26] Vgl. OLG Zweibrücken FamRZ 1982, 942.

[27] Vgl. BGH LM GVG § 23 b Nr. 26 = NJW 1980, 2476; OLG München FamRZ 1979, 721.

[28] Vgl. BGH LM GVG § 23 b Nr. 26 = NJW 1980, 2476; OLG Hamm FamRZ 1980, 66.

[29] Vgl. BGH LM GVG § 23 b Nr. 27 = NJW 1981, 128; BayObLG NJW 1980, 194; FamRZ 1981, 376; SchlHOLG SchlHA 1981, 149.

[30] Vgl. OLG Hamburg FamRZ 1980, 903.

[31] Vgl. BGH NJW 1980, 193; LM GVG § 23 b Nr. 25 = NJW 1980, 2477; LM GVG § 23 b Nr. 27 = NJW 1981, 128; FamRZ 1984, 35.

[32] Vgl. OLG Hamm FamRZ 1979, 1036.

[33] Vgl. BGH NJW 1981, 346; NJW 1982, 941, 942 (zu § 23 b GVG aF).

sätzlich keine Familienstreitsachen.[34] Eine Ausnahme ist jedoch für jene Fälle anzuerkennen, in denen das Prozessgericht zur Entscheidung im Vollstreckungsrecht berufen ist.[35]

Untertitel 1. Gesetzliches Güterrecht

Vorbemerkungen

Schrifttum: *Battes,* Sinn und Grenzen des Zugewinnausgleichs, FuR 1990, 311; *ders.,* Ehegewinn und eheneutraler Erwerb, in: Neuere Entwicklungen im Familienrecht, hrsg. von *F. W. Bosch,* 1990, S. 49; *Börger/Engelsing,* Eheliches Güterrecht, 2. Aufl. 2005; *Diederichsen,* Teilhabegerechtigkeit in der Ehe, FamRZ 1992, 1; *ders.,* Thesen zur Reform des ehelichen Güterrechts, in: *Ramm* (Hrsg.), Zur Familienpolitik nach der Wiedervereinigung, 1995, S. 169; *Dörr,* Die Entwicklung des Güterrechts seit dem 1. EheRG, NJW 1989, 1953; *Eichenhofer,* Beratung bei Gestaltung der Lebensführung im Hinblick auf Billigkeitsklauseln im Zugewinn- und Versorgungsausgleich, FPR 2003, 180; *Gernhuber,* Probleme der Zugewinngemeinschaft, NJW 1991, 2238; *ders.,* Der Gesamtschuldnerausgleich unter Ehegatten, JZ 1996, 696 und 765; *Hansen-Tilker,* Zugewinnausgleich und streitige gegenseitige Forderungen im Endvermögen, FamRZ 1997, 1188; *Haußleiter,* Zum Ausgleichsanspruch bei einer Ehegatteninnengesellschaft neben einem Anspruch auf Zugewinnausgleich, NJW 2006, 2741; *Haußleiter/Schulz,* Vermögensauseinandersetzung bei Trennung und Scheidung, 4. Aufl. 2004; *Heinle,* Zwanzig Jahre „unbenannte Zuwendung", FamRZ 1992, 1256; *Holzhauer,* Schenkungen unter Ehegatten in der europäischen Privatrechtsgeschichte und im heutigen deutschen Recht, FuR 1995, 177 und 268; *Jaeger,* Zur rechtlichen Deutung ehebezogener (sog. unbenannter) Zuwendungen und zu ihrer Rückabwicklung nach Scheitern der Ehe, DNotZ 1991, 431; *Joost,* Zuwendungen unter Ehegatten und Bereicherungsausgleich nach der Scheidung, JZ 1985, 10; *Kleinle,* Die Ehegattengesamtschuld bei Trennung und Scheidung, FamRZ 1997, 8; *ders.,* Die Ehegattenzuwendung und ihre Rückabwicklung bei Scheitern der Ehe, FamRZ 1997, 1383; *Koch,* Entgeltlichkeit in der Ehe?, FamRZ 1995, 321; *dies.,* Die Bestandskraft von Zuwendungen an Schwiegerkinder beim Scheitern der Ehe, FS D. Schwab, 2005, S. 513; *dies.,* Schulden und Scheidung, FamRZ 1994, 537; *Kollhosser,* Ehebezogene Zuwendungen und Schenkungen unter Ehegatten, NJW 1994, 2313; *Laminger/Traxl,* Ehebedingte Zuwendungen – schenkungssteuerbare Vorgänge?, BB 1995, 486; *Lipp,* Die eherechtlichen Pflichten und ihre Verletzung, 1988; *ders.,* Die Eigentums- und Vermögensgemeinschaft des FGB und der Einigungsvertrag – eine vergebene Chance für eine Reform des Güterstandsrechts?, FamRZ 1996, 1117; *Ludwig,* Bestandskraft ehebedingter Zuwendungen gegenüber Dritten, FuR 1992, 1; *ders.,* Ehegattenzuwendungen und Wegfall der Geschäftsgrundlage, FuR 1992, 201; *Meincke,* Zuwendungen unter Ehegatten, NJW 1995, 2769; *Morhard,* „Unbenannte Zuwendungen" zwischen Ehegatten – Rechtsfolgen und Grenzen der Vertragsgestaltung, NJW 1987, 1734; *Müßig,* Ehebezogene Zuwendungen als Schenkungen unter Ehegatten, FPR 2007, 194; *Rauscher,* Dingliche Mitberechtigung in der Zugewinngemeinschaft, AcP 186 (1986), 529; *Rehme,* Verbot der Doppelverwertung/Doppelregelung im Verhältnis zwischen Zugewinn- und Versorgungsausgleich, FuR 2006, 389; *Sandweg,* Ehebedingte Zuwendungen und ihre Drittwirkung, NJW 1989, 1965; *Sasse,* Unbenannte Zuwendungen und die Änderung des ErbStG durch das JStG 1996, BB 1995, 1613; *Schotten,* Die ehebedingte Zuwendung – ein überflüssiges Rechtsinstitut?, NJW 1990, 2841; *Schröder/Bergschneider,* Familienvermögensrecht, 2. Aufl. 2007, Abschnitt 4; *Schwab,* Handbuch des Scheidungsrechts, 5. Aufl. 2004; *ders.,* Der Zugewinnausgleich in der Krise, in: Europas universale rechtsordnungspolitische Aufgabe im Recht des dritten Jahrtausends, FS A. Söllner, 2000, S. 1079; *Tiedtke,* Güterrechtlicher Ausgleich bei Zuwendungen von Ehegatten untereinander und Wegfall der Geschäftsgrundlage bei Scheidung der Ehe, JZ 1992, 334; *Urbach,* Unzulänglichkeiten der Zugewinngemeinschaft, 1990; *Wever,* Die Vermögensauseinandersetzung der Ehegatten außerhalb des Güterrechts, 4. Aufl. 2006.

Übersicht

[34] Vgl. BGH NJW 1979, 1048.
[35] Vgl. OLG Düsseldorf FamRZ 1977, 725, 726; 1978, 129, 130 zu § 888 Abs. 1 ZPO.

I. Begriff und Funktion des gesetzlichen Güterrechts

1 **1. Begriff.** Gesetzliches Güterrecht ist der Inbegriff aller Normen, die jene Güterstände regeln, die kraft Gesetzes zwischen Ehegatten gelten können. In einer Rechtsordnung, die eine Regelung der güterrechtlichen Verhältnisse im privatautonomen Akt gestattet, bezeichnet es den Gegensatz zum „vertragsmäßigen Güterrecht“ (vgl. die Überschrift vor § 1408), das der Inbegriff aller Normen ist, die Voraussetzungen und Grenzen der Privatautonomie im ehelichen Güterrecht regeln sowie Mustergüterstände entwickeln.

2 **2. Ordentliche und außerordentliche Güterstände.** Innerhalb des gesetzlichen Güterrechts sind die ordentlichen gesetzlichen Güterstände von den außerordentlichen zu unterscheiden. Unterscheidungskriterium ist der Geltungsanspruch. Ordentliche Güterstände gelten als gesetzliche Regelgüterstände, wenn die Ehegatten von der ihnen eingeräumten Vertragsfreiheit keinen Gebrauch machen. Außerordentliche Güterstände gelten dagegen nur, wenn privatautonome Akte oder Störungen die Geltung des ordentlichen gesetzlichen Güterstandes ausschließen und eine vertragliche Regelung nicht getroffen wurde. Sie gelten mithin subsidiär.

3 **3. Funktion.** Ordentliche gesetzliche Güterstände garantieren allen untätigen Ehegatten eine Vermögensordnung, die den Anspruch auf Sachrichtigkeit in typischer Sicht erhebt. Ihre Ausgestaltung folgt jenem Leitbild der Ehe, das der Legislative als Orientierung diente, und jenen sozioökonomischen Daten, die der Legislative in der Mehrzahl der Fälle gegeben zu sein schienen. Differenzen zwischen dem legislatorischen Leitbild und den gesellschaftlichen Verhaltensmustern sowie Differenzen zwischen den ökonomischen Annahmen des Gesetzgebers und den wirklichen Lebensverhältnissen führen zu Regelgüterständen, die dem eigenen Anspruch – partiell oder total, vereinzelt oder allgemein – nicht genügen. Im Extrem sind Güterstände möglich, die Sachrichtigkeit nie erreichten oder sie im historischen Entwicklungsprozess einbüßten – so der Güterstand der Verwaltung und Nutznießung des Ehemannes in seiner Endphase.

4 Außerordentliche gesetzliche Güterstände haben die Funktion einer Reserveordnung mit verminderter Richtigkeitsgewähr. Der Grad der Minderung ist abhängig von der Zahl und der Verschiedenartigkeit der Tatbestände, die zu ihrer Geltung führen.

II. Geltendes Recht

5 **1. Zugewinngemeinschaft.** Ordentlicher gesetzlicher Güterstand ist die Zugewinngemeinschaft (§§ 1363 bis 1390). Ihr Anspruch auf Sachrichtigkeit in typischer Sicht kann für Ehegatten erhoben werden, die in einer Hausfrauen- oder Zuverdienerehe leben mit geringem Vermögen bei Beginn des Güterstandes und gemehrtem Vermögen bei seinem Ende. Andere Ehetypen werden vielfach verfehlt.[1] Das ist jedenfalls für die kinderlose Doppelverdienerehe festzustellen, in der beide Ehepartner ihren beruflichen Weg ohne Einschränkungen im Hinblick auf die eheliche Verbindung verfolgen. In dieser Konstellation bedeutet Zugewinnausgleich praktisch nur Ausgleich unterschiedlicher beruflicher Einkommen.

[1] Von daher auch die Forderung, auf einen gesetzlichen Güterstand gänzlich zu verzichten, *Muscheler* RdNr. 336.

beträchtlichen Ausgleichsforderung gelangen. Die Zugewinngemeinschaft ist mithin kein Güterstand, der den effektiven Beitrag eines jeden Ehegatten am Zugewinn des anderen widerspiegelt.

11 **2. Gebundene Freiheit.** Mit dem Gedanken des Zugewinnausgleichs verknüpft ist im BGB der Gedanke der „gebundenen Freiheit" der Ehegatten. Bei Einführung der Zugewinngemeinschaft im Jahre 1958 waren Unabhängigkeit durch Gütertrennung (§ 1363 Abs. 2) und Freiheit bei der Verwaltung des eigenen Vermögens (§ 1364) wesentliche Elemente des neuen Güterstandes, der den durch patriarchalische Bevormundung der Frau geprägten Güterstand der Verwaltung und Nutznießung des Mannes ablöste. Um Ehe und Familie zu stabilisieren, wurde die wirtschaftliche Handlungsfreiheit der Ehegatten dann aber doch wieder relativiert durch Verfügungsbeschränkungen und Sanktionen nach wirksamer, jedoch pflichtwidriger oder missbilligter Vermögensverwaltung (§§ 1365 ff.). Bindung in der Freiheit war das Schlagwort, unter dem diese Einschränkungen erfolgten.[4]

12 **3. Widersprüche und Unstimmigkeiten.** Das der Zugewinngemeinschaft zugrunde liegende Prinzip der hälftigen Teilung des während der Ehe gemeinschaftlich erwirtschafteten Gewinns wird in wichtigen Konstellationen nicht verwirklicht. So ist die gesetzliche Regelung des Zugewinnausgleichs bei Auflösung der Ehe durch Tod mit diesem Prinzip nicht zu vereinbaren. Die in § 1371 Abs. 1 vorgesehene **erbrechtliche Lösung** gleicht nämlich den Zugewinn völlig unabhängig von der Frage aus, ob und von wem ein Zugewinn erzielt wurde. Durch die generell vorgesehene Verstärkung des Ehegattenerbrechts partizipiert auch der an sich ausgleichspflichtige Ehegatte mit dem höheren Zugewinn am Vermögen des Verstorbenen – allein die Tatsache, dass er länger lebt, verschafft ihm also die Vermögensteilhabe.

13 Dass die der Zugewinngemeinschaft zugrunde liegende Idee der Teilhabe an dem gemeinschaftlich erwirtschafteten Vermögenszuwachs durch die Nichtberücksichtigung von **Schulden im Anfangsvermögen** (§ 1374 Abs. 1 aF) und durch die **Begrenzung der Ausgleichsforderung** auf das bei Beendigung des Güterstandes vorhandene Vermögen des ausgleichsverpflichteten Ehegatten (§ 1378 Abs. 2 aF) aufgegeben wurde, war seit Einführung des Güterstandes Gegenstand der Kritik. Sowohl die Begrenzung der Ausgleichsforderung wie auch die Nichtberücksichtigung des ökonomischen Gewinns, der in der Tilgung von Verbindlichkeiten liegt, schließt den Ehepartner von den Früchten seiner Arbeit ab.[5] Die am 1. 9. 2009 in Kraft getretene Reform des Zugewinnausgleichsrechts hat diese Kritik aufgegriffen.[5a] Die Zulassung negativen Anfangs- wie Endvermögens ermöglicht seither den Ausgleich wertschöpfender Beteiligungen in stärkerem Umfang.

14 **4. Folgen in der Vertragspraxis.** Die Ausgestaltung der Zugewinngemeinschaft hat die Vertragspraxis bei einigen Geschäftstypen nachhaltig beeinflusst. Systeme der Gütertrennung sind an sich weit verkehrsfreundlicher als Systeme der Gütergemeinschaft; doch weist die Zugewinngemeinschaft auch als System der Gütertrennung verkehrsungünstige Elemente auf, die der Geschäftsverkehr im Umgang mit Ehegatten nicht außer Acht lassen kann. Die Verfügungsbeschränkungen schmälern die Handlungsmacht ohne Verkehrsschutz; der Ausgleichsanspruch gefährdet die Gläubiger eines Ehegatten durch eine potentiell konkurrierende Forderung unberechenbaren Umfangs; die sofortige Fälligkeit der Ausgleichsforderung kann zu Liquiditätsschwierigkeiten führen und damit Dritte gefährden, die an der Erhaltung einer Vermögensanlage berechtigtes Interesse haben. Reagiert hat der Geschäftsverkehr vornehmlich im Kreditgeschäft. So werden bei Belastungen von Grundstücken etwa regelmäßig vorsorgliche Zustimmungserklärungen eingeholt oder generell gesamtschuldnerische

[4] Zu Fragwürdigkeiten der Regelung *Schwab*, FS Söllner, S. 1079, 1081.

[5] Vgl. die Zusammenfassung der rechtspolitischen Fragwürdigkeiten bei *Muscheler* RdNr. 331; zu den damaligen Vorschlägen zur Auflösung der Unstimmigkeiten de lege ferenda *Diederichsen*. Thesen Nr. 10, 16, 25, S. 171 ff.

[5a] Gesetz zur Änderung des Zugewinnausgleichs- und Vormundschaftsrechts v. 6. 7. 2009, BGBl. I S. 1696.

Haftung beider Ehegatten vereinbart. Auch im Gesellschaftsrecht werden vielfach spezielle Regelungen getroffen. Von verheirateten Gesellschaftern wird etwa der Ausschluss der Zugewinngemeinschaft verlangt oder seine gesellschaftsrechtliche Position in Bezug auf Entnahmerechte oder Höhe und Fälligkeit des Auseinandersetzungsguthabens so ausgestaltet, dass der Zugriff des Ehepartners auf sie im Zugewinnausgleich für die Gesellschaft nicht existenzbedrohend werden kann.

V. Zugewinngemeinschaft und sonstige Ausgleichsansprüche

1. Kein güterrechtlicher Ausgleich während des Güterstandes. Die Zugewinngemeinschaft des BGB verpflichtet die Ehegatten nicht, periodisch oder jeweils nach Überschreiten einer bestimmten Vermögensgrenze Ausgleichszahlungen während des Güterstandes vorzunehmen. Die Vorteile sind evident – keine Auseinandersetzungen der Ehegatten während des Güterstandes, keine Zwischenbilanzen, keine Ausgleichszahlungen mit verschiedenen Rollen der Ehegatten bei wechselndem wirtschaftlichem Erfolg. Evident sind aber auch die Nachteile: Ehegatten ohne eigenen Erwerb bleiben während des Güterstandes auf eine bloße Erwerbschance beschränkt mit entsprechender Abhängigkeit vom Partner und mit entsprechend geminderter – meist gänzlich fehlender – Leistungsfähigkeit (§ 1603) im Verhältnis zu unterhaltsberechtigten Verwandten, deren Anspruch nicht durch Naturalleistungen zu erfüllen ist. 15

Das Recht der Zugewinngemeinschaft schließt jedoch **allgemeine zivilrechtliche Ansprüche** weder während des Bestehens noch nach Beendigung der Ehe aus.[6] Beim Ausgleich des Zugewinns sind solche Ansprüche, die gegebenenfalls selbständig vor den jeweils dafür zuständigen Gerichten einzuklagen sind, als aktive bzw. passive Rechnungsposten in die Berechnung der Endvermögen einzustellen. Haben die Ehegatten den Ausschluss güterrechtlicher Ansprüche vereinbart, so werden solche außerhalb des Güterrechts entstandenen Ansprüche vom Ausschluss nicht erfasst.[7] 16

2. Konstruktion von Schuldverhältnissen. Ob und inwieweit **Ausgleichs- und Rückgewähransprüche** zwischen Ehegatten wegen erbrachter Leistungen und Zuwendungen bestehen, richtet sich nach den von ihnen getroffenen rechtsgeschäftlichen Absprachen. Da solche ausdrücklich kaum getroffen werden, sind sie nur schlüssigem Verhalten zu entnehmen. Hier ist die Rspr., um ihr gerecht und adäquat dünkende Ergebnisse zu erzielen, mit der Annahme stillschweigend geschlossener Vereinbarungen äußerst großzügig. In dogmatisch bedenklicher Art und Weise werden etwa im Falle geschäftlicher Mitarbeit eines Ehegatten im Unternehmen des anderen Innengesellschaften konstruiert, um zu Ausgleichsansprüchen außerhalb des Güterrechts zu kommen (dazu RdNr. 18). Kommt ein Gesellschaftsverhältnis zwischen den Ehegatten – etwa wegen ungleichgewichtiger Arbeitsbeiträge oder untergeordneter Tätigkeit des einen – nicht in Betracht, so werden Dienst- oder Arbeitsverträge oder auch familienrechtliche Verträge sui generis in Betracht gezogen, um die Vermögensteilhabe des mitarbeitenden Ehegatten durch Vergütungs- und Ausgleichsansprüche zu sichern (zu letzteren RdNr. 22 f.). 17

Die Konstruktion solcher rechtsgeschäftlicher Ehegatten-Vereinbarungen begegnet nicht nur **dogmatischen und methodischen Bedenken,** sie ist auch deshalb fragwürdig, weil damit gütergemeinschaftliche Vorstellungen verwirklicht und das der Zugewinngemeinschaft zugrunde liegende **Prinzip der Gütertrennung unterlaufen** wird. Es werden nämlich gezielt Beteiligungen und Vermögenszuordnungen vorgenommen, die der Güterstand der Zugewinngemeinschaft nicht vorsieht. In der Sache konsequent – wenn auch inhaltlich aus prinzipiell gegen die Gütergemeinschaft sprechenden Gründen abzulehnen – ist von daher der Vorschlag, die dogmatisch unhaltbaren Erfindungen sein zu lassen, statt- 17a

---

[6] Grundlegend BGHZ 47, 157, 161. Zu den aus anwaltlicher Sicht zu bedenkenden güterrechtlichen Auswirkungen vgl. *Hansen-Tilker* FamRZ 1997, 1188 ff.

[7] OLG Hamburg FamRZ 2002, 395.

dessen das Gütertrennungsprinzip aufzugeben und eine dingliche Mitberechtigung der Ehegatten am erworbenen Gut vorzusehen, so wie sie für Errungenschaftsgemeinschaften typisch ist und in Deutschland zuletzt in der Eigentums- und Vermögensgemeinschaft des FGB galt.[8]

18 **3. Ehegatteninnengesellschaften.** Von solcher Konsequenz weit entfernt gleicht eine gefestigte Rspr. unter weitgehender Zustimmung der Literatur Erträgnisse aus gemeinsamer beruflicher Tätigkeit oder geschäftlicher Mitarbeit im Unternehmen des anderen nach den Regeln des Gesellschaftsrechts (§§ 730 ff.) aus. Verfolgen Ehepartner durch annähernd gleichwertige Leistungen gemeinsam einen über die Verwirklichung der ehelichen Lebensgemeinschaft hinausgehenden Zweck, indem sie etwa gemeinsam eine berufliche oder gewerbliche Tätigkeit ausüben oder gemeinsam ein Unternehmen aufbauen und betreiben, so geht man von der Existenz einer Ehegatteninnengesellschaft aus, die durch schlüssiges Verhalten **stillschweigend begründet** wurde.[9] Darüber, dass diese Gesellschaftsverträge mehr Fiktion als Realität sind,[10] sieht man im Interesse des gewünschten Ausgleichs hinweg. Auch dass dieser Ausgleich bei überschuldetem Endvermögen das güterrechtliche Ergebnis regelrecht konterkarieren kann, nimmt man in Kauf. Übersteigen nämlich die Schulden des Ehegatten den Gewinn, den er über den gesellschaftsrechtlichen Ausgleich erlangt hat, so kommt dieser Gewinn im Zugewinnausgleich zugunsten des anderen Ehegatten nicht zum Tragen, denn sein Endvermögen bleibt auch bei Einstellung des von dem anderen erbrachten gesellschaftsrechtlichen Anteils Null.[11]

19 **4. Ehebedingte Zuwendungen.** Die Konstruktion der Rechtsfigur der unbenannten Zuwendung, der ebenfalls (vgl. RdNr. 17) ein **familienrechtlicher Vertrag sui generis** zugrunde liegen soll, erfolgte, um schenkungsrechtliche Rückforderungsmöglichkeiten auszuschließen. Die Rspr. definiert unter weitgehender Zustimmung des Schrifttums Schenkungen unter Ehegatten in bestimmten Konstellationen – ein typischer Fall ist die Übertragung des hälftigen Miteigentumsanteils an dem vom Ehemann erworbenen Hausgrundstück auf die Frau – in entgeltliche Geschäfte, die sog. unbenannten oder ehebedingten Zuwendungen, um. Da die objektive Unentgeltlichkeit der Vermögensmehrung wegen Fehlens einer Gegenleistung nicht zu leugnen ist, setzt man an der subjektiven Unentgeltlichkeit an. Die Ehepartner sind sich bei dem Vermögenstransfer, so wird interpretiert, nicht – wie es § 516 Abs. 1 fordert – darüber einig, dass die Zuwendung unentgeltlich erfolgt; sie gehen vielmehr davon aus, dass das Vermögen um der Ehe willen auf den anderen übertragen wird und als Beitrag zur Verwirklichung und Ausgestaltung der ehelichen Lebensgemeinschaft gedacht ist.[12] Im Bewusstsein der Eheleute, das ist die Konklusion, erfolgt die Zuwendung also nicht umsonst und kann deshalb keine Schenkung iS des § 516 sein. Sie stellt eine spezielle eheliche Gabe dar, die aufgrund einer **konkludent getroffenen** familienrechtlichen Vertragsabsprache erfolgt.

20 Die Erfindung dieser Rechtsfigur überzeugt weder dogmatisch noch rechtstheoretisch.[13] Dass sie nicht der allgemeinen Definition des Schenkungsrechts entspricht, zeigt sich schon darin, dass die Entgeltlichkeit des Rechtsgeschäfts auf das Innenverhältnis der Ehegatten beschränkt wird. **Steuerrechtlich** etwa wurde sie vom BFH als freigebige Zuwendung unter Lebenden iS des § 7 Abs. 1 Nr. 1 ErbStG (1974) qualifiziert und der Schenkungs-

---

[8] *Lipp* FamRZ 1996, 1117 mwN; *Diederichsen,* Thesen Nr. 6–8, S. 170 f.

[9] BGHZ 8, 249; 47, 157, 161; 142, 137, 150 = NJW 1999, 2962 = FamRZ 1999, 1580, 1583; BGHZ 165, 1 = NJW 2006, 1268 = FamRZ 2006, 607 m. Anm. *Hoppenz* und 1177 Anm. *Kogel*; OLG Düsseldorf FamRZ 1999, 228, 229.

[10] In diesem Sinne auch *Schwab/Schwab* RdNr. 279; *Gernhuber/Coester-Waltjen* § 20 RdNr. 27; Vor § 705 RdNr. 76; *Volmer* FamRZ 2006, 844 (Anm. zu BGHZ 165, 1).

[11] Rechenbeispiel hierzu bei *Haußleiter* NJW 2006, 2741.

[12] BGH FamRZ 1990, 600; 1992, 293, 294; BGHZ 142, 137, 147 = NJW 1999, 2962, 2965 = FamRZ 1999, 1580, 1582; Überblick über die Entwicklung und Rechtsfolgen bei *Kleinle* FamRZ 1997, 1383.

[13] Grundlegende Kritik bei *Gernhuber* 3. Aufl. RdNr. 18 ff.; *Holzhauer* FuR 1995, 177 und 268; *Rauscher* AcP 186 (1986), 529, 550; *Koch* FamRZ 1995, 321; *Schwab/Schwab* Teil VII RdNr. 131; *Müßig* FPR 2007, 194.

steuer unterworfen.[14] Mit diesem Ergebnis nicht zufrieden, ist der Gesetzgeber 1996 tätig geworden und hat den typischen Fall einer ehebedingten Zuwendung, die des Familienheims, ausdrücklich von der Besteuerung freigestellt (vgl. § 13 Abs. 1 Nr. 4 a ErbStG).[15] Diskrepanzen zur ehegüterrechtlichen Behandlung ergeben sich auch im **Erbrecht** und im **Insolvenzrecht.** Auch hier wird die unbenannte Zuwendung in der Sache als Schenkung behandelt.[16] Erklärungen zu diesem Widerspruch werden gemeinhin nicht gegeben; wenn eine Rechtfertigung überhaupt erfolgt, erschöpft sie sich in einem lapidaren Hinweis auf das gewünschte Ergebnis.[17] Um dieses zu erreichen, setzt sich die Rspr. auch über explizit anderslautende Qualifizierungen hinweg, etwa darüber, dass die Zuwendung in der notariellen Urkunde als Schenkung bezeichnet[18] oder in der steuerlichen Bilanz als Darlehen ausgewiesen ist.[19] In beiden Fällen wird eine falsa demonstratio unterstellt.

Ungeachtet aller Kritik und Bedenken ist der Anwendungsbereich der Rechtsfigur der ehebedingten Zuwendung zwischenzeitlich noch erweitert und auf Zuwendungen erstreckt worden, die **Schwiegereltern** ihren Schwiegerkindern machen.[20] Das ist zunächst mit einer die Regeln des traditionellen Methodenkanons der Jurisprudenz sprengenden Analogie begründet worden. Denn Analogie ist nach gängiger – auch von der Rspr. in keiner Weise in Frage gestellter – Definition die Übertragung einer **gesetzlichen** Regel auf einen ähnlichen, nicht geregelten Sachverhalt zum Zwecke der Schließung einer planwidrigen Gesetzeslücke. Die Verwendung des Begriffs im Zusammenhang mit der Ausdehnung einer in richterlicher Rechtsfortbildung geschaffenen Rechtsfigur macht die rein ergebnisorientierte Ausrichtung der Argumentation in diesen Zusammenhängen einmal mehr deutlich. Zwischenzeitlich ist der Analogieschluss auch stillschweigend aufgegeben worden, eine Begründung für die erweiterte Anwendung der Rechtsfigur findet sich jetzt überhaupt nicht mehr.[21] 21

5. Wegfall der Geschäftsgrundlage. Auf einen **familienrechtlichen Vertrag sui generis** stellt die Rspr. unter weitgehender Zustimmung der Literatur auch ab, um Arbeits- und Sachleistungen zu vergüten, die vom Umfang her über die gesetzlich geschuldeten ehelichen Beistands- und Unterhaltsleistungen hinausgehen, wegen Fehlens tatbestandlicher Voraussetzungen im konkreten Fall aber weder gesellschaftsrechtlich noch arbeits- oder dienstrechtlich ausgeglichen werden können. Ist im Hinblick auf solche Leistungen, die vor allem als Mitarbeit im Geschäft des anderen oder als Hilfe bei der Errichtung des dem anderen gehörenden Hauses erbracht werden,[22] das mit den güterrechtlichen Vorschriften erzielte Ergebnis des **Zugewinnausgleichs schlechthin unangemessen,** kommt nach allgM ein Ausgleich nach den Grundsätzen über die Störung der Geschäftsgrundlage (§ 313) in Betracht. Mit dem Scheitern der Ehe nämlich ist die Geschäftsgrundlage des konkludent geschlossenen familienrechtlichen Vertrages, der den erbrachten Arbeits- und Sachleistungen zugrunde lag, entfallen.[23] Über die Konstruktion eines familienrechtlichen Kooperations- 22

---

[14] BFH FamRZ 1994, 887 zu § 7 Abs. 1 Nr. 1 ErbStG (1974). Abl. *Meincke* NJW 1995, 2769; *Lamminger/Traxel* BB 1995, 486. Zustimmend *Kollhosser* NJW 1994, 2313, 2316.

[15] Zu den Ungereimtheiten dieser 1996 eingeführten Regelung *Sasse* BB 1995, 1613.

[16] Vgl. BGHZ 71, 61 = NJW 1978, 1326 zu § 32 Nr. 2 KO; BGHZ 116, 167 = NJW 1992, 564 zu § 2287.

[17] Speziell zu den Drittwirkungen der ehebedingten Zuwendung vgl. *Meincke* NJW 1995, 2769; *Sandweg* NJW 1989, 1965 *Ludwig* FuR 1992, 1 ff.; *Morhard* NJW 1987, 1734.

[18] OLG München FamRZ 2002, 393.

[19] OLG Köln FamRZ 2000, 227.

[20] BGHZ 129, 259, 263 f. = NJW 1995, 1889 (Analogie); BGH FamRZ 1998, 669 f.; 1999, 365, 366 (etwas vorsichtiger „vergleichbar"); BGH FamRZ 2003, 223 (ohne Begründung); BGH FamRZ 2006, 394 (ohne Begründung für Zuwendung der Großeltern an Enkelin und Mann); OLG Hamm FamRZ 2002, 1404 (LS); OLG Celle FamRZ 2003, 1657 m. Anm. *Bergschneider;* OLG Koblenz NJW 2003, 1675 und FamRZ 2006, 624. Zur Fragwürdigkeit dieser Konstruktion *Koch,* FS D. Schwab, S. 513, 516; *Schröder* FamRZ 2006, 38 (Anm. zu OLG Nürnberg ebd.).

[21] Zur methodischen Kritik *Koch* JR 1996, 326 (Anm. zu BGHZ 129, 259); Vor § 1363, 3. Aufl., RdNr. 20.

[22] Vgl. BGHZ 115, 132, 135 = NJW 1991, 2553; BGH FamRZ 1997, 933.

[23] BGHZ 84, 361, 364 = NJW 1982, 2236; BGHZ 127, 48, 51; OLG Bremen FamRZ 1999, 227.

vertrages,[24] genauer: seinen Wegfall wegen Störung der Geschäftsgrundlage, kommt man also auch in den Fällen zu Ausgleichs- und Vergütungsansprüchen, in denen die Arbeits- und Sachleistungen nicht im Rahmen einer Ehegatteninnengesellschaft oder eines Arbeits- oder Dienstverhältnisses erbracht wurden.

22a Herangezogen werden die Geschäftsgrundlage-Grundsätze auch, um **ehebedingte Zuwendungen** – finanziell oder gegenständlich – **rückabzuwickeln.** Im Hinblick auf die Priorität des güterrechtlichen Ausgleichs kommt nach allgM die **finanzielle** schuldrechtliche Rückabwicklung nach § 313 Abs. 1 jedoch nur in Betracht, wenn das gesetzliche Ergebnis des Zugewinnausgleichs für den Zuwender schlechthin unangemessen und untragbar ist.[25] Da der Zuwender idR über den Zugewinnausgleich seine Zuwendung wertmäßig zur Hälfte zurückerhält, ist dies nur in Ausnahmefällen denkbar – so etwa, wenn der Empfänger mit der Zuwendung sein Anfangsvermögen erhalten hat, sein Endvermögen Null beträgt und der Zuwender in Not geraten ist und im Falle einer Schenkung den Rückforderungsanspruch wegen Notbedarfs nach § 528 hätte.[26] Die **gegenständliche** Rückgewähr der Sache kann der Zuwender nach der Rspr. verlangen, wenn er ein schutzwürdiges Interesse an deren Rückgabe hat und es unerträglich erscheint, dass der andere Ehegatte den Gegenstand behält. Denkbar ist dies etwa, wenn Familienschmuck oder Familienbesitz ehebedingt übereignet wurde. Um in solchen Fällen die Rückabwicklung auf die gegenständliche Rückgabe der Sache zu beschränken und dem wertmäßigen Zugewinnausgleich nicht vorzugreifen, wird die Rückgabe in der Regel nur Zug-um-Zug gegen eine Ausgleichszahlung geschuldet, die dem Wert des Zuwendungsobjektes entspricht.[27]

23 Im Fall der **Gütertrennung,** in dem Zuwendungen und Leistungen nicht ausgeglichen werden, können die Grundsätze über den Wegfall der Geschäftsgrundlage **unter erleichterten Bedingungen,** nämlich ohne Rücksicht auf eine an sich abschließende gesetzliche Normierung, herangezogen werden.[28]

24 Die Ansprüche wegen Wegfalls der Geschäftsgrundlage sind als „Ansprüche aus dem ehelichen Güterrecht" zu qualifizieren mit der Folge der **Zuständigkeit der Familiengerichte** gemäß § 23 b Abs. 1, § 23 a Abs. 1 Nr. 1 GVG, §§ 111 Nr. 9, 112 Nr. 2 FamFG.[29] Umstritten ist, ob bei im gesetzlichen Güterstand lebenden Ehepartnern § 1378 Abs. 4 mit seiner kurzen **Verjährungsfrist** von drei Jahren anzuwenden ist. Zu bejahen ist dies aufgrund der Überlegung, dass es sich um einen Anspruch mit Korrekturfunktion handelt, der sinnvoll allein im Kontext des Zugewinnausgleichs zu handhaben ist: Deshalb treffen alle Gründe, die für eine kurze Verjährungsfrist beim Zugewinnausgleich sprechen, auch für ihn zu.[30] Zur anstehenden Erledigung der Frage s. § 1378 RdNr. 25.

25 **6. Bereicherungsansprüche** kommen für den Ausgleich von Leistungen und Zuwendungen grundsätzlich nicht in Betracht. Zu denken wäre an eine **condictio ob causam finitam,** doch setzt diese Kondiktion den Wegfall einer verpflichtenden causa voraus, zu deren Erfüllung geleistet worden ist. Aufgrund der Ehe ist aber niemand zu über die gesetzlichen Beistands- und Unterhaltspflichten hinausgehenden Sach- oder Dienstleistungen verpflichtet, so dass mit deren Scheitern auch nicht der Rechtsgrund für die Leistung

---

[24] So *Wever* RdNr. 667.

[25] BGHZ 115, 132 = FamRZ 1991, 1169, 1171. Abgelehnt wurde die Rückabwicklung, weil in concreto diese Voraussetzungen nicht gegeben waren und das güterrechtliche Ergebnis hinnehmbar war, von BGH FamRZ 2003, 230; OLG Köln FamRZ 2000, 227; OLG München FamRZ 2002, 393 und 2003, 312; OLG Düsseldorf FamRZ 2003, 872 m. Anm. *Bergschneider;* LG Augsburg FamRZ 2004, 1378 m. Anm. *Wever.* Durchgeführt wurde die Rückabwicklung von LG Aachen FamRZ 2000, 669; OLG München FamRZ 1999, 1663; OLG Köln FamRZ 2002, 1404 m. Anm. *Wever;* OLG Oldenburg FamRZ 2008, 993.

[26] BGHZ 115, 132, 139 = FamRZ 1991, 1169, 1171; weitere Beispiele bei *Wever* RdNr. 473.

[27] BGH FamRZ 2002, 949; 2007, 877 m. Anm. *Schröder.*

[28] BGHZ 84, 361, 368; 127, 48, 54; 142, 137, 148 = FamRZ 1999, 1580, 1583; BGH FamRZ 2003, 230; OLG München FamRZ 2004, 1874 m. Anm. *Wever.*

[29] Tendenziell dafür LG Lübeck FamRZ 1989, 282.

[30] Ebenso LG Köln FamRZ 1989, 510; LG Düsseldorf NJW 1993, 541; AA BGH FamRZ 1994, 228 = NJW 1994, 1153 (LS); *Wiek* FamRZ 1990, 1239 f. (Anm. zu LG Köln FamRZ 1989, 510).

entfallen sein kann.[31] Auch die condictio ob rem kommt nicht in Betracht. Das Fortbestehen der Ehe bildet nicht den mit der Leistung bezweckten Erfolg; der Zweck der Leistung ist vielmehr regelmäßig zunächst eingetreten – man hat etwa in der mit Sach- und Arbeitsleistungen ausgebauten Wohnung gelebt.[32]

7. Gesamtschuldverhältnis. Sind Ehegatten im Außenverhältnis als Gesamtschuldner 26
verpflichtet, ist intern der Ausgleich nach § 426 Abs. 1 S. 1 vorzunehmen. Die in § 426 Abs. 1 S. 1 Alt. 1 vorgesehene hälftige Teilung ist jedoch in aller Regel überlagert von anderslautenden Bestimmungen iS der Alt. 2, die sich aus der Einkommenssituation sowie der Arbeits- und Berufsorganisation der Ehepartner im Einzelfall ergeben. Zu beachten ist, dass solche abweichenden Vereinbarungen regelmäßig nicht auch für den Fall des Scheiterns der Ehe gelten, so dass ab Trennung der Ehepartner von hälftiger Schuldenübernahme auszugehen ist.[33]

Sind Ehegatten **Gesamtgläubiger** – typischerweise im Fall von Oderkonten – gilt das Gesagte entsprechend. Auch hier ist für die Dauer des ehelichen Zusammenlebens die Berechtigung gemäß § 430 nicht hälftig, sondern den konkreten Lebensverhältnissen entsprechend anders festgelegt.[34]

Von der Frage des Ausgleichs gesamtschuldnerisch übernommener Verbindlichkeiten zu 27
unterscheiden ist die Frage, was im Falle des Scheiterns der Ehe mit Verbindlichkeiten geschehen soll, die ein Ehegatte im Interesse des anderen **sicherungshalber** Dritten gegenüber **eingegangen ist** – etwa durch Einräumung einer Grundschuld an einem ihm gehörenden Grundstück oder durch Übernahme einer Bürgschaft. Nach der Rspr. liegt diesen Konstellationen regelmäßig ein Auftragsverhältnis zugrunde, das von dem sicherheitsleistenden Ehegatten unter den Voraussetzungen des § 671 gekündigt werden kann.[35] Da sich gerade im Zeitpunkt von Trennung und Scheidung in der Regel anderweitige Sicherheiten nicht problemlos beschaffen lassen (vgl. § 671 Abs. 1 Halbs. 1), bleibt nur die Kündigung aus wichtigem Grund (§ 671 Abs. 1 S. 1 Halbs. 2). Da ein solcher im Scheitern der Ehe gesehen werden kann, kann der sicherheitsleistende Ehegatte gemäß §§ 670, 257 Befreiung von der eingegangenen Verbindlichkeit verlangen.

8. Bruchteilsgemeinschaft. Ist ein Ehegatte Inhaber eines Bankkontos, so steht ihm 28
grundsätzlich auch im Innenverhältnis zu seinem Ehepartner das Guthaben allein zu. Doch können die Ehegatten anderes vereinbaren und intern eine Bruchteilsgemeinschaft iS der §§ 741 f. begründen. Davon ist nach der Rspr. auszugehen, wenn Ehegatten ohne besonderen Zweck mit dem allgemeinen Ziel der Vorsorge für die Wechselfälle des Lebens sparen. Dann haben sie die Vorstellung, dass ihnen die Ersparnisse gemeinsam gehören unabhängig davon, aus wessen Einkünfte die einzelnen Sparbeträge stammen und wer die Einzahlung vorgenommen hat.[36] Jeder Ehegatte kann also als Teilhaber gemäß § 749 jederzeit die Aufhebung der Bruchteilsgemeinschaft und Aufteilung des Geldes nach § 752 verlangen.

VI. Zugewinngemeinschaft und Versorgungsausgleich

Anwartschaften oder Aussichten, über die der Versorgungsausgleich stattfindet, sind dem 29
Recht der Zugewinngemeinschaft entzogen; für sie gelten ausschließlich die Regeln über den Versorgungsausgleich (§ 1587 Abs. 3). Das gilt auch dann, wenn im konkreten Einzelfall

---

31 Vgl. BGHZ 84, 361, 362; *Staudinger/Thiele* (2007) § 1363 RdNr. 20; *Schwab/Schwab* Teil VII RdNr. 158; *Schotten* NJW 1990, 2841. AA *Joost* JZ 1985, 10, 13 ff.; *Rauscher* AcP 186 (1986), 529, 541 ff.; *Lipp* S. 101 ff.; *Ludwig* FuR 1992, 1 ff. und 201 ff. Für totale Integration des Ausgleichs aller Zuwendungen unter Ehegatten in das Güterrecht *Tiedtke* JZ 1992, 334 ff.

32 Zu einem Ausnahmefall vgl. BGH FamRZ 1994, 503.

33 OLG Frankfurt a. Main FamRZ 2007, 1169; OLG Brandenburg FamRZ 2007, 1172.

34 Vgl. dazu § 1375 RdNr. 16; *Gernhuber* JZ 1996, 696 ff.; *Kleinle* FamRZ 1997, 8.

35 BGH FamRZ 1972, 362; 1989, 835; OLG Karlsruhe FamRZ 1991, 802; OLG Hamm FamRZ 1992, 437. Zum Problem vgl. auch *Koch* FamRZ 1994, 537.

36 BGH FamRZ 2002, 1696; OLG Köln FamRZ 2003, 607 (Bruchteilsgemeinschaft in concreto verneinend).

ein Versorgungsausgleich nicht stattfindet, weil er etwa gemäß § 1408 Abs. 2 ausgeschlossen ist. Der Versorgungsausgleich, der mit der Ausgleichsregelung des gesetzlichen Güterstandes den Grundgedanken teilt, verdrängt diese als speziellere Regelung – mit einem allerdings weiteren, weil güterstandsunabhängigen Geltungsanspruch.[37]

§ 1363 Zugewinngemeinschaft

(1) Die Ehegatten leben im Güterstand der Zugewinngemeinschaft, wenn sie nicht durch Ehevertrag etwas anderes vereinbaren.

(2) [1] Das Vermögen des Mannes und das Vermögen der Frau werden nicht gemeinschaftliches Vermögen der Ehegatten; dies gilt auch für Vermögen, das ein Ehegatte nach der Eheschließung erwirbt. [2] Der Zugewinn, den die Ehegatten in der Ehe erzielen, wird jedoch ausgeglichen, wenn die Zugewinngemeinschaft endet.

Schrifttum zu den §§ 1363 bis 1364: *Baur/Stürner* Sachenrecht, 17. Aufl. 1999; *Eichenhofer,* Die Auswirkungen der Ehe auf Besitz und Eigentum der Eheleute, JZ 1988, 326; *Medicus,* Bürgerliches Recht, 20. Aufl. 2004; *Westermann* Sachenrecht, 7. Aufl. 1998.

Übersicht

I. Normzweck

1 § 1363 bezweckt eine **grundsätzliche Orientierung:** Abs. 1 benennt den gesetzlichen Güterstand und stellt ihn zur Disposition der Ehegatten. Abs. 2 umreißt das, was der Begriff „Gemeinschaft" in der Zusammensetzung mit „Zugewinn" bedeutet – und zwar zunächst negativ: keine gemeinsame Rechtsinhaberschaft, sodann positiv: künftiger Ausgleich.

2 § 1363 weist den Güterstand der **Zugewinngemeinschaft** den Systemen der **Gütertrennung mit Zusätzen** zu (dazu Einl. zu §§ 1363–1563 RdNr. 9). Das Ausmaß der Zusätze, aus dem sich der genaue Standort der Zugewinngemeinschaft innerhalb der Güterrechtssysteme und insbesondere die Annäherung an die Systeme der Gütergemeinschaft ergibt, lässt sich § 1363 Abs. 2 allerdings nicht entnehmen; dieses erhellt sich erst aus der gesamten Regelung des Güterstandes.

II. Eintritt der Zugewinngemeinschaft

3 **1. Gesetzlicher Güterstand.** Soweit keine anderweitige Vereinbarung besteht, tritt Zugewinngemeinschaft mit dem Eheschluss kraft Gesetzes ein ohne Rücksicht auf den Willen und die Vorstellungen der Ehegatten. Fehlvorstellungen, wie zB die Überzeugung, in Errungenschaftsgemeinschaft oder (weiterhin) in der Eigentums- und Vermögensgemeinschaft des FGB/DDR zu leben, sind belanglos. Wünschen die Ehegatten in Zugewinn-

[37] Vgl. dazu § 1374 RdNr. 7; *Rehme* FuR 2006, 389.

gemeinschaft zu leben, ist deren Geltung kraft Gesetzes aber als Folge einer Auslandsberührung zweifelhaft, so empfiehlt sich ein prophylaktischer Ehevertrag.

2. Vertragsfreiheit. Zugewinngemeinschaft tritt nur ein, wenn die Ehegatten nicht durch Ehevertrag etwas anderes vereinbart haben. Die damit anerkannte **Subsidiarität des gesetzlichen Güterstandes** ist eine Konsequenz der (freilich vielfach beschränkten) Vertragsfreiheit im ehelichen Güterrecht. Aufgrund dieser kann Zugewinngemeinschaft jederzeit, das heißt auch nachdem zunächst ein anderer Güterstand galt, begründet und auch wieder aufgehoben werden. Die Wirkungen einer Änderung der güterrechtlichen Verhältnisse Dritten gegenüber bestimmen sich nach § 1412. Zur Frage, ob und inwieweit über einzelne Regelungen innerhalb des gesetzlichen Güterstandes durch spezielle ehevertragliche Vereinbarungen disponiert werden kann, vgl. die Kommentierung der jeweils einschlägigen Norm. 4

3. Beweislast. Die Anordnung des Eintritts der Zugewinngemeinschaft in § 1363 Abs. 1 regelt zugleich die Beweislast, weil bei jeder Ehe die Geltung des gesetzlichen Güterstandes vermutet wird. Wer einen Ehevertrag behauptet, trägt mithin die objektive Beweislast für dessen Existenz. Ist der Abschluss des Vertrages nicht zu erweisen, geht das zu Lasten der sich auf ihn berufenden Partei. In Verfahren, die der Verhandlungsmaxime unterliegen, trägt diese Partei zusätzlich die subjektive Beweislast, das heißt die Beweisführungslast; damit obliegt ihr auch die Beibringung der erforderlichen Beweismittel.[1] 5

III. Gütertrennung

Von einer Gemeinschaft spricht das allgemeine Vermögensrecht nur, wenn ein einzelnes Recht oder auch ein ganzes Vermögen mehreren gemeinschaftlich zusteht. Gemeinschaft in diesem Sinne bezeichnet also eine Beteiligung an Rechten, für die das geltende Recht zwei Organisationsprinzipien verwendet: die Beteiligung mit ideellen Bruchteilen (Bruchteilsgemeinschaft der §§ 741 ff.; Miteigentum der §§ 1008 ff.) und die Gesamthand als gänzlich ungeteilte Mitberechtigung. Anders als diese Gemeinschaften ordnet die Zugewinngemeinschaft Rechte und Gegenstände den Ehegatten **nicht gemeinschaftlich** zu. Der Begriff „Gemeinschaft" wird in ihrem Zusammenhang mithin nicht zur Kennzeichnung einer Zuordnung von Rechten an mehrere Personen verwendet; er bezeichnet vielmehr ausschließlich eine Teilhabe am erwirtschafteten Gewinn. 6

Das mögliche Missverständnis im Gesetz ausdrücklich auszuräumen (vgl. Abs. 2 S. 1), schien notwendig, weil auch das Güterrecht bis zur Einführung der Zugewinngemeinschaft den Begriff der Gemeinschaft im herkömmlichen Sinne gebrauchte und auch noch gebraucht. Die Gütergemeinschaft der §§ 1415 ff. etwa ordnet den Ehegatten Rechte zur gesamten Hand zu. Mit der ausdrücklichen Distanzierung vom üblichen Inhalt des Begriffs „Gemeinschaft" ist zugleich festgestellt, dass Lücken in der Regelung des gesetzlichen Güterstandes nicht durch analoge Anwendung der §§ 741 ff. oder der für Gesamthandsgemeinschaften geltenden Regeln geschlossen werden dürfen. 7

IV. Vermögenserwerb

1. Individualerwerb. Wie das von den Ehegatten in die Ehe eingebrachte Gut, so wird auch das von ihnen nach der Eheschließung erworbene Vermögen nicht vergemeinschaftet. Jeder Erwerb ist und bleibt ein Individualerwerb. Rechtsgeschäftliche Korrekturen mit dinglicher Wirkung sind durch Ehevertrag nicht möglich; durch speziell auf bestimmte Gegenstände bezogene ehevertragliche Vereinbarungen können nicht willkürlich neue Zuordnungstatbestände zu gemeinschaftlicher Berechtigung geschaffen werden. Möglich ist dagegen, unter genereller Verdrängung der Zugewinngemeinschaft eine Errungenschaftsgemeinschaft zu vereinbaren. Dann wird das gemeinsam während der Ehe Erworbene auch dinglich gemeinschaftliches Vermögen – ohne dass zugleich, wie bei der Gütergemeinschaft, das 8

---

[1] So schon RGZ 127, 110, 114 und BGHZ 10, 266, 267 = NJW 1953, 1342, beide noch zum (damals gesetzlichen) Güterstand der Nutznießung und Verwaltung des Ehemanns.

voreheliche Vermögen zu gemeinschaftlichem wird. Wenn auch nicht gegenständlich, so ist der Errungenschaftsgedanke doch insofern in der Zugewinngemeinschaft enthalten, als der Ausgleich davon ausgeht, dass das in der Ehe erworbene Vermögen wirtschaftlich dem anderen zur Hälfte zusteht.

9 **2. Anwartschaft auf den Ausgleich?** Die Abrechnungsmodi der Zugewinngemeinschaft erlauben es nicht, vor Beendigung der Ehe von einem Anwartschaftsrecht auf eine Ausgleichsforderung zu sprechen.[2] Der Eintritt des gesetzlichen Güterstandes ist zwar ein wesentliches, aber doch nur eines von mehreren notwendigen Tatbestandselementen für den späteren Erwerb einer Forderung auf Zugewinnausgleich, die Vervollständigung des Tatbestandes ist völlig ungewiss. Damit der rechnerische Ausgleich der güterrechtlichen Lösung überhaupt stattfindet, muss zunächst der Güterstand auf andere Weise als durch den Tod eines Ehegatten beendet werden; ist das nicht der Fall, findet grundsätzlich der erbrechtliche Ausgleich durch Erhöhung des Ehegattenerbrechts statt. Sodann muss beim Güterstandspartner ein Zugewinn entstanden sein, der den Eigenerwerb übersteigt. Angesichts dieser Unsicherheitsfaktoren für das Entstehen einer Ausgleichsforderung kann rechtlich nur von einer Erwerbschance auf den Zugewinn gesprochen werden. Diese als „Anwartschaft" auf die Ausgleichsforderung zu bezeichnen,[3] ist zum einen wertlos, weil es sich nur um eine tatsächliche Position handelt, mit der keine Rechtsfolgen verbunden sind; zum anderen ist die Benutzung des Begriffs irreführend, weil er Assoziationen zum Anwartschaftsrecht weckt und damit Missverständnisse provoziert.[4]

10 **3. Gemeinschaftlicher Erwerb.** Die Zugewinngemeinschaft schließt die Zuordnung subjektiver Rechte an beide Ehegatten kraft des allgemeinen Vermögensrechts nicht aus. Ehegatten können ex lege in eine Bruchteilsgemeinschaft oder in eine Gesamthand, etwa eine Miterbengemeinschaft, eintreten. Sie können aber auch rechtsgeschäftlich eine Bruchteilsgemeinschaft (vgl. dazu Vor § 1363 RdNr. 28) oder eine Gesamthand begründen, die sie allein, gegebenenfalls auch gemeinsam mit Dritten, verbindet. Das Prinzip der Gütertrennung beinhaltet die Freiheit der Ehegatten zur Begründung von Rechtsgemeinschaften, weil es die Ehegatten in Fragen der Güterzuordnung nicht anders behandelt als Unverheiratete.

11 Ob die Ehegatten – etwa an Hausrat oder Ehewohnung – Miteigentum nach Bruchteilen oder auch in einer Personengesellschaft Gesamthandseigentum begründen, ist ohne Besonderheit nach den für Willenserklärungen und Verträge geltenden Regeln zu entscheiden. Zu beachten ist lediglich, dass der numerus clausus der Gesamthandsgemeinschaften auch für Ehegatten gilt und sie an gemeinsamen Gegenständen in aller Regel nur Miteigentum zu Bruchteilen begründen können.[5] Dabei kann bei zweifelhaftem Verhalten der gesetzliche Güterstand weder in positivem noch in negativem Sinn zur Interpretation herangezogen werden, denn die vom Gesetz gewählte Form der Teilhabe am Zugewinn des Partners bei Beendigung des Güterstandes ist nicht geeignet, das Verhalten der Ehegatten während dessen Dauer im rechtsgeschäftlichen Verkehr zu beeinflussen. Der **Erwerb von Hausrat** vollzieht sich ohnehin häufig in einer Form, die den Erwerber, der dem Veräußerer beim Barkauf gleichgültig ist, nicht klar ausweist. Nach der Aufhebung der Surrogatsregelung in § 1370 aF ist bei Erwerbsgeschäften nun auch hier der Inhalt der dinglichen Einigung des § 929 allein nach den Regeln der §§ 133, 157 zu ermitteln. Erwerb zu Miteigentum kann auch dann gewollt sein, wenn die Mittel für den Erwerb allein von einem Ehegatten zur Verfügung gestellt wurden. Das ist vor allem bei der Anschaffung von Hausrats- und Einrichtungsgegenständen zur gemeinschaftlichen Benutzung anzunehmen.[6] Ein System der Gütertren-

---

[2] Unrichtig insofern LG Koblenz FamRZ 1998, 163, 164.

[3] So aber RGRK/*Finke* § 1378 RdNr. 14; *Soergel/Lange* RdNr. 6; *Giesen* RdNr. 267.

[4] Vgl. dazu auch § 1378 RdNr. 16; generell zum Anwartschaftsrecht *Medicus* RdNr. 456 ff.

[5] Verfehlt deshalb OLG München NJW 1972, 542 (grds. Gesamthandseigentum an allen während der Ehe erworbenen Haushaltsgegenständen).

[6] *Erman/Gamillscheg* RdNr. 4; RGRK/*Finke* RdNr. 4; *Soergel/Lange* RdNr. 8; *Staudinger/Thiele* (2007) RdNr. 6. Vgl. auch § 1357 RdNr. 37 f.

nung, wie es die Zugewinngemeinschaft ist, mag zwar eine surrogierende Betrachtungsweise nahelegen und den Erwerb an der Herkunft der Mittel orientieren, doch bleibt diese institutionelle Betrachtungsweise den Ehegatten, auf deren Willen es bei der Zuordnung ankommt, in der Regel mangels ausreichender Rechtskenntnisse verschlossen.

V. Geltung des allgemeinen Vermögensrechts

1. Allgemeines Vermögensrecht. Zugewinngemeinschaft schließt als System der Gütertrennung die Geltung des allgemeinen Vermögensrechts zwischen den Ehegatten nicht aus. Ehegatten können einander zum Schadensausgleich verpflichtet sein, wobei als Haftungsmaßstab § 1359 zu bedenken ist, oder zum Bereicherungsausgleich; sie können einander bevollmächtigen und ermächtigen; die Rechtsgeschäfte des Schuldrechts stehen ihnen ebenso zu Gebote wie diejenigen des Sachenrechts usw. (vgl. dazu Vor § 1363 RdNr. 15 ff.). Dort, wo der rechtsgeschäftliche Verkehr mit Dritten durch die Verfügungsbeschränkungen der §§ 1365 ff. behindert ist, impliziert die Mitwirkung am Rechtsgeschäft als Geschäftspartner zugleich die Zustimmung zum Handeln des anderen Ehegatten. 12

2. Übereignung beweglicher Sachen. Schwierigkeiten bereitet die Übereignung beweglicher Sachen an den Ehegatten, wenn sich diese im Mitbesitz beider Ehegatten befinden. Der BGH und ein Teil des Schrifttums konstruiert diese Übereignungen auf der Grundlage der §§ 929, 930. Die danach neben der dinglichen Einigung erforderliche Begründung eines Besitzkonstitutes erfolgt durch Umkehrung der Besitzerrollen in dem gesetzlichen Besitzmittlungsverhältnis, das aus § 1353 folgt (vgl. RdNr. 16). Dazu muss der Veräußerer, der als Eigentümer an der Sache Mitbesitz in der Form des Eigenbesitzes hat, diese Position dem erwerbenden Ehegatten übertragen. Dieser wird dadurch Eigenbesitzer. Dem veräußernden Ehegatten steht dann als Nichteigentümer, wie seinem Partner zuvor, der Mitbesitz in der Form des Fremdbesitzes zu: Als Fremdbesitzer mittelt nun er seinem Eigentümer gewordenen Ehepartner – wie vorher dieser ihm – den Besitz. Die vom Normtext des § 930 geforderte Vereinbarung eines Besitzmittlungsverhältnisses soll darin liegen, dass die Beteiligten davon ausgehen, den Besitz in Zukunft mit umgekehrten Rollen im Rahmen des gesetzlichen Besitzmittlungsverhältnisses des § 1353 auszuüben.[7] Die im Schrifttum vorherrschende Ansicht kritisiert diese Konstruktion und sieht zu Recht in der vorliegenden Konstellation einen der Fälle, in denen zur **Eigentumsübertragung allein die Einigung** genügt. Von den Ehegatten im Rahmen des bestehenden gesetzlichen Schuldverhältnisses die Umkehrung der Besitzerrollen zu verlangen, um so § 930 Genüge zu tun, ist als zu gekünstelt zu verwerfen, die Begründung eines neuen Besitzmittlungsverhältnisses zwischen den Ehegatten ist nicht erforderlich, die tatsächliche Einigung vielmehr ausreichend.[8] 13

VI. Besitz und Gewahrsam

1. Zugewinngemeinschaft ohne Einfluss. Die Regeln über den Zugewinnausgleich enthalten keine speziellen besitzrechtlichen Regelungen. Wie alle anderen Güterstände, zeitigt auch die Zugewinngemeinschaft keinen Einfluss auf den Besitz der Ehegatten. Für die Besitzverhältnisse unter Ehegatten gelten auch im gesetzlichen Güterstand die §§ 854 ff. Danach ergeben sich unabhängig vom Güterstand aus der Tatsache des Zusammenlebens in ehelicher Gemeinschaft besitzrechtliche Konsequenzen. 14

2. Besitzmittlungsverhältnis. Für Hausrat und Ehewohnung folgt aus dem Gebot zur ehelichen Lebensgemeinschaft (§ 1353) ein gesetzliches Besitzmittlungsverhältnis iS des § 868, das die Ehegatten verpflichtet, sich gegenseitig die Mitbenutzung zu gestatten. Das 15

---

[7] BGHZ 73, 253, 257 f. = NJW 1979, 976, 977; *Palandt/Bassenge* § 930 RdNr. 7; *Eichenhofer* JZ 1988, 326, 328 f. (als Sonderform der Übereignung gem. § 929 S. 2 oder gem. § 930 charakterisierend, weil kein Besitzmittlungsverhältnis begründet werde).

[8] *Baur/Stürner* § 51 RdNr. 25; *Westermann* § 41 II 3.

entsprechende Recht ist einklagbar und vollstreckbar.[9] Nach Trennung der Ehegatten besteht dieses Recht im Rahmen der §§ 1361 a und b weiter.

16 **3. Mitbesitz.** Zusammenlebende Ehegatten sind idR Mitbesitzer der gemeinschaftlich genutzten beweglichen Sachen und der Ehewohnung, denn sie haben **beide** iS des § 854 die **tatsächliche Sachherrschaft** über diese Gegenstände. Da sich das aus der sachenrechtlichen Definition des § 854 ergibt, erübrigt es sich, das „Wesen der Ehe", die „Lebenserfahrung" oder auch das „allgemeine Rechtsempfinden" als Argument zu bemühen.[10] Sachen, die im Alleineigentum eines Ehegatten stehen, besitzt dieser als Eigen(mit)besitzer, der andere als Fremd(mit)besitzer. Der fremdbesitzende Ehegatte ist in diesem Fall Besitzmittler des Eigentümers, und zwar aufgrund des zwischen den Ehegatten nach § 1353 bestehenden gesetzlichen Besitzmittlungsverhältnisses.[11] Der Eigentümer-Ehegatte ist durch das Besitzmittlungsverhältnis zugleich unmittelbarer wie mittelbarer Mitbesitzer: neben den unmittelbaren (Mit)Besitz als Ehegatte tritt der mittelbare als Eigentümer.

17 **4. Alleinbesitz.** Im Alleinbesitz stehen alle Sachen, die ein Ehegatte allein benutzt, insbesondere alle Sachen, die ausschließlich seinem persönlichen Gebrauch dienen. Alleinbesitz entsteht auch, wenn sich die Ehegatten voneinander trennen und der Mitbesitz gemäß § 856 beendet wird.

18 **5. § 739 ZPO.** Unabhängig vom Güterstand der Ehegatten und damit unabhängig auch von der Zugewinngemeinschaft gilt § 739 ZPO, der die Voraussetzungen für die **Eigentumsvermutung** des § 1362 für die **Zwangsvollstreckung** übernimmt und bei ihrem Vorliegen den Ehegatten, gegen den vollstreckt wird, als alleinigen Gewahrsamsinhaber und Besitzer fingiert. Der Mitbesitz des Ehegatten rechtfertigt damit niemals eine auf die §§ 808, 809 ZPO gestützte Erinnerung. Nach überwM steht dem von der Zwangsvollstreckung gegen seinen Partner betroffenen Ehegatten die Erinnerung gemäß § 766 ZPO auch dann nicht zu, wenn er in der Lage ist, die Eigentumsvermutung des § 1362 zu widerlegen. Er kann sich dann der Drittwiderspruchsklage (§ 771 ZPO) bedienen, aber auch im Fall seines Obsiegens ändert sich nichts an der Rechtmäßigkeit der Zwangsvollstreckung. Daraus, dass die Vermutung des § 1362 widerlegt wird, entfällt nicht im Nachhinein die Gewahrsamsfiktion des Prozessrechts.[12]

§ 1364 Vermögensverwaltung

Jeder Ehegatte verwaltet sein Vermögen selbständig; er ist jedoch in der Verwaltung seines Vermögens nach Maßgabe der folgenden Vorschriften beschränkt.

Übersicht

[9] BGHZ 73, 252, 257; *Baur/Stürner* § 7 RdNr. 49.
[10] So RGRK/*Finke* § 1364 RdNr. 7 f.; *Staudinger/Thiele* (2007) § 1363 RdNr. 8.
[11] BGHZ 73, 252, 257; *Palandt/Bassenge* § 854 RdNr. 13.
[12] Dazu § 1362 RdNr. 33 mit Darstellung des Streitstandes; *Stein/Jonas/Münzberg* § 739 ZPO RdNr. 23.

I. Normzweck

1. Grundsätzliche Verwaltungsfreiheit. § 1364 enthält neben § 1363 Abs. 2 S. 1 das zweite Freiheitspostulat der Zugewinngemeinschaft: die grundsätzliche Verwaltungsfreiheit beider Ehegatten für ihr eigenes Vermögen. Die damit zugestandene rechtsgeschäftliche Verfügungs- und Verpflichtungsfreiheit gilt sowohl für die Verwaltung der Aktiva als auch für die Schuldenverwaltung. 1

2. Notwendigkeit der Norm? Die Notwendigkeit der Norm ist zumindest zu bezweifeln; ihre Aussage ergibt sich bereits aus dem Prinzip der Gütertrennung (§ 1363 Abs. 2 S. 1), das die Verwaltungsfreiheit insoweit impliziert, als sie nicht andernorts beschränkt wird. Verständlich wird die explizite Wiederholung des bereits implizit Gesagten auf dem Hintergrund des bis 31. 3. 1953 geltenden gesetzlichen Güterstandes der Verwaltung und Nutznießung des Ehemannes am eingebrachten Gut der Frau (vgl. dazu Einl. RdNr. 18 ff.). 2

3. Beschränkungen aller Ehegatten. Zu beachten ist, dass § 1364 lediglich die Beschränkungen der Verwaltungsfreiheit in den §§ 1365 ff. erwähnt. Auf die Beschränkungen, die aus den „Wirkungen der Ehe im allgemeinen" (§§ 1353 ff.) folgen und alle Ehegatten gleich welchen Güterstandes betreffen, weist er nicht ausdrücklich hin. Da er diese aber nicht aufhebt, gelten sie auch für Ehegatten, die im Güterstand der Zugewinngemeinschaft leben; diese sind also wie alle Ehegatten bei der Verwaltung ihres Vermögens durch die §§ 1353 ff. eingeschränkt. 3

II. Schranken der Verwaltungsfreiheit

1. Absolute Wirkung der Verfügungsbeschränkungen. Absolute Wirkung haben allein die Verfügungsbeschränkungen des § 1365 (Gesamtvermögensgeschäfte) und des § 1369 (Geschäfte über Haushaltsgegenstände). Beide vermitteln dem übergangenen Ehegatten das Recht, die Sache nach § 1368 zu revozieren (vgl. § 1369 Abs. 3). Außerdem hat der übergangene Ehegatte bei einem Verstoß gegen § 1365 das Recht, nach Maßgabe der §§ 1385 Nr. 2, 1386 vorzeitige güterrechtliche Maßnahmen zu verlangen. 4

2. Bindungen anderer Art. Mittelbare Bindungen beim Umgang mit dem eigenen Vermögen ergeben sich aus der Pflicht zur ehelichen Lebensgemeinschaft (vgl. RdNr. 3). So gebietet § 1353 Abs. 1 etwa die gegenseitige Rücksichtnahme in steuerlichen Angelegenheiten oder auch bei der Geltendmachung von vermögensrechtlichen Ansprüchen gegen den Ehepartner (dazu § 1353 RdNr. 28 f.). Diese Bindungen gehen aber nicht so weit, dass Ehegatten generell gehalten wären, ihr Vermögen ökonomisch „vernünftig" – etwa mit dem Ziel steter Mehrung – zu verwalten oder in einer allein vom „Wohl der Familie" bestimmten Art und Weise.[1] 5

3. Sanktionen nach Pflichtwidrigkeiten. Bei schuldhafter Nichterfüllung der ehelichen wirtschaftlichen Verpflichtungen, zu denen insbesondere die Pflicht gehört, zum Familienunterhalt beizutragen sowie alles zu unterlassen, was die Ehe wirtschaftlich gefährdet, gibt § 1386 iVm. § 1385 Nr. 3 beiden Ehegatten das Recht, die **vorzeitige Aufhebung der Zugewinngemeinschaft** zu verlangen. Während der Ausgleichsberechtigte in diesem Fall zudem nach § 1385 Nr. 3 **vorzeitigen Ausgleich des Zugewinns** beanspruchen kann, hat der ausgleichsverpflichtete Ehegatte nach § 1381 das Recht, die Erfüllung eines gegen ihn bestehenden Zugewinnausgleichsanspruchs wegen grober Unbilligkeit zu verweigern. Die Ansprüche auf vorzeitige güterrechtliche Maßnahmen gemäß §§ 1385, 1386 sind zudem auch dann gegeben, wenn sich der Ehepartner pflichtwidrig weigert, über Bestand und größere Veränderungen seines Vermögens Auskunft zu geben. 6

---

[1] Ebenso *Gernhuber/Coester-Waltjen* § 34 RdNr. 5; *Staudinger/Thiele* (2007) RdNr. 6; *Soergel/Lange* RdNr. 10; *Bamberger/Roth/Mayer* RdNr. 2. AA *Erman/Gamillscheg* RdNr. 3.

7 **4. Sanktionen nach Verletzung von Obliegenheiten.** Die Pflicht, das eigene Vermögen so zu verwalten, dass der Zugewinn im gesetzlich vorgesehenen Sinn vorgenommen werden kann, stellt eine Obliegenheit dar, deren Beachtung nicht eingeklagt werden kann, deren Verletzung aber zu Rechtsnachteilen führt. So sanktioniert § 1375 Abs. 2 wirksame, jedoch missbilligte Maßnahmen der Vermögensverwaltung durch die Anordnung, dass das **Endvermögen** des Ehegatten rechnerisch um die missbilligten Vermögensminderungen **vermehrt** wird. Wenn in diesem Fall der künftige Ausgleich gefährdet ist, gibt § 1386 iVm. § 1385 Nr. 2 zudem das Recht auf **vorzeitige Aufhebung der Zugewinngemeinschaft,** der ausgleichsberechtigte kann gemäß § 1385 Nr. 2 zudem **vorzeitigen Zugewinnausgleich** verlangen. Ist die illoyale Vermögensminderung mit Benachteiligungsabsicht vorgenommen, wie in dem in § 1375 Abs. 2 Nr. 3 genannten Fall, so stellt sie zugleich einen Verstoß gegen die Pflicht zu ehegerechtem Verhalten dar, bewegt sich also nicht mehr nur auf der Ebene der Obliegenheitsverletzung. In den Fällen des § 1375 Abs. 2 Nr. 1 und 2, in denen subjektive Vorwerfbarkeit nicht gefordert ist, kann nur im jeweiligen Einzelfall festgestellt werden, ob nur eine güterrechtliche Verwaltungsobliegenheit verletzt wurde oder zugleich auch eine aus der ehelichen Lebensgemeinschaft folgende Pflicht.[2]

III. Vermögensverwaltung durch den Ehegatten

8 **1. Rechtsgeschäftliche Handlungsmacht.** Unberührt von § 1364 bleibt die Berechtigung jedes Ehegatten, Geschäfte zur angemessenen Deckung des Lebensbedarfs der Familie mit Wirkung auch für den anderen Ehegatten zu besorgen und diesen dadurch mitzuverpflichten (§ 1357). Jedem Ehegatten ist es ferner unbenommen, dem Partner rechtsgeschäftliche Handlungsmacht einzuräumen: sei es zur Vornahme eines bestimmten Geschäfts, sei es zur rechtsgeschäftlichen Verwaltung eines abgegrenzten Teils seines Vermögens, sei es zu dessen Verwaltung schlechthin. Im letzten Fall ist die Erteilung der Handlungsbefugnis jederzeit widerruflich, Ausschluss oder Beschränkung des Widerrufs bedürfen der Form des Ehevertrages; ein Widerruf aus wichtigem Grund bleibt auch in diesem Fall zulässig (§ 1413).

9 **2. Gewillkürte Prozessstandschaft.** Auch eine gewillkürte Prozessstandschaft des ermächtigten Ehegatten für seinen Partner ist anzuerkennen. Sofern man mit der allgM[3] für die Zulässigkeit dieser Prozessstandschafts ein eigenes schutzwürdiges Interesse des Ermächtigten an der Rechtsverfolgung im eigenen Namen fordert, kann es aus der Verbundenheit der Ehegatten abgeleitet werden.[4]

IV. Vermögensverwaltung durch Dritte

10 **1. Elterliche Sorge, Vormundschaft, Betreuung, Pflegschaft.** § 1364 postuliert Verwaltungsfreiheit nur im Rahmen des ehelichen Güterrechts. Unberührt bleiben alle Einschränkungen des Umgangs mit dem eigenen Vermögen, die aus eheneutralen Gründen eintreten. Ist die Geschäftsfähigkeit eines Ehepartners wegen Minderjährigkeit oder aus einem sonstigen Grunde eingeschränkt, so werden im Bereich der Vermögensverwaltung die Rechte von sorgeberechtigten Eltern oder Vormündern, Betreuern oder Pflegern durch den Bestand der Ehe des Schützlings nicht gemindert. Allerdings sind die familienrechtlichen Handlungsmöglichkeiten in Bezug auf das Vermögen allen Bindungen unterworfen, die für den Ehegatten vorgesehen sind, insbesondere also den Verfügungsbeschränkungen der §§ 1365, 1369.

11 **2. Insolvenzverwalter.** Die Verfügungsbeschränkungen der §§ 1365, 1369 gelten dagegen nicht für den Insolvenzverwalter. Der besondere Verwaltungszweck, der sich im Insol-

---

[2] Zur Differenzierung zwischen Pflichten und Obliegenheiten vgl. auch *Staudinger/Thiele* (2007) RdNr. 8 ff.; *Soergel/Lange* RdNr. 16.

[3] Vgl. BGHZ 125, 197, 199.

[4] Vgl. BGH FamRZ 1961, 435; *Staudinger/Thiele* (2007) RdNr. 12; *Soergel/Lange* RdNr. 6; *Bamberger/Roth/Mayer* RdNr. 7.

venzrecht von den Bindungen an die Interessen der Gläubiger her bestimmt, schließt Abhängigkeiten vom Ehegatten des Schuldners aus.[5]

V. Abweichende Vereinbarungen

Durch Ehevertrag können die Ehegatten weitere Beschränkungen der Verwaltungsfreiheit 12
vorsehen, jedoch nur innerhalb der Grenzen, die der Vertragsfreiheit allgemein gezogen sind. So ist auch im ehelichen Güterrecht § 137 anwendbar, nach dem rechtsgeschäftliche Vereinbarungen, die die Verfügungsfreiheit über veräußerliche Rechte einschränken, unzulässig sind. Ebenso unzulässig ist es nach allgM, durch rechtsgeschäftliche Abreden die vom Gesetz in §§ 1365 f., 1369 aufgenommenen Handlungsbeschränkungen gegenständlich zu erweitern.[6]

§ 1365 Verfügung über Vermögen im Ganzen

(1) [1] Ein Ehegatte kann sich nur mit Einwilligung des anderen Ehegatten verpflichten, über sein Vermögen im Ganzen zu verfügen. [2] Hat er sich ohne Zustimmung des anderen Ehegatten verpflichtet, so kann er die Verpflichtung nur erfüllen, wenn der andere Ehegatte einwilligt.

(2) Entspricht das Rechtsgeschäft den Grundsätzen einer ordnungsmäßigen Verwaltung, so kann das Familiengericht auf Antrag des Ehegatten die Zustimmung des anderen Ehegatten ersetzen, wenn dieser sie ohne ausreichenden Grund verweigert oder durch Krankheit oder Abwesenheit an der Abgabe einer Erklärung verhindert und mit dem Aufschub Gefahr verbunden ist.

Schrifttum zu den §§ 1365 bis 1369: *Benthin,* Probleme der Zugewinngemeinschaft heute, FamRZ 1982, 338; *Braun,* Zur Auslegung der §§ 1365, 1369 BGB, FS Musielak, 2004, S. 119; *Böhringer,* Der Zeitpunkt der Kenntnis bei Grundstücks-Rechtsgeschäften nach § 1365 BGB, BWNotZ 1987, 56; *Böttcher,* Verfügungsbeschränkungen, Teil A, Rpfleger 1984, 377; *ders.,* Verfügungsbeschränkungen, Teil B, Rpfleger 1985, 1; *Brox,* Die Vinkulierung des Vermögens im ganzen sowie der Haushaltsgegenstände und ihre Auswirkungen im Zivilprozeß, FamRZ 1961, 281; *Brudermüller,* Das Familienheim in der Teilungsversteigerung, FamRZ 1996, 1516; *Dörr,* Ehewohnung, Hausrat, Schlüsselgewalt, Verfügungsbeschränkungen des gesetzlichen Güterstands und vermögensrechtliche Beziehungen der Ehegatten in der Entwicklung seit dem 1. EheRG, NJW 1989, 810; *Eichenhofer,* Die Auswirkungen der Ehe auf Besitz und Eigentum der Eheleute, JZ 1988, 326; *Eickmann,* Widerspruch und Grundbuchberichtigung bei Nichtigkeit nach §§ 1365, 1366 BGB, Rpfleger 1981, 213; *Eiselt,* Die Bedeutung des § 1365 BGB für Gesellschaftsverträge, JZ 1960, 562; *Finger,* Sind Einkommen und Arbeitskraft bei der Bewertung der Vermögensverhältnisse im Rahmen des § 1365 BGB zu berücksichtigen?, JZ 1975, 461; *Gottwald* Zustimmung des Ehegatten zum Antrag auf Anordnung der Teilungsversteigerung?, FamRZ 2006, 1075; *Heckelmann,* Abfindungsklauseln in Gesellschaftsverträgen, 1973; *Künzl,* Heilung schwebend unwirksamer Gesamtvermögensgeschäfte eines Ehegatten?, FamRZ 1988, 452; *Liessem,* Guter Glaube beim Grundstückserwerb von einem durch seinen Güterstand verfügungsbeschränkten Ehegatten?, NJW 1989, 497; *Mülke,* Zur Verwaltungsbeschränkung des § 1365 Abs. 1 BGB, AcP 161 (1962), 129; *Olzen,* Rechtsprobleme des § 1365 BGB, Jura 1988, 13; *Quambusch,* Zur rechtlichen Behandlung der Vorräte bei Ehescheidung und Getrenntleben, FamRZ 1989, 691; *Reinicke,* Verwaltungsbeschränkungen im Güterstand der Zugewinngemeinschaft, BB 1960, 1002; *Sandrock,* Die Zähmung des widerspenstigen § 1365 Abs. 1 BGB, FS Bosch, 1976, S. 841; *ders.,* Gesellschaftsrechtliche Vereinbarungen und die Verwaltungsbeschränkung des § 1365 Abs. 1 BGB, FS Duden, 1977, S. 513; *Smid,* Vinkulierung des Hausrats an die Ehe gemäß § 1369 BGB im Güterstand der Eigentums- und Vermögensgemeinschaft?, FamRZ 1991, 512; *Sudhof,* Die Grundstückstransaktion als Gesamtvermögensverfügung: Zur dogmatischen Einordnung des § 1365 in Teilungsversteigerungsverfahren, FamRZ 1994, 1152; *Tiedau,* Zur Problematik des § 1365 unter besonderer Berücksichtigung des Gesellschaftsrechts, MDR 1961, 721; *Tiedtke,* Die Zustimmungsbedürftigkeit der Auflassungsvormerkung im Güterstand der Zugewinngemeinschaft, FamRZ 1976, 320; *ders.,* Die Umdeutung eines nach den §§ 1365, 1366 nichtigen Rechtsgeschäfts in einen Erbvertrag, FamRZ 1981, 1; *ders.,* Verfügungen eines Ehegatten über das Vermögen im ganzen, FamRZ 1988, 1007; *Tubbesing,* Zur Auswirkung der Zugewinngemeinschaft auf die Gesellschaftsverträge von Personengesellschaften, BB 1966, 829; *Wiedemann,*

[5] Ebenso *Staudinger/Thiele* (2007) RdNr. 16; *Soergel/Lange* RdNr. 9 jeweils zum Konkursrecht.
[6] Dazu § 1365 RdNr. 100 u. § 1408 RdNr. 14; *Gernhuber/Coester-Waltjen* § 32 RdNr. 24; *Rauscher* RdNr. 381; *Erman/Gamillscheg* § 1408 RdNr. 6; *Soergel/Lange* RdNr. 14; *Soergel/Gaul* § 1408 RdNr. 12.

Die Übertragung und Vererbung von Mitgliedschaftsrechten bei Handelsgesellschaften, 1965; *Wolf,* Übertriebener Verkehrsschutz. Zur subjektiven und objektiven Theorie im Rahmen des § 1365 BGB, JZ 1997, 1087; *Zimmer/Pieper,* Die Anwendung des § 1365 in der Teilungsversteigerung, NJW 2007, 3104.

Übersicht

I. Allgemeines

1. Normzweck. § 1365 schränkt die Ehepartner in ihrer rechtsgeschäftlichen Handlungsfreiheit über ihr Vermögen ein und stellt eine Ausnahme vom Grundsatz der Verwaltungsfreiheit dar. Nach allgM dient die Vorschrift primär der **Erhaltung der wirtschaftlichen Grundlage** der Familie. Zu diesem Zweck ermöglicht sie die Abwehr erheblicher Vermögenstransaktionen eines Ehegatten ohne Billigung des anderen. 1

Außerdem bezweckt § 1365 den **Schutz** des anderen Ehegatten vor einer Gefährdung seiner möglichen **künftigen Zugewinnausgleichsforderung.**[1] Die Bedeutung dieses Zwecks bleibt nach allgM jedoch hinter derjenigen des ersten zurück.[2] 2

2. Formalisierung der Normzwecke. Die Fassung des Tatbestandes des § 1365 setzt diese Normzwecke nicht in allen denkbaren Konstellationen um. Der Wortlaut geht vielmehr zuweilen über die Grenzen der Normzwecke hinaus, zuweilen endet er aber auch vor ihnen. So ist § 1365 Abs. 1 auch anwendbar, wenn keine konkrete Gefährdung der familiären Existenzgrundlage festzustellen ist, andererseits unterfallen nicht alle Geschäfte, die zur Existenzgefährdung der Familie führen, dem Verdikt der Norm. Die Interpretation der Norm hat gleichwohl der tatbestandlichen Formulierung zu folgen und darf sich nicht an dieser vorbei an den wirtschaftlichen Daten des Einzelfalles orientieren. Die abstrakte Fassung des § 1365 verbietet es grundsätzlich, nach der wirtschaftlichen Ausgangssituation oder nach dem mit der Verfügung verfolgten Zweck zu differenzieren. Dass der verfügende Ehegatte bereits überschuldet ist und nur den drohenden wirtschaftlichen Zusammenbruch für die Familie abwenden will, ändert deshalb nichts an der Zustimmungsbedürftigkeit der als Sanierungsmaßnahme gedachten Verpfändung seiner Wertpapiere.[3] 3

II. Rechtsdogmatik

1. Absolutes Veräußerungsverbot. Die hM sieht in § 1365 ein absolutes Veräußerungsverbot.[4] Sie folgert dies aus dem Normzweck. Nur bei absoluter Unwirksamkeit der Vermögenstransaktionen kann die Gefährdung der wirtschaftlichen Existenzgrundlage der Familie ausgeschlossen werden. Außerdem stützt man die Qualifizierung als absolutes Veräußerungsverbot auf den Gesetzeswortlaut des § 1368, der ausdrücklich auf die Unwirksamkeit des Geschäfts Bezug nimmt. 4

Gegen die Einordnung als absolutes Veräußerungsverbot spricht jedoch, dass die Norm nicht das rechtliche Dürfen beschränkt, sondern lediglich bestimmte Rechtsgeschäfte, deren Vornahme als solche zulässig bleibt, zustimmungsbedürftig macht. Von daher ist § 1365 kategorial dem Kreis der zustimmungsbedürftigen Rechtsgeschäfte mit eigener Regelung, hier sind das die §§ 1366 ff., zuzuordnen.[5] Zu abweichenden Ergebnissen bei der Anwendung der Vorschrift führt diese dogmatische Präzisierung jedoch nicht. 5

2. Zeitliche Geltung. § 1365 gilt, solange die Ehe besteht. Ein vor rechtskräftiger Scheidung vorgenommenes Rechtsgeschäft bleibt zustimmungsbedürftig, auch wenn zwischenzeitlich die Scheidung erfolgt ist.[6] Umgekehrt gibt es eine nacheheliche Beschränkung der Verwaltungsfreiheit auch dann nicht, wenn der Zugewinnausgleich (noch) nicht durchgeführt wurde. Eine Ausnahme ist allerdings dann zu machen, wenn das Vermögensgeschäft 6

---

[1] BGHZ 101, 225, 228; 132, 218, 221 = NJW 1996, 1740 jeweils mwN.

[2] Anders *Braun* S. 133 (§§ 1365 und 1369 bilden Zwiegespann: wirtschaftlichen Grundlagenschutz bietet § 1369, § 1365 beschränkt sich auf den Schutz der Ausgleichsforderung).

[3] BGH FamRZ 2000, 744; zu Pfandgeschäften s. RdNr. 81.

[4] StRspr. seit BGHZ 40, 218 = NJW 1964, 347. Vgl. auch RGRK/*Finke* RdNr. 1; *Künzl* FamRZ 1988, 452, 455.

[5] *Rauscher* RdNr. 382; MünchKommBGB/*Gernhuber* 3. Aufl. RdNr. 6; *Enneccerus/Nipperdey* § 144 Fn. 5; *Staudinger/Thiele* (2007) RdNr. 99. Dass § 1365 ein relatives Veräußerungsverbot enthält, das durch gutgläubigen Erwerb nach § 135 Abs. 2 leerlaufen kann, wird heute nicht mehr vertreten, dazu *Gernhuber/Coester-Waltjen* § 35 RdNr. 6.

[6] OLG Saarbrücken FamRZ 1987, 1248.

zu einem Zeitpunkt getätigt wurde, zu welchem zwar die Ehe rechtskräftig geschieden war, der Zugewinnausgleichsanspruch als abgetrennte Folgesache aber noch rechtshängig war.[7] Grund für die **analoge Anwendung** der Vorschrift in diesem Fall ist die hier weiterhin anzuerkennende Schutzbedürftigkeit des ausgleichsberechtigten Ehepartners, der vor der endgültigen Regulierung der Zugewinnausgleichsforderung geschieden wurde. Auch wenn der andere die Forderung nicht mehr in ihrem rechnerischen Bestand mindern kann – Anfangs- und Endvermögen wie auch die Höhe der Forderung stehen nach Einleitung des Scheidungsverfahrens fest –, so kann er doch ihre Durchsetzung verhindern, indem er in der Zwischenzeit sein zum Ausgleich benötigtes Vermögen minimiert. Der zweite Normzweck des § 1365 verbietet es mithin, dem Ausgleichsgläubiger den besonderen ehegüterrechtlichen Schutz zu versagen und ihn zur Sicherung seines Anspruchs auf die rechtlichen Mittel zu verweisen, die Gläubigern generell zu Gebote stehen.[8] Zur Frage der Konvaleszenz zustimmungsbedürftiger Rechtsgeschäfte nach Beendigung der Ehe s. § 1366 RdNr. 31 ff.

III. Gesamtvermögensgeschäfte: objektiver Tatbestand

7 **1. Vermögen.** Unter Vermögen ist das **Aktivvermögen** zu verstehen, also das Vermögen, das einem Ehegatten rechtlich zugeordnet ist, unabhängig von seinem wirtschaftlichen Wert (sog. juristischer Vermögensbegriff).[9] Persönliche Verbindlichkeiten des verfügenden Ehegatten bleiben ebenso wie dingliche Belastungen der ihm gehörenden Gegenstände außer Betracht, soweit es um die Frage geht, ob die in Rede stehende Konstellation nach den Kriterien des § 1365 zu beurteilen ist. Schützenswerte wirtschaftliche Grundlagen sind nämlich auch dann vorhanden, wenn eine Bilanzierung kein aktives Nettovermögen ergibt. Auch der ver- oder überschuldete Ehepartner muss bei der Vornahme von Geschäften nach § 1365 gebunden bleiben, denn wie sich seine Verbindlichkeiten entwickeln, ob sie jemals realisiert werden, ob dann wirklich der gesamte Aktivbestand seines Vermögens aufgezehrt wird – das alles ist ungewiss und gebietet, den Ehepartner auch vorsorglich in größere geschäftliche Aktionen des anderen einzubeziehen (vgl. auch RdNr. 19).

8 **2. Verfügung.** Was unter den Worten Verfügung „über das Vermögen im Ganzen" zu verstehen ist, ist zweifelhaft. Zunächst ist zu beachten, dass Verfügungen wegen des **sachenrechtlichen Spezialitätsgrundsatzes** nur über einzelne Gegenstände, nicht aber über das Vermögen als solches zulässig sind. Davon ausgehend, dass § 1365 den Grundsatz der Einheit der Rechtsordnung wahrt und sich nicht in Widerspruch zu den Regeln des Sachenrechts setzen will, ist anzunehmen, dass die familienrechtliche Norm von Verfügungen über einzelne Gegenstände ausgeht, die wirtschaftlich das gesamte Vermögen betreffen.

9 **3. Vermögen „als Ganzes".** Zur Frage, wann ein Geschäft das Vermögen „als Ganzes" betrifft, hat sich inzwischen eine herrschende Meinung herausgebildet, die aber gleichwohl nicht unbestritten ist. Die Klärung wird von zwei unterschiedlichen Ansätzen aus versucht. Der eine legt die das Rechtsgeschäft konstituierenden Willenserklärungen der Parteien zugrunde und nimmt ein Gesamtvermögensgeschäft nur an, wenn nach dem erklärten Willen der Parteien das gesamte Vermögen als solches Vertragsgegenstand ist. Nach dieser Theorie, der **Gesamttheorie,** reicht es also nicht aus, wenn durch das Geschäft einzelne Gegenstände transferiert werden, die wirtschaftlich das gesamte Vermögen ausmachen, das Vermögen muss vielmehr von den Parteien in seiner Gesamtheit gemeint und juristisch erfasst sein. Der zweite Ansatz geht von der Bedeutung des Geschäftsobjekts innerhalb des Vermögens aus und nimmt ein Gesamtvermögensgeschäft auch dann an, wenn sich die

---

[7] OLG Hamm OLGZ 1984, 23 = FamRZ 1984, 53 m. zust. Anm. *Bosch;* OLG Köln FamRZ 2001, 176; OLG Celle NJW-RR 2003, 1661; OLG Köln NJW-RR 2005, 4.

[8] So aber MünchKommBGB/*Gernhuber* 3. Aufl. RdNr. 4 a; LG Konstanz BWNotZ 1983, 169 m. Anm. *Ludwig.*

[9] BGHZ 77, 293, 295 = NJW 1980, 2350; 132, 218, 224; *Staudinger/Thiele* (2007) RdNr. 14; *Soergel/Lange* RdNr. 8; *Bamberger/Roth/Mayer* RdNr. 9; *Olzen* Jura 1988, 13, 15. Für einen eigenständigen Vermögensbegriff in § 1365 *Mülke* AcP 161 (1962), 129, 141 ff. (Wertbegriff; realisierbarer Wert aller Aktiva).

Vereinbarung nur auf einzelne Gegenstände bezieht, diese aber praktisch das gesamte Vermögen des darüber verfügenden Vertragspartners darstellen, sog. **Einzeltheorie.** Während der erste Ansatz, der allein auf den erklärten Willen abstellt, in hohem Maße Rechtssicherheit gewährleistet, bringt der zweite Ansatz Rechtsunsicherheit, denn die Frage, ob der Vertragsgegenstand das Vermögen im Ganzen betrifft, ist erst durch vergleichende Heranziehung des ansonsten noch vorhandenen Vermögens zu beurteilen.[10]

In seiner grundlegenden Entscheidung zur Frage, welcher Theorie bei der Auslegung des 10
Vermögensbegriffs in § 1365 zu folgen sei, wählte der BGH – unter weitgehender Zustimmung der Literatur – **§ 419,** der bis zum 1. 1. 1999 die Haftung bei Vermögensübernahmen regelte, **als Interpretationsvorbild** und entschied damit zugunsten der Einzeltheorie, die im Zusammenhang mit § 419 damals einhellig vertreten wurde.[11] Unabhängig vom Ergebnis – dessen Richtigkeit ist heute allgemein anerkannt – begegnet diese Entscheidungsfindung methodischen Bedenken. Die Übernahme des bei der Interpretation des § 419 erzielten Ergebnisses in den ehegüterrechtlichen Zusammenhang blieb nämlich insofern begründungsbedürftig, als Gleichheit von Normtexten nicht auch Gleichheit der Begriffsinhalte bedeutet. Zu Recht war daher darauf hingewiesen worden, dass die Zwecke in § 1365 und § 419 weder identisch noch vergleichbar waren und der vom BGH seinerzeit als „unbedenklich" apostrophierte Rückgriff auf die zu § 419 entwickelten Grundsätze nichts weiter als eine scheinrationale Einkleidung einer zuvor getroffenen, in ihrer Begründung jedoch nicht offen ausgewiesenen Entscheidung war.[12]

Die gleichen methodischen **Bedenken** bestehen gegen die Interpretation des Vermögens- 11
begriffs in § 1365 unter **Rückgriff auf § 311 b Abs. 3** oder **§ 1822 Nr. 1,** in denen der Begriff des gesamten Vermögens ebenfalls eine Rolle spielt.[13] Zu § 311 b Abs. 3 wird allgemein die Gesamttheorie vertreten und demzufolge der Anwendungsbereich der Norm auf Verträge beschränkt, in denen das Vermögen „in Bausch und Bogen" übertragen werden soll.[14] Ebenso interpretiert die hM § 1822 Nr. 1 und nimmt ein der familiengerichtlichen Genehmigung unterliegendes Geschäft nur an, wenn das gesamte Mündelvermögen als solches explizit Vertragsgegenstand ist.[15] Auch hier gilt, dass wegen der Unterschiedlichkeit der Normzwecke die Interpretation dieser Bestimmungen für die Entscheidung im Ehegüterrecht nichts hergibt.

4. Einzeltheorie. Inhaltlich sprechen die folgenden Überlegungen für das Ergebnis des 12
BGH und damit **gegen die Übernahme der Gesamttheorie** im Rahmen des § 1365. Würde man ein zustimmungsbedürftiges Gesamtvermögensgeschäft nur annehmen, wenn der Ehegatte und sein Vertragspartner bewusst über das gesamte Vermögen als solches verfügten, so wäre die praktische Bedeutung des § 1365 auf einige wenige Fallkonstellationen beschränkt – etwa auf eine Hofübergabe im Wege vorweggenommener Erbfolge oder einen Unternehmensverkauf auf Rentenzahlungsbasis. Damit würde der mit § 1365 angestrebte Schutz von Ehe und Familie in Durchschnittsfällen praktisch leerlaufen. Durch entsprechende Interpretation seiner Tatbestandsmerkmale muss also sichergestellt werden, dass § 1365 auch und gerade bei Transaktionen, die üblicherweise in Ehen und Familien vorkommen, zur Anwendung kommt. Dies steht nicht in Widerspruch zu der im Zuge der fortschreitenden Gleichberechtigung der Geschlechter verstärkt anzuerkennenden Eigenständigkeit und Selbstbestimmung der Ehegatten.[16] Die Tatsache des Verheiratetseins bringt – bei allen Zugeständnissen an die Selbständigkeit der Partner – Bindungen mit sich, zu denen nicht in letzter Linie die wirtschaftliche Verantwortlichkeit füreinander gehört – und

[10] Nicht mehr vertreten wird, dass Geschäfte über einen Bruchteil des Vermögens, wie sie zB § 311 b Abs. 3 anführt, unter § 1365 fallen (vgl. *Dölle* I S. 754; LG Siegen FamRZ 1959, 64).

[11] BGHZ 35, 135, 143 = NJW 1961, 1301.

[12] MünchKommBGB/*Gernhuber* 3. Aufl. RdNr. 10; *Soergel/Lange* RdNr. 7; RGRK/*Finke* RdNr. 2.

[13] Vgl. etwa *Giesen* RdNr. 268, der §§ 310, 311, 1085 nennt.

[14] BGHZ 25, 1, 4; *Palandt/Grüneberg* § 311 b RdNr. 66.

[15] BGH FamRZ 1957, 121; § 1822 RdNr. 3; *Palandt/Diederichsen* § 1822 RdNr. 3.

[16] So *Benthin* FamRZ 1982, 338 ff. als Argument für die Gesamttheorie.

§ 1365 beschränkt die Selbstbestimmung und Handlungsfreiheit des Ehepartners gerade und nur, um diese gegenseitige Verantwortlichkeit sicherzustellen. Mit der allgM[17] ist § 1365 also **auf der Basis der Einzeltheorie** zu interpretieren. Danach ist die Handlungsfreiheit eines Ehegatten durch die Zustimmungsbedürftigkeit nicht nur eingeschränkt, wenn sich das Geschäft nach den vertraglichen Erklärungen explizit auf sein ganzes Vermögen bezieht, sondern auch dann, wenn er über **einzelne** ihm gehörende **Gegenstände** verfügt, die jedoch **wirtschaftlich** im Wesentlichen sein **gesamtes Vermögen** ausmachen. Im Familieninteresse ist damit bei Ehegattengeschäften eine gewisse Rechtsunsicherheit hinzunehmen und deren Wirksamkeit von außerhalb des Vertrages liegenden Umständen abhängig zu machen.

13 Vom Normzweck des § 1365 eine **Einschränkung** erfährt die Anwendung der Einzeltheorie insofern, als Voraussetzung der Zustimmungsbedürftigkeit ist, dass überhaupt wirtschaftlich bedeutsame Güter Geschäftsgegenstand sind.[18] Akte, die **unbedeutende Wirtschaftsgüter** zum Objekt haben, sind auch dann keine Gesamtvermögensgeschäfte, wenn im konkreten Einzelfall das Wirtschaftsgut im Wesentlichen mit dem Vermögen des Veräußerers identisch ist. Wirtschaftliche Grundlage der Familie können solche Güter nicht sein, ihre Transferierung ist unter dem Gesichtspunkt, sie zu sichern, ohne Belang. Da auch die Zugewinnausgleichsforderung in diesem Fall nur marginal tangiert sein kann, ist eine Einschränkung der allgemeinen Handlungsfreiheit des Ehegatten nicht gerechtfertigt.

14 **5. Bestimmung des gesamten Vermögens.** Die auf die wirtschaftliche Bedeutung des Verfügungsgegenstandes abstellende Einzeltheorie bedarf zur konkreten Anwendung ergänzender Regeln. Geklärt werden muss, unter welchen Voraussetzungen ein Gegenstand „nahezu" oder „im Wesentlichen" das gesamte Vermögen des disponierenden Ehegatten ausmacht. Im Interesse der Rechtssicherheit müssen hier Regeln entwickelt werden, die die Zustimmungsbedürftigkeit für jeden Einzelfall vorhersehbar und berechenbar machen. Ohne solche Regeln und Typisierungen kommt es zu nicht gerechtfertigten Durchbrechungen des Grundsatzes der Verwaltungsfreiheit der Ehegatten (§ 1364), weil prophylaktische Zustimmungen provoziert werden, die vom Gesetz nicht gefordert sind.

15 **6. Wertrelation.** Ob ein Geschäft nach den Maßstäben der Einzeltheorie Gesamtvermögensgeschäft ist oder nicht, entscheidet eine Relation **objektiver Werte:** Zu fragen ist nach dem Verhältnis, in dem der objektive Wert des Geschäftsgegenstandes zum objektiven Wert des nicht betroffenen Vermögens steht. Belanglos ist der individuelle Wert und die besondere Bedeutung, die das Geschäftsobjekt für das Leben der Familie oder für einen oder auch beide Ehegatten hat.[19] Da es für die rechnerische Bewertung solcher subjektiven Komponenten keine Kriterien gibt, bliebe ihre Berücksichtigung nicht nachvollziehbar und führte zu untragbaren Unsicherheiten bei der Beurteilung eines Geschäfts als zustimmungsbedürftig.

16 **7. Belastungen.** Auf dem **veräußerten Gegenstand** ruhende Belastungen vermindern seinen Wert und sind zugunsten des verfügenden Ehegatten bei der Ermittlung der Wertrelation zu berücksichtigen; ebenso vermindern Belastungen den Wert des verbleibenden Vermögens.[20] Besteht die Belastung zugunsten des verfügenden Ehegatten, so gilt Folgendes:

---

[17] Für den BGH vgl. die Entscheidungen BGHZ 35, 135 = NJW 1961, 1301; 43, 174 = NJW 1965, 909; 64, 246, 247 = NJW 1975, 1270; 77, 293, 295 = NJW 1980, 2350. Zur Einzeltheorie vgl. iÜ alle Stellungnahmen zur subjektiven und zur objektiven Theorie, die sämtlich nur auf der Grundlage der Einzeltheorie plausibel sind (u. RdNr. 27 ff.).

[18] Ebenso RGRK/*Finke* RdNr. 3; *Staudinger/Thiele* (2007) RdNr. 18; *Bamberger/Roth/Mayer* RdNr. 10. Vgl. auch BGH NJW 1974, 554 zu § 419.

[19] BGHZ 77, 293, 298 = NJW 1980, 2350, 2351.

[20] BGHZ 77, 293, 296 = NJW 1980, 2350; 132, 218, 224; OLG München FamRZ 2005, 272, 273; OLG Köln FamRZ 1988, 174, 175; LG Bochum FamRZ 1991, 942; *Gernhuber/Coester-Waltjen* § 35 RdNr. 34; *Rauscher* RdNr. 385; *Staudinger/Thiele* (2007) RdNr. 28; *Soergel/Lange* RdNr. 17; *Bamberger/Roth/Mayer* RdNr. 13.

Wird sie erst **bei der Veräußerung eingeräumt,** das Grundstück zum Beispiel erst anlässlich der Übertragung mit einem Nießbrauch oder Wohnrecht zugunsten des verfügenden Ehegatten belastet, so ist der Wert des dinglichen Rechts bei der Ermittlung des Werts des veräußerten Grundstücks nicht in Abzug zu bringen. Das weggegebene Verkaufsobjekt war in diesem Fall nämlich in unbelastetem Zustand wirtschaftliche Grundlage der Familie; der Ehegatte hat mithin mit seinem Geschäft die familiäre Existenzgrundlage um den Wert geschmälert, den das Grundstück ohne dingliche Belastung hatte.[21] Das dem verfügenden Ehegatten für das veräußerte Grundstück eingeräumte dingliche Recht wird auch nicht seinem verbleibenden Vermögen zugerechnet, es gilt in diesem Fall als Gegenleistung und bleibt als solche unberücksichtigt (vgl. RdNr. 22). Eine **schon bestehende,** dem verfügenden Ehegatten nicht erst bei der Veräußerung eingeräumte Belastung wird hingegen seinem verbleibenden Vermögen zugerechnet. Da das dingliche Recht in diesem Fall keine Gegenleistung darstellt, vermehrt es in der Höhe seines wirtschaftlichen Wertes den Wert des verbleibenden Vermögens. Diesem ist auch der Teil des veräußerten Grundstücks zuzuordnen, dessen Rückübertragung an den Ehegatten aufgrund eines durch Vormerkung gesicherten Anspruchs feststeht. Im Hinblick auf die dingliche Sicherung des Rückgabeanspruchs kann die rückzugebende Teilfläche wirtschaftlich als im Vermögen des Ehegatten verblieben gewertet werden.[22]

Der **Höhe** nach sind Grundpfandrechte anzurechnen, soweit sie **valutiert** sind. Bei der 17
Hypothek ergibt sich das aus ihrer Akzessorietät, die ihre Entstehung ohne zu sichernde Forderung hindert (§ 1163). Bei der nicht-akzessorischen Sicherungsgrundschuld ergibt sich dies aus der Sicherungsabrede, durch die Forderung und Grundschuld auf schuldrechtlicher Ebene miteinander verknüpft sind: Besteht die zu sichernde Forderung nicht – sei es, weil sie nie entstanden ist, sei es, weil sie bereits getilgt ist –, hat der Grundstückseigentümer einen Anspruch auf Rückübertragung der Grundschuld. Dieser Anspruch ist in die Vermögensberechnung einzustellen, er gleicht also die Wertminderung des Grundstücks durch die eingetragene Grundschuld aus;[23] einen zwischenzeitlichen Zugriff des Grundschuldgläubigers auf das Grundstück kann der Eigentümer mit der Einrede der Nicht-Valutierung bzw. mit der Einrede des mangelnden Sicherungsfalls verhindern.

Die Berücksichtigung von dinglichen Belastungen sowohl bei der Wertermittlung des 18
Geschäftsgegenstandes wie der des verbleibenden Vermögens steht **nicht in Widerspruch** dazu, dass Vermögen iS des § 1365 nur das **Aktivvermögen** ist (vgl. RdNr. 7). Der Begriff Aktivvermögen hat allein die Funktion, den Personenkreis, der seine geschäftlichen Aktivitäten an § 1365 messen lassen muss, weil er überhaupt über Vermögen verfügt, zu ermitteln. Dies ist sinnvoll nur möglich unter Heranziehung des juristischen Vermögensbegriffs, nach dem persönliche wie dingliche Verbindlichkeiten außer Acht bleiben. Anders liegt das Problem jedoch, wenn es bei der Subsumtion des § 1365 darum geht, zu entscheiden, ob in der konkreten Situation die Wertrelation von Geschäftsobjekt und verbleibenden Gütern zur Zustimmungsbedürftigkeit des Geschäfts führt, diese Frage ist nur durch eine auf den Fall bezogene, sämtliche Wirtschaftsposten einbeziehende Rechnung zu beantworten.

8. Pfändbarkeit und Veräußerbarkeit des Vermögens. In die Berechnung des ver- 19
bleibenden Vermögens sind sämtliche Gegenstände **unabhängig** davon, **ob** sie **pfändbar** sind oder nicht, einzubeziehen.[24] Primäre Funktion des § 1365 ist die Erhaltung der wirtschaftlichen Grundlage der Familie. Da zu dieser auch das unpfändbare Vermögen gehört, gibt es keinen Grund, dieses wie einen Sockel zu behandeln, dessen Ende den Anfang der schützenswerten wirtschaftlichen Basis bedeutet. Es gibt keinen Voraus der Familie, der der Frage nach Handlungsfreiheit (§ 1364) und Bindung (§ 1365) der Ehegatten in der Zuge-

[21] OLG Hamm FamRZ 1997, 675; OLG Celle FamRZ 1987, 942. Anders MünchKommBGB/*Gernhuber* 3. Aufl. RdNr. 15; *Staudinger/Thiele* (2007) RdNr. 28.

[22] OLG München FamRZ 2005, 272.

[23] Übersehen von OLG München FamRZ 1989, 396.

[24] KG NJW 1976, 717, 718; *Staudinger/Thiele* (2007) RdNr. 29; *Erman/Gamillscheg* RdNr. 9; *Bamberger/Roth/Mayer* RdNr. 12.

winngemeinschaft entzogen wäre. Zudem dienen auch die Grenzen, die pfändenden Gläubigern gezogen sind, der Sicherung der Existenzgrundlage des Schuldners und verfolgen somit, wenn auch nicht unter familienspezifischem Aspekt, den Gedanken des § 1365. Die Gegenmeinung, die Pfändbarkeit der in die Wertrelation einzustellenden Gegenstände fordert,[25] stellt in nicht zu rechtfertigender Weise einseitig auf den – nur sekundären – Normzweck des § 1365, die Sicherung der Zugewinnausgleichsforderung, ab. Aus den gleichen Gründen ist die **Veräußerbarkeit** eines Gegenstandes für seine Berücksichtigung im Rahmen des § 1365 **irrelevant.** Auch ein unveräußerliches Wohnrecht beispielsweise sichert die wirtschaftliche Existenz der Familie und ist deshalb in die Wertberechnung einzustellen.[26]

20 **9. Gegenwärtiges Vermögen.** Beim Wertvergleich nicht zu berücksichtigen sind noch nicht entstandene oder noch nicht fällige Ansprüche und Rechte. § 1365 soll verhindern, dass der Familie die vorhandene wirtschaftliche Grundlage entzogen wird, seine Anwendung hat sich mithin am gegenwärtigen Vermögen zu orientieren, nicht aber an der Erwartung künftigen Erwerbs. **Laufendes Einkommen,** das aufgrund von Lohn-, Gehalts- oder Provisionsansprüchen bezogen wird, ist nach allgM mithin nicht in die Berechnung einzubeziehen, und zwar auch dann nicht, wenn sich der Ehegatte in einer gesicherten Rechtsstellung von Dauer, etwa als Beamter auf Lebenszeit, befindet.[27] Auch laufende Einkünfte aus **Renten- und Versorgungsberechtigungen** sind beim Wertvergleich außer Ansatz zu lassen.[28] Auch wenn man bei solchen Einkünften rechtsdogmatisch von einem ihnen zugrunde liegenden Stammrecht ausgeht, entstehen die einzelnen Ansprüche doch nur periodisch und stehen nur in dieser Höhe aktuell zur Verfügung. Deshalb setzt auch jede Kapitalisierung solcher Rechte bei den einzelnen Ansprüchen an und rechnet diese – künftig entstehenden – nach statistischen Daten über die Lebenserwartung u. Ä. hoch.

Bezieht ein Ehegatte sein laufendes Einkommen aus einem gewerblichen Betrieb, so sind diese Einkünfte vom Ertragswert des Betriebes zu unterscheiden. Da das Unternehmen einen eigenständig realisierbaren Vermögenswert darstellt, zählt sein **Ertragswert,** anders als die aus ihm folgenden Einkünfte, zum gegenwärtigen Vermögen.[29] Auch das **Anwartschaftsrecht** an einer Unternehmensbeteiligung, das ein Ehegatte aufgrund eines schuldrechtlichen Verpflichtungs- und aufschiebend bedingten dinglichen Erfüllungsgeschäfts erworben hat, stellt eine Rechtsposition dar, die zum gegenwärtigen Vermögen zählt. Die Verfügung des Ehegatten über ein Anwartschaftsrecht an einem GmbH-Anteil ist daher zustimmungsbedürftig.[30]

21 **10. Gegenleistungen.** In den Wertvergleich sind nach hM Gegenleistungen, die für das Geschäftsobjekt erbracht werden, insbesondere auch der Kaufpreis, **nicht einzustellen.**[31] § 1365 stellt nicht darauf ab, ob der Ehegatte wirtschaftlich eine Einbuße erleidet, sondern schützt ihn und die Familie vor jedwelchen einseitig beschlossenen Umschichtungen des Gesamtvermögens. Gegen die Berücksichtigung der Gegenleistung spricht nicht nur der Schutzzweck der Norm, sondern auch § 1365 Abs. 2, dem zufolge auch wirtschaftlich vernünftige und vorteilhafte Geschäfte zustimmungsbedürftig sind. Diese Vorschrift würde leerlaufen, wenn die Gegenleistung der Verfügung den Charakter eines Gesamtvermögensgeschäfts nehmen würde. Ob der Ehegatte entgeltlich oder unentgeltlich, wirtschaftlich

[25] OLG Frankfurt NJW 1960, 2190 (Pensionsansprüche); *Palandt/Brudermüller* RdNr. 5.

[26] Anders OLG Celle FamRZ 1987, 942, 943; OLG Hamm FamRZ 1997, 675, 676.

[27] BGHZ 132, 218, 221 = NJW 1996, 1740; 101, 225 = NJW 1987, 2673. AA *Finger* JZ 1975, 461, 466 ff.

[28] BGH NJW 1990, 112, 113; OLG Karlsruhe FamRZ 1961, 317; OLG Celle FamRZ 1987, 942, 944; *Sandrock*, FS Bosch, 1976, S. 841, 843 ff.; *Staudinger/Thiele* (2007) RdNr. 30; *Soergel/Lange* RdNr. 19; *Bamberger/Roth/Mayer* RdNr. 12. AA OLG Frankfurt a. Main FamRZ 1984, 698, 699 = OLGZ 1984, 264, 265; *Dörr* NJW 1989, 810, 815; *Erman/Gamillscheg* RdNr. 9.

[29] Vgl. dazu BGH FamRZ 1967, 382, 383.

[30] BGHZ 132, 218, 222 = NJW 1996, 1740 m. Anm. *Jost* JR 1997, 68; vgl. dazu auch RdNr. 70 ff.

[31] Vgl. BGHZ 35, 135, 145 = NJW 1961, 1301; 43, 174, 176 = NJW 1965, 909; OLG Hamm FamRZ 1997, 675; *Mülke* AcP 161 (1962), 129, 141 ff.; *Olzen* Jura 1988, 13, 15; *Staudinger/Thiele* (2007) RdNr. 35; *Soergel/Lange* RdNr. 21; *Bamberger/Roth/Mayer* RdNr. 14; *Palandt/Brudermüller* RdNr. 5.

günstig oder ungünstig verfügt, ist für die Zustimmungsbedürftigkeit des Geschäfts ohne Belang. Da allein das Entgelt für das Objekt der Verfügung nicht zu berücksichtigen ist, verbleiben Entgelte für **Leistungen anderer Art,** die im wirtschaftlichen Zusammenhang mit der Verfügung stehen, im Wertvergleich. So sind etwa die Pachtzinsen zugunsten des verfügenden Ehegatten zu berücksichtigen, wenn die Frage zu beantworten ist, ob er mit der Bestellung eines Nießbrauchs zur Sicherung des obligatorischen Pachtrechts ein Gesamtvermögensgeschäft getätigt hat.[32]

11. Prozentsätze für das Restvermögen? Nach anfänglicher Ablehnung hat der BGH 1980 den Gedanken aufgegriffen, die Unterscheidung zwischen zustimmungspflichtigen und anderen Geschäften an feste Prozentsätze zu knüpfen und den Wertvergleich zwischen veräußertem und verbliebenem Vermögen nach einer zahlenmäßig festen Relation vorzunehmen. Die aufgestellten Prozentgrenzen variieren allerdings. Bei **kleinen Vermögen** werden Geschäfte, die bis zu 85% des gesamten Vermögens ausmachen, für zustimmungsfrei erklärt,[33] bei **größeren Vermögen** hält der BGH das Geschäft erst für zustimmungspflichtig, wenn es mehr als 90% des gesamten Vermögens betrifft.[34] Die Gerichte haben diese Grenzen zwischenzeitlich allgemein übernommen und erklären Rechtsgeschäfte bei kleinen Vermögen für zustimmungsfrei, wenn dem verfügenden Ehegatten wenigstens 15% seines Gesamtvermögens verbleiben, bei größeren Vermögen reicht es aus, dass er ein Restvermögen von mindestens 10% zurückbehält.[35] Die Suche nach den Prozentgrenzen – die Vorstellungen schwankten zwischen 10% und fast 30% – hat zwischenzeitlich also ihr Ende gefunden.[36] Nicht erledigt haben sich die Einwände gegen die Praxis, bei der Bestimmung des Restvermögens zwischen kleinen und größeren Vermögen zu differenzieren. Da es keinen verbindlichen Maßstab dafür gibt, wann ein Vermögen als klein oder größer einzustufen ist – in den genannten BGH-Fällen waren es 40 000 DM und 500 000 DM[37] –, verbleiben beträchtliche Ungewissheiten. Schon deshalb ist die **Differenzierung** nach der Vermögensgröße **aufzugeben;** abgesehen davon ist sie nicht einsichtig, weil sich die schützenswerten wirtschaftlichen Grundlagen der Familie mit wachsendem Vermögen ausdehnen.[38] 22

Unabhängig von den wirtschaftlichen Verhältnissen ist einheitlich für alle Familien von der – dem Ehegatten und der Familie weniger Schutz bietenden – 10%-Grenze auszugehen. Für diese sprechen der Gesetzeswortlaut, der vom „gesamten" Vermögen spricht, und der Grundsatz der Gütertrennung, der die wirtschaftliche Handlungsfreiheit der Ehegatten nur in Ausnahmefällen beschränkbar macht. Soweit das von einem Ehegatten getätigte Geschäft also nicht mehr als 90% seines gesamten Vermögens betrifft, der Familie also noch 10% verbleiben, sollte er in seinen Eigentümerbefugnissen nicht beschränkt sein. Der völlige Verzicht auf feste Prozentsätze zugunsten einer Einzelfallbetrachtung[39] ist abzulehnen: Die dadurch entstehende Rechtsunsicherheit führt dazu, dass Zustimmungen wegen der Unberechenbarkeit der richterlichen Entscheidung rein vorsorglich in weit über das gesetzlich vorgesehene Maß hinaus gefordert werden. 23

12. Mehrere Rechtsgeschäfte, die in ihrer Gesamtheit den Tatbestand des Gesamtvermögensgeschäfts erfüllen, je für sich betrachtet jedoch unbedenklich sind, **bleiben zustimmungsfrei** auch dann, wenn sie in einem nahen zeitlichen Zusammenhang stehen. Bei der 24

[32] Anders SchlHOLG JurBüro 1985, 1695.
[33] BGHZ 77, 293 = NJW 1980, 2350.
[34] BGH NJW 1991, 1739.
[35] OLG Köln NJW-RR 2005, 4, 5; OLG München FamRZ 2005, 272; OLG Hamm FamRZ 2004, 1648. Aus der älteren Rspr. vgl. OLG München FamRZ 1989, 396; OLG Frankfurt FamRZ 1984, 698 = OLGZ 1984, 264; OLG Köln FamRZ 1988, 174, 175.
[36] OLG Hamm RdL 1966, 103 m. abl. Anm. *Barnstedt* (Anwendung der Norm auch bei Restvermögen von über 15%); LG Berlin FamRZ 1959, 64, 66 (Restvermögen von 25% erforderlich); BayObLG MDR 1981, 317 (bei 27% Restvermögen weitere Ermittlungen notwendig).
[37] So auch OLG München FamRZ 2005, 272 (250 000 €).
[38] In diesem Sinne auch *Gernhuber/Coester-Waltjen* § 35 RdNr. 33.
[39] *Olzen* Jura 1988, 13, 16; RGRK/*Finke* RdNr. 3; bedingt auch *Rauscher* RdNr. 385 u. *Staudinger/Thiele* (2007) RdNr. 27, die 10% als Regelgrenze vorschlagen.

Beurteilung der weiteren Geschäfte ist das Entgelt der vorangehenden als Bestandteil des verbleibenden Vermögens zu berücksichtigen.

25 Alle Geschäfte sind dagegen gebunden, wenn sie nicht nur in zeitlichem, sondern zugleich auch in sachlichem Zusammenhang stehen und wirtschaftlich einen einheitlichen Lebensvorgang bilden.[40] Werden die Geschäfte mit verschiedenen Geschäftspartnern abgeschlossen, sind sie alle zustimmungsbedürftig, sofern sie eine den Beteiligten bewusste Zweckeinheit bilden. In diesem Falle ist die äußere Trennung mehr zufälliger Natur, die vor der finalen **Einheit der sukzessiven Geschäfte** zurücktreten muss. Notwendig ist freilich, dass bei Geschäften mit verschiedenen Geschäftspartnern für jeden von ihnen das – mit dem Bewusstsein von der Zweckeinheit nicht notwendig verbundene – subjektive Tatbestandselement des § 1365 gegeben ist, sofern man ein solches für notwendig hält (vgl. RdNr. 27 ff.). Fehlt es bei einzelnen, während es bei anderen vorhanden ist, so sind die Geschäfte mit jenen zustimmungsfrei, mit diesen aber nicht.

IV. Gesamtvermögensgeschäfte: subjektiver Tatbestand

26 **1. Subjektive Theorie.** Die Bestimmung des Gesamtvermögensgeschäfts auf der Grundlage der Einzeltheorie führt zu einer erheblichen **Gefährdung der Sicherheit des Rechts- und Geschäftsverkehrs.** Keine der gesetzlichen Gutglaubensvorschriften schützt den mit einem Ehegatten kontrahierenden Dritten davor, dass dessen Partner sich auf die Zustimmungsbedürftigkeit des Geschäfts beruft und nachweist, dass der erworbene Gegenstand wirtschaftlich das gesamte Vermögen des anderen ausmachte. Mit der Unwirksamkeit des Erwerbs droht dem Dritten nicht nur die Rückabwicklung des Geschäfts nach § 1368, auch eventuell getätigte Weiterveräußerungen erweisen sich als unsicher, denn im Verhältnis des Dritten zu späteren Erwerbern gelten die allgemeinen Vorschriften über den Erwerb vom Nichtberechtigten.[41]

27 Rspr. und die überwM im Schrifttum ergänzen deshalb § 1365 um ein ungeschriebenes **subjektives Tatbestandsmerkmal.** Danach ist zur Anwendung der Norm zusätzlich erforderlich, dass der Erwerber **positiv weiß,** dass es sich bei dem Geschäftsobjekt um das gesamte Vermögen seines Gegenübers handelt oder dass er zumindest die Umstände kennt, aus denen sich das ergibt.[42] Mit diesem subjektiven Erfordernis wird der Anwendungsbereich des § 1365 eingeschränkt, der Handlungsfreiheit der Ehegatten und dem Verkehrsschutz Priorität vor den ehe- und familienrechtlichen Interessen eingeräumt. Gegenüber dieser **strengen subjektiven Theorie** nicht durchgesetzt hat sich die sog. **gemäßigte subjektive Theorie.** Nach dieser trifft den Dritten die Pflicht, sich im Rahmen des Möglichen und Zumutbaren über die Vermögensverhältnisse seines Vertragspartners zu informieren. Bereits die fahrlässige Verletzung dieser Pflicht macht das Geschäft zustimmungsbedürftig, nicht also erst die – wie auch immer erlangte – Kenntnis von dem Umstand, dass es sich für seinen Geschäftspartner um ein Geschäft über das gesamte Vermögen handelt.[43]

28 Das Risiko, mit einem Geschäftspartner abzuschließen, den er für unverheiratet hält, obwohl er in Wahrheit verheiratet ist, und das Risiko, dem bloßen Schein einer Zustimmung zu vertrauen, die in Wahrheit nicht erteilt wurde, wird dem Erwerber weder von der strengen noch von der gemäßigten Theorie abgenommen. Die Ergänzung des § 1365 um

[40] OLG Brandenburg FamRZ 1996, 1015, 1016 für Belastungen an einem Grundstück; *Staudinger/Thiele* (2007) RdNr. 33; *Soergel/Lange* RdNr. 29; *Bamberger/Roth/Mayer* RdNr. 16; *Böttcher* Rpfleger 1985, 1, 2. Nur einen nahen zeitlichen Zusammenhang fordern OLG Hamm NJW 1960, 1466; RGRK/*Finke* RdNr. 14. Selbst von ihm ist nicht mehr die Rede in BGH FamRZ 1967, 382 sowie bei *Erman/Gamillscheg* RdNr. 7. Bei diesen Ansichten wird das Korrektiv der subj. Theorie bes. bedeutsam und tatsächlich betont.

[41] OLG Köln OLGZ 1969, 171; OLG Zweibrücken FamRZ 1986, 997; RGRK/*Finke* § 1365 RdNr. 13.

[42] StRspr. seit BGHZ 64, 246, 247 = NJW 1975, 1270, zuletzt BGHZ 132, 218, 220 = NJW 1996, 1740. *Rauscher* RdNr. 386; *Staudinger/Thiele* (2007) RdNr. 20 ff.; *Soergel/Lange* RdNr. 12; RGRK/*Finke* RdNr. 12.

[43] *Mülke* AcP 161 (1962), 129, 149 ff.; *Dölle* I S. 753 f.

ein ungeschriebenes Tatbestandsmerkmal dient allein der Abschwächung der Gefährdung, die die hM selbst mit der Entwicklung der Einzeltheorie für die Verkehrssicherheit schuf.

Von dem veräußernden Ehegatten fordert die allgM eine entsprechende Kenntnis von der wirtschaftlichen Bedeutung des Geschäftsobjekts nicht.[44] Auch die Kenntnis vom Kenntnisstand seines Geschäftspartners ist irrelevant – obwohl die Zustimmung des Ehepartners ja nur eingeholt werden muss, wenn der Vertragspartner einen entsprechenden Kenntnisstand aufweist. In beiden Fällen wird der handelnde Ehegatte als nicht schutzwürdig angesehen, es gibt keinen Grund, die Zustimmungsbedürftigkeit des von ihm vorgenommenen Geschäfts von seinem Wissensstand abhängig zu machen. 29

2. Objektive Theorie. Die in Opposition stehende objektive Theorie wendet § 1365 ohne Rücksicht auf die Kenntnis des Erwerbers von der wirtschaftlichen Bedeutung des Geschäftsgegenstandes an[45] und räumt damit dem Familienschutz den Vorrang vor den Interessen des Rechtsverkehrs ein. Diese objektive Betrachtungsweise hat sich jedoch nicht durchzusetzen vermocht. 30

3. Vermittelnde Meinung. Nicht allgemein auf den Verkehrsschutz, sondern auf die konkrete Schutzwürdigkeit des Erwerbers abstellend wird neuerdings zwischen entgeltlichen und unentgeltlichen Geschäften differenziert und vertreten, die objektive Theorie in den Fällen des unentgeltlichen Erwerbs anzuwenden. Hat der Geschäftspartner des Ehegatten keine Vermögensleistung erbracht, sind seine Interessen den Interessen der Familie unterzuordnen, das Geschäft ist dann unabhängig vom Wissen des Dritten um seine wirtschaftliche Bedeutung zustimmungsbedürftig. Hat der Dritte hingegen für den vom Ehegatten erworbenen Gegenstand eine Gegenleistung erbracht, ist seiner Schutzbedürftigkeit durch Anwendung der subjektiven Theorie Rechnung zu tragen.[46] Diese Lösung ist insofern abzulehnen, als sie allein auf die Schutzwürdigkeit des mit dem Ehegatten kontrahierenden Dritten abstellt und nicht berücksichtigt, dass die Erweiterung des Anwendungsbereichs des § 1365 zu Lasten des allgemeinen Wirtschaftsverkehrs geht, denn die Verkehrsfähigkeit des Geschäftsgegenstandes hängt auch im Fall des unentgeltlichen Ehegattengeschäfts allein von der Redlichkeit späterer Erwerber ab. 31

4. Zeitpunkt. Entscheidender Zeitpunkt für den Kenntnisstand des Geschäftspartners ist die **Vornahme des Geschäfts,** bei einem mehrgliedrigen Tatbestand der Zeitpunkt, in welchem der Erwerber seine Willenserklärung zum Abschluss des Verpflichtungsgeschäfts abgibt.[47] Kenntniserlangung danach macht das Geschäft nicht zustimmungspflichtig, die noch ausstehende Übereignung etwa bleibt zustimmungsfrei. Die Frage ist jedoch umstritten. Vertreten werden auch spätere Zeitpunkte, so die Vollendung des Erwerbsakts[48] oder der Zeitpunkt des Eingangs des Antrags beim Grundbuchamt etwa für die Eintragung einer Auflassungsvormerkung oder für die Umschreibung des Eigentums.[49] Diese Ansätze verfehlen jedoch die Zielsetzung der subjektiven Theorie, bei der es darum geht, den mit einem Ehegatten kontrahierenden Dritten im Interesse der Sicherheit des Rechtsverkehrs zu schützen. Dies ist nur möglich, wenn man an die Abgabe seiner Willenserklärung anknüpft und nicht erst die Perfektion des Rechtsgeschäfts, die ihr in weitem zeitlichen Abstand folgen kann, als Stichpunkt für die Beurteilung der Zustimmungsbedürftigkeit des Geschäfts nimmt. 32

---

[44] Vgl. *Staudinger/Thiele* (2007) RdNr. 20; *Erman/Gamillscheg* RdNr. 10; *Bamberger/Roth/Mayer* RdNr. 17. Offengelassen in BGHZ 43, 174, 178 = NJW 1965, 909.

[45] Vgl. für sie LG Berlin FamRZ 1959, 64, 66; *Finger* JZ 1975, 461; AK-BGB/*Fieseler* § 1365 RdNr. 5.

[46] *Wolf* JZ 1997, 1087; *Rauscher* RdNr. 386 (erwägenswert).

[47] Ebenso BGHZ 106, 253, 257 f. = NJW 1989, 1609; *Staudinger/Thiele* (2007) RdNr. 24; *Bamberger/Roth/Mayer* RdNr. 18; *Liessem* NJW 1989, 497, 498; *Olzen* Jura 1988, 13, 17; *Rauscher* § 17 RdNr. 386; *Lüderitz/Dethloff* § 5 RdNr. 80.

[48] LG Osnabrück FamRZ 1973, 652 m. Anm. *Lange* JuS 1974, 766, 768 f.; OLG Saarbrücken FamRZ 1984, 587 m. abl. Anm. *Bosch; Soergel/Lange* RdNr. 13.

[49] OLG Frankfurt FamRZ 1986, 275; LG Oldenburg NJW 1980, 790; *Tiedtke* FamRZ 1976, 320, 322; *Böhringer* BWNotZ 1987, 56, 57; *Olzen* Jura 1988, 13, 18.

Gegen diese Ausdehnung des Anwendungsbereichs des **§ 1365** spricht, dass es nicht dessen Sinn ist, Ehegatten auch die Freiheit zur Beendigung von Gemeinschaftsverhältnissen zu nehmen.[85] Das gilt zunächst für die Miteigentumsgemeinschaft mit einem Dritten. Abgesehen davon, dass hier der Dritte ohnehin jederzeit den Antrag auf Aufhebung stellen kann, geht es zu weit, ihre Beendigung durch den verheirateten Gemeinschafter vom Willen eines Nichtbeteiligten abhängig zu machen. In dieser Konstellation geht es nicht mehr nur um die Beschränkung der Handlungs- und Verwaltungsbefugnisse eines Ehegatten in Bezug auf sein Eigentum, sondern um die Einschränkung der allgemeinen Entscheidungsfreiheit über die Zugehörigkeit zu einer personal geprägten Gemeinschaft. Ein derart weitgehender Eingriff in die Sphäre bürgerlicher Selbstbestimmung ist durch die Interessen der Familie nicht gerechtfertigt. Aus dem gleichen Grund verbietet sich auch die entsprechende Anwendung des § 1365 auf den Teilungsversteigerungsantrag im Fall der Miteigentumsgemeinschaft der Ehegatten. Deren Bestand kann der andere Ehegatte nur mit Hilfe des § 1353 sichern, der die Handlungsfreiheit und Rechtsausübung eines Ehegatten unter den Vorbehalt der Rücksichtnahme auf die eheliche Beziehung stellt. Für die hier vertretene Ansicht spricht zudem, dass § 180 Abs. 3 ZVG die Einstellung des Zwangsversteigerungsverfahrens aus familienrechtlichen Gründen ausdrücklich regelt, dabei aber allein den Schutz gemeinschaftlicher Kinder erwähnt. Auch § 181 Abs. 2 S. 2 ZVG regelt die Genehmigungsbedürftigkeit der Teilungsversteigerung unter familienrechtlichem Aspekt, ohne den ehegüterrechtlichen Schutz einzubeziehen.[86] 57

Das Fehlen der nach hM erforderlichen Zustimmung ist grundsätzlich mit der **Drittwiderspruchsklage** des § 771 ZPO geltend zu machen. Die **Erinnerung** des § 766 ZPO ist daneben gegeben, wenn das Vollstreckungsgericht die Versteigerung anordnet, obwohl es Kenntnis von der Notwendigkeit der Zustimmung hat, was insbesondere der Fall ist, wenn es zwischen den in Zugewinngemeinschaft lebenden Ehegatten nicht streitig ist, dass der zu versteigernde Grundstücksteil das gesamte Vermögen des die Versteigerung betreibenden Ehegatten darstellt.[87] Endet die Ehe vor dem Abschluss des Verfahrens durch Scheidung, so konvalesziert der Antrag. Die wirtschaftliche Situation des widerstrebenden Ehegatten verschlechtert sich dadurch nicht. Abgesehen davon, dass der andere den Antrag jetzt sofort erneuern kann, bleibt auch im laufenden Versteigerungsverfahren Zeit, die Durchsetzung des Zugewinnausgleichsanspruchs zu sichern, denn die Verfügung über den Miteigentumsanteil erfolgt ohnehin erst durch den Zuschlag.[88] 58

5. Eigentümergrundschuld. Im Bereich der Grundpfandrechte ist jedenfalls die Bestellung einer Eigentümergrundschuld (§ 1196) stets ohne Einwilligung des Ehegatten wirksam; ihr Betrag und ihr Verhältnis zum Wert des Grundstücks sind belanglos.[89] Eigentümergrundschulden belasten zwar das Eigentum nicht anders als Fremdgrundschulden, entziehen jedoch dem verfügenden Ehegatten keine Rechtsmacht, denn die Schmälerung der Eigentumsbefugnisse wird durch die Rechte aus der Grundschuld kompensiert. Die Bestellung einer Eigentümergrundschuld unterfällt also nicht dem Schutzzweck des § 1365. Erst spätere Verfügungen über die Eigentümergrundschuld durch Abtretung oder Belastung bedürfen bei entsprechender Höhe der Einwilligung des Ehegatten. 59

---

[85] Gegen Analogie auch OLG Stuttgart FamRZ 2007, 1830; OLG Frankfurt a. Main FamRZ 1997, 1490, 1492; KG NJW 1971, 711; *Gottwald* FamRZ 2006, 1075; *Sudhof* FamRZ 1994, 1152, 1154.

[86] Zu den familienrechtlichen Grenzen des Versteigerungsverfahrens allgemein *Brudermüller* FamRZ 1996, 1516 ff.

[87] Vgl. BGHG FamRZ 2007, 1634; OLG Bremen FamRZ 1984, 272; LG Bielefeld Rpfleger 1986, 271 m. zust. Anm. *Böttcher; Soergel/Lange* RdNr. 42; *Bamberger/Roth/Mayer* RdNr. 19. Anders OLG Hamm FamRZ 1979, 128, 130 f. (Erinnerung bereits zulässig, wenn das Gericht auf konkrete Anhaltspunkte gestützte Zweifel hatte); OLG Stuttgart FamRZ 2007, 1830 (Erinnerung grundsätzlich zulässig, weil einfacherer und kostengünstigerer Weg).

[88] Vgl. OLG Celle FamRZ 1983, 591.

[89] OLG Hamm FamRZ 1960, 276; OLG Frankfurt Rpfleger 1960, 289; OLG Hamm ZIP 1982, 1128, 1129; *Staudinger/Thiele* (2007) RdNr. 49; *Soergel/Lange* RdNr. 37; RGRK/*Finke* RdNr. 18; *Erman/Gamillscheg* RdNr. 14.

33 **5. Beweislast.** Da die Kenntnis des Geschäftspartners von der hM als Tatbestandselement in den § 1365 eingestellt wird, trifft die Beweislast für ihr Vorliegen denjenigen Ehegatten, der sich auf die Unwirksamkeit des Rechtsgeschäfts beruft.[50] In der Regel ist das der übergangene Ehegatte, der sein Revokationsrecht aus § 1368 ausübt. Da es sich bei der Kenntnis um eine innere Tatsache handelt, ist sie durch Schlussfolgerungen zu beweisen. Bei Verwandten, die in Kontakt miteinander stehen, legen die Umstände die entsprechende Kenntnis nahe; in diesem Fall kann eine Vermutung für die Kenntnis der wirtschaftlichen Verhältnisse sprechen.[51]

V. Verpflichtungs- und Verfügungsgeschäfte

34 **1. Verpflichtungsgeschäfte.** Ein Ehegatte ist von seinem Partner beim Abschluss des schuldrechtlichen Geschäfts einschließlich entsprechender Vorverträge nur abhängig, wenn § 1365 bei Vornahme des Rechtsgeschäfts für ihn galt.[52] Er bleibt dagegen auch ohne Genehmigung seines Partners wirksam verpflichtet, wenn er die Verpflichtung zu einem Zeitpunkt einging, zu welchem er § 1365 noch nicht unterlag – so bei vorehelichen Geschäften oder Geschäften vor Abschluss eines Ehevertrages, mit dem die Ehegatten den zunächst ausgeschlossenen gesetzlichen Güterstand einführen.

35 **2. Verfügungsgeschäfte.** Erfüllende Verfügungsgeschäfte sind an die Einwilligung des Partners gebunden, wenn die Verpflichtung ohne Zustimmung erfolgte (Abs. 1 S. 2). Mit der Einwilligung in die Verfügung wird auch das Verpflichtungsgeschäft wirksam, denn die Zustimmung zu jener impliziert bei verständiger Würdigung der Erklärung in aller Regel die Zustimmung zum Verpflichtungsgeschäft. Andernfalls könnte zudem das aus der gebilligten Verfügung Erlangte sofort wieder kondiziert werden. Es gibt nun aber keinen Grund, dem übergangenen Ehegatten bei solch widersprüchlichem Verhalten zunächst Bereicherungsansprüche zu geben und diesen nur im Einzelfall mit § 814 und § 242 entgegenzutreten.[53]

36 Erfüllende Verfügungsgeschäfte bedürfen keiner Zustimmung, wenn das Verpflichtungsgeschäft wirksam ist, die Zustimmung zur Verpflichtung impliziert die Zustimmung zur Verfügung. Das ergibt sich nicht nur nach Auslegungsgrundsätzen, sondern auch aus einem Umkehrschluss aus Abs. 1 S. 2. Das gilt auch, wenn sich in der Zeit zwischen Verpflichtungs- und Verfügungsgeschäft tatbestandlich relevante Umstände ändern, etwa die Wertrelation zwischen Geschäftsgegenstand und verbleibendem Vermögen oder der Kenntnisstand des Erwerbers.[54] Hier ist zu bedenken, dass es nicht Aufgabe des § 1365 sein kann, dem Erwerber einer Forderung sein Recht zu entziehen.

37 **3. Bewilligung einer Vormerkung.** Die Bewilligung einer Vormerkung ist zustimmungsfrei.[55] Das ergibt sich daraus, dass die Vormerkung als akzessorisches Sicherungsmittel vom Bestehen des schuldrechtlichen Anspruchs abhängig ist, dieser aber nur entsteht, wenn das Verpflichtungsgeschäft wirksam ist. Ist das aber der Fall, kann der Veräußerer zustimmungsfrei erfüllen – und eben deshalb auch zustimmungsfrei seine Verfügungsmacht zur Sicherung der Erfüllung binden.

---

[50] Vgl. BGHZ 43, 174, 177 f. = NJW 1965, 909; BGH FamRZ 1969, 322; RGRK/*Finke* RdNr. 12; *Staudinger/Thiele* (2007) RdNr. 25; *Soergel/Lange* RdNr. 15. AA *Mülke* AcP 161 (1962), 129, 158 f.; *Dölle* I S. 754.

[51] OLG Celle FamRZ 1987, 942, 944.

[52] Ebenso LG Karlsruhe NJW-RR 1986, 169; *Soergel/Lange* RdNr. 24. AA aber OLG Celle NJW 1962, 743.

[53] So aber *Staudinger/Thiele* (2007) RdNr. 7 a und 97; *Soergel/Lange* RdNr. 24.

[54] Heute ganz hM. Vgl. etwa BGHZ 106, 253 = NJW 1989, 1609; BGH FamRZ 1990, 970, 971; BayObLG FamRZ 1988, 503 (dazu *Tiedtke* FamRZ 1988, 1007); LG Bochum FamRZ 1991, 942, 943; *Staudinger/Thiele* (2007) RdNr. 93; *Soergel/Lange* RdNr. 28; *Erman/Gamillscheg* RdNr. 3. AA *Liessem* NJW 1989, 497, 499.

[55] Vgl. BayObLG FamRZ 1976, 222; *Tiedtke* FamRZ 1976, 320, 323; *Böttcher* Rpfleger 1985, 1, 3; *Staudinger/Thiele* (2007) RdNr. 53; *Soergel/Lange* RdNr. 39; *Bamberger/Roth/Mayer* RdNr. 19.

4. Isolierte Verfügungen, die ohne Verpflichtungsgeschäft getätigt werden, erwähnt § 1365 nicht. Sie sind jedoch in extensiver Interpretation der Norm ebenso an die Zustimmung des Ehegatten zu binden wie Verfügungen, denen ein nicht gebilligtes Verpflichtungsgeschäft zugrunde liegt: Der Normzweck trifft für sie nicht weniger zu als für diese.[56] Der praktische Wert der Aussage geht allerdings gegen null; isolierte Verfügungen kommen im Anwendungsbereich des § 1365 so gut wie nicht vor. Die in Betracht kommende Kündigung eines Gesellschaftsverhältnisses ist wegen ihres personenrechtlichen Charakters ohnehin zustimmungsfrei (vgl. RdNr. 73); die Dereliktion eines Grundstücks durch einen Ehegatten nach § 928 bleibt ein theoretisches Beispiel. 38

VI. Zustimmungsfreie und zustimmungspflichtige Geschäfte

1. Testierfreiheit. Unter § 1365 fallen nur Rechtsgeschäfte unter Lebenden, nicht Verfügungen von Todes wegen. Der das Erbrecht beherrschende Grundsatz der Testierfreiheit wird durch die ehegüterrechtliche Regelung des § 1365 nicht angetastet.[57] Jedem Ehegatten steht es also frei, durch einseitige letztwillige Verfügung ebenso wie durch Erbvertrag Anordnungen über sein gesamtes Vermögen zu treffen. 39

2. Schenkungen von Todes wegen sind zustimmungsfrei, sofern auf sie die Vorschriften über Verfügungen von Todes wegen Anwendung finden (§ 2301 Abs. 1), dagegen sind sie an die Zustimmung des Ehegatten gebunden, wenn sie nicht den Normen des Erbrechts unterliegen. Ob die schenkweise Begünstigung eines Dritten, etwa in einem Spar- oder Lebensversicherungsvertrag, zustimmungspflichtig ist, wenn sie erst nach dem Tod des verheirateten Versprechensempfängers realisiert werden soll, hängt also davon ab, ob man dieses Rechtsgeschäft den Formvorschriften des Erbrechts unterwirft oder nicht. Nach st. Rspr. und hM in der Literatur liegt Verträgen zugunsten Dritter auf den Todesfall im Valutaverhältnis eine Schenkung iS der §§ 516 ff. und damit ein Rechtsgeschäft unter Lebenden zugrunde. Solche Verträge unterliegen also nicht den erbrechtlichen Formvorschriften – sofern sie das gesamte Vermögen erfassen, aber der familienrechtlichen Zustimmungspflicht des § 1365 (vgl. dazu § 2301 RdNr. 31 ff.). Nach der Gegenansicht ist die die Vermögensverschiebung zwischen Versprechensempfänger und Drittem rechtfertigende causa erbrechtlicher Art, so dass im Valutaverhältnis § 2301 anzuwenden ist – was auf der ehegüterrechtlichen Ebene das Rechtsgeschäft zustimmungsfrei macht. Im Ergebnis wird im Fall des Vertrages zugunsten Dritter auf den Todesfall also die Freiheit von den Formen des Erbrechts erkauft mit der familienrechtlichen Bindung an die Zustimmung des Ehegatten und vice versa.[58] 40

3. Realakte. § 1365 fordert die Einwilligung des Ehegatten nur für Verpflichtungsgeschäfte, die durch eine Verfügung erfüllt werden. Zustimmungsfrei sind deshalb Verpflichtungen, die einen Realakt zum Gegenstand haben, auch wenn sein Gegenstand das nahezu ganze Vermögen des Verpflichteten bildet. Die Realakte selbst – der Abbruch des Hauses etwa, die Verarbeitung oder die Verbindung – können schon deshalb nicht der Zustimmungspflicht des § 1365 unterliegen, weil sie als tatsächliche Akte überhaupt nicht unwirksam sein können.[59] 41

4. Gebrauchsüberlassungsverträge. Geschäfte, die lediglich dazu verpflichten, dem Gläubiger den **Gebrauch einer Sache** zu überlassen, die nach Ablauf des Schuldverhältnisses zurückzugewähren ist, sind ebenfalls nicht an die Zustimmung des Ehegatten gebun- 42

---

[56] OLG Frankfurt Rpfleger 1960, 289; *Tiedtke* FamRZ 1976, 320, 323 und 1988, 1007, 1008; *Staudinger/Thiele* (2007) RdNr. 8; *Soergel/Lange* RdNr. 27; *Bamberger/Roth/Mayer* RdNr. 4. AA OLG Hamm NJW 1960, 1352; *Mülke* AcP 161 (1962), 129, 133 f.; *Dölle* I S. 756.

[57] BGHZ 40, 218, 224 f. = NJW 1964, 347; BGH FamRZ 1969, 323, 325; *Staudinger/Thiele* (2007) RdNr. 11; *Soergel/Lange* RdNr. 22; RGRK/*Finke* RdNr. 8; *Erman/Gamillscheg* RdNr. 2; *Bamberger/Roth/Mayer* RdNr. 19.

[58] So auch *Olzen* Jura 1988, 13, 14.

[59] *Staudinger/Thiele* (2007) RdNr. 9; *Soergel/Lange* RdNr. 25; *Bamberger/Roth/Mayer* RdNr. 19.

den. Miete und Pacht, die hier typischen Vertragsverhältnisse, zielen nicht auf eine Änderung der dinglichen Rechtslage an der Sache und fordern zu ihrer Erfüllung keine Verfügungen. Eine analoge Anwendung des § 1365 ist im Hinblick auf den Ausnahmecharakter der Vorschrift, die zu Lasten des allgemeinen Rechtsverkehrs die Handlungsbefugnisse des verheirateten Eigentümers einschränkt, nicht zu befürworten.[60]

43 **5. Zahlungsverbindlichkeiten.** § 1365 fordert die Einwilligung des Ehegatten nur für Rechtsgeschäfte, durch die sich der andere zu Verfügungen verpflichtet, das heißt zu Handlungen, die unmittelbar eine Änderung der dinglichen Rechtslage der Vermögensgegenstände zur Folge haben. **Zustimmungsfrei** sind nach hM deshalb alle **Verpflichtungsgeschäfte,** die das Vermögen nur mittelbar tangieren und lediglich **Geldschulden begründen,** mag der geschuldete Betrag auch das ganze Vermögen aufzehren oder gar übersteigen.[61] Gleichgültig ist, aus welchem Geschäft die Zahlungsverbindlichkeit resultiert: ob aus einem Kauf,[62] einem Darlehensgeschäft, einem kausalen oder auch abstrakten Schuldanerkenntnis und -versprechen,[63] ob aus einer Bürgschaft,[64] einem Garantievertrag,[65] einem Schuldbeitritt oder einer Erfüllungsübernahme. Zustimmungsfrei sind schließlich auch Verfügungsgeschäfte, als deren Folge eine Geldschuld erwächst, so etwa die befreiende Schuldübernahme.[66]

44 Die Eingehung einer Zahlungsverbindlichkeit ist nach allgM bei entsprechender Wertrelation von Schuldbetrag und Bestand des gegenwärtigen Vermögens jedoch dann an die Zustimmung des Ehegatten zu binden, wenn die Parteien ihre Vereinbarung in der Absicht trafen, § 1365 **zu umgehen.**[67] Das kann zB der Fall sein, wenn ein Ehegatte ein abstraktes Schuldanerkenntnis abgibt und sich darin über einen Betrag in Höhe seines ganzen Vermögens der sofortigen Zwangsvollstreckung unterwirft, statt sich direkt zur Übertragung seines gesamten Gutes zu verpflichten.

45 **6. Rechtsstreitigkeiten.** Außerhalb des Anwendungsbereiches des § 1365 liegen alle verfahrensrechtlichen Akte. Volle Verwaltungsfreiheit genießen beide Ehegatten demzufolge für das Führen eines Rechtsstreits und zwar einschließlich der Dispositionen über den Streitgegenstand. Nur der **Prozessvergleich** ist, wenn er nahezu das ganze Vermögen des prozessierenden Ehegatten erfasst, § 1365 zu unterwerfen.[68] Das gilt auch dann, wenn man ihn als reine Prozesshandlung qualifiziert und nicht mit der hM von seiner Doppelnatur, sowohl Prozesshandlung als auch materielles Rechtsgeschäft, ausgeht.[69] Die Qualifizierung als rein prozessualer Vertrag ändert nämlich nichts daran, dass Rechtsfolge des Vergleichs die Änderung der materiellrechtlichen Lage des Streitgegenstandes ist. Auf eine wie eine materiellrechtliche Verfügung wirkende Prozesshandlung aber kann § 1365 im Wege der Auslegung direkt angewendet werden, einer Analogie bedarf es nicht.[70]

---

[60] *Staudinger/Thiele* (2007) RdNr. 57; *Soergel/Lange* RdNr. 25; *Bamberger/Roth/Mayer* RdNr. 19.

[61] BGHZ 143, 356, 361; BGH FamRZ 1983, 455; OLG Rostock NJW 1995, 3127; *Staudinger/Thiele* (2007) RdNr. 6; *Soergel/Lange* RdNr. 25; RGRK/*Finke* RdNr. 7; *Bamberger/Roth/Mayer* RdNr. 19. AA *Rauscher* § 17 RdNr. 387 (das Wortlautargument „verfügen" wiegt gering); *Mülke* AcP 161 (1962), 129, 144 ff.

[62] Gegen die hM insoweit AG Delmenhorst FamRZ 1959, 243; *Staudinger/Thiele* (2007) RdNr. 6.

[63] So bei Vereinbarung in vollstreckbarer Urkunde LG Mannheim FamRZ 1961, 316; *Erman/Gamillscheg* RdNr. 20.

[64] BGH FamRZ 1983, 455 m. abl. Anm. *Bosch*; OLG München OLGZ 1982, 73; *Soergel/Lange* RdNr. 25; RGRK/*Finke* RdNr. 7; *Erman/Heckelmann* RdNr. 20; *Palandt/Brudermüller* RdNr. 2. Die hM sieht sich in letzter Zeit zunehmend Angriffen ausgesetzt, die im Hinblick auf die wirtschaftlichen Folgen auch die Übernahme von Bürgschaften u. Ä. Verpflichtungen dem § 1365 unterstellen, *Schwab* § 32 RdNr. 230; *Braun* S. 119, 137.

[65] Vgl. dazu OLG Frankfurt a. Main MDR 1968, 923.

[66] Vgl. dazu LG Wuppertal NJW 1960, 1468.

[67] LG Wuppertal NJW 1960, 1468; *Staudinger/Thiele* (2007) RdNr. 6; *Soergel/Lange* RdNr. 25.

[68] *Staudinger/Thiele* (2007) RdNr. 10; *Soergel/Lange* RdNr. 32; RGRK/*Finke* RdNr. 7; *Bamberger/Roth/Mayer* RdNr. 19.

[69] Zum Streitstand vgl. *Stein/Jonas/Münzberg* § 794 ZPO RdNr. 3 ff.

[70] So aber MünchKomm/*Gernhuber* 3. Aufl. RdNr. 43; *Gernhuber/Coester-Waltjen* § 35 RdNr. 11.

Klageverzicht (§ 306 ZPO) und **Anerkenntnis** (§ 307 ZPO) sind § 1365 dagegen **nicht zu unterwerfen.**[71] Sie sind nach hM Prozesshandlungen, die lediglich die Rechtsverfolgung betreffen, aber keine materiellrechtlichen Wirkungen zeitigen. Da die ihnen folgenden Sachurteile keine Rechtskraft gegen den anderen Ehegatten entfalten, diesem mithin gegen die in Rede stehende Verfügung nach wie vor die Revokation des § 1368 zur Verfügung steht, bedarf er auch keines weiteren Schutzes. 46

7. Zwangsvollstreckung. Keiner Zustimmung bedürfen Zwangsvollstreckungsakte Dritter, mit denen das gesamte Vermögen eines Ehegatten erfasst wird. Normadressat des § 1365 sind die Ehegatten, nicht deren Gläubiger.[72] § 1365 beschränkt deshalb den Gläubiger auch nicht in der Auswahl der Vollstreckungsmaßnahme. So ist dieser nicht gehindert, den Anspruch des Ehegatten auf Aufhebung der Miteigentumsgemeinschaft zu pfänden, um die Teilungsversteigerung zu betreiben, statt auf den Miteigentumsanteil zuzugreifen.[73] Zustimmungsbedürftig sind freilich Urteile, die einen Ehegatten zur Abgabe einer Willenserklärung verurteilen, die § 1365 unterliegen würde, wenn sie freiwillig abgegeben würde. Das rechtskräftige Urteil ersetzt zwar die Willenserklärung (§ 894 ZPO), dagegen nicht die Voraussetzungen, unter denen sie rechtsgeschäftliche Wirksamkeit entfaltet.[74] 47

Als rein prozessuale Erklärung ist die **Unterwerfung unter die sofortige Zwangsvollstreckung** (§§ 794 Abs. 1 Nr. 5, 800 ZPO) niemals an die Einwilligung des Ehegatten gebunden.[75] Wehren kann sich der übergangene Ehepartner nur gegen die Begründung der Verpflichtungen, zu deren erleichterter Durchsetzung die Unterwerfungsklausel dient. 48

VII. Handeln Dritter für die Ehegatten

1. Stellvertreter, Ermächtigte. Beschränkt in ihrer Rechtsmacht sind die Ehegatten, folgerichtig aber auch Dritte, die an ihrer Stelle handeln, sofern sie ihre Rechtsmacht von ihnen ableiten. Demzufolge bedürfen Stellvertreter des § 164 und im Sinne des § 185 Ermächtigte der Zustimmung, wenn sie ein Gesamtvermögensgeschäft vornehmen. Die Erteilung der Vollmacht ist dagegen ebenso zustimmungsfrei wie der Akt der Ermächtigung.[76] Da § 1365 den Ehegatten nicht hindert, das zustimmungspflichtige Geschäft vorzunehmen, kann er damit auch einen Dritten beauftragen. Erst das von diesem ausgeführte Geschäft bedarf, wie wenn der Ehegatte es selbst vorgenommen hätte, der Zustimmung. 49

Die Genehmigung von Geschäften, die ein **Vertreter ohne Vertretungsmacht** nach § 177 oder ein **Nichtberechtigter im eigenen Namen** nach § 185 getätigt hat, bedarf ebenfalls der Zustimmung. In beiden Fällen ist die Genehmigung des Ehegatten Wirksamkeitsvoraussetzung des abgeschlossenen Rechtsgeschäfts; sie betrifft hier nicht mehr die Erteilung von Rechtsmacht, sondern die Wirkung des Rechtsgeschäfts selbst.[77] 50

2. Eigenständig handelnde Dritte. Frei von den Bindungen des § 1365 sind nach allgM alle **von Amts wegen handelnden Treuhänder,** also Insolvenzverwalter, Nachlassverwalter und Zwangsverwalter. Abgesehen davon, dass sie ihre Rechtsmacht nicht von dem Ehegatten ableiten, der Normadressat des § 1365 ist, haben sie bei der Verwaltung des Vermögens neben dessen Interesse auch die Interessen anderer wahrzunehmen. 51

Frei von den familienrechtlichen Bindungen des § 1365 ist nach hM auch der **Testamentsvollstrecker.**[78] Dieser ist zwar rechtsgeschäftlich von dem Normadressaten des 52

[71] *Staudinger/Thiele* (2007) RdNr. 10; *Soergel/Lange* RdNr. 32; *Bamberger/Roth/Mayer* RdNr. 19.

[72] Vgl. OLG Hamburg NJW 1970, 952; OLG Düsseldorf NJW 1991, 851.

[73] OLG Karlsruhe FamRZ 2004, 629; OLG Köln NJW-RR 1989, 325; LG Bielefeld Rpfleger 1989, 518; wohl auch BGH FamRZ 2006, 410.

[74] Ebenso *Soergel/Lange* RdNr. 32.

[75] BGH FamRZ 2008, 1613, 1615 = NJW 2008, 3363, 3364; LG Lübeck SchlHA 1959, 79; *Böttcher* Rpfleger 1985, 1, 3; *Staudinger/Thiele* (2007) RdNr. 55; *Soergel/Lange* RdNr. 41; *Erman/Gamillscheg* RdNr. 20; *Bamberger/Roth/Mayer* RdNr. 19.

[76] *Staudinger/Thiele* (2007) RdNr. 12.

[77] *Staudinger/Thiele* (2007) RdNr. 12.

[78] *Staudinger/Thiele* (2007) RdNr. 13; *Soergel/Lange* RdNr. 31. AA AG Delmenhorst FamRZ 1959, 249.

§ 1365 eingesetzt, nach dessen Tod aber allein dem Willen des Erblassers verpflichtet – er kann von seiner Funktion her Bindungen an die Erben nicht unterliegen.

VIII. Anwendung im Grundstücksrecht

53 **1. Verkauf und Auflassung.** Die Einzeltheorie hat dem § 1365 im Grundstücksrecht einen Anwendungsbereich erschlossen, dessen praktische Bedeutung von keinem anderen Anwendungsbereich auch nur entfernt erreicht wird. Grundstücke pflegen innerhalb eines Vermögens Güter von besonders hohem Wert zu sein. Sie sind deshalb in erster Linie die Geschäftsobjekte, die „nahezu das ganze Vermögen" eines Ehegatten bilden. Unter dieser Voraussetzung sind Verkauf und Auflassung gebunden, mag Geschäftsgegenstand nun ein ganzes Grundstück sein, mag auch nur ein Miteigentumsanteil an Wohnungseigentum veräußert werden.

54 **2. Vorkaufsrechte.** Frei ist jeder Ehegatte in der Begründung von Vorkaufsrechten.[79] Ein obligatorisches Vorkaufsrecht (§§ 463 ff.) verpflichtet den es einräumenden Ehegatten zunächst zu nichts. Die Bestellung eines dinglichen Vorkaufsrechts (§§ 1094 ff.) ist zwar eine Verfügung über das Grundstück, jedoch keine, die vom Schutzzweck des § 1365 tangiert wird, denn sie mindert den Inhalt des Eigentums nicht. Schutzbedürftig wird der andere Ehegatte erst, wenn der Kaufvertrag abgeschlossen wird, der den Vorkaufsfall und die Rechte des Dritten auslöst.

55 **3. Grundbuchbewilligungen.** Die Eintragungsbewilligung des § 19 GBO dient lediglich der Abwicklung eines materiellrechtlich bereits begründeten Anspruchs und unterfällt als Ordnungsmaßnahme des Grundbuchrechts nicht dem Schutzbereich des § 1365.[80] Der übergangene Ehegatte kann sich nur gegen das Verfügungsgeschäft, dessen Vollzug sie dient, wehren. Das gleiche gilt auch für die Bewilligung der Löschung eines Grundpfandrechts; auch hier kann § 1365 nur auf den materiellrechtlichen Verzicht (vgl. § 875) angewendet werden.[81]

56 **4. Teilungsversteigerung.** Nach hM in Rspr. und Literatur ist der **Antrag** auf Anordnung der Zwangsversteigerung zum Zwecke der Aufhebung einer Miteigentümergemeinschaft zustimmungsbedürftig, wenn der Grundstücksanteil das (nahezu) gesamte Vermögen des Ehegatten darstellt.[82] Dabei wird nicht nach der Person der anderen Miteigentümer differenziert. Der Antrag auf Teilungsversteigerung bedarf der Zustimmung des Ehepartners, unabhängig davon, ob die Gemeinschaft nur aus den beiden Ehegatten besteht oder ob ein Dritter beteiligt ist. Da der Antrag nach § 180 ZVG verfahrensrechtlicher Natur ist und weder eine materiellrechtliche Verfügung über das Miteigentum noch eine Verpflichtung hierzu enthält, greift die hM zur Analogie und wendet unter Berufung auf den Schutzzweck der Norm **§ 1365 entsprechend an,** wenn der Versteigerungsantrag auf die Veräußerung eines Grundstücksanteils zielt, über den der Ehegatte allein nicht verfügen darf.[83] Bereits den Antrag zustimmungspflichtig zu machen und **nicht erst den Zuschlag** in der Versteigerung, durch den der Eigentumsübergang erfolgt, gebietet nach allgM die Verfahrensökonomie. Bei Zustimmungspflichtigkeit erst des Zuschlages käme es vielfach zu unnötigen Versteigerungsverfahren.[84]

---

[79] *Mülke* AcP 161 (1962), 129, 146 Fn. 40; *Böttcher* Rpfleger 1985, 1, 3; *Staudinger/Thiele* (2007) RdNr. 50; *Soergel/Lange* RdNr. 38; *Bamberger/Roth/Mayer* RdNr. 19.

[80] Wie der Text *Soergel/Lange* RdNr. 40.

[81] *Staudinger/Thiele* (2007) RdNr. 54. Lediglich ungenau dürften gegenteilige Äußerungen sein (vgl. OLG Bremen NJW 1960, 825; LG Bremen FamRZ 1959, 244; *Palandt/Brudermüller* RdNr. 6): Gemeint scheint nicht die verfahrensrechtliche Löschungsbewilligung zu sein, sondern (dem Text o. entspr.) die Preisgabe des Grundpfandrechts nach den Normen des materiellen Rechts.

[82] BGH FamRZ 2007, 1634; BayOLG FamRZ 1996, 1013; OLG Frankfurt FamRZ 1999, 524; OLG Köln NJW-RR 2005, 4 (übersehen wird allerdings, dass nur die analoge Anwendung möglich ist); *Staudinger/Thiele* (2007) RdNr. 46; *Soergel/Lange* RdNr. 42; RGRK/*Finke* RdNr. 20; *Erman/Gamillscheg* RdNr. 14; *Bamberger/Roth/Mayer* RdNr. 19; *Palandt/Brudermüller* RdNr. 8.

[83] Zur Zulässigkeit der Analogie ausführlich BGH FamRZ 2007, 1634.

[84] Anders, erst Zuschlag zustimmungsbedürftig: OLG Frankfurt a. Main FamRZ 1997, 1490; *Sudhof* FamRZ 1994, 1152, 1154; *Zimmer/Pieper* NJW 2007, 3104.

60 **6. Belastungen anlässlich des Erwerbs.** Ohne Einwilligung des anderen kann der Ehegatte beim Erwerb eines Grundstücks dem Veräußerer zur Sicherung des Restkaufpreises eine Hypothek oder eine Grundschuld bestellen; dasselbe gilt in Bezug auf jeden anderen den Kaufpreis finanzierenden Kreditgeber.[90] Juristisch stellt eine solche Belastung zwar eine Verfügung über vorhandenes Vermögen dar, wirtschaftlich ist wegen des engen Zusammenhangs mit dem Erwerb des Grundstücks diese Konstellation aber so zu sehen, als habe der Erwerber ein belastetes Grundstück erworben. Da die Verfolgung des Zwecks, vorhandene wirtschaftliche Werte zu erhalten, nicht dazu führen darf, den Rechtserwerb zu erschweren, bleiben derartige belastende Verfügungen nach allgM **zustimmungsfrei.** Angesichts der Beliebigkeit, mit der die zeitliche Reihenfolge von Erwerb und Belastung des Grundstücks gesteuert werden kann, ist ein von der Reihenfolge bestimmter Unterschied in der Rechtslage zudem letztlich wertlos, weil der Veräußerer im Einvernehmen mit dem erwerbenden Ehegatten das Grundstück vor der Veräußerung belasten kann, um der Zustimmungspflicht zu entgehen (vgl. RdNr. 82).

61 **7. Grundpfandrechte.** Dass die Belastung eines Grundstücks, das nahezu das ganze Vermögen des Eigentümers bildet, mit Grundpfandrechten in den übrigen Fällen der **Einwilligung des Ehegatten bedarf,** ist heute allgM. Nicht mehr vertreten wird allerdings die Ansicht, dass jede Belastung der Zustimmung bedürfe, ohne jede Rücksicht auf den Betrag der Grundpfandrechte und ihr Verhältnis zum Wert des Grundstücks.[91] Ihr musste zwar rechtsdogmatische Folgerichtigkeit zugestanden werden – jede Belastung ist eine Verfügung über das Grundstück im Ganzen –, doch verlor sie ihre Überzeugungskraft schon im Vergleich mit einem Eigentümer, der lediglich einen Teil seines Grundstücks veräußert: Wer die Hälfte seines Grundstücks frei veräußern kann, muss auch in der Lage sein, dieses jedenfalls in entsprechenden Wertgrenzen mit Grundpfandrechten zu belasten. Die heute hM reduziert daher § 1365 teleologisch und wendet die Norm nur auf Verfügungen an, die das Vermögen nicht nur juristisch, sondern auch wirtschaftlich „im Ganzen" betreffen.

62 Gefordert wird mithin die Einwilligung des Ehegatten nur bei der Bestellung von Grundpfandrechten, die **den Wert des Grundstücks** im Wesentlichen **erschöpfen.**[92] Auf eine numerisch exakte Erschöpfungsgrenze hat man sich bislang nicht einigen können. Die zuweilen genannte Grenze von 70% des Grundstückswerts[93] war nicht konsensfähig.[94] Überwiegend wird heute die Orientierung an den ökonomischen Daten des Einzelfalls gefordert.[95] Dies führt zu einer Doppelung der Wirkungen der Einzeltheorie. So ist die Bestellung einer Grundschuld etwa § 1365 zu unterwerfen, wenn ihr Betrag den Grundstückswert zu 90% ausschöpft, sofern das Grundstück seinerseits 90% des gesamten Vermögens beträgt. Bereits bestehende **Vorbelastungen** des Grundstücks sind bei der Ermittlung, ob die neue Belastung das gesamte Vermögen betrifft, vom Grundstückswert abzusetzen. Konsequenz der wirtschaftlichen Betrachtungsweise ist, dass Belastungen, die nach voller Erschöpfung des Grundstückswertes geschaffen werden, ohne Einwilligung des Ehegatten zulässig sind.[96]

63 Dem **Verkehrsschutz** wird auch bei Belastungsgeschäften durch Anwendung der **subjektiven Theorie** Rechnung getragen. Der Erwerber eines Rechts an einem bereits be-

[90] Vgl. BGHZ 132, 218, 227 = NJW 1996, 1740 (der zur Beurteilung stehende Treuhandvertrag wurde jedoch für zustimmungsbedürftig gehalten); *Gernhuber/Coester-Waltjen* § 35 RdNr. 42; *Staudinger/Thiele* (2007) RdNr. 56; *Bamberger/Roth/Mayer* RdNr. 19.

[91] LG Detmold NJW 1958, 1729, 1730 m. zust. Anm. *Hoche* (S. 2069); LG Bielefeld FamRZ 1958, 376 m. Anm. *Bosch;* LG Siegen FamRZ 1959, 64.

[92] BGH NJW 1990, 112; OLG Hamm NJW 1959, 104; OLG Düsseldorf DNotZ 1959, 259; BayObLG FamRZ 1967, 337, 338; *Sandrock,* FS Bosch, 1976, S. 841, 854; *Gernhuber/Coester-Waltjen* § 35 RdNr. 42; *Rauscher* RdNr. 388; *Staudinger/Thiele* (2007) RdNr. 47; *Erman/Gamillscheg* RdNr. 14; *Bamberger/Roth/Mayer* RdNr. 19.

[93] *Dölle* I S. 752.

[94] Vgl. OLG Stuttgart Justiz 1984, 108 (keine Zustimmung erforderlich, wenn 78% ausgeschöpft).

[95] *Soergel/Lange* RdNr. 34; *Staudinger/Thiele* (2007) RdNr. 48; RGRK/*Finke* RdNr. 17.

[96] Vgl. LG Stade Rpfleger 1963, 51 m. zust. Anm. *Haegele*; *Soergel/Lange* RdNr. 35; *Erman/Gamillscheg* RdNr. 14. BayObLG NJW 1967, 1614. Vgl. ferner OLG Hamm ZIP 1982, 1128 zu einem Ausnahmefall.

lasteten Grundstück etwa muss nicht nur wissen, dass das Grundstück selbst das (nahezu) gesamte Vermögen des Bestellenden darstellt, er muss zusätzlich auch Kenntnis von den Vorbelastungen haben und **außerdem wissen,** dass das Vermögen mit dem ihm jetzt eingeräumten Recht **im Wesentlichen erschöpft** ist.[97]

Die Meinung, den Eigentümer bei der Bestellung von Grundpfandrechten grundsätzlich von der Zustimmung seines Ehegatten freizustellen,[98] hat sich zu Recht nicht durchgesetzt. Das Argument, dass Grundpfandrechte – anders als Sicherungsübereignungen, die dem Gläubiger „Eigentum auf Zeit" geben – Sicherungsrechte ohne Verlust von Vermögenssubstanz sind, gehört in den Bereich der Begriffsjurisprudenz, denn es lässt die wirtschaftlichen Wirkungen der dinglichen Belastung außer Betracht. Das Bedenken, dass die einzelfallbezogene wirtschaftliche Betrachtungsweise der hM zu untragbarer Rechtsunsicherheit führt, hat sich nicht realisiert. 64

8. Dienstbarkeiten sind jedenfalls dann ohne Einwilligung des Ehegatten vom Eigentümer zu bestellen, wenn sie beim Erwerb des Grundstücks „vorbehalten" bleiben. Die Einräumung etwa eines Nießbrauchs oder eines Wohnrechts ist in diesem Fall ebenso wie die Bestellung einer Restkaufgeldhypothek als bloße Erwerbsmodalität zu betrachten.[99] In den übrigen Fällen gilt nach hM auch hier die **Erschöpfungstheorie** (RdNr. 62), nach der die Zustimmung des Ehegatten nur erforderlich ist, wenn der wirtschaftliche Wert der Dienstbarkeit den Wert des Grundstücks im Wesentlichen ausschöpft.[100] Dazu kommt es in der Regel nur, wenn das Grundstück bereits durch Vorbelastungen wertmäßig ausgeschöpft ist. 65

9. Aufklärungspflicht des Notars. Notare, die Grundstücksgeschäfte beurkunden, sind gehalten, die Parteien über Existenz und Wirkung des § 1365 aufzuklären, sofern die Anwendung der Norm nicht von vornherein ausscheidet – etwa weil die Parteien Gütertrennung vereinbart haben oder das Geschäft angesichts der zuverlässig bekannten Vermögensverhältnisse offenkundig nicht darunter fällt. Notare sind dagegen grundsätzlich nicht verpflichtet, Nachforschungen anzustellen und Sachaufklärung zu betreiben, um die Frage zu beantworten, ob § 1365 im konkreten Fall anzuwenden ist oder nicht. Etwas anderes gilt nur, wenn ein konkreter Anhaltspunkt dafür vorliegt, dass Gegenstand des Urkundsgeschäfts das gesamte Vermögen iS des § 1365 des verheirateten Geschäftspartners ist.[101] 66

10. Prüfungspflicht des Grundbuchamtes. Dem Grundbuchamt ist eine etwa erforderliche Zustimmung des Ehegatten gem. § 29 GBO in öffentlicher Urkunde nachzuweisen. Dem Regel-Ausnahme-Verhältnis von § 1364 und § 1365 entsprechend hat das Grundbuchamt im Übrigen grundsätzlich davon auszugehen, dass der verfügende Ehegatte in seiner Verwaltungsfreiheit nicht beschränkt ist und ein zustimmungsbedürftiges Gesamtvermögensgeschäft iS des § 1365 nicht vorliegt. Hat es jedoch **Kenntnis** von der Notwendigkeit der Zustimmung oder **auch nur begründete Zweifel,** die auf konkreten Anhaltspunkten beruhen, so hat es gemäß § 18 GBO entweder den Antrag zurückzuweisen oder eine Zwischenverfügung zu erlassen.[102] Dies gebietet die ihm aus dem Legalitätsprinzip erwachsende Prüfungspflicht unabhängig davon, ob sich die Zweifel an der Zustimmungsfreiheit des Geschäfts aus den Eintragungsunterlagen oder aus sonstigen Umständen ergeben. 67

---

[97] BGHZ 123, 93, 95 = FamRZ 1993, 1302.

[98] MünchKomm/*Gernhuber* 3. Aufl. RdNr. 61.

[99] LG Münster DNotZ 1959, 546; RGRK/*Finke* RdNr. 19; *Soergel/Lange* RdNr. 38.

[100] BGHZ 123, 93 = FamRZ 1993, 1302; BGH NJW 1990, 112, 113 = FamRZ 1989, 1051; SchlHOLG JurBüro 1985, 1695; *Staudinger/Thiele* (2007) RdNr. 51; *Soergel/Lange* RdNr. 38; *Erman/Gamillscheg* RdNr. 14; *Bamberger/Roth/Mayer* RdNr. 19.

[101] BGHZ 64, 246, 248 f. = NJW 1975, 1270 m. Anm. *Steffen* LM Nr. 6; *Staudinger/Thiele* (2007) RdNr. 109; *Erman/Heckelmann* RdNr. 12.

[102] AllgM; BGHZ 35, 135, 139 ff. = NJW 1961, 1301; OLG Frankfurt FamRZ 1998, 31, 33; BayObLG FamRZ 1988, 503, 504; OLG Zweibrücken FamRZ 1989, 869; OLG Celle NJW-RR 2000, 384; OLG München FamRZ 2007, 1884 (sämtlich: keine hinreichenden Anhaltspunkte); OLG Hamm FamRZ 2004, 1648 (Antrag der Ehefrau auf Eintragung einer Arresthypothek in das in Rede stehende Grundstück liefert konkreten Anhaltspunkt); *Staudinger/Thiele* (2007) RdNr. 108; *Erman/Gamillscheg* RdNr. 12; *Bamberger/Roth/Mayer* RdNr. 38.

Auf den **Kenntnisstand des Erwerbers** kommt es in diesem Zusammenhang insofern an, als nach der subjektiven Theorie das mit der Grundbucheintragung zu erfüllende Verpflichtungsgeschäft auch ohne Zustimmung des Ehegatten wirksam sein kann, wenn nämlich der Erwerber zum Zeitpunkt des Abschlusses nicht wusste, dass es sich für seinen Vertragspartner um ein Gesamtvermögensgeschäft handelte. In diesem Fall kann das wirksame Kausalgeschäft erfüllt werden, der Eintragung ins Grundbuch steht kein Hindernis entgegen.[103] Wird die Unwirksamkeit des Grundgeschäfts mit der Kenntnis des Vertragspartners vom Gesamtvermögensgeschäft behauptet, so müssen zur Kenntnis des Dritten konkrete Anhaltspunkte vorgebracht werden, um beim Grundbuchamt begründete Zweifel an der Richtigkeit der Eintragung zu wecken.[104]

IX. Anwendung im Recht der Personengesellschaften

68 **1. Praktische Bedeutung.** Die praktische Bedeutung des § 1365 für das Recht der Personengesellschaften (BGB-Gesellschaft, OHG, KG) ist weit geringer, als es die umfängliche Behandlung der Fragen im Schrifttum vermuten lässt. In der Regel werden nur Ehegatten als Gesellschafter akzeptiert, die durch Ehevertrag den gesetzlichen Güterstand zugunsten der Gütertrennung ausgeschlossen haben.

69 **2. Abschluss eines Gesellschaftsvertrages.** Der Zustimmung des Ehegatten bedarf der Abschluss eines Gesellschaftsvertrages, wenn er die Verpflichtung enthält, (nahezu) das ganze Vermögen auf die Gesellschaft zu übertragen.[105] Dass die Übertragung lediglich einen Wechsel von der Alleinzuständigkeit des einbringenden Ehegatten zur gesamthänderischen Zuständigkeit am Gesellschaftsvermögen herbeiführt, ist belanglos. Die Mitberechtigung am Gesellschaftsvermögen stellt eine Gegenleistung dar, die nicht zu berücksichtigen ist, da sie nichts daran ändert, dass der Gesellschafter-Ehegatte sein Alleineigentum aufgibt und seine Vermögenssubstanz umschichtend schmälert.

70 Eine in der Minderheit gebliebene Ansicht sieht das anders und will Gesellschaftsverträge nur dann an die Zustimmung des Ehepartners binden, wenn sie zu ökonomischen Verlusten führen oder doch führen können. Als Beispiele genannt werden unangemessen hohe, der Beteiligung nicht entsprechende Einlagen und unangemessen geringe Abfindungsvereinbarungen.[106] Diese **rein wirtschaftliche Betrachtungsweise** ist mit den Intentionen des § 1365, der unabhängig von den ökonomischen Folgen vor einseitigen Vermögensumschichtungen schützen will (vgl. RdNr. 3), nicht zu vereinbaren.

71 **3. Änderungen des Gesellschaftsvertrages** können insofern Verfügungen über das Vermögen des Gesellschafter-Ehegatten enthalten, als sie den Inhalt von dessen gesamthänderischer Beteiligung unmittelbar verändern. An die Zustimmung des Ehegatten sind sie nur gebunden, wenn sie ökonomisch relevante Segmente der Mitgliedschaft betreffen – und zwar in einer Form, die entweder sofort, wie bei einer Änderung der Beteiligungsverhältnisse, oder im späteren Vollzug, wie im Fall von Abfindungsklauseln, zur Preisgabe nahezu des ganzen Vermögens des beteiligten Ehegatten führt oder doch führen kann.[107] Mit dieser Einschränkung ist zustimmungsfrei etwa der Vertragsbeitritt weiterer Gesellschafter[108] und

---

[103] LG Bochum FamRZ 1991, 942, 943; BayObLG NJW 1967, 1614.

[104] BayObLG FamRZ 2001, 42 (LS); OLG Jena NJ 2001, 432 (LS); LG München FamRZ 2000, 1153 (LS).

[105] Im Ergebnis ebenso MünchKomm/*Ulmer* § 705 RdNr. 73; *Wiedemann* S. 257 ff.; *Heckelmann* S. 179 f.; *Eiselt* JZ 1960, 562 f.; *Tubbesing* BB 1966, 829, 830 f.; *Sandrock,* FS Duden, 1977, S. 513, 521 ff.; *Dölle* I S. 752; *Staudinger/Thiele* (2007) RdNr. 59 ff.; *Soergel/Lange* RdNr. 52; RGRK/*Finke* RdNr. 29; *Erman/Gamillscheg* RdNr. 15; *Bamberger/Roth/Mayer* RdNr. 19.

[106] Vgl. *Reinicke* BB 1960, 1002, 1003; *Tiedau* MDR 1961, 721, 724.

[107] Im Ergebnis ebenso *Staudinger/Thiele* (2007) RdNr. 62 ff.; *Soergel/Lange* RdNr. 53; *Bamberger/Roth/Mayer* RdNr. 19. Krit. dazu *Heckelmann* S. 182 (mit Rückverweisung auf S. 179 ff.) sowie *Erman/Gamillscheg* RdNr. 16, 18.

[108] Er wird generell freigegeben von *Wiedemann* S. 261; *Soergel/Lange* RdNr. 54. Dem Text im Ergebnis entspr. *Staudinger/Thiele* (2007) RdNr. 65; *Erman/Gamillscheg* RdNr. 16. Für Anwendung des § 1365 in jedem Fall *Sandrock,* FS Duden, 1977, S. 513, 531 ff. mit Darstellung des Streitstandes.

die Verlängerung eines auf bestimmte Zeit vereinbarten Gesellschaftsverhältnisses. Vom Schutzzweck des § 1365 nicht gefordert ist, jede verschlechternde Änderung der Beteiligungs- und Abfindungsregelung dem Zustimmungserfordernis zu unterwerfen[109] oder sogar jedwede Änderung ohne Rücksicht auf die wirtschaftlichen Auswirkungen. Allerdings wird die Bindung an den Ehegatten über den Text des § 1365 hinaus gelockert, wenn auch der völlige Verzicht auf die Abfindung nur zustimmungspflichtig sein soll, wenn die Ergebnisbeteiligung wirtschaftlich ins Gewicht fällt.[110]

4. Veräußerung des Gesellschaftsanteils. Die Übertragung des Gesellschaftsanteils 72
erfolgt im Wege der Abtretung und stellt eine Verfügung dar. Die Veräußerung der Mitgliedschaft ist mithin § 1365 zu unterwerfen, wenn der Anteil des verheirateten Gesellschafters an der Gesamthand zumindest nahezu sein ganzes Vermögen ausmacht;[111] das gilt auch in dem Fall, in dem der Ehegatte nur ein Anwartschaftsrecht an dem Gesellschaftsanteil hat.[112] Die personenrechtliche Struktur der Gesamthand steht dieser familienrechtlich begründeten Einschränkung der Handlungsfreiheit nicht entgegen, denn die Notwendigkeit der Einwilligung bindet das Gesellschaftsverhältnis lediglich stärker an das gesetzliche Leitbild, nach dem ein Gesamthandsanteil unveräußerlich ist, und verstößt damit keinesfalls gegen ein Grundprinzip der Gesamthand.

5. Beendigung der Mitgliedschaft, Beendigung der Gesellschaft. Die Beendigung 73
der Mitgliedschaft durch Vertrag oder Kündigung unter Fortbestand der Gesellschaft im Übrigen wird – wenn die Mitgliedschaft nahezu das ganze Vermögen des Gesellschafters bildet – von der hM[113] ebenso § 1365 unterworfen wie die Beendigung der Gesellschaft selbst durch Vertrag, Kündigung oder Auflösungsklage. Dem ist jedoch nicht zuzustimmen: Der Struktur einer Personengesellschaft widerspricht es, einen Gesellschafter bei seiner Entscheidung über den Fortbestand der Gesellschaft oder seine Mitgliedschaft an das Einverständnis seines Ehegatten zu binden.[114] So dürfen vornehmlich die Kündigung aus wichtigem Grund (§ 723) und die Auflösungsklage aus wichtigem Grund nach § 133 HGB nicht durch Einwirkungen Dritter behindert werden. Dass das FamG die verweigerte Zustimmung ersetzen kann (§ 1365 Abs. 2), will nichts besagen; die gesellschaftsrechtliche Entscheidungsfreiheit des verheirateten Ehegatten bleibt geschmälert. Auch der Hinweis auf die Veräußerung der Mitgliedschaft, die an die Zustimmung gebunden ist, überzeugt nicht: Das Gesamthandsprinzip unterscheidet gerade die Freiheit zur Veräußerung, die es grundsätzlich nicht zugesteht, und die Freiheit zur Beendigung, die es für bestimmte Fälle als unabdingbar anerkennt, voneinander.

§ 1365 ist dagegen anzuwenden, wenn ein Gesellschafter bei seinem Ausscheiden oder 74
der Auseinandersetzung der Gesellschaft über seinen **Abfindungsanspruch** verfügt oder auch über seinen **Anspruch auf** Auskehrung des auf seinen Anteil entfallenden **Überschusses** (§ 734 BGB und § 155 Abs. 1 HGB). Hier wie dort steht das Gesamthandsprinzip einer Anwendung der Norm nicht mehr entgegen.

X. Anwendung im Erbrecht

1. Ausschlagung einer Erbschaft oder eines Vermächtnisses. § 1365 ist nicht an- 75
zuwenden auf die Ausschlagung einer Erbschaft oder eines Vermächtnisses. Die Ausschlagung ist zwar eine Verfügung über gegenwärtiges Vermögen (vgl. §§ 1922 Abs. 1, 2176)

---

109 So aber *Wiedemann* S. 261 f.; *Sandrock,* FS Bosch, 1976, S. 841, 855 und FS Duden, 1977, S. 513, 534 f.

110 Vgl. *Tubbesing* BB 1966, 829, 831.

111 *Staudinger/Thiele* (2007) RdNr. 66; *Soergel/Lange* RdNr. 55; *Erman/Gamillscheg* RdNr. 17; *Bamberger/Roth/Mayer* RdNr. 19.

112 BGHZ 132, 218; s. dazu auch RdNr. 21.

113 Vgl. für sie OLG Hamburg FamRZ 1970, 407; *Wiedemann* S. 263 f.; *Tubbesing* BB 1966, 829, 831; *Staudinger/Thiele* (2007) RdNr. 67; *Soergel/Lange* RdNr. 56; *Heckelmann* S. 182 f. und *Erman/Gamillscheg* RdNr. 18; *Bamberger/Roth/Mayer* RdNr. 19.

114 Im Ergebnis ebenso, aber mit Unterschieden in der Begründung *Sandrock,* FS Duden, 1977, S. 513, 534 ff.

und deshalb § 1365 nicht von vornherein entzogen. Auch gehören Nachlass und ebenso die Forderung aus dem Vermächtnis bereits vor der Annahme endgültig zum Vermögen des Erwerbers,[115] denn die Annahme ist kein Tatbestandselement des Erwerbs. Die Zustimmungsfreiheit ergibt sich jedoch daraus, dass im Widerstreit zwischen dem Schutzzweck des § 1365 und dem Grundsatz der autonomen Entscheidung des Erben und des Vermächtnisnehmers dem letzteren der Vorrang eingeräumt werden muss. Dieses Ergebnis entspricht der Wertentscheidung des Gesetzgebers, der in den §§ 1432, 1455 Nr. 1 für die Gütergemeinschaft festgelegt hat, dass die Ehegatteninteressen in einer solchen Konstellation zurückzutreten haben.[116]

76 **2. Verkauf und Übertragung einer Erbschaft.** Nach allgM ist § 1365 auf den Verkauf und die Übertragung eines Nachlasses oder eines Miterbenanteils (§§ 2371 ff., 2033 Abs. 1)[117] ebenso anwendbar wie auf die Verpflichtung zur Zession einer Vermächtnisforderung. Das gilt auch, wenn die Miterbengemeinschaft, der der Ehegatte angehört, den Nachlass veräußert.[118] Die Mitgliedschaft in der Gesamthand wird in diesem Fall zwar nicht berührt, da kraft der dinglichen Surrogation des § 2041 der Erlös an die Stelle der veräußerten Gegenstände tritt. Doch ist der Erlös Gegenleistung und diese findet im Rahmen des § 1365 grundsätzlich keine Beachtung.

77 **3. Erbauseinandersetzung.** Frei ist jeder Erbe bei der Mitwirkung an der Erfüllung eines Vermächtnisses oder einer Teilungsanordnung, aber auch an einer Erbauseinandersetzung, die nach §§ 2042 ff. auf Verlangen eines Miterben hin erfolgt. Es handelt sich hier um die Erfüllung von – wirksam begründeten – Verbindlichkeiten, die § 1365 entzogen ist.

78 Dagegen ist nach hM der Erbauseinandersetzungsvertrag **zustimmungsbedürftig,** wenn die Beteiligung am Nachlass das gesamte Vermögen des Ehegatten ausmacht.[119] Doch widerspricht eine güterrechtliche Bindung, die sich im Extremfall zu einer Bestandsgarantie für die Gesamthand verdichten kann, der Struktur der Miterbengemeinschaft als einer zur Auflösung tendierenden Gesamthand, deren Auseinandersetzung selbst der Erblasser nur vorbehaltlich des Vorliegens eines wichtigen Grundes ausschließen kann (§§ 2044 Abs. 1, 749 Abs. 2). Die dem Erben-Ehegatten offenstehende Möglichkeit einer (zustimmungsfreien) Auseinandersetzung der Erbengemeinschaft nach §§ 2042 ff. widerlegt dies nicht. Sie liefert vielmehr ein weiteres Argument: Es ist verfehlt, in einem Fall, in dem der gesamte Nachlass wirtschaftlich zweckmäßig durch vertragliche Vereinbarung übertragen werden soll, den Miterben zu einer Auseinandersetzung nach §§ 2042 ff., die ökonomisch selten sinnvoll ist, zu zwingen.

79 Billigt man die hM, so ist kein Raum für Ausnahmen, insbesondere nicht für **Realteilungsverträge,** die – über die §§ 2042 Abs. 2, 752 hinaus – jedem Miterben bestimmte Gegenstände aus dem Nachlass zuweisen.[120] Auch in diesen Fällen verpflichten sich die Miterben, den Gesamthandsverband aufzulösen. Dass jeder Miterbe für den Verlust seiner Mitgliedschaft in der Gesamthand Alleineigentum an einzelnen Gegenständen erwirbt, ist hier ebenso belanglos wie es im umgekehrten Fall des Verlustes von Alleineigentum gegen Erwerb einer gesamthänderischen Berechtigung ist (vgl. RdNr. 71 f.).

XI. Anwendung in sonstigen Fällen

80 **1. Übereignung beweglicher Sachen.** Die Übereignung beweglicher Sachen ist dem Tatbestand des § 1365 idR weit entrückt. Ein Gesamtvermögensgeschäft ist freilich denkbar,

---

115 Vgl. RGRK/*Finke* RdNr. 8; unklar *Staudinger/Thiele* (2007) RdNr. 42.

116 *Soergel/Lange* RdNr. 49; *Bamberger/Roth/Mayer* RdNr. 19.

117 BGHZ 35, 135, 144 = NJW 1961, 1301; *Staudinger/Thiele* (2007) RdNr. 43; *Soergel/Lange* RdNr. 48; *Erman/Gamillscheg* RdNr. 19; *Bamberger/Roth/Mayer* RdNr. 19.

118 *Staudinger/Thiele* (2007) RdNr. 45.

119 Vgl. BGHZ 35, 135, 144 f. = NJW 1961, 1301; OLG Celle NJW 1960, 437; *Staudinger/Thiele* (2007) RdNr. 44; *Soergel/Lange* RdNr. 51; *Erman/Gamillscheg* RdNr. 19; *Bamberger/Roth/Mayer* RdNr. 19.

120 So aber OLG München FamRZ 1971, 93; *Soergel/Lange* RdNr. 50; *Bamberger/Roth/Mayer* RdNr. 19; *Palandt/Brudermüller* RdNr. 6.

wenn Sachgesamtheiten wie eine Wohnungseinrichtung oder ein Warenlager übereignet werden. An die Zustimmung des Ehegatten gebunden ist ggf. auch die Sicherungsübereignung. Der durch die Sicherungsabrede gesetzte Zweck der Übereignung verhindert nicht den Verlust des Eigentums, mag dieser idR auch nur ein Verlust auf Zeit sein. Ein anderes muss freilich gelten, wenn die Sicherungsübereignung in direktem Zusammenhang mit dem Erwerb des Gegenstandes steht. Wird der gekaufte Gegenstand zur Sicherheit an das den Kaufpreis finanzierende Kreditinstitut übertragen, so gilt die Sicherungsübereignung als Teil des Erwerbsgeschäfts und ist nicht zustimmungspflichtig (vgl. RdNr. 62).[121]

2. Verpfändung von Sachen und Rechten. Auch die Verpfändung von Sachen und Rechten kann praktisch nur wesentlich werden, wenn sie en bloc erfolgt. Denkbar ist hier, dass die in den AGB der Kreditinstitute vorgesehenen Pfandrechte nahezu das ganze Vermögen des Bankkunden erfassen oder dass ein Ehegatte den Gesamtbestand der von ihm gehaltenen Aktien verpfändet. In diesem Fall ist die Einräumung des Pfandrechts zustimmungspflichtig.[122] 81

3. Rechte aus Versicherungsverträgen gleich welcher Art können im Einzelfall nahezu das ganze Vermögen ihres Inhabers bilden. Eine Verfügung über sie durch Abtretung ist dann § 1365 unterworfen. Die Änderung der Bezugsberechtigung aus einer Kapitallebensversicherung gemäß § 159 VVG bedarf jedoch niemals der Einwilligung des Ehegatten.[123] Der Versicherungsnehmer verfügt in diesem Fall nicht über sein Recht; es bleibt ihm vielmehr – einschließlich der Möglichkeit einer erneuten Änderung der Bezugsberechtigung – unverändert erhalten. 82

4. Regress wegen Unterhaltspflichten. Eine unzulässige Rechtsausübung (§ 242) liegt vor, wenn ein Ehegatte unter Berufung auf das ehegüterrechtliche Zustimmungserfordernis den Rückgriff der öffentlichen Hand auf seinen unterhaltsverpflichteten Ehegatten verhindert.[124] Praktische Relevanz gewinnt diese Aussage in den Fällen, in denen ein Träger der Sozialhilfe Heim- und Pflegekosten für Eltern übernommen hat, die die zum Unterhalt verpflichteten verheirateten Abkömmlinge nur erstatten können, wenn sie Grundstücks- oder Wohnungseigentum veräußern oder belasten, das im Wesentlichen ihr gesamtes Vermögen darstellt. Hier kann der Verpflichtung zur Veräußerung – und damit dem Regress des Sozialhilfeträgers nach § 94 Abs. 1 SGB XII – nicht durch Einsatz des § 1365 entgangen werden. Da die Erfüllung von Unterhaltsverpflichtungen gegenüber Angehörigen zu den Belangen des Partners gehört, auf die der zustimmungsberechtigte Ehegatte gemäß § 1353 Rücksicht zu nehmen hat, darf er die dazu notwendigen Geschäfte nicht verhindern. Jede andere Entscheidung führte zudem zu einer durch nichts gerechtfertigten unterhalts- und sozialhilferechtlichen Besserstellung der im gesetzlichen Güterstand lebenden Ehegatten gegenüber Ehegatten, die in anderen Güterständen leben und den Regress der öffentlichen Hand nicht verhindern können. 83

XII. Einwilligung des Ehegatten und ihre Ersetzung durch das FamG

1. Einwilligung. Auf die von § 1365 geforderte Einwilligung des Ehegatten sind die §§ 182 ff. ohne jede Ausnahme anzuwenden. Sie ist eine Wirksamkeitsvoraussetzung, die zum Tatbestand des zustimmungsbedürftigen Rechtsgeschäfts hinzutritt. Gemäß § 183 ist Einwilligung die vorherige Zustimmung, die bis zur Perfektion des Rechtsgeschäfts grundsätzlich **frei widerruflich** ist. In analoger Anwendung der für das Fortwirken der Vollmacht geltenden §§ 170 bis 173 genießen jedoch redlich an den Fortbestand der Einwilligung glaubende Geschäftspartner Vertrauensschutz, trotz Widerrufs der Zustimmung kann das Rechtsgeschäft dann wirksam sein. 84

[121] *Staudinger/Thiele* (2007) RdNr. 41; *Soergel/Lange* RdNr. 47. Vgl. dazu auch § 1369 RdNr. 26.
[122] BGH FamRZ 2000, 744, 745 gegen Vorinstanz OLG Karlsruhe FamRZ 1999, 298 (LS).
[123] BGH FamRZ 1967, 382.
[124] Anders LG Heidelberg NJW 1998, 3502.

85 Die Einwilligung erfolgt durch einseitige **empfangsbedürftige Willenserklärung,** die alternativ an den Ehegatten oder an dessen Geschäftspartner gerichtet werden kann (§ 182 Abs. 1). Einer Form ist sie auch dann nicht unterworfen, wenn das zustimmungsbedürftige Geschäft selbst formgebunden ist. Zuweilen ist allerdings ihre praktische Verwendbarkeit nur gewährleistet, wenn eine bestimmte Form gewahrt wurde. So etwa im Fall der §§ 182 Abs. 3, 111 S. 2 und 3, die dem Erklärungsgegner die Möglichkeit geben, ein an sich wirksames einseitiges Rechtsgeschäft zurückzuweisen, wenn die Einwilligung nicht in schriftlicher Form vorgelegt wurde.[125]

86 Eine Einwilligung liegt in jedem Verhalten, aus dem der Wille zu erschließen ist, dem Ehegatten den wirksamen Abschluss des zustimmungsbedürftigen Rechtsgeschäfts zu gestatten, sofern mit Erklärungsbewusstsein gehandelt wird. Das Erklärungsbewusstsein fehlt, wenn der Ehegatte sich zwar positiv äußert, aber nicht weiß, dass er zu einer rechtlich bedeutsamen Entscheidung berufen ist. Die wirksame Einwilligung setzt also voraus, dass der erklärende Ehegatte sich der Entscheidungssituation und der Tatsache, in dieser rechtserheblich zu handeln, bewusst ist.[126] **Inhalt und Umfang** der Einwilligung sind nach den allgemeinen Regeln über die Auslegung von Willenserklärungen zu ermitteln. Dabei kann zB auch angenommen werden, dass die Einwilligung in jede Veräußerung eines Grundstücks auch die unentgeltliche Veräußerung deckt.[127]

87 **2. Verweigerung.** Willenserklärung ist auch die Verweigerung der Einwilligung, weil sie ebenfalls Rechtsfolgen, wenn auch negative, intendiert. Die Verweigerung kann jederzeit durch spätere Einwilligung wieder rückgängig gemacht werden. Es gibt vor der Perfektion des zustimmungsbedürftigen Rechtsgeschäfts keine Bindung an eine negative Äußerung – allerdings auch keine an die positive, denn die Einwilligung bleibt auch in diesem Fall frei widerruflich (vgl. RdNr. 84).

88 Eine Verweigerung der Einwilligung liegt in jedem mit Erklärungsbewusstsein verbundenen Verhalten, aus dem der Wille zu erschließen ist, dem Ehegatten den wirksamen Abschluss des unterbreiteten Rechtsgeschäfts zu verwehren. Keine Verweigerung liegt darin, dass die Einwilligung lediglich in einer Form erklärt wird, die zu praktischen Schwierigkeiten bei der Durchführung des gestatteten Geschäfts führen kann (vgl. RdNr. 85).

89 **3. Bedingte Einwilligungen** sind nicht in jedem Fall als Verweigerung der Zustimmung zu werten, denn sie enthalten gleichzeitig die Billigung des entsprechend der Bedingung geänderten Rechtsgeschäfts. Dies gilt auch, wenn die Bedingung den Inhalt des zustimmungsbedürftigen Rechtsgeschäfts betrifft. Ändern also die Parteien ihr Geschäft der Bedingung entsprechend oder führen sie die sonst gewünschte Bedingung herbei, wird es voll wirksam.

90 Unabhängig davon muss es jedoch dem Ehegatten unbenommen sein, das FamG bei nur bedingt erteilter Zustimmung ebenso anzurufen wie bei verweigerter Zustimmung.[128] Sinn des § 1365 Abs. 2 ist es, die Bindung des einen Ehegatten an den anderen einem kontrollierenden Akt des FamG zu unterwerfen, der sie auf den Radius der Schutzzwecke des § 1365 beschränkt. Diese Kontrolle ist bei einer nur bedingt abgegebenen Einwilligung aber ebenso notwendig wie bei der Verweigerung, § 1365 **Abs. 2** ist also **in extensiver Interpretation** anzuwenden.

91 **4. Ersetzung der Einwilligung durch das FamG.** Die wegen Verweigerung oder Verhinderung fehlende Zustimmung kann gemäß § 1365 Abs. 2 vom FamG durch einen richterlichen Akt ersetzt werden.[129]

---

[125] Vgl. für den Verkehr mit dem Grundbuchamt § 29 GBO; dazu auch § 1366 RdNr. 12.

[126] BGHZ 2, 150, 153 = NJW 1951, 796 (für die Genehmigung); *Staudinger/Thiele* (2007) RdNr. 70; RGRK/*Finke* RdNr. 32.

[127] LG Frankenthal Rpfleger 1981, 483.

[128] *Staudinger/Thiele* (2007) RdNr. 79; RGRK/*Finke* RdNr. 39; *Erman/Gamillscheg* RdNr. 27.

[129] Zum Verfahren und zu den Entscheidungsmöglichkeiten § 1366 RdNr. 24 ff.

a) Grundsätze einer ordnungsmäßigen Verwaltung. Unabhängig davon, aus welchen Gründen die Einwilligung fehlt, kommt eine Ersetzung nur in Betracht, wenn das von dem Ehegatten geplante Rechtsgeschäft den Grundsätzen einer ordnungsmäßigen Verwaltung entspricht. Zur Präzisierung des Tatbestandselements wird in der Rspr. die Frage gestellt, „ob ein sorgfältiger Wirtschafter mit rechter ehelicher Gesinnung das Rechtsgeschäft abschließen würde".[130] Hinter dieser altmodisch wirkenden Formulierung steht die richtige Überzeugung, dass nur die **wirtschaftliche Zweckmäßigkeit** des Geschäfts zu beurteilen ist. Zu berücksichtigen ist dabei die gesamte familiäre Situation unter vernünftigen wirtschaftlichen Erwägungen.[131] Ohne Belang ist, ob das zustimmungsbedürftige Geschäft erforderlich ist und auch, ob es durch ein anderes substituiert werden könnte – freihändiger Verkauf etwa statt Teilungsversteigerung –, solange das von dem die Zustimmung verweigernden Partner vorgeschlagene nicht ein besseres ökonomisches Ergebnis verspricht.[132] Bereits in diesem Zusammenhang sind die Schutzzwecke des § 1365 mitzubedenken. Sie sind zwar in erster Linie Maßstab für die Frage nach dem „ausreichenden Grund" der Verweigerung, doch dürfen sie bei der Beurteilung der Ordnungsgemäßheit des Geschäfts schon deshalb nicht außer Acht gelassen werden, weil die Nichtabgabe der Einwilligung auch auf bloßer Verhinderung beruhen kann und in dieser Konstellation das Tatbestandsmerkmal „ausreichender Grund" keine Rolle spielt (vgl. RdNr. 97). 92

b) Ausreichende Gründe für die Verweigerung. Mit „ausreichendem Grund" wird die Zustimmung nur verweigert, wenn das zustimmungsbedürftige Rechtsgeschäft mit den Schutzzwecken des § 1365 nicht zu vereinbaren ist. Jede Verweigerung, die nicht die Erhaltung der wirtschaftlichen Grundlagen der Familie oder die Sicherung der (möglichen) künftigen Zugewinnausgleichsforderung im Blick hat, ist unbeachtlich. Nicht zu berücksichtigen ist etwa der Wunsch, einen eigenen Anspruch gegen den Ehegatten durchzusetzen: § 1365 hat nicht die Funktion eines Zurückbehaltungsrechts.[133] 93

Dass die Schutzzwecke des § 1365 oder doch einer von ihnen dem Abschluss und Vollzug des zustimmungsbedürftigen Geschäfts entgegenstehen, ist bezogen auf den **konkreten Fall** festzustellen.[134] Berechtigt ist die Verweigerung der Einwilligung nur, wenn unter Berücksichtigung aller objektiven und subjektiven Umstände, wie etwa der Unzuverlässigkeit des Ehegatten im Umgang mit dem Erlös,[135] eine **Gefährdung der wirtschaftlichen Grundlagen** der Familie oder der (möglichen) **künftigen Ausgleichsforderung** nicht unwahrscheinlich erscheint. Die Entscheidung für eine Bindung aller Gesamtvermögensgeschäfte in Abs. 1 formalisiert die Schutzzwecke um der Rechtssicherheit willen; Abs. 2 nimmt dann die Einbuße an der grundsätzlich gewährten Verwaltungsfreiheit auf das vertretbare Maß zurück: ein Ehegatte darf nur beschränkt werden, wenn es gerade seine Situation und diejenige seines Ehegatten und seiner Familie konkret gebieten. 94

Auch **unentgeltliche Geschäfte** können in einem langfristigen Planungsrahmen ordnungsmäßiger Wirtschaftsführung entsprechen und den Schutzzwecken des § 1365 nicht zuwiderlaufen. Das ist etwa denkbar bei einer Hofübergabe unter Vereinbarung einer Leibrente, die den Ehegatten ein auskömmliches Dasein sichert. In der Regel ist jedoch das **Entgelt** und seine Verwendung für die Beurteilung, ob der mit dem Geschäft nicht einverstandene Ehegatte seine Einwilligung zu Recht verweigert, **von wesentlicher Bedeutung.** Die prognostische Kontrolle der Verwendung des Erlöses ist freilich stets mit Unsicherheits- 95

---

[130] BayObLG FamRZ 1963, 521, 522; 1968, 315, 316; NJW 1975, 833; FamRZ 1985, 1040; OLG Hamm FamRZ 1967, 572, 573.

[131] OLG Köln FamRZ 2007, 1343.

[132] Vgl. BayObLG FamRZ 1985, 1040.

[133] Vgl. OLG Hamm JMBl.NRW 1962, 47 = FamRZ 1962, 162 (LS); FamRZ 1967, 572, 573.

[134] BayObLG NJW 1975, 833, 834; FamRZ 1985, 1040, 1041; FamRZ 1996, 1013; OLG Saarbrücken FamRZ 1987, 1248, 1249; *Soergel/Lange* RdNr. 67 und 68; RGRK/*Finke* RdNr. 40; *Bamberger/Roth/Mayer* RdNr. 30.

[135] So LG Koblenz FamRZ 1998, 163 (für den Fall des chronischen Alkoholismus) m. abl. Anm. *Kogel* FamRZ 1998, 914.

faktoren belastet. Entspricht die spätere Verwendung nicht früheren Versicherungen, so findet der andere Ehegatte Schutz nur in § 1375 Abs. 2, der die Berücksichtigung illoyaler Vermögensminderungen im Zugewinnausgleich regelt. Familiengerichtliche Beschlüsse, die die Einwilligung des Ehegatten nur unter der **Auflage** einer bestimmten Verwendung des Erlöses ersetzen, sind **unzulässig.** Solche Auflagen widersprechen dem Prinzip der Zugewinngemeinschaft, das den Ehegatten die Handlungs- und Verwaltungsfreiheit in Bezug auf ihr Vermögen prinzipiell belässt (§ 1364). Dieses Prinzip darf nicht kraft richterlichen Aktes eingeschränkt werden.[136]

96 Unzulässig ist eine Kontrolle der Gesamtvermögensgeschäfte unter sämtlichen Aspekten, die für die unterschiedlichen Entscheidungen der beiden Ehegatten erheblich sind. Die Berücksichtigung **persönlicher und ideeller Komponenten** führt zu einer letztlich diffusen Interessenabwägung. Ob ein „sachlich denkender Ehegatte seine eigenen Interessen durchsetzen oder die des anderen als vorrangig ansehen" würde, darf im Rahmen des § 1365 Abs. 2 keine Rolle spielen.[137] Bei der Untersuchung, ob „ausreichende Gründe" für die Verweigerung der Zustimmung vorliegen, ist das FamG nicht dazu berufen, irgendwelchen Interessen des anderen Ehegatten Beachtung zu sichern, sondern ausschließlich jenen, die § 1365 anerkannt hat. Da § 1365 nicht allgemein rücksichtsvollen Umgang sichern soll, müssen auch die Motive des geschäftlich handelnden Ehegatten unerheblich sein. Die Veräußerung eines Gegenstandes unter dem Marktwert kann mit der ratio des § 1365 durchaus zu vereinbaren sein, auf das – moralisch billigenswerte – Motiv des veräußernden Ehemannes, in Erfüllung des Wunsches seiner verstorbenen ersten Ehefrau, ein mit ihren Mitteln erworbenes Grundstück einem gemeinschaftlichen Kind zu erhalten, kann es dabei nicht ankommen.[138]

97 **c) Verhinderung an der Abgabe einer Erklärung.** Zu Rechtsgeschäften, die einer ordnungsmäßigen Verwaltung entsprechen, kann das FamG die Einwilligung auch dann ersetzen, wenn als Erklärungshindernisse **Krankheit oder Abwesenheit** vorliegen und mit dem **Aufschub** des Geschäfts **Gefahr verbunden** ist. Alle Tatbestandselemente sind objektiv zu interpretieren. Abwesenheit und Krankheit sind auch relevant, wenn sie nur die rechtzeitige Abgabe der Einwilligungserklärung ausschließen. Ein dauerhafter Zustand ist weder hier noch dort erforderlich.

98 **5. Unwirksame Rechtsgeschäfte** sind der Zustimmung nicht fähig; bei offensichtlich nichtigem Geschäft hat das FamG deshalb den Antrag zurückzuweisen. Bloße Zweifel an der Wirksamkeit hindern dagegen den ersetzenden richterlichen Akt grundsätzlich nicht; im später etwa aufbrechenden Streit hat das Prozessgericht zu entscheiden.

XIII. Abweichende Vereinbarungen

99 Der **Verzicht** des Ehegatten, sich auf sein Recht zur Einwilligung zu berufen oder die Verweigerung geltend zu machen, ist für den **Einzelfall** nicht möglich. Der rechtsgeschäftliche Gehalt eines derartigen Verhaltens ist mit dem der Einwilligung identisch.[139] Mit einem **generellen** Verzicht wird § 1365 praktisch abbedungen. Dies ist nach allgM zulässig, bedarf aber der Form des Ehevertrages, weil die Ehegatten hier ihre güterrechtlichen Verhältnisse regeln (§ 1410).

100 Es ist den Parteien auch unbenommen, die Geltung des § 1365 **zeitlich einzuschränken** oder auch **sachlich begrenzt** abzubedingen.[140] Die Prinzipien der Zugewinngemeinschaft

---

[136] AA für die gebundene Vermögensanlage OLG Stuttgart NJW 1983, 634 = OLGZ 1982, 180; *Kogel* FamRZ 1998, 914, 915 (Anm. zu LG Koblenz FamRZ 1998, 163: Hinterlegung als Bedingung).

[137] AA OLG Hamm FamRZ 1967, 572, 573; BayObLG FamRZ 1968, 315, 317; NJW 1975, 833, 834; OLG Stuttgart NJW 1983, 634 = OLGZ 1982, 180; *Staudinger/Thiele* (2007) RdNr. 83; *Soergel/Lange* RdNr. 68; *Erman/Gamillscheg* RdNr. 27; RGRK/*Finke* RdNr. 38.

[138] So aber BayObLG FamRZ 1963, 521.

[139] Ähnlich *Staudinger/Thiele* (2007) RdNr. 111.

[140] *Staudinger/Thiele* (2007) RdNr. 110; *Bamberger/Roth/Mayer* RdNr. 39; *Palandt/Brudermüller* RdNr. 1; *Gernhuber/Coester-Waltjen* § 32 RdNr. 4; *Rauscher* RdNr. 363.

werden durch einen derartigen Eingriff in das gesetzliche Muster nicht beseitigt. Im Einzelfall kann die Abrede wegen einseitiger Benachteiligung des von der Mitwirkung ausgeschlossenen Ehegatten allerdings sittenwidrig sein (§ 138). Angesichts vielfältiger ökonomisch plausibler Gründe, die den Ausschluss von der Mitwirkung rechtfertigen können, ist dies jedoch nicht als Regel anzunehmen.[141] Unzulässig ist es nach allgM jedenfalls, durch rechtsgeschäftliche Abreden die in § 1365 enthaltenen Handlungsbeschränkungen durch Ehevertrag zu erweitern (§ 137).[142]

§ 1366 Genehmigung von Verträgen

(1) Ein Vertrag, den ein Ehegatte ohne die erforderliche Einwilligung des anderen Ehegatten schließt, ist wirksam, wenn dieser ihn genehmigt.

(2) [1] Bis zur Genehmigung kann der Dritte den Vertrag widerrufen. [2] Hat er gewusst, dass der Mann oder die Frau verheiratet ist, so kann er nur widerrufen, wenn der Mann oder die Frau wahrheitswidrig behauptet hat, der andere Ehegatte habe eingewilligt; er kann auch in diesem Falle nicht widerrufen, wenn ihm beim Abschluss des Vertrags bekannt war, dass der andere Ehegatte nicht eingewilligt hatte.

(3) [1] Fordert der Dritte den Ehegatten auf, die erforderliche Genehmigung des anderen Ehegatten zu beschaffen, so kann dieser sich nur dem Dritten gegenüber über die Genehmigung erklären; hat er sich bereits vor der Aufforderung seinem Ehegatten gegenüber erklärt, so wird die Erklärung unwirksam. [2] Die Genehmigung kann nur innerhalb von zwei Wochen seit dem Empfang der Aufforderung erklärt werden; wird sie nicht erklärt, so gilt sie als verweigert. [3] Ersetzt das Familiengericht die Genehmigung, so ist sein Beschluss nur wirksam, wenn der Ehegatte ihn dem Dritten innerhalb der zweiwöchigen Frist mitteilt; andernfalls gilt die Genehmigung als verweigert.

(4) Wird die Genehmigung verweigert, so ist der Vertrag unwirksam.

Schrifttum: s. § 1365

Übersicht

[141] Ebenso *Dölle* I S. 765; *Soergel/Gaul* § 1408 RdNr. 18; *Staudinger/Thiele* (2007) § 1363 RdNr. 21; RGRK/*Finke* RdNr. 54.
[142] Vgl. dazu § 1364 RdNr. 12.

I. Normzweck

1 **1. Regelung der Rechtsfolgen.** Verträgen, die gemäß § 1365 Abs. 1 der Einwilligung des Ehegatten bedurften, jedoch ohne diese abgeschlossen wurden, fehlt eine Wirksamkeitsvoraussetzung; die intendierten Rechtsfolgen können nicht eintreten. Aufgabe des § 1366 ist es, zu bestimmen, welche Folgen das Fehlen der Wirksamkeitsvoraussetzung hat und festzulegen, welche Wege zur Wirksamkeit oder Unwirksamkeit des Vertrages führen.

2 **2. Schwebende Unwirksamkeit.** Verträge, die der erforderlichen Einwilligung des Ehegatten ermangeln, sind zunächst schwebend unwirksam. Sie werden wirksam, wenn die fehlende Wirksamkeitsvoraussetzung nachgeholt wird – durch Genehmigung (vgl. RdNr. 9 ff.) oder durch einen diese substituierenden Beschluss des FamG (vgl. RdNr. 23 ff.). Sie werden ferner wirksam, wenn sie nach Beendigung des Güterstandes konvaleszieren (vgl. RdNr. 31 ff.). Nichtigkeit tritt dagegen ein, wenn der Vertrag nicht mehr wirksam werden kann, sei es, weil die Schwebelage durch einen Akt der Vertragsparteien – Widerruf oder Aufhebungsvertrag – beendet wird, sei es, weil die spätere Vervollständigung mittels Genehmigung oder familiengerichtlichen Beschlusses nicht mehr erfolgen kann (vgl. RdNr. 4 f. und 20 f.).

II. Schwebezustand

3 **1. Leistungserbringung.** Während der Schwebelage sind die Schuldner zur Leistung nicht verpflichtet, Verzug ist mithin ausgeschlossen. Ist in der irrigen Annahme eines wirksamen Geschäfts bereits geleistet worden, so kann die Leistung, weil sine causa erbracht, kondiziert werden, auch wenn sich der Schuldner bei der Leistung der Schwebelage bewusst war. § 814 schließt die Kondiktion von seiner Teleologie her nicht aus, wenn die Leistung in der Erwartung erfolgte, die Genehmigung werde erteilt und der Vertrag komme zustande.[1]

4 **2. Aufhebungsvertrag.** Während der Schwebelage können die Vertragsparteien jederzeit einverständlich den schwebend unwirksamen Vertrag aufheben. Der zur Genehmigung des Vertrages berufene Ehegatte hat kein Recht auf Fortbestand der ihm eingeräumten Gestaltungsmacht.

5 **3. Widerruf.** Die Schwebelage endet ferner, wenn der Dritte den Vertrag widerruft. Der dies regelnde § 1366 Abs. 2 entspricht den §§ 109, 178, 1427 Abs. 2, § 1830. Der Widerruf erfolgt durch einseitige empfangsbedürftige Willenserklärung, die an den Vertragspartner zu richten ist – der seinerseits zum Widerruf nicht berechtigt ist. Mit dem Widerruf wird der schwebend unwirksame Vertrag endgültig unwirksam, dh. nichtig.

6 **4. Widerrufsberechtigung.** Zum Widerruf berechtigt sind Dritte, die auf die Wirksamkeit des Vertrages vertrauen, weil ihnen beim Vertragsschluss nicht positiv bekannt war, dass ihr Vertragspartner verheiratet ist. Kennenmüssen schadet nicht, Nach- und Anfragen sind nicht geboten. Das Recht zum Widerruf besteht darüber hinaus auch, wenn der verheiratete Vertragspartner der Wahrheit zuwider – und sei es auch aufgrund eines entschuldbaren Irrtums – behauptet, mit Einwilligung seines Ehegatten zu handeln, es sei denn, dem Dritten ist bekannt, dass dies nicht stimmt und er damit weiß, dass die Einwilligung nicht erteilt wurde. Andere Sachverhalte, insbesondere die Versicherung, in Gütertrennung zu leben, vermitteln kein Recht zum Widerruf.

[1] Vgl. BGHZ 65, 123, 126 = NJW 1976, 104 (zu § 181); vgl. § 814 RdNr. 4.

5. Widerrufsfähige Geschäfte. Widerrufsfähig sind alle schwebend unwirksamen Verträge, Verpflichtungsgeschäfte ebenso wie Verfügungsgeschäfte. Die theoretische Möglichkeit, von den beiden vorgenommenen Geschäften nur das eine oder das andere zu widerrufen, ist praktisch bedeutungslos; gewollt wird stets der Widerruf beider Geschäfte sein. Der Fortbestand des schwebend unwirksamen Verfügungsgeschäfts nach widerrufenem Verpflichtungsgeschäft ist ohne jeden Sinn, weil das Geleistete dann kondiziert werden kann; der Fortbestand nur des Verpflichtungsgeschäfts nach Widerruf und Rückgängigmachung der Verfügung ist sinnlos, weil der Schuldner bei schwebender Unwirksamkeit des Verpflichtungsgeschäfts nicht zur Leistung verpflichtet ist. 7

6. Erlöschen des Widerrufsrechts. Das Recht zum Widerruf erlischt mit jeder Beendigung der Schwebelage. Der Normtext des § 1365 Abs. 2 ist insofern zu eng, als der Schwebezustand auch auf andere Weise als durch „Genehmigung" des Ehepartners beendet werden kann, etwa durch familiengerichtlichen Beschluss oder durch vertragliche Vereinbarung. Das Recht zum Widerruf endet ferner durch einseitigen Verzicht des Dritten; dieser ist als empfangsbedürftige Willenserklärung an den Partner zu richten. Kein Verzicht ist idR in der Aufforderung an den Vertragspartner enthalten, die Genehmigung seines Ehegatten zu beschaffen (Abs. 3).[2] Der Zweck der Aufforderung, in absehbarer Zeit Klarheit zu erhalten, impliziert nicht den Willen, bis zum Ablauf der Frist gebunden zu bleiben. Der Widerruf kann in dieser Konstellation allerdings nach § 242 unzulässig sein, denn Aufforderung zur Beschaffung der Genehmigung und Widerruf des Geschäfts sind auf sich widersprechende Rechtsfolgen gerichtet und können nicht gleichzeitig erfolgen. Ist der Widerspruch der Erklärungen nicht durch Auslegung aufzulösen, so ist als jedenfalls gewolltes Minus eine Aufforderung anzunehmen – und nicht Nichtigkeit wegen innerer Widersprüchlichkeit.[3] 8

III. Genehmigung

1. Willenserklärung. Mit der Genehmigung ist die dem Rechtsgeschäft bis dahin fehlende Wirksamkeitsvoraussetzung gegeben; der Vertrag wird rückwirkend wirksam. Die Genehmigung ist eine einseitige empfangsbedürftige Willenserklärung, die alternativ dem Ehegatten oder dem Dritten gegenüber erklärt werden kann (§ 182 Abs. 1). Ein Widerruf der – rechtsgestaltend wirkenden – Erklärung ist nach allgM ausgeschlossen; dies ergibt sich bereits aus einem Umkehrschluss aus § 183.[4] 9

2. Form. Einer Form bedarf die Genehmigung nicht (§ 182 Abs. 2). Sie kann auch durch **schlüssiges Verhalten** erfolgen. Eine entsprechende Auslegung des Verhaltens kommt aber nur in Betracht, wenn dem Ehegatten bewußt war oder wenn er zumindest mit der Möglichkeit rechnete, dass er es mit einem seiner Entscheidungsgewalt unterliegenden schwebend unwirksamen Vertrag zu tun hatte.[5] 10

Schlüssig kann auch Schweigen sein, doch kann diesem nicht generell die Bedeutung einer Genehmigung beigelegt werden: Wer schweigt, verhält sich grundsätzlich neutral, ein Tätigkeitsgebot existiert nicht. Schweigen ist allerdings dann regelmäßig als Genehmigung zu werten, wenn der Vertrag zwischen den Ehegatten zur Sprache kam und nicht alsbald beanstandet wurde. 11

3. Genehmigung von Grundstücksgeschäften. Formlos wirksam ist die Genehmigung eines Grundstücksgeschäfts. Dass diese grundbuchrechtlich nur verwertbar ist, wenn sie in öffentlicher oder öffentlich beglaubigter Urkunde nachgewiesen ist (§ 29 GBO), schadet nicht. Auch die formlos erteilte Genehmigung entfaltet materiellrechtliche Wirkung und beendet damit den Schwebezustand mit allen Konsequenzen. Dass die formlose Erklä- 12

[2] Ebenso *Gernhuber/Coester-Waltjen* § 35 RdNr. 69; *Staudinger/Thiele* (2007) RdNr. 30; *Soergel/Lange* RdNr. 17; *Bamberger/Roth/Mayer* RdNr. 7; *Böttcher* Rpfleger 1984, 377, 382; aA *Dölle* I S. 760 Fn. 66; RGRK/*Finke* RdNr. 13; *Erman/Gamillscheg* RdNr. 5.

[3] Zust. *Staudinger/Thiele* (2007) RdNr. 31.

[4] BGHZ 13, 179, 187; RGRK/*Finke* RdNr. 3.

[5] StRspr. seit BGHZ 2, 150, 153 = NJW 1951, 796.

rung grundbuchrechtlich nicht verwertbar ist, rechtfertigt es mithin nicht, sie als Verweigerung zu verstehen mit der Folge, dass der Weg zur familiengerichtlichen Ersetzung gemäß § 1365 Abs. 2 eröffnet ist.[6] Der Ehegatte muss vielmehr gegen seinen Partner vorgehen; er hat aus § 242 einen Anspruch auf Wiederholung der Erklärung in formell verwertbarer Form. Keinen entsprechenden Anspruch hat dagegen der Dritte: die bloße Genehmigung begründet keine Sonderverbindung mit ihm.[7]

13 **4. Fristen.** Die Genehmigung muss von Gesetzes wegen nicht innerhalb einer Ausschlussfrist erfolgen; Schwebezustände von Dauer sind möglich. Unbenommen bleibt es aber den Vertragsparteien, in ihrem Rechtsgeschäft eine Frist vorzusehen, mit deren Ablauf der – vom Ehegatten des Geschäftspartners zuvor nicht konsentierte – Vertrag unwirksam wird. Zudem kann der Dritte durch Aufforderung des Vertragspartners die Erklärungsfrist begrenzen (vgl. RdNr. 14 ff.).

IV. Aufforderung zur Beschaffung der Genehmigung

14 **1. Voraussetzungen und Funktion.** Das Recht, den Vertragspartner – nicht dessen Ehegatten – aufzufordern, die Genehmigung seines Ehepartners zu beschaffen, steht dem Dritten unabhängig davon zu, ob er den Schwebezustand bewusst in Kauf genommen hat oder unfreiwillig in ihn geraten ist. Zweck der Regelung ist, dem Dritten die Möglichkeit zu geben, kurzfristig Gewissheit über den Bestand des Rechtsgeschäfts zu erlangen.[8] Dieser Zweck wird jedoch nur bedingt erreicht, denn der Dritte hat nicht auch das Recht, den Vertragspartner aufzufordern, eine schon vor Vertragsschluss erteilte Einwilligung nachzuweisen. Ist eine solche erteilt worden, so ist der Vertrag von Anfang an wirksam; ist sich der Dritte hierüber im Unklaren, kann er gleichwohl nur die Genehmigung, nicht aber die Einwilligung anfordern.

15 **2. Rechtsfolgen.** Die Aufforderung ist geschäftsähnliche Handlung.[9] Ihre Wirkungen treten kraft Gesetzes auch dann ein, wenn sie nicht intendiert waren. Gemäß § 1366 Abs. 3 S. 1 Halbs. 1 endigt mit der Aufforderung die Adressatenalternative für die Genehmigung (vgl. RdNr. 9). Geeigneter Empfänger ist fortan nur noch der Dritte. Diese Regelung entspricht den §§ 108 Abs. 2, 177 Abs. 2, in § 1427 Abs. 1 wird wiederum auf § 1366 Bezug genommen.

16 Wurden Genehmigung oder Verweigerung bereits vor der Aufforderung des Dritten **dem Ehegatten gegenüber** erklärt – und damit der Schwebezustand beendet – so werden diese Erklärungen gemäß § 1366 Abs. 3 S. 1 Halbs. 2 durch die Aufforderung des Dritten unwirksam und der **Schwebezustand wieder eröffnet.**[10] Der Effekt erneuter Ungewissheit über den Bestand des Rechtsgeschäfts widerspricht dem Normzweck nicht, denn dieser ist an der subjektiven Ungewissheit des Dritten orientiert und nicht an der Beendigung der Schwebelage überhaupt. Dem Dritten wird in kurzer Frist Gewissheit garantiert, die er sich andernfalls nur durch Rückfragen verschaffen könnte und nicht einmal erlangt, wenn er Anlass hat, der Antwort zu misstrauen.

17 Die **neue Phase der Ungewissheit** eröffnet dem zur Genehmigung berufenen Ehegatten erneut die Entscheidungsalternative – und zwar ohne jede Rücksicht auf die frühere Erklärung. Er kann jetzt genehmigen, obwohl er zunächst die Genehmigung verweigerte; er kann aber auch jetzt die Zustimmung verweigern, die er zuvor schon erklärt hatte. Insofern verbindet sich mit der Aufforderung für den Dritten stets die Gefahr, vertragliche Positionen zu verlieren.

[6] So aber *Soergel/Lange* § 1365 RdNr. 44; RGRK/*Finke* § 1365 RdNr. 50; *Erman/Gamillscheg* § 1365 RdNr. 13. Wie hier KG NJW 1962, 1062; *Staudinger/Thiele* (2007) § 1365 RdNr. 79.

[7] So auch OLG Schleswig NJW-RR 1987, 135; vgl. ferner KG NJW 1962, 1062, 1063 (Anspruch des Dritten aus Vorvertrag).

[8] *Staudinger/Thiele* (2007) RdNr. 26; RGRK/*Finke* RdNr. 11.

[9] *Staudinger/Thiele* (2007) RdNr. 27; *Bamberger/Roth/Mayer* RdNr. 7; *Böttcher* Rpfleger 1984, 377, 381. AA *Palandt/Brudermüller* RdNr. 9 (Willenserklärung).

[10] Vgl. dazu BGHZ 125, 355, 361.

3. Fristen. Die Genehmigung kann nach der Aufforderung nur innerhalb einer **Ausschlussfrist** von zwei Wochen erklärt werden. Wird sie nicht fristgerecht erteilt, so gilt sie als verweigert. Der schwebend unwirksame Vertrag wird nichtig, auch wenn der zur Genehmigung berufene Ehegatte über die Aufforderung des Dritten nicht informiert wurde oder sich der Folgen seines Schweigens nicht bewusst war. 18

Die Ausschlussfrist kann verlängert, aber auch verkürzt werden. Zur **Verlängerung** ist der Dritte auch einseitig berechtigt. Ein Vertrag ist nicht erforderlich, da die Ausschlussfrist allein seinen Interessen an der Klärung der ungewissen Rechtslage dient.[11] Eine **Verkürzung der Frist** kann dagegen nur von den Vertragsparteien vereinbart werden. Das Einverständnis des anderen Ehegatten ist hierzu nicht erforderlich. Dieser kann ein anerkennenswertes Interesse gegen die Verkürzung der Frist für die Genehmigungsfähigkeit des Vertrages nicht haben, weil diese ihm zugute kommt und er ja gerade gegen die mit dem Vertrag geplanten Vermögensänderungen geschützt wird.[12] 19

V. Verweigerung der Genehmigung

1. Voraussetzungen. Wie die Genehmigung, so ist auch ihre Verweigerung einseitige empfangsbedürftige Willenserklärung, die gemäß § 182 Abs. 1 alternativ entweder an den Dritten oder an den eigenen Ehegatten gerichtet werden kann. Sie kann als Blankoerklärung erfolgen, denn sie setzt nicht voraus, dass der Ehegatte konkrete Kenntnis vom Inhalt und der Art des von seinem Ehepartner vorgenommenen Rechtsgeschäfts hat.[13] 20

2. Rechtsfolgen. Nach allgM kann die Verweigerung der Genehmigung nicht durch einseitigen Widerruf rückgängig gemacht werden.[14] Sie ist eine rechtsgestaltend wirkende Willenserklärung, mit der das bis dahin schwebend unwirksame Rechtsgeschäft **unwirksam wird.** Dies ergibt sich aus dem eindeutigen Wortlaut des § 1366 Abs. 4. Dass nach Anrufung des FamG oder nach Aufforderung seitens des Dritten der Vertrag schließlich doch noch wirksam werden kann, steht dem nicht entgegen. Die gesetzliche Regelung ist hier so zu verstehen, dass in diesen beiden Konstellationen der – bereits beendet gewesene – Schwebezustand ausnahmsweise wieder hergestellt wird.[15] 21

Durch die Verweigerung werden **Schadensersatzansprüche** gegen den verweigernden Ehegatten nicht begründet. Die Zugewinngemeinschaft kennt keine Pflicht, an der ordnungsmäßigen Verwaltung des Partnervermögens mitzuwirken. Die Interessen des vertragschließenden Ehegatten werden allein vom FamG gewahrt, das die verweigerte Genehmigung durch einen Beschluss ersetzen kann. 22

VI. Ersetzung der Zustimmung

1. Allgemeines. Das FamG kann die Zustimmung nicht nur ersetzen, wenn die Genehmigung verweigert wurde, sondern auch, wenn die Einwilligung nicht zu erlangen war. Das Gesetz hat den richterlichen Akt nicht zusammenfassend geregelt. So sind die Voraussetzungen der Ersetzung für beide Konstellationen einheitlich in § 1365 Abs. 2 enthalten; in § 1366 Abs. 3 S. 3 folgt dann aber noch eine spezielle Bestimmung über das Wirksamwerden des die Zustimmung ersetzenden richterlichen Beschlusses. 23

---

[11] *Staudinger/Thiele* (2007) RdNr. 32; *Bamberger/Roth/Mayer* RdNr. 7; *Böttcher* Rpfleger 1984, 377, 381; *Buschendorf* S. 303. Einen Vertrag fordern RGRK/*Finke* RdNr. 15 (mit Schweigen als Einverständnis); *Erman/Gamillscheg* RdNr. 6.

[12] *Staudinger/Thiele* (2007) RdNr. 32; *Böttcher* Rpfleger 1984, 377, 381 f. Einen dreiseitigen Vertrag fordern *Soergel/Lange* RdNr. 16; *Erman/Gamillscheg* RdNr. 6.

[13] Wie hier *Staudinger/Thiele* (2007) RdNr. 13. Anders BGH LM Nr. 2 = NJW 1982, 1099 (Verweigerung setzt Kenntnis der Umstände voraus, soweit diese für den Entschluss zur Ablehnung des Geschäfts von Bedeutung sein können).

[14] St. Rspr. seit BGHZ 13, 179, 187; zuletzt 125, 355, 358 = NJW 1994, 1785.

[15] BGHZ 125, 355, 358, 361.

24 **2. Verfahren.** Für das Verfahren vor dem FamG gelten die Vorschriften des FamFG. Zuständig ist der Richter, § 14 Abs. 1 Nr. 6 RPflG ordnet einen entsprechenden Vorbehalt an. Örtlich zuständig ist das Gericht, in dessen Bezirk die Ehegatten ihren gemeinsamen gewöhnlichen Aufenthalt haben oder zuletzt gehabt haben (§ 13 ZPO, §§ 261 Abs. 2, 262 Abs. 2 FamFG). **Antragsberechtigt** ist allein der vertragsschließende Ehegatte, nie sein Geschäftspartner. Ihn anzuhören wird idR die Amtsermittlungspflicht des Gerichts (§ 26 FamFG) gebieten, ein Recht auf Gehör steht ihm indessen nicht zu. Auch der Ehegatte, der die Zustimmung verweigert, ist regelmäßig schon im Rahmen der Amtsermittlung zur Aufklärung des Sachverhalts zu hören. Er hat allerdings aus Art. 103 Abs. 1 GG einen Anspruch auf rechtliches Gehör, denn anders als der Dritte, für den die Entscheidung nur mittelbare Auswirkungen hat, wird er durch sie unmittelbar in seinen Rechten als Ehegatte betroffen.[16]

25 **3. Antrag.** Ob der Antrag auf Ersetzung der Zustimmung gestellt wird, ist grundsätzlich in das Belieben des vertragsschließenden Ehegatten gestellt. Dem Dritten gegenüber kann er zur Antragstellung nur verpflichtet sein, wenn er dies mit ihm in einer – damit nicht auch sie schwebend unwirksam ist: selbständigen – rechtsgeschäftlichen Abrede vereinbart hat. Die Pflicht ist dann einklagbar; die Vollstreckung hat gemäß § 888 ZPO zu erfolgen.[17] Ausschlussfristen bestehen für die Antragstellung grundsätzlich nicht; Antrag und ersetzender Beschluss können auch noch lange Zeit nach Abschluss des Geschäfts erfolgen.

26 **4. Gerichtliche Entscheidung.** Im Falle der verweigerten Genehmigung entscheidet das FamG über einen ausgehandelten, ihm in den Einzelheiten bekannten Vertrag. Geht es hingegen um die Ersetzung der Einwilligung und wird der geplante Vertrag nur in seinen wesentlichen Details mitgeteilt, so kann auf der Grundlage dieser Informationen entschieden werden.[18] Weichen aber die Vertragsparteien später von dem vorgelegten Entwurf ab, so wird der Vertrag durch den ersetzenden Beschluss des FamG nur insoweit wirksam, als er darin inhaltlich gebilligt worden ist. Die anderen Teile sind zunächst schwebend unwirksam. Werden sie infolge verweigerter Genehmigung und fehlenden Ersetzungsbeschlusses nichtig, so ist über die Wirksamkeit des vom FamG gebilligten Vertragsteils nach § 139 zu entscheiden.

Der **ersetzende Beschluss** tritt als Wirksamkeitsvoraussetzung zu dem von den Parteien ausgehandelten Vertragstatbestand hinzu. Das FamG vervollständigt insofern das Rechtsgeschäft anstelle des zustimmungsberechtigten Ehegatten. Den Vertragsinhalt umgestalten kann das Gericht nicht.

27 Zulässig sind nach hM allerdings **Auflagen oder Bedingungen,** solange der Vertrag seine inhaltliche Identität behält.[19] Die damit gegebene Möglichkeit mittelbarer Einflussnahme auf die Vertragsgestaltung endet allerdings dort, wo Auflagen die den Eheleuten gesetzlich eingeräumten Entscheidungsbefugnisse unterlaufen. So darf weder vorzeitiger Zugewinnausgleich aufgegeben werden, der in den §§ 1385, 1386 der Initiative der Ehegatten zugewiesen ist,[20] noch darf Sicherheitsleistung für einen zukünftigen Ausgleichsanspruch angeordnet werden, da auch dies gemäß § 1389 dem Verlangen der Ehegatten anheimgestellt ist.[21]

28 **5. Rechtsmittel.** Wird der Antrag vom FamG zurückgewiesen, so ist ausschließlich der Antragsteller zur einfachen Beschwerde berechtigt (§§ 58, 59 Abs. 2 FamFG). Entspricht dagegen das FamG dem Antrag, so steht dem anderen Ehegatten die sofortige Beschwerde zu (§ 59 Abs. 1 FamFG). Die zurückweisende Entscheidung kann vom FamG – auf erneu-

[16] Zu den Voraussetzungen des Art. 103 Abs. 1 GG vgl. BVerfGE 92, 158, 183.

[17] *Staudinger/Thiele* (2007) § 1365 RdNr. 92; *Soergel/Lange* § 1365 RdNr. 62; RGRK/*Finke* § 1365 RdNr. 43.

[18] Vgl. dazu OLG Köln OLGZ 1984, 296, 298.

[19] OLG Köln OLGZ 1984, 296, 298; OLG Saarbrücken FamRZ 1987, 1248; *Erman/Gamillscheg* § 1365 RdNr. 28; *Soergel/Lange* § 1365 RdNr. 71; RGRK/*Finke* § 1365 RdNr. 46; *Palandt/Brudermüller* § 1365 RdNr. 27; dagegen *Staudinger/Thiele* (2007) § 1365 RdNr. 89.

[20] BayObLG NJW 1975, 833, 836; *Palandt/Brudermüller* § 1365 RdNr. 27.

[21] Vgl. BayObLG NJW 1975, 833, 836.

ten Antrag hin – nachträglich abgeändert werden (§ 48 Abs. 1 FamFG); im Fall der stattgebenden, die Zustimmung ersetzenden Entscheidung gibt es eine entsprechende Änderungsbefugnis nicht (§ 48 Abs. 2 FamFG).

Bei Gefahr im Verzuge, die stets gegeben ist in der zweiten Alternative des § 1365 Abs. 2, kann das FamG die **sofortige Wirksamkeit des Beschlusses,** die sonst erst mit Rechtskraft eintritt (§ 40 Abs. 3 S. 1 FamFG), anordnen (§ 40 Abs. 3 S. 2 FamFG). In diesem Fall wird die Zustimmung bereits mit der Bekanntmachung an den Antragsteller wirksam, aber auch hier kann der durch den Ersetzungsbeschluss beeinträchtigte Ehegatte gegen die Entscheidung Beschwerde einlegen.[22]

6. Gerichtliche Entscheidung nach Aufforderung. Hat der Dritte nach Vertragsschluss seinen Geschäftspartner aufgefordert, die Genehmigung des anderen Ehegatten zu beschaffen, so ist gemäß § 1366 Abs. 3 S. 3 der die Zustimmung ersetzende **Beschluss** des FamG **nur wirksam,** wenn der Ehegatte diesen dem Dritten innerhalb der zweiwöchigen **Beschaffungsfrist mitteilt.** Dass die Frist bereits mit der Aufforderung zu laufen beginnt, ergibt sich aus dem eindeutigen Wortlaut und dem Zweck der Regelung, dem Dritten kurzfristig Klarheit zu verschaffen.[23] Da der gerichtliche Beschluss nach den Vorschriften des FamFG erst mit Rechtskraft, also nach Ablauf der einmonatigen Beschwerdefrist wirksam wird (§ 63 Abs. 1 FamFG), kann die in § 1366 Abs. 3 S. 3 vorgesehene Frist nur gewahrt werden, wenn das FamG die sofortige Wirksamkeit seiner Entscheidung nach § 40 Abs. 3 S. 2 FamFG anordnet. Dass durch die Mitteilungspflicht des § 1366 die Wirksamkeit der richterlichen Entscheidung an eine privatrechtliche Handlung geknüpft wird, fügt sich in das Gesamtkonzept der Aufforderung ein – erst mit der Mitteilung erlangt der Dritte die gewünschte Klarheit. Die Regelung bleibt aber insofern fragwürdig, als der Ehegatte willkürlich über den an sich wirksam gewordenen Vertrag positiv oder negativ disponieren kann. 29

7. Keine Entscheidung. Die Weigerung des FamG, in der Sache zu entscheiden, weil es das Geschäft nicht für zustimmungsbedürftig hält, sog. **Negativattest,** entfaltet keine Wirkungen im materiellen Recht.[24] Das im Vertrauen auf die Richtigkeit dieser richterlichen Einschätzung abgeschlossene und vollzogene Geschäft bleibt dann schwebend unwirksam. Zur Beschwerde ist in diesem Falle nicht nur der den Antrag stellende Ehegatte berechtigt, sondern nach § 59 Abs. 1 FamFG auch der – vermeintlich zustimmungsberechtigte – Antragsgegner; § 59 Abs. 2 FamFG steht nicht entgegen, weil der Antrag nicht zurückgewiesen wurde.[25] 30

VII. Konvaleszenz

1. Wegfall des Schutzzwecks. Nach allgemeinen Grundsätzen konvaleszieren schwebend unwirksame Verträge, wenn während des Schwebezustandes der Schutzzweck der Norm entfällt, die die schwebende Unwirksamkeit anordnet. Verträge, die gemäß § 1365 der Zustimmung des Ehegatten bedurften, diese jedoch nicht fanden, konvaleszieren mithin, wenn während des Schwebezustandes die Schutzzwecke der Verfügungsbeschränkung entfallen. Der primäre Schutzzweck des § 1365, die Sicherung der familiären Lebens- und Vermögensgrundlage, spielt nach Beendigung des gesetzlichen Güterstandes keine Rolle mehr; im Hinblick auf diesen Schutzzweck können schwebend unwirksame Verträge also etwa mit Rechtskraft der Scheidung wirksam werden. Allerdings kann der zweite Schutzzweck des § 1365, die Sicherung der Zugewinnausgleichsforderung, die Konvaleszenz auch nach Beendigung der Zugewinngemeinschaft hindern. Solange der Zugewinn noch 31

---

[22] Vgl. BGHZ 42, 223, 225 = NJW 1964, 2304 (zu § 55 a FGG aF).
[23] BGHZ 125, 355, 361; *Staudinger/Thiele* (2007) RdNr. 33.
[24] Vgl. OLG Zweibrücken OLGZ 1981, 396; *Staudinger/Thiele* (2007) § 1365 RdNr. 94; *Soergel/Lange* § 1365 RdNr. 71; *Palandt/Brudermüller* § 1365 RdNr. 26.
[25] LG Berlin FamRZ 1973, 146, 147; LG Frankfurt a. Main FamRZ 1992, 1079; *Palandt/Brudermüller* § 1365 RdNr. 26.

nicht endgültig und abschließend ausgeglichen ist, bleibt nach allgM das Geschäft zustimmungsbedürftig.[26] Dabei ist für die Zustimmungsbedürftigkeit ohne Belang, ob das Gesamtvermögensgeschäft die Ausgleichsforderung des anderen Ehegatten im konkreten Einzelfall tatsächlich schmälert. Der Schutzzweck des § 1365 verbietet Konvaleszenz bereits dann, wenn nach abstrakter und genereller Betrachtungsweise eine Gefährdung der Zugewinnausgleichsforderung nicht auszuschließen ist.[27] Konvaleszenz tritt demzufolge nur dann ein, wenn feststeht, dass Zugewinnausgleichsansprüche nicht mehr bestehen, sei es etwa, dass solche zwischenzeitlich verjährt sind[28] oder nicht in Betracht kommen, weil die Ehegatten unter Verzicht auf bestehende Ausgleichsforderungen Gütertrennung vereinbart haben.

32 **2. Beendigung des Güterstandes durch Tod.** Konvaleszenz tritt nach allgM ein, wenn der Güterstand durch **Tod des zustimmungsberechtigten** Ehegatten endet und der Zugewinn mittels der erbrechtlichen Lösung ausgeglichen wird.[29] In diesem Fall wird der Zugewinn allein durch Erhöhung der Erbquote des verfügenden Ehegatten ausgeglichen, die Auswirkungen des Gesamtvermögensgeschäfts sind für den Güterausgleich hier irrelevant.

33 Konvaleszenz tritt aber auch ein, wenn nach dem Tod des zustimmungsberechtigten Ehegatten der Zugewinnausgleich mittels der güterrechtlichen Lösung vorgenommen wird.[30] Zwar kommt es in diesem Fall zum Zugewinnausgleich – dieser ist zwischen dem überlebenden Ehegatten und den Erben des zustimmungsberechtigten Ehegatten vorzunehmen. Doch sind die Erben durch die ehegüterrechtlichen Verfügungsbeschränkungen nicht geschützt. Die Befugnis, über die Rechtswirksamkeit eines vom Ehepartner abgeschlossenen Geschäfts zu bestimmen, steht den Ehegatten **nur höchstpersönlich** zu. Die geschäftliche Aktion des überlebenden Ehegatten unterliegt mithin nicht der Zustimmung der Erben, auch wenn die Konvaleszenz des Geschäfts Auswirkungen auf den gegen sie gerichteten Ausgleichsanspruch haben kann. Schutz gegen illoyale Vermögensminderungen finden die Erben in § 1375 Abs. 2 und in § 1381, daraus folgt aber nicht, dass zu ihren Gunsten auch die Handlungs- und Verwaltungsfreiheit der Ehegatten eingeschränkt werden muss.

34 Unabhängig von der Form, in welcher der Zugewinn ausgeglichen wird, tritt Konvaleszenz nicht ein, wenn der **vertragsschließende Ehegatte stirbt.**[31] Weder bei der erbrechtlichen noch bei der güterrechtlichen Lösung ist auszuschließen, dass die Wirksamkeit des Gesamtvermögensgeschäfts die vermögensrechtliche Position des überlebenden Ehegatten schmälert. Das von dem verstorbenen Ehegatten vorgenommene Geschäft bleibt schwebend unwirksam und zustimmungsbedürftig auch dann, wenn der überlebende Ehegatte zur Alleinerbschaft berufen ist und unbeschränkt haftet. Wegen des besonderen Schutzzwecks der Verfügungsbeschränkungen ist § 185 Abs. 2 S. 1 weder direkt noch analog anzuwenden.[32]

---

[26] Vgl. OLG Celle FamRZ 2001, 1613. AA *Künzl* FamRZ 1988, 452 ff., der dem verfügenden Ehegatten aber gemäß § 108 Abs. 3 analog die Möglichkeit der Genehmigung gibt.

[27] BGHZ 77, 293, 300; *Staudinger/Thiele* (2007) § 1365 RdNr. 103.

[28] OLG Celle FamRZ 2001, 1613, 1614.

[29] Vgl. BGH LM Nr. 2 = NJW 1982, 1099, 1100.

[30] BGH NJW 1982, 1099, 1100; *Rauscher* RdNr. 384; *Böttcher* Rpfleger 1984, 377, 382; *Erman/Gamillscheg* RdNr. 8; *Soergel/Lange* RdNr. 19; RGRK/*Finke* RdNr. 22, aA *Künzl* FamRZ 1988, 452; MünchKommBGB/*Gernhuber* 3. Aufl. RdNr. 34; *Staudinger/Thiele* (2007) § 1365 RdNr. 107; *Gernhuber/Coester-Waltjen* § 35 RdNr. 77.

[31] BGHZ 77, 293, 300 = NJW 1980, 2350, 2351; RGRK/*Finke* RdNr. 20; *Erman/Gamillscheg* RdNr. 8; *Staudinger/Thiele* (2007) § 1365 RdNr. 106; *Soergel/Lange* RdNr. 20; *Böttcher* Rpfleger 1984, 377, 382.

[32] OLG Karlsruhe FamRZ 1978, 505, 506; *Gernhuber/Coester-Waltjen* § 35 RdNr. 76; *Rauscher* RdNr. 384; *Tiedtke* FamRZ 1981, 1, 2; *Böttcher* Rpfleger 1984, 377, 382; *Staudinger/Thiele* (2007) § 1365 RdNr. 106. AA OLG Celle NJW-RR 1994, 646, 647; *Soergel/Lange* RdNr. 20; RGRK/*Finke* RdNr. 21. BGHZ 77, 293, 300 lässt die Frage offen.

Tritt der **Tod** eines Ehegatten **während des Verfahrens vor dem FamG** ein, so erledigt sich die Hauptsache, falls der Vertrag konvaleszierlt. Im Übrigen treten die Erben in das Verfahren ein. Sukzedieren sie in die Rolle des Antragstellers, so können sie den Antrag jederzeit zurücknehmen. Das gilt auch für den überlebenden Ehegatten als Alleinerbe, wenn der Verstorbene aufgrund rechtsgeschäftlicher Vereinbarung mit seinem Geschäftspartner verpflichtet war, den Antrag beim FamG zu stellen. Freilich kann er in diesem Fall vom Dritten aus der Verpflichtung in Anspruch genommen werden.[33] 35

3. Beendigung des Güterstandes aus anderen Gründen. Ehescheidung sowie erfolgreicher Antrag auf vorzeitige Aufhebung der Zugewinngemeinschaft oder vorzeitigen Zugewinnausgleich bewirken nie Konvaleszenz.[34] Auch mit der Festlegung der Ausgleichsforderung in einem Scheidungsfolgenvergleich tritt Konvaleszenz noch nicht ein. Denn selbst wenn diese Einigung in einem gerichtlichen Vergleich erfolgt, bleibt die Erfüllung der Ausgleichsforderung gefährdet, es sei denn, es ist für sie Sicherheit geleistet worden.[35] Auch Vereinbarungen, die die Ehegatten nach Rechtshängigkeit des Scheidungsantrages treffen, haben auf die Zustimmungsbedürftigkeit von Gesamtvermögensgeschäften keinen Einfluss, denn auch wenn die Höhe der Ausgleichsforderung dann grundsätzlich feststeht, kann bis zur Entstehung mit Rechtskraft der Scheidung ihre Realisierung durch ein Gesamtvermögensgeschäft noch gefährdet werden. In all den genannten Fällen spielt es auch keine Rolle, ob der zustimmungsberechtigte Ehegatte selbst den höheren Zugewinn erzielte und deshalb ausgleichspflichtig ist. Auch wenn er keine Zugewinnausgleichsforderung hat, die zu sichern wäre, tritt Konvaleszenz solange nicht ein, als sie Auswirkungen auf das Ergebnis des Zugewinnausgleichs hat – und das ist auch hier der Fall, denn das Gesamtvermögensgeschäft kann immer noch das Endvermögen des verfügenden Ehegatten mindern und dazu führen, dass sich dessen Ausgleichsforderung erhöht. 36

VIII. Umdeutungen des Geschäfts

Schwebend unwirksame Rechtsgeschäfte, die nichtig werden, sind der Umdeutung nach § 140 grundsätzlich ebenso fähig wie Rechtsgeschäfte, die von vornherein nichtig sind. Insoweit bestehen auch gegen die Umdeutung von Rechtsgeschäften, die nichtig sind, weil die von §§ 1365, 1369 geforderte Zustimmung nicht erlangt werden konnte, keine grundsätzlichen Bedenken.[36] Doch dürfen nur Umdeutungen vorgenommen werden, deren Wirkungen den Schutzzwecken der §§ 1365, 1369 nicht zuwiderlaufen. 37

Zurückhaltung ist insbesondere bei der Umdeutung des zustimmungsbedürftigen Rechtsgeschäfts in einen mit dem Dritten geschlossenen Erbvertrag geboten. Im Fall des Todes des vertragsschließenden Ehegatten sind großzügigen Umdeutungen schon deshalb Grenzen gesetzt, weil sie dazu führen, dass das zustimmungsbedürftige Rechtsgeschäft im Todesfall praktisch immer als von dem verstorbenen Ehegatten und dem Dritten ersatzweise gewollte erbrechtliche Regelung gelten würde – trotz verweigerter oder noch ausstehender Genehmigung.[37] Eine Umdeutung in eine erbvertragliche Vereinbarung kommt mithin **nur ausnahmsweise** in Betracht. Voraussetzung ist, dass sich aus den besonderen Umständen des Einzelfalls erkennbare Anzeichen für einen entsprechenden hypothetischen Parteiwillen ergeben.[38] Gegen die Annahme eines primär in Betracht kommenden entgeltlichen Erbvertrags spricht aus Sicht des Dritten jedenfalls schon, dass sich seine Rechtsposition verschlech- 38

---

[33] Vgl. *Erman/Gamillscheg* RdNr. 8; *Soergel/Lange* § 1365 RdNr. 72.

[34] BGH NJW 1978, 1380 = LM § 1365 Nr. 7; BayObLG FamRZ 1981, 46, 47; OLG Saarbrücken FamRZ 1987, 1248. *Staudinger/Thiele* (2007) § 1365 RdNr. 105; *Erman/Gamillscheg* RdNr. 8; *Soergel/Lange* RdNr. 21; RGRK/*Finke* RdNr. 17; *Palandt/Brudermüller* § 1365 RdNr. 19.

[35] *Staudinger/Thiele* (2007) § 1365 RdNr. 104; anders MünchKommBGB/*Gernhuber* 3. Aufl. RdNr. 32.

[36] Vgl. BGHZ 40, 218, 222 = NJW 1964, 347 gegen RGZ 79, 306, 309.

[37] BGHZ 125, 355, 363.

[38] BGHZ 125, 355, 364 m. zust. Anm. *Jost* JR 1995, 197, 198. Die Konversion weiter einschränkend MünchKommBGB/*Gernhuber* 3. Aufl. RdNr. 39; *Tiedtke* FamRZ 1981, 1 ff. schließt jede Umdeutung in einen Erbvertrag aus.

tert, denn der veräußernde Ehegatte behält hier bis zu seinem Tod die Verfügungsbefugnis unter Lebenden (§ 2286) und hat weitgehende Rücktritts- und Anfechtungsmöglichkeiten (§§ 2293 ff.; 2281 iVm. 2078 f.).

IX. Ersatzansprüche des Dritten

39 **1. Vertragliche Ansprüche.** Eine Vereinbarung, in der der vertragsschließende Ehegatte dem Dritten gegenüber die Haftung für die Zustimmung seines Ehepartners übernimmt, ist unwirksam. Eine solche Absprache, die dem Dritten über Schadensersatzansprüche die ökonomischen Vorteile des Vertrages auch dann sichert, wenn er von dessen Ehepartner nicht genehmigt wird, verstößt gegen den Schutzzweck des § 1365.[39] Die Verfügungsbeschränkungen können ihre Aufgabe nicht erfüllen, wenn eine freie Entscheidung des zustimmungsberechtigten Ehegatten für oder gegen den Vertrag nicht möglich ist, weil die Verweigerung der Zustimmung vertraglich programmierte Ersatzansprüche gegen den anderen auslöst.

40 **2. Ansprüche aus Delikt und culpa in contrahendo.** Möglich bleiben nach allgM dagegen Schadensersatzansprüche aus Delikt, wenn der Dritte getäuscht wurde (§§ 823 Abs. 2, 826). Darüber hinaus kann der vertragsschließende Ehepartner dem Dritten gegenüber wegen Verschuldens beim Vertragsschluss nach § 280 iVm. § 311 Abs. 2, 241 Abs. 2 (culpa in contrahendo) schadensersatzpflichtig werden. Durch Ersatzansprüche dieser Art wird zwar auch die Entscheidungsfreiheit des anderen Ehegatten beeinträchtigt, doch sind sie mit dem Zweck der §§ 1365, 1369 insofern zu vereinbaren, als sie die Verletzung von vorvertraglichen Rücksichtnahmepflichten sanktionieren, die nicht unmittelbar auf die Zustimmung des Ehegatten bezogen sind.[40]

§ 1367 Einseitige Rechtsgeschäfte

Ein einseitiges Rechtsgeschäft, das ohne die erforderliche Einwilligung vorgenommen wird, ist unwirksam.

Schrifttum: s. § 1365

I. Normzweck

1 **1. Schutz der Empfänger einseitiger Willenserklärungen.** § 1367 dient dem Schutz der Empfänger einseitiger Willenserklärungen, die gemäß § 1365 der Zustimmung des Ehegatten bedürfen. Das Gesetz bewahrt sie vor schwebend unwirksamen einseitigen Rechtsgeschäften, die sie als nur passiv Beteiligte – anders als ein Vertragspartner –, durch eigenes Verhalten nicht vermeiden konnten. Parallelvorschriften finden sich in den §§ 111, 180, 1831 (jeweils S. 1).

2 **2. Restriktive Interpretation.** Der Normzweck gebietet eine restriktive Interpretation: Die Regeln des § 1366 über den Vertrag müssen entsprechend gelten, wenn der Geschäftspartner mit der Vornahme des einseitigen Rechtsgeschäfts ohne Einwilligung des Ehegatten einverstanden war, obgleich er dessen Zustimmungsbedürftigkeit kannte.[1] § 180 S. 2, der dies für den Fall des falsus procurator anordnet, enthält insofern einen verallgemeinerungsfähigen Gedanken.

[39] *Gernhuber/Coester-Waltjen* § 35 RdNr. 78; *Staudinger/Thiele* (2007) § 1365 RdNr. 101; *Soergel/Lange* § 1365 RdNr. 62; RGRK/*Finke* RdNr. 25. AA *Dölle* I S. 755.

[40] So früher zur c.i.c. *Dölle* I S. 755; *Staudinger/Thiele* (2007) § 1365 RdNr. 98; ohne Haftungsbegrenzung MünchKommBGB/*Gernhuber* 3. Aufl. RdNr. 41.

[1] Ebenso *Staudinger/Thiele* (2007) RdNr. 5; *Soergel/Lange* RdNr. 3; RGRK/*Finke* RdNr. 6; *Böttcher* Rpfleger 1984, 377, 381.

II. Rechtsfolge

1. Nichtigkeit. Unwirksamkeit bedeutet Nichtigkeit von Anfang an ohne Möglichkeit einer Heilung – etwa durch spätere Genehmigung oder durch einen ersetzenden Akt des VormG – und ohne Möglichkeit des Konvaleszierens. Die erstrebte Wirkung ist nur durch fehlerfreie Wiederholung des Geschäfts zu erzielen. 3

2. Vernichtbarkeit. Auch für die empfangsbedürftigen einseitigen Rechtsgeschäfte des § 1365 gilt § 182 Abs. 3 iVm. § 111 S. 2 und 3. Der Geschäftspartner kann mithin Rechtsgeschäfte, die mit Einwilligung des Ehegatten erfolgen, unverzüglich zurückweisen, wenn ihm die Einwilligung nicht in schriftlicher Form vorgelegt wird; etwas anderes gilt nur, wenn er zuvor von dem einwilligenden Ehegatten von dessen Zustimmung in Kenntnis gesetzt wurde. Diese Vernichtbarkeit an sich wirksamer Rechtsgeschäfte dient dem Schutz des Geschäftspartners des Ehegatten vor Schwebezuständen. Während die Unwirksamkeitsanordnung des § 1367 vor dem Eintritt von Schwebelagen schützt, schützt § 182 Abs. 3 vor Zweifeln angesichts einer zwar behaupteten, jedoch nicht bewiesenen Wirksamkeit. 4

III. Praktische Bedeutung

1. Fälle. Die praktische Bedeutung des § 1367 ist gering und keinesfalls mit derjenigen des § 1366 zu vergleichen. Als einseitige Gesamtvermögensgeschäfte kommen etwa Stiftungsgeschäfte in Betracht (§§ 80 ff.), vor allem aber Zustimmungen zu Gesamtvermögensgeschäften, die ein Dritter an der Stelle des Ehegatten vornimmt. So kann die Genehmigung nach § 177 zustimmungsbedürftig sein, wenn der Dritte als Vertreter ohne Vertretungsmacht im Namen des Ehegatten ein Gesamtvermögensgeschäft vornahm oder auch die Vollmachtserteilung nach § 167, wenn das zu erledigende Geschäft das gesamte Vermögen betrifft oder auch die Zustimmung zu einer entsprechenden Verfügung des nichtberechtigten Dritten nach § 185. Auch die Kündigung eines Gesellschaftsverhältnisses ist hier zu nennen für jene Ansicht, die sie § 1365 unterwirft (vgl. dazu § 1365 RdNr. 75). Stets wirksam ist dagegen die Ausschlagung einer Erbschaft (vgl. § 1365 RdNr. 77). 5

2. Anfechtungs- und Rücktrittsrechte. Nicht von § 1367 erfaßt wird die Ausübung von Anfechtungs- und Rücktrittsrechten.[2] Abgesehen davon, dass die Anfechtung eines Rechtsgeschäfts und auch der Rücktritt von einem solchen keine Verfügungen über den Geschäftsgegenstand enthalten, ist es nicht Sinn der güterrechtlichen Verfügungsbeschränkungen, die Ehegatten bei der Geltendmachung von Willensmängeln und von Leistungsstörungen aneinander zu binden. 6

§ 1368 Geltendmachung der Unwirksamkeit

Verfügt ein Ehegatte ohne die erforderliche Zustimmung des anderen Ehegatten über sein Vermögen, so ist auch der andere Ehegatte berechtigt, die sich aus der Unwirksamkeit der Verfügung ergebenden Rechte gegen den Dritten gerichtlich geltend zu machen.

Schrifttum: s. § 1365

Übersicht

[2] Anders wohl *Staudinger/Thiele* (2007) RdNr. 3; *Soergel/Lange* RdNr. 2.

I. Normzweck

1 Die Verpflichtungs- und Verfügungsbeschränkungen der §§ 1365 und 1369 sichern die Unwirksamkeit aller Geschäfte, die vom Ehepartner nicht gebilligt wurden. Sie regeln dagegen nicht die **Rückabwicklung** der **Verfügungen,** die aufgrund der unwirksamen Geschäfte getätigt wurden. Der verfügende Ehegatte mag im Einzelfall an der Rückabwicklung interessiert oder doch jedenfalls zu ihr bereit sein. IdR ist von ihm jedoch kein Vorgehen gegen den begünstigten Dritten zu erwarten. Abgesehen davon, dass er sich damit in Widerspruch zu seinen eben getroffenen Maßnahmen setzt, sind unter bestimmten Umständen auch Schadensersatzansprüche des Dritten möglich (vgl. dazu § 1366 RdNr. 40).

2 § 1368 **berechtigt** deshalb auch **den anderen Ehegatten,** gegebenenfalls auch noch nach Scheidung der Ehe,[1] zur gerichtlichen Verfolgung der Rückabwicklungsansprüche. Der Nachteil dieser Regelung liegt in der Belastung des ehelichen Verhältnisses, wenn die Rückabwicklung gegen den Willen des verfügenden Ehegatten betrieben wird. Doch ist dies hinzunehmen, da es in der durch das eigenmächtige Handeln geschaffenen Situation regelmäßig schon zuvor zu Spannungen zwischen den Ehegatten gekommen sein wird.

II. Dogmatik

3 **1. Prozessstandschaft.** Die sich aus der Unwirksamkeit der Verfügung ergebenden Rechte gegen den Dritten sind und bleiben Rechte des verfügenden Ehegatten. Der andere Ehegatte darf sie lediglich im eigenen Namen prozessual ausüben. Er handelt nach allgM mithin in gesetzlicher Prozessstandschaft.[2]

4 Aus der Formulierung „auch" der andere Ehegatte ergibt sich, dass die Prozessstandschaft keine Auswirkungen auf die Rechtsposition des verfügenden Ehegatten hat. Dieser ist Eigentümer der Sache, Inhaber des Rechts und Gläubiger der Forderung geblieben und kann alle aus der Unwirksamkeit des Geschäfts folgenden Rechte auch selbst geltend machen.[3] Gegenüber seinem Ehepartner ist er gemäß § 1353 dazu sogar verpflichtet, von dem Dritten kann ihm die Berufung auf die Unwirksamkeit des Geschäfts deshalb nicht als venire contra factum proprium entgegengehalten werden (vgl. RdNr. 16).

5 Die Prozessstandschaft erwächst aus der Unwirksamkeit des **Verfügungs**geschäfts und **nicht** aus der des **Verpflichtungs**geschäfts. Vor der Verfügung ist der übergangene Ehegatte nach dem eindeutigen Wortlaut des § 1368 nicht zur Prozessführung befugt, er kann also nicht etwa im Hinblick auf das unwirksame Verpflichtungsgeschäft Unterlas-

[1] BGH NJW 1984, 609, 610; OLG Celle FamRZ 2001, 1613, 1614.
[2] *Zöller/Vollkommer* vor § 50 RdNr. 24; *Erman/Gamillscheg* RdNr. 2; RGRK/*Finke* RdNr. 12; *Staudinger/Thiele* (2007) RdNr. 18 f.
[3] *Staudinger/Thiele* (2007) RdNr. 9.

sungsklage erheben oder einen hierauf gerichteten einstweiligen Rechtsschutz beanspruchen.[4]

2. Vorgehen aus eigenem Recht. Unterlassung kann der andere Ehegatte vom Dritten aber auch **nicht aus eigenem Recht** fordern. Die §§ 1365 ff. enthalten ein in sich geschlossenes Schutzsystem, das materielle eigene Rechte des übergangenen Ehegatten nicht vorsieht. Diese – das Prinzip der Gütertrennung wahrende – Regelung darf nicht durch Anerkennung der §§ 1365, 1369 als Schutzgesetze iS des § 823 Abs. 2 unterlaufen werden.[5] Zur Klärung der Verhältnisse kann der übergangene Ehegatte gegen den Dritten jedoch nach § 256 ZPO, § 113 Abs. 2 FamFG vorgehen und **Antrag auf Feststellung** der Unwirksamkeit des Verpflichtungsgeschäfts stellen. Da das Rechtsverhältnis, das Gegenstand der Feststellungsklage ist, nicht zwischen den Prozessparteien bestehen muss, kann der Ehegatte auch gegen den Dritten vorgehen, wenn er ein Interesse an Feststellung ihm gegenüber nachweist.[6] 6

Keinen beschränkenden Einfluss hat die ehegüterrechtliche Prozessstandschaftsregelung auf die Rechte, die dem zustimmungsberechtigten Ehegatten als Eigentümer oder Besitzer zustehen. Stand der Geschäftsgegenstand in seinem Allein- oder Miteigentum, kann er selbstverständlich aus **§§ 985, 1011** vorgehen; ebenso kann er sich auf **§ 1007 Abs. 2** berufen, wenn sich die Sache in seinem Allein- oder Mitbesitz befand. 7

III. Inhalt und Umfang des Revokationsrechts

1. Adressat der Rechte. Die sich aus der Unwirksamkeit der Verfügung ergebenden Rechte kann der übergangene Ehegatte nur gegenüber dem Dritten, der vom verfügenden Ehegatten erwerben wollte, geltend machen. Vorgehen kann er auch gegen einen Gesamtrechtsnachfolger, der die Rechtsposition des Dritten komplett übernommen hat, nicht allerdings gegen einen Singularsukzessor des Dritten. Sofern dieser gutgläubig kraft Rechtsscheins wirksam erworben hat, kann der übergangene Ehegatte nur den Bereicherungsanspruch aus § 816 Abs. 1 in Prozessstandschaft gegen den Dritten geltend machen.[7] Sofern jedoch das weitere Erwerbsgeschäft unwirksam ist, etwa infolge § 935, kann gegen den weiteren Erwerber nur der verfügende Ehegatte selbst vorgehen; der Ehepartner kann dieses lediglich nach § 1353 von ihm verlangen, nicht aber selbst aktiv werden (vgl. RdNr. 4). 8

2. Außergerichtliche Maßnahmen. Dem Normtext zufolge ist der andere Ehegatte lediglich zur gerichtlichen Rechtsverfolgung berufen. Sinn und Zweck der Norm gebieten jedoch, in extensiver Interpretation auch außergerichtliche Maßnahmen wie etwa Mahnungen, die den Dritten in Verzug setzen, für zulässig zu halten.[8] 9

Das Revokationsrecht vermittelt **nicht** die Befugnis zur **Aufrechnung** gegenüber dem Dritten. Mit eigenen Forderungen kann der andere Ehegatte mangels Gegenseitigkeit nicht aufrechnen, mit Forderungen des verfügenden Ehegatten nicht, weil ihm insoweit die Verfügungsmacht fehlt. 10

3. Gerichtliche Maßnahmen. Aus der Unwirksamkeit der Verfügung können unterschiedliche Rechte folgen und deshalb unterschiedliche prozessuale Vorgehensweisen erforderlich sein. So kann der übergangene Ehegatte die früheren Besitzverhältnisse wieder herstellen wollen und im Wege der Leistungsklage die **Rückgewähransprüche** aus §§ 985, 894 geltend machen.[9] Er kann auch die mit ihnen verknüpften Ansprüche auf **Schadens-** 11

---

[4] BGH FamRZ 1990, 970 mwN.

[5] Wie hier *Staudinger/Thiele* (2007) RdNr. 8. Anders OLG Celle NJW 1970, 1882, 1883, zust. RGRK/*Finke* § 1365 RdNr. 49; *Soergel/Lange* RdNr. 3, 8.

[6] BGH FamRZ 1990, 970, 971; *Rauscher* § 17 RdNr. 390.

[7] Ebenso *Staudinger/Thiele* (2007) RdNr. 22; *Soergel/Lange* RdNr. 10.

[8] Ebenso *Dölle* I S. 762; *Soergel/Lange* RdNr. 12; RGRK/*Finke* RdNr. 8; *Staudinger/Thiele* (2007) RdNr. 24.

[9] Berichtigung des Grundbuchs kann auch gemäß § 22 GBO betrieben werden (vgl. dazu *Eickmann* Rpfleger 1981, 213, 217), doch wird dessen Tatbestand kaum je erfüllt sein.

ersatz und Nutzungsherausgabe (§§ 987 ff.) erheben; ebenso die **bereicherungsrechtlichen** Ansprüche, die gegen den nichtberechtigt (weiter)verfügenden Dritten aus § 816 Abs. 1 und 2 gegeben sind. Er kann zudem **einstweiligen Rechtsschutz** in Anspruch nehmen und einen Arrest (§§ 916 ff. ZPO, § 119 Abs. 2 FamFG), eine einstweilige Anordnung (§§ 49 ff., 119 Abs. 1 FamFG) oder auch gemäß § 899 die **Eintragung eines Widerspruchs** gegen die Richtigkeit des Grundbuchs beantragen.[10] Der Widerspruch ist in diesem Fall zugunsten beider Ehegatten einzutragen: zugunsten des verfügenden Ehegatten, weil dessen Recht betroffen ist; aber auch zugunsten des übergangenen Ehegatten, dessen eigenes Recht durch die fehlerhafte Eintragung zwar nicht verletzt ist, der aber in der Funktion als Prozessstandschafter die Rechte seines Partners geltend machen darf. Ein Widerspruch zugunsten des verfügenden Ehegatten allein[11] würde diesem die Möglichkeit einräumen, jederzeit dessen Löschung herbeizuführen.[12]

12 Bestand das Gesamtvermögensgeschäft in der **Beteiligung an einer Gesellschaft.** (vgl. dazu § 1365 RdNr. 71 f.), so kann sich der übergangene Ehegatte auf die Unwirksamkeit der Einlageverpflichtung und der sie erfüllenden Verfügung berufen und gemäß §§ 985, 1368 die geleisteten Gegenstände, die sich in den Händen der Gesellschaft befinden, revozieren. Welche Rechte der Ehegatte darüber hinaus ausüben kann, hängt davon ab, welche Auswirkungen die Unwirksamkeit der Verpflichtung zur Leistung der Einlage auf die gesellschaftsrechtliche Beteiligungserklärung des Ehegatten insgesamt hat. Diese Frage ist nach allgemeinen Grundsätzen des Gesellschaftsrechts zu entscheiden, dem Schutzzweck des § 1365 ist jedenfalls bereits mit der Rückforderungsmöglichkeit der Einlageleistung Genüge getan. Im Fall der Fehlerhaftigkeit der Gesellschaft kann der übergangene Ehegatte jedenfalls das seinem Ehegatten wie jedem Gesellschafter dann zustehende außerordentliche Kündigungsrecht als Prozessstandschafter geltend machen.[13]

13 Mit dem **Feststellungsantrag** vorgehen muss der Ehegatte, wenn der Dritte Gegenstände in Anspruch nimmt, die in keiner Form zurückgewährt werden können. Im Falle nicht verbriefter Forderungen etwa kann er nur feststellen lassen, dass diese (noch) seinem Ehepartner gehören.[14] Auch **Vollstreckungszugriffe von Gläubigern des Dritten** kann er abwehren: er kann zum Beispiel bei Insolvenz des Dritten **aussondern** (§§ 47 f. InsO) und im Fall der Einzelzwangsvollstreckung gegen den Dritten die **Drittwiderspruchsklage** (§ 771 ZPO, § 120 Abs. 1 FamFG) erheben.

14 **4. Herausgabeverlangen.** Strittig ist, wie der als Prozessstandschafter auf Herausgabe klagende Ehegatte seinen Klageantrag formulieren muss: ob er Leistung an sich allein verlangen kann oder Leistung an den verfügenden Ehegatten begehren muss oder ob er Herausgabe der Leistung an sich und den anderen zusammen fordern muss. Grundsätzlich kann der zustimmungsberechtigte Ehegatte in Prozessstandschaft **Herausgabe nur in der Form** verlangen, in welcher der verfügende Ehegatte sie verlangen könnte, was heißt, dass er auf **Herausgabe an den verfügenden Ehegatten** klagen muss. Nur wenn dieser die Sache nicht übernehmen kann oder will, darf der revozierende Ehegatte analog §§ 986 Abs. 1 S. 2, 869 S. 2 Halbs. 2 Herausgabe der Sache an sich selbst fordern.[15] Prozessual ist diese subsidiäre Befugnis zur Übernahme der Sache in eigenen Besitz dahingehend zu berücksichtigen, dass sowohl der Antrag wie der Tenor des Beschlusses gleichermaßen auf die primäre wie auf die subsidiäre Form der Herausgabe zu richten sind. Welche Alternative

[10] Zum Grundbucheintrag vgl. auch § 1365 RdNr. 69.

[11] So aber *Eickmann* Rpfleger 1981, 213, 216.

[12] Vgl. dazu BayObLG FamRZ 1988, 503; OLG Hamm NJW 1960, 436, 437 m. zust. Anm. *Haegele* Rpfleger 1959, 351; *Soergel/Lange* § 1365 RdNr. 43 (sämtlich mit Eintragung des Widerspruchs zugunsten beider Ehegatten ohne Hinweis auf die Prozessstandschaft).

[13] Wie hier § 705 RdNr. 341; *Wiedemann* S. 260 f.; *Sandrock,* FS Duden, 1977, S. 513, 524. Gegen jede Berücksichtigung der Lehre von der fehlerhaften Gesellschaft *Tubbesing* BB 1966, 829, 832; *Soergel/Lange* § 1365 RdNr. 52.

[14] *Dölle* I S. 763; *Staudinger/Thiele* (2007) RdNr. 25; RGRK/*Finke* RdNr. 10.

[15] Ebenso *Dölle* I S. 762 mit Fn. 86; *Giesen* RdNr. 284; *Bamberger/Roth/Mayer* RdNr. 4; *Soergel/Lange* RdNr. 11; RGRK/*Finke* RdNr. 13.

Bedeutung erlangt, stellt sich erst beim Vollzug der Entscheidung heraus. Dem freiwillig leistenden Dritten oder dem wegnehmenden Gerichtsvollzieher verursacht die Feststellung, ob der verfügende Ehegatte zur Übernahme bereit ist oder nicht, keine nennenswerte Mühen und Kosten.[16]

Andere Ansichten sind weit verbreitet. Sie sind sämtlich bereit, dem revozierenden 15
Ehegatten – dem Gedanken der Prozessstandschaft zuwider – Rechte einzuräumen, die der verfügende Ehegatte nicht hat. Die zur Rechtfertigung herangezogenen Schutzzwecke der §§ 1365 ff. werden damit überdehnt. Das gilt insbesondere für die Ansicht, § 1368 gestatte in jedem Fall die Revokation zu eigenem unmittelbaren Alleinbesitz. Aber auch die Ansicht, die Revokation alternativ zu Mitbesitz beider Ehegatten oder zu Alleinbesitz des verfügenden Ehegatten anzuerkennen, gewichtet die Bedeutung der §§ 1365 ff. gegenüber den allgemeinen Grundsätzen der Prozessstandschaft zu stark.[17]

IV. Einwendungen und Einreden des Dritten

1. Ausschluss von § 242. Grundsätzlich ausgeschlossen ist der Dritte – und zwar im 16
Verhältnis zu beiden Ehegatten – mit der Einwendung der unzulässigen Rechtsausübung. Ein venire contra factum proprium kann er dem verfügenden Ehegatten nicht entgegenhalten, denn die Revokation soll die Durchsetzung der Verfügungsbeschränkungen der §§ 1365, 1369 im Interesse des anderen Ehegatten und der Familie sichern. Das persönliche individuelle Verhalten des verfügenden Ehegatten steht hier überhaupt nicht in Rede. Nur wenn der andere Ehegatte an einem treuwidrigen Verhalten des verfügenden Ehegatten gegenüber dem Dritten beteiligt ist, können die Rechte beider Ehegatten mit § 242 begrenzt werden.[18]

2. Ausschluss von § 817 S. 2. Ausgeschlossen ist der Dritte ferner mit der Einwendung 17
des § 817 S. 2. Auch bei verwerflicher Leistung des verfügenden Ehegatten ist dem übergangenen Zustimmungsberechtigten der Rechtsschutz nicht zu versagen, die Schutzzwecke der §§ 1365 ff. gehen insoweit vor.[19]

3. Aufrechnung. Die Aufrechnungsmöglichkeiten des Dritten werden durch das Revo- 18
kationsrecht des zustimmungsberechtigten Ehegatten nicht beschränkt. Der Dritte kann mit einer Forderung, die ihm gegenüber dem verfügenden Ehegatten zusteht, aufrechnen – und zwar auch gegenüber dem revozierenden Ehegatten, denn dieser macht ja nur den fremden Anspruch geltend. Die Schutzwirkungen der §§ 1365, 1369 werden dadurch nicht ausgehebelt, denn die Verfügungsbeschränkungen stehen der Zwangsvollstreckung in das Vermögen eines Ehegatten nicht entgegen, auch wenn diese dessen gesamtes Vermögen ergreift. Sie können folglich auch nicht entgegenstehen, wenn der Gläubiger des Ehegatten, statt zu vollstrecken, mit einer ihm zustehenden Forderung aufrechnet.[20] Im Übrigen würde ein Aufrechnungsverbot den revozierenden Ehegatten und die Familie ohnehin nicht schützen, denn die Gegenforderung bliebe ja erhalten. Auch deshalb gibt es keinen Grund, die Interessen des Dritten hintanzustellen und ihm trotz Aufrechnungslage das Insolvenzrisiko für den verfügenden Ehegatten aufzubürden (zur Aufrechnungsmöglichkeit des revozierenden Ehegatten vgl. RdNr. 10).

4. Zurückbehaltungsrechte. Ausgeschlossen ist der Dritte nach allgM mit der Ein- 19
rede aus **§ 273**. Er hat also gegenüber den aus § 1368 geltend gemachten Ansprüchen kein

---

[16] Ebenso *Soergel/Lange* RdNr. 11.

[17] Vgl. *Brox* FamRZ 1961, 281, 286 f.; *Erman/Gamillscheg* RdNr. 13; *Stein/Jonas/Leipold* Vor § 50 ZPO RdNr. 69. Mit Beschränkung auf Hausrat *Staudinger/Thiele* (2007) RdNr. 30 ff.

[18] Ebenso *Staudinge/Thiele* (2007) RdNr. 50; *Soergel/Lange* RdNr. 13; RGRK/*Finke* RdNr. 14 und 16. Weitergehend *Erman/Gamillscheg* RdNr. 5 (§ 242 gegenüber der Klage des verfügenden Ehegatten nach besonders arglistigem Verhalten).

[19] Vgl. *Staudinger/Thiele* (2007) RdNr. 50.

[20] BGH FamRZ 2000, 744, 745; *Palandt/Brudermüller* RdNr. 3; *Staudinger/Thiele* (2007) RdNr. 52; RGRK/*Finke* RdNr. 15.

Zurückbehaltungsrecht wegen eigener Ansprüche aus dem rückabzuwickelnden Vertrag.[21] Der in §§ 1365, 1369 intendierte Ehe- und Familienschutz gebietet, dem missbilligten Geschäft konsequent die Geltung zu versagen und aus ihm keinerlei, auch nicht nur zeitweilige, Rechtspositionen zuzubilligen.

20 Ausgeschlossen ist der Dritte auch mit dem Zurückbehaltungsrecht aus **§ 1000** wegen Verwendungsansprüchen, die ihm als unrechtmäßigem Besitzer zustehen.[22] Die Tatsache, dass diese Ansprüche in anderen Zusammenhängen privilegiert sind, etwa in § 51 Nr. 2 InsO, rechtfertigt nicht, den Ausschluss des Zurückbehaltungsrechts im vorliegenden Zusammenhang mit einer Ausnahme zu relativieren.

V. Prozess und Vollstreckung

21 **1. Sachliche Zuständigkeit.** Die Revokation stellt nach allgM eine Familienstreitsache iS des § 23a Abs. 1 Nr. 1 GVG, §§ 111 Nr. 9, 112 Nr. 2, 261 Abs. 1 FamFG dar. Zuständig ist mithin das Familiengericht.[23] Bedenklich ist dies, weil mit der Revokation keine Ansprüche geltend gemacht werden, die das eheliche Güterrecht gewährt, sondern lediglich Ansprüche, die das eheliche Güterrecht durch Vernichtung eines Rechtsgeschäfts vermittelt. Gleichwohl ist die Zuordnung dieser Konflikte zum Familiengericht in der Sache sinnvoll und nun in § 261 Abs. 1 FamFG ausdrücklich klargestellt. Da für den Prozessstandschafter kein anderes Gericht zuständig sein kann als für den Rechtsinhaber, gilt dies auch, wenn der verfügende Ehegatte selbst die sich aus der Unwirksamkeit des Geschäfts ergebenden Ansprüche gerichtlich verfolgt.[24]

22 **2. Stellung der Ehegatten im Verfahren.** Rechtshängigkeit im Verhältnis zu einem Ehegatten begründet **nicht** die Einrede der **Rechtshängigkeit** gegenüber dem nachfolgenden Antrag des anderen Ehegatten. Auch entfaltet ein für oder gegen einen der Ehegatten ergangener Beschluss nach allgM **keine Rechtskraft** gegenüber dem anderen.[25] Zwar besteht Identität des Streitgegenstandes, doch fehlt es für die Erstreckung der prozessrechtlichen Wirkungen an der Identität der Parteien. Auch gibt es im Fall des § 1368 weder eine spezielle Norm wie etwa § 265 oder § 325 ZPO noch einen allgemeinen Rechtssatz, der die Rechtskraft oder Rechtshängigkeit vom Prozessstandschafter auf den Rechtsträger erstreckt oder umgekehrt. Die Zwecke des materiellen Rechts fordern hier sogar die Beschränkung: Kein Ehegatte darf in der Lage sein, durch nachlässige Prozessführung einen Rechtsverlust zu bewirken, den er rechtsgeschäftlich ohne Zustimmung des Partners nicht herbeiführen kann.

23 Eine **Ausnahme** der Rechtskrafterstreckung zugunsten des anderen Ehegatten ist auch **nicht für obsiegende Beschlüsse** zu machen.[26] Der obsiegende Beschluss ermöglicht nämlich nur dem Antragsteller die Zwangsvollstreckung, nicht aber seinem Ehegatten; die Realisierung des in der obsiegenden Entscheidung erfolgten Familienschutzes ist insoweit allein Sache des einen Ehegatten. Da nun aber nach hM im Prozessrecht die Rechtskraft einer Entscheidung bereits die erneute Verhandlung des Streitgegenstandes verbietet – und nicht erst eine inhaltlich abweichende Sachentscheidung – wäre der andere Ehegatte für

---

[21] OLG Köln MDR 1968, 586; *Brox* FamRZ 1961, 281, 286; *Staudinger/Thiele* (2007) RdNr. 51; *Soergel/Lange* RdNr. 14; RGRK/*Finke* RdNr. 15; *Bamberger/Roth/Mayer* RdNr. 5. Anders *Dölle* I S. 764; *Erman/Gamillscheg* RdNr. 8 (Übersteigerung des Eheschutzes).

[22] Ebenso *Staudinger/Thiele* (2007) RdNr. 51. AA *Soergel/Lange* RdNr. 14; *Erman/Gamillscheg* RdNr. 8; RGRK/*Finke* RdNr. 15.

[23] BGH FamRZ 1981, 1045 m. abl. Anm. *Spall* und zust. Anm. *Bosch;* OLG Frankfurt a. Main FamRZ 1986, 275; *Rauscher* RdNr. 390. Ebenso OLG Köln FamRZ 2001, 176; OLG München FamRZ 2000, 365; OLG Hamburg FamRZ 2000, 1290; OLG Bamberg FamRZ 2000, 1167 (LS) – alle zu Verfahren nach § 771 ZPO.

[24] OLG Hamm NJW-RR 2001, 869.

[25] *Brox* FamRZ 1961, 281, 282 ff.; *Staudinger/Thiele* (2007) RdNr. 35 ff.; *Erman/Gamillscheg* RdNr. 16; RGRK/*Finke* RdNr. 19.

[26] Ebenso *Soergel/Lange* RdNr. 16; *Staudinger/Thiele* (2007) RdNr. 39; *Stein/Jonas/Leipold* § 325 ZPO RdNr. 57. AA *Eickmann* Rpfleger 1981, 213, 214 f.

immer gehindert, selbst gegen den Dritten vorzugehen. Bei Rechtskrafterstreckung des von seinem Partner erstrittenen obsiegenden Beschlusses könnte er sich einen Vollstreckungstitel nicht mehr beschaffen. Da dies dem Ziel des § 1368, beiden Ehegatten gerichtliches Vorgehen zu ermöglichen, zuwiderliefe, darf die Rechtskraft nicht gegen ihn wirken.[27]

Ehegatten bilden, wenn sie gemeinschaftlich gerichtlich vorgehen – der eine etwa auf Leistung, der andere auf Feststellung – **keine notwendige Streitgenossenschaft** iSd. § 62 ZPO, § 113 Abs. 1 FamFG.[28] Nicht nur gewährt das materielle Recht jedem Ehegatten ein selbständiges Klagerecht, auch das Prozessrecht respektiert in Bezug auf Rechtshängigkeit und Rechtskraft die jeweilige Selbständigkeit. 24

3. Stellung der Ehegatten in der Zwangsvollstreckung. Unterliegt der vertragschließende Ehegatte, so kann sich der revozierende Ehegatte mit der **Vollstreckungserinnerung nach § 766 ZPO,** § 120 Abs. 1 FamFG gegen die Zwangsvollstreckung des Dritten wehren, wenn das Vollstreckungsgericht die Verfügungsbeschränkung des § 1365 von Amts wegen zu beachten hat, weil die Voraussetzungen der Norm unstreitig vorliegen oder gerichtlich festgestellt sind.[29] IdR jedoch bleibt nach allgM der übergangene Ehegatte in der Zwangsvollstreckung des Dritten auf die **Drittwiderspruchsklage** verwiesen und muss im Verfahren nach § 771 ZPO, § 120 Abs. 1 FamFG die Unwirksamkeit des Rechtsgeschäfts geltend machen[30] – was möglich ist, weil der von dem Dritten gegen seinen Partner erstrittene Beschluss ja nicht gegen ihn wirkt (RdNr. 22).[31] 25

4. Streitverkündung. Dritte, die Sicherheit im Verhältnis zu beiden Ehegatten gewinnen möchten, können im Verfahren gegen den revozierenden Ehegatten ihrem Geschäftspartner, dem verfügenden Ehegatten, den Streit verkünden (§ 72 ZPO, § 113 Abs. 1 FamFG). Im Verfahren gegen diesen selbst ist die Streitverkündung dagegen ausgeschlossen, da die Voraussetzungen des § 72 ZPO nicht vorliegen: Vorsorge ist von dem Dritten hier nicht für den Fall eines ungünstigen, sondern gerade umgekehrt für den Fall eines günstigen Verfahrensausgangs zu treffen, denn nur wenn er das Verfahren gewinnt, droht ihm die Revokation des übergangenen Ehepartners.[32] Unbenommen ist es dem Dritten jedoch, mit einem negativen Feststellungsantrag gegen den übergangenen Partner feststellen zu lassen, dass Rückabwicklungsansprüche nicht bestehen. Ratsam ist dann, die Verfahren gegen die Ehegatten, den auf Erfüllung und den auf Feststellung, gemäß § 147 ZPO, § 113 Abs. 1 FamFG miteinander zu verbinden. 26

5. Prozesskosten. Ist der übergangene Ehegatte wirtschaftlich nicht in der Lage, die Kosten des Rechtsstreits zu tragen, so ist der verfügende Ehegatte gemäß § 1360 a Abs. 4 verpflichtet, den Prozess vorzufinanzieren. Die vermögensrechtlichen Ansprüche, die mit der Ausübung des Revokationsrechts verfolgt werden, haben den Zweck, die wirtschaftliche Existenz der ehelichen Lebensgemeinschaft zu sichern bzw. die wirtschaftlichen Ergebnisse dieser Gemeinschaft angemessen zu verteilen. Sie resultieren mithin unmittelbar aus der familiären Verbundenheit und stellen eine „persönliche Angelegenheit" iS des § 1360 a Abs. 4 dar.[33] 27

---

[27] Zur Rechtskraftwirkung vgl. *Stein/Jonas/Leipold* § 322 ZPO RdNr. 19 ff. Gegen die Rechtskrafterstreckung unabhängig vom Umfang ihrer Wirkung wegen fehlender Parteiidentität *Staudinger/Thiele* (2007) RdNr. 39.

[28] *Staudinger/Thiele* (2007) RdNr. 42; RGRK/*Finke* RdNr. 17; aA *Dölle* I S. 763.

[29] OLG Frankfurt FamRZ 1999, 524, 525.

[30] OLG Köln FamRZ 2001, 176; OLG München FamRZ 2000, 365; OLG Hamburg FamRZ 2000, 1290; OLG Bamberg FamRZ 2000, 1167 (LS); im Ergebnis auch OLG Brandenburg FamRZ 1996, 1015; *Staudinger/Thiele* (2007) RdNr. 40; *Erman/Gamillscheg* RdNr. 19.

[31] Zum heute erledigten Streit über die Erforderlichkeit eines gesonderten Duldungstitels *Staudinger/Thiele* (2007) RdNr. 44.

[32] *Brox* FamRZ 1961, 281, 284; *Dölle* I S. 763 Fn. 90; *Staudinger/Thiele* (2007) RdNr. 43; *Erman/Gamillscheg* RdNr. 17; *Soergel/Lange* RdNr. 18; RGRK/*Finke* RdNr. 17.

[33] BGHZ 31, 384, 386 f.; *Staudinger/Thiele* (2007) RdNr. 46; anders MünchKommBGB/*Gernhuber* 3. Aufl. RdNr. 2.

VI. Ehegatte als Träger des Revokationsrechts

28 **1. Tod.** Die Revokationsbefugnis ist unlösbar mit der güterrechtlichen Partnerschaft verknüpft; sie ist unübertragbar, unpfändbar und unvererblich.[34] Endgültig unwirksame Verfügungen bleiben unwirksam, wenn der revozierende Ehegatte stirbt; schwebend unwirksame konvaleszieren nicht in jedem Fall (vgl. dazu § 1366 RdNr. 31 ff.). Auch Erben können deshalb an der Revokation interessiert sein. Berechtigt sind sie gleichwohl nicht: der Ehegatte ist nicht befugt, weil er interessiert sein kann, sondern weil er Güterstandspartner ist.

29 **2. Insolvenz.** Bei Insolvenz des revozierenden Ehegatten gehört das Revokationsrecht nicht zur Insolvenzmasse. Da es diese ohnehin nicht mehren könnte, ist der Ehegatte in der Ausübung des Rechts nicht beschränkt. Bei Insolvenz des verfügenden Ehegatten erlischt es nicht, sofern auf Leistung an den Schuldner oder an seinen Ehegatten geklagt werden kann. Es entfällt dagegen, wenn der Gegenstand der Revokation in die Insolvenzmasse zu leisten ist.[35] Die Beschränkungen des Schuldners selbst sind notwendig auch Beschränkungen seines nur güterrechtlich legitimierten Prozessstandschafters.

VII. Abweichende Vereinbarungen

30 Werden die Verfügungsbeschränkungen in ihrer **Gesamtheit abbedungen** (dazu § 1365 RdNr. 101 und § 1369 RdNr. 37), so entfällt mit ihnen auch die Revokationsbefugnis. Abdingbar ist auch die **Revokationsbefugnis allein** bei Fortbestand der Verfügungsbeschränkungen im Übrigen.[36] Sie ist nicht etwa ein unverzichtbares Element in einem Normengefüge, das ohne sie nicht bestehen kann. Auch der Schutz der Familie fordert keinen Eingriff in die Vertragsfreiheit der Ehegatten: wenn nicht mehr revoziert werden kann, bleibt immer noch die Möglichkeit, den verfügenden Ehegatten zur Ausübung seiner Rechte gegen den Dritten anzuhalten.

§ 1369 Verfügungen über Haushaltsgegenstände

(1) Ein Ehegatte kann über ihm gehörende Gegenstände des ehelichen Haushalts nur verfügen und sich zu einer solchen Verfügung auch nur verpflichten, wenn der andere Ehegatte einwilligt.

(2) Das Familiengericht kann auf Antrag des Ehegatten die Zustimmung des anderen Ehegatten ersetzen, wenn dieser sie ohne ausreichenden Grund verweigert oder durch Krankheit oder Abwesenheit verhindert ist, eine Erklärung abzugeben.

(3) Die Vorschriften der §§ 1366 bis 1368 gelten entsprechend.

Schrifttum: S. § 1365

Übersicht

[34] Vgl. *Staudinger/Thiele* (2007) RdNr. 48; *Soergel/Lange* RdNr. 4; RGRK/*Finke* RdNr. 11; *Eickmann* Rpfleger 1981, 213, 215.

[35] Ebenso *Soergel/Lange* RdNr. 4; *Staudinger/Thiele* (2007) RdNr. 47.

[36] *Staudinger/Thiele* (2007) RdNr. 54; *Soergel/Lange* RdNr. 5; *Erman/Gamillscheg* RdNr. 21; RGRK/*Finke* RdNr. 22.

I. Normzweck

1. Sicherung des Haushalts und der Ausgleichsforderung. Zweck des § 1369 ist, 1 die wirtschaftlichen Grundlagen des ehelichen Haushalts gegen einseitige Maßnahmen eines Ehegatten zu sichern.

Außerdem soll § 1369 Schmälerungen der Zugewinnausgleichsforderung vorbeugen.[1] 2 Obgleich solche bei Vorhandensein wertvollerer Gegenstände auch im Fall von Hausrat denkbar sind, ist dieser Zweck jedoch eher marginal. Bei der Interpretation der Norm, die wie § 1365 die in § 1364 zugestandene Handlungsfreiheit der Ehegatten beschränkt, sind zwar beide Schutzzwecke zu beachten, jedoch mit unterschiedlichem Gewicht.

2. Anwendungsbereich. § 1369 gilt nur im gesetzlichen Güterstand der Zugewinn- 3 gemeinschaft. Diese Beschränkung, die sich zwingend aus der systematischen Stellung der Norm ergibt, wird vielfach als problematisch empfunden, da die Sicherung der familiären Wirtschaftsgrundlage in allen Güterständen gleichermaßen schutzwürdig scheint.[2] Unabhängig jedoch von der rechtspolitischen Frage, ob es nicht richtiger gewesen wäre, dem Gedanken der Haushaltssicherung Allgemeingültigkeit für alle Ehen zu sichern und die Hausratsschutznorm in die §§ 1353 ff. einzustellen, gab – und gibt es auch heute – keinen zwingenden Grund, die Handlungsbeschränkungen der Ehegatten in Bezug auf Haushaltsgegenstände güterstandsunabhängig auszugestalten. Die damit erfolgende Relativierung des Schutzes der ehelichen Haushaltsbasis kann hingenommen werden. Nach Scheidung der Ehe ist § 1369 nicht mehr anwendbar. Der gesetzliche Güterstand ist dann beendet, für den Umgang mit dem Hausrat gilt jetzt güterstandsunabhängig für alle Ehen § 1568 b.

II. Rechtsdogmatik

1. Absolutes Veräußerungsverbot. In ihrer rechtlichen Struktur entspricht die Bin- 4 dung des § 1369 derjenigen des § 1365. Es handelt sich nach allgM wie bei § 1365 um ein absolutes Veräußerungsverbot iSd. § 134, dessen Rechtsfolgen – abweichend von § 134 – in den §§ 1366 ff. speziell geregelt sind. Dogmatisch präziser ist die Charakteristik der Norm

[1] In dieser Form heute wohl hM, vgl. etwa *Staudinger/Thiele* (2007) RdNr. 1; *Palandt/Brudermüller* RdNr. 1; *Bamberger/Roth/Mayer* RdNr. 1; *Lüderitz/Dethloff* § 5 RdNr. 84.

[2] *Braun* S. 138; *Lüderitz/Dethloff* § 5 RdNr. 84; *Pawlowski* S. 33 ff. (Geltung des § 1369 für alle Ehen als Ergebnis einer „korrigierenden Auslegung"); tendenziell so auch *Smid* FamRZ 1991, 512.

allerdings zu erfassen, wenn man sie nicht mit der hM den absoluten Veräußerungsverboten, sondern einer selbständigen Kategorie von zustimmungsbedürftigen Rechtsgeschäften zuordnet (vgl. dazu § 1365 RdNr. 5).

5 **2. Verpflichtungs- und Verfügungsgeschäft.** Anders als der Text des § 1365 fordert derjenige des § 1369 neben der Zustimmung zum Verfügungsgeschäft stets auch die Zustimmung zum Verpflichtungsgeschäft. Eine Differenz ist jedoch weder gewollt noch möglich. Eine auf ein Geschäft beschränkte Zustimmung wäre in jedem Fall ein sinnloser und in sich widersprüchlicher Akt. Die Billigung nur der Verpflichtung ermöglicht ja die zustimmungsfreie Verfügung – und damit doch den auf dieser Ebene nicht gebilligten Erfolg. Umgekehrt führt die Billigung nur der Verfügung zu nichts, weil der Gegenstand der Verfügung sofort wieder als rechtsgrundlos geleistet kondiziert werden könnte. Die Zustimmung zum Verpflichtungsgeschäft enthält demzufolge stets auch die Zustimmung zum Verfügungsgeschäft und umgekehrt. Sofern sich ein Ehegatte – wie bei einem vorehelichen Geschäft – ohne Zustimmung verpflichten konnte, bedarf auch die Verfügung keiner Zustimmung.[3]

III. Gegenstände des ehelichen Haushalts

6 **1. Begriff.** Gegenstände des ehelichen Haushalts sind alle beweglichen Sachen, die dem gemeinschaftlichen Leben der Ehegatten im familiären Bereich einschließlich der Freizeitgestaltung zu dienen bestimmt sind – und zwar auch dann, wenn sie in Überzahl vorhanden sind. Auch Haustiere fallen nach richtiger Ansicht hierunter.[4] Vom Haushalt sondern sich mithin die Kapitalanlagen ab sowie der persönliche und der berufliche Bereich der Ehegatten – letzterer auch dann, wenn sie gemeinschaftlich tätig sind.

7 **2. Gegenstände,** die verschiedenen Zwecken dienen, werden jenem Bereich zugerechnet, für den sie überwiegend gehalten werden. Personenkraftwagen fallen nicht unter § 1369, wenn sie im Wesentlichen individuell von einem Ehegatten zu beruflichen Zwecken genutzt werden, auch wenn sie daneben zuweilen auch für familiäre Gemeinsamkeiten eingesetzt werden. Ein PKW ist dagegen dann ein Haushaltsgegenstand, wenn das gemeinschaftliche Moment, die Nutzung zu Einkaufs-, Transport-, Besuchs- und Ferienfahrten, überwiegt.[5] Neuerdings vertreten wird, dass vom Schwerpunkt der familiären Nutzung immer dann auszugehen ist, wenn der Familie nur ein PKW zur Verfügung steht. Da dieser dann zwangsläufig für sämtliche Fahrten im familiären Bereich eingesetzt wird, bleibt er Familienauto, auch wenn er zusätzlich von einem Ehegatten zu Fahrten zum Arbeitsplatz genutzt wird.[6] Als Vermutung ist diese Annahme durchaus akzeptabel, als unwiderlegbare Aussage geht sie jedoch zu weit.

8 **3. Belanglose Qualitäten.** Gleichgültig ist der Wert der Gegenstände. Auch kostbare Kunstgegenstände und Wertobjekte wie eine Segelyacht gehören zum Hausrat, wenn sie nach dem Lebenszuschnitt der Ehegatten dem familiären Zusammenleben dienen.[7] Gleichgültig ist, ob ihre Anschaffung und Unterhaltung die finanziellen Verhältnisse der Ehegatten übersteigen; nach Sinn und Funktion der Norm ist allein relevant, dass der Gegenstand für das familiäre Zusammenleben angeschafft und genutzt worden ist.[8] Belanglos ist ferner die Frage nach der Bedeutung des Gegenstandes für das eheliche Leben wie auch die Frage, ob

[3] Ebenso *Staudinger/Thiele* (2007) RdNr. 4; *Soergel/Lange* RdNr. 4 (jedoch ohne Erwähnung der auf das Verfügungsgeschäft beschränkten Zustimmung).

[4] Ebenso *Staudinger/Thiele* (2007) RdNr. 11; aA RGRK/*Finke* RdNr. 7.

[5] OLG Zweibrücken FamRZ 2005, 902; OLG Frankfurt a. Main FamRZ 2004, 1105; OLG Köln FamRZ 2002, 322; *Staudinger/Thiele* (2007) RdNr. 10. Enger wohl BGH FamRZ 1991, 43, 49 (gemeinschaftliche Nutzung stellt Ausnahme dar); aA RGRK/*Finke* RdNr. 7 (Fahrzeuge nie Haushaltsgegenstände).

[6] OLG Düsseldorf NJW 2007, 1001 = FamRZ 2007, 1325; KG FamRZ 2003, 1927 m. zust. Anm. *Wever.*

[7] Vgl. BGH LM GVG § 23b Nr. 41 = NJW 1984, 1758 zur HausratsVO; LG Ravensburg FamRZ 1995, 1584 mwN.

[8] Ebenso *Staudinger/Thiele* (2007) RdNr. 17; einschränkend offensichtlich LG Ravensburg FamRZ 1995, 1584.

er zum Gebrauch oder zum Verbrauch bestimmt ist: Auch Brennstoffe und Nahrungsmittelvorräte sind Gegenstände des ehelichen Haushalts.[9]

4. Immobilien und Rechte. Die von der hM vorgenommene Beschränkung des § 1369 auf bewegliche Sachen führt dazu, dass weder Grundstücks- und Wohnungseigentum noch Forderungen und Rechte, soweit deren Gegenstand oder deren Zweck überhaupt auf den ehelichen Haushalt bezogen werden kann, unter den Anwendungsbereich der Norm fallen. Zwar wird der Begriff „Gegenstand" im BGB grundsätzlich in einem sehr viel weiteren, Immobilien und Rechte einschließenden, Sinn gebraucht (vgl. § 90), doch wird die Restriktion auf Fahrnis von der Notwendigkeit geboten, § 1369 in Einklang mit den §§ 1361 a und 1370, die sich nur auf (Haushalts-)Sachen beziehen, zu interpretieren.[10] 9

Demzufolge unterliegen nach allgM Ansprüche auf Schadensersatz oder auf eine Versicherungsleistung wegen Zerstörung, Beschädigung oder Entziehung eines Haushaltsgegenstandes nicht der Bindung des § 1369.[11] Das Gleiche gilt für Ansprüche aus einem Kaufvertrag, der zur Anschaffung von Haushaltsgegenständen geschlossen wird.[12] Auch ein Vertrag über Dienstleistungen im Haushalt zählt nicht zu den Geschäften iS des § 1369; ein Arbeitsverhältnis mit Hausangestellten kann deshalb ohne Mitwirkung des Ehegatten gekündigt werden. Gebrauchsüberlassungsverträge über bewegliche Haushaltsgegenstände fallen hingegen in den Anwendungsbereich des § 1369. Die Ehegatten sind hier in der Handlungsfähigkeit beschränkt, weil der fremde Gegenstand, wenn auch nur vorübergehend, einen Bestandteil der wirtschaftlichen Grundlage des ehelichen Haushalts bildet.[13] 10

IV. Eigentumsverhältnisse

1. Anwartschaftsrechte, die einem Ehegatten aufgrund Erwerbs unter Eigentumsvorbehalt an einem Haushaltsgegenstand zustehen, unterliegen ebenfalls den Handlungsbeschränkungen des § 1369. Da § 1369 mit der Formulierung „ihm gehörend" ausdrücklich nur die im Alleineigentum eines Ehegatten stehenden Gegenstände nennt, ist die Norm hier allerdings **analog** anzuwenden. 11

2. Gemeinschaftliches Eigentum. Der Zweck der Norm, Sicherung des ehelichen Hausrats vor einseitigen Maßnahmen eines Ehegatten, fordert eine **extensive Interpretation,** die auch das gemeinschaftliche Miteigentum bindet, mag nun nur der eigene Anteil, mag auch die Sache als solche Geschäftsgegenstand sein. Die Gegenmeinung lehnt dies ab, kommt jedoch zu keinem anderen Ergebnis, weil sie das Geschäft über die ganze Sache in zwei sich an den ideellen Miteigentumsbruchteilen der Ehegatten orientierende Teile zerlegt. Wenn der erste, das eigene Miteigentum betreffende Teil des Rechtsgeschäfts der Nichtigkeit verfällt, ist auch der zweite, das Miteigentum des Partners betreffende, Teil des Rechtsgeschäfts gemäß § 139 nichtig.[14] Eine derartige Teilung des Rechtsgeschäfts ist jedoch abzulehnen. Sie ist zum einen dem Geschäftspartner nicht erkennbar und läuft damit allgemeinen Rechtsscheinprinzipien zuwider, zum anderen widerspricht sie den Grundsätzen 12

---

[9] Ebenso *Staudinger/Thiele* (2007) RdNr. 13; *Soergel/Lange* RdNr. 13; *Palandt/Diederichsen* RdNr. 4; *Quambusch* FamRZ 1989, 691; aA *Erman/Gamillscheg* RdNr. 3; RGRK/*Finke* RdNr. 7.

[10] Diskussionswürdig der Vorschlag von *Braun* S. 119, 133, zur Neubestimmung des Verhältnisses von § 1369 zu § 1365: § 1369 ist auf den gegenständlichen Schutz der Familie zu beschränken, § 1365 ist ausschließlich die Zielrichtung des vermögensrechtlichen Schutzes zu geben.

[11] Ebenso *Staudinger/Thiele* (2007) RdNr. 18; *Soergel/Lange* RdNr. 15; *Erman/Heckelmann* RdNr. 4; RGRK/*Finke* RdNr. 5; aA *Dölle* I S. 768 Fn. 16 (Ersatzansprüche, wenn der zu zahlende Betrag für die Ersatzbeschaffung verwendet werden soll).

[12] OLG Saarbrücken FamRZ 1964, 633; *Palandt/Brudermüller* RdNr. 4; *Soergel/Lange* RdNr. 15; aA *Staudinger/Thiele* (2007) RdNr. 17; *Erman/Gamillscheg* RdNr. 5.

[13] *Staudinger/Thiele* (2007) RdNr. 20; RGRK/*Finke* RdNr. 5; aA MünchKommBGB/*Gernhuber* 3. Aufl. RdNr. 10; *Soergel/Lange* RdNr. 15; *Erman/Gamillscheg* RdNr. 5. Keine Geltung des § 1369 aber bei Überlassung unbeweglicher Sachen, etwa der gemieteten Wohnung: LG Stuttgart FamRZ 1977, 200; *Dölle* I S. 767; RGRK/*Finke* RdNr. 4; *Staudinger/Thiele* (2007) RdNr. 26.

[14] BayObLG FamRZ 1965, 331, 333; *Soergel/Lange* RdNr. 17; RGRK/*Finke* RdNr. 15.

über Verfügungen bei gemeinschaftlichem Eigentum (vgl. § 747).[15] Für diejenigen, die jeden Ehegatten auch hinsichtlich des Eigentums des Partners binden (dazu RdNr. 13) erledigt sich die Problematik – das Geschäft ist ohnehin zustimmungsbedürftig und zwar was den eigenen Anteil angeht, gemäß § 1369 direkt, was den fremden Anteil angeht, gemäß § 1369 analog.

13 **3. Eigentum des anderen Ehegatten.** Umstritten ist, ob § 1369 analog anzuwenden ist, wenn ein Ehegatte über Alleineigentum des anderen Ehegatten verfügt. Die Befürworter der Analogie berufen sich auf den Normzweck des § 1369, der gebietet, die Ehegatten vor jedweder einseitigen Beeinträchtigung der gegenständlichen Grundlagen des ehelichen Haushalts zu schützen.[16] Dies überzeugt jedoch nicht.[17] Aus der systematischen Stellung des § 1369 geht eindeutig hervor, dass die Vorschrift einen (weiteren) Ausnahmefall von dem in § 1364 statuierten Grundsatz der Handlungsfreiheit der Ehegatten über ihr eigenes Vermögen regelt. Als Ausnahmevorschrift ist die Norm einer Analogie jedoch grundsätzlich nicht zugänglich. Außerdem ist die Analogie nicht zu vereinbaren mit den dem Verkehrsinteresse dienenden Vorschriften über den gutgläubigen Erwerb. Es geht nicht an, die Handlungsbeschränkung des § 1369 auch auf den Umgang mit fremdem Hausrat zu erstrecken und damit dem an das Eigentum des verfügenden Ehegatten glaubenden Dritten den Gutglaubenserwerb zu verwehren. Die §§ 932 ff. regeln den Widerstreit von Verkehrsinteressen und Eigentumsschutz abschließend, das mit ihnen erzielte Ergebnis darf deshalb nicht durch Hinzufügung weiterer Erfordernisse, wie der Zustimmung des übergangenen Berechtigten, rückgängig gemacht werden.

14 Die praktischen Auswirkungen des Meinungsstreits sind jedoch gering. Denn auch ohne analoge Anwendung des § 1369 kommt es kaum zum Eigentumserwerb des Dritten, da an den Gegenständen des § 1369 in aller Regel Mitbesitz beider Ehegatten besteht. Deshalb kommt die Sache dem Eigentümer-Ehegatten durch die Verfügung des anderen praktisch immer abhanden, so dass regelmäßig bereits § 935 Abs. 1 S. 1 den Eigentumsverlust ausschließt (vgl. auch RdNr. 28).

15 **4. Eigentum Dritter.** § 1369 ist nach ganz hM nicht anzuwenden auf Gegenstände, die im Eigentum Dritter stehen.[18] Zwar können auch sie, insbesondere nach Leihe oder Miete, dem ehelichen Haushalt eingegliedert worden sein, doch ist das eheliche Güterrecht auf das Vermögen der beiden Güterstandspartner zu beschränken – andernfalls ergäbe sich auch ein gegenüber den §§ 932 ff. verstärkter Eigentumsschutz.

V. Handeln Dritter

16 **1. Stellvertreter, Ermächtigte.** Beschränkt in ihrer Handlungsmöglichkeit sind die Ehegatten und folglich auch Dritte, die an ihrer Stelle handeln, sofern sie ihre Rechtsmacht von den Ehegatten ableiten. Demzufolge bedürfen Stellvertreter iS des § 164 und Ermächtigte iS des § 185 der Zustimmung, wenn sie ein Hausratsgeschäft iS des § 1369 tätigen (vgl. dazu § 1365 RdNr. 51 f.). Die Erteilung der Vollmacht ist dagegen ebenso zustimmungsfrei wie die Erteilung der Ermächtigung. Da § 1369 den Ehegatten nicht hindert, das zustimmungspflichtige Geschäft vorzunehmen, kann er damit auch einen Dritten beauftragen. Erst das von diesem vorgenommene Geschäft bedarf, wie wenn der Ehegatte es selbst getätigt hätte, der Zustimmung.

---

[15] Gegen die Teilung auch *Staudinger/Thiele* (2007) RdNr. 34.

[16] OLG Köln MDR 1968, 586; OLG Schleswig SchlHA 1974, 111; LG Berlin FamRZ 1982, 803; *Dölle* I S. 771; *Lüderitz/Dethloff* § 5 RdNr. 86; MünchKommBGB/*Gernhuber* 3. Aufl. RdNr. 13; *Gernhuber/Coester-Waltjen* § 35 RdNr. 53; *Rauscher* RdNr. 393; *Baur/Stürner* § 51 RdNr. 29; *Palandt/Brudermüller* RdNr. 1; *Erman/Gamillscheg* RdNr. 8.

[17] Wie hier *Benthin* FamRZ 1982, 338, 343; *Eichenhofer* JZ 1988, 326, 330; *Staudinger/Thiele* (2007) RdNr. 29 ff.; *Soergel/Lange* RdNr. 16; RGRK/*Finke* RdNr. 11 ff.

[18] Für die Rspr. vgl. OLG Saarbrücken FamRZ 1964, 633; *Giesen* RdNr. 290; *Soergel/Lange* RdNr. 18.

Hat ein Vertreter ohne Vertretungsmacht nach § 177 gehandelt oder ein Nichtberechtigter im eigenen Namen nach § 185 verfügt, so ist die Genehmigung der von ihnen getätigten, § 1369 unterworfenen Rechtsgeschäfte nur wirksam, wenn der andere Ehegatte zustimmt. Die Zustimmung des anderen Ehegatten ist Voraussetzung für die Wirksamkeit des Hausratsgeschäfts. Deshalb kann vom Vertreter und Ermächtigten ohne diese Zustimmung auch dort nicht erworben werden, wo an sich – wie in den §§ 170 ff. – ein Schutz des redlichen Verkehrs vorgesehen ist. Der Rechtsschein ersetzt zwar die fehlende Ermächtigung oder Vollmacht, nicht aber die Zustimmung des anderen, die Wirksamkeitsvoraussetzung für das Rechtsgeschäft ist. Eine Ausnahme gilt, wenn ein Ehegatte einem Kaufmann, insbesondere als Kommissionär, einen Gegenstand des ehelichen Haushalts zur Veräußerung „im Betriebe seines Handelsgewerbes" überlässt. Der Tatbestand des § 366 HGB schützt den Erwerber im Gesamtbereich möglicher Mängel der Verfügungsmacht.[19]

2. Eigenständig handelnde Dritte. Frei von den Bindungen des § 1369 sind nach allgM die von Amts wegen handelnden Treuhänder, also Nachlassverwalter, Insolvenzverwalter und Zwangsverwalter. Abgesehen davon, dass sie ihre Rechtsmacht nicht von dem Ehegatten ableiten, für den sie handeln, haben sie bei der Verwaltung von dessen Vermögen nicht nur seine, sondern auch die Interessen anderer wahrzunehmen (vgl. § 1365 RdNr. 53). 17

Frei von den Bindungen des § 1369 ist nach hM auch der **Testamentsvollstrecker.** Dieser ist zwar rechtsgeschäftlich von dem Normadressaten des § 1369 eingesetzt, nach dessen Tod aber allein an den Willen des Erblassers gebunden. Von seiner Funktion her muss er vom Willen der Erben unabhängig sein (vgl. § 1365 RdNr. 54).

3. Nichtberechtigte Dritte. Von nichtberechtigten Dritten, die als vermeintliche Eigentümer Haushaltsgegenstände veräußern, kann ohne Besonderheit Eigentum kraft Rechtsscheins (§§ 932 ff.) erworben werden. Da sie die Eigentümerstellung für sich selbst in Anspruch nehmen, fehlt jede Verbindung zum Güterstand des wahren Eigentümers. Praktisch bedeutsam ist dies vor allem, wenn der Vertragspartner eines Ehegatten, dessen Eigentumserwerb an § 1369 scheiterte, die Sache weiterveräußert; doch bleibt § 935 zu beachten, wenn die Sache dem anderen Ehegatten abhanden kam.[20] 18

4. Zwangsvollstreckung. Frei von den Bindungen des § 1369 sind nach hM die Gläubiger, die wegen einer Geldforderung in Haushaltsgegenstände vollstrecken.[21] Auch der (Mit)Besitz bzw. (Mit)Gewahrsam des anderen Ehegatten ist ja gemäß § 739 ZPO iVm. § 1362 unbeachtlich. § 1369 soll Ehegatten keinesfalls die Möglichkeit bieten, Vermögensgegenstände über die einvernehmliche Widmung für den Haushalt dem Vollstreckungszugriff zu entziehen – den Antrag gemäß § 1369 Abs. 2 kann der Gläubiger ja nicht stellen. 19

§ 1369 gilt dagegen, wenn ein Ehegatte **zur Übereignung** eines Gegenstandes des ehelichen Haushalts **verurteilt** wird. § 894 ZPO fingiert zwar die Willenserklärung des Schuldners in der dinglichen Einigung des § 929, jedoch nicht andere Wirksamkeitsvoraussetzungen der Übereignung wie die Zustimmung des anderen Ehegatten (vgl. dazu § 1365 RdNr. 49). 20

VI. Dauer der Bindung

1. Gemeinschaftlicher Haushalt. § 1369 gilt jedenfalls, solange die Ehegatten einen gemeinschaftlichen Haushalt führen. Er ist ferner anzuwenden, wenn ein gemeinschaftlicher Haushalt zwar noch nicht besteht, jedoch geplant ist und die angeschafften Gegenstände für den künftigen Haushalt in einer gemeinsamen ehelichen Wohnung bestimmt sind. Es reicht also aus, dass die Widmung zu Haushaltsgegenständen erfolgt ist.[22] 21

---

[19] Vgl. *Staudinger/Thiele* (2007) RdNr. 65; *Soergel/Lange* RdNr. 24.
[20] AllgM, vgl. etwa *Staudinger/Thiele* (2007) RdNr. 64.
[21] *Staudinger/Thiele* (2007) RdNr. 38; RGRK/*Finke* RdNr. 16; *Soergel/Lange* RdNr. 20.
[22] Vgl. *Staudinger/Thiele* (2007) RdNr. 25.

22 **2. Getrenntleben.** Die allgM unterwirft auch getrennt lebende Ehegatten dem § 1369.[23] Vielfach wird behauptet, dass diese Bindung der Ehegatten gerade in der besonderen Situation der Trennung erforderlich sei im Hinblick auf die Bewahrung eines gegenständlichen Bereichs, in den die Rückkehr möglich ist. Richtig ist jedoch, § 1369 nach Auflösung des gemeinschaftlichen Haushalts – den das Gesetz, wie § 1361 a zeigt, nicht zu erhalten trachtet – nicht mehr anzuwenden. Der primäre Normzweck entfällt, wenn es keinen gemeinschaftlichen Haushalt mehr gibt. Eine eventuell wieder entstehende zukünftige Hausgemeinschaft schützt § 1369 nicht – abgesehen davon wird die Trennung der Ehegatten in aller Regel ohnehin nicht mehr revidiert. Das Argument, die zustimmungsfreie Veräußerungsmöglichkeit gefährde die Hausratsverteilung nach § 1361 a, geht am Schutzzweck des § 1369 vorbei. Auch sind dessen Rechtsfolgen mit der für das Getrenntleben vorgesehenen Hausratsverteilung nicht kompatibel: Dass mit Hilfe des Revokationsrechts des § 1368 dem anderen Ehegatten Besitz an Sachen aufgedrängt werden kann, den er selbst nicht mehr haben möchte, ist mit § 1361 a schwerlich zu vereinbaren. Auch als Eheerhaltungsmaßnahme ist die Anwendung des § 1369 nicht geeignet: die Notwendigkeit, den Ehegatten um eine Zustimmung zu bitten, führt eher zu einer Verstärkung der Spannungen.

23 **3. Trennungsbedingter Erwerb.** Auch die hM gesteht zu, dass die Ehegatten Hausrat frei veräußern können, der anlässlich der Trennung und nach ihr erworben wurde. Selbst wenn späterer Surrogationserwerb gemäß § 1370 anerkannt wird (vgl. dazu § 1370 RdNr. 11), ergibt sich damit für die hM bei längerer Trennung idR eine kontinuierliche Vermehrung des „freien Hausrats".

VII. Zustimmungsfreie und zustimmungsbedürftige Geschäfte

24 **1. Verpflichtungs- und Verfügungsgeschäfte.** Zustimmungsbedürftig sind alle Verpflichtungs- und Verfügungsgeschäfte unter Lebenden, deren Gegenstand eine Verfügung über Hausrat beinhaltet (einschließlich etwaiger Vorverträge). Nicht zustimmungsbedürftig sind Verträge, die wie Miete oder Leihe einen Ehegatten lediglich verpflichten, einem Dritten Gegenstände des ehelichen Haushalts zum Gebrauch zu überlassen, nicht aber dazu verpflichten, deren dingliche Rechtslage zu ändern.[24] Eine Ausnahme muss hier allerdings für langfristige Geschäfte über Hausrat von begrenzter Lebensdauer gelten. Nicht zustimmungsbedürftig sind Prozesshandlungen wie Klageverzicht (§ 306 ZPO) oder Anerkenntnis (§ 307 ZPO); denn diese wirken nicht materiellrechtlich, sondern betreffen lediglich die Rechtsverfolgung (vgl. dazu § 1365 RdNr. 48). Dagegen bedarf der – auch materielle Wirkungen zeigende – Prozessvergleich der Zustimmung (vgl. dazu § 1365 RdNr. 47).

25 **2. Sicherungsgeschäfte.** Zustimmungsbedürftig sind auch Geschäfte mit Sicherungszweck; der mit dem Rechtsgeschäft verfolgte Zweck ist in § 1369 generell belanglos. Eine Ausnahme ist lediglich anzuerkennen für Sicherungsübereignungen, die in unmittelbarem Zusammenhang mit dem Erwerb eines Haushaltsgegenstandes erfolgen. So ist die Übereignung des gekauften Gegenstandes an das Kreditinstitut zur Sicherung des von diesem finanzierten Kaufpreises als bloße Erwerbsmodalität nicht zustimmungspflichtig.[25]

26 **3. Gesetzliche Pfandrechte.** Nicht zustimmungsbedürftig sind Verpflichtungsgeschäfte, deren Folge die Entstehung gesetzlicher Pfandrechte ist (vgl. §§ 562, 647, 704).[26] Die rechtsgeschäftliche Basis des kraft Gesetzes entstehenden Pfandrechts ist kein Umstand, aus dem sich eine Erweiterung der zustimmungsbedürftigen Verpflichtungsgeschäfte folgern ließe. Das

---

[23] BayObLG FamRZ 1980, 571, 572 = BayObLGZ 1980, 81; OLG Saarbrücken OLGZ 1967, 1 m. zust. Anm. *H. Lange* JuS 1970, 500, 503; LG Berlin FamRZ 1982, 803, 804; OLG Koblenz FamRZ 1991, 1302; *Lüderitz/Dethloff* § 5 RdNr. 85; *Palandt/Brudermüller* RdNr. 3; *Staudinger/Thiele* (2007) RdNr. 26; *Soergel/Lange* RdNr. 3; *Erman/Gamillscheg* RdNr. 7.

[24] Vgl. *Erman/Gamillscheg* RdNr. 6; RGRK/*Finke* RdNr. 17.

[25] LG Bielefeld MDR 1963, 760; *Staudinger/Thiele* (2007) RdNr. 5; RGRK/*Finke* RdNr. 22. Vgl. dazu auch § 1365 RdNr. 62.

[26] Ebenso *Soergel/Lange* RdNr. 20; RGRK/*Finke* RdNr. 17.

Pfandrecht ist vom schuldenden Ehegatten nicht intendiert und ein Pfändungspfandrecht vom Gläubiger ohnehin durch zustimmungsfreien Vollstreckungsakt zu erreichen (vgl. RdNr. 19).

VIII. Guter Glaube Dritter

§ 1369 nimmt **keine Rücksicht auf die Kenntnis** des Erwerbers von der Zugehörigkeit des Geschäftsgegenstandes zum ehelichen Haushalt. Er ist auch dann nicht durch ein entsprechendes ungeschriebenes Tatbestandselement zu ergänzen, wenn man mit der hM zu § 1365 der subjektiven Theorie folgt.[27] Hausratsgegenstände nämlich sind als solche jedem erkennbar. Ob sie dem ehelichen Haushalt des Geschäftspartners gewidmet sind, ist leicht zu erfragen, die Gefährdung des Dritten bei Erwerb von Hausrat ist daher weit geringer als beim Erwerb aufgrund eines Gesamtvermögensgeschäfts. 27

Der Erwerber findet Schutz, soweit er dem Güterrechtsregister vertrauen und von der Nichtgeltung des § 1369 ausgehen durfte (§ 1412). Er findet dagegen keinen Schutz, wenn er den **Geschäftspartner für unverheiratet** hielt oder zwar von dessen Ehe wusste, jedoch Anlass hatte anzunehmen, dass jener mit **Einwilligung seines Ehegatten** handelt. Da es sich bei § 1369 um einen Erwerb vom Eigentümer handelt, spielen die Gutglaubensvorschriften des Mobiliarsachenrechts, in denen es um den Erwerb vom Nichteigentümer geht, keine Rolle. Auch § 366 Abs. 1 HGB, der bei der Veräußerung fremder Sachen den guten Glauben an die Verfügungsmacht schützt, kollidiert nicht mit der in § 1369 erfassten Konstellation – § 1369 ist bei Veräußerung fremder Haushaltsgegenstände nicht anwendbar (vgl. RdNr. 13). Veräußert ein Kaufmann Hausrat seines Ehegatten in seinem Handelsgeschäft, ist gutgläubiger Erwerb nach § 366 Abs. 1 HGB direkt möglich. Richtig ist, § 366 Abs. 1 HGB im Fall der Veräußerung neuwertiger **eigener** Haushaltsgegenstände im Rahmen des Handelsgewerbes **analog** anzuwenden und im Verkehrsinteresse dem Schutzzweck des § 366 HGB den Vorrang vor § 1369 einzuräumen.[28] 28

IX. Rechtsfolgen

1. Entsprechende Anwendung der §§ 1366 bis 1368. Die Bindungen der Verfügungsmacht in den §§ 1365 und 1369 unterscheiden sich vom Geschäftsgegenstand her. In ihrer rechtlichen Struktur sind sie gleich. Weil die Fragen der Einwilligung und der Genehmigung, ferner die Frage des Schwebezustandes nach einem Vertragsschluss ohne die Zustimmung des Ehegatten und die nach seiner Beendigung, schließlich die Frage nach der Rechtslage bei einem vollzogenen, jedoch unwirksamen Erwerb gleich beantwortet werden, verweist § 1369 Abs. 3 insoweit auf die für Gesamtvermögensgeschäfte getroffene Regelung. In deren Zusammenhang sind auch alle weiteren gegenstandsneutralen Anschlussfragen zu beantworten, die das Gesetz nicht bedachte, insbesondere diejenigen nach den Pflichten und der Haftung des veräußernden Ehegatten (vgl. § 1366 RdNr. 39 f.). 29

2. Einfluss des § 1357. Umstritten ist, ob sich aus dem Haushaltsführungsrecht des § 1356 Abs. 1 S. 2 und der Schlüsselgewalt des § 1357 Besonderheiten für die Zustimmungsbedürftigkeit von Geschäften über Haushaltsgegenstände ergeben. Abzulehnen ist die Ansicht, die § 1356 Abs. 1 als lex specialis gegenüber § 1369 qualifiziert und die Zustimmungsbedürftigkeit des Geschäfts entfallen lässt, wenn es zur Haushaltsführung gehört. Die güterstandsspezifische Regelung des § 1369 beschränkt vielmehr für Ehegatten in der Zugewinngemeinschaft den weiten Handlungsspielraum, den das Gesetz nach §§ 1356, 1357 grundsätzlich gewährt. Wenn nun aber in einer bestimmten güterrechtlichen Konstellation Rechtsgeschäfte eines Ehegatten an die Billigung des anderen gebunden sind, kann die generell eingeräumte Handlungsmacht diese spezielle gesetzliche Bindung nicht außer 30

---

[27] Zu ihr s. § 1365 RdNr. 27 ff. Ebenso *Lüderitz/Dethloff* § 5 RdNr. 89; *Dölle* I S. 770; *Staudinger/Thiele* (2007) RdNr. 63; *Soergel/Lange* RdNr. 24; RGRK/*Finke* RdNr. 31; *Palandt/Brudermüller* RdNr. 10.

[28] RGRK-HGB/*v. Godin* § 366 Anm. 36; RGRK/*Finke* RdNr. 32; gegen die Analogie *Staudinger/Thiele* (2007) RdNr. 66.

Kraft setzen.[29] Unbenommen bleibt es den Ehegatten jedoch, einander unter Dispens vom Verbot des § 181 Vollmachten zur Zustimmung zu erteilen.

X. Ersetzung der Zustimmung

31 **1. Tatbestände.** Die beiden Tatbestände, die das VormG/FamG gemäß Abs. 2 auf Antrag des veräußernden Ehegatten – nie des Geschäftspartners – berechtigen, die Zustimmung des anderen Ehegatten zu ersetzen,[30] sind im Vergleich mit § 1365 Abs. 2 jeweils um ein Tatbestandselement entlastet worden.

32 So rechtfertigt die **Verweigerung** der Zustimmung **ohne ausreichenden Grund** für sich allein ihre gerichtliche Ersetzung. Ob das Geschäft einer ordnungsmäßigen Verwaltung entspricht, ist nicht gesondert zu prüfen.

33 Die **Erklärungshindernisse** Krankheit und Abwesenheit des anderen Ehegatten rechtfertigen die Ersetzung der Zustimmung auch dann, wenn mit dem Aufschub des Rechtsgeschäfts keine Gefahr verbunden ist. In dieser, frühes Eingreifen von außen ermöglichenden Milderung spiegelt sich die geringere Bedeutung der Hausratsgeschäfte für den übergangenen Ehegatten und die Familie im Vergleich mit den Gesamtvermögensgeschäften wider, aber auch die Seltenheit der Sachverhalte, in denen mit dem Aufschub eines Hausratsgeschäfts überhaupt Gefahren verbunden sein können.

34 **2. Ausreichende Gründe für die Verweigerung.** Mit ausreichendem Grund verweigert ein Ehegatte seine Zustimmung, wenn das Rechtsgeschäft einem der Schutzzwecke des § 1369 zuwiderläuft. Entscheidender Zeitpunkt für die Beurteilung ist die letzte tatrichterliche Entscheidung und nicht etwa der des Vertragsschlusses.[31]

35 Ob der Ehegatte die Zustimmung mit ausreichendem Grund verweigert, ist auf der Basis einer umfassenden Interessenabwägung festzustellen. Rspr. hierzu ist kaum vorhanden.[32] Nach der im Schrifttum allgemein vertretenen Ansicht kann der widerstrebende Ehegatte sämtliche – persönliche, ideelle, ökonomische und sonstige wie auch immer geartete – eigene und familiäre Interessen geltend machen bis hin zur Kontrolle der Äquivalenz von Leistung und Gegenleistung und zum Hinweis auf die Besorgnis einer sachwidrigen Verwendung des Erlöses.[33] Die Berücksichtigung auch ideeller Interessen ist indessen mit dem Normzweck des § 1369 nicht zu vereinbaren. Anzuerkennen ist dagegen eine prognostische Kontrolle der Verwendung des Erlöses. Verwendet der Ehegatte diesen später dann doch anders als angegeben, so hilft § 1369 nicht mehr. Der übergangene Ehegatte kann hier allenfalls eine illoyale Vermögensminderung nach § 1375 Abs. 2 vortragen (vgl. § 1365 RdNr. 97). IdR ist die Zustimmung zu ersetzen: erstens, wenn der veräußerte Hausrat entbehrlich ist – fand zuvor eine Entwidmung statt, ist § 1369 von vornherein nicht anwendbar; zweitens, wenn sachgemäße Veränderungen im Haushalt erfolgen sollen, wie etwa eine Modernisierung, und drittens, wenn eine Notlage nur durch Veräußerung von Hausrat beseitigt oder doch gemildert werden kann.

XI. Abweichende Vereinbarungen

36 **1. Keine Erweiterung.** § 1369 kann durch Ehevertrag nicht erweitert werden. Eine Bindung von Gegenständen, die der Berufsausübung dienen, dem persönlichen Gebrauch oder auch der Kapitalanlage ist mit dem numerus clausus der Verfügungsbeschränkungen, der generell die Vertragsfreiheit im ehelichen Güterrecht begrenzt, nicht zu vereinbaren.

37 **2. Zulässige Einschränkungen.** § 1369 kann dagegen durch Ehevertrag gänzlich abbedungen oder gegenständlich beschränkt werden, zB auf einen von mehreren Haushalten, auf

[29] Ebenso BayObLG FamRZ 1980, 571, 572 = BayObLGZ 1980, 81; *Soergel/Lange* RdNr. 22; *Staudinger/Thiele* (2007) RdNr. 42. Anders *Palandt/Brudermüller* RdNr. 7.

[30] Zum Verfahren vgl. § 1366 RdNr. 24 ff.

[31] BayObLG FamRZ 1980, 1001 (mit verfehltem Schutzzweck).

[32] Vgl. aber BayObLG FamRZ 1960, 156 sowie 1980, 571 und 1001.

[33] Vgl. *Palandt/Brudermüller* RdNr. 9; RGRK/*Finke* RdNr. 24; *Erman/Gamillscheg* RdNr. 10; *Staudinger/Thiele* (2007) RdNr. 46 ff.; *Soergel/Lange* RdNr. 23.

Teile eines Haushalts, auf einzelne Haushaltsgegenstände. Auch gegen eine zeitliche Begrenzung ist nichts einzuwenden. Eine solche kann im Hinblick darauf, dass die hM auch getrennt lebende Ehegatten für gebunden hält, für die Zeit des gemeinschaftlichen Lebens erfolgen.

§ 1370 Ersatz von Haushaltsgegenständen

Haushaltsgegenstände, die an Stelle von nicht mehr vorhandenen oder wertlos gewordenen Gegenständen angeschafft werden, werden Eigentum des Ehegatten, dem die nicht mehr vorhandenen oder wertlos gewordenen Gegenstände gehört haben.

§ 1370 ist zum 1. 9. 2009 aufgehoben worden.[1] Der Gesetzgeber hat damit die schon lange 1 geäußerte Kritik an Sinn und Funktion der Surrogatsregelung im Güterstand der Zugewinngemeinschaft aufgegriffen und umgesetzt. Notwendig und interessengerecht war die Regelung im Güterstand der Verwaltung und Nutznießung des Ehemannes[2] gewesen. Hier hatte § 1382 aF, die Vorgängerregelung des § 1370, angeordnet, dass Haushaltsgegenstände, welche der Mann „an Stelle der von der Frau eingebrachten, nicht mehr vorhandenen oder wertlos gewordenen Stücke" anschaffte, ebenfalls eingebrachtes Gut wurden. Das hatte zur Folge, dass sie in das Eigentum der Frau fielen. Da der Güterstand der Verwaltung und Nutznießung des Mannes keinerlei Partizipation der Frau an dem während der Ehe erzielten Vermögen vorsah, stellte § 1382 aF wenigstens sicher, dass sie bei Beendigung der Ehe das von ihr eingebrachte Haushaltsinventar in ordnungsgemäßem Zustand zurückbekam. Da sich im Güterstand der Zugewinngemeinschaft ein Ausgleich dieser Art erübrigt hatte und Versuche, dem Gedanken der Surrogationsanschaffung einen neuen Sinn zu geben – Rechtsklarheit, Wille der Eheleute – nicht zu überzeugen vermochten, ist § 1370 zu Recht außer Kraft gesetzt worden.

Nach Art. 229 § 20 Abs. 1 EGBGB gilt die Norm allerdings für die Behandlung von 2 Haushaltsgegenständen „aus Anlass der Scheidung" weiter, wenn diese vor dem 1. 9. 2009 angeschafft worden sind. Um widersprüchliche sachenrechtliche Zuordnungen zu vermeiden, sind die Eigentumsverhältnisse bei diesen Haushaltsgegenständen jedoch nicht nur im Scheidungszusammenhang, sondern auch, wenn die Eigentumslage in der Ehe- und Trennungszeit relevant wird, nach § 1370 festzulegen und nicht nach den allgemeinen sachenrechtlichen Regeln (dazu Art. 229 § 20 RdNr. 2f.).

§ 1371 Zugewinnausgleich im Todesfall

(1) Wird der Güterstand durch den Tod eines Ehegatten beendet, so wird der Ausgleich des Zugewinns dadurch verwirklicht, dass sich der gesetzliche Erbteil des überlebenden Ehegatten um ein Viertel der Erbschaft erhöht; hierbei ist unerheblich, ob die Ehegatten im einzelnen Falle einen Zugewinn erzielt haben.

(2) Wird der überlebende Ehegatte nicht Erbe und steht ihm auch kein Vermächtnis zu, so kann er Ausgleich des Zugewinns nach den Vorschriften der §§ 1373 bis 1383, 1390 verlangen; der Pflichtteil des überlebenden Ehegatten oder eines anderen Pflichtteilsberechtigten bestimmt sich in diesem Falle nach dem nicht erhöhten gesetzlichen Erbteil des Ehegatten.

(3) Schlägt der überlebende Ehegatte die Erbschaft aus, so kann er neben dem Ausgleich des Zugewinns den Pflichtteil auch dann verlangen, wenn dieser ihm nach den erbrechtlichen Bestimmungen nicht zustünde; dies gilt nicht, wenn er durch Vertrag mit seinem Ehegatten auf sein gesetzliches Erbrecht oder sein Pflichtteilsrecht verzichtet hat.

(4) Sind erbberechtigte Abkömmlinge des verstorbenen Ehegatten, welche nicht aus der durch den Tod dieses Ehegatten aufgelösten Ehe stammen, vorhanden, so

---

[1] Gesetz zur Änderung des Zugewinnausgleichs- und Vormundschaftsrechts v. 6. 7. 2009, BGBl. I S. 1696.
[2] Zu diesem Güterstand Einl. vor §§ 1363ff. FdNr. 17.

ist der überlebende Ehegatte verpflichtet, diesen Abkömmlingen, wenn und soweit sie dessen bedürfen, die Mittel zu einer angemessenen Ausbildung aus dem nach Absatz 1 zusätzlich gewährten Viertel zu gewähren.

Schrifttum: *Bärmann,* Das neue Ehegüterrecht, AcP 157 (1958/59), 145; *Diederichsen,* Teilhabegerechtigkeit in der Ehe, FamRZ 1992, 1; *Lange/Wulff/Lüdtke-Handjery,* Höfeordnung, 10. Aufl. 2001; *Leipold,* Wandlungen in den Grundlagen des Erbrechts?, AcP 180 (1980), 160; *Meincke,* Zugewinnausgleich und Erbschaftssteuerrecht, FamRZ 1983, 13; *K. Meyer,* Der Ausbildungsanspruch der Stiefabkömmlinge nach § 1371 Abs. 4, 1966; *v. Olshausen,* Zugewinnausgleich und Pflichtteil bei Erbschaftsausschlagung durch einen von mehreren Erbeserben des überlebenden Ehegatten, FamRZ 1976, 678; *ders.,* Gesetzliches Ehegattenerbrecht neben Großeltern und deren Abkömmlingen im Güterstand der Zugewinngemeinschaft, FamRZ 1981, 633; *Schlünder/Geißler,* Ehe und Familie im Erbschaft- und Schenkungssteuerrecht, Teil II, FamRZ 2005, 149; *Wöhrmann/Stöcker,* Das Landwirtschaftserbrecht, 8. Aufl. 2004.

Übersicht

A. Pauschalierende erbrechtliche Lösung (Abs. 1): Ehegatte als gesetzlicher Erbe

I. Normzweck

1. Problem und Lösung. Mit dem Tod eines Ehegatten endet der gesetzliche Güterstand; eine Liquidationsphase, in welcher die Erben des Verstorbenen an dessen Stelle zu treten hätten, erübrigt sich wie in jedem anderen System der Gütertrennung auch. Der an sich von der Idee der Zugewinngemeinschaft gebotene rechnerische Zugewinnausgleich zwischen dem überlebenden Ehegatten und den Erben des verstorbenen, zu denen in der Regel auch der überlebende Ehegatte gehört, wird von § 1371 Abs. 1 zugunsten einer Ausgleichspauschale in erbrechtlicher Form preisgegeben. Ausschlaggebend hierfür ist zum einen die Überlegung, dass der Zugewinnausgleich nach dem Tod eines Ehegatten besonderen Schwierigkeiten begegnet, weil den Erben die für den rechnerischen Ausgleich notwendigen Daten nicht ebenso zu Gebote stehen, wie sie dem Verstorbenen zu Gebote gestanden hätten, und zum anderen der Wunsch, Streitigkeiten zwischen dem überlebenden Ehegatten und den Miterben – meist sind das die gemeinschaftlichen Kinder des Ehepaares, die gemäß §§ 1924, 1931 erben –, zu vermeiden. Dieser Normzweck weist § 1371 Abs. 1 eine güterrechtliche Funktion zu, die allerdings mit Mitteln des Erbrechts verwirklicht wird. Die Regelung verfolgt also nicht den Zweck, das Ehegattenerbrecht als solches zu verstärken, die erbrechtliche Stellung des Ehegatten wird vielmehr allein aus güterrechtlichen Erwägungen heraus speziell für den Güterstand der Zugewinngemeinschaft verbessert.[1] 1

Als Ausgleichspauschale wird dem überlebenden Ehegatten ein Viertel der Erbschaft gewährt, wenn er als Mitglied einer Miterbengemeinschaft den verstorbenen Partner kraft Gesetzes beerbt. Mit dieser Pauschalregelung wird der Zugewinnausgleich in einer störungsanfälligen Miterbengemeinschaft als Streitobjekt neutralisiert; die in jedem Fall notwendige Auseinandersetzung der Gesamthandsgemeinschaft erfährt hingegen keine qualitative Änderung. Dem überlebenden Ehegatten gewährt die Regelung jedoch eine verstärkte Mitgliedschaft in der Gesamthand und erspart ihm die Rolle eines Nachlassgläubigers oder Nachlassschuldners. 2

2. Legitimität des Normzwecks. Die Legitimität des Normzwecks ist nach fast allgM zu verneinen, weil er zu einem Systembruch im Recht der Zugewinngemeinschaft führt und die erbrechtlichen Konsequenzen fragwürdig bleiben.[2] 3

Der gesetzliche Güterstand wird denaturiert, weil die Ausgleichspauschale ohne jede Rücksicht auf den tatsächlich erzielten Zugewinn und auf die – hypothetischen – Rollen der Ehegatten beim rechnerischen Zugewinnausgleich gewährt wird. Der Text des Gesetzes, der zunächst von einer Verwirklichung des Zugewinnausgleichs spricht, dann aber alle Fragen des 4

---

[1] BGHZ 37, 58, 63 = NJW 1962, 1719; 42, 182, 188 = NJW 1964, 2404; *Staudinger/Thiele* (2007) Vor § 1371 RdNr. 12; *Soergel/Lange* RdNr. 5. Der erbrechtliche Aspekt wurde hingegen verbreitet bei Einführung der Zugewinngemeinschaft betont, zu Nachweisen vgl. MünchKommBGB/*Gernhuber* 3. Aufl. RdNr. 1 Fn. 1.

[2] Zur Kritik vgl. etwa *Diederichsen* FamRZ 1992, 1, 9; *Leipold* AcP 180 (1980), 160, 176 („Regelung konnte kaum unlogischer gestaltet werden").

Zugewinns für unerheblich erklärt – und damit einer Korrektur der Norm durch die Rspr. vorbeugt –, deckt selbst die Absurdität eines Zugewinnausgleichs ohne jeden Zugewinn. Mit dem den Zugewinnausgleich rechtfertigenden Gedanken der Teilhabe am gemeinsamen Vermögenserwerb unvereinbar ist zudem, dass sich auch das Erbrecht desjenigen Ehegatten erhöht, der im Fall der Scheidung ausgleichspflichtig wäre, so dass dieser durch bloßes Überleben seine Ausgleichspflicht in eine Vermögensbeteiligung umzuwandeln vermag.[3]

5 Ein weiterer Widerspruch offenbart sich im Vergleich zweier Sachverhalte, die nach den Intentionen des Gesetzes eigentlich unterschiedliche Rechtsfolgen zeitigen müssten, tatsächlich aber gleich behandelt werden. Ehegatten, die in Gütertrennung lebten, beerben den verstorbenen Partner, wenn neben ihnen ein Kind zur Erbschaft berufen ist, zur Hälfte (§ 1931 Abs. 4) und erreichen damit in dieser (nicht eben seltenen) erbrechtlichen Situation ebensoviel wie ein Ehegatte, der in Zugewinngemeinschaft lebte (§§ 1931 Abs. 1, 1371 Abs. 1), obwohl doch dieser – als Ausgleichspauschale – eigentlich mehr als jener erhalten müsste.

6 Die erbrechtlichen Konsequenzen sind zudem fragwürdig, weil sie zu einer güterstandsbezogenen – also nicht allgemeinen – Verstärkung des Ehegattenerbrechts führen und damit zu einer Minderung des Erbrechts nur der Abkömmlinge, deren Eltern in Zugewinngemeinschaft lebten. Praktisch bedeutsam wird für die Abkömmlinge die Reduzierung ihrer erbrechtlichen Position vornehmlich, wenn der überlebende Ehegatte eine zweite Ehe eingeht.

7 **3. Normzweck nur beschränkt erreicht.** Abgesehen von den rechtsdogmatischen und rechtspolitischen Einwänden gegen die Norm wird der in ihr verfolgte Zweck nur beschränkt erreicht. Der überlebende Ehegatte, der zur güterrechtlichen Lösung übergehen kann (vgl. RdNr. 32 ff.), ist gezwungen, seine Position beim rechnerischen Zugewinnausgleich wenigstens bis zu dem Punkt zu berechnen, der ihm die Entscheidung zwischen den beiden Wegen ermöglicht und ihm die Vorteilhaftigkeit der erbrechtlichen Lösung aufzeigt – und damit die Fehlregelung des Gesetzes, das ja Zugewinn ausgleichen will, evident macht. Zudem muss er aus steuerlichen Gründen Bestand und Höhe der hypothetischen Ausgleichsforderung exakt berechnen. Gemäß § 5 ErbStG ist nicht das zusätzliche Viertel als solches erbschaftsteuerfrei, sondern nur der Betrag der hypothetischen Ausgleichsforderung. Diese muss also fiktiv berechnet werden. Anders als das Güterrecht führt damit das Steuerrecht die Idee der Zugewinngemeinschaft auch im Falle der Beendigung der Ehe durch Tod konsequent durch und lässt die Pauschallösung des § 1371 Abs. 1, die das Zivilrecht den Verwandten zumutet, im Interesse des Fiskus fallen.[4] Im fiskalischen Interesse bestimmt sich die Höhe der steuerfrei bleibenden fiktiven Ausgleichsforderung allerdings nicht nach dem – güterrechtlich ausschlaggebenden – Verkehrswert, sondern nach dem Steuerwert des Nachlasses, falls das Steuerrecht für bestimmte Nachlassgegenstände eine gegenüber dem Verkehrswert niedrigere Bewertung vorsieht.[5] Im Übrigen sieht das Steuerrecht noch eine weitere Abweichung vom Zivilrecht vor. Um auszuschließen, dass Ehegatten aus steuerlichen Gründen die Ausgleichsforderung für den Todesfall günstiger als in §§ 1373 ff. gestalten, bleiben solche güterrechtlichen Vereinbarungen bei der steuerlichen Berechnung der Ausgleichsforderung unberücksichtigt.[6]

II. Tatbestand

8 **1. Zugewinngemeinschaft.** Der überlebende Ehegatte erhält die Ausgleichspauschale in erbrechtlicher Form lediglich, wenn der Tod seines Partners in einem Zeitpunkt eintritt, zu welchem zwischen den Ehegatten das Recht der Zugewinngemeinschaft galt. Belanglos

[3] Der Versuch *Bärmanns* AcP 157 (1958/59), 145, 171 ff., für diesen Fall eine Ausgleichsforderung der Miterben aus einer im Augenblick des Todes zum Vollrecht erstarkenden Anwartschaft (vgl. dazu § 1378 RdNr. 16) zu begründen, ist zu Recht auf allgemeine Ablehnung gestoßen.

[4] *Rauscher* RdNr. 401; *Meincke* FamRZ 1983, 13. Dogmatisch ähnlich konsequent ist das Steuerrecht in der Frage der unbenannten Zuwendung verfahren, vgl. Vor § 1363 RdNr. 18.

[5] Hierzu im Einzelnen BFH NJW 1994, 150.

[6] *Schlünder/Geißler* FamRZ 2005, 149, 154.

ist von daher die Rechtshängigkeit eines Antrags auf vorzeitigen Zugewinnausgleich oder vorzeitige Aufhebung der Zugewinngemeinschaft (§§ 1385, 1386), denn dieser beendet den Güterstand nicht. Tritt der Tod des Ehegatten während des Verfahrens ein, so ist der Rechtsstreit in der Hauptsache erledigt.

2. Gesetzlicher Erbe. Der überlebende Ehegatte erhält die Ausgleichspauschale in erbrechtlicher Form **nur,** wenn er **kraft Gesetzes** neben anderen Miterben zur Erbschaft berufen ist. Er erhält sie demzufolge nicht, wenn gemäß § 1933 sein Erbrecht ausgeschlossen ist, weil zum Todeszeitpunkt die Voraussetzungen für die Scheidung der Ehe gegeben waren und der Erblasser diese beantragt oder ihr zugestimmt hatte oder weil er vor seinem Tode den begründeten Antrag auf Aufhebung der Ehe gestellt hatte. Als Todeszeitpunkt gilt – wie sonst im Zivilrecht – der Eintritt des Hirntodes. Nach dessen Eintritt kann der überlebende Ehegatte durch Rücknahme des Scheidungsantrags, mit der die Zustimmung des Erblassers nach § 1933 S. 1 Alt. 2 ihre Wirkung verlieren würde, sein Erbrecht nicht mehr retten, auch wenn es erst später zum Herz- und Kreislaufstillstand kommt.[7] Der überlebende Ehegatte erhält die Ausgleichspauschale in erbrechtlicher Form **nicht,** wenn er **kraft letztwilliger Verfügung** zum Erben berufen oder mit einem Vermächtnis bedacht war (zur Ausnahme des § 2066 RdNr. 26). Er erhält sie ferner nicht, wenn er vom Erblasser von der gesetzlichen Erbfolge ausgeschlossen wurde, ohne letztwillig bedacht zu sein, sowie auch dann nicht, wenn er die ihm kraft Gesetzes angefallene Erbschaft ausschlägt (dazu RdNr. 36 ff.). 9

3. Gleichzeitiger Tod. Bei gleichzeitigem Tod beider Ehegatten findet ein Zugewinnausgleichsanspruch weder in erbrechtlicher noch in güterrechtlicher Form statt, da keiner der Ehegatten Erbe geworden ist und die Zugewinnausgleichsregelung nur für den Ausgleich unter Lebenden gilt (dazu § 1372 RdNr. 9). 10

III. Rechtsfolge

1. Zusatzviertel. Als Ausgleichspauschale in erbrechtlicher Form wird dem überlebenden Ehegatten ein Viertel der Erbschaft gewährt. Er erbt mithin neben Verwandten der ersten Ordnung, also Abkömmlingen, die Hälfte des Nachlasses und neben Verwandten der zweiten Ordnung, also den Eltern des verstorbenen Partners und deren Abkömmlingen sowie neben den Großeltern des Verstorbenen drei Viertel des Nachlasses. Sind neben Großeltern an sich Abkömmlinge vorverstorbener Großelternteile zur Erbschaft berufen, so erhöht sich gemäß § 1931 Abs. 1 S. 2 der Anteil des Ehegatten um die auf das Restviertel entfallenden Anteile der Abkömmlinge. Diese Abkömmlingsanteile sind rechnerisch dem Ehegattenanteil allerdings erst nach dessen Erhöhung um das Viertel aus Zugewinnausgleich zuzuschlagen.[8] Andernfalls würde der im gesetzlichen Güterstand lebende Ehegatte im Fall des § 1931 Abs. 1 S. 2 automatisch zum Alleinerben – zu den insgesamt drei Viertel aus § 1931 Abs. 1 S. 1 und 2 käme das Viertel aus § 1371 Abs. 1 hinzu – und die gesetzlich berufenen Großeltern blieben von der Erbfolge völlig ausgeschlossen.[9] Dieser Ausschluss ist jedoch durch die den Zugewinnausgleich bezweckende Regelung nicht gedeckt. Sind weder Verwandte der ersten oder zweiten Ordnung noch Großeltern vorhanden, so ist der überlebende Ehegatte bereits kraft Erbrechts (§ 1931 Abs. 2) zur Alleinerbschaft berufen. 11

2. Einheitlicher Erbteil. Das zusätzliche Viertel ist nach ganz hM kein selbständiger Erbteil, sondern bildet mit dem gesetzlichen Erbteil aus § 1931 eine Einheit. Deshalb ist nach § 1950 eine gesonderte Ausschlagung nicht möglich.[10] Gemäß § 2033 Abs. 1 kann jedoch über das zusätzliche Viertel als Bruchteil der Miterbschaft gesondert verfügt werden. 12

---

[7] OLG Frankfurt a. Main NJW 1997, 3099 mwN.

[8] Wie hier MünchKommBGB/*Gernhuber* 3. Aufl. § 1931 RdNr. 24; *Staudinger/Werner* § 1931 RdNr. 37; *Palandt/Edenhofer* § 1931 RdNr. 9; *v. Olshausen* FamRZ 1981, 633.

[9] So aber *Brox* RdNr. 65; *Erman/Schlüter* § 1931 RdNr. 25; *Jauernig/Stürner* RdNr. 4.

[10] MünchKomm/*Leipold* § 1931 RdNr. 29; *Staudinger/Thiele* (2007) RdNr. 9; RGRK/*Finke* RdNr. 20; *Soergel/Lange* RdNr. 19; *Bamberger/Roth/Mayer* RdNr. 8; *Staudinger/Otte* § 1950 RdNr. 4; *Rauscher* RdNr. 399.

13 **3. Keine Anwendung der §§ 1373 ff.** Auf die Zugewinnausgleichspauschale sind die §§ 1373 ff. nicht entsprechend anzuwenden. Weder sind Vorausempfänge (§ 1380) anzurechnen, noch kann die Ausgleichspauschale wegen grober Unbilligkeit gemäß § 1381 verringert werden.[11]

14 **4. Minderung der Erb- und Pflichtteile anderer.** Die Ausgleichspauschale mindert den Anteil der anderen kraft Gesetzes zur Erbschaft berufenen Miterben unmittelbar und endgültig. Gemindert werden nach hM dadurch auch die Pflichtteilsansprüche der Abkömmlinge und Eltern des Erblassers, wenn diese durch Verfügung von Todes wegen von der Erbfolge ausgeschlossen waren. Denn ihr über die Höhe des Pflichtteilsanspruchs entscheidender gesetzlicher Erbteil ist abhängig vom Erbteil der mit ihnen konkurrierenden Miterben, mithin auch von dem Erbteil des Ehegatten, der von § 1371 mitbestimmt wird (vgl. § 1931 Abs. 3).[12] Die Konsequenz variabler Pflichtteilsansprüche, deren Umfang abhängig ist vom Verhalten des Erblassers und seines Ehegatten, ist misslich und problematisch. Sie verletzt jedoch weder das Prinzip der Unentziehbarkeit des Pflichtteils, denn der Erblasser entzieht den Pflichtteilsberechtigten nichts, was ihnen vom Gesetz zugestanden wird, noch Grenzen, die der Legislative gezogen sind. Das BGB folgt zwar dem Prinzip fester, situationsunabhängiger Pflichtteilsquoten, doch ist dieses Prinzip, wie die Regeln der §§ 2346 Abs. 1, 2310 S. 2 zeigen, weder generell noch in bestimmten Zusammenhängen der Disposition des Gesetzgebers entzogen.[13]

15 **5. Anerbenrecht.** Die Zugewinnausgleichspauschale in erbrechtlicher Form wirkt sich auch aus, wenn zum Nachlass ein Hof gehört, der nach der **Höfeordnung** vererbt wird. Egal, ob der Ehegatte Hoferbe oder nur Miterbe hinsichtlich des hoffreien Vermögens ist oder auch beides: Er muss alle ihm kraft Gesetzes zufallenden Positionen ausschlagen, wenn er die güterrechtliche Lösung des § 1371 Abs. 2 herbeiführen will. Schlägt er den Hof gemäß § 11 HöfeO aus, so steht ihm der Abfindungsanspruch aus § 12 HöfeO gegen den Hoferben solange nicht zu, als ihm an Stelle des Hoferben nach § 14 HöfeO die Verwaltung und Nutznießung am Hof zusteht.[14]

16 **6. Erbschein.** Der für einen Erbschein grundsätzlich notwendige Nachweis der erforderlichen Angaben in öffentlicher Urkunde (§ 2356 Abs. 1) ist für den gesetzlichen Güterstand idR nicht möglich. Gemäß § 2356 Abs. 2 genügt deshalb die eidesstattliche Versicherung des den Antrag stellenden Ehegatten vor einem Gericht oder einem Notar, dass ihm nichts bekannt ist, was der Richtigkeit seiner Behauptung, in Zugewinngemeinschaft gelebt zu haben, entgegensteht. Gemäß § 2356 Abs. 1 S. 2 kann das Nachlassgericht dem Ehegatten die Versicherung erlassen, wenn es sie nicht für erforderlich erachtet.

IV. Abweichende Vereinbarungen

17 § 1371 Abs. 1 kann von den Ehegatten in einem **Ehevertrag** durch Minderung der Ausgleichspauschale auf einen geringeren Bruchteil der Erbschaft gemildert, aber auch gänzlich ausgeschlossen werden.[15] Die Ehegatten können dagegen ehevertraglich keine weitere Verstärkung des Ehegattenerbrechts vereinbaren. In die vom Gesetz garantierten Erbteile Dritter kann nur durch letztwillige Verfügung, nicht aber durch güterrechtliche Vereinbarung eingegriffen werden. Ein nichtiger Ehevertrag kann jedoch nach Konversion (§ 140) als Testament oder Erbvertrag Wirkungen zeitigen.

[11] Vgl. *Rauscher* RdNr. 399.

[12] Vgl. BGHZ 37, 58 = NJW 1962, 1719; *Rauscher* RdNr. 399; *Dölle* I S. 781; *Staudinger/Thiele* (2007) RdNr. 75.

[13] Zu gegenteiligen Ansichten bei Inkrafttreten des GleichberG vgl. 3. Aufl. RdNr. 14 Fn. 8. Zur Beschränkung der Pflichtteilsrechte der Abkömmlinge und der Eltern im Fall einer letztwilligen Verfügung zugunsten des überlebenden Ehegatten vgl. RdNr. 25.

[14] Vgl. *Lange/Wulff/Lüdtke-Handjery* § 12 RdNr. 25; *Wöhrmann/Stöcker* § 12 RdNr. 15.

[15] Eine Minderung wird von *Staudinger/Thiele* (2007) RdNr. 133 nicht anerkannt. Wie der Text dagegen *Bamberger/Roth/Mayer* RdNr. 12; RGRK/*Finke* RdNr. 73; *Soergel/Lange* RdNr. 7.

Wird **§ 1371 Abs. 1 abbedungen,** so ist idR – neben der gesetzlichen Erbfolge mit nicht erhöhtem Erbteil – ein rechnerischer Zugewinnausgleich zwischen dem überlebenden Ehegatten und den Erben des verstorbenen gewollt. Kraft Gesetzes greifen in diesem Fall die §§ 1372 ff. allerdings nicht ein, denn der Güterstand wird hier nicht, wie es § 1372 verlangt, auf andere Weise als durch den Tod eines Ehegatten beendet. 18

Haben die Ehegatten den **Zugewinnausgleich ausgeschlossen,** so ist idR der Zugewinnausgleich unter Lebenden und der von Todes wegen gleicherweise gemeint[16] – mit der Konsequenz der Gütertrennung gemäß § 1414 S. 2, wenn der Ehevertrag keine weitere Regelung trifft. Aus steuerlichen (s. RdNr. 7) und persönlichen Gründen (keine Partizipation bei Streit) wird vielfach nur der Zugewinnausgleich unter Lebenden ausgeschlossen mit Fortbestand der Ausgleichsregelung für den Fall der Auflösung der Ehe durch Tod. Zu bedenken ist hier jedoch, dass sich der gleiche Erfolg auch durch letztwillige Verfügung erreichen lässt und deshalb für die Ehegatten wenig Anlass besteht, § 1371 als Torso (die Abs. 2 und 3 verlieren ihre Bedeutung) bestehen zu lassen. 19

Eheverträge, in denen die Ehegatten den **Zugewinnausgleich nur rechnerisch ändern,** sind grundsätzlich zulässig und implizieren keinen entsprechenden Eingriff in die erbrechtliche Lösung. Zu bedenken ist jedoch, dass sie unter Umständen steuerrechtlich unberücksichtigt bleiben (vgl. RdNr. 7).

B. Individuelle erbrechtliche Lösung: Ehegatte als Erbe oder Vermächtnisnehmer kraft letztwilliger Verfügung

I. Kein Zugewinnausgleich

Das Gesetz hat den Fall der Güterstandsbeendigung durch den Tod eines Ehegatten und der Regelung des Nachlasses durch eine **Verfügung von Todes wegen,** die den überlebenden Partner zur Erbschaft beruft oder ein Vermächtnis für ihn vorsieht, nicht ausdrücklich bedacht. Dass jedoch neben Erbschaft oder Vermächtnis rechnerischer Zugewinnausgleich nicht gefordert werden kann, ergibt sich aus § 1372, der die Geltung der §§ 1373 ff. an die Güterstandsbeendigung „auf andere Weise als durch den Tod eines Ehegatten" knüpft, und aus § 1371 Abs. 2, der die Geltung der §§ 1373 ff. ausschließt, wenn der überlebende Ehegatte Erbe oder Vermächtnisnehmer geworden ist. Zugrunde liegt dieser Regelung die Vorstellung, dass mit der letztwilligen Zuwendung die Vermögensteilhabe zwischen den Ehegatten abschließend geregelt ist und folglich auch etwaige Zugewinnausgleichsansprüche abgegolten sind. 20

II. Großer Pflichtteil

Für den kraft Verfügung von Todes wegen bedachten Ehegatten ist mit dem Erwerb von Todes wegen der Zugewinn ausgeglichen, sog. erbrechtliche Lösung. Gleichwohl werden in diesem Fall nach hM die vom Pflichtteilsrecht bestimmte Mindestbeteiligung des Ehegatten am Nachlass sowie etwaige Pflichtteilsergänzungsansprüche (§§ 2325 ff.) auf der Basis des **verstärkten Ehegattenerbrechts** aus Abs. 1 berechnet. Dem Ehegatten steht der sog. große Pflichtteil zu. Die in einem Korrespondenzverhältnis zum Ehegattenerbrecht stehenden Pflichtteilsrechte der Abkömmlinge und der Eltern des Erblassers sind anhand ihrer entsprechend herabgesetzten Erbteile zu berechnen (dazu RdNr. 25). 21

III. Wert der Teilhabe am Nachlass belanglos

Für die erbrechtliche Lösung ist der ökonomische Wert der Teilhabe am Nachlass unerheblich. Er kann denjenigen der güterrechtlichen Lösung erreichen – Erbeinsetzung in 22

[16] Zur Anwendbarkeit des § 139 bei einer Verknüpfung von Ehe- und Erbvertrag OLG Stuttgart FamRZ 1987, 1034.

Höhe des rechnerischen Zugewinnausgleichs und des kleinen Pflichtteils –, übertreffen oder hinter ihm zurückbleiben. Auch erbrechtliche Minimalzuwendungen schließen die güterrechtliche Lösung aus. Dem überlebenden Ehegatten bleibt stets die Möglichkeit, nach §§ 2305 ff. die pflichtteilsrechtliche Mindestbeteiligung durchzusetzen (vgl. RdNr. 27) sowie die Möglichkeit, Erbschaft und Vermächtnis auszuschlagen und damit die güterrechtliche Lösung des Abs. 2 zu wählen.

23 Alle Vorschläge, die Schärfe des Schnitts zwischen der individuellen erbrechtlichen Lösung und der güterrechtlichen Lösung zu mildern und wenigstens den nur geringfügig bedachten Ehegatten[17] oder doch denjenigen, dem nur ein Vermächtnis mit Erinnerungswert ausgesetzt wurde,[18] wie einen Enterbten zu behandeln – mit güterrechtlicher Lösung gemäß Abs. 2 – finden im Gesetz keinen Anhalt[19] und belasten die Rechtsanwendung mit Abgrenzungsschwierigkeiten.

IV. Ehegatte als Erbe

24 Die individuelle erbrechtliche Lösung gilt ohne Rücksicht auf die Form, in welcher der überlebende Ehegatte als Erbe berufen ist. Vor- und Nacherbschaft stehen der Vollerbschaft gleich;[20] Ersatzerbschaft genügt, wenn der Ersatzerbfall tatsächlich eintritt.[21] Die individuelle erbrechtliche Lösung gilt nach hM dagegen nicht, wenn der enterbte Ehegatte nur zum Testamentsvollstrecker berufen ist und ebenso wenig, wenn ihn nur eine Auflage des Erblassers (§§ 2192 ff.) begünstigt.[22]

25 Erbt der Ehegatte als Alleinerbe, so sind die **Pflichtteile der Eltern** und **der Abkömmlinge** nach ihren durch Abs. 1 geminderten Erbteilen zu berechnen (vgl. RdNr. 21) – zwei von der Erbfolge ausgeschlossene Kinder können zum Beispiel je ein Achtel des Nachlasswertes beanspruchen. Nach hM wirkt sich die erbrechtliche Verteilungsanordnung in § 1371 Abs. 1 auch bei der Erbfolge kraft einer Verfügung von Todes wegen auf die Pflichtteile der Miterben aus, die Anwendung des § 1371 Abs. 1 setzt insoweit also nicht den Eintritt der gesetzlichen Erbfolge voraus.[23] Dies ergibt sich zum einen aus den allgemeinen Grundsätzen des Erbrechts, nach denen für die Berechnung des Pflichtteils der gesetzliche Erbteil maßgebend ist, unabhängig davon, ob es im konkreten Fall zur gesetzlichen Erbfolge kommt oder nicht. Zum anderen gebietet die güterrechtliche Ausgleichsfunktion des § 1371 Abs. 1, die Verbesserung der erbrechtlichen Position des Ehegatten auch im Fall der Erbeinsetzung aufgrund letztwilliger Verfügung zu berücksichtigen und dementsprechend die Pflichtteilsrechte der übrigen Verwandten zu kürzen. Auch bei Alleinerbschaft des Ehegatten gibt es keinen Grund, zwischen der pauschalierenden und der individuellen erbrechtlichen Lösung zu unterscheiden.

26 Letztwillige Verfügungen, in denen der Erblasser seine gesetzlichen Erben oder seine Verwandten ohne nähere Bestimmung bedacht hat (§§ 2066, 2067), nehmen auf die gesetzliche Erbfolgeordnung **im Zeitpunkt des Erbfalls** Bezug. Der überlebende Ehegatte erhält deshalb das zusätzliche Viertel auch dann, wenn die Verfügung in einem Zeitpunkt errichtet

[17] Vgl. dazu die Erwägungen in BGHZ 42, 182, 191 f. = NJW 1964, 2404 m. Besprechung *Schwab* JuS 1965, 432, 435.

[18] Vgl. *Soergel/Lange* RdNr. 14.

[19] Ebenso *Staudinger/Thiele* (2007) RdNr. 24; *Rauscher* RdNr. 400; vgl. auch AG Tecklenburg FamRZ 1997, 1013.

[20] BGHZ 44, 152 = NJW 1965, 2295 (Vorerbschaft); *Staudinger/Thiele* (2007) RdNr. 24 (Nacherbschaft); *Palandt/Brudermüller* RdNr. 2.

[21] *Gernhuber/Coester-Waltjen* § 37 RdNr. 10; *Staudinger/Thiele* (2007) RdNr. 24; *Soergel/Lange* RdNr. 21.

[22] Vgl. *Dölle* I S. 791; *Erman/Heckelmann* RdNr. 14; *Erman/Schlüter* § 2303 RdNr. 18; RGRK/*Finke* RdNr. 15; *Staudinger/Thiele* (2007) RdNr. 56. Der Erwerb aus der Auflage kann jedoch nach § 1380 analog als Vorausempfang anzurechnen sein, *Soergel/Lange* RdNr. 25; *Staudinger/Thiele* (2007) RdNr. 56.

[23] Grundlegend BGHZ 37, 58 = NJW 1962, 1719; OLG Hamburg FamRZ 1961, 318; *Gernhuber/Coester-Waltjen* § 37 RdNr. 11; *Staudinger/Thiele* (2007) RdNr. 75; *Erman/Schlüter* § 2303 RdNr. 8 ff. Anders jedoch OLG Celle FamRZ 1961, 448; *Dölle* I S. 781 Fn. 18.

wurde, in dem die Ehegatten noch nicht verheiratet waren oder noch nicht in Zugewinngemeinschaft lebten.[24]

Gemäß § 2305 kann der Ehegatte von den Miterben einen **Zusatzpflichtteil** fordern, wenn sein Erbteil geringer ist als die Hälfte des gesetzlichen Erbteils. Mit diesem Pflichtteilsrestanspruch wird der Ehegatte insgesamt in Höhe des großen Pflichtteils am Nachlass beteiligt. 27

Beschränkungen und Beschwerungen durch Nacherbschaft, Testamentsvollstreckung, Teilungsanordnung, Vermächtnis oder Auflage gelten gemäß § 2306 gegenüber einem unzureichend bedachten – Maßstab: großer Pflichtteil – Ehegatten nicht. 28

V. Ehegatte als Vermächtnisnehmer

Die individuelle erbrechtliche Lösung gilt nur, wenn dem Ehegatten das Vermächtnis **durch Verfügung von Todes wegen** zugewandt wurde; sie gilt nicht, wenn er lediglich ein gesetzliches Vermächtnis erwarb. Deshalb ist das gesetzliche Vorausvermächtnis aus § 1932 in diesem Zusammenhang nicht von Bedeutung. Auch der Anspruch des Ehegatten aus § 1969 ist hier irrelevant, denn er hat keinen spezifisch erbrechtlichen Charakter.[25] 29

Ein **Vermächtnis** kann dem Ehegatten auch ausgesetzt sein, wenn der Erblasser den überlebenden Ehegatten auf den Pflichtteil verweist. Nach der Auslegungsregel des § 2304 liegt in der Zuwendung des Pflichtteils im Zweifel jedenfalls keine Erbeinsetzung. Eine Vermächtnisanordnung ist ebenfalls **nicht** anzunehmen, wenn der Erblasser auf den **kleinen Pflichtteil** verweist. Diese Verweisung impliziert nämlich die Entscheidung gegen die erbrechtliche Lösung, die ja gerade den großen Pflichtteil beinhaltet. Der überlebende Ehegatte ist in diesem Fall also als letztwillig nicht bedacht anzusehen und gemäß § 1371 Abs. 2 auf den güterrechtlichen Ausgleich angewiesen.[26] Die Verweisung auf den **großen Pflichtteil** impliziert dagegen die Entscheidung des Erblassers für die erbrechtliche Lösung. Sie ist deshalb als **Vermächtnisanordnung** zu verstehen.[27] 30

Unzureichende Vermächtnisse – Maßstab: großer Pflichtteil – kann der überlebende Ehegatte durch eine Kombination von Vermächtnis und Pflichtteilsrestanspruch gemäß § 2307 Abs. 1 S. 2 bis zur Höhe des großen Pflichtteils aufstocken; Beschränkungen und Beschwerungen bleiben bei der Berechnung des Vermächtniswerts außer Betracht (§ 2307 Abs. 1 S. 2 Halbs. 2). Die jedem pflichtteilsberechtigten Vermächtnisnehmer offen stehende Möglichkeit, das Vermächtnis auszuschlagen und dafür den Pflichtteil zu verlangen (§ 2307 Abs. 1 S. 1), besteht auch für den überlebenden Ehegatten, ist aber für ihn von besonderer Bedeutung, weil mit der Ausschlagung des Vermächtnisses der Übergang zur güterrechtlichen Lösung verbunden ist. 31

C. Güterrechtliche Lösung (Abs. 2 und 3)

I. Allgemeines

1. Bedeutung für den Ehegatten. Güterrechtliche Lösung bedeutet **rechnerischen Zugewinnausgleich** zwischen dem überlebenden Ehegatten und den Erben des verstorbenen nach den Regeln der §§ 1372 ff. (mit Bewertungsprivileg zugunsten des Hoferben gemäß § 12 Abs. 10 HöfeO (dazu § 1376 RdNr. 42). Sie bedeutet ferner zusätzlich einen Anspruch des Ehegatten auf den **kleinen Pflichtteil,** sofern der Ehegatte den Anspruch 32

---

[24] KG FamRZ 1961, 447; OLG Köln FamRZ 1970, 605; *Soergel/Lange* RdNr. 17; *Staudinger/Thiele* (2007) RdNr. 6.

[25] Ebenso *Soergel/Lange* RdNr. 21.

[26] Ebenso § 2304 RdNr. 6 ff.; *Staudinger/Thiele* (2007) RdNr. 27; *Soergel/Lange* RdNr. 13.

[27] Ebenso § 2304 RdNr. 8; *Soergel/Lange* RdNr. 13; *Staudinger/Thiele* (2007) RdNr. 27; *Erman/Schlüter* § 2304 RdNr. 4.

nicht aus erbrechtlichen Gründen verlor (vgl. RdNr. 49). Der rechnerische Zugewinnausgleich gebührt ihm als güterrechtliche Abschichtung, der kleine Pflichtteil als gesetzlich garantierte Mindestbeteiligung am Nachlass.

33 **2. Bedeutung für andere Pflichtteilsberechtigte.** Für die anderen Pflichtteilsberechtigten bedeutet die güterrechtliche Lösung Berechnung ihrer Ansprüche nach den gewöhnlichen, von § 1371 Abs. 1 nicht verkürzten Erbteilen, so dass etwa zwei Kinder neben dem Ehegatten einen Pflichtteilsanspruch in Höhe von je 3/16 des Nachlasses haben. Ihr Pflichtteil erhöht sich gemäß § 2310 S. 2 auf je 1/4, wenn der Ehegatte auf sein Erbrecht verzichtet hat, beim Pflichtteilsverzicht mit Entziehungstestament gilt hingegen wieder die Regel.[28] Abgesehen von der Festlegung der Quote hat die güterrechtliche Lösung auf den Pflichtteil der berechtigten Verwandten insofern Auswirkungen, als der verteilungsfähige Nachlass, dessen Wert für die Berechnung des Pflichtteils entscheidend ist, um die dem überlebenden Ehegatten zustehende Ausgleichsforderung geschmälert wird.

34 **3. Verhältnis zur erbrechtlichen Lösung.** Güterrechtliche Lösung und erbrechtliche Lösung schließen einander aus; eine Kombination von Elementen der beiden Lösungen ist nicht möglich. Der überlebende Ehegatte kann nicht neben der Ausgleichsforderung eine verstärkte erbrechtliche Position in Anspruch nehmen.

35 **4. Kein Wahlrecht.** Die güterrechtliche Lösung gewährt dem überlebenden Ehegatten kein Wahlrecht zwischen dem rechnerischen Zugewinnausgleich mit dem kleinen Pflichtteil einerseits und dem großen Pflichtteil andererseits. In dieser einst stark umstrittenen Frage besteht zwischenzeitlich Übereinstimmung.[29] Anlass zu Zweifeln hatte die rückbezügliche Formulierung des § 1371 Abs. 2 „in diesem Fall“ gegeben. Hieß das, dass der überlebende Ehegatte nur für den Fall, dass er als Nichterbe und Nichtvermächtnisnehmer den güterrechtlichen Ausgleich nach Abs. 2 tatsächlich verlangte, auf den kleinen Pflichtteil angewiesen war, oder dass diese Beschränkung generell eintrat, wenn er weder Erbe noch Vermächtnisnehmer war? Im heute herrschenden Sinn entschieden wurde die Frage unter der Annahme, dass § 1371 Abs. 1 güterrechtliche Funktion hat, die darin vorgesehene Erhöhung des Ehegattenerbrechts mithin zur Disposition der Parteien steht. So wie es der überlebende Ehegatte in der Hand hat, durch Ausschlagung der Erbschaft oder des Vermächtnisses den güterrechtlichen Ausgleich zu wählen, muss es dem Erblasser unbenommen sein, den güterrechtlichen Ausgleich festzulegen, indem er seinen Ehepartner durch letztwillige Verfügung von der Beteiligung am Nachlass ausschließt. Beiden Ehegatten muss es gleichermaßen frei stehen, die erbrechtliche Lösung, die den Anspruch auf den großen Pflichtteil beinhaltet, auszuschließen.

II. Tatbestandsvoraussetzungen

36 **1. Ehegatte weder Erbe noch Vermächtnisnehmer.** Die güterrechtliche Lösung gilt, wenn der überlebende Ehegatte weder Erbe ist noch mit einem Vermächtnis bedacht wurde. Belanglos sind die Gründe, die zum Ausschluss des gesetzlichen Erbrechts des Ehegatten (§ 1931) führten, und die Gründe, die eine Begünstigung kraft letztwilliger Verfügung verhinderten. Der willentliche Akt des Erblassers – die Übergehung – steht dem willentlichen Akt des überlebenden Ehegatten – der Ausschlagung – gleich. Ob der Ausschluss von der Erbfolge Folge eines Scheidungs- oder Eheaufhebungsantrags ist (vgl. §§ 1933, 2077 Abs. 1, 2268 Abs. 2), auf einem Erb- oder Pflichtteilsverzicht beruht (§ 2346 Abs. 1 und 2) oder Folge der Erb- beziehungsweise Vermächtnisunwürdigkeit ist (§§ 2339 ff.), spielt keine Rolle. In allen Fällen steht dem überlebenden Ehegatten die güterrechtliche Lösung offen. Die Erben des verstorbenen Ehegatten können von dem überlebenden Ehepartner Zugewinnausgleich nicht verlangen. Das ergibt sich bereits aus dem Wortlaut des § 1371 Abs. 2, aber auch daraus, dass ihnen eine Zugewinnausgleichsforderung nicht zustehen kann, weil

[28] Vgl. dazu BGH DNotZ 1983, 187 m. Anm. *Dieckmann* DNotZ 1983, 630, 633.
[29] St. Rspr. seit BGHZ 42, 182 = NJW 1964, 2404; vgl. ferner BGH NJW 1982, 2497 mwN.

diese erst im Zeitpunkt des Todes des Ehegatten entsteht. Nach hM zählt sie deshalb nicht zum Nachlass – im Zeitpunkt des Erbfalls gab es sie ja noch nicht.[30]

2. Erbrecht kraft Verwandtschaft. Die güterrechtliche Lösung knüpft ausschließlich an die erbrechtliche Position als Ehegatte an. Sie wird mithin nicht ausgeschlossen durch ein dem überlebenden Ehegatten verbliebenes Erbrecht kraft verwandtschaftlicher Beziehungen mit dem verstorbenen Ehegatten.[31] Ist der überlebende Ehegatte kraft Gesetzes als Ehegatte und als Verwandter zur Erbschaft berufen, so kann er die Erbschaft als Ehegatte ausschlagen und damit die güterrechtliche Lösung herbeiführen, jedoch die Erbschaft als Verwandter antreten (§ 1951 Abs. 1). 37

3. Ausschlagung der Erbschaft. Die Möglichkeit, durch Ausschlagung der Erbschaft (§§ 1943 ff.) den rechnerischen Zugewinnausgleich zu erzwingen, korrespondiert mit dem Recht des Erblassers, mittels einer letztwilligen Verfügung die erbrechtliche Lösung zu vermeiden. Sie stellt den erbenden Ehegatten vor eine Entscheidungssituation, der er im Hinblick auf die Kürze der Ausschlagungsfrist von nur sechs Wochen (§ 1944 Abs. 1) mangels ausreichenden Einblicks in die ökonomischen Konsequenzen der einen und der anderen Entscheidung oft nicht gewachsen sein wird. Die Vermutung, dass das Endvermögen des Verstorbenen sein Zugewinn ist (§ 1377 Abs. 3), können die Erben widerlegen; der gegen sie gerichtete Auskunftsanspruch aus § 1379 aber ist erst gegeben, wenn die Entscheidung für die güterrechtliche Lösung gefallen ist.[32] Zu bedenken hat der überlebende Ehegatte, dass er mit der Ausschlagung der Erbschaft auch das ihr akzessorische gesetzliche Vorausvermächtnis gemäß § 1932 aufgibt. Zudem ist der Vergleich der beiden Positionen mit steuerrechtlichen Erwägungen belastet, die die Bewertung des Nachlasses und die Berechnung der Zugewinnausgleichsforderung erzwingen (vgl. RdNr. 7). Vollends unbeherrschbar wird der Vergleich, wenn eine letztwillige Verfügung situationsabhängige Anordnungen trifft, etwa eine Wiederverheiratungsklausel enthält, und damit nicht abschätzbare Risiken schafft. 38

4. Ausschlagung eines Vermächtnisses. Auch der Ehegatte, dem ein Vermächtnis ausgesetzt wurde, begegnet diesen Schwierigkeiten. Wenn auch ohne Zwang zu schneller Entscheidung, weil eine Ausschlagungsfrist fehlt, muss er doch jeden Akt vermeiden, der als Annahme des Vermächtnisses zu deuten ist (vgl. § 2180). Zwar ist ein Vermächtnis idR als Rechnungsgröße unmittelbar zugänglich, doch ist der Nachlass auch in diesem Fall festzustellen und zu bewerten. Denn dem Vermächtnis steht als Alternative der rechnerische Zugewinnausgleich mit dem kleinen Pflichtteil gegenüber – und dessen Fixierung setzt die Feststellung und Bewertung des Nachlasses voraus. Gleich bleibt im Falle des Vermächtnisses allerdings die rechtliche Form, in welcher der Ehegatte am Nachlass teilhat. Er ist immer nur Inhaber einer Forderung. Im rechtlichen Detail gibt es indessen Unterschiede. Anders als die Vermächtnisforderung können Ausgleichsforderung und Anspruch auf den kleinen Pflichtteil durch Richterakt gestundet werden (§§ 1382, 2331 a), die Ausgleichsforderung kann zudem inhaltlich umgestaltet werden (§ 1383). Günstig ist den Erben auch die Verjährungsfrist der Ausgleichsforderung und des Pflichtteilanspruchs: Drei Jahre (§§ 1378 Abs. 4, 2332) stehen hier der dreißigjährigen Verjährungsfrist des Vermächtnisanspruchs gegenüber (§§ 2174, 197 Abs. 1 Nr. 2).[32a] 39

5. Anfechtung der Ausschlagung wegen Irrtums? Hat der überlebende Ehegatte Erbschaft oder Vermächtnis unter dem Eindruck irriger Vorstellungen über die rechtlichen Folgen seiner Erklärung angenommen oder ausgeschlagen – Ausschlagung etwa mit dem 40

---

[30] Vgl. BGHZ 72, 85, 92 = NJW 1978, 1855, 1856; BGH FamRZ 1995, 597; RGRK/*Finke* RdNr. 22; *Staudinger/Thiele* (2007) Vor § 1371 RdNr. 14. Vgl. dazu auch § 1378 RdNr. 12.

[31] Vgl. *Staudinger/Thiele* (2007) RdNr. 57; *Soergel/Lange* RdNr. 13; RGRK/*Finke* RdNr. 15.

[32] Ebenso *Staudinger/Thiele* (2007) RdNr. 35; anders *Soergel/Lange* RdNr. 33.

[32a] Nach Aufhebung der Sonderverjährungsfrist des § 197 Abs. 1 Nr. 2 für erbrechtliche Ansprüche wird dies allerdings nicht mehr gelten, Entwurf eines Gesetzes zur Änderung des Erb- und Verjährungsrechts, BT-Drucks. 16/13543 (Art. 1 Nr. 1 a bb).

Ziel, den großen Pflichtteil zu erreichen, oder Annahme ohne den Willen, die Ausgleichsforderung preiszugeben –, so kann er seine Entscheidung nicht mehr korrigieren. Annahme- und Ausschlagungserklärung sind zwar grundsätzlich wegen Irrtums anfechtbar (vgl. §§ 1954 ff., 119), jedoch liegt kein Inhaltsirrtum iS des § 119 Abs. 1 Alt. 1 vor, sondern ein unbeachtlicher Rechtsfolgenirrtum. Der Irrtum bezieht sich lediglich auf die von Gesetzes wegen eintretenden Rechtsfolgen, im Übrigen hat die Erklärung aber genau den Sinn, den der Ehegatte ihr beimisst.[33] Auch ein Irrtum über die ökonomischen Auswirkungen seiner Wahl berechtigt den überlebenden Ehegatten nicht zur Anfechtung. Das Verhältnis der beiden ihm für den Zugewinnausgleich im Todesfall zur Verfügung gestellten Lösungen ist keine verkehrswesentliche Eigenschaft (§ 119 Abs. 2) des Nachlasses (Erbteils) oder des Vermächtnisses.[34] Ebenso wenig liegt ein nach § 119 Abs. 2 zur Anfechtung berechtigender Eigenschaftsirrtum vor, wenn der Ehegatte unrichtige Vorstellungen über einzelne Rechnungsfaktoren hat, etwa ausschlägt, ohne zu bedenken, dass ein Vorausempfang seine Ausgleichsforderung mindert. Der Wert der Zugewinnausgleichsforderung ist nicht Gegenstand der Annahme- oder Ausschlagungserklärung, sondern lediglich ein Element innerhalb der der Erklärung zugrunde liegenden Willensbildung.

41 **6. Vererblichkeit des Ausschlagungsrechts.** Mit dem Tod des Ehegatten während der Ausschlagungsfrist geht sein Recht zur Ausschlagung auf den Erben über (§ 1952 Abs. 1).[35] Die Entscheidungssituation ändert sich für diesen nicht, weil die mit der güterrechtlichen Lösung verbundenen Ansprüche aus Zugewinnausgleich und kleinem Pflichtteil gleicherweise vererblich sind (§§ 1378 Abs. 3 S. 1 und 2317 Abs. 2). Sind mehrere zur Erbschaft berufen, so kann jeder Miterbe den seinem Erbteil entsprechenden Teil der Erbschaft ausschlagen (§ 1952 Abs. 3). Der Übergang zur güterrechtlichen Lösung tritt jedoch nur ein, wenn alle Miterben die Erbschaft ausgeschlagen haben, denn nur in diesem Fall wird der überlebende Ehegatte nicht Erbe.[36] Die Überzeugung, dass jeder Miterbe für seinen Erbteil die Wahl zwischen erbrechtlicher und güterrechtlicher Lösung hat, ist weder mit dem Text des § 1371 Abs. 2 zu vereinbaren, noch vom Zweck des § 1952 Abs. 3 gedeckt. Das Einzelausschlagungsrecht soll jedem Miterben ohne Rücksicht auf den Willen der anderen die Lösung von der Erbschaft ermöglichen, ihm aber nicht zugleich auch alle Rechte sichern, die der das Ausschlagungsrecht vererbende Ehegatte im Fall der Ausschlagung gehabt hätte. Einzelausschlagungen ändern nach hM auch die Erbfolge hinter dem zunächst verstorbenen Ehegatten nicht; das, was ein Erbeserbe ausschlägt, kommt den übrigen Erbeserben zugute und nicht den anderen Erben **des verstorbenen Ehegatten.**

III. Ausgleichsforderung

42 **1. Berechnungszeitpunkt.** Auf die Ausgleichsforderung sind die §§ 1373 bis 1383 und § 1390 anzuwenden (Abs. 2 Halbs. 1). Die §§ 1384 bis 1389 sind nicht genannt, weil sie dem Gesetzgeber für den Fall der Güterstandsbeendigung durch den Tod eines Ehegatten gegenstandslos zu sein schienen. Für die §§ 1384, 1387 ist nach inzwischen herrschend gewordener Meinung[37] jedoch anzunehmen, dass der Gesetzgeber einer Fehlvorstellung unterlag und absichtslos eine Regelungslücke schuf, die durch entsprechende Anwendung der Normen zu schließen ist. Zweck jener, den Berechnungszeitpunkt für den Zugewinn vorverlegenden Normen ist, die Ausgleichsforderung, die in der Phase eines Rechtsstreits, der die Beendigung des Güterstandes zum Gegenstand oder doch zur Folge hat, gefährdet ist, zu schützen. Diese

[33] Ebenso *Soergel/Lange* RdNr. 34; *Staudinger/Thiele* (2007) RdNr. 37.

[34] *Staudinger/Thiele* (2007) RdNr. 38.

[35] Das gilt auch für die gesetzlichen Erben eines Vorerben, BGHZ 44, 152.

[36] MünchKomm/*Leipold* § 1952 RdNr. 16; *Palandt/Edenhofer* § 1952 RdNr. 4; *v. Olshausen* FamRZ 1976, 678 ff. Differenzierend *Staudinger/Thiele* (2007) RdNr. 31 (Teilausschlagung durch einen Miterben nach § 1952 Abs. 3 nur zulässig, wenn die anderen dadurch im Ergebnis nicht besser oder schlechter gestellt werden als bei Ausschlagung durch den überlebenden Ehegatten).

[37] Vgl. BGH FamRZ 1987, 353 mit ausführlichen Nachweisen zum früheren Streitstand.

Gefährdung entfällt nicht rückwirkend dadurch, dass ein Ehegatte während des Prozesses stirbt. Allerdings ist die Zugewinnberechnung nach § 1384 beziehungsweise § 1387 nur dann vorzuverlegen, wenn der Scheidungsantrag oder der Antrag auf vorzeitigen Zugewinnausgleich bzw. der auf vorzeitige Aufhebung der Zugewinngemeinschaft zum Erfolg geführt hätten; andernfalls wäre es unter Lebenden nicht zur Beendigung der Zugewinngemeinschaft gekommen (vgl. dazu § 1384 RdNr. 8 und § 1387 RdNr. 5).

2. Durchsetzbarkeit der Forderung. Umstände, die das Recht des überlebenden Ehegatten auf den Pflichtteil gegen seinen Willen ausschließen – laufendes Eheaufhebungs- oder Scheidungsverfahren, Erb- und Pflichtteilsunwürdigkeit, Entziehung des Pflichtteils –, sind für Existenz und Höhe der Ausgleichsforderung zunächst belanglos. Sie können jedoch Bedeutung über § 1381 gewinnen, was vornehmlich im Fall der in § 2335 Nr. 4 geregelten böswilligen Verletzung einer Unterhaltspflicht in Betracht kommt. 43

3. Höhe der Forderung. Die Höhe der Ausgleichsforderung entspricht grundsätzlich dem Betrag, der sich bei einem lebzeitigen Ausgleich ergeben hätte. Minderungen sind möglich durch den Verlust von Positionen, die mit dem Tode enden, wie etwa ein Nießbrauch gemäß § 1061 S. 1. 44

4. Nachlassverbindlichkeit. Die Ausgleichsforderung ist Nachlassverbindlichkeit in Form einer **Erblasserschuld** (§ 1967 Abs. 2 Alt. 1), die zwar den Erblasser selbst nie traf, jedoch aus einem Dauerrechtsverhältnis herrührt, in dem er zu Lebzeiten stand und das sich im Zeitpunkt seines Todes auf die Ausgleichsforderung fokussierte. Bei der Berechnung des Endvermögens des Erblassers sind demzufolge Erbfallschulden iS des § 1967 Abs. 2 Alt. 2 nicht zu berücksichtigen; diese den Erben aus Anlass des Erbfalls treffenden Verbindlichkeiten können auch die Ausgleichsforderung niemals gemäß § 1378 Abs. 2 kürzen. Umgekehrt ist vielmehr die Ausgleichsforderung vom verteilbaren Nachlass abzuziehen, wenn es gilt, Pflichtteilsansprüche, nachlassabhängige Vermächtnisse und Erbschaftssteuerschulden[38] zu berechnen. 45

5. Nachlassinsolvenz. Die Ausgleichsforderung ist auch in der Erfüllung vorgeordnet, wenn diese in einer bestimmten Reihenfolge vorzunehmen ist. Das gilt für das Nachlassinsolvenzverfahren, in dem sie zwar nicht privilegiert, aber auch nicht, wie etwa die Pflichtteils- oder Vermächtnisverbindlichkeit gemäß § 327 InsO, im Rang gemindert ist (vgl. § 1378 RdNr. 23). Das gilt ebenso für den Fall der Dürftigkeit des Nachlasses, sofern Nachlassverwaltung und Nachlassinsolvenzverfahren mangels Masse nicht tunlich oder aufgehoben bzw. eingestellt sind (§§ 1990, 1991 Abs. 4). 46

6. Ergänzungsansprüche gegen Dritte. Zuwendungen an Dritte können die Ausgleichsforderung des überlebenden Ehegatten mindern, aber auch seinen Pflichtteil. Hier wie dort sind Rückforderungsansprüche gegen unentgeltlich bereicherte Dritte vorgesehen – vgl. § 1390 einerseits, § 2329 andererseits. In der Konkurrenz dieser Ansprüche ist der Anspruch aus § 1390 mit Vorrang zu bedienen; die Pflichtteilsberechtigten sind mithin auf die nach Berichtigung der Ausgleichsforderung bei dem Dritten verbleibende Bereicherung beschränkt.[39] 47

7. Vorausleistungen. Zuwendungen, die der Erblasser dem überlebenden Ehegatten zu seinen Lebzeiten machte, können sowohl als Vorausempfang iS des § 1380 auf die Ausgleichsforderung anzurechnen sein, als auch als Vorausleistung iS des § 2315 auf den Pflichtteil. Bestimmend ist der Wille des Erblassers. Im Zweifel ist dieser nach der Regel des § 366 Abs. 2 zu ermitteln und anzunehmen, dass der Anspruch auf den Pflichtteil als rangschlechteres Recht (§ 327 Abs. 1 Nr. 1 InsO, § 1991 Abs. 4) vor der Ausgleichsforderung gekürzt werden soll.[40] 48

---

[38] Vgl. BFH NJW 1993, 2461; FamRZ 2008, 2109; s. dazu auch § 1375 RdNr. 15.

[39] Ebenso *Bamberger/Roth/Mayer* RdNr. 27; *Gernhuber/Coester-Waltjen* § 37 RdNr. 32.

[40] Zust. *Soergel/Lange* RdNr. 24; *Staudinger/Thiele* (2007) § 1380 RdNr. 30; *Soergel/Dieckmann* § 2315 RdNr. 9.

IV. Kleiner Pflichtteil

49 Der kleine Pflichtteil ist stets Bestandteil der güterrechtlichen Lösung, sofern der **Ehegatte** zu den **Pflichtteilsberechtigten** zählt. Auch nach Option für die güterrechtliche Lösung kann der überlebende Ehegatte den kleinen Pflichtteil mithin nur fordern, wenn er sein **gesetzliches Erbrecht** oder sein **Pflichtteilsrecht** nicht aus erbrechtlichen Gründen verloren hat. § 1371 Abs. 3 nennt insoweit lediglich den Erbverzicht und den Pflichtteilsverzicht (§ 2346), ist aber in **extensiver teleologischer Interpretation** um die Tatbestände des § 1933 (Ehescheidungs- oder Aufhebungsverfahren), § 2335 (Entziehung des Pflichtteils), § 2339 (Erbunwürdigkeit) sowie des § 2345 Abs. 2 (Vermächtnis- und Pflichtteilsunwürdigkeit) zu ergänzen. Es war nie Zweck der Norm, dem überlebenden Ehegatten eine erbrechtliche Position zu erhalten, die das Erbrecht aus speziellen Gründen entzieht.[41]

50 Der kleine Pflichtteil ist ferner Bestandteil der güterrechtlichen Lösung, wenn der Ehegatte die **Erbschaft ausgeschlagen** hat. Das Erbrecht gewährt zwar nur dem Enterbten einen Anspruch auf den Pflichtteil, nicht aber Personen, die sich selbst der Erbschaft begaben (vgl. § 2303 Abs. 2 mit Ausnahme in § 2306 Abs. 1 S. 2). § 1371 Abs. 3, dessen Geltung in § 2303 Abs. 2 ausdrücklich vorbehalten ist, korrigiert jedoch, weil die Frage der Annahme oder Ausschlagung der Erbschaft für den überlebenden Ehegatten primär eine güterrechtliche Entscheidung ist, nämlich die Entscheidung gegen oder für den rechnerischen Zugewinnausgleich. Güterrechtliche Motive aber rechtfertigen keine erbrechtlichen Konsequenzen.

51 Die Erweiterung des Tatbestandes für die Geltendmachung des Pflichtteilsanspruchs gilt jedoch nur, wenn der überlebende Ehegatte für die güterrechtliche Lösung optiert hat. Der Normtext erwähnt zwar lediglich die Ausschlagung der Erbschaft; der Normzweck gebietet jedoch eine entsprechend extensive Interpretation, die **Abs. 3 teleologisch mit Abs. 2 verbindet.** Der überlebende Ehegatte kann demzufolge den kleinen Pflichtteil nicht fordern, wenn er zwar die Erbschaft ausschlägt, jedoch ein ihm zusätzlich (letztwillig) gewährtes Vermächtnis annimmt und auf diese Weise doch erbrechtlich am Nachlass beteiligt ist.[42]

D. Ausbildungsanspruch der Stiefabkömmlinge (Abs. 4)

I. Zweck des Anspruchs; Gläubiger und Schuldner

52 **1. Zweck.** Ehegattenerbrecht und Erbrecht der Abkömmlinge stehen in einem Korrespondenzverhältnis; die Verstärkung des einen zieht die Minderung des anderen nach sich. Das dem überlebenden Ehegatten zusätzlich in Abs. 1 gewährte Viertel schmälert mithin die gesetzlichen Erbteile der Abkömmlinge des Erblassers. Für die gemeinschaftlichen Abkömmlinge der Ehegatten nimmt das Gesetz den Verlust endgültig in Kauf, weil ihnen idR beim Tode des zunächst begünstigten Ehegatten dessen Gesamtnachlass – einschließlich der ererbten Werte – zufällt. Für die einseitigen Abkömmlinge des Erblassers sieht das Gesetz dagegen mit einem Ausbildungsanspruch einen situationsabhängigen Ausgleich vor.

53 **2. Begünstigte.** Begünstigt sind allein die einseitigen, im konkreten Fall zur Erbschaft berufenen Abkömmlinge des Erblassers, also Kinder und weitere Deszendenten. Nicht begünstigt sind Abkömmlinge, die – aus welchen Gründen auch immer (Enterbung, Ausschlagung, Erbverzicht, Ausschluss durch vorgehende Abkömmlinge) – nicht erben; die Verstärkung des Ehegattenerbrechts ist für sie belanglos.

54 Begünstigt sind einseitige Abkömmlinge nur dann, wenn sie **kraft Gesetzes Erben** geworden sind; begünstigt sind sie dagegen nicht, wenn sie aufgrund einer Verfügung von Todes wegen bedacht sind. Der Text des Abs. 4 nennt zwar alle erbberechtigten Abkömm-

---

[41] Vgl. *Staudinger/Thiele* (2007) RdNr. 86; RGRK/*Finke* RdNr. 42; *Soergel/Lange* RdNr. 30; *Erman/Gamillscheg* RdNr. 15.

[42] Ebenso *Staudinger/Thiele* (2007) RdNr. 88; *Soergel/Lange* RdNr. 30.

linge, doch ist nach fast allgM die Beschränkung aus dem Normzweck – Ausgleich der aus Abs. 1 resultierenden Nachteile – zu folgern.[43]

3. Verpflichtete. Verpflichtet sind nur Ehegatten, die aufgrund der gesetzlichen Anordnung des Abs. 1 ein Zusatzviertel erben, also im konkreten Fall den Vorteil der pauschalierenden erbrechtlichen Lösung erlangen; der gesetzlichen Erbfolge ist dabei eine Erbfolge kraft letztwilliger Verfügung, in welcher der Erblasser seine gesetzlichen Erben ohne nähere Bestimmung bedacht hat – Fall des § 2066 –, gleichzustellen.[44] Nicht verpflichtet sind Ehegatten, die in letztwilliger Verfügung zur Erbschaft berufen oder mit einem Vermächtnis bedacht wurden. Die für sie geltende individuelle erbrechtliche Lösung führt nach allgM auch dann nicht zu einem Anspruch der Stiefabkömmlinge, wenn sie kraft letztwilliger Verfügung gleich viel oder mehr aus dem Nachlass erlangten, als ihnen bei gesetzlicher Erbfolge zugefallen wäre. Es ist insoweit Sache des Erblassers, in seiner letztwilligen Verfügung Vorsorge für seine einseitigen Deszendenten zu treffen. 55

Die Bindung an die gesetzliche Erbfolge gibt dem überlebenden Ehegatten die Möglichkeit, sich durch **Ausschlagung der Erbschaft** dem Ausbildungsanspruch zu entziehen. Drohende, bei jungen Stiefabkömmlingen besonders schwer berechenbare Ansprüche können für ihn zu einem Umstand werden, der die Ausschlagung der Erbschaft und den Übergang zur güterrechtlichen Lösung provoziert. 56

II. Qualifizierung des Anspruchs

1. Mischcharakter. Die Regelung des Anspruchs im Gesetz ist dürftig; Voraussetzungen und Reichweite im Einzelnen ergeben sich aus seiner rechtlichen Qualifizierung und systematischen Einordnung in unterschiedliche Zusammenhänge der bürgerlichen Rechtsordnung. 57

Der Anspruch liegt im Spannungsfeld zwischen **gesetzlichem Güterrecht** (denn er richtet sich nur gegen Ehegatten, die ihren Zugewinnausgleich in bestimmter Form erhielten), **Erbrecht** (denn er bezweckt eine relative Korrektur der erbrechtlichen Vermögenszuweisung) und **Unterhaltsrecht** (denn er begünstigt nur bedürftige Stiefabkömmlinge, die einen herkömmlich zum Unterhalt gerechneten Bedarf haben). Er ist damit ein Anspruch mit Mischcharakter, in dem mehrere Gedanken wirken.[45] 58

Innerhalb des mixtum compositum kann auch nicht von einem Prävalieren der erbrechtlichen Momente gesprochen werden.[46] Dazu ist die mit dem Anspruch verfolgte Korrektur der erbrechtlichen Vermögenszuweisung an den Ehegatten nach Form und Inhalt zu sehr vom Unterhaltsrecht geprägt. Obgleich der Gegenstand des Anspruchs in der Sache einer Unterhaltsleistung nahe kommt, ist die Regelung gleichzeitig doch derart im Erbrecht verwurzelt und den Strukturen und Normen des Unterhaltsrechts wiederum in so vielen Belangen entzogen, dass auch dem Unterhaltsrecht keine dominierende Stellung zugestanden werden kann. 59

2. Nachlassverbindlichkeit. Der Anspruch des Stiefabkömmlings begründet nach allgM für den erbenden Ehegatten eine – auf ihn beschränkte – Nachlassverbindlichkeit in Form der sog. Erbfallschuld (§ 1967 Abs. 2 Alt. 2). Da der Ehegatte persönlicher Schuldner ist, kann er vor der Teilung des Nachlasses die Einrede aus § 2059 ausüben. 60

3. Haftungsgrenzen. Zu erfüllen ist der Anspruch „aus dem nach Abs. 1 zusätzlich gewährten Viertel". Der überlebende Ehegatte schuldet mithin der Höhe nach numerisch begrenzt auf die in Geld umgerechneten Vermögensvorteile, die ihm durch das verstärkte 61

---

[43] Vgl. *K. Meyer* S. 20 ff.; *Dölle* I S. 782; *Giesen* RdNr. 332; *Soergel/Lange* RdNr. 45; *Staudinger/Thiele* (2007) RdNr. 100; RGRK/*Finke* RdNr. 55; *Palandt/Brudermüller* RdNr. 7; *Erman/Gamillscheg* RdNr. 18; *Jauernig/Berger* RdNr. 18.

[44] AllgM. Vgl. *Soergel/Lange* RdNr. 43; RGRK/*Finke* RdNr. 49; *Staudinger/Thiele* (2007) RdNr. 95.

[45] Ebenso *Staudinger/Thiele* (2007) RdNr. 121. Dem Erbrecht wird der Anspruch dagegen zugewiesen von *Erman/Gamillscheg* RdNr. 20.

[46] So aber *Soergel/Lange* RdNr. 39.

Ehegattenerbrecht zufielen.[47] Eine weitere – an sich folgerichtige – Begrenzung auf den Verlustanteil des berechtigten Stiefabkömmlings ist nicht vorgesehen; auf den Umfang, in dem das Erbrecht des Stiefabkömmlings durch die Verstärkung des Ehegattenerbrechts gemindert worden ist, kommt es bei der Haftung des Ehegatten nicht an.

62 Mit dem Hinweis auf das zusätzliche Viertel ist nach hM **keine gegenständliche Haftungsbeschränkung** gemeint.[48] Der Normtext mag missverständlich sein, doch ist das zusätzlich gewährte Viertel kein gegenständlich abgeschichtetes Sondervermögen, auf das sich die Haftungsbeschränkung beziehen könnte.

63 **4. Bewertung des Viertels.** Zu ermitteln ist der Wert des zusätzlichen Viertels nach den Grundsätzen, die für die Bewertung des Nachlasses zur Ermittlung der Höhe von Pflichtteilsansprüchen gelten. Die **§§ 2311 ff.** sind insofern **analog** anzuwenden. Erbfallschulden (einschließlich der Vermächtnisse und der Pflichtteilsansprüche) sind ebenso abzusetzen wie Erblasserschulden.[49]

64 **5. Bewertungsstichtag** ist nach hM der Zeitpunkt des Erbfalles, mag auch der Anspruch der Stiefabkömmlinge erst später zur Entstehung gelangen.[50] Übernommen wird damit der in § 2311 Abs. 1 bestimmte Zeitpunkt, obgleich der dort geregelte Pflichtteilsanspruch stets mit dem Erbfall entsteht und sich die für den Ausbildungsanspruch relevante Frage nach der Verteilung des Änderungsrisikos für die Zeit zwischen dem Erbfall und dem Entstehen des Anspruchs nicht stellt. Für den Zeitpunkt des Erbfalls spricht jedoch die Notwendigkeit, dem überlebenden Ehegatten sofort Daten zu sichern, an denen er sich bei seiner Entscheidung für oder gegen die erbrechtliche Lösung orientieren kann. Das Risiko der Wertminderung der Nachlassgegenstände trägt so der überlebende Ehegatte, dasjenige der Wertsteigerung dagegen der Stiefabkömmling. Wie alle Gläubiger von Geldansprüchen mit weit hinausgeschobener Fälligkeit tragen die Stiefabkömmlinge auch das Risiko der inflationsbedingten Wertminderung ihres für den Zeitpunkt des Erbfalls berechneten Ausbildungsanspruchs. Diesen Anspruch analog der Rspr. zur Neutralisierung scheinbarer Zugewinne (vgl. § 1373 RdNr. 6 ff.) aufzuwerten, um die Entwertung durch den seit der Berechnung eingetretenen Kaufpreisschwund auszugleichen, verbietet sich, da hier nicht wie beim Zugewinnausgleich zwei Rechnungsgrößen auf einen Nenner gebracht werden müssen.

65 **6. Haftungsbeschränkung.** Über die gesetzlich vorgesehene rechnerische Begrenzung des Anspruchs hinaus kann der Ehegatte seine Haftung nach den Regeln des Erbrechts auf den ihm zugefallenen Erbteil beschränken.[51] Praktische Bedeutung gewinnt diese Möglichkeit dann, wenn beim Erbfall ein aktiver Nachlass vorhanden ist, später aber Bestands- und Wertveränderungen erfolgen oder Nachlassverbindlichkeiten erwachsen, die zu einer Passivierung führen. Der aktive Wert des Erbteils im Augenblick des Erbfalls bestimmt dann über Existenz und Höhe des Anspruchs; die Beschränkung der Erbenhaftung aber begrenzt die Vermögensmasse, die dem Zugriff der Stiefabkömmlinge offen steht und sichert dem erbenden Ehegatten sein Eigenvermögen, das in keinerlei Verbindung zu § 1371 Abs. 4 gebracht werden kann.

III. Bedürftigkeit und Leistungsfähigkeit

66 **1. Interpretationsgrundsätze.** Die Mittel zu einer angemessenen Ausbildung können Stiefabkömmlinge nur bei Bedürftigkeit fordern. Damit wird eine Begrenzung eingeführt,

---

[47] *Rauscher* RdNr. 411; *Soergel/Lange* RdNr. 52; RGRK/*Finke* RdNr. 62; *Staudinger/Thiele* (2007) RdNr. 124; *Palandt/Brudermüller* RdNr. 10.

[48] AA nur *Dölle* I S. 784 f. mit Fn. 41.

[49] *Staudinger/Thiele* (2007) RdNr. 126; *Soergel/Lange* RdNr. 52.

[50] Vgl. *Staudinger/Thiele* (2007) RdNr. 125; *Erman/Gamillscheg* RdNr. 20; *Soergel/Lange* RdNr. 52; *Palandt/Brudermüller* RdNr. 10; einschränkend RGRK/*Finke* RdNr. 62. Differenzierend *K. Meyer* S. 83 ff. (Zeitpunkt der Nachlassteilung oder früherer Zeitpunkt des Entstehens des Anspruchs).

[51] Ebenso *K. Meyer* S. 142 ff.; *Staudinger/Thiele* (2007) RdNr. 127 f.; *Soergel/Lange* RdNr. 40; RGRK/*Finke* RdNr. 71. Gegen die Möglichkeit einer solchen Haftungsbeschränkung *Erman/Gamillscheg* RdNr. 20.

die auch im Unterhaltsrecht von großer Bedeutung ist. Die Gleichheit in der Terminologie bedingt jedoch nicht die Übernahme der diesbezüglichen unterhaltsrechtlichen Regeln. Als Anspruch mit Mischcharakter ist der Ausbildungsanspruch dem Unterhaltsanspruch nicht gleichzusetzen – womit die analoge Anwendung einzelner Normen nicht ausgeschlossen ist. Zu bedenken ist dabei jedoch stets die erbrechtliche Ausgleichsfunktion des Anspruchs, der mittelbar den Stiefabkömmlingen das wieder zuweisen soll, was ihnen § 1371 Abs. 1 genommen hat.

2. Bedürftigkeit. Einkünfte aus eigenem Vermögen einschließlich solcher aus dem Erbteil schließen Bedürftigkeit aus. Übereinstimmung besteht zudem darüber, dass auch der Vermögensstamm einzusetzen ist, zu den Voraussetzungen im Einzelnen differieren jedoch die Meinungen. Gegen eine Entscheidung nach Billigkeit unter Würdigung der Umstände des Einzelfalls, wie sie § 1577 Abs. 3 Alt. 2 für den Ehegattenunterhalt vorsieht, spricht, dass zwischen Stiefelternteil und Stiefkind kein der Ehegattenbeziehung vergleichbares Verhältnis besteht.[52] Das Fehlen vergleichbarer verwandtschaftlicher Beziehungen spricht auch gegen eine analoge Heranziehung des das Vermögen minderjähriger unverheirateter Kinder schonenden § 1602 Abs. 2.[53] Richtig ist, dem Stiefabkömmling den Vermögensstamm zu belassen, soweit seine Verwertung unwirtschaftlich wäre (vgl. dazu § 1577 Abs. 3 Alt. 1), oder soweit er bereitgehalten werden muss für den Unterhalt in der Zeit nach Abschluss der Ausbildung bis zur Erlangung einer selbständigen Lebensstellung sowie für deren Kosten. 67

Auch die Möglichkeit einer zumutbaren **Erwerbstätigkeit** schließt den Anspruch aus, doch ist die Ausbildung zu bedenken, wenn die Frage zu beantworten ist, ob eine bestimmte Tätigkeit zumutbar ist. Beschäftigungen, die das Ausbildungsziel gefährden, können nicht gefordert werden.[54] 68

Unterhaltsansprüche, die Stiefabkömmlinge aus Verwandtschaft oder Ehe gegen Dritte haben, schließen die Bedürftigkeit nicht aus. Der Ausbildungsanspruch entlastet vielmehr umgekehrt die Dritten, die andernfalls verpflichtet wären.[55] Diese Rangfolge ist umstritten[56] und dem Gesetz nicht unmittelbar zu entnehmen; sie entspricht jedoch dem Stellenwert des Ausbildungsanspruchs im Vermögen des Abkömmlings. Das zusätzliche Viertel wird zwar unmittelbar dem Stiefelternteil zugewiesen, über die erbrechtliche Ausgleichsfunktion des Ausbildungsanspruchs mittelbar jedoch dem Abkömmling. Es gehört damit in einer geminderten Form zu dessen Vermögen und ist deshalb zu berücksichtigen, wenn und soweit die Existenz eines Rechts zum Bezug einer laufenden Geldrente unterhaltsrechtlich bedeutsam ist. Verschiedentlich ist angeregt worden, die Härte des unbedingt postulierten Vorrangs des Anspruchs aus § 1371 Abs. 4 zu mildern und jene Unterhaltsansprüche vorzuordnen, die ohne Rücksicht auf die Bedürftigkeit des Berechtigten entstehen (§ 1360) oder diesem den Vermögensstamm belassen (§§ 1577 Abs. 3, 1602 Abs. 2),[57] doch ist der Schnitt in dieser Form letztlich zufällig. In sich folgerichtiger wäre ein Vorrang des Unterhaltsanspruchs bis zu jener Höhe, in welcher der verpflichtete Dritte Unterhalt auch bei unverkürztem Erbrecht des Abkömmlings hätte leisten müssen, weil er die Wirkungen des § 1371 Abs. 4 konsequent auf das Verhältnis von Abkömmling und Stiefelternteil beschränkt.[58] Doch verbieten praktische Schwierigkeiten, die Lösung auf diesem Wege zu suchen: Wie sollen die Einkünfte aus dem Anteil des Stiefabkömmlings am Zusatzviertel hypothetisch berechnet werden? 69

---

[52] Anders *Dölle* I S. 783 Fn. 28; RGRK/*Finke* RdNr. 57.

[53] Ebenso *Rauscher* RdNr. 411; *Erman/Gamillscheg* RdNr. 22; *Staudinger/Thiele* (2007) RdNr. 102; *Soergel/Lange* RdNr. 47. Anders *Palandt/Brudermüller* RdNr. 9.

[54] Vgl. *Staudinger/Thiele* (2007) RdNr. 103; *Bamberger/Roth/Mayer* RdNr. 39. Nach aA darf Erwerbstätigkeit nie gefordert werden, *Erman/Gamillscheg* RdNr. 22.

[55] Ebenso *Rauscher* RdNr. 411; *Gernhuber/Coester-Waltjen* § 37 RdNr. 43; *Lüderitz/Dethloff* § 5 RdNr. 151.

[56] Den Vorrang des Unterhaltsanspruchs bejahen *Staudinger/Thiele* (2007) RdNr. 104; RGRK/*Finke* RdNr. 56.

[57] Vgl. *K. Meyer* S. 58 ff.; *Soergel/Lange* RdNr. 48.

[58] So *Palandt/Brudermüller* RdNr. 9.

70 **3. Leistungsfähigkeit.** Zu leisten hat der Stiefelternteil **auch bei Gefährdung des eigenen Unterhalts;** § 1603 ist nicht analog anzuwenden.[59] Das zusätzlich gewährte Viertel wird dem Stiefelternteil von vornherein nur unter Vorbehalt des Ausbildungsanspruchs zugeordnet und kann deshalb von diesem nicht primär für den eigenen Unterhalt verwandt werden.

71 Der Ausbildungsanspruch wird durch Unterhaltsansprüche Dritter gegen den Stiefelternteil nicht geschmälert.[60] Dritte können beim Stiefelternteil nur das in Anspruch nehmen, was diesem abschließend zugewiesen ist, und nicht das, was ihm mittelbar wieder entzogen wird, weil das Gesetz die zunächst vorgenommene Zuweisung korrigiert.

72 **4. Mehrere Stiefabkömmlinge** haben gleichen Rang. Reicht das Zusatzviertel zur Erfüllung aller gegenwärtigen und zukünftigen Ausbildungsansprüche nicht aus, so sind die vorhandenen Mittel proportional zu den bestehenden Ausbildungsbedürfnissen zu verteilen, und zwar mit Rückstellung der auf künftige Ansprüche entfallenden Beträge.[61] Die Schwächen dieser von der hM vertretenen Lösung sind freilich evident. Die Verteilung bereitet Schwierigkeiten, da die Ausbildungsansprüche in der Regel zeitlich versetzt entstehen und die Höhe der zunächst noch ungewissen Ansprüche zu schätzen ist. Gelangen sie später überhaupt nicht oder in geringerem Umfang zur Entstehung, kann dem überlebenden Ehegatten ein Vorteil verbleiben. Zudem kann ein Verteilungsschlüssel, der mehreren etwas, jedoch keinem alles gibt, die Ausbildung aller Stiefabkömmlinge gefährden, weil keiner über ausreichende Mittel verfügt.

73 Diese Schwierigkeiten sind indessen hinzunehmen, denn sie sind auch mit anderen Ansätzen nicht zu lösen oder doch nur um den Preis andersartiger Disparitäten. Der Vorschlag, die Mittel nach dem Verhältnis der Erbquote, die den Stiefkindern nach § 1924 an dem zusätzlichen Viertel zugefallen wäre, zu verteilen,[62] besticht zwar durch die Klarheit des Verteilungsschlüssels, übersieht jedoch, dass sich § 1371 Abs. 4 gerade nicht am Erbverlust der einzelnen Stiefabkömmlinge orientiert (vgl. RdNr. 62). Außerdem löst auch diese Verteilung das Problem unsicherer zukünftiger Ausbildungsansprüche nicht.

IV. Anspruchsinhalt

74 **1. Geld.** Geschuldet werden die „Mittel zu einer angemessenen Ausbildung". Unter dem Begriff der „Mittel" ist in diesem Zusammenhang Geld zu verstehen. Dem überlebenden Ehegatten fehlt jedes Recht zur Fremdbestimmung des Stiefabkömmlings – er hätte es denn als dessen Vormund und damit in einer für § 1371 Abs. 4 bedeutungslosen Position. Es ist ihm deshalb verwehrt, die Ausbildung im Verhältnis zum Abkömmling naturaliter zu gewähren, etwa durch Bereitstellung eines vorfinanzierten Ausbildungsgangs. Es ist ihm auch verwehrt, in Analogie zu § 1612 Abs. 2 S. 1 sonst die Art zu bestimmen, in welcher der Unterhalt gewährt werden soll; er kann insbesondere nicht die Aufnahme des unverheirateten Stiefkindes in den eigenen Haushalt verfügen. Das gilt auch dann, wenn der Stiefabkömmling bis zum Tode des Erblassers mit den Ehegatten in Hausgemeinschaft lebte. Zwischen den Parteien besteht mangels Verwandtschaft kein Verhältnis, das eine Fremdbestimmung des Stiefabkömmlings rechtfertigen könnte.[63]

75 **2. Leistungszeit.** Die Unterhaltskosten sind in Analogie zu § 1612 Abs. 1 S. 1 und Abs. 3 als monatliche, im Voraus fällige Geldrente zu gewähren. Nur periodisch entstehende Kosten sind entsprechend periodisch voraus zu leisten, die Leistungszeit wird insoweit primär vom Ausbildungsgang bestimmt. Ein Anspruch des Stiefabkömmlings auf Zahlung der gesamten Ausbildungskosten im Voraus besteht nicht.

[59] Ebenso *Staudinger/Thiele* (2007) RdNr. 114; *Erman/Gamillscheg* RdNr. 20; aA *Dölle* I S. 784.

[60] Ebenso *Soergel/Lange* RdNr. 57; *Staudinger/Thiele* (2007) RdNr. 113; aA *Dölle* I S. 784 Fn. 34.

[61] Vgl. *Dölle* I S. 783; *Staudinger/Thiele* (2007) RdNr. 115; RGRK/*Finke* RdNr. 63; *Erman/Gamillscheg* RdNr. 23.

[62] Vgl. *K. Meyer* S. 109 ff.; *Soergel/Lange* RdNr. 53.

[63] Wie hier *Staudinger/Thiele* (2007) RdNr. 107; aA aber *Dölle* I S. 783; *Soergel/Lange* RdNr. 51 (wenn der Stiefabkömmling im Haushalt des Stiefelternteils aufgewachsen und erzogen worden ist).

3. Modifizierung des Anspruchsinhalts. Die Parteien können Verträge abschließen, die den Anspruch präzisieren und modifizieren (zum Verzicht vgl. RdNr. 87). Dagegen hat weder der überlebende Ehegatte noch der Stiefabkömmling das Recht, von dem anderen zu verlangen, sich auf eine bestimmte Art der Unterhaltsgewährung, etwa Naturalversorgung, einzulassen. § 1612 Abs. 1 S. 2 ist nicht analog anzuwenden.[64] Ebenso wenig kann der Abschluss eines Abfindungsvertrages verlangt werden; der für den Ehegattenunterhalt geltende § 1585 Abs. 2 eignet sich nicht für eine analoge Anwendung.[65] 76

4. Fragen der Ausbildung. Alle für den Anspruch relevanten Fragen der Ausbildung (Angemessenheit, Dauer, Zweitausbildung usw.) sind grundsätzlich ebenso zu beantworten wie im Kindesunterhaltsrecht (s. § 1610 RdNr. 18 ff.). Ziel des Anspruchs ist, Stiefabkömmlinge vor jenen Nachteilen zu bewahren, die das verstärkte Ehegattenerbrecht für ihre Ausbildung nach sich zieht; Ziel des Anspruchs ist dagegen nicht, ihnen eine Ausbildung zu gewähren oder zuzumuten, die sich qualitativ von derjenigen unterscheidet, die sie vom Erblasser hätten fordern können, falls er am Leben geblieben wäre. Zu bedenken ist freilich, dass die Frage der Ausbildung sinnvoll nur vor dem Hintergrund der Finanzierbarkeit beantwortet werden kann – es ist müßig, eine Ausbildung zu beginnen, die mangels ökonomischer Voraussetzungen mit Sicherheit abgebrochen werden muss; zu bedenken ist auch, dass sich die Daten durch den Tod des Erblassers entscheidend geändert haben können – der Erbteil des Stiefabkömmlings und die maximale Höhe des Ausbildungsanspruchs können weit hinter der Leistungsfähigkeit des Erblassers zurückbleiben. 77

5. Allgemeine Lebenshaltungskosten. Dem Text des § 1371 Abs. 4 ist nicht eindeutig zu entnehmen, ob in der Zeit der Ausbildung auch die allgemeinen Lebenshaltungskosten geschuldet werden.[66] Die Frage ist in Übereinstimmung mit der zur Bedürftigkeit vertretenen Meinung zu bejahen. Zwar ist die Antwort nicht durch § 1610 Abs. 2 präjudiziert, denn dort sind die Ausbildungskosten dem Lebensbedarf integriert, während sich bei § 1371 Abs. 4 die Frage stellt, ob die Lebenshaltungskosten den Ausbildungskosten zu integrieren sind. Da jedoch der Stiefabkömmling die ihm durch Abs. 1 entzogenen Mittel auch für die Lebenshaltung hätte einsetzen müssen, gibt es keinen Grund, Verwandte des Stiefabkömmlings mit Unterhaltsansprüchen zu belasten (§§ 1601 ff.), denen sie ohne Verstärkung des Ehegattenerbrechts nicht ausgesetzt gewesen wären. 78

V. Durchsetzung des Anspruchs

1. Auskunft. Die Höhe des Anspruchs ist vom Stiefabkömmling aus Daten zu ermitteln, die ihm ohne weiteres zu Gebote stehen. So kann er den eigenen Bedarf unmittelbar analysieren und über die Höhe des zur Verfügung stehenden Vermögens kann er als Miterbe Auskunft verlangen (vgl. die §§ 2027, 2028, 2057). Ein spezieller Anspruch auf Auskunft gegen den Stiefelternteil in Analogie zu § 1605 ist daher nicht erforderlich und nicht anzuerkennen.[67] 79

2. Rückstände. Ersatz der Kosten einer Ausbildung, die vor dem Erbfall absolviert wurde, kann nicht gefordert werden. Die Erfüllung rückständiger Ausbildungsansprüche kann nur unter den Voraussetzungen des analog anzuwendenden § 1613 verlangt werden – in Betracht kommen insbesondere Verzug des Stiefelternteils oder Rechtshängigkeit des 80

---

[64] Ebenso *Staudinger/Thiele* (2007) RdNr. 106; anders RGRK/*Finke* RdNr. 67 („uU": etwa wenn der Abkömmling mit dem Erblasser und dem überlebenden Ehegatten in Hausgemeinschaft lebte).

[65] Ebenso *Soergel/Lange* RdNr. 51; *Staudinger/Thiele* (2007) RdNr. 108; *Erman/Gamillscheg* RdNr. 21; aA *K. Meyer* S. 89 ff. (Abfindungsanspruch des Stiefabkömmlings bei Vorliegen eines wichtigen Grundes).

[66] Ebenso *Gernhuber/Coester-Waltjen* § 37 RdNr. 45; *Lüderitz/Dethloff* § 5 RdNr. 151; *Palandt/Brudermüller* RdNr. 9; grds. auch *Soergel/Lange* RdNr. 50. Nach aA werden nur die unmittelbaren Ausbildungskosten zuzüglich der Verteuerung der Lebenshaltung durch die Ausbildung geschuldet, dazu *Dölle* I S. 783. Einschränkend *Staudinger/Thiele* (2007) RdNr. 111 (Lebenshaltungskosten geschuldet, wenn nicht durch Unterhaltsleistungen Dritter gedeckt).

[67] *Staudinger/Thiele* (2007) RdNr. 116; *Soergel/Lange* RdNr. 55.

Anspruchs. Dies gilt auch für einen Anspruch auf Schadensersatz wegen Nichterfüllung für die Zeit, in welcher der Anspruch bestand, jedoch nicht bedient wurde.[68]

81 **3. Verjährung.** Da es sich nicht um einen familienrechtlichen Herstellungsanspruch handelt, ist § 194 Abs. 2 nicht anwendbar.[69] Die periodisch fällig werdenden Einzelansprüche verjähren gemäß § 197 Abs. 1 Nr. 2, Abs. 2 iVm. § 195 in drei Jahren; dies gilt auch für den Ausbildungsanspruch als solchen (verstanden als Gesamtrecht).

82 **4. Tod des Berechtigten oder des Verpflichteten.** Mit dem Tod des Berechtigten endet der Anspruch vorbehaltlich der von § 1615 Abs. 1, der analog anzuwenden ist, bezeichneten Restbestände. Der Tod des Verpflichteten beendet dagegen den Anspruch nicht; er ist fortan von den Erben zu erfüllen, und zwar als Nachlassverbindlichkeit mit der Möglichkeit der Haftungsbeschränkung auf den Nachlass.[70]

83 **5. Unpfändbarkeit.** Der Anspruch ist gemäß § 850 a Nr. 6 ZPO absolut unpfändbar,[71] damit auch nicht durch Aufrechnung zu tilgen (§ 394), nicht abtretbar (§ 400) und auch nicht verpfändbar (§ 1274 Abs. 2). Die Gegenmeinung[72] wendet nur § 850 b ZPO an und eröffnet damit die bedingte Pfändungsmöglichkeit des Abs. 2 – die allerdings mehr theoretisch als praktisch bedeutsam sein dürfte.

84 **6. Konkurrenz mit anderen Ansprüchen.** In der Konkurrenz mit anderen Gläubigern des Stiefelternteils ist der Stiefabkömmling weder privilegiert noch zurückgesetzt. Er genießt in der Zwangsvollstreckung weder das Pfändungsprivileg des § 850 d ZPO noch wird er in der Insolvenz gemäß § 40 InsO zurückgesetzt.

VI. Abdingbarkeit

85 **1. Letztwillige Verfügung.** Der Erblasser kann den Ausbildungsanspruch in einer letztwilligen Verfügung schmälern oder gänzlich ausschließen. Wer die Macht hat, eine Enterbung vorzunehmen und damit dem Abkömmling jene erbrechtliche Position zu entziehen, ohne die der Ausbildungsanspruch nicht entstehen kann (vgl. RdNr. 54 f.), muss auch die Macht haben, das lediglich akzessorische Recht (den Ausbildungsanspruch) auszuschließen. Die der Testierfreiheit gesetzten Grenzen stehen nicht entgegen; sie werden vom Pflichtteilsrecht bezeichnet, zu dem der Ausbildungsanspruch in keiner Beziehung steht.[73]

86 **2. Eheverträge.** Dagegen ist es den Ehegatten verwehrt, § 1371 Abs. 4 in einem Ehevertrag abzubedingen. Eheverträge dienen der Regelung güterrechtlicher Verhältnisse (§ 1408), zu denen auch bei extensiver Interpretation des Begriffs der Ausbildungsanspruch nicht mehr gerechnet werden kann; der Anspruch ist lediglich die Folge einer bestimmten güterrechtlichen Lage, die als solche allerdings zur Disposition der Ehegatten steht.[74]

87 **3. Verzicht.** Vor dem Erbfall kann der Stiefabkömmling auf den Ausbildungsanspruch nicht verzichten. Der Anspruch aus § 1371 Abs. 4 kann nämlich weder Gegenstand eines Erbverzichts sein (vgl. §§ 2346 Abs. 1 S. 1, 2352) noch Gegenstand eines Verzichtsvertrages mit dem Stiefelternteil (vgl. § 311 Abs. 4).[75] Auf den entstandenen Anspruch kann dagegen verzichtet werden. Der überlebende Ehegatte als Schuldner und sein Stiefabkömmling als Gläubiger können hier ungehindert disponieren (vgl. RdNr. 77), § 1614 Abs. 1 steht nicht entgegen: Wenn der berechtigte Abkömmling in der Lage ist, das Erbe auszuschlagen und damit die erbrechtliche Position preiszugeben, die Voraussetzung für den Ausbildungsan-

---

68 Ebenso *Staudinger/Thiele* (2007) RdNr. 117; *Soergel/Lange* RdNr. 54.
69 *Staudinger/Thiele* (2007) RdNr. 119.
70 Ebenso *Staudinger/Thiele* (2007) RdNr. 117.
71 Vgl. *K. Meyer* S. 134 ff.; *Gernhuber/Coester-Waltjen* § 37 RdNr. 52; *Staudinger/Thiele* (2007) RdNr. 120.
72 *Soergel/Lange* RdNr. 58; RGRK/*Finke* RdNr. 70; *Erman/Gamillscheg* RdNr. 21.
73 AllgM, vgl. *Staudinger/Thiele* (2007) RdNr. 130; RGRK/*Finke* RdNr. 75; *Soergel/Lange* RdNr. 41; *Palandt/Brudermüller* RdNr. 11.
74 Ebenso RGRK/*Finke* RdNr. 75; *Soergel/Lange* RdNr. 41; *Staudinger/Thiele* (2007) RdNr. 129.
75 *Staudinger/Thiele* (2007) RdNr. 131; *Soergel/Lange* RdNr. 41. Für den Erbverzicht anders RGRK/*Finke* RdNr. 68.

spruch ist, muss ihm auch das Recht zustehen, allein über den Ausbildungsanspruch zu befinden.[76] Ein Verzicht auf den Anspruch bedarf in Analogie zu den §§ 1822 Nr. 2, 1643 Abs. 2 bei minderjährigen Stiefabkömmlingen jedoch der Genehmigung des VormG/FamG.[77]

§ 1372 Zugewinnausgleich in anderen Fällen

Wird der Güterstand auf andere Weise als durch den Tod eines Ehegatten beendet, so wird der Zugewinn nach den Vorschriften der §§ 1373 bis 1390 ausgeglichen.

Schrifttum zu den §§ 1372 bis 1378: *Arens/Spieker,* Die Maßgeblichkeit steuerlicher Unterlagen und steuerlicher Ansätze für familienrechtliche Ansprüche, FamRZ 1985, 121; *Bärmann,* Das neue Ehegüterrecht, AcP 157 (1958/59), 145; *Battes,* Sinn und Grenzen des Zugewinnausgleichs, FuR 1990, 311; *ders.,* Echte Wertsteigerungen im Zugewinnausgleich – Ein Beitrag zur Reform des gesetzlichen Güterrechts, FamRZ 2007, 313; *Brambring,* Vorerbe und Zugewinnausgleich, DNotZ 1980, 725; *Brauckmann,* Leasing und Zugewinnausgleich, FamRZ 1991, 1271; *Dostmann,* Bürgerlich-rechtlicher Einkommensteuerausgleich zwischen Ehegatten, FamRZ 1991, 760; *Dörr/Hansen,* Die Entwicklung des Familienrechts seit Mitte 1996, NJW 1997, 2918; *Finger,* Vereinbarungen über den Zugewinnausgleich und § 1378 Abs. 3 S. 2 und 3 BGB, FuR 1997, 68; *Gaul,* Zur Abgrenzung des Ehevertrags von der Scheidungsvereinbarung nach § 1378 Abs. 3 Satz 2 BGB und dem Auseinandersetzungsvertrag, FS H. Lange, 1992, S. 829; *Gerhardt/Schulz,* Verbot der Doppelverwertung von Abfindungen beim Unterhalt und Zugewinn, FamRZ 2004, 145; *dies.,* Die Berücksichtigung einseitig vermögensbildender Schulden beim Ehegattenunterhalt, FamRZ 2005, 1523; *Gernhuber,* Geld und Güter beim Zugewinnausgleich, FamRZ 1984, 1053; *ders.,* Probleme der Zugewinngemeinschaft, NJW 1991, 2238; *ders.,* Abfindungen und Beitragserstattungen beim rechnerischen Zugewinnausgleich, FS H. Lange, 1992, S. 853; *ders.,* Der Gesamtschuldnerausgleich unter Ehegatten, JZ 1996, 696 und 765; *Graba,* Das Familienheim beim Scheitern der Ehe, NJW 1987, 1721; *Grziwotz,* Doppelverwertungsverbot im Scheidungsfolgenrecht, MittBayNot 2005, 284; *Gutdeutsch,* Durchlaufender Verbraucherpreisindex in den neuen Bundesländern, FamRZ 2003, 1902; *ders.,* Ein allgemeiner Verbraucherpreisindex für die Umrechnung des Anfangsvermögens im Zugewinnausgleich, FamRZ 2003, 1061; *Hauß,* Lebensversicherungen im Versorgungs- und Zugewinnausgleich, FPR 2007, 190; *Hermes,* Nochmals: Die Doppelberücksichtigung von Abfindungen und Schulden im Unterhalt und Zugewinnausgleich, FamRZ 2007, 184; *Holtfester/Neuhaus-Piper,* Vermögensgesetz und Zugewinnausgleich, FamRZ 2002, 1526; *Holzhauer,* Schenkungen unter Ehegatten in der europäischen Privatrechtsgeschichte und im heutigen deutschen Recht, FuR 1995, 177 und 268; *Hoppenz,* Zur Konkurrenz von Unterhalt und Zugewinnausgleich, FamRZ 2006, 1242; *Jaeger,* Verjährung von Zugewinnausgleichsansprüchen, FPR 2007, 185; *Johannsen/Henrich,* Eherecht, 4. Aufl. 2003; *Kaiser,* Abfindungen wegen Beendigung des Arbeitsverhältnisses. Zugewinnausgleichspflichtiges Vermögen oder unterhaltsprägendes Einkommen?, in: Perspektiven des Familienrechts, FS D. Schwab, hrsg. von *Hofer/Klippel/Walter,* 2005, S. 495; *Koch,* Entgeltlichkeit in der Ehe?, FamRZ 1995, 320; *dies.,* Die Entwicklung der Rechtsprechung zum Zugewinnausgleich, FamRZ 2003, 197; *dies.,* Aktuelle Rechtsprechung im Familienrecht 2003/2004, in: DAI (Hrsg.), Brennpunkte des Familienrechts 2004, 2004, S. 153; *dies.,* Aktuelle Rechtsprechung zum Güterrecht, in: DAI (Hrsg.), Brennpunkte des Familienrechts 2006, 2006, S. 235; *dies.,* Die Teilungsmasse des Zugewinns – der Topos von der starren, schematischen Regelung des Gesetzes, in: *Schwab/Hahne* (Hrsg.), Familienrecht im Brennpunkt, 2004, S. 139; *Kogel,* Strategien beim Zugewinnausgleich, 2. Aufl. 2007; *ders.,* Der Lebenshaltungskostenindex beim Zugewinnausgleich von Immobilienvermögen – ein Irrweg?, FamRZ 2003, 278; *ders.,* Verbraucherpreisindex und Zugewinnausgleich – Besonderheiten in den neuen Bundesländern, FamRZ 2003, 1901; *Kornexl,* Zur Anwendbarkeit des § 1374 II BGB bei Schenkungen unter Ehegatten, NJW 1994, 622; *Kotzur,* Die Rechtsprechung zum Gesamtschuldnerausgleich unter Ehegatten, NJW 1989, 817; *Krüger,* Bewertungsprobleme bei der Zugewinngemeinschaft, DB 1959, 1189; *Langenfeld,* Zur Rückabwicklung von Ehegattenzuwendungen im gesetzlichen Güterstand, NJW 1986, 2541; *Liebelt,* Die „Aufteilung" der Einkommensteuererstattung zwischen getrenntlebenden und geschiedenen Ehegatten, FamRZ 1993, 626; *Lipp,* Die Eigentums- und Vermögensgemeinschaft des FGB und der Einigungsvertrag – eine vergebene Chance für eine Reform des Güterstandsrechts?, FamRZ 1996, 1117; *ders.,* Restitutionsanspruch und Zugewinnausgleich, FamRZ 1998, 597; *Maier,* Vom Unterhalt bei Vermögensauseinandersetzung, FamRZ 2006, 897; *Mann,* Geldentwertung und Recht, NJW 1974, 1297; *Maurer,* Zur Qualifikation arbeitsrechtlicher Abfindungen – Unterhaltsrecht oder Güterrecht?, FamRZ 2005, 757; *v. Maydell,* Geldschuld und Geldwert, 1974; *Medicus,* Privatrechtliche Fragen zur Geldentwertung, DB 1974, 759; *Morave/Winkler,* Abweichen vom strengen Stichtagsprinzip bei Übertragung von bebauten Grundstücken auf einen Ehegatten?, FamRZ 2007, 1212; *Münch,*

[76] Ebenso im Ergebnis *K. Meyer* S. 102 ff.; *Staudinger/Thiele* (2007) RdNr. 118; *Soergel/Lange* RdNr. 51; RGRK/*Finke* RdNr. 68, aA jedoch *Dölle* I S. 783.

[77] Ebenso *Staudinger/Thiele* (2007) RdNr. 118; RGRK/*Finke* RdNr. 68. Für Anwendung nur des § 1812 dagegen *Soergel/Lange* RdNr. 51.

Ehebezogene Rechtsgeschäfte. Handbuch der Vertragsgestaltung, 2. Aufl. 2007; *ders.*, Vorweggenommene Erbfolge im Zugewinn – Vertragliche Regelung statt Gutachterstreit, DNotZ 2007, 795; *Muscheler*, Wertänderungen des privilegierten Erwerbs in der Zugewinngemeinschaft, FamRZ 1998, 265; *Netzer*, Die Berücksichtigung von Zuwendungen zwischen Ehegatten im Zugewinnausgleich – §§ 1372 ff. BGB, FamRZ 1988, 676; *v. Olshausen*, Geldwertänderung und Zugewinnausgleich, FamRZ 1983, 765; *Rauscher*, Dingliche Mitberechtigung in der Zugewinngemeinschaft, AcP 186 (1986), 529; *Reichert-Facilides*, Geldentwertung und Recht, JZ 1974, 483; *Rittner*, Handelsrecht und Zugewinngemeinschaft (III): Der Zugewinnausgleich, FamRZ 1961, 505; *Reimann*, Das Unternehmen im Zugewinnausgleich aus der Sicht des Kautelarjuristen, FamRZ 1989, 1248; *Schmitz*, Doppelverwertungsverbot im Unterhaltsrecht, FPR 2007, 198; *ders.*, Doppelberücksichtigung von Vermögenswerten beim Unterhalt und Zugewinn, FamRZ 2005, 1520; *Schröder*, Der Zugewinnausgleich auf dem Prüfstand, FamRZ 1997, 1; *Schröder/Bergschneider*, Familienvermögensrecht, 2. Aufl. 2007; *Schulin*, Doppelberücksichtigung von Vermögenswerten beim Unterhalt und Zugewinn, FamRZ 2005, 1521; *Schulz*, Zur Doppelberücksichtigung von Vermögenspositionen beim Unterhalt und Zugewinn, FamRZ 2006, 1237; *Schwab*, Handbuch des Scheidungsrechts, 5. Aufl. 2004; *Schwagerl*, Zum Charakter der Grundrente nach dem Bundesversorgungsgesetz, NJW 1982, 1798; *Smid*, Zum Verhältnis von Hausratsverteilung und Zugewinngemeinschaft, NJW 1985, 173; *Struck*, Gläubigerschutz und Familienschutz, AcP 187 (1987), 404; *Tiedtke*, Die Verpflichtung eines Ehegatten, an der Zusammenveranlagung zur Einkommensteuer mitzuwirken, FamRZ 1977, 686; *ders.*, Vereinbarungen über den Ausgleich des Zugewinns vor Beginn des Scheidungsverfahrens, JZ 1982, 538; *ders.*, Die Berücksichtigung latenter Steuerverbindlichkeiten bei der Berechnung des Zugewinnausgleichs, FamRZ 1990, 1188; *Voit*, Das Ende einer Zugewinnausgleichsoase, FamRZ 1992, 1385; *ders.*, Die Kombinationslebensversicherung im Zugewinnausgleich, FamRZ 1993, 508; *Werner*, Zugewinnausgleich bei gleichzeitigem Tod der Ehegatten, FamRZ 1976, 249; *ders.*, Stiftungszuwendungen und Zugewinnausgleich, in: Perspektiven des Familienrechts, FS D. Schwab, hrsg. von *Hofer/Klippel/Walter*, 2005, S. 581; *Wever*, Die Entwicklung der Rechtsprechung zur Vermögensauseinandersetzung der Ehegatten außerhalb des Güterrechts im Jahre 2005, FamRZ 2006, 365; *Wohlgemuth*, Doppelverwertung von Schulden im Zugewinn und Unterhalt, FamRZ 2007, 187.

Übersicht

I. Normzweck

1 **1. Zugang zum rechnerischen Ausgleich.** Die Zugewinngemeinschaft kennt zwei Ausgleichsmodi: Den rechnerischen und den erbrechtlichen. § 1372 eröffnet den Zugang zum rechnerischen Ausgleich.

2 **2. Genereller Verweis.** § 1371 konturiert den Anwendungsbereich der erbrechtlichen Lösung mit scharfen Tatbestandsgrenzen. § 1372 weist in einer generellen Aussage alle übrigen Fälle dem rechnerischen Zugewinnausgleich zu; dabei normieren die §§ 1373 ff. für alle Fälle der Güterstandsbeendigung unter Lebenden ein grundsätzlich gleiches Rechenmuster.

II. Beendigung des Güterstandes

3 **1. Beendigung durch richterlichen Akt.** Durch richterlichen Akt beendet wird der Güterstand im Fall der Scheidung oder Aufhebung der Ehe und im Fall der vorzeitigen Aufhebung der Zugewinngemeinschaft, sei es mit oder ohne vorzeitigen Zugewinnausgleich. Die §§ 1384, 1387, 1318 Abs. 3 sehen hier einen speziellen, sich von den übrigen Fällen unterscheidenden Berechnungspunkt vor. Dieser ist vorverlagert – und zwar unabhängig davon, ob die Güterstandsbeendigung bei gleichzeitiger Auflösung der Ehe erfolgt oder ob nur der Güterstand endet, die Ehe jedoch fortbesteht.

4 **Bei bestehender Ehe** endet der Güterstand durch richterlichen Akt nach erfolgreichem Antrag auf vorzeitigen Ausgleich des Zugewinns (§§ 1385, 1386); mit der Rechtskraft des Beschlusses tritt Gütertrennung ein (§ 1388).

Bei gleichzeitiger Beendigung der Ehe endet der Güterstand durch richterlichen Akt mit der Rechtskraft des Beschlusses, der auf Scheidung oder Aufhebung der Ehe erkennt. Der Umstand, dass mit der Aufhebung eine fehlerhaft begründete Ehe, mit der Scheidung hingegen eine fehlerfrei zustandegekommene, jedoch gescheiterte Ehe aufgelöst wird, zeitigt die folgenden Konsequenzen. 5

Wird die Ehe wegen Abschlussmängel aufgehoben, so findet gemäß § 1318 Abs. 3 ein güterrechtlicher Ausgleich nur statt, wenn dieser nicht grob unbillig wäre – und zwar unbillig im Hinblick auf die Umstände bei der Eheschließung oder – bei Doppelehe – im Hinblick auf die Belange der dritten Person. Mit dieser Härteklausel ist dem Bedenken Rechnung getragen, dass der uneingeschränkte güterrechtliche Ausgleich in den Fällen des fehlerhaften Eheschlusses einen unredlichen Ehegatten begünstigen kann.[1] 6

2. Beendigung aus anderen Gründen. Beendet werden kann der Güterstand auch durch **Wiederverheiratung** im Fall der **Todeserklärung.** In diesem Fall bleibt – vorbehaltlich der Unkenntnis von den Umständen – die frühere Ehe auch bei falscher Todeserklärung aufgelöst (§ 1319 Abs. 2). Da auch in diesem Fall der Güterstand der früheren Ehe „auf andere Weise" als durch Tod beendet wird, hat der rechnerische Zugewinnausgleich stattzufinden. Die fehlerhafte Todeserklärung allein beendet hingegen weder die Ehe noch den Güterstand. Ein bereits vollzogener Zugewinnausgleich mit den Scheinerben ist, weil ohne Rechtsgrund erfolgt, rückgängig zu machen. 7

Von weitaus größerer praktischer Bedeutung ist die Güterstandsbeendigung durch **Ehevertrag.** Gemäß § 1414 S. 1 und 2 tritt Gütertrennung ein, wenn die Ehegatten den gesetzlichen Güterstand oder eine bestehende Gütergemeinschaft aufheben oder den Versorgungsausgleich ausschließen. Wird in diesem Zusammenhang nicht auch der Zugewinn vertraglich geregelt, so ist durch Auslegung nach §§ 133, 157 zu ermitteln, ob ein Verzicht gewollt ist. 8

3. Beendigung bei gleichzeitigem Tod. Nicht bedacht wurde vom Gesetz der Vermögensausgleich im Fall des gleichzeitigen Todes beider Ehegatten. Nach hM findet in diesem Fall ein **Zugewinnausgleich** zwischen den (personenverschiedenen) Erben von Ehemann und Ehefrau **nicht statt.**[2] Zwar lässt der Normtext des § 1372 den Ausgleich zu, weil der Güterstand auf andere Weise als durch den Tod „eines" Ehegatten endete, doch zeigt die gesamte Zugewinnausgleichsregelung, dass § 1372 den Zugewinn unter lebenden Ehegatten meint. Stets setzt der Gesetzeswortlaut voraus, dass der Ehegatte im Zeitpunkt des Ausgleichs noch lebt, nämlich Inhaber von Vermögens oder Schuldner von Verbindlichkeiten ist, vgl. §§ 1375, 1377 Abs. 3, 1379, 1380 Abs. 2 S. 1. Dies allein ist auch mit erbrechtlichen Grundsätzen zu vereinbaren: Der Zugewinnausgleichsanspruch ist schuldrechtlicher Natur und kann als solcher nur in der Person des Ehegatten entstehen. Eine vererbbare dingliche Teilhabe am Vermögen des Ehepartners sieht die Zugewinngemeinschaft gerade nicht vor. Sie bedeutet Gütertrennung mit der Möglichkeit des finanziellen Ausgleichs. Das aus dieser Möglichkeit entspringende Recht der Ehepartner, bei Beendigung des Güterstandes von dem anderen finanziellen Ausgleich zu verlangen, ist keine gemäß § 1922 Abs. 1 vererbbare Vermögensposition. 9

III. Abweichende Vereinbarungen

1. Vor Beendigung des Güterstandes. Vertragliche Eingriffe in den rechnerischen Zugewinnausgleich, etwa durch Ausschluss bestimmter Vermögensmassen oder Begrenzung 10

[1] Zu diesen Bedenken angesichts der früheren Rechtslage vgl. MünchKommBGB/*Gernhuber* 3. Aufl. RdNr. 6f.

[2] BGHZ 72, 85 = NJW 1978, 1855 m. zust. Anm. *Werner* DNotZ 1978, 736ff.; LG Augsburg FamRZ 1976, 523; LG Stuttgart BWNotZ 1977, 121; *Werner* FamRZ 1976, 249, 251; *Staudinger/Thiele* (2007) § 1371 RdNr. 58; *Soergel/Lange* § 1371 RdNr. 6; *Bamberger/Roth/Mayer* RdNr. 4; *Schwab/Schwab* Teil VII RdNr. 2. Bedenken äußert MünchKommBGB/*Gernhuber* 3. Aufl. RdNr. 10. AA *Erman/Gamillscheg* RdNr. 4.

der Ausgleichsforderung durch einen Höchstbetrag, bedürfen vor Beendigung des Güterstandes stets eines Ehevertrags, dessen Form gemäß § 127 a auch durch einen Prozessvergleich gewahrt wird. Grenzen waren den Parteien hier schon immer durch die allgemeinen Schranken der Vertragsfreiheit gesetzt. Diese sind von der Rechtsprechung, rechtspolitischen Forderungen und verfassungsgerichtlichen Vorgaben folgend,[3] in den letzten Jahren allerdings zunehmend eingeengt worden. Im Interesse übervorteilter, des Schutzes und der Fürsorge bedürfender Ehefrauen unterliegen Eheverträge heute generell einer richterlichen Kontrolle. Nach der vom BGH entwickelten sog. Kernbereichstheorie sind der Gestaltungsfreiheit in Zugewinnausgleichsfragen allerdings keine engen Grenzen gesetzt.[4]

11 **2. Nach Beendigung des Güterstandes.** Vertragliche Regelungen nach Beendigung des Güterstandes sind niemals – in welcher Form auch immer sie formuliert werden –, Eingriffe in den Normenkomplex der §§ 1373 ff. Sie regeln allein eine bereits entstandene, wenn auch meist noch nicht spezifizierte Ausgleichsforderung, sind also Schuldänderungsverträge (§ 311 Abs. 1), wenn sie die Forderung erweitern, und erlassende Verträge (§ 397), wenn sie sie kürzen oder ausschließen. Die für Eheverträge vorgesehene Form ist weder im einen noch im anderen Fall zu wahren.

§ 1373 Zugewinn

Zugewinn ist der Betrag, um den das Endvermögen eines Ehegatten das Anfangsvermögen übersteigt.

Schrifttum: S. § 1372.

Übersicht

I. Normzweck

1 Die Norm **definiert** den Begriff **Zugewinn** durch Festlegung der beiden Vergleichsgrößen für dessen Berechnung. Die beiden Begriffselemente der **Legaldefinition** „Anfangsvermögen“ und „Endvermögen“ werden in den §§ 1374 bis 1376 näher bestimmt; aus der Ausgestaltung dieser Rechnungsgrößen ergibt sich der als Zugewinn verteilbare Betrag.

II. Zugewinn als Rechnungsgröße

2 Obgleich der Begriff des Zugewinns dem Güterstand seinen Namen gegeben hat, hat er selbst nur wenig materialen Gehalt: Zugewinn ist eine **reine Rechnungsgröße, keine besondere Vermögensmasse,** die vom übrigen Vermögen der beiden Ehegatten geschieden wäre. Mit dieser Ausgestaltung des Zugewinns als bloßer Rechnungsgröße steht ein einfacher, klarer Abrechnungsmechanismus zur Verfügung, der nicht erreicht worden wäre,

---

[3] BVerfGE 103, 89 = FamRZ 2001, 343 m. Anm. *Schwab;* BVerfG FamRZ 2001, 985.

[4] Grundlegend BGHZ 158, 81 = FamRZ 2004, 601 m. Anm. *Borth.* Komprimiert nachgezeichnet ist die Entwicklung der zivilgerichtlichen Rspr. auf die Vorgaben des Verfassungsgerichts hin samt dem Meinungsstand in der Literatur bei *Münch* RdNr. 532 ff. Zur Problematik ehevertraglicher Gestaltungen des Zugewinnausgleichs umfassend § 1408; zu den speziellen Grenzen ausgleichsrechtlicher Vereinbarungen während eines laufenden Eheauflösungsverfahrens § 1378 RdNr. 21.

wenn die Vermögensteilhabe in der Ehe über ein Sondervermögen verwirklicht worden wäre – das für Sondervermögen geltende Prinzip der dinglichen Surrogation macht sie schwer organisierbar und ebenso schwer teilbar, da sämtliche Gegenstände, Verbindlichkeiten und Lasten einzeln zugewiesen werden müssen.

Als Rechnungsgröße, die sich aus dem Vergleich zweier anderer Rechnungsgrößen ergibt, ist der Zugewinn an den Wertmesser der beiden Vergleichsgrößen gebunden. Anfangsvermögen, Endvermögen und Zugewinn werden **nur in Geld** ausgedrückt. 3

Der Rechnungsposten Zugewinn ist als **positiver Wert** gedacht. Er kann im Einzelfall völlig fehlen, weil ein Ehegatte während der Ehe nichts erwirtschaftete. Er kann dagegen niemals als negativer Wert in die Vergleichsrechnung mit dem Zugewinn des anderen Ehegatten eingestellt werden: Die Zugewinngemeinschaft ist keine Verlustgemeinschaft, die über die Anrechnung von negativem Zugewinn zu einer mittelbaren Mithaftung für die Verbindlichkeiten des anderen führt.[1] 4

III. Scheinbare (unechte, nominelle) Zugewinne

1. Kaufkraftschwund. Scheinbare Zugewinne ergeben sich bei einer Änderung des Tauschwertes des Geldes, das heißt bei einer Änderung seiner Kaufkraft. Wird das Anfangsvermögen nach dem Geldwert bei Eintritt des Güterstandes berechnet (vgl. § 1374 Abs. 1) und das Endvermögen nach jenem bei Beendigung des Güterstandes (vgl. § 1375 Abs. 1), so führen die Grundsätze des Nominalismus mit dem fiktiven Satz „Euro = Euro" zu Scheingewinnen, die auf der Verwendung real unterschiedlicher Wertmesser beruhen. Die Disparität wirkt sich bei allen Gütern aus, die zu bewerten sind. Sollen scheinbare Zugewinne aus dem Zugewinnausgleich ausgeschieden werden, müssen real gleiche Wertmesser für das Anfangsvermögen und das Endvermögen verwandt werden. Das nominalistische Prinzip des Währungsrechts wird damit nicht verletzt. Es betrifft allein das Geld als Zahlungsmittel, nicht aber das Geld als Wertmesser bei der Bewertung von Vermögen.[2] 5

2. Umrechnung. Dass scheinbare Zugewinne **nicht auszugleichen** sind, steht heute außer Streit.[3] Auch die Diskussion um die richtige Methode ist zwischenzeitlich als erledigt zu betrachten – die zunächst als Alternative vorgeschlagene Heranziehung des § 1381[4] überzeugte schon deshalb nicht, weil eine für den Einzelfall bestimmte Norm nicht zur Lösung genereller Probleme geeignet ist. Nach heute hM wird der scheinbare Zugewinn eliminiert durch eine Umrechnung des Anfangsvermögens auf den Geldwert im Zeitpunkt der Beendigung des Güterstandes nach der Formel: Wert des Anfangsvermögens bei Beginn des Güterstandes × Verbraucherpreisindex zum Zeitpunkt der Beendigung des Güterstandes : Verbraucherpreisindex zum Zeitpunkt des Beginns des Güterstandes. 6

Der vom Statistischen Bundesamt festgestellte Verbraucherpreisindex dokumentiert die durchschnittliche Preisveränderung aller Waren und Dienstleistungen, die von privaten Haushalten zum Konsum gekauft werden. Bis zum Jahr 2002 wurde dieser Index als „Lebenshaltungskostenindex" veröffentlicht, inhaltliche Änderungen erfolgten mit der begrifflichen Umbenennung nicht.[5] Nach der Wiedervereinigung Deutschlands legte das Statistische Bundesamt wegen der unterschiedlichen Preisentwicklung für die neuen und alten Bundesländer zunächst unterschiedliche Preisindizes fest.[6] Im Jahr 2003 ist diese Differenzie- 7

---

[1] So ausdrücklich auch der Gesetzgeber in BT-Drucks. 16/10798 S. 14.

[2] Grundlegend BGHZ 61, 385, 392 = NJW 1974, 137; *v. Maydell* S. 309.

[3] Vgl. BFH FamRZ 2007, 1882 (zur Indexierung des Anfangsvermögen bei der Berechnung des fiktiven Zugewinnausgleichsanspruchs nach § 5 Abs. 1 ErbStG).

[4] Vgl. OLG München NJW 1968, 798; KG MDR 1971, 580; *Bärmann* AcP 157 (1958/59), 145, 177; *Dölle* I S. 811, 825.

[5] Die Daten werden jeweils veröffentlicht im Statistischen Jahrbuch für die BRD. Der aktuelle Stand kann abgefragt werden beim telefonischen Ansagedienst des Statistischen Bundesamts Tel.: 06 11/75–28 88. Im Internet findet man die Daten unter der Adresse: www.destatis.de über folgende links: Preise/Verbraucherpreise/Tabellen.

[6] Vgl. OLG Thüringen FamRZ 1998, 1028.

lichkeiten. Sie sind als Gegenleistung für die Nutzung des Kapitals mit dieser synallagmatisch verknüpft und entstehen erst mit der Nutzung. Eine Ausnahme ist zu machen, wenn, wie bei Teilzahlungskrediten üblich, Zinsen und Kosten von vornherein in die Hauptverbindlichkeit eingerechnet und im Tilgungsplan berücksichtigt werden.[17] Verbindlichkeiten aus einer noch nicht erfüllten Kautionsvereinbarung mindern das Anfangsvermögen nicht, da sich Kautionszahlungen bis zum – völlig ungewissen – Eintritt des Sicherungsfalls nicht vermögensmindernd auswirken.[18]

2. Negatives Anfangsvermögen. Nach § 1374 Abs. 1 Halbs. 2 aF wurden Verbindlichkeiten des bei Beginn des Güterstandes verschuldeten Ehegatten nur bis zur Höhe des vorhandenen Vermögens abgezogen. Der wirtschaftliche Gewinn, den ein Ehegatte durch Tilgung der Verbindlichkeiten während der Ehe machte, wurde mithin güterrechtlich nicht ausgeglichen. Da die Schulden das Anfangsvermögen nicht minimierten, konnte auch ihre Tilgung nicht als Zugewinn verbucht werden. Dieses Schuldenprivileg, so die Kritik des Schrifttums schon seit Jahren,[19] widerspricht dem Teilungsgedanken des Zugewinnausgleichs insofern, als Ehegatten einem Vermögenserwerb, den der Partner zur Schuldentilgung verwendet, nicht ferner stehen als einem Erwerb, mit dem der andere sein Vermögen positiv mehrt. Die wirtschaftlich gleichwertige Leistung unter dem Aspekt Schuldentilgung oder Schaffung von Aktivvermögen unterschiedlich zu behandeln, gibt keinen Sinn. 11

Soweit die Regelung überhaupt verteidigt wurde, geschah das mit plakativen Hinweisen, die argumentativ nicht zu überzeugen vermochten. Weshalb das „Wesen der Ehe"[20] oder „die eheliche Schicksalsgemeinschaft"[21] es rechtfertigen sollen, den Ehegatten von der Wertschöpfung auszuschließen, die in der Abtragung von Schulden liegt, ist zu Recht als nicht einleuchtend zurückgewiesen worden. Auch der pragmatische Hinweis darauf, dass jemand, der einen überschuldeten Menschen heiratet, mit nennenswertem Zugewinn nicht rechnen kann und deshalb nicht schutzwürdig ist,[22] ist zur Überspielung des Gerechtigkeitsdefizits nicht geeignet.[23]

Der Gesetzgeber hat nun diese Kritik aufgegriffen und § 1374 Abs. 1 Halbs. 2 zum 1. 9. 2009 gestrichen.[24] Er gilt übergangsweise nur noch in Zugewinnausgleichsverfahren, die vor diesem Tag anhängig geworden sind (Art. 229 § 20 Abs. 2 EGBGB). In allen ab 1. 9. 2009 eingeleiteten Verfahren wird – anders als bisher – das Anfangsvermögen ggf. mit einem Negativsaldo in die Bilanz eingestellt und damit der Ausgleich von Gewinn, der in der Schuldentilgung liegt, ermöglicht.

Beispiel

	Ehefrau		*Ehemann*
Anfangsvermögen:	0		– 50 000
Endvermögen:	60 000		100 000
Zugewinn:	60 000		150 000
Differenz:		90 000	
Ihr Ausgleichsanspruch:	45 000		

[17] Ebenso *Staudinger/Thiele* (2007) RdNr. 15; *Soergel/Lange* RdNr. 8; *Johannsen/Henrich/Jaeger* RdNr. 15; *Rauscher* RdNr. 417.

[18] OLG Hamm FamRZ 1996, 34.

[19] Nachweise Vorauflage/*Koch* RdNr. 12.

[20] RGRK/*Finke* RdNr. 11 f.

[21] Erman/*Heckelmann* RdNr. 5.

[22] BGHZ 129, 311, 320 den Vorschlag zurückweisend, das als ungerecht empfundene Ergebnis der Anordnung in § 1374 Abs. 1 Hs. 2 BGB wenigstens dann zu korrigieren, wenn der verschuldete Ehegatte den durch die Abtragung seiner Schulden erzielten Gewinn mit Vermögen ausgleichen könnte, das er nach § 1374 Abs. 2 BGB privilegiert erworben hat.

[23] *Schröder* FamRZ 1997, 1, 5; *Bärmann* AcP 157 (1958/59), 145, 168 f.; *Gernhuber* JZ 1996, 47 (Anm. zu BGH JZ 1996, 45 = BGHZ 129, 311); *Gernhuber/Coester-Waltjen* § 36 RdNr. 28; *Rauscher* RdNr. 419; *Soergel/Lange* RdNr. 10; *Erman/Gamillscheg* RdNr. 10; *Johannsen/Henrich/Jaeger* RdNr. 29; *Schwab/Schwab* Teil VII RdNr. 139.

[24] Gesetz zur Änderung des Zugewinnausgleichs- und Vormundschaftsrechts v. 6. 7. 2009, BGBl. I S. 1696.

rung aufgegeben worden. Veröffentlicht wird seit 1. 1. 2003 nur noch ein einheitlich für ganz Deutschland geltender Verbraucherpreisindex.[7]

8 Strittig ist, ob es im Interesse einer einfacheren Handhabung bei der Umrechnung genügt, den Jahresindex anzusetzen[8] oder ob auf die Monatswerte abzustellen ist.[9] Da letztere ebenso zugänglich sind wie die Jahreszahlen, ist größere Genauigkeit mit den monatlichen Zahlen problemlos herstellbar, wie folgendes **Rechenbeispiel** zeigt: Hatte das Anfangsvermögen eines Ehegatten am 4. 9. 2003 (Tag der Eheschließung) einen Wert von 15 000 Euro und ist der Scheidungsantrag am 3. 6. 2005 rechtshängig geworden (§ 1384), so ist das Anfangsvermögen nach dem Preisindex von September 2003 = 100 in die Ausgleichsrechnung einzustellen mit 15 000 Euro × 108,1 (Index Juni 2005): 104,5 (Index September 2003) = 15 516,75 Euro. Die Unzulänglichkeiten, die einem Preisindex für die Lebenshaltung privater Haushalte als Umrechnungsfaktor für Vermögen anhaften, sind allerdings evident. Anlagegüter wie Kunstgegenstände, Schmuck, Grundstücke, werden nicht speziell berücksichtigt, obgleich sich deren Preise unabhängig von den allgemeinen Lebenshaltungskosten entwickeln. Zudem sind Preisentwicklung und Kaufkraftschwund keine identischen Größen, die monetären Ursachen der Preisentwicklung außerdem nur schwer zu unterscheiden von anderen, in veränderten Marktverhältnissen liegenden Ursachen für Preiserhöhungen.[10] Diese Unzulänglichkeiten sind jedoch hinzunehmen, da kein Index existiert, der geeigneter wäre. Doch sind bestimmte Güter mit spezielleren Indexzahlen durchaus angemessener zu bewerten. Immobilien etwa mit dem Wertmaßstab des Baukostenindexes zu bewerten, ist sachadäquat.[11] Auch Auslandswerte können mit den auf Deutschland bezogenen Verbraucherpreisindizes nicht sachgerecht erfasst werden. Zur Bewertung ausländischer Kapitalbeteiligungen oder im Ausland belegener Immobilien sind mithin die ausländischen Indizes heranzuziehen.[12]

9 **3. Geldvermögen.** Auf das Geldwertniveau des Endvermögens sind nach Rspr. und hL auch die zum Anfangsvermögen gehörenden Gelder und Geldforderungen hochzurechnen. Auch diese sind hier als Vermögensgüter Bewertungsgegenstand, ihr inflationsbedingter Wertverlust ist mithin in gleicher Weise wie bei allen anderen Gegenständen zu berücksichtigen.[13]

10 **4. Geldverbindlichkeiten.** Auch Geldverbindlichkeiten, die das Anfangsvermögen belasten, sind anhand des Verbraucherpreisindexes aufzuwerten. Eine seit Beginn des Güterstandes während der Ehe betragsmäßig gleich gebliebene Schuld führt inflationsbedingt zu einem wirtschaftlichen Gewinn des Schuldners, der zugunsten des Ehepartners zu berücksichtigen ist.[14] Rechnerisch kann der Geldentwertungsgewinn des mit der Verbindlichkeit belasteten Ehegatten auf zwei Arten ermittelt werden. Entweder wird die Verbindlichkeit mit ihrem Nominalwert vom Wert des Anfangsvermögens abgezogen, bevor die inflationsbereinigende Umrechnung beginnt und dann nur die Differenz zwischen Anfangsaktiva und Anfangspassiva umgewertet oder es werden die gesamten Anfangsaktiva zugleich mit

[7] Zu den damit verbundenen Umstellungsproblemen *Kogel* FamRZ 2003, 1901; *Gutdeutsch* FamRZ 2003, 1902.

[8] So BGH NJW 1974, 137; *Palandt/Brudermüller* § 1376 RdNr. 30; *Johannsen/Henrich/Jaeger* § 1376 RdNr. 21.

[9] So *Schwab/Schwab* VII RdNr. 163; *Gutdeutsch* FamRZ 2003, 1061.

[10] Zur Kritik vgl. *Lange* JZ 1974, 295 (Anm. zu BGH JZ 1974, 292); *Mann* NJW 1974, 1297, 1299 f.; *Reichert-Facilides* JZ 1974, 483 f.; *Medicus* DB 1974, 759, 762.

[11] Anders die Vorauflage. Wie hier *Kogel* FamRZ 2003, 278; *Haußleiter/Schulz* Kap. 1 RdNr. 43 a.

[12] AG Säckingen FamRZ 1997, 611, 612; *Dörr/Hansen* NJW 1997, 2918.

[13] BGHZ 109, 89, 95; BGH NJW 1984, 434 = LM § 1374 Nr. 10; NJW-RR 1986, 1325; OLG Hamm FamRZ 1984, 275; OLG Frankfurt a. Main FamRZ 1983, 395 und 1984, 895; *Staudinger/Thiele* (2007) RdNr. 18; *v. Olshausen* FamRZ 1983, 765, 768 f.; *Schwab/Schwab* VII RdNr. 171; *Johannsen/Henrich/Jaeger* § 1376 RdNr. 21; aA MünchKommBGB/*Gernhuber* 3. Aufl. RdNr. 8; *ders.* FamRZ 1984, 1053, 1060 f. u. NJW 1991, 2238, 2240.

[14] Vgl BGHZ FamRZ 1984, 31, 32; BGHZ 109, 89, 95 (für die Gütergemeinschaft); *Lange* JZ 1974, 295, 297 (Anm. zu BGH JZ 1974, 292); *Soergel/Lange* § 1376 RdNr. 9; *v. Olshausen* FamRZ 1983, 765, 767 f.; *Staudinger/Thiele* (2007) RdNr. 19.

den Anfangspassiva umgewertet und in diesem aufgewerteten Zustand miteinander verrechnet.

Übersteigen die Passiva eines Ehegatten die Aktiva in seinem Anfangsvermögen, ist das **überschuldete Anfangsvermögen** zu indexieren, um den wirtschaftlichen Gewinn, der mit der Schuldentilgung eintritt, erfassen zu können.[15] 11

5. Zwischenerwerb. Erwerb und Verlust während des Güterstandes bedürfen grundsätzlich **keiner Umrechnung.** Anzuerkennen sind nur zwei Ausnahmen. Umzurechnen ist zum einen der zum Anfangsvermögen zu zählende privilegierte Erwerb des § 1374 Abs. 2; hier tritt der Erwerbstag an die Stelle des Beginns des Güterstandes.[16] Umzurechnen sind ferner alle illoyalen Vermögensminderungen, die gemäß § 1375 Abs. 2 dem Endvermögen hinzuzurechnen sind; hier gilt der Tag der Vermögensminderung als Stichtag (vgl. § 1375 RdNr. 32f.). 12

Der **Verzicht** auf eine Umrechnung des Zwischenerwerbs im Übrigen belässt scheinbare Zugewinne im Zugewinnausgleich. Bei Gegenständen, die während der Ehe mit Mitteln erworben werden, die sich noch nicht im Anfangsvermögen befanden, wird der Wertzuwachs, den sie seit ihrer Anschaffung erfahren haben, nicht berücksichtigt. Zum einen wird der bei ihnen entstehende scheinbare Zugewinn durch die Berechnung und Erfüllung der Ausgleichsforderung in entsprechend entwertetem Geld ausgeglichen,[17] zum anderen wäre die Berücksichtigung des Wertzuwachses von Zwischenerwerb im Zugewinnausgleich nur möglich, wenn die Vermögensentwicklung der Ehegatten während des Güterstandes im einzelnen verfolgt würde. Derartige Rekonstruktionen sollen jedoch nach der legislativen Konzeption des Zugewinnausgleichs, der mit wenigen Daten auskommen soll, gerade nicht erfolgen. 13

IV. Reale Wertsteigerungen

Reale Wertsteigerungen einzelner Güter (Ackerland wird Bauland, Grundstückswert steigt infolge geänderter politischer Verhältnisse wie nach der Wiedervereinigung Deutschlands,[18] Aktien erreichen einen höheren Börsenkurs) oder Güterklassen (Grundstückspreise steigen rascher als die Preise der Konsumgüter) beruhen auf einer veränderten Bewertung der Güter und Güterklassen in ihrem Verhältnis zueinander. Sie mehren das Endvermögen und damit den Zugewinn wirklich und nicht nur scheinbar und sind nach ganz hM deshalb **im Zugewinnausgleich zu belassen.**[19] So richtig der Hinweis auf das Fehlen einer Verbindung dieser Gewinne mit der Mitarbeit des Ehegatten – und damit mit der Idee der Zugewinngemeinschaft – auch ist, so gleichgültig ist er auch. § 1374 Abs. 2 bestimmt abschließend, welcher Erwerb als „eheneutral" auch „zugewinnneutral" sein soll; die realen Wertsteigerungen sind – neben vielen anderen ebenso eheneutralen Erwerbsvorgängen – nicht genannt.[20] 14

Eine Korrektur darf auch **nicht über § 1381** erfolgen. Es ist nicht Aufgabe jener Norm, im jeweiligen Einzelfall die Wirkungen genereller, bewusst getroffener Entscheidungen der Legislative zu beseitigen, mögen diese auch gemessen am Maßstab einer ideal-gerechten Zugewinngemeinschaft nicht zu überzeugen.[21] 15

---

[15] OLG Hamburg FamRZ 1983, 168, 170, bestätigend BGH LM § 1374 Nr. 10 = NJW 1984, 434; *v. Olshausen* FamRZ 1983, 765, 767f.

[16] Vgl. dazu BGHZ 101, 65, 68 = NJW 1987, 2814, 2815 und § 1374 RdNr. 15.

[17] *Staudinger/Thiele* (2007) RdNr. 19; *v. Olshausen* FamRZ 1983, 765, 769; gegen dieses Argument MünchKommBGB/*Koch* Vorauflage RdNr. 13.

[18] BGHZ 157, 379, 392; OLG Düsseldorf FamRZ 1999, 225, 226 m. Anm. *Schröder*.

[19] Vgl. BGHZ 61, 385, 388 = NJW 1974, 137; OLG Hamm FamRZ 1973, 654, 655; OLG Köln DNotZ 1980, 753; *Bärmann* AcP 157 (1958/59), 145, 177; *Erman/Gamillscheg* § 1376 RdNr. 2; *Staudinger/Thiele* (2007) RdNr. 8.

[20] Beachtenswert der Vorschlag, de lege ferenda nach dem Vorbild des code civil die reale Wertsteigerung des Anfangsvermögens dadurch zu negligieren, daß es mit dem Wert, den es zum Zeitpunkt des Erwerbs hatte, in die Zugewinnberechnung eingestellt wird, *Battes* FamRZ 2007, 313, 317.

[21] Vgl. BGHZ 46, 343, 353 = NJW 1966, 2109.

§ 1374 Anfangsvermögen

(1) Anfangsvermögen ist das Vermögen, das einem Ehegatten nach Abzug der Verbindlichkeiten beim Eintritt des Güterstands gehört; die Verbindlichkeiten können nur bis zur Höhe des Vermögens abgezogen werden.

(2) Vermögen, das ein Ehegatte nach Eintritt des Güterstands von Todes wegen oder mit Rücksicht auf ein künftiges Erbrecht, durch Schenkung oder als Ausstattung erwirbt, wird nach Abzug der Verbindlichkeiten dem Anfangsvermögen hinzugerechnet, soweit es nicht den Umständen nach zu den Einkünften zu rechnen ist.

Schrifttum: S. § 1372.

Übersicht

I. Begriff

1 § 1374 **definiert** das Anfangsvermögen als eine der beiden Vergleichsgrößen für die Berechnung des Zugewinns (vgl. § 1373). Durch Herausnahme gewisser Verbindlichkeiten in Abs. 1 und Hereinnahme gewissen späteren Erwerbs in Abs. 2 wird die eigene definitorische Festlegung („das einem Ehegatten bei Eintritt in den Güterstand gehörende Vermögen") sogleich wieder korrigiert – im Ergebnis in beiden Fällen nicht sonderlich überzeugend (vgl. RdNr. 11 ff.).

2 Wie der Zugewinn so ist auch das Anfangsvermögen keine gegenständlich abgesonderte Vermögensmasse, also kein Sondervermögen, sondern lediglich eine **Rechnungsgröße:** Die Summe des Wertes aller einem Ehegatten bei Eintritt in den Güterstand gehörenden Gegenstände abzüglich der Summe des Wertes aller Verbindlichkeiten und Belastungen.

II. Stichtag

3 **1. Eheschluss unter der Geltung der §§ 1363 ff.** Stichtag für die Berechnung sowohl der Aktiva als auch der Passiva ist der Eintritt des Güterstandes, also der Zeitpunkt der Eheschließung, falls die Ehegatten keinen Ehevertrag schlossen, oder der im Ehevertrag vereinbarte Tag, falls die Ehegatten zunächst in einem anderen Güterstand lebten, dann aber Zugewinngemeinschaft vereinbarten. Trifft der Ehevertrag keine Bestimmung, so tritt er sofort in Kraft; Stichtag für das Anfangsvermögen ist dann der Tag des Vertragsschlusses.

2. Eheschluss außerhalb der Geltung der §§ 1363 ff. Die Regeln über die Zugewinngemeinschaft wurden bei ihrer Einführung für alle bestehenden Ehen mit gesetzlichem Güterstand für anwendbar erklärt.[1] Für diese sog. Altehen ist mithin der 1. 7. 1958 Stichtag. 4

Für **Ehegatten in den neuen Bundesländern,** die im gesetzlichen Güterstand des FGB gelebt hatten, ist Stichtag der 3. 10. 1990, denn ab diesem Tag gelten für sie die Vorschriften über die Zugewinngemeinschaft, sofern nicht einer von ihnen für die Beibehaltung der Eigentums- und Vermögensgemeinschaft optiert hat.[2] (Zur Überleitung des Güterstandes von **Vertriebenen, Flüchtlingen und Übersiedlern** s. Ehel. Güterrecht, Einl. RdNr. 26 ff.). 5

III. Aktiva

1. Geldwerte Positionen. Anfangsvermögen ist der rechnerische Überschuss aller einem Ehegatten gehörenden Aktiva. Als Aktivwerte zu berücksichtigen sind grundsätzlich alle rechtlich geschützten Positionen von wirtschaftlichem Wert. Nach der Formel des BGH müssen, um inbegriffen zu sein, Sachen dem Ehegatten gehören und Rechte am Stichtag bereits entstanden sein.[3] Bei Eintritt des Güterstandes noch völlig ungesicherte Ansprüche zählen nicht hierzu. So stellt der Anspruch auf Erwerb eines dinglichen Wohnrechts beim Tod des Ehemannes keine vermögenswerte Position dar, denn er setzt den Fortbestand der Ehe bis zum Tod voraus.[4] Auch in der DDR enteignetes **Vermögen** ist **vor Restitution** nach den Vorschriften des Vermögensgesetzes keine Position von wirtschaftlichem Wert gewesen. Dass es jemals zur Wiedervereinigung und zum Vermögensgesetz mit den Restitutionsansprüchen kommen würde, war in der Zeit der Teilung Deutschlands mehr als ungewiss.[5] Das Wiedervereinigungsgebot, das in der Präambel des Grundgesetzes bis zu seiner Aufhebung durch den Einigungsvertrag im Jahre 1990 (Art. 4 Nr. 1 EV) enthalten war, rechtfertigt es jedenfalls nicht, in der DDR enteignetes Privateigentum als stets vorhandene, lediglich ruhende Vermögensposition anzusehen.[6] (Zur Berücksichtigung restituierten Vermögens im Zugewinnausgleich s. auch RdNr. 14 u. 17). Ein dem Grunde nach entstandener, bei Eintritt in den Güterstand am 3. 10. 1990 lediglich noch nicht fälliger Abfindungsanspruch wegen Ausscheidens aus einer LPG gehört hingegen zum Anfangsvermögen; Verfügbarkeit über entstandene Vermögenspositionen ist zu ihrer güterrechtlichen Berücksichtigung nicht erforderlich.[7] Auch die bis zum 3. 10. 1990 in der DDR entstandenen vermögensrechtlichen Ansprüche nach dem FGB (§§ 39, 40) sind dem Anfangsvermögen hinzuzurechnen.[8] Tritt an die Stelle eines zum Stichtag bestehenden vertraglichen Anspruchs wegen Auflösung des Vertrags der Kondiktionsanspruch ob causam finitam (§ 812 Abs. 1 S. 2 Alt. 1), so tradiert dieser Anspruch den Vermögenswert des vertraglichen Anspruchs und ist zum Anfangsvermögen zu zählen.[9] Rein tatsächliche Positionen mit wirtschaftlichem Wert wie die unentgeltliche Gebrauchsüberlassung ohne Besitzrecht stellen keinen in das Anfangsvermögen einzustellenden Vermögenswert dar.[10] 6

2. Versorgungsausgleich als Grenze. Beim Zugewinnausgleich nicht zu bedenken sind die Anwartschaften und Aussichten, über die ein Versorgungsausgleich stattfindet (§ 1587 7

[1] Vgl. dazu Ehel. Güterrecht, Einl. RdNr. 23 f.

[2] Vgl. dazu Ehel. Güterrecht Einl. RdNr. 32 f. und Erläuterungen zu Art. 234 § 4 EGBGB. Kritisch zur Übernahmeregelung mit grundlegenden Überlegungen zu den Güterständen *Lipp* FamRZ 1996, 1117.

[3] BGHZ 82, 149 = NJW 1982, 279; 89, 137 = NJW 1984, 484; 157, 379, 384; BGH FamRZ 2007, 877, 878.

[4] OLG München FamRZ 1998, 234.

[5] BGHZ 157, 379, 384 = FamRZ 2004, 781.

[6] So aber AG Landshut FamRZ 2000, 1090; dazu *Koch* Brennpunkte des Familienrechts 2006, S. 235, 244.

[7] OLG Rostock FamRZ 2006, 418.

[8] OLG Brandenburg FamRZ 2006, 624 (LS); OLG Dresden FamRZ 2008, 517. Zur Berücksichtigung dieser Ansprüche im Zugewinnausgleich s. auch § 1378 RdNr. 25, 34 u. MünchKommBGB/*Koch* Vorauflage Art. 234 RdNr. 22.

[9] BGH FamRZ 2002, 88 gegen OLG München NJW-RR 2000, 449.

[10] OLG München FamRZ 1998, 825 für Wohnraum m. Anm. *Schröder.*

Abs. 3). Das Gesetz hat sie einer besonderen Ausgleichsordnung unterworfen und damit dem ehelichen Güterrecht entzogen (vgl. dazu Vor § 1363 RdNr. 27).

Der Kreis dieser bei der Feststellung des Anfangsvermögens nicht zu berücksichtigenden Positionen ergibt sich aus § 1587 a Abs. 2. Er umfasst nun zwar alle Anwartschaften und Aussichten aus den verschiedenen Systemen der sozialen Sicherung, jedoch nicht alle vermögensrechtlichen Positionen, die zum Zweck der Altersvorsorge aufgebaut wurden. So sind etwa private **Lebensversicherungen,** die in Form einer Kapitalversicherung abgeschlossen wurden, beim Zugewinnausgleich – und nicht beim Versorgungsausgleich – zu berücksichtigen.[11] Das gilt auch für private Lebensversicherungen, die dem Versicherten die Wahl zwischen einer einmaligen Leistung und einer laufenden Rente lassen.[12] Diese Versicherungen dem Versorgungsausgleich zuzuweisen, hieße die Wahl vollziehen. Nicht zum Versorgungs-, sondern zum Zugewinnausgleich gehören die Kapitallebensversicherungen auch dann, wenn sie zur Befreiung von der gesetzlichen Versicherungspflicht gemäß § 6 SGB VI abgeschlossen wurden.[13] Zum Anfangsvermögen zählte die Rspr. allerdings den nach § 1304 RVO aF anlässlich der Eheschließung ausgezahlten Rentenerstattungsbeitrag, da es bei diesem um die Erstattung von Anwartschaften ging, die nach den Regeln über den Versorgungsausgleich zu verteilen waren. Um das aus § 1587 Abs. 1 S. 1 folgende Ergebnis (kein Ausgleich, weil vor der Ehe erworben) nicht güterrechtlich zu unterlaufen, wurde der Erstattungsbetrag dem Anfangsvermögen zugezählt – obgleich der Anspruch auf diesen Betrag erst mit der Eheschließung entstand und folglich nicht zu dem zu diesem Zeitpunkt vorhandenen Vermögen gehörte.[14]

8 **3. Hausrat.** Hausrat, der nach der HausratsVO verteilt wurde, unterlag nicht dem Zugewinnausgleich und zählte mithin auch nicht zum Anfangsvermögen. Die HausratsVO stellte nach hM eine die güterrechtlichen Vorschriften verdrängende Sonderregelung dar.[15] Mit der Aufhebung der HausratsVO und der Regelung der Hausratsverteilung in § 1568 b hat sich das Kollisionsproblem erledigt. In Bezug auf Haushaltsgegenstände, die im Alleineigentum eines Ehegatten stehen, sieht § 1568 b eine Zuteilung an den anderen nämlich überhaupt nicht mehr vor. Damit sind sie güterrechtlich auszugleichen und folglich auch in das Anfangsvermögen einzustellen. Im gemeinschaftlichen Eigentum stehende Haushaltsgegenstände werden nach § 1568 b über wechselseitige Ansprüche auf Überlassung und Zahlung eines angemessenen Ausgleichs verteilt. Diese Ansprüche können ohne weiteres in den güterrechtlichen Ausgleich eingestellt werden. Das Ergebnis der Hausratsverteilung wird dadurch nicht durchkreuzt: Dieses beruht nicht mehr auf billigem Ermessen folgenden richterlichen Zuteilungsakten.

9 **4. Weitere Vermögensgegenstände.** Welche einzelnen Rechte im Übrigen zum Vermögen der Ehegatten zu zählen sind, ob und inwieweit hierzu auch Anwartschaftspositionen, Abfindungsansprüche, Ansprüche aus Dauerschuldverhältnissen u. ä. gehören, wird in § 1375 RdNr. 7 ff. erläutert. Bei gleicher theoretischer Bedeutung der Fragen für das Anfangs- und das Endvermögen ist die praktische Relevanz beim Endvermögen weit größer.

IV. Passiva

10 **1. Fälligkeit der Verbindlichkeiten.** Verbindlichkeiten, einschließlich derjenigen, die gegenüber dem Ehegatten bestehen, mindern das Anfangsvermögen auch dann, wenn sie noch nicht fällig sind.[16] Nicht zu berücksichtigen sind künftig fällig werdende Zinsverbind-

---

[11] Dazu auch § 1375 RdNr. 12; *Hauß* FPR 2007, 190.

[12] BGHZ 88, 386, 393 = NJW 1984, 299; BGH FamRZ 2005, 1463; *Staudinger/Thiele* (2007) RdNr. 9; *Johannsen/Henrich/Jaeger* § 1375 RdNr. 6; *Soergel/Lange* § 1372 RdNr. 15.

[13] BGHZ 67, 262 = NJW 1977, 101; 88, 386 = NJW 1984, 299; OLG Stuttgart FamRZ 1983, 815 (sämtlich zu dem bis 31. 12. 1991 geltenden Art. 2 § 1 AnVNG).

[14] BGH NJW 1995, 523 f., die Vorinstanz OLG Karlsruhe FamRZ 1993, 1447 bestätigend. Im Ergebnis gleich, jedoch mit kaum haltbarer Begründung AG Stuttgart FamRZ 1990, 1358. Vgl. dazu auch § 1375 RdNr. 11.

[15] OLG Celle FamRZ 2000, 226; dazu auch § 1376 RdNr. 7.

[16] Zu ihrer Bewertung vgl. § 1376 RdNr. 15.

Die Ehefrau partizipiert mithin an der von ihr (mit)erwirtschafteten Schuldentilgung des Mannes zur Hälfte. Nach § 1374 Abs. 1 Halbs. 2 hätte sie hingegen nur einen Ausgleichsanspruch in Höhe von 20 000.

12 § 1374 Abs. 3 ergänzt klarstellend die Streichung des § 1374 Abs. 1 Halbs. 2. Negatives Anfangsvermögen wird auch dann berücksichtigt, wenn es privilegiert erworben wurde. Auch **privilegierter Erwerb** ist ins **Minus** zu stellen, wenn mit ihm Belastungen verbunden sind, die die Aktiva übersteigen und wirtschaftlich also gar nichts erworben wird – wie etwa im Fall der Annahme eines überschuldeten Nachlasses. Werden die auf ihm ruhenden Belastungen während der Ehe ganz oder teilweise getilgt, schlägt der dadurch erzielte wirtschaftliche Gewinn als Zugewinn zu Buche und ist zu teilen.

Beispiel

	Ehefrau		*Ehemann*
Anfangsvermögen:	0		– 50 000 (verschuldeter Nachlass)
Endvermögen:	60 000		40 000
Zugewinn:	60 000		90 000
Differenz:		30 000	
Ihr Ausgleichsanspruch:	15 000		

V. Privilegierter Erwerb

13 **1. Zweck.** Privilegiert, dh. nicht ausgleichspflichtig, ist jeder Erwerb nach Eintritt des Güterstandes, der dem Anfangsvermögen zugeschlagen wird und der deshalb den Zugewinn nicht mehrt. § 1374 Abs. 2 privilegiert – nach hM zwingend ohne Rücksicht auf eine anderslautende Anordnung des Zuwenders[25] – einige Erwerbsarten, die offensichtlich in keinem Zusammenhang mit der ehelichen Lebens- und Wirtschaftsgemeinschaft stehen. Bezweckt wird damit die konsequente Umsetzung der Idee der Zugewinngemeinschaft, allerdings beschränkt auf bestimmten Erwerb, der auf den ersten Blick qualitativ nicht von anderen Erwerbsvorgängen zu sondern ist, an denen der andere Ehegatte ebenfalls nicht mitgewirkt hat.

14 **2. Erweiterung der Erwerbstatbestände.** Eine Erweiterung des Anwendungsbereichs der Norm **im Wege** einer **Analogie** scheitert nach hM am Willen der Legislative, die in § 1374 Abs. 2 scharf konturierte Tatbestände mit Anspruch auf Exklusivität normiert und damit bewusst eine Regelungsgrenze gezogen hat. Obgleich sich in den Gesetzgebungsmaterialien keinerlei Anhaltspunkte für die Behauptung einer bewussten und gezielten Entscheidung des Gesetzgebers findet und dessen Wille einer Analogie also keinesfalls im Wege stehen kann,[26] halten Teile des Schrifttums und vor allem die Rspr. unverdrossen an ihr fest. Die sachliche Rechtfertigung für die Gesetzesfassung wird darin gesehen, dass den enumerativ genannten Zuwendungen – abgesehen davon, dass der Ehegatte an ihnen nicht mitgewirkt hat – gemeinsam ist, dass sie auf persönlichen Beziehungen zwischen Zuwendendem und Ehegatten beruhen und mithin nicht nur der Erwerbstatbestand als solcher, sondern auch sein Hintergrund, seine causa, nichts mit der Ehe zu tun haben.[27] Nicht zum Anfangsvermögen gezählt und im Zugewinnausgleich verbleiben mithin Ansprüche auf Schmerzensgeld,[28] Leistungen nach dem BVersG[29] und nach dem BEG,[30] Toto-, Lotterie- und Lottoge-

[25] Vgl. *Staudinger/Thiele* (2007) RdNr. 46; anders *Muscheler* FamRZ 1998, 265, 266 mit dem Hinweis auf die Entstehungsgeschichte der Norm.

[26] Vgl. *Koch* Familienrecht im Brennpunkt, S. 139 ff.; für Zulassung der Analogie auch *Schwab/Schwab* Teil VII RdNr. 143 ff.; *Schröder* FamRZ 1997, 1, 3.

[27] So BGH seit BGHZ 68, 45; 130, 377, 381; *Palandt/Brudermüller* RdNr. 26; *Soergel/Lange* RdNr. 9; *Staudinger/Thiele* (2007) RdNr. 40; *Johannsen/Henrich/Jaeger* RdNr. 27; *Muscheler* FamRZ 1998, 265, 266.

[28] BGHZ 80, 384 = NJW 1981, 1836; *Staudinger/Thiele* (2007) RdNr. 4; *Soergel/Lange* RdNr. 9; *Bamberger/Roth/Mayer* RdNr. 23; *Palandt/Brudermüller* RdNr. 19; *Johannsen/Henrich/Jaeger* RdNr. 27.

[29] Vgl. BGH LM Nr. 5 = NJW 1981, 1038; *Soergel/Lange* RdNr. 9; abl. *Schwagerl* NJW 1982, 1798.

[30] OLG Saarbrücken FamRZ 1985, 710 m. Anm. *Gießler* S. 1258. Vgl. dazu auch § 1375 RdNr. 11.

winne,[31] die Abfindung einer Witwenrente wegen Wiederverheiratung.[32] Auch Wertzuwächse, die infolge der Wiedervereinigung Deutschlands eingetreten sind, zählen folgerichtig nicht zum Anfangsvermögen: In der DDR enteignetes, aufgrund des Vermögensgesetzes rückübertragenes Grundstückseigentum stellt keinen privilegierten Erwerb dar[33] (zur **Berücksichtigung restituierten Vermögens** im Zugewinnausgleich s. auch RdNr. 6 u. 17).

3. Wert. Privilegiert ist der Erwerb mit seinem **Wert** bei Eintritt in das Vermögen des Erwerbers. Hat der Ehepartner vor Vollendung des Erwerbsakts zu Wertsteigerungen beigetragen, kann es gerechtfertigt sein, auf einen früher liegenden Zeitpunkt, wie den des Abschlusses des Schenkungsvertrages oder den der tatsächlichen Überlassung des später geschenkten Grundstücks abzustellen.[34] Der privilegierte Erwerb stellt keine Vermögensmasse dar, die gesondert verwaltet wird, sondern ist, wie das Anfangsvermögen selbst, nur ein Rechnungsposten. Gewinne, die auf dem privilegiert Erworbenen basieren, erhöhen nach hM mithin den Zugewinn ebenso wie reale Wertsteigerungen. Nominelle, auf dem Kaufkraftschwund des Geldes beruhende Wertsteigerungen sind für den privilegierten Erwerb nicht besonders zu bedenken; sie werden bereits im Rahmen der generellen Korrektur aus dem Zugewinnausgleich ausgeschieden.[35] 15

4. Erwerb von Todes wegen. Privilegiert ist alles, was einem Ehegatten nach Eintritt des Güterstandes als Erwerb von Todes wegen zufällt und sei es auch nur in Form der Befreiung von einer Verbindlichkeit durch Konfusion.[36] Privilegiert ist nicht nur der Erwerb aus Erbschaft – Allein- oder Miterbschaft, Vor- oder Nacherbschaft –, sondern auch der Erwerb aus Vermächtnis, Pflichtteil und Erbersatzanspruch.[37] Privilegiert sind ferner alle Entgelte und Abfindungen für den Verlust bereits angefallener erbrechtlicher Positionen, wie etwa das Entgelt für die Ausschlagung einer Erbschaft oder die Abfindungszahlung an die erbberechtigten Abkömmlinge in den Fällen der §§ 1501, 1503, §§ 13, 16 GrdstVG oder auch im Hoferbfall die Abfindungszahlung an die weichenden Miterben nach § 12 HöfeO. Privilegiert sind nach allgM schließlich auch Ansprüche aus Vergleichen, mit denen der Streit über erbrechtliche Positionen beigelegt wird.[38] 16

Strittig ist, ob in der DDR enteignetes Vermögen, das nach der Wiedervereinigung Deutschlands **aufgrund der Vorschriften des Vermögensgesetzes mit Rücksicht auf ein Erbrecht** erworben wird, als erbrechtlicher Vermögenszuwachs privilegiert ist. Gegen die Qualifizierung als Erwerb von Todes wegen spricht, dass der Erblasser zum Todeszeitpunkt enteignet war und es folglich keine zum Nachlass gehörende Vermögensposition gab, die dem Erben mit dem Tod des Erblassers hätte zufallen können. Dass § 2 Abs. 1 S. 1 VermG auch den Rechtsnachfolgern in der DDR verstorbener Erblasser Restitutionsansprüche zugesteht und insofern die Rechtsnachfolge als Erwerbsgrund anerkennt, macht den Erwerb nicht zu einem „von Todes wegen". Denn er beruht nicht auf einem Erbgang, sondern auf der Regelung des VermG.[39] Anders würde zudem das merkwürdige Ergebnis erzielt, dass der von der Enteignung selbst betroffene Ehegatte das während der Ehe im Wege 17

---

[31] BGHZ 68, 43 = NJW 1977, 377.

[32] BGHZ 82, 149. Vgl. dazu auch § 1375 RdNr. 11.

[33] BGHZ 157, 379 = FamRZ 2004, 781; OLG Düsseldorf FamRZ 1999, 225 m. Anm. *Schröder* u. *Kogel* FamRZ 1999, 917; *Kogel* 2000, 1089 (Anm. zu AG Stuttgart FamRZ 1999, 1065). Anders mit widersprüchlicher Begründung AG Landshut FamRZ 2000, 1090, dazu *Koch* FamRZ 2003, 197, 200.

[34] BGH FamRZ 2005, 1974; OLG München FamRZ 2003, 312 m. Anm. *Schröder*; AG Groß-Gerau FamRZ 1999, 657; *Morawe/Winkler* FamRZ 2007, 1212.

[35] Dazu *Muscheler* FamRZ 1998, 265 u. § 1373 RdNr. 6 ff.

[36] Vgl. OLG Düsseldorf FamRZ 1988, 287.

[37] Ein solcher steht gemäß §§ 1934 a ff. aF nichtehelichen Kindern in vor dem 1. 4. 1998 eingetretenen Erbfällen zu.

[38] Anders *Muscheler* FamRZ 1998, 265, 268.

[39] BGH FamRZ 2007, 1307 m. abl. Anm. *Schröder*; *Koch* FamRZ 2003, 197, 200; *Kogel* FamRZ 2000, 1089 (Anm. zu AG Stuttgart FamRZ 1999, 1065). Anders OLG Düsseldorf FamRZ 2005, 1835; AG Stuttgart FamRZ 1999, 1065 m. zust. Anm. *Bergschneider*; *Holtfester/Neuhaus-Piper* FamRZ 2002, 1526, 1533; *Lipp* FamRZ 1998, 597, 598.

der Restitution wiedererlangte Grundvermögen als Zugewinn ausgleichen müsste (vgl. RdNr. 14), während die Rückgabe privilegiert wäre, wenn er das enteignete Vermögen (nur) als Rechtsnachfolger des enteigneten Erblassers erhalten hat.

18 Auch Erwerb **unter Lebenden auf den Todesfall** aufgrund eines Vertrages zugunsten Dritter nach §§ 330, 331 wird im Wege – angeblich nur – der Auslegung als erbrechtlicher Erwerbsvorgang qualifiziert und etwa die Lebensversicherungssumme, die ein Ehegatte als Bezugsberechtigter aus der Versicherung eines ihm nahestehenden verstorbenen Dritten erhält, inhaltlich als Erbeinsetzung bzw. Erwerb mit Rücksicht auf ein künftiges Erbrecht behandelt.[40] Dass diese Summe niemals zum Nachlass gehört hat, wird als unschädlich angesehen, da die Summe nur aus rechtstechnischen, im Versicherungsvertragsrecht liegenden Gründen nicht im Wege des üblichen Erbgangs zugeflossen ist.

19 **Nacherbschaften** werden von der Rspr. mitsamt ihrem realen Wertzuwachs bis zum Nacherbfall dem Anfangsvermögen hinzugerechnet, wenn während der Ehe der Erbfall, nicht aber der Nacherbfall, eintritt und sich die Anwartschaft folglich noch im Endvermögen befindet.[41] Entscheidend ist für die Rspr. die Überlegung, dass der Nacherbe, dem die Erbschaft erst nach Beendigung des Güterstandes anfällt, der also während des Güterstandes nur Inhaber eines Rechts ist, nicht schlechter dastehen darf als ein Nacherbe, der den Nachlass noch vor Beendigung des Güterstandes erwirbt. Im zweistufigen Erwerbstatbestand des Nacherben wird § 1374 Abs. 2 dann doppelt angewandt – beim Erwerb des Anwartschaftsrechts und beim Erwerb des Nachlasses. Damit wird das Zwischenwachstum der Erbschaft dem Zugewinn entzogen, das Anwartschaftsrecht des Nacherben ist für den Zugewinnausgleich praktisch nicht existent.[42]

20 **5. Erwerb mit Rücksicht auf ein künftiges Erbrecht.** Der Erwerb mit Rücksicht auf ein künftiges Erbrecht entspricht inhaltlich dem Erwerb von Todes wegen, versetzt diesen lediglich in die Lebzeit des Erblassers.[43] Dem Anfangsvermögen ist mithin alles hinzuzurechnen, was in vorweggenommener Erbfolge anfällt (Grundstücks-, Hof- oder Unternehmensübergabe), aber auch alles, was als „Ersatzerwerb unter Lebenden" erworben wird, so das Entgelt für einen vor Anfall der Erbschaft erklärten Erb- oder Pflichtteilsverzicht. Gegenleistungen schließen einen privilegierten Erwerb nur dann aus, wenn sie Ausdruck der Absicht der Parteien sind, einen Austauschvertrag abzuschließen, in dem Leistung und Gegenleistung in ein Äquivalenzverhältnis gesetzt sind.[44] Im Übrigen sind Gegenleistungen für die Qualifikation unschädlich – die Regelfälle sind hier vornehmlich die Übernahme größerer Sachwerte unter nahen Verwandten, wie Hofübergaben, Übertragungen von gewerblichen Unternehmen oder Grundstücken.[45] Bei „gemischten Zuwendungen" ist der erbbedingt motivierte Teil des Erwerbs privilegiert.[46]

21 **6. Erwerb durch Schenkung oder Ausstattung.** Privilegiert ist schließlich der Erwerb aus Schenkung oder Ausstattung unter Übernahme der Begriffe „Schenkung" und „Ausstattung" aus dem Schuldrecht (§ 516) und dem Kindschaftsrecht (§ 1624). Sowohl Schenkungen wie Ausstattungen setzen die unentgeltliche Verschiebung von **Gegenständen** aus dem Vermögen des einen in das Vermögen des anderen voraus. Von daher zählen Arbeits- und Dienstleistungen ebenso wenig wie Gebrauchsüberlassungen zu den privilegierten

---

[40] BGHZ 130, 377 die Entscheidung zwischen der Zuordnung zu den beiden erbbedingten Erwerbsvarianten bewusst offenlassend.

[41] BGHZ 87, 367, 374, 375 = JR 1984, 21 m. abl. Anm. *Schubert;* BGH FamRZ 1990, 603, 604; OLG Hamm FamRZ 1984, 481; *Gernhuber/Coester-Waltjen* § 36 RdNr. 26; *Rauscher* RdNr. 418; *Muscheler* FamRZ 1998, 265, 269. AA *Staudinger/Thiele* (2007), der das Nacherbrecht wegen seines unsicheren Anfalls sowohl beim Anfangs- wie beim Endvermögen unberücksichtigt läßt, RdNr. 28 u. § 1376 RdNr. 42; ähnlich *Johannsen/Henrich/Jaeger* RdNr. 20 ff.

[42] Vgl. *Gernhuber* FamRZ 1984, 1053, 1058 f.; *Muscheler* FamRZ 1998, 265, 269; *Gernhuber/Coester-Waltjen* § 36 RdNr. 26. Dazu auch § 1376 RdNr. 18.

[43] BGHZ 130, 377, 382; *Staudinger/Thiele* (2007) RdNr. 33.

[44] Vgl. als Fall einer nur scheinbaren Äquivalenz BGHZ 70, 291 = NJW 1978, 1809.

[45] BGH FamRZ 2007, 978, 980; BGH FamRZ 1990, 1083.

[46] Vgl. OLG Bamberg FamRZ 1990, 408, 409.

Zuwendungen. Gegenstand der Schenkung oder Ausstattung kann unter Umständen aber der Verzicht oder der Erlass auf die eigentlich zu zahlende Vergütung sein.[47] Bei gemischten, also teils entgeltlichen Zuwendungen ist allein der unentgeltliche Teil des Rechtsgeschäfts privilegiert.[48] Gratifikationen und sonstige freiwillige Leistungen des Arbeitgebers sind nach hM niemals Schenkungen; sie werden nicht causa donandi erbracht, sondern stellen Entlohnungen dar.[49] Schenkungen an beide Ehegatten sind nach dem Verhältnis der Anteile, also idR hälftig, den beiden Anfangsvermögen hinzuzurechnen. Ob es sich um eine Schenkung an beide oder nur an einen Ehegatten handelt, ist bei Zuwendungen von Eltern oder Verwandten mangels ausdrücklicher Absprachen vielfach nur den Umständen zu entnehmen. Im Hinblick auf § 2050 Abs. 1 ist hier zu bedenken, dass Eltern mit mehreren Abkömmlingen im Zweifel nur ihr eigenes Kind ausstatten, nicht aber eine die Geschwister benachteiligende Schenkung an Kind und Schwiegerkind vornehmen wollten.[50]

Schenkungen unter Ehegatten nehmen nach der Rspr. und überwM der Literatur eine **Sonderstellung** ein. Da sie auf der persönlichen Beziehung der Ehegatten beruhen und aus dem Vermögen des Zuwendenden stammen, sollen sie im Zugewinn ausgleichspflichtig sein und dem **Anfangsvermögen** des Beschenkten **nicht zugerechnet** werden.[51] Dies überzeugt jedoch nicht.[52] Warum ein geschäftsfähiger Ehegatte, der seinem Partner einen Vermögensgegenstand unentgeltlich überlassen hat, an dieser Entscheidung nicht festzuhalten ist, sondern in die Lage versetzt werden muss, über den Zugewinnausgleich die Folgen seines rechtsgeschäftlichen Handelns wirtschaftlich (teilweise) wieder rückgängig zu machen, ist nicht einsichtig. Wie bei der Konstruktion der unbenannten Zuwendung zeigt sich hier die – weder dogmatisch noch rechtspolitisch zu rechtfertigende – Tendenz, Schenkungsgeschäften unter Ehegatten Wirkung und Bestandskraft zu nehmen[53] (zur Anrechnung von Zuwendungen s. § 1380 RdNr. 3 ff.). 22

7. Belastungen des privilegierten Erwerbs. Ist der privilegierte Erwerb belastet, etwa mit einem **Nießbrauch,** einem **dinglichen Wohnungsrecht,** einer persönlichen **Dienstbarkeit,** so hielten Rspr. und überw. Schrifttum es bisher für richtig, das Grundstück mit seinem jeweiligen vollen Verkehrswert in das Anfangsvermögen wie auch in das Endvermögen einzustellen.[54] Die Belastung rechnerisch unberücksichtigt zu lassen, schien gerechtfertigt, weil das Grundstück ja mit der sicheren Aussicht auf deren Wegfall erworben wurde und deshalb der mit der sinkenden Belastung zusammenhängende Wertzuwachs zum privilegierten Erwerb zu zählen ist. Das Ziel, diesen Gewinn aus dem Zugewinn zu nehmen, wird aber, so die Kritik, der sich der BGH zwischenzeitlich angeschlossen hat,[55] mit dieser Vorgehensweise nicht erreicht. Die rechnerische Außerachtlassung der Belastung zu den Stichtagen führt nämlich dazu, dass nicht nur der Wertzuwachs, der auf der Entwicklung des Immobilienmarktes oder auf Investitionen in das Grundstück beruht, in das Endvermögen fällt, sondern auch der, der eingetreten ist, weil die Verkehrsfähigkeit des Grundstücks mit der sinkenden Lebenserwartung des Berechtigten gestiegen ist. Um diese spezielle Wertsteigerung aus dem Zugewinnausgleich nehmen zu können, muss die **Grundstücksbelastung jeweils** getrennt für den **Anfangsvermögensstichtag** wie für den **Endvermögensstichtag** berechnet werden. Die 23

[47] BGHZ 101, 229, 232 = NJW 1987, 2816, 2817 m. zust. Anm. *Hohloch* JR 1988, 107.

[48] BGH FamRZ 1992, 1160.

[49] OLG München FamRZ 1995, 1069.

[50] AG Stuttgart FamRZ 1999, 655.

[51] BGHZ 101, 65, 69 ff. = NJW 1987, 2814, 2815 f.; BGHZ 115, 132, 137; BGH FamRZ 2005, 1660; *Schwab/Schwab* VII RdNr. 131, 197 ff.; *Langenfeld* NJW 1986, 2541 f.; *Rauscher* AcP 186 (1986), 529, 566; *Graba* NJW 1987, 1721, 1726; *Netzer* FamRZ 1988, 676, 680; *Hohloch* JR 1988, 107 f. (Anm. zu BGHZ 101, 229); *Johannsen/Henrich/Jaeger* RdNr. 25.

[52] Wie hier OLG München FamRZ 1987, 67; *Staudinger/Thiele* (2007) § 1380 RdNr. 32; *Kornexl* NJW 1994, 622; RGRK/*Finke* RdNr. 11.

[53] Vgl. dazu Vor § 1363 RdNr. 18 ff.; *Koch* FamRZ 1995, 320 ff.; *Holzhauer* FuR 1995, 177 ff. und 268 ff.

[54] BGHZ 111, 8 = NJW 1990, 1793 und NJW 1990, 3018; *Gernhuber* FamRZ 1984, 1053, 1059.

[55] *Johannsen/Henrich/Jaeger* RdNr. 24 f.; OLG Bamberg FamRZ 1995, 607, 609; BGHZ 170, 324, 335 = FamRZ 2007, 978, 981 m. Anm. *Schröder*; *Staudinger/Thiele* (2007) RdNr. 29.

Differenz der beiden Werte ist der Gewinn, der zum – gleitend eingetretenen – privilegierten Erwerb gehört und folglich aus dem Endvermögen herauszunehmen und dem Anfangsvermögen hinzuzurechnen ist. Dass dieser Rechenmodus vielfach die Einschaltung von Sachverständigen erfordern wird, wird als Preis für den Ausschluss einer unberechtigten Partizipation des anderen Ehegatten am privilegierten Erwerb ausdrücklich in Kauf genommen.[56]

Grundstückswert bei Überlassung:	200 000 €
Wert des Wohnungsrechts bei Überlassung:	80 000 €
Grundstückswert 4 Jahre später:	300 000 €
Wert des Wohnungsrechts 4 Jahre später	50 000 €

Verkehrswertsteigerungen beruhen auf:

20 000 €	Investitionen
50 000 €	allgemeinem Anstieg der Immobilienpreise
30 000 €	gesunkenem Wert des Wohnrechts

Bisherige Rechenweise		
Anfangsvermögen	200 000	*(Belastung unberücksichtigt)*
Endvermögen	300 000	*(Belastung unberücksichtigt)*
Zugewinn	100 000	
Ausgleichsanspruch	50 000	
Geänderte Rechenweise		
Anfangsvermögen	150 000	*(abzüglich Belastung, zuzüglich ihres Wegfalls)*
Endvermögen	220 000	*(abzüglich Belastung, abzüglich ihres Wegfalls)*
Zugewinn	70 000	
Ausgleichsanspruch	35 000	

Ist wie im Falle einer **Leibrente** die mit dem Erwerb einhergehende Belastung – anders als im Falle der Einräumung eines Nießbrauchs oder Wohnrechts – nicht aus dem übertragenen Gegenstand selbst zu erbringen, sondern aus eigenen Mitteln, mindert der – kapitalisierte – Wert der Leistungen das privilegiert erworbene Vermögen.[57] Soweit eigenes Vermögen und eigene Leistungen eingesetzt werden müssen, ist der privilegierte Erwerb schlichtweg weniger wert – und zwar unabhängig davon, ob die Leistungspflicht dinglich gesichert oder nur schuldrechtlich vereinbart ist. Bei einem **Leibgedinge** ist dementsprechend zu differenzieren: Elemente, die keine finanziellen Leistungen erfordern, wie ein Dauerwohnrecht, sind vom Substanzwert nicht abzuziehen; Verpflichtungen zur Erbringung von Renten oder Naturalleistungen müssen dagegen berücksichtigt werden. Was zur Tilgung von Verbindlichkeiten aus dem Leibgedinge verausgabt werden muss, verringert dessen Wert.

24 **8. Abzug von Verbindlichkeiten.** Privilegierter Erwerb ist als Nettoerwerb dem Anfangsvermögen zuzuschlagen, also nach Abzug der Verbindlichkeiten.[58] Übersteigen die Verbindlichkeiten die erworbenen Aktiva, so findet ein Erwerb nicht statt, das Anfangsvermögen bleibt unverändert. Anders zu entscheiden, also das bereits vorhandene Anfangsvermögen um das Defizit zu mindern, ginge am Zweck des § 1374 Abs. 2, der den erwerbenden

[56] *Münch* DNotZ 2007, 795, 797 (zu Recht kritisch zur Kosten-Nutzenrelation der komplizierten Rechenweise).

[57] BGH NJW 2005, 3710 (für den Fall einer Schenkung) = FamRZ 2005, 1974 m. Anm. *Schröder*; OLG Karlsruhe FamRZ 1990, 56. Anders noch BGH FamRZ 1990, 1083 und 1217, 1218 (auch persönliche Leistungen sind nicht wertmindernd zu berücksichtigen); ebenso OLG Schleswig FamRZ 1991, 943.

[58] Einschließlich der befristeten, vgl. BGH FamRZ 1979, 787, 789.

Ehegatten begünstigen will, vorbei: Durch Abzug der Verbindlichkeiten von seinem vorhandenen Anfangsvermögen würde dieses verringert und damit sein Zugewinn vergrößert.[59]

Der praktisch allein vorkommende Fall **defizitären privilegierten Erwerbs** ist der der Annahme einer überschuldeten Erbschaft. Diese mindert das Endvermögen und damit auch den Zugewinn des annehmenden Ehegatten – und zwar bei Fortbestand der Verbindlichkeiten ebenso wie bei ihrer Tilgung. Schützen vor den Folgen der Annahme defizitären Erwerbs kann sich der andere Ehegatte jedoch grundsätzlich nicht. In Betracht kommt allenfalls eine Aufstockung des Endvermögens wegen Benachteiligungsabsicht gemäß § 1375 Abs. 2 Nr. 3; ausgeschlossen ist jedenfalls die Anwendung von § 1375 Abs. 2 Nr. 1, denn Erben, die Nachlassverbindlichkeiten berichtigen, wenden den Gläubigern nichts unentgeltlich zu.[60] 25

Wertmindernd abzusetzen sind vom privilegierten Erwerb alle Verbindlichkeiten, die kraft Gesetzes **mit dem Erwerb verknüpft** sind, wie Nachlassverbindlichkeiten, und alle Verbindlichkeiten, die rechtsgeschäftlich zum Zwecke des Erwerbs eingegangen wurden, etwa in einem Vergleich zur Erledigung des Streits über die erbrechtliche Position. Nicht abzusetzen sind dagegen Verbindlichkeiten, die aus der Verwaltung des privilegierten Erwerbs herrühren oder in der Erwartung des privilegierten Erwerbs begründet wurden (zB Kreditaufnahme in Erwartung der Erbschaft). In beiden Fällen handelt es sich nicht um Verbindlichkeiten, die dem Erwerbsvorgang zugerechnet werden können, sondern um solche, die im Vorgriff auf den Erwerb oder als dessen Folge entstanden. 26

9. Einkünfte als Ausnahme von der Privilegierung. An sich privilegierter Erwerb ist dem Anfangsvermögen nicht hinzuzurechnen, wenn er den Umständen nach zu den Einkünften zu rechnen ist (Abs. 2 aE). Bezweckt wird mit dieser Einschränkung die Sonderung des zum Verbrauch bestimmten Erwerbs von dem zur Vermögensbildung jedenfalls gedachten.[61] Zu den Einkünften gehört mithin jeder Erwerb, der der Deckung des laufenden Lebensbedarfs zu dienen bestimmt ist. Ob dies der Fall ist, ist den wirtschaftlichen Verhältnissen des Empfängers, dem Anlass der Zuwendung und den Absichten des Zuwendenden zu entnehmen. Beiträge zur Haushaltsführung,[62] zur Finanzierung von Urlauben, Kuraufenthalten oder Fortbildung zählen jedenfalls zu den Einkünften. Auch ein zur Fahrt zur Arbeitsstätte benötigter PKW kann dem laufenden Bedarf des Ehegatten dienen und deshalb nicht als Schenkung privilegiert sein.[63] Irrelevant ist die Art der Zuwendung: einmalige Zahlungen können ebenso Einkünfte darstellen wie mehrmalige – unregelmäßig oder auch periodisch – erbrachte. 27

Eine Privilegierung auch der Einkünfte würde – zu Lasten des anderen Ehegatten – zu einer ständigen Vergrößerung des Anfangsvermögens führen, denn dem Endvermögen kämen diese lediglich indirekt – und auch nur eventuell – als Ersparnis von Aufwendungen zugute. 28

10. Darlegungs- und Beweislast. Dass jeder Ehegatte für sein Anfangsvermögen darlegungs- und beweispflichtig ist, folgt aus der in § 1377 Abs. 3 statuierten Negativvermutung. Folglich muss auch der **Privilegierungstatbestand** des § 1374 Abs. 2 von dem Ehegatten dargelegt und bewiesen werden, der behauptet, Vermögen während des Güterstandes privilegiert erworben zu haben.[64] 29

VI. Abweichende Vereinbarungen

§ 1374 ist nachgiebiges Recht; die Regelung steht mithin zur Disposition der Ehegatten. Diese können ihre Anfangsvermögen gegenständlich oder numerisch fixieren, sie können 30

[59] Ebenso *Dölle* I S. 801; RGRK/*Finke* RdNr. 21; *Staudinger/Thiele* (2007) RdNr. 44; *Soergel/Lange* RdNr. 11; *Erman/Gamillscheg* RdNr. 10.

[60] Ebenso *Staudinger/Thiele* (2007) RdNr. 45.

[61] BGHZ 101, 229, 234 = NJW 1987, 2816, 2817; OLG Zweibrücken FamRZ 1984, 276; OLG München FamRZ 1998, 825 m. Anm. *Schröder*; *Johannsen/Henrich/Jaeger* RdNr. 30 f.

[62] OLG Koblenz FamRZ 2006, 1839 m. Anm. *Schröder.*

[63] OLG Karlsruhe FamRZ 2002, 236 m. Anm. *Romeyko.*

[64] BGH NJW-RR 2005, 1460 = FamRZ 2005, 1660 = FuR 2006, 35 m. Anm. *Koch* (zu den Anforderungen an die Beweislast).

weiteren privilegierten Erwerb vereinbaren oder auch umgekehrt § 1374 Abs. 2 – numerisch, gegenständlich, nach Erwerbsgründen oder -anlässen – einschränken oder ganz abbedingen.

31 Unbenommen ist es den Parteien auch, in einem Ehevertrag als Berechnungszeitpunkt einen Termin vor der Eheschließung zu wählen; eine derartige Erweiterung der Geltung der Regeln des ehelichen Güterrechts wird von der allgemeinen Vertragsfreiheit umfasst.[65]

§ 1375 Endvermögen

(1) [1] Endvermögen ist das Vermögen, das einem Ehegatten nach Abzug der Verbindlichkeiten bei der Beendigung des Güterstands gehört. [2] Verbindlichkeiten sind über die Höhe des Vermögens hinaus abzuziehen.

(2) [1] Dem Endvermögen eines Ehegatten wird der Betrag hinzugerechnet, um den dieses Vermögen dadurch vermindert ist, dass ein Ehegatte nach Eintritt des Güterstands

1. unentgeltliche Zuwendungen gemacht hat, durch die er nicht einer sittlichen Pflicht oder einer auf den Anstand zu nehmenden Rücksicht entsprochen hat,
2. Vermögen verschwendet hat oder
3. Handlungen in der Absicht vorgenommen hat, den anderen Ehegatten zu benachteiligen.

[2] Ist das Endvermögen eines Ehegatten geringer als das Vermögen, das er in der Auskunft zum Trennungszeitpunkt angegeben hat, so hat dieser Ehegatte darzulegen und zu beweisen, dass die Vermögensminderung nicht auf Handlungen im Sinne des Satzes 1 Nummer 1 bis 3 zurückzuführen ist.

(3) Der Betrag der Vermögensminderung wird dem Endvermögen nicht hinzugerechnet, wenn sie mindestens zehn Jahre vor Beendigung des Güterstands eingetreten ist oder wenn der andere Ehegatte mit der unentgeltlichen Zuwendung oder der Verschwendung einverstanden gewesen ist.

Schrifttum: s. § 1372.

Übersicht

[65] *Staudinger/Thiele* (2007) RdNr. 49; *Bamberger/Roth/Mayer* RdNr. 28; *Johannsen/Henrich/Jaeger* RdNr. 3. AA *Gernhuber/Coester-Waltjen* § 36 RdNr. 30–32 Fn. 35.

I. Normzweck

1. Umfang des Endvermögens. Abs. 1 definiert das Endvermögen als zweite Vergleichsgröße für die Berechnung des Zugewinns (vgl. § 1373). Abs. 2 mehrt das Endvermögen – und damit den Zugewinn – um Beträge, die in illoyaler Manier während des Güterstandes verausgabt wurden. Die Regelung ist abschließend in doppelter Hinsicht. Zum ersten sind loyale Vermögensminderungen nie dem Endvermögen hinzuzurechnen.[1] Zum zweiten sind die relevanten illoyalen Vermögensminderungen einer Erweiterung in Analogieschlüssen nicht fähig. Verbindlichkeiten etwa aus unerlaubter Handlung, Spiel und Wette mindern das Endvermögen ohne Besonderheit. 1

2. Rechnungsgröße. Wie das Anfangsvermögen, so ist auch das Endvermögen keine gegenständlich fassbare Vermögensmasse, also kein Sondervermögen, sondern lediglich eine Rechnungsgröße. Ihre Höhe, dh. das Endvermögen, wird wie die des Anfangsvermögens durch Bewertung der einzelnen Aktiva und Passiva ermittelt. 2

3. Illoyale Vermögensminderungen werden dem Endvermögen hinzugerechnet – und zwar als Sanktion nach Verletzung der Pflicht zu ehegerechtem Verhalten oder als Sanktion nach Verletzung der Obliegenheit, das eigene Vermögen mit Rücksicht auf den Zugewinnausgleich fair zu verwalten.[2] Abs. 2 hat **keine Außenwirkung.** Soweit nicht allgemeine Normen, insbesondere § 138, zur Nichtigkeit des Erwerbsaktes führen, sind die Vermögensminderungsgeschäfte wirksam. Auf nichtige vermögensmindernde Akte ist Abs. 2 nicht anzuwenden. Sie mindern wegen der Rückgewähransprüche das Endvermögen nicht, müssen mithin auch nicht durch Zuschläge zum Endvermögen ausgeglichen werden. 3

4. Keine Doppelberücksichtigung von Vermögenspositionen im Zugewinn und Unterhalt. Anders als das Verhältnis von Zugewinnausgleich und Versorgungsausgleich, für das § 1587 Abs. 3 eine zweifache Teilhabe an denselben Vermögenspositionen ausschließt, ist das Verhältnis des Zugewinnausgleichs zum Unterhalt gesetzlich nicht ausdrücklich geregelt. Nach hM ist bei aktiven Vermögensposten jedoch auch hier von einem **Verbot der Doppelverwertung** auszugehen. § 1587 Abs. 3 enthält zwar keinen diesbezüglichen allgemeinen Grundsatz,[3] doch verbieten Billigkeit und Gerechtigkeit auch im Fall des Zugewinns und Unterhalts die doppelte Teilhabe. Ist also ein Vermögensgegenstand im Zugewinn in Ansatz gebracht, so darf er unterhaltsrechtlich nicht mehr berücksichtigt werden – und umgekehrt. Wurde etwa die unterhaltsrechtliche Leistungsfähigkeit des Ehemannes unter Einbeziehung einer arbeitsrechtlichen Abfindung berechnet, so ist diese im Endvermögen des Ehemannes nicht mehr zu berücksichtigen.[4] In der Kontroverse um die Möglichkeit zweifacher Partizipation am Vermögen des Ehegatten wird allerdings vielfach übersehen, dass es zu einer Konkurrenz güterrechtlicher und unterhaltsrechtlicher Teilhabe nur dann kommt, wenn derselbe Vermögensgegenstand mehreren Ausgleichsformen ausgesetzt ist – und dies ist so häufig gar nicht der Fall. **Bei sachgemäßer Zuordnung** der Vermögensposition zum Güterrecht bzw. Unterhaltsrecht tritt eine **Konkurrenzlage** in der Regel 4

[1] OLG Karlsruhe FamRZ 1986, 167, 168 für Verbindlichkeiten, die aus der Erfüllung von gesetzlichen Unterhaltsansprüchen resultierten.

[2] Zur Abgrenzung vgl. § 1364 RdNr. 6 ff.

[3] So *Gerhardt/Schulz* FamRZ 2005, 1523, eine solche Absicht des Gesetzgebers lässt sich jedoch nicht nachweisen.

[4] BGH FamRZ 2003, 432; BGH NJW 2004, 2675 = FamRZ 2004, 1352 m. Anm. *Bergschneider* FamRZ 2004, 1353; OLG München FamRZ 2005, 714.

nämlich gar **nicht ein.**[5] Denn im Güterrecht wird allein die Vermögenssubstanz verteilt, im Unterhaltsrecht hingegen geht es um die Verteilung von laufenden Einkünften. Mithin sind zum Vermögensstamm zählende wirtschaftliche Werte nur güterrechtlich relevant, Erträge hingegen sind nur unterhaltsrechtlich relevant – und zwar auch dann, wenn der Wert des Vermögensstamms (u. a.) nach den künftig zu erwartenden Erträgen berechnet wird; diese können güterrechtlich auch deshalb nicht ausgeglichen werden, weil das Stichtagsprinzip den Zugewinnausgleich auf vorhandenes Vermögen beschränkt.[6] Die Frage doppelter Teilhabe kann sich mithin nur stellen, wenn der Vermögensstamm aufgrund der Anweisungen in § 1577 Abs. 4 und § 1581 S. 2 ausnahmsweise für den Unterhalt einzusetzen ist sowie dann, wenn die Ehegatten eine Vermögensposition einvernehmlich anders als von der Sache her geboten zugeordnet haben – wenn sie etwa eine Abfindung, die grundsätzlich nur unterhaltsrechtlich zu berücksichtigen ist (dazu RdNr. 11), im Zugewinn ausgeglichen haben. Zu beachten ist in letzterer Konstellation jedoch, dass die güter- oder unterhaltsrechtliche Zuordnung der Vermögensposition zwar zur Disposition der Ehegatten steht, nicht aber einseitig vorgenommen werden kann. Der unterhaltspflichtige Ehegatte etwa kann nicht allein festlegen, bestimmtes Vermögen güterrechtlich statt unterhaltsrechtlich zur Anrechnung zu bringen.[7] Abzulehnen ist die Rspr., die laufendes, am Stichtag als **Kontoguthaben** vorhandenes Einkommen im Endvermögen berücksichtigt, obgleich dieses zur Erfüllung des kurz später fällig werdenden Ehegattenunterhalts benötigt wird.[8] Die doppelte Teilhabe des unterhaltsberechtigten Ehegatten wird als dem strengen Stichtagsprinzip geschuldet in Kauf genommen und auch nicht nach § 1381 verhindert: Grob unbillig soll die zweifache Partizipation über den Unterhalt und den Zugewinn nicht sein, weil sie sich vom Umfang her, es handelt sich in der Regel (nur) um das Monatseinkommen, in Grenzen hält. Diese Argumentation überzeugt nicht und ist auch um der Rechtsklarheit willen nicht geboten. Das dem laufenden Verbrauch dienende Einkommen ist eindeutig der Ehe als Konsumgemeinschaft und damit dem Unterhaltsrecht zuordenbar. Güterrechtlich hingegen spielt die Ehe nur als Vermögensgemeinschaft, in der es um den bleibend erwirtschafteten Gewinn geht, eine Rolle (dazu auch RdNr. 10).[9]

4a **Umstritten** ist die Geltung und Reichweite des Verbots der doppelten Berücksichtigung **bei Passiva.** Sind Verbindlichkeiten im Zugewinn berücksichtigt, so können die auf sie erbrachten Tilgungsleistungen nach überwM nicht noch einmal in die Unterhaltsberechnung einfließen und dort die Leistungsfähigkeit verringern – und umgekehrt im Fall der güterrechtlichen Nichtberücksichtigung. Nur die monatlichen Zinsanteile sollen unterhaltsrechtlich einkommensmindernd zu berücksichtigen sein, denn die Zinsverpflichtungen entstehen ja erst mit der Kapitalüberlassung und können als künftige Verbindlichkeiten in den güterrechtlichen Ausgleich nicht eingestellt werden (dazu RdNr. 15).[10] Gestützt wird das **Verbot der zweifachen Berücksichtigung** von Verbindlichkeiten auf allgemeine Gerechtigkeits- und Billigkeitserwägungen.[11] **Aus dem Gesetz** heraus ist es **nicht zu begründen.** Dieses ordnet vielmehr das Gegenteil an: Sowohl § 1375 Abs. 1 als auch § 1581 S. 1 bestimmen, dass Verbindlichkeiten bei der Ermittlung des Endvermögens bzw. der Leistungsfähigkeit zu berücksichtigen sind. Hieran hält die Gegenmeinung fest und

[5] Dazu BGH FamRZ 2008, 761, 762 m. Anm. *Hoppenz; Maier* FamRZ 2006, 897; *Hoppenz* FamRZ 2006, 1242; *Schmitz* FPR 2007, 198, 200.

[6] BGH FamRZ 2008, 761 m. Anm. *Hoppenz*; anders die Vorinstanz OLG Oldenburg FamRZ 2006, 1031 m. krit. Anm. *Hoppenz*. Zu den Folgen für die Wertermittlung eines Unternehmens s. § 1376 RdNr. 23.

[7] *Gerhardt/Schulz* FamRZ 2005, 145.

[8] BGHZ 156, 105 = NJW 2003, 3339 = FamRZ 2003, 1544 m. Anm. *Schröder*; OLG Koblenz NJW 2007, 2646.

[9] *Koch* Brennpunkte des Familienrechts 2004, S. 159 ff.; *Schwab/Schwab* Teil VII RdNr. 36; *Schmitz* FPR 2007, 198, 200. Im hier vertretenen Sinne OLG Karlsruhe FamRZ 2001, 1301 (für Sozialhilfe).

[10] OLG München FamRZ 2005, 459 u. 713; OLG Karlsruhe FamRZ 2005, 909; OLG Saarbrücken FamRZ 2006, 1038 m. Anm. *Kogel*. *Schulz* FamRZ 2006, 1237, 1241; *Hoppenz* FamRZ 2006, 1242, 1244; *Wever* FamRZ 2006, 365, 369; *Grziwotz* MittBayNot 2005, 284, 286.

[11] Zur zweifelhaften dogmatischen Herleitung *Koch* Brennpunkte des Familienrechts 2006, S. 245, 252.

berücksichtigt die laufenden Schuldtilgungen unterhaltsrechtlich auch dann einkommensmindernd, wenn die Verbindlichkeit als solche bereits in das Endvermögen eingestellt worden ist.[12] Dies überzeugt in den Fällen, in denen die Tilgungsleistungen bereits während des Zusammenlebens erbracht wurden und mithin den ehelichen Lebensstandard minimiert haben, schon deshalb, weil sich der nacheheliche Unterhaltsbedarf gemäß §§ 1361, 1578 nach den Lebensverhältnissen in der Ehe bestimmt. Dass die Herabsetzung des Unterhaltsanspruchs im Hinblick auf die Tilgungsleistungen dem rückzahlenden Ehegatten eine Vermögensbildung ermöglicht, an der der andere nicht mehr partizipiert, folgt aus den Grundsätzen des Ehegüterrechts wie denen des Unterhaltsrechts: Das Ehegüterrecht kennt keine Vermögensteilhabe nach dem Stichtag, das Unterhaltsrecht kennt hingegen nur eine an den Einkommensverhältnissen orientierte Bedarfsdeckung. Für die Richtigkeit der Anrechnung spricht auch, dass im Fall der Gütertrennung Tilgungsleistungen immer unterhaltsmindernd berücksichtigt werden – eine güterrechtliche Anrechnung kommt hier ja nicht in Betracht. Es ist nun aber kein Grund ersichtlich, den in Zugewinngemeinschaft lebenden Ehegatten, der ja bereits güterrechtlich besser gestellt ist, auch noch unterhaltsrechtlich zu begünstigen.[13]

Im Übrigen stellt sich das Problem der Doppelberücksichtigung von Verbindlichkeiten 4b
auch bei den Passiva nur in wenigen Zweifelsfällen, da es bei sachgerechter Zuordnung der Verbindlichkeit zum Einkommen oder Vermögen zur Konkurrenz gar nicht kommt. So sind etwa Unterhaltsrückstände dem Güterrecht zuzuordnen und vermögensmindernd beim Zugewinnausgleich zu berücksichtigen. Die aufgelaufene Unterhaltsschuld stellt nämlich eine Verbindlichkeit dar, die, anders als der pünktlich gezahlte Unterhalt, aus dem Vermögen des Verpflichteten und nicht aus dessen laufenden Einkünften zu erfüllen ist.[14]

II. Stichtag

Stichtag für Bestand und Bewertung der zum Endvermögen gehörenden Aktiva und 5
Passiva ist dem Normtext zufolge die **Beendigung des Güterstandes.**

Das Gesetz **korrigiert** sich jedoch selbst **in den §§ 1384, 1387** für alle Fälle der Beendi- 5a
gung des Güterstandes durch richterlichen Akt, sei es, dass die Ehe gleichzeitig mit ihm beendet wird, sei es, dass sie weiter besteht. Hier wie dort tritt an die Stelle der Rechtskraft des Urteils, des güterstandsbeendenden Aktes, der Zeitpunkt der **Rechtshängigkeit der Klage oder des Antrags.**[15] Der Grundsatz des § 1375 gilt demnach nur für die Güterstandsbeendigung aus anderen Gründen – gleichzeitiger Tod beider Ehegatten, Wiederverheiratung nach fehlerhafter Todeserklärung gemäß § 1319 Abs. 2, Ehevertrag (zur abweichenden Stichtagsbestimmung s. RdNr. 35).

III. Aktiva

1. Geldwerte Positionen. Endvermögen ist der rechnerische Überschuss der Aktiva am 6
Bewertungsstichtag. Zu berücksichtigen sind grundsätzlich alle rechtlich geschützten Positionen von wirtschaftlichem Wert.[16] Dazu gehören nach hM auch **nicht übertragbare**[17] und **nicht vererbliche** Rechte.[18] Die früher vertretene Meinung, dass ein Ehegatte – wie

[12] OLG Koblenz NJW 2007, 2646; BGH FamRZ 2003, 1544, 1546 (in einem obiter dictum). Zum umgekehrten Fall BGH FamRZ 2008, 761, 765 m. Anm. *Hoppenz* (der Berücksichtigung der Verbindlichkeit im Zugewinnausgleich ist bei bereits erfolgter unterhaltsrechtlicher Berücksichtigung ggf. mit § 242 zu begegnen).

[13] *Schmitz* FamRZ 2005, 1520; *ders.* FPR 2007, 198; *Hermes* FamRZ 2007, 184; *Wohlgemuth* FamRZ 2007, 187; ähnlich *Schulin* FamRZ 2005, 1521.

[14] OLG Hamm FamRZ 1992, 679; OLG Celle FamRZ 1991, 944. Anders *Schmitz* FPR 2007, 198, 199.

[15] Zu einem Fall doppelter Rechtshängigkeit AG Mölln FamRZ 2001, 291 m. Anm. *Bartsch.*

[16] BGHZ 82, 149 = NJW 1982, 279; 89, 137 = NJW 1984, 484; 157, 379, 384; BGH FamRZ 2007, 877, 878.

[17] BGH FamRZ 1992, 411, 413; OLG Celle FamRZ 1997, 1204.

[18] BGH LM § 1376 Nr. 9 = NJW 1987, 321, 322; BGH NJW 2004, 1321 = FamRZ 2004, 527 m. Anm. *Koch*; KG FamRZ 1988, 171, 172; OLG Celle FamRZ 1997, 1204; OLG München FamRZ 1998, 234, 235; *Gernhuber* FamRZ 1984, 1053 f.; *Schwab/Schwab* Teil VII RdNr. 46.

beim Zugewinnausgleich von Todes wegen – auch beim Zugewinnausgleich unter Lebenden nur an Vermögenspositionen teilhaben kann, die im Erbfall nicht mit dem Inhaber untergehen,[19] überzeugt nicht. Die für das Erbrecht zwingenden Grenzen sind auf den rechnerischen Zugewinnausgleich sinnvoll nicht zu übertragen. Was sollte es etwa rechtfertigen, Nutzungsrechte wie einen Nießbrauch oder Positionen wie eine Vorerbschaft, die für den Berechtigten zu Lebzeiten einen erheblichen wirtschaftlichen Wert darstellen, beim Zugewinnausgleich als nichtexistent zu betrachten? Richtig ist allein, dass nichtvererbliche Rechte regelmäßig weniger wertvoll sind als vererbliche.

7 **2. Hausrat.** Hausrat, der nach der Hausratsverordnung verteilt worden war, unterlag nach hM nicht dem Zugewinnausgleich.[20] Die güterrechtliche Berücksichtigung von Haushaltsgegenständen, die unter Billigkeitskriterien unabhängig von der sachenrechtlichen Zuordnung verteilt worden waren, hätte nämlich möglicherweise das Ergebnis der richterlichen Zuteilung nach der HausratsVO konterkariert.[21] Mit der Aufhebung der HausratsVO stellt sich die Lage anders dar. Zum einen sieht § 1568 b die Zuweisung von Sachen, die im Alleineigentum eines Ehegatten stehen, an den anderen gar nicht mehr vor – damit müssen sie bei der Berechnung seines Zugewinns berücksichtigt werden. Zum anderen erfolgt die Verteilung von in gemeinschaftlichem Eigentum stehenden Sachen über wechselseitige Überlassungs- und Zahlungsansprüche und nicht mehr durch richterlichen Zuteilungsakt. Mit der Einstellung dieser Ansprüche in die güterrechtliche Ausgleichsberechnung können solche Billigkeitsakte mithin nicht mehr durchkreuzt werden.

8 **3. Privilegierter Erwerb.** Zum Endvermögen gehören auch alle Vermögenswerte, die dem Anfangsvermögen gemäß § 1374 Abs. 2 als privilegierter Erwerb hinzugerechnet werden. Sie nicht zu berücksichtigen, hieße das Privileg verdoppeln: Von zwischenzeitlichen Wertveränderungen soll der Ehepartner nicht ausgeschlossen sein. Aktiva, die sich bereits im Anfangsvermögen befanden, sind auch dann dem Endvermögen zuzurechnen, wenn sie in der Zeit des Güterstandes keine gegenständliche Veränderung erfuhren; die Idee, sie weder hier noch dort einzusetzen, um die Rechnung nicht mit Posten zu belasten, die sich notwendigerweise neutralisieren, ist falsch: Reale Wertveränderungen sind möglich und häufig (vgl. § 1373 RdNr. 14 f.).

9 **4. Forderungen** eines Ehegatten sind in seinem Endvermögen grundsätzlich auch dann zu bedenken, wenn sie noch nicht fällig sind.[22] Dasselbe gilt für bedingte, unsichere und ungewisse Forderungen, sofern nicht die spätere Entwicklung – Eintritt einer auflösenden Bedingung, endgültige negative Klarheit – zum Ausscheiden der Position aus dem Vermögen führte.[23] Bei Leasingverträgen ist zu bedenken, dass der Leasingnehmer mit der sog. Leasingsonderzahlung einen Teil der späteren Nutzung vergütet und insofern eine geldwerte Position hat, als er für die künftige Gebrauchsüberlassung nicht das volle Entgelt zu erbringen hat.[24] Für Forderungen gegen den Ehegatten gilt nichts Besonderes; sie sind unabhängig von ihrem Entstehungsgrund als Aktivposten einzustellen. Ob die Forderung aus einem speziellen familienrechtlichen Vertrag sui generis resultiert[25] oder allgemein im Zivilrecht gründet, spielt also keine Rolle. Ansprüche, die in dieser oder jener Form vom Gläubiger zu

---

[19] So BGHZ 68, 163 = NJW 1977, 949; 80, 384, 387 = NJW 1981, 1836; 82, 145, 147 = NJW 1982, 279, 280 – jeweils ohne eigene Begründung allein unter Bezugnahme auf *Rittner* FamRZ 1961, 506. Dem BGH hatten sich angeschlossen OLG Köln FamRZ 1983, 71 und 813; OLG Stuttgart FamRZ 1986, 466.

[20] BGHZ 89, 137, 142 = NJW 1984, 484; BGHZ 113, 325, 333; OLG Bamberg FamRZ 1990, 408, 410; OLG Düsseldorf FamRZ 1992, 60. *Smid* NJW 1985, 173 ff.; *Johannsen/Henrich/Jaeger* RdNr. 7 ff. und § 1374 RdNr. 13.

[21] Generell gegen Berücksichtigung von Hausrat im Zugewinnausgleich *Schwab/Schwab* Teil VII RdNr. 28.

[22] BGH FamRZ 1991, 43, 46 (Rückerstattungsforderung der Kassenärztlichen Vereinigung); OLG Köln FamRZ 1999, 656 (Forderung auf Einkommenssteuerrückerstattung).

[23] Zu den Bewertungsfragen vgl. § 1376 RdNr. 16.

[24] OLG Bamberg NJW 1996, 399; OLG Karlsruhe FamRZ 2004, 1028; anders *Brauckmann* FamRZ 1991, 1271; *Staudinger/Thiele* (2007) § 1374 RdNr. 7.

[25] Zu solchen Ansprüchen s. Vor §§ 1363 ff. RdNr. 17 ff.

aktualisieren sind (verhaltene Ansprüche, zB aus § 285), dürfen sowohl als Passiv- wie als Aktivposten nur berücksichtigt werden, wenn die Aktualisierung erfolgt. Ein einem Ehegatten zustehender latenter Anspruch steht in besonderer Form zu seiner Disposition; güterrechtliche Konsequenzen dürfen die Dispositionsfreiheit nicht einschränken.

5. Dauerschuldverhältnisse. Rechtsverhältnisse, die wiederkehrende Einzelansprüche 10
vermitteln, sind als solche nicht zu berücksichtigen.[26] Die Kapitalisierung des (Dauer)Rechtsverhältnisses würde künftiges Einkommen vorwegnehmen und damit den Zugewinnausgleich in die Zeit nach dem Stichtag verlängern. Zu berücksichtigen sind nur die bereits entstandenen Einzelansprüche. Künftige Unterhaltsansprüche[27] und Rentenansprüche sind mithin nicht zu bedenken.[28] Vorauszahlungen auf erst künftig fällig werdende Ansprüche mit Unterhaltscharakter sind nach allgM soweit zu berücksichtigen, als sie den Zeitraum bis zum Stichtag betreffen.[29] Unabhängig von der Frage einer unzulässigen Doppelberücksichtigung (dazu RdNr. 4) ist auch deshalb die unmittelbar vor dem Stichtag für den laufenden Lebensunterhalt überwiesene Sozialhilfe nicht im Endvermögen zu berücksichtigen (dazu auch RdNr. 4).[30] Bereits entstandene Ansprüche aus synallagmatischen Verträgen, etwa aus Arbeits- oder Dienstvertrag, Miet- oder Pachtvertrag, sind nicht zu berücksichtigen, weil hier die eigenen Ansprüche als Aktiva durch die eigenen Verpflichtungen als Passiva ausgeglichen werden.

6. Abfindungen. Arbeitsrechtliche Abfindungen, die als Ausgleich für den künftigen 11
Lohnausfall geleistet werden, sind nach der Rspr. als unterhaltsrechtliches Einkommen und nicht als Aktiva iS des § 1375 Abs. 1 zu behandeln; zum Endvermögen zu zählen soll die Abfindung mit Lohnersatzfunktion nur insoweit sein, als sie nicht für den Unterhalt benötigt wird (hierzu auch RdNr. 4). Abfindungen, die als Entschädigung für den Verlust des Arbeitsplatzes und damit vergangenheitsbezogen gezahlt werden, rechnet die Rspr. hingegen immer zum Endvermögen.[31] Generell spricht jedoch gegen die Zuordnung von arbeitsrechtlichen Abfindungen zum Güterrecht, dass der Arbeitsplatz als solcher keinen Vermögenswert iS des § 1375 Abs. 1 darstellt. Da er dem Ehegatten lediglich die Möglichkeit vermittelt, künftig Geld zu verdienen, wird er güterrechtlich als Aktivposten niemals bilanziert. Folglich muss auch der Verlust des Arbeitsplatzes güterrechtlich irrelevant bleiben, denn dem Ehegatten wird mit dem Arbeitsplatz nur eine Geldverdienensmöglichkeit, nicht aber eine Vermögensposition entzogen. Deshalb kann die als Ersatz für den Arbeitsplatzverlust gezahlte Abfindung nicht dem Vermögensausgleich im Güterrecht unterfallen – und zwar unabhängig davon, ob die Ersatzleistung Versorgungs- oder Entschädigungscharakter hat.[32] **Rentenabfindungen,** die anstelle künftig wiederkehrender Ansprüche gewährt werden – etwa Abfindungen wiederheiratender Witwen und Witwer gemäß § 107 SGB VI (früher § 1302 RVO bzw. § 81 AVG) oder Abfindungen erwerbsunfähig Geschädigter gemäß § 843 Abs. 3 – sind im Endvermögen in voller Höhe zu berücksichtigen. Sie wegen des surrogierenden Charakters der Zahlung nur mit jenen Teilen zu berücksichtigen, die auf die Zeit der Zugewinngemeinschaft entfallen,[33] verbieten die schematisch gefassten

---

[26] Vgl. BGHZ 82, 145, 147 = NJW 1982, 279; 82, 149, 150 = NJW 1982, 279; *Staudinger/Thiele* (2007) § 1374 RdNr. 5; *Soergel/Lange* § 1374 RdNr. 7; *Johannsen/Henrich/Jaeger* § 1374 RdNr. 9; *Schwab/Schwab* Teil VII RdNr. 33 und 40.

[27] BGH LM § 1372 Nr. 5 = NJW 1980, 229; LM § 1374 Nr. 5 = NJW 1981, 1038, 1039. Soweit Unterhalt für die Vergangenheit gefordert werden kann, sind die Rückstände aktiv und passiv zu berücksichtigen, OLG Frankfurt a. Main FamRZ 1990, 998; OLG Celle FamRZ 1991, 944.

[28] BGH LM § 1374 Nr. 5 = NJW 1981, 1038, 1039 (zu Ansprüchen nach dem BVersG).

[29] *Schwab/Schwab* Teil VII RdNr. 34 a; *Johannsen/Henrich/Jaeger* § 1374 RdNr. 9.

[30] OLG Karlsruhe FamRZ 2001, 1301 (LS).

[31] BGH NJW 1982, 326; NJW 1998, 749; 2001, 439 = FamRZ 2001, 278; OLG Hamm FamRZ 1999, 1068.

[32] *Kaiser* S. 495; *Schwab/Schwab* Teil VII RdNr. 57; *Maurer* FamRZ 2005, 757 („jedenfalls" für Vorruhestandsgelder).

[33] So *Gernhuber*, FS H. Lange, S. 853 ff. und NJW 1991, 2238, 2241; *Gernhuber/Coester-Waltjen* § 36 RdNr. 55.

Berechnungsregeln des Zugewinnausgleichs; Härten sind nach Maßgabe des § 1381 auszugleichen.[34] **Rückerstattete Rentenbeiträge** – § 210 SGB VI (früher § 1303 RVO bzw. § 92 AVG); § 117 ALG (früher § 27a GAL); §§ 7, 8 VAHRG – sind dem Endvermögen hingegen nicht zuzurechnen. Da mit ihnen Anwartschaften oder Aussichten ausgeglichen werden, über die der Versorgungsausgleich stattfindet, sind gemäß § 1587 Abs. 3 die güterrechtlichen Vorschriften nicht anzuwenden.[35]

12 7. **Anwartschaftsrechte** zählen zu den Aktiva, sofern sie nicht aufgrund einer speziellen Wertung dem Zugewinnausgleich entzogen sind[36] oder zum Regelungsbereich des Versorgungsausgleichs gehören.[37] Bloße Erwerbsaussichten hingegen sind außer Ansatz zu lassen – eventuell später anfallender Erwerb stellt am Stichtag noch keine geldwerte Position dar. Deshalb spielt die Erwerbschance eines erbvertraglich Bedachten im Endvermögen keine Rolle.[38] Nicht zu berücksichtigen sind auch die Aussichten des Zeitsoldaten auf die – nach dem Ausscheiden aus dem Dienstverhältnis zur Unterhaltssicherung gezahlten – Übergangsgebührnisse gemäß § 11 SVG[39] und die Aussichten auf Ausgleichszahlungen – wegen früheren Ruhegehaltsbezuges – gemäß § 38 SVG.[40] Die Anwartschaft des Zeitsoldaten auf die am Ende der Dienstzeit als Startkapital steuerfrei ausgezahlte **Übergangsbeihilfe gemäß § 12 SVG** unterliegt hingegen dem Zugewinnausgleich.[41] Anders als die erstgenannten Zahlungen ist diese Übergangsbeihilfe eine Gehaltszulage, die weder Unterhalts- noch Abfindungsfunktion hat. Mit der hM ist diese deshalb – entgegen der Ansicht des BGH – hinsichtlich der während der Ehezeit erworbenen Anteile auszugleichen. **Kapitallebensversicherungen,** die **vom Arbeitgeber** in Form einer Direktversicherung des Arbeitnehmers zum Zwecke der betrieblichen Altersversorgung abgeschlossen wurden, begründen, solange sie verfallbar sind, lediglich eine Erwerbsaussicht des Arbeitnehmers. Sind sie hingegen gemäß § 1b BetrAVG unverfallbar geworden, so begründen sie ein Anwartschaftsrecht, mag auch der Arbeitgeber die Versicherung – mit der Folge einer Schadensersatzpflicht wegen Verstoßes gegen § 1b Abs. 2 S. 1 BetrAVG – noch widerrufen können.[42] Auch sonstige Anrechte auf Altersversorgung wie die auf Zahlung eines sog. **Alterskapitals** begründen eine Anwartschaft, wenn sie unverfallbar geworden sind.[43] Im Übrigen unterliegen **betriebliche Altersversorgungen** nach hM auch dann dem Zugewinnausgleich, wenn ein **Rentenwahlrecht** besteht. Solange dieses nicht ausgeübt ist, zielt das Anrecht auf die Kapitalleistung – und für diese hält der nur auf wiederkehrende Leistungen gerichtete Versorgungsausgleich keine Ausgleichsform bereit.[44] Deshalb kann auch das Bezugsrecht aus einer Rentenlebensversicherung mit Kapitalwahlrecht nicht mehr im Versorgungsausgleich berücksichtigt werden, wenn das Kapitalwahlrecht ausgeübt ist. Geschieht dies, nachdem der Zugewinn durch Vereinbarung oder rechtskräftige Entscheidung ausgeglichen ist, bleibt der Ehepartner von jeglicher Partizipation ausgeschlossen – die allein auf

[34] BGHZ 82,145 für eine Zahlung gemäß § 843 Abs. 3; 82, 149 für eine Abfindung gemäß § 1302 RVO aF. Kritisch *Schwab/Schwab* Teil VII RdNr. 39, 57.

[35] BGH NJW 1995, 523, 524. Vgl. dazu auch § 1374 RdNr. 7.

[36] Vgl. § 1374 RdNr. 19 zur Anwartschaft des Nacherben.

[37] Vgl. § 1374 RdNr. 7 und Vor § 1363 RdNr. 29.

[38] OLG Koblenz FamRZ 1985, 286.

[39] Vgl. BGH LM § 1372 Nr. 5 = NJW 1980, 229; OLG Oldenburg FamRZ 1976, 346; OLG München NJW 1979, 881 (LS); *Staudinger/Thiele* § 1374 RdNr. 11; *Soergel/Lange* RdNr. 8; *Bamberger/Roth/Mayer* RdNr. 13. AA OLG Bremen NJW 1971, 1661; OLG Nürnberg MDR 1977, 577.

[40] BGH LM Nr. 7 = NJW 1982, 1982; OLG München FamRZ 1982, 486.

[41] OLG Bremen NJW 1971, 1661; OLG Oldenburg FamRZ 1976, 346, 347; OLG Hamm FamRZ 1978, 121; OLG Düsseldorf FamRZ 1980, 51, 52; OLG München FamRZ 1982, 608; *Schwab/Schwab* Teil VII RdNr. 38; *Staudinger/Thiele* (2007) § 1374 RdNr. 11; *Soergel/Lange* RdNr. 8. Anders BGH LM Nr. 8 = NJW 1983, 2141; ihm zust. *Johannsen/Henrich/Jaeger* RdNr. 5.

[42] BGHZ 117, 70, = NJW 1992, 1103; BGH FamRZ 1993, 1303; OLG Köln FamRZ 2001, 158; *Voit* FamRZ 1992, 1385ff. (für Übertragung dieser Rspr. auf andere widerrufliche Bezugsberechtigungen). Anders früher BGH NJW 1984, 1611 (stets Erwerbsaussicht).

[43] BGH FamRZ 2003, 153 m. Anm. *Bergschneider.*

[44] BGH FamRZ 2005, 1463; dazu auch § 1374 RdNr. 7).

Rentenanrechte bezogenen Mechanismen des Versorgungsausgleichs stehen ihm nicht zur Verfügung.[45] Nicht richtig ist, das Stichtagsprinzip für den Zugewinnausgleich aufzugeben in Fällen, in denen das Bezugsrecht erst während des Scheidungsverfahrens unverfallbar wird. Dass der bezugsberechtigte Ehegatte die zum Stichtag des § 1384 noch verfallbare – und deshalb im Zugewinn nicht ausgleichsfähige – Anwartschaft auf betriebliche Altersversorgung dem Ausgleich gänzlich entziehen kann, indem er die unverfallbar gewordene Anwartschaft – durch Nicht-Ausübung des Wahlrechts – auch dem Versorgungsausgleich entzieht, ist Folge der festen terminlichen Festlegungen des Gesetzes.[46] Versicherungsleistungen, die zum Stichtag noch unter dem Vorbehalt der Rückzahlung stehen, begründen keine gesicherte Rechtsposition.[47] Bei Vereinbarungen zwischen Unternehmer und Betriebsrat anlässlich geplanter Betriebsänderungen entsteht eine rechtlich geschützte **Anwartschaft** nicht erst mit dem Sozialplan selbst, sondern bereits **mit** dem ihn vorbereitenden **Interessenausgleich nach § 111 BetrVG.**[48] **Zeitwertpapiere** zur flexiblen Gestaltung der Lebensarbeitszeit, die rechtlich hinreichend abgesichert sind, vermitteln dem Ehegatten zwar eine rechtlich geschützte Anwartschaft auf die späteren Einkünfte. Da die Papiere jedoch auf wiederkehrende Leistungen gerichtet und von ihrer Funktion her Gehalt sind, stellen sie kein güterrechtlich relevantes Vermögen dar, sondern sind allein unterhaltsrechtlich, ggf. auch im Versorgungsausgleich, relevant.[49]

8. Treuhandpositionen. Außer Ansatz zu lassen sind die von einem Ehegatten inne- 13
gehaltenen Treuhandpositionen nach fiduziarischer Übertragung von Rechten. Sie werden stets neutralisiert durch den Rückübertragungsanspruch des Treugebers nach Beendigung des Treuhandverhältnisses.[50]

IV. Passiva

1. Defizitäres Endvermögen. Nach der bis zum 1. 9. 2009 geltenden Fassung des 14
§ 1375 Abs. 1 waren Verbindlichkeiten bei der Bestimmung des Endvermögens nur bis zur Höhe des Aktivvermögens bedeutsam. Weitere Passiva waren grundsätzlich belanglos,[51] weil bei einem auf Null gestellten Endvermögen sicher war, dass kein Zugewinn erwirtschaftet worden war. Mit der Berücksichtigung negativen Anfangsvermögens hat sich dies geändert. Um den wirtschaftlichen Gewinn des anfangs verschuldeten Ehegatten auch dann berücksichtigen zu können, wenn dieser bis zur Beendigung des Güterstandes kein Aktivvermögen erworben hat, muss auch das Endvermögen **negativ** sein können. In diesem Fall kann nämlich die während der Ehe erfolgte Schuldentilgung nur dann als Zugewinn erfasst werden, wenn die Verringerung der Verbindlichkeiten durch Vergleich ihrer Höhe im Anfangsvermögen mit ihrer Höhe im Endvermögen ablesbar ist. Beträgt das Endvermögen aber immer mindestens Null, ist dieser Vergleich nicht möglich. Werden hingegen, so wie es § 1375 Abs. 1 S. 2 jetzt regelt, Verbindlichkeiten auch bei der Bestimmung des Endvermögens über die Höhe der vorhandenen Aktiva hinaus abgezogen, wird Tilgungsgewinn auch dann erfasst, wenn er lediglich in der Reduzierung der Verbindlichkeiten liegt.

---

45 BGH FamRZ 2003, 923 u. 664 m. Anm. *Deisenhofer* 745.

46 Anders OLG Köln FamRZ 2001, 158 (Eintritt der Unverfallbarkeit zum Zeitpunkt der letzten mündlichen Verhandlung reicht aus).

47 AG Burgwedel FamRZ 1998, 1232 (Fluguntauglichkeitsversicherung).

48 BGH FamRZ 2001, 278; OLG Hamm FamRZ 1999, 1068.

49 AG Braunschweig FamRZ 2007, 214; OLG Oldenburg FamRZ 2004, 1211 (zur unterhaltsrechtlichen Relevanz).

50 OLG Karlsruhe FamRZ 1979, 432, 434 (Beweislast zur Zugehörigkeit zum Treuhandvermögen trägt der Vermögensinhaber).

51 Als passives Vermögen auszuweisen war das Endvermögen gem. § 1375 Abs. 1 S. 2 BGB aF nur, wenn Dritte gem. § 1390 in Anspruch genommen werden konnten. Dann war der Anspruch gegen den Dritten im Endvermögen zu aktivieren und anschließend durch die Verbindlichkeiten zu passivieren – insgesamt allerdings nur bis zu deren Höhe, vgl. Vorauflage/*Koch* § 1390 RdNr. 12.

Beispiel

	Ehefrau		*Ehemann*
Anfangsvermögen:	0		– 100 000
Endvermögen:	60 000		– 50 000
Zugewinn:	60 000		50 000
Differenz:		10 000	
Ihr Ausgleichsanspruch:	5 000		

Zu einer Beteiligung an dem in der Schuldenminimierung liegenden Gewinn kommt es bei negativem Endvermögens allerdings **nur dann,** wenn der – nach wie vor noch – **verschuldete** Ehegatte **ausgleichsberechtigt** ist. Dann nämlich verringert sich die Differenz seines Zugewinns, der in der Minimierung der Schuldenlast besteht, zu dem Zugewinn seines Ehepartners, der aus Aktivvermögen besteht.

In dem Fall aber, in dem der Ehegatte, der in Bezug auf den Schuldentilgungsgewinn des anderen ausgleichsberechtigt ist, selbst keinen Zugewinn erzielt hat, bekommt er, solange das Endvermögen des anderen negativ ist, nichts. Nach wie vor nämlich begrenzt § 1378 die Ausgleichsforderung grundsätzlich auf das bei Ende des Güterstandes – oder zu den nach § 1384 maßgeblichen Stichtagen – vorhandene Vermögen.

Beispiel

	Ehefrau		*Ehemann*
Anfangsvermögen:	0		– 100 000
Endvermögen:	0		– 50 000
Zugewinn:	0		50 000
Differenz:		50 000	
Ihr Ausgleichsanspruch:	0		

Da hier der Zugewinn des Ehemannes nur in der Minimierung seiner Schuldenlast liegt und er sonstiges Vermögen nicht erworben hat, verhilft die Negativ-Bilanzierung seines Endvermögens der Ehefrau nicht zu ihrem Anteil am Schuldentilgungsgewinn.

15 **2. Gegenwärtige Verbindlichkeiten.** Das Endvermögen wird gemindert durch alle Verbindlichkeiten, die bei Beendigung des Güterstandes bestehen.[52] Ihr Rechtsgrund ist irrelevant, auch selbst verschuldete Zahlungsverpflichtungen wie solche, die aus einer Straftat herrühren, sind abzugsfähig.[53] Dass die Verbindlichkeit befristet oder noch nicht fällig ist, ist ebenfalls irrelevant. Jahressteuern, die wie die Einkommensteuer nach § 36 Abs. 1 EStG mit Ablauf des Kalenderjahres entstehen, mindern nach hM mithin das Endvermögen dann, wenn am Stichtag das Kalenderjahr abgelaufen war. Dass die Steuerschuld nach § 36 Abs. 4 EStG erst mit Bekanntgabe des Steuerbescheides fällig wird, schadet nicht.[54] Verbindlichkeiten, die zeitgleich mit der Beendigung entstehen, sind nicht zu berücksichtigen. Die Aussage ist von Bedeutung bei Beendigung des Güterstandes durch Tod eines Ehegatten und güterrechtlichem Ausgleich mit den Erben. Sämtliche Erbfallschulden (Erbschaftssteuerschuld, Erbersatzansprüche, Vermächtnisse, Pflichtteilsansprüche usw.) belasten dann allein die Erben (vgl. dazu § 1371 RdNr. 45). Die Nachlassverteilung ist dem Zugewinnausgleich nachgeordnet; die Forderung aus diesem ist eine Erblasserschuld und folglich Nachlassverbindlichkeit. Folgerichtig ist für die Berechnung aller Erbfallschulden, deren Höhe vom Umfang des Nachlasses abhängig ist – einschließlich des Pflichtteils des überlebenden Ehegatten – die Ausgleichsforderung als Nachlassverbindlichkeit vom Nachlass abzusetzen.[55]

---

[52] Bedenklich OLG Frankfurt a. Main FamRZ 1990, 998 für ein nur sittlich bindendes Aussteuerversprechen.

[53] OLG Karlsruhe FamRZ 2004, 461 (Kosten im Zusammenhang mit Verurteilung wegen Vergewaltigung).

[54] BGH FamRZ 1991, 43, 48; OLG Düsseldorf FamRZ 2004, 1106 u. 2008, 516 (betr. Steuervorauszahlungspflicht nach § 37 EStG).

[55] Heute wohl allgM, vgl. etwa *Gernhuber/Coester-Waltjen* § 37 II 5; *Staudinger/Thiele* (2007) RdNr. 4; *Erman/Gamillscheg* RdNr. 6; *Bamberger/Roth/Mayer* RdNr. 28; *Lange/Kuchinke* § 47 III 2 a und Fn. 41.

3. Verbindlichkeiten gegenüber dem Ehegatten sind nicht anders zu behandeln als Verbindlichkeiten gegenüber Dritten. Haften die Ehegatten einem Dritten gesamtschuldnerisch, wie es insbesondere bei Steuerschulden und nach gemeinschaftlicher Darlehensaufnahme der Fall ist, so wird der **Gesamtschuldnerausgleich** nicht etwa durch den Zugewinnausgleich verdrängt. Nach allgM ist die Verbindlichkeit im Endvermögen entsprechend der internen Tilgungsabrede der Ehegatten zu berücksichtigen.[56] Dabei ist zu beachten, dass die Höhe des Ausgleichsanspruchs vielfach nicht von der Regel des § 426 Abs. 1 S. 1 Halbs. 1, gleiche Anteile, bestimmt wird. Zwar sind ausdrückliche Vereinbarungen der Ehegatten relativ selten, doch ergibt sich häufig eine andere Bestimmung iS des Halbs. 2 aus den Besonderheiten der ehelichen Lebensverhältnisse und der konkreten Gestaltung des tatsächlichen Geschehens.[57] So sind etwa in einer Haushaltsführungsehe Darlehen, die zum Erwerb des Familienheims oder zur Finanzierung von Hausratsgegenständen oder sonstigem Lebensbedarf aufgenommen wurden, vom verdienenden Ehegatten allein zu tilgen – und zwar unter Umständen auch noch nach Trennung und Scheidung.[58] Güterrechtlich entlastet wird der tilgende Ehegatte dann dadurch, dass die Darlehensschuld in voller Höhe in seinem Endvermögen berücksichtigt wird.[59] Die bei Zusammenveranlagung anfallenden **Steuerschulden** sind im Innenverhältnis der Ehegatten so zu verteilen, dass jeder für die Steuer aufkommt, die auf seine Einkünfte entfällt. Erzielt also ein Ehegatte kein steuerpflichtiges Einkommen oder hat er sein Einkommen bereits versteuert, ist er im Innenverhältnis nicht zu belasten;[60] im Übrigen sind nach allgM die Steuerschulden zwischen den Ehepartnern intern nach dem Verhältnis der Steuerbeträge im Falle getrennter Veranlagung – und nicht einfach nach dem Verhältnis der Einkünfte – aufzuteilen; nur so können die in die Steuerfestsetzung einfließenden subjektiven Umstände, etwa Progressionswirkungen, Ansetzung von Werbungskosten, Sonderausgaben etc., berücksichtigt werden.[61] Ist absehbar, dass die Ausgleichsforderung des die Tilgung übernehmenden Ehegatten dauerhaft uneinbringlich ist, so ist sie – wie alle nicht realisierbaren Forderungen – ökonomisch wertlos und nach allgM im Endvermögen des die Tilgungslast tragenden Ehegatten nicht zu berücksichtigen.[62] Da diese „Abschreibung" der Ausgleichsforderung den etwaigen Zugewinnausgleichsanspruch des insolventen Ehegatten schmälert, muss als Konsequenz dann die gegen ihn gerichtete Ausgleichsforderung aus § 426 Abs. 1 um den Minderungsbetrag gekürzt werden – insoweit hat der insolvente Ehegatte „geleistet". Auch bei alleiniger Außenhaftung eines Ehegatten kann – wie bei gesamtschuldnerischer Haftung – im Innenverhältnis eine anteilige Anrechnung in Betracht kommen, wenn die Verbindlichkeit zu rein familiären Zwecken aufgenommen wurde und die wirtschaftliche Belastung nach den ehelichen Verhältnissen von den Ehegatten hälftig getragen werden sollte.[63] 16

4. Zukünftige Verbindlichkeiten bleiben grundsätzlich außer Ansatz. Das gilt auch, wenn ihr Eintritt mit Sicherheit feststeht. Deshalb mindern die Zinsanteile, die monatlich mit der Tilgung des Darlehenskapitals zu erbringen sind, das Endvermögen nicht. Auch wenn die Zinsverbindlichkeiten von der Höhe her zum Stichtag schon feststehen, entstehen 17

---

[56] BGH NJW 1988, 133 = LM § 426 Nr. 74; 1989, 1920, 1921; FamRZ 1988, 920 und 1031; OLG Koblenz NJW 2003, 1675; OLG Karlsruhe FamRZ 2005, 909. Zum Gesamtschuldnerausgleich zwischen Eheleuten s. Vor § 1363 RdNr. 26.

[57] Vgl. BGHZ 87, 265, 268; BGH FamRZ 1986, 881, 882; 1989, 147, 149; NJW 1988, 133, 134. Zur Problematik aus rechtstheoretischer Sicht *Gernhuber* JZ 1996, 696, 698.

[58] Vgl. BGHZ 87, 265, 269 f.; BGH FamRZ 1986, 881, 882; OLG Hamm FamRZ 1990, 1359, 1360. Ist ein Ehegatte Alleineigentümer, so obliegt ihm jedenfalls nach der Trennung der Eheleute regelmäßig auch allein die Tilgung der Schulden, vgl. OLG Köln FamRZ 1992, 318.

[59] OLG Hamm FamRZ 2002, 1032 u. 1999, 1501 (LS). Zur unterhaltsrechtlichen Berücksichtigung der Tilgung s. RdNr. 4.

[60] Vgl. BGHZ 73, 29, 37 f.; OLG Hamburg FamRZ 1983, 168, 170; *Liebelt* FamRZ 1993, 626, 633 f.

[61] *Kotzur* NJW 1989, 817, 818 f.; *Dostmann* FamRZ 1991, 760, 762; *Liebelt* FamRZ 1993, 626, 634; *Gernhuber* JZ 1996, 765. Die Frage der Berechnungsmethode offenlassend BGHZ 73, 29, 37 f.

[62] OLG Hamm FamRZ 1997, 363 mwN; OLG Frankfurt a. Main FamRZ 1985, 482 will titulierte Ausgleichsforderungen stets mit ihrem vollen Betrag berücksichtigen und die notwendigen Korrekturen mit rechtsvernichtenden Einwendungen bewältigen. S. dazu auch § 1376 RdNr. 15.

[63] BGH FamRZ 1991, 1162; OLG Koblenz FamRZ 1998, 238.

sie doch erst in der Zukunft mit der Kapitalüberlassung (s. RdNr. 4 a). Nach allgM sind latente Steuerschulden als Verbindlichkeiten zu berücksichtigen, obgleich diese Aktualität erst gewinnen, wenn stille Reserven durch einen Gewinnrealisierungstatbestand aufgedeckt werden (vgl. §§ 14 ff. EStG). Da diese Ertragssteuern den Wert des Betriebsgegenstandes mindern, sollen sie unabhängig davon, ob zum Stichtag eine Veräußerung tatsächlich beabsichtigt ist, abzuziehen sein.[64]

V. Illoyale Vermögensminderungen durch unentgeltliche Zuwendungen (Abs. 2 Nr. 1)

18 **1. Zuwendungen an den Ehegatten.** Dem Endvermögen ist der Gesamtbetrag aller unentgeltlichen Zuwendungen hinzuzurechnen, die während der Dauer des Güterstandes erfolgten, ohne durch eine sittliche Pflicht oder durch eine auf den Anstand zu nehmende Rücksicht legitimiert gewesen zu sein. Nicht zu berücksichtigen sind allerdings Zuwendungen an den Ehegatten selbst, mögen sie nun zu den anrechnungspflichtigen Vorempfängen gemäß § 1380 Abs. 1 gehören – dann jedoch Hinzurechnung gemäß § 1380 Abs. 2 S. 1 – oder nicht. Dies ergibt sich aus dem Normzweck und dem Wortlaut des § 1375 Abs. 3.[65]

19 **2. Zuwendungen.** Zuwendung ist bereits die Begründung einer Pflicht zur Leistung. Vermögensminderungen, die vor Eintritt des Güterstandes mit bindender Wirkung eingeleitet wurden – etwa durch einen Vorvertrag, ein Verpflichtungsgeschäft oder ein aufschiebend bedingtes Geschäft –, sind daher niemals gemäß Abs. 2 auszugleichen. War ein Schenkungsversprechen jedoch zunächst unwirksam, ist dann aber vollzogen und gemäß § 518 Abs. 2 geheilt worden, handelt es sich der Sache nach um eine Realschenkung während des Güterstandes, die dem Endvermögen hinzuzurechnen ist.[66]

20 **3. Unentgeltlichkeit.** Ob und inwieweit eine Zuwendung unentgeltlich erfolgte, ist anhand der Begriffsmerkmale des unentgeltlichen Geschäfts im allgemeinen Vermögensrecht zu beantworten. Wie in § 516 liegt Unentgeltlichkeit nur vor, wenn diese in objektiver wie subjektiver Hinsicht gegeben ist. Die Zuwendung muss also ohne Gegenleistung erfolgt sein und dieses Fehlen einer äquivalenten Leistung muss den Ansichten und Absichten der Parteien entsprechen und von ihnen gewollt sein. Stärker auf das objektive Element der Unentgeltlichkeit abzustellen als in § 516 und das subjektive Element der Unentgeltlichkeit nur im Hintergrund zu bedenken, verbietet sich, da dadurch die Balance zwischen der den Ehegatten in § 1364 zugestandenen freien Vermögensverwaltung und dem in § 1375 Abs. 2 vorgesehenen Schutz zuungunsten ersterer verschoben würde.[67] Abgesehen davon ist die Feststellung objektiver Äquivalenz ohnehin kaum möglich: Noch keiner Zeit in der Geschichte ist es gelungen, das iustum pretium zu bestimmen und einen allgemein anerkannten Maßstab für die Bewertung von Leistungen zu entwickeln. Von den Parteien als entgeltlich gewollte Verträge sind deshalb niemals – ganz oder partiell – als unentgeltliche zu behandeln, nur weil der Ehegatte eine erheblich geringere Gegenleistung erhielt;[68] anders kann der Fall nur liegen, wenn eine sog. „gemischte Schenkung“ gewollt war.

21 Belanglos ist die Art der Entgeltlichkeit. Leistung und Gegenleistung können synallagmatisch gestaltet sein (do, ut des), aber auch nur konditional (Leistung unter der Bedingung einer Gegenleistung) oder kausal (Leistung in der vom Empfänger erkannten Erwartung einer nicht geschuldeten Gegenleistung, was die condictio ob rem auslöst, wenn die Gegenleistung nicht

[64] BGH FamRZ 1989, 1276, 1279; 1991, 43, 48; 1999, 361; 2005, 99 m. Anm. *Schröder*; OLG Düsseldorf FamRZ 1989, 1181, 1183 mit krit. Bespr. *Tiedtke* FamRZ 1990, 1188 ff.; *Staudinger/Thiele* (2007) § 1374 RdNr. 15; *Soergel/Lange* § 1376 RdNr. 13. Zur Kritik s. § 1376 RdNr. 22 u. 27; *Gernhuber* NJW 1991, 2238, 2242 f.

[65] *Staudinger/Thiele* (2007) RdNr. 19; *Erman/Gamillscheg* RdNr. 8; *Soergel/Lange* RdNr. 18; *Bamberger/Roth/Mayer* RdNr. 39; *Johannsen/Henrich/Jaeger* RdNr. 20.

[66] Vgl. RGRK/*Finke* RdNr. 8.

[67] Vgl. *Staudinger/Thiele* (2007) RdNr. 22; *Johannsen/Henrich/Jaeger* RdNr. 20.

[68] Ebenso *Schwab/Schwab* Teil VII RdNr. 151. Anders aber RGRK/*Finke* RdNr. 11.

erfolgt). Belanglos ist auch die Art des Geschäfts: familienrechtliche und erbrechtliche Geschäfte stehen gewöhnlichen Verkehrsgeschäften gleich. Auch **Stiftungsgeschäfte** stellen unentgeltliche Zuwendungen dar, sei es, dass es sich um die Errichtung einer Stiftung handelt, um eine Zustiftung oder um eine Spende an eine Stiftung.[69] Bei **Verträgen zugunsten Dritter** ist das Valutaverhältnis entscheidend; bei einer Lebensversicherung zugunsten eines beschenkten Dritten sind die gezahlten Prämien dem Endvermögen hinzuzurechnen.

Im **Familienrecht** ist unentgeltliche Zuwendung vornehmlich die Ausstattung, die ohne Verpflichtung gewährt wird. Bestand eine Verpflichtung, so ist zu fragen, ob das Versprechen unentgeltlich gewährt wurde. Das Maß der Ausstattung ist an sich belanglos; es wird jedoch wesentlich, wenn die legitimierten unentgeltlichen Zuwendungen von den illoyalen zu sondern sind. Im **Bereich des Erbrechts** gehören zu den unentgeltlichen Zuwendungen alle Rechtsgeschäfte, deren Zweck es ist, die Erbfolge vorwegzunehmen.[70] Das gilt auch dann, wenn in diesem Zusammenhang ein Erbverzicht erklärt wird, denn der Erbverzicht als solcher ist nicht Gegenleistung für die vorzeitige Überlassung des Vermögens. Die Erfüllung einer Nachlassverbindlichkeit bleibt hingegen auch bei überschuldetem Nachlass ein entgeltliches Geschäft.[71] Es ist nicht Aufgabe des § 1375 Abs. 2, den Erben zur Beschränkung seiner Haftung zu zwingen, wenn er sie nicht herbeiführen will – bei Benachteiligungsabsicht ist jedoch Abs. 2 Nr. 3 anzuwenden. 22

Auch die Erfüllung einer **verjährten Schuld** ist nicht als unentgeltliche Zuwendung zu werten. Ob und inwieweit der Schuldner die Einrede der Verjährung ausüben will, ist allein von ihm zu entscheiden, und zwar ohne Nachteile im Güterrecht besorgen zu müssen. Das Gleiche gilt für die Erfüllung einer **unvollkommenen Verbindlichkeit** wie einer Spiel- oder Wettschuld[72] und auch für die Zahlung aufgrund einer Erpressung.[73] 23

Die Vereinbarung einer **Abfindungsklausel** in einem Gesellschaftsvertrag, durch die gesellschaftsrechtliche Ansprüche bei Ausscheiden ausgeschlossen oder begrenzt werden, kann als unentgeltliche Zuwendung an die anderen Gesellschafter zu charakterisieren sein. Obwohl das Begriffspaar entgeltlich/unentgeltlich für die Regelung von Mitgliedschaftsrechten keine überzeugende Alternative ist, ist nach hM § 1375 Abs. 2 anzuwenden, wenn nur einzelne Gesellschafter ohne speziellen rechtfertigenden Grund Verzicht leisten.[74] Für den Zugewinnausgleich relevant wird die Frage allerdings nur, wenn der Gesellschaftsanteil im Endvermögen mit dem Klauselwert, und nicht mit dem Vollwert, angesetzt wird (vgl. dazu § 1376 RdNr. 29). 24

4. Pflicht- und Anstandsschenkungen. Unentgeltliche Zuwendungen sind dem Endvermögen nicht hinzuzurechnen, wenn der Ehegatte einer sittlichen Pflicht oder einer auf den Anstand zu nehmenden Rücksicht entsprochen hat. In diesen Fällen erübrigt sich eine Abgrenzung der entgeltlichen von den unentgeltlichen Zuwendungen, weil die eine wie die andere das Endvermögen mindert. Die Begriffe der Pflicht- und Anstandsschenkung entsprechen den Parallelbegriffen in anderen Normen (vgl. §§ 534, 814, 1425 Abs. 2, 1641 S. 2 usw.). Die von der älteren Judikatur[75] vorgenommene Beschränkung der Pflichtschenkung auf Zuwendungen, mit denen einer besonderen, in den Geboten der Moral wurzelnden Verpflichtung entsprochen wurde – etwa Unterstützung bedürftiger naher Angehöriger ohne Unterhaltsanspruch – ist als zu eng abzulehnen. Auch Zuwendungen rein karitativen Charakters oder solche, die sozialen Verpflichtungen entsprechen, wurzeln in den Geboten 25

---

[69] Dazu ausführlich *Werner,* FS Schwab, S. 582.

[70] Vgl. Dölle I S. 809; *Staudinger/Thiele* (2007) RdNr. 22; RGRK/*Finke* RdNr. 11; *Soergel/Lange* RdNr. 17; *Erman/Gamillscheg* RdNr. 8; *Bamberger/Roth/Mayer* RdNr. 39.

[71] Ebenso *Soergel/Lange* RdNr. 18. Nur im Ergebnis übereinstimmend *Dölle* I S. 809.

[72] Vgl. RGRK/*Finke* RdNr. 11; *Staudinger/Thiele* (2007) RdNr. 23.

[73] Vgl. AG Köln FamRZ 1999, 95.

[74] Vgl. BGHZ 22, 186, 194 = NJW 1957, 180 zu § 2301; DNotZ 1966, 620, 621 f. Ebenso *Staudinger/Thiele* (2007) RdNr. 24; *Soergel/Lange* § 1376 RdNr. 14; *Johannsen/Henrich/Jaeger* RdNr. 20. Entgegen der hM hält *Heckelmann* die Klauseln immer für unentgeltliche Zuwendungen, S. 68 ff.

[75] Vgl. RGZ 70, 15, 19.

der Sittlichkeit und sind als Pflichtschenkungen anzuerkennen.[76] Als loyale Vermögensminderung anzuerkennen sind ferner Ausstattungen, soweit sie nicht im Übermaß erfolgen. Mit Zuwendungen solcher Art erfüllen Eltern ihren Kindern gegenüber eine sittliche Pflicht.[77] Keine solche Pflicht besteht für sie dagegen, den Generationengang von Familienvermögen durch lebzeitige Übertragung zu erhalten.[78]

26 **Anstandsschenkungen** sind alle unentgeltlichen Zuwendungen, die nach den Anschauungen jener Gesellschaftsschicht, zu der die Ehegatten gehören, erwartet werden – und zwar in einer derart verbindlichen Art und Weise, dass es zu Ansehensminderung und Missachtung führt, wenn sie nicht erfolgen. Weihnachts-, Geburtstags- und Hochzeitsgeschenke sind Beispiele von genereller Bedeutung; Umfang und Höhe variieren nach den örtlich wie schichtspezifisch verschiedenen Standards.

VI. Illoyale Vermögensminderungen anderer Art (Abs. 2 Nr. 2 und 3)

27 **1. Verschwendungen.** Dem Endvermögen sind ferner alle Beträge hinzuzurechnen, die durch Verschwendung verloren gingen (Abs. 2 Nr. 2). Hierzu zählen alle Beträge, die der Ehegatte unnütz oder ziellos in einem Maße verausgabte, das in keinem Verhältnis zu seinen Vermögens- und Einkommensverhältnissen stand. Die Motive für das Handeln sind irrelevant. Ein Hang zu verschwenderischen Ausgaben ist nicht zu fordern.[79] Problematisch ist, affektives Handeln aus Wut und Enttäuschung als Verschwendung zu charakterisieren und das so motivierte Verbrennen von Bargeld als unnütze Geldausgabe zu qualifizieren (dazu auch RdNr. 29).[80] Ebenfalls problematisch ist es, die steuerliche Mehrbelastung durch Wahl getrennter Veranlagung zur Einkommensteuer als Verschwendung zu qualifizieren.[81]

28 **2. Handlungen mit Benachteiligungsabsicht.** Illoyal und deshalb dem Endvermögen hinzuzurechnen sind schließlich alle Vermögensminderungen durch Handlungen mit Benachteiligungsabsicht (Abs. 2 Nr. 3). Die rechtliche Qualität der Handlung ist gleichgültig: Rechtsgeschäftliche Akte und Realakte wie absichtliche Vernichtung von Vermögen stehen gleich. Gleichgültig ist auch, ob sich die Vermögensminderung aus einer Minderung der Aktiva oder einer Mehrung der Passiva ergibt.[82] Grundsätzlich notwendig ist die Wirksamkeit des vermögensmindernden Rechtsgeschäfts; allerdings kann als Folge des in § 817 S. 2 angeordneten Kondiktionsausschlusses eine Vermögensminderung auch trotz Nichtigkeit des Übertragungsaktes eintreten.

29 Mit Benachteiligungsabsicht handelt ein Ehegatte nur, wenn sein diesbezüglicher Wille das **leitende** – wenn auch nicht notwendig einzige – **Motiv seines Handelns** gewesen ist.[83] Übergeordnete oder gleichrangige Motive anderer Art schließen die Anwendung des § 1375 Abs. 2 Nr. 3 aus. So sind umfängliche Sachzerstörungen im Zusammenhang mit einem Suizidversuch ebenso wenig als in Benachteiligungsabsicht geschehen zu qualifizieren[84] wie das Verbrennen von Geldscheinen aus Wut und Enttäuschung[85] (s. auch RdNr. 27). Auch Spielverluste erfolgen nicht in Benachteiligungsabsicht, wenn Spielbankbesuche nach dem

---

[76] Ebenso *Staudinger/Thiele* (2007) RdNr. 26; *Soergel/Lange* RdNr. 19; *Bamberger/Roth/Mayer* RdNr. 41; *Johannsen/Henrich/Jaeger* RdNr. 21.

[77] *Staudinger/Thiele* (2007) RdNr. 26; *Palandt/Diederichsen* § 1624 RdNr. 3. MünchKommBGB/*Gernhuber* 3. Aufl. RdNr. 24 und *Gernhuber/Coester-Waltjen* § 56 RdNr. 7 begründen das Ergebnis mit der „sittlichen Idee der Familiengemeinschaft".

[78] So aber OLG München FamRZ 1985, 814.

[79] Vgl. OLG Düsseldorf FamRZ 1981, 806, 807; OLG Schleswig FamRZ 1986, 1208, 1209; *Staudinger/Thiele* (2007) RdNr. 28 f.; *Soergel/Lange* RdNr. 20; *Bamberger/Roth/Mayer* RdNr. 42.

[80] So aber OLG Rostock FamRZ 2000, 228.

[81] Dafür aber BGH LM § 1381 Nr. 8 = NJW 1977, 378. Abl. *Tiedtke* FamRZ 1977, 686, 691.

[82] Vgl. BGH FamRZ 1986, 565 zum Aufhebungsvertrag mit der Folge von Rückgewährpflichten; BGH NJW-RR 1986, 1325, 1326 zur Kontoüberziehung.

[83] Ebenso OLG Düsseldorf FamRZ 1981, 806, 807; KG FamRZ 1988, 171, 173; *Johannsen/Henrich/Jaeger* RdNr. 23; *Staudinger/Thiele* (2007) RdNr. 31; *Schwab/Schwab* Teil VII RdNr. 155.

[84] Vgl. dazu OLG Frankfurt a. Main FamRZ 1984, 1097.

[85] Anders OLG Rostock FamRZ 2000, 228.

Lebensstil des Ehegatten üblich waren und das Spielvergnügen als leitendes Motiv bei dem zu dem Geldverlust führenden Spiel ersichtlich ist.[86] Anders als in § 133 InsO und in § 3 Abs. 1 AnfG ist es gleichgültig, ob die Benachteiligungsabsicht dem Vertragspartner bekannt war. Sein Erwerb wird ja grundsätzlich nicht in Frage gestellt; lediglich in den Fällen des § 1390 Abs. 1 und 2 ist er zur Herausgabe des Erlangten verpflichtet.

30 Diese enge Interpretation des Begriffes Absicht der Benachteiligung folgt der älteren Rspr. zu den §§ 2287, 2288 – Beeinträchtigung des Vertragserben und des vertraglich gesicherten Vermächtnisnehmers. Die jüngere Rspr.,[87] die den Vertragserben stets schützt, wenn kein „lebzeitiges Eigeninteresse" des Erblassers an der Schenkung erkennbar ist, kann nicht in das Ehegüterrecht übertragen werden.[88] Sie ist einerseits mit ihrem Bezug auf Schenkungen viel zu eng und führt andererseits zu Bindungen, die mit § 1364 nicht zu vereinbaren sind – jede willkürliche Vernichtung einer eigenen Sache würde den Tatbestand erfüllen.

VII. Hinzurechnung

31 **1. Bewertung.** Illoyale Vermögensminderungen sind gemäß § 1376 Abs. 2 dem Endvermögen mit dem Wert hinzuzurechnen, den sie im Zeitpunkt ihres Eintritts hatten; bezweckt wird mithin nicht eine Situation, die rechnerisch derjenigen entspricht, die sich ergeben hätte, falls es zu der illoyalen Vermögensminderung nicht gekommen wäre – verschwendetes Geld ist nicht etwa mit einem Zinszuschlag hinzuzurechnen. Unabweisbar ist jedoch die Notwendigkeit, nach den Grundsätzen für die Neutralisierung nur scheinbarer Zugewinne den Kaufkraftschwund des ausgegebenen Vermögens zu berücksichtigen und dessen Wert mit dem Verbraucherpreisindex hochzurechnen.[89] Die zeitliche Beschränkung der relevanten Vermögensminderungen auf die letzten zehn Jahre vor dem Ende des Güterstandes (Abs. 3) nimmt der Problematik zwar einiges an Dringlichkeit, beseitigt sie aber nicht. Jeder Verzicht auf eine Korrektur begünstigt den Ehegatten, der seinen Partner benachteiligen wollte.

32 **2. Passives Endvermögen.** Bei einem passiven Endvermögen ist mit den illoyalen Vermögensminderungen zunächst der Betrag der Passiva auszugleichen und **nur der Überschuss** als Endvermögen auszuweisen. Der Normtext ordnet in Abs. 1 S. 2 die Berücksichtigung der Verbindlichkeiten zwar nur für die Fälle des § 1390 an, doch gebietet der Normzweck, diese auch bei der Hinzurechnung illoyaler Vermögensminderungen zu bedenken. Durch illoyales Verhalten eines Ehegatten soll der andere beim Zugewinnausgleich nicht benachteiligt sein; er soll aus ihm aber auch keine Vorteile ziehen können. Das aber ist der Fall, wenn man die Verschuldung des Verschwenders außer Acht lässt und dem benachteiligten Ehegatten Ansprüche gibt, die er sonst nur bei aktivem Endvermögen des anderen hätte.[90]

33 **3. Gebilligte Vermögensminderungen.** Vermögensminderungen, die der andere Ehegatte billigt, werden dem Endvermögen nicht hinzugerechnet. Die Billigung kann ausdrücklich, aber auch stillschweigend erfolgen. Nicht ausreichend ist allerdings fehlender Widerspruch oder resignierendes Schweigen; in solch reiner Duldung liegt kein zustimmender Wille. Das Gesetz erwähnt das Einverständnis des Ehegatten in Abs. 3 für unentgeltliche Zuwendungen und Verschwendungen; für Abs. 2 Nr. 3 erübrigte sich der Hinweis, das Einverständnis schließt den Tatbestand der Benachteiligungsabsicht aus.

34 **4. Zeitablauf.** Vermögensminderungen sind ferner dem Endvermögen nicht mehr hinzuzurechnen, wenn sie mindestens zehn Jahre vor Beendigung des Güterstandes eintraten. In der Folge von Verpflichtungsgeschäft und Verfügungsgeschäft ist bereits die wirksame Begründung einer Verpflichtung der vermögensmindernde Akt, auf den der Fristenlauf zu beziehen

---

[86] Vgl. München FuR 2003, 226, 232 (kurz vor dem Stichtag wurden Spielbankbesuche aufgenommen).
[87] BGHZ 59, 343, 349 f. = NJW 1973, 240; 77, 264, 266 f.; BGH NJW 1976, 749, 751.
[88] Zust. *Hohloch* JR 1988, 107 (Anm. zu BGHZ 101, 229); *Staudinger/Thiele* (2007) RdNr. 31; *Soergel/Lange* RdNr. 21. Ausdrücklich für Übertragung der Rspr. in das Güterrecht aber RGRK/*Finke* RdNr. 15.
[89] *Lange* JZ 1974, 295, 297 (Anm. zu BGH JZ 1974, 292); *Soergel/Lange* RdNr. 14.
[90] *Schwab/Schwab* Teil VII RdNr. 156; *Gernhuber/Coester-Waltjen* § 36 RdNr. 37; *Bamberger/Roth/Mayer* RdNr. 45.

ist.[91] Dass die Zehnjahresfrist (vgl. zu ihr als Parallele § 2325 Abs. 3) sachadäquat ist, kann nicht zugestanden werden. Innerhalb einer Abrechnung, die sich auf die Gesamtdauer des Güterstandes erstreckt, wirkt eine zeitliche Limitierung deplaziert; der vielfach gebrachte Hinweis auf andernfalls bestehende Beweisschwierigkeiten ist keine ausreichende Begründung.

VIII. Abweichende Vereinbarungen

35 **1. Umfang des Endvermögens.** Eine von Abs. 1 abweichende Fixierung des Endvermögens ist durch Ehevertrag möglich. Bei einseitig belastender Ausgestaltung kann der Abrede allerdings die Wirksamkeit wegen Verstoßes gegen § 138 oder § 242 versagt sein (dazu Einl. RdNr. 58; § 1372 RdNr. 10). Inhaltlich kann sich die Vereinbarung auf unterschiedliche Aspekte beziehen. So können die Parteien vereinbaren, dass bestimmte Gegenstände des Endvermögens außer Ansatz bleiben sollen oder dass das Endvermögen auf einen Höchstbetrag limitiert sein soll. Auch in zeitlicher Hinsicht ist eine Abweichung von der gesetzlichen Vorgabe möglich, insbesondere können Parteien den gesetzlichen Stichtag ändern.

36 **2. Illoyale Vermögensminderungen.** Inwieweit die Regelungen über die illoyalen Vermögensminderungen in Abs. 2 abdingbar sind, ist strittig. Da das Gesetz selbst den Schutz zur Disposition stellt und ihn vom Einverständnis des Ehegatten abhängig macht, besteht kein Anlass, Ehegatten grundsätzlich daran zu hindern, in einem Ehevertrag antizipiert auf den gesetzlichen Schutz zu verzichten. Korrekturen sind im Einzelfall über § 138 vorzunehmen; in Betracht kommt dies vor allem dann, wenn der in Nr. 3 gewährte Schutz gegen Handeln mit Benachteiligungsabsicht abbedungen worden ist.[92]

IX. Darlegungs- und Beweislast

37 Die Darlegungs- und Beweislast für das Vorhandensein von Endvermögen obliegt nach allgM grundsätzlich dem **Ausgleichsgläubiger.** Im Rahmen der Pflicht zu substantiiertem Bestreiten trifft den nicht beweisbelasteten Ausgleichsschuldner prozessual allerdings die Obliegenheit, sich über den Verbleib von Vermögen zu erklären, das in zeitlicher Nähe zum Stichtag nachweislich vorhanden war, andernfalls dieses – als noch vorhanden oder illoyal ausgegeben – zum Endvermögen gezählt wird.[93] Diesen Gedanken hat der Gesetzgeber mit der Ergänzung des § 1378 Abs. 2 aF um die Beweislastregel des Satzes 2 aufgegriffen.[94] Ohne nachvollziehbare Darlegungen zum Verbleib des Vermögens, das nach der gemäß § 1379 Abs. 2 erteilten Auskunft zum Trennungszeitpunkt vorhanden war, wird vermutet, dass die zwischenzeitlich eingetretene Minimierung illoyal erfolgt ist. Will mithin ein Ehegatte vermeiden, dass **in der Trennungszeit** eingetretene **Vermögensverluste** fiktiv seinem Endvermögen hinzugerechnet werden, muss er sich über den Verbleib des verschwundenen Vermögens plausibel erklären. Die Darlegungs- und Beweislast für das **Nichtvorhandensein von** abzugsfähigen **Verbindlichkeiten** trifft ebenfalls den Ausgleichsgläubiger. Er kommt dieser allerdings durch entsprechenden Vortrag nach, wenn der Ausgleichsschuldner keine für das Bestehen der Verbindlichkeit sprechenden Tatsachen und Umstände darlegt.[95] Auch bei Treuhandvermögen obliegt es dem Vermögensinhaber, die Zugehörigkeit zum Treuhandvermögen zu beweisen (s. RdNr. 13). Bei **illoyalen Vermögensminderungen** handelt es sich um anspruchsbegründende Tatsachen, die der Ehegatte, der sie

---

[91] Zum Schenkungsversprechen vgl. schon RdNr. 19. *Staudinger/Thiele* (2007) RdNr. 40; *Soergel/Lange* RdNr. 23; *Bamberger/Roth/Mayer* RdNr. 44; *Schwab/Schwab* Teil VII RdNr. 157. AA *Erman/Gamillscheg* RdNr. 11.

[92] Anders MünchKommBGB/*Gernhuber* 3. Aufl. RdNr. 35 und *Gernhuber/Coester-Waltjen* 36 IV 3 (zwingendes Recht). Einschränkend auch *Soergel/Lange* RdNr. 6 (Eingriffe nur „in sehr begrenztem Umfang" erlaubt). Wie hier *Staudinger/Thiele* (2007) RdNr. 43; RGRK/*Finke* RdNr. 20. Differenzierend *Schwab/Schwab* Teil VII RdNr. 318 (Nr. 1 abdingbar, Nr. 2 und 3 zwingend).

[93] OLG Frankfurt a. Main FamRZ 2006, 416.

[94] Gesetz zur Änderung des Zugewinnausgleichs- und Vormundschaftsrechts v. 6. 7. 2009, in Kraft seit 1. 9. 2009, BGBl. I S. 1696.

[95] OLG Köln NJW-RR 1999, 229 = FamRZ 1999, 657 (LS).

behauptet, substantiiert darlegen und beweisen muss.[96] Die ihm schwer oder gar nicht zugänglichen Motive seines Partners konkret darzutun und zu bewerten, ist ihm in aller Regel allerdings nicht möglich – auch der Auskunftsanspruch aus § 1379 wird ihm insoweit kaum weiterhelfen. Es muss also ausreichen, dass er entsprechende Anhaltspunkte vorträgt, dem anderen ist die Möglichkeit einer Entlastung belassen.[97]

§ 1376 Wertermittlung des Anfangs- und Endvermögens

(1) Der Berechnung des Anfangsvermögens wird der Wert zugrunde gelegt, den das beim Eintritt des Güterstands vorhandene Vermögen in diesem Zeitpunkt, das dem Anfangsvermögen hinzuzurechnende Vermögen im Zeitpunkt des Erwerbs hatte.

(2) Der Berechnung des Endvermögens wird der Wert zugrunde gelegt, den das bei Beendigung des Güterstands vorhandene Vermögen in diesem Zeitpunkt, eine dem Endvermögen hinzuzurechnende Vermögensminderung in dem Zeitpunkt hatte, in dem sie eingetreten ist.

(3) Die vorstehenden Vorschriften gelten entsprechend für die Bewertung von Verbindlichkeiten.

(4) Ein land- oder forstwirtschaftlicher Betrieb, der bei der Berechnung des Anfangsvermögens und des Endvermögens zu berücksichtigen ist, ist mit dem Ertragswert anzusetzen, wenn der Eigentümer nach § 1378 Abs. 1 in Anspruch genommen wird und eine Weiterführung oder Wiederaufnahme des Betriebs durch den Eigentümer oder einen Abkömmling erwartet werden kann; die Vorschrift des § 2049 Abs. 2 ist anzuwenden.

Schrifttum: S. § 1372. *Borth,* Die Bewertung von Unternehmen und von Praxen freiberuflich Tätiger, FRB 2002, 339; *Braunhofer,* Unternehmens- und Anteilsbewertung zur Bemessung von familien- und erbrechtlichen Ausgleichsansprüchen, 1995; *Damm,* Die Bedeutung des § 1376 Abs. 4 BGB in der Praxis – Ergebnisse einer empirischen Untersuchung, AgrarR 1987, 209; *Drukarczyk/Schüler,* Unternehmensbewertung, 5. Aufl. 2007; *Faßbender,* Anmerkungen zu dem Entwurf eines Gesetzes zur Bewertung eines land- oder forstwirtschaftlichen Betriebes beim Zugewinnausgleich nach § 1376 Abs. 4 BGB, AgrarR 1990, 243; *Faßbender/Hötzel/von Jeinsen/Pikalo,* Höfeordnung, 3. Aufl. 1994; *Felden,* Die Unternehmensbewertung im Zugewinnausgleich – Konsumwertmethode, 1998; *Fischer/Stock,* Bewertung landwirtschaftlicher Grundstücke beim Zugewinnausgleich, AgrarR 1985, 220; *Großfeld,* Unternehmens- und Anteilsbewertung im Gesellschaftsrecht, 4. Aufl. 2002; *Heckelmann,* Abfindungsklauseln in Gesellschaftsverträgen, 1973; *Hoppenz,* Die latente Steuerlast bei der Bewertung im Zugewinnausgleich, FamRZ 2006, 449; *Huber,* Vermögensanteil, Kapitalanteil und Gesellschaftsanteil an Personengesellschaften des Handelsrechts, 1970; *Klingelhöffer,* Zugewinnausgleich und freiberufliche Praxis, FamRZ 1991, 882; *Kogel,* Der Wert des Unternehmens im Zugewinn – iustitia quo vadis?, NJW 2007, 556; *Kotzur,* Goodwill freiberuflicher Praxen und Zugewinnausgleich, NJW 1988, 3239; *Köhne,* Der Ertragswert landwirtschaftlicher Betriebe, AgrarR 1984, 57; *Lange/Wulff/Lüdtke/Handjery,* Höfeordnung, 10. Aufl. 2001; *Meyer,* Die Bewertung einer freiberuflichen Praxis im Zugewinnausgleich, FuR 1996, 94; *Michalsky/Zeidler,* Die Bewertung von Personengesellschaften im Zugewinnausgleich, FamRZ 1997, 397; *Münch,* Ehebezogene Rechtsgeschäfte. Handbuch der Vertragsgestaltung, 2. Aufl. 2007; *ders.,* Verbot der Doppelbewertung und Unternehmensbewertung im Zugewinnausgleich, FamRZ 2007, 1164; *Nirk,* Die Bewertung von Aktien bei Pflichtteilsansprüchen, NJW 1962, 2185; *v. Olshausen,* Probleme des Zugewinnausgleichs nach der neuen HöfeO, FamRZ 1977, 361; *Pabsch,* Leitfaden für die Ermittlung des Ertragswerts landwirtschaftlicher Betriebe, AgrarR 1994, 5; *Peinemann,* Rechtsfragen im Zusammenhang mit der Bewertung landwirtschaftlicher Betriebe beim Zugewinnausgleich, FS W. Büttner, Agrarrecht im Wandel, 1986, S. 109; *Piltz/Wissmann,* Unternehmensbewertung beim Zugewinnausgleich nach Scheidung, NJW 1985, 2673; *Raube/Eitelberg,* Die Bewertung von Kapitallebensversicherungen im Zugewinnausgleich FamRZ 1997, 1322; *Römermann/Schröder,* Die Bewertung von Anwaltskanzleien, NJW 2003, 2709; *Schröder,* Bewertungen im Zugewinnausgleich, 4. Aufl. 2007; *Sudhoff,* Gesellschaftsrechtliche Abfindungsklauseln bei Errechnung des Pflichtteils- und Zugewinnanspruchs, NJW 1961, 801; *Teipel,* Der landwirtschaftliche Betrieb im Güterrecht des BGB, 1996; *Ulmer,* Gesellschaftsnachfolge und Erbrecht, ZGR 72, 324; *Veith,* Die Bewertung von zum Börsenhandel zugelassenen Aktien bei Pflichtteils-

[96] OLG Düsseldorf FamRZ 1981, 806, 807; OLG Köln FamRZ 2007, 1327.
[97] Vgl. OLG Köln FamRZ 2007, 1327.

ansprüchen, NJW 1963, 1521; *Voit,* Die Bewertung der Kapitallebensversicherung im Zugewinnausgleich, 1992; *Wiedemann,* Die Übertragung und Vererbung von Mitgliedschaftsrechten bei Handelsgesellschaften, 1965; *Wollny,* Unternehmens- und Praxisübertragungen, 6. Aufl. 2005; *Wöhrmann/Stöcker,* Landwirtschaftserbrecht, 8. Aufl. 2004.

Übersicht

I. Normzweck

1 Aufgabe des § 1376 ist es, die **Bilanzstichtage** für die beiden Rechnungsgrößen zur Ermittlung des Zugewinns zu fixieren – also für das in § 1374 definierte Anfangsvermögen und das in § 1375 definierte Endvermögen. Aufgabe des § 1376 ist es ferner, **Maßstäbe der Bewertung** zu entwickeln. In beiden Richtungen ist die Norm nur von begrenztem Wert.

2 Die **Bilanzstichtage** sind grundsätzlich bereits den §§ 1374, 1375 zu entnehmen. Neu ist in § 1376 ausschließlich die Regelung des Stichtags für die Bewertung aller Beträge, die dem Anfangsvermögen als privilegierter Erwerb und dem Endvermögen als illoyale Vermögensminderung hinzuzurechnen sind. Doch scheint die Aussage des Gesetzes entbehrlich; wohl niemand hätte ohne sie einen anderen Zeitpunkt gewählt.

3 Einen **Bewertungsmaßstab** entwickelt § 1376 ausschließlich in Abs. 4. Im Übrigen ist die Norm mit ihrem Hinweis auf den „Wert" der Vermögen nichtssagend: Die Aufgabe, Maßstäbe zu finden, an denen der Wert festgestellt werden kann, blieb Theorie und Praxis überlassen.

II. Gegenstände der Bewertung

4 Zu berechnen ist das Anfangsvermögen und das Endvermögen, jeweils einschließlich der hinzuzurechnenden Beträge. Zu bewerten sind die einzelnen Gegenstände, die in ihrer Summierung das jeweilige Aktivvermögen bilden, und die einzelnen Verbindlichkeiten, die in ihrer Summierung die von den Aktiva abzusetzenden Passiva sind – und zwar jeweils in dem Zustand, in dem sie sich am Stichtag befanden, mag auch kurz darauf eine Änderung eingetreten, etwa eine Forderung verjährt, sein.[1] Gegenstände, die einander wirtschaftlich zugeordnet sind, sind zusammen zu bewerten. Sachgesamtheiten und Gegenstandsinbegriffe,

[1] Vgl. OLG Hamm FamRZ 1992, 679.

verstanden als Mehrheit von Sachen bzw. von Sachen und Rechten, die ein einheitlicher Bestimmungszweck verbindet, sind als komplexe Größen zu bewerten: Es handelt sich nicht um eine Liquidation. Zu den Aktiva gehören auch Rechte an eigener Sache. Ihre Bewertung bleibt jedoch ohne wirtschaftliche Konsequenz, weil sich der Wert des Rechtes und die Minderung des Eigentums als Folge der Belastung ausgleichen.[2]

Belanglos sind die Vermögensbewegungen, die zu den Differenzen zwischen Anfangs- 5
und Endvermögen führten. Eröffnungsbilanz (Anfangsvermögen) und Schlussbilanz (Endvermögen) sind voneinander unabhängige Größen zwischen denen keine Verbindung mittels einer laufenden Buchführung herzustellen ist. Soweit zwischenzeitlicher Erwerb und zwischenzeitliche Verluste innerhalb der Konzeption der Zugewinngemeinschaft als eines grundsätzlich auf numerischen Bilanzvergleichen basierenden Güterstandes überhaupt rechtlich relevant sind, haben sie Eingang in die dem Anfangs- und dem Endvermögen hinzuzurechnenden Beträge gefunden.

III. Bewertungsstichtage

1. Anfangsvermögen. Entscheidender Zeitpunkt für die Eröffnungsbilanz (Anfangsver- 6
mögen) ist der Eintritt des Güterstandes (vgl. dazu § 1374 RdNr. 3 ff.). Bewertungsstichtag für späteren privilegierten und deshalb dem Anfangsvermögen hinzuzurechnenden Erwerb ist der Zeitpunkt, in welchem sich der in § 1374 Abs. 2 beschriebene **Erwerbstatbestand vollendet.** Sonstige Erwerbsakte bleiben selbst dann unberücksichtigt, wenn sie vom privilegierten Erwerb programmiert sind. So ist etwa für den Vermächtnisnehmer allein der Wert seines Anspruchs gegen den Erben (§ 2174) zu ermitteln und nicht der Wert des vermachten Gegenstandes im Augenblick der Leistung. Wertsteigerungen sind damit ausgleichspflichtiger Zugewinn.[3] Stichtag für die Bewertung von Vermögenserwerb, der aufgrund von Restitutionsansprüchen nach dem Vermögensgesetz erfolgte, ist der Erlass des Verwaltungsaktes, mit dem privatrechtsgestaltend die materielle Berechtigung des Ehegatten festgestellt wurde.[4] Die Vollendung der Entstehung ist Stichtag auch für die Bewertung der Verbindlichkeiten, die gemäß § 1374 Abs. 2 von dem privilegierten Aktiverwerb abzuziehen sind. Gleichgültig ist für sie der Zeitpunkt ihrer Begründung, gleichgültig auch der Zeitpunkt ihrer Erfüllung. Selbst ein späterer Erlass hat auf die Bewertung keinen Einfluss. Erfolgt dieser schenkungshalber, so ist die Befreiung von der Verbindlichkeit allerdings als Schenkung privilegiert.[5]

2. Endvermögen. Entscheidender Zeitpunkt für die Schlussbilanz (Endvermögen) ist 7
dem theoretischen Grundsatz des § 1376 Abs. 2 zufolge die Beendigung des Güterstandes, in der Praxis jedoch meist der frühere Zeitpunkt des § 1384 (vorzeitige Beendigung der Ehe) oder des § 1387 (vorzeitige Aufhebung der Zugewinngemeinschaft, sei es mit oder ohne Zugewinnausgleich). Bewertungsstichtag für spätere, dem Endvermögen hinzuzurechnende illoyale Vermögensminderungen ist der Zeitpunkt, in dem der von § 1375 Abs. 2 beschriebene mindernde Tatbestand abgeschlossen ist (dazu § 1375 RdNr. 31). Da bereits die Entstehung einer Verbindlichkeit das Vermögen um ihren Wert mindert, ist in der Folge von schuldrechtlichem Verpflichtungsgeschäft und dinglichem Erfüllungsgeschäft allein auf das schuldrechtliche Geschäft abzustellen. Bei § 1375 Abs. 1 Nr. 1 unterfallenden Schenkungen ist zwischen wirksamen Schenkungsversprechen und Handschenkungen, denen keine Verpflichtung, sondern lediglich die Einigung über die Erwerbscausa zugrunde liegt, zu differenzieren. Zu bewerten ist im ersten Fall der Wert des Schenkungsversprechens, im zweiten der Wert des geschenkten Gegenstandes. Belanglos ist die hypothetische Entwicklung des Vermögens, falls die illoyale Vermögensminderung unterblieben wäre: Verschenkte

[2] Vgl. BGH FamRZ 1988, 593, 595 (am Beispiel des Nießbrauchs).
[3] Vgl. *Staudinger/Thiele* (2007) RdNr. 4 und 6; RGRK/*Finke* RdNr. 9; *Johannsen/Henrich/Jaeger* RdNr. 2.
[4] AG Stuttgart FamRZ 1999, 1065, 1067 m. Anm. *Bergschneider*; *Lipp* FamRZ 1998, 597; aA *Kogel* FamRZ 1999, 917 (Anm. zu OLG Düsseldorf FamRZ 1999, 255).
[5] BGH FamRZ 2007, 978, 981.

Gegenstände sind nicht außer Acht zu lassen, wenn sie nachweislich auch ohne Schenkung nicht mehr im Endvermögen vorhanden wären.

IV. Bewertungsgrundsätze

8 Aktiva und Passiva sind grundsätzlich mit ihrem **vollen wirklichen Wert** anzusetzen. Eine Bewertungsmethode schreibt das Gesetz nicht vor. Es ist nach hM Sache des Tatrichters, im Einzelfall die sachverhaltsspezifisch geeignete Bewertungsart auszusuchen.[6] In einem Wirtschaftssystem, das seine Maßstäbe für den Wert von Gegenständen wenigstens weithin am Markt findet, ist der Wert eines Gegenstandes in der Regel identisch mit dem **Verkehrswert** – dieser verstanden als Erlös einer Veräußerung unter Ausnutzung aller Marktchancen. Wenn gleichwohl der Verkehrs- oder Verkaufswert nicht allein als entscheidend bezeichnet wird, so weil mit dem Begriff des „vollen wirklichen Wertes" **Korrekturen** am Verkehrswert nicht ausgeschlossen werden.

9 Mit dem **Liquidationswert,** dh. mit dem Verkaufswert, der sich bei unmittelbarer Veräußerung sogleich realisieren lässt und der regelmäßig unter dem üblichen Verkaufswert liegt, sind nur die Gegenstände anzusetzen, die ohnehin zur Veräußerung bestimmt sind sowie die Gegenstände, die als Folge des Zugewinnausgleichs veräußert werden müssen. Ist die Notwendigkeit unwirtschaftlicher Liquidierung am Bewertungsstichtag abzusehen, weil anders die für die Erfüllung der Ausgleichsforderung erforderlichen Mittel nicht aufgebracht werden können, sind entsprechend liquidationsrechtliche Abschläge bei der Bewertung der Vermögensgegenstände zu machen. Vorab zu prüfen ist aber, ob die unwirtschaftliche Liquidierung nicht durch Stundung der Ausgleichsforderung gem. § 1382 vermieden werden kann.[7]

V. Einzelne Gegenstände

10 **1. Hausrat.** Da der Verkehrswert von Hausrat durch Gebrauch, und sei er auch noch so kurzfristig, drastisch sinkt, ist es problematisch, als seinen wirklichen Wert den Veräußerungswert auf dem secondhand-Markt anzusehen.[8] Richtiger scheint es, auf den Anschaffungspreis abzustellen, von dem ein die Wertminderung durch Abnutzung zum Ausdruck bringender Betrag abzuziehen ist.[9] Dabei können durchschnittlichen Gebrauchsgewohnheiten entsprechende Beträge angesetzt werden, solange nicht eine besonders schonende oder auch besonders strapazierende Benutzung im Einzelfall nachgewiesen ist. Im Anfangsvermögen ist der Hausratsgegenstand dann nach Umrechnung auf das Geldwertniveau des Endvermögens zum Zweck der Neutralisierung scheinbarer Zugewinne einzustellen und im Endvermögen im ersten Schritt, also vor Abzug der Wertminderung durch Gebrauch, mit dem nämlichen Betrag zu bewerten. Gegen die Heranziehung des Wiederbeschaffungspreises[10] als Bewertungsgrundlage spricht vor allem, dass dieser die Situation nicht trifft, weil es nicht um die Beschaffung einer neuen gleichwertigen Sache geht, sondern allein um die Bestimmung des Restwerts von in der Vergangenheit angeschafftem Hausrat. Da § 1568 b – anders als die HausratsVO – der Berücksichtigung von Hausrat im Zugewinnausgleich nicht entgegensteht (vgl. § 1374 RdNr. 8; § 1375 RdNr. 7), erlangt diese Bewertungsfrage in Zukunft auch praktische Bedeutung.

11 **2. Anwartschaftsrechte.** Der für Anwartschaftsrechte **an beweglichen Sachen** maßgebende Wert ist im Regelfall, dh. dann, wenn die noch ausstehenden Restzahlungen zu erwarten sind, nach dem Abzahlungsstand abzüglich der Wertminderung für den Gebrauch

[6] Vgl. BGH FamRZ 1986, 37, 39 = LM § 1375 Nr. 12; BGH NJW 1991, 1547, 1548; BGHZ 130, 298, 303 = NJW 1995, 2781. *Staudinger/Thiele* (2007) RdNr. 10; *Soergel/Lange* RdNr. 7; *Erman/Gamillscheg* RdNr. 8; *Bamberger/Roth/Mayer* RdNr. 3; *Palandt/Brudermüller* RdNr. 2.

[7] BGH NJW 1993, 2804, 2805; BGHZ 130, 298, 301 = NJW 1995, 2781. Vgl. auch *Staudinger/Thiele* (2007) RdNr. 11; *Erman/Gamillscheg* RdNr. 8; *Johannsen/Henrich/Jaeger* RdNr. 7.

[8] So aber *Schwab/Schwab* Teil VII RdNr. 74.

[9] *Staudinger/Thiele* (2007) RdNr. 40.

[10] Für ihn *Soergel/Lange* RdNr. 11; *Johannsen/Henrich/Jaeger* RdNr. 8.

zu bestimmen. Die Restschuld nach Kauf unter Eigentumsvorbehalt ist dann unter den Passiva nicht zu berücksichtigen, weil der späteren Schuldtilgung in ökonomischer Sicht ein wachsendes Anwartschaftsrecht entspricht.[11]

3. Grundstücke sind grundsätzlich mit ihrem Markt- und Verkehrswert anzusetzen; 12
wertmindernden Faktoren ist mit – vom Tatrichter zu bemessenden – Abzügen Rechnung zu tragen. So mindert ein Wiederkaufsrecht iS der § 456 die wirtschaftliche Verwertbarkeit des Grundstücks als Handelsobjekt durch die Kaufpreisbindung des § 456 Abs. 2 und ist entsprechend mit einem Wertabschlag zu berücksichtigen.[12] Auch dingliche Nutzungsrechte wie ein Nießbrauch oder ein Wohnrecht mindern den Verkehrswert und sind in Abzug zu bringen.[13] Soweit die Grundstücke einem Gegenstandsinbegriff angehören, insbesondere einem Unternehmen eingegliedert sind, sind sie in dessen Rahmen als Einzelelement des Gesamtzusammenhangs zu bewerten. Für die Bewertung unbebauter und bebauter Grundstücke kann zumindest grundsätzlich auf die „Verordnung über Grundsätze für die Ermittlung der Verkehrswerte von Grundstücken" idF vom 6. 12. 1988[14] zurückgegriffen werden. Sie gilt zwar unmittelbar nur für die Wertermittlung nach den §§ 192 ff. BauGB, kann aber auch in anderen Zusammenhängen zu Rate gezogen werden. In Betracht kommen nach ihr: das Vergleichswertverfahren mit den Kaufpreisen geeigneter Vergleichsgrundstücke als Maßstab, das Ertragswertverfahren mit seiner Orientierung an dem nachhaltig erzielbaren jährlichen Reinertrag und das Sachwertverfahren mit den gewöhnlichen Herstellungskosten je cbm umbauten Raumes als Basis.[15] **Unbebaute** Grundstücke und der **Bodenwert bebauter** Grundstücke sind in aller Regel nach dem Vergleichswertverfahren zu bewerten, in dessen Rahmen die Bodenrichtwerte des § 196 BauGB Verwendung finden können. Für Gebäude – und damit auch für Wohnungseigentum und Teileigentum – bietet sich dagegen das Ertragswertverfahren als erster Ansatz an, falls es sich um ein Renditeobjekt handelt;[16] bei Eigennutzung kommt dem Sachwertverfahren das größere Gewicht zu; bei gemischter Nutzung ist den Nutzungsanteilen entsprechend zu kombinieren. Doch sind die jeweils beiden anderen Verfahren unterstützend heranzuziehen (vgl. die §§ 7, 14, 20 der WertV)[17] und zwar von Fall zu Fall ohne Schematik, insbesondere ohne exakte Errechnung von Mittelwerten.[18] Auch überschlägige Rechnungen der Grundstücksmakler sind wegen deren besonderer Marktnähe nicht bedeutungslos, sollten jedoch nur mit Reserve verwertet werden. Bei Eigenheimen sind die Ergebnisse des Sachwertverfahrens nur zurückhaltend mit Rücksicht auf Vergleichswerte und Ertragswert zu korrigieren[19] – Käufer von Einfamilienhäusern pflegen sich nicht am Ertragswert zu orientieren. Im Hinblick auf Vergleichswerte ist zu bedenken, dass Einfamilienhäuser mit einem Aufwand, den der Markt nicht honoriert, vielfacher Verbesserung und Verschönerung, die den Gebrauchswert entsprechend erhöhen, fähig sind. Es ist unangemessen, diesen Aufwand als verlorenen Wert aus dem Zugewinn-

[11] In der Sache übereinstimmend, jedoch mit Einstellung des vollen Sachwerts bei den Aktiva und der vollen Restschuld bei den Passiva *Soergel/Lange* RdNr. 11.

[12] BGH NJW 1993, 2804, 2806 zu § 497 aF; OLG München FamRZ 1992, 819 (Vorinstanz); OLG Brandenburg FamRZ 2004, 1029 m. Anm. *Schröder.*

[13] BGH NJW 2004, 1321 = FamRZ 2004, 527, 529 m. Anm. *Koch.* Zur Wertberechnung des belasteten privilegierten Erwerbs s. § 1374 RdNr. 23.

[14] BGBl. I S. 2209. Vgl. dazu die Richtlinien v. 11. 6. 1991 BAnz. Nr. 182 a.

[15] Details bei *Kleiber/Simon,* Verkehrswertermittlung von Grundstücken, 5. Aufl. 2007; *Rössler/Langner/Simon/Kleiber/Joeris,* Schätzung und Ermittlung von Grundstückswerten, 8. Aufl. 2005; *Simon/Cors/Halaczinsky/Tessl,* Handbuch der Grundstückswertermittlung, 5. Aufl. 2003; *Vogels* Grundstücks- und Gebäudebewertung, 5. Aufl. 1996.

[16] Vgl. dazu OLG Frankfurt a. Main FamRZ 1989, 280. Auch insoweit für den Substanzwert als Ausgangspunkt *Staudinger/Thiele* (2007) RdNr. 38.

[17] Grds. gegen eine Korrektur des Ertragswerts bei Renditeobjekten OLG Frankfurt a. Main FamRZ 1980, 576; zust. *Johannsen/Henrich/Jaeger* RdNr. 12 f.

[18] Das Mittelwertverfahren wurde jedoch gebilligt von BGH LM § 1375 Nr. 12 = FamRZ 1986, 37, 39.

[19] BGH FamRZ 1992, 918; OLG Celle FamRZ 1981, 1066, 1067 f. (Orientierung am Marktpreis pro qm Wohnfläche); BGH NJW 1975, 1021 = LM Nr. 3 (bei einer Heimstätte idR der Erwerbspreis gem. § 15 RHeimstG).

ausgleich auszuscheiden, wenn mangels Verkaufsabsicht der Gebrauchswert entscheidender ist als der Veräußerungswert.

13 Absehbar **vorübergehende Preisrückgänge** infolge ungewöhnlicher Verhältnisse zur Zeit des Stichtages[20] können grundsätzlich berücksichtigt werden, da der Veräußerungswert des Gegenstandes in diesem Fall nicht dem Verkehrswert, dh. dem Normalverkaufswert entspricht, sondern nur seinem Liquidationswert. Dieser bei unwirtschaftlicher Verwertung zu erzielende Preis ist nach allgM jedoch nur bei bestimmten Gegenständen, zu denen Grundstücke nicht gehören, oder in einer Situation, in der sofort liquidiert werden muss, heranzuziehen (s. RdNr. 9). Ist mithin der Verkauf einer Eigentumswohnung am Stichtag nicht beabsichtigt, kann sie mit dem Normalverkaufswert, der ihrem wahren, vom temporären Preistief auf dem Immobilienmarkt nicht beeinträchtigten Wert entspricht, in die Bilanz eingestellt werden. Zurückhaltung ist bei dieser Berücksichtigung allerdings insofern geboten, als sie nicht dazu führen darf, normale Marktschwankungen auszugleichen oder Umstände in die Bewertung einzubeziehen, die sich erst bei einer ex post Betrachtung des Marktgeschehens erschließen.[21] Vorübergehende Preistiefs sind also nur zu berücksichtigen, wenn sie durch ungewöhnliche Umstände bedingt sind und mit Gewissheit nur eine absehbare Zeit andauern.[22]

14 **4. Wertpapiere.** Für börsengängige Wertpapiere ist der mittlere Tageskurs an der dem Wohnsitz des Ehegatten nächstgelegenen Börse der entscheidende Wert[23] – mit einem sog. Paketzuschlag, falls Aktienpakete zu bewerten sind, die unternehmerischen Einfluss sichern (s. § 2311 RdNr. 23). Der vereinzelt gebliebene Vorschlag, statt des zufälligen Kurswerts für Aktien den „wahren Wert" zu wählen,[24] ist angesichts der irrationalen Umstände, die einen Börsenkurs jedenfalls mitbestimmen können, verständlich, jedoch nicht durchführbar. Es gibt keine Möglichkeit, die irrationalen Bewertungsfaktoren von den rationalen zu sondern. Der Rückgriff auf den Wert des Unternehmens selbst aber ist angesichts der dann bestehenden Notwendigkeit, um einzelner Aktien willen ganze Konzerne zu bewerten, utopisch.

15 **5. Geldforderungen und Geldverbindlichkeiten.** Geldforderungen sind grundsätzlich mit ihrem **Nominalbetrag** einzusetzen. Auch von Forderungen, die aus steuerlich relevanter Tätigkeit erwachsen, ist nicht etwa ein steuerpflichtiger Anteil, der sich in genauer Höhe erst aus künftigen Umständen ergibt, abzuziehen.[25] Uneinbringliche Geldforderungen sind, da wirtschaftlich wertlos, nicht zu berücksichtigen. Deshalb sind gesamtschuldnerisch begründete Verbindlichkeiten nur abzüglich der **realisierbaren** Ausgleichsansprüche gegen die anderen Gesamtschuldner zu berücksichtigen. Das gilt auch für Gesamtschulden zwischen den Ehegatten.[26] Noch **nicht fällige** Forderungen und Verbindlichkeiten sind mit ihrem Nominalbetrag in die Vermögensbilanz einzustellen. Sie unter dem Aspekt abzuzinsen, dass eine noch nicht fällige Forderung weniger wert ist und eine noch nicht fällige Verbindlichkeit weniger belastet, gibt im Zugewinnausgleich keinen Sinn. Die Abzinsung führt nämlich bei Forderungen zu einem umso niedrigeren Kapitalbetrag, je höher die Zinsen sind, die dem Ehegatten bei Fälligkeit später zustehen – und umgekehrt: Je höher das Zinsniveau der Verbindlichkeit, umso höher ist die Entlastung des Ehegatten zum Stichtag, umso höher mithin auch die Abzinsung und desto niedriger der Kapitalbetrag, mit dem die Verbindlichkeit ins Endvermögen eingestellt wird. Obgleich diese später mit hohen Zinsen

---

[20] Vgl. BGH NJW 1965, 1589, 1590 zu § 2311 betr. Grundstückspreise in Berlin nach Chruschtschow-Ultimatum 1958.

[21] Deshalb ganz ablehnend *Schwab/Schwab* Teil VII RdNr. 98.

[22] Vgl. BGH LM § 1375 Nr. 12 = FamRZ 1986, 37, 39 und FamRZ 1992, 819; ferner OLG Celle FamRZ 1992, 1301; *Staudinger/Thiele* (2007) RdNr. 38; anders MünchKommBGB/*Gernhuber* 3. Aufl. RdNr. 14.

[23] *Staudinger/Haas* § 2311 RdNr. 111.

[24] Vgl. LG Berlin FamRZ 1965, 438. Derselbe Vorschlag wurde einst von *Nirk* für § 2311 gemacht, NJW 1962, 2185, gegen ihn *Veith* NJW 1963, 1521.

[25] BGH FamRZ 1991, 43, 45 f.

[26] LG Hamm FamRZ 1997, 363 mwN. Vgl. dazu auch § 1375 RdNr. 16.

zurückzuzahlen ist, entlastet sie den Ehegatten also weniger als eine Verbindlichkeit, für die er geringe Zinsen zu zahlen hat.[27]

6. Befristete, ungewisse, unsichere und bedingte Rechte. Befristete Rechte sind mit einem geschätzten Wert in die Ausgleichsrechnung einzustellen.[28] Ebenfalls zu schätzen sind nach Ansicht des BGH und Teilen des Schrifttums ungewisse und unsichere, dubiose und bedingte Rechte.[29] Die Vertreter dieser Meinung entscheiden sich damit für eine schnelle endgültige Abrechnung des Zugewinns und nehmen den Preis unsicherer Bewertung in Kauf. Die Gegenmeinung tritt für eine analoge Anwendung des § 2313 ein und zahlt damit den Preis einer verzögerten endgültigen Abrechnung, um die Rechte mit ihrem wirklichen Wert in Ansatz bringen zu können.[30] Abgesehen davon, dass die dadurch notwendig werdenden späteren Korrekturen des Zugewinnausgleichs den Zielen des Verbundverfahrens zuwiderlaufen, ist die Analogie aus methodischen Gründen abzulehnen: Zum einen ist § 2313 eine erbrechtliche Sonderregelung und als solche grundsätzlich nicht analogiefähig, zum anderen kann der Behauptung einer Regelungslücke in § 1376 die Behauptung beredten Schweigens entgegengesetzt werden. Werden bei der Schätzung ungewisser Rechte Abzinsungen vorgenommen, so ist der Abzinsfaktor nachvollziehbar gegenstandspezifisch zu ermitteln. Ein Anrecht auf eine betriebliche Altersversorgung in Form einer einmaligen Kapitalleistung etwa kann auf der Basis von versicherungsmathematischen Gutachten oder Sterbetafeln geschätzt werden,[31] bei einer Kautionsforderung muss der Schätzwert vor allem die Wahrscheinlichkeit der Realisierung berücksichtigen.[32] 16

7. Kunstgegenstände, Schmuck, Sammlungen, Bibliotheken. Für Kunstgegenstände, Schmuck, Sammlungen, Bibliotheken u. Ä. ist der **Verkaufswert** am jeweiligen Bewertungsstichtag in die Ausgleichsrechnung einzusetzen,[33] und zwar der Erlös unter Privatpersonen, wenn und soweit ein privater Markt, dem auch der Handel der auf Kommissionsbasis tätigen Auktionshäuser zuzurechnen ist, vorhanden ist; im Übrigen ist der Verkaufswert für einen Anbieter, der sich des Fachhandels bedienen muss, ausschlaggebend. Falls ein privater Markt vorhanden ist, auf dem ein entsprechender Gegenstand beschafft werden kann, ist der Wiederbeschaffungswert mit dem Verkaufswert identisch. Generell vom idR höheren Wiederbeschaffungswert auszugehen, verbietet sich dann, wenn eine Wiederbeschaffung mangels vergleichbarer Objekte nicht in Betracht kommt.[34] Es ist hier nicht angemessen, dem Eigentümer einen Wert zuzurechnen, den er nicht realisieren kann. 17

8. Vor- und Nacherbschaften wenden in ökonomischer Sicht dem **Vorerben** lediglich die Nutzung des Nachlasses in der Zeit bis zum Eintritt des Nacherbfalls zu. Sie sind deshalb mit ihrem Nutzungswert – und nicht mit dem Substanzwert des Nachlasses – anzusetzen.[35] Der Wert des Anwartschaftsrechts des **Nacherben** kann mangels eines Marktes für derlei Rechte nur geschätzt werden. Zu orientieren hat sich die Schätzung am Substanzwert des Nachlasses und der Antwort auf die Frage, ob und ggf. wann der Nacherbfall eintritt. Da nach richtiger Ansicht das Anwartschaftsrecht allerdings beim Anfangs- und beim Endver- 18

---

[27] *Schwab/Schwab* Teil VII RdNr. 102 ff.; *Soergel/Lange* RdNr. 15. Anders und für Abzinsung BGH FamRZ 1990, 1217, 1218 f., bestätigend FamRZ 1992, 411, 413; OLG Hamm FamRZ 1995, 611. Zwischenlösungen bei *Staudinger/Thiele* (2007) RdNr. 41 (auf Forderungszweck abstellend); ebenso MünchKommBGB/*Koch* Vorauflage RdNr. 15; *Erman/Gamillscheg* RdNr. 5 („unter Umständen"); *Johannsen/Henrich/Jaeger* RdNr. 9 (sofern nicht unangemessen).

[28] Vgl. BGH LM § 158 Nr. 14 = FamRZ 1979, 787, 788 für Altenteilsverbindlichkeiten.

[29] BGHZ 87, 367 = NJW 1983, 2244 m. Anm. *Schubert* JR 1984, 23 f.; BGH NJW 1992, 2154, 2157; OLG Köln FamRZ 1999, 656 (zum Steuerrückerstattungsanspruch). *Palandt/Brudermüller* RdNr. 20; *Schwab/Schwab* Teil VII RdNr. 107; *Staudinger/Haas* § 2313 RdNr. 2; *Johannsen/Henrich/Jaeger* RdNr. 10.

[30] OLG Oldenburg FamRZ 1976, 346, 347; OLG München FamRZ 1982, 608; *Staudinger/Thiele* (2007) RdNr. 42; RGRK/*Finke* RdNr. 11; *Erman/Gamillscheg* RdNr. 5.

[31] BGH FamRZ 2003, 153 m. Anm. *Bergschneider*.

[32] OLG Karlsruhe FamRZ 2003, 682.

[33] Ebenso *Schwab/Schwab* Teil VII RdNr. 74; *Johannsen/Henrich/Jaeger* RdNr. 8 a.

[34] So aber *Soergel/Lange* RdNr. 11.

[35] Vgl. AG Landshut FamRZ 1998, 1233, 1234; *Brambring* DNotZ 1980, 725 ff.

mögen mit demselben Betrag einzustellen ist (vgl. § 1374 RdNr. 19), bedarf es einer Bewertung nur dann, wenn das Anfangsvermögen defizitär ist, denn dann ist die Anwartschaft auf die Schulden anzurechnen.

19 **9. Dingliche Nutzungsrechte** von Dauer, die wie ein Nießbrauch oder ein Dauerwohnrecht nicht mit laufenden Gegenleistungen erkauft werden, sind zu kapitalisieren auf der Basis der wahrscheinlichen Nutzungsdauer.[36] Dabei ist der Bewertung des künftigen Rechts nicht der aktuell geltende, sondern der Zinssatz des Bewertungsgesetzes (BewG), der auf langfristiger Beobachtung der volkswirtschaftlichen Größen beruht, zu Grunde zu legen.[37] Gehört das Recht zum Anfangs- wie zum Endvermögen, so weist der Betrag der Wertminderung während der Dauer des Güterstandes den Verlust durch Gebrauch oder sonstige Nutzung richtig aus. Kompensiert werden kann dieser den Zugewinn schmälernde Betrag durch noch vorhandenen Erwerb kraft des Nutzungsrechts.

20 **10. Lebensversicherungen** der eigenen Person auf den Todes- und Erlebensfall sind als Kapitalversicherungen und als Versicherungen, die dem Versicherten die Wahl zwischen einer einmaligen Zahlung und laufenden Rentenzahlungen eröffnen,[38] nicht mit ihrem Rückkaufswert anzusetzen. Der Rückkaufswert, bei dessen Berechnung idR gemäß § 169 Abs. 5 VVG der sog. Stornoabzug vorgenommen wird, ist ein wirtschaftlich ungünstiger Liquidationswert, der dem Wert des Anrechts nicht entspricht, wenn das Versicherungsverhältnis nicht aufgelöst wird. Er kann mithin nur dann entscheidend sein, wenn die Aufhebung des Versicherungsverhältnisses als Folge des Zugewinnausgleichs abzusehen ist.[39] Ist hingegen die Fortführung des Vertrages zu erwarten, so ist der wirkliche Zeitwert einzusetzen. Wie dieser zu ermitteln ist, wird unterschiedlich beurteilt. Der BGH überlässt es dem Tatrichter, im Einzelfall die sachverhaltsspezifisch geeignete Bewertungsart zu bestimmen.[40] Überwiegend wird vorgeschlagen, auf den Kapitalwert der bereits gezahlten Prämien abzustellen;[41] teils werden diesem Wert die bislang angefallenen Gewinnanteile hinzugerechnet,[42] teils dann wieder der Anteil, der auf bereits gewährten Versicherungsschutz entfällt, abgezogen.[43] Gegen die Prämiensumme als Ausgangspunkt der Wertberechnung spricht jedoch, dass die Prämien neben dem Sparanteil Risiko- und Kostenanteile enthalten, mit denen die laufenden Versicherungsleistungen und der Verwaltungsaufwand finanziert werden. Da mit diesen Anteilen kein Vermögen gebildet wurde, sind sie bei der Wertbestimmung nicht zu berücksichtigen. Zu folgen ist dem auf versicherungsrechtlichem Expertenwissen beruhenden Vorschlag der Deutschen Aktuarvereinigung. Nach diesem bestimmt sich der Wert einer Kapitallebensversicherung aus dem Rückkaufswert der individuell gutgeschriebenen Versicherungsleistungen ohne Stornoabschlag, dh. aus dem Deckungskapital inclusive der Gewinnanteile (was die Ansammlungsguthaben einschließt), zuzüglich des zum Stichtag erreichten Anwartschaftsbarwertes auf Schlussgewinnanteile.[44] Ist die Lebensversicherung vor dem Versicherungsfall nicht verfügbar wie im Fall der **Direktversicherung eines Arbeitnehmers** zum Zwecke der **betrieblichen Altersversorgung,** so ist der Übergang vom Anwartschaftsrecht zum vollen Recht – dh. zur Forderung gegen den

---

[36] OLG Celle FamRZ 1993, 1204 (unentgeltliches Wohnrecht); OLG Koblenz FamRZ 1988, 64, 65 (Wohnungsrecht); KG FamRZ 1988, 171, 172 (Nießbrauch); *Staudinger/Thiele* (2007) RdNr. 44. Zur Bewertung eines Nießbrauchs am eigenen Grundstück vgl. ferner BGH FamRZ 1988, 593.

[37] BGH FamRZ 2004, 527, 529 m. Anm. *Koch.*

[38] Zu ihrer Relevanz beim Zugewinnausgleich vgl. § 1374 RdNr. 7 f.

[39] BGHZ 130, 298 = NJW 1995, 2781 m. ausf. Nachw. zur bisherigen Rspr., die auf den Rückkaufswert abgestellt hatte, die Fallgestaltungen aber auch keinen Anlass zum Ansatz eines höheren Wertes gegeben hatten. *Schwab/Schwab* Teil VII RdNr. 67 ff.; RGRK/*Finke* § 1374 RdNr. 7; *Voit* S. 81. AA *Staudinger/Thiele* (2007) RdNr. 45 und § 1374 RdNr. 9.

[40] BGHZ 130, 298, 303 = NJW 1995, 2781.

[41] RGRK/*Finke* § 1374 RdNr. 7.

[42] OLG Düsseldorf FamRZ 1993, 192, 193; *Johannsen/Henrich/Jaeger* RdNr. 11; *Soergel/Lange* RdNr. 11.

[43] MünchKommBGB/*Gernhuber* 3. Aufl. RdNr. 20.

[44] Vgl. *Raube/Eitelberg* FamRZ 1997, 1322, 1326; zust. auch *Schwab/Schwab* Teil VII RdNr. 68; *Johannsen/Henrich/Jaeger* RdNr. 11.

Versicherer – beim Versicherten, der ja vorher sterben kann, ungewiss. Für die Bewertung gelten dann die für ungewisse Rechte geltenden Regeln.[45] Auch Bezugsberechtigungen aus **Lebensversicherungen anderer** sind nach den Regeln, die für ungewisse und unsichere Rechte gelten, zu bewerten. Im Regelfall der Lebensversicherung auf den Todes- und den Erlebensfall mit Bezugsberechtigung nur für den Todesfall sind sie mit Null anzusetzen, wenn die Wahrscheinlichkeit eines vorzeitigen Todes des Versicherten sehr gering ist.[46] Im Fall einer Kapitallebensversicherung **mit gespaltenem Bezugsrecht** korrespondieren die Anwartschaften der beiden Ehegatten: Der versicherte Ehegatte ist beim Erlebensfall berechtigt, der andere aber – unwiderruflich – bei vorzeitigem Tod. Die versicherungsrechtlichen Vermögenspositionen sind dann je für sich zu berechnen und im Zugewinn zu berücksichtigen.[47]

VI. Freie Berufe

1. Bewertungsfaktoren. Auch die Praxis eines freiberuflich Tätigen ist mit ihrem vollen wirklichen Wert in die Ausgleichsrechnung einzustellen. Zu diesem gehört nach allgM der materielle **Sach- oder Substanzwert** und der ideelle **Geschäftswert oder goodwill.** Der Sachwert richtet sich nach den Kosten für die Wiederbeschaffung aller Güter der Praxis, zu denen sämtliche Einrichtungsgegenstände, Arbeitsmittel u. Ä. wie auch Geldguthaben und Forderungen gehören. Der goodwill verkörpert den inneren Wert der Praxis, dh. ihren Ruf und ihr Ansehen mit Werbewirksamkeit auch in der Zukunft.[48] Fassbar wird er als Veräußerungswert, nämlich dadurch, dass ein Erwerber oder eintretender Teilhaber bereit ist, einen über dem Substanzwert liegenden Preis zu zahlen.[49] Da bei freiberuflichen Praxen der Geschäftserfolg in sehr viel stärkerem Maße als bei gewerblichen Unternehmen von der Person des Inhabers abhängt, kann im Einzelfall ein im goodwill verkörperter, transferierbarer Wert der Praxis überhaupt fehlen – so etwa im Fall einer erst kurz bestehenden Großstadtpraxis eines Rechtsanwaltes mit geringem Jahresumsatz und weithin personengebundener Klientel[50] oder im Fall eines Architektenbüros, in dem der unternehmerische Erfolg allein vom individuellen Können des Inhabers abhängt. In solchen Fällen ist die Praxis nur mit ihrem Substanzwert anzusetzen.[51] Der rein subjektive Wert, den die Praxis für den betreibenden Ehegatten hat, ist keine im Rahmen des Zugewinns auszugleichende Vermögensposition, der wirkliche Wert des Betriebes ist vielmehr nur der Wert, den er in Händen eines jeden Dritten hat. Allein die Tatsache, dass der Ehegatte die von ihm betriebene Praxis nicht veräußern will, macht sie allerdings nicht unveräußerlich und reduziert ihren Geschäftswert nicht.[52] 21

2. Methoden der Bewertung. Für die Ermittlung des (Substanz- wie Geschäfts-)Wertes einer freiberuflichen Praxis schreibt § 1376 keine Methode vor. Nach Ansicht der Rspr. ist die Auswahl einer geeigneten Bewertungsmethode dem – sachverständig beratenen – Tatrichter vorbehalten.[53] Umstritten ist, ob bei der Ermittlung des **Substanzwertes** latente (Ertrags)Steuerlasten unabhängig von der Wahrscheinlichkeit ihres Anfalls zu berücksichti- 22

[45] BGHZ 117, 70 = NJW 1992, 1103. Anders *Voit* FamRZ 1992, 1385, 1387, der unter Hinweis auf § 1 Abs. 2 VAHRG Realteilung befürwortet.
[46] BGHZ 118, 242, 248 = NJW 1992, 2154.
[47] BGHZ 118, 242, 248 = NJW 1992, 2154, 2156 f.; abl. Anm. *Voit* FamRZ 1993, 508, 511.
[48] BGH NJW 1999, 784, 785 f.; OLG Düsseldorf FamRZ 2004, 1106 m. Anm. *Schröder*; *Meyer* FuR 1996, 94, 100.
[49] BGH LM § 1381 Nr. 8 = FamRZ 1977, 38, 39 f.; BGH FamRZ 2008, 761, 763 m. Anm. *Hoppenz*. Anders OLG Saarbrücken FamRZ 1984, 794 (nur wenn eintretende Sozien schon bislang für diesen gezahlt haben).
[50] OLG Celle AnwBl. 1977, 216.
[51] OLG München FamRZ 1984, 1096; OLG Stuttgart FamRZ 1995, 1585 (Versicherungsagentur); *Meyer* FuR 1996, 94, 97 f.
[52] OLG Düsseldorf FamRZ 2004, 1106 gegen AG Duisburg-Hamborn FamRZ 2003, 1186 m. Anm. *Schröder*.
[53] BGH NJW 1999, 784, 787 (Steuerberaterpraxis); BGH FamRZ 1991, 43, 44 (Arztpraxis).

gen sind.[54] Richtig ist, das zu verneinen und latente Steuern nur einzubeziehen, wenn die Veräußerung oder Auflösung der Praxis bevorsteht. Die Steuern unabhängig von der Wahrscheinlichkeit ihres Anfalls zu berücksichtigen, widerspricht den üblichen Bewertungsregeln, nach denen die Wahrscheinlichkeit des Entstehens und der Realisierbarkeit einer Forderung immer von Bedeutung ist (dazu auch RdNr. 27).

23 Zur Ermittlung des **Geschäftswerts** sind nach allgM die von den zuständigen Standesorganisationen entwickelten Richtlinien zugrunde zu legen.[55] Diese tragen der Personenbezogenheit des goodwill freiberuflicher Praxen dadurch Rechnung, dass sie – anders als bei gewerblichen Unternehmen, deren goodwill objektbezogen ist – nicht Ertragswert-, sondern **Umsatzmethoden** zugrundelegen.[56] Danach wird der Geschäftswert einer Praxis durch eine an Erfahrungssätzen ausgerichteten Quote des nachhaltig erzielbaren Umsatzes bestimmt. Ausgegangen wird dabei vom durchschnittlichen Jahresumsatz der letzten Jahre. Bei Anwaltskanzleien hat die Rspr. bislang den durchschnittlichen Bruttoumsatz der letzten drei Jahre zugrunde gelegt,[57] auch den Gewinn der letzten beiden Jahre mit doppelter Gewichtung des letzten Jahres[58] und auch den Gewinn von nur eineinhalb Jahren.[59] Bei Arztpraxen ging die Rspr. vom durchschnittlichen Bruttoumsatz der beiden letzten Jahre aus,[60] vom durchschnittlichen Jahresumsatz der letzten drei Jahre[61] und auch schon vom durchschnittlichen Jahresumsatz der letzten fünf Jahre.[62] Jedenfalls kann der Geschäftswert einer freiberuflichen Praxis angesichts der Vielzahl der relevanten Umstände, die von Fall zu Fall ein unterschiedliches Gewicht haben können, nicht anhand einer einfachen Formel aus wenigen vorgegebenen anderen Werten errechnet werden. So liegt der goodwill einer Anwaltspraxis in einer Kleinstadt idR höher als in einer Großstadt, weil die Mandantentreue ausgeprägter zu sein pflegt; ein öffentliches Amt eines Anwalts pflegt den Umsatz zu steigern, jedoch nicht den goodwill der Praxis, weil die Klientel auf den Träger des öffentlichen Amtes fixiert ist. Auch Klienten von besonderer Bedeutung, etwa größere Unternehmen, sind zurückhaltend zu bedenken, weil die Chance eines Nachfolgers, sie an sich zu binden, im Allgemeinen nicht allzu groß ist.

23a Dem Umstand, dass die Arbeitskraft des Praxisinhabers nicht übertragbar ist, ist bei der Feststellung des Geschäftswerts der Praxis durch Abzug eines sog. **Unternehmerlohns** Rechnung zu tragen. Im Rahmen des Zugewinnausgleichs ist dieser nicht übertragbare Teil des good will allerdings nicht pauschaliert festzusetzen, wie es die Richtlinien der Standesvertretungen vorsehen, sondern **individuell** zu ermitteln. Nur so ist im scheidungsrechtlichen Zusammenhang sicherzustellen, dass es nicht zu einer doppelten, nämlich güterrechtlichen wie unterhaltsrechtlichen, Teilhabe an den Einkünften des Praxisinhabers kommt. Da sich die unterhaltsrechtliche Leistungsfähigkeit nach dem konkret erzielten Einkommen bestimmt, muss dieses auch, soweit es den güterrechtlich auszugleichenden Wert der Praxis bestimmt, in voller Höhe zugewinnmindernd abgezogen werden.[63]

---

[54] Bejahend BGH FamRZ 2008, 761, 764 m. Anm. *Hoppenz* (Tierarztpraxis); OLG Düsseldorf FamRZ 2008, 516 m. Anm. *Schröder* (Zahnarztpraxis).

[55] Für Anwaltspraxen hat der BRAK-Ausschuss für die Bewertung von Anwaltskanzleien Richtlinien entwickelt, BRAK-Mitteilungen 2004, 222; dazu *Meyer* FuR 1996, 94, 101; *Kotzur* NJW 1988, 3239, 3240. Für Arztpraxen hat die ständige Konferenz der Rechtsberater der Ärztekammern Richtlinien erarbeitet, Deutsches Ärzteblatt 1987, 926. Für Steuerberater gibt es die „Empfehlungen für die Ermittlung des Werts einer Steuerberaterpraxis“ v. 14./15. 1. 1990, Berufsrechtliches Handbuch der Bundessteuerberaterkammer, 2002, Fach 4.2.1.

[56] Zu diesen *Römermann/Schröder* NJW 2003, 2709.

[57] BGH NJW 1973, 98, 100; OLG Hamm NJW 1983, 1914.

[58] OLG Frankfurt a. Main FamRZ 1987, 485.

[59] OLG München NJW-RR 1988, 262.

[60] BGH FamRZ 1991, 43; krit. *Klingelhöffer* FamRZ 1991, 882 (mit Tendenz, den Wert freiberuflicher Praxen möglichst niedrig, ausgleichspflichtig nur Substanzwert, zu halten).

[61] OLG Koblenz FamRZ 1982, 280. So jetzt auch BGH den von der Ärztekammer aufgestellten Richtlinien zur Bewertung von Arztpraxen folgend, BGH FamRZ 2008, 761, 763 m. Anm. *Hoppenz*.

[62] OLG Koblenz FamRZ 1988, 950.

[63] BGHZ 175, 207 = FamRZ 2008, 761, 763 m. Anm. *Hoppenz*. Zum Problem der doppelten Teilhabe s. § 1375 RdNr. 4.

Auf **Beteiligungen** an freiberuflichen Praxen sind die für Beteiligungen an Personengesellschaften geltenden Regeln (vgl. RdNr. 28 ff.) entsprechend anzuwenden.[64] 23b

VII. Unternehmen

1. Bewertungsfaktoren. Die Bewertung von Unternehmen ist nicht nur erforderlich, 24
wenn ein Ehegatte als Einzelunternehmer tätig war, sondern auch, wenn der Wert von Beteiligungen an Kapitalgesellschaften festzustellen ist, die nicht börsengehandelt sind. Zu ermitteln ist der volle wirkliche Wert des Unternehmens als einer am Wirtschaftsleben teilnehmenden rechtlichen und organisatorischen Einheit. Dieser Wert entspricht regelmäßig dem Verkehrswert (vgl. RdNr. 8). Wertbestimmende Faktoren sind die Substanz des Unternehmens und der Barwert des zukünftigen Erfolgs. **Substanzwert** und **goodwill** bestimmen mithin den Wert eines Unternehmens.[65]

Der **Substanzwert** ist der Wiederbeschaffungswert sämtlicher zum Unternehmen gehö- 25
render Güter. Er ist die Summe der Kosten, die einzusetzen wäre, um das Unternehmen in seiner Gesamtheit, einschließlich der Patente, Lizenzen, Urheber- und Verlagsrechte, der behördlichen Konzessionen u. Ä., zu rekonstruieren oder zu reproduzieren. Man spricht von daher auch vom **Reproduktions-** oder **Rekonstruktionswert.**[66] Bei seiner Ermittlung sind die Bestandteile in ihrer Gesamtheit zu betrachten. Einzelne betriebsnotwendige Gegenstände wie eine Werkshalle können mithin nicht gesondert mit ihrem Verkehrswert berücksichtigt werden. Nur das nicht betriebsnotwendige Vermögen ist zu seinem Einzelveräußerungspreis bzw. seinem Liquidationswert (s. RdNr. 9) dem Gesamtwert des Unternehmens hinzuzusetzen.[67]

Der **Geschäftswert** ist die auf dem goodwill basierende Erfolgs- und Gewinnaussicht des 26
Unternehmens. Er verkörpert sich im Barwert des Zukunftserfolgs und wird von der Rspr. als **sog. innerer Unternehmenswert** in Ansatz gebracht.[68] Beruhen Erfolg und Ertrag des Unternehmens jedoch maßgeblich oder sogar ausschließlich auf den persönlichen Fähigkeiten und Beziehungen des Unternehmensinhabers – was praktisch nur bei kleinen Unternehmen vorkommen kann – so hat dieses allerdings keinen übertragbaren, einen Verkehrswert verkörpernden goodwill.[69] Sein Wert kann dann nur mit dem Substanzwert angesetzt werden – oder sogar nur mit dem unwirtschaftlichen Liquidationswert, wenn das Unternehmen von einem Dritten nicht betrieben werden kann. In die Berechnung einzustellen ist das Unternehmen nämlich nicht mit dem subjektiven Wert, den es für den gegenwärtigen Unternehmer hat, sondern mit seinem objektiven Marktwert – und das ist der Wert, den es in den Händen eines jeden Dritten hat. Eine Unternehmensbewertung zugunsten des Schuldners mit dem Ziel einer Bestandsgarantie[70] findet im Gesetz keine Stütze. Gegen sie spricht zum einen das argumentum e contrario aus § 1376 Abs. 4, zum anderen kann drohenden Liquidationsschwierigkeiten mit der in § 1382 vorgesehenen Stundung begegnet werden.

2. Methoden der Bewertung. Eine bestimmte Methode schreibt § 1376 für die Bewer- 27
tung eines Unternehmens nicht vor. Auch die Rspr. entscheidet sich nicht generell, sondern überlässt es dem sachverständig beratenen Tatrichter, eine von den in der Betriebswirtschaftslehre vertretenen Methoden sachverhaltsspezifisch auszuwählen.[71] Bei der **Ermittlung des**

[64] Vgl. dazu *Kotzur* NJW 1988, 3239, 3241 ff.

[65] *Schröder* RdNr. 67 f.; *Staudinger/Thiele* (2007) RdNr. 28; *Erman/Gamillscheg* RdNr. 17; *Soergel/Lange* RdNr. 13.

[66] *Schröder* RdNr. 67; *Großfeld* C, II, S. 36 und T, S. 220 ff.

[67] Vgl. BGH FamRZ 2005, 99 m. Anm. *Schröder*; OLG Düsseldorf DB 2000, 81, 82; *Borth* FamRB 2002, 339, 341; *Piltz/Wissmann* NJW 1985, 2673, 2674.

[68] BGHZ 70, 224 = NJW 1978, 884 (Handwerksbetrieb).

[69] BGHZ 68, 163 = NJW 1977, 949 (Handelsvertretung); AG Münster NJW 2007, 2645 (Software-GmbH); BGH FamRZ 2005, 99 (für Maschinenbauunternehmen good will bejahend).

[70] So einst *Krüger* DB 1958, 1189. Vgl. ferner Revisionsbegründung BGH NJW 1999, 784, 786.

[71] BGH FamRZ 2005, 99 m. Anm. *Schröder* (Maschinenbauunternehmen); OLG Bamberg FamRZ 1995, 607, 610 (Handwerksbetrieb).

Substanzwertes können die Sachen, Rechte und sonstigen Positionen nicht mit den in der Handels- und Steuerbilanz ausgewiesenen Werten übernommen werden, denn die in jenen Bilanzen zulässigen Unterbewertungen haben spezifische Zwecke, die beim Zugewinnausgleich keine Rolle spielen. Die im Falle einer Veräußerung anfallenden **Ertragssteuern** sind nach richtiger Ansicht wertmindernd nur zu berücksichtigen, wenn die Veräußerung des Unternehmens wahrscheinlich und mit der Realisierung der Steuerlast zu rechnen ist (dazu auch RdNr. 22).[72] Ertragssteuern auch in Fällen anzurechnen, in denen ein Verkauf nicht beabsichtigt ist, ist insofern nicht plausibel, als Entstehenswahrscheinlichkeit und Realisierungschance einer Forderung oder Verbindlichkeit bei ihrer Bewertung im Zugewinn immer von Bedeutung sind. Warum es bei zukünftigen Steuerforderungen nicht auf die Wahrscheinlichkeit ihres Anfalls ankommen soll, ist nicht einsichtig.[73] Allerdings mindert die nur latente Steuerschuld den Wert des Unternehmens in allen Konstellationen, in denen (nur) der Liquidationswert zugrunde zu legen ist (vgl. RdNr. 9). Zur **Ermittlung des goodwill** eines Unternehmens greift die Rspr. auf die **Ertragswertmethode** zurück. Dem liegt die Annahme zugrunde, dass sich der Wert eines Unternehmens danach richtet, was ein Erwerber für dieses bezahlen würde. Ein Käufer aber orientiert sich maßgeblich an den Ertragsaussichten, denn er vergleicht die Rendite aus dem Unternehmen mit der Rendite, die er aus einer anderen Geldanlage erzielen könnte. Ermittelt wird die Ertragskraft des Unternehmens durch Kapitalisierung der – auf der Basis der Erträge in der Vergangenheit – geschätzten Zukunftserträge zum jeweiligen Stichtag.[74] Auf das in der Betriebswirtschaftslehre zur Bewertung des zukünftigen finanziellen Unternehmenserfolges zunehmend herangezogene **Discounted-Cash-Flow-Verfahren** (DCF), das statt auf den Ertragsüberschuss auf die zukünftigen Einnahmeüberschüsse abstellt,[75] greift die zivilgerichtliche Praxis (noch?) nicht zurück. Da Ertragswert- und DCF-Verfahren bei gleichen Bewertungsannahmen und Vereinfachungen theoretisch zum gleichen Ergebnis kommen, beschränken sich die Differenzen der Bewertungsmethoden auf die Rechenschritte bei der Ermittlung des Zukunftserfolgswertes.[76]

27a Die betriebswirtschaftliche Lehre misst heute dem **Substanzwert keine eigenständige** Bedeutung mehr bei: Zur Ermittlung des künftigen finanziellen Nutzens des Unternehmens für einen Erwerber muss die betriebliche Substanz zwar bekannt sein, sie zu einer selbständigen Rechengröße zusammenzufassen, führt aber in aller Regel nicht weiter.[77] Die Rspr. hingegen versteht die **Berücksichtigung des Ertragswertes** des Unternehmens teilweise nur **als Korrektur des Substanzwertes;**[78] auch gibt es den Ansatz, der von vornherein Ertrags- und Substanzwert zu einem Mittelwert kombiniert.[79]

VIII. Bewertung von Beteiligungen an Personengesellschaften

28 **1. Übertragbarkeit des Anteils.** Sind Beteiligungen an einer GbR, einer OHG oder KG übertragbar, so sind sie mit ihrem Markt- bzw. Verkehrswert in die Zugewinnausgleichsbilanz einzustellen.[80] Im Falle der Nichtübertragbarkeit sind sie mit dem quotalen Unter-

---

[72] *Hoppenz* FamRZ 2006, 449; *Kogel* NJW 2007, 556; *Münch* FamRZ 2006, 1164; *Schröder* RdNr. 74.

[73] So aber BGH FamRZ 1989, 1276, 1279; 1991, 43, 48; 1999, 361; 2005, 99 m. Anm. *Schröder*; OLG Düsseldorf FamRZ 1989, 1181, 1183. Dazu auch § 1375 RdNr. 17.

[74] OLG Bamberg FamRZ 1995, 607, 610; OLG Düsseldorf FamRZ 1984, 699, 702; OLG Koblenz FamRZ 1983, 166, 168; *Reimann* FamRZ 1989, 1248, 1250.

[75] Grundsätze zur Durchführung von Unternehmensbewertungen des Instituts der Wirtschaftsprüfer (IDWS 1), WPg 2005, 1303, 1313; *Wollny* RdNr. 2764 ff.; *Großfeld* C, VII, 3, S. 47 f. und M, S. 159 ff.; *Drukarczyk/Schüler* Kap. 5, V, S. 138 und Kap. 6 S. 153 ff.; *Felden* Kap. 2, 2, S. 111 ff.

[76] *Münch* RdNr. 134 ff.; *Wollny* RdNr. 2770; *Großfeld* C, VII, 1 S. 46; *Felden* Kap. 2, 2, S. 116.

[77] *Großfeld* C, III, S. 38 und T, S. 220 ff.; *Braunhofer* § 3, III, IV, S. 31; *Felden* Kap. 2, 2, S. 90 ff.; Grundsätze zur Durchführung von Unternehmensbewertungen des Instituts der Wirtschaftsprüfer (IDWS 1), WPg 2005, 1303, 1305.

[78] Vgl. BGH NJW 1982, 2441; BGH FamRZ 1982, 54 und 1991, 43, 44.

[79] OLG Düsseldorf FamRZ 1984, 699, 701; OLG Bamberg FamRZ 1995, 607, 610 mit Berechnungsbeispiel. Grundsätzlich gegen die Mittelwertmethode *Meyer* FuR 1996, 94, 96.

[80] BGH FamRZ 1999, 361; *Staudinger/Thiele* (2007) RdNr. 30; *Michalski/Zeidler* FamRZ 1997, 397.

nehmenswert zu berücksichtigen, der zu korrigieren ist, wenn die Beteiligung wertrelevante gesellschaftsrechtliche Besonderheiten aufweist, insbesondere aber eine größere oder geringere Teilhabe am Gewinn vermittelt.[81]

2. Abfindungs- und Ausschlussklauseln. Die in den Grundsätzen klare und im Detail der Bewertung von Unternehmen entsprechende Ermittlung des Anteilswertes wird durch Abfindungs- und Ausschlussklauseln in Gesellschaftsverträgen in Frage gestellt, die den Anspruch auf das Auseinandersetzungsguthaben beschränken, indem sie etwa stille Reserven oder den goodwill ausklammern, oder ganz ausschließen, etwa für den Fall des Todes des Gesellschafters oder auch die Fälligkeit des Anspruchs durch Stundung oder Ratenvereinbarung zeitlich hinausschieben.[82] Derartige Klauseln unterliegen zwar der Kontrolle des § 138, sind aber grundsätzlich zulässig.[83] Auch güterrechtlich sind sie nicht gemäß § 1375 Abs. 2 Nr. 1 als unentgeltliche Zuwendungen zu eliminieren: Sofern die Abfindungsregelung für alle Gesellschafter gilt und nicht ohne speziellen rechtfertigenden Grund nur einzelne Gesellschafter betrifft, stellen sie keine Schenkungen an die Gesellschaft dar.[84] Sie bestimmen den Wert des Anteils jedenfalls dann, wenn sie am Stichtag bereits Aktualität gewonnen haben, weil das Ausscheiden des Gesellschafter-Ehegatten wegen Kündigung feststeht.[85] Aber auch wenn im Zeitpunkt der letzten Tatsachenverhandlung lediglich feststeht, dass der Ehegatte den Gesellschaftsanteil wird veräußern müssen, ist der Wert der Beteiligung nur nach dem Betrag des Abfindungsanspruchs zu bemessen.[86] 29

In den Fällen, in denen sich die **Abfindungsklausel** bei Güterstandsbeendigung noch nicht aktualisiert hat und offen ist, ob überhaupt und wann in der Zukunft die Klausel Wirkungen zeitigt, ist die Frage nach ihrer **Bewertung streitig** geblieben. Unterscheiden lassen sich **vorläufige Lösungen** – voller Wert der Beteiligung mit der Möglichkeit späterer Korrektur unter Bezugnahme auf § 2313 oder § 242[87] – von **endgültigen Lösungen.** Letztere setzen den vollen Wert der Beteiligung an und gehen dann unterschiedlich vor. Zum Teil messen sie der Abfindungsklausel überhaupt keine Bedeutung zu, weil das Risiko des Gesellschafter-Ehegatten, beim Ausscheiden weniger zu erhalten, durch die Chance kompensiert wird, dass sich der Wert der Gesellschaftsbeteiligung erhöht, weil andere Gesellschafter – nur zum Klauselwert – ausscheiden.[88] Andere Lösungsvorschläge berücksichtigen die Abfindungsklausel generell wertmindernd oder gehen zunächst vom Klauselwert aus, versehen diesen aber in bestimmten Fällen mit prozentualen Zuschlägen.[89] 30

Vorzuziehen sind die endgültigen Lösungen. § 2313, den der BGH beim rechnerischen Zugewinnausgleich ohnehin nicht anwenden will (vgl. RdNr. 16), weist nicht in die andere Richtung. Sein Gegenstand sind die bedingten, unsicheren und ungewissen Rechte, nicht aber unsichere Wirkungen eines wertbildenden Faktors eines unbedingt bestehenden und gewissen Rechts. Innerhalb der endgültigen Lösungen überzeugt allein die Bewertung des 31

---

[81] Wie hier *Johannsen/Henrich/Jaeger* RdNr. 18. In diesem Fall für das Auseinandersetzungsguthaben *Staudinger/Thiele* (2007) RdNr. 30; *Michalski/Zeidler* FamRZ 1997, 397, 404. Generell für das Auseinandersetzungsguthaben OLG Thüringen FamRZ 2005, 1186; *Schwab/Schwab* Teil VII RdNr. 91; *Piltz/Wissmann* NJW 1985, 2673, 2680.

[82] Zu Zielen und Inhalten solcher Abfindungsklauseln MünchKommBGB/*Ulmer* § 738 RdNr. 39 f., 60 ff.; *Palandt/Sprau* § 738 RdNr. 7.

[83] Vgl. BGHZ 116, 359, 368 (zum Abfindungsrecht eines GmbH-Gesellschafters); *Palandt/Sprau* § 738 RdNr. 7; MünchKommBGB/*Ulmer* § 738 RdNr. 41 ff.

[84] BGHZ 22, 186, 194 = NJW 1957, 180 (für § 2301). Zum Meinungsstand in Rspr. und Lit. MünchKommBGB/*Ulmer* § 738 RdNr. 61.

[85] BGH NJW 1999, 784, 785.

[86] *Schwab/Schwab* Teil VII RdNr. 94; *Staudinger/Thiele* (2007) RdNr. 33.

[87] *Sudhoff* NJW 1961, 801 (hier aber auch eine endgültige Lösung S. 804 ff.); *Ulmer* ZGR 1972, 324, 342; RGRK/*Finke* RdNr. 11 für die Ausschlussklausel.

[88] So *Heckelmann* S. 226 ff.; *Piltz/Wissmann* NJW 1985, 2673, 2680 ff.; *Erman/Gamillscheg* RdNr. 19; *Bamberger/Roth/Mayer* RdNr. 23; vgl. ferner OLG Bremen FamRZ 1979, 434, 436 (dahingestellt, ob Abschläge nötig).

[89] *Huber* S. 347; *Wiedemann* S. 218 (Zuschlag grds. nur, wenn Kapitalbeteiligung gegenüber der persönlichen Mitarbeit stark im Vordergrund steht).

Anteils nach einer Schätzung, die vom **vollen Wert der Unternehmensbeteiligung** ausgeht und das **Risiko** der geringeren Abfindung beim Ausscheiden **wertmindernd berücksichtigt.**[90] Sie fügt sich am besten in die allgemeinen Bewertungsgrundsätze ein: Der Anteil wird mit seinem vollen wirklichen Wert am Bewertungsstichtag erfasst. Die Möglichkeit späterer Abfindung nur mit dem Klauselwert gehört zu seinen gegenwärtigen Eigenschaften und stellt ein Risiko dar, das wie auch sonst bei risikobehafteten Vermögensanlagen bei der Bewertung zu berücksichtigen ist. Notwendig ist allerdings, die im Einzelfall zugrunde gelegten Schätzungskriterien nachvollziehbar darzulegen. Nicht ausreichend sind „Schätzungen", die ohne Begründung Abschläge vom Vollwert fixieren und deshalb willkürlich anmuten.[91]

32 **3. Abschreibungsgesellschaften.** Besondere Schwierigkeiten bereitet die Bewertung von Anteilen an Abschreibungsgesellschaften. Der Vorschlag, einen Fragenkatalog zu entwerfen (Einzahlungsverpflichtungen? Zu erwartende Steuervorteile? Erlöse bei Beendigung der Mitgliedschaft? Nachsteuern für diesen Fall?)[92] führt zwar nicht sehr weit, weil die einzelnen Ansätze nur sehr grob geschätzt werden können, bietet aber doch Anhaltspunkte. Haben Kommanditisten ein negatives Kapitalkonto, so ist dieses nicht etwa als Verbindlichkeit gegenüber der Gesellschaft zu betrachten; es ist nichts anderes als der Ausdruck einer „Verlusthaftung mit künftigen Gewinnen".[93]

IX. Land- und forstwirtschaftliche Betriebe

33 **1. Ratio der Regelung.** Land- und forstwirtschaftliche Betriebe sind „Besitzungen, die eine zum selbständigen Betrieb der Landwirtschaft einschließlich der Viehzucht oder der Forstwirtschaft geeignete und bestimmte Wirtschaftseinheit darstellen und mit den nötigen Wohn- und Wirtschaftsgebäuden versehen sind".[94] Sie sind mit ihrem Ertragswert und nicht mit ihrem Verkehrswert anzusetzen, wenn sie sowohl bei der Berechnung des Anfangsvermögens – und sei es auch nur gem. § 1374 Abs. 2 – als auch des Endvermögens zu berücksichtigen sind. Identität des hier und dort zu berücksichtigenden Betriebes ist nicht erforderlich; ein neuer Betrieb kann einen alten surrogieren.[95]

34 § 1376 Abs. 4 dient dem **öffentlichen Interesse** an der Erhaltung leistungsfähiger land- und forstwirtschaftlicher Betriebe.[96] Diesem Zweck entsprechend ist die Norm teleologisch zu reduzieren und der volle Wert anzusetzen, wenn dieser geringer ist als der Ertragswert.[97] Die mit der Privilegierung der ausgleichspflichtigen Inhaber land- und forstwirtschaftlicher Betriebe notwendig verbundenen Nachteile für den anderen Ehegatten, der von den Wertsteigerungen des Betriebes während des Güterstandes ausgeschlossen ist, sofern diese sich nicht sofort in einer entsprechenden Steigerung des Ertragswertes niederschlagen, werden um des Normzwecks willen bewusst in Kauf genommen.

[90] BGHZ 75, 195, 201 = NJW 1980, 229; BGH LM Nr. 9 = NJW 1987, 321, 322; BGH NJW 1999, 784, 785; FamRZ 2003, 432 m. Anm. *Schröder*; OLG Düsseldorf FamRZ 1981, 48, 49; OLG Schleswig FamRZ 1986, 1208, 1209. In diesem Sinne auch OLG Hamm FamRZ 1998, 235 (Abschlag nur, wenn Veräußerung zum Stichtag naheliegt); *Staudinger/Thiele* (2007) RdNr. 35 (Abschlag nur, wenn Ausscheiden sicher oder fast voraussetzungslos möglich); *Soergel/Lange* RdNr. 14 (Abschlag nur, wenn mit Ausscheiden in naher Zukunft zu rechnen ist).

[91] So etwa OLG Hamm FamRZ 1983, 918 (Abschlag von 20%); OLG Schleswig FamRZ 1986, 1208, 1209 (Abschlag von 15 000 DM von dem mit 40 000 DM festgestellten goodwill) m. Anm. *Fröhlich.*

[92] Vgl. dazu *Arens/Spieker* FamRZ 1985, 121, 132.

[93] Vgl. BGH FamRZ 1986, 37 = LM § 1375 Nr. 12.

[94] BGH NJW 1964, 1414, 1416 = LM § 2329 Nr. 5/6 zum Begriff Landgut iS des § 98 Nr. 2, der nach allgM ein Synonym des Begriffs „land- und forstwirtschaftlicher Betrieb" ist; vgl. *Staudinger/Thiele* (2007) RdNr. 18; *Soergel/Lange* RdNr. 18; RGRK/*Finke* RdNr. 33; *Faßbender* AgrarR 1990, 243, 244.

[95] Ebenso *Dölle* I S. 804; *Staudinger/Thiele* (2007) RdNr. 26; *Soergel/Lange* RdNr. 19; *Bamberger/Roth/Mayer* RdNr. 27; *Johannsen/Henrich/Jaeger* RdNr. 25.

[96] BVerfGE 67, 348, 367 = NJW 1985, 1329, 1330; BGHZ 113, 325, 327 f.; OLG Schleswig FamRB 2004, 37; *Fischer/Stock* AgrarR 1985, 220.

[97] *Staudinger/Thiele* (2007) RdNr. 14; *Soergel/Lange* RdNr. 17.

Den aus dieser Bevorzugung resultierenden verfassungsrechtlichen Bedenken[98] hat der Gesetzgeber 1994 durch eine Änderung des Normtextes Rechnung getragen.[99] Die Berücksichtigung (nur) des Ertragswertes des Betriebes für die Berechnung des Zugewinns ist davon abhängig, dass der auf Zugewinnausgleich in Anspruch genommene Inhaber selbst oder ein Abkömmling von ihm den Betrieb weiterführt. Praktische Auswirkungen hatte diese Gesetzesänderung insofern nicht, als die Rechtsprechung schon zuvor im Wege der teleologischen Reduktion den Anwendungsbereich des § 1376 Abs. 4 eingeschränkt und die Norm nicht angewandt hatte, wenn die Begünstigung nicht dem selbst wirtschaftenden Eigentümer oder einem Abkömmling zugute kam – sei es, weil der Betrieb bereits verpachtet war, sei es, weil der gegenwärtig noch selbst wirtschaftende Eigentümer in naher Zukunft nicht mehr bereit oder in der Lage gewesen war, den Betrieb zu leiten.[100] Eine teilweise Verpachtung landwirtschaftlicher Flächen schadet jedenfalls auch nach der Gesetzesänderung nicht.[101] Die weitere Änderung, dass der Betriebsinhaber nur privilegiert ist, wenn er auf Zugewinnausgleich in Anspruch genommen wird, **nicht** aber wenn er **ausgleichsberechtigt** ist, ist der Funktion der Norm geschuldet – beim Ausgleichsberechtigten besteht keine Gefahr, dass der Betrieb im Zusammenhang mit der Durchführung des Zugewinnausgleichs aufgelöst werden muss. 35

Trotz Einschränkungen bestehen gegen das Privileg grundsätzliche Bedenken. Angeführt wird die Empirie: Modellrechnungen haben gezeigt, dass die deutlich über den Ertragswerten liegenden Verkehrswerte land- und forstwirtschaftlicher Betriebe keineswegs generell und in allen Betriebsgruppen zu Zugewinnausgleichsbeträgen führen, die über der Grenze der tragbaren Belastung liegen.[102] Solche Erkenntnisse haben angesichts der klaren Gesetzeslage derzeit zwar nur rechtspolitische Bedeutung. In der Diskussion zu halten sind sie allerdings, denn die wesentlichen Argumente für die Privilegierung landwirtschaftlicher Betriebe treffen auch für sonstige mittelständische Unternehmen zu.[103] 36

2. Ertragswert. Der Ertragswert bestimmt sich nach dem bei ordnungsmäßiger Bewirtschaftung nachhaltig erzielbaren Reinertrag (§ 1376 Abs. 4 Halbs. 2 iVm § 2049 Abs. 2). Gemäß Art. 137 EGBGB wird dieser nach den jeweils geltenden landesgesetzlichen Vorschriften ermittelt.[104] Üblich ist im Landesrecht die Fixierung auf ein bestimmtes Vielfaches des jährlichen Reinertrages.[105] In den ehemals preußischen Gebieten etwa ist mit 25 zu multiplizieren (Art. 83 PrAGBGB idF des SchätzungsamtsG vom 8. 6. 1918), in den bayerischen dagegen mit 18 (Art. 103 BayAGBGB und VO vom 31. 7. 1926). Die in Art. 137 EGBGB aF enthaltene sog. statische Verweisung, nach der die landesrechtlichen Bewertungsvorschriften in der bei Verkündung des GleichberechG am 18. 6. 1957 geltenden Fassung heranzuziehen waren,[106] ist durch die Änderung des Art. 137 EGBGB im Jahre 1994 ausdrücklich aufgegeben worden. 37

3. Übriges Vermögen. Vom privilegierten land- und forstwirtschaftlichen Betrieb ist das übrige Vermögen, insbesondere aber das persönlichen Zwecken dienende Gut, zu sondern, für das der „volle wirkliche Wert" zu ermitteln bleibt. Die Grenze ist funktional zu ziehen. Zum privilegierten Betrieb gehört nur, was eine entsprechende Zweckwidmung 38

---

[98] Vgl. BVerfGE 67, 348 = NJW 1985, 1329; *Peinemann* S. 109; *Fischer/Stock* AgrarR 1985, 220 (beide zu dieser Entscheidung); BVerfG FamRZ 1989, 939.

[99] Gesetz zur Bewertung eines land- und forstwirtschaftlichen Betriebes beim Zugewinnausgleich vom 14. 9. 1994 (BGBl. I 2324). Grundlegende Kritik äußert *Faßbender* AgrarR 1990, 243 ff.

[100] BGH FamRZ 1989, 1276, 1277. Dass Übergabe auch an einen entfernteren Verwandten genügen sollte (so OLG Celle AgrarR 1987, 46), rügte das BVerfG FamRZ 1989, 939, 941.

[101] OLG Schleswig FamRB 2004, 37 = OLGR Schleswig 2003, 409.

[102] *Damm* AgrarR 1987, 209, 212.

[103] Anders wohl *Teipel* S. 5 ff. (zu den Besonderheiten „landwirtschaftlicher Ehen").

[104] Eine Übersicht über die landesrechtlichen Vorschriften findet sich in MünchKommBGB/*Damrau* Art. 137 EGBGB RdNr. 4.

[105] Zu seiner Ermittlung vgl. den „Leitfaden für die Ermittlung des Ertragswertes landwirtschaftlicher Betriebe" der Deutschen Gesellschaft für Agrarrecht, in: *Pabsch* AgrarR 1994, 5 ff.; *Köhne* AgrarR 1984, 57; OLG Düsseldorf FamRZ 1986, 168, 169.

[106] Vgl. dazu BVerfGE 67, 348, 362 ff. = NJW 1985, 1329 f.

erfahren hat, auch wenn es nicht Zubehör gemäß § 98 Nr. 2 ist oder sogar für den Betrieb entbehrlich erscheint.[107] Auch Aktien gehören zum Betriebsvermögen, wenn sie den Absatz der auf dem Hof erzeugten Güter garantieren sollen.[108] Gegenstände mit mehrfacher Funktion wie ein PKW, der dem Betrieb, aber auch der Familie dient, sind jenem Bereich zuzurechnen, für den sie überwiegend gehalten werden.

39 **4. Verrechnung von Defiziten?** Ergibt sich für den land- oder forstwirtschaftlichen Betrieb in der Zeit des Güterstandes eine Minderung des Ertragswertes, so ist das Defizit nicht von dem beim persönlichen Gut ermittelten Zugewinn abzuziehen. Sinn des Bewertungsprivilegs des Hofinhabers ist es nicht, dem begünstigten Ehegatten nun auch noch beim persönlichen Gut Vorteile zu verschaffen. Ein Abzug kann jedoch stattfinden, wenn auch der Verkehrswert des Betriebes ein Defizit ausweist.[109]

40 **5. Änderungen im Betriebsvermögen.** Für Betriebe, die nicht zu beiden Berechnungszeitpunkten zum Vermögen zählten, sei es dass sie während des Güterstandes – ohne Privileg des § 1374 Abs. 2 – erworben wurden, sei es, dass sie während des Güterstandes ohne Ersatzerwerb veräußert wurden, bleibt der volle wirkliche Wert entscheidend. Sonstige Änderungen im Bestand des Betriebsvermögens können sich zwar in einer Änderung des Ertragswertes auswirken, sind aber nicht gesondert zu bewerten, wenn es sich um Erwerb und Veräußerung in ordnungsmäßiger Betriebsführung sowie um Surrogationserwerb und Rationalisierungserwerb handelt. **Erweiterungserwerb** hingegen unterliegt nicht der Ertragswertbemessung, sondern ist mit seinem vollen wirklichen Wert in die Zugewinnbilanz einzustellen. Dem Ehegatten soll durch die privilegierte Bewertung der Betrieb in seinem ursprünglichen Zuschnitt erhalten bleiben, ändert sich dieser, ist für die Bevorzugung kein Raum mehr. Hinzu erworbene Gebäude und Grundstücke sind mithin mit ihrem Verkehrswert im Endvermögen zu berücksichtigen.[110] Das muss auch gelten, wenn im Wege des Erweiterungserwerbs bewegliche Sachen angeschafft werden. Auch hier gibt es keinen Grund, sie zu Lasten des anderen Ehegatten bei der Bewertung zu privilegieren. War der Erwerb allerdings notwendig, um die Lebensfähigkeit des Betriebes zu erhalten, ist er nach der Teleologie der Norm weiterhin privilegiert zu bewerten.[111] Veräußerte Gegenstände sind als Bestandteil des Anfangsvermögens einzusetzen. Der Ehegatte partizipiert damit sachrichtig nur an dem realen Wertzuwachs während des Güterstandes.[112] Fließen die Veräußerungserlöse allerdings nicht in den Betrieb zurück, so fallen sie mit ihrem vollen Wert in das sonstige Vermögen des Ehegatten und erhöhen dessen Zugewinn.

41 **6. Verbundene gewerbliche Betriebe.** Ist mit dem land- und forstwirtschaftlichen Betrieb ein gewerblicher Betrieb verbunden, etwa eine Gastwirtschaft, eine Reitschule oder eine Pension für Feriengäste, so ist das Bewertungsprivileg auf den gesamten „gemischten Betrieb" zu erstrecken, wenn die gewerbliche Betätigung ein Annex der land- oder forstwirtschaftlichen ist, ihr zugeordnet bleibt und von ihr abhängig ist; in dieser Art unselbständig wird idR ein Reiterhof betrieben. Im Übrigen sind die Betriebseinheiten voneinander zu sondern und der gewerbliche Betrieb ohne Rücksicht auf seine Größe und Bedeutung mit dem vollen wirklichen Wert einzusetzen, so meist bei einer Gastwirtschaft oder einer Brennerei.[113] Nicht entscheidend sind steuerrechtliche Abgrenzungen.

---

[107] Ebenso *Staudinger/Thiele* (2007) RdNr. 19; *Bamberger/Roth/Mayer* RdNr. 29. Ähnlich *Soergel/Lange* RdNr. 21 („alle der Bewirtschaftung dienenden Gegenstände"); RGRK/*Finke* RdNr. 37 („unmittelbar betriebszugehörige Vermögensgegenstände").

[108] Vgl. BGHZ 113, 325, 331 f. = NJW 1991, 1741 für den Absatz von Zuckerrüben.

[109] OLG Schleswig OLGR 2004, 30. Generell gegen eine Verrechnung des Defizits AG Gütersloh AgrarR 1990, 211.

[110] *Schwab/Schwab* Teil VII RdNr. 84; *Staudinger/Thiele* (2007) RdNr. 24; RGRK/*Finke* RdNr. 39; *Soergel/Lange* RdNr. 19; *Palandt/Brudermüller* RdNr. 23.

[111] BGHZ 113, 325, 328 ff. = NJW 1991, 1741 (für eine landwirtschaftliche Nutzfläche) m. Anm. *Schipprowski* FuR 1991, 225 ff.

[112] Vgl. OLG Schleswig SchlHA 1981, 147.

[113] OLG Schleswig FamRB 2004, 37; *Staudinger/Thiele* (2007) RdNr. 21; *Soergel/Lange* RdNr. 19. Unbestimmter RGRK/*Finke* RdNr. 34 (Frage nach dem „Übergewicht"; Betonung der „Umstände des Einzel-

7. Anerben. Ein besonderes, von den Grenzen des § 1376 Abs. 4 gelöstes Bewertungsprivileg gilt gemäß § 12 Abs. 2 der HöfeO in deren Geltungsgebiet zugunsten des Hoferben – also in Hamburg, Niedersachsen, Nordrhein-Westfalen und Schleswig-Holstein. Bei Güterstandsbeendigung durch den Tod eines Ehegatten und Zugewinnausgleich nach den Regeln der güterrechtlichen Lösung (§ 1371 Abs. 2 und 3) wird der Hof nur mit dem Hofeswert, mithin dem Eineinhalbfachen des zuletzt festgesetzten Einheitswertes, bewertet.[114] Wird der Hof allerdings innerhalb von 20 Jahren nach dem Erbfall veräußert oder einer anderen Nutzung zugeführt, so erwächst dem überlebenden Ehegatten ein Ergänzungsanspruch gemäß § 13 HöfeO.[115] Dies alles gilt nicht bei Güterstandsbeendigung unter Lebenden. 42

X. Abweichende Vereinbarungen

§ 1376 setzt nach allgM dispositives Recht.[116] Mit der Regelung des Bewertungsstichtags und der Bewertung selbst – einschließlich derjenigen land- und forstwirtschaftlicher Betriebe – sind keine Interessen der Allgemeinheit oder auch der Ehegatten verbunden, die generell unverzichtbar wären. Empfehlenswert sind vertragliche Fixierungen insbesondere für Vermögensbestandteile mit besonderen Bewertungsschwierigkeiten – Unternehmen, Gesellschaftsanteile usw. Regelungen während des Güterstandes haben durch **Ehevertrag** zu erfolgen. Regelungen nach Beendigung des Güterstandes sind dagegen **formlos** möglich. 43

§ 1377 Verzeichnis des Anfangsvermögens

(1) Haben die Ehegatten den Bestand und den Wert des einem Ehegatten gehörenden Anfangsvermögens und der diesem Vermögen hinzuzurechnenden Gegenstände gemeinsam in einem Verzeichnis festgestellt, so wird im Verhältnis der Ehegatten zueinander vermutet, dass das Verzeichnis richtig ist.

(2) [1]Jeder Ehegatte kann verlangen, dass der andere Ehegatte bei der Aufnahme des Verzeichnisses mitwirkt. [2]Auf die Aufnahme des Verzeichnisses sind die für den Nießbrauch geltenden Vorschriften des § 1035 anzuwenden. [3]Jeder Ehegatte kann den Wert der Vermögensgegenstände und der Verbindlichkeiten auf seine Kosten durch Sachverständige feststellen lassen.

(3) Soweit kein Verzeichnis aufgenommen ist, wird vermutet, dass das Endvermögen eines Ehegatten seinen Zugewinn darstellt.

Schrifttum: s. § 1372.

Übersicht

falles“). Enger *Erman/Gamillscheg* RdNr. 17 (Verkehrswert für „nicht ganz unbedeutende gewerbliche“ Nebenbetriebe).

[114] *Lange/Wulff/Lüdtke/Handjery* § 12 RdNr. 135; *Faßbender/Hötzel/von Jeinsen/Pikalo* § 1 RdNr. 112; *v. Olshausen* FamRZ 1977, 361. Anders *Wöhrmann/Stöcker* § 12 HöfeO RdNr. 54 ff. (Abs. 10 hat nur erbrechtliche Funktion, keine Bedeutung für den Zugewinnausgleich).

[115] Vgl. dazu und zu weiteren Einzelheiten *v. Olshausen* FamRZ 1977, 361, 367 ff.

[116] *Staudinger/Thiele* (2007) RdNr. 49; *Bamberger/Roth/Mayer* RdNr. 46; *Palandt/Brudermmüller* RdNr. 1.

I. Normzweck

1 **1. Vermutungen.** Bestand und Wert der Anfangsvermögen rekonstruierend zu fixieren, ist eine Aufgabe, die mit wachsendem zeitlichem Abstand und mit wachsender Veränderung des Vermögensbestandes und des Geldwertes auch mit wachsenden Schwierigkeiten verbunden ist. § 1377 sucht ihnen mit zwei Vermutungen zu begegnen: einer positiven Richtigkeitsvermutung nach Inventarisierung (Abs. 1) und einer negativen Vermutung (kein Anfangsvermögen), falls die Inventarisierung unterblieb (Abs. 3).

2 Die Richtigkeitsvermutung ist aus einsichtigen Gründen totes Recht geblieben. § 1377 ist in der Bevölkerung so gut wie unbekannt; die psychologischen Hemmungen, die sich einer vorbeugenden Inventarisierung des Anfangsvermögens bei intakter Beziehung entgegenstellen, sind evident. Von praktischer Bedeutung ist allein die negative Vermutung des Abs. 3.

3 **2. Pflicht zur Inventarisierung?** Kein Ehegatte ist verpflichtet, sein Anfangsvermögen zu inventarisieren, und zwar auch dann nicht, wenn der Partner es verlangt – dessen Interessen werden mit der negativen Vermutung gewahrt. Wohl aber ist die negative Vermutung eine Sanktion auf die unterlassene Inventarisierung und beweist damit die Existenz einer **Obliegenheit.**

II. Inventar

4 **1. Gemeinschaftliche Errichtung.** Die Richtigkeitsvermutung genießen lediglich Inventare, die von den Ehegatten gemeinschaftlich errichtet wurden. Einseitig aufgestellte Inventare können allerdings wertvolle Beweismittel sein, wenn es gilt, die negative Vermutung des Abs. 3 zu widerlegen.

5 **2. Beidseitigkeit.** Die Richtigkeitsvermutung setzt nicht die Inventarisierung beider Anfangsvermögen voraus. Jeder Ehegatte hat um die Fixierung seines Vermögens besorgt zu sein; im Streit zwischen einem tätig gewordenen und einem untätig gebliebenen Ehegatten gilt für den ersteren die Richtigkeitsvermutung, für den letzteren dagegen die negative Vermutung.

6 **3. Umfang.** Zu erfassen sind **Bestand** und **Wert** des Anfangsvermögens einschließlich des privilegierten Erwerbs (§ 1374 Abs. 2) – und zwar hier wie dort unter Berücksichtigung der Verbindlichkeiten, denn diese sind bestimmende Faktoren für Bestand und Wert des Anfangsvermögens als einer reinen Rechnungsgröße (vgl. auch ihre Erwähnung in Abs. 2 S. 3). Beschränken sich die Parteien auf eine Bestandsaufnahme ohne Wertfeststellung, so gilt die Richtigkeitsvermutung mit der entsprechenden Einschränkung; ein Anlass, in diesem Fall dem Inventar nur die Bedeutung eines Beweismittels zur Widerlegung der negativen Vermutung zu belassen, besteht nicht.[1]

7 **4. Spezifizierung.** Maßstab für den erforderlichen Grad der Spezifizierung ist der Zweck des Verzeichnisses, alle zum Anfangsvermögen gehörenden vermögensrechtlichen Positionen in einer Form festzuhalten, die beim späteren Zugewinnausgleich, gegebenenfalls also noch nach Jahrzehnten, Zweifel ausschließt. **Sach- und Rechtsgesamtheiten,** die ein

[1] Vgl. *Staudinger/Thiele* (2007) RdNr. 20.

einheitlicher Bestimmungszweck verbindet, können als Inbegriffe aufgeführt werden, wenn und soweit der Verzicht auf detaillierte Aufschlüsselung im Verkehr üblich ist und eine ausreichende spätere Orientierung nicht in Frage gestellt wird, so bei Unternehmen, Bibliotheken, Sammlungen, Zimmereinrichtungen, Nachlässen usw. Dass Sach- und Rechtsgesamtheiten während des Güterstandes gegenständliche Veränderungen erfahren, ist belanglos: Es geht nicht darum, bestimmte Vermögensmassen in ihrem gegenständlichen Bestand zu fixieren, sondern ausschließlich um die Möglichkeit späterer Identifizierung der seinerzeit erfassten Positionen. Einzelgegenstände sind anhand aller Faktoren zu individualisieren, die im Verkehr üblicherweise mitgeteilt werden und die für ihre Bewertung erheblich sind.

5. Analoge Anwendung des § 1035. Für die Aufnahme des Inventars verzichtet das Güterrecht auf eigene Regeln und verweist auf die Vorschriften des § 1035 aus dem Recht des Nießbrauchs. Das Verzeichnis ist danach mit der Angabe des Tages der Aufnahme zu versehen und von beiden Teilen zu unterzeichnen. Nach hM ist die **Unterzeichnung** ein Essential des Inventars und damit der Richtigkeitsvermutung, dagegen **nicht** die Angabe des **Datums.**[2] Da die Inventarisierung des Anfangsvermögens retrospektiv erfolgt für den Tag, an dem der Güterstand begann bzw. der privilegierte Erwerb gemacht wurde, ist das Aufnahmedatum in der Sache irrelevant; das Fehlen der Datierung führt also nicht zur Ungültigkeit wegen Formmangels. 8

6. Unterzeichnung. Die Unterzeichnung des Inventars ist nicht nur eine Wissenserklärung, die ex lege Rechtsfolgen zeitigt, sondern **Willenserklärung** mit Rechtsfolgen, die in dem privatautonomen Akt der Ehegatten wurzeln. Die Ehegatten regeln mit dem Verzeichnis ein Element im Entstehungstatbestand der Ausgleichsforderung und damit mittelbar diese selbst – auch wenn die Möglichkeit späterer Widerlegung der Vermutung besteht.[3] 9

7. Förmliche Verstärkungen. Jeder Ehegatte kann verlangen, dass die Unterzeichnung öffentlich beglaubigt wird (§ 1035 S. 2 Halbs. 2 analog). Jeder Ehegatte kann auch verlangen, dass das Verzeichnis durch die zuständige Behörde, durch einen zuständigen Beamten oder auch durch einen Notar aufgenommen wird (§ 1035 S. 3 analog). In den beiden ersten Fällen ergibt sich dann die Zuständigkeit aus Landesrecht (vgl. § 200 FGG/§ 486 Abs. 2 FamFG), im Fall des Notars aus § 20 Abs. 1 S. 2 BNotO. Die Kosten hat derjenige Ehegatte zu tragen und vorzuschießen, welcher die Aufnahme oder die Beglaubigung verlangt (§ 1035 S. 4 analog). 10

8. Sachverständige. Über § 1035 hinausgehend kann schließlich jeder Ehegatte verlangen, dass der Wert der Vermögensgegenstände und der Verbindlichkeiten auf seine Kosten durch Sachverständige festgestellt wird (§ 1377 Abs. 2 S. 3). Das Recht kann von jedem Ehegatten auch für das Vermögen des Partners ausgeübt werden,[4] dieser kann unerwünschte Sachverständige nur um den Preis des Verzichts auf die Inventarisierung abwehren. Zweckmäßig ist eine Einigung der Ehegatten auf einen Sachverständigen; andernfalls ist dieser gemäß § 404 ZPO, § 113 Abs. 1 S. 2 FamFG durch das Amtsgericht zu ernennen. 11

III. Mitwirkung

1. Inhalt des Anspruchs. Weil nur gemeinsam errichtete Inventare die Richtigkeitsvermutung genießen, jeder Ehegatte aber die Möglichkeit haben soll, sich die Vermutung zu sichern, kann **Mitwirkung** des Partners bei der Inventarisierung des eigenen Vermögens gefordert werden (Abs. 2 S. 1). Der Anspruch ist ein sog. „verhaltener Anspruch", der erst entsteht, wenn ihn der Ehegatte durch Geltendmachung aktualisiert. Da jeder Ehegatte nach 12

[2] Ebenso *Dölle* I S. 805; *Erman/Gamillscheg* RdNr. 3; RGRK/*Finke* RdNr. 4; *Staudinger/Thiele* (2007) RdNr. 14; *Soergel/Lange* RdNr. 6.

[3] Vgl. *Erman/Gamillscheg* RdNr. 4; *Johannsen/Henrich/Jaeger* RdNr. 2. AA RGRK/*Finke* RdNr. 8 (rechtsgeschäftsähnliche Bedeutung); *Soergel/Lange* RdNr. 12; *Staudinger/Thiele* (2007) RdNr. 15 (Wissenserklärung). Doch wenden sie die §§ 104 ff. analog an.

[4] Ebenso *Dölle* I S. 806; *Soergel/Lange* RdNr. 7.

§ 1364 sein Vermögen selbständig verwaltet, richtet sich der Anspruch inhaltlich in der Regel allein auf Abgabe der die Richtigkeitsvermutung begründenden **Willenserklärung** des anderen Ehegatten. Eine darüber hinausgehende Mitwirkungspflicht, etwa Beibringung von Unterlagen oder Informationen, trifft den Ehegatten allerdings dann, wenn seinem Partner ohne diese Hilfe die Erstellung des Inventars nicht möglich ist (vgl. RdNr. 17). Der Anspruch geht aber nicht etwa auch auf ein persönliches Treffen der Ehegatten oder ihrer Vertreter;[5] dies wird von den Interessen des inventarisierenden Ehegatten nicht gefordert. Andererseits genügt der andere Ehegatte seiner Mitwirkungspflicht auch dann, wenn er sich nur mit (nicht völlig unbegründeten) Einwänden gegen die Auflistung äußert, § 1377 gibt keinen Anspruch auf Anerkennung der Zusammenstellung des anderen.[6] Für substantiiert bestrittene Vermögenspositionen gilt dann weder die Vermutung des Abs. 1 noch die des Abs. 3.

13 Erklärungen **unter Vorbehalt** und Erklärungen, die nur **bestimmte Teile** eines vom Partner als Vollinventar präsentierten Verzeichnisses als richtig anerkennen, erfüllen den Anspruch auf Mitwirkung durch Abgabe der Willenserklärung nicht. Umgekehrt können Erklärungen, die sich lediglich auf Teile des Vermögens beziehen, nicht gefordert werden. Werden jedoch Teilerklärungen abgegeben, so besteht kein Anlass, dem Inventar die Richtigkeitsvermutung auch insoweit zu versagen, denn in den anerkannten Teilen ist es „gemeinsam" erstellt worden.[7] Für das Teilinventar besteht allerdings nicht die Vermutung der Vollständigkeit der Bestandsaufnahme; soweit aus dem Teilinventar die Existenz weiteren Anfangsvermögens zu erschließen ist, ist die negative Vermutung des Abs. 3 widerlegt.

14 Die Pflicht zur Mitwirkung bezieht sich allein auf die Inventarisierung des **Anfangsvermögens** einschließlich des privilegierten Erwerbs des anderen Ehegatten. Sie besteht dagegen nicht für die Inventarisierung des Endvermögens, in Bezug auf dieses gibt es nur die Auskunftspflicht gemäß § 1379. Eine Mitwirkungspflicht gibt es auch nicht für die Inventarisierung des zwischenzeitlichen nicht privilegierten Erwerbs.

15 **2. Zeitliche Grenzen** werden vom Gesetz nicht gezogen, eine Inventarisierung des Anfangsvermögens ist auch noch möglich, wenn die Ehe bereits längere Zeit besteht. Aus der negativen Vermutung des Abs. 3 ist jedoch zu schließen, dass Mitwirkung nicht mehr nach Beendigung des Güterstandes gefordert werden kann – und damit niemals von den Erben eines verstorbenen Ehegatten, die gemäß § 1371 Abs. 2 güterrechtlich auszugleichen haben.[8] Die Vermutung entfaltet ihre Wirkungen mit dem Entstehen der Ausgleichsforderung (§ 1378 Abs. 3); von diesem Zeitpunkt an ist es Aufgabe des untätig gebliebenen Ehegatten (oder seiner Erben), die negative Vermutung zu widerlegen.

16 **3. Wiederholte Mitwirkung** kann gefordert werden bei späterem Anfall privilegierten Erwerbs. Wiederholte Mitwirkung kann dagegen nicht gefordert werden mit der Behauptung einer zunächst unrichtigen oder unvollständigen Inventarisierung.[9] Mit einem einmal erstellten Inventar ist dem Anspruch genügt; dessen Unvollständigkeit und Unrichtigkeit sind durch Widerlegung der Richtigkeitsvermutung geltend zu machen.

17 **4. Antrag und Zwangsvollstreckung.** Der Anspruch ist einklagbar und vollstreckbar; zuständig ist das FamG gemäß § 23 a Abs. 1 Nr. 1 GVG, § 111 Nr. 9 FamFG. Begründet ist der Anspruch nur, wenn der Antragsteller dem Gericht alle Informationen beigebracht hat, die für den Beschluss über die Vollständigkeit und Richtigkeit des Inventars, an dem Mitwirkung beantragt ist, notwendig sind. Da der Anspruch in der Regel nur auf Unterzeichnung des bereits erstellten Inventars und damit auf Abgabe einer Willenserklärung

---

[5] So aber *Dölle* I S. 805; *Erman/Gamillscheg* RdNr. 2.

[6] *Staudinger/Thiele* (2007) RdNr. 6. Anders Voraufl. RdNr. 13.

[7] Vgl. *Soergel/Lange* RdNr. 11; RGRK/*Finke* RdNr. 11.

[8] Ebenso *Soergel/Lange* RdNr. 3; *Staudinger/Thiele* (2007) RdNr. 9; *Johannsen/Henrich/Jaeger* RdNr. 6. Die Grenze wird dagegen nicht anerkannt von *Dölle* I S. 806; RGRK/*Finke* RdNr. 8; *Erman/Gamillscheg* RdNr. 5.

[9] Ebenso *Soergel/Lange* RdNr. 10; *Staudinger/Thiele* (2007) RdNr. 8.

gerichtet ist (vgl. RdNr. 9), hat die Zwangsvollstreckung gemäß § 894 ZPO, § 120 Abs. 1 FamFG zu erfolgen. Für eine Zwangsvollstreckung nach § 888 ZPO, § 120 Abs. 1 FamFG ist nur dann Raum, wenn ausnahmsweise eine sonstige Mitwirkung an der Erstellung des Verzeichnisses gefordert und notwendig ist.[10]

IV. Richtigkeitsvermutung (Abs. 1)

1. Persönlicher Geltungsbereich. Normgerechte Vollinventare genießen eine uneingeschränkte Vermutung der Vollständigkeit und Richtigkeit für Bestand und Wert der erfassten Aktiva und Passiva des Anfangsvermögens einschließlich des privilegierten Erwerbs. Normgerechte Teilinventare, die als solche erkennbar sind, vermitteln eine entsprechend eingeschränkte Richtigkeitsvermutung. Hier wie dort gilt die Vermutung lediglich im Verhältnis der Ehegatten zueinander und damit auch für ihre Erben. Im Verhältnis zu Dritten, etwa bei der Widerlegung der Eigentumsvermutungen aus § 1362, haben sie lediglich die Bedeutung eines gewöhnlichen Beweismittels, das der richterlichen Beweiswürdigung uneingeschränkt unterworfen ist. 18

2. Beweis. Im Verfahren wird die Vermutung durch Vorlage des Inventars, also durch Urkundenbeweis, dargetan und bewiesen. Befindet sich das Verzeichnis in der Hand des anderen Ehegatten, so kann gemäß § 421 ZPO, § 113 Abs. 1 FamFG der Antrag gestellt werden, dem Gegner die Vorlegung der Urkunde aufzugeben. Die Verpflichtung zur Vorlegung (§ 422 ZPO, § 113 Abs. 1 FamFG) folgt aus § 810 BGB. 19

3. Wirkung der Vermutung ist eine Umkehr der Darlegungs- und Beweislast sowie eine Bindung des richterlichen Ermessens bei der Beweiswürdigung. Die von den Parteien festgestellten Werte können, sofern sie nicht offenbar unrichtig sind, vom entscheidenden Richter nicht kraft eigener Sachkunde in Frage gestellt werden. 20

4. Offenbare Unrichtigkeiten. Die Vermutung deckt nicht offenbare Unrichtigkeiten, erleidet jedoch insoweit keine wirkliche Einschränkung: offenbare Unrichtigkeiten widerlegen sich selbst. 21

5. Widerlegung der Vermutung. Die Widerlegung der Vermutung kann mit allen Beweismitteln erfolgen (§ 292 ZPO, § 113 Abs. 1 FamFG) – und zwar punktuell, das heißt mit Fortbestand der Vermutung im Übrigen, oder auch generell durch vollkommene Entwertung des Inventars mittels Nachweises zahlreicher Unrichtigkeiten. Die Widerlegung ist nach allgM ausgeschlossen, wenn die Parteien sich in beiderseitigem Bewusstsein bestehender Zweifel über bestimmte Ansätze in dem Verzeichnis geeinigt haben, um die bestehende Ungewissheit zu beseitigen (§ 779).[11] Ein solcher Vergleich bedarf nach allgM nicht der Form des § 1410; es handelt sich nämlich nur um die Einigung einer güterrechtlichen Vorfrage, nicht aber um die Regelung des güterrechtlichen Verhältnisses selbst.[12] 22

V. Negative Vermutung (Abs. 3)

Für Ehegatten, die untätig blieben, was der absolute Regelfall ist, wird Identität von Endvermögen und Zugewinn vermutet, also das Fehlen jeglichen Anfangsvermögens. Auf der Basis dieser Vermutung schrumpft die Berechnung des Zugewinnausgleichs zu einem bloßen Vergleich der beiden Endvermögen zusammen. 23

Die Vermutung ist der **Widerlegung** fähig. Sie verliert ihre Wirkung jedoch immer nur partiell, denn sie bleibt insoweit bestehen, als weiterhin vermutet wird, dass anderes als das nachgewiesene Vermögen nicht vorhanden war; die Negativvermutung des Abs. 3 büßt also niemals alle Kraft ein. Zur Widerlegung der Vermutung müssen sowohl Bestand und 24

---

[10] *Johannsen/Henrich/Jaeger* RdNr. 6; *Bamberger/Roth/Mayer* RdNr. 6. Anders *Soergel/Lange* RdNr. 13; *Lüderitz/Dethloff* § 5 RdNr. 112 (Zwangsvollstreckung immer nach § 888 ZPO).

[11] *Dölle* I S. 806; *Gernhuber/Coester-Waltjen* § 36 RdNr. 44; *Rauscher* RdNr. 420; AG Säckingen FamRZ 1997, 611, 612. *Erman/Gamillscheg* RdNr. 6.

[12] *Staudinger/Thiele* (2007) RdNr. 17; RGRK/*Finke* RdNr. 17.

Wert des angegebenen Vermögens nachgewiesen sein,[13] als auch das Fehlen von Verbindlichkeiten.[14] Mit dem Auskunftsanspruch aus § 1379 kann sich der Ehegatte hier Anhaltspunkte verschaffen. Nach den Grundsätzen der sekundären Beweislast kann die Negativvermutung des Abs. 3 überwunden werden, wenn den nicht beweisbelasteten Ehegatten ausnahmsweise eine Auskunftspflicht über das Anfangsvermögen des anderen trifft. Das kann etwa der Fall sein, weil die Erben seines Ehepartners vor unüberwindlichen Beweisschwierigkeiten stehen, die er aufgrund seines Wissens über die wirtschaftlichen Verhältnisse des Verstorbenen unschwer beheben kann. Fehlen dem überlebenden Ehegatten allerdings nähere Kenntnisse, so trifft ihn die sekundäre Beweislast nicht, es verbleibt bei der Vermutung des Abs. 3.[15]

VI. Abweichende Vereinbarungen

25 **1. Zwingendes Recht.** Die beiden gesetzlichen **Vermutungen** sind der Disposition der Ehegatten entzogen. Die mit ihnen verfolgte Streitvermeidung dient auch dem Allgemeininteresse und erweist sie als zwingendes Recht.[16]

26 Die Ehegatten können auch nicht ändernd in den Tatbestand der beiden Vermutungen eingreifen, insbesondere nicht vereinbaren, dass auch einseitig errichteten Inventaren die Richtigkeitsvermutung zugute kommen soll;[17] gesetzlicher Tatbestand und Rechtsfolge sind untrennbar miteinander verknüpft.

27 **2. Verbleibende Möglichkeiten.** Unbenommen bleibt es dagegen den Ehegatten, eine Regelung zu treffen, die jede Vermutung erübrigt, zB durch Fixierung der beiderseitigen Anfangsvermögen auf bestimmte Beträge.[18] Unbenommen bleibt es ihnen ferner, wechselseitig den Anspruch auf Mitwirkung bei der Inventarisierung des Anfangsvermögens auszuschließen und damit für die negative Vermutung zu votieren.[19]

§ 1378 Ausgleichsforderung

(1) Übersteigt der Zugewinn des einen Ehegatten den Zugewinn des anderen, so steht die Hälfte des Überschusses dem anderen Ehegatten als Ausgleichsforderung zu.

(2) Die Höhe der Ausgleichsforderung wird durch den Wert des Vermögens begrenzt, das nach Abzug der Verbindlichkeiten bei Beendigung des Güterstands vorhanden ist. Die sich nach Satz 1 ergebende Begrenzung der Ausgleichsforderung erhöht sich in den Fällen des § 1375 Absatz 2 Satz 1 um den dem Endvermögen hinzuzurechnenden Betrag.

(3) [1] Die Ausgleichsforderung entsteht mit der Beendigung des Güterstands und ist von diesem Zeitpunkt an vererblich und übertragbar. [2] Eine Vereinbarung, die die Ehegatten während eines Verfahrens, das auf die Auflösung der Ehe gerichtet ist, für den Fall der Auflösung der Ehe über den Ausgleich des Zugewinns treffen, bedarf der notariellen Beurkundung; § 127 a findet auch auf eine Vereinbarung Anwendung, die in einem Verfahren in Ehesachen vor dem Prozessgericht protokolliert wird. [3] Im Übrigen kann sich kein Ehegatte vor der Beendigung des Güterstands verpflichten, über die Ausgleichsforderung zu verfügen.

---

[13] BGHZ 113, 325, 334 f. = NJW 1991, 1741.

[14] Ebenso *Staudinger/Thiele* (2007) RdNr. 24.

[15] BGH FamRZ 2002, 606, 607.

[16] *Dölle* I S. 807; *Staudinger/Thiele* (2007) RdNr. 25; RGRK/*Finke* RdNr. 19. Anders *Soergel/Lange* RdNr. 4 (doch Abdingung als „wenig sinnvoll" bezeichnet).

[17] Ebenso RGRK/*Finke* RdNr. 19; *Staudinger/Thiele* (2007) RdNr. 25.

[18] Vgl. *Dölle* I S. 807; *Staudinger/Thiele* (2007) RdNr. 25; *Erman/Gamillscheg* § 1374 RdNr. 20; RGRK/*Finke* RdNr. 19; *Soergel/Lange* RdNr. 4.

[19] Ebenso *Dölle* I S. 807; *Soergel/Lange* RdNr. 4; *Staudinger/Thiele* (2007) RdNr. 25.

[Abs. 4 idF bis zum Inkrafttreten des Gesetzes zur Änderung des Erb- und Verjährungsrechts]

(4) [1] Die Ausgleichsforderung verjährt in drei Jahren; die Frist beginnt mit dem Zeitpunkt, in dem der Ehegatte erfährt, dass der Güterstand beendet ist. [2] Die Forderung verjährt jedoch spätestens 30 Jahre nach der Beendigung des Güterstands. [3] Endet der Güterstand durch den Tod eines Ehegatten, so sind im Übrigen die Vorschriften anzuwenden, die für die Verjährung eines Pflichtteilsanspruchs gelten.

[Abs. 4 idF nach Inkrafttreten des Gesetzes zur Änderung des Erb- und Verjährungsrechts]

(4) *(aufgehoben)*

Schrifttum: S. § 1372. *Brix,* Eheverträge und Scheidungsfolgenvereinbarungen. Zur Abgrenzung von § 1378 III und § 1408 I BGB, FamRZ 1993, 12; *Feuersänger,* Grundstücksübertragung beim Zugewinnausgleich, FamRZ 2003, 645; *Ditzen,* Sicherung des Zugewinnausgleichs durch Arrest?, NJW 1987, 1806; *Frey,* Die Sicherung des künftigen Zugewinnausgleichs, 1990; *Gernhuber,* Handbuch des Schuldrechts, Bd. 3: Die Erfüllung und ihre Surrogate, 2. Aufl. 1994, *Gießler/Soyka,* Vorläufiger Rechtsschutz in Ehe-, Familien- und Kindschaftssachen, 4. Aufl. 2005; *Karasek,* Die Veräußerung von Wohneigentum im Rahmen des Zugewinnausgleichs, FamRZ 2002, 590; *Hartmann,* Aufrechnung gegen eine Zugewinnausgleichsforderung im Scheidungsverbund?, FamRZ 2007, 869; *ders.,* Diskussion: Aufrechnung im Verbund gegenüber einer Zugewinnausgleichsforderung, FamRZ 2007, 1711; *Kogel,* Diskussion: Aufrechnung im Verbund gegenüber einer Zugewinnausgleichsforderung, FamRZ 2007, 1710; *Schlünder/Geißler,* Güterrechtlicher Neustart um Mitternacht oder der schenkungssteuerliche Reiz der „Güterstandsschaukel", NJW 2007, 482; *Schröder,* Eigentumsübertragungen beim Zugewinnausgleich und § 23 EStG, FamRZ 2002, 1010; *Tiedtke/Wärholz,* Private Veräußerungsgeschäfte (Spekulationsgeschäfte) nach § 23 EStG im Rahmen von Trennungs- und Scheidungsvereinbarungen, DStZ 2002, 9.

Übersicht

I. Normzweck

§ 1378 **„modelliert" die Ausgleichsforderung.** Er fixiert ihre grundsätzliche Höhe und korrigiert für zwei Ausnahmefälle; er bestimmt den Zeitpunkt ihres Entstehens und befindet über ihre Zirkulationsfähigkeit; er regelt schließlich die Verjährung. 1

Die Höhe der Ausgleichsforderung wird von § 1378 lediglich in genereller Sicht festgelegt. Im Einzelfall kann der Betrag geringer sein, sei es nun, weil Vorausempfänge anzurechnen sind (§ 1380), sei es auch, weil nach entsprechender Einrede des Schuldners grobe Unbilligkeiten korrigiert werden müssen (§ 1381). 2

II. Höhe der Forderung (Abs. 2)

3 **1. Grundsatz.** Schuldner ist der Ehegatte mit dem höheren Zugewinn, Gläubiger der Ehegatte mit dem geringeren. Schuldgegenstand ist **Geld.** Leistung anderer Gegenstände kann auf Antrag des Gläubigers vom FamG unter den Voraussetzungen des § 1383 angeordnet, vom Schuldner dagegen niemals gegen den Willen des Gläubigers durchgesetzt werden.

4 Zu leisten ist die Hälfte des Überschusses, der sich aus dem Vergleich der beiden Zugewinnberechnungen ergibt. § 1378 Abs. 1 postuliert damit die **gleichmäßige Beteiligung** beider Ehegatten an dem während der Dauer des Güterstandes erwirtschafteten Gewinn. Seit Anfangs- wie auch Endvermögen – anders als nach §§ 1374, 1375 aF – negativ sein können und – anders als nach § 1378 Abs. 2 aF – illoyale Vermögensminderungen dem bei Beendigung des Güterstandes vorhandenen Vermögen fiktiv hinzugerechnet werden, wird dieses Postulat konsequent umgesetzt.

5 **2. Verluste.** Eine Ausgleichsforderung besteht nicht, wenn keiner der beiden Ehegatten einen Zugewinn erzielt hat. Erlittene Vermögensverluste sind belanglos; das Gesetz sieht keine Beteiligung eines Ehegatten an den höheren Verlusten des anderen vor, die Zugewinngemeinschaft ist keine Verlustgemeinschaft (vgl. § 1373 RdNr. 4).

6 **3. Begrenzung der Forderung.** Übersteigt die an sich geschuldete Ausgleichssumme den Wert des Nettovermögens des Schuldners bei Beendigung des Güterstandes, so wird die Ausgleichsforderung auf den Betrag des **vorhandenen Nettovermögens** gekürzt, gegebenenfalls auch ganz preisgegeben. Infolge der Möglichkeit, mit einem negativen Vermögen in die Ehe zu starten und mit einem negativen Vermögen zu enden, erlangt die Kürzungsanordnung in all den Fällen Bedeutung, in denen der Zugewinn – allein oder unter anderem – aus der Tilgung vorhandener Verbindlichkeiten besteht. Sie garantiert dem Ausgleichsschuldner in diesem Fall den schuldenfreien Start in die Zukunft. Dieser muss uU zwar sein gesamtes nach der Schuldentilgung erworbenes Vermögen weggeben, wird aber davor bewahrt, die Zugewinnausgleichsforderung aus künftigem Einkommen und Erwerb abzudecken und mit güterrechtlichen Verbindlichkeiten belastet in die nacheheliche Zukunft zu starten.

7 Im Übrigen sichert die Begrenzung des § 1378 Abs. 2 S. 1 – was nach § 1378 aF ihre zentrale Funktion war – auch die Zugriffsmöglichkeiten dritter Gläubiger des ausgleichspflichtigen Ehegatten. Diese konkurrieren mit ihren Forderungen nicht mit der Forderung des ausgleichsberechtigten Ehegatten. Die Zugewinnausgleichsforderung entsteht erst, wenn nach Abzug der Dritten gegenüber bestehenden Verbindlichkeiten noch Vermögen vorhanden ist.

8 Die **Begrenzung** gilt allerdings **nicht** mehr, wenn der ausgleichspflichtige Ehegatte sein Vermögen iS des § 1375 Abs. 2 **illoyal vermindert** hat. In diesem Fall muss er, um die Zugewinnausgleichsforderung zu begleichen, nicht nur sein gesamtes Aktivvermögen hergeben, sondern sich auch verschulden. Seine unlauteren Vermögenstransaktionen verdienen keinen Schutz – er wird behandelt, als habe er das weggegebene Vermögen noch.

9 Mit dieser Sanktion unredlichen Verhaltens hat der Gesetzgeber in der Reform des Zugewinnausgleichsrechts den Zweck, den die Begrenzung der Ausgleichsforderung auf das vorhandene Vermögen nach § 1378 Abs. 2 aF hatte, aufgegeben – der Schutz des ausgleichsberechtigten Ehegatten dominiert alles. Der Schutz dritter Gläubiger des ausgleichspflichtigen Ehegatten vor dem schnellen Zugriff des ausgleichsberechtigten Partners – nach hM einst der zentrale Zweck der Begrenzung der Ausgleichsforderung auf den vorhandenen Vermögensbestand[1] – ist mit einem kurzen Hinweis auf die angebliche Überdehnung des Gläubigerschutzes preisgegeben worden.[2] Der vom unredlichen Handeln betroffene Ehegatte tritt mit seiner Ausgleichsforderung also nicht mehr nur dann neben die anderen

[1] *Staudinger/Thiele* (2007) RdNr. 7; *Soergel/Lange* RdNr. 6; RGRK/*Finke* RdNr. 9; *Bamberger/Roth/Mayer* RdNr. 3; *Gernhuber/Coester-Waltjen* § 36 RdNr. 81; *Muscheler* RdNr. 375; Vorauflage/*Koch* RdNr. 7.

[2] BT-Drucks. 16/10798 S. 15 (zu Nr. 2 b).

Gläubiger, wenn das vorhandene Vermögen des Ausgleichspflichtigen zur Deckung von deren Forderungen ausreicht, sondern steht mit diesen auf einer Stufe. Aufgrund der größeren Nähe und besseren Informationen über die Vermögenssituation seines Partners wird er sich vielfach vor diesen befriedigen können.

4. Widerspruch zur Begrenzungsregel bei Scheidung. Haben die Gläubiger des ausgleichspflichtigen Ehegatten gemäß § 1378 Abs. 2 S. 2 das Nachsehen, weil bei Unredlichkeit ihres Schuldners dem ausgleichsberechtigten Ehegatten auf ihre Kosten geholfen wird, werden ihre Interessen im Falle der Scheidung der Ehe durch die Modifikation des in § 1378 Abs. 2 für die Höhe der Ausgleichsforderung bestimmten Zeitpunkts hintangestellt. Nach § 1384 nämlich ist, wenn die Ehe geschieden wird, für die **Höhe der Ausgleichsforderung** nicht die Beendigung des Güterstandes, sondern der Zeitpunkt der Rechtshängigkeit des Scheidungsantrags ausschlaggebend. Die Ausgleichsforderung wird mithin nicht durch das bei Rechtskraft der Scheidung vorhandene Vermögen begrenzt, sondern bemisst sich nach dem bei Zustellung des Scheidungsantrags vorhandenen Bestand. Auch zufällig eintretende Minderungen des Vermögens zwischen diesen Zeitpunkten beeinflussen also die Höhe der Ausgleichsforderung nicht mehr. Das hat zur Konsequenz, dass sich der ausgleichspflichtige Ehegatte ggf. verschulden muss, möglicherweise auch in die Insolvenz gerät, wenn sich sein Vermögen aufgrund allgemeiner wirtschaftlicher Gegebenheiten wie gefallener Wertpapierkurse oder gesunkener Grundstückspreise während des Scheidungsverfahrens verringert. Um des Zieles willen, Vermögensmanipulationen in der Zeit des Scheidungsverfahrens gegenzusteuern, nimmt das Gesetz diese Härte für den ausgleichspflichtigen Ehepartner auch bei zufälliger Vermögensminderung in Kauf und gibt das mit der Begrenzung der Ausgleichsforderung in § 1378 Abs. 2 S. 1 verfolgte Ziel auf – der Gläubigerschutz ist ja ohnehin schon für überflüssig erklärt und herausgenommen worden (zur Auflösung des Widerspruchs § 1384 RdNr. 2 f.). 10

5. Berechnung des Nettovermögens. Bei der Berechnung des vorhandenen Vermögens des ausgleichspflichtigen Ehegatten sind seine Ansprüche auf rückständigen Unterhalt gegen den ausgleichsberechtigten Ehegatten wie sonstige Forderungen als Aktiva zu berücksichtigen.[3] Als Passiva sind alle bestehenden Verbindlichkeiten abzuziehen. Wird im Fall des Todes eines Ehegatten der Zugewinn in güterrechtlicher Form ausgeglichen, so sind – wie schon bei der Berechnung des Endvermögens (vgl. § 1375 RdNr. 15) – Erbfallschulden außer Ansatz zu lassen; sie sind der Ausgleichsforderung nachgeordnet.[4] Bei der Berechnung des Nettovermögens sind ferner die Bewertungsprivilegien des § 1376 Abs. 4 und des § 12 Abs. 2 HöfeO nicht zu berücksichtigen; nach Wortlaut und Sinn gelten sie nur für die Errechnung des Zugewinns.[5] Die Begrenzung der Ausgleichsforderung muss hingegen von ihrer Funktion her auf der Basis des Verkehrswertes der Vermögensgegenstände erfolgen. 11

III. Entstehen der Forderung (Abs. 3)

1. Zeitpunkt. Die Ausgleichsforderung entsteht mit der **Beendigung des Güterstandes,** aus welchem Grund auch immer die Beendigung eintreten mag – Ehevertrag, Rechtskraft eines die Ehe oder doch den Güterstand beendenden Beschlusses, Tod eines Ehegatten. Keine Ausgleichsforderung entsteht aber, wenn der Güterstand durch Tod eines Ehegatten endet und der Zugewinn gemäß § 1371 Abs. 1 in erbrechtlicher Form ausgeglichen wird. Die Beendigung des Güterstandes ist nach allgM der entscheidende Zeitpunkt auch dann, wenn für die Berechnung des Zugewinns ein früherer Zeitpunkt vorgesehen ist (vgl. RdNr. 10).[6] Die Ausgleichsforderung gelangt also auch dann nicht zur Entstehung, wenn 12

---

[3] OLG Hamm FamRZ 2007, 1243 m. Anm. *Bergschneider.*

[4] Vgl. RGRK/*Finke* RdNr. 12; *Staudinger/Thiele* (2007) RdNr. 9. Dazu § 1371 RdNr. 45.

[5] Ebenso *v. Olshausen* FamRZ 1977, 361, 363; *Staudinger/Thiele* (2007) RdNr. 9. AA *Soergel/Lange* RdNr. 6.

[6] Anders *Schwab/Schwab* Teil VII RdNr. 220.

der Erblasser sie im Scheidungsverfahren rechtshängig gemacht hat, aber vor der Scheidung verstorben ist.[7] Die Beendigung des Güterstandes bleibt als Zeitpunkt auch relevant, wenn nach dem Tod eines Ehegatten der andere die güterrechtliche Lösung durch Ausschlagung der Erbschaft oder eines ihm zugewandten Vermächtnisses wählt (§ 1371 Abs. 2). Zwar ist in diesem Fall der – zeitlich zwingend erst nach Beendigung des Güterstandes erfolgende – Akt der Ausschlagung Tatbestandsvoraussetzung für das Entstehen der Ausgleichsforderung, doch wirkt die Ausschlagung auf den Zeitpunkt des Erbfalls zurück und lässt die Forderung zu diesem Zeitpunkt entstehen (vgl. die §§ 1953 Abs. 1, 2180 Abs. 3).

13 **2. Unmittelbares Entstehen kraft Gesetzes.** Die Ausgleichsforderung entsteht als **unmittelbar aktuelles Recht** kraft Gesetzes; es handelt sich nicht um einen „verhaltenen Anspruch", der durch Verlangen, also einen Akt des Zugewinnausgleichsgläubigers, aktualisiert werden müsste.[8] Der Gläubiger hat auch keine Möglichkeit, sich der Forderung durch einseitigen Akt wie Ausschlagung oder Verzicht zu entäußern. Dass der Gläubiger die Forderung durch Vertrag mit dem Schuldner erlassen kann, ist selbstverständlich, doch ist der unentgeltliche Erlass eine Schenkung, die gemäß § 7 Abs. 1 ErbStG steuerpflichtig ist und zudem auch wegen Verarmung des Schenkers zurückgefordert werden kann (§ 528). Auch im Übrigen gehört der Anspruch zum Vermögen des schenkenden Ehegatten, ist also zu berücksichtigen, wenn er Unterhaltsansprüche geltend macht und Bedürftigkeit gemäß § 1602 darzulegen ist.

14 **3. Fälligkeit.** Der Anspruch wird im Zeitpunkt seiner Entstehung fällig.[9] Im Falle der Auflösung der Ehe durch Scheidung tritt Fälligkeit also mit Rechtskraft des Scheidungsurteils ein. Prozesszinsen fallen gemäß § 291 S. 1 Hs. 2 nicht schon mit Rechtshängigkeit an, sondern erst mit rechtskräftigem Abschluss auch des Scheidungs(folge)verfahrens, ggf. in der Rechtsmittelinstanz.[10] In Verzug gerät der Schuldner gemäß § 286 Abs. 1 durch Mahnung. Zu vertreten nach § 286 Abs. 4 hat er die verzögerte Zahlung aber nur, wenn die Forderung hinreichend spezifiziert und erfüllbar war. Das allerdings ist bei Beendigung des Güterstandes vielfach noch nicht der Fall, denn der Zugewinnausgleich wird oft erst später geltend gemacht.[11]

15 **4. Einreden.** Der **ausgleichsverpflichtete** Ehegatte kann die Erfüllung des Anspruchs durch Ausübung eines Zurückbehaltungsrechts verzögern. Erfolgt der Zugewinnausgleich nach Auflösung der Ehe, besteht Konnexität iS des § 273 jedenfalls mit allen vermögensrechtlichen Ansprüchen, die unmittelbar oder mittelbar aus der Beendigung der ehelichen Lebensgemeinschaft herrühren.[12] Umgekehrt gibt die Ausgleichsforderung dem **ausgleichsberechtigten** Ehegatten ein Zurückbehaltungsrecht gegenüber Ansprüchen des Ausgleichsverpflichteten, etwa wenn dieser Auskehrung des Erlöses aus der Versteigerung der gemeinschaftlichen Eigentumswohnung fordert (dazu auch RdNr. 19).[13] Zur Einrede aufgrund einer vertraglich vereinbarten Stundung s. RdNr. 37, zur Stundung qua richterlichen Akt § 1382.

16 **5. Anwartschaft des späteren Gläubigers?** Vor dem Entstehen der Ausgleichsforderung soll nach einzelnen Stimmen in der Literatur eine Anwartschaft des späteren Gläubigers bestehen.[14] Ihre Existenz wird dabei aus den Bindungen der Ehegatten in der Zugewinngemeinschaft abgeleitet, deren Zweck es ist, den künftigen Ausgleichsanspruch zu sichern. Die Verfügungsbeschränkungen, die Klagemöglichkeiten auf vorzeitigen Zugewinnausgleich wie auch die Ansprüche auf Sicherheitsleistung vermitteln den Ehegatten jedoch noch keine

---

[7] BGH NJW 1995, 1832; s. dazu auch § 1371 RdNr. 36.
[8] BGH NJW 1990, 445, 446; *Staudinger/Thiele* (2007) RdNr. 12.
[9] OLG Zweibrücken NJW RR 2004, 651 = FamRZ 2004, 1032; *Staudinger/Thiele* (2007) RdNr. 23.
[10] OLG Zweibrücken NJW-RR 2004, 651 = FamRZ 2004, 1032.
[11] OLG Celle FamRZ 1981, 1066, 1070; *Schwab/Schwab* Teil VII RdNr. 221.
[12] Vgl. BGHZ 92, 194 = NJW 1985, 189 m. zust. Anm. *Seutemann* FamRZ 1985, 153 ff.; BGH NJW-RR 1990, 133, 134.
[13] BGH NJW 2000, 948 = FamRZ 2000, 355.
[14] Vgl. etwa *Bärmann* AcP 157 (1958/1959), 145, 171 ff.; RGRK/*Finke* RdNr. 14.

rechtlich gesicherte Erwerbsposition auf Teilhabe am Zugewinn. Die Summe dieser Bindungen als Anwartschaft zu bezeichnen, ist zwar nicht falsch, provoziert aber Missverständnisse und Verwechslungen, weil man die Bezeichnung Anwartschaft mit der des Anwartschaftsrechts assoziiert.[15]

IV. Verkehrsfähigkeit der Forderung

1. Beschränkte und volle Verkehrsfähigkeit. Die Ausgleichsforderung ist mit ihrer 17
Entstehung veräußerlich und vererblich und auch verpfändbar. Erben kann die Forderung auch der ausgleichsverpflichtete Ehegatte selbst – und zwar kraft gesetzlichen Erbrechts nach Beendigung des Güterstandes durch Ehevertrag oder nach Klage auf vorzeitigen Ausgleich des Zugewinns; erbt er allein, so erlischt die Forderung durch Konfusion.

Gepfändet werden kann die Ausgleichsforderung gemäß **§ 852 Abs. 2 ZPO** (Verweis in 18
§ 120 Abs. 1 FamFG) erst, wenn sie durch Vertrag anerkannt oder rechtshängig geworden ist; erst von diesem Zeitpunkt an gehört sie auch zur Insolvenzmasse des Gläubigers (vgl. § 36 Abs. 1 S. 1 InsO). § 852 Abs. 2 ZPO will dem ausgleichsberechtigten Ehegatten persönlich die Entscheidung vorbehalten, ob und wann er seine aus der Ehe resultierende Forderung auf Zugewinnausgleich geltend machen will. Da er diese Entscheidung mit Zession und Verpfändung jedoch ebenso getroffen hat wie mit Klage und Anerkenntnis, ist nach hM in extensiver teleologischer Interpretation des § 852 Abs. 2 ZPO die Zugewinnausgleichsforderung auch im Falle der Verpfändung oder Abtretung pfändbar. Sie gehört dann auch zur Insolvenzmasse. § 400 steht mithin der Übertragbarkeit der Forderung in keinem Zeitpunkt entgegen.[16]

2. Aufrechnung ist sowohl dem Ausgleichsgläubiger als auch dem Ausgleichsschuldner 19
möglich. So kann der **ausgleichsberechtigte** Ehegatte mit der Zugewinnausgleichsforderung gegen den Anspruch seines Ehepartners auf Herausgabe des aus dem Verkauf des gemeinschaftlichen Hauses erzielten Erlöses aufrechnen – und zwar auch dann, wenn seine fällige Forderung aus § 1378 noch nicht tituliert ist. Dass das noch laufende Zugewinnausgleichsverfahren kompliziert und langwierig ist, hindert die Aufrechnung auch unter Beachtung der Grundsätze von Treu und Glauben (§ 242) nicht.[17] Möglich ist die Aufrechnung mit der Zugewinnausgleichsforderung auch gegen den Anspruch auf Einwilligung in die Auszahlung des hinterlegten Versteigerungserlöses. Die Ansprüche sind insofern gleichartig, als auch der Einwilligungsanspruch in der Sache auf eine Geldzahlung gerichtet ist und nur aus (versteigerungs)verfahrensrechtlichen Gründen der Form nach anders geltend gemacht werden muss.[18] Der **ausgleichsverpflichtete** Ehegatte kann gegen die ihn gerichtete Ausgleichsforderung mit einer – etwa aus Lastentragung für gemeinsamen Immobilienbesitz herrührenden – Gegenforderung jedenfalls aufrechnen, wenn die **Ausgleichsforderung** mit Rechtskraft des Scheidungsurteils (Scheidungsbeschlusses) gemäß § 1378 Abs. 3 S. 1 **entstanden** ist. Die Aufrechnungsbefugnis steht ihm allerdings auch schon vor diesem den Güterstand beendenden Zeitpunkt zu. Der Zulässigkeit der – in Verbundverfahren vielfach hilfsweise erklärten – Aufrechnungen zugewinnausgleichsverpflichteter Ehegatten steht nicht entgegen, dass die Gegenforderung gemäß § 1378 Abs. 3 S. 1 erst mit der Beendigung des Güterstandes entsteht und sich folglich bis dahin keine Forderungen iS des § 387 aufrechenbar gegenüberstehen.[19] Dass nach § 1378 Abs. 3 S. 1 die Zugewinnausgleichsforderung erst mit der – mit Rechtskraft der Scheidung eintretenden – Beendigung des Güterstandes entsteht, hat nämlich nur den Sinn, Dritten bis zu diesem Zeitpunkt keine Einflussmöglich-

---

[15] Kritisch deshalb auch *Soergel/Lange* RdNr. 12; *Staudinger/Thiele* (2007) RdNr. 14; vgl. dazu auch § 1363 RdNr. 9.

[16] Vgl. *Soergel/Lange* RdNr. 13; *Staudinger/Thiele* (2007) RdNr. 22.

[17] BGH FamRZ 2002, 318; OLG Karlsruhe FamRZ 2002, 1032 m. Anm. *Bergschneider*; *Schwab/Schwab* Teil VII RdNr. 234.

[18] BGH NJW 2000, 948 = FamRZ 2000, 355; NJW 2002, 1130 = FamRZ 2002, 318; OLG Karlsruhe FamRZ 2002, 1032 m. Anm. *Bergschneider.*

[19] Wie hier *Kogel* FamRZ 2007, 1710; aA *Hartmann* FamRZ 2007, 869 u. 1711.

keiten auf die Forderung zu geben und damit das Interesse Außenstehender an der Beendigung des Güterstandes auszuschließen (vgl. RdNr. 20). Den Ehegatten selbst ist es gemäß § 1378 Abs. 3 S. 2 hingegen unbenommen, untereinander über die Ausgleichsforderung schon im Scheidungsverbundverfahren zu verfügen; § 1378 Abs. 3 S. 2 gibt hier lediglich bestimmte Formen vor. Von seinem Sinn und Zweck her steht mithin der § 1378 Abs. 3 S. 1 der **Aufrechnung** des verpflichteten Ehegatten **vor Beendigung des Güterstandes** nicht entgegen. Im Verhältnis der Ehegatten zueinander ist die Zugewinnausgleichsforderung schon vor Rechtskraft der Scheidung disponibel. Aus dem gleichen Grund steht auch § 394 Abs. 1 S. 1 der Aufrechnung des ausgleichsverpflichteten Ehegatten nicht entgegen, wenn die Zugewinnausgleichsforderung nach § 852 Abs. 2 ZPO (Verweis in § 120 Abs. 1 FamFG) **unpfändbar** ist, weil sie weder anerkannt wurde noch rechtshängig gemacht worden ist.[20] Der Zweck des Pfändungsverbotes in § 852 Abs. 2 ZPO besteht ebenfalls allein darin, Dritte von der Einflussnahme und dem Zugriff auf die Zugewinnausgleichsforderung auszuschließen, solange die Ehegatten über diese noch nicht disponiert und entschieden haben, sie auszugleichen und geltend zu machen. Dieser Regelungszweck des § 852 II ZPO spielt bei der Aufrechnung zwischen Ehegatten keine Rolle. Bei dieser geht es nur um die Frage, ob es einen Grund gibt, den (Zugewinnausgleichs)Schuldner zur effektiven Erfüllung zu zwingen und ihm die Aufrechnung zu versagen. Da ein solcher nicht ersichtlich ist, ist § 394 Abs. 1 S. 1 in restriktiver Interpretation auf die Pfändungsverbote zu beschränken, deren Zweck den Zwang zur effektiven Erfüllung fordert.[21]

20 **3. Rechtsgeschäfte über die Ausgleichsforderung.** Vor der Beendigung des Güterstandes ist die Forderung dem Rechtsverkehr grundsätzlich entzogen. Rechtsgeschäfte **mit Dritten** untersagt § 1378 Abs. 3 S. 3 generell – ausdrücklich zwar nur Verpflichtungsgeschäfte, dass Verfügungsgeschäfte verboten sind, ergibt sich aus einem Erst-recht-Schluss.[22] Rechtsgeschäfte der **Ehegatten untereinander** über die Ausgleichsforderung sind gemäß § 1378 Abs. 3 S. 2 unter bestimmten Voraussetzungen zulässig. Sie sind formbedürftig – notarielle Beurkundung oder gerichtliche Protokollierung – und können nur während eines auf Auflösung der Ehe gerichteten Verfahrens für den Fall der Auflösung der Ehe getroffen werden, sog. **Scheidungsvereinbarungen.** Nach allgM handelt es sich bei § 1378 Abs. 3 nicht um ein relatives, nur den Schutz bestimmter Personen bezweckendes Veräußerungsverbot, sondern um ein absolutes Verbot. Rechtsgeschäfte, die gegen § 1378 Abs. 3 verstoßen, sind deshalb nicht gemäß § 135 Abs. 1 nur relativ, sondern völlig unwirksam. Bezweckt wird mit diesen Beschränkungen der rechtsgeschäftlichen Handlungsmöglichkeit zweierlei: Zum einen sollen Rechtshandlungen der Ehegatten unterbunden werden, die das Interesse eines Dritten an der Beendigung des Güterstandes begründen könnten. Zum anderen soll durch das Formerfordernis der ausgleichsberechtigte Ehegatte in der kritischen Phase des Scheidungsverfahrens vor unbedachten Verfügungen über seine Zugewinnausgleichsforderung geschützt werden, der Formzwang gewährleistet insoweit Warnung und Sicherung durch neutrale Beratung.[23] Ob eine vermögensrechtliche Abrede zwischen den Eheleuten die Ausgleichsforderung betrifft und den Bedingungen des § 1378 Abs. 3 unterliegt, muss für den Einzelfall entschieden werden. Eine Vereinbarung über die Verteilung des Hausrats etwa kann als Verfügung über die Zugewinnausgleichsforderung zu qualifizieren sein, wenn der Hausrat im konkreten Fall als Zugewinn zu verteilen ist;[24] eine im Zusammenhang mit dem Verkauf eines gemeinschaftlichen Gegenstandes getroffene Zah-

[20] AA *Staudinger/Thiele* (2007) RdNr. 21; *Bamberger/Roth/Mayer* RdNr. 7; *Soergel/Lange* RdNr. 13.

[21] Die unterschiedslose Berücksichtigung aller Pfändungsverbote in § 394 ist auch in anderen Zusammenhängen als fehlerhaft erkannt worden, vgl. dazu *Gernhuber* § 12 VI 4.

[22] Im Erg. unstr.; BGH JZ 1983, 554 m. Anm. *Tiedtke*; BGH FamRZ 2008, 1435, 1436; *Staudinger/Thiele* (2007) RdNr. 15 f.

[23] Vor Einfügung des Abs. 3 S. 3 durch das 1. EheRG vom 14. 6. 1976 waren solche Vereinbarungen formlos möglich, vgl. BGHZ 54, 38 = NJW 1970, 1183.

[24] OLG Düsseldorf FamRZ 2005, 273; zur Hausratsverteilung im Zugewinn s. § 1374 RdNr. 8; § 1375 RdNr. 7.

lungsvereinbarung ist hingegen (noch) keine Abrede über die Ausgleichsforderung, sondern stellt nur einen Rechenposten in der Zugewinnbilanz dar.[25] Eine teleologische Reduktion des § 1378 Abs. 3 S. 3 ist geboten, wenn der ausgleichsberechtigte Ehegatte mit einem Dritten eine Schuldübernahme vereinbart, infolge welcher dieser die Zugewinnausgleichsschuld übernimmt und als Schuldner an die Stelle des ausgleichsverpflichteten Ehepartners tritt.[26] In dieser Situation nämlich wird der Dritte niemals ein Interesse an der Auflösung der Ehe entwickeln. Sinn und Zweck des § 1378 Abs. 3 S. 3 verbieten Rechtsgeschäfte mit einem Dritten mithin nur, wenn dieser dadurch Gläubiger der Ausgleichsforderung wird.

Umstritten ist, ob die zeitlichen und förmlichen Einschränkungen des § 1378 Abs. 3 21
S. 3 **auch für Eheverträge** iS des § 1408 gelten, wenn diese für den Fall der Scheidung **Regelungen über die Zugewinnausgleichsforderung** enthalten.[27] Praktisch nicht von Bedeutung ist die Entscheidung, was die Formvorgabe des § 1378 Abs. 3 S. 2 angeht. Da das Formerfordernis bei Eheverträgen noch schärfer ist – § 1411 fordert gleichzeitige Anwesenheit der Eheleute – genügt der formwirksam geschlossene Ehevertrag in jedem Fall den Formerfordernissen des § 1378 Abs. 3 S. 2. Von praktischer Relevanz aber ist die Frage, ob die Zeitvorgabe des § 1378 Abs. 3 S. 3 auch für Eheverträge gilt. Der BGH hat dies für all die Fälle bejaht, in denen die ehevertragliche Scheidungsvereinbarung über den Zugewinnausgleich einer Vereinbarung über die Ausgleichsforderung nahe kommt.[28] Nach wohl überwM der Literatur können hingegen ehevertragliche Vereinbarungen über die Zugewinnausgleichsforderung schon vor Anhängigkeit eines Eheauflösungsverfahrens getroffen werden. Dem ist zuzustimmen, denn der Gesetzgeber hat mit der Einführung des § 1378 Abs. 3 S. 3 keine inhaltlichen Einschränkungen der Ehevertragsfreiheit bezweckt.[29] Der Gefahr, dass sich Ehegatten außerhalb von Scheidungsverfahren vielfach im Vertrauen auf den Bestand der Ehe unbedacht zu einem Verzicht auf die Ausgleichsforderung bereit finden, kann mit der zwischenzeitlich üblichen richterlichen Kontrolle von Eheverträgen begegnet werden (dazu Einl. RdNr. 58 und § 1372 RdNr. 10).

V. Insolvenz des Schuldners

1. Insolvenz. Im Fall der Insolvenz des zum Ausgleich des Zugewinns verpflichteten 22
Ehegatten ist die Ausgleichsforderung nicht privilegiert. Gegenstände, die dem Gläubiger als Leistung an Erfüllungs Statt übertragen wurden, darf er aussondern (§§ 47 f. InsO), sofern der Insolvenzverwalter die Vereinbarung nicht gemäß § 133 Abs. 2 InsO anfechten kann. Dabei ist zu beachten, dass nunmehr auch Handlungen des Schuldners nach Beendigung der Ehe von diesem Anfechtungsrecht erfasst werden (§ 138 Abs. 1 Nr. 1 InsO).

2. Nachlassinsolvenz. Auch in der Nachlassinsolvenz ist die Ausgleichsforderung nicht 23
privilegiert, umgekehrt aber auch nicht mit den in § 327 InsO genannten Forderungen im Rang gemindert.[30]

3. Restschuldbefreiung. Die Ausgleichsforderung wird von den Wirkungen der Rest- 24
schuldbefreiung (§§ 286, 301 Abs. 1 S. 1 InsO) erfasst; sie ist auch während der Laufzeit der Abtretungserklärung nicht privilegiert (vgl. § 294 InsO). Dem Zugewinnausgleichsgläubiger stehen wie allen Gläubigern nur die Rechte aus §§ 296 Abs. 1, 297 Abs. 1, 300 Abs. 2 InsO (Versagungsantrag) bzw. aus § 303 Abs. 1 InsO (Widerrufsantrag) zu.

---

[25] OLG Köln FamRZ 2004, 1584.

[26] Anders BGH NJW-RR 2004, 1369 = FamRZ 2004, 1353 m. krit. Anm. *Koch.*

[27] Zu den unscharfen Grenzen zwischen Scheidungsfolgenvereinbarungen und Eheverträgen *Bamberger/Roth/Mayer* RdNr. 14; *Finger* FuR 1997, 68.

[28] BGHZ 86, 143, 150 = NJW 1983, 753, 755 = FamRZ 1983, 157; BGH FamRZ 1997, 800, 801 (die Frage ausdrücklich offen lassend).

[29] *Staudinger/Thiele* (2007) RdNr. 20; *Tiedtke* JZ 1982, 538 u. 1983, 457 (Anm. zu BGHZ 86, 143); *Gaul* S. 829 ff.; *Brix* FamRZ 1993, 12; *Finger* FuR 1997, 68.

[30] *Staudinger/Thiele* (2007) § 1371 RdNr. 67 (für den Nachlasskonkurs); *Soergel/Lange* RdNr. 13; *Erman/Gamillscheg* RdNr. 8; RGRK/*Finke* RdNr. 18. Vgl. dazu auch § 1371 RdNr. 46.

VI. Verjährung[31]

25 **1. Grundsatz und Ausnahme.** Die Ausgleichsforderung verjährt in drei Jahren, die beim Zugewinnausgleich unter Lebenden zu laufen beginnen, sobald der Gläubiger Kenntnis von der Beendigung des Güterstandes erlangt, spätestens jedoch in dreißig Jahren. Neben einer kurzen, durch die Kenntnis des Gläubigers relativierten Frist läuft damit eine längere absolute Frist – die freilich kaum je Bedeutung erlangen dürfte. Die kurze Frist trägt der Häufung von Schwierigkeiten Rechnung, die sich bei der Berechnung von Vermögen nach längerer Zeit einzustellen pflegen. Diese Fristen gelten auch für den auf Teilhabe an der ehezeitlichen Vermögensentwicklung des anderen gerichteten und deshalb dem Zugewinnausgleichsanspruch vergleichbaren Ausgleichsanspruch des § 40 FGB (vgl. Art. 231 § 6 Abs. 1 S. 1 EGBGB).[32] Mit dem Ausgleich ehebedingten Erwerbs nichts zu tun hat der Anspruch aus § 39 FGB. Er ist nur allgemein auf die Verteilung der im gemeinschaftlichen Eigentum der Eheleute stehenden Gegenstände gerichtet und unterliegt deshalb der dreißigjährigen Verjährungsfrist des § 197 Abs. 1 Nr. 2.[33] Die Erhebung der Verjährungseinrede ist **rechtsmissbräuchlich** und nach § 242 nicht zu beachten, wenn der Gläubiger aufgrund des Verhaltens des Schuldners – für diesen erkennbar – darauf vertraute und vertrauen durfte, dass dieser sich nicht auf die Verjährung berufen würde.[34] Die Fixierung der Ausgleichsforderung auf einen bestimmten Betrag durch Anerkenntnis führt zwar gemäß § 212 Abs. 1 Nr. 1 zum Neubeginn der Verjährung, ändert aber die Verjährungsfrist nicht (vgl. auch RdNr. 29).[35]

26 **Kenntnis von der Beendigung des Güterstandes** heißt Kenntnis vom Eintritt einer Rechtswirkung.[36] Es reicht mithin nicht aus, dass der Gläubiger die Tatsachen kennt, die zur Beendigung des Güterstandes führen, er muss die ihm bekannten Tatsachen auch in ihrer rechtlichen Bedeutung – Beendigung des Güterstandes – erfassen.[37] **Kennenkönnen** oder **Kennenmüssen** reichen **nicht** aus. Im Fall der Scheidung muss er also wissen, dass die Rechtskraft des Scheidungsbeschlusses den Güterstand beendet. Ein **Rechtsirrtum** hierüber ist mithin **beachtlich,** doch angesichts des einfachen rechtlichen Zusammenhangs selten.[38] Eintreten kann er jedoch bei einem Rechtsmittelverzicht. Dass die Parteien wissen, dass mit diesem zugleich Rechtskraft des Scheidungsbeschlusses eintritt, kann nicht ohne weiteres angenommen werden. Ein bei Ablauf der Berufungsfrist noch unerledigter Antrag auf Verfahrenskostenhilfe für eine beabsichtigte Berufung hingegen steht der Rechtskraft des Scheidungsbeschlusses nicht entgegen. Dass die Ehegatten hier rechtsirrtümlich annehmen,

---

[31] Die in dem Entwurf eines Gesetzes zur Änderung des Erb- und Verjährungsrechts (BT-Drucks. 16/13543) geplante Aufhebung des § 1378 Abs. 4 führt inhaltlich zu keinen grundlegenden Änderungen der bisherigen Rechtslage. Abgesehen davon, dass die Verjährungshöchstfrist dann gemäß § 199 Abs. 4 10 Jahre beträgt, verjährt die Ausgleichsforderung nach der regelmäßigen Frist des § 195 nach wie vor in drei Jahren, wobei die Frist nach § 199 Abs. 1 Nr. 2 mit der Kenntnis des Gläubigers von den den Anspruch begründenden Umständen beginnt. Es kommt also nach wie vor auf die Kenntnis des Ehegatten von der Beendigung des Güterstandes an. Wird die Ehe durch Tod beendet, gilt an Stelle von § 2332, auf den §1378 Abs. 4 verweist, der aber auch aufgehoben werden soll, ebenfalls § 199 Abs. 1 Nr. 2, der den Beginn der 3-Jahresfrist an die Kenntnis von den anspruchsbegründenden Umständen knüpft – auch hier in der Sache also keine Änderung im Vergleich zur derzeitigen Rechtslage. Im Übrigen sieht § 199 Abs. 3 a-E bei Ansprüchen, deren Geltendmachung die Kenntnis einer Verfügung von Todes wegen voraussetzt, eine kenntnisunabhängige Höchstfrist von 30 Jahren vor.

[32] BGH FamRZ 2002, 1097; OLG Thüringen FamRZ 2006, 1119 und 2007, 50.

[33] OLG Thüringen FamRZ 2007, 50 m. Anm. *Seidel* S. 906. Vgl. dazu BGH FamRZ 2002, 1097, 1098 (unklar, ob § 1378 Abs. 4 ohne Differenzierung für beide Ansprüche gilt); OLG Rostock FamRZ 2006, 418 (§ 1378 Abs. 4 ohne Differenzierung zwischen den Ansprüchen); OLG Dresden FamRZ 2001, 761, 763 (dahingestellt sein lassend, da Geltendmachung innerhalb der Dreijahresfrist) – alle zu § 195 aF.

[34] BGH FamRZ 1999, 571, 574; OLG Hamm FamRZ 2000, 230, 231; OLG Karlsruhe FamRZ 2001, 832; OLG Koblenz FamRZ 2001, 161 (LS); AG Viechtach, FamRZ 1991, 192 (die Parteien lebten nach der Scheidung erneut drei Jahre lang zusammen).

[35] OLG Karlsruhe FamRZ 1984, 894 (zu § 208 aF).

[36] Kritisch zu dieser subjektiven Tatbestandsvoraussetzung *Jaeger* FPR 2007, 185.

[37] BGHZ 100, 203, 205 = NJW 1987, 1766, 1767; 107, 236, 240 = NJW 1989, 2821; BGH FamRZ 1997, 804 und 2008, 675; OLG Naumburg FamRZ 2001, 831; OLG Celle FamRZ 2002, 1030.

[38] Vgl. OLG Celle FamRZ 2007, 1101.

der Güterstand werde erst mit Ablehnung dieses Antrags beendet, kann jedenfalls für den Regelfall nicht angenommen werden.[39] Dies alles gilt auch für die Verjährung des vermögensrechtlichen Ausgleichsanspruchs aus § 40 FGB. Da auch dieser erst mit Rechtskraft der Scheidung entsteht und vor der Entstehung eines Anspruchs seine Verjährung nicht beginnen kann, kann die Kenntnis von der Beendigung des DDR-Güterstandes keinen Anknüpfungspunkt darstellen.[40] **Nicht erforderlich** ist die Kenntnis von der Existenz einer Ausgleichsforderung überhaupt; nicht erforderlich ist auch die Erfüllungsfähigkeit. Das Risiko einer verspäteten Berechnung des Zugewinns trägt mithin allein der Gläubiger. Da die **gesetzliche Vertretung** den Mangel der Fähigkeit ersetzt, am Rechtsverkehr teilzunehmen, kommt es in ihrem Falle auf die Kenntnis des Vertreters an. Im Fall der Betreuung ist die Kenntnis des Betreuers hingegen nach § 166 analog zuzurechnen, denn der Betreuer ist (kraft Hoheitsaktes) zur Vertretung nach § 1902 bevollmächtigt.[41] Im Falle **rechtsgeschäftlicher Vertretung** ist die Kenntnis des Vertreters in der Regel hingegen grundsätzlich irrelevant.[42] Nur wenn der Bevollmächtigte speziell mit der Durchsetzung des Zugewinnausgleichsanspruchs beauftragt war, ist davon auszugehen, dass ihm auch die Kenntnisnahme der für den Anspruch rechtserheblichen Tatsachen übertragen worden war; in diesem Fall ist der Prozessbevollmächtigte mithin Wissensvertreter iS des § 166.[43]

27 **2. Zugewinnausgleich von Todes wegen.** Beim Zugewinnausgleich von Todes wegen (Fälle des § 1371 Abs. 2) kann die dreijährige Frist nicht bereits mit der Kenntnis von der Beendigung des Güterstandes zu laufen beginnen, weil mit dem Tod des Ehepartners noch nicht feststeht, ob es zum güterrechtlichen Ausgleich kommt. Die Frist beginnt gemäß §§ 1378 Abs. 4 S. 3, 2332 Abs. 1 deshalb erst zu laufen, wenn der überlebende Ehegatte zusätzlich Kenntnis von der ihn beeinträchtigenden letztwilligen Verfügung erlangt hat, wenn er also weiß, dass er weder Erbe noch Vermächtnisnehmer geworden ist. Der ausdrückliche gesetzliche Verweis auf die Verjährungsvorschrift für den Pflichtteilsanspruch in Abs. 4 S. 3 entspricht inhaltlich der teleologischen Interpretation des § 1378 Abs. 4 S. 1.[44] Die Kenntnis des Inhalts der letztwilligen Verfügung setzt den Fristenlauf allerdings nicht in Gang, wenn und solange der überlebende Ehegatte berechtigte Zweifel an der Wirksamkeit dieser Verfügung hat. Werden solche Zweifel ausgeräumt, zB mittels Sachverständigengutachtens, so läuft die Frist vom Zeitpunkt der Gewissheit über die Gültigkeit der Verfügung an.[45] Folgerichtig wird auch die zunächst richtige Beurteilung der Rechtslage belanglos, wenn der überlebende Ehegatte Kenntnis von einem Schriftstück erhält, das er für eine spätere letztwillige Verfügung halten darf, durch die die ihn beeinträchtigende frühere aufgehoben wird.[46] Einblick in den Nachlass und Kenntnis von dessen Werthaltigkeit ist für die Kenntnis iS des § 1378 nicht erforderlich.[47]

28 Der Verjährungsbeginn wird nicht hinausgeschoben, wenn es zur güterrechtlichen Lösung erst durch Ausschlagung der Erbschaft oder des Vermächtnisses kommt (§ 1378 Abs. 4 S. 3 iVm. § 2332 Abs. 3). Zwar kann der Gläubiger in diesem Fall die Ausgleichsforderung erst nach seiner Erklärung geltend machen, doch war er auch zuvor schon in der Lage, sich den Anspruch zu verschaffen.

29 **3. Anwendung der §§ 194 ff.** Auf den Lauf der Verjährungsfrist finden die §§ 194 ff. ohne Besonderheiten Anwendung. Nach erfolgreichem Antrag auf vorzeitige Aufhebung

[39] BGHZ 100, 203, 209 f. = NJW 1987, 1766, 1768.

[40] BGH FamRZ 2002, 1097.

[41] OLG Frankfurt a. Main FamRZ 1987, 1147 (für den Fall einer Gebrechlichkeitspflegschaft nach früherem Recht); *Jaeger* FPR 2007, 185, 186 (zur maßgeblichen Person bei Kenntnis des Betreuers und des Betreuten).

[42] BGH FamRZ 1997, 804, 806.

[43] BGH FamRZ 1997, 804, 806; OLG Hamm FamRZ 2000, 230; OLG Naumburg FamRZ 2001, 831; OLG Celle FamRZ 2002, 1030.

[44] *Staudinger/Thiele* (2007) RdNr. 29; *Bamberger/Roth/Mayer* RdNr. 20.

[45] BGH FamRZ 1993, 1181; BGH NJW 1984, 2935, 2936 = LM § 1371 Nr. 9.

[46] BGHZ 95, 76 = NJW 1985, 2945 (zu § 2332).

[47] OLG Frankfurt a. Main FamRZ 1986, 807.

der Zugewinngemeinschaft – mit oder ohne vorzeitigen Ausgleich des Zugewinns – ist **wegen des Fortbestandes der Ehe** der Lauf der Verjährungsfrist gemäß § 207 Abs. 1 S. 1 gehemmt. Das Nämliche gilt für den Anspruch aus erster Ehe, wenn die Parteien erneut heiraten; § 207 Abs. 1 S. 1 fordert nicht, dass die Partner (noch) in derselben Ehe miteinander verheiratet sind.[48] Zur Unterbrechung der Verjährung durch **Mahnbescheid** nach § 204 Abs. 1 Nr. 3 genügt es, dass der Anspruch als „Zugewinnausgleich" gekennzeichnet ist, weiterer Individualisierung und Begründung bedarf es im Mahnverfahren nicht.[49] Da der schweizerische Zahlungsbefehl (Nr. 69, 70 SchwBundesG über Schuldbeitreibung und Konkurs) als Rechtsverfolgungsakt dem deutschen Mahnbescheid gleichsteht, ist auch er geeignet, gemäß § 204 Abs. 1 Nr. 3 die Verjährung zu hemmen.[50] Nach gefestigter Rspr. hemmt die **Stufenklage** – jetzt gemäß § 113 Abs. 5 Nr. 2 FamFG: Stufenantrag – gemäß § 204 Abs. 1 Nr. 1 die Verjährung des geltend gemachten Leistungsanspruchs, auch wenn dieser noch nicht beziffert ist.[51] Die Verjährungshemmung tritt auch dann ein, wenn der Stufenantrag von einem falschen Stichtag – Einreichung, statt Zustellung des Scheidungsantrags – ausgeht.[52] Allerdings muss das Verfahren nach Erledigung der ersten Stufe weiter betrieben werden. Erfolgt nach Auskunftserlangung **lediglich eine Ankündigung,** den Zahlungsantrag demnächst zu beziffern, so **endet die verjährungshemmende** Wirkung des Stufenantrags gemäß § 204 Abs. 2 S. 2 nach sechs Monaten.[53] Ein **Teilantrag** hemmt die Verjährung gemäß § 204 Abs. 1 Nr. 1 nur in Bezug auf den geltend gemachten Teilanspruch, denn nur in diesem Umfang ist der Anspruch richterlicher Entscheidung unterstellt; der Restanspruch wird durch die Entscheidung und deren Rechtskraftwirkungen nicht ergriffen.[54] Der Antrag auf Übertragung bestimmter Gegenstände im Wege des Zugewinnausgleichs hemmt hingegen unabhängig von seiner Zulässigkeit die Verjährung, denn der Antragsteller gibt hier unmissverständlich zu erkennen, dass er seinen Zugewinnausgleichsanspruch gerichtlich durchsetzen will.[55] Dies ist auch der Fall, wenn der Antragsteller Zahlung begehrt, ohne den Zugewinnausgleich als Anspruchsgrund aufzuführen. Da der Klageantrag alle materiellrechtlichen Anspruchsgrundlagen einschließt, die ihn zu begründen vermögen, bezieht sich die Hemmungswirkung auch auf die Zugewinnausgleichsforderung.[56] Auch nachdem die verjährungshemmende Wirkung des **Prozesskostenhilfeantrags** in § 204 Abs. 1 Nr. 14 gesetzlich geregelt ist, ist daran festzuhalten, dass diese nur im Falle eines ordnungsgemäßen und vollständigen PKH-Antrags eintritt[57] – und wieder entfällt, wenn nicht alles getan wird, um dessen Durchsetzung, etwa durch fristgerechte Einlegung von Rechtsmitteln, zu erreichen.[58] Dies muss nach dem Verweis in § 76 FamFG auch für den Antrag auf Verfahrenshilfe gelten. Da nach § 204 Abs. 1 Nr. 14 nur der **erste** PKH-Antrag verjährungshemmende Wirkung hat, unterbricht ein **für** einen **neuen Zugewinnausgleichsantrag** gestellter Antrag auf Verfahrenskostenhilfe den Ablauf der Verjährungsfrist **nicht,** wenn bereits für ein früheres Zugewinnausgleichsverfahren Verfahrenskostenhilfe beantragt und gewährt worden war, dieses Verfahren nach seiner Abtrennung im

---

[48] OLG Nürnberg MDR 1980, 668; OLG Hamm FamRZ 1981, 1065, 1066; AG Biedenkopf FamRZ 2003, 1392 (alle zu § 204 aF).

[49] BGH NJW 1996, 2152, 2153 (zu § 209 Abs. 2 Nr. 1 aF).

[50] BGH NJW-RR 2002, 937 = FamRZ 2003, 221 gegen die Vorinstanz OLG München FamRZ 2001, 104 (beide zu § 209 Abs. 2 Nr. 1 aF).

[51] BGH FamRZ 1999, 571 (zu § 209 aF); OLG Naumburg FamRZ 2006, 267 (LS); OLG Celle FamRZ 2007, 1101.

[52] KG FamRZ 2001, 105; OLG Zweibrücken NJW-RR 2001, 865; anders OLG Hamm FamRZ 1996, 864, 865 m. krit. Anm. *Ludwig* FamRZ 1997, 421 (alle zu § 209 aF).

[53] OLG Thüringen FamRZ 2005, 1994; OLG Celle FamRZ 2007, 1101.

[54] BGH FamRZ 2008, 675, 676.

[55] BGH NJW-RR 1994, 514; FamRZ 1994, 751 (beide zu § 209 Abs. 1 aF).

[56] BGH NJW-RR 1996, 1409 (zu § 209 Abs. 1 aF; verlangt war Ausgleich aus Miteigentum und Ehegatteninnengesellschaft).

[57] OLG Hamm FamRZ 2000, 230 (zur alten Rechtslage); OLG Stuttgart FamRZ 2005, 526.

[58] OLG Celle FamRZ 2002, 1030; vgl. auch OLG Karlsruhe FamRZ 2000, 1290 (jeweils zur alten Rechtslage).

Scheidungstermin aber nicht weiterbetrieben wurde. Nur der damals gestellte PKH-Antrag stellt einen erstmaligen Antrag iS des § 204 Abs. 1 Nr. 14 dar, der später zum gleichen Streitgegenstand gestellte Antrag entfaltet mithin keine verjährungshemmende Wirkung mehr. Mit Hilfe nacheinander in verschiedenen Verfahren gestellter Anträge auf Verfahrenskostenhilfe kann eine Verlängerung der Verjährungsfrist also nicht herbeigeführt werden.[59]

Ein **Auskunftsantrag aus § 1379** hemmt die Verjährung auch dann nicht, wenn sie die Ankündigung enthält, den Leistungsantrag nach Erteilung der Auskunft stellen zu wollen.[60] Die Erklärung, zur **Auskunft bereit zu sein,**[61] enthält ebenso wenig wie die **Auskunftserteilung** selbst ein Anerkenntnis, das die Verjährung gemäß § 212 Abs. 1 Nr. 1 neu beginnen lässt.[62] Da Ehegatten generell und unabhängig davon, ob sie einen Ausgleich schulden, einander zur Auskunft verpflichtet sind, können die zur Auskunftserteilung des Erben gegenüber dem Pflichtteilsberechtigten entwickelten Grundsätze nicht auf die Auskunftserteilung im Zugewinn übertragen werden. Zudem ist im Zugewinnausgleich bei Auskunftserteilung vielfach noch völlig unklar, ob überhaupt ein Anspruch besteht. Auch deshalb gibt ein Ehegatte, anders als ein Erbe nach § 2314, allein mit seiner Auskunft niemals klar und eindeutig zu erkennen, dass er vom Bestehen einer Schuld ausgeht. Eine Klage auf **Zahlung des großen Pflichtteils** hemmt die Verjährung des Anspruchs auf Zugewinnausgleich nicht.[63] Auch die auf Anpassung eines **Erbauseinandersetzungsvertrages** wegen Wegfalls der Geschäftsgrundlage gestützte Klage hat keine verjährungshemmende Wirkung, selbst wenn zur wertmäßigen Begründung der Zugewinnausgleichsanspruch angeführt wird.[64] Die der Vorbereitung einer gütlichen Einigung dienende Vereinbarung, ein Gutachten über den Wert von Grundbesitz einzuholen, stellt nur dann ein sog. **Stillhalteabkommen** mit verjährungshemmender Wirkung nach § 205 dar, wenn sich die Eheleute auf dessen Verbindlichkeit verständigt hatten. Nur dann nämlich gibt die Absprache dem Schuldner das Recht, bis zur Erstellung des Gutachtens die Leistung zu verweigern.[65] 30

VII. Prozessuales

1. Familienstreitsache. Der Streit um eine Ausgleichsforderung gemäß § 23 a Abs. 1 GVG, §§ 111 Nr. 9, 112 Nr. 2 FamFG ist Familienstreitsache. Das gilt auch, wenn die Parteien rechtsgeschäftlich in die gesetzliche Ausgleichsregelung eingegriffen haben.[66] Falls die Parteien den güterrechtlichen Ausgleich innerhalb einer allgemeinen Auseinandersetzung geordnet und in untrennbarer Gemengelage mit Ansprüchen anderer Art geregelt haben, behandelt der BGH alle Ansprüche als Familiensache.[67] 31

2. Einstweiliger Rechtsschutz. Einstweiliger Rechtsschutz – in Form des **Arrestes** gemäß §§ 916 ff. ZPO, § 119 Abs. 2 FamFG – kann für die Ausgleichsforderung vor Beendigung des Güterstandes grundsätzlich nicht in Anspruch genommen werden, weil es sich in dieser Zeit noch um eine künftige Forderung handelt, die § 916 Abs. 2 ZPO gerade nicht als sicherungsfähig anerkennt. Im Wege des Arrestes vorgehen kann der Gläubiger allerdings, 32

[59] OLG Celle FamRZ 2007, 1101 m. Anm. *Kogel*.
[60] OLG Celle NJW-RR 1995, 1411; KG FamRZ 2001, 105 (beide zu § 209 Abs. 1 aF).
[61] BGH FamRZ 1999, 571, 573; anders OLG Hamburg FamRZ 1984, 892; *Johannsen/Henrich/Jaeger* RdNr. 19; *Soergel/Lange* RdNr. 14 (alle zu § 208 aF).
[62] BGH FamRZ 1999, 571, 574; OLG Hamm FamRZ 2000, 230, 231; OLG Karlsruhe FamRZ 2001, 832; OLG Celle FamRZ 2002, 1030, 1031 (alle zu § 208 aF) gegen die ältere Rspr. und Teile des Schrifttums.
[63] BGH FamRZ 1983, 27 = LM § 1371 Nr. 8; OLG Frankfurt a. Main FamRZ 1986, 807 (zu § 209 Abs. 1 aF).
[64] BGH NJW 1993, 2439 (zu § 209 Abs. 1 aF).
[65] BGH FamRZ 1999, 571, 574; OLG Hamm FamRZ 2000, 230, 231; OLG Zweibrücken NJW-RR 1995, 260 (alle zu § 202 Abs. 1 aF).
[66] Vgl. BGH NJW 1980, 193; OLG Schleswig SchlHA 1979, 192.
[67] NJW 1980, 2529; 1981, 346, 347 f. = LM GVG § 23 b Nr. 28; OLG Köln FamRZ 2004, 1584 (keine Zuständigkeit bei nur schuldrechtlichen Ansprüchen).

wenn der **Scheidungsantrag rechtshängig** geworden ist. Dann nämlich kann der (künftige) Zugewinnausgleichsanspruch im Entscheidungsverbund geltend gemacht werden (§ 137 Abs. 1 u. 2 Nr. 4 FamFG). Deshalb ist von diesem Zeitpunkt an §§ 916 Abs. 2 ZPO kein Gegenargument mehr, denn die Ausgleichsforderung ist klagbar und Klagbarkeit reicht für den Schutz durch Arrest aus.[68] Der Streit um die Frage, ob der Sicherung der Ausgleichsforderung im Wege des Arrestes § 1389 als spezielle Regelung entgegensteht, hat sich mit der Aufhebung des § 1389 zum 1. 9. 2009 erledigt (zum Hintergrund § 1389). Der früher hM,[69] die die Sicherung der Zugewinnausgleichsforderung im Wege des Arrestes vor Güterstandsende für unstatthaft hielt, weil diese – bis dahin nur künftige – Forderung nur über § 1389 zu schützen sei, ist das Hauptargument entzogen. Zu bedenken ist zudem, dass diese Ansicht in der Zeit vor dem 1. EheRG entwickelt worden war und ohne Berücksichtigung des mit dieser Reform eingeführten Verbundverfahrens, das die Klagbarkeit der Zugewinnausgleichsforderung vor ihrer Entstehung ausdrücklich vorsieht, fortgeführt wurde. Anders als nach § 620 ZPO aF kann für die Zugewinnausgleichsforderung gemäß § 119 Abs. 1 FamFG vorläufiger Rechtsschutz durch eine **einstweilige Anordnung** nach §§ 49 ff. FamFG erlangt werden.

33 **3. Teilbeschlüsse.** Da die Ausgleichsforderung auf Geld gerichtet ist, wird mit ihr stets ein teilbarer Anspruch erhoben. Teilbeschlüsse gemäß § 301 ZPO, § 113 Abs. 1 FamFG sind deshalb nach allgM grundsätzlich zulässig.[70] Dass der Zugewinnausgleich rechnerisch auf eine Gesamtabrechnung abstellt, hindert nicht die Geltendmachung eines aufgrund feststehender Vermögenspositionen bereits zweifellosen und entscheidungsreifen Teilanspruchs.[71] Begehrt werden Teilbeschlüsse vornehmlich gegen ausgleichspflichtige Ehegatten, die hinhaltenden Widerstand leisten. Gerade in diesem Fall sind Teilbeschlüsse allerdings vielfach nicht zulässig, weil auch der Grund des Anspruchs streitig ist und ein Teilbeschluss nur erlassen werden darf, wenn er von der Entscheidung über den Rest des Anspruchs unabhängig ist.[72] Deshalb sind auch bei wechselseitigen Anträgen auf Ausgleich des Zugewinns Teilbeschlüsse nur über den Antrag oder den Widerantrag unzulässig. Die Entscheidungen können nicht unabhängig voneinander getroffen werden, da der Zugewinnaugleich auf einer Gesamtsaldierung der Vermögen der Ehegatten beruht.[73]

34 Auch wenn der Ausgleichsanspruch aus § 40 FGB im Wege der objektiven Antragshäufung nach § 260 ZPO, § 113 Abs. 1 FamFG neben dem Anspruch aus § 1378 geltend gemacht wird, sind Teilbeschlüsse wegen der Gefahr einander widersprechender Entscheidungen unzulässig. Denn der Anspruch aus § 40 FGB ist in die Zugewinnberechnung einzustellen, über die Zugewinnausgleichsforderung kann mithin nicht unabhängig von der Entscheidung über diesen Anspruch entschieden werden.[74]

35 **4. Nachforderungsanträge.** Ist bereits einmal über die Ausgleichsforderung rechtskräftig entschieden worden, so ist umstritten, ob Nachforderungen durch Teilanträge nur dann erfolgreich geltend gemacht werden können, wenn der erste Antrag ausdrücklich als Teilantrag bezeichnet wurde. Nach richtiger Ansicht bedarf es eines solchen Vorbehalts nicht, da

[68] OLG Düsseldorf FamRZ 1994, 114; OLG Karlsruhe FamRZ 1995, 822 (5. FamS) und 1997, 622 (2. FamS); OLG Celle FamRZ 1996, 1429; OLG Hamm FamRZ 1997, 181; OLG Hamburg FamRZ 2003, 238; OLG Karlsruhe (5. FamS) FamRZ 2007, 408 m. Anm. *Kleinle* S. 1259; OLG München FamRZ 2007, 1101; OLG Naumburg FamRZ 2008, 2202; *Stein/Jonas/Grunsky* § 916 ZPO RdNr. 11 a; *Zöller/Vollkommer* § 916 RdNr. 8; MünchKommZPO/*Heinze* § 916 RdNr. 12 f.; *Haußleiter/Schulz* Kap. 1 RdNr. 537 ff.; *Ditzen* NJW 1987, 1806, 1807; *Frey* S. 36 ff.; *Gießler/Soyka* RdNr. 935 f.

[69] KG FamRZ 1986, 1107; OLG Hamburg FamRZ 1988, 964; OLG Stuttgart FamRZ 1995, 1427 = NJW-RR 1996, 961; OLG Koblenz FamRZ 1999, 97; OLG Karlsruhe FamRZ 2007, 410 (18. FamS); *Kohler* FamRZ 1989, 797, 798; *Staudinger/Thiele* (2007) RdNr. 1; RGRK/*Finke* RdNr. 1; *Erman/Gamillscheg* § 1389 RdNr. 1; *Johannsen/Henrich/Jaeger* RdNr. 1 a.

[70] Vgl. OLG Düsseldorf FamRZ 1998, 916 mwN.

[71] BGH FamRZ 1994, 1095; 1996, 853. Bedenken bei *Schwab/Schwab* Teil VII RdNr. 7 f.; OLG Köln FamRZ 1989, 296.

[72] Vgl. dazu BGHZ 107, 236, 242; OLG Stuttgart FamRZ 1984, 273.

[73] OLG Brandenburg FamRZ 2005, 1920.

[74] BGH FamRZ 1999, 1197; 2002, 1097 = NJW 2003, 34.

nicht ohne weiteres vermutet werden kann, dass mit dem Ausgleichsantrag auch der gesamte Zugewinn geltend gemacht wird, sog. **verdeckte Teilklagen** – auch wenn sie nach § 113 Abs. 5 Nr. 2 Teilanträge heißen – sind zulässig.[75] Der Antragsteller braucht nicht zu erklären, er behalte sich für den Fall späterer zugewinnrelevanter Entdeckungen (weiteres Vermögen des Ausgleichsschuldners, Bewertungsfehler) weitergehende Ansprüche vor, denn die Rechtskraft des Beschlusses ergreift gemäß § 322 Abs. 1 ZPO, § 113 Abs. 1 FamFG ohnehin nur den im Prozess geltend gemachten Anspruch. Dies gilt allerdings nicht, wenn der verdeckte Teilantrag abgewiesen wurde. Hier steht die Bestandskraft des abweisenden Erstbeschlusses einem weiteren Nachforderungsantrag entgegen.[76]

VIII. Vereinbarungen

1. Zwingendes Recht. Nach allgM ist die Begrenzung der Ausgleichsforderung in § 1378 Abs. 2 ebenso wie das Verbot antizipierter Verpflichtungs- und Verfügungsgeschäfte in § 1378 Abs. 3 zwingendes Recht. 36

2. Dispositives Recht. Disponibel – in den Grenzen des § 138, der sowohl dem Schutz eines Ehegatten als auch dem Schutz Dritter dienen kann –, ist dagegen die Ausgleichsforderung selbst. Die Eheleute können ihre Höhe wie auch die Modalitäten ihrer Erfüllung **inhaltlich wie zeitlich** modifizieren. Den Ehegatten ist es unbenommen, dem Gläubiger mehr als die Hälfte des Zugewinns zuzuweisen, aber auch seine Quote zu mindern;[77] sie können Höchstbeträge vereinbaren oder Sachleistungen vorsehen.[78] Auch ein völliger **Erlass** der Zugewinnausgleichsschuld gemäß § 397 ist möglich. Allerdings kann ein solcher nicht ohne weiteres angenommen werden, wenn die Parteien ein zweites Mal miteinander die Ehe eingehen, ohne dass die Ausgleichsforderung aus erster Ehe getilgt ist.[79] Eine **Stundung** des erfüllungsfähigen Anspruchs ist durch vertragliche Vereinbarung über seine Fälligkeit möglich. Wird eine solche Abrede bereits vor der Entstehung des Anspruchs getroffen, so bestimmt sie den Schuldinhalt von vornherein, ansonsten gilt § 205. Gegen den Willen des Gläubigers kann die Forderung auf Antrag des Schuldners durch richterlichen Akt gestundet werden (§ 1382). 37

3. Steuerrechtliche Aspekte. Gemäß § 5 Abs. 2 ErbStG ist der kraft Gesetzes **bei Beendigung des Güterstandes** erfolgende Erwerb der Ausgleichsforderung nicht steuerpflichtig. Leistungen, die ein Ehegatte aufgrund einer ehevertraglichen Vereinbarung bei Weitergeltung des gesetzlichen Güterstandes zum Ausgleich des Zugewinns erbringt, sind hingegen als freigebige, schenkungssteuerpflichtige Zuwendungen iS des § 7 Abs. 1 Nr. 1 ErbStG zu qualifizieren. Die Leistung erfolgt hier insofern unentgeltlich, als ohne Beendigung des Güterstandes die Ausgleichsforderung aus § 1378 nicht entsteht und der Ehegatte von daher weder zum Abschluss des Vertrages noch zur Leistung verpflichtet war.[80] Etwas anderes gilt, wenn die Ehegatten den Güterstand beenden, auch wenn sie seinen sofortigen Wiedereintritt für den nächsten Tag vereinbaren, sog. **Güterstandsschaukel.** Dass die Zugewinngemeinschaft dann praktisch in der gleichen Sekunde wieder neu beginnt (0.00 Uhr), in der die Ausgleichsforderung entsteht (24.00 Uhr), ändert daran nichts, denn § 5 Abs. 2 ErbStG fordert nicht die endgültige und langfristige Beendigung des Güterstandes. Dass dieser nur für einen Augenblick beendet wurde, reicht aus, wenn nur die Ernsthaftigkeit der Beendigung durch konkrete Berechnung der Ausgleichsforderung nachgewiesen ist.[81] 38

---

75 BGH NJW 1994, 3165; 1996, 2152. Bedenken bei *Schwab/Schwab* Teil VII RdNr. 8.

76 Offengelassen vom BGH (Fn. 74), dessen Entscheidungen allerdings immer stattgebende Urteile im Erstverfahren zugrunde lagen.

77 BGHZ 86, 143, 151; *Bärmann* AcP 157 (1958/1959), 145, 204; *Schwab/Schwab* Teil VII RdNr. 311; *Staudinger/Thiele* (2007) RdNr. 36; *Erman/Gamillscheg* RdNr. 16; *Soergel/Lange* RdNr. 4; RGRK/*Finke* RdNr. 28.

78 BGH NJW 1997, 2239 = FamRZ 1997, 800, 801; *Schwab/Schwab* Teil VII RdNr. 311; *Bärmann* AcP 1957 (1958/1959), 145, 204.

79 OLG Nürnberg MDR 1980, 668; OLG Hamm FamRZ 1981, 1065.

80 BFH FamRZ 2006, 1670; NJW 2008, 111.

81 BFH NJW 2005, 3663; zust. *Schlünder/Geißler* NJW 2007, 482 mwN.

Wird aufgrund einer Scheidungs- oder Trennungsvereinbarung Grundbesitz an Erfüllungs Statt geleistet, ist die sog. Spekulationsfrist des § 23 EStG zu beachten, der den aus privaten Veräußerungsgeschäften resultierenden Gewinn innerhalb von zehn Jahren steuerpflichtig macht. Hat mithin der Grundbesitz zwischen dem Zeitpunkt seines Erwerbs und der im Rahmen des Zugewinnausgleichs erfolgenden Übertragung eine Wertsteigerung erfahren, so ist diese als Veräußerungsgewinn zu versteuern.[82] Erfolgt die Übertragung des Grundstücks hingegen auf Antrag des Gläubigers der Zugewinnausgleichsforderung gemäß § 1383 durch Einschaltung des Familiengerichts, so fällt die Spekulationssteuer des § 23 EStG nicht an. Da in diesem Fall die Übertragung nicht auf einer vertraglichen Vereinbarung beruht, sondern aufgrund richterlichen Beschlusses erfolgt, liegt kein privates Veräußerungsgeschäft iS des § 23 EStG vor.[83]

§ 1379 Auskunftspflicht

(1) [1] Ist der Güterstand beendet oder hat ein Ehegatte die Scheidung, die Aufhebung der Ehe, den vorzeitigen Ausgleich des Zugewinns bei vorzeitiger Aufhebung der Zugewinngemeinschaft oder die vorzeitige Aufhebung der Zugewinngemeinschaft beantragt, kann jeder Ehegatte von dem anderen Ehegatten

1. Auskunft über das Vermögen zum Zeitpunkt der Trennung verlangen;

2. Auskunft über das Vermögen verlangen, soweit es für die Berechnung des Anfangs- und Endvermögens maßgeblich ist.

Auf Anforderung sind Belege vorzulegen.

[2] Jeder Ehegatte kann verlangen, dass er bei der Aufnahme des ihm nach § 260 vorzulegenden Verzeichnisses zugezogen und dass der Wert der Vermögensgegenstände und der Verbindlichkeiten ermittelt wird. [3] Er kann auch verlangen, dass das Verzeichnis auf seine Kosten durch die zuständige Behörde oder durch einen zuständigen Beamten oder Notar aufgenommen wird.

(2) Leben die Ehegatten getrennt, kann jeder Ehegatte von dem anderen Ehegatten Auskunft über das Vermögen zum Zeitpunkt der Trennung verlangen. Absatz 1 Satz 2 bis 4 gilt entsprechend.

Schrifttum: *Büttner,* Durchsetzung von Auskunfts- und Rechnungslegungstiteln, FamRZ 1992, 629; *Hartung,* Umfang der Auskunftspflicht im Zugewinnausgleich, MDR 1998, 508; *Gernhuber,* Handbuch des Schuldrechts, Bd. 8: Das Schuldverhältnis, 1989; *Müller,* Die Kostentragungslast bei der Ermittlung des Vermögenswertes im Rahmen des Zugewinnausgleichs nach § 1379 BGB, FamRZ 1981, 837; *Roth-Stielow,* Vermögensrechtliche Streitfragen nach der Scheidung, NJW 1970, 1032; *Scherer,* Verbindung der Auskunftsklage mit der Klage auf vorzeitigen Zugewinnausgleich, FamRZ 2001, 1112.

Übersicht

[82] OFD Frankfurt a. Main StEK (Steuererlasse in Karteiform) EStG § 23 Nr. 44; OFD München DB 2001, 1533 f = DStR 2001, 1298 f.; *Feuersänger* FamRZ 2003, 645; *Karasek* FamRZ 2002, 590 (Empfehlung einer Stundungsvereinbarung bis zum Ablauf der Spekulationsfrist); *Schröder* FamRZ 2002, 1010. AA *Tiedtke/Wärholz* DtStZ 2002, 9, 13 (Leistung an Erfüllungs Statt ist keine entgeltliche Veräußerung).

[83] Wie hier *Schröder* FamRZ 2002, 1010; *Tiedtke/Wärholz* DStZ 2002, 9, 13. AA *Feuersänger* FamRZ 2003, 645. Vgl. dazu § 1383 RdNr. 3 ff.

I. Normzweck

1. Gegenstand des Anspruchs. Jeder Ehegatte muss in der Lage sein, selbständig die für die Existenz und Höhe einer Ausgleichsforderung entscheidenden Rechenoperationen vorzunehmen. Von den vier notwendigen Daten – Anfangs- und Endvermögen der beiden Ehegatten – stehen ihm zwei als Daten aus eigener Sphäre zur Verfügung. Anfangs- und Endvermögen des Partners kann er sich mit Hilfe des § 1379 erschließen. Der früher nur auf den Bestand des Endvermögens bezogene Auskunftsanspruch ist durch die am 1. 9. 2009 in Kraft getretene Reform des Zugewinnausgleichs in sachlicher und zeitlicher Hinsicht erweitert worden. Außer dem **Endvermögen** umfasst der Anspruch nun auch das **Anfangsvermögen.** Diese Erstreckung der Auskunft ist mit dem Entfall des § 1374 Abs. 1 Halbs. 2 erforderlich geworden. Kann das Anfangsvermögen negativ sein, so müssen Ehegatten die Höhe des Negativsaldos in Erfahrung bringen können, um den bei Tilgung der Verbindlichkeiten während der Ehe entstehenden Zugewinn berechnen zu können. Außerdem umfasst der Auskunftsanspruch auch das **Trennungsvermögen** und bezieht sich damit auf eine Vermögensmasse, die nicht wie das Anfangs- und Endvermögen ein unmittelbarer Rechenposten für den Zugewinn ist, für dessen korrekte Ermittlungsmöglichkeit aber von entscheidender Bedeutung ist. Zu beachten ist, dass sich der Auskunftsanspruch nicht allein auf den Bestand der genannten Vermögensmassen richtet, sondern auf alle **Informationen,** die zu ihrer **Berechnung erforderlich** sind. Er umfasst mithin auch Angaben, die für die Beurteilung von Hinzurechnungen nach § 1374 Abs. 2 bzw. § 1375 Abs. 2 erforderlich sind. 1

Zu unterscheiden ist die in § 1379 statuierte Auskunftspflicht von der während der Ehe aus **§ 1353** herzuleitenden **Pflicht zur Unterrichtung** des Partners über das eigene Vermögen. Diese ist keine güterstandsspezifische Pflicht mit finalem Bezug auf die Berechnung der Ausgleichsforderung und schon von daher nicht geeignet, die für den Zugewinnausgleich notwendigen Daten zu liefern. Abgesehen davon ist die nach § 1353 geschuldete Auskunft nur auf einen „Überblick mit groben Rastern" gerichtet (vgl. §§ 1385, 1386 RdNr. 24 f.) und deshalb fern jener Akkuratesse, die für eine exakte Rechnung notwendig ist. 2

Berechtigt ist **jeder** Ehegatte, der wahrscheinliche oder gar sichere Ausgleichsschuldner ebenso wie der wahrscheinliche oder feststehende Gläubiger. Schuld und Forderung sind als Komplementärgrößen vom Normzweck gleicherweise umfasst. 3

2. Grenzen. Trotz des weitergehenden Normtextes ist nach Sinn und Zweck des § 1379 ein Auskunftsanspruch nicht gegeben, wenn der Ehegatte, der als Schuldner oder Gläubiger Auskunft begehrt, aus ihr Rechtsfolgen nicht oder nicht mehr ableiten kann. Diese unstrittige Aussage wird meist aus § 242 – unzulässige Rechtsausübung – hergeleitet, doch rechtfertigt bereits eine restriktive teleologische Interpretation das Ergebnis. 4

Keine Auskunft kann demzufolge gefordert werden von einem Ehegatten, der evident einen Zugewinn nicht erzielte.[1] Ferner kann Auskunft nicht begehrt werden, wenn eine etwa bestehende **Ausgleichsforderung verjährt** ist, sofern der in Anspruch genommene 5

[1] OLG Koblenz FamRZ 2005, 902; OLG Brandenburg FamRZ 1998, 174; OLG Hamm FamRZ 1998, 1300.

Ehegatte die Einrede der Verjährung erhebt.[2] Keine Auskunft kann schließlich verlangt werden, wenn die Ehegatten die **Ausgleichsforderung abschließend vertraglich** präzisiert[3] oder ausgeschlossen haben.[4]

6 Keine Auskunft wird ferner einem Ehegatten geschuldet, der den **Anspruch offenbar zweckfremd** ausübt, also nicht zur Berechnung einer Schuld oder Forderung auf Zugewinnausgleich.[5] Doch ist insoweit Vorsicht am Platz. Kein Indiz für zweckfremde Rechtsausübung liegt etwa im Verzicht auf die Verbindung des Antrags auf Auskunft mit dem Antrag auf Leistung – die ohnehin nur beim voraussichtlichen Gläubiger möglich ist.

7 Auskunft zu gewähren ist dagegen auch von einem Ehegatten, der ein **Leistungsverweigerungsrecht aus § 1381** zu haben glaubt.[6] Ob und ggf. in welcher Höhe die Einrede begründet ist, ist – zumindest – auch von Daten abhängig, die erst mit der Auskunft zugänglich werden (vgl. § 1381 RdNr. 35). Nur wenn die sich aus der Auskunft ergebenden Umstände für das Vorliegen des Leistungsverweigerungsrechts unerheblich sind, weil bereits evident ist, dass ein solches besteht, liegt einer der besonderen Ausnahmefälle vor, in denen die Auskunft verweigert werden kann.[7]

II. Zeitpunkt

8 **1. Stichtage und Fälligkeit.** Für das Entstehen des Anspruchs sieht § 1379 verschiedene Stichtage vor. Zunächst wird – wie nach § 1379 aF – Auskunft geschuldet bei **Beendigung des Güterstandes** sowie bei Rechtshängigkeit des **Antrags auf Scheidung oder Aufhebung** der Ehe. Seit 1. 9. 2009 ist die Auskunftspflicht über diese Stichtage hinaus erweitert. Bereits ab Rechtshängigkeit des **Antrags auf vorzeitige güterrechtliche Regelung** kann der Ehepartner Vermögensauskunft verlangen – und zwar unabhängig davon, ob sich sein (Gestaltungs)Antrag auf die Aufhebung der Zugewinngemeinschaft beschränkt (§ 1386) oder mit dem Leistungsantrag auf vorzeitigen Ausgleich des Zugewinns verbunden ist (§ 1385). Während nach § 1379 aF der Auskunftsanspruch im Fall des vorzeitigen Zugewinnausgleichs erst mit Rechtskraft der den Güterstand beendenden Entscheidung (vgl. § 1588 aF) entstand und nach hM auch erst zu diesem Zeitpunkt geltend gemacht werden konnte, können Ehegatten jetzt also bereits mit Antragstellung Auskunft und damit Klarheit über den Zugewinn des anderen erlangen. Jeder Ehegatte kann somit in Erfahrung bringen, ob er ausgleichsberechtigt ist und es für ihn Sinn macht, es nicht bei der Aufhebung der Zugewinngemeinschaft zu belassen, sondern zugleich auch den Zugewinn zu verlangen.

9 Unabhängig von prozessualen Anträgen entsteht die Auskunftspflicht gemäß § 1379 Abs. 2 mit dem **Zeitpunkt der Trennung** der Eheleute. Um Vermögensreduzierungen in der Zeit bis zur Rechtshängigkeit des Scheidungsantrags entgegen wirken zu können, haben getrennt lebende Ehepartner auch ohne Einleitung eines güterrechtlichen Verfahrens einen Anspruch auf Auskunft über das zum Trennungszeitpunkt beim anderen vorhandene Vermögen. Mit diesem Anspruch kann Vermögensverschiebungen in der Trennungszeit entgegen gewirkt werden. Da § 1379 ab 1. 9. 2009 gilt, können auch zu diesem Zeitpunkt bereits getrennt lebende Ehepartner Auskunft verlangen.

10 Mit seiner Entstehung ist der Auskunftsanspruch gemäß § 271 sofort fällig. Welcher Zeitraum dem Schuldner aus § 1379 als Phase der Vorbereitung seiner Leistung zugebilligt werden muss, kann nur im jeweiligen Einzelfall entschieden werden. Wesentlich sind vornehmlich Größe und Zusammensetzung seines Anfangs- und Endvermögens. Die Schuld ist nicht erfüllungsfähig, wenn der Gläubiger sein Recht auf Mitwirkung (vgl. RdNr. 21 f.)

---

[2] BGH NJW-RR 1996, 1409; OLG Frankfurt a. Main FamRZ 1987, 1147, 1148.
[3] OLG Düsseldorf FamRZ 1989, 181, 182.
[4] BGHZ 75, 195, 203 = NJW 1980, 229; BGH FamRZ 1983, 157.
[5] Vgl. OLG Nürnberg FamRZ 1969, 287.
[6] OLG Brandenburg FamRZ 2009, 1067 mwN.
[7] Vgl. BGH NJW 1980, 1462 = FamRZ 1980, 768; OLG Hamm FamRZ 1987, 701, 702. Dazu auch § 1381 RdNr. 35.

ausübt, jedoch die notwendige Initiative zur Bestimmung eines Termins nicht ergreift. Dabei kann der Gläubiger selbst einen Vorschlag machen oder dem Schuldner die Terminierung überlassen. Schweigt er dagegen, so kann der Schuldner nicht in Verzug geraten.

2. Tod eines Ehegatten. Endet der Güterstand durch den Tod eines Ehegatten und ist der rechnerische Zugewinnausgleich mit dem Erben durchzuführen, weil der überlebende Ehegatte die Erbschaft oder ein Vermächtnis ausgeschlagen hat, so entsteht der Anspruch – für den Ehegatten wie für den Erben – erst mit der Ausschlagung. Als Vermächtnisnehmer kann der überlebende Ehegatte bereits zuvor vom Erben Auskunft über Bestand und Höhe der Erbschaft begehren, sofern erst sie ihm die Berechnung seines Anspruchs ermöglicht – und damit die Beantwortung der Frage, ob es sinnvoll ist, statt des Vermächtnisses den Zugewinnausgleich zu wählen.[8] 11

III. Gegenstand der Auskunft

1. Bestand des Vermögens. Auskunft schulden die Ehegatten zunächst über den Bestand des zu den Auskunftsstichtagen **positiv vorhandenen Vermögens.** Dabei braucht grundsätzlich die Entwicklung des Vermögens in der Zeit des Güterstandes nicht dargestellt zu werden. Zu einer gewissen Rechenschaftspflicht führt allerdings die Darlegungs- und Beweislastregel des § 1375 Abs. 2. Ist nach § 1379 Abs. 2 über das bei Trennung vorhandene Vermögen Auskunft verlangt worden und hat sich der damals angegebene Bestand bis zur Rechtshängigkeit des Scheidungsantrags bzw. bis zu den anderen Stichtagen verringert, so muss der Ehegatte nachweisen, dass die seit dem Trennungszeitpunkt eingetretene Vermögensminderung nicht auf illoyalen Handlungen beruht. Er muss hier also Auskunft über die Vermögensentwicklung geben und Güterbewegungen oder auch den Verbleib von Gegenständen plausibel erklären. 12

2. Berechnungstatsachen. Anders als nach § 1379 aF beschränkt sich der Auskunftsanspruch bezüglich des Anfangs- und Endvermögens nicht auf Informationen über das positive Vermögen, sondern erstreckt sich auf alle **Umstände,** die **für die Berechnung** der Vermögensmassen **maßgeblich** sind. Was das Anfangsvermögen angeht, so ist die Erweiterung der Informationspflicht über den Bestand des vorhandenen Vermögens hinaus insofern erforderlich, als Ehegatten bei vermutetem negativen Anfangsvermögen die Höhe der Verbindlichkeiten des anderen in Erfahrung bringen müssen, um den bei Tilgung während der Ehe erzielten Zugewinn bestimmen zu können. Abgesehen vom Fall der Verschuldung hat der Auskunftsanspruch bezüglich des Anfangsvermögens insofern keine Bedeutung, als dieses bei Fehlen eines **Verzeichnisses** mit Null vermutet wird. Günstiger aber als mit der Null-Vermutung des § 1377 Abs. 3 kann der Ehegatte nur stehen, wenn der andere zu Beginn des Güterstandes verschuldet war. Gegenstandslos ist der Auskunftsanspruch bezüglich des Anfangsvermögens, wenn dieses gemäß § 1377 Abs. 1 unter Mitwirkung des Ehegatten in einem Verzeichnis festgestellt worden ist. In diesem Fall ist seine Geltendmachung als **unzulässige Rechtsausübung nach § 242** zurückzuweisen Zu den für die Berechnung des Anfangsvermögens maßgeblichen **Umständen** gehören auch die, die für die rechnerische Korrektur durch **Hinzurechnungen** privilegierten Erwerbs **nach § 1374 Abs. 2** ausschlaggebend sind. 13

Was das Endvermögen angeht, so wird Auskunft auch hinsichtlich jener Vorgänge und Beträge geschuldet, die diesem **nach § 1375 Abs. 2 hinzuzurechnen** sind. Dass diese Pflicht dem nachfragenden Ehegatten hinreichende Anhaltspunkte für illoyales Handeln liefern wird, steht allerdings nicht zu erwarten. Ehegatten werden schließlich alles daran setzen, verschwenderische Akte und absichtlich benachteiligende Handlungen zu verschleiern. Im Hinblick hierauf hatte die – allerdings umstrittene – hM[9] zu § 1379 aF die Pflicht zur Offenbarung illoyaler Vermögensminderungen als unzumutbar und nicht praktikabel abgelehnt. In Anlehnung an die Rspr. zu § 2314 zumindest die unentgeltlichen Zuwendun- 13 a

[8] Zust. *Soergel/Lange* RdNr. 3. Abl. dagegen *Staudinger/Thiele* (2007) RdNr. 8.
[9] Zum Streitstand Vorauflage/*Koch* RdNr. 13.

gen iS des § 1375 Abs. 2 Nr. 1 auskunftspflichtig zu machen, wurde mangels gesetzlicher Anhaltspunkte für eine Differenzierung der Auskunftspflicht nach der Art der Vermögensminderung als unzulässig abgelehnt. Eine Gegenmeinung hatte allerdings auch unter der Geltung des § 1379 aF darauf bestanden, dem benachteiligten Ehegatten zur Beweiserleichterung bei der Aufhellung unlauteren Handelns den Auskunftsanspruch zu geben.[10]

14 Mit der Neufassung des § 1379 zum 1. 9. 2009 hat sich diese Kontroverse erledigt und der Rückgriff auf den **allgemeinen Auskunftsanspruch aus § 242** bei Verdacht unlauterer Handlungen erübrigt. Nur mit diesem Auskunftsanspruch nämlich, der jedem Rechtsinhaber zusteht, der entschuldbar über das Bestehen und den Umfang seines Rechts im Unklaren ist, während der Verpflichtete die Auskunft unschwer erteilen kann und durch die Pflicht hierzu nicht unbillig belastet wird,[11] hatte der Ehegatte in der Vergangenheit nach hM illoyale Vermögensverschiebungen erhellen können – vorausgesetzt, er brachte konkrete Anhaltspunkte für seinen Verdacht illoyalen Handelns des anderen vor.[12] Übertriebene Anforderungen wurden an den diesbezüglichen Vortrag allerdings nicht gestellt. So reichte es aus, dass ein Grundstücksverkauf kurz vor Zustellung des Scheidungsantrags dargelegt wurde, um über die Verwendung des Verkaufserlöses Auskunft verlangen zu können.[13] Auch dass trotz Verkaufs von Wertpapieren und einer Lebensversicherung das Girokonto einen Minussaldo aufwies, berechtigte das Auskunftsverlangen des Ehegatten aus § 242.[14] Da § 1379 Abs. 1 S. 1 den Auskunftsanspruch nicht an konkret begründete Verdachtsmomente knüpft, kann dieser nun – bis zur Grenze der unzulässigen Rechtsausübung – auch ohne solche Darlegungen geltend gemacht werden. Mit der jetzigen Fassung des § 1379 sind die früheren Einschränkungen des Rechtsschutzes bei der Aufspürung illoyaler Vermögensverschiebungen entfallen.

14 a Vermögenserwerb nach den Stichtagen für die Berechnung des Endvermögens (§§ 1376 Abs. 2, 1384, 1387) ist ebenso wenig auszuweisen wie spätere Verluste – und zwar auch dann nicht, wenn der Ehegatte seine Ausgleichsschuld gemäß § 1378 Abs. 2 kürzen will.[15] Auch Vermögensbestandteile, die beim Zugewinnausgleich nicht zu berücksichtigen sind, unterliegen nicht der Auskunftspflicht. Zu ihnen gehört allerdings nicht der Erwerb, der gemäß § 1374 Abs. 2 dem Anfangsvermögen hinzuzurechnen ist.

15 **3. Auskunftsanspruch nach FGB.** Obgleich das FGB der DDR keine ausdrückliche Regelung eines Auskunftsanspruchs enthielt, erkannte die hM in der DDR einen solchen an, wenn der nach §§ 39, 40 FGB ausgleichsberechtigte Ehegatte aus Unkenntnis seine Forderungen nicht beziffern konnte. Mit diesem Anspruch ist auch heute Auskunft wegen der am 3. 10. 1990 nach dem FGB bestehenden Ausgleichsansprüche zu verlangen. Ab dann gilt der Auskunftsanspruch aus § 1379.[16]

IV. Bestandsverzeichnis

16 **1. Form und Art der Angaben.** Der Auskunftsanspruch richtet sich auf die Vorlage eines geordneten, übersichtlichen, nachprüfbaren Bestandsverzeichnisses iS des § 260. Eine Folge von Einzelangaben, die über mehrere Schriftsätze verteilt sind, erfüllt den Anspruch nicht.[17] Allerdings ist nicht erforderlich, bei jeder Ergänzung der einmal erteilten Auskunft ein komplett neues Verzeichnis zu erstellen. Die Übersichtlichkeit ist auch gewahrt, wenn die nachgeschobenen Angaben systematisch in das vorhandene Verzeichnis integriert werden

[10] *Staudinger/Thiele* (2007) RdNr. 12 ff.; *Erman/Gamillscheg* RdNr. 7.

[11] BGHZ 61, 180, 184 = NJW 1973, 1876; 81, 21, 24 = NJW 1989, 2000; BGH NJW 1988, 1906. Details bei *Gernhuber* § 24.

[12] BGH FamRZ 2000, 948, 950; OLG Naumburg NJ 2001, 318; OLG Köln FamRZ 2005, 274 und 2007, 1327.

[13] OLG Köln FamRZ 1999, 1071.

[14] OLG Bremen FamRZ 1999, 94.

[15] Ebenso *Staudinger/Thiele* (2007) RdNr. 11; *Bamberger/Roth/Mayer* RdNr 2. AA *Soergel/Lange* RdNr. 7.

[16] OLG Naumburg NJ 2001, 318. Zur Berücksichtigung der Ansprüche aus §§ 39, 40 FGB im Zugewinnausgleich § 1374 RdNr. 6.

[17] OLG Brandenburg FamRZ 2007, 285; OLG Hamm FamRZ 2001, 763; OLG Jena NJ 1999, 546.

können.[18] **Umstritten** ist, ob das Verzeichnis einer **Unterschrift** bedarf. Teils wird die persönliche Unterzeichnung für entbehrlich gehalten,[19] teils generell gefordert,[20] teils nur dann, wenn anders nicht sicherzustellen ist, dass die Erklärung vom Auskunftspflichtigen selbst herrührt.[21] Da weder § 1379 noch § 260 die Einhaltung der Schriftform iS des § 126 fordern, ist die Notwendigkeit der eigenhändigen Unterschrift de lege lata nicht zu begründen. Aktiva und Passiva müssen „hinreichend spezifiziert" ausgewiesen sein, **Wertangaben** werden in diesem Verzeichnis zunächst **nicht geschuldet** (vgl. aber RdNr. 21 f.).[22] Maßstab der Spezifizierung ist der Zweck des Bestandsverzeichnisses, dem Gläubiger alle zum Endvermögen gehörenden vermögensrechtlichen Positionen in einer Form zu nennen, die kontrollierbar ist und eine Ermittlung ihres Geldwertes ermöglicht.[23]

Sachgesamtheiten – verstanden als Mehrheit von Sachen und Rechten, die ein einheitlicher Bestimmungszweck verbindet – können als Inbegriffe aufgeführt werden, wenn und soweit der Verzicht auf detaillierte Aufschlüsselung im Verkehr üblich ist und eine ausreichende Orientierung des Gläubigers nicht verhindert. Das gilt insbesondere für Unternehmen, aber auch für Sammlungen, Bibliotheken, Zimmereinrichtungen usw.[24] **Einzelgegenstände** sind anhand aller Faktoren zu individualisieren, die für ihre Bewertung erheblich sind und die im Verkehr üblicherweise mitgeteilt werden. Ein Pkw ist etwa anhand des Fabrikats, des Modells, des Baujahrs, der gefahrenen Kilometer und etwaiger Unfälle zu individualisieren. Bei einem Grundstück sind Lage, Größe, Art der Bebauung und Nutzung anzuführen, während die Angabe des Einheitswerts wertlos ist.[25] 17

2. Besitz. Sachen, die der Schuldner nur im Besitz hat, die ihm jedoch nicht gehören, braucht er grundsätzlich nicht aufzunehmen. Ein anderes gilt nur dann, wenn die Angabe der Sache erforderlich ist, um ein zum Endvermögen gehörendes Recht zum Besitz, etwa einen Nießbrauch, in gehöriger Form auszuweisen. 18

3. Hindernisse. Das Bestandsverzeichnis ist vom Schuldner so vollständig zu erstellen, wie es ihm möglich ist. Gedächtnisschwäche, Mangel an Aufzeichnungen und Informationsquellen anderer Art begrenzen den Anspruchsinhalt – und begründen nicht etwa eine Leistungsstörung; die Gefahr einer Verkümmerung des Anspruchs durch verspätete Ausübung trägt insofern der Gläubiger. Hat der Schuldner sich freilich schuldhaft in eine Situation gebracht, in der er nur noch beschränkt Auskunft gewähren kann, so haftet er dem Gläubiger aus positiver Forderungsverletzung. 19

4. Belege. Belege und Unterlagen anderer Art konnte der Gläubiger nach allgM zu § 1379 aF nur dann fordern, wenn die ihm geschuldete Information nur mit ihrer Hilfe erfolgen konnte.[26] Zu Kontrollzwecken waren sie nicht vorzulegen.[27] Das hat sich zum 1. 9. 2009 geändert. Nach § 1379 Abs. 1 S. 2 hat der auskunftspflichtige Ehegatte **auf Anforderung** Belege **vorzulegen.** Damit orientiert sich die Zugewinnauskunft nicht mehr am erbrechtlichen Auskunftsanspruch des § 2314, sondern an der unterhaltsrechtlichen Auskunftspflicht des § 1605, die die Vorlage von Belegen schon immer vorsah. Die Überprüfbarkeit der Angaben anhand von Belegen soll die Rechtsverfolgung erleichtern bzw. den Rechtsstreit ganz vermeiden, weil die Belege überzeugen. Sind Unterlagen und Belege zum Ver- 20

---

[18] OLG Zweibrücken FamRZ 2001, 763; OLG Brandenburg FamRZ 2004, 820.

[19] BGH NJW 2008, 917; KG FamRZ 1997, 503; OLG Nürnberg FuR 2000, 294; OLG Naumburg FamRZ 2007, 1814; *Staudinger/Thiele* (2007) RdNr. 17.

[20] OLG München FamRZ 1995, 737; AG Hamburg Altona FamRZ 1998, 1514; OLG Hamm FamRZ 2001, 763.

[21] OLG Zweibrücken FamRZ 2001, 763; OLG Karlsruhe FamRZ 2004, 106; *Schwab/Schwab* Teil VII RdNr. 286.

[22] BGHZ 84, 31, 32 = NJW 1982, 1643, 1644; BGH FamRZ 1989, 157; OLG Köln FamRZ 2002, 1406; *Staudinger/Thiele* (2007) RdNr. 18; *Johannsen/Henrich/Jaeger* RdNr. 5; *Schwab/Schwab* Teil VII RdNr. 291.

[23] OLG Naumburg FamRZ 2001, 1303.

[24] BGHZ 89, 137, 141 = NJW 1984, 484.

[25] OLG Düsseldorf FamRZ 1986, 168, 169.

[26] Vgl. BGHZ 75, 195, 198 = NJW 1980, 229, 230.

[27] OLG Brandenburg FamRZ 2007, 285; OLG Karlsruhe FamRZ 1998, 761, 762.

mögen nicht (mehr) vorhanden, was insbesondere bezüglich des Anfangsvermögens idR der Fall sein wird, entfällt die Vorlagepflicht nach § 275 Abs. 1 wegen Unmöglichkeit. Ansonsten aber sind die Vermögensangaben nun grundsätzlich auch allein zu Kontrollzwecken zu belegen. Zur Information über vorhandenes Kapitalvermögen etwa allein den Kontostand anzugeben, reicht nicht aus. Falls der Ehepartner das fordert, sind die entsprechenden **Kontoauszüge** beizubringen.[28] Nicht allein der Kontrolle, sondern der Erschließung der geschuldeten Informationen – und deshalb auch nach § 1379 aF geschuldet – dienen Unterlagen zum Wert einer **Lebensversicherung.** Hier kann der Ehepartner Auskunft des Versicherers zu Rückkaufswert und Überschussanteilen verlangen,[29] sich aber auch mit Angaben zu den wesentlichen Vertragsdaten wie Abschlussjahr, Fälligkeitszeitpunkt, monatliche Prämienzahlung sowie Versicherungssumme begnügen.[30] Grundsätzlich ist dem Auskunftsberechtigten die Wahl zu belassen, welche Belege und Unterlagen er sehen will. Als rechtsmissbräuchlich zurückzuweisen ist die Anforderung allerdings dann, wenn die gewünschten Unterlagen zur Überprüfung der Vermögensangaben nicht erforderlich sind. Belege sind nämlich nicht geschuldet, wenn sie keinen Aufschluss über den Vermögenswert geben. Insofern behält die Rspr. zu § 1379 aF ihre Gültigkeit. Betrifft die Auskunft etwa die Beteiligung an einer **Personengesellschaft,** so hat der auskunftspflichtige Ehegatte im Normalfall die Bilanzen und die Gewinn- und Verlustrechnungen der letzten 5 Jahre vor dem Bewertungsstichtag vorzulegen.[31] Der gleiche Zeitraum ist grundsätzlich auch für die Gewinn- und Verlustrechnungen der **freien Berufe** anzusetzen,[32] während für **landwirtschaftliche Betriebe**, die gemäß § 1376 Abs. 4 zu bewerten sind, die Vorlage der betriebswirtschaftlichen Jahresabschlüsse für die beiden letzten Wirtschaftsjahre genügt.[33] Hat hingegen ein Unternehmen, wie etwa eine Versicherungsagentur, keinen über den Substanzwert hinausgehenden Geschäftswert in Form des goodwill, sind entsprechende Unterlagen auch nicht vorzulegen.[34] Wenn und soweit die Unterlagen Einblick auch in die Vermögensverhältnisse eines Dritten gewähren – wie stets, wenn Mitgliedschaften in einer Personengesellschaft Gegenstand der Auskunft sind –, dürfen jene Teile abgedeckt werden, die sich ausschließlich mit den Verhältnissen des Dritten beschäftigen, aber auch alle zusammenfassenden Angaben, die nicht aufgeschlüsselt werden und damit auch keinen Einblick in die Vermögensverhältnisse des Auskunftsschuldners eröffnen.[35] Vertraglich übernommene Schweigepflichten gegenüber Dritten schränken dagegen die Auskunftspflicht nicht ein. § 1379 setzt zwingendes Recht (vgl. RdNr. 35), das durch Vereinbarungen mit Dritten, denen der Güterstand des Auskunftsschuldners zudem bekannt zu sein pflegt, nicht verkürzt werden darf.

V. Erweiterungen der Auskunftspflicht

21 **1. Mitwirkung und Wertermittlung.** Jeder Ehegatte kann gemäß Abs. 1 S. 3 Halbs. 1 **Hinzuziehung** bei der Aufnahme des Bestandsverzeichnisses verlangen; da dies kein höchstpersönliches Recht ist, ist die Ausübung durch sachverständige Vertraute möglich und oft auch empfehlenswert. Zudem kann er gemäß Abs. 1 S. 2 Halbs. 2 **Ermittlung des Wertes** der Aktiva und Passiva durch den Auskunftsverpflichteten verlangen. Dieser muss erforderlichenfalls Hilfskräfte einschalten, eines Sachverständigen braucht er sich allerdings nicht zu

---

[28] Anders zu § 1379 aF: OLG Bremen MDR 2000, 1324; OLG Naumburg NJ 2001, 318.

[29] OLG Köln FamRZ 2002, 1406; AG Tempelhof-Kreuzberg NJW-RR 2002, 794 (beide zu § 1379 aF).

[30] In diesem Sinn zu § 1379 aF: OLG Brandenburg FamRZ 2007, 1814; *Haußleiter/Schulz* Kap. 1 RdNr. 475.

[31] BGHZ 75, 195; OLG Düsseldorf FamRZ 1999, 1070; OLG Zweibrücken FamRZ 2001, 763; OLG Naumburg FamRZ 2001, 1303.

[32] Vgl. OLG Koblenz FamRZ 1982, 280, 281 (für Zahnärzte); OLG Hamm FamRZ 1983, 812 (Rechtsanwalt: Auskunftspflicht nur für die beiden letzten Jahre).

[33] OLG Düsseldorf FamRZ 1986, 168, 169.

[34] Vgl. OLG Stuttgart FamRZ 1995, 1586.

[35] Vgl. BGH LM § 1605 Nr. 7 = FamRZ 1983, 680. *Johannsen/Henrich/Jaeger* RdNr. 8 plädieren in dieser Hinsicht für die Übernahme des sog. Wirtschaftsprüfervorbehalts aus der Praxis des gewerblichen Rechtsschutzes.

bedienen (vgl. RdNr. 24). Die Ansprüche auf Hinzuziehung bei der Aufnahme des Verzeichnisses und auf Wertermittlung bestehen neben dem Auskunftsanspruch aus Abs. 1 S. 1.[36] Sie können auch noch nach Erstellung des Bestandsverzeichnisses geltend gemacht werden.[37]

2. Amtliches Bestandsverzeichnis. Zudem kann der auskunftbegehrende Ehegatte 22
gemäß Abs. 1 S. 4 verlangen, dass das Bestandsverzeichnis auf seine Kosten durch die nach Landesrecht zu bestimmende Behörde oder einen zuständigen Beamten oder einen Notar erstellt wird. Behörden, Beamte und Notare werden hier allerdings nur auf Antrag des Schuldners tätig, denn dieser ist Inhaber des Vermögens, das Gegenstand ihrer Tätigkeit sein soll. Der Ausgleichsgläubiger hat demzufolge gegen seinen Ehepartner lediglich einen Anspruch auf den entsprechenden Antrag.

3. Wertermittlung durch Sachverständige ist – anders als in § 1377 Abs. 2 S. 3 – in 23
§ 1379 nicht vorgesehen. Sie ist dem Gläubiger gleichwohl nach Sinn und Zweck der Norm zuzugestehen, wenn andernfalls eine zuverlässige Bewertung nicht möglich ist,[38] ein Fall, der bei der Bewertung von Unternehmen und Beteiligungen fast ausnahmslos gegeben sein wird. Den Auftrag an den Sachverständigen hat der Gläubiger zu erteilen;[39] der Schuldner hat dessen Tätigkeit zu dulden und die notwendigen Daten zur Verfügung zu stellen, nicht aber selbst die Wertermittlung zu veranlassen.[40]

4. Kosten. Die Kosten einer gewöhnlichen Wertermittlung hat nach allgM, auch wenn 24
Hilfskräfte eingesetzt werden müssen, der Schuldner zu tragen.[41] Die Kosten einer Wertermittlung durch Sachverständige fallen dagegen dem Gläubiger zur Last.[42] Dafür spricht zunächst § 1377 Abs. 2 S. 3, in dem es zwar um die Bewertung des eigenen Vermögens geht, aus dem sich jedoch der Satz extrapolieren lässt, dass derjenige die Kosten zu tragen hat, in dessen Interesse die Wertermittlung erfolgt. Außerdem lässt sich dies aus § 1379 Abs. 1 S. 4 herleiten: Wenn bereits die Kosten amtlicher Bestandsaufnahme dem Gläubiger aufgebürdet werden, so kann nichts anderes für die Kosten von Sachverständigen gelten. Ist der Ehegatte hingegen nur mit Hilfe eines Privatgutachtens in der Lage, die vorgelegte Vermögensaufstellung nachzuvollziehen, sind nach st. Rspr. die Kosten in einem späteren Rechtsstreit um die Ausgleichsforderung nach § 91 Abs. 1 S. 1 ZPO, § 113 Abs. 1 FamFG zu ersetzen.[43]

VI. Durchsetzung der Rechte

1. Antrag und Zwangsvollstreckung. Der Anspruch auf Vorlage des Bestandsverzeich- 25
nisses ist klagbar[44] und gemäß § 888 ZPO, § 120 Abs. 1 FamFG vollstreckbar.[45] Klagbar und entsprechend vollstreckbar sind auch die Ansprüche auf Hinzuziehung, Wertermittlung und Erstellung eines amtlichen Verzeichnisses. Gemäß § 887 ZPO, § 120 Abs. 1 FamFG durchzusetzen ist der Anspruch auf Wertermittlung, wenn die Wertermittlung – wie in der Regel – ohne Mitwirkung des Auskunftspflichtigen durch einen Sachverständigen vorgenommen werden soll.[46]

---

[36] BGH FamRZ 1982, 682, 683; *Schwab/Schwab* Teil VII RdNr. 291; *Palandt/Brudermüller* RdNr. 1 (alle für den Anspruch auf Wertermittlung); KG FamRZ 1998, 1514 (für den Anspruch auf Hinzuziehung). Anders die Vorauflage RdNr. 21 (ein einziger Anspruch).

[37] KG FamRZ 1998, 1514 (betreffend Hinzuziehung).

[38] BGHZ 64, 63, 66 f. = NJW 1975, 1021 (mit Hinweis auf die Rspr. zu § 2314); 84, 31, 33 = NJW 1982, 1643.

[39] BGHZ 84, 31, 34 f. = NJW 1982, 1643; *Staudinger/Thiele* (2007) RdNr. 24; *Johannsen/Henrich/Jaeger* RdNr. 12.

[40] So aber RGRK/*Finke* RdNr. 12; *Soergel/Lange* RdNr. 10.

[41] BGHZ 64, 63 = NJW 1975, 1021; BGH FamRZ 1991, 315, 316. *Erman/Gamillscheg* RdNr. 9.

[42] BGHZ 84, 31 = NJW 1982, 1643; OLG Karlsruhe FamRZ 1995, 736; *Staudinger/Thiele* (2007) RdNr. 26; *Soergel/Lange* RdNr. 11; RGRK/*Finke* RdNr. 13; *Johannsen/Henrich/Jaeger* RdNr. 12; *Bamberger/Roth/Mayer* RdNr. 13.

[43] OLG Frankfurt a. Main FamRZ 2000, 1513 (LS).

[44] Zur Formulierung der Klageanträge vgl. *Hartung* MDR 1998, 508.

[45] Zu Einzelheiten der Vollstreckung vgl. *Büttner* FamRZ 1992, 629 ff.

[46] OLG Bamberg FamRZ 1999, 312.

26 **2. Eidesstattliche Versicherung.** Besteht Grund zu der Annahme, dass das – für den richtigen Stichtag erstellte[47] – Verzeichnis nicht mit der erforderlichen Sorgfalt aufgestellt wurde, so kann der Gläubiger gemäß § 260 Abs. 2 eine eidesstattliche Versicherung fordern, derzufolge der Schuldner nach bestem Wissen den Bestand so vollständig angegeben hat, wie er dazu imstande war; die Vollstreckung dieses Anspruchs erfolgt nach § 889 ZPO, § 120 Abs. 1 FamFG. In Angelegenheiten von geringerer Bedeutung besteht diese Pflicht des Schuldners nicht (§§ 260 Abs. 3, 259 Abs. 3). Die Frage, ob § 260 Abs. 2 und 3 auch gilt, wenn die Auskunft in Erfüllung des allgemeinen Auskunftsanspruchs aus § 242 gegeben wird,[48] hat sich mit der – den Rückgriff auf den allgemeinen Auskunftsanspruch aus § 242 generell entbehrlich machenden – Neufassung des § 1379 aF erledigt.

27 § 260 Abs. 2 gilt nur, wenn der Gläubiger Tatsachen darlegt, die den Schluss auf zumindest fahrlässiges Verhalten bei der Errichtung des Bestandsverzeichnisses rechtfertigen. Der bloße Nachweis der Unvollständigkeit oder Unrichtigkeit genügt mithin nicht, ist aber Indiz eines Sorgfaltsmangels. Ein solches stellen auch wechselnde und widersprüchliche Angaben in einer Korrespondenz oder während des Verfahrens dar.[49] Die – nach § 1379 aF berechtigte – Weigerung, Unterlagen lediglich zu Kontrollzwecken vorzulegen, vermochte den Verdacht mangelnder Sorgfalt zu Recht nicht zu begründen – legitimes Verhalten darf schließlich nicht sanktioniert werden.[50] Mit der Einführung der Belegvorlagepflicht in § 1379 Abs. 1 S. 2 ist diese Weigerung jedoch anders zu bewerten. Da der auskunftsberechtigte Ehegatte einen Anspruch auf Vorlage von Belegen hat, kann deren Zurückhaltung durchaus als Indiz für die unsorgfältige Erstellung des Verzeichnisses gewertet werden.

28 **Ergänzung oder Berichtigung** des Verzeichnisses kann der Gläubiger im Anwendungsbereich des § 260 Abs. 2 nicht verlangen. Bei entschuldbarer Unvollständigkeit oder Unrichtigkeit des Verzeichnisses, etwa weil sich der Auskunftspflichtige in einem Rechtsirrtum über den Umfang der zu erteilenden Auskunft befand, kann allerdings unabhängig von der eidesstattlichen Versicherung ergänzender Vortrag verlangt werden.[51] Alle sonstigen Mängel eines formell korrekt erstellten Verzeichnisses sind hingegen nur noch im Verfahren über die Ausgleichsforderung selbst zu klären.[52] Mit inhaltlich unrichtigen und nur formell korrekten Angaben wird zwar die Auskunftspflicht nicht voll erfüllt, doch ist der Gläubiger auf bestimmte Wege der Rechtsausübung – § 260 Abs. 2, Vollstreckung des Auskunftsbeschlusses oder Klärung im Zahlungsverfahren – verwiesen.

29 Keine formell korrekte Auskunft liegt hingegen vor, wenn der Schuldner Aktiva und Passiva nicht ausreichend spezifiziert oder wenn er sein Bestandsverzeichnis selbst als unvollständig und unzureichend bezeichnet hat[53] oder wenn er es dem Gläubiger nur unter Vorbehalt späterer Berichtigung oder Ergänzung zur Verfügung stellte.[54] In diesen Fällen kann der Gläubiger gerichtlich vorgehen und Vollstreckungszwang gemäß § 888 ZPO, § 120 Abs. 1 FamFG üben.

30 **3. Stufenantrag.** Der Antrag auf Auskunft kann, sobald Scheidung oder Aufhebung der Ehe beantragt ist, als selbständige Familiensache angestrengt werden, und zwar auch als Stufenantrag, der in der zweiten Stufe die Abgabe einer eidesstattlichen Versicherung gemäß § 260 Abs. 2 BGB begehrt. Im Interesse der Übersichtlichkeit des Stufenverfahrens kann die eidesstattliche Versicherung aber erst verlangt werden, wenn die Auskunft komplett erteilt ist. Auch im Fall abgrenzbarer Teilauskünfte kann deren eidesstattliche Bekräftigung nicht verlangt werden, bevor die erste Stufe rechtskräftig erledigt ist.[55] In der Regel kommt in der

[47] Zu dieser fast selbstverständlichen Einschränkung OLG Hamm FamRZ 1993, 194.
[48] Vgl. OLG Köln FamRZ 1997, 1336; RGRK/*Finke* RdNr. 21.
[49] BGH FamRZ 1978, 677, 678; OLG Düsseldorf FamRZ 1979, 808.
[50] Anders OLG Bremen MDR 2000, 1324.
[51] BGHZ 89, 137, 139 f. = NJW 1984, 484, 485; OLG Köln FamRZ 1985, 933, 935 u. FamRZ 1997, 1336.
[52] OLG Köln FamRZ 1997, 1336; RGRK/*Finke* RdNr. 23.
[53] OLG Hamm FamRZ 1976, 631, 632.
[54] OLG Karlsruhe FamRZ 1967, 339, 340.
[55] OLG Köln FamRZ 2001, 423.

dritten Stufe des Auskunftsantrags noch der unbezifferte Zahlungsantrag auf Zugewinnausgleich nach § 1378 hinzu. Da der Antrag auf Auskunft die Verjährung nicht unterbricht, ist diese Verbindung angezeigt, um den Gläubiger vor der Verjährung seiner Ausgleichsforderung zu bewahren (§ 204). Wird in diesem Falle der Antrag auf Zugewinnausgleich nach § 1378 gemäß § 137 Abs. 1 u. 2 Nr. 4 FamFG als Folgesache des Scheidungsantrags geltend gemacht, so ist der gesamte Stufenantrag als Folgesache zu behandeln. Über den Auskunftsanspruch ist in diesem Fall vorab durch Teilbeschluss, über Scheidung und Ausgleichsforderung im Endbeschluss zu befinden.[56] Der isolierte Auskunftsantrag gehört niemals zum Scheidungsverbund, denn er bereitet die Regelung von Scheidungsfolgen lediglich vor und wird nicht iS des § 137 Abs. 2 S. 1 FamFG für den Fall der Scheidung erhoben.[57] Eine Ausnahme kann allerdings gelten, wenn im Verbund Zugewinnausgleich begehrt und die Auskunft im Wege des Widerantrags verlangt wird.[58] Der Streitwert des Auskunftsantrags bestimmt sich nach der gemäß §§ 2, 3 ZPO, § 113 Abs. 1 FamFG zu schätzenden Höhe der Zugewinnausgleichsforderung, auf die sich die Auskunft bezieht. Dabei setzt die Rspr. den Wert üblicherweise mit 1/4 bis 1/10 des Leistungsanspruchs an.[59] Im Falle der Verurteilung zur Abgabe der eidesstattlichen Versicherung bemisst sich der Streitwert eines Rechtsmittelverfahrens nach dem Zeit- und Kostenaufwand, den die Erfüllung fordert.[60] Auch die Beschwer des zur Auskunft Verurteilten bemisst sich nach st. Rspr. nach dem für die ordnungsgemäße Erteilung der Auskunft erforderlichen Zeit- und Kostenaufwand, denn diesen erspart der zur Auskunft verurteilte Ehegatte, wenn sein Rechtsmittel Erfolg hat.[61]

4. Zurückbehaltungsrechte? Auskunft schulden sich die Ehegatten wechselseitig. 31
Doch hat das Gesetz von einer Verknüpfung der Ansprüche zur Leistung Zug um Zug abgesehen. Diese Verknüpfung darf auch nicht über § 273 hergestellt werden. Ehegatten müssen generell daran gehindert sein, die eigene Auskunft zurückzubehalten, bis die ihnen geschuldete erbracht wird. Dieser Ausschluss des Zurückbehaltungsrechts ist zum einen notwendig, um der in Scheidungskonflikten stets drohenden Gefahr einer Verzögerung der Vermögensauseinandersetzung zu begegnen. Zum anderen ist ein hinreichendes Sicherungsbedürfnis des Auskunftsverpflichteten nicht anzuerkennen, da das Recht auf Auskunft lediglich ein den Hauptanspruch vorbereitendes Hilfsmittel ist. Abgesehen davon ergibt sich aus der Natur des zwischen den Ehepartnern bestehenden Schuldverhältnisses, dass ein Zurückbehaltungsrecht nicht besteht – die eheliche Bindung wirkt auch während der Zeit der vermögensrechtlichen Auseinandersetzung nach und nötigt zur Rücksichtnahme.[62]

VII. Bedeutung des Bestandsverzeichnisses

1. Wissenserklärungen. Bestandsverzeichnisse beinhalten idR keine Willenserklärun- 32
gen, sondern nur Wissenserklärungen, für deren Richtigkeit keine Vermutung streitet. Das gilt für das vom Schuldner allein gefertigte Verzeichnis ebenso wie für das gemeinsam erstellte – anders § 1377 Abs. 1 für das Anfangsvermögen – und für das freiwillig geleistete ebenso wie für das erzwungene. Keine Prozesspartei ist im Streit um die Ausgleichsforderung

---

[56] Vgl. BGH LM ZPO § 628 Nr. 4 = NJW 1979, 1603, 1604; BGH FamRZ 1997, 811, 812 (zu §§ 1580, 1605); OLG Saarbrücken FamRZ 1982, 948; OLG Stuttgart FamRZ 1987, 1034, 1035; aA OLG Düsseldorf FamRZ 1979, 160 (zu entscheiden über Scheidung und Auskunftsanspruch).

[57] BGH FamRZ 1997, 811, 812 (zu §§ 1580, 1605); OLG Hamm FamRZ 1993, 984; KG FamRZ 2000, 1292; OLG Brandenburg FamRZ 2007, 410 u. 911; aA OLG Frankfurt a. Main FamRZ 1987, 299, 300.

[58] OLG Zweibrücken FamRZ 1996, 749, 750; OLG Brandenburg FamRZ 2007, 410.

[59] BGH FamRZ 2000, 948, 949; OLG Zweibrücken FamRZ 2000, 1512 (LS).

[60] BGH NJW 2000, 3073.

[61] BGHZ 128, 85 = FamRZ 1995, 349; BGHZ 155, 127 = FamRZ 2003, 1267 (beide zu § 511 a ZPO aF); BGH FamRZ 2007, 711 m. Anm. *Schröder* u. FamRZ 2007, 1090.

[62] OLG Düsseldorf FamRZ 2007, 830, 831; OLG Jena NJW-RR 1997, 578 = FamRZ 1997, 1335; OLG Frankfurt NJW 1985, 3083; *Schwab/Schwab* Teil VII RdNr. 2989; *Soergel/Lange* RdNr. 13; *Johannsen/Henrich/Jaeger* RdNr. 14; *Bamberger/Roth/Mayer* RdNr. 3; *Palandt/Heinrichs* § 273 RdNr. 2. AA OLG Stuttgart FamRZ 1982, 282, 283; *Erman/Gamillscheg* RdNr. 12.

daran gehindert, die Richtigkeit und Vollständigkeit in Frage zu stellen. Das entscheidende Gericht hat in freier Beweiswürdigung über die Aussagekraft zu befinden.

33 **2. Einigung der Parteien.** Rechtsgeschäftlichen Charakter hat das Bestandsverzeichnis, wenn die Parteien sich abschließend über seinen Inhalt geeinigt haben. Mit der Einigung regeln sie ein Element im Entstehungstatbestand der Ausgleichsforderung und damit mittelbar diese selbst. Haben die Parteien das Verzeichnis einverständlich im Bewusstsein bestehender Zweifel oder gar der Unrichtigkeit oder Unvollständigkeit unterzeichnet, so liegt ein abstraktes Schuldanerkenntnis iS des § 782 vor. Einwendungen gegen die beiderseits als zweifelhaft, unvollständig oder gar unrichtig erkannten, gleichwohl aber einverständlich eingesetzten Positionen sind dann ausgeschlossen.

VIII. Abweichende Vereinbarungen

34 § 1379 ist **zwingendes Recht.** Die Pflicht zur Auskunftserteilung kann daher während des Bestehens des Güterstandes ehevertraglich nicht ausgeschlossen werden. Der Auskunftsanspruch ist ein für die Berechnung der Ausgleichsforderung unentbehrliches Hilfsmittel – auf ihn zu verzichten hieße, den Ausgleich des Zugewinns unmöglich machen.[63]

35 Unbenommen bleibt es dagegen jedem Ehegatten, **nach Beendigung des Güterstandes** dem Partner die Auskunftsschuld aus § 1379 zu erlassen. Die Möglichkeit, auf die Ausgleichsforderung überhaupt zu verzichten, impliziert notwendig auch die Möglichkeit, einen Hilfsanspruch aufzugeben.

§ 1380 Anrechnung von Vorausempfängen

(1) [1] Auf die Ausgleichsforderung eines Ehegatten wird angerechnet, was ihm von dem anderen Ehegatten durch Rechtsgeschäft unter Lebenden mit der Bestimmung zugewendet ist, dass es auf die Ausgleichsforderung angerechnet werden soll. [2] Im Zweifel ist anzunehmen, dass Zuwendungen angerechnet werden sollen, wenn ihr Wert den Wert von Gelegenheitsgeschenken übersteigt, die nach den Lebensverhältnissen der Ehegatten üblich sind.

(2) [1] Der Wert der Zuwendung wird bei der Berechnung der Ausgleichsforderung dem Zugewinn des Ehegatten hinzugerechnet, der die Zuwendung gemacht hat. [2] Der Wert bestimmt sich nach dem Zeitpunkt der Zuwendung.

Schrifttum: S. Eheliches Güterrecht, Einleitung u. § 1372. *Kleinle,* Die Ehegattenzuwendung und ihre Rückabwicklung bei Scheitern der Ehe, FamRZ 1997, 1383; *Larenz/Wolf,* Allgemeiner Teil des Bürgerlichen Rechts, 8. Aufl. 1997; *Tiedtke,* Güterrechtlicher Ausgleich bei Zuwendungen von Ehegatten untereinander und Wegfall der Geschäftsgrundlage bei Scheidung der Ehe, JZ 1992, 334; *v. Olshausen,* Die Anrechnung von Zuwendungen unter Ehegatten auf Zugewinnausgleich und Pflichtteil, FamRZ 1978, 755.

Übersicht

[63] Im Ergebnis unstr., doch wird oft zusätzlich oder allein auf § 138 hingewiesen, vgl. RGRK/*Finke* RdNr. 24; *Soergel/Lange* RdNr. 5; *Johannsen/Henrich/Jaeger* § 1372 RdNr. 4.

I. Normzweck

1 **1. Vorweggenommener Zugewinnausgleich.** Austauschgeschäfte unter Ehegatten sind für den Zugewinnausgleich belanglos; Leistung und Gegenleistung neutralisieren sich gegenseitig. Unentgeltliche Zuwendungen wirken sich dagegen aus. Sie mehren zwar nicht den Zugewinn des Empfängers der Leistung, weil sie – nach richtiger, aber umstrittener Meinung (dazu § 1374 RdNr. 22) – dessen Anfangsvermögen gemäß § 1374 Abs. 2 zugeschlagen werden, mindern aber das Endvermögen des Leistenden. In einigen Fällen werden die Folgen für den Zugewinnausgleich von den Ehegatten gewollt sein, in anderen dagegen nicht, idR werden sie gar nicht bedacht. Hat nun der Empfänger durch die Zuwendung bereits das erhalten, was ihm über den Zugewinnausgleich zustehen würde und soll er nicht mehr erhalten, so muss die Zuwendung als Vorausempfang berücksichtigt werden. Wie dies zu geschehen hat und wie solch anrechnungspflichtiger Vorausempfang in die Zugewinnausgleichsberechnung einzustellen ist, ist in § 1380 bestimmt. Die Anwendung der Norm setzt damit voraus, dass Ausgleichsgläubiger und -schuldner zunächst ohne Rücksicht auf die Vorausempfänge allein aus dem Vergleich der beiderseitigen Zugewinne ermittelt werden.[1]

2 **2. Überhöhte Vorwegleistung.** § 1380 setzt Vorausempfänge von der zuvor errechneten Ausgleichsforderung ab, trifft also eine Regelung nur für den Fall, dass ein Ausgleichsanspruch des Zuwendungsempfängers besteht und dieser mindestens so hoch ist wie der Wert der schon erhaltenen Zuwendung. Hat ein Ehegatte nun im Vorgriff mehr erhalten, als sein Ausgleichsanspruch ohne die Zuwendung ausmachen würde, greift § 1380 nicht ein. **Strittig** ist, ob in diesem Fall der sog. überhöhten Vorwegleistung der Zuwendende nach den allgemeinen Regeln des Zugewinnausgleichs den **überschüssigen Teil der Zuwendung zurückverlangen** kann, der Zugewinnempfänger mithin seinerseits zur Ausgleichszahlung verpflichtet ist, weil er – durch die Zuwendung – den höheren Zugewinn erzielt hat. Eine Mindermeinung verneint dies, weil § 1380 den Vorausempfang abschließend regele und damit jeden weiteren güterrechtlichen Ausgleich ausschließe.[2] Rspr. und inzwischen fast hL messen – mit Recht – dem § 1380 nicht diese abschließende Bedeutung bei und lassen bei überhöhter Vorwegleistung eine zweite Zugewinnberechnung folgen, die zu dem Ergebnis führen kann, dass der Zuwendungsempfänger seinerseits zur Ausgleichszahlung nach § 1378 Abs. 1 verpflichtet ist.[3]

II. Rechtsdogmatik

3 **1. Anrechnungsbestimmung.** Zu berücksichtigen sind Zuwendungen, deren Anrechnung – in voller Höhe oder partiell – bestimmt wurde (Abs. 1 S. 1). Die Bestimmung ist eine einseitige empfangsbedürftige Erklärung, die vor oder zumindest zeitgleich mit dem Akt der Zuwendung vorgenommen werden muss.[4] Einer Form bedarf sie nicht. Sie kann

---

[1] Heute ganz hM, zum früheren Streit hierüber *Netzer* FamRZ 1988, 676, 680 mwN.

[2] *Staudinger/Thiele* (2007) RdNr. 3; *v. Olshausen* FamRZ 1978, 755 ff. *Langenfeld* NJW 1986, 2541, 2543 f.; *Netzer* FamRZ 1988, 676, 680 ff.

[3] BGHZ 82, 227, 230 = NJW 1982, 1093, 1094; BGHZ 115, 132, 137 = NJW 1991, 2553; OLG Oldenburg FamRZ 1991, 814, 815; *Johannsen/Henrich/Jaeger* RdNr. 16; *Schwab/Schwab* Teil VII RdNr. 200; *Rauscher* AcP 186 (1986), 529, 570; *Kleinle* FamRZ 1997, 1383, 1386; *Tiedtke* JZ 1992, 334, 336. Einschränkend MünchKommBGB/*Gernhuber* 3. Aufl. RdNr. 2; abweichend auch *Netzer* FamRZ 1988, 676, 680.

[4] *Schwab/Schwab* Teil VII RdNr. 188; *Staudinger/Thiele* (2007) RdNr. 12; RGRK/*Finke* RdNr. 3; *Erman/Gamillscheg* RdNr. 4; *Soergel/Lange* RdNr. 11; anders Voraufl. *(Koch)* RdNr. 4 (Eventualcausa).

auch stillschweigend in einer Vereinbarung über die Vermögensauseinandersetzung getroffen worden sein.[5]

4 **2. Spätere Vereinbarung.** Zuwendungen, die zunächst ohne Anrechnungsbestimmung erfolgten, können im nachhinein nur noch einvernehmlich mit dieser versehen werden. Eine solche Absprache bedarf der Form: Entweder der des Ehevertrages oder der in § 1378 Abs. 3 S. 2 vorgeschriebenen Beurkundung, denn mit ihr wird eine güterrechtliche Position geändert bzw. eine Absprache über die Ausgleichsforderung getroffen.[6] Umgekehrt können die Parteien durch entsprechend formgerechte spätere Vereinbarung auch einen zunächst der Anrechnung unterliegenden Vorausempfang von der Anrechnung freistellen.[7]

5 **3. Vorauszahlungen.** Von anrechnungspflichtigen Vorausempfängen sind die Zuwendungen zu unterscheiden, deren ausschließlicher Zweck es ist, eine künftige Ausgleichsforderung zu mindern. Zuwendungen dieser Art fallen nicht unter § 1380; endet der Güterstand ohne rechnerischen Zugewinnausgleich, so können sie gemäß § 812 Abs. 1 S. 2 Alt. 2 mit der condictio ob rem kondiziert werden.

6 **4. Abs. 1 S. 2 als ergänzender Rechtssatz.** § 1380 Abs. 1 S. 2 sieht eine Anrechnung bestimmter Zuwendungen „im Zweifel" vor. Damit scheint der Normtext ein Auslegungsergebnis vorzugeben und als Auslegungsregel zu qualifizieren sein.[8] Richtig ist jedoch, einen ergänzenden, dispositiven Rechtssatz anzunehmen, der das Ergebnis unabhängig vom rechtsgeschäftlichen Willen der Parteien anordnet.[9] Auslegungsregeln klären den Inhalt zweifelhafter Willenserklärungen; die Rechtsfolge tritt ein, weil die Parteien sie gewollt haben. Ergänzende Rechtssätze sind dagegen Normen, die in dem Fall, in dem die Erklärungen der Parteien keinen Anhalt bieten für eine Rechtsfolge, eine solche gesetzlich anordnen. In der Regel ist bei Ehegattenzuwendungen aber zu ergänzen und nicht auszulegen. Da Details des Rechts der Zugewinngemeinschaft selbst Juristen oft verschlossen sind, bedeutet „Auslegen" in dieser Situation in aller Regel Fingieren.

III. Anrechnungspflichtige Vorausempfänge

7 **1. Zuwendungen.** Der Begriff Zuwendung ist in § 1380 nicht anders zu definieren als sonst (vgl. insbes. § 516). Zuwendung ist danach jedes Rechtsgeschäft, durch das ein Ehegatte dem anderen einen Vermögensvorteil verschafft. Mehrung der Aktiva, etwa durch Übereignung eines Grundstücks, und Minderung der Passiva, etwa durch Erfüllungsübernahme oder Erlass, stehen einander gleich. Belanglos ist auch, ob der Vorteil im Zweierverhältnis der Ehegatten verschafft wird oder aber in einem Dreierverhältnis – Leistung mittels eines Dritten; Leistung an einen Dritten nach einem Vertrag zugunsten Dritter.

8 **2. Unentgeltlichkeit.** Auch das, was unentgeltlich heißt, ist für § 1380 so zu definieren wie andernorts. Unentgeltliches Geschäft ist demzufolge nicht nur die Schenkung, sondern jede Zuwendung ohne Äquivalent. Obgleich unbenannte Zuwendungen nur objektiv, nicht aber auch subjektiv unentgeltlich erfolgen (dazu Vor § 1363 RdNr. 19), gebietet nach allgM der Normzweck des § 1380, sie als Vorausempfang zu berücksichtigen. Denn gerade weil der zuwendende Ehegatte mit ihnen die familiären Leistungen des anderen anerkennt und ausgleicht, will er, dass sie auf dessen spätere Ausgleichsforderung, die ja das gleiche Ziel verfolgt, angerechnet wird.[10] Entgeltliche Leistungen sind hingegen niemals anzurechnen,

---

[5] BGH FamRZ 2001, 413 m. Anm. *Müller* FamRZ 2001, 757.

[6] RGRK/*Finke* RdNr. 3; *Soergel/Lange* RdNr. 5; *Erman/Gamillscheg* RdNr. 4; *Bamberger/Roth/Mayer* RdNr. 4; *Palandt/Brudermüller* RdNr. 7; *Johannsen/Henrich/Jaeger* RdNr. 7; *Schwab/Schwab* Teil VII RdNr. 188. Anders MünchKommBGB/*Koch* Vorauflage RdNr. 6; *Staudinger/Thiele* (2007) RdNr. 15.

[7] Anders Voraufl. RdNr. 6 *(Koch)*; *Staudinger/Thiele* (2007) RdNr. 15 (formfrei zulässig).

[8] So deshalb *Dölle* I S. 823; *Schwab/Schwab* Teil VII RdNr. 189; *Staudinger/Thiele* (2007) RdNr. 17.

[9] *Johannsen/Henrich/Jaeger* RdNr. 1; *Haußleiter/Schulz* Kap. 1 RdNr. 382. Zur Abgrenzung von Auslegung und dispositivem Gesetzesrecht s. *Larenz/Wolf* § 28 RdNr. 99 ff.

[10] BGH FamRZ 1982, 246, 247; 2001, 413; OLG Stuttgart FamRZ 1994, 1326; OLG Karlsruhe FamRZ 2004, 1033; *Schwab/Schwab* Teil VII RdNr. 187.

auch wenn das Äquivalent gering zu sein scheint.[11] Es gibt keinen allgemein anerkannten Maßstab für die objektive Bewertung von Leistungen. Wie bei der Äquivalenz als Begriffselement des gegenseitig verpflichtenden Vertrags, so ist auch hier die von den Parteien gesetzte, also die subjektive Äquivalenz entscheidend; dieser ziehen allgemeine Wertvorstellungen nur insoweit Grenzen, als nach ihnen das Geschäft gemäß § 138 nichtig und damit für den Zugewinnausgleich belanglos ist. Bei gemischten Schenkungen ist der geschenkte Teil anrechnungsfähig.

3. Freiwilligkeit. Anzurechnen sind nur unentgeltliche Zuwendungen, die freiwillig erbracht werden. Reguläre Unterhaltsleistungen etwa sind unbeschadet der weiteren Frage, ob sie überhaupt als unentgeltliche Leistungen charakterisiert werden können, nie anrechnungspflichtig. Dagegen sind überschüssige Unterhaltsleistungen, die gemäß § 1360 b nicht zurückgefordert werden können, § 1380 zu unterwerfen.[12] 9

4. Zeitraum. Zu berücksichtigen sind nach hM grundsätzlich nur Zuwendungen, die während der Dauer des Güterstandes erfolgten; wegen der Vorverlegung des Endvermögensstichtags sind dies im Fall der Scheidung allerdings nur die bis zur Rechtshängigkeit des Scheidungsantrags gemachten. Jedenfalls nicht zu berücksichtigen sind Zuwendungen aus der Zeit vor der Ehe oder vor Eintritt der Zugewinngemeinschaft.[13] Hier wie dort wird das Ordnungsgefüge verlassen, zu dem § 1380 gehört. 10

Zuwendungen nach Beendigung des Güterstandes sind § 1380 weder direkt noch analog zu unterwerfen.[14] IdR sind sie Leistungen an Erfüllungsstatt auf die Ausgleichsforderung; die Beweislast hierfür trägt der Schuldner. 11

5. Gelegenheitsgeschenke. Der für § 1380 Abs. 1 S. 2 zentrale Begriff des Gelegenheitsgeschenks deckt sich nicht mit den „Pflicht- und Anstandsschenkungen", die das BGB bei der Fürsorgeverwaltung vom grundsätzlich bestehenden Schenkungsverbot ausnimmt (vgl. §§ 1641, 1804); er nähert sich den „gebräuchlichen Gelegenheitsgeschenken" der §§ 134 Abs. 2 InsO, 4 Abs. 2 AnfG. Gemeint sind nicht nur die allgemein üblichen Geschenke zu bestimmten Fest- und Feiertagen, sondern auch Schenkungen wegen eines besonderen Anlasses, etwa eines Examens oder einer Genesung. 12

Der Begriff des Gelegenheitsgeschenks fixiert lediglich den **Maßstab für den Wert,** an dem sich die anrechnungspflichtigen Zuwendungen von den anderen sondern. Die Zuwendung als solche muss ihrer Art nach kein Gelegenheitsgeschenk darstellen. Eine Zuwendung an den anderen Ehegatten ist demnach dann nicht anzurechnen, wenn sie – gemessen an den Lebensverhältnissen der Ehegatten – den Wert eines Gelegenheitsgeschenkes nicht übersteigt, selbst jedoch kein Gelegenheitsgeschenk ist.[15] 13

6. Praktische Bedeutung. Die praktische Bedeutung des § 1380 liegt vornehmlich bei der Zuwendung von Grundstücken oder Miteigentumsanteilen an Grundstücken,[16] ferner bei der Zuwendung von Wertpapieren, Unternehmensbeteiligungen sowie Lebensversicherungen. In letztem Fall ist zu unterscheiden: Versichert ein Ehegatte auf seine Rechnung das Leben des anderen, so wendet er diesem die Prämien zu; benennt dagegen ein Ehegatte den anderen als Bezugsberechtigten (§ 159 VVG) nach Versicherung des eigenen Lebens, so sind nie die gezahlten Prämien Gegenstand der Zuwendung, sondern zunächst nur die (meist 14

[11] Ebenso *Dölle* I S. 822; *Soergel/Lange* RdNr. 7; *Johannsen/Henrich/Jaeger* RdNr. 4; aA *Staudinger/Thiele* (2007) RdNr. 7; *Erman/Gamillscheg* RdNr. 6; RGRK/*Finke* RdNr. 2.

[12] BGH NJW 1983, 1113 = LM Nr. 6.

[13] Im Ergebnis wie der Text *Staudinger/Thiele* (2007) RdNr. 10; *Palandt/Brudermüller* RdNr. 5; RGRK/*Finke* RdNr. 7; *Schwab/Schwab* Teil VII RdNr. 193. AA *Erman/Gamillscheg* RdNr. 5 (für Zuwendungen, die im Hinblick auf ein Verlöbnis erfolgten).

[14] Ebenso im Ergebnis *Staudinger/Thiele* (2007) RdNr. 10; *Soergel/Lange* RdNr. 8; *Erman/Gamillscheg* RdNr. 5; *Bamberger/Roth/Mayer* RdNr. 3.

[15] Ebenso OLG Köln FamRZ 1998, 1515; *Staudinger/Thiele* (2007) RdNr. 18; *Bamberger/Roth/Mayer* RdNr. 5. AA *Soergel/Lange* RdNr. 12; *Johannsen/Henrich/Jaeger* RdNr. 9.

[16] Bei Anrechnung ist Grunderwerbssteuer zu entrichten, offengelassen von BFH NJW 1970, 2318.

widerrufliche) Anwartschaft aus dem Vertrag zugunsten Dritter auf den Todesfall und beim Todesfall dann die Versicherungssumme.[17]

IV. Beendigung des Güterstandes durch Tod eines Ehegatten

15 Vorausempfänge sind lediglich beim rechnerischen Zugewinnausgleich auf die Ausgleichsforderung anzurechnen, auf diese freilich auch in den Fällen des § 1371 Abs. 2, in denen sie sich gegen die Erben des Ehegatten richtet, der den Vorausempfang gewährte.

16 Hat der Empfänger der Zuwendung neben dem rechnerischen Zugewinnausgleich seinen **Pflichtteil** zu fordern, so ist zu ermitteln, ob der Erblasser den Vorausempfang gem. § 1380 auf die Ausgleichsforderung angerechnet haben wollte oder aber gem. § 2315 auf den Pflichtteil. Unbenommen bleibt es ihm auch, geteilte Anrechnung vorzusehen oder Anrechnung auf die Forderung, die der überlebende Ehegatte als erste durchsetzt (vgl. dazu § 1371 RdNr. 48).

V. Anrechnungsmodus (Abs. 2)

17 **1. Berechnung.** Ziel der Anrechnung ist es, den Empfänger der Leistung so zu stellen, wie er stehen würde, wenn er die Zuwendung erst nach Beendigung des Güterstandes – als Leistung an Erfüllungs Statt auf die Ausgleichsforderung – erhalten hätte. Der Wert der Zuwendung wird deshalb zunächst dem Zugewinn des Ehegatten hinzugerechnet, der geleistet hat – womit er sich hypothetisch noch in dessen Endvermögen befindet. Anschließend wird er von der Ausgleichsforderung abgezogen – so, als sei er erst nach deren Entstehen dem Gläubiger zugeflossen. Eine schlichte Kürzung der Ausgleichsforderung würde den Gläubiger doppelt belasten: Seine Ausgleichsforderung würde zum einen gemindert wegen des geringeren Endvermögens des Schuldners und dann noch einmal durch den Abzug des Vorausempfangs von seiner Ausgleichsforderung. Da die Anrechnungsbestimmung in § 1380 Abs. 2 der Anwendung des § 1374 Abs. 2 ohnehin entgegensteht, spielt der Streit um die grundsätzliche Anwendbarkeit des § 1374 Abs. 2 auf Ehegattenschenkungen (zu diesem s. § 1374 RdNr. 22) im Zusammenhang mit § 1380 keine Rolle. Nach § 1380 Abs. 2 ist jedenfalls wie folgt zu rechnen – angenommen sei ein Vorausempfang von 20 000:

	Ehemann	Ehefrau
Anfangsvermögen	50 000	20 000
Endvermögen	150 000	60 000
Zugewinn	120 000 (plus Vorausempfang)	20 000 (ohne Vorausempfang)
Differenz	100 000	
Ihre Ausgleichsforderung	50 000	
abzüglich Vorausempfang	30 000	

Ihr stehen insgesamt also 50 000 zu: 20 000 als Vorausempfang, 30 000 als Zugewinn.

Die Berechnung nach § 1380 Abs. 2 führt hier also zu keinem anderen Ergebnis als die Berechnung nach §§ 1374 f. Nach dieser beträgt sein Zugewinn 100 000, der ihre 40 000. Damit hat sie einen Ausgleichsanspruch in Höhe von 30 000 – und im Endergebnis mit dem Vorausempfang 50 000.

Zu unterschiedlichen Ergebnissen führt der komplizierte Rechenmodus nach § 1380 Abs. 2 aber, wenn der Vorausempfang nicht mehr oder nicht mehr in voller Höhe im Endvermögen des Empfängers vorhanden ist.

Hat die Ehefrau in unserem Fall den Vorausempfang ausgegeben, so beträgt ihr Zugewinn weiterhin 20 000 und ihre Ausgleichsforderung 50 000. Von dieser werden die 20 000

[17] Ganz hM; vgl. *Staudinger/Thiele* (2007) RdNr. 5; *Soergel/Lange* RdNr. 13; *Erman/Gamillscheg* RdNr. 6; RGRK/*Finke* RdNr. 9.

Vorausempfang – ungeachtet der Tatsache, dass er nicht mehr vorhanden ist –, abgezogen. Damit kann sie zum Ausgleich des Zugewinns insgesamt noch 30 000 verlangen und trägt so im Ergebnis den Verlust ihres Vorausempfangs selbst. Berechnete man ihren Ausgleichsanspruch nur nach §§ 1374 f., betrüge die Zugewinndifferenz 80 000, sie könnte also 40 000 verlangen und die Hälfte ihres Vorausempfangsverlustes an ihren Mann weitergeben.

2. Bewertungsstichtag für die Zuwendung ist nach der ausdrücklichen Anordnung in Abs. 2 S. 2 deren Zeitpunkt. Spätere reale Wertveränderungen bleiben außer Betracht. Steigende und fallende Aktienkurse oder Grundstückspreise mehren beziehungsweise mindern mithin das Endvermögen des Empfängers der Zuwendung ebenso wie Nutzungen, die der Gegenstand der Zuwendung abwirft, oder Belastungen, die seinen Wert herabsetzen. Der Zuwendungsempfänger trägt damit das Risiko der Entwertung oder des Verlustes der Zuwendung allein – und genau das ist der Sinn der in § 1380 Abs. 2 bestimmten Berechnungsart, auch wenn durch sie der Gedanke, anrechnungspflichtige Vorausempfänge rechnerisch so zu behandeln, wie wenn sie erst nach Beendigung des Güterstandes gemacht worden wären, relativiert wird. 18

3. Inflationsbedingte Wertsteigerungen werden nach sich durchsetzender Meinung bei der Berechnung des Wertes des Vorausempfangs dergestalt berücksichtigt, dass die durch die Kaufkraftminderung des Geldes eingetretene Wertsteigerung des Vorausempfangs mittels des Verbraucherpreisindexes (zu diesem § 1373 RdNr. 7) hochgerechnet und der Vorausempfang mit diesem Wert in die Berechnung nach § 1380 Abs. 2 eingestellt wird.[18] Die Aufwertung der – beim Zuwender wie beim Empfänger einzustellenden – Zuwendung neutralisiert und erübrigt sich nämlich nur dann, wenn sie im Endvermögen des Empfängers noch in voller Höhe vorhanden ist. Ist das nicht der Fall und der Zugewinn des Empfängers niedriger als die Zuwendung, muss zur Vermeidung einer nicht zu rechtfertigenden Benachteiligung des Zuwendenden die inflationsbedingte Wertsteigerung der Zuwendung berücksichtigt werden. 19

Wenn in unserem Beispiel der Vorausempfang von 20 000 indexiert 28 980,57 beträgt, nämlich 20 000 × 112,5 (Index 2007): 78,5 (Index 1989) – ist diese Summe von der Ausgleichsforderung der Ehefrau abzuziehen, der Zugewinn des Ehemannes mit 128 980,57 anzusetzen. Hat die Ehefrau nun den Vorausempfang ausgegeben, so beträgt die Differenz der Zugewinne 108 980,57, ihre Ausgleichsforderung damit 54 490,28. Von dieser ist der indexierte Vorausempfang in Höhe von 28 980,57 abzuziehen. Im Ergebnis bekommt sie also nur 25 509,71 – statt 30 000, die ihr ohne Berücksichtigung der inflationsbedingten Wertsteigerung ihres Vorausempfangs zuständen.

VI. Abweichende Vereinbarungen

1. Abs. 1 S. 1 zwingend. § 1380 Abs. 1 S. 1 setzt zwingendes Recht und ist der Disposition der Ehegatten in einem Ehevertrag entzogen; niemand kann sich der Möglichkeit begeben, die Anrechnung einer unentgeltlichen Zuwendung auf die Ausgleichsforderung anzuordnen.[19] 20

2. Abs. 1 S. 2 dispositiv. § 1380 Abs. 1 S. 2 hingegen ist dispositiv; die gesetzliche Anordnung für Zweifelsfälle kann von den Parteien im Einzelfall durch formlose Vereinbarung (vgl. RdNr. 6), aber auch generell durch Ehevertrag abgeändert oder auch ausgeschlossen werden. 21

---

[18] OLG Frankfurt a. Main FamRZ 2006, 1543; *Palandt/Brudermüller* RdNr. 19; *Haußleiter/Schulz* Kap. 1 RdNr. 389; *Schröder/Bergschneider* 4298. Anders die Vorauflage RdNr. 22; *Staudinger/Thiele* (2007) RdNr. 26; *Johannsen/Henrich/Jaeger* RdNr. 12.

[19] Ebenso *Staudinger/Thiele* (2007) RdNr. 30; *Soergel/Lange* RdNr. 5; *Bamberger/Roth/Mayer* RdNr. 12.

§ 1381 Leistungsverweigerung wegen grober Unbilligkeit

(1) Der Schuldner kann die Erfüllung der Ausgleichsforderung verweigern, soweit der Ausgleich des Zugewinns nach den Umständen des Falles grob unbillig wäre.

(2) Grobe Unbilligkeit kann insbesondere dann vorliegen, wenn der Ehegatte, der den geringeren Zugewinn erzielt hat, längere Zeit hindurch die wirtschaftlichen Verpflichtungen, die sich aus dem ehelichen Verhältnis ergeben, schuldhaft nicht erfüllt hat.

Schrifttum zu den §§ 1381 bis 1383: *Dörr,* Die Entwicklung des Güterrechts seit dem 1. EheRG, NJW 1989, 1953; *Feuersänger,* Grundstücksübertragung beim Zugewinnausgleich, FamRZ 2003, 645; *v. Godin,* Grobe Unbilligkeit des Zugewinnausgleichs, MDR 1966, 722; *Heckelmann,* Grenzen der Leistungsverweigerung und Stundung des Zugewinnausgleichs nach §§ 1381, 1382 BGB bei Erfüllungsschwierigkeiten, FS Mühl, 1981, S. 283; *ders.,* Abfindungsklauseln in Gesellschaftsverträgen, 1973; *Kogel,* Anwendbarkeit des § 1381 BGB auch auf den ausgleichsberechtigten Ehegatten, MDR 1997, 1000; *Rommel,* Billigkeit und Zugewinnausgleich, 1991; *Schröder,* Der Zugewinnausgleich auf dem Prüfstand, FamRZ 1997, 1; *ders.* Eigentumsübertragungen beim Zugewinnausgleich und § 23 EStG, FamRZ 2002, 1010; *Tiedtke/Wärholz,* Private Veräußerungsgeschäfte (Spekulationsgeschäfte) nach § 23 EStG im Rahmen von Trennungs- und Scheidungsvereinbarungen, DStZ 2002, 9. *Zimmermann,* Pflichtteilsrecht und Zugewinnausgleich bei Unternehmens- und Gesellschafternachfolge, BB 1969, 965.

Übersicht

I. Normzweck

1 **1. Billigkeitskorrektiv.** Zweck der Norm ist es, dem Ausgleichsschuldner die Möglichkeit zu eröffnen, im Einzelfall gegen den rechnerisch ermittelten Ausgleichsanspruch bestimmte Billigkeitserwägungen zur Geltung zu bringen. Zugunsten des Ausgleichsgläubigers sind dagegen Billigkeitserwägungen mit dem Ziele der Begründung oder der Erhöhung der Ausgleichsforderung unzulässig.[1]

2 Zweck der Norm ist es nicht, Unbilligkeiten zu beseitigen oder zu mildern, die in der Methode der Ausgleichsberechnung und in der Ausgestaltung der einzelnen Rechnungsfaktoren wurzeln. § 1381 gewährt der Billigkeit nur Raum **innerhalb des vom Gesetz**

[1] AA *Kogel* MDR 1997, 1000: § 1381 analog.

vorgegebenen Grundmusters. Maßstab ist mithin die idealgerechte Durchführung der Zugewinngemeinschaft im Einzelfall unter Wahrung aller bewussten Entscheidungen des Gesetzes. So sind die Wirkungen der Vorverlegung des Berechnungszeitpunkts für die Höhe der Ausgleichsforderung bei zufälligen Vermögensverlusten nach §§ 1384, 1387 nicht mit § 1381 zu korrigieren (vgl. § 1384 RdNr. 2, § 1387 RdNr. 1) und auch die Frist des § 1375 Abs. 3, die die Relevanz illoyaler Vermögensminderungen endgültig beseitigt, ist hinzunehmen.[2]

§ 1381 ist damit auf die Korrektur von Unbilligkeiten beschränkt, die sich aus **Störungen der Grundlagen des schematischen Ausgleichs** ergeben, also zurückzuführen sind auf Differenzen zwischen dem vom Gesetz zugrunde gelegten, notwendig abstrakten Situations- und Verhaltensmuster und den Umständen des Einzelfalls. Er ist grundsätzlich nicht dazu bestimmt, Unbilligkeiten zu begegnen, die aus Erfüllungsschwierigkeiten herrühren; insoweit findet der Schuldner Schutz in der Stundungsmöglichkeit nach § 1382 (dazu auch RdNr. 29). 3

2. Verhältnis zu § 242. § 1381 schließt mit seinen weit engeren Grenzen in seinem Anwendungsbereich § 242 aus.[3] § 242 bleibt jedoch anwendbar, wenn der Ausgleichsanspruch ohne die Einrede aus § 1381 entstanden ist. Wie allen Ansprüchen kann seiner Durchsetzung dann § 242 entgegenstehen, etwa bei Geltendmachung der Verwirkung.[4] 4

Zurückhaltung ist geboten bei der Übernahme der zu § 242 entwickelten Billigkeitsmaximen in das Recht der Zugewinngemeinschaft. § 1381 ist keine spezielle Ausformung des § 242 mit Unterschieden allein in der Ausgestaltung als Einwendung (so § 242) beziehungsweise Einrede (so § 1381). Der spezielle Zweck, dem § 1381 dient, trennt die beiden Normen, ferner die unterschiedliche Billigkeitsschwelle, schließlich die systematische Stellung des § 1381 im Regelungskomplex des Zugewinnausgleichs, in dem auch andere Normen Überlegungen Raum gewähren, die im allgemeinen Vermögensrecht § 242 einzugliedern wären.[5] 5

II. Rechtsdogmatik

1. Dauernde Einrede. Mittel der Korrektur der Ausgleichsforderung um der Billigkeit willen ist ein dauerndes Leistungsverweigerungsrecht des Schuldners. Die Geltendmachung der peremptorischen Einrede entzieht der Ausgleichsforderung die prozessuale Durchsetzbarkeit für immer. Hat der Schuldner bereits geleistet, so kann, soweit nicht § 814 entgegensteht, ein Bereicherungsanspruch aus § 813 gegeben sein. 6

Die Ausübung der Einrede kann im Prozess um den Ausgleichsanspruch erfolgen, aber auch außerhalb desselben, etwa mit der Folge einer von den Parteien vertraglich vereinbarten Kürzung des Zugewinnausgleichsbetrages. 7

2. Verzicht. Die Einrede entsteht zeitgleich mit dem Ausgleichsanspruch. Der Schuldner kann auf sie durch einseitige formlose Erklärung verzichten; ein antizipierter Verzicht ist jedoch nur in den Grenzen des § 1378 Abs. 3 möglich.[6] 8

3. Kein höchstpersönliches Recht. Die Einrede ist kein höchstpersönliches Recht. Sie kann auch von dem Erben ausgeübt werden, wenn der Zugewinnausgleich zwischen ihm und dem Ausgleichsgläubiger vorzunehmen ist, sei es nun, weil der Ausgleichsschuldner nach Entstehen der Ausgleichsforderung, jedoch vor deren Erfüllung starb, sei es auch, weil die Ehe durch Tod endete und der Zugewinnausgleich in güterrechtlicher Form erfolgt. Nimmt der ausgleichsberechtigte Ehegatte einen Miterben als (Zugewinnausgleichs)Gesamt- 9

[2] *Soergel/Lange* RdNr. 18; *Staudinger/Thiele* (2007) RdNr. 16.

[3] *Gernhuber/Coester-Waltjen* § 36 RdNr. 95; *Rauscher* RdNr. 430; *Johannsen/Henrich/Jaeger* RdNr. 2; *Soergel/Lange* RdNr. 2; *Erman/Gamillscheg* RdNr. 7; *Heckelmann,* FS Mühl, S. 283, 285.

[4] *Soergel/Lange* RdNr. 2.

[5] Wie hier *Palandt/Brudermüller* RdNr. 2. Einschränkend *Staudinger/Thiele* (2007) RdNr. 7 (in bestimmter Hinsicht übereinstimmende Gerechtigkeitsvorstellungen).

[6] Ebenso *Soergel/Lange* RdNr. 6; *Staudinger/Thiele* (2007) RdNr. 38; *Johannsen/Henrich/Jaeger* RdNr. 18.

schuldner in Anspruch (§ 2058), so wirkt die Ausübung der Einrede nicht für die anderen Miterben (§ 425).

10 Kannte der verstorbene Ehegatte die Umstände, die ein Leistungsverweigerungsrecht begründeten, hatte er jedoch zu erkennen gegeben, dass dem anderen aus ihnen Nachteile nicht erwachsen sollten, so entfällt damit nicht die grobe Unbilligkeit, denn diese steht nicht zur Disposition der Ehegatten.[7] Das Verhalten des verstorbenen Ehegatten legt allerdings den Schluss auf einen Verzicht auf die Einrede nahe.

11 **4. § 242 als Grenze.** Der Erhebung der Einrede aus § 1381 sind, wie der Geltendmachung aller subjektiven Rechte, durch § 242 Grenzen gesetzt. So hat der BGH in der Leistungsverweigerung eines ausgleichsverpflichteten Ehegatten, der in einer vertraglichen Absprache Verhandlungen über die Verteilung des Zugewinns in Aussicht gestellt und bereits Abschlagszahlungen geleistet hatte, obwohl ihm Eheverfehlungen des Partners bekannt waren, ein venire contra factum proprium gesehen und ihm die Berufung auf die Einrede verwehrt.[8]

III. Grobe Unbilligkeit

12 Das Gesetz definiert den **Begriff** der groben Unbilligkeit nicht. Nach allgM kann sie nur in Ausnahmefällen vorliegen, dann, wenn der rechnerisch bewusst schematisch und pauschalierend ausgestaltete Zugewinnausgleich zu einem Ausgleichsanspruch führt, der im Einzelfall „dem Gerechtigkeitsempfinden in unerträglicher Weise widerspricht".[9] Mit dieser Definition wird die mit dem Begriff der Billigkeit verbundene Schwelle heraufsetzt. Die Umschreibung setzt damit einen qualitativen Maßstab und zielt nicht, wie die an der Offenkundigkeit orientierte „offenbare" Unbilligkeit, auf Evidenz.

13 Unbestimmt bleibt die Grenze, an der die **einfache** Unbilligkeit endet und die **grobe** Unbilligkeit beginnt. Das Gesetz nennt in Abs. 2 beispielhaft Kriterien, anhand derer dies beurteilt werden kann, auch können typologisch relevante Aspekte und Umstände zusammengestellt werden, doch bleibt die letzte Entscheidung immer Sache des Einzelfalls.

IV. Ökonomisches Fehlverhalten iSd. Abs. 2

14 **1. Nichterfüllung wirtschaftlicher Verpflichtungen.** Paradigmatisch nennt Abs. 2 als Tatbestand, der grobe Unbilligkeit indiziert, jedoch nicht unbedingt bedeutet, die über einen längeren Zeitraum andauernde schuldhafte Nichterfüllung wirtschaftlicher Verpflichtungen, die sich aus dem ehelichen Verhältnis ergeben. In Betracht kommt vornehmlich die Nichterfüllung der Unterhaltspflicht (§§ 1360 ff.) einschließlich der Pflicht, den Haushalt in dem von den Ehegatten selbst geregelten Ausmaß zu besorgen (§ 1356 Abs. 1); ferner die Nichterfüllung der Verpflichtung des barunterhaltspflichtigen Ehegatten zur Befreiung des anderen von dessen Unterhaltslast gegenüber den gemeinschaftlichen Kindern.[10] Auch die aus § 1353 abzuleitende Pflicht, den Ehegatten in den Grenzen des Zumutbaren bei der Verwaltung seines Vermögens zu unterstützen, ist ökonomisch orientiert und kann im Rahmen des Abs. 2 relevant werden.[11] Gleicht der Ehegatte den dem anderen entstandenen Schaden aus, so entfällt die Anwendung des § 1381 nicht von vornherein, denn das Fehlverhalten bleibt insofern ausgleichsrelevant, als der geleistete Schadensersatz den Zugewinn des Ehegatten mindert.

---

[7] So auch *Soergel/Lange* RdNr. 5; *Staudinger/Thiele* (2007) RdNr. 38; *Erman/Gamillscheg* RdNr. 9 f.; RGRK/*Finke* RdNr. 4.

[8] BGH FamRZ 1977, 38 = LM Nr. 8.

[9] StRspr. seit BGHZ 46, 343, 347 = NJW 1966, 2109; zuletzt BGH FamRZ 1992, 787, 788 und 2002, 606, 608; OLG Koblenz FamRZ 2002, 1190; OLG Celle FamRZ 1992, 1300; OLG Bamberg FamRZ 1989, 408, 410; AG Tempelhof-Kreuzberg FamRZ 2005, 107. *Erman/Gamillscheg* RdNr. 2 f.; RGRK/*Finke* RdNr. 6; *Staudinger/Thiele* (2007) RdNr. 5.

[10] OLG Düsseldorf FamRZ 1987, 821, 822.

[11] Vgl. dazu BFH NJW 1958, 648.

2. Verschulden. Einzustehen für Fehlverhalten iS des Abs. 2 haben die Ehegatten in den Grenzen des § 1359 für Vorsatz und Fahrlässigkeit.[12] Einen besonderen ehebezogenen Schuldbegriff, nach dem unentschuldbar etwa im Sinne von unverzeihlich zu definieren wäre, gibt es nicht.[13] 15

3. Längere Dauer. Dass nur Pflichtwidrigkeiten von längerer Dauer grobe Unbilligkeit indizieren, ist berechtigt. Die kurzfristige Pflichtwidrigkeit stört das ökonomische Gleichgewicht der Pflichterfüllung jedenfalls nicht nachhaltig. Folgerichtig ist der Zeitraum weniger absolut als relativ, nämlich bezogen auf die Dauer des Güterstandes, zu bestimmen. Gleichgültig ist insoweit das Ausmaß der etwa eingetretenen Einbußen. Dieses ist allerdings wesentlich für die Frage, inwieweit der Ausgleichsanspruch zu kürzen ist. 16

V. Anderes ökonomisches (Fehl-)Verhalten

1. Vermögensverwaltung. Das eheliche Güterrecht postuliert weder eine Pflicht noch eine Obliegenheit der Ehegatten, ihr Vermögen vernünftig oder auch in einer am Wohl der Familie orientierten Art und Weise zu verwalten (vgl. § 1364 RdNr. 5). Diese Feststellung verbietet es indessen nicht, § 1381 anzuwenden, wenn ein Ehegatte aufgrund leichtfertig eingegangener Spekulations- oder Risikogeschäfte Vermögenseinbußen erlitten hat und deshalb nun aufgrund seines geringeren Zugewinns ausgleichsberechtigt ist, sofern das Gesetz dem Verhalten nicht bereits andernorts Rechnung getragen hat – wie der Verschwendung in § 1375 Abs. 2 Nr. 2. Ökonomisches Fehlverhalten kann auch darin liegen, dass ein Ehegatte seinen Partner bei der Verwaltung seines Vermögens behindert oder ihm durch Preisgabe von Geschäftsgeheimnissen wirtschaftliche Schäden zufügt. Allerdings ist es nicht zulässig, mit Hilfe des § 1381 im Güterrecht einen Ausgleich für Schäden zu suchen, den die Rspr. im Zusammenhang mit Ehestörungen nicht gewährt.[14] Zumindest bedenklich ist es auch, mit § 1381 überzahlte Unterhaltsleistungen auszugleichen, wenn diese aufgrund eines (vorläufigen) Titels erfolgten.[15] 17

2. Verschulden. Aus Abs. 2 ergibt sich nicht, dass wirtschaftliches Fehlverhalten grundsätzlich nur zu berücksichtigen ist, wenn es vorwerfbar ist. Wirtschaftliche Umstände können nämlich auch im Rahmen des Abs. 1 eine Rolle spielen und dort zusammen mit anderen Umständen die grobe Unbilligkeit begründen.[16] 18

3. Billigung. § 1381 ist nicht anzuwenden, wenn und soweit der Schuldner die Maßnahmen seines Ehegatten billigte (vgl. § 1375 Abs. 3). Belanglos ist dagegen duldendes Gewährenlassen: Ehegatten sind insoweit zum Widerspruch weder berechtigt noch verpflichtet.[17] 19

4. Fehlverhalten nach Beendigung des Güterstandes. Güterrechtlich belanglos und damit beschränkt auf die Sanktionen der allgemeinen Vermögensordnung ist ein nach Beendigung des Güterstandes liegendes Fehlverhalten, das dem Schuldner Schaden zufügt.[18] Mit der Beendigung der Ehe endet jede güterrechtliche Bindung; zudem erweist die notwendige Begrenzung der Relevanz solchen Verhaltens auf den oft zufallsbestimmten Zeitraum bis zur Erfüllung der Ausgleichsforderung seine Berücksichtigung als willkürlich. 20

5. Fehlbetrag als Maßstab. Bei ökonomischem Fehlverhalten eröffnet sich für die Frage, in welchem Ausmaß die Ausgleichsforderung einredebehaftet ist, insofern die Möglichkeit einer rational überprüfbaren Entscheidung als mit dem Fehlbetrag, auch wenn er sich 21

---

[12] BGH FamRZ 1992, 787, 788; *Staudinger/Thiele* (2007) RdNr. 12.

[13] So einst *v. Godin* MDR 1966, 722, 724.

[14] AA *Staudinger/Thiele* (2007) RdNr. 18. Vgl. dazu § 823 RdNr. 156.

[15] So OLG Köln FamRZ 1998, 1370, 1372.

[16] BGH FamRZ 2002, 606, 608; *Staudinger/Thiele* (2007) RdNr. 14; *Palandt/Brudermüller* RdNr. 5; *Soergel/Lange* RdNr. 10.

[17] Ebenso *Staudinger/Thiele* (2007) RdNr. 15.

[18] OLG Bremen FamRZ 1998, 245; *Staudinger/Thiele* (2007) RdNr. 19; *Soergel/Lange* RdNr. 19; *Bamberger/Roth/Mayer* RdNr. 4. AA OLG Köln FamRZ 2009, 1070; OLG Düsseldorf FamRZ 1987, 821, 822; RGRK/*Finke* RdNr. 17.

rechnerisch nur ungefähr feststellen lässt, eine erste Größe gegeben ist, an der sich die weiteren Überlegungen orientieren können.

22 **6. Herkunft gleichgültig.** Grundsätzlich gleichgültig ist, welchen Umständen der Ausgleichsschuldner seinen Zugewinn zu verdanken hat, insbesondere aber, ob der ausgleichsberechtigte Ehegatte ihn mitverursachte oder nicht. Der nicht auszugleichende Erwerb ist in § 1374 Abs. 2 abschließend definiert, eine generelle Erweiterung mit Hilfe des § 1381 würde zu einer Korrektur des Grundmusters der Zugewinngemeinschaft führen (vgl. RdNr. 2f.). Im Einzelfall kann es jedoch grob unbillig sein, Vermögen, das ohne jeglichen inneren Bezug zur ehelichen Lebensgemeinschaft erzielt wurde, als Zugewinn auszugleichen. Insbesondere müssen über § 1381 unfallbedingte Zahlungen für materielle und immaterielle Schäden dem Zugewinnausgleich entzogen werden können.[19] Erwerb aufgrund glücklicher Umstände in besonders gelagerten Fällen – in kurzer Ehe etwa werden zufällig hohe Einkünfte erzielt – kann allerdings nicht mit Hilfe des § 1381 neutralisiert werden.[20] Auch geht es nicht an, bei günstiger Selbstersteigerung des gemeinsamen Grundstücks in der anlässlich der Güterauseinandersetzung durchgeführten Teilungsversteigerung dem ausgleichspflichtigen Ehegatten ein Leistungsverweigerungsrecht nur deshalb zu geben, weil der Vorteil des Versteigerungserwerbs dem ausgleichsberechtigten ersteigernden Ehegatten allein zugeflossen ist.[21]

23 **7. Langdauerndes Getrenntleben.** § 1381 kann **nicht generell** herangezogen werden, um den Ausgleich von Zugewinn zu verhindern, der während der Zeit des Getrenntlebens erwirtschaftet wurde. §§ 1385 Nr. 1, 1386 eröffnen nach dreijähriger Trennung die Möglichkeit vorzeitiger güterrechtlicher Regelung; es gibt nun keinen Grund, Ehegatten bei längerer Trennung das Risiko des ökonomisch rechtzeitig möglichen Zugewinnausgleichs mit Billigkeitserwägungen abzunehmen. Ausnahmsweise können allerdings die Umstände des Einzelfalls die Anwendung des § 1381 gebieten, so etwa, wenn der Zugewinn nach langjähriger Trennung ohne jeglichen inneren Bezug zur Ehe erzielt wurde.[22]

24 **8. Überobligationsmäßiges Verhalten.** Grob unbillig kann ein Ausgleichsanspruch auch sein, wenn der Schuldner seinen Zugewinn einem überobligationsmäßigen Verhalten verdankt, dem kein Parallelverhalten des Ehegatten entspricht – der besonders Sparsame und Fleißige kann seinem stets auf großem Fuße lebenden Partner widersprüchliches Verhalten vorwerfen, wenn dieser nun an den Früchten seiner Tugend partizipieren will.[23]

25 **9. Disparitäten in der Vermögensentwicklung.** Dagegen sind Disparitäten in der Vermögensentwicklung nicht geeignet, ein Leistungsverweigerungsrecht wegen grober Unbilligkeit zu begründen. Voll ausgleichsberechtigt ist demzufolge auch ein Ehegatte, der keinen Zugewinn erwirtschaftete, wohl aber einen wirtschaftlichen Abschwung überwand und sein Vermögen wieder auf den Anfangsbestand bringen konnte, während sein jetzt ausgleichsverpflichteter Partner sein bescheidenes Anfangsvermögen kontinuierlich mehrte.[24] Da Vermögensbewegungen zwischen den für die Ermittlung des Anfangs- und Endvermögens relevanten Stichtagen zugewinnneutral sind, kann auch die Tilgung während des Güterstandes eingegangener Verbindlichkeiten nicht mit Hilfe des § 1381 korrigiert werden.

---

[19] OLG Stuttgart FamRZ 2002, 99; AG Hersbruck FamRZ 2002, 1476 m. Anm. *Bergschneider*; OLG Celle FamRZ 1992, 1301 (vollfinanzierter Grundbesitzerwerb kurz vor Güterstandsende); *Schwab/Schwab* Teil VII RdNr. 260; *Schröder* FamRZ 1997, 1, 6. Zur Berücksichtigung solcher Zahlungen im Zugewinnausgleich vgl. auch § 1374 RdNr. 14.

[20] *Staudinger/Thiele* (2007) RdNr. 32; *Soergel/Lange* RdNr. 18. Anders RGRK/*Finke* RdNr. 12; *Schröder* FamRZ 1997, 1, 6.

[21] So aber OLG Düsseldorf NJW 1995, 3193.

[22] BGH FamRZ 1980, 877 = NJW 1980, 1462, 1463 = LM § 1372 Nr. 6 (Fall der Bigamie); 2002, 606, 608 (24-jähriges Getrenntleben); *Schwab/Schwab* Teil VII RdNr. 264; *Schröder* FamRZ 1997, 1, 6. Weitergehend *Staudinger/Thiele* (2007) RdNr. 24; *Johannsen/Henrich/Jaeger* RdNr. 14 (jedes Getrenntleben kann relevant sein). Gegen Ausnahmen MünchKommBGB/*Koch* Vorauflage RdNr. 24.

[23] LG Wiesbaden FamRZ 1973, 657, 658; *Soergel/Lange* RdNr. 10; *Staudinger/Thiele* (2007) RdNr. 33. AA *Palandt/Brudermüller* RdNr. 18.

[24] *Staudinger/Thiele* (2007) RdNr. 34; *Soergel/Lange* RdNr. 18; *Bamberger/Roth/Mayer* RdNr. 13. AA RGRK/*Finke* RdNr. 14.

VI. Wirtschaftliche Verhältnisse nach Beendigung der Ehe

1. Unterhaltsrechtliche Situation. Die nacheheliche Versorgungslage der Ehegatten ist kein Umstand, der mit der Zugewinngemeinschaft des geltenden Rechts verknüpft werden kann; jede Anwendung des § 1381 mit Rücksicht auf den späteren Unterhalt führt zu einer sachfremden Verlagerung unterhaltsrechtlicher Funktionen in den gesetzlichen Güterstand.[25] 26

Rspr. und überw. Lehre entscheiden anders,[26] meist ohne jeden Versuch einer rationalen Rechtfertigung, zuweilen unter Berufung auf die „Opfergrenze", die kein Schuldner zu überschreiten brauche. Doch sind auch dramatisch zugespitzte Fälle[27] im Unterhaltsrecht besser zu lösen. Droht dem Ausgleichsschuldner nach der Scheidung Abhängigkeit vom ausgleichsberechtigten Partner, so kann der Unterhaltsanspruch gemäß § 1585 Abs. 2 kapitalisiert und gegen den Ausgleichsanspruch aufgerechnet werden. Droht dem Ausgleichsschuldner jedoch Abhängigkeit von einem Dritten, so kommen Schmälerungen der gegen ihn gerichteten Ausgleichsforderung gar nicht ihm selbst, sondern sachwidrig dem Dritten zugute, letztlich dem Träger der Sozialhilfe.[28] Auch die nacheheliche Versorgung gemeinschaftlicher Kinder bildet keine Ausnahme, auch sie wird vom Unterhaltsrecht und nicht vom Güterrecht geordnet.[29] Wegen grober Unbilligkeit verweigert werden kann der Ausgleich des Zugewinns allerdings, wenn er dazu führt, dass der Ehegatte doppelt, nämlich unterhaltsrechtlich wie güterrechtlich an einer Vermögensposition, etwa einer Abfindungszahlung, partizipiert.[30] 27

2. Größe der Vermögen. Belanglos ist die Höhe des bei Beendigung der Ehe jeweils vorhandenen Vermögens der Ehegatten. Einen Überschuss an Zugewinn hat der ärmere Ehegatte seinem – wegen höheren Anfangsvermögens oder hohen privilegierten Erwerbs – reicheren Partner ebenso auszugleichen wie dieser jenem. Die Berücksichtigung der beiderseitigen Vermögenshöhe ist sachfremd in einem Güterstand, der allein am erwirtschafteten Ertrag orientiert ist.[31] Soweit ein Erwerb erst nach Beendigung des Güterstandes anfällt, obwohl der für ihn erforderliche Arbeitsaufwand bereits partiell oder total während des Güterstandes geleistet wurde – der Schriftsteller publiziert ein während der Ehe geschriebenes Buch erst nach deren Ende –, so ist die Lösung allein bei der Bestimmung des Endvermögens zu suchen. Ist bereits eine bewertbare Vermögensposition vorhanden, im Beispiel das verwertbare Urheberrecht, so ist die Arbeitsleistung im Zugewinnausgleich zu bedenken. Ist dagegen eine bewertbare Vermögensposition noch nicht vorhanden, so ist nicht mit § 1381 zu korrigieren. Es ist nicht Aufgabe der Norm, in die Berechnungsmodalitäten durch Erweiterung der erfassbaren Positionen und Verschiebung des Stichtages einzugreifen.[32] 28

3. Existenzgefährdung. Unzulässig ist es, die Einrede aus § 1381 generell zu gewähren, wenn andernfalls die beruflichen oder geschäftlichen Grundlagen des Schuldners in Gefahr geraten. Der Schonung von Unternehmen dient § 1382 in ausreichendem Maße; jedes weitere Nachgeben führt zu einer sachlich nicht gerechtfertigten und vom Gesetz nicht gewollten Privilegierung bestimmter Vermögensanlagen. Nur wenn ausnahmsweise eine Stundung den schutzwürdigen Interessen des Schuldners nicht in ausreichendem Maße Rechnung tragen kann, ist § 1381 auch bei Erfüllungsschwierigkeiten heranzuziehen.[33] 29

---

[25] Ebenso *Soergel/Lange* RdNr. 19 (doch findet sich hier bereits der Gedanke der „Opfergrenze"); *Erman/Gamillscheg* RdNr. 8; *Heckelmann* S. 283, 301 ff.

[26] BGH LM Nr. 6 = NJW 1973, 749; *Staudinger/Thiele* (2007) RdNr. 29; *Johannsen/Henrich/Jaeger* RdNr. 5 und 10; RGRK/*Finke* RdNr. 13 (zurückhaltend); *Schwab/Schwab* Teil VII RdNr. 268; *Rommel* S. 149.

[27] Vgl. BGH LM Nr. 6 = NJW 1973, 749.

[28] So im Fall OLG Frankfurt a. Main FamRZ 1983, 921.

[29] Anders aber LG Wiesbaden FamRZ 1973, 657, 658.

[30] OLG Frankfurt a. Main FamRZ 2000, 611; OLG Stuttgart FamRZ 2002, 99. Zur Problematik der doppelten Teilhabe s. § 1375 RdNr. 4.

[31] Vgl. *Staudinger/Thiele* (2007) RdNr. 31.

[32] Vgl. *Staudinger/Thiele* (2007) RdNr. 19; aA *Soergel/Lange* RdNr. 15.

[33] So BGH LM Nr. 4 = NJW 1970, 1600; *Staudinger/Thiele* (2007) RdNr. 29 f.; *Schwab/Schwab* Teil VII RdNr. 252; *Erman/Gamillscheg* RdNr. 7; *Johannsen/Henrich/Jaeger* RdNr. 11.

VII. Pflichtwidrigkeiten nicht wirtschaftlicher Art

30 **1. Ehewidriges Verhalten im persönlichen Lebensbereich.** Schuldhafte Eheverfehlungen im persönlichen Lebensbereich der Ehegatten stören die Grundlagen der schematischen Berechnung des Zugewinnausgleichs nicht und sind deshalb nicht geeignet, die Einrede aus § 1381 zu begründen.[34] Führen sie zu einer Störung im ökonomisch relevanten Verhaltensgleichgewicht der Ehegatten, so ist die Störung als Folge eines ökonomischen Fehlverhaltens bedeutsam. Dies ist etwa der Fall bei Empfang von Unterhalt ohne Bedürftigkeit. Der Zugewinnausgleichsanspruch ist dann in Höhe des überzahlten Unterhalts zu kürzen.[35] Auch wenn einem Ehemann durch eine außereheliche Sexualbeziehung seiner Frau Unterhaltsaufwendungen für ein scheineheliches Kind, Scheidungs- und Ehelichkeitsanfechtungskosten erwachsen, ist die Eheverfehlung im Rahmen des § 1381 relevant.[36]

31 Die aus der Zeit der Geltung des Verschuldensprinzips im Scheidungsrecht stammende hL gesteht dagegen in unterschiedlichem Ausmaß auch persönlichen Eheverfehlungen als solchen Relevanz zu – wenn auch stets mit der Beteuerung, dass § 1381 nicht zu Ehescheidungsstrafen führen dürfe. Der Übergang zum Zerrüttungsprinzip ist auf sie ohne Einfluss geblieben, obwohl alle gegen das Verschuldensprinzip vorgebrachten Gründe auch und erst recht gegen eine Inzidentfeststellung in einem vermögensrechtlichen Prozess zutreffen.[37]

32 Auch die OLGe folgen nach wie vor früheren Entscheidungen des BGH, die bei pflichtwidrigem Verhalten von längerer Dauer zur Anwendung des § 1381 bereit waren – mit vollständigem Ausschluss des Zugewinnausgleichs allerdings nur nach mehrjährigem Fehlverhalten.[38] Deutlich erkennbar in den Entscheidungen ist die emotionalisierende Wirkung langjährigen Ehebruchs.

33 **2. Erwerb des Anspruchs zur Unzeit.** Erstrebt der Gläubiger durch pflichtwidriges Verhalten die Beendigung des Güterstandes zu einem bestimmten Zeitpunkt und erreicht er damit Vorteile, die er bei pflichtgemäßem Verhalten nicht gehabt hätte, so erwirbt er den Ausgleichsanspruch zur Unzeit. Denkbar sind Fälle der provozierten Scheidungsbereitschaft des Ausgleichsschuldners zu einem dem Gläubiger günstigen Zeitpunkt und Fälle der arglistig vorgetäuschten Versöhnungsbereitschaft zur Abwehr eines andernfalls drohenden Scheidungsantrags zu einem ungünstigen Zeitpunkt. Erwerb zur Unzeit ist dagegen nicht schon gegeben, wenn ein Ehegatte sich zur Beendigung seiner Ehe entschließt, um in den Genuss eines Ausgleichsanspruchs zu gelangen, oder wenn er seinen Scheidungsantrag bewusst verzögert, um den Anspruch wachsen zu lassen.

34 In Fällen der erfolgreichen Scheidungsspekulation ist die Anwendung des § 1381 stets geboten, jedoch nur in Form einer **Kürzung des Anspruchs** um den Betrag der erfolgreichen Spekulation.[39] Die Überzeugung, dass gerade in diesen Fällen der Anspruch ganz entfallen könne,[40] belastet § 1381 mit einer sachfremden Straffunktion.

---

[34] *Gernhuber/Coester-Waltjen* § 36 RdNr. 101; *Rauscher* RdNr. 430; *Johannsen/Henrich/Jaeger* RdNr. 14; *Wiegmann* FamRZ 1990, 627 (Anm. zu OLG Hamm FamRZ 1989, 1188); *Rommel* S. 153 ff.

[35] OLG Köln FamRZ 1998, 1370, 1372; OLG Brandenburg FamRZ 2004, 106.

[36] OLG Köln FamRZ 1991, 1192.

[37] *Staudinger/Thiele* (2007) RdNr. 20 ff.; *Soergel/Lange* RdNr. 12, *Erman/Gamillscheg* RdNr. 4; *Schwab/Schwab* Teil VII RdNr. 258 ff.; *Dörr* NJW 1989, 1953, 1960.

[38] Vgl. für den BGH die Entscheidungen BGHZ 46, 343, 352 = NJW 1966, 2109; NJW 1970, 1600, 1601 = LM Nr. 4; FamRZ 1991, 1381 (keine Anwendung des § 1381 nach Ehebruch im Endstadium der Ehe). Für die OLGe vgl. OLG Bamberg NJW-RR 1997, 1435 (jahrzehntelange Misshandlung der Ehefrau); OLG Celle FamRZ 1979, 431 (vollständiger Ausschluss nach langjährigem Ehebruch mit vier Ehebruchskindern); OLG Karlsruhe FamRZ 1987, 823 (vollständige Versagung nach Tötung des Ehegatten); OLG Hamm FamRZ 1989, 1188 (ehebrecherische Beziehungen zu vier Männern nach 30 Jahren Ehe; Kürzung um ein Drittel); OLG Düsseldorf FamRZ 2009, 1068 (körperliche Misshandlungen, ehebrecherisches Verhalten u. a. wurden durch Vermögensbildung zugunsten der Ehefrau aufgewogen).

[39] Ebenso *Staudinger/Thiele* (2007) RdNr. 27.

[40] BGH LM Nr. 4 = NJW 1970, 1600; unklar BGHZ 46, 343, 353 = NJW 1966, 2109; RGRK/*Finke* RdNr. 10.

VIII. Grobe Unbilligkeit und Auskunftsanspruch

Ehegatten, denen § 1381 ein Leistungsverweigerungsrecht gewährt, können sich grundsätzlich nicht dem Anspruch auf Auskunft aus § 1379 entziehen.[41] Einreden, die dem Ausgleichsanspruch entgegenstehen, können nicht einen vorgelagerten Anspruch hemmen, dessen Erfüllung überhaupt erst die Kenntnis der Umstände vermittelt, die für die Berechnung des Zugewinnausgleichs einschließlich der Voraussetzungen des § 1381 bedeutsam sind. Anders ist nur zu entscheiden, wenn mit unbestreitbarer Evidenz feststeht, dass Ausgleich nicht verlangt werden kann (vgl. § 1379 RdNr. 7). 35

IX. Abweichende Vereinbarungen

§ 1381 ist der Disposition der Ehegatten entzogen. Das praktisch allgemein anerkannte Ergebnis wird zuweilen auf § 138 gestützt.[42] Damit wird die Abdingbarkeit „an sich" zugestanden und lediglich mit einer stark einzelfallbezogenen Norm generell wieder verneint. 36

Richtig ist es, § 1381 von vornherein als **zwingendes Recht** anzuerkennen.[43] Eine Rechtsordnung kann die Entäußerung des Schutzes vor groben Unbilligkeiten auch nur „an sich" nicht tolerieren. Die Situation ist der von § 1390 bedachten insoweit vergleichbar (vgl. dazu § 1390 RdNr. 29). 37

§ 1382 Stundung

(1) [1]Das Familiengericht stundet auf Antrag eine Ausgleichsforderung, soweit sie vom Schuldner nicht bestritten wird, wenn die sofortige Zahlung auch unter Berücksichtigung der Interessen des Gläubigers zur Unzeit erfolgen würde. [2]Die sofortige Zahlung würde auch dann zur Unzeit erfolgen, wenn sie die Wohnverhältnisse oder sonstigen Lebensverhältnisse gemeinschaftlicher Kinder nachhaltig verschlechtern würde.

(2) Eine gestundete Forderung hat der Schuldner zu verzinsen.

(3) Das Familiengericht kann auf Antrag anordnen, dass der Schuldner für eine gestundete Forderung Sicherheit zu leisten hat.

(4) Über Höhe und Fälligkeit der Zinsen und über Art und Umfang der Sicherheitsleistung entscheidet das Familiengericht nach billigem Ermessen.

(5) Soweit über die Ausgleichsforderung ein Rechtsstreit anhängig wird, kann der Schuldner einen Antrag auf Stundung nur in diesem Verfahren stellen.

(6) Das Familiengericht kann eine rechtskräftige Entscheidung auf Antrag aufheben oder ändern, wenn sich die Verhältnisse nach der Entscheidung wesentlich geändert haben.

Schrifttum: S. § 1381.

Übersicht

[41] OLG Brandenburg FamRZ 2009, 1067.

[42] *Dölle* I S. 826; RGRK/*Finke* RdNr. 21.

[43] Ebenso *Staudinger/Thiele* (2007) RdNr. 39; *Soergel/Lange* RdNr. 6; *Johannsen/Henrich/Jaeger* § 1372 RdNr. 4.

I. Normzweck

1 **1. Billigkeitskorrektiv.** § 1382 ergänzt § 1381 in dessen Bemühen, zugunsten des Schuldners die Ausgleichsforderung Billigkeitskorrektiven zu unterwerfen. Anders als § 1381 setzt jedoch § 1382 nicht bei Störungen der Grundlagen des schematischen Ausgleichs an, sondern bei Erfüllungsschwierigkeiten. Folgerichtig ist das Korrektiv auch nicht mehr auf den Umfang der Forderung bezogen, sondern auf den Zeitpunkt der Erfüllung. Gleich ist das Verhältnis zu § 242; eine Berufung auf ihn ist im Anwendungsbereich des § 1382 ausgeschlossen.

2 **2. Erfüllungsschwierigkeiten** werden provoziert von der Höhe der Forderung, die im Extremfall nicht nur dem Wert des ganzen gegenwärtigen Aktivvermögens des Schuldners entsprechen, sondern dieses auch übersteigen kann (vgl. § 1378 Abs. 2; §§ 1384, 1387) sowie von der sofortigen Fälligkeit der Ausgleichsforderung (vgl. dazu § 1378 RdNr. 14), die für Leistungsvorbereitungen keine Zeit lässt.

II. Rechtsdogmatik

3 **1. Richterliche Vertragshilfe.** § 1382 enthält eine besondere Art der richterlichen Vertragshilfe; das inzwischen aufgehobene VertragshilfeG vom 26. 3. 1952 (BGBl. I S. 198) diente als Vorbild. Die richterliche Vertragshilfe erfolgt in einem gestreckten Tatbestand, der mit dem Antrag des Schuldners eingeleitet und mit dem richterlichen Akt vollzogen wird.

4 **2. Einwendung.** Die gestaltende Wirkung der Entscheidung tritt mit deren Rechtskraft ein, einer Vollstreckung bedarf es nicht. Der richterliche Akt wirkt unmittelbar fälligkeitsbestimmend, vermittelt also dem Schuldner eine Einwendung und nicht nur eine Einrede. Parallele im rechtsgeschäftlichen Bereich ist mithin nicht das einredebegründende pactum de non petendo, sondern die zu einer Einwendung führende Bestimmung der Leistungszeit durch einen Schuldänderungsvertrag.

III. Interessenabwägung

1. Zahlung „zur Unzeit“. Die Ausgleichsforderung kann nur gestundet werden, wenn die sofortige Zahlung zur Unzeit erfolgen würde. § 1382 greift damit einen im Schuldrecht geläufigen Begriff auf (vgl. §§ 627 Abs. 2 S. 2; 723 Abs. 2). Vorbehaltlich einer späteren, von den Interessen des Gläubigers oder der gemeinschaftlichen Kinder bestimmten Korrektur ist Maßstab der Konkretisierung des unbestimmten Rechtsbegriffs im ersten Ansatz die Perspektive des Schuldners. Zur Unzeit erfolgt die sofortige Zahlung dann, wenn sie diesen zu Dispositionen zwingt, die ihn ökonomisch oder persönlich über jenes Maß hinaus belasten, das mit jeder Auseinandersetzung am Ende des Güterstandes verbunden ist. Auch dann gebieten Sinn und Zweck des § 1382, unzeitige Zahlung nur anzunehmen, wenn die besonderen Belastungen durch eine spätere Fälligkeit der Ausgleichsforderung beseitigt oder doch gemildert werden können.[1] Irrelevant sind die Umstände, die zur Beendigung des Güterstandes führten, insbesondere spielen Pflichtwidrigkeiten des Schuldners, die das Scheitern der Ehe bewirkten, bei der Prüfung der Stundungsmöglichkeit keine Rolle.[2] 5

Keine Bedenken bestehen, **§ 2331 a,** der im Erbrecht die Möglichkeit einer Stundung des Pflichtteilsanspruchs eröffnet, als **Interpretationshilfe** heranzuziehen, bedacht werden müssen lediglich die unterschiedlichen Situationen.[3] 6

2. Übermäßige ökonomische Belastung. Eine übermäßige ökonomische Belastung des Schuldners ist nicht schon gegeben, wenn er die Forderung nicht aus laufenden Einkünften bedienen kann;[4] die Notwendigkeit einer Verwertung oder Belastung von Teilen der Vermögenssubstanz ist vornehmlich bei längerer Dauer des Güterstandes eher die Regel als die Ausnahme. Eine übermäßige ökonomische Belastung ist dagegen anzunehmen, wenn der Schuldner zu überstürzten und deshalb unwirtschaftlichen Veräußerungen gezwungen wäre – Mobilisierung von Wertpapieren in einer Baisse, deren Ende abzusehen ist, oder von Grundeigentum ohne ausreichende Erkundung des Marktes. Eine übermäßige ökonomische Belastung ist ferner gegeben, wenn die sofortige Zahlung eine schwere Erschütterung der wirtschaftlichen Lebens- und Existenzgrundlage zur Folge hätte – so etwa, wenn der Ausgleichsschuldner einen Geschäftsbetrieb oder eine Gesellschaftsbeteiligung aufgeben müsste, aus deren Erträgen der Unterhalt bestritten wurde.[5] 7

3. Übermäßige persönliche Belastung. Eine übermäßige Belastung des Schuldners kann auch dann eine Stundung rechtfertigen, wenn mit ihr ökonomische Folgen nicht verbunden sind. Die im Jahr 1986 erfolgte Änderung des Normtextes hatte zum erklärten Ziel, im Rahmen des § 1382 auch anderen als wirtschaftlichen Gründen Raum zu gewähren.[6] So kann etwa allein eine Krankheit die Stundung rechtfertigen, wenn der Schuldner durch die sofortige Zahlung gezwungen wäre, die seinen krankheitsbedingten Bedürfnissen entsprechend ausgestattete Wohnung aufzugeben. 8

4. Selbst gesetzte Risiken. Zur Neutralisierung selbst gesetzter Risiken ist dem Schuldner kein Schutz zu gewähren. So ist einem Ehegatten, der sich beim Eintritt in eine Personengesellschaft auf eine dem wahren Wert der Beteiligung nicht entsprechende Abfindungsregelung eingelassen hat, die Stundung zu versagen, wenn sie mit den Verlusten aus der Beendigung der Beteiligung begründet wird.[7] 9

---

[1] OLG Hamm FamRZ 1981, 1065, 1066; *Bergschneider* 4348.

[2] So auch *Schröder/Bergschneider* 4359; anders *Staudinger/Thiele* (2007) RdNr. 12.

[3] Vgl. *Staudinger/Thiele* (2007) RdNr. 14; *Gernhuber* 3. Aufl. RdNr. 7 zur heute nicht mehr vertretenen Ansicht, § 1382 sei durch § 2331 a „authentisch zu interpretieren“.

[4] *Gernhuber/Coester-Waltjen* § 36 RdNr. 104; *Rauscher* RdNr. 431; *Staudinger/Thiele* (2007) RdNr. 13; *Soergel/Lange* RdNr. 11; *Erman/Gamillscheg* RdNr. 4.

[5] *Staudinger/Thiele* (2007) RdNr. 14.

[6] Zum gesetzgeberischen Ziel des den § 1382 ändernden Art. 1 Nr. 3 UÄndG v. 20. 6. 1986 vgl. BR-Drucks. 501/84 S. 17.

[7] Vgl. *Zimmermann* BB 1969, 965, 968; *Heckelmann* S. 232; *Staudinger/Thiele* (2007) RdNr. 16.

10 **5. Interessen der Erben des Schuldners.** Im Fall des § 1371 Abs. 2 oder bei Tod des Schuldners vor Erfüllung der Zugewinnausgleichsforderung kann auch der Erbe Stundung begehren. Bei Miterbschaft ist § 1382 für die Miterbengemeinschaft als Gesamthand zu prüfen, wenn der Anspruch gegen die Gesamthand gestundet werden soll; die einzelnen Miterben sind dagegen entscheidend, wenn und soweit sie als Gesamtschuldner in Anspruch genommen werden. Die praktische Bedeutung der Stundungsmöglichkeit ist in beiden Fällen gering. Ökonomische Gründe kommen nur in Ausnahmefällen in Betracht, weil der Erbe seine Haftung auf den Nachlass beschränken kann, persönliche Gründe greifen kaum, weil der ausgleichsberechtigte Ehegatte dem Erben ungleich geringere Rücksicht schuldet als seinem zum Ausgleich verpflichteten Ehepartner.

11 **Minderjährige Erben** sind im Rahmen des § 1382 nicht besonders schutzwürdig, sie haben ihren Verbindlichkeiten grundsätzlich nicht anders nachzukommen als volljährige.[8] Schutz finden sie bei Erreichen der Volljährigkeit in den Haftungsbeschränkungen des § 1629 a. Etwas anderes kann auch nicht gelten, wenn der Minderjährige durch den Erbfall Unterhaltsansprüche verloren hat und der ererbte Zugewinn sein einziges Vermögen darstellt.[9] § 1382 rechtfertigt nicht ein Zurücktreten der Interessen des ausgleichsberechtigten Ehegatten vor denen der unterhaltspflichtigen Verwandten des Erben oder dem Träger der Sozialhilfe.

12 **6. Interessen gemeinschaftlicher Kinder.** Erlauben die Interessen des Ausgleichsschuldners selbst den richterlichen Eingriff in die Fälligkeit der Ausgleichsforderung nicht, so kann gemäß § 1382 Abs. 1 S. 2 immer noch eine Stundung im Interesse der gemeinschaftlichen Kinder der Parteien geboten sein, weil deren Wohn- oder sonstige Lebensverhältnisse sich nachhaltig verschlechtern würden. Nachhaltig wirksam sind Verschlechterungen, die nach allgemeiner Lebenserfahrung unter Berücksichtigung aller Daten des Einzelfalls von Dauer sein werden. Welcher Lebensbereich der Kinder von der Verschlechterung betroffen ist, ist irrelevant. Neben den beispielhaft genannten Wohnverhältnissen können etwa die schulischen Verhältnisse Bedeutung gewinnen – so wenn als Folge der sofortigen Erfüllung der Ausgleichsforderung mit einer Herausnahme des Kindes aus einem Internat gerechnet werden muss. Anders als in § 180 ZVG, nach dem die Einstellung der Zwangsversteigerung erst bei Gefährdung des Kindeswohls möglich ist, reicht im Rahmen des § 1382 die drohende Verschlechterung der Lebensverhältnisse der Kinder aus.

13 **7. Interessen Dritter.** Ausgeschlossen ist eine Stundung im Interesse Dritter. Auch der zuweilen geäußerte Gedanke, dem Schuldner die Möglichkeit zu belassen, ein Unternehmen im Interesse der Mitarbeiter (Sicherung von Arbeitsplätzen) fortzuführen,[10] wird vom Normzweck des § 1382 nicht mehr gedeckt.

14 **8. Interessen des Gläubigers.** Das Interesse des Schuldners an der Stundung kann neutralisiert werden durch das Interesse des ausgleichsberechtigten Ehegatten an sofortiger Zahlung (Abs. 1 S. 1 aE). Im Widerstreit der Interessen besteht kein Vorrang für die eine oder die andere Seite. Eine Abwägung, die die Interessen der Parteien ins rechte Verhältnis zueinander setzen muss, ist der Gefahr der Willkür ausgesetzt. Ihr ist mit präziser Darstellung der zu berücksichtigenden Umstände und mit sorgfältiger Gewichtung der Gründe zu begegnen.

15 Wie beim Schuldner sind auch beim Gläubiger neben den ökonomischen Interessen die persönlichen zu berücksichtigen. § 1382 sieht die beiden Parteien insoweit auf einer Ebene. Irrelevant sind deshalb auch beim Ausgleichsgläubiger persönliche Pflichtwidrigkeiten, die zum Scheitern der Ehe führten.[11]

16 Irrelevant ist das generelle Interesse des Gläubigers an einer Vermögensanlage; diesem Interesse kann durch die in Abs. 2 vorgesehene Verzinsung Rechnung getragen werden.

[8] Anders *Dölle* I S. 827; RGRK/*Finke* RdNr. 4.
[9] So aber *Soergel/Lange* RdNr. 13.
[10] *Dölle* I S. 827.
[11] Anders *Staudinger/Thiele* (2007) RdNr. 20; vgl. dazu auch RdNr. 6.

Relevant ist dagegen ein nach Beendigung der Ehe entstandener Geldbedarf zum Aufbau einer eigenen wirtschaftlichen Existenz. Zugunsten des ausgleichsberechtigten Ehegatten zu berücksichtigen ist auch ein Antrag zur Übertragung von Vermögensgegenständen nach § 1383.[12] Hat der Gläubiger dem Schuldner in dieser Weise die Tilgung seiner Schuld ohne Einsatz von Geld ermöglicht, entfällt dessen Schutzwürdigkeit jedenfalls dann, wenn sie mit Liquiditätsschwierigkeiten begründet wird.

Den Interessen der **Erben des Gläubigers** ist Priorität einzuräumen, wenn der ausgleichsberechtigte Ehegatte ihnen unterhaltspflichtig gewesen war und sie nun die Zahlung zur Deckung des Lebensunterhalts sofort benötigen; ein Bedarf zum Aufbau einer eigenen Existenz ist dagegen nicht anzuerkennen. 17

9. Vorrang gemeinschaftlicher Kinder. Anders als die Interessen des Schuldners werden die Interessen der gemeinschaftlichen Kinder nicht relativiert. § 1382 Abs. 1 S. 2 stellt mit der nachhaltigen Verschlechterung der Lebensverhältnisse zugleich eine Zahlung zur Unzeit fest. Dieser Vorrang ist in den Gesetzesmaterialien offen ausgewiesen[13] und insofern begründet, als der ausgleichsberechtigte Ehegatte gemeinschaftlichen Kindern gegenüber immer besonders verpflichtet ist. 18

IV. Ausgleichsforderung

1. Stundungsfähigkeit. Stundungsfähig ist nur die bereits existente Ausgleichsforderung, doch kann die Stundung zeitgleich mit dem Entstehen der Forderung eintreten, wenn über den Stundungsantrag als Folgesache einer Scheidungssache zu befinden ist (vgl. RdNr. 32). Nicht stundungsfähig ist die Ausgleichsforderung, wenn sie bestritten, jedoch nicht im Streit befangen ist. Dies ergibt sich aus der bewussten Lücke zwischen Abs. 1 und Abs. 5. Streiten sich die Parteien lediglich um die Höhe der Forderung, so kann für den unstreitigen Teil Stundung beantragt werden, auch wenn der streitige Teil noch nicht rechtshängig ist. Doch ist insofern Zurückhaltung geboten, als zu den für die Interessenabwägung wesentlichen Daten auch die Höhe der Forderung gehört. 19

2. Verzinsung. Gestundete Forderungen sind stets zu verzinsen (Abs. 2); eines besonderen Verzinsungsantrags bedarf es nicht.[14] Den Zinssatz bestimmt das FamG ebenso nach billigem Ermessen wie die Fälligkeit der Zinsschulden (Abs. 4). 20

Bei der Festsetzung der Höhe ist zu bedenken, dass die gestundete Ausgleichsforderung als Geldforderung zwar nominal, jedoch nicht real wertbeständig ist, die Verzinsung also auch die Funktion einer Wertsicherung zu übernehmen hat. Billig wird deshalb idR eine Verzinsung sein, die den **Sätzen des Kapitalmarkts** für Anlagen folgt, deren Laufzeit dem Zeitraum der Stundung entspricht. Im Einzelfall kann der Zinssatz niedriger sein – etwa wenn der Gläubiger nachweislich den sofort gezahlten Betrag als Sparguthaben mit niedrigem Zinssatz angelegt hätte –, aber auch höher, so vor allem, wenn der Gläubiger das Geld unternehmerisch nutzbringend eingesetzt hätte oder wenn ihn die Stundung zur Aufnahme eines teureren Kredits gezwungen hat. 21

Ermöglicht der Zahlungsaufschub dem Ausgleichsschuldner eine bei sofortiger Zahlung nicht erzielbare Gewinnmaximierung, ist eine höhere Verzinsung angebracht, da er ansonsten einen über den Zweck der Stundung hinausgehenden Vorteil erlangen würde.[15]

Der gesetzliche Zinssatz des § 246 (4%) bezeichnet in der Regel die unterste dem Gläubiger noch zumutbare Grenze; allerdings kann diese, vor allem wenn die Stundung im Interesse gemeinschaftlicher Kinder erfolgt, unterschritten werden.[16]

---

[12] Vgl. dazu RGRK/*Finke* RdNr. 7.

[13] Vgl. BR-Drucks. 501/84 S. 18.

[14] *Schröder/Bergschneider* 4371.

[15] *Staudinger/Thiele* (2007) RdNr. 26; *Johannsen/Henrich/Jaeger* RdNr. 8.

[16] *Johannsen/Henrich/Jaeger* RdNr. 8; *Soergel/Lange* RdNr. 15; *Schröder/Bergschneider* 4373; *Erman/Gamillscheg* RdNr. 7. Anders Vorauflage/*Koch* RdNr. 21 (kein Unterschreiten).

22 **3. Sicherheitsleistung.** Auf Antrag des Gläubigers kann das FamG Sicherheitsleistung für die gestundete Forderung anordnen (Abs. 3). In diesem Fall ist die Sicherheitsleistung Wirksamkeitsvoraussetzung der Stundung, auch wenn das Gericht dies nicht ausdrücklich bestimmt hat;[17] solange der Schuldner Sicherheit nicht gewährt hat, greift die Stundungsanordnung nicht. Art und Umfang der Sicherheitsleistung werden vom FamG nach billigem Ermessen bestimmt (Abs. 4). Dabei ist nach hM das FamG bei der Bestimmung der Art nicht an die Regelung der §§ 232 ff. gebunden;[18] zulässig ist insbesondere die Anordnung einer Sicherungsübereignung, Sicherungszession oder Bürgschaft.

23 Bei der Entscheidung über die Anordnung einer Sicherheitsleistung hat das FamG das Risiko des Gläubigers anhand der Seriosität des Schuldners und einer Verhaltensprognose, für die das bisherige Verhalten gegenüber dem Gläubiger indiziell wirkt, einzuschätzen. Abs. 4 nimmt dem FamG nicht die Möglichkeit, dem Ausgleichsschuldner **mehrere Arten der Sicherheitsleistung zur Wahl** zu stellen. Doch müssen alle alternativ angebotenen Arten dem Gläubiger das gleiche Maß an Sicherheit bieten.[19] Dem Schuldner überhaupt die Wahl zu überlassen,[20] verbietet sich, weil damit unüberwindliche vollstreckungsrechtliche Schwierigkeiten verbunden sind.

24 Ist der Schuldner **nicht in der Lage, Sicherheit zu leisten,** so ist die Anordnung zwar nicht ausdrücklich ausgeschlossen, jedoch zwecklos. Das FamG hat dann zu prüfen, ob eine Stundung ohne Sicherheitsleistung zu rechtfertigen ist, und bei Verneinung der Frage den Stundungsantrag abzulehnen.

V. Zuständigkeit; Rechtsmittel

25 **1. Zuständigkeit des FamG.** Funktionell zuständig ist als erstinstanzliches Gericht stets das FamG (vgl. §§ 23 a Abs. 1 Nr. 1, 23 b Abs. 1 GVG, §§ 111 Nr. 9, 261 Abs. 2 FamFG). Zu unterscheiden sind insgesamt drei Konstellationen:

1. kann das FamG mit der Stundung einer unbestrittenen Ausgleichsforderung als selbständiger Familiensache befasst werden (dazu RdNr. 26);
2. kann es bei bestrittener Ausgleichsforderung über diese und über die Stundung zu befinden haben (dazu RdNr. 27);
3. kann die Stundung einer unbestrittenen oder bestrittenen Ausgleichsforderung als Folgesache einer Scheidungssache beantragt worden sein (dazu RdNr. 28).

26 **2. Unbestrittene Ausgleichsforderung.** Für unbestrittene Ausgleichsforderungen, deren Stundung als selbständige Familiensache beantragt wird, ist der Rechtspfleger zuständig; der Richtervorbehalt des § 14 Abs. 1 Nr. 2 RPflG nennt sie nicht. Gegen die Entscheidung des Rechtspflegers ist gemäß § 58 FamFG die Beschwerde gegeben.[21] Beschwerdegericht ist das OLG (§ 119 Abs. 1 Nr. 2 GVG). Die weitere Beschwerde ist nur unter den Voraussetzungen des § 70 FamFG als Rechtsbeschwerde statthaft.

27 **3. Bestrittene Ausgleichsforderung.** Bestrittene Ausgleichsforderungen, die Gegenstand einer selbständigen Familiensache sind, können nur in dem Verfahren gestundet werden, in welchem über sie selbst entschieden wird (§ 1382 Abs. 5); die Entscheidung über die Forderung und über den Stundungsantrag hat in einem einheitlichen Beschluss zu erfolgen (§ 265 FamFG). Für die Beschwerde ist das OLG zuständig (§ 119 Abs. 1 Nr. 1 GVG). Rechtsbeschwerde ist zulässig, wenn das OLG sie zugelassen hat. Beschwerde ist auch einzulegen, wenn nur die Stundungsentscheidung des Beschlusses angefochten und der

[17] Anders *Staudinger/Thiele* (2007) RdNr. 27 (nur bei gerichtlicher Bestimmung).

[18] *Staudinger/Thiele* (2007) RdNr. 28; *Soergel/Lange* RdNr. 15; *Johannsen/Henrich/Jaeger* RdNr. 10; *Erman/Gamillscheg* RdNr. 5; *Bamberger/Roth/Mayer* RdNr. 12; *Jansen/Wick* § 53 a FGG RdNr. 23; *Keidel/Kuntze/Winkler* § 53 a FGG RdNr. 13.

[19] Vgl. dazu *Staudinger/Thiele* (2007) RdNr. 28; *Soergel/Lange* RdNr. 15; *Bamberger/Roth/Mayer* RdNr. 12.

[20] So *Jansen/Wick* § 53 a FGG RdNr. 23; *Keidel/Kuntze/Winkler* § 53 a FGG RdNr. 13.

[21] Ein Erinnerungsverfahren gemäß § 11 RpflegerG ist nicht voranzustellen, *Staudinger/Thiele* (2007) RdNr. 35; insoweit anders MünchKommBGB/*Gernhuber* 3. aufl. RdNr. 30.

Stundungsantrag damit in der Rechtsmittelinstanz verselbständigt wird (§§ 265, 58 FamFG). Wird die Beschwerde doch noch auf die Entscheidung über die Forderung erweitert, so sind der Streit um Forderung und Stundungsantrag wieder zu verbinden; die Entscheidung erfolgt in einem einheitlichen Beschluss (§ 265 FamFG).

4. Stundung als Folgesache. Über Anträge auf Stundung bestrittener oder unbestrittener Ausgleichsforderungen, die als Folgesache einer Scheidungssache anhängig sind, entscheidet das FamG, sofern dem Scheidungsantrag stattgegeben wird, durch einheitlichen Beschluss (§ 142 Abs. 1 FamFG). Wirksam werden die Folgesachen betreffenden Entscheidungen gemäß § 148 FamFG allerdings erst mit Rechtskraft des Scheidungsbeschlusses. Unter den Voraussetzungen des § 140 FamFG kann der Streit um die Ausgleichsforderung abgetrennt werden; die Abtrennung kann allerdings nur zusammen mit dem Stundungsantrag erfolgen. 28

Wird der **Scheidungsantrag abgewiesen,** so werden die Folgesachen gegenstandslos (§ 142 Abs. 2 S. 1 FamFG). Auf Antrag hin kann jedoch die Fortsetzung des Streits um die Ausgleichsforderung und deren **Stundung als selbtändige Familiensache** vorbehalten werden (§ 142 Abs. 2 S. 2 FamFG); in Betracht kommt die Fortsetzung des Streits hier allerdings nur als Antrag auf vorzeitigen Ausgleich des Zugewinns gemäß § 1385 oder vorzeitige Aufhebung der Zugewinngemeinschaft gemäß § 1386. 29

VI. Stundungsverfahren

1. Zeitliche Schranken. Der Antrag auf Stundung **unbestrittener** Forderungen kann jederzeit und unbefristet gestellt werden; längeres Zuwarten nach Fälligkeit kann die Stundung für den Gläubiger jedoch unzumutbar machen. Stundung **bestrittener** Forderungen kann vom Schuldner dagegen nur während des Rechtsstreits über die Forderung in den Tatsacheninstanzen begehrt werden. Diese Beschränkung ergibt sich aus dem Wortlaut des Abs. 5 („nur“ in dem Verfahren) und Abs. 6 („nach“ der Entscheidung).[22] Sie dient der Prozessökonomie und dem Schutz des Gläubigers vor unangemessener Verzögerung der Leistung. Befindet sich nur ein Teil der Forderung im Streit, so gilt die Beschränkung auch nur für diesen Teil. 30

2. Rücknahme des Stundungsantrags ist auch ohne Zustimmung des Gläubigers stets zulässig. Mit ihr ist das Stundungsverfahren beendet. Eine Rücknahme des Antrags ist erforderlich, wenn der Schuldner die zunächst unbestrittene Ausgleichsforderung später, etwa mit Hinweis auf § 1381, in Frage stellt. Da in diesem Fall eine Stundung der Forderung im isolierten Verfahren nicht mehr möglich ist, wäre der Stundungsantrag abzuweisen. 31

3. Unbestimmte Stundungsanträge sind zwar nicht zweckmäßig – der Schuldner sollte mit seinen eigenen Vorstellungen wenigstens einen Rahmen geben –, jedoch zulässig; die Stundungsmodalitäten können dem FamG überlassen werden.[23] Unerlässlich ist es jedoch, bei unbestrittener Forderung die Schuld, für die Stundung begehrt wird, zu beziffern;[24] die Versicherung, die Forderung bei späterer Präzisierung durch die Parteien nicht bestreiten zu wollen, stellt sie nicht außer Streit. Bei bestrittener Forderung genügt die Bezugnahme auf den Antrag des Gläubigers, dem der Schuldner mit seinem Stundungsbegehren als Eventualantrag begegnet. 32

4. Keine Wirkungen im materiellen Recht. Der Stundungsantrag hat keine Wirkungen im materiellen Recht. Die fällige Forderung bleibt fällig; der Verzug des Schuldners wird nicht beendet. Gestaltende Wirkungen sind erst mittels einstweiliger Anordnung – also durch Richterakt – möglich. 33

5. Einstweilige Anordnungen. Einstweilige Anordnungen kann das mit dem Stundungsbegehren befasste Gericht nach §§ 48 ff. FamFG treffen, wenn hierfür ein Bedürfnis besteht; um Zwischenstreitigkeiten zu vermeiden, sind sie nicht anfechtbar (§ 57 FamFG). 34

[22] OLG Naumburg FamRZ 2003, 375; *Haußleiter/Schulz* Kap. 1 RdNr. 444.
[23] Vgl. *Jansen/Wick* § 53 a FGG RdNr. 3; *Keidel/Kuntze/Winkler* § 53 a FGG RdNr. 4.
[24] Vgl. *Soergel/Lange* RdNr. 21.

35 Da der Inhalt einstweiliger Anordnungen die Endentscheidung nicht vorwegnehmen darf, ist bei bestrittener Ausgleichsforderung für sie weit weniger Raum als bei unbestrittener. Bei letzterer kommt vor allem eine vorläufige Stundung gegen angemessene Verzinsung in Betracht. Mögliche Maßnahmen sind auch die einstweilige Einstellung der Zwangsvollstreckung oder vorläufige Sicherungen des Gläubigers oder auch die Verpflichtung des Schuldners zur Leistung von Tilgungsraten.[25] Soweit mit der Maßnahme implizit die Verpflichtung des Schuldners zur Leistung ausgesprochen wird, nimmt sie nichts vorweg, weil der Schuldner diese ohnehin nicht bestreitet.

36 **6. Beschluss.** Das Gericht entscheidet durch Beschluss (§ 116 Abs. 1 FamFG), in dem die gestundete Summe, der Zinssatz und der Zeitraum der Stundung zu fixieren sind. Vielfach werden Ratenzahlungen mit Verfallklauseln für den Fall der Säumnis des Ausgleichsschuldners angeordnet. Unzulässig sind Verfallklauseln allerdings, wenn die Stundung im Interesse gemeinschaftlicher Kinder erfolgte; deren Schutz darf nicht von pünktlichen Zahlungen des Schuldners abhängig sein. Im Übrigen sind sie jedenfalls problematisch im Hinblick auf § 1382 Abs. 6, denn sie wirken idR endgültig.[26]

37 Bei bestrittener Forderung erhält der Ausgleichsgläubiger notwendig einen **Vollstreckungstitel.** Bei unbestrittener kann das Gericht gemäß § 264 Abs. 2 FamFG auf Antrag hin einen solchen schaffen. Das gilt grundsätzlich auch, wenn der Stundungsantrag wegen Unbegründetheit negativ beschieden wird, nicht aber bei Abweisung mangels Zulässigkeit.[27]

38 **7. Zwangsvollstreckung.** Gemäß §§ 86 Abs. 1 Nr. 1, 95 FamFG erfolgt die Zwangsvollstreckung nach den Vorschriften der §§ 704 ff. ZPO.

VII. Änderung rechtskräftiger Entscheidungen

39 **1. Funktion.** Rechtskräftige Entscheidungen können bei wesentlicher Änderung der Verhältnisse gemäß § 1382 Abs. 6 auf Antrag des Schuldners oder Gläubigers hin aufgehoben oder geändert werden. Vergleiche sind nach allgM in analoger Anwendung der Norm rechtskräftigen Entscheidungen gleichzustellen.[28]

40 In Anlehnung an § 323 ZPO wird damit Gläubiger und Schuldner ein **Rechtsbehelf** zur Beseitigung der materiellen Rechtskraft beziehungsweise der Bindung an einen Vergleich zur Verfügung gestellt, dessen Ausübung eine Neugestaltung der Rechtsbeziehungen ermöglicht. Änderungsfähig sind allein die Stundung und ihre Modalitäten – Frist, Höhe der Ratenzahlungen, Zinssatz, Fälligkeit der Zinszahlungen, Sicherheitsleistung etc. Der Änderung entzogen sind dagegen die Verurteilung des Schuldners zur Leistung nach Grund und Höhe und die nach § 264 Abs. 2 S. 2 FamFG festgestellte Zahlungsverpflichtung des Schuldners. § 1382 Abs. 6 will den Beteiligten nicht die Möglichkeit geben, die Forderung noch einmal grundsätzlich in Frage zu stellen; bezweckt ist allein Elastizität in der Handhabung eines Korrektivs bei Erfüllungsschwierigkeiten. Ändern sich die Verhältnisse mehrfach, so können auch Entscheidungen und Vergleiche **mehrfach geändert** werden.

41 **2. Wesentliche Änderung.** Notwendig ist eine wesentliche Änderung von Umständen, die für die Beurteilungskriterien der Stundung und ihrer Modalitäten von Belang sind. Gleichgültig ist die Art der Verhältnisse, die sich änderten. Wirtschaftliche und persönliche Umstände des Schuldners und des Gläubigers stehen gleichrangig neben der gesamtwirtschaftlichen Entwicklung.

42 **Veränderungen im Familienstand** wie erneute Eheschließung oder Geburt von Kindern können eine Änderungsentscheidung zugunsten des Gläubigers, nicht aber auch zu-

---

[25] *Soergel/Lange* RdNr. 26; RGRK/*Finke* RdNr. 17; *Staudinger/Thiele* (2007) RdNr. 32; *Keidel/Kuntze/Winkler* § 53 a FGG RdNr. 10.

[26] Generell ablehnend deshalb OLG Zweibrücken FRES 8 [1981], 5, 11.

[27] *Jansen/Wick* § 53 a FGG RdNr. 17; *Keidel/Kuntze/Winkler* § 53 a FGG RdNr. 15; *Staudinger/Thiele* (2007) RdNr. 23.

[28] Vgl. *Staudinger/Thiele* (2007) RdNr. 42; *Soergel/Lange* RdNr. 35; *Bamberger/Roth/Mayer* RdNr. 13; *Jansen/Wick* § 53 a FGG RdNr. 37; *Keidel/Kuntze/Winkler* § 53 a FGG RdNr. 18.

gunsten des Schuldners rechtfertigen. Die anders entscheidende hM würdigt nicht hinreichend, dass der Gläubiger mit den Risiken einer zweiten Ehe des Schuldners nicht belastet werden darf, da dessen zweiteheliche Angehörige für ihn Dritte sind, deren Interessen im Stundungsverfahren grundsätzlich nicht zu berücksichtigen sind (vgl. RdNr. 14).[29]

Im Falle des Todes des Ausgleichsschuldners wird der Ausgleichsgläubiger in aller Regel eine Änderungsentscheidung erreichen können (vgl. dazu RdNr. 10). Umgekehrt wird der Schuldner in aller Regel eine Änderung erreichen, wenn die ihm zugebilligte Stundung infolge gesamtwirtschaftlicher Änderungen seine Belastung nicht mehr in ausreichendem Maße mildert. 43

3. Grenzen. Eine Änderung ist ausgeschlossen, wenn bereits früher bekannte oder doch voraussehbare Umstände von den Parteien oder von dem Gericht falsch beurteilt oder ignoriert wurden. Eine Änderung ist ferner ausgeschlossen, wenn es einem Beteiligten zunächst nicht gelang, ihm bekannte Umstände zur Überzeugung des Gerichts zu bringen, jetzt aber ein stringenter Beweis möglich wäre. In beiden Fällen handelt es sich um allgemeine Prozessrisiken, die auszuräumen nicht Aufgabe des § 1382 Abs. 6 ist. 44

Dem Text des Abs. 5 zufolge ist eine Stundung ausgeschlossen, wenn im Rechtsstreit um die Ausgleichsforderung ein Antrag nicht gestellt wurde. Der Normzweck gebietet jedoch eine Restriktion. Das FamG kann auch **nach rechtskräftigem** Beschluss über die Leistung Stundung gewähren, wenn der Stundungsantrag im Streitverfahren nicht gestellt wurde, weil die entscheidungserheblichen Umstände erst später eine Wendung nahmen, die eine Stundung rechtfertigten. IdR wird dann auch der Tatbestand des Abs. 6 erfüllt sein; notwendig ist das indessen nicht.[30] 45

4. Änderungsverfahren. Das Änderungsverfahren unterliegt den Regeln der §§ 36, 135 FamFG. Im Änderungsverfahren sind einstweilige Anordnungen sind möglich und oft unerlässlich. Nach erfolgreich abgeschlossenem Verfahren kann der Schuldner dem aus dem ursprünglichen Titel vollstreckenden Gläubiger gemäß §§ 775 ZPO, 95 FamFG entgegentreten. 46

5. Erneute Stundung. Von der Änderung einer rechtskräftigen Entscheidung oder eines Vergleichs ist die erneute Stundung nach Ablauf der Stundungsfrist zu unterscheiden. Eine derart wiederholte Stundung wird vom Gesetz nicht ausgeschlossen. Der Normzweck des § 1382 fordert ihre Anerkennung, freilich nur in den Grenzen des Abs. 6, denn der mehr zufällige Wechsel von einer Änderungsentscheidung zu einer erneuten Erstentscheidung darf dem Schuldner keine Vorteile bringen. Im Verfahren sind demzufolge Umstände nicht zu berücksichtigen, die bei einer Änderungsentscheidung keine Berücksichtigung hätten finden dürfen (vgl. RdNr. 49).[31] 47

VIII. Verhältnis zu anderen Rechtsbehelfen

1. Allgemeiner Vollstreckungsschutz. Soweit die Ausgleichsforderung nach § 1382 materiellrechtlich gestaltet werden soll, kommt der Vollstreckungsschutz der ZPO nicht in Betracht.[32] Insoweit ist das FamG ausschließlich zur Entscheidung berufen; eine konkurrierende Zuständigkeit des Vollstreckungsgerichts ist mit der Konzentration der Entscheidungstätigkeit in güterrechtlichen Streitigkeiten beim FamG nicht zu vereinbaren. 48

---

[29] *Staudinger/Thiele* (2007) RdNr. 44; *Soergel/Lange* RdNr. 36; *Bamberger/Roth/Mayer* RdNr. 14; *Johannsen/Henrich/Jaeger* RdNr. 14; *Palandt/Brudermüller* RdNr. 7; *Keidel/Kuntze/Winkler* § 53 a FGG RdNr. 18.

[30] Tendenziell wie hier *Gernhuber/Coester-Waltjen* § 36 RdNr. 108; *Rauscher* RdNr. 431; *Staudinger/Thiele* (2007) RdNr. 45. Für eine Stundung nur unter den Voraussetzungen des Abs. 6 OLG Naumburg FamRZ 2003, 375; RGRK/*Finke* RdNr. 22; *Soergel/Lange* RdNr. 32; *Erman/Gamillscheg* RdNr. 8; *Johannsen/Henrich/Jaeger* RdNr. 13; *Bamberger/Roth/Mayer* RdNr. 15; *Jansen/Wick* § 53 a FGG RdNr. 9; *Keidel/Kuntze/Winkler* § 53 a FGG RdNr. 5.

[31] Vgl. *Staudinger/Thiele* (2007) RdNr. 46; *Soergel/Lange* RdNr. 38; *Bamberger/Roth/Mayer* RdNr. 14 (alle aber ohne Einschränkung auf wesentliche Änderung).

[32] Vgl. *Gernhuber/Coester-Waltjen* § 36 RdNr. 107 Fn. 157; *Staudinger/Thiele* (2007) RdNr. 48; *Erman/Gamillscheg* RdNr. 10; *Bamberger/Roth/Mayer* RdNr. 15. Nach aA wird der allg. Vollstreckungsschutz von § 1382 nicht eingeschränkt oder modifiziert, vgl. *Dölle* I S. 829; RGRK/*Finke* RdNr. 20.

49 **2. Güterrechtliche Normen.** Der Stundungsantrag nach § 1382 und der Antrag des Gläubigers auf **Übertragung von Vermögensgegenständen nach § 1383** können nebeneinander gestellt werden, doch sind die Regelungsbereiche der beiden Normen nicht vollständig voneinander geschieden und deshalb Einwirkungen eines Verfahrens auf das andere möglich.[33] § 1383 dient zwar nicht primär der Behebung von Erfüllungsschwierigkeiten; aus den Sachverhalten, die einen Antrag gemäß § 1383 rechtfertigen, ist aber die Fallgruppe der erschwerten Realisierung einer Geldforderung nicht von vornherein auszuschließen.

IX. Abweichende Vereinbarungen

50 **1. Zwingendes Recht.** § 1382 ist nach allgM zwingendes Recht,[34] kann also durch Ehevertrag nicht abbedungen werden. Die Rechtsordnung eines Sozialstaates kann die Entäußerung des Schutzes vor schweren Erschütterungen der eigenen wirtschaftlichen Existenz nicht billigen. Die Ansicht, die lediglich zugesteht, dass ein vertraglicher Ausschluss in der Regel sittenwidrig und damit nichtig ist (§ 138),[35] verfehlt bei im Wesentlichen gleichen Ergebnis ebenso wie bei § 1381 (vgl. dort RdNr. 36 f.) den richtigen Ansatz.

51 **2. Verbleibende Möglichkeiten.** Unbenommen bleibt es den Parteien, bereits in einem Ehevertrag die Ausgleichsforderung im Hinblick auf Erfüllungsschwierigkeiten so auszugestalten, wie sie es nach deren Entstehen formlos ohnehin tun können, und vorsorglich Ratenzahlung, Verzinsung während der Stundung, Sicherheitsleistung u. ä. zu vereinbaren. Doch ist es dem Schuldner auch in diesem Fall nicht verwehrt, weiteren Schutz gemäß § 1382 zu beantragen.

§ 1383 Übertragung von Vermögensgegenständen

(1) Das Familiengericht kann auf Antrag des Gläubigers anordnen, dass der Schuldner bestimmte Gegenstände seines Vermögens dem Gläubiger unter Anrechnung auf die Ausgleichsforderung zu übertragen hat, wenn dies erforderlich ist, um eine grobe Unbilligkeit für den Gläubiger zu vermeiden, und wenn dies dem Schuldner zugemutet werden kann; in der Entscheidung ist der Betrag festzusetzen, der auf die Ausgleichsforderung angerechnet wird.

(2) Der Gläubiger muss die Gegenstände, deren Übertragung er begehrt, in dem Antrag bezeichnen.

(3) § 1382 Abs. 5 gilt entsprechend.

Schrifttum: s. § 1381.

Übersicht

[33] Vgl. dazu RdNr. 19 und § 1383 RdNr. 16. Wie der Text *Staudinger/Thiele* (2007) § 1383 RdNr. 31; aA *Soergel/Lange* § 1383 RdNr. 2.
[34] Vgl. *Staudinger/Thiele* (2007) RdNr. 49.
[35] *Dölle* I S. 830; *Soergel/Lange* RdNr. 8; RGRK/*Finke* RdNr. 24.

I. Normzweck

1 Forderungen aus Zugewinnausgleich sind Geldforderungen; die Gütertrennung während des Güterstandes wird folgerichtig auch in der Phase der Abwicklung durchgeführt. Die Parteien sind zwar in der Lage, Gegenstände des Ausgleichsschuldners auf den Ausgleichsgläubiger als Leistung an Erfüllungs statt zu übertragen; weder Schuldner noch Gläubiger haben jedoch einen Anspruch auf Abschluss eines entsprechenden Schuldänderungsvertrags.

2 Die grundsätzliche Entscheidung für eine Geldforderung kann im Einzelfall eine Härte für den Schuldner bedeuten; sie kann aber auch den Gläubiger hart treffen. Härten für den Schuldner nimmt das Gesetz in Kauf – sie sind auch nicht mit § 242 zu mildern; Härten für den Gläubiger sucht § 1383 einzudämmen als **Billigkeitskorrektiv,** das den Gedanken des Zugewinnausgleichs in Geld zugunsten eines **Ausgleichs mit Vermögensgegenständen** preisgibt.

II. Rechtsdogmatik

3 **1. Ersetzungsbefugnis des Gläubigers.** Mittel der Korrektur ist eine Ersetzungsbefugnis des Gläubigers, also eine facultas alternativa creditoris,[1] die in bestimmter Form, nämlich durch Antrag beim FamG, auszuüben und durch richterlichen Akt zu vollziehen ist. Die Schuldänderung vollzieht sich mithin in einem zweigliedrigen Tatbestand, der neben einer formalisierten Willenserklärung einen staatlichen Hoheitsakt enthält.

4 **2. Übertragung der Gegenstände.** Der Beschluss des FamG ändert konstitutiv den Inhalt der Ausgleichsforderung, überträgt dagegen nicht schon selbst die Gegenstände auf den Gläubiger. Die Übertragung ist vielmehr von den Parteien in den gegenstandsspezifischen Formen des rechtsgeschäftlichen Verkehrs vorzunehmen (§§ 398 ff.; 929 ff.; 873, 925). Weil es sich stets um Verkehrsgeschäfte handelt, kann der Gläubiger kraft Rechtsscheins auch Gegenstände erwerben, die dem Schuldner nicht gehören.

5 Die gerichtliche Entscheidung kann allerdings die rechtsgeschäftliche Übertragung insofern einleiten, als sie sich nicht auf die Änderung des Schuldverhältnisses beschränkt, sondern zugleich den Schuldner zur Leistung verurteilt. Wird in ihr der Schuldner **zur Abgabe der** für die Übertragung der Gegenstände **erforderlichen Willenserklärungen verurteilt,** so gelten diese mit der Rechtskraft des Beschlusses als abgegeben (§ 95 Abs. 1 Nr. 5 FamFG, § 894 ZPO).[2] Sind weitere Akte des Schuldners erforderlich, wie etwa die Übergabe nach

[1] Vgl. *Gernhuber/Coester-Waltjen* § 36 RdNr. 110; *Staudinger/Thiele* (2007) RdNr. 24; *Soergel/Lange* RdNr. 6; *Johannsen/Henrich/Jaeger* RdNr. 8.

[2] *Gernhuber/Coester-Waltjen* § 36 RdNr. 111; *Staudinger/Thiele* (2007) RdNr. 24; *Johannsen/Henrich/Jaeger* RdNr. 9. Anders *Soergel/Lange* RdNr. 8, 18; *Stein/Jonas/Brehm* § 894 RdNr. 4 Fn. 7 (Verurteilung zur Übertragung beinhaltet bereits Abgabe der Willenserklärung).

§ 929, so sind sie gegebenenfalls in den für sie vorgesehenen Formen der Zwangsvollstreckung zu erzwingen – die Übergabe also gemäß § 883 ZPO, § 95 Abs. 1 Nr. 2 FamFG. Wirksamkeitsvoraussetzungen, wie etwa Genehmigungen des öffentlichen Rechts, werden nicht entbehrlich. Da die Übertragung auf einer einseitig herbeigeführten richterlichen Anordnung beruht und ihr keine privatautonom von den Ehepartnern getroffene Absprache zugrunde liegt, handelt es sich **nicht** um ein privates **Veräußerungsgeschäft iS des § 23 EStG,** die sog. Spekulationssteuer fällt also nicht an.[3]

III. Gegenstände der Übertragung

6 **1. Geeignete Gegenstände.** Der Begriff Gegenstand bezeichnet alle geldwerten Objekte, über die rechtsgeschäftlich verfügt werden kann. Rechte, die einer Übertragung nicht fähig sind, wie etwa die Beteiligung an einer Personengesellschaft, können vom Gläubiger nicht in Anspruch genommen werden. Kann das unübertragbare Recht, wie der Nießbrauch, einem anderen wenigstens zur Ausübung überlassen werden (§ 1059 S. 2), so kann der Gläubiger Überlassung fordern. Auch wenn der Begriff Übertragung nicht entgegensteht, weil er die Überlassung umfasst, so empfiehlt sich der Zugriff hier gleichwohl nicht, denn der Schuldner kann ja sein Recht jederzeit aufgeben (für den Nießbrauch vgl. § 875).

7 **Verfügungsbeschränkungen** schließen die Übertragbarkeit nach § 1383 nicht aus. Zur Übertragung geeignet sind deshalb auch Rechte, über die der Schuldner nur mit Zustimmung anderer verfügen kann (vgl. § 5 ErbbauRG und §§ 12, 35 WEG; im Fall einer Zweitehe des Schuldners auch § 1369). Allerdings kann der Beschluss des FamG die Zustimmung nicht ersetzen; sie ist nach den für sie geltenden Vorschriften einzuholen und gegebenenfalls auch zu erzwingen.

8 Übertragen werden können auch **Sach- und Rechtsgesamtheiten,** die ein einheitlicher Bestimmungszweck verbindet. Allerdings liegen für die Übertragung von Unternehmen, Praxen oder landwirtschaftlichen Betrieben die Voraussetzungen für eine Übertragung nur selten vor; außerdem stoßen die Tenorierung des Beschlusses und die Durchführung der Zwangsvollstreckung auf große Schwierigkeiten, weil die Sukzession der zu der Gesamtheit gehörenden einzelnen Sachen und Rechte viele unterschiedliche Verfügungen erfordert.

9 **2. Nicht geeignete Gegenstände.** § 1383 will dem Gläubiger die Möglichkeit einräumen, Geld durch andere Gegenstände zu substituieren. Der Normzweck schließt damit eine Übertragung von Rechten aus, kraft derer unmittelbar (Spareinlagen, Wertpapiere) oder mittelbar (Hypotheken, Grundschulden) Geld gefordert werden kann. Eine solche Übertragung läuft dem Zweck des § 1383 zuwider, denn sie bringt dem Gläubiger nur einen Schuldnerwechsel – statt der Ausgleichsforderung gegen seinen Ehegatten hat er eine Forderung gegen einen Dritten.[4] Unbenommen bleibt dem Gläubiger die Möglichkeit, Werte dieser Art bei der Durchsetzung seiner auf Geld gerichteten Ausgleichsforderung im Wege der Zwangsvollstreckung für sich in Anspruch zu nehmen.

IV. Möglichkeiten und Grenzen der Zuweisung

10 **1. Übertragung von Anteilen.** Anzuordnen ist im Regelfall die Übertragung eines Gegenstandes in seiner Gesamtheit. Dem Gläubiger einen Gegenstand nur zu einem bestimmten Bruchteil zu übertragen, ist sinnvoll, wenn durch die Anteilsübertragung eine zwischen den Parteien bestehende Bruchteilsgemeinschaft, in Betracht kommt insbesondere Miteigentum, beendet wird. Die Begründung einer Bruchteilsgemeinschaft (§§ 741 ff.) ist wegen des Risikos von Verwaltungs- und Nutzungsstreitigkeiten zwischen den ge-

[3] Wie hier *Schröder* FamRZ 2002, 1010; *Tiedtke/Wälzholz* DStZ 2002, 9, 13; aA *Feuersänger* FamRZ 2003, 645. S. dazu auch § 1378 RdNr. 38.

[4] Ebenso *Soergel/Lange* RdNr. 7; mit Ausnahmefällen auch *Staudinger/Thiele* (2007) RdNr. 11; *Johannsen/Henrich/Jaeger* RdNr. 3.

schiedenen Eheleuten hingegen nur in ungewöhnlicher Situation eine erwägenswerte Lösung.[5]

2. Unzulässige Anordnungen. Unzulässig ist, die Bestellung beschränkter dinglicher Rechte an Sachen oder Rechten des Schuldners anzuordnen.[6] Mit einer solchen Anordnung würden nämlich Rechte begründet, nicht aber übertragen. Dingliche Rechte, die ein Dauerrechtsverhältnis zwischen den Ehegatten begründen, wie etwa ein Nießbrauch an einem Grundstück, unterlaufen zudem das Ziel, die Ehegatten vermögensrechtlich zu trennen. Ohnehin unzulässig, weil mit dem Zweck des § 1383 nicht zu vereinbaren, ist die Bestellung von dinglichen (Sicherungs-)Rechten, die mittelbar auf Geld gerichtet sind (dazu RdNr. 9). 11

Ausgeschlossen ist auch die Anordnung, dem Gläubiger eine **Beteiligung an einem Unternehmen** einzuräumen, das der Schuldner allein betreibt.[7] Auch hier liegt keine Rechtsübertragung, sondern eine Rechtsbegründung vor, zudem ist es widersinnig, einen Güterstand der Gütertrennung in eine Gesamthand der Ehegatten münden zu lassen. Bei Personengesellschaften mit weiteren Gesellschaftern kann gegen deren Willen ohnehin keine Aufnahme erfolgen. 12

V. Maßstäbe der Interessenabwägung

1. Grobe Unbilligkeit. Statt Geld kann der Gläubiger andere Gegenstände des Schuldners nur in Anspruch nehmen, wenn es erforderlich ist, um eine grobe Unbilligkeit für ihn zu vermeiden. Eine solche liegt vor, wenn die Vorenthaltung des geforderten Gegenstandes und die Verweisung auf die Geldforderung zu einer dem Gerechtigkeitsempfinden in unerträglicher Weise widersprechenden Situation für den Gläubiger führen würde.[8] 13

2. Interesse an der Sache. Das kann der Fall sein, wenn dem Gläubiger aufgrund der gesamtwirtschaftlichen Umstände die Werterhaltung seiner Zugewinnbeteiligung in Geld nicht möglich ist, weil zu einer hohen Inflation eine Verknappung von Sachwerten tritt, die es unmöglich macht, den Geldwert durch Anlage in Gegenstände zu sichern. Praktisch geworden ist diese Konstellation, an die man bei Einführung des § 1383 gedacht hatte, bis heute nicht. 14

Praktisch geworden sind jedoch Fälle, in denen die Vorenthaltung von bestimmten dem Schuldner gehörenden Gegenständen wegen der **engen Sachbeziehung** des Gläubigers zu ihnen dem Gerechtigkeitsempfinden unerträglich widerspricht, so wenn der Gegenstand vom Gläubiger finanziert oder von ihm allein benutzt wurde, wenn er aus seiner Familie stammt und mit der Familientradition verbunden ist. Ein spezifisch wirtschaftliches Interesse ist nicht notwendig; beachtlich kann auch ein Affektionsinteresse von erheblichem Gewicht sein.[9] 15

3. Zahlungsunfähigkeit und Zahlungsunwilligkeit. Grob unbillig kann das Beharren auf einem Geldausgleich für den Gläubiger ferner sein, wenn die Realisierung der Ausgleichsforderung auf erhebliche Schwierigkeiten stößt, weil der Schuldner nicht zahlungsfähig oder zahlungswillig ist. Zwar ist die Beschleunigung der Abwicklung des Zugewinnausgleichs für sich genommen nicht Zweck der Norm, doch ist § 1383 dann einzusetzen, wenn der Gläubiger nur bei raschem Ausgleich in der Lage ist, sich eine wirtschaftliche Existenz aufzubauen oder seinen Unterhalt zu bestreiten.[10] Das gilt umso mehr, seit der 16

[5] Ebenso *Dölle* I S. 831; *Staudinger/Thiele* (2007) RdNr. 13.

[6] Im Ergebnis ebenso *Staudinger/Thiele* (2007) RdNr. 12. AA *Erman/Gamillscheg* RdNr. 2 (für Hypothek und Grundschuld).

[7] Ebenso *Soergel/Lange* RdNr. 7; RGRK/*Finke* RdNr. 4; *Staudinger/Thiele* (2007) RdNr. 12. AA dagegen *Erman/Gamillscheg* RdNr. 2 (zulässig, aber unangebracht).

[8] Zur Definition vgl. auch § 1381 RdNr. 12.

[9] OLG Hamm FamRZ 1978, 687, 689 = OLGZ 1978, 399 (Ferienhaus).

[10] *Gernhuber/Coester-Waltjen* § 36 RdNr. 112; RGRK/*Finke* RdNr. 4; *Johannsen/Henrich/Jaeger* RdNr. 5. Einschränkend *Staudinger/Thiele* (2007) RdNr. 6 (nur wenn aus besonderen und schwerwiegenden Gründen unabweisbar); *Soergel/Lange* RdNr. 5 (übermäßiges Warten auf die Zahlung nicht ausreichend).

Gläubiger nach der Änderung des § 825 ZPO eine Eigentumszuweisung auch in der Zwangsvollstreckung nicht mehr erreichen kann, weil der Gerichtsvollzieher diese, anders als das früher zuständige Vollstreckungsgericht, nicht vornehmen kann.[11]

17 **4. Unzumutbarkeit.** Trotz grober Unbilligkeit für den Gläubiger hat es beim Zugewinnausgleich in Geld sein Bewenden, wenn dem Schuldner die Übertragung der geforderten Gegenstände nicht zugemutet werden kann. Unzumutbar ist dem Schuldner vornehmlich die Hergabe von Gegenständen, die er selbst nicht entbehren kann oder die in einen ihm verbleibenden Inbegriff von Gegenständen eingegliedert sind. Unzumutbar sind dem Schuldner ferner Übertragungen, die zu weiterer Kooperation mit dem Gläubiger zwingen. In der Regel ist deshalb eine Bruchteilsgemeinschaft der Ehegatten nicht anzuordnen (vgl. dazu schon RdNr. 10).

VI. Verfahren

18 **1. Geltung des FGG.** Ausschließlich zuständig ist das FamG (§§ 23 b Abs. 1, 23 a Abs. 1 Nr. 1 GVG, §§ 111 Nr. 9, 261 Abs. 2 FamFG), das – unbeschadet der von § 621 a ZPO früher vorgesehenen Einschränkungen – nach den Regeln des FamFG zu verfahren hat (§§ 1, 111 Nr. 9, 261 Abs. 2 FamFG).

19 **2. Fallkonstellationen und Instanzenzüge.** Wie die Frage der Stundung der Ausgleichsforderung kann auch die der Übertragung von Vermögensgegenständen in unterschiedlichen Fallkonstellationen relevant werden – unbestrittene und bestrittene Ausgleichsforderung, selbständige Familiensache und Folgesache einer Scheidungssache.[12]

20 Ist ein Rechtsstreit über die Ausgleichsforderung anhängig, so kann der Gläubiger gemäß § 1383 Abs. 3 iVm. § 1382 Abs. 5 seinen Antrag nur in diesem Rechtsstreit stellen; die Entscheidung ergeht in einem einheitlichen Beschluss. Nichts anderes gilt, wenn die Ausgleichsforderung zunächst unstreitig war, jedoch während des Verfahrens gemäß § 1383 in Streit geriet und rechtshängig wurde. Der mit dem Antrag befasste Rechtspfleger hat in diesem Fall die Sache an den über die Ausgleichsforderung entscheidenden Familienrichter abzugeben.

21 Stellt der Gläubiger trotz bestrittener Forderung isoliert den Antrag aus § 1383, so ist eine ihm günstige Entscheidung nur möglich, wenn die Forderung wenigstens in Höhe des anzurechnenden Betrags außer Streit steht oder durch Vergleich außer Streit gestellt wird. Im Übrigen ist der Antrag des Gläubigers zwar zulässig, denn die Verfahrensvoraussetzungen sind gegeben, aber unbegründet. Eine Ersetzungsbefugnis des Gläubigers ist nur möglich, wenn eine Schuld besteht; die Existenz einer Schuld aber kann im Verfahren gemäß § 1383 nicht inzidenter festgestellt werden.[13]

22 **3. Antrag des Gläubigers.** Solange der Schuldner Geld zu leisten verpflichtet ist, kann der Gläubiger wiederholt Anträge stellen. Gemäß § 1383 Abs. 2 muss er die Gegenstände, deren Übertragung er begehrt, lediglich bezeichnen, Wertangaben sind nicht erforderlich. Da die Ersetzungsbefugnis dem Gläubiger zusteht – das FamG vollzieht sie nur –, bleibt die Auswahl der Gegenstände dem Gläubiger überlassen, der damit auch das Risiko trägt, zur Übertragung nicht geeignete zu fordern. Unbenommen bleibt es ihm, Übertragung nur für den Fall zu begehren, dass ihr Wert eine bestimmte Summe nicht überschreitet; auch hier trägt er das Risiko, mit seinem Antrag abgewiesen zu werden. Rücknahme des Antrags ist ohne Bindung an den Schuldner jederzeit gestattet.

23 **4. Keine Wirkungen im materiellen Recht.** Mit dem Antrag verbinden sich keinerlei Wirkungen im materiellen Recht. Die Änderung des Schuldinhalts ist zwar eingeleitet,

[11] *Zöller/Stöber* § 825 RdNr. 5.

[12] Dazu und zu den entsprechenden Instanzenzügen vgl. § 1382 RdNr. 26 ff.

[13] Wie der Text *Staudinger/Thiele* (2007) RdNr. 18; *Erman/Gamillscheg* RdNr. 5; RGRK/*Finke* RdNr. 11; *Soergel/Lange* RdNr. 11.

jedoch noch nicht vollzogen. Die Schuld bleibt deshalb als Geldschuld fällig; Schuldnerverzug wird nicht geheilt.

5. Einstweilige Anordnungen. Als einstweilige Anordnungen (§§ 49 ff. FamFG)[14] kommen insbesondere an den Schuldner gerichtete Verfügungsverbote in Betracht; um der Gefahr eines nach §§ 135 Abs. 2, 136 möglichen gutgläubigen Erwerbs Dritter zu begegnen, auch Hinterlegung der Sache. Angeordnet werden kann aber auch die einstweilige Einstellung der vom Gläubiger wegen des Zahlungstitels betriebenen Zwangsvollstreckung, denn der Antrag aus § 1383 ist mit Zwangsvollstreckung in voller Höhe der Ausgleichsforderung nicht zu vereinbaren. Unzulässig, weil die endgültige Entscheidung vorwegnehmend, sind Anordnungen, die den Schuldner anhalten, den geforderten Gegenstand dem Gläubiger faktisch zu Besitz oder gar rechtlich zu Eigentum zu überlassen.[15] Unzulässig ist auch die Eintragung eines Rechtshängigkeitsvermerks in das Grundbuch, wenn Übertragung eines Hausgrundstücks beantragt ist: Das Grundstück selbst ist nicht streitbefangen, solange nur der schuldrechtliche Anspruch auf Übertragung geltend gemacht wird.[16] 24

6. Beschluss. Das FamG entscheidet durch Beschluss (§ 116 Abs. 1 FamFG). Anders als in § 1382 Abs. 6 sind ändernde Entscheidungen nicht vorgesehen. Sofern die Ausgleichsforderung nicht Streitgegenstand war, also § 1383 Abs. 3 iVm. § 1382 Abs. 5 nicht vorliegt, kann die Entscheidung auch nicht eine Verpflichtung des Schuldners zur Zahlung der Ausgleichsforderung im Übrigen, also mit den auf Geld gerichteten Restteilen, aussprechen; § 264 Abs. 2 FamFG, der diese Möglichkeit für das Stundungsverfahren des § 1382 eröffnet, gilt für das Verfahren gemäß § 1383 nicht. 25

7. Zwangsvollstreckung. Zur Vollstreckung vgl. § 1382 RdNr. 40 f. sowie o. RdNr. 5. 26

VII. Anrechnung auf die Ausgleichsforderung

Die Schuldinhaltsänderung verringert den in Geld zu gewährenden Zugewinnausgleich um den Wert der zu übertragenden Gegenstände. Im Falle eines Vergleichs müssen die Parteien den Wert präzisieren, im Übrigen ist dies Aufgabe des FamG (§ 1383 Abs. 1 letzter Halbs.). Anzusetzen ist der wirkliche Wert des Gegenstandes[17] **im Zeitpunkt der Entscheidung,** nicht der Wert im Zeitpunkt der Beendigung des Güterstandes oder auch der zu den Berechnungszeitpunkten der §§ 1384, 1387.[18] 27

Implizit folgt aus der Notwendigkeit der Anrechnung, dass der Gläubiger Gegenstände, deren Wert höher ist als der Betrag der Ausgleichsforderung, niemals in Anspruch nehmen kann. Dem Gesetz ist der Gedanke einer Sachübertragung mit Ausgleich durch eine Zahlung des Gläubigers fremd.[19] 28

VIII. Leistungsstörungen

1. Einseitig verpflichtendes Schuldverhältnis. Nach der Schuldinhaltsänderung ist der Anspruch auf Geld in Höhe des Anrechnungswerts erledigt. Geschuldet wird allein die Übertragung des Gegenstandes. Entstanden ist ein einseitig verpflichtendes Schuldverhältnis. Leistungsstörungen sind demzufolge allein gemäß den §§ 275 ff. zu beurteilen; unanwendbar sind die §§ 320 ff. 29

2. Unmöglichkeit der Leistung. Nachträgliche Unmöglichkeit der Leistung verpflichtet den Schuldner, Schadensersatz zu leisten, wenn er sie zu vertreten hat (§ 280 Abs. 1). Im 30

---

[14] Vgl. § 1382 RdNr. 39 ff.

[15] Differenzierend nach Besitz (zulässig) und Eigentum (unzulässig) *Soergel/Lange* RdNr. 14; RGRK/*Finke* RdNr. 8; *Staudinger/Thiele* (2007) RdNr. 21.

[16] Vgl. OLG Schleswig FamRZ 1996, 175.

[17] Zu diesem Begriff vgl. § 1376 RdNr. 8 ff.

[18] Ebenso *Staudinger/Thiele* (2007) RdNr. 25; RGRK/*Finke* RdNr. 10; *Soergel/Lange* RdNr. 8; *Johannsen/Henrich/Jaeger* RdNr. 10; *Bamberger/Roth/Mayer* RdNr. 5.

[19] Ebenso *Soergel/Lange* RdNr. 8; RGRK/*Finke* RdNr. 11; *Staudinger/Thiele* (2007) RdNr. 26; *Johannsen/Henrich/Jaeger* RdNr. 10. Einschränkend *Dölle* I S. 831 Fn. 69 („in aller Regel" unzumutbar).

Übrigen wird der Schuldner frei (§ 275); der Gläubiger ist darauf beschränkt, ein etwa vorhandenes stellvertretendes commodum für sich in Anspruch zu nehmen (§ 285). Die Tendenz, dem Gläubiger die Rückkehr zum Geldanspruch zu ermöglichen,[20] ist mit der Annahme einer Ersetzungsbefugnis des Gläubigers nicht zu vereinbaren. Bei ursprünglicher Unmöglichkeit haftet der Schuldner nicht. Gegen eine Haftung aus § 311 a Abs. 2 spricht, dass er die Übertragung nicht aufgrund einer rechtsgeschäftlich vereinbarten Leistungspflicht, sondern aufgrund richterlicher Anordnung schuldet.

31 **3. Sach- und Rechtsmängel.** Für Sach- und Rechtsmängel hat der Schuldner dem Gläubiger nach überwM in Analogie zu § 365 einzustehen, mithin wie ein Verkäufer.[21] Hiergegen spricht, dass die verschuldensunabhängige Haftung des Kaufrechts den Schuldner, der die Übereignung nicht kraft rechtsgeschäftlich eingegangener Vereinbarung, sondern aufgrund richterlicher Anordnung schuldet, in nicht gerechtfertigtem Maß belastet. Anzuwenden ist deshalb § 292.[22]

IX. Verhältnis zu anderen Regelungen

32 **1. § 1382.** Zum Verhältnis zu § 1382 vgl. § 1382 RdNr. 52. Bei Gleichzeitigkeit von Schuldnerantrag aus § 1382 und Gläubigerbegehren aus § 1383 wird es wegen der möglichen Rückwirkungen des einen Verfahrens auf das andere zweckmäßig sein, die beiden Verfahren miteinander zu verbinden.

33 **2. Verteilung des Hausrats.** Während **bestehender Ehe** können gemäß § 1361 a Anträge auf Verteilung der Haushaltsgegenstände und Anträge aus § 1383 nach vorzeitiger Beendigung der Zugewinngemeinschaft gestellt werden. Die Anträge können nebeneinander verfolgt werden, denn sie haben unterschiedliche Inhalte: Der Antrag aus § 1383 leitet die Übertragung von Vermögensgegenständen ein; die Hausratsverteilung entzieht und verleiht dagegen nur Rechte zum Besitz und lässt die Eigentumsverhältnisse unberührt (§ 1361 a Abs. 4). Setzt sich der Gläubiger mit seinem Antrag aus § 1361 a durch, so ist der weitergehende Antrag aus § 1383 nicht erledigt. Setzt sich der Gläubiger dagegen mit seinem Antrag aus § 1383 durch, so ist hinsichtlich des übertragenen Haushaltsgegenstandes im Verfahren gemäß § 1361 a nur noch eine Entscheidung zugunsten des Schuldners denkbar.

34 **Nach Scheidung** besteht zwischen dem Antrag aus § 1383 und dem Antrag auf **richterliche Regelung** der Rechtsverhältnisse an Wohnung und Hausrat gemäß §§ 1568 a, 1568 b freie Konkurrenz.[23] Erreicht der Ehegatte sein Ziel in einem der beiden Verfahren, so ist das Ergebnis beim anderen zu berücksichtigen: Gegenstände, deren Übertragung er gemäß § 1383 erstritten hat, sind ihm nicht mehr nach §§ 1568 a, 1568 b zuzuteilen. Gegenstände, die ihm nach diesen Vorschriften zugeteilt wurden, sind keine geeigneten Gegenstände für das Verfahren aus § 1383 mehr.

35 Dem Schuldner bieten die §§ 1568 a, 1568 b keine Möglichkeit, ein zugunsten des Gläubigers abgeschlossenes Verfahren nach § 1383 zu korrigieren. Gegenstände, die von einem Ehegatten erst nach der Scheidung erworben werden – hier vom Gläubiger auf der Basis des § 1383 –, fallen von vornherein nicht in die nach §§ 1568 a, 1568 b verteilbare Masse.

[20] Vgl. *Dölle* I S. 832; RGRK/*Finke* RdNr. 15. Wie der Text *Soergel/Lange* RdNr. 6; *Staudinger/Thiele* (2007) RdNr. 29.

[21] *Staudinger/Thiele* (2007) RdNr. 30; *Soergel/Lange* RdNr. 6; RGRK/*Finke* RdNr. 15; *Johannsen/Henrich/Jaeger* RdNr. 11.

[22] Ebenso *Staudinger/Thiele* (2007) RdNr. 30.

[23] Ebenso *Staudinger/Thiele* (2007) RdNr. 33; *Erman/Gamillscheg* RdNr. 2 (doch für Hausrat angesichts der HausratsVO grds. das Rechtsschutzinteresse für den Antrag aus § 1383 verneinend); RGRK/*Finke* RdNr. 16. AA *Johannsen/Henrich/Jaeger* RdNr. 2 (§§ 8 und 9 HausratsVO als speziellere Regelungen vorrangig); *Soergel/Lange* RdNr. 19 (§ 1383 nur für Hausrat im Alleineigentum des Schuldners).

X. Abweichende Vereinbarungen

1. Zwingendes Recht. § 1383 setzt zwingendes Recht; niemand kann auf den Schutz verzichten, den das Gesetz gegen grobe Unbilligkeit gewährt.[24] Auch über eine Einschränkung auf bestimmte Gegenstände, die der Gläubiger auf keinen Fall oder umgekehrt ausschließlich soll fordern dürfen, sind vertragliche Abreden nicht anzuerkennen: Ob und inwieweit dem Schuldner in der konkreten Konstellation der Vorzug vor dem Gläubiger gebührt, sollen allein die von § 1383 bestimmten Maßstäbe der Interessenabwägung bestimmen. 36

2. Verbleibende Möglichkeiten. Unbenommen bleibt es nach hM den Parteien, in einem Ehevertrag einen Zugewinnausgleich vorzusehen, der von vornherein auf die Übertragung bestimmter Gegenstände gerichtet ist oder dem Gläubiger die Bestimmung ohne Bindung an die Interessenabwägung des § 1383 überlässt. Grenzen werden insoweit lediglich von § 138 gezogen.[25] 37

§ 1384 Berechnungszeitpunkt bei Scheidung

Wird die Ehe geschieden, so tritt für die Berechnung des Zugewinns und für die Höhe der Ausgleichsforderung an die Stelle der Beendigung des Güterstands der Zeitpunkt der Rechtshängigkeit des Scheidungsantrags.

Schrifttum: *Born,* Reform der familienrechtlichen Ausgleichsansprüche – Kosmetik oder Korrektur?, NJW 2008, 2289; *Kogel,* Reform des Zugewinnausgleichsrechts – quo vadis?, FF 2008, 185; *Schröder,* Berechnungszeitpunkt für den Zugewinn bei Scheidung. Probleme des § 1384, FamRZ 2003, 277.

Übersicht

1. Normzweck. Endvermögen ist gemäß § 1375 Abs. 1 das bei Beendigung des Güterstandes – aktiv oder passiv – vorhandene Vermögen. Im Fall der Scheidung wäre danach für die Berechnung des Zugewinns wie der Ausgleichsforderung der Vermögensbestand zum Zeitpunkt der Rechtskraft des Scheidungsbeschlusses ausschlaggebend. Hiervon weicht § 1384 ab und bestimmt als Berechnungsstichtag für den **Zugewinn** wie auch – und das ist seit 1. 9. 2009 neu – für die **Höhe der Ausgleichsforderung** den Zeitpunkt der Zustellung des Scheidungsantrags (§ 124 FamFG, § 253 ZPO). Verhindert werden soll mit der Vorverlegung der Stichtage, dass ein Ehegatte während des Scheidungsverfahrens planmäßig sein Endvermögen zum Nachteil des Partners mindert. Vermögensänderungen nach Zustellung des Scheidungsantrags sollen die Höhe der Zugewinnausgleichsforderung nicht mehr beeinflussen können. Die Forderung als solche entsteht gemäß § 1378 Abs. 3 S. 1 zwar nach wie vor erst mit der Beendigung des Güterstandes, doch richtet sich ihre Höhe nach dem bei Beginn des Scheidungsverfahrens vorhandenen Vermögen. Problematisch ist und war die – schon in § 1384 aF bestimmte – Vorverlegung des Stichtages für die Berechnung des Zugewinns schon immer. Die am 1. 9. 2009 hinzugekommene Vorverlegung des Stichtags für die Höhe des Ausgleichsanspruchs verschärft die Problematik. 1

Zum einen nämlich wird der Normzweck zum Nachteil des ausgleichsberechtigten Ehepartners verfehlt, wenn das Vermögen des ausgleichspflichtigen Ehegatten während des 2

[24] Ebenso *Erman/Gamillscheg* RdNr. 6; *Staudinger/Thiele* (2007) RdNr. 34; *Soergel/Lange* RdNr. 4; *Bamberger/Roth/Mayer* RdNr. 7.

[25] Vgl. *Staudinger/Thiele* (2007) RdNr. 34; *Soergel/Lange* RdNr. 4; *Bamberger/Roth/Mayer* RdNr. 7.

Verfahrens wuchs. Der Versuch, die Benachteiligung des ausgleichsberechtigten Partners in diesem Fall mit dem Hinweis auf die regelmäßig eingetretene Beendigung gemeinschaftlicher Tätigkeit zu rechtfertigen,[1] überzeugt schon deshalb nicht, weil das Ende von Gemeinsamkeiten auch sonst den Zugewinnausgleich nicht hindert. Zum anderen wird der Normzweck zu Lasten des ausgleichspflichtigen Ehegatten verfehlt, wenn sich sein Vermögen während des Rechtsstreits nicht infolge illoyaler Maßnahmen, sondern infolge von Umständen verringerte, für die er nicht verantwortlich ist, wie etwa einem Preisverfall aufgrund der allgemeinen Marktentwicklung. Eine Korrektur seiner Ausgleichspflicht mit § 1381 verbietet sich vom Sinn und Zweck des Leistungsverweigerungsrechts her. Mit diesem soll eine im Einzelfall auftretende grobe Unbilligkeit verhindert werden können, nicht aber sollen mit ihm aus den gesetzlich vorgegebenen Berechnungsmethoden folgende Unstimmigkeiten korrigiert werden (dazu § 1381 RdNr. 2).

3 **2. Verhältnis zu § 1378 Abs. 2 S. 1.** Nach § 1384 aF war der ausgleichsverpflichtete Ehepartner generell gegen das Risiko von Vermögensverlusten zwischen Rechtshängigkeit und Beendigung des Scheidungsverfahrens durch die Kappungsgrenze des § 1378 Abs. 2 aF geschützt – die Höhe der Ausgleichsforderung war auf den Wert des bei Rechtskraft des Scheidungsurteils vorhandenen Vermögens beschränkt. Er musste mithin bei Vermögensverlusten während des Scheidungsverfahrens äußerstenfalls sein gesamtes Vermögen zur Erfüllung der Zugewinnausgleichsforderung einsetzen – verschulden aber musste er sich nicht. Vor allem auch, um die sonstigen Gläubiger des ausgleichspflichtigen Ehepartners zu schützen, sollten aufgrund ihrer Nähe gut informierte Ehepartner mit ihren Ausgleichsforderungen nur dann neben die anderen Gläubiger treten, wenn das vorhandene Vermögen zur Deckung von deren Forderungen ausreichte (vgl. § 1378 RdNr. 8). Konsequent verlegte § 1384 aF auch nur den Berechnungszeitpunkt für den Zugewinn vor, nicht aber auch den für die Höhe der Ausgleichsforderung. Zu einer Durchkreuzung der Begrenzungsregelung des § 1378 Abs. 2 aF kam es folglich nicht. Das aber genau geschieht, seit § 1384 die Rechtshängigkeit des Scheidungsverfahrens auch als Stichtag für die Höhe der Ausgleichsforderung vorsieht. Im Bemühen, die Möglichkeit von Vermögensmanipulationen zu Lasten des Ehepartners auszuschließen, ist dem Gesetzgeber offensichtlich aus dem Blick geraten, dass Vermögensminderungen auch in der Zeit des Scheidungsverfahrens nicht immer auf illoyalem Verhalten beruhen, sondern auch aufgrund von nicht beeinflussbaren Umständen ohne jedes eigene Zutun eintreten können. Nach dem Wortlaut des § 1384 berühren auch solche Verluste die Höhe der Ausgleichsforderung nicht. Das hat zur Folge, dass der Ausgleichsanspruch unabhängig von dem bei Beendigung des Güterstandes vorhandenen Vermögen in der zum Zeitpunkt der Rechtshängigkeit des Scheidungsverfahrens errechneten Höhe zu begleichen ist. Das wiederum impliziert, dass sich der ausgleichspflichtige Ehegatte uU verschulden, auch Insolvenz beantragen muss, um die Zugewinnausgleichsforderung zu erfüllen – und zwar unabhängig davon, ob er irgendwie für die zwischenzeitlich eingetretenen Vermögensverluste verantwortlich zu machen ist oder nicht. Die Kappungsregelung des § 1378 Abs. 2 S. 1, mit der vermieden werden soll, dass sich ein Ehegatte verschulden muss, um den Zugewinnausgleichsanspruch zu erfüllen, wird durch die Festlegung der Höhe der Zugewinnausgleichsforderung in § 1384 also ausgehebelt. Aufzulösen ist der Widerspruch zwischen der Begrenzung des § 1384 und der Kappungsgrenze des § 1378 Abs. 2 S. 1 durch eine teleologische Reduktion des § 1384. Der Zeitpunkt der Rechtshängigkeit des Scheidungsantrags tritt für die Festlegung der Höhe der Ausgleichsforderung nur dann an Stelle des in § 1378 Abs. 2 S. 1 bestimmten Zeitpunkts, wenn die bis zur Beendigung des Güterstandes eingetretenen Vermögensverluste auf wirtschaftlichen Handlungen oder finanziellen Transaktionen beruhen, für die der ausgleichspflichtige Ehepartner verantwortlich ist. Ihm das Risiko allgemeinen Vermögensverfalls etwa aufgrund einer wirtschaftlichen Rezession aufzubürden, ist durch nichts zu rechtfertigen.[2]

[1] Vgl. BGHZ 46, 215, 218 ff. = NJW 1967, 439; *Soergel/Lange* RdNr. 2; *Bamberger/Roth/Mayer* RdNr. 1.
[2] In diesem Sinne auch *Born* NJW 2008, 2289; *Kogel* FF 2008, 185 (Einrede befürwortend).

Versucht ein Ehegatte, die Stichtagsregelung des § 1384 durch doloses Verhalten zu unterlaufen, etwa Verzögerung der Zustellung der Antragsschrift durch vorgetäuschte Versöhnungsbereitschaft, kann ein Schadensersatzanspruch aus § 826 begründet sein.

3. Anwendungsbereich. § 1384 gilt für die Berechnung des Zugewinns in allen Zusammenhängen, also nicht nur im Rahmen der §§ 1374, 1375, 1376. Er beendet etwa auch den Zeitraum, in dem privilegierter Erwerb dem Anfangsvermögen, illoyale Vermögensminderungen dem Endvermögen hinzugerechnet und Vorausempfänge auf die Ausgleichsforderung angerechnet werden (§§ 1374 Abs. 2, 1375 Abs. 2, 1380). Er bestimmt ferner den Gegenstand der Auskunftspflicht in § 1379 Abs. 1 S. 1 Nr. 2[3] und den Zeitpunkt, auf den sich die nach Rechtshängigkeit des Scheidungsantrags geforderte Auskunft über das Anfangs- und Endvermögen bezieht. 4

4. Eintritt der Rechtshängigkeit. § 1384 gilt unmittelbar nur für den Fall der Scheidung; im Fall der Aufhebung der Ehe steht die Geltung unter dem Vorbehalt, dass der Berechnungszeitpunkt nicht im Hinblick auf die Umstände bei der Eheschließung grob unbillig ist (§ 1318 Abs. 3). Belanglos ist in allen Fällen die Dauer des Verfahrens, und zwar auch dann, wenn die Ehegatten nicht getrennt leben; § 1384 bleibt anwendbar auch bei längerem **Ruhen des Verfahrens.**[4] Anders wird vielfach entschieden, wenn zwischenzeitlich eine Versöhnung und eine Einigung über die Nichtfortsetzung des Scheidungsverfahrens erfolgte. Die überwiegende Meinung wertet hier die **Wiederaufnahme** des Verfahrens (§ 250 ZPO, § 113 Abs. 1 FamFG) **als neuen Scheidungsantrag** und lässt den alten Stichtag der Rechtshängigkeit des früheren Verfahrens fallen.[5] Zur Vermeidung ausufernder Billigkeitsentscheidungen ist jedoch an der formalisierten Regelung des § 1384 festzuhalten. Umgekehrt ist ein früherer, durch Rücknahme erledigter Scheidungsantrag auch dann belanglos, wenn die Ehegatten die eheliche Lebensgemeinschaft vor Stellung des zweiten Antrags nicht wieder aufgenommen hatten. Das Gesetz lässt Rechtsstreitigkeiten, die nicht zur Scheidung geführt haben, bewusst außer Acht, relevant ist also nur die Rechtshängigkeit des Verfahrens, das schließlich zur Scheidung führte.[6] 5

Haben **beide Ehegatten** Scheidung beantragt, so ist stets – also auch dann, wenn der frühere keinen Erfolg haben konnte[7] – der Zeitpunkt des **früheren Antrags** entscheidend. Die den Normzweck beherrschende Gefahr einer absichtlichen Benachteiligung des Ehegatten während des Verfahrens entstand bereits zu jenem Zeitpunkt. 6

5. Konkurrierende Anträge.[8] Sind der Antrag auf vorzeitige güterrechtliche Regelung (§§ 1385, 1386 mit dem Berechnungsstichtag des § 1387) und Scheidungsantrag nebeneinander anhängig, so ist der Zeitpunkt der ersten Rechtshängigkeit entscheidend, auch wenn nur das spätere Begehren erfolgreich gewesen ist – mit der Scheidung der Ehe ist der früher rechtshängig gewesene Antrag auf vorzeitige Beendigung der Zugewinngemeinschaft (mit oder ohne Leistungsantrag) erledigt. Das gilt auch, wenn das später anhängig gemachte Begehren früher entschieden wurde – über den später anhängig gemachten vorzeitigen Zugewinnausgleich wird entschieden, noch während der früher anhängig ge- 7

---

[3] Vgl. BGHZ 44, 163, 166 = NJW 1965, 2055; 99, 304, 305 = NJW 1987, 1764; OLG Hamm FamRZ 1987, 701, 702; 1992, 1180.

[4] Vgl. BGH FamRZ 1983, 350; OLG Frankfurt a. Main FamRZ 1982, 1013; KG NJW-RR 1996, 1090; OLG Hamm FamRZ 1992, 1180 mwN (das Verfahren wurde neun Jahre nicht betrieben); *Schröder* FamRZ 2003, 277.

[5] *Staudinger/Thiele* (2007) RdNr. 4; *Johannsen/Henrich/Jaeger* RdNr. 5; OLG Karlsruhe FamRZ 1980, 1119, 1121; ebenso OLG Bremen FamRZ 1998, 1516 (im ersten Schritt jedoch zunächst die neu gestellten Scheidungsanträge als Wiederaufnahme des ruhenden Verfahrens interpretierend); AG Mölln FamRZ 2001, 291 m. Anm. *Bartsch* (ausdrückliche Rücknahme des ersten Scheidungsantrags bei doppelter Rechtshängigkeit).

[6] Vgl. BGH NJW 1979, 2099, 2100 = LM Nr. 3; OLG Koblenz FamRZ 1981, 260, 261; *Schröder* FamRZ 2003, 277.

[7] Ebenso *Jauernig/Schlechtriem* RdNr. 2.

[8] Dass § 1387 trotz der Begriffsvorgabe in § 113 Abs. 5 Nr. 2 FamFG von Klage spricht, ist offensichtlich ein Versehen.

machte Scheidungsprozess läuft. In der ersten Konstellation ist die ratio legis auch dann erfüllt, wenn das früher anhängige Begehren nicht zum Erfolg geführt hätte.[9] Auch wenn nach Rücknahme des Scheidungsantrags das Zugewinnausgleichsverfahren gemäß § 141 S. 2 FamFG mit dem Ziel des vorzeitigen Ausgleichs fortgeführt wird, bleibt die Rechtshängigkeit des ursprünglichen Scheidungsantrags relevant, auch wenn erneut Scheidungsantrag gestellt wird.[10]

8 **6. Tod eines Ehegatten.** Stirbt ein Ehegatte während des rechtshängigen Scheidungsverfahrens und wird die Ehe damit durch Tod und nicht durch die anvisierte Scheidung aufgelöst, so ist § 1384 nicht unmittelbar anzuwenden. Nach allgM ist jedoch die **analoge Anwendung** der Norm geboten, wenn ein rechnerischer Zugewinnausgleich zwischen dem überlebenden Ehegatten und den Erben des verstorbenen stattfindet.[11] Zwar verweist § 1371 Abs. 2 gerade nicht auf § 1384 und legt damit ein argumentum e contrario nahe, doch wurde vom Gesetzgeber nicht bedacht, dass der Zweck des § 1384 seine Anwendung auch hier gebietet, denn die Gefahr der manipulativen Verminderung des Endvermögens während des Scheidungsprozesses ist ja nicht nachträglich dadurch entfallen, dass es wegen des Todes nicht zur Scheidung kam. Kaum von praktischer Relevanz ist die – teils mit Nachdruck geforderte – Einschränkung, dass das nur gelten könne, wenn der – hypothetisch zu Ende gedachte – Prozess auch wirklich zur Scheidung der Ehe geführt hätte, weil bei erfolglosem Scheidungsantrag ein Bezug zu § 1384 nicht herzustellen sei.[12] Dass aber ein Scheidungsantrag abgewiesen wird, ist denkbar nur im Falle falscher Berechnung von Trennungszeiten und bei Anwendung der Härteklausel des § 1568 – was beides kaum vorkommt: § 1586 wird äußerst restriktiv gehandhabt und die Berechnung der Getrenntlebenszeit ist denkbar einfach.

9 **7. Prozessvergleich.** Wird die Zugewinngemeinschaft während des Scheidungsverfahrens einverständlich aufgehoben, etwa im Rahmen eines Prozessvergleichs, so endet sie nicht durch Scheidung. Gleichwohl ist es richtig, auch hier **§ 1384 analog** anzuwenden, sofern die Vereinbarung keinen anderen Zeitpunkt vorsieht. Entscheidend für den Normzweck ist weniger die Art der Erledigung des Rechtsstreits als der schließliche Erfolg – die Beendigung des Güterstandes durch einen zum Scheidungsverfahren gehörenden Akt.[13]

10 **8. Abweichende Vereinbarungen.** § 1384 setzt nach hM dispositives Recht.[14] Er gehört nicht zu den Normen, die konstitutiv für den Güterstand sind, aber auch nicht zu den Normen, deren Schutzzweck jede Disposition in eigener Sache ausschließt. Die Gefahr spekulativ bestimmter Prozessführung im Scheidungsstreit ist kein ausreichender Grund, die Ehegatten in ihrer Vertragsfreiheit zu beschränken.

11 Die Parteien können – während des Güterstandes in Form des Ehevertrags – § 1384 abbedingen und damit zur Berechnung des Zugewinns zum gesetzlich in § 1375 Abs. 1 bestimmten Zeitpunkt der Güterstandsbeendigung zurückkehren. Sie können aber auch einen anderen Zeitpunkt wählen oder einem Ehegatten ein Wahlrecht einräumen (vgl. dazu § 1479 aus dem Recht der Gütergemeinschaft).

---

[9] OLG Hamm FamRZ 1982, 609; *Dölle* I S. 844; *Gernhuber/Coester-Waltjen* § 36 RdNr. 34; *Rauscher* RdNr. 421; *Johannsen/Henrich/Jaeger* RdNr. 6; *Bamberger/Roth/Mayer* RdNr. 4. AA dagegen *Staudinger/Thiele* (2007) RdNr. 8; RGRK/*Finke* RdNr. 9; *Soergel/Lange* § 1387 RdNr. 6.

[10] OLG Köln FamRZ 2003, 539 m. Anm. *Höber.* Dazu auch § 1376 RdNr. 35.

[11] BGHZ 99, 304 = NJW 1987, 1764 m. Anm. *Gernhuber* JR 1987, 330f.; BGH NJW 2004, 1321 = FamRZ 2004, 527 m. Anm. *Koch*; *Schwab/Schwab* Teil VII RdNr. 151; *Staudinger/Thiele* (2007) RdNr. 7; *Soergel/Lange* RdNr. 3; *Erman/Gamillscheg* RdNr. 2; RGRK/*Finke* RdNr. 10; *Johannsen/Henrich/Jaeger* RdNr. 2. AA OLG Celle FamRZ 1984, 55; OLG Köln FamRZ 1985, 933; *Dölle* I S. 834 (keine Analogie).

[12] *Staudinger/Thiele* (2007) RdNr. 7; *Schwab/Schwab* Teil VII RdNr. 151; *Bamberger/Roth/Mayer* RdNr. 3.

[13] Zust. *Staudinger/Thiele* (2007) RdNr. 9.

[14] Vgl. *Staudinger/Thiele* (2007) RdNr. 14; *Soergel/Lange* RdNr. 4; *Erman/Gamillscheg* RdNr. 4; *Johannsen/Henrich/Jaeger* RdNr. 7; *Bamberger/Roth/Mayer* RdNr. 6.

Unberührt bleiben die **allgemeinen Schranken der Vertragsfreiheit,** vor allem die Grenzen, die § 138 zieht. Sittenwidrig und nichtig kann eine abweichende Stichtagsvereinbarung insbesondere sein, wenn sie einen Ehegatten in grob einseitiger Manier gegenüber dem anderen begünstigt. 12

§ 1385 Vorzeitiger Zugewinnausgleich des ausgleichsberechtigten Ehegatten bei vorzeitiger Aufhebung der Zugewinngemeinschaft

Der ausgleichsberechtigte Ehegatte kann vorzeitigen Ausgleich des Zugewinns bei vorzeitiger Aufhebung der Zugewinngemeinschaft verlangen, wenn

1. **die Ehegatten seit mindestens drei Jahren getrennt leben,**
2. **Handlungen der in § 1365 oder § 1375 Abs. 2 bezeichneten Art zu befürchten sind und dadurch eine erhebliche Gefährdung der Erfüllung der Ausgleichsforderung zu besorgen ist,**
3. **der andere Ehegatte längere Zeit hindurch die wirtschaftlichen Verpflichtungen, die sich aus dem ehelichen Verhältnis ergeben, schuldhaft nicht erfüllt hat und anzunehmen ist, dass er sie auch in Zukunft nicht erfüllen wird, oder**
4. **der andere Ehegatte sich ohne ausreichenden Grund beharrlich weigert, oder sich ohne ausreichenden Grund bis zur Erhebung der Klage auf Auskunft beharrlich geweigert hat, ihn über den Bestand seines Vermögens zu unterrichten.**

§ 1386 Vorzeitige Aufhebung der Zugewinngemeinschaft

Jeder Ehegatte kann unter entsprechender Anwendung des § 1385 die vorzeitige Aufhebung der Zugewinngemeinschaft verlangen.

Schrifttum zu den §§ 1385 bis 1388: *Bergschneider,* Rezension Duderstadt, Zugewinnausgleich, FamRZ 2000, 728; *Hoppenz,* Reformbedarf und Reformbestrebungen im Zugewinnausgleich, FamRZ 2008, 1889; *Reinicke,* Berechnung des Zugewinns bei der Scheidung der Ehe auf Widerklage, BB 1967, 521.

Übersicht

I. Hintergrund

1 Güterstände sind **Dauerrechtsverhältnisse,** die zwar jederzeit durch Vertrag aufgehoben oder modifiziert werden können, im Übrigen aber – sofern ein Ehevertrag nichts anderes bestimmt – für die gesamte Dauer der Ehe gelten. Um eine **übermäßige vermögensrechtliche Bindung** zu vermeiden, ist es notwendig, Ehegatten in bestimmten Konstellationen das Recht einzuräumen, sich einseitig aus dem Güterstand der Zugewinngemeinschaft, der ihnen nicht mehr interessengerecht zu sein scheint, zu lösen. Während Dauerschuldverhältnisse ansonsten durch einseitigen außerordentlichen Akt gelöst werden können, wenn ein wichtiger Grund eintritt (vgl. §§ 543, 626, 723), hat der gesetzliche Güterstand größere Stabilität. Hier sind nicht alle Tatsachen erheblich, die im Schuldrecht erheblich wären, an die Stelle der Generalklausel des Schuldrechts treten einzelne Tatbestände, die auf Störungen der persönlichen und wirtschaftlichen Grundlagen der Zugewinngemeinschaft (§§ 1385 Nr. 1 und 3) abstellen sowie auf die Gefährdung der zukünftigen Ausgleichsforderung (§ 1385 Nr. 2) als auch auf die bewusste Verhinderung der Ermittlung der Ausgleichsforderung (§ 1385 Nr. 4). Verfolgt werden können – und konnten nach §§ 1385, 1386 aF – mit der vorzeitigen güterrechtlichen Trennung und Auseinandersetzung zwei unterschiedliche Zwecke – die Sicherung der eigenen Ausgleichsforderung und der Ausschluss des Ehegatten von der Teilhabe am eigenen künftigen Mehrgewinn.

2 Seit 1. 9. 2009 ist der Schutz des ausgleichsberechtigten Ehegatten in den Vordergrund gerückt. Um diesen frühzeitig und effektiv vor Vermögensminderungen, die seine Ausgleichsforderung beeinträchtigen könnten, zu schützen, sind vorzeitige Beendigung der Zugewinngemeinschaft und vorzeitiger Zugewinnausgleich umgestaltet worden. Nach §§ 1385, 1386 aF musste ein Ehepartner, der während bestehender Ehe den Ausgleich des Zugewinns verlangte, zunächst die Rechtskraft des gemäß § 1388 aF die Zugewinngemeinschaft beendenden Gestaltungsurteils abwarten, bevor er Auskunft und Leistung verlangen konnte. Auskunftsanspruch und Zahlungsanspruch entstanden nämlich gemäß § 1379 aF bzw. gemäß § 1378 aF erst mit Beendigung des Güterstandes. Zwar konnten Gestaltungsklage, Auskunfts- und Leistungsklage im Wege der Stufenklage miteinander verbunden werden, doch konnte über die einzelnen Klagen nur nacheinander entschieden werden – über den Auskunftsanspruch und den Leistungsanspruch also immer erst, wenn das den Güterstand beendende Teilurteil rechtskräftig war. Abgesehen davon, dass diesee zeitliche Verzögerung dem ausgleichspflichtigen Ehegatten die Möglichkeit zu unentdeckt bleibenden Vermögenstransaktionen zu Lasten des Ausgleichsberechtigten bot, war es nach §§ 1385, 1386 aF auch nicht möglich, die Zugewinngemeinschaft ohne Geltendmachung der Ausgleichsforderung zu beenden. Einem Ehegatten, der nicht von einer eigenen Ausgleichsberechtigung ausging und sich nur aus der Zugewinngemeinschaft lösen wollte, konnte es passieren, dass das Verfahren mit der Feststellung seiner eigenen Ausgleichspflicht endete. Mit der Zusammenfassung der §§ 1385, 1386 und der Erstreckung des Auskunftsanspruchs auf den Fall gerichtlicher Geltendmachung der darin vorgesehenen Rechtsbehelfe (§ 1379 Abs. 2) sind seit 1. 9. 2009 die güterrechtlichen Aktionsmöglichkeiten während bestehender Ehe erweitert worden.

II. Regelungsstruktur

3 **1. Vorzeitiger Zugewinnausgleich bei Aufhebung der Zugewinngemeinschaft.** Nach § 1385 kann der ausgleichsberechtigte Ehegatte unter – im Vergleich zu § 1386 aF

erleichterten – Voraussetzungen direkt mit dem Leistungsantrag Zahlung des Zugewinnausgleichs verlangen, ohne dass die Zugewinngemeinschaft – wie nach §§ 1385, 1386 aF – in einem vorausgegangenen Verfahren aufgehoben worden ist. Es reicht aus, dass die Aufhebung in dem auf Leistung des Zugewinns gerichteten Verfahren erfolgt. Nach dem Wortlaut des § 1385 – „bei" vorzeitiger Aufhebung der Zugewinngemeinschaft – unklar ist, ob hierüber nur inzidenter in dem dem Zahlungsantrag stattgebenden Beschluss entschieden wird oder ob der Ehegatte einen darauf gerichteten – und geltend zu machenden – Anspruch hat. Da nicht anzunehmen ist, dass der Ehegatte, der sogleich Leistung des Zugewinns verlangen kann, weniger Rechte hat als ein Ehegatte, der nur die Aufhebung der Zugewinngemeinschaft verlangen kann, ist davon auszugehen, dass auch im Falle des § 1385 ein Anspruch auf Aufhebung der Zugewinngemeinschaft besteht. Das auf Leistung und Gestaltung gerichtete Verfahren hat mithin zwei Streitgegenstände.[1] Geltend machen kann den Anspruch auf Zahlung des Zugewinnausgleichs während (noch) bestehender Ehe nur der – tatsächliche oder vermeintliche – Zugewinnausgleichsgläubiger. Dieser hat seine **Ausgleichsberechtigung,** die Tatbestandsvoraussetzung für den Anspruch aus § 1385 ist, **schlüssig darzulegen.** Gelingt es ihm nicht, das Bestehen seiner Ausgleichsforderung als wahrscheinlich nachzuweisen, etwa wegen schwieriger Vermögensermittlungen, kann er nur die nach § 1386 beiden Ehegatten offenstehende Aufhebung der Zugewinngemeinschaft verlangen.

2. Vorzeitige Aufhebung der Zugewinngemeinschaft. Auch ohne Zahlung des 4
Zugewinns zu verlangen, kann gemäß § 1386 unter den in § 1385 Nr. 1 bis 4 bestimmten Voraussetzungen jeder Ehegatte mit Gestaltungsantrag die vorzeitige Aufhebung der Zugewinngemeinschaft verlangen. Damit kann sich auch der – tatsächlich oder mutmaßlich – ausgleichsverpflichtete Ehepartner noch während des Bestehens der Ehe aus der Zugewinngemeinschaft lösen.

3. Auskunftsanspruch. Sowohl beim Vorgehen nach § 1385 wie auch nach § 1386 5
entsteht mit Rechtshängigkeit des Antrags gemäß § 1379 Abs. 1 der Auskunftsanspruch, der dem Ehegatten die Möglichkeit gibt, die wirtschaftlichen Verhältnisse des anderen zu eruieren. Schon mit Beginn des Verfahrens kann dieser also die zur Beurteilung seiner Zugewinnausgleichsberechtigung erforderlichen Informationen erlangen und entscheiden, ob und welche weiteren zugewinnausgleichsrechtlichen Maßnahmen sich für ihn lohnen.

4. Beendigung der Zugewinngemeinschaft. Die Beendigung der Zugewinngemein- 6
schaft erfolgt – wie schon nach §§ 1385, 1386 aF – in einem zweigliedrigen Tatbestand, der durch eine formalisierte Willenserklärung, dem gerichtlichen Antrag nach § 1385 oder § 1386 eingeleitet und durch einen konstitutiven Gestaltungsbeschluss vollendet wird. Die rechtliche Struktur entspricht mithin der der Ehescheidung, aber auch der Auflösungsklage bei den Personengesellschaften des Handelsrechts (vgl. § 133 HGB). Gemäß § 1388 tritt mit Rechtskraft der Entscheidung über die Aufhebung der Zugewinngemeinschaft Gütertrennung ein – sei es, dass die Entscheidung isoliert nach § 1386 ergeht oder nach § 1385 auch die Zugewinnausgleichszahlung umfasst. Endete die Zugewinngemeinschaft bereits vor dem richterlichen Gestaltungsakt aus einem anderen Grund – durch Ehescheidung oder Tod eines Ehegatten oder auch durch Ehevertrag, ist das anhängige Verfahren über eine vorzeitige Regelung in der Hauptsache für erledigt zu erklären; über die Kosten ist gemäß § 91 a ZPO, § 113 Abs. 1 FamFG zu befinden.

5. Vier Tatbestände. Von den insgesamt vier Tatbeständen, die das Recht zur Neu- 7
gestaltung des Güterstandes begründen, ist nur einer (§ 1385 Nr. 1) scharf konturiert; die anderen (§ 1385 Nr. 2 bis 4) verwenden dagegen **unbestimmte Rechtsbegriffe** mit entsprechender Minderung der Kalkulierbarkeit. Anders als nach der Regelung des vorzeitigen Zugewinnausgleichs in §§ 1385, § 1386 aF sind die Voraussetzungen für das vorzeitige güterrechtliche Vorgehen durch den Verweis des § 1386 auf die Tatbestände des § 1385

[1] So auch *Hoppenz* FamRZ 2008, 1889.

Nr. 1 bis 4 für den ausgleichsberechtigten Ehegatten und den nicht ausgleichsberechtigten seit 1. 9. 2009 gleich geregelt. Auch letzterer hat nun die Möglichkeit, bei unlauterem zugewinnrechtlich bedeutsamem Verhalten des anderen – und nicht nur nach dreijährigem Getrenntleben – güterrechtliche Maßnahmen zu ergreifen und die vorzeitige Beendigung der Zugewinngemeinschaft zu betreiben.

8 **6. Ausschluss von Analogien.** Die Beschränkung auf vier ausformulierte Tatbestände ist gewollt. Regelungslücken bestehen nicht; Analogien sind nach allgM ausgeschlossen. Insbesondere kann kein Ehegatte den Güterstand vorzeitig beenden, weil der Partner in Vermögensverfall gerät oder Verluste erleidet, die zu einer Schmälerung der voraussichtlichen Ausgleichsforderung führen. Auch begründet allein die Befürchtung, dass der Ehegatte sein Vermögen ins Ausland transferiert, das Recht auf vorzeitigen Zugewinnausgleich nicht.[2]

III. Voraussetzungen vorzeitigen Vorgehens nach § 1385 bzw. § 1386

9 **1. Getrenntleben (§ 1385 Nr. 1). a) Tatbestandselemente.** Leben die Ehegatten seit mindestens drei Jahren getrennt, so können sie gemäß § 1386 iVm § 1385 Nr. 1 beide die vorzeitige Aufhebung der Zugewinngemeinschaft erreichen. Der von seiner Ausgleichsberechtigung überzeugte Ehegatte hat in diesem Fall nach § 1385 Nr. 1 zusätzlich die Möglichkeit, direkt Zahlung des Zugewinns zu verlangen. § 1385 Nr. 1 enthält nur zwei Elemente: Trennung der Ehegatten und Zeitablauf. Belanglos sind von daher die Ursachen der Trennung, insbesondere die Frage, ob sie von einem Ehegatten verschuldet wurde; belanglos ist auch der Grad der Ehezerrüttung.

10 **b) Dreijähriges Getrenntleben.** Der Begriff Getrenntleben ist in § 1567 gesetzlich definiert. Neben dem objektiven Tatbestand der getrennten Haushalts- und Lebensführung ist in subjektiver Hinsicht die willentliche, erkennbare Abkehr zumindest eines Ehegatten von der ehelichen Lebensgemeinschaft erforderlich (dazu § 1567 RdNr. 13 ff.).

11 § 1385 verleiht mithin das Güterstandsbeendigungsrecht nach **typisiertem Wegfall abstrakt vorausgesetzter Grundlagen** der Zugewinngemeinschaft. Mit der Trennung der Ehegatten entfällt zwar nicht notwendig – denkbar ist weitere Mitarbeit im Beruf oder Geschäft des anderen –, aber doch in der Regel jede Mitwirkung an der Vermögensmehrung des Partners. Die Frist von drei Jahren soll sicherstellen, dass der Antrag nicht Ehen gefährdet, die noch nicht endgültig gescheitert sind (vgl. §§ 1565, 1566 Abs. 2).

12 **c) Billigkeitskorrektive?** Der Tatbestand ist nicht durch Billigkeitskorrektive zu mildern. Ehegatten, die selbst die Trennung herbeiführten, handeln nicht § 1353 oder § 242 zuwider, wenn sie nach §§ 1385, 1386 vorgehen – die Schrankenfunktion dieser Vorschriften kommt hier mithin nicht zum Tragen. Die bewusste Typisierung des Tatbestandes, die dem abstrahierenden Grundmuster der Zugewinngemeinschaft entspricht, schließt einzelfallbezogene Korrekturen aus.[3]

13 **2. Gefährdung der Ausgleichsforderung (§ 1385 Nr. 2). a) Tatbestandselemente.** Nach § 1385 Nr. 2 haben Ehegatten die Möglichkeit vorzeitigen güterrechtlichen Vorgehens, wenn zu besorgen ist, dass die Erfüllung der Ausgleichsforderung gefährdet ist – und zwar dadurch, dass einseitige Gesamtvermögensgeschäfte nach § 1365 oder illoyale Vermögensminderungen nach § 1375 Abs. 2 zu befürchten sind. Der Grund für dieses Antragsrecht liegt bei der Besorgnis einer erheblichen Gefährdung der Ausgleichsforderung. Das Kausalitätserfordernis – für die Gefährdung müssen **bestimmte Rechtsgeschäfte** kausal sein – hat begrenzende Funktion: Aus der Fülle möglichen besorgnisbegründenden Fehlverhaltens werden zwei schon andernorts als güterstandserheblich erfasste Verhaltensweisen ausgewählt. Zu den als Reaktion auf sie bereits vorgesehenen Rechtsfolgen (Unwirksamkeit des Rechtsgeschäfts und Revokationsrecht in den Fällen des § 1365; Vermehrung des Endvermögens in den Fällen des § 1375 Abs. 2), kommen das Gestaltungsrecht des § 1386

[2] OLG Karlsruhe FamRZ 1999, 663.

[3] *Staudinger/Thiele* (2007) § 1385 RdNr. 11; *Soergel/Lange* § 1385 RdNr. 3.

bzw. das Leistungs- und Gestaltungsrecht des § 1385 hinzu, weil die güterstandsimmanenten Korrekturen der §§ 1365 ff., 1375 ff. dem gefährdeten Ehegatten keine ausreichende Gewähr seiner Rechte bieten.

b) Nicht gebilligte Gesamtvermögensgeschäfte (Nr. 1 Alt. 1). Zu den Tatbestandsvoraussetzungen eines zustimmungspflichtigen Gesamtvermögensgeschäfts vgl. die Erl. zu § 1365. Anders als nach § 1386 Abs. 2 Nr. 1 aF können die vorzeitigen güterrechtlichen Maßnahmen nicht erst ergriffen werden, wenn das Gesamtvermögensgeschäft durchgeführt ist, sondern bereits wenn dessen Vornahme durch den anderen **zu befürchten** ist. Ob eine solche Befürchtung gerechtfertigt ist oder nur ins Blaue hinein behauptet wird, kann nur anhand der im Einzelfall vorgebrachten Anhaltspunkte festgestellt werden. Ein Verkaufsinserat etwa betreffend die das gesamte Vermögen des Ehepartners ausmachende Eigentumswohnung oder die Kündigung von Festgeldkonten oder Sparbüchern sind Umstände, die die Befürchtung zu begründen vermögen. Hat der Ehegatte seine Zustimmung bereits verweigert, so hindert die Tatsache, dass diese durch richterlichen Akt noch ersetzt werden kann, das Vorgehen nach § 1385 Nr. 2 nicht.[4] Ist das eigenmächtig vorgenommene Geschäft bereits durchgeführt, die verweigerte Zustimmung des Ehegatten aber durch richterlichen Akt ersetzt worden (§ 1365 Abs. 2), bestehen die Rechte aus § 1385 Nr. 2 und § 1386 hingegen nicht mehr. 14

Ob das vorgenommene Gesamtvermögensgeschäft zu wirtschaftlichen Nachteilen geführt hat oder führen würde, ist für die Zustimmungspflicht irrelevant. Im Rahmen des § 1385 Nr. 2 behalten die ökonomischen Auswirkungen des Geschäftes jedoch Relevanz für die zweite Tatbestandsvoraussetzung, die Besorgnis einer erheblichen Gefährdung der künftigen Ausgleichsforderung. 15

c) Illoyale Vermögensminderungen (Nr. 2 Alt. 2). Zu den Tatbeständen der illoyalen Vermögensminderungen vgl. die Erl. zu § 1375. Auch hier ist es – anders als nach § 1386 Abs. 2 Nr. 2 aF – nicht erforderlich, dass es bereits zu illoyalen Vermögensminderungen gekommen ist – schon wenn solche **zu befürchten** sind, hat der davon betroffene Ehegatte das Recht, die vorzeitigen güterrechtlichen Maßnahmen zu ergreifen. Die einzelfallbezogen festzustellende Befürchtung ist gegeben etwa bei Buchung teurer Ferienreisen oder auch bei wirtschaftlich nicht gebotener Umschichtung von Vermögen in Anlageformen, die ein leichteres unbemerktes Verschwindenlassen ermöglichen. 16

Ist es bereits zur illoyalen Vermögensminderung iS des § 1375 Abs. 2 gekommen, so ist das Recht des benachteiligten Ehegatten auf vorzeitige Beendigung der Zugewinngemeinschaft mit oder ohne Anspruch auf Zugewinnausgleich ausgeschlossen, wenn die Voraussetzungen des § 1375 Abs. 3 vorliegen. Obgleich § 1385 Nr. 2 nur allgemein auf die Handlungen der in „§ 1375 Abs. 2 bezeichneten Art" verweist und die dort in Abs. 3 gesetzten Schranken – Irrelevanz der illoyalen Vermögensminderung bei Einverständnis des Ehegatten oder zehnjährigem Zurückliegen – nicht explizit erwähnt, gebietet die teleologische Interpretation des Verweises, auch die Normgrenzen zu übernehmen und das Recht auf vorzeitige güterrechtliche Maßnahmen in den Fällen des § 1375 Abs. 3 auszuschließen. Nicht notwendig ist es, zur Rechtfertigung dieses – unstreitigen – Ergebnisses andere Rechtsgedanken zu bemühen – etwa den des venire contra factum proprium für die gebilligten illoyalen Vermögensminderungen.[5] 17

d) Bestehen einer Ausgleichsforderung? Eine erhebliche Gefährdung der künftigen Ausgleichsforderung ist an sich nur von einem Ehegatten zu besorgen, der eine Ausgleichsforderung bei pflichtgemäßem Verhalten des Partners zu erwarten hat. Dennoch ist es richtig, dass § 1386 durch den ausnahmslosen Verweis auf die Tatbestände des § 1385 klarstellt, dass das Recht zur vorzeitigen Aufhebung der Zugewinngemeinschaft **auch dem** 18

---

[4] So bereits zu § 1376 Abs. 2 Nr. 1 *Staudinger/Thiele* (2007) § 1386 RdNr. 11; *Soergel/Lange* § 1386 RdNr. 13; *Bamberger/Roth/Mayer* RdNr. 3.

[5] Vgl. *Staudinger/Thiele* (2007) § 1386 RdNr. 12; RGRK/*Finke* § 1386 RdNr. 6; *Soergel/Lange* § 1386 RdNr. 15; *Erman/Gamillscheg* § 1386 RdNr. 3.

Ehegatten zusteht, der möglicherweise, wahrscheinlich oder gar sicher beim Zugewinnausgleich **Schuldner sein wird.** In diesem Sinn hatte die überwiegende Meinung bereits § 1386 Abs. 2 Nr. 2 aF (extensiv) interpretiert und den Normzweck mehr an dem Gebot einer loyalen Berechnung der Ausgleichsforderung orientiert ist als an dieser selbst.[6] Vermögensminderungen des ausgleichsberechtigten Ehegatten sind ja nicht schuldneutral; sie schmälern dessen Zugewinn und erhöhen damit seine Ausgleichsforderung. Als entscheidender Zeitpunkt für die zu besorgende Gefährdung kann jedenfalls das Ende der letzten mündlichen Verhandlung in der Tatsacheninstanz anerkannt werden.[7]

19 **e) Erheblichkeit der Gefährdung.** Von einer erheblichen Gefährdung der Erfüllung der Ausgleichsforderung kann nicht schon dann gesprochen werden, wenn der Ehepartner einen der inkriminierten Akte vornahm. Beim nicht gebilligten Gesamtvermögensgeschäft ist vielmehr nach den wirtschaftlichen Auswirkungen zu fragen. Führt das – zu befürchtende oder vorgenommene – Geschäft zu wirtschaftlichen Vorteilen, zu finanziell sinnvoller Verwendung der Gegenleistung oder steht zu erwarten, dass es mittels Revokation einfach rückabzuwickeln sein wird, mindert das Geschäft das Vermögen des ausgleichsverpflichteten Ehegatten nicht und gefährdet mithin auch die Erfüllung der Ausgleichsforderung nicht. Das gleiche gilt, wenn der ausgleichsverpflichtete Ehepartner trotz illoyaler Vermögenstransaktionen noch in der Lage ist, den durch Hinzurechnung nach § 1375 Abs. 2 ermittelten Ausgleichsanspruch zu befriedigen – auch dann ist dessen Erfüllung nicht gefährdet. Auch Ansprüche gegen Dritte nach § 1390 sind bei der Beurteilung der Erfüllungsgefährdung zu bedenken. Anders zu beurteilen ist hingegen die Frage der Gefährdung der Ausgleichsforderung in dem Fall, in dem der **ausgleichsberechtigte** Ehepartner handelt und eigenmächtig Gesamtvermögensgeschäfte vornimmt oder sein Vermögen illoyal mindert. Hiergegen kann sich der ausgleichsverpflichtete Ehepartner idR durch vorzeitige Aufhebung der Zugewinngemeinschaft wehren. Denn in diesem Fall geht es nicht um die Erfüllung der Ausgleichsforderung, sondern um deren korrekte Berechnung (vgl. RdNr. 17) – und die ist durch die genannten Geschäfte praktisch immer erheblich gefährdet.

20 **3. Nichterfüllung wirtschaftlicher Verpflichtungen (§ 1385 Nr. 3). a) Tatbestandselemente.** Der Tatbestand enthält drei Voraussetzungen: die objektive, länger dauernde Nichterfüllung wirtschaftlicher Verpflichtungen, die sich aus dem ehelichen Verhältnis ergeben; Verschulden; die Erwartung auch zukünftigen schuldhaft pflichtwidrigen Verhaltens. Die beiden ersten Tatbestandsvoraussetzungen entsprechen dem gesetzlichen Beispiel für das Leistungsverweigerungsrecht wegen grober Unbilligkeit (§ 1381 Abs. 2).

21 Das Gestaltungsrecht erwächst damit aus einer **nachhaltigen schuldhaften Störung** des Gleichgewichts der beiderseitigen Pflichterfüllung im ökonomischen Bereich. Es weist mithin einen Bezug zum Grundgedanken der Zugewinngemeinschaft auf, doch lässt sich mit diesem die Beschränkung auf schuldhafte Pflichtwidrigkeiten schwer vereinbaren, weniger noch die Irrelevanz der Frage, ob und in welchem Ausmaß die Pflichtwidrigkeiten das wirtschaftliche Ergebnis der Ehegatten geschmälert haben. Das Recht zur vorzeitigen güterrechtlichen Regelung dient primär dem wirtschaftlich stärkeren Ehegatten, der seinen Partner gemäß § 1386 iVm. § 1385 Nr. 3 von der weiteren Teilhabe an seinem Zugewinn ausschließen kann – und schließlich mit dem Leistungsverweigerungsrecht aus § 1381 die Erfüllung der schon entstandenen Ausgleichsforderung abwehren kann. Die Interessen des wirtschaftlich schwächeren Ehegatten sind im Falle wirtschaftlicher Pflichtverletzungen des anderen hingegen meist mit der Fortsetzung der Zugewinngemeinschaft besser gewahrt – anders etwa nur, wenn mit den Mitteln aus dem Zugewinnausgleich eine gesicherte wirtschaftliche Existenz aufgebaut werden kann.

---

[6] *Staudinger/Thiele* (2007) § 1386 RdNr. 14f.; *Bamberger/Roth/Mayer* § 1386 RdNr. 5; *Gernhuber/Coester-Waltjen* § 36 RdNr. 15; *Rauscher* RdNr. 435. Anders und nur den hypothetischen Ausgleichsschuldner schützend *Soergel/Lange* § 1386 RdNr. 16; RGRK/*Finke* § 1386 RdNr. 4 und 6; *Dölle* I S. 840.

[7] OLG Frankfurt a. Main FamRZ 1984, 895; *Staudinger/Thiele* (2007) § 1386 RdNr. 21.

b) Vergangenes Verhalten. Zu den Tatbestandselementen der länger dauernden Nichterfüllung ökonomischer Pflichten und des Verschuldens vgl. § 1381 RdNr. 13 ff. Der Begriff Nichterfüllung erfasst nach hM alle Formen der pflichtwidrigen Erledigung, so auch die nur unregelmäßige, nur partielle oder nur intermittierende Erfüllung.[8] Keine Pflichtwidrigkeit liegt in der Weigerung, während der Dauer der prozessualen Klärung Ehegattenunterhalt zu zahlen; ob solcher geschuldet wird, steht ja erst am Ende des Prozesses fest.[9] Jedenfalls ausgeschlossen ist eine analoge Anwendung auf die Nichterfüllung von Verpflichtungen nicht wirtschaftlicher Art. 22

c) Prognose. Ob eine Änderung des Verhaltens in der Zukunft erwartet werden kann, ist in jedem Einzelfall anhand aller Umstände zu entscheiden. Für die Prognose ist ein Grad der Wahrscheinlichkeit notwendig, der mit der konkreten Möglichkeit einer Fortsetzung des pflichtwidrigen Tuns noch nicht erreicht ist.[10] Notwendig ist die auf Fakten gegründete Annahme, nach der die Fortsetzung des pflichtwidrigen Verhaltens wahrscheinlicher ist als eine Verhaltensänderung. Absichtserklärungen und Versicherungen des beklagten Ehegatten sind nur zu berücksichtigen, wenn die Ernstlichkeit außer Frage steht. 23

4. Verweigerte Information (§ 1385 Nr. 4). a) Informationspflicht. Das eheliche Güterrecht verpflichtet die Ehegatten, zu den in § 1379 aufgeführten Zeitpunkten – Ende des Güterstandes, Rechtshängigkeit bestimmter Verfahrensanträge, Getrenntleben – einander über den Bestand des Anfangs- und Endvermögens sowie des bei Trennung vorhandenen Vermögens Auskunft zu erteilen. 24

Während diese Pflicht nur für Ehegatten gilt, die im gesetzlichen Güterstand leben, besteht unabhängig vom Güterstand, also auch bei Gütertrennung, für Ehegatten **aus § 1353** die Pflicht zur **wechselseitigen Information** über das Vermögen. Dieser Informationsanspruch richtet sich nach allgM allerdings nur auf einen **Überblick mit groben Rastern,** der dem Ehegatten ein ungefähres Bild vermittelt vom gegenwärtigen Bestand des Vermögens, den wesentlichen Veränderungen seit der letzten Information und den Planungen für die nähere Zukunft. Detaillierte Ausführungen werden ebenso wenig geschuldet wie ein Verzeichnis (§ 260 gilt nicht), und die Vorlage von Belegen oder Geschäftsbüchern.[11] Ob und wann neue Informationen gefordert werden können, ist nach den Umständen des Einzelfalles zu entscheiden: In einer Ehe mit gleichförmigem ökonomischen Verhalten ist der Ehegatte seltener zu unterrichten als in einer Ehe mit erheblichen Schwankungen des Einkommens und des Vermögens. Geschuldet wird die Information lediglich auf Verlangen, der Auskunftsanspruch aus § 1353 ist ein sog. verhaltener Anspruch: Unaufgefordert braucht kein Ehegatte den anderen zu unterrichten.[12] Die Grenzen des Anspruchs bestimmt § 1353 Abs. 2, er besteht gemäß Abs. 2 Alt. 2 insbesondere nicht mehr, wenn Scheidung beantragt werden kann.[13] Da der Informationsanspruch aus § 1353 nicht die persönliche, sondern die vermögensrechtliche Ebene zwischen den Ehegatten betrifft, schließt § 120 Abs. 3 FamFG seine Vollstreckbarkeit nicht aus.[14] Gerichtlich geltend zu machen ist er als sonstige Familiensache gemäß § 266 Abs. 1 Nr. 2 FamFG. 25

---

[8] Ebenso *Staudinger/Thiele* (2007) § 1386 RdNr. 5; *Soergel/Lange* § 1386 RdNr. 7; *Erman/Gamillscheg* § 1386 RdNr. 2.

[9] OLG Hamm FamRZ 2000, 228.

[10] OLG Brandenburg FamRZ 2008, 1441, 1442 (Misstrauen reicht nicht aus).

[11] OLG Celle FamRZ 2000, 1369; OLG Hamm FamRZ 2000, 228; OLG Karlsruhe FPR 2002, 312; OLG Brandenburg FamRZ 2008, 1441, 1442; vgl. auch BGH FamRZ 2001, 23.

[12] Strenger *Staudinger/Thiele* (2007) § 1386 RdNr. 24 (Informationspflicht für „einschneidende Änderungen", doch ohne Folgen für die güterrechtliche Reaktionsmöglichkeit, da die hierfür geforderte „Auskunftsverweigerung" eine Aufforderung voraussetzt).

[13] BGH FamRZ 1976, 516, 517; 1978, 677, 678; *Dölle* I S. 841; *Soergel/Lange* § 1386 RdNr. 18; *Staudinger/Thiele* (2007) § 1386 RdNr. 22; *Erman/Gamillscheg* § 1386 RdNr. 3; *Bamberger/Roth/Mayer* RdNr. 6.

[14] Vgl. *Gernhuber/Coester-Waltjen* § 36 RdNr. 13; *Bergschneider* FamRZ 2000, 728. Anders die hM unter der Geltung des § 888 Abs. 3 ZPO aF *Staudinger/Thiele* (2007) § 1386 RdNr. 22; *Schwab/Schwab* Teil VII RdNr. 278. Eine mittlere Lösung (Herstellungsklage, jedoch vollstreckbar) bei *Soergel/Lange* § 1386

26 Während § 1386 Abs. 3 aF den vorzeitigen Zugewinnausgleich wegen verweigerter Vermögensauskunft allein auf die Verletzung der Informationspflicht aus § 1353 beziehen konnte – der güterrechtliche Auskunftsanspruch aus § 1379 aF bezog sich ja nur auf das Endvermögen –, kann § 1385 Nr. 4 sowohl an die **Auskunftspflicht des § 1353** als auch an die **Auskunftspflicht des § 1379** anknüpfen. Weigert sich der Ehegatte die nach diesen Vorschriften geschuldete Auskunft zu erteilen, kann der andere die vorzeitige güterrechtliche Regelung anstreben. Gegenstandslos ist die Reaktionsmöglichkeit nach § 1385 Nr. 4 allerdings, wenn die mit Beendigung des Güterstandes geschuldete (§ 1379 Abs. 1 S. 1 Alt. 1) Auskunft verweigert wird – in diesem Fall ist für vorzeitige güterrechtliche Maßnahmen kein Raum mehr.

Gerechtfertigt ist die güterstandsrechtliche Sanktion auf Auskunftsverweigerung dadurch, dass Informationsverweigerungen im gesetzlichen Güterstand den Verdacht wecken, die Berechnung des Zugewinns vereiteln oder zumindest beeinträchtigen zu wollen. Gleichwohl ist ein entsprechendes subjektives Tatbestandselement in § 1385 Nr. 4 – und war auch in § 1386 Abs. 3 aF – nicht vorgesehen. Der Normzweck ist also generalisiert, eine restriktive einzelfallbezogene Interpretation der Norm damit ausgeschlossen.

27 **b) Beharrliche Weigerung.** Eine beharrliche Weigerung, die eine Änderung des Verhaltens nicht mehr erwarten lässt,[15] ist idR erst gegeben nach wiederholtem fruchtlosen Verlangen; sie kann jedoch bei besonderer Intensität der Weigerung, vergleichbar etwa der endgültigen Erfüllungsverweigerung des Schuldrechts, schon bei einmaliger Ablehnung der Information vorliegen. Die Bereitschaft zu partieller Unterrichtung schließt den – dann auf die notwendige Ergänzung zu beziehenden – Tatbestand der beharrlichen Weigerung nicht aus. Erteilt der gerichtlich auf Auskunft in Anspruch genommene Ehegatte während des Verfahrens Auskunft, so werden die Anträge auf vorzeitige güterrechtliche Regelung nach §§ 1385, 1386 nicht gegenstandslos. Die vorzeitige güterrechtliche Reaktion stellt ja gerade eine Sanktion für die verweigerte Auskunft dar und ist nicht auf die Auskunftserteilung, sondern auf die Beendigung des Güterstandes gerichtet. Diese von der hM schon immer zu § 1386 Abs. 3 aF vertretene Ansicht[16] findet sich seit 1. 9. 2009 ausdrücklich im Text des § 1385 Abs. 1 Nr. 4 wieder.

28 **c) Begründete Weigerung.** Die Information wird mit ausreichendem Grund verweigert, wenn die Gefahr einer ehewidrigen Verwendung der mitgeteilten Daten besteht; Maßstab ist also § 1353. Doch darf die Weigerung nicht weiter reichen, als es der Schutz des Auskunftspflichtigen fordert. Ein Ehegatte, der aufgrund früheren Verhaltens Anlass zur Annahme gibt, die vertraulichen Mitteilungen publik zu machen, hat immer noch Anspruch auf Daten, die Dritten unbedenklich zugänglich gemacht werden können.

29 Um der Gefahr einer missbräuchlichen Berufung auf Weigerungsgründe zu begegnen, sind auf die Person des Auskunft begehrenden Ehegatten bezogene Umstände, die schwer zu beweisen, ebenso schwer aber auch zu widerlegen sind, idR als Weigerungsgründe nicht anzuerkennen. Die Behauptung der Bereitschaft des anderen zu geschäftsschädigendem Verhalten oder die Befürchtung übermäßiger Ausgaben nach Bekanntgabe des vorhandenen Vermögens vermögen deshalb die Informationsverweigerung nicht zu stützen.

IV. Verfahren

30 **1. Funktionelle Zuständigkeit.** Funktionell zuständig ist als erstinstanzliches Gericht ausschließlich das FamG (§ 23 a Abs. 1 Nr. 1 GVG, §§ 111 Nr. 9, 261 Abs. 1 FamFG); Anwaltszwang besteht ohne Rücksicht auf die Höhe des Streitwerts (§ 114 Abs. 1 FamFG).

RdNr. 18. Ohne abschließende Entscheidung BGH FamRZ 1978, 677, 678 (zumindest Herstellungsklage möglich).

[15] Ausdrücklich gegen diese Formulierung *Staudinger/Thiele* (2007) § 1386 RdNr. 24.

[16] AG Villingen-Schwenningen FamRZ 2004, 1788; *Gernhuber/Coester-Waltjen* § 36 RdNr. 13.

2. Streitwert. Der Streitwert wird nicht von der Höhe der Ausgleichsforderung bestimmt, die durch die Beendigung des Güterstandes nach erfolgreichem Antrag entsteht – sie ist nicht Streitgegenstand –, sondern von dem Interesse des ausgleichsberechtigten Ehegatten an einer vorzeitigen Beendigung der Zugewinngemeinschaft und der Realisierung seines Zugewinns bzw. bei Antrag des ausgleichspflichtigen Ehegatten von dessen Interesse am Ausschluss des anderen vom eigenen künftigen Erwerb. Zu berücksichtigen ist dabei, dass der ausgleichsberechtigte Ehegatte die künftige Teilhabe am Zugewinn des Partners einbüßt und der Ausgleichspflichtige die erbrechtlichen Vorteile des § 1371 Abs. 1. Eine exakte Berechnung ist angesichts der Unmöglichkeit einer zuverlässigen Prognose der künftigen Entwicklung so gut wie immer ausgeschlossen – ein anderes mag gelten, wenn die Ehe kurz vor der Beendigung durch Scheidung steht. Der Wert muss also nach § 3 ZPO, § 113 Abs. 1 FamFG nach freiem Ermessen festgesetzt werden. Regelstreitwerte, etwa ein Viertel der Ausgleichsforderung,[17] sind nicht mehr als willkürliche Daten und deshalb mit § 3 ZPO nicht zu vereinbaren – man könnte mit ebensoviel und ebensowenig Überzeugungskraft auch ein Achtel, ein Drittel oder die Hälfte wählen.[18] 31

3. Verwirkung. Fristen für die Stellung des Antrags auf vorzeitige Aufhebung der Zugewinngemeinschaft – mit oder ohne Antrag auf Ausgleich des Zugewinns – bestehen nicht. Längeres Zögern nach Bekanntwerden der Umstände, die das Recht zur vorzeitigen güterrechtlichen Regelung geben, kann jedoch zur Verwirkung des Antragsrechts (§ 242) führen. Allerdings bleibt zu bedenken, dass niemand gehalten sein kann, den Fortbestand seiner Ehe durch Ausübung güterrechtlicher Gestaltungsmacht zu gefährden. Ein rechtsgeschäftlicher Verzicht wird kaum jemals ernsthaft in Betracht kommen. 32

4. Rechtsschutzinteresse. Dem Antragsteller fehlt das Rechtsschutzinteresse, wenn der andere Ehegatte bereit ist, Gütertrennung zu vereinbaren mit Abrechnung der Zugewinngemeinschaft zu dem Zeitpunkt, der auch bei Beendigung des Güterstandes durch richterlichen Gestaltungsbeschluss entscheidend sein würde – oder zu einem dem Antragsteller günstigeren Zeitpunkt.[19] Erklärt der Antragsgegner seine Bereitschaft erst im Verfahren, so ist dieses durch Vergleich zu beenden, in dem Gütertrennung vereinbart wird. Ein Anerkenntnisbeschluss iS des § 38 Abs. 4 Nr. 1 FamFG ist ausgeschlossen; der richterliche Gestaltungsakt ist Tatbestandselement der Beendigung des Güterstandes, das Anerkenntnis kann ihn nicht ersetzen. 33

5. Widerantrag. Dem Antrag eines Ehegatten aus § 1385 Nr. 2–4 kann der andere grundsätzlich mit einem gleichgerichteten Widerantrag begegnen (§ 33 ZPO, § 113 Abs. 1, 5 Nr. 2 FamFG). Da die Ehegatten jeweils ein eigenes Recht aus § 1385 Nr. 2–4 haben und sich zwingend auf verschiedene Sachverhalte stützen, haben Antrag und Widerantrag nicht denselben Streitgegenstand. Das aber ist der Fall, wenn der Widerantragsteller wie der Antragsteller aus § 1385 Nr. 1 – und damit aus demselben Sachverhalt – vorgeht. Der Widerantrag ist hier unzulässig, das Interesse des Antragsgegners an einer ihm günstigen Kostenentscheidung kann nach § 93 a ZPO analog, § 113 Abs. 1 FamFG gewahrt werden.[20] Ebenso unzulässig ist der Widerantrag, wenn mit ihm lediglich Feststellung begehrt wird, dass der Antragsteller das geltend gemachte Recht aus § 1385 Nr. 2–4 nicht hat.[21] 34

---

[17] BGH FamRZ 1973, 133; SchlHOLG SchlHA 1979, 180, 181 (beide für den Zugewinnausgleichsberechtigten).

[18] *Staudinger/Thiele* (2007) § 1385 RdNr. 15; zurückhaltend auch *Soergel/Lange* § 1385 RdNr. 11 („Mittel der Orientierung"). Wie der BGH *Palandt/Brudermüller* § 1386 RdNr. 14; *Erman/Gamillscheg* § 1385 RdNr. 4.

[19] *Staudinger/Thiele* (2007) § 1385 RdNr. 16. Vgl. ferner *Dölle* I S. 842; *Erman/Gamillscheg* § 1385 RdNr. 3; RGRK/*Finke* § 1385 RdNr. 12 (sämtlich allerdings ohne Berücksichtigung des Abrechnungsstichtages).

[20] *Staudinger/Thiele* (2007) § 1385 RdNr. 18; *Soergel/Lange* § 1385 RdNr. 7; aA OLG Koblenz FamRZ 1990, 1368; *Johannsen/Henrich/Jaeger* RdNr. 4.

[21] Vgl. *Zöller/Vollkommer* § 33 RdNr. 7.

35 **6. Stufenantrag.** Nach § 1379 Abs. 1 kann jeder Ehegatte ab Rechtshängigkeit des Antrags aus § 1385 bzw. § 1386 von dem anderen Vermögensauskunft verlangen. Werden die Anträge in Form eines Stufenantrags miteinander verbunden, sind alle Phasen der Auseinandersetzung in einem Verfahren vereinigt. So konnte nach allgM auch nach §§ 1379, 1378 aF vorgegangen werden.[22] Zu bedenken war nach altem Recht jedoch, dass über die späteren Stufen des Prozesses, also über Auskunft und Leistung, erst nach Rechtskraft des Teilurteils über den vorzeitigen Ausgleich des Zugewinns entschieden werden konnte – die Beendigung des Güterstandes war schließlich Tatbestandsvoraussetzung sowohl des Auskunftsanspruchs wie des Zahlungsanspruchs. Das hat sich seit 1. 9. 2009 geändert. Sowohl der Auskunftsanspruch nach § 1379 entsteht mit der Rechtshängigkeit des Antrags auf die vorzeitige güterrechtliche Regelung als auch der Leistungsanspruch aus § 1385 auf vorzeitigen Ausgleich des Zugewinns. Über Auskunft und Leistung kann also gleichzeitig mit der Aufhebung der Zugewinngemeinschaft entschieden werden, über die Auskunft auch vorweg. In den Scheidungsverbund kann das Verfahren auf vorzeitigen Zugewinnausgleich niemals einbezogen werden, denn die Entscheidung wird nicht, wie es § 137 Abs. 1, 2 Nr. 4 FamFG verlangt, für den Fall der Scheidung getroffen.[23]

36 Erledigt sich der Antrag auf vorzeitige Aufhebung der Zugewinngemeinschaft durch zwischenzeitliche Ehescheidung, Tod eines Ehegatten oder auch Ehevertrag, so können die anderen Begehren gegenstandslos werden, weil etwa die Ausgleichsforderung im Ehevertrag geregelt oder der Zugewinn erbrechtlich ausgeglichen wird. Ist das nicht der Fall, sind die Anträge auf Auskunft und Leistung umzustellen und auf die eingetretene Beendigung des Güterstandes zu beziehen. Wird der Scheidungsantrag zurückgenommen, so kann die Folgesache Zugewinn mit Umstellung des Antrags auf vorzeitigen Ausgleich gemäß § 141 FamFG fortgeführt werden.[24]

37 **7. Vergleich.** Das Verfahren kann durch Vergleich beendet werden. Entspricht dessen Inhalt dem Antrag, so erreicht der Antragsteller sein Ziel durch Ehevertrag – die Form wird gemäß § 127 a gewahrt, die Gütertrennung tritt gemäß § 1414 ein. Möglich sind nach hM auch Vergleiche mit anderen Inhalten, insbesondere kann bei Fortbestand der Zugewinngemeinschaft als Zwischenausgleich eine Zahlung an den Antragsteller vereinbart werden, die später einmal als vorzeitige Leistung auf die Ausgleichsforderung angerechnet werden soll (vgl. dazu § 1380 RdNr. 3).

38 **8. Beschluss und Vollstreckung.** Unstrittig war schon immer, dass die Gestaltungswirkung der gerichtlichen Entscheidung – Gütertrennung statt Zugewinngemeinschaft – nicht durch eine einstweilige Verfügung (§§ 935 ff. ZPO) vorweggenommen werden konnte. Der einschränkende Verweis in § 119 Abs. 2 FamFG schließt nun die Anwendung der §§ 935 ff. ohnehin aus.

39 Stattgebende Beschlüsse sind der Vollstreckung grundsätzlich nicht fähig. Da der Übergang von der Zugewinngemeinschaft zur Gütertrennung keine eintragungsfähige Tatsache ist, (dazu Vor § 1558 RdNr. 6 f.) erübrigt sich auch die Frage nach der Vollstreckbarkeit der Eintragung in das Güterrechtsregister. Vollstreckbar ist allerdings die Kostenfestsetzung (§§ 103 ff. ZPO, § 113 Abs. 1 FamFG).

V. Vereinbarungen

40 **1. Keine Abdingbarkeit.** Die §§ 1385, 1386 setzen zwingendes Recht, können also durch Ehevertrag nicht abbedungen werden. Dies ist im Ergebnis unstreitig, schwankend sind jedoch die Begründungen. Vielfach wird die Unzulässigkeit des Verzichts auf die Möglichkeit, den Güterstand während bestehender Ehe zu beenden, mit dem Schutz der

---

[22] OLG Celle FamRZ 1983, 171; *Gernhuber/Coester-Waltjen* § 36 RdNr. 9; *Staudinger/Thiele* (2007) § 1385 RdNr. 17; *Johannsen/Henrich/Jaeger* § 1385 RdNr. 4; *Bamberger/Roth/Mayer* RdNr. 3.

[23] KG FamRZ 2001, 166 m. Anm. *Gottwald* (zu § 623 ZPO).

[24] So schon hM zu § 626 Abs. 2 ZPO, vgl. KG FamRZ 2004, 1044; OLG Köln FamRZ 2003, 539 m. Anm. *Höser.*

Ehe begründet – die andernfalls allein mögliche Alternative zur Beendigung des Güterstandes wäre ja die Ehescheidung.[25] Zutreffend ist aber auch das Argument, dass Rechtsbehelfe, die gerade dazu bestimmt sind, ein Übermaß an Bindung zu vermeiden, also ein Mindestmaß an Autonomie zu wahren, nicht in einem privatautonomen Akt preisgegeben werden können.

2. Erweiterungen. Unbenommen bleibt es den Parteien, weitere Tatbestände zu vereinbaren, die ein Recht zur Beendigung der Zugewinngemeinschaft vermitteln; auch die Verkürzung der Dreijahresfrist des § 1385 Nr. 1 ist möglich.[26] Der Vertragsfreiheit Grenzen setzt allein § 138; sittenwidrig können insbesondere Abreden sein, die nur einen Ehegatten begünstigen, und Abreden, die einem Ehegatten die Möglichkeit einräumen, durch eigenes pflichtwidriges Tun ein Antragsrecht zu erwerben. 41

Unabdingbar für die Beendigung des Güterstandes ist aber auch in diesen Fällen der richterliche Akt; die Vereinbarung von Rechten, die den Güterstand allein durch Willenserklärung beenden, ist nichtig. Der richterliche Akt dient der Rechtsklarheit; diese steht nicht zur Disposition der Parteien.[27] 42

§ 1387 Berechnungszeitpunkt des Zugewinns und Höhe der Ausgleichsforderung bei vorzeitigem Ausgleich oder vorzeitiger Aufhebung

In den Fällen der §§ 1385 und 1386 tritt für die Berechnung des Zugewinns und für die Höhe der Ausgleichsforderung an die Stelle der Beendigung des Güterstands der Zeitpunkt, in dem die entsprechenden Klagen erhoben sind.

I. Normzweck

§ 1387 dient der **Abwehr** planmäßiger Akte, die während des Verfahrens der Ehegatten über den Übergang zur Gütertrennung eine **Minderung des eigenen Endvermögens** – und damit des Zugewinns – zum Ziel haben. Die zeitliche Verlagerung des entscheidenden Zeitpunkts für die Berechnung des Zugewinns von der Beendigung des Güterstandes (vgl. § 1375 Abs. 1 S. 1) auf den Zeitpunkt der Rechtshängigkeit des Antrags[1] entzieht allen Dispositionen während des Verfahrens die güterrechtliche Relevanz; es gelten also auch nicht mehr die §§ 1374 Abs. 2, 1375 Abs. 2, 1380 (vgl. dazu auch § 1384 RdNr. 3). Das Problem, dass die Norm auch gilt, wenn das Endvermögen des Partners während des Verfahrens nicht gemindert wurde, sondern wuchs, besteht hier ebenso wie im Fall des § 1384 (vgl. § 1384 RdNr. 2). Ebenso entsteht auch hier die Frage nach der Kompatibilität der Vorverlegung des Stichtags für die Höhe der Ausgleichsforderung mit dem in § 1378 Abs. 2 S. 1 verfolgten Ziel, den güterrechtlichen Ausgleich grundsätzlich nicht zur Verschuldung führen zu lassen. In Fällen, in denen zwischen Rechtshängigkeit und Rechtskraft der die Zugewinngemeinschaft beendenden Entscheidung nicht zurechenbare Vermögensverluste eintreten, ist die Lösung – wie bei § 1384 – in einer restriktiven Auslegung der Norm zu finden – die Höhenfestschreibung des § 1387 gilt in dieser Konstellation nicht. 1

Im Verein mit § 1384 (Güterstandsbeendigung bei gleichzeitiger Beendigung der Ehe) beinhaltet § 1387 (Güterstandsbeendigung bei Fortbestand der Ehe)[2] einen allgemeinen Rechtsgrundsatz, demzufolge bei Güterstandsbeendigung durch richterlichen Akt für die 2

[25] Vgl. *Dölle* I S. 838 f. u. S. 842; *Staudinger/Thiele* (2007) § 1386 RdNr. 31; *Soergel/Lange* § 1385 RdNr. 5 u. § 1386 RdNr. 6; RGRK/*Finke* § 1385 RdNr. 18; *Erman/Gamillscheg* § 1385 RdNr. 5 u. § 1386 RdNr. 5; *Johannsen/Henrich/Jaeger* § 1372 RdNr. 4.

[26] So zu § 1385 aF: *Staudinger/Thiele* (2007) § 1385 RdNr. 25; RGRK/*Finke* § 1385 RdNr. 18. Anders MünchKommBGB/*Gernhuber* 3. Aufl. RdNr. 41; *Soergel/Lange* § 1385 RdNr. 5.

[27] *Staudinger/Thiele* (2007) § 1385 RdNr. 25; *Soergel/Lange* § 1385 RdNr. 5.

[1] Der Gesetzestext spricht offensichtlich versehentlich noch von Klage, vgl. § 113 Abs. 5 Nr. 2 FamFG.

[2] Ungenau ist das „oder" in der Überschrift der Vorschrift: Auch der vorzeitige Ausgleich setzt nach § 1385 schließlich die vorzeitige Beendigung des Güterstandes voraus.

Berechnung des Zugewinns ausnahmslos der Zeitpunkt der Rechtshängigkeit des Antrags entscheidend ist. Angesichts der praktischen Dominanz der Güterstandsbeendigung durch richterlichen Beschluss erweist sich an den beiden Normen die in § 1375 Abs. 1 S. 1 enthaltene Regel des Gesetzes letztlich als Ausnahme.

II. Mehrheit von Anträgen

3 **1. Antrag auf vorzeitige Aufhebung der Zugewinngemeinschaft und Eheauflösungsantrag.** Konkurrieren die Anträge aus § 1385 bzw. § 1386 mit dem Antrag auf Scheidung oder Aufhebung der Ehe miteinander, so ist stets der Zeitpunkt des früheren Begehrens entscheidend, mag auch das spätere Begehren allein oder zeitlich früher erfolgreich gewesen sein (vgl. dazu § 1384 RdNr. 7 mwN).

4 **2. Antrag und Widerantrag.** Selten ist eine Konkurrenz von Antrag und Widerantrag, die sich gleicherweise, wenn auch aus verschiedenen Gründen, auf die vorzeitige Beendigung der Zugewinngemeinschaft richten. Auch in diesem Fall ist ohne Rücksicht auf den realen oder hypothetischen Erfolg oder Misserfolg der Zugewinn stets für den Zeitpunkt der Rechtshängigkeit des früheren Antrags zu berechnen.[3]

III. Tod einer Partei; Vergleich

5 **1. Tod eines Ehegatten.** Stirbt ein Ehegatte während des Verfahrens, so ist dieses in der Hauptsache erledigt; der Güterstand endet nicht durch richterlichen Akt. Dennoch ist § 1387 entsprechend anzuwenden, wenn der überlebende Ehegatte und die Erben des verstorbenen den rechnerischen Zugewinnausgleich vorzunehmen haben (§ 1371 Abs. 2, vgl. dazu § 1384 RdNr. 8) und das hypothetisch zu Ende gedachte Verfahren zum Erfolg, also zur Gütertrennung zwischen den Ehegatten, geführt hätte.[4] Die Erfolgsaussicht des nicht zu Ende geführten Verfahrens ist hier entscheidend, weil anders als bei konkurrierenden Anträgen der Güterstand nicht durch gerichtlichen Akt beendet wurde.

6 **2. Vergleich.** Ein das Verfahren beendender Vergleich, mit dem die Ehegatten für die Zukunft zur Gütertrennung übergehen, erfüllt den Tatbestand des § 1387 an sich nicht; der Wechsel des Güterstandes ist dann Folge eines Ehevertrags. Doch ist in diesem Falle – vorbehaltlich einer anderen Regelung im Vergleich – **§ 1387 analog** anzuwenden: Der Normzweck des § 1387 knüpft an das Verfahren der Ehegatten an, nicht aber an die Art des dieses erledigenden Aktes.[5] Hatte der Ehegatte rechtsirrtümlich unter Verkennung der Voraussetzungen des § 1378 Abs. 3 S. 1 und ohne die Voraussetzungen des § 1385 zu beachten, einfach Zahlung des Zugewinns verlangt, so muss das Gleiche gelten.[6]

IV. Abweichende Vereinbarungen

7 **1. Dispositives Recht.** § 1387 setzt nach hM ebenso wie § 1384 dispositives Recht.[7] Die Parteien können ihn abbedingen und damit zum gesetzlich für die Berechnung des Zugewinns vorgesehenen Zeitpunkt der Güterstandsbeendigung zurückkehren; sie können auch einen anderen Zeitpunkt wählen oder einem Ehegatten ein Wahlrecht zwischen

[3] *Soergel/Lange* RdNr. 6; *Erman/Gamillscheg* RdNr. 1. Anders *Reinicke* BB 1967, 521, 522 (bei abgewiesener Klage Zeitpunkt der Widerklage); vermittelnd *Staudinger/Thiele* (2007) RdNr. 5 (Zeitpunkt der Widerklage, wenn der Beklagte diese erst später aufgrund während des Rechtsstreits entstandener Tatsachen erhoben hat). Dazu auch §§ 1385, 1386 RdNr. 33.

[4] Vgl. *Staudinger/Thiele* (2007) RdNr. 6 (ohne Analogie); *Soergel/Lange* RdNr. 3; *Erman/Gamillscheg* RdNr 1; *Johannsen/Henrich/Jaeger* RdNr. 2.

[5] *Palandt/Brudermüller* RdNr. 1; *Soergel/Lange* RdNr. 7; *Johannsen/Henrich/Jaeger* RdNr. 2. Vgl. dazu auch § 1384 RdNr. 9.

[6] Anders zu §§ 1385, 1386 aF OLG Zweibrücken OLGZ 1974, 214, 216 (Tag des Prozessvergleichs); dem zustimmend RGRK/*Finke* RdNr. 3; *Staudinger/Thiele* (2007) RdNr. 7.

[7] Vgl. § 1384 RdNr. 10 ff.; *Staudinger/Thiele* (2007) RdNr. 11; *Soergel/Lange* RdNr. 4; RGRK/*Finke* RdNr. 4.

verschiedenen Zeitpunkten einräumen. Solange der Güterstand währt, ist die Form des Ehevertrags zu wahren.

2. Allgemeine Schranken der Vertragsfreiheit. Erhalten bleiben die allgemeinen Schranken der Vertragsfreiheit. Nichtig gemäß § 138 kann ein Ehevertrag insbesondere sein, wenn er in grob einseitiger Manier einen Ehegatten gegenüber dem anderen begünstigt. 8

§ 1388 Eintritt der Gütertrennung

Mit der Rechtskraft der Entscheidung, die die Zugewinngemeinschaft vorzeitig aufhebt, tritt Gütertrennung ein.

I. Normzweck

§ 1388 verbindet mit der vorzeitigen Aufhebung der Zugewinngemeinschaft den Eintritt der Gütertrennung. Damit wird auch der wegen pflichtwidriger Unregelmäßigkeiten des anderen aus § 1385 Nr. 2–4 vorgehende Ehegatte vom weiteren Zugewinn des Antragsgegners ausgeschlossen – infolge des § 1387 mit Rückwirkung auf den Zeitpunkt der Antragstellung. 1

Dies hatte der Gesetzgeber bei Schaffung des § 1388 aF im Interesse der Vermeidung weiterer Streitigkeiten bei weiterbestehender Zugewinngemeinschaft bewusst in Kauf genommen. Die Norm war deshalb allerdings bereits im Gesetzgebungsverfahren umstritten und wurde auch später noch kritisch betrachtet und allenfalls bei Vorgehen aus § 1385 aF (dreijähriges Getrenntleben) für sachgerecht gehalten.[1] Ohne auf diese Kritik einzugehen, hat der Gesetzgeber in der am 1. 9. 2009 in Kraft getretenen Zugewinnausgleichsrechtsreform § 1388 lediglich im Hinblick auf die Neugestaltung des Leistungs- und Gestaltungsanspruchs in §§ 1385, 1386 umformuliert. In der Sache ist allerdings die mit § 1388 gefundene Lösung der Situation von Ehegatten, die sich gerichtlich um die Vermögensteilhabe auseinandergesetzt haben, durchaus adäquat. Nicht angebracht sind insbesondere verfassungsrechtliche Bedenken.[2] 2

II. Tatbestand

1. Rechtskraft des Beschlusses. Der Beschluss, der auf die vorzeitige Aufhebung der Zugewinngemeinschaft erkennt, ist eine konstitutive Gestaltungsentscheidung mit güterstandsändernder Wirkung. Die Gütertrennung tritt mit Rechtskraft des Beschlusses ein – und zwar auch dann, wenn die Kostenentscheidung für vorläufig vollstreckbar erklärt worden ist. 3

2. Keine einstweilige Verfügung. Dass Gütertrennung nicht als Folge einer einstweiligen Verfügung nach § 940 ZPO eintreten kann, weil damit – ohne spätere rückwirkende Korrekturmöglichkeit – die endgültige Gestaltungswirkung vorweggenommen würde, war bereits zu § 1388 aF allgM.[3] Dass nach dem einschränkenden Verweis in § 119 Abs. 2 S. 1 FamFG einstweilige Verfügungen in Familiensachen ohnehin unstatthaft sind, führt hier also zu keiner Änderung. 4

3. Keine Geltung bei Vergleichen. § 1388 gilt nicht, wenn der Güterstand durch gerichtlichen Vergleich beendet wird. Die Parteien können in ihm jedoch Gütertrennung vereinbaren – die Form des § 1410 ist gemäß § 127 a gewahrt –, aber auch eine Ausgleichszahlung und Fortsetzung der Zugewinngemeinschaft. 5

---

[1] Vgl. MünchKommBGB/*Gernhuber* 3. Aufl. RdNr. 2; *Staudinger/Thiele* (2007) RdNr. 3.

[2] Solche zurückweisend auch KG FamRZ 1995, 39.

[3] *Staudinger/Thiele* (2007) RdNr. 6; *Soergel/Lange* RdNr. 5; *Erman/Gamillscheg* RdNr. 1; RGRK/*Finke* RdNr. 2.

III. Rechtsfolge

6 **1. Gütertrennung.** Für die Zukunft gilt Gütertrennung, es enden sämtliche Wirkungen der Zugewinngemeinschaft, insbesondere auch die erbrechtlichen Wirkungen des § 1371. Der erwirtschaftete Zugewinn ist ohne Besonderheiten nach den Regeln der §§ 1373 ff. abzurechnen.

7 **2. Wirkung im Verhältnis zu Dritten.** Die Gütertrennung gilt ohne jede Ausnahme auch im Verhältnis zu Dritten. Da diese nicht aus einer vertraglichen Absprache folgt, ergibt sich das nicht unmittelbar aus § 1412. Auch dessen analoge Anwendung ordnet § 1388 nicht an – anders §§ 1449 Abs. 2 und 1470 Abs. 2 für den Fall der Gütertrennung nach Aufhebung einer Gütergemeinschaft. Allerdings gebietet die Verkehrsschutzfunktion des § 1412, diesen nur anzuwenden, wenn der Rechtsverkehr durch die Änderung des Güterstandes erschwert wird, nicht aber, wenn er – wie beim Wechsel von der Zugewinngemeinschaft zur Gütertrennung – durch den Fortfall von Verfügungsbeschränkungen (§§ 1365, 1367) erleichtert wird. Ein Dritter kann sich also nicht auf § 1412 berufen, um die Unwirksamkeit eines nach dem Recht der Zugewinngemeinschaft unwirksamen Rechtsgeschäfts geltend zu machen, das nach der eingetretenen, aber nicht eingetragenen Gütertrennung wirksam ist. Es ist nicht Aufgabe des Güterrechtsregisters, das Vertrauen auf die Unwirksamkeit rechtlicher Akte zu schützen.[4]

IV. Abweichende Vereinbarungen

8 Nach allgM gehört § 1388 zu den Normen des gesetzlichen Güterstandes, die nicht abbedungen werden können. Ehegatten, die Gütertrennung nicht wünschen, können diese zwar nach Rechtskraft des Beschlusses durch Ehevertrag wieder beseitigen und einen anderen Güterstand, auch erneut Zugewinngemeinschaft, vereinbaren, doch können sie nicht bereits vor dem Ende des Verfahrens die Wirkungen der gerichtlichen Entscheidung abbedingen.[5]

§ 1389 Sicherheitsleistung

Ist die Klage auf vorzeitigen Ausgleich des Zugewinns erhoben oder der Antrag auf Scheidung oder Aufhebung der Ehe gestellt, so kann ein Ehegatte Sicherheitsleistung verlangen, wenn wegen des Verhaltens des anderen Ehegatten zu besorgen ist, dass seine Rechte auf den künftigen Ausgleich des Zugewinns erheblich gefährdet werden.

1 § 1389 ist zum 1. 9. 2009 ersatzlos aufgehoben worden.[1] Damit hat sich der Streit um die Frage erledigt, ob die Zugewinnausgleichsforderung auch schon vor Rechtskraft der Scheidung im Wege des Arrestes nach §§ 916 ff. ZPO, § 119 Abs. 2 S. 1 FamFG gesichert werden kann. Dessen Zulässigkeit steht nun fest. Der Gegenmeinung, die die Unzulässigkeit des Arrestes vor allem mit dem Hinweis auf § 1389 als einer lex specialis begründete, ist der Boden entzogen. Erledigt hat sich mit der Aufhebung des § 1389 auch die Streifrage, ob der Anspruch auf Sicherheitsleistung selbst vorläufig sicherbar ist – und wenn, ob im Wege des Arrestes oder der einstweiligen Verfügung.

2 Die Eliminierung dieser zu Rechtsunsicherheit führenden Streifragen durch Aufhebung der Norm zum 1. 9. 2009 war vom Gesetzgeber intendiert. Zu einer Verkürzung des

---

[4] *Dölle* I S. 843 und 864; *Soergel/Lange* RdNr. 7; *Staudinger/Thiele* (2007) § 1412 RdNr. 14; *Erman/Gamillscheg* RdNr. 1; RGRK/*Finke* RdNr. 6; *Johannsen/Henrich/Jaeger* RdNr. 3. Zur Frage, ob die Veränderung des Güterstandes dennoch eintragungsfähig ist, vgl. vor § 1588 RdNr. 6 ff.

[5] Vgl. *Dölle* I S. 843 f.; *Soergel/Lange* RdNr. 4; *Erman/Gamillscheg* RdNr. 3; RGRK/*Finke* RdNr. 7; *Bamberger/Roth/Mayer* RdNr. 4. Anders MünchKommBGB/*Gernhuber* 3. Aufl. RdNr. 9; *Staudinger/Thiele* (2007) RdNr. 12; *Johannsen/Henrich/Jaeger* RdNr. 4.

[1] Gesetz zur Änderung des Zugewinnausgleichs- und Vormundschaftsrechts v. 6. 7. 2009, BGBl. I S. 1696.

Rechtsschutzes des ausgleichsberechtigten Ehegatten kommt es dadurch nicht: Im Falle der Scheidung kann der Zugewinnausgleichsanspruch im Scheidungsverbund geltend gemacht werden und ist ab Rechtshängigkeit des Scheidungsantrags im Wege des Arrestes sicherbar (dazu § 1378 RdNr. 32), im Falle der vorzeitigen Aufhebung der Zugewinngemeinschaft entsteht gemäß § 1385 der Leistungsanspruch unmittelbar mit Verfahrenseinleitung und kann mithin ebenfalls von diesem Zeitpunkt an durch Arrest gesichert werden.

§ 1390 Ansprüche des Ausgleichsberechtigten gegen Dritte

(1) Der ausgleichsberechtigte Ehegatte kann von einem Dritten Ersatz des Wertes einer unentgeltlichen Zuwendung des ausgleichspflichtigen Ehegatten an den Dritten verlangen, wenn

1. der ausgleichspflichtige Ehegatte die unentgeltliche Zuwendung an den Dritten in der Absicht gemacht hat, den ausgleichsberechtigten Ehegatten zu benachteiligen und

2. die Höhe der Ausgleichsforderung den Wert des nach Abzug der Verbindlichkeiten bei Beendigung des Güterstands vorhandenen Vermögens des ausgleichspflichtigen Ehegatten übersteigt.

Der Ersatz des Wertes des Erlangten erfolgt nach den Vorschriften über die Herausgabe einer ungerechtfertigten Bereicherung. Der Dritte kann die Zahlung durch Herausgabe des Erlangten abwenden. Der ausgleichspflichtige Ehegatte und der Dritte haften als Gesamtschuldner.

(2) Das Gleiche gilt für andere Rechtshandlungen, wenn die Absicht, den Ehegatten zu benachteiligen, dem Dritten bekannt war.

[Abs. 3 idF bis zum Inkrafttreten des Gesetzes zur Änderung des Erb- und Verjährungsrechts]

(3) [1] Der Anspruch verjährt in drei Jahren nach der Beendigung des Güterstands. [2] Endet der Güterstand durch den Tod eines Ehegatten, so wird die Verjährung nicht dadurch gehemmt, dass der Anspruch erst geltend gemacht werden kann, wenn der Ehegatte die Erbschaft oder ein Vermächtnis ausgeschlagen hat.

[Abs. 3 nach Inkrafttreten des Gesetzes zur Änderung des Erb- und Verjährungsrechts]

(3) [1] Die Verjährungsfrist des Anspruchs beginnt mit der Beendigung des Güterstands. [2] Endet der Güterstand durch den Tod eines Ehegatten, so wird die Verjährung nicht dadurch gehemmt, dass der Anspruch erst geltend gemacht werden kann, wenn der Ehegatte die Erbschaft oder ein Vermächtnis ausgeschlagen hat.

Schrifttum: *Larenz/Wolf,* Allgemeiner Teil des Bürgerlichen Rechts, 8. Aufl. 1997.

Übersicht

I. Normzweck

1 Nach § 1378 Abs. 2 S. 2 kann bei illoyaler Vermögensminderung die Ausgleichsforderung den Wert des bei Beendigung des Güterstandes vorhandenen Vermögens des ausgleichspflichtigen Ehegatten übersteigen. Die Realisierung der Forderung ist im Fall passiven Endvermögens jedoch ungewiss und unsicher. Zweck des § 1390 Abs. 1 ist es, das Risiko des Ausfalls der Ausgleichsforderung auf Dritte zu verlagern, sofern und soweit diese von einem dolos handelnden Ehepartner unentgeltlich erwarben. In § 1390 Abs. 1 dokumentiert sich also, wie in § 2329, der ihm partiell als Vorbild diente, und wie in den §§ 816 Abs. 1 S. 2, 822, 988 die **Schwäche des unentgeltlichen Erwerbs.** Bei entgeltlichem Erwerb kann der Dritte gemäß § 1390 Abs. 2 nur bei kollusivem Zusammenwirken mit dem illoyal handelnden Ehegatten in Anspruch genommen werden.

2 § 1390 begrenzt die Zugriffsmöglichkeit auf Dritte auf zwei Tatbestände und umfasst damit nicht alle Konstellationen, in denen das illoyal beiseite geschaffte Vermögen nach § 1378 Abs. 2 S. 2 über die Höhe des vorhandenen Vermögens hinaus hinzugerechnet wird. Allerdings fordert § 1390 aber nicht, dass gerade die konkrete Zuwendung an den Dritten kausal für die Differenz zwischen Ausgleichsforderung und vorhandenem Vermögen ist. Der ausgleichsberechtigte Ehegatte kann auch dann gegen den Dritten vorgehen, wenn andere, erst später illoyal vorgenommene Vermögensreduzierungen zum negativen Vermögen des Schuldners geführt haben.

3 Ausfälle anderer Art auszugleichen ist nicht Zweck des § 1390. Er gilt insbesondere nicht, wenn die Ausgleichsforderung bei Entstehen das vorhandene Aktivvermögen nicht überstieg, vom Gläubiger später nur nicht beigetrieben werden kann, weil der ausgleichsverpflichtete Ehegatte sein Vermögen nach Beendigung des Güterstandes illoyal gemindert hat. Dem Gläubiger stehen dann allein die Rechtsbehelfe des AnfG zur Verfügung.

II. Rechtsdogmatik

4 **1. Obligatorischer Anspruch.** Mittel der Risikoverlagerung ist ein obligatorischer Anspruch des Zugewinnausgleichsgläubigers gegen den Dritten, gerichtet – nicht mehr wie nach § 1390 aF – auf Herausgabe des Erlangten, sondern auf Ersatz von dessen Wert. Der Ehegatte hat mithin einen Zahlungsanspruch gegen den Dritten. Der Anspruch ist sofort fällig; er ist kein verhaltener Anspruch, der durch ein Verlangen des Gläubigers aktualisiert werden müsste.

5 **2. Güterstandsspezifischer Ausgleichsanspruch.** Der Dritte haftet dem Zugewinnausgleichsgläubiger nach Bereicherungsrecht. Der diesbezügliche Verweis bezieht sich auf den Umfang der Haftung, also auf die §§ 818 ff. und ist damit lediglich ein Rechtsfolgenverweis. In der Sache ist der Anspruch gegen den Dritten ein güterrechtlicher Anspruch, der mittelbar abhängig ist von allen Akten und Umständen, die den Ausgleichsanspruch mehren oder mindern einschließlich der Einrede aus § 1381, die von dem veräußernden Ehegatten – und nie von dem empfangenden Dritten – ausgeübt werden kann. Die ergänzende Funktion des Anspruchs rechtfertigt es, ihn in den Fragen der Verkehrsfähigkeit wie die Ausgleichsforderung selbst zu behandeln, also auf ihn § 1378 Abs. 3 S. 1 und 3 analog anzuwenden.[1]

6 **3. Ersetzungsbefugnis des Schuldners.** Die Befugnis des Dritten zur Abwendung der Zahlung durch Herausgabe des Erlangten (Abs. 1 S. 3) ist eine facultas alternativa debitoris, eine Ersetzungsbefugnis, nicht etwa eine Wahlschuld iS des § 262: Der Anspruch des ausgleichsberechtigten Ehegatten ist auf die Geldleistung fixiert, jedoch durch Gestaltungsakt des Schuldners änderbar.

---

[1] *Staudinger/Thiele* (2007) RdNr. 14; RGRK/*Finke* RdNr. 15; *Soergel/Lange* RdNr. 13.

III. Tatbestände

1. Unentgeltliche Zuwendung (Abs. 1). Ausgleichspflichtig sind Dritte nach unentgeltlicher Zuwendung, die der ausgleichsverpflichtete Ehegatte mit Benachteiligungsabsicht vornahm. Unerheblich ist es, ob dem Dritten die Benachteiligungsabsicht bekannt war oder nicht. 7

Der Begriff der unentgeltlichen Zuwendung ist nicht identisch mit dem Begriff der Schenkung. Er umfasst wie in § 1375 Abs. 2 Nr. 1 (vgl. dort RdNr. 20 f.) alle Zuwendungen, für die nach den Ansichten und Absichten der Parteien kein Äquivalent gewährt wird oder zumindest kein ausreichendes; im letzten Fall gilt § 1390 nur für den überschießenden Teil, so insbesondere bei der gemischten Schenkung. Auf Störungen nur der objektiven Äquivalenz kann es schon deshalb nicht ankommen, weil Äquivalenzvorstellung und Benachteiligungsabsicht einander ausschließen. Abgesehen davon ist die Feststellung objektiver Äquivalenz nicht möglich, weil es noch keiner Zeit gelungen ist, das iustum pretium zu bestimmen und einen allgemein anerkannten Maßstab für die Bewertung von Leistungen und Gegenständen zu entwickeln. 8

Unentgeltliche Zuwendungen begründen den Ausgleichsanspruch gegen den Dritten nicht, wenn sie einer **sittlichen Pflicht** entsprechen oder einer auf den **Anstand zu nehmenden Rücksicht.** Diese Grenze ist für die Fälle des § 1375 Abs. 2 Nr. 1 ausdrücklich festgelegt. Sie muss jedoch entsprechend für Zuwendungen gelten, die zwischen dem Berechnungsstichtag für das Endvermögen und der Beendigung des Güterstandes gemacht worden sind. Zu diesem Ergebnis kommt man auch ohne Analogie, denn aus den §§ 2330, 534, 814 lässt sich ein entsprechender allgemeiner Rechtsgedanke entwickeln.[2] 9

2. Benachteiligungsabsicht. Mit Benachteiligungsabsicht handelt der ausgleichsverpflichtete Ehegatte bereits, wenn die Absicht, die Rechte des ausgleichsberechtigten Partners zu schmälern, das bestimmende, wenn auch nicht das einzige Motiv ist. § 1390 ist nicht anzuwenden, wenn andere Motive genauso bedeutsam waren.[3] 10

3. Andere Rechtshandlungen (Abs. 2). Ausgleichspflichtig sind Dritte ferner, wenn sie durch Rechtshandlungen des Zugewinnausgleichsschuldners begünstigt wurden, die dieser in der ihnen – spätestens bei Vollendung der Rechtshandlung – bekannten Absicht vornahm, den Zugewinnausgleichsgläubiger zu benachteiligen. Die Bedeutung des Tatbestandes ist schon deshalb gering, weil unentgeltliche Geschäfte für ihn nicht in Betracht kommen und entgeltliche in der Regel nicht vermögensmindernd wirken. In Betracht kommen hier Kreditgeschäfte, mit denen der ausgleichsverpflichtete Ehegatte bewusst das Risiko der Nichterfüllung übernimmt, oder auch Sicherungsgeschäfte, mit denen der ausgleichsverpflichtete Ehegatte dem Dritten gegenüber die Schuld eines absehbar zahlungsunfähigen Schuldners sichert. Abzulehnen ist die Anwendung des § 1390 auf Veräußerungsgeschäfte, deren Zweck es ist, dem Schuldner Geldmittel zu verschaffen, die er leichter als Sachwerte zur Seite schaffen und vermögensmindernd verschwenden kann;[4] vorbereitende Geschäfte bewirken selbst keine Minderung des Vermögens. 11

IV. Haftung

1. Berechnung des Anspruchs. Auszugleichen ist der Betrag, um den die Ausgleichsforderung das bei Beendigung des Güterstandes vorhandene Aktivvermögen des ausgleichspflichtigen Ehegatten übersteigt. Die Zuwendung ist wertmäßig also voll herauszugeben, wenn der Negativsaldo ihre Höhe erreicht. Soweit das nicht der Fall ist, ist der unentgeltliche Erwerb nur in der Höhe in Frage gestellt, in der er die Mittellosigkeit des ausgleichs- 12

---

[2] Vgl. *Staudinger/Thiele* (2007) RdNr. 6.

[3] Zur Benachteiligungsabsicht vgl. § 1375 RdNr. 29 ff.

[4] Ebenso *Erman/Gamillscheg* RdNr. 5; aA *Staudinger/Thiele* (2007) RdNr. 11; *Soergel/Lange* RdNr. 11; *Johannsen/Henrich/Jaeger* RdNr. 3.

pflichtigen Ehegatten herbeigeführt und die Realisierung des Ausgleichsanspruchs gefährdet oder aussichtslos macht. Der Gesetzestext enthält diese Einschränkung zwar nicht ausdrücklich, doch ergibt sie sich aus Sinn und Zweck der auf den Dritten eröffneten Rückgriffsmöglichkeit. Mit dieser soll das Risiko der Nichterfüllbarkeit der Ausgleichsforderung bei negativem Vermögen des Schuldners auf den Dritten, der von der illoyalen Vermögensweggabe profitiert hat, verlagert werden. Soweit sich dieses Risiko wegen anderweitigem Vermögen nicht realisiert, ist der Dritte vor Inanspruchnahme geschützt.

13 **2. Haftung gemäß §§ 818 ff.** Der Rechtsfolgenverweis (vgl. RdNr. 5) auf die Vorschriften über die Herausgabe einer ungerechtfertigten Bereicherung heißt Haftung gemäß §§ 818 ff., also Haftung auch auf die gezogenen Nutzungen und die erlangten Surrogate (§ 818 Abs. 1). Gegenstandslos ist die in § 818 Abs. 2 statuierte Pflicht, Wertersatz zu leisten, falls die Herausgabe des Erlangten nicht möglich ist. In dieser Konstellation ist die Ersetzungsbefugnis des Dritten aus tatsächlichen Gründen von vornherein entfallen.

14 **Aus § 1390 Abs. 2** verpflichtete Dritte unterliegen stets der verschärften Haftung des unredlichen Bereicherungsschuldners (§§ 819 Abs. 1, 818 Abs. 4, 292, 987 ff.). Zwar können sie beim Erwerb keine positive Kenntnis von der Existenz des Anspruchs aus § 1390 haben, weil dieser ja erst mit Beendigung des Güterstandes entsteht, doch muss in Analogie zu § 142 Abs. 2 die – mit der Kenntnis von der Benachteiligungsabsicht stets gegebene – Kenntnis von der Möglichkeit späteren Entstehens des Anspruchs genügen.[5]

15 Dritte, die **unentgeltlich erwarben,** unterliegen der verschärften Haftung nur, wenn sie im Einzelfall positive Kenntnis von der Benachteiligungsabsicht des Zugewinnausgleichsschuldners hatten oder später erlangten, im Übrigen aber erst, wenn der gegen sie gerichtete Anspruch rechtshängig geworden ist. In allen anderen Fällen können sie sich gemäß § 818 Abs. 3 auf den Wegfall der Bereicherung berufen. Beruht die Entreicherung auf einer unentgeltlichen Weitergabe des Erlangten an einen Dritten, so ist dieser als Empfänger der Zuwendung gemäß § 822 zur Herausgabe an den ausgleichsberechtigten Ehegatten verpflichtet.

16 **3. Irrelevante Umstände.** Belanglos ist, ob der von dem Zugewinnausgleichsgläubiger in Anspruch genommene Dritte Regress bei seinem Geschäftspartner, dem Ausgleichsschuldner nehmen kann oder nicht. In den Fällen des Abs. 2 ist dies ohnehin ausgeschlossen, weil das Rechtsgrundverhältnis wegen kollusiven Handelns zum Nachteil eines Dritten sittenwidrig und damit gemäß § 138 nichtig ist.

17 Belanglos ist ferner die Möglichkeit des Zugewinnausgleichsgläubigers, auch andere aus § 1390 in Anspruch nehmen zu können. § 1390 kennt, anders als § 2329 Abs. 3, keine Schuldnerordnung bei einer **Mehrheit von Verpflichteten** und belässt damit dem Gläubiger die Wahl des Zugriffs. Mehrere nach § 1390 Herausgabeverpflichtete haften auf das gleiche Interesse des Gläubigers. Sie sind Gesamtschuldner und im Innenverhältnis entsprechend dem Wert des gegen sie gerichteten Anspruchs an der Gesamtforderung zum Ausgleich verpflichtet.[6]

18 **4. Ersetzungsbefugnis.** Mit der Ersetzungsbefugnis sollen unbillige Härten, die durch die Zahlungspflicht für den Dritten entstehen können, vermieden werden. Dieser kann, statt zu zahlen, auch den Gegenstand herausgeben. Wird der Dritte gerichtlich auf Zahlung in Anspruch genommen, so ist ihm die Ersetzungsbefugnis **auf Antrag** im Beschluss **vorzubehalten.** Der Vorbehalt bewahrt dem Dritten die Möglichkeit, seine Befugnis mittels einer Vollstreckungsgegenklage (§ 767 ZPO) geltend zu machen.

19 **5. Auskunft.** Da der Dritte nicht mehr, wie nach § 1390 aF zur Herausgabe eines Inbegriffs von Gegenständen verpflichtet ist, lässt sich seine Auskunftspflicht dem Zugewinnausgleichsgläubiger gegenüber nicht mehr aus § 260 Abs. 1 S. 1 Alt. 1 herleiten. Nur

---

[5] Im Ergebnis ebenso *Staudinger/Thiele* (2007) RdNr. 23; *Soergel/Lange* RdNr. 14; *Johannsen/Henrich/Jaeger* RdNr. 6; *Bamberger/Roth/Mayer* RdNr. 5.

[6] Ebenso *Staudinger/Thiele* (2007) RdNr. 27. Anders MünchKommBGB/*Gernhuber* 3. Aufl. RdNr. 17; *Soergel/Lange* RdNr. 16.

wenn sich der Dritte für die Herausgabe der Gegenstände an Stelle der Geldzahlung entscheidet, ist er zu dieser verpflichtet – und folglich dann auch zur Auskunft gemäß § 260 Abs. 1 S. 1 Alt. 1. In den Fällen aber, in denen es bei der primär vorgesehenen Zahlungspflicht des § 1390 bleibt, besteht ein Auskunftsanspruch **aus § 260 nicht.** Der ausgleichsberechtigte Ehegatte ist also auf den allgemeinen Auskunftsanspruch **aus § 242** angewiesen, um den Wert seiner Zahlungsforderung gegen den Dritte ermitteln zu können – ein merkwürdiges Ergebnis angesichts des Ziels der Zugewinnausgleichsrechtsreform, den Schutz des ausgleichsberechtigten Ehegatten zu verbessern. Mit der einfachen Aufnahme eines Verweises auf § 260 Abs. 1 S. 1 Alt. 2 hätte man dem Ehegatten einen effektiven Anspruch zur Ermittlung des Wertes der unentgeltlichen Zuwendung geben können. **Indirekt** kann der ausgleichsberechtigte Ehegatte allerdings nach wie vor über den gegen seinen **Ehepartner gerichteten Auskunftsanspruch** aus § 1379 Kenntnis von Tatbeständen erlangen, die den Anspruch aus § 1390 auslösen (vgl. dazu § 1379 RdNr. 12ff.).

6. Gesamtschuldnerische Haftung. Gemäß § 1390 Abs. 1 S. 4 haften ausgleichs- 20
pflichtiger Ehepartner und Dritter dem Ausgleichsberechtigten gegenüber als Gesamtschuldner. Dass die gegen sie gerichteten Ansprüche einen unterschiedlichen Inhalt haben, begegnet keinen dogmatischen Bedenken. Gesamtschuldnerschaft setzt nach allgM nur ein übereinstimmendes Leistungsinteresse des Gläubigers voraus, verlangt aber nicht übereinstimmende Anspruchsinhalte.[7] Mit der Anordnung von Gesamtschuldnerschaft – und nicht etwa Teilschuldnerschaft oder Subsidiarität der Haftungen – ist die mit der Neufassung des § 1390 regelungsbedürftig gewordene Frage des Verhältnisses zwischen der Haftung des ausgleichspflichtigen Ehegatten und der des Dritten konsequent im Sinne der Intention der Zugewinnausgleichsrechtsreform entschieden worden. Der Zugewinnausgleichsgläubiger hat zwei Schuldner, auf die er nach seinem Belieben zugreifen kann. Unter der Geltung des § 1390 aF hatte das Haftungsverhältnis zwischen Ehegatten und Drittem insofern keine Rolle gespielt, als es zur gleichzeitigen Haftung nicht kommen konnte: Der Anspruch des ausgleichsberechtigten Ehegatten gegen den Dritten entstand ja nur dann, wenn dem ausgleichsberechtigten Ehegatten mangels Aktivvermögens bei Beendigung des Güterstandes eine Ausgleichsforderung nicht zustand (vgl. § 1378 Abs. 2 aF).

V. Konkurrenzen

1. Anspruch aus § 826. Der Anspruch aus § 1390 verdrängt keine andere Anspruchs- 21
norm und wird seinerseits nicht von einer solchen ausgeschlossen. Der ausgleichsberechtigte Ehegatte kann als Gläubiger sein Leistungsinteresse also auf verschiedene Normen stützen, zwischen diesen besteht Anspruchsnormenkonkurrenz; eine solche kommt vornehmlich mit einem Anspruch aus § 826 in Betracht.

2. Pflichtteilsergänzungsanspruch. Anspruchskonkurrenz[8] besteht hingegen zu dem 22
Pflichtteilsergänzungsanspruch, der gemäß §§ 2325ff. geltend gemacht werden kann, wenn die Ehe durch Tod eines Ehegatten endete und der überlebende Ehegatte die güterrechtliche Lösung des § 1371 Abs. 2 wählt.[9] Es handelt sich hier um zwei selbständige materiellrechtliche Ansprüche, die verschiedene Ziele und Funktionen haben.

3. Ansprüche aus dem AnfG können nicht neben Ansprüchen aus § 1390 stehen. Vor 23
der Beendigung des Güterstandes nämlich kann das AnfG keine Anwendung finden, weil der ausgleichsberechtigte Ehegatte noch nicht Gläubiger ist. Nach Güterstandsende aber stehen Ausgleichsforderung und Anspruch aus § 1390 fest und können nicht mehr verändert werden.

---

[7] BGH NJW 1965, 1175; MünchKommBGB/*Bydlinski,* § 421 RdNr. 5 mwN.

[8] Zur Anspruchs- und Anspruchsnormenkonkurrenz *Larenz/Wolf* § 18 RdNr. 18ff.

[9] AllgM, vgl. *Staudinger/Thiele* (2007) RdNr. 35; *Erman/Gamillscheg* RdNr. 4; *Bamberger/Roth/Mayer* RdNr. 1.

VI. Verjährung

24 Der Anspruch verjährt in drei Jahren. Die Verjährung beginnt mit der Beendigung des Güterstandes, und zwar unabhängig davon, ob der ausgleichsberechtigte Ehegatte Kenntnis von der Beendigung hatte. Ausschlaggebend für die **kenntnisunabhängige** Ausgestaltung des Verjährungsbeginns ist das Interesse des Dritten an Klarheit in relativ kurzer Zeit. Die Interessenlage ist hier anders als im Fall des Ausgleichs zwischen den Ehegatten, weshalb dort auch die Verjährung der Ausgleichsforderung kenntnisabhängig ausgestaltet ist, § 1378 Abs. 4 S. 1.[10]

25 Die Verjährung beginnt mit der Beendigung des Güterstandes auch dann, wenn die Ehe durch Tod endet und der Zugewinnausgleich gemäß § 1371 Abs. 2 güterrechtlich abgewickelt wird. Dass für diesen Fall keine Ausnahme gilt, betont § 1390 Abs. 3 ausdrücklich. Die Interessen des Dritten wiegen schwerer als diejenigen des Gläubigers, der selbst den Akt setzen kann, der ihm den Zugriff beim Dritten ermöglicht.

VII. Sicherung des Anspruchs

26 Der in § 1390 Abs. 4 aF geregelte Anspruch des Zugewinnausgleichsgläubigers gegen den Dritten auf Sicherheitsleistung ist zum 1. 9. 2009 ersatzlos entfallen. Nach Ansicht des Gesetzgebers ist es nach der Umwandlung des Herausgabeanspruchs in einen Zahlungsanspruch nicht mehr notwendig, dem ausgleichsberechtigten Ehegatten besondere Sicherungsmöglichkeiten gegen den Dritten in die Hand zu geben – er hält zum Schutz des Geldanspruchs den einstweiligen Rechtsschutz nach den allgemeinen Vorschriften für ausreichend.[11]

VIII. Abweichende Vereinbarungen

27 Nach allgM kann § 1390 durch Ehevertrag nicht abbedungen werden. Der Abdingbarkeit steht zwar nicht entgegen, dass dadurch Rechtsbeziehungen zu Dritten geregelt werden,[12] denn der Ausschluss oder die Einschränkung des § 1390 hindert lediglich das Entstehen von Ansprüchen gegen Dritte; ein unzulässiger Vertrag zu Lasten Dritter aber würde nur bei Erweiterung der Norm geschlossen. Entscheidend für die Unzulässigkeit des im Voraus erklärten Verzichts auf die Rechte aus § 1390 ist aber, dass sich niemand antizipiert rechtsgeschäftlich des Schutzes entäußern kann, den ihm die Rechtsordnung nach sittenwidrigen Akten gewährt.[13]

28 Mittelbar wirken alle Eheverträge zwischen den Ehegatten, die den Zugewinnausgleichsanspruch mindern, auch zugunsten Dritter, die an sich unter § 1390 fallende Zuwendungen empfingen.

§§ 1391–1407 *(aufgehoben)*

[10] Die im Gesetzentwurf zur Änderung des Erb- und Verjährungsrechts zum 1. 1. 2010 vorgesehene Umformulierung des § 1390 Abs. 3 S. 1 in: „Die Verjährungsfrist des Anspruchs beginnt mit der Beendigung des Güterstandes" dient lediglich der sprachlichen Vereinheitlichung der Verjährungsregelungen des BGB (BT-Drucks. 16/10798 S. 32 zu Nr. 11).

[11] BT-Drucks. 16/10798 zu Nr. 11, S. 32.

[12] In diesem Sinne aber RGRK/*Finke* RdNr. 25 (§ 1390 betrifft nicht die güterrechtlichen Beziehungen zwischen den Ehegatten selbst).

[13] Ebenso *Staudinger/Thiele* RdNr. 37 (unter Hinweis auf § 176 Abs. 3); *Bamberger/Roth/Mayer* RdNr. 9.

Untertitel 2. Vertragliches Güterrecht

Vorbemerkungen

Schrifttum: *Alebrand,* Die Errungenschaftsgemeinschaft in der Reform des ehelichen Güterrechts, JZ 1955, 573; *Bärmann,* Das neue Ehegüterrecht, AcP 157 (1958/59), 145; *ders.,* Kritik am neuen ehelichen Güterrecht, JZ 1958, 225; *v. Baligand,* Der Ehevertrag, 1906; *ders.,* Der räumliche Geltungsbereich der Rechtssätze über den Ehevertrag, BöhmsZ 1907, 202; *Beitzke,* Zur Neuordnung des ehelichen Güterrechts, FamRZ 1954, 183; *Belz,* Zur Problematik der „faktischen Gesellschaft" (Ehegatteninnengesellschaft), DB 1965, 133; *Berges,* Das neue eheliche Güterrecht, KTS 1958, 65; *Bollenbeck,* Die Zulässigkeit gemischter Güterstände unter dem BGB, Recht 1904, 32; *ders.,* Umfang und Grenzen der Vertragsfreiheit im ehelichen Güterrecht, DNotZ 1911, 687, 751; *Bosch,* Das neue Ehevermögensrecht, insbes. Das Ehegüterrecht, FamRZ 1958, 289; *ders.,* Der Verzicht auf Unterhalt und Zugewinnausgleich, FamRZ 1965, 237; *Brambring,* Ehevertrag und Testament junger Eheleute, ZAP 1989, 199; *ders.,* Der Ehevertrag, 1991; *Braß,* Vertragsfreiheit im Familienrecht, Diss. Jena 1913; *Breyer,* Der Ehevertrag nach dem Bürgerlichen Gesetzbuch, Diss. Rostock 1911; *Brix,* Eheverträge und Scheidungsfolgenvereinbarungen, zur Abgrenzung von §§ 1378 III und 1408 I BGB, FamRZ 1993, 12; *Büttner,* Grenzen ehevertraglicher Gestaltungsmöglichkeiten, FamRZ 1998, 1; *Buschendorf,* Die Grenzen der Vertragsfreiheit im Ehevermögensrecht, 1987; *Clamer,* Die Zulässigkeit der alten BGB-Güterstände, NJW 1960, 563; *Cypionka,* Vereinbarungen über den Zugewinnausgleich in Eheverträgen und Scheidungsfolgenverträgen, MittRhNotK 1986, 157; *Diederichsen,* Die allgemeinen Ehewirkungen nach dem 1. EheRG und Ehevereinbarungen, NJW 1977, 217; *Ehrlich,* Das zwingende und nicht zwingende Recht im Bürgerlichen Gesetzbuch, 1899, S. 190; *Erbrecht,* Umfang und Grenzen der Vertragsfreiheit im Ehegüterrecht des BGB, Diss. Erlangen 1932; *Fenn,* Die Mitarbeit in den Diensten Familienangehöriger, 1970; *Finke,* Das künftige eheliche Güterrecht, JR 1957, 161; *ders.,* Erläuterungen zum Gleichberechtigungsgesetz, MDR 1957, 579; *Firsching,* Der Ehe- und Erbvertrag im deutschen, österreichischen und schweizerischen Recht, DNotZ 1954, 229; *Gernhuber,* Das eheliche Vermögensrecht und die Verpflichtung zur ehelichen Lebensgemeinschaft, FamRZ 1959, 465; *Göhre,* Die Abänderung des gesetzlichen Güterstandes durch Ehevertrag und Verfügung von Todes wegen, Diss. Frankfurt 1964; *Goller,* Bruchteilsgemeinschaft als vertraglicher Güterstand, BWNotZ 1959, 107; *Grziwotz,* Das Ende der Vertragsfreiheit im Ehevermögens- und Scheidungsfolgenrecht?, FamRZ 1997, 585; *ders.,* Vertragsobjekt Ehe und Partnerschaft, DNotZ 1998, Sonderheft Deutscher Notartag, 228*; *Haegele,* Die vertraglichen Güterstände des Gleichberechtigungsgesetzes, Justiz 1957, 427; *ders.,* Kann Errungenschaftsgemeinschaft (Fahrnisgemeinschaft) noch als eheliches Güterrecht neu vereinbart werden?, FamRZ 1959, 315; *Heckelmann,* Sind gemischte Güterstände nach dem BGB zulässig?, Diss. Heidelberg 1907; *Hennemann,* Bruchteilsgemeinschaft als vertraglicher Güterstand, BWNotZ 1960, 5; *Hipp,* Bruchteilsgemeinschaft als vertraglicher Güterstand, BWNotZ 1959, 197; *Knur,* Zugewinngemeinschaft, Ehevertrag und Verfügung von Todes wegen, DNotZ 1957, 451; *Körner,* Die Grenzen der Vertragsfreiheit im neuen Ehegüterrecht, Diss. Tübingen 1961; *Kohler,* Die Maßnahmen des Unternehmers gegen die Risiken der Zugewinngemeinschaft, BB 1959, 929; *Langenfeld,* Vorsorgende Gestaltung der Rechtsverhältnisse der Ehegatten durch Ehevertrag, BWNotZ 1979, 21; *ders.,* Möglichkeiten und Grenzen notarieller Vertragsgestaltung bei Eheverträgen und Scheidungsvereinbarungen, DNotZ 1985, Sonderheft Dt. Notartag, 167*; *ders.,* Handbuch der Eheverträge und Scheidungsvereinbarungen, 2. Aufl. 1989; *ders.,* Zur Praxis des Ehevertrages, FamRZ 1994, 201; *Leuze/Ott,* Arbeitsverhältnisse zwischen Familienangehörigen, FamRZ 1965, 15; *Lieb,* Die Ehegattenmitarbeit im Spannungsfeld zwischen Rechtsgeschäft, Bereicherungsausgleich und gesetzlichem Güterstand, 1970; *Maßfeller,* Das Güterrecht des Gleichberechtigungsgesetzes, DB 1957, 738; *ders.,* Güterrechtliche Fragen des Gleichberechtigungsgesetzes, DB 1958, 563; *Mayer,* Eheliches Güterrecht und Gleichberechtigung, Rpfleger 1957, 151; *Norbert Mayer,* Herausnahme von einzelnen Gegenständen bzw. Wirtschaftseinheiten aus dem Zugewinnausgleich – eine optimale Gestaltungsvariante im privaten und unternehmerischen Bereich?, DStR 1993, 991; *Meyer-Weirich,* Zum Ehevertrag während der Übergangszeit, FamRZ 1957, 399; *Michaelis,* Die Güterstände in der Praxis, Diss. Hamburg 1968; *Mikat,* Schranken der Vertragsfreiheit im Ehegüterrecht, FS Felgentraeger 1969, S. 323; *Müller-Freienfels,* Die Gesellschaft zwischen Ehegatten, FS Maridakis 1963 II, S. 357; *ders.,* Der Ausgleich für Mitarbeit im Beruf oder Geschäft des Ehepartners, FS Nipperdey 1965 I, S. 625; *ders.,* Gleichberechtigungsprinzip und eheliches Güterrecht, Studi in memoria di Tullio Ascarelli, Mailand 1968, S. 1377; *Pöschl,* Das eheliche Güterrecht für die am 1. 7. 1958 bestehenden Ehen, BB 1958, 359; *Pohle,* Die seit dem 1. 4. 1953 zulässigen Wahlgüterstände und ihre Überleitung in das künftige Güterrecht, FamRZ 1954, 183; *Ramm,* Gleichberechtigung und Hausfrauenehe, JZ 1968, 41, 90; *Reinicke,* Zum neuen ehelichen Güterrecht, NJW 1957, 889; *Reithmann,* Eigentumszuordnung unter Ehegatten – Möglichkeiten und Behinderungen einer vertraglichen Regelung, FS Knur 1972, S. 183; *Schreiber,* Selbstbestimmung im Familienrecht, FamRZ 1954, 125; *ders.,* Freie Auswahl des ehelichen Güterrechts, FamRZ 1955, 203; *D. Schwab,* Gestaltungsfreiheit und Formbindung im Ehevermögensrecht und die Eherechtsreform, Sonderheft 1977 „75 Jahre Deutsche Notar-Zeitschrift", 51*; *Schwenzer,* Vertragsfreiheit im Ehevermögens- und Scheidungsfolgenrecht, AcP 196 (1996), 88; *Siebert,* Arbeits- und Gesellschafts-(Beteiligungs-)Verhältnisse unter Ehegatten, Steuerberater-Jahrbuch 1958/1959, 211; *Spiritus,* Obligatorische oder fakultative Wahl des ehelichen Güterstands, FamRZ 1955, 203; *Wägenbaur,* Einige Bemerkungen zum Abschluß von Arbeitsverträgen zwischen Ehegatten, JZ 1958, 396; *ders.,* Zur Frage der vermögensrechtlichen Ansprüche des mitarbeitenden Ehegatten, FamRZ 1958, 398; *Weber,* Die Überleitung des ehelichen Güterrechts nach dem Gleichberechtigungsgesetz, DNotZ 1957, 570; *Wieruszowski,* Handbuch des Eherechts II, Das eheliche Güterrecht, 1903/1904; *Zöllner,* Vertragsfreiheit und Bindung an den Typus im ehelichen Güterrecht, FamRZ 1965, 113.

S. auch das Schrifttum vor §§ 1363, 1414 und 1415.

Übersicht

I. Vereinbarungen unter den Ehegatten

1 **1. Mögliche Vereinbarungen.** Unter Ehegatten sind Vereinbarungen der verschiedensten Art möglich, die teilweise nur unter Ehegatten mit Rücksicht auf die Ehe getroffen werden können. Daneben sind unter Ehegatten aber auch alle Vereinbarungen wie unter beliebigen Fremden möglich. Für solche auch unter Fremden mögliche Vereinbarungen gelten grundsätzlich die allgemeinen Regeln des jeweiligen Rechtsinstituts. Solche Vereinbarungen können aber dadurch eine Modifikation erfahren, dass sie unter Ehegatten getroffen sind. Mit Rücksicht auf die zwischen den Vertragspartnern bestehende Ehe können solche Vereinbarungen auch eine besondere Bedeutung erlangen.

2 **2. Vereinbarungen nur unter Ehegatten. a) Güterrechtliche Verhältnisse.** Im Mittelpunkt der speziell auf die Ehe bezogenen Vereinbarungen sieht das Gesetz die Regelung der „güterrechtlichen Verhältnisse", dh. der besonderen vermögensrechtlichen Beziehungen der Ehegatten, wie sie gerade mit Rücksicht auf die Ehe während deren Dauer bestehen, mit Ausnahme derjenigen, die zu den allgemeinen Ehewirkungen gehören.[1] Die Vereinbarungen über die „güterrechtlichen Verhältnisse" sind Gegenstand des „Ehevertrages" nach § 1408. Vgl. daher die Erläuterungen zu dieser Vorschrift.

3 **b) Versorgungsausgleich.** § 1408 Abs. 2 iVm. §§ 6, 8 VersAusglG ermöglicht den Ehegatten, durch Ehevertrag Vereinbarungen über den Versorgungsausgleich abstrakt für eine zukünftige eventuelle Scheidung zu treffen. S. dazu § 1408 RdNr. 18 ff.

4 **c) Überlassung der Vermögensverwaltung.** § 1413 lässt den Ausschluss oder die Erschwerung des Widerrufs nur durch Ehevertrag zu, wenn ein Ehegatte sein Vermögen der Verwaltung des anderen Ehegatten überlässt (was in gleicher Weise grundsätzlich auch unter Fremden möglich ist und wofür – von § 1413 abgesehen – die allgemeinen Regeln gelten). Vgl. dazu die Erläuterungen zu § 1413.

5 **d) Allgemeine Ehewirkungen.** Während früher die allgemeinen Ehewirkungen durch die vom patriarchalischen Ehebild geprägten gesetzlichen Bestimmungen im Wesentlichen festgelegt waren, ist durch das Gleichberechtigungsgesetz die Stellung der beiden Ehegatten

[1] Zum Begriff der „güterrechtlichen Verhältnisse" s. im Einzelnen § 1408 RdNr. 6 ff.

austauschbar geworden. Das 1. EheRG hat die Vorschriften über die allgemeinen Ehewirkungen zusätzlich eingeschränkt. Durch diese Entwicklung sind die allgemeinen Ehewirkungen unter den Ehegatten der (formlosen) Vereinbarung in weiterem Umfang zugänglich geworden.[2]

Zu den allgemeinen Ehewirkungen gehört die **Pflicht** der Ehegatten, die **Familie zu unterhalten** (§§ 1360 f.). Über das Ausmaß, in dem die Ehegatten zum Familienunterhalt beizutragen haben, sind ebenfalls (formlose) Vereinbarungen möglich. S. dazu § 1360 RdNr. 23; § 1360 a RdNr. 12 ff. Auch über den Unterhalt nach der Scheidung können abstrakt, ohne Bezug zu einer konkret bevorstehenden Scheidung bereits (formlose) Vereinbarungen getroffen werden. Insbesondere kann von den Ehegatten auf den Unterhaltsanspruch nach einer eventuellen Scheidung verzichtet werden.[3] S. dazu die Erläuterungen zu § 1585 c. 6

e) Scheidungsvereinbarungen. Im Hinblick auf eine konkret **bevorstehende Scheidung** sind Vereinbarungen der Ehegatten über die verschiedensten Fragen möglich: im gesetzlichen Güterstand können Vereinbarungen über den Zugewinnausgleich (beurkundungspflichtig nach § 1378 Abs. 3 S. 2), bei jedem Güterstand Vereinbarungen über die Auseinandersetzung gemeinschaftlichen Vermögens[4] (grundsätzlich formlos),[5] über den gegenseitigen Unterhalt nach der Scheidung[6] (bis zur Rechtskraft der Scheidung beurkundungspflichtig nach § 1585 c) und über den Versorgungsausgleich[7] (beurkundungspflichtig nach § 7 VersAusglG) getroffen werden. Die Vereinbarungen im Hinblick auf eine Scheidung (unter lit. e) unterscheiden sich von den allgemeinen Vereinbarungen über die sachlich gleichen Punkte (lit. a, b, d) dadurch, dass diese konkret für eine bevorstehende Scheidung, jene abstrakt für eine eventuell mögliche Scheidung getroffen werden.[8] 7

3. Unter Fremden mögliche Vereinbarungen. Den Ehegatten stehen aber auch alle Vereinbarungen offen, die unter Fremden getroffen werden können.[9] Die im Folgenden aufgeführten sind für das eheliche Verhältnis von besonderer Bedeutung: 8

a) Gesellschaftsvertragliche Regelungen. Gesellschaftsvertragliche Regelungen bieten sich an, wenn die Ehegatten gemeinschaftlich Zwecke anstreben, die über den allgemeinen Zweck der ehelichen Lebensgemeinschaft hinausgehen, sofern für diese Zwecke bestimmte Mittel bereitgestellt und vom allgemeinen Vermögen der Ehegatten gesondert werden oder sofern das Verhältnis der Ehegatten hinsichtlich dieser Zweckgemeinschaft abweichend vom allgemeinen ehelichen Verhältnis geregelt werden soll. 9

b) Dienstverhältnis. Ein Dienstverhältnis wird unter Ehegatten häufig der (sozial-) versicherungs- oder steuerrechtlichen Wirkungen wegen begründet. 10

c) Vereinbarungen über Rückabwicklung von Zuwendungen. Durch Vereinbarungen über die Rückabwicklung von Zuwendungen oder Leistungen, zB einen Darlehensvertrag, kann der Ausgleich ungerechtfertigter Vermögensverschiebungen unter bestimmten Voraussetzungen sichergestellt werden. 11

d) Übertragung von Vermögenswerten. Durch die Übertragung von Vermögenswerten oder die Einräumung von anderen Rechtsstellungen – zB eines Nießbrauchs – können unerwünschte Disparitäten im Vermögen der Ehegatten ausgeglichen, gleichzeitig 12

---

[2] S. dazu insbes. *Diederichsen* NJW 1977, 217, 222 f.

[3] *Diederichsen* NJW 1977, 217, 223; str., s. § 1585 c RdNr. 14, 28, 37 ff.

[4] Zur Gütergemeinschaft s. die Erläuterungen zu § 1474.

[5] Wenn nicht wegen des betroffenen Gegenstandes eine bestimmte Form eingehalten werden muss, s. insbes. § 311 b Abs. 1.

[6] S. die Erläuterungen zu § 1585 c.

[7] S. dazu die Erläuterungen zu § 1587 o.

[8] Da die Vereinbarung über den Zugewinnausgleich in Bezug auf eine konkret bevorstehende Scheidung, aber vor Einleitung des Verfahrens, nicht mehr Regelung der güterrechtlichen Verhältnisse iS von § 1408 ist, aber noch nicht unter § 1378 Abs. 3 S. 2 fällt, besteht theoretisch zwischen beiden Vorschriften eine Lücke. Dies ist vom Gesetz jedoch sicherlich nicht beabsichtigt. S. die Begr. der vom BRat vorgeschlagenen Vorschrift in BMJErl. S. 121 f.

[9] S. insbes. *Zöllner* FamRZ 1965, 115, 121.

kann aber auch die Sicherung des begünstigten Ehegatten bei Eintritt bestimmter Umstände, insbesondere des Todes des anderen Ehegatten, erreicht werden.

13 Da die unter **a) bis c)** aufgeführten Vereinbarungen regelmäßig formlos getroffen werden können, ist die **Annahme stillschweigender Abmachungen** eine mögliche Zuflucht, um die sonst ausbleibende Beteiligung des einen Ehegatten an der von ihm mitgeschaffenen Vermögensmehrung des anderen oder den sonst ausbleibenden Ausgleich für vom einen Ehegatten erbrachte Zuwendungen oder Leistungen zu erreichen (s. dazu im Einzelnen § 1356 RdNr. 25).

14 **e) Verfügungen von Todes wegen.** Schließlich sind der Ehe eigentümlich Verfügungen von Todes wegen (häufig in Form eines Erbvertrages oder eines gemeinschaftlichen Testamentes), die dem überlebenden Ehegatten eine angemessene Rechtsstellung einräumen sollen.

15 **4. Wirkung bei Teilnichtigkeit.** Sind verschiedene der vorstehend aufgeführten Vereinbarungen in einen Vertrag aufgenommen und ist eine der getroffenen Bestimmungen unwirksam, richtet sich die Wirksamkeit der übrigen nach **§ 139.**

II. Wertung; Nutzung der rechtlichen Möglichkeiten in der Praxis

16 **1. Große Anzahl an Möglichkeiten.** Die Möglichkeiten, die den Ehegatten zu einer angemessenen Gestaltung ihrer rechtlichen Verhältnisse zur Verfügung stehen, sind mannigfaltig. Sie sind regelmäßig geeignet, Lösungen zu finden, die den beiderseitigen Interessen bei Eintritt aller Eventualitäten angemessen Rechnung tragen.

17 **2. Geringe praktische Umsetzung.** Von den gegebenen Möglichkeiten wird in der Praxis aber wenig Gebrauch gemacht.[10] Der gesetzliche Güterstand gilt auch in vielen Ehen, in denen sein „Halbteilungsgrundsatz" bei einem Scheitern der Ehe für den einen Ehegatten kaum tragbare, den anderen Ehegatten ungerechtfertigt begünstigende Folgen hätte. Zuwendungen und Leistungen werden unter Ehegatten häufig ohne Absprache erbracht, mit dem Ergebnis, dass bei Auseinandersetzungen oder einem Scheitern der Ehe demjenigen oft nur unzulänglich geholfen werden kann, der im Vertrauen auf die Ehe diese Opfer gebracht hat.

18 Die **Gründe** hierfür sind verschieden. Neben die allgemeinen Gründe, insbesondere ein generell nur wenig entwickeltes Rechtsbewusstsein, treten besondere, die klare Vereinbarungen unter Ehegatten noch seltener machen als unter Fremden: Gegenüber der tatsächlichen Lebensgemeinschaft wird rechtlichen Fragen sicherlich zu recht nur eine untergeordnete Bedeutung zugemessen. Dies hat aber weithin die Konsequenz, dass die Ehe als „rechtsfreier Raum" angesehen wird, ein Irrtum, der sich wegen der langfristigen Auswirkungen vorgenommener (oder unterlassener) Rechtshandlungen spätestens bei einem Scheitern der Ehe als folgenschwer erweisen kann. Dazu tritt das ungeprüfte Sich-Beruhigen, das Gesetz werde im Konfliktfall alle möglichen Streitfragen angemessen lösen, obwohl dies schon wegen der ganz unterschiedlichen Lebensumstände der Ehegatten ausgeschlossen ist. Unterstützt werden beide Gründe dadurch, dass Vereinbarungen der Ehegatten häufig ihre wichtigsten Rechtsfolgen bei einem Scheitern der Ehe äußern, dass diese Möglichkeit aber verdrängt wird. Alle Gründe für eine Abneigung der Ehegatten gegen rechtliche Vereinbarungen führen zu der Konsequenz, dass der Ehegatte, der solche Vereinbarungen zur Diskussion stellt, als Ehestörer erscheint, der Unbilliges verlangt und das Scheitern der Ehe ins Kalkül zieht, eine Konsequenz, die bewusst oder unbewusst ausgenutzt werden kann und viele Ehegatten von den notwendigen Vorschlägen abhält.

III. Die Geschichte des Vertragsgüterrechts

19 **1. Einengung der Güterstandstypen durch das BGB.** Die Geschichte des Vertragsgüterrechts ist gekennzeichnet durch eine immer weiter gehende Einengung der Güter-

[10] *Michaelis,* Die Güterstände in der Praxis, Diss. Hamburg 1968; *Soergel/Gaul* Vor § 1408 RdNr. 22 ff.; eine Reportage des „Spiegel" 1990 Nr. 14 S. 162 geht davon aus, dass ca. 10% der Eheschließenden einen Ehevertrag abschließen.

standstypen, die vom Gesetz zur Verfügung gestellt werden. Vor Inkrafttreten des BGB waren in Deutschland in den unterschiedlichen Gebieten zahllose gesetzliche und Wahlgüterstände verbreitet,[11] die freilich teilweise nur regional gewählt werden konnten. Das **BGB** führte diese große Zahl auf ein System von **fünf Güterstandstypen** zurück: die Verwaltung und Nutznießung des Ehemannes (gleichzeitig regelmäßiger gesetzlicher Güterstand), die Gütertrennung (gleichzeitig hilfsweiser gesetzlicher Güterstand), die allgemeine Gütergemeinschaft, die Fahrnisgemeinschaft und die Errungenschaftsgemeinschaft (beides Gütergemeinschaftsvarianten). Wegen der grundsätzlichen Unwandelbarkeit des bei Inkrafttreten des BGB bestehenden Güterstandes (vgl. Art. 200 EGBGB),[12] verschwanden die früheren Güterstände nur allmählich.

2. Weitere Einengung durch das GleichberG. Eine weitere Einengung brachte das GleichberG mit der **Abschaffung** der Güterstände der **Nutzverwaltung** (als der Gleichberechtigung grundsätzlich widersprechend) sowie der **Fahrnis-** und der **Errungenschaftsgemeinschaft** (als selten gewählter Güterstände), demgegenüber mit der **Begründung** des neuen gesetzlichen Güterstandes der **„Zugewinngemeinschaft“.** Rechtlich erschöpfte sich die Auswirkung des GleichberG hinsichtlich der Wahlmöglichkeit zwar auf einen Austausch des Güterstands der Nutzverwaltung (dessen Rechtswirkungen nicht mehr vereinbart werden können) durch den der Zugewinngemeinschaft, weil die den Güterständen der Fahrnis- und der Errungenschaftsgemeinschaft eigentümlichen Wirkungen durch eine entsprechende Ausgestaltung der Gütergemeinschaft weiterhin erzielt werden können (s. § 1408 RdNr. 16). Durch den Wegfall dieser Güterstände als besondere Wahlgüterstandstypen ist aber der Anreiz, sie zu wählen, praktisch entfallen. **20**

Kapitel 1. Allgemeine Vorschriften

§ 1408 Ehevertrag, Vertragsfreiheit

(1) Die Ehegatten können ihre güterrechtlichen Verhältnisse durch Vertrag (Ehevertrag) regeln, insbesondere auch nach der Eingehung der Ehe den Güterstand aufheben oder ändern.

(2) [1] Schließen die Ehegatten in einem Ehevertrag Vereinbarungen über den Versorgungsausgleich, so sind in insoweit die §§ 6 und 8 des Versorgungsausgleichsgesetzes anzuwenden.

Schrifttum: Zu Abs. 1: S. das Schrifttum zu den Vorbem.

Zu Abs. 2: S. das Schrifttum und die Erläuterungen zu §§ 6, 8 VersAusglG.

Übersicht

[11] Die unterschiedlichen Angaben bei *Planck,* Entwurf eines Familienrechts für das Deutsche Reich, 1880 IV 1, 285 (weit über 100) und *Müller-Freienfels* RabelsZ 27 (1962/63), 371 (ungefähr 50) beruhen auf unterschiedlicher Differenzierung.

[12] Überleitung durch Landesrecht ermöglichte Art. 218 EGBGB.

I. Normzweck des Abs. 1

1 Abs. 1 eröffnet die Möglichkeit, die güterrechtlichen Verhältnisse durch Vereinbarung zu regeln. Er begründet den Grundsatz der Vertragsfreiheit im Ehegüterrecht (im Rahmen der vom Gesetz zur Verfügung gestellten Institutionen).

II. Der Ehevertrag

2 Der Ehevertrag ist ein **besonderes Rechtsinstitut zur Regelung der güterrechtlichen Verhältnisse** zwischen Ehegatten. Darüber hinaus sind Vereinbarungen über den Versorgungsausgleich – mit oder ohne Zusammenhang mit einer konkreten Ehescheidung – nach Abs. 2 und Ausschluss oder Einschränkung der Möglichkeit jederzeitigen Widerrufs bei Überlassung der Vermögensverwaltung an den Ehegatten nach § 1413 dem Ehevertrag zugewiesen.

3 Der **Abschluss** des Ehevertrages richtet sich nach §§ 1410 f. Er kann jederzeit während der Ehe, aber auch schon vor der Eheschließung unter Verlobten abgeschlossen werden (dies ergibt sich aus dem Wortlaut „auch nach“ in Abs. 1 Halbs. 2), wobei seine Wirkungen dann mit der Eheschließung eintreten.[1]

4 Im Übrigen gelten für den Ehevertrag **keine Besonderheiten.** Die allgemeinen Vorschriften über Rechtsgeschäfte im Allgemeinen und Verträge im Besonderen sind anwendbar. Die Beifügung von Bedingungen und Zeitbestimmungen ist regelmäßig zulässig, da der Ehevertrag grundsätzlich nicht bedingungs- oder befristungsfeindlich ist.[2] Der Abschluss eines (ebenfalls formpflichtigen, s. § 1410 RdNr. 4) Vorvertrages ist möglich.[3] Der Ehevertrag unterliegt wie jedes Rechtsgeschäft der Gläubigeranfechtung.[4]

5 Die **Beweislast** für das Bestehen eines Ehevertrages trägt derjenige, der sich auf ihn beruft.

III. Vereinbarungen über die „güterrechtlichen Verhältnisse“; Schranken der Vertragsfreiheit im Ehegüterrecht

6 **1. Güterrechtliche Verhältnisse.** Die „güterrechtlichen Verhältnisse“ der Ehegatten sind ihre **auf die Ehe bezogenen Vermögensbeziehungen** im Rahmen der Rechtsinstitutionen, die das Gesetz in §§ 1363 ff. dem Güterrecht zuordnet.[5]

---

[1] BayObLGZ 1957, 49, 51.
[2] Vgl. OLG Celle FamRZ 1961, 446.
[3] RGZ 68, 322.
[4] OLG Zweibrücken OLGZ 1965, 304; vgl. aber auch BGHZ 57, 123, 126 = NJW 1973, 48.
[5] Zum Begriff der „güterrechtlichen Verhältnisse“ s. BGHZ 54, 38 = FamRZ 1970, 391, 392 mit Anm. von *Johannsen* LM § 1378 Nr. 3; BayObLGZ 1966, 332, 334; *D. Schwab,* Sonderheft 1977 „75 Jahre Deutsche Notar-Zeitschrift“, 51*, 55* f.; unterschiedliche Auffassungen bestehen im Wesentlichen nur in der Formulierung, kaum (s. aber Fn. 6) in der Sache.

Die **Rechtsfolgen** für die beiderseitigen Vermögen, die **bei Beendigung der Ehe** eintreten, sind ebenfalls auf die Ehe bezogen und gehören deshalb grundsätzlich zu den „güterrechtlichen Verhältnissen“.[6] Dies gilt jedoch dann nicht mehr, wenn die Beendigung der Ehe bereits eingetreten ist oder konkret bevorsteht. In diesem Falle sind Vereinbarungen der Ehegatten nicht mehr auf die Ehe, sondern auf die Auseinandersetzung ihrer Vermögensbeziehungen bezogen, und unterscheiden sich nicht mehr von denen unter Fremden. Deshalb bedarf es eines Ehevertrages, wenn abstrakt für eine eventuelle Beendigung der Ehe unter den Ehegatten Vereinbarungen über den Zugewinnausgleich oder die Auseinandersetzung des Gesamtguts der Gütergemeinschaft getroffen werden.[7] Werden solche Abmachungen im Hinblick auf eine konkret bevorstehende Beendigung der Ehe getroffen, handelt es sich um gewöhnliche Auseinandersetzungsvereinbarungen, die grundsätzlich[8] formlos möglich sind.[9] 7

2. Abgrenzung von anderen Vereinbarungen. Die Abgrenzung güterrechtlicher von anderen – schuld-, insbesondere gesellschaftsrechtlichen (s. Vor § 1408 RdNr. 2 ff.) – Vereinbarungen der Ehegatten ist kaum je problematisch.[10] Ausschlaggebend ist der sich objektiv aus dem Rechtsgeschäft ergebende Geschäftszweck. Im Zweifel soll eine güterrechtliche Regelung anzunehmen sein, wenn sich die Vereinbarung auf das Gesamtvermögen der Ehegatten bezieht.[11] Die Umdeutung eines – zB wegen Formverstoßes – unwirksamen Ehevertrages in eine schuldrechtliche (gesellschaftsrechtliche) Vereinbarung ist unter den allgemeinen Voraussetzungen möglich.[12] Im Zusammenhang mit einer bevorstehenden Ehescheidung stehen den Ehegatten die Rechtsinstitute der Scheidungsvereinbarung (auch nach § 1378 Abs. 3 S. 2) und des Ehevertrages ohne zeitliche Schranken wahlweise zur Verfügung.[13] 8

3. Schranken der Vertragsfreiheit. Die Schranken der Vertragsfreiheit im Ehegüterrecht sind Gegenstand einer breiten Erörterung in der Literatur. 9

a) Allgemeine Schranken. Einigkeit besteht zunächst darüber, dass die **allgemeinen Schranken der Privatautonomie** (v. a. § 138[14]) auch für güterrechtliche Vereinbarungen gelten. Da sich güterrechtliche Vereinbarungen schon ihrem Begriff nach regelmäßig auf das gesamte derzeitige und zukünftige Vermögen der Ehegatten beziehen, ist § 311 b Abs. 2 auf solche güterrechtlichen Vereinbarungen nicht anwendbar,[15] wohl aber gilt dessen Verbot für schuldrechtliche Vereinbarungen, die den Ehevertrag ergänzen.[16] Wie allgemein wird die 10

---

[6] AA wohl BGHZ 54, 38 = FamRZ 1970, 391 mit Anm. von *Johannsen* LM § 1378 Nr. 3.

[7] Ebenso die wohl hM trotz ihrer teilweise abweichenden Abgrenzung des Begriffs der „güterrechtlichen Verhältnisse“; s. *Soergel/Gaul* RdNr. 5 m. zahlr. Nachw.; in der Abgrenzung insofern anders, als auf den Zeitpunkt des Vertragsschlusses abgestellt wird (vor Beendigung des Güterstands: Ehevertrag, erst danach: Auseinandersetzungsvereinbarung) *Körner,* Die Grenzen der Vertragsfreiheit im neuen Güterrecht, Diss. Tübingen 1961, S. 47; *Lange* JZ 1970, 653; *Dölle* § 43 Fn. 77; *Gernhuber/Coester-Waltjen* § 32 I 4.

[8] Zum Zugewinnausgleich s. § 1378 Abs. 3 S. 2; s. auch § 1587 o zum Versorgungsausgleich.

[9] Zur Abgrenzung der güterrechtlichen von bloßen Auseinandersetzungsvereinbarungen s. auch Vor § 1408 RdNr. 7.

[10] Ausführlich zur Abgrenzung s. *Soergel/Gaul* Vor § 1408 RdNr. 28 ff.; § 1408 RdNr. 7 m. zahlr. Nachw.

[11] OLG Stuttgart NJW 1958, 1972.

[12] OLG Hamburg DJ 1938, 1036.

[13] Vgl. BGHZ 86, 143 = NJW 1983, 753 = FamRZ 1983, 157 = DNotZ 1983, 491 mit Anm. von *Brambring.* Der BGH wendet § 1378 Abs. 3 Satz 3 auch auf Eheverträge an (dies ist sehr umstr., aA mit Nachw. *Koch* § 1378 RdNr. 21), lässt dafür aber Vereinbarungen in der Form des § 1378 Abs. 3 S. 2 auch vor Anhängigkeit des Scheidungsverfahrens zu.

[14] Modifiziert durch die „durch das sittliche Wesen der Ehe gezogenen Schranken“; s. Mot. IV S. 142, 305; s. auch *Mikat,* FS Felgentraeger, 1969, S. 323, 332 gegen eine besondere weite Ausdehnung des § 138 BGB, die *Zöllner* FamRZ 1965, 119 und *Ramm* JZ 1968, 93 fordern; aus der Rspr. s. BGH FamRZ 1997, 800, 802 f.

[15] *Soergel/Gaul* RdNr. 13 m. zahlr. Nachw.; *Staudinger/Thiele* (2007) Vor § 1408 RdNr. 17; s. auch die Nachw. bei *Gernhuber/Coester-Waltjen* § 32 III 9 m. Fn. 2; nur in der Formulierung, nicht in der Sache aA *Dölle* § 43 C III 2 a.

[16] Schuldrechtlich kann daher eine Verpflichtung zum Zugewinnausgleich nicht begründet werden, soweit sich die Vereinbarung nicht auf konkrete Vermögensgegenstände beschränkt; dies kann eine solche Vereinbarung zB für das beiderseitige Vorbehaltsgut bei Gütergemeinschaft ausschließen.

Vertragsfreiheit auch im Ehegüterrecht nicht durch den Gleichheitsgrundsatz (Art. 3 Abs. 2 GG) eingeschränkt, weil der Gleichheitssatz nicht die freiwillige Unterwerfung unter ungleiche Regelungen durch privatautonome Vereinbarungen verbietet.[17]

11 **b) Verweisungsverbot des § 1409.** Daneben enthält das Verweisungsverbot des § 1409 eine besondere Schranke, allerdings nicht für die inhaltliche, sondern nur für die formale Gestaltung der güterrechtlichen Vereinbarungen.[18] S. dazu die Erläuterungen zu § 1409.

12 **c) Zwingende Vorschriften.** Insbesondere das Recht der Gütergemeinschaft, aber auch das des gesetzlichen Güterstandes enthält zwingende, der Dispositionsfreiheit der Ehegatten entzogene Vorschriften, deren Umfang im Einzelnen str. ist. S. dazu die Erläuterungen zu den einzelnen Vorschriften.

13 **d) Außerordentlich umstr.** ist, **inwieweit** über diese Schranken hinaus **besondere, grundsätzliche Einschränkungen der Vertragsfreiheit im Güterrecht** bestehen, inwieweit Vereinbarungen unwirksam sind, die dem „Wesen eines Güterstandes" widersprechen,[19] einen Güterstand „denaturieren",[20] die „Bindung an einen Güterstandstyp" verlassen,[21] „nicht mit auf den Ordnungszweck des Ehevertrages gerichteter Geschäftsabsicht" geschlossen werden[22] oder gegen das „Verbot der Perplexität" güterrechtlicher Regelungen verstoßen.[23] Der theoretische Aufwand, mit dem diese Streitfrage erörtert wird, steht im umgekehrten Verhältnis zu ihrer geringen praktischen Bedeutung.[24] Richtigerweise kann auf diese Schranken der Ehevertragsfreiheit vollständig verzichtet werden.[25] Als einzige allgemeine Einschränkung der Vertragsfreiheit im Güterrecht bleibt dann diejenige, dass hier – wie stets – nur die vom Gesetz zur Verfügung gestellten Rechtsinstitutionen angewendet, nicht neue Institutionen geschaffen werden können.[26] Denn anders als im schuldrechtlichen besteht im „dinglichen" Rechtsbereich[27] der **Grundsatz der Typenbeschränkung.** Dies gilt auch für die „dinglichen" Institutionen des Ehegüterrechts.[28] Deshalb können gesetzliche Verfügungsbeschränkungen – zB der §§ 1365 ff. oder §§ 1423 ff. – zwar (grundsätzlich) mit dinglicher Wirkung eingeschränkt, aber nicht ausgedehnt werden,[29] umgekehrt können aus diesem Grunde Haftungsregelungen – zB der §§ 1438 ff. – (grundsätzlich) zugunsten, aber nicht zulasten Dritter geändert werden.[30] Da sich die Güterstandstypen als Rechtsinstitute auf das Gesamtvermögen der Ehegatten erstrecken, kann nicht hinsichtlich eines Teiles des Vermögens der eine, hinsichtlich eines anderen Teils der andere Güterstand

---

[17] AllgM, s. BGH LM § 1437 Nr. 1 = FamRZ 1957, 247.

[18] *Staudinger/Thiele* (2007) § 1409 RdNr. 2.

[19] *Körner,* Die Grenzen der Vertragsfreiheit im neuen Güterrecht, Diss. Tübingen 1961, S. 47, 188 ff.; *Kipp/Wolff* § 41 IV 1; *Bamberger/Roth/J. Mayer* RdNr. 12; *Planck/Unzner* § 1432 Anm. 9 c; RGRK/*Scheffler* 11. Aufl. Anm. 19 ff. (aA RGRK/*Finke* RdNr. 14); *Staudinger/Felgentraeger* 11. Aufl. RdNr. 70 (aA *Staudinger/Thiele* (2007) Vor § 1408 RdNr. 21 f.).

[20] *Gernhuber/Coester-Waltjen* § 32 III 5, 6.

[21] *Beitzke* § 13 IV 4; *Lehmann/Henrich* § 12 IV 3; dagegen *Mikat,* FS Felgentraeger, 1969, S. 323, 330 f.

[22] *Gernhuber/Coester-Waltjen* § 32 I 6.

[23] *Knur* DNotZ 1957, 463; *Mikat,* FS Felgentraeger, 1969, S. 323, 327.

[24] *Dölle* stellt § 43 III 2 Fn. 97 mit Recht fest, dass die praktischen Ergebnisse der unterschiedlichen Auffassungen kaum auseinandergehen.

[25] *Rauscher* FamR RdNr. 364 s. dazu auch *Bamberger/Roth/J. Mayer* RdNr. 12; *Dölle* § 43 III 2, abweichend aaO, b. dd und ee.

[26] *Zöllner* FamRZ 1965, 113, 121; *Lange* FamRZ 1964, 546; anders *Bärmann* AcP 157 (1958/59), 201. Dass die Ehegatten nicht mit „dinglicher" Wirkung in die Rechtsstellung Dritter nachteilig eingreifen können, soweit das Gesetz dies nicht vorsieht, folgt aus dieser Einschränkung; zu diesem Punkt anders *Schwab* (Fn. 5) S. 51*, 53* f.

[27] Zur Teminologie s. *Dölle* § 43 C III 2 b Fn. 108 mN.

[28] ÜberwM; *Körner,* Die Grenzen der Vertragsfreiheit im neuen Güterrecht, Diss. Tübingen 1961; *Clamer* NJW 1960, 564; *D. Schwab* (Fn. 5) S. 51*, 54*; *Zöllner* FamRZ 1965, 116 f.; *Beitzke* § 13 IV 4; *Dölle* § 43 C III 2 b; *Gernhuber/Coester-Waltjen* § 32 III 2.

[29] Das Verbot des § 137 S. 1 enthält nur die ausdrückliche Niederlegung eines Grundsatzes, der sich aus der Rechtssystematik des bürgerlichen Rechts sowieso ergeben würde.

[30] Vgl. Mot. IV S. 305.

vereinbart werden[31] (zB nicht grundsätzlich Gütergemeinschaft, hinsichtlich des Vorbehaltsguts Zugewinngemeinschaft mit den Verfügungsbeschränkungen der §§ 1365 ff. und Zugewinnausgleich).[32] Im Rahmen der vom Gesetz zur Verfügung gestellten Institutionen sind dagegen **alle** denkbaren **Vereinbarungen möglich** und zulässig.

4. Einzelne Vereinbarungen. Im einzelnen bedeutet dies: 14

a) Im gesetzlichen Güterstand können die **Verfügungsbeschränkungen** der §§ 1365 ff. eingeschränkt oder ausgeschlossen[33] (auch für nur einen Ehegatten),[34] nicht aber erweitert werden.[35] Der **Zugewinnausgleich** – auch der des § 1371[36] – ist jeder möglichen Modifikation[37] zugänglich. Der Zugewinnausgleich kann allgemein oder nur für bestimmte Fälle (zB Scheidung der Ehe oder Tod eines Ehegatten) modifiziert,[38] pauschaliert, erhöht[39] oder nur für bestimmte Fälle oder auch unter Beibehaltung des gesetzlichen Güterstandes im Übrigen, dh. unter Beibehaltung der Verfügungsbeschränkungen, insgesamt ausgeschlossen werden;[40] der Ausschluss des Zugewinnausgleichs bei Beendigung der Ehe unter Lebenden entspricht den Interessen der Ehegatten oft besser als die Vereinbarung von Gütertrennung.[41] Der einseitige Ausschluss oder die einseitige Einschränkung des Zugewinnausgleichs ist – soweit nicht sittenwidrig – ebenfalls zulässig.[42] Abweichungen von den gesetzlichen Bestimmungen über das Anfangs- und das Endvermögen sind möglich; einzelne Vermögensgegenstände (oder bestimmte Teile des Vermögens, etwa ein Unternehmen oder Beteiligungen) können vom Zugewinnausgleich ausgenommen werden.[43] Eine Erhöhung des Zugewinnausgleichs über den Ausgleichsanspruch, wie er auf Grund des tatsächlichen Zugewinns entsteht, oder über § 1371 Abs. 1 hinaus, führt im Todesfall aber nicht zu einer Verringerung von Pflichtteilsansprüchen.[44]

b) Der Güterstand der **Gütertrennung** lässt keine güterrechtlichen Vereinbarungen zu. 15
Nach Vereinbarung von Gütertrennung kann bei Rückkehr zum gesetzlichen Güterstand

---

[31] Gegen „Mischgüterstände" die wohl überwM, s. *Dölle* § 43 C III 2 b, cc; *Gernhuber/Coester-Waltjen* § 32 III 3; aA *Bärmann* AcP 157 (1958/59), 201; *Bollenbeck* Recht 1904, 32; RGRK/*Finke* RdNr. 14; *Staudinger/Thiele* (2007) Vor § 1408 RdNr. 26; *Rauscher* FamR RdNr. 362.

[32] AA RGRK/*Finke* RdNr. 14; *Staudinger/Thiele* (2007) Vor § 1408 RdNr. 26.

[33] AllgM, aA nur *Mülke* AcP 161 (1962), 129, 160 und *Krüger/Breetzke/Nowak* § 1409 RdNr. 3 (nach den letzteren soll ihre Beseitigung zur Gütertrennung führen).

[34] HM, *Mikat,* FS Felgentraeger, 1969, S. 333; *Gernhuber* § 32 III 5; *Erman/Heckelmann* RdNr. 1; *Soergel/Gaul* RdNr. 11.

[35] AllgM, s. *Massfeller* DB 1957, 738; *Dölle* § 43 C III 2 b, aa und ee; *Gernhuber/Coester-Waltjen* § 32 III 5; *Soergel/Gaul* RdNr. 12.

[36] Inzwischen wohl allgM, s. die Nachw. bei *Soergel/Gaul* RdNr. 16; s. aber auch Fn. 42; entgegen der hM – s. die Nachw. bei *Rittner* DNotZ 1957, 499; *Soergel/Gaul* RdNr. 16; *Erman/Gamillscheg* § 1371 RdNr. 14 – ist auch § 1371 Abs. 4 güterrechtlicher Natur, also der Modifikation durch Ehevertrag zugänglich, wie hier nur *Dölle* I § 57 IV 2. Das schließt allerdings auch Ausschluss durch Verfügung von Todes wegen nicht aus.

[37] S. zB *Bärmann* AcP 157 (1958/59), 204; *Heckelmann* FamRZ 1968, 59, 68 f; grundlegend BGHZ 86, 143, 151 = NJW 1983, 753 = FamRZ 1983, 157 = DNotZ 1983, 491, 496 mit Anm. von *Brambring.*

[38] BGH NJW 1997, 2239.

[39] HM, s. *Knur* DNotZ 1957, 473; *Dölle* § 61 V; *Gernhuber/Coester-Waltjen* § 32 III 9; *Soergel/Gaul* RdNr. 13; aA *Massfeller* DB 1957, 738.

[40] *Knur* DNotZ 1957, 451, 463, 471; *Rittner* DNotZ 1957, 483, 487; *Zöllner* FamRZ 1965, 117; *Beitzke* § 14, 1; *Palandt/Brudermüller* § 1414 RdNr. 1; RGRK/*Finke* RdNr. 14; aA *Körner,* Die Grenzen der Vertragsfreiheit im neuen Güterrecht, Diss. Tübingen 1961, S. 246 ff.; *Bärmann* AcP 157 (1958/59), 203; *Kohler* BB 1959, 933; *Dölle* § 43 C III Fn. 140.

[41] *Brambring* ZAP 1989, 199, 202 f., 205 f.

[42] OLG Stuttgart DNotZ 1983, 693 m. Anm. von *Kanzleiter;* AA *Bärmann* AcP 157 (1958/59), 203; *Gernhuber/Coester-Waltjen* § 32 III 5; *Erman/Gamillscheg* RdNr. 1.

[43] BGH FamRZ 1997, 800; OLG Stuttgart DNotZ 1983, 693 m. Anm. von *Kanzleiter;* s. auch BayObLG FamRZ 1971, 258, 260 f.; skeptisch gegenüber der Zweckmäßigkeit solcher Vereinbarungen über die Hinausnahme von Vermögensgegenständen (etwa eines Unternehmens) aus dem Zugewinnausgleich mit Rücksicht auf die (insgesamt wohl überschätzten) Manipulationsgefahren *Norbert Mayer* DStR 1993, 991.

[44] Anders *Zöllner* FamRZ 1965, 119 Fn. 61; *Cypionka* MittRhNotk 1986, 157, 165; AK/*Fieseler* §§ 1408 bis 1413 RdNr. 4; *Soergel/Gaul* RdNr. 16, die eine ehevertragliche Erhöhung des pauschalierten Zugewinnausgleichs nach § 1371 Abs. 1 für unzulässig halten.

vereinbart werden, dass bei einem eventuellen Zugewinnausgleich für das Anfangsvermögen ein zurückliegender Zeitpunkt – etwa der der Eheschließung – maßgebend ist.[45]

16 **c)** Im Güterstand der **Gütergemeinschaft** sind die Regelungen für das Innenverhältnis der Ehegatten grundsätzlich modifizierbar. Die Vorschriften für das Außenverhältnis können nicht zulasten Dritter abgeändert werden. Die Haftung der einzelnen Vermögensmassen kann deshalb zB zugunsten Dritter erweitert, aber nicht eingeschränkt,[46] die Verfügungsbeschränkungen der §§ 1423 ff. können zwar eingeschränkt, aber nicht mit absoluter Wirkung Dritter gegenüber erweitert werden[47] (dagegen ist eine Erweiterung der Bindung mit Wirkung unter den Ehegatten möglich). Die Vorschriften über die Zuordnung zum Gesamt-, Sonder- und Vorbehaltsgut sind zwingend. Hinsichtlich dessen, was die Ehegatten nach § 1418 Abs. 2 Nr. 1 zu Vorbehaltsgut erklären, sind sie aber vollständig frei.[48] Erklären sie sämtliches gegenwärtiges und zukünftiges Vermögen zu Vorbehaltsgut, so entsteht keine Gütergemeinschaft.[49] Aber nicht etwa deshalb, weil dies „dem Wesen der Gütergemeinschaft" widerspräche,[50] sondern deshalb, weil kein Substrat vorhanden ist, auf das sich die Vorschriften über das Rechtsinstitut der Gütergemeinschaft beziehen könnten. Gütergemeinschaft entsteht deshalb auch dann, wenn das wesentliche Vermögen (aber nicht alles) zu Vorbehaltsgut erklärt ist.[51] Es ist deshalb – innerhalb der allgemeinen Schranken – auch zulässig, das jetzige Vermögen und den zukünftigen Erwerb eines Ehegatten zu Vorbehaltsgut zu erklären (während der des anderen Gesamtgut wird).[52] Durch Erklärung des gesamten bei der Eheschließung beiderseits vorhandenen Vermögens zu Vorbehaltsgut lassen sich die wesentlichen Rechtswirkungen der früheren **„Errungenschaftsgemeinschaft"**, durch Erklärung des unbeweglichen Vermögens zu Vorbehaltsgut die wesentlichen Rechtswirkungen der früheren **„Fahrnisgemeinschaft"** erreichen.[53]

17 **5. Teilunwirksamkeit.** Bei Unwirksamkeit einer Bestimmung richtet sich die Wirksamkeit des Vertrages im Übrigen nach **§ 139.**

IV. Vereinbarungen über den Versorgungsausgleich

18 **1. Normzweck des Abs. 2, Grundsatz.** Nach der Novellierung 2009 ist § 1408 Abs. 2 nur noch Verweisungsnorm, die von der Zulässigkeit von Vereinbarungen über den Versorgungsausgleich als selbstverständlich ausgeht. Die bisherige Fassung des § 1408 Abs. 2 ließ dem Wortlaut nach nur den Ausschluss des Versorgungsausgleichs zu, was im Rahmen einer sofort entstandenen Auslegungskontroverse zunächst von einem erheblichen Teil des Schrifttums auch so vertreten wurde. Letztlich hatte sich in Literatur und Rechtsprechung die Auffassung durchgesetzt, dass alle mit den Prinzipien des Versorgungsausgleichs in Einklang stehenden Modifikationen zulässig seien. Nach § 1408 Abs. 2 nF iVm § 6 VersAusglG können nun grundsätzlich beliebige Vereinbarungen über den Versorgungsausgleich getroffen werden. S. im einzelnen die Erläuterungen zu § 6 VersAusglG.

Eine Einschränkung ergibt sich aus § 8 Abs. 2 VersAusglG: s. auch dazu die Erläuterungen zu dieser Vorschrift.

---

[45] Nach § 5 Abs. 1 Satz 4 ErbStG idF des StMBG v. 21. 12. 1993 ist eine vereinbarte Rückwirkung für die Erbschaftsteuer wirkungslos.

[46] AllgM, Mot. IV 305; *Körner,* Die Grenzen der Vertragsfreiheit im neuen Güterrecht, Diss. Tübingen 1961, S. 287; *Dölle* § 43 C III 2 b, bb; AK/*Fieseler* §§ 1408 bis 1413 RdNr. 5.

[47] AllgM, s. die Nachw. in Fn. 33 bis 36 zu den Verfügungsbeschränkungen im gesetzlichen Güterstand.

[48] Zur „Verwandlung" in Sondergut durch Ausschluss der Abtretbarkeit s. § 1417 RdNr. 3, aber auch § 1417 RdNr. 5.

[49] Vgl. KG HRR 1942 Nr. 43.

[50] So zB *Staudinger/Felgentraeger,* 10. Aufl., RdNr. 70.

[51] AA *Müller-Freienfels,* FS Maridakis II, 1963, S. 357, 379.

[52] AA die hM, s. KG DR 1941, 2196; HRR 1942 Nr. 53; *Dölle* § 43 C III 2 b, ee; *Soergel/Gaul* RdNr. 17 m. zahlr. Nachw.; wie hier *Mikat,* FS Felgentraeger, 1969, S. 327.

[53] *Bärmann* AcP 157 (1958/59), 203; *Dölle* § 43 C III 2 c, bb; *Soergel/Gaul* RdNr. 14; *Staudinger/Thiele* (2007) RdNr. 17.

2. Form. Die Form richtet sich jetzt nach § 7 VersAusglG: Bei Vereinbarung im Rahmen eines Ehevertrages (also im Zusammenhang mit güterrechtlichen Vereinbarungen nach § 1408 Abs. 1) gilt § 1410 (§ 7 Abs. 3 VersAusglG). Andere (etwa isolierte) Vereinbarungen über den Versorgungsausgleich, unabhängig davon, ob im Hinblick auf eine konkrete Ehescheidung getroffen, bedürfen nach § 7 Abs. 1 VersAusglG der notariellen Beurkundung (ohne das Erfordernis gleichzeitiger Anwesenheit beider Teile nach § 1410). § 127a gilt entsprechend (§ 7 Abs. 2 VersAusglG). Vereinbarungen nach Rechtskraft der Entscheidung über den Wertausgleich bei der Scheidung – also anders als Unterhaltsvereinbarungen nach § 1585c S. 2 nicht schon ab Rechtskraft der Scheidung – bedürfen keiner besonderen Form (§ 7 Abs. 1 VersAusglG).[54] 19

3. Schranken. Auch für Vereinbarungen über den Verrsorgungsausgleich gelten die allgemeinen gesetzlichen Schranken, insbesondere **§ 138.** § 8 Abs. 1 VersAusglG ordnet ausdrücklich an, dass die Vereinbarung einer Inhalts- und Ausübungskontrolle nach RdNr. 22ff. standhalten muss (was einer solchen Anordnung nicht bedurft hätte). 20

Auch die Rechtsgrundsätze über den **Wegfall der Geschäftsgrundlage** und der Grundsatz, dass die Berufung auf den Verzicht auf Grund einer späteren Entwicklung mit Treu und Glauben unvereinbar und damit unzulässig sein kann, sind anwendbar. Auch eine Anfechtung nach **§ 123** ist unter den allgemeinen Voraussetzungen möglich, für die wie stets der Anfechtende die Beweislast trägt.[55] Das unverbindliche Inaussichtstellen einer „Revision" des Ehevertrages bei gutem Verlauf der Ehe erfüllt aber weder die Voraussetzungen des § 123 noch die der culpa in contrahendo.[56]

Eine besondere Wirksamkeitsvoraussetzung enthält § 8 Abs. 2 VersAusglG: Anrechte können nur übertragen und begründet werden, wenn die maßgeblichen Regelungen dies nicht ausschließen und die betroffenen Versorgungsträger zustimmen: Hintergrund ist der allgemeine Rechtsgrundsatz, dass Verträge zu Lasten Dritter unzulässig sind. Die bisher in § 1587o Abs. 1 S. 2 getroffene Bestimmung, dass Anwartschaftsrechte in einer gesetzlichen Rentenversicherung durch Vereinbarung nicht begründet oder übertragen werden können, wurde verallgemeinert und durch die Zulassung von Vereinbarungen mit Zustimmung des Versorgungsträgers abgemildert.[57] 21

V. Inhalts- und Ausübungskontrolle von Vereinbarungen unter Ehegatten

1. Allgemeines; Umschwung durch das BVerfG. Für Eheverträge und andere Vereinbarungen unter Ehegatten gelten dieselben allgemeinen Vorschriften wie für alle anderen Rechtsgeschäfte – §§ 116ff., v. a. § 119 und § 123 – und sie stoßen an dieselben **rechtlichen Grenzen – § 138, § 242, § 313.** Die zivilrechtliche Rechtsprechung hatte unter Betonung des Grundprinzips der Vertragsfreiheit der Gestaltungsfreiheit nur unter den strengen allgemeinen Voraussetzungen der §§ 138, 242 Grenzen gesetzt. § 138 zog sie vor allem heran, wenn sich eine Vereinbarung zu Lasten Dritter auswirkte: Zu Lasten der Kinder, deren Betreuung durch einen Unterhaltsverzicht des betreuenden Ehegatten beeinträchtigt wurde, weil er gezwungen war, einer Erwerbstätigkeit nachzugehen; zu Lasten der Allgemeinheit, weil durch den Unterhaltsverzicht der verzichtende Ehegatte auf Sozialhilfe angewiesen war. Demgegenüber nahmen Stimmen in der Literatur zu, die diese Rechtsprechung als unbefriedigend ansahen: Am entschiedensten äußerte sich *Schwenzer*[58] mit ihrer Feststellung, die Frau sei dem Mann auf Grund sozialer Umstände allgemein strukturell 22

[54] S. die Begr. des RegEntw. BT-Drucks. 16/10144 S. 52.

[55] In BGH NJW 1998, 1857 = DNotZ 1999, 46 erörtert und zu Recht abgelehnt wird die eventuelle Täuschung über die bereits bestehende Scheidungsabsicht und über eine für den Ehegatten günstigere Alternativlösung.

[56] Vgl. BGH NJW 1997, 126 = FamRZ 1996, 1536 = JZ 1997, 411.

[57] S. die Begr. zum RegEntw. BT-Drucks. 16/10144 S. 53.

[58] AcP 196 (1996), 88.

unterlegen,[59] und deshalb bedürften Vereinbarungen unter Ehegatten zu ihrem Schutz der Inhaltskontrolle.

23 Den **Umschwung zu einer weitergehenden Inhalts- und Ausübungskontrolle** brachten **2 Entscheidungen des Bundesverfassungsgerichts** zu tatsächlich eklatanten Fällen, die Entscheidung des 1. Senats v. 6. 2. 2001[60] und die darauf folgende Kammerentscheidung vom 29. 3. 2001:[61] Im ersten Fall hatte der künftige Ehemann seine schwangere Partnerin, als sie auf Eheschließung drang, darauf hingewiesen, sie habe bei Beginn der Beziehung seine Einstellung akzeptiert, keine Kinder haben und nicht heiraten zu wollen. Daraufhin wurde auf Vorschlag der Frau eine von ihrem Anwalt formulierte privatschriftliche Vereinbarung getroffen, in der die künftigen Ehegatten gegenseitig auf nachehelichen Unterhalt verzichteten und die Ehefrau sich verpflichtete, den Vater nach einer eventuellen Scheidung von Unterhaltspflichten des gemeinsamen Kindes freizustellen, soweit sie über einen Betrag von monatlich 150,00 DM (zu dieser Zahlung verpflichtete sich der Vater) hinausgingen. Die Zivilgerichte hatten diese Vereinbarung als wirksam angesehen. Das BVerfG stellte fest, die rechtskräftige Entscheidung des OLG verstoße gegen Art. 2 Abs. 1 iVm. Art. 6 Abs. 4 und Art. 6 Abs. 2 GG; auf Grund welcher zivilrechtlicher Rechtsgrundlage (§ 138 BGB oder § 242 BGB?) die Kontrolle vorzunehmen war, überließ das BVerfG den Zivilgerichten.

24 Im zweiten Fall, dem Beschl. v. 29. 3. 2001,[62] hatte die von ihrem Partner schwangere Frau aus einer früheren Verbindung ein schwer behindertes und besonders betreuungsbedürftiges 5-jähriges Kind. Der Partner machte die Eheschließung vom Abschluss eines Ehevertrages mit „Radikalausschluss" (Vereinbarung von Gütertrennung, Ausschluss des Versorgungsausgleichs und Verzicht auf nachehelichen Unterhalt) abhängig. Der Ehemann hatte ein Monatseinkommen von 7000,00 DM. Die Berufung auf diesen Unterhaltsverzicht hielt das OLG gegenüber der kindesbetreuenden Mutter in Höhe des notwendigen Unterhalts von 300,00 DM monatlich nach § 242 BGB für unzulässig. Das BVerfG hob diese Entscheidung als Verstoß gegen Art. 2 Abs. 1 i. V. mit Art. 6 Abs. 6 GG auf. Das für die Zivilgerichte wichtige Argument, die Männer hätten die Eheschließung auch ablehnen und deshalb von beliebigen Bedingungen im Rahmen der vertraglichen Dispositionsfreiheit abhängig machen können, lehnte das BVerfG ab: **„Die Eheschließungsfreiheit rechtfertigt keine einseitige ehevertragliche Lastenverteilung"**.[63]

25 Im ersten, am 6. 2. 2001 entschiedenen Fall hatte die Sittenwidrigkeit schon mit Rücksicht auf das gemeinsame Kind nahegelegen, denn der Verzicht auf Betreuungsunterhalt und die weitgehende Freistellung des Vaters von seiner Unterhaltspflicht gegenüber dem Kind mussten sich geradezu zwangsläufig zu Lasten des Kindes auswirken, nachdem die Mutter nicht über Vermögen verfügte und keine realistischen Aussichten hatte, eine Erwerbsmöglichkeit zu finden, die nicht nur ihren eigenen Unterhalt, sondern auch den angemessenen Unterhalt des Kindes – abgesehen von dem geringen, vom Vater zu tragenden Rest – decken konnte. Es war in beiden Fällen kaum notwendig, die angemessene Entscheidung dem BVerfG zu überlassen.[64]

26 In beiden Fällen legte das **BVerfG** den Schwerpunkt seiner Argumentation auf die **Unterlegenheit der schwangeren Frau bei Abschluss des Vertrages,** was zusammen mit der **„besonders einseitigen Aufbürdung von vertraglichen Lasten"** zur richterlichen Inhaltskontrolle führen müsse. Nachdem das BVerfG entsprechend seiner Funktion nur den Verstoß gegen Grundrechte in den konkret entschiedenen Fällen feststellte, sind die

---

[59] Mit dieser weitgehenden Auffassung steht sie allein; aA beispielsweise *Büttner* FamRZ 1998, 1; *Dethloff* JZ 1997, 414; *Wiemer,* Inhaltskontrolle von Eheverträgen, 2007, S. 46 ff.

[60] BVerfGE 103, 89 = FamRZ 2001, 343 mit zust. Anm. von *Schwab* = DNotZ 2001, 222 mit Aufsatz von *Langenfeld* DNotZ 2001, 272 = NJW 2001, 957.

[61] FamRZ 2001, 985 = DNotZ 2001, 708.

[62] BvR 1766/92 (Fn. 61).

[63] BVerfGE 103, 89 = DNotZ 2001, 222, 228 (oben); DNotZ 2001, 708, 710.

[64] S. nur *Schwab* FamRZ 2001, 349 f. zum Beschluss v. 6. 2. 2001

zivilrechtliche Literatur und Rechtsprechung herausgefordert, einerseits auf der Basis der Überlegungen des BVerfG, andererseits auf der Basis der zivilrechtlichen Grundlagen – §§ 138, 242, 313 – die richterliche Inhalts- und Ausübungskontrolle bei Vereinbarungen unter Ehegatten dogmatisch und systematisch zu überdenken (nachdem in beiden vom BVerfG entschiedenen Fällen die Schwangerschaft der Ehefrau als Grund für ihrer Unterlegenheit bei Abschluss des Vertrages aus Sicht des Gerichts eine wichtige Rolle spielte, war es allein auf Grund der Entscheidungen des BVerfG nicht notwendig, aber richtig, über diese Fallgruppe hinauszudenken).

Dass **neue allgemein überzeugende Maßstäbe,** die weitgehende Rechtssicherheit schaffen würden, bisher **noch nicht gefunden** sind, ist nicht überraschend, nachdem diese Maßstäbe nicht Ergebnis einer gründlichen zivilrechtlichen Diskussion sind, sondern auf der unerwartet provozierten Reaktion auf das BVerfG beruhen. Einerseits wird deshalb der Rechtsprechung (insbesondere des BGH, beginnend mit seiner Grundsatzentscheidung vom 11. 2. 2004[65]) nicht zu Unrecht vorgeworfen, es fehle an methodischer und dogmatischer Klarheit und deshalb bestehe ein theoretisches Begründungsdefizit,[66] andererseits hat der BGH aber mit seiner Grundsatzentscheidung und den darauf aufbauenden Entscheidungen einen Erfolg versprechenden Weg eingeschlagen. Für die tatsächlich unumgängliche **Einzelfallabwägung im Rahmen der Ausübungskontrolle** nach § 242 haben die Rechtsprechung und die inzwischen zu Bibliotheken angeschwollene Literatur so viele sachgerechte Gesichtspunkte für die Wertung zusammengetragen, dass es möglich ist, Einzelfällen annehmbar gerecht zu werden. 27

Weitgehende Übereinstimmung besteht – zurecht – über 2 Ausgangspunkte: 28

1. Der Grundsatz der Vertragsfreiheit verlangt, dass eine Einschränkung durch **Inhalts- und Ausübungskontrolle im Einzelfall** der **Begründung bedarf:** Die – auch grundlegende – Abweichung vom dispositiven Recht allein genügt als Begründung für eine Kontrolle nicht.[67]
2. Nach den gesetzlichen Normen des BGB findet die Kontrolle in **2 Stufen** statt: Maßstab der Wirksamkeitskontrolle auf Grund der Verhältnisse zum Zeitpunkt des Vertragsabschlusses ist **§ 138**. Grundlage einer Ausübungskontrolle nach den Verhältnissen, wie sie zu dem Zeitpunkt bestehen, zu dem die Rechte auf Grund der vertraglichen Vereinbarung geltend gemacht werden, ist **§ 242,** evtl. § 313.

2. Inhaltskontrolle nach § 138. Ebenfalls Übereinstimmung sollte dazu bestehen, dass für die **Wirksamkeitskontrolle nach § 138 keine neuen Maßstäbe** gefunden werden müssen, sondern die überkommenen genügen: Sittenwidrig ist eine getroffene Vereinbarung nur dann, wenn sie – nach der klassischen Formel – dem „Anstandsgefühl aller billig und gerecht Denkenden widerspricht."[68] Schon für die Abschwächung der Anforderungen in der Grundsatzentscheidung des BGH v. 11. 2. 2004[69] durch Bezugnahme auf die Rang- 29

[65] BGHZ 158, 81 = FamRZ 2004, 601 mit Anm. *Borth* = NJW 2004, 930 mit Anm. *Rakete-Dombek* NJW 2004, 1273 u. Anm. *Finger* LMK 2004, 108 = DNotZ 2004, 550 mit Aufs. *Rauscher* DNotZ 2004, 524 = JZ 2004, 1021 m. Anm. *Dauner-Lieb*; s. außerdem *Bredthauer* NJW 2004, 3072; *Dauner-Lieb* FF 2004, 65; *Hahne* DNotZ 2004, 84; *J. Mayer* FPR 2004, 363.

[66] *Koch* in *Bayer/Koch,* Schranken der Vertragsfreiheit, Tagungsband zur Gründungsveranstaltung des Instituts für Notarrecht in Jena, 2007, 79, 83 ff.; *Rauscher* FamR RdNr. 366 e.

[67] Vgl. *Koch* (Fn. 66) S. 85 in krit. Auseinandersetzung mit der Grundsatzentscheidung des BGH v. 11. 2. 2004; der BGH stellt selbst fest, dass es einen unverzichtbaren Mindestgehalt an Scheidungsfolgen nicht gibt.

[68] *Rauscher* DNotZ 2004, 524, 530; *Koch* (Fn. 66) S. 84 f.; vgl. auch *Dauner-Lieb* AcP 201 (2001), 295, 325 f.; *Goebel* FamRZ 2003, 1513, 1519; *Hahne* DNotZ 2004, 84, 94.

[69] BGHZ 158, 81 (Fn. 65), 100: Sittenwidrigkeit dann, wenn „die Vereinbarung schon im Zeitpunkt ihres Zustandekommens offenkundig zu einer derart einseitigen Lastenverteilung für den Scheidungsfall führt, dass ihr – und zwar losgelöst von der künftigen Entwicklung der Ehegatten und ihrer Lebensverhältnisse – wegen Verstoßes gegen die guten Sitten die Anerkennung der Rechtsordnung ganz oder teilweise mit der Folge zu versagen ist, dass an ihre Stelle die gesetzlichen Regelungen treten... Das Verdikt der Sittenwidrigkeit wird dabei regelmäßig nur in Betracht kommen, wenn durch den Vertrag Regelungen aus dem Kernbereich des gesetzlichen Scheidungsfolgenrechts ganz oder jedenfalls zu erheblichen Teilen abbedungen werden, ohne dass dieser Nachteil für den anderen Ehegatten durch anderweitige Vorteile gemildert oder durch die besonderen

ordnung im Rahmen seiner später darzustellenden „Kernbereichslehre" fehlt es einfach an einer Begründung. Außerdem ist ein wichtiges **Grundargument** für die Ausübungskontrolle nach § 242 das bei dem auf dem Vertrauen der Ehegatten beruhenden, auf lange Zeit angelegten Rechtsverhältnis „Ehe" **besonders schwerwiegende Prognoserisiko** (s. unten RdNr. 33). Die Zukunft ist aber immer in alle Richtungen offen und die Prognose kann auch in der Weise fehlgehen, dass sich die Verhältnisse des Ehegatten, der bei Abschluss der Vereinbarung schlechte Zukunftsaussichten hatte, wesentlich günstiger entwickeln. War es so unwahrscheinlich, dass die „junge Brasilianerin"[70] in Deutschland auch ökonomisch „ihr Glück machen" würde? Bedürfte es des Einwands unzulässiger Rechtsausübung, um den Zugewinnausgleichsanspruch ihres Ehemannes abzuwehren, der ihm bei Nichtigkeit des Ehevertrages zustehen würde, falls sich ihr Vermögen während der Ehezeit durch einen Lottogewinn[71] erhöht hätte? Beruht das Sittenwidrigkeitsurteil im konkreten Fall nicht auch auf einem Seitenblick auf die Situation zum Zeitpunkt der Ehescheidung? Dann aber ist es richtig einzuräumen, dass die Feststellung der Sittenwidrigkeit allein auf Grund der Situation „ex ante" und der Illusion einer sicheren negativen Prognose auf Extremfälle entsprechend der „klassischen" Anwendung des § 138 mit vollem objektiven und subjektiven Tatbestand, ohne Abstriche, beschränkt bleiben muss; der Fall der „jungen Brasilianerin" erfüllt vielleicht gerade noch diese Kriterien, der der Schwangeren, die der Kindesbetreuung wegen eine hoch bezahlten Tätigkeit aufgab,[72] erfüllt sie kaum (der tief gegriffene Unterhaltshöchstbetrag und die fehlende Wertsicherungsklausel waren sachgerechter durch § 242 zu korrigieren). Gleiches gilt für den Fall, in dem der Ehefrau nach 5-jähriger Ehedauer ein (noch) angemessener Unterhaltsanspruch zustand und nach Auffassung des BGH der Ausschluss des Versorgungsausgleiches zur Sittenwidrigkeit führte.[73] Der Fall der „russischen Klavierlehrerin"[74] erfüllt diese Kriterien nicht.

30 Auch in den Bereich des § 138 gehören Extremfälle von **Vereinbarungen** zu Lasten Dritter, **zu Lasten der Sozialhilfe**[75] oder **zu Lasten** des Kindes oder **der Kinder.**[76] Besteht die Sozialhilfebedürftigkeit unabhängig von der Eheschließung, ist ein Verzichtsvertrag der Ehegatten weder wegen Belastung der Sozialhilfe noch wegen Benachteiligung des Ehegatten zu beanstanden.[77]

31 Die Feststellung der Sittenwidrigkeit erfordert eine **Gesamtwürdigung** aller Umstände, des Inhalts der getroffenen Vereinbarung, ihrer Auswirkungen unter Berücksichtigung der Absichten der Ehegatten für ihre Ehe (etwa: keine Sittenwidrigkeit des Unterhaltsverzichts bei Absicht kinderloser Doppelverdiener-Ehe[78]) und der Lebensumstände der Vertragspartner. Maßgebender Zeitpunkt ist der des Vertragsschlusses. In der Gesamtwürdigung kann auch die Kombination (gerade) noch hinnehmbarer Einzelvereinbarungen mit einer angesichts der Situation nicht mehr akzeptablen zur Feststellung der Sittenwidrigkeit führen.[79] Führt die Gesamtwürdigung zum Ergebnis der Sittenwidrigkeit, ist Folge grundsätzlich

---

Verhältnisse der Ehegatten, den von ihnen angestrebten oder gelebten Ehetyp oder durch sonstige gewichtige Belange des begünstigten Ehegatten gerechtfertigt wird."

[70] BGH FamRZ 2006, 1097 mit Anm. *Bergschneider* = DNotZ 2006, 863.

[71] BGH FamRZ 1977, 124.

[72] BGH FamRZ 2006, 1359 mit Anm. *Bergschneider* S. 1437 = DNotZ 2006, 920.

[73] NJW 2008, 3426 = DNotZ 2009, 62 = FamRZ 2008, 2011.

[74] BGH FamRZ 2007, 450 mit Anm. *Bergschneider* = DNotZ 2007, 302 mit Anm. *Grziwotz* und BGH FamRZ 2007, 1157 mit Anm. *Bergschneider.*

[75] BGHZ 86, 82, 88 = FamRZ 1983, 137; BGH FamRZ 1985, 788; 1991, 306, 307; NJW 1992, 3164 = FamRZ 1992, 1403; s. etwa *Gernhuber/Coester-Waltjen* § 26 II RdNr. 19; *Schwab* FamR, 15. Aufl., RdNr. 389; *Bamberger/Roth/J. Mayer* RdNr. 46 jeweils mwN.

[76] „Ausrichtung am Kindesinteresse", BGH (Fn. 65), BGHZ 158, 81, 97; s. § 1570 nF und Begr. des RegEntw.

[77] BGH FamRZ 2007, 197 mit Anm. *Bergschneider* = DNotZ 2007, 128 mit Anm. *Grziwotz.*

[78] BGH FamRZ 2005, 1449 mit Anm. *Bergschneider* = DNotZ 2005, 857 mit Aufsatz *Münch* DNotZ 2005, 857.

[79] S. BGH FamRZ 2008, 2011; im konkreten Fall gab die Schwangerschaft der (künftigen) Ehefrau im neunten Monat für den BGH – mit – den Ausschlag für die Gesamtnichtigkeit; das überzeugt mich nicht.

Gesamtnichtigkeit des Vertrages;[80] eine „salvatorische Klausel" ist bedeutungslos.[81] Ausnahmsweise[82] kann eine **Teilvereinbarung** wirksam bleiben, wenn sie interessegerecht erscheint und das Urteil der Sittenwidrigkeit nur auf den anderen Vereinbarungen beruht.[83]

3. Ausübungskontrolle nach § 242 oder § 313. a) Allgemeines. In allen anderen Fällen kann eine „Ausübungskontrolle" nach § 242 oder § 313 in Frage kommen. In (seltenen) Fällen einer von den Ehegatten nicht vorhergesehenen Änderung von Umständen, die die Ehegatten nicht selbst herbeigeführt haben, ist **§ 313** Rechtsgrundlage einer eventuellen Anpassung. Sonst kann **§ 242** einer Berufung auf die getroffene (Verzichts- oder Einschränkungs-)Vereinbarung ganz oder teilweise im Wege stehen, wenn sie Treu und Glauben widerspricht. Die eigentliche Zweifelsfrage bei der **Ausübungskontrolle** ist, wie ein **Verstoß gegen „Treu und Glauben"** festzustellen ist. Erforderlich ist eine **Abwägung aller Umstände** des Einzelfalles, wobei die Gesichtspunkte für einen Verstoß von Gewicht sein müssen, denn es soll ja in die Vertragsfreiheit eingegriffen werden. Das **BVerfG** gab besonderes Gewicht der Tatsache, dass in den beiden von ihm entschiedenen Fällen die künftige Ehefrau bei Vertragsschluss schwanger, damit in einer psychischen Sondersituation war und besonderen Wert auf die Eheschließung legte, so dass sie bereit war, dafür in den zu treffenden Vereinbarungen Zugeständnisse auch gegen ihre Interessen zu machen; damit habe sie sich in einer „Unterlegenheitslage" befunden, die eine gleichberechtigte Wahrnehmung ihrer Interessen ausschloss (auch wenn die Schwangerschaft nur als „Indiz" für eine vertragliche Disparität bezeichnet wird). Damit wollte das BVerfG mit seiner Gedankenführung an die Grundsätze zur Inhaltskontrolle in anderen Unterlegenheitssituationen und seine eigene Rechtsprechung zur Wirksamkeitskontrolle der Bürgschaftsübernahme[84] anknüpfen. 32

b) Grundsatzentscheidung des BGH v. 11. 2. 2004; „Kernbereichslehre". In seiner Grundsatzentscheidung vom 11. 2. 2004[85] hat der BGH diesen Gesichtspunkt nicht aufgegriffen (der konkrete Fall gab dazu keinen Anlass) und sich der zweiten Voraussetzung der gerichtlichen Kontrolle durch das BVerfG zugewendet, dass die Vereinbarung zu einer **besonders einseitigen Aufbürdung von vertraglichen Lasten** führt; der BGH hat also nicht die Art des Zustandekommens des Vertrages, sondern dessen Inhalt bewertet. Als Hilfe für die möglichst rechtssichere Bewertung des Maßes der einseitigen Aufbürdung vertraglicher Lasten hat der BGH im Anschluss an *Dauner-Lieb*[86] eine Rangfolge zwischen den einzelnen Scheidungsfolgen aufgestellt, in deren Zentrum die sog. „Kernbereichslehre" steht: 33

Die grundsätzliche Disponibilität der Scheidungsfolgen dürfe nicht dazu führen, dass der Schutzzweck der gesetzlichen Regelungen durch vertragliche Vereinbarungen beliebig unterlaufen werden könnte. Das wäre der Fall, wenn dadurch eine **evident einseitige** und durch die individuelle Gestaltung der ehelichen Lebensverhältnisse nicht gerechtfertigte **Lastenverteilung** entsteht, die hinzunehmen für den belasteten Ehegatten – bei angemessener Berücksichtigung der Belange des anderen Ehegatten und seines Vertrauens in die Geltung der getroffenen Abrede – bei verständiger Würdigung des Wesens der Ehe unzumutbar erscheine. Die Belastungen des einen Ehegatten würden dabei umso schwerer wiegen und die Belange des anderen Ehegatten umso genauerer Prüfung bedürfen, je unmittelbarer die vertragliche Abbedingung gesetzlicher Regelungen in den Kernbereich des Scheidungsfolgenrechts eingreift. An oberster Rangstelle in diesem **Kernbereich** steht 34

---

80 BGH FamRZ 2006, 1097 mit Anm. *Bergschneider*; BGH Urt. v. 9. 7. 2008 – XII ZR 6/07, NJW 2008, 3426 = DNotZ 2009, 62.

81 BGH FamRZ 2006, 1097 mit Anm. *Bergschneider.*

82 Aber nur ausnahmsweise: die Regel ist – auch übereinstimmend mit § 139 BGB – Gesamtnichtigkeit, BGH FamRZ 2005, 1444 mit Anm. *Bergschneider* = DNotZ 2005, 853 mit Aufsatz *Münch*, DNotZ 2005, 819; BGH FamRZ 2006, 1097 mit Anm. *Bergschneider* = DNotZ 2006, 863.

83 BGH BGHZ 158, 81, 100 (Fn. 65); Urt. v. 9. 7. 2008 – XII ZR 6/07, NJW 2008, 3426 = DNotZ 2009, 62.

84 BVerfGE 89, 214 = DNotZ 1994, 523.

85 XII ZR 265/02 (Fn. 65).

86 AcP 201 (2001), 295, 319 ff.

der **Betreuungsunterhalt** nach § 1570, an zweiter Stelle nach ihrer Bedeutung der **Krankheitsunterhalt** (§ 1572) und der **Unterhalt wegen Alters** (§ 1571). Auf gleicher Stufe wie der Altersunterhalt rangiert der **Versorgungsausgleich.** Die Unterhaltspflicht wegen Erwerbslosigkeit (§ 1573) erscheine demgegenüber nachrangig. Ihr folgten der Krankenvorsorge- und Altersvorsorgeunterhalt (§ 1578 Abs. 2, 1. Variante, Abs. 3). Am ehesten verzichtbar seien Ansprüche auf Aufstockungs- und Ausbildungsunterhalt (§ 1573 Abs. 2, § 1575). Zurecht ordnet der BGH den **Zugewinnausgleich auf der untersten Stufe** dieser Rangordnung ein, er erweise sich ehevertraglicher Disposition am weitesten zugänglich. Denn das Eheverständnis erfordert keine bestimmte Zuordnung des Vermögenserwerbs in der Ehe.[87] Die „Kernbereichslehre“ des BGH ist sowohl auf Zustimmung,[88] als auch auf Widerspruch gestoßen.[89] Nicht kritikwürdig ist, dass der BGH nicht an den Gesichtspunkt einer strukturellen Unterlegenheit der Frau, insbesondere bei Schwangerschaft anknüpft.[90] Denn das selbstverantwortliche rechtsgeschäftliche Handeln einer Schwangeren kann nicht in Zweifel gezogen werden und, nachdem die Kinderbetreuung durch die Mutter zwar noch die Regel, aber die Betreuung durch den Vater oder die Fremdbetreuung eine ständig zunehmende Ausnahme ist, ist die Benachteiligung der kinderbetreuenden Mutter nicht mehr durch ihr Geschlecht, sondern durch die von ihr übernommene Funktion bedingt (dass die Unterlegenheit eines Ehegatten nicht geschlechts- sondern funktionsbedingt ist, gilt für jede Einverdiener-Ehe, auch die kinderlose). Die Kernbereichslehre ist eine einleuchtende Bewertung der einzelnen Scheidungsfolgen und damit im Rahmen der Abwägung nach § 242 für die Bedeutung, die ihrer Abbedingung zukommt. Daneben sind aber eine ganze Reihe anderer Gesichtspunkte in die Abwägung einzubeziehen (s. unten RdNr. 37 ff.).

35 Was die „Kernbereichslehre“ nicht leisten kann und auch nicht leisten will, ist es, eine **Begründung** für die Zulässigkeit der **Ausübungskontrolle** von Eheverträgen und anderen Vereinbarungen unter Ehegatten trotz grundsätzlicher Vertragsfreiheit zu geben. Entscheidendes Argument dafür ist die **besondere Gefährdung** der eigenen Interessen bei Eingehen einer **langfristigen Rechtsbeziehung mit extremem Prognoserisiko**[91] auf Grund persönlichen Vertrauens, das rechtliche und wirtschaftliche Gesichtspunkte in den Hintergrund treten lässt und zu dem (oft leider unbegründeten) Optimismus verleitet, ein Scheitern der Beziehung sei ausgeschlossen[92] (und wenn später erkannt wird, dass getroffene Vereinbarungen nicht passen, sondern geändert werden sollten – etwa beim Übergang von der kinderlosen Doppelverdiener-, zur Einverdienerehe mit Kindern – fällt es schwer, Änderungen ins Gespräch zu bringen, weil schon ein solcher Vorschlag als die Harmonie in der Ehe störend angesehen wird).[93] Sieht man in diesem Eingehen einer auf Vertrauen basierenden langfristigen Beziehung mit erheblichem Prognoserisiko den Grund für die Ausübungskontrolle, gelten diese Grundsätze nur für Eheverträge und andere Vereinbarungen ohne Zusammenhang mit der Ehescheidung, nicht für Scheidungsvereinbarungen.

36 Ausgehend von der überkommenen Auslegung des § 138 wird vom BVerfG bei der Inhaltskontrolle besonderes Gewicht auf die Unterlegenheit der schwangeren Frau beim Abschluss des Vertrages gelegt (s. oben RdNr. 26, 32). Bei der **Ausübungskontrolle** nach

---

[87] *Schwab* DNotZ 2001, Sonderheft „100 Jahre DNotZ“ 9★, 16★.

[88] *Rauscher* DNotZ 2004, 524; *ders.* FamR RdNr. 366 e ff. (wenn auch nicht unkritisch).

[89] *Koch* in *Bayer/Koch,* Schranken der Vertragsfreiheit, Tagungsband zur Gründungsveranstaltung des Instituts für Notarrecht in Jena, 2007, 79, 83 ff.; *Wiemer,* Inhaltskontrolle von Eheverträgen, Eine Auseinandersetzung mit der Kernbereichslehre des BGB, Diss. Bonn 2007, Ergebnisse zB S. 125 f., 150 f., 162 f.

[90] Oben RdNr. 29 wurde schon die Fragwürdigkeit dieses Gesichtspunkts auch im Rahmen der Sittenwidrigkeitsprüfung erörtert. AA *Koch* (Fn. 89) S. 84; *J. Mayer* FPR 2004, 363, 368; *Rauscher* FamR RdNr. 366 g; im Einklang mit dem Urt. nahe liegenderweise *Hahne* (die Vorsitzende des Senats,) DNotZ 2004, 84.

[91] *S. Sanders,* „Statischer Vertrag und dynamische Vertragsbeziehung, Ausübungskontrolle von Gesellschafts- und Eheverträgen“, Diss. Köln 2008. an verschiedenen Stellen: „Entwicklungsoffenes, dynamisches Vertragsverhältnis“, etwa § 14 III.

[92] *Dauner-Lieb* AcP 201 (2001), 295, 321 ff.; vgl. auch *Wiemer* (Fn. 89) S. 196 ff. unter der Überschrift „Überforderung der Selbstverantwortung“.

[93] Genauer *Sanders* (Fn. 91) § 14 II 4.

§ 242 kommt es auf die **Situation zum Zeitpunkt der Geltendmachung der Verzichtsvereinbarung** und auf den Verlauf der Ehe als tatsächlich gelebter, gemeinsam gestalteter Vertragsbeziehung[94] an, auch im Vergleich zum hypothetischen Verlauf bei Unterbleiben der Eheschließung. Die Begleitumstände bei Abschluss der Vereinbarung der Ehegatten haben noch geringere Bedeutung als bei der Frage der Sittenwidrigkeit: Ob die Vereinbarungen von dem Ehegatten mit den geringeren wirtschaftlichen Entwicklungsmöglichkeiten wegen des Optimismus, die Ehe werde nicht scheitern, wegen der „Begleitvorteile" der Ehe, aus Stolz oder Liebe, mit dem Gefühl, klarstellen zu wollen, dass der wohlhabendere Partner nicht des Geldes wegen geheiratet wird, akzeptiert wurden, ist regelmäßig gleichgültig.[95]

c) Gesichtspunkt ehebedingter Nachteile. Neben der „Kernbereichslehre", die die Bedeutung der einzelnen, ausgeschlossenen oder eingeschränkten Scheidungsfolgen bewertet, stellt die Rechtsprechung zurecht immer mehr den Gesichtspunkt in den Vordergrund, ob der wirtschaftlich schwächere Ehegatte durch die Ehe – einfachster Fall: wegen der Betreuung der Kinder – wirtschaftliche **Nachteile** erlitten hat, die **durch** die **Scheidungsfolgen ausgeglichen** würden, oder ob seine wirtschaftliche Lage unabhängig von der Ehe eingetreten ist[96] – einfachster Fall: er ist wegen einer Krankheit nicht in der Lage, für seinen Unterhalt zu sorgen. Ist die Unterhaltsbedürftigkeit ehebedingt, kann das nach Auffassung des BGH auch zu einer „höheren" Einordnung des betreffenden Unterhalts – im konkreten Fall des Krankenvorsorge- und Altersvorsorgeunterhalts – in der Bedeutungsskala führen;[97] richtigerweise gibt im Rahmen der Abwägung zu § 242 die Ehebedingtheit den Ausschlag für dessen Anwendung mit der Folge, dass (jedenfalls hinsichtlich des Altersvorsorgeunterhalts) nicht der Unterhalt, der sich nach den ehelichen Lebensverhältnissen richtet, geschuldet, sondern der konkrete Nachteil auszugleichen ist.[98] „Kompensationsleistungen" und deren Angemessenheit sind selbstverständlich von Bedeutung.[99] 37

d) Konzeption der Ehe, Lebensumstände, Leistungsfähigkeit, Dauer der Ehe. Weitere Gesichtspunkte sind die „Konzeption" der Ehegatten für ihre künftige Ehe – Extrembeispiele: „Doppelverdienerehe" oder „Einverdienerehe", „Kinderwunsch" oder Annahme der Kinderlosigkeit.[100] Eine Abweichung der ehelichen Lebensverhältnisse von der Vorstellung, von der die Ehegatten beim Vertragsschluss ausgingen, führt nur zur Ausübungskontrolle, wenn sie erheblich und dem Ehegatten deshalb ein unverändertes Festhalten am Vertrag nicht zumutbar ist,[101] so etwa, wenn die Ehegatten annehmen, der den Haushalt Führende werde daneben einer Erwerbstätigkeit nachgehen, er dann aber nicht erwerbstätig ist.[102] Falls anzupassen ist, dann geschieht das nur in dem Umfang, um die geplante, nicht verwirklichte Berufstätigkeit (deren Fortsetzung nach der Scheidung möglich gewesen wäre) auszugleichen und insgesamt nur in dem Umfang, um den durch die Ehe (und den mit dieser verbundenen Erwerbsverzicht) verursachten Nachteil auszugleichen.[103] Weiter von Bedeutung sind die Lebensumstände der Ehegatten bei und nach der Scheidung: Die Leistungsfähigkeit des wirtschaftlich stärkeren Ehegatten[104] und der Grad der Bedürftig- 38

---

[94] Vgl. *Sanders* (Fn. 91) § 14 III.
[95] S. *Rauscher* FamR RdNr. 366 n.
[96] S. § 1578 b Abs. 1 S. 2, 3; BGH FamRZ 2005, 185 mit Anm. *Bergschneider* = DNotZ 2005, 226; FamRZ 2005, 691 mit Anm. *Bergschneider* = DNotZ 2005, 703; BGH FamRZ 2008, 582; s. auch BGH FamRZ 2006, 1006 mit Anm. *Born* = DNotZ 2006, 770; s. dazu *Volmer* ZNotP 2005, 242, 250; *Schwenzer* AcP 196 (1996), 88, 113; *Münch* FamRZ 2005, 691; s. auch *Dauner-Lieb* AcP 201 (2001) 295, 328 f.; *Dauner-Lieb/Sanders* FPR 2005, 122.
[97] BGH FamRZ 2005, 1449 mit Anm. *Bergschneider* = DNotZ 2005, 857 mit Aufsatz von *Münch* DNotZ 2005, 819.
[98] BGH (Fn. 97).
[99] S. etwa BGH FamRZ 2005, 691 mit Anm. *Bergschneider* = DNotZ 2005, 703.
[100] ZB BGH FamRZ 2005, 691 mit Anm. *Bergschneider* = DNotZ 2005, 703.
[101] BGH FamRZ 2007, 974 mit Anm. *Bergschneider* = DNotZ 2007, 764.
[102] BGH (Fn. 101).
[103] BGH (Fn. 101).
[104] Wie etwa in dem Fall, über den das BVerfG am 29. 3. 2001 entschieden hat, s. Fn. 61.

keit des anderen.[105] Nicht nach § 242 zu korrigieren ist es, wenn der nacheheliche Unterhalt nach der Leistungsfähigkeit des unterhaltspflichtigen Ehegatten zum Zeitpunkt des Vertragsschlusses bemessen (zwar eine Wertsicherungsklausel vereinbart), aber die Anpassung an künftige Einkommenssteigerungen ausgeschlossen wird.[106] Ins Gewicht fällt die Dauer der Ehe,[107] nach dem Gedanken des § 1579 Nr. 1 unter Berücksichtigung nachehelicher Kinderbetreuungszeiten, aber auch unter Berücksichtigung der Zeiten einer vorehelichen Beziehung.

39 **e) Gesichtspunkte „widersprüchlichen Verhaltens" im weiteren Sinne.** Von Gewicht sind auch Gesichtspunkte, die sich unter dem Stichwort des „widersprüchlichen Verhaltens" (im weiteren Sinn) zusammenfassen lassen, unabhängig davon, ob man in ihnen ein „venire contra factum proprium" im Sinne des rechtstechnischen Begriffs sieht oder sie – entsprechend der einschränkenden Definition von Singer[108] – als eigene Gruppe unmittelbar bei der Abwägung nach § 242 berücksichtigt: Hierher gehört schon der Sachverhalt, dass bei der **Einverdienerehe der verdienende Ehegatte** über Jahre die **Betreuung durch den anderen** akzeptiert hat, bei der Heirat mit einem **Ausländer** der Gesichtspunkt, dass der deutsche Ehegatte die **Mitverantwortung für die Übersiedlung** des Ausländers nach Deutschland und damit deren Konsequenzen übernommen hat.[109] Nicht überzeugen kann dagegen, dass die Rspr. den von Ausweisung bedrohten Ausländer in einer „Unterlegenheitslage" sieht,[110] die drohende Trennung belastet doch beide Partner.[111]

40 **f) Abwägung.** Zur Abwägung lässt sich die (Ausnahmen zugängliche, weil auch hier eine Gesamtwürdigung stattfinden muss) Regel aufstellen, dass der wirtschaftlich besser gestellte geschiedene Ehegatte entgegen der getroffenen Vereinbarung gesetzliche Scheidungsfolgen im Bereich von Unterhalt und Versorgungsausgleich erfüllen muss, die **ehebedingte Nachteile** des anderen Ehegatten **ausgleichen, soweit** es ihm nach seinen eigenen Lebensverhältnissen und unter Berücksichtigung der getroffenen Vereinbarung und der Bedeutung der Scheidungsfolge **zumutbar** ist.

41 Mit der Eheschließung richten die Ehegatten ihre Lebensgestaltung im Vertrauen auf weitgehende Solidarität im persönlichen und wirtschaftlichen Bereich aufeinander ein. Sie übernehmen damit füreinander Verantwortung,[112] die in gewissem Maß über die Scheidung hinauswirkt. Das führt zu der zweiten Faustregel für die Abwägung, dass der wirtschaftlich besser gestellte geschiedene Ehegatte auch abbedungene **Scheidungsfolgen** zu erfüllen hat, **die keine ehebedingten Nachteile ausgleichen, soweit** es ihm zumutbar und soweit es **für** den an sich **anspruchsberechtigten** ehemaligen **Ehegatten unzumutbar** ist, die Folgen des Verzichts zu tragen: Grundsätzlich ist es zwar nicht zu beanstanden, dass nicht ehebedingte Lebensrisiken – etwa einer Erkrankung – durch Vereinbarung von der gemeinsamen Verantwortung der Ehegatten ausgenommen werden.[113] Dieser Grundsatz stößt aber unter dem Gesichtspunkt der nachehelichen Solidarität an eine Grenze, etwa auf Grund der Bedürftigkeit des nach dem Gesetz Unterhaltsberechtigten und der Leistungsfähigkeit des nach dem Gesetz Unterhaltspflichtigen.[114]

42 Bei Heirat mit einem **Ausländer,** der auf Grund der Eheschließung nach Deutschland übersiedelt, führt die Mitverantwortung des leistungsfähigen deutschen Ehegatten an der

---

[105] Wie etwa im Fall der „russischen Klavierlehrerin" (Fn. 74).

[106] BGH (Fn. 101).

[107] S. § 1579 Nr. 1, vgl. auch § 1578 b Abs. 2.

[108] *Singer,* Widersprüchliches Verhalten, 1983, S. 29 ff.

[109] *Kanzleiter* in *Battis,* Privatrecht gestern, heute und morgen, 2008, S. 17 ff., 25 ff.

[110] Extrem OLG München FamRZ 2007, 1244, 1245 mit Anm. *Bergschneider,* aber auch BGH FamRZ 2006, 1097 (Fn. 70) und FamRZ 2007, 450 (Fn. 74).

[111] Näher *Kanzleiter* aaO (Fn. 109).

[112] *Schwab,* Handbuch des Scheidungsrechts, RdNr. 236.

[113] So das Grundsatzurteil des BGH v. 11. 2. 2004, s. Fn 65; davon abweichend im Falle der „russischen Klavierlehrerin" DNotZ 2007, 302 mit Anm. v. *Grziwotz* = FamRZ 2007, 450 mit Anm. *Bergschneider* mit nicht überzeugender Begründung, näher *Kanzleiter* aaO (Fn. 109).

[114] Diese Grenze sah der BGH im Urt. v. 22. 11. 2006 FamRZ 2008, 582 als nicht erreicht an.

Übersiedelung nach § 242 zu einer **Korrektur** des Verzichts auf Unterhalt und Versorgungsausgleich jedenfalls **für einen gewissen Zeitraum.**[115]

g) Ausschluss des Zugewinnausgleichs. Da der Zugewinnausgleich in der Rangordnung des BGH (und nicht nur dort: schon die Existenz des Güterstands der Gütertrennung zeigt, dass die Ehe nicht notwendigerweise eine Vermögensgemeinschaft ist[116]) zurecht an unterster Stelle steht,[117] kann der Ausschluss des Zugewinns zwar bei Sittenwidrigkeit des Vertrages in den Strudel der Gesamtnichtigkeit geraten, sind aber kaum Konstellationen denkbar, bei denen ein Bedürfnis besteht, den Zugewinnausgleich durch Ausübungskontrolle nach § 242 wieder herzustellen.[118] Das gilt auch dann, wenn der „wohlhabende" Ehegatte während der Ehe selbständig tätig war und der andere deshalb durch den Versorgungsausgleich keine Anwartschaften erhält.[119] Die Folgen der Ausübungskontrolle beschränken sich vielmehr regelmäßig auf den Unterhaltsverzicht und – in selteneren Fällen – den Ausschluss des Versorgungsausgleichs. 43

VI. Darlegungs- und Beweislast

Für die Darlegungs- und die Beweislast gelten die allgemeinen Grundsätze: Wer sich auf die getroffene Vereinbarung beruft, trägt die Beweislast für ihr Zustandekommen, einschließlich einer eventuell erforderlichen Zustimmung des gesetzlichen Vertreters.[120] Die Beweislast für die Voraussetzungen der Sittenwidrigkeit der getroffenen Vereinbarung (und auch für die Voraussetzungen der Ausübungskontrolle)[121] trägt derjenige, der sich darauf beruft.[122] Da sowohl für die Inhalts- wie für die Ausübungskontrolle entscheidende Gesichtspunkte die sittenwidrige Benachteiligung bzw. die gegen Treu und Glauben verstoßende Berufung auf die getroffene Vereinbarung nach objektiven Maßstäben sind, subjektives Tatbestandsmerkmal allein deren Kenntnis, kommt es nicht auf eine Störung der Verhandlungsparität und deshalb erst recht nicht auf Situationen an, die eine solche indizieren sollen, wie Schwangerschaft oder drohende Ausweisung nach Ablaufen einer Aufenthaltsgenehmigung.[123] 44

§ 1409 Beschränkung der Vertragsfreiheit

Der Güterstand kann nicht durch Verweisung auf nicht mehr geltendes oder ausländisches Recht bestimmt werden.

I. Normzweck

§ 1409 dient der **Rechtsklarheit:** Die Bezugnahme im Ehevertrag auf nicht mehr gültige oder ausländische (und damit nicht ohne weiteres zugängliche oder gar bekannte) Rechts- 1

---

115 Weitergehend der BGH im Falle (Fn. 74).

116 Vgl. die Überlegungen von *Schwab* DNotZ 2001, Sonderheft 100 Jahre DNotZ, 9*, 15*ff.

117 Das ist nicht unumstritten, andere Bedeutung gibt ihm zB *Wiemer* (Fn. 89) S. 127 ff.; *Dauner-Lieb* FF 2004, 65; *ders.* FPR 2005, 141; *Rakete-Dombek* NJW 2004, 1273; *Schubert* FamRZ 2001, 733.

118 S. BGH FamRZ 2005, 691 = DNotZ 2005, 703; FamRZ 2005, 1444 = DNotZ 2005, 853; FamRZ 2007, 1310 mit Anm. *Bergschneider* = DNotZ 2008, 130; BGH FamRZ 2008, 386; vgl. auch *Bergschneider,* FamRZ 2006, 269; *Dauner-Lieb* FF 2004, 61, 62, 67; im Falle OLG Celle NJW-RR 2008, 881 hätte § 242 wegen der Rückerstattung der Rentenversicherungsbeiträge des Ehemannes zum Ausschluss des Versorgungsausgleichs und wegen der Betreuung von Kindern und Ehemann zu einem finanziellen Ausgleich führen können, nicht gerechtfertigt war die Durchführung des Zugeweinnausgleichs.

119 BGH FamRZ 2008, 386.

120 BGH NJW 1989, 1728, 1729: hat der volljährig gewordene Ehegatte dem Ehevertrag genehmigt, trägt dagegen er die Beweislast, dass sein gesetzlicher Vertreter die Genehmigung verweigert habe.

121 Vgl. BGH NJW 2008, 1080.

122 BGHZ 53, 379; 95, 85; BGH NJW 1995, 1429.

123 Anders die h. M.; s. etwa BGH NJW 2005, 2386; OLG Karlsruhe FamRZ 2007, 477; *Büttner* FamRZ 1998, 176.

quellen brächte Unsicherheiten und Unklarheiten für die Ehegatten selbst und für ihre Geschäftspartner darüber mit sich, welche Rechtsfolgen sich aus der Bezugnahme im Einzelfall ergeben. Die inhaltliche Gestaltungsfreiheit wird durch § 1409 dagegen nicht eingeschränkt;[1] durch Aufnahme aller Einzelregelungen in den Ehevertrag kann ein früher geltendes oder ausländisches Güterrecht weiterhin vereinbart werden, soweit dies nach den allgemeinen Rechtsgrundsätzen möglich ist (s. dazu § 1408 RdNr. 9 ff.). Mittelbar wirkt § 1409 aber auch der inhaltlichen Rechtszersplitterung entgegen, weil er die einfache Wahl eines Güterstandes durch bloße Bezugnahme nur hinsichtlich Gütergemeinschaft und Gütertrennung ermöglicht.

II. Umfang des Verweisungsverbots

2 Das Verweisungsverbot gilt für alle ausländischen güterrechtlichen Bestimmungen und für alle Regelungen, die in der derzeit geltenden Fassung des BGB nicht mehr enthalten sind, damit einerseits für die früheren Wahlgüterstände der Errungenschafts- und der Fahrnisgemeinschaft,[2] die nach Art. 8 Abs. I Nr. 7 GleichberG noch weiter gelten, wenn die Ehegatten bei Inkrafttreten des GleichberG in diesen Güterständen gelebt haben, andererseits für den früheren gesetzlichen Güterstand der Eigentums- und Vermögensgemeinschaft nach §§ 13 ff. FGB-DDR, für den die Ehegatten bis zum 2. 10. 1992 optieren konnten.[3] Haben die Ehegatten einen solchen Güterstand aufgehoben, können sie ihn deshalb nicht wiederherstellen.[4] Das Verweisungsverbot galt und gilt allgemein nicht für bereits erlassene, aber noch nicht in Kraft getretene güterrechtliche Normen,[5] und andererseits auch nicht für Normen, die der Gesetzgeber bereits aufgehoben hat, vor Inkrafttreten des Aufhebungsgesetzes.[6]

III. Wirkungen eines Verstoßes gegen das Bezugnahmeverbot

3 Verstößt eine güterrechtliche Vereinbarung gegen das Bezugnahmeverbot, ist sie nichtig (§ 134). Die Wirksamkeit anderer in dem Vertrag enthaltener Vereinbarungen richtet sich nach § 139.

IV. Aufhebung von § 1409 Abs. 2 aF durch das IPRG

4 Hat einer der Ehegatten seinen Wohnsitz im Ausland, ließ es § 1409 Abs. 2 aF zu, auf ein dort geltendes Güterrecht zu verweisen (zu dieser Vorschrift s. 3. Aufl. RdNr. 4, 5). Nachdem nach Art. 15 Abs. 2 Nr. 2 EGBGB nF als Güterrechtsstatut das Recht eines Staates gewählt werden kann, in dem einer der Ehegatten seinen gewöhnlichen Aufenthalt hat,[7] schien dem Gesetzgeber § 1409 Abs. 2 aF entbehrlich:[8] Die Ehegatten können die gleichen Rechtsfolgen jetzt durch die **Wahl der ausländischen Rechtsordnung** erreichen; es gilt dann das entsprechende ausländische Güterrecht, dh. ohne weiteres dessen gesetzlicher

---

[1] AllgM s. *Knur* DNotZ 1957, 461; umgekehrt kann § 1409 Abs. 1 aber auch keine Ermächtigung entnommen werden, früher geltendes Güterrecht durch Einzelaufnahme in den Ehevertrag zu vereinbaren; aA *Mikat,* FS Felgentraeger, 1969, S. 323, 324 f.

[2] Inzwischen allgM, s. *Palandt/Brudermüller* RdNr. 1; *Soergel/Gaul* RdNr. 3; *Staudinger/Thiele* (2007) RdNr. 5, 8; aA *Krüger/Breetzke/Nowak* Vor § 1408 RdNr. 4.

[3] *Soergel/Gaul* Nachträge RdNr. 3, 4.

[4] BayObLGZ 13, 613; allgM.

[5] AllgM; aA nur *Haegele* FamRZ 1957, 286, 287; s. *Staudinger/Thiele* (2007) RdNr. 6 mit Nachw., wichtig war dies für die Bestimmungen des GleichberG vor dessen Inkrafttreten.

[6] Deshalb konnten bis zum Inkrafttreten des GleichberG auch nach dessen Erlass die alten Güterstände noch durch Verweisung gewählt werden; sehr str., s. *Staudinger/Felgentraeger* 11. Aufl. RdNr. 6 m. zahlr. Nachw. zu den unterschiedlichen Auffassungen.

[7] Zur allgemeineren Rechtswahl der allgemeinen Ehewirkungen s. Art. 14 Abs. 2, 3 EGBGB nF, zu den weiteren Wahlmöglichkeiten hinsichtlich des Güterrechts Art. 15 Abs. 2 EGBGB nF, zur Form Art. 14 Abs. 4 EGBGB nF (der erstaunlicherweise bei Vornahme im Inland zwar notarielle Beurkundung, aber nicht Ehevertragsform vorschreibt; § 1410 gilt also nicht, s. *Wegmann* NJW 1987, 1740, 1741).

[8] Vgl. BT-Drucks. 10/504 S. 86.

Güterstand, durch Vereinbarung bereits unter Anwendung der Vorschriften dieses ausländischen Rechts eventuell ein Wahlgüterstand nach diesem Recht. Im Unterschied dazu setzte die Anwendbarkeit des § 1409 Abs. 2 aF und die Verweisung auf ein ausländisches Güterrecht die Geltung deutschen Rechts voraus; trotz der Verweisung galt weiterhin deutsches Recht, das ausländische Güterrecht als Wahlgüterstand nach deutschem Recht.[9] Eheverträge, die auf Grund § 1409 Abs. 2 aF abgeschlossen wurden, gelten mit der Folge weiter, dass diese Rechtslage weiterhin besteht (soweit nach Abs. 14, 15 EGBGB nF ein ausländisches Güterrecht anwendbar ist, entscheidet dieses über die Weitergeltung eines solchen Ehevertrages).

§ 1410 Form

Der Ehevertrag muss bei gleichzeitiger Anwesenheit beider Teile zur Niederschrift eines Notars geschlossen werden.

I. Normzweck

1 Die Beurkundungspflicht soll insbesondere sicherstellen, dass die Ehegatten bei Abschluss eines Ehevertrages über dessen Konsequenzen belehrt und sachkundig beraten werden **(„Schutzfunktion"):** Der Ehevertrag greift regelmäßig tief in die vermögensrechtlichen Beziehungen der Ehegatten – und mittelbar auch in deren persönliche Verhältnisse – ein und hat grundsätzlich langfristige Auswirkungen bis zur Auflösung der Ehe (und insbesondere bei Auflösung der Ehe) sowie noch darüber hinaus. Deshalb ist der Schutz der Ehegatten vor Konsequenzen der beabsichtigten Regelung, die sie nicht erkennen, und der Schutz jedes Ehegatten vor Übervorteilung durch den anderen zwingend geboten.

2 Das Beurkundungserfordernis hat außerdem – wie in anderen Fällen – die Zwecke, die Vertragsschließenden vor Übereilung zu schützen **(„Funktion des Schutzes vor Übereilung"),** auf die besondere Bedeutung des Rechtsgeschäfts hinzuweisen **(„Warnfunktion"),** unzweideutigen Beweis der getroffenen Vereinbarungen zu sichern **(„Beweisfunktion"),** sowie durch Einschaltung des rechtskundigen Notars die Gültigkeit des abgeschlossenen Rechtsgeschäfts zu gewährleisten **(„Gültigkeitsgewähr").** Diese Funktionen treten aber bei § 1410 in ihrer Bedeutung hinter die Schutzfunktion zurück.

II. Anwendungsbereich

3 § 1410 gilt für Eheverträge. S. dazu § 1408 RdNr. 2, 6 ff. Im Übrigen ergibt sich der Anwendungsbereich der Vorschrift aus dem Normzweck: Die gleiche Schutzbedürftigkeit wie beim Ehevertrag besteht beim (deshalb ebenfalls beurkundungsbedürftigen) Vorvertrag[1] und bei jedem anderen Rechtsgeschäft, das bereits eine Bindung zum Abschluss eines Ehevertrages mit sich bringt, etwa die Verpflichtung zum Abschluss einem Dritten gegenüber oder die unwiderrufliche oder die sonst mit Bindungswirkung gegebene Abschlussvollmacht.[2] Anders als bei § 313, wo die Beurkundung angeordnet ist, um vor Veräußerung und Erwerb von Grundbesitz zu unangemessenen Bedingungen zu schützen, bezieht sich der Schutzzweck des § 1410 nur auf den Ehevertrag selbst, nicht auf Vereinbarungen, die mit ihm in Zusammenhang stehen.[3] Die Aufhebung des Ehevertrages ist selbst wieder Ehevertrag, sodass auch der bloße Aufhebungsvertrag der Beurkundung bedarf; das gilt

---

[9] S. 1. Aufl. RdNr. 5.

[1] BGH FamRZ 1966, 492; RGZ 48, 183, 186; 68, 322.

[2] S. *Gernhuber/Coester-Waltjen* RdNr. 15 § 32; *Soergel/Gaul* RdNr. 3; die formlose, unwiderruflich gegebene Vollmacht ist nicht nur widerruflich, sondern wegen des Schutzzwecks des § 1410 insgesamt nichtig, weil sie sonst eine faktische Bindung des Vollmachtgebers erzeugen würde, der von der Widerruflichkeit nicht weiß.

[3] Ausführlich *Kanzleiter* DNotZ 1994, 275, 279 f; NJW 1997, 217; aA *Kiethe* MDR 1994, 64; *Palandt/Brudermüller* RdNr. 2; *Bamberger/Roth/J. Mayer* RdNr. 5 mwN in Fn 21; *Staudinger/Thiele* (2007) RdNr. 6.

auch für einen Vertrag, mit dem Modifikationen des Versorgungsausgleichs aufgehoben werden, die gesetzliche Regel wiederhergestellt wird, weil § 1408 Abs. 2 seinem Sinn nach Vereinbarungen über den Versorgungsausgleich dem Ehevertrag zuweist[4]. Gem. § 7 S. 2 LPartG gilt § 1410 auch für Lebenspartnerschaftsverträge zwischen eingetragenen Lebenspartnern.

4 Wegen §§ 167 Abs. 2, 182 Abs. 2 ist de lege lata sowohl die (widerrufliche) Vollmacht zum Abschluss eines Ehevertrages als auch die nachträgliche Genehmigung von einem vollmachtlosen Stellvertreter abgegebener Erklärungen formfrei; auch von § 181 kann Befreiung erteilt werden, sodass ein Ehegatte – im Rahmen der allgemeinen rechtlichen Schranken, etwa des § 138 – auch gleichzeitig für den anderen Ehegatten den Ehevertrag abschließen kann.[5] Schon die Formfreiheit von Vollmacht und Genehmigung, noch mehr die Möglichkeit, von den Beschränkungen des § 181 zu befreien,[6] sind mit dem Schutzzweck des § 1410 aber unvereinbar. Der Gesetzgeber sollte deshalb de lege ferenda die Beurkundungsform auch für Vollmacht und Genehmigung vorschreiben[7] oder – noch sachgerechter – den persönlichen Abschluss des Ehevertrages entsprechend § 1311 bei der Eheschließung und § 2274 beim Erbvertrag verlangen.[8]

5 Zu den **internationalrechtlichen Fragen** der Anwendung des § 1410 s. Art. 11, 15 EGBGB und die Erläuterungen hierzu.

III. Gleichzeitige Anwesenheit vor dem Notar

6 Die vorgeschriebene gleichzeitige Anwesenheit vor dem Notar schließt den sukzessiven Abschluss des Ehevertrages durch Angebot und Annahme (§ 128) aus.

IV. Beurkundung, Formverstoß

7 Für die Beurkundung gelten die Vorschriften des Beurkundungsgesetzes. Die notarielle Beurkundung wird wie stets durch den protokollierten gerichtlichen Vergleich ersetzt (§ 127 a). Wird die vorgeschriebene Form nicht eingehalten, führt dies zur **Nichtigkeit** des Vertrages (§ 125).

V. Ehe- und Erbvertrag

8 Sehr häufig wird die Beurkundung eines Ehevertrages mit der eines Erbvertrages unter den Ehegatten verbunden, weil diese eine umfassende Regelung ihrer güterrechtlichen Verhältnisse zu beider Lebzeiten und der Rechtslage bei ihrem Tode treffen wollen. Die gleichzeitige Beurkundung wird durch § 46 Abs. 3 KostO kostenrechtlich begünstigt. Ob der gleichzeitig abgeschlossene Ehe- und Erbvertrag *ein* Rechtsgeschäft ist, entscheidet der Wille der Vertragschließenden. Die Nichtigkeit des Ehe- hat deshalb die Nichtigkeit des Erbvertrages (und umgekehrt) nach § 139 nur zur Folge, wenn diese Frage zu bejahen ist (beweispflichtig derjenige, der die Anwendung des § 139 fordert, da die beiden Geschäfte grundsätzlich einen unterschiedlichen Gegenstand haben und deshalb von einander unabhängig sind), und die Voraussetzungen des § 139 aE nicht vorliegen (beweispflichtig derjeni-

[4] *Gruntkowski* MittRhNotK 1993, 1, 18; aA OLG Karlsruhe FamRZ 1995, 361.

[5] HM, s. RGZ 79, 282; BayObLG JFG 3, 185; BGHZ 138, 239 = NJW 1998, 1857 = DNotZ 1999, 46; *Gerber* DNotZ 1998, Sonderheft Deutscher Notartag, S. 288*, 294*; *Kanzleiter* NJW 1999, 1612; AnwK-BGB/*Völker* RdNr. 4; aA *Einsele* NJW 1998, 1206; DNotZ 1999, 43 mit Nachw. Bei Vollmachtserteilung unter Befreiung von § 181 BGB wird oft aber bereits eine Bindung des Vollmachtgebers gewollt sein, s. dazu RdNr. 3.

[6] Bedenken hiergegen äußert schon de lege lata *Beitzke* § 13 II 1.

[7] Zu den – auf Grund des klaren Wortlauts des § 167 Abs. 2 nach Auffassung des Verfassers unzulässigen – Erwägungen, für die Vollmacht bereits de lege lata die Ehevertragsform zu verlangen, s. *Reinartz* NJW 1977, 81, 83 f.; *Einsele* NJW 1999, 1206.

[8] *Gerber* DNotZ 1998, Sonderheft Deutscher Notartag, S. 288*, 294*; *Kanzleiter* NJW 1999, 1612, 1613; während der Gesetzgebungsarbeiten zum GleichberG wurde dies bereits erörtert, damals aber schließlich nicht verwirklicht.

ge, der die Wirksamkeit behauptet).[9] Der Rücktritt von erbvertraglichen Verfügungen nach §§ 2294 f. lässt den Ehevertrag dagegen grundsätzlich unberührt, weil der Rücktritt nur die betroffene Verfügung vernichtet.[10]

§ 1411 Eheverträge beschränkt Geschäftsfähiger und Geschäftsunfähiger

(1) [1] Wer in der Geschäftsfähigkeit beschränkt ist, kann einen Ehevertrag nur mit Zustimmung seines gesetzlichen Vertreters schließen. [2] Dies gilt auch für einen Betreuten, soweit für diese Angelegenheit ein Einwilligungsvorbehalt angeordnet ist. [3] Ist der gesetzliche Vertreter ein Vormund, so ist außer der Zustimmung des gesetzlichen Vertreters die Genehmigung des Familiengerichts erforderlich, wenn der Ausgleich des Zugewinns ausgeschlossen oder eingeschränkt oder wenn Gütergemeinschaft vereinbart oder aufgehoben wird; ist der gesetzliche Vertreter ein Betreuer, ist die Genehmigung des Betreuungsgerichts erforderlich. [4] Der gesetzliche Vertreter kann für einen in der Geschäftsfähigkeit beschränkten Ehegatten oder einen geschäftsfähigen Betreuten keinen Ehevertrag schließen.

(2) [1] Für einen geschäftsunfähigen Ehegatten schließt der gesetzliche Vertreter den Vertrag; Gütergemeinschaft kann er nicht vereinbaren oder aufheben. [2] Ist der gesetzliche Vertreter ein Vormund, so kann er den Vertrag nur mit Genehmigung des Familiengerichts schließen; ist der gesetzliche Vertreter ein Betreuer, ist die Genehmigung des Betreuungsgerichts erforderlich.

I. Normzweck

1 Wegen des langfristigen und tiefgreifenden Einflusses des Ehevertrages auf die vermögensrechtlichen (und auch die persönlichen) Verhältnisse der Ehegatten wäre es nicht sachgerecht, den geschäftsunfähigen, beschränkt geschäftsfähigen oder betreuten Ehegatten durch die Anwendung der §§ 104 ff., 1629, 1793, 1902 f. der uneingeschränkten Fremdbestimmung durch seinen gesetzlichen Vertreter und den damit verbundenen Gefahren bis hin zur Kollusion zwischen dem gesetzlichen Vertreter und dem anderen Ehegatten auszusetzen.[1] Deshalb schreibt § 1411 vor, dass der beschränkt Geschäftsfähige und der Betreute, soweit er nicht geschäftsunfähig ist, einen Ehevertrag (nur) selbst abschließen kann, dass der Vormund und der Betreuer bei Zustimmung zu einem Ehevertrag oder dessen Abschluss in bestimmten Fällen der Genehmigung des Familien- bzw. Betreuungsgerichts bedürfen und dass Eheverträge mit bestimmtem Inhalt von einem geschäftsunfähigen Ehegatten nicht abgeschlossen werden können.

II. Beschränkte Geschäftsfähigkeit oder Betreuung des geschäftsfähigen Ehegatten (Abs. 1)

2 Der beschränkt geschäftsfähige Ehegatte schließt einen Ehevertrag selbst ab, bedarf allerdings der **Zustimmung seines gesetzlichen Vertreters.** Wer gesetzlicher Vertreter ist, richtet sich nach den allgemeinen Vorschriften. Da der Ehevertrag vermögensrechtliches Geschäft ist, wenn auch mit Auswirkungen auf den persönlichen Bereich, ist bei Auseinanderfallen von Personen – und Vermögenssorge letztere ausschlaggebend. Auch der geschäftsfähige Betreute schließt den Ehevertrag selbst; er bedarf der Zustimmung des Betreuers, wenn der Abschluss des Ehevertrags in den Bereich eines Einwilligungsvorbehalts fällt.

---

[9] Gegen die Anwendung des § 139 wohl generell *Soergel/Gaul* § 1408 RdNr. 5; dafür *Erman/Gamillscheg* RdNr. 5; *Palandt/Edenhofer* § 2276 RdNr. 10; *Soergel/Wolf* § 2276 RdNr. 15; *Staudinger/Thiele* (2007) § 1408 RdNr. 33; vgl. auch BGHZ 29, 129 = NJW 1959, 625.

[10] BGHZ 29, 129 = NJW 1959, 625.

[1] Vgl. Begr. zu § 1367 RegE II.

3 Während die Eltern als gesetzliche Vertreter über die Zustimmung zu einem Ehevertrag in allen Fällen selbständig entscheiden, bedürfen ein Vormund oder Betreuer zu besonders einschneidenden ehevertraglichen Regelungen der **Genehmigung durch Familien- oder Betreuungsgericht.** Dies ist der Fall bei der Vereinbarung oder Aufhebung von Gütergemeinschaft (nicht also bei Modifikationen einer bestehenden Gütergemeinschaft,[2] wie einer Änderung der Verwaltungsregelung oder der Erklärung bestimmter Gegenstände zu Vorbehaltsgut[3]) und bei Ausschluss oder Einschränkung des Zugewinnausgleichs, also bei jedem Übergang vom gesetzlichen zu einem anderen Güterstand und bei Ausschluss oder Modifikation des Zugewinnausgleichs unter Beibehaltung des gesetzlichen Güterstands im Übrigen. Für den Ausschluss des Versorgungsausgleichs gilt – nach dem klaren Wortlaut – de lege lata nicht das Gleiche.[4] Zur Genehmigung s. §§ 1828 bis 1830, 1908 i Abs. 1.

III. Geschäftsunfähigkeit eines Ehegatten (Abs. 2)

4 Für einen geschäftsunfähigen Ehegatten kann sein gesetzlicher Vertreter einen Ehevertrag schließen. Gütergemeinschaft kann er weder vereinbaren noch aufheben, wohl aber bei einer Modifikation der bestehenden Gütergemeinschaft mitwirken (vgl. RdNr. 3 m. Fn. 3).

5 Während die Eltern als gesetzliche Vertreter stets selbständig handeln,[5] bedarf der Vormund oder Betreuer in jedem Falle der Genehmigung durch Familien- oder Betreuungsgericht. Zur Genehmigung s. §§ 1828 bis 1830, 1908 i Abs. 1.

§ 1412 Wirkung gegenüber Dritten

(1) Haben die Ehegatten den gesetzlichen Güterstand ausgeschlossen oder geändert, so können sie hieraus einem Dritten gegenüber Einwendungen gegen ein Rechtsgeschäft, das zwischen einem von ihnen und dem Dritten vorgenommen worden ist, nur herleiten, wenn der Ehevertrag im Güterrechtsregister des zuständigen Amtsgerichts eingetragen oder dem Dritten bekannt war, als das Rechtsgeschäft vorgenommen wurde; Einwendungen gegen ein rechtskräftiges Urteil, das zwischen einem der Ehegatten und dem Dritten ergangen ist, sind nur zulässig, wenn der Ehevertrag eingetragen oder dem Dritten bekannt war, als der Rechtsstreit anhängig wurde.

(2) Das Gleiche gilt, wenn die Ehegatten eine im Güterrechtsregister eingetragene Regelung der güterrechtlichen Verhältnisse durch Ehevertrag aufheben oder ändern.

I. Normzweck

1 Die Einrichtung des Güterrechtsregisters und der in § 1412 angeordnete Schutz dessen, der auf das Schweigen des Registers vertraut („negative Publizität"), sollen gutgläubige

[2] AllgM; das VormG kann die Genehmigung zur Vereinbarung der Gütergemeinschaft mit der Auflage erteilen, dass bestimmte Regelungen des Gütergemeinschaftsvertrages nicht (zum Nachteil des Mündels) geändert werden; Verstoß gegen diese Auflage könnte zur Entlassung nach §§ 1886, 1908 b führen (vgl. auch § 1837 Abs. 2).

[3] Anders, wenn damit die Gütergemeinschaft praktisch aufgehoben wird, wenn also alle (wesentlichen) Vermögensgegenstände zu Vorbehaltsgut erklärt werden, *Palandt/Brudermüller* RdNr. 1; *Planck/Unzer* § 1437 Anm. 9.

[4] Wegen der besonderen Tragweite von Vereinbarungen über den Versorgungsausgleich sollte der Gesetzgeber diese den Vereinbarungen über den Zugewinnausgleich gleichstellen, *Graf,* Dispositionsbefugnisse über den Versorgungsausgleich, 1985, S. 44; schon de lege lata für die Anwendung des § 1411 *Soergel/Gaul* RdNr. 3; *Palandt/Brudermüller* RdNr. 4; *Rauscher* RdNr. 360; aA *Bamberger/Roth/J. Mayer* RdNr. 4; dazu neigend auch *Staudinger/Thiele* (2007) RdNr. 14; *Bergerfurth* FamRZ 1977, 440, 441.

[5] Angesichts der Bedeutung mancher ehevertraglicher Vereinbarungen scheint dies gemessen an dem Maßstab des § 1643 zu großzügig.

Dritte schützen und damit dem **Schutz des Rechtsverkehrs** dienen.[1] Weil das Register von Geschäftspartnern der Ehegatten kaum eingesehen wird (s. auch dazu näher Vor § 1558 RdNr. 3), führt eine Eintragung auf Grund § 1412 aber praktisch dazu, dass der **gute Glaube des Dritten** an den gesetzlichen Regeltatbestand oder die ihm bekannt gewordenen (früheren) güterrechtlichen Verhältnisse der Ehegatten einseitig **zu seinen Lasten zerstört** wird. Tatsächlich schützt die Eintragung im Register also regelmäßig die Ehegatten, da sie ihre eingetragenen güterrechtlichen Verhältnisse einem Dritten uneingeschränkt entgegenhalten können. Den dritten Geschäftspartner schützt das Register nur, wenn er es – ausnahmsweise – eingesehen hat. Andererseits werden Eintragungen von den Ehegatten im Güterrechtsregister nur sehr selten vorgenommen. Wurde die Eintragung einer Änderung der güterrechtlichen Verhältnisse – wie regelmäßig – unterlassen, so schützt § 1412 den dritten Geschäftspartner, der sich auf den gesetzlichen Regeltatbestand verlassen hat.

II. Anwendungsbereich

1. Änderung der güterrechtlichen Verhältnisse. § 1412 gilt entweder unmittelbar oder entsprechend bei **allen** Änderungen der güterrechtlichen Verhältnisse, die **für den rechtsgeschäftlichen Verkehr mit Dritten** unmittelbar **von Bedeutung** sind.[2] Abs. 1 S. 1 spricht dies ausdrücklich für den Ausschluss oder die Modifikation des gesetzlichen Güterstands aus, Abs. 2 für die Änderung einer durch vorausgegangene Änderung eingetretenen Abweichung vom gesetzlichen Güterstand, wenn diese im Güterrechtsregister eingetragen war. Darüber hinaus ist § 1412 aber in allen anderen Fällen einer Änderung der güterrechtlichen Verhältnisse ebenfalls anwendbar ohne Rücksicht darauf, worauf – Ehevertrag, einseitige Erklärung eines Ehegatten oder eines Dritten (§ 1418 Abs. 2 Nr. 2), Urteil – dies beruht. Daneben ordnen einzelne Vorschriften die Anwendung des § 1412 an, zB, wenn die Verpflichtungsbefugnis nach § 1357 einem Ehegatten entzogen wurde.[3] Leben Ehegatten in einem ausländischen gesetzlichen Güterstand, so ist der deutsche gesetzliche Güterstand der sog. „Zugewinngemeinschaft" nicht der „gesetzliche Güterstand" iS von § 1412;[4] bei „Inlandsbezug" werden Dritte aber durch Art. 16 EGBGB geschützt. 2

§ 1412 gilt nur für materiellrechtlich tatsächlich eingetretene Änderungen der güterrechtlichen Verhältnisse. Einwendungen der Ehegatten, die sich aus der Unwirksamkeit einer vom dritten Geschäftspartner für wirksam gehaltenen Änderung ergeben (der Ehevertrag ist zB nichtig), können von ihnen ohne Einschränkung erhoben werden, ohne Rücksicht darauf, ob die (unwirksame) Änderung im Güterrechtsregister eingetragen war oder nicht. Dh., dass das Güterrechtsregister **nur negativen,** nicht positiven **guten Glauben** genießt. 3

2. Rechtsgeschäft oder Urteil. § 1412 gilt nur für den Bereich des rechtsgeschäftlichen Verkehrs. Er schließt nur Einwendungen der Ehegatten gegen die Unwirksamkeit von Rechtsgeschäften und auf dem rechtsgeschäftlichen Verkehr beruhender Urteile aus. Auf allen übrigen Gebieten ist § 1412 nicht anwendbar. Soweit nicht Sondervorschriften bestehen, ist allein die tatsächliche Rechtslage ohne Rücksicht auf deren Kenntnis oder Unkenntnis durch einen Beteiligten maßgebend. Dies gilt für alle Ansprüche auf Grund Gesetzes, zB auf Grund unerlaubter Handlung oder gesetzlicher Unterhaltspflicht. Die Zwangsvollstreckung richtet sich sowohl hinsichtlich der formellen Voraussetzungen als auch hinsichtlich der Vollstreckungsobjekte nur nach den dafür geltenden Vorschriften, ohne Rücksicht auf § 1412.[5] Dies gilt auch dann, wenn ein Dritter in Unkenntnis der tatsächlich bestehenden 4

---

[1] Zu den Funktionen des Güterrechtsregisters s. im einzelnen Vor § 1558 RdNr. 1 ff.

[2] AllgM.

[3] § 1357 Abs. 2 S. 2; vgl. als weitere Vorschriften über die entsprechende Anwendung des § 1412 die §§ 1418 Abs. 4, 1431 Abs. 3, 1449 Abs. 2, 1456 Abs. 3 und 1470 Abs. 2.

[4] BayObLG FamRZ 1979, 583, 584 f.

[5] OLG Colmar OLGE 11, 282; OLG Saarbrücken JBlSaar 1965, 8; vgl. auch OLG Hamburg OLGE 30, 42.

Gütergemeinschaft mit gemeinschaftlicher Gesamtgutsverwaltung ein Urteil nur gegen einen Ehegatten erstritten hat (vgl. § 740 Abs. 2 ZPO).[6]

5 **3. Betroffener Personenkreis.** Ausgeschlossen sind nur Einwendungen der Ehegatten gegen die Wirksamkeit eines Rechtsgeschäfts oder eines auf Rechtsgeschäft beruhenden Urteils demjenigen gegenüber, der Partner des Rechtsgeschäfts gewesen ist. Allen weiteren Dritten gegenüber können sich die Ehegatten ohne Rücksicht auf § 1412 auf die tatsächliche Rechtslage berufen.[7]

III. Voraussetzungen der Zulässigkeit von Einwendungen

6 **1. Eintragung oder Kenntnis.** Im Anwendungsbereich des § 1412 können die Ehegatten ihrem Geschäftspartner Einwendungen aus einer Änderung ihrer güterrechtlichen Verhältnisse nur entgegenhalten, wenn sie im Güterrechtsregister eingetragen oder dem Geschäftspartner bekannt war. Maßgeblicher Zeitpunkt ist der der **Vornahme des Rechtsgeschäfts,** auch wenn es wegen einer ausstehenden Genehmigung noch schwebend unwirksam ist[8] oder seine Wirksamkeit noch von einer Bedingung abhängt,[9] bei Urteilen ist maßgebender Zeitpunkt der, zu dem der Rechtsstreit anhängig wird.[10] Die Beweislast für Eintragung oder Kenntnis trägt der Ehegatte, der die Einwendungen erheben möchte.[11]

7 **2. Eintragung im Güterrechtsregister. a)** Ausschlaggebend ist allein die Eintragung im Güterrechtsregister, auf deren Bekanntmachung kommt es nicht an. Sind mehrere Register zuständig, so ist die Eintragung nur wirksam erfolgt, wenn sie in allen zuständigen Registern geschehen ist (s. § 1558 RdNr. 3). Zur Eintragungsfähigkeit s. Vor § 1558 RdNr. 6 ff.

8 **b) „Kenntnis"** setzt voraus, dass dem Dritten die (wesentlichen) Tatsachen bekannt sind, aus denen sich der Schluss auf die Änderung der güterrechtlichen Verhältnisse ergibt. Fahrlässige – auch grobfahrlässige – Unkenntnis steht dem einerseits nicht gleich. Andererseits ist Kenntnis der Rechtslage nicht erforderlich.[12]

IV. Wirkungen des Einwendungsausschlusses

9 Die – teilweise umstrittenen – Wirkungen des Einwendungsausschlusses ergeben sich unmittelbar aus dem Wortlaut der Vorschrift: Ist das Rechtsgeschäft nach den tatsächlichen güterrechtlichen Verhältnissen wirksam, so hat es sowohl für den Ehegatten, als auch für den Dritten dabei sein Bewenden (der Dritte kann nicht etwa Einwendungen erheben, die sich bei der von ihm angenommenen Güterrechtslage ergeben würden).[13] Ist das Rechtsgeschäft nach den tatsächlichen güterrechtlichen Verhältnissen unwirksam, sind aber die Ehegatten mit dieser Einwendung ausgeschlossen, so hat der dritte Geschäftspartner die Wahl, ob er sich auf die tatsächliche Rechtslage berufen, die Unwirksamkeit des Rechtsgeschäfts also geltend machen oder an dem Rechtsgeschäft festhalten will.[14] Sind die Ehegatten mit Einwendungen ausgeschlossen, die sie auf Grund ihrer tatsächlichen güterrechtlichen Verhältnisse erheben könnten, stehen ihnen auf Grund der Güterrechtslage, von der der Dritte nach § 1412 auf Grund seines guten Glaubens ausgehen darf, aber dieselben oder andere Ein-

[6] *Palandt/Brudermüller* RdNr. 10; *Staudinger/Thiele* (2007) RdNr. 24; aA – für Anwendung des § 1412 mit Rücksicht auf § 739 ZPO – *Erman/Gamillscheg* RdNr. 4; differenzierend *Soergel/Gaul* RdNr. 8.

[7] RG Recht 1918 Nr. 377.

[8] RGZ 142, 59.

[9] *Staudinger/Thiele* (2007) RdNr. 41 mwN; *Staudinger/Felgentraeger* 11. Aufl., RdNr. 30 vertreten zu Recht die Auffassung, anders sei bei Bedingungen zu entscheiden, deren Eintritt vom Willen des Dritten selbst abhängt.

[10] Ausschlaggebend sind die Vorschriften der ZPO.

[11] AllgM im Anschluss an Mot. IV S. 317.

[12] Vgl. RGZ 133, 351.

[13] *Dölle* § 46 III, *Soergel/Gaul* RdNr. 7; *Staudinger/Thiele* (2007) RdNr. 13; *Bamberger/Roth/J. Mayer* RdNr. 14 jeweils mwN.

[14] AA *Dölle* I § 46 III 2; *Gernhuber/Coester-Waltjen* § 33 RdNr. 22, wie hier *Soergel/Gaul* RdNr. 7 mwN; *Staudinger/Thiele* (2007) RdNr. 12 gegen Voraufl.; *Bamberger/Roth/J. Mayer* RdNr. 14.

wendungen zu, so können sie diese Einwendungen erheben[15] (falls der Dritte sich gegenüber den tatsächlichen güterrechtlichen Verhältnissen auf § 1412 beruft).

V. Verhältnis zu anderen Vorschriften und Grundsätzen über den Schutz des guten Glaubens

Alle anderen Vorschriften über den Schutz gutgläubiger Dritter sind neben § 1412 ohne 10 Einschränkung anwendbar.[16] Ausschlaggebend ist jeweils, worauf sich der gute Glaube des Dritten bezieht. Vertraut er zB auf das Alleineigentum des Ehegatten, der ihm einen der gemeinschaftlichen Verwaltung unterliegenden Gesamtgutsgegenstand übereignet, so gelten die §§ 894 ff., 932 ff.[17] Auch der allgemeine Grundsatz über die Haftung dessen, der einen Rechtsschein zurechenbar hervorruft oder nicht beseitigt, gilt neben § 1412 zugunsten Dritter.[18] Hieraus kann sich zB der Schutz des positiven guten Glaubens an die Richtigkeit einer Eintragung im Güterrechtsregister ergeben, wenn den Ehegatten die Unrichtigkeit der eingetragenen Tatsache (zB die Nichtigkeit des Ehevertrages) von Anfang an bekannt war oder später bekannt wurde und sie trotzdem den Eintragungsantrag gestellt bzw. unterlassen haben, die Löschung der Eintragung herbeizuführen.[19]

§ 1413 Widerruf der Überlassung der Vermögensverwaltung

Überlässt ein Ehegatte sein Vermögen der Verwaltung des anderen Ehegatten, so kann das Recht, die Überlassung jederzeit zu widerrufen, nur durch Ehevertrag ausgeschlossen oder eingeschränkt werden; ein Widerruf aus wichtigem Grunde bleibt gleichwohl zulässig.

Übersicht

I. Normzweck

§ 1413 ist eine aus dem Rahmen des Güterrechts fallende Sondernorm. Ihre Existenz 1 erklärt sich historisch daraus, dass früher die Verwaltung des Vermögens der Ehefrau durch

[15] *Erman/Gamillscheg* RdNr. 4; *Soergel/Gaul* RdNr. 7; vgl. auch RGZ 142, 59, 61.

[16] ÜberwM Mot. IV S. 318 f.; *Kanzleiter* DNotZ 1971, 453, 465 mwN; *Erman/Gamillscheg* RdNr. 6; *Palandt/Brudermüller* RdNr. 10; RGRK/*Finke* RdNr. 24; *Soergel/Gaul* RdNr. 16; aA (einschränkend) *Gernhuber/Coester-Waltjen* § 38 RdNr. 83; *Staudinger/Thiele* (2007) RdNr. 48.

[17] AA *Gernhuber/Coester-Waltjen* § 38 RdNr. 83; *Staudinger/Thiele* (2007) RdNr. 48; entgegen weit verbreiteter Auffassung – vgl. § 1416 RdNr. 23 – begründet in diesen Fällen ein entgegenstehender Güterrechtsregistereintrag regelmäßig keine grobfahrlässige Kenntnis der wirklichen Lage (ebenso *Staudinger/Thiele* (2007) RdNr. 47; *Bamberger/Roth/J. Mayer* RdNr. 16).

[18] AllgM; *Gernhuber/Coester-Waltjen* § 33 RdNr. 23–25 mwN; *Soergel/Gaul* RdNr. 16; *Staudinger/Thiele* (2007) RdNr. 51 mwN; gegen die Heranziehung des § 171 in diesem Zusammenhang zu Recht *Soergel/Gaul* RdNr. 16; *Staudinger/Thiele* (2007) RdNr. 51.

[19] Vgl. die in Fn. 18 Genannten.

den Ehemann (bei Gütertrennung) als güterrechtliche Frage angesehen wurde (vgl. § 1430 aF).[1] Mit dem Wegfall dieser überkommenen Vorstellungen und der auf ihnen basierenden Vorschriften auf Grund des Gleichberechtigungsgrundsatzes steht die Überlassung der Vermögensverwaltung unter Ehegatten der unter Fremden grundsätzlich gleich. Wenn der Gesetzgeber eine Vorschrift zum Schutze desjenigen für erforderlich hielt, der sein Vermögen der Verwaltung eines anderen anvertraut, hätte es deshalb nahe gelegen, diese Schutzvorschrift allgemein im Schuldrecht zu treffen. Dass sie demgegenüber als Sondernorm nur für die Überlassung der Vermögensverwaltung unter Ehegatten in das eheliche Güterrecht aufgenommen wurde, ist aber trotzdem berechtigt: Denn die **Überlassung der Vermögensverwaltung** ist unter Ehegatten mit Rücksicht auf die Ehe besonders **häufig** und für den Überlassenden besonders **problematisch,** weil die Überlassung regelmäßig nicht allein auf einer am Interesse an der optimalen Vermögensverwaltung ausgerichteten objektiven Entscheidung, sondern meist in erheblichem Maße auch auf dem ehelichen Vertrauensverhältnis beruht. Die Gefährdung des Ehegatten, der sich der Möglichkeit begeben hat, die Überlassung der Verwaltung jederzeit zu widerrufen, ist deshalb grundsätzlich größer als unter Fremden. Daher lässt § 1413 den Ausschluss oder die Erschwerung des jederzeitigen Widerrufs nur durch Ehevertrag zu, schreibt damit also die notarielle Beurkundung nach § 1410 vor, und stellt klar, dass die Widerrufsmöglichkeit bei Vorliegen eines wichtigen Grundes in jedem Fall erhalten bleibt.

2 Entsprechend dem Normzweck hat die Beurkundungspflicht in § 1413 in erster Linie die **„Warn"-** und die **„Schutzfunktion":**[2] Sie soll den Ehegatten auf die besondere Bedeutung des vorzunehmenden Rechtsgeschäfts deutlich hinweisen und seine Belehrung und Beratung durch den Notar vor der endgültigen Entscheidung sicherstellen.

II. Die Überlassung der Vermögensverwaltung unter Ehegatten

3 **1. Vertrag.** Die Überlassung der Vermögensverwaltung ist keine bloß tatsächliche Handlung, sondern erfolgt durch **Vertrag unter den Ehegatten.** Der Vertrag ist kein Ehevertrag, bedarf insbesondere – anders als die Erschwerung des Widerrufs – nicht der Ehevertragsform.[3] Deshalb gelten bei Abschluss für nicht voll Geschäftsfähige die allgemeinen Regeln, nicht § 1411.[4] Die Vereinbarung kann bei Beginn der Ehe oder jederzeit später, ausdrücklich oder stillschweigend, etwa dadurch getroffen werden, dass der eine Ehegatte die Verwaltung seines Vermögens durch den anderen Ehegatten (nicht nur in einzelner Hinsicht und über einen nicht nur geringfügigen Zeitraum) freiwillig[5] duldet.[6] Mit Rücksicht auf die entstehenden Verpflichtungen dürfen an die Feststellung eines Verwaltungsvertrages keine (zu) geringen Anforderungen gestellt werden.[7] Die Erteilung einer Generalvollmacht reicht nicht aus, weil sie nur eine Vertretungsbefugnis gegenüber Dritten schafft.[8] Es reicht auch nicht aus, dass ein Ehegatte mit Billigung des anderen alle finanziellen Angelegenheiten der Eheleute erledigt.[9] Das Vorliegen eines Vertrages über die Überlassung der Vermögensverwaltung muss derjenige beweisen, der es behauptet. Eine Vermutung dafür besteht nicht,

[1] Zur Überleitung, wenn die Ehefrau die Verwaltung ihres Vermögens am 1. 7. 1958 dem Ehemann überlassen hatte, s. Art. 8 I Nr. 2 GleichberG.

[2] S. zu den Funktionen der Beurkundung im Übrigen § 1410 RdNr. 1 und 2.

[3] AnwK-BGB/*Völker* RdNr. 1; *Bamberger/Roth/J. Mayer* RdNr. 2.

[4] § 1411 gilt dagegen für die Vereinbarung der Einschränkung des Widerrufs.

[5] RG JG 1938, 3112.

[6] Wenn die Ehefrau zB bei Beendigung des gesetzlichen Güterstandes der „Verwaltung und Nutznießung des Mannes" am 31. 3. 1953 ihr Vermögen in der Verwaltung des Ehemannes belassen hat; eine Zuwendung des Vermögens oder der Einkünfte bedeutet die Überlassung der Verwaltung für sich allein selbstverständlich nicht, vgl. OLG Karlsruhe FamRZ 1983, 1250, 1251.

[7] BGH NJW 1986, 1870 = DNotZ 1986, 500 = LM § 677 Nr. 28.

[8] BGH NJW 1986, 1870 = DNotZ 1986, 500 = LM § 667 Nr. 28.

[9] BGH NJW 1986, 1870 = DNotZ 1986, 500 = LM § 667 Nr. 28; FamRZ 1988, 42 = NJW-RR 1987, 1347.

auch nicht, wenn ein Ehegatte das Vermögen des anderen in Händen hat und die Ehegatten in gutem Einvernehmen leben.[10]

2. Vermögen eines Ehegatten. Das „Vermögen" eines Ehegatten ist nur dann der Verwaltung des anderen überlassen, wenn es in nicht nur unwesentlichen Teilen betroffen ist. Dies ist auch bei einem einzelnen Gegenstand der Fall, wenn dieser einen wesentlichen Teil des Vermögens ausmacht.[11] 4

3. Unabhängigkeit vom Güterstand. Die Überlassung der Vermögensverwaltung ist **bei jedem Güterstand** möglich, bei Gütergemeinschaft aber nur hinsichtlich Vorbehalts- und Sondergut, weil das Gesamtgut gemeinschaftliches Vermögen beider Ehegatten ist und hinsichtlich seiner Verwaltung die güterrechtlichen Vereinbarungen gelten (vgl. § 1421).[12] 5

4. Zugrundeliegendes Rechtsverhältnis. Welches **Rechtsverhältnis zwischen den Ehegatten** der Verwaltungsüberlassung zugrunde liegt, ist **gleichgültig.** Regelmäßig handelt es sich um ein Auftragsverhältnis (§§ 662 ff.),[13] wenn keine abweichenden Vereinbarungen getroffen sind. Dies ist aber möglich. So kann zB entgeltliche Geschäftsbesorgung (§§ 611 ff., 675[14]) vereinbart sein. Auch ein Gesellschaftsvertrag unter den Ehegatten kann nach seiner Ausgestaltung die Vermögensverwaltung zum Gegenstand haben.[15] Es besteht dann kein Anlass, die Grundsätze zur Überlassung der Vermögensverwaltung, insbesondere § 1413 nicht anzuwenden.[16] Dies kann nicht nur bei Personal- sondern sogar bei Kapitalgesellschaften und ausnahmsweise sogar dann der Fall sein, wenn Dritte an der Gesellschaft beteiligt sind.[17] Das Gleiche gilt schließlich – wiederum ausnahmsweise – bei einem Darlehen unter Ehegatten. 6

III. Rechtsverhältnis unter den Ehegatten

1. Vereinbarung. Die Ehegatten können ihr Rechtsverhältnis untereinander durch formlose (Ausnahme: Einschränkung der Widerrufsmöglichkeit), ausdrückliche oder stillschweigende Vereinbarung beliebig gestalten. Hilfsweise gilt Auftragsrecht. Danach ist der verwaltende Ehegatte grundsätzlich den Weisungen des anderen unterworfen (§ 665) und zur Auskunft verpflichtet (§ 666). Dies kann – formlos – abbedungen werden, wobei aber die Auskunfts- und Rechenschaftspflicht bei Vorliegen eines wichtigen Grundes, insbesondere für den Fall, dass an der Ordnungsmäßigkeit der Geschäftsführung berechtigte Zweifel entstehen, nicht ausgeschlossen werden kann.[18] 7

2. Verfügung über Vermögensstamm, Verwendung der Erträgnisse. Inwieweit der verwaltende Ehegatte über die Vermögenserträgnisse und den Vermögensstamm verfügen kann, richtet sich ebenfalls nach den getroffenen Vereinbarungen, hilfsweise nach Auftrags- 8

---

[10] AllgM, s. RG Recht 1917, 64; *Palandt/Brudermüller* RdNr. 3; *Soergel/Gaul* RdNr. 2; *Staudinger/Thiele* (2007) RdNr. 6; vgl. auch RG JW 1938, 3112.

[11] Der Maßstab ist weniger streng als in § 1365, da dort ausdrücklich das Vermögen „im ganzen" erfasst sein muss; der Schutzweck des § 1413 fordert im Gegenteil eine in diesem Punkt großzügige Anwendung; s. auch die Übergangsvorschrift Art. 8 I Nr. 2 GleichberG, wo ausdrücklich auch die „teilweise" Überlassung erfasst ist.

[12] AllgM, anders nur *Krüger/Breetzke/Nowak* RdNr. 1; zur Übertragung der Verwaltungsbefugnisse hinsichtlich des Gesamtguts, die von der Übertragung der Vermögensverwaltung nach § 1413 völlig verschieden ist, s. § 1422 RdNr. 5 ff., § 1450 RdNr. 9 f.

[13] Vgl. BGHZ 31, 205 = NJW 1960, 428; RGZ 87, 108; 91, 365.

[14] Werkvertrag – §§ 631 ff., 675 – wird dagegen nicht in Frage kommen.

[15] Übertragung der Geschäftsführungsbefugnis auf einen Ehegatten und Verpflichtung des anderen zur Einbringung seines (wesentlichen) Vermögens; vgl. *Gernhuber* § 32 IV 6.

[16] *Gernhuber/Coester-Waltjen* § 32 RdNr. 41; *Staudinger/Thiele* (2007) RdNr. 8; *Bamberger/Roth/J. Mayer* RdNr. 3; anders *Staudinger/Thiele* (2007) RdNr. 8; aA *Dölle* I § 43 C V 2 b.

[17] Es besteht kein Anlass, die Rechtsgrundsätze über die Umgehung heranzuziehen: tatsächlich würde es sich in diesen Fällen – bei Vorliegen auch der subjektiven Voraussetzungen – um Umgehungsversuche handeln, deren Erfolg durch die Subsumtion unter den Begriff der Überlassung des Vermögens unter Ehegatten und damit unter § 1413 verhindert wird.

[18] Vgl. – in der Tendenz übereinstimmend, in der Begründung teilweise abweichend – RG WarnR 1915 Nr. 277; JW 1938, 1892.

recht und den Grundsätzen ordnungsgemäßer Verwaltung fremden Vermögens. Danach kann der verwaltende Ehegatte die Erträgnisse zur Deckung der entstehenden Verwaltungskosten, zur Erfüllung der mit dem verwalteten Vermögen verbundenen Verpflichtungen[19] und für den Familienunterhalt verwenden, soweit der andere Ehegatte verpflichtet ist, zu ihm beizutragen.[20] Darüber hinaus hat er ihm die Erträgnisse herauszugeben, soweit sie nicht ihrerseits von der Verwaltungsvereinbarung (oder einer zusätzlichen Vereinbarung) erfasst werden (§ 667).[21] Den Stamm des Vermögens darf der verwaltende Ehegatte mangels besonderer Vereinbarung[22] nicht, auch nicht zur Erfüllung von Unterhaltspflichten, angreifen, weil dies über den Rahmen der Vermögensverwaltung hinausgeht.[23]

9 **3. Haftung des Verwalters. Umstr.** ist, ob sich die **Sorgfaltspflicht des verwaltenden Ehegatten** nach § 276 richtet oder ob sie nach § 1359 eingeschränkt ist.[24] Richtig ist zu differenzieren: ist das Rechtsverhältnis zwischen den Ehegatten so ausgestaltet, wie es auch mit einem fremden Vermögensverwalter gestaltet würde, ist insbesondere ein Entgelt für die Vermögensverwaltung vereinbart oder ein Gesellschaftsvertrag geschlossen, so richtet sich auch die Haftung nach dem allgemeinen Maßstab des § 276. Ist Grundlage für die Überlassung der Vermögensverwaltung dagegen das spezifische eheliche Vertrauensverhältnis (dies ist die Regel), so richtet sich die Haftung nach § 1359. Zwar ergeben sich die Verpflichtungen des verwaltenden Ehegatten nicht „aus dem ehelichen Verhältnis",[25] sondern aus der davon verschiedenen Übernahme der Vermögensverwaltung. Existenz und systematische Stellung des § 1413 zeigen aber gerade, dass das Gesetz von einer besonderen Überlassung der Vermögensverwaltung unter Ehegatten ausgeht, die ihren Rechtsgrund letztlich in der Ehe selbst hat und auf die die allgemeinen Rechtsgrundsätze für das eheliche Verhältnis anzuwenden sind.

10 **4. Besitzverhältnisse.** Auch bei Überlassung der Vermögensverwaltung richtet sich der Besitz an den einzelnen zu dem Vermögen gehörenden Sachen nach den allgemeinen für die Ehe geltenden Grundsätzen.[26] Soweit die Voraussetzungen vorliegen, kann der Eigentümer gegenüber dem verwaltenden Ehegatten verbotene Eigenmacht begehen.[27]

IV. Rechtsverhältnis zu Dritten

11 Aus der Überlassung der Vermögensverwaltung selbst ergeben sich keine Rechtsfolgen im Verhältnis zu Dritten. Regelmäßig ist mit ihr aber die Erteilung von Vollmachten (häufig: Anscheins- und Duldungsvollmachten) und Ermächtigungen verbunden. Für diese gelten die allgemeinen Rechtsgrundsätze. Da nicht güterrechtlicher Natur, können Erteilung und Erlöschen (vgl. § 168) von Vollmachten und Ermächtigungen – wie das Überlassen der Vermögensverwaltung selbst – nicht in das Güterrechtsregister eingetragen werden.

12 Bedient sich der Vermögensinhaber des verwaltenden Ehegatten zur Erfüllung von Verpflichtungen, ist dieser Erfüllungshilfe gemäß § 278, begeht er ihm Rahmen der über-

[19] Vgl. i. e. *Staudinger/Thiele* (2007) RdNr. 11 ff.; *Staudinger/Felgentraeger* 11. Aufl. RdNr. 15 ff.

[20] Vgl. §§ 1360 f.; OLG Karlsruhe FamRZ 1983, 1250. AA *Gernhuber/Coester-Waltjen* § 32 RdNr. 36; *Bamberger/Roth/J. Mayer* RdNr. 5; *Staudinger/Thiele* (2007) RdNr. 11.

[21] Vgl. BGHZ 31, 197, 204 f. = NJW 1960, 428; OLG Karlsruhe FamRZ 1983, 1250, 1251 f.

[22] Auch hier kann diese durch Duldung zustande kommen; vgl. RG WarnR 1920, Nr. 14.

[23] *Soergel/Gaul* RdNr. 4.

[24] Für Haftung stets nach § 276 *Dölle* § 43 C V 2 a; *Gernhuber/Coester-Waltjen* § 32 RdNr. 37; für generelle Anwendung des § 1359 die hM, RGZ 87, 100, 108; *Erman/Gamillscheg* RdNr. 3; *Jauernig/Schlechtriem* Anm. 4; *Palandt/Brudermüller* RdNr. 5; RGRK/*Finke* RdNr. 10; *Soergel/Gaul* RdNr. 3; *Staudinger/Thiele* (2007) RdNr. 13; *Bamberger/Roth/J. Mayer* RdNr. 5; vgl. auch Mot. IV S. 325 (obwohl überholt).

[25] Hierauf weisen diejenigen hin, die generell § 276 anwenden; s. die Nachw. Fn. 24.

[26] Vgl. *Gernhuber/Coester-Waltjen* § 32 RdNr. 38 zu Recht gegen die Tendenz, dem verwaltenden Ehegatten regelmäßig unmittelbaren Alleinbesitz zuzuweisen.

[27] OLG Dresden JW 1921, 686 (hinsichtlich der Ausführungen zur Besitzlage allerdings überholt); vgl. OLG Celle FamRZ 1971, 28, 29.

tragenen Vermögensverwaltung eine unerlaubte Handlung, ist er Verrichtungsgehilfe nach § 831.[28]

V. Enden der Verwaltungsüberlassung, insbesondere Widerruf

1. Enden der Verwaltungsüberlassung. Die Überlassung der Vermögensverwaltung endet durch (wirksamen) Widerruf des Vermögensinhabers und Kündigung des verwaltenden Ehegatten (§ 671), wegen des besonderen Charakters der Verwaltungsüberlassung unter Ehegatten mit der Auflösung der Ehe, gleichgültig aus welchem Grunde[29] und mit der Insolvenz des Vermögensinhabers (§ 115 Abs. 1 InsO). 13

2. Widerruf, Kündigung, Einschränkung des Widerrufsrechts. Sowohl der Widerruf der Verwaltungsüberlassung durch den Vermögensinhaber als auch die Kündigung durch den verwaltenden Ehegatten sind nach § 671 jederzeit zulässig.[30] Besteht unter den Ehegatten kein Auftrags- sondern ein anderes Rechtsverhältnis, so ergibt sich das Recht zum jederzeitigen Widerruf durch den Vermögensinhaber unmittelbar aus § 1413.[31] Das Recht des jederzeitigen Widerrufs kann nach § 1413 nur durch Ehevertrag ausgeschlossen oder eingeschränkt werden.[32] Der Ausschluss oder die Einschränkung der Widerrufsmöglichkeit greifen nicht in die güterrechtlichen Verhältnisse der Ehegatten ein (vgl. § 1408),[33] wegen der besonderen Bedeutung und der Gefahr dieser Rechtsgeschäfte ist trotzdem Abschluss durch Ehevertrag vorgeschrieben. Alle Vorschriften über den **Ehevertrag** sind anzuwenden, insbesondere die Formvorschrift des § 1410, aber auch § 1411. Eines Ehevertrages bedürfen nach dem eindeutigen Wortlaut des § 1413 (der mit dessen Schutzzweck im Einklang steht) nur der Ausschluss oder die Einschränkung des Widerrufsrechts, nicht die Vereinbarungen der Ehegatten im Übrigen, insbesondere nicht die gesamte Vereinbarung über die Überlassung der Vermögensverwaltung, wenn das Widerrufsrecht gleichzeitig eingeschränkt oder ausgeschlossen wird.[34] Trotzdem ist in einem solchen Falle die (beurkundungspflichtige) Einschränkung der Widerrufsmöglichkeit regelmäßig Bestandteil des einheitlichen Rechtsgeschäfts der Verwaltungsüberlassung, sodass bei Unwirksamkeit der Widerrufseinschränkung § 139 gilt (mit dem Ergebnis, dass die Verwaltungsüberlassung meist trotzdem wirksam sein wird). 14

3. Widerruf aus wichtigem Grund. Auch bei Ausschluss oder Einschränkung der Widerrufsmöglichkeit ist der Widerruf bei Vorliegen eines wichtigen Grundes jedenfalls zulässig.[35] Ein wichtiger Grund liegt vor, wenn dem Vermögensinhaber die weitere Dauer der Verwaltung durch den anderen Ehegatten nicht mehr zugemutet werden kann. Der Grund kann in der Person des verwaltenden Ehegatten liegen (Verschulden ist dann nicht erforderlich), aber auch in der Person des Vermögensinhabers oder in objektiven Umständen. Als wichtige Gründe kommen zB in Betracht nicht nur unerhebliche Verstöße des verwaltenden Ehegatten gegen die Grundsätze ordnungsmäßiger Verwaltung, Antrag auf Ehescheidung, gleichgültig welches Ehegatten, oder unerwartete Wiedererlangung der Möglichkeit zur eigenen Verwaltung durch den Vermögensinhaber. 15

---

[28] RGZ 91, 363.

[29] Also auch beim Tode des Vermögensinhabers: die Auslegungsregel des § 672 S. 1 ist nach allgM nicht anwendbar; § 672 S. 2 gilt dagegen.

[30] Die Kündigung darf nach § 671 Abs. 2 nicht zur Unzeit erfolgen.

[31] Für die Kündigungsmöglichkeit des verwaltenden Ehegatten gelten dagegen die Regeln des vereinbarten Rechtsverhältnisses uneingeschränkt.

[32] Die Einschränkung des Kündigungsrechts des verwaltenden Ehegatten ist dagegen formlos und in beliebiger Weise möglich; zur Zulässigkeit der Kündigung aus wichtigem Grunde s. unten Fn. 35.

[33] *Gernhuber/Coester-Waltjen* § 32 RdNr. 40; *Soergel/Gaul* RdNr. 5; wegen der ausdrücklichen Regelung ist die Frage ohne Bedeutung.

[34] Deren Beurkundung wird dann freilich regelmäßig zweckmäßig sein.

[35] Das Gleiche gilt für die Kündigungsmöglichkeit des verwaltenden Ehegatten nach § 671 Abs. 3, bei Zugrundeliegen eines anderen Rechtsverhältnisses auf Grund der entsprechenden Vorschriften oder auf Grund des allgemeinen Grundsatzes über die Möglichkeit zur Beendigung eines Dauerschuldverhältnisses bei Vorliegen eines wichtigen Grundes.

Kapitel 2. Gütertrennung

Vorbemerkungen

Schrifttum: *Gernhuber,* Das eheliche Vermögensrecht und die Verpflichtung zur ehelichen Lebensgemeinschaft, FamRZ 1959, 465; *Haegele,* Die vertraglichen Güterstände des Gleichberechtigungsgesetzes, Justiz 1957, 427; *Hedemann,* Gütertrennung heute und künftig, DNotZ 1951, 6; *Hoppenz,* Ausgewählte Fragen des Familienrechts, MittBayNot 1998, 217; *Jäger,* Zur rechtlichen Deutung ehebezogener (sog. unbenannter Zuwendungen und zu ihrer Rückabwicklung nach Scheitern der Ehe, DNotZ 1991, 431; *Johannsen,* Vermögensrechtliche Auseinandersetzung und Auflösung der Ehe bei Gütertrennung, WM 1978, 502; *Kohler,* Die Maßnahmen des Unternehmers gegen die Risiken der Zugewinngemeinschaft, BB 1959, 929; *Langenfeld,* Vorsorgende Gestaltung der Rechtsverhältnisse der Ehegatten durch Ehevertrag, BWNotZ 1979, 21; *Metzger,* Ist nach BGB die Gütertrennung ein besonderer ehelicher Güterstand? ... ZBlFG 3, 327; *Ramm,* Gleichberechtigung und Hausfrauenehe, JZ 1968, 41, 90; *Tiedtke,* Güterrechtlicher Ausgleich bei Zuwendungen von Ehegatten untereinander und Wegfall der Geschäftsgrundlage bei Scheidung der Ehe, JZ 1992, 334.

S. auch die Lit. vor § 1408.

Übersicht

I. Wesen der Gütertrennung

1 Der Güterstand der Gütertrennung wird durch das **Fehlen jeglicher güterrechtlicher Beziehungen** zwischen den Ehegatten gekennzeichnet: deren beiderseitige Vermögen stehen ihnen getrennt und unabhängig zu. Hinsichtlich ihrer Vermögen unterscheiden sich die Rechtsbeziehungen zwischen den Ehegatten grundsätzlich nicht von denen zwischen Fremden.[1] Auch beim Güterstand der Gütertrennung gelten freilich die allgemeinen Vorschriften über die Ehewirkungen, aus denen sich mittelbare Rechtsfolgen für die beiderseitigen Vermögen ergeben. Denn auch bei der Gütertrennung sind diese Vermögen und ihre Erträgnisse Grundlage der wirtschaftlichen Verpflichtungen der Ehegatten, die sich aus der Ehe ergeben, insbesondere der Pflicht, zum Familienunterhalt beizutragen.[2]

2 Aus dem Fehlen jeglicher güterrechtlicher Beziehung ergibt sich, dass eine inhaltliche **Regelung der Gütertrennung** nur in der bloßen Feststellung dieses Fehlens bestehen könnte. Auch auf eine solche Definition hat das Gesetz aber als entbehrlich verzichtet. Es enthält nur Vorschriften darüber, in welchen Fällen der Güterstand der Gütertrennung eintritt.[3]

II. Wertung der Gütertrennung

3 **1. Stellungnahme zur Kritik.** Der Güterstand der Gütertrennung ist stets, insbesondere während der Diskussion um den neuen gesetzlichen Güterstand in den Jahren zwischen dem

[1] So BayObLGZ 1960, 370 = FamRZ 1961, 220, 221.
[2] §§ 1360 f.; vgl. aber auch zB §§ 1356 Abs. 2, 1357, 1361 a.
[3] Vgl. demgegenüber §§ 1427 f. aF.

Erlass des GG und der Verabschiedung des GleichberG, seitdem aber in abnehmenden Maße,[4] als **nicht** dem **Wesen der Ehe entsprechend**[5] kritisiert worden. Jedenfalls für die Gütertrennung als Wahlgüterstand geht diese Kritik fehl. Für das gesetzliche Leitbild der Ehe sind de lege lata allein die allgemeinen Ehewirkungen der §§ 1353 ff. ausschlaggebend. Aber auch de lege ferenda wäre es verfehlt, darüber hinaus eine vollständige Vermögensgemeinschaft (Gütergemeinschaft) oder wenigstens eine lockere Verknüpfung der beiderseitigen Vermögen mit Teilhabe am Zugewinn des jeweils anderen Ehegatten (Zugewinngemeinschaft) zwingend vorzuschreiben. Denn damit würde die **Möglichkeit zur Verwirklichung einer im Vermögensbereich individualistischen Eheauffassung** genommen, obwohl diese häufig eine gleiche, je nach den Lebensumständen der Ehegatten sogar eine besser geeignete Basis für die eheliche Lebensgemeinschaft sein kann.[6] Zweifel scheinen jedoch angebracht, ob der in bestimmten Fällen zwingend angeordnete Übergang zur Gütertrennung als hilfsweisem gesetzlichem Güterstand die Interessen beider Ehegatten angemessen berücksichtigt (vgl. vor allem § 1388 RdNr. 2).

2. Nötigung zur Vereinbarung der Gütertrennung. Gegen die Gütertrennung als Wahlgüterstand wird zusätzlich das Bedenken vorgetragen, sie ermögliche dem Verlobten, der den höheren Zugewinn zu erwarten hat, den Wunsch des anderen auf Eheschließung auszunützen und ihn zur Vereinbarung der Gütertrennung zu nötigen. Wie stets muss jedoch in Kauf genommen werden, dass ein Beteiligter im Rahmen der Privatautonomie – in Einzelfällen! – aus Motiven verschiedenster Art Rechtsgeschäfte abschließt, die für ihn wirtschaftlich nachteilig erscheinen. 4

3. Unterschiede zwischen den Güterständen. Wichtigster Unterschied zwischen der Gütertrennung auf der einen und sowohl dem gesetzlichen Güterstand als auch der Gütergemeinschaft auf der anderen Seite ist, dass die Ehegatten **am Vermögenszuwachs,** den der jeweils andere Ehegatte während der Ehe erzielt, **nicht beteiligt** sind,[7] bei Beendigung der Ehe kein Ausgleich stattfindet. Dieser Unterschied kann die Vereinbarung der Gütertrennung je nach den Lebensumständen der Ehegatten einerseits als ungerechtfertigte Benachteiligung eines Ehegatten und damit ungeeignet erscheinen lassen, andererseits aber gerade unter durchaus angemessener Berücksichtigung der Interessen beider Ehegatten den Ausschlag für die Gütertrennung geben. 5

Gegenüber dem gesetzlichen Güterstand und der Gütergemeinschaft hat die Gütertrennung durch die vollständige Trennung der beiderseitigen Vermögenssphären den Vorteil der **größeren rechtlichen Klarheit und Einfachheit,** die Auseinandersetzungen, vor allem bei einem Scheitern der Ehe, vermeiden kann, wie sie bei der Festlegung des Zugewinnausgleichs oder der Auseinandersetzung des Gesamtguts erfahrungsgemäß häufig entstehen. 6

Aufgrund dieses Vorteils oder auf Grund ihrer persönlichen individualistischen Einstellung können Ehegatten zur Vereinbarung der Gütertrennung neigen, wenn sie **beide vermögend oder berufstätig** sind und deshalb (annähernd) gleiche Aussichten auf Ansammlung von Zugewinn in der Ehe besitzen. 7

Aber auch wenn diese Aussichten unterschiedlich sind, kann den Ehegatten trotz angemessener Berücksichtigung der beiderseitigen Interessen eine (volle) **Beteiligung des einen am Zugewinn des anderen unbefriedigend** erscheinen. Liegt der erwartete Zugewinn eines Ehegatten im Wertzuwachs eines Unternehmens oder einer Unternehmensbeteiligung, so kann darüber hinaus die Vereinbarung der Gütertrennung im Interesse des Unternehmens zweckmäßig sein, weil der Wertzuwachs in dem Unternehmen gebunden ist und bei einem Scheitern der Ehe nicht ohne Nachteile für dessen Weiterführung (zur 8

---

[4] Andeutung von Kritik noch bei *Erman/Gamillscheg* Vor § 1414 RdNr. 1.

[5] Vgl. zB *Bosch* FamRZ 1954, 154; *Knur* Deutscher Notartag 1952, 46; *Krauss* FamRZ 1954, 90; umgekehrt vertritt *Ramm* JZ 1968, 41 f. die Auffassung, die Gütertrennung entspreche der „Doppelverdienerehe" am besten, die heute Leitbild der Ehe sein müsse.

[6] Vgl. *Beitzke* FamRZ 1954, 175; *Gernhuber/Coester-Waltjen* § 31 RdNr. 4.

[7] Von geringerer Bedeutung ist der weitere Unterschied zum gesetzlichen Güterstand, dass die Verfügungsbeschränkungen der §§ 1365 ff. bei der Gütertrennung nicht bestehen.

Hälfte) in liquide Mittel zur Abgeltung des Zugewinnausgleichsanspruchs verwandelt werden kann.[8]

9 Ist Gütertrennung vereinbart, so kann eine **angemessene Berücksichtigung der Interessen des Ehegatten mit** dem **geringeren Vermögenszuwachs** dadurch erreicht werden, dass während der Ehe Vermögenswerte auf diesen Ehegatten übertragen werden. Die Vereinbarung der Gütertrennung enthält dann praktisch eine Vorleistung dieses Ehegatten im Vertrauen auf eine entsprechende spätere Verhaltensweise des vermögenderen Ehegatten, die unter Ehegatten regelmäßig zu verantworten ist. Freilich kann die Frage der angemessenen Aufteilung des Zugewinns während der Ehe selbst wieder zu Auseinandersetzungen führen, weil jeweils einzelne Entscheidungen getroffen werden müssen, die im gesetzlichen Güterstand und bei Gütergemeinschaft auf Grund ihrer Automatik (die beim gesetzlichen Güterstand erst nach Beendigung der Ehe wirkt) entbehrlich sind.

10 In den **vielen Ehen,** in denen die wesentlichen, während der Ehe erworbenen **Vermögensgegenstände im Miteigentum zur Hälfte** beider Ehegatten stehen,[9] besteht zwischen dem gesetzlichen Güterstand und der Gütertrennung kein wirtschaftlicher Unterschied. Die Bereitschaft, den anderen Ehegatten an den während der Ehe erworbenen Gegenständen zur Hälfte zu beteiligen, wird allerdings im gesetzlichen Güterstand größer sein, weil jeder Ehegatte weiß, dass bei einem Scheitern der Ehe sowieso die Hälfte des Wertes als Zugewinnausgleich dem anderen Ehegatten zustünde.

11 **4. Sachgerechtigkeit des gesetzlichen Güterstandes für die meisten Ehen.** Im Ergebnis ist der **gesetzliche Güterstand für** die **Mehrzahl** der Ehen auf Grund der zwingenden und „automatischen“ gegenseitigen Beteiligung am Zugewinn **sachgerechter.** Die Gütertrennung ist – sowohl nach der theoretischen Rechtfertigung als auch in der Praxis – der Güterstand der gehobenen Mittelschicht und der Oberschicht mit überdurchschnittlichem Vermögen oder Einkommen, individualistischer Einstellung, aber auch der Bereitschaft zu zusätzlichen Maßnahmen zum Ausgleich der beiderseitigen Interessen. Sie bedarf des Bewusstseins der Ehegatten, dass diese eine eventuelle gegenseitige Beteiligung am Zugewinn während der Ehe durch Einzelentscheidungen und einen eventuellen Ausgleich beiderseitiger Zuwendungen und Leistungen durch zusätzliche Vereinbarungen (s. RdNr. 13) regeln müssen. Die Gütertrennung setzt deshalb grundsätzlich größere Geschäftsgewandtheit der Ehegatten voraus, erlaubt dann aber auch einen besser abgestimmten Interessenausgleich als der in vielen Fällen grobe „Halbteilungsgrundsatz“ der Zugewinngemeinschaft (mit einer Beteiligung des anderen Ehegatten erst bei Beendigung der Ehe)[10] und der Gütergemeinschaft. Freilich kann der „Halbteilungsgrundsatz“ auch bei einem Festhalten am gesetzlichen Güterstand oder der Gütergemeinschaft modifiziert werden und der Güterstand der „modifizierten“ Zugewinngemeinschaft unter Ausschluss des Zugewinnausgleichs nur bei Beendigung der Ehe durch Ehescheidung (und eventuell unter Aufhebung der Verfügungsbeschränkungen) setzt sich zu Recht immer mehr durch, weil die unerwünschten Folgen der Gütertrennung bei Beendigung der Ehe durch den Tod eines Ehegatten (Erhöhung der Pflichtteilsansprüche der Kinder, kein erbschaftsteuerfreier Zugewinnausgleichsanspruch) vermieden werden.

III. Der Inhalt der Gütertrennung im Einzelnen

12 **1. Freiheit in Verwaltung und Verfügung.** Bei Gütertrennung ist jeder Ehegatte in der Verwaltung seines Vermögens und in der Verfügung über einzelne Vermögensge-

[8] Daraus erklärt sich die häufige Klausel in Gesellschaftsverträgen, dass verheiratete Gesellschafter verpflichtet sind, Gütertrennung zu vereinbaren, oder dass verheiratete Gesellschafter aus der Gesellschaft ausscheiden, wenn sie nicht Gütertrennung vereinbaren.

[9] In der Praxis kann geradezu vom Güterstand der „Bruchteilsgemeinschaft“ gesprochen werden; vgl. *Goller* BWNotZ 1959, 107; *Hennemann* BWNotZ 1960, 5; *Hipp* BWNotZ 1959, 197; *Reithmann,* FS Knur, 1972, S. 183, 189.

[10] Vgl. insbesondere *Gernhuber/Coester-Waltjen* § 34 RdNr. 1.

genstände vollständig frei. Verbindlichkeiten belasten – insoweit in Übereinstimmung mit dem gesetzlichen Güterstand[11] – nur den Ehegatten, in dessen Person sie entstanden sind. Zwischen den Ehegatten sind **vermögensrechtliche Beziehungen** jeder Art (zB die Begründung von Bruchteilsgemeinschaften oder Gesellschaften) wie unter Fremden möglich.

Da jegliche güterrechtlichen Beziehungen fehlen, ein Ehegatte am Zugewinn des anderen nicht beteiligt ist, haben diese allgemeinen Rechtsbeziehungen bei Gütertrennung größere Bedeutung als beim gesetzlichen Güterstand. Von größerer Bedeutung ist zB, ob unter den Ehegatten ein **Gesellschaftsverhältnis** (insbesondere eine „Innengesellschaft") entstanden ist, das beide Ehegatten am Gesellschaftsvermögen beteiligt.[12] Das Fehlen güterrechtlicher Beziehungen bei der Gütertrennung spricht nicht gegen, sondern im Zweifel gerade für die Annahme eines Gesellschaftsverhältnisses,[13] wenn ein solches in der betreffenden Situation von Fremden üblicherweise eingegangen worden wäre.[14] Auch die Rechtsgrundsätze über die Rückgewähr einer **ungerechtfertigten Bereicherung** und den **Wegfall der Geschäftsgrundlage** bei Zuwendungen gelten in weiterem Umfang, weil sie nicht durch die Regelungen über den Zugewinnausgleich verdrängt werden.[15] Im Übrigen gelten (soweit Vereinbarungen fehlen) auch bei Gütertrennung die allgemeinen Grundsätze über die **Rückabwicklung von Zuwendungen** unter Ehegatten bei Beendigung der Ehe und über Ansprüche auf Grund während der Ehe erbrachter Leistungen (vgl. dazu Vor § 1363 RdNr. 16ff.), um bei einem Scheitern der Ehe einen Ausgleich unter den Ehegatten herbeizuführen. Durch das Urt. v. 9. 7. 2008 – XII ZR 175/05[16] hat der XII. Zivilsenat die Rechtsprechung zum Ausgleich, von Zuwendungen und Leistungen bei Beendigung einer nichtehelichen Lebensgemeinschaft grundlegend modifiziert: Für die Annahme einer (Innen-)Gesellschaft als Rechtsgrund des Ausgleichs stellt der XII. Senat schon im Urt. v. 28. 9. 2005 – XII ZR 189/02[17] strengere Anforderungen als die Rspr. des früheren II. Senats und bestätigt das nochmals. Demgegenüber favorisiert er die Zubilligung von Ansprüchen aus ungerechtfertigter Bereicherung wegen Zweckverfehlung und nach den Grundsätzen über den Wegfall der Geschäftsgrundlage. Diese Grundsätze gelten für Ehegatten, 13

[11] Aus Gründen der „Haftungsbeschränkung" Gütertrennung zu vereinbaren ist daher sinnlos (auch § 1362 gilt beim gesetzlichen Güterstand wie bei Gütertrennung ohne Unterschied); dieser Wunsch wird an die Notare immer wieder herangetragen, weil die Rechtslage beim gesetzlichen Güterstand der „Zugewinngemeinschaft" immer noch teilweise unbekannt ist; dies liegt zum einen an einem Weiterwirken der auf Grund des früheren gesetzlichen Güterstandes der „Nutzverwaltung" begründeten Vorstellungen, zum anderen aber auch an der in dieser Hinsicht irreführenden Bezeichnung „Zugewinngemeinschaft".

[12] Vgl. dazu § 1356 RdNr. 25f. und Vor § 1408 RdNr. 9.

[13] AA *Dölle* I § 64, 2, der dazu neigt, die Ablehnung güterrechtlicher Vergemeinschaftung deute auch auf Ablehnung eines Gesellschaftsverhältnisses; aA auch *Müller-Freienfels,* FS Nipperdey I, 1965, S. 625, 654 (vgl. *ders.,* FS Maridakis II, 1963, S. 357, 390); *Soergel/Gaul* § 1414 RdNr. 14, die der Auffassung sind, der Güterstand der Gütertrennung gebe einen Anhaltspunkt weder für noch gegen ein Gesellschaftsverhältnis; vgl. auch BGH WM 1973, 1242 und *Johannsen* WM 1978, 502, 504ff. (der die Ehegatteninnengesellschaft als Rechtsinstitut eigener Art ansieht, weil meist die allgemeinen Anforderungen an das Bestehen einer Gesellschaft nicht erfüllt seien).

[14] Nach Auffassung von *Bamberger/Roth/J. Mayer* RdNr. 21 ist ein gesellschaftsrechtlicher Ausgleichsanspruch nur auf Fälle krasser Benachteiigung zu beschränken.

[15] BGH FamRZ 1988, 482; vgl. einerseits (zum gesetzl. Güterstand) BGHZ 115, 132 = LM § 1372 Nr. 8 = NJW 1991, 2553 = DNotZ 1992, 435, andererseits (zur Gütertrennung) BGH NJW 1992, 238 = DNotZ 1992, 439; für ausnahmslose Verdrängung des Wegfalls der Geschäftsgrundlage durch den Zugewinnausgleich *Tiedtke* JZ 1992, 334; zur Gütertrennung s. außerdem BGH NJW 1994, 2545 = LM § 242 Cd Nr. 337 mit Anm. von *Langenfeld* = FamRZ 1994, 1167 (Vermögensmehrung durch Mitarbeit im Betrieb des anderen Ehegatten); NJW 1997, 2747 = LM § 242 D Nr. 142 = FamRZ 1997, 933; OLG Düsseldorf MittRhNotK 1995, 268; FamRZ 1995, 1146; FamRZ 1995, 1148; OLG Celle FamRZ 1997, 563; abzulehnen ist die Heranziehung von Bereicherungsrecht und des Gedankens des § 1478 Abs. 1 bei gemeinsamer Vermögensverwaltung durch LG München I FamRZ 1997, 560.

[16] BGHZ FamRZ 2008, 1822 mit Anm. *Grziwotz* = ZEV 2008, 489 mit Anm. *Langenfeld*; s. auch im gleichen Sinn BGH FamRZ 2008, 1828 mit Anm. *Grziwotz.*

[17] Zum 2. Leitsatz; BGHZ 165, 1 = FamRZ 2006, 607; Anm. von *Hoppenz*; *Volmer* FamRZ 2006, 844 und *Kogel* FamRZ 2006, 1177 zu anderen Problemen des Urteils.

gerade wenn sie im Güterstand der Gütertrennung leben, in gleicher Weise, soweit die Leistungen eines Ehegatten über das hinausgehen, was auf Grund der Unterhaltspflicht und der Pflicht zur ehelichen Lebensgemenschaft geschuldet ist. Insgesamt stellt der Güterstand der Gütertrennung auch in dieser Hinsicht an die Ehegatten größere Anforderungen: Da sie güterrechtliche Beziehungen untereinander ausschließen und ihre Vermögensbeziehungen bewusst dem unter Fremden geltenden allgemeinen Recht unterstellen, sind ergänzende Vereinbarungen, wie sie unter Fremden getroffen werden, häufig zweckmäßig oder sogar notwendig.

14 **2. Besitzrecht nach allg. Grundsätzen.** Der Besitz an den beiderseitigen Sachen richtet sich auch bei Gütertrennung nach den allgemeinen unter Ehegatten geltenden Grundsätzen (vgl. § 1353 RdNr. 26).

IV. Überleitung

15 Bei Inkrafttreten des GleichberG am 1. 7. 1958 lebten nicht nur die Ehegatten in Gütertrennung, die diesen Güterstand ausdrücklich vereinbart hatten, sondern auch diejenigen, die bei Außerkrafttreten des alten Rechts am 31. 3. 1953 im früheren gesetzlichen Güterstand der Verwaltung und Nutznießung des Mannes gelebt hatten (str.), die zwischen dem 1. 4. 1953 und dem 30. 6. 1958 die Ehe geschlossen und keinen anderen Güterstand vereinbart hatten, und schließlich diejenigen, bei denen auf Grund besonderer Umstände der hilfsweise gesetzliche Güterstand der Gütertrennung eingetreten war. Das GleichberG leitete nur die Fälle der ersten Alternative, bei denen die **Gütertrennung auf Grund Vereinbarung** galt, in die Gütertrennung neuen Rechts über. Die Fälle der **kraft Gesetzes bestehenden Gütertrennung** (2. bis 4. Alternative) wurden (mit Ausnahme der als hilfsweiser gesetzlicher Güterstand anstelle eines früheren Wahlgüterstandes eingetretenen Gütertrennung) in den neuen gesetzlichen Güterstand der „Zugewinngemeinschaft" übergeleitet. Jeder Ehegatte hatte aber das Recht (ausgenommen, wenn die Ehe nach Verkündung des GleichberG geschlossen wurde), durch einseitige Erklärung bis zum 30. 6. 1958 Gütertrennung statt des gesetzlichen Güterstandes zu wählen. Im Einzelnen s. die Übergangsvorschriften Art. 8 I Nr. 3, 4 und 5 GleichberG.

§ 1414 Eintritt der Gütertrennung

[1] Schließen die Ehegatten den gesetzlichen Güterstand aus oder heben sie ihn auf, so tritt Gütertrennung ein, falls sich nicht aus dem Ehevertrag etwas anderes ergibt. [2] Das Gleiche gilt, wenn der Ausgleich des Zugewinns ausgeschlossen oder die Gütergemeinschaft aufgehoben wird.

I. Normzweck

1 § 1414 gibt eine **Auslegungsregel,** nach der im Zweifel Gütertrennung eintritt, wenn die Ehegatten bestimmte ehevertragliche Vereinbarungen getroffen haben, ohne eine ausdrückliche Bestimmung darüber zu treffen, welcher Güterstand für ihre Ehe in Zukunft gelten soll. Die frühere Fassung bis zum VersAusglG hatte auch den Ausschluss des Versorgungsausgleichs in die Auslegungsregel einbezogen; diese Variante wurde vom Gesetzgeber – zu Recht[1] – gestrichen. Die Vorschrift ist nur von geringer Bedeutung, weil die für den Ehevertrag vorgeschriebene Beurkundung (§ 1410) dazu führt, dass eine ausdrückliche Bestimmung über den künftigen Güterstand regelmäßig getroffen wird.

[1] *Kanzleiter,* FS Rebmann, 1989, S. 561; *Soergel/Gaul* RdNr. 8; *Staudinger/Thiele* (2007) RdNr. 10; Palandt/Brudermüller RdNr. 1: die Automatik war rechtspolitisch verfehlt; *Bamberger/Roth/J. Mayer* Rn. 5; aA *Rauscher* RdNr. 443: gesetzliche Auslegungsregel sei ein durchweg plausibler a fortiori-Schluss; ebenso PWW/*Weinreich* RdNr. 3 Nr. 7.

II. Eintritt der Gütertrennung im Allgemeinen

Im Regelfall tritt die Gütertrennung dadurch ein, dass die Ehegatten dies durch Ehevertrag ausdrücklich vereinbaren. Der Zahl nach von untergeordneter Bedeutung sind demgegenüber die Fälle, in denen Gütertrennung unter bestimmten Voraussetzungen als hilfsweiser gesetzlicher Güterstand eintritt.[2] 2

III. Eintritt der Gütertrennung nach § 1414

1. Rechtscharakter der Vorschrift. § 1414 enthält in jeder seiner Alternativen eine bloße **widerlegliche Auslegungsregel.**[3] Hierauf deutet zunächst der Wortlaut des S. 1 (aE), auf den die anderen Alternativen nach S. 2 am Anfang verweisen. Dies entspricht aber auch dem Zweck der Vorschrift, da die Ehegatten in allen Fällen etwas anderes vereinbaren, es insbesondere auch bei Ausschluss des Zugewinn- oder Versorgungsausgleichs beim gesetzlichen Güterstand (im Übrigen) belassen können,[4] und nichts dagegen spricht, einen solchen entgegenstehenden Willen zu respektieren, auch wenn er nicht ausdrücklich geäußert, sondern durch Auslegung ermittelt wurde. 3

2. Aufhebung des gesetzlichen Güterstandes. Schließen die Ehegatten den gesetzlichen Güterstand aus oder heben sie ihn auf, ohne zu bestimmen, welcher Güterstand an seine Stelle treten soll (was kaum denkbar ist), so ist es sachgerecht, dass im Zweifel Gütertrennung eintritt. 4

3. Ausschluss des Zugewinnausgleichs. Der Ausgleich des Zugewinns ist der wesentliche Kern des gesetzlichen Güterstandes. Wird er ausgeschlossen, so kann das Gesetz zu recht davon ausgehen, dass damit im Zweifel der gesetzliche Güterstand insgesamt abgelehnt wird, auch die Verfügungsbeschränkungen aufgehoben sein sollen. Die Auslegungsregel gilt dementsprechend nur, wenn der Zugewinnausgleich vollständig und für beide Ehegatten[5] ausgeschlossen ist, nicht, wenn er nur eingeschränkt oder für bestimmte Fälle ausgeschlossen (für andere damit aufrechterhalten) wird. 5

4. Aufhebung der Gütergemeinschaft. Ob die Ehegatten mit der Aufhebung der Gütergemeinschaft im Zweifel zur Gütertrennung übergehen wollen, scheint ebenfalls fraglich. Näher hätte es wohl gelegen, im Zweifel stattdessen Übergang zum gesetzlichen Güterstand anzunehmen. Die Argumente, die für den Übergang zur Gütertrennung bei Aufhebung der Gütergemeinschaft durch Urteil sprechen (vgl. § 1449 RdNr. 2), treffen jedenfalls bei einvernehmlicher Aufhebung der Gütergemeinschaft nicht zu. Auch insoweit sollte aber die Beurkundungspflicht Zweifelsfälle vermeiden. 6

IV. Beendigung der Gütertrennung

Wie jeder Güterstand endet auch die Gütertrennung mit der Beendigung der Ehe, gleichgültig aus welchem Grunde, oder ehevertraglicher Vereinbarung eines anderen Güterstandes für die Zukunft. Heben die Ehegatten nur die Gütertrennung auf, ohne einen neuen 7

---

[2] Vgl. §§ 1388, 1449 Abs. 1, 1470 Abs. 1; soweit Ehegatten nach Art. 8 I Nr. 7 GleichberG im Güterstand der Errungenschafts- oder Fahrnisgemeinschaft leben, gelten die entsprechenden Regelungen – §§ 1436, 1542 bis 1545, 1549, 1470 aF – weiter.

[3] HM; Begr. zu RegE II § 1639; *Knur* DNotZ 1957, 463, 487; *Lange* FamRZ 1964, 547; *Zimmermann* BB 1969, 965, 971; *Zöllner* FamRZ 1965, 113, 119; *Beitzke* § 15, 1; *Gernhuber/Coester-Waltjen* § 40 RdNr. 2; *Erman/Gamillscheg* RdNr. 2; *Soergel/Gaul* RdNr. 5; offengelassen von *Staudinger/Ruland* RdNr. 1 (mit dem Hinweis, der Wortlaut spreche eher für einen ergänzenden Rechtssatz); aA *Dölle* I § 65 I; *Johannsen/Henrich/Jaeger* RdNr. 1; aA folgerichtig hinsichtlich des Ausschlusses der Zugewinngemeinschaft diejenigen, die die Auffassung vertreten, mit Ausschluss des Zugewinnausgleichs falle automatisch auch der gesetzliche Güterstand, (die die Aufrechterhaltung der Verfügungsbeschränkungen alleine also ablehnen); s. auch § 1408 Fn. 40; gegen die Auffassung, dass bei Ausschluss des Versorgungsausgleichs zwingend Gütertrennung eintritt, zu Recht *Diederichsen* NJW 1977, 217, 223; ebenso *von Maydell* FamRZ 1977, 172, 181.

[4] S. § 1408 RdNr. 14 m. Fn. 40.

[5] AA *Bärmann* AcP 157 (1958/59), 203.

Güterstand zu bestimmen, so tritt der gesetzliche Güterstand ein.[6] Entsprechend dem Charakter der Gütertrennung gibt es keine Vorschriften, die den Übergang zu einem anderen Güterstand auf Grund eines unter bestimmten Voraussetzungen ergehenden Urteils vorsehen (vgl. §§ 1388, 1449 Abs. 1, 1470 Abs. 1).

Kapitel 3. Gütergemeinschaft

Vorbemerkungen

Schrifttum: *Beck,* Der Betrieb eines Handelsgewerbes in Gütergemeinschaft, DNotZ 1962, 348; *Behmer,* Ist die Gütergemeinschaft als Wahlgüterstand obsolet? FamRZ 1988, 339; *Böhringer,* Auflassung und nachfolgende Gütergemeinschaft, BWNotZ 1983, 133; *Bölling,* Zur Bewertung eines landwirtschaftlichen Betriebes im Rahmen der Auseinandersetzung des Gesamtguts gemäß den §§ 1477, 1478, BGB, FamRZ 1980, 754; *ders.,* Auswirkungen des Geldwertverfalls auf die Auseinandersetzung des Gesamtguts, FamRZ 1982, 234; *Buchner,* Gütergemeinschaft und erwerbswirtschaftliche Betätigung der Ehegatten, Festschr. für Beitzke, 1979, S. 153; *Fabricius,* Relativität der Rechtsfähigkeit 1963, S. 152 ff.; *Hofmann,* Zum Erwerb einzelner Gegenstände durch einen Ehegatten für das Gesamtgut der Gütergemeinschaft, FamRZ 1972, 117; *Kappler,* Die Beendigung der Gütergemeinschaft, 2006; *Kappler,* Die Beendigung der Gütergemeinschaft, 2006; *Krauß,* Verteidigung der Gütergemeinschaft, FamRZ 1954, 89; *Langenfeld,* Vorsorgende Gestaltung der Rechtsverhältnisse der Ehegatten durch Ehevertrag, BWNotZ 1979, 21; *Leikamm,* Der Erwerb zum Gesamtgut der Gütergemeinschaft, BWNotZ 1979, 164; *Lutter,* Zum Umfang des Sonderguts, AcP 161 (1962), 163; *Ripfel,* Die Verwaltung des Gesamtguts der allgemeinen Gütergemeinschaft, BWNotZ 1957, 1; *Schünemann,* Ehegattengesellschaft in Gütergemeinschaft? FamRZ 1976, 137; *Stumpp,* Ehevertragliche Vereinbarungen für die Auseinandersetzung des Gesamtguts, Rpfleger 1979, 441; *Tiedtke,* Gesamthand- und Gesamtschuldklage im Güterstand der Gütergemeinschaft, FamRZ 1975, 538; *ders.,* Offene Handelsgesellschaft und Gütergemeinschaft, FamRZ 1975, 675; *ders.,* Universalsukzession und Gütergemeinschaft, FamRZ 1976, 510; *Wittig,* Die Gütergemeinschaft und ihre Auseinandersetzung, 2000.

Übersicht

I. Grundzüge

1 Kennzeichen des Güterstandes der Gütergemeinschaft ist die Bildung eines **gesamthänderisch gebundenen gemeinschaftlichen Vermögens** der Ehegatten, des Gesamtguts, im Unterschied in gleicher Weise zur Gütertrennung und zum gesetzlichen Güterstand, die beide nur getrenntes Vermögen jedes einzelnen Ehegatten kennen. Daneben ist auch im Güterstand der Gütergemeinschaft getrenntes Vermögen beider Ehegatten entweder auf Grund der Unübertragbarkeit von Gegenständen, die einem Ehegatten zwingend persönlich zustehen, notwendigerweise kraft Gesetzes (Sondergut) oder auf Grund ehevertraglicher Vereinbarung der Ehegatten bzw. Bestimmung durch den zuwendenden Dritten (Vorbehaltsgut) möglich.

2 Während eine gesetzliche Regelung der Gütertrennung vollständig entbehrlich ist – die Vermögen stehen den beiden Ehegatten getrennt und unabhängig zu – und während der Gesetzgeber bei der Regelung des gesetzlichen Güterstandes mit verhältnismäßig wenigen Vorschriften (zum größten Teil über den Zugewinnausgleich) auskommt, bringen die unterschiedlichen Vermögensmassen, insbesondere das gesamthänderisch gebundene Gesamtgut, bei der Gütergemeinschaft eine **große Zahl rechtlicher Probleme** mit sich, die

[6] RGRK/*Finke* RdNr. 19; *Staudinger/Thiele* (2007) RdNr. 25.

die ausführliche, sehr ins einzelne gehende und teilweise außerordentlich komplizierte Regelung der Gütergemeinschaft erklären.

Geregelt werden müssen beispielsweise die Verwaltung des Gesamtguts, die Pflichten des Gesamtgutsverwalters gegenüber dem anderen Ehegatten, das Verhältnis der unterschiedlichen Vermögensmassen untereinander und die Verwendung ihrer Erträgnisse, die Haftung der Vermögensmassen für die Schulden beider Ehegatten, die Tatbestände, die zur Beendigung der Gütergemeinschaft führen, und die Auseinandersetzung nach ihrer Beendigung. 3

Schließlich gibt das Gesetz den Ehegatten die Möglichkeit zu vereinbaren, dass die **Gütergemeinschaft nach dem Tode** des Zuerstverstorbenen vom überlebenden Ehegatten mit den gemeinschaftlichen Abkömmlingen **fortgesetzt** wird, und macht damit zusätzliche Regelungen für die Verhältnisse der „fortgesetzten Gütergemeinschaft" nötig. 4

II. Rechtsgeschichtliche Entwicklung

Vor 1900 war die Gütergemeinschaft – in unterschiedlichen Formen – in weiten Bereichen Deutschlands gesetzlicher Güterstand.[1] Sie war vor Inkrafttreten des BGB der **am meisten verbreitete Güterstand.** 5

Trotzdem entschied sich der Gesetzgeber des BGB für den gesetzlichen Güterstand der ehemännlichen Verwaltung und Nutznießung und sah die – „allgemeine" – Gütergemeinschaft nur als einen der verschiedenen **Wahlgüterstände** vor. Neben der „allgemeinen" Gütergemeinschaft stellte er besondere Gütergemeinschaftsformen (die Errungenschafts- und die Fahrnisgemeinschaft) als weitere Wahlgüterstände zur Verfügung. 6

Die **gesetzliche Regelung** des Güterstandes der (allgemeinen) Gütergemeinschaft **bevorzugte** – insbesondere in der Zuweisung der Verwaltung des Gesamtguts – den **Ehemann.** Da die Gütergemeinschaft nur Wahlgüterstand war, ihr Eintritt also in jedem Falle einer entsprechenden Vereinbarung der Ehegatten bedurfte, war und blieb die im Einzelfall mit diesem Inhalt vereinbarte Gütergemeinschaft trotz Art. 3 Abs. 2 GG wirksam. Die **Regelung** der Gütergemeinschaft im Allgemeinen stand jedoch **in Widerspruch zu Art. 3 Abs. 2 GG.** Denn auch wenn der Gesetzgeber einen Rechtsgeschäftstypus zur Verfügung stellt, der nur auf Grund einer Vereinbarung der Ehegatten für ihre güterrechtlichen Verhältnisse maßgebend wird, so muss der Typus als solcher beide Ehegatten gleich behandeln, kann ihnen freilich die Möglichkeit einräumen, rechtsgeschäftlich unterschiedliche Rechtsstellungen zu vereinbaren. Dem entspricht die Neuregelung der Gütergemeinschaft im GleichberG, die zwar weitgehend an das früher geltende Recht anknüpft, aber die unterschiedliche Rechtsstellung der Ehegatten beseitigt. Da die besonderen Gütergemeinschaftsformen entfielen, war das Unterscheidungsmerkmal „allgemeine" Gütergemeinschaft entbehrlich.[2] 7

III. Übergangsregelung

Art. 8 Abs. 1 Nr. 6 GleichberG leitete die vor dem Inkrafttreten des Gleichberechtigungsgesetzes am 1. 7. 1958 vereinbarten Gütergemeinschaften auf das neue Recht über. Ohne Rücksicht darauf, zu welchem Zeitpunkt von den Ehegatten Gütergemeinschaft vereinbart wurde, **gelten nur noch** die **Vorschriften des neuen Rechts.**[3] Dem Zeitpunkt der Vereinbarung der Gütergemeinschaft wird jedoch dadurch Rechnung getragen, dass die Vorschriften über die Gütergemeinschaft in der grundsätzlichen Ausprägung Anwendung finden, die zum Zeitpunkt der Vereinbarung gegolten hat. 8

Deshalb gilt für Gütergemeinschaften, die vor dem 1. 4. 1953 vereinbart wurden, weiterhin die Verwaltung des Gesamtguts durch den Ehemann. Wurde die Gütergemeinschaft nach dem 1. 4. 1953 (Außerkrafttreten des alten Rechts gemäß Art. 117 Abs. 1 GG) vereinbart, so gilt für die Verwaltungsbefugnis die Vereinbarung der Ehegatten. Wurde keine 9

---

[1] Vgl. *Enneccerus/Kipp/Wolff* § 40 II, III.
[2] Zu den Rechtsänderungen im Einzelnen s. *Bärmann* AcP 157 (1958/59), 204 ff.
[3] BayObLG FamRZ 1990, 411 = NJW-RR 1990, 5.

ausdrückliche Vereinbarung im Ehevertrag getroffen, so ist durch Auslegung der Wille der Ehegatten zu ermitteln.[4] Die allgemeinen Grundsätze über die Auslegung formbedürftiger Geschäfte gelten mit der Modifikation, dass sowohl der Wille der Ehegatten, auf das alte Recht Bezug zu nehmen (Verwaltungsbefugnis des Ehemannes), als auch ihre Ansicht, die alte Regelung sei wegen ihres Widerspruchs zu Art. 3 Abs. 2 GG überholt und durch die gemeinschaftliche Verwaltung des Gesamtguts ersetzt, im Ehevertrag selbst keinen Niederschlag gefunden haben müssen. Hilfweise gilt gemeinschaftliche Verwaltung.

10 Die Fortsetzung der Gütergemeinschaft gilt bei Abschluss des Ehevertrages vor dem 1. 7. 1958 als vereinbart, soweit sie nicht ausgeschlossen wurde.[5]

IV. Aufbau und Grundgedanken der geltenden Regelung

11 Der **erste Teilabschnitt** „Allgemeine Vorschriften" (§§ 1415 bis 1421) enthält die **grundsätzlichen Regelungen** über die unterschiedlichen Vermögensmassen, das Gesamtgut (§ 1416) und dessen gesamthänderische Bindung (§ 1419), das Sondergut der Ehegatten, das die rechtsgeschäftlich nicht übertragbaren Gegenstände umfasst (§ 1417), und das durch Vereinbarung der Ehegatten oder Bestimmung Dritter gebildete Vorbehaltsgut (§ 1418).

12 Die zentralen **zweiten und dritten Teilabschnitte** enthalten die **Vorschriften für** die **gemeinschaftliche Verwaltung** des Gesamtguts durch beide Ehegatten **und** die **Einzelverwaltung** durch die Ehefrau oder den Ehemann. Eigentlich würde man die Vorschriften über die gemeinschaftliche Verwaltung an erster Stelle erwarten. Dass das Gesetz demgegenüber zunächst die Vorschriften über die Einzelverwaltung enthält (§§ 1422 bis 1449), an die sich die Vorschriften über die gemeinschaftliche Verwaltung anschließen (§§ 1450 bis 1470), beruht auf der weitgehenden Anknüpfung an das früher geltende Recht.

13 Im **vierten Teilabschnitt** ist die **Auseinandersetzung des Gesamtguts** (§§ 1471 bis 1482), im **fünften** die **Fortsetzung der Gütergemeinschaft** mit den gemeinschaftlichen Abkömmlingen nach dem Tode des einen Ehegatten durch den überlebenden Gatten geregelt.

V. Wertung

14 Die Gütergemeinschaft ist der dem Wesen der Ehe am weitesten angenäherte Güterstand. Funktioniert die Ehe, funktioniert auch die Gütergemeinschaft.[6] Wie jede andere güterrechtliche Regelung hat die Gütergemeinschaft **Vor- und Nachteile,** die im Einzelfall unterschiedlich schwer wiegen:

15 **1. Nachteile.** Nachteile des Güterstandes der Gütergemeinschaft sind[7]

a) die **weitgehende Haftung** (des Gesamtguts) für die Schulden beider Ehegatten, für die Schulden bei Beginn der Gütergemeinschaft ohne Einschränkung, ebenso für die während der Gütergemeinschaft entstehenden gesetzlichen Verbindlichkeiten, für die Verbindlichkeiten auf Grund des von einem Ehegatten allein vorgenommenen Rechtsgeschäfts aber nur, soweit das Rechtsgeschäft nach den Rechtsregeln für die Verwaltung für das Gesamtgut wirksam ist;[8]

b) die **komplizierte Rechtslage,** aus der sich einzelne schwierige Rechtsfragen ergeben können, der Zwang zur Einigung bei der gemeinschaftlichen Verwaltung (und umgekehrt das Entscheidungsrecht eines Ehegatten bei der Einzelverwaltung) sowie

---

[4] BayObLG FamRZ 1990, 411 = NJW-RR 1990, 5.

[5] Dies war freilich weitgehend geschehen, s. dazu Vor § 1483 Fn. 2.

[6] S. *Schröder/Bergschneider/Klüber* RdNr. 4.565.

[7] Vgl. dazu auch *Beitzke* FamRZ 1954, 156; *Müller-Freienfels,* Gedächtnisschr. für Ascarelli, 1968, S. 1396; *Dölle* I 868; *Gernhuber/Coester-Waltjen* § 38 RdNr. 1–3. *Langenfeld,* Handbuch der Eheverträge und Scheidungsvereinbarungen, 4. Kap. § 3 VIII; *ders.* FamRZ 1987, 13; *Münch,* Ehebezogene Rechtsgeschäfte, 2. Aufl. 2007, RdNr. 330.

[8] Relativierend deshalb zu Recht *Behmer* FamRZ 1988, 339, 344 ff. und nochmals MittBayNot 1994, 377 mit dem richtigen Hinweis, dass die Verbindlichkeiten, für die das Gesamtgut haftet, regelmäßig bekannt oder voraussehbar und – soweit es sich um gesetzliche Verbindlichkeiten auf Grund unerlaubter Handlung oder Gefährdungshaftung handelt – versicherbar sind.

c) die **Notwendigkeit der Auseinandersetzung** im Falle der Beendigung der Gütergemeinschaft, die gerade bei der Auflösung der Ehe zu zusätzlichen Schwierigkeiten führen und zusätzliche Gründe für Streitigkeiten mit sich bringen kann.

d) In Sonderfällen können sich **steuerliche und versicherungsrechtliche Nachteile** ergeben, wenn ein Ehegatte bei Gütergemeinschaft jedenfalls ohne besondere Vorkehrungen, nicht Angestellter im Erwerbsgeschäft des anderen Ehegatten sein kann.[9]

2. Vorteile.[10] **a) Motiv für** die **Vereinbarung der Gütergemeinschaft** ist es meist, dass die Ehegatten die Rechtslage der in ihrer Ehe tatsächlich bestehenden Situation anpassen wollen: Das beiderseitige Vermögen wird als gemeinschaftlich angesehen, die Einkünfte beider Ehegatten fallen in einen „gemeinschaftlichen Topf", aus dem die gemeinschaftlichen Ausgaben in gemeinschaftlicher Verantwortung bestritten werden. Da die **Übereinstimmung zwischen tatsächlicher und rechtlicher Situation** auch in der Ehe zur Harmonie beitragen, jedenfalls Schwierigkeiten vermeiden kann, die die fehlende Übereinstimmung mit sich bringt, ist dies der grundlegende Vorteil der Gütergemeinschaft. 16

b) Damit im Zusammenhang steht die **gesamthänderische Bindung des gemeinschaftlichen Vermögens,** die Verfügungen eines Ehegatten über seinen Anteil an diesem Gemeinschaftsvermögen unmöglich macht, die bei gemeinschaftlicher Verwaltung auch einseitige Verfügungen über einzelne zum Gesamtgut gehörende Vermögensgegenstände ausschließt und bei einseitiger Verwaltung wenigstens noch die wichtigsten Verfügungen von der Zustimmung des anderen Ehegatten abhängig macht. Dies wird häufig als Vorteil gegenüber der Situation der „Miteigentümergemeinschaft"[11] angesehen, bei der jeder Ehegatte (theoretisch) über seinen Miteigentumsanteil an gemeinschaftlichen Gegenständen (von § 1365 abgesehen) unabhängig vom anderen Ehegatten verfügen und jederzeit – falls nicht ausdrücklich ausgeschlossen – die Aufhebung der Gemeinschaft (§§ 749, 753) herbeiführen kann. Demgegenüber ist bei der Gütergemeinschaft das Recht, die Auseinandersetzung zu verlangen, weitgehend ausgeschlossen. 17

c) Die Vereinbarung der Gütergemeinschaft kann daneben (und auch ausschließlich) andere Gründe haben. Es kann **bewusst** die **Vermögensverschiebung angestrebt** werden, die mit der Vereinbarung der Gütergemeinschaft verbunden ist (zB können Ehegatten in späteren Jahren Gütergemeinschaft vereinbaren, um die zufällige Verschiedenheit der Pflichtteilsansprüche von Kindern auszuschließen, je nachdem, welcher Ehegatte zuerst verstirbt). 18

d) Durch § 7 Abs. 2 Nr. 3 ErbStG 1974 wurde die Bereicherung, die einem Ehegatten durch die Vereinbarung der Gütergemeinschaft zufließt, generell der **Erbschaftsteuer** unterworfen. Da nach § 3 Nr. 4, 5 GrEStG 1983 (v. 21. 12. 1982, BGBl. I S. 1777) der Erwerb vom Ehegatten und zur Auseinandersetzung nach der Scheidung generell von der **Grunderwerbsteuer** ausgenommen wurde, ist auch in diesem Punkt der frühere steuerliche Vorteil der Gütergemeinschaft weggefallen.[12] 19

3. Eignung in bestimmten Fällen.[13] Insgesamt kann zur Vereinbarung des Güterstandes der **Gütergemeinschaft geraten** werden, **wenn** die **unter RdNr. 16 dargestellte Situation** besteht **und** die **Nachteile** dieses Güterstandes, insbesondere die weitgehende Haftung des Vermögens der Ehegatten für die beiderseitigen gesetzlichen Verbindlichkeiten, von den Ehegatten in ihrem Falle **nicht als schwerwiegend angesehen** werden; das gilt regelmäßig, wenn keiner der Ehegatten ein selbständiges Erwerbsgeschäft betreibt, ausgenommen ein landwirtschaftliches Anwesen.[14] Besteht grundsätzlich diese Situation, besitzen die Ehegatten aber daneben getrennte Vermögensmassen mit getrennter Verantwortung, so kann dem durch die Vereinbarung von Vorbehaltsgut entsprochen werden. Ist die 20

[9] Vgl. *Behmer* FamRZ 1988, 339, 346 f.
[10] Vgl. *Münch,* Ehebzogene Rechtsgeschäfte, 2. Aufl. 2007, RdNr. 331.
[11] Vgl. dazu *Reithmann,* FS Knur, 1972, S. 183 ff.
[12] Vgl. zu steuerlichen Konsequenzen ausführlicher *Bamberger/Roth/J. Mayer* § 1415 RdNr. 6, 7.
[13] S. dazu *Behmer* FamRZ 1988, 339; MittBayNot 1994, 377.
[14] *Behmer* MittBayNot 1994, 377, 383, 387 f.

Harmonie in der Ehe gestört, so ist der Güterstand der Gütergemeinschaft wegen der komplizierten Rechtsbeziehungen beider Ehegatten, insbesondere hinsichtlich des Gesamtguts, noch problematischer als andere Güterstände. Es wird deshalb die Auffassung vertreten, der Güterstand der Gütergemeinschaft „funktioniere" nur, solange das Verhältnis der Ehegatten ungestört ist. Es sollten bei einem solchen Urteil aber zwei Gesichtspunkte nicht übersehen werden: Zum einen kann das Wissen beider Ehegatten, am gemeinschaftlichen Vermögen völlig gleichmäßig und bei gemeinschaftlicher Verwaltung auch völlig gleichberechtigt beteiligt zu sein, durchaus dazu beitragen, Konflikte in der Ehe zu verhindern. Zum zweiten können die rechtlichen Möglichkeiten, die den Ehegatten bei der „Miteigentümergemeinschaft" zustehen (Veräußerung des Miteigentumsanteils, Aufhebungsverlangen), für den anderen Ehegatten große Nachteile mit sich bringen und damit bei Konflikten in der Ehe bewusst zum Nachteil des anderen Ehegatten missbraucht werden.

VI. Verbreitung der Gütergemeinschaft

21 Über die **Verbreitung** des Güterstandes der Gütergemeinschaft lassen sich **nur allgemein gehaltene Feststellungen** treffen, weil dieser Güterstand fast nie im Güterrechtsregister eingetragen wird, eine Statistik vollständig fehlt und auch zuverlässige Grundlagen für eine Schätzung nicht vorhanden sind.[15] Ihre Verbreitung ist überall gering, **regional** und **nach** der **beruflichen Stellung** der Ehegatten sehr **unterschiedlich.** In manchen Bereichen ist sie als früher oft vereinbarter Güterstand in der Landwirtschaft noch häufig anzutreffen. Die Neigung, Gütergemeinschaft zu vereinbaren, hat in den letzten Jahren weiter nachgelassen, obwohl mit der Änderung des § 1478 durch das 1. EheRG ein starker Einwand des begüterten Ehegatten gegen die Vereinbarung der Gütergemeinschaft weggefallen ist.

Unterkapitel 1. Allgemeine Vorschriften

§ 1415 Vereinbarung durch Ehevertrag

Vereinbaren die Ehegatten durch Ehevertrag Gütergemeinschaft, so gelten die nachstehenden Vorschriften.

1 Die Vorschrift ist **rechtlich ohne besondere Bedeutung.** Sie verweist auf die bei Gütergemeinschaft geltenden Vorschriften. Zur Vereinbarung der Gütergemeinschaft durch Ehevertrag gelten die allgemeinen Bestimmungen. Vgl. die Erläuterungen zu §§ 1408, 1410ff. Die Vereinbarung oder Aufhebung der Gütergemeinschaft durch den gesetzlichen Vertreter für einen geschäftsunfähigen Ehegatten ist ausgeschlossen (§ 1411 Abs. 2).

2 Es ist ohne weiteres möglich, die Gütergemeinschaft nur zu vereinbaren, um damit den Vermögensübergang auf das Gesamtgut zu erreichen, und sie dann sofort wieder aufzuheben. Weil die beurkundungsbedürftige Willenserklärung erst mit Vollendung der Beurkundung – Unterschrift der Beteiligten und des Notars – wirksam abgegeben ist, wird die Auffassung vertreten, dass Vereinbarung und Aufhebung der Gütergemeinschaft nicht in einer Urkunde erfolgen könnten, weil dann auch nicht für „eine logische Sekunde" Gütergemeinschaft bestanden hätte;[1] dieser Standpunkt ist aber formalistisch und ergibt sich nicht zwingend aus dem Beurkundungsverfahrensrecht, weil die Beurkungsverhandlung ein historischer Prozess ist, der aus verschiedenen Schritten bestehen kann, auch wenn diese Schritte durch nur einmaliges Unterschreiben gleichzeitig wirksam werden.

3 Der zweite Halbsatz darf nicht dahingehend mißverstanden werden, alle folgenden Vorschriften seien zwingend. Soweit sich das nicht aus ihrem Charakter im Einzelnen ergibt (vgl. die Erläuterungen zu den einzelnen Vorschriften), sind abweichende Vereinbarungen

---

[15] S. *J. Ziche/U. Ziche* AgrarR 1990, 155 zur Verbreitung der Güterstände bei in der Landwirtschaft Tätigen in Bayern.

[1] OLG Stuttgart NJW-RR 1990, 837.

im Rahmen der allgemeinen Grenzen der Vertragsfreiheit im Ehegüterrecht (s. § 1408 RdNr. 9 ff.) möglich.

4 Da die Begründung von Gütergemeinschaft nicht bedingungs- oder befristungsfeindlich ist, kann Gütergemeinschaft sowohl aufschiebend als auch auflösend bedingt oder befristet vereinbart werden.[2] Die Gefährdung Dritter ist in diesen Fällen nicht größer als bei Aufhebung der Gütergemeinschaft durch Ehevertrag (§ 1412 schützt sie nur, wenn die Gütergemeinschaft im Güterrechtsregister eingetragen ist). Die mögliche Rechtsunsicherheit, wenn Zweifel über den Eintritt der Bedingung oder Befristung bestehen, hat der Gesetzgeber nicht für schwerwiegend genug gehalten, um die Bedingungs- und Befristungsfeindlichkeit anzuordnen.

§ 1416 Gesamtgut

(1) [1] Das Vermögen des Mannes und das Vermögen der Frau werden durch die Gütergemeinschaft gemeinschaftliches Vermögen beider Ehegatten (Gesamtgut). [2] Zu dem Gesamtgut gehört auch das Vermögen, das der Mann oder die Frau während der Gütergemeinschaft erwirbt.

(2) Die einzelnen Gegenstände werden gemeinschaftlich; sie brauchen nicht durch Rechtsgeschäft übertragen zu werden.

(3) [1] Wird ein Recht gemeinschaftlich, das im Grundbuch eingetragen ist oder in das Grundbuch eingetragen werden kann, so kann jeder Ehegatte von dem anderen verlangen, dass er zur Berichtigung des Grundbuchs mitwirke. [2] Entsprechendes gilt, wenn ein Recht gemeinschaftlich wird, das im Schiffsregister oder im Schiffsbauregister eingetragen ist.

Übersicht

I. Normzweck

1 Das **Wesen der Gütergemeinschaft** besteht darin, dass das Vermögen beider Ehegatten grundsätzlich – von den Ausnahmen der §§ 1417 und 1418 abgesehen –, kraft Gesetzes – ohne einzelne Übertragungsakte (Abs. 2) – gemeinschaftliches Vermögen der Ehegatten wird, dh. in das Gesamtgut fällt. Dies gilt sowohl für das beiderseitige Vermögen bei Begründung der Gütergemeinschaft (Abs. 1 S. 1), als auch den späteren Erwerb (Abs. 1 S. 2). Wird ein registerfähiges Recht gemeinschaftlich, so ist das entsprechende Register, insbesondere das Grundbuch, unrichtig geworden und muss berichtigt werden (Abs. 3).

II. Das Gesamtgut im Allgemeinen

2 Das Gesamtgut ist das essentielle **Wesensmerkmal** der Gütergemeinschaft. Wird in einem Ehevertrag zwar der Güterstand der Gütergemeinschaft vereinbart, die Entstehung

[2] S. *Gernhuber/Coester-Waltjen* § 38 RdNr. 130.

von Gesamtgut aber dadurch ausgeschlossen, dass alles gegenwärtige und zukünftige Vermögen der Ehegatten zu Vorbehaltsgut erklärt wird, so ist keine Gütergemeinschaft entstanden.[1]

3 Träger des Gesamtguts sind die **beiden Ehegatten** in der nach den Rechtsvorschriften der Gütergemeinschaft besonders ausgestalteten Rechtsgemeinschaft, nicht ein von den beiden Ehegatten verschiedenes besonderes Rechtssubjekt der Gütergemeinschaft.[2] Verpflichtungen treffen deshalb nicht das Gesamtgut als solches, Rechte stehen nicht dem Gesamtgut als Rechtspersönlichkeit, sondern den Ehegatten in ihrer gesamthänderischen Verbundenheit zu.[3] Die **besonders weitgehende Gesamthandsbindung** kennzeichnet die Rechtsgemeinschaft, in der den Ehegatten das Gesamtgut zusteht; die Ehegatten können – entsprechend dem allgemeinen Rechtsprinzip der Gesamthand – über ihre Anteile an einzelnen Gesamtgutsgegenständen nicht verfügen. Darüber hinaus ist – anders als zB bei der Erbengemeinschaft – auch die Verfügung des einzelnen Ehegatten über seinen Anteil am Gesamtgut ausgeschlossen und schließlich kann die Aufhebung der Gesamthandsgemeinschaft nur in Sonderfällen verlangt werden (vgl. § 1419).

4 Zum Gesamtgut gehören alle Vermögensgegenstände der Ehegatten, die nicht entweder Sondergut (§ 1417) oder Vorbehaltsgut (§ 1418) eines Ehegatten sind. Nach dem Aufbau des Gesetzes ist also die Zugehörigkeit eines Gegenstandes zum Gesamtgut die Regel, die Zugehörigkeit zum Sonder- oder Vorbehaltsgut die Ausnahme. Dem entspricht die Rechtswirklichkeit. Aus beiden ergibt sich eine Vermutung dafür, dass ein Gegenstand zum Gesamtgut gehört.[4] Die Zugehörigkeit zu einer anderen Vermögensmasse muss also derjenige beweisen, der sie behauptet.[5] Diese Vermutung geht § 1362 vor, der deshalb nur für die Gegenstände gilt, deren Nichtzugehörigkeit zum Gesamtgut feststeht.

III. Der Umfang des Gesamtguts

5 Im Einzelnen umfasst das Gesamtgut alle Vermögensgegenstände, die nicht durch ausdrückliche Vereinbarung oder Erklärung eines Dritten oder als Surrogat Vorbehaltsgut geworden sind (§ 1418 Abs. 2; Abgrenzung regelmäßig einfach) oder auf Grund ihrer Unübertragbarkeit zum Sondergut gehören (§ 1417 Abs. 2; Abgrenzung oft problematisch und rechtlich umstritten).

6 Zum Gesamtgut gehören – jeweils, soweit sie übertragbar (§ 1417 Abs. 2)[6] und nicht nach § 1418 Abs. 2 Vorbehaltsgut sind – **schuldrechtliche Ansprüche** wie Schadensersatzansprüche eines Ehegatten auf Grund unerlaubter Handlung,[7] ab vertraglicher Anerkennung oder ab Rechtshängigkeit auch ein Schmerzensgeldanspruch.[8]

7 In das Gesamtgut fallen auch **dingliche Rechte,** insbesondere das Eigentum, aber auch schon das Anwartschaftsrecht zB des Käufers einer unter Eigentumsvorbehalt stehenden Sache,[9] beschränkte persönliche Dienstbarkeiten nur dann, wenn sie – was möglich ist – für beide Ehegatten bestellt worden sind.[10] In das Gesamtgut fällt auch noch ein Grundstück eines Ehegatten, das dieser bei Begründung der Gütergemeinschaft bereits an einen Dritten

---

[1] AllgM im Anschluss an KG HRR 1942 Nr. 53.

[2] AA *Fabricius,* Relativität der Rechtsfähigkeit, S. 152 ff., der der Gütergemeinschaft eigene Rechtspersönlichkeit beimißt; ähnlich *Schmidt* FamRZ 1976, 633 ff.; allgemein bei Gesamthandsgemeinschaften *Hennecke,* Das Sondervermögen der Gesamthand, 1976, 99 ff.; *Schünemann* FamRZ 1976, 137; wie hier die überwM; vgl. *Gernhuber/Coester-Waltjen* § 38 RdNr. 9, 10; *Soergel/Gaul* RdNr. 3; *Staudinger/Thiele* (2007) RdNr. 3, 5.

[3] Vgl. Mot. IV S. 335.

[4] Vgl. RGZ 90, 288.

[5] Mot. IV S. 335; KG OLGE 38, 250; KGJ 38, 212.

[6] Vgl. deshalb § 1417 RdNr. 2 ff.

[7] Dies bedeutet nicht, dass dem Anspruch mitwirkendes Verschulden des anderen Ehegatten entgegengehalten werden könnte (RG SeuffA 71 Nr. 31).

[8] Vgl. § 847 Abs. 1; OLG Stuttgart VersR 1958, 891.

[9] RG JW 1925, 353 Nr. 6.

[10] Wohnungsrecht: BayObLGZ 1967, 480.

veräußert und aufgelassen hatte. Zum Vollzug der Eigentumsumschreibung bedarf es der Zustimmung des anderen Ehegatten trotzdem nicht, weil ihn auf Grund der Universalsukzession die Auflassung bindet.[11]

Gesamtgut werden die **Gegenstände, die zu** einem **Erwerbsgeschäft gehören,** das von den Ehegatten auch gemeinsam unter gemeinschaftlicher Firma als „eingetragener Kaufmann" (vgl. §§ 1, 2, 19 Abs. 1 Nr. 1 HGB) geführt werden kann.[12] In diesem Fall sind die beiden Ehegatten zivil- wie steuerrechtlich Mitunternehmer. Deshalb kann kein Arbeitsverhältnis mit einem Ehegatten begründet werden.[13] Trotz Zugehörigkeit der dem Erwerbsgeschäft dienenden Gegenstände zum Gesamtgut ist handelsrechtlich dessen Inhaber nur der Ehegatte, der es betreibt (das kann jeder der Ehegatten, bei Einzelverwaltung der Gesamtgutsverwalter, aber auch der andere Ehegatte sein,[14] vgl. §§ 1431, 1456).[15] 8

Umstr. ist, ob der **Anteil** eines Ehegatten **an** einer **Personengesellschaft** (Kommanditanteil oder Anteil an einer BGB-Gesellschaft) auch dann Sondergut ist, wenn der Gesellschaftsanteil durch den Gesellschaftsvertrag für übertragbar erklärt ist.[16] Die dafür gegebenen Begründungen vermögen jedoch nicht zu überzeugen, sodass er in diesem Falle zum Gesamtgut gehört.[17] Nicht bestr. ist, dass der (künftige) Anspruch des Gesellschafters auf das Auseinandersetzungsguthaben in das Gesamtgut fällt.[18] 9

Noch strittiger ist die Frage, in welcher Weise in Gütergemeinschaft lebende Ehegatten als alleinige Gesellschafter eine **Personengesellschaft errichten** können. Für diejenigen, die die Auffassung vertreten, der Anteil an einer Personalgesellschaft falle zwingend in das Sondergut, ergibt sich nur noch das Formproblem, ob die Errichtung nur durch Ehevertrag oder in der allgemeinen Form des Gesellschaftsvertrages geschehen kann.[19] Wenn – wie hier – angenommen wird, der übertragbare Gesellschaftsanteil falle in das Gesamtgut, ist zweifelhaft, ob die Errichtung (durch formlosen Gesellschaftsvertrag) bei Zugehörigkeit beider Anteile zum Gesamtgut, ob sie durch (formlose oder formpflichtige?) Nicht-Vereinbarung der Übertragbarkeit der Gesellschaftsanteile und damit deren zwingenden Übergang in das Sondergut oder ob sie nur durch gleichzeitige ehevertragliche Erklärung eines Gesellschaftsanteiles zu Vorbehaltsgut erfolgen kann. Der letzten Auffassung ist zuzustimmen: Die 10

---

[11] *Tiedtke* FamRZ 1976, 510 ff.; aA BayObLG MittBayNot. 1975, 228; das BayObLG hält aaO und in NJW 1961, 783 auch § 878 nicht für entsprechend anwendbar.

[12] Vgl. zum Betrieb eines Erwerbsgeschäfts durch die Ehegatten in Gütergemeinschaft BayObLG FamRZ 1992, 61; *Beck* DNotZ 1962, 348; *Buchner,* FS Beitzke, 1979, S. 152; *Buchwald* BB 1962, 1405, 1407; betreiben die Ehegatten das Handelsgeschäft gemeinsam, sind die Voranstellung „Eheleute" und der Zusatz „in Gütergemeinschaft" – nach altem wie nach neuem Firmenrecht – zulässig, aber nicht notwendig; vgl. BayObLG FamRZ 1992, 61 (das Gericht brauchte darüber, ob die Voranstellung „Eheleute" nach altem Firmenrecht erforderlich ist, nicht zu entscheiden, weil sie im konkreten Fall geschehen war); *Beck* DNotZ 1962, 348.

[13] BFH BStBl. 1959 III S. 263.

[14] AA wohl BayObLGZ 1978, 5, wonach bei Einzelverwaltung nur der Gesamtgutsverwalter Inhaber sein kann.

[15] Es besteht die Gefahr, dass steuerlich auch dann beide Ehegatten als Mitunternehmer angesehen werden, sodass das Erwerbsgeschäft zu Vorbehaltsgut eines Ehegatten erklärt werden muss, damit das Arbeitsverhältnis mit dem anderen Ehegatten steuerlich anerkannt wird (vgl. BFH DB 1981, 295; aA *Buchner,* FS Beitzke, 1979, S. 125).

[16] BayObLG DNotZ 2003, 454; *Beitzke* FamRZ 1975, 574 ff.; *ders.* FamR § 16 II 2; *Baumbach/Hopt* § 105 RdNr. 25; *Brüggemann* in Großkomm. HGB Vor § 1 Vorbem. 15; *Fischer* in Großkomm. HGB § 105 RdNr. 125 f.; *Soergel/Gaul* RdNr. 6 *Staudinger/Thiele* (2007) RdNr. 15 gegen Voraufl.; *Rauscher* RdNr. 448; *Buchner,* FS Beitzke 1979, S. 152, 157; *Lutter* AcP 161 (1962), 163; *Reuter-Kunath* JuS 1977, 379; *Westermann,* Handbuch der Personengesellschaften, I RdNr. 121; *Wiedemann,* Die Übertragung und Vererbung von Mitgliedschaftsrechten bei Handelsgesellschaften, S. 205 ff.

[17] *Kanzleiter* DNotZ 2003, 422; DNotZ 2007, 884 mN; BGHZ 65, 79 = DNotZ 1976, 113; *Daimer* DNotV 1924, 85, 89; 1925, 52; *Gildemeister* ZHR 1904, 110 ff., 141 f.; *Fabricius,* Relativität der Rechtsfähigkeit, S. 157 f.; *Enneccerus/Kipp/Wolff* § 60 IV; *Dölle* I § 67 III 8; *Gernhuber/Coester-Waltjen* § 38 RdNr. 17; *Düringer/Hachenburg/Geiler* HGB I, Allg. Einleitung Anm. 86; *Planck/Unzner* § 1439 Anm. 6; *Schlegelberger/Geßler,* 4. Aufl., HGB § 105 Anm. 55 d; zweifelnd *Schlegelberger/Karsten Schmidt,* HGB, 5. Aufl., § 105 RdNr. 80.

[18] *Staudinger/Felgentraeger* 11. Aufl. RdNr. 12 mwN.

[19] Vgl. Fn. 16; für Formpflichtigkeit wegen der Ausgliederung des Gesellschaftsvermögens *Beitzke* § 16 II 2.

Gründung einer Personengesellschaft durch die Ehegatten ohne Beteiligung Dritter zum Gesamtgut der Gütergemeinschaft scheitert daran, dass alle Gesellschaftsanteile in die gleiche Gesamthandsmasse fallen würden und damit wegen Personenidentität keine Gesellschaft entstehen könnte.[20] Die Gründung einer Personalgesellschaft durch gleichzeitigen Übergang der Gesellschaftsanteile in das Sondergut ist deshalb nicht möglich, weil die ratio legis für die grundsätzliche Nichtübertragbarkeit der Gesellschaftsanteile (und damit deren Zugehörigkeit zum Sondergut), dass sich die Gesellschafter nicht gegen ihren Willen eine fremde Person als Gesellschafter aufdrängen lassen müssen, hier nicht zutrifft.[21] Deshalb kann eine Personalgesellschaft von den Ehegatten nur gegründet werden, wenn ein Gesellschaftsanteil gleichzeitig ehevertraglich zum Vorbehaltsgut eines Ehegatten erklärt wird.[22] Die Errichtung einer Personengesellschaft mit Dritten ist dagegen ohne weiteres möglich, ohne dass die für die Gründung erforderlichen Gegenstände des Gesamtguts (oder der Gesellschaftsanteil) zum Vorbehaltsgut erklärt werden müssten.[23] Für die Gründung einer **Kapitalgesellschaft** gelten die allgemeinen Grundsätze. Die Errichtung einer GmbH nur durch die beiden Ehegatten ist deshalb (und zwar nicht nur in der Form der Einmann-Gründung) möglich. Mit der Gründung entsteht die selbständige juristische Person. Die Beteiligungen beider Ehegatten fallen in das Gesamtgut.

11 Zum Gesamtgut gehören auch **Rechte auf Grund familienrechtlicher Beziehungen,** etwa die Zugewinnausgleichsforderung auf Grund der früheren Ehe eines der Ehegatten (vgl. § 1378 Abs. 3 S. 1). Der Anteil an einer beendeten, noch nicht auseinandergesetzten Gütergemeinschaft oder fortgesetzten Gütergemeinschaft ist dagegen Sondergut.[24]

12 Die **Erbschaft oder** der **Erbteil** – auch wenn der Erbe nur Vorerbe ist[25] –, die einem Ehegatten zufallen, werden – falls nicht § 1418 Abs. 3 Nr. 2 eingreift – Gesamtgut, ohne dass dadurch der andere Ehegatte die Stellung eines Miterben erlangen würde[26] (vgl. § 1432 Abs. 2, § 1455 Nr. 1). Gleiches gilt für den Pflichtteilsanspruch (vgl. § 2317 Abs. 2). War die Nacherbenanwartschaft Gesamtgut, so gilt das für die Nacherbschaft aber nur dann, wenn zum Zeitpunkt des Nacherbfalls die Gütergemeinschaft noch besteht.[27]

13 Das **Urheberrecht** selbst ist, da nicht übertragbar (§ 29 S. 2 UrhG), Sondergut, die Nutzungsrechte fallen dagegen in das Gesamtgut (vgl. §§ 31 ff. UrhG).

---

[20] Entsprechendes gilt, wenn alle Anteile sich in einem Gesamtgut vereinigen (und für die verschiedenen Anteile nicht besondere Rechtsregeln gelten, zu diesem Sonderfall s. *Kanzleiter,* FS Weichler, 1997, S. 39 mN; *ders.*DNotZ 1999, 443, 445 f.): die Gesellschaft ist dann aufgelöst. AA mit der Begründung, es fehle nicht an dem Erfordernis mehrerer Personen, das Gesellschaftsvermögen bestehe als verselbständigtes Sondervermögen innerhalb der Gesamthand fort, *Tiedtke* FamRZ 1975, 675 ff.; *Gernhuber/Coester-Waltjen* § 38 RdNr. 10, 16; *Düringer/Hachenburg/Geiler* HGB I, Allg. Einleitung Anm. 86; wie hier insbes. BGHZ 65, 79 = NJW 1975, 1774; *Schünemann* FamRZ 1976, 137, 138.

[21] BGHZ 65, 79 = NJW 1975, 1774; *Tiedtke* FamRZ 1975, 675, 677; vgl. auch BFHE 94, 165, 167; dagegen überzeugt das weitere Argument des BGH in BGHZ 65, 79 = NJW 1975, 1774 nicht, die Errichtung einer Personalgesellschaft durch Bestimmung der Gesellschaftsanteile zu Sondergut sei ausgeschlossen, weil damit die aus Rechtsgründen unmögliche rechtsgeschäftliche Erklärung zu Sondergut zugelassen würde: Den Gesellschaftsanteilen würde durch Rechtsgeschäft vielmehr nur eine bestimmte rechtliche Eigenschaft – die Unübertragbarkeit – beigelegt, die dann kraft Gesetzes ihre Zugehörigkeit zum Sondergut zur Folge hätte. Für die Zulassung der Gesellschaftsgründung zum Sondergut beider Ehegatten, obwohl die ratio legis des § 1417 nicht zutrifft, weil kein Bedürfnis nach der restriktiven Auslegung des § 1417 bestehe, *Buchner,* FS Beitzke, 1979, S. 153, 156. *Bamberger/Roth/J. Mayer* (RdNr. 5, 6): bei der Entscheidung, ob eine Beteiligung an einer Personengesellschaft dem Sondergut oder dem Gesamtgut zuzurechnen ist, sei das personale Element nicht entscheidend, sondern ein gesellschaftsrechtlicher Ansatz sei zu wählen, mit der Folge, der Zuordnung zum Sondergut; dazu ausführlich *Staudinger/Thiele* (2007) RdNr. 14 mwN.

[22] So BGHZ 65, 79 = NJW 1975, 1774; ihm zustimmend *Schünemann* FamRZ 1976, 137, 138; aA *Staudinger/Thiele* (2007) RdNr. 15.

[23] BayObLGZ 1980, 414 = DB 1981, 519.

[24] Vgl. § 1417 Fn. 8 auch zur Gegenmeinung.

[25] BayObLG OLGE 41, 55; *Erman/Gamillscheg* RdNr. 3; RGRK/*Finke* RdNr. 8; aA *Staudinger/Thiele* (2007) § 1417 RdNr. 10 mwN.

[26] Vgl. § 1432 Abs. 1, § 1455 Nr. 1; BayObLGZ 2, 223; OLG Posen OLGE 21, 360; *Staudinger/Thiele* (2007) § 1417 RdNr. 7.

[27] LG Frankenthal FamRZ 1983, 1130.

14 Zum Gesamtgut gehört ein **Hof** der Ehegatten, dies gilt auch im Geltungsbereich der HöfeO.[28]

15 In das Gesamtgut fallen die **Nutzungen** des Gesamtguts und des Sonderguts (§ 1417 Abs. 3 S. 2), nicht aber die des Vorbehaltsguts (§ 1418 Abs. 3 S. 2). Eine abweichende ehevertragliche Vereinbarung ist möglich, so kann zB vereinbart werden, dass ein Erwerbsgeschäft, das zu Vorbehaltsgut eines Ehegatten erklärt ist, für Rechnung des Gesamtguts geführt wird.

IV. Rechtsbeziehungen zwischen dem Gesamtgut und den anderen Vermögensmassen

16 Da das Gesamtgut eine vom übrigen Vermögen der Ehegatten abgesonderte, gesamthänderisch gebundene Vermögensmasse ist, können zwischen den Ehegatten als Träger des Gesamtguts und als Träger ihrer eigenen Vermögen vermögensrechtliche Beziehungen jeder Art bestehen. So kann zB eine Verpflichtung zur Herausgabe eines Gesamtgutsgegenstandes an einen Ehegatten zu dessen Vorbehaltsgut begründet werden. Oder es kann zB ein Gegenstand des Gesamtguts zugunsten eines Ehegatten belastet werden, wenn die Belastung auf Grund ihrer Natur Sondergut des Ehegatten wird (zB eine beschränkte persönliche Dienstbarkeit oder ein Nießbrauch)[29] oder wenn die Belastung zum Vorbehaltsgut des Ehegatten erklärt wird.[30] Die Belastung eines Gesamtgutsgegenstandes zugunsten beider Ehegatten als Gesamtberechtigten ist möglich, aber nur unter der Voraussetzung, dass die Berechtigungen zu Vorbehaltsgut erklärt werden.[31] Eine Belastung zugunsten der Ehegatten als Gesamthandsberechtigten in Gütergemeinschaft kann unter den allgemeinen Voraussetzungen für die Begründung von Eigentümerrechten bestellt werden.[32]

V. Die Entstehung von Gesamtgut

17 **1. Vermögen bei Begründung der Gütergemeinschaft.** Sämtliches Vermögen der beiden Ehegatten – Sonder- und Vorbehaltsgut ausgenommen – bei Begründung der Gütergemeinschaft wird kraft Gesetzes Gesamtgut, ohne dass es besonderer Übertragungsakte bedürfte (Abs. 2). Wird der Ehevertrag vor der Eheschließung abgeschlossen, tritt diese Rechtswirkung mit der Eheschließung, bei Abschluss unter einer aufschiebenden Bedingung oder Befristung mit Eintritt der Bedingung bzw. des Anfangstermins ein. Der Rechtsübergang erfolgt im Wege der Universalsukzession.[33]

18 **2. Umwandlung von Vorbehaltsgut in Gesamtgut.** Auch das, **was** die beiden **Ehegatten während der Gütergemeinschaft erwerben,** fällt nach Abs. 1 S. 2 in das Gesamtgut. Abs. 2 und 3 gelten hier in gleicher Weise[34] und – entgegen der überwM[35] – auch, wenn durch spätere ehevertragliche Vereinbarung **Gegenstände des Vorbehaltsguts in Gesamtgut umgewandelt** werden[36] oder wenn Sondergut Gesamtgut wird, weil die Unübertragbarkeit eines Gegenstandes wegfällt. Weder Wortlaut noch Zweck des Abs. 2 schließen dessen Anwendung auf diese Fälle aus. Hinsichtlich des späteren Erwerbs legt dies der Aufbau der Vorschrift sogar nahe, da Abs. 2 an Abs. 1 S. 1 und 2 unterschiedslos anknüpft. Die Umwandlung von Vorbehalts- in Gesamtgut kann zwangslos als Fall des Abs. 1 S. 1 aufgefasst werden, da die Vorschrift formuliert, das beiderseitige Vermögen

---

28 Vgl. BGHZ 22, 19, 21 = NJW 1956, 1757.

29 Vgl. OLG Colmar OLGE 15, 410.

30 Vgl. KG OLGE 8, 119; KGJ 26, A 130; KG RJA 14, 81.

31 BayObLG DNotZ 1963, 49.

32 AllgM; zB hinsichtlich einer Eigentümergrundschuld *Beitzke* § 16 II 4; *Erman/Gamillscheg* RdNr. 2; *Soergel/Gaul* RdNr. 8.

33 *Tiedtke* FamRZ 1976, 510 m. zahlr. Nachw.; aA BayObLG MittBayNot. 1975, 510.

34 Str.; aA *Erman/Gamillscheg* RdNr. 5.

35 Im Anschluss an OLG Colmar OLGE 7, 54; KGJ 52, 140; *Palandt/Brudermüller* RdNr. 2; RGRK/*Finke* RdNr. 8; *Soergel/Gaul* RdNr. 7; wie hier *Gernhuber/Coester-Waltjen* § 38 RdNr. 39; *Staudinger/Thiele* (2007) RdNr. 33.

36 Zum umgekehrten Fall der Umwandlung von Gesamtgut in Vorbehaltsgut s. § 1418 RdNr. 3 ff.

werde „durch die Gütergemeinschaft" (nicht etwa durch die Begründung der Gütergemeinschaft) gemeinschaftlich, mag der Gesetzgeber dabei auch in erster Linie an die Begründung der Gütergemeinschaft gedacht haben.[37] Die Gesichtspunkte, die für die Anordnung eines Rechtsübergangs kraft Gesetzes ohne besondere Übertragungsakte bei Begründung der Gütergemeinschaft sprechen, treffen bei späterem Erwerb eines Ehegatten oder bei Umwandlung von Vorbehalts- in Gesamtgut in gleicher Weise zu. Auch hinsichtlich der Publizität der Übertragungsakte besteht die gleiche Interessenlage.

19 Die überwM fordert bei der späteren Umwandlung von Vorbehalts- in Gesamtgut zusätzlich zur ehevertraglichen Vereinbarung rechtsgeschäftliche Einzelübertragungen, bei Grundstücken zB Auflassung[38] und Eintragung. Demgegenüber geht nach der hier vertretenen Auffassung der betreffende Vermögensgegenstand durch die ehevertragliche Vereinbarung nach Abs. 2 ohne weiteren Übertragungsakt kraft Gesetzes auf das Gesamtgut über. Während Gegenstände des Vorbehaltsguts (die nicht Sondergutseigenschaft haben) nach dem freien Willen der Ehegatten in das Gesamtgut übergeführt werden können, tritt kraft Gesetzes eine Umwandlung von Gegenständen des Sonderguts in Gesamtgut dann, aber auch nur dann ein, wenn deren Übertragbarkeit wieder hergestellt wird.

20 **3. Späterer Erwerb.** Erwerben die Ehegatten später Vermögensgegenstände, so gehen sie nach Abs. 2 kraft Gesetzes zwingend auf das **Gesamtgut** über. Auf einen entsprechenden Willen des oder der erwerbenden Ehegatten und auf die Kenntnis des anderen Ehegatten vom Erwerb kommt es nicht an;[39] selbst ein entgegenstehender Wille des Ehegatten kann den Rechtsübergang nicht hindern.[40]

21 Umstr. ist, in welcher Weise der Rechtsübergang stattfindet, wenn nur ein Ehegatte den Gegenstand erwirbt: Nach der sog. **„Durchgangstheorie"** geht der Gegenstand für eine logische Sekunde zunächst auf den erwerbenden Ehegatten und von diesem dann auf das Gesamtgut über.[41] Nach der **„Unmittelbarkeitstheorie"** erwirbt das Gesamtgut dagegen von dem Dritten unmittelbar.[42]

22 Richtigerweise ist von den allgemeinen Vorschriften über die dingliche Übertragung von Gegenständen[43] und von dem Grundsatz auszugehen, dass ein Ehegatte durch Vereinbarung der Gütergemeinschaft seine Eigenschaft als Rechtssubjekt nicht verliert. Handeln beim Erwerb eines Gegenstandes beide Ehegatten und tritt der Erwerb für das Gesamtgut nach außen hervor (oder ist das Erwerbsverhältnis dem Geschäftspartner – wie regelmäßig – erkennbar gleichgültig), so kommt das für den Rechtsübergang erforderliche Rechtsgeschäft unmittelbar für das Gesamtgut zustande. Es tritt die Rechtswirkung dann auch unmittelbar für das Gesamtgut ein, dh. der Gegenstand geht unmittelbar auf das Gesamtgut über. Handelt beim Erwerb nur ein Ehegatte und schließt er das Erwerbsgeschäft für sich selbst ab, so kommt es auch mit ihm allein zustande. Der Gegenstand geht dann auf den erwerbenden Ehegatten alleine und eine logische Sekunde später nach Abs. 2 auf das Gesamtgut über. Gleiches gilt, wenn die Ehegatten – weil sie sich über ihren Güterstand irren – „zum Miteigentum je zur Hälfte" erwerben. Die unterschiedlichen Theorien haben also nur für den – allerdings nicht seltenen – Fall Bedeutung, dass nur ein Ehegatte, gleichgültig ob der Gesamtgutsverwalter oder der andere Ehegatte, beim Erwerb handelt, aber unmittelbar für das Gesamtgut erwerben möchte. Diesen Fällen wird die „Unmittelbarkeitstheorie" am besten gerecht, wobei als rechtliche Begründung dem Wesen der

---

[37] Darauf deutet auch die Formulierung in Abs. 2 „die einzelnen Gegenstände".

[38] KGJ 52, 140.

[39] Vgl. RGZ 84, 71, 73 f.; 90, 288; BayObLG RJA 4, 109.

[40] Vgl. BayObLG DNotZ 1968, 493.

[41] Vertreter der „Durchgangstheorie" sind *Enneccerus/Kipp/Wolff* § 60 II 2; *Gernhuber/Coester-Waltjen* § 38 RdNr. 26, 27; *Rauscher* RdNr. 447; *Tiedtke* FamRZ 1979, 370; *Planck/Unzner* § 1438 Anm. 3; *Staudinger/Thiele* (2007) RdNr. 24 m. zahlr. Nachw.

[42] Die „Unmittelbarkeitstheorie" vertreten *Haegele* Rpfleger 1965, 371; *Beitzke* § 16 II 1; *Erman/Gamillscheg* RdNr. 5; *Soergel/Gaul* RdNr. 4 mwN.

[43] Vgl. *Gernhuber/Coester-Waltjen* § 38 RdNr. 23.

Gütergemeinschaft, insbesondere § 1416 Abs. 2, eine Ermächtigung jedes Ehegatten entnommen werden kann, unmittelbar für das Gesamtgut zu erwerben. Das Gesamtgut erwirbt dann unmittelbar, wenn der Wille, für das Gesamtgut zu erwerben, dem Geschäftspartner erkennbar oder dem Geschäftspartner das Erwerbsverhältnis erkennbar gleichgültig war.

Gutgläubiger Erwerb setzt beim Erwerb beider Ehegatten auch Gutgläubigkeit beider, 23
beim Erwerb durch nur einen Ehegatten aber auch nur Gutgläubigkeit des erwerbenden Gatten voraus.[44] § 166 ist entsprechend anwendbar.[45]

VI. Eintragung im Grundbuch und in ähnlichen Registern

Gehört ein Grundstück (oder ein Recht an einem Grundstück) zum Gesamtgut, so sind 24
als Berechtigte nicht nur die Ehegatten im Grundbuch einzutragen, sondern nach § 47 GBO auch das **Rechtsverhältnis,** in dem ihnen das Recht zusteht (also zB „in Gütergemeinschaft" oder – präziser – „zum Gesamtgut ihrer Gütergemeinschaft").[46]

Ist als Rechtsinhaber (noch) **ein Ehegatte** im Grundbuch **eingetragen,** so ist das 25
Grundbuch unrichtig. Nach Abs. 3 ist jeder Ehegatte verpflichtet, auf Verlangen des anderen bei der **Grundbuchberichtigung** mitzuwirken. Abs. 3 gilt bei Begründung der Gütergemeinschaft ebenso wie bei Umwandlung eines Vorbehaltsgutsgrundstücks in Gesamtgut und beim späteren Erwerb eines Grundstücks durch einen Ehegatten, das (unrichtigerweise) im Grundbuch als dessen Alleineigentum eingetragen wurde. Von Abs. 3 braucht der Ehegatte, der im Grundbuch miteingetragen werden möchte, keinen Gebrauch zu machen, wenn er die Unrichtigkeit des Grundbuchs – wie regelmäßig – in der Form des § 29 GBO nachweisen kann (durch Ehevertragsabschrift oder Güterrechtsregistereintragung; vgl. § 22 GBO). Der Berichtigungsanspruch kann vorläufig durch Widerspruch gesichert werden.[47]

Die oben RdNr. 18 ff. dagestellten Rechtsregeln für den Erwerb eines Gegenstandes bei 26
Bestehen der Gütergemeinschaft gelten in gleicher Weise für den **Erwerb eines Grundstücks** oder eines Rechts an einem Grundstück. Erwirbt ein Ehegatte allein, kann er danach die Auflassung unmittelbar für das Gesamtgut entgegennehmen und die Miteintragung des anderen Ehegatten als Eigentümer in Gütergemeinschaft im Grundbuch beantragen. Dessen Zustimmung bedarf es nicht.[48] Hinsichtlich des Erwerbs stehen auch hier beide Ehegatten gleich, unabhängig davon, wer das Gesamtgut verwaltet.[49] Nimmt die Auflassung ein Ehegatte allein entgegen und wird er allein eingetragen, so erwirbt das Gesamtgut eine logische Sekunde später nach Abs. 2. Wird das Grundstück an die Ehegatten als Miteigentümer je zur Hälfte aufgelassen, gilt das Gleiche; jeder kann beantragen,[50] dass sie als Eigentümer in Gütergemeinschaft im Grundbuch eingetragen werden, einer erneuten Auflassung bedarf es nicht.[51] Ist dem Grundbuchamt bekannt, dass der Ehegatte in Gütergemeinschaft lebt, so darf es einen Antrag, ihn als Alleineigentümer (oder die Ehegatten als Miteigentümer) einzutragen, nicht vollziehen.[52] Denn das Grundbuch wäre nur für eine logische Sekunde richtig und würde dann unrichtig. Die Ehegatten können aber selbstverständlich dann zum Miteigentum je zur Hälfte erwerben, wenn die beiden Hälften (ehevertraglich) zu

[44] RG Gruchot 47, 667.
[45] *Erman/Gamillscheg* RdNr. 5; *Soergel/Gaul* RdNr. 4.
[46] Vgl. RGZ 105, 33; KG OLGE 41, 40.
[47] Vgl. § 899; RGZ 108, 281.
[48] Früher str., inzwischen allgM, vgl. BayObLG MDR 1954, 306.
[49] KG KGJ 30, A 207; BayObLGZ 14, 243.
[50] BayObLGZ 1975, 209 = DNotZ 1976, 174; zum Nachweis, dass es sich um Gesamtgut handelt, (etwa durch Vorlage einer Abschrift des Ehevertrages) gelten die allgemeinen grundbuchrechtlichen Regeln.
[51] BGHZ 82, 346 mit zahlr. Nachw. zu der früher außerordentlich umstr. Frage = NJW 1982, 1097 = LM Nr. 1 mit Anm. von *Vogt;* Rehle DNotZ 1979, 196; *Tiedtke* FamRZ 1979, 370; aA BayObLGZ 1978, 335 = DNotZ 1979, 216; OLG Düsseldorf DNotZ 1979, 219.
[52] AllgM im Anschluss an RGZ 155, 347 unter Aufgabe der früheren Auffassung in RGZ 84, 71.

Vorbehaltsgut erklärt werden; das kann auch nachträglich – nach der Auflassung und der Eintragung als Miteigentümer im Grundbuch – geschehen.[53]

27 Soll über ein Recht **zugunsten Dritter verfügt** werden, das noch auf den Namen eines Ehegatten im Grundbuch eingetragen ist, aber zum Gesamtgut gehört, so ist die Voreintragung der Ehegatten in Gütergemeinschaft in entsprechender Anwendung des § 40 GBO nicht erforderlich.[54]

28 Gleiches gilt stets für alle im Grundbuch oder im **Schiffsregister** bzw. **Schiffsbauregister** einzutragenden Rechte.

VII. Zwangsvollstreckung in das Gesamtgut

29 Zur Zwangsvollstreckung in das Gesamtgut s. § 1437 RdNr. 12 ff. und § 1459 RdNr. 10 f.

§ 1417 Sondergut

(1) Vom Gesamtgut ist das Sondergut ausgeschlossen.

(2) Sondergut sind die Gegenstände, die nicht durch Rechtsgeschäft übertragen werden können.

(3) [1]Jeder Ehegatte verwaltet sein Sondergut selbständig. [2]Er verwaltet es für Rechnung des Gesamtguts.

I. Normzweck

1 Gegenstände, die unübertragbar sind, können nicht in das Gesamtgut fallen, weil der Übergang auf das Gesamtgut ein – auf Grund der Unübertragbarkeit gerade ausgeschlossener – Rechtsübergang wäre. Diese Gegenstände bilden das Sondergut der Ehegatten.

II. Umfang des Sonderguts

2 Das Sondergut umfasst nach hM[1] trotz des Wortlauts des Abs. 2 wegen des Zwecks der Vorschrift die **Gegenstände nicht,** die **nur deshalb unübertragbar** sind, **weil** sie **zu** einem **Sachinbegriff** gehören, der selbst Gesamtgut ist. Deshalb fallen auch die Anteile des Miterben an den einzelnen Nachlassgegenständen mit dem Erbteil in das Gesamtgut, obwohl der Miterbe über sie nach § 2033 Abs. 2 nicht verfügen kann.[2] Auch die Vorerbschaft fällt in das Gesamtgut, nicht in das Sondergut (s. § 1416 RdNr. 12).

3 Außerordentlich umstr. ist, ob ein Gegenstand auch dann in das Sondergut (oder in das Gesamtgut) fällt, wenn dessen **Übertragbarkeit durch Rechtsgeschäft ausgeschlossen** wurde (vgl. insbesondere § 399). Dies ist anzunehmen, weil die rechtsgeschäftliche Vinkulierung den Zweck hat, den Dritten davor zu schützen, dass er sich einen anderen Geschäftspartner, insbesondere einen anderen Gläubiger, gegen seinen Willen aufdrängen lassen muss, und damit auch die rechtsgeschäftliche Vinkulierung die ratio legis des § 1417 erfüllt.[3]

4 Zur Abgrenzung des Sonderguts vom Gesamtgut im Einzelnen vgl. zunächst § 1416 RdNr. 6 ff. Zum Sondergut gehören zB **nicht abtretbare Forderungen** (§§ 399, 400). Der nicht pfändbare Gehaltsanspruch ist demnach Sondergut, die Gehaltszahlung fällt dagegen in das Gesamtgut. Sondergut sind Schmerzensgeldansprüche, soweit nicht aner-

---

[53] Das Grundbuch war nur vorübergehend unrichtig und wird durch den Ehevertrag richtig, BayObLG DNotZ 1982, 162 = FamRZ 1982, 285 = BWNotZ 1982, 44 mit Anm. von *Röll* = Rpfleger 1982, 18 mit abl. Anm. von *Meyer-Stolte.*

[54] KG JFG 1, 293.

[1] S. BayObLG OLGE 41, 55; *Erman/Gamillscheg* RdNr. 3; *Palandt/Brudermüller* RdNr. 2.

[2] Vgl. BayObLG OLGE 41, 55; aA *Rauscher* RdNr. 448.

[3] Wie hier *Bötticher* ZHR 114, 91, 93 ff.; *Enneccerus/Kipp/Wolff* § 60 IV; *Dölle* I § 67 III; *Gernhuber/Coester-Waltjen* § 38 RdNr. 32; *Planck/Unzner* § 1939 Anm. 3 c; RGRK/*Finke* RdNr. 5; *Staudinger/Thiele* (2007) RdNr. 11; *Bamberger/Roth/J. Mayer* RdNr. 2; aA *Lutter* AcP 161 (1962), 163, 165 f. ausführlich zum Streitstand; *Palandt/Brudermüller* RdNr. 3; *Soergel/Gaul* RdNr. 3.

kannt oder rechtshängig (§ 847 Abs. 1 S. 2),[4] **Beteiligungen an Personalgesellschaften,** soweit nicht nach dem Gesellschaftsvertrag übertragbar (§ 719 Abs. 1),[5] **nicht übertragbare dingliche Rechte** wie der Nießbrauch und eine beschränkte persönliche Dienstbarkeit (§§ 1059, 1092),[6] soweit nicht für beide Ehegatten bestellt,[7] sowie der **Anteil an** einer **fortgesetzten Gütergemeinschaft,** auch nach deren Beendigung bis zur Auseinandersetzung (§§ 1487 Abs. 1, 1497 Abs. 2, 1419).[8]

III. Umwandlung von Sondergut in Gesamt- oder Vorbehaltsgut

Gegenstände des Sonderguts können durch Ehevertrag nicht in Gesamtgut umgewandelt werden. Der **Kreis der Sondergutsgegenstände** ist **gesetzlich zwingend** festgelegt. Ein Gegenstand fällt deshalb dann aus dem Sondergut in das Gesamtgut, wenn er übertragbar wird (wenn zB durch Änderung eines Gesellschaftsvertrages die Übertragbarkeit der Anteile vereinbart oder wenn ein Schmerzensgeldanspruch vertraglich anerkannt oder rechtshängig wird). Umgekehrt können auch keine Gegenstände des Gesamtguts oder des Vorbehaltsguts in Sondergut umgewandelt werden. Durch nachträglichen Ausschluss der Übertragbarkeit wird ein zum Gesamtgut gehörender Gegenstand nicht Sondergut, bleibt vielmehr Gesamtgut. Dagegen ist es **möglich** – durch Ehevertrag – Gegenstände des **Sonderguts in Vorbehaltsgut** desselben Ehegatten **umzuwandeln.**[9] 5

IV. Die Verwaltung des Sonderguts

Das Sondergut wird **vom jeweiligen Eigentümer selbständig verwaltet,** dem anderen Ehegatten stehen keine Mitwirkungsrechte zu. Überlassung der Verwaltung (§ 1413) ist aber möglich. 6

Die Verwaltung erfolgt **für Rechnung des Gesamtguts.** Die Nutzungen fallen daher in das Gesamtgut, soweit sie nicht selbst ebenfalls unübertragbar sind. Das Gleiche gilt für Surrogate des Sonderguts. Deshalb kann Umwandlung von Sondergut in Vorbehaltsgut sinnvoll sein. Es ist aber auch möglich, die Gegenstände im Sondergut zu belassen und ehevertraglich zu vereinbaren, dass sie der Ehegatte für eigene Rechnung verwaltet. Eine solche Vereinbarung ist nicht dahingehend auszulegen, dass die Gegenstände Vorbehaltsgut werden. 7

V. Zwangsvollstreckung in das Sondergut

Die Zwangsvollstreckung in das Sondergut setzt – soweit sie überhaupt zulässig ist (s. §§ 851, 857 Abs. 1, 3 ZPO) – einen **Titel gegen den Ehegatten** voraus, der Eigentümer des Sonderguts ist. Für die Pfändung der Nutzungen (zB beim Nießbrauch, s. § 857 Abs. 3 ZPO iVm. § 1059 S. 2), die in das Gesamtgut fallen, gelten demgegenüber die Regeln über die Pfändung von Gesamtgutsgegenständen. 8

§ 1418 Vorbehaltsgut

(1) Vom Gesamtgut ist das Vorbehaltsgut ausgeschlossen.

(2) Vorbehaltsgut sind die Gegenstände,

1. die durch Ehevertrag zum Vorbehaltsgut eines Ehegatten erklärt sind,

[4] Vgl. RGZ 96, 97; OLG Stuttgart VersR 1958, 891.
[5] Vgl. dazu § 1416 RdNr. 9.
[6] BGHZ 46, 253 = NJW 1967, 627 = DNotZ 1967, 183 (mit Anm. von *Fassbender*).
[7] BayObLG JW 1932, 3005; DNotZ 1968, 493.
[8] *Enneccerus/Kipp/Wolff* § 60 IV; *Gernhuber/Coester-Waltjen* § 38 RdNr. 32; *Finke* RdNr. 7; *Staudinger/Thiele* (2007) RdNr. 6; aA RGZ 125, 347 m. zahlr. Nachw. aus der älteren Lit. und Rspr.; BayObLG JFG 2, 289; *Bötticher* ZHR 114, 92; *Dölle* I § 67 III; *Erman/Gamillscheg* RdNr. 3; RGRK/*Scheffler* 11. Aufl. Anm. 16; *Soergel/Gaul* RdNr. 5; das BayObLG und RGRK/*Scheffler* s. o. nehmen weitergehend an, dass der Anteil schon vor der Beendigung der fortgesetzten Gütergemeinschaft in das Gesamtgut fällt.
[9] Vgl. BayObLGZ 1953, 102.

2. die ein Ehegatte von Todes wegen erwirbt oder die ihm von einem Dritten unentgeltlich zugewendet werden, wenn der Erblasser durch letztwillige Verfügung, der Dritte bei der Zuwendung bestimmt hat, dass der Erwerb Vorbehaltsgut sein soll,

3. die ein Ehegatte auf Grund eines zu seinem Vorbehaltsgut gehörenden Rechts oder als Ersatz für die Zerstörung, Beschädigung oder Entziehung eines zum Vorbehaltsgut gehörenden Gegenstands oder durch ein Rechtsgeschäft erwirbt, das sich auf das Vorbehaltsgut bezieht.

(3) [1]Jeder Ehegatte verwaltet das Vorbehaltsgut selbständig. [2]Er verwaltet es für eigene Rechnung.

(4) Gehören Vermögensgegenstände zum Vorbehaltsgut, so ist dies Dritten gegenüber nur nach Maßgabe des § 1412 wirksam.

I. Normzweck

1 Der grundsätzliche Übergang des gemeinschaftlichen Vermögens in das Gesamtgut soll **nicht ausschließen,** dass die **Ehegatten Teile ihres Vermögens** von diesem Übergang **ausnehmen. Dasselbe Recht** steht **Dritten** zu, die einem Ehegatten eine Zuwendung unter Lebenden oder von Todes wegen machen. In beiden Fällen entsteht „Vorbehaltsgut", das sich in seiner Rechtszuordnung nicht von der allgemeinen Zuordnung im gesetzlichen Güterstand und unter Fremden unterscheidet.

II. Die Entstehung von Vorbehaltsgut

2 **1. Arten der Entstehung.** Vorbehaltsgut eines Ehegatten kann auf **dreierlei** verschiedene **Weise** entstehen, nämlich

a) durch ehevertragliche Vereinbarung,

b) durch **Bestimmung des zuwendenden Dritten** bei Schenkung oder Erwerb aus Nachlass,

c) als **Surrogat** eines Gegenstands des Vorbehaltsguts.

Diese Aufzählung ist **erschöpfend,** in anderer Weise kann Vorbehaltsgut nicht geschaffen werden.[1] Deshalb fallen zB die persönlichen Gegenstände eines Ehegatten nicht etwa in das Vorbehaltsgut, sondern sind – falls übertragbar – Gesamtgut.

3 **2. Ehevertragliche Vereinbarung.** Die ehevertragliche Vereinbarung von Vorbehaltsgut ist bei Begründung der Gütergemeinschaft oder später jederzeit möglich. Wird während des Bestehens der Gütergemeinschaft ein Gegenstand zum Vorbehaltsgut eines Ehegatten erklärt, so wird er damit ipso iure dessen Alleineigentum, ohne dass es noch einer Übertragung bedürfte.[2]

4 Die Vereinbarung von Vorbehaltsgut kann sich auf einzelne Gegenstände oder auf Sach- bzw. Rechtsgesamtheiten beziehen. Bedingungen und Befristungen sind zulässig. Da auch künftiger Erwerb zu Vorbehaltsgut erklärt werden kann, und eine im Einzelfall konkretisierbare Bestimmung des zum Vorbehaltsgut gehörenden Gegenstandskreises ausreicht, können auch alle Schenkungen, die die Ehegatten von Dritten erhalten oder sich gegenseitig machen, zu Vorbehaltsgut des Beschenkten erklärt werden.[3] Die **Beweislast** für die Vorbehaltsgutgemeinschaft trifft denjenigen, der sie behauptet. Bei unklarer Bezeichnung im Ehevertrag geht dies daher zu dessen Lasten.[4]

---

[1] Vgl. RGZ 87, 100, 103.

[2] AA die allgM; s. für den umgekehrten Fall § 1416 RdNr. 17 ff. und die dortigen Nachw. in Fn. 32; BayObLGZ 6, 297; KG OLGE 12, 311; *Soergel/Gaul* RdNr. 5; auch *Staudinger/Thiele* (2007) § 1416 RdNr. 34.

[3] ÜberwM s. *Gernhuber/Coester-Waltjen* § 38 RdNr. 40 Fn. 2; *Erman/Gamillscheg* RdNr. 3; *Palandt/Brudermüller* RdNr. 3; *Planck/Unzner* § 1440 Anm. 5; *Soergel/Gaul* RdNr. 4; *Staudinger/Thiele* (2007) RdNr. 11; aA KG OLGE 12, 310, das eine Vereinbarung in jedem Einzelfall verlangt.

[4] RGZ 65, 368.

Durch die Erklärung des gesamten bei der Begründung der Gütergemeinschaft vorhandenen Vermögens zu Vorbehaltsgut werden praktisch die Rechtsfolgen der früheren **„Errungenschaftsgemeinschaft"** erreicht, durch die Vereinbarung, dass das unbewegliche Vermögen Vorbehaltsgut sein und werden soll, die Rechtsfolgen der früheren **„Fahrnisgemeinschaft"**. 5

3. Bestimmung eines Dritten. Vorbehaltsgut kann auch durch die Bestimmung eines Dritten entstehen. Bei unentgeltlicher Zuwendung unter Lebenden kann diese Bestimmung formlos (auch stillschweigend)[5] bei der Zuwendung oder schon vorher, wenn bei der Zuwendung ausdrücklich oder stillschweigend auf die Bestimmung Bezug genommen wird, aber nicht erst nachher[6] getroffen werden. Haben die Verlobten bereits für den Fall ihrer Eheschließung den Güterstand der Gütergemeinschaft vereinbart, so kann die Bestimmung bei einer Zuwendung bereits getroffen werden, die nach Abschluss dieses Ehevertrages, aber vor Eheschließung gemacht wird.[7] Eine spätere ehevertragliche Regelung geht dagegen einer Bestimmung vor, die bei einer früheren Zuwendung gemacht wurde, weil das Umwandlungsrecht der Ehegatten von Dritten nicht ausgeschlossen werden kann. Die Ehegatten können auch durch Ehevertrag die Möglichkeit der Entstehung von Vorbehaltsgut von vornherein ausschließen.[8] War es Bedingung der Zuwendung, dass das Zugewandte Vorbehaltsgut wird, so fällt die Zuwendung in einem solchen Falle mit dem Übergang des Gegenstandes in das Gesamtgut weg. 6

Unentgeltlichkeit der Zuwendung setzt voraus, dass von dem Ehegatten keine oder keine gleichwertige[9] Gegenleistung aus seinem Vorbehaltsgut (bei einer vollen Gegenleistung aus dem Vorbehaltsgut wird regelmäßig Abs. 2 Nr. 3 zutreffen) und von den Ehegatten keine (gleichwertige) Gegenleistung aus dem Gesamtgut erbracht wird. Eine von dritter Seite – auch von dem anderen Ehegatten aus dessen Vorbehaltsgut erbrachte – Gegenleistung schadet nicht.[10] Ob es sich um eine Schenkung im Rechtssinne handelt, ist unerheblich, da allein auf die Unentgeltlichkeit abgestellt ist. Deshalb kann auch eine Ausstattung (vgl. § 1624) mit der Bestimmung zu Vorbehaltsgut gewährt werden.[11] Auch die gemischte Schenkung fällt in das Vorbehaltsgut. Je nachdem, aus welcher Vermögensmasse eine (teilweise) Gegenleistung erbracht wird, können sich Ausgleichsansprüche unter den einzelnen Vermögensmassen ergeben.[12] 7

Bei **Zuwendungen von Todes** wegen bedarf die Bestimmung der Form einer Verfügung von Todes wegen. Eine solche Bestimmung kann für alles getroffen werden, was ein Ehegatte aus dem Nachlass erlangt: Die Stellung als Erbe oder Miterbe (auch auf Grund gesetzlicher Erbfolge), Vor- oder Nacherbe, ein Vermächtnis, ein Pflichtteilsanspruch oder dasjenige, was der Ehegatte auf Grund einer Auflage erlangt. Sämtliche Rechte, die mit dem aus dem Nachlass Erlangten verbunden sind, fallen in das Vorbehaltsgut, zB der Anspruch des Miterben auf Auseinandersetzung, das Vorkaufsrecht des Miterben (nach dessen Ausübung fällt der erworbene Erbteil aber in das Gesamtgut, falls sich das Kaufgeschäft nicht auf das Vorbehaltsgut bezieht). 8

Bei der Bestimmung zu Vorbehaltsgut muss nicht die Formulierung „Vorbehaltsgut" gewählt werden, es genügt, dass der Wille des Zuwendenden zum Ausdruck kommt, der zugewendete Gegenstand solle in das Alleineigentum eines Ehegatten fallen.[13] 9

4. Surrogate. Nach Abs. 2 Nr. 3 fallen auch Surrogate des Vorbehaltsguts wieder in das Vorbehaltsgut. Der Erwerb auf Grund eines zum Vorbehaltsgut gehörenden Rechts kann 10

---

[5] OLG Hamburg Recht 1918 Nr. 1007; vgl. RGZ 69, 59.

[6] RG Recht 1915 Nr. 2515; auch dann nicht, wenn der andere Ehegatte zustimmt; es ist eine ehevertragliche Vereinbarung notwendig.

[7] Vgl. RGZ 106, 381 gegen RGZ 65, 367.

[8] Vgl. OLG Stuttgart JW 1932, 1402.

[9] Vgl. *Staudinger/Thiele* (2007) RdNr. 25.

[10] Vgl. RGZ 171, 83.

[11] RGZ 80, 217.

[12] Anders RGRK/*Finke* RdNr. 11; *Soergel/Gaul* RdNr. 9.

[13] Vgl. auch RGZ 69, 59, 63; OLG Kiel OLGE 40, 68.

Erwerb kraft Gesetzes oder Erwerb durch Rechtsgeschäft sein (zB einerseits die Früchte eines Gegenstandes, der zum Vorbehaltsgut gehört, andererseits zB die Mieteinnahmen). Gegenstände, die der Ehegatte als Ersatz für Zerstörung, Beschädigung oder Entzug von Vorbehaltsgutsgegenständen erwirbt, sind zB Ansprüche wegen unerlaubter Handlungen oder ungerechtfertigter Bereicherung (wenn die Bereicherung aus dem Vorbehaltsgut erfolgt), Forderungen gegen Versicherungen und öffentlich-rechtliche Entschädigungsansprüche.

11 Für den Erwerb durch Rechtsgeschäft, das sich auf das Vorbehaltsgut bezieht, ist der wirtschaftliche Bezug des Rechtsgeschäfts zum Vorbehaltsgut ausschlaggebend.[14] Es muss ein objektiver und subjektiver Bezug vorliegen. Die subjektive Absicht des Ehegatten, das Rechtsgeschäft für das Vorbehaltsgut abzuschließen, genügt nicht. Dazu muss ein objektiver Zusammenhang mit dem Vorbehaltsgut hinzukommen, der aus den Umständen des Einzelfalles – wenn auch nicht notwendig im Außenverhältnis zu dem dritten Geschäftspartner – erkennbar ist.[15] Ausdrückliche Erklärung des Ehegatten, für das Vorbehaltsgut abzuschließen, ist dafür weder notwendig noch ausreichend.[16] Rechtsgeschäfte, die sich objektiv auf das Vorbehaltsgut beziehen, sind zB der Verkauf von Gegenständen des Vorbehaltsguts, die Abtretung von Forderungen, die zum Vorbehaltsgut gehören,[17] oder der Erwerb mit Mitteln des Vorbehaltsguts.

III. Verwaltung des Vorbehaltsguts

12 Die Verwaltung des Vorbehaltsguts obliegt jedem Ehegatten selbst. Wie beim Sondergut ist ebenfalls die Überlassung der Verwaltung an den anderen Ehegatten möglich.

13 Die Verwaltung des Vorbehaltsguts erfolgt, falls nichts anderes vereinbart ist, – anders als beim Sondergut – für eigene Rechnung des betreffenden Ehegatten. Zur Verwendung der Erträgnisse und des Stammes für den Familienunterhalt s. § 1420.

IV. Besitz an Sachen des Vorbehaltsguts

14 Der Besitz zum Vorbehaltsgut gehörender beweglicher Gegenstände ist von der Eigentumszuordnung unabhängig. Sie können nach den allgemeinen Grundsätzen im unmittelbaren Mitbesitz beider Ehegatten[18] oder im unmittelbaren Alleinbesitz des anderen Ehegatten stehen.[19]

V. Die Eintragung des Vorbehaltsguts im Güterrechtsregister

15 Dritten kann die Eigenschaft eines Gegenstandes als Vorbehaltsgut nur entgegengehalten werden, wenn dies im **Güterrechtsregister** eingetragen oder dem Dritten bekannt war, ohne Rücksicht darauf, worauf die Eigenschaft als Vorbehaltsgut beruht. Schließt der Gesamtgutsverwalter ein Rechtsgeschäft über einen Gegenstand, der zum Vorbehaltsgut des anderen Ehegatten gehört, so muss dieser daher das Rechtsgeschäft gegen sich gelten lassen, wenn die Eigenschaft als Vorbehaltsgut nicht im Güterrechtsregister eingetragen und dem Geschäftspartner auch nicht bekannt war. Die Eintragung der Eigenschaft als Vorbehaltsgut im **Grundbuch** ist dagegen unnötig und unzulässig.[20]

---

[14] RGZ 87, 100; vgl. BGH NJW 1968, 1824.
[15] RGZ 92, 139; RG WarnR 1923/24 Nr. 15.
[16] Vgl. RGZ 92, 139.
[17] Vgl. RGZ 72, 167; 92, 139; RG LZ 1922, 649.
[18] S. *Gernhuber/Coester-Waltjen* § 38 RdNr. 42 mN. in Fn. 63; *Erman/Gamillscheg* RdNr. 5; *Bamberger/Roth/J. Mayer* RdNr. 9.
[19] Vgl. RG JW 1922, 93.
[20] KG RJA 4, 261.

VI. Zwangsvollstreckung in das Vorbehaltsgut

Zur Zwangsvollstreckung in Gegenstände des Vorbehaltsguts ist ein **Titel gegen den Ehegatten,** der ihr Eigentümer ist, notwendig und ausreichend. Zugunsten der Gläubiger gilt § 1362. Die Erklärung eines Gegenstandes zu Vorbehaltsgut kann von den Gläubigern unter den allgemeinen Voraussetzungen nach § 3 f. AnfG angefochten werden.[21] 16

§ 1419 Gesamthandsgemeinschaft

(1) Ein Ehegatte kann nicht über seinen Anteil am Gesamtgut und an den einzelnen Gegenständen verfügen, die zum Gesamtgut gehören; er ist nicht berechtigt, Teilung zu verlangen.

(2) Gegen eine Forderung, die zum Gesamtgut gehört, kann der Schuldner nur mit einer Forderung aufrechnen, deren Berichtigung er aus dem Gesamtgut verlangen kann.

I. Normzweck

Die Gütergemeinschaft ist eine **Gemeinschaft zur gesamten Hand mit besonders strenger Bindung:** Für die Gesamthand ist Kennzeichen, dass über die Anteile an einzelnen, zum gesamthänderischen Vermögen gehörenden Gegenständen von keinem Gesamthänder verfügt werden kann. Darüber hinaus ist bei der Gütergemeinschaft, anders als bei der Erbengemeinschaft (§ 2034), auch keine Verfügung des Gesamthänders über seinen Anteil am gesamthänderischen Vermögen möglich; anders als bei den Personalgesellschaften (allgM zu § 719) ist eine solche Verfügung bei Gütergemeinschaft auch mit Zustimmung des anderen Ehegatten ausgeschlossen. (Dagegen können die Ehegatten über das Gesamtgut im ganzen verfügen; bei der Einzelverwaltung s. § 1423). Schließlich gehört zu der engen Bindung, dass keiner der beiden Ehegatten berechtigt ist, Teilung zu verlangen. 1

II. Gesamthänderische Bindung

Im Einzelnen kann von einem der Ehegatten **keine Verfügung** getroffen werden 2

a) **über** seinen **Anteil an** einzelnen **Gesamtgutsgegenständen;**
b) über seinen **Anteil am Gesamtgut;**
c) über seinen **Anspruch auf Auseinandersetzung.**[1]

Diese Verfügungsbeschränkungen gelten, solange das Gesamtgut besteht, also auch noch nach Beendigung der Gütergemeinschaft vor der Auseinandersetzung. Gleiches gilt für den Anteil an der nicht auseinandergesetzten Vermögensgemeinschaft nach FGB DDR.[2] Wegen § 306[3] ist auch ein Verpflichtungsgeschäft über die aufgeführten Gegenstände nichtig.

Dagegen kann jeder Ehegatte über seinen bereits entstandenen **Anspruch auf** das **Auseinandersetzungsguthaben** nach Beendigung der Gütergemeinschaft verfügen (allgM). Darüber hinaus sind Verpflichtungen und Verfügungen über den künftigen Anspruch auf das Auseinandersetzungsguthaben möglich und auch aufschiebend bedingte Verpflichtungen und Verfügungen über einzelne Gegenstände, die der Ehegatte bei der Auseinandersetzung erwerben wird. § 1378 Abs. 3 findet keine entsprechende Anwendung.[4] Im gleichen Umfang sind die aufgeführten Rechte auch pfändbar. Inwieweit eine unwirksame Verfügung nach RdNr. 2 in eine wirksame nach RdNr. 3 umgedeutet werden kann, entscheiden die 3

[21] RGZ 57, 86.
[1] KG JW 1931, 1371.
[2] BGH FamRZ 2002, 1468.
[3] BGH FamRZ 1966, 443, 444 nach § 134 BGB.
[4] *Soergel/Gaul* RdNr. 5; aA *Gernhuber/Coester-Waltjen* § 38 RdNr. 7.

Umstände des Einzelfalles (in Frage kommt insbesondere die Umdeutung der Verfügung über den Anteil am Gesamtgut in eine Verfügung über den künftigen Anspruch auf das Auseinandersetzungsguthaben).[5]

4 Wer über **einzelne Gegenstände** des Gesamtguts verfügen kann, ergibt sich aus der Verwaltungsregelung. Die Übertragung eines zum Gesamtgut gehörenden Gegenstands auf einen Ehegatten geschieht dadurch, dass dieser ehevertraglich zum Vorbehaltsgut erklärt wird. Soll zugunsten eines der Ehegatten ein zum Gesamtgut gehörender Gegenstand belastet werden, so muss das ihm einzuräumende Recht (ehevertraglich) zum Vorbehaltsgut erklärt und die Belastung vorgenommen werden (s. § 1416 RdNr. 16).

5 Nach § 860 Abs. 1 ZPO ist der **Anteil** eines Ehegatten an der Gütergemeinschaft auch **nicht pfändbar** (nach § 36 InsO fällt er deshalb auch nicht in die Insolvenzmasse), wohl aber nach § 860 Abs. 2 ZPO der Anteil an der Gütergemeinschaft nach deren Beendigung.

III. Aufrechnungsmöglichkeit

6 Nach Abs. 2 kann gegen Forderungen, die zum Gesamtgut gehören, nur mit Forderungen aufgerechnet werden, deren Begleichung aus dem Gesamtgut verlangt werden kann. Damit zieht das Gesetz die ausdrückliche Konsequenz aus der Sonderung des Gesamtguts von dem übrigen Vermögen der Ehegatten und der gesamthänderischen Rechtsgemeinschaft, in der das Gesamtgut den Ehegatten zusteht. Auch ohne diese ausdrückliche Regelung wäre die nach Abs. 2 unzulässige Aufrechnung nicht möglich. Alle Gesamtgutsforderungen stehen den Ehegatten gesamthänderisch, nicht als Gesamtgläubigern (§ 428) zu. Umgekehrt können die Ehegatten mit Gesamtgutsforderungen gegen Forderungen aufrechnen, die dem Schuldner gegen einen von ihnen zustehen, wobei sich aus der Verwaltungsregelung ergibt, wer über die Gesamtgutsforderung verfügen, also die Aufrechnungserklärung abgeben kann.[6]

§ 1420 Verwendung zum Unterhalt

Die Einkünfte, die in das Gesamtgut fallen, sind vor den Einkünften, die in das Vorbehaltsgut fallen, der Stamm des Gesamtguts ist vor dem Stamm des Vorbehaltsguts oder des Sonderguts für den Unterhalt der Familie zu verwenden.

I. Normzweck

1 § 1420 regelt, in welcher **Reihenfolge Einkünfte und Vermögen** der Ehegatten **für** den **Familienunterhalt** zu verwenden sind. Die Vorschrift kann ehevertraglich abbedungen werden (dies kann gerechtfertigt sein, wenn das Erwerbsgeschäft oder andere größere Vermögensteile eines Ehegatten zum Vorbehaltsgut erklärt sind). Mit Zustimmung beider Ehegatten kann außerdem jederzeit abweichend von § 1420 verfahren werden. Jeder Ehegatte hat aber Anspruch auf Einhaltung der Vorschrift (von dem Fall abgesehen, dass er auf Grund ehelicher Treupflicht zur Zustimmung zu einer Abweichung verpflichtet ist).

2 Neben § 1420 **gelten** die **allgemeinen Vorschriften** der §§ 1360 ff., soweit § 1420 nicht als Sondervorschrift vorgeht. Dies gilt zB für § 1360 b, der Ersatzansprüche im Zweifel ausschließt, wenn ein Ehegatte mit Erträgnissen seines Vorbehaltsguts oder Gegenständen, die zum Stamm seines Vorbehalts- oder Sonderguts gehören, zum gemeinschaftlichen Unterhalt beiträgt. Es gilt auch für § 1361 in der Zeit des Getrenntlebens.[1]

---

[5] BGA FamRZ 1966, 443 zur fortgesetzten Gütergemeinschaft.

[6] Vgl. AnwK-BGB/*Völker* RdNr. 5; *Bamberger/Roth/J. Mayer* RdNr. 6; *Staudinger/Thiele* (2007) RdNr. 24.

[1] BGHZ 111, 248, 253 = FamRZ 1990, 851; OLG Zweibrücken FamRZ 1998, 239.

II. Einzelregelung

Im Einzelnen bestimmt die Vorschrift, dass in erster Linie die Einkünfte, die in das Gesamtgut fallen, für den Unterhalt zu verwenden sind. Wenn ehevertraglich nichts anderes vereinbart ist, sind dies in erster Linie die Arbeitseinkommen beider Ehegatten (auch während der Zeit des Getrenntlebens)[2] und die Erträgnisse des Gesamtguts und des Sonderguts (vgl. § 1417 Abs. 3 S. 2). In zweiter Linie sind die Erträgnisse des Vorbehaltsguts beider Ehegatten (untereinander im Verhältnis der Grundsätze zu § 1360), in dritter Linie ist der Stamm des Gesamtguts, zuletzt der Stamm des Vorbehaltsguts und des Sonderguts (untereinander wieder im Verhältnis der Grundsätze zu § 1360) heranzuziehen. Dem Wortlaut des § 1420 kann nicht entnommen werden, dass die Erträgnisse des Vorbehaltsguts vor dem Vermögensstamm des Gesamtguts zum Unterhalt heranzuziehen sind. Dies ergibt sich jedoch aus dem allgemeinen Grundsatz zu § 1360, dass Erträgnisse regelmäßig vor dem Vermögensstamm zum Unterhalt heranzuziehen sind (vgl. § 1360 RdNr. 10 f.). 3

III. Geltendmachung von Trennungsunterhalt

Schrifttum: *Ensslen,* Das Zusammentreffen von Gütergemeinschaft und Scheidungsverfahren, FamRZ 1998, 1077; *Kleinle,* Trennungsunterhalt und Gütergemeinschaft mit gemeinschaftlicher Gesamtgutsverwaltung, FamRZ 1997, 1194.

Nach § 1420 besteht ein Zahlungsanspruch gegen den anderen Ehegatten auf Trennungsunterhalt nur, wenn und soweit die Erträge des Gesamtguts den angemessenen Unterhaltsbedarf des Ehegatten nicht decken.[3] Soll die Deckung des Unterhalts aus dem Gesamtgut erreicht werden, hat dies durch die güterrechtlichen Rechtsbehelfe zu erfolgen,[4] kann es nicht durch Zahlungsklage geschehen.[5] Die güterrechtlichen Rechtsbehelfe – Ersetzung der Zustimmung nach §§ 1430, 1452, Klage auf Mitwirkung bei der ordnungsmäßigen Verwaltung nach §§ 1435, 1451 – entsprechen den Interessen des unterhaltsberechtigten Ehegatten und führen nicht zu einer unnötigen Komplizierung.[6] 4

Nicht nur der Unterhalt der Familie ist aus dem Gesamtgut zu bedienen, auch Unterhaltsansprüche, die von Nichtfamilienangehörigen gegen nur einen der Ehegatten geltend gemacht werden können, wie aus § 1604 BGB.[7]

§ 1421 Verwaltung des Gesamtguts

[1] Die Ehegatten sollen in dem Ehevertrag, durch den sie die Gütergemeinschaft vereinbaren, bestimmen, ob das Gesamtgut von dem Mann oder der Frau oder von ihnen gemeinschaftlich verwaltet wird. [2] Enthält der Ehevertrag keine Bestimmung hierüber, so verwalten die Ehegatten das Gesamtgut gemeinschaftlich.

I. Normzweck

§ 1421 S. 1 ist eine **nicht ganz glücklich gefasste Vorschrift.** Die Formulierung erklärt sich daraus, dass in den Gesetzentwürfen zunächst eine zwingende Vorschrift enthalten war, nach der die Ehegatten eine Verwaltungsregelung hätten treffen müssen.[1] Als der Gesetzgeber das Unzweckmäßige einer solchen Regelung erkannte (hätte das Fehlen der 1

[2] BGHZ 111, 248, 253 = FamRZ 1990, 851; im konkreten Fall Renten und Mieten.
[3] BGHZ 111, 248, 254.
[4] BGHZ 111, 248, 257.
[5] AA *Kleinle* FamRZ 1997, 1194, 1195 f.
[6] AA *Kleinle* FamRZ 1997, 1194, 1196.
[7] Vgl. *Schröder/Bergschneider/Klüber* RdNr. 4.695.
[1] S. § 1442 a idF der Entwürfe I und II zum GleichberG.

Verwaltungsregelung zur Nichtigkeit des Gütergemeinschaftsvertrages führen sollen?), wurde die Regelung nicht grundlegend geändert, sondern die Muß- in eine Soll-Vorschrift umgewandelt.

II. Mögliche Verwaltungsregelungen

2 Hinter dem „Soll"-Befehl an die Ehegatten verbirgt sich die **Regelung, welche Vereinbarung über** die **Verwaltung** des Gesamtguts **möglich** ist. Es kann entweder gemeinschaftliche Verwaltung oder Verwaltung durch die Ehefrau oder den Ehemann vorgesehen werden. Die Verwaltungsregelung ist nicht bedingungsfeindlich, sie kann bedingt oder befristet getroffen werden. Deshalb ist auch eine Vereinbarung möglich, nach der die Verwaltung in einem bestimmten Zeitraum dem einen, in einem anderen Zeitraum dem anderen Ehegatten zusteht. Soweit die allgM diese Gestaltung meint, wenn sie die Vereinbarung abwechselnder Verwaltung ablehnt,[2] kann ihr nicht gefolgt werden. Besondere Schwierigkeiten für das Verhältnis der Ehegatten untereinander oder für den Rechtsverkehr bringt eine solche Vereinbarung nicht mit sich, zumal der Rechtsverkehr nach den allgemeinen Grundsätzen geschützt ist. Ausgeschlossen ist dagegen eine Regelung, dass beide Ehegatten unabhängig voneinander das Gesamtgut verwalten, weil S. 1 die möglichen Verwaltungsregelungen abschließend aufzählt.[3] Im Wesentlichen die gleichen Rechtswirkungen können die Ehegatten durch die Erteilung gegenseitiger Vollmachten erreichen (s. im Folgenden RdNr. 3).

III. Ergänzende Vollmacht

3 Unabhängig von der Verwaltungsregelung gilt **§ 1357.** Zusätzlich zur Verwaltungsregelung können sich die Ehegatten (ausdrücklich oder stillschweigend) **Vollmacht** erteilen. Dies kann vor allem bei der Vereinbarung gemeinschaftlicher Verwaltung zweckmäßig sein, um den mit ihr verbundenen Schwierigkeiten (die freilich meist weit überschätzt werden[4]) zu begegnen.

IV. Eintragung im Güterrechtsregister

4 Die Verwaltungsregelung – dh. die Person des Verwalters – braucht im Güterrechtsregister nur eingetragen zu werden, wenn die Ehegatten das Gesamtgut nicht gemeinschaftlich verwalten. Die Tatsache gemeinschaftlicher Verwaltung kann, muss aber nicht eingetragen werden.[5] Ist im Güterrechtsregister Gütergemeinschaft ohne Verwaltungsregelung eingetragen, so kann ein Dritter von gemeinschaftlicher Verwaltung ausgehen.[6]

V. Änderung der Verwaltungsregelung

5 Die getroffene Vereinbarung über die Verwaltung kann **nur durch Ehevertrag** wieder geändert werden; einseitig kann keiner der Ehegatten eine Änderung der getroffenen Regelung verlangen, wenn zB der andere alleinverwaltungsberechtigte Ehegatte die Vermögensinteressen der Familie beeinträchtigt. Er kann nur unter den Voraussetzungen des § 1447 (der Verwalter nach § 1448, bei gemeinschaftlicher Verwaltung vgl. § 1469) auf Aufhebung der Gütergemeinschaft klagen. Wegen der ausdrücklichen Regelungen der §§ 1447, 1448 und 1449 könnte sich die Verpflichtung eines Ehegatten auf Grund der allgemeinen ehe-

[2] *Palandt/Brudermüller* RdNr. 1; RGRK/*Finke* RdNr. 5; *Soergel/Gaul* RdNr. 4.

[3] HM, BayOblG NJW 1968, 896; *Erman/Gamillscheg* RdNr. 1; *Soergel/Gaul* RdNr. 3; *Staudinger/Thiele* (2007) § 1421 RdNr. 13; aA *Mikat,* FS Felgentraeger, 1969, S. 323, 327 f.; *Körner,* Die Grenzen der Vertragsfreiheit im neuen Ehegüterrecht, Diss. Tübingen 1961, S. 281 f.; vgl. BT-Drucks. 1/3802 S. 64; BT-Drucks. 2/224 S. 52; BT-Drucks. 2/3409 S. 25.

[4] S. zB BT-Drucks. 2/224, S. 50; vgl. § 1450 RdNr. 3.

[5] AA die wohl überwM; s. zB *Dölle* § 68 III; *Soergel/Gaul* RdNr. 5, die auch die gemeinschaftliche Verwaltung immer eintragen wollen; wie hier *Staudinger/Thiele* (2007) § 1421 RdNr. 13.

[6] BayObLG FamRZ 1958, 219.

lichen Treupflicht, einer Änderung des Ehevertrages zustimmen, nur auf Grund von Sachverhaltsgruppen ergeben, die dort nicht berücksichtigt sind.[7]

Unterkapitel 2. Verwaltung des Gesamtguts durch den Mann oder die Frau

§ 1422 Inhalt des Verwaltungsrechts

[1] Der Ehegatte, der das Gesamtgut verwaltet, ist insbesondere berechtigt, die zum Gesamtgut gehörenden Sachen in Besitz zu nehmen und über das Gesamtgut zu verfügen; er führt Rechtsstreitigkeiten, die sich auf das Gesamtgut beziehen, im eigenen Namen. [2] Der andere Ehegatte wird durch die Verwaltungshandlungen nicht persönlich verpflichtet.

Übersicht

I. Normzweck

§ 1422 ist – entsprechend § 1450 für die gemeinschaftliche Verwaltung – die grundlegende Vorschrift, wenn die Verwaltung des Gesamtguts durch die Ehefrau oder den Ehemann vereinbart ist. S. 1 weist dem **Gesamtgutsverwalter** das **umfassende Verwaltungsrecht** zu. S. 2 stellt klar, dass der andere Ehegatte durch Verwaltungshandlungen nicht persönlich verpflichtet wird. 1

II. Verwaltung durch den Gesamtgutsverwalter; Befugnisse des nicht verwaltenden Ehegatten

1. Umfassende Verwaltungsbefugnis. S. 1 – dies kommt im Wortlaut („insbesondere") deutlich zum Ausdruck – gibt nur einige besondere wichtige Beispiele für Befugnisse des Gesamtgutsverwalters. Seine **Verwaltungsbefugnis** ist grundsätzlich – soweit nicht durch §§ 1423 bis 1425, 1431, 1432 eingeschränkt – **umfassend;** der andere Ehegatte ist – 2

[7] Das Gesetz geht jedoch davon aus, dass diese Vorschriften eine abschließende Regelung enthalten; vgl. § 1447 RdNr. 3.

wiederum von den aufgeführten Ausnahmen abgesehen – von der Verwaltung vollständig ausgeschlossen. Der Verwalter ist allein zuständig, rechtserhebliche Erklärungen und Handlungen mit Wirkung für das Gesamtgut abzugeben bzw. vorzunehmen.

3 **2. Rechtsstellung des Verwalters.** Der Verwalter **führt** die Verwaltung des Gesamtguts **in eigenem Namen aus eigenem Recht.** Die Rechtswirkungen der Verwaltungshandlungen für das Gesamtgut ergeben sich aus der Stellung des Verwalters kraft Gesetzes. Er ist nicht Vertreter des anderen Ehegatten.[1] Durch die Verwaltungshandlungen wird der andere Ehegatte deshalb persönlich nicht verpflichtet (S. 2), wenn er dem Verwalter nicht Vollmacht zu seiner persönlichen Verpflichtung erteilt hatte. Eine solche Vollmacht wird regelmäßig nur angenommen werden können, wenn sie ausdrücklich erteilt ist.[2] Denn es ist in der Gütergemeinschaft die Regel, dass Verwaltungshandlungen nur für das Gesamtgut wirken (und daneben den Verwalter persönlich verpflichten, § 1437 Abs. 2 S. 1). Stimmt der andere Ehegatte (nach §§ 1423 bis 1425 oder auch unabhängig davon) einer Verwaltungshandlung zu, so kann darin regelmäßig nur die Zustimmung zur Wirksamkeit des Geschäfts für das Gesamtgut, dagegen keine Vollmacht oder Einwilligung zu seiner persönlichen Verpflichtung gesehen werden.[3]

4 **3. § 1357.** Unabhängig vom Güterstand sind beide Ehegatten nach § 1357 berechtigt, Geschäfte des ehelichen Haushalts mit Wirkung füreinander zu erledigen. Dies führt nicht rechtlich (die Rechtsgeschäfte des anderen Ehegatten wirken gerade deshalb für das Gesamtgut, weil sie nach § 1357 für den verwaltenden Ehegatten wirksam sind), aber praktisch für diesen Bereich zu einer alternativen Verwaltung des Gesamtguts durch beide Ehegatten. Im Rahmen des § 1357 vorgenommene Rechtsgeschäfte verpflichten den jeweils anderen Ehegatten persönlich. Deshalb haften für solche Rechtsgeschäfte neben dem Gesamtgut auch das Vorbehaltsgut und das Sondergut beider Ehegatten.

5 **4. Vollmacht, Ermächtigung an den anderen Ehegatten.** Der andere Ehegatte kann über § 1357 hinaus vom Verwalter in beliebiger Weise bevollmächtigt werden, über bestimmte Gegenstände des Gesamtguts zu verfügen, Rechtsgeschäfte für das Gesamtgut abzuschließen und ihn persönlich zu verpflichten (mit der Folge, dass Gesamtgut, Sondergut und Vorbehaltsgut des verwaltenden Ehegatten für die Verpflichtung haften). Die Vollmacht kann aber auch mit der Einschränkung erteilt werden, dass nur das Gesamtgut verpflichtet werden kann. Der andere Ehegatte kann dann nur Rechtsgeschäfte abschließen, bei denen die persönliche Haftung des Gesamtgutsverwalters nach § 1437 Abs. 2 S. 1 durch Vereinbarung mit dem Geschäftspartner ausgeschlossen wird.

6 Im gleichen Umfang wie die Erteilung von Vollmacht ist auch die Erteilung der Ermächtigung an den anderen Ehegatten möglich, **im eigenen Namen** (als Nichtberechtigter) Rechtsgeschäfte für das Gesamtgut vorzunehmen.[4] Unabhängig von der Frage ihrer grundsätzlichen Zulässigkeit ergibt sich, dass hier auch eine „Verpflichtungsermächtigung" möglich ist:[5] Der nicht verwaltende Ehegatte, der mit Ermächtigung des Gesamtgutsverwalters handelt, verpflichtet auf Grund §§ 1437, 1438, 1437 Abs. 2 S. 1 sowohl das Gesamtgut als auch den Gesamtgutsverwalter persönlich.

7 Soweit die Vollmacht oder die Ermächtigung im **Ehevertrag** erteilt sind, können sie auch nur durch Ehevertrag wieder aufgehoben werden. Sonst gelten die allgemeinen Grundsätze.

8 **5. Verwaltungspflicht.** Dem Verwaltungsrecht des verwaltenden Ehegatten entspricht auch eine Verwaltungspflicht dem anderen Gatten gegenüber.[6]

---

[1] AllgM; RG SeuffA 73 Nr. 31; KG JW 1935, 2515.
[2] Vgl. RG Recht 1916 Nr. 1725.
[3] AllgM; *Soergel/Gaul* RdNr. 4; *Staudinger/Thiele* (2007) RdNr. 40.
[4] Vgl. RGZ 60, 147.
[5] Die hM lehnt eine Verpflichtungsermächtigung grundsätzlich ab; vgl. BGH LM § 185 Nr. 6; *Peters* AcP 171 (1971), 234; *Palandt/Heinrichs* § 185 RdNr. 3; *Staudinger/Dilcher* Vor § 164 RdNr. 71; aA *Bettermann* JZ 1951, 321.
[6] Vgl. § 1435 und die Erläuterungen hierzu.

6. Einzelne Verwaltungsbefugnisse. Aus dem umfassenden Rahmen der Verwaltungsbefugnis führt § 1422 S. 1 als Beispiele das Recht auf Inbesitznahme, die Verfügungsmacht und die Prozessführungsbefugnis auf. Nicht erwähnt ist die Befugnis des Verwalters, das Gesamtgut zu verpflichten, die als selbstverständlich vorausgesetzt wird und sich aus § 1437 ergibt. Nicht erwähnt ist auch die Vornahme einseitiger Rechtsgeschäfte für das Gesamtgut, soweit es sich nicht um Verfügungen über Gesamtgutsgegenstände handelt, und die Passivzuständigkeit zur Entgegennahme von Willenserklärungen. Beides fällt ebenfalls in die allgemeine Verwaltungszuständigkeit. Zu beachten ist, dass ein einseitiges Rechtsgeschäft zwar dem Gesamtgutsverwalter gegenüber vorzunehmen ist, wenn es gegenüber dem Gesamtgut wirksam sein soll.[7] Betrifft das Rechtsgeschäft eine Verbindlichkeit des anderen Ehegatten, für die das Gesamtgut nach §§ 1437 ff. haftet, so muss das einseitige Rechtsgeschäft – zB die Kündigung eines Darlehens – zusätzlich gegenüber dem anderen Ehegatten vorgenommen werden, wenn es auch für diesen persönlich, dh. für dessen Vorbehalts- und Sondergut wirksam sein soll.[8] 9

III. Besitz an den Sachen des Gesamtguts

1. Regelung des Rechts zum Besitz. S. 1 regelt nur das Recht zum Besitz. Für den Besitz selbst sind stets die tatsächlichen Verhältnisse maßgebend (vgl. RdNr. 15). 10

2. Umfang des Besitzrechts. Zu weit geht die Einräumung des umfassenden Rechts zur alleinigen Inbesitznahme von Gesamtgutsgegenständen. Sie beruht auf der Übernahme des § 1443 aF. Bei der Neufassung des § 1422 durch das GleichberG hätte geprüft werden sollen, inwieweit ein (ausschließliches) Besitzrecht des verwaltenden Ehegatten im Verhältnis zum anderen Ehegatten tatsächlich erforderlich ist. Statt dessen hat das Gesetz das umfassende Besitzrecht des Verwalters entsprechend dem früheren Besitzrecht des Mannes beibehalten. 11

Allgemein wird dieses **Besitzrecht** dementsprechend **einschränkend ausgelegt.** An sich läge es nahe, das Recht zur Inbesitznahme nach S. 1 als Spezialregelung für die Gütergemeinschaft anzusehen, das allen allgemeinen Grundsätzen über das Besitzrecht unter Ehegatten vorgeht und nur durch speziellere Regelungen im Bereich des Rechts der Gütergemeinschaft ausgeschlossen wird. Demgegenüber wird weithin auch den **allgemeinen Grundsätzen** über das Recht zum Besitz unter den Ehegatten – in unterschiedlichem Umfang und mit unterschiedlichen Begründungen – Vorrang vor S. 1 eingeräumt.[9] Dies ist gerechtfertigt und widerspricht auch nicht dem objektiven Wortlaut des Gesetzes. Denn zum einen enthält S. 1 seinerseits wieder eine ganz allgemeine und ohne Zweifel einschränkungsbedürftige Regel, der gegenüber die allgemeinen Besitzgrundsätze als Sonderregelungen angesehen werden können, soweit sie sich auf bestimmte Sachgruppen beziehen, und zum anderen hat S. 1 (wie das Recht der Gütergemeinschaft meist) „echtes" Vermögen der Ehegatten, nicht die besonderen Sachgruppen im Auge, für die besondere Besitzgrundsätze gelten (zB persönliche Gegenstände der Ehegatten, Hausrat, gemeinsame eheliche Wohnung). 12

Eingeschränkt ist das alleinige **Besitzrecht** des verwaltenden Ehegatten **in verschiedener Weise.** 13

a) Betreibt der nichtverwaltende Ehegatte mit Zustimmung des Verwalters, ein **selbständiges Erwerbsgeschäft** (§ 1431), so hat er das Recht zum Besitz an allen Sachen, die zu diesem Erwerbsgeschäft gehören.

b) Aus dem Wesen der ehelichen Lebensgemeinschaft folgt das Recht auf unmittelbaren Mitbesitz an der **gemeinsamen ehelichen Wohnung und am Hausrat.**[10]

---

[7] Zur Kündigung einer zu den Aktiva des Gesamtguts gehörenden Hypothek s. OLG Königsberg OLGE 18, 172.

[8] *Palandt/Brudermüller* RdNr. 1; *Planck/Unzner* § 1443 Anm. 14 b.

[9] Vgl. *Mikat,* FS Felgentraeger, 1969, S. 323, 328; *Dölle* I § 70 I; *Gernhuber/Coester-Waltjen* § 38 RdNr. 48; *Erman/Gamillscheg* RdNr. 3; *Soergel/Gaul* RdNr. 7 ff.

[10] AllgM, BGHZ 12, 380, 398 f. = NJW 1954, 918; OLG Celle FamRZ 1971, 28; vgl. § 1353 RdNr. 26.

c) Jeder Ehegatte hat auf Grund seines Persönlichkeitsrechts ein Recht zum alleinigen Besitz an den seinem ausschließlichen **persönlichen Gebrauch dienenden Sachen** (vgl. § 1353 RdNr. 20).

d) Auch **§ 1361 a,** der die Ansprüche der Ehegatten zur Verteilung des Hausrats bei Getrenntleben regelt, geht dem Besitzrecht nach S. 1 vor.[11]

14 **3. Anspruch auf Inbesitznahme.** Soweit sein Besitzrecht danach reicht, hat der Verwalter einen Anspruch auf Inbesitznahme der zum Gesamtgut gehörenden Sachen sowohl gegenüber dem anderen Ehegatten, als auch gegenüber Dritten.[12] Den Besitz erlangt er nach den allgemeinen Grundsätzen, dh. den unmittelbaren Besitz regelmäßig durch Inbesitznahme, im Erbfall ausnahmsweise kraft Gesetzes (§ 857). Erhält der Verwalter den unmittelbaren Besitz, so werden die Ehegatten in **Gütergemeinschaft als solche mittelbare Besitzer.**[13] Das Gleiche gilt, wenn der nichtverwaltende Ehegatte eine Sache, die zum Gesamtgut gehört, im unmittelbaren Besitz hat. Mittelbarer Besitzer ist nur die Gesamthandsgemeinschaft der Ehegatten als solche, nicht der jeweilige andere Ehegatte.[14]

15 **4. Tatsächliche Besitzlage.** Im Verhältnis der Ehegatten untereinander entspricht dem Recht zum Besitz regelmäßig auch die tatsächliche Besitzsituation. Hat der Verwalter die Sachen des Gesamtguts in Besitz genommen, an denen dem anderen Ehegatten kein Recht zum Mitbesitz zusteht, so ist er regelmäßig unmittelbarer Alleinbesitzer.[15] Der andere Ehegatte ist unmittelbarer Mitbesitzer nur, wenn ihm der Mitbesitz eingeräumt wird.[16] Werden solche Gegenstände dem anderen Ehegatten vorübergehend überlassen, ist er Besitzdiener.[17] Bei längerer Überlassung unter Ausschluss der Einwirkungsmöglichkeit des Verwalters wird der andere Ehegatte unmittelbarer Alleinbesitzer.[18]

16 **5. Verwirklichung des Besitzrechts.** In welcher Weise der Verwalter sein Besitzrecht verwirklichen darf, wann er verbotene Eigenmacht begeht und in welchen Fällen ihm gegenüber verbotene Eigenmacht geübt wird, richtet sich sowohl im Verhältnis zu Dritten als auch gegenüber dem anderen Ehegatten nach den allgemeinen – im Verhältnis der Ehegatten differenzierten – Rechtsgrundsätzen.

IV. Die Verfügungsmacht über Gegenstände des Gesamtguts

17 Die Verfügungsmacht des Verwalters und seine Befugnis, das Gesamtgut zu verpflichten, ist umfassend.[19] Eingeschränkt wird sie nur durch das Erfordernis der Zustimmung des anderen Ehegatten zu besonders wichtigen Geschäften (§§ 1423 bis 1425) und durch allgemeine Verfügungsbeschränkungen (aus dem Recht der Gütergemeinschaft zB § 1419 Abs. 1: die Verfügung über einzelne Anteile am Gesamtgut ist ausgeschlossen).

18 Eine Einschränkung seiner Verfügungsmacht mit Wirkung Dritten gegenüber ist ausgeschlossen. Dagegen kann sich der Verwalter im Verhältnis zum anderen Ehegatten verpflichten, bestimmte Verfügungen nicht ohne dessen vorherige Zustimmung zu treffen (vgl. RdNr. 30). Verstößt der verwaltende Ehegatte gegen eine solche Verpflichtung, so ist das entsprechende Rechtsgeschäft mit dem Dritten unabhängig von dessen gutem Glauben

[11] *Soergel/Gaul* RdNr. 8; *Staudinger/Thiele* (2007) RdNr. 16; zweifelhaft ist, ob *Erman/Gamillscheg* RdNr. 3 diesen Fall einbeziehen, wenn sie unter Berufung auf RG Recht 1921 Nr. 1912 allgemein die Auffassung vertreten, das Besitzrecht bestehe auch bei Getrenntleben fort, was allgemein zwar richtig ist, für die von § 1361 a erfassten Gegenstände aber nicht zutrifft.

[12] RGZ 85, 416, 420.

[13] AllgM; RGZ 105, 19, 21; *Dölle* I § 70 I mwN; *Erman/Gamillscheg* RdNr.: 3: *Soergel/Gaul* RdNr. 6.

[14] Str. wie hier die wohl überwM; *Erman/Gamillscheg* RdNr. 3; *Soergel/Gaul* RdNr. 6; *Staudinger/Thiele* (2007) RdNr. 18.

[15] Vgl. *Dölle* I § 70 I; *Erman/Gamillscheg* RdNr. 3; *Soergel/Gaul* RdNr. 6; *Staudinger/Thiele* (2007) RdNr. 17.

[16] Vgl. *Soergel/Gaul* RdNr. 6, 7.

[17] Vgl. BGH LM § 855 Nr. 3.

[18] Vgl. KG NJW 1949, 383.

[19] Zu einzelnen Verfügungen vgl. BGHZ 1, 294, 304 = NJW 1951, 645; RGZ 106, 112; 124, 127.

trotzdem wirksam, wenn der verwaltende Ehegatte und der Dritte nicht arglistig zusammenwirken.

V. Rechtsgeschäfte des nichtverwaltenden Ehegatten

Rechtsgeschäfte des nichtverwaltenden Ehegatten sind – abgesehen von den oben unter RdNr. 4 ff. dargelegten Fällen von Vollmacht und Ermächtigung – **nur unter** den **Voraussetzungen der §§ 1428 ff. für** das **Gesamtgut wirksam.** Verfügt er außerhalb dieses Bereichs über einen Gegenstand des Gesamtguts, so ist es die Verfügung eines Nichtberechtigten.[20] Es gelten die §§ 182 bis 185 (bei Handeln in fremdem Namen §§ 177 ff.). Da die Annahme der Erfüllung eine Verfügung über die Forderung darstellt,[21] wird eine Gesamtgutsforderung durch Erfüllung gegenüber dem nichtverwaltenden Ehegatten nicht getilgt. Die Erfüllungsleistung fällt aber nach § 1416 Abs. 1 S. 2, Abs. 2 in das Gesamtgut, das ungerechtfertigt bereichert ist (§ 1434).[22] 19

Durch die Vereinbarung der Gütergemeinschaft und die Verwaltungsregelung ist der nichtverwaltende Ehegatte in keiner Weise daran gehindert, Verpflichtungsgeschäfte abzuschließen, und zwar auch über Gegenstände des Gesamtguts. Hierdurch wird aber das Gesamtgut nicht verpflichtet, sondern nur sein Sonder- und Vorbehaltsgut. 20

Beim Erwerb eines Gegenstandes zum Gesamtgut kann der nichtverwaltende Ehegatte diesen Gegenstand auch belasten, weil dies wirtschaftlich dem Erwerb eines belasteten Gegenstandes entspricht.[23] 21

VI. Schutz gutgläubiger Dritter

1. Guter Glaube an Alleineigentum. Gutgläubige Dritte werden nach den **allgemeinen Vorschriften** geschützt:[24] Der gute Glaube an das Alleineigentum eines Ehegatten ist unter den Voraussetzungen der §§ 932 ff., 892 geschützt.[25] Verfügt der nichtverwaltende Ehegatte über eine bewegliche Sache, so wird gutgläubiger Erwerb häufig an § 935 scheitern, wenn der Verwalter den unmittelbaren (Mit-)Besitz hieran ohne seinen Willen verloren hat.[26] An der Eintragung der Gütergemeinschaft im Güterrechtsregister scheitert dagegen weder der Erwerb eines Grundstücks noch der einer beweglichen Sache, wenn der Erwerber auf das Alleineigentum des Veräußerers vertraut. §§ 892 und 932 ff. schließen die Anwendung des § 1412 in diesen Fällen aus.[27] Die Eintragung der Gütergemeinschaft im Güterrechtsregister führt auch nicht dazu, dass dem Erwerber einer beweglichen Sache regelmäßig grobe Fahrlässigkeit vorgeworfen werden kann.[28] Angesichts des geringen Anteils der Eheverträge, die im Güterrechtsregister eingetragen sind, kann von dem Geschäftspartner nicht verlangt werden, dass er vor Vertragsschluss das Güterrechtsregister einsieht. Soll der Geschäftsgegner nicht besser gestellt werden, als wenn er mit einem Ehegatten kontrahieren würde, der im gesetzlichen Güterstand lebt, so muss zusätzlich noch Gutgläubigkeit iS von § 1365 gefordert werden.[29] 22

---

[20] Vgl. BGHZ 47, 266, 268 = NJW 1967, 1272; BGH LM § 1437 Nr. 1 = NJW 1957, 1635.

[21] Str., s. die Erläuterungen zu § 362.

[22] BGH LM § 1437 Nr. 1 = NJW 1957, 1635; BayObLG Rpfleger 1968, 220, 221.

[23] HM; KGJ 30, A 207; OLG Saarbrücken FamRZ 1955, 138, *Soergel/Gaul* RdNr. 13; auf die Frage des Durchgangserwerbs kommt es daher nicht an.

[24] HM; grundlegend aA *Gernhuber/Coester-Waltjen* § 38 RdNr. 83.

[25] HM; vgl. *Soergel/Gaul* RdNr. 14 m. zahlr. Nachw.; aA *Mikat,* FS Felgentraeger, 1969, S. 349 f.; *Gernhuber/Coester-Waltjen* § 38 RdNr. 83.

[26] OLG Braunschweig OLGE 26, 176.

[27] HM, vgl. die Nachw. bei *Soergel/Gaul* RdNr. 14.

[28] AA die hM; *Dölle* I § 71 V Fn. 3; *Erman/Gamillscheg* RdNr. 5; *Palandt/Brudermüller* RdNr. 5; *Soergel/Gaul* RdNr. 14; jedenfalls für geringwertige Gegenstände wie hier RGRK/*Finke* RdNr. 26; *Bamberger/Roth/J. Mayer,* RdNr. 10, § 1412 RdNr. 16; AnwK-BGB/*Völker* RdNr. 18.

[29] Dies vermeidet das von *Gernhuber* § 38 VII 11 zurecht beanstandete paradoxe Ergebnis; das von *Gernhuber/Coester-Waltjen* § 38 RdNr. 83 mit Fn. 121 wohl nicht mehr als paradox angesehen wird.

23 **2. Guter Glaube an Handelnden als Gesamtgutsverwalter.** Guter Glaube daran, dass der handelnde Ehegatte Gesamtgutsverwalter ist, wird unter den Voraussetzungen des § 1412 geschützt.

24 **3. Guter Glaube, dass Zustimmung nicht erforderlich.** Guter Glaube daran, dass das vom Verwalter vorgenommene Geschäft nicht der Zustimmung des anderen Ehegatten bedarf, die tatsächlich aber nach §§ 1423 ff. erforderlich ist, wird nicht geschützt, ohne Rücksicht darauf, ob der gute Glaube auf einem rechtlichen – Unkenntnis der Vorschriften über die Zustimmungsbedürftigkeit – oder tatsächlichen – Unkenntnis, dass es sich um das Gesamtgut im ganzen handelt – Irrtum beruht. Zweifelhaft ist, ob dies auch für den zuletzt erwähnten Fall der Unkenntnis gilt, dass es sich um das ganze Gesamtgut handelt, wenn ein Einzelgegenstand, über den verfügt wird, das Gesamtgut im Wesentlichen erschöpft. Zu § 1365 ist nach der herrschenden subjektiven Auffassung ein Einzelgegenstand dem ganzen Vermögen nur gleichzusetzen, wenn dem Geschäftspartner dieser Umstand bekannt war (§ 1365 RdNr. 27 ff.). Für § 1423 gilt dies nicht; die bloß objektive Erfüllung des § 1423 reicht für dessen Anwendung aus. Ein gutgläubiger Dritter wird nicht geschützt. Denn der Dritte weiß, dass die Ehegatten in Gütergemeinschaft leben und dass ihnen deshalb ihr Vermögen gemeinschaftlich zusteht. Kontrahiert er mit dem Verwalter allein, so vertraut er auf dessen fehlende Verfügungsbefugnis. Zu Recht weisen *Soergel/Gaul* RdNr. 14 auf den Unterschied zu § 1365 hin: Während § 1365 die aus dem Alleineigentum fließende Verfügungsmacht beschränkt, „wird in § 1423 eine ehevertraglich eingeräumte Verwaltungs- und Verfügungszuständigkeit in besonderen Fällen von Gesetzes wegen eingeschränkt und damit die allgemeine Regel wiederhergestellt, dass über gemeinschaftliche Gegenstände auch nur gemeinschaftlich verfügt werden darf." Daraus muss aber die Konsequenz gezogen werden, dass ein Gutglaubensschutz hier nicht stattfindet.[30]

25 **4. Folgen gutgläubigen Erwerbs.** Die Folgen gutgläubigen Erwerbs des Dritten sind unterschiedlich je nachdem, ob das zugrunde liegende Verpflichtungsgeschäft vom Verwalter ohne die nach §§ 1423 ff. erforderliche Zustimmung vorgenommen und damit unwirksam ist oder ob das mit dem nichtverwaltenden Ehegatten abgeschlossene Verpflichtungsgeschäft für diesen wirksam ist: Im ersten Falle ist das gutgläubig Erworbene nach den Grundsätzen der ungerechtfertigten Bereicherung vom Dritten herausgegeben (vgl. § 1428 RdNr. 2), im zweiten Fall hat der Dritte nicht rechtsgrundlos erworben. Dem Ehegatten stehen die Ansprüche nach § 816 gegen den verfügenden Ehegatten bzw. den Dritten zu.

VII. Rechtsstreitigkeiten für das Gesamtgut

26 Die Rechtsstreitigkeiten für das Gesamtgut führt der verwaltende Ehegatte im eigenen Namen auf Grund der ihm kraft Gesetzes verliehenen aktiven und passiven **Prozessstandschaft.** Dies gilt auch für (Aktiv- und Passiv-)Prozesse über Gegenstände, über die der Verwalter nach §§ 1423 bis 1425 nur mit Zustimmung des anderen Ehegatten verfügen könnte.[31] Enthält eine Prozesshandlung allerdings zugleich eine materiell-rechtliche Verfügung über den Gegenstand, so ist hierzu die Zustimmung des anderen Ehegatten erforderlich. Dies ist unstreitig der Fall beim Vergleich, umstritten dagegen bei Anerkenntnis und Verzicht. Die Auffassung, die hierzu wegen der Auswirkung als Verfügung die Zustimmung des anderen Ehegatten verlangt, obwohl es sich um prozessuale Erklärungen handelt,[32] verdient den Vorzug.[33] Das Urteil wirkt hinsichtlich des Gesamtguts auch für und gegen den anderen Ehegatten.[34]

---

[30] AA die hM, die auch im Rahmen des § 1423 die subjektive Theorie vertritt; so *Erman/Gamillscheg* § 1423 RdNr. 1; *Soergel/Gaul* § 1423 RdNr. 4 mit Verweisung auf die Grundsätze des § 1365; *Staudinger/Thiele* (2007) § 1422 RdNr. 5.

[31] AllgM; vgl. *Dölle* I § 70 V 2; *Staudinger/Thiele* (2007) RdNr. 27.

[32] BGH LM § 306 ZPO Nr. 1.

[33] *Erman/Gamillscheg* RdNr. 4 und § 1424 RdNr. 2; *Staudinger/Thiele* (2007) RdNr. 27; aA *Soergel/Gaul* RdNr. 10.

[34] Rechtskrafterstreckung; allgM, s. Mot. IV 360.

Der **Klageantrag** kann bei der Leistungsklage auf Leistung an den Verwalter allein gerichtet sein,[35] es muss aber zum Ausdruck gebracht werden, dass es sich um einen Gesamtgutsgegenstand handelt.[36] Auch bei Passivprozessen ist der Verwalter allein zu verklagen. Daneben kann auch der andere Ehegatte verklagt werden, wenn er persönlicher Schuldner der Forderung ist. 27

Der **andere Ehegatte** ist zur Prozessführung mit Wirkung für das Gesamtgut nur im Rahmen der §§ 1428 ff. oder dann berechtigt, wenn ihn der verwaltende Ehegatte zur Prozessführung ermächtigt hatte.[37] Soweit der andere Ehegatte den Rechtsstreit nicht auf Grund eines dieser Sachverhalte führt, ist er Dritter und kann als Zeuge vernommen werden.[38] 28

VIII. Zwangsvollstreckung in das Gesamtgut

Zur Zwangsvollstreckung in das Gesamtgut ist ein Titel gegen den Gesamtgutsverwalter erforderlich und ausreichend (§ 740 Abs. 1 ZPO). Zu den Einzelheiten s. die Erläuterungen zu § 1437 (RdNr. 12 ff.). 29

IX. Abweichende Vereinbarungen

Die Regelungen des § 1422 können im Rahmen der allgemeinen Schranken (Grenzen der Ehevertragsfreiheit, § 138 usw.) durch Ehevertrag modifiziert werden. Die Verfügungsbefugnis des Gesamtgutsverwalters kann wegen § 137 über die §§ 1423 bis 1425 hinaus mit Wirkung Dritten gegenüber allerdings nicht beschränkt werden.[39] Dagegen kann sich der Verwalter im Verhältnis zum anderen Ehegatten verpflichten, bestimmte Rechtsgeschäfte nicht ohne dessen vorherige Zustimmung vorzunehmen. Eine solche Verpflichtung kann Gegenstand eines Ehevertrages sein und kann dann auch nur durch Ehevertrag wieder aufgehoben werden. Eine ehevertragliche Vereinbarung ist erforderlich, wenn die Verpflichtung nach ihrem Gegenstand in die güterrechtlichen Verhältnisse der Ehegatten eingreift (vgl. § 1408 RdNr. 6 ff.). Dies ist dann nicht der Fall, wenn sie sich nur auf ein einzelnes Rechtsgeschäft oder auf eine eingegrenzte Gruppe von Rechtsgeschäften bezieht. In einem solchen Fall kann die Verpflichtung auch Gegenstand einer schuldrechtlichen Vereinbarung sein, die dann nicht der Form des Ehevertrages bedarf. Eine Einschränkung der Verfügungsbeschränkungen der §§ 1423 bis 1425 ist im Rahmen der allgemeinen rechtlichen Schranken möglich (vgl. dazu die Erläuterungen zu den einzelnen Vorschriften). 30

§ 1423 Verfügung über das Gesamtgut im Ganzen

1 Der Ehegatte, der das Gesamtgut verwaltet, kann sich nur mit Einwilligung des anderen Ehegatten verpflichten, über das Gesamtgut im Ganzen zu verfügen. 2 Hat er sich ohne Zustimmung des anderen Ehegatten verpflichtet, so kann er die Verpflichtung nur erfüllen, wenn der andere Ehegatte einwilligt.

I. Normzweck

Die wichtigsten Rechtsgeschäfte bedürfen auch bei Alleinverwaltung des Gesamtguts durch einen Ehegatten der Zustimmung des anderen. Das vermögensrechtlich bedeutsamste Geschäft ist das über die Vermögensmasse des Gesamtguts im ganzen. Schon die besondere Bedeutung dieses Geschäfts trägt das Zustimmungserfordernis. Die Mot. (IV S. 351) weisen 1

---

[35] RGZ 67, 265.

[36] AllgM; *Soergel/Gaul* RdNr. 10; aA *Staudinger/Thiele* (2007) RdNr. 29 für die Leistungsklage.

[37] Gewillkürte Prozessstandschaft, *Gernhuber/Coester-Waltjen* § 38 RdNrn. 84; das Ergebnis entspricht der hM, die Begründung ist unterschiedlich vgl. RGZ 148, 243, 247; *Erman/Gamillscheg* RdNr. 4; *Soergel/Gaul* RdNr. 12; vgl. auch RGZ 60, 146; RG JW 1910, 818.

[38] AllgM; RGZ 67, 265; *Soergel/Gaul* RdNr. 10.

[39] *Zöllner* FamRZ 1965, 116 f.; *Staudinger/Felgentraeger* 10./11. Aufl. § 1408 RdNr. 58 und 89.

zusätzlich noch auf den besonderen Charakter dieses Geschäfts hin: Wenn der Gesamtgutsverwalter Rechtsgeschäfte über das Gesamtgut im ganzen allein vornehmen könnte, wäre er in der Lage, der Gütergemeinschaft die Grundlage zu entziehen.

II. Zustimmungsbedürftige Rechtsgeschäfte

2 Zu der Frage, wann ein Rechtsgeschäft über das **Gesamtgut im ganzen** vorliegt, insbesondere, in welchen Fällen ein Rechtsgeschäft über einen einzelnen Gegenstand oder über einzelne Gegenstände ein Rechtsgeschäft über das Gesamtgut im ganzen enthält, gelten die zu § 1365 entwickelten Rechtsgrundsätze entsprechend (s. § 1365 RdNr. 7 ff.). Ein Unterschied zu § 1365 ist allerdings, dass es für § 1423 allein auf die objektiven Umstände, nicht auf deren Kenntnis durch den Geschäftspartner ankommt (s. § 1422 RdNr. 24). Diese Frage hat wegen § 1424 hier geringere Bedeutung als bei § 1365. Wie bei § 1365 muss es sich um ein Rechtsgeschäft handeln, das rechtlich das Gesamtgut ganz oder nahezu ausschöpft. Die Vorschrift ist dagegen nicht anwendbar, wenn ein Rechtsgeschäft nur dazu führt, dass das Gesamtgut wirtschaftlich im Wesentlichen ausgeschöpft wird[1] (zB die Aufnahme eines hohen Darlehens; anders – dh. rechtliche Ausschöpfung –, wenn die wesentlichen Gesamtgutsgegenstände für dieses Darlehen verpfändet werden).

3 Der Einwilligung bedarf das Verpflichtungsgeschäft über das Gesamtgut im ganzen. Die Erfüllung eines solchen Verpflichtungsgeschäftes geschieht nach den allgemeinen Grundsätzen durch die einzelnen Verfügungsgeschäfte je nach dem betroffenen Rechtsgegenstand. Hat sich der verwaltende Ehegatte ohne Zustimmung des anderen verpflichtet, so bedürfen diese einzelnen Verfügungsgeschäfte dessen Zustimmung. Hat der andere Ehegatte dagegen bereits der Verpflichtung zugestimmt, ist seine Zustimmung zu den Verfügungsgeschäften nicht mehr erforderlich.[2]

III. Die Einwilligung des anderen Ehegatten und die Rechtsfolgen fehlender Einwilligung

4 Für die Einwilligung gelten die allgemeinen Vorschriften der §§ 182 bis 185. Eine besondere Form ist – auch zu selbst formbedürftigen Rechtsgeschäften – nicht vorgeschrieben (die Formvorschriften in Verfahrensgesetzen – zB § 29 GBO – gelten selbstverständlich auch hier). Die Einwilligung kann deshalb ausdrücklich oder stillschweigend erteilt werden.[3] Sie ist auch dann wirksam, wenn der zustimmende Ehegatte gar nicht weiß, dass seine Zustimmung zu dem Geschäft erforderlich ist.[4] Notwendig ist aber – positiv – die Einwilligung des Ehegatten; dass er – negativ – die Einwilligung nicht verweigert, genügt nicht.[5]

5 Zu den Rechtsfolgen fehlender Einwilligung s. §§ 1427, 1428, 1434, 1435 S. 3, 1447 Nr. 1 und die Erläuterungen hierzu.

IV. Abweichende Vereinbarungen

6 Außerordentlich **umstritten** ist, **ob § 1423 abbedungen werden kann** (eine Rechtsfrage, der allerdings wenig praktische Bedeutung zukommt, weil kaum ein Ehegatte geneigt sein wird, dem Verwalter im Ehevertrag Befreiung von § 1423 zu erteilen). Mit der überwM[6] ist dies zu bejahen. Es muss dem Ehegatten selbst überlassen bleiben, darüber zu entscheiden,

---

[1] RGZ 54, 283.
[2] OLG Celle NJW 1962, 743.
[3] RGZ 158, 40, 41; OLG Düsseldorf JW 1925, 1139.
[4] RGZ 108, 281.
[5] BGH NJW 1989, 1225.
[6] *Mikat,* FS Felgentraeger, 1969, S. 323, 333; *Dölle* I § 70 VI 1 Fn. 27; *Erman/Gamillscheg* RdNr. 6; *Staudinger/Thiele* (2007) RdNr. 13; eine andere Auffassung lässt Abdingung der Vorschrift nur für entgeltliche Geschäfte zu, *Palandt/Brudermüller* RdNr. 1; *Planck/Unzner* § 1444 Anm. 7; im Anschluss an die früher zu § 1444 aF vertretene hM vertreten *Soergel/Gaul* RdNr. 2 nunmehr wieder die Auffassung, § 1423 sei eine zwingende Schutzvorschrift; ebenso *Zöllner* FamRZ 1965, 113, 118.

ob er über die Vereinbarung von Gütergemeinschaft mit Alleinverwaltungsbefugnis des anderen Ehegatten hinaus dessen Rechtsmacht durch Befreiung von dieser Vorschrift noch erweitern und damit einen Schritt tun möchte, dessen spätere Folgen sich kaum übersehen lassen. Die Abdingung des § 1423 ist auch nicht regelmäßig sittenwidrig.[7] Sie ist etwa nicht nur in den Fällen ausnahmsweise sittengemäß und damit zulässig, in denen der nichtverwaltende Ehegatte Vorbehaltsgut in größerem Umfang besitzt, sondern im Gegenteil müssen zusätzliche Umstände zur Abdingung hinzutreten, damit diese als sittenwidrig erscheint.

§ 1424 Verfügung über Grundstücke, Schiffe oder Schiffsbauwerke

[1] Der Ehegatte, der das Gesamtgut verwaltet, kann nur mit Einwilligung des anderen Ehegatten über ein zum Gesamtgut gehörendes Grundstück verfügen; er kann sich zu einer solchen Verfügung auch nur mit Einwilligung seines Ehegatten verpflichten. [2] Dasselbe gilt, wenn ein eingetragenes Schiff oder Schiffsbauwerk zum Gesamtgut gehört.

I. Normzweck

Als ebenfalls regelmäßig besonders bedeutsam bedürfen Rechtsgeschäfte über Grundbesitz (gleichgestellt sind Rechtsgeschäfte über Schiffe und Schiffsbauwerke) der Zustimmung des anderen Ehegatten. Anders als die §§ 1423 und 1425 hat § 1424 erhebliche Bedeutung. Dies vor allem deshalb, weil der Güterstand der Gütergemeinschaft bei Ehegatten, die ein landwirtschaftliches Anwesen besitzen, besonders verbreitet ist. 1

II. Zustimmungsbedürftige Rechtsgeschäfte

1. Verpflichtungs- und Verfügungsgeschäfte. Der Zustimmung des anderen Ehegatten bedürfen sowohl Verpflichtungs- als auch Verfügungsgeschäfte. Anders als bei § 1423 bedarf also auch die spätere Verfügung noch der Zustimmung des anderen Ehegatten, wenn dieser dem entsprechenden Verpflichtungsgeschäft vorher bereits zugestimmt hatte. Die Ehegatten müssen auch dann bei der Verfügung zusammenwirken, wenn das Verpflichtungsgeschäft bereits vor Begründung der Gütergemeinschaft abgeschlossen wurde (da das Gesamtgut nach § 1437 Abs. 2 für die vorher eingegangenen Verpflichtungen haftet, sind die Ehegatten verpflichtet, die Verfügung vorzunehmen). Vor Eintritt der Gütergemeinschaft bereits getroffene, aber noch nicht vollzogene Verfügungen wirken dagegen weiter, weil das beiderseitige Vermögen bei Begründung der Gütergemeinschaft durch Universalsukzession auf das Gesamtgut übergeht (s. § 1416 RdNr. 7). 2

2. Verfügungen über Grundstücke und Schiffe. a) Grundsatz. Zustimmungsbedürftig sind Verfügungen über Grundstücke, Schiffe und Schiffsbauwerke. Das Gleiche wie für Grundstücke gilt wie stets für **grundstücksgleiche Rechte** (Erbbaurechte).[1] Dagegen bedürfen Verfügungen über Rechte an Grundstücken nicht der Zustimmung. Der Begriff der „Verfügung" ist hier im allgemein üblichen Sinne zu verstehen. Er erfährt in § 1424 keine Erweiterung.[2] Verfügungen sind daher insbesondere die Veräußerung und die Belastung. 3

b) Übertragung. Im Einzelnen ist jede Übertragung zustimmungsbedürftig, also auch die Übertragung eines realen oder ideellen Grundstücksteiles. Dies gilt auch, wenn Miterben über ein Nachlassgrundstück zugunsten eines Dritten oder eines anderen Miterben verfügen.[3] Nach weithin vertretener Auffassung bedarf dagegen die Verfügung über einen Erbteil der 4

---

[7] Ebenso *Mikat* (Fn. 6), *Staudinger/Thiele* (2007) RdNr. 8; anders – regelmäßig sittenwidrig – *Erman/Gamillscheg* RdNr. 5.

[1] § 11 ErbbauRG; BGH NJW 1968, 496.

[2] AA *Planck/Unzner* § 1445 Anm. 3.

[3] HM, BayObLG 20, 319; KG JW 1938, 3115; *Soergel/Gaul* RdNr. 5; *Staudinger/Thiele* (2007) RdNr. 8; dies gilt auch, wenn andere Erben oder ein Dritter nur einen Miteigentumsanteil am Grundstück erhalten.

Zustimmung nicht, auch wenn zum Nachlass ein Grundstück gehört, weil die Verfügung über den Erbteil keine Verfügung über das Grundstück enthält.[4] Die allgemein geforderte[5] teleologische, am wirtschaftlichen Ergebnis ausgerichtete Auslegung des § 1424 führt aber auch hier zur Zustimmungsbedürftigkeit,[6] weil auch hier wirtschaftlich ein Teil eines Grundstücks vom Gesamtgut weggegeben wird. Das Gleiche gilt für die Verfügung über den Anteil an einer Personalgesellschaft, der ein Grundstück gehört. Zustimmungsbedürftig ist auch der Antrag auf Teilungsversteigerung eines Grundstücks.[7] Dagegen ist die Ausdehnung der Zustimmungsbedürftigkeit auf die Verfügung über einen Anspruch des Gesamtguts auf Übereignung eines Grundstücks nicht gerechtfertigt, weil in diesem Fall das Grundstück noch nicht zum Gesamtgut gehört hat;[8] steht dem Gesamtgut schon ein Anwartschaftsrecht zu, bedarf die Verfügung über dieses Recht aber der Zustimmung. Nach dem Sinn der Vorschrift ist die Zustimmung zur Realteilung eines Grundstücks dann nicht erforderlich, wenn die realen Teile im Gesamtgut verbleiben. Der Erwerb eines Grundstücks ist keine Verfügung des Erwerbers über das Grundstück. Nicht zustimmungsbedürftig ist auch der Erwerb eines Grundstücks in der Erbauseinandersetzung durch einen Miterben, soweit dieser das ganze bisher erbengemeinschaftliche Grundstück bzw. den ganzen der Erbengemeinschaft bisher zustehenden Grundstücksanteil erwirbt. Zum Erwerb vgl. im Übrigen § 1416 RdNr. 26.

5 **c) Belastung.** In gleicher Weise bedürfen alle Belastungen eines Grundstücks der Zustimmung. Dies gilt auch für die Ausdehnung von Belastungen, zB die Erhöhung des Zinssatzes einer Hypothek[9] oder die Bestandteilszuschreibung eines Gesamtgutsgrundstücks, wenn sie zur Belastungsausdehnung nach § 1131 führt. Auch die Belastung mit einer Eigentümergrundschuld ist zustimmungsbedürftig;[10] deren Abtretung ist dagegen nur Verfügung über ein Recht an einem Grundstück, also nicht zustimmungsbedürftig.[11] Dies entspricht auch der teleologischen Auslegung des § 1424: Eine Eigentümergrundschuld wird regelmäßig in der Absicht ihrer Abtretung bestellt. Die teilweise „Abspaltung" eines Teils des Grundstückseigentums liegt daher schon in der Bestellung der Eigentümergrundschuld. Die Interessen des anderen Ehegatten, aber auch des Dritten, an den die Eigentümergrundschuld später abgetreten wird, werden so am besten geschützt, weil bei der Eintragung der Eigentümergrundschuld das Vorliegen der Zustimmung des anderen Ehegatten vom Grundbuchamt zu prüfen ist. Auch die Bestellung einer Vormerkung bedarf der Zustimmung,[12] was freilich nicht von großer Bedeutung ist, weil jedenfalls das Verpflichtungsgeschäft, das der Vormerkung zugrunde liegt, zustimmungsbedürftig ist.

6 Bei der gebotenen am Zweck der Vorschrift ausgerichteten Auslegung ist zur **Belastung** eines Grundstücks **im Zusammenhang mit** dessen **Erwerb** keine Zustimmung erforderlich, weil sie dem Erwerb eines schon belasteten Grundstücks gleichsteht, im wirtschaftlichen Ergebnis nicht eine Verkürzung eines bereits erfolgten Erwerbs, sondern einen schon verkürzten Erwerb bedeutet.[13]

7 Schließlich sind nicht zustimmungspflichtig die Rechtsgeschäfte, in denen der Eigentümer die erforderlichen Zustimmungen zu Belastungsänderungen abgibt, wenn dadurch die **Belastung nicht erweitert** wird (zB die Zustimmung zur Löschung eines Grundpfandrechts oder zu Rangänderungen). Zustimmungsfrei ist auch die nachträgliche dingliche Unterwer-

[4] BayObLG 4, 22; *Soergel/Gaul* RdNr. 6.

[5] Vgl. *Soergel/Gaul* RdNr. 6; *Staudinger/Thiele* (2007) RdNr. 8.

[6] Ebenso *Palandt/Brudermüller* RdNr. 2; *Staudinger/Thiele* (2007) RdNr. 8.

[7] Vgl. OLG Koblenz NJW 1967, 1139, 1140.

[8] Übereinstimmend BGH LM Nr. 1 = FamRZ 1971, 520 (auch wenn der Anspruch durch Vormerkung gesichert ist); RGZ 111, 185; BayObLG FamRZ 1954, 257; *Soergel/Gaul* RdNr. 6.

[9] BayObLG RJA 13, 294; aA OLG Hamburg OLGE 16, 264.

[10] KGJ 43, 256; *Staudinger/Thiele* (2007) RdNr. 9.

[11] *Staudinger/Thiele* (2007) RdNr. 10.

[12] KGJ 29, 151; *Erman/Gamillscheg* RdNr. 2; *Palandt/Brudermüller* RdNr. 2; *Soergel/Gaul* RdNr. 5; *Staudinger/Thiele* (2007) RdNr. 9; AnwK-BGB/*Völker* RdNr. 12; aA BayObLG NJW 1957, 1521.

[13] Heute hM, BGH LM § 1643 Nr. 3 = NJW 1957, 1187; *Palandt/Brudermüller* RdNr. 3; *Soergel/Gaul* RdNr. 6; *Staudinger/Thiele* (2007) RdNr. 12 und *Staudinger/Felgentraeger* 10./11. Aufl. gegen Voraufl., beide mwN.

fung eines Grundstücks unter die sofortige Zwangsvollstreckung wegen eines Grundpfandrechts,[14] weil sie nicht zu einer Erweiterung der Belastung führt, sondern nur eine Vollstreckungserleichterung bedeutet.

3. Umfang des Zustimmungserfordernisses. Die Verpflichtungsgeschäfte bedürfen in gleichem Umfang wie die Verfügungen der Zustimmung. Auch **Umgehungsgeschäfte,** die § 1424 vermeiden sollen, sind zustimmungsbedürftig, so zB die Übernahme einer Vertragsstrafe.[15] Die Übernahme der Haftung des Gesamtgutsverwalters dafür, dass der andere Ehegatte einwilligt, ist nichtig; sie ist wirksam, wenn die Haftung auf Vorbehalts- und Sondergut des verwaltenden Ehegatten beschränkt wird.[16] 8

III. Die Einwilligung des anderen Ehegatten und die Folgen fehlender Einwilligung

Zur Einwilligung s. § 1423 RdNr. 4. Für ihre **Form** gilt (nicht materiell- sondern formell-rechtlich) regelmäßig § 29 GBO. Zu den Rechtsfolgen fehlender Einwilligung s. § 1423 RdNr. 5 mit den Weiterverweisungen. 9

IV. Abweichende Vereinbarungen

§ 1424 kann durch Ehevertrag **abbedungen** oder eingeschränkt werden.[17] 10

§ 1425 Schenkungen

(1) ¹Der Ehegatte, der das Gesamtgut verwaltet, kann nur mit Einwilligung des anderen Ehegatten Gegenstände aus dem Gesamtgut verschenken; hat er ohne Zustimmung des anderen Ehegatten versprochen, Gegenstände aus dem Gesamtgut zu verschenken, so kann er dieses Versprechen nur erfüllen, wenn der andere Ehegatte einwilligt. ²Das Gleiche gilt von einem Schenkungsversprechen, das sich nicht auf das Gesamtgut bezieht.

(2) Ausgenommen sind Schenkungen, durch die einer sittlichen Pflicht oder einer auf den Anstand zu nehmenden Rücksicht entsprochen wird.

I. Normzweck

Eine Minderung des Gesamtguts durch Schenkungen, die über übliche Anstandsschenkungen hinausgehen, soll dem Verwalter nicht allein überlassen bleiben. Bei solchen Schenkungen handelt es sich um unübliche Rechtsgeschäfte, die nicht in den Rahmen der regelmäßigen Verwaltung des Gesamtguts fallen.[1] Deshalb ist hierzu die Zustimmung des anderen Ehegatten erforderlich. 1

II. Zustimmungsbedürftige Schenkungen

Die Einwilligung ist erforderlich für **Handschenkungen** aus dem Gesamtgut und für die **Erfüllung von Schenkungsversprechen aus** dem **Gesamtgut,** die der Verwalter ohne Zustimmung eingegangen hat (hier ist also wie bei § 1423 und anders als bei § 1424 eine erneute Zustimmung zum Erfüllungsgeschäft nach Zustimmung zum Verpflichtungsgeschäft nicht erforderlich), sowie zu **Schenkungsversprechen,** ohne Rücksicht darauf, welche Vermögensmasse betroffen ist. Dass nicht nur Schenkungsversprechen, die sich auf das 2

---

[14] HM, BayObLG SeuffA 69, 367; *Erman/Gamillscheg* RdNr. 2; *Soergel/Gaul* RdNr. 6.

[15] Vgl. OLG Posen SeuffA 62, 408; *Staudinger/Thiele* (2007) RdNr. 17.

[16] *Staudinger/Thiele* (2007) RdNr. 17.

[17] HM; RGZ 159, 363; *Gernhuber* § 32 III 6 mN. in Fn. 4; *Staudinger/Thiele* (2007) RdNr. 20 mwN; aA *Soergel/Gaul* RdNr. 2 mN.

[1] Mot. IV S. 356 f.

Gesamtgut beziehen, sondern auch solche Schenkungsversprechen der Zustimmung bedürfen, die das Vorbehaltsgut des Verwalters betreffen, beruht auf der Haftung des Gesamtguts auch für solche Schenkungsversprechen nach § 1437 Abs. 1. Dieser Gesichtspunkt trifft nicht zu, wenn bei dem Schenkungsversprechen die Haftung des Gesamtguts ausdrücklich ausgeschlossen wird. Deshalb ist hier die Zustimmung des anderen Ehegatten nicht erforderlich.[2] Nach hM[3] wird ein ohne Zustimmung des anderen Ehegatten gegebenes Schenkungsversprechen wirksam, wenn es der Verwalter aus Mitteln seines Vorbehaltsguts erfüllt (Rechtsgedanke, dass schwebend unwirksame, zustimmungsbedürftige Rechtsgeschäfte voll wirksam werden, wenn die Zustimmungsbedürftigkeit später wegfällt).

3 Der Begriff der Schenkung umfasst – entsprechend dem Zweck der Vorschrift – trotz der gewählten Formulierung, die auch eine engere Auslegung zuließe, **alle unentgeltlichen Zuwendungen,** also zB auch (wenn unentgeltlich) die Übernahme einer Bürgschaft,[4] die Löschung einer Grundschuld[5] oder die Stellung von Sicherheiten, zB die Sicherungsabtretung einer Hypothek.[6]

4 **Ausgenommen** sind nach Abs. 2 **Pflicht- und Anstandsschenkungen,** dh. die üblichen Geschenke aus Anlass von Familienfesten und Jubiläen, Aufwendungen anlässlich gesellschaftlicher Einladungen, Gastgeschenke, Trinkgelder, Spenden zu gemeinnützigen Zwecken im üblichen Umfang und Zuwendungen an Verwandte, denen gegenüber zwar keine Unterhaltspflicht besteht, deren Unterstützung aber nach den Umständen einer sittlichen Pflicht oder einer auf den Anstand zu nehmenden Rücksicht entspricht.

5 Die **Ausstattung** eines Kindes ist nach § 1624 Abs. 1 nur insoweit Schenkung, als sie das den Umständen entsprechende Maß übersteigt, in diesem Rahmen also von vornherein nicht von § 1425 betroffen.[7] Geht die Ausstattung darüber hinaus, ist sie zustimmungsbedürftig, da dann auch die Grenze des § 1425 Abs. 2 überschritten ist. Zu weiteren Einzelheiten und zur Tragung im Innenverhältnis s. § 1444 RdNr. 3 ff.

III. Die Einwilligung des anderen Ehegatten und die Rechtsfolgen fehlender Einwilligung

6 Zur Einwilligung s. § 1423 RdNr. 4. Die Eltern als gesetzliche Vertreter eines Ehegatten, ein Pfleger oder Vormund können einer Schenkung nicht zustimmen (§§ 1641, 1804; vorsichtige Erweiterung beim Betreuer nach § 1908 j Abs. 2 S. 1).[8] Zu den Rechtsfolgen fehlender Einwilligung s. § 1423 RdNr. 5 mit Weiterverweisungen.

IV. Abweichende Vereinbarungen

7 Auch § 1425 kann – in den Grenzen des § 138 – durch Ehevertrag **abbedungen** werden.[9]

§ 1426 Ersetzung der Zustimmung des anderen Ehegatten

Ist ein Rechtsgeschäft, das nach den §§ 1423, 1424 nur mit Einwilligung des anderen Ehegatten vorgenommen werden kann, zur ordnungsmäßigen Verwaltung

[2] AllgM; RGRK/*Finke* RdNr. 2; *Soergel/Gaul* RdNr. 3; *Staudinger/Thiele* (2007) RdNr. 5.
[3] S. *Palandt/Brudermüller* RdNr. 3; *Staudinger/Thiele* (2007) RdNr. 5.
[4] RGZ 54, 284.
[5] KG OLGE 33, 341.
[6] BayObLG HRR 1935 Nr. 1314.
[7] So richtig *Erman/Gamillscheg* RdNr. 2; *Staudinger/Thiele* (2007) RdNr. 10; anders *Soergel/Gaul* RdNr. 4, die Abs. 2 anwenden.
[8] S. RGZ 91, 40.
[9] AA die überwM, die die Auffassung vertritt, § 1425 sei eine zwingende Schutzvorschrift: KGJ 52, 109; *Zöllner* FamRZ 1165, 113, 118; *Soergel/Gaul* RdNr. 2 mwN; aA = hM: *Bamberger/Roth/J. Mayer* RdNr. 6; wie hier *Dölle* I § 70 VI 3 d; *Gernhuber/Coester-Waltjen* § 32 RdNr. 24; RGRK/*Finke* RdNr. 13; *Staudinger/Thiele* (2007) RdNr. 16.

des Gesamtguts erforderlich, so kann das Familiengericht auf Antrag die Zustimmung des anderen Ehegatten ersetzen, wenn dieser sie ohne ausreichenden Grund verweigert oder durch Krankheit oder Abwesenheit an der Abgabe einer Erklärung verhindert und mit dem Aufschub Gefahr verbunden ist.

I. Normzweck, Grundsätzliches

Entsprechend § 1365 Abs. 2 kann die **Zustimmung des anderen Ehegatten** zu einem nach den §§ 1423 und 1424 zustimmungsbedürftigen Geschäft **durch** das **Familiengericht ersetzt** werden. Die Ersetzung der Zustimmung zu einer Schenkung nach § 1425 ist ausgeschlossen. Eine Schenkung aus dem Gesamtgut, die über Pflicht- und Anstandsschenkungen hinausgeht, soll nur zulässig sein, wenn dies beide Ehegatten befürworten. Die Zustimmung zu einer solchen Schenkung könnte nach § 1426 sowieso nicht ersetzt werden, weil sie niemals „zur ordnungsmäßigen Verwaltung des Gesamtguts erforderlich" wäre. 1

In den Fällen des § 1426 wäre der andere Ehegatte auf Grund der ehelichen Treupflicht zur Erteilung seiner Zustimmung verpflichtet. **§ 1426 erspart** es dem Verwalter, **auf** die **Zustimmung** des anderen Ehegatten **zu klagen** (da das vermögensrechtliche Element überwiegt, wäre Klage auf Zustimmung mit Vollstreckungsmöglichkeit, nicht nur Klage auf Herstellung des ehelichen Lebens möglich) (vgl. § 1353 RdNr. 13, 50), und gibt ihm die einfachere Möglichkeit, die Zustimmung des anderen Ehegatten durch das Familiengericht ersetzen zu lassen. Die Vorschrift schafft deshalb im Grunde keinen neuen materiellrechtlichen Tatbestand, sondern einen neuen Rechtsbehelf. 2

II. Die Voraussetzungen für die Ersetzung der Zustimmung

Die Voraussetzungen für die Ersetzung sind in § 1426 **strenger als in § 1365 Abs. 2:** Während es nach § 1365 Abs. 2 ausreicht, dass das Geschäft den Grundsätzen einer ordnungsmäßigen Verwaltung entspricht, muss es nach § 1426 zur ordnungsmäßigen Verwaltung erforderlich sein. Das Gesamtgut ist gemeinschaftliches Vermögen der Ehegatten und deshalb stärker an die Entscheidung des anderen Ehegatten gebunden. Unter Beachtung dieses Unterschieds können die Erläuterungen zu § 1365 Abs. 2 (s. § 1365 RdNr. 86 ff.) zur Auslegung des § 1426 herangezogen werden. 3

Die Zustimmung kann zu Rechtsgeschäften jeder Art ersetzt werden, die unter die §§ 1423 und 1424 fallen. Voraussetzung der Ersetzung ist, dass ein Geschäft zur ordnungsmäßigen Verwaltung des Gesamtguts erforderlich, dh. notwendig ist.[1] Was zur **ordnungsmäßigen Verwaltung erforderlich** ist, richtet sich nach den Umständen des Einzelfalles unter Berücksichtigung der wirtschaftlichen Interessen der Familie[2] und der persönlichen Interessen der Familienangehörigen.[3] Es ist ein **objektiver Maßstab** anzulegen, auf die subjektive Auffassung des Verwalters und des anderen Ehegatten kommt es nicht an.[4] Ist unter verschiedenen möglichen Rechtsgeschäften wahlweise eines erforderlich (zB bei einem Grundstück entweder dessen Verkauf oder seine Belastung mit einem Erbbaurecht oder seine Belastung mit Grundpfandrechten, um die Bebauung zu ermöglichen), so kann die Zustimmung durch das VormG für eines der Rechtsgeschäfte nach Wahl des Verwalters ersetzt werden.[5] Ist die Zweckmäßigkeit der möglichen Rechtsgeschäfte so unterschiedlich, 4

[1] Vgl. BayObLGZ 30, 309.

[2] KG OLGE 34, 250.

[3] Vgl. BayObLG FamRZ 1983, 1127: Der 55 jährige Vater wollte seiner 24 jährigen verheirateten Tochter aus erster Ehe ein Bauplatzgrundstück überlassen, um ihre Pflichtteilsansprüche nach dem Tod der Mutter abzugelten und sie als Hilfskraft für den Hof zu gewinnen, den sie später übernehmen sollte. Die Zustimmung der Ehefrau wurde durch das VormG ersetzt. Die Verweisung auf andere Wohnmöglichkeiten rechtfertigte deren Verweigerung nicht, weil diese Möglichkeiten nicht zumutbar erschienen; s. auch BayObLG FamRZ 2005, 109.

[4] BayObLG FamRZ 2005, 109.

[5] AA *Kappler,* Die Beendigung der Gütergemeinschaft, 2006, S. 34: das Gericht dürfe nicht über Zweckmäßigkeitdifferenzen entscheiden; unter Berufung auf *Staudinger/Thiele* (2007) § 1452 RdNr. 13.

dass nur eines der Rechtsgeschäfte als erforderlich erscheint, so kann nur die Zustimmung zu diesem Rechtsgeschäft ersetzt werden.

5 Auch die Frage, ob der andere Ehegatte seine **Zustimmung ohne ausreichenden Grund verweigert,** ist nach objektiven Gesichtspunkten zu entscheiden. Bei der objektiven Beurteilung, ob ein ausreichender Grund zur Verweigerung vorliegt, kann dabei aber die subjektive Wertung des Ehegatten, der seine Zustimmung verweigert, nicht außer acht gelassen werden. Sowohl wirtschaftliche als auch ideelle Gründe können die Verweigerung rechtfertigen.[6] Ein ausreichender Grund zur Weigerung kann zB darin liegen, dass das Rechtsgeschäft für (die Ehegatten oder) den nicht zustimmenden Ehegatten nachteilig wäre[7] (bei einem Rechtsstreit sind deshalb seine Erfolgsaussichten zu prüfen)[8] oder dass es ihn in seinen moralischen Bindungen beeinträchtigen[9] oder den Familienfrieden gefährden könnte.[10]

6 Ist der andere Ehegatte durch **Krankheit oder Abwesenheit** an der Abgabe einer Erklärung verhindert, so setzt die Ersetzung der Zustimmung voraus, dass mit dem Aufschub Gefahr verbunden ist, dh., dass mit einem Zuwarten bis zu dem Zeitpunkt, zu dem der andere Ehegatte eine Erklärung voraussichtlich wieder abgeben kann, die Gefahr von Nachteilen verbunden ist, die es rechtfertigen, der Entscheidung des anderen Ehegatten vorzugreifen. Ein solcher Nachteil kann zB der drohende Ablauf einer Frist sein.[11]

III. Die Ersetzung der Zustimmung und das Verfahren

7 Ersetzt werden kann nur die **Zustimmung zu** einem **konkreten Rechtsgeschäft,** dessen Einzelheiten bereits festliegen.[12] Abschluss des Rechtsgeschäfts in der notwendigen Form ist dagegen noch nicht erforderlich,[13] die Zustimmung kann auch schon auf Grund eines Entwurfes ersetzt werden. Die Ersetzung der Zustimmung ist nur zu dem Rechtsgeschäft als ganzem möglich.[14] Liegen die vorstehenden Voraussetzungen vor, so kann auch die Zustimmung zu einer Gruppe von Rechtsgeschäften im Voraus ersetzt werden, etwa – Beispiel zu § 1452, der entsprechenden Vorschrift bei gemeinschaftlicher Verwaltung – zur regelmäßigen Erfüllung der Unterhaltspflicht gegenüber einem Verwandten.

8 **Antrag** auf Ersetzung der Zustimmung kann **nur vom verwaltenden Ehegatten,** nicht vom dritten Geschäftspartner gestellt werden.[15] Der verwaltende Ehegatte kann sich dem Dritten gegenüber aber zur Stellung des Antrages verpflichten. Unterlässt er dann trotzdem die Stellung des Antrages, kann Klage auf Antragstellung mit Vollstreckung nach § 894 ZPO[16] erhoben werden. Für einen Schadensersatzanspruch haftet nach § 1437 Abs. 1 das Gesamtgut, ein Schaden setzt aber voraus, dass der Antrag auf Ersetzung Erfolg gehabt hätte und mit der Verzögerung Nachteile für den Dritten verbunden waren.

9 Der verwaltende Ehegatte kann auch dem anderen Ehegatten zur Herbeiführung der Ersetzung seiner Zustimmung auf Grund seiner Pflicht zur ordnungsgemäßen Verwaltung des Gesamtguts nach § 1435 verpflichtet sein, insbesondere wenn der andere Ehegatte krank oder abwesend ist.[17]

10 Die Ersetzung der Zustimmung ist von der Erteilung anderer zu dem Rechtsgeschäft etwa erforderlicher Genehmigungen (zB wiederum des FamG, wenn der Geschäftspartner min-

[6] OLG Celle FamRZ 1975, 621 zu § 1425; BayObLG FamRZ 1990, 411, 412 zu § 1452.
[7] BayObLG Recht 1920 Nr. 2422.
[8] BayObLG FamRZ 1990, 411, 412 = NJW-RR 1990, 5.
[9] BayObLGZ 1963, 183 zu § 1365 Abs. 2; BayObLG FamRZ 1990, 411, 412f. zu § 1452.
[10] BayObLG FamRZ 1990, 411, 412f.; OLG Celle FamRZ 1975, 621, 622 zu § 1452; OLG Hamm FamRZ 1967, 573 zu § 1365 Abs. 2; vgl. zu den weiteren Einzelheiten die Erläuterungen zu dieser Vorschrift.
[11] OLG Marienwerder LZ 1920, 398.
[12] Vgl. BayObLG OLGE 43, 356.
[13] BayObLG HRR 1935 Nr. 1315.
[14] Vgl. KG JW 1934, 908.
[15] KG JFG 9, 40.
[16] AA *Staudinger/Thiele* (2007) RdNr. 29: Vollstreckung nach § 888 ZPO.
[17] Vgl. *Erman/Gamillscheg* RdNr. 1; *Staudinger/Thiele* (2007) RdNr. 28.

derjährig ist) unabhängig. Die Zustimmung kann deshalb ersetzt werden, auch wenn solche andere Genehmigungen noch ausstehen.[18]

Zum **Verfahren der Ersetzung** der Zustimmung gilt dasselbe wie zu § 1365 Abs. 1 (vgl. § 1366 RdNr. 22 ff.). 11

IV. Rechtsfolgen der Ersetzung

Die Ersetzung der Zustimmung hat die **gleichen Rechtsfolgen wie** die **Zustimmung** selbst. Durch die Ersetzung wird der andere Ehegatte nicht persönlich verpflichtet. Ist die Ersetzung unanfechtbar, bindet sie das Prozessgericht.[19] Wird die Ersetzung der Zustimmung im Wiederaufnahmeverfahren wieder aufgehoben, so kann diese Entscheidung nur insoweit zurückwirken, als dadurch die materielle Rechtslage nicht beeinträchtigt wird.[20] 12

V. Abweichende Vereinbarungen

Auch § 1426 ist – in den Grenzen des § 138 – durch Ehevertrag **abdingbar.**[21] Dem verwaltenden Ehegatten bliebe noch die Möglichkeit, im streitigen Verfahren den anderen Ehegatten auf Erteilung der Zustimmung (auf Grund der allgemeinen ehelichen Treupflicht, s. oben RdNr. 2) in Anspruch zu nehmen. Dass ein Ausschluss des § 1426 im Regelfall unzweckmäßig wäre, ist eine andere Frage. 13

§ 1427 Rechtsfolgen fehlender Einwilligung

(1) Nimmt der Ehegatte, der das Gesamtgut verwaltet, ein Rechtsgeschäft ohne die erforderliche Einwilligung des anderen Ehegatten vor, so gelten die Vorschriften des § 1366 Abs. 1, 3, 4 und des § 1367 entsprechend.

(2) [1] Einen Vertrag kann der Dritte bis zur Genehmigung widerrufen. [2] Hat er gewusst, dass der Ehegatte in Gütergemeinschaft lebt, so kann er nur widerrufen, wenn dieser wahrheitswidrig behauptet hat, der andere Ehegatte habe eingewilligt; er kann auch in diesem Falle nicht widerrufen, wenn ihm beim Abschluss des Vertrags bekannt war, dass der andere Ehegatte nicht eingewilligt hatte.

I. Normzweck

Hinsichtlich der Rechtsfolgen für den Fall, dass ein Rechtsgeschäft ohne die erforderliche Einwilligung des anderen Ehegatten vorgenommen wurde, **verweist** § 1427 **im Wesentlichen auf § 1366 und § 1367.** Grundsätzlich sind einseitige Rechtsgeschäfte, die der Verwalter ohne Einwilligung des anderen Ehegatten vorgenommen hat, unwirksam (§ 1367), während für Verträge ein Schwebezustand entsprechend §§ 1366 Abs. 1, 3 und 4, 1427 Abs. 2 eintritt. Im Unterschied zu § 1367 (vgl. § 1367 RdNr. 5 f.) hat § 1427 auch für einseitige Rechtsgeschäfte praktische Bedeutung. 1

II. Ersetzung des § 1366 Abs. 2 durch § 1427 Abs. 2

Das **Widerrufsrecht des Dritten** besteht auch, **wenn** ihm zwar bekannt war, dass sein Vertragspartner verheiratet ist, wenn **er** aber **nicht wusste, dass** er in **Gütergemeinschaft** lebt, oder wenn er zwar auch das wusste, der abschließende Ehegatte aber wahrheitswidrig (ohne dass der Dritte die Unrichtigkeit dieser Versicherung kannte) behauptet hat, der 2

---

[18] BayObLG NJW 1955, 1719.

[19] OLG Kassel OLGE 15, 404.

[20] *Habscheid* NJW 1966, 1787, 1790.

[21] AA die hM, die einen solchen Ausschluss „regelmäßig" (?) als unzulässig ansieht; vgl. *Erman/Gamillscheg* RdNr. 1; *Soergel/Gaul* RdNr. 2; wie hier *Staudinger/Thiele* (2007) RdNr. 30 (auch gegen die in der 3. Aufl. und von RGRK/*Finke* vertretene Auffassung, eine solche Vereinbarung sei regelmäßig sittenwidrig).

andere Ehegatte habe zugestimmt. Soll eine ungerechtfertigte Besserstellung des Dritten gegenüber dem gesetzlichen Güterstand vermieden werden, so kann die Erweiterung des Widerrufsrechts durch Abs. 2 gegenüber § 1366 Abs. 2 für die Fälle nicht gelten, in denen auch im gesetzlichen Güterstand die Einwilligung des anderen Ehegatten erforderlich gewesen wäre. Im Übrigen gelten auch für Abs. 2 die zu § 1366 Abs. 2 gültigen Rechtsgrundsätze unter Berücksichtigung dieser Abweichung entsprechend.[1]

III. Nachträgliche Wirksamkeit eines Rechtsgeschäfts nach den allgemeinen Grundsätzen

3 Erteilt der andere Ehegatte nachträglich seine Genehmigung, so wird ein vom Gesamtgutsverwalter geschlossener Vertrag ex tunc wirksam (§ 184 Abs. 1). Gemäß § 185 Abs. 2 wird eine vom Gesamtgutsverwalter getroffene Verfügung auch dann wirksam, wenn er den betroffenen Gegenstand nachträglich erwirbt, dh. wenn er ihm zu seinem Vorbehaltsgut oder bei der Auseinandersetzung des Gesamtguts nach Beendigung der Gütergemeinschaft oder durch die alleinige Beerbung des anderen Ehegatten zum Alleineigentum zufällt. Dann wird nicht nur die entsprechende Verfügung, sondern auch das Verpflichtungsgeschäft unter entsprechender Anwendung des § 185 Abs. 2 wirksam.[2]

IV. Rechtsfolgen der endgültig ausgebliebenen Genehmigung

4 Ist die Genehmigung des anderen Ehegatten ausgeblieben (dh. endgültig verweigert oder die Frist zu ihrer Erteilung abgelaufen), so ist das entsprechende Rechtsgeschäft, meist der betreffende Vertrag, endgültig unwirksam (vgl. § 1366 Abs. 4). Weder für das Gesamtgut noch für den verwaltenden Ehegatten persönlich ist eine Verpflichtung zustande gekommen. Wurde dennoch aus dem Gesamtgut eine Leistung erbracht, so kann sie der Verwalter, aber auch der andere Ehegatte gemäß § 1428 zurückfordern. Nach § 1434 haftet das Gesamtgut dem Vertragspartner nach den Grundsätzen über die ungerechtfertigte Bereicherung. Außerdem haftet ihm der Verwalter und gemäß § 1437 Abs. 1 auch das Gesamtgut für Ansprüche aus unerlaubter Handlung, aber auch aus culpa in contrahendo, die dem Gesamtgutsverwalter zur Last fallen. Das letztere steht zu dem Schutzzweck der §§ 1423 bis 1425 nicht in Widerspruch, weil nicht das Erfüllungsinteresse, sondern das negative Interesse des Vertragspartners zu ersetzen ist. Ob der Tatbestand der culpa in contrahendo vorliegt, ist unabhängig von Abs. 2 zu prüfen. Abs. 2 regelt die Rechtsfolgen wahrheitswidriger Behauptungen des Verwalters nicht abschließend. Sein Verhalten kann daneben zu Ansprüchen aus culpa in contrahendo führen.

5 In allen Fällen steht dem **Vertragspartner** ein **Zurückbehaltungsrecht nach § 273** gegen die Ansprüche des Gesamtguts wegen seiner etwaigen Ansprüche gegen das Gesamtgut aus ungerechtfertigter Bereicherung, unerlaubter Handlung oder culpa in contrahendo zu, soweit sie auf demselben rechtlichen Verhältnis iS der allgemeinen Grundsätze zu § 273 beruhen. Der von der überwiegenden Gegenmeinung[3] gegen die Zubilligung des Zurückbehaltungsrechts vorgetragene Gesichtspunkt, das Interesse des Vertragsgegners müsse wegen der stärkeren Schutzwirkung der §§ 1423 bis 1425 hinter das Sicherungsinteresse der Familie zurücktreten, vermag nicht zu überzeugen. Dem Interesse der Ehegatten ist durch die Unwirksamkeit des Vertrages für das Gesamtgut ausreichend Rechnung getragen. Es ist nicht gerechtfertigt, dem Vertragspartner darüberhinaus eine Erfüllung der Ansprüche des Gesamtguts ohne Rücksicht auf die gleichzeitige Erfüllung seiner Gegenansprüche regelmäßig zuzumuten, zumal die Unwirksamkeit des Rechtsgeschäfts, die die Interessen des Vertrags-

[1] Vgl. daher zu den näheren Einzelheiten die Erläuterungen bei § 1366.

[2] S. *Soergel/Gaul* RdNr. 7 mN.

[3] *Erman/Gamillscheg* § 1428 RdNr. 1; *Palandt/Brudermüller* § 1428 RdNr. 1, § 1434 RdNr. 1; RGRK/*Finke* § 1428 RdNr. 8; *Soergel/Gaul* § 1428 RdNr. 4; *Staudinger/Thiele* (2007) RdNr. 10; in Sonderfällen differenzierend *Mikat,* FS Felgentraeger, 1969, S. 344; so auch AnwK-BGB/*Völker* RdNr. 6; wie hier *Dölle* I § 70 VI 4 b.

partner gefährden kann, ihre Ursache in dem über seine Rechtsmacht hinausgehenden Gesamtgutsverwalter und damit in der Sphäre der Ehegatten hat. Die Möglichkeit der Aufrechnung wird dem Geschäftspartner dagegen allgemein zugestanden.[4]

V. Zwingende Vorschrift

§ 1427 ist zwingende Vorschrift, da er die Rechtsfolgen im Verhältnis zu Dritten regelt. 6

§ 1428 Verfügungen ohne Zustimmung

Verfügt der Ehegatte, der das Gesamtgut verwaltet, ohne die erforderliche Zustimmung des anderen Ehegatten über ein zum Gesamtgut gehörendes Recht, so kann dieser das Recht gegen Dritte gerichtlich geltend machen; der Ehegatte, der das Gesamtgut verwaltet, braucht hierzu nicht mitzuwirken.

I. Normzweck

1 Die Vorschrift gibt dem **nichtverwaltenden Ehegatten ein selbständiges Recht, Ansprüche des Gesamtguts** auf Grund von Verfügungen des Verwalters, die nach §§ 1423 bis 1425 seiner Zustimmung bedurften, **geltend zu machen.** Die Klagebefugnis des Verwalters nach § 1422 bleibt davon unberührt. Daneben soll aber auch der andere Ehegatte die Rechte aus zustimmungspflichtigen Geschäften wahrnehmen können, weil der Verwalter, der das Geschäft ja ohne Zustimmung vorgenommen hat, möglicherweise hierzu nicht bereit ist. § 1428 findet seine Parallele im Recht des gesetzlichen Güterstands in § 1368. Auf die Erläuterungen hierzu kann deshalb verwiesen werden.

II. Das Revokationsrecht des anderen Ehegatten

2 Jedes Recht, das dem Gesamtgut auf Grund einer ohne Zustimmung vorgenommenen Verfügung des Gesamtgutsverwalters zusteht, gleichgültig welchen Inhalts, ist **Gegenstand des Revokationsrechts** nach § 1428. Die Klagebefugnis des anderen Ehegatten besteht deshalb unabhängig davon, ob die Verfügung des Gesamtgutsverwalters bei gutgläubigem Erwerb durch den Geschäftspartner wirksam oder unwirksam ist. Ist die Verfügung wirksam,[1] so steht dem Ehegatten freilich kein dinglicher Herausgabeanspruch gegen den Dritten zu. Gegenstand des Klagerechts ist dann der Bereicherungsanspruch wegen Unwirksamkeit des Verpflichtungsgeschäftes oder bei unentgeltlicher Verfügung (§ 812 bzw. § 816 Abs. 1 S. 2).

3 **Bei Geltendmachung des Revokationsrechts handelt der andere Ehegatte aus eigenem Recht,** das ihm eingeräumt ist, um das Gesamtgut vor Vermögensverlusten zu schützen, die unter Verletzung seines Mitwirkungsrechts zustande gekommen sind.[2] Der nicht verwaltende Ehegatte erhebt die Klage in eigenem Namen. Anders als bei der Wahrnehmung des Notverwaltungsrechts kann die Klage auch nicht wahlweise im Namen des Verwalters erhoben werden. Ist Gegenstand der Klage eine bewegliche Sache, so kann der nichtverwaltende Ehegatte auf Herausgabe an sich selbst klagen.[3] Bei Grundstücken ist dagegen auf Grundbuchberichtigung bzw. Rückauflassung zugunsten des Gesamtguts zu

[4] OLG Stettin JW 1930, 1013; *Staudinger/Thiele* RdNr. 11.

[1] Vgl. § 1422 RdNr. 22 ff.: Nur der gute Glaube an das Alleineigentum, nicht der gute Glaube daran, dass die Zustimmung nicht erforderlich oder erteilt sei, wird geschützt.

[2] Vgl. *Mikat,* FS Felgentraeger, 1969, S. 323, 344.

[3] HM, *Palandt/Brudermüller* RdNr. 1; *Soergel/Gaul* RdNr. 3; RGRK/*Finke* RdNr. 3: um dem verwaltenden Ehegatten, dessen Besitzrecht unberührt bleibt, die Vereitelung des Klageerfolgs durch Ablehnung der Annahme unmöglich zu machen; s. § 1368 RdNr. 14 f. mwN, wo *Koch* daraus eine andere Konsequenz zieht. Mit Rücksicht auf die folgenden Ausführungen RdNr. 6 bestehen Zweifel, ob dieses Argument die hM trägt; für diese spricht jedoch die Praktikabilität; nach *Staudinger/Thiele* (2007) RdNr. 6 kann bei früherem Alleinbesitz des Verwalters nur subsidiär für den Fall, dass der Verwalter die Sache nicht übernimmt, auf Herangabe an den nichtverwaltenden Ehegatten geklagt werden.

klagen. Allgemein muss der nichtverwaltende Ehegatte zum Ausdruck bringen, dass er ein Recht für das Gesamtgut geltend macht.

4 Der **klagende Ehegatte führt** den **Rechtsstreit selbständig.** Er ist zu allen Prozesshandlungen mit Ausnahme solcher befugt, die eine materiellrechtliche Verfügung über den Gegenstand enthalten, da solche Verfügungen nur dem Verwalter (mit Zustimmung des anderen Ehegatten nach §§ 1423 bis 1425) zustehen. Für die Kosten des Rechtsstreits haftet das Gesamtgut gemäß § 1438 Abs. 2 unabhängig davon, ob man auf Grund Rechtskrafterstreckung annimmt, dass das Urteil gegen das Gesamtgut wirksam ist (vgl. dazu RdNr. 6).

III. Zurückbehaltungsrecht des Dritten

5 Entgegen der überwM[4] hat der Dritte gegenüber dem geltend gemachten Revokationsanspruch ein Zurückbehaltungsrecht wegen der Ansprüche, die ihm im Zusammenhang mit der zur Herausgabe verpflichtenden Verfügung aus ungerechtfertigter Bereicherung (§ 1434), unerlaubter Handlung oder culpa in contrahendo gegen das Gesamtgut zustehen (s. § 1427 RdNr. 5).

IV. Rechtskraft des ergehenden Urteils

6 Umstritten ist, inwieweit sich die Rechtskraft des Urteils, das im Rechtsstreit des nichtverwaltenden Ehegatten auf Grund § 1428 oder im Rechtsstreit des verwaltenden Ehegatten mit dem Dritten ergangen ist, **auf** den **jeweils anderen Ehegatten erstreckt.** Die gleiche Problematik besteht bei § 1368. Deshalb kann auf die Erläuterungen hierzu verwiesen werden.[5] Die inzwischen überwM lehnt eine gegenseitige Rechtskrafterstreckung abweisender Urteile ab, weil jedem Ehegatten ein unabhängiges Klagerecht eingeräumt ist und insbesondere der verwaltende Ehegatte sonst die Revokation durch die nachlässige Führung eines Rechtsstreits gegen den Dritten unmöglich machen könnte.[6] Ein obsiegendes Urteil eines Ehegatten entfaltet insoweit Rechtskraftwirkung, als keine abweichende Entscheidung im Rechtsstreit des anderen Ehegatten ergehen kann. Der andere Ehegatte soll aber nochmals in seinem Namen Klage erheben können, weil sonst der zuerst klagende Ehegatte durch die Unterlassung der Zwangsvollstreckung die Durchführung der Revokation verhindern könnte.[7] Es bleibt zu fragen, ob den Ehegatten damit nicht ein hypertropher Rechtsschutz zu Lasten des Dritten zugebilligt wird. Derartig abseitige und im Grunde ehewidrige Fallgestaltungen wie die nachlässige Prozessführung oder die Unterlassung der Zwangsvollstreckung könnte man auch der rechtlichen Klärung der Ehegatten untereinander überlassen. Dem anderen Ehegatten kann zugemutet werden, dem Rechtsstreit als Nebenintervenient[8] beizutreten, wenn er zur Prozessführung seines Ehegatten kein Vertrauen hat. Dies ist sachgerechter, als den Dritten zur regelmäßigen Streitverkündung zu zwingen (§ 72 ZPO), wenn er sich nicht einem weiteren Rechtsstreit aussetzen will. Unter Berücksichtigung dieser Gesichtspunkte verdient folgende Auffassung den Vorzug: Die Rechtskraft einer vom nichtverwaltenden Ehegatten gemäß § 1428 erstrittenen Entscheidung erstreckt sich in gleicher Weise auf den Gesamtgutsverwalter wie in anderen Fällen, in denen der nichtverwaltende Ehegatte zur Prozessführung berechtigt ist (vgl. §§ 1429, 1433). Bei einer obsiegenden Entscheidung zugunsten des Gesamtgutsverwalters besteht kein Rechtsschutzbedürfnis mehr für eine nochmalige Klage des anderen Ehegatten.

[4] S. die Nachw. zu § 1427 RdNr. 5 in Fn. 3.
[5] S. – teilweise abweichend – *Koch* § 1368 RdNr. 22 ff.
[6] So *Palandt/Brudermüller* RdNr. 1; *Soergel/Gaul* RdNr. 6 mN; *Staudinger/Thiele* (2007) § 1368 RdNr. 36 ff. m. zahlr. Nachw. und § 1428 RdNr. 9.
[7] Vgl. *Soergel/Gaul* RdNr. 6; *Staudinger/Thiele* (2007) § 1368 RdNr. 39 jeweils mwN.
[8] Nach § 66 oder § 69 ZPO, je nach der Auffassung zur Rechtskrafterstreckung.

V. Abweichende Vereinbarung

Von geringer praktischer Bedeutung ist die Frage der Abdingbarkeit des § 1428. Entgegen der überwM[9] bestehen keine grundsätzlichen Bedenken dagegen, dass sich der nichtverwaltende Ehegatte ehevertraglich dieses Rechts begibt. 7

§ 1429 Notverwaltungsrecht

[1] Ist der Ehegatte, der das Gesamtgut verwaltet, durch Krankheit oder durch Abwesenheit verhindert, ein Rechtsgeschäft vorzunehmen, das sich auf das Gesamtgut bezieht, so kann der andere Ehegatte das Rechtsgeschäft vornehmen, wenn mit dem Aufschub Gefahr verbunden ist; er kann hierbei im eigenen Namen oder im Namen des verwaltenden Ehegatten handeln. [2] Das Gleiche gilt für die Führung eines Rechtsstreits, der sich auf das Gesamtgut bezieht.

I. Normzweck

Das Notverwaltungsrecht gibt dem nichtverwaltenden Ehegatten die Befugnis zu Verwaltungshandlungen, wenn der Gesamtgutverwalter verhindert ist. Das Verwaltungsrecht des anderen Ehegatten ist in einer solchen Situation zum Schutz des Gesamtguts und damit im Interesse der Ehegatten dem Zustand der Handlungsunfähigkeit vorzuziehen, der sonst entstünde. 1

II. Voraussetzungen des Notverwaltungsrechts

1. Verhinderung des Verwalters. Voraussetzung des Notverwaltungsrechts ist die Verhinderung des Gesamtgutverwalters. Dieser muss gehindert sein (regelmäßig wegen Krankheit oder Abwesenheit), bestimmte Verwaltungshandlungen vorzunehmen. Vorübergehende Verhinderung genügt.[1] Dagegen ist der andere Ehegatte nicht zu Verwaltungshandlungen befugt, wenn der Gesamtgutsverwalter die Verwaltung nicht ausüben will.[2] Steht der Verwalter unter Vormundschaft oder fällt die Verwaltung des Gesamtguts in den Aufgabenkreis eines Betreuers, so verwaltet das Gesamtgut nach § 1436 der Vormund oder Betreuer. Sind der Vormund oder Betreuer (und – bei der Betreuung – gleichzeitig auch der Betreute selbst, falls er geschäftsfähig ist) vorübergehend verhindert, so gilt § 1429 entsprechend.[3] § 1429 ist auch anwendbar, wenn der verwaltende Ehegatte (vorübergehend oder dauernd) nicht geschäftsfähig ist, aber nicht unter Vormundschaft oder Betreuung steht. 2

2. Gefahr im Verzug. Weitere Voraussetzung des Notverwaltungsrechts ist, dass mit einem Aufschub der Verwaltungshandlung Gefahr verbunden ist, dh. bei einem Zuwarten bis zu dem Zeitpunkt, zu dem sie der Verwalter voraussichtlich wieder vornehmen kann, die Gefahr von Nachteilen (nicht notwendig wirtschaftlicher Art) für das Gesamtgut, die Ehegatten oder einen von ihnen verbunden ist. Auch diese Voraussetzung ist nach objektiven Maßstäben zu beurteilen, aber ex ante zum Zeitpunkt der Vornahme der Verwaltungshandlung (späterer Wegfall der Voraussetzungen schadet nicht).[4] Nach dem Zweck der Vorschrift darf kein zu strenger Maßstab angelegt werden,[5] und zwar auch deshalb, weil eine nachträgliche Ablehnung des Notverwaltungsrechts für den handelnden Ehegatten und seinen Geschäftspartner (kein Gutglaubensschutz!) regelmäßig rechtliche Nachteile mit sich bräch- 3

---

[9] Vgl. *Palandt/Brudermüller* RdNr. 1; RGRK/*Finke* RdNr. 9; *Soergel/Gaul* RdNr. 2 (regelmäßig sittenwidrig); wie hier *Staudinger/Thiele* (2007) RdNr. 12 gegen Voraufl.

[1] RGZ 103, 126, 127; dies ergibt sich deutlich aus dem Wortlaut der Vorschrift.

[2] RGZ 103, 126.

[3] RGRK/*Finke* RdNr. 6; *Soergel/Gaul* RdNr. 4; *Staudinger/Thiele* (2007) RdNr. 2.

[4] RG Recht 1925 Nr. 941.

[5] So mit Recht *Erman/Gamillscheg* RdNr. 1.

te, während es dem Gesamtgutsverwalter zugemutet werden kann, Notverwaltungshandlungen des anderen Ehegatten für das Gesamtgut gelten zu lassen, wenn die Annahme einer Notverwaltungssituation vertretbar war.

III. Inhalt und Ausübung des Notverwaltungsrechts

4 **1. Inhalt des Rechts.** Das Notverwaltungsrecht gibt dem anderen Ehegatten die Ermächtigung, mit Wirkung für das Gesamtgut Verwaltungshandlungen vorzunehmen. Das Notverwaltungsrecht bezieht sich auf **Rechtsgeschäfte aller Art** (auch auf solche, zu denen der Verwalter nach §§ 1423 bis 1425 der Zustimmung bedürfte).[6] Trotz der auf Rechtsgeschäfte eingeschränkten Formulierung bezieht es sich auch auf tatsächliche Verwaltungshandlungen. Eine Verpflichtung des nichtverwaltenden Ehegatten, auf Grund seines Notverwaltungsrechts tätig zu werden, besteht Dritten gegenüber niemals, dem verwaltenden Ehegatten gegenüber auf Grund der allgemeinen ehelichen Treupflicht unter deren Voraussetzungen.[7] Der nichtverwaltende Ehegatte übt das Notverwaltungsrecht in eigener Verantwortung aus und ist nicht an den mutmaßlichen oder den früher geäußerten Willen des Gesamtgutsverwalters gebunden.

5 **2. Ausübung des Rechts.** Bei Ausübung des Notverwaltungsrechts kann der Ehegatte **in eigenem Namen oder im Namen des Gesamtgutsverwalters** handeln.

a) Tut er das letztere, handelt er auf Grund ihm kraft Gesetzes eingeräumter Vollmacht. Die Rechtsfolgen sind in jeder Hinsicht die gleichen wie bei eigenem Handeln des Gesamtgutsverwalters. Verpflichtet werden das Gesamtgut und der Gesamtgutsverwalter persönlich (§§ 1438 Abs. 1, 1437).

6 **b)** Handelt der Ehegatte im eigenen Namen, so haften das Gesamtgut und der Gesamtgutsverwalter persönlich (wie unter a), daneben aber auch der Notverwalter selbst, wenn dem Geschäftspartner nicht auf Grund ausdrücklicher Erklärung oder nach den Umständen erkennbar war, dass er kein eigenes, sondern ein Geschäft für das Gesamtgut erledigen wollte (entsprechend § 164 Abs. 2).

7 **3. Prozessführungsbefugnis.** Das Notverwaltungsrecht umfasst auch die Prozessführungsbefugnis. Der andere Ehegatte kann im Rahmen seines Notverwaltungsrechts einen vom Verwalter bisher geführten Aktiv- oder Passivrechtsstreit weiterführen. Er kann auch Klage erheben und einen neu anhängigen Passivrechtsstreit für das Gesamtgut aufnehmen. Wegen § 740 Abs. 1 ZPO muss aber auch während der Zeit seiner Verhinderung der verwaltende Ehegatte verklagt werden, obwohl auf Grund der Stellung des Notverwalters ein Rechtsstreit, der sich auf das Gesamtgut bezieht, auch gegen ihn persönlich anhängig gemacht werden kann (da dem Dritten gegenüber keine Verpflichtung zur Notverwaltung besteht, allerdings nur mit seiner Zustimmung) und dann auch gegen das Gesamtgut – wegen § 740 Abs. 1 ZPO aber eben ohne Vollstreckungsmöglichkeit – wirkt. **Endet** die **Verhinderung des Gesamtgutsverwalters,** so kann er einen Rechtsstreit aufnehmen, wenn der Notverwalter ihn in seinem Namen geführt hat. Hat ihn der Notverwalter im eigenen Namen geführt, bedarf es zur **Übernahme** der Zustimmung des Prozessgegners (vgl. § 265 Abs. 2 ZPO). Nimmt der verwaltende Ehegatte den Rechtsstreit nicht auf, wird er (unter entsprechender Anwendung des § 1433) vom Notverwalter fortgesetzt (der Gesamtgutsverwalter kann als **Nebenintervenient** beitreten, §§ 66, 69 ZPO; vgl. § 1433 RdNr. 3).[8] Eine **Rechtskrafterstreckung** wird auch hier teilweise abgelehnt.[9] Da der Notverwalter seine Verwaltungsbefugnis auf Grund einer gesetzlichen Ermächtigung anstelle des Verwalters ausübt – wenn auch wahlweise im eigenen oder in dessen Namen, also in

---

[6] *Staudinger/Thiele* (2007) RdNr. 8; bei einer Schenkung, die über Pflicht- und Anstandsschenkungen hinausgeht (§ 1425), werden die Voraussetzungen des § 1429 allerdings nicht vorliegen.

[7] Gegen eine Verpflichtung zur Wahrnehmung des Notverwaltungsrechts *Staudinger/Thiele* (2007) RdNr. 13.

[8] Vgl. zur Prozessführung des Notverwalters insgesamt *Erman/Gamillscheg* RdNr. 1; RGRK/*Finke* RdNr. 8 ff.; *Soergel/Gaul* RdNr. 8; *Staudinger/Thiele* (2007) RdNr. 6 ff.

[9] S. *Soergel/Gaul* RdNr. 8 mwN.

offener oder verdeckter Prozessstandschaft –, erstreckt sich die Rechtskraft für oder gegen den Notverwalter ergangener Entscheidungen auf den Gesamtgutsverwalter.[10] Zum **Klageantrag** s. § 1428 RdNr. 3.

IV. Abweichende Vereinbarungen

Entgegen der überwM[11] bestehen **keine grundsätzlichen Bedenken gegen** die **Abdingbarkeit** des § 1429. Es kann den Ehegatten nicht verwehrt werden, das Gesamtgut lieber ohne Verwalter als vom anderen Ehegatten verwaltet zu wissen oder für den Fall der Verhinderung des Verwalters von § 1429 abweichende Vorsorgemaßnahmen zu treffen.[12] Da der andere Ehegatte Dritten gegenüber nicht zur Notverwaltung verpflichtet ist, werden durch deren Abdingung die Rechte Dritter nicht beeinträchtigt. Der Entzug der Vertretungsbefugnis, die mit dem Notverwaltungsrecht verbunden ist, ist Dritten gegenüber nur bei Eintragung der Abdingung im Güterrechtsregister wirksam (§ 1412). 8

§ 1430 Ersetzung der Zustimmung des Verwalters

Verweigert der Ehegatte, der das Gesamtgut verwaltet, ohne ausreichenden Grund die Zustimmung zu einem Rechtsgeschäft, das der andere Ehegatte zur ordnungsmäßigen Besorgung seiner persönlichen Angelegenheiten vornehmen muss, aber ohne diese Zustimmung nicht mit Wirkung für das Gesamtgut vornehmen kann, so kann das Familiengericht die Zustimmung auf Antrag ersetzen.

I. Normzweck

Um dem nichtverwaltenden Ehegatten die Möglichkeit zu geben, auch gegen den Willen des Gesamtgutverwalters das Gesamtgut in Anspruch zu nehmen, soweit dies zur Besorgung seiner persönlichen Belange notwendig ist, kann nach § 1430 auf seinen Antrag die Zustimmung des Verwalters durch das FamG ersetzt werden. Wie in den Fällen des § 1426 der nichtverwaltende Ehegatte, wäre in den Fällen des § 1430 der Gesamtgutsverwalter auf Grund der allgemeinen ehelichen Treupflicht zur Erteilung seiner Zustimmung verpflichtet. Wie § 1426 schafft auch § 1430 deshalb im Grunde keinen neuen materiellen Tatbestand, sondern gibt statt der sonst notwendigen Klage vor dem Streitgericht[1] den einfacheren Rechtsbehelf, die Zustimmung durch das FamG ersetzen zu lassen. 1

II. Voraussetzungen der Ersetzung

1. Persönliche Angelegenheiten. Persönliche Angelegenheiten eines Ehegatten sind solche, die nicht bloß auf das Vermögen, sondern auf seine Person bezogen sind, seine personenrechtliche Stellung oder seine persönliche Lebensführung beeinflussen. Dass die persönliche Seite die wirtschaftliche überwiegt,[2] kann dagegen nicht verlangt werden. Ein personaler Einschlag von nicht ganz untergeordnetem Gewicht reicht aus.[3] Eine engere Auslegung mag zu § 1360 a Abs. 4[4] ihre Berechtigung darin finden, dass dort der verpflichtete Ehegatte dem anderen *eigene* Mittel zur Verfügung stellen muss, während nach § 1430 das *gemeinschaftliche* Vermögen des Gesamtguts herangezogen wird. Darauf muss aber jeder 2

[10] RGRK/*Finke* RdNr. 10; *Staudinger/Thiele* (2007) RdNr. 10.

[11] *Erman/Gamillscheg* RdNr. 1; *Staudinger/Felgentraeger* 10./11. Aufl. RdNr. 13 – Abdingung regelmäßig sittenwidrig – mwN.

[12] Wie hier *Staudinger/Thiele* (2007) RdNr. 14.

[1] Hier wäre allerdings in manchen Fällen zweifelhaft, ob nicht nur die Klage auf Herstellung des ehelichen Lebens ohne Vollstreckungsmöglichkeit – § 888 Abs. 3 ZPO – erhoben werden könnte.

[2] So RGRK/*Finke* RdNr. 4 f.; *Soergel/Gaul* RdNr. 3 im Anschluss an BayObLG NJW 1965, 348, 349.

[3] AA *Kappler,* Die Beendigung der Gütergemeinschaft, 2006, *S. 53.*

[4] Vgl. die Erläuterungen hierzu.

Ehegatte Anspruch haben, wenn eine Maßnahme getroffen werden muss, die seine persönliche Rechtsstellung oder seine persönlichen Lebensverhältnisse (nicht nur am Rande) berührt. Für diesen gesamten Bereich steht ihm der Rechtsbehelf des § 1430 zu. Die Vorschrift muss im Zusammenhang mit § 1435 gesehen werden: Im wirtschaftlichen Bereich ist der Gesamtgutsverwalter zur ordnungsgemäßen Verwaltung und bei schuldhaftem Unterlassen von Maßnahmen zum Schadensersatz verpflichtet. Immer wenn beim Unterbleiben einer Maßnahme die für den anderen Ehegatten eintretenden Nachteile durch wirtschaftlichen Schadensersatz nicht voll ausgeglichen werden können, weil die persönliche Stellung des anderen Ehegatten berührt ist, greift zu seinen Gunsten § 1430 ein. Deshalb kann trotz der gegenüber § 1452 engeren Fassung die Zustimmung zur Auszahlung von Trennungsunterhalt nach § 1430 ersetzt werden; auch die auf § 1435 gestützte Klage auf Vornahme der hierzu erforderlichen Maßnahmen ist möglich.[5]

3 **2. Zur ordnungsgemäßen Besorgung erforderlich.** Voraussetzung für die Ersetzung der Zustimmung ist weiter, dass das Rechtsgeschäft zur ordnungsgemäßen Besorgung der persönlichen Angelegenheiten des Ehegatten erforderlich ist. Bloße Zweckmäßigkeit genügt also nicht.[6] Ob das Rechtsgeschäft notwendig ist, ist nach objektiven Maßstäben und auf Grund des Sachverhalts zum Zeitpunkt der Entscheidung des FamG zu entscheiden. Ist unter verschiedenen notwendigen Maßnahmen die Vornahme eines Rechtsgeschäfts mit Wirkung für das Gesamtgut Erfolg versprechender als eine Maßnahme, die nicht der Zustimmung des Gesamtgutsverwalters bedarf, so ist das Rechtsgeschäft erforderlich.[7] Kann der Ehegatte seine persönliche Angelegenheit dagegen mit Mitteln seines Vorbehaltsguts in gleicher Weise erledigen, ist ein Rechtsgeschäft für das Gesamtgut nicht erforderlich. Zur Problematik, wenn unter verschiedenen möglichen Rechtsgeschäften alternativ eines notwendig ist, s. § 1426 RdNr. 4.

4 **3. Für Gesamtgut nicht wirksam.** Die Ersetzung der Zustimmung setzt voraus, dass das Rechtsgeschäft ohne diese Zustimmung für das Gesamtgut nicht wirksam ist. Regelmäßig wird es darum gehen, die Mittel zur Besorgung einer persönlichen Angelegenheit dem Gesamtgut zu entnehmen. Zur Aufbringung der Kosten eines Rechtsstreits gilt hilfsweise § 1360a Abs. 4: Reicht auch das Gesamtgut nicht aus, ist hilfsweise der andere Ehegatte verpflichtet, aus seinem Vorbehaltsgut die Kosten vorzuschießen. Dieser Anspruch muss aber nach den allgemeinen Regeln des streitigen Zivilverfahrens geltend gemacht werden.

5 **4. Verweigerung der Zustimmung ohne ausreichenden Grund.** Ob der verwaltende Ehegatte seine Zustimmung ohne ausreichenden Grund verweigert, ist nach den Umständen des Einzelfalles zu entscheiden. Wenn das Rechtsgeschäft für die Besorgung einer persönlichen Angelegenheit des anderen Ehegatten erforderlich ist, kann ein ausreichender Grund nur in persönlichen – nicht in bloß wirtschaftlichen – Nachteilen für den verwaltenden Ehegatten liegen, die bei Vornahme des Rechtsgeschäfts zu befürchten wären und nach objektiver Wertung schwerer wiegen. Ist der verwaltende Ehegatte durch Krankheit oder Abwesenheit an seiner Zustimmung gehindert, so geht § 1429 § 1430 vor.

6 **5. Konkretes Rechtsgeschäft.** Ersetzt werden kann nur die Zustimmung zu einem konkreten Rechtsgeschäft, dessen Einzelheiten bereits festliegen. Abschluss in der notwendigen Form ist dagegen noch nicht erforderlich; die Zustimmung kann auch schon auf Grund eines Entwurfes des Rechtsgeschäftes ersetzt werden. Die Ersetzung der Zustimmung ist nur zu dem Rechtsgeschäft als ganzem möglich.[8]

7 **6. Rechtsstreit.** Die Ersetzung der Zustimmung zu einem Rechtsstreit ist nicht vorgesehen. Dies beruht auf dem Standpunkt des Gesetzgebers, dass der nichtverwaltende Ehegatte Rechtsstreite über persönliche Angelegenheiten stets ohne Zustimmung des anderen Ehe-

[5] BGHZ 111, 248, 256 steht nicht entgegen.

[6] KG Recht 1923 Nr. 1016.

[7] So BayObLG NJW 1965, 348: Kündigung des Mietverhältnisses mit dem Ehestörer Erfolg versprechender als Ehestörungsklage.

[8] Vgl. die Nachw. bei § 1426 RdNr. 7.

gatten führen kann.[9] Die Beauftragung eines Anwalts ist dagegen ein Rechtsgeschäft. Hierzu bedarf es der Zustimmung des Gesamtgutsverwalters, notfalls deren Ersetzung, wenn die Beauftragung des Anwalts mit Wirkung für das Gesamtgut erfolgen soll.

III. Verfahren und Wirkungen der Ersetzung

Vgl. zunächst die Erläuterungen zu § 1426 RdNr. 8 ff. mit Weiterverweisungen. Antrag 8
auf Ersetzung der Zustimmung kann nur der nichtverwaltende Ehegatte, nicht der dritte Geschäftspartner stellen. Die Ersetzung der Zustimmung hat die gleichen Rechtsfolgen wie die Zustimmung durch den Gesamtgutsverwalter selbst, sie führt zur Wirksamkeit des Rechtsgeschäfts für das Gesamtgut und damit zur persönlichen Haftung des Gesamtgutsverwalters (§§ 1438 Abs. 1, 1437). Ob auch der handelnde andere Ehegatte dem Dritten persönlich haftet, hängt davon ab, ob er – er handelt im eigenen Namen – dem Dritten gegenüber zum Ausdruck gebracht hat, dass er nur für das Gesamtgut handeln und sich selbst nicht verpflichten wolle.

IV. Abweichende Vereinbarungen

Obwohl dies auch hier nicht unzweifelhaft ist – dem nichtverwaltenden Ehegatten bliebe 9
die Klage gegen den Verwalter auf Zustimmung zu dem Rechtsgeschäft auf Grund seiner ehelichen Treupflicht –, ist der hM darin zu folgen, dass § 1430 nach dem Willen des Gesetzes zum **zwingenden Bereich von Schutzvorschriften** zugunsten des nichtverwaltenden Ehegatten gehört, also nicht abbedungen werden kann.[10]

§ 1431 Selbständiges Erwerbsgeschäft

(1) [1] Hat der Ehegatte, der das Gesamtgut verwaltet, darin eingewilligt, dass der andere Ehegatte selbständig ein Erwerbsgeschäft betreibt, so ist seine Zustimmung zu solchen Rechtsgeschäften und Rechtsstreitigkeiten nicht erforderlich, die der Geschäftsbetrieb mit sich bringt. [2] Einseitige Rechtsgeschäfte, die sich auf das Erwerbsgeschäft beziehen, sind dem Ehegatten gegenüber vorzunehmen, der das Erwerbsgeschäft betreibt.

(2) Weiß der Ehegatte, der das Gesamtgut verwaltet, dass der andere Ehegatte ein Erwerbsgeschäft betreibt, und hat er hiergegen keinen Einspruch eingelegt, so steht dies einer Einwilligung gleich.

(3) Dritten gegenüber ist ein Einspruch und der Widerruf der Einwilligung nur nach Maßgabe des § 1412 wirksam.

I. Normzweck

Betreibt der nichtverwaltende Ehegatte ein selbständiges Erwerbsgeschäft, so wären ein- 1
zelne Rechtsgeschäfte dem Gesamtgut gegenüber nur wirksam, wenn ihnen der Gesamtgutsverwalter jeweils zustimmt. Dies würde – abgesehen von der Möglichkeit, Vollmacht zu erteilen – den selbständigen Betrieb eines Erwerbsgeschäfts durch den nichtverwaltenden Ehegatten jedenfalls für den Fall praktisch unmöglich machen, dass die Betriebsgegenstände zum Gesamtgut gehören. Nach § 1431 ist deshalb die **Zustimmung des Gesamtgutsverwalters zu** jedem **einzelnen Rechtsgeschäft,** das zum Betrieb des Erwerbsgeschäfts gehört, **nicht** mehr **erforderlich, wenn** der **Verwalter** dem **Betrieb des Erwerbsgeschäfts** durch den anderen Ehegatten allgemein **zugestimmt** oder ihm nicht widersprochen hat.

[9] *Staudinger/Thiele* (2007) RdNr. 3; BayObLGZ 1964, 362, 368 = FamRZ 1964, 49, 51.
[10] So *Palandt/Brudermüller* RdNr. 1; *Soergel/Gaul* RdNr. 2; *Staudinger/Thiele* (2007) RdNr. 16.

2 Jeder Ehegatte ist ohne Zustimmung des anderen auch im Güterstand der Gütergemeinschaft berechtigt, selbständig ein Erwerbsgeschäft zu betreiben. Die Grenzen dieses Rechts bestimmen sich auch hier nach § 1356 Abs. 2. Im Güterstand der Gütergemeinschaft hat die Erteilung seiner Zustimmung durch den Gesamtgutsverwalter zum Betrieb des Erwerbsgeschäfts durch den anderen Ehegatten die zusätzliche Rechtsfolge, dass sie zur Wirksamkeit von Betriebsgeschäften für das Gesamtgut und zur Haftung des Gesamtguts (und damit auch des Gesamtgutsverwalters persönlich) führt (s. §§ 1438 Abs. 1, 1437). Dies gilt auch dann, wenn das Erwerbsgeschäft zum Vorbehalts- oder Sondergut des anderen Ehegatten gehört (§ 1440 S. 2). Aus Gründen der Schuldenhaftung kann es deshalb sinnvoll sein, dass der Verwalter seine Zustimmung iS § 1431 verweigert (und dies im Güterrechtsregister vermerken lässt), auch wenn er mit dem Betrieb des Erwerbsgeschäfts grundsätzlich einverstanden ist, gerade wenn das Erwerbsgeschäft zum Vorbehaltsgut des anderen Ehegatten gehört. Die Haftungsfolge muss auch bei Entscheidung der Frage berücksichtigt werden, inwieweit der andere Ehegatte einen Rechtsanspruch auf die Einwilligung des Verwalters hat und inwieweit der Verwalter seine Einwilligung widerrufen kann (s. dazu RdNr. 7, 8).

II. Selbständiger Betrieb eines Erwerbsgeschäfts

3 Das **Betreiben** eines Erwerbsgeschäfts ist jede auf Dauer angelegte und auf Erwerb gerichtete wirtschaftliche Betätigung, die dem Geschäftszweck dienende sachliche Mittel voraussetzt[1] (kein Erwerbsgeschäft ist also zB die schriftstellerische Tätigkeit). Die Art der Tätigkeit ist gleichgültig, sie kann auch auf künstlerischem oder wissenschaftlichem Gebiet liegen[2] und braucht kein „Gewerbe“ zu sein. Nach dem Zweck des § 1431 fällt unter die Vorschrift auch eine freiberufliche Tätigkeit, zB als Arzt[3] oder Rechtsanwalt, und auch eine ohne die erforderliche öffentlich-rechtliche Genehmigung aufgenommene, ja sogar eine sittenwidrige oder verbotene Tätigkeit.[4]

4 Das **selbständige Betreiben** des Erwerbsgeschäfts setzt die eigenverantwortliche Unternehmerstellung des Ehegatten voraus. Nur dann können die Voraussetzungen des § 1431 vorliegen, dessen Sinn es ist, einer Gruppe in dem Erwerbsgeschäft begründeter Rechtsgeschäfte Wirksamkeit für das Gesamtgut zu verleihen. Auch die Stellung des persönlich haftenden Gesellschafters in einer Personalgesellschaft entspricht dem,[5] nicht aber die Stellung als Kommanditist, stiller Gesellschafter oder GmbH-Gesellschafter.[6]

5 **Allgemein zur Führung eines Erwerbsgeschäfts** und zur **Gründung einer Gesellschaft** durch die Ehegatten gemeinschaftlich s. § 1416 RdNr. 8, 10.

III. Die Einwilligung des Gesamtgutsverwalters und ihr Widerruf

6 Die Einwilligung kann vor, bei oder nach Beginn des Betriebes erteilt werden[7] und wirkt im letzteren Fall, wenn auch für die bisherige Betriebsführung erteilt, zurück.[8] Sie kann ausdrücklich oder stillschweigend erteilt werden. Schweigen trotz Kenntnis vom Betrieb des

[1] Zum letzteren aA *Staudinger/Thiele* (2007) RdNr. 3.

[2] *Soergel/Gaul* RdNr. 3.

[3] BGHZ 83, 76 = NJW 1982, 1810 = LM § 1456 Nr. 1 mit Anm. von *Lang*; RGZ 144, 1; OLG Karlsruhe OLGZ 1976, 333; *Palandt/Brudermüller* RdNr. 2; RGRK/*Finke* RdNr. 2; *Soergel/Gaul* RdNr. 3; aA die früher überwM.

[4] Allerdings nur, soweit die Zustimmung nicht selbst sittenwidrig (oder aus anderem Grund nichtig) ist; auch an der eventuellen Nichtigkeit einzelner Rechtsgeschäfte ändert die wirksame Zustimmung selbstverständlich nichts; vgl. *Staudinger/Thiele* (2007) RdNr. 4.

[5] AllgM; so BGHZ 8, 147, 149 = NJW 1953, 581; RGZ 87, 102; nach RGZ 127, 114 für OHG-Gesellschafter selbst bei Ausschluss der Vertretungsmacht, weil ihn trotzdem die Haftung trifft.

[6] S. RGRK/*Finke* RdNr. 3; *Soergel/Gaul* RdNr. 3; *Staudinger/Thiele* (2007) RdNr. 7.

[7] *Erman/Gamillscheg* RdNr. 2.

[8] *Planck/Unzner* § 1405 Anm. 11; RGRK/*Finke* RdNr. 6; für streng einseitige Rechtsgeschäfte gilt das aber nicht; auch Zustimmung nur für die Zukunft (evtl. unter Genehmigung einzelner Geschäfte aus der Vergangenheit) ist möglich; *Staudinger/Thiele* (2007) RdNr. 12.

Erwerbsgeschäfts steht der Einwilligung nach Abs. 2 gleich.[9] Die Beifügung einer Bedingung oder Befristung ist möglich und Dritten gegenüber unter der allgemeinen Voraussetzung der Eintragung im Güterrechtsregister wirksam, soweit Bedingungseintritt oder Fristablauf die Einwilligung insgesamt zu Fall bringen bzw. ihr zur Wirksamkeit verhelfen.[10] Dagegen können auch durch Beifügung einer Nebenbestimmung nicht mit Wirkung Dritten gegenüber die Einwilligung auf bestimmte Geschäfte eingeschränkt oder bestimmte Geschäfte von der Einwilligung ausgeschlossen werden.[11]

Eine **Ersetzung der Einwilligung** durch das VormG ist nicht möglich, weil diese Einwilligung über den Bereich des § 1430 hinausgeht. Dem anderen Ehegatten kann jedoch ein im Klageweg verfolgbarer Anspruch auf Einwilligung des Gesamtgutsverwalters – bzw. auf Zurückziehung seines Einspruchs – auf Grund der ehelichen Treupflicht zustehen, wenn die Aufnahme des Betriebs eines Erwerbsgeschäfts im Rahmen des § 1356 Abs. 2 liegt, ohne die Zustimmung des Verwalters das Erwerbsgeschäft praktisch nicht betrieben werden kann und den Haftungsfolgen für das Gesamtgut und den Gesamtgutsverwalter demgegenüber untergeordnete Bedeutung zukommt. Gehören die Betriebsmittel des Erwerbsgeschäfts zum Vorbehaltsgut, so kann es regelmäßig trotz Einspruchs des Verwalters betrieben werden. Mit Rücksicht auf die Haftungsfolgen wird hier grundsätzlich kein Anspruch auf Zurückziehung des Einspruchs bestehen. Anders wenn die Betriebsmittel zum Gesamtgut gehören. Dann ist die Führung des Erwerbsgeschäfts ohne Einwilligung des Gesamtgutsverwalters meist praktisch ausgeschlossen. 7

Für den **Widerruf** gelten die gleichen Grundsätze. Er darf mit Rücksicht auf die eheliche Treupflicht nicht ohne sachlichen Grund ausgesprochen werden, wenn dem anderen Ehegatten dadurch die Führung des Erwerbsgeschäfts unmöglich würde. Der Hinweis auf die Haftungsfolgen rechtfertigt den Widerruf nur, wenn sich die Umstände seit Erteilung der Einwilligung verändert haben.[12] 8

IV. Wirkungen der Einwilligung und des Widerrufs

Die Einwilligung des Verwalters bewirkt, dass alle Rechtsgeschäfte und Rechtsstreitigkeiten, die im Rahmen des Geschäftsbetriebes liegen, nicht mehr der Zustimmung des Verwalters im Einzelnen bedürfen und für das Gesamtgut (mit der Wirkung der Haftung des Gesamtguts und des Verwalters persönlich, §§ 1438 Abs. 1, 1437) **wirksam** sind. Die Zustimmung im Einzelnen ist nicht nur zu den gewöhnlichen Rechtsgeschäften, die der Geschäftsbetrieb üblicherweise mit sich bringt, sondern auch zu außergewöhnlichen Geschäften nicht mehr erforderlich, soweit sie noch im Rahmen des Geschäftsbetriebs unternommen werden, bis hin zur Verfügung über Grundbesitz oder zur Übernahme eines anderen Unternehmens.[13] Im Rahmen des Geschäftsbetriebes liegt dagegen nicht mehr dessen Veräußerung im ganzen,[14] bei der Beteiligung an einer Gesellschaft deren Abtretung.[15] Ob ein Rechtsgeschäft in den geschäftlichen oder privaten Bereich fällt, ist nach der 9

---

[9] Vgl. auch RGZ 84, 48.

[10] Für Bedingung aA die hM, *Erman/Gamillscheg* RdNr. 2; *Soergel/Gaul* RdNr. 4; *Staudinger/Thiele* (2007) RdNr. 14; für Befristung wie hier *Planck/Unzner* § 1405 Anm. 14; *Staudinger/Thiele* (2007) RdNr. 15; aA *Erman/Gamillscheg* s. o. und *Soergel/Gaul* s. o.; Mot IV, 242 treffen diesen Fall nicht, sondern nur den, dass die Beifügung einer Nebenbestimmung eine Einschränkung der Einwilligung auf bestimmte Geschäfte bzw. den Ausschluss bestimmter Geschäfte von der Einwilligung bewirken soll.

[11] Mot. IV S. 242.

[12] AA *Palandt/Brudermüller* RdNr. 4; *Erman/Gamillscheg* RdNr. 3, die Einspruch und Widerruf jederzeit für zulässig halten, missbräuchliche Handlungsweise des Verwalters nur als möglichen Scheidungsgrund (nach altem Recht) oder mögliche Grundlage für eine Aufhebungsklage nach § 1447 Nr. 1 ansehen; RGZ 84, 47; *Soergel/Gaul* RdNr. 9; so auch *Bamberger/Roth/J. Mayer* RdNr. 6; wohl auch *Staudinger/Thiele* (2007) RdNr. 20 vertreten dagegen wie hier die Auffassung, der Widerruf dürfe nur aus sachlichen Gründen erklärt werden.

[13] Vgl. BayObLG OLGE 43, 356.

[14] Vgl. KGJ 32, A 194.

[15] HM; vgl. RGZ 127, 115; *Erman/Gamillscheg* RdNr. 4; *Soergel/Gaul* RdNr. 5; *Staudinger/Thiele* (2007) RdNr. 23, letztere mit der Einschränkung, dass dies nur gelte, wenn das Geschäft zum Gesamtgut gehört.

Verkehrsauffassung zu entscheiden; bei der Kreditaufnahme ist entscheidend, ob sie mit der Aufnahme oder Fortführung des Erwerbsgeschäfts zusammenhängt, worüber der Kreditvertrag, nicht die spätere Verwendung des Darlehens entscheidet.[16] Die Erträge des Erwerbsgeschäfts fallen in das Gesamtgut; wenn das Erwerbsgeschäft zum Vorbehaltsgut des Ehegatten gehört, in dessen Vorbehaltsgut.

10 **Einseitige Rechtsgeschäfte,** die sich auf das Erwerbsgeschäft beziehen, sind dem Ehegatten gegenüber vorzunehmen, der das Erwerbsgeschäft betreibt (Abs. 1 S. 2). Dem Gesamtgutsverwalter gegenüber vorgenommen sind sie also unwirksam.

11 Auch zu **Rechtsstreitigkeiten,** die der Geschäftsbetrieb mit sich bringt, ist die Zustimmung des Verwalters im Einzelnen nicht erforderlich. Die **Rechtskraft** einer Entscheidung erstreckt sich auch auf den Verwalter hinsichtlich des Gesamtguts und auf den Verwalter persönlich.[17] Aufgrund eines Titels gegen den Ehegatten, der das Erwerbsgeschäft betreibt, kann in das Gesamtgut vollstreckt werden, wenn nicht zum Zeitpunkt der Rechtshängigkeit Einspruch oder Widerruf des Verwalters im Güterrechtsregister eingetragen waren (§ 741 ZPO). Der Gesamtgutsverwalter kann mit der Widerspruchsklage nach §§ 774, 771 ZPO geltend machen, dass das gegen den anderen Ehegatten ergangene Urteil nicht gegen das Gesamtgut wirke (zB weil Einspruch oder Widerruf zwar nicht im Güterrechtsregister eingetragen, aber dem Dritten bekannt waren, oder weil der Anspruch gegen den anderen Ehegatten nicht in dessen Erwerbsgeschäft begründet wurde).

12 Der **Widerruf** wirkt nur für die Zukunft. Dritten Geschäftspartnern des Ehegatten, der das Erwerbsgeschäft betreibt, können Einspruch und Widerruf nur bei Eintragung im **Güterrechtsregister** entgegengehalten werden (Abs. 3; vgl. auch § 741 ZPO, 2. Halbs.). Wird die Einwilligung während der Dauer eines Rechtsstreits vom Verwalter wirksam widerrufen (oder wird von ihm wirksam Einspruch erhoben), so kann der nichtverwaltende Ehegatte den Rechtsstreit entsprechend § 1433 mit Wirkung für das Gesamtgut fortsetzen.

V. Abweichende Vereinbarungen

13 Die Haftung des Gesamtguts kann nicht – zu Lasten Dritter – gegenüber § 1431 eingeschränkt werden. Im Übrigen aber ist die Vorschrift durch Ehevertrag abdingbar. Insbesondere kann der Gesamtgutsverwalter ehevertraglich auf sein Einspruchs- und Widerrufsrecht verzichten.[18]

§ 1432 Annahme einer Erbschaft; Ablehnung von Vertragsantrag oder Schenkung

(1) [1] Ist dem Ehegatten, der das Gesamtgut nicht verwaltet, eine Erbschaft oder ein Vermächtnis angefallen, so ist nur er berechtigt, die Erbschaft oder das Vermächtnis anzunehmen oder auszuschlagen; die Zustimmung des anderen Ehegatten ist nicht erforderlich. [2] Das Gleiche gilt von dem Verzicht auf den Pflichtteil oder auf den Ausgleich eines Zugewinns sowie von der Ablehnung eines Vertragsantrags oder einer Schenkung.

(2) Der Ehegatte, der das Gesamtgut nicht verwaltet, kann ein Inventar über eine ihm angefallene Erbschaft ohne Zustimmung des anderen Ehegatten errichten.

---

[16] BGHZ 83, 76 = NJW 1982, 1810 = LM § 1456 Nr. 1 mit Anm. von *Lang*; vgl. auch *Schröder/Bergschneider/Klüber* RdNr. 4.692.

[17] Hinsichtlich des Gesamtguts ebenso *Soergel/Gaul* RdNr. 6, 7 mwN; zur Zwangsvollstreckung in das Vorbehaltsgut des Verwalters ist zwar ein Titel gegen diesen erforderlich, es kann aber keine andere Sachentscheidung ergehen; eine Umschreibung des Titels ist dagegen in der ZPO nicht vorgesehen.

[18] Im Ergebnis übereinstimmend RGRK/*Finke* RdNr. 17; *Staudinger/Thiele* (2007) RdNr. 34; auch *Soergel/Gaul* RdNr. 2 gegen frühere Aufl.

I. Normzweck

Der nichtverwaltende Ehegatte kann nach § 1432 – als Ausnahme von § 1422 – eine Reihe von Rechtsgeschäften vornehmen, auch wenn sie sich auf das Gesamtgut beziehen. Die in Abs. 1 aufgeführten Rechtsgeschäfte sind zwar vermögensrechtlicher Art, aber so persönlich, dass sie nur der nichtverwaltende Ehegatte selbst vornehmen kann. Um die damit verbundenen Haftungsvorteile zu erreichen, kann nach Abs. 2 (neben dem Verwalter) auch der andere Ehegatte ein Inventar über eine ihm angefallene Erbschaft errichten. 1

II. Die einzelnen Rechtsgeschäfte

Eine **ihm angefallene Erbschaft oder** ein ihm angefallenes **Vermächtnis kann nur** der **nichtverwaltende Ehegatte annehmen** ohne Rücksicht darauf, ob sie – wie regelmäßig – ins Gesamtgut oder – nach § 1418 Abs. 2 Nr. 2 – in sein Vorbehaltsgut fallen. Nimmt der nichtverwaltende Ehegatte eine ins Gesamtgut gefallene Erbschaft an, so haften das Gesamtgut und der Verwalter persönlich für die Nachlassverbindlichkeiten (§ 1437 Abs. 1 und 2). Der Verwalter kann aber selbständig die Maßnahmen zur Beschränkung der Erbenhaftung treffen. Nach § 1957 Abs. 1 gelten die Anfechtung der Annahme als Ausschlagung, die Anfechtung der Ausschlagung als Annahme der Erbschaft. Auch die Anfechtung von Annahme oder Ausschlagung fällt deshalb in den Kreis der Rechtsgeschäfte des § 1432. Dies gilt ebenfalls für die Anfechtung nach § 2308. 2

Auch **auf** einen **Pflichtteil kann nur** der **Ehegatte verzichten, dem er zusteht.** Gemeint ist der **bereits angefallene Pflichtteil.** Der von einem Ehegatten als Verzichtendem abgeschlossene Erb- und Pflichtteilsverzicht gemäß § 2346 brauchte dagegen in § 1432 nicht aufgeführt zu werden: Durch einen solchen Pflichtteilsverzicht wird das Gesamtgut nicht berührt, weil eine noch nicht angefallene Erbschaft nicht zum Gesamtgut gehören kann. Dagegen musste der Verzicht auf den schon angefallenen Pflichtteil aufgenommen werden, weil der Pflichtteil (von § 1418 Abs. 2 abgesehen) in das Gesamtgut gefallen ist. Entsprechendes gilt für den **Verzicht auf** den **Ausgleich des Zugewinns** aus einer früheren Ehe. 3

Das **Vertragsangebot oder** die **Schenkung eines Dritten** können regelmäßig beide Ehegatten annehmen. Nur der nichtverwaltende Ehegatte kann annehmen, wenn sich das Vertragsangebot auf sein Vorbehaltsgut bezieht (§ 1418 Abs. 2 Nr. 3) oder der Dritte bei der Schenkung bestimmt, dass diese in das Vorbehaltsgut fallen soll (§ 1418 Abs. 2 Nr. 2). Hat der nichtverwaltende Ehegatte ein Vertragsangebot oder eine Schenkung angenommen, fällt das dadurch Erlangte in das Gesamtgut (§ 1416). Für eine etwaige Gegenleistung haftet nur der nichtverwaltende Ehegatte persönlich, das Gesamtgut für seine Bereicherung nach § 1434. § 1432 bestimmt abweichend von der Rechtslage für die Annahme von Vertragsangebot und Schenkung, dass deren **Ablehnung** nur dem nichtverwaltenden Ehegatten zusteht, wenn Vertragsangebot oder Schenkung an ihn gerichtet sind. Hat der Gesamtgutsverwalter bereits angenommen, kann der nichtverwaltende Ehegatte nicht mehr ablehnen und umgekehrt. Es entscheidet der frühere Zugang der entsprechenden Erklärung beim Vertragspartner. § 1432 Abs. 1 gilt auch für die Zurückweisung einer Zuwendung auf Grund eines **Vertrages zugunsten eines Dritten** gemäß § 333.[1] 4

III. Inventarerrichtung

Beide Ehegatten können nach Abs. 2 für eine Erbschaft, die dem nichtverwaltenden Ehegatten angefallen ist, selbständig ein Inventar errichten. Das von einem Ehegatten errichtete Inventar wirkt auch für den anderen (vgl. § 2008 Abs. 1 S. 3). Eine Inventarfrist muss dagegen auch dem Gesamtgutsverwalter gegenüber gesetzt werden (§ 2008 Abs. 1 S. 1). 5

---

[1] *Staudinger/Felgentraeger* 10./11. Aufl. RdNr. 11 im Anschluss an *Siber* JherJb 67, 111.

IV. Abweichende Vereinbarungen

6 Die in **Abs. 1** aufgeführten Rechtsgeschäfte sind wegen ihres persönlichen Charakters dem nichtverwaltenden Ehegatten **zwingend** vorbehalten.[2] Abs. 1 kann daher durch Ehevertrag nicht abbedungen werden. Da bei allen aufgeführten Rechtsgeschäften Vertretung zulässig ist, kann dem Gesamtgutsverwalter aber nach den allgemeinen Grundsätzen Vollmacht erteilt werden. Eine Abdingung von **Abs. 2** kommt praktisch nicht in Frage, weil diese Vorschrift für beide Ehegatten nur vorteilhaft ist.

§ 1433 Fortsetzung eines Rechtsstreits

Der Ehegatte, der das Gesamtgut nicht verwaltet, kann ohne Zustimmung des anderen Ehegatten einen Rechtsstreit fortsetzen, der beim Eintritt der Gütergemeinschaft anhängig war.

I. Weiterführung eines Rechtsstreits

1 Nach § 1433 **kann** – als Ausnahme von § 1422 – der **nichtverwaltende Ehegatte einen Rechtsstreit weiterführen, der in seiner Person bei Begründung der Gütergemeinschaft anhängig war,** auch wenn sich der Rechtsstreit auf das Gesamtgut bezieht. Dies ist bei einem Passivrechtsstreit stets der Fall, weil alle bei Begründung der Gütergemeinschaft bestehenden Verbindlichkeiten, gleichgültig auf welchem Rechtsgrund sie beruhen, Gesamtgutsverbindlichkeiten sind (vgl. §§ 1438 bis 1440). Ein Aktivrechtsstreit bezieht sich dann nicht auf das Gesamtgut, wenn sein Gegenstand bei Eintritt der Gütergemeinschaft Vorbehalts- oder Sondergut wird. Solche Rechtsstreite kann der nichtverwaltende Ehegatte schon nach §§ 1417 Abs. 3, 1418 Abs. 3 fortsetzen.

2 Auch den Rechtsstreit, der sich auf das Gesamtgut bezieht, führt der Ehegatte in eigenem Namen weiter. Der **Klageantrag** eines Aktivprozesses kann, muss aber nicht auf das Gesamtgut umgestellt werden,[1] weil das aus dem Rechtsstreit Erlangte nach § 1416 sowieso dem Gesamtgut zugute kommt.

3 Der verwaltende Ehegatte kann dem Rechtsstreit als streitgenössischer **Nebenintervenient** nach § 69 ZPO beitreten, da die Rechtskraft der ergehenden Entscheidung ihm und dem Gesamtgut gegenüber wirkt.[2*] Übernehmen kann der Gesamtgutsverwalter den Rechtsstreit nur mit Zustimmung des Prozessgegners[3] und wegen § 1433 auch nur mit Zustimmung des nichtverwaltenden Ehegatten.

4 Die **Befugnis** zur Weiterführung des Rechtsstreits **umfasst alle Prozesshandlungen,** aber nicht das Recht, über einen zum Gesamtgut gehörenden Gegenstand materiellrechtlich zu verfügen. Soweit eine Prozesshandlung eine materiellrechtliche Verfügung enthält (zB der Prozessvergleich; s. § 1422 RdNr. 26), bedarf sie deshalb der besonderen Zustimmung des Verwalters.

---

[2] *Staudinger/Thiele* (2007) RdNr. 14; aA RGRK/*Finke* RdNr. 6.

[1] So *Soergel/Gaul* RdNr. 2; *Staudinger/Thiele* (2007) RdNr. 5 mN zu beiden Auffassungen; aA *Dölle* I § 71 II 6; *Erman/Gamillscheg* RdNr. 1; *Palandt/Brudermüller* RdNr. 1, die die Änderung des Klageantrags für zwingend notwendig halten.

[2*] HM; *Erman/Gamillscheg* RdNr. 1: AnwK-BGB/*Völker* RdNr. 6; *Bamberger/Roth/J. Mayer* RdNr. 1; *Soergel/Gaul* RdNr. 3; *Staudinger/Thiele* (2007) RdNr. 6; aA – nur Nebenintervention nach § 66, wegen § 265 Abs. 2 S. 3 ZPO keine streitgenössische Nebenintervention – *Palandt/Brudermüller* RdNr. 1; § 265 Abs. 2 S. 3 ZPO ist aber nicht entsprechend anwendbar, weil der Gesamtgutsverwalter nicht Rechtsnachfolger ist und nach den Darlegungen RdNr. 5 eine Rechtskrafterstreckung stattfindet.

[3] Entsprechend § 265 Abs. 2 S. 2 ZPO; S. 2 ist im Gegensatz zu S. 3 entsprechend anwendbar, weil sein Rechtsgedanke, die gegnerische Partei vor der Aufdrängung eines anderen Prozessgegners gegen ihren Willen zu schützen, auch hier zutrifft.

II. Rechtskraft der Entscheidung

Die Rechtskraft der ergehenden Entscheidung erstreckt sich auf das Gesamtgut und den Gesamtgutsverwalter persönlich. Aus einem gegen den nichtverwaltenden Ehegatten ergangenen Urteil kann zwar nur gegen ihn vollstreckt werden. Umschreibung des Vollstreckungstitels zur Vollstreckung in das Gesamtgut ist aber möglich (§ 742 ZPO). In gleicher Weise kann nach § 742 ZPO ein für den nichtverwaltenden Ehegatten ergangenes obsiegendes Urteil im Aktivprozess auf den Gesamtgutsverwalter umgeschrieben werden (soweit es sich auf das Gesamtgut bezieht), wenn dieser die Zwangsvollstreckung in eigenem Namen betreiben möchte. Betreibt der nichtverwaltende Ehegatte die Zwangsvollstreckung, so fällt das Erlangte jedenfalls nach § 1416 in das Gesamtgut. 5

III. Entsprechende Anwendung der Vorschrift

Zur entsprechenden Anwendung des § 1433 bei **Aufnahme eines Rechtsstreits** durch den nichtverwaltenden Ehegatten **auf Grund** des **Notverwaltungsrechts** nach § 1429 s. § 1429 RdNr. 6; zur entsprechenden Anwendung auf die **Fortsetzung** eines **im Rahmen eines selbständigen Erwerbsgeschäfts** des nichtverwaltenden Ehegatten nach § 1431 **anhängigen Rechtsstreits** bei Widerruf der Einwilligung des Gesamtgutsverwalters s. § 1431 RdNr. 12. 6

IV. Abweichende Vereinbarungen

Da der Prozessgegner der Übernahme des Rechtsstreits durch den Gesamtgutsverwalter nicht zuzustimmen braucht, ist die Prozessführungsbefugnis des nichtverwaltenden Ehegatten nach § 1433 **nicht abdingbar.**[4] Die Ehegatten können im Ehevertrag nur Vereinbarungen darüber treffen, ob der verwaltende Ehegatte den Rechtsstreit übernehmen soll, wenn der Prozessgegner zustimmt, oder ob er vom nichtverwaltenden Ehegatten in jedem Fall selbst zu Ende geführt wird. 7

§ 1434 Ungerechtfertigte Bereicherung des Gesamtguts

Wird durch ein Rechtsgeschäft, das ein Ehegatte ohne die erforderliche Zustimmung des anderen Ehegatten vornimmt, das Gesamtgut bereichert, so ist die Bereicherung nach den Vorschriften über die ungerechtfertigte Bereicherung aus dem Gesamtgut herauszugeben.

I. Normzweck

Die Vorschrift regelt die Rückabwicklung von Vermögensverschiebungen auf Grund von Rechtsgeschäften, die mangels Zustimmung eines der beiden Ehegatten für das Gesamtgut nicht wirksam sind. Alles, was das Gesamtgut auf Grund eines solchen Rechtsgeschäfts erlangt hat, ist nach den Grundsätzen der ungerechtfertigten Bereicherung herauszugeben. 1

II. Voraussetzung der Bereicherungshaftung

Voraussetzung für die Bereicherungshaftung des § 1434 ist, dass in das Gesamtgut die Leistung eines Dritten auf Grund eines Rechtsgeschäfts gelangt ist, das dem Gesamtgut gegenüber mangels Zustimmung des anderen Ehegatten nicht wirksam ist, das also entweder vom Gesamtgutsverwalter ohne die erforderliche Zustimmung nach §§ 1423 bis 1425 oder vom anderen Ehegatten außerhalb seiner Befugnis, das Gesamtgut zu verpflichten, abgeschlossen wurde. (Nimmt zB der nichtverwaltende Ehegatte die Erfüllung für eine zum 2

[4] AA RGRK/*Finke* RdNr. 6; weiter *Staudinger/Thiele* (2007) RdNr. 9.

Gesamtgut gehörende Forderung entgegen, so fällt die Leistung in das Gesamtgut, die Forderung erlischt aber nicht, s. § 1422 RdNr. 19). Ist das Gesamtgut in anderer Weise als durch die Leistung eines Dritten auf Grund mangels Zustimmung unwirksamen Rechtsgeschäfts bereichert, gelten die allgemeinen Vorschriften.[1]

III. Bereicherungshaftung

3 Für den Bereicherungsanspruch haften nur das Gesamtgut und der Gesamtgutsverwalter persönlich (§ 1437), nicht der andere Ehegatte, auch wenn dieser das unwirksame Rechtsgeschäft abgeschlossen hat (zu dessen vertraglicher Haftung und der Konkurrenz der Ansprüche, s. RdNr. 4). Der Bereicherungsanspruch kann nur gegen den Verwalter geltend gemacht werden.[2] Für das Maß dessen, was herauszugeben ist, gelten die §§ 818, 819. Die verschärfte Haftung nach § 819 Abs. 1 beginnt erst, wenn der Verwalter von dem mangelhaften Erwerb Kenntnis hat, nicht, wenn der andere Ehegatten den Mangel des Erwerbs kennt. Nach ganz hM zu § 819 setzt Kenntnis des Mangels nicht nur Kenntnis der den Mangel begründenden Tatsachen, sondern auch Kenntnis der sich aus diesen ergebenden Rechtsfolgen (oder jedenfalls ein bewusstes Sichverschließen gegen diese Rechtsfolgen),[3] hier also die Kenntnis voraus, dass das Rechtsgeschäft mangels Zustimmung eines der beiden Ehegatten für das Gesamtgut unwirksam ist.

IV. Andere Ansprüche gegen die Ehegatten

4 Schließt der verwaltende Ehegatte ein Rechtsgeschäft für das Gesamtgut ohne die erforderliche Zustimmung nach den §§ 1423 bis 1425 ab, so haftet er auch nicht persönlich auf Erfüllung. Ansprüche gegen ihn (Mithaftung des Gesamtguts, § 1437) können aber auf Grund unerlaubter Handlung oder culpa in contrahendo bestehen. Schließt der nichtverwaltende Ehegatte ein Rechtsgeschäft ab, das für das Gesamtgut unwirksam ist, so haftet er dem Geschäftspartner persönlich auf Erfüllung. Der Bereicherungsanspruch gegen das Gesamtgut wird nicht durch solche Ansprüche gegen den Gesamtgutsverwalter auf Grund culpa in contrahendo oder unerlaubter Handlung bzw. gegen den anderen Ehegatten auf Grund Vertrages (auf Erfüllung oder Schadensersatz) ausgeschlossen.[4] Umgekehrt schließt auch die Bereicherungshaftung die anderen Ansprüche nicht aus. Soweit sie sich decken, besteht Anspruchskonkurrenz. Wenn der nichtverwaltende Ehegatte die für das Gesamtgut unwirksame Verpflichtung gegenüber dem Dritten aus seinem Vorbehaltsgut erfüllt, ist das Gesamtgut durch die Gegenleistung des Dritten nicht mehr ungerechtfertigt bereichert. Zum Ausgleich zwischen den Vermögensmassen der Ehegatten untereinander s. § 1445.

V. Zurückbehaltungsrecht des Dritten

5 Entgegen der hM steht dem Dritten wegen seines Bereicherungsanspruchs (oder wegen anderer Ansprüche aus demselben Rechtsverhältnis gegen das Gesamtgut) ein Zurückbehaltungsrecht gegen die ihm gegenüber geltend gemachten Ansprüche des Gesamtguts zu (s. § 1427 RdNr. 5).

VI. Abweichende Vereinbarungen

6 Da er die Rechte Dritter regelt, ist § 1434 durch Ehevertrag nicht abdingbar.

---

[1] S. *Staudinger/Thiele* (2007) RdNr. 3.
[2] RGZ 90, 288; vgl. auch BGH NJW 1957, 1635.
[3] Vgl. BGHZ 26, 256 = NJW 1958, 668; BGHZ 32, 76, 92 = NJW 1960, 1105.
[4] AllgM; *Erman/Gamillscheg* RdNr. 1; speziell zur Konkurrenz mit Vertragsansprüchen gegen den nichtverwaltenden Ehegatten *Palandt/Brudermüller* RdNr. 1; RGRK/*Finke* RdNr. 6; *Soergel/Gaul* RdNr. 4; *Staudinger/Thiele* (2007) RdNr. 10; vgl. auch OLG Colmar OLGE 8, 336.

§ 1435 Pflichten des Verwalters

[1] Der Ehegatte hat das Gesamtgut ordnungsmäßig zu verwalten. [2] Er hat den anderen Ehegatten über die Verwaltung zu unterrichten und ihm auf Verlangen über den Stand der Verwaltung Auskunft zu erteilen. [3] Mindert sich das Gesamtgut, so muss er zu dem Gesamtgut Ersatz leisten, wenn er den Verlust verschuldet oder durch ein Rechtsgeschäft herbeigeführt hat, das er ohne die erforderliche Zustimmung des anderen Ehegatten vorgenommen hat.

I. Normzweck

§ 1435 regelt die **Pflichten des Gesamtgutsverwalters** gegenüber dem anderen Ehegatten. Er ist zur ordnungsmäßigen Verwaltung verpflichtet (S. 1), muss für verschuldete Minderung des Gesamtguts Ersatz leisten (S. 3) und den anderen Ehegatten über die Verwaltung unterrichten sowie ihm Auskunft über den Stand der Verwaltung erteilen (S. 2). 1

II. Die Pflichten bei der Verwaltung des Gesamtguts im Allgemeinen

Die Pflichten des Verwalters wurden durch § 1435 idF des GleichberG gegenüber der früheren Rechtslage grundlegend erweitert. Während der Ehemann der Ehefrau gegenüber früher für die Verwaltung des Gesamtguts nur in Ausnahmefällen haftbar war, ist der Verwalter dem anderen Ehegatten nun für die ordnungsgemäße Verwaltung grundsätzlich verantwortlich. Die Pflicht des Verwalters zur ordnungsmäßigen Verwaltung kann auch durch Klage geltend gemacht werden, regelmäßig ohne Vollstreckungsmöglichkeit nach § 888 Abs. 3 ZPO, ausnahmsweise mit Vollstreckungsmöglichkeit (und ohne Anwendung des § 1446), etwa zur Auszahlung von Trennungsunterhalt. 2

Wichtigste Einschränkung der Pflichten nach § 1435 ist es, dass der Verwalter nach der allgemeinen Haftungsregel unter Ehegatten nur für **eigenübliche Sorgfalt** einzustehen hat (§ 1359). Von der Haftung wegen grober Fahrlässigkeit ist er dadurch keinesfalls befreit (vgl. § 277, der – obwohl schuldrechtliche Vorschrift – auch für das vermögensrechtliche Verhältnis der Ehegatten im Rahmen des § 1359 gilt). 3

§ 1435 gilt insgesamt nicht nur für den Ehegatten, der nach dem Ehevertrag zum Verwalter des Gesamtguts bestimmt ist, sondern für denjenigen, der die konkrete Verwaltungsmaßnahme vorgenommen hat. Das kann auch der andere Ehegatte sein, wenn er im Rahmen seiner Befugnisse nach den §§ 1428 ff., für das Gesamtgut tätig geworden ist, aber auch, wenn er eine Verwaltungsmaßnahme getroffen hat, ohne dazu befugt zu sein.[1] Für die entgegengesetzte Auffassung, dass § 1435 nur für den Gesamtgutsverwalter gilt, spricht seine historische Entwicklung aus § 1456 aF und wohl auch der Wortlaut, dh. die Wahl der Begriffe „verwaltet“ und „Verwaltung“, die daraufhin deuten, dass der Gesamtgutsverwalter nach §§ 1421, 1422 gemeint ist. Beide Gesichtspunkte stehen der sinnvollen ausdehnenden Auslegung aber nicht im Wege. 4

III. Die Pflicht zur ordnungsmäßigen Gesamtgutsverwaltung

Die Pflicht zur ordnungsmäßigen Verwaltung bedeutet, dass der Verwalter das Gesamtgut treuhänderisch im Interesse beider Ehegatten verwalten und sich für die Erhaltung und Mehrung des Gesamtguts einsetzen muss.[2, 3] Er hat die gesetzlichen Schranken seiner Befugnisse und die Mitwirkungsrechte des anderen Ehegatten zu beachten und schon den Versuch zu unterlassen, diese Schranken und Mitwirkungsrechte zu umgehen.[4] 5

---

[1] Im Ergebnis übereinstimmend *Staudinger/Thiele* (2007) RdNr. 17, die aber § 1435 bei Verwaltungshandlungen nach den §§ 1428 ff. und unbefugten Verwaltungshandlungen nur entsprechend anwenden; ebenso *Soergel/Gaul* RdNr. 14.

[2] Vgl. RGZ 124, 325.

[3] Zur Versicherungspflicht vgl. RGZ 76, 133, 136 (zum früheren eingebrachten Gut der Ehefrau).

[4] Vgl. BGHZ 48, 369 = NJW 1968, 496.

IV. Die Auskunfts- und Unterrichtungspflicht

6 **1. Unterrichtungspflicht.** Um dem anderen Ehegatten Einblick in die gemeinschaftlichen Vermögensverhältnisse und die Möglichkeit zur Überwachung der Verwaltung zu geben, hat ihn der Gesamtgutsverwalter **über** die **Verwaltung laufend zu unterrichten.** Umstr. ist, ob der nichtverwaltende Ehegatte diesen Anspruch mit der normalen Leistungsklage durchsetzen[5] oder nur mit der Klage auf Herstellung des ehelichen Lebens ohne Vollstreckungsmöglichkeit (§ 888 Abs. 3 ZPO) verfolgen kann.[6] Die erste Meinung verdient – trotz der entgegenstehenden Auffassung des Gesetzgebers – den Vorrang, weil bei der Unterrichtungspflicht der vermögensrechtliche Aspekt den personalen überwiegt. Dass es sich um eine Dauerpflicht handelt, steht der Leistungsklage und der Vollstreckungsmöglichkeit wie bei entsprechenden Dauerpflichten unter Fremden nicht im Wege.[7]

7 **2. Auskunftspflicht.** Neben der Verpflichtung zur laufenden Unterrichtung trifft den Verwalter die Pflicht, auf Verlangen **Auskunft über den Stand der Vermögensverwaltung zu erteilen.** Verfehlt ist es, für den Inhalt dieser Pflicht §§ 259 ff., insbesondere § 260 heranzuziehen.[8] Denn der Verwalter hat dem anderen Ehegatten nicht über den Stand des Vermögens, sondern über den Stand der Verwaltung des Vermögens (also nicht über einen Zustand, sondern über einen Prozess) Auskunft zu geben.[9] Welchen konkreten Inhalt die Pflicht hat, hängt danach vollständig von den Umständen des einzelnen Falles ab. Sie kann je nachdem auf Auskunftserteilung über eine Einzelmaßnahme, über das Ergebnis einer Maßnahme, über den Verlauf einer Gruppe von Geschäftstätigkeiten, im Einzelfall allerdings auch auf Auskunftserteilung über den Stand des Gesamtvermögens gehen.

8 Aus §§ 259 ff. ist der allgemeine Gedanke des Gesetzes zu entnehmen, dass der Nachweis für die Richtigkeit einer Auskunft durch eidesstattlicher Versicherung zu führen ist. Die Verpflichtung zur Abgabe einer eidesstattlichen Versicherung besteht allerdings in Angelegenheiten von geringer Bedeutung nicht (vgl. § 259 Abs. 3), darüber hinaus auch immer dann nicht, wenn auf einfachere Weise – zB durch Einsicht in Bücher – Klarstellung erreicht werden kann.[10]

9 Wird der Auskunftsanspruch entsprechend RdNr. 7 differenziert, so ist es nicht erforderlich, den verwaltenden Ehegatten dadurch vor einer missbräuchlichen Ausübung des Auskunftsrechts durch den anderen Ehegatten zu schützen, dass der Auskunftsanspruch durch das Verlangen eines – sorgfältig zu prüfenden – Rechtsschutzbedürfnisses[11] eingeschränkt wird.[12] Nach der hier vertretenen Auffassung ist der Auskunftsanspruch auf diejenigen Auskünfte und Nachweise gerichtet, die in der jeweiligen Situation bei objektiver Betrachtung geboten sind. Dieser Anspruch ist nach den allgemeinen Grundsätzen klagbar und vollstreckbar.[13, 14]

---

[5] So *H. Müller* FamRZ 1971, 551; *Gernhuber/Coester-Waltjen* § 38 RdNr. 57.

[6] So die überwM; BT-Drucks. II/zu 3409, S. 27; OLG Stuttgart FamRZ 1979, 809; *Dölle* I § 68 IV S. 899 Fn. 12; *Erman/Gamillscheg* RdNr. 1; *Palandt/Brudermüller* RdNr. 3; *Soergel/Gaul* RdNr. 5; *Staudinger/Thiele* (2007) RdNr. 4.

[7] AA *Erman/Gamillscheg* RdNr. 2; für Auskunftsansprüche müsse ein besonders sorgfältig zu prüfendes Rechtsschutzbedürfnis vorliegen; insoweit aA *Bamberger/Roth/J. Mayer* RdNr. 4; *Staudinger/Tiehle* (2007) RdNr. 5.

[8] So aber die hM: *Erman/Gamillscheg* RdNr. 2; *Palandt/Brudermüller* RdNr. 3; *Soergel/Gaul* RdNr. 6; *Staudinger/Thiele* (2007) RdNr. 4. Die Kommentierung von *Paland/Brudermüller* zu § 1435 geht nicht auf die Frage ein, dass die Auskunft über den Stand der Vermögensverwaltung zu erteilen ist.

[9] Übereinstimmend im Wesentlichen *Staudinger/Thiele* (2007) RdNr. 6.

[10] Vgl. BGHZ 55, 201, 206 = NJW 1971, 656.

[11] Vgl. die Nachweise unter Fn. 7.

[12] So ausdrücklich *Erman/Gamillscheg* RdNr. 2; ähnlich *Soergel/Gaul* RdNr. 7; gegen diese Einschränkungen *Staudinger/Thiele* (2007) RdNr. 5.

[13] Anders als bei der Unterrichtungspflicht besteht inzwischen Einigkeit darüber, dass der Anspruch im Wege der Leistungsklage durchsetzbar ist; s. OLG Stuttgart FamRZ 1979, 809; RGRK/*Finke* RdNr. 4; *Soergel/Gaul* RdNr. 6; *Staudinger/Thiele* (2007) RdNr. 7 mwN.

[14] Vollstreckung, wenn Nachweis durch eidesstattliche Versicherung geboten ist, nach § 889 ZPO, sonst je nach dem Inhalt des zu führenden Nachweises.

V. Die Pflicht zur Ersatzleistung

1. Verletzung der Pflicht zur ordnungsmäßigen Verwaltung. Hat der Verwalter einen Verlust des Gesamtguts durch Verletzung seiner Pflicht zur ordnungsmäßigen Verwaltung verschuldet, so muss er zum Gesamtgut Schadensersatz leisten. Ob eine Pflichtverletzung vorliegt, ist nach objektiven Maßstäben auf Grund der Verhältnisse zum Zeitpunkt der Vornahme der Maßnahme (oder des Unterlassens einer gebotenen Maßnahme) und unter Berücksichtigung der Lebensumstände der Ehegatten zu beurteilen. Dabei ist zu berücksichtigen, dass die Übernahme von Risiken unvermeidlich ist und es dem Verwalter darüber hinaus gestattet ist, bei der Verwaltung des Gesamtguts auch vermeidbare Risiken einzugehen, wenn diese den Lebensumständen der Ehegatten entsprechen (Wertpapierspekulationen können zB je nach den Lebensumständen der Ehegatten zur ordnungsmäßigen Gesamtgutsverwaltung gehören oder über sie hinausgehen). Solange der Verwalter diese Grenzen einhält, hat er sich pflichtgemäß verhalten, auch wenn ein Geschäft mißglückt. Es braucht dann nicht geprüft zu werden, ob ihn ein Verschulden (nach den Maßstäben der §§ 1359, 277, s. oben RdNr. 3) trifft. 10

2. Rechtsgeschäfte ohne erforderliche Zustimmung. Der Verwalter haftet ohne Verschulden[15] für Nachteile, die dem Gesamtgut aus zustimmungsbedürftigen, aber ohne Zustimmung des anderen Ehegatten vorgenommenen Rechtsgeschäften entstanden sind. Da solche Rechtsgeschäfte für das Gesamtgut unwirksam sind, kann sich aus ihnen ein Nachteil für das Gesamtgut nur ergeben, wenn der Rückabwicklungsanspruch im Ergebnis nicht durchsetzbar ist (vgl. RdNr. 12) oder nicht zu gleichwertigem Ersatz führt.[16] 11

3. Gegenüberstehende Vorteile. Ist der Verwalter ersatzpflichtig geworden, so fällt die Ersatzpflicht nicht dadurch wieder weg, dass es ihm gelungen ist, den Verlust per Saldo durch günstige Geschäfte auszugleichen.[17] Erlangt das Gesamtgut auf Grund der schädigenden Verwaltungsmaßnahme einen Ersatzanspruch gegen einen Dritten, so schließt das die Ersatzpflicht des Verwalters nicht aus, solange der Ersatzanspruch gegen den Dritten nicht realisiert ist. Leistet der Dritte Ersatz, so entfällt die Ersatzpflicht des Verwalters insoweit, als durch den Ersatz des Dritten der Nachteil für das Gesamtgut ausgeglichen wird.[18] 12

4. Inhalt der Ersatzpflicht. Die Ersatzpflicht ist nach ihrer Rechtsnatur eine Verbindlichkeit des Verwalters gegenüber dem anderen Ehegatten. Ihre Erfüllung kann der andere Ehegatte erst nach Beendigung der Gütergemeinschaft verlangen (§ 1446 Abs. 1 bei Anspruch gegen den Gesamtgutsverwalter, Abs. 2 bei Anspruch gegen den grundsätzlich nicht verwaltenden Ehegatten, s. dazu RdNr. 4). Unter den allgemeinen Voraussetzungen kann der andere Ehegatte schon vorher Sicherstellung durch Arrest oder einstweilige Verfügung erreichen. 13

VI. Abweichende Vereinbarungen

Die Pflichten des § 1435 können durch Ehevertrag beliebig verschärft werden.[19] Inwieweit eine ehevertragliche Einschränkung der Pflichten zulässig ist, ist umstr. Grundsätzlich ist die Einschränkung zulässig. Die Pflicht zur ordnungsmäßigen Verwaltung kann aber nicht eingeschränkt werden, weil sie aus der Überlassung der Verwaltung des gemeinschaftlichen Geamtguts zwingend folgt. § 276 Abs. 2 ist ein allgemeiner Rechtsgedanke zu entnehmen, 14

---

[15] *Soergel/Gaul* RdNr. 12; *Staudinger/Thiele* (2007) RdNr. 11; offengelassen von BGHZ 48, 369, 372 = NJW 1968, 496.

[16] AA *Staudinger/Thiele* (2007) RdNr. 10.

[17] HM, *Erman/Gamillscheg* RdNr. 3; *Soergel/Gaul* RdNr. 10; *Staudinger/Thiele* (2007) RdNr. 9; *Palandt/Brudermüller* RdNr. 4.

[18] So mit Recht *Erman/Gamillscheg* RdNr. 3; *Bamberger/Roth/M. Mayer* RdNr. 5; anders RGRK/*Finke* RdNr. 7; *Soergel/Gaul* RdNr. 11: keine Minderung des Gesamtguts, soweit realisierbarer Ersatzanspruch gegen Dritten besteht.

[19] *Staudinger/Thiele* (2007) RdNr. 19.

sodass die Ersatzpflicht für Vorsatz nicht ausgeschlossen werden kann.[20] Die Unterrichtungs- und die Auskunftspflicht können dagegen – von Fällen des § 138 abgesehen – auch vollständig ausgeschlossen werden. Die Mindestsicherung der Interessen des nichtverwaltenden Ehegatten enthält § 1447 Nr. 1, ein Auskunftsanspruch steht ihm jedenfalls bei Verdacht des Missbrauchs auf Grund allgemeiner, unabdingbarer Rechtsgrundsätze auch zu, wenn die speziellen Pflichten nach § 1435 ausgeschlossen sind.[21]

§ 1436 Verwalter unter Vormundschaft oder Betreuung

[1] Steht der Ehegatte, der das Gesamtgut verwaltet, unter Vormundschaft oder fällt die Verwaltung des Gesamtguts in den Aufgabenkreis seines Betreuers, so hat ihn der Vormund oder Betreuer in den Rechten und Pflichten zu vertreten, die sich aus der Verwaltung des Gesamtguts ergeben. [2] Dies gilt auch dann, wenn der andere Ehegatte zum Vormund oder Betreuer bestellt ist.

I. Normzweck

1 Steht der Gesamtgutsverwalter unter Vormundschaft oder fällt die Verwaltungstätigkeit in den Aufgabenkreis eines Betreuers, so vertritt ihn der Vormund bzw. der Betreuer auch bei der Verwaltung des Gesamtguts. Die Verwaltungsbefugnis geht also nicht auf den anderen Ehegatten über (zur Möglichkeit, dies zu vereinbaren, s. RdNr. 7).

II. Folgen der Vormundschaft oder Betreuung für einen Ehegatten

2 Die Vormundschaft über einen der Ehegatten ist auf die Gütergemeinschaft ohne Einfluss. Steht der Gesamtgutsverwalter unter Vormundschaft oder fällt die Verwaltungstätigkeit in den Aufgabenkreis eines Betreuers, so verwaltet der Vormund oder Betreuer in Vertretung des Verwalters; nach dem Grundgedanken der Betreuung bleibt der geschäftsfähige betreute Gesamtgutsverwalter – parallel – handlungsfähig. Die Bestellung eines Betreuers, ohne dass die Gesamtgutsverwaltung in seinen Aufgabenkreis fällt, hat keine rechtlichen Auswirkungen. Dem anderen Ehegatten steht unter den Voraussetzungen des § 1447 Nr. 1 oder Nr. 4 die Klage auf Aufhebung der Gütergemeinschaft zu.

III. Die Verwaltungstätigkeit des Vormunds oder Betreuers

3 Für die Tätigkeit des Vormunds und des Betreuers gelten die allgemeine Vorschriften.[1] Sie haften dem Gesamtgutsverwalter für jeden Schaden, den sie verschuldet haben (§§ 1833, 1908 i Abs. 1; ohne Milderung des Haftungsmaßstabes nach § 1359). Nicht der Vormund (oder der Betreuer), sondern der Gesamtgutsverwalter, der durch den Vormund (oder Betreuer) vertreten wird,[2] haftet dem anderen Ehegatten nach § 1435.

IV. Minderjährigkeit des Gesamtgutsverwalters

4 (Theoretisch) ist nicht ausgeschlossen, dass der noch nicht volljährige Ehegatte (vgl. § 1303 Abs. 2) zum Gesamtgutsverwalter bestellt ist. Auch in dieser Eigenschaft handelt dann nach den allgemeinen Vorschriften an seiner Stelle der gesetzliche Vertreter (regelmäßig die Eltern, s. §§ 1626 ff., hilfsweise der Vormund).

---

[20] Ebenso *Staudinger/Thiele* (2007) RdNr. 20; im Ergebnis auch *Erman/Gamillscheg* RdNr. 5; *Soergel/Gaul* RdNr. 2.

[21] AA *Soergel/Gaul* RdNr. 2: Ausschluss der Auskunftspflicht regelmäßig nichtig; *Erman/Gamillscheg* RdNr. 5; wie hier *Staudinger/Thiele* (2007) RdNr. 20.

[1] Vgl. KG HRR 1933 Nr. 203.

[2] AA (Haftung des Vormunds) RGRK/*Finke* RdNr. 5; *Staudinger/Thiele* (2007) RdNr. 4; *Bamberger/Roth/J. Mayer* RdNr. 1; AnwK-BGB/*Völker* RdNr. 3; wie hier *Soergel/Gaul* RdNr. 4.

V. Der andere Ehegatte als Vormund oder Betreuer

Auch der andere Ehegatte kann zum Vormund oder Betreuer (s. § 1897 Abs. 5) bestellt werden (nachdem die Vormundschaft nur noch über Minderjährige möglich ist, hat die Bestellung des Ehegatten zum Vormund – s. § 1303 Abs. 1, 2 – praktisch kaum noch Bedeutung). Dann verwaltet er nach S. 2 das Gesamtgut in Vertretung des Gesamtgutsverwalters. Durch Verwaltungshandlungen werden das Gesamtgut (§ 1437) und der Gesamtgutsverwalter persönlich (§ 1437 Abs. 2) verpflichtet. Daneben wird auch der den Gesamtgutsverwalter vertretende Ehegatte persönlich verpflichtet, wenn dem dritten Geschäftspartner nicht erkennbar war, dass er nur für das Gesamtgut handeln wollte. 5

Daneben behält der zum Vormund oder Betreuer des Gesamtgutsverwalters bestellte Ehegatte auch alle Rechte des nichtverwaltenden Ehegatten, zB die Mitwirkungsrechte nach §§ 1423 ff., die Befugnis, selbständig ein Erwerbsgeschäft zu betreiben usw. In diesem In-Sich-Rechtsverhältnis zwischen dem Ehegatten als Vertreter des Gesamtgutsverwalters und als nichtverwaltender Ehegatte gilt § 181 nicht.[3] Er kann sich also in Vertretung des Verwalters die Zustimmung zum selbständigen Betrieb eines Erwerbsgeschäfts als nichtverwaltender Ehegatte und umgekehrt in dieser Eigenschaft die Zustimmung zu Verwaltungsgeschäften nach §§ 1423 ff. erteilen. Die Zustimmung liegt im letzteren Falle regelmäßig in der Vornahme des Geschäfts.[4] Für die Verwaltung haftet auch der andere Ehegatte als Vormund oder Betreuer dem Gesamtgutsverwalter nach §§ 1833, 1908 i Abs. 1 ohne die Haftungsmilderung nach § 1359, weil er als Vormund oder Betreuer, nicht als Ehegatte tätig wird.[5] 6

VI. Abweichende Vereinbarungen

§ 1436 kann ehevertraglich in der Weise modifiziert werden, dass für den Fall des Eintritts der Betreuung über den Gesamtgutsverwalter (unter Einbeziehung der Gesamtgutsverwaltung in den Aufgabenkreis des Betreuers) die Verwaltung auf den anderen Ehegatten übergeht (zur bedingten oder befristeten Verwalterbestellung allgemein s. § 1421 RdNr. 2). Diese ehevertragliche Vereinbarung kann auch nach Eintritt der Betreuung getroffen werden (s. § 1411). In anderer Weise kann § 1436 nicht abgeändert werden. Die Vertretung des Gesamtgutverwalters durch Vormund oder Betreuer ist sonst zwingend. 7

Vorbemerkungen zu §§ 1437 bis 1444

Die §§ 1437 bis 1444 regeln die **Haftung der verschiedenen Vermögensmassen** bei der Gütergemeinschaft mit Einzelverwaltung. §§ 1437 bis 1440 enthalten die Regelung der Haftung im **Außenverhältnis** gegenüber den Gläubigern, § 1437 stellt den Grundsatz auf, dass für alle Verbindlichkeiten der Ehegatten das Gesamtgut (Abs. 1) und außerdem der Gesamtgutsverwalter persönlich (Abs. 2) haften. Die §§ 1438 bis 1440 machen davon Ausnahmen für Verbindlichkeiten des nichtverwaltenden Ehegatten, die während der Gütergemeinschaft entstanden sind. Die Haftung für die Gesamtgutsverbindlichkeiten – dh. die Verbindlichkeiten, für die das Gesamtgut haftet – im **Innenverhältnis** der Ehegatten untereinander richtet sich nach §§ 1441 bis 1444. Grundsätzlich fallen diese Verbindlichkeiten dem Gesamtgut zur Last; sie sind also von den Ehegatten im wirtschaftlichen Ergebnis je zur Hälfte zu tragen (vgl. § 1476 Abs. 1). Als Ausnahme davon hat nach den §§ 1441 bis 1444 ein Ehegatte bestimmte Verbindlichkeiten im Innenverhältnis allein zu tragen.

---

[3] AllgM; *Gernhuber/Coester-Waltjen* § 38 RdNr. 54; *Erman/Gamillscheg* RdNr. 1; *Soergel/Gaul* RdNr. 5; *Staudinger/Thiele* (2007) RdNr. 5 mwN.

[4] *Staudinger/Thiele* (2007) RdNr. 5; aA *Erman/Gamillscheg* RdNr. 1 im Anschluss an KGJ 22, 143.

[5] HM; s. *Erman/Gamillscheg* RdNr. 1; *Soergel/Gaul* RdNr. 5; *Staudinger/Thiele* (2007) RdNr. 6.

§ 1437 Gesamtgutsverbindlichkeiten; persönliche Haftung

(1) Aus dem Gesamtgut können die Gläubiger des Ehegatten, der das Gesamtgut verwaltet, und, soweit sich aus den §§ 1438 bis 1440 nichts anderes ergibt, auch die Gläubiger des anderen Ehegatten Befriedigung verlangen (Gesamtgutsverbindlichkeiten).

(2) [1] Der Ehegatte, der das Gesamtgut verwaltet, haftet für die Verbindlichkeiten des anderen Ehegatten, die Gesamtgutsverbindlichkeiten sind, auch persönlich als Gesamtschuldner. [2] Die Haftung erlischt mit der Beendigung der Gütergemeinschaft, wenn die Verbindlichkeiten im Verhältnis der Ehegatten zueinander dem anderen Ehegatten zur Last fallen.

Übersicht

I. Normzweck

1 Grundsätzlich haften – von den Ausnahmen der §§ 1438 bis 1440 abgesehen – das Gesamtgut (Abs. 1) und der verwaltende Ehegatte persönlich (Abs. 2) für alle Verbindlichkeiten der Ehegatten. Die Gesamtgutshaftung (und die ihr folgende persönliche Haftung des Verwalters) ist nach den §§ 1438 bis 1440 für die meisten während der Gütergemeinschaft in der Person des nichtverwaltenden Ehegatten entstehenden Verbindlichkeiten ausgeschlossen, für die nur der nichtverwaltende Ehegatte persönlich, dh. dessen Sondervermögen haftet. Die zusätzliche persönliche Haftung des Verwalters für alle Gesamtgutsverbindlichkeiten ist das Korrelat zu seiner umfassenden Verwaltungsbefugnis. Dadurch soll Vermögensverschiebungen aus dem Gesamtgut in sein Vorbehaltsgut und der bevorzugten Begleichung eigener Schulden aus dem Gesamtgut zum Nachteil von Gesamtgutsgläubigern vorgebeugt werden.[1]

II. Die Haftung für die Verbindlichkeiten der Ehegatten

2 **Schuldner** von Verbindlichkeiten können stets nur die **Ehegatten persönlich,** Schuldner kann niemals das Gesamtgut selbst sein, da dieses – wie die anderen Vermögensmassen – keine eigene Rechtspersönlichkeit besitzt. Die verschiedenen **Vermögensmassen** sind nach den allgemeinen Grundsätzen und den Haftungsregeln der §§ 1437 bis 1440 **Haftungsobjekte** für die Verbindlichkeiten der Ehegatten. Soweit das Gesamtgut für eine Verbindlichkeit haftet, bezeichnet sie das Gesetz als **„Gesamtgutsverbindlichkeit“.**[2]

3 Ist die **Verbindlichkeit in der Person des Verwalters** entstanden, so haften in jedem Fall dessen Sondervermögen und das Gesamtgut. Falls der Verwalter aber ein Rechtsgeschäft ohne die nach §§ 1423 bis 1425 erforderliche Zustimmung des anderen Ehegatten abgeschlossen hat, ist das Rechtsgeschäft unwirksam (vgl. § 1427 RdNr. 4), eine Verbindlichkeit also nicht entstanden.

4 Ist die **Verbindlichkeit in der Person des anderen Ehegatten** entstanden, aber im Rahmen von dessen Befugnis, für das Gesamtgut zu handeln (auf Grund §§ 1429 ff. oder auf Grund einer Ermächtigung des Verwalters oder seiner Zustimmung), haften wiederum in jedem Falle das Gesamtgut und der verwaltende Ehegatte. Der handelnde andere Ehegatte

[1] Mot. IV S. 367 f.; vgl. auch *Zöllner* FamRZ 1965, 113, 118.

[2] Zur Haftung des Gesamtguts vgl. Darstellung von *Bamberger/Roth/J. Mayer* RdNr. 2.

haftet dem Dritten gegenüber dann zusätzlich mit seinem Sondervermögen, wenn der Wille, nicht für sein eigenes Vermögen, sondern nur für das Gesamtgut zu handeln, dem Dritten nicht erkennbar war.

Für andere in der Person des nichtverwaltenden Ehegatten entstandene Verbindlichkeiten 5 (hierher gehören auch solche, bei denen der Gesamtgutsverwalter auf Grund Vollmacht – nur – für den anderen Ehegatten gehandelt hat),[3] haften dessen Sondervermögen. Das Gesamtgut und der Verwalter haften nach § 1437 zusätzlich, soweit die Haftung nicht nach §§ 1438 bis 1440 ausgeschlossen ist. Gesamtgut und Verwalter haften für alle Verbindlichkeiten des anderen Ehegatten bei Eintritt der Gütergemeinschaft, während die Haftung für die meisten in der Person des anderen Ehegatten während der Gütergemeinschaft begründeten Verbindlichkeiten nach den §§ 1438 bis 1440 ausgeschlossen ist. Soweit nicht ausgeschlossen, haften Gesamtgut und verwaltender Ehegatte für die Verbindlichkeiten des anderen Ehegatten, ohne Rücksicht darauf, welcher Art sie sind und auf welchem Enstehungsgrund sie beruhen, zB auch für dessen gesetzliche Unterhaltspflichten[4] und für Ansprüche auf Herausgabe bestimmter Sachen.[5]

Für Verbindlichkeiten, die **in der Person beider Ehegatten** begründet werden, 6 gelten die allgemeinen Regeln, bei rechtsgeschäftlicher Begründung nach § 427 also gesamtschuldnerische Haftung, dh. Haftung beider Ehegatten mit ihren Sondervermögen und Haftung des Gesamtguts nach § 1437 Abs. 1 mit der Folge der persönlichen Haftung des Verwalters für diese Gesamthandsschuld nach § 1437 Abs. 2. In der Person beider Ehegatten sind auch rechtsgeschäftliche Verbindlichkeiten entstanden, bei deren Begründung der eine Ehegatte auf Grund Vollmacht oder § 1357 gleichzeitig den anderen Ehegatten verpflichtet hat.

Aufgrund der Vertragsfreiheit kann **mit** den jeweiligen **Gläubigern** eine **beliebige** 7 **Haftungsregelung vereinbart**[6] werden. Die Haftung der Vermögensmassen kann ausgedehnt oder eingeschränkt, die Haftung des Gesamtguts, aber auch die persönliche Haftung eines Ehegatten, insbesondere die persönliche Haftung des Gesamtgutsverwalters nach Abs. 2 ausgeschlossen werden.

Wird das **Gesamtgut vor Berichtigung einer Gesamtgutsverbindlichkeit geteilt,** so 8 haften beide Ehegatten – beschränkt auf das aus dem Gesamtgut Erlangte – für diese Verbindlichkeit persönlich, auch soweit sie bisher nicht gehaftet haben **(§ 1480).**

III. Beweislast

Die Beweislast dafür, dass keine Gesamtgutsverbindlichkeit vorliegt, trägt derjenige, der 9 dies behauptet, weil die Haftung des Gesamtguts nach § 1437 Abs. 1 die Regel ist (allgM). Zu Ausnahmen von diesem Grundsatz s. § 1438 RdNr. 5, § 1440 RdNr. 6.

IV. Erlöschen der persönlichen Haftung des Gesamtgutsverwalters

Die persönliche Haftung des Gesamtgutsverwalters nach Abs. 2 S. 1 (nicht dagegen die 10 Haftung des Gesamtguts) für Gesamtgutsverbindlichkeiten, die im Innenverhältnis nach §§ 1441 bis 1444 der andere Ehegatte zu tragen hat, erlischt mit der Beendigung der Gütergemeinschaft (Abs. 2 S. 2), ohne dass Dritte durch § 1412 geschützt wären. Unerheblich ist, worauf die Beendigung beruht (Tod eines Ehegatten, Aufhebungsurteil oder Vereinbarung der Ehegatten). Die Haftung endet auch dann, wenn die Ehegatten die Gütergemeinschaft gerade deshalb aufgehoben haben, um die Haftung des Verwalters mit seinem Sondervermögen für eine Verbindlichkeit des anderen Ehegatten zu beenden.[7] Die Haftung

---

[3] OLG München OLGE 14, 228.

[4] § 850 d ZPO greift aber für den Verwalter nicht ein, da zu diesem kein Verwandtschaftsverhältnis besteht; vgl. OLG Hamburg OLGE 6, 421; vgl. auch § 1604.

[5] RG JW 1904, 176.

[6] Vgl. *Rauscher* § 19 RdNr. 462; aA *Gernhuber/Coester-Waltjen* § 38 RdNr. 94.

[7] OLG Hamburg OLGE 30, 49.

endet auch, wenn bereits ein vollstreckbarer Titel gegen den Verwalter vorliegt. Dies wäre nach § 767 ZPO geltend zu machen.[8]

11 Die persönliche Haftung des Gesamtgutsverwalters **endet nur für** solche **Verbindlichkeiten, für die** der **Verwalter nur auf Grund Abs. 2 S. 1 gehaftet hat,** nicht aber für solche Verbindlichkeiten, für die er bereits ursprünglich haftet, weil sie in seiner Person entstanden sind (vgl. oben RdNr. 3 und 6).

V. Zwangsvollstreckung in das Gesamtgut

12 Zur Zwangsvollstreckung in das Gesamtgut ist ein **Titel gegen** den **Gesamtgutsverwalter** erforderlich und ausreichend (§ 740 Abs. 1 ZPO). Ein Titel gegen den Gesamtgutsverwalter ist auch dann ausreichend, wenn der Verwalter materiell-rechtlich nicht ohne Zustimmung des anderen Ehegatten über den betroffenden Gegenstand verfügen könnte.[9] Aus einem **Titel gegen** den **anderen Ehegatten** kann nur im Falle des § 741 ZPO (selbständiges Erwerbsgeschäft) in das Gesamtgut vollstreckt werden. Sonst muss stets ein Titel gegen den Verwalter (uU neben dem Titel gegen den anderen Ehegatten) erwirkt werden.[10] Dies gilt auch, wenn der andere Ehegatte im Rahmen seines Notverwaltungsrechts nach § 1429 im eigenen Namen verklagt wurde (s. § 1429 RdNr. 7) oder wenn die Kostenhaftung des Gesamtguts nach § 1438 Abs. 2 auf Grund eines Rechtsstreits des anderen Ehegatten realisiert werden soll. Eine Erstreckung der materiellen Rechtskraft, die zur Folge hat, dass im Rechtsstreit des Verwalters keine andere Sachentscheidung ergehen kann (vgl. § 1429 RdNr. 7), können und sollen die Vollstreckungsorgane nicht prüfen. Eine **Umschreibung des Titels** ist nur im Sonderfall des **§ 742 ZPO** (vgl. auch § 744 ZPO) vorgesehen. Nach Beendigung der Gütergemeinschaft gilt bis zur Auseinandersetzung § 743 ZPO.

13 Da aus dem Gesamtgut (und vom Verwalter nach Abs. 2) Erfüllung der Gesamtgutsverbindlichkeiten verlangt werden kann, ist gegen den Gesamtgutsverwalter auf Leistung, nicht nur auf Duldung der Zwangsvollstreckung zu klagen. Ist gegen ihn (neben dem Leistungstitel gegen den anderen Ehegatten) trotzdem ein Titel auf Duldung der Zwangsvollstreckung ergangen, so kann aus ihm in das Gesamtgut vollstreckt werden.[11] Aus dem Wortlaut des § 740 Abs. 2 ZPO kann nichts anderes geschlossen werden (hierzu gelten die Ausführungen zu § 1459 RdNr. 10 entsprechend).

14 Der mittelbare Besitz der Ehegatten in Gütergemeinschaft und auch der Gewahrsam oder Mitgewahrsam des anderen Ehegatten stehen der Zwangsvollstreckung nicht entgegen. Dies ergibt sich unmittelbar aus § 740 Abs. 1 ZPO (wobei bei der Drittwiderspruchsklage des anderen Ehegatten nach § 771 ZPO dieser beweisen muss, dass der gepfändete Gegenstand zu seinem Vorbehalts- oder Sondergut gehört). Der Heranziehung der §§ 1362 BGB, 739 ZPO bedarf es nicht.[12]

VI. Insolvenz der Ehegatten

15 Weder die Insolvenz des Gesamtgutsverwalters noch der des anderen Ehegatten beeinflussen das Weiterbestehen der Gütergemeinschaft (uU ist Aufhebungsklage nach §§ 1447 Nr. 3, 1448 möglich).

16 In der **Insolvenz des Gesamtgutsverwalters** gehört das Gesamtgut zur Insolvenzmasse (§ 37 Abs. 1 S. 1 InsO), eine Auseinandersetzung findet nicht statt (§ 37 Abs. 1 S. 2 InsO). Der Insolvenzverwalter unterliegt nicht den Beschränkungen der §§ 1423 bis 1425.[13]

---

[8] *Staudinger/Thiele* (2007) RdNr. 14.

[9] RGZ 69, 181; *Bamberger/Roth/J. Mayer* RdNr. 7; *Soergel/Thiele* (2007) Vor § 1437 RdNr. 13.

[10] HM; *Erman/Gamillscheg* RdNr. 3; *Soergel/Gaul* RdNr. 7; *Staudinger/Thiele* RdNr. 13; wird der Rechtsstreit im Rahmen des § 1429 gegen den Verwalter geführt, so lautet auch der Titel gegen ihn und deshalb kann aus ihm in das Gesamtgut vollstreckt werden.

[11] RG JW 1909, 321; *Palandt/Brudermüller* RdNr. 8; aA die überwM; RGRK/*Finke* RdNr. 12; *Soergel/Gaul* RdNr. 7; *Staudinger/Thiele* (2007) Vor § 1437.

[12] Im Ergebnis ebenso die allgM, die jedoch § 739 ZPO heranzieht.

[13] *Erman/Gamillsheg* RdNr. 4; *Staudinger/Thiele* (2007) Vor § 1437; vgl. Mot. IV, S. 372.

Insolvenz des nichtverwaltenden Ehegatten lässt das Gesamtgut unberührt (§ 37 Abs. 1 S. 3 InsO). Der Anteil des nichtverwaltenden Ehegatten, der auch nicht der Pfändung unterworfen ist (§ 860 Abs. 1 ZPO), fällt nicht in die Insolvenzmasse (§ 37 Abs. 1 S. 3 InsO und § 36 Abs. 1 InsO iVm. § 860 Abs. 1 ZPO). Der Gesamtgutsverwalter kann zum Gesamtgut gehörende Gegenstände aussondern (§§ 47 ff. InsO). Demgegenüber sind Gläubiger des in Insolvenz gefallenen nichtverwaltenden Ehegatten durch § 89 Abs. 1 InsO nicht gehindert, ihre Ansprüche gegen den Verwalter persönlich und gegen das Gesamtgut zu verfolgen, soweit diese nach § 1437 haften.[14] 17

VII. Abweichende Vereinbarung

§ 1437 kann als für das Außenverhältnis geltende Gläubigerschutzbestimmung durch Ehevertrag **nicht abbedungen** werden. Zur Zulässigkeit abweichender Haftungsvereinbarungen mit den Gläubigern s. RdNr. 7. 18

§ 1438 Haftung des Gesamtguts

(1) Das Gesamtgut haftet für eine Verbindlichkeit aus einem Rechtsgeschäft, das während der Gütergemeinschaft vorgenommen wird, nur dann, wenn der Ehegatte, der das Gesamtgut verwaltet, das Rechtsgeschäft vornimmt oder wenn er ihm zustimmt oder wenn das Rechtsgeschäft ohne seine Zustimmung für das Gesamtgut wirksam ist.

(2) Für die Kosten eines Rechtsstreits haftet das Gesamtgut auch dann, wenn das Urteil dem Gesamtgut gegenüber nicht wirksam ist.

I. Normzweck

§ 1438 enthält die **wichtigste Einschränkung des Grundsatzes nach § 1437,** dass das Gesamtgut und der Verwalter persönlich für alle Verbindlichkeiten der Ehegatten haften: Für die **Verbindlichkeiten aus Rechtsgeschäften des nichtverwaltenden Ehegatten,** die nach Eintritt der Gütergemeinschaft vorgenommen wurden, haftet das Gesamtgut (und damit der Verwalter persönlich nach § 1437 Abs. 2) nur, wenn der Verwalter dem Rechtsgeschäft zugestimmt hat oder wenn dieses ohne seine Zustimmung für das Gesamtgut wirksam ist.[1] Die Zustimmung des Verwalters bedarf nicht der für das Rechtsgeschäft selbst vorgeschriebenen Form (s. § 182 Abs. 2). Nach Abs. 2 haftet dagegen für die Kosten eines Rechtsstreits eines der beiden Ehegatten das Gesamtgut (und damit auch der Verwalter persönlich) in jedem Falle. 1

II. Die Ausnahme von der Haftung des Gesamtguts nach Abs. 1

Die Ausnahme des Abs. 1 gilt nur für **Rechtsgeschäfte,** die **während der Gütergemeinschaft** abgeschlossen wurden. Für die Verbindlichkeiten aus Rechtsgeschäften, die der nichtverwaltende Ehegatte vor Eintritt der Gütergemeinschaft abgeschlossen hat, haftet das Gesamtgut ohne Einschränkungen. Auf welche Vermögensmasse (Gesamtgut, Vorbehaltsgut, Sondergut) sich das Rechtsgeschäft bezieht, ist für die Anwendung des Abs. 1 unerheblich.[2] Entscheidend ist die Wirksamkeit des Geschäfts für das Gesamtgut. Der Haftungsausschluss nach Abs. 1 gilt seinem Sinne nach auch für Ansprüche auf Grund eines Zuschlags in der Zwangsversteigerung. Er gilt nicht für Ansprüche aus culpa in contrahendo. Hier haftet das 2

[14] S. *F. Baur* FamRZ 1958, 252, 258 zum insoweit identischen Rechtszustand nach § 14 KO.

[1] Notverwaltungsrecht § 1429; Ersetzung der Zustimmung § 1430; selbständiges Erwerbsgeschäft § 1431; Ermächtigung des anderen Ehegatten auf Grund Ehevertrag oder durch den Verwalter; § 1357; bei Bevollmächtigung tritt Gesamtguts- und Verwalterhaftung deshalb ein, weil die Verbindlichkeit in der Person des Verwalters entsteht.

[2] RG Recht 1925 Nr. 103.

Gesamtgut in jedem Fall, aber nicht auf das positive, sondern auf das negative Interesse (vgl. § 1427 RdNr. 4).

3 Auch soweit das Gesamtgut für die Verbindlichkeiten aus einem Rechtsgeschäft nach Abs. 1 nicht haftet, bleibt die **Bereicherungshaftung** nach § 1434 **unberührt.**

4 Die Haftung des Gesamtguts kann durch **Vereinbarung mit** dem **Gläubiger** ausgeschlossen werden (s. § 1437 RdNr. 7). Der Gesamtgutsverwalter kann seine Zustimmung zu einem Rechtsgeschäft unter der Bedingung erteilen, dass die Haftung des Gesamtguts oder wenigstens seine persönliche Haftung ausgeschlossen werden.[3]

III. Beweislast

5 Die Beweislast für die Voraussetzungen des Abs. 1 trifft den Gläubiger, der das Gesamtgut wegen der Verbindlichkeit aus einem Rechtsgeschäft in Anspruch nehmen möchte.

IV. Haftung für die Kosten eines Rechtsstreits nach Abs. 2

6 Das Gesamtgut haftet nach Abs. 2 für die Kosten jedes (Passiv- oder Aktiv-)Rechtsstreits eines Ehegatten, ohne Rücksicht darauf, ob er schon bei Eintritt der Gütergemeinschaft anhängig war, ohne Rücksicht darauf, welchen Gegenstand er hat, ohne Rücksicht darauf, (wenn überhaupt vermögensrechtlicher Art) welche Vermögensmasse er betrifft, und ohne Rücksicht darauf, ob ein Dritter oder der andere Ehegatte Prozessgegner war.[4] Der Begriff des „Rechtsstreits" ist weit auszulegen. Er umfasst zB auch Strafverfahren, Verfahren der freiwilligen Gerichtsbarkeit und Verwaltungsrechtsstreitigkeiten einschließlich der Rechtsmittelverfahren vor den Verwaltungsbehörden.[5] Kosten iS von Abs. 2 sind aber nur die dem Gegner zu erstattenden Kosten und die Gerichtskosten, nicht die Unkosten, die die Führung des Rechtsstreits dem Ehegatten selbst verursacht, zB die Kosten seines Anwalts.[6] Zur – vom Güterstand unabhängigen – Prozesskostenvorschusspflicht der Ehegatten s. § 1360 a.

V. Abweichende Vereinbarungen

7 Abs. 2 ist als Haftungsvorschrift für das Außenverhältnis zwingend. Dagegen ist es nicht ausgeschlossen, die Haftung des Gesamtguts Dritten gegenüber durch Ehevertrag zu erweitern, Abs. 1 also einzuschränken. Auf eine solche Vereinbarung sind die Grundsätze über Verträge zugunsten Dritter nicht anwendbar. Als güterrechtliche Vereinbarung wirkt eine solche Abmachung vielmehr ipso iure unmittelbar zugunsten Dritter.

§ 1439 Keine Haftung bei Erwerb einer Erbschaft

Das Gesamtgut haftet nicht für Verbindlichkeiten, die durch den Erwerb einer Erbschaft entstehen, wenn der Ehegatte, der Erbe ist, das Gesamtgut nicht verwaltet und die Erbschaft während der Gütergemeinschaft als Vorbehaltsgut oder als Sondergut erwirbt; das Gleiche gilt beim Erwerb eines Vermächtnisses.

I. Normzweck

1 § 1439 schließt als **weitere Ausnahme von § 1437 Abs. 1** die Haftung des Gesamtguts für Verbindlichkeiten auf Grund einer Erbschaft oder eines Vermächtnisses aus, die dem

[3] *Soergel/Gaul* RdNr. 4; anders *Staudinger/Thiele* (2007) RdNr. 9, die zu Recht darauf hinweisen, eine solche bedingte Zustimmung habe zunächst keine Drittwirkung; diese Wirkung erlangt sie aber, wenn sich der Geschäftspartner einverstanden erklärt.

[4] OLG München OLGE 21, 231; zur Tragung der Kosten im Innenverhältnis bei einem Rechtsstreit unter den Ehegatten s. § 1443 Abs. 1.

[5] *Soergel/Gaul* RdNr. 5; *Staudinger/Thiele* (2007) RdNr. 12.

[6] HM, s. *Staudinger/Thiele* (2007) RdNr. 11 m. zahlr. Nachw.; aA KG OLGE 21, 223.

nichtverwaltenden Ehegatten während der Gütergemeinschaft als Vorbehalts- oder Sondergut angefallen sind. Das Gesamtgut soll nicht für die Lasten eines Vermögensinbegriffs haften, der ihm nicht zugute kommt.[1]

II. Anfall in das Vorbehaltsgut

Eine Erbschaft oder ein Vermächtnis werden in das Vorbehaltsgut erworben, wenn der Erblasser dies durch letztwillige Verfügung angeordnet hat (§ 1418 Abs. 2 Nr. 2) oder wenn es die Ehegatten vor Anfall der Erbschaft oder des Vermächtnisses ehevertraglich bestimmt hatten (§ 1418 Abs. 2 Nr. 1). Nicht erwähnt ist der Pflichtteilsanspruch, weil es sich bei ihm stets um einen Netto-Geldanspruch handelt, mit dem (abgesehen von der Erbschaftsteuer) keine Verbindlichkeiten verbunden sein können. 2

Der Haftungsausschluss tritt nicht ein, wenn Erbschaft oder Vermächtnis – wie regelmäßig – in das Gesamtgut fallen, wozu die Zustimmung des Gesamtgutsverwalters nicht erforderlich ist.[2] Auch sofortige Bestimmung des Nachlasses durch Ehevertrag zu Vorbehaltsgut kann den Haftungsausschluss nicht mehr herbeiführen. Verbindlichkeiten, die mit einer vom nichtverwaltenden Ehegatten vor Eintritt der Gütergemeinschaft erworbenen Erbschaft oder einem von ihm vorher erworbenen Vermächtnis zusammenhängen, sind auch dann Gesamtgutsverbindlichkeiten entsprechend den allgemeinen Regeln, wenn der Nachlass bzw. die Gegenstände des Vermächtnisses bei Begründung der Gütergemeinschaft zu Vorbehaltsgut erklärt oder kraft Gesetzes zu Sondergut werden. Umgekehrt werden bei späterer ehevertraglicher Überführung des Nachlasses (oder Vermächtnisses) in das Gesamtgut die mit ihm verbundenen Verbindlichkeiten nicht Gesamtgutsverbindlichkeiten. Ein Gläubiger kann die ehevertragliche Überführung unter den Voraussetzungen der § 3 f. AnfG anfechten. 3

III. Anfall in das Sondergut

In das Sondergut fallen nur die Einzelnen zur Erbschaft oder zum Vermächtnis gehörenden Gegenstände, die nicht übertragbar sind (§ 1417 Abs. 2).[3] Fallen die gesamten zu der Erbschaft oder dem Vermächtnis gehörenden Gegenstände danach in das Sondergut, ergeben sich keine Besonderheiten. Wenn aber einzelne Erbschafts- oder Vermächtnisgegenstände Sondergut werden, andere in das Gesamtgut fallen, sind die Rechtsfolgen zweifelhaft. Aus Gründen der Rechtsklarheit ist es abzulehnen, die Haftung für Verbindlichkeiten quotenmäßig oder nach ihrer Quelle aufzuteilen. Dieser Gesichtspunkt und der Wortlaut des § 1439 führen zu dem Ergebnis, dass die Haftung nur dann ausgeschlossen ist, wenn die in das Sondergut fallenden Erbschaftsgegenstände den Nachlass im Wesentlichen ausmachen. 4

IV. Verbindlichkeiten, für die die Haftung des Gesamtguts ausgeschlossen ist

Ausgeschlossen ist die Haftung für Verbindlichkeiten, die durch den Erwerb der Erbschaft bzw. des Vermächtnisses entstehen. Das sind zunächst die Nachlassverbindlichkeiten nach §§ 1967 ff., die Erblasserschulden und die Erbfallschulden, darunter die Verbindlichkeiten aus Pflichtteil, Vermächtnis oder Auflage, die Beerdigungskosten und der Dreißigste und auch die Erbschaftsteuerpflicht. Bei Erwerb eines Vermächtnisses gehören hierher die mit dem vermachten Gegenstand verbundenen Verbindlichkeiten, die Ansprüche auf Grund Untervermächtnis oder Auflage und ebenfalls die Erbschaftsteuerpflicht. 5

V. Keine entsprechende Anwendung auf Schenkungen unter Lebenden

§ 1439 ist nicht, auch nicht entsprechend, auf Schenkungen unter Lebenden anwendbar. 6
Hier gilt § 1438 Abs. 1, sodass das Gesamtgut für Verbindlichkeiten, die mit einer Schen-

[1] Vgl. Mot. IV S. 373.
[2] Vgl. § 1432 und die Erläuterungen zu dieser Vorschrift; OLG Celle Recht 1900 Nr. 507.
[3] S. 1417 RdNr. 2.

kung an den nichtverwaltenden Ehegatten zusammenhängen, nur haftet, wenn das Rechtsgeschäft für das Gesamtgut wirksam ist, unabhängig davon, ob die Schenkung in das Gesamtgut fällt oder nicht.

VI. Beweislast

7 Hinsichtlich der Beweislast gilt nichts besonderes, dh. sie trifft für die Voraussetzungen des § 1439, die zum Ausschluss der Gesamtgutshaftung führen, denjenigen, der geltend macht, dass es sich nicht um eine Gesamtgutsverbindlichkeit handelt.

VII. Abweichende Vereinbarungen

8 Zur Abdingbarkeit s. § 1438 RdNr. 7. Auch bei § 1439 kann die Haftung des Gesamtguts durch Ehevertrag nur erweitert werden.

§ 1440 Haftung für Vorbehalts- oder Sondergut

[1] Das Gesamtgut haftet nicht für eine Verbindlichkeit, die während der Gütergemeinschaft infolge eines zum Vorbehaltsgut oder Sondergut gehörenden Rechts oder des Besitzes einer dazu gehörenden Sache in der Person des Ehegatten entsteht, der das Gesamtgut nicht verwaltet. [2] Das Gesamtgut haftet jedoch, wenn das Recht oder die Sache zu einem Erwerbsgeschäft gehört, das der Ehegatte mit Einwilligung des anderen Ehegatten selbständig betreibt, oder wenn die Verbindlichkeit zu den Lasten des Sonderguts gehört, die aus den Einkünften beglichen zu werden pflegen.

I. Normzweck

1 § 1440 enthält die letzte **Ausnahme von der generellen Haftung des Gesamtguts** für Verbindlichkeiten auch des nichtverwaltungsberechtigten Ehegatten: Für **Verbindlichkeiten, die mit Gegenständen** seines **Vorbehalts- oder Sonderguts im Zusammenhang stehen** und während der Gütergemeinschaft entstanden sind, haftet das Gesamtgut (und damit der Gesamtgutsverwalter persönlich) nur ausnahmsweise. Das Gesamtgut haftet nur dann, wenn die Gegenstände zu einem Erwerbsgeschäft gehören, das der nichtverwaltende Ehegatte mit Zustimmung des Gesamtgutsverwalters betreibt, oder wenn die Verbindlichkeit zu den Lasten des Sonderguts gehört, die üblicherweise aus dessen Einkünften beglichen werden.

II. Betroffene Verbindlichkeiten

2 Die Vorschrift betrifft Verbindlichkeiten **jeder Art,** die mit einem Gegenstand im Zusammenhang stehen, der zum Vorbehalts- oder zum Sondergut gehört, unabhängig von ihrer Entstehung kraft Vereinbarung oder Gesetzes und unabhängig von ihrer Rechtsnatur. § 1440 gilt zB für Steuern, die mit einem bestimmten Gegenstand verbunden sind (also nicht für Personalsteuern, auch soweit die Steuer durch Erträgnisse des Vorbehaltsguts ausgelöst wird), für Ansprüche aus ungerechtfertigter Bereicherung des Vorbehalts- oder Sondergutes, dingliche Ansprüche auf Grund von Belastungen der zum Vorbehalts- oder Sondergut gehörenden Gegenstände, Ansprüche auf Überbau- oder Notwegrente (§§ 912 ff., 917), Verbindlichkeiten auf Zahlung von Prämien für Sachversicherungen der Vorbehalts- oder Sondergutsgegenstände. Nach inzwischen allgM gilt § 1440 auch für Verbindlichkeiten auf Grund von Schadenszufügung durch einen zum Vorbehalts- oder Sondergut gehörenden Gegenstand, zB für die Tierhalterhaftung (§ 833; weitere Beispiele: § 836, §§ 29 ff. BJagdG).[1]

[1] *Erman/Gamillscheg* RdNr. 1; *Palandt/Brudermüller* RdNr. 1; RGRK/*Finke* RdNr. 2; *Soergel/Gaul* RdNr. 2; *Staudinger/Thiele* (2007) RdNr. 5; *Bamberger/Roth/J. Mayer* RdNr. 1.

Das Gesamtgut haftet für diese Verbindlichkeiten dann, wenn der betreffende Gegenstand zu einem **Erwerbsgeschäft** gehört, das der nichtverwaltende Ehegatte mit Zustimmung des Verwalters betreibt (S. 2; vgl. § 1431). 3

Das Gesamtgut haftet außerdem dann, wenn die Verbindlichkeit zu den Lasten des Sonderguts gehört, die **aus** den **Einkünften beglichen** zu werden pflegen (S. 2 aE). Nach § 1417 Abs. 3 S. 2 wird das Sondergut für Rechnung des Gesamtguts verwaltet. Diese Regelung erhält hinsichtlich der Haftung für Verbindlichkeiten durch § 1440 S. 1 aE quasi Drittwirkung, da der Dritte sich demnach wegen der Verbindlichkeiten an das Gesamtgut halten kann, die üblicherweise aus den Einkünften beglichen werden. Ob eine Verbindlichkeit diese Voraussetzung erfüllt, ist nach der Verkehrsauffassung unter Berücksichtigung der Vermögens- und Eigentumsverhältnisse der Ehegatten zu entscheiden.[2] 4

III. Verhältnis zu §§ 1438 und 1439

Nicht geregelt ist das Verhältnis des § 1440 zu § 1438 und § 1439, insbesondere zu § 1438, wenn die Verbindlichkeit sowohl auf einem bestimmten Gegenstand beruht, der zum Vorbehaltsgut oder Sondergut gehört, als auch durch Rechtsgeschäft begründet wurde. Die Regel der Gesamtgutshaftung gilt dann, wenn auch nur einer der Ausnahmetatbestände durch eine Unterausnahme außer Kraft gesetzt ist. Hat der Gesamtgutsverwalter dem Rechtsgeschäft zB zugestimmt, haftet das Gesamtgut auch dann, wenn das Rechtsgeschäft sich auf Vorbehalts- oder Sondergutsgegenstände bezieht. Freilich ist die Zustimmung des Verwalters zu solchen Rechtsgeschäften entbehrlich, vgl. § 1417 Abs. 3 S. 1, § 1418 Abs. 3 S. 1. 5

IV. Beweislast

Die Beweislast dafür, dass es sich um eine Verbindlichkeit handelt, für die die Haftung des Gesamtguts nach S. 1 ausgeschlossen ist, trägt derjenige, der den Ausschluss behauptet. Das Vorliegen einer der Unterausnahmen in S. 2 muss dagegen derjenige beweisen, der das Gesamtgut in Anspruch nehmen will. 6

V. Abweichende Vereinbarungen

Zur Unzulässigkeit, die Haftung des Gesamtguts über § 1440 hinaus durch Ehevertrag einzuschränken, und zur Möglichkeit, die Haftung des Gesamtguts ehevertraglich zu erweitern, s. § 1438 RdNr. 7. 7

§ 1441 Haftung im Innenverhältnis

Im Verhältnis der Ehegatten zueinander fallen folgende Gesamtgutsverbindlichkeiten dem Ehegatten zur Last, in dessen Person sie entstehen:

1. **die Verbindlichkeiten aus einer unerlaubten Handlung, die er nach Eintritt der Gütergemeinschaft begeht, oder aus einem Strafverfahren, das wegen einer solchen Handlung gegen ihn gerichtet wird;**
2. **die Verbindlichkeiten aus einem sich auf sein Vorbehaltsgut oder sein Sondergut beziehenden Rechtsverhältnis, auch wenn sie vor Eintritt der Gütergemeinschaft oder vor der Zeit entstanden sind, zu der das Gut Vorbehaltsgut oder Sondergut geworden ist;**
3. **die Kosten eines Rechtsstreits über eine der in den Nummern 1 und 2 bezeichneten Verbindlichkeiten.**

---

[2] *Staudinger/Thiele* (2007) RdNr. 10.

I. Normzweck

1 Für die Tragung der Verbindlichkeiten im Innenverhältnis unter den Ehegatten gilt der Grundsatz, dass **Gesamtgutsverbindlichkeiten regelmäßig** auch **Gesamtgutslasten, dh. von Gesamtgut und damit** wirtschaftlich **von** beiden Ehegatten entsprechend ihrer Beteiligung letztlich je **zur Hälfte** (vgl. § 1476) **zu tragen** sind. Von diesem Grundsatz machen die **§§ 1441** (Unterausnahme in § 1442), **1443** und **1444** verschiedene **Ausnahmen.** Zur Fälligkeit daraus erwachsender Ausgleichsansprüche s. § 1446. Nach § 1441 fallen den Ehegatten im Innenverhältnis die Verbindlichkeiten, die sie durch ihr regelwidriges Verhalten verursacht haben (Nr. 1), die sich auf ihr Vorbehalts- oder Sondergut beziehen (Nr. 2) sowie die Kosten von Rechtsstreitigkeiten über diese beiden Angelegenheiten (Nr. 3) zur Last.

II. Verbindlichkeiten auf Grund unerlaubter Handlung oder Strafverfahren

2 Schadensersatzansprüche, aber auch andere Ansprüche, die sich aus **unerlaubten Handlungen** ergeben können, die ein Ehegatte während der Dauer der Gütergemeinschaft begangen hat, hat er im Innenverhältnis allein zu tragen.

3 Das Gleiche gilt für Verbindlichkeiten auf Grund eines **Strafverfahrens** wegen einer solchen Handlung. Der Begriff des „Strafverfahrens" ist nicht im rechtstechnischen Sinne zu verstehen. Hierunter fallen auch Verfahren wegen Ordnungswidrigkeiten (eine Verfahrensart, die es bei Schaffung der Vorschrift noch nicht gab). Zu diesen Verbindlichkeiten gehören Strafen oder Geldbußen, die Verfahrenskosten, aber auch Verteidigerkosten.[1] Die Frage der Tragung eventueller Haftkosten (sicherlich von geringer Bedeutung) ist umstritten.[2] Der gesetzlichen Wertung wird es am besten gerecht, wenn Nr. 1 zwar angewendet, dadurch ersparte Unterhaltskosten aber abgezogen und diese nach §§ 1360, 1420 behandelt werden.[3]

4 Unter Nr. 1 fallen nur die Verbindlichkeiten aus Strafverfahren auf Grund **begangener** unerlaubter Handlungen. Regelmäßig sind diese Verbindlichkeiten also Gesamtgutslasten, wenn der Ehegatte freigesprochen oder sonst strafrechtlich nicht zur Verantwortung gezogen wird. In Sonderfällen kann aber trotz zivilrechtlicher unerlaubter Handlung, die an sich auch strafbar ist, die strafrechtliche Ahndung unterbleiben. In solchen Fällen hat die durch das Strafverfahren entstandenen Kosten der betreffende Ehegatte zu tragen.

5 Nr. 1 gilt nur, wenn die unerlaubte Handlung **während der Gütergemeinschaft** begangen wurde. Ist sie vor Eintritt der Gütergemeinschaft begangen worden, sind die sich aus ihr ergebenden Verbindlichkeiten – unabhängig vom Zeitpunkt ihrer Geltendmachung oder auch zB der strafrechtlichen Verurteilung – Gesamtgutslasten, wenn nichts anderes ehevertraglich vereinbart wird.

III. Verbindlichkeiten auf Grund Vorbehalts- oder Sondergut

6 Jeder Ehegatte hat im Innenverhältnis nach Nr. 2 (beachte die Unterausnahme in § 1442!) die (Gesamtguts-)Verbindlichkeiten selbst zu tragen, die sich auf sein Vorbehalts- oder Sondergut beziehen. Erfasst werden umfassend alle Verbindlichkeiten, die das Vorbehalts- oder Sondergut eines Ehegatten betreffen, freilich nur, soweit das Gesamtgut überhaupt für sie haftet, was bei Verbindlichkeiten des Gesamtgutsverwalters – wenn nicht durch Vereinbarung mit dem Gläubiger ausgeschlossen – regelmäßig, bei Verbindlichkeiten des anderen Ehegatten nur der Fall ist, wenn keine der Ausnahmen der §§ 1438 bis 1440 zutrifft.

---

[1] HM, *Erman/Gamillscheg* RdNr. 2; *Soergel/Gaul* RdNr. 5; *Staudinger/Thiele* (2007) RdNr. 9 (für die Kosten eines Wahlverteidigers gegen die Voraufl.: auch in diesem Falle gehören die Verteidigungskosten zu denjenigen, die der Ehegatte durch sein regelwidriges Verhalten verursacht und deshalb zu Recht im Innenverhältnis selbst zu tragen hat).

[2] *Dölle* I § 73 II 1, *Erman/Gamillscheg* RdNr. 2; *Soergel/Gaul* RdNr. 5 und *Staudinger/Thiele* (2007) RdNr. 9 wenden § 1441 Nr. 1, *Palandt/Brudermüller* RdNr. 2 und *Staudinger/Felgentraeger* 10./11. Aufl. RdNr. 7 §§ 1360, 1420 an.

[3] Vgl. *Staudinger/Thiele* (2007) RdNr. 9; AnwK-BGB/*Völker* RdNr. 5.

Im Einzelnen kommen in erster Linie Verbindlichkeiten auf Grund Rechtsgeschäfts, aber zB auch die Verbindlichkeiten des § 1440 bei Vorbehalts- oder Sondergut des Verwalters oder Verpflichtungen auf Grund der gesetzlichen Unterhaltspflicht in Betracht, soweit die Unterhaltspflicht durch das Vorhandensein von Vorbehalts- bzw. Sondergut begründet oder erweitert wird. 7

Im Unterschied zu Nr. 1 fallen die Verbindlichkeiten nach Nr. 2 auch dann dem betreffenden Ehegatten allein zur Last, wenn sie vor Eintritt der Gütergemeinschaft entstanden sind oder wenn der betreffende Gegenstand erst nach Entstehen der Verbindlichkeit Vorbehalts- oder Sondergut geworden ist (vgl. auch § 1440, der in diesem Punkt ebenfalls abweicht). 8

IV. Kosten von Rechtsstreitigkeiten

Die Kosten von Rechtsstreitigkeiten über eine der Verbindlichkeiten nach Nr. 1 und 2 fallen nach Nr. 3 ebenfalls dem betreffenden Ehegatten zur Last. Entsprechend dem Grundgedanken, dem Ehegatten alle Kosten aufzubürden, die mit derartigen Verbindlichkeiten zusammenhängen, ist unerheblich, ob es sich um einen Passiv- oder Aktivrechtsstreit handelt. Aus diesem Grunde gehören hierher auch die Kosten der eigenen Rechtsverfolgung des Ehegatten, insbesondere Anwalts- und Gerichtsvollzieherkosten (wegen des unterschiedlichen Zwecks der Vorschrift anders als bei § 1438 Abs. 2).[4] 9

Nr. 3 ist seinem Zweck nach weit auszulegen. Er umfasst nicht nur die Kosten eines Rechtsstreits „über eine... Verbindlichkeit", die in Nr. 1 und 2 aufgeführt ist, im strengen Wortsinne, sondern die Kosten aller Rechtsstreitigkeiten über die in Nr. 1 und 2 aufgeführten Gegenstände, insbesondere aller Rechtsstreitigkeiten, die sich auf das Vorbehalts- oder Sondergut eines Ehegatten beziehen. Auch der Begriff der „Rechtsstreitigkeit" ist weit auszulegen und umfasst nicht nur Rechtsstreitigkeiten vor den ordentlichen Gerichten (einschließlich etwaiger Strafverfahren, insoweit überschneiden sich Nr. 3 und Nr. 1), sondern auch vor allen anderen Gerichten und Verfahren bei Verwaltungsbehörden. 10

V. Abweichende Vereinbarungen

Die Tragung der Verbindlichkeiten im Innenverhältnis der Ehegatten untereinander kann – in den allgemeinen Grenzen, zB des § 138 – ehevertraglich beliebig abweichend von §§ 1441 ff. geregelt werden. Eine solche Vereinbarung ist auch wirksam, wenn sie getroffen wird, um die Beendigung der Haftung des Gesamtgutsverwalters nach § 1437 Abs. 2 S. 2 herbeizuführen (vgl. § 1437 RdNr. 10). Neben der generellen Modifizierung durch Ehevertrag kann auch im Einzelfall eine abweichende Vereinbarung über die Tragung bestimmter Verbindlichkeiten getroffen werden, die nicht der Form des Ehevertrages bedarf. 11

§ 1442 Verbindlichkeiten des Sonderguts und eines Erwerbsgeschäfts

[1] Die Vorschrift des § 1441 Nr. 2, 3 gilt nicht, wenn die Verbindlichkeiten zu den Lasten des Sonderguts gehören, die aus den Einkünften beglichen zu werden pflegen. [2] Die Vorschrift gilt auch dann nicht, wenn die Verbindlichkeiten durch den Betrieb eines für Rechnung des Gesamtguts geführten Erwerbsgeschäfts oder infolge eines zu einem solchen Erwerbsgeschäft gehörenden Rechts oder des Besitzes einer dazu gehörenden Sache entstehen.

I. Normzweck

Während nach § 1441 Nr. 2 und 3 im Innenverhältnis jeder Ehegatte die Verbindlichkeiten seines Vorbehalts- und Sondergutes selbst trägt, macht § 1442 hiervon eine Aus- 1

[4] AllgM; s. *Erman/Gamillscheg* RdNr. 4; *Soergel/Gaul* RdNr. 7; *Bamberger/Roth/J. Mayer* RdNr. 5.

nahme, stellt also für die von ihm betroffenen Verbindlichkeiten den Grundsatz wieder her, dass Gesamtgutsverbindlichkeiten auch Gesamtgutslasten, dh. letztlich gemeinschaftlich zu tragen sind. Dies gilt nach § 1442 für die Verbindlichkeiten des Sonderguts, die aus den Einkünften beglichen zu werden pflegen, und für die Verbindlichkeiten eines Erwerbsgeschäfts, das für Rechnung des Gesamtguts geführt wird.

II. Aus den Einkünften zu begleichende Sondergutsverbindlichkeiten

2 Dass die üblicherweise aus den Einkünften beglichenen Verbindlichkeiten des Sonderguts Gesamtgutslasten sind, folgt aus der Verwaltung des Sonderguts für Rechnung des Gesamtguts (§ 1417 Abs. 3 S. 2).[1] Die Unterausnahme des § 1442 gilt ihrem Sinne nach daher nicht, wenn ehevertraglich vereinbart ist, dass der Ehegatte das Sondergut für eigene Rechnung verwaltet.

III. Verbindlichkeiten eines Erwerbsgeschäfts, das für Rechnung des Gesamtguts geführt wird

3 Für Rechnung des Gesamtguts wird nach § 1417 Abs. 3 S. 2 – mangels abweichender Vereinbarung – ein Erwerbsgeschäft geführt, das zum Sondergut gehört (zB eine nicht übertragbare Gesellschaftsbeteiligung). Gehört ein Erwerbsgeschäft zum Vorbehaltsgut, so verwaltet es der Ehegatte auf eigene Rechnung (§ 1418 Abs. 2 S. 2). Eine abweichende ehevertragliche Vereinbarung dahingehend, dass auch ein zum Vorbehaltsgut gehörendes Erwerbsgeschäft für Rechnung des Gesamtguts geführt wird, ist aber möglich.[2] In diesen Fällen sind die durch den Betrieb des Erwerbsgeschäfts entstehenden Verbindlichkeiten Gesamtgutslasten.

IV. Abweichende Vereinbarungen

4 Zur Abdingbarkeit vgl. § 1441 RdNr. 11.

§ 1443 Prozesskosten

(1) Im Verhältnis der Ehegatten zueinander fallen die Kosten eines Rechtsstreits, den die Ehegatten miteinander führen, dem Ehegatten zur Last, der sie nach allgemeinen Vorschriften zu tragen hat.

(2) [1] Führt der Ehegatte, der das Gesamtgut nicht verwaltet, einen Rechtsstreit mit einem Dritten, so fallen die Kosten des Rechtsstreits im Verhältnis der Ehegatten zueinander diesem Ehegatten zur Last. [2] Die Kosten fallen jedoch dem Gesamtgut zur Last, wenn das Urteil dem Gesamtgut gegenüber wirksam ist oder wenn der Rechtsstreit eine persönliche Angelegenheit oder eine Gesamtgutsverbindlichkeit des Ehegatten betrifft und die Aufwendung der Kosten den Umständen nach geboten ist; § 1441 Nr. 3 und § 1442 bleiben unberührt.

I. Normzweck

1 § 1443 enthält eine weitere Ausnahme von dem Grundsatz, dass Gesamtgutsverbindlichkeiten auch Gesamtgutslasten sind, dh. vom Gesamtgut und damit letztlich von den Ehegatten gemeinsam getragen werden. Nach § 1438 Abs. 2 haftet das Gesamtgut im Außenverhältnis für die Kosten jedes Rechtsstreits, den ein Ehegatte führt. § 1443 regelt (soweit es sich nicht um einen Rechtsstreit handelt, der das Vorbehalts- oder das Sondergut eines

[1] Vgl. im Übrigen § 1440 RdNr. 4 und § 1441 RdNr. 6 ff.

[2] S. § 1418 RdNr. 13; der letztere Fall wird nicht berücksichtigt, wenn die Auffassung vertreten wird, von § 1442 könne nur ein Erwerbsgeschäft betroffen werden, das zum Sondergut gehört (so *Erman/Gamillscheg* RdNr. 1; *Soergel/Gaul* RdNr. 3).

Ehegatten oder eine von ihm begangene unerlaubte Handlung betrifft, sodass §§ 1441, 1442 eingreifen), welcher der Ehegatten die Kosten im Innenverhältnis zu tragen hat. Nach Abs. 1 treffen die Kosten eines Rechtsstreits der Ehegatten untereinander den Gatten, der sie nach den allgemeinen Vorschriften zu tragen hat. Nach Abs. 2 trägt das Gesamtgut die Kosten eines Rechtsstreits des Gesamtgutsverwalters (von §§ 1441, 1442 abgesehen) mit Dritten stets, die Kosten eines Rechtsstreits des anderen Ehegatten mit Dritten nur unter bestimmten Voraussetzungen.

II. Kosten eines Rechtsstreits der Ehegatten untereinander

Nach Abs. 1 fallen die Kosten eines Rechtsstreits, den die Ehegatten untereinander führen, im Innenverhältnis dem Ehegatten zur Last, der sie nach den allgemeinen Vorschriften zu tragen hat.[1] Über die Kostentragungspflicht entscheidet der Ausspruch des Gerichts (vgl. § 308 Abs. 2 ZPO) oder die Vereinbarung der Beteiligten.[2] Abs. 1 gilt auch für Streitverfahren im Rahmen der freiwilligen Gerichtsbarkeit. 2

III. Kosten der Rechtsstreitigkeiten mit Dritten

Grundsätzlich fallen die Kosten eines Rechtsstreits, den der Gesamtgutsverwalter mit einem Dritten führt, vom Falle des § 1441 abgesehen, dem Gesamtgut zur Last. Nach § 1443 Abs. 2 hat das Gesamtgut die Kosten eines Rechtsstreits, den der andere Ehegatte mit einem Dritten führt, nur dann zu tragen, wenn die folgenden Voraussetzungen vorliegen: 3

a) Das Urteil muss entweder dem Gesamtgut gegenüber wirksam sein (§§ 1428, 1429, 1431, 1433, Zustimmung oder Ermächtigung des Verwalters); die Kosten des Rechtsstreits sind dann ohne weitere Voraussetzung Gesamtgutslasten; 4

b) oder der Rechtsstreit muss eine persönliche Angelegenheit oder eine Gesamtgutsverbindlichkeit des Ehegatten betroffen haben. Die Kosten sind jedoch dann nur unter der weiteren Voraussetzung eine Gesamtgutslast, dass ihre Aufwendung den Umständen nach geboten war. Der nichtverwaltende Ehegatte soll hinsichtlich der Rechtsstreitigkeiten, die seine persönliche Angelegenheiten[3] betreffen, nicht schlechter als der Gesamtgutsverwalter gestellt sein und deshalb solche Rechtsstreitigkeiten ebenfalls auf Risiko des Gesamtguts führen dürfen. Betrifft der Rechtsstreit eine Gesamtgutsverbindlichkeit, so handelt der nichtverwaltende Ehegatte bei Führung des Rechtsstreits sowieso im Interesse des Gesamtguts. Zu beachten ist, dass von dieser Variante nur noch die Fälle betroffen werden, in denen das Urteil nicht gegen das Gesamtgut wirksam ist und auch § 1441 nicht eingreift. Die Aufwendung der Kosten ist geboten, wenn die Führung des Rechtsstreits hinreichende Erfolgsaussicht hat und nicht mutwillig erscheint (die Gesichtspunkte zu § 114 ZPO können herangezogen werden) und keine unnötigen Kosten verursacht wurden. 5

IV. Kosten der eigenen Rechtsverfolgung

Anders als nach § 1438 Abs. 2, aber übereinstimmend mit § 1441 gehören zu den Kosten des Rechtsstreits im Sinne von § 1443 Abs. 1 und 2 stets auch die Kosten der eigenen Rechtsverfolgung des betreffenden Ehegatten, also vor allem die Anwalts- und Gerichtsvollzieherkosten. 6

V. Abweichende Vereinbarungen

Zur Abdingbarkeit vgl. § 1441 RdNr. 11. 7

---

[1] Die wichtigsten Vorschriften über die Kostentragung sind die §§ 91 ff. ZPO. Daneben gibt es in der ZPO und in anderen Gesetzen verstreut zahlreiche Sondervorschriften.

[2] Im Prozessvergleich; vgl. hilfsweise § 98 ZPO; aber eine Vereinbarung ist auch bei streitiger Entscheidung möglich, sie geht vor.

[3] Zum Begriff s. § 1430 RdNr. 2.

§ 1444 Kosten der Ausstattung eines Kindes

(1) Verspricht oder gewährt der Ehegatte, der das Gesamtgut verwaltet, einem gemeinschaftlichen Kind aus dem Gesamtgut eine Ausstattung, so fällt ihm im Verhältnis der Ehegatten zueinander die Ausstattung zur Last, soweit sie das Maß übersteigt, das dem Gesamtgut entspricht.

(2) Verspricht oder gewährt der Ehegatte, der das Gesamtgut verwaltet, einem nicht gemeinschaftlichen Kind eine Ausstattung aus dem Gesamtgut, so fällt sie im Verhältnis der Ehegatten zueinander dem Vater oder der Mutter zur Last; für den Ehegatten, der das Gesamtgut nicht verwaltet, gilt dies jedoch nur insoweit, als er zustimmt oder die Ausstattung nicht das Maß übersteigt, das dem Gesamtgut entspricht.

I. Normzweck, Allgemeines

1 Wiederum unter teilweiser Abweichung von dem Grundsatz, dass Gesamtgutsverbindlichkeiten auch Gesamtgutslasten sind, regelt § 1444, welchem der Ehegatten im Innenverhältnis die Ausstattung eines gemeinschaftlichen oder einseitigen Kindes aus dem Gesamtgut zur Last fällt. Nach Abs. 1 ist die einem gemeinschaftlichen Kind vom Gesamtgutsverwalter aus dem Gesamtgut gewährte Ausstattung grundsätzlich Gesamtgutslast, nicht jedoch hinsichtlich des Teiles, der das dem Gesamtgut entsprechende Maß übersteigt. Hinsichtlich dieses Teils hat sie der Gesamtgutsverwalter zu tragen. Die Ausstattung eines einseitigen Kindes geht grundsätzlich zu Lasten der Mutter oder des Vaters, hinsichtlich des nichtverwaltenden Ehegatten mit der Ausnahme des Abs. 2 Halbs. 2.

2 Im Zusammenhang mit §§ 1624, 1425 und 1435 S. 3 ergibt sich ein detailliertes Regelungssystem mit komplizierten Rechtsfolgen im Einzelnen. Unerfreulichen rechtlichen Konsequenzen kann der Gesamtgutsverwalter dadurch begegnen, dass er Ausstattungen stets nur mit Zustimmung des anderen Ehegatten gewährt und eine ausdrückliche Vereinbarung über die Kostentragung anregt, wenn zweifelhaft ist, ob die Ausstattung über die Verhältnisse des Gesamtguts hinausgeht.

II. Die Ausstattung eines gemeinschaftlichen Kindes

3 Übersteigt die Ausstattung eines gemeinschaftlichen Kindes das den Umständen, insbesondere den Vermögensverhältnissen des gewährenden Elternteils, also hier des Gesamtguts und des Vorbehalts- sowie des Sonderguts des Gesamtgutsverwalters, entsprechende Maß, ist der darüber hinausgehende Teil Schenkung und bedarf deshalb nach § 1425 Abs. 1 der Zustimmung des anderen Ehegatten. Fehlt diese Zustimmung, treten die allgemeinen Rechtsfolgen ein (vgl. § 1427 RdNr. 4; § 1428 RdNr. 2; § 1435 S. 3).

4 Übersteigt die Ausstattung das dem Gesamtgut und Sondervermögen des verwaltenden Ehegatten entsprechende Maß nicht, wohl aber das Maß, das dem Gesamtgut allein entspricht, so ist die Ausstattung ohne Zustimmung des anderen Ehegatten wirksam; nach Abs. 1 hat aber der Gesamtgutsverwalter den Teil allein zu tragen, der über das dem Gesamtgut entsprechende Maß hinausgeht (zu Recht behandelt das Gesetz den Teil der Ausstattung, der nur wegen des Vorbehalts- und Sonderguts des Verwalters angemessen ist, im Innenverhältnis praktisch als Ausstattung aus dem Vorbehalts- oder Sondergut).

5 Stimmt der andere Ehegatte einer insgesamt (RdNr. 3) oder unter Berücksichtigung nur des Gesamtguts (RdNr. 4) übermäßigen Ausstattung zu, so liegt darin regelmäßig die Zustimmung dazu, dass die gesamte Ausstattung vom Gesamtgut übernommen, zur Gesamtgutslast wird, die Ausgleichspflicht des Verwalters für das Übermaß also entfällt.[1] Der andere

[1] *Bamberger/Roth/J. Mayer* RdNr. 2; *Soergel/Gaul* RdNr. 3; *Staudinger/Thiele* (2007) RdNr. 7; vgl. auch *Dölle* I § 73 II 6; *Palandt/Brudermüller* RdNr. 2; abweichend *Gernhuber/Coester-Waltjen* § 38 RdNr. 102; *Erman/Gamillscheg* RdNr. 1.

Ehegatte kann aber ohne weiteres zwar der in der insgesamt übermäßigen Ausstattung liegenden Schenkung (RdNr. 3) zustimmen, sodass sie nach § 1425 Abs. 1 für das Gesamtgut wirksam wird, sich aber trotzdem den Ausgleichsanspruch nach Abs. 1 vorbehalten. Dies muss er aber bei der Zustimmung zum Ausdruck bringen.[2]

III. Die Ausstattung eines einseitigen Kindes

6 Die Ausstattung eines einseitigen Kindes fällt nach Abs. 2, 1. Halbs. grundsätzlich der Mutter oder dem Vater des Kindes zur Last. Dies gilt immer, wenn der Gesamtgutsverwalter die Mutter oder der Vater des Kindes ist (von einer abweichenden Vereinbarung abgesehen).

7 Ist Mutter oder Vater des ausgestatteten Kindes der **nichtverwaltende Ehegatte,** so gilt dieser Grundsatz nur, soweit er zustimmt oder die Ausstattung das Maß des Gesamtguts nicht übersteigt. Sonst fällt der übermäßige Teil im Innenverhältnis dem Gesamtgutsverwalter zur Last. Diese Rechtsfolge ergibt sich in diesem Falle auch aus § 1435 S. 3: Für die Frage, ob die Ausstattung eines einseitigen Kindes des nichtverwaltenden Ehegatten durch den Gesamtgutsverwalter angemessen ist, kommt es nur auf das Gesamtgut an. (Das Sondervermögen des Verwalters kommt nicht in Betracht, weil nicht sein Kind ausgestattet wird, das Sondervermögen des anderen Ehegatten nicht, weil dieser nicht die Ausstattung vornimmt).[3] Ist das danach Angemessene überschritten, handelt es sich um eine Schenkung, die nach § 1425 Abs. 1 der Zustimmung des anderen Ehegatten bedarf, sodass ohne diese Zustimmung die allgemeinen Rechtsfolgen eintreten, insbesondere § 1435 S. 3 gilt.[4]

IV. Gewährung einer Ausstattung durch den nichtverwaltenden Ehegatten aus dem Gesamtgut

8 Gewährt der nichtverwaltende Ehegatte eine Ausstattung aus dem Gesamtgut, die für das Gesamtgut wirksam ist (im Rahmen des § 1429 oder auf Grund Ermächtigung bzw. mit Zustimmung des Verwalters), so gilt § 1444 entsprechend.

V. Ausstattungen aus dem Vorbehalts- oder Sondergut

9 Nicht geregelt sind – und nicht geregelt werden mussten – die Rechtsfolgen, die entstehen, wenn die Ehegatten Ausstattungen aus ihrem Vorbehalts- oder Sondergut gewähren. Dies kann jeder Ehegatte tun, da er sein Vorbehalts- bzw. Sondergut selbständig verwaltet. Es gelten die allgemeinen Rechtsgrundsätze.

VI. Abweichende Vereinbarungen

10 Zur Abdingbarkeit vgl. § 1441 RdNr. 11.

§ 1445 Ausgleichung zwischen Vorbehalts-, Sonder- und Gesamtgut

(1) Verwendet der Ehegatte, der das Gesamtgut verwaltet, Gesamtgut in sein Vorbehaltsgut oder in sein Sondergut, so hat er den Wert des Verwendeten zum Gesamtgut zu ersetzen.

(2) Verwendet er Vorbehaltsgut oder Sondergut in das Gesamtgut, so kann er Ersatz aus dem Gesamtgut verlangen.

---

[2] AA *Erman/Gamillscheg* RdNr. 2, die die umgekehrte Auffassung vertreten; nicht eindeutig *Gernhuber/Coester-Waltjen* § 38 RdNr. 102 Fn 137; unabhängig von der jeweiligen Auffassung über die Auslegung der Zustimmungserklärung gelten die allgemeinen Regeln über Willensmängel.

[3] AA *Staudinger/Thiele* (2007) RdNr. 15.

[4] Ebenfalls für die Anwendung des § 1435 S. 3, aber mit anderer Begründung, *Soergel/Gaul* RdNr. 5; *Staudinger/Thiele* (2007) RdNr. 15.

I. Normzweck

1 Die Trennung der Vermögensmassen des Gesamtguts, des Vorbehaltsguts und des Sonderguts des Gesamtgutsverwalters und ihre Verwaltung durch seine Person führen dazu, dass bewusst und unbewusst **Vermögensverschiebungen** zwischen den einzelnen Vermögensmassen stattfinden. Nach § 1445 ist der **Wert** solcher Verschiebungen **auszugleichen,** ohne dass weitere Anspruchsvoraussetzungen vorliegen müssen (wie dies für die Ansprüche nach §§ 812 ff.; 1435 S. 3 der Fall wäre). Soweit Abs. 1 vorschreibt, dass der Gesamtgutsverwalter eine Minderung des Gesamtguts zugunsten seines Vorbehalts- und Sonderguts ersetzen muss, schützt diese Vorschrift zugleich den nichtverwaltenden Ehegatten.

II. Ersatzpflicht des Verwalters zum Gesamtgut

2 Nach Abs. 1 hat der Verwalter Ersatz zu leisten, wenn er Gesamtgut in sein Vorbehalts- oder Sondergut verwendet. Zu ersetzen ist der Wert zum Zeitpunkt der Verwendung ohne Rücksicht auf eine eingetretene oder fortbestehende Bereicherung des Vorbehalts- oder Sonderguts. Da der Ersatz aber erst nach Beendigung der Gütergemeinschaft geleistet werden muss (§ 1446 Abs. 1), kann für den nichtverwaltenden Ehegatten ein uU erheblicher (Zins-)Verlust eintreten. Dies kann ihm – in Sonderfällen – das Recht zur Aufhebungsklage nach § 1447 Nr. 1 geben.

III. Ersatzanspruch des Gesamtgutsverwalters aus dem Gesamtgut

3 Umgekehrt kann der Gesamtgutsverwalter Ersatz verlangen, wenn er Vorbehalts- oder Sondergut in das Gesamtgut verwendet hat (Abs. 2). Dieser Anspruch ergäbe sich im Regelfall schon aus den Grundsätzen der Geschäftsführung ohne Auftrag, wurde der Klarstellung wegen aber in Abs. 2 ausdrücklich niedergelegt.[1] Da die Vorschrift Ausfluss des Rechtsgedankens der Geschäftsführung ohne Auftrag ist, ist auch § 685 Abs. 1 entsprechend anwendbar: Der Ersatzanspruch entfällt, wenn der Gesamtgutsverwalter bei der Verwendung des Vorbehaltsguts (oder Sonderguts) nicht die Absicht hatte, Ersatz zu verlangen. Auch § 1360 b ist anwendbar.[2]

IV. Ansprüche des nichtverwaltenden Ehegatten

4 Nicht geregelt sind etwaige Ansprüche des nichtverwaltenden Ehegatten oder gegen den nichtverwaltenden Ehegatten wegen der Verwendung von Vorbehaltsgut (bzw. Sondergut) in das Gesamtgut oder in das Vorbehaltsgut (bzw. Sondergut) des Gesamtgutsverwalters und umgekehrt. Für diese Fälle gelten die allgemeinen Vorschriften (insbesondere §§ 677 ff., 812 ff.).[3] Dagegen gilt § 1445 für den nichtverwaltenden Ehegatten entsprechend, soweit dieser als Notverwalter tätig wird.[4] Wenn er nach § 1357 mit Wirkung für das Gesamtgut tätig wurde, gilt § 1445 nicht.[5]

V. Abweichende Vereinbarungen

5 Durch Ehevertrag können die Ersatzpflichten des Gesamtguts und des Verwalters allgemein abweichend von § 1445 geregelt werden. Konkrete Vereinbarungen über Ersatzpflichten im Einzelfall können ohne Einhaltung der Ehevertragsform getroffen werden. Die Ersatzpflichten des und gegen den nichtverwaltenden Ehegatten hat das Gesetz bewusst vom ehelichen Güterrecht ausgenommen und dem allgemeinen Schuldrecht überlassen. Vereinbarungen hierüber sind daher nicht güterrechtlicher, sondern schuldrechtlicher Art und können deshalb formlos getroffen werden.[6]

---

[1] Mot. IV S. 381.
[2] Vgl. BGHZ 50, 266, 269 = NJW 1968, 1780, 1781.
[3] Vgl. Mot. IV S. 382; RGRK/*Finke* RdNr. 5; anwendbar ist auch § 1360 b.
[4] *Staudinger/Thiele* (2007) RdNr. 13.
[5] AA RGRK/*Finke* RdNr. 5; *Staudinger/Thiele* (2007) RdNr. 14.
[6] *Soergel/Gaul* RdNr. 2.

§ 1446 Fälligkeit des Ausgleichsanspruchs

(1) Was der Ehegatte, der das Gesamtgut verwaltet, zum Gesamtgut schuldet, braucht er erst nach der Beendigung der Gütergemeinschaft zu leisten; was er aus dem Gesamtgut zu fordern hat, kann er erst nach der Beendigung der Gütergemeinschaft fordern.

(2) Was der Ehegatte, der das Gesamtgut nicht verwaltet, zum Gesamtgut oder was er zum Vorbehaltsgut oder Sondergut des anderen Ehegatten schuldet, braucht er erst nach der Beendigung der Gütergemeinschaft zu leisten; er hat die Schuld jedoch schon vorher zu berichtigen, soweit sein Vorbehaltsgut und sein Sondergut hierzu ausreichen.

I. Normzweck

Solange die Gütergemeinschaft besteht, ist es regelmäßig nicht zweckmäßig oder gar erforderlich, die Vermögensbeziehungen zwischen dem Gesamtgut und dem Sondervermögen des Gesamtgutsverwalters bereits abzuwickeln.[1] Deshalb ist im Verhältnis zwischen Gesamtgut und Gesamtgutsverwalter die Fälligkeit gegenseitiger Ansprüche bis zur Beendigung der Gütergemeinschaft hinausgeschoben (Abs. 1). Trifft den nichtverwaltenden Ehegatten eine Ausgleichsverpflichtung gegenüber dem Gesamtgut oder dem Vorbehalts- bzw. Sondergut des Gesamtgutsverwalters, so ist er zur Erfüllung dieser Verbindlichkeit vor Beendigung der Gütergemeinschaft nicht in der Lage, wenn sein Vorbehalts- und Sondergut für die Begleichung nicht ausreicht. Deshalb ist auch in diesem Falle die Fälligkeit der Verpflichtung bis zur Beendigung der Gütergemeinschaft hinausgeschoben (Abs. 2). 1

II. Ausgleichsansprüche des Gesamtgutsverwalters und gegen den Gesamtgutsverwalter

Nach Abs. 1 wird die Fälligkeit von Ausgleichsansprüchen des Verwalters zum Gesamtgut und von Forderungen, die ihm gegen das Gesamtgut zustehen, bis zur Beendigung der Gütergemeinschaft aufgeschoben. Die Vorschrift gilt für Ansprüche aller Art, nicht nur für solche aus dem Ehegüterrecht, sondern für alle obligatorischen Ansprüche[2] (gemildert wird dies durch die Abdingbarkeit im Einzelfall, s. dazu RdNr. 7), nicht aber für dingliche Herausgabeansprüche.[3] 2

III. Ausgleichsverpflichtungen des nichtverwaltenden Ehegatten

Das Gleiche gilt für die Verpflichtungen des nichtverwaltenden Ehegatten gegenüber dem Gesamtgut und gegenüber dem Vorbehalts- (bzw. Sonder-)gut des Verwalters, aber nur insoweit, als sein Vorbehaltsgut und sein Sondergut zur vorherigen, dh. sofortigen Berichtigung nicht ausreichen.[4] 3

Dass das Vorbehaltsgut und das Sondergut zur Berichtigung der Schuld (die, soweit teilbar, vom Verwalter auch teilweise geltend gemacht werden kann) ausreichend sind, hat der Gesamtgutsverwalter schon im Rechtsstreit, nicht erst in der Zwangsvollstreckung zu beweisen.[5] 4

IV. Nicht betroffene Ausgleichsverpflichtungen

Nicht von § 1446 betroffen werden Ansprüche zum Vorbehaltsgut oder Sondergut des nichtverwaltenden Ehegatten gegen das Gesamtgut und gegen Vorbehalts- und Sondergut 5

---

[1] Vgl. Mot IV S. 391.

[2] OLG Hamburg OLGE 7, 404.

[3] OLG Hamburg OLGE 21, 232; *Soergel/Gaul* RdNr. 5; *Staudinger/Thiele* (2007) RdNr. 14.

[4] Die Mittel des Sonderguts müssen jedoch fast stets außer Betracht bleiben, weil sie nur herangezogen werden können, soweit ihre Übertragbarkeit hergestellt werden kann.

[5] Jetzt allgM; OLG Hamburg OLGE 14, 228; *Gernhuber/Coester-Waltjen* § 38 RdNr. 107–109; *Erman/Gamillscheg* RdNr. 3; *Palandt/Brudermüller* RdNr. 2; *Soergel/Gaul* RdNr. 4; *Staudinger/Thiele* (2007) RdNr. 7.

des Gesamtgutsverwalters. Diese Ansprüche werden nach den allgemeinen Vorschriften (vgl. § 271) fällig.

V. Vorsorgliche Rechtsbehelfe vor Beendigung der Gütergemeinschaft

6 Durch § 1446 werden die Feststellungsklage (§ 256 ZPO) und die Klage auf künftige Leistung (§ 259 ZPO) oder der Antrag auf Arrest oder einstweilige Verfügung (§§ 916 ff. ZPO) unter deren jeweiligen besonderen Voraussetzungen nicht ausgeschlossen.[6]

VI. Abweichende Vereinbarungen

7 § 1446 ist abdingbar, sowohl generell durch Ehevertrag als auch im Einzelfall durch formlose Vereinbarung.[7] Der Schutz der Gläubiger beider Ehegatten richtet sich nach den allgemeinen Vorschriften. Es gibt keine besonderen Gesichtspunkte, die es rechtfertigen, das Hinausschieben der Fälligkeit von gegenseitigen Forderungen der Ehegatten mit Rücksicht auf eine etwaige Gläubigerbeeinträchtigung als unzulässig anzusehen.[8]

§ 1447 Aufhebungsklage des nicht verwaltenden Ehegatten

Der Ehegatte, der das Gesamtgut nicht verwaltet, kann auf Aufhebung der Gütergemeinschaft klagen,

1. **wenn seine Rechte für die Zukunft dadurch erheblich gefährdet werden können, dass der andere Ehegatte zur Verwaltung des Gesamtguts unfähig ist oder sein Recht, das Gesamtgut zu verwalten, missbraucht,**
2. **wenn der andere Ehegatte seine Verpflichtung, zum Familienunterhalt beizutragen, verletzt hat und für die Zukunft eine erhebliche Gefährdung des Unterhalts zu besorgen ist,**
3. **wenn das Gesamtgut durch Verbindlichkeiten, die in der Person des anderen Ehegatten entstanden sind, in solchem Maße überschuldet ist, dass ein späterer Erwerb des Ehegatten, der das Gesamtgut nicht verwaltet, erheblich gefährdet wird,**
4. **wenn die Verwaltung des Gesamtguts in den Aufgabenkreis des Betreuers des anderen Ehegatten fällt.**

Übersicht

---

[6] AllgM im Anschluss an *Becher* Recht 1914, 123; *Erman/Gamillscheg* RdNr. 1; *Soergel/Gaul* RdNr. 6; *Staudinger/Thiele* (2007) RdNr. 3.

[7] RGRK/*Finke* RdNr. 7; *Staudinger/Thiele* (2007) RdNr. 16.

[8] Vgl. aber RGRK/*Finke* RdNr. 7; *Soergel/Gaul* RdNr. 7.

I. Normzweck

Keiner der Ehegatten hat grundsätzlich die Möglichkeit, die Gütergemeinschaft einseitig, etwa durch „Kündigung", zu beenden. Der nichtverwaltende Ehegatte kann dem anderen auch die Verwaltungsbefugnis nicht einseitig entziehen. § 1447 gibt ihm deshalb die Möglichkeit, auf Aufhebung der Gütergemeinschaft zu klagen, wenn seine Rechte durch das Weiterbestehen der Gütergemeinschaft bei Verwaltung des Gesamtguts durch den anderen Ehegatten gefährdet würden. 1

II. Beendigung der Gütergemeinschaft

Die Gütergemeinschaft endet durch ehevertragliche Aufhebung, die jederzeit möglich ist, Auflösung der Ehe (durch Scheidung oder Aufhebung die in dieser Hinsicht nach § 1313 S. 2 in ihren Folgen der Ehescheidung gleichsteht), Tod eines Ehegatten (falls nicht fortgesetzte Gütergemeinschaft eintritt), Eintritt einer auflösenden Bedingung und Befristung und rechtskräftiges Aufhebungsurteil (§ 1449 Abs. 1). Getrenntleben der Ehegatten oder die Insolvenz eines der Ehegatten bleiben auf die Gütergemeinschaft ohne Einfluss. Da es an einer entsprechenden Vorschrift fehlt, beeinflusst die Todeserklärung eines Ehegatten die Gütergemeinschaft ebenfalls nicht, wenn der für tot Erklärte noch lebt, wohl aber die Wiederverheiratung des anderen Ehegatten, wenn sie die frühere Ehe nach § 1319 Abs. 2 auflöst (vgl. § 2031). 2

III. Ausschluss anderer Rechtsbehelfe zur Aufhebung der Gütergemeinschaft

Die Aufhebungsklage ist das Rechtsmittel, das einem Ehegatten zur Beendigung der Gütergemeinschaft zusteht. Da die Gründe, die zur Aufhebungsklage berechtigen, in § 1447 (bzw. für den Verwalter in § 1448) im Einzelnen aufgeführt sind, ist diese Regelung abschließend (zur Möglichkeit, den Katalog der Gründe zu erweitern, s. RdNr. 21). Allgemeine Rechtsgrundsätze sind also darüber hinaus nicht anwendbar. Die Aufhebung der Gütergemeinschaft kann deshalb nicht etwa wegen Wegfalls der Geschäftsgrundlage, positiver Vertragsverletzung oder allgemein „wegen Vorliegen eines wichtigen Grundes" begehrt, auf Grund der ehelichen Treupflicht kann vom verwaltenden Ehegatten nicht verlangt werden,[1] dass er einem Ehevertrag zustimmt, nach dem zur gemeinschaftlichen Verwaltung übergegangen wird. Ist mit dem Ehevertrag ein Erbvertrag verbunden, so lässt der Rücktritt vom Erbvertrag den Ehevertrag unberührt.[2] 3

Die allgemeinen Vorschriften über die **ursprüngliche Unwirksamkeit** eines Rechtsgeschäfts (zB über Willensmängel) sind dagegen auch auf die Vereinbarung der Gütergemeinschaft uneingeschränkt anwendbar. 4

IV. Die Gründe zur Aufhebungsklage des nichtverwaltenden Ehegatten

1. Unfähigkeit des Gesamtgutsverwalters oder Missbrauch der Verwaltungsbefugnis (Nr. 1). Nach Nr. 1 kann die Aufhebung der Gütergemeinschaft begehrt werden, wenn die Rechte des anderen Ehegatten dadurch erheblich gefährdet werden können, dass der Gesamtgutsverwalter zur Verwaltung unfähig ist oder die Verwaltungsbefugnis missbraucht. 5

Der Gesamtgutsverwalter ist **zur Verwaltung unfähig,** wenn er – ohne Rücksicht auf sein Verschulden – wegen Krankheit, Geistes- oder Altersschwäche (ohne dass die Voraussetzungen der Nr. 4 vorliegen), Abwesenheit, aber auch eindeutiger geschäftlicher Untüchtigkeit (für die freilich, wie allgemein im Rahmen des § 1447, der Ehegatte die Beweislast trägt, der die Aufhebung begehrt) die Verwaltungsbefugnisse tatsächlich nicht ordnungs- 6

[1] Vgl. BGHZ 29, 129, 134 f. = NJW 1959, 625.
[2] Vgl. BGH (Fn. 1).

gemäß (§ 1435) ausüben kann. Die Unfähigkeit muss nicht unbedingt eine dauernde sein, es genügt, wenn sie voraussichtlich solange andauern wird, dass dem anderen Ehegatten die Hinnahme dieses Zustandes unter Führung der Gesamtgutsverwaltung auf Grund des Notverwaltungsrechts (§ 1429) nicht zugemutet werden kann.

7 Ein **Missbrauch der Verwaltungsbefugnis** liegt vor, wenn der Gesamtgutsverwalter die ausdrücklichen gesetzlichen Schranken der Verwalterstellung oder die allgemeinen Grundsätze über die ordnungsgemäße Verwaltung (teilweise) fremden Vermögens nicht nur geringfügig überschreitet.[3] Die Absicht, den anderen Ehegatten zu benachteiligen, ist nicht mehr erforderlich,[4] der Begriff des „Missbrauchs" schließt jedoch ein subjektives Element ein: der Verwalter muss wissen, dass er seine Rechte überschreitet, oder sich wenigstens über die sich aufdrängende Erkenntnis, dass dies der Fall ist, bewusst hinwegsetzen.

8 Die zusätzliche Voraussetzung der Aufhebungsklage, dass eine **erhebliche Gefährdung der Rechte des nichtverwaltenden Ehegatten für die Zukunft** möglich sein muss, ist nicht glücklich formuliert. Der Begriff des Rechts des nichtverwaltenden Ehegatten ist im weitesten Sinne auszulegen und dessen rechtlichen Interessen gleichzusetzen. Meist wird es sich um die vermögensrechtlichen Ansprüche des nichtverwaltenden Ehegatten bei Beendigung der Gütergemeinschaft handeln. Da der nichtverwaltende Ehegatte am Gesamtgut zur Hälfte beteiligt ist (§ 1476 Abs. 1), führt eine Schmälerung des Gesamtguts zu einer Minderung seines Anspruchs bei der Auseinandersetzung. Damit erweist sich jede Schmälerung des Gesamtguts bei der Auseinandersetzung als Beeinträchtigung der Rechte des nichtverwaltenden Ehegatten. Immer wenn diese Möglichkeit besteht, sind daher seine Rechte für die Zukunft gefährdet.

9 Die Vorschrift fordert nur, dass die Rechte des nichtverwaltenden Ehegatten erheblich gefährdet werden können, deshalb genügt die **abstrakte Möglichkeit** einer zukünftigen Gefährdung; eine schon konkrete Gefährdung ist nicht erforderlich.[5] Dass die Gefährdung „erheblich" sein muss, schließt die Aufhebungsklage aus, wenn es sich um eine Angelegenheit von geringerem Gewicht handelt.

10 Insgesamt bedarf es für die Entscheidung, ob die Voraussetzungen des § 1447 Nr. 1 erfüllt sind, der **Berücksichtigung aller Umstände des Einzelfalles.**[6] Die Tatbestandselemente „Rechtsgefährdung" auf der einen, „Unfähigkeit" oder „Missbrauch" auf der anderen Seite, müssen im Zusammenhang gesehen werden. Ist der Verwalter für eine Zeit, die über die Grenze nach RdNr. 6 hinausgeht, zur Gesamtgutsverwaltung unfähig, so werden regelmäßig auch die Rechte des anderen Ehegatten gefährdet, weil laufende Verwaltungshandlungen zur Erhaltung des Gesamtguts erforderlich sind und die Notverwaltung des nichtverwaltenden Ehegatten außer Betracht bleibt, wenn sie einen zumutbaren Zeitraum überschreiten müsste. Das Gewicht des Rechtsmissbrauchs beeinflusst das Maß der Rechtsgefährdung.[7] Aus missbräuchlicher Ausübung der Verwaltungsbefugnisse muss auf eine Rechtsgefährdung geschlossen werden, wenn eine Wiederholung nicht ausgeschlossen erscheint.[8]

11 **2. Verletzung der Pflicht des Gesamtgutsverwalters, zum Familienunterhalt beizutragen (Nr. 2).** Zweiter Grund für die Aufhebungsklage ist die Verletzung der Pflicht des Gesamtgutsverwalters, zum Familienunterhalt beizutragen, wenn für die Zukunft eine

[3] Vgl. BGHZ 48, 369 = NJW 1968, 496 = LM § 1495 Nr. 1 mit Anm. von *Johannsen*; im konkreten Fall: Erklärung der Zwangsvollstreckungsunterwerfung, um dem Gläubiger die Eintragung einer Zwangshypothek ohne Zustimmung nach § 1424 zu ermöglichen.

[4] So § 1468 Nr. 2 BGB aF.

[5] RGZ 126, 103, 105; BGHZ 1, 313, 316 = NJW 1951, 478.

[6] *Soergel/Gaul* RdNr. 4; Beispiele: BGHZ 1, 313 = NJW 1951, 478; RG Recht 1924 Nr. 352.

[7] Entscheidend ist nach BGHZ 48, 369, 372 = NJW 1968, 496 = LM § 1495 Nr. 1 mit Anm. von *Johannsen* nicht das Maß, sondern die Art der Beeinträchtigung.

[8] Vgl. BGHZ 48, 369 = NJW 1968, 496 = LM § 1495 Nr. 1 mit Anm. von *Johannsen,* wonach es nicht darauf ankommt, ob gerade der festgestellte Missbrauch zu einer Gefährdung führen kann, sondern ob nach dem gesamten bisherigen Verhalten des Gesamtgutsverwalters angenommen werden kann, er könne durch irgendwelche zukünftigen Maßnahmen die Rechte des nicht verwaltenden Ehegatten gefährden; vgl. auch *Erman/Gamillscheg* RdNr. 2 aE.

erhebliche Gefährdung des Unterhalts zu besorgen ist. In welchem Umfang er zum Unterhalt beizutragen hat, ergibt sich aus den allgemeinen Vorschriften. Auf ein Verschulden des Gesamtgutsverwalters kommt es nicht an.[9] Bei unverschuldeter Unterhaltspflichtverletzung, die regelmäßig nur vorliegen kann, wenn der Verwalter die Unterhaltspflicht oder ihr Ausmaß nicht kennt, wird in der Regel seine Unterrichtung ausreichen, um eine Gefährdung für die Zukunft auszuschließen.[10]

Abgestellt wird nicht nur auf den **Unterhalt** des anderen Ehegatten, sondern auf den **der Familie,** dh. auch den Unterhalt der Kinder. Zum Familienunterhalt gehört dagegen nicht die Unterhaltung von Personen, denen nur einer der beiden Ehegatten unterhaltspflichtig ist, zB einseitiger Kinder des anderen Ehegatten. Da für deren Unterhaltsanspruch gegen ihre Mutter bzw. ihren Vater das Gesamtgut haftet, kann bei fortgesetzter Nichterfüllung dieser Ansprüche durch den Verwalter ein Missbrauch seiner Stellung iS von Nr. 1 vorliegen.[11] 12

Eine **erhebliche Gefährdung des Unterhalts** ist zu besorgen, wenn nicht ausgeschlossen werden kann, dass der Verwalter seine Unterhaltspflicht auch in Zukunft in nicht nur geringfügigem Maße vernachlässigt. 13

3. Überschuldung des Gesamtguts (Nr. 3). Die Überschuldung des Gesamtguts, die nach Nr. 3 Voraussetzung des dritten Aufhebungstatbestandes ist, muss bereits eingetreten sein.[12] Die Verbindlichkeiten müssen in der Person des Gesamtgutsverwalters entstanden sein, Eintritt seiner Mithaftung nach § 1437 Abs. 2 genügt also nicht.[13] Beruht die Überschuldung zum Teil auf solchen Verbindlichkeiten, zum Teil auf Verbindlichkeiten des nichtverwaltenden Ehegatten, so reicht dies aus, wenn nicht die Verbindlichkeiten, die in der Person des Verwalters entstanden sind, nach ihrem Umfang gegenüber den anderen Verbindlichkeiten ohne Bedeutung sind. Überschuldung des Vorbehaltsguts des Verwalters genügt nicht, für sämtliche Verbindlichkeiten des Gesamtgutsverwalters – auch solche, die sich auf das Vorbehaltsgut beziehen – haftet aber das Gesamtgut mit, sodass auch diese Verbindlichkeiten bei Prüfung der Überschuldung heranzuziehen sind.[14] Andererseits sind bei Prüfung der Überschuldung des Gesamtguts die Verbindlichkeiten nicht zu berücksichtigen, die im Innenverhältnis dem Gesamtgutsverwalter zur Last fallen (weil sie sich zB auf sein Vorbehaltsgut beziehen, vgl. § 1441 Nr. 2), wenn keine Zweifel daran bestehen, dass er sie aus seinem Sondervermögen begleichen wird, weil sie nach den Grundsätzen ordnungsmäßiger Wirtschaftsführung aus dem Sondervermögen zu begleichen sind und dessen Umfang dazu ausreicht.[15] Auch hier ist ein Verschulden des Gesamtgutsverwalters nicht erforderlich, die objektive Überschuldung des Gesamtguts ist maßgebend.[16] 14

Wenn das Gesamtgut überschuldet ist, wird damit ein **späterer Erwerb des anderen Ehegatten** – der ja grundsätzlich nach § 1416 in das Gesamtgut fällt – **gefährdet.** Nicht notwendig ist, dass der andere Ehegatte einen solchen späteren Erwerb konkret zu erwarten hat.[17] Es genügt die abstrakte Gefährdung seines späteren Erwerbs, sodass diese zusätzliche Voraussetzung bei Überschuldung des Gesamtguts regelmäßig vorliegen wird.[18] 15

---

9 AllgM, RG JW 1924, 678; RG WarnR 1914 Nr. 255; *Staudinger/Thiele* (2007) RdNr. 18 m. zahlr. Nachw.

10 RG WarnR 1911 Nr. 245.

11 *Erman/Gamillscheg* RdNr. 3; *Soergel/Gaul* RdNr. 6.

12 OLG Hamburg OLGE 12, 313; droht sie erst, kann Nr. 1 in Frage kommen.

13 *Soergel/Gaul* RdNr. 10.

14 Vgl. *Dölle* I § 74 I 3 c.

15 Hinsichtlich der Differenzierung abweichend von *Palandt/Brudermüller* RdNr. 5; *Soergel/Gaul* RdNr. 10, die ohne Einschränkung die Auffassung vertreten, es sei unerheblich, welchem Ehegatten die Verbindlichkeiten im Innenverhältnis zur Last fallen. Anders auch *Staudinger/Thiele* (2007) RdNr. 21, 22, 24, die die wiedergegebenen Gesichtspunkte nicht bei der Frage der Überschuldung, sondern bei der Prüfung der Frage berücksichtigen, ob der spätere Erwerb des anderen Ehegatten gefährdet wird.

16 OLG Hamburg OLGE 8, 337.

17 OLG Hamburg (Fn. 16).

18 Vgl. auch OLG Hamburg (Fn. 16), das aus der Überschuldung ohne weiteres auf die Gefährdung schließt.

16 **4. Betreuung des Gesamtgutverwalters (Nr. 4).** Ist für den verwaltenden Ehegatten Betreuung angeordnet und fällt die Verwaltung in den Aufgabenkreis des Betreuers, so vertritt der Betreuer nach § 1436 den Gesamtgutsverwalter bei der Verwaltungstätigkeit. Der nicht zur Verwaltung berechtigte Ehegatte kann dies hinnehmen. Es soll ihm aber gegen seinen Willen nicht zugemutet werden. Deshalb steht ihm nach Nr. 4 das Recht zu, auf Aufhebung der Gütergemeinschaft zu klagen. Die Klage kann jederzeit erhoben werden, auch wenn der andere Ehegatte die Verwaltung durch den Betreuer zunächst geduldet hat. Die Anordnung der Betreuung allein, ohne dass die Gesamtgutsverwaltung in den Aufgabenkreis des Betreuers fällt, genügt nicht (in diesem Fall kann aber Nr. 1 eingreifen).[19] Wird die Betreuung vor rechtskräftiger Aufhebung der Gütergemeinschaft wieder aufgehoben oder die Gesamtgutsverwaltung vom Aufgabenkreis des Betreuers ausgenommen, so gelten die allgemeinen Rechtsregeln für den Wegfall einer Tatbestandsvoraussetzung während des Rechtsstreits. Die Wiederaufhebung der Betreuung nach rechtskräftiger Aufhebung der Gütergemeinschaft hat dagegen keinen Einfluss, sie stellt nicht etwa die Gütergemeinschaft wieder her.

V. Verfahrensfragen

17 **1. Aufhebungsklage.** Die Aufhebungsklage ist gegen den verwaltenden anderen Ehegatten zu richten. Für ihren Erfolg kommt es auf die Lage zum Zeitpunkt der Letzten mündlichen Verhandlung an, auch zB für die Frage, ob die Rechte des anderen Ehegatten gefährdet sind. Endet die Gütergemeinschaft während der Dauer des Verfahrens aus anderen Gründen (s. RdNr. 2), so erledigt sich damit die Hauptsache. Bietet der verwaltende Ehegatte vor Klageerhebung an, die Gütergemeinschaft durch Ehevertrag aufzuheben, so ändert dies an der Klagebefugnis des anderen Ehegatten nichts, auch wenn an der Ernstlichkeit des Anerbietens keine Zweifel bestehen.[20] Der Gesamtgutsverwalter kann freilich in einem solchen Falle mit der Kostenfolge des § 93 ZPO sofort anerkennen.

Die Auseinandersetzungsklage bewirkt die Zustimmung zu einem Teilungsplan. Sie überlässt dem Richter keine Gestaltungsmöglichkeit (wie beim Hausrat); sie ist darauf beschränkt, dem in dem Klageantrag aufzunehmendem Teilungsplan entweder stattzugeben oder die Klage abzuweisen.[21]

18 **2. Keine Ehesache.** Die Rechtsstreitigkeit ist keine Ehesache. Es gelten deshalb die allgemeinen Vorschriften: Verzicht und Anerkenntnis sind möglich, ebenso ein Versäumnisurteil. Verbindung mit anderen Klagen, zB auf Auskunftserteilung nach § 1435 ist möglich.[22] Klagt der eine Ehegatte auf Aufhebung der Gütergemeinschaft, so kann vom anderen Ehegatten seinerseits die Aufhebungsklage als Widerklage erhoben werden.[23]

19 **3. Vergleich, einstweilige Anordnungen.** Die Aufhebung der Gütergemeinschaft durch Prozessvergleich ist ohne weiteres möglich, weil dieser die Form des § 1410 erfüllt (§ 127 a). Die Aufhebung selbst kann nicht durch einstweilige Verfügung ausgesprochen werden, weil dies die endgültige Entscheidung vorwegnehmen würde.[24] Durch einstweilige Verfügung können im Übrigen aber Maßnahmen zum vorläufigen Schutz des klagenden Ehegatten bzw. zur Sicherung des Rechtsfriedens (vgl. §§ 935, 940 ZPO) getroffen werden (§ 938 Abs. 2 ZPO). Es sind auch Anordnungen möglich, auf die der andere Ehegatte keinen materiellrechtlichen Anspruch hat. Möglich ist zB die Anordnung, dass sich der Verwalter Verwaltungsmaßnahmen ohne Zustimmung des anderen Ehegatten vollständig

[19] S. BT-Drucks. 11/4528 S. 106.

[20] AA – in diesem Falle fehle der Klage das Rechtsschutzinteresse – *Erman/Gamillscheg* RdNr. 6; *Staudinger/Thiele* (2007) RdNr. 7; *Bamberger/Roth/J. Mayer* RdNr. 3; vgl. auch (einschränkender) *Soergel/Gaul* RdNr. 16; RG Gruch. 53, 697.

[21] BGH FamRZ 86, 776, 777; BGH FamRZ 88, 813, 814; *Schröder/Bergschneider/Kübler* RdNr. 4.807.

[22] OLG Hamburg OLGE 30, 133; *Staudinger/Felgentraeger* 10./11. Aufl. RdNr. 31.

[23] BGHZ 29, 129, 136 = NJW 1959, 625.

[24] AllgM, vgl. OLG Kassel JW 1930, 1012; *Soergel/Gaul* RdNr. 18; *Staudinger/Thiele* (2007) RdNr. 9.

oder jedenfalls bestimmter Verwaltungsmaßnahmen zu enthalten hat. Auch Sequestration von Gesamtgutsgegenständen ist möglich (vgl. § 938 Abs. 2 ZPO).

VI. Abweichende Vereinbarungen

1. Zwingendes Schutzrecht. Das Recht zur Aufhebungsklage ist ein zwingendes Schutzrecht des nichtverwaltenden Ehegatten, das deshalb durch Ehevertrag nicht eingeschränkt werden kann.[25] Aus dem gleichen Grunde kann auf das Recht zur Aufhebungsklage auch nicht im Einzelfall verzichtet werden, wenn der zur Klage berechtigende Umstand weiter besteht.[26] 20

2. Erweiterung der Gründe. Der Katalog der Gründe, die zur Aufhebungsklage berechtigen, kann aber erweitert werden.[27] 21

3. Bedingung, Befristung. Durch Ehevertrag kann auch vereinbart werden, dass die Gütergemeinschaft unter bestimmten Voraussetzungen oder zu einem bestimmten Zeitpunkt endet, ohne dass es der Aufhebungsklage bedarf. Die Vereinbarung der Gütergemeinschaft ist nicht bedingungs- oder befristungsfeindlich. Vgl. dazu näher § 1415 RdNr. 4. 22

§ 1448 Aufhebungsklage des Verwalters

Der Ehegatte, der das Gesamtgut verwaltet, kann auf Aufhebung der Gütergemeinschaft klagen, wenn das Gesamtgut infolge von Verbindlichkeiten des anderen Ehegatten, die diesem im Verhältnis der Ehegatten zueinander zur Last fallen, in solchem Maße überschuldet ist, dass ein späterer Erwerb erheblich gefährdet wird.

I. Normzweck

§ 1448 gibt dem Gesamtgutsverwalter das gleiche Recht zur Aufhebungsklage, wie es dem anderen Ehegatten nach § 1447 Nr. 3 zusteht. Wird ein späterer Erwerb erheblich gefährdet, weil das **Gesamtgut durch Verbindlichkeiten des anderen Ehegatten überschuldet** ist, die diesem im Innenverhältnis zur Last fallen, so kann der Gesamtgutsverwalter auf Aufhebung klagen. Die erfolgreiche Durchführung der Klage führt nicht nur zur Aufhebung der Gütergemeinschaft, sondern auch zur Beendigung der persönlichen Haftung des Verwalters für Gesamtgutsverbindlichkeiten, die dem anderen Ehegatten zur Last fallen, nach § 1437 Abs. 2 S. 2. 1

II. Überschuldung des Gesamtguts durch Verbindlichkeiten des nichtverwaltenden Ehegatten

Die Überschuldung des Gesamtguts muss auf Verbindlichkeiten beruhen, die dem anderen Ehegatten im Innenverhältnis zur Last fallen. Das sind die Verbindlichkeiten des anderen Ehegatten, für die das Gesamtgut nach §§ 1437 bis 1440 zwar haftet, die er aber nach **§§ 1441 bis 1444** im Innenverhältnis allein zu tragen hat (vgl. die Erläuterungen zu diesen Vorschriften). 2

III. Entsprechende Anwendung der Rechtsgrundsätze zu § 1447

Im Übrigen gelten die Erläuterungen zu § 1447 Nr. 3 entsprechend (vgl. § 1447 RdNr. 14 und 15). Zu den Verfahrensfragen vgl. § 1447 RdNr. 17 ff., zur Zulässigkeit abweichender Vereinbarungen § 1447 RdNr. 20 ff. 3

---

[25] AllgM; *Erman/Gamillscheg* RdNr. 7; *Palandt/Brudermüller* RdNr. 2; *Soergel/Gaul* RdNr. 2; *Staudinger/Thiele* (2007) RdNr. 29; vgl. BGHZ 29, 129, 134 = NJW 1959, 625.

[26] *Staudinger/Thiele* (2007) RdNr. 30.

[27] AA die überwM: *Erman/Gamillscheg* RdNr. 7; RGRK/*Finke* RdNr. 20; *Soergel/Gaul* RdNr. 2; *Wittich* S. 27; wie hier *Staudinger/Thiele* (2007) RdNr. 29.

§ 1449 Wirkung der richterlichen Aufhebungsentscheidung

(1) Mit der Rechtskraft der richterlichen Entscheidung ist die Gütergemeinschaft aufgehoben; für die Zukunft gilt Gütertrennung.

(2) Dritten gegenüber ist die Aufhebung der Gütergemeinschaft nur nach Maßgabe des § 1412 wirksam.

I. Normzweck

1 § 1449 enthält die **Rechtsfolgen der rechtskräftigen Aufhebungsentscheidung:** Die Gütergemeinschaft ist aufgehoben, es tritt Gütertrennung ein (Abs. 1). Dritten gegenüber ist dies nur nach § 1412 wirksam (Abs. 2).

II. Übergang zur Gütertrennung

2 § 1449 schreibt den Übergang zur Gütertrennung, nicht zum gesetzlichen Güterstand vor. Wenn der Tatbestand für eine Aufhebungsklage vorliegt und die Klage erfolgreich durchgeführt wurde, bestehen zwischen den Ehegatten regelmäßig erhebliche Spannungen, die bei Eintritt des gesetzlichen Güterstandes zu weiteren Unzuträglichkeiten führen können und den Güterstand der Gütertrennung deshalb als sachgerecht erscheinen lassen.[1] Den Ehegatten ist es unbenommen, durch Ehevertrag **Übergang zum gesetzlichen Güterstand** zu vereinbaren. Dies kann auch schon in dem Ehevertrag geschehen, in dem Gütergemeinschaft vereinbart wurde. (Es handelt sich praktisch um die durch die Aufhebung der Gütergemeinschaft bedingte Vereinbarung des gesetzlichen Güterstandes.) § 1449 Abs. 1 ist also abdingbar.

III. Weitere Folgen der rechtskräftigen Aufhebungsentscheidung

3 Zur Auseinandersetzung des Gesamtguts s. §§ 1471 ff. Der Ehegatte, der die Aufhebungsentscheidung erwirkt hat, kann verlangen, dass im Innenverhältnis der Ehegatten die Auseinandersetzung unter Zugrundelegung der Verhältnisse durchgeführt wird, die zum Zeitpunkt der Klageerhebung bestanden haben (s. § 1479).

4 Wie bei der Beendigung der Gütergemeinschaft aus anderen Gründen endet die persönliche Haftung des Gesamtgutsverwalters für Verbindlichkeiten des nichtverwaltenden Ehegatten, die dieser im Innenverhältnis zu tragen hat, gemäß § 1437 Abs. 2 S. 2. Diese Beendigung der persönlichen Haftung tritt unmittelbar kraft Gesetzes ein. § 1449 Abs. 2, dh. der Schutz Dritter gemäß § 1412, gilt für die Beendigung der persönlichen Haftung des Gesamtgutsverwalters nicht.[2]

IV. Eintritt der Wirkungen mit Rechtskraft der Entscheidung

5 Die Wirkungen der Aufhebungsentscheidung treten erst mit der Rechtskraft ein (Abs. 1). Sie kann also nicht für vorläufig vollstreckbar erklärt werden. Dies entspricht ihrem Wesen als Gestaltungsentscheidung.[3]

V. Schutz gutgläubiger Dritter bei Eintragung der Gütergemeinschaft im Güterrechtsregister

6 Abs. 2 erklärt die **Grundsätze des § 1412,** die unmittelbar nur auf güterrechtliche Änderungen durch Ehevertrag anzuwenden sind, auf die güterrechtliche Änderung durch die Aufhebungsentscheidung für **entsprechend anwendbar.** Dritten kann die Aufhebung

---

[1] Vgl. BT-Drucks. 2/zu 3409 S. 28 f.

[2] AllgM im Anschluss an *Kuttner,* Die privatrechtlichen Nebenwirkungen von Zivilurteilen, S. 92 ff.; s. RGRK/*Finke* RdNr. 4; *Soergel/Gaul* RdNr. 2; *Staudinger/Thiele* (2007) RdNr. 7.

[3] S. *Schlosser,* Gestaltungsklagen und Gestaltungsurteile, 1966, S. 242.

danach nur entgegengehalten werden, wenn sie im Güterrechtsregister eingetragen oder dem Dritten bekannt war. Der Schutz des § 1412 gilt bei Änderungen anderer güterrechtlicher Verhältnisse als des gesetzlichen Güterstandes nur, wenn diese güterrechtlichen Verhältnisse – hier also die Gütergemeinschaft – ihrerseits im Güterrechtsregister eingetragen waren (s. § 1412 Abs. 2). Ein Dritter ist also ohne Eintragung der Gütergemeinschaft im Güterrechtsregister nicht geschützt, wenn er nach Rechtskraft der Aufhebungsentscheidung mit einem Ehegatten ein Rechtsgeschäft über einen noch nicht auseinandergesetzten Gesamtgutsgegenstand abschließt, weil er zwar weiß, dass die Ehegatten Gütergemeinschaft vereinbart und diesen Ehegatten zum Gesamtgutsverwalter bestimmt haben, aber von der Aufhebung keine Kenntnis hat. Die Eintragung im Güterrechtsregister erfolgt gemäß § 1561 Abs. 2 Nr. 1 auf Antrag eines der Ehegatten unter Vorlage des mit Rechtskraftzeugnis versehenen Urteils.

Unterkapitel 3. Gemeinschaftliche Verwaltung des Gesamtguts durch die Ehegatten

§ 1450 Gemeinschaftliche Verwaltung durch die Ehegatten

(1) [1] Wird das Gesamtgut von den Ehegatten gemeinschaftlich verwaltet, so sind die Ehegatten insbesondere nur gemeinschaftlich berechtigt, über das Gesamtgut zu verfügen und Rechtsstreitigkeiten zu führen, die sich auf das Gesamtgut beziehen. [2] Der Besitz an den zum Gesamtgut gehörenden Sachen gebührt den Ehegatten gemeinschaftlich.

(2) Ist eine Willenserklärung den Ehegatten gegenüber abzugeben, so genügt die Abgabe gegenüber einem Ehegatten.

Übersicht

I. Normzweck, Grundsätzliches zur gemeinschaftlichen Verwaltung des Gesamtguts

§ 1450 ist das Gegenstück zu § 1422. Bei der Einzelverwaltung hat grundsätzlich der Gesamtgutsverwalter alle Rechtshandlungen für das Gesamtgut vorzunehmen und Rechtsstreitigkeiten zu führen. Ihm steht grundsätzlich das Recht zum Besitz an den Sachen des Gesamtguts zu. Entsprechend sind nach § 1450 Abs. 2 grundsätzlich nur beide Ehegatten gemeinsam befugt, mit Wirkung für das Gesamtgut Rechtshandlungen vorzunehmen und Rechtsstreitigkeiten zu führen. Das Besitzrecht steht ihnen grundsätzlich gemeinsam zu. Zur Erleichterung des Rechtsverkehrs ist nach Abs. 2 die Abgabe einer Willenserklärung gegenüber einem der beiden Ehegatten ausreichend. 1

2 Gemeinschaftliche Verwaltung des Gesamtguts tritt ein, wenn die Ehegatten sie ausdrücklich vereinbart oder im Ehevertrag – entgegen der Sollvorschrift des § 1421 – keine Bestimmung über die Verwaltung getroffen haben. Nach § 1472 verwalten die Ehegatten das Gesamtgut nach Beendigung der Gütergemeinschaft gemeinschaftlich, auch wenn vorher Einzelverwaltung galt.

3 Die **Wahl der gemeinschaftlichen Verwaltung** war je nach dem Gebiet und je nach den Lebensumständen der Ehegatten unterschiedlich häufig; inzwischen dürfte sie bei der – seltenen – Vereinbarung von Gütergemeinschaft **fast** der **Regel** entsprechen. **Schon** *Michaelis*[1] stellte in 86,9% der von ihm herangezogenen Gütergemeinschaftsverträge die Vereinbarung gemeinschaftlicher Verwaltung des Gesamtgutes fest. Die häufige Wahl der gemeinschaftlichen Gesamtgutsverwaltung und ihre zunehmende Tendenz beruhen auf dem Bewusstsein der Gleichberechtigung der Ehegatten, unterstützt durch die Feststellung der Praxis, dass die **geäußerte Befürchtung,**[2] die **gemeinschaftliche Verwaltung** führe zu Schwierigkeiten im Rechtsverkehr, sei schwerfällig und deshalb **unpraktikabel,** sich als **unzutreffend** erwiesen hat: Bei den einfacheren Geschäften des täglichen Lebens können die Ehegatten – soweit nicht ohnehin § 1357 eingreift – mit Vollmachten helfen, bei wichtigen Rechtsgeschäften ist es durchaus gerechtfertigt – und weithin üblich –, dass beide Ehegatten gemeinsam handeln.

4 Wie § 1422 S. 1 gibt auch **§ 1450 Abs. 1** (dies kommt im Wortlaut – „insbesondere" – deutlich zum Ausdruck) nur einige besonders wichtige **Beispiele für die gemeinschaftliche Zuständigkeit** der Ehegatten. Wie die Einzelverwaltungsbefugnis ist die gemeinschaftliche Zuständigkeit grundsätzlich umfassend. Grundsätzlich können die beiden Ehegatten rechtserhebliche Erklärungen und Handlungen nur gemeinsam vornehmen, wenn diese für das Gesamtgut wirksam sein sollen.

5 Nicht erwähnt ist insbesondere, dass die Ehegatten das Gesamtgut grundsätzlich **nur gemeinschaftlich verpflichten** können. Dies wird als selbstverständlich vorausgesetzt und ergibt sich zudem aus § 1460 Abs. 1. Nicht erwähnt ist auch die Vornahme **einseitiger Rechtsgeschäfte** für das Gesamtgut, soweit es sich nicht um Verfügungen handelt. Auch diese fällt in die gemeinschaftliche Verwaltungszuständigkeit. Zur Entgegennahme von Willenserklärungen s. RdNr. 19f.

6 Dem Recht zur Mitwirkung an der gemeinschaftlichen Verwaltung entspricht die **Mitwirkungspflicht;** s. § 1452.

II. Möglichkeit der Ehegatten, einzeln mit Wirkung für das Gesamtgut zu handeln

7 Die Ehegatten können unter den folgenden Voraussetzungen jeweils für sich allein rechtswirksam für das Gesamtgut handeln:

a) In den Fällen des **§ 1445** (s. die Erläuterungen zu dieser Vorschrift);

b) nach **§ 1357** (durch solche Geschäfte werden im Zweifel beide Ehegatten berechtigt und verpflichtet, vgl. § 1357 Abs. 1 S. 2);

c) wenn der andere Ehegatte eine **Vollmacht oder Ermächtigung** erteilt hatte, das Rechtsgeschäft gleichzeitig in seinem Namen oder allein im eigenen Namen des handelnden Ehegatten vorzunehmen;

d) beim Erwerb, weil das von jedem Ehegatten Erworbene nach § 1416 Abs. 1 S. 2 in das Gesamtgut fällt;

e) bei der **Entgegennahme von Willenserklärungen** gemäß **Abs. 2;**

f) bei der Geltendmachung von **Besitzschutzrechten** (s. RdNr. 21).

g) vgl. auch den Übergang zur Einzelverwaltung nach **§ 1458,** wenn ein Ehegatte unter elterlicher Sorge oder Vormundschaft steht.

8 Zu **b):** Auch bei der gemeinschaftlichen Verwaltung führt **§ 1357** praktisch in seinem Anwendungsbereich zu einer alternativen Verwaltung des Gesamtguts (vgl. § 1422 RdNr. 4).

---

[1] Die Güterstände in der Praxis, 1968, S. 123.

[2] BT-Drucks. 2/zu 3409 S. 9; *Krüger/Breetzke/Nowak* Vor § 1450; *Soergel/Siebert/Vogel* 9. Aufl., § 1450 Anm. 3.

Da sich die beiden Ehegatten nach § 1357 im Zweifel gegenseitig persönlich verpflichten, haften für solche Verbindlichkeiten zusätzlich auch die Sondervermögen beider Ehegatten.

Zu **c):** Die Möglichkeit der **Bevollmächtigung und Ermächtigung** erlangt bei gemeinschaftlicher Verwaltung besondere praktische Bedeutung. Es gelten die allgemeinen Rechtsgrundsätze über die Vollmacht und Ermächtigung. Beide können ausdrücklich, aber auch stillschweigend erteilt werden, also zB auch dadurch, dass der eine Ehegatte dem anderen die Verwaltung in bestimmten Bereichen überlässt.[3] Auch die Grundsätze über die Duldungs- und die Anscheinsvollmacht sind anwendbar. Auch hier (vgl. § 1422 RdNr. 6) führt das Recht der Gütergemeinschaft dazu, dass eine Ermächtigung mit Wirkung einer „Verpflichtungsermächtigung" möglich ist: Der handelnde Ehegatte, der mit Ermächtigung des anderen Ehegatten handelt, verpflichtet auf Grund §§ 1459, 1460 sowohl das Gesamtgut als auch den anderen Ehegatten persönlich. 9

Umstr. ist, inwieweit bei derartigen Vollmachten und Ermächtigungen die **Form des Ehevertrages** gewahrt werden muss. Grundsätzlich ist dies nach allgemeinen Rechtsgrundsätzen nicht der Fall, wohl aber, wenn die Vollmachten und Ermächtigungen in bindender Weise in die güterrechtlichen Verhältnisse (vgl. § 1408 RdNr. 5 ff.) eingreifen. Eine Vollmacht kann nur dann zu einer quasi-ehevertraglichen Bindung führen und deshalb der Ehevertragsform bedürfen, wenn ihre Widerruflichkeit eingeschränkt ist.[4] Auch dann ist die Ehevertragsform aber nur notwendig, wenn die Vollmacht in die güterrechtlichen Verhältnisse eingreift, wenn sie also nicht nur für *ein* Rechtsgeschäft gilt, sondern die Zuordnung der Verwaltungszuständigkeit grundlegend oder wenigstens für einen gewichtigen Geschäftsbereich (und nicht nur auf kurze Zeit befristet) regelt.[5] Soweit Vollmacht oder Ermächtigung durch Ehevertrag erteilt sind, können sie auch nur durch Ehevertrag aufgehoben werden. 10

Zu **d):** Bei **Erwerbsgeschäften** kann jeder Ehegatte allein für das Gesamtgut handeln, weil das, was jeder erwirbt, nach § 1416 Abs. 1 S. 2 automatisch in das Gesamtgut fällt (wenn es nicht nach § 1417 Abs. 2 Sondergut oder nach § 1418 Abs. 1 Nr. 3 Vorbehaltsgut wird). Zur Annahme der Leistung als Erfüllung einer Gesamtgutsforderung durch einen Ehegatten s. § 1422 RdNr. 19, zur Möglichkeit eines Ehegatten, den Gegenstand beim Erwerb zu belasten, s. § 1422 RdNr. 21 und zur Haftung des Gesamtguts für das Erlangte nach Bereicherungsgrundsätzen s. § 1457 und die Erläuterungen zu dieser Vorschrift. 11

III. Rechtsfolgen der fehlenden Zustimmung eines Ehegatten

Wie bei der Einzelverwaltung (s. § 1422 RdNr. 20) ist jeder Ehegatte auch bei der gemeinschaftlichen Verwaltung in keiner Weise beschränkt, **Verpflichtungsgeschäfte** auch über Gegenstände des Gesamtguts abzuschließen. Sie sind für das Gesamtgut ohne Zustimmung des anderen Ehegatten jedoch nur unter den oben RdNr. 7 aufgeführten Voraussetzungen wirksam. Nur unter diesen Voraussetzungen haftet das Gesamtgut (§ 1460 Abs. 1). Der handelnde Ehegatte haftet grundsätzlich für solche Verpflichtungsgeschäfte mit seinem Vorbehalts- und Sondergut persönlich, unabhängig davon, ob er im eigenen oder gleichzeitig im Namen des anderen Ehegatten handelt[6] (wie er auch dann mit seinem Vorbehalts- und Sondergut haftet, wenn der andere Ehegatte dem Rechtsgeschäft zustimmt). 12

Anders als bei den zustimmungsbedürftigen Rechtsgeschäften bei der Einzelverwaltung (§§ 1423 bis 1425) ist bei der gemeinschaftlichen Verwaltung die Zustimmung des anderen Ehegatten nicht Voraussetzung für die Rechtswirksamkeit eines Rechtsgeschäfts, sondern nur Voraussetzung seiner Wirksamkeit für das Gesamtgut,[7] (erforderlich ist die Zustimmung 13

---

[3] AllgM; vgl. *Dölle* § 75 I 1 Fn. 3/4; *Soergel/Gaul* RdNr. 5; vgl. auch BGH FamRZ 1958, 459.

[4] *Palandt/Brudermüller* RdNr. 2; *Soergel/Gaul* RdNr. 5; *Staudinger/Thiele* (2007) RdNr. 12; vgl. RG JW 1938, 3112, 3113.

[5] *Soergel/Gaul* RdNr. 5; *Staudinger/Thiele* (2007) RdNr. 12.

[6] *Erman/Gamillscheg* RdNr. 1; *Bamberger/Roth/J. Mayer* RdNr. 7; AnwK-BGB/*Völker* RdNr. 9; RGRK/*Finke* RdNr. 6; *Soergel/Gaul* RdNr. 6; aA *Staudinger/Thiele* (2007) RdNr. 20 mwN.

[7] *Soergel/Gaul* RdNr. 6.

des Ehegatten; dass dieser seine Zustimmung nur nicht verweigert, genügt nicht,[8] falls darin nicht eine stillschweigende Zustimmung liegt). Die **Haftung des handelnden Ehegatten** ist nur dann auf § 179 beschränkt, wenn er seine persönliche Haftung mit Vorbehalts- und Sondergut gegenüber dem Geschäftspartner ausdrücklich ausschließt und erklärt, nur für das Gesamtgut auf Grund behaupteter (tatsächlich nicht bestehender) Vollmacht des anderen Ehegatten zu handeln.[9] Für culpa in contrahendo des allein handelnden Ehegatten und für sein deliktisches Verhalten haftet dagegen stets das Gesamtgut (§ 1459 Abs. 1; vgl. § 1438 RdNr. 2).

14 Bei **Verfügungen ohne Zustimmung** des anderen Ehegatten gilt § 1453. S. die Erläuterungen zu dieser Vorschrift. Die Ausübung des Stimmrechts in der Gesellschafterversammlung einer Kapitalgesellschaft ist unwirksam.[10]

15 **Gutgläubige Dritte** werden nach den allgemeinen Vorschriften geschützt (s. § 1422 RdNr. 22 ff.). Darüber hinaus ist anzumerken, dass auch bei gemeinschaftlicher Verwaltung der auf Rechts- oder Tatsachenunkenntnis beruhende gute Glaube des Geschäftspartners daran, dass ein Rechtsgeschäft ohne Zustimmung des anderen Ehegatten für das Gesamtgut wirksam sei, nicht geschützt wird. Steht eine bewegliche Sache im unmittelbaren Mitbesitz beider Ehegatten (vgl. unten RdNr. 21), so steht § 935 Abs. 1 gutgläubigem Erwerb regelmäßig entgegen. Hat der Dritte gutgläubig erworben, so haben die Ehegatten ihm gegenüber – anders als bei einem Rechtsgeschäft, das der Gesamtgutsverwalter ohne die erforderliche Zustimmung des anderen Ehegatten vorgenommen hat (vgl. § 1428 RdNr. 2) – regelmäßig keinen Anspruch zum Gesamtgut aus ungerechtfertigter Bereicherung. Der Dritte hat regelmäßig nicht rechtsgrundlos erworben. Rechtsgrund seines Erwerbs ist das Rechtsgeschäft mit dem allein handelnden Ehegatten, das für diesen in der Regel wirksam ist (vgl. RdNr. 12). Dafür stehen dem Gesamtgut hier (gegen den handelnden Ehegatten oder den Dritten) die Ansprüche nach § 816 zu.[11]

IV. Willensmängel, Kenntnis bestimmter Umstände

16 Nehmen die **Ehegatten gemeinsam** ein Rechtsgeschäft vor, so kann es angefochten werden, wenn auch nur bei einem Ehegatten ein **Willensmangel** vorlag.[12] Die Anfechtung kann jeder Ehegatte selbständig erklären, bei dem ein Willensmangel bestanden hat.[13] Durch die Anfechtung eines Ehegatten wird das gesamte Rechtsgeschäft vernichtet (§ 142), es bleibt nicht etwa für den Ehegatten, bei dem kein Willensmangel vorgelegen oder der nicht angefochten hat, mit der Haftung seines Vorbehalts- und Sonderguts wirksam.

17 Wo das Gesetz auf das **„Kennen"** oder „Kennenmüssen" bestimmter Tatsachen abstellt, reicht das Kennen oder Kennenmüssen eines Ehegatten aus.

18 **Handelt ein Ehegatte** auf Grund § 1357 oder auf Grund Ermächtigung in eigenem Namen oder auf Grund Bevollmächtigung in fremdem Namen (oder in eigenem und fremdem Namen), so ist wegen Willensmängeln, Kennen und Kennenmüssen **§ 166** anwendbar.[14] Das Gleiche gilt, wenn er ohne Vollmacht in eigenem und fremdem Namen handelt und der andere Ehegatte später genehmigt.[15]

---

[8] BGH NJW 1989, 1225.

[9] AA, gegen jede Anwendung des § 179, RGRK/*Finke* RdNr. 5; *Soergel/Gaul* RdNr. 6; aA, für Haftung des Sondervermögens stets nur im Rahmen des § 179, *Hennecke,* Das Sondervermögen der Gesamthand, 1976, S. 109; *Palandt/Diederichsen* RdNr. 2; wie hier *Bamberger/Roth/J. Mayer* RdNr. 7.

[10] OLG Saarbrücken FamRZ 2002, 1034.

[11] Vgl. RG SeuffA 90 Nr. 144.

[12] AllgM, RGRK/*Finke* RdNr. 6; *Soergel/Gaul* RdNr. 13; *Staudinger/Thiele* (2007) RdNr. 15.

[13] Ebenfalls allgM; vgl. die in Fn. 12 Genannten.

[14] § 166 Abs. 1 gilt jedenfalls (zumindest entsprechend), § 166 Abs. 2 ist nur ausnahmsweise bei einer seinen Voraussetzungen entsprechenden Sachlage analog anzuwenden (vgl. *Staudinger/Thiele* (2007) RdNr. 16, 18; BGHZ 51, 141, 146).

[15] Der andere Ehegatte kann uU seine Genehmigung anfechten; *Staudinger/Thiele* (2007) RdNr. 16.

V. Entgegennahme von Willenserklärungen (Abs. 2)

Zur Erleichterung des Rechtsverkehrs bestimmt Abs. 2, dass die Abgabe einer Willenserklärung gegenüber einem Ehegatten ausreicht, um für das Gesamtgut wirksam zu sein. (Einseitige Willenserklärungen, die sich auf das Vorbehalts- oder Sondergut eines Ehegatten beziehen, müssen gegenüber diesem abgegeben werden). Abs. 2 gilt für empfangsbedürftige Willenserklärungen jeder Art, nicht nur für streng einseitige Willenserklärungen,[16] daher zB für Kündigung, Anfechtung, Vertragsannahme, aber auch für ein Vertragsangebot, das den Ehegatten gemacht wird (unabhängig davon, dass sie es nur gemeinsam annehmen können), und nicht nur für privatrechtliche Willenserklärungen, sondern auch für Verwaltungsakte.[17] Aufgrund seiner Verpflichtung zur Mitwirkung bei der Verwaltung muss der Ehegatte, dem die Erklärung zugegangen ist, den anderen unterrichten. 19

Abs. 2 gilt nach allgM[18] **nicht für Zustellungen** im gerichtlichen Verfahren, weil die Ehegatten zwar uU notwendige Streitgenossen (vgl. dazu RdNr. 23, 25), aber nicht eine Partei sind. 20

VI. Besitz an den Sachen des Gesamtguts

Nach § 1450 sind die Ehegatten grundsätzlich zum Mitbesitz an den Gegenständen des Gesamtguts berechtigt. Auch dieser Regel gehen jedoch wieder die allgemeinen Grundsätze über das Besitzrecht auf Grund des ehelichen Verhältnisses vor, wenn einem der Ehegatten danach Alleinbesitz zusteht (vgl. dazu § 1422 RdNr. 12 ff.). Die Besitzschutzrechte können beide Ehegatten bei Gegenständen, die in ihrem Mitbesitz stehen, entsprechend der allgemeinen Regel bei Mitbesitzern selbständig geltend machen. Die Rechtsregel über den Besitzschutz ist lex specialis zur grundsätzlichen gemeinschaftlichen Zuständigkeit der Ehegatten; deshalb steht auch die ansonsten abschließende Regelung des § 1455 dem nicht entgegen.[19] 21

VII. Rechtsstreitigkeiten für das Gesamtgut

1. Aktivprozesse. Aktivprozesse über Gegenstände, die zum Gesamtgut gehören, können die Ehegatten grundsätzlich nur gemeinsam führen. Ein Ehegatte allein ist zur Führung des Rechtsstreits im Rahmen der §§ 1452 Abs. 1, 1454 S. 2, 1455 Nr. 6 bis 9 und 1456 sowie dann berechtigt, wenn ihn der andere Ehegatte dazu ermächtigt hat (gewillkürte Prozessstandschaft, vgl. § 1422 RdNr. 28; bei Bevollmächtigung klagen beide Ehegatten). § 432 Abs. 1 S. 2 ist nicht anwendbar, ihm geht § 1450 vor.[20] Aus § 2039 lässt sich kein allgemeiner Rechtsgedanke für alle Gesamthandsgemeinschaften entnehmen, er ist also bei der bestehenden Gütergemeinschaft nicht entsprechend anwendbar.[21] Notfalls kann die Zustimmung des Ehegatten, der nicht mitwirkt, nach § 1452 ersetzt werden (anders bei beendeter Gütergemeinschaft, s. § 1472 RdNr. 9). 22

Die Klage muss auf Leistung an beide Ehegatten gerichtet werden. Die Ehegatten sind **notwendige Streitgenossen** iS § 62 ZPO.[22] 23

---

[16] ÜberwM; vgl. *Soergel/Gaul* RdNr. 14; *Staudinger/Thiele* (2007) RdNr. 38; aA *Erman/Gamillscheg* RdNr. 4.

[17] VGH München NJW-RR 1988, 454.

[18] *Erman/Gamillscheg* RdNr. 4; *Soergel/Gaul* RdNr. 14; *Staudinger/Thiele* (2007) RdNr. 41; auch § 171 Abs. 3 ZPO ist nicht anwendbar.

[19] AA für die Besitzschutzansprüche RGRK/*Finke* RdNr. 13; wie hier *Erman/Gamillscheg* RdNr. 2; *Soergel/Gaul* RdNr. 11; *Staudinger/Thiele* (2007) RdNr. 27.

[20] Vgl. *Soergel/Gaul* RdNr. 15 mwN.

[21] AA *Rosenberg/Schwab,* Zivilprozessrecht, § 46 II 2; wie hier die hM, *Gamillscheg* RdNr. 3; *Soergel/Gaul* RdNr. 15; *Staudinger/Thiele* (2007) RdNr. 29 mwN.

[22] AllgM, *F. Baur* FamRZ 1962, 510; *Dölle* I § 76 II Fn. 22; *Erman/Gamillscheg* RdNr. 3; *Palandt/Brudermüller* RdNr. 7; RGRK/*Finke* RdNr. 15; *Soergel/Gaul* RdNr. 15; *Staudinger/Thiele* (2007) RdNr. 28.

24 **2. Passivprozesse.** In Passivrechtsstreiten wegen Gesamtgutsverbindlichkeiten kann der Kläger wählen, ob er nur einen Ehegatten allein (auf Grund seiner Haftung nach § 1459 Abs. 2 oder auf Grund seiner ursprünglichen Haftung, wenn die Verbindlichkeit in seiner Person entstanden ist) oder ob er beide Ehegatten verklagen will.[23] Er wird regelmäßig das letztere tun, weil – abgesehen vom Fall des § 741 ZPO – nur aus einem Urteil gegen beide Ehegatten in das Gesamtgut vollstreckt werden kann (§ 740 Abs. 2 ZPO; zur Zwangsvollstreckung in das Gesamtgut s. im Einzelnen § 1459 RdNr. 10 f.), und weil ein Titel gegen einen Ehegatten (grundsätzlich, abgesehen von den gesetzlichen Ausnahmen) nicht gegen den anderen Ehegatten wirkt.[24]

25 **Bei Erhebung der Gesamtschuldklage** sind die Ehegatten keine notwendigen Streitgenossen,[25] wohl aber bei bloßer Erhebung der **Gesamthandsklage** gegen die Ehegatten. Die Haftung des Gesamtguts, die bei dieser Klage Streitgegenstand ist, könnte zwar verfahrensrechtlich beiden Ehegatten gegenüber unterschiedlich festgestellt werden (wenn sie in verschiedenen Prozessen verklagt würden), weil keine Rechtskrafterstreckung vorgesehen ist.[26] Die Klage kann aber gerade deshalb nur einheitlich gegen beide Ehegatten erhoben werden,[27] weil materiellrechtlich die Rechtslage nur einheitlich sein kann, nur eine obsiegende Entscheidung gegen beide Ehegatten für den Kläger sinnvoll ist und die Zulassung von Gesamthandsklagen gegen nur einen Ehegatten deshalb die Zulassung eines unnötigen Prozesses bedeuten würde.[28]

26 Die vorstehend dargelegten Grundsätze gelten unabhängig davon, welchen Inhalt die Klage gegen die Ehegatten hat, so zB also auch für Klagen auf Herausgabe von Sachen, die zum Gesamtgut gehören,[29] weil auch für den Herausgabeanspruch die Ehegatten persönlich haften (§ 1459 Abs. 2 S. 1), auch wenn die Herausgabe einer bestimmten Sache tatsächlich nur aus dem Gesamtgut möglich ist. Sie gelten nicht nur für Zivil- sondern auch für Verwaltungsrechtsstreitigkeiten, sodass ein Ehegatte einen belastenden Verwaltungsakt, der gegen ihn ergangen ist (als Passivprozess) auch selbständig anfechten kann, während zur Vollstreckung in das Gesamtgut ein Titel gegen beide Ehegatten erforderlich ist.[30]

VIII. Abweichende Vereinbarungen

27 Eine Modifizierung der generellen gemeinschaftlichen Zuständigkeit, gesetzlich eingeschränkt nur durch die Ausnahmen der §§ 1452, 1454, 1455 und 1456, durch Ehevertrag ist zulässig. Zur Auslegung getroffener Vereinbarungen gelten die allgemeinen Grundsätze über die Auslegung formbedürftiger Willenserklärungen.[31] Ein Ehegatte kann also zB zur Vornahme bestimmter Rechtsgeschäfte ermächtigt werden (vgl. dazu auch RdNr. 9 f.). Zur Abdingbarkeit der §§ 1452, 1454, 1455 und 1456 s. bei diesen Vorschriften.

---

[23] BGH FamRZ 1975, 405.

[24] Vgl. RdNr. 25, § 1454 RdNr. 7.

[25] *Tiedtke* FamRZ 1975, 540 ff.; *Baumbach/Lauterbach* § 62, RdNr. 10; *Staudinger/Thiele* (2007) RdNr. 34 mwN; *Bamberger/Roth/J. Mayer* RdNr. 9 mwN in Fn 32; aA RGRK/*Finke* RdNr. 16; *Staudinger/Felgentraeger* 10./11. Aufl. RdNr. 74, die die Auffassung vertreten, die Ehegatten seien hier notwendige Streitgenossen, soweit es sich um die Haftung aus dem Gesamtgut handle, hinsichtlich der persönlichen Haftung mit Vorbehalts- oder Sondergut aber nur einfache Streitgenossen; diese Unterscheidung ist jedoch eine rein materiellrechtliche; verfahrensrechtlich ist entscheidend, dass unterschiedliche Entscheidungen ergehen können; diese Auffassung kann sich auch nicht auf RGZ 68, 223 berufen: das RG entschied nur, dass getrennte Inanspruchnahme möglich sei, keine notwendige Streitgenossenschaft bestehe.

[26] Vgl. nur OLG Frankfurt FamRZ 1983, 172.

[27] AA BGH FamRZ 1975, 405, 406.

[28] Deshalb notwendige Streitgenossenschaft nach § 62 Abs. 1, 2. Alternative ZPO „aus sonstigem Grunde eine notwendige" *Tiedtke* FamRZ 1975, 538, 540; dass notwendige Streitgenossenschaft besteht, entspricht allgemeiner, aber unterschiedlich begründeter Auffassung; vgl. BGH FamRZ 1975, 405, 406; *Gernhuber/Coester-Waltjen* § 38 RdNr. 116 f.; *Bamberger/Roth/J. Mayer* RdNr. 9.

[29] AA *Tiedtke* FamRZ 1975, 538, 541 Fn. 22 mwN.

[30] VGH München NJW-RR 1988, 454.

[31] S. OLG Saarbrücken FamRZ 2002, 1034.

§ 1451 Mitwirkungspflicht beider Ehegatten

Jeder Ehegatte ist dem anderen gegenüber verpflichtet, zu Maßregeln mitzuwirken, die zur ordnungsmäßigen Verwaltung des Gesamtguts erforderlich sind.

I. Normzweck

Da Verwaltungshandlungen für das Gesamtgut bei gemeinschaftlicher Verwaltung grundsätzlich nur gemeinschaftlich vorgenommen werden können, **verpflichtet** § 1451 **beide Ehegatten** gegenseitig, **an der ordnungsmäßigen Verwaltung mitzuwirken.** Die Mitwirkungspflicht des § 1451 entspricht der Pflicht zur ordnungsmäßigen Verwaltung bei der Einzelverwaltung nach § 1435. 1

II. Umfang und Inhalt der Mitwirkungspflicht

1. Umfang der Mitwirkungspflicht. Die Mitwirkungspflicht umfasst den gesamten Bereich der Gesamtgutsverwaltung, also nicht nur die Mitwirkung bei Rechtsgeschäften, sondern auch bei tatsächlichen Verwaltungshandlungen (bei einem landwirtschaftlichen Anwesen also zB die Bestellung der Felder und die Versorgung des Viehs)[1] und bei der Führung von Rechtsstreiten. Der Kreis der Mitwirkungspflicht wird begrenzt durch das, was zur 2

a) ordnungsmäßigen Verwaltung des Gesamtguts

b) erforderlich – also notwendig –, nicht nur zweckmäßig ist.

Zur „ordnungsmäßigen Verwaltung des Gesamtguts" s. § 1435 RdNr. 5 und § 1426 RdNr. 3f., zum Begriff dessen, was zur ordnungsmäßigen Verwaltung „erforderlich" ist, s. § 1426 RdNr. 4. Da sich § 1451 umfassend auf den gesamten Bereich der Verwaltung erstreckt, ist hier besonders wichtig, dass die Mitwirkungspflicht auch dann besteht, wenn unter verschiedenen möglichen Maßnahmen eine erforderlich ist.[2]

2. Inhalt der Mitwirkungspflicht. Jeder Ehegatte ist nach § 1451 grundsätzlich zur **persönlichen Mitwirkung** an Verwaltungsmaßnahmen verpflichtet. Nach den Umständen des Einzelfalles ist zu entscheiden, ob er seine Pflicht durch Erteilung von Vollmachten oder Ermächtigungen an den anderen Ehegatten erfüllen kann. Keine Mitwirkungspflicht besteht, wenn die Mitwirkung nicht erforderlich ist, weil ein Ehegatte nach den §§ 1450 Abs. 2, 1454, 1455, 1456 allein handeln kann. Ein Ehegatte darf sich seiner Mitwirkung aber nicht dadurch entziehen, dass er die Voraussetzungen des § 1454 in treuwidriger Weise herbeiführt. 3

3. Verhinderung eines Ehegatten. Ist einer der Ehegatten an der Mitwirkung bei Verwaltungsmaßnahmen verhindert, so kann sich aus § 1451 eine Verpflichtung des anderen Ehegatten ergeben, von seinen Befugnissen nach §§ 1454, 1455 Nr. 10 Gebrauch zu machen, wenn derartige Maßnahmen zur ordnungsmäßigen Verwaltung des Gesamtguts notwendig sind. Die Mitwirkungspflicht wird in solchen Fällen zu einer Pflicht, allein zu handeln.[3] 4

4. Mitwirkungspflicht auf anderer Rechtsgrundlage. Über die Grenzen des § 1451 hinaus können sich Mitwirkungspflichten der Ehegatten aus der allgemeinen Pflicht zur ehelichen Lebensgemeinschaft ergeben (s. § 1353 RdNr. 12). 5

5. Berechtigter auf Grund der Verpflichtung. Die Mitwirkungspflicht des § 1451 besteht nur gegenüber dem anderen Ehegatten. Dritte können aus ihr keine Rechte herleiten.[4] 6

---

[1] Vgl. BGH FamRZ 1986, 40, 42; RGRK/*Finke* RdNr. 2.

[2] Vgl. *Staudinger/Thiele* (2007) RdNr. 5; vgl. auch § 1430 RdNr. 3; § 1426 RdNr. 4.

[3] Vgl. *Dölle* I § 75 III 2k; *Gernhuber/Coester-Waltjen* § 38 RdNr. 111; *Staudinger/Thiele* (2007) RdNr. 7.

[4] AllgM, *Palandt/Brudermüller* RdNr. 1; *Soergel/Gaul* RdNr. 2; vgl. BGH NJW 1958, 2061; vgl. auch § 1452 RdNr. 13.

7 **6. Unzumutbarkeit der Mitwirkung.** Die Erfüllung der Verpflichtung kann, soweit es sich um tatsächliche Verrichtungen handelt, etwa die Mitwirkung bei der Bewirtschaftung eines Hofes, in gleicher Weise unzumutbar werden wie die Pflicht zur Haushaltsführung; so regelmäßig beim Getrenntleben der Ehegatten.[5]

III. Gegenseitige Unterrichtungs- und Auskunftspflicht

8 Anders als in § 1435 hat der Gesetzgeber bei der gemeinschaftlichen Verwaltung die ausdrückliche Normierung einer Pflicht zur gegenseitigen Unterrichtung und zur Auskunftserteilung in Einzelfällen für entbehrlich gehalten, weil hier die Ehegatten sowieso regelmäßig gemeinschaftlich handeln und dadurch bereits unterrichtet sind. Soweit ein Ehegatte auf Grund gesetzlicher Vorschrift (vgl. §§ 1450 Abs. 2, 1454, 1455, 1456) oder Ermächtigung bzw. Vollmacht des anderen Ehegatten allein für das Gesamtgut handelt, ergibt sich die Pflicht zur Unterrichtung des anderen Ehegatten und zur Erteilung der notwendigen Auskünfte aus § 1353 Abs. 1. Der Umfang dieser Unterrichtungs- und Auskunftspflicht auf Grund der allgemeinen ehelichen Treupflicht richtet sich nach den gleichen Grundsätzen wie bei § 1435; soweit eine der Einzelverwaltung vergleichbare Situation besteht, kann die Unterrichtungs- und Auskunftspflicht auch auf eine entsprechende Anwendung des § 1435 gestützt werden. Vgl. deshalb dort RdNr. 6 ff.[6]

IV. Verletzung der Mitwirkungspflicht

9 Falls ein Ehegatte seiner Pflicht zur Mitwirkung bei Rechtsgeschäften oder der Führung von Rechsstreitigkeiten nicht nachkommt, braucht der andere Ehegatte nicht auf Mitwirkung zu klagen, sondern kann Antrag auf **Ersetzung der Zustimmung** nach § 1452 stellen; dies gilt auch für die Zustimmung zur Auszahlung von Teilen des Lohns als Trennungsunterhalt an den anderen Ehegatten.[7] In anderen Fällen fehlender Mitwirkung (zu tatsächlichen Verwaltungshandlungen oder falls § 1452 abbedungen ist) kann bei Überwiegen des vermögensrechtlichen Elements mit Vollstreckungsmöglichkeit auf Mitwirkung geklagt,[8] bei Überwiegen des personalen Elements **Klage** auf Herstellung des ehelichen Lebens ohne Vollstreckungsmöglichkeit (§ 888 Abs. 3 ZPO) erhoben werden. Bei beharrlicher Verweigerung der Mitwirkung steht dem anderen Ehegatten das Recht zur Klage auf Aufhebung der Gütergemeinschaft nach § 1469 Nr. 2 zu.

10 Da die Mitwirkungspflicht bei der gemeinschaftlichen Verwaltung der Verwaltungspflicht nach § 1435 bei der Einzelverwaltung entspricht, ist es gerechtfertigt, § 1435 S. 3 entsprechend anzuwenden, wenn das Gesamtgut wegen der fehlenden Mitwirkung eines Ehegatten einen Schaden erleidet. Dieser Ehegatte ist dann bei Verletzung der Mitwirkungspflicht, die er – unter Heranziehung des Sorgfaltsmaßstabes des § 1359 – verschuldet hat, verpflichtet, **zum Gesamtgut Ersatz zu leisten.**[9]

11 Die Mitwirkungspflicht kann durch Ehevertrag **nicht eingeschränkt** werden, weil sie aus der gemeinschaftlichen Verwaltung des Gesamtguts zwingend folgt. Für die Modifizierung und Abdingung der Unterrichtungs-, Auskunfts- und Schadensersatzpflichten gilt das Gleiche wie bei den Pflichten des Gesamtgutverwalters nach § 1435 (s. dort RdNr. 14).

---

[5] Vgl. BGH FamRZ 1986, 40, 42 f.

[6] Vgl. zur Unterrichtungs- und Auskunftspflicht bei gemeinschaftlicher Verwaltung *Soergel/Gaul* RdNr. 4; *Staudinger/Thiele* (2007) (ausführlich) RdNr. 8 ff. (teilweise abweichend).

[7] BayObLG FamRZ 1997, 423; anders – und zu eng – BGHZ 111, 248, 259: warum war die Auszahlung von den Konten, die doch zum Gesamtgut gehörten, kein Rechtsgeschäft, zu dem die Zustimmung nach § 1452 ersetzt werden konnte?

[8] Vgl. BGHZ 111, 248, 255 zum Anspruch auf Mitwirkung bei den Maßnahmen, die zur Deckung des Trennungsunterhalts eines Ehegatten erforderlich sind; die Entscheidung schränkt die Anwendung des § 1452 zu sehr ein.

[9] BGH FamRZ 1986, 40, 42; *Erman/Gamillscheg* RdNr. 1; RGRK/*Finke* RdNr. 6; *Soergel/Gaul* RdNr. 5; *Staudinger/Thiele* (2007) RdNr. 14; im Übrigen vgl. § 1435 RdNr. 10 ff.

§ 1452 Ersetzung der Zustimmung

(1) Ist zur ordnungsmäßigen Verwaltung des Gesamtguts die Vornahme eines Rechtsgeschäfts oder die Führung eines Rechtsstreits erforderlich, so kann das Familiengericht auf Antrag eines Ehegatten die Zustimmung des anderen Ehegatten ersetzen, wenn dieser sie ohne ausreichenden Grund verweigert.

(2) Die Vorschrift des Absatzes 1 gilt auch, wenn zur ordnungsmäßigen Besorgung der persönlichen Angelegenheiten eines Ehegatten ein Rechtsgeschäft erforderlich ist, das der Ehegatte mit Wirkung für das Gesamtgut nicht ohne Zustimmung des anderen Ehegatten vornehmen kann.

I. Normzweck

1 Während bei der Einzelverwaltung die Zustimmung des nichtverwaltenden Ehegatten nur ausnahmsweise (in den Fällen der §§ 1423 bis 1425) zur Rechtswirksamkeit eines Geschäfts für das Gesamtgut erforderlich ist und die Ersetzung der Zustimmung deshalb auch nur für diese Sonderfälle in § 1426 vorgesehen werden musste, ist bei der gemeinschaftlichen Verwaltung die Zustimmung des anderen Ehegatten regelmäßig zur Wirksamkeit eines Geschäfts für das Gesamtgut erforderlich und dementsprechend die Ersetzungsmöglichkeit in Abs. 1 ebenfalls **umfassend** vorgesehen. Nach § 1430 kann die Zustimmung des Gesamtgutsverwalters zu einem Rechtsgeschäft ersetzt werden, das der andere Ehegatte zur **Besorgung** seiner **persönlichen Angelegenheiten** vornehmen muss, aber nicht mit Wirkung für das Gesamtgut vornehmen kann. Nach **Abs. 2** besteht die entsprechende **Ersetzungsmöglichkeit** für Rechtsgeschäfte beider Ehegatten.

2 Auch in den Fällen der § 1452 Abs. 1 und 2 wäre der andere Ehegatte zur Erteilung seiner Zustimmung auf Grund der allgemeinen ehelichen Treupflicht verpflichtet. § 1452 Abs. 1 und 2 schaffen deshalb wie § 1426 und § 1430 keinen neuen materiellrechtlichen Tatbestand, sondern neue Rechtsbehelfe (vgl. § 1426 RdNr. 1).

II. Die Voraussetzungen der Ersetzung nach Abs. 1

3 Die **Voraussetzungen** der Ersetzung nach Abs. 1 **stimmen mit denen nach § 1426 überein,** sind also ebenfalls strenger als in § 1365 Abs. 2: Während nach § 1365 Abs. 2 die Zustimmung schon ersetzt werden kann, wenn das Rechtsgeschäft den Grundsätzen einer ordnungsmäßigen Verwaltung entspricht, ist nach § 1426 und § 1452 Abs. 1 die Ersetzung nur möglich, wenn ein Rechtsgeschäft zur ordnungsmäßigen Verwaltung erforderlich ist. Unter Beachtung dieses Unterschieds können zur Auslegung des § 1452 Abs. 1 die zu § 1365 Abs. 2 entwickelten Grundsätze entsprechend herangezogen werden.

4 Was **zur ordnungsmäßigen Verwaltung des Gesamtguts erforderlich** ist, richtet sich nach den Umständen des Einzelfalles. Zu den Einzelheiten vgl. § 1426 RdNr. 3f. Nach § 1426 kann die Zustimmung zu Schenkungen, die über Pflicht- und Anstandsschenkungen hinausgehen, nicht ersetzt werden (weil § 1425 in § 1426 nicht aufgeführt ist). Dasselbe gilt auch im Rahmen des § 1452, weil über Pflicht- und Anstandsschenkungen hinausgehende unentgeltliche Zuwendungen niemals zur ordnungsmäßigen Verwaltung des Gesamtguts erforderlich sein können.[1]

5 Die Ersetzung der **Zustimmung** des anderen Ehegatten setzt außerdem voraus, dass dieser sie **ohne ausreichenden Grund verweigert.** Zu den Einzelheiten vgl. § 1426 RdNr. 5.

6 Nach § 1426 kann die Zustimmung nicht nur ersetzt werden, wenn ein Ehegatte sie ohne ausreichenden Grund verweigert, sondern auch, wenn er die Zustimmung wegen Abwesenheit oder Krankheit nicht abgeben kann, sofern mit dem Aufschub Gefahr verbunden ist.

---

[1] ÜberwM; s. *Soergel/Gaul* RdNr. 3; *Staudinger/Thiele* (2007) RdNr. 5.

Diese Alternative ist in § 1452 Abs. 1 nicht erforderlich, weil in einem solchen Fall jeder Ehegatte nach § 1454 allein handeln kann.

7 Die Zustimmung kann **zu Rechtsgeschäften jeder Art** ersetzt werden. Auch hier muss es sich um ein konkretes Rechtsgeschäft handeln, dessen Einzelheiten bereits festliegen. Vgl. im Einzelnen § 1426 RdNr. 7.

8 Die Zustimmung **zu tatsächlichen Verwaltungshandlungen** kann nicht ersetzt werden.[2] Solche kann aber jeder Ehegatte unter den Voraussetzungen des **§ 1455 Nr. 10** allein vornehmen.

9 Nach § 1452 ist (anders als nach § 1426) auch die **Ersetzung der Zustimmung zu** einem **Rechtsstreit** möglich. In § 1426 musste deren Ersetzung nicht vorgesehen werden, weil der Gesamtgutsverwalter auch auf den Bereichen, in denen er zu materiellrechtlichen Geschäften der Zustimmung des anderen Ehegatten nach §§ 1423 bis 1425 bedarf, Rechtsstreitigkeiten allein führen kann (vgl. § 1422 RdNr. 26). Die Zustimmung zu einem Rechtsstreit kann nur ersetzt werden, wenn er hinreichende Erfolgsaussichten hat (ein aussichtsloser Prozess kann zur ordnungsmäßigen Verwaltung nicht erforderlich sein). Dies ist daher vom Familiengericht zu prüfen.[3] Ist die Zustimmung zur Führung eines Rechtsstreits ersetzt, so wirkt dies für alle Prozesshandlungen, nicht aber, soweit sie eine materiellrechtliche Verfügung über den Prozessgegenstand enthalten (zB für einen Vergleich). Falls nicht ausdrücklich in die Ersetzung einbezogen, ist in diesen Fällen deshalb eine nochmalige Ersetzung der Zustimmung zu den materiellen Rechtsgeschäften notwendig.

III. Die Voraussetzungen der Ersetzung nach Abs. 2

10 Nach Abs. 2 kann unter den im Übrigen gleichen Voraussetzungen die Zustimmung des jeweils anderen Ehegatten zu einem **Rechtsgeschäft** ersetzt werden, das zur ordnungsmäßigen Besorgung der persönlichen Angelegenheiten eines Ehegatten erforderlich, aber ohne Zustimmung des anderen Ehegatten nicht für das Gesamtgut wirksam ist. Zur Frage, wann ein Rechtsgeschäft zur Besorgung der persönlichen Angelegenheiten eines Ehegatten erforderlich ist, s. § 1430 RdNr. 3, zur Frage, wann die Zustimmung des anderen Ehegatten ohne ausreichenden Grund verweigert wird, s. § 1430 RdNr. 5.

11 Nach Abs. 2 ist die Ersetzung der Zustimmung zu einem **Rechtsstreit** anders als nach Abs. 1 nicht vorgesehen. Dies beruht auf dem Standpunkt des Gesetzgebers, dass einen solchen Rechtsstreit über persönliche Angelegenheiten jeder Ehegatte stets ohne Zustimmung des anderen Ehegatten führen kann (vgl. § 1430 RdNr. 7).

IV. Wirkungen der Ersetzung

12 Die Ersetzung der Zustimmung hat die **gleichen Rechtswirkungen wie** die **Zustimmung** selbst. Ein Rechtsgeschäft hat die gleichen Wirkungen, wie wenn es von beiden Ehegatten gemeinschaftlich abgeschlossen wäre, ein Rechtsstreit die gleichen Wirkungen, wie wenn er von beiden Ehegatten gemeinsam geführt worden wäre. Für ein Rechtsgeschäft haften das Gesamtgut und beide Ehegatten persönlich (§§ 1459, 1460). Die Ersetzung der Zustimmung zu einem Rechtsstreit begründet eine gesetzliche Prozessstandschaft. Der andere Ehegatte kann den Rechsstreit im eigenen Namen oder im eigenen Namen und zugleich im Namen des anderen Ehegatten führen. Zum Klageantrag s. § 1450 RdNr. 23. Vgl. im Übrigen auch § 1426 RdNr. 12.

V. Verfahrensfragen

13 **Antrag auf Ersetzung** der Zustimmung kann nur der handelnde Ehegatte, weder der andere Ehegatte noch der dritte Geschäftspartner stellen. Zu den Einzelheiten, insbesondere

[2] RGRK/*Finke* RdNr. 4; *Staudinger/Thiele* (2007) RdNr. 3.
[3] OLG Celle FamRZ 1975, 62; *Staudinger/Thiele* (2007) RdNr. 9.

zur Verpflichtung des handelnden Ehegatten gegenüber dem Dritten, s. § 1426 RdNr. 8. Zur **Unabhängigkeit der Ersetzung,** auch wenn andere Genehmigungen zu dem Rechtsgeschäft noch ausstehen, s. § 1426 RdNr. 10. Zum **Verfahren** gilt dasselbe wie zu § 1365 Abs. 2. Vgl. § 1366 RdNr. 24 ff.

VI. Abweichende Vereinbarungen

Zur Abdingbarkeit vgl. § 1426 RdNr. 13 und § 1430 RdNr. 9. Während Abs. 1 danach abbedungen werden kann, (zu den Folgen der Abdingung s. ebenfalls § 1426 RdNr. 13), ist davon auszugehen, dass Abs. 2 zum Bereich zwingender Schutzvorschriften gehört. **14**

§ 1453 Verfügung ohne Einwilligung

(1) Verfügt ein Ehegatte ohne die erforderliche Einwilligung des anderen Ehegatten über das Gesamtgut, so gelten die Vorschriften des § 1366 Abs. 1, 3, 4 und des § 1367 entsprechend.

(2) [1] Einen Vertrag kann der Dritte bis zur Genehmigung widerrufen. [2] Hat er gewusst, dass der Ehegatte in Gütergemeinschaft lebt, so kann er nur widerrufen, wenn dieser wahrheitswidrig behauptet hat, der andere Ehegatte habe eingewilligt; er kann auch in diesem Falle nicht widerrufen, wenn ihm beim Abschluss des Vertrags bekannt war, dass der andere Ehegatte nicht eingewilligt hatte.

I. Normzweck, Parallele zu § 1427

§ 1453 **entspricht § 1427 bei** der **Einzelverwaltung.** Hinsichtlich der Rechtsfolgen für den Fall, dass ein Rechtsgeschäft ohne Zustimmung des anderen Ehegatten vorgenommen wird, **verweist** § 1453 ebenfalls im Wesentlichen **auf §§ 1366 und 1367.** Von § 1427 unterscheidet sich § 1453 dadurch, dass sich **§ 1453 nur** auf **Verfügungsgeschäfte,** § 1427 zusätzlich auch auf Verpflichtungsgeschäfte bezieht, die der Gesamtgutsverwalter ohne Zustimmung des anderen Ehegatten vornimmt. Dies beruht auf der unterschiedlichen Rechtskonstruktion bei der Einzelverwaltung und der gemeinschaftlichen Verwaltung: Während bei der Einzelverwaltung das Gesamtgut für alle Verbindlichkeiten des Gesamtgutsverwalters haftet (§ 1437) und Verpflichtungsgeschäfte ohne die erforderliche Zustimmung des anderen Ehegatten nach § 1427 unwirksam sind, sind bei der gemeinschaftlichen Verwaltung Verpflichtungsgeschäfte jedes Ehegatten ohne Zustimmung des anderen voll wirksam, verpflichten aber nur den handelnden Ehegatten persönlich, nach § 1460 Abs. 1 aber nicht das Gesamtgut. **1**

II. Verfügungen

Unter „Verfügung über das Gesamtgut" ist jede Verfügung über einen zum Gesamtgut gehörenden Gegenstand zu verstehen. **2**

Im Übrigen stimmt § 1453 mit § 1427 vollständig überein. Vgl. deshalb die Erläuterungen zu § 1427 mit den Weiterverweisungen auf die Erläuterungen zu den §§ 1366 und 1367. Zur Abweichung des § 1453 Abs. 2 (wie § 1427 Abs. 2) von § 1366 Abs. 2 s. § 1427 RdNr. 2 (der Widerruf des Dritten kann wegen § 1450 Abs. 2 – anders als bei § 1366 Abs. 2 – beiden Ehegatten gegenüber erklärt werden), zum nachträglichen Wirksamwerden s. § 1427 RdNr. 3, zum Zurückbehaltungsrecht des dritten Geschäftspartners s. § 1427 RdNr. 5, zur Abdingbarkeit s. § 1427 RdNr. 6. Das § 1428 entsprechende **Revokationsrecht** enthält § 1455 Nr. 8. **3**

§ 1454 Notverwaltungsrecht

[1] Ist ein Ehegatte durch Krankheit oder Abwesenheit verhindert, bei einem Rechtsgeschäft mitzuwirken, das sich auf das Gesamtgut bezieht, so kann der andere Ehegatte das Rechtsgeschäft vornehmen, wenn mit dem Aufschub Gefahr verbunden ist; er kann hierbei im eigenen Namen oder im Namen beider Ehegatten handeln. [2] Das Gleiche gilt für die Führung eines Rechtsstreits, der sich auf das Gesamtgut bezieht.

I. Normzweck

1 § 1454 entspricht § 1429 bei der Einzelverwaltung. Während § 1429 nur für den nichtverwaltenden Ehegatten gilt, gibt § 1454 das **Notverwaltungsrecht** beiden Ehegatten bei Verhinderung des jeweils anderen Ehegatten in gleicher Weise.

II. Voraussetzungen des Notverwaltungsrechts

2 Voraussetzungen des Notverwaltungsrechts sind, dass der andere Ehegatte verhindert ist (s. dazu § 1429 RdNr. 2) und dass mit dem Aufschub des Rechtsgeschäfts Gefahr verbunden ist (s. dazu § 1429 RdNr. 3). Wenn der andere Ehegatte nicht an der Mitwirkung verhindert ist, sondern seine Mitwirkung verweigert, gilt § 1452, wenn der andere Ehegatte unter Vormundschaft steht, § 1458.

III. Umfang des Notverwaltungsrechts

3 Das **Notverwaltungsrecht** ist **umfassend.** Es bezieht sich auf Rechtsgeschäfte aller Art, auch auf solche, zu denen der Gesamtgutsverwalter bei der Einzelverwaltung nach §§ 1423 bis 1425 der Zustimmung des anderen Ehegatten bedürfte.[1] Trotz der eingeschränkten Formulierung gilt § 1454 auch für tatsächliche Maßnahmen. Neben dem Notverwaltungsrecht nach § 1454 hat gerade hinsichtlich der Vornahme tatsächlicher Verwaltungsmaßnahmen die Befugnis jedes Ehegatten nach § 1455 Nr. 10 besondere Bedeutung, bei Gefahr im Verzuge zur Erhaltung des Gesamtguts notwendige Maßnahmen zu treffen. § 1455 Nr. 10 setzt – anders als § 1454 – nicht voraus, dass der andere Ehegatte verhindert ist. Andererseits ist das Notverwaltungsrecht nach § 1454 umfassend, während § 1455 Nr. 10 nur zu Maßnahmen ermächtigt, die zur Erhaltung des Gesamtguts notwendig sind.[2]

IV. Pflicht zur Notverwaltung

4 Die nur dem anderen Ehegatten, nicht Dritten gegenüber bestehende Pflicht des Ehegatten, bei Verhinderung des anderen Gatten die notwendigen Verwaltungshandlungen vorzunehmen, ergibt sich bei der gemeinschaftlichen Verwaltung nicht nur aus der allgemeinen ehelichen Treupflicht (vgl. § 1429 RdNr. 4), sondern aus der Mitwirkungspflicht nach § 1451 (vgl. § 1451 RdNr. 4). Die **Pflicht** zur Vornahme von Verwaltungshandlungen **geht** hier **weiter als** beim Notverwaltungsrecht **nach § 1429,** weil bei der Einzelverwaltung der andere Ehegatte durch die Übertragung der Verwaltungszuständigkeit auf den Gesamtgutsverwalter zum Ausdruck gebracht hat, dass er sich an der Verwaltung des Gesamtguts grundsätzlich nicht beteiligen möchte, während bei der gemeinschaftlichen Verwaltung beide Ehegatten schon regelmäßig an der Gesamtgutsverwaltung beteiligt sind.[3] Erleidet das Gesamtgut einen Schaden, weil ein Ehegatte eine Notverwaltungsmaßnahme pflichtwidrig unterlässt, so haftet er entsprechend § 1435 S. 3 unter Zugrundelegung des Sorgfaltsmaßstabes des § 1359 auf Schadensersatz.

---

[1] Vgl. *Staudinger/Thiele* (2007) RdNr. 8; § 1429 RdNr. 4.

[2] Vgl. im Übrigen die Erläuterungen zu § 1455 Nr. 10, § 1455 RdNr. 9 ff.

[3] Vgl. *Gernhuber/Coester-Waltjen* § 38 RdNr. 111.

V. Ausübung des Notverwaltungsrechts

Bei Ausübung des Notverwaltungsrechts kann der Ehegatte entweder nur im eigenen Namen oder auch gleichzeitig im Namen des anderen Ehegatten handeln. In beiden Fällen ist ein von ihm vorgenommens Rechtsgeschäft für das Gesamtgut wirksam und verpflichtet – von einer anderen Vereinbarung mit dem Geschäftspartner abgesehen – das Gesamtgut (§§ 1459 Abs. 1, 1460) und auch den anderen Ehegatten persönlich (§ 1459 Abs. 2).[4] 5

VI. Prozessführungsbefugnis des Notverwalters

Das **Notverwaltungsrecht umfasst** auch die **Prozessführungsbefugnis.** Der Ehegatte kann einen bisher von beiden Ehegatten geführten Aktiv- oder Passivrechtsstreit fortsetzen. Er kann auch Klage erheben und einen neu anhängigen Passivrechtsstreit für das Gesamtgut aufnehmen. Wegen § 740 Abs. 2 ZPO müssen auch während der Zeit der Verhinderung eines Ehegatten praktisch beide Ehegatten verklagt werden, obwohl ein Passivrechtsstreit für das Gesamtgut wirksam auch nur gegen den Notverwalter anhängig gemacht werden kann. Endet die Verhinderung des anderen Ehegatten, so kann er den Rechtsstreit mit aufnehmen, wenn er zugleich auch in seinem Namen geführt wurde. Wenn er vom anderen Ehegatten nur in eigenem Namen geführt wurde, bedarf die Aufnahme der Zustimmung des Prozessgegners (vgl. § 265 Abs. 2 ZPO) und des Notverwalters. Nimmt der andere Ehegatte den Rechtsstreit nicht mit auf, wird er vom Notverwalter entsprechend § 1455 Nr. 7 weitergeführt; der andere Ehegatte kann als Nebenintervenient beitreten, §§ 66, 69 ZPO; vgl. § 1433 RdNr. 3. 6

Eine **Rechtskrafterstreckung** auf den verhinderten Ehegatten wird auch hier weithin abgelehnt.[5] Da der andere Ehegatte aber auf Grund der gesetzlichen Ermächtigung des § 1454 in offener oder – bei Handeln in eigenem Namen – verdeckter Prozessstandschaft für den verhinderten Ehegatten handelt, erstreckt sich die Rechtskraft einer Entscheidung, die für oder gegen einen Ehegatten im Rahmen des § 1454 ergangen ist, auf diesen.[6] Zum Klageantrag s. § 1428 RdNr. 3. 7

VII. Abweichende Vereinbarungen

Zur Abdingung, die zulässig ist,[7] s. § 1429 RdNr. 8. 8

§ 1455 Verwaltungshandlungen ohne Mitwirkung des anderen Ehegatten

Jeder Ehegatte kann ohne Mitwirkung des anderen Ehegatten

1. **eine ihm angefallene Erbschaft oder ein ihm angefallenes Vermächtnis annehmen oder ausschlagen,**
2. **auf seinen Pflichtteil oder auf den Ausgleich eines Zugewinns verzichten,**
3. **ein Inventar über eine ihm oder dem anderen Ehegatten angefallene Erbschaft errichten, es sei denn, dass die dem anderen Ehegatten angefallene Erbschaft zu dessen Vorbehaltsgut oder Sondergut gehört,**
4. **einen ihm gemachten Vertragsantrag oder eine ihm gemachte Schenkung ablehnen,**
5. **ein sich auf das Gesamtgut beziehendes Rechtsgeschäft gegenüber dem anderen Ehegatten vornehmen,**

---

[4] *Dölle I* § 75 III 1; *Gernhuber/Coester-Waltjen* § 38 RdNr. 111; *Erman/Gamillscheg* RdNr. 1; *Soergel/Gaul* RdNr. 4; *Staudinger/Thiele* (2007) RdNr. 15; *Bamberger/Roth/J. Mayer* RdNr. 4.

[5] Vgl. *Soergel/Gaul* RdNr. 4.

[6] Ebenso *Staudinger/Thiele* (2007) RdNr. 17.

[7] S. *Staudinger/Thiele* (2007) RdNr. 22; enger RGRK/*Finke* RdNr. 8; aA (zwingendes Recht) *Soergel/Gaul* RdNr. 2.

6. ein zum Gesamtgut gehörendes Recht gegen den anderen Ehegatten gerichtlich geltend machen,
7. einen Rechtsstreit fortsetzen, der beim Eintritt der Gütergemeinschaft anhängig war,
8. ein zum Gesamtgut gehörendes Recht gegen einen Dritten gerichtlich geltend machen, wenn der andere Ehegatte ohne die erforderliche Zustimmung über das Recht verfügt hat,
9. ein Widerspruchsrecht gegenüber einer Zwangsvollstreckung in das Gesamtgut gerichtlich geltend machen,
10. die zur Erhaltung des Gesamtguts notwendigen Maßnahmen treffen, wenn mit dem Aufschub Gefahr verbunden ist.

I. Normzweck

1 § 1455 enthält einen **Katalog von Maßnahmen, die jeder Ehegatte selbständig treffen kann** (weitere Ausnahmen von dem Grundsatz, dass nur gemeinschaftliches Handeln für das Gesamtgut wirksam ist, enthalten die §§ 1454 und 1456). Im Rahmen des § 1455 getroffene Maßnahmen sind auch bei einem eventuellen Widerspruch des anderen Ehegatten für das Gesamtgut wirksam. Für Verbindlichkeiten haftet das Gesamtgut (§ 1459 Abs. 1, § 1460) und deshalb auch der andere Ehegatte (§ 1459 Abs. 2).

2 Nach §§ 1432 und 1433 kann der nichtverwaltende Ehegatte bei der Einzelverwaltung bestimmte Rechtshandlungen ohne Zustimmung des Gesamtgutsverwalters vornehmen. Dasselbe muss erst recht für jeden der beiden Ehegatten bei gemeinschaftlicher Verwaltung gelten. Es entsprechen § 1455 Nr. 1, 2 und 4 dem § 1432 Abs. 1, § 1455 Nr. 3 dem § 1433 Abs. 2, § 1455 Nr. 7 dem § 1433, § 1455 Nr. 8 dem § 1428. Daneben weist § 1455 jedem Ehegatten die Zuständigkeit zur Vornahme von Rechtshandlungen gegenüber dem anderen Ehegatten (Nr. 5 und 6) sowie zu Maßnahmen im Interesse der Erhaltung des Gesamtguts zu (Nr. 9 und 10).

II. Die einzelnen Tatbestände der Vorschrift

3 **1. § 1455 Nr. 1, 2** und **4 stimmen mit § 1432 Abs. 1** in Voraussetzungen und Wirkungen **überein.** Die Haftung des Gesamtguts und der Eheleute richtet sich nach §§ 1459 ff. Vgl. im Übrigen die Erläuterungen zu § 1432 Abs. 1.

4 **2. § 1455 Nr. 3 entspricht § 1432 Abs. 2,** gilt hier jedoch für beide Ehegatten gegenseitig: Jeder Ehegatte kann selbständig ein Inventar auch für eine dem anderen Ehegatten angefallene Erbschaft errichten, sofern die Erbschaft zum Gesamtgut gehört. (Gehört sie zum Vorbehalts- oder Sondergut, so haftet das Gesamtgut nach § 1461 nicht für die Nachlassverbindlichkeiten). Nach § 2008 Abs. 1 S. 3 wirkt die Inventarerrichtung auch zugunsten des anderen Ehegatten. Eine Inventarfrist kann wirksam nur gegenüber beiden Ehegatten gesetzt werden (§ 2008 Abs. 1 S. 1).

5 **3. § 1455 Nr. 5 und 6.** Nach § 1455 Nr. 5 und 6 kann jeder Ehegatte für das Gesamtgut **gegenüber dem anderen Ehegatten** selbständig Rechtsgeschäfte vornehmen und Rechtsstreitigkeiten führen. Klagt der Ehegatte gegen den anderen, so muss er zum Ausdruck bringen, dass er ein Recht für das Gesamtgut geltend macht. Bei der Leistungsklage kann der Klageantrag auf Leistung an das Gesamtgut lauten. Dies ist jedoch nicht erforderlich.[1]

6 **4. § 1455 Nr. 7 entspricht § 1433.** Vgl. die Erläuterungen zu dieser Vorschrift.

7 **5. § 1455 Nr. 8 entspricht § 1428.** Während bei Einzelverwaltung sowohl der Gesamtgutsverwalter (auf Grund seiner Verwaltungsbefugnis) als auch der andere Ehegatte auf

[1] *Bamberger/Roth/J. Mayer* RdNr. 3; aA *Soergel/Gaul* RdNr. 6; *Staudinger/Felgentraeger* 10./11. Aufl. RdNr. 18; vgl. § 1422 RdNr. 27; § 1428 RdNr. 3; vgl. zum Klageantrag auch *Staudinger/Thiele* (2007) RdNr. 26.

Grund § 1428 das **Revokationsrecht** ausüben können, kann bei gemeinschaftlicher Gesamtgutsverwaltung nur der übergangene Ehegatte auf Grund § 1455 Nr. 8 selbständig tätig werden. Ein eventueller Gegenanspruch des dritten Geschäftspartners ergibt sich hier aus § 1457. Prozesshandlungen, die eine materielle Verfügung über den Gesamtgutsgegenstand enthalten, insbesondere ein Prozessvergleich, müssen nach der Regel des § 1450 gemeinschaftlich vorgenommen werden. Vgl. im Übrigen die Erläuterungen zu § 1428.

6. § 1455 Nr. 9. Nach § 1455 Nr. 9 kann jeder Ehegatte **„Widerspruchsrechte" gegen Zwangsvollstreckungen** in das Gesamtgut selbständig gerichtlich geltend machen. Die Vorschrift bezieht sich auf Rechtsbehelfe gegen Zwangsvollstreckungsmaßnahmen jeder Art.[2] 8

7. § 1455 Nr. 10. Gem. § 1455 Nr. 10 kann jeder Ehegatte **Maßnahmen** vornehmen, die **zur Erhaltung des Gesamtguts** notwendig sind und mit deren Aufschub Gefahr verbunden ist. Ob eine Maßnahme zur Erhaltung (nicht zur Vermehrung)[3] des Gesamtguts erforderlich und mit ihrem Aufschub Gefahr verbunden ist, ist nach objektiven Maßstäben unter Berücksichtigung der Umstände zum Zeitpunkt der Vornahme der Maßnahme zu beurteilen.[4] Es darf nach dem Zweck der Vorschrift kein zu strenger Maßstab angelegt werden (vgl. § 1429 RdNr. 3). Dies ändert nichts daran, dass derjenige nach den allgemeinen Regeln die Beweislast trägt, der unter Abweichung von dem Grundsatz gemeinschaftlicher Verwaltung die Alleinzuständigkeit eines Ehegatten behauptet. 9

In erster Linie ermächtigt Nr. 10 zu tatsächlichen Erhaltungsmaßnahmen. Aber auch die Vornahme eines Rechtsgeschäfts (einschließlich einer Prozesshandlung) oder die Einleitung eines Rechtsstreits kann eine Maßnahme zur Erhaltung des Gesamtguts sein.[5] 10

Zur **Pflicht** jedes Ehegatten, notwendige Erhaltungsmaßnahmen vorzunehmen, und zur eventuellen Schadensersatzpflicht gilt das Gleiche wie zu § 1454 (vgl. dort RdNr. 4). 11

Nach Beendigung der Gütergemeinschaft fällt die Beschränkung weg, dass jeder Ehegatte nur Erhaltungsmaßnahmen treffen kann, mit deren Aufschub Gefahr verbunden ist (§ 1472 Abs. 3, 2. Halbs.). 12

III. Abweichende Vereinbarungen

Zur Abdingung des § 1455 Nr. 1 bis 4 gilt das Gleiche wie zu § 1432, vgl. dort RdNr. 6, hinsichtlich § 1455 Nr. 7 das Gleiche wie zu § 1433, vgl. dort RdNr. 7, hinsichtlich § 1455 Nr. 8 das Gleiche wie zu § 1428, vgl. dort RdNr. 7. Bei den übrigen Befugnissen der Ehegatten (Nr. 5, 6, 9 und 10) bestehen keine grundsätzlichen Bedenken gegen ihre Abdingbarkeit.[6] 13

§ 1456 Selbständiges Erwerbsgeschäft

(1) [1] Hat ein Ehegatte darin eingewilligt, dass der andere Ehegatte selbständig ein Erwerbsgeschäft betreibt, so ist seine Zustimmung zu solchen Rechtsgeschäften und Rechtsstreitigkeiten nicht erforderlich, die der Geschäftsbetrieb mit sich bringt. [2] Einseitige Rechtsgeschäfte, die sich auf das Erwerbsgeschäft beziehen, sind dem Ehegatten gegenüber vorzunehmen, der das Erwerbsgeschäft betreibt.

(2) Weiß ein Ehegatte, dass der andere ein Erwerbsgeschäft betreibt, und hat er hiergegen keinen Einspruch eingelegt, so steht dies einer Einwilligung gleich.

---

[2] §§ 732 ff., § 765 a, §§ 766 ff., §§ 771 ff. (vgl. § 774), §§ 785 f. ZPO.
[3] Vgl. BGH JZ 1954, 708.
[4] Vgl. BGHZ 6, 76 = NJW 1954, 1088.
[5] OLG Saarbrücken FamRZ 2002, 1034 (im konkreten Fall Klage zur Beseitigung von Gesellschafterbeschlüssen in einer Kapitalgesellschaft, die der andere Ehegatte ohne Zustimmung gefasst hat).
[6] AA *Soergel/Gaul* RdNr. 2.

(3) Dritten gegenüber ist ein Einspruch und der Widerruf der Einwilligung nur nach Maßgabe des § 1412 wirksam.

1 Die Vorschrift entspricht dem **§ 1431** bei der Einzelverwaltung. Betreibt einer der Ehegatten ein **Erwerbsgeschäft,** so wären die einzelnen Rechtsgeschäfte nur dann für das Gesamtgut wirksam, wenn ihnen der andere Ehegatte jeweils zustimmt. Dies würde die Führung des Erwerbsgeschäfts – abgesehen von der Möglichkeit, Vollmacht zu erteilen – jedenfalls für den Fall praktisch unmöglich machen, dass die Betriebsgegenstände zum Gesamtgut gehören. Deshalb wirken Rechtsgeschäfte, die der Geschäftsbetrieb mit sich bringt, nach § 1456 für das Gesamtgut, wenn der andere Ehegatte dem Betrieb des Erwerbsgeschäfts zugestimmt oder nicht widersprochen hat. § 1455 gilt wie § 1431 unabhängig davon, ob das Erwerbsgeschäft zum Gesamtgut oder zum Vorbehalts- oder Sondergut des Ehegatten gehört.

2 Die **Erläuterungen zu § 1431 gelten mit folgenden Abweichungen** auch für § 1456 entsprechend: Die Haftungsfolgen ergeben sich bei der gemeinschaftlichen Verwaltung aus den §§ 1459, 1460 und 1462. Die Tragung der Verbindlichkeiten im Innenverhältnis regeln die §§ 1463 f. Wie bei der Einzelverwaltung ist auch bei der gemeinschaftlichen Verwaltung die Ersetzung der Zustimmung des anderen Ehegatten nicht möglich, auch § 1452 lässt dies nicht zu. Die Aufhebungsklage könnte ihre Grundlage in § 1469 Nr. 2 finden.

3 Die Ehegatten können ein **Erwerbsgeschäft** selbstverständlich auch gemeinschaftlich führen.[1] Zur Gründung und Führung einer Personalgesellschaft durch die Ehegatten s. § 1416 RdNr. 10.

§ 1457 Ungerechtfertigte Bereicherung des Gesamtguts

Wird durch ein Rechtsgeschäft, das ein Ehegatte ohne die erforderliche Zustimmung des anderen Ehegatten vornimmt, das Gesamtgut bereichert, so ist die Bereicherung nach den Vorschriften über die ungerechtfertigte Bereicherung aus dem Gesamtgut herauszugeben.

I. Normzweck, Übereinstimmung mit § 1434

1 § 1457 stimmt mit § 1434, der entsprechenden Vorschrift bei Einzelverwaltung des Gesamtguts, wörtlich überein. Er regelt die **Rückabwicklung von Vermögensverschiebungen** auf Grund von Rechtsgeschäften, die wegen der fehlenden Zustimmung eines der Ehegatten für das Gesamtgut nicht wirksam sind. Alles, was das Gesamtgut auf Grund eines solchen Rechtsgeschäfts erlangt hat (vgl. § 1416 Abs. 1 S. 2), ist nach den Grundsätzen der ungerechtfertigten Bereicherung herauszugeben.

II. Einzelheiten

2 Ein von einem Ehegatten ohne Zustimmung des anderen vorgenommenes Rechtsgeschäft ist nur in den Fällen der §§ 1452, 1454 bis 1456 für das Gesamtgut wirksam. In allen anderen Fällen ist das Rechtsgeschäft zwar wirksam, verpflichtet aber nur Vorbehaltsgut und Sondergut des **handelnden Ehegatten.**[1*] Der **Bereicherungsanspruch nach § 1457 und** der **Erfüllungsanspruch gegen** den **handelnden Ehegatten bestehen nebeneinander.** Erfüllt der handelnde Ehegatte, so ist das Gesamtgut nicht mehr ungerechtfertigt bereichert. Neben dem Bereicherungsanspruch können dem dritten Geschäftspartner auch Ansprüche aus unerlaubter Handlung oder culpa in contrahendo zustehen, für die das Gesamtgut ebenfalls haftet (§ 1459 Abs. 1). Für den Bereicherungsanspruch **haften** neben

[1] S. dazu *Beck* DNotZ 1962, 348 ff.; BayObLG FamRZ 1992, 61; § 1416 RdNr. 8.

[1*] Abgesehen von der in § 1450 RdNr. 12 dargelegten Ausnahme.

dem Gesamtgut (§ 1459 Abs. 1) auch **beide Ehegatten** persönlich (§ 1459 Abs. 2). Vgl. im Übrigen die Erläuterungen zu § 1434.

§ 1458 Vormundschaft über einen Ehegatten

Solange ein Ehegatte unter elterlicher Sorge oder unter Vormundschaft steht, verwaltet der andere Ehegatte das Gesamtgut allein; die Vorschriften der §§ 1422 bis 1449 sind anzuwenden.

I. Normzweck

1 Wenn ein **Ehegatte unter elterlicher Sorge oder Vormundschaft** steht, geht die Verwaltungsbefugnis auf den anderen Ehegatten allein über, dieser verwaltet also nicht gemeinschaftlich mit dem gesetzlichen Vertreter des anderen Ehegatten. Dies soll ihm nicht zugemutet werden. Nach Beseitigung der Vormundschaft über Volljährige durch das Betreuungsgesetz v. 12. 9. 1990 hat die Vorschrift nur noch für minderjährige Ehegatten und damit kaum noch Bedeutung (vgl. § 1411 Abs. 1, § 1303 Abs. 2).

II. Betreuung eines Ehegatten

2 Die Anordnung der Betreuung eines Ehegatten hat auf die Verwaltung des Gesamtguts keinen Einfluss. Fällt die Mitwirkung bei der Gesamtgutsverwaltung in den Aufgabenkreis des Betreuers, so vertritt er den Ehegatten nach § 1902; ist der betreute Ehegatte geschäftsfähig, kann er auch selbst bei der Verwaltung mitwirken. Der andere Ehegatte kann nach § 1469 Nr. 5 auf Aufhebung der Gütergemeinschaft klagen. Ist der andere Ehegatte Betreuer, kann er den betreuten Ehegatten bei der Gesamtgutsverwaltung vertreten und damit allein handeln (§ 181 gilt nicht).

III. Rechtsfolgen der elterlichen Sorge oder Vormundschaft für einen Ehegatten

3 **1. Gesamtgutsverwaltung.** Nach § 1458 hat der **andere Ehegatte** die Stellung des Gesamtgutverwalters in gleicher Weise wie bei der Vereinbarung von Einzelverwaltung. Die Vorschriften über die gemeinschaftliche Verwaltung des Gesamtguts werden vollständig durch die Vorschriften über die Einzelverwaltung ersetzt. Dies führt zB zu der Folge, dass der verwaltende andere Ehegatte zu Geschäften nach §§ 1423 bis 1425 der Zustimmung des gesetzlichen Vertreters des unter elterlicher Sorge oder Vormundschaft stehenden Ehegatten bedarf. Ist der andere Ehegatte der Vormund (vgl. § 1900), so kann er die notwendige Zustimmung selbst erteilen. § 181 ist nicht anwendbar.[1]

4 **2. Schuldenhaftung.** Die Haftung für Verbindlichkeiten richtet sich nach **§§ 1437 ff.,** nicht nach §§ 1459 ff. Der minderjährige Ehegatte haftet deshalb für Gesamtgutsverbindlichkeiten, die in der Person des Verwalters entstanden sind, nicht persönlich (vgl. § 1437 Abs. 2). Seine persönliche Haftung tritt auch nicht ein, wenn er volljährig wird, weil dies der Schutzwirkung des § 1458 zuwider liefe. Die Situation ist eine andere als bei Begründung der Gütergemeinschaft mit gemeinschaftlicher Verwaltung, die zur persönlichen Haftung beider Ehegatten für alle Altschulden nach § 1459 Abs. 2 S. 1 führt: Bei der Begründung der Gütergemeinschaft ist die persönliche Haftung die Folge eines Rechtsgeschäftes, bei Wegfall der Voraussetzungen des § 1458 würde sie ohne, ja gegen den Willen des Ehegatten kraft Gesetzes eintreten.[2]

[1] RGZ 76, 89; 157, 29; BayObLG DNotZ 1952, 163; *Gernhuber/Coester-Waltjen* § 38 RdNr. 54; *Soergel/Gaul* RdNr. 4; *Staudinger/Thiele* (2007) RdNr. 11; vgl. auch § 1436 RdNr. 6; *Gernhuber/Coester-Waltjen* § 38 RdNr. 53 Fn. 75 (*Gernhuber* § 38 VI 5 vertrat die Gegenmeinung).

[2] *Soergel/Gaul* RdNr. 5; *Staudinger/Thiele* (2007) RdNr. 14.

IV. Abweichende Vereinbarungen

5 § 1458 kann ehevertraglich in der Weise modifiziert werden, dass der andere Ehegatte das Gesamtgut nicht allein, sondern gemeinschaftlich mit dem gesetzlichen Vertreter des minderjährigen Ehegatten verwaltet.[3] In anderer Weise kann § 1458 nicht abgeändert werden. Der Übergang des Verwaltungsrechts auf den anderen Ehegatten ist sonst zwingend.

§ 1459 Gesamtgutsverbindlichkeiten; persönliche Haftung

(1) Die Gläubiger des Mannes und die Gläubiger der Frau können, soweit sich aus den §§ 1460 bis 1462 nichts anderes ergibt, aus dem Gesamtgut Befriedigung verlangen (Gesamtgutsverbindlichkeiten).

(2) [1] Für die Gesamtgutsverbindlichkeiten haften die Ehegatten auch persönlich als Gesamtschuldner. [2] Fallen die Verbindlichkeiten im Verhältnis der Ehegatten zueinander einem der Ehegatten zur Last, so erlischt die Verbindlichkeit des anderen Ehegatten mit der Beendigung der Gütergemeinschaft.

I. Normzweck

1 **Grundsätzlich haften** – von den Ausnahmen der §§ 1460 bis 1462 abgesehen – das **Gesamtgut (Abs. 1) und beide Ehegatten** persönlich **(Abs. 2) für alle Verbindlichkeiten** der Ehegatten. Uneingeschränkt würden diese Grundsätze bedeuten, dass jeder Ehegatte das Gesamtgut und den anderen Ehegatten in beliebiger Weise verpflichten könnte, was praktisch im Außenverhältnis einer alternativen Verwaltungszuständigkeit der Ehegatten entspräche.[1] Die **Grundsätze des § 1459** werden aber vor allem durch **§ 1460** erheblich **eingeschränkt:** Danach haftet das Gesamtgut für rechtsgeschäftliche Verbindlichkeiten, die während der Dauer der Gütergemeinschaft entstanden sind, nur, wenn beide Ehegatten das Rechtsgeschäft vorgenommen haben (oder das von einem Ehegatten vorgenommene Rechtsgeschäft auf Grund Zustimmung des anderen oder auf Grund der §§ 1454 bis 1456 für das Gesamtgut wirksam ist). Die uneingeschränkte Haftung des Gesamtguts und beider Ehegatten für Verbindlichkeiten, die nur in der Person eines der Ehegatten entstanden sind, gilt daher nur für alle gesetzlichen Verbindlichkeiten, für rechtsgeschäftliche Verbindlichkeiten nur, wenn sie bei Begründung der Gütergemeinschaft schon bestanden haben.

II. Die Haftung für die Verbindlichkeiten der Ehegatten

2 Schuldner von Verbindlichkeiten können stets nur die Ehegatten persönlich, es kann niemals das Gesamtgut selbst sein, weil dieses – wie die anderen Vermögensmassen – keine eigene Rechtspersönlichkeit besitzt. Die **verschiedenen Vermögensmassen** sind nach den allgemeinen Grundsätzen und den Haftungsregeln der §§ 1459 bis 1462 **Haftungsobjekte** für die Verbindlichkeiten der Ehegatten. Soweit das Gesamtgut für eine Verbindlichkeit haftet, bezeichnet sie das Gesetz als „Gesamtgutsverbindlichkeit".

3 Für die **Verbindlichkeiten, die während der Gütergemeinschaft entstehen,** gilt folgendes:

a) Für Verbindlichkeiten, die **in der Person beider Ehegatten begründet** werden, gelten zunächst die allgemeinen Regeln, bei rechtsgeschäftlicher Begründung nach § 427 also gesamtschuldnerische Haftung, dh. Haftung beider Ehegatten mit ihren Sondervermögen und Haftung des Gesamtguts nach § 1459 Abs. 1 mit der Folge der persönlichen Haftung beider Ehegatten für diese Gesamthandsschuld nach Abs. 2. In der Person beider Ehegatten sind auch rechtsgeschäftliche Verbindlichkeiten entstanden, bei deren Begründung der eine Ehegatte den anderen auf Grund Vollmacht oder auf Grund § 1357 verpflichtet hat.

---

[3] *Soergel/Gaul* RdNr. 2; *Staudinger/Thiele* (2007) RdNr. 18 (noch weitergehend).

[1] Zu deren Unzulässigkeit s. § 1421 RdNr. 2.

b) Ist die Verbindlichkeit **nur in der Person eines Ehegatten entstanden,** aber im Rahmen von dessen Befugnis, für das Gesamtgut zu handeln (auf Grund §§ 1454 ff., der Zustimmung oder einer entsprechenden Ermächtigung des anderen Ehegatten), so haften das eigene Sondervermögen des Ehegatten, außerdem nach §§ 1459 Abs. 1, 1460 das Gesamtgut und für diese Gesamthandsschuld wieder beide Ehegatten persönlich (§ 1459 Abs. 2). 4

c) Für andere in der Person eines Ehegatten entstandene Verbindlichkeiten haftet dessen Sondervermögen. Das Gesamtgut und dementsprechend nach Abs. 2 wiederum beide Ehegatten für die Gesamthandsschuld haften nur, soweit die Haftung nicht nach §§ 1460 bis 1462 ausgeschlossen ist. Soweit nicht ausgeschlossen, haften Gesamtgut und beide Ehegatten für die Verbindlichkeiten eines Ehegatten, ohne Rücksicht darauf, welcher Art sie sind (zB auch für dingliche Herausgabeansprüche) und ohne Rücksicht darauf, auf welchem Entstehungsgrund sie beruhen (zB auch für die gesetzlichen Unterhaltsansprüche). 5

d) Aufgrund der Vertragsfreiheit kann mit dem jeweiligen **Gläubiger** eine beliebige **Haftungsregelung vereinbart** werden. Die Haftung der Vermögensmassen kann ausgedehnt oder eingeschränkt, die Haftung des Gesamtguts, aber auch die persönliche Haftung eines Ehegatten können ausgeschlossen werden. 6

e) Wird das **Gesamtgut vor Berichtigung einer Gesamtgutsverbindlichkeit geteilt,** so haften beide Ehegatten – beschränkt auf das aus dem Gesamtgut Erlangte – für diese Verbindlichkeit persönlich als Gesamtschuldner, auch soweit sie bisher nicht gehaftet haben **(§ 1480).** 7

III. Beweislast

Die Beweislast dafür, dass keine Gesamtgutsverbindichkeit vorliegt, trägt derjenige, der dies behauptet, weil die **Haftung des Gesamtguts** nach Abs. 1 **die Regel** ist (allgM). Zu Ausnahmen von diesem Grundsatz s. § 1460 RdNr. 5 und § 1462 RdNr. 2 (vgl. auch § 1440 RdNr. 6). 8

IV. Erlöschen der persönlichen Haftung eines Ehegatten

Die persönliche Haftung eines Ehegatten (nicht dagegen die Haftung des Gesamtguts) erlischt mit der Beendigung der Gütergemeinschaft für Verbindlichkeiten, die im Innenverhältnis nach den §§ 1463 bis 1466 oder nach Vereinbarung der Ehegatten der andere Ehegatte zu tragen hat, ohne dass Dritte durch § 1412 geschützt werden. Unerheblich ist, worauf die Beendigung beruht (Tod eines Ehegatten, Aufhebungsurteil oder Vereinbarung der Ehegatten). Die Haftung endet auch dann, wenn die Ehegatten die Gütergemeinschaft gerade deshalb aufgehoben haben, um die Haftung eines Ehegatten zu beenden. Abs. 2 S. 2 gilt nur für die Verbindlichkeiten, für die der Ehegatte lediglich auf Grund Abs. 2 S. 1, nicht aber für solche, für die er bereits ursprünglich haftet, weil sie in seiner Person entstanden sind (vgl. oben RdNr. 3, 4). Vgl. hierzu im Übrigen auch § 1437 RdNr. 10, 11. 9

V. Zwangsvollstreckung in das Gesamtgut

Zur Zwangsvollstreckung in das Gesamtgut ist grundsätzlich ein **Titel gegen beide Ehegatten** erforderlich (§ 740 Abs. 2 ZPO), ein Leistungstitel gegen einen und ein Duldungstitel gegen den anderen Ehegatten reicht aber aus.[2] Die herrschende Gegenmeinung[3] überschätzt die Möglichkeit, aus dem Wortlaut des § 740 Abs. 2 ZPO und dem Unterschied zu § 743 ZPO Schlüsse zu ziehen. Denn diese Formulierung erklärt sich aus der grundsätzlichen persönlichen Haftung beider Ehegatten auf Grund Abs. 2, sodass zwar gegen 10

[2] *Tiedtke* FamRZ 1975, 538, 539; *Stein/Jonas/Münzberg* § 740 RdNr. 6; *Staudinger/Thiele* (2007) § 1450 RdNr. 37.

[3] LG Deggendorf FamRZ 1964, 49, 50 mwN; *Wassermann* FamRZ 1991, 507, 509; *Soergel/Gaul* § 1450 RdNr. 16 mwN; *Baumbach/Lauterbach/Albers/Hartmann* § 740 RdNr. 5.

beide Ehegatten ein Leistungsurteil erwirkt werden *kann.* Dass dies aber auch geschehen *muss,* kann § 740 Abs. 2 ZPO nicht entnommen werden, nach den allgemeinen Grundsätzen des Vollstreckungsrechts reicht ein Leistungstitel gegen den einen und ein Duldungstitel gegen den anderen Ehegatten zur Zwangsvollstreckung in das Gesamtgut aus.

11 Aus einem Titel gegen einen der beiden **Ehegatten** kann nur im Falle des § 741 ZPO (selbständiges Erwerbsgeschäft) in das Gesamtgut vollstreckt werden. Sonst muss stets ein zusätzlicher Titel gegen den anderen Ehegatten erwirkt werden.[4] Dies gilt auch, wenn einer der Ehegatten im Rahmen seines Notverwaltungsrechts verklagt wurde (§ 1454) oder wenn die Kostenhaftung nach § 1460 Abs. 2 gegen das Gesamtgut auf Grund eines Rechtsstreits realisiert werden soll, den nur einer der beiden Ehegatten geführt hat. Eine Erstreckung der materiellen Rechtskraft, die zur Folge hat, dass im Rechtsstreit gegen den anderen Ehegatten keine andere Sachentscheidung ergehen kann (vgl. § 1454 RdNr. 7), können und sollen die Vollstreckungsorgane nicht prüfen. Eine **Umschreibung des Titels** ist nur im Sonderfall des **§ 742 ZPO** (vgl. auch § 744 ZPO) vorgesehen. Nach **Beendigung der Gütergemeinschaft** gilt bis zur Auseinandersetzung **§ 743 ZPO.**

VI. Insolvenz der Ehegatten

12 Die Insolvenz eines oder beider Ehegatten berührt bei gemeinschaftlicher Gesamtgutsverwaltung das Gesamtgut nicht (§ 37 Abs. 2 InsO). Über das Gesamtgut ist ein selbständiges Insolvenzverfahren zulässig (§ 11 Abs. 2 Nr. 2 InsO; geregelt in §§ 333, 334).[5]

VII. Abweichende Vereinbarungen

13 § 1450 kann als für das Außenverhältnis geltende Gläubigerschutzbestimmung durch Ehevertrag **nicht abbedungen** werden.[6] Zur Zulässigkeit abweichender Haftungsvereinbarungen mit den Gläubigern s. oben RdNr. 6.

§ 1460 Haftung des Gesamtguts

(1) Das Gesamtgut haftet für eine Verbindlichkeit aus einem Rechtsgeschäft, das ein Ehegatte während der Gütergemeinschaft vornimmt, nur dann, wenn der andere Ehegatte dem Rechtsgeschäft zustimmt oder wenn das Rechtsgeschäft ohne seine Zustimmung für das Gesamtgut wirksam ist.

(2) Für die Kosten eines Rechtsstreits haftet das Gesamtgut auch dann, wenn das Urteil dem Gesamtgut gegenüber nicht wirksam ist.

I. Normzweck

1 § 1460 – die Vorschrift entspricht § 1438 bei der Einzelverwaltung – enthält die **wichtigste Einschränkung des Grundsatzes** des § 1459, dass das Gesamtgut und beide Ehegatten persönlich für alle Verbindlichkeiten der Ehegatten haften: Für die Verbindlichkeiten aus Rechtsgeschäften, die nach Eintritt der Gütergemeinschaft von nur einem Ehegatten vorgenommen werden, haftet das Gesamtgut (und damit beide Ehegatten persönlich nach § 1459 Abs. 2) nur, wenn der andere Ehegatte dem Rechtsgeschäft zugestimmt hat oder wenn es ohne seine Zustimmung für das Gesamtgut wirksam ist.[1] Die Zustimmung des

---

[4] Vgl. OLG Frankfurt FamRZ 1983, 172; abgesehen von den gesetzlichen Ausnahmen erstreckt sich die Rechtskraft eines Titels gegen einen Ehegatten nicht auf den anderen.

[5] Vgl. zum früheren Konkursrecht, aber noch aufschlussreich, *F. Baur* FamRZ 1958, 252, 258f.; *Schuler* NJW 1958, 1609ff.

[6] Vgl. *Bamberger/Roth/J. Mayer* RdNr. 9; AnwK-BGB/*Völker* RdNr. 3.

[1] Notverwaltungsrecht § 1454; ohne Mitwirkung wirksame Verwaltungshandlungen § 1455; selbständiges Erwerbsgeschäft § 1456; Ermächtigung des anderen Ehegatten auf Grund Ehevertrags oder besonderer Erklärung; bei Bevollmächtigung tritt Gesamtguts- und persönliche Haftung beider Ehegatten ein, weil es sich

anderen Ehegatten bedarf nicht der für das Rechtsgeschäft selbst vorgeschriebenen Form (s. § 182 Abs. 2). Nach Abs. 2 haftet das Gesamtgut für die Kosten eines Rechtsstreits, den ein Ehegatte führt, in jedem Falle.

II. Die Ausnahme von der Haftung des Gesamtguts nach Abs. 1

Die Ausnahme des Abs. 1 gilt nur für **Rechtsgeschäfte,** die **während der Gütergemeinschaft** abgeschlossen wurden. Für die Verbindlichkeiten aus Rechtsgeschäften, die ein Ehegatte vor Eintritt der Gütergemeinschaft abgeschlossen hat, haftet das Gesamtgut ohne Einschränkungen. Auf welche Vermögensmasse (Gesamtgut, Vorbehaltsgut, Sondergut) sich ein Rechtsgeschäft bezieht, ist für die Anwendung des Abs. 1 unerheblich.[2] Entscheidend ist die Wirksamkeit des Geschäfts für das Gesamtgut. Der Haftungsausschluss nach Abs. 1 gilt seinem Sinne nach auch für Ansprüche auf Grund eines Zuschlags in der Zwangsversteigerung. Er gilt nicht für Ansprüche aus culpa in contrahendo. Hier haftet das Gesamtgut nicht auf das positive, sondern auf das negative Interesse. 2

Auch soweit das Gesamtgut für die Verbindlichkeiten aus einem Rechtsgeschäft nicht haftet, bleibt die **Bereicherungshaftung** nach § 1457 **unberührt.** 3

Die Haftung des Gesamtguts kann durch **Vereinbarung mit** dem **Gläubiger** ausgeschlossen werden (vgl. § 1459 RdNr. 6). Der andere Ehegatte kann seine Zustimmung zu einem Rechtsgeschäft unter der Bedingung erteilen, dass die Haftung des Gesamtguts oder wenigstens seine persönliche Haftung ausgeschlossen wird.[3] 4

III. Beweislast

Die Beweislast für die Voraussetzungen des Abs. 1 trifft den Gläubiger, der das Gesamtgut wegen der Verbindlichkeit aus einem Rechtsgeschäft in Anspruch nehmen möchte. 5

IV. Haftung für die Kosten eines Rechtsstreits nach Abs. 2

Zur Haftung des Gesamtguts für die Kosten eines Rechtsstreits der Ehegatten nach Abs. 2 gelten die Erläuterungen zu § 1438 Abs. 2 entsprechend. Vgl. § 1438 RdNr. 6. Die Haftung der Ehegatten im Innenverhältnis richtet sich nach §§ 1463 Nr. 3, 1465. 6

V. Abweichende Vereinbarungen

Zur Möglichkeit abweichender Vereinbarungen gilt das zu § 1438 Ausgeführte entsprechend (Abs. 2 ist zwingend, Abs. 1 kann eingeschränkt, die Haftung also erweitert werden). Vgl. § 1438 RdNr. 7. 7

§ 1461 Keine Haftung bei Erwerb einer Erbschaft

Das Gesamtgut haftet nicht für Verbindlichkeiten eines Ehegatten, die durch den Erwerb einer Erbschaft oder eines Vermächtnisses entstehen, wenn der Ehegatte die Erbschaft oder das Vermächtnis während der Gütergemeinschaft als Vorbehaltsgut oder als Sondergut erwirbt.

I. Normzweck

§ 1461 schließt – entsprechend § 1439 bei der Einzelverwaltung – als weitere Ausnahme von § 1459 Abs. 1 die Haftung des Gesamtguts für Verbindlichkeiten auf Grund einer 1

---

um ein rechtlich von beiden Ehegatten abgeschlossenes Rechtsgeschäft handelt; ähnlich bei Handeln im Rahmen des § 1357.

[2] Vgl. RG Recht 1925 Nr. 103.

[3] Vgl. *Staudinger/Thiele* (2007) RdNr. 6.

Erbschaft oder eines Vermächtnisses aus, die einem der Ehegatten während der Dauer der Gütergemeinschaft als Vorbehalts- oder Sondergut angefallen sind.

II. Weitgehende Übereinstimmung mit § 1439

2 § 1461 entspricht inhaltlich vollständig § 1439 mit der einen Ausnahme, dass § 1439 nur für eine Erbschaft bzw. ein Vermächtnis gilt, die dem nichtverwaltenden Ehegatten angefallen sind, während § 1461 auf beide Ehegatten in gleicher Weise Anwendung findet. Unter Beachtung dieses Unterschieds gilt das zu § 1439 Ausgeführte zu § 1461 in gleicher Weise. Vgl. daher die dortigen Erläuterungen.

§ 1462 Haftung für Vorbehalts- oder Sondergut

[1] Das Gesamtgut haftet nicht für eine Verbindlichkeit eines Ehegatten, die während der Gütergemeinschaft infolge eines zum Vorbehaltsgut oder zum Sondergut gehörenden Rechts oder des Besitzes einer dazu gehörenden Sache entsteht. [2] Das Gesamtgut haftet jedoch, wenn das Recht oder die Sache zu einem Erwerbsgeschäft gehört, das ein Ehegatte mit Einwilligung des anderen Ehegatten selbständig betreibt, oder wenn die Verbindlichkeit zu den Lasten des Sonderguts gehört, die aus den Einkünften beglichen zu werden pflegen.

I. Normzweck

1 § 1462 enthält die letzte Ausnahme von der generellen Haftung des Gesamtguts für die Verbindlichkeiten beider Ehegatten. Für **Verbindlichkeiten, die mit** einem Gegenstand des **Vorbehalts- oder Sonderguts** eines Ehegatten im Zusammenhang stehen und während der Gütergemeinschaft entstanden sind, haftet das Gesamtgut – und damit auch der andere Ehegatte gemäß § 1459 Abs. 2 persönlich – nur ausnahmsweise. Das Gesamtgut haftet nur, wenn der Gegenstand zu einem Erwerbsgeschäft gehört, das der Ehegatte mit Zustimmung des anderen Ehegatten betreibt (vgl. § 1456), oder wenn die Verbindlichkeit zu den Lasten des Sonderguts gehört, die üblicherweise aus dessen Einkünften beglichen werden.

II. Weitgehende Übereinstimmung mit § 1440

2 § 1462 stimmt – wiederum mit der Abweichung, dass er für beide, nicht nur für den nichtverwaltenden Ehegatten gilt – inhaltlich vollständig mit § 1440 überein. Unter Berücksichtigung dieses Unterschiedes gilt das zu § 1440 Ausgeführte zu § 1461 in gleicher Weise. Vgl. daher die dortigen Erläuterungen.

§ 1463 Haftung im Innenverhältnis

Im Verhältnis der Ehegatten zueinander fallen folgende Gesamtgutsverbindlichkeiten dem Ehegatten zur Last, in dessen Person sie entstehen:

1. **die Verbindlichkeiten aus einer unerlaubten Handlung, die er nach Eintritt der Gütergemeinschaft begeht, oder aus einem Strafverfahren, das wegen einer solchen Handlung gegen ihn gerichtet wird,**
2. **die Verbindlichkeiten aus einem sich auf sein Vorbehaltsgut oder sein Sondergut beziehenden Rechtsverhältnis, auch wenn sie vor Eintritt der Gütergemeinschaft oder vor der Zeit entstanden sind, zu der das Gut Vorbehaltsgut oder Sondergut geworden ist,**
3. **die Kosten eines Rechtsstreits über eine der in den Nummern 1 und 2 bezeichneten Verbindlichkeiten.**

I. Normzweck

1 **Grundsätzlich** sind **Gesamtgutsverbindlichkeiten** auch **Gesamtgutslasten,** dh. vom Gesamtgut und damit letztlich von beiden Ehegatten entsprechend ihrer Beteiligung je zur Hälfte zu tragen (vgl. § 1476). Von diesem Grundsatz machen die §§ 1463 (Unterausnahme in § 1464), 1465 und 1466 (entsprechend §§ 1441, 1443 und 1444 bei der Einzelverwaltung) verschiedene **Ausnahmen.** Nach § 1463 fallen den Ehegatten im Innenverhältnis die Verbindlichkeiten, die sie durch ihr regelwidriges Verhalten verursacht haben (Nr. 1), die sich auf ihr Vorbehalts- oder Sondergut beziehen (Nr. 2) sowie die Kosten von Rechtsstreitigkeiten über diese beiden Angelegenheiten (Nr. 3) zur Last.

II. Weitgehende Übereinstimmung mit § 1441

2 § 1463 **stimmt** wörtlich und auch inhaltlich vollständig **mit § 1441 überein.** Vgl. deshalb die Erläuterungen zu dieser Vorschrift. Bei gemeinschaftlicher Verwaltung des Gesamtguts ergeben sich folgende **Besonderheiten:** Die Regelung der Nr. 2, dass jeder Ehegatte die Verbindlichkeiten seines Vorbehalts- und seines Sonderguts im Innenverhältnis zu tragen hat, ist nur von Bedeutung, soweit diese Verbindlicheiten überhaupt Gesamtgutsverbindlichkeiten sind, soweit also die Ausnahmen der §§ 1460 bis 1462 nicht zutreffen. Anders als bei der Einzelverwaltung, bei der das Gesamtgut für Vorbehalts- und Sondergutsverbindlichkeiten des Gesamtgutsverwalters meist haftet, besteht bei gemeinschaftlicher Verwaltung meist keine Gesamtgutshaftung für die Vorbehalts- und Sondergutsverbindlichkeiten beider Ehegatten. Die Beendigung der persönlichen Haftung des einen Ehegatten für Gesamtgutsverbindlichkeiten, die im Innenverhältnis der andere zu tragen hat, ergibt sich bei der gemeinschaftlichen Verwaltung (gleichmäßig für beide Ehegatten) aus § 1459 Abs. 2 S. 2.

§ 1464 Verbindlichkeiten des Sonderguts und eines Erwerbsgeschäfts

[1] Die Vorschrift des § 1463 Nr. 2, 3 gilt nicht, wenn die Verbindlichkeiten zu den Lasten des Sonderguts gehören, die aus den Einkünften beglichen zu werden pflegen. [2] Die Vorschrift gilt auch dann nicht, wenn die Verbindlichkeiten durch den Betrieb eines für Rechnung des Gesamtguts geführten Erwerbsgeschäfts oder infolge eines zu einem solchen Erwerbsgeschäft gehörenden Rechts oder des Besitzes einer dazu gehörenden Sache entstehen.

I. Normzweck

1 Während nach § 1463 Nr. 2 und 3 im Innenverhältnis jeder Ehegatte die Verbindlichkeiten seines Vorbehalts- und Sonderguts selbst trägt, macht § 1464 hiervon eine Ausnahme, stellt also für die von ihm betroffenen Verbindlichkeiten den Grundsatz wieder her, dass Gesamtgutsverbindlichkeiten auch Gesamtgutslasten, dh. gemeinschaftlich zu tragen sind. Dies gilt nach § 1464 für die Verbindlichkeiten des Sonderguts, die aus den Einkünften beglichen zu werden pflegen, und für die Verbindlichkeiten eines Erwerbsgeschäfts, das für Rechnung des Gesamtguts geführt wird.

II. Übereinstimmung mit § 1442

2 § 1464 stimmt wörtlich und auch inhaltlich vollständig mit § 1442 überein. Vgl. deshalb die Erläuterungen zu dieser Vorschrift.

§ 1465 Prozesskosten

(1) Im Verhältnis der Ehegatten zueinander fallen die Kosten eines Rechtsstreits, den die Ehegatten miteinander führen, dem Ehegatten zur Last, der sie nach allgemeinen Vorschriften zu tragen hat.

(2) [1] Führt ein Ehegatte einen Rechtsstreit mit einem Dritten, so fallen die Kosten des Rechtsstreits im Verhältnis der Ehegatten zueinander dem Ehegatten zur Last, der den Rechtsstreit führt. [2] Die Kosten fallen jedoch dem Gesamtgut zur Last, wenn das Urteil dem Gesamtgut gegenüber wirksam ist oder wenn der Rechtsstreit eine persönliche Angelegenheit oder eine Gesamtgutsverbindlichkeit des Ehegatten betrifft und die Aufwendung der Kosten den Umständen nach geboten ist; § 1463 Nr. 3 und § 1464 bleiben unberührt.

I. Normzweck

1 § 1465 enthält eine weitere **Ausnahme von** dem **Grundsatz, dass Gesamtgutsverbindlichkeiten auch Gesamtgutslasten,** dh. von den Ehegatten gemeinsam zu tragen sind. Nach § 1460 Abs. 2 haftet das Gesamtgut für die Kosten jedes Rechtsstreits, den ein Ehegatte führt. § 1465 regelt (soweit es sich nicht um einen Rechtsstreit handelt, der das Vorbehalts- oder das Sondergut eines Ehegatten oder eine von ihm begangene unerlaubte Handlung betrifft, sodass § 1463 Nr. 3 eingreift), welcher der Ehegatten die Kosten im Innenverhältnis zu tragen hat. Nach Abs. 1 treffen **die Kosten eines Rechtsstreits** der Ehegatten untereinander den Ehegatten, der sie nach den allgemeinen Vorschriften zu tragen hat. Nach Abs. 2 trägt das Gesamtgut die Kosten eines Rechtsstreits, den nicht beide Ehegatten führen, sondern den ein Ehegatte mit einem Dritten führt, nur unter bestimmten Voraussetzungen.

II. Weitgehende Übereinstimmung mit § 1443

2 **Abs. 1** stimmt nach Wortlaut und Inhalt mit § 1443 Abs. 1 vollständig überein. Vgl. deshalb die Erläuterungen zu dieser Vorschrift. **Abs. 2** entspricht der Regelung, die § 1443 Abs. 2 für die Kosten von Rechtsstreitigkeiten des nichtverwaltenden Ehegatten trifft. Vgl. deshalb § 1443 RdNr. 3 ff.

§ 1466 Kosten der Ausstattung eines nicht gemeinschaftlichen Kindes

Im Verhältnis der Ehegatten zueinander fallen die Kosten der Ausstattung eines nicht gemeinschaftlichen Kindes dem Vater oder der Mutter des Kindes zur Last.

I. Normzweck

1 § 1466 entspricht § 1444 bei der Einzelverwaltung. Die Regelung ist jedoch weitaus einfacher: Die Kosten der Ausstattung eines nicht gemeinschaftlichen Kindes hat im Innenverhältnis dessen Mutter bzw. Vater zu tragen.

II. Haftung für eine Ausstattung im Innenverhältnis

2 Bei gemeinschaftlicher Verwaltung des Gesamtguts können die Ehegatten eine Ausstattung aus dem Gesamtgut nur gemeinschaftlich gewähren. Das Notverwaltungsrecht eines Ehegatten nach § 1454 umfasst die Gewährung einer Ausstattung praktisch nicht, weil mit deren Aufschub bis zum Ende der Verhinderung des anderen Ehegatten wohl niemals Gefahr verbunden ist. Haben die beiden Ehegatten einem gemeinsamen Kind eine Ausstattung gemeinschaftlich gewährt, so besteht keine Rechtfertigung, für deren Tragung im Innenverhältnis irgendeine Sonderregelung zu treffen (auch dann nicht, wenn es sich um eine übermäßige Ausstattung handelt, vgl. § 1444 Abs. 1), weil sie ja beide Ehegatten gemeinsam

zu verantworten haben. Bei der **Ausstattung eines gemeinschaftlichen Kindes** aus dem Gesamtgut bleibt es also stets bei der Regel, dass es sich dabei um eine Gesamtgutslast handelt, die gemeinsam zu tragen ist.

Nur für die aus dem Gesamtgut gewährte **Ausstattung eines einseitigen Kindes** bestimmt § 1466, dass diese von dessen Mutter bzw. Vater zu tragen ist. Da beide Ehegatten die Ausstattung gemeinsam zu verantworten haben, gilt das wiederum unabhängig davon, ob die Ausstattung das Maß nicht übersteigt, das dem Gesamtgut entspricht, oder darüber hinausgeht (vgl. § 1444 Abs. 2). 3

Wem eine Ausstattung im Innenverhältnis der Ehegatten zur Last fällt, kann von ihnen **beliebig abweichend vereinbart** werden. Dies kann generell im Voraus durch Ehevertrag, aber auch im Einzelfall bei einer konkreten Ausstattung (ohne Beachtung der Ehevertragsform) geschehen. 4

Vgl. ergänzend die Erläuterungen zu § 1444. 5

§ 1467 Ausgleichung zwischen Vorbehalts-, Sonder- und Gesamtgut

(1) Verwendet ein Ehegatte Gesamtgut in sein Vorbehaltsgut oder in sein Sondergut, so hat er den Wert des Verwendeten zum Gesamtgut zu ersetzen.

(2) Verwendet ein Ehegatte Vorbehaltsgut oder Sondergut in das Gesamtgut, so kann er Ersatz aus dem Gesamtgut verlangen.

I. Normzweck

§ 1467 entspricht § 1445 bei der Einzelverwaltung. Auch bei der gemeinschaftlichen Gesamtgutsverwaltung ist es möglich, dass **Vermögensverschiebungen** zwischen den getrennten Vermögensmassen, dem gemeinschaftlichen Gesamtgut und dem Vorbehalts- und Sondergut der Ehegatten, stattfinden, wenn die Fälle hier vielleicht auch nicht so häufig wie bei der Einzelverwaltung sein mögen, bei der der Gesamtgutsverwalter in seiner Person das Gesamtgut und sein eigenes Sondervermögen allein verwaltet. Den **Ausgleich** derartiger Vermögensverschiebungen regelt bei der gemeinschaftlichen Verwaltung § 1467: Bei Verwendung von Gegenständen seines Vorbehalts- oder Sonderguts durch einen Ehegatten in das Gesamtgut oder umgekehrt ist Ersatz zu leisten. 1

II. Übereinstimmung mit § 1445 und Abweichungen von dieser Vorschrift

Anders als § 1445, der nur für den Gesamtgutsverwalter gilt, begründet § 1467 **Verwendungsersatzansprüche für und gegen beide Ehegatten.** Unter Berücksichtigung dieser Abweichung kann auf die Erläuterungen zu § 1445 verwiesen werden. 2

Wie bei den Ausgleichsansprüchen nach § 1445 durch § 1446 ist auch bei den Ansprüchen nach § 1467 die **Fälligkeit** gemäß § 1468 bis zur Beendigung der Gütergemeinschaft aufgeschoben. 3

Nicht geregelt sind in § 1467 die Ansprüche in den Fällen, in denen ein Ehegatte Vorbehalts- oder Sondergut in das Vorbehalts- oder Sondergut des anderen Ehegatten oder in denen ein Ehegatten Gesamtgut in das Vorbehalts- oder Sondergut des anderen Ehegatten verwendet. Es gelten dann die allgemeinen Vorschriften (§§ 677 ff., §§ 812 ff.). Zu abweichenden Vereinbarungen für diese Fälle vgl. § 1445 RdNr. 5 aE. 4

§ 1468 Fälligkeit des Ausgleichsanspruchs

Was ein Ehegatte zum Gesamtgut oder was er zum Vorbehaltsgut oder Sondergut des anderen Ehegatten schuldet, braucht er erst nach Beendigung der Gütergemeinschaft zu leisten; soweit jedoch das Vorbehaltsgut und das Sondergut des Schuldners ausreichen, hat er die Schuld schon vorher zu berichtigen.

I. Normzweck

1 § 1468 entspricht § 1446 bei der Einzelverwaltung. Auch bei der gemeinschaftlichen Gesamtgutsveraltung wird die Berichtigung von Verbindlichkeiten zwischen den verschiedenen Vermögensmassen teilweise bis zur Beendigung der Gütergemeinschaft aufgeschoben.

II. Übereinstimmung mit § 1446 und Abweichungen von dieser Vorschrift

2 Während das Hinausschieben der Fälligkeit solcher Ausgleichsansprüche in § 1446 unterschiedlich für Verbindlichkeiten und Ansprüche des Gesamtgutsverwalters gegenüber dem Gesamtgut (Abs. 1) und für Verbindlichkeiten des nichtverwaltenden Ehegatten gegenüber Gesamtgut oder Sondervermögen des Gesamtgutsverwalters (Abs. 2) geregelt ist, gilt **§ 1468 in gleicher Weise für beide Ehegatten.** Die Vorschrift **entspricht** der Regelung, die **§ 1446 Abs. 2 für** die **Verbindlichkeiten des nichtverwaltenden Ehegatten** trifft. Deshalb können die Erläuterungen zu § 1446 im Allgemeinen und insbesondere zu § 1446 Abs. 2 entsprechend herangezogen werden.

§ 1469 Aufhebungsklage

Jeder Ehegatte kann auf Aufhebung der Gütergemeinschaft klagen,

1. **wenn seine Rechte für die Zukunft dadurch erheblich gefährdet werden können, dass der andere Ehegatte ohne seine Mitwirkung Verwaltungshandlungen vornimmt, die nur gemeinschaftlich vorgenommen werden dürfen,**
2. **wenn der andere Ehegatte sich ohne ausreichenden Grund beharrlich weigert, zur ordnungsmäßigen Verwaltung des Gesamtguts mitzuwirken,**
3. **wenn der andere Ehegatte seine Verpflichtung, zum Familienunterhalt beizutragen, verletzt hat und für die Zukunft eine erhebliche Gefährdung des Unterhalts zu besorgen ist,**
4. **wenn das Gesamtgut durch Verbindlichkeiten, die in der Person des anderen Ehegatten entstanden sind und diesem im Verhältnis der Ehegatten zueinander zur Last fallen, in solchem Maße überschuldet ist, dass sein späterer Erwerb erheblich gefährdet wird,**
5. **wenn die Wahrnehmung eines Rechts des anderen Ehegatten, das sich aus der Gütergemeinschaft ergibt, vom Aufgabenkreis eines Betreuers erfasst wird.**

I. Normzweck

1 Keiner der Ehegatten hat grundsätzlich die Möglichkeit, die Gütergemeinschaft einseitig (etwa durch „Kündigung") zu beenden. § 1469 gibt jedem der Ehegatten das **Recht, auf Aufhebung der Gütergemeinschaft zu klagen, wenn** auf Grund bestimmter Sachverhalte seine **Rechte** durch das Weiterbestehen der Gütergemeinschaft **gefährdet** würden. § 1469 entspricht den §§ 1447, 1448 bei der Einzelverwaltung. Das Recht des nicht verwaltungsberechtigten Ehegatten zur Aufhebungsklage geht dort – entsprechend seiner größeren Gefährdung – weiter (§ 1447) als das des Gesamtgutsverwalters (§ 1448). Bei der gemeinschaftlichen Gesamtgutsverwaltung ist das Recht zur Aufhebungsklage in § 1469 für beide Ehegatten gleich ausgestaltet und entspricht etwa dem des nichtverwaltenden Ehegatten gemäß § 1447.

2 Während bei der Einzelverwaltung die Rechte des nicht verwaltenden Ehegatten dadurch gefährdet werden können, dass der Gesamtgutsverwalter zur Verwaltung unfähig ist oder die Verwaltung missbraucht – also entweder seine Befugnisse nicht ausüben kann oder über sie hinausgeht – (§ 1447 Nr. 1), ist bei der gemeinschaftlichen Verwaltung entsprechend eine **Gefährdung** möglich, wenn der andere Ehegatte Verwaltungshandlungen ohne Zustimmung vornimmt – also über seine Befugnisse hinausgeht – (Nr. 1) oder an der ordnungsmäßigen Verwaltung nicht mitwirkt – also seine Befugnisse nicht wahrnimmt – (Nr. 2).

Nr. 3 stimmt nach Wortlaut und Inhalt mit § 1447 Nr. 2, Nr. 4 inhaltlich mit §§ 1447 Nr. 3 und 1448, Nr. 5 inhaltlich mit § 1447 Nr. 4 überein. Auf die Erläuterungen zu §§ 1447, 1448 kann daher ergänzend verwiesen werden.

II. Beendigung der Gütergemeinschaft

Zur Beendigung der Gütergemeinschaft im Allgemeinen s. § 1447 RdNr. 2. Auch bei gemeinschaftlicher Verwaltung des Gesamtguts bleibt die Insolvenz eines der Ehegatten, aber auch die Insolvenz über das Gesamtgut ohne Einfluss auf das Bestehen der Gütergemeinschaft (vgl. §§ 11 Abs. 2 Nr. 2, 333f. InsO). Die Insolvenz über das Vermögen eines der Ehegatten berührt das Gesamtgut nicht (§ 37 Abs. 2 InsO). 3

III. Die Gründe für die Aufhebungsklage

Die Aufzählung der Gründe, die zur Aufhebungsklage berechtigen, ist auch in § 1469 abschließend (vgl. § 1447 RdNr. 3), aber durch Vereinbarung erweiterungsfähig (vgl. RdNr. 11, § 1447 RdNr. 20ff.). 4

Gegenüber § 1447 Nr. 1, der das Recht zur Aufhebungsklage allgemein bei Missbrauch der Verwaltungsbefugnis durch den Gesamtgutsverwalter gibt, ist **Nr. 1** konkreter gefasst: Die Aufhebungsklage setzt hier voraus, dass der andere Ehegatte über seine Befugnisse durch **eigenmächtige Verwaltungshandlungen** ohne die erforderlichen Zustimmungen seines Ehegatten hinausgeht. Ein subjektives Element ist in dieser Voraussetzung nicht enthalten.[1] Ist sich der andere Ehegatte seiner Eigenmächtigkeit aber nicht bewusst – nahm er etwa an, sein Ehegatte sei mit einer bestimmten Verwaltungshandlung einverstanden –, so wird es regelmäßig an der möglichen Rechtsgefährdung fehlen, weil die Aufklärung des anderen Ehegatten ihn in Zukunft von Verwaltungshandlungen ohne die erforderliche Zustimmung abhalten wird und deshalb keine Wiederholungsgefahr besteht (vgl. § 1447 RdNr. 10). Diese weitere Voraussetzung der Aufhebungsklage, dass eine erhebliche Rechtsgefährdung möglich ist, stimmt mit der entsprechenden Voraussetzung in § 1447 Nr. 1 inhaltlich überein. Vgl. daher dazu § 1447 RdNr. 8ff. 5

Nach **Nr. 2** berechtigt auch die **beharrliche Verweigerung der Mitarbeit** an der Gesamtgutsverwaltung zur Aufhebungsklage. Da Verwaltungshandlungen grundsätzlich nur gemeinschaftlich vorgenommen werden können, bedeutet es eine erhebliche Gefahr für Erhaltung und Mehrung des Gesamtguts, wenn ein Ehegatte seine Mitarbeit an der Verwaltung verweigert. Nach § 1452 kann zwar seine Zustimmung zu Verwaltungshandlungen ersetzt werden, wenn diese erforderlich sind. Zum einen ist aber die Ersetzung nur jeweils zu konkreten Rechtsgeschäften möglich, sodass es für den anderen Ehegatten beschwerlich und damit auf die Dauer unzumutbar ist, regelmäßig diesen Weg zu beschreiten. Zum anderen kann durch das Ersetzungsverfahren eine zeitliche Verzögerung eintreten, die schon eine Gefahr für den Bestand des Gesamtguts bedeuten kann. Die Verweigerung der Mitarbeit kann ausdrücklich oder stillschweigend, insbesondere auch dadurch erfolgen, dass sich der Ehegatte auf eine Aufforderung zur Mitarbeit hin passiv verhält. **„Beharrlich"** ist die Verweigerung, wenn der Ehegatte über einen längeren Zeitraum wiederholt und bei Geschäften von einem gewissen Gewicht seine Mitwirkung ablehnt.[2] Zur Beantwortung der Frage, welches **Ausmaß** die **Verweigerung** erreichen muss, kann der Grundgedanke der §§ 1447, 1448, 1469 herangezogen werden: Die Aufhebungsklage soll nur ausnahmsweise dann zulässig sein, wenn dem Ehegatten die Fortsetzung der Gütergemeinschaft nicht mehr zugemutet werden kann. Zur Frage, wann ein Ehegatte die Mitarbeit ohne ausreichenden Grund verweigert, s. § 1426 RdNr. 5. 6

Die Möglichkeit einer **Rechtsgefährdung** ist nach Nr. 2 (anders als in § 1447 Nr. 2 und § 1469 Nr. 1) nicht ausdrücklich Voraussetzung der Aufhebungsklage. Die Vorschrift geht davon aus, dass eine Rechtsgefährdung regelmäßig möglich ist, wenn die ordnungsmäßige 7

[1] Vgl. zum Missbrauch nach § 1447 Nr. 1 dort RdNr. 7.
[2] Vgl. RGRK/*Finke* RdNr. 7; *Staudinger/Thiele* (2007) RdNr. 11.

Gesamtgutsverwaltung durch die Verweigerung der Mitwirkung eines Ehegatten über einen längeren Zeitraum unmöglich gemacht wird.

8 Das Recht zur Aufhebungsklage bei **Verletzung der Unterhaltspflicht** durch den anderen Ehegatten nach **Nr. 3** entspricht § 1447 Nr. 2 mit der Abweichung, dass es nach § 1469 Nr. 3 beiden Ehegatten in gleicher Weise zusteht (vgl. dazu § 1447 RdNr. 11 ff.). Der Begriff des „Familienunterhalts" ist der gleiche wie in § 1447. Auch bei § 1469 Nr. 3 wird die Unterhaltspflicht gegenüber einseitigen Verwandten nicht umfasst,[3] auch wenn das Gesamtgut für diese Ansprüche haftet und ihre Erfüllung zur ordnungsmäßigen Gesamtgutsverwaltung gehört (Nr. 2 wird regelmäßig ebenfalls bei fehlender Mitwirkung nicht vorliegen, weil diese nicht eine Verweigerung der Mitarbeit zur Gesamtgutsverwaltung im ganzen bedeutet; der Ehegatte muss deshalb die Ersetzung der Zustimmung nach § 1452 erwirken) (vgl. § 1426 RdNr. 7 aE).

9 **Nr. 4** entspricht, wiederum mit der Abweichung, dass er für beide Ehegatten in gleicher Weise gilt, §§ 1447 Nr. 3, 1448. Vgl. daher § 1447 RdNr. 14 f. und die Erläuterungen zu § 1448.

10 **Nr. 5** entspricht § 1447 Nr. 4, ebenfalls mit der Abweichung, dass das Recht zur Aufhebungsklage nach § 1469 Nr. 5 beiden Ehegatten in gleicher Weise zusteht. Die Bestellung eines Betreuers allein, ohne dass zu dessen Aufgabenkreis die Wahrnehmung von Rechten aus der Gütergemeinschaft gehört, hat keine Auswirkungen auf die Rechte und Pflichten der Ehegatten. Fällt die Wahrnehmung von Rechten aus der Gütergemeinschaft in den Aufgabenkreis des Betreuers, so vertritt er den Ehegatten nach § 1902 und bedürfen Willenserklärungen des Ehegatten – bei Anordnung eines Einwilligungsvorbehalts – seiner Einwilligung nach § 1903. Dies kann der andere Ehegatte hinnehmen. Er kann aber auch auf Aufhebung der Gütergemeinschaft klagen. Die Klage kann jederzeit erhoben werden, auch wenn der Ehegatte die Mitwirkungsrechte des Betreuers zunächst hingenommen hatte. Vgl. im Übrigen § 1447 RdNr. 16.

IV. Weitere Verweisung auf Erläuterungen zu § 1447

11 Zur **Aufhebungsklage,** die gegen den anderen Ehegatten zu richten ist, vgl. § 1447 RdNr. 17 ff., zur Möglichkeit **abweichender Vereinbarungen** § 1447 RdNr. 20 ff.

§ 1470 Wirkung der richterlichen Aufhebungsentscheidung

(1) Mit der Rechtskraft der richterlichen Entscheidung ist die Gütergemeinschaft aufgehoben; für die Zukunft gilt Gütertrennung.

(2) Dritten gegenüber ist die Aufhebung der Gütergemeinschaft nur nach Maßgabe des § 1412 wirksam.

I. Normzweck

1 § 1470 enthält die Rechtsfolgen der rechtskräftigen Aufhebungsentscheidung. Die Gütergemeinschaft ist aufgehoben, es tritt **Gütertrennung ein** (Abs. 1). **Dritten gegenüber** ist dies nur nach **§ 1412** wirksam (Abs. 2).

II. Übereinstimmung mit § 1449

2 Die Vorschrift stimmt wörtlich und inhaltlich mit § 1449 überein. Deshalb kann auf die Erläuterungen zu § 1449 verwiesen werden. Abweichend gilt folgendes: Die Beendigung der persönlichen Haftung für Gesamtgutsverbindlichkeiten richtet sich nach § 1459 Abs. 2 S. 2.[1]

---

[3] AA *Soergel/Gaul* RdNr. 5; wohl auch RGRK/*Finke* RdNr. 10; wie hier *Staudinger/Thiele* (2007) RdNr. 15 mit § 1447 RdNr. 18.

[1] § 1470 Abs. 2, dh., § 1412 gilt für die Beendigung dieser Haftung nicht; vgl. § 1449 RdNr. 4.

Unterkapitel 4. Auseinandersetzung des Gesamtguts

Vorbemerkungen

1 **Nach Beendigung der Gütergemeinschaft** setzen sich die Ehegatten über das Gesamtgut auseinander. Diese **Auseinandersetzung** regeln die §§ 1471 ff. Die §§ 1471 bis 1473 treffen Bestimmungen über das **Gesamtgut bis zur Auseinandersetzung,** die §§ 1474 bis 1481 regeln die Durchführung der Auseinandersetzung, § 1482 stellt klar, dass beim Tod eines Ehegatten sein Anteil am Gesamtgut in den Nachlass fällt (falls nicht fortgesetzte Gütergemeinschaft eintritt) und sich die Beerbung des Ehegatten nach den allgemeinen Vorschriften richtet. Hilfsweise gelten für die beendete Gütergemeinschaft die Vorschriften für die Gemeinschaft (§§ 741 ff.).

2 Die Regelungen der §§ 1568 a f. gelten auch, soweit diese Gegenstände zum Gesamtgut der beendeten Gütergemeinschaft gehören. Bei Scheidung oder Aufhebung (s. § 1318 Abs. 4) der Ehe gehen die in §§ 1568 a f., §§ 200 ff. FamFG vorgesehenen richterlichen Regelungsmöglichkeiten den §§ 1471 ff. vor. Ist ein solches Verfahren anhängig, so ist der Anspruch auf Auseinandersetzung hinsichtlich der von diesem Verfahren erfassten Gegenstände hinfällig.

§ 1471 Beginn der Auseinandersetzung

(1) Nach der Beendigung der Gütergemeinschaft setzen sich die Ehegatten über das Gesamtgut auseinander.

(2) Bis zur Auseinandersetzung gilt für das Gesamtgut die Vorschrift des § 1419.

I. Normzweck

1 Die Beendigung der Gütergemeinschaft als solcher führt nicht gleichzeitig zur Beendigung der Gesamthandsgemeinschaft über das Gesamtgut. Dazu bedarf es noch der Auseinandersetzung (Abs. 1). Bis zur vollständigen Auseinandersetzung besteht die Gesamthandsgemeinschaft weiter (Abs. 2). Dagegen endet die bisherige Eigenschaft von Vorbehalts- und Sondergut unmittelbar mit Beendigung der Gütergemeinschaft. Beides bleibt alleiniges Vermögen des jeweiligen Ehegatten, für das keine Besonderheiten mehr gelten.

II. Beendigung der Gütergemeinschaft

2 Der Güterstand der Gütergemeinschaft endet in folgenden Fällen:

a) Bei **Auflösung der Ehe,** gleichgültig aus welchem Grunde (Scheidung, Aufhebung, Wiederverheiratung nach Todeserklärung – vgl. § 1319 Abs. 2 –, Tod eines Ehegatten). Beim Tod eines Ehegatten endet die Gütergemeinschaft aber nur, falls sie nicht mit den gemeinschaftlichen Abkömmlingen fortgesetzt wird (§§ 1483 ff.).

b) Bei **Aufhebung der Gütergemeinschaft durch Ehevertrag.**

c) Bei Aufhebung der Gütergemeinschaft durch **rechtskräftiges Urteil** (gemäß §§ 1449, 1470).

d) Bei **Eintritt einer auflösenden Bedingung oder Befristung** (vgl. § 1415 RdNr. 4).

Lebt der für tot erklärte Ehegatte, so wird die Gütergemeinschaft fortgesetzt, wenn er wieder auftaucht (außer bei Wiederverheiratung des anderen Ehegatten, vgl. § 1319 Abs. 2).

III. Grundsätzliches zur Auseinandersetzung des Gesamtguts

3 Die Auseinandersetzung des Gesamtguts erfolgt in erster Linie (vgl. § 1474) auf Grund **Vereinbarung** der Ehegatten, die formlos möglich ist, soweit nicht allgemeine Vorschriften

– insbesondere § 313 – eine bestimmte Form vorschreiben. Ein Ausscheiden aus der Gesamtgutsgemeinschaft durch einseitigen Verzicht ist nicht möglich.[1]

4 Auf Antrag eines der Ehegatten findet ein **förmliches Verfahren zur Vermittlung der Auseinandersetzung** über das Gesamtgut statt (§ 373, §§ 963 ff. FamFG; einen Vorbehalt für landesrechtliche Zuständigkeitsvorschriften enthält § 487 FamFG). In diesem Verfahren kann aber nur eine Einigung der Ehegatten (bzw. ihrer Erben) angestrebt werden.

5 Trotz seiner rein feststellenden Formulierung gibt Abs. 1 jedem Ehegatten einen **Anspruch auf Auseinandersetzung,** der im Wege der Klage durchgesetzt werden kann, wenn sich die Ehegatten nicht einigen.[2] Dann erfolgt die Auseinandersetzung **nach §§ 1475 bis 1481** (vgl. § 1474 RdNr. 8 f.).

IV. Weiterbestehen der Gesamtgutsgemeinschaft bis zur Auseinandersetzung

6 Bis zur vollständigen Durchführung der Auseinandersetzung, dh. bis zur Teilung des Überschusses (§ 1477 Abs. 1) und Durchführung der Übernahme einzelner Gegenstände (§ 1477 Abs. 2) besteht die Gesamthandsgemeinschaft weiter. Sie wandelt sich unter Beibehaltung ihrer Identität und Änderung ihres Zweckes in eine **Liquidationsgemeinschaft.**[3]

7 **§ 1419 gilt weiter** (Abs. 2).[4] Danach kann ein Ehegatte auch nach Beendigung der Gütergemeinschaft weder über seinen Anteil am Gesamtgut noch an einzelnen Gesamtgutsgegenständen verfügen; Gleiches gilt bei der Vermögensgemeinschaft nach FGB DDR.[5] Eine entsprechende Verpflichtung wäre nach § 306 weiterhin nichtig, ist jedoch regelmäßig in eine Verpflichtung zur Verfügung über das bei der Auseinandersetzung Erlangte umzudeuten.[6] Über das Gesamtgut im ganzen können beide Ehegatten Rechtsgeschäfte treffen (vgl. § 1423). Jeder Ehegatte kann Verpflichtungen über das eingehen, was er bei der Auseinandersetzung erlangt, und zwar sowohl hinsichtlich einzelner Gegenstände als auch hinsichtlich des Erlangten. Auch entsprechende Verfügungen sind möglich.

8 Die gesamthänderisch gebundenen Anteile der Ehegatten an den Gesamtgutsgegenständen sind weiterhin **unpfändbar** (§ 860 Abs. 1 S. 1 ZPO). Der Anteil eines jeden Ehegatten am Gesamtgut insgesamt ist dagegen nach Beendigung der Gütergemeinschaft **pfändbar** (§ 860 Abs. 2 ZPO) und fällt dementsprechend auch in die **Insolvenzmasse,** wenn über das Vermögen eines der Ehegatten das Insolvenzverfahren eröffnet wird. Die Auseinandersetzung der Ehegatten erfolgt außerhalb des Insolvenzverfahrens (§ 84 InsO). § 37 Abs. 2 InsO ist nicht mehr – auch nicht entsprechend – anwendbar.[7]

V. Weitere Rechtsfolgen der Beendigung der Gütergemeinschaft

9 Zu den weiteren Rechtsfolgen der Beendigung der Gütergemeinschaft **s. §§ 1472 ff.** und die Erläuterungen hierzu. Der geänderte Zweck der Liquidationsgemeinschaft, die nicht mehr auf Dauer, sondern auf Beendigung durch Auseinandersetzung angelegt ist, führt zu einer **Lockerung der gesamthänderischen Bindung** (darauf beruht zB die Pfändbarkeit des Gesamtgutsanteils, s. RdNr. 8) und im Einzelnen zu verschiedenen **Modifizierungen** der allgemein für das Gesamtgut geltenden Rechtsregeln. Auch bei bisheriger Einzelverwaltung erfolgt die **Verwaltung** nun gemeinschaftlich (§ 1472 Abs. 1). Mit Ausnahme der Surrogation nach § 1473 wird der **Erwerb** nicht mehr Gesamtgut. Die **Verbindlichkeiten** wer-

[1] RGZ 79, 345, 352.
[2] Vgl. Mot. IV S. 410; ähnlich wie § 1471 Abs. 1 formuliert § 730 Abs. 1.
[3] Vgl. RGZ 136, 21; OLG Stuttgart NJW 1967, 1809.
[4] Zur Anwendung des § 1419 Abs. 1 und 2 vgl. die Erläuterungen zu dieser Vorschrift.
[5] BGH FamRZ 2002, 1468.
[6] S. BGH FamRZ 1966, 443; FamRZ 2002, 1468.
[7] ÜberwM zum insoweit identischen § 2 Abs. 2 KO *Soergel/Gaul* § 1472 RdNr. 9; *Staudinger/Thiele* (2007) § 1472 RdNr. 27 mwN. auch zur Gegenmeinung.

den nicht mehr Gesamtgutsverbindlichkeiten,[8] sondern es gelten die allgemeinen Rechtsvorschriften (vgl. vor allem §§ 420 ff.).

VI. Eintragung der Beendigung im Güterrechtsregister

Die Tatsache, dass die Gütergemeinschaft beendet ist, (und die Tatsache, dass entgegen bisheriger Einzelverwaltung das Gesamtgut jetzt gemeinschaftlich verwaltet wird), kann in das **Güterrechtsregister,** nicht aber in das **Grundbuch** eines zum Gesamtgut gehörenden Grundstücks **eingetragen werden,** da sich dessen sachenrechtliche Zuordnung zum Gesamtgut bis zur Auseinandersetzung nicht ändert.[9] Ist das Grundstück noch auf den Namen eines Ehegatten eingetragen, so ist auch nach Beendigung der Gütergemeinschaft Grundbuchberichtigung durch Eintragung der Ehegatten als Eigentümer und Zugehörigkeit des Grundstücks zum Gesamtgut noch möglich. 10

VII. Beendete Gütergemeinschaft und Erbengemeinschaft

Wenn die Gütergemeinschaft durch den Tod eines der Ehegatten beendet wird und dessen Anteil auf **mehrere Miterben** übergeht (§ 1482), bestehen zwei sich überlagernde Gesamthandsgemeinschaften, für die jeweils die entsprechenden gesetzlichen Regelungen unabhängig voneinander gelten.[10] Deshalb kann zB jeder Miterbe über seinen Erbteil gemäß § 2033 verfügen. Diese Verfügung betrifft dann mittelbar kraft Gesetzes auch den zum Nachlass gehörenden Gesamtgutsanteil.[11] Zum Nachlass gehört der Anteil am Gesamtgut im ganzen.[12] In gleicher Weise wie den Ehegatten Anteile an den einzelnen Gesamtgutsgegenständen zugestanden haben – über die nach § 1419 selbstverständlich nicht verfügt werden kann –, sind auch diese in den Nachlass gefallen. Die Gesamtgutsgegenstände selbst sind dagegen bis zur Auseinandersetzung nicht Nachlassbestandteil.[13] 11

Da über den Anteil am Gesamtgut nicht verfügt werden kann (§§ 1471 Abs. 2, 1419), also zB auch dessen Aufteilung in ideelle Mitberechtigungsteile ausgeschlossen ist, setzt die **Auseinandersetzung** der Erbengemeinschaft über den Gesamtgutsanteil die Auseinandersetzung des Gesamtguts voraus. Das mit dem Gesamtgutsanteil verbundene, mit Beendigung der Gütergemeinschaft wie für den überlebenden Ehegatten für die Erbengemeinschaft entstandene Recht auf Auseinandersetzung des Gesamtguts kann jeder Miterbe gemäß § 2039 selbständig geltend machen.[14] Soweit § 2039 nicht eingreift, können die Miterben die mit dem Gesamtgutsanteil verbundenen Rechte in der Auseinandersetzung aber nach §§ 2038, 2040 nur gemeinschaftlich ausüben.[15] 12

VIII. Ausschluss des Rechts, die Auseinandersetzung zu verlangen

Die Vereinbarung, dass die Auseinandersetzung für eine bestimmte Zeit oder auch dauernd ausgeschlossen sein soll, ist zulässig.[16] Diese Vereinbarung kann allgemein durch Ehevertrag, konkret bei Beendigung der Gütergemeinschaft formlos getroffen werden. Entspre- 13

---

[8] Vgl. RGZ 136, 21.

[9] AA für Eintragbarkeit im Grundbuch BayObLGZ 21, 10, 17; OLG Colmar OLGE 9, 331; KGJ 50, 152; *Erman/Gamillscheg* RdNr. 1; *Soergel/Gaul* RdNr. 7; *Staudinger/Thiele* (2007) RdNr. 7; *Bamberger/Roth/J. Mayer* RdNr. 4 aE.

[10] OLG Colmar OLGE 32, 408, 409; OLG Hamm DNotZ 1966, 744, 746.

[11] Vgl. BayObLG MDR 1960, 1014; OLG Colmar OLGE 32, 408.

[12] RGZ 136, 21.

[13] HM; Vgl. BGHZ 26, 378, 382 = NJW 1958, 708, BGH FamRZ 1964, 194; *Soergel/Gaul* RdNr. 4 mwN.

[14] AllgM; vgl. RGZ 108, 434; OLG Posen OLGE 36, 198 (wenn auch mit unrichtiger Berufung auf § 2042, der nur für die Erbengemeinschaft selbst gilt); OLG Hamm Rpfleger 1958, 269; OLG Schleswig MDR 1959, 46; *Gernhuber/Coester-Waltjen* § 38 RdNr. 128.

[15] Vgl. *Gernhuber/Coester-Waltjen* § 38 RdNr. 128.

[16] Gegen die Möglichkeit, die Auseinandersetzung durch Vereinbarung auszuschließen, *Bamberger/Roth/J. Mayer* RdNr. 3 mwN in Fn. 11; *Gernhuber/Coester-Waltjen* § 38 RdNr. 141; *Staudinger/Thiele* (2007)

chend § 749 Abs. 2, 3 kann das Recht, die Auseinandersetzung auch dann jedenfalls bei Vorliegen eines wichtigen Grundes zu verlangen, nicht ausgeschlossen werden.[17]

§ 1472 Gemeinschaftliche Verwaltung des Gesamtguts

(1) Bis zur Auseinandersetzung verwalten die Ehegatten das Gesamtgut gemeinschaftlich.

(2) [1]Jeder Ehegatte darf das Gesamtgut in derselben Weise wie vor der Beendigung der Gütergemeinschaft verwalten, bis er von der Beendigung Kenntnis erlangt oder sie kennen muss. [2]Ein Dritter kann sich hierauf nicht berufen, wenn er bei der Vornahme eines Rechtsgeschäfts weiß oder wissen muss, dass die Gütergemeinschaft beendet ist.

(3) Jeder Ehegatte ist dem anderen gegenüber verpflichtet, zu Maßregeln mitzuwirken, die zur ordnungsmäßigen Verwaltung des Gesamtguts erforderlich sind; die zur Erhaltung notwendigen Maßregeln kann jeder Ehegatte allein treffen.

(4) [1]Endet die Gütergemeinschaft durch den Tod eines Ehegatten, so hat der überlebende Ehegatte die Geschäfte, die zur ordnungsmäßigen Verwaltung erforderlich sind und nicht ohne Gefahr aufgeschoben werden können, so lange zu führen, bis der Erbe anderweit Fürsorge treffen kann. [2]Diese Verpflichtung besteht nicht, wenn der verstorbene Ehegatte das Gesamtgut allein verwaltet hat.

Übersicht

I. Normzweck

1 Nach Beendigung der Gütergemeinschaft wird das **Gesamtgut** bis zur vollständigen Auseinandersetzung[1] **gemeinschaftlich verwaltet** (Abs. 1), auch wenn die Verwaltung bisher einem Ehegatten allein zustand. Dementsprechend sind die Ehegatten gegenseitig zur Mitwirkung an der ordnungsmäßigen Verwaltung des Gesamtguts verpflichtet. Zu dessen **Erhaltung notwendige Maßnahmen** kann jeder allein treffen (Abs. 3). Ausnahmen von Abs. 1 enthalten Abs. 2 und 4: Bis zur Kenntnis von der Beendigung der Gütergemeinschaft kann jeder Ehegatte seine bisherigen Verwaltungsbefugnisse wahrnehmen (Abs. 2). Endet

RdNr. 3 mwN; wie hier RGZ 89, 292; *Erman/Gamillscheg* RdNr. 2; RGRK/*Finke* RdNr. 9; *Soergel/Gaul* RdNr. 5.

[17] *Erman/Gamillscheg* RdNr. 2; *Palandt/Brudermüller* RdNr. 1; *Soergel/Gaul* RdNr. 5.

[1] Vgl. OLG Stuttgart NJW 1950, 70 m. Anm. von *Boehmer*.

die Gütergemeinschaft durch den Tod eines der Ehegatten, so hat der Überlebende – falls er bisher Alleinverwalter war oder das Gesamtgut gemeinschaftlich verwaltet wurde – die notwendigen Verwaltungsmaßnahmen zu treffen, wenn mit deren Aufschub Gefahr verbunden wäre (Abs. 4).

II. Gemeinschaftliche Verwaltung des Gesamtguts und Ausnahmen von diesem Grundsatz

1. Grundsatz. § 1472 enthält zwar eine **abschließende Regelung** der gemeinschaftlichen Verwaltung nach Beendigung der Gütergemeinschaft, sodass die §§ 1450 ff. auch nicht ergänzend herangezogen werden können. Soweit sich aus § 1472 und dem geänderten Zweck der Gütergemeinschaft als nunmehriger Liquidationsgemeinschaft nichts anderes ergibt, gelten aber die zur gemeinschaftlichen Verwaltung bei Bestehen der Gütergemeinschaft entwickelten Rechtsgrundsätze entsprechend. Da § 1450 Abs. 1 nur Beispiele dessen enthält, welche rechtlichen Konsequenzen die gemeinschaftliche Gesamtgutsverwaltung hat, können insbesondere diese Vorschrift und die zu ihr entwickelten Rechtsgrundsätze zur Ergänzung des § 1472 herangezogen werden. 2

2. Verfügungen, Empfangszuständigkeit. Die Ehegatten sind (mit den unten dargelegten Ausnahmen) nur gemeinschaftlich zu Verfügungen mit Wirkung für das Gesamtgut berechtigt.[2] Verfügt ein Ehegatte allein über einen Gesamtgutsgegenstand oder handelt er bei einer Verpflichtung allein, gilt das Gleiche wie bei gemeinschaftlicher Verwaltung des Gesamtguts vor Beendigung der Gütergemeinschaft.[3] Empfangsbedürftige Willenserklärungen sind beiden Ehegatten gegenüber abzugeben. § 1450 Abs. 2 ist nicht entsprechend anwendbar. 3

3. Keine Gesamtgutsverbindlichkeiten. Nach Beendigung der Gütergemeinschaft können auch von beiden Ehegatten gemeinsam keine Gesamtgutsverbindlichkeiten mehr begründet werden.[4] Für solche neuen Verbindlichkeiten haften die Ehegatten auch bei gemeinschaftlichem Handeln nur nach den allgemeinen Grundsätzen, dh., je nachdem, in wessen Person die Verbindlichkeit entstanden ist, der betreffende Ehegatte persönlich, uU beide als Gesamtschuldner (mit der Möglichkeit der Pfändung in Vorbehaltsgut, – soweit möglich – in Sondergut und in den Anteil am Gesamtgut, § 860 Abs. 2 ZPO). Sind beide Ehegatten auf Grund ihrer persönlichen Haftung zur Leistung verurteilt, kann aber in das Gesamtgut vollstreckt werden.[5] 4

4. Vormundschaft; minderjähriger Ehegatte. Steht einer der Ehegatten unter Vormundschaft oder elterlicher Sorge, so gilt nicht § 1458. Sein gesetzlicher Vertreter und der andere Ehegatte verwalten vielmehr das Gesamtgut gemeinschaftlich. 5

5. Verwaltungshandlungen eines Ehegatten. Die Vorschriften über die selbständige Handlungsfähigkeit der Ehegatten mit Wirkung für das Gesamtgut bei dessen gemeinschaftlicher Verwaltung vor Beendigung der Gütergemeinschaft (§§ 1454 bis 1456) gelten nicht. § 1472 Abs. 3 2. Halbs., Abs. 2 und 4 regelt die Voraussetzungen, unter denen ein Ehegatte allein für das Gesamtgut handeln kann, gegenüber §§ 1454 ff. abschließend. 6

Nach **Abs. 2 S. 1** kann jeder Ehegatte das Gesamtgut in gleicher Weise wie vor Beendigung der Gütergemeinschaft weiter verwalten, wenn ihm die **Beendigung nicht bekannt** war und seine Unkenntnis auch nicht auf Fahrlässigkeit beruhte. Entscheidend ist die fehlende Kenntnis von der Beendigung der Gütergemeinschaft. Wenn der Ehegatte die Beendigung kannte (oder nur auf Grund Fahrlässigkeit nicht kannte) und ihm die damit verbundenen Rechtsfolgen unbekannt waren, ist Abs. 2 S. 1 nicht anwendbar.[6] Jede Art von 7

---

[2] Vgl. RGZ 108, 281, 285; 139, 122; RG SeuffA 90 Nr. 144; OLG München DNotZ 1936, 807.

[3] Vgl. § 1450 RdNr. 11 ff.; § 1453 RdNr. 3 mit Weiterverweisungen.

[4] HM, vgl. *Gernhuber/Coester-Waltjen* § 38 RdNr. 145; *Erman/Gamillscheg* § 1475 RdNr. 1; RGRK/*Finke* RdNr. 2 § 1475 RdNr. 2; *Soergel/Gaul* § 1475 RdNr. 2; *Staudinger/Thiele* (2007) RdNr. 25.

[5] *Staudinger/Thiele* (2007) RdNr. 25; aA RGRK/*Finke* § 1475 RdNr. 2.

[6] OLG Augsburg OLGE 40, 76; zur Frage, worauf sich der gute Glaube beziehen muss, s. auch RGZ 136, 19, 23.

Fahrlässigkeit, also auch schon leichte Fahrlässigkeit, schließt die Anwendung der Vorschrift aus. Abs. 2 S. 1 ist bei bisheriger Einzelverwaltung von besonderer Bedeutung. Für die Verwaltungsbefugnis des bisherigen Gesamtgutsverwalters gelten die Einschränkungen der §§ 1423 bis 1425 dann in gleicher Weise, was insbesondere wichtig ist, wenn auch der dritte Geschäftspartner iS von § 1472 Abs. 2 S. 2 gutgläubig war, aber die Einschränkungen der §§ 1423 ff. nicht beachtet wurden (vgl. dazu unten RdNr. 15). Aber auch bei bisheriger gemeinschaftlicher Verwaltung ist Abs. 2 S. 1 anwendbar, soweit durch die Beendigung der Gütergemeinschaft Befugnisse, allein mit Wirkung für das Gesamtgut zu handeln, weggefallen sind.[7]

8 Die zur **Erhaltung des Gesamtguts notwendigen Maßregeln** kann nach Abs. 3 2. Halbs. jeder Ehegatte allein treffen.[8] Diese Vorschrift entspricht § 1455 Nr. 10 mit dem Unterschied, dass Gefahr im Verzuge nicht erforderlich ist. Unter Beachtung dieses Unterschieds kann deshalb auf die Erläuterungen zu § 1455 Nr. 10 (vgl. § 1455 RdNr. 9 ff.) verwiesen werden.

9 **6. Entsprechende Anwendung des § 2039.** Nach hM[9] ist § 2039 bei der beendeten Gütergemeinschaft (anders vor ihrer Beendigung bei gemeinschaftlicher Verwaltung, s. § 1450 RdNr. 22) **entsprechend anwendbar,** weil die Interessenlage der bei der Erbengemeinschaft entspricht. Nach dem Ende der Gütergemeinschaft ist die Gesamtgutsgemeinschaft ebenfalls nicht mehr auf Dauer, sondern auf Beendigung angelegt. Die vermögensrechtliche Bindung der Ehegatten hinsichtlich des Gesamtguts ist nach dem Ende der Gütergemeinschaft regelmäßig nicht enger als bei Miterben und die Möglichkeit, die Zustimmung eines Ehegatten zu einer Verwaltungshandlung durch das VormG zu ersetzen, ist mit dem Ende der Gütergemeinschaft ebenfalls weggefallen (vgl. RdNr. 10).

III. Pflicht zur Mitwirkung bei Verwaltungsmaßnahmen und Pflicht zur Notverwaltung

10 **1. Mitwirkungspflicht.** Nach Abs. 3, 1. Halbs. sind die Ehegatten einander verpflichtet, bei der ordnungsmäßigen Verwaltung des Gesamtguts mitzuwirken. Die Vorschrift entspricht nach Wortlaut und Inhalt vollständig § 1451.[10] Auf die Erläuterungen dazu kann deshalb verwiesen werden. Nach der Ehescheidung treten jetzt allerdings wirtschaftliche Gesichtspunkte in den Vordergrund.[11] Naheliegend ist z. B. die Verpflichtung, dem Abschluss eines Mietvertrages über eine Immobilie zuzustimmen.[12] Anders als bei der gemeinschaftlichen Verwaltung vor Beendigung der Gütergemeinschaft (vgl. § 1452) ist eine **Ersetzung fehlender Mitwirkung** durch das VormG **nicht vorgesehen.** Bei Verletzung der Mitwirkungspflicht muss deshalb Klage auf Mitwirkung erhoben werden.[13] Überwiegt – wie regelmäßig – das vermögensrechtliche Element, ist eine obsiegende Entscheidung nach den allgemeinen Vorschriften vollstreckbar. Überwiegt – was nur selten der Fall sein wird – das persönliche Element, ist nur die Klage auf Herstellung des ehelichen Lebens ohne Vollstreckungsmöglichkeit gegeben.

11 Auch bei der Verwaltung des Gesamtguts nach Beendigung der Gütergemeinschaft kann sich die Pflicht zur Mitwirkung nach Abs. 3, 1. Halbs. in eine **Pflicht** verwandeln, im

[7] Vgl. § 1450 Abs. 2, §§ 1454 ff.; wichtig insbesondere für § 1456.

[8] Vgl. *Kappler,* Die Beendigung der Gütergemeinschaft, 2006, S. 151, OLG Saarbrücken FamRZ 2002, 104; aA *Haußleiter/Schulz* Kap. 2 RdNr. 54.

[9] RG Warn. 1930 Nr. 150; *Beitzke* § 16 VII 2; *Dölle* I § 79 II 3 c; *Gernhuber/Coester-Waltjen* § 38 RdNr. 148; *Erman/Gamillscheg* RdNr. 1; *Palandt/Brudermüller* RdNr. 1; RGRK/*Finke* RdNr. 14; *Soergel/Gaul* RdNr. 7; *Staudinger/Thiele* (2007) RdNr. 7 mwN; vgl. auch BGH LM § 164 Nr. 13 = FamRZ 1958, 459.

[10] S. BayObLG FamRZ 2004, 879.

[11] Im Einzelnen s. BayObLG FamRZ 2005, 109.

[12] S. OLG Frankfurt/Main FamRZ 2006, 1678.

[13] HM, s. BayObLG FamRZ 2004, 879, 880 mit Nachw.; s. auch OLG Frankfurt FamRZ 2006, 1678.

Interesse des Gesamtguts die zu dessen Erhaltung notwendigen **Maßregeln allein zu treffen** (Abs. 3, 2. Halbs.).[14]

2. Überlebender Ehegatte. Endet die Gütergemeinschaft durch Tod (oder Todeserklärung, § 9 Abs. 1 VerschG) eines Ehegatten, so hat der überlebende Ehegatte (falls er bisher Gesamtgutsverwalter war oder das Gesamtgut gemeinschaftlich verwaltet wurde) allgemein die **Pflicht zur Notverwaltung** (Abs. 4). Er hat alle Geschäfte (der Begriff ist weiter als der des Rechtsgeschäfts und entspricht dem Begriff der „Maßregel" nach § 1451)[15] vorzunehmen, die zur ordnungsmäßigen Verwaltung erforderlich sind und nicht ohne Gefahr aufgeschoben werden können. Zum Begriff dessen, was zur ordnungsmäßigen Gesamtgutsverwaltung erforderlich ist, s. § 1451 RdNr. 2 mit Weiterverweisungen. Zum Begriff der Gefahr im Verzuge s. § 1429 RdNr. 3. Die Notverwaltungspflicht endet, sobald der Erbe des verstorbenen Ehegatten anderweit Fürsorge treffen kann, also die Möglichkeit dazu hat, ohne Rücksicht darauf, ob er tatsächlich anderweitige Fürsorgemaßnahmen trifft. Über diesen Zeitpunkt hinaus gilt Abs. 3, 2. Halbs. mit eventueller Pflicht zur Notverwaltung entsprechend RdNr. 11. 12

3. Schadensersatzpflicht. Sowohl bei alleiniger Vornahme schädlicher Verwaltungshandlungen als auch bei pflichtwidrigem Unterlassen gebotener allein vorzunehmender Verwaltungsmaßnahmen kann ein Ehegatte entsprechend § 1435 S. 3 unter Zugrundelegung des Sorgfaltsmaßstabes des § 1359 zum Schadensersatz verpflichtet sein (vgl. § 1451 RdNr. 10 und § 1454 RdNr. 4). 13

IV. Schutz gutgläubiger Dritter

Gutgläubige Dritte werden zunächst nach den **allgemeinen Vorschriften** geschützt (vgl. § 1450 RdNr. 15 und § 1422 RdNr. 22 ff.). Darüberhinaus gilt bei Beendigung der Gütergemeinschaft durch Ehevertrag oder rechtskräftiges Aufhebungsurteil (§§ 1449, 1470) **§ 1412,** wenn zwar die Gütergemeinschaft, aber nicht deren Beendigung im Güterrechtsregister eingetragen sind. 14

Eine **eigene Schutzvorschrift** für gutgläubige Dritte enthält **Abs. 2 S. 2:** Hat weder der Ehegatte noch sein dritter Geschäftspartner Kenntnis von der Beendigung der Gütergemeinschaft und beruht ihre Unkenntnis auch nicht auf Fahrlässigkeit (beide müssen gutgläubig sein!), so wirkt die früher bestehende Verwaltungsbefugnis trotz Beendigung der Gütergemeinschaft weiter,[16] ein im Rahmen der früheren Verwaltungsbefugnis vorgenommenes Rechtsgeschäft ist also für das Gesamtgut in gleicher Weise wie vor Beendigung der Gütergemeinschaft wirksam. Abs. 2 S. 2 ist von der Eintragung der Gütergemeinschaft oder deren Beendigung im Güterrechtsregister unabhängig. Die Eintragung der Beendigung im Güterrechtsregister wird aber die Gutgläubigkeit jedenfalls des anderen Ehegatten regelmäßig ausschließen. 15

V. Recht zum Besitz

Jeder Ehegatte hat das **Recht auf Mitbesitz** an den Sachen des Gesamtguts,[17] eingeschränkt durch die in § 1422 RdNr. 12 f. dargelegten Grundsätze, die durch den Liquidationszweck der Auseinandersetzungsgemeinschaft modifiziert werden (vgl. dazu auch § 1477 Abs. 2), eingeschränkt auch durch den Grundsatz ordnungsmäßiger Verwaltung, der (insbesondere nach Ausübung eines Übernahmerechts nach § 1477 Abs. 2) auf Grund der Umstände (fehlende Bereitschaft eines Ehegatten zur Mitwirkung; Streitigkeiten unter den Ehegatten) zur Übertragung des Alleinbesitzes auf einen Ehegatten führen kann.[18] 16

[14] Vgl. § 1451 RdNr. 4 und § 1454 RdNr. 4.
[15] Vgl. dort RdNr. 2.
[16] Vgl. RGZ 136, 19, 23.
[17] OLG Hamm SeuffA 72, 13; FamRZ 1979, 810; OLG Stuttgart NJW 1950, 70 mit Anm. von *Boehmer.*
[18] OLG Hamm FamRZ 1979, 810; OLG München Vorentsch. zu BGH NJW 1985, 3066 = LM § 1475 Nr. 1; *Boehmer* NJW 1950, 70.

VI. Auskunftspflicht des bisherigen Verwalters

17 Bestand bis zur Beendigung der Gütergemeinschaft Einzelverwaltung, so ist der bisherige Gesamtgutsverwalter dem anderen Ehegatten zur Auskunft über den Bestand des Gesamtguts,[19] zur Vorlage eines Verzeichnisses über dessen Bestand (§ 260 Abs. 1) und unter den Voraussetzungen des § 260 Abs. 2 (beachte § 260 Abs. 3 iVm. § 259 Abs. 3) zur Abgabe der eidesstattlichen Versicherung verpflichtet.[20] Der andere Ehegatte hat Anspruch auf Einsicht in die Unterlagen, die das Gesamtgut betreffen.[21]

VII. Rechtsstreitigkeiten für das Gesamtgut und Zwangsvollstreckung in das Gesamtgut; Insolvenz

18 **1. Rechtsstreitigkeiten.** Die Rechtslage hinsichtlich der aktiven und passiven Prozessführung ist grundsätzlich die gleiche wie bei gemeinschaftlicher Verwaltung des Gesamtguts vor Beendigung der Gütergemeinschaft (vgl. § 1450 RdNr. 22 ff.). Im Rahmen seiner alleinigen Verwaltungsbefugnis (vgl. oben RdNr. 6 ff.) ist ein Ehegatte auch zur Prozessführung befugt. Bei Passivrechtsstreiten ist die Beendigung der persönlichen Haftung eines Ehegatten (§§ 1437 Abs. 2 S. 2, 1459 Abs. 2 S. 2) zu beachten, die die Leistungsklage gegen ihn unmöglich macht. Ist bei Beendigung der Gütergemeinschaft eine Leistungsklage gegen einen Ehegatten anhängig, dessen persönliche Haftung endet, so muss durch Klageänderung (vgl. § 264 Nr. 2 ZPO) zur Duldungsklage übergegangen werden.

19 **2. Zwangsvollstreckung.** § 743 ZPO geht deshalb davon aus, dass die Zwangsvollstreckung in das Gesamtgut nach Beendigung der Gütergemeinschaft auf Grund eines Leistungstitels gegen einen und eines Duldungstitels gegen den anderen Ehegatten stattfindet. (Zur Rechtslage vor Beendigung der Gütergemeinschaft vgl. § 740 ZPO, dazu § 1459 RdNr. 10 f.). Liegt bei Beendigung der Gütergemeinschaft mit bisheriger Einzelverwaltung ein rechtskräftiger Titel gegen den bisherigen Gesamtgutsverwalter vor, auf Grund dessen die Zwangsvollstreckung in das Gesamtgut nach § 740 Abs. 1 ZPO bis zur Beendigung der Gütergemeinschaft möglich gewesen wäre, so kann nach § 744 ZPO entsprechend §§ 727, 730 bis 732 ZPO eine (nur in Ansehung des Gesamtguts) vollstreckbare Ausfertigung gegen den anderen Ehegatten erteilt werden, die zur Zwangsvollstreckung in das Gesamtgut nach § 743 ZPO nun erforderlich ist.

20 **3. Insolvenz.** Hinsichtlich der Insolvenz gelten nach Beendigung der Gütergemeinschaft keine Besonderheiten mehr, insbesondere ist § 37 Abs. 2 InsO nicht mehr anwendbar (vgl. § 1471 RdNr. 8).

VIII. Abweichende Vereinbarungen

21 Die **Übertragung der Befugnis zur Verwaltung** des Gesamtguts **auf einen Ehegatten** ist auch nach Beendigung der Gütergemeinschaft möglich. Eine solche Vereinbarung kann schon vor der Beendigung für deren Fall, bei der Beendigung durch Ehevertrag in diesem Vertrag und auch nachträglich jederzeit getroffen werden. Auch die Regelung der Verwaltungsbefugnis nach Beendigung der Gütergemeinschaft betrifft die „güterrechtlichen Verhältnisse“ der Ehegatten, sie gilt für den Zeitraum bis zur Auseinandersetzung, während dessen hinsichtlich des Gesamtguts noch güterrechtliche Beziehungen der Ehegatten bestehen, und unterscheidet sich damit von der Auseinandersetzung selbst, die bloß schuldrechtlichen Charakter hat und über die deshalb nach den allgemeinen Grundsätzen formlose Vereinbarungen möglich sind (vgl. § 1474). Die Verwaltungsregelung kann deshalb nur durch Ehevertrag getroffen werden:[22] Die Erteilung von **Vollmachten** ist dagegen formlos

[19] OLG Hamburg Recht 1915 Nr. 1563; OLG Nürnberg OLGE 24, 13.
[20] Vgl. RG Warn. 1919 Nr. 117; OLG Hamburg OLGE 6, 162, 164; 9152 f.
[21] OLG Hamburg OLGE 2, 484.
[22] *Staudinger/Thiele* (2007) RdNr. 18; aA RGRK/*Finke* RdNr. 26; *Soergel/Gaul* RdNr. 2.

möglich, soweit die erteilte Vollmacht nicht unwiderruflich ist und so weit geht, dass sie in die güterrechtlichen Verhältnisse eingreift (vgl. § 1450 RdNr. 9f.).

Die **Mitwirkungspflicht** nach Abs. 3 1. Halbs. kann entsprechend § 1451 durch Ehevertrag nicht eingeschränkt werden (wenn nicht entsprechend die gemeinschaftliche Verwaltung eingeschränkt ist), weil sie aus der gemeinschaftlichen Verwaltung des Gesamtguts zwingend folgt. Gegen die Abdingbarkeit des **Abs. 3 2. Halbs.** bestehen wie bei § 1455 Nr. 10 keine grundsätzlichen Bedenken. 22

Da die Schutzvorschrift des **Abs. 2** zugunsten Dritter schon dann nicht eingreift, wenn der handelnde Ehegatte bösgläubig ist, sie letztlich also nur den gutgläubigen Ehegatten schützt, ist die Vorschrift abdingbar. Das Gleiche gilt für **Abs. 4,** soweit dessen Kernbereich nicht aus der unabdingbaren Mitwirkungspflicht folgt. 23

Abweichende Vereinbarungen, die wiederum grundsätzlich vor, bei oder nach Beendigung der Gütergemeinschaft getroffen werden können, bedürfen (auch) in den Fällen unter RdNr. 22 und RdNr. 23 eines **Ehevertrages.** 24

§ 1473 Unmittelbare Ersetzung

(1) Was auf Grund eines zum Gesamtgut gehörenden Rechts oder als Ersatz für die Zerstörung, Beschädigung oder Entziehung eines zum Gesamgut gehörenden Gegenstands oder durch ein Rechtsgeschäft erworben wird, das sich auf das Gesamtgut bezieht, wird Gesamtgut.

(2) Gehört eine Forderung, die durch Rechtsgeschäft erworben ist, zum Gesamtgut, so braucht der Schuldner dies erst dann gegen sich gelten zu lassen, wenn er erfährt, dass die Forderung zum Gesamtgut gehört; die Vorschriften der §§ 406 bis 408 sind entsprechend anzuwenden.

I. Normzweck

Nach Beendigung der Gütergemeinschaft fällt der **Erwerb** der Ehegatten **nicht mehr** in das **Gesamtgut:** Nach § 1416 Abs. 1 S. 1 gehört nur das zum Gesamtgut, was die Ehegatten *während* der Gütergemeinschaft erwerben. Mit Beendigung der Gütergemeinschaft endet auch die bisherige Verwaltung des Sonderguts für Rechnung des Gesamtguts (§ 1417 Abs. 3 S. 2), da das Sondergut normales alleiniges Vermögen des jeweiligen Ehegatten geworden ist (vgl. § 1471 RdNr. 1). Ausnahmsweise fallen nach § 1473 Abs. 1 **Surrogate** des Gesamtguts auch nach Beendigung der Gütergemeinschaft wieder in das Gesamtgut. Dieser Surrogationserwerb zum Gesamtgut wird dem Schuldner einer Forderung regelmäßig unbekannt bleiben. Die Ehegatten sollen daraus keine unberechtigten Rechtsvorteile ziehen können. Deshalb wird der **gutgläubige Schuldner** nach **Abs. 2** geschützt. 1

II. Surrogationserwerb zum Gesamtgut (Abs. 1)

Die Definition dessen, was als Surrogat in das Gesamtgut fällt, stimmt zu § 1473 Abs. 1 mit anderen Fällen gesetzlicher Surrogation (vgl. zB § 2041), vor allem aber mit den Surrogaten nach § 1418 Abs. 2 Nr. 3 überein. Da der Wortlaut und Zweck beider Vorschriften übereinstimmen (abgesehen von den anderen Vermögensmassen, in die das Surrogat fällt) kann auf die Erläuterungen zu dieser Vorschrift verwiesen werden (vgl. § 1418 RdNr. 10f.). 2

III. Schutz gutgläubiger Schuldner

Während des Bestehens der **Gütergemeinschaft** werden die Schuldner der Ehegatten wie alle dritten Geschäftspartner durch **§ 1412** geschützt. Der **Schutz** dieser Vorschrift **versagt** aber bei Erwerb des Gesamtguts durch Surrogation, **wenn** die **Gütergemeinschaft** 3

beendet ist. Im Gegenteil würde gerade die Eintragung ihrer Beendigung im Güterrechtsregister den Schuldner gefährden können, weil er auf Grund dieser Eintragung nach der gesetzlichen Regel davon ausgehen muss, dass eine neu von den Ehegatten erworbene Forderung *nicht* mehr Gesamtgut wird.

4 Deshalb **schützt Abs. 2** einen **gutgläubigen Schuldner** unabhängig vom Güterrechtsregister: Ist eine Forderung nach Abs. 1 durch Surrogation auf Grund eines Rechtsgeschäfts (Neubegründung oder Übergang) Gesamtgut geworden, so braucht dies der Schuldner erst gegen sich gelten zu lassen, wenn er positiv weiß, dass die Forderung Gesamtgut wurde. Ob der Schuldner weiß oder nicht weiß, dass die Ehegatten in Gütergemeinschaft leben und dass die Gütergemeinschaft beendet ist, ist unerheblich. Nur positive Kenntnis schließt den Schutz des Abs. 2 aus, fahrlässige Unkenntnis genügt nicht.[1] Allerdings genügt die Kenntnis der tatsächlichen Umstände, die zum Erwerb der Forderung durch das Gesamtgut führen; die Kenntnis der sich aus Abs. 1 ergebenden Rechtsfolge ist nicht erforderlich.[2]

5 Solange der Schuldner **keine Kenntnis** von der Gesamtgutseigenschaft der Forderung hat, kann er davon ausgehen, dass die allgemeinen Vorschriften gelten, dass also bei Mitwirkung beider Ehegatten bei dem betroffenen Rechtsgeschäft die §§ 420ff. anzuwenden sind, dass bei Handeln nur eines Ehegatten die Forderung diesem allein zusteht. Die §§ 406 bis 408 finden Anwendung, insbesondere kann der Schuldner gegenüber einem Ehegatten erfüllen (§ 407 Abs. 1), wenn dieser allein beim Rechtsgeschäft über Begründung oder Erwerb der Forderung gehandelt hat oder wenn nach den allgemeinen Vorschriften davon auszugehen ist, dass die Ehegatten Gesamtgläubiger geworden sind.

§ 1474 Durchführung der Auseinandersetzung

Die Ehegatten setzen sich, soweit sie nichts anderes vereinbaren, nach den §§ 1475 bis 1481 auseinander.

I. Normzweck

1 Aus § 1474 ergibt sich, dass eine Vereinbarung der Ehegatten über die Auseinandersetzung der gesetzlichen Regelung vorgeht. Im Übrigen verweist § 1474 nur auf die folgenden Auseinandersetzungsvorschriften, falls keine Vereinbarung zwischen den Ehegatten über die Auseinandersetzung zustande kommt.

II. Vereinbarung der Ehegatten über die Auseinandersetzung

2 Über die Auseinandersetzung bestimmt **in erster Linie** die **Vereinbarung** der Ehegatten. Von den §§ 1475ff. ist nur § 1480 als Gläubigerschutzbestimmung zwingend, kann von den Ehegatten in ihrer Vereinbarung also nicht beeinträchtigt werden.

3 Der **Vertrag** der Ehegatten **über** die **Auseinandersetzung** des Gesamtguts hat rein **schuldrechtlichen Charakter.** Deshalb bedarf die Auseinandersetzungsvereinbarung als solche keines Ehevertrages und kann formlos getroffen werden.[1*] Einer Form bedarf der Auseinandersetzungsvertrag nur (vgl. § 139), wenn in ihm Rechtsgeschäfte enthalten sind, die ihrerseits aus anderen Gründen einer Formvorschrift unterliegen, zB § 313, wenn die Auseinandersetzung Grundstücke umfasst, oder § 1410, wenn im Auseinandersetzungsvertrag für die Zukunft neue güterrechtliche Vereinbarungen getroffen werden.[2*]

4 Ohne Zusammenhang mit einer bevorstehenden oder bereits eingetretenen Beendigung der Gütergemeinschaft können die **§§ 1475ff.** (mit Ausnahme des § 1480) auch **schon**

[1] Vgl. RGZ 135, 251.
[2] RGZ 102, 387.
[1*] AllgM seit RGZ 89, 294.
[2*] Vgl. RG Warn. 1922 Nr. 55. Der Beurkundung bedarf nur der Ehevertrag.

vorher für den Fall einer etwaigen Beendigung der Gütergemeinschaft **modifiziert** werden. Eine solche Vereinbarung bedarf eines Ehevertrages (unter Einhaltung der Form des § 1410). Umstr. ist dies hinsichtlich § 1478; vgl. dort RdNr. 14 f.

Der Auseinandersetzungsvertrag führt die Auseinandersetzung noch nicht selbst herbei; hierzu bedarf es noch seiner Erfüllung durch die Einzelnen **dinglichen Übertragungsakte;**[3] bei Grundstücken ist also deren Auflassung erforderlich und zwar – wie stets bei der Auseinandersetzung von Gesamthandsgemeinschaften – auch dann, wenn sie in Bruchteilseigentum der Beteiligten übergeführt werden.[4] Wie stets kann vom Vorliegen eines schuldrechtlichen Vertrages nicht auf dessen Erfüllung geschlossen werden. Deshalb kann ein Auseinandersetzungsvertrag nur die Vermutung begründen, dass sich die Ehegatten über die Auseinandersetzung vollständig geeinigt, nicht auch, dass sie sie durchgeführt haben.[5] 5

III. Erwerb aller Erbteile nach dem Tode des verstorbenen Ehegatten durch den Überlebenden

Wird die Gütergemeinschaft durch den Tod eines Ehegatten beendet, so ist die Übertragung der Miterbenanteile nach den allgemeinen Vorschriften (vgl. § 2033) möglich. Vereinigt der überlebende Ehegatte alle Erbteile in seiner Hand, so ist damit auch die Auseinandersetzung des Gesamtguts beendet, er ist in gleicher Weise Alleineigentümer der Gesamtgutsgegenstände geworden, wie wenn er seinen verstorbenen Ehegatten allein beerbt hätte. Übertragungsakte hinsichtlich der einzelnen Gesamtgutsgegenstände sind in diesem Fall nicht erforderlich, die Umschreibung im Grundbuch ist bloße Berichtigung.[6] 6

IV. An anderer Stelle behandelte Einzelprobleme

Ein **Ausscheiden** aus der Gesamtgutsgemeinschaft **durch** einseitigen **Verzicht** ist nicht möglich.[7] Zur **Vermittlung der Auseinandersetzung** nach §§ 373, 363 ff. FamFG s. § 1471 RdNr. 4. Zum **Vorrang des Verfahrens nach** §§ 1568 a f., §§ 200 ff. FamFG s. vor § 1471 RdNr. 2. 7

V. Klage auf Auseinandersetzung mangels Einigung

Kommt keine Vereinbarung über die Auseinandersetzung zwischen den Ehegatten zustande, gelten die §§ 1475 ff. Jeder Ehegatte kann seinen Anspruch auf Auseinandersetzung, der sich aus § 1471 Abs. 1 ergibt, im Wege der **Klage** durchsetzen.[8] Die Klage ist auf Zustimmung zum Abschluss eines Auseinandersetzungsvertrages nach einem vom Kläger vorzulegenden Auseinandersetzungsplan zu richten. Der Kläger muss bestimmte Anträge, eventuell Hilfsanträge stellen.[9] Das Gesamtgut muss teilungsreif,[10] Verbindlichkeiten müssen iS von § 1475 geregelt sein.[11] Die Klage kann auf Klärung einzelner Streitpunkte beschränkt und auch nur gegen einzelne Beteiligte – bei Übergang eines Anteils auf Miterben – gerichtet werden, wenn die übrigen der vom Kläger vorgeschlagenen Auseinandersetzung bereits zugestimmt haben. 8

---

[3] RG (Fn. 2).

[4] RGZ 57, 432.

[5] *Bamberger/Roth/J. Mayer* RdNr. 2; *Erman/Gamillscheg* RdNr. 1; *Staudinger/Thiele* (2007) RdNr. 3 mwN; vgl. aber BGHZ 2, 82, 86 = 1951, 839; RGRK/*Finke* RdNr. 3; *Soergel/Gaul* RdNr. 4; gegen sie zurecht *Gernhuber/Coester-Waltjen* § 38 RdNr. 7 Fn. 199.

[6] Vgl. RGZ 88, 116; *Soergel/Gaul* RdNr. 2; mißverständlich *Palandt/Brudermüller* RdNr. 1 und *Erman/Gamillscheg* RdNr. 1, die von einer „Übernahme des Gesamtguts" sprechen.

[7] S. § 1471 RdNr. 3; RGZ 79, 345, 352.

[8] Vgl. Mot. IV S. 410; § 1471 RdNr. 5. Zur Teilauseinandersetzungsklage s. Kappler FamRZ 2007, 696, auch im Übrigen zur Klage auf Auseinandersetzung.

[9] Das Gericht hat keine Gestaltungsfreiheit, es darf nur auf Zustimmung zu dem, was beantragt ist, (oder weniger) erkennen (BGH FamRZ 1988, 813).

[10] Bei Grundstücken setzt dies (mangels anderer Einigung) grundsätzlich Zwangsversteigerung voraus, BGH FamRZ 1988, 813.

[11] BGH FamRZ 1988, 813.

9 Mit **Rechtskraft der Entscheidung** kommt der Auseinandersetzungsvertrag gemäß § 894 ZPO zustande, der nun aber wie ein durch Vereinbarung zustande gekommener Auseinandersetzungsvertrag erfüllt werden muss. Deshalb kann mit der Klage auf Zustimmung zum Auseinandersetzungsvertrag die Klage auf Zustimmung zu den dinglichen Übertragungsakten verbunden werden.

§ 1475 Berichtigung der Gesamtgutsverbindlichkeiten

(1) [1] Die Ehegatten haben zunächst die Gesamtgutsverbindlichkeiten zu berichtigen. [2] Ist eine Verbindlichkeit noch nicht fällig oder ist sie streitig, so müssen die Ehegatten zurückbehalten, was zur Berichtigung dieser Verbindlichkeit erforderlich ist.

(2) Fällt eine Gesamtgutsverbindlichkeit im Verhältnis der Ehegatten zueinander einem der Ehegatten allein zur Last, so kann dieser nicht verlangen, dass die Verbindlichkeit aus dem Gesamtgut berichtigt wird.

(3) Das Gesamtgut ist in Geld umzusetzen, soweit dies erforderlich ist, um die Gesamtgutsverbindlichkeiten zu berichtigen.

I. Normzweck

1 Erster Akt der Auseinandersetzung ist nach Abs. 1 die Berichtigung der Gesamtgutsverbindlichkeiten. Soweit noch nicht fällig oder strittig, ist das zur eventuellen späteren Berichtigung einer Verbindlichkeit Notwendige zurückzuhalten (Abs. 1 S. 2). Grundsätzlich können beide Ehegatten die Begleichung der Gesamtgutsverbindlichkeiten aus dem Gesamtgut verlangen. Ein Ehegatte kann das aber nicht bei einer Verbindlichkeit, die er im Innenverhältnis allein zu tragen hat (Abs. 2). Soweit dies zur Begleichung der Verbindlichkeiten notwendig ist, ist das Gesamtgut in Geld umzusetzen (Abs. 3).

II. Berichtigung von Gesamtgutsverbindlichkeiten

2 **Gesamtgutsverbindlichkeiten** sind alle Verbindlichkeiten, für die das Gesamtgut haftet (vgl. § 1437 RdNr. 2), also im Wesentlichen die Verbindlichkeiten nach § 1437 bzw. § 1459, falls nicht eine der Ausnahmen nach §§ 1438 ff. bzw. §§ 1460 ff. vorliegt.[1] Gläubiger kann auch einer der Ehegatten sein,[2] zB nach § 1445 Abs. 2 bzw. § 1467 Abs. 2, aber auch auf Grund der allgemeinen Anspruchsgrundlagen. Solange das Gesamtgut zur Berichtigung der Verbindlichkeiten ausreicht, besteht kein Zahlungsanspruch gegen den anderen Ehegatten auf (anteilige) Erstattung (die Sondervorschriften für die Gütergemeinschaft und die beendete Gütergemeinschaft gehen § 426 vor).[3]

3 **Die Berichtigung** einer Verbindlichkeit kann **auf jede Weise** vorgenommen werden, in erster Linie also durch Erfüllung, aber auch durch die Erfüllungssurrogate (vgl. §§ 362 ff.). Da es der Sinn des § 1475 ist, die Ehegatten vor einer persönlichen Inanspruchnahme durch Gläubiger nach der Durchführung der Auseinandersetzung zu schützen, kann iS von Abs. 1 eine Gesamtgutsverbindlichkeit auch dadurch berichtigt werden, dass sie ein Ehegatte (der sein Übernahmerecht nach § 1477 Abs. 2 ausgeübt hat) übernimmt und der Gläubiger den anderen Ehegatten aus der Haftung entlässt.[4]

4 **Reicht** das **Gesamtgut** zur Berichtigung aller Verbindlichkeiten **nicht aus,** so liegt es (solange keine Zwangsvollstreckungsmaßnahmen erfolgt sind) im **Ermessen der Ehegat-**

---

[1] *Kappler,* Die Beendigung der Gütergemeinschaft, 2006, S. 19: Nicht aber Verbindlichkeiten der Ehegatten sind auch Gesamtgutverbindlichkeiten.

[2] RG Recht 1909 Nr. 1889.

[3] Vgl. OLG Zweibrücken FamRZ 1992, 821.

[4] BGH LM Nr. 1 = NJW 1985, 3066; OLG Frankfurt FamRZ 1984, 170; OLG Karlsruhe FamRZ 1982, 286.

ten, welche Verbindlichkeiten sie berichtigen, ohne dass sie sich dadurch der Haftung nach § 1480 aussetzen. (Es gelten die allgemeinen Vorschriften, insbesondere des Anfechtungsgesetzes). Im Innenverhältnis kann jeder Ehegatte die Begleichung besonders drückender Verbindlichkeiten, also zB solcher, für die bereits ein Titel besteht, vorweg verlangen.[5]

III. Streitige oder betagte Verbindlichkeiten

Solange eine Verbindlichkeit nicht fällig oder streitig ist, ist das zu ihrer Berichtigung Erforderliche zurückzuhalten (Abs. 1 S. 2). Was zurückgehalten wird, bleibt Gesamtgut. Es gelten dafür die §§ 1471 Abs. 2, 1472 f. Die Haftung für die Verbindlichkeit bleibt unverändert.[6] Die Verpflichtung, nach § 1475 Abs. 1 S. 2 zu verfahren, besteht nur für die Ehegatten gegenseitig, nicht gegenüber dem Gläubiger. Dieser wird durch § 1480 geschützt. 5

IV. Verbindlichkeit, die einem Ehegatten allein zur Last fällt

Abs. 2 macht eine Ausnahme von dem Grundsatz, dass jeder Ehegatte die Berichtigung von Gesamtgutsverbindlichkeiten aus dem Gesamtgut verlangen kann. Die Ausnahme gilt für Verbindlichkeiten, die einem Ehegatten im Innenverhältnis allein zur Last fallen.[7] Da die Berichtigung einer Verbindlichkeit aus dem Gesamtgut das Zusammenwirken beider Ehegatten voraussetzt (§ 1472 Abs. 1), entscheidet der Ehegatte, dem eine Verbindlichkeit im Innenverhältnis *nicht* zur Last fällt, ob sie aus dem Gesamtgut berichtigt wird. Er kann die Berichtigung aus dem Gesamtgut verlangen (um den Eintritt bzw. das Wiederaufleben[8] seiner persönlichen Haftung nach § 1480 auszuschließen) oder dies ablehnen (um sich die Geltendmachung der Rechte nach § 1476 Abs. 2 zu ersparen oder die Versilberung des Gesamtguts entbehrlich zu machen). In diesem Falle muss der andere Ehegatte die Verbindlichkeit aus seinem eigenen Vermögen (dem früheren Vorbehalts- oder Sondergut und dem nach Beendigung der Gütergemeinschaft Erworbenen) begleichen. 6

V. Umsetzung in Geld

Nach Abs. 3 ist das **Gesamtgut, soweit** zur Berichtigung der Verbindlichkeiten **erforderlich, in Geld** umzusetzen. Da auch § 1475 Abs. 3 nur im Verhältnis der Ehegatten untereinander gilt, entscheiden diese frei über die Art der Verwertung. Einigen sie sich nicht, kann jeder verlangen, dass nach §§ 753 ff. vorgegangen wird.[9] 7

Das **Recht** eines Ehegatten, nach §§ 1475 Abs. 3, 753 die **Versteigerung** einer Sache zu verlangen, geht dem **Übernahmerecht** des anderen Ehegatten nach § 1477 Abs. 2 vor, weil sich das Übernahmerecht nur auf den Überschuss nach Berichtigung der Verbindlichkeiten bezieht.[10] In welcher **Reihenfolge** die Gegenstände des Gesamtguts zu verwerten sind, ist – falls sich die Ehegatten nicht einigen – unter Berücksichtigung der Umstände des Einzelfalles zu entscheiden. Gegenstände, an denen einer der Ehegatten sein Übernahmerecht nach § 1477 Abs. 2 ausüben möchte, sind grundsätzlich zuletzt heranzuziehen.[11] Da das Gesamtgut nur in Geld umzusetzen ist, soweit dies zur Berichtigung der Gesamtgutsverbindlichkeiten erforderlich ist, kann dem Übernahmerecht eines Ehegatten vom anderen das Versteigerungsverlangen nicht (bzw. nicht mehr) entgegengesetzt werden, wenn der verbleibende Teil des Gesamtguts zur Berichtigung der noch offenen Verbindlichkeiten ausreicht.[12] 8

[5] Vgl. RGRK/*Finke* RdNr. 9; *Staudinger/Thiele* (2007) RdNr. 13.
[6] OLG Stuttgart SeuffBl. 71, 267.
[7] Aufgrund § 1441 ff. bzw. §§ 1463 ff. oder auf Grund Vereinbarung.
[8] Vgl. § 1437 Abs. 2 S. 2, § 1459 Abs. 2 S. 2.
[9] So auch *Wittich* S. 46.
[10] RGZ 73, 41 unter Hinweis auf die Erwägung der Mot. IV S. 415, die Versteigerung könne einen höheren Erlös als den mehr oder weniger relativen Schätzwert ergeben, den der übernehmende Ehegatte nach § 1477 Abs. 2 zu erstatten hat.
[11] Vgl. *Gernhuber/Coester-Waltjen* FamR § 38 RdNr. 154.
[12] BGH LM Nr. 1 = NJW 1985, 3066; OLG Frankfurt FamRZ 1984, 170, 171; vgl. RGZ 85, 1, 10.

Das Gleiche gilt, wenn für den anderen Ehegatten deshalb keine Gefahr der Inanspruchnahme mehr besteht, weil sie der übernehmende Ehegatte als Alleinschuldner übernommen und der Gläubiger den anderen Ehegatten aus der Haftung entlassen hat.[13]

§ 1476 Teilung des Überschusses

(1) Der Überschuss, der nach der Berichtigung der Gesamtgutsverbindlichkeiten verbleibt, gebührt den Ehegatten zu gleichen Teilen.

(2) [1] Was einer der Ehegatten zum Gesamtgut zu ersetzen hat, muss er sich auf seinen Teil anrechnen lassen. [2] Soweit er den Ersatz nicht auf diese Weise leistet, bleibt er dem anderen Ehegatten verpflichtet.

I. Normzweck

1 Was nach Berichtigung der Gesamtgutsverbindlichkeiten als Aktivmasse verbleibt, teilen die Ehegatten unter sich je zur Hälfte auf (Abs. 1). Dabei wird – soweit möglich – angerechnet, was die Ehegatten zum Gesamtgut zu ersetzen haben.

II. Die Teilung des Überschusses

2 Zur Teilung steht der Überschuss zur Verfügung, der verbleibt, nachdem die Verbindlichkeiten berichtigt sind und das für betagte oder streitige Verbindlichkeiten Notwendige zurückgehalten ist. (Mit der – teilweisen – Teilung braucht aber nicht solange gewartet zu werden, bis alle Verbindlichkeiten beglichen sind, wenn der ungeteilte Rest noch zur Begleichung der Verbindlichkeiten ausreicht). Zum Aktivvermögen gehören Forderungen des Gesamtguts gegen einen der Ehegatten in gleicher Weise wie Forderungen gegen Dritte. Solche Forderungen sind deshalb hinzuzurechnen.

3 Der Überschuss wird – abgesehen von der Ausnahme des § 1478 – hälftig geteilt. Die Teilung je zur Hälfte entspricht dem Grundsatz der Gütergemeinschaft, dass das Vermögen der Ehegatten gemeinschaftlich wird und an diesem gemeinschaftlichen Vermögen beide Ehegatten gleich beteiligt sind. Das Verlangen eines Ehegatten auf hälftige Teilung ist deshalb – von Extremfällen abgesehen – auch dann nicht sittenwidrig, wenn die Ehe (oder die Gütergemeinschaft) nur kurze Zeit gedauert hat, wenn das Vermögen im Wesentlichen vom anderen Ehegatten eingebracht wurde oder im Wesentlichen auf dessen Tätigkeit beruht,[1] zumal die Neufassung des § 1478 eine erhebliche Milderung des Grundsatzes hälftiger Teilung brachte.

III. Anrechnung dessen, was ein Ehegatte zum Gesamtgut zu ersetzen hat

4 Nach Abs. 2 ist der Ersatzanspruch, der dem Gesamtgut gegen einen Ehegatten zusteht,[2] in erster Linie auf dessen Teil anzurechnen. Ein Recht darauf, dass die Erledigung durch Verrechnung geschieht, hat auch der verpflichtete Ehegatte. Betroffen werden nur auf Geld gerichtete Ersatzansprüche (vgl. Fn. 2), andere Ansprüche, vor allem auf Herausgabe von Sachen, sind dagegen in natura zu erfüllen.

5 Soweit die Verrechnung nicht möglich ist, weil die Ersatzverpflichtung zum Gesamtgut über das hinausgeht, was dem Ehegatten aus dem Gesamtgut gebührt, bleibt die Verpflichtung gegenüber dem anderen Ehegatten bestehen.[3] Abs. 2 S. 2 enthält eine bloße Klar-

---

[13] BGH LM Nr. 1 = NJW 1985, 3066; OLG Frankfurt FamRZ 1984, 170; OLG Karlsruhe FamRZ 1982, 286; zu den Anforderungen, die an solche Erklärungen zu stellen sind, s. BGH FamRZ 1988, 813.

[1] Vgl. RG Warn. 1925 Nr. 58; BayObLG Recht 1906 Nr. 1655.

[2] Vgl. zB §§ 1435 S. 3, 1445 Abs. 1, 1467 Abs. 1, 1477 Abs. 2; zum eventuellen Anspruch auf Nutzungsentschädigung, wenn ein Ehegatte das zum Gesamtgut gehörende Haus allein genutzt hat, vgl. OLG Düsseldorf FamRZ 1984, 1098.

[3] Anders als zB nach § 2056.

stellung, die nochmals deutlich macht, dass die Ersatzverpflichtung zum Gesamtgut – von ausdrücklich geregelten Besonderheiten wie zB §§ 1446, 1468 Abs. 2 S. 1 abgesehen – eine normale Verpflichtung ist, für die die allgemeinen Grundsätze gelten.

§ 1477 Durchführung der Teilung

(1) Der Überschuss wird nach den Vorschriften über die Gemeinschaft geteilt.

(2) [1] Jeder Ehegatte kann gegen Ersatz des Wertes die Sachen übernehmen, die ausschließlich zu seinem persönlichen Gebrauch bestimmt sind, insbesondere Kleider, Schmucksachen und Arbeitsgeräte. [2] Das Gleiche gilt für die Gegenstände, die ein Ehegatte in die Gütergemeinschaft eingebracht oder während der Gütergemeinschaft durch Erbfolge, durch Vermächtnis oder mit Rücksicht auf ein künftiges Erbrecht, durch Schenkung oder als Ausstattung erworben hat.

I. Normzweck

Die Vorschrift regelt, in welcher Weise die Teilung durchzuführen ist: Grundsätzlich sind 1
die Vorschriften über die Gemeinschaft (§§ 752 ff.) anwendbar. Jeder Ehegatte hat aber das Recht, seine persönlichen Gegenstände und das, was er eingebracht oder durch Erbfolge, Schenkung oder Ausstattung erworben hat, gegen Wertersatz zu übernehmen.

II. Die Teilung des Überschusses

Die Teilung des Überschusses erfolgt nach den Vorschriften für die Gemeinschaft, dh. den 2
§§ 752 bis 757 mit Ausnahme des § 755 Abs. 1, dem § 1475 als Spezialvorschrift vorgeht.[1] In erster Linie erfolgt die Teilung also in Natur (§ 752). Da die Miterben nach dem Tode eines Ehegatten als Gesamthand am Gesamtgut beteiligt sind, genügt es, wenn Realteilung in zwei Teile möglich ist. Die Erbengemeinschaft erhält einen Teil, über den sie sich dann ihrerseits auseinandersetzen kann. In zweiter Linie erfolgt die **Teilung durch Verkauf** (§ 753),[2] bei Forderungen durch Einziehung, falls diese möglich ist (§ 754).[3] Forderungen eines Ehegatten gegen den anderen, die auf dem gütergemeinschaftlichen Verhältnis beruhen – sie können auch nach Beendigung der Gütergemeinschaft entstanden sein – sind bei der Teilung nach § 756 zu berichtigen (vgl. auch § 1476 Abs. 2). Zur Gewährleistung bei Zuteilung von Gegenständen an einen Ehegatten s. § 757.

III. Das Recht zur Übernahme einzelner Gegenstände

1. Gegenstände des Übernahmerechts. Das Übernahmerecht nach Abs. 2 besteht 3
zum einen bei den Sachen, die ausschließlich **zum persönlichen Gebrauch** eines Ehegatten **bestimmt** sind. Dieser Begriff stimmt mit dem in § 1362 Abs. 2 überein (vgl. § 1362 RdNr. 25 ff.).

Zum zweiten ist ein Ehegatte zur Übernahme der von ihm in die Gütergemeinschaft 4
eingebrachten oder während der Gütergemeinschaft in bestimmter Weise erworbenen Gegenstände berechtigt. Trotz der Formulierung „in die Gütergemeinschaft" **eingebracht,** sind darunter alle die Gegenstände zu verstehen, die ein Ehegatte bei Begründung der Gütergemeinschaft oder auch während deren späteren Dauer in das Gesamtgut einbringt. Die hM[4]

---

[1] Ganz allgM; *Erman/Gamillscheg* RdNr. 1; *Palandt/Brudermüller* RdNr. 1; RGRK/*Finke* RdNr. 2; *Soergel/Gaul* RdNr. 2; *Staudinger/Thiele* (2007) RdNr. 2.

[2] Ganz ausnahmsweise kann dem Verlangen der Zwangsversteigerung der Einwand unzulässiger Rechtsausübung entgegenstehen; BGHZ 58, 146 = FamRZ 1972, 446; vgl. auch BGH FamRZ 1988, 813, 816, wo der BGH dies ablehnt.

[3] Vgl. RGZ 65, 7.

[4] *Erman/Gamillscheg* RdNr. 2; RGRK/*Finke* RdNr. 10; *Soergel/Gaul* RdNr. 9; *Staudinger/Thiele* (2007) RdNr. 10; *Bamberger/Roth/J. Mayer* RdNr. 4.

gibt den Ehegatten dagegen ein Übernahmerecht nur an den Gegenständen, die bei Begründung der Gütergemeinschaft eingebracht werden. Die gleiche Interessenlage besteht aber hinsichtlich solcher Gegenstände, die später aus dem Vorbehalts- oder Sondergut eines Ehegatten in das Gesamtgut überführt, also eingebracht werden. Zwar könnten die Ehegatten ein Übernahmerecht jeweils durch Vereinbarung bei der Einbringung begründen. Sie werden dies jedoch regelmäßig unterlassen, weil bei der Einbringung die Möglichkeit einer späteren Beendigung der Gütergemeinschaft nicht bedacht wird.

5 Den eingebrachten Gegenständen stehen diejenigen gleich, die während der Gütergemeinschaft durch **Erwerb von Todes wegen,** mit Rücksicht auf ein künftiges Erbrecht, durch **Schenkung** oder als Ausstattung an einen Ehegatten und auf Grunddessen in das Gesamtgut fallen. (Völlige) Unentgeltlichkeit ist nicht erforderlich; so stehen etwa Ausgleichszahlungen an Geschwister[5] einem Erwerb „mit Rücksicht auf ein künftiges Erbrecht", die teilweise Entgeltlichkeit – auch bei einer Gegenleistung aus dem Gesamtgut –[6] einem Erwerb „durch Schenkung" nicht im Wege. Das Gleiche gilt bei der Erbfolge: Ist der Ehegatte Miterbe geworden und hat er den Gegenstand dann in der Erbauseinandersetzung erhalten, ist der ganze Gegenstand durch Erbfolge erworben.[7]

6 Das **Übernahmerecht** besteht **nur** dann, wenn seine Voraussetzungen für den Gegenstand im ganzen, nicht nur teilweise zutreffen.[8] Dies ist jedoch der Fall, wenn der Gegenstand teilweise unentgeltlich erworben, teilweise eingebracht ist.[9] Kein Übernahmerecht besteht an den **Surrogaten** eines Gegenstandes, der selbst dem Übernahmerecht unterlegen hätte,[10] wohl aber an dem in der Flurbereinigung zugeteilten Ersatzgrundstück.[11] „Identität" besteht auch zwischen dem Gegenstand und dem Anspruch auf seinen Erwerb, wenn der Erwerbsanspruch eingebracht oder sonst nach S. 2 erworben wurde.[12]

7 **2. Vererblichkeit.** Das Recht auf Übernahme ist vererblich,[13] steht also auch den Erben eines Ehegatten zu, ohne Rücksicht darauf, ob die Ehe durch seinen Tod beendet wurde oder ob er während der Auseinandersetzung verstorben ist.

8 **3. Gestaltungsrecht, Ausübung.** Das Übernahmerecht ist ein Gestaltungsrecht. Es wird durch einseitige empfangsbedürftige Willenserklärung gegenüber dem anderen Ehegatten (bzw. dessen Erbe) ausgeübt, die auch dann keiner Form bedarf, wenn der rechtsgeschäftliche Erwerb des Gegenstandes formbedürftig wäre (zB nach § 313).[14] Einmal wirksam geworden (vgl. § 130 Abs. 1), ist die Erklärung einseitig nicht mehr widerruflich. Die Erklärung ist aber nicht bedingungsfeindlich, sie kann also zB davon abhängig gemacht werden, dass als Wertersatz ein bestimmter Betrag vom anderen Ehegatten akzeptiert wird. Die Erklärung des Übernahmerechts **verpflichtet** die Ehegatten **zur Übertragung** des Gegenstandes aus dem Gesamtgut, den ausübenden Ehegatten zum Wertersatz. Die dingliche Rechtsänderung führt die Übernahmeerklärung nicht unmittelbar herbei,[15] die entsprechenden Übertragungsakte sind zusätzlich erforderlich (bei einem Grundstück zB Auflassung,[16] § 925 a gilt

[5] BGH LM Nr. 5 = NJW-RR 1986, 1132.

[6] OLG Köln FamRZ 1991, 572.

[7] BGH DNotZ 1999, 140, 141 f. = FamRZ 1998, 817, 818 gegen Vorentsch. OLG Hamm FamRZ 1997, 119.

[8] BGH LM Nr. 5 = NJW-RR 1986, 1132; = FamRZ 1986, 883 = DNotZ 1986, 637; FamRZ 1988, 813, 816 = NJW-RR 1988, 1156; RG HRR 1925 Nr. 780. BGH DNotZ 1999, 140, 141 = FamRZ 1998, 817; BGHZ 171, 24 Tz. 20 = FamRZ 2007, 625.

[9] AA – vom Standpunkt der hM, die Einbringung nur bei Begründung der Gütergemeinschaft anerkennt, konsequent – *Soergel/Gaul* RdNr. 9.

[10] OLG Hamburg OLGE 7, 405.

[11] BGH DNotZ 1999, 140 = FamRZ 1998, 817, 818; OLG Bamberg FamRZ 1983, 72.

[12] OLG Düsseldorf FamRZ 1993, 194; OLG Stuttgart FamRZ 1996, 1474; vgl. auch BGH FamRZ 1985, 903.

[13] RGZ 85, 1; OLG Hamburg OLGE 24, 78.

[14] OLG München FamRZ 1988, 1275.

[15] BayObLG JFG 3, 312; OLG Hamm FamRZ 1979, 810; OLG Stuttgart NJW 1950, 70 mit Anm. von *Boehmer.*

[16] RG DR 1944, 292.

nicht). Bis zur Übertragung steht grundsätzlich beiden Ehegatten das Recht auf Mitbesitz und Mitverwaltung hinsichtlich des betroffenen Gegenstandes zu;[17] aus den Umständen (Mißwirtschaft eines Ehegatten oder fehlende Bereitschaft, an der Bewirtschaftung mitzuwirken; Streitigkeiten zwischen den Ehegatten) kann sich aber ergeben, dass als Maßnahme „ordnungsmäßiger Verwaltung“ iS von § 1472 Abs. 3 der Alleinbesitz schon vorweg auf den übernehmenden Ehegatten zu übertragen ist.[18]

Die Ausübung des Übernahmerechts ist möglich, **solange** sich der betreffende **Gegenstand** noch **im Gesamtgut** befindet. Es wird – von den allgemeinen Einschränkungen, insbesondere der Arglist abgesehen – auch nicht durch eine vorherige Auseinandersetzungsklage des Ehegatten mit abweichendem Inhalt ausgeschlossen.[19] Betreibt der andere Ehegatte die Teilungsversteigerung (§§ 180 ff. ZVG), kann das Übernahmerecht im Wege der Drittwiderspruchsklage nach § 771 ZPO geltend gemacht werden.[20] Die Klage ist begründet, wenn der verbleibende Teil des Gesamtguts ausreicht, um die offenen Verbindlichkeiten zu beseitigen,[21] oder wenn der Ehegatte, der die Versteigerung betreibt, deshalb nicht mehr Gefahr läuft, in Anspruch genommen zu werden, weil der Ehegatte, der sein Übernahmerecht geltend macht, die Verbindlichkeit als Alleinschuldner übernommen und der Gläubiger ihn aus der Haftung entlassen hat (s. § 1475 RdNr. 3, 8). Unter diesen Voraussetzungen kann das Übernahmerecht auch schon vor der Berichtigung der Gesamtgutsverbindlichkeiten und vor der Teilung des übrigen Gesamtguts ausgeübt werden.[22] Ist diese Voraussetzung gegeben, aber noch nicht absehbar, ob der Wert des restlichen Gesamtguts den Wert der übernommenen Sache erreicht, kann der andere Ehegatte im Rahmen eines Zurückbehaltungsrechts Sicherheitsleistung bis zur Höhe des hälftigen Werts der übernommenen Sache verlangen,[23] Zahlung erst nach der vorrangigen Verrechnung nach § 1476 Abs. 2 bei der Teilung. 9

4. Ausgleichungsanspruch nach § 1478. Das Recht nach § 1477 Abs. 2 und der Anspruch auf Ausgleichung nach § 1478 stehen **nebeneinander.**[24] 10

5. Verpflichtung zum Wertersatz. Wird das Übernahmerecht ausgeübt, so schuldet der übernehmende Ehegatte Wertersatz zum Gesamtgut. Maßgebend ist der Wert zum **Zeitpunkt der Übernahmeerklärung,** nicht der zum späteren Zeitpunkt der dinglichen Übertragungsakte:[25] Der Wortlaut der Vorschrift spricht nicht gegen diese Auffassung, die dem Gedanken der Gegenseitigkeit von Übernahme und Wertersatz am besten entspricht, eine Beeinflussung des Wertes durch das Hinauszögern der dinglichen Übertragung ausschließt und die gewagte Prognose, am Wert werde sich bis zur dinglichen Übertragung voraussichtlich nichts ändern,[26] oder die sonst notwendige gesonderte spätere Auseinandersetzung über die Höhe des Wertes entbehrlich macht. Grundsätzlich entscheidet der **Verkehrswert;** § 1376 Abs. 4 ist nicht entsprechend anwendbar; zu den Einzelheiten und zur Bewertung eines landwirtschaftlichen Betriebes s. § 1478 RdNr. 9. 11

---

[17] OLG Hamm FamRZ 1979, 810; OLG Stuttgart NJW 1950, 70.

[18] OLG Hamm FamRZ 1979, 810; OLG München, Vorentsch. zu BGH LM § 1475 Nr. 1 = NJW 1985, 3066; *Boehmer* NJW 1950, 70.

[19] OLG Augsburg SeuffA 77, 3.

[20] BGH LM § 1475 Nr. 1 = NJW 1985, 3066; FamRZ 1987, 43 = DNotZ 1987, 304; vgl. BayObLGZ 1971, 293; OLG Bamberg FamRZ 1983, 72; OLG Frankfurt FamRZ 1985, 403.

[21] OLG Düsseldorf FamRZ 1993, 194; vgl. BGH FamRZ 1986, 883; FamRZ 1998, 817, 818.

[22] BGH FamRZ 1986, 883; FamRZ 1988, 926 = LM § 1476 Nr. 1; OLG Köln FamRZ 1991, 571 und 572; OLG München FamRZ 1996, 290, 291.

[23] BGHZ 171, 24 Tz. 22 = FamRZ 2007, 625; BGH FamRZ 2008, 1323 Tz. 11, 12.

[24] BGH LM Nr. 1 = NJW 1952, 1330; BGHZ 171, 24, 31 = FamRZ 2007, 625 (allgM); s. die Nachw. § 1478 Fn. 10.

[25] AA (Wert zum Zeitpunkt der dinglichen Übertragungsakte maßgebend) BGH LM § 628 ZPO Nr. 7 = FamRZ 1984, 254, 256; FamRZ 1986, 40; LM Nr. 4 = NJW-RR 1986, 1066; BGHZ 171, 24, 30 = FamRZ 2007, 625; *Bamberger/Roth/J. Mayer* RdNr. 8 mwN zu Fn. 34; wie hier OLG München, Vorentsch. zu BGH LM Nr. 4 = NJW-RR 1986, 1066; Vorentsch. zu BGH FamRZ 1986, 40.

[26] Vgl. BGH FamRZ 1986, 40, 42; OLG Karlsruhe FamRZ 1982, 286, 288.

12 Der Wertersatz muss nicht bar eingezahlt werden: die Leistung erfolgt vielmehr durch Anrechnung auf den Anteil des Ehegatten an dem Überschuss, der sich nach Hinzurechnung des Wertersatzes ergibt; dies gilt auch, wenn das Übernahmerecht schon vor der Teilung des übrigen Gesamtguts ausgeübt wird.[27]

§ 1478 Auseinandersetzung nach Scheidung

(1) Ist die Ehe geschieden, bevor die Auseinandersetzung beendet ist, so ist auf Verlangen eines Ehegatten jedem von ihnen der Wert dessen zurückzuerstatten, was er in die Gütergemeinschaft eingebracht hat; reicht hierzu der Wert des Gesamtguts nicht aus, so ist der Fehlbetrag von den Ehegatten nach dem Verhältnis des Wertes des von ihnen Eingebrachten zu tragen.

(2) Als eingebracht sind anzusehen

1. die Gegenstände, die einem Ehegatten beim Eintritt der Gütergemeinschaft gehört haben,

2. die Gegenstände, die ein Ehegatte von Todes wegen oder mit Rücksicht auf ein künftiges Erbrecht, durch Schenkung oder als Ausstattung erworben hat, es sei denn, dass der Erwerb den Umständen nach zu den Einkünften zu rechnen war,

3. die Rechte, die mit dem Tode eines Ehegatten erlöschen oder deren Erwerb durch den Tod eines Ehegatten bedingt ist.

(3) Der Wert des Eingebrachten bestimmt sich nach der Zeit der Einbringung.

Übersicht

I. Normzweck

1 Eine wichtige Abweichung von dem Grundsatz, dass der Überschuss unter den Ehegatten hälftig geteilt wird, enthält § 1478: Wird die Ehe geschieden, so kann jeder Ehegatte verlangen, dass beiden Ehegatten der Wert dessen erstattet wird, was sie in die Gütergemeinschaft eingebracht haben. Damit wird vermieden, dass sich die Ehescheidung wegen der hälftigen Teilung des gemeinschaftlichen Vermögens für den einen Ehegatten als „Geschäft", für den anderen als wirtschaftlicher Nachteil erweist.

II. Änderung durch das 1. EheRG

2 Die Vorschrift wurde durch das 1. EheRG neu gefasst. Früher stand das Recht, beiderseitige Rückerstattung des Wertes eingebrachter Gegenstände zu verlangen, nur dem Ehegatten zu, dessen Ehepartner die Scheidung allein oder überwiegend verschuldet hatte oder der schuldlos auf Verlangen des Ehepartners geschieden worden war. Nach der **Neufassung** haben dieses **Recht beide** geschiedenen **Ehegatten ohne Unterschied.**

[27] BGH FamRZ 1988, 926 = NJW-RR 1988, 1154.

III. Die Voraussetzungen des Rechts, Werterstattung zu verlangen

Nach hM[1] war § 1478 aF nur anwendbar, wenn die Gütergemeinschaft durch die Scheidung beendet wurde, nicht, wenn sie schon vorher endete (durch Aufhebungsurteil oder Ehevertrag), vor der Auseinandersetzung aber die Ehe geschieden wurde. Durch die Neufassung wurde diese Streitfrage geklärt: **§ 1478** ist stets **anwendbar, wenn** die **Ehe vor Beendigung der Auseinandersetzung geschieden** wird, unabhängig davon, wann und aus welchem Grunde die Gütergemeinschaft beendet wurde. Die Auseinandersetzung ist iS v. Abs. 1 auch dann als beendet anzusehen, wenn einzelne im Verhältnis zum auseinandergesetzten Teil unbedeutende Gegenstände noch Gesamtgut geblieben sind.[2] 3

Nicht entschieden wurde durch die Neufassung die Frage, wie sich der **Tod eines Ehegatten während** des **Scheidungsverfahrens** auswirkt. Nach hM zu § 1478 aF[3] soll § 1478 dann allgemein nicht anwendbar sein. Nachdem nach der Neufassung das Recht nach § 1478 beiden Ehegatten im Falle der Scheidung ohne weitere Voraussetzungen zusteht, sollte es dem überlebenden Ehegatten und den Erben des Verstorbenen auch dann zugebilligt werden, wenn das Scheidungsverfahren sich durch den Tod eines Ehegatten in der Hauptsache erledigt hat, sofern die Ehe auf den Antrag hin geschieden worden wäre (was nach dem neuen Scheidungsrecht regelmäßig einfacher als früher festzustellen ist, sodass keine ins Gewicht fallende Rechtsunsicherheit befürchtet werden muss). Sonst würde der Tod eines Ehegatten während des Scheidungsverfahrens zu ungerechtfertigten wirtschaftlichen Vor- und Nachteilen für seine Erben oder den überlebenden Ehegatten führen. Der Gesetzgeber sollte prüfen, ob § 1478 nicht ausgedehnt und unabhängig von der Ursache für die Beendigung der Gütergemeinschaft allgemein angewendet werden sollte. 4

Durch Vereinbarung, die abstrakt für die Zukunft getroffen eines Ehevertrages bedarf, im Zusammenhang mit der konkreten Auseinandersetzung des Gesamtguts formlos möglich ist, können die Ehegatten bestimmen, dass ihnen das Recht nach § 1478 ohne Rücksicht auf dessen **Voraussetzungen** zustehen soll.[4] 5

IV. Der Inhalt des Rechts, die Rückerstattung eingebrachter Werte zu verlangen

1. Wahlrecht. Jeder der beiden Ehegatten hat unter den Voraussetzungen des Abs. 1 unabhängig vom anderen das Wahlrecht, ob er die Rückerstattung eingebrachter Werte verlangen will oder nicht. Die Rückerstattung findet statt, wenn sie einer der beiden Ehegatten verlangt. 6

2. Eingebrachte Gegenstände. Abs. 2 enthält eine in verschiedenen Punkten wenig glückliche Definition dessen, was als eingebracht anzusehen ist: Eingebracht sind zunächst nach Abs. 2 Nr. 1 die Gegenstände, die einem Ehegatten beim Eintritt der Gütergemeinschaft gehört haben, gleichgültig, ob sie sofort bei Begründung der Gütergemeinschaft in das Gesamtgut eingebracht oder zunächst zu Vorbehaltsgut erklärt und später in Gesamtgut umgewandelt wurden. (Ging der Gütergemeinschaft der gesetzliche Güterstand voraus, so ist auch der Zugewinnausgleichsanspruch eingebracht und mindert außerdem als Schuld den Wert dessen, was der andere Ehegatte eingebracht hat,[5] mit dem wirtschaftlichen Ergebnis, dass auf Grund §§ 1476 Abs. 1, 1478 Abs. 1 der Vermögenszuwachs beider Ehegatten von der Eheschließung bis zur Auseinandersetzung ausgeglichen wird; ging Gütertrennung voraus, gelten zugunsten des Ehegatten, der Zuwendungen in das Vermögen des anderen gemacht hat – das dann Gesamtgut wurde – die allgemeinen Rechtsgrundsätze über den 7

---

1 RG SeuffA 74 Nr. 89; *Dölle* I § 80 III 1; *Staudinger/Felgentraeger* 10./11. Aufl. RdNr. 5; aA (oder jedenfalls differenzierend) *v. Tuhr* DJZ 1904, 381; *Enneccerus/Kipp/Wolff* § 66 VI 1 Fn. 22; *Gernhuber* § 38 X 9 Fn. 2; RGRK/*Scheffler* 10./11. Aufl. Anm. 13.

2 Vgl. RGZ 89, 366.

3 *Staudinger/Felgentraeger* 10./11. Aufl. RdNr. 7, 9; teilw. aA *Soergel/Gaul* RdNr. 7.

4 Vgl. RG SeuffA 74 Nr. 89; OLG München OLGE 38, 249.

5 BGH LM Nr. 5 = NJW 1990, 445 = FamRZ 1990, 256; OLG Karlsruhe FamRZ 1982, 286.

Wegfall der Geschäftsgrundlage nach § 242).[6] Die gleiche Interessenlage besteht aber auch hinsichtlich dessen, was ein Ehegatte bei Begründung der Gütergemeinschaft noch nicht besaß, sondern während der Gütergemeinschaft zu seinem Vorbehaltsgut erworben und später in das Gesamtgut eingebracht hat. Die Vorschrift ist auf diese Fälle entsprechend anwendbar (vgl. § 1477 RdNr. 4). Zum Begriff der Gegenstände, die ein Ehegatte während der Gütergemeinschaft **von Todes wegen,** mit Rücksicht auf ein **künftiges Erbrecht,** durch **Schenkung** oder als **Ausstattung** zum Gesamtgut erworben hat (Abs. 2 Nr. 2), s. zunächst § 1477 RdNr. 5 f. Kein Wertersatz findet statt, soweit der unentgeltliche Erwerb nach den Umständen zu den Einkünften zu rechnen war (vgl. dazu § 1374 RdNr. 27 f.). Nach Abs. 2 Nr. 3 kann Wertersatz außerdem für die **Rechte** verlangt werden, **die mit** dem **Tod eines Ehegatten erlöschen** oder deren Erwerb durch den Tod eines Ehegatten bedingt ist. Es sollen damit solche Gegenstände von der Wertteilung ausgenommen werden, die in einer engen persönlichen Beziehung zu einem der Ehegatten stehen, wie zB eine Leibrente. Dies trifft nicht zu, Abs. 2 Nr. 3 ist daher nicht anwendbar bei einer Lebensversicherung,[7] weil bei ihr regelmäßig der wirtschaftliche Aspekt den personalen überwiegt.

8 **3. Anspruch auf Wertersatz.** Unter den Voraussetzungen des Abs. 1 kann jeder Ehegatte Wertersatz des Eingebrachten (dh. abzüglich eingebrachter Schulden)[8] zugunsten beider Ehegatten, nicht Rückgewähr in Natur verlangen.[9] Das Übernahmerecht nach § 1477 Abs. 2 besteht jedoch neben dem Wahlrecht nach § 1478.[10] Nach § 1477 Abs. 2 ist aber der Wert zum Zeitpunkt der Übernahme, nach § 1478 Abs. 3 der Wert zum Zeitpunkt der Einbringung maßgebend. Eine Werterhöhung (entsprechendes gilt für eine Wertminderung) in der Zwischenzeit wirkt also zugunsten beider Ehegatten. Bloß nominale **Wertsteigerungen,** die auf dem Kaufkraftverlust der Währung beruhen, sind in gleicher Weise wie bei der Ermittlung des Zugewinns zu berücksichtigen.[11] Dh., dass der nominale Wert des Eingebrachten nach Abs. 3 zum Zeitpunkt der Einbringung festzustellen, ausgehend von diesem Wert unter Berücksichtigung des Kaufkraftverlustes der entsprechende nominale Wert zum Zeitpunkt der Auseinandersetzung zu ermitteln und dieser Wert dem Ausgleich nach § 1478 zugrunde zu legen ist.[12] Das gilt (selbstverständlich) auch bei eingebrachten Geldforderungen oder Geldschulden.[13]

9 Maßgebend ist regelmäßig der **Verkehrswert.** Bei **land- oder forstwirtschaftlichen Betrieben** ist § 1376 Abs. 4 über die Maßgeblichkeit des Ertragswerts nicht entsprechend anzuwenden,[14] weil – anders als bei der Zugewinngemeinschaft – beide Ehegatten grundsätzlich gleichberechtigt am Gesamthandsvermögen beteiligt sind, das bei der Auseinandersetzung grundsätzlich zur Hälfte geteilt wird, und auch bei der fortgesetzten Gütergemeinschaft das Recht zur Übernahme eines Landguts durch den überlebenden Ehegatten zum

---

[6] BGH FamRZ 1987, 43 = DNotZ 1987, 304.

[7] *Bamberger/Roth/J. Mayer* RdNr. 4 mN in Fn. 29; aA *Erman/Gamillscheg* RdNr. 4; *Palandt/Brudermüller* RdNr. 4; *Staudinger/Thiele* (2007) RdNr. 17; soweit der Anspruch auf die Lebensversicherungssumme einem bezugsberechtigten Dritten nicht mehr entzogen werden kann, gehört die Anwartschaft gar nicht zum Gesamtgut.

[8] OLG Stettin HRR 1936, 1505.

[9] RG SeuffA 77, 2.

[10] BGH NJW 1952, 1330 = LM § 1477 Nr. 1; BGHZ 84, 333 = NJW 1982, 2373; BGH LM § 1477 Nr. 5 = NJW-RR 1986, 1132; OLG Augsburg SeuffA 77, 3.

[11] Grundlegend zum Zugewinnausgleich BGHZ 61, 385 = NJW 1974, 137, vgl. § 1373 RdNr. 6 ff.; zu § 1478 BGHZ 84, 333 = NJW 1982, 2373; BGH LM Nr. 5 = NJW 1990, 445 = FamRZ 1990, 256; ebenso *Stumpp* Rpfleger 1979, 441; *Gernhuber* § 38 X 9; *Soergel/Gaul* RdNr. 7; aA *Bölling* FamRZ 1982, 234.

[12] Vgl. *Staudinger/Thiele* (2007) RdNr. 9 mwN. Dass § 1478 Abs. 3 trotz Kenntnis des Gesetzgebers von diesem Problem unverändert übernommen wurde, steht dem nicht entgegen. Darin kann keine Entscheidung des Gesetzgebers für ein Außerachtlassen des unechten Wertzuwachses gesehen werden, weil ihm die zu §§ 1373, 1376 trotz entsprechender Formulierung gesuchten Lösungen bekannt waren.

[13] BGH LM Nr. 5 = NJW 1990, 445 = FamRZ 1990, 256.

[14] ÜberwM, BGH LM § 1477 Nr. 4 = NJW-RR 1986, 1066; *Bölling* FamRZ 1980, 755; AK-BGB/*Fieseler* §§ 1471–1482 RdNr. 2; *Soergel/Gaul* § 1477 RdNr. 10; *Staudinger/Thiele* (2007) RdNr. 9; aA *Stumpp* Rpfleger 1979, 442.

Ertragswert nach § 1515 Abs. 3 eine entsprechende Verfügung von Todes wegen des erstverstorbenen Ehegatten voraussetzt.[15] Gehört ein **Unternehmen** zum Gesamtgut, ist der Betriebsfortsetzungswert maßgebend, wenn das Unternehmen fortgeführt wird.[16] Liegt dieser – ausnahmsweise – unter dem Liquidationswert, weil das Unternehmen keine oder nur geringe Erträge abwirft und in Zukunft voraussichtlich abwerfen wird, ist bei Weiterführung des Betriebs trotzdem nicht vom Liquidationswert auszugehen, sondern dieser ist auf Grund des Ertragswerts nach unten zu korrigieren.[17] Etwas anderes gilt nur, wenn ein unrentables, liquidationsreifes Unternehmen aus wirtschaftlich nicht vertretbaren Gründen weitergeführt wird.[18] Muß (oder soll) liquidiert werden und ist deshalb der Liquidationswert maßgebend, sind die durch die Liquidation ausgelösten Kosten und Steuern zu berücksichtigen.[19] Vgl. zur Bewertung im Übrigen § 1376 RdNr. 8 f.

4. Unzureichendes Gesamtgut. Ergibt sich, dass der Wert des Gesamtguts nach Be- 10
richtigung der Verbindlichkeiten geringer ist als die Summe dessen, was den Ehegatten als Wertersatz zusteht, so ist die Differenz nach dem Verhältnis des ihnen zustehenden Wertersatzes zu tragen (Abs. 1 aE; anders § 1478 aF: Danach war der Fehlbetrag je zur Hälfte zu tragen; die Neuregelung ist für den Ehegatten günstiger, der weniger eingebracht hat).[20] Dass ein Ehegatte das Gesamtgut allein erhält, ist danach nur noch möglich, wenn der Wert des von ihm Eingebrachten den Wert des Gesamtguts übersteigt und der andere Ehegatte nichts eingebracht hat.

V. Das Wahlrecht, Werterstattung zu verlangen

Das Wahlrecht ist ein **Gestaltungsrecht** wie das Übernahmerecht nach § 1477 Abs. 2. 11
Es wird ebenfalls durch einseitige, empfangsbedürftige Willenserklärungen gegenüber dem anderen Ehegatten (bzw. dessen Erben) ausgeübt. Einmal wirksam geworden (vgl. § 130 Abs. 1) ist die Erklärung einseitig nicht widerruflich.[21] Die Erklärung kann aber unter einer Bedingung abgegeben werden. Die Ausübung des Wahlrechts ist möglich, solange die Auseinandersetzung noch nicht beendet ist. Sie wird – von den allgemeinen Einschränkungen, insbesondere der Arglist abgesehen – auch nicht durch eine vorherige Auseinandersetzungsklage des Ehegatten mit abweichendem Inhalt ausgeschlossen.[22]

Einmal entstanden, ist das Wahlrecht **vererblich,** aber **nicht übertragbar** (auch insoweit 12
gilt § 1419 Abs. 1).

Geltend gemacht werden kann der Anspruch auf Wertersatz im (Scheidungs-) **Verbund-** 13
verfahren, also nicht erst (wie es der Wortlaut des Gesetzes nahelegt) in einem gesonderten Verfahren nach rechtskräftiger Scheidung.[23]

VI. Abweichende Vereinbarungen

Seit der Neufassung durch das 1. EheRG ist § 1478 nicht mehr Schutzvorschrift zuguns- 14
ten des schuldlos Geschiedenen; das Recht, Wertersatz zu verlangen, steht jetzt beiden

---

[15] Vgl. BGH LM § 1477 Nr. 4 = NJW-RR 1986, 1066; *Bölling* FamRZ 1980, 755 mit ausführlicher Begründung.

[16] Dazu *Schröder/Bergschneider/Klüber* RdNr. 4.715.

[17] BGH § 2311 Nr. 10 = NJW 1973, 509; NJW 1983, 2373; LM § 1477 Nr. 4 = NJW-RR 1986, 1066; vgl. *Schröder/Bergschneider/Klüber* RdNr. 4.708 ff.

[18] BGH LM § 2311 Nr. 10 = NJW 1973, 509.

[19] Vgl. BGH LM § 2311 Nr. 7 = NJW 1972, 1269; LM § 2311 Nr. 14 = NJW 1982, 2497; LM § 1477 Nr. 4 = NJW-RR 1986, 1066.

[20] Beispiel: Wert des Gesamtguts 20 000 DM, Einbringung der Ehefrau 18 000 DM, des Ehemannes 6000 DM; Fehlbetrag 4000 DM; zu tragen im Verhältnis 18 000 DM: 6000 DM = 3000 DM und 1000 DM; danach erhalten die Ehefrau 15 000 DM, der Ehemann 5000 DM; vgl. *Behmer* MittBayNot 1989, 7.

[21] OLG Posen Recht 1906 Nr. 3306.

[22] OLG Hamburg OLGE 6, 280.

[23] BGHZ 84, 333 = NJW 1982, 2373 mit Anm. von *Lang*; vgl. OLG Karlsruhe FamRZ 1982, 286; aA RGRK/*Finke* RdNr. 4.

Ehegatten in gleicher Weise zu. Die zu § 1478 aF vertretene Auffassung, eine (abstrakte) Abdingung der Vorschrift durch Ehevertrag sei regelmäßig nichtig, weil sittenwidrig,[24] gilt deshalb nicht mehr. Abweichende Vereinbarungen (einschließlich der Abdingung der Vorschrift) sind vielmehr – im Rahmen der allgemeinen gesetzlichen Schranken – **zulässig.**[25] Den Ehegatten, die die Vorschrift durch Ehevertrag abdingen, sind die Rechtsfolgen bekannt: Jede Einbringung in das Gesamtgut – gleichgültig ob vom Ehegatten selbst vorgenommen oder von Dritten zB durch Erbschaft erlangt – würde im Falle der Scheidung auch dem anderen Ehegatten zugute kommen. Gegen eine solche Vereinbarung bestehen grundsätzlich keine rechtlichen Bedenken. Die **Abdingung des § 1478 ist nur ausnahmsweise,** unter den allgemeinen, strengen Voraussetzungen **sittenwidrig.**[26]

15 **Für** eine **konkrete Auseinandersetzung** kann § 1478 ohne Zweifel (formlos) **modifiziert** oder abbedungen werden.[27] Da das Wahlrecht Gestaltungsrecht ist, ist auch ein **einseitiger Verzicht** möglich und wirksam.[28]

§ 1479 Auseinandersetzung nach richterlicher Aufhebungsentscheidung

Wird die Gütergemeinschaft auf Grund der §§ 1447, 1448 oder des § 1469 durch richterliche Entscheidung aufgehoben, so kann der Ehegatte, der die richterliche Entscheidung erwirkt hat, verlangen, dass die Auseinandersetzung so erfolgt, wie wenn der Anspruch auf Auseinandersetzung in dem Zeitpunkt rechtshängig geworden wäre, in dem die Klage auf Aufhebung der Gütergemeinschaft erhoben ist.

I. Normzweck

1 Hat ein Ehegatte die Aufhebungsklage erhoben und ergeht später die richterliche Entscheidung, so braucht er sich im Verhältnis der Ehegatten untereinander an nachteiligen Veränderungen des Gesamtguts, die nach Klageerhebung eingetreten sind, nicht mehr zu beteiligen, aber auch Mehrungen seines eigenen Vermögens nicht mehr mit dem anderen Ehegatten zu teilen: Er kann verlangen, dass die Auseinandersetzung so durchgeführt wird, wie wenn sein Auseinandersetzungsanspruch bei Erhebung der Aufhebungsklage rechtshängig geworden wäre. Damit soll der klagende Ehegatte vor Maßnahmen des anderen Ehegatten, die das Gesamtgut vermindern, und vor einer möglichen Manipulation der Prozessdauer des Aufhebungsrechtsstreits geschützt werden, die sonst das Ziel haben könnte, die Auseinandersetzungsmasse zu beeinflussen.[1]

II. Das Wahlrecht des klagenden Ehegatten

2 Nach §§ 1449 Abs. 1, 1470 Abs. 1 wird die Gütergemeinschaft erst mit der **Rechtskraft der Aufhebungsentscheidung** beendet. Dieser Zeitpunkt ist daher grundsätzlich auch für die Auseinandersetzung maßgebend. Der Ehegatte, auf dessen Klage die Aufhebungsentscheidung erging, hat aber das **Recht,** statt dessen Auseinandersetzung unter Zugrundelegung der Verhältnisse zum Zeitpunkt der **Klageerhebung** zu verlangen. (Erging die Aufhebungsentscheidung auf Widerklage, ist der Zeitpunkt der Erhebung der Widerklage maßgebend).[2]

---

[24] *Soergel/Gaul* 10. Aufl. RdNr. 8; *Staudinger/Felgentraeger* 10./11. Aufl. RdNr. 29.

[25] *Soergel/Gaul* RdNr. 12; *Staudinger/Thiele* (2007) RdNr. 23; zu solchen Vereinbarungen s. *Bölling* FamRZ 1980, 754; *Stumpp* Rpfleger 1979, 441.

[26] AA RGRK/*Finke* RdNr. 16.

[27] AllgM; s. RGRK/*Finke* RdNr. 16; *Soergel/Gaul* RdNr. 12.

[28] Vgl. *Staudinger/Thiele* (2007) RdNr. 23.

[1] Vgl. Mot. IV S. 302, 415; *Heckelmann* FamRZ 1968, 59, 60, 65.

[2] Vgl. aber *Heckelmann* FamRZ 1968, 59, 65.

Das Wahlrecht besteht auch dann, wenn die Gütergemeinschaft vor Rechtskraft der Aufhebungsentscheidung, aber **nach Klageerhebung** durch **Scheidung oder Tod** endet, sofern die Klage erfolgreich gewesen wäre.[3] 3

Wird das Verlangen gestellt, so beeinflusst dies nur die **Rechtsverhältnisse der Ehegatten untereinander,** nicht gegenüber Dritten.[4] Auch im Verhältnis der Ehegatten untereinander hat die aus der Ausübung des Wahlrechts folgende Zurückverlegung des Auseinandersetzungszeitpunkts **keine dingliche Wirkung.**[5] In der Zwischenzeit vorgenommene Rechtshandlungen wirken für das Gesamtgut (mit Wirkung gegenüber Dritten und im Verhältnis der Ehegatten) bis zur Rechtskraft der Aufhebungentscheidung nach den allgemeinen Rechtsgrundsätzen der nicht beendeten Gütergemeinschaft. Die Ehegatten untereinander sind sich jedoch **verpflichtet,** die **Auseinandersetzung unter Zugrundelegung des früheren Zeitpunkts durchzuführen.** Im Innenverhältnis ist also nur das als Gesamtgut zu behandeln, was zu diesem Zeitpunkt Gesamtgut war oder nach § 1473 auch nach Beendigung der Gütergemeinschaft Gesamtgut geworden wäre, die anderen Gegenstände sind dem Erwerber unmittelbar zuzurechnen.[6] Das Gleiche gilt für Gesamtgutsverbindlichkeiten. Zur Auseinandersetzung bedarf es auch hinsichtlich der Gesamtgutsgegenstände, die seit Klageerhebung erworben worden sind, der Übertragungsakte nach den allgemeinen Grundsätzen.[7] 4

III. Rechtsnatur und Ausübung des Wahlrechts

Für das Wahlrecht selbst, seine Ausübung usw. gilt das Gleiche wie für das Wahlrecht nach § 1478. Vgl. § 1478 RdNr. 11 f. 5

IV. Abweichende Vereinbarungen

Wie das Recht auf Aufhebungsklage zwingendes Schutzrecht zugunsten der Ehegatten ist (vgl. § 1447 RdNr. 20), kann auch die Wahlmöglichkeit des § 1479 als Folge des Rechts zur Aufhebungsklage im Voraus durch Ehevertrag nicht eingeschränkt werden.[8] Vereinbarungen über den Zeitpunkt, der für die Auseinandersetzung maßgebend sein soll, und auch ein einseitiger Verzicht auf das Wahlrecht sind aber (formlos) zu einem **konkreten Aufhebungsrechtsstreit** möglich, auch wenn das Aufhebungsurteil noch nicht ergangen oder jedenfalls noch nicht rechtskräftig ist.[9] 6

§ 1480 Haftung nach der Teilung gegenüber Dritten

[1] Wird das Gesamtgut geteilt, bevor eine Gesamtgutsverbindlichkeit berichtigt ist, so haftet dem Gläubiger auch der Ehegatte persönlich als Gesamtschuldner, für den zur Zeit der Teilung eine solche Haftung nicht besteht. [2] Seine Haftung beschränkt sich auf die ihm zugeteilten Gegenstände; die für die Haftung des Erben geltenden Vorschriften der §§ 1990, 1991 sind entsprechend anzuwenden.

---

[3] *Heckelmann* FamRZ 1968, 59, 67, 68; *ders.* in *Erman,* 11. Aufl., RdNr. 2; *Erman/Gamillscheg* RdNr. 1; RGRK/*Finke* RdNr. 2; *Soergel/Gaul* RdNr. 5; *Staudinger/Thiele* (2007) RdNr. 3; *Wittich* S. 28.

[4] AllgM; *Erman/Gamillscheg* RdNr. 1; *Palandt/Brudermüller* RdNr. 1; *Soergel/Gaul* RdNr. 3; *Staudinger/Thiele* (2007) RdNr. 6.

[5] AA *Erman/Gamillscheg* RdNr. 1; *Soergel/Gaul* RdNr. 3; wie hier *Staudinger/Thiele* (2007) RdNr. 6 mwN.

[6] Vgl. OLG Königsberg HRR 1938 Nr. 1113.

[7] *Gernhuber/Coester-Waltjen* § 38 RdNr. 146; *Staudinger/Thiele* (2007) RdNr. 6; *Bamberger/Roth/J. Mayer* RdNr. 2; aA wegen der Fiktion der Rückwirkung im Verhältnis der Ehegatten untereinander *Erman/Heckelmann,* 11. Aufl., RdNr. 2; *Erman/Gamillscheg* RdNr. 1; RGRK/*Finke* RdNr. 4; *Soergel/Gaul* RdNr. 3; vgl. auch OLG Königsberg HRR 1938 Nr. 1113.

[8] HM; aA *Heckelmann* FamRZ 1968, 59, 69; *Staudinger/Thiele* (2007) RdNr. 7.

[9] AA *Soergel/Gaul* RdNr. 6, die Vereinbarung oder Verzicht erst nach Entstehung des Wahlrechts zulassen.

I. Normzweck

1 Wird das Gesamtgut vor Berichtigung einer Gesamtgutsverbindlichkeit geteilt, so würde der Gläubiger benachteiligt, soweit ein Ehegatte, der ihm nicht persönlich haftet, Gegenstände aus dem Gesamtgut erhält. Denn auf diese Gegenstände könnte er nicht mehr zugreifen. Deshalb haftet nach § 1480 bei Gesamtgutsteilung vor Schuldenberichtigung auch der Ehegatte für eine Verbindlichkeit als Gesamtschuldner, den zuvor keine persönliche Haftung traf. Diese Haftung beschränkt sich auf das, was er aus dem Gesamtgut erlangt hat.

II. Voraussetzungen für den Eintritt der persönlichen Haftung

2 Voraussetzung für das Eintreten der persönlichen Haftung nach § 1480 ist die **Teilung des Gesamtguts vor Berichtigung der Verbindlichkeit.** Aus welchem Grund die Verbindlichkeit nicht berichtigt wurde, ist unerheblich.[1]

3 Die **Teilung** erfolgt durch die Überführung von Gegenständen aus dem Gesamtgut in das Eigentum eines oder auch das Miteigentum beider Ehegatten.[2] Dass beide Ehegatten etwas erlangen, ist nicht erforderlich. Auch wenn die Gesamtgutsgegenstände nur auf einen Ehegatten übertragen werden, wird damit das Gesamtgut geteilt.[3] Der andere Ehegatte haftet dann freilich nicht, weil er nichts aus dem Gesamtgut erlangt hat; s. im folgenden RdNr. 5.

4 Ob „das **Gesamtgut**" als solches iSv. § 1480 **geteilt** ist, ist Tatfrage und nicht nur unter Berücksichtigung des verbliebenen Restes im Verhältnis zum gesamten früheren Gesamtgut,[4] sondern vor allem auch unter Berücksichtigung des Umfangs der betreffenden Verbindlichkeit zu beurteilen. Das Gesamtgut ist dann geteilt, wenn die Gefahr besteht, dass der Gläubiger aus dem verbliebenen Rest keine vollständige Befriedigung erlangen wird, und durch Teilungsmaßnahmen Gegenstände seinem Zugriff entzogen worden sind, die weder im Verhältnis zum Gesamtbestand des Gesamtguts noch zum Umfang seines Anspruchs von ganz untergeordneter Bedeutung sind.[5] Deshalb ist das Gesamtgut im Verhältnis zu einem Gläubiger nicht geteilt, solange das zur Berichtigung seines Anspruchs Erforderliche zurückgehalten ist (vgl. § 1475 Abs. 1 S. 2).

5 Voraussetzung des Eintretens der persönlichen Haftung eines Ehegatten nach § 1480 ist zuletzt, dass er **etwas aus** dem **Gesamtgut erlangt.** Hat er überhaupt nichts erhalten, so haftet er auch nicht. Seine Verurteilung unter Vorbehalt der beschränkten Haftung mit dem, was er aus dem Gesamtgut erlangt hat, kommt nicht in Frage.[6] Hat er dagegen etwas aus dem Gesamtgut erlangt, so kann er seine persönliche Haftung durch dessen Aufgabe, aber auch (soweit rechtlich überhaupt möglich) durch dessen Rückgabe an das Gesamtgut nicht mehr beseitigen.[7]

6 Liegen die vorstehenden Voraussetzungen vor, so kann der betreffende Ehegatte gegen eine persönliche Inanspruchnahme **nicht einwenden,** dass er einen Betrag zur Berichtigung von Gesamtgutsverbindlichkeiten aus seinem eigenen Vermögen zur Verfügung gestellt habe, der über den Wert des aus dem Gesamtgut Erlangten hinausgehe. Weder vorheriger noch nachträglicher **Wertersatz** zum Gesamtgut können die Haftung beseitigen.

III. Eintritt der persönlichen Haftung

7 Ein Ehegatte haftet für eine Gesamtgutsverbindlichkeit nach Beendigung der Gütergemeinschaft dann nicht persönlich, wenn von vorneherein eine solche Haftung nicht bestanden hat (etwa für den nichtverwaltenden Ehegatten bei Gesamtgutsverbindlichkeiten,

---

1 RG Recht 1928 Nr. 1883, 2108.
2 RGZ 75, 295, 296; 89, 366; RG JW 1917, 102.
3 RGZ 75, 295, 296.
4 Vgl. RGZ 89, 366; RG JW 1917, 102.
5 Vgl. RGZ 89, 366.
6 RGZ 75, 295, 297; RGZ 89, 366.
7 Vgl. RGZ 89, 366, 367.

die nicht in seiner Person begründet wurden – vgl. § 1437 Abs. 2 S. 1 –, aber auch, wenn die persönliche Haftung durch Vereinbarung mit dem Gläubiger ausgeschlossen wurde) oder wenn seine persönliche Haftung mit Beendigung der Gütergemeinschaft nach § 1437 Abs. 2 S. 2 bzw. § 1459 Abs. 2 S. 2 endete. Bei Teilung des Gesamtguts vor Berichtigung der Gesamtgutsverbindlichkeit wird dann die persönliche Haftung des Ehegatten neu begründet bzw. lebt wieder auf.

IV. Umfang der Haftung

Die persönliche Haftung, die nach § 1480 entstanden ist, (nicht also die persönliche Haftung aus anderem Grunde) **beschränkt** sich **gegenständlich** auf das, was der Ehegatte aus dem Gesamtgut erhalten hat (§ 1480 S. 2). Die §§ 1990, 1991 sind entsprechend anwendbar, dh. der Ehegatte kann die Befriedigung des Gläubigers insoweit verweigern, als das aus dem Gesamtgut Erlangte hierzu nicht ausreicht; er muss dann das Erlangte aber herausgeben.[8] 8

Die **Beschränkung** seiner Haftung muss sich der Ehegatte **im Urteil vorbehalten lassen,** um sie in der Zwangsvollstreckung geltend machen zu können (vgl. §§ 786, 780 Abs. 1 ZPO). Zur Zwangsvollstreckung in sein persönliches Vermögen, und dazu gehören auch die Gesamtgutsgegenstände, soweit sie auf ihn übergegangen sind, ist nach den allgemeinen Regeln ein Leistungstitel gegen den betreffenden Ehegatten persönlich erforderlich (§ 750 Abs. 1 ZPO).[9] 9

V. Möglichkeit der Gläubigeranfechtung

Die Möglichkeit der Gläubigeranfechtung nach §§ 3 ff. AnfG gegenüber Rechtshandlungen bei der Gesamtgutsauseinandersetzung besteht über die Möglichkeit der persönlichen Inanspruchnahme eines Ehegatten nach § 1480 hinaus.[10] Wegen § 2 AnfG geht die persönliche Inanspruchnahme nach § 1480 vor, solange sie Erfolg verspricht. 10

VI. Ausgleich der Ehegatten im Innenverhältnis

Hinsichtlich des Ausgleichs der Ehegatten im Innenverhältnis tritt **§ 1481** an die Stelle der allgemeinen Regelung des § 426, soweit die Ehegatten – wie regelmäßig – gesamtschuldnerisch haften. 11

VII. Abweichende Vereinbarungen

Als Vorschrift zum Schutz der Gläubiger ist § 1480 zwingend,[11] kann durch Ehevertrag also nicht eingeschränkt werden. Seine Abdingung kann dagegen jederzeit mit dem Gläubiger einer Verbindlichkeit vereinbart werden. Wurde durch Vereinbarung mit dem Gläubiger während der Gütergemeinschaft die persönliche Haftung eines Ehegatten ausgeschlossen, so liegt hierin im Zweifel nicht auch der Ausschluss der persönlichen Haftung nach § 1480. 12

§ 1481 Haftung der Ehegatten untereinander

(1) Wird das Gesamtgut geteilt, bevor eine Gesamtgutsverbindlichkeit berichtigt ist, die im Verhältnis der Ehegatten zueinander dem Gesamtgut zur Last fällt, so hat der Ehegatte, der das Gesamtgut während der Gütergemeinschaft allein verwaltet hat, dem anderen Ehegatten dafür einzustehen, dass dieser weder über die

---

[8] S. RGZ 137, 53, 55; zur Unanwendbarkeit der Vorschriften über die Inventarerrichtung vgl. RGZ 79, 345, 355.

[9] Vgl. RGZ 68, 426.

[10] Vgl. RG Gruchot 48, 958; 50, 382.

[11] Wie hier *Erman/Gamillscheg* RdNr. 1: Nach Voranfrage wäre die Abdingung sittenwidrig.

Hälfte der Verbindlichkeit noch über das aus dem Gesamtgut Erlangte hinaus in Anspruch genommen wird.

(2) Haben die Ehegatten das Gesamtgut während der Gütergemeinschaft gemeinschaftlich verwaltet, so hat jeder Ehegatte dem anderen dafür einzustehen, dass dieser von dem Gläubiger nicht über die Hälfte der Verbindlichkeit hinaus in Anspruch genommen wird.

(3) Fällt die Verbindlichkeit im Verhältnis der Ehegatten zueinander einem der Ehegatten zur Last, so hat dieser dem anderen dafür einzustehen, dass der andere Ehegatte von dem Gläubiger nicht in Anspruch genommen wird.

I. Normzweck

1 Die Vorschrift **regelt** – unter teilweiser Abweichung von § 426 – **in welchem Verhältnis** die **Ehegatten untereinander Gesamtgutsverbindlichkeiten letztlich zu tragen** haben, für die ein Ehegatte in Anspruch genommen wird: Fallen diese Verbindlichkeiten im Innenverhältnis nicht dem Gesamtgut, sondern einem der Ehegatten zur Last, hat er sie im Innenverhältnis allein zu übernehmen (Abs. 3). Ist die Gesamtgutsverbindlichkeit auch Gesamtgutslast, so haben sie grundsätzlich beide Ehegatten letztlich je zur Hälfte zu begleichen (Abs. 1, 2). Bei der bisherigen Einzelverwaltung des Gesamtguts gilt jedoch eine Einschränkung: Der bisherige Gesamtgutsverwalter ist für die Verwaltung und damit für den Bestand des Gesamtguts verantwortlich. Deshalb hat er dem anderen Ehegatten zusätzlich dafür einzustehen, dass dieser nicht über das hinaus in Anspruch genommen wird, was er aus dem Gesamtgut erlangt hat (Abs. 1).

II. Der Inhalt der gegenseitigen Freistellungsansprüche der Ehegatten

2 Jeder Ehegatte hat dem anderen jeweils dafür einzustehen, dass dieser wegen einer Verbindlichkeit nicht über ein bestimmtes Maß hinaus in Anspruch genommen wird. Dies bedeutet, dass der in Anspruch genommene Ehegatte vom anderen Begleichung der Verbindlichkeit im vorgeschriebenen Umfang und, falls er die Verbindlichkeit bereits beglichen hat, Ersatz in diesem Umfang verlangen kann. Ein Übergang der Forderung des Gläubigers auf den Ehegatten, der ihn befriedigt, ist anders als in § 426 Abs. 2 nicht vorgesehen. Den anderen Ehegatten trifft vor Fälligkeit der betreffenden Verbindlichkeit keine Verpflichtung, etwa zur Sicherheitsleistung. Vorläufige Sicherungsmaßnahmen (Arrest, einstweilige Verfügung) sind jedoch nach den allgemeinen Grundsätzen möglich.

III. Die einzelnen Tatbestände des Freistellungsanspruchs

3 Seinem Wortlaut – und seiner Stellung im Gesetz – nach regelt § 1481 nur den Ausgleich im Innenverhältnis bei **Inanspruchnahme** eines Ehegatten **nach Teilung** des Gesamtguts ohne vorherige Berichtigung von Gesamtgutsverbindlichkeiten. Die Interessenlage ist aber dieselbe und die Vorschrift ist deshalb in gleicher Weise anzuwenden, wenn ein Ehegatte **vor Teilung** des Gesamtguts auf Grund seiner persönlichen Haftung **in Anspruch genommen** wird und sein Ersatzanspruch gegen das Gesamtgut wegen dessen Unzulänglichkeit nicht erfüllt wird oder wenn die Teilung des Gesamtguts wegen dessen Erschöpfung ganz unterbleibt und die Gläubiger nun die Ehegatten auf Grund ihrer persönlichen Haftung in Anspruch nehmen[1] (vgl. zur Befriedigung der Gläubiger bei Unzulänglichkeit des Gesamtguts § 1475 RdNr. 4).

4 Wird der **nichtverwaltende Ehegatte** wegen einer Gesamtgutslast **in Anspruch genommen** (Abs. 1), so hat ihn der Gesamtgutsverwalter nicht nur von der Hälfte der Verbindlichkeit freizustellen, sondern zusätzlich dafür einzustehen, dass er nicht über das hinaus in Anspruch genommen wird, was er aus dem Gesamtgut erlangt hat. (Da jeder Ehegatte

[1] Aber nur dann, vgl. OLG Zweibrücken FamRZ 1992, 821.

nach § 1480 auch im Außenverhältnis gegenüber dem Gläubiger nur beschränkt mit dem aus dem Gesamtgut Erlangten haftet, ist diese Bestimmung für die Fälle bedeutsam, in denen der Ehegatte nicht auf Grund § 1480, sondern auf Grund seiner unabhängig davon bestehenden persönlichen Haftung in Anspruch genommen wird). Unerheblich ist, ob das, was der andere Ehegatte aus dem Gesamtgut erlangt hat, noch vorhanden ist. Im wirtschaftlichen Ergebnis bedeutet dies, dass der Gesamtgutsverwalter, da für den Bestand des Gesamtguts verantwortlich, im Innenverhältnis Gesamtgutslasten allein tragen muss, soweit zu ihrer Berichtigung das Gesamtgut nicht ausreicht.

Obwohl nicht ausdrücklich niedergelegt, ist Abs. 1 umgekehrt zu entnehmen, dass der frühere **Gesamtgutsverwalter,** der für eine Gesamtgutslast persönlich **in Anspruch genommen** wird, vom anderen Ehegatten Freistellung zur Hälfte, aber nur bis zur Grenze dessen verlangen kann, was der andere Ehegatte aus dem Gesamtgut erhalten hat.[2] 5

Bei früher **gemeinschaftlicher Gesamtgutsverwaltung** können die Ehegatten voneinander jeweils Freistellung zur Hälfte verlangen (Abs. 2). 6

Für **Verbindlichkeiten, die ein Ehegatte** nach den §§ 1444 bzw. §§ 1463 bis 1466 oder nach Vereinbarung der Ehegatten im Innenverhältnis **allein zu tragen hat,** endet die persönliche Haftung des anderen Ehegatten – soweit sie überhaupt bestanden hat – grundsätzlich mit Beendigung der Gütergemeinschaft nach § 1437 Abs. 2 S. 2 bzw. § 1459 Abs. 2 S. 2 Wird der andere Ehegatte dennoch wegen einer solchen Verbindlichkeit persönlich in Anspruch genommen, weil er auf Grund Vereinbarung mit dem Gläubiger oder auf Grund § 1480 persönlich haftet, so hat er nach Abs. 3 Anspruch auf volle Freistellung gegenüber seinem Ehegatten. 7

§ 1482 Eheauflösung durch Tod

[1] Wird die Ehe durch den Tod eines Ehegatten aufgelöst, so gehört der Anteil des verstorbenen Ehegatten am Gesamtgut zum Nachlass. [2] Der verstorbene Ehegatte wird nach den allgemeinen Vorschriften beerbt.

I. Normzweck

Die Vorschrift enthält im Grunde eine bloße Klarstellung. Auch ohne die ausdrückliche Regelung des § 1482 würde gelten: Wird die Gütergemeinschaft durch den Tod eines Ehegatten beendet, so fällt dessen Anteil am Gesamtgut in den Nachlass. Für seine Beerbung gilt hinsichtlich des Gesamtgutsanteils nichts besonderes, es gelten vielmehr die allgemeinen erbrechtlichen Regeln. 1

II. Beendigung oder Fortsetzung der Gütergemeinschaft bei Versterben eines Ehegatten

Während bis zum Inkrafttreten des GleichberG am 1. 7. 1958 die Gütergemeinschaft beim Versterben eines Ehegatten mit den gemeinschaftlichen Abkömmlingen fortgesetzt wurde, wenn die Fortsetzung der Gütergemeinschaft nicht ausdrücklich ausgeschlossen war (was freilich regelmäßig geschah), tritt beim Tode eines Ehegatten die **fortgesetzte Gütergemeinschaft** jetzt **nur** noch ein, **wenn** die **Ehegatten dies ausdrücklich vereinbart** haben. Im Einzelnen und zur Übergangsregelung s. Vor § 1483 RdNr. 2. 2

III. Erbfolge in den Anteil an der beendeten Gütergemeinschaft

Sonst gilt die Regel des § 1482: Die Gütergemeinschaft wird durch den Tod eines Ehegatten beendet. Sein **Gesamtgutsanteil fällt in** den **Nachlass** und wird nach den allgemeinen Regelungen vererbt wie sein Vorbehalts- und Sondergut. Der überlebende Ehegatte 3

[2] Vgl. *Staudinger/Thiele* (2007) RdNr. 9.

und der Erbe des Verstorbenen – bei mehreren Erben die Miterbengemeinschaft – bilden die Auseinandersetzungsgemeinschaft. Sie setzen sich nach den §§ 1471 ff. über das Gesamtgut auseinander (zu den Besonderheiten der sich überlagernden Gesamthandsgemeinschaften bei Übergang des Anteils des Verstorbenen auf mehrere Miterben s. § 1471 RdNr. 11 f.).

IV. Alleinige Beerbung des verstorbenen durch den überlebenden Ehegatten

4 Wird der verstorbene durch den überlebenden Ehegatten allein beerbt, so gehen alle Gesamtgutsgegenstände auf den überlebenden Ehegatten kraft Gesetzes allein über, ohne dass es einzelner Übertragungshandlungen bedürfte, weil der überlebende Ehegatte alle Anteile an der Gesamthandsgemeinschaft in seiner Hand vereinigt, die damit in sich zusammenfällt.[1] Ist dem überlebenden Ehegatten der Anteil am Gesamtgut als Vermächtnis oder Vorausvermächtnis zugewandt, so sind die einzelnen Übertragungshandlungen dagegen erforderlich, weil die Erfüllung des Vermächtnisses durch Übertragung des Gesamtgutsanteils von dem Erben auf den überlebenden Ehegatten wegen §§ 1471 Abs. 2, 1419 Abs. 2, nicht möglich ist. Ein solches Vermächtnis ist deshalb dahin auszulegen, dass dem überlebenden Ehegatten sämtliche Gegenstände des Gesamtguts zu übertragen sind.

V. Vor- und Nacherbfolge nach dem Tode des verstorbenen Ehegatten

5 Ist der überlebende Ehegatte (befreiter) Vorerbe des erstverstorbenen geworden, fällt die Gesamthandsgemeinschaft nicht von selbst, sondern nur durch ihre Auseinandersetzung weg.[2] Außerordentlich umstr. ist, in welcher Weise sich die dem Vorerben nach §§ 2113 ff. auferlegten Beschränkungen und die Rechte des Nacherben nach §§ 2116 ff. auswirken, wenn der überlebende Ehegatte nur Vorerbe des verstorbenen geworden ist, andere Personen zu Nacherben berufen sind. Denn Nachlassgegenstand ist bis zur Gesamtgutsauseinandersetzung der Anteil des verstorbenen Ehegatten am Gesamtgut, es sind dies nicht die einzelnen Gesamtgutsgegenstände, auf die sich die §§ 2113 ff. beziehen könnten. Der **Schutz des Nacherben verlangt** aber, **dass die §§ 2113 ff.** in gleicher Weise zur **Anwendung** gelangen. Dabei kann dahinstehen, wie allgemein bei anderen Gesamthandsgemeinschaften (in erster Linie Gesellschaften) der Interessenkonflikt zwischen dem Vorerben und vor allem den anderen Gesamthändern einerseits, dem Nacherben andererseits zu lösen ist (hier könnten die Interessen der anderen Gesamthänder und der Verkehrsschutz eher den Vorrang verdienen). Bei der kleinsten und engsten, nur aus zwei Personen bestehenden Gesamthandsgemeinschaft, der Gütergemeinschaft, sollten zum Schutz des Nacherben die §§ 2113 ff. auf die einzelnen Teile des Gesamtguts entsprechend angewendet werden, der Übergang des Gesamthandsanteils auf den Vorerben also hinsichtlich der Anwendung der Schutzvorschriften als Übergang von Gesamthandsanteilen an den einzelnen zum Gesamtgut gehörenden Gegenständen gewertet werden. Die Rechtsstellung des überlebenden Ehegatten als einzigen weiteren Gesamthänders wird dadurch nicht unzumutbar beeinträchtigt. Dass der überlebende Ehegatte, der selbst Vorerbe ist, auch über seinen eigenen Grundstücksanteil nicht ohne Zustimmung des Nacherben verfügen kann, ist keine Besonderheit der beerbten Gütergemeinschaft mit Vor- und Nacherbfolge, sondern folgt unmittelbar aus der auch zu Lebzeiten des anderen Ehegatten wirksamen gesamthänderischen Bindung des § 1419 Abs. 1. Der zum Vorerben eingesetzte überlebende Ehegatte steht insoweit nicht anders als der Alleinerbe, dem zur Quote einer Hälfte ein Nacherbe bestimmt ist.[3] Das aus §§ 2113 ff. folgende Gebot an den überlebenden Ehegatten, die Rechte der Nacherben zu beachten, ist ihm eher zuzumuten als dem Nacherben die Gefährdung seiner Rechte, wenn bis zur

---

[1] Vgl. BGHZ 26, 378, 381 = NJW 1958, 708.

[2] *K. Schmidt* FamRZ 1976, 683, 685 f.; *Palandt/Brudermüller* RdNr. 1; *Soergel/Gaul* RdNr. 2; vgl. auch BGH FamRZ 1964, 194; aA OLG Hamm OLGZ 1976, 180, 185.

[3] Vgl. RG Recht 1930 Nr. 1506.

Auseinandersetzung die §§ 2113 ff. nicht anwendbar wären.[4] Um den überlebenden Ehegatten nicht schlechter zu stellen als er stünde, wenn ein Dritter Erbe geworden wäre, ist ihm das Recht zuzubilligen, dass er durch Teilauseinandersetzung als In-sich-Geschäft den betreffenden Gegenstand in Miteigentümerhälften aufteilt, von denen nur eine mit der Nacherbfolge belastet ist, und durch das Recht ohne eine solche vorhergehende Auseinandersetzung über eine Hälfte frei zu verfügen.[5]

Unterkapitel 5. Fortgesetzte Gütergemeinschaft

Vorbemerkungen

I. Grundsätzliches zur fortgesetzten Gütergemeinschaft

Die Ehegatten können durch Ehevertrag vereinbaren, dass nach dem Tode des Erstversterbenden von ihnen das Gesamtgut nicht auseinandergesetzt, sondern die Gesamthandsgemeinschaft hinsichtlich des Gesamtguts von dem überlebenden Ehegatten mit den gemeinschaftlichen Abkömmlingen fortgesetzt wird. Der überlebende Ehegatte erlangt die Stellung des Gesamtgutsverwalters, die gemeinschaftlichen Abkömmlinge erhalten (mit Abweichungen) die Stellung des nichtverwaltenden Ehegatten. Das Vorbehalts- und das Sondergut des vorverstorbenen Ehegatten werden dagegen nach den allgemeinen Grundsätzen vererbt. Die Vermögen der Abkömmlinge werden vom Eintritt der fortgesetzten Gütergemeinschaft nicht berührt. 1

II. Der Eintritt der fortgesetzten Gütergemeinschaft und Übergangsregelung

Während bis zum Inkrafttreten des GleichberG am 1. 7. 1958 nach § 1483 aF die Gütergemeinschaft nach dem Tode des erstverstorbenen Ehegatten fortgesetzt wurde, wenn die Ehegatten nichts anderes vereinbart oder durch Verfügung von Todes wegen bestimmt hatten (§§ 1508, 1509 aF), tritt **fortgesetzte Gütergemeinschaft** nach § 1483 Abs. 1 S. 1 nF **nur noch** ein, **wenn** die **Ehegatten dies ausdrücklich vereinbaren.** Die entsprechende Übergangsregelung enthält Art. 8 I Nr. 6 Abs. 1 GleichberG: Wurde der **Ehevertrag vor** dem **1. 7. 1958** abgeschlossen,[1] so gilt die Fortsetzung der Gütergemeinschaft als vereinbart, falls sie im Ehevertrag nicht ausgeschlossen ist. 2

III. Der Grundgedanke der fortgesetzten Gütergemeinschaft, Vor- und Nachteile

Grundgedanke der fortgesetzten Gütergemeinschaft – deren Regelung ausnahmslos zwingend ist, vgl. § 1518 und die Erläuterungen hierzu – ist es, dem überlebenden Ehegatten die 3

---

[4] AA die überwM; BGH LM § 2113 Nr. 14 = NJW 1976, 893 = DNotZ 1976, 554; NJW 1978, 698 = FamRZ 1978, 184 unter Aufgabe der zwischenzeitlich vertretenen (vgl. BGH LM § 892 Nr. 9 = NJW 1970, 943) und unter Zurückgreifen auf die früher vertretene (vgl. BGHZ 26, 378, 381 = NJW 1958, 708; BGH LM § 2113 Nr. 8 = NJW 1964, 768) Auffassung; BayObLG Rpfleger 1981, 282; *Grunsky* zu § 2113 RdNr. 4; *Jakobs* FamRZ 1975, 283; *Soergel/Gaul* RdNr. 2 (unter Hinweis auf den immerhin bestehenden Schutz durch § 2138 Abs. 2); *Staudinger/Thiele* (2007) RdNr. 9; *Staudinger/Behrends* § 2113 RdNr. 14; wie hier BGH NJW 1970, 943; OLG Hamm OLGZ 1976, 180; OLG Breslau OLGE 24, 85; *Batsch* NJW 1970, 1314 f.; *Haegele* Rpfleger 1971, 125; *Köster* DNotZ 1953, 246; *Meikel* Recht 1905, 364; *Staudenmaier* NJW 1965, 380; *Zelter* JW 1904, 250; *Kipp/Coing* Erbrecht § 49 II (S. 220) Fn. 3 a; *Erman/Gamillscheg* RdNr. 1 mit ausführlicher Begründung gegen frühere Aufl.; *Staudinger/Seybold,* 11. Aufl., § 2111 RdNr. 7; im Ergebnis weitgehend auch *K. Schmidt* FamRZ 1976, 683, 689 (mit teilweise abweichender Begründung); vermittelnd (und jedenfalls abzulehnen) KG JFG 1, 358; *Prölss* JZ 1970, 95.

[5] *Kanzleiter* ZEV 1996, 66 mN.

[1] In diesem Sinne muss Art. 8 I 6 Abs. 2 GleichberG ausgelegt werden, obwohl er nur von den Fällen spricht, in denen die Ehegatten am 1. 7. 1958 im Güterstand der (allgemeinen) Gütergemeinschaft leben. Dasselbe muss aber gelten, wenn der Ehevertrag vor diesem Termin abgeschlossen wurde, die Gütergemeinschaft aber erst danach beginnt, sei es, dass die Eheschließung erst nach dem 1. 7. 1958 stattfand oder eine aufschiebende Bedingung oder Befristung vereinbart war.

Auseinandersetzung mit den Abkömmlingen zu ersparen und das **gemeinschaftliche Vermögen bis zum Tode des Überlebenden** zum gemeinsamen Nutzen der Familie **zusammenzuhalten.**

4 Abgesehen von den etwaigen Unterhaltsansprüchen und den – geringen – Mitwirkungsrechten der Abkömmlinge bestimmt über die Verwendung des Gesamtguts und seiner Erträgnisse allein der überlebende Ehegatte als Gesamtgutsverwalter. Dies bedeutet, dass der **Erwerb der Abkömmlinge** aus dem Gesamtgut grundsätzlich auf den Tod des überlebenden Ehegatten **aufgeschoben** ist.

5 Entsprechend der tatsächlichen Lage ist die rechtliche Regelung und die Rechtslage in den verschiedensten Situationen außerordentlich **kompliziert.** Mag dies bei dem engen Verhältnis der Ehegatten selbst diesen oft hinnehmbar erscheinen und damit der Vereinbarung der Gütergemeinschaft nicht entgegenstehen, so fällt dieser Nachteil bei der fortgesetzten Gütergemeinschaft und dem regelmäßig weniger engen persönlichen Verhältnis zu den Abkömmlingen mehr ins Gewicht.

6 Die trotz ihrer formellen Beteiligung **für** die **Abkömmlinge wenig befriedigende Stellung** bis zum Tode des überlebenden Ehegatten und die **außerordentlich komplizierte Rechtslage,** die auch den überlebenden Ehegatten in seiner Dispositionsfreiheit einengt, lassen die fortgesetzte Gütergemeinschaft den Ehegatten **regelmäßig wenig attraktiv** erscheinen. Die gegen die Vereinbarung fortgesetzter Gütergemeinschaft sprechenden Gesichtspunkte haben sich in den vergangenen Jahrzehnten noch verstärkt, insbesondere durch die allgemeine Lockerung der Familienbindung, das weitgehende Zurücktreten eines „Familienvermögens“ als wirtschaftlicher Grundlage der Familie und durch die Zunahme der durchschnittlichen Lebenserwartung mit der Folge, dass die fortgesetzte Gütergemeinschaft durchschnittlich in höherem Lebensalter der Beteiligten eintritt und mit im Regelfalle längst erwachsenen Abkömmlingen zum ebenfalls durchschnittlich später eintretenden Tod des überlebenden Ehegatten geführt werden muss.

7 Da die Ehegatten selbst beim Abschluss ihres Ehevertrages diese Spätfolgen stets nur schwer beurteilen können, folgen sie regelmäßig dem Rat des Notars. Die Notare ihrerseits scheinen seit langem von der Vereinbarung der fortgesetzten Gütergemeinschaft – von Ausnahmen abgesehen – **allgemein abzuraten.** Schon vor dem Inkrafttreten des GleichberG wurde die Fortsetzung der Gütergemeinschaft in den Eheverträgen meist ausgeschlossen.[2] Seitdem wird nur außerordentlich selten vereinbart, dass die Gütergemeinschaft fortgesetzt werden soll.[3]

IV. Wertung

8 In den meisten Fällen dürften die **Nachteile** der fortgesetzten Gütergemeinschaft deren Vorteile tatsächlich **überwiegen.**[4] Sollen die Abkömmlinge das gemeinschaftliche Vermögen der Ehegatten erst nach dem Tode des Überlebenden erhalten, so ist die Rechtslage einfacher und auch für den Überlebenden in verschiedener Hinsicht befriedigender, wenn er zum Alleinerben oder – wenn eine Bindung zugunsten der Abkömmlinge erstrebt ist – zum Vorerben des erstversterbenden Ehegatten eingesetzt wird. In der Praxis hat sich geradezu ein **Rechtsgeschäftstypus der Kombination zwischen Ehe- und Erbvertrag**[5] entwickelt, in dem die Rechtsverhältnisse nach dem Tod des erstversterbenden Ehegatten erbvertraglich geregelt werden und der überlebende häufig zum Alleinerben eingesetzt wird. Das Risiko, dass sich der Überlebende dann Pflichtteilsansprüchen der Abkömmlinge gegenüber sieht, lässt sich theoretisch nicht ausschließen. Falls diese Abfindungen an die Abkömmlinge

---

[2] Vgl. RegE BT-Drucks. 2/224 S. 54 zu einer Umfrage von Notariatsorganisationen.

[3] Vgl. *Michaelis,* die Güterstände in der Praxis, Diss. Hamburg 1968, S. 124: In den von ihm erfassten Eheverträgen mit Vereinbarung der Gütergemeinschaft wurde nur in 1,6% deren Fortsetzung vereinbart; die Zahl der erfassten Eheverträge ist allerdings zu gering, um daraus mehr als den Schluss ziehen zu können, dass fortgesetzte Gütergemeinschaft nur außerordentlich selten vereinbart wird.

[4] Generell kritisch *Behmer* FamRZ 1988, 339, 342.

[5] Symptomatisch ist der Aufsatztitel „Gütergemeinschaft mit atypischer Fortsetzung“ (*Herb* Justiz 1960, 108). Diese Art der Fortsetzung ist inzwischen nicht mehr die atypische, sondern die typische.

schon beim Tode des Erstversterbenden nicht sogar als erwünscht angesehen und deshalb angeordnet werden (was bei größeren Vermögen meist der Fall ist), kann dieses Risiko praktisch aber dadurch weitgehend ausgeschlossen werden, dass für einen Abkömmling, der beim Tode des erstversterbenden Ehegatten den Pflichtteil geltend macht, Nachteile, insbesondere beim Tode des überlebenden Ehegatten, angeordnet werden.

Auch in den – nicht allzu häufigen – **Fällen eines „Familienvermögens"** als wirtschaftlicher Grundlage der Familie bieten sich **andere Gestaltungen** regelmäßig eher an: Handelt es sich um gewerbliches Vermögen, so lassen sich die Interessenlagen des überlebenden Ehegatten und der nachfolgenden Generation durch **gesellschaftsrechtliche Lösungen** besser auflösen. Im landwirtschaftlichen Bereich ist die fortgesetzte Gütergemeinschaft meist deshalb unbefriedigend, weil angesichts des derzeitigen durchschnittlichen Lebensalters die **Wirtschaftsführung** regelmäßig nicht vom überlebenden Ehegatten, sondern – oft zu Lebzeiten beider, jedenfalls eines der Ehegatten – **von** einem der **Abkömmlinge übernommen** wird.[6] Außerdem ist hier die fortgesetzte Gütergemeinschaft wegen der Zustimmungsbedürftigkeit aller Verfügungen über Grundbesitz (§§ 1487 Abs. 1, 1424) besonders schwerfällig. 9

Wegen ihrer sehr starken Zurückdrängung besteht derzeit die Gefahr, dass die Möglichkeit, fortgesetzte Gütergemeinschaft zu vereinbaren, von den Ehegatten (dh. im Grunde den Notaren) **ganz aus dem Auge verloren** und auch dann nicht erwogen wird, wenn dieses Rechtsinstitut zu angemessenen Lösungen führen könnte. So kann die Vereinbarung einer Fortsetzung der Gütergemeinschaft (nachdem diese zunächst ausgeschlossen war) bei höherem Lebensalter der Ehegatten, uU verbunden mit der gleichzeitigen Bestimmung von Vorbehaltsgut, für das Verfügungen von Todes wegen getroffen werden, sinnvoll sein. Nicht übersehen werden darf, dass die Vereinbarung der **fortgesetzten Gütergemeinschaft** dem **überlebenden Ehegatten eine starke Stellung** verschafft, die seiner Allein- (oder Vor-) erbeinsetzung vorzuziehen sein kann, weil eine **Beeinträchtigung durch Pflichtteilsansprüche nicht möglich** ist (Pflichtteilsergänzungsansprüche können nach dem Tod des überlebenden Ehegatten wegen § 1505 geltend gemacht werden, wenn auch der überlebende Ehegatte innerhalb von zehn Jahren nach der Schenkung verstorben ist) und die **erbschaftsteuerlichen Nachteile** der Kumulierung des Vermögens beider Ehegatten beim Überlebenden **vermieden** werden. 10

V. Steuerfolgen

Zur Erbschaftsteuer s. § 4 ErbStG. Das Gesamtgut und dessen Einkünfte werden nach § 120 BewG bzw. § 28 EStG regelmäßig voll dem überlebenden Ehegatten zugerechnet. Beides ist verfassungskonform.[7] 11

§ 1483 Eintritt der fortgesetzten Gütergemeinschaft

(1) [1] Die Ehegatten können durch Ehevertrag vereinbaren, dass die Gütergemeinschaft nach dem Tod eines Ehegatten zwischen dem überlebenden Ehegatten und den gemeinschaftlichen Abkömmlingen fortgesetzt wird. [2] Treffen die Ehegatten eine solche Vereinbarung, so wird die Gütergemeinschaft mit den gemeinschaftlichen Abkömmlingen fortgesetzt, die bei gesetzlicher Erbfolge als Erben berufen sind. [3] Der Anteil des verstorbenen Ehegatten am Gesamtgut gehört nicht zum Nachlass; im Übrigen wird der Ehegatte nach den allgemeinen Vorschriften beerbt.

[6] Zur Frage, ob die Zustimmung eines anderen Abkömmlings ersetzt werden kann, wenn der überlebende Ehegatte bei fortgesetzter Gütergemeinschaft das Anwesen einem Abkömmling übergeben will, s. § 1487 RdNr. 8.

[7] Zu § 120 BewG BVerfG BB 1971, 298; zu § 28 EStG BFH IV R 177/69 v. 4. 6. 1973.

(2) Sind neben den gemeinschaftlichen Abkömmlingen andere Abkömmlinge vorhanden, so bestimmen sich ihr Erbrecht und ihre Erbteile so, wie wenn fortgesetzte Gütergemeinschaft nicht eingetreten wäre.

Übersicht

I. Normzweck

1 Haben die Ehegatten die Fortsetzung der Gütergemeinschaft vereinbart, so findet nach dem Tode eines Ehegatten keine Auseinandersetzung über das Gesamtgut statt. Die Gesamthandsgemeinschaft wird vielmehr mit den gemeinschaftlichen Abkömmlingen fortgesetzt (Abs. 1). Die Rechtsstellung einseitiger Abkömmlinge des verstorbenen Ehegatten wird dadurch nicht berührt (Abs. 2).

II. Voraussetzungen des Eintritts fortgesetzter Gütergemeinschaft

2 Anders als vor Inkrafttreten des GleichberG tritt fortgesetzte Gütergemeinschaft nur noch ein, wenn die Ehegatten dies ausdrücklich durch Ehevertrag vereinbart haben (Abs. 1 S. 1). Diese **Vereinbarung** kann sofort bei Begründung der Gütergemeinschaft oder später getroffen und jederzeit aufgehoben werden (§ 1518 S. 2).[1] Es ist auch möglich zu vereinbaren, dass die Gütergemeinschaft nur dann fortgesetzt werden soll, wenn der Ehemann oder die Ehefrau zuerst verstirbt.

3 Wenn vereinbart, tritt fortgesetzte Gütergemeinschaft beim **Tode des zuerstversterbenden Ehegatten** ein. Todeserklärung steht gleich (vgl. § 9 Abs. 1 VerschG; eine ausdrückliche Regelung entsprechend § 1494 Abs. 2 fehlt). Lebt der für tot erklärte Ehegatte, so wird die Gütergemeinschaft zwischen ihm und dem anderen Ehegatten weitergeführt, wenn er wieder auftaucht (vgl. § 1471 RdNr. 2).

4 Der Eintritt fortgesetzter Gütergemeinschaft setzt weiter voraus, dass **einer der beiden Ehegatten den anderen überlebt.** Versterben sie gleichzeitig, tritt Erbfolge nach den allgemeinen Bestimmungen ein. Umstritten ist, ob **Erbunwürdigkeit** des Überlebenden auch die ihm bei Fortsetzung der Gütergemeinschaft zufallende Rechtsstellung wegfallen lässt (eine § 1506 für die Erbunwürdigkeit eines Abkömmlings entsprechende Regelung fehlt). Mit der hM ist dies anzunehmen, weil ein zur Erbunwürdigkeit führendes Verhalten auch der auf Grund Ehevertrags bei Fortsetzung der Gütergemeinschaft auf ihn nach dem Tode des anderen Ehegatten übergehenden Rechtsposition die Berechtigung entzieht.[2]

5 Bisher war weiter umstritten, ob fortgesetzte Gütergemeinschaft auch eintrat, wenn der verstorbene Ehegatte berechtigt war, Antrag auf Scheidung oder Aufhebung der Ehe zu stellen, und diesen gestellt hatte.[3] Nachdem die Neufassung des § 1509 den Antrag auf Aufhebung der Ehe ausdrücklich als Grund anerkannt hat, die Fortsetzung der Gütergemeinschaft durch Testament auszuschließen, muss davon ausgegangen werden, dass nach dem Willen des Gesetzes der **Antrag auf Aufhebung der Ehe oder Scheidung durch** den **verstorbenen Ehegatten** allein ohne entsprechendes Testament **keinen Einfluss** auf die Fortsetzung der Gütergemeinschaft hat (vgl. § 1509 RdNr. 2).

---

[1] § 1411 Abs. 1 S. 2 und Abs. 2 S. 1 gelten hierfür nicht.

[2] HM; s. § 1506 RdNr. 5 und die dortigen Nachw. in Fn. 3; *Staudinger/Thiele* (2007) RdNr. 6 m. zahlr. Nachw.; aA RGRK/*Finke* § 1506 RdNr. 2.

[3] Vgl. § 1933; die hM vertrat die Auffassung, die Gütergemeinschaft werde trotz der erhobenen Klage fortgesetzt; aA *Staudinger/Felgentraeger* 10./11. Aufl. RdNr. 8 m. zahlr. Nachw. zu beiden Auffassungen; wie im Text jetzt auch *Staudinger/Thiele* (2007) RdNr. 7.

Schließlich kann fortgesetzte Gütergemeinschaft nur eintreten, wenn beim Tode des erstversterbenden Ehegatten **gemeinschaftliche Abkömmlinge vorhanden** (oder erzeugt, § 1923 Abs. 2) sind, die bei Eintritt gesetzlicher Erbfolge zu Erben berufen wären (bei angenommenen Kindern s. § 1754, §§ 1767 Abs. 2, 1770 Abs. 1, 2, 1772; nichteheliche Abkömmlinge eines Ehegatten kommen schon deshalb nicht in Betracht, weil sie nicht gemeinschaftlich sind).[4] Abkömmlinge, die nach den erbrechtlichen Vorschriften nicht gesetzliche Erben würden (zB wegen Erbverzichts; dasselbe galt nichtehelichen Abkömmlingen, denen statt des gesetzlichen Erbteils nach § 1934 aF ein Erbersatzanspruch zustünde, vgl. unten RdNr. 8; die Folgen der Erbunwürdigkeit regelt § 1506) oder die nach §§ 1511, 1517 von der fortgesetzten Gütergemeinschaft ausgeschlossen sind, bleiben außer Betracht. Die Ehegatten können daher durch gemeinschaftliches Testament (oder auch durch einseitiges Testament mit Zustimmung des anderen Ehegatten, § 1516 Abs. 1, vgl. auch § 1516 Abs. 3) die ehevertraglich vereinbarte Fortsetzung der Gütergemeinschaft dadurch ausschließen, dass sie allen Abkömmlingen die Beteiligung an der fortgesetzten Gütergemeinschaft entziehen. Im Zweifel ist aber anzunehmen, dass sich die Verfügung von Todes wegen eines Ehegatten für den Fall, dass er zuerst verstirbt, nur auf sein Vorbehalts- und Sondergut, nicht auf den Gesamtgutsanteil beziehen soll.[5] 6

Durch **einseitiges Testament** kann der Eintritt der fortgesetzten Gütergemeinschaft **in den Fällen** des § 1509 **ausgeschlossen** werden. 7

Durch Gesetz zur erbrechtlichen **Gleichstellung nichtehelicher Kinder** v. 16. 12. 1997 (BGBl. I S. 2968, 1998 I S. 524) wurden die Sonderregelungen für das Erbrecht nichtehelicher Kinder beim Tode ihrer Väter aufgehoben. Zur Rechtslage für vor dem 1. 4. 1998 (vgl. Art. 227 EGBGB) eingetretene Erbfälle vgl. 3. Auflage. 8

III. Folgen des Eintritts fortgesetzter Gütergemeinschaft

Tritt fortgesetzte Gütergemeinschaft ein, so wird die **Gesamthandsgemeinschaft über** das **Gesamtgut** vom überlebenden Ehegatten mit den gemeinschaftlichen Abkömmlingen **fortgesetzt,** soweit sie nach RdNr. 6 ff. nicht vom Eintritt in die fortgesetzte Gütergemeinschaft ausgeschlossen sind. Die Identität der Gesamthandsgemeinschaft bleibt gewahrt, nur deren Mitglieder haben gewechselt. Der Mitgliederwechsel findet kraft Gesetzes statt, ohne dass Aufnahme- oder gar einzelne Übertragungsakte notwendig wären. 9

Das **Grundbuch** ist **unrichtig** geworden und auf Antrag mit Unrichtigkeitsnachweis zu berichtigen (s. §§ 22, 35 Abs. 2 GBO). Eine **Eintragung** der fortgesetzten Gütergemeinschaft **im Güterrechtsregister** ist **nicht** vorgesehen, da das Güterrechtsregister nur über die güterrechtlichen Verhältnisse während der Ehe Auskunft gibt. Für die notwendige Publizität sorgt das Zeugnis über die Fortsetzung der Gütergemeinschaft gemäß § 1507. 10

Vorbehalts- und Sondergut des verstorbenen Ehegatten werden dagegen nach den allgemeinen Vorschriften **vererbt.** Auch für Pflichtteilsansprüche (mit Ausnahme der Ansprüche einseitiger Kinder des Verstorbenen, s. dazu RdNr. 13 ff.) gelten nur das Vorbehalts- und Sondergut als Nachlass. Für Pflichtteilsergänzungsansprüche sind nur Schenkungen aus dem Vorbehalts- und Sondergut heranzuziehen. Auch die unentgeltliche Umwandlung von Vorbehalts- in Gesamtgut löst keinen Pflichtteilsergänzungsanspruch aus. Was der überlebende Ehegatte aus dem Vorbehaltsgut erbt, wird nach § 1485 regelmäßig Gesamtgut, was er aus dem Sondergut erbt, wird regelmäßig wieder Sondergut (§§ 1486 Abs. 2, 1417 Abs. 2). Was die Abkömmlinge aus Vorbehalts- und Sondergut erhalten, wird ihr freies Vermögen. 11

Auch den **Nachlassgläubigern gegenüber** sind **nur Vorbehalts- und Sondergut** „der **Nachlass“.** Auf sie können die Erben ihre Haftung begrenzen, schon bei ihrer Unzulänglichkeit die Dürftigkeitseinrede nach § 1909 erheben. Dies ist gerechtfertigt, weil der Nach- 12

[4] Vgl. BGHZ 63, 35 = NJW 1974, 1764.

[5] Vgl. KGJ 51, 168; zu Fällen des Ausschlusses fortgesetzter Gütergemeinschaft, insbesondere durch Erbeinsetzung des überlebenden Ehegatten, s. RGZ 94, 314; RG Recht 1930 Nr. 1720; OLG Stettin OLGE 6, 165; KG OLGE 7, 72; 40, 78; BayObLG OLGE 26, 229; OLG München Recht 1935 Nr. 5957.

lassgläubiger, der nicht gleichzeitig Gesamtgutsgläubiger ist, auch zu Lebzeiten des verstorbenen Ehegatten nur dessen Vorbehalts- und Sondergut hätte in Anspruch nehmen können. Ist der Nachlassgläubiger zugleich Gesamtgutsgläubiger, haftet ihm das Gesamtgut weiterhin (§ 1488).

IV. Einseitige Abkömmlinge des Verstorbenen

13 Hat der erstverstorbene Ehegatte **einseitige Abkömmlinge,** so soll deren **Rechtsstellung** nach Abs. 2 durch den Eintritt der fortgesetzten Gütergemeinschaft **nicht berührt** werden. Ihre **Pflichtteils- und Pflichtteilsergänzungsansprüche** berechnen sich daher unter Einbeziehung des Gesamtgutsanteils des verstorbenen Ehegatten und unter anteilsmäßiger Berücksichtigung von Schenkungen aus dem Gesamtgut. Für Pflichtteil, Pflichtteilsergänzungsanspruch und Vermächtnis haftet ihnen nach den allgemeinen Grundsätzen auch der Gesamtgutsanteil des Verstorbenen.

14 Während für Pflichtteil oder Vermächtnis der einseitigen Abkömmlinge als schuldrechtliche Ansprüche sonst keine Besonderheiten gelten,[6] ist die Rechtslage problematisch, wenn ein **einseitiger Abkömmling Erbe** des verstorbenen Ehegatten wird: Der Grundsatz, dass die Gesamthandsgemeinschaft über das nicht auseinanderzusetzende Gesamtgut zwischen überlebendem Ehegatten und gemeinschaftlichen Abkömmlingen fortgesetzt wird (Abs. 1), der einseitige Abkömmling in diese Gesamthandsgemeinschaft also nicht eintritt, steht in unlösbarem Widerspruch zu der Forderung des Abs. 2, dass die Rechtsstellung des einseitigen Abkömmlings durch die Vereinbarung der fortgesetzten Gütergemeinschaft nicht beeinflusst werden soll.[7] Man wird diesen Gegensatz am besten lösen, wenn dem ersten Grundsatz Vorrang gegeben, dem einseitigen Abkömmling also ein bloß **schuldrechtlicher Anspruch auf Teilauseinandersetzung** eingeräumt wird, der zwar das Recht, Naturalteilung nach §§ 2042, 752 zu verlangen, einschließt, ihm aber das Recht vorenthält, Teilungsversteigerung nach § 753 zu verlangen, weil dies mit dem Grundgedanken der fortgesetzten Gütergemeinschaft, der Erhaltung des Gesamtguts in seiner Substanz, unvereinbar wäre. Rechtfertigen lässt sich dies damit, dass die ehevertragliche Vereinbarung der fortgesetzten Gütergemeinschaft Erbvertragsform erfüllt (§ 2276 Abs. 2) und damit der verstorbene Ehegatte mit dem Abschluss des Ehevertrages in einer Form, die einer Verfügung von Todes wegen genügt, den Weiterbestand des Gesamtguts bei dem überlebenden Ehegatten und (nur) den gemeinschaftlichen Abkömmlingen – entsprechend einer Teilungsanordnung in der Verfügung von Todes wegen, vgl. § 2048 – gewünscht und die damit notwendige rechtliche Zurücksetzung seiner einseitigen Abkömmlinge in Kauf genommen hat.[8] Während unter den gemeinschaftlichen Abkömmlingen nur Vorempfänge aus Vorbehalts- oder Sondergut auszugleichen sind (vgl. § 1503 für die spätere Auseinandersetzung des Gesamtguts), bemisst sich der Anteil eines einseitigen Abkömmlings unter **Berücksichtigung aller Vorempfänge** sämtlicher Abkömmlinge, gleichgültig aus welcher Vermögensmasse.

15 Umstritten ist, ob das, **was** einem **einseitigen Abkömmling** aus dem Gesamtgut **zusteht,** durch Verfügung von Todes wegen **Dritten zugewendet** werden kann. Entgegen der hM[9] ist dies abzulehnen: Abs. 2 enthält die einzige Ausnahme vom Grundsatz der vollständigen Erhal-

[6] Vgl. BayObLGZ 5, 85.

[7] Entfernte Parallelen weist die Erbfolge in einen Gesellschaftsanteil auf, der nach dem Gesellschaftsvertrag nicht auf die Erben oder nicht auf alle Erben des Gesellschafters übergehen kann.

[8] AA *Kappler,* Die Beendigung der Gütergemeinschaft, 2006, S. 289 f unter Berufung auf *Staudinger/Thiele* (2007) RdNr. 22; zur Lösung des Problems werden verschiedene unterschiedliche Auffassungen vertreten. Billigt man dem einseitigen Abkömmling einen (wenn auch nur schuldrechtlichen, wie *Gernhuber/Coester-Waltjen* § 39 RdNr. 5) Anspruch auf Auseinandersetzung in gleicher Weise zu, so wird übersehen, dass damit der Bestand des Gesamtguts wegen §§ 2042, 753 grundlegend gefährdet werden kann; vgl. *W. Müller* FamRZ 1956, 339; *Dölle* I § 81 VI 3 a; *Enneccerus/Kipp/Wolff* § 67 IV 3; *Erman/Gamillscheg* RdNr. 5; *Planck/Unzner* Anm. IV 6; *Soergel/Gaul* RdNr. 4; *Staudinger/Thiele* (2007) RdNr. 22; vgl. auch RGZ 118, 389.

[9] BayObLGZ 1950/51, 383; *Dölle* I § 81 VI 3 a; *Erman/Gamillscheg* RdNr. 4; RGRK/*Finke* RdNr. 12; *Soergel/Gaul* RdNr. 7; *Staudinger/Thiele* (2007) RdNr. 24 mwN.

tung des Gesamtguts in der fortgesetzten Gütergemeinschaft. Er ist Schutzvorschrift nur zugunsten einseitiger Abkömmlinge, macht deren Anteil aber nicht disponibel. Hat der verstorbene Ehegatte einem einseitigen Abkömmling durch Verfügung von Todes wegen etwas entzogen, so setzt sich der Grundsatz der fortgesetzten Gütergemeinschaft durch, das Entzogene bleibt zwingend im Gesamtgut und fällt in die fortgesetzte Gütergemeinschaft.[10] Entspricht dies nicht dem Willen des verstorbenen Ehegatten, gelten die allgemeinen Irrtumsregeln.

§ 1484 Ablehnung der fortgesetzten Gütergemeinschaft

(1) Der überlebende Ehegatte kann die Fortsetzung der Gütergemeinschaft ablehnen.

(2) [1] Auf die Ablehnung finden die für die Ausschlagung einer Erbschaft geltenden Vorschriften der §§ 1943 bis 1947, 1950, 1952, 1954 bis 1957, 1959 entsprechende Anwendung. [2] Steht der überlebende Ehegatte unter elterlicher Sorge oder unter Vormundschaft, so ist zur Ablehnung die Genehmigung des Familiengerichts erforderlich. [3] Bei einer Ablehnung durch den Betreuer des überlebenden Ehegatten ist die Genehmigung des Betreuungsgerichts erforderlich.

(3) Lehnt der Ehegatte die Fortsetzung der Gütergemeinschaft ab, so gilt das Gleiche wie im Falle des § 1482.

I. Normzweck

Die Vereinbarung fortgesetzter Gütergemeinschaft soll dem überlebenden Ehegatten das Gesamtgut unter seiner Verwaltungszuständigkeit erhalten. Deshalb ist der Überlebende nicht gezwungen, die Gütergemeinschaft fortzusetzen, sondern kann dies ablehnen. 1

II. Annahme und Ablehnung der fortgesetzten Gütergemeinschaft

Auf die Ablehnung finden die **Vorschriften über die Erbschaftsausschlagung Anwendung,** soweit sie passen. Der überlebende Ehegatte kann die Fortsetzung der Gütergemeinschaft nicht mehr ablehnen, wenn er sie angenommen hat (§ 1943). Die Frist zur Ablehnung (§ 1944) beginnt mit Kenntnis vom Eintritt fortgesetzter Gütergemeinschaft, nicht schon vom Tode des anderen Ehegatten; auch ein Rechtsirrtum schließt den Beginn der Frist aus.[1] Die Eröffnung einer Verfügung von Todes wegen ist dagegen für den Eintritt der fortgesetzten Gütergemeinschaft und damit auch für den Beginn der Ablehnungsfrist ohne Bedeutung;[2] eine Verfügung von Todes wegen kann höchstens dazu führen, dass die an sich vereinbarte Fortsetzung der Gütergemeinschaft nicht eintritt.[3] Obwohl von der Verweisung in Abs. 2 an sich erfasst, ist § 1944 Abs. 2 S. 2 als nicht passend unanwendbar. Eine verspätete Ablehnung kann in eine Aufhebungserklärung nach § 1492 umgedeutet werden.[4] Bei der Umdeutung ist allerdings Vorsicht geboten, weil die Auseinandersetzungsfolgen erheblich differieren (vgl. § 1498 RdNr. 5). 2

Für den **Ehegatten,** der **unter elterlicher Sorge oder Vormundschaft** (letzteres nur noch eine theoretische Möglichkeit) steht, erklärt der gesetzliche Vertreter die Annahme oder Ablehnung. Nicht zur Annahme, aber zur Ablehnung bedarf er der Genehmigung des FamG (Abs. 2 S. 2); für die Ablehnung durch einen Betreuer ist die Genehmigung des Betreuungsgerichts erforderlich, nicht aber für die Ablehnung durch den geschäftsfähigen Betreuten[5] selbst, auch wenn hierzu – im Bereich eines Einwilligungsvorbehalts – die 3

---

[10] *Enneccerus/Kipp/Wolff* § 67 Fn. 19; *Gernhuber/Coester-Waltjen* § 39 I RdNr. 7.
[1] BGHZ 31, 206, 209 = NJW 1960, 480; allgM.
[2] RG Recht 1924 Nr. 1607; KG KGJ 51, 172.
[3] S. § 1483 RdNr. 6 f.
[4] *Dölle* I § 81 III 2 b Fn. 28; *Soergel/Gaul* RdNr. 5.
[5] AA *Bamberger/Roth/J. Mayer* RdNr. 4 mwN in Fn. 8.

Einwilligung des Betreuers nach § 1903 erforderlich ist. Ist über das Vermögen des Überlebenden das **Insolvenzverfahren** eröffnet, so erklärt Annahme oder Ablehnung trotzdem er selbst (§ 83 Abs. 1 InsO), nicht der Insolvenzverwalter.

4 **Annahme und Ablehnung** sind nach den für die Annahme und Ausschlagung der Erbschaft geltenden Grundsätzen und mit den dafür geltenden Rechtsfolgen (vgl. §§ 1954 ff.) **anfechtbar.**

5 Dass das **Ablehnungsrecht vererblich** ist (§ 1952), hat Bedeutung für die Rechtslage zwischen dem Tode des zuerst- und des zuletztverstorbenen Ehegatten. Lehnt der Erbe des Überlebenden die Fortsetzung der Gütergemeinschaft ab, so treten die gleichen Rechtsfolgen ein, wie wenn der Ehegatte selbst abgelehnt hätte, dh. die Gütergemeinschaft endet mit dem Tode des Zuerstverstorbenen. Andernfalls tritt fortgesetzte Gütergemeinschaft ein, die erst mit dem Tod des Überlebenden endet (§ 1494 Abs. 1).

6 Vgl. auch im Übrigen die Vorschriften über die Erbschaftsausschlagung, auf die in Abs. 2 verwiesen ist, und die Erläuterungen hierzu.

III. Folgen der Ablehnung

7 Lehnt der überlebende Ehegatte die Fortsetzung der Gütergemeinschaft ab, so endet die Gütergemeinschaft (rückwirkend mit dem Tod des Zuerstverstorbenen). Der **Anteil des Verstorbenen fällt in** seinen **Nachlass,** er wird nach den allgemeinen Vorschriften beerbt (§ 1482). Jeder Ehegatte kann durch Verfügung von Todes wegen seine Beerbung für den Fall regeln, dass der andere Ehegatte als überlebender die Fortsetzung der Gütergemeinschaft ablehnt. Der überlebende Ehegatte setzt sich nach §§ 1471 ff. mit den Erben des Verstorbenen über das Gesamtgut auseinander.

8 Für **Verwaltungsmaßnahmen** des Überlebenden gelten **bis zur Ablehnung** § 1959, danach § 1472 Abs. 4, darüber hinaus ergänzend die Grundsätze über die Geschäftsführung ohne Auftrag.

§ 1485 Gesamtgut

(1) Das Gesamtgut der fortgesetzten Gütergemeinschaft besteht aus dem ehelichen Gesamtgut, soweit es nicht nach § 1483 Abs. 2 einem nicht anteilsberechtigten Abkömmling zufällt, und aus dem Vermögen, das der überlebende Ehegatte aus dem Nachlass des verstorbenen Ehegatten oder nach dem Eintritt der fortgesetzten Gütergemeinschaft erwirbt.

(2) Das Vermögen, das ein gemeinschaftlicher Abkömmling zur Zeit des Eintritts der fortgesetzten Gütergemeinschaft hat oder später erwirbt, gehört nicht zu dem Gesamtgut.

(3) Auf das Gesamtgut findet die für die eheliche Gütergemeinschaft geltende Vorschrift des § 1416 Abs. 2 und 3 entsprechende Anwendung.

I. Normzweck

1 Bei Eintritt der fortgesetzten Gütergemeinschaft bleibt die Gesamthandsgemeinschaft über das Gesamtgut bestehen.[1] Nur ihre Mitglieder haben gewechselt. Gesamtgut wird auch, was der überlebende Ehegatte während der fortgesetzten Gütergemeinschaft erwirbt. Für den Übergang in das Gesamtgut und die Grundbuchberichtigung gelten die allgemeinen Grundsätze des § 1416 Abs. 2 und 3. Das Vermögen der Abkömmlinge bleibt von der fortgesetzten Gütergemeinschaft völlig unberührt.

[1] Vgl. RGZ 129, 120.

II. Umfang des Gesamtguts

Das **Gesamtgut der ehelichen Gütergemeinschaft** wird mit Eintritt der fortgesetzten Gütergemeinschaft deren Gesamtgut. Hierzu gehören auch die Ansprüche gegen den überlebenden Ehegatten auf Leistungen aus dessen Vorbehalts- oder Sondergut zum Gesamtgut,[2] deren Fälligkeit weiterhin bis zur Beendigung der fortgesetzten Gütergemeinschaft aufgeschoben ist (§ 1487 Abs. 2). In das Gesamtgut fällt weiter jeglicher **Erwerb des überlebenden Ehegatten, soweit** er **nicht Vorbehalts- oder Sondergut** wird (vgl. § 1486), sowohl aus dem Nachlass des vorverstorbenen Ehegatten (dh. aus dessen Vorbehalts- oder Sondergut), als auch aus anderen Erwerbsquellen während der fortgesetzten Gütergemeinschaft, so zB auch eine Lebensversicherung nach dem Tode des zuerstverstorbenen Ehegatten (sofern sie nicht Vorbehaltsgut wird, s. § 1486 RdNr. 5). 2

Das **Gesamtgut mindert sich** um das, was ein einseitiger Abkömmling entsprechend § 1483 Abs. 2 erhält, eine bloße Klarstellung, weil die an ihn übergehenden Gegenstände durch Rechtsgeschäft aus dem Gesamtgut ausscheiden (vgl. § 1483 RdNr. 14). Entsprechendes gilt für Leistungen nach dem Tod des zuerstverstorbenen Ehegatten an gemeinschaftliche Abkömmlinge, die von der fortgesetzten Gütergemeinschaft ausgeschlossen sind (gemäß § 1511 Abs. 2), oder für Zuwendungen an Dritte (nach § 1514). 3

Inhaber eines zum Gesamtgut gehörenden **Handelsgeschäfts** ist der überlebende Ehegatte, weil nur er es „betreibt" (§ 1 Abs. 1 HGB), auch wenn das Geschäftsvermögen Gesamtgut ist. Nur er ist deshalb in das Handelsregister als Inhaber einzutragen.[3] Er kann es unter der alten oder einer neuen Firma weiterführen. Die Gründung einer **Gesellschaft** zwischen dem überlebenden Ehegatten und den Abkömmlingen ist ohne weiteres möglich. Inwieweit der Anteil des Ehegatten in das Gesamtgut fällt, bestimmt sich nach den allgemeinen Grundsätzen. 4

Auch bei der fortgesetzten Gütergemeinschaft wird die **Zugehörigkeit** eines dem überlebenden Ehegatten gehörenden Gegenstandes **zum Gesamtgut vermutet.** 5

Abs. 2 stellt klar, dass das **Vermögen der Abkömmlinge** von der fortgesetzten Gütergemeinschaft völlig **unberührt** bleibt und unabhängig vom Zeitpunkt seines Erwerbs nicht in das Gesamtgut fällt. Vermögen der Abkömmlinge kann nicht durch – quasi-ehevertragliche[4] – Vereinbarung zu Gesamtgut erklärt werden, es kann aber durch Rechtsgeschäft des Abkömmlings mit dem überlebenden Ehegatten in das Gesamtgut übergehen. 6

III. Erwerb des Gesamtguts und Grundbuchberichtigung

Nach Abs. 3 gelten für den Erwerb des Gesamtguts **§ 1416 Abs. 2,** für die Berichtigung des Grundbuchs und der ähnlichen Register **§ 1416 Abs. 3 entsprechend.** Vgl. daher die Erläuterungen zu diesen Vorschriften. Übergang des ehelichen Gesamtguts und **Erwerb des Gesamtguts** der fortgesetzten Gütergemeinschaft treten wie bei der ehelichen Gütergemeinschaft ipso iure ein, ohne dass es besonderer Übertragungsakte bedürfte. Auch sonst gilt nichts anderes als bei der Gütergemeinschaft zu Lebzeiten beider Ehegatten. 7

Die **Grundbuchberichtigung** setzt neben dem Antrag eines Beteiligten nach § 22 GBO entweder die Bewilligung aller anderen Beteiligten oder den Nachweis der Unrichtigkeit in der Form des § 29 GBO voraus. Da der Unrichtigkeitsnachweis regelmäßig zu führen ist (durch Zeugnis gemäß § 1507 oder Ehevertrag und Personenstandsurkunden), braucht auch hier von der Möglichkeit des § 1416 Abs. 3 selten Gebrauch gemacht zu werden.[5] 8

---

[2] Vgl. §§ 1435 S. 3, 1445, 1446, 1467, 1468.

[3] AllgM im Anschluss an KG JFG 6, 193; vgl. *Dölle* I § 82 I 1 d Fn. 10; *Erman/Gamillscheg* Vor § 1483 RdNr. 2 aE; *Soergel/Gaul* Vor § 1483 RdNr. 6; *Staudinger/Thiele* (2007) Vor § 1483 RdNr. 17.

[4] Vgl. RGRK/*Finke* RdNr. 7, 8.

[5] Vgl. KGJ 48, 210; KG JW 1935, 2515.

§ 40 GBO ist entsprechend anwendbar, auch wenn nur einer der Ehegatten im Grundbuch eingetragen ist, obwohl eine ausdrückliche Regelung fehlt.[6]

§ 1486 Vorbehaltsgut; Sondergut

(1) Vorbehaltsgut des überlebenden Ehegatten ist, was er bisher als Vorbehaltsgut gehabt hat oder was er nach § 1418 Abs. 2 Nr. 2, 3 als Vorbehaltsgut erwirbt.

(2) Sondergut des überlebenden Ehegatten ist, was er bisher als Sondergut gehabt hat oder was er als Sondergut erwirbt.

I. Normzweck

1 Für den Umfang des Vorbehalts- und Sonderguts des überlebenden Ehegatten gelten nach § 1486 im Wesentlichen die gleichen Regeln wie bei der ehelichen Gütergemeinschaft. Grundsätzlicher Unterschied ist, dass Vorbehaltsgut durch Vereinbarung nicht neu geschaffen werden kann.

II. Umfang des Vorbehaltsguts

2 Das **Vorbehaltsgut des überlebenden Ehegatten** zum Zeitpunkt des Todes des anderen Ehegatten bleibt Vorbehaltsgut auch während der fortgesetzten Gütergemeinschaft. In das Vorbehaltsgut fallen **unentgeltliche Zuwendungen** unter Lebenden oder von Todes wegen, die der überlebende Ehegatte während der fortgesetzten Gütergemeinschaft mit der Bestimmung zu Vorbehaltsgut erhält (vgl. § 1418 Abs. 2 Nr. 2), sowie die **Surrogate** des Vorbehaltsguts (vgl. § 1418 Abs. 2 Nr. 3).

3 Durch quasi-ehevertragliche **Vereinbarung** zwischen dem überlebenden Ehegatten und seinen Abkömmlingen kann dagegen Gesamtgut **nicht** in **Vorbehaltsgut** umgewandelt werden (vgl. § 1518). Die **Umwandlung** lässt sich aber durch rechtsgeschäftliche Herausnahme eines Gegenstandes aus dem Gesamtgut und anschließende unentgeltliche Zuwendung des Erwerbers an den überlebenden Ehegatten zu Vorbehaltsgut erreichen. Geschieht dies unter Benachteiligung der Abkömmlinge, stehen diesen die allgemeinen Rechte und daneben unter den entsprechenden Voraussetzungen das Recht zur Aufhebungsklage (§ 1495 Nr. 1) oder ein Ersatzanspruch gemäß §§ 1487 Abs. 1, 1445 Abs. 2 zu.

4 Umstritten ist, ob die **Ehegatten** durch Ehevertrag **zu ihren Lebzeiten** bestimmte **Gegenstände, die** einer der **Ehegatten in Zukunft erwerben wird,** für den Fall des Todes eines von ihnen und des Eintritts der fortgesetzten Gütergemeinschaft dem Gesamtgut entziehen und **zu Vorbehaltsgut erklären** können. Die überwM lehnt dies ab,[1] eine Mindermeinung lässt es jedenfalls dann zu, wenn die Regelung für die Zeit der Gütergemeinschaft allgemein, nicht nur für die Zeit der fortgesetzten Gütergemeinschaft gelten soll.[2] Der überwM ist zuzustimmen: Durch die ausdrücklich und generell unterlassene Verweisung auf § 1418 Abs. 2 Nr. 1 bringt das Gesetz zum Ausdruck, dass es dem Schutz der Abkömmlinge vor nachteiligen ehevertraglichen Abmachungen der Ehegatten den Vorrang einräumt. Eine solche Vereinbarung im Ehevertrag tritt also mit der fortgesetzen Gütergemeinschaft außer Kraft, von ihr an sich erfasster künftiger Erwerb wird Gesamtgut.

5 Dagegen ist es möglich, dass die Ehegatten im Ehevertrag **Gegenstände des Gesamtguts aufschiebend bedingt** durch den Tod des Erstversterbenden zu **Vorbehaltsgut** des

[6] HM, KG JFG 1, 293; *Erman/Gamillscheg* Vor § 1483 RdNr. 2; *Soergel/Gaul* RdNr. 7; *Staudinger/Thiele* (2007) Vor § 1483 RdNr. 15; aA die frühere Rspr.; KGJ 37, A 256; 38, A 212; OLG Hamburg OLGE 18, 218; vgl. auch KGJ 52, 134.

[1] *Krüger/Breetzke/Nowak* Anm. 2; *Palandt/Brudermüller* RdNr. 1; RGRK/*Finke* RdNr. 2; *Soergel/Gaul* RdNr. 4; *Staudinger/Thiele* (2007) RdNr. 9; *Bamberger/Roth/J. Mayer* RdNr. 3.

[2] *Gernhuber/Coester-Waltjen* § 39 RdNr. 33 mwN in Fn. 38; *Erman/Gamillscheg* RdNr. 1; *Planck/Unzner* § 1486 Anm. 2.

Überlebenden erklären. Auch eine Lebensversicherung auf den Fall des Todes des erstversterbenden Ehegatten kann durch den Versicherten zu Vorbehaltsgut des begünstigten Ehegatten bestimmt werden, wenn diesem der Anspruch im Todesfall unmittelbar gegen den Versicherer zuwächst und damit vom Eintritt der fortgesetzten Gütergemeinschaft ebenso wenig berührt wird wie von der Erbfolge.

III. Umfang des Sonderguts

Zum Umfang des Sonderguts gelten **keine Besonderheiten** gegenüber § 1417 Abs. 2. Vgl. dazu die Erläuterungen zu dieser Vorschrift. 6

IV. Verwaltung und Nutzungen des Vorbehalts- und des Sonderguts

§ 1486 verweist nicht ausdrücklich auf die Regelungen über die Verwaltung und die Nutzungen des Vorbehalts- und des Sonderguts. Die Vorschrift sieht sie als begrifflichen Bestandteil der Vorbehalts- bzw. Sondergutseigenschaft an.[3] Vgl. deshalb § 1417 Abs. 3 und § 1418 Abs. 3[4] und die Erläuterungen hierzu. 7

§ 1487 Rechtsstellung des Ehegatten und der Abkömmlinge

(1) Die Rechte und Verbindlichkeiten des überlebenden Ehegatten sowie der anteilsberechtigten Abkömmlinge in Ansehung des Gesamtguts der fortgesetzten Gütergemeinschaft bestimmen sich nach den für die eheliche Gütergemeinschaft geltenden Vorschriften der §§ 1419, 1422 bis 1428, 1434, des § 1435 Satz 1, 3 und der §§ 1436, 1445; der überlebende Ehegatte hat die rechtliche Stellung des Ehegatten, der das Gesamtgut allein verwaltet, die anteilsberechtigten Abkömmlinge haben die rechtliche Stellung des anderen Ehegatten.

(2) Was der überlebende Ehegatte zu dem Gesamtgut schuldet oder aus dem Gesamtgut zu fordern hat, ist erst nach der Beendigung der fortgesetzten Gütergemeinschaft zu leisten.

I. Normzweck

Abs. 1 ist die grundlegende Vorschrift der fortgesetzten Gütergemeinschaft, die die rechtliche Stellung des überlebenden Ehegatten und der Abkömmlinge hinsichtlich des Gesamtguts regelt und dabei auf die eheliche Gütergemeinschaft mit alleiniger Verwaltung des Gesamtguts durch einen Ehegatten verweist: Der überlebende Ehegatte hat die Stellung des Gesamtgutsverwalters, die Abkömmlinge haben die des anderen Ehegatten. Die Regelung geschieht durch Verweisung auf die entsprechenden Vorschriften für die eheliche Gütergemeinschaft. Vgl. daher stets die Erläuterungen zu den Vorschriften, auf die verwiesen wird. Nach **Abs. 2** wird entsprechend § 1446 Abs. 1 die Fälligkeit von Forderungen des Ehegatten gegen das Gesamtgut und umgekehrt bis zur Beendigung der fortgesetzten Gütergemeinschaft aufgeschoben. 1

II. Gesamthandsgemeinschaft und Beteiligung am Gesamtgut

Abs. 1 erklärt zunächst § 1419 für anwendbar. Das bedeutet, dass für die fortgesetzte Gütergemeinschaft die selbe besonders strenge **Gesamthandsbindung** besteht.[1] Auch hier kann keiner der Beteiligten über seinen Anteil an der Gesamthandsgemeinschaft verfügen. Dies gilt auch nach Beendigung der fortgesetzten Gütergemeinschaft bis zur Auseinanderset- 2

[3] Obwohl dies teilweise nicht zwingend zutrifft; vgl. § 1417 RdNr. 7.
[4] § 1418 Abs. 4 gilt dagegen nicht mehr.
[1] Vgl. RGZ 129, 120.

zung (§ 1497 Abs. 2). Eine Pfändung des Anteils ist ausgeschlossen (§ 860 Abs. 1 S. 2 ZPO), ebenso die Pfändung des Anteils am Gesamtgut für den Fall der Beendigung der Gütergemeinschaft,[2] obwohl der Anteil nach der Beendigung pfändbar ist (§ 860 Abs. 2 ZPO). Abtretbar und pfändbar ist dagegen der Anspruch auf das künftige Auseinandersetzungsguthaben, der freilich beim Abkömmling der Gefahr eines möglichen Wegfalls durch Tod oder Verzicht (§ 1517) vor Beendigung der fortgesetzten Gütergemeinschaft unterliegt.[3]

3 Die **Abkömmlinge** sind an der Gesamthandsgemeinschaft **beteiligt,** ihre Rechtsstellung ist keine bloße Anwartschaft für den Fall der Beendigung der fortgesetzten Gütergemeinschaft.[4] Hat ein Abkömmling mit seinem Ehegatten seinerseits Gütergemeinschaft vereinbart, so ist der Anteil am Gesamtgut (nicht der Anspruch auf das Auseinandersetzungsguthaben) bis zur Auseinandersetzung Sondergut (vgl. § 1416 RdNr. 11).

4 **Verstirbt** ein **Abkömmling,** so gehört der Anteil am Gesamtgut nicht zu seinem Nachlass (§ 1490). Eine Verfügung von Todes wegen über den Gesamtgutsanteil ist deshalb ausgeschlossen. Dagegen kann der **überlebende Ehegatte** in einer Verfügung von Todes wegen Bestimmungen über seinen Anteil am Gesamtgut treffen.[5]

III. Rechtsstellung des überlebenden Ehegatten und der Abkömmlinge

5 **1. Grundsatz.** Der überlebende Ehegatte hat grundsätzlich die Rechtsstellung des Gesamtgutsverwalters, die Abkömmlinge haben die Stellung des anderen Ehegatten. Besonderheiten bestehen nur in geringem Umfang.

6 **2. Der überlebende Ehegatte als Gesamtgutsverwalter.** Dass die Gesamtgutsverwaltung auf den überlebenden Ehegatten zwingend übergeht, bedeutet nicht, dass er seine Befugnisse nicht durch **Vollmachten** und **Ermächtigung** in dem Umfang delegieren könnte, in dem dies auch der Verwalter bei der ehelichen Gütergemeinschaft tun kann (vgl. § 1422 RdNr. 5 ff.). Als Gesamtgutsverwalter führt der Ehegatte anhängige Rechtsstreitigkeiten weiter. Für ihre Aufnahme gilt § 239 ZPO.[6]

7 Umstr. ist, ob der **überlebende Ehegatte,** der **zugleich gesetzlicher Vertreter eines Abkömmlings** ist, in dessen Namen die Zustimmung zu einem Rechtsgeschäft, nach §§ 1423 bis 1425 erteilen kann. Die herrschende formale Auffassung zu § 181 lässt dies zu, wenn die Zustimmung nach § 182 Abs. 1 dem anderen Vertragsteil gegenüber erklärt wird.[7] Die Zustimmung läge dann regelmäßig bereits im Abschluss des Geschäfts mit dem Dritten. Die Gegenmeinung verdient jedoch den Vorzug. Bei Grundstücksgeschäften ist nach §§ 1821 Abs. 1 Nr. 1 bis 4, 1643 Abs. 1 die Zustimmung des VormG erforderlich.

8 **3. Rechtsverhältnis zu den Abkömmlingen.** Zweifelhaft ist, ob die **Übergabe eines landwirtschaftlichen Anwesens** an nur einen Abkömmling zur ordnungsgemäßen Gesamtgutsverwaltung erforderlich sein, danach die fehlende Zustimmung eines Abkömmlings hierzu nach §§ 1487 Abs. 1, 1426 ersetzt werden kann.[8] Jedenfalls kann dies nur ganz

---

[2] Vgl. § 1497 Abs. 2; RG JR Rspr. 1926, 1362.
[3] Vgl. BayObLG SeuffA 62 Nr. 183.
[4] RGZ 75, 418.
[5] BGH NJW 1964, 2298 = FamRZ 1964, 423; BayObLGZ 1960, 254; KG JW 1931, 1369.
[6] RGZ 148, 243, 245.
[7] BayObLG DNotZ 1952, 163; *Dölle* I § 82 I 2 b; *Erman/Gamillscheg* RdNr. 3; *Palandt/Brudermüller* RdNr. 4; RGRK/*Finke* RdNr. 19; *Soergel/Gaul* RdNr. 9; aA KG JFG 2, 283; *Gernhuber/Coester-Waltjen* § 39 RdNr. 36: Pflegerbestellung erforderlich; *Planck/Unzner* § 1487 Anm. 11 *Staudinger/Thiele* (2007) RdNr. 14 mwN Vertritt man eine materielle Auffassung und unterstellt § 181 danach typisierte Fallgruppen, in denen üblicherweise Interessenkollisionen auftreten, so steht die Erteilung der Zustimmung nach §§ 1487 Abs. 1, 1423 ff. zwischen den Fällen, in denen die Interessen typischerweise parallel laufen, und denen, in denen sie typischerweise entgegengesetzt sind: Einerseits haben sowohl Ehegatte als auch Abkömmlinge als Gesamtgutsberechtigte ein gleiches Interesse an der ordnungsmäßigen Verwaltung des Gesamtguts, das jedoch insoweit auseinandergeht, als der Abkömmling als (wahrscheinlich) zukünftiger Auseinandersetzungsberechtigter regelmäßig an der langfristigen Substanzwahrung stärker interessiert ist. In solchen Fällen ist die Zustimmung durch einen Pfleger zu verlangen.
[8] Bejahend BayObLG OLGE 42, 88; OLG München JFG 4, 14.

ausnahmsweise dann gelten,[9] wenn dem überlebenden Ehegatten die Weiterführung des Anwesens auch mit fremder Hilfe nicht möglich ist.[10] Denn mit der Übergabe des Anwesens wird der Zweck der fortgesetzten Gütergemeinschaft, die Erhaltung des Familienvermögens bis zu ihrer Beendigung, im Grunde verfehlt.[11] Das **Revokationsrecht** des § 1428 kann jeder Abkömmling selbständig geltend machen.[12]

Verschiedene **Vorschriften zur ehelichen Gütergemeinschaft** sind **von** der **Verweisung** in Abs. 1 ausdrücklich **ausgenommen:** Anstelle des **§ 1420** gelten für die Verwendung des Vermögens und der Einkünfte aller an der fortgesetzten Gütergemeinschaft Beteiligten für den gegenseitigen Unterhalt die allgemeinen Grundsätze (vgl. §§ 1601 ff., 1649). Den Abkömmlingen steht bei Verhinderung des überlebenden Ehegatten das Notverwaltungsrecht nach **§ 1429** nicht zu (wohl aber uU das Recht zur Aufhebungsklage nach § 1495 Nr. 1). Den überlebenden Ehegatten trifft auch keine Verpflichtung zur Unterrichtung und Auskunftserteilung über die Gesamtgutsverwaltung **(§ 1435 S. 2),** wohl aber nach den allgemeinen Grundsätzen während der Auseinandersetzung.[13] 9

Für die fortgesetzte Gütergemeinschaft gegenstandslos sind § 1421 (wegen der zwingenden Verwaltungsregelung in § 1487 Abs. 1), §§ 1430 bis 1433 (als persönliche Rechte des anderen Ehegatten) und § 1446 Abs. 2. Die Haftung im Außen- und Innenverhältnis (§§ 1437 bis 1444), die Fälligkeit von Ausgleichsansprüchen des Gesamtgutsverwalters (§ 1446 Abs. 1) und das Recht zur Aufhebungsklage und die Wirkungen eines Aufhebungsurteils (§§ 1447 bis 1449) sind für die fortgesetzte Gütergemeinschaft durch besondere Bestimmungen geregelt. 10

IV. Fälligkeit von Ausgleichsforderungen

In sachlicher Übereinstimmung mit § 1446 Abs. 1 (vgl. die Erläuterungen hierzu) schiebt Abs. 2 die Fälligkeit von Schulden und Forderungen des überlebenden Ehegatten gegenüber dem Gesamtgut bis zur Beendigung der fortgesetzten Gütergemeinschaft hinaus. Für die Fälligkeit von Forderungen und Schulden der Abkömmlinge gelten demgegenüber die allgemeinen Regeln (s. § 271). 11

§ 1488 Gesamtgutsverbindlichkeiten

Gesamtgutsverbindlichkeiten der fortgesetzten Gütergemeinschaft sind die Verbindlichkeiten des überlebenden Ehegatten sowie solche Verbindlichkeiten des verstorbenen Ehegatten, die Gesamtgutsverbindlichkeiten der ehelichen Gütergemeinschaft waren.

I. Normzweck

Das Gesamtgut haftet für alle Verbindlichkeiten, die schon bei Eintritt der fortgesetzten Gütergemeinschaft Gesamtgutsverbindlichkeiten waren, und zusätzlich für alle Verbindlichkeiten des überlebenden Ehegatten. 1

---

[9] Vgl. *Palandt/Brudermüller* RdNr. 6.

[10] Vgl. BayObLGZ 14, 624; 22, 5.

[11] *Gernhuber/Coester-Waltjen* § 39 RdNr. 37.

[12] Vgl. BayObLG SeuffA 63 Nr. 252 zu dem Fall, dass das Revokationsrecht bereits vom verstorbenen Ehegatten erworben wurde und dann nach der Entscheidung nur gemeinsam geltend gemacht werden kann.

[13] RGRK/*Finke* RdNr. 26; *Soergel/Gaul* RdNr. 12; *Staudinger/Thiele* (2007) RdNr. 19; aus der Pflicht zur ordnungsmäßigen Verwaltung kann sich eine Verpflichtung zur Unterrichtung über wichtige Maßnahmen gegenüber volljährigen Abkömmlingen ergeben.

II. Die Haftung des Gesamtguts im Außenverhältnis

2 Gesamtgutsverbindlichkeiten sind alle **Verbindlichkeiten des überlebenden Ehegatten,** ohne Rücksicht darauf, worauf sie beruhen,[1] wann sie entstanden sind, und, wenn sie vor Eintritt der fortgesetzten Gütergemeinschaft entstanden sind, ohne Rücksicht darauf, ob sie vorher Gesamtgutsverbindlichkeiten waren.

3 Für **Verbindlichkeiten des verstorbenen Ehegatten** haftet das Gesamtgut dagegen nur, wenn sie schon bei Eintritt der fortgesetzten Gütergemeinschaft Gesamtgutsverbindlichkeiten waren (aber unabhängig davon, wem sie im Innenverhältnis zur Last fielen; vgl. §§ 1437 ff., §§ 1459 ff.). Beerbt der überlebende Ehegatte den verstorbenen, so werden wegen der Erbenhaftung nach § 1967 Abs. 1 alle vom Verstorbenen herrührenden Schulden nach § 1488, 1. Alternative Gesamtgutsverbindlichkeiten. Dies kann der Überlebende durch Ausschlagung der Erbschaft (am einfachsten, wenn – wie häufig – der Verstorbene außer seinem Anteil am Gesamtgut kein oder kein nennenswertes Vermögen besitzt) oder durch die Mittel der Beschränkung seiner Erbenhaftung verhindern (Nachlass ist nur das Vorbehalts- und das Sondergut des Verstorbenen).

4 § 1488 erwähnt versehentlich die – seltenen (vgl. § 1437 RdNr. 6) – reinen **Gesamthandsschulden** nicht, für die bei Eintritt der fortgesetzten Gütergemeinschaft nur das Gesamtgut gehaftet hat und weiter haften muss.[2] Für **Verbindlichkeiten der Abkömmlinge** haftet das Gesamtgut niemals.[3]

III. Zwangsvollstreckung in das Gesamtgut, Insolvenz

5 Die **Zwangsvollstreckung** in das Gesamtgut setzt einen Titel gegen den überlebenden Ehegatten voraus (§ 745 Abs. 1 ZPO). Nach Beendigung der fortgesetzten Gütergemeinschaft ist zusätzlich ein Duldungstitel gegen die beteiligten Abkömmlinge erforderlich (§ 745 Abs. 2 ZPO). Ist der alleinverwaltende Ehegatte verstorben, so kann ein gegen ihn ergangener Vollstreckungstitel gegen den überlebenden Ehegatten umgeschrieben werden (§ 744 ZPO). Die **Insolvenz** des überlebenden Ehegatten erfasst das ganze Gesamtgut (§ 37 Abs. 1 S. 1 InsO).[4] Die Insolvenz eines Abkömmlings lässt das Gesamtgut dagegen unberührt (§ 37 Abs. 3, Abs. 1 S. 3 InsO).

§ 1489 Persönliche Haftung für die Gesamtgutsverbindlichkeiten

(1) Für die Gesamtgutsverbindlichkeiten der fortgesetzten Gütergemeinschaft haftet der überlebende Ehegatte persönlich.

(2) Soweit die persönliche Haftung den überlebenden Ehegatten nur infolge des Eintritts der fortgesetzten Gütergemeinschaft trifft, finden die für die Haftung des Erben für die Nachlassverbindlichkeiten geltenden Vorschriften entsprechende Anwendung; an die Stelle des Nachlasses tritt das Gesamtgut in dem Bestand, den es zur Zeit des Eintritts der fortgesetzten Gütergemeinschaft hat.

(3) Eine persönliche Haftung der anteilsberechtigten Abkömmlinge für die Verbindlichkeiten des verstorbenen oder des überlebenden Ehegatten wird durch die fortgesetzte Gütergemeinschaft nicht begründet.

I. Normzweck

1 **Für** die **Gesamtgutsverbindlichkeiten haftet** der **überlebende Ehegatte auch persönlich,** dh. mit seinem Vorbehalts- und Sondergut (Abs. 1), dagegen wird durch die

[1] Vgl. KG JW 1937, 31, 59.
[2] *Gernhuber/Coester-Waltjen* § 39 RdNr. 38.
[3] OLG Stettin OLGE 14, 233.
[4] Vgl. §§ 332, 315, bis 331 InsO.

fortgesetzte Gütergemeinschaft **keine persönliche Haftung der Abkömmlinge** begründet (Abs. 3). Die persönliche Haftung mit seinem Sondervermögen würde den überlebenden Ehegatten dann ungerechtfertigt belasten, wenn er für eine Gesamtgutsverbindlichkeit ohne den Eintritt der fortgesetzten Gütergemeinschaft nicht persönlich haften würde. Deshalb gewährt ihm das Gesetz hinsichtlich solcher Verbindlichkeiten die **Möglichkeit,** seine **Haftung** nach den Grundsätzen der Erbenhaftung auf den Bestand des Gesamtguts bei Eintritt der fortgesetzten Gütergemeinschaft **zu beschränken** (Abs. 2).

II. Persönliche Haftung des überlebenden Ehegatten

Nach Abs. 1 haftet der überlebende Ehegatte für alle Gesamtgutsverbindlichkeiten (vgl. 2
§ 1488) auch persönlich. Die persönliche Haftung tritt also ein, wenn der überlebende Ehegatte vorher nicht persönlich gehaftet hat. Haftet er für eine Gesamtgutsverbindlichkeit schon persönlich, so schafft § 1489 Abs. 1 eine zusätzliche Haftungsgrundlage.[1] Die persönliche Haftung endet nur durch Vereinbarung mit dem Gläubiger. Sie endet nicht durch die Beendigung der fortgesetzten Gütergemeinschaft; eine §§ 1437 Abs. 2 S. 2, 1459 Abs. 2 S. 2 entsprechende Regelung gibt es nicht.

III. Haftungsbeschränkung

Die entsprechende Anwendung der Vorschriften über die Erbenhaftung nach Abs. 2 lässt 3
die Beschränkung der Haftung dann zu, **wenn** der **Ehegatte nur wegen des Eintritts der fortgesetzten Gütergemeinschaft persönlich haftet.** Die Haftungsbeschränkung ist deshalb möglich, wenn der Ehegatte für eine Gesamtgutsverbindlichkeit vor Beendigung der ehelichen Gütergemeinschaft nicht persönlich gehaftet hat oder wenn seine persönliche Haftung bei Beendigung der ehelichen Gütergemeinschaft durch den Tod des anderen Ehegatten (wenn also die fortgesetzte Gütergemeinschaft nicht eingetreten wäre) nach §§ 1437 Abs. 2 S. 2, 1459 Abs. 2 S. 2 weggefallen wäre.

Haftet der **überlebende Ehegatte** für eine solche Verbindlichkeit nur auf Grund § 1967 4
Abs. 1 als **Erbe,** so ist umstr., ob er neben der Beschränkung seiner Erbenhaftung (auf das aus Vorbehalts- und Sondergut des Verstorbenen Erlangte) auch die Haftungsbeschränkung des § 1489 Abs. 2 herbeiführen kann.[2] Diese Möglichkeit muss ihm eingeräumt werden, weil sonst auf dem Umweg über § 1489 Abs. 1 für eine solche Gesamtgutsverbindlichkeit nicht nur das Gesamtgut, sondern auch das Vorbehalts- und Sondergut des überlebenden Ehegatten haften würden und damit die Beschränkung der Erbenhaftung letztlich wirkungslos wäre. Der zweifelhaften Rechtslage wegen muss im Zweifel zur Ausschlagung der Erbschaft geraten werden. Dies kann aber nicht Sinn der Möglichkeit sein, die Beschränkung der Erbenhaftung herbeizuführen.

Für die Beschränkung der Haftung gelten die **Grundsätze für** die **Beschränkung der** 5
Erbenhaftung entsprechend.[3] An die Stelle des Nachlasses tritt das Gesamtgut in seinem Bestand bei Eintritt der fortgesetzten Gütergemeinschaft (vgl. § 1978). Die Haftungsbeschränkung dient sowohl dem Interesse des überlebenden Ehegatten, der den betroffenen Gesamtgutsgläubigern den späteren Erwerb zum Gesamtgut sowie sein Vorbehalts- und Sondergut als Haftungsgrundlage entzieht, als auch den betroffenen Gläubigern selbst, die vor der Konkurrenz des Zugriffs von Gläubigern geschützt werden, die bei Eintritt der fortgesetzten Gütergemeinschaft nicht Gesamtgutsgläubiger waren und denen das Gesamtgut nach § 1488 1. Alternative haftet.

---

[1] Vgl. RGZ 148, 243, 249.

[2] Für diese Möglichkeit *Gernhuber/Coester-Waltjen* § 39 RdNr. 39 Fn. 47; *Soergel/Gaul* RdNr. 2; *Staudinger/Thiele* (2007) RdNr. 10 (gegen Voraufl.); aA *Dölle* I § 82 II 4 c; RGRK/*Finke* RdNr. 4.

[3] Vgl. §§ 1967 ff.; §§ 305 Abs. 2, 786, 780 ff. ZPO.

IV. Keine persönliche Haftung der Abkömmlinge

6 Für eine Gesamtgutsverbindlichkeit haften die Abkömmlinge in keinem Falle deshalb persönlich, weil die Verbindlichkeit Gesamtgutsverbindlichkeit ist (Abs. 3). Dies lässt selbstverständlich ihre persönliche Haftung auf Grund anderer Haftungsgrundlagen unberührt.

§ 1490 Tod eines Abkömmlings

[1] Stirbt ein anteilsberechtigter Abkömmling, so gehört sein Anteil an dem Gesamtgut nicht zu seinem Nachlass. [2] Hinterlässt er Abkömmlinge, die anteilsberechtigt sein würden, wenn er den verstorbenen Ehegatten nicht überlebt hätte, so treten die Abkömmlinge an seine Stelle. [3] Hinterlässt er solche Abkömmlinge nicht, so wächst sein Anteil den übrigen anteilsberechtigten Abkömmlingen und, wenn solche nicht vorhanden sind, dem überlebenden Ehegatten an.

I. Normzweck

1 Verstirbt ein Abkömmling während der fortgesetzten Gütergemeinschaft, so wird sein Anteil nicht vererbt. Er geht vielmehr – entsprechend dem Wesen der fortgesetzten Gütergemeinschaft als Gemeinschaft zwischen dem überlebenden Ehegatten und den gemeinschaftlichen Abkömmlingen – auf seine (anteilsberechtigten) Abkömmlinge, hilfsweise auf die anderen beteiligten Abkömmlinge, weiter hilfsweise zuletzt auf den überlebenden Ehegatten über.

II. Übergang auf die Abkömmlinge des Verstorbenen

2 Der Anteil eines Abkömmlings am Gesamtgut der noch nicht beendeten[1] fortgesetzten Gütergemeinschaft fällt **nicht** in seinen **Nachlass** (S. 1).[2] Deshalb ist eine Verfügung von Todes wegen über den Anteil ausgeschlossen.[3] Der Anteil fällt in erster Linie zwingend den **Abkömmlingen des Verstorbenen** zu, die zum Zeitpunkt seines Todes nach § 1483 Abs. 1 S. 2 anteilsberechtigt gewesen wären, wenn er selbst vorverstorben, der erstversterbende Ehegatte erst zu diesem Zeitpunkt verstorben wäre (vgl. § 1483 RdNr. 6).[4] Anteilsberechtigt ist danach auch ein als Kind angenommener Minderjähriger (§ 1754), ein als Kind angenommener Volljähriger dagegen nur, wenn nach § 1772 bestimmt wurde, dass sich die Wirkungen der Annahme nach den Vorschriften über die Annahme eines Minderjährigen richten (sonst gilt § 1770 Abs. 1 S. 1 mit der Folge, dass das angenommene Kind nicht gesetzlicher Erbe des erstverstorbenen Ehegatten geworden wäre). Anstelle eines männlichen Abkömmlings tritt auf Grund der Änderungen durch das ErbSchlRG von 16. 12. 1997 auch dessen **nichteheliches Kind** in die fortgesetzte Gütergemeinschaft ein.[5]

III. Hilfsweise Anwachsung zugunsten der beteiligten Abkömmlinge bzw. des überlebenden Ehegatten

3 Hinterlässt der verstorbene Abkömmling keine Abkömmlinge, auf die sein Anteil nach RdNr. 2 übergeht, so wächst dieser hilfsweise den an der fortgesetzten Gütergemeinschaft bereits beteiligten Abkömmlingen zu. Den Erben des verstorbenen Abkömmlings stehen – abgesehen von dem nichtehelichen Abkömmling, der wegen § 1934 a nicht in die fort-

[1] Zur Vererbung des Anteils an der beendeten fortgesetzten Gütergemeinschaft s. § 1497 RdNr. 3.
[2] Vgl. KGJ 44, 108.
[3] KG OLGE 26, 316.
[4] Nicht zu berücksichtigen ist zusätzlich auch ein Abkömmling, der nach § 1491 auf seinen Anteil am Gesamtgut verzichtet hat; nach Eintritt der fortgesetzten Gütergemeinschaft tritt anstelle des § 1517 der Verzicht des § 1491.
[5] Anders nach § 1934 a aF; vgl. OLG Stuttgart Rpfleger 1975, 433; § 1483 RdNr. 8.

gesetzte Gütergemeinschaft eintritt – keine Ersatzansprüche zu. War der verstorbene Abkömmling neben dem überlebenden Ehegatten einziger Beteiligter an der fortgesetzten Gütergemeinschaft, so wächst sein Anteil weiter hilfsweise dem überlebenden Ehegatten zu.

IV. Wirkungen des Übergangs

Der Übergang des Anteils an der fortgesetzten Gütergemeinschaft tritt **kraft Gesetzes** ein. 4
Auch hier bleibt die Identität der Gesamthandsgemeinschaft erhalten, nur ihre Mitglieder wechseln. Geht der Anteil des letzten beteiligten Abkömmlings auf den überlebenden Ehegatten über, so endet damit die fortgesetzte Gütergemeinschaft. Die Gegenstände des Gesamtguts gehen kraft Gesetzes auf den überlebenden Ehegatten über, einzelner Übertragungsakte bedarf es nicht. Die Umschreibung des Grundbuchs auf ihn ist bloße Grundbuchberichtigung.

§ 1491 Verzicht eines Abkömmlings

(1) [1] Ein anteilsberechtigter Abkömmling kann auf seinen Anteil an dem Gesamtgut verzichten. [2] Der Verzicht erfolgt durch Erklärung gegenüber dem für den Nachlass des verstorbenen Ehegatten zuständigen Gericht; die Erklärung ist in öffentlich beglaubigter Form abzugeben. [3] Das Nachlassgericht soll die Erklärung dem überlebenden Ehegatten und den übrigen anteilsberechtigten Abkömmlingen mitteilen.

(2) [1] Der Verzicht kann auch durch Vertrag mit dem überlebenden Ehegatten und den übrigen anteilsberechtigten Abkömmlingen erfolgen. [2] Der Vertrag bedarf der notariellen Beurkundung.

(3) [1] Steht der Abkömmling unter elterlicher Sorge oder unter Vormundschaft, so ist zu dem Verzicht die Genehmigung des Familiengerichts erforderlich. [2] Bei einem Verzicht durch den Betreuer des Abkömmlings ist die Genehmigung des Betreuungsgerichts erforderlich.

(4) Der Verzicht hat die gleichen Wirkungen, wie wenn der Verzichtende zur Zeit des Verzichts ohne Hinterlassung von Abkömmlingen gestorben wäre.

I. Normzweck

Anders als der überlebende Ehegatte (§ 1484 Abs. 1) haben die Abkömmlinge keine 1
Möglichkeit, die Fortsetzung der Gütergemeinschaft abzulehnen. Nach § 1491 können sie aber auf ihren Anteil verzichten. Damit wird die vorzeitige Auseinandersetzung mit den Abkömmlingen ermöglicht.

II. Zeitpunkt und Erklärung des Verzichts

Während § 1517 den Verzicht auf den Anteil an der fortgesetzten Gütergemeinschaft vor 2
deren Eintritt zum Gegenstand hat, betrifft § 1491 den **Verzicht** des Abkömmlings auf seinen Anteil **nach Eintritt der fortgesetzten Gütergemeinschaft.** Der Abkömmling muss bereits an der fortgesetzten Gütergemeinschaft beteiligt sein. Ist die fortgesetzte Gütergemeinschaft eingetreten, der Abkömmling – weil durch einen Elternteil ausgeschlossen – aber noch nicht beteiligt, so ist Verzicht nach § 1517 nicht mehr, nach § 1491 noch nicht möglich. Der Verzicht kann auch noch nach Beendigung der fortgesetzten Gütergemeinschaft **bis zur** vollständigen **Auseinandersetzung** erklärt werden.[1] Auch wenn der künftige Anspruch auf das Auseinandersetzungsguthaben eines Abkömmlings gepfändet ist, hindert ihn dies nicht, auf seinen Anteil zu verzichten.[2]

---

[1] BayObLG MDR 1952, 41; *Bamberger/Roth/J. Mayer* RdNr. 3.

[2] Vgl. BayObLG SeuffA 62. 183; Gläubigeranfechtung ist aber möglich (aA *Planck/Unzner* Anm. 4); deren Rechtsfolge soll Verpflichtung zu Geldersatz sein, weil die Rechtsfolgen des Verzichts nicht rückgängig gemacht werden könnten (OLG Stettin JW 1934, 921; RGRK/*Finke* RdNr. 3; *Soergel/Gaul* RdNr. 8); tatsächlich gilt aber nichts besonderes.

3 Der Verzicht erfolgt entweder durch **einseitige,** öffentlich beglaubigte **Erklärung** gegenüber dem Nachlassgericht (Abs. 1) **oder** durch notariell beurkundeten **Verzichtsvertrag** (Abs. 2). Mit Rücksicht auf den eindeutigen Wortlaut der Vorschrift, den der Gesetzgeber bei ihrer Ergänzung durch das Betreuungsgesetz v. 12. 9. 1990 beibehalten hat, ist ihre „teleologische Reduktion" mit dem Ergebnis, der Verzichtsvertrag sei formfrei,[3] ausgeschlossen. Außerdem fehlt die „ratio legis" für das Beurkundungserfordernis nicht. Während sich die Folgen der einseitigen Verzichtserklärung aus dem Gesetz ergeben, können im Verzichtsvertrag zusätzliche Vereinbarungen (etwa über Gegenleistungen) getroffen werden.

4 Steht der **Verzichtende unter elterlicher Sorge oder Vormundschaft,** so bedarf der Verzicht der Genehmigung des Familiengerichts (Abs. 3). Regelmäßig muss der Verzicht wegen §§ 1795, 1629 durch einen Pfleger erklärt werden.[4] Der Verzicht durch einen Betreuer bedarf der Genehmigung durch das Betreuungsgericht, nicht aber der Verzicht durch den geschäftsfähigen Betreuten selbst, auch wenn zu ihm – im Bereich eines Einwilligungsvorbehalts – die Einwilligung des Betreuers nach § 1903 erforderlich ist.

III. Inhalt, Wirkungen und rechtliche Behandlung des Verzichts

5 Der Verzicht kann von einer **Gegenleistung** abhängig gemacht werden.[5] Er ist zwar ein abstraktes Verfügungsgeschäft – ähnlich dem Erbverzicht –, aber, da **nicht** grundsätzlich **bedingungsfeindlich,** kann sowohl beim einseitigen wie beim vertraglichen Verzicht die Erbringung der Gegenleistung zur Voraussetzung seiner Wirksamkeit erklärt werden.[6] Dem Wesen des Verzichts entsprechend ist dagegen die Beifügung einer auflösenden Bedingung ausgeschlossen.[7] Ist der Verzicht einmal wirksam geworden, so kann er auch durch Vereinbarung **nicht mehr rückgängig gemacht** werden. Der Verzicht kann nicht auf einen **Teil des Anteils** beschränkt werden. Die **Wirkungen des Verzichts** entsprechen denen nach § 1490, wenn ein Abkömmling ohne Hinterlassung von Abkömmlingen verstirbt. Die Anwachsung an die übrigen Abkömmlinge, hilfsweise den überlebenden Ehegatten ist zwingend, die Erklärung des Verzichts zugunsten bestimmter Beteiligter an der fortgesetzten Gütergemeinschaft – oder gar Dritter – ist nicht möglich. Durch Auslegung ist zu ermitteln, ob ein solcher Verzicht trotzdem wirksam oder unwirksam ist (vgl. § 2350 Abs. 1). Gleichzeitig mit dem Verzicht sind Vereinbarungen nach § 1501 Abs. 2 über die Anrechnung einer gewährten Abfindung für den Fall der künftigen Auseinandersetzung möglich (vgl. § 1501 RdNr. 3). Im Übrigen gelten für den Verzicht die **allgemeinen Rechtsvorschriften.**[8] Die Rechtsgrundsätze zum Erbverzicht können entsprechend herangezogen werden.

§ 1492 Aufhebung durch den überlebenden Ehegatten

(1) [1] Der überlebende Ehegatte kann die fortgesetzte Gütergemeinschaft jederzeit aufheben. [2] Die Aufhebung erfolgt durch Erklärung gegenüber dem für den Nachlass des verstorbenen Ehegatten zuständigen Gericht; die Erklärung ist in öffentlich beglaubigter Form abzugeben. [3] Das Nachlassgericht soll die Erklärung den anteilsberechtigten Abkömmlingen und, wenn der überlebende Ehegatte gesetzlicher Vertreter eines der Abkömmlinge ist, dem Familiengericht, wenn eine Betreuung besteht, dem Betreuungsgericht mitteilen.

[3] So aber *van Venrooy* FamRZ 1988, 561.

[4] Vgl. BGHZ 21, 229, 232 = NJW 1956, 1433.

[5] RGZ 75, 263; BayObLG MDR 1952, 41.

[6] *Dölle* I § 81 VI 2 c, bb; *Planck/Unzner* Anm. 15; *Staudinger/Thiele* (2007) RdNr. 6–9; *Bamberger/Roth/Mayer* RdNr. 3; auch wenn die Regel grundsätzlicher Bedingungsfeindlichkeit von Gestaltungsgeschäften auf den Verzicht angewendet wird, gilt für Bedingungen, deren Erfüllung dem Willen des Rechtsgeschäftspartners unterliegt, eine Ausnahme.

[7] Vgl. RGRK/*Finke* RdNr. 1; *Staudinger/Thiele* (2007) RdNr. 9; *Bamberger/Roth/J. Mayer* RdNr. 3.

[8] Zur Anfechtung vgl. BayObLG NJW 1954, 928.

(2) [1] Die Aufhebung kann auch durch Vertrag zwischen dem überlebenden Ehegatten und den anteilsberechtigten Abkömmlingen erfolgen. [2] Der Vertrag bedarf der notariellen Beurkundung.

(3) [1] Steht der überlebende Ehegatte unter elterlicher Sorge oder unter Vormundschaft, so ist zu der Aufhebung die Genehmigung des Familiengerichts erforderlich. [2] Bei einer Aufhebung durch den Betreuer des überlebenden Ehegatten ist die Genehmigung des Betreuungsgerichts erforderlich.

I. Normzweck

Der Eintritt der fortgesetzten Gütergemeinschaft liegt im Interesse des überlebenden Ehegatten. Deshalb kann er nach § 1484 schon den Eintritt der fortgesetzten Gütergemeinschaft ablehnen. § 1492 gibt ihm darüber hinaus jederzeit die Möglichkeit, die fortgesetzte Gütergemeinschaft aufzuheben. 1

II. Die Aufhebung durch den überlebenden Ehegatten

Im Wesentlichen gelten die Rechtsregeln für den Verzicht eines Abkömmlings nach § 1491 entsprechend. Wie der Verzicht eines Abkömmlings nach § 1491 kann die Aufhebung entweder durch einseitige, öffentlich beglaubigte **Erklärung** gegenüber dem Nachlassgericht (Abs. 1) oder durch notariell beurkundeten[1] **Vertrag** mit den Abkömmlingen (Abs. 2) erfolgen. Steht der Ehegatte unter **elterlicher Sorge** oder Vormundschaft, so bedarf die Aufhebung der familiengerichtlichen Genehmigung (Abs. 3). Bei Aufhebung durch einen Betreuer ist die Genehmigung des Betreuungsgerichts erforderlich, aber nicht für die Aufhebung durch den geschäftsfähigen Betreuten selbst, auch wenn dazu im Bereich eines Einwilligungsvorbehalts die Einwilligung des Betreuers nach § 1903 erforderlich ist. Die Genehmigung des Familiengerichts ist zu dem Aufhebungsvertrag nicht erforderlich, wenn ein Abkömmling unter gesetzlicher Vertretung steht. Wie der Verzicht eines Abkömmlings nach § 1491 ist die Aufhebung abstraktes **Verfügungsgeschäft.** Zur Möglichkeit der Erklärung unter einer Bedingung s. § 1491 RdNr. 5. 2

Die Aufhebung **beendet** die **fortgesetzte Gütergemeinschaft** und führt zur Auseinandersetzung nach §§ 1497 ff. Hat der Ehegatte die fortgesetzte Gütergemeinschaft wirksam aufgehoben, so kann sie durch Vereinbarung nicht wiederhergestellt werden. Die Aufhebung kann nur generell für die fortgesetzte Gütergemeinschaft als solche erfolgen. Eine „Kündigung" einzelnen Abkömmlingen gegenüber ist ausgeschlossen. 3

Eine Verpflichtung des Ehegatten, die Gütergemeinschaft aufzuheben, besteht nach § 1493 Abs. 2 im Falle der **Wiederverheiratungsabsicht,** wenn der Gemeinschaft ein Abkömmling angehört, der unter elterlicher Sorge oder Vormundschaft steht. 4

Im Übrigen gelten für die Aufhebung ebenfalls die **allgemeinen Rechtsgrundsätze;** vgl. § 1491 RdNr. 5. 5

§ 1493 Wiederverheiratung oder Begründung einer Lebenspartnerschaft des überlebenden Ehegatten

(1) Die fortgesetzte Gütergemeinschaft endet, wenn der überlebende Ehegatte wieder heiratet oder eine Lebenspartnerschaft begründet.

(2) [1] Der überlebende Ehegatte hat, wenn ein anteilsberechtigter Abkömmling minderjährig ist, die Absicht der Wiederverheiratung dem Familiengericht anzuzeigen, ein Verzeichnis des Gesamtguts einzureichen, die Gütergemeinschaft aufzuheben und die Auseinandersetzung herbeizuführen. [2] Das Familiengericht kann

[1] Zur Auffassung von *van Venrooy* FamRZ 1988, 561, der Vertrag unterliege nicht der Beurkundungsform, s. § 1491 RdNr. 3 mit Fn. 3.

gestatten, dass die Aufhebung der Gütergemeinschaft bis zur Eheschließung unterbleibt und dass die Auseinandersetzung erst später erfolgt. [3] Die Sätze 1 und 2 gelten auch, wenn die Sorge für das Vermögen eines anteilsberechtigten Abkömmlings zum Aufgabenkreis eines Betreuers gehört; in diesem Fall tritt an die Stelle des Familiengerichts das Betreuungsgericht.

(3) Das Standesamt, bei dem die Eheschließung angemeldet worden ist, teilt dem Familiengericht die Anmeldung mit.

I. Normzweck

1 Mit der Wiederverheiratung des überlebenden Ehegatten endet die fortgesetzte Gütergemeinschaft kraft Gesetzes (Abs. 1). Gehören ihr minderjährige oder hinsichtlich der Verwaltung ihres Vermögens betreute Abkömmlinge an, so treffen den überlebenden Ehegatten vor seiner Wiederheirat besondere **Verpflichtungen zum Schutz** dieser **Abkömmlinge** (Abs. 2; vgl. §§ 1683, 1845, 1908 i Abs. 1).

II. Beendigung der fortgesetzten Gütergemeinschaft durch Wiederheirat

2 Mit der Wiederverheiratung des überlebenden Ehegatten endet die fortgesetzte Gütergemeinschaft zwingend (Abs. 1) und endgültig. Dies gilt auch, wenn die neue Ehe aufgehoben wird.[1]

III. Pflichten des Ehegatten bei Heiratsabsicht

3 Ist an der fortgesetzten Gütergemeinschaft ein minderjähriger Abkömmling oder ein Abkömmling beteiligt, bei dem die Sorge für sein Vermögen zum Aufgabenkreis eines Betreuers gehört, so hat der überlebende Ehegatte dem Formundschaftsgericht bzw. dem Betreuungsgericht seine Heiratsabsicht anzuzeigen und ein **Verzeichnis über** das **Gesamtgut einzureichen.** Das Vermögensverzeichnis muss den derzeitigen Stand des Gesamtguts vollständig enthalten und auch die Gesamtgutsverbindlichkeiten aufführen, weil nur dies dem Gericht eventuell ein sachgemäßes Tätigwerden zum Schutz des Abkömmlings ermöglicht.[2] Die Vorlage von Belegen oder eines Rechenschaftsberichts über die Gesamtgutsverwaltung ist dagegen nicht erforderlich. Die Möglichkeit, dass das Vormundschaftsgericht (Betreuungsgericht) bei **Einreichung** eines **ungenügenden Verzeichnisses** dessen Aufnahme durch ein amtliches Organ anordnen kann, ist nicht vorgesehen. Ist der überlebende Ehegatte zugleich **Inhaber der elterlichen Sorge** oder Vormund oder Betreuer des Abkömmlings, so trifft ihn hinsichtlich dessen eigenen Vermögens zusätzlich die Pflicht nach §§ 1683, 1845, 1908 i Abs. 1. Grundsätzlich hat der Ehegatte schon bei Beabsichtigung der Wiederheirat die fortgesetzte Gütergemeinschaft aufzuheben und die Auseinandersetzung herbeizuführen. Das Gericht kann demgegenüber gestatten, dass die Aufhebung bis zur Eheschließung unterbleibt (die fortgesetzte Gütergemeinschaft endet dann nach Abs. 1) und die Auseinandersetzung erst später erfolgt (Abs. 2 S. 2; ähnlich § 1683 Abs. 2). Die Verpflichtungen nach Abs. 2 bestehen auch – soweit nicht gegenstandslos –, wenn die **fortgesetzte Gütergemeinschaft** bereits **beendet,** das Gesamtgut aber noch nicht auseinandergesetzt ist.[3]

IV. Benachrichtigung durch das Standesamt

4 Um die Benachrichtigung des zuständigen Gerichts unabhängig von der Anzeigepflicht des zur Wiederheirat entschlossenen Ehegatten sicherzustellen, sieht Abs. 3 eine Anzeigepflicht des Standesamtes vor.

---

[1] Selbst zur früheren Nichtigkeit allgM (3. Aufl.).
[2] Hinsichtlich der Verbindlichkeiten aA *Staudinger/Thiele* (2007) RdNr. 4 mwN gegen die überwM.
[3] BayObLG JFG 1, 56.

§ 1494 Tod des überlebenden Ehegatten

(1) Die fortgesetzte Gütergemeinschaft endet mit dem Tode des überlebenden Ehegatten.

(2) Wird der überlebende Ehegatte für tot erklärt oder wird seine Todeszeit nach den Vorschriften des Verschollenheitsgesetzes festgestellt, so endet die fortgesetzte Gütergemeinschaft mit dem Zeitpunkt, der als Zeitpunkt des Todes gilt.

I. Normzweck

Die fortgesetzte Gütergemeinschaft ist an die Person des überlebenden Ehegatten gebunden. Stirbt er oder wird er für tot erklärt, so endet damit zwangsläufig auch die fortgesetzte Gütergemeinschaft. 1

II. Tod des Ehegatten

Während beim Tod eines Abkömmlings die fortgesetzte Gütergemeinschaft nach § 1490 grundsätzlich weitergeführt wird, endet sie beim Tode des überlebenden Ehegatten. Die Auseinandersetzung wird zwischen seinen Erben und den Abkömmlingen durchgeführt (zur Überlagerung der Gesamthandsgemeinschaften, Erbengemeinschaft und fortgesetzte Gütergemeinschaft und deren Folgen s. § 1471 RdNr. 11 f.). 2

III. Todeserklärung

Auch die rechtskräftige Todeserklärung (bzw. die Feststellung des Todeszeitpunktes) des überlebenden Ehegatten führt zur Beendigung der fortgesetzten Gütergemeinschaft. Bei der Beendigung bleibt es, auch wenn der Ehegatte noch lebt, später wieder auftaucht und der Beschluss über die Todeserklärung daraufhin aufgehoben wird. Der klare Wortlaut des Abs. 2 findet seine Begründung darin, dass eine Wiederherstellung des Gesamtguts zwar möglich, aber regelmäßig unpraktikabel wäre und die Ansprüche des Ehegatten, insbesondere nach § 2031 (auf das, was ihm bei der Auseinandersetzung zugestanden hätte), seinen Interessen zwar weniger als die Weiterführung der (niemals als beendet angesehenen) fortgesetzten Gütergemeinschaft, aber doch ausreichend Rechnung tragen.[1] 3

§ 1495 Aufhebungsklage eines Abkömmlings

Ein anteilsberechtigter Abkömmling kann gegen den überlebenden Ehegatten auf Aufhebung der fortgesetzten Gütergemeinschaft klagen,

1. **wenn seine Rechte für die Zukunft dadurch erheblich gefährdet werden können, dass der überlebende Ehegatte zur Verwaltung des Gesamtguts unfähig ist oder sein Recht, das Gesamtgut zu verwalten, missbraucht,**
2. **wenn der überlebende Ehegatte seine Verpflichtung, dem Abkömmling Unterhalt zu gewähren, verletzt hat und für die Zukunft eine erhebliche Gefährdung des Unterhalts zu besorgen ist,**
3. **wenn die Verwaltung des Gesamtguts in den Aufgabenkreis des Betreuers des überlebenden Ehegatten fällt,**
4. **wenn der überlebende Ehegatte die elterliche Sorge für den Abkömmling verwirkt hat oder, falls sie ihm zugestanden hätte, verwirkt haben würde.**

---

[1] Wie hier *Gernhuber/Coester-Waltjen* § 39 RdNr. 47; *Bamberger/Roth/J. Mayer* RdNr. 3 mwN; *Staudinger/Thiele* (2007) RdNr. 5; aA die überwM: *Dölle* I § 83 II 3; *Erman/Gamillscheg* RdNr. 1; *Palandt/Brudermüller* RdNr. 1; RGRK/*Finke* RdNr. 2; *Soergel/Gaul* RdNr. 7.

I. Normzweck

1 Wie § 1447 dem nichtverwaltenden Ehegatten als ultima ratio die Möglichkeit einräumt, auf Aufhebung der ehelichen Gütergemeinschaft zu klagen, gibt § 1495 ein entsprechendes Recht den Abkömmlingen bei der fortgesetzten Gütergemeinschaft. Der Zweck der Rechtsbehelfe stimmt im Wesentlichen überein, sodass die Erläuterungen zu § 1447 ergänzend herangezogen werden können.

II. Die einzelnen Klagegründe

2 § 1495 **Nr. 1** stimmt sachlich mit § 1447 Nr. 1, § 1495 **Nr. 2** mit § 1447 Nr. 2 (mit der Besonderheit, dass nur der Abkömmling klagen kann, dessen Unterhaltsanspruch verletzt wurde) und § 1495 **Nr. 3** mit § 1447 Nr. 4 überein. Inhaltlich gilt für die Klagegründe dasselbe wie bei § 1447.[1] Da der Erwerb der Abkömmlinge nicht in das Gesamtgut fällt, sondern ihnen als eigenes Vermögen zusteht, kann er durch Gesamtgutsverbindlichkeiten nicht gefährdet werden. Eine § 1447 Nr. 3 entsprechende Vorschrift wurde in § 1495 daher nicht aufgenommen. Die Gefährdung des späteren Erwerbs der Abkömmlinge bei Auseinandersetzung des Gesamtguts durch Gesamtgutsverbindlichkeiten (zweiter Anwendungsfall des § 1447 Nr. 3) berechtigt damit nur zur Aufhebungsklage, wenn das Eingehen von Verbindlichkeiten durch den überlebenden Ehegatten gleichzeitig eine missbräuchliche Ausübung seiner Verwaltungsbefugnis darstellt. **Nr. 4** enthält einen weiteren Grund zur Aufhebungsklage (der in § 1447 kein Vorbild haben kann), wenn der überlebende Ehegatte die „elterliche Sorge über den klagenden Abkömmling verwirkt" hat oder verwirkt hätte, falls sie ihm zugestanden hätte. Da es eine Verwirkung der elterlichen Sorge nach Aufhebung des § 1676 aF durch Art. 1 Nr. 23 SorgeRG (v. 18. 7. 1979, BGBl. I S. 1061) nicht mehr gibt, ist die Vorschrift gegenstandslos.[2]

III. Die Aufhebungsklage

3 Für die Aufhebungsklage gelten die **gleichen Grundsätze wie zu §§ 1447, 1448, 1469.** Klageberechtigt ist nach § 1495 Nr. 1, 2 und 4 nur der betroffene Abkömmling. Die Klage ist nach dem ausdrücklichen Wortlaut der Vorschrift nur gegen den überlebenden Ehegatten zu richten, obwohl eine obsiegende Entscheidung die fortgesetzte Gütergemeinschaft insgesamt, also auch für die anderen Abkömmlinge aufhebt. Die anderen Abkömmlinge können dem Verfahren aber als streitgenössische Nebenintervenienten beitreten.[3] Beendigung der fortgesetzten Gütergemeinschaft (gleichgültig aus welchem Grunde, also auch bei Aufhebung durch den überlebenden Ehegatten nach § 1492) und Ausscheiden des klagenden Abkömmlings während des Verfahrens bedeuten die Erledigung der Hauptsache.

§ 1496 Wirkung der richterlichen Aufhebungsentscheidung

[1] Die Aufhebung der fortgesetzten Gütergemeinschaft tritt in den Fällen des § 1495 mit der Rechtskraft der richterlichen Entscheidung ein. [2] Sie tritt für alle

[1] Speziell zu § 1495 Nr. 1 s. BGHZ 48, 369 = NJW 1968, 496 mit Anm. von *Johannsen*; den Missbrauch des Verwaltungsrechts sah der BGH in der Erklärung der Zwangsvollstreckungsunterwerfung durch den überlebenden Ehegatten, um dem Gläubiger die Eintragung einer Zwanghypothek ohne Zustimmung der Abkömmlinge – nach §§ 1487 Abs. 1, 1424 – zu ermöglichen. Gerade zu § 1495 Nr. 1 stellt der BGH fest, das Recht auf Aufhebung erfordere nicht, dass ein Schaden oder eine Gefährdung bereits eingetreten oder ernstlich zu befürchten ist; es genüge vielmehr, dass sich aus dem Verhalten des überlebenden Ehegatten der Schluss rechtfertigt, dass er den Rechten der Abkömmlinge nicht die nötige Beachtung schenken werde.

[2] *Palandt/Brudermüller* RdNr. 4; *Bamberger/Roth/J. Mayer* RdNr. 4; aA *Soergel/Gaul* RdNr. 7; *Staudinger/Thiele* (2007) RdNr. 7, die davon ausgehen, die Vorschrift beziehe sich auf die Voraussetzungen des früheren § 1676 aF. Ohne Bedeutung ist die theoretische Weitergeltung für Fälle früherer Verwirkung.

[3] §§ 66, 69, 61 ZPO; Rechtskrafterstreckung nach § 1496 S. 2.

Abkömmlinge ein, auch wenn die richterliche Entscheidung auf die Klage eines der Abkömmlinge ergangen ist.

I. Normzweck

1 Entsprechend §§ 1449 Abs. 1, 1470 Abs. 1 für die eheliche Gütergemeinschaft endet die fortgesetzte Gütergemeinschaft mit der Rechtskraft der Aufhebungsentscheidung (S. 1). S. 2 ordnet an, dass sich die Rechtskraft einer Entscheidung, die ein Abkömmling gegen den überlebenden Ehegatten erwirkt hat, auf alle anderen Abkömmlinge erstreckt.

II. Aufhebung durch rechtskräftige richterliche Entscheidung

2 Für die Aufhebung der fortgesetzten Gütergemeinschaft durch rechtskräftige richterliche Entscheidung gelten die **Rechtsgrundsätze zu §§ 1449 Abs. 1, 1470 Abs. 1 entsprechend.** Die Entscheidung kann nicht für vorläufig vollstreckbar erklärt werden. Eine Aufhebung der fortgesetzten Gütergemeinschaft durch einstweilige Verfügung ist ausgeschlossen, weil sie die endgültige Entscheidung vorwegnehmen würde. Andere Sicherungsmaßnahmen – zB Gebote an den überlebenden Ehegatten, sich Verwaltungshandlungen zu enthalten – sind dagegen durch einstweilige Verfügung möglich (vgl. § 1447 RdNr. 19).

III. Rechtskrafterstreckung

3 Da die Aufhebung der fortgesetzten Gütergemeinschaft nur einheitlich zwischen allen Beteiligten möglich ist – den Anspruch eines Abkömmlings auf Ausscheiden gegen Abfindung kennt das Gesetz nicht –, ordnet S. 2 notwendigerweise an, dass sich die Rechtskraft der von einem Abkömmling erwirkten Aufhebungsentscheidung auf alle anderen Abkömmlinge erstreckt. Mehrere Abkömmlinge sind deshalb notwendige Streitgenossen, der Abkömmling, der sich als Nebenintervenient am Rechtsstreit beteiligt, ist streitgenössischer Nebenintervenient (§§ 61, 62, 66, 69 ZPO).

§ 1497 Rechtsverhältnis bis zur Auseinandersetzung

(1) Nach der Beendigung der fortgesetzten Gütergemeinschaft setzen sich der überlebende Ehegatte und die Abkömmlinge über das Gesamtgut auseinander.

(2) Bis zur Auseinandersetzung bestimmt sich ihr Rechtsverhältnis am Gesamtgut nach den §§ 1419, 1472, 1473.

I. Normzweck

1 Wie bei der ehelichen Gütergemeinschaft findet auch nach der fortgesetzten Gütergemeinschaft die Auseinandersetzung über das Gesamtgut statt (Abs. 1). Die Verweisung in Abs. 2 bedeutet, dass bis zur vollständigen Auseinandersetzung die Rechtsverhältnisse am Gesamtgut mit denen bei der beendeten ehelichen Gütergemeinschaft übereinstimmen.

II. Anspruch auf Auseinandersetzung, Unterbleiben der Auseinandersetzung

2 Wie § 1471 Abs. 1 bei der beendeten ehelichen Gütergemeinschaft gibt § 1497 Abs. 2 allen Beteiligten einen **Anspruch auf Auseinandersetzung** unter Berücksichtigung der §§ 1498 ff., für den die gleichen Regeln (insbesondere hinsichtlich seiner Durchsetzung) gelten (vgl. § 1474 RdNr. 11 f.). Wie bei der ehelichen Gütergemeinschaft ist dieser Anspruch auf Auseinandersetzung nicht abtretbar,[1] wohl aber der Anspruch auf das Auseinandersetzungsguthaben.[2] Die unwirksame Verfügung über einen Anteil an einer beende-

[1] KG JW 1931, 1371.
[2] Vgl. BGH LM Nr. 1 = FamRZ 1966, 443.

ten fortgesetzten Gütergemeinschaft kann in die Abtretung dieses Anspruchs umgedeutet werden.[3] Eine **Auseinandersetzung** findet **nicht** statt, wenn das Gesamtgut kraft Gesetzes einem Beteiligten allein zugewachsen ist, sei es, dass alle Abkömmlinge ausgeschieden sind oder dass der einzige an der fortgesetzten Gütergemeinschaft beteiligte Abkömmling den überlebenden Ehegatten allein beerbt hat.[4]

III. Rechtsverhältnisse am Gesamtgut bis zur Auseinandersetzung

3 Die Rechtsverhältnisse entsprechen auf Grund der Verweisung in Abs. 2 grundsätzlich denen bei der beendeten ehelichen Gütergemeinschaft. Wie § 1471 Abs. 2 verweist § 1497 Abs. 2 zunächst auf § 1419. Bis zur vollständigen Auseinandersetzung besteht danach die **Gesamthandsgemeinschaft** fort. Sowohl über die Anteile am Gesamtgut als auch an einzelnen Gesamtgutsgegenständen kann weiterhin nicht verfügt werden (§ 1419 Abs. 1).[5] Zur Unabtretbarkeit des Anspruchs auf Auseinandersetzung, aber Abtretbarkeit des Anspruchs auf das Auseinandersetzungsguthaben vgl. oben RdNr. 2. Die Anteile am Gesamtgut sind jetzt pfändbar (§ 860 Abs. 2 ZPO) und fallen in die Insolvenzmasse, wenn ein Beteiligter in Insolvenz fällt.[6] Die Anteile der Abkömmlinge sind nun vererblich. Der überlebende Ehegatte und die Abkömmlinge **verwalten** das Gesamtgut nun **gemeinschaftlich** (§ 1472 Abs. 1).[7] Drittgerichtete Verwaltungshandlungen kann der Ehegatte auch als gesetzlicher Vertreter eines Abkömmlings vornehmen (nicht aber wegen §§ 1795, 1629 Rechtsgeschäfte im Rahmen der Auseinandersetzung zwischen den Beteiligten der fortgesetzten Gütergemeinschaft; vgl. § 1498 RdNr. 3). **§§ 1472 Abs. 2 und 3** sind ebenfalls entsprechend anwendbar (vgl. § 1472 RdNr. 6 ff.), § 1472 **Abs. 4** ist dagegen gegenstandslos. Im Gegensatz zur Rechtslage bis zur Beendigung der fortgesetzten Gütergemeinschaft sind die Beteiligten sich gegenseitig zur **Unterrichtung** und **Auskunft** verpflichtet,[8] der überlebende Ehegatte insbesondere über den Bestand des Gesamtguts. Grundsätzlich wird nach Beendigung der fortgesetzten Gütergemeinschaft **nicht mehr** zum **Gesamtgut** erworben. Gesamtgut werden aber die Surrogate des Gesamtguts (Abs. 2; vgl. § 1473 und die Erläuterungen dazu). Die Tatsache, dass die fortgesetzte Gütergemeinschaft beendet ist, ist nicht in das **Grundbuch einzutragen** (vgl. § 1471 RdNr. 10). Die **Zwangsvollstreckung** in das Gesamtgut setzt nun zusätzlich einen Duldungstitel gegen die beteiligten Abkömmlinge voraus (§§ 745 Abs. 2, 743, 744 ZPO).[9]

§ 1498 Durchführung der Auseinandersetzung

[1] Auf die Auseinandersetzung sind die Vorschriften der §§ 1475, 1476, des § 1477 Abs. 1, der §§ 1479, 1480 und des § 1481 Abs. 1, 3 anzuwenden; an die Stelle des Ehegatten, der das Gesamtgut allein verwaltet hat, tritt der überlebende Ehegatte, an die Stelle des anderen Ehegatten treten die anteilsberechtigten Abkömmlinge. [2] Die in § 1476 Abs. 2 Satz 2 bezeichnete Verpflichtung besteht nur für den überlebenden Ehegatten.

I. Normzweck

1 Die Auseinandersetzung erfolgt grundsätzlich in gleicher Weise wie bei der beendeten ehelichen Gütergemeinschaft. Dies ergibt sich aus den Verweisungen des § 1498. In erster Linie ist die Vereinbarung der Beteiligten für die Auseinandersetzung maßgebend. Nur,

[3] BGH LM Nr. 1 = FamRZ 1966, 443.
[4] KG JFG 1, 358; zur Rechtslage, wenn er nur Vorerbe geworden ist, vgl. § 1482 RdNr. 5.
[5] Vgl. BGH LM Nr. 1 = FamRZ 1966, 443; BayObLG MDR 1952, 41.
[6] Vgl. § 1471 RdNr. 8; zum früheren Nachlasskonkurs nach dem Tod des überlebenden Ehegatten s. BayObLGZ 33, 341.
[7] Vgl. RGZ 139, 121.
[8] RG Warn. 1928 Nr. 42.
[9] Vgl. § 1472 RdNr. 19; RGZ 148, 250.

wenn sie sich nicht einigen, hat jeder Anspruch auf Auseinandersetzung nach den gesetzlichen Vorschriften. Die Erläuterungen zur Auseinandersetzung der ehelichen Gütergemeinschaft im Allgemeinen und zu den Vorschriften, auf die Bezug genommen ist, sind entsprechend heranzuziehen.

II. Auseinandersetzung durch Vereinbarung

Nach allgM stehen weder die fehlende Verweisung auf § 1474 noch § 1518 Vereinbarungen des überlebenden Ehegatten mit den beteiligten Abkömmlingen über die Art der Auseinandersetzung im Wege. Denn diese werden zum einen nicht von den Ehegatten getroffen (vgl. § 1518) und betreffen zum anderen nicht mehr die fortgesetzte Gütergemeinschaft selbst, sondern die Auflösung ihres Gesamtguts. Solche Vereinbarungen können – allerdings von § 1501 Abs. 2 abgesehen – nur konkret für eine bestimmte bevorstehende Auseinandersetzung, aber auch schon vor der Beendigung der Gütergemeinschaft getroffen werden. (Dem steht die Sondervorschrift des § 1501 Abs. 2 nicht entgegen). Von der zwingenden Gläubigerschutzvorschrift des § 1480 abgesehen, auf die § 1498 verweist, sind die Beteiligten dabei vollständig frei. 2

Eine bestimmte **Form** ist für den Auseinandersetzungsvertrag nicht vorgeschrieben; die Vereinbarungen können daher auch formlos getroffen werden, soweit nicht wegen des Gegenstands der Auseinandersetzung, insbesondere nach § 313, die Einhaltung einer bestimmten Form notwendig ist. Für einen Abkömmling, dessen gesetzlicher Vertreter der überlebende Ehegatte ist, muss wegen §§ 1795, 1629 ein **Pfleger** die Vereinbarungen treffen. Das Erfordernis **vormundschaftsgerichtlicher Genehmigung** bei Beteiligung Minderjähriger oder Betreuter ist nicht vorgesehen.[1] Der vormundschaftsgerichtlichen Genehmigung bedarf die Auseinandersetzung aber grundsätzlich dann, wenn zum Gesamtgut Grundbesitz gehört (§§ 1821 Abs. 1 Nr. 1, 1643 Abs. 1, 1908 i Abs. 1).[2] 3

III. Auseinandersetzung nach den gesetzlichen Vorschriften

Jeder an der fortgesetzten Gütergemeinschaft Beteiligte hat einen klagbaren Anspruch auf Auseinandersetzung entsprechend der gesetzlichen Regelung. Sowohl für diesen Auseinandersetzungsanspruch als auch für die Regelung der Auseinandersetzung **gilt** im Wesentlichen das **gleiche wie bei der ehelichen Gütergemeinschaft.** Die für die Auseinandersetzung der fortgesetzten Gütergemeinschaft nicht passenden Vorschriften sind von der Verweisung des § 1498 ausgenommen. **Modifikationen** ergeben sich aus den **§§ 1499 ff.** 4

Die **Verweisung auf § 1476** führt zusammen mit der Bestimmung des § 1498, dass der überlebende Ehegatte an die Stelle des Gesamtgutsverwalters, die Abkömmlinge an die des anderen Ehegatten treten, zur **hälftigen Teilung** des Gesamtguts zwischen Ehegatte einerseits und Abkömmlingen andererseits. Der überlebende Ehegatte wird also im Ergebnis an der Gesamtgutshälfte des erstverstorbenen Ehegatten nicht beteiligt und trägt im wirtschaftlichen Ergebnis auch mit seiner Hälfte zur Abfindung einseitiger Abkömmlinge des Erstverstorbenen bei (da die Halbteilung auch dann stattfindet, wenn einseitige Abkömmlinge nach § 1483 Abs. 2 abgefunden werden mussten). Diese Benachteiligung gegenüber einer sofortigen Abwicklung beim Tode des erstverstorbenen Ehegatten ist das Äquivalent dafür, dass das Gesamtgut bei der fortgesetzten Gütergemeinschaft ungeteilt dem überlebenden Ehegatten zur Verwaltung erhalten bleibt, umgekehrt die Abkömmlinge ihre Anteile erst bei Auseinandersetzung des Gesamtguts erhalten.[3] 5

---

[1] AA *Staudinger/Thiele* (2007) RdNr. 4; *Bamberger/Roth/J. Mayer* RdNr. 2; vgl. für die Erbauseinandersetzung durch den Vormund § 1822 Nr. 2. Nach hM ist § 1822 Nr. 2 entsprechend anwendbar, wenn die Verteilung der Abfindung im Verhältnis der Abkömmlinge untereinander geregelt wird, weil dies Erbteilungscharakter habe; so *Erman/Gamillscheg* § 1501 RdNr. 2; *Palandt/Brudermüller* § 1501 RdNr. 2; RGRK/*Finke* § 1501 RdNr. 4; *Soergel/Gaul* RdNr. 3 und § 1501 RdNr. 4; *Staudinger/Thiele* (2007) RdNr. 4.

[2] Vgl. KGJ 38, 219.

[3] Vgl. *Gernhuber* § 39 VI 5.

6 **§ 1476 Abs. 2** gilt zwar für den überlebenden Ehegatten, aber nicht für die Abkömmlinge. Das bedeutet, dass die Abkömmlinge sich Verbindlichkeiten des vorverstorbenen Ehegatten entsprechend dem Wortlaut des § 1500 bis zur Erschöpfung ihres Anteils anrechnen lassen, darüber hinaus jedoch keinen Ersatz leisten müssen. Trifft einen Abkömmling dagegen eine eigene Verbindlichkeit gegenüber dem Gesamtgut, so muss er sie nach den allgemeinen Grundsätzen – notfalls auch über seinen Anteil hinaus – erfüllen.

7 Wird die fortgesetzte Gütergemeinschaft durch **Aufhebungsurteil** beendet, so ist **§ 1479** entsprechend anwendbar, dh. auf Verlangen ist für die Auseinandersetzung der Zeitpunkt der Klageerhebung zugrunde zu legen. Obwohl § 1498 den Abkömmlingen die Rechte des nichtverwaltenden Ehegatten ausdrücklich gemeinschaftlich zuweist, kann der Abkömmling, der das Aufhebungsurteil erwirkt hat, unabhängig von den anderen Abkömmlingen verlangen, dass die Auseinandersetzung – und zwar nur ihm gegenüber – nach den Verhältnissen zum Zeitpunkt der Klageerhebung durchzuführen ist, obwohl damit die Auseinandersetzung im Verhältnis zu verschiedenen Abkömmlingen unterschiedlich durchgeführt werden muss. Sonst könnte der klagende Abkömmling bei Zusammenwirken des überlebenden Ehegatten mit den anderen Abkömmlingen benachteiligt werden.[4]

8 Bei **vorzeitiger Teilung des Gesamtguts** trifft auch die Abkömmlinge nach **§ 1480** die – auf die zugeteilten Gegenstände beschränkte – **persönliche Haftung** für noch nicht beglichene Gesamtgutsverbindlichkeiten.

§ 1499 Verbindlichkeiten zu Lasten des überlebenden Ehegatten

Bei der Auseinandersetzung fallen dem überlebenden Ehegatten zur Last:

1. **die ihm bei dem Eintritt der fortgesetzten Gütergemeinschaft obliegenden Gesamtgutsverbindlichkeiten, für die das eheliche Gesamtgut nicht haftete oder die im Verhältnis der Ehegatten zueinander ihm zur Last fielen;**
2. **die nach dem Eintritt der fortgesetzten Gütergemeinschaft entstandenen Gesamtgutsverbindlichkeiten, die, wenn sie während der ehelichen Gütergemeinschaft in seiner Person entstanden wären, im Verhältnis der Ehegatten zueinander ihm zur Last gefallen sein würden;**
3. **eine Ausstattung, die er einem anteilsberechtigten Abkömmling über das dem Gesamtgut entsprechende Maß hinaus oder die er einem nicht anteilsberechtigten Abkömmling versprochen oder gewährt hat.**

I. Normzweck

1 Wie bei der ehelichen Gütergemeinschaft sind die Gesamtgutsverbindlichkeiten auch bei der fortgesetzten Gütergemeinschaft grundsätzlich Gesamtgutslasten, dh. vom Gesamtgut und damit im wirtschaftlichen Ergebnis (§§ 1498, 1476 Abs. 1) vom überlebenden Ehegatten und den Abkömmlingen je zur Hälfte zu tragen. Die in § 1499 aufgeführten Verbindlichkeiten treffen im Innenverhältnis den überlebenden Ehegatten. Im Wesentlichen sind es die Verbindlichkeiten, die ihm bei Beendigung statt Fortsetzung der ehelichen Gütergemeinschaft zur Last gefallen wären (Nr. 1), und diejenigen, die – während der fortgesetzten Gütergemeinschaft neu entstanden – ihn in der ehelichen Gütergemeinschaft im Verhältnis zum anderen Ehegatten treffen würden (Nr. 2), schließlich eine Ausstattung an einen nicht anteilsberechtigten Abkömmling oder eine Übermaßausstattung an einen anteilsberechtigten Abkömmling (Nr. 3).

---

[4] AA die allgM, nach der die Abkömmlinge das Verlangen nur gemeinschaftlich stellen können; vgl. *Erman/Gamillscheg* RdNr. 1; *Soergel/Gaul* RdNr. 7 mit eingehender Begründung; *Staudinger/Thiele* (2007) RdNr. 10. Für die hier vertretene Auffassung spricht auch die ausdrückliche Regelung des § 1502 Abs. 2 S. 3.

II. Die vom überlebenden Ehegatten zu tragenden Verbindlichkeiten

Nr. 1, 1. Alternative betrifft die Verbindlichkeiten, die nur nach § 1488, 1. Alternative Gesamtgutsverbindlichkeiten geworden sind. War der überlebende Ehegatte vorher Gesamtgutsverwalter, so ist diese Alternative gegenstandslos, weil, von anderer Vereinbarung mit dem Gläubiger abgesehen, nach § 1437 Abs. 1 alle Verbindlichkeiten des Verwalters Gesamtgutsverbindlichkeiten sind. War er es nicht, gilt Nr. 1, 1. Alternative für die Verbindlichkeiten, die nach §§ 1438 bis 1440 bzw. 1460 bis 1462 oder nach Vereinbarung mit dem Gläubiger nicht Gesamtgutsverbindlichkeiten waren. **Nr. 1, 2. Alternative** verweist auf die §§ 1441 bis 1444 bzw. §§ 1463 bis 1466. **Nr. 2** verweist auf die §§ 1441 bis 1443 und erklärt sie im Ergebnis während der fortgesetzten Gütergemeinschaft für anwendbar (§ 1444 wird durch die Sondervorschrift der Nr. 3 ersetzt). Da der überlebende Ehegatte Gesamtgutsverwalter ist, sind nur die §§ 1441 ff., nicht die §§ 1463 ff. heranzuziehen.[1] Nach **Nr. 3** hat der überlebende Ehegatte auch die Kosten einer **Ausstattung** aus dem Gesamtgut zu tragen, wenn sie entweder einem nichtanteilsberechtigten Abkömmlinge gewährt oder übermäßig war. Zu den einzelnen Tatbestandsmerkmalen der Vorschrift s. die entsprechenden Erläuterungen zu § 1444. 2

Zu den **Rechtsfolgen** der **Anwendbarkeit des § 1499** vgl. §§ 1487 Abs. 2, 1498, 1475 Abs. 2. 3

§ 1500 Verbindlichkeiten zu Lasten der Abkömmlinge

(1) Die anteilsberechtigten Abkömmlinge müssen sich Verbindlichkeiten des verstorbenen Ehegatten, die diesem im Verhältnis der Ehegatten zueinander zur Last fielen, bei der Auseinandersetzung auf ihren Anteil insoweit anrechnen lassen, als der überlebende Ehegatte nicht von dem Erben des verstorbenen Ehegatten Deckung hat erlangen können.

(2) In gleicher Weise haben sich die anteilsberechtigten Abkömmlinge anrechnen zu lassen, was der verstorbene Ehegatte zu dem Gesamtgut zu ersetzen hatte.

I. Normzweck

§ 1500 enthält als Gegenstück zu § 1499 die Lasten, die sich im Innenverhältnis bei der Auseinandersetzung die Abkömmlinge zurechnen lassen müssen. Es sind die Lasten, die der verstorbene Ehegatte zu tragen hatte, sofern von dessen Erben keine Deckung zum Gesamtgut erlangt werden konnte. 1

II. Die Anrechnung zu Lasten der Abkömmlinge

Abs. 1 verweist auf die §§ 1441 bis 1444 bzw. §§ 1463 bis 1466, Abs. 2 auf § 1445 Abs. 1 bzw. § 1467 Abs. 1 und auf Ersatzpflichten zum Gesamtgut auf anderer Rechtsgrundlage. Weitere Voraussetzung ist in beiden Fällen, dass eine **Deckung von** den **Erben des vorverstorbenen Ehegatten nicht zu erlangen** war. Es kommt also nicht auf die tatsächliche Deckung, sondern auf ihre Möglichkeit an. Die Beweislast trifft den überlebenden Ehegatten. Hat der überlebende Ehegatte den vorverstorbenen beerbt, so gilt das Gleiche: Die Anrechnung zu Lasten der Abkömmlinge entfällt, soweit der Nachlass zur Deckung ausreichte. Darüber hinaus bleiben die Abkömmlinge belastet. Ausschlagung der Erbschaft ist dem überlebenden Ehegatten nicht zuzumuten.[1*] § 1500 ordnet **nur** eine 2

[1] *Soergel/Gaul* RdNr. 4; *Staudinger/Thiele* (2007) RdNr. 10; anders *Erman/Gamillscheg* RdNr. 2; *Palandt/Brudermüller* RdNr. 3.

[1*] Demgegenüber wollen *Erman/Gamillscheg* RdNr. 1; *Palandt/Brudermüller* RdNr. 2; RGRK/*Finke* RdNr. 5; *Soergel/Gaul* RdNr. 3 die Anrechnungspflicht generell entfallen lassen, wenn der überlebende Ehegatte den Vorverstorbenen beerbt hat; wie hier *Staudinger/Thiele* (2007) RdNr. 8 gegen Voraufl.

Anrechnung zu Lasten der Abkömmlinge, **keine Ersatzpflicht** an. Soweit die anzurechnenden Lasten über den Anteil der Abkömmlinge hinausgehen, brauchen diese daher keinen Ersatz zu leisten. (Dem entspricht es, dass § 1498 die Anwendbarkeit des § 1476 Abs. 2 S. 2 auf die Abkömmlinge ausdrücklich ausschließt). Sind die Abkömmlinge dagegen Erben des vorverstorbenen Ehegatten geworden, so haften sie unabhängig von § 1500 für dessen Verbindlichkeiten, auch für diejenigen zum Gesamtgut, nach den allgemeinen Grundsätzen der Erbenhaftung.

§ 1501 Anrechnung von Abfindungen

(1) Ist einem anteilsberechtigten Abkömmling für den Verzicht auf seinen Anteil eine Abfindung aus dem Gesamtgut gewährt worden, so wird sie bei der Auseinandersetzung in das Gesamtgut eingerechnet und auf die den Abkömmlingen gebührende Hälfte angerechnet.

(2) [1] Der überlebende Ehegatte kann mit den übrigen anteilsberechtigten Abkömmlingen schon vor der Aufhebung der fortgesetzten Gütergemeinschaft eine abweichende Vereinbarung treffen. [2] Die Vereinbarung bedarf der notariellen Beurkundung; sie ist auch denjenigen Abkömmlingen gegenüber wirksam, welche erst später in die fortgesetzte Gütergemeinschaft eintreten.

I. Normzweck

1 Verzichtet ein Abkömmling auf seinen Anteil am Gesamtgut, so wächst er nach §§ 1491 Abs. 4, 1490 zwingend den anderen Abkömmlingen zu. Deshalb soll eine aus dem Gesamtgut gewährte Abfindung nach Abs. 1 auch die Abkömmlinge belasten. Abs. 2 lässt abweichende Vereinbarungen zu.

II. Anrechnung der Abfindung auf die Hälfte der Abkömmlinge

2 § 1501 bezieht sich auf die Abfindung, die ein Abkömmling für den Verzicht nach § 1491[1] auf seinen Anteil aus dem Gesamtgut[2] erhalten hat. Gleichgültig ist, ob der Verzicht durch einseitige Erklärung oder Vertrag erfolgte (s. § 1491 Abs. 1 S. 2 und Abs. 2).[3] Als Gesamtgutsverwalter kann nur der überlebende Ehegatte eine Abfindung aus dem Gesamtgut gewähren. Hat er eine **Abfindung** gewährt, die **über** den **Wert des Anteils** hinausging, so ist der überschießende Teil Schenkung oder Ausstattung. Eine ohne Zustimmung der Abkömmlinge gewährte Schenkung ist nach den allgemeinen Grundsätzen vom Beschenkten zurückzugewähren (vgl. §§ 1487 Abs. 1, 1425 Abs. 1); für die Tragung einer Ausstattung gilt § 1499 Nr. 3, nicht § 1501; in beiden Fällen kommt auch ein Anspruch gegen den Ehegatten nach §§ 1487 Abs. 1, 1435 S. 3 in Frage.[4]

III. Abweichende Vereinbarung

3 Über die Anrechnung einer gewährten Abfindung können zwischen dem überlebenden Ehegatten und den Abkömmlingen abweichende Vereinbarungen getroffen werden. **Allgemein für** eine etwaige zukünftige Auseinandersetzung getroffen bedarf eine solche Vereinbarung nach Abs. 2 S. 2 der quasi-ehevertraglichen **Beurkundungsform.** Sie ist auch später eintretenden Abkömmlingen (§ 1490) gegenüber wirksam. **Konkret für** eine bestimmte Auseinandersetzung ist die Vereinbarung **formlos** möglich. Dies gilt dann auch

---

[1] Die Vorschrift gilt nicht für den Vorausverzicht nach § 1517.

[2] Die Vorschrift gilt nicht für Abfindungen aus anderen Vermögensmassen.

[3] *Erman/Gamillscheg* RdNr. 1; *Palandt/Brudermüller* RdNr. 1; RGRK/*Finke* RdNr. 2; *Soergel/Gaul* RdNr. 2; *Staudinger/Thiele* (2007) RdNr. 3; aA *Planck/Unzner* Anm. 2 c.

[4] Vgl. – teilweise abweichend – *Soergel/Gaul* RdNr. 3; *Staudinger/Thiele* (2007) RdNr. 4.

schon vor Beendigung der fortgesetzten Gütergemeinschaft,[5] dann allerdings ohne Wirkung für einen später doch noch eintretenden Abkömmling. Wie stets bei Verträgen zwischen dem überlebenden Ehegatten und den Abkömmlingen sind §§ 1795, 1629 zu berücksichtigen.

§ 1502 Übernahmerecht des überlebenden Ehegatten

(1) [1] Der überlebende Ehegatte ist berechtigt, das Gesamtgut oder einzelne dazu gehörende Gegenstände gegen Ersatz des Wertes zu übernehmen. [2] Das Recht geht nicht auf den Erben über.

(2) [1] Wird die fortgesetzte Gütergemeinschaft auf Grund des § 1495 durch Urteil aufgehoben, so steht dem überlebenden Ehegatten das im Absatz 1 bestimmte Recht nicht zu. [2] Die anteilsberechtigten Abkömmlinge können in diesem Falle diejenigen Gegenstände gegen Ersatz des Wertes übernehmen, welche der verstorbene Ehegatte nach § 1477 Abs. 2 zu übernehmen berechtigt sein würde. [3] Das Recht kann von ihnen nur gemeinschaftlich ausgeübt werden.

I. Normzweck

Grundsätzlich ist der überlebende Ehegatte – nicht aber sind seine Erben – berechtigt, in der Auseinandersetzung das ganze Gesamtgut oder beliebige Gesamtgutsgegenstände gegen Wertersatz zu übernehmen **(Abs. 1).** Wurde die Gütergemeinschaft durch Aufhebungsurteil gegen den überlebenden Ehegatten beendet, so entfällt sein Übernahmerecht. Statt dessen steht dann den Abkömmlingen – gemeinschaftlich – ein Übernahmerecht an den Gegenständen zu, die der vorverstorbene Ehegatte nach § 1477 Abs. 2 hätte übernehmen können **(Abs. 2).** 1

II. Generelles Übernahmerecht des überlebenden Ehegatten

Grundsätzlich ist der überlebende Ehegatte bei Beendigung der Gütergemeinschaft berechtigt, nach seiner Wahl **beliebige Gegenstände** aus dem Gesamtgut gegen Wertersatz zu übernehmen. Das Übernahmerecht kann **formlos** ausgeübt werden. Die Ausübung begründet die Übertragungsverpflichtung aus dem Gesamtgut, die durch die entsprechenden Übertragungsakte zu vollziehen ist (vgl. § 1477 RdNr. 9). Das Übernahmerecht ist **unvererblich.** Der Ehegatte kann jedoch Zuwendungen in einer Verfügung von Todes wegen an einen Abkömmling dadurch bedingen, dass er einem anderen Abkömmling die Übernahme bestimmter Gegenstände aus dem Gesamtgut gestattet.[1] **Vererblich** ist der **Übertragungsanspruch,** nachdem das Übernahmerecht vom Ehegatten ausgeübt wurde. 2

III. Übernahmerecht der Abkömmlinge

Wird die Gütergemeinschaft durch **Aufhebungsurteil** auf die Klage eines Abkömmlings beendet, so entfällt das Übernahmerecht des überlebenden Ehegatten (dem auch nicht das normale Übernahmerecht nach § 1477 Abs. 2 zusteht, da § 1498 diese Vorschrift nicht einbezieht). Statt dessen haben dann die **Abkömmlinge** ein **Übernahmerecht** an den Gegenständen, die der vorverstorbene Ehegatte nach § 1477 Abs. 2 hätte übernehmen können.[2] Das Gleiche gilt, wenn ein Abkömmling die Aufhebungsklage erhoben hatte, während des Rechtsstreits die fortgesetzte Gütergemeinschaft auf andere Weise endet (durch Aufhebung des Ehegatten oder seinen Tod) und die Klage sonst Erfolg gehabt hätte.[3] Das 3

---

[5] AA *Erman/Gamillscheg* RdNr. 2; *Palandt/Brudermüller* RdNr. 1; *Soergel/Gaul* RdNr. 4; *Staudinger/Thiele* (2007) RdNr. 7.

[1] Vgl. BGH NJW 1964, 2298, = FamRZ 1964, 423; BayObLG OLGE 43, 360; KG JW 1931, 1369; OLG München JFG 1, 150.

[2] Vgl. § 1477 Abs. 2 und die Erläuterungen hierzu.

[3] Inzwischen allgM.

Übernahmerecht kann nur gemeinsam ausgeübt werden, entfällt also, wenn ein Abkömmling nicht mitwirkt. (Zweckmäßiger wäre es, wenn das Gesetz ihnen das Übernahmerecht als Gesamtberechtigten einräumen würde). Das Übernahmerecht der Abkömmlinge ist **vererblich.**

§ 1503 Teilung unter den Abkömmlingen

(1) Mehrere anteilsberechtigte Abkömmlinge teilen die ihnen zufallende Hälfte des Gesamtguts nach dem Verhältnis der Anteile, zu denen sie im Falle der gesetzlichen Erbfolge als Erben des verstorbenen Ehegatten berufen sein würden, wenn dieser erst zur Zeit der Beendigung der fortgesetzten Gütergemeinschaft gestorben wäre.

(2) Das Vorempfangene kommt nach den für die Ausgleichung unter Abkömmlingen geltenden Vorschriften zur Ausgleichung, soweit nicht eine solche bereits bei der Teilung des Nachlasses des verstorbenen Ehegatten erfolgt ist.

(3) Ist einem Abkömmling, der auf seinen Anteil verzichtet hat, eine Abfindung aus dem Gesamtgut gewährt worden, so fällt sie den Abkömmlingen zur Last, denen der Verzicht zustatten kommt.

I. Normzweck

1 Ihren halben Anteil am Gesamtgut (§§ 1498 Abs. 1, 1476 Abs. 1) teilen die Abkömmlinge untereinander im Verhältnis der gesetzlichen Erbfolge (Abs. 1). Beim Tode des erstverstorbenen Ehegatten noch nicht unter ihnen ausgeglichene Vorempfänge sind nun auszugleichen (Abs. 2). In Ergänzung zu § 1501 Abs. 1 bestimmt § 1503 Abs. 3, welchen Abkömmlingen eine Abfindung zugerechnet wird, die einem verzichtenden Abkömmling gewährt wurde (Abs. 3).

II. Die Vorschrift im Einzelnen

2 Nach Abs. 1 teilen die Abkömmlinge die ihnen zufallende Gesamtgutshälfte im **Verhältnis der gesetzlichen Erbfolge.** Eine andere Teilung konnte der erstversterbende Ehegatte mit Zustimmung des anderen (§ 1516 Abs. 1) im Rahmen der §§ 1512 ff. durch **Verfügung von Todes** wegen anordnen. Zur **Ausgleichung von Vorempfängen** vgl. §§ 2050 ff. und § 1483 RdNr. 14. Die Regelung des **Abs. 3** zu der Frage, welchen Abkömmlingen die Abfindung zuzurechnen ist, die einem verzichtenden Abkömmling gewährt wurde, ergänzt § 1501 Abs. 1. Sie gilt nur für den Verzicht nach Eintritt der fortgesetzten Gütergemeinschaft nach § 1491, nicht für den vorherigen Verzicht nach § 1517.

§ 1504 Haftungsausgleich unter Abkömmlingen

[1] Soweit die anteilsberechtigten Abkömmlinge nach § 1480 den Gesamtgutsgläubigern haften, sind sie im Verhältnis zueinander nach der Größe ihres Anteils an dem Gesamtgut verpflichtet. [2] Die Verpflichtung beschränkt sich auf die ihnen zugeteilten Gegenstände; die für die Haftung des Erben geltenden Vorschriften der §§ 1990, 1991 finden entsprechende Anwendung.

I. Normzweck

1 Die Abkömmlinge haben im Innenverhältnis auch die Gesamtgutsverbindlichkeiten im Verhältnis ihrer Anteile zu tragen. Hat einer der Abkömmlinge an einen Gläubiger mehr geleistet, kann er von den anderen entsprechenden Ausgleich verlangen.

II. Ausgleich unter den Abkömmlingen

2 Wird das Gesamtgut geteilt, so haften alle Beteiligten für eine noch nicht berichtigte Verbindlichkeit gesamtschuldnerisch, jeder beschränkt auf das, was er aus dem Gesamtgut erhalten hat (§§ 1498, 1480; vgl. die Erläuterungen zu § 1480). Den Ausgleich im Innenverhältnis zwischen dem überlebenden Ehegatten und den Abkömmlingen regelt **§ 1481 Abs. 1 und 3** (vgl. § 1498), den weiteren Ausgleich **unter** den **Abkömmlingen § 1504.**

3 Die Abkömmlinge sind untereinander im Verhältnis ihrer Anteile verpflichtet. Hat ein Abkömmling an einen Gläubiger mehr geleistet, so kann er von den anderen **Ausgleich** entsprechend deren Anteilen verlangen. Sie haften für diesen Ausgleich nicht gesamtschuldnerisch, sondern nur anteilig. Ihre Haftung ist – wie im Außenverhältnis zu den Gläubigern – auf das aus dem Gesamtgut Erlangte beschränkt. Für die Beschränkung der Haftung gilt dasselbe wie zu § 1480 S. 2. Vgl. deshalb die Erläuterungen hierzu.

§ 1505 Ergänzung des Anteils des Abkömmlings

Die Vorschriften über das Recht auf Ergänzung des Pflichtteils finden zugunsten eines anteilsberechtigten Abkömmlings entsprechende Anwendung; an die Stelle des Erbfalls tritt die Beendigung der fortgesetzten Gütergemeinschaft; als gesetzlicher Erbteil gilt der dem Abkömmling zur Zeit der Beendigung gebührende Anteil an dem Gesamtgut, als Pflichtteil gilt die Hälfte des Wertes dieses Anteils.

I. Normzweck

1 Wie der Pflichtteilsanspruch kann auch der Anspruch der Abkömmlinge bei der Auseinandersetzung durch Schenkungen der Ehegatten ausgehöhlt werden. Deshalb ordnet § 1505 die **entsprechende Anwendung der Vorschriften über** die **Pflichtteilsergänzung** (vgl. insbesondere die §§ 2325 ff.) an. Hinsichtlich des Vorbehalts- und Sonderguts der Ehegatten gelten die Regeln der Pflichtteilsergänzung unmittelbar.

II. Der Ergänzungsanspruch

2 Die **Voraussetzungen des Ergänzungsanspruchs** entsprechen grundsätzlich denen der Pflichtteilsergänzung. Grundlage des Anspruchs können nur Schenkungen aus dem Gesamtgut zu Lebzeiten beider Ehegatten sein. Solche Zuwendungen gelten nach § 2331 als von beiden Ehegatten zur Hälfte gemacht. (Die „zweite Hälfte" des Ergänzungsanspruchs richtet sich danach gegen den Nachlass des zuletztverstorbenen Ehegatten, in den auch dessen Anteil an der fortgesetzten Gütergemeinschaft fällt). Schenkungen aus dem Gesamtgut der fortgesetzten Gütergemeinschaft gelten nach §§ 2331 Abs. 2, 1487 als vom überlebenden Ehegatten und den Abkömmlingen je zur Hälfte gemacht. Soweit eine solche Schenkung wirksam ist, weil ihr die Abkömmlinge zugestimmt haben, kann sich ein Pflichtteilsergänzungsanspruch nach dem Tode des überlebenden Ehegatten auf Grund §§ 2325 ff. ergeben (die Zustimmung eines Abkömmlings zu einer Schenkung braucht nicht den Verzicht auf diesen Anspruch zu bedeuten).

3 Da anstelle des Erbfalles für die Entstehung des Anspruchs nach § 1505 der **Zeitpunkt** der **Beendigung der fortgesetzten Gütergemeinschaft,** regelmäßig also der Tod des überlebenden Ehegatten tritt, stehen die Abkömmlinge insofern schlechter als bei getrennter Erbfolge nach dem Tode beider Ehegatten, als der Anspruch dann ganz ausgeschlossen ist, wenn nur einer der beiden Ehegatten die Schenkung um mehr als 10 Jahre überlebt (§ 2325 Abs. 3).

4 Auch hinsichtlich der **Rechtsfolgen** gelten die Vorschriften über die Pflichtteilsergänzung mit den in § 1505 enthaltenen Besonderheiten entsprechend. Jeder Abkömmling kann den Anspruch unabhängig von den anderen geltend machen. Der Anspruch verjährt nach § 2332, wobei an die Stelle des Erbfalles wieder die Beendigung der fortgesetzten Güter-

gemeinschaft tritt.[1] Unter den Voraussetzungen des § 2329 richtet sich der Anspruch gegen den Beschenkten. Nach § 2317 Abs. 2 ist der Anspruch vererblich und übertragbar und unter den Voraussetzungen des § 852 Abs. 1 ZPO pfändbar.

5 Ist einem Abkömmling der **Anteil** am Gesamtgut nach § 1513 wirksam **entzogen,** steht ihm auch kein Anteil auf Anteilsergänzung zu. Der Anspruch auf Ergänzung des Anteils kann aber auch selbständig entzogen werden.

§ 1506 Anteilsunwürdigkeit

[1] Ist ein gemeinschaftlicher Abkömmling erbunwürdig, so ist er auch des Anteils an dem Gesamtgut unwürdig. [2] Die Vorschriften über die Erbunwürdigkeit finden entsprechende Anwendung.

I. Normzweck

1 Der Eintritt der fortgesetzten Gütergemeinschaft steht insofern der Erbfolge nahe, als in beiden Fällen das Vermögen eines Verstorbenen, wenn auch rechtlich ganz unterschiedlich, auf Nachfolger übergeht. Der Gesichtspunkt, dass es geboten sein kann, einen Nachfolger auszuschließen, wenn er sich schwerer Verfehlungen schuldig gemacht hat, gilt daher für den Eintritt der fortgesetzten Gütergemeinschaft wie für die Erbfolge. § 1506 erklärt deshalb die Vorschriften der Erbunwürdigkeit für entsprechend anwendbar.

II. Anteilsunwürdigkeit eines Abkömmlings

2 Wegen der **Gründe** der Erbunwürdigkeit s. § 2339 (vgl. auch § 2343 zur Verzeihung der Verfehlung). Entscheidend ist das **Verhältnis zum erstverstorbenen Ehegatten,** hinsichtlich der Beerbung des überlebenden gelten die §§ 2339 ff. unmittelbar. Der Zweck des § 2339 trifft auch dann zu, wenn die Zustimmung des überlebenden Ehegatten zu einer letztwilligen Verfügung des vorverstorbenen nach § 1516 vom Abkömmling verhindert wird.[1*] Da damit mittelbar die Wirksamkeit einer Verfügung des vorverstorbenen Ehegatten verhindert wird, kann nur er, nicht der überlebende, die Verfehlung verzeihen.[2] Ist der Abkömmling für erbunwürdig erklärt, so ist er damit zwangsläufig auch anteilsunwürdig, ohne dass es einer nochmaligen Anfechtung bedürfte. Es kann aber auch (nur) der Anfall des Anteils an der fortgesetzten Gütergemeinschaft durch Klage (§§ 2342, 2340) angefochten werden. Der **Anteil des Erbunwürdigen** fällt dem zu, der berufen wäre, wenn er bei Eintritt der fortgesetzten Gütergemeinschaft bereits verstorben wäre (§ 2344 Abs. 2), dh. in erster Linie den Abkömmlingen des Anteilsunwürdigen, hilfsweise den anderen Abkömmlingen der Ehegatten (zugunsten einseitiger Abkömmlinge des Vorverstorbenen gilt § 1483 Abs. 2), zuletzt hilfsweise dem überlebenden Ehegatten. Sie alle sind anfechtungsberechtigt (§ 2341).

III. Anteilsunwürdigkeit des überlebenden Ehegatten

3 Der Grundgedanke der Erbunwürdigkeit, dass derjenige vom Vermögen eines Verstorbenen nicht profitieren soll, der sich ihm gegenüber bestimmter Verfehlungen schuldig gemacht hat, gilt auch für die Stellung des überlebenden Ehegatten, die dieser durch die Fortsetzung der Gütergemeinschaft erwerben würde. **§ 1506** ist daher bei seiner Erbunwürdigkeit **entsprechend anwendbar.**[3] Die Gütergemeinschaft wird nicht fortgesetzt, sondern ist durch

[1] Vgl. RG JW 1911, 996.

[1*] Inzwischen allgM; *Gernhuber/Coester-Waltjen* § 39 RdNr. 16; *Bamberger/Roth/J. Mayer* RdNr. 2; *Erman/Gamillscheg* RdNr. 2; *Palandt/Brudermüller* RdNr. 2; RGRK/*Finke* RdNr. 6 (gegen Voraufl.); *Soergel/Gaul* RdNr. 3; *Staudinger/Thiele* (2007) RdNr. 5.

[2] *Staudinger/Thiele* (2007) RdNr. 4, 8.

[3] HM; *Dölle* I § 81 VI 2b, aa; *Erman/Gamillscheg* RdNr. 1; *Palandt/Brudermüller* RdNr. 1; *Planck/Unzner* Anm. 17; *Soergel/Gaul* RdNr. 4; *Staudinger/Thiele* (2007) RdNr. 11; aA RGRK/*Finke* RdNr. 2.

den Tod des vorverstorbenen Ehegatten beendet. Dieser wird unter Ausschluss des erbunwürdigen überlebenden Ehegatten beerbt.

§ 1507 Zeugnis über Fortsetzung der Gütergemeinschaft

[1] Das Nachlassgericht hat dem überlebenden Ehegatten auf Antrag ein Zeugnis über die Fortsetzung der Gütergemeinschaft zu erteilen. [2] Die Vorschriften über den Erbschein finden entsprechende Anwendung.

I. Normzweck

§ 1507 schafft die Möglichkeit, über die Fortsetzung der Gütergemeinschaft, die in das Güterrechtsregister nicht eingetragen werden kann (vgl. § 1483 RdNr. 10), ein **Zeugnis entsprechend** dem **Erbschein** zu erteilen. Dieses Zeugnis dient der Erleichterung des Rechtsverkehrs. Es wahrt das Interesse des überlebenden Ehegatten daran, die Fortsetzung einfach nachweisen zu können, und die Interessen der Geschäftspartner an verlässlichen Grundlagen bei der Vornahme von Rechtsgeschäften. 1

II. Verfahren der Erteilung und Einziehung des Zeugnisses

1. Antragsberechtigung. Antragsberechtigt ist der überlebende Ehegatte als Gesamtgutsverwalter und nach §§ 792, 896 ZPO jeder Gläubiger, der einen vollstreckbaren Titel besitzt. Auch nach dem Tod des überlebenden Ehegatten kann das Zeugnis noch erteilt werden.[1] Den Antrag kann dann sowohl jeder seiner Erben als auch jeder beteiligte Abkömmling stellen.[2] 2

2. Verfahren. Das Verfahren entspricht dem bei der Erteilung des Erbscheins. Der Ehevertrag ist vorzulegen (entsprechend §§ 2355, 2356 Abs. 1). Der Tod des vorverstorbenen Ehegatten ist durch öffentliche Urkunde (Sterbeurkunde) nachzuweisen (entsprechend §§ 2355, 2354 Abs. 1 Nr. 1, 2356 Abs. 1). An Eides Statt zu versichern hat der Antragsteller, dass die Fortsetzung der Gütergemeinschaft nicht durch neuen Ehevertrag oder Verfügung von Todes wegen (§§ 1509 ff.) ausgeschlossen wurde und dass über den Eintritt der fortgesetzten Gütergemeinschaft kein Rechtsstreit anhängig ist (entsprechend §§ 2355, 2354 Abs. 1 Nr. 5 und 2356 Abs. 2).[3] Auch für die **Einziehung** nach Kraftloserklärung (vgl. § 2361) und das dabei zu beobachtende Verfahren gelten die Regeln für den Erbschein entsprechend. Zu den **Amtspflichten des Nachlassgerichts** gegenüber einseitigen Abkömmlingen bei Erteilung des Zeugnisses s. BGH NJW 1974, 1764. 3

III. Inhalt des Zeugnisses

Nach § 1507 S. 1 ist das Zeugnis **„über die Fortsetzung der Gütergemeinschaft"** zu erteilen. **Notwendiger Inhalt** ist daher nur die Bezeichnung des verstorbenen und des überlebenden Ehegatten, die bisher in Gütergemeinschaft gelebt haben, und die Tatsache, dass Fortsetzung der Gütergemeinschaft eingetreten ist. **Andere Angaben** sind zwar **möglich,**[4] aber unnötig. Sie nehmen nicht am öffentlichen Glauben des Zeugnisses teil.[5] Dies gilt insbesondere für die der fortgesetzten Gütergemeinschaft angehörenden Abkömmlinge (bei der Umschreibung von Rechten auf die fortgesetzte Gütergemeinschaft im Grundbuch sind diese daher durch Personenstandsurkunden nachzuweisen), deren Anteile[6] und die 4

---

[1] KG NJW 1964, 1905; OLG Hamm JMBl. NRW 1956, 43.
[2] KG OLGE 40, 155; JW 1935, 1437.
[3] Vgl. KG OLGE 18, 271.
[4] Vgl. KG RJA 17, 57.
[5] Vgl. § 2365; RGZ 64, 178.
[6] Insoweit übereinstimmend KG OLGE 43, 361.

Tatsache, dass die fortgesetzte Gütergemeinschaft nun beendet ist. Ob einseitige Abkömmlinge aufzunehmen sind, richtet sich nach der Stellung, die man ihnen hinsichtlich des Gesamtguts zumißt. Nach der hier – vgl. § 1483 RdNr. 14 – vertretenen Auffassung, brauchen auch sie nicht in das Fortsetzungszeugnis aufgenommen zu werden.[7]

5 Mit dieser Auffassung erledigt sich die **Streitfrage, ob** entgegen § 2361 eine spätere **Berichtigung des Zeugnisses** ohne Einziehung oder Kraftloserklärung **möglich** ist.[8] Alle erörterten nachträglichen Berichtigungen erweisen sich als mögliche, aber unnötige und nicht am öffentlichen Glauben teilnehmende Änderungen, zB die Tatsache, dass sich der Kreis der beteiligten Abkömmlinge geändert hat[9] oder dass alle Abkömmlinge ausgeschieden sind und das Gesamtgut damit auf den überlebenden Ehegatten übergegangen ist.[10] Erweist sich das Zeugnis tatsächlich als unrichtig, weil fortgesetzte Gütergemeinschaft gar nicht eingetreten war, so gilt § 2361 ohne Einschränkungen.

6 Auch ein **Negativzeugnis,** dass keine fortgesetzte Gütergemeinschaft eingetreten ist, kann erteilt werden.[11] Hierfür dürfte aber kaum je ein Bedürfnis bestehen, nachdem die fortgesetzte Gütergemeinschaft nur noch bei ausdrücklicher Vereinbarung eintritt.

7 **Erbschein** – wirksam für Vorbehalts- und Sondergut – nach dem Tode des vorverstorbenen Ehegatten und **Fortsetzungszeugnis** sind voneinander **unabhängig.**[12] Sie sollen auch verbunden werden können,[13] was freilich reglemäßig nicht zweckmäßig ist.

IV. Wirkungen des Zeugnisses

8 Auch hinsichtlich der Wirkungen des Zeugnisses gelten die Regeln für den Erbschein entsprechend. Zugunsten des überlebenden Ehegatten und zugunsten Dritter wird der Eintritt fortgesetzter Gütergemeinschaft **vermutet** (§ 2365), der **gute Glaube** hieran wird geschützt (§§ 2366, 2367). Das Zeugnis bezeugt aber nur, dass Fortsetzung der Gütergemeinschaft eingetreten ist, nicht, dass sie noch weiterbesteht.[14]

§ 1508 *(aufgehoben durch Art. 1 Ziff. 13 GleichberG v. 18. 6. 1957)*

§ 1509 Ausschließung der fortgesetzten Gütergemeinschaft durch letztwillige Verfügung

[1] Jeder Ehegatte kann für den Fall, dass die Ehe durch seinen Tod aufgelöst wird, die Fortsetzung der Gütergemeinschaft durch letztwillige Verfügung ausschließen, wenn er berechtigt ist, dem anderen Ehegatten den Pflichtteil zu entziehen oder auf Aufhebung der Gütergemeinschaft zu klagen. [2] Das Gleiche gilt, wenn der Ehegatte berechtigt ist, die Aufhebung der Ehe zu beantragen, und den Antrag gestellt hat. [3] Auf die Ausschließung finden die Vorschriften über die Entziehung des Pflichtteils entsprechende Anwendung.

---

[7] AA die allgM im Anschluss an KGJ 34, 229.

[8] Dafür die hM; vgl. BayObLGZ 1954, 79, 82; BayObLG DNotZ 1968, 35; *Erman/Gamillscheg* RdNr. 3, 4; *Palandt/Brudermüller* RdNr. 4; *Soergel/Gaul* RdNr. 4; *Staudinger/Thiele* (2007) RdNr. 14f.; aA *Bergerfurth* NJW 1956, 1506; *Dölle* I § 81 V 1 Fn. 41; *Staudinger/Felgentraeger* 10./11. Aufl. RdNr. 28m. zahlr. Nachw. zu beiden Auffassungen, wie hier *Bamberger/Roth/J. Mayer* RdNr. 5.

[9] Vgl. KG OLGE 7, 58.

[10] Vgl. KG OLGE 26, 318.

[11] KG RJA 13, 154.

[12] KG OLGE 6, 319.

[13] KG OLGE 14, 237.

[14] KG OLGE 6, 319; NJW 1964, 1906.

I. Normzweck

1 Beide Ehegatten sind an die im Ehevertrag getroffene Vereinbarung gebunden, dass die Gütergemeinschaft nach ihrem Tod fortgesetzt werden soll. Grundsätzlich kann dies keiner der beiden Ehegatten einseitig rückgängig machen (der Überlebende kann freilich nach § 1484 die Fortsetzung ablehnen). Unter den Voraussetzungen des § 1509 kann ausnahmsweise jeder Ehegatte die fortgesetzte Gütergemeinschaft für den Fall ausschließen, dass er der Erstversterbende ist. Während ganz besonders schwere Verfehlungen automatisch zur Anteilsunwürdigkeit des überlebenden Ehegatten führen (s. § 1506 RdNr. 3), ist es bei den nicht ganz so schwerwiegenden Gründen des § 1509 jedem Ehegatten überlassen, ob er die Ausschließung anordnen will.

II. Voraussetzungen der Ausschließung

2 Die Neufassung des § 1509 nennt drei Aufhebungsgründe: Recht zum Pflichtteilsentzug, Recht zur Klage auf Aufhebung der Gütergemeinschaft und berechtigte Klage auf Aufhebung der Ehe. Nach der Neufassung des § 2335 ist der **Entzug des Ehegattenpflichtteils** nur noch aus bestimmten schwerwiegenden Gründen möglich. Zum **Recht** eines Ehegatten, **auf Aufhebung der Gütergemeinschaft zu klagen,** s. §§ 1447, 1448, 1469 und die Erläuterungen hierzu. Als dritten Grund, die Fortsetzung der Gütergemeinschaft auszuschließen, hat das 1. EheRG die Erhebung der Klage auf Aufhebung der Ehe in § 1509 aufgenommen; auf Grund der Änderung durch das EheschlRG v. 4. 5. 1998 ist Voraussetzung jetzt, dass der Ehegatte berechtigt ist, die **Aufhebung der Ehe** zu beantragen, und den Antrag gestellt hat (vgl. §§ 1313 ff.). Der Wortlaut des § 1509 legt deshalb nahe, dass die Vorschrift bei Stellung des Scheidungsantrags nicht entsprechend herangezogen werden kann, die Stellung des Scheidungsantrags also keinen Einfluss auf die Fortsetzung der Gütergemeinschaft hat. Die Entstehungsgeschichte der Gesetzesänderung lässt aber eher einen entgegengesetzten (subjektiven) Willen des Gesetzgebers erkennen: Bei der Diskussion um den Entzug des Ehegattenpflichtteils und die Fassung des § 2335, die ihren Niederschlag in den verschiedenen Entwürfen gefunden hat, wurde wohl übersehen, dass § 1509 bei der schließlich gewählten eingeschränkten Fassung des § 2335 auf die Stellung des Scheidungsantrags hätte ausdrücklich ausgedehnt werden müssen.[1] Da die Gesichtspunkte, die für eine Gleichbehandlung der Ehescheidungs- mit der Aufhebungsklage im Rahmen des § 1509 sprechen, überwiegen, ist § 1509 trotz seines Wortlauts **entsprechend** anzuwenden, **wenn** der Ehegatte den **Antrag auf Scheidung der Ehe gestellt** (oder der Scheidung zugestimmt, vgl. § 2077 Abs. 1) hatte.[2]

III. Ausschließung durch Verfügung von Todes wegen

3 Liegt einer der Ausschließungsgründe vor, so kann der betreffende Ehegatte die Fortsetzung der Gütergemeinschaft durch Verfügung von Todes wegen ausschließen. Die Ausschließung kann in jeder Form einer Verfügung von Todes wegen, auch in einem Erbvertrag getroffen werden, ist aber auch dann einseitige Verfügung.[3] Die Formulierung des Gesetzes braucht nicht gewählt zu werden, es genügt, dass erkennbar ist, der Ehegatte wünsche die Fortsetzung der Gütergemeinschaft nicht mehr.[4]

---

[1] Vgl. BR-Drucks. 266/71 (1. RegE), S. 3, Begr. S. 45 f.; BR-Drucks. 260/73 (2. RegE), S. 7, Begr. S. 103 f.; BT-Drucks. 7/650 (2. RegE), S. 7, Begr. S. 103 (keine Stellungnahme des Bundesrates); BR-Drucks. 1/76 (Gesetzesbeschluss des Bundestages nach Änderung durch den RA); BT-Drucks. 7/650 (Gesetzesbeschluss auf Vorschlag des Vermittlungsausschusses), in der Begr. heißt es wörtlich: „Die im Entwurf vorgesehene Änderung des § 1509 BGB kann entfallen, soweit sie nur durch die geplante Änderung des § 2335 BGB veranlasst ist.".

[2] *Beitzke* § 17 II; *Jauernig/Schlechtriem* Anm. 1; *Soergel/Gaul* RdNr. 8; *Staudinger/Thiele* (2007) RdNr. 6; *Bamberger/Roth/Mayer* RdNr. 4; aA *Erman/Gamillscheg* RdNr. 2; *Palandt/Brudermüller* RdNr. 1; RGRK/*Finke* RdNr. 4.

[3] Vgl. § 2278 Abs. 2; KGJ 51, 170.

[4] RGZ 94, 317.

4 Für die Ausschließung gelten die Regeln für den Pflichtteilsentzug entsprechend. Der **Grund** zur Ausschließung muss danach in der Verfügung **angegeben** werden (§ 2336 Abs. 3). Dies kann aber nur gelten, wenn er sich aus den Umständen nicht eindeutig ergibt. Die Angabe des Grundes ist also zB nicht erforderlich, wenn der Ehegatte dem anderen den Pflichtteil bereits in einer Verfügung von Todes wegen unter Angabe der Gründe entzogen hatte und nun in einer neuen Verfügung ohne Begründung die Fortsetzung der Gütergemeinschaft ausschließt oder wenn er die Klage auf Aufhebung der Ehe erhoben hatte. § 2337 ist auf solche Gründe zur Klage auf Aufhebung der Gütergemeinschaft anwendbar, die eine Verfehlung des anderen Ehegatten enthalten. Mit der **Verzeihung** wird die Ausschließung der fortgesetzten Gütergemeinschaft unwirksam. Die Ausschließung kann daneben jederzeit durch **Widerrufsverfügung** zurückgenommen werden.

§ 1510 Wirkung der Ausschließung

Wird die Fortsetzung der Gütergemeinschaft ausgeschlossen, so gilt das Gleiche wie im Falle des § 1482.

1 Hinsichtlich der Folgen der Ausschließung verweist § 1510 auf § 1482. Die Gütergemeinschaft wird deshalb durch den Tod des Ehegatten beendet, sein Anteil fällt in den Nachlass. Vgl. im Einzelnen die Erläuterungen zu § 1482.

§ 1511 Ausschließung eines Abkömmlings

(1) Jeder Ehegatte kann für den Fall, dass die Ehe durch seinen Tod aufgelöst wird, einen gemeinschaftlichen Abkömmling von der fortgesetzten Gütergemeinschaft durch letztwillige Verfügung ausschließen.

(2) [1] Der ausgeschlossene Abkömmling kann, unbeschadet seines Erbrechts, aus dem Gesamtgut der fortgesetzten Gütergemeinschaft die Zahlung des Betrags verlangen, der ihm von dem Gesamtgut der ehelichen Gütergemeinschaft als Pflichtteil gebühren würde, wenn die fortgesetzte Gütergemeinschaft nicht eingetreten wäre. [2] Die für den Pflichtteilsanspruch geltenden Vorschriften finden entsprechende Anwendung.

(3) [1] Der dem ausgeschlossenen Abkömmling gezahlte Betrag wird bei der Auseinandersetzung den anteilsberechtigten Abkömmlingen nach Maßgabe des § 1501 angerechnet. [2] Im Verhältnis der Abkömmlinge zueinander fällt er den Abkömmlingen zur Last, denen die Ausschließung zustatten kommt.

I. Normzweck

1 Abkömmlinge können von der fortgesetzten Gütergemeinschaft ausgeschlossen werden, ohne dass es eines besonderen Grundes dafür bedarf. Ihr Ausschluss erfolgt durch letztwillige Verfügung des letztlich zuerst verstorbenen Ehegatten, der dazu der Zustimmung des anderen bedarf (s. § 1516 und die Erläuterungen hierzu). Dem ausgeschlossenen Abkömmling steht dann ein Abfindungsanspruch in Höhe seines Pflichtteils zu (Abs. 2), der entsprechend § 1500 und der in § 1503 getroffenen Regelung bei der Auseinandersetzung den Abkömmlingen zur Last fällt, denen der Ausschluss zugute gekommen ist.

II. Ausschluss von Abkömmlingen

2 Jeder Ehegatte kann mit Zustimmung des anderen (§ 1516) durch Verfügung von Todes wegen einen Abkömmling von der Teilnahme an der fortgesetzten Gütergemeinschaft ausschließen. Der Ausschluss kann auch in einem Erbvertrag getroffen werden, ist aber

auch dann einseitige Verfügung.[1] Das Gleiche gilt, wenn die Ehegatten in einem gemeinschaftlichen Testament (vgl. § 1516 Abs. 3) den Ausschluss für den Fall des Erstversterbens jedes von ihnen angeordnet haben. Es handelt sich dann um zwei getrennte einseitige Verfügungen jedes der beiden Ehegatten jeweils für den Fall seines Vorversterbens. Der Ausschluss muss nicht ausdrücklich geschehen, sondern kann auch nach den allgemeinen Grundsätzen durch **Auslegung** ermittelt werden.[2] Ausgeschlossen werden können bestimmte Abkömmlinge (auch solche, die noch nicht erzeugt sind), bestimmte Gruppen oder Stämme usw., nach freier Entschließung der Ehegatten. Möglich ist es auch, dass alle Abkömmlinge ausgeschlossen werden.[3] In einem solchen Fall muss aber die Vermutung widerlegt werden, eine Verfügung von Todes wegen beziehe sich nur auf Vorbehalts- und Sondergut des Ehegatten.[4] Der Ausschluss kann auch unter einer **Bedingung** ausgesprochen werden.[5]

III. Wirkungen des Ausschlusses

1. Ausschluss des Abkömmlings. Wirkungen hat der Ausschluss nur dann, wenn die 3
eheliche Gütergemeinschaft durch den Tod des Ehegatten endet, der ihn angeordnet hat. Der wirksam ausgeschlossene **Abkömmling tritt nicht** in die fortgesetzte Gütergemeinschaft **ein.** Er wird als vorverstorben behandelt. Deshalb treten nach § 1483 Abs. 1 S. 2 in erster Linie seine Abkömmlinge an seine Stelle (häufig wird die ausschließende Verfügung aber in dem Sinne auszulegen sein, dass auch diese ausgeschlossen sein sollen), in zweiter Linie vergrößern sich in der Auseinandersetzung die Anteile der anderen Abkömmlinge entsprechend, sind alle oder ist der letzte Abkömmling ausgeschlossen, so tritt fortgesetzte Gütergemeinschaft nicht ein, es gilt § 1482. Nicht geregelt ist die Frage, ob auch noch **nicht erzeugte, nachgeborene Abkömmlinge** eines ausgeschlossenen Abkömmlings in die fortgesetzte Gütergemeinschaft eintreten (aus § 1483 Abs. 1 S. 2 und § 1503 Abs. 1 können entgegengesetzte Schlüsse gezogen werden). Anders als die Erbfolge, die einmal endgültig entschieden werden muss, kann die Zusammensetzung der fortgesetzten Gütergemeinschaft während deren Dauer aus den verschiedensten Gründen wechseln. Dies spricht dafür, auch nachgeborene Abkömmlinge in die fortgesetzte Gütergemeinschaft eintreten zu lassen.[6] Ist freilich fortgesetzte Gütergemeinschaft wegen Fehlens eines (wenigstens erzeugten) gemeinschaftlichen Abkömmlings beim Tode des erstverstorbenen Ehegatten nicht eingetreten, so hat es dabei endgültig sein Bewenden.

2. Quasi-Pflichtteilsanspruch. Dem ausgeschlossenen Abkömmling steht (neben den 4
normalen Erb- oder – falls auch hier ausgeschlossen – Pflichtteilsansprüchen hinsichtlich Vorbehalts- und Sondergut des verstorbenen Ehegatten) ein schuldrechtlicher, dem Pflichtteil entsprechender Anspruch gegen die fortgesetzte Gütergemeinschaft zu. Für diesen Anspruch gelten die Pflichtteilsregeln (soweit passend) entsprechend. Zugrundezulegen ist der Pflichtteilsberechnung die Gesamtgutshälfte des vorverstorbenen Ehegatten; der überlebende Ehegatte wird mindernd berücksichtigt.[7] Gemäß § 2310 sind bei der Berechnung der Höhe des Anspruchs Abkömmlinge außer acht zu lassen, die nach § 1517 auf ihren Anteil im Voraus verzichtet haben (der Verzicht entspricht dem Erbverzicht),[8] während erbunwürdige Abkömmlinge, andere nach § 1511 ausgeschlossene Abkömmlinge oder Abkömmlinge, die

[1] Vgl. § 2278; KGJ 51, 170; § 1509 RdNr. 3.
[2] Vgl. KGJ 26, A 57.
[3] KG OLGE 40, 78; mit der Folge des § 1482; vgl. RGZ 94, 314; BayObLGZ 13, 613.
[4] Vgl. § 1483 RdNr. 6; vgl. auch RGZ 94, 314; RG Recht 1930 Nr. 1720; KG OLGE 40, 78.
[5] Vgl. RG LZ 1915, 1657; OLG München JFG 13, 357.
[6] Ebenso *Staudinger/Thiele* (2007) RdNr. 15.
[7] *Planck* Anm. 2, 3 c; vgl. auch Mot. IV S. 442; anders berechnen *Soergel/Gaul* RdNr. 5; *Staudinger/Thiele* (2007) RdNr. 17.
[8] HM, s. *Soergel/Gaul* RdNr. 5; *Staudinger/Thiele* (2007) RdNr. 20; aA RGRK/*Scheffler,* 11. Aufl., Anm. 19.

erst nach Eintritt der fortgesetzten Gütergemeinschaft nach § 1491 verzichtet haben,[9] mitgerechnet werden.[10]

5 **3. Entzug des Anspruchs.** Liegen die Voraussetzungen für die Entziehung des Pflichtteils vor (§ 2333), so kann der Auszahlungsbetrag entsprechend § 2336 entzogen werden. Diese Möglichkeit, die den Abkömmling von vorneherein, nicht erst bei der Auseinandersetzung ausschließt, steht neben der des § 1513.

6 **4. Zurechnung des Auszahlungsbetrags.** Hinsichtlich der Frage, wem bei der Auseinandersetzung die dem Ausgeschlossenen gewährte Zahlung zugerechnet wird, gilt das Gleiche wie bei der Abfindung an einen Verzichtenden: Entsprechend § 1501 Abs. 1 (die Nennung des § 1500 ist nach allgM Redaktionsversehen) erfolgt Zurechnung zum Gesamtgut und Anrechnung auf die Hälfte der Abkömmlinge. Nach Abs. 3 S. 2 (vgl. § 1503 Abs. 3) fällt die gewährte Zahlung denjenigen zur Last, denen der Ausschluss zugute gekommen ist.

§ 1512 Herabsetzung des Anteils

Jeder Ehegatte kann für den Fall, dass mit seinem Tode die fortgesetzte Gütergemeinschaft eintritt, den einem anteilsberechtigten Abkömmling nach der Beendigung der fortgesetzten Gütergemeinschaft gebührenden Anteil an dem Gesamtgut durch letztwillige Verfügung bis auf die Hälfte herabsetzen.

I. Normzweck

1 Die Ehegatten haben neben der Ausschließung eines Abkömmlings eine zweite Möglichkeit, dessen Ansprüche nach quasi-pflichtteilsrechtlichen Grundsätzen einzuschränken: Jeder Ehegatte kann (mit Zustimmung des anderen, § 1516) durch Verfügung von Todes wegen den Anteil eines Abkömmlings bei der Auseinandersetzung bis auf die Hälfte herabsetzen.

II. Die Herabsetzung des Anteils bei der Auseinandersetzung

2 Hinsichtlich der **Form** durch letztwillige Verfügung und der Möglichkeit, die Herabsetzung unter einer **Bedingung** anzuordnen, gilt das Gleiche wie zur Ausschließung nach § 1511 (vgl. dort RdNr. 2). **Inhaltlich** kann der Auseinandersetzungsanspruch ausdrücklich halbiert werden. Seine Herabsetzung auf die Hälfte kann aber auch durch die **Anordnung von Auflagen** geschehen (allgM). Ist der Anspruch stärker als auf die Hälfte gekürzt, so gilt die weitere Kürzung als nicht angeordnet. § 1512 erlaubt nur eine Herabsetzung des Anspruchs bei der Auseinandersetzung, nicht **andere** rechtliche **Modifikationen,** wie etwa die Zuwendung des bloß schuldrechtlichen Anspruchs gegenüber der fortgesetzten Gütergemeinschaft bei der Auseinandersetzung statt der Beteiligung mit herabgesetztem Auseinandersetzungsanspruch.[1] Nach den Umständen des Falles wäre eine solche Verfügung als Anordnung nach § 1512 oder § 1511 auszulegen. Die Herabsetzung des Anteils äußert **Wirkungen** erst bei der Auseinandersetzung über das Gesamtgut. Vorher ist der betreffende Abkömmling voll berechtigt beteiligt. Bei der Auseinandersetzung mindert sich sein Anspruch.[2] Ist der entzogene Betrag nicht einem Dritten zugewendet (§ 1514), so erhöhen sich die Anteile der übrigen Abkömmlinge entsprechend (vgl. § 1503 Abs. 1). Ob sich die Herabsetzung nach dem Tod des Abkömmlings vor Beendigung der fortgesetzten Gütergemeinschaft auch auf die nach § 1490 an seine Stelle tretenden **Abkömmlinge** bezieht, ist durch Auslegung zu ermitteln.

---

[9] AA *Staudinger/Thiele* (2007) RdNr. 20 mwN.
[10] Insgesamt wie hier *Erman/Gamillscheg* RdNr. 2; abgesehen vom Verzicht nach § 1491 auch *Staudinger/Thiele* (2007) RdNr. 20.
[1] RGZ 105, 143.
[2] Zur Auswirkung auf die Belastungen des Abkömmlings s. *Staudinger/Thiele* (2007) RdNr. 17.

III. Unterschied zur Ausschließung nach § 1511

3 Die Herabsetzung des Auseinandersetzungsanspruchs ist für die an der fortgesetzten Gütergemeinschaft Beteiligten insofern günstiger, als die **Abfindung** an den Abkömmling **erst bei** der **Auseinandersetzung,** nicht sofort nach dem Tod des erstverstorbenen Ehegatten ausgezahlt werden muss. Andererseits bleibt der Abkömmling bei bloßer Herabsetzung seines Anteils bis zur Beendigung der fortgesetzten Gütergemeinschaft mit den Mitwirkungsrechten der §§ 1487 Abs. 1, 1423 ff. (und noch nachher bis zur Auseinandersetzung, vgl. §§ 1497 Abs. 2, 1472, 1498) beteiligt und nimmt auch an den wirtschaftlichen Erfolgen oder Misserfolgen der fortgesetzten Gütergemeinschaft teil. Sein **Pflichtanteil** bei der Auseinandersetzung ist **höher** als der Quasi-Pflichtteil nach § 1511 Abs. 2, weil sich bei der Berechnung des letzteren das potentielle gesetzliche Erbrecht des überlebenden Ehegatten mindernd auswirkt.[3] Schließlich kann bei Herabsetzung nach § 1512, nicht aber bei Ausschluss nach § 1511 das **Entzogene** einem **Dritten zugewendet** werden (§ 1514).

§ 1513 Entziehung des Anteils

(1) [1]Jeder Ehegatte kann für den Fall, dass mit seinem Tode die fortgesetzte Gütergemeinschaft eintritt, einem anteilsberechtigten Abkömmling den diesem nach der Beendigung der fortgesetzten Gütergemeinschaft gebührenden Anteil an dem Gesamtgut durch letztwillige Verfügung entziehen, wenn er berechtigt ist, dem Abkömmling den Pflichtteil zu entziehen. [2]Die Vorschriften des § 2336 Abs. 2 bis 4 [*Abs. 2 und 3* nach Inkrafttreten des Gesetzes zur Änderung des Erb- und Verjährungsrechts] finden entsprechende Anwendung.

(2) Der Ehegatte kann, wenn er nach § 2338 berechtigt ist, das Pflichtteilsrecht des Abkömmlings zu beschränken, den Anteil des Abkömmlings am Gesamtgut einer entsprechenden Beschränkung unterwerfen.

I. Normzweck

1 Bei bestimmten Verfehlungen kann der Erblasser einem Abkömmling nach § 2333 den Pflichtteil entziehen und bei Gefährdung des vom Abkömmling Erworbenen durch Verschwendung oder Überschuldung nach § 2338 Beschränkungen anordnen, die verhindern, dass die Substanz des Hinterlassenen vom Abkömmling verschwendet wird oder dessen Gläubigern anheim fällt. Wiederum wegen des der Vererbung ähnlichen Rechtsübergangs bei der fortgesetzten Gütergemeinschaft erklärt § 1523 die **Grundsätze der §§ 2333, 2338** auf den Anteil eines Abkömmlings bei Auseinandersetzung der fortgesetzten Gütergemeinschaft für **entsprechend anwendbar.**

II. Entzug des Anteils und Unterschied zu §§ 1511, 1512

2 Hinsichtlich der **Form** durch letztwillige Verfügung, der erforderlichen Zustimmung des anderen Ehegatten (§ 1516) sowie der Möglichkeit, den Entzug von einer **Bedingung** abhängig zu machen, gilt das Gleiche wie zur Ausschließung des § 1511 (s. dort RdNr. 2), zusätzlich gelten § 2336 Abs. 2 und 3 entsprechend. Wie die Herabsetzung des Anteils nach § 1512 äußert der Anteilsentzug nach § 1513 **Wirkungen** erst bei der Auseinandersetzung des Gesamtguts. Vorher ist der betreffende Abkömmling voll berechtigt beteiligt (vgl. § 1512 RdNr. 2, 3). Deshalb wird es in diesen Fällen, in denen ein Ehegatte berechtigt ist, einem Abkömmling den Pflichtteil zu entziehen, meist nahe liegen, dass der Abkömmling von der fortgesetzten Gütergemeinschaft nach § 1511 von vorneherein ausgeschlossen und ihm sein Quasi-Pflichtteil nach § 1511 Abs. 2 entsprechend §§ 2333 ff. entzogen wird. Zum (bloßen)

[3] AA *Soergel/Gaul* § 1511 RdNr. 5; *Staudinger/Thiele* (2007) § 1511 RdNr. 17.

Entzug des Anteils bei der Auseinandersetzung nach § 1513 werden die Ehegatten dann greifen, wenn sie den entzogenen **Anteil** einem **Dritten zuwenden** wollen, weil das bei der Ausschließung nach § 1511 nicht möglich ist. Wird einem Abkömmling der Pflichtteil nach § 2333 wirksam entzogen, so werden seine **Abkömmlinge** erb- bzw. pflichtteilsberechtigt (vgl. § 2309). Demgegenüber kommen bei einer Anordnung nach § 1513 – insoweit in nicht konsequentem Widerspruch zum Pflichtteilsrecht –, auch die Abkömmlinge des Abkömmlings, dem der Anteil entzogen wurde, nicht zum Zuge.

III. Beschränkung in guter Absicht

3 Die Mittel, die Verschwendung des Hinterlassenen durch den Abkömmling oder dessen Inanspruchnahme durch seine Gläubiger zu verhindern, sind nach § 2338 die Anordnung von **Nacherbfolge** (bzw. Nachvermächtnis) oder **Testamentsvollstreckung.** Entsprechende Anordnungen können nach Abs. 2 hinsichtlich des Anteils getroffen werden.[1]

§ 1514 Zuwendung des entzogenen Betrags

Jeder Ehegatte kann den Betrag, den er nach § 1512 oder nach § 1513 Abs. 1 einem Abkömmling entzieht, auch einem Dritten durch letztwillige Verfügung zuwenden.

I. Normzweck

1 Die Beteiligung Dritter an der fortgesetzten Gütergemeinschaft ist allgemein ausgeschlossen; sie kann weder durch Ehevertrag noch Verfügung von Todes wegen (mit Zustimmung des anderen Ehegatten) angeordnet werden. Nach §§ 1512, 1513 Abs. 1 werden den Abkömmlingen aber nicht ihre Anteile an der fortgesetzten Gütergemeinschaft, sondern nur am Auseinandersetzungsguthaben herabgesetzt oder entzogen. Bei diesen Ansprüchen bestehen keine grundsätzlichen Bedenken gegen die Zuwendung an Dritte. Deshalb lässt § 1514 dies zu.

II. Zuwendung an Dritte

2 Hinsichtlich der **Form** durch letztwillige Verfügung und der erforderlichen **Zustimmung** des anderen Ehegatten (§ 1516) gilt das Gleiche wie zu § 1511 (vgl. dort RdNr. 2). Zugewendet werden kann nach § 1514 der **Betrag, der** nach §§ 1512, 1513 Abs. 1 einem **Abkömmling entzogen** wurde. Die Formulierung macht deutlich, dass der Dritte nicht etwa (auch nicht im Auseinandersetzungsstadium) Beteiligter an der fortgesetzten Gütergemeinschaft wird, sondern dass ihm nur ein schuldrechtlicher Geldanspruch zugewendet werden kann. Diese Zuwendung kann durch die Festlegung eines Betrages oder eines Anteils am Auseinandersetzungsguthaben bestimmt werden. Die Zuwendung bestimmter Gegenstände aus dem Gesamtgut kann nur durch Bedingungen und Auflagen in Verfügungen von Todes wegen erreicht werden. Mit der Zuwendung an den Dritten kann unmittelbar der Abkömmling, dessen Anteil herabgesetzt wird, derjenige Abkömmling, dem der Entzug zugute gekommen ist, oder die Gütergemeinschaft als solche beschwert werden. Ist nichts anderes bestimmt, so gilt das letztere.[1*] Die Vorschriften über das Vermächtnis sind entsprechend anwendbar.[2]

3 Von der Zuwendung **begünstigter Dritter** kann jeder Außenstehende, aber auch ein der fortgesetzten Gütergemeinschaft angehörender Abkömmling oder der überlebende Ehegatte

---

[1] Zu den Einzelheiten möglicher Anordnungen s. *Staudinger/Thiele* (2007) RdNr. 11 ff.

[1*] S. teilweise abweichend *Soergel/Gaul* RdNr. 3; *Staudinger/Thiele* (2007) RdNr. 1, 2.

[2] AllgM im Anschluss an BayObLGZ 1, 380.

sein (endet die fortgesetzte Gütergemeinschaft durch dessen Tod, fällt die Zuwendung in den Nachlass).

§ 1515 Übernahmerecht eines Abkömmlings und des Ehegatten

(1) Jeder Ehegatte kann für den Fall, dass mit seinem Tode die fortgesetzte Gütergemeinschaft eintritt, durch letztwillige Verfügung anordnen, dass ein anteilsberechtigter Abkömmling das Recht haben soll, bei der Teilung das Gesamtgut oder einzelne dazu gehörende Gegenstände gegen Ersatz des Wertes zu übernehmen.

(2) [1] Gehört zu dem Gesamtgut ein Landgut, so kann angeordnet werden, dass das Landgut mit dem Ertragswert oder mit einem Preis, der den Ertragswert mindestens erreicht, angesetzt werden soll. [2] Die für die Erbfolge geltende Vorschrift des § 2049 findet Anwendung.

(3) Das Recht, das Landgut zu dem in Absatz 2 bezeichneten Werte oder Preis zu übernehmen, kann auch dem überlebenden Ehegatten eingeräumt werden.

I. Normzweck

1 Nach der starren gesetzlichen Regelung des Übernahmerechts in § 1502 steht zwar dem überlebenden Ehegatten generell ein allgemeines Übernahmerecht zu, nicht aber den Abkömmlingen. Ein solches Übernahmerecht kann durch Verfügung von Todes wegen des erstversterbenden Ehegatten mit Zustimmung des Überlebenden geschaffen werden (Abs. 1). Nach § 2049 erfolgt die in der Erbfolge einem Abkömmling gestattete Übernahme eines Landguts „im Zweifel" zum Ertragswert. Nach Abs. 2 gilt dies bei Beendigung der fortgesetzten Gütergemeinschaft entsprechend (Abs. 2). Da das generelle Übernahmerecht des überlebenden Ehegatten nach § 1502 Abs. 1 nur gegen vollen Wertersatz besteht, lässt Abs. 3 die Anordnung, dass ein Landgut zum Ertragswert übernommen werden kann, auch zugunsten des überlebenden Ehegatten zu.

II. Das Übernahmerecht eines Abkömmlings

2 Hinsichtlich der Form der Anordnung durch letztwillige Verfügung, der erforderlichen Zustimmung des anderen Ehegatten (§ 1516) und der Möglichkeit, die Anordnung von einer Bedingung abhängig zu machen, gilt wiederum das Gleiche wie zu § 1511 (vgl. dort RdNr. 2). Zum Übernahmerecht und dessen Ausübung s. § 1477 RdNr. 8 f. Das Übernahmerecht kann nur gegen vollen **Wertersatz** ausgeübt werden. Etwas anderes können auch die Ehegatten nicht anordnen (§ 1518; vgl. jedoch auch § 1512 und die Erläuterungen zu dieser Vorschrift). Das nach § 1515 angeordnete Übernahmerecht eines Abkömmlings, das vom Willen beider Ehegatten getragen ist (§ 1516), geht einem gesetzlichen Übernahmerecht nach § 1502 vor. Wird es nicht ausgeübt, kann von dem gesetzlichen Übernahmerecht wieder Gebrauch gemacht werden.

III. Übernahme eines Landguts

3 Zum Begriff des Landguts s. § 2049, zur Bestimmung des Ertragswerts ebenfalls § 2049 und Art. 137 EGBGB, jeweils mit den Erläuterungen hierzu. Da Abs. 3 § 1502 Abs. 1 nur insoweit ergänzt, als er im Rahmen des generellen Übernahmerechts des überlebenden Ehegatten die Übernahme eines Landguts bei entsprechender Anordnung zum Ertragswert zulässt, setzt auch bei einer solchen Anordnung die Übernahme des Landguts voraus, dass dem Ehegatten das Übernahmerecht nach § 1502 Abs. 1 zusteht.

§ 1516 Zustimmung des anderen Ehegatten

(1) Zur Wirksamkeit der in den §§ 1511 bis 1515 bezeichneten Verfügungen eines Ehegatten ist die Zustimmung des anderen Ehegatten erforderlich.

(2) [1] Die Zustimmung kann nicht durch einen Vertreter erteilt werden. [2] Ist der Ehegatte in der Geschäftsfähigkeit beschränkt, so ist die Zustimmung seines gesetzlichen Vertreters nicht erforderlich. [3] Die Zustimmungserklärung bedarf der notariellen Beurkundung. [4] Die Zustimmung ist unwiderruflich.

(3) Die Ehegatten können die in den §§ 1511 bis 1515 bezeichneten Verfügungen auch in einem gemeinschaftlichen Testament treffen.

I. Normzweck

1 Anders als bei der Erbfolge, bei der jeder Ehegatte über seine Rechtsnachfolge frei bestimmen kann (bei der Gütergemeinschaft mit vereinbarter Fortsetzung gilt dies für das Vorbehalts- und das Sondergut), bleibt bei der fortgesetzten Gütergemeinschaft das Gesamtgut bis zu deren Beendigung, also regelmäßig bis zum Tod des überlebenden Ehegatten gebunden. Das Gesetz weist dem überlebenden Ehegatten und den Abkömmlingen während der fortgesetzten Gütergemeinschaft und nach deren Beendigung feste Rechtsstellungen zu. Diese Rechtsstellungen können nach den §§ 1511 ff. modifiziert werden. Eine solche Modifikation, die sich notwendigerweise zum Nachteil eines Beteiligten auswirken muss, soll aber stets des übereinstimmenden Willens beider Ehegatten bedürfen.

II. Die Zustimmung des anderen Ehegatten

2 Für die Zustimmung des anderen – letztlich überlebenden Ehegatten – gelten als Grundlage für die Sondervorschriften des § 1516 Abs. 2 die allgemeinen Regeln. Insbesondere gelten die §§ 182 ff. Da die Zustimmung empfangbedürftige Willenserklärung ist (§ 130), muss sie dem erstversterbenden Ehegatten vor dessen Tode zugehen, kann also nicht durch ihm unbekannte Verfügung von Todes wegen des überlebenden Ehegatten erteilt werden.[1] Nach ganz allgM ist die Zustimmung des anderen Ehegatten auch zu Verfügungen erforderlich, die für ihn vorteilhaft sind. Für die Anordnung nach § 1515 Abs. 3, dass der überlebende Ehegatte ein Landgut zum Ertragswert übernehmen darf, kann dies dem Sinn des § 1516 nach aber nicht gelten. Zur Zustimmung s. im übrigen Abs. 2. Die Zustimmung kann nur persönlich erklärt werden. Der beschränkt Geschäftsfähige erteilt die Zustimmung selbst, ohne dass sein gesetzlicher Vertreter mitwirken müsste (S. 2). Für den Geschäftsunfähigen kann die Zustimmung nicht erteilt werden. Der Widerruf einer Verfügung nach §§ 1511 bis 1515 durch den testierenden Ehegatten bedarf der Zustimmung des anderen Ehegatten nicht.

III. Verfügungen im gemeinschaftlichen Testament

3 Nach Abs. 3 können die Verfügungen der §§ 1511 bis 1515 auch in einem gemeinschaftlichen Testament oder in einem Erbvertrag[2] getroffen werden. Die Möglichkeit, die Verfügungen auch in einem eigenhändigen gemeinschaftlichen Testament zu treffen (vgl. §§ 2267, 2247), bedeutet eine Formerleichterung gegenüber Abs. 2.

---

[1] BayObLGZ 28, 318.

[2] AllgM; unerheblich ist, ob man Abs. 3 entsprechend anwendet oder ob man im Erbvertrag die Verfügungen der beiden Ehegatten mit der notariell beurkundeten Zustimmung des jeweils anderen Ehegatten nach Abs. 2 sieht.

§ 1517 Verzicht eines Abkömmlings auf seinen Anteil

(1) [1] Zur Wirksamkeit eines Vertrags, durch den ein gemeinschaftlicher Abkömmling einem der Ehegatten gegenüber für den Fall, dass die Ehe durch dessen Tod aufgelöst wird, auf seinen Anteil am Gesamtgut der fortgesetzten Gütergemeinschaft verzichtet oder durch den ein solcher Verzicht aufgehoben wird, ist die Zustimmung des anderen Ehegatten erforderlich. [2] Für die Zustimmung gilt die Vorschrift des § 1516 Abs. 2 Satz 3, 4.

(2) Die für den Erbverzicht geltenden Vorschriften finden entsprechende Anwendung.

I. Normzweck

Der vertragliche Verzicht eines Abkömmlings auf seine Beteiligung an der fortgesetzten Gütergemeinschaft vor deren Eintritt – also zu Lebzeiten beider Ehegatten – ist möglich. Für diesen Verzicht gelten grundsätzlich die Vorschriften über den Erbverzicht entsprechend. Zusätzlich schreibt § 1517 vor, dass der Verzichtsvertrag zwischen dem Abkömmling und dem einen – letztlich vorverstorbenen Ehegatten – der Zustimmung des anderen – letztlich überlebenden – Ehegatten bedarf. 1

II. Der Anteilsverzicht

1. Abschluss des Verzichtsvertrags. Für den Abschluss des Verzichtsvertrags gelten die Vorschriften für den Erbverzicht entsprechend (vgl. §§ 2347 f.). Ein Verzicht gegenüber beiden Ehegatten in einem Vertrag ist möglich, auch ohne besondere Erklärung liegt in ihm die Zustimmung der Ehegatten zu dem Verzicht gegenüber dem jeweils anderen Gatten. 2

2. Zustimmung des Ehegatten. Der Anteilsverzicht gegenüber einem Ehegatten bedarf – anders als der generelle Erbverzicht – der Zustimmung des anderen Ehegatten. Für die Zustimmung gilt § 1516 Abs. 2 S. 3 und 4 entsprechend, dh. die Zustimmung bedarf der notariellen Beurkundung und ist unwiderruflich. § 1516 Abs. 2 S. 1 und 2 gilt dagegen nicht. Dh., dass die Zustimmung durch einen Vertreter abgegeben werden kann und für einen minderjährigen Ehegatten vom gesetzlichen Vertreter abgegeben wird, beim betreuten Ehegatten durch den Betreuer oder den Ehegatten selbst, wenn er geschäftsfähig ist. 3

3. Wirkungen des Verzichts. Auch für die Wirkungen des Verzichts gelten die Vorschriften für den Erbverzicht entsprechend. Der Verzichtende tritt nicht in die fortgesetzte Gütergemeinschaft ein (vgl. § 2346 Abs. 1 S. 2). Der Kreis der beteiligten Abkömmlinge richtet sich nach der gesetzlichen Erbfolge unter Ausschluss des Verzichtenden (§ 1483 Abs. 1 S. 2). Da sich der Verzicht im Zweifel auf die Abkömmlinge erstreckt (§ 2349), treten diese nicht an die Stelle des Verzichtenden, wenn nichts anderes bestimmt ist. Die Folgen des Anteilsverzichts sind zwingend, ein Anteilsverzicht ist deshalb im Ergebnis nur zugunsten derjenigen möglich, denen er kraft Gesetzes zugute kommt (damit allerdings wahlweise entweder zugunsten der eigenen Abkömmlinge des Verzichtenden oder der anderen Abkömmlinge, die an der fortgesetzten Gütergemeinschaft beteiligt sind). Ein Verzicht zugunsten bestimmter Abkömmlinge oder des überlebenden Ehegatten[1] (oder gar Dritter) ist deshalb ausgeschlossen.[2] Durch Auslegung ist zu ermitteln, ob ein solcher Verzicht wirksam oder unwirksam ist.[3] Der bloße Anteilsverzicht lässt die **Erbenstellung** des Verzichtenden hinsichtlich des Vorbehalts- und des Sonderguts des verstorbenen Ehegat- 4

---

[1] *Bamberger/Roth/Mayer* RdNr. 2; aA die hM; *Palandt/Brudermüller* RdNr. 1; RGRK/*Finke* RdNr. 7; *Soergel/Gaul* RdNr. 2; *Staudinger/Thiele* (2007) RdNr. 4; aus der Anwendbarkeit des § 2350 werden falsche Konsequenzen gezogen, die schon im Rahmen der direkten Anwendung dieser Vorschrift nicht gezogen werden können, weil ihr nur eine negative Wirkung zukommt (so zu Recht *Strobel* § 2350 RdNr. 8 gegen die auch zu § 2350 hM).

[2] AA und hM *Wittich* S. 34 mwN in Fn. 226.

[3] Vgl. § 1491 RdNr. 5; § 2350 Abs. 1.

ten unberührt. Demgegenüber führt der generelle Verzicht auf das gesetzliche Erbrecht (ohne Zustimmung des anderen Ehegatten!) zum Wegfall des gesetzlichen Erbrechts am Vorbehalts- und Sondergut und wegen § 1483 Abs. 1 S. 2 auch zum Wegfall der Beteiligung an der fortgesetzten Gütergemeinschaft. Eine andere Vereinbarung ist möglich.

5 **4. Abfindungsvereinbarung.** Zum Verhältnis des abstrakten Anteilsverzichts zur zugrunde liegenden Abfindungsvereinbarung und zur Möglichkeit, seine Wirksamkeit von der Zahlung einer Abfindung abhängig zu machen, gilt das Gleiche wie für den Erbverzicht. (Vgl. dazu auch § 1491 RdNr. 5).

§ 1518 Zwingendes Recht

[1] Anordnungen, die mit den Vorschriften der §§ 1483 bis 1517 in Widerspruch stehen, können von den Ehegatten weder durch letztwillige Verfügung noch durch Vertrag getroffen werden. [2] Das Recht der Ehegatten, den Vertrag, durch den sie die Fortsetzung der Gütergemeinschaft vereinbart haben, durch Ehevertrag aufzuheben, bleibt unberührt.

I. Normzweck

1 Während die Rechtsverhältnisse während der ehelichen Gütergemeinschaft grundsätzlich zur Disposition der Ehegatten durch ehevertragliche Vereinbarung stehen, sind die Vorschriften über die fortgesetzte Gütergemeinschaft insgesamt zwingend. Dies soll insbesondere dem Schutz der gemeinschaftlichen Abkömmlinge dienen, die nach dem Tod des erstverstorbenen Ehegatten ohne die Möglichkeit, dies auszuschlagen und irgendwelche Abfindungsansprüche zu stellen, in die fortgesetzte Gütergemeinschaft gezwungen werden und auf die das Vermögen des Erstverstorbenen praktisch erst nach Beendigung der fortgesetzten Gütergemeinschaft übergeht.

II. Nach S. 1 unwirksame Vereinbarungen und zulässige Aufhebung der fortgesetzten Gütergemeinschaft

2 Das gesamte Recht der fortgesetzten Gütergemeinschaft ist der Disposition der Ehegatten durch Ehevertrag entzogen. **Modifikationen** sind nur zulässig, soweit das Gesetz dies ausdrücklich vorsieht.[1] Obwohl die Unzulässigkeit abweichender Vereinbarungen in erster Linie zum Schutz der Abkömmlinge angeordnet ist, können auch keine abweichenden Vereinbarungen zugunsten der Abkömmlinge und zu Lasten des überlebenden Ehegatten getroffen werden.[2]

3 **Unzulässig** ist **zB** eine Befreiung des überlebenden Ehegatten als Gesamtgutsverwalter von den Beschränkungen der §§ 1423 ff.,[3] die Einsetzung einer dritten Person, etwa eines Testamentsvollstreckers oder eines Abkömmlings zum Gesamtgutsverwalter[4] oder die Modifikation des einem beteiligten Abkömmling bei der Auseinandersetzung zustehenden Anspruchs in der Weise, dass ihm nur ein schuldrechtlicher Geldanspruch eingeräumt wird.[5] Die Unzulässigkeit, dh. Nichtigkeit einer getroffenen Vereinbarung kann von dem überlebenden Ehegatten und den Abkömmlingen (bzw. ihren Erben) geltend gemacht werden.[6]

[1] Vgl. vor allem §§ 1511 ff.; zur Möglichkeit, die Abkömmlinge durch bedingte Anordnungen und Auflagen zu Zugeständnissen im Widerspruch zur gesetzlichen Regelung zu zwingen s. § 1502 RdNr. 2.
[2] RG JW 1916, 43.
[3] Auch wenn er während der ehelichen Gütergemeinschaft davon – soweit zulässig – befreit war; OLG Köln LZ 1924, 47; inzwischen allgM.
[4] RG JW 1916, 43.
[5] RGZ 105, 242; vgl. § 1512 und RdNr. 2 hierzu.
[6] KG OLGE 6, 162.

S. 2 stellt gegenüber S. 1 klar, dass die Ehegatten ihre Vereinbarung über die **Fortsetzung der Gütergemeinschaft** jederzeit **durch Ehevertrag rückgängig machen** können. Sie können die Fortsetzung der Gütergemeinschaft auch dadurch ausschließen, dass sie alle Abkömmlinge durch Verfügung von Todes wegen nach § 1511 von der Beteiligung ausschließen.[7] Die entsprechende Verfügung des letztlich vorverstorbenen Ehegatten bedarf aber der Zustimmung des anderen (§ 1516).[8] Durch einseitige letztwillige Verfügung des vorverstorbenen Ehegatten ohne Zustimmung des überlebenden, etwa durch die Alleinerbeinsetzung des Überlebenden, kann die fortgesetzte Gütergemeinschaft deshalb nicht ausgeschlossen werden.[9] 4

III. Vereinbarungen des überlebenden Ehegatten, insbesondere mit den Abkömmlingen und Verfügungen von Todes wegen über seinen Anteil

§ 1518 schließt nur Modifikationen der §§ 1483 ff. durch Ehevertrag der Ehegatten zu ihren Lebzeiten aus. Vereinbarungen zwischen dem überlebenden Ehegatten und Dritten, insbesondere den gemeinschaftlichen Abkömmlingen betrifft er nicht. Zulässig sind deshalb **schuldrechtliche Vereinbarungen** mit den Abkömmlingen, aber auch Dritten (zB vor bestimmten Rechtshandlungen deren Zustimmung einzuholen).[10] Von besonderer Bedeutung ist die Zulässigkeit von (formlosen) Vereinbarungen mit den Abkömmlingen über die Auseinandersetzung (vgl. § 1498 RdNr. 2 f.), die aber jeweils nur schuldrechtlich unter den Beteiligten wirken. Vereinbarungen, die das Rechtsverhältnis zwischen überlebendem Ehegatten und Abkömmlingen mit **„dinglicher" Wirkung** ändern, sind dagegen ebenfalls ausgeschlossen. Dazu bedürfte es eines Quasi-Ehevertrages, den das Gesetz nur im Sonderfall des § 1501 Abs. 2 kennt. Nicht von § 1518 betroffen sind schließlich **Verfügungen von Todes** wegen des **überlebenden Ehegatten** über seinen Anteil am Gesamtgut. Diese sind ohne weiteres zulässig.[11] 5

§§ 1519 bis 1557 *[(aufgehoben durch Art. 1 Ziff. 15 GleichberG v. 18. 6. 1957)]*

Untertitel 3. Güterrechtsregister

Vorbemerkungen

Schrifttum: *Alexander,* Die Funktion des Güterrechtsregisters, Diss. Köln 1935; *Beitzke,* Anm. zu BGH, Beschl. v. 28. 2. 1964 – IV ZB 586/63, DNotZ 1964, 692; *Bosch,* Anm. zu BGH, Beschl. v. 28. 2. 1964 – IV ZB 586/63, FamRZ 1964, 423; *Cohen,* Das Güterrechtsregister, Diss. Marburg 1919; *Collenberg,* Das Güterrechtsregister, Diss. Breslau 1905; *Dieterle,* Ehevertrag und Güterrechtsregister, BWNotZ 1963, 205; *Gottschalg,* Aufgabe und Inhalt des Güterrechtsregisters heute, Diss. Bonn 1966; *ders.,* Zur Eintragungsfähigkeit der Gütertrennung im Güterrechtsregister, DNotZ 1969, 339; *ders.,* Zur Bedeutung des § 1412 Abs. 2 BGB im Hinblick auf das Güterrechtsregister, DNotZ 1970, 274; *ders.,* Anm. zu LG Bochum, Beschl. v. 3. 12. 1969 – 7 T 411/69, DNotZ 1971, 487; *ders.,* Anm. zu BGH, Beschl. v. 14. 4. 1976 – IV ZB 43/75, NJW 1976, 1741; *Hoffmann,* Probleme der Tätigkeit der Registergerichte aus der Sicht des Notars, MittRhNotK 1970, 31; *Kanzleiter,* Zur Eintragungsfähigkeit in das Güterrechtsregister, DNotZ 1971, 453; *Klickermann,* Das Güterrechtsregister in seiner materiellrechtlichen Bedeutung, Diss. Leipzig 1908; *Klinkradt,* Das Güterrechtsregister, Diss. Rostock 1911; *Lange,* Ehevertrag und Güterrechtsregister, FamRZ 1964, 547; *Meyer,* Güterstandsaufhebungsurteil und Güterrechtsregister, FamRZ 1957, 285; *Mohrbutter,* Folgen der Gleichberechtigung von Mann und Frau für das Güterrechtsregister, Rpfleger 1953, 521; *Reinhold,* Das Güterrechtsregister, Diss. Leipzig 1908; *Reithmann,* Schutz des Rechtsverkehrs bei Geschäften mit verheirateten Personen, DNotZ

[7] Vgl. RGZ 94, 314, 317; RG Recht 1930 Nr. 1263.
[8] Diese Möglichkeit bedeutet praktisch eine Formerleichterung (vgl. §§ 2247 ff., 1516 Abs. 3, 2267).
[9] RG Warn. 1908 Nr. 163; KG OLGE 31, 399.
[10] Vgl. – weitergehend – RG JW 1916, 43.
[11] BGH NJW 1964, 2298 = FamRZ 1964, 423.

1961, 3; *ders.*, Die Aufgabe öffentlicher Register, DNotZ 1979, 67; *Schmidt,* Die Bedeutung des Güterrechtsregistereintrags im Güterrecht, § 1412 BGB und die Schuldenhaftung, BWNotZ 1964, 184.

Übersicht

I. Funktion und Funktionsfähigkeit des Güterrechtsregisters

1 Dem Güterrechtsregister kommt eine **umfassende Publizitätsfunktion** hinsichtlich aller güterrechtlicher Umstände zu,[1] die für Dritte (unmittelbar) von Bedeutung sind. Wie bei jedem Register ergeben sich daraus zwei unterschiedliche Wirkungen für die Praxis: Zum einen die Wirkung, gutgläubige Dritte zu schützen (oder, von den Ehegatten aus gesehen, den guten Glauben Dritter zu zerstören) – Funktion des **„Verkehrsschutzes"** –, zum zweiten die Wirkung, den Nachweis der güterrechtlichen Verhältnisse im Rechtsverkehr zu erleichtern – Funktion der **„Verkehrserleichterung".**

2 Für die Erfüllung dieser Funktionen sind zwei Grundsätze von ausschlaggebender Bedeutung:

- Die **Eintragungen** im Register sind nur **deklaratorisch,** die Veränderung der güterrechtlichen Verhältnisse tritt stets unabhängig von der Eintragung im Register ein.
- Der gute Glaube an die Richtigkeit einer im Güterrechtsregister eingetragenen Tatsache wird nicht geschützt, nach § 1412 genießt das Register nur **negative Publizität.**

3 Da Veränderungen der güterrechtlichen Verhältnisse auch ohne Eintragung im Güterrechtsregister wirksam sind und da es nur wenige güterrechtliche Änderungen gibt, die die Rechtslage Dritter gegenüber dem gesetzlichen Regeltatbestand grundlegend negativ beeinflussen, bei denen also der Schutz gutgläubiger Dritter in Frage kommen und damit ein Interesse der Ehegatten an der Zerstörung dieses guten Glaubens bestehen kann,[2] wird **vom Güterrechtsregister nur sehr wenig Gebrauch gemacht.** Weil das Register nur außerordentlich selten eingesehen wird, wird es seiner **Funktion, gutgläubige Dritte zu schützen,** in der Praxis **nicht gerecht.** In den wenigen Fällen, in denen eine Veränderung für Dritte nachteilig ist, wirkt eine Eintragung praktisch einseitig zu Lasten des dritten Geschäftspartners, dessen guter Glaube durch den Registereintrag zerstört wird. Demgegenüber wird das Register seiner zweiten Funktion, den Nachweis der güterrechtlichen Verhältnisse zu erleichtern, besser gerecht, obwohl das Register nur negative Publizität genießt. Allerdings wird in der Praxis auch von dieser Funktion des Registers nur selten Gebrauch gemacht. Die Bedeutung dieser Möglichkeit darf freilich gerade im Interesse des Verkehrsschutzes nicht unterschätzt werden, weil sich der dritte Geschäftspartner auf eine für ihn günstige Abweichung vom gesetzlichen Güterrecht verlassen kann, wenn sie im Register eingetragen ist.[3] Das gilt gerade auch im Hinblick auf die Möglichkeit der **Rechtswahl** nach Art. 15 Abs. 2 EGBGB (idF des IPRG; s. Art. 16 Abs. 1 EGBGB); abzuwarten ist, ob sich die Ehegatten zur Publizierung der Rechtswahl in Zukunft häufiger des Güterrechtsregisters bedienen werden, was bisher ebenfalls nicht geschieht.

---

[1] So auch BGHZ 66, 203 = NJW 1976, 1258, 1259 m. zahlr. Nachw. zu den vertretenen Auffassungen; aA de lege lata weiterhin *Gottschalg* in einer Anm. zu dieser Entsch. NJW 1976, 1741.

[2] Am wichtigsten ist der – seltene – Entzug der Verpflichtungsermächtigung nach § 1357 Abs. 2.

[3] S. *Kanzleiter* DNotZ 1971, 453, 466 ff.

Weil das Güterrechtsregister nur wenig in Anspruch genommen wird und seiner Funktion des Gutglaubensschutzes schlecht gerecht wird, wird die **Abschaffung** des Registers zur Diskussion gestellt.[4] Folge der Abschaffung wäre einerseits, dass bei güterrechtlichen Veränderungen, die die Rechtsstellung Dritter negativ beeinflussen können, das Risiko der Unkenntnis des dritten Geschäftspartners von der Veränderung allein die Ehegatten tragen würden. Dies wäre grundsätzlich nicht ungerechtfertigt, weil die Gefährdung Dritter sich aus der Rechtssphäre der Ehegatten ergibt. Andererseits entfiele aber auch die Möglichkeit, sich des Güterrechtsregisters als Hilfsmittel zum Nachweis der güterrechtlichen Verhältnisse zu bedienen. 4

Richtig ist, dass dem Güterrechtsregister im Verhältnis zu anderen Registern **zwei Mängel immanent** sind: Zum einen ist das Güterrechtsregister (im Unterschied zum Grundbuch und ähnlichen „Sachregistern", insoweit in Übereinstimmung mit dem Handelsregister und ähnlichen „Personalregistern") in den Abschluss einzelner Rechtsgeschäfte der Ehegatten nicht zwangsläufig einbezogen. Zum zweiten wird die Zahl der Ehen, bei denen gesetzliches Güterrecht ohne Ausnahme gilt, immer die große Mehrheit darstellen, sodass der Anreiz zur Einsicht des Güterrechtsregisters stets geringer als bei anderen Registern bleiben wird (in dieser Hinsicht unterscheidet sich das Güterrechtsregister vom Handelsregister und ähnlichen Registern). Trotzdem kann das Güterrechtsregister vor allem zum Nachweis güterrechtlicher Verhältnisse nützlich sein und sollte deshalb beibehalten werden, zumal die mit ihm verbundenen Kosten gering sind. 5

II. Eintragungsfähige Tatsachen

1. Grundprinzip. Aus der Funktion des Güterrechtsregisters ergibt sich der Umfang der Tatsachen, die in das Register eingetragen werden können: Eintragungsfähig sind alle Tatsachen, die die **Rechtslage Dritter** im Verhältnis zu den Ehegatten **unmittelbar beeinflussen.** Dies entspricht der Rechtsprechung des BGH,[5] der die früher von ihm vertretene[6] entgegengesetzte Auffassung aufgegeben hat, nur die Tatsachen seien eintragungsfähig, die die Rechtsstellung Dritter negativ beeinflussen können, bei denen also ein Schutz gutgläubiger Dritter nach § 1412 in Frage kommen kann. Diese Auffassung war vor Inkrafttreten des GleichberG die herrschende.[7] Alle güterrechtlichen Veränderungen von größerer Bedeutung konnten aber auf Grund des damaligen gesetzlichen Güterrechts die Rechtsstellung Dritter negativ beeinflussen und damit in das Register eingetragen werden. Dies änderte sich mit dem gesetzlichen Güterstand der „Zugewinngemeinschaft", da der Übergang von diesem Güterstand zur Gütertrennung die Rechtslage Dritter durch den Wegfall der Verfügungsbeschränkungen der §§ 1365 ff. nur positiv beeinflusst. Angesichts dieser neuen Rechtslage kann an der früher vertretenen Auffassung zur Eintragungsfähigkeit in das Register nicht festgehalten werden, weil das die zweite Funktion des Registers, den Rechtsverkehr zu erleichtern, außer acht ließe.[8] 6

2. Im Einzelnen gilt folgendes: 7

a) Modifikationen des gesetzlichen Güterstands. Der Ausschluss oder die Modifikation der Verfügungsbeschränkungen der §§ 1365 ff. können eingetragen werden.[9] Nicht eintragungsfähig ist dagegen der (teilweise oder vollständige) Ausschluss des Zugewinnausgleichs, da er die Rechtslage Dritter nicht unmittelbar, sondern nur mittelbar – über seine Auswirkungen auf die Kreditwürdigkeit eines Ehegatten – beeinflussen kann.[10] Das gilt erst recht,

---

[4] Vgl. *Braga* FamRZ 1967, 652, 659; *Langenfeld,* Handbuch der Eheverträge und Scheidungsvereinbarungen, RdNr. 263; *Mikat,* FS Felgentraeger, 1969, S. 350; *Reithmann* DNotZ 1961, 3, 16; *ders.* DNotZ 1979, 67, 74.

[5] BGH (Fn. 1).

[6] BGHZ 41, 376 = NJW 1964, 1795.

[7] S. Nachw. bei BGH (Fn. 1) und *Kanzleiter* DNotZ 1971, 453, 456 Fn. 23.

[8] S. *Kanzleiter* DNotZ 1971, 453, 466 ff.

[9] AA BGHZ 41, 376 = NJW 1964, 1795; diese Entsch. ist aber überholt durch BGHZ 66, 203 = NJW 1976, 1258; die Eintragungsfähigkeit entspricht nun der hM.

[10] Soweit dies aus den Formulierungen BGHZ 66, 203, 207 = NJW 1976, 1258 „Der Senat hält es daher für gerechtfertigt, dem Güterrechtsregister eine umfassende Publikationsfunktion zuzuweisen und die Funk-

wenn der Zugewinnausgleich nur für bestimmte Fälle der Beendigung der Ehe ausgeschlossen wird wie bei der inzwischen häufigen sog. „modifizierten Zugewinngemeinschaft" für den Fall der Beendigung der Ehe in anderer Weise als durch den Tod eines Ehegatten.[11]

8 **b) Gütertrennung.** Der Übergang zum Güterstand der Gütertrennung kann eingetragen werden, ohne Rücksicht darauf, auf welchem Rechtsgrund er beruht (auf Vereinbarung oder Gerichtsurteil nach §§ 1388, 1449 und 1470) und unabhängig davon, welcher Güterstand vorausging.[12]

9 **c) Gütergemeinschaft.** Ebenfalls eintragungsfähig ist der Güterstand der Gütergemeinschaft, die Regelung der Verwaltung des Gesamtguts und die Person des Gesamtgutsverwalters bei Verwaltung des Gesamtguts durch einen Ehegatten (einschließlich der Änderung der Verwaltungsregelung). Beim Güterstand der Gütergemeinschaft können weiter der Umfang des Vorbehaltsguts (siehe § 1418 Abs. 4) sowie der Einspruch eines Ehegatten gegen den selbständigen Betrieb eines Erwerbsgeschäfts durch den anderen Ehegatten und der Widerruf der Einwilligung hierzu (s. §§ 1431 Abs. 3, 1456 Abs. 3) und schließlich auch die Zurücknahme des Einspruchs und des Widerrufs eingetragen werden, wenn Einspruch oder Widerruf der Einwilligung ihrerseits eingetragen waren.[13] Nicht eintragsungsfähig ist der Eintritt der **fortgesetzten Gütergemeinschaft,** weil das Güterrechtsregister nur über die güterrechtlichen Verhältnisse während der Ehe Auskunft gibt.[14]

10 **d) Eigentums- und Vermögensgemeinschaft.** Eingetragen werden kann auch der Güterstand der Eigentums- und Vermögensgemeinschaft nach §§ 13 ff. FGB, wenn die Ehegatten für den früheren gesetzlichen Güterstand nach dem Recht der ehem. DDR optiert haben (s. Art. 234 § 1, § 4 EGBGB).[15]

11 **e) § 1357.** Eingetragen werden können die Beschränkung oder der Ausschluss der Befugnis des anderen Ehegatten nach § 1357 und deren Aufhebung (durch den Ehegatten oder das Vormundschaftsgericht),[16] wenn die Beschränkung oder der Ausschluss eingetragen wurden. Auch das Ruhen der Befugnis nach § 1357 während des Getrenntlebens der Ehegatten (§ 1357 Abs. 3) ist eintragungsfähig, weil es sich auf die Rechtsstellung dritter Geschäftspartner der Ehegatten auswirkt (obwohl gutgläubige Dritte nicht durch § 1412 geschützt sind).[17] Während des Getrenntlebens ist daneben der Entzug der Befugnis nach § 1357 Abs. 2 und dessen Eintragung im Güterrechtsregister möglich.[18]

12 **f) Versorgungsausgleich.** Nicht eintragungsfähig sind Ausschluss oder Modifikation des Versorgungsausgleichs.[19]

---

tion des Registers nicht in bloßer Schutzwirkung zu sehen, sondern in einer Offenlegung der güterrechtlichen Verhältnisse zwecks Erleichterung des Rechts- und Geschäftsverkehrs" und der dortigen Feststellung, güterrechtliche Änderungen seien eintragungsfähig, „wenn die Offenlegung des Güterstandes aus wirtschaftlichen Gründen, etwa aus Gründen der Kreditgewährung, im Interesse der Ehegatten oder Dritter liegt," zu schließen wäre, ginge das zu weit. Wie der Verf.: BGHZ 41, 370, 377 = NJW 1964, 1795; *Erman/Gamillscheg* Vor § 1558 RdNr. 2; *Soergel/Gaul* Vor § 1558 RdNr. 7; *Staudinger/Thiele* (2007) Vor § 1558 RdNr. 7; aA OLG Köln NJW-RR 1995, 390 = Rpfleger 1994, 464; *Lange* FamRZ 1964, 546, 550; AK-BGB/*Fieseler* §§ 1558–1563 RdNr. 2; *Palandt/Brudermüller* Vor § 1558 RdNr. 3.

[11] AA mit ausführlicher Begründung unter Hinweis auf den erweiterten Zweck des Güterrechtsregisters und das Interesse Dritter an der Kenntnis solcher Vereinbarungen mit Rücksicht auf die Kreditwürdigkeit der Ehegatten und eventuelle Bereicherungsansprüche nach § 1390 BGB, OLG Köln NJW-RR 1995, 390 = Rpfleger 1994, 464.

[12] BGHZ 66, 206 = NJW 1976, 1258 mN; inzwischen hM; aA *Gottschalg* NJW 1976, 1741.

[13] Dies alles entspricht allgM.

[14] Ebenfalls allgM im Anschluss an BayObLG Recht 1916 Nr. 1135.

[15] Ausführlich *Böhringer* DNotZ 1991, 223, 233 ff.

[16] KG OLGE 30, 39 zu § 1357 aF.

[17] AA OLG Hamm MDR 1951, 740 und die überwM, auch die Voraufl.; wie hier *Wacke* § 1357 RdNr. 45; *Lüke,* FS Bosch, 1976, S. 627, 637; *ders.* AcP 178 (1978), 1; *Soergel/Gaul* Vor § 1558 RdNr. 5.

[18] BayObLG FamRZ 1959, 504, 505 mN.; OLG Hamburg MDR 1957, 164; OLG Köln JMBl. NRW 1954, 6; *Büdenbender* FamRZ 1976, 662, 669; *Palandt/Brudermüller* § 1357 RdNr. 24.

[19] *Soergel/Gaul* Vor § 1558 RdNr. 5; anders *Jauernig/Schlechtriem* Vor § 1558 RdNr. 3.

g) Ausländische Güterstände. Eingetragen werden können auch ausländische Güterstände und zwar sowohl gesetzliche wie vertragsmäßige (vgl. Art. 16 EGBGB). Dasselbe gilt für den Übergang von einem ausländischen Güterstand zu einem Güterstand nach deutschem Recht; wegen der Funktion des Registers, den Rechtsverkehr zu erleichtern, auch für die bloß klarstellende Vereinbarung des deutschen gesetzlichen Güterstands durch Ehevertrag, wenn sonst Zweifel bestehen könnten.[20] 13

h) Rechtswahl. Aus dem gleichen Grund ist auch die Rechtswahl nach Art. 15 Abs. 2 EGBGB eintragungsfähig, auch wenn deutsches Recht gewählt wird und diese Rechtswahl nur Zweifel über die Anwendbarkeit des nach Art. 15 Abs. 1 EGBGB sowieso geltenden deutschen gesetzlichen Güterstands ausschließen soll. Bei der Wahl eines fremden Rechts und bei der rechtsändernden Wahl deutschen Rechts ergibt sich die Eintragungsfähigkeit schon aus den Darlegungen unter RdNr. 13. 14

III. Verfahren des Registergerichts

Für das Verfahren des Registergerichts gelten die Vorschriften des **FamFG,** insbesondere die §§ 374 ff. FamFG, zur örtlichen Zuständigkeit § 377 Abs. 3 FamFG. Zuständig ist ohne Ausnahme der Rechtspfleger (§ 3 Nr. 1 e RpflG). Zur Eintragungsgebühr s. § 81 KostO. Zur Einsicht in das Register, zur Erteilung von Abschriften, Zeugnissen und Negativzeugnissen s. § 1563 und die Erläuterungen hierzu. 15

§ 1558 Zuständiges Registergericht

(1) Die Eintragungen in das Güterrechtsregister sind bei jedem Amtsgericht zu bewirken, in dessen Bezirk auch nur einer der Ehegatten seinen gewöhnlichen Aufenthalt hat.

(2) [1] Die Landesregierungen werden ermächtigt, durch Rechtsverordnung einem Amtsgericht für die Bezirke mehrerer Amtsgerichte die Zuständigkeit für die Führung des Registers zu übertragen. [2] Die Landesregierungen können die Ermächtigung durch Rechtsverordnung auf die Landesjustizverwaltungen übertragen.

I. Neufassung von Abs. 1, Normzweck

Durch Art. 2 Nr. 2 des Gesetzes zur Neuregelung des Internationalen Privatrechts v. 25. 7. 1986 (BGBl. I S. 1142) wurde Abs. 1 neu gefasst. Die Vorschrift stellt jetzt nicht mehr auf den Wohnsitz des Ehemannes ab,[1] sondern knüpft – wie § 377 Abs. 3 FamFG – an den gewöhnlichen Aufenthalt beider Ehegatten an. 1

II. Gewöhnlicher Aufenthalt der Ehegatten

Zum Begriff des gewöhnlichen Aufenthalts s. § 7 RdNr. 7 ff. Hat keiner der Ehegatten einen gewöhnlichen Aufenthalt im Inland, so ist kein Gericht für die Eintragung zuständig, dh., dass eine Eintragung im Güterrechtsregister ausgeschlossen ist. Haben die Ehegatten **mehrere** (gemeinsame oder nicht gemeinsame) **gewöhnliche Aufenthalte,** so muss im Interesse des Schutzes Dritter die Eintragung in allen zuständigen Registern vorgenommen werden;[2] § 377 Abs. 3 FamFG stimmt damit überein. Dem Dritten kann nicht zugemutet werden, dass er mögliche weitere Aufenthaltsorte der Ehegatten erforscht und mehrere Güterrechtsregister einsieht. 2

---

[20] BayObLG FamRZ 1979, 583, 585.

[1] Dies verstieß gegen Art. 3 GG, s. BVerfGE 63, 181; 68, 384; 1. Aufl. RdNr. 1.

[2] Dies stellt die Neufassung durch ihren Wortlaut klar. Die für die frühere Fassung entgegengesetzte überwM – s. 1. Aufl. Fn. 4 – ist damit überholt.

3 Ist die **Eintragung nicht bei allen** zuständigen **Gerichten erfolgt,** so ist sie unwirksam (dies gilt erst recht, wenn die Eintragung bei einem unzuständigen Gericht geschehen ist). Hat freilich der dritte Geschäftspartner das Register eingesehen, bei dem die (richtige) Eintragung erfolgt war, so sind ihm die güterrechtlichen Verhältnisse bekannt (vgl. § 1412 Abs. 1).

III. Kaufmannseigenschaft eines Ehegatten

4 Die güterrechtlichen Verhältnisse eines Kaufmannes können nicht in das Handelsregister eingetragen werden. Auch bei Kaufleuten ist dafür ausschließlich das Güterrechtsregister da.[3] Maßgebend ist hinsichtlich der Rechtsverhältnisse, die sich auf das **Handelsgewerbe** beziehen, das für dessen Niederlassung **zuständige Güterrechtsregister.** In dieses Register kann deshalb zusätzlich eingetragen werden, wenn die Niederlassung außerhalb des Wohnsitzgerichtsbezirks liegt, und muss eingetragen werden, wenn die Wirkungen auch hinsichtlich des Handelsgewerbes eintreten sollen (Art. 4 EGHGB).[4]

§ 1559 Verlegung des gewöhnlichen Aufenthalts

[1] Verlegt ein Ehegatte nach der Eintragung seinen gewöhnlichen Aufenthalt in einen anderen Bezirk, so muss die Eintragung im Register dieses Bezirks wiederholt werden. [2] Die frühere Eintragung gilt als von neuem erfolgt, wenn ein Ehegatte den gewöhnlichen Aufenthalt in den früheren Bezirk zurückverlegt.

I. Neufassung der Vorschrift, Normzweck

1 Die Vorschrift wurde wie § 1558 – unter Aufgabe der verfassungswidrigen Anknüpfung an den Wohnsitz des Ehemannes – durch das IPRG neu gefasst (vgl. § 1558 RdNr. 1). Sie stellt nunmehr auf den gewöhnlichen Aufenthalt beider Ehegatten ab.

II. Verlegung des gewöhnlichen Aufenthalts

2 Mit der Verlegung des gewöhnlichen Aufenthalts aus dem bisherigen Registerbezirk (die Verlegung innerhalb dieses Bezirks ist ohne Bedeutung) wird die Eintragung im bisher zuständigen Güterrechtsregister unwirksam. Soll die Wirksamkeit Dritten gegenüber weiterbestehen, muss die Eintragung im neu zuständigen Register wiederholt werden.[1] Auch dies geschieht nach § 1560 nur auf Antrag, § 1559 („muss") darf nicht dahingehend missverstanden werden, die Ehegatten seien verpflichtet, einen entsprechenden Antrag zu stellen oder die Eintragung erfolge zwingend von Amts wegen. Wird die Wiederholung der Eintragung beim Register des neuen Wohnsitzes beantragt, so hat dieses die Zulässigkeit der Eintragung selbständig zu prüfen.[2] Entsprechend den Darlegungen zu § 1558 gilt § 1559 bei mehreren gewöhnlichen Aufenthalten stets, wenn nur einer der Ehegatten einen seiner gewöhnlichen Aufenthalte verlegt.[3*] Trotz Verlegung des Aufenthalts können Änderungen oder Löschungen früherer Eintragungen (auch) im früher zuständigen Register eingetragen werden, weil sonst bei Zurückverlegung die inzwischen geänderte frühere Eintragung nach S. 2 wieder aufleben würde.[4*]

---

[3] RGZ 63, 248.

[4] Bei mehreren Niederlassungen genügt die Eintragung in das Register des Ortes der Hauptniederlassung (Art. 4 Abs. 1 S. 2 EGHGB). Wird die Niederlassung verlegt, gilt § 1559 entsprechend (Art. 4 Abs. 2 EGHGB).

[1] Wird der gewöhnlichen Aufenthalt ins Ausland verlegt, so ist keine Wiederholung der Eintragung möglich (vgl. § 1558 RdNr. 2).

[2] OLG Hamburg OLGE 12, 308.

[3*] Vgl. dort RdNr. 2.

[4*] OLG Hamburg MDR 1975, 492.

III. Zurückverlegung des gewöhnlichen Aufenthalts

3 Die Eintragung im früher zuständigen Register wird bei Verlegung des gewöhnlichen Aufenthalts nicht gelöscht. Deshalb wirkt sie erneut, wenn der gewöhnliche Aufenthalt in den Bezirk dieses Gerichts zurückverlegt wird. Die Eintragung im Register des aufgegebenen zwischenzeitlichen gewöhnlichen Aufenthalts wird nach S. 1 wirkungslos. Sie wird ebenfalls nicht gelöscht, sodass sie ihrerseits bei Zurückverlegung des gewöhnlichen Aufenthalts in den Bezirk dieses Gerichts nach S. 2 wieder wirksam wird.

§ 1560 Antrag auf Eintragung

[1] Eine Eintragung in das Register soll nur auf Antrag und nur insoweit erfolgen, als sie beantragt ist. [2] Der Antrag ist in öffentlich beglaubigter Form zu stellen.

I. Normzweck

1 Für das Güterrechtsregister gilt der Antragsgrundsatz. Das bedeutet, dass Eintragungen stets nur auf Antrag der Ehegatten bzw. eines antragsberechtigten Ehegatten (vgl. § 1561) vorgenommen werden.[1] Nach S. 1, 2. Halbs. bestimmen die Ehegatten durch ihren Antrag auch über den Umfang der Eintragung. Sie können daher auch veranlassen, dass nur ein Teil ihrer – von der gesetzlichen Regel abweichenden – güterrechtlichen Verhältnisse im Güterrechtsregister eingetragen wird.[2] Da kein Antragszwang besteht, entscheiden die Ehegatten frei darüber, ob und welche Eintragungen im Güterrechtsregister vorgenommen werden. Zur Antragsberechtigung vgl. § 1561 und die Erläuterungen hierzu.

II. Form des Antrags

2 Der Antrag ist nach S. 2 in **öffentlich beglaubigter Form** zu stellen, also schriftlich unter notarieller Beglaubigung der Unterschrift oder des Handzeichens oder notariell beurkundet (§ 129). Der erforderliche Antrag kann in den Ehevertrag selbst aufgenommen werden. Dann genügt die Vorlage des Ehevertrages beim Register.[3] Wird der Antrag von den Ehegatten gesondert gestellt, braucht der Ehevertrag grundsätzlich nicht vorgelegt zu werden.[4]

3 Stellt der Notar den Antrag für die Ehegatten gemäß § 378 FamFG,[5] so bedarf seine Unterschrift nicht der öffentlichen Beglaubigung durch einen anderen Notar. Anders als im Grundbuchverfahren, in dem der Antrag des Notars wie der jedes der Beteiligten formlos gestellt werden kann, muss aber die Form des § 24 Abs. 3 S. 2 BNotO (Unterschrift und Beifügung des Amtssiegels) beachtet werden, die die Form der öffentlichen Beglaubigung des § 1560 S. 2 ersetzt. § 24 Abs. 3 S. 2 BNotO ist Ausdruck des allgemeinen Grundsatzes, dass die Unterzeichnung durch den Notar und die Beifügung des Amtssiegels bei bewirkenden Urkunden im Rahmen seiner Zuständigkeit die bei Abgabe durch Dritte vorgeschriebene Unterschriftsbeglaubigung ersetzt und diesen Urkunden den Charakter „öffentlicher Urkunden" verleiht.[6]

4 Der Antrag kann auch durch **andere Bevollmächtigte** gestellt werden. Anders als in § 12 Abs. 2 S. 1 HGB ist für die Vollmacht öffentlich beglaubigte Form nicht ausdrücklich vorgeschrieben. Daraus kann jedoch kein Umkehrschluss gezogen werden: Der Sinn des § 1560 S. 2, sicherzustellen, dass Eintragungen in das Güterrechtsregister ohne jeden Zweifel

---

[1] Zur Löschung von Amts wegen s. u. RdNr. 9.

[2] Mot. IV S. 558; KGJ 21, A 91.

[3] Vgl. KG RJA 1, 201.

[4] Zum Umfang der Prüfung durch das Registergericht s. u. RdNr. 6 ff.

[5] Zum Inhalt seines Antragsrechts s. § 1561 RdNr. 7.

[6] BGH DNotZ 1981, 118; *Schippel/Reithmann*, BNotO, § 24 RdNr. 59; grundlegend *Reithmann*, Allgemeines Urkundenrecht 1972, S. 27 ff.; vgl. dort auch die abweichenden Auffassungen; *ders.*, Vorsorgende Rechtspflege durch Notare und Gerichte, 1989, S. 88 f.

auf den Willen der Antragsberechtigten zurückgehen, verlangt, dass auch die Vollmacht öffentlich beglaubigt ist.[7]

III. Eintragung und Prüfung der Eintragungsvoraussetzungen

5 **1. Fassung der Eintragung.** Über die Fassung der Eintragung entscheidet der Registerführer.[8] Die Eintragung hat so umfangreich und präzis zu erfolgen, wie der Verkehrsschutz des Registers dies erfordert. Welche Einzelheiten eingetragen werden müssen, entscheiden danach die Umstände des einzelnen Falles. Die **Bezugnahme auf** die **Registerakten** ist anders als in § 874 nicht ausdrücklich vorgesehen, weil regelmäßig nicht erforderlich. Wo ein Sachinbegriff näher zu bezeichnen ist – zB beim Umfang des Vorbehaltsguts – und in ähnlichen Fällen genügt im Register aber trotzdem eine allgemeine Bezeichnung unter Bezugnahme auf die Registerakten. Dies lassen die landesrechtlichen Ausführungserlasse über die Registerführung regelmäßig ausdrücklich zu.

6 **2. Prüfung der Eintragungsvoraussetzungen.** Wie bei anderen Registerverfahren hat der Registerführer zu prüfen, ob die formellen Eintragungsvoraussetzungen vorliegen und ob eine inhaltlich zulässige, widerspruchsfreie Eintragung begehrt wird. Ob diese Eintragung den tatsächlichen Verhältnissen der Ehegatten, dh. regelmäßg, ob sie den materiell wirksamen und nicht wieder aufgehobenen Vereinbarungen der Ehegatten entspricht, ist grundsätzlich nicht zu prüfen.[9] Nur dann, wenn das Registergericht nach den Umständen begründete Zweifel hat, ob die begehrte Eintragung mit den güterrechtlichen Verhältnissen der Ehegatten übereinstimmt, ist dem nachzugehen, etwa die Eintragung von der Vorlage des Ehevertrages abhängig zu machen.

7 Zu den Eintragungsvoraussetzungen gehört nach inzwischen allgM,[10] dass die **Eheschließung erfolgt** ist (während der Eintragungsantrag auch schon vorher, insbesondere im Ehevertrag gestellt werden kann).[11] Auch hinsichtlich dieser Eintragungsvoraussetzung gilt nichts besonderes: Nachweise über die Eheschließung kann das Registergericht auch hier nur fordern, wenn begründete Zweifel bestehen.[12]

8 Ob die **Eintragungsvoraussetzungen** vorliegen, **prüft das Güterrechtsregister selbständig.** Dies gilt auch dann, wenn die Eintragung auf Grund einer Entscheidung des Prozessgerichts begehrt wird.[13] Diese Entscheidung ersetzt nach § 894 ZPO nur die betreffende Erklärung des Ehegatten; ob diese Erklärung die Eintragung rechtfertigt, hat das Register zu entscheiden. An Beschwerdeentscheidungen der übergeordneten Gerichte im Rahmen des Instanzenzugs der freiwilligen Gerichtsbarkeit ist das Registergericht dagegen nach den allgemeinen Grundsätzen gebunden.

IV. Löschung unzulässiger Eintragungen

9 Eintragungen, die **wegen** des **Mangels einer wesentlichen Voraussetzung unzulässig** waren, sind gemäß § 395 FamFG von Amts wegen zu löschen. Wegen des strikten Antragsprinzips (§§ 1560, 1561) beim Güterrechtsregister ist auch ein formgerechter Antrag – insoweit anders als beim Handelsregister – eine wesentliche Eintragungsvoraussetzung.

---

[7] Ebenso RGRK/*Finke* RdNr. 5; *Soergel/Gaul* RdNr. 3.

[8] BayObLGZ 3, 562.

[9] AllgM, KGJ 45, A 194; *Palandt/Brudermüllter* Vor § 1558 RdNr. 5; *Soergel/Gaul* RdNr. 4; *Staudinger/Thiele* (2007) RdNr. 10.

[10] KGJ 20, A 68; *Erman/Gamillscheg* RdNr. 2; *Keidel/Winkler,* FGG, § 161 RdNr. 19; *Palandt/Brudermüller* Vor § 1558 RdNr. 5; *Soergel/Gaul* RdNr. 4; *Staudinger/Thiele* (2007) RdNr. 9; so zB schon Bek. des BayJM v. 31. 1. 1900 die Führung des Güterrechtsregisters betreffend (JMBl. 1900, 483) Nr. 3.

[11] KGJ 20, A 68.

[12] AA, dh. regelmäßigen Nachweis der Eheschließung verlangen OLG Colmar KGJ 30, A 313; KG OLGE 30, 134; *Soergel/Gaul* RdNr. 4. Allerdings soll nicht stets eine Personenstandsurkunde erforderlich sein, sondern es soll grundsätzlich auch eine Beurkundung des Notars ausreichen, dass ihm die Beteiligten als Ehegatten bekannt sind (vgl. dazu vor allem KG OLGE 30, 134).

[13] OLG Darmstadt OLGE 4, 99; KGJ 37, A 207.

§ 1561 Antragserfordernisse

(1) Zur Eintragung ist der Antrag beider Ehegatten erforderlich; jeder Ehegatte ist dem anderen gegenüber zur Mitwirkung verpflichtet.

(2) Der Antrag eines Ehegatten genügt

1. zur Eintragung eines Ehevertrags oder einer auf gerichtlicher Entscheidung beruhenden Änderung der güterrechtlichen Verhältnisse der Ehegatten, wenn mit dem Antrag der Ehevertrag oder die mit dem Zeugnis der Rechtskraft versehene Entscheidung vorgelegt wird;

2. zur Wiederholung einer Eintragung in das Register eines anderen Bezirks, wenn mit dem Antrag eine nach der Aufhebung des bisherigen Wohnsitzes erteilte, öffentlich beglaubigte Abschrift der früheren Eintragung vorgelegt wird;

3. zur Eintragung des Einspruchs gegen den selbständigen Betrieb eines Erwerbsgeschäfts durch den anderen Ehegatten und zur Eintragung des Widerrufs der Einwilligung, wenn die Ehegatten in Gütergemeinschaft leben und der Ehegatte, der den Antrag stellt, das Gesamtgut allein oder mit dem anderen Ehegatten gemeinschaftlich verwaltet;

4. zur Eintragung der Beschränkung oder Ausschließung der Berechtigung des anderen Ehegatten, Geschäfte mit Wirkung für den Antragsteller zu besorgen (§ 1357 Abs. 2).

I. Normzweck

Nach Abs. 1 ist **grundsätzlich** der **Antrag beider Ehegatten erforderlich.** Abs. 2 enthält so **weitgehende Ausnahmen** von diesem Grundsatz, dass **im Ergebnis** die **Ausnahme die Regel** ist: Regelmäßig reicht der Antrag eines Ehegatten aus. Nach Nr. 1 und 2 gilt das, wenn der Ehegatte den zugrundeliegenden Ehevertrag, das zugrundeliegende Urteil oder die bereits erfolgte Eintragung im Register eines anderen Bezirks vorlegen kann, nach Nr. 3 und 4 dann, wenn der Ehegatte eine einseitige Maßnahme getroffen hat, die zu seinem Schutz im Güterrechtsregister eingetragen werden soll. 1

II. Grundsatz des Abs. 1

Wenn ein Eintragungsantrag beider Ehegatten erforderlich ist, ist jeder dem anderen zur Mitwirkung verpflichtet. Der **Anspruch auf Mitwirkung** kann im streitigen Zivilprozess durchgesetzt werden, das Urteil ersetzt nach § 894 ZPO den Antrag des anderen Ehegatten. 2

III. Ausnahmen des Abs. 2

1. Nr. 1. Die wichtigste Ausnahme von Abs. 1 enthält Abs. 2 Nr. 1: Der Antrag eines Ehegatten genügt, wenn er den **Ehevertag** über die güterrechtlichen Vereinbarungen **oder** die mit Rechtskraftzeugnis versehene **Gerichtsentscheidung** vorlegen kann, die der Änderung der güterrechtlichen Verhältnisse zugrundeliegt. 3

2. Nr. 2. Obwohl §§ 1558, 1559 für die Eintragung jetzt an den gewöhnlichen Aufenthalt (beider Ehegatten) anknüpfen, stellt Abs. 2 Nr. 2 weiterhin auf den Wohnsitzwechsel ab: Beim **Wohnsitzwechsel** – jedes der beiden Ehegatten[1] – genügt der einseitige Antrag eines Ehegatten, wenn er eine **beglaubigte Abschrift der bisherigen Registereintragung** vorlegt, die nach dem Wohnsitzwechsel erteilt wurde. Falls dies nicht auf einem Redaktionsversehen des Gesetzgebers beruht, dann darauf, dass der Wechsel des gewöhnlichen Aufenthalts regelmäßig nicht, der Wohnsitzwechsel notfalls durch Meldebescheinigung nachgewiesen werden kann. Entgegen der weithin vertretenen Meinung brauchen der Wechsel des Wohnsitzes und die Tatsache, dass die Abschrift erst nach dem Wohnsitzwechsel 4

[1] Vgl. § 1558 Abs. 1 nF.

erteilt wurde, aber nur dann durch eine Bescheinigung der Meldebehörde nachgewiesen zu werden, wenn das Registergericht Zweifel an der Richtigkeit des angegebenen neuen Wohnsitzes hat.[2] Abs. 2 Nr. 2 ist entsprechend anwendbar, wenn der Wohnsitz nicht gewechselt, sondern zusätzlich zum bisherigen ein neuer Wohnsitz begründet wird.[3]

5 **3. Nr. 3.** Der **Einspruch** eines Ehegatten **gegen** den **selbständigen Betrieb eines Erwerbsgeschäfts** durch den anderen Ehegatten und der Widerruf der Einwilligung sind formlos möglich (vgl. § 1431 RdNr. 6, 8). Zur Eintragung in das Güterrechtsregister bedarf es nach Abs. 2 Nr. 3 nur des einseitigen Antrags des Ehegatten, der den Einspruch erhoben bzw. seine Einwilligung widerrufen hat.

6 **4. Nr. 4.** Abs. 2 Nr. 4 ist entsprechend der Neufassung des **§ 1357** durch das 1. FamRÄndG an die Stelle des bisherigen Abs. 3 getreten: Den Antrag auf Eintragung im Güterrechtsregister kann jeder Ehegatte selbständig stellen, der die **Berechtigung** des anderen **eingeschränkt oder entzogen** hat, Geschäfte mit Wirkung für ihn zu besorgen. Wie der bisherige Abs. 3 ist auch Abs. 2 Nr. 4 nicht entsprechend anwendbar, wenn die Beschränkung oder Ausschließung durch das VormG aufgehoben wurde.[4] Es gilt vielmehr Abs. 2 Nr. 1.[5]

IV. Das Antragsrecht des Notars

7 Nach § 378 FamFG gilt der Notar als ermächtigt, im Namen eines Beteiligten die Eintragung zu beantragen, wenn er dessen dazu erforderliche Erklärung beurkundet oder beglaubigt hat. Es kann auch nicht verlangt werden, dass der Notar den Eintragungsantrag der Beteiligten beurkundet oder beglaubigt hat, weil die Antragsermächtigung sonst ins Leere ginge,[6] vielmehr genügt, dass der Notar die dem Eintragungsantrag zugrundeliegenden Erklärungen beurkundet oder beglaubigt hat.[7] Gegen die Zurückweisung des Antrags kann der Notar nicht im eigenen Namen Beschwerde erheben.[8]

§ 1562 Öffentliche Bekanntmachung

(1) Das Amtsgericht hat die Eintragung durch das für seine Bekanntmachungen bestimmte Blatt zu veröffentlichen.

(2) Wird eine Änderung des Güterstands eingetragen, so hat sich die Bekanntmachung auf die Bezeichnung des Güterstands und, wenn dieser abweichend von dem Gesetz geregelt ist, auf eine allgemeine Bezeichnung der Abweichung zu beschränken.

I. Bekanntmachungspflicht, Unterrichtung der Ehegatten

1 **Alle Eintragungen** in das Güterrechtsregister, unabhängig davon, auf welcher Grundlage sie beruhen, sind unverzüglich in dem Bekanntmachungsblatt des Registers (einmal) **zu**

[2] AA, dafür, dass Nachweis stets durch „Polizeibescheinigung" zu führen sei, *Erman/Gamillscheg* RdNr. 2; *Staudinger/Thiele* (2007) RdNr. 10; dafür, dass der Wohnsitzwechsel regelmäßig durch verwaltungsbehördliche Bescheinigung nachzuweisen ist, *Soergel/Gaul* RdNr. 3.

[3] Dazu, dass dann im für den neuen gewöhnlichen Aufenthalt zuständigen Register zusätzlich eingetragen werden muss, s. § 1558 RdNr. 2.

[4] AA *Erman/Gamillscheg* RdNr. 3.

[5] *Soergel/Gaul* RdNr. 4; *Staudinger/Thiele* (2007) RdNr. 10; vgl. §§ 53, 60 Abs. 1 Nr. 6, 31 FGG; der Begriff der „güterrechtlichen Verhältnisse" ist im Rahmen der §§ 1558 ff. im weiteren Sinn auszulegen und umfasst den gesamten Bereich der eintragungsfähigen Tatsachen.

[6] AA zur früheren Rechtslage nach §§ 161, 129 FGG die allgM; s. OLG Köln OLGZ 1983, 267 = MDR 1983, 490; KG OLGE 6, 286; KGJ 21, A 92; OLG Rostock OLGE 3, 368; OLG Colmar OLGE 5, 196; OLGE 17, 368; *Erman/Gamillscheg* § 1560 RdNr. 2; *Keidel/Kuntze/Winkler,* FGG, § 161 RdNr. 18; *Soergel/Gaul* § 1560 RdNr. 3; *Staudinger/Thiele* (2007) § 1560 RdNr. 10.

[7] Eine ganz andere Frage ist, dass der Notar von seiner Vollmacht nur entsprechend dem Willen der Antragsberechtigten Gebrauch machen darf.

[8] KG Rpfleger 1977, 309.

veröffentlichen. Da bei Zurückverlegung des gewöhnlichen Aufenthalts in einen Bezirk, in dessen Güterrechtsregister ein Eintrag besteht, nach § 1559 S. 2 die Eintragung als von neuem erfolgt gilt, ist sie erneut bekannt zu machen;[1] eines Antrags der Ehegatten bedarf es nicht, das Registergericht hat die Bekanntmachung von Amts wegen vorzunehmen, wenn es von der Zurückverlegung des gewöhnlichen Aufenthalts erfährt. **Beide Ehegatten** sind nach § 383 Abs. 1 FamFG von einer Eintragung **zu benachrichtigen**, falls sie nicht auf die Bekanntgabe verzichtet haben.

II. Inhalt der Bekanntmachung

Abs. 2 lässt zu, dass der **Inhalt der Bekanntmachung** gegenüber der Eintragung (weiter) eingeschränkt wird.[2] Soweit Abs. 2 nicht eingreift, ist die Eintragung in ihrem vollem Wortlaut bekannt zu machen. 2

III. Keine Wirkung des Unterlassens der Bekanntmachung

Wird die Bekanntmachung unterlassen, so hat dies keine rechtlichen Auswirkungen. Die Eintragung ist trotzdem rechtswirksam. Für das Wirksamwerden ist der Zeitpunkt der Eintragung, nicht der der Bekanntmachung maßgebend. Das Unterlassen der Bekanntmachung kann aber Grundlage eines Schadensersatzanspruchs nach § 839 sein. 3

§ 1563 Registereinsicht

[1] Die Einsicht des Registers ist jedem gestattet. [2] Von den Eintragungen kann eine Abschrift gefordert werden; die Abschrift ist auf Verlangen zu beglaubigen.

I. Normzweck, Einsicht

Die Einsicht in das Güterrechtsregister steht jedermann frei (S. 1), ohne dass er ein berechtigtes Interesse darlegen müsste (§ 1563 S. 1 ist die registerrechtliche Vorschrift, auf die § 385 FamFG verweist). Das Datenschutzrecht steht nicht entgegen.[1*] Soweit bei der Eintragung auf Schriftstücke bei den Registerakten Bezug genommen wird (vgl. § 1560 RdNr. 5), sind sie Bestandteil des Registers und damit ebenfalls der Einsicht für jedermann offen.[2*] Im Übrigen können die Beteiligten die Gerichtsakten nach § 13 Abs. 1 FamFG einsehen, soweit nicht schwerwiegende Interessen eines Beteiligten oder eines Dritten entgegenstehen (§ 13 Abs. 1 FamFG). Nicht Beteiligten kann Einsicht nur gestattet werden, soweit sie ein berechtigtes Interesse glaubhaft machen und schutzwürdige Interessen (eines Beteiligten oder eines Dritten) nicht entgegenstehen (§ 13 Abs. 2 FamFG). 1

II. Abschriften des Registers, Zeugnisse des Registergerichts

Nach S. 2 kann ebenfalls jedermann auf Verlangen eine (einfache oder beglaubigte) Abschrift der Eintragungen verlangen. Das Gleiche gilt von Negativbescheinigungen darüber, dass „bezüglich des Gegenstands einer Eintragung weitere Eintragungen ... nicht vorhanden sind oder dass eine bestimmte Eintragung ... nicht erfolgt ist" (§ 386 FamFG). Dagegen kann die Erteilung positiver Zeugnisse über den Registerinhalt nicht gefordert werden; dem dahingehenden Interesse eines Beteiligten trägt eine Abschrift des Registers Rechnung. 2

---

[1] ÜberwM; *Planck/Unzner,* Anm. 3; RGRK/*Finke* RdNr. 1; *Soergel/Gaul* RdNr. 1; *Staudinger/Thiele* (2007) RdNr. 6; aA (keine erneute Bekanntmachung erforderlich) *Erman/Gamillscheg* RdNr. 1.

[2] Zum erforderlichen Umfang der Eintragung s. § 1560 RdNr. 5.

[1*] *Lüke* NJW 1983, 1407.

[2*] AllgM; *Erman/Gamillscheg* RdNr. 1; *Palandt/Brudermüller* RdNr. 1; *Soergel/Gaul* RdNr. 1; *Staudinger/Thiele* (2007) RdNr. 1.

Titel 7. Scheidung der Ehe

Untertitel 1. Scheidungsgründe

Vorbemerkungen

Materialien: Bundesministerium der Justiz, Diskussionsentwurf eines Gesetzes über die Neuregelung des Rechts der Ehescheidung und der Scheidungsfolgen, August 1970 [DiskE]; Eherechtskommission beim Bundesministerium der Justiz, Vorschläge zur Reform des Ehescheidungsrechts und des Unterhaltsrechts nach der Ehescheidung, 1970; Gesetzentwurf der Bundesregierung, Entwurf eines Ersten Gesetzes zur Reform des Ehe- und Familienrechts, BT-Drucks. VI/2577 [Entwurf 71]; Gesetzentwurf der Bundesregierung, Entwurf eines Ersten Gesetzes zur Reform des Ehe- und Familienrechts, BT-Drucks. 7/650 [Entwurf 73]; Gesetzentwurf der Bundesregierung, Entwurf eines Gesetzes zur Reform des Verfahrens in Familiensachen und in den Angelegenheiten der freiwilligen Gerichtsbarkeit (FGG-Reformgesetz – FGG-RG), BT-Drucks. 16/6308 [Entwurf FGG-RG]; Art. 1 FGG-RG: Entwurf eines Gesetzes über das Verfahren in Familiensachen und in den Angelegenheiten der freiwilligen Gerichtsbarkeit [FamFG]; Beschlussempfehlung und Bericht des Rechtsausschusses zu dem Gesetzentwurf der Bundesregierung – Drucksache 16/6308 – v. 23. 6. 2008, BT-Drucks. 16/9733; Deutscher Bundestag, Plenarprotokoll 16/173 v. 27. 6. 2008, S. 18468–18482.

Schrifttum: (Das Schrifttum zur Eherechtsreform und zu den Entwürfen ist in der 1. Aufl. aufgeführt); *Andrae,* Anwendung des islamischen Rechts im Scheidungsverfahren vor deutschen Gerichten, NJW 2007, 1730; *Abele/Klinger,* Scheidung und Ehegattenerbrecht, FamRB 2006, 138; *Beitzke,* Verfassungsmäßigkeit des Ehescheidungsrechts? GS Gschnitzer, 1969, S. 87; *ders.,* Zur Frage der Wirksamkeit von Privatscheidungen in Deutschland, FamRZ 1960, 126; *ders.,* Anerkennung inländischer Privatscheidungen von Ausländern, IPRax 1981, 202; *Bergerfurth,* Zum Sühneversuch in Ehesachen, FamRZ 2001, 12; *ders.,* Rechtsmittelreform und Scheidungsverfahren, FamRZ 2001, 1493; *ders.,* Ehescheidung und Anwaltszwang – Zur geplanten Verfahrensreform FF 2005, 178; *Born,* Vereinfachtes Scheidungsverfahren – Lockvogelangebot oder ernsthafte Alternative? FamRZ 2006, 829; *Borth,* Die Reform des Verfahrens in Familiensachen, FamRZ 2007, 1925; *Bosch,* Familienrechtsreform, 1952; *ders.,* Neue Rechtsordnung in Ehe und Familie, 1954; *ders.,* Weitere Reformen im Familienrecht der Bundesrepublik Deutschland?, FamRZ 1982, 862; *ders.,* Entwicklungslinien des Familienrechts in den Jahren 1947–1987, NJW 1987, 2617; *Bovensiepen,* Die Reform des Ehescheidungsrechtes, 1936; *Bräm,* Privatisierung des Scheidungsrechts – ein Holzweg, FS Hausheer, 2002, S. 205; *Bröning/Walper,* Risikofaktoren und Ursachen für Scheidungen, FPR 2007, 260; *Brudermüller,* Geschieden und doch gebunden? Ehegattenunterhalt zwischen Recht und Moral, 2008; *ders.,* Wider das anwaltlose „vereinfachte Scheidungsverfahren", Editorial, FF 2006, 121; *Coester,* Covenant Marriage – Die „rechte Ehe"? Zur vertraglichen Einschränkung der Scheidungsmöglichkeit, FS Henrich, 2000, S. 73; *Coester-Waltjen,* Voraussetzungen der Ehescheidung, Jura 2006, 105; *Conradis,* Sozialrechtliche Probleme bei Trennung und Scheidung, FamRB 2007, 243 ff., 304 ff., 370 ff.; *Dastmaltchi,* § 630 als eheerhaltendes Element im Scheidungsrecht?, 2006; *dies.,* Das formelle Scheidungsverfahren nach geltendem Recht und nach der geplanten Änderung des familiengerichtlichen Verfahrens, FPR 2007, 226; *Damrau,* Probleme des neuen Ehescheidungsrechts, NJW 1977, 1620; *Derleder,* Die neue Zähmung der Widerspenstigen – Zur Renaissance des Verschuldensprinzips im Scheidungsfolgenrecht, KritJ 1982, 18; *Dethloff,* Die einverständliche Scheidung, 1994; *dies.,* Familienarbeit im Wandel, FS Schwab, 2005, S. 343; *Deubner,* Der Vorrang der Zerrüttungsvermutung im Scheidungsrecht, NJW 1978, 2585; *Dieckmann,* Zur Zerrüttungsvermutung bei Ehescheidungen im Einvernehmen, ZRP 1971, 193; *Diederichsen,* Das Recht der Ehescheidung nach dem 1. EheRG (Scheidungsgründe), NJW 1977, 273; *ders.,* 25 Jahre reformiertes Scheidungsrecht, FF 2002, 149; *ders.,* Das Verfahren vor den Familiengerichten nach dem 1. EheRG, NJW 1977, 649; *ders.,* Entwicklung und Funktion des Familien-, insbesondere des Eheprozessrechts in der Bundesrepublik Deutschland, ZZP 91 (1978), 397; *ders.,* „Richtiges" Familienrecht, FS Larenz, 1980, S. 127; *ders.,* Art. 6 I GG: Der besondere Schutz von Ehe und Familie – eine deutsche Utopie, FPR 2007, 221; *Dietzen,* Acht Thesen zum verfrühten Scheidungsantrag, FamRZ 1988, 1010; *Dölle,* Grundsätzliches zum Ehescheidungsrecht, 1946; *Dombois,* Grundprobleme des Ehescheidungsrechts, ZevKR 1956, 32; *ders.,* Unscheidbarkeit und Ehescheidung in den Traditionen der Kirchen, 1976; *Dopffel,* Die Voraussetzungen der Ehescheidung im Internationalen Privat- und Verfahrensrecht, FamRZ 1987, 1205; *Eckard,* Der Begriff der Ehe und seine Bedeutung für das geltende Eherecht in der Bundesrepublik Deutschland, Rechtstheorie 1988, 167; *Erdrich,* Folgen der Zustellung des Scheidungsantrags, FPR 2007, 243; *Finger,* Scheidung vor Ablauf des Trennungsjahres aus „Härtegründen", § 1565 Abs. 2 BGB, FuR 2008, 119, 229; *Friederici,* Familiensachen: Entscheidungen auch durch die Schiedsgerichte?, FuR 2006, 400, 448, 506; *Gernhuber,* Die geordnete Ehe, FamRZ 1979, 193; *ders.,* Neues Familienrecht, 1977; *ders.,* Eherecht und Ehetypen, 1981; *Giesen,* Einzelfallgerechtigkeit als Problem – Zur Entwicklung des Scheidungs- und Scheidungsfolgenrechts in Deutschland, FamRZ 1984, 1188; *Göler-Schlicht,* Vereinfachtes Scheidungsverfahren? Editorial, FF 2006, 77; *Grandel,* Zum vereinfachten Scheidungsverfahren, FF 2006, 304; *Graßhof,* Die Härteklausel im Ehescheidungsrecht, FS Zeidler, 1987, S. 837, 850; *Grziwotz,* Von Scheidungen und Apfelsinen (Glosse), FamRZ 2000, 1347; *Grziwotz/Hagengruber,* Das innere Maß des Scheidungsfolgenrechts – Teilhabegerechtigkeit in der Ehe, DNotZ 2006, 32; *Habscheid,* Vermutungen im neuen Scheidungsrecht, FS Bosch, 1976, S. 355; *Hahne,* Tempora mutantur, et nos mutamur in illis – Zu den Perspektiven der 1. Eherechtsreform von 1977 –, FamRZ 2002, 921; *Hattenhauer,* Die Privatisierung der Ehe, ZRP 1985, 200; *Henrich,* Auswirkungen des Eherechtsreformgesetzes auf das internationale Familienrecht, FS Bosch, 1976, S. 411; *ders.,* Das internationale Eherecht nach der Reform, FamRZ 1986, 841; *ders.,* Eherecht und soziale Wirklichkeit, FS Müller-Freienfels, 1986, S. 289; *Henrich,* Wertentscheidungen im Wertewandel: Betrachtungen zu Art. 6 Abs. 1 GG, FS Lerche, 1993, S. 239; *Herb,* Vereinbarungen des Schuldprinzips in Ehe- und Scheidungsverträgen, FamRZ 1988, 123; *Hermanns,* Neuere sozialwissenschaftliche Befunde zum inhaltlichen Verständnis von Ehe und Familie, FamRZ 1994, 1001; *Henssler/Deckenbrock,* Einverständliche Scheidung und anwaltlicher Parteiverrat – ein auflösbares Spannungsverhältnis?, MDR 2003, 1085; *Hohmann-Dennhardt,* Familienrechtliche Antworten auf veränderte Familienwelten, FF 2007, 174; *Huba,* Recht und Liebe, FamRZ 1989, 127; *Jauernig,* Scheidung einer Nichtehe und deren Folgen, FS Gerhardt, 2004, S. 433; *Kahl,* Ehescheidung wegen objektiver Ehezerrüttung, Gruchot 67 (1924), 1; *Gregor Kirchhof,* Förderpflicht und Staatsferne, Die aktuellen Reformvorschläge zum Ehegattensplitting, Unterhaltsrecht und Scheidungsverfahren und der grundrechtliche Schutz von Ehe und Familie, FamRZ 2007, 241; *Kloster-Harz,* Das Süddeutsche Familienschiedsgericht, FamRZ 2007, 99; *Knütel,* Scheidungsverzicht und Scheidungsausschlussvereinbarung, FamRZ 1985, 1089; *Kogel,* Gefahren des verfrüht gestellten Scheidungsantrags – Kavaliersdelikt oder Kalkül, FPR 2007, 247; *Kühn,* Scheidungsrecht in rechtspolitischer und sozialwissenschaftlicher Perspektive, ZRP 1975, 163; *Krause,* Der verfrühte Scheidungsantrag, FamRZ 2002, 1386; *Frank,* Rechtsvergleichende Betrachtungen zur Entwicklung des Familienrechts, FamRZ 2004, 841; *Lüke,* Die persönlichen Ehewirkungen und die Scheidungsgründe nach dem neuen Ehe- und Familienrecht, FS Bosch, 1976, S. 627; *ders.,* Grundsätzliche Veränderungen im Familienrecht durch das 1. EheRG, AcP 178 (1978), 1; *ders.,* Die Scheidungsschuld in einem Scheidungsrecht ohne Verschulden, GS Constantinesco, 1983, S. 457; *Mikat,* Scheidungsrechtsreform in einer pluralistischen Gesellschaft, FamRZ 1970, 333; *ders.,* Möglichkeiten und Grenzen einer Leitbildfunktion des bürgerlichen Ehescheidungsrechts, 1969; *ders.,* Rechtsgeschichtliche und rechtspolitische Erwägungen zum Zerrüttungsprinzip, FamRZ 1962, 81, 273, 497 und 1963, 65; *Mom,* Zur geplanten Einführung der Registerscheidung, FamRZ 2006, 1325; *Müller-Freienfels,* Zur revolutionären Familiengesetzgebung, insbesondere zum Ehegesetz der Volksrepublik China vom 1. 5. 1950, FS Rheinstein, 1969, S. 843; *ders.,* Ehe und Recht, 1962; *Nave-Herz,* Scheidungsursachen im Wandel; *dies.,* Verursachende Bedingungen für den zeitgeschichtlichen Anstieg der Ehescheidungen, FuR 1991, 318; *Neuhaus,* Wann ist die Ehe zerrüttet?, ZRP 1972, 153; *ders.,* Ehescheidungsgründe in rechtsvergleichender Sicht, RabelsZ 32 (1968), 24; *Proksch,* Scheidungsvermittlung (Divorce Mediation) – ein Instrument integrierter familiengerichtlicher Hilfe, FamRZ 1989, 916; *Ramm,* Scheidung zur Unzeit, JZ 1981, 82; *ders.,* Die Umgestaltung des Eherechts durch das Grundgesetz, JZ 1973, 722; *ders.,* Grundgesetz und Eherecht, 1972; *Rausch,* Aktuelles zur Reform des familiengerichtlichen Verfahrens, FuR 2006, 337; *Rheinstein,* Buchbesprechung Müller-Freienfels, Ehe und Recht, AcP 164 (1964), 368; *Roth,* Der Streitgegenstand der Ehescheidung und der Grundsatz der Einheitlichkeit der Entscheidung, FS Schwab, 2005, S. 701; *Rottleuthner-Lutter,* Gründe von Ehescheidungen in der Bundesrepublik Deutschland, Eine Inhaltsanalyse von Gerichtsakten, Rechtstatsachenforschung, hrsg. vom BMJ, 1992; *Sarres,* Ist der Verbund noch zu retten?, FuR 2003, 159; *ders.,* Der Ehescheidungsprozess – Liberalität statt rechtssichere Kontinuität, FPR 2007, 241; *v. Savigny,* Über Eherecht und Ehescheidung, (Einleitung zur Schrift „Darstellung der in den Preußischen Gesetzen über die Ehescheidung unternommenen Reform", 1844), FamRZ 1969, 1; *Schael,* Formelle Fehler bei der Ehescheidung, FPR 2007, 236; *Schlosser,* Die einverständliche Scheidung im Spannungsfeld der Streitgegenstandsdogmatik, FamRZ 1978, 319; *Schnitzler,* „Scheidung light" mit Notaren – schon wieder? Editorial FF 2004, 1; *ders.,* „Scheidung light" – endgültig ad acta?, FF 2007, 307; *Scholz/Krause,* Später Sieg der Freiheit: Die Kehrtwende der Rechtsprechung zu unscheidbaren ausländischen Ehen, FuR 2009, 1, 67; *Schwimann,* Eherecht und Ehewirklichkeit, FS Gschnitzer, S. 375, 377; *D. Schwab,* Handbuch des Scheidungsrechts, 5. Aufl. 2004; *ders.,* Konkurs der Familie?, 1994; *ders.,* Grundlagen und Gestalt der staatlichen Ehegesetzgebung in der Neuzeit bis zum Beginn des 19. Jahrhunderts, 1967; *ders.,* Probleme materiellen Scheidungsrechts, FamRZ 1979, 14; *ders.,* Das Recht der Ehescheidung nach dem 1. EheRG: Die Scheidungsgründe, FamRZ 1976, 491; *ders.,* Familie und Staat, FamRZ 2007, 1; *Viefhues,* Vereinfachtes Scheidungsverfahren – Kritik aus richterlicher Sicht, FF 2006, 183; *Voegeli,* Funktionswandel des Scheidungsrechts, KritJ 1982, 132; *Wagenitz/Barth,* Die Änderung der Familie als Aufgabe für den Gesetzgeber, FamRZ 1996, 577; *Wallenstein/Lewis,* Langzeitwirkungen der elterlichen Ehescheidung auf Kinder, FamRZ 2001, 65; *Marianne Weber,* Ehefrau und Mutter in der Rechtsentwicklung, 1907; *dies.,* Die Idee der Ehe und die Ehescheidung, 1923; *Willutzki,* 20 Jahre Eherechtsreform, FamRZ 1997, 777; *A. Wolf,* Das Zerrüttungsprinzip im Ehescheidungsrecht und die Nationalsozialisten – Zur Entstehung des Ehegesetzes 1938 vor 50 Jahren, FamRZ 1988, 1217; *ders.,* Über den Verzicht auf einen Scheidungsanspruch, FS Rebmann, 1989, S. 703; *E. Wolf,* Dogmatische Grundlagen einer Reform des Ehescheidungsrechts, JZ 1970, 441; *ders.,* Ehe, Zerrüttung, Verschulden, NJW 1968, 1497; *Wolf/Lüke/Hax,* Scheidung und Scheidungsrecht, 1959; *Zeidler,* Zeitgeist und Rechtsprechung – Einige Beobachtungen zu fünf Jahrzehnten Rechtsentwicklung und Rechtsprechung zu Fragen von Sitte und Moral: Vom Geist der Zeit in der Rechtsprechung, FS H. J. Faller, 1984, S. 145.

Übersicht

I. Ehe und Recht

1 **1. Scheidbarkeit der Ehe.** Die Scheidung der bürgerlich-rechtlichen Ehe, die nach § 1353 Abs. 1 S. 1 auf Lebenszeit geschlossen wird, ist neben dem Tod eines Ehegatten, der Wiederverheiratung nach der Todeserklärung (§ 1319 Abs. 2) und der Aufhebung der Ehe (§ 1313) eine der Möglichkeiten für die rechtliche Auflösung der Ehe. Die Scheidbarkeit der bürgerlich-rechtlichen Ehe ist ein selbstverständlicher, notwendiger, von Art. 6 Abs. 1 GG gesicherter Teil des bürgerlichen Eherechts.[1] Sie steht seit der Mitte des 20. Jahrhunderts in nahezu allen Rechtsordnungen außer Frage.[2] Ist eine Ehe nach dem anzuwendenden kanonischen Recht nicht scheidbar, so ist dies mit der Eheschließungsfreiheit nach Art. 6 GG nicht vereinbar.[3]

2 Im Scheidungsrecht versucht der Gesetzgeber, eine Materie nach seinen Vorstellungen zu formen, die der rechtlichen Regelung immer schwer zugänglich war. Die Lebensgemeinschaft zweier Menschen ist zunächst ein außerrechtliches Gebilde, das zur Ehe im Rechtssinne wird, wenn sie von der Rechtsgemeinschaft mit Rechtswirkungen ausgestattet wird.[4] Das Recht kann immer nur über diese Rechtswirkungen bestimmen, über ihre Dauer, ihre

---

[1] BVerfGE 31, 58, 82 = NJW 1971, 1509; BVerfGE 53, 224, 245 = NJW 1980, 689 = FamRZ 1980, 319; BGH FamRZ 2007, 109, 112; NJW 1978, 2550; *Knütel* FamRZ 1985, 1089; *Lüke,* FS Bosch, S. 627, 643; *Neuhaus,* Ehe und Kindschaft in rechtsvergleichender Sicht, S. 151; *Gernhuber/Coester-Waltjen* § 24 RdNr. 11, § 5 RdNr. 11; *Johannsen/Henrich/Jaeger* § 1564 RdNr. 14.

[2] Unscheidbare Ehen gibt es nur noch in einigen katholisch geprägten Ländern (Andorra, Dominikanische Republik, Malta, den Philippinen, dem Vatikanstaat) sowie in einigen islamischen Staaten, vgl. BGH FamRZ 2007, 109, 112 m. Anm. *Henrich; Rauscher* § 21 RdNr. 494.

[3] BGH FamRZ 2007, 109, 112 f. m. Anm. *Henrich* = FamRBint 2007, 3 m. krit. Anm. *Grziwotz*; krit. auch *Diederichsen* FPR 2007, 221, 225.

[4] Vgl. 3. Aufl. § 1353 RdNr. 17 ff.; *Schwimann,* FS Gschnitzer, S. 375, 377; zum Verhältnis von Ehe im Rechtssinne und Ehe als soziologische Erscheinung grundlegend *Müller-Freienfels,* Ehe und Recht, S. 39 ff.; *Schwab* FamRZ 1976, 491, 493; *Huba* FamRZ 1989, 127.

Ausgestaltung. Es kann aber kaum etwas ausrichten, wenn es versucht, über die Aufrechterhaltung der Rechtswirkungen der Ehe den erwünschten Bestand der Lebensgemeinschaft der Ehegatten anzuregen oder zu erzwingen. Ehe und Familie sind Lebensverhältnisse, „die die gesamte menschliche Existenz erfassen und deren eigentlicher Kern, die personale Begegnung und Bindung, einer Regelung durch die staatliche Rechtsordnung weitgehend entzogen ist.“[5] Die Ehescheidung löst diese eheliche Lebensgemeinschaft auf. Sie entlässt die Ehegatten aus ihren bisherigen ehelichen Pflichten, die allerdings um der Kinder willen und mit Rücksicht auf das in den Bestand der Ehe als Lebensbund gesetzte Vertrauen fortwirken. Zugleich ermöglicht sie die Eingehung einer neuen Ehe. Während das **Scheidungsfolgenrecht** in seiner modernen Ausgestaltung, die es zuletzt durch das **Gesetz zur Änderung des Unterhaltsrechts** v. 21. 12. 2007 (BGBl. I S. 3189), das **Gesetz zur Strukturreform des Versorgungsausgleichs** (VAStrRefG) v. 3. 4. 2009 (BGBl. I S. 700) und das **Gesetz zur Änderung des Zugewinnausgleichs und Vormundschaftsrecht** v. 6. 7. 2009 (BGBl. I S. 1696) erfahren hat, versucht, die Interessen der früheren Familie und der neuen Familie gleichermaßen im Blick zu behalten, und den Grundsatz der Eigenverantwortlichkeit der Eheleute nach der Scheidung in den Vordergrund rückt, ist das Scheidungsrecht selbst im Spannungsfeld zwischen dem Erhalt der Ehe als verfassungsrechtlich geschütztem Gut und der Eheschließungsfreiheit der Ehegatten befangen, und während die übrigen Rechtsordnungen in Europa es zunehmend dem Willen der Eheleute überlassen, sich aus der Ehe zu lösen, hat das deutsche Scheidungsrecht eine Vielzahl ehebewahrender Komponenten, die allerdings zunehmend kritisch betrachtet werden.[6] Das als Art. 1 des FGG-RG v. 17. 12. 2008 in Kraft getretene neue Familienverfahrensgesetz (BGBl. I S. 2586) ebnet mit dem Wegfall des 6. Buches der ZPO, insbesondere der Vorschrift des § 630 ZPO, den Weg zu einer auf dem Einvernehmen der Parteien beruhenden Scheidung, ohne dass die Ehepartner – wie bisher – zugleich die Folgen ihrer Scheidung umfassend regeln müssten. Freilich bleibt mit der Beibehaltung des Trennungsjahres auch in Zukunft der Weg zu einer reinen Konsensualscheidung versperrt.

2. Gesellschaftliche Realität und Scheidungsrecht. „Die Geschichte der Eheschei- 3
dung ist die Geschichte der Auffassung vom Wesen der Ehe.“[7] Gerade im vergangenen Jahrhundert war diese einem erheblichen Wandel unterworfen.[8] Während die Ehe zu Beginn des vergangenen Jahrhunderts zugleich das Band der Familie war und mit dem Scheitern der Ehe auch häufig die Familie in ihrer sozialen und wirtschaftlichen Existenz zerbrach, ist die Ehescheidung heute gesellschaftlich weitgehend akzeptiert und werden die wirtschaftlichen Folgen der Ehescheidung durch das Scheidungsfolgenrecht und die sozialstaatlichen Regelungen auch für den wirtschaftlich schwächeren Partner erträglich gestaltet. Für den kontinuierlichen Anstieg der Scheidungsrate werden vor allem ein gestiegenes Maß an individueller Autonomie gegenüber Kirche und Staat, an Entscheidungsfreiheit des Einzelnen, die größere ökonomische Unabhängigkeit der Frau, die zunehmende Vereinbarkeit von Karriere und Beruf, die Möglichkeiten der Empfängnisverhütung und die enttäuschte Hoffnung, in der Ehe Liebe und Erfüllung zu erfahren, benannt.[9] Diese Krise der Familie ist möglicherweise auf unser Streben nach individueller Freiheit zurückzuführen.[10] Ehen, die nach der bürgerlich-rechtlichen Auffassung auf Lebenszeit geschlossen werden, § 1353 Abs. 1, zerbrechen zunehmend. Inzwischen sind nichteheliche Lebensgemeinschaften und Lebenspartnerschaften stark verbreitet. Der Gesetzgeber hat mit dem „Gesetz zur Beendigung der Diskriminierung gleichgeschlechtlicher Gemeinschaften: Lebenspartnerschaften“ vom 16. 2. 2001 (BGBl. I S. 266), das am 1. 8. 2003 in Kraft getreten

---

[5] *Mikat,* Möglichkeiten und Grenzen einer Leitbildfunktion des bürgerlichen Ehescheidungsrechts, S. 4; *Müller-Freienfels,* Ehe und Recht, S. 35.

[6] *Dastmaltchi* FPR 2007, 226, 229.

[7] *Kühn* ZRP 1975, 163, 164.

[8] *Hohmann-Dennhardt* FF 2007, 174; *Schwab* FamRZ 2007, 1.

[9] *Bröning/Walper* FPR 2007, 260, 261.

[10] *Frank* FamRZ 2004, 841, 846.

ist, die gleichgeschlechtliche Lebensgemeinschaft gesetzlich geregelt, wobei die Regeln über die Aufhebung der Lebenspartnerschaft weitgehend dem materiellen Scheidungsrecht entnommen sind. Es finden sich Bestrebungen, auch die nichteheliche Lebensgemeinschaft zwischen Mann und Frau bestimmten rechtlichen Regelungen zu unterwerfen.[11] 26% der Kinder und Jugendlichen wachsen in sog. alternativen Familienformen auf, also in nichtehelichen Lebensgemeinschaften oder als Kinder Alleinerziehender, meist Mütter. 28% der Kinder werden ohne Ehe der Eltern geboren. Die Mehrzahl der Eltern entscheidet sich gleichwohl zur Ehe. Die Ehepartner versprechen bei Eingehung ihrer Ehe, sich lebenslang aneinander zu binden; dass damit nur die emotionale Bindung gemeint ist und die rechtlich formalisierte, traditionelle Lebensform der Ehe eher ablehnend betrachtet wird,[12] erklärt nicht, dass angesichts des bekannt hohen Scheidungsrisikos gleichwohl der Schritt in die Ehe getan wird, und zwar auch von Partnern, die zunächst in rechtlich ungesicherten Partnerschaften zusammenlebten. Etwa ein Drittel dieser faktischen Lebensgemeinschaften mündet in der Ehe.[13] Es liegt daher näher anzunehmen, dass die Eheschließenden in der Ehe nach wie vor einen rechtlichen und gesellschaftlichen Rahmen für ihre auf Lebenszeit gedachte Beziehung suchen und nicht zuletzt deshalb die Phase der Scheidung nach wie vor subjektiv als Lebenskrise erleben, deren Bewältigung an sie und die Kinder hohe Anforderungen stellt und die mit einschneidenden Konsequenzen für alle Betroffenen verbunden ist.[14]

4 Der Gesetzgeber hat gerade auf dem Gebiet des Scheidungsrechts seine Gestaltungsmöglichkeiten vielfach mit der Folge überschätzt,[15] dass bei der Ehescheidung seit jeher **Gesetz und Wirklichkeit auseinanderklafften.**[16] Es trifft deshalb nicht uneingeschränkt zu, dass das Familienrecht ein Spiegel der sozialen Wirklichkeit ist,[17] wie die Scheidungswirklichkeit unter der Geltung des Verschuldensscheidungsrechts ausweist. Sicher ist die Rechtsordnung als Ausprägung der elementaren Wertvorstellungen der Rechtsgemeinschaft dem Wandel dieser Wertvorstellungen unterworfen.[18] Ob die Anpassung des Rechts, insbes. des Ehescheidungsrechts, an die Wirklichkeit oder die Veränderung der Wirklichkeit durch das Gesetz[19] das Ziel einer gesetzlichen Regelung sein soll,[20] lässt sich nicht allgemein gültig beantworten. Das Recht kann sich jedenfalls nicht damit begnügen, eine sich ständig wandelnde gesellschaftliche Realität nur abzubilden, sondern muss den Schutz der gelebten Ehe und Familie ernst nehmen.[21] Wenn nichteheliche Lebensgemeinschaften, Lebenspartnerschaften und Patchworkfamilien zum gesellschaftlichen Alltag gehören, mit weitgehend gleichen Rechten wie die durch eine Ehe begründete Familie ausgestattet werden oder ausgestattet werden sollen, stellt sich die Frage nach der Rechtfertigung dafür, den Schutz der Ehe als Institution hervorzuheben und ihre Scheidung um des Erhalts der Ehe willen zu erschweren. Die Forderung nach eheerhaltenden Elementen im geltenden Scheidungsrecht macht nur dann weiterhin Sinn, wenn der Erhalt der Ehe selbst von tragender Bedeutung für die Ehepartner und ihre Kinder

---

[11] *Dethloff,* FS Schwab, S. 343, 346 ff., 356.

[12] So *Rauscher* § 1 RdNr. 4.

[13] *Dethloff,* FS Schwab, S. 343.

[14] *Bröning/Walper* FPR 2007, 260; 7. Familienbericht der Bundesregierung, www.bmfsfj.de/doku/familienbericht/a-04.html, dort IV. Interfamiliale Dynamiken.

[15] Vgl. schon *v. Savigny,* Über Eherecht und Ehescheidung, 1844 – Auszüge in FamRZ 1969, 1; vgl. auch *Mikat,* Möglichkeiten und Grenzen einer Leitbildfunktion des bürgerlichen Ehescheidungsrechts, S. 3 ff. m. vielen wN; *Frank* FamRZ 2004, 841, 846.

[16] Statt aller Eherechtskommission Bericht I S. 31; *Rheinstein* AcP 164 (1964), 368, 377; *Zeidler,* FS Faller, S. 145, 150.

[17] So aber *Frank* FamRZ 2004, 841, 846.

[18] BGH FamRZ 2007, 109, 112 m. Anm. *Henrich.*

[19] Vgl. *Mikat,* Möglichkeiten und Grenzen einer Leitbildfunktion des bürgerlichen Ehescheidungsrechts, S. 3 ff.; *Bosch,* Neue Rechtsordnung in Ehe und Familie, S. 20; *Wagenitz/Barth* FamRZ 1996, 577 ff.; *Schwab* FamRZ 2007, 1, 3 ff.; *Hohmann-Dennhardt* FF 2007, 174, 175; *Rauscher* § 1 RdNr. 9; *Henrich,* FS Lerche, S. 239; vgl. auch Fünfter Familienbericht der Bundesregierung, BT-Drucks. 12/7560 S. 89.

[20] *Hohmann-Dennhardt* FF 2007, 174, 175, hält die Suche nach einer Antwort auf diese Frage für müßig. Zu den rechtsphilosophischen Grundlagen von Recht und Ehe vgl. eingehend *Brudermüller,* Geschieden und doch gebunden?, S. 47 ff.

[21] *Hohmann-Dennhardt* FF 2007, 174, 176; *Brudermüller,* Geschieden und doch gebunden?, S. 135.

bleibt, und zwar im Sinne des auch durch das Recht zu schützenden europäischen Kulturdenkens.[22] Ob das bisherige Scheidungsrecht in seiner praktischen Anwendung und das zukünftige Scheidungsrecht mit dem Wegfall der Regelung des § 630 ZPO dieser Forderung Rechnung trägt, kann bezweifelt werden. Langzeituntersuchungen in den USA weisen aus, dass das Mutter- und Vatersein in der Nachscheidungsfamilie komplex und schwierig ist, dass insbesondere die elterlichen Funktionen hier nur sehr schwer auszuüben sind, dass die mütterlichen Funktionen angesichts der notwendigen Doppelbelastung der Frauen in Beruf und Familie gerade bei kleinen Kindern kaum zureichend ausgefüllt werden können und dass die Instabilität der Vater-Kind-Beziehung besorgniserregend ist.[23] Ob dieser Entwicklung durch eine rechtliche Stärkung der Institution der Ehe begegnet werden kann, ist angesichts dieser fortgeschrittenen gesellschaftlichen Entwicklung mehr als fraglich.[24] Vielleicht verhält es sich so, wie es *Martin Heidegger* in seinem Humanismusbrief formuliert hat: „Nur sofern der Mensch, in die Wahrheit des Seins ek-sistierend, diesem gehört, kann aus dem Sein selbst die Zuweisung derjenigen Weisungen kommen, die für den Menschen Gesetz und Regel werden müssen."[25] Oder wie *Dieter Schwab*[26] es fasst: „Die Familie hat ihre Substanz vor dem Recht."

3. Scheidungs- und Scheidungsfolgenrecht. Die Diskussion um das richtige Ehescheidungsrecht ist durch die Entscheidung des BVerfG v. 21. 10. 1980 zur Verfassungswidrigkeit der zeitlichen Befristung der Härteklausel des § 1568, in der die Auffassung von der Ehe als Institution wieder anklingt,[27] neu in Gang gesetzt und bei den Beratungen zum Unterhaltsänderungsgesetz v. 20. 2. 1986 (BGBl. I S. 301) neu belebt worden.[28] Sie hat – neben der Streichung der Befristungsklausel – keine unmittelbaren Auswirkungen auf das Scheidungsrecht, sondern nur auf das Scheidungsfolgenrecht gehabt. Auch in jüngerer Zeit steht das Scheidungsfolgenrecht im Mittelpunkt der Reformvorhaben. Insbesondere das Gesetz zur Änderung des Unterhaltsrechts v. 21. 12. 2007 (BGBl. I S. 3189) will das Unterhaltsrecht an geänderte gesellschaftliche Verhältnisse und an den seit der Eherechtsreform von 1976/1977 eingetretenen Wertewandel anpassen,[29] indem es mit Rücksicht auf die bessere Ausbildung und die Erwerbstätigkeit vieler Frauen, die gestiegenen Scheidungszahlen und die zunehmende Instabilität familiärer Verhältnisse die vorrangige Berücksichtigung der Kindesinteressen normiert und auf die Eigenverantwortung der Ehegatten nach dem Scheitern der Ehe setzt. Die tief greifenden Folgen, die die Reform des Unterhaltsrechts für Ehe und Familie haben wird, lassen sich nur erahnen: Erste Erfahrungen mit dem neuen Unterhaltsrecht zeigen, dass der Gesetzgeber eine wirtschaftliche Eigenverantwortung von Müttern nach der Scheidung voraussetzt, die in diesem Maße noch nicht der Lebenswirklichkeit entspricht,[30] bei der aber die Gefahr einer zunehmenden Destabilisierung von Scheidungskindern abzusehen ist. Hier wird der Richter bei der Rechtsanwendung im Spannungsfeld zwischen neuem Unterhaltsrecht und gelebter Wirklichkeit den notwendigen Kompromiss finden müssen. Ob die meist für die Ehefrauen fühlbareren Folgen der Scheidung nach 5

[22] *Staudinger/Rauscher* (2004) RdNr. 3.

[23] *Wallenstein/Lewis* FamRZ 2001, 65 ff.

[24] So auch *Brudermüller* S. 135.

[25] *Martin Heidegger,* Wegmarken, Brief über den Humanismus, Gesamtausgabe Bd. 9, S. 360, 361.

[26] *Schwab,* Konkurs der Familie? 1994, S. 40.

[27] BVerfGE 55, 134 = NJW 1981, 108 = FamRZ 1981, 15; in dem Votum von zwei Richtern wird sie ausdrücklich vertreten, vgl. auch BVerfG JR 2003, 144 zu gleichgeschlechtlichen Lebenspartnerschaften und die Voten von *Papier* und *Haas,* aaO, S. 150; RGRK/*Graßhof* RdNr. 12. Zu den unterschiedlichen Ehelehren vgl. *Gernhuber/Coester-Waltjen* § 4 RdNr. 1 ff.

[28] Vgl. die Begr. des Gesetzes BT-Drucks. 10/2888 S. 11, 17; *Schwab* FamRZ 1984, 1171; *Ramm* JZ 1986, 164; JZ 1981, 82; vgl. auch *Johannsen/Henrich/Jaeger* § 1564 RdNr. 19, 20; RGRK/*Graßhof* Vor § 1564 RdNr. 10 bis 19, insbes. RdNr. 14.

[29] *Palandt/Brudermüller* Einf. I vor § 1569 RdNr. 2.

[30] Vgl. 7. Familienbericht der Bundesregierung, wonach für jede dritte Mutter die Familiengründung einen langfristigen Ausstieg aus dem Beruf bedeutet, während Väter zu 80 bis 90% einer Erwerbstätigkeit nachgehen, die überwiegende Mehrheit davon einer Vollzeittätigkeit. Scheidung führt danach zu einem größeren ökonomischen Abstieg bei betroffenen Frauen als bei Männern, www.bmfsfj.de/doku/familienbericht/a-04.html, dort IV. Interfamiliale Dynamiken.

neuem Recht zu einem Rückgang der Scheidungen oder aber zu einer Zunahme streitiger Scheidungen führen werden, bleibt abzuwarten. Die für das materielle Scheidungsrecht selbst im **FGG-Reformgesetz** v. 17. 12. 2008 (BGBl. I S. 2586) vorgesehene Änderung, nämlich der Wegfall von § 630 ZPO als materiell-rechtliche Voraussetzung der formalisierten einverständlichen Scheidung nach § 1566 Abs. 1, erleichtert die Durchführung unstreitiger Scheidungen, dürfte aber letztlich nur die bisher schon bestehende Praxis bei von beiden Ehepartnern gewollten Scheidungen nachzeichnen.

II. Die Entwicklung des Scheidungsrechts in Deutschland

6 **1. Bis 1900.** Das Ehescheidungsrecht in Deutschland[31] zeigt eine Fülle von Gestaltungen, die von der freien Aufhebbarkeit der Ehe bis zum Verbot jeder Scheidung reichen. Die **germanischen Rechte** kannten den Scheidungsvertrag und die einseitige Scheidungserklärung des Mannes. Seit der Einführung des Christentums setzte sich immer mehr das **kanonische Eherecht** mit dem – allerdings erst vom Tridentinischen Konzil formell bestätigten – Grundsatz der Unauflöslichkeit der Ehe und der Zuständigkeit der kirchlichen Gerichte durch.[32] Die **Reformation** hat das Eherecht in Deutschland nach Ländern und Konfessionen gespalten. Die Reformatoren ließen die obrigkeitliche Scheidung wegen Ehebruchs oder einer gleich schweren Verfehlung zu.[33] In den katholischen Ländern blieb die Scheidung weiterhin grundsätzlich unzulässig. Mit der **Aufklärung** erließen Landesherren von der Naturrechtslehre beeinflusste staatliche Regelungen zum Scheidungsrecht und entzogen die Scheidung der kirchlichen Kompetenz. Die Ehe war als zivilrechtlicher Vertrag aus wichtigem Grund einseitig oder durch Übereinkunft beider Vertragspartner lösbar. So ließ das Preußische Allgemeine Landrecht von 1794 die Scheidung wegen bestimmter schuldhafter Verfehlungen eines Ehegatten, wegen unheilbarer, ekel- oder abscheuerregender körperlicher Gebrechen sowie wegen „Raserei und Wahnsinns" und ferner aufgrund einseitiger Abneigung zu. Kinderlose Ehen konnten aufgrund „gegenseitiger Einwilligung" geschieden werden.[34] Andere Länder folgten diesem Beispiel. Im Bereich des **französischen Zivilrechts,** insbes. im badischen Landrecht, war die Scheidung wegen Verschuldens eines Ehegatten und aufgrund beiderseitigen Einverständnisses der Ehegatten zulässig. Wo das gemeine protestantische Eherecht wirksam blieb, konnte eine Ehe wie bisher wegen Ehebruchs, „böslicher Verlassung" und ähnlich schwerer Eheverfehlungen geschieden werden. Vereinzelt wurden von der Rspr. auch unverschuldete Krankheiten, insbes. Wahnsinn und körperliche Gebrechen, als Grund für eine Scheidung anerkannt. In den Ländern, in denen das kanonische Eherecht weiter galt, war die Scheidung bis 1875 nicht möglich. So ließ das kurbayerische Landrecht von 1756 nach vollzogener Ehe die Scheidung dem Bande nach überhaupt nicht zu, die Trennung von Tisch und Bett nur in besonders gravierenden Fällen. Mit § 77 des Reichsgesetzes über die Beurkundung des Personenstandes und die Eheschließung vom 6. 2. 1875 (RGBl. I S. 23). wurde auch in diesen Gebieten an die Stelle der beständigen Trennung von Tisch und Bett die Auflösung des Ehebandes gesetzt.

7 **2. BGB.** Die Verfasser des BGB lehnten die Übernahme der Scheidungstatbestände aus den Gesetzeswerken der Aufklärung ab, sie schlossen sich dem **protestantischen Eherecht** an[35] und gingen davon aus, dass „die Ehe ihrem Begriff und Wesen nach unauflöslich, die

---

[31] Vgl. dazu eingehend Entwurf 73 S. 62 ff.; *Mikat* FamRZ 1962, 81 ff.; 273 ff.; 497 ff.; 1963, 65 ff.; *Schwab,* Grundlagen und Gestalt der staatlichen Ehegesetzgebung in der Neuzeit bis zum Beginn des 19. Jahrhunderts, 1967; *Hesse,* Evangelisches Ehescheidungsrecht in Deutschland, 1960; *Giesen* FamRZ 1984, 1188 ff.; *Lüderitz/Dethloff* § 6 RdNr. 1 ff.

[32] *Mikat* FamRZ 1962, 81 ff.; 273 ff.; 497 ff.; 1963, 65 ff.; *Giesen* FamRZ 1984, 1188 ff.

[33] *Hesse,* Evangelisches Ehescheidungsrecht in Deutschland, 1960, 12 ff.

[34] ALR Teil II, Titel 1, §§ 698, 716, 718 a, 718 b, 786; *Mikat,* FS Bosch, S. 671; *Giesen* FamRZ 1984, 1189; *v. Savigny,* Über Eherecht und Ehescheidung, 1844 – Auszüge in FamRZ 1969, 1, hielt diese Tendenz für verderblich.

[35] Mot. IV S. 566.

Scheidung daher stets etwas Anormales ist".[36] Die Scheidung sollte deshalb reichseinheitlich nur noch zum **Schutz des klagenden Ehegatten** vor dem anderen zugelassen werden, wenn dieser die ihm obliegenden ehelichen Pflichten schuldhaft verletzt hatte. Jede Scheidung „aus Willkür", insbes. auch die Scheidung aufgrund beiderseitigen Einverständnisses der Ehegatten, wurde ausgeschlossen, obwohl für ihre Zulassung nach den Motiven zum BGB auch bei dem damaligen Verständnis der Ehescheidung erhebliche Gründe sprachen. Abgelehnt wurde ferner die Scheidung wegen unverschuldet eingetretener Umstände, namentlich wegen körperlicher Gebrechen.[37] Als Scheidungsgründe sah das BGB bis 1938 den Ehebruch, die Lebensnachstellung und das „bösliche Verlassen" vor (§§ 1565 bis 1567 BGB). Nach der Generalklausel des § 1568 BGB konnte daneben auf Scheidung geklagt werden, „wenn der andere Ehegatte durch schwere Verletzung der durch die Ehe begründeten Pflichten oder durch ehrloses oder unsittliches Verhalten eine so tiefe Zerrüttung des ehelichen Verhältnisses verschuldet hat, dass dem Ehegatten die Fortsetzung der Ehe nicht zugemutet werden kann." Als einzige Ausnahme vom Verschuldensprinzip sah § 1569 BGB die Scheidung wegen Geisteskrankheit vor, eine Bestimmung, die erst nach wechselvoller Auseinandersetzung im Laufe des Gesetzgebungsverfahrens in das Gesetz eingefügt worden war.[38]

3. Reformversuche in der Weimarer Zeit. Nach dem 1. Weltkrieg verstärkte sich die 8
Forderung weiter Kreise, das Scheidungsrecht wieder freier zu gestalten. Zur Unterstützung der **Reformbestrebungen** wurden Vereinigungen gebildet, die auf den Widerstand der Evangelischen und der Katholischen Kirche stießen. Im Reichstag wurden 1921 Kleine Anfragen der Sozialdemokratischen Partei und der Demokratischen Partei zur Neuregelung des Scheidungsrechts[39] eher ausweichend beantwortet. Am 12. 1. 1922 übersandte Reichsjustizminister *Dr. Radbruch* den Landesregierungen „Vorläufige unverbindliche Grundlinien eines Gesetzes zur Änderung der Vorschriften des Bürgerlichen Gesetzbuches über die Ehescheidung", in denen er vorschlug, die Scheidung jeder zerrütteten Ehe zuzulassen, wenn dem Kläger „die Fortsetzung der Ehe nicht zugemutet werden kann". Verschiedene Parteien legten daraufhin Initiativgesetzentwürfe vor, die vom Reichstag ohne Ergebnis beraten wurden.[40] Die Beratungen im Reichstag wurden wesentlich vom Vorsitzenden des RA, *Geh. Rat Prof. D. Dr. Kahl* (Deutsche Volkspartei), geprägt.[41] Er forderte die Einführung des Zerrüttungsprinzips, aber gleichzeitig die Beibehaltung der Scheidung wegen Verschuldens. Auf Bitte des RA legte *Kahl* am 8. 7. 1927 einen Gesetzesentwurf vor. Auf der Grundlage dieses Entwurfs verabschiedete der RA am 14. 3. 1928 einen Vorschlag zur Einführung des Zerrüttungsprinzips, der als mündlicher Bericht des RA dem Plenum des Reichstages vorgelegt wurde.[42] Die Vorschläge des RA konnten wegen der Auflösung des III. Reichstages im Plenum nicht mehr behandelt werden. In der IV. Wahlperiode scheiterten Gesetzesinitiativen am Widerstand des Zentrums.[43]

4. Das Ehegesetz 1938. Nach der Angliederung Österreichs erschien es den Macht- 9
habern des Dritten Reiches vordringlich, in Österreich möglichst bald die obligatorische Zivilehe und die Ehescheidung einzuführen. Die Reform des Eherechts nach der Ideologie des Nationalsozialismus wurde deshalb verschoben. Im Ehegesetz vom 6. 7. 1938 (RGBl. I S. 807), das als „Gesetz zur Vereinheitlichung des Rechts der Eheschließung und der Ehescheidung im Land Österreich und im übrigen Reichsgebiet" verkündet wurde, wurden die Verschuldenstatbestände des BGB um- und fortgebildet.[44] Auf der Grundlage der Vorarbeiten des RA des Reichstages von 1928 und des Kahlschen Vorschlages zur Einführung eines § 1568 a BGB wurde jedoch mit § 55 EheG 1938 ein neuer Zerrüttungstatbestand

[36] Mot. IV S. 564.
[37] Mot. IV S. 563.
[38] *Giesen* FamRZ 1984, 1190.
[39] RT-Drucks. 2710, 2938, 3067.
[40] Vgl. die Zusammenstellung im Entwurf 73 S. 66.
[41] Vgl. *Kahl* DJZ 1927, 553 ff.
[42] RT-Drucks. 4106.
[43] Vgl. Entwurf 73 S. 67; *Giesen* FamRZ 1984, 1190.
[44] Zur Entstehung des EheG 1938 *A. Wolf* FamRZ 1988, 1217 ff.

geschaffen.[45] Die nationalsozialistische Bevölkerungspolitik zeigte sich in den neuen Scheidungsgründen der Verweigerung der Fortpflanzung und der Unfruchtbarkeit und wirkte sich in einer scheidungsfreundlichen Auslegung des neuen § 55 EheG 1938 durch die Rspr. aus.[46] Die Rassenideologie hatte sich schon im „Gesetz zum Schutz des Deutschen Blutes und der deutschen Ehre“ vom 15. 9. 1935 (RGBl. I S. 1146) durchgesetzt.

10 **5. Das Ehegesetz 1946.** Nach dem Ende des 2. Weltkriegs entfernten die Besatzungsmächte die Vorschriften typisch nationalsozialistischen Inhalts aus dem EheG 1938 und verkündeten am 20. 2. 1946 das Gesetz neu als **Kontrollratsgesetz Nr. 16** (ABl. des KR in Deutschland 1946, S. 77, 294).[47] Die Scheidungsgründe der Verweigerung der Fortpflanzung und der Unfruchtbarkeit eines Ehegatten fielen weg. Auf Anregung der sowjetischen Besatzungsmacht wurde für die Zerrüttungsscheidung nach § 48 Abs. 1 EheG 1946 (§ 55 EheG 1938) die **Kinderschutzklausel** des § 48 Abs. 3 EheG eingefügt. IÜ waren das EheG 1938 und das EheG 1946 gleich.

11 **6. DDR.** Am 24. 11. 1955 wurde das EheG 1946 in der Deutschen Demokratischen Republik durch die Verordnung über Eheschließung und Eheauflösung – EheVO – (GBl. DDR I S. 849) abgelöst. Im Jahre 1956 folgten neue Vorschriften über das Scheidungsverfahren.[48] Die EheVO führte formell das Zerrüttungsprinzip in der DDR ein. Am 20. 12. 1965 ist in der DDR das neue Familiengesetzbuch verkündet worden (GBl. DDR 1966 I S. 1),[49] das ebenfalls die Ehezerrüttung als einzigen Scheidungstatbestand enthält und noch kurz vor der Wiedervereinigung durch das Familienrechtsänderungsgesetz (GBl. DDR 1990 I S. 1038) hinsichtlich des Scheidungstatbestandes sprachlich dem BGB angepasst worden ist. Das Familiengesetzbuch der DDR ist mit der Wiedervereinigung am 3. 10. 1990 außer Kraft getreten.[50]

12 **7. Reformdruck.** In einer immer stärker scheidungsverweigernden Rspr. hat der BGH die Scheidung wegen Zerrüttung nach § 48 EheG gegen den Widerspruch des anderen Ehegatten praktisch ausgeschlossen.[51] Gleichzeitig haben die Landgerichte mit der allgemeinen **Praxis der Konventionalscheidung** über 90% aller Scheidungen praktisch ohne Prüfung von Verschulden und Zerrüttung ausgesprochen,[52] wenn Rechtsmittelverzicht erklärt wurde. Diese Spannung zwischen enger höchstrichterlicher Rspr. und Praxis hat mehrmals zu Versuchen geführt, § 48 Abs. 2 EheG zu ändern. Der Entwurf eines GleichberG in der 1. Legislaturperiode des BTages,[53] mit dem das EheG iÜ unverändert in das BGB eingestellt werden sollte, enthielt einen Vorschlag zur Änderung des § 48 Abs. 2 EheG. In der 2. Legislaturperiode wurde ein Initiativentwurf der FDP zur Änderung des § 48 Abs. 2 EheG[54] abgelehnt. Bei den Beratungen des Familienrechtsänderungsgesetzes wurde ein Vorschlag der Familienrechtskommission der EKD aufgegriffen, § 48 Abs. 2 EheG der scheidungsfeindlichen Rspr. des BGH zu dieser Bestimmung anzupassen. Mit dem Familienrechtsänderungsgesetz vom 11. 8. 1961 (BGBl. I S. 1221) erhielt dann § 48 Abs. 2 EheG seine letzte Fassung,[55] ohne dass die Praxis der Konventionalscheidung davon beeinflusst wurde.[56]

---

[45] Entwurf 73 S. 64; *Giesen* FamRZ 1984, 1190; mit Auswertung der Akten des RJM *A. Wolf* FamRZ 1988, 1217.

[46] *Rüthers,* Die unbegrenzte Auslegung. Zum Wandel der Privatrechtsordnung im Nationalsozialismus, 1973, S. 400 ff.; *Giesen* FamRZ 1984, 1191; RGZ 160, 15, 18; RGZ 160, 144, 146; RGZ 159, 111, 114; RGZ 159, 305, 311.

[47] Vgl. *Bosch* ZfRV 1984, 241; *ders.,* Neue Rechtsordnung in Ehe und Familie, S. 21 ff.

[48] Eheverfahrensordnung v. 7. 2. 1956 (GBl. DDR I S. 145).

[49] Zum Scheidungsrecht der DDR vgl. 2. Aufl. Einl. RdNr. 184 ff., 190.

[50] Der Einigungsvertrag hat die Übergangsregelungen zum Familienrecht in Art. 234 EGBGB eingestellt, die Vorschriften sind behandelt im Ergänzungsband „Zivilrecht im Einigungsvertrag“ Ergänzungsband zur 2. Aufl. zu Art. 234 EGBGB RdNr. 422 ff.

[51] BGHZ 18, 13, 20; 38, 116; BGH NJW 1961, 870; FamRZ 1961, 428; vgl. die Kritik bei *Lauterbach* NJW 1969, 897 mwN.

[52] *Giesen* FamRZ 1984, 1191.

[53] BT-Drucks. I/3802.

[54] BT-Drucks. II/112; vgl. dazu Entwurf 73 S. 68.

[55] Vgl. iE Entwurf 73 S. 68.

[56] Vgl. *Ramm* Familienrecht I, S. 94.

8. Erstes Gesetz zur Reform des Ehe- und Familienrechts (1. EheRG). a) Initiativgesetzentwurf der FDP-Fraktion. Die Neufassung des § 48 Abs. 2 EheG durch das Familienrechtsänderungsgesetz vom 11. 8. 1961 hat die Diskussion der Ehescheidungsfrage nicht beenden können. Bereits am 17. 2. 1967 leitete die in Opposition zur großen Koalition von CDU/CSU und SPD stehende FDP-Fraktion mit einem Initiativgesetzentwurf die parlamentarische Erörterung des Scheidungsrechts erneut ein.[57] Der Entwurf sah die Wiederherstellung des § 48 Abs. 2 EheG in der bis 1961 geltenden Fassung vor. Der Antrag wurde nicht beraten. Jedoch fasste der BTag am 8. 11. 1967 auf Initiative der SPD-Fraktion[58] ohne Gegenstimmen bei zwei Enthaltungen den Beschluss, eine Kommission zur Vorbereitung einer Reform des Ehe- und Scheidungsrechts zu berufen.[59] 13

b) Eherechtskommission. Die aus 16 Fachleuten verschiedener Berufe und Wissenszweige zusammengesetzte Kommission nahm im Sommer 1968 ihre Beratungen auf. Am 8. 5. 1970 legte sie ihre Thesen für eine Neuregelung der Scheidungsgründe und des Unterhaltsrechts nach der Scheidung vor.[60] 14

c) Entstehen des 1. EheRG. Am 21. 7. 1970 veröffentlichte Bundesjustizminister *Gerhard Jahn* den „**Diskussionsentwurf** eines Gesetzes über die Neuregelung des Rechts der Ehescheidung und der Scheidungsfolgen". In der 6. Legislaturperiode legte die Bundesregierung den „Entwurf eines Ersten Gesetzes zur Reform des Ehe- und Familienrechts"[61] und den „Entwurf eines zweiten Gesetzes zur Reform des Ehe- und Familienrechts – Gesetz zur Neuordnung der Zuständigkeiten und des Verfahrens in familienrechtlichen Angelegenheiten – (2. EheRG)"[62] vor. In der 7. Legislaturperiode wurden diese beiden Entwürfe im Entwurf eines „Ersten Gesetzes zur Reform des Ehe- und Familienrechts (1. EheRG)[63] zusammengefasst und am 1. 6. 1973 im Bundestag eingebracht.[64] **Das 1. EheRG vom 14. 6. 1976 ist am 1. 7. 1977 in Kraft getreten** (BGBl. I S. 1421). 15

d) Grundprinzipien der Neuregelung. Der **Übergang vom Verschuldens- zum Zerrüttungsprinzip** ist das Kernstück der Reform des Scheidungsrechts. Nicht das Verschulden, sondern das objektive Scheitern der Ehe bildet den Scheidungsgrund, wenn auch das Verschulden als Tatbestandselement nicht völlig beseitigt ist.[65] Auch die Regelungen des **Scheidungsfolgenrechts** gehen vom Grundsatz der **Verschuldensunabhängigkeit** aus, der insbesondere in negativen Billigkeitsklauseln Ausnahmen erfährt. 16

9. Weitere Rechtsentwicklungen. a) Gesetzliche Scheidungstatbestände. Ehegatten werden nach der gesetzlichen Regelung nicht nur deshalb geschieden, weil sie geschieden werden wollen. Das geschriebene Recht bemüht sich, die Scheidung einer Ehe nicht allein aus dem Scheidungswillen der Ehegatten zu rechtfertigen. Vielmehr soll eine Ehe nur dann geschieden werden können, wenn sie gescheitert ist. Als formalen Anknüpfungspunkt für dieses Scheitern hat das Gesetz Trennungsfristen vorgesehen. Grundsätzlich sollen die Ehegatten vor der Scheidung ein Jahr getrennt gelebt haben. Was sich das Gesetz unter „Getrenntleben" vorstellt, ist in § 1567 eingehend beschrieben. Das FamG soll sorgfältig prüfen, ob alle Tatbestandselemente des Getrenntlebens vorliegen. Eine Scheidung vor Ablauf eines Trennungsjahres ist nur aus schwerwiegenden Gründen in der Person des anderen Ehegatten und nur dann möglich, wenn dem Ehegatten die Fortsetzung der Ehe nicht zumutbar ist. Bei der Scheidung über den Grundtatbestand des § 1565 Abs. 1 sollen 17

[57] BT-Drucks. V/1444; zum Reformdruck vgl. *Giesen* FamRZ 1984, 1191.

[58] BT-Drucks. V/2162.

[59] Deutscher BTag (V. Wahlperiode, 131. Sitzung, Sten. Protokoll S. 6704).

[60] Eherechtskommission beim Bundesministerium der Justiz, Vorschläge zur Reform des Ehescheidungsrechts und des Unterhaltsrechts nach der Ehescheidung, 1970 (Bericht I).

[61] BT-Drucks. VI/2577 (Entwurf 71).

[62] BT-Drucks. VI/3453.

[63] BT-Drucks. 7/650 (Entwurf 73).

[64] Der Gang der parlamentarischen Beratungen ist bei den einzelnen Bestimmungen dargestellt; vgl. auch die Beschreibung der Gesetzgebungsarbeit in BVerfGE 53, 224, 231 ff.

[65] *Staudinger/Rauscher* (2004) RdNr. 26.

die Trennungszeiten von einem Jahr und das Scheitern der Ehe sorgfältig geprüft werden. Die Vermutungstatbestände des § 1566 Abs. 1 und 2 sind nicht leicht zu erfüllen. Die einseitige Vermutungsscheidung verlangt eine dreijährige Trennung der Ehegatten, die wieder sorgfältig festgestellt werden soll. Die einverständliche Scheidung ist schon nach einjähriger Trennung, die ebenfalls sorgfältig festgestellt werden soll, erreichbar, setzt aber für die bis zum 1. 9. 2009 eingeleiteten Scheidungsverfahren (Art. 111 FGG-RG) noch eine nahezu vollständige Regelung der Scheidungsfolgen gem. § 630 ZPO voraus. Das Gesetz zur Reform des Verfahrens in Familiensachen und in den Angelegenheiten der freiwilligen Gerichtsbarkeit (**FGG-Reformgesetz** – FGG-RG) v. 17. 12. 2008 (BGBl. I S. 2586), das am 1. 9. 2009 in Kraft getreten ist, sieht in Art. 1 die Schaffung eines Gesetzes über das Verfahren in Familiensachen und in den Angelegenheiten der freiwilligen Gerichtsbarkeit **(FamFG)** und in Art. 29 die entsprechenden Änderungen der ZPO vor. Danach besteht keine Verknüpfung mehr zwischen dem Verfahrensrecht und dem materiellen Scheidungsrecht, so dass für die ab dem 1. 9. 2009 eingeleiteten Scheidungsverfahren eine Einigung über bestimmte Verfahrensfolgen nicht mehr Voraussetzung für die unwiderlegbare Vermutung der Scheidung sein wird.

18 **b) Gesetzliche Stufenfolge der Scheidungsmöglichkeiten.** Diese gesetzliche Stufenfolge der Scheidungsmöglichkeiten, die sämtlich dem Scheidungswillen eines oder beider Ehegatten keine allein entscheidende Bedeutung beimessen, ist **von der Praxis der FamG überrollt** worden: Die Praxis hat den Übergang zum Zerrüttungsscheidungsrecht akzeptiert. Über den verschuldensnahen Unzumutbarkeitstatbestand des § 1565 Abs. 2 werden nur noch wenige Scheidungen abgewickelt,[66] er ist nur noch ein Ventil für ganz ungewöhnliche Fälle. Die Praxis weiß, dass es viel leichter und für die Ehegatten schonender ist, die Trennungszeit von einem Jahr abzuwarten oder sie jedenfalls zu behaupten und die Scheidung aus dem Grundtatbestand des § 1565 Abs. 1 zu beantragen. Zwar ist die Beschreibung der Voraussetzungen für die Annahme einer Trennung iSd. Scheidungsrechts in § 1567 dezidiert; sie verlangt den Nachweis einer die Fortsetzung der Ehe ablehnenden Gesinnung mindestens eines Ehegatten. Diese inneren Vorgänge, aber auch die äußere Beschreibung der Trennung können letztlich nur durch die Behauptung und die Anhörung der Ehegatten festgestellt werden. Ermittlungen der FamG, mit denen die Behauptungen über die Trennung überprüft werden könnten, finden nur in hoch streitigen Scheidungsfällen, also ganz selten statt. Auch bei der sorgfältig vorzunehmenden Prüfung, ob die Ehe gescheitert ist, sind die FamG auf die Einlassungen der Ehegatten angewiesen. Letztlich bleibt dem Gericht nichts anderes übrig, als anzunehmen, dass die Ehe gescheitert ist, wenn ein Ehegatte, aber insbes. wenn beide Ehegatten die Fortsetzung der Ehe ablehnen. Die Abkehr von der verschuldensnahen sofortigen Scheidung nach § 1565 Abs. 2 ist deshalb auch eine Zuwendung zur praktisch leichteren Scheidung über die Trennungsfrist und die Feststellung des Scheiterns der Ehe durch das Gericht nach § 1565 Abs. 1. Bei dieser Sachlage ist das Zerrüttungsprinzip faktisch durch ein „Trennungs-" oder „Fristenprinzip"[67] und dieses wiederum durch das aus der Sicht der Verfassung problematische Konsensprinzip überlagert geworden.[68]

19 **c) Formalisierte einverständliche Scheidung.** Die Erschwerung der formalisierten einverständlichen Scheidung gem. §§ 1566 Abs. 1, 1565 Abs. 1 durch die in § 630 ZPO aF vorgeschriebene einvernehmliche Regelung aller Scheidungsfolgen überfordert auch kooperationsbereite Ehegatten und stößt oft an die Grenzen der Machbarkeit. Zwar weist die Statistik aus, dass im Jahre 2001 72,6% der Scheidungen über diesen Tatbestand abgewickelt wurden. Sie klärt aber nicht, ob die Vorschrift des § 630 ZPO aF angewendet worden ist.[69] Da das Gesetz nicht vorschreibt, welche Konsequenzen sich ergeben, wenn die Voraussetzungen des § 630 ZPO aF nicht oder nur unvollständig erfüllt sind, wird in der Praxis die

---

66 2006 nur 3 300 = 1,64% der Scheidungen, Statistisches Bundesamt, Pressemitteilung v. 7. 11. 2007.

67 *Habscheid,* FS Bosch, S. 365; *Gernhuber/Coester-Waltjen* § 24 RdNr. 21.

68 *Gernhuber/Coester-Waltjen* § 24 RdNr. 21.

69 *Emmerling,* Wirtschaft und Statistik 2002, 1056, 1059; *Dastmaltchi* FPR 2007, 226, 228.

unwiderlegbare Vermutung des Scheiterns der Ehe ohne vollständige Regelung der Scheidungsfolgen und damit schon dann angenommen, wenn das Gericht von der plausiblen Behauptung der Ehegatten ausgeht, sie lebten schon ein Jahr getrennt. Die nach § 630 ZPO aF erforderlichen Vereinbarungen werden entweder in der mündlichen Verhandlung herbeigeführt oder ihr Fehlen gar nicht berücksichtigt[70] oder es wird ohne Weiteres auf eine streitige Scheidung nach § 1565 Abs. 1 umgestellt.[71] Die für das geschriebene Recht wichtige Erschwerung der Folgenklärung hat damit ihre Bedeutung verloren. Die Untersuchung und die gerichtliche Feststellung, dass die Ehe gescheitert ist, werden unterlassen, obwohl die im Gesetz für den Verzicht darauf vorgesehene Erschwerung des § 630 ZPO aF nicht erfüllt ist. Damit ist die Ehe in der Praxis gegen den eindeutigen Wortlaut des Gesetzes scheidbar, wenn die Ehegatten es wollen und beantragen.[72] Die formalisierte einverständliche Scheidung wird wie eine Konsensualscheidung gehandhabt, bei der es nur darauf ankommt, dass beide Ehegatten geschieden werden wollen. Dem trägt der Gesetzgeber inzwischen Rechnung: Das FGG-RG v. 17. 12. 2008 (BGBl. I S. 2586), das am 1. 9. 2009 in Kraft getreten ist, sieht in Art. 1 ein neues Familienverfahrensgesetz (FamFG) vor, das die bisherige Verknüpfung zwischen dem Verfahrensrecht und dem materiellen Scheidungsrecht mit der Folge aufhebt, dass eine Einigung über bestimmte Verfahrensfolgen für die unwiderlegbare Vermutung der Scheidung nach § 1566 Abs. 1 zukünftig nicht mehr erforderlich sein wird.

d) Scheidung aus dem Grundtatbestand. Eine **Konsensualscheidung** ist in der 20
Praxis auch unmittelbar aus dem Grundtatbestand des § 1565 Abs. 1 erreichbar. Es ist zu vermuten, dass auch hier weniger die sorgfältige Prüfung von Trennung und Scheitern im Vordergrund steht als vielmehr der beiderseitige oder auch einseitige Scheidungswille. Die Verwischung der Tatbestände ist längst soweit gediehen, dass die Statistik die charakteristisch unterschiedlichen Scheidungsmöglichkeiten über den Grundtatbestand und über die formalisierte einverständliche Scheidung nicht mehr auseinander halten kann.[73] Eine eingehende Prüfung, ob die Ehe gescheitert ist, findet letztlich nur noch dann statt, wenn es darauf ankommt, ob der überlebende Ehegatte bei der Anwendung von § 1933 trotz der Rechtshängigkeit des Scheidungsantrages des Erblassers ein Erbrecht behalten hat, weil der Scheidungsantrag unbegründet gewesen wäre.[74]

e) Konventionalscheidung. Der Versuch des Gesetzes, die ernsthafte, gerichtliche Un- 21
tersuchung der Trennung und des Scheiterns der Ehe zur Voraussetzung der Scheidung zu machen, ist damit gescheitert. Er musste scheitern, wie auch das Verschuldensscheidungsrecht gescheitert ist, das in einer Konventionalscheidungsquote von 95% geendet hat. Kein Gesetz und kein Gericht kann verhindern, dass Eheleute geschieden werden, wenn sie dies selbst nach der ihnen allein zugänglichen Bewertung so wollen. Viele moderne Nachbarrechtsordnungen lassen den übereinstimmenden Ehewillen für die Scheidung ausreichen.[75] Ob dies mit dem grundrechtlichen Schutz der Ehe und dem Prinzip der Ehe als Institution vereinbar ist, ist zweifelhaft und umstritten.[76] In der Praxis hat das Willenselement für die einvernehmliche Scheidung auch nach dem Grundtatbestand des § 1565 Abs. 1 längst die entscheidende Bedeutung gewonnen.[77]

f) Übergang zur reinen Fristenscheidung. Angesichts dieser Bewertung verwundert es 22
nicht, dass seit Jahren über Änderungen des Scheidungsrechts und des Scheidungsverfahrensrechts diskutiert wird. Im Rahmen der allgemeinen Spardiskussion wurde gefragt, ob es gerechtfertigt ist, den Sachverstand der spezialisierten FamG einzusetzen, um im Ergebnis nur

[70] *Rausch* FuR 2006, 337, 338.
[71] *Dastmaltchi* FPR 2007, 226, 228.
[72] MünchKommZPO/*Bernreuther* § 616 RdNr. 1.
[73] *Dastmaltchi* FPR 2007, 226, 228.
[74] BGH FamRZ 1995, 229 = NJW 1995, 1082.
[75] *Dethloff,* Die einverständliche Scheidung, S. 292; *Gernhuber/Coester/Waltjen* § 24 RdNr. 14.
[76] *Gernhuber/Coester/Waltjen* § 24 RdNr. 14 mwN.
[77] *Dastmaltchi* FPR 2007, 226, 228; *Gernhuber/Coester/Waltjen* § 24 RdNr. 14, 23 bis 25.

den Scheidungswillen der Ehegatten dem Scheidungsurteil zugrunde zu legen. Es ist deshalb gefordert worden, die Scheidung dem Standesbeamten zu überlassen.[78] Später ist die Scheidung vor dem Notar diskutiert worden.[79] Im Zuge der Reform des familiengerichtlichen Verfahrens sah der Referentenentwurf eines FGG-Reformgesetzes[80] in § 143 FamFG die Einführung eines sog. vereinfachten Scheidungsverfahrens ohne Anwaltszwang für kinderlose Ehepaare[81] vor. Voraussetzung sollte sein, dass die Eheleute in einer notariellen Erklärung dieses Verfahren wählen und sich über die Unterhaltspflicht einigen sowie eine wirksame Vereinbarung über die Rechtsverhältnisse an der Ehewohnung und am Hausrat vorlegen. Über die Scheidung und den Versorgungsausgleich sollte dann das Familiengericht durch Beschluss entscheiden.[82] Dieser Vorschlag ist unter dem Stichwort „Scheidung light" lebhaft diskutiert worden;[83] er war wegen zu großer Widerstände vor allem in der Anwaltschaft im Bundestag im Kabinettentwurf v. 9. 5. 2007 nicht mehr enthalten. Eine erneute Initiative von Berlin und Sachsen-Anhalt ist im Bundesrat am 6. 7. 2007 gescheitert.[84] Die „Scheidung light" ist inzwischen endgültig ad acta gelegt. Das FGG-RG v. 17. 12. 2008 (BGBl. I 2586), das am 1. 9. 2009 in Kraft treten wird, sieht die Streichung des 6. Buches der ZPO vor und beschränkt sich damit für den Fall, dass beide Ehegatten der Scheidung zustimmen, auf die Einhaltung des Trennungsjahres.[85] Damit trägt der Gesetzgeber der Realität des Scheidungsprozesses Rechnung, der sowohl aus der Sicht der Eheleute als auch aus richterlicher Sicht an Wertschätzung zu verlieren scheint, obwohl die Scheidung als Auflösung der auf Lebenszeit geschlossenen Ehe hohe Bedeutung für die Beteiligten, auch als Grundlage für ihre Zukunft hat.[86]

III. Scheidungsrecht und Grundgesetz

23 **1. Zerrüttungsprinzip. a) Verfassungsmäßigkeit.** Ehe und Familie stehen unter dem besonderen Schutz der Verfassung. Nach Art. 6 Abs. 1 GG ist die Ehe grundsätzlich eine auf Lebenszeit geschlossene Gemeinschaft. Das Schutzgebot der Verfassung gewährleistet aber die Institution Ehe nicht abstrakt, sondern in der Ausgestaltung der herrschenden Auffassungen.[87] Zu diesem Bild der „verweltlichen" bürgerlichen Ehe gehört es auch, dass die Ehegatten unter den vom Gesetz normierten Voraussetzungen geschieden werden können und damit ihre Eheschließungsfreiheit wiedererlangen.[88] Bei der Regelung der Voraussetzungen für die Eheauflösung hat der Gesetzgeber einen erheblichen Gestaltungsspielraum, ist aber an die grundsätzliche Unauflöslichkeit der Ehe gebunden und muss im Scheidungsrecht auch **eheerhaltende Elemente** vorsehen. Aus Art. 6 GG folgt keine Pflicht des Gesetzgebers, das Scheidungsrecht iSd. Verschuldensprinzips, des Zerrüttungsprinzips oder

[78] Der Bundesminister der Justiz hatte im August 1998 in einem Pressegespräch mit hoher Reaktion in den Medien vorgeschlagen, die Scheidung durch Erklärung gegenüber dem Standesbeamten zuzulassen. Der Berliner Justizsenator hat im Dezember 1998 einen Gesetzentwurf über die Scheidung vor dem Standesbeamten den Justizministern und -senatoren zugeleitet. Danach sollen die Scheidungsgründe dem Standesbeamten glaubhaft gemacht werden. Die Vorbereitung der einverständlichen Scheidung mit Regelung der Scheidungsfolgen in Anlehnung an § 630 ZPO soll vor einem Notar erfolgen und von Rechtsanwälten vorbereitet sein. Wie dies mit BVerfGE 53, 224 = FamRZ 1980, 313 vereinbar gemacht werden soll, wonach die Scheidung ein gerichtliches Urt. erfordert, ist in beiden Vorschlägen nicht angesprochen.

[79] Diese sog. „große Lösung" steht nicht mehr zur Debatte, vgl. *Dastmaltchi* FPR 2007, 226, 229 Fn. 29.

[80] Ergänzter Referentenentwurf zum Gesetz zur Reform des Verfahrens in Familiensachen und in den Angelegenheiten der freiwilligen Gerichtsbarkeit v. 14. 2. 2006.

[81] Rund 50% aller geschiedenen Ehen sind kinderlos.

[82] Zu den Reformplänen ausführlich *Rausch* FuR 2006, 337; *Dastmaltchi,* § 630 als eheerhaltendes Element im Scheidungsrecht?, S. 42ff.; *G. Kirchhof* FamRZ 2007, 241, 247.

[83] Vgl. die ausführliche Darstellung bei *Rauscher* RdNr. 495c; *Schnitzler,* FF 2004, 1; *ders.,* FF 2007, 307; *Born* FamRZ 2006, 829; *Bergerfurth* FF 2005, 178; *Viefhues* FF 2006, 183; *Göhler-Schlicht* FF 2006, 77; *Brudermüller* FF 2006, 121; *Grandel* FF 2006, 304.

[84] BR-Drucks. 307/07; FF aktuell 2007, 170.

[85] Siehe dazu *Born* FamRZ 2006, 829, 833.

[86] *Sarres* FPR 2007, 241; *Bröning/Walper* FPR 2007, 260.

[87] Zur Veränderung familiärer Wirklichkeiten vgl. *Hohmann-Dennhardt* FF 2007, 174.

[88] Zum Grundrecht auf Ehescheidung vgl. BVerfGE 31, 58, 82f. = NJW 1971, 1509; BVerfGE 53, 224, 245 = NJW 1980, 689 = FamRZ 1980, 319.

einer Verbindung dieser beiden Prinzipien auszugestalten; er ist befugt, die Prinzipien des Scheidungsrechts zu bestimmen, **solange das Institut der Lebenszeitehe nicht durch Erleichterung der Scheidung in Frage gestellt wird.** Das Scheidungsrecht ist so auszugestalten, dass die Scheidung von Ehen vermieden wird, die nicht gescheitert sind, dass eine Scheidung zur Unzeit vermieden und dem nicht scheidungsbereiten Ehegatten eine Umstellung auf die veränderte Lage erleichtert wird.[89] Die auf dem Zerrüttungsprinzip fußenden Scheidungsvoraussetzungen der §§ 1564 bis 1568 tragen diesen Grundsätzen Rechnung und sind deshalb **grundsätzlich verfassungsgemäß.**[90]

b) Ehe auf Lebenszeit. Das GG gewährleistet die grundsätzlich lebenslange Ehe.[91] 24
§ 1353 Abs. 1 S. 1 hat ausdrücklich festgelegt, dass die **Ehe auf Lebenszeit** geschlossen wird, möglicherweise um etwas bisher Selbstverständliches zu bestimmen, weil es zweifelhaft geworden ist.[92] Für die Rechtsordnung ist die Ehescheidung die Ausnahme,[93] sie wird nur unter bestimmten Voraussetzungen in einem eingehend geregelten Verfahren ausgesprochen, in dem auch die möglicherweise lebenslang weiterwirkenden Pflichten aus der Ehe festgelegt werden sollen. Gleichwohl ist seit Beginn des 20. Jahrhunderts in allen westlichen Industrieländern das Risiko der Scheidung kontinuierlich gestiegen. Die Ehe war jedoch schon unter der Geltung des EheG nicht unauflösbar, wie es die Rspr. teilw. behauptet hat,[94] und sie ist es nicht unter der Geltung des seit 1977 anwendbaren Rechts.[95] Ob es genügt, dass die Ehescheidung rechtlich die Ausnahme ist, oder ob die Rechtsordnung sichern muss, dass sie auch statistisch die Ausnahme bleibt,[96] ist zweifelhaft. Angesichts der hohen Scheidungszahlen (2001: 197 500; 2004: 213 691; 2005: 201 700; 2006: 190 900; 2007: 187 000) kann statistisch bei der Scheidung von Ausnahme kaum mehr gesprochen werden. Der Schutz der Ehe ist jedoch nicht an der Statistik zu messen. Auch das Grundgesetz kann nicht bestimmen, dass Ehen nicht zerbrechen dürfen.[97] Aus Art. 6 GG folgt keine Pflicht, inhaltsleer gewordene Ehen zur Verbesserung der Statistik oder um der Institution der Ehe willen gegen den Antrag eines oder beider Ehegatten aufrechtzuerhalten.[98] Es ist vielmehr **staatliche Pflicht,** soweit es in der Macht des Staates steht, die **Existenzbedingungen für Ehe und Familie**[99] **zu verbessern,**[100] um das Zerbrechen von Ehen einzudämmen und alles zu unterlassen, was Ehe und Familie beeinträchtigen könnte. Der von der Familienpolitik eingeschlagene Weg zur Erleichterung der Vereinbarkeit von Familie und Beruf weist sicher in

---

[89] BVerfGE 53, 224, 245 = NJW 1980, 689 = FamRZ 1980, 319; BVerfG 2001, 2874; *Maunz/Dürig/Badura* Art. 6 GG RdNr. 72; *Johannsen/Henrich/Jaeger* RdNr. 17.

[90] BVerfGE 53, 224, 245 = NJW 1980, 689 = FamRZ 1980, 319; BGHZ 72, 107, 112 = NJW 1978, 2550 = FamRZ 1978, 881; BVerfG FamRZ 1978, 670, 671; BGH NJW 1979, 978, 979; *Wilkens* FamRZ 1980, 527; *Lüke* AcP 178 (1978), 1, 23; *Müller* DRiZ 1980, 448; *Rolland* RdNr. 7; *Soergel/Heintzmann* RdNr. 3; Zweifel bei *Papsthart* FamRZ 1989, 557 und in Dokumentation FamRZ 1987, 668.

[91] BVerfGE 53, 224, 245 = NJW 1980, 689; BVerfG NJW 2001, 2874.

[92] BVerfGE 55, 134 = NJW 1981, 108 = FamRZ 1981, 15; *Johannsen/Henrich/Jaeger* RdNr. 13, 14.

[93] BVerfGE 53, 224, 246 = NJW 1980, 689; *Johannsen/Henrich/Jaeger* RdNr. 17; kritisch angesichts der Scheidungszahlen *Bamberger/Roth/Neumann* § 1564 RdNr. 5.

[94] BVerfGE 6, 71 = NJW 1957, 417; BGHZ 1, 356; BGHZ 18, 13, 17 = NJW 1956, 100; BGHZ 30, 140, 142 = NJW 1959, 2207; RGRK/*Wüstenberg* Vor § 1 EheG Anm. 1 und § 41 EheG Anm. 9 bis 11; aA BGHZ 52, 307 = NJW 1969, 2003; BGHZ 53, 345, 349; *Johannsen* FamRZ 1969, 333; vgl. *Zeidler,* FS Faller, S. 145, 148.

[95] BVerfG NJW 2001, 2874.

[96] *Beitzke,* FS Gschnitzer, S. 87, 91 ff.; noch enger *Bosch* Familienrechtsreform S. 41; wie im Text *Gernhuber/Coester-Waltjen* § 24 RdNr. 35 bis 38; *Dastmaltchi* FPR 2007, 226, 229; *Bamberger/Roth/Neumann* § 1564 RdNr. 5; vgl. auch BVerfGE 6, 55, 71 f. = NJW 1957, 417; BVerfGE 53, 224, 245.

[97] BVerfGE 53, 224, 245 = NJW 1980, 689 = FamRZ 1980, 319.

[98] *Gernhuber/Coester-Waltjen* § 24 RdNr. 36 ff.; *Johannsen/Henrich/Jaeger* § 1564 RdNr. 17; *Graßhof,* FS Zeidler, S. 837, 850; *Dastmaltchi* FPR 2007, 226, 229; ähnlich RGRK/*Graßhof* RdNr. 72 und auch *Soergel/Heintzmann* RdNr. 2 ff.

[99] *Schwab* FamRZ 2007, 1, 3, 4, weist zutreffend darauf hin, dass sich der Familienbegriff bis in die 2. Hälfte des 20. Jahrhunderts ganz selbstverständlich auf die eheliche Familie bezog, während die Ehe heute ganz offenbar nicht mehr im Zentrum der Familie steht und dass das Eherecht durch die Fokusierung auf die Kinder relativiert wird.

[100] Vgl. BVerfGE 6, 55, 72 = NJW 1957, 417; BVerfGE 24, 109; 28, 112; NJW 1974, 227.

die richtige Richtung.[101] Die Förderung der Familie darf aber nicht mit einer Schwächung der Ehe einhergehen, sondern muss diese als Stabilisator für die Familie nutzbar machen.[102]

25 **2. Dreijahresfrist.** Die unwiderlegbare Vermutung des Scheiterns der Ehe nach dreijährigem Getrenntleben gem. § 1566 Abs. 2 gefährdet das Bild der auf Lebenszeit angelegten Ehe nicht. Die Frist von drei Jahren ist so lange, dass die Annahme gerechtfertigt ist, dass eine Ehe nach dem Fristablauf regelmäßig gescheitert ist. Weil die **unwiderlegbare Vermutung** Unsicherheiten des Verfahrens beseitigt, wünschenswerte Kontakte zwischen den Eheleuten erlaubt, im Verfahren den Privat- und Intimbereich der Ehegatten schützt, ein faires Verfahren ermöglicht und weil über die Aussetzungsbefugnis des § 614 ZPO aF (§ 136 FamFG) ein klärendes Gespräch im Verfahren möglich bleibt, bietet sie entscheidende ehefreundliche Vorteile und ist verfassungsgemäß.[103] Auch nach dem Fristablauf bleibt in Einzelfällen die Härteklausel des § 1568 anwendbar.

26 **3. Härteklausel.** Aus der Pflicht des Staates zum Schutz der auf Lebenszeit angelegten Ehe und des nicht scheidungsbereiten Partners ergibt sich für den Gesetzgeber die Pflicht, auch bei gescheiterten Ehen eine Scheidung zur Unzeit zu verhindern und dem nicht scheidungsbereiten Ehepartner eine Umstellung auf die veränderte Lage zu erleichtern. Mit § 1568 hat der Gesetzgeber diese Verpflichtung trotz des eingeschränkten Anwendungsbereichs der Härteklausel erfüllt.[104] Die frühere **zeitliche Befristung der Härteklausel** auf 5 Jahre war nicht grundsätzlich verfassungswidrig,[105] weil Härten schon im Laufe der fünfjährigen Trennungszeit an Bedeutung verlieren.[106] Der Gesetzgeber war nur gehalten, in Fällen fortwirkender Härten oder neuer Umstände, die kurz vor dem Fristablauf eintreten, „ein Mindestmaß an Elastizität", zu schaffen, „die es durch eine materielle, zumindest aber durch eine Regelung über die Aussetzung des Verfahrens, ermöglicht, insoweit entstehenden unzumutbaren Härten Rechnung zu tragen."[107] Der Gesetzgeber ist auf die mögliche Differenzierung bei der Anwendung der Härteklausel nicht eingegangen.[108] Er hat durch das Unterhaltsänderungsgesetz vom 20. 2. 1986 (BGBl. I S. 301) die Befristung der Härteklausel in § 1568 Abs. 2 aufgehoben und damit Zweifel an der Verfassungsmäßigkeit der Härteklausel beseitigt.[109]

27 **4. Scheidungsfolgen.** Während die Scheidung der Ehe selbst leicht über den Nachweis des Scheiterns oder den Ablauf der Fristen einverständlich oder auch auf Antrag eines

---

[101] *Bröning/Walper* FPR 2007, 260, 264.

[102] *G. Kirchhof* FamRZ 2007, 241, 248, der darauf hinweist, dass ausweislich der 15. Shell-Jugendstudie – Jugend 2006 72% der Jugendlichen meinen, zu einem glücklichen Leben gehöre die Gründung einer Familie.

[103] BVerfGE 53, 225, 247 ff. = NJW 1980, 689; BGH NJW 1979, 978, 979; *Johannsen/Henrich/Jaeger* § 1564 RdNr. 18; *Rolland* RdNr. 8.

[104] BVerfGE 53, 224, 250 f. = NJW 1980, 689, 690 = FamRZ 1980, 319; BVerfGE 55, 134, 142 ff. = NJW 1981, 108 = FamRZ 1981, 15; BVerfG NJW 2001, 2874 = FamRZ 2001, 986; vgl. zur verfassungsrechtlichen Diskussion ausführlich *Staudinger/Rauscher* (2004) RdNr. 5 sowie *Johannsen/Henrich/Jaeger* RdNr. 19 f.; RGRK/*Graßhof* § 1568 RdNr. 7.

[105] Vgl. die 4 : 4 Entsch. BVerfGE 53, 224, 249 = NJW 1980, 689, 690 f.; BVerfGE 55, 134, 142 f. = NJW 1981, 108, 109; BGH NJW 1979, 978, 979; *Lüke* NJW 1978, 139; *ders.*, FS Bosch, S. 627, 642; *ders.* AcP 178 (1978), 1, 33; vgl. auch *Gernhuber*, Neues Familienrecht, S. 115 Fn. 204; aA *Bosch* FamRZ 1981, 17; *Wilkens* FamRZ 1980, 530, 532; *Habscheid*, FS Bosch, S. 355, 376; *Giesen* JR 1980, 177, 183.

[106] So ausdrücklich BVerfGE 55, 134, 143 = NJW 1981, 108, 109; die anderen vier Richter haben in BVerfGE 53, 224 nur die zeitliche Befristung des immateriellen Teils der Härteklausel als verfassungswidrig beanstandet.

[107] BVerfGE 55, 134, 143; zust. vor allem *Wilkens* FamRZ 1981, 109; *Bosch* FamRZ 1981, 17; scharf krit. *Ramm* JZ 1981, 82; *Lisken* DRiZ 1981, 61, 62 sieht das Toleranzgebot gegenüber Andersdenkenden verletzt; es ist anzunehmen, dass die Geltendmachung der Härteklausel wie im Vorlagefall AG Sulingen NJW 1978, 184 – vgl. *Otto* FamRZ 1979, 512; *Ramm* JZ 1986, 164, 165 – auch in manchen anderen Fällen abgekauft wird; vgl. auch *Johannsen/Henrich/Jaeger* § 1564 RdNr. 19.

[108] Die Frage war im Gesetzgebungsverfahren sehr umstritten, vgl. Regierungsentwurf BT-Drucks. 10/2888, S. 17; Änderungsantrag der SPD-Fraktion BT-Drucks. 10/4526; Bericht des RA BT-Drucks. 10/4514 S. 20; 2. und 3. Lesung im BTag, Sten. Bericht, 184. Sitzung, 12. 12. 1985, S. 14043 D bis 14065 D; *Ramm* JZ 1986, 164, 165 f. hält den Wegfall der Befristung für verfassungswidrig; gegen *Ramm* auch *Johannsen/Henrich/Jaeger* § 1564 RdNr. 20.

[109] BVerfG NJW 2001, 2874 = FamRZ 2001, 986.

Ehegatten erreicht werden kann, erschweren ihre Folgeregelungen im Unterhaltsrecht (§§ 1569 ff.), im Recht des Versorgungsausgleichs (§§ 1587 ff.) und im Zugewinnausgleich die Lösung von einer Ehe doch erheblich. Die mit der Ehe übernommenen Pflichten wirken teilw. lebenslang weiter und erschweren den Neubeginn in einer weiteren Ehe. Diese Folgeregelungen sind für den Bestandschutz der Ehe wirksam und zeigen, dass das Zerrüttungsrecht die Lösung von der Ehe keineswegs leicht gemacht hat. Der Gesetzgeber ist aber nicht gehalten, durch die Berücksichtigung von Verschuldenselementen im Scheidungsfolgenrecht eheerhaltende Elemente vorzusehen;[110] er hat auch im Übrigen bei der Regelung des Scheidungsfolgenrechts einen weiten Gestaltungsspielraum. Dass er diesen durch die geänderten Rangfolge zugunsten der Kinder und die Stärkung der Eigenverantwortung der Ehegatten nach der Scheidung durch das zum 1. 1. 2008 in Kraft getretenen neuen Unterhaltsrecht[111] überschritten hätte, wird man nicht annehmen können.[112] Es lässt sich aber nicht leugnen, dass durch das neue Unterhaltsrecht der Schutz der Ehe zugunsten der Kinder und einer neuen Familie vermindert wird.[113] Ob sich eine Verschlankung des Unterhaltsrechts möglicherweise sogar positiv auf die Bereitschaft auswirken kann, den Willen zur dauerhaften Paarbeziehung wieder in der Rechtsform der Ehe zu leben,[114] ist eine andere Frage.

5. Scheidungsmonopol der Gerichte. Zum Schutz der Ehe ist es verfassungsrechtlich 28
geboten, dass eine Ehe unter gesetzlich festgelegten Voraussetzungen nur durch ein Gericht geschieden werden kann (sog. Scheidungsmonopol der Gerichte).[115] Eine Scheidung vor dem Standesbeamten oder dem Notar kommt danach nicht in Betracht.[116] § 1564 S. 1 in der bis zum 1. 9. 2009 geltenden Fassung sieht die Scheidung durch **Urteil** vor. Nach §§ 116, 142 FamFG wird das Familiengericht in ab dem 1. 9. 2009 eingeleiteten Scheidungsverfahren (Art. 111 FGG-RG) künftig generell – auch über die Scheidung selbst – durch **Beschluss** entscheiden.

IV. Zahlenmäßige Bedeutung der Ehescheidung

1. Ausgestaltung des Scheidungsrechts und Scheidungshäufigkeit. Es ist umstrit- 29
ten, welchen Einfluss die **Gestaltung des Ehe- und Scheidungsrechts** auf das Scheitern von Ehen und die Scheidungsziffer hat. Während ein Teil der Autoren annimmt, ein solcher Einfluss sei nicht bestätigt[117] oder nicht vorhanden,[118] sind andere der Meinung, das Ehescheidungsrecht fördere die Zerstörung von Ehen.[119] Das ist nur dann richtig, wenn man den Tatbestand des Scheiterns mit der Scheidung gleichsetzt und außer Acht lässt, dass Ehen auch dann zerbrechen, wenn es keine Scheidungsmöglichkeit gibt.[120] Andererseits haben zB

---

[110] Vgl. jedoch *Soergel/Heintzmann* RdNr. 6 ff.; *Johannsen/Henrich/Jaeger* § 1564 RdNr. 12 hebt die Verschuldenselemente im Scheidungsfolgenrecht besonders hervor.

[111] Gesetz zur Änderung des Unterhaltsrechts vom 21. 12. 2007 (BGBl. I S. 3189).

[112] So aber *G. Kirchhof* FamRZ 2007, 241, 247.

[113] *G. Kirchhof* FamRZ 2007, 241.

[114] So *Brudermüller* S. 148, 149.

[115] BVerfGE 53, 225 = NJW 1980, 689 = FamRZ 1971, 414, 420; BVerfGE 55, 134 = NJW 1981, 108 = FamRZ 1981, 15; *Maunz/Dürig/Badura* Art. 6 GG RdNr. 72; vgl. *Johannsen/Henrich/Jaeger* § 1564 RdNr. 24.

[116] Diese sog. „große Lösung" stand bei der FGG-Reform schon früh nicht mehr zur Debatte, vgl. *Dastmaltchi* FPR 2007, 226, 229 Fn. 29.

[117] *Wolf/Lüke/Hax,* Scheidung und Scheidungsrecht, S. 164 f.; Law Commission for England and Wales, Reform of the Grounds of Divorce – The Field of Choice, 1966, deutsche Übersetzung: *Wolf/Lüke,* Eheverfehlung, Ehezerrüttung und einverständliche Scheidung in den Vorschlägen zur Reform des Ehescheidungsrechts in England, S. 25 bis 113, Nr. 6, S. 31, Nr. 11, S. 34; *Müller-Freienfels,* Ehe und Recht, S. 34; *Dölle,* Grundsätzliches zum Ehescheidungsrecht, S. 21 ff.

[118] *Goode,* Die Struktur der Familie, S. 96.

[119] *Bosch* Familienrechtsreform S. 41; vgl. auch *Mikat,* Möglichkeiten und Grenzen einer Leitbildfunktion des bürgerlichen Ehescheidungsrechts, S. 4 ff.; *ders.* FamRZ 1963, 60 f.

[120] Zu den Verhältnissen in Italien vor dem Gesetz betr. Regelung der Fälle der Ehelösung, das am 18. 12. 1970 in Kraft getreten ist: *Jayme/Luther,* Das italienische Scheidungsgesetz, S. 9; *Deubner* in: Eherechtsreform, Bd. 2 der Reihe „Rechtspolitik und Gesetzgebung", S. 59, Fn. 20; *Kühn* ZRP 1975, 163, 168.

die Entwicklungen während der russischen Revolution gezeigt, dass eine grundlegende Änderung der Auffassung von der Ehe in einer umstürzenden Gesellschaft iVm. einer drastischen Entformalisierung der Scheidung zu einem starken Anstieg der Scheidungsziffer führen kann.[121] *Wolf/Lüke/Hax*[122] haben dargelegt, dass beim Übergang von den zT recht liberalen Scheidungsrechten der deutschen Einzelstaaten zum Scheidungsrecht des BGB mit seiner Tendenz, auch die Scheidung zerstörter Ehen nicht immer zuzulassen, der durch die Veränderung der sozialen Verhältnisse bedingte Anstieg der Scheidungszahlen nicht gebremst wurde. Für den **Übergang vom EheG zum** Scheidungsrecht nach dem **1. EheRG** am 1. 7. 1977 ist eine entspr. Aussage möglich. Lässt man die Anpassungsjahre nach der Eherechtsreform 1977 bis 1980 außer Betracht, hat sich der Anstieg der Scheidungsziffer von 1974 bis 1984 wohl lediglich kontinuierlich fortgesetzt,[123] der leichte Rückgang der Scheidungszahlen seit 1984 und der dramatische Anstieg seit 1993[124] erfolgte bei gleich gebliebenem Scheidungs- und Scheidungsfolgenrecht. Der Übergang im Jahre 1977 von der Verschuldens- zur Zerrüttungsscheidung hat danach den Verlauf der Scheidungskurve nicht beweisbar verändert. Auch in den neuen Ländern war der Übergang zum Scheidungsrecht des BGB nicht für den drastischen Rückgang der Scheidungszahlen wesentlich, wie der spätere Anstieg der Scheidungszahlen in den neuen Bundesländern zeigt. Die Zahl der Scheidungen hängt danach nicht in erster Linie von der rechtlichen Ausgestaltung des Scheidungsrechts, sondern eher von der des Scheidungsfolgenrechts, im Übrigen aber auch stark von außerrechtlichen Faktoren ab.[125]

30 **2. Vergleichsgrößen.** Die Zahl der Ehen, die von den Gerichten in einem Jahr geschieden werden, vermittelt nur einen groben Überblick. Besseren Einblick geben die Zahlen der geschiedenen Ehen auf 10 000 Einwohner **(Scheidungsziffer)**, auf 10 000 bestehende Ehen, auf die Ehen eines bestimmten Eheschließungsjahrganges oder in Beziehung zu weiteren Vergleichsgrößen.[126]

31 **3. Historische Entwicklung.**[127] Die Zahl der Ehescheidungen war in den ersten Jahren der Geltung des BGB gering, stieg 1920 als Folge des 1. Weltkrieges sprunghaft und dann kontinuierlich bis 1930 an. Ob das EheG 1938 eine kontinuierliche Erhöhung der Scheidungsziffer eingeleitet hat, kann wegen der Kriegsereignisse letztlich nicht beurteilt werden. Die Scheidungszahlen haben sich nach dem 1. Weltkrieg und nach dem 2. Weltkrieg, jeweils bezogen auf den Vorkriegsstand, etwa verdoppelt.

32 Bis 1956 sanken die Scheidungszahlen im **früheren Bundesgebiet** zunächst, stiegen dann ab 1963 aber stetig an, obwohl keine Änderung des Scheidungsrechts erfolgte. In der früheren DDR lagen sie, bezogen auf die Einwohnerzahl, immer deutlich höher als im Altbundesgebiet. Vor Inkrafttreten des 1. EheRG zum 1. 7. 1977 ist eine Sonderentwicklung zu verzeichnen, die bis 1978 zunächst zu einem Rückgang der Scheidungszahlen führte. Danach stiegen die Scheidungen im früheren Bundesgebiet stetig an.

33 Die **Wiedervereinigung** brachte zunächst einen drastischen Rückgang der Scheidungszahlen im Beitrittsgebiet (1990 zum Vorjahr um 36,2%; 1991 zu 1990 nochmals um 71,9%).[128] Ob dieser durch die Übergangsprobleme zum Scheidungsrecht des BGB bedingt war oder vielmehr auf mit der Wiedervereinigung selbst zusammenhängende Faktoren zurückzuführen ist, mag auf sich beruhen. Jedenfalls zeigen die Zahlen seit 1991, dass im

---

[121] *Mackenroth* Bevölkerungslehre S. 382; *Müller-Freienfels,* FS Rheinstein, S. 843 ff.; *Kühn* ZPR 1975, 163, 167.

[122] Scheidung und Scheidungsrecht, S. 118 bis 132, 153 bis 173, 174; *Mikat* FamRZ 1970, 333, 334 Fn. 9.

[123] Vgl. Ehescheidungen 1984, WiSta 1986, 186; vgl. auch WiSta 1984, 102, 104.

[124] Statistisches Bundesamt, Fachserie 1, Reihe 1.1, 2004, Tabelle 5.14 (S. 185).

[125] Entwurf 73 S. 240; *Wolf/Lüke/Hax,* Scheidung und Scheidungsrecht, S. 164 ff.; *Gernhuber/Coester-Waltjen* § 24 RdNr. 35; vgl. auch *Mikat,* Möglichkeiten und Grenzen einer Leitbildfunktion des bürgerlichen Ehescheidungsrechts, S. 20 ff. mwN; zum Verhältnis von Eheschließung und Ehescheidung vgl. *Burmeister* FamRZ 1984, 455; zur Entwicklung im Beitrittsgebiet; *Hohn* Zeitschrift für Bevölkerungswissenschaft 1980, 335, 369.

[126] Zur Aussagekraft der Statistik vgl. *Gernhuber/Coester-Waltjen* § 24 RdNr. 26.

[127] Zu den Einzelheiten und den Nachweisen vgl. die Voraufl. RdNr. 30 ff.

[128] FamRZ 1992, 1279.

Beitrittsgebiet eine einigungsbedingte Sonderentwicklung stattgefunden hat: Der Anstieg von 1991 (8130 Scheidungen, Scheidungsziffer 5,6) bis 1997 (26 537 Scheidungen, Scheidungsziffer 18,8) beträgt 227,1%. Auch danach sind die Scheidungszahlen bis 2004 weiter angestiegen. 2005 lag die Scheidungsziffer bei 21,0 (30 288 Scheidungen).[129]

Die **addierten Scheidungszahlen in der Bundesrepublik und in der DDR** hatten im Jahre 1984 mit über 180 000 Scheidungen ihren vorläufigen Höhepunkt erreicht.[130] 1997 waren es 188 483 Scheidungen, wobei die Scheidungen in den neuen Ländern im Verhältnis zu den Zahlen in der DDR nur etwas mehr als die Hälfte betrugen; auch dies hat wohl in erster Linie gesellschaftliche und weniger scheidungsrechtliche Gründe. Im Jahre 1998 sind die Scheidungszahlen in Gesamtdeutschland weiter auf 192 954 gestiegen. 1999 waren die Zahlen zunächst leicht rückläufig (190 760 Scheidungen), sie stiegen dann aber bis 2003 wieder auf 214 274 an. Seit 2004 ist eine Rückgang der Scheidungen zu verzeichnen: 2005 betrug die Zahl der Scheidungen 201 693,[131] bei denen 156 400 Kinder mit betroffen waren. Dem standen rund 388 500 Heiraten gegenüber. 2006 ist die Zahl der Ehescheidungen mit 190 928 (1% der bestehenden Ehen) um 5,3% gegenüber dem Vorjahr gesunken.[132] 2007 wurden mit 187 072 wiederum 2% weniger Scheidungen ausgesprochen.[133] Gegenüber 2006 hat die Zahl der betroffenen minderjährigen Kinder von 148 600 auf 145 000 um 2% abgenommen.[134] Wie 2006 wurden damit auch 2007 von 1000 bestehenden Ehen zehn geschieden, 1992 waren es sieben und 2002 bis 2005 elf Ehen gewesen. 34

4. Scheidungsrisiko der Ehen. Das **Scheidungsrisiko der Ehen** eines bestimmten **Eheschließungsjahrganges** ist in den letzten Jahren ständig gestiegen. Von den 1957 geschlossenen Ehen waren in der Altbundesrepublik 1980 etwa 12% geschieden, von den 1960 geschlossenen Ehen nach 25 Ehejahren insgesamt 14,5%. Bereits jetzt weist der Eheschließungsjahrgang 1977 von allen Eheschließungen zwischen 1950 und 2001 mit einer Scheidungszahl von 29,3% die größte Scheidungshäufigkeit auf, von den 1991 geschlossenen Ehen wurden bereits 20,6%, von den 1999 geschlossenen Ehen schon ein Viertel geschieden.[135] Für aktuelle Heiratsjahrgänge wird in Deutschland inzwischen von einer Scheidungsrate von 40% ausgegangen.[136] Damit wird zwar nicht die Bedeutung der Ehe selbst in Frage gestellt, wohl aber deren Charakter als Lebensbund. 35

5. Bezugszahlen. a) Ehejahre. Die Scheidungshäufigkeit schwankt in den Ehejahren. Nach dem EheG wurden die meisten Ehen im 3. und 4. Ehejahr geschieden, wobei die Spitze in diesen Jahren deutlich steiler geworden war.[137] Wie nach der veränderten Struktur des Scheidungsrechts nach dem 1. EheRG zu erwarten,[138] hat sich die durchschnittliche Ehedauer bis zur Scheidung wegen der Fristen, die eingehalten werden müssen, sowie der längeren Verfahrensdauer durch das Verbundverfahren um ein Jahr verlängert.[139] Die höchste Scheidungshäufigkeit lag 1984 in der Bundesrepublik im 5. Ehejahr,[140] sie war 1989 mit 8431 geschiedenen Ehen im 4. Ehejahr und 8 456 im 5. Ehejahr gleichmäßig auf diese beiden Ehejahre verteilt. Im Jahre 1995 lag die Scheidungsspitze eines Eheschließungsjahr- 36

[129] Statistisches Bundesamt, Fachserie 10, Reihe 2.2, 2005, Tabelle 31.1.

[130] Die Angaben zu der Zahl der Ehescheidungen und den Scheidungsziffern beruhen auf den Angaben des Statistischen Bundesamts, Fachserie 1, Reihe 1.1, 2004, Tabellen 5.1 und 5.2. (S. 173) und 5.14 (S. 185).

[131] Statistisches Bundesamt, VI A, SCH 10, 2006, Tabelle 31.2 und 2005, Tabelle 6.8.1.

[132] Statistisches Bundesamt, Pressemitteilung v. 7. 11. 2007.

[133] Statistisches Bundesamt, Pressemitteilung v. 28. 8. 2008, www.destatio.de, FF 2008, 475.

[134] Statistisches Bundesamt, Pressemitteilung v. 28. 8. 2008.

[135] *Gernhuber/Coester-Waltjen* § 24 RdNr. 29.

[136] *Bröning/Walper* FPR 2007, 260 unter Hinweis auf *Sardon,* Population 59(2), 2004; *Gernhuber/Coester-Waltjen* § 24 RdNr. 29.

[137] Vgl. die Tabelle im Entwurf 73 S. 245 und das Schaubild 1 in: Gerichtliche Ehelösungen 1974, WiSta 1977, 85, 86, aus dem sich deutlich der Anstieg der Scheidungsspitze im 2. bis 5. Ehejahr ergibt.

[138] Vgl. 1. Aufl. Vor § 1564 RdNr. 28.

[139] Ehescheidungen 1996, WiSta 1997, 826, 828, 830.

[140] Vgl. Ehescheidungen 1984, WiSta 1986, 186, 188 (vor allem Schaubild 1); Ehescheidungen 1989, WiSta 1990, 837, 838.

ganges gleichmäßig im 5. und 6. Ehejahr. Seit 1996 bis 2005 liegt sie – ziemlich gleichmäßig verteilt – zwischen dem 4. und 8. Ehejahr.[141] Die durchschnittliche Ehedauer bis zur Scheidung von 9,7 Jahren in den Jahren 1975/1976 ist auf 11,5 Jahre im Jahre 1990 und auf 13,6 Jahre im Jahre 2005 gestiegen. Während die Scheidungshäufigkeit in den ersten vier Ehejahren bis 2005 gesunken ist, hat sich die Scheidungshäufigkeit **älterer Ehedauergruppen,** insbes. mit einer Ehedauer über 20 Jahren, deutlich erhöht; sie lag im Jahre 2005 mit 46 731 von 201 693 Scheidungen bei 23,2%.[142]

37 **b) Weitere Faktoren.** Für die **Scheidungshäufigkeit** spielt das **Alter** der Ehegatten bei der Eheschließung eine wesentliche Rolle. Das durchschnittliche Heiratsalter lediger Männer ist im Jahre 2005 auf 32,6 Jahre gestiegen, das der Frauen auf 29,6 Jahre.[143] Das durchschnittliche Scheidungsalter lag 1990 bei den Männern bei 38,5 Jahren und bei den Frauen bei 35,7 Jahren, ist aber seither kontinuierlich angestiegen und lag 2005 bei 43,0 Jahren bzw. 40,3 Jahren.[144] Die **Religionszugehörigkeit,** die früher für die Scheidungsstatistik eine signifikante Größe war, spielt heute wohl keine entscheidende Rolle mehr; neuere Untersuchungen fehlen.[145]

38 **6. Erneute Eheschließung.** Scheidung ist idR keine generelle Abkehr von der Ehe. Von 388 451 Eheschließungen im Jahre 2005 entfielen 240 595 Eheschließungen auf Erstehen, bei denen beide Ehepartner vor der Eheschließung ledig waren, und 65 125 auf Wiederverheiratungen, bei denen beide Ehepartner vor der Eheschließung verwitwet oder geschieden waren.[146]

39 **7. Ehedauer.** Trotz der hohen, inzwischen wieder rückläufigen Scheidungsrate scheint die Institution der Ehe nicht in Gefahr zu sein. Trotz wachsender Bedeutung der alternativen Familienformen, zu denen Alleinerziehende und Lebensgemeinschaften mit Kindern zählen, machten Ehepaare mit Kindern 2006 immer noch 74% der Familien in Deutschland aus; ihr Anteil variiert von 53% in Berlin bis 80% in Baden-Württemberg.[147] Ehen dauern heute wesentlich länger als früher. Das liegt sicher auch an der gestiegenen Lebenserwartung. Es wird angenommen, dass sich die **Ehedauer** seit dem vorigen Jahrhundert fast **verdoppelt** hat.[148] 2007 betrug die durchschnittliche Ehedauer 13,9 Jahre gegenüber 11,5 Jahren im Jahre 1990. Die Tendenz der vergangenen Jahre zu einer längeren Ehedauer bis zur Scheidung setzt sich durch.[149] Hierin, aber auch in der geschwundenen wirtschaftlichen Bedeutung der Ehe liegen Ursachen für steigende Scheidungsziffern. Außerdem kommen die wachsende Eigenständigkeit der Frauen und die abnehmende gesellschaftliche Bedeutung der Ehe als Grundlage der Familie hinzu. Viele Menschen fühlen sich in ihrer erhöhten Glückserwartung enttäuscht und sind eher als früher bereit, die Ehe aufzugeben, um sich einem neuen Partner zuzuwenden. Vor diesem Hintergrund sagen Scheidungszahlen nichts über das Scheitern von Ehen, sondern vor allem darüber etwas aus, dass Ehen geschieden werden, damit die Ehegatten die Möglichkeit erhalten, wieder zu heiraten. Bei 201 693 Ehescheidungen im Jahre 2005 (2006: 190 900) haben im gleichen Jahr 65 125 geschiedene oder verwitwete Männer und Frauen wieder geheiratet.[150]

40 **8. Zahl der betroffenen Kinder.** Mit dem Übergang zur Elternschaft lässt sich regelmäßig eine Abnahme der Beziehungsqualität beobachten. Zunehmend mehr Familien sind heutzutage von einer Scheidung betroffen. Im Jahre 2006 wurden gut 190 900 Ehen ge-

[141] Statistisches Bundesamt, VI A, 2006, Tabelle 6.10, 2007, Genesis-online, Tabelle Eheentscheidungen: Deutschland, Jahr, Ehedauer.
[142] Statistisches Bundesamt, VI A, 2006, Tabelle 6.15.
[143] Statistisches Bundesamt, Version 2.23.0/14. 5. 2007, www.destatis.de.
[144] Statistisches Bundesamt, Fachserie 1, Reihe 1.1, 2004, Tabelle 5.14 (S. 185).
[145] Vgl. die Vorauflage RdNr. 38 und dort Fn. 141; *Gernhuber/Coester-Waltjen* § 24 RdNr. 7.
[146] Statistisches Bundesamt, Version 2.23.01/14. 4. 2007, www.destatis.de.
[147] Statistisches Bundesamt, Pressmitteilung Nr. 481 v. 28. 11. 2007.
[148] *Mohr-Scheuch* StAZ 1970, 61, 66; ZPR 1975, 163, 167.
[149] Statistisches Bundesamt, Pressemitteilung v. 28. 8. 2008.
[150] Statistisches Bundesamt, Version 2.23.0/14. 5. 2007, www.destatis.de.

schieden, wobei in rund 50% der Fälle minderjährige Kinder (insgesamt 148 600) betroffen waren.[151] Von den 2007 erfolgten 187 072 Ehescheidungen waren 144 981 minderjährige Kinder betroffen.[152] Dies entspricht – mit gewissen Schwankungen – der Entwicklung in den vergangenen 20 Jahren. 1970 hatte der Anteil noch 63,7% betragen. Es ist davon auszugehen, dass zukünftig etwa ein Fünftel aller Kinder in den alten und ein Drittel in den neuen Bundesländern ihre Kindheit nicht mit ihren beiden leiblichen Eltern verbringen werden.[153] Von einer stabilisierenden Wirkung von Kindern auf den Bestand der Ehe, die sich aus der Statistik wegen der hohen Zahl der Scheidung von kinderlosen Ehen nicht ziehen lässt,[154] kann angesichts dieser Erkenntnisse nicht ausgegangen werden.

V. Statistische Daten zum Scheidungsprozess

1. EheG. Nach dem EheG wurden 1975 95,4% (1950 nur 52%) aller Scheidungen überwiegend als Konventionalscheidungen aus der Generalklausel des § 43 EheG ausgesprochen (vgl. § 1566 RdNr. 1). Aus dem Zerrüttungstatbestand des § 48 EheG waren im Jahre 1951 noch 13,7% der Ehen geschieden worden, im Jahre 1975 jedoch nur noch 3,1%. Die Trennungsfrist von drei Jahren wurde als zu lang empfunden. Die Konventionalscheidung über die Verschuldensgeneralklausel des § 43 EheG war ohne Wartefrist leicht erreichbar. 41

2. Scheidung nach Trennungszeiten. Während das statistische Bundesamt seine Angaben zur Anwendung des Scheidungsrechts früher richtig nach den vier Scheidungstatbeständen aufgegliedert hat,[155] wird jetzt – entsprechend der tatsächlichen Entwicklung des Scheidungsrechts – statistisch vor allem nach der **Dauer der Trennungszeit** unterschieden. Von 201 693 Scheidungen im Jahre 2005 wurden 4013 Scheidungen vor einjähriger Trennung, 172 308 nach einjähriger Trennung und 24 320 nach dreijähriger Trennung ausgesprochen. 1052 Verfahren sind auf andere Weise erledigt worden. 42

Bei der **Mehrzahl** aller Ehescheidungen sind die Parteien **zumindest ein Jahr** getrennt: 43
161 500 von 190 900 Ehen (84,6%) wurden im Jahre 2006 nach einjähriger Trennung geschieden, 6,2% weniger als 2005.[156] Im Jahre 2007 wurden 157 500 Ehen (84,2%) nach einjähriger Trennung geschieden.[157] Scheidungen **vor Ablauf eines Trennungsjahres,** die 1979 im alten Bundesgebiet noch 10,5% aller Scheidungen ausmachten,[158] sind **selten** geworden: 2005 waren es 1,98% (4013 von 201 693),[159] 2006 noch 1,64% (3300 von etwa 190 900)[160] und 2007 nur noch 3000 von 187 072 Scheidungen.[161] Die Gründe für diese geringen Zahlen liegen wohl darin, dass die Ehepartner immer häufiger eine einvernehmliche Scheidung anstreben und die Regelung der Scheidungsfolgen, insbesondere des Versorgungsausgleichs wie auch die Inanspruchnahme steuerlicher Vorteile während des Trennungsjahres keine Veranlassung zu einer übereilten Scheidung geben. Die Scheidung vor Ablauf des Trennungsjahres ist deshalb zu Recht seltenen Konstellationen vorbehalten. Die Fälle, die die Statistik der **Dreijahresscheidung** nach § 1566 Abs. 2 iVm. § 1565 Abs. 1 mit der unwiderlegbaren Vermutung des Scheiterns zuweist, haben seit der Geltung des Gesetzes zunächst leicht abgenommen.[162] Allerdings ist inzwischen eine **aufsteigende**

---

[151] Pressemitteilung des Statistischen Bundesamtes v. 7. 11. 2007; VI A Tabelle 6.17, 2006.
[152] Statistisches Bundesamt, www.destatis.de, FF 2008, 475.
[153] 7. Familienbericht der Bundesregierung, www.bmfsfj.de/doku/familienbericht/a-04.html, dort IV. Interfamiliale Dynamiken.
[154] *Gernhuber/Coester-Waltjen* § 24 RdNr. 30.
[155] Vgl. Statistisches Jahrbuch 1997, S. 78.
[156] Statistisches Bundesamt, Pressemitteilung v. 7. 11. 2007.
[157] Statistisches Bundesamt, Pressemitteilung v. 28. 8. 2008.
[158] Ehescheidungen 1996, WiSta 1997, 826, 832. Statistisches Bundesamt, Familiengerichte 1997, Arbeitsunterlage S. 18.
[159] Statistisches Bundesamt, Pressemitteilung vom 8. 12. 2006.
[160] Statistisches Bundesamt, Pressemitteilung v. 7. 11. 2007.
[161] Statistisches Bundesamt, Presemitteilung vom 28. 8. 2008.
[162] Vgl. Statistisches Jahrbuch 1997, S. 78; Statistisches Bundesamt, Familiengericht 1997, Arbeitsunterlage S. 18.

Tendenz zu verzeichnen: 2005 wurden 24 320 Ehen von 201 693 nach dreijähriger Trennung geschieden, das sind 12%. 2006 waren es sogar 25 100 von 190 900 Ehen, was eine leichte Zunahme um 3% gegenüber dem Vorjahr bedeutet,[163] und 2007 25 600 von 187 072 Ehen, also wieder 2% mehr als im Vorjahr.[164]

44 **3. Scheidung nach Antragsteller.** Aus der Tatsache, dass bis heute der Scheidungsantrag in den meisten Fällen von der Frau gestellt wird (2007: 55,1% gegenüber 36,3%; Rest gemeinsamer Antrag),[165] lassen sich Rückschlüsse auf die Scheidungsgründe nicht ziehen. Wenn nach dem EheG in etwa 75% der Fälle die Ehe auf Klage der Frau geschieden wurde (1975: 71,3% – 1950 nur 52%), kann daraus – weder damals noch heute – entnommen werden, ob Frauen oder Männer stärker aus einer gescheiterten Ehe fortstreben. Die Klägerrolle wurde unter Geltung des EheG nach der vereinbarten Schuldverteilung festgelegt und unterliegt heute eher zufälligen Vereinbarungen zwischen den Eheleuten.

45 **4. Abweisung des Scheidungsantrags.** Im Jahre 2005 wurden etwa 201 693 Ehen geschieden und nur 322 Scheidungsanträge abgewiesen (0,16%). Von diesen Abweisungen erfolgten 188 vor einjähriger Trennung und 16, weil die Härteklausel des § 1568 angewendet wurde.[166]

46 **5. Anderweitige Erledigungen.** Von den im Jahre 2005 bei den FamG anhängigen 225 490 Scheidungsverfahren[167] haben sich etwa 35 600 Anträge auf unterschiedliche Weise erledigt. Man kann davon ausgehen, dass jährlich mindestens 10% der Scheidungsanträge zurückgenommen oder nicht weiterbetrieben werden. Obwohl der Statistik nichts über das weitere Schicksal dieser Ehen zu entnehmen ist, kann man vorsichtig annehmen, dass mit der Stellung des Scheidungsantrages das Schicksal einer Ehe noch nicht besiegelt ist. Bei 10% dieser Ehen wird die Scheidung letztlich nicht durchgesetzt. Vielleicht werden solche Scheidungsanträge früher oder später wiederholt, ein gewisser Teil der betroffenen Ehegatten könnte aber auch zum Ehepartner zurückfinden. Die **auffällig geringe Zahl von Urteilen, die einen Scheidungsantrag abweisen,** könnte hiermit in Zusammenhang stehen; ebenso gut ist es jedoch möglich, dass nur in dieser geringen Anzahl von Fällen eine Ablehnung der Scheidung überhaupt in Betracht kommt.

VI. Scheidungsrecht in Europa

47 **1. Zulässigkeit der Scheidung.** Bei der grundlegenden Reform des Scheidungsrechts im Jahre 1977 war die Scheidung in einigen europäischen Ländern noch unzulässig, so in Spanien und Irland. Inzwischen steht die Zulässigkeit der Scheidung in allen europäischen Ländern, mit Ausnahme von **Malta** und dem **Vatikanstaat,** außer Frage. Die Unterschiede sind aber nach wie vor gravierend.[168]

48 **2. Ausgestaltung des Scheidungsrechts.** In **Italien** kann die einverständliche Scheidung nur nach einem gerichtlichen Trennungsverfahren („Trennung von Tisch und Bett") nach einem Ablauf von drei Jahren durchgeführt werden, im Übrigen nur bei schwerem, strafbarem Verschulden des anderen.[169] In **Frankreich** wurde das Scheidungsrecht zum 1. 1. 2005 reformiert. Mit der Scheidung wegen endgültiger Zerrüttung des Ehebandes wurde in Art. 237, 238 C. c. ein neuer Scheidungstatbestand geschaffen und gleichzeitig durch die Änderung des Scheidungsfolgenrechts der Anreiz für die Verschuldensscheidung gemindert.[170] Bei einverständlicher Scheidung bedarf es einer vom Gericht zu genehmigenden umfassenden Scheidungsvereinbarung, während für die reine Zerrüttungsscheidung

[163] Statistisches Bundesamt, Pressemitteilung v. 7. 11. 2007.
[164] Statistisches Bundesamt, Pressemitteilung vom 28. 8. 2008.
[165] Statistisches Bundesamt, Pressemitteilung v. 28. 8. 2008.
[166] Statistisches Bundesamt, Fachserie 10, Reihe 2.2., Familiengerichte, 2005, Tabelle 2.3 (S. 26).
[167] Statistisches Bundesamt, Familiengerichte 1997, Arbeitsunterlage, S. 6.
[168] Vgl. ausführlich die Länderberichte in AnwK/BGB/*Bisping* S. 1961 ff.
[169] *Finger* FuR 2008, 119.
[170] *Ferrand* FamRZ 2006, 1316.

eine Trennungsfrist von zwei Jahren gilt.[171] In den **Niederlanden** ist für die Scheidung allein die Zerrüttung der Ehe maßgebend, Trennungszeiten sind ohne größere Bedeutung.[172] Sonderregelungen für registrierte Lebenspartnerschaften, die auch nicht gleichgeschlechtlichen Partnern offen stehen,[173] ermöglichen die Umwandlung der Ehe in eine Partnerschaft, die dann sofort und ohne Einschaltung eines Gerichts geschieden werden kann (sog. Blitzscheidung).[174] Wegen der häufig fehlenden Anerkennung solcher Scheidungen im Ausland ist die Einführung einer echten Registerscheidung erwogen worden; der entsprechende Gesetzentwurf ist allerdings am 20. 6. 2006 gescheitert.[175] In **Belgien** gilt seit dem 1. 9. 2007 ein neues Scheidungsrecht, wonach die einverständliche Scheidung nach sechs Monaten Trennungszeit auszusprechen ist. Bei einseitigem Scheidungsbegehren ist eine Trennungszeit von einem Jahr einzuhalten.[176] In der **Schweiz** ist die Einhaltung einer Trennungsfrist bei übereinstimmender Scheidung und umfassender Regelung der Scheidungsfolgen nicht erforderlich, sonst ist eine zweijährige Trennungszeit einzuhalten.[177] **Spanien,** wo es die Scheidung erst seit 1981 gibt, aber die gerichtliche Trennung zunächst beibehalten wurde, hat im Jahre 2005 mit der Einführung der gleichgeschlechtlichen Ehe durch das Gesetz 13/2005 und durch die Änderung der Gesetzgebung über Scheidung und Trennung mit dem Gesetz 15/2005 einen völligen Strukturwandel vollzogen. Zwar wird der gerichtliche Charakter von Trennung und Scheidung beibehalten, der Richter muss aber die Trennung und Scheidung aussprechen, wenn nur einer der Ehegatten die Scheidung einreicht und seit der Eheschließung mindestens drei Monate vergangen sind.[178]

3. Harmonisierung des europäischen Scheidungsrechts. Im Jahre 2001 wurde die **49**
„Commission on European Family Law" (CEFL) als wissenschaftliche Initiative von inzwischen 25 Hochschullehrern gegründet, die sich um die Harmonisierung des europäischen Familienrechts bemüht und 2004 erste Prinzipien zum Scheidungs- und Unterhaltsrecht vorgelegt hat.[179] Ob solche und ähnliche Vorhaben aussichtsreich sind oder ob ihre Verwirklichung im Hinblick auf die kulturellen, rechtlichen und sozialen Unterschiede in den Mitgliedsstaaten noch in ferner Zukunft liegt, mag dahinstehen. Derzeit fehlt jedenfalls noch die Gesetzgebungskompetenz für ein einheitliches Familienrecht.[180]

Fassung bis zum Inkrafttreten des FGG-Reformgesetzes

§ 1564 Scheidung durch Urteil

[1] Eine Ehe kann nur durch gerichtliches Urteil auf Antrag eines oder beider Ehegatten geschieden werden. [2] Die Ehe ist mit der Rechtskraft des Urteils aufgelöst. [3] Die Voraussetzungen, unter denen die Scheidung begehrt werden kann, ergeben sich aus den folgenden Vorschriften.

---

[171] *Finger* FuR 2008, 119, 120.

[172] *Klüsener* FamRBint 2006, 15.

[173] Ebenso in Frankreich, Belgien und Luxemburg; wie in Deutschland hingegen das sog. nordische Regelungsmodell in Großbritannien, Skandinavien und der Schweiz, vgl. zum Rechtsinstitut für gleichgeschlechtliche Lebensgemeinschaften in Großbritannien *Röthel* FamRZ 2006, 598, 599; in Slowenien ist die gleichgeschlechtliche Partnerschaft neben der Ehe und der nichtehelichen Lebensgemeinschaft als dritte Lebensform geregelt, vgl. *Novak* FamRZ 2006, 600, ebenso zB in Schweden, vgl. *Jänterä-Jareborg* FamRZ 2004, 1431.

[174] *Finger* FuR 2008, 119, 120; *Mom* FamRZ 2006, 1325.

[175] Vgl. ausführlich *Mom* FamRZ 2006, 1325.

[176] *Finger* FuR 2008, 119, 120.

[177] *Finger* FuR 2008, 119, 120.

[178] Ausführlich *Martín-Casals/Ribot* FamRZ 2006, 1331, 1334 f.

[179] *Biele-Woelki/Pintens/Ferrand/Ganzalez Beilfuss/Jänterä-Jareborg/Lowe,* Principles of European Family Law Regarding Divorce and Maintenance Between Former Spouses, 2004; dazu *Boele-Woelki/Martiny* ZEuP 2006, 6; *Handelmann* FF 2006, 98; *Martiny* FPR 2008, 187, 191.

[180] *Martigny* FPR 2008, 187, 191; zuversichtlich *Wagner* StAZ 2007, 101, 102.

Fassung ab 1. 9. 2009

§ 1564 Scheidung durch richterliche Entscheidung

[1] Eine Ehe kann nur durch richterliche Entscheidung auf Antrag eines oder beider Ehegatten geschieden werden. [2] Die Ehe ist mit der Rechtskraft der Entscheidung aufgelöst. [3] Die Voraussetzungen, unter denen die Scheidung begehrt werden kann, ergeben sich aus den folgenden Vorschriften.

Schrifttum: S. Vorb.

Einführung

Das zum 1. 9. 2009 in Kraft getretene FGG-RG hat in Art. 1 mit dem FamFG eine vollständige Neukodifizierung des Verfahrens in Familiensachen und in den Angelegenheiten der freiwilligen Gerichtsbarkeit vorgenommen. Nach Art. 29 FGG-RG ist das 6. Buch der ZPO (§§ 606 bis 697) aufgehoben, die Bestimmungen sind weitgehend durch die Vorschriften des FamFG ersetzt. Art. 50 FGG-RG ändert die Vorschrift des § 1564 ab und trägt der Tatsache Rechnung, dass künftig alle Entscheidungen in Familiensachen – auch die Scheidung selbst – nicht mehr durch Urteil, sondern durch Beschluss ausgesprochen werden. Dementsprechend wird der Begriff des gerichtlichen Urteils in § 1564 durch den der richterlichen Entscheidung ersetzt.

Das FamFG, das trotz seines Titels für das gesamte Verfahren der freiwilligen Gerichtsbarkeit gilt und das FGG ablöst, führt eine neue Begrifflichkeit ein: Auch im Scheidungsverfahren wird auf den Begriff der Parteien zugunsten der Bezeichnung als Beteiligte verzichtet, aus Prozesskostenhilfe wird Verfahrenskostenhilfe (VKH).

Der Rechtsmittelzug ändert sich nicht, wohl aber auch hier die Begrifflichkeit: Gegen den Scheidungsausspruch durch Beschluss findet die Beschwerde zum OLG statt, gegen dessen Entscheidung in der Scheidungssache und den Folgesachen kommt die Rechtsbeschwerde nur im Falle ihrer Zulassung in Betracht.

Das Verfahren in Ehesachen ist zukünftig in §§ 121 ff. FamFG geregelt. Es entspricht im Wesentlichen dem bisherigen, in §§ 606 ff. ZPO geregelten Verfahren. Die Vorschrift des § 128 FamFG sieht allerdings in Abweichung vom bisherigen Verfahrensrecht die Möglichkeit einer getrennten Anhörung der Ehegatten aus besonderen Gründen und die Pflicht zur Anhörung nicht nur zur elterlichen Sorge, sondern auch zum Umgangsrecht vor. Das Verfahren in Scheidungs- und Scheidungsfolgesachen ist zukünftig in §§ 133 bis 150 FamFG neu geregelt. Dies gilt insbesondere für den notwendigen Antrag auf Ehescheidung.

Das FamFG ist zum 1. 9. 2009 in Kraft getreten. Nach Art. 111 FGG-RG, der vor seinem Inkrafttreten mehrfach geändert worden ist, finden die alten Vorschriften der ZPO für diejenigen Verfahren, die vor dem 1. 9. 2009 bereits eingeleitet waren oder deren Einleitung beantragt war, weiterhin Anwendung. Dabei ist auf die Einleitung des Verfahrens in der ersten Instanz abzustellen.

Mit dem Wegfall des 6. Buchs der ZPO, namentlich der Vorschrift des §630 ZPO, die den Inhalt des Scheidungstatbestandes des § 1566 Abs. 1, der sog. formalisierten einverständlichen Scheidung nicht nur prozessual, sondern in seinem materiell-rechtlichen Inhalt bestimmt hat, haben sich die bisherigen Scheidungstatbestände reduziert und ist der Weg zu einer einverständlichen Fristenscheidung geebnet. Damit ist eine – in der Praxis ohnehin kaum wirksame – Scheidungserschwernis, nämlich die der umfassenden Regelung der Scheidungsfolgen nach § 630 ZPO, aufgegeben und die einverständliche Scheidung weiter erleichtert worden.

Die nachfolgende Kommentierung orientiert sich an der bis zum 1. 9. 2009 geltenden Rechtslage, die für eine Fülle anhängiger Scheidungsverfahren weiterhin maßgeblich ist. Die für nach dem 1. 9. 2009 neu eingeleitete Scheidungsverfahren maßgeblichen neuen Bestimmungen sind berücksichtigt.

Übersicht

I. Normzweck

1 **1. Zwei Elemente der Scheidung (S. 1).** S. 1 enthält die für das gesamte Scheidungsrecht grundsätzlichen Komponenten. Eine Ehe kann durch die Scheidung nur aufgelöst werden, wenn zumindest einer der Ehegatten das auf Lebenszeit ausgerichtete Band der Ehe beenden will oder wenn beide Ehegatten dies wollen. Diese private Entscheidung allein reicht aber nicht aus. Der formale Akt der Scheidung wird nach einem gerichtlichen Verfahren durch ein gerichtliches Urteil[1] vollzogen. S. 1 weist damit über eine Ordnungsvorschrift hinaus auf die Grundentscheidung des Gesetzes zur Ehescheidung hin.[2] Es gibt also keine Scheidung der Ehegatten ohne gerichtliche Entscheidung und keine gerichtliche Entscheidung, ohne dass zumindest ein Ehegatte die Scheidung beantragt.

2 **a) Scheidungsantrag.** Es ist ein bedeutsamer Ausdruck des materiellen Rechts, dass eine Ehe nur auf **Antrag** eines oder beider Ehegatten geschieden werden kann. Der Staat oder ein Dritter ist nicht berechtigt, die Scheidung einer Ehe durchzusetzen.[3] Es ist eine **private,** vom

[1] Nach §§ 116, 142 FamFG wird die Scheidung zukünftig durch Beschluss ausgesprochen.
[2] *Gernhuber/Coester-Waltjen* § 25 RdNr. 1 ff.; *Johannsen/Henrich/Jaeger* RdNr. 5; zur Einordnung der Vorschrift als bloße Ordnungsvorschrift oder als materielle Grundsatznorm ausführlich *Staudinger/Rauscher* (2004) RdNr. 1 ff.; AnwK-BGB/*Bisping* RdNr. 1.
[3] *Johannsen/Henrich/Jaeger* RdNr. 4; *Staudinger/Rauscher* (2004) RdNr. 4.

Gesetz nicht gewertete und vom Richter nicht zu wertende **Entscheidung,** ob ein Ehegatte eine gescheiterte Ehe aus welchen Gründen auch immer fortsetzen will oder ob er die Scheidung beantragt.[4] Die Notwendigkeit eines Scheidungsantrages bedeutet aber nicht, dass die Ehegatten sich selbst scheiden und die staatliche Entscheidung lediglich die äußere Ordnung nachvollzieht.[5] Die Scheidungstatbestände lassen in keinem Fall eine Selbstscheidung zu.[6]

b) Scheidungsausspruch. S. 1 weist die Ehescheidung den staatlichen Gerichten zu und verlangt in den bis zum Inkrafttreten des FamFG zum 1. 9. 2009 eingeleiteten Verfahren (Art. 111 FGG-RG) für die Auflösung der Ehe ein **Scheidungsurteil.**[7] Damit wird einer privaten Scheidung jede rechtliche Wirkung genommen. Die Scheidung kann wegen der durch sie eintretenden Statusänderung auch nicht einem Schiedsgericht übertragen werden.[8] Mit dem Erfordernis der richterlichen Entscheidung wird wegen der weit reichenden Wirkungen der Eheauflösung die notwendige Klarheit über den Personenstand gesichert **(Ordnungsfunktion).**[9] Indem das Gericht zu prüfen hat, ob die materiellen Voraussetzungen für die Ehescheidung vorliegen und ob die prozessualen Voraussetzungen, zB für die Verbundentscheidung, erfüllt sind, dient das **staatliche Scheidungsmonopol** auch dem Schutz der Ehe und dem der beteiligten Ehepartner **(Schutzfunktion).**[10] 3

Als prozessuale Vorschrift schließt S. 1 die Privatscheidung im Inland aus, und zwar auch dann, wenn ausländisches Scheidungsrecht anzuwenden ist.[11] Diesen Grundsatz hat Art. 17 Abs. 2 EGBGB bestätigt.[12] Das deutsche materielle Scheidungs- und Scheidungsfolgenrecht ist ganz darauf abgestellt, dass über die Scheidung immer ein Gericht entscheidet. Deshalb ist dieser Grundsatz **Teil des deutschen ordre public** mit der Folge, dass für eine Scheidung nach deutschem Recht im Ausland der Ausspruch durch ein Gericht notwendig ist.[13] 4

2. Schutz der Ehe. Das Gesetz stellt sich die Aufgabe, Eheleute vor einer übereilten Scheidung oder der Auflösung einer noch nicht gescheiterten Ehe zu bewahren. Dazu dienen vor allem die Wartefristen der §§ 1565 Abs. 2, 1566 Abs. 1, 2, die sorgfältige Prüfung, ob die Ehe gescheitert ist (vgl. § 1565 RdNr. 51 ff.), die Möglichkeit der Aussetzung des Verfahrens (§ 614 Abs. 2 ZPO aF)[14] und der Zwang oder die Befugnis, mit der Scheidung bestimmte Folgeregelungen zu treffen.[15] 5

3. Gestaltungswirkung (S. 2). Das Band der Ehe wird durch eine Trennung der Ehegatten und auch durch den Ablauf der Trennungsfristen der §§ 1565 Abs. 2, 1566 Abs. 1, 2 allein noch nicht berührt. Die Auflösung der Ehe soll gegenüber jedermann gleichmäßig wirksam und klar sein; S. 2 misst deshalb dem Scheidungsausspruch Gestaltungswirkung bei und bestimmt, dass die Ehe erst mit der **prozessualen Rechtskraft** der Scheidung[16] aufgelöst wird. 6

---

4 *Staudinger/Rauscher* (2004) RdNr. 4.

5 *Gernhuber/Coester-Waltjen* § 25 RdNr. 1 ff.

6 BGH FamRZ 1990, 607, 609; BGH FamRZ 1982, 44, 47; Entwurf 73 S. 104; RGRK/*Graßhof* RdNr. 4; *Johannsen/Henrich/Jaeger* RdNr. 5.

7 Nach §§ 116, 142 FamFG wird zukünftig die Ehescheidung durch Beschluss ausgesprochen. In Altverfahren ist auch die Abweisung des Scheidungsantrags durch Beschluss unzulässig, vgl. OLG Naumburg FamRZ 2007, 870; PWW/*Weinreich* RdNr. 3.

8 *Rauscher* § 21 RdNr. 495; anders bei vermögensrechtlichen Folgesachen, vgl. *Friederici* FuR 2006, 400, 448, 506; *Kloster-Harz,* FamRZ 2007, 99; für die Zulässigkeit der Übertragung auf ein Schiedsgericht bei einverständlichen Scheidungen de lege ferenda: *Gilfrich,* Schiedsverfahren im Scheidungsrecht, 2007.

9 AllgM; vgl. *Johannsen/Henrich/Jaeger* RdNr. 5; *Staudinger/Rauscher* (2004) RdNr. 1.

10 *Johannsen/Henrich/Jaeger* RdNr. 5; *Staudinger/Rauscher* (2004) RdNr. 1 ff.; *Rauscher* § 21 RdNr. 495; eher die Ordnungsfunktion betonend die Voraufl. RdNr. 1 f.

11 BGHZ 110, 267, 276 = NJW 1990, 2194, 2196 = FamRZ 1990, 607, 610; BGHZ 82, 34, 44 = NJW 1982, 517.

12 Gesetz zur Neuregelung des IPR vom 25. 7. 1986, BGBl. I S. 1142; vgl. die Begr. zu Art. 17 Abs. 2, BT-Drucks. 10/504 S. 61; *Rolland* RdNr. 9 ff.

13 BT-Drucks. 10/504 S. 61; BGHZ 176, 365 = FamRZ 2008, 1409.

14 § 136 FamFG.

15 Entwurf 73 S. 89.

16 Nach §§ 38 Abs. 1, 116, 142 FamFG wird in allen Familiensachen, auch in der Ehesache selbst, durch Beschluss entschieden, der erst mit Rechtskraft wirksam wird.

7 **4. Zwingendes Recht (S. 3).** S. 3 stellt klar, dass § 1564 kein Grundtatbestand und keine Generalklausel ist, sondern lediglich auf die Tatbestände der §§ 1565 ff. verweist. S. 3 legt außerdem das scheinbar Selbstverständliche fest, nämlich dass die Scheidungstatbestände in ihrer positiven und negativen Auswirkung zwingendes Recht sind. Die Vorschrift gewinnt aktuelle Bedeutung bei der Bewertung von Vereinbarungen, in denen die Scheidung ausgeschlossen oder von weiteren Voraussetzungen, zB einem vom Gericht festzustellenden Verschulden, abhängig gemacht wird. Solche Vereinbarungen sind grundsätzlich unwirksam.[17]

II. Bisheriges Recht und Rechtsentwicklung

8 Während nach dem BGB aF und den Ehegesetzen bis zum 30. 6. 1977 nur ein Ehegatte die Scheidung begehren konnte, kann jetzt eine Ehe auf Antrag eines oder beider Ehegatten geschieden werden. Der Grundsatz der gerichtlichen Scheidung wurde im Gesetzgebungsverfahren zum 1. EheRG nie in Frage gestellt. Jedoch wurde während der Beratungen der Satz „Die Ehe wird auf Lebenszeit geschlossen." als § 1353 Abs. 1 S. 1 eingefügt.

9 Das neue **FamFG** (Art. 1 FGG-RG v. 17. 12. 2008 – BGBl. I S. 2586) stellt entsprechend den verfassungsrechtlichen Vorgaben das Scheidungsmonopol des Staates nicht in Frage. Es sieht vor, dass die familiengerichtlichen Entscheidungen, also auch die Scheidung, in Zukunft einheitlich durch Beschluss auszusprechen sind.

10 Mit dem im **FGG-Reformgesetz** v. 17. 12. 2008 (BGBl. I S. 2586) vorgesehenen Wegfall des § 630 ZPO will der Gesetzgeber der Praxis der Ehescheidung Rechnung tragen, wonach sich seit Inkrafttreten des 1. EheRG allmählich eine **neue Form der Konventionalscheidung** entwickelt hat. Die notwendige Einigung über bestimmte Folgesachen wird danach dadurch umgangen, dass die Scheidung übereinstimmend auf den Grundtatbestand des § 1565 Abs. 1 gestützt, der Ablauf des Trennungsjahres häufig wahrheitswidrig behauptet und zum Scheitern der Ehe übereinstimmend vortragen wird.[18] Durch den künftigen Wegfall der wegen des bestehenden Anwaltszwangs für die Parteien teuren obligatorischen Einigung nach § 630 ZPO aF soll die Möglichkeit geschaffen werden, bei übereinstimmendem Scheidungswunsch eine gescheiterte Ehe nach Ablauf des Trennungsjahres auf Grund der Vermutungswirkung des § 1566 Abs. 1 scheiden zu können, ohne dass die Folgewirkungen – mit Ausnahme des Versorgungsausgleichs – geregelt sind.

III. Scheidung und andere Gründe für die Auflösung einer Ehe

11 **1. Beendigungsgründe.** Die auf Lebenszeit geschlossene Ehe (§ 1353 Abs. 1 S. 1) kann beendet werden durch ihre Aufhebung gem. § 1313, durch die Wiederverheiratung eines Ehegatten, nachdem der andere für tot erklärt war, obwohl er noch lebte (§ 1319), durch Scheidung und durch den Tod eines Ehegatten, der als selbstverständliches Ende der Ehe im Gesetz nicht besonders erwähnt wird. Die Nichtigerklärung einer Ehe (§ 23 EheG) ist mit dem Inkrafttreten des Eheschließungsrechtsgesetzes am 1. 7. 1998 (BGBl. I S. 833) entfallen.[19]

12 **2. Auflösung für die Zukunft.** Durch die Nichtigerklärung wurde die Ehe rückwirkend vernichtet, während die Scheidung die Ehe für die Zukunft auflöst. Die Aufhebung der Ehe löst die Ehe ebenfalls für die Zukunft auf,[20] sie unterscheidet sich von der Scheidung jedoch dadurch, dass die Aufhebung nur wegen Mängeln begehrt werden kann, die schon bei der Eheschließung vorhanden waren und die das Gesetz einzeln aufzählt (§ 1314). Grundlage des Scheidungsurteils ist demgegenüber der Zustand der Ehe im Zeitpunkt der letzten mündlichen Verhandlung. Da die Eheaufhebung prozessual leichter zu erreichen ist

---

[17] BGHZ 97, 304 = NJW 1986, 2046; *Staudinger/Rauscher* (2004) RdNr. 6 ff.; *Johannsen/Henrich/Jaeger* RdNr. 7.

[18] *Rauscher* § 21 RdNr. 495 a.

[19] Die Aufhebungsfälle sind jedoch so differenziert, dass in den Rechtsfolgen Quasinichtigkeit eintritt, vgl. *A. Wolf* FamRZ 1998, 1477, 1487; *Hepting* FamRZ 1998, 713, 727; *Bosch* NJW 1998, 2004.

[20] BT-Drucks. 13/4898 S. 13; BGH NJW 2001, 2394; BGH FamRZ 2001, 991.

als die Scheidung – es fehlen Trennungsfristen, der Entscheidungsverbund[21] und der Anwaltszwang in Folgesachen[22] – wurde befürchtet, es könne zu „Konventionalaufhebungen" kommen.[23] Diese Befürchtungen haben sich nicht bestätigt.

IV. Ausschließlichkeit der Scheidungsgründe

1. Bedeutung des Verweises auf §§ 1565 bis 1568. S. 3 ist als Hinweis auf die ausschließliche und abschließende Regelung dafür zu werten, dass die Scheidung der Ehe nur und immer dann möglich ist, wenn ihr Scheitern aus den Tatbestandsmerkmalen der §§ 1565 bis 1567 festgestellt ist und die Härteklausel des § 1568 nicht eingreift.[24] Wegen der engen Verzahnung mit dem Verfahrensrecht sind jedoch die dort geregelten weiteren Voraussetzungen zu beachten: Eine Aussetzung des Verfahrens (§ 614 Abs. 2 bis 5 ZPO aF, § 136 FamFG) darf nicht mehr in Betracht kommen, insbes. wirkt sich die Notwendigkeit, je nach dem anzuwendenden Scheidungstatbestand alle oder bestimmte Scheidungsfolgen gleichzeitig mit der Scheidung zu regeln (§§ 623, 628 bis 630 ZPO aF, § 137 FamFG), als zusätzliche Scheidungsvoraussetzung aus.[25] 13

2. Zerrüttungsprinzip. Eine Ehe kann nur geschieden werden, wenn sie **gescheitert** ist. Die Beschränkung des Scheidungsgrundes auf das Scheitern der Ehe wird kurz als Zerrüttungsprinzip bezeichnet.[26] Die Scheidungstatbestände sind so beschaffen und so anzuwenden, dass die Scheidung einer Ehe, die diesen Zustand nicht erreicht hat, ausgeschlossen sein soll. Diese Festlegung ist schon deshalb geboten, weil die Scheidung einer noch nicht gescheiterten Ehe ein Verstoß gegen den Schutz der Ehe nach Art. 6 GG wäre. Eine umgekehrte Aussage ist jedoch nur mit Vorbehalten möglich. Die Begr. zu § 1565 im Entwurf 73: „S. 1 verwirklicht das Zerrüttungsprinzip. Danach kann eine Ehe geschieden werden, wenn sie gescheitert ist." war schon zu den Vorschriften des Entwurfs zu weitgehend und ist für das beschlossene Gesetz unkorrekt.[27] Nach dem Grundtatbestand des § 1565 Abs. 1 iVm. Abs. 2 kann auch eine gescheiterte Ehe **grundsätzlich** nicht sofort, sondern erst nach einer **einjährigen Trennung** geschieden werden. Ohne Trennung oder vor Ablauf der Jahresfrist ist die Scheidung über den erst im VA eingeführten § 1565 Abs. 2[28] nur in einer Verbindung von Zerrüttungs- und Veranlassungsprinzip erreichbar, wobei durch die Kombination mit einer Zumutbarkeitsprüfung die bisher wohl vermiedene Versuchung besteht, Elemente der Verschuldensscheidung wieder aufzugreifen. § 1565 Abs. 2 ist damit ein Fremdkörper im Zerrüttungsprinzip. Solche weiteren Scheidungsvoraussetzungen für die Scheidung einer gescheiterten Ehe, die auch das Verfahrensrecht durch den notwendigen Verbund mit Folgesachen und in § 630 ZPO[29] enthält, sind jedoch keine Scheidungsgründe, sie begrenzen vielmehr die Möglichkeit, eine gescheiterte Ehe zu scheiden. Von diesen Begrenzungsmöglichkeiten macht die Praxis nur wenig Gebrauch. Die Härteklausel des § 1568 wird nur in seltenen Ausnahmefällen angewendet, die Scheidungserschwerung bei der formalisierten einverständlichen Scheidung durch § 630 ZPO aF ist kaum praktisch geworden. Auch das Verfahrensrecht hat sich eher zu einer gewissen Scheidungsautomatik entwickelt. Der Gesetzgeber hat das Verbundverfahren, das auch der Seriosität der Ehescheidung dienen sollte, durch den Wegfall des Zwangsver- 14

---

[21] BGH FamRZ 1982, 586; OLG Stuttgart FamRZ 1981, 579.

[22] BGH FamRZ 1982, 586.

[23] *Schwab,* FS Beitzke, S. 357, 369; RGRK/*Graßhof* RdNr. 52.

[24] BGHZ 97, 304 = NJW 1986, 2046; *Staudinger/Rauscher* (2004) RdNr. 6; *Johannsen/Henrich/Jaeger* RdNr. 7.

[25] Die in § 630 Abs. 1 ZPO vorgesehene Verknüpfung mit dem Verfahrensrecht fällt nach dem FamFG weg, so dass die Regelung bestimmter Scheidungsfolgen nicht mehr Voraussetzung für den Eintritt der Vermutungswirkung des § 1566 Abs. 1 sein wird. Auch die Abtrennung von Folgesachen wird erleichtert, § 140 FamFG.

[26] *Bamberger/Roth/Neumann* RdNr. 1.

[27] *Schwab* FamRZ 1976, 491; *Gernhuber/Coester-Waltjen* § 24 RdNr. 18; *Schwab* (Handbuch) II RdNr. 2, 3; *Johannsen/Henrich/Jaeger* RdNr. 11.

[28] BT-Drucks. 7/4992; BR-Drucks. 216/76.

[29] Durch das FGG-Reformgesetz wird § 630 ZPO aufgehoben.

bundes mit der Regelung der elterlichen Sorge (§ 623 Abs. 2 ZPO aF) selbst eingeschränkt. Er hält auch im FamFG zum Schutz des wirtschaftlich schwächeren Ehegatten und der Ehe grundsätzlich am Verbund von Scheidung und Folgesachen fest, § 137 FamFG, erleichtert aber die Abtrennung von Folgesachen, § 140 FamFG.

15 **3. Einziger Scheidungsgrund.** S. 3 verweist auf die §§ 1565, 1566, 1567 und 1568 als die Voraussetzungen, unter denen eine Ehe geschieden werden kann. **Kernsatz ist § 1565 Abs. 1 S. 1:** „Eine Ehe kann geschieden werden, wenn sie gescheitert ist." Dies ist nicht nur der Grundtatbestand des Scheidungsrechts, vielmehr der einzige Grund, der die Scheidung der Ehe rechtfertigt.[30] Dass die Überschrift zu den Scheidungsbestimmungen von Scheidungsgründen spricht, dürfte eher ein Redaktionsversehen sein, sie wird durch den Wortlaut von § 1565 Abs. 1 S. 1 widerlegt.[31] § 1565 Abs. 1 S. 2 definiert den Begriff „Scheitern" (vgl. dort RdNr. 9 bis 12). § 1565 Abs. 2 schränkt die Geltung der Generalklausel des § 1565 Abs. 1 S. 1 für die Zeit des ersten Jahres der Trennung der Ehegatten durch Tatbestandsmerkmale ein, die stark dem bisherigen Verschuldensprinzip angenähert sind. Obwohl damit zur Zerrüttung weitere Tatbestandselemente hinzutreten, ist Scheidungsgrund auch im ersten Jahr der Trennung der Ehegatten das Scheitern der Ehe.[32] Von den weiteren Tatbestandselementen ist nicht die Scheidung der Ehe, sondern nur die **sofortige Scheidung der Ehe** abhängig. Auch die Vorschriften des § 1566 Abs. 1 und 2 enthalten keine besonderen Scheidungsgründe.[33] Dass das Gesetz nur einen Scheidungsgrund kennt, zeigt die Fassung von § 630 ZPO aF.[34] Aus der Formulierung „Für das Verfahren auf Scheidung nach § 1565 iVm. § 1566 Abs. 1 des Bürgerlichen Gesetzbuchs."[35] wird deutlich, dass auch die Scheidungen, bei denen das Scheitern der Ehe nach § 1566 Abs. 1 oder Abs. 2 vermutet wird, nur wegen Scheiterns der Ehe ausgesprochen werden.

16 **4. Vier Scheidungstatbestände. a) Charakteristische Unterschiede der Tatbestände.** Obwohl das Gesetz als Grund für die Scheidung nur das Scheitern der Ehe kennt, stellt es den Ehegatten einer gescheiterten Ehe vier charakteristisch unterschiedliche Scheidungstatbestände zur Verfügung.[36] Die Ehegatten können abhängig von der Zeit ihres Getrenntlebens, des Maßes ihrer Fähigkeit, Folgen der Scheidung einverständlich zu regeln, und der Bereitschaft, das Innenleben ihrer Ehe im Verfahren zu offenbaren oder durch Rückgriff auf Vermutungen des Scheiterns zu schonen, **wählen,** nach welchem Tatbestand sie geschieden werden wollen:[37]

---

[30] AM; BGH NJW 1981, 449; 1979, 978; FamRZ 1986, 655, 656; 1987, 264, 265; OLG Köln FamRZ 1978, 24; *Knütel* FamRZ 1985, 1089, 1091; *Schwab* FamRZ 1976, 491, 494; *Diederichsen* NJW 1977, 273 f.; *ders.* ZZP 91 (1978), 397, 440; *Brüggemann* FamRZ 1978, 91, 94; *Lüke* AcP 178 (1978), 1, 22; *ders.* NJW 1978, 139; *Linke,* FS Beitzke, S. 269, 281, 286; *Gernhuber/Coester-Waltjen* § 24 RdNr. 18, § 25 RdNr. 4; *Schwab* (Handbuch) II RdNr. 5; *Johannsen/Henrich/Jaeger* RdNr. 40.

[31] Vgl. *Diederichsen* ZZP 91 (1978), 397, 437 ff.; *Johannsen/Henrich/Jaeger* RdNr. 40; *Staudinger/Rauscher* (2004) RdNr. 6.

[32] BGH NJW 1981, 449.

[33] BGH NJW 1979, 978; aA *Damrau* NJW 1977, 1169, 1172.

[34] Zukünftig fällt die in § 630 Abs. 1 ZPO vorgesehene Verknüpfung zwischen Verfahrensrecht und materiellem Recht fort; eine Regelung bestimmter Scheidungsfolgen ist nicht mehr erforderlich, § 134 FamFG; vgl. *Borth* FamRZ 2007, 1925, 1932.

[35] Die Härteklausel des § 1568 lautet idF des Gesetzesbeschlusses des Deutschen BTages, BR-Drucks. 1/76: „Die Ehe soll außer im Fall des § 1565 iVm. § 1566 Abs. 2 nicht geschieden werden, ...". Wegen der Ausdehnung der Härteklausel im Vermittlungsverfahren wurde § 1568 geändert. Für § 630 ZPO und in § 1567 Abs. 2 wurde übersehen, dass in § 1565 ein Abs. 2 eingefügt wurde.

[36] Der BGH erkennt unterschiedliche Scheidungstatbestände an, NJW 1986, 2046; die Unterscheidung nach vier Scheidungstatbeständen – vgl. schon die 1. Aufl. RdNr. 19 – entspricht der hL; *Lüke* JuS 1997, 397, 398; *Diederichsen* ZZP 91 (1978), 397, 438, 441; *Vogel* FamRZ 1976, 481, 483; *Dieckmann* ZRP 1971, 193, – drei Tatbestände, weil § 1565 Abs. 2 noch nicht eingefügt war; *Linke,* FS Beitzke, S. 269, 281 ff.; *Johannsen/Henrich/Jaeger* RdNr. 43; *Staudinger/Rauscher* (2004) RdNr. 7 (typisierte Beweisvermutungen für das Scheitern); *Gernhuber/Coester-Waltjen* § 25 RdNr. 4 Fn. 8; vgl. abw. Wertungen bei *Stein/Jonas/Schlosser* § 614 ZPO RdNr. 4; *Damrau* NJW 1977, 1169, 1172; *Schwab* FamRZ 1976, 491, 499; *ders.* (Handbuch) II RdNr. 10; *Diederichsen* NJW 1977, 273.

[37] *Johannsen/Henrich/Jaeger* RdNr. 44; *Gernhuber/Coester-Waltjen* § 25 RdNr. 4, 5.

- **Scheidung vor einjähriger Trennung:** Leben die Ehegatten nicht oder noch nicht ein Jahr gem. § 1567 getrennt, kann ein Ehegatte die Scheidung nur über § 1565 Abs. 1 iVm. Abs. 2 erreichen, muss also nachweisen, dass die Ehe gescheitert ist und die Fortsetzung der Ehe für ihn aus Gründen, die in der Person des anderen Ehegatten liegen, eine unzumutbare Härte darstellen würde. Im notwendigen Verbund ist mit der Scheidung über den Versorgungsausgleich zu entscheiden (§ 623 Abs. 1 S. 3 ZPO aF).
- **Scheidung nach einjähriger Trennung aus dem Grundtatbestand:** Leben die Ehegatten schon ein Jahr getrennt, können sich jedoch auf die Voraussetzungen der einverständlichen Scheidung nach § 630 ZPO aF nicht einigen, ist die Scheidung über den Grundtatbestand des Scheiterns gem. § 1565 Abs. 1 allein möglich. § 1565 Abs. 2 ist nicht mehr anwendbar, für den Verbund bestehen keine Besonderheiten.
- **Scheidung nach dreijähriger Trennung:** Dauert die Trennung schon drei Jahre, tritt die Vermutung des Scheiterns der Ehe nach § 1566 Abs. 2 ein, der Nachweis des Scheiterns der Ehe entfällt damit.
- **Formalisierte einverständliche Scheidung nach einjähriger Trennung:** Können sich die Ehegatten über die Notwendigkeit der Scheidung und die vollständige Regelung der Scheidungsfolgen einigen und leben sie ein Jahr getrennt, können sie die formalisierte einverständliche Scheidung nach § 1565 Abs. 1 iVm. § 1566 Abs. 1 und § 630 ZPO aF[38] erreichen.

Bei allen vier Tatbeständen kann die Scheidung aus der **Kinderschutzklausel** verweigert werden. Außer bei der einverständlichen Scheidung kann die **Härteklausel** des § 1568 angewendet werden. Weitere Scheidungstatbestände entstehen dadurch nicht.[39]

b) Praktische Verwischung der Scheidungstatbestände. In der Praxis verwischen sich die Unterschiede bei den vier Scheidungstatbeständen. Wenn über das Scheitern der Ehe keine Beweisaufnahmen mehr stattfinden,[40] ist der Grundtatbestand des § 1565 Abs. 1 ausgehöhlt. Eine gewisse Aufmerksamkeit wird noch der Trennungszeit gewidmet, obwohl auch hier übereinstimmende Erklärungen der Ehegatten genügen. Selbst die Statistik vermag die formalisierte einverständliche Scheidung gem. §§ 1565 Abs. 1, 1566 Abs. 1, § 630 ZPO aF und die einvernehmliche Scheidung aus dem Grundtatbestand nicht mehr zu unterscheiden.[41] Es zeichnet sich ab, dass die Abgrenzung der vier Scheidungstatbestände im Hinblick auf die Einheitlichkeit des Scheidungsgrundes an Bedeutung verliert. Das FGG-Reformgesetz v. 17. 12. 2008 (BGBl. I S. 2586) schafft die Vorschrift des § 630 ZPO ab. Die einverständliche Scheidung nach § 1566 S. 1 ist zukünftig nicht mehr davon abhängig, dass die Parteien bestimmte Folgesachen geregelt haben. Allein die einjährige Trennung und ein beidseitiger Scheidungsantrag oder die Zustimmung zum Antrag des Ehegatten reichen demnächst aus, um die unwiderlegbare Scheidungsvermutung abzusichern. Damit sind Unterschiede zum Grundtatbestand des § 1565 Abs. 1 nicht mehr feststellbar. 17

5. Vereinbarungen im Hinblick auf die Scheidung. a) Keine Erweiterung der Scheidungsmöglichkeiten. Die Scheidungsvorschriften sind zwingendes Recht.[42] Eine **Erweiterung** der Scheidungsmöglichkeiten durch Vereinbarung zB dahin, dass die Scheidung immer bei Ehebruch oder anderen Vorfällen oder zu einem bestimmten Zeitpunkt, etwa nach einer bestimmten Ehedauer, unabhängig von der Feststellung des Scheiterns der Ehe zulässig sein soll, ist unwirksam.[43] Den Ehegatten ist es auch verwehrt, bestimmte Elemente der Scheidungstatbestände, zB den Begriff Scheitern oder Getrenntleben, für ihre 18

---

[38] Diese Verknüpfung mit dem Verfahrensrecht fällt durch die Aufhebung des 6. Buchs der ZPO weg.

[39] Vgl. *Rolland* RdNr. 22; aA *Stein/Jonas/Schlosser* § 616 ZPO RdNr. 4.

[40] MünchKommZPO/*Finger* § 630 RdNr. 2.

[41] MünchKommZPO/*Finger* § 630 RdNr. 2.

[42] BGHZ 97, 304 = NJW 1986, 2046; *Johannsen/Henrich/Jaeger* RdNr. 35; RGRK/*Graßhof* RdNr. 21; *Staudinger/Rauscher* (2004) RdNr. 8; zu der Wahl einer „covenant marriage", einer „Bündnisehe" mit höherem Verbindlichkeitsgehalt in einigen US-Staaten vgl. *Coester,* FS Henrich, S. 73.

[43] BGHZ 97, 304 = NJW 1986, 2046; *Gernhuber/Coester-Waltjen* § 26 RdNr. 1; *Johannsen/Henrich/Jaeger* RdNr. 35.

Ehe mit einem bestimmten Inhalt zu belegen,[44] unabhängig davon, ob sich dies scheidungserschwerend oder – erleichternd auswirken würde.

19 **b) Keine Erschwerung der Scheidung durch zusätzliche Verschuldenselemente.** Ebenso unwirksam sind Abreden, dass die Scheidung einer gescheiterten Ehe von zusätzlichen Verschuldenselementen wie Ehebruch oder anderen schweren Eheverfehlungen abhängig sein soll. Obwohl darin eine „ehefreundliche" Scheidungserschwerung liegt, ist eine solche Vereinbarung unwirksam. Das Gesetz hat Verschuldenselemente aus guten Gründen eliminiert und Reste davon nur in § 1565 Abs. 2 und § 1568 übernommen. Es ist den Gerichten verwehrt, sie über eine private Vereinbarung wieder in das Scheidungsverfahren aufzunehmen. Eine solche Privatisierung der Ehe ist seit der Aufklärung aufgegeben und seit dem Personenstandsgesetz von 1875 unzulässig (vgl. Vor § 1564 RdNr. 6).[45]

20 **c) Kein genereller Ausschluss des Scheidungsrechts.** Nichtig ist der generelle Ausschluss des Rechts auf Scheidung.[46] Es gehört zur bürgerlich-rechtlichen Ehe, dass sie unter den im Gesetz festgelegten Voraussetzungen geschieden werden kann und die Ehegatten ihre Eheschließungsfreiheit wiedererlangen.[47] Deshalb sind die Vorschriften über die Scheidung zwingend und der Disposition der Parteien entzogen. Auch der Ausschluss der Scheidung nur über einen bestimmten Zeitraum ist als Verzicht auf die künftige Scheidung, deren Voraussetzungen erst nach der Vereinbarung entstehen, als Verstoß gegen die Vorschriften der §§ 1564 S. 3, 1565, 1566 und 1568 nichtig.[48] Unwirksam ist deshalb auch eine Vereinbarung der Ehegatten, eine Scheidung nur nach dreijähriger Trennung über § 1565 Abs. 1 iVm. § 1566 Abs. 2 durchzuführen, weil sie einen zeitlich beschränkten Ausschluss der Scheidung enthält.[49] Unwirksam ist ferner jede Vereinbarung, die Scheidung einer gescheiterten Ehe zu beantragen, den Scheidungsantrag nicht zurückzunehmen oder auf ihn zu verzichten, der Scheidung nach § 1566 Abs. 1 zuzustimmen oder die Zustimmung nicht zurückzunehmen, sowie der Verzicht auf noch nicht entstandene Härtegründe nach § 1565 Abs. 2, § 1568. Wenn die vertragliche Vereinbarung des Verschuldensgrundsatzes im Scheidungsfolgenrecht zugelassen würde, könnte eine faktische Scheidungssperre entstehen.[50] Weitergehende Verzichte auf bereits entstandene Gründe der unzumutbaren Härte nach § 1565 Abs. 2 (vgl. § 1565 RdNr. 125) und der schweren Härte nach § 1568 2. Alt. (§ 1568 RdNr. 82) sind jedoch möglich.[51]

21 **d) Vereinbarung wirtschaftlicher Leistungen.** Vereinbarungen über wirtschaftliche Leistungen für den Fall, dass ein Ehegatte den Scheidungsantrag stellt, können einen wirtschaftlichen Druck erzeugen, einen Scheidungsantrag nicht zu stellen. Solche Folgevereinbarungen sind trotzdem grundsätzlich zulässig und nur bei Überschreiten der Grenze der

[44] RGRK/*Graßhof* § 1567 RdNr. 2; *Gernhuber/Coester-Waltjen* § 26 RdNr. 1.

[45] *Soergel/Heintzmann* RdNr. 45; *Knütel* FamRZ 1985, 1089; BGHZ 97, 304 = NJW 1986, 2046 für den Verzicht, BGH NJW 1990, 703 = FamRZ 1990, 372; *Staudinger/Rauscher* (2004) RdNr. 40 ff.; *Gernhuber/Coester-Waltjen* § 24 RdNr. 14, § 26 RdNr. 1.

[46] HM; BGHZ 97, 304 = NJW 1986, 2046; BGH NJW 1990, 703 = FamRZ 1990, 372; *A. Wolf*, FS Rebmann, S. 703, 710 ff.; *Hohloch* JuS 1986, 911; *Knütel* FamRZ 1985, 1089; *Reinhart* JZ 1983, 189; *Walter* NJW 1981, 1409; 1982, 7; *Gernhuber/Coester-Waltjen* § 26 RdNr. 1; RGRK/*Graßhof* RdNr. 7, 22; *Soergel/Heintzmann* RdNr. 44; *Johannsen/Henrich/Jaeger* RdNr. 37; *Erman/Maier* RdNr. 17; *Staudinger/Rauscher* (2004) RdNr. 40 ff.; § 138 RdNr. 59; aA *Hattenhauer* ZRP 1985, 200.

[47] BVerfGE 31, 58, 82 = NJW 1971, 1509; BVerfGE 53, 224, 245 = NJW 1980, 689; BGH NJW 1978, 2550; BGHZ 97, 304 = NJW 1986, 2046; *Johannsen/Henrich/Jaeger* RdNr. 17, 35.

[48] BGHZ 97, 304 = NJW 1986, 2046; BGH NJW 1990, 703 = FamRZ 1990, 372; *A. Wolf*, FS Rebmann, S. 703, 710 ff.; *Hohloch* JuS 1986, 911; *Knütel* FamRZ 1985, 1089; *Reinhart* JZ 1983, 189; *Walter* NJW 1981, 1409; 1982, 7; *Gernhuber/Coester-Waltjen* § 26 RdNr. 1; *Soergel/Heintzmann* RdNr. 44; *Johannsen/Henrich/Jaeger* RdNr. 37; *Erman/Maier* RdNr. 17; *Staudinger/Rauscher* (2004) RdNr. 40 ff.; aA *Hattenhauer* ZRP 1985, 200.

[49] *Soergel/Heintzmann* RdNr. 80; der Vorschlag von *Knütel* FamRZ 1985, 1089, 1094 ff., eine solche Vereinbarung zuzulassen, insbes. um den Schutz der Intimsphäre im Falle der Scheidung zu sichern, ist mit BGHZ 97, 304 = NJW 1986, 2046 überholt; ihm folgend *Erman/Maier* RdNr. 17; eingehend *Staudinger/Rauscher* (2004) RdNr. 45; *Johannsen/Henrich/Jaeger* RdNr. 39; *A. Wolf*, FS Rebmann, S. 703 ff.

[50] *Herb* FamRZ 1988, 133 mwN.

[51] *Erman/Maier* RdNr. 18.

Sittenwidrigkeit nach §§ 134, 138 zu beanstanden.[52] Vereinbarungen über wirtschaftliche Leistungen können aber auch unwirksam sein, wenn zu Lasten der öffentlichen Hand insbes. Sozialleistungen erlangt werden sollen[53] oder wenn ein Zahlungsversprechen nicht dem Ausgleich von wirtschaftlichen Folgen der Scheidung dienen soll, sondern ähnlich wie eine Vertragsstrafe die Scheidung erschweren oder wirtschaftlich unmöglich machen soll. Dann wirkt das Zahlungsversprechen als Scheidungssperre und ist unwirksam.[54]

6. Anspruch auf Scheidung. a) Öffentlich-rechtlicher Anspruch. Das Gesetz formuliert in §§ 1564, 1565: „Eine Ehe kann geschieden werden" und wendet sich damit an den Richter, der die Ehe nur unter den Voraussetzungen scheiden darf, die im Gesetz angegeben sind. Das Gesetz gibt dem Ehegatten einen öffentlich-rechtlichen Anspruch auf Scheidung. Wenn die materiell-rechtlichen und die im Verfahrensrecht festgelegten Voraussetzungen für die Scheidung der Ehe vorliegen,[55] dann muss die Ehe auf Antrag geschieden werden.[56] 22

b) Subjektives Recht auf Scheidung. Zum Verschuldensscheidungsrecht wurde überwiegend angenommen, dass es neben dem öffentlich-rechtlichen Anspruch auf Erlass eines Scheidungsurteils ein privates subjektives Recht auf Scheidung als materiell-rechtliches Gestaltungsrecht gab.[57] Auch bei einem Scheidungsrecht, das als einzigen Grund für die Scheidung das Scheitern der Ehe anerkennt, ist ein solches subjektives Recht auf Scheidung anzuerkennen. Zwar hat im Zerrüttungsrecht die Scheidung vor allem eine soziale Funktion.[58] Auch hat der Gesetzgeber dem Umstand, dass ein aus der Vergangenheit kommender, in die Zukunft zu projizierender Zustand zu beurteilen ist,[59] dadurch Rechnung getragen, dass er die Vorschriften, die von einem Recht auf Scheidung sprachen (§§ 1353 Abs. 2, 2335 aF; §§ 49, 50 EheG), aufgehoben oder geändert hat.[60] Der BGH und die überwM bejahen jedoch zu Recht auch für das Zerrüttungsrecht weiterhin ein subjektives Recht auf Scheidung.[61] Dafür spricht, dass das Gesetz vier verschiedene Scheidungstatbestände kennt, über deren Geltendmachung die Parteien disponieren können und dass über § 1565 Abs. 2 und die Härteklausel des § 1568 Verschuldenselemente weiter im Gesetz enthalten sind. Auch ist nicht zu verkennen, dass der Scheidungsantrag nicht nur Prozesshandlung ist, sondern ab seiner Rechtshängigkeit eine Vielzahl materiell-rechtlicher Wirkungen hat (§§ 1361 Abs. 1 S. 2, 1579 Nr. 1, 1379 Abs. 2, 1384, 1587 Abs. 2, 1408 Abs. 2, 1933 S. 1).[62] Die Annahme eines subjektiven Rechts erleichtert es auch, eine Reihe von legalen Dispositionsmöglichkeiten der Ehegatten und ihre verfahrensrechtliche Gestaltung dogmatisch sauber einzuordnen. Schließlich entspricht die Annahme eines privaten Gestaltungsrechts der Ehegatten dem Verständnis der Ehe als einem verweltlicht-bürgerlichrechtlichen Rechtsverhältnis[63] am ehesten. 23

52 BGH NJW 1990, 703, 704 = FamRZ 1990, 372, 373; NJW 1985, 1833 = FamRZ 1985, 788; OLG Hamm FamRZ 1991, 443, 444; *Staudinger/Rauscher* (2004) RdNr. 46; *Erman/Maier* RdNr. 17.

53 BGH FamRZ 1983, 137 m. Anm. *Bosch*.

54 BGH NJW 1990, 703 = FamRZ 1990, 372, 373; OLG Hamm FamRZ 1991, 443, 444; *Dörr* NJW 1991, 77; *Staudinger/Rauscher* (2004) RdNr. 46.

55 *A. Wolf*, FS Rebmann, S. 703, 705; *Gernhuber/Coester-Waltjen* § 25 RdNr. 1; *Johannsen/Henrich/Jaeger* RdNr. 31; *Rauscher* § 21 RdNr. 501.

56 OLG Nürnberg FamRZ 1979, 818; *Staudinger/Rauscher* (2004) RdNr. 36.

57 *Machleid* AcP 151 (1950/51), 208; *Böttícher*, FS Dölle I, S. 54; *Arens* ZZP 76 (1963), 423; *Lent* ZZP 66 (180), 276; *Habscheid* FamRZ 1954, 7; *Gernhuber* 2. Aufl. § 24 IV 1 mwN; *Johannsen/Henrich/Jaeger* RdNr. 38; aA *Müller-Freienfels*, Ehe und Recht, S. 225; *Dölle* § 40 I 1.

58 *Müller-Freienfels*, Ehe und Recht, S. 231; Eherechtskommission, Bericht I S. 37; ebenso *Stein/Jonas/Schlosser* § 611 ZPO RdNr. 2.

59 *A. Wolf*, FS Rebmann, S. 703, 713; *Diederichsen* ZZP 91(1978), 397, 439; gegen *Diederichsen* RGRK/*Graßhof* RdNr. 28.

60 Mit Recht meint RGRK/*Graßhof* RdNr. 28, dies sei ein formales Argument.

61 BGHZ 97, 304 = NJW 1986, 2046; *Gernhuber/Coester-Waltjen* § 25 RdNr. 1; RGRK/*Graßhof* RdNr. 26 bis 28; *Johannsen/Henrich/Jaeger* RdNr. 31; *Bamberger/Roth/Neumann* RdNr. 14; *Staudinger/Rauscher* (2004) RdNr. 38; *Rauscher* § 21 RdNr. 501.

62 *Bamberger/Roth/Neumann* RdNr. 14, 15; *Staudinger/Rauscher* (2004) RdNr. 38.

63 BVerfG NJW 1980, 690.

24 **7. Verzicht auf das Scheidungsrecht. a) Verzicht auf einen bereits entstandenen Scheidungsanspruch.** Die **Dispositionsmöglichkeiten über das Scheidungsrecht** ergeben sich aus der Freiheit der Ehegatten, ihren Anspruch auf Scheidung der gescheiterten Ehe überhaupt nicht geltend zu machen oder im Verfahren durch Verzichtsurteil nach § 306 ZPO, das für das Eheverfahren in § 617 ZPO aF nicht ausgeschlossen wird, aufzugeben.[64] Im Verschuldensscheidungsrecht konnte ein Scheidungsverzicht mit einer Versöhnung gleichgesetzt werden und damit zum selbstverständlichen Erlöschen des Scheidungsrechts führen.[65] Auch nach dem Scheitern der Ehe ist ein Verzicht auf den Scheidungsanspruch allgemein[66] anerkannt, soweit dies nicht zur Unscheidbarkeit der Ehe führt, eine Rechtsfolge, deren Herbeiführung den Ehegatten verwehrt ist.[67] Der Verzicht wird daher soweit für möglich gehalten, als das Scheidungsrecht des verzichtenden Ehegatten zum Zeitpunkt des Verzichts entstanden war, es also **an vergangene Zeiträume und Tatsachen anknüpft.**[68] Hingegen kann sich ein Verzicht nicht, auch nicht zeitlich begrenzt, auf mögliche Scheidungsrechte in der Zukunft erstrecken, weil dann über den Verzicht auf künftige Scheidungsrechte eine unscheidbare Ehe entstünde, die das Recht nicht anerkennt. Unzulässig dürfte daher eine Vereinbarung sein, die Stellung des Scheidungsantrags im Interesse der Kinder von der Erfüllung bestimmter Wartezeiten oder dem Erreichen eines bestimmten Alters der Kinder zu machen.[69] In der Erklärung der Rücknahme des Scheidungsantrages allein ist der Verzicht nicht zu sehen.[70]

25 **b) Erlöschen des Scheidungsanspruchs.** Als Folge des wirksamen Verzichts erlischt der materielle Scheidungsanspruch, soweit er im Zeitpunkt des Verzichts entstanden war.[71] Wenn die Eheleute sich nicht versöhnen, besteht eine gescheiterte Ehe fort. Eine solche Ehe kann nicht „erneut" scheitern. Auch eine Vertiefung des weiter bestehenden Zustandes „Scheitern" ist nicht möglich. Der Nachweis, dass die Ehe „nunmehr gescheitert" ist, also aus Tatsachen nach dem Verzicht oder nach der letzten mündlichen Verhandlung,[72] kann deshalb in den Fällen, in denen sich die Ehegatten nicht versöhnt haben, nicht gelingen. Gleichwohl besteht Einigkeit, dass der Verzicht auf den Scheidungsanspruch nicht die Unscheidbarkeit einer solchen Ehe nach sich ziehen kann.[73]

26 **c) Neuer Scheidungsanspruch.** Eine erneute Scheidungsmöglichkeit entsteht deshalb nicht durch ein neues Scheitern der Ehe, sondern dadurch, dass für einen der vier Scheidungstatbestände die neben dem Scheitern der Ehe erforderlichen weiteren Scheidungsvoraussetzungen nach Verzicht oder Rechtskraft erfüllt werden. **Nicht der Scheidungsgrund** entsteht neu oder weitergehend, sondern die **Scheidungstatbestände** werden „neu" verwirklicht. In diesem Sinne lebt das Scheidungsrecht als subjektives Recht auch

[64] BGHZ 97, 304 = NJW 1986, 2046; OLG Karlsruhe FamRZ 1980, 1121, 1123; *Johannsen/Henrich/Sedemund-Treiber* § 617 ZPO RdNr. 4; *Zöller/Philippi* § 617 ZPO RdNr. 4; *Musielak/Borth* § 617 ZPO RdNr. 7.

[65] Vgl. Mot. IV S. 604; *Machleid* AcP 151 (1950/1951), 208.

[66] BGHZ 97, 304 = NJW 1986, 2046 = FamRZ 1986, 655; *Johannsen/Henrich/Jaeger* RdNr. 38; *Staudinger/Rauscher* (2004) RdNr. 47; *Bamberger/Roth/Neumann* RdNr. 18; *Rauscher* § 21 RdNr. 505; aA *Gernhuber/Coester-Waltjen* § 25 RdNr. 11.

[67] BGH FamRZ 2007, 109, 112 m. Anm. *Henrich* = FamRBint 2007, 3 m. krit. Anm. *Grziwotz*; BGHZ 97, 304 = NJW 1986, 2046 = FamRZ 1986, 655; *Knütel* FamRZ 1985, 1089, 1090; *Erman/Maier* RdNr. 17; *Johannsen/Henrich/Jaeger* RdNr. 37; *Gernhuber/Coester-Waltjen* § 25 RdNr. 11; *Staudinger/Rauscher* (2004) RdNr. 41 ff.; *Scholz/Krause* FuR 2009, 1; aA nur *Hattenhauer* ZRP 1985, 200, 202.

[68] BGHZ 97, 304 = NJW 1986, 2046; *Knütel* FamRZ 1985, 1089, 1090; *Richter* JR 1987, 17; *Erman/Maier* RdNr. 18; *Johannsen/Henrich/Jaeger* RdNr. 38; *Staudinger/Rauscher* (2004) RdNr. 41 ff.; *Palandt/Brudermüller* RdNr. 4; aA *Gernhuber/Coester-Waltjen* § 25 RdNr. 11.

[69] So aber *Grziwotz* FamRZ 2008, 2237, 2239 f.

[70] *Staudinger/Rauscher* (2004) RdNr. 47; *Bamberger/Roth/Neumann* RdNr. 18; aA AG Holzminden FamRZ 1997, 1214 m. abl. Anm. *Henrich*.

[71] *Staudinger/Rauscher* (2004) RdNr. 48.

[72] So jedoch RGRK/*Graßhof* RdNr. 59; *Knütel* FamRZ 1985, 1089, 1093 greift zur Versöhnungsfiktion durch Unterbrechung der Trennung.

[73] BGH FamRZ 2007, 109, 112.

nach einem Verzicht auf die Scheidung wieder auf, soweit sich neue Tatsachengrundlagen ergeben.

Führt das zum Zeitpunkt des Verzichts bereits eingetretene Scheitern der Ehe auch in Zukunft nicht zu einer Wiederherstellung der ehelichen Lebensgemeinschaft, so entsteht das Scheidungsrecht des Verzichtenden neu und kann, allerdings wiederum nur unter den Voraussetzungen der §§ 1565 ff., zur Scheidung der Ehe führen. Die Trennungsfristen müssen vollständig neu ablaufen, die vor dem Verzicht liegende Zeit ist nicht mitzurechnen; dies gilt nicht nur für die einverständliche Scheidung nach § 1565 Abs. 1 iVm. § 1566 Abs. 1, sondern auch für die Dreijahresscheidung nach § 1565 Abs. 1 iVm. § 1566 Abs. 2, weil mit dem Ablauf der Frist eine neue Vermutung des Scheiterns der Ehe begründet wird.[74] Die abweichende Auffassung, wonach bei der Dreijahresscheidung die vor dem Verzicht bereits abgelaufene Trennungszeit einbezogen werden könne, wenn die Dreijahresfrist erst nach dem Verzicht erreicht werde,[75] übersieht, dass der unbeschränkt erklärte Verzicht zum Erlöschen des Scheidungsanspruchs führt und dementsprechend sämtliche Nachweistatbestände nach dem Verzicht neu erwachsen müssen. Auch in den Fällen des Grundtatbestandes des § 1565 Abs. 1 und der Scheidung wegen Unzumutbarkeit nach § 1565 Abs. 2 muss der Nachweis des Scheiterns mit Tatsachen geführt werden, die nach dem Verzicht entstanden sind.[76] Auf die Motive für den umfassend erklärten Verzicht kommt es nicht an.[77] Da ein kurzfristiges Getrenntleben allein nicht zum Nachweis des Scheiterns der Ehe ausreicht, wird nach einem Verzicht die Scheidung über den Grundtatbestand des § 1565 Abs. 1 nicht leicht durchzusetzen sein und der Verzichtende in manchen Fällen praktisch auf die Dreijahresscheidung nach § 1565 Abs. 1 iVm. § 1566 Abs. 2 verwiesen. Über diese Wirkungen der Scheidungsvoraussetzungen besteht mit dem Verzicht auf den schon entstandenen Scheidungsanspruch oft tatsächlich eine befristete Scheidungssperre, die der BGH an sich für unzulässig hält.[78] 27

V. Bestehende Ehe

1. Gültige Ehe. Nur eine bestehende Ehe kann geschieden werden. Die Ehe muss gültig geschlossen sein. Das Gericht hat von Amts wegen zu ermitteln, ob die Ehe besteht.[79] Im Falle der Nichtaufklärbarkeit trägt der Antragsteller die Beweislast.[80] Eine **Nichtehe** kann auch dann nicht geschieden werden, wenn die beteiligten Partner jahrzehntelang glaubten, in einer wirksamen Ehe zu leben, und eine Nichtehe dann in manchen Beziehungen wie eine gültige Ehe behandelt wird.[81] Wird eine solche Ehe dennoch geschieden, so treten Scheidungsfolgen nicht ein; es kann immer noch auf Feststellung des Nichtbestehens der Ehe nach § 632 ZPO – oder der Wirkungslosigkeit der Scheidung –[82] geklagt werden.[83] 28

2. Fehlehe, Zweckehe, Scheinehe. Eine zu ehefremden Zwecken geschlossene **Fehl- oder Scheinehe** ist eine gültige Ehe, die ohne Einschränkung dem Scheidungsrecht unterliegt (vgl. § 1565 RdNr. 45, 93; § 1566 RdNr. 5; § 1567 RdNr. 38).[84] Dies gilt für die Asylantenehe ebenso wie für die Namensehe – § 19 EheG ist aufgehoben –, aber auch für die Ehe ohne häusliche Gemeinschaft.[85] Eine nach § 1314 Abs. 2 Nr. 5 aufhebbare 29

---

[74] BGHZ 97, 304 = NJW 1986, 2046; *Johannsen/Henrich/Jaeger* RdNr. 38; *Rauscher* § 21 RdNr. 505; differenzierend *Bamberger/Roth/Neumann* RdNr. 18.

[75] *Staudinger/Rauscher* (2004) RdNr. 49; *Soergel/Heintzmann* RdNr. 44; ablehnend *Johannsen/Henrich/Jaeger* RdNr. 38.

[76] BGHZ 97, 304 = NJW 1986, 2046; aA RGRK/*Graßhof* RdNr. 41; *Staudinger/Rauscher* (2004) RdNr. 41.

[77] *Staudinger/Rauscher* (2004) RdNr. 50; aA *Wolf,* FS Rebmann, S. 721 ff.

[78] BGHZ 97, 304 = NJW 1886, 2046.

[79] *Staudinger/Rauscher* (2004) RdNr. 9; *Johannsen/Henrich/Jaeger* RdNr. 21.

[80] RGZ 157, 257; *Johannsen/Henrich/Jaeger* RdNr. 21; *Soergel/Heintzmann* RdNr. 1, 3; *Staudinger/Rauscher* (2004) RdNr. 9.

[81] HM; BGH FamRZ 2003, 838, 841; *Johannsen/Henrich/Jaeger* RdNr. 23; *Staudinger/Rauscher* (2004) RdNr. 10; *Bamberger/Roth/Neumann* RdNr. 7.

[82] *Jauernig,* FS Gerhardt, S. 433, 440.

[83] BGH FamRZ 2003, 838, 841.

[84] *Staudinger/Rauscher* (2004) RdNr. 11; *Soergel/Heintzmann* RdNr. 40, 41.

[85] KG NJW 1980, 360.

pflichtenlose Ehe unterliegt keinen Besonderheiten.[86] Auch wenn für die pflichtenlose Ehe nach § 1310 Abs. 1 S. 2 die Berechtigung und Verpflichtung des Standesbeamten zur Verweigerung der Mitwirkung an einer offenkundig rechtsmissbräuchlichen Eheschließung nun ausdrücklich geregelt ist, lässt sich darauf keine Erleichterung der Scheidungsvoraussetzungen herleiten.[87] Auf diese Ehen sind alle Scheidungstatbestände anzuwenden.[88]

30 **3. Aufhebung und Scheidung.** Eine Nichtigkeit von Ehen ist nicht mehr vorgesehen (§§ 1313, 1314). Unschädlich ist es, wenn die Ehe aufhebbar ist.[89] In manchen Fällen kann es zweckmäßig sein, statt der Scheidung der aufhebbaren Ehe die Aufhebung zu wählen. Eine geschiedene Ehe kann nachträglich nicht mehr aufgehoben werden, auch wenn die Aufhebungsfolgen günstiger wären,[90] wie § 1317 Abs. 3 jetzt ausdrücklich bestimmt.[91] Allerdings ist im Anschluss an die Rechtsprechung des BGH[92] der an sich Aufhebungsberechtigten berechtigt, die Scheidungsfolgen durch Feststellungsklage auf die Regelung der Aufhebungsfolgen nach § 1318 zu beschränken.[93]

31 **4. Aufgelöste Ehe.** Die Scheidung einer Ehe, die bereits durch den Tod eines Ehegatten, durch Wiederverheiratung eines Ehegatten, nachdem der andere zu Unrecht für tot erklärt wurde (§ 1319 Abs. 2), durch Aufhebungsurteil (§§ 1313 ff.) oder durch Scheidung aufgelöst ist, ist wie die Scheidung einer Nichtehe ohne rechtliche Bedeutung.[94]

VI. Gerichtliche Entscheidung[95]

32 **1. Scheidung im Inland. a) Staatliches Gericht.** Die Scheidung nach deutschem Recht im Inland kann nach S. 1 nur durch ein staatliches Gericht ausgesprochen werden. S. 1 hat zunächst verfahrensrechtlichen Gehalt, in dem er ein gerichtliches Verfahren vorschreibt und damit Privatscheidungen ausschließt. In ihrem materiellen Gehalt bringt die Vorschrift die Grundentscheidung des deutschen Scheidungs- und Scheidungsfolgenrechts zum Ausdruck, dass über die Scheidung einer Ehe immer ein Gericht zu befinden hat.[96] Das materielle Scheidungsrecht ist damit unlösbar mit der Zuordnung der Scheidung zum Gericht verknüpft, gleichgültig, ob das deutsche Scheidungsrecht auf Inländer oder Ausländer angewendet wird. Die Scheidung kann nicht durch eine **Verwaltungsbehörde,**[97] insbes. nicht durch den Standesbeamten, ausgesprochen werden; sie wäre ohne Wirkungen. Die Scheidung durch den Standesbeamten, die im Gebiet des französischen Rechtskreises in Deutschland zulässig war, wurde durch § 1564 BGB aF abgeschafft.[98] Die Diskussion darüber, ob die Scheidung durch Erklärung gegenüber dem Standesbeamten vollzogen werden kann,[99] die auf der kritischen Beurteilung beruht, dass die FamG überwiegend weder die

---

[86] *Johannsen/Henrich/Jaeger* § 1565 RdNr. 17; zur pflichtenlosen Ehe vgl. *A. Wolf* FamRZ 1998, 1477.

[87] *Staudinger/Rauscher* (2004) RdNr. 11; *Bamberger/Roth/Neumann* RdNr. 8.

[88] HM; OLG Hamburg FamRZ 1983, 1230; OLG Karlsruhe FamRZ 1988, 91; 1986, 680; *Johannsen/Henrich/Jaeger* § 1565 RdNr. 17, 18; *Staudinger/Rauscher* (2004) RdNr. 11.

[89] *Staudinger/Rauscher* (2004) RdNr. 12, Vor § 1564 RdNr. 70.

[90] BGHZ 133, 225 = FamRZ 1996, 1209 m. Anm. *Lüke* JuS 1997, 397 ff.

[91] Die Vorschrift wurde erst im Rechtsausschuss eingefügt, vgl. BT-Drucks. 13/9416 S. 9.

[92] BGHZ 133, 227 = FamRZ 1996, 1209.

[93] *Palandt/Brudermüller* § 1317 RdNr. 10; *Johannsen/Henrich/Henrich* § 1317 RdNr. 18; *Staudinger/Rauscher* (2004) RdNr. 70.

[94] Vgl. AG Bonn IPRax 1985, 353 m. Anm. *Henrich*; *Johannsen/Henrich/Jaeger* RdNr. 23; RGRK/*Graßhof* RdNr. 52; *Staudinger/Rauscher* (2004) RdNr. 14, Vor § 1564 RdNr. 70; *Johannsen/Henrich/Jaeger* RdNr. 22.

[95] Nach §§ 38 Abs. 1, 116, 142 Abs. 1 FamFG wird die Scheidung nicht mehr durch Urteil, sondern durch Beschluss ausgesprochen werden.

[96] BGHZ 110, 267, 276 = NJW 1990, 2194, 2196 = FamRZ 1990, 607, 610; *Johannsen/Henrich/Jaeger* RdNr. 24; *Staudinger/Rauscher* (2004) RdNr. 18; *Bamberger/Roth/Neumann* RdNr. 9.

[97] *Staudinger/Rauscher* (2004) RdNr. 18.

[98] Zur Scheidung durch den Standesbeamten des damaligen französischen Rechts vgl. Mot. IV S. 581.

[99] Erklärung des BMJ bei einem Hintergrundgespräch im August 1998 (vgl. Positionspapier des BMJ: „Einvernehmliche Ehescheidung vor Standesbeamten" vom August 1998); Gesetzentwurf des Berliner Justizsenators vom Dezember 1998, Berliner Tagesspiegel 30. 12. 1998; vgl. dazu auch *Rauscher* RdNr. 495 a.

Trennungszeiten der §§ 1565 Abs. 2, 1566, 1567 sorgfältig prüfen noch die Frage untersuchen, ob die Ehe gescheitert ist, sondern sich mit den Erklärungen der Ehegatten begnügen, ist inzwischen verstummt. Auch im Rahmen der Reform des Verfahrens in Familiensachen wurde die Scheidung vor dem Standesbeamten oder einem Notar nicht mehr erwogen, sondern nur noch die Durchführung einer einverständlichen Scheidung ohne Anwaltszwang für kinderlose Ehepaare diskutiert, wenn diese zuvor bestimmte Scheidungsfolgen vor dem Notar geregelt haben. Eine solche noch im Referentenentwurf des BMJ vom 14. 2. 2006[100] vorgesehene Regelung war schon im Regierungsentwurf[101] nicht mehr enthalten und ist auch in das FGG-RG v. 17. 12. 2008 (BGBl. I S. 2586) nicht aufgenommen worden; dem in diese Richtung gehenden Vorstoß zweier Bundesländer hatte der Bundesrat eine Absage erteilt.[102]

b) Keine geistlichen Gerichte. Das Verfahren ist der streitigen Zivilgerichtsbarkeit zugeordnet; es ist in den §§ 606 ff. ZPO, für ab dem 1. 9. 2009 anhängige Scheidungsverfahren im FamFG geregelt. Die Scheidung durch **geistliche Gerichte** im Inland ist unwirksam. Die geistliche Gerichtsbarkeit in Ehesachen ist schon lange durch § 76 des Personenstandsgesetzes v. 6. 2. 1875 aufgehoben. § 15 GVG aF erklärte ausdrücklich, dass die geistliche Gerichtsbarkeit in Ehesachen ohne bürgerliche Wirkung ist. So ist die Scheidung durch einen jüdischen Rabbiner unwirksam und auch ein Scheidebrief, der eine Ehe von Juden in Deutschland betrifft, ist für die bürgerliche Ehe ohne Bedeutung.[103] 33

c) Ausländisches Recht. Nach Art. 17 Abs. 2 EGBGB kann eine Ehe im Inland nur durch ein staatliches Gericht geschieden werden, auch wenn Ausländer betroffen sind und wenn das deutsche Scheidungsrecht nicht angewendet wird.[104] Insbes. unwirksam ist die Scheidung im Inland durch einen **ausländischen Hoheitsakt,** zB eines ausländischen Gerichts, das im Inland tätig wird. Der Ausspruch der Scheidung durch eine ausländische Verwaltungsbehörde, zB durch einen ausländischen diplomatischen oder konsularischen Vertreter, ist auch dann unwirksam, wenn er auf exterritorialem Boden der ausländischen Vertretung vorgenommen wird. Ein solcher Hoheitsakt verstößt gegen den prozessualen Gehalt von S. 1 und gegen das im Inland bestehende Entscheidungsmonopol der deutschen Gerichtsbarkeit.[105] 34

d) Keine Privatscheidung. Unzulässig und ohne Wirkung auf den Bestand der Ehe sind damit alle **Privatscheidungen,** die im Inland versucht werden, gleichgültig, ob die Ehegatten Inländer oder Ausländer oder Staatenlose sind und ob das Scheidungsrecht der Bundesrepublik, eines anderen Staates oder ein religiöses Recht oder andere Regeln angewendet werden.[106] Eine Anerkennung einer solchen „Scheidung" ist ausgeschlossen.[107] Bei der Anwendung deutschen Rechts ist schon aus dem materiellen Gehalt von S. 1 eine Vereinbarung der Ehegatten, dass sie sich als geschieden betrachten, wirkungslos.[108] Auch aus der Ausgestaltung der einverständlichen Scheidung in §§ 1566 Abs. 1, 1565 Abs. 1, § 630 ZPO aF ist zu 35

---

[100] Art. 1, § 130 Abs. 1 S. 2, § 143 FamRG-RefE.

[101] Entwurf eines Gesetzes zur Reform des Verfahrens in Familiensachen und in den Angelegenheiten der freiwilligen Gerichtsbarkeit (FGG-Reformgesetz – FGG-RG) v.7. 9. 2007 – BT-Drucks. 16/6308.

[102] BR-Drucks. 307/07 (Beschl.).

[103] Vgl. Art. 17 EGBGB RdNr. 19 f.; AG Hamburg StAZ 1981, 83; OLG München StAZ 1950, 130; *Perles* FamRZ 1980, 978; *Staudinger/Rauscher* (2004) RdNr. 18; vgl. den Vorschlag von *Hattenhauer* ZRP 1985, 200, 202, die Scheidung kirchlichen Ehegerichten als Schiedsgerichten zuzuweisen.

[104] So schon BGHZ 82, 34, 44 = NJW 1982, 517, 519 zur bis zum 31. 8. 1986 bestehenden Gesetzeslage; zur Anwendung islamischen Rechts im Scheidungsverfahren vor deutschen Gerichten vgl. *Andrae* NJW 2007, 1730.

[105] BGHZ 82, 34, 44 = NJW 1982, 517, 519 = FamRZ 1982, 44; *Johannsen/Henrich/Jaeger* RdNr. 28; *Palandt/Heldrich* Art. 17 EGBGB RdNr. 12, 35.

[106] BGHZ 82, 34, 44 = BGH NJW 1982, 517 = FamRZ 1982, 44; BGH FamRZ 1985, 75; 1994, 434; BayObLG FamRZ 1985, 1258; *Soergel/Heintzmann* RdNr. 5; *Johannsen/Henrich/Jaeger* RdNr. 27 bis 29; *Staudinger/Rauscher* (2004) RdNr. 19 f.

[107] *Palandt/Heldrich* Art. 17 EGBGB RdNr. 12; OVG Lüneburg StAZ 2006, 111 (rechtsgeschäftliche Scheidung nach islamischem Recht); BGH FamRZ 2008, 1409; 1994, 434; KG FamRZ 1994, 839 (rechtgeschäftliche Scheidung nach jüdischem Recht).

[108] BGHZ 30, 1, 4 = LM ZPO § 606 Nr. 9 m. Anm. *Johannsen.*

folgern, dass unser Recht **keinen Vertrag** über die Beendigung der Ehe kennt. Das Einverständnis der Ehegatten bezüglich der Scheidung löst die Ehe nicht auf, ist vielmehr nur ein Indiz für das Scheitern der Ehe.[109] Ob eine Scheidung durch die Ehegatten selbst im Sinne einer allein auf ihrem Konsens beruhenden Scheidung mit dem Grundgesetz vereinbar wäre, ist umstritten; mit dem Schutz der Ehe in Art. 6 GG dürfte eine auf reiner Willensübereinstimmung beider Ehepartner beruhende Eheauflösung kaum vereinbar sein.[110]

36 **2. Scheidung im Ausland.** Ist deutsches Recht anzuwenden, so gilt die materiell-rechtliche Vorschrift von § 1564 auch bei Scheidungen im Ausland mit der Folge, dass für die Anerkennungsfähigkeit der Scheidung das Urteil eines staatlichen Gerichts verlangt wird.[111] Die Privatscheidung nach deutschem Recht im Ausland ist unwirksam.[112] War bei einer Scheidung im Ausland ausländisches Recht anzuwenden, bestimmt sich die Wirkung in Deutschland nicht nach § 1564, vielmehr nach § 328 ZPO. Anerkennungsfähig ist grundsätzlich auch eine **Privatscheidung, die das ausländische Recht zulässt,**[113] allerdings kann der ordre public des Art. 6 EGBGB eingreifen, wenn ein deutscher Ehegatte beteiligt ist.[114] Über die Anerkennung einer ausländischen Ehescheidung entscheiden nach Art. 7 § 1 FamRÄndG vom 11. 8. 1961 (BGBl. I S. 1961) die Landesjustizverwaltungen, wenn die Ehegatten nicht demselben Staat angehören und bei der Ehescheidung eine ausländische Behörde zB durch Registrierung mitgewirkt hat.[115]

37 **3. Scheidung in der DDR.** Scheidungsurteile der Gerichte der DDR waren Entsch. deutscher Gerichte,[116] die in der Bundesrepublik und Berlin (West) unmittelbar wirkten, ohne dass ein Anerkennungsverfahren vorgeschaltet werden musste.[117] Solche Scheidungsurteile konnten jedoch auf Antrag eines Ehegatten innerhalb einer angemessenen Frist[118] in einem Feststellungsverfahren nach §§ 606 ff. ZPO aF überprüft werden. Ist dabei festgestellt worden, dass ein DDR-Scheidungsurteil unwirksam ist, konnte die Scheidung der Ehe erneut begehrt werden.[119]

VII. Scheidungsantrag eines oder beider Ehegatten

38 **1. Private Entscheidung.** Als Gegenstück zur Eheschließungsfreiheit überlässt das Gesetz den Ehegatten die erste Entscheidung darüber, ob ihre gescheiterte Ehe geschieden werden soll. Der Scheidungsantrag einer staatlichen Behörde, insbes. der Staatsanwaltschaft, aber auch jeder anderen Person, etwa der Eltern eines Ehegatten, eines anderen Verwandten oder anderer Personen ist unzulässig.[120] Die frühere Befugnis des Staatsanwalts, für einen verstorbenen Ehegatten ein Scheidungsrecht feststellen zu lassen mit der Wirkung, dass der überlebende Ehegatte die rechtliche Stellung eines geschiedenen Ehegatten erhielt, ist

[109] BGHZ 110, 267, 277 = NJW 1990, 2194, 2196 = FamRZ 1990, 607, 610; *A. Wolf,* FS Rebmann, S. 703, 708 Fn. 24; *Lüke* AcP 178 (1978), 1, 27.

[110] Vgl. *Gernhuber/Coester-Waltjen* § 24 RdNr 13.

[111] BGH FamRZ 1990, 607; 1994, 434 f.; *Johannsen/Henrich/Jaeger* RdNr. 29 a; *Rolland* RdNr. 11; *Staudinger/Rauscher* (2004) RdNr. 20.

[112] HM; BGHZ 176, 365 = FamRZ 2008, 1409; BGHZ 82, 34, 44 = NJW 1982, 517, 519 = FamRZ 1982, 44; *Beitzke* IPRax 1981, 202; *Johannsen/Henrich/Jaeger* RdNr. 29 a; *Staudinger/Rauscher* (2004) RdNr. 20.

[113] OLG Hamm FamRZ 1992, 673; *Palandt/Heldrich* Art. 17 EGBGB RdNr. 35.

[114] *Palandt/Heldrich* Art. 17 EGBGB RdNr. 35.

[115] BGHZ 82, 34, 44 = BGH NJW 1982, 517 = FamRZ 1982, 44; FamRZ 1990, 607; 1994, 434 f.; OLG Celle FamRZ 1998, 686, 757; OLG Braunschweig FamRZ 2001, 561; OLG Düsseldorf FamRZ 2003, 381; BayObLG FamRZ 2003, 381.

[116] Zum innerdeutschen Scheidungsrecht vgl. Art. 17 EGBGB RdNr. 296 ff.

[117] BGHZ 85, 18; BGH NJW 1982, 2556; BGHZ 42, 99; *Palandt/Heldrich* Art. 17 EGBGB RdNr. 42; RGRK/*Graßhof* RdNr. 12.

[118] BGHZ 34, 134, 138 = NJW 1961, 874 (etwa ein Jahr), enger BGH NJW 1963, 1981.

[119] OLG Hamm FamRZ 1997, 1215.

[120] Die Scheidung im öffentlichen Interesse war im deutschen Rechtskreis praktisch nie zulässig, vgl. *Neuhaus* RabelsZ 32 (1968), 24, 27 ff.; vgl. auch *Rolland* RdNr. 27; *Johannsen/Henrich/Jaeger* RdNr. 4; *Staudinger/Rauscher* (2004) RdNr. 4, 24.

entfallen. Nur die Aufhebung einer Ehe kann von einer Behörde oder, im Falle der Bigamie, von einer dritten Person beantragt werden. Die Privatheit des Scheidungsantrages gehört dem materiellen Recht an und gilt auch dann, wenn eine Ehe im Ausland nach deutschem materiellem Recht zu scheiden ist, nicht jedoch dann, wenn eine Ehe von Ausländern ausländischem Scheidungsrecht unterliegt.

2. Antrag statt Klage. S. 1 versucht, durch die Parteibezeichnung das Scheidungsverfahren vom üblichen Zivilprozess abzusetzen.[121] Das Verfahren wird nicht – wie vor dem 1. EheRG – durch Klage, sondern durch Antrag eingeleitet. Allein durch die Umbenennung der Parteien wird sicher nicht die Streitatmosphäre psychologisch abgebaut.[122] Das Verfahren ist als **streitiges Verfahren der ZPO gestaltet.** Nach Art. 1 des FGG-RG v. 17. 12. 2008 (BGBl. I S. 2586) wird es für ab dem 1. 9. 2009 eingeleitete Scheidungsverfahren durch das **Gesetz über das Verfahren in Familiensachen und in den Angelegenheiten der freiwilligen Gerichtsbarkeit (FamFG) von Grund auf neu geregelt;** das Buch 6 der ZPO wird aufgehoben.[123] 39

3. Anträge beider Parteien. Wollen beide Ehegatten geschieden sein, können sie nach S. 1 beide die Scheidung beantragen, obwohl ihre Anträge auf das gleiche Ziel, nämlich die Scheidung der gescheiterten Ehe, gerichtet sind. Zwei Scheidungsanträge mit dem gleichen Ziel sind nicht nur bei der einverständlichen Scheidung nach §§ 1565 Abs. 1, 1566 Abs. 1 zulässig,[124] sondern in allen Gestaltungsmöglichkeiten.[125] Ist eine Ehe gescheitert, kann jeder **Ehegatte** die Scheidung beantragen, auch der, **der an der Ehe festhalten will.**[126] Jeder Ehegatte soll selbst bestimmen können, ob er die materiellen Wirkungen des Antrages herbeiführen will. Es ist ihm nicht zuzumuten, von den Entscheidungen des Antragsgegners über dessen Antrag, zB Verzicht (§ 306 ZPO), Rücknahme (§ 269 ZPO[127]) oder Umstellung auf einen anderen Tatbestand, abhängig zu sein.[128] Der Scheidungsantrag des einen Ehegatten kann unbegründet sein, weil er Umstände nach § 1565 Abs. 2 nicht beweisen kann, was dem anderen Ehegatten gelingen kann. Ein zweiter Scheidungsantrag kann auch sinnvoll sein, wenn ein Ehegatte über den eigenen Antrag den Nachweis der einjährigen oder dreijährigen Trennung führt, um eine Scheidung wegen Unzumutbarkeit nach § 1565 Abs. 1 iVm. Abs. 2 oder über den Grundtatbestand des § 1565 Abs. 1 allein zu vermeiden. Insbes. im Rechtsmittelverfahren wäre der Ehegatte, der keinen Scheidungsantrag gestellt hat, uU auf die für ihn nachteilige Anschlussberufung angewiesen.[129] Der Scheidungsantrag des Antragsgegners ist deshalb nie mutwillig nur deshalb, weil der andere Ehegatte schon einen Scheidungsantrag gestellt hat. Dem Antragsgegner ist, wenn die Voraussetzungen iÜ vorliegen, Prozesskostenhilfe zu gewähren.[130] 40

---

[121] Ob das Eheverfahren ein gewöhnl. Zivilprozess ist, war schon vor dem 1. EheRG umstritten, vgl. *Müller-Freienfels,* Ehe und Recht, S. 228 ff., 233, 244.

[122] Vgl. *Schwab/Maurer/Borth* (Handbuch) I RdNr. 195; *Staudinger/Rauscher* (2004) RdNr. 23; vgl. auch BGH FamRZ 1987, 264, 265.

[123] Art. 29 Nr. 15 FGG-RG.

[124] AllgM; *Soergel/Heintzmann* RdNr. 13; *Johannsen/Henrich/Jaeger* RdNr. 41; *Staudinger/Rauscher* (2004) RdNr. 25; *Bamberger/Roth/Neumann* RdNr. 12; Sorge bereitet die Terminologie: Die Begriffe „Gegenantrag" (vgl. *Erman/Maier* RdNr. 8) oder „Widerantrag" passen schlecht, wenn das gleiche Ziel verfolgt wird, vgl. *Brüggemann* FamRZ 1977, 1, 7; RGRK/*Graßhof* RdNr. 48; *Gernhuber/Coester-Waltjen* § 25 RdNr. 6: „... dem Scheidungsantrag des Partners einen eigenen zur Seite stellen ...".

[125] BGH NJW 1982, 1940; OLG Frankfurt FamRZ 1982, 809, 811; *Bergerfurth* FamRZ 1982, 563; *Brüggemann* FamRZ 1977, 1, 7; *Gernhuber/Coester-Waltjen* § 25 RdNr. 6; *Bamberger/Roth/Neumann* RdNr. 12; *Erman/Maier* RdNr. 8; *Staudinger/Rauscher* (2004) RdNr. 25.

[126] *Gernhuber/Coester-Waltjen* § 25 RdNr. 6.

[127] Zukünftig § 22 FamFG.

[128] OLG Stuttgart NJW 1978, 546; OLG Celle FamRZ 1978, 606; OLG Hamm FamRZ 1980, 1049; OLG Düsseldorf FamRZ 1978, 914; KG FamRZ 1979, 536; OLG München FamRZ 1980, 699; *Staudinger/Rauscher* (2004) RdNr. 25; *Johannsen/Henrich/Jaeger* RdNr. 41; *Bamberger/Roth/Neumann* RdNr. 12.

[129] OLG Frankfurt FamRZ 1980, 710.

[130] OLG Hamburg FamRZ 1983, 1133; OLG Düsseldorf FamRZ 1986, 697; OLG Celle FamRZ 1978, 606; OLG Düsseldorf FamRZ 1978, 914; KG FamRZ 1979, 536; *Staudinger/Rauscher* (2004) RdNr. 25; *Bamberger/Roth/Neumann* RdNr. 12; *Zöller/Philippi* § 114 ZPO RdNr. 43.

41 **4. Prozessualer Antrag. a) Anwaltszwang.** Der Antrag unterliegt nach § 78 Abs. 2 ZPO[131] dem Anwaltszwang. Bei der formalisierten einverständlichen Scheidung nach § 1565 Abs. 1 iVm. § 1566 Abs. 1, § 630 ZPO aF, aber auch bei der vereinbarten Scheidung über den Grundtatbestand des § 1565 Abs. 1 kann uU auf einen zweiten Rechtsanwalt verzichtet werden. Zwar kann der Gegner ohne Anwalt nicht wirksam handeln, insbesondere keine Anträge stellen. Er ist aber von der Mitwirkung am Verfahren nicht ausgeschlossen; gegen ihn darf kein Versäumnisurteil ergehen, § 612 Abs. 4 ZPO aF (§ 130 Abs. 2 FamFG); er ist nach § 613 ZPO aF (§ 128 FamFG) persönlich anzuhören, kann die Zustimmung zur Scheidung erklären und eine erklärte Zustimmung widerrufen (§ 630 Abs. 2 ZPO aF, § 134 FamFG), Ehe erhaltende Tatsachen vortragen, entsprechende Beweisanträge stellen und sich nach § 616 Abs. 3 ZPO aF auf die Härteklausel gemäß § 1568 berufen; auch in Folgesachen kann er notwendige Zustimmungserklärungen abgeben.[132] Das Gericht kann dem Antragsgegner gem. § 625 ZPO aF (§ 138 FamFG) von Amts wegen einen Rechtsanwalt beiordnen, wenn es davon überzeugt ist, dass dies zum Schutz des Antragsgegners unabweisbar ist.

42 **b) Form des Scheidungsantrags.** Das Verfahren wird anhängig durch Einreichung einer Antragsschrift (§ 622 Abs. 1 ZPO aF),[133] für die nach §§ 622 Abs. 2, 630 ZPO aF[134] bestimmte **Angaben für das Verbundverfahren** notwendig sind. Die Verwendung von Formularen ist nicht ausgeschlossen.[135] Ein Scheidungsantrag des Antragsgegners kann in der mündlichen Verhandlung zu Protokoll erklärt werden, wenn der Familienrichter dies gestattet, §§ 608, 261 Abs. 2, 297 Abs. 1 S. 3 ZPO.[136]

43 **c) Zustellung des Scheidungsantrags.** Mit der Zustellung an den Antragsgegner wird das Scheidungsverfahren rechtshängig.[137] Die Ersatzzustellung an den nichtehelichen Lebensgefährten, deren Wirksamkeit früher streitig war,[138] ist nach der Neufassung der Zustellungsvorschriften durch das am 1. 7. 2002 in Kraft getretene Gesetz zur Reform des Verfahrens bei Zustellungen im gerichtlichen Verfahren (ZustRG) v. 25. 6. 2001 (BGBl. I S. 1206) unzweifelhaft möglich, weil der nichteheliche Lebensgefährte nach Sinn und Zweck des neuen § 178 Abs. 1 Nr. 1 ZPO entweder als „Familienangehöriger" anzusehen ist oder ihm jedenfalls als „ständiger Mitbewohner" die Antragsschrift ersatzweise zugestellt werden kann.[139] § 167 ZPO (früher § 270 Abs. 3 ZPO) ist anwendbar.[140]

44 **5. Prozessfähigkeit.** Während im allgemeinen Zivilprozess eine in der Geschäftsfähigkeit beschränkte Person grundsätzlich prozessunfähig ist (§ 52 ZPO), macht § 607 Abs. 1 ZPO aF[141] eine Ausnahme für Ehesachen, und zwar ohne Rücksicht auf die Parteirolle. **Beschränkt geschäftsfähig** sind **Minderjährige** (§ 106), die nach § 1303 mit Vollendung

[131] Nach der FGG-Reform ist die Vertretung in Ehesachen und Folgesachen jetzt in § 114 FamFG geregelt. Danach besteht für den Scheidungsantrag Anwaltszwang, nicht hingegen für die Zustimmung zur Scheidung, zur Rücknahme des Scheidungsantrages und für den Widerruf der Zustimmung zur Scheidung.

[132] *Zöller/Vollkommer* § 78 RdNr. 31; *Staudinger/Rauscher* (2004) RdNr. 52.

[133] Nach der FGG-Reform wird § 622 ZPO aF für alle Ehesachen als §§ 124, 133 FGG fortgeschrieben.

[134] Nach der FGG-Reform ist in § 133 FamFG eine Präzisierung der Angaben gegenüber § 622 Abs. 2 ZPO aF im Interesse der Verfahrensbeschleunigung vorgesehen. § 630 ZPO aF wird durch die Vorschrift des § 134 FamFG ersetzt, die eine Regelung der Scheidungsfolgen für die einverständliche Scheidung nicht mehr vorsieht. Allerdings kann das Gericht nach § 135 FamFG anordnen, dass die Eheleute an einem kostenfreien Informationsgespräch über Mediation oder eine sonstige Möglichkeit der außergerichtlichen Streitbeilegung anhängiger Folgesachen teilnehmen sollen. Da die Nichtbeachtung ohne Folgen ist, dürfte es sich in der Tat um ein „stumpfes Schwert" handeln, vgl. *Borth* FamRZ 2007, 1925, 1932.

[135] Vgl. auch RGRK/*Graßhof* RdNr. 30.

[136] OLG Frankfurt FamRZ 1982, 809, 811.

[137] Zur Bedeutung der Rechtshängigkeit und zur Zustellung des Scheidungsantrags vgl. *Schael* FPR 2007, 236, *Erdrich* FPR 2007, 243.

[138] Vgl. *Zöller/Stöber* (22. Aufl.) § 181 ZPO RdNr. 10 m. zahlr. Nachw.; BGH NJW 1990, 1666 = FamRZ 1990, 610.

[139] Vgl. *Zöller/Stöber* § 178 ZPO RdNr. 9.

[140] BGH NJW 1985, 315.

[141] Nach der FGG-Reform wird § 607 ZPO als § 125 FGG fortgeschrieben, wobei für die Genehmigung künftig nicht mehr das Vormundschaftsgericht, sondern das Familiengericht zuständig ist.

des 16. Lebensjahres heiraten können und für alle Ehesachen in Respektierung ihrer persönlichen Entscheidungsfreiheit als prozessfähig gelten.[142] Ein nach § 607 Abs. 1 ZPO aF prozessfähiger Ehegatte kann auch als Partei vernommen werden; § 455 ZPO ist nicht anzuwenden.[143] § 607 Abs. 1 ZPO aF betrifft nur die Ehesache, nicht jedoch Folgesachen.[144] Da in Eheverfahren der Verbund mit einem Unterhaltsverfahren jedoch häufig und für die einverständliche Scheidung vorgeschrieben ist (§ 630 Abs. 1 Nr. 3, Abs. 3 ZPO aF), wird der in der Geschäftsfähigkeit beschränkte Ehegatte kaum mehr ohne seinen gesetzlichen Vertreter (§ 1633) ein Scheidungsverfahren führen können. Dieser wird aber nur in der Folgesache tätig, während die Prozessfähigkeit des minderjährigen Ehegatten für die Ehesache selbst erhalten bleibt. Ein Ehegatte kann auch **partiell** für die mit der Ehe und dem Scheidungsverfahren zusammenhängenden Fragen **prozessunfähig** sein.[145] Für den minderjährigen oder partiell geschäftsunfähigen Ehegatten kann nach § 1896 ein **Betreuer** bestellt sein. Der Betreuer führt dann den Prozess für den Ehegatten, der nach § 53 ZPO einer prozessunfähigen Person gleichsteht.[146]

Der geschäftsunfähige Ehegatte ist prozessunfähig.[147] Der Scheidungsantrag ist durch 45
den gesetzlichen Vertreter zu stellen und bedarf wegen des höchstpersönlichen Charakters der Ehe der Genehmigung des Vormundschaftsgerichts (§ 607 Abs. 2 S. 2 ZPO aF).[148] Der Scheidungsantrag eines geschäftsunfähigen Ehegatten kann jedoch durch die Genehmigung des gesetzlichen Vertreters und des Vormundschaftsgerichts wirksam werden.[149] Für die Zustimmung zum Scheidungsantrag des anderen Ehegatten bei der einverständlichen Scheidung nach §§ 1565, 1566 Abs. 1 ist die Genehmigung des Vormundschaftsgerichts ebenfalls erforderlich. Der Vertreter kann jedoch ohne Genehmigung des Vormundschaftsgerichts ein Eheverfahren fortführen, wenn der Ehegatte prozessunfähig geworden ist, nachdem er den Scheidungsantrag gestellt oder dem Scheidungsantrag des anderen Ehegatten zugestimmt hat.[150]

6. Prozesskostenhilfe.[151] **a) Bedeutung.** Die Prozesskostenhilfe hat im Scheidungsver- 46
fahren eine besondere Bedeutung. Die Aufwendungen werden nicht durch eine Bundesstatistik erfasst, es liegen lediglich nicht vereinheitlichte Datenerhebungen der Landesjustizverwaltungen vor. Danach ist im Jahre 2003 in über 77% der erledigten Familiensachen Prozesskostenhilfe bewilligt worden.[152] Wegen der enorm gestiegenen Aufwendungen für die Prozesskostenhilfe von 2002 auf 2003 um fast 20% in der ordentlichen Gerichtsbarkeit und des Anstiegs der Prozesskostenhilfebewilligungen in Familiensachen vor den Amtsgerichten zwischen 1981 und 2003 bundesweit von 164 774 auf 446 424 Bewilligungen ist von verschiedenen Bundesländern ein Gesetzentwurf eingebracht worden, durch den die Aufwendungen für die Prozesskostenhilfe begrenzt werden sollen.[153]

---

142 *Zöller/Philippi* § 607 RdNr. 1; MünchKommZPO/*Bernreuther,* § 607 RdNr. 2.

143 *Baumbach/Hartmann* § 607 ZPO RdNr. 3.

144 *Zöller/Philippi* § 607 ZPO RdNr. 1; *Stein/Jonas/Schlosser* § 607 ZPO RdNr. 4; *Musielak/Borth* § 607 ZPO RdNr. 2; *Johannsen/Henrich/Sedemund-Treiber* § 607 ZPO RdNr. 1; Entwurf 73 S. 196.

145 BGH FamRZ 1972, 497; *Zöller/Philippi* § 607 RdNr. 5.

146 BGHZ 41, 303, 307 = NJW 1964, 1855; *Stein/Jonas/Schlosser* § 612 ZPO RdNr. 4; *Musielak/Borth* § 607 ZPO RdNr. 3.

147 Zur Prozessfähigkeit in der Berufungsinstanz, damit die Prozessfähigkeit festgestellt wird, vgl. BGH NJW 1986, 3211 LS.

148 Jetzt des Familiengerichts, vgl. § 125 Abs. 2 FamFG.

149 OLG Hamm FamRZ 1990, 166, 167; *Zöller/Philippi* § 607 ZPO RdNr. 9; *Musielak/Borth* § 607 ZPO RdNr. 6.

150 OLG Hamm FamRZ 1990, 166, 167; RGZ 86, 15; *Johannsen/Henrich/Sedemund-Treiber* § 607 ZPO RdNr. 7; *Zöller/Philippi* § 607 ZPO RdNr. 9.

151 Zukünftig wird der Begriff „Verfahrenskostenhilfe", § 113 Abs. 5 Nr. 1, Abs. 2 FamFG, eingeführt, wobei inzwischen geklärt ist, dass dieser auch für Familienstreitsachen (§ 112 FamFG) und für Scheidungssachen zu verwenden ist.

152 Vgl. Entwurf eines Gesetzes zur Begrenzung der Aufwendungen für die Prozesskostenhilfe (Prozesskostenhilfebegrenzungsgesetz – PKH-Begrenzungsgesetz) v. 28. 6. 2006 – BT-Drucks. 16/1994 S. 14.

153 Entwurf eines Gesetzes zur Begrenzung der Aufwendungen für die Prozesskostenhilfe (Prozesskostenhilfebegrenzungsgesetz – PKH-Begrenzungsgesetz) v. 28. 6. 2006 – BT-Drucks. 16/1994, dort S. 14 zu den vorstehenden Zahlen.

47 **b) Ablauf des Trennungsjahres.** In Scheidungssachen gelten die allgemeinen Regeln der §§ 114 bis 127a ZPO. Für den Antrag auf Bewilligung der Prozesskostenhilfe sind die Scheidungsvoraussetzungen schlüssig vorzutragen. Ergibt sich aus dem Vortrag, dass das Trennungsjahr nicht abgelaufen ist, und werden keine Gründe nach § 1565 Abs. 2 schlüssig dargetan,[154] kann Prozesskostenhilfe grundsätzlich nicht bewilligt werden.[155] Ob dem Antrag beim Vorliegen der übrigen Voraussetzungen stattzugeben ist, wenn erkennbar die Jahresfrist bis zum nächstmöglichen Verhandlungstermin erreicht wird,[156] ist zweifelhaft. Das Argument, es sei nicht gerechtfertigt, Scheidungsanträge anders zu behandeln, wenn Prozesskostenhilfe beantragt wird,[157] berücksichtigt nicht hinreichend, dass die Gewährung von Prozesskostenhilfe stets einen schlüssigen Antrag voraussetzt und dass auch in anderen Verfahren nicht darauf abgestellt wird, ob sich die Schlüssigkeit des Antrags später möglicherweise ergeben kann.

48 **c) Scheinehen, Fehlehen.** Ob bei Scheinehen oder Fehlehen der unterschiedlichsten Art die Prozesskostenhilfe versagt werden kann, weil der Antrag auf Scheidung einer zu ehefremden Zwecken eingegangenen Ehe mutwillig sei oder jedenfalls nicht auf Kosten der Allgemeinheit erlangt werden soll, ist zweifelhaft. Das BVerfG hat in einer 4 : 4-Entsch. die Frage offen gelassen.[158] Die Gerichte und das Schrifttum haben ganz überwiegend angenommen, dass auch solche angezweifelte Ehen scheidbar sind und Prozesskostenhilfe nach allgemeinen Grundsätzen zu bewilligen ist.[159] Allerdings wird angenommen, dass die Rechtsverfolgung mutwillig sei, wenn die Ehe nur zu dem Zwecke geschlossen worden sei, einem Ausländer eine Aufenthaltserlaubnis zu verschaffen: Hätten die Parteien in einem solchen Fall schon bei der Heirat die Scheidung beabsichtigt und gewusst, dass sie diese nicht würden bezahlen können, so könne die Prozesskostenhilfe wegen Mutwillens versagt werden.[160] Der BGH hat inzwischen entschieden, dass die Partei, die die Scheidung einer Schein- oder Fehlehe begehrt, zwar nicht rechtsmissbräuchlich und damit mutwillig handelt, es ihr im Einzelfall aber an der Bedürftigkeit fehlen kann, etwa weil sie die Scheinehe gegen Entgelt geschlossen hat und von diesem Rücklagen bilden musste, um die Kosten des absehbaren Eheaufhebungsverfahrens hieraus zu tragen.[161] Hat sie allerdings kein Entgelt erhalten, sondern die Scheinehe aus anderen Gründen – etwa aus Mitleid – geschlossen, so ist ihr Prozesskostenhilfe zu gewähren, weil das Scheidungsbegehren nach der Rechtsordnung die einzige Möglichkeit ist, die zu ehefremden Zwecken geschlossene Ehe zu beenden.[162]

49 **d) Mutwilliger Scheidungsantrag.** Ist das beabsichtigte Scheidungsverfahren wegen eines in einem Mitgliedsstaat der Europäischen Gemeinschaft eingeleiteten Verfahrens auf Trennung von Tisch und Bett auszusetzen, so ist – solange der Aussetzungsgrund besteht – Prozesskostenhilfe wegen Mutwilligkeit der Rechtsverfolgung zu verweigern.[163] Nur aus-

---

[154] OLG Dresden FPR 2002, 464.

[155] HM; OLG Rostock NJW 2006, 3648; OLG Dresden FamRZ 2002, 890 = FPR 2002, 464; OLG Köln FamRZ 2004, 1117; *Palandt/Brudermüller* § 1565 RdNr. 13; *Hoppenz/Burandt* § 1565 RdNr. 17; *Kogel* FPR 2007, 247, 250 weist darauf hin, dass dieses Vorgehen bislang auch allgemeiner Praxis entspreche; *Nickel* in *Garbe/Ullrich* § 1 RdNr. 52.

[156] So OLG Köln OLGR 2006, 357.

[157] So die Voraufl. RdNr. 44, § 1565 RdNr. 64, 76; *Finger* DRiZ 1980, 329, 335; vgl. auch die 4: 4 Entsch. des BVerfG NJW 1985, 425 = FamRZ 1984, 1205, insbes. die Ansicht der anderen 4 Richter S. 1208; wie hier OLG Frankfurt NJW 1979, 823.

[158] BVerfGE 67, 245 = NJW 1985, 425 = FamRZ 1984, 1206.

[159] OLG Hamm FamRZ 2001, 1081; OLG Naumburg FamRZ 2001, 629; OLG Frankfurt FamRZ 1996, 615; OLG Nürnberg FamRZ 1996, 615; OLG Hamburg FamRZ 1983, 1230; OLG Karlsruhe FamRZ 1989, 1313; *Pawlowski* FamRZ 1991, 501, 503; *Johannsen/Henrich/Jaeger* § 1565 RdNr. 18; *Staudinger/Rauscher* (2004) RdNr. 141; *Zöller/Philippi* § 114 ZPO RdNr. 45; aA OLG Köln FamRZ 1984, 278; OLG Stuttgart FamRZ 1992, 195; *Schwab/Maurer/Borth* (Handbuch) I RdNr. 158.

[160] OLG Hamm FamRZ 2000, 1092; OLG Koblenz FamRZ 2004, 548; OLG Naumburg FamRZ 2004, 548; *Zöller/Philippi* § 114 RdNr. 45; *Philippi* FPR 2002, 479.

[161] BGH NJW 2005, 2781 = FamRZ 2005, 1477; vgl. auch OLG Frankfurt FamRZ 2006, 1128.

[162] OLG Frankfurt/M. FamRZ 2006, 1128; OLG Naumburg FamRZ 2001, 629; vgl. auch BGH NJW 2005, 2781.

[163] OLG Zweibrücken FamRZ 2006, 1043.

nahmsweise mutwillig wird ein Scheidungsantrag sein, wenn schon mehrere Anträge auf Scheidung der Ehe zurückgenommen worden sind.[164] Mutwillig dürfte das zweite Scheidungsverfahren auch dann nicht sein, wenn die Parteien unter falschem Namen bereits ein Scheidungsverfahren erfolglos durchgeführt haben.[165] Vielmehr kommt die Aufhebung der Prozesskostenhilfe für das frühere Verfahren nach § 124 Nr. 1 ZPO in Betracht.

e) Antragsgegner. Dem Antragsgegner ist bei Bedürftigkeit in aller Regel Prozesskos- 50
tenhilfe zu bewilligen, auch wenn er dem Scheidungsantrag nicht entgegentritt. Auch dem zur Versöhnung bereiten Antragsgegner ist Prozesskostenhilfe zu bewilligen.[166] Die „Erfolgsaussichten" sind im Scheidungsverfahren anders als im gewöhnlichen Zivilprozess zu sehen, auf den Erfolg einer Abwehr der Scheidung kommt es nicht an.[167] Dieses Ergebnis ist auch deshalb gerechtfertigt, weil der Antragsgegner der Kostenfolge gem. § 93 a Abs. 1 ZPO aF durch prozessuales Verhalten nicht ausweichen kann. IÜ müsste ihm die Prozesskostenhilfe auch gewährt werden, wenn er selbst die Scheidung beantragt, ein solcher Antrag wäre nicht deshalb mutwillig, weil der Antrag des anderen Ehegatten schon zur Scheidung der Ehe führen würde.[168] Dem Antragsgegner ist auch Prozesskostenhilfe zu bewilligen, wenn er der einverständlichen Scheidung nach §§ 1565 Abs. 1, 1566 Abs. 1 nur zustimmt.[169] Bei dieser formalisierten einverständlichen Scheidung kann Prozesskostenhilfe schon gewährt werden, wenn in der Antragsschrift glaubhaft gemacht wird, dass die Erklärungen nach § 630 ZPO aF zu gerichtlichem Protokoll erklärt werden.[170] Die Prozesskostenhilfe erstreckt sich nach § 624 Abs. 2, § 621 Abs. 1 Nr. 6 ZPO aF auf den Versorgungsausgleich, soweit dieser nicht ausdrücklich ausgenommen wird. Für die übrigen Folgesachen muss die Prozesskostenhilfe gesondert bewilligt werden.[171]

7. Materielle Wirkungen des Scheidungsantrags. a) Getrenntleben. Das Getrennt- 51
leben der Ehegatten nach § 1567 führt zu einer Reihe rechtlicher Folgen (vgl. § 1567 RdNr. 71), der Zustand des **Scheiterns** allein hingegen nicht, weil er nur in einem gerichtlichen Verfahren besonderer Art festgestellt werden kann. Der Ehegatte kann gem. § 1353 Abs. 2 die Herstellung der ehelichen Gemeinschaft verweigern.

b) Rechtshängigkeit. Mit der Rechtshängigkeit des Scheidungsantrages tritt eine Reihe 52
wichtiger Änderungen ein:

- Die nach **§ 1579 Nr. 1** für die Kürzung oder Versagung von Unterhalt maßgebliche „kurze" Ehedauer endet.[172] Diese Regelung kann die Versuchung auslösen, den Scheidungsantrag allzu frühzeitig zu stellen.[173] Bei mehreren Scheidungsanträgen kommt es auf die Rechtshängigkeit des Scheidungsantrages an, der zur Scheidung geführt hat.[174] Dies gilt auch dann, wenn die Ehe nicht auf den ersten Scheidungsantrag geschieden wird, vielmehr auf den späteren Antrag des anderen Ehegatten im gleichen Verfahren, nachdem

---

[164] OLG Frankfurt FamRZ 1982, 1224; OLG Köln FamRZ 1988, 92; *Zöller/Philippi* § 114 ZPO RdNr. 44 a.

[165] So aber OLG Koblenz FamRZ 2008, 2286.

[166] OLG Hamburg FamRZ 2003, 1017; OLG Bremen FamRZ 2008, 1544.

[167] OLG Bamberg FamRZ 1995, 370; OLG Bremen FamRZ 1985, 622; OLG Köln NJW 1978, 2203; OLG Düsseldorf FamRZ 1990, 80; 1981, 265; OLG Hamm NJW 1978, 171; NJW 1978, 895; FamRZ 1985, 622; OLG Koblenz FamRZ 1985, 725; KG FamRZ 1979, 536; 1980, 740; 1985, 621; OLG Stuttgart NJW 1985, 207; OLG Frankfurt FamRZ 1980, 716; *Nolting* FamRZ 1986, 697; *Zöller/Philippi* § 114 ZPO RdNr. 42; RGRK/*Graßhof* RdNr. 99; aA OLG Düsseldorf FamRZ 1986, 697; OLG Zweibrücken FamRZ 1979, 847; *Zöller/Philippi* § 114 ZPO RdNr. 43; vgl. auch *Grunsky* NJW 1980, 2041; *Kollhosser* ZRP 1979, 298.

[168] OLG Köln FamRZ 1982, 1224; OLG Celle FamRZ 1978, 606; aA AG Berlin-Charlottenburg FamRZ 1979, 535.

[169] OLG Hamm NJW 1978, 895.

[170] OLG Zweibrücken FamRZ 1983, 1132; ohne Glaubhaftmachung KG FamRZ 1980, 580.

[171] *Zöller/Philippi* § 624 RdNr. 5 ff.

[172] BGH NJW 1981, 754; 1982, 2064; 1986, 2832.

[173] *Staudinger/Rauscher* (2004) RdNr. 34.

[174] BGH NJW 1991, 2490; 1982, 280 = FamRZ 1982, 153; OLG Köln FamRZ 1992, 685.

der erste Antrag zurückgenommen worden ist, und auch dann, wenn das Verfahren längere Zeit ausgesetzt war.[175]
- Nach **§ 1361 Abs. 1 S. 2** wird wegen der Begrenzung der in den Versorgungsausgleich einzustellenden Anwartschaften auf diesen Zeitpunkt **Vorsorgeunterhalt** geschuldet.[176]
- Ein Auskunftsanspruch über den Bestand des Endvermögens für den **Zugewinnausgleich** entsteht **(§ 1379 Abs. 2)**, der Zugewinn wird für den Zeitpunkt der Rechtshängigkeit berechnet **(§ 1384)**, der nach neuem Recht auch für die Höhe der Ausgleichsforderung maßgeblich ist, uU kann Sicherheitsleistung für den Zugewinn verlangt werden **(§§ 1389, 1390 Abs. 4)**.[177]
- Als Ende der Ehezeit für den **Versorgungsausgleich** ist das Ende des Monats bestimmt, in dem der Scheidungsantrag rechtshängig wird **(§ 1587 Abs. 2)**. Der Ausschluss des Versorgungsausgleichs wird unwirksam, wenn innerhalb eines Jahres der Scheidungsantrag gestellt wird **(§ 1408 Abs. 2)**.[178]
- Der begründete und zugestellte Scheidungsantrag des Erblassers oder seine Zustimmung zur Scheidung schließen das **Erbrecht** des anderen Ehegatten aus **(§ 1933 S. 1)**,[179] damit entfällt auch das Pflichtteilsrecht, weil der andere Ehegatte nicht mehr gesetzlicher Erbe wäre. Eine letztwillige Verfügung zugunsten des Ehegatten **(§ 2077 Abs. 1 S. 2)**, ein gemeinschaftliches Testament **(§ 2268)** und erbvertragsmäßige Zuwendungen werden unwirksam **(§ 2279)**. Ein rechtshängiger Scheidungsantrag schließt jedoch nur die Begünstigung des anderen Ehegatten aus, während der antragstellende Ehegatte bis zur Rechtskraft der Scheidung das Erbrecht behält.[180] Dieser einseitige Erbrechtsausschluss hat zunehmend Kritik erfahren.[181]

53 **8. Rücknahme, Verzicht oder Abweisung des Scheidungsantrags. a) Entfallen der Wirkungen des Scheidungsantrags.** Die Wirkungen des Scheidungsantrages entfallen, wenn er durch wirksame Rücknahme, durch Verzicht oder durch Abweisung des Scheidungsantrages erledigt ist (§ 629 Abs. 3 ZPO). Im Verbund anhängige Familiensachen werden gegenstandslos, wenn die Fortsetzung als selbstständige Folgesache nicht auf Antrag in der Entscheidung ausdrücklich vorbehalten ist (§§ 626 Abs. 2, 629 Abs. 3 ZPO aF). Wird die Fortsetzung der Folgesache Zugewinn als selbstständige Ehesache vorbehalten, so gilt für den Einsatzzeitpunkt nach § 1384 im Falle einer späteren Scheidung die Rechtshängigkeit des ersten, zurückgenommenen Antrags fort.[182] Soweit eine Folgesache die Übertragung der elterlichen Sorge oder eines Teils der elterlichen Sorge wegen Gefährdung des Kindeswohls auf einen Elternteil, einen Pfleger oder Vormund betrifft (§§ 1666, 1666a, § 621 Abs. 1 Nr. 1 ZPO aF), wird sie jedoch gem. § 629 Abs. 3 ZPO aF (§ 142 Abs. 2 FamFG) als selbstständige Familiensache fortgeführt.[183] Eine Ausnahme gilt, wenn der zuerst erhobene Scheidungsantrag zwar zurückgewiesen wird, die Ehe jedoch aus einem im gleichen Verfahren später erhobenen Scheidungsantrag des anderen Ehegatten geschieden wird. Dann

---

175 BGH NJW 1986, 1040 = FamRZ 1986, 335 mwN; BGH NJW 1979, 2099; BGH FamRZ 1983, 350.

176 *Staudinger/Rauscher* (2004) RdNr. 34; *Bamberger/Roth/Neumann* RdNr. 15.

177 *Staudinger/Rauscher* (2004) RdNr. 29.

178 Nicht schon mit Stellung, sondern erst mit der Zustellung des Antrages, BGH NJW 1985, 315; FamRZ 1993, 672 (zur Arglist bei der Rücknahme).

179 Entgegen dem Wortlaut ist Rechtshängigkeit, also Zustellung, erforderlich, BGH NJW 1990, 2382 = FamRZ 1990, 1109 = JZ 1990, 1134 m. zust. Anm. *Battes-Thonform* S. 1135; BayObLGZ 1990, 20; *Staudinger/Rauscher* (2004) RdNr. 35; *Bamberger/Roth/Neumann* RdNr. 15.

180 Vgl. die Kritik bei *Staudinger/Rauscher* (2004) RdNr. 35.

181 *Abele/Klinger* FamRB 2006, 138, 139 mwN; BVerfG NJW-RR 1995, 769; BGH NJW 1995, 51; BGHZ 111, 329 = NJW 1990, 2382.

182 OLG Köln FamRZ 2003, 539 m. abl. Anm. *Höser*; KG FamRZ 2005, 805; OLG Bamberg FamRZ 1997, 91.

183 Nach § 141 FamFG erstrecken sich die Wirkungen der Rücknahme des Scheidungsantrags auch auf die Folgesachen. Zu der hinsichtlich bestimmter Kindschaftssachen hiervon abweichende Regelung in § 141 S. 2 FamFG hat der BRat kritisch Stellung genommen, vgl. Nr. 45 der Stellungnahme des BRats v. 6. 7. 2007 – BT-Drucks. 16/6308 S. 374.

bleiben die vom ersten Scheidungsantrag ausgelösten Folgen ab der Rechtshängigkeit dieses späteren Antrages bestehen.[184]

b) Rücknahme des Scheidungsantrags. § 269 ZPO gilt im Scheidungsverfahren ohne Einschränkung (§ 608 ZPO aF).[185] Die Rücknahme des Scheidungsantrages ist danach gegenüber dem nicht anwaltlich vertretenen Antragsgegner jederzeit möglich,[186] auch nachdem er persönlich nach § 613 ZPO aF gehört wurde,[187] gegenüber dem Antragsgegner, der sich durch einen Rechtsanwalt zur Hauptsache eingelassen hat, nur mit dessen Einwilligung (§ 269 Abs. 1 ZPO).[188] Dieser hat zur Hauptsache noch nicht verhandelt, solange er den Standpunkt seiner Partei zum Scheidungsbegehren noch nicht zu erkennen gegeben hat, einen Sachantrag braucht er nicht gestellt zu haben.[189] Die Einwilligung gilt nach § 269 Abs. 2 S. 4 ZPO als erteilt, wenn der Antragsgegner nicht binnen einer Notfrist von zwei Wochen seit der Zustellung des die Rücknahme enthaltenden Schriftsatzes widerspricht, sofern er zuvor auf diese Folge hingewiesen worden ist.[190] Ist die Rücknahme wegen fehlender Einwilligung des Antragsgegners unwirksam, bleiben die prozessualen Wirkungen des Scheidungsantrages bestehen. Eine Scheidung der Ehe auf der Grundlage des zurückgenommenen Scheidungsantrags ist aber nicht mehr möglich. Wegen der materiell-rechtlichen Natur des Scheidungsantrages und der Dispositionsbefugnis der Parteien kann auch ein formal fortbestehender Antrag nicht zur Grundlage einer Ehescheidung gemacht werden.[191] § 114 Abs. 4 Nr. 3 FamFG nimmt die Zustimmung zur Scheidung und zur Rücknahme des Scheidungsantrags sowie den Widerruf der Zustimmung zur Scheidung vom Anwaltszwang aus. Die Erklärungen können nach § 134 FamFG zur Niederschrift der Geschäftsstelle oder in der mündlichen Verhandlung zur Niederschrift des Gerichts erklärt werden. 54

c) Verzicht auf den Scheidungsausspruch. Der Verzicht (§ 306 ZPO aF) auf den Scheidungsanspruch ist ohne Einwilligung des Antragsgegners möglich. Da er auch einen materiellen Verzicht auf das bestehende Scheidungsrecht enthält, führt er auch dann zur Abweisung des Scheidungsantrages, wenn ein Antrag auf Erlass eines Verzichtsurteils nicht gestellt wird.[192] Das Verzichtsurteil schützt den Antragsgegner anders als die Rücknahme des Antrages vor der Wiederholung des Verfahrens aufgrund alter Tatsachen.[193] 55

VIII. Verhandlung und Entscheidung über verschiedene Scheidungsanträge

1. Grundsatz. a) Keine Teilentscheidung. Ob eine Ehe gescheitert ist, kann im Scheidungsverfahren nur einheitlich entschieden werden.[194] Deshalb ist ein Teilurteil über Antrag oder Gegenantrag, auch ein Teilversäumnisurteil und auch ein den Antrag abweisendes Teilurteil unzulässig, weil dann über das Scheitern einer Ehe gleichzeitig in verschiedenen Instanzen (unterschiedlich) entschieden werden könnte.[195] Mit der Entscheidung über die Aufhebung einer Ehe ist gleichzeitig über einen Gegenantrag oder über einen Schei- 56

184 Vgl. BGHZ 46, 215 zum Berechnungszeitpunkt des Zugewinnausgleichs nach § 1384; OLG Stuttgart FamRZ 1982, 614 zum Wegfall des Ausschlusses des Versorgungsausgleichs nach § 1408 Abs. 2 S. 2; OLG Karlsruhe FamRZ 1980, 1121, 1123 zum Berechnungszeitpunkt des Versorgungsausgleichs nach § 1587 Abs. 2; iü vgl. OLG München FamRZ 1982, 510; *Bamberger/Roth/Neumann* RdNr. 17.

185 Jetzt § 141 FamFG.

186 BGH FamRZ 2004, 1364, 1365; OLG Stuttgart FamRZ 2004, 957; *Bamberger/Roth/Neumann* RdNr. 16.

187 OLG Stuttgart FamRZ 2005, 286; FamRZ 2004, 957.

188 *Zöller/Philippi* § 626 ZPO RdNr. 1; *Bamberger/Roth/Neumann* RdNr. 16.

189 BGH FamRZ 2004, 1364.

190 *Zöller/Philippi* § 626 ZPO Anm. 1 a.

191 OLG Frankfurt FamRZ 1982, 809; *Staudinger/Rauscher* (2004) RdNr. 57; *Johannsen/Henrich/Jaeger* RdNr. 34; *Soergel/Heintzmann* RdNr. 14 a; *Bamberger/Roth/Neumann* RdNr. 16; anders die Voraufl. RdNr. 51.

192 OLG Karlsruhe FamRZ 1980, 1121, 1123; RGRK/*Graßhof* RdNr. 32; *Staudinger/Rauscher* (2004) RdNr. 58.

193 *Staudinger/Rauscher* (2004) RdNr. 58.

194 Vgl. *Johannsen/Henrich/Jaeger* RdNr. 47; *Staudinger/Rauscher* (2004) RdNr. 59.

195 *Bamberger/Roth/Neumann* RdNr. 21; *Johannsen/Henrich/Jaeger* RdNr. 47.

dungsantrag zu befinden, wobei das Aufhebungsbegehren in der Regel Vorrang vor dem Scheidungsbegehren hat.[196] Ein Antrag darf nicht abgetrennt oder ausgesetzt werden, wenn dann widersprechende Entsch. ergehen könnten.

57 **b) Auswahl des Streitstoffes durch die Parteien.** Das Gesetz hat mit den vier Scheidungstatbeständen unterschiedliche Wege des Scheidungsverfahrens eröffnet (vgl. RdNr. 16, 17),[197] über deren Anwendung die Parteien weitgehend selbst bestimmen können.[198] Die Bindung des Gerichts daran folgt aus § 616 Abs. 2 ZPO aF (§ 127 Abs. 2 FamFG). Tatsachen, die zur Scheidung der Ehe führen können, werden nur berücksichtigt, wenn sie vorgebracht sind. Die Ehegatten erhalten vom Gesetz die Befugnis, ihre Intimsphäre im Scheidungsverfahren vor dem Einblick des Gerichts durch Auswahl des Streitstoffes zu schützen.[199] Sind bestimmte Tatsachen in das Verfahren eingeführt, insbes. durch die notwendige Anhörung der Ehegatten (§ 613 Abs. 1 ZPO aF, § 128 Abs. 1 FamFG), steht es dem Gericht trotzdem nicht frei, einen beliebigen der vier Tatbestände seinem Urteil zugrunde zu legen. Es ist an die Anträge der Parteien grundsätzlich gebunden.[200] Dies folgte bisher auch aus § 611 ZPO aF, der bestimmt, dass bis zum Abschluss der mündlichen Verhandlung, auf die das Urteil ergeht, andere Gründe geltend gemacht werden können, als sie in dem einleitenden Schriftsatz vorgebracht sind. Der Übergang von einem Scheidungstatbestand zum anderen ist damit, weil es immer um den Scheidungsgrund „Scheitern der Ehe" geht, keine Verfahrensänderung.[201] Von Gesetzes wegen tritt jedoch die **gesetzliche Vermutung** des Scheiterns der Ehe bei einer dreijährigen Trennungszeit ein. Diese Vermutung ist nicht nur im Interesse des einzelnen Ehegatten eingeführt ist. Tritt eine solche Vermutung ein, ist der Vortrag, der die schon vermutete Tatsache (Scheitern) beweisen soll, gegenstandslos.[202]

58 **2. Behandlung der Scheidungsanträge. a) Keine Trennungszeit.** Trägt der Antragsteller keine Trennungszeit vor, kann er die Scheidung nur aus § 1565 Abs. 1 iVm. Abs. 2 **wegen Unzumutbarkeit** begehren. Das Gericht darf **nicht von Amts** wegen prüfen, ob die Trennung schon ein Jahr besteht, weil es dann eine scheidungserleichternde Feststellung treffen würde.[203] Der vertretene Antragsgegner kann aber, auch wenn er keinen Scheidungsantrag stellt, die einjährige Trennung behaupten und beweisen, um der Untersuchung nach § 1565 Abs. 2 zu entgehen.[204] Gelingt dem Antragsgegner dieser Nachweis oder trägt der Antragsteller bei der Darlegung, dass die Ehe gescheitert sei, die Trennung begründet vor, wird § 1565 Abs. 2 unanwendbar. Der Antragsteller hat dann keinen Anspruch mehr darauf, dass das Gericht seinen Vortrag zu § 1565 Abs. 2 prüft.[205] Dies gilt auch, wenn die Jahresfrist während des Verfahrens abläuft.[206] Die Ehe ist dann aus dem Grundtatbestand des § 1565 Abs. 1 zu scheiden, auch wenn der Antragsteller auf der Anwendung von § 1565 Abs. 2 besteht. Sein Antrag ist nicht deshalb abzuweisen, weil § 1565 Abs. 2 unanwendbar ist.

59 **b) Einjährige Trennungszeit.** Behauptet der Antragsteller eine Trennungszeit von einem Jahr und begehrt er die Scheidung aus dem Grundtatbestand, dürfen Tatsachen zur Scheidung ohne Fristablauf nach § 1565 Abs. 2 nicht von Amts wegen in das Verfahren

---

[196] BGHZ 133, 227, 228 = FamRZ 1996, 1209 = NJW 1996, 2727; *Bamberger/Roth/Neumann* RdNr. 21; *Staudinger/Rauscher* (2004) RdNr. 61.

[197] *Gernhuber/Coester-Waltjen* § 25 RdNr. 4 Fn. 8.

[198] AnwK/BGB/*Bisping* RdNr. 8.

[199] *Schwab* (Handbuch) II RdNr. 10; *Johannsen/Henrich/Jaeger* RdNr. 16, 44; RGRK/*Graßhof* RdNr. 47; *Staudinger/Rauscher* (2004) RdNr. 63.

[200] *Staudinger/Rauscher* (2004) RdNr. 62 ff.; *Bamberger/Roth/Neumann* RdNr. 22.

[201] AllgM; *Gernhuber/Coester-Waltjen* § 25 RdNr. 4, 5; *Johannsen/Henrich/Jaeger* RdNr. 45; RGRK/*Graßhof* RdNr. 45; *Staudinger/Rauscher* (2004) RdNr. 59.

[202] *Gernhuber/Coester-Waltjen* § 25 RdNr. 5; *Staudinger/Rauscher* (2004) RdNr. 62, 67; *Johannsen/Henrich/Jaeger* RdNr. 44.

[203] *Staudinger/Rauscher* (2004) RdNr. 62.

[204] *Johannsen/Henrich/Jaeger* RdNr. 44; *Staudinger/Rauscher* (2004) RdNr. 67.

[205] AllgM; *Gernhuber/Coester-Waltjen* § 25 RdNr. 5; *Staudinger/Rauscher* (2004) RdNr. 67; *Johannsen/Henrich/Jaeger* RdNr. 44.

[206] *Staudinger/Rauscher* (2004) RdNr. 67.

eingeführt werden.[207] Ist die Frist nicht abgelaufen, und stellt der Antragsteller auch nach Aufklärung gem. § 139 ZPO das Verfahren nicht auf die Scheidung nach § 1565 Abs. 2 iVm. Abs. 1 um, wird sein Antrag auch dann abgewiesen, wenn die Scheidung ohne Fristablauf nach Kenntnis des Gerichts gerechtfertigt wäre.[208] Ergeben bewiesene Behauptungen des Antragstellers oder des Antragsgegners, dass die Trennung schon drei Jahre andauert, greift die gesetzliche Vermutung ein, dass die Ehe gescheitert ist. Eine weitergehende Untersuchung des Zustandes der Ehe hat zu unterbleiben, selbst wenn der Antragsteller sich nicht auf § 1566 Abs. 2 beruft.[209]

c) Dreijahresscheidung. Beantragt eine Partei die Dreijahresscheidung nach § 1566 Abs. 2 iVm. § 1565 Abs. 1, darf das Gericht selbst dann, wenn es zweifelhaft ist, ob die Frist abgelaufen ist, nicht untersuchen, ob die Ehe gescheitert ist und aus dem Grundtatbestand des § 1565 Abs. 1 geschieden werden könnte. Der Antragsteller wäre beschwert, wenn das Gericht den Zustand der Ehe untersuchen und dazu im Urteil Stellung nehmen würde. Der Antragsteller, der die Dreijahresfrist abwartet, ist davor geschützt, dass auf der Grundlage von Tatsachen, die der Antragsgegner oder das Gericht von Amts wegen in das Verfahren einführen, die Intimsphäre der Ehegatten im Urteil ausgebreitet wird.[210] 60

d) Formalisierte einverständliche Scheidung. Haben sich die Ehegatten auf die formalisierte einverständliche Scheidung nach § 1565 Abs. 1 iVm. § 1566 Abs. 1, § 630 ZPO aF geeinigt und hat sie ein Ehegatte beantragt oder haben sie beide beantragt, darf das Gericht die Ehe aus einem der anderen Tatbestände nicht scheiden, selbst wenn die einverständliche Scheidung mangels Zustimmung des anderen Ehegatten oder wegen Schwierigkeiten in einer notwendigen Folgesache nicht gelingt und die Scheidung aus dem Grundtatbestand begründet wäre. Bei der einverständlichen Scheidung sind Untersuchungen und Feststellungen des Gerichts über den Zustand der Ehe unzulässig; die Härteklausel ist nur zum Schutz von Kindern anwendbar. Es ist eine rechtspolitisch wesentliche Verbesserung, dass die Ehegatten die Scheidung ihrer Ehe gemeinsam beantragen können und keine Auseinandersetzungen austragen müssen. Es würde der Absicht der Parteien, ihre Ehe einverständlich zu beenden, widersprechen, wenn ihre Ehe auf Antrag und Gegenantrag geschieden würde. Das Gericht darf deshalb in diesen Fällen von Amts wegen nicht die Scheidung aus dem Dreijahrestatbestand des § 1565 Abs. 1 iVm. § 1566 Abs. 2 aussprechen. Dabei würde auch die einverständliche Regelung der Folgesachen gem. § 630 ZPO aF, die mit dem FGG-RG für ab dem 1. 9. 2009 anhängige Verfahren wegefallen ist,[211] desavouiert.[212] Misslingt die einverständliche Scheidung, weil Folgesachen nicht geregelt werden können, soll das Gericht aber auf die Möglichkeit hinweisen, den Antrag auf die Scheidung aus dem Grundtatbestand des § 1565 Abs. 1 oder die Dreijahresscheidung nach § 1566 Abs. 2 iVm. § 1565 Abs. 1 umzustellen. Wenn die Ehegatten trotzdem auf der Anwendung der Vorschriften der §§ 1566 Abs. 1, 1565 Abs. 1 iVm. § 630 ZPO aF bestehen, ist die Abweisung ihres unbegründeten Antrages möglich, obwohl die Scheidung aus einem anderen Tatbestand leicht möglich wäre.[213] Nach Inkrafttreten des FamFG zum 1. 9. 2009 soll für ab dann eingeleitete Verfahren die unwiderlegbare Vermutung des Scheiterns der Ehe nach § 1566 Abs. 1 auch eingreifen, wenn die Eheleute sich nicht auf bestimmte Scheidungsfolgen geeinigt haben. 61

3. Folgen eines weiteren Antrags. Die Scheidungsanträge beider Ehegatten sind getrennt darauf zu untersuchen, ob sie begründet sind. Weiter ist zu prüfen, **welche Wirkungen die Anträge aufeinander ausüben.** Ein Scheidungsantrag ist nicht deshalb begründet, weil die Ehe auf Antrag des anderen Ehegatten zu scheiden ist. Gegenüber dem Antrag auf Scheidung 62

---

[207] *Staudinger/Rauscher* (2004) RdNr. 62.
[208] RGRK/*Graßhof* RdNr. 47; *Rolland* RdNr. 20, 23.
[209] *Johannsen/Henrich/Jaeger* RdNr. 44; *Staudinger/Rauscher* (2004) RdNr. 67.
[210] *Johannsen/Henrich/Jaeger* RdNr. 16, 44; *Staudinger/Rauscher* (2004) RdNr. 67.
[211] BT-Drucks. 16/6308 und 16/9733; Plenarprotokoll 16/173 S. 18482.
[212] *Staudinger/Rauscher* (2004) RdNr. 64.
[213] Insoweit aA *Staudinger/Rauscher* (2004) RdNr. 64.

ohne Fristablauf (§ 1565 Abs. 1 iVm. Abs. 2) setzt sich ein Antrag durch, der eine Trennungsfrist von einem Jahr – Scheidung aus dem Grundtatbestand des § 1565 Abs. 1 – oder von drei Jahren – Scheiternsvermutung nach dreijähriger Trennung (§§ 1565 Abs. 1, 1566 Abs. 2) – zum Inhalt hat. Wird der Fristablauf nicht bewiesen, ist die Ehe nur aus § 1565 Abs. 1 iVm. Abs. 2 zu scheiden; beharrt der andere Ehegatte auf der Scheidung nach Fristablauf, ist sein Antrag abzuweisen.[214] Stehen sich zwei Anträge gegenüber, die mit der Unzumutbarkeit der Fortsetzung der Ehe begründet werden (§ 1565 Abs. 1 iVm. Abs. 2), hat jeder sein eigenes Schicksal. Ist nur einer begründet, so ist der andere abzuweisen.[215] Gegenüber dem Scheidungsantrag aus dem Grundtatbestand (§ 1565 Abs. 1) setzt sich zwar der Antrag aus der Dreijahresvermutung (§ 1565 Abs. 1 iVm. § 1566 Abs. 2) durch. Die Ehe ist jedoch auf Antrag beider Ehegatten zu scheiden. Stimmt ein Ehegatte, der selbst Scheidungsantrag aus dem Grundtatbestand des § 1565 Abs. 1 allein oder iVm. § 1565 Abs. 2 oder § 1566 Abs. 2 gestellt hat, dem Antrag des anderen Ehegatten auf einverständliche Scheidung gem. § 1566 Abs. 1 zu, liegt darin eine Umstellung seines Antrages. Eine Abweisung kommt nicht in Betracht. Stellen beide Ehegatten Scheidungsantrag und behaupten beide eine mehr als einjährige Trennung, tritt die Vermutung des Scheiterns der Ehe noch nicht ein, obwohl der Wortlaut des § 1566 Abs. 1 darauf hindeutet. Zwar wird kein besonderes Einigungspapier verlangt (vgl. § 1566 RdNr. 12), gem. § 630 ZPO aF müssen die Anträge der Parteien und die Übereinstimmung zu den Folgesachen jedoch so aufeinander bezogen sein, dass gleichgerichtete Anträge die Vermutung des § 1566 Abs. 1 rechtfertigen.[216] Ohne auf eine vereinbarte Scheidung zielende Mitwirkung der Parteien kann diese Form kaum praktisch werden. Das Gericht sollte die Parteien jedoch auf diese Scheidungsmöglichkeit hinweisen und seine Hilfe zur Einigung anbieten (vgl. § 1566 RdNr. 15).

63 **4. Wechsel der Tatbestände.** So wie durch den Fristablauf ein **automatischer Übergang** von der Scheidung wegen Unzumutbarkeit nach § 1565 Abs. 1 iVm. Abs. 2 zum Grundtatbestand des § 1565 Abs. 1 oder auch zur Dreijahresscheidung nach § 1565 Abs. 1 iVm. § 1566 Abs. 2 eintreten kann, kann jeder Ehegatte seine **Scheidungsanträge staffeln,**[217] zB Antrag nach § 1565 Abs. 1 iVm. Abs. 2, hilfsweise – wenn die Frist abgelaufen ist – Antrag aus dem Grundtatbestand nach § 1565 Abs. 1 stellen. Bis zum Schluss der mündlichen Verhandlung kann jede Partei ihr Prozessverhalten ändern. Insbes. wenn der Nachweis der Trennungszeiten nicht gelingt, kann der Antragsteller die Merkmale des § 1565 Abs. 2 behaupten und die Scheidung mit der Begründung beantragen, die Fortsetzung der Ehe sei für ihn unzumutbar.[218] Ein Ehegatte kann jederzeit vom Grundtatbestand des § 1565 Abs. 1 zum Dreijahrestatbestand des § 1565 Abs. 1 iVm. § 1566 Abs. 2 übergehen und behaupten, dass die dreijährige Trennung abgelaufen sei. Im Zusammenwirken mit dem anderen Ehegatten ist auch der **Übergang zur einverständlichen Scheidung** zulässig. Die für die einverständliche Scheidung erforderlichen prozessualen Erklärungen (Zustimmung, Anträge zu Folgesachen) können jederzeit nachgeholt werden, § 611 ZPO aF. Der Übergang von der einverständlichen Scheidung zu einem Scheidungsverfahren wegen Unzumutbarkeit, aus dem Grundtatbestand oder dem Dreijahrestatbestand ist ebenfalls möglich.[219] Er kann erforderlich werden, wenn der andere Ehegatte seinen Scheidungsantrag zurücknimmt (§ 269 ZPO) oder die Zustimmung zum Scheidungsantrag widerruft (§ 630 Abs. 2 ZPO aF) oder wenn der Nachweis der einjährigen Trennung nicht gelingt. Vom Antrag aus dem Dreijahrestatbestand kann der Antragsteller jederzeit zum Verfahren aus dem Grundtatbestand übergehen, insbes. dann, wenn ihm der Nachweis der dreijährigen Trennung nicht gelingt.

---

[214] RGRK/*Graßhof* RdNr. 50.

[215] OLG Stuttgart NJW 1977, 1562; NJW 1978, 546; OLG Hamm FamRZ 1978, 28; OLG Düsseldorf FamRZ 1978, 26; *Stillner* NJW 1978, 430; *Brüggemann* FamRZ 1978, 91, 96; RGRK/*Graßhof* RdNr. 50; aA OLG Stuttgart NJW 1979, 167; *Soergel/Heintzmann* RdNr. 13; *Staudinger/Rauscher* (2004) RdNr. 69, 70.

[216] In Zukunft entfällt die Notwendigkeit der Einigung auf bestimmte Folgesachen durch Wegfall des § 630 ZPO.

[217] *Johannsen/Henrich/Jaeger* RdNr. 46; *Soergel/Heintzmann* RdNr. 36; *Staudinger/Rauscher* (2004) RdNr. 66.

[218] *Rolland* RdNr. 23.

[219] *Dörr* NJW 1989, 489; *Soergel/Heintzmann* § 1566 RdNr. 34.

IX. Familiengericht

1. Sachliche Zuständigkeit. Für das Verfahren auf Scheidung der Ehe ist das FamG zuständig (§ 606 Abs. 1 ZPO aF, § 122 FamFG, §§ 23 a Nr. 4, 23 b Abs. 1 Nr. 1 GVG), bei dem die ehebezogenen Verfahren im Verbund zusammengefasst werden können. Dies war ein Kernstück der Eherechtsreform. Dieser Verbund wurde mit dem Kindschaftsrechtsreformgesetz gelockert (§ 623 Abs. 2 ZPO). Eine Scheidung ohne Verbund mit Folgesachen ist möglich. Das FamG ist durch die Eherechtsreform beim Amtsgericht eingerichtet worden (§ 23 b Abs. 1 GVG). Die Vorschriften für das Verfahren vor den Landgerichten gelten jedoch entsprechend (§ 608 ZPO aF, §§ 113, 124 FamFG). Es herrscht grundsätzlich Anwaltszwang mit einer Reihe von Besonderheiten (§ 78 Abs. 2 ZPO).[220] Die **Zuweisung** der Familiensachen an das FamG begründet für das FamG **keine sachliche Zuständigkeit.**[221] Die Zuständigkeit liegt vielmehr beim Amtsgericht, das Verhältnis Prozessgericht – FamG ist eine gesetzliche Geschäftsverteilung, auch zwischen den FamG eines Amtsgerichts tritt die Bindung des § 281 ZPO nicht ein.[222] Es gilt jedoch die Zuständigkeitsbestimmung analog § 36 Nr. 6 ZPO.[223] Verweist das LG einen Rechtsstreit mit der Begründung, es handele sich um eine Familiensache, an das Amtsgericht, so entfaltet dies nach bisher hM nur Bindungswirkung gegenüber dem Amtsgericht, nicht aber dem Familiengericht.[224] Demgegenüber ist ein Verweisungsbeschluss des FamG an das LG nach der Rspr. des BGH bindend, wenn das FamG das Verfahren rechtsirrig als nicht familienrechtliche Streitigkeit beurteilt hat.[225] Es spricht vieles dafür, beide Fälle gleich zu behandeln und die nach Gewährung rechtlichen Gehörs aus sachlichen Gründen erfolgte Verweisung zur Vermeidung von widersprüchlichen und für den Bürger nur schwer verständlichen Entscheidungen in beiden Fällen als bindend anzusehen.[226] 64

2. Örtliche und internationale Zuständigkeit. Die örtliche Zuständigkeit lag bisher ausschließlich bei dem Gericht, in dessen Bezirk die Ehegatten ihren gemeinsamen gewöhnl. Aufenthalt haben, hilfsweise in dem Bezirk des Gerichts, in dem der eine Ehegatte gemeinsam mit minderjährigen Kindern seinen gewöhnl. Aufenthalt hat (§ 606 Abs. 1 ZPO aF). Zukünftig kommt es in erster Linie auf den gewöhnlichen Aufenthalt des Ehegatten an, bei dem alle gemeinschaftlichen minderjährigen Kinder leben (§ 122 Nr. 1 FamFG). Fehlt es an einem solchen Gerichtsstand, sind als Hilfszuständigkeiten der letzte gemeinsame gewöhnl. Aufenthalt (solange ein Ehegatte dort ist), der gewöhnl. Aufenthalt des Antragsgegners, der gewöhnl. Aufenthalt des Antragstellers (§ 606 Abs. 2 ZPO aF) und zuletzt das AG Berlin-Schöneberg vorgesehen (§ 606 Abs. 3 ZPO aF).[227] Die internationale Zuständigkeit der deutschen Gerichte ist in § 606 a ZPO aF (§ 98 FamFG) geregelt. Sie ist weitgehend vom Erfordernis der Anerkennung der Entsch. im Heimatstaat losgelöst und nimmt dafür hinkende Ehen in Kauf.[228] Als vorrangiges EG-Recht verdrängt die EuEheVO[229] in ihrem sachlichen und geografischen Anwendungsbereich (EU-Staaten ohne Dänemark) die Regelung des § 606 a ZPO aF, § 98 FamFG. Im Gegensatz zu § 606 a ZPO aF, § 98 FamFG knüpft Art. 3 EuEheVO in erster Linie an den gewöhnlichen Aufenthalt und nur stark einge- 65

[220] Demnächst § 114 FamFG.
[221] BGH FamRZ 1985, 1242; 1986, 2058; BGHZ 71, 264 = NJW 1978, 1531; OLG Düsseldorf FamRZ 1978, 125; *Zöller/Philippi* § 621 ZPO RdNr. 70 ff.; *Johannsen/Henrich/Sedemund-Treiber* § 621 ZPO RdNr. 2, 14; aA *Jauernig* FamRZ 1978, 675, 681; *Musielak/Borth* § 621 ZPO RdNr. 10.
[222] *Zöller/Philippi* § 621 ZPO RdNr. 71, 73; *Musielak/Borth* § 621 ZPO RdNr. 10.
[223] BGH FamRZ 1988, 1035; FamRZ 1989, 165; FamRZ 1994, 25; *Zöller/Philippi* § 621 ZPO RdNr. 74.
[224] BGH NJW 1980, 1282 = FamRZ 1980, 557 ff.
[225] BGH FamRZ 1999, 501.
[226] OLG Köln FF 2007, 113.
[227] Zur neuen Rangfolge vgl. § 122 FamFG.
[228] IPRG BGBl. I S. 1142.
[229] Verordnung (EG) Nr. 2201/2003 des Rates v. 27. 11. 2003 über die Zuständigkeit und die Anerkennung und Vollstreckung von Entscheidungen in Ehesachen und in Verfahren betreffend die elterliche Verantwortung und zur Aufhebung der Verordnung (EG) Nr. 1347/2000.

schränkt an die Staatsangehörigkeit an.[230] Die EuEheVO gilt nicht für nichteheliche Partnerschaften und gleichgeschlechtliche Lebenspartnerschaften (§ 661 ZPO aF).[231]

X. Verbund mit Folgesachen

66 **1. Konzentration beim Ehegericht.** Während der Rechtshängigkeit eines Eheverfahrens ist für die in § 621 Abs. 1 ZPO aF genannten Familiensachen das **Gericht der Ehesache ausschließlich zuständig** (§ 621 Abs. 2 ZPO). Wird eine Ehesache rechtshängig, so sind die im ersten Rechtszug anhängigen Familiensachen an das Gericht der Ehesache von Amts wegen zu verweisen (§ 621 Abs. 3 ZPO aF, § 64 Abs. 2 FGG aF; § 123 FamFG). Um die Konzentration beim Ehegericht zu gewährleisten, muss die Antragsschrift Angaben darüber enthalten, ob gemeinschaftliche minderjährige Kinder vorhanden sind und ob Familiensachen nach § 621 Abs. 2 S. 1 ZPO aF anderweitig anhängig sind (§ 622 Abs. 2 ZPO aF, § 133 FamFG). Alle ehebezogenen Familiensachen werden damit beim Ehegericht konzentriert,[232] eine andere Zuständigkeit kann nicht vereinbart werden.[233]

67 **2. Umfang des Verbundes.** Die Konzentration des Verfahrens beim Ehegericht ist zugleich die Grundlage für den notwendigen oder freiwilligen Verbund der Folgesachen mit der Ehescheidung. Nach § 623 Abs. 1 S. 3 ZPO aF (§ 137 Abs. 2 S. Nr. 1, S. 2 FamFG) ist nur der **Versorgungsausgleich nach § 1587 b mit der Scheidungssache notwendig zu verbinden,** für alle übrigen Folgesachen besteht kein Zwangsverbund, nachdem der notwendige Verbund mit der elterlichen Sorge mit dem Kindschaftsrechtsreformgesetz seit dem 1. 7. 1998 entfallen ist. Über die übrigen Familiensachen ist als Folgesachen gleichzeitig und zusammen mit der Scheidungssache zu verhandeln und im Falle der Scheidung dann zu entscheiden, wenn sie bis zum Schluss der letzten mündlichen Verhandlung anhängig gemacht sind (§ 623 Abs. 1 ZPO), wobei streitig und bisher höchstrichterlich noch nicht geklärt ist, ob zur Herstellung des Scheidungsverbundes auch ein Prozesskostenhilfeantrag für einen beabsichtigten Folgeantrag ausreicht.[234] Diese auch in § 137 FamFG vorgesehene Regelung ist auf Initiative des BRats dahin erweitert worden, dass Scheidungsfolgesachen spätestens zwei Wochen vor der letzten mündlichen Verhandlung anhängig zu machen sind, um dem missbräuchlichen Anhängigmachen von Folgesachen entgegenzuwirken.[235] Die Vorschriften über das Verbundverfahren sind auf alle Scheidungstatbestände, auch auf die Härtefallscheidung nach § 1565 Abs. 1 iVm. Abs. 2 anzuwenden.[236] Für die durch das FamFG (Art. 1 des FGG-RG v. 17. 12. 2008, BGBl. I S. 2586) wegfallende formalisierte einverständliche Scheidung nach §§ 1565 Abs. 1, 1566 Abs. 1 sieht § 630 ZPO aF noch einen weitergehenden notwendigen Verbund vor, der auch Grundlage für die unwiderlegbare Vermutung des Scheiterns der Ehe ist.

68 **3. Zweck des Verbundes.** Der Verbund soll vor allem dem schwächeren Ehegatten helfen, seine Ansprüche durchzusetzen. Ferner sollen den Ehegatten die Konsequenzen der Scheidung vor Augen geführt und weiterer Streit zwischen ihnen nach der Scheidung vermieden werden. Außerdem sollen die Interessen von Kindern geschützt werden. Der Verbund dient schließlich auch dazu, Gerichte und Anwälte von Doppelarbeit zu entlasten. Ob sich der Verbund bewährt

---

[230] *Zöller/Geimer* § 606 a ZPO RdNr. 1 ff., 3; wegen der Einzelheiten muss auf die Lit. zu § 606 a ZPO verwiesen werden.

[231] *Zöller/Geimer* § 606 a ZPO RdNr. 2 mwN.

[232] Vgl. §§ 123, 126, 137 FamFG.

[233] BGH NJW 1991, 1616; 2491; *Staudinger/Rauscher* (2004) RdNr. 104; aA OLG Düsseldorf FamRZ 1980, 146; OLG Köln FamRZ 1980, 1050; vgl. *Philippi* FamRZ 1991, 1426.

[234] Bej.: OLG Koblenz FamRZ 2008, 1965 = NJW 2008, 2929 m. Anm. *Unger*; OLG Karlsruhe FamRZ 1994, 971; OLG Schleswig SchlHA 1995, 157; *Johannsen/Henrich/Sedemund-Treiber* § 623 ZPO RdNr. 10; *Schwab/Maurer/Borth* (Handbuch) I RdNr. 301; aA OLG Naumburg FamRZ 2001, 168; *Zöller/Philippi* § 623 ZPO RdNr. 23 c unter Berufung auf BGH FamRZ 1996, 1142, wo die Frage des Prozesskostenhilfeantrags für eine Folgesache indes nicht erörtert wird; vgl. auch BVerfG FamRZ 2002, 665.

[235] Nr. 43 der Stellungnahme des BRates v. 6. 7. 2007 – BT-Drucks. 16/6308 S. 374.

[236] OLG Karlsruhe FamRZ 1994, 1399; allerdings kann die Aufrechterhaltung des Scheidungsverbundes in diesem Fall häufig eine unzumutbare Härte bedeuten, vgl. AG Bremen Streit 2005, 76.

hat,[237] ist zweifelhaft.[238] Nachdem der Gesetzgeber wegen der Gleichstellung ehelicher Kinder mit nichtehelichen Kindern durch das Kindschaftsrechtsreformgesetz seit 1. 7. 1998 den notwendigen Verbund mit der elterlichen Sorge und dem Umgangsrecht gelockert hat, hat das Verbundprinzip seine prägende Bedeutung verloren. Dem trägt § 137 FamFG weiter dadurch Rechnung, dass die Einbeziehung der Sorge- und Umgangsrechtsfragen durch das Gericht abgelehnt werden kann, wenn es diese für nicht sachgerecht hält, sowie durch die Möglichkeiten der Abtrennung von Folgesachen (§ 140 FamFG).

4. Auflösung des Verbundes. Von Amts kommt eine Vorwegentscheidung über die 69 elterliche Sorge in Betracht, wenn das Gericht diese entgegen einem übereinstimmenden Vorschlag der Eltern regeln will (§ 627 Abs. 1 ZPO aF, § 140 Abs. 2 Nr. 3 FamFG); die Scheidungssache und die anderen Folgesachen sind dann bis zur Rechtskraft des Beschlusses über die elterliche Sorge zurückzustellen (§ 627 Abs. 2 ZPO aF; anders § 140 Abs. 2 Nr. 3, Abs. 3 FamFG). Ansprüche aus dem ehelichen Güterrecht (§ 621 Abs. 1 Nr. 8 ZPO aF) sowie Unterhaltssachen (§ 621 Abs. 1 Nr. 5 und Abs. 2 S. 1 Nr. 4 ZPO aF) werden aus dem Verbund gelöst und isolierte Familiensachen, wenn ein Dritter Verfahrensbeteiligter wird (§ 623 Abs. 1 S. 2 ZPO aF);[239] hier führen der vertrauliche Charakter des Scheidungsverfahrens, aber auch die kostenrechtlichen Konsequenzen des Eintritts eines Dritten zur Auflösung des Verbundes.[240] Praktisch wichtig ist der Fall, dass ein **Kind,** für das ein Elternteil im Verbund Kindesunterhalt verlangt, während des Verfahrens **volljährig** wird.[241] Im Übrigen ist einem Antrag eines Ehegatten auf Abtrennung einer **Sorgerechtsfolgesache** nach § 623 Abs. 2 S. 2 ZPO aF grundsätzlich zu entsprechen, während in Unterhaltsfolgesachen nach § 623 Abs. 2 S. 3 ZPO aF dem Abtrennungsantrag nur dann stattzugeben ist, wenn ein sachlicher Zusammenhang zwischen elterlicher Sorge und Kindes- oder Betreuungsunterhalt besteht, der eine **Vorabentscheidung** über den Unterhalt erfordert; ohne einen derartigen Zusammenhang liefe die Abtrennung der Unterhaltsfolgesache dem Zweck des Scheidungsverbundes und § 628 S. 1 Nr. 4 ZPO aF zuwider.[242]

Daneben enthält § 628 Abs. 1 ZPO aF (§ 140 Abs. 2 FamFG) einen **Katalog von Grün-** 70 **den,** aus denen der Verbund gelöst werden kann, nämlich in Fällen, in denen die Verbindung aus rechtlichen oder tatsächlichen Gründen nicht möglich ist, oder zu einer für einen oder beide Ehegatten unzumutbaren Verzögerung führt.[243] So kann eine Entsch. über den Versorgungsausgleich (§ 140 Abs. 2 Nr. 1 FamFG) oder über Ansprüche aus dem ehelichen Güterrecht (§ 140 Abs. 2 Nr. 2 FamFG) zum Zeitpunkt der Entscheidungsreife der Ehesache praktisch unmöglich sein. In Kindschaftssachen kann das Verfahren gem. § 52 Abs. 2 FGG idF des Kindschaftsrechtsreformgesetzes ausgesetzt sein. Dann muss die Scheidung nicht mehr zurückgestellt werden (§ 628 Abs. 1 Nr. 1, 2, 3 ZPO aF). Nach § 140 Abs. 2 Nr. 3 FamFG kann das Gericht eine Kindschaftsfolgesache abtrennen, wenn es dies aus Gründen des Kindeswohls für sachgerecht hält, während nach § 140 Abs. 3 FamFG eine Unterhaltsfolgesache nur noch abgetrennt werden kann, wenn dies wegen des Zusammenhangs mit der Kindschaftsfolgesache geboten erscheint. Der **praktisch wichtigste Fall** ist, dass die gleichzeitige Entsch. über Folgesachen den Scheidungsausspruch so außergewöhnlich verzögern würde, dass der Aufschub auch unter Berücksichtigung der Bedeutung der Folgesachen eine **unzumutbare Härte** für einen Ehegatten darstellen würde (§ 628 Abs. 1 Nr. 4 ZPO aF, § 140 Abs. 2 Nr. 5 FamFG).[244] Eine Scheidung wird durch eine Folgesache nur dann außergewöhnlich verzögert,

---

237 Vgl. *Diederichsen* ZZP 91 (1978), 397, 414; *ders.* NJW 1986, 1462, 1466; *Sedemund-Treiber* FamRZ 1986, 209; *Walter* JZ 1986, 360, 364.

238 Vgl. die Kritik bei *Staudinger/Rauscher* (2004) RdNr. 105; MünchKommZPO/*Finger* § 623 RdNr. 1.

239 § 140 Abs. 1 FamFG.

240 Vgl. BT-Drucks. 10/2888 S. 28; vgl. auch BGH NJW 1979, 1603.

241 Vgl. dazu näher *Zöller/Philippi* § 623 ZPO RdNr. 32 c.

242 BGH FamRZ 2008, 2268 unter Bezugnahme auf die künftige Regelung in § 140 FamFG = FF 2009, 24 m. Anm. *Bergerfurth.*

243 MünchKommZPO/*Finger* § 628 RdNr. 1.

244 *Staudinger/Rauscher* (2004) RdNr. 106 ff.; BGH FamRZ 1984, 54; 1986, 899; *Walter* JZ 1982, 835; *v. Maydell* FamRZ 1981, 628.

wenn die normale Dauer eines Verbundverfahrens überschritten wird; auf den Grund einer Verzögerung kommt es nicht an.[245] Die Rspr. setzte bisher die Grenze bei einer Verfahrensdauer von etwa zwei bis drei Jahren an.[246] Mit Rücksicht darauf, dass 2/3 aller Verbundverfahren bei den Familiengerichten binnen eines Jahres erledigt werden, wird man diese zeitlichen Anforderungen als zu streng angesehen müssen.[247] Ob der weitere Aufschub der Scheidung eine unzumutbare Härte für einen Ehegatten darstellt, hat der Tatrichter unter Würdigung der Umstände des Einzelfalles zu prüfen, wobei die bevorstehende Geburt eines Kindes aus einer neuen Verbindung bedeutsam sein kann.[248] Auch das Vorliegen eines Härtefalls iSd. § 1565 Abs. 2 dürfte dann eine Abtrennung rechtfertigen, wenn über die Einzelheiten der Folgesache zwischen den Parteien heftig gestritten wird und eine baldige Scheidung daher nicht zu erwarten ist.[249] Im Grundsatz hält die Rechtsprechung in strikter Weise an der Wahrung des Verbundes fest und gestattet seine Auflösung nur unter strenger Beachtung der Vorschrift des § 628 ZPO aF in den dort genannten besonderen Ausnahmefällen. Dies gilt auch für eine freiwillige Folgesache nach § 623 Abs. 1 ZPO aF, für deren Abtrennung allein das Einverständnis beider Parteien nicht ausreichend ist,[250] allerdings kann diesem Einverständnis bei der Abwägung eigenes Gewicht zukommen.[251] Die Abtrennung ist aber auch hier nur gerechtfertigt, wenn die Verzögerung zu einer unzumutbaren Härte führen würde. Für wichtige Folgesachen, zB Unterhalt, kommt die Abtrennung nur ausnahmsweise in Betracht.[252]

71 Auch wenn ein Ehegatte grundsätzlich keine Nachteile dadurch erleiden darf, dass er die Abwicklung der Scheidung nicht erleichtert, so muss die Abtrennung in **Missbrauchsfällen** möglich sein. Es kann für einen Ehegatten eine unzumutbare Härte bedeuten, wenn der andere das Verfahren unter Verletzung seiner prozessualen Mitwirkungspflichten in eklatanter Weise verletzt, etwa kurz vor der Entscheidungsreife der Ehesache eine Folgesache anhängig macht[253] oder eine Entscheidung verzögert, um weiterhin eine günstige Regelung zum Trennungsunterhalt nutzen zu können.[254] Liegen die Voraussetzungen von § 628 Abs. 1 ZPO aF in der Berufungsinstanz vor, kann der Verbund auch dann noch aufgelöst werden (§ 629 a Abs. 2 S. 3 ZPO aF).

72 **5. Entscheidung. a) Ablehnung der Abtrennung.** Lehnt das Gericht eine beantragte Abtrennung ab, so ist diese Entscheidung unanfechtbar. Wegen des erheblichen Eingriffs in die Rechtsposition eines Ehegatten, der die Scheidung begehrt, hatte ein Teil der Oberlandesgerichte der Partei ein außerordentliches Beschwerderecht gegen die Ablehnung der Abtrennung eingeräumt.[255] Der BGH[256] hat inzwischen ein Beschwerdemöglichkeit abgelehnt und die Frage damit für die Praxis geklärt.[257]

---

[245] BGH FamRZ 1986, 899; NJW 1987, 1772, 1773; OLG Frankfurt FamRZ 1981, 579; OLG Schleswig SchlHA 1981, 67; OLG Zweibrücken FamRZ 1983, 623; *Walter* JZ 1982, 835; *Staudinger/Rauscher* (2004) RdNr. 109.

[246] BGH NJW 1991, 1617; 2492; BGH NJWE-FER 2000, 240, 241; aA OLG Celle FamRZ 1996, 1485 (Überschreitung der gewöhnlichen Verfahrensdauer um mehr als das Doppelte).

[247] Ausführlich MünchKommZPO/*Finger* § 628 RdNr. 10; kritisch auch *Sarres* FuR 2003, 159, 160.

[248] BGH NJW 1987, 172; OLG Frankfurt FamRZ 1978, 363, 364; 1980, 177; OLG Hamburg FamRZ 1978, 42.

[249] MünchKommZPO/*Finger* § 623 RdNr. 48, § 628 RdNr. 13.

[250] BGH FamRZ 1991, 687 m. Anm. *Philippi* FamRZ 1991, 1426; OLG Hamm FamRZ 1984, 55; OLG Frankfurt FamRZ 1980, 177; OLG Schleswig SchlHA 1980, 18; aA OLG Hamm FamRZ 1986, 823; OLG Düsseldorf FamRZ 1980, 291; OLG Köln FamRZ 1980, 388; MünchKommZPO/*Finger* § 623 RdNr. 50; RGRK/*Graßhof* RdNr. 114; *Kersten* FamRZ 1986, 754.

[251] MünchKommZPO/*Finger* § 628 RdNr. 13.

[252] Vgl. BGH NJW 1991, 2491; 1987, 1772, 1773; FamRZ 1986, 899.

[253] Auf Vorschlag des BRats, BT-Drucks. 16/6308 S. 374, Nr. 43, ist in § 137 Abs. 2 FamFG vorgesehen, dass die Folgesache spätestens zwei Wochen vor der mündlichen Verhandlung im ersten Rechtszug in der Scheidungssache anhängig gemacht werden muss.

[254] MünchKommZPO/*Finger* § 628 RdNr. 13.

[255] OLG Düsseldorf FamRZ 2002, 1574; OLG Oldenburg FamRZ 2001, 167; OLG Hamm FamRZ 2005, 731; OLG Dresden FamRZ 1997, 1230; OLG Frankfurt FamRZ 1997, 1167.

[256] BGH FamRZ 2005, 191.

[257] MünchKommZPO/*Finger* § 628 RdNr. 16, 20.

b) Abtrennungsbeschluss und Scheidung. Ein (unnötiger) Beschluss,[258] mit dem der Verbund aufgelöst wird, ist nicht selbstständig anfechtbar.[259] Jedoch kann die Ehesache mit der Begründung angefochten werden, der Verbund sei zu Unrecht aufgelöst worden.[260] Hat das Rechtsmittel Erfolg, ist der Verbund in der Regel durch Zurückverweisung in die 1. Instanz wiederherzustellen.[261] Wird die Ehe geschieden und ist gleichzeitig über Folgesachen zu entscheiden, so ergeht die Entsch. einheitlich durch Urteil (§ 629 Abs. 1 ZPO aF).[262] Die Folgesachen behalten jedoch trotzdem ihre eigene Qualität (§ 629 a Abs. 2 ZPO aF, § 145 FamFG). Die verschiedenen Entsch. werden nur in einem Akt zusammengefasst, sie können mit dem jeweils vorgesehenen Rechtsmittel angefochten werden, der Verbund für die angefochtenen Teile wird auch in der Rechtsmittelinstanz fortgesetzt (§ 629 a Abs. 2 S. 3 ZPO aF). Für das Versäumnisurteil in Folgesachen sichert § 629 Abs. 2 ZPO aF (§ 143 FamFG) den Verbund. Wird der Scheidungsantrag abgewiesen, werden die Folgesachen gegenstandslos, wenn nicht einem Ehegatten im Urteil vorbehalten ist, eine Folgesache als selbstständige Familiensache fortzusetzen (§ 629 Abs. 3 S. 2 ZPO aF).[263] Für das Hausratsverfahren (§ 621 Abs. 1 Nr. 7 ZPO aF) und bestimmte Verfahren beim Zugewinnausgleich (§ 621 Abs. 1 Nr. 9 ZPO aF iVm. §§ 1382, 1383) endet das Rechtsmittelverfahren beim OLG. Werden nur Teile der Entsch. angefochten, die dem Verfahren nach dem FGG zuzurechnen sind (§ 621 Abs. 1 Nr. 1 bis 3, 6, 7, 9 ZPO aF), ist nicht die Berufung, sondern die befristete Beschwerde nach § 621 e ZPO aF zulässig (§ 629 a Abs. 2 ZPO aF).[264] 73

XI. Einstweilige Anordnung

An die Stelle der einstweiligen Vfg. (§§ 935, 940 ZPO) tritt im Eheverfahren die einstweilige Anordnung nach §§ 620 bis 620 g ZPO aF (§§ 49 ff. FamFG) als Sonderregelung.[265] Diese Vorschriften enthalten vor allem Verfahrensregeln. Erforderlich ist stets ein materiellrechtlicher Anordnungsanspruch; soweit das jeweils anwendbare materielle Recht ergibt, ob und welche Ansprüche begründet sind, ist allein hierauf abzustellen.[266] Fehlen hingegen materiell-rechtliche Bestimmungen (vgl. vor allem § 620 Nr. 7 und 8 ZPO aF), so reicht § 620 ZPO aF als Rechtsgrundlage für den Erlass der einstweiligen Anordnung aus.[267] Für die Zeit des Eheverfahrens, also ab Anhängigkeit der Ehesache oder Einreichung eines Prozesskostenhilfegesuchs (§ 620 a Abs. 2 S. 1 ZPO aF), bestimmt § 620 ZPO aF die Zuständigkeit der FamG für die einstweilige Anordnung. Vor Anhängigkeit der Ehesache sieht § 644 ZPO aF für Unterhaltssachen ebenfalls die Möglichkeit einer einstweiligen Anordnung geschaffen, die die frühere einstweilige Verfügung zur Regelung des Unterhalts gemäß § 640 ZPO aF weitgehend verdrängt. Auch in selbstständigen Verfahren der freiwilligen Gerichtsbarkeit zur Regelung der elterlichen Sorge, des Umgangs oder der Herausgabe 74

[258] OLG Naumburg FamRZ 2002, 1266; *Baumbach/Hartmann* § 628 ZPO RdNr. 9; § 140 Abs. 6 FamFG fordert zukünftig einen gesonderten Abtrennungsbeschluss, der nicht selbstständig anfechtbar ist.

[259] BGH NJW 1979, 1603 = FamRZ 1979, 690; 1980, 1108; OLG Hamm FamRZ 2005, 731; OLG Zweibrücken FamRZ 2003, 1197; MünchKommZPO/*Finger* § 628 RdNr. 18; aA OLG München OLGR 1994, 80; OLG Naumburg OLGR 2001, 464.

[260] BGH FamRZ 2006, 1029; 1996, 1070; 1333; OLG Stuttgart FamRZ 2001, 928; OLG Zweibrücken FamRZ 2002, 334; *Baumbach/Hartmann* § 628 ZPO RdNr. 10; *Zöller/Philippi* § 628 ZPO RdNr. 13; in der Revisionsinstanz ist die Überprüfung jedoch eingeschränkt, vgl. BGH NJW-RR 1996, 1025.

[261] BGH NJW-RR 1996, 835; OLG Nürnberg FamRZ 2005, 1497; OLG Stuttgart FamRZ 2005, 121; *Baumbach/Hartmann* § 628 ZPO RdNr. 10.

[262] Demnächst durch einheitliche Endentscheidung in Beschlussform, § 142 FamFG.

[263] Vgl. § 142 Abs. 2 FamFG.

[264] Vgl. jetzt das einheitliche Rechtsmittel der Beschwerde nach §§ 117, 58 FamFG, der Anschlussbeschwerde (§ 66 FamFG), der Rechts-, Anschlussrechts- und Sprungrechtsbeschwerde (§§ 70, 73, 75 FamFG).

[265] BGH NJW 1979, 1508; *Zöller/Philippi* § 644 ZPO RdNr. 2.

[266] BVerfG NJW 2006, 1339 = FamRZ 2006, 257 = ZKJ 2006, 295 m. Anm. *Menne*.

[267] MünchKommZPO/*Finger* § 620 RdNr. 10; *Johannsen/Henrich/Sedemund-Treiber* § 620 RdNr. 2; *Leipold* S. 149 ff.; *Zöller/Philippi* § 620 RdNr. 6. Hingegen verlangen stets eine (zusätzliche) materielle Rechtsgrundlage: OLG München FamRZ 1980, 448; OLG Stuttgart FamRZ 1972, 373; nach aA sind §§ 620 ff. ZPO selbst Rechtsgrundlage, *Wilts* NJW 1967, 428, 430.

eines Kindes können einstweilige Anordnungen ergehen. Die Ehegatten haben die Wahl, in welchem Verfahren sie einstweilige Anordnungen beantragen. Ist in einem Verfahren eine einstweilige Anordnung erlassen, so besteht für eine entsprechende Regelung im anderen Verfahren aber kein Rechtsschutzbedürfnis.[268] Das FamG hat die einstweilige Anordnung zu erlassen, wenn ein Regelungsbedürfnis besteht; das Wort „kann" bedeutet nicht, dass ihm ein Ermessensspielraum eingeräumt wäre.[269]

75 Die Materien, über die eine einstweilige Anordnung ergehen kann, können, müssen aber nicht Gegenstand eines Folgeverfahrens sein.[270] Der Antragsteller ist auch nicht gezwungen, wegen des Anordnungsverfahrens die Folgesachen in das Verfahren einzubeziehen. Die einstweilige Anordnung ergeht nur auf Antrag[271] und ohne obligatorische mündliche Verhandlung (§ 620 a Abs. 1 ZPO aF, § 51 FamFG) durch Beschluss, der Antragsgegner wird jedoch idR zu hören sein. Das Gericht kann auf Antrag und in bestimmten Fällen von Amts wegen den Beschluss aufheben oder ändern (§ 620 b Abs. 1 ZPO aF, § 54 FamFG), die einstweilige Anordnung kann gem. § 620 f ZPO aF grundsätzlich **über den Ausspruch der Scheidung hinaus wirken,** bis eine andere Regelung wirksam wird. Erledigt sich die Ehesache anders, kann von dem Gericht, das die Anordnung erlassen hat, durch Beschluss ausgesprochen werden, dass die einstweilige Anordnung außer Kraft getreten ist, § 620 f Abs. 2 ZPO aF, § 56 FamFG. Das Eheverfahren soll nicht durch Rechtsmittel im Anordnungsverfahren verzögert werden. Deshalb ist ein Rechtsmittel unzulässig, wenn ein Antrag abgelehnt wird oder wenn eine Anordnung ohne mündliche Verhandlung ergeht. Auch wenn die einstweilige Anordnung auf Grund einer mündlichen Verhandlung ergangen ist, findet die sofortige Beschwerde nur statt, wenn die elterliche Sorge über ein gemeinschaftliches Kind geregelt, die Herausgabe eines Kindes an den anderen Elternteil angeordnet oder die Ehewohnung einem Ehegatten ganz zugewiesen wurde (§ 620 c ZPO aF, § 57 FamFG).[272]

XII. Parteiherrschaft und Amtsermittlung

76 **1. Einschränkung der Parteiherrschaft.** Da nach materiellem Scheidungsrecht die Scheidung der Ehe nicht wirksam vereinbart werden kann, schließt das Verfahrensrecht in § 617 ZPO aF (§ 113 Abs. 4 FamFG) die Wirkungen eines Anerkenntnisses, die Folgen der unterbliebenen oder verweigerten Erklärung über Tatsachen oder über die Echtheit von Urkunden, die Vorschriften über den Verzicht auf die Beeidigung der anderen Partei, von Zeugen und Sachverständigen und über die Wirkungen eines gerichtlichen Geständnisses aus. Ausgeschlossen sind jedoch nur die unmittelbaren prozessualen Wirkungen solchen Verhaltens, es unterliegt jedoch auch im Eheverfahren der freien Beweiswürdigung gem. § 286 ZPO aF. Die **Beweislast** richtet sich nach allgemeinen Regeln. Soweit die Ehegatten über den Gegenstand verfügen können, können sie sich wirksam vergleichen, zB über die Verpflichtung zur Rücknahme des Scheidungsantrages[273] und über bestimmte Folgesachen. Zulässig bleibt auch der Verzicht mit der Folge des Verzichtsurteils (§ 306 ZPO).[274]

77 **2. Grundsatz der Amtsermittlung.** Nach § 616 Abs. 1 ZPO aF (§ 127 FamFG) ist das Gericht nicht an die Beweisangebote der Parteien gebunden, sondern kann auch von Amts wegen die Aufnahme von Beweisen anordnen. Es kann nach Anhörung der Ehegatten auch

---

[268] BGH NJW 1979, 1508; OLG Frankfurt FamRZ 1981, 65; BGH NJW 1982, 2561; OLG Hamburg FamRZ 1982, 722.

[269] MünchKommZPO/*Finger* § 620 RdNr. 3, 8; *Zöller/Philippi* § 620 ZPO RdNr. 4; *Johannsen/Henrich/Sedemund-Treiber* § 620 ZPO RdNr. 4.

[270] *Stein/Jonas/Schlosser* § 620 ZPO RdNr. 1; *Johannsen/Henrich/Sedemund-Treiber* § 620 ZPO RdNr. 1; *Musielak/Borth* § 620 ZPO RdNr. 3.

[271] *Johannsen/Henrich/Sedemund-Treiber* § 620 ZPO RdNr. 4; OLG Brandenburg FamRZ 2001, 1230.

[272] Diese Rechtsmittelbeschränkung ist verfassungsrechtlich nicht zu beanstanden, vgl. BVerfG NJW 1980, 386; OLG München NJW 1978, 1635.

[273] Eine Vereinbarung, den Scheidungsantrag nicht zurückzunehmen, ist unwirksam; zum Vergleich *Baumbach/Hartmann* § 617 ZPO RdNr. 4; *Zöller/Philippi* § 617 ZPO RdNr. 5; vgl. auch BGHZ 41, 166.

[274] BGH FamRZ 1986, 656; *Zöller/Philippi* § 617 ZPO RdNr. 4.

solche Tatsachen berücksichtigen, die von ihnen nicht vorgebracht worden sind, und hierzu weitergehende Ermittlungen anstellen. Solche Ermittlungen, die freilich nur in Bezug auf den rechtshängigen Streitgegenstand zulässig sind,[275] werden vielfach notwendig sein, damit sich das Gericht einen Eindruck über den Ablauf der Trennung der Ehegatten sowie zur Ablehnung der ehelichen Gemeinschaft durch einen Ehegatten und zum Scheitern der Ehe machen kann. Ferner hat das Gericht von Amts wegen zu untersuchen, ob die Interessen minderjähriger Kinder der Scheidung entgegenstehen (§ 1568). Von der Sorgfalt des Gerichts bei der Feststellung der Voraussetzungen der Scheidung hängt es ab, ob der im Gesetz angelegte Schutz der Ehe Bedeutung behält. Die Parteien können durch Beweisanträge die Ermittlungstätigkeit des Gerichts steuern. Auch über ehefreundliche Tatsachen sind Beweisanträge sinnvoll, weil sie auch dann zu bescheiden sind, wenn das Gericht von Amts wegen nicht mehr ermitteln müsste.

3. Grenzen der Amtsermittlung. Für das Scheidungsverfahren schränkt § 616 Abs. 2 ZPO aF (§ 127 Abs. 2 FamFG) den Untersuchungsgrundsatz weiter ein: Das Gericht darf ermittelte oder sonst bekannt gewordene **ehefeindliche Tatsachen gegen den Widerspruch des Antragstellers nicht verwerten.** Der Antragsteller soll frei sein, aus welchen Gründen er die Scheidung begehrt. Gegen seinen Widerspruch, der nicht ausdrücklich erklärt werden muss, sondern sich auch aus seinem Sachvorbringen ergeben kann,[276] soll die Scheidung nicht auf eine ehefeindliche Tatsache gestützt werden dürfen.[277] Ob eine Tatsache ehefeindlich ist, ist aus der konkreten Situation zu beurteilen. So ist die Feststellung, ob die Ehegatten schon ein Jahr getrennt leben, ehefeindlich, wenn sich der Antragsteller auf die Scheidung vor dem Fristablauf (§ 1565 Abs. 1 iVm. Abs. 2) stützt, die Feststellung der Dreijahresfrist des § 1566 Abs. 2, wenn die formalisierte einverständliche Scheidung (§ 1565 Abs. 1, § 1566 Abs. 1) oder wenn die Scheidung aus dem Grundtatbestand (§ 1565 Abs. 1) beantragt ist. 78

§ 616 Abs. 3 ZPO aF (§ 127 Abs. 3 FamFG) schränkt die Amtsermittlung für solche Tatsachen ein, die zur Anwendung der **Härteklausel des § 1568 zugunsten des anderen Ehegatten** führen. Solche Tatsachen darf das Gericht nur berücksichtigen, wenn sich der Ehegatte darauf beruft. Eine gescheiterte Ehe soll auch in Härtefällen nur aufrechterhalten werden, wenn der Ehegatte diese Härte behauptet und den Bestand der Ehe daraus gesichert haben will. 79

XIII. Aussetzung des Verfahrens

1. Grundsatz. Neben die allgemeinen Vorschriften über die Aussetzung (§§ 148 ff. ZPO) treten die Vorschriften über die Aussetzung des Scheidungsverfahrens in § 614 ZPO aF (§ 136 FamFG). Die Regelungen geben den Ehegatten ein verfahrensrechtliches Instrument in die Hand, mit dem sie sich eine **Überlegungspause** verschaffen können, ehe die Ehe geschieden wird. Die Aussetzung ist andererseits auch ein Mittel des Gerichts, den Ehegatten eine Überlegungspause aufzuerlegen, wenn nach seiner freien Überzeugung Aussicht auf eine **Aussöhnung der Parteien** besteht. Mit der Aussetzung soll das Gericht nach § 614 Abs. 5 ZPO aF (§ 136 Abs. 4 FamFG) den Ehegatten nahe legen, eine **Eheberatungsstelle** in Anspruch zu nehmen, um mit sachverständiger Hilfe die Ursachen der Ehekrise zu beheben. 80

Die Aussetzung dient nicht dazu, die Scheidung wegen Härten beim Antragsgegner zu vermeiden, obwohl sie dann, wenn die Ehe nach den Fristentatbeständen geschieden werden soll, ähnlich wirken kann. Das Gericht darf weder von Amts wegen noch auf Antrag eines Antragstellers das Verfahren aussetzen, um die Zeit bis zum Ablauf der Trennungsfristen der §§ 1565 Abs. 2, 1566 zu überbrücken[278] oder um abzuwarten, bis die Gründe für die 81

---

[275] MünchKommZPO/*Bernreuther* § 616 RdNr. 4, 17.

[276] BGH NJW 1980, 1335; *Zöller/Philippi* § 616 ZPO RdNr. 5; aA *Johannsen/Henrich/Sedemund-Treiber* § 616 ZPO RdNr. 7.

[277] MünchKommZPO/*Bernreuther* § 616 RdNr. 13.

[278] OLG Bamberg FamRZ 1984, 897; OLG Köln FamRZ 1976, 698; KG FamRZ 1978, 34; OLG München NJW 1971, 711; OLG Oldenburg NJW 1969, 101; *Johannsen/Henrich/Sedemund-Treiber* § 614 ZPO RdNr. 3; *Musielak/Borth* § 614 ZPO RdNr. 6.

Anwendung der Härteklausel des § 1568 entfallen sind und die Ehe geschieden werden kann. Damit wäre der Antragsgegner beschwert, der einen Anspruch auf Abweisung des Scheidungsantrages hat.[279] Die Aussetzung ist allgemein zu verweigern, wenn sie rechtsmissbräuchlich beantragt wird.[280] Liegen die Voraussetzungen vor, hat das Gericht das Verfahren auszusetzen, ein Ermessen folgt aus dem Wort „soll" nicht.[281] Die Fortsetzung des Verfahrens bis zur Entscheidungsreife ist unzulässig,[282] auch wenn mit der Abweisung des Scheidungsantrages zu rechnen ist. Die Anordnung des Ruhens des Verfahrens (§§ 251, 251 a ZPO) wird durch die Aussetzungsmöglichkeiten nicht ausgeschlossen.[283] Gegen den Aussetzungsbeschluss ist ebenso wie gegen die Ablehnung der beantragten Aussetzung die sofortige Beschwerde zulässig (§ 252 ZPO).

82 **2. Voraussetzungen.** Das Gericht darf das Verfahren auf Scheidung gem. § 614 Abs. 2 ZPO aF (§ 136 FamFG) von Amts wegen nur aussetzen, wenn nach freier, auf konkrete Anhaltspunkte gestützter Überzeugung des Gerichts **Aussicht auf Fortsetzung** der Ehe besteht.[284] Diese Erwartung darf nicht auf allgemeine Erwägungen, muss vielmehr auf konkrete Tatsachen gegründet sein.[285] Die Erwartung besteht nicht mehr, wenn die Ehegatten drei Jahre getrennt leben (§ 1566 Abs. 2); deshalb wird dann die theoretisch mögliche (§ 614 Abs. 4 S. 2 ZPO aF, § 136 Abs. 3 FamFG) Aussetzung gegen den Willen des Antragstellers nicht mehr in Betracht kommen.[286] Haben beide Ehegatten die Scheidung beantragt oder hat der andere der Scheidung gem. § 1566 Abs. 1 zugestimmt, ist die gütliche Beilegung nicht von vornherein ausgeschlossen, die Aussetzung kommt also in Betracht, wenn die Voraussetzungen für beide Anträge vorliegen. Leben die Ehegatten **länger als ein Jahr getrennt,** darf das Gericht das Verfahren nicht gegen den Widerspruch beider Ehegatten aussetzen (§ 614 Abs. 2 S. 2 ZPO aF, § 136 Abs. 1 S. 2 FamFG). Diese Vorschrift gilt nicht nur im Verfahren der einverständlichen Scheidung über § 1566 Abs. 2. Das Gesetz zeigt deutlich, dass der übereinstimmende Scheidungswille nicht nur bei der einverständlichen Scheidung von Bedeutung ist. Beantragt der Antragsteller[287] selbst die Aussetzung (§ 614 Abs. 3 ZPO aF, § 136 Abs. 2 FamFG), so darf die Ehe nicht geschieden werden, bevor das Verfahren ausgesetzt war. Die Aussetzung ist jedoch abzulehnen, wenn der Antragsteller damit nicht die Erhaltung der Ehe bezweckt, sondern unter keinen Umständen zur Fortsetzung der Ehe bereit ist.[288] **Beantragen beide Ehegatten die Scheidung,** so muss auf Antrag eines Antragstellers das Verfahren nur ausgesetzt werden, wenn auch das Verfahren über den Scheidungsantrag des anderen Ehegatten auf übereinstimmenden Antrag oder von Amts wegen ausgesetzt werden kann.[289]

---

[279] KGFamRZ 1978, 34; *Stein/Jonas/Schlosser* § 614 ZPO RdNr. 3, 12.

[280] OLG Bamberg FamRZ 1984, 897; OLG Bremen FamRZ 1977, 399; OLG Köln FamRZ 1976, 693; OLG Düsseldorf FamRZ 1974, 311; MünchKommZPO/*Bernreuther* § 614 RdNr. 10; *Zöller/Philippi* § 614 ZPO RdNr. 4; *Johannsen/Henrich/Sedemund-Treiber* § 614 ZPO RdNr. 3; *Musielak/Borth* § 614 ZPO RdNr. 8; *Baumbach/Hartmann* § 614 ZPO RdNr. 3; *Staudinger/Rauscher* (2004) RdNr. 127.

[281] *Stein/Jonas/Schlosser* § 614 ZPO RdNr. 3; *Baumbach/Hartmann* § 614 ZPO RdNr. 2; MünchKomm-ZPO/*Bernreuther* § 614 RdNr. 1.

[282] BGH NJW 1977, 717; *Johannsen/Henrich/Sedemund-Treiber* § 614 ZPO RdNr. 13.

[283] OLG Karlsruhe NJW 1978, 1388; KG FamRZ 1978, 34.

[284] OLG Düsseldorf FamRZ 1978, 609; KG FamRZ 1968, 167; OLG Köln FamRZ 1976, 693; OLG Schleswig FamRZ 1977, 802; *Brüggemann* FamRZ 1978, 91, 96; *Baumbach/Hartmann* § 614 ZPO RdNr. 2; *Staudinger/Rauscher* (2004) RdNr. 128.

[285] OLG Düsseldorf FamRZ 1978, 609; *Staudinger/Rauscher* (2004) RdNr. 128.

[286] Vgl. die Kritik an der Regelung bei *Brüggemann* FamRZ 1977, 11; *Heintzmann* FamRZ 1975, 373; aA *Vogel* FamRZ 1967, 481, 483; *Böhmer* FamRZ 1976, 237, 239; *Baumbach/Hartmann* § 614 ZPO RdNr. 2; RGRK/*Graßhof* RdNr. 123.

[287] Dass § 614 Abs. 3 ZPO noch vom Kläger spricht, beschränkt diese Bestimmung nicht auf das Verfahren zur Herstellungsklage.

[288] OLG Bremen FamRZ 1977, 399; OLG Düsseldorf FamRZ 1974, 311; *Baumbach/Hartmann* § 614 ZPO RdNr. 3; *Stein/Jonas/Schlosser* § 614 ZPO RdNr. 12; *Zöller/Philippi* § 614 ZPO RdNr. 4; *Musielak/Borth* § 614 ZPO RdNr. 8.

[289] KG FamRZ 1968, 167; *Staudinger/Rauscher* (2004) RdNr. 127; *Stein/Jonas/Schlosser* § 614 ZPO RdNr. 13.

3. Dauer und Wirkungen der Aussetzung. Auch in der Eingrenzung der Aussetzungsmöglichkeiten kommt das Misstrauen des Gesetzgebers gegen eine weite Befugnis zur Verfahrensverzögerung durch Aussetzung zum Ausdruck. Nach § 614 Abs. 4 ZPO aF (§ 136 Abs. 3 FamFG) darf die Aussetzung im gesamten Verfahren aller Instanzen **nur zweimal** ausgesprochen werden. Sie darf insgesamt nur ein Jahr dauern, bei mehr als dreijähriger Trennung nicht länger als insgesamt sechs Monate. Von der Aussetzung wird das **gesamte Verbundverfahren** betroffen, die getrennte Aussetzung des Scheidungsantrages, um in der Zeit der Aussetzung die Folgesachen zu fördern, ist unzulässig.[290] Während der Aussetzung bleiben einstweilige Anordnungen zulässig.[291] Mit der Aussetzung treten die Wirkungen des § 249 ZPO ein; mit dem Ablauf der Frist entfallen die Wirkungen von selbst, die Partei kann gem. § 250 ZPO das Verfahren weiter betreiben.[292] 83

XIV. Versäumnisverfahren

1. Erste Instanz. So wie das Gesetz ein Anerkenntnis mit dem Ziel der Scheidung nicht zulässt, **schließt es eine Versäumnisentscheidung gegen den Antragsgegner aus** (§ 612 Abs. 4 ZPO aF, § 130 Abs. 2 FamFG). Erscheint der Antragsgegner nicht, kann der Antragsteller einseitig mündlich verhandeln, das antragsbegründende Vorbringen gilt als bestritten.[293] Der nicht vertretene Antragsgegner ist regelmäßig persönlich zu hören, von ihm vorgelegte Urkunden können verwertet werden.[294] Ergeht ein Scheidungsurteil, ist es als Sachurteil mit der Berufung anfechtbar, nicht mit dem Einspruch nach § 338 ZPO.[295] Hat nur ein Ehegatte die Scheidung beantragt und erscheint er nicht oder stellt er den Scheidungsantrag nicht, so ergeht nach allgemeinen Regeln eine Versäumnisentscheidung mit der Abweisung als unbegründet gem. § 330 ZPO oder eine Entsch. nach Aktenlage gem. § 331 a ZPO.[296] Haben **beide Ehegatten die Scheidung beantragt,** so ist unabhängig davon, auf welchen Scheidungstatbestand die Anträge gestützt werden, ein Versäumnisurteil gegen eine Partei nicht möglich;[297] einmal, weil gegen einen Ehegatten in seiner Rolle als Antragsgegner gem. § 612 Abs. 4 ZPO aF (§ 130 Abs. 2 FamFG) eine Säumnisentscheidung nicht ergehen darf, aber auch deshalb, weil über beide Anträge einheitlich zu entscheiden ist.[298] **Erscheinen beide Parteien nicht,** kann zwar eine Entsch. nach Aktenlage (§ 251 a Abs. 1 ZPO) ergehen, eine Scheidung aber kaum ausgesprochen werden, weil die Parteien sich versöhnt haben können.[299] Es ist deshalb Vertagung oder Ruhen des Verfahrens zu empfehlen.[300] 84

2. Rechtsmittelinstanz. Wurde in 1. Instanz auf Scheidung der Ehe erkannt, so ist gegen den säumigen Antragsgegner und Rechtsmittelkläger ein **Versäumnisurteil** nach § 539 ZPO aF (§ 117 Abs. 2 FamFG) möglich, weil er über das Rechtsmittel disponieren, es also jederzeit zurücknehmen kann.[301] Das gilt nicht, wenn der Antragsteller und Beru- 85

---

[290] MünchKommZPO/*Bernreuther* § 614 RdNr. 18; *Zöller/Philippi* § 614 ZPO RdNr. 5.

[291] OLG Celle MDR 1968, 243; NdsRpfl. 1975, 71; *Zöller/Philippi* § 614 ZPO RdNr. 10; *Musielak/Borth* § 614 ZPO RdNr. 4.

[292] MünchKommZPO/*Bernreuther* § 614 RdNr. 17.

[293] *Staudinger/Rauscher* (2004) RdNr. 129; *Johannsen/Henrich/Sedemund-Treiber* § 612 ZPO RdNr. 6; *Musielak/Borth* § 612 ZPO RdNr. 6.

[294] vgl. *Zöller/Philippi* § 612 ZPO RdNr. 4; *Johannsen/Henrich/Sedemund-Treiber* § 612 ZPO RdNr. 6.

[295] Demnächst Ehescheidung durch Beschluss, der mit der Beschwerde anfechtbar ist, §§ 142, 58 ff. FamFG.

[296] OLG Hamm NJW 1986, 2061; *Johannsen/Henrich/Sedemund-Treiber* § 612 ZPO RdNr. 6.

[297] *Johannsen/Henrich/Sedemund-Treiber* § 612 ZPO RdNr. 10; *Staudinger/Rauscher* (2004) RdNr. 129; *Zöller/Philippi* § 612 ZPO RdNr. 6.

[298] LG Bonn NJW 1970, 1423; *Staudinger/Rauscher* (2004) RdNr. 129; *Zöller/Philippi* § 612 ZPO RdNr. 6.

[299] *Staudinger/Rauscher* (2004) RdNr. 129.

[300] *Johannsen/Henrich/Sedemund-Treiber* § 612 ZPO RdNr. 6; *Zöller/Philippi* § 612 ZPO RdNr. 5; *Musielak/Borth* § 612 ZPO RdNr. 8.

[301] BGHZ 46, 304; OLG Koblenz FamRZ 1983, 759; *Prütting* ZZP 91 (1978), 201; *Johannsen/Henrich/Sedemund-Treiber* § 612 ZPO RdNr. 7; *Stein/Jonas/Schlosser* § 612 ZPO RdNr. 12.

fungsbeklagte in der 2. Instanz seinen Antrag geändert hat, zB von der Scheidung aus dem Grundtatbestand des § 1565 Abs. 1 auf die Dreijahresscheidung nach § 1565 Abs. 1 iVm. § 1566 Abs. 2 übergegangen ist; denn dann ist ein Streitstoff zu beurteilen – Trennung von drei Jahren –, der nicht Gegenstand des angefochtenen Urteils war. In diesem Fall darf gegen den die Berufung betreibenden Antragsgegner insoweit keine Versäumnisentscheidung ergehen.[302] War der Scheidungsantrag in 1. Instanz abgewiesen, darf auch in der Rechtsmittelinstanz **keine Versäumnisentscheidung,** durch die die Scheidung ausgesprochen wird, **gegen den Berufungsbeklagten** ergehen (§ 612 Abs. 4 ZPO aF, § 130 Abs. 2 FamFG).[303]

XV. Rechtsmittel

86 **1. Rechtsmittelweg.**[304] In allen vom FamG entschiedenen Sachen ist das Rechtsmittel zum OLG statthaft (§ 119 Abs. 1 Nr. 1 GVG). Durch die Fassung „in den vom Familiengericht entschiedenen Sachen“ anstelle der alten Fassung „in Familiensachen“[305] hat der Gesetzgeber den Streit zwischen der formellen Anknüpfung[306] und der materiellen Anknüpfung,[307] die durch das Prinzip der Meistbegünstigung[308] aufgelockert war, zugunsten der **formellen Anknüpfung** entschieden. Auch im Rechtsmittelverfahren behalten die im Verbund zusammengefassten Familiensachen ihre Eigenständigkeit. Für die dem Zivilprozessrecht zugewiesene Scheidungssache und die Folgesachen des § 621 Nr. 4, 5, 8 ZPO aF ist die Berufung gem. §§ 511 ff. ZPO gegeben, für die Folgesachen der freiwilligen Gerichtsbarkeit (§ 621 Abs. 1 Nr. 1 bis 3, 6, 7, 9 ZPO aF) die befristete Beschwerde gem. §§ 621 a Abs. 2, 621 e ZPO aF. Treffen **Berufung und Beschwerde** zusammen, ist über sie gleichzeitig und zusammen zu verhandeln und zu entscheiden (§§ 623 Abs. 1 S. 1; 629 Abs. 1 ZPO aF). Werden nur Folgesachen angefochten, so stehen sie auch ohne die Scheidungssache im Verbund (§ 629 a Abs. 2 S. iVm. § 629 ZPO aF). Die **Revision** ist nach § 629 a Abs. 1 ZPO aF hinsichtlich der in § 621 Abs. 1 Nr. 7 und 9 bezeichneten Folgesachen nicht statthaft. Im Übrigen ist durch die Neuregelung des Revisionsrechts durch das ZPO-RG v. 27. 7. 2001 (BGBl. I S. 1887) der Zugang zur Revision generell nach § 543 ZPO von der Zulassung durch das Berufungs- oder Revisionsgericht abhängig. In Familiensachen findet die Revision nur statt, wenn das OLG sie im Urteil zugelassen hat, § 543 Abs. 1 Nr. 1 ZPO. Die Nichtzulassungsbeschwerde zum BGH (§§ 543 Abs. 1 Nr. 2, 544 ZPO, § 621 e Abs. 2 S. 1 Nr. 2 ZPO aF) ist außer im Falle der Verwerfung der Berufung (§ 26 Nr. 9 S. 2 EGZPO)[309] für einen Übergangszeitraum ausgeschlossen. Dies gilt nach dem Zweiten Gesetz zur Modernisierung der Justiz v. 22. 12. 2006 (BGBl. I S. 3416) für alle Entscheidungen, die vor dem 1. 1. 2010 verkündet, zugestellt oder sonst bekannt gemacht werden, wobei die Frist für Altverfahren durch Art. 3 des Gesetzes zur Modernisierung von Verfahren im anwaltlichen und notariellen Berufsrecht, zur Errichtung einer Schlichtungsstelle der Rechtsanwaltschaft sowie zur Änderung sonstiger Vorschriften v. 30. 7. 2009, BGBl. I S. 2449 bis zum 1. 1. 2020 verlängert worden ist. Grund für den befristeten Ausschluss der Nichtzulassungsbeschwerde ist die Belastung des BGH in Familiensachen. Für die Folgesachen der freiwilligen Gerichtsbar-

[302] OLG Saarbrücken NJW 1966, 2133; *Staudinger/Rauscher* (2004) RdNr. 129; *Johannsen/Henrich/Sedemund-Treiber* § 612 ZPO RdNr. 7.

[303] *Johannsen/Henrich/Sedemund-Treiber* § 612 ZPO RdNr. 8.

[304] Vgl. jetzt das einheitliche Rechtsmittel der Beschwerde nach §§ 117, 58 FamFG, der Anschlussbeschwerde (§ 66 FamFG), der Rechts-, Anschlussrechts- und Sprungrechtsbeschwerde (§§ 70, 73, 75 FamFG).

[305] Änderung durch das UÄndG vom 20. 2. 1986 (BGBl. I S. 301); BGH FamRZ 1988, 1035 f.; MDR 1991, 342.

[306] *Jauernig* FamRZ 1979, 97; vgl. zum jetzt erledigten Streit *Jaeger* FamRZ 1985, 865; vgl. auch BT-Drucks. 10/2888, S. 13 f. mwN.

[307] BGHZ 72, 183 = NJW 1979, 43; BGH NJW 1978, 1912; 1924.

[308] Vgl. BGHZ 72, 183 = NJW 1979, 43; vgl. auch *Diederichsen* NJW 1986, 1462; *Jäger* FamRZ 1985, 865; *Bosch* FamRZ 1986, 1463; *Borgmann* FamRZ 1985, 321, 330.

[309] Eingefügt durch Art. 2 Nr. 1 des Ersten Gesetzes zur Modernisierung der Justiz (1. JuMoG) v. 24. 8. 2004, BGBl. I S. 2198.

keit gem. § 621 Abs. 1 Nr. 7 und 9 ZPO aF ist die Rechtsbeschwerde schlechthin ausgeschlossen,[310] in Versorgungsausgleichssachen gem. § 53 g Abs. 2 FGG für bestimmte Entsch. In den übrigen Fällen ist die Rechtsbeschwerde von der Zulassung durch das OLG abhängig (§ 621 e Abs. 2 ZPO aF). **Das am 1. 9. 2009 in Kraft tretende FamFG sieht das einheitliche Rechtsmittel der Beschwerde, die Rechtsbeschwerde und die Sprungrechtsbeschwerde vor, § 117, 58 ff. FamFG. Eine Nichtzulassungsbeschwerde ist nicht mehr vorgesehen.**

2. Beschwer in der Scheidungssache. a) Grundsatz. Im Grundsatz ist auch in der Scheidungssache ein Rechtsmittel nur zulässig, wenn die angefochtene Entsch. gerade für den anfechtenden Ehegatten eine Beschwer enthält und wenn er mit dem Rechtsmittel diese Beschwer beseitigen will.[311] Für den Antragsteller kommt es auf die formelle Beschwer an, er ist beschwert, wenn ihm etwas versagt wird, was er beantragt hat.[312] Haben beide Ehegatten die Scheidung vor Ablauf des Trennungsjahres gem. § 1565 Abs. 1 iVm. Abs. 2 beantragt, wird jedoch die Ehe nur auf Antrag eines Ehegatten geschieden und der Antrag des anderen abgewiesen, so ist der abgewiesene Ehegatte schon deshalb beschwert und hat ein Rechtsschutzinteresse, weil der andere Ehegatte durch Rechtsmittel in der nächsten Instanz auf den Scheidungsantrag verzichten könnte.[313] Das Rechtsschutzinteresse für das Rechtsmittel hat die gleiche Qualität wie das Interesse an einem eigenen Scheidungsantrag, obwohl der andere Ehegatte schon Scheidungsantrag gestellt hat. Wurde die Ehe auf Antrag beider Ehegatten geschieden, besteht kein Rechtsschutzinteresse für ein Rechtsmittel, mit dem ein Ehegatte unter Aufrechterhaltung seines Antrages die Abweisung des anderen Antrages erstrebt. Für den Antragsgegner kommt es nicht auf sein Prozessverhalten an, vielmehr darauf, ob er durch die Entsch. materiell beschwert ist.[314] Der Antragsgegner ist auch beschwert, wenn er der Scheidung nicht widersprochen hat oder wenn er mit der Scheidung einverstanden war. Hat er der Scheidung gem. § 1566 Abs. 1 zugestimmt, kann er Rechtsmittel mit dem Ziel einlegen, die Zustimmung zu widerrufen,[315] nicht jedoch, um selbst die Scheidung zu beantragen.[316] Beschwert ist der Antragsgegner auch, wenn der Verbund aufgelöst und die Ehe geschieden wurde.[317] 87

b) Anschlussrechtsmittel. Nach überwM[318] ist für das Anschlussrechtsmittel keine Beschwer erforderlich. Damit kann jeder Ehegatte den Scheidungsausspruch solange anfechten, bis die letzte Rechtsmittelfrist abgelaufen ist; er kann dann trotzdem in der Rechtsmittelinstanz selbst die Scheidung beantragen. 88

c) Rechtsmittel zur Aufrechterhaltung der Ehe. Wegen der **eheerhaltenden Grundtendenz** des Scheidungsverfahrens, ist eine Beschwer nicht erforderlich, wenn der Antragsteller, obwohl er auf seinen Antrag die Scheidung erreicht hat, mit dem Rechtsmittel die Aufrechterhaltung der Ehe erstrebt.[319] Dies ist dann der Fall, wenn der Antragsteller auf den Scheidungsantrag verzichten will oder wenn er beabsichtigt, den Antrag oder seine 89

---

[310] Vgl. OLG Zweibrücken FamRZ 1984, 1031; vgl. auch BGH NJW 1980, 402.

[311] BGH NJW 1983, 179; OLG Karlsruhe FamRZ 1980, 682.

[312] BGH NJW-RR 2005, 118; NJW 1982, 1940; *Baumbach/Hartmann* Vor § 511 ZPO RdNr. 15; *Zöller/Philippi* Vor § 511 ZPO RdNr. 10.

[313] AA RGRK/*Graßhof* RdNr. 130; *Johannsen/Henrich/Jaeger* RdNr. 51, der annimmt, es genüge für ihn die Möglichkeit der Anschlussberufung.

[314] BGH LM ZPO § 511 Nr. 3; BGH LM ZPO § 545 Nr. 6.

[315] BGHZ 89, 325 = NJW 1984, 1302; OLG Stuttgart NJW 1979, 662; *Baumbach/Hartmann* Vor § 606 ZPO RdNr. 5; *Johannsen/Henrich/Jaeger* RdNr. 50.

[316] MünchKommZPO/*Rimmelspacher* Vor §§ 511 ff. RdNr. 22.

[317] BGH NJW 1979, 1603.

[318] BGHZ 37, 133; BGH NJW 1961, 2309; 1980, 702; RGRK/*Graßhof* RdNr. 133, 75; *Staudinger/Rauscher* (2004) RdNr. 122; aA *Stein/Jonas/Grunsky* § 521 ZPO RdNr. 6.

[319] HM; vgl. BGHZ 89, 325 = NJW 1984, 1302 = FamRZ 1984, 350, 351; 1987, 264 m. Anm. *Bosch*; BGH FamRZ 1983, 38; OLG Zweibrücken FamRZ 2007, 2073, 2074; OLG Köln FamRZ 1980, 388; OLG Karlsruhe FamRZ 1980, 1121; MünchKommZPO/*Rimmelspacher* Vor §§ 511 ff. RdNr. 22; *Staudinger/Rauscher* (2004) RdNr. 120; *Johannsen/Henrich/Jaeger* RdNr. 50.

Zustimmung gem. § 630 ZPO aF zurückzunehmen.[320] Zulässig ist das Rechtsmittel auch mit dem Ziel, zur Klage auf Herstellung des ehelichen Lebens überzugehen.[321]

90 **d) Rechtsmittel zum Zweck der Aufhebung der Ehe.** Der Antragsteller kann mit dem Rechtsmittel auch die Aufhebung der Ehe gem. §§ 1313 ff. verlangen, wenn er ohne sein Verschulden erst jetzt von einem Aufhebungsgrund erfährt.[322]

91 **3. Scheidungstatbestände und Beschwer.** Für das EheG war die Wahl des Scheidungstatbestandes von entscheidender Bedeutung, weil die Scheidungsfolgen, insbes. im Unterhaltsrecht, vom Scheidungstatbestand abhingen.[323] Obwohl das Gesetz jetzt nur noch einen Scheidungsgrund enthält und die Scheidungsfolgen bei den vier Scheidungstatbeständen die gleichen sind, räumt das Gesetz den Eheleuten in § 616 Abs. 2, 3 ZPO aF (§ 127 FamFG) die Dispositionsmöglichkeit über den ehefeindlichen Sachvortrag ein und gibt ihnen mit den gestaffelten Scheidungstatbestände die rechtlich geschützte Befugnis, in bestimmten Grenzen zu bestimmen, aus welchem der Tatbestände sie geschieden sein wollen. Nimmt man diese Dispositionsmöglichkeiten des Scheidungsrechts ernst, so ist der Antragsteller auch beschwert, wenn die Ehe auf seinen Antrag aus einem anderen als dem begehrten Tatbestand geschieden wird und der Antragsteller dadurch Nachteile hat.[324] Würde man die Beschwer verneinen,[325] wäre die Verletzung der Intimsphäre eines Ehegatten durch das Gericht, deren Schutz das Gesetz mit den differenzierten Scheidungstatbeständen bezweckt, nicht überprüfbar. Dass sich die Verletzung der Scheidungsdifferenzierung und damit der Intimsphäre nicht mehr rückgängig machen lässt,[326] ist für eine Instanz zwar richtig. Der Antragsteller kann jedoch erreichen, dass seine Intimsphäre jedenfalls in der zweitinstanzlichen Entscheidung nicht mehr ausgebreitet wird.

92 Ein Ehegatte ist auch beschwert, wenn das Gericht nicht den Vermutungstatbestand der Dreijahrestrennung nach § 1566 Abs. 2 zugrunde legt, sondern die Ehe aus dem Grundtatbestand des § 1565 Abs. 1 scheidet.[327] Ebenso ist ein Ehegatte beschwert, wenn das Gericht nicht aus dem Grundtatbestand des § 1565 Abs. 1 nach einjähriger Trennung scheidet, vielmehr iVm. Abs. 2, also über den Antrag hinaus Gründe für die Unzumutbarkeit der Fortsetzung der Ehe ausbreitet. Eine Beschwer liegt auch vor, wenn die Ehegatten die **formalisierte einverständliche Scheidung** nach § 1565 Abs. 1 iVm. § 1566 Abs. 1, § 630 ZPO aF beantragen, das Gericht jedoch obligatorische Folgesachen abtrennt und aus dem Dreijahrestatbestand oder dem Grundtatbestand scheidet.[328]

93 Der **Antragsteller** ist **nicht beschwert,** wenn statt der Scheidung aus dem Grundtatbestand die Vermutung des Scheiterns nach § 1566 Abs. 2 eingreift und die **Ehe schonender geschieden** wird.[329] Eine Beschwer entsteht für den Antragsteller auch dann nicht, wenn er Scheidungsanträge gleichwertig nebeneinander gestellt hatte. Laufen nach dem Schluss der letzten mündlichen Verhandlung Fristen ab und wäre dann zB die Scheidung über die Dreijahresvermutung des § 1566 Abs. 2 begründet, so liegt keine Beschwer vor, weil die Ehe aus dem geltend gemachten begründeten Antrag geschieden wurde.[330] Ist nach

---

[320] OLG Karlsruhe FamRZ 1980, 1121; *Staudinger/Rauscher* (2004) RdNr. 120; BGH NJW 1984, 1302; BGH NJW-RR 1987, 387.

[321] BGHZ 24, 369, 371 = NJW 1957, 1401.

[322] Zur Aufhebung gem. §§ 28 ff. EheG vgl. BGHZ 39, 179, 182 = NJW 1963, 1353; BGH LM EheG § 41 Nr. 1 = NJW 1972, 1710; OLG Hamm FamRZ 1963, 255; RGRK/*Graßhof* RdNr. 128; *Baumbach/Hartmann* Vor § 606 ZPO RdNr. 6.

[323] Vgl. RGRK/*Wüstenberg* 11. Aufl. § 41 EheG Anm. 68.

[324] *Staudinger/Rauscher* (2004) RdNr. 121; aA *Johannsen/Henrich/Jaeger* RdNr. 48.

[325] So RGRK/*Graßhof* RdNr. 129; *Johannsen/Henrich/Jaeger* RdNr. 48; vgl. auch BGH LM ZPO §§ 511 ff. Nr. 35.

[326] So RGRK/*Graßhof* RdNr. 129; *Johannsen/Henrich/Jaeger* RdNr. 48.

[327] *Staudinger/Rauscher* (2004) RdNr. 121.

[328] So auch *Johannsen/Henrich/Jaeger* RdNr. 48; vgl. auch BGH FamRZ 1979, 690; BGH FamRZ 1996, 1070; für die ab dem 1. 9. 2009 anhängigen Verfahren ist § 630 ZPO weggefallen.

[329] *Staudinger/Rauscher* (2004) RdNr. 121.

[330] AA *Johannsen/Henrich/Jaeger* RdNr. 49, der damit einräumt, dass ein anderer Scheidungstatbestand zur Beschwer führen kann; vgl. jedoch BGH FamRZ 1978, 328, 329.

allgemeinen Regeln eine Beschwer gegeben und das Rechtsmittel zulässig, ist die nachträgliche Umstellung auf einen anderen Scheidungstatbestand zulässig (§ 611 ZPO aF, § 113 Abs. 4 Nr. 2 FamFG).[331]

Der **Antragsgegner** ist immer beschwert, wenn die Ehe geschieden wird, ohne dass er die Scheidung beantragt oder ihr zugestimmt hatte. Er kann mit seinem Rechtsmittel auch die Scheidung aus einem schonenderen Tatbestand anstreben.[332] Er ist nicht beschwert, wenn die Abweisung des Scheidungsantrags auf die von ihm nicht geltend gemachte Härteklausel gestützt wird statt darauf, dass die Ehe nicht gescheitert sei. Gegen die Abweisung des Scheidungsantrages des anderen Ehegatten steht ihm auch dann kein Rechtsmittel zu, wenn er in der zweiten Instanz selbst die Scheidung beantragen will; er darf sich jedoch dem Rechtsmittel des Antragstellers mit diesem Ziel anschließen.[333] 94

XVI. Rechtsmittelverzicht

1. Zulässigkeit. Der Rechtsmittelverzicht im Scheidungsverfahren ist nach allgemeinen Regeln zulässig; er wird in § 617 ZPO aF nicht ausgeschlossen.[334] Im Verbundverfahren enthält § 629 a Abs. 4 ZPO aF (§§ 144, 145 FamFG) eine Sonderregelung für ein Anschlussrechtsmittel gegen den Ausspruch der Scheidung: Der Verzicht auf das Anschlussrechtsmittel kann schon vor Einlegung des Hauptrechtsmittels erfolgen, wenn die Ehegatten auf Rechtsmittel gegen den Scheidungsausspruch selbst verzichtet haben. 95

2. Vor Erlass der Entscheidung. Der Verzicht auf ein später mögliches Rechtsmittel untersteht nicht dem Prozessrecht, sondern dem bürgerlichen Recht. Gegen die Wirksamkeit einer Vereinbarung der Ehegatten, gegen die Scheidung kein Rechtsmittel einzulegen, sondern sich der unter Anwendung der Scheidungsvorschriften zustande gekommenen Entscheidung zu unterwerfen, bestehen keine Bedenken.[335] Als Erklärung des bürgerlichen Rechts unterliegt sie nicht dem Anwaltszwang,[336] gibt aber nur eine Einrede gegen ein trotzdem eingelegtes Rechtsmittel; die Entscheidung wird damit nicht mit der Verkündung, sondern erst mit Ablauf der Rechtsmittelfrist rechtskräftig.[337] 96

3. Nach Erlass der Entscheidung. a) Prozesshandlung. Der Rechtsmittelverzicht kann als Prozesshandlung nach Verkündung des Scheidungsausspruchs gegenüber dem Gericht erklärt werden; er unterliegt dann dem Anwaltszwang.[338] Ein Rechtsmittelverzicht ist als Prozesshandlung unwiderruflich und kann nicht nach den Vorschriften über die Anfechtung einer Willenserklärung angefochten werden. Ein trotzdem eingelegtes Rechtsmittel ist unzulässig.[339] Ein Rechtsmittelverzicht ist nicht deshalb unwirksam, weil eine Scheidung ausgesprochen wird, die dem Gesetz nicht entspricht.[340] Das Urteil wird mit dem wirksamen Rechtsmittelverzicht, nicht erst mit Ablauf der Rechtsmittelfrist oder dann rechtskräftig, wenn das Rechtsmittel als unzulässig verworfen wird.[341] Ist der Rechtsmittel- 97

---

331 BGH FamRZ 1964, 38.

332 *Staudinger/Rauscher* (2004) RdNr. 122.

333 RGZ 123, 364, 366; 158, 199, 202.

334 BGH NJW 1974, 1248; 1984, 2829; OLG Zweibrücken FamRZ 1994, 1045; MünchKommZPO/*Finger* § 629 a RdNr. 39; *Baumbach/Hartmann* § 617 ZPO RdNr. 5; *Johannsen/Henrich/Sedemund-Treiber* § 629 a ZPO RdNr. 19.

335 BGH NJW 2002, 2108; 1986, 198 mwN; OLG Zweibrücken FamRZ 1994, 1045; *Baumbach/Hartmann* § 515 ZPO RdNr. 6; § 617 ZPO RdNr. 5; *Johannsen/Henrich/Jaeger* RdNr. 35; RGRK/*Graßhof* RdNr. 22; *Stein/Jonas/Grunsky* § 514 ZPO RdNr. 5.

336 Vgl. BGH NJW 1986, 198; 1984, 805; 1974, 1248; RGRK/*Graßhof* RdNr. 89; *Zöller/Vollkommer* § 78 ZPO RdNr. 15, 19.

337 BGH NJW 1986, 198; *Baumbach/Hartmann* § 517 ZPO RdNr. 5; *Stein/Jonas/Schlosser* § 617 ZPO RdNr. 6; *Zöller/Heßler* § 515 ZPO RdNr. 14.

338 BGH NJW 1984, 1465; 1981, 2816; OLG Düsseldorf FamRZ 1980, 709; *Zöller/Vollkommer* § 78 ZPO RdNr. 19; *Zöller/Heßler* § 515 ZPO RdNr. 4.

339 BGHZ 27, 61; *Baumbach/Hartmann* § 617 ZPO RdNr. 5; BGH LM ZPO § 516 Nr. 5.

340 BGH NJW 1968, 794; *Baumbach/Hartmann* § 617 ZPO RdNr. 5.

341 *Baumbach/Hartmann* § 515 ZPO RdNr. 12; *Stein/Jonas/Schlosser* § 617 ZPO RdNr. 6.

verzicht gegenüber dem Gericht wirksam erklärt, ist er **von Amts wegen zu beachten.** Ist die Scheidungssache in die Rechtsmittelinstanz gelangt, muss jedoch auch auf das Recht aus § 629 c ZPO aF (§ 147 FamFG) verzichtet werden.

98 **b) Bürgerlich-rechtliche Vereinbarung.** Auch nach Erlass des Urteils können die Ehegatten gegenseitig bürgerlich-rechtlich ohne Anwaltszwang vereinbaren, ein Rechtsmittel nicht einzulegen.[342] Das trotzdem eingelegte Rechtsmittel ist nicht ohne weiteres unzulässig, der anderen Partei erwächst vielmehr eine **Einrede gegen das Rechtsmittel.**[343] Gegenüber der Einrede des Rechtsmittelverzichts ist auch die Gegeneinrede der Arglist zulässig.[344] Die Rechtskraft der Scheidung tritt erst mit dem Ablauf der Rechtsmittelfrist oder der Rechtskraft der Verwerfung des Rechtsmittels ein.[345]

99 **4. Verzicht auf Anschlussrechtsmittel.** Der Rechtsmittelverzicht der Ehegatten führt nicht zur Rechtskraft des Scheidungsausspruchs, solange Dritte in Folgesachen Rechtsmittel einlegen können und eine Anschließung eines Ehegatten möglich wird.[346] Die Ehegatten können jedoch auch auf das Anschlussrechtsmittel, nach § 629 a Abs. 4 ZPO aF (§ 144 FamFG) auch schon vor Einlegung des Rechtsmittels, **verzichten,**[347] wobei für die Scheidungssache in der Rechtsmittelinstanz auch auf den Antrag aus § 629 c ZPO aF verzichtet werden kann.[348] In einem allgemeinen Rechtsmittelverzicht, vor allem, wenn auf die Begründung der Entscheidung verzichtet wird, kann ein Verzicht auf Anschlussrechtsmittel enthalten sein,[349] es empfiehlt sich jedoch, Anschlussrechtsmittel im Verzicht ausdrücklich zu erwähnen.

XVII. Auflösung der Ehe mit der Rechtskraft des Scheidungsausspruchs[350]

100 **1. Eintritt der formellen Rechtskraft.** Nach § 705 ZPO, der auch für Ehescheidungsurteile gilt, tritt die formelle Rechtskraft ein, wenn der **Rechtsmittelzug erschöpft** ist, wenn die Rechtsmittelberechtigten durch Prozesserklärung auf die Einlegung des **Rechtsmittels verzichtet** haben oder wenn die **Rechtsmittelfristen verstrichen** sind. Wegen des im Rechtsmittelverfahren fortgesetzten Verbundes mit Folgesachen wird der Scheidungsausspruch zunächst nicht rechtskräftig, wenn in einer Folgesache Rechtsmittel eingelegt werden.

101 **a) Rechtskraft des Scheidungsausspruchs 1. Instanz.** In der Praxis kommen Rechtsmittel gegen den Scheidungsausspruch selbst nur sehr selten vor. Enthält der Scheidungsausspruch des FamG keine im Verbund entschiedenen Sachen (§ 621 ZPO aF, § 137 FamFG), so wird es formell rechtskräftig, wenn es nicht innerhalb der Rechtsmittelfrist des § 517 ZPO aF (§ 117 FamFG) angefochten wird oder prozessual wirksam auf Rechtsmittel verzichtet wird. Ein unzulässiges, aber rechtzeitig eingelegtes Rechtsmittel hemmt die Rechtskraft des Scheidungsausspruchs; hingegen beeinflusst das verspätete oder trotz wirksamen Rechtsmittelverzichts eingelegte Rechtsmittel den Zeitpunkt der Rechtskraft nicht mehr.[351]

102 In der Praxis steht nicht die Abwehr der Scheidung, sondern die Anfechtung der mit der **Scheidung im Verbund** stehenden Folgesachen im Vordergrund. Da die Rechtsmittelfrist für jede Teilentsch. getrennt läuft und für jeden Beteiligten mit der Zustellung an ihn zu

---

[342] *Zöller/Heßler* § 515 ZPO RdNr. 14.

[343] *Zöller/Heßler* § 515 ZPO RdNr. 14; *Baumbach/Hartmann* § 617 ZPO RdNr. 5.

[344] BGH NJW 1968, 794; *Baumbach/Hartmann* § 617 ZPO RdNr. 5.

[345] *Baumbach/Hartmann* § 617 ZPO RdNr. 5.

[346] Vgl. BGH NJW 1980, 702.

[347] BGH NJW 1980, 702; OLG Düsseldorf FamRZ 1978, 920; OLG Karlsruhe FamRZ 1978, 820; OLG Düsseldorf FamRZ 1980, 709; KG NJW 1980, 843; *Baumbach/Hartmann* § 629 a ZPO RdNr. 25; *Johannsen/Henrich/Sedemund-Treiber* § 629 a ZPO RdNr. 19; *Musielak/Borth* § 629 a ZPO RdNr. 32.

[348] OLG Düsseldorf FamRZ 1985, 300; OLG München FamRZ 1985, 502; *Walter* FamRZ 1983, 1153; *Henrich* StAZ 1981, 69; *Rüffer* FamRZ 1979, 405, 412; vgl. auch *Zöller/Philippi* § 629 a ZPO RdNr. 41; *Baumbach/Hartmann* § 629 a ZPO RdNr. 25; *Stein/Jonas/Schlosser* § 629 a ZPO RdNr. 41.

[349] OLG Köln FamRZ 1986, 482; *Baumbach/Hartmann* § 629 a ZPO RdNr. 9.

[350] Die Ehescheidung wird künftig durch Beschluss ausgesprochen werden, vgl. §§ 116, 142 FamFG.

[351] BGHZ 109, 211 = NJW 1984, 1027 = FamRZ 1984, 975.

laufen beginnt, ist der Eintritt der Rechtskraft der Scheidung in einer Art **Stufenfolge** zu bestimmen, die der Gesetzgeber im UÄndG vom 20. 2. 1986[352] vorgesehen hat: Werden nur Folgesachen angefochten, stehen sie auch ohne Scheidungssache untereinander im Verbund (§ 629a Abs. 2, 3 ZPO aF); die nachträgliche Anfechtung der zunächst nicht angefochtenen Scheidung wird durch § 629a Abs. 3 ZPO aF auf einen Monat nach Zustellung der Rechtsmittelbegründung für die angefochtene Folgesache beschränkt. Da aber die Beteiligten Anschlussrechtsmittel einlegen können, beginnt mit der Zustellung der Rechtsmittelbegründung des Anschlussrechtsmittels eine **weitere Monatsfrist,** in der die weiteren, noch nicht angefochtenen Teile der Verbundentsch., also auch die Ehesache, angefochten werden können. Wird nur eine andere Folgesache angefochten, beginnt mit der Zustellung der Rechtsmittelbegründung wieder eine neue Rechtsmittelfrist.[353] Die Scheidungssache erlangt erst Rechtskraft, wenn nach der Zustellung der letzten Rechtsmittelbegründung in einer Folgesache[354] ein Monat abgelaufen ist (vgl. nun § 145 FamFG). Die bisher nicht praktisch gewordene Folgenaufhebung gem. § 629c ZPO aF in der 3. Instanz kann hinsichtlich des Scheidungsausspruchs ebenfalls nur noch innerhalb eines Monats beantragt werden (§ 147 FamFG). Jeder Ehegatte ist damit vor überraschenden Rechtsmitteln des anderen Ehegatten geschützt, er kann innerhalb eines Monats die zusammengehörende Entscheidung dem Rechtsmittelgericht unterbreiten und wieder eine Gesamtentscheidung erreichen. Hat ein Ehegatte selbst in einer Folgesache Rechtsmittel eingelegt, darf er es allerdings nach Ablauf der Begründungsfrist nicht mehr auf die Scheidungssache erweitern.[355] Durch einen umfassenden Rechtsmittelverzicht können die Parteien nach § 629a Abs. 4 ZPO aF (§ 144 FamFG) die Rechtskraft des Scheidungsausspruchs sofort herbeiführen.

b) Rechtskraft der Berufungsentscheidung. Durch das Zivilprozessreformgesetz – ZPO-RG – v. 27. 7. 2001 (BGBl. I S. 1887) wurde der Zugang zur Revisionsinstanz gänzlich neu geregelt. Danach ist die **Revision** in Familiensachen nur statthaft, wenn die Berufung als unzulässig verworfen wurde oder das OLG die Revision im Urteil zugelassen ist; eine Nichtzulassungsbeschwerde findet – befristet bis zum 1. 1. 2020[356] – nicht statt (§§ 543, 544 ZPO, § 621e Abs. 2 S. 1 Nr. 2 ZPO aF, § 26 Nr. 9 EGZPO). Es stellt sich die Frage, ob die Entscheidung des OLG, wenn in Folgesachen nach § 621d ZPO aF oder den Regeln für FGG-Verfahren ebenfalls kein Rechtsmittel mehr in Betracht kommt, bereits mit seiner Verkündung oder erst mit dem Ablauf der Revisionsfrist rechtskräftig wird. Der **Gemeinsame Senat der Obersten Gerichtshöfe des Bundes**[357] hat zum früheren Revisionsrecht die Rechtskraft auch in den Fällen, in denen die Revision nicht zugelassen ist, vom Ablauf der Rechtsmittelfrist des an sich „statthaften“ Rechtsmittels „Revision“ abhängig gemacht. Auch für den Fall der Nichtzulassungsbeschwerde hat der BGH entschieden, dass die Rechtskraft des Berufungsurteils nicht bereits mit dessen Erlass, sondern mit der Zustellung des die Nichtzulassungsbeschwerde zurückweisenden Beschlusses des BGH eintritt.[358] Ob das allerdings auch in Familiensachen gilt, in denen die Bestimmungen über die Nicht- 103

[352] BGBl. 1986 I S. 301; vgl. dazu *Sedemund-Treiber* FamRZ 1986, 209, 212; *Diederichsen* NJW 1986, 1462, 1467; *Walter* JZ 1986, 360; *Jaeger* FamRZ 1985, 865.

[353] Vgl. die Darstellung der Stufenfolge bei *Sedemund-Treiber* FamRZ 1986, 209, 211 ff., die dies als relativ einfaches System bezeichnet, und *Johannsen/Henrich/Sedemund-Treiber* § 629a ZPO RdNr. 7 ff.; MünchKommZPO/*Finger* § 629a RdNr. 12 ff.

[354] Vgl. auch OLG Bamberg FamRZ 1982, 317.

[355] BGHZ 12, 53, 67; BGH NJW 1971, 33; OLG Zweibrücken FamRZ 1982, 621; RGRK/*Graßhof* RdNr. 73.

[356] Für Verfahren nach bisherigem Recht verlängert durch Art. 9 Abs. 3 des Gesetzes zur Modernisierung von Verfahren im anwaltlichen und notariellen Berufsrecht, zur Errichtung einer Schlichtungsstelle der Rechtsanwaltschaft sowie zur Änderung sonstiger Vorschriften v. 30. 7. 2009, BGBl. I S. 2449. Das FGG-RG sieht für Verfahren nach dem FamFG die Nichtzulassungsbeschwerde nicht mehr vor.

[357] GemS BGHZ 88, 353 = NJW 1984, 1027 = FamRZ 1984, 975; BGHZ 109, 211; vgl. *Borgmann* FamRZ 1985, 321, 336.

[358] BGH NJW 2005, 3724.

zulassungsbeschwerde außer im Falle der Verwerfung der Berufung keine Anwendung finden, erscheint zweifelhaft, weil eine Nichtzulassungsbeschwerde derzeit – und nach dem FGG-RG auch zukünftig – nicht vorgesehen ist.

104 Das Revisionsgericht kann gem. § 629 c ZPO aF die nicht angefochtene Scheidungssache nur noch dann aufheben und zur gemeinsamen Entsch. an das OLG zurückverweisen, wenn dies ein Ehegatte innerhalb eines Monats nach Zustellung der Rechtsmittelbegründung beantragt hat (§ 629 c S. 2 ZPO aF, § 147 FamFG).

105 **2. Auflösung der Ehe. a) Gestaltungswirkung.** Mit der formellen[359] Rechtskraft des Scheidungsausspruchs tritt die **Gestaltungswirkung** ein: Die Ehe wird aufgelöst. Bis zu diesem Zeitpunkt kann der Scheidungsantrag mit Zustimmung des anderen Ehegatten zurückgenommen werden, der Tod eines Ehegatten beendet das Verfahren gem. § 619 ZPO aF (§ 131 FamFG), ein noch nicht rechtskräftiger Scheidungsausspruch wird wirkungslos, Folgesachenregelungen entfallen, auch wenn sie bereits rechtskräftig waren.[360] Die im Verbund entschiedenen **Folgesachen** werden grundsätzlich erst mit der Rechtskraft der Scheidung wirksam (§ 629 d ZPO aF, § 148 FamFG). Damit erlangt der Zeitpunkt der formellen Rechtskraft insbes. im Versorgungsausgleich und im Unterhaltsrecht entscheidende Bedeutung. Weil die Entscheidung dabei unmittelbar Rechte begründet und beendet, wirkt sie für und gegen alle.[361] Diese Wirkungen entstehen unabhängig davon, ob die Ehegatten von der Rechtskraft Kenntnis haben.[362] Die Ehe bleibt für die Vergangenheit voll wirksam, die Auflösung wirkt erst ab dem Zeitpunkt der Rechtskraft für die Zukunft. Vor Eintritt der Rechtskraft entfaltet der Scheidungsausspruch selbst keine Wirkungen. Nach § 704 Abs. 2 ZPO (vgl. §§ 120 Abs. 2 S. 1, 116 Abs. 2 FamFG) darf ein Urteil in einer Ehesache nicht für vorläufig vollstreckbar erklärt werden. Dieses Verbot der vorläufigen Vollstreckbarkeit ist nicht auf Folgesachen ausgedehnt,[363] ihre Vollstreckung wird aber nach § 629 d ZPO aF erst mit der Rechtskraft der Scheidung möglich.[364] Eine Vollstreckungsgegenklage nach § 767 ZPO läuft ins Leere, weil die Gestaltungswirkung des Urteils unmittelbar eintritt und eine Vollstreckung nicht stattfindet.

106 **b) Rechtskraftzeugnis.** Die Rechtskraft eines Scheidungsausspruchs tritt ein, wenn die dafür erforderlichen Bedingungen erfüllt sind. Das Rechtskraftzeugnis gem. § 706 Abs. 1 ZPO dient dem Nachweis der formellen Rechtskraft, es stellt die Rechtskraft jedoch nicht verbindlich fest, wenn sie tatsächlich nicht eingetreten ist.[365]

107 **c) Erneute Ehe.** Mit der Rechtskraft des Scheidungausspruchs wird das Ziel, den Streit zu beenden und den Rechtsfrieden wiederherzustellen, erreicht.[366] Jeder Ehegatte kann eine neue Ehe eingehen. Eheverbote als Folge eines Scheidungausspruchs kennt das geltende Recht nicht. Ein hoher Anteil der Geschiedenen geht eine neue Ehe ein.

108 **3. Wegfall der Rechtskraft.** Wiedereinsetzung in den vorigen Stand nach § 233 ZPO und die Wiederaufnahme des Verfahrens mit dem Ziel, das Scheidungsurteil rückwirkend zu beseitigen, bleiben grundsätzlich zulässig, auch wenn inzwischen eine Partei oder beide

---

[359] Ob Gestaltungsurteile neben der Gestaltungswirkung auch der materiellen Rechtskraft fähig sind, ist umstritten, vgl. BGH LM § 826 [Fa] Nr. 6; BAG JZ 1973, 561, 563; *Kegel* und *Lüderitz* FamRZ 1964, 57, 58; *Habscheid* FamRZ 1973, 431; *Niklisch,* Die Bindung der Gerichte an gestaltende Gerichtsentscheidungen und Verwaltungsakte, 1966.

[360] OLG Koblenz FamRZ 1980, 717; OLG Hamm JMBl. NRW 1978, 52; LSG Essen FamRZ 1982, 1037 m. Anm. *Rüffer*; *Soergel/Heintzmann* RdNr. 25.

[361] *Johannsen/Henrich/Jaeger* RdNr. 60; vgl. auch *Philippi* FamRZ 1982, 693 für die Arbeitsgerichte.

[362] RGZ 75, 276, 282; *Staudinger/Rauscher* (2004) RdNr. 80.

[363] OLG München FamRZ 1981, 481; OLG Bamberg FamRZ 1990, 184; *Johannsen/Henrich/Sedemund-Treiber* § 629 d ZPO RdNr. 14; *Zöller/Philippi* § 629 d ZPO RdNr. 12; *Musielak/Borth* § 629 d ZPO RdNr. 7.

[364] Nach § 116 Abs. 3 FamFG werden Endentscheidungen in Familienstreitsachen erst mit Rechtskraft wirksam. Das Gericht kann aber ihre sofortige Wirksamkeit anordnen und soll dies tun, wenn die Entscheidung eine Verpflichtung zur Leistung von Unterhalt enthält.

[365] BGHZ 31, 388 = NJW 1960, 671; BGH FamRZ 1971, 635.

[366] *Diederichsen* ZZP 91 (1978), 397, 443.

Parteien wieder geheiratet haben.[367] Zu bedenken ist hier insbes., in welchen Fällen solche außergewöhnlichen Behelfe rechtsmissbräuchlich sein können.[368] Der Verbund mit Folgesachen beeinflusst die Wirksamkeit des Scheidungsurteils nur, solange er besteht; deshalb berührt die Wiederaufnahme einer Folgesache die rechtskräftige Scheidung der Ehe nicht mehr,[369] während die Wiederaufnahme des Scheidungsausspruchs Folgesachen umfasst.[370]

4. Erschlichene Scheidung. Auch eine unrichtige, erschlichene Scheidung löst die Ehe 109 auf.[371] Die unter der Geltung des Verschuldensprinzips viel diskutierte Problematik der Erwirkung eines unrichtigen Scheidungsurteils ist für das heutige Scheidungsrecht unbedeutend. Das Erwirken eines unrichtigen Scheidungsausspruchs kommt nur noch in Betracht, wenn die Ehe in Wahrheit nicht gescheitert ist. Hingegen ist nach der Grundaussage des § 1565 Abs. 1 die vorzeitige Scheidung einer gescheiterten Ehe keine falsche Scheidung iSd. § 826. Dass eine nicht gescheiterte Ehe geschieden wird, ist angesichts des arglistigen Verhaltens eines Ehegatten ganz unwahrscheinlich, weil dieser gerade durch sein Verhalten die endgültige Abkehr von der Ehe beweist.[372] Wirken die Ehegatten zusammen, um den Fristablauf vorzuschwindeln, scheidet Arglist ohnehin aus.

XVIII. Rechtskraftwirkung der Abweisung des Scheidungsantrags

1. Allgemeines. Die Rechtskraftwirkung der Abweisung eines Scheidungsantrages be- 110 stimmt sich allein nach § 322 Abs. 1 ZPO.[373] Sie tritt immer nur so weit ein, wie über das durch Klage erhobene Begehren entschieden ist. Das Gericht darf nicht noch einmal oder gar anders über dieselbe Sache entscheiden. Die **Rechtskraft** reicht nur so weit, wie der **in der Entscheidungsformel enthaltene Gedanke** reicht.[374] Sie erfasst, wie zu § 48 EheG eingehend entwickelt worden ist,[375] nur die Elemente des Tatbestandes, über die entschieden worden ist. Für die übrigen Elemente trat keine Präklusion ein.[376]

Die Vorstellung, wegen des einheitlichen Streitgegenstandes „Scheitern" werde der An- 111 tragsteller mit allen Scheidungsvarianten abgewiesen, auch mit denen, die er nicht geltend gemacht habe, so dass mit der Abweisung des Scheidungsantrags rechtskräftig feststehe, dass er im Zeitpunkt der letzten mündlichen Verhandlung keinen Scheidungsanspruch gehabt habe,[377] ist mit der Streitgegenstandslehre nicht vereinbar und führt zu Ergebnissen, die vom Gesetz nicht gewollt sind. Sie wird dadurch abgemildert, dass auch die Vertreter dieser Ansicht die Mitberücksichtigung von Alttatsachen im neuen Verfahren zulassen, wenn sie zusammen mit neuen Tatsachen die Feststellung des Scheiterns der Ehe nunmehr begründen.[378] Überzeugender scheint es, die Rechtskraft von vorneherein auf die in der Urteilsformel enthaltenen Gedanken zu beschränken, also auf das fehlende Tatbestandsmerkmal, auf das die Abweisung gestützt wurde.[379] Allerdings wird man auch insoweit fordern müssen,

---

[367] BGH NJW 1976, 1590; BGH FamRZ 1963, 132; BGHZ 8, 284 = NJW 1953, 423; BGH LM EheG § 48 Nr. 33; BGH NJW 1959, 45; MünchKommZPO/*Braun* § 578 RdNr. 16; *Staudinger/Rauscher* (2004) RdNr. 91; RGRK/*Graßhof* RdNr. 67, 96, 135.

[368] BGHZ 30, 140; OLG Frankfurt FamRZ 1978, 922; *Johannsen/Henrich/Jaeger* RdNr. 58; *Staudinger/Rauscher* (2004) RdNr. 93; *Zöller/Greger* Vor § 578 ZPO RdNr. 10; aA RGRK/*Graßhof* RdNr. 135.

[369] *Bergerfurth* FamRZ 1982, 563, 565.

[370] MünchKommZPO/*Braun* § 578 RdNr. 16.

[371] BGHZ 40, 133 = NJW 1964, 349; *Staudinger/Rauscher* (2004) RdNr. 82; *Johannsen/Henrich/Jaeger* RdNr. 59.

[372] *Johannsen/Henrich/Jaeger* RdNr. 59; *Staudinger/Rauscher* (2004) RdNr. 82 bis 84.

[373] *Johannsen/Henrich/Jaeger* RdNr. 52; *Staudinger/Rauscher* (2004) RdNr. 71.

[374] Vgl. BGH NJW 1985, 2022 mwN; krit. *Staudinger/Rauscher* (2004) RdNr. 66, 67.

[375] Vgl. *Hoffmann-Stephan* § 41 EheG RdNr. 116 ff.; RGRK/*Wüstenberg* 11. Aufl. § 41 EheG Anm. 118 ff.; BGHZ 45, 329; vgl. *Knütel* FamRZ 1985, 1089, 1092 zur Wirkung des Verzichts.

[376] BGHZ 32, 185; BGH LM ZPO § 328 Nr. 10; *Hoffmann-Stephan* § 41 EheG RdNr. 119, 127.

[377] *Johannsen/Henrich/Jaeger* RdNr. 53; vgl. auch *Rauscher* § 21 RdNr. 511.

[378] *Johannsen/Henrich/Jaeger* RdNr. 53; *Staudinger/Rauscher* (2004) RdNr. 72, 74; *Rauscher* § 21 RdNr. 511; *Soergel/Heintzmann* RdNr. 38; *Bamberger/Roth/Neumann* RdNr. 23.

[379] *Soergel/Heintzmann* RdNr. 38; *A. Wolf*, FS Rebmann, S. 703, 717.

dass ein neuer Scheidungsantrag nicht allein auf Tatsachen gestützt werden kann, die vor der letzten mündlichen Verhandlung im Vorprozess liegen und die im alten Verfahren hätten verwertet werden können.[380] Insbes. für die Feststellung, ob eine Ehe gescheitert ist, aber auch für die Wertung der Härtegründe nach § 1568 ist idR eine Vielzahl von Umständen aus der Biografie der Ehe maßgeblich. Die erforderliche Gesamtbewertung würde unzulässig verkürzt, wenn für die von der Rechtskraft erfassten Umstände nur Tatsachen berücksichtigt werden dürften, die nach der letzten mündlichen Verhandlung entstanden sind. Deshalb führen zwar nur **neue Tatsachen,** die den zur Abweisung maßgeblichen Umstand betreffen müssen, zur Zulässigkeit eines erneuten Scheidungsantrages, sie sind jedoch **gemeinsam mit den früheren Umständen** in einer Gesamtschau zu werten.[381] Eine neue Tatsache kann auch iVm. einer alten zu einer neuen Haltung eines Ehegatten und damit zum Scheitern der Ehe geführt haben.[382]

112 **2. Ablauf der Trennungszeit.** Wird ein Antrag nur deshalb abgewiesen, weil eine erforderliche **Trennungszeit noch nicht abgelaufen** ist, kann der Antrag wiederholt werden, sobald – zusammen mit der schon vor der letzten mündlichen Verhandlung abgelaufenen Trennungszeit – die genannte Trennungszeit verstrichen ist.[383] Die Einrechnung der früheren Trennungszeit ist allerdings dann nicht möglich, wenn die abweisende erste Entscheidung auf einem Verzicht auf den Scheidungsanspruch beruhte.[384]

113 Wurde in der abweisenden Entscheidung festgestellt, dass die erforderliche Trennungsfrist vorliegt oder dass die Ehe gescheitert ist, so müssen diese Elemente im neuen Verfahren erneut festgestellt werden, weil sie sich geändert haben können. Dem Antragsgegner darf nicht aufgebürdet werden, diese Feststellungen durch eigene Anträge anzugreifen.

114 **3. Schutzklauseln.** Wird ein Scheidungsantrag abgewiesen, weil die **Kinderschutzklausel** oder die **Härteklausel** des § 1568 angewendet wird, so kann der Scheidungsantrag wiederholt werden, wenn die Härtegründe für ein Kind oder den anderen Ehegatten entfallen sind oder wenn der andere Ehegatte sich nicht mehr auf die Härteklausel beruft.[385] Dies entspricht der st. Rspr. zum Widerspruchsrecht des § 48 Abs. 2 EheG und auch zur Kinderschutzklausel des § 48 Abs. 3 EheG.[386]

XIX. Folgen der Scheidung

115 **1. Änderung der Rechtsbeziehungen.** Die Wirkungen der Ehe werden mit der Rechtskraft der Scheidung beendet.[387] Rechte und Pflichten der Ehegatten zueinander hören jedoch nicht notwendig und auch nicht regelmäßig auf.[388] Das Gesetz verwendet mit dem Verbundverfahren außerordentliche Mühe darauf, die Ehegatten auf ihre nachehelichen Pflichten hinzuweisen; zumindest der Versorgungsausgleich ist von Amts wegen (§ 623 Abs. 3 ZPO aF, § 137 Abs. 2 Nr. 1 FamFG) mitzuregeln, weitere Folgesachen können mit der Scheidungssache verbunden werden (§§ 623 Abs. 1, 2, 621 Abs. 1, 630 ZPO aF, vgl. auch § 137 FamFG). Jede Beziehung der Ehegatten ist besonders darauf zu untersuchen, ob sie erlischt, ob sie sich wandelt oder ob sie befristet oder auf Dauer fortbesteht. Ungerechtfertigt ist es, daneben und darüber hinaus als Nachwirkung der Ehe eine fortwährende

[380] *Rauscher* § 21 RdNr. 511.

[381] BGH FamRZ 1968, 139, 141; NJW 1967, 1417; *Soergel/Heintzmann* RdNr. 59; *Johannsen/Henrich/Jaeger* RdNr. 53; *Rauscher* § 21 RdNr. 511.

[382] BGH NJW 1967, 1417; FamRZ 1966, 345; BGHZ 45, 29.

[383] *Staudinger/Rauscher* (2004) RdNr. 75; *Johannsen/Henrich/Jaeger* RdNr. 54; BGH FamRZ 1980, 124 für die vor dem Inkrafttreten des 1. EheRG verstrichene Trennung.

[384] BGH NJW 1986, 2046 = FamRZ 1986, 655, 656; vgl. dazu *Richter* JR 1986, 17.

[385] *Johannsen/Henrich/Jaeger* RdNr. 71; *Staudinger/Rauscher* (2004) RdNr. 78; RGRK/*Graßhof* RdNr. 60, 61; vgl. auch Entwurf 73 S. 116; zur selbstständigen Bindungswirkung jeder Teilbegr. vgl. BGHZ 36, 357; BGH FamRZ 1963, 439.

[386] BGHZ 45, 329, 334 ff.; 36, 357; 32, 186; 29, 380; OLG Schleswig NJW 1953, 308.

[387] *Johannsen/Henrich/Jaeger* RdNr. 61; RGRK/*Graßhof* RdNr. 141.

[388] *Staudinger/Rauscher* (2004) Vor § 1564 RdNr. 43; *Johannsen/Henrich/Jaeger* RdNr. 62, 63.

Verantwortung der geschiedenen Ehegatten füreinander anzunehmen.[389] **Mit der Scheidung erlöschen** die persönlichen Bindungen der Ehegatten nach den Vorschriften der §§ 1353 bis 1362, insbesondere auch der Anspruch auf Trennungsunterhalt nach § 1361.[390] Die Pflicht zur Lebensgemeinschaft (§ 1353) entfällt, Rechte und Pflichten bei der Haushaltsführung, der Erwerbstätigkeit und der Schlüsselgewalt nach §§ 1356, 1357 entfallen auch dann, wenn die früheren Ehegatten weiter oder erneut zusammenleben. Sie sind dann nicht mehr Ehegatten einer bestehenden Ehe. Die Schlüsselgewalt gilt nach den Vorschriften der §§ 674, 169, 173 auch dann nicht als fortbestehend, wenn der Ehegatte oder ein Dritter das Ende der Ehe nicht kannte und nicht kennen musste.[391] Der Umfang der Sorgfaltspflicht bestimmt sich nicht mehr nach § 1359.[392] Die Hemmung der Verjährung gegenseitiger Ansprüche nach § 207 Abs. 1 S. 1 entfällt. Die Pflicht, bei der Steuerveranlagung mitzuwirken,[393] bezieht sich nur noch auf die Ehezeit.

2. Personenrechtliche Folgen. Jeder der jetzt als geschiedener Ehegatte oder früherer 116
Ehegatte zu Bezeichnende kann **wieder heiraten.**[394] Mit dem Tod des früheren Ehegatten ist eine Witwerstellung nicht verbunden. Die früheren Ehegatten bleiben Angehörige gem. § 11 Abs. 1 Nr. 1 StGB; **Zeugnisverweigerungsrechte** aus persönlichen Gründen bleiben bestehen (§ 383 Abs. 1 Nr. 2, 3 ZPO; § 52 Abs. 1 Nr. 2 StGB). Nicht aufgelöst wird durch die Scheidung der Ehe die Schwägerschaft zu den Verwandten des früheren Ehegatten (§ 1590 Abs. 2). Als Folgewirkung der Ehe behalten die Ehegatten den **Ehenamen;** ein Ehegatte kann jedoch seinen Geburtsnamen oder den Namen wieder annehmen, den er zZ der Eheschließung geführt hat, oder dem Ehenamen seinen Geburtsnamen oder den zur Zeit der Bestimmung des Ehenamens geführten Namen – besteht dieser aus mehreren Namen, nur einen dieser Namen – voranstellen oder anfügen (§ 1355 Abs. 5).

3. Elterliche Sorge. Mit dem Kindschaftsrechtsreformgesetz vom 16. 12. 1997 (BGBl. I 117
S. 2942) ist der notwendige Verbund der Ehesache mit der Regelung der elterlichen Sorge seit 1. 7. 1998 entfallen. Die elterliche Sorge für minderjährige Kinder steht damit auch nach der Rechtskraft der Scheidung den geschiedenen Ehegatten gemeinsam zu. Jeder Ehegatte kann jedoch die Regelung der elterlichen Sorge und des Umgangsrechts gem. § 623 Abs. 2 ZPO aF (§ 137 Abs. 3 FamFG) zur Folgesache machen. Mit der Ehesache wird gleichzeitig auch darüber verhandelt und im Falle der Scheidung gem. § 623 Abs. 1 ZPO aF, §§ 1671, 1684 entschieden. Jeder geschiedene Ehegatte kann darüber hinaus auch nach der Rechtskraft der Scheidung Veränderungen bei der elterlichen Sorge und beim Umgangsrecht beantragen.[395]

4. Nachehelicher Unterhalt. Die eheliche Unterhaltspflicht nach den §§ 1360, 1360 a, 118
1361 endet mit der Rechtskraft der Scheidung. Als Folge eines weitgehend verschuldensunabhängigen Scheidungsrechts ist nach der Scheidung grundsätzlich jeder Ehegatte für seinen Unterhalt **selbst verantwortlich** (§ 1569).[396] Andererseits hat der Gesetzgeber durch das 1. EheRG dem Gesichtspunkt der **nachwirkenden Mitverantwortung** des wirtschaftlich stärkeren Ehegatten für den anderen **(nachehelichen Solidarität)**[397] in den Vorschriften über den nachehelichen Unterhalt in §§ 1570 bis 1576 Rechnung getragen. Durch das

[389] *Johannsen/Henrich/Jaeger* RdNr. 62; *Staudinger/Rauscher* (2004) Vor § 1564 RdNr. 43 bis 45; *Rauscher* § 21 RdNr. 499.

[390] *Johannsen/Henrich/Jaeger* RdNr. 61; *Bamberger/Roth/Neumann* RdNr. 24; *Staudinger/Rauscher* (2004) Vor § 1564 RdNr. 50.

[391] *Staudinger/Rauscher* (2004) Vor § 1564 RdNr. 48.

[392] BGHZ 63, 51, 58 = NJW 1974, 2124; *Staudinger/Rauscher* (2004) Vor § 1564 RdNr. 48.

[393] BGH NJW 1977, 378; FamRZ 1983, 576; 1988, 607; *Johannsen/Henrich/Jaeger* RdNr. 63.

[394] *Staudinger/Rauscher* (2004) Vor § 1564 RdNr. 46.

[395] Vgl. auch § 137 FamFG.

[396] *Palandt/Brudermüller* Vor § 1579 RdNr. 2.

[397] BVerfG FamRZ 1981, 745; BGH NJW 2004, 930, 933; *Palandt/Brudermüller* Vor § 1579 RdNr. 2; kritisch insbesondere zum Aufstockungsunterhalt bereits *Staudinger/Rauscher* (2004) Vor § 1564 RdNr. 50.

Gesetz zur Änderung des Unterhaltsrechts (UÄndG) v. 21. 12. 2007 (BGBl. I S. 3189) wird die nacheheliche Unterhaltspflicht weiter beschränkt (§§ 1573 Abs. 5, 1578 Abs. 1 S. 2, 1579) und der Gesichtspunkt des **ehebedingten Nachteils** besonders gewichtet (vgl. Vor § 1564 RdNr. 5; vgl. im Einzelnen die Kommentierung zu §§ 1569 ff.).

119 **5. Versorgungsausgleich.** Die Versorgung wegen Alters, Berufs- oder Erwerbsunfähigkeit wird nach der Scheidung zumindest teilw. durch den Versorgungsausgleich der §§ 1587 bis 1587 p geteilt, wenn der Versorgungsausgleich nicht nach § 1408 Abs. 2 ausgeschlossen ist. Der Versorgungsausgleich wird vom Beginn des Monats, in dem die Ehe geschlossen worden ist, auf das Ende des Monats berechnet, der dem Eintritt der Rechthängigkeit des Scheidungsantrags vorausgeht (§ 1587 Abs. 2). Zur Reform des Versorgungsausgleichs vgl. das Gesetz zur Strukturreform des Versorgungsausgleichs (VAStrRefG) v. 3. 4. 2009 (BGBl. I S. 700), das am 1. 9. 2009 in Kraft getreten ist.

120 **6. Güterstand.** Jeder Ehegatte kann schon nach dreijähriger Trennung gem. §§ 1385, 1388 den vorzeitigen Zugewinnausgleich verlangen. Mit der Scheidung endet der gesetzliche Güterstand der Zugewinngemeinschaft gem. §§ 1372, 1374, die Verfügungsbeschränkungen der §§ 1365, 1369 entfallen. Der Zugewinn ist jedoch nach § 1384 bereits auf den Zeitpunkt der Rechtshängigkeit des Scheidungsantrages zu berechnen (s. § 1375 RdNr. 5 f.), nach § 1384 BGB nF ist dieser Zeitpunkt auch für die Höhe der Ausgleichsforderung maßgeblich. Eine vereinbarte Gütergemeinschaft endet mit der Scheidung, das Gesamtgut ist nach §§ 1471 ff. auseinanderzusetzen. Für die Gebiete der früheren britischen Zone ist für einen gemeinsamen landwirtschaftlichen Hof die Höfeordnung idF des 2. HöfeOÄndG vom 29. 3. 1976 (BGBl. I S. 881) zu beachten.

121 **7. Hausrat und Wohnung.** Die Auseinandersetzung über die Ehewohnung und den Hausrat nach der HausratsVO hat in der Praxis als Scheidungsfolgensache an Bedeutung verloren. Die Auseinandersetzung um die Ehewohnung findet vielmehr im Vorfeld der Scheidung, häufig einhergehend mit Eilanträgen zur Wohnungszuweisung, nach § 1361 b statt. Hausratsauseinandersetzungen als Folgesachen der Ehescheidung sind ebenfalls nur in Einzelfällen von praktischer Bedeutung. Durch das Gesetz zur Änderung des Zugewinnausgleichs und Vormundschaftsrecht v. 10. 7. 2009 (BGBl. I 1696) ist die Überlassung der Ehewohnung und die Teilung der Haushaltsgegenstände nur gesamt neu geregelt (§§ 1568 a, 1568 b BGB, §§ 200 bis 209 FamFG).

122 **8. Erbrecht.** Mit der Scheidung entfällt das Erb- und Pflichtteilsrecht der Ehegatten sowie der Voraus nach § 1932, eine letztwillige Verfügung zugunsten des anderen Ehegatten wird unwirksam (§ 2077 Abs. 1), ein gemeinschaftliches Testament wird unwirksam (§ 2268), eine vertragsmäßige Zuwendung entfällt (§ 2279). Diese Wirkungen treten jedoch schon mit der Rechtshängigkeit des begründeten Scheidungsantrages oder der Zustimmung zum Scheidungsantrag des anderen Ehegatten zugunsten des Erblassers ein, der die Scheidung beantragt oder ihr zugestimmt hat (vgl. RdNr. 52).

123 **9. Lebensversicherungsverträge.** Ist ein Ehegatte als Bezugsberechtigter einer Lebensversicherung benannt, endet das Recht nicht mit der Scheidung, vielmehr besteht die Berechtigung grundsätzlich auch nach der Scheidung fort, sofern nicht ein entgegenstehender Wille des Bezugsberechtigten erkennbar ist.[398] Eine ohne Namensangabe auf den Ehemann oder die Ehefrau bezogene Versicherung kann nach der Wiederheirat auf den neuen Ehegatten gerichtet sein.[399]

124 **10. Rückforderung von Zuwendungen.** Nach § 73 EheG konnte ein Ehegatte vom anderen Geschenke zurückfordern, wenn der andere Ehegatte für allein schuldig erklärt war. Mit der Aufhebung dieser Vorschrift[400] ist die allgemeine Regelung des § 530 anwendbar. Als schwere Verfehlung gegen den Schenker werden trotz mancher, freilich unbe-

[398] BGH NJW 1981, 984; *Rauscher* § 21 RdNr. 500.
[399] BGH NJW 1981, 985.
[400] Vgl. dazu Entwurf 73 S. 180.

rechtigter[401] Warnungen vor der Unvereinbarkeit mit dem Zerrüttungsprinzip[402] Ehebrüche[403] und andauernde und verheimlichte ehewidrige Beziehungen[404] gewertet.[405] Nicht alle Zuwendungen unter Ehegatten sind allerdings Schenkungen, vielmehr dienen sie idR dazu, die eheliche Lebensgemeinschaft zu führen, und verlieren mit dem Scheitern der Ehe nicht ihren Rechtsgrund (sog. ehebedingte unbenannte Zuwendungen).[406] Im Einzelfall muss die Ausnahme der Unentgeltlichkeit nachgewiesen werden.[407] Regelmäßig sind beim Scheitern der Ehe nicht die Grundsätze über den Wegfall der Geschäftsgrundlage maßgeblich, weil der Zugewinnausgleich eine Sonderregelung bereithält und die Vermögensverschiebung nicht als „schlechthin unangemessen und unzumutbar" erscheinen lässt.[408]

11. Steuerrecht. Bereits im auf die Trennung folgenden Steuerjahr verlieren die Ehegatten nach § 26 EStG (vgl. auch § 32 a Abs. 6 Nr. 2 EStG) das Privileg des Ehegattensplittings. Jeder Ehegatte wird in die Steuerklasse I oder II, nicht mehr III, IV oder V eingruppiert (vgl. § 38 b EStG). Unterhaltszahlungen an den geschiedenen Ehegatten führen jedoch zum Realsplitting nach § 10 Abs. 1 Nr. 1 EStG. Die Unterhaltsbeträge können bis zu jährlich 13 805 € beim Unterhaltspflichtigen als Sonderausgaben abgesetzt werden. Als Folgewirkung der Ehe bleibt jeder Ehegatte verpflichtet, der gemeinsamen Veranlagung zur Einkommenssteuer für die Ehezeit zuzustimmen.[409] 125

12. Sozialrecht.[410] **a) Art der Versorgung.** Im Sozialrecht ist der Ehegatte nahezu regelmäßig in die soziale Sicherung einbezogen. Deshalb ist bei der Scheidung zu prüfen, welchen Status ein Ehegatte behält und welchen er verliert. Verliert er Krankenhilfe oder Rentenrechte, muss er versuchen, für Ersatz zu sorgen. Die dabei entstehenden Einzelprobleme sind von der Art der Versorgung abhängig und insbes. davon, ob mit dem Versorgungsausgleich ein Teil der sozialen Sicherung übertragen wird. 126

b) Familienkrankenhilfe. Die gesetzliche Krankenversicherung gewährt dem Ehegatten des Versicherten Familienkrankenhilfe (§ 10 Abs. 1 SGB V). Mit der Rechtskraft der Ehescheidung entfällt der Anspruch;[411] der geschiedene Ehegatte kann jedoch gem. § 9 Abs. 1 Nr. 2 SGB V innerhalb von drei Monaten nach Rechtskraft des Scheidungsurteils seinen Eintritt in die Krankenkasse erklären, in der er bisher über die Familienkrankenhilfe versichert war. Ein unterhaltspflichtiger Ehegatte hat die Kosten dieser Versicherung gem. § 1578 Abs. 2 zu tragen. 127

c) Rente. Für die seit dem 1. 7. 1977 geschiedenen Ehen ist für den unterhaltsberechtigten Ehegatten nach dem Tod des Rentenempfängers anstelle der **Geschiedenen-Witwenrente** (§ 243 SGB VI) der **Versorgungsausgleich** getreten. Der frühere Ehegatte kann jedoch auch nach dem 1. 7. 1977 noch eine **Erziehungsrente** erhalten (§§ 47, 243 a SGB VI), wenn er wegen der Erziehung eines Kindes unterhaltsbedürftig ist und die allgemeine Wartezeit von 5 Jahren erfüllt. Das Recht des Versorgungsausgleichs ist im Beitrittsgebiet gem. Art. 234 § 6 EGBGB erst am 1. 1. 1992 wirksam geworden. Die 128

---

[401] Vgl. näher dazu *Staudinger/Rauscher* (2004) Vor § 1564 RdNr. 58.

[402] *Bosch,* FS Beitzke, S. 191; *Bosch* Anm. zu BGH FamRZ 1982, 1066; RGRK/*Graßhof* RdNr. 149.

[403] BGH FamRZ 1982, 1066; OLG Köln NJW 1982, 390.

[404] BGH FamRZ 1985, 351 m. Anm. *Seutemann* S. 352; OLG Frankfurt FamRZ 1986, 576 mwN; OLG Nürnberg OLGZ 82, 230; *Johannsen/Henrich/Jaeger* RdNr. 63.

[405] Vgl. auch OLG Frankfurt FamRZ 1981, 778; OLG Düsseldorf FamRZ 1980, 446; OLG Köln NJW 1982, 390 m. abl. Anm. *Bosch* FamRZ 1981, 779; LG Bonn FamRZ 1980, 359; LG Essen FamRZ 1980, 791; vgl. *Staudinger/Rauscher* (2004) Vor § 1564 RdNr. 58.

[406] BGH FamRZ 1992, 293; 1982, 778; *Staudinger/Rauscher* (2004) Vor § 1564 RdNr. 59.

[407] BGHZ 82, 229.

[408] BGHZ 115, 132, 138; BGH FuR 2000, 221, 223; *Staudinger/Rauscher* (2004) Vor § 1564 RdNr. 58; zur Gütertrennung vgl. jedoch BGH FamRZ 1982, 778.

[409] BGH NJW 1977, 378; vgl. RGRK/*Graßhof* RdNr. 157; *Staudinger/Rauscher* (2004) Vor § 1564 RdNr. 64.

[410] Vgl. dazu umfassend *Conradis* FamRB 2007, 243 ff., 304 ff., 370 ff.

[411] *Staudinger/Rauscher* (2004) Vor § 1564 RdNr. 66.

versorgungsrechtliche Sicherung vor diesem Zeitpunkt Geschiedener richtet sich nach dem wenig ausgebauten Rentenversicherungssystem der DDR.[412]

129 **d) Beamte.** Für die vor dem 1. 7. 1977 geschiedenen Ehen richtet sich der Unterhaltsbeitrag nach dem Tode eines Beamten nach § 86 Abs. 1 BeamtVG. Seit dem 1. 7. 1997 ist an diese Stelle ebenfalls der Versorgungsausgleich getreten, der zugunsten des Nichtbeamten im **Quasisplitting** des § 1587 b Abs. 2 durchgeführt wird. § 22 BeamtVG gewährt in bestimmten Fällen daneben einen **Unterhaltsbeitrag.**

§ 1565 Scheitern der Ehe

(1) [1] Eine Ehe kann geschieden werden, wenn sie gescheitert ist. [2] Die Ehe ist gescheitert, wenn die Lebensgemeinschaft der Ehegatten nicht mehr besteht und nicht erwartet werden kann, dass die Ehegatten sie wiederherstellen.

(2) Leben die Ehegatten noch nicht ein Jahr getrennt, so kann die Ehe nur geschieden werden, wenn die Fortsetzung der Ehe für den Antragsteller aus Gründen, die in der Person des anderen Ehegatten liegen, eine unzumutbare Härte darstellen würde.

Schrifttum: S. Vor § 1564; *Brüggemann,* Drei neuralgische Punkte des materiellen Scheidungsrechts, FamRZ 1978, 91; *Büte,* Materielle Ehescheidungsvoraussetzungen (§§ 1565 bis 1568 BGB) und Aufhebungsgründe, FPR 2007, 231; *Giesen,* Das neue Scheidungsrecht auf dem Prüfstand der Rechtsprechung, JR 1980, 177; *Holzhauer,* Die Scheidungserschwernis des § 1565 Abs. 2 BGB, JZ 1979, 113; *Lüke,* Die persönlichen Ehewirkungen und die Scheidungsgründe nach dem neuen Ehe- und Familienrecht, Festschr. für Bosch, 1976, S. 627; *ders.,* Grundsätzliche Veränderungen im Familienrecht durch das 1. EheRG, AcP 178 (1978), 1; *Neuhaus,* Was heißt Zerrüttung der Ehe?, FamRZ 1968, 59; *ders.,* Wann ist die Ehe zerrüttet?, ZRP 1982, 153.

Übersicht

[412] *Klattenhof* DAngVers. 1990, 435.

A. Grundtatbestand (Abs. 1)

I. Normzweck

1 **1. Zerrüttungsprinzip.** „S. 1 verwirklicht das Zerrüttungsprinzip. Danach kann die Ehe geschieden werden, wenn sie gescheitert ist." Diese Sätze in der Begr. der BReg. zum Entwurf des 1. EheRG[1] drücken aus, welche Bedeutung dieser Vorschrift im Gefüge des Scheidungsrechts zukommt. Abs. 1 S. 1 enthält die Abkehr vom Verschuldensprinzip.[2] Diese Abkehr ist aber nicht so vollständig, wie Abs. 1 S. 1 vermuten lässt. Vor Ablauf einer einjährigen Trennung der Ehegatten kann die gescheiterte Ehe nur geschieden werden, wenn ihre Fortsetzung aus Gründen in der Person des anderen Ehegatten eine unzumutbare Härte darstellen würde (Abs. 2). Damit sind **Elemente des Verschuldensprinzips** für einen Teil der Scheidungen erhalten geblieben.[3] Auch die Härteklausel des § 1568 zugunsten eines Ehegatten lässt es in besonderen Fällen zu, Verschuldenselemente zu werten. Es bleiben danach Einzelfälle denkbar, in denen eine gescheiterte Ehe gegen den Willen eines Ehegatten auf Dauer weiter besteht.[4] Die Diskussion über die Gewichtung von Zerrüttung und Verschulden bei der Ehescheidung kann damit auch zu den Scheidungstatbeständen und nicht nur im Unterhaltsrecht immer wieder belebt werden.[5] In der Praxis spielen Verschuldensgesichtspunkte für die Scheidung selbst allerdings nur eine untergeordnete Rolle. Das Zerrüttungsscheidungsrecht ist inzwischen für die Scheidung als solche allgemein akzeptiert.

2 **2. Grundtatbestand und Grundlage des Scheidungsrechts.** Abs. 1 ist der Grundtatbestand des Scheidungsrechts und gleichzeitig die Grundlage für die Scheidung ohne einjährige Trennung iVm. Abs. 2, die formalisierte einverständliche Scheidung iVm. § 1566 Abs. 1[6] sowie die Scheidung nach dreijähriger Trennung iVm. § 1566 Abs. 2.

3 **3. Kernaussage.** Abs. 1 S. 2 definiert den **Zustand einer Ehe,** der die Scheidung rechtfertigt. Das Gesetz hat dafür den Begriff „Zerrüttung" aufgegeben und den Begriff **„Scheitern"** eingeführt. Abs. 1 S. 2 enthält in einer Weiterentwicklung des § 48 Abs. 1 EheG eine eigenständige Bestimmung des Zustandes der Ehe, der als Scheitern bezeichnet wird. Ist die Ehe gescheitert, das Trennungsjahr abgelaufen und greift die Härteklausel des § 1568 nicht ein, muss das Gericht die Scheidung aussprechen. Das Wort „kann" gibt ihm keinen Ermessensspielraum.[7] Das Gesetz ermöglicht und billigt damit aber nicht die Zerstörung der Ehe durch einen Ehegatten, um ihm auch noch ein Recht auf Scheidung zu geben. Erfahrungen mit dem Verschuldensscheidungsrecht zeigen weltweit, dass die Notwendigkeit eines Verschuldens als Voraussetzung für eine Scheidung Ehen nicht rettet. Verschulden kann idR nur undifferenziert an grobem Verhalten gemessen werden, die subtilen Scheidungs-

---

[1] Entwurf 73 S. 104.

[2] Ob das Scheidungsrecht des EheG vom Verschuldensprinzip ausging, ist umstritten, vgl. RdNr. 8.

[3] *Bamberger/Roth/Neumann* RdNr. 1.

[4] Krit. *Ramm* JZ 1986, 164.

[5] *Gernhuber/Coester-Waltjen* § 24 RdNr. 18; *Rummler,* Möglichkeiten und Grenzen der Eliminierung des Verschuldensprinzips im Scheidungsrecht, Diss. Bielefeld 1983/84; *Lüke,* FS Constantinesco, S. 457 ff.; *Schwind* ÖJZ 1983, 197; *Giesen* FamRZ 1984, 1188, 1191 ff.; vgl. auch RGRK/*Graßhof* RdNr. 2.

[6] Vgl. den Wortlaut von § 630 Abs. 1 ZPO aF: „Für das Verfahren auf Scheidung nach § 1565 iVm. § 1566 Abs. 1 ...".

[7] *Johannsen/Henrich/Jaeger* RdNr. 2; *Staudinger/Rauscher* (2004) RdNr. 4; *Erman/Maier* RdNr. 2; *Bamberger/Roth/Neumann* RdNr. 3.

gründe sind der Ermittlung schwer zugänglich. Schließlich nützt die Aufrechterhaltung des formalen Bandes der Ehe niemandem, wenn ein Ehegatte geschieden sein will.

4. Trennungsjahr. Aus dem Grundtatbestand des Abs. 1 allein ist die Scheidung erst möglich, wenn die Ehegatten gem. § 1567 ein Jahr getrennt gelebt haben. Dies folgt mittelbar aus Abs. 2, der die Scheidung vor dem Fristablauf von weiteren Voraussetzungen abhängig macht.[8] Abs. 1 ist damit ebenfalls ein Trennungstatbestand. Die Beschränkung der Scheidung durch Abs. 2 ohne Differenzierung zwischen einverständlicher und streitiger Scheidung, die erst im VA formuliert worden ist (vgl. RdNr. 7), spiegelt in besonderer Weise den Kompromiss der im BTag vertretenen Parteien wider, alle denkbaren Auslegungen wurden auf der Grundlage verschiedener Ehebilder vertreten (s. RdNr. 86). In den parlamentarischen Beratungen ist die Vorschrift mit dem Ziel aufgenommen worden, die Scheidung über den Grundtatbestand des Abs. 1 zu begrenzen und die Einwände gegen sie aufzufangen. Ziel der Scheidungserschwerung ist es in erster Linie, die Ehegatten vor leichtfertigen und voreiligen Scheidungsanträgen zu schützen.[9] Im Übrigen herrscht über den Normzweck des Trennungsjahres nach wie vor Streit (s. im Einzelnen RdNr. 86 ff.). In der Praxis haben die Jahresfrist und die in § 1566 vorgesehene unwiderlegbare Vermutung einer endgültigen Zerrüttung der Ehe nach Fristablauf dazu geführt, dass nicht die Feststellung des Scheiterns der Ehe, sondern der Ablauf der Trennungsfristen und die Aufhebung der häuslichen Gemeinschaft als Indizien des Scheitern der Ehe einerseits und im Sinne einer Scheidungssperre andererseits im Vordergrund stehen. Das Scheidungsrecht wird damit nicht allein durch das Zerrüttungsprinzip, sondern auch durch ein **„Trennungs- oder Fristenprinzip"** geprägt.[10] Mit der Aufhebung des § 630 ZPO durch das FGG-RG v. 17. 12. 2008 (BGBl. I S. 2586), das am 1. 9. 2009 in Kraft getreten ist, wird für nach diesem Zeitpunkt anhängige Scheidungsverfahren die Notwendigkeit entfallen, dass sich die Eheleute als Zeichen der Ernsthaftigkeit ihres Scheidungswillens über bestimmte Scheidungsfolgen einigen. Damit wird allein der übereinstimmende Scheidungswille und der Ablauf des Trennungsjahres Grundlage der unwiderlegbaren Scheiternsvermutung. 4

II. Bisheriges Recht und Rechtsentwicklung

1. BGB und EheG. Das Scheidungsrecht bis 1938[11] beruhte i. W. auf dem Verschuldensprinzip und verfolgte das Ziel, die Scheidung auch solcher Ehen zu erschweren, die unheilbar zerrüttet waren.[12] Allerdings war die Scheidung wegen Geisteskrankheit des Ehegatten möglich (§ 1569 BGB aF). Das EheG von 1938 gab die scharfe Trennung zwischen absoluten und relativen Scheidungsgründen auf und führte die Feststellung des überwiegenden Verschuldens ein.[13] Grundsätzlich neu war in diesem Gesetz der Scheidungsgrund der 5

---

[8] BGH NJW 1981, 127.

[9] BGH NJW 1981, 449, 451 = FamRZ 1981, 127, 129; OLG Rostock FamRZ 1993, 808; OLG Stuttgart FamRZ 1977, 807; 1978, 690; NJW 1977, 1542; 1978, 275; OLG Köln FamRZ 1977, 717; NJW 1978, 645; FamRZ 1991, 822; OLG Bremen FamRZ 1977, 809; OLG Düsseldorf FamRZ 1978, 26; 1977, 804; OLG Schleswig SchlHA 1977, 171; FamRZ 1977, 805; SchlHA 1978, 98, 100; NJW 1978, 51; OLG Saarbrücken FamRZ 1978, 114; OLG Oldenburg FamRZ 1978, 188 = NJW 1978, 1266; OLG Frankfurt NJW 1978, 276; 892; FamRZ 1978, 115; OLG München NJW 1978, 49 = FamRZ 1978, 29; OLG Karlsruhe NJW 1978, 53; NJW 1978, 168; OLG Zweibrücken FamRZ 1978, 896; OLG Celle NdsRpfl. 1977, 208; FamRZ 1978, 113; KG FamRZ 1978, 34; aA OLG Koblenz FamRZ 1978, 31, 33; krit. OLG Hamm FamRZ 1979, 37; *Staudinger/Rauscher* (2004) RdNr. 8; *Palandt/Brudermüller* RdNr. 6; *Johannsen/Henrich/Jaeger* RdNr. 44; *Gernhuber/Coester-Waltjen* § 24 RdNr. 21.

[10] *Habscheid,* FS Bosch, S. 365; *Gernhuber/Coester-Waltjen* § 24 RdNr. 21; *Bamberger/Roth/Neumann* RdNr. 4.

[11] Zu den Scheidungsgründen vor 1900 vgl. *Wolf/Lüke/Hax,* Scheidung und Scheidungsrecht, S. 30; Mot. IV S. 564; *Mikat* FamRZ 1962, 81; 273; 497; 1963, 65; *Giesen* FamRZ 1984, 1188, 1190; *Neuhaus* RabelsZ 32 (1968), 24, 36; *Schwab,* Grundlagen und Gestalt der staatlichen Ehegesetzgebung in der Neuzeit bis zum Beginn des 19. Jahrhunderts; zum Scheidungsrecht des BGB aF vgl. BVerfGE 53, 224, 228.

[12] Mot. IV S. 563 f.; *Wolf/Lüke/Hax,* Scheidung und Scheidungsrecht, S. 54.

[13] *Volkmar/Antoni/Ficker/Rexroth/Anz,* Großdeutsches Eherecht, Vor § 46 Anm. 4; vgl. auch BVerfGE 53, 224, 228.

Auflösung der häuslichen Gemeinschaft (§ 55 EheG 1938), der auf Reformarbeiten in der Weimarer Zeit zurückging.[14] Die Scheidungsgründe des EheG 1946 stimmten mit wenigen Ausnahmen mit denen des EheG 1938 überein; nicht mehr aufgenommen wurden wegen ihres nationalsozialistischen Gehalts die Scheidungsgründe der Verweigerung der Fortpflanzung und der Unfruchtbarkeit eines Ehegatten, neu eingeführt wurde die Kinderschutzklausel des § 48 Abs. 3 EheG.

6 Ob das Scheidungsrecht bis 1977 bereits primär auf dem Zerrüttungsprinzip beruhte[15] oder ein Verschuldensscheidungsrecht war,[16] wird nicht einheitlich beantwortet. Von der rechtlichen Regelung her trug es ausgeprägten Kompromisscharakter.[17] Alle Tatbestände erforderten als Grund der Ehescheidung die unheilbare Zerrüttung der Ehe,[18] machten aber die Ehescheidung und ihre Folgen von Verschuldenstatbeständen abhängig.[19] Dass die Ehe unheilbar zerrüttet war, wurde in der Praxis mehr oder weniger aus der Erhebung der Scheidungsklage gefolgert.[20] Dass das Verschuldensscheidungsrecht schwere Mängel hatte und in vielen Fällen, vor allem wenn die Rechtsfolgen der Scheidung mit dem Scheidungsverschulden verknüpft waren, zu erheblichen Ungerechtigkeiten führte, war lange vor der Neuregelung des 1. EheRG allgemein erkannt.[21]

7 **2. Das 1. EheRG.** Der **Übergang zum Zerrüttungsprinzip** im Ehescheidungsrecht wurde in der Reformdiskussion nahezu einhellig gefordert[22] und im Gesetzgebungsverfahren im Prinzip nicht mehr in Frage gestellt.[23] Dabei hat der Gesetzgeber an die Stelle des dem alten Scheidungsrecht vertrauten Begriffs der Zerrüttung den des **Scheiterns der Ehe** gesetzt, um ein rückwirkendes Unwerturteil über den Verlauf der Ehe zu vermeiden.[24] Umstritten war, ob es eine unbeschränkte Generalklausel des Scheiterns der Ehe geben solle.[25] Der Gesetzgeber hat sich für einen Grundtatbestand des Scheiterns der Ehe entschieden, in Abs. 2 die Scheidung aus dem Grundtatbestand jedoch eingeschränkt. Die Regelung geht auf einen Vorschlag des BRates zurück, die Scheidung vor Eingreifen der unwiderleglichen Vermutungen in § 1566 insgesamt durch eine Zumutbarkeitsvorschrift einzuschränken.[26] Im VA ist nach vorangegangener Änderung des Vorschlags durch den BRat[27] den Bedenken Rechnung getragen worden, dass mit einer unbefristeten Generalklausel die sofortige Aufkündigung der Ehe durch den schuldigen Ehegatten ermöglicht werde. Der Gesetzgeber hat sich schließlich für eine grundsätzliche Beschränkung des

---

[14] Vgl. Entwurf 73 S. 65; *A. Wolf* FamRZ 1988, 1217.

[15] So *Gernhuber/Coester-Waltjen* § 24 RdNr. 18; *Dölle,* Grundsätzliches zum Ehescheidungsrecht, S. 25; vgl. auch *Mikat* FamRZ 1962, 81; *Schwab* FamRZ 1976, 491, 493; *Habscheid,* FS Bosch, S. 355, 358.

[16] Leidenschaftlich *E. Wolf* JZ 1967, 659 unter Zugrundelegung der Rspr. des BGH zu § 48 Abs. 2 EheG; *E. Wolf* JZ 1970, 441; Eherechtskommission Bericht I S. 23; Entwurf 73 S. 75; *Bosch* FamRZ 1970, 497, 505; BVerfGE 47, 85, 86; 53, 224, 246 = NJW 1980, 689; BGH LM § 1566 Nr. 1 = NJW 1979, 978; BGHZ 72, 107, 112 = NJW 1980, 2550.

[17] So *Maier-Reimer,* Gutachten zum 48. DJT, S. A 12; *Habscheid,* FS Bosch, S. 355, 360.

[18] *Gernhuber/Coester-Waltjen* § 24 RdNr. 18.

[19] BVerfGE 53, 224 = NJW 1980, 689.

[20] *Maier-Reimer,* Gutachten zum 48. DJT, S. A 12; *Johannsen* FamRZ 1969, 358, 363; vgl. jedoch die eingehenden Urt. des BGH zur Zerrüttung, BGHZ 4, 186, 190 = NJW 1952, 461; BGHZ 26, 198 = NJW 1958, 546; BGHZ 35, 362 sowie RGZ 165, 149, 152f.

[21] BVerfGE 53, 224, 230f. = NJW 1980, 689, 691.

[22] Zweifelnd jedoch *Neuhaus* FamRZ 1970, 348, der insbes. eine Generalklausel der Zerrüttung als „geradezu anstößig" ablehnt; gegen das Zerrüttungsprinzip *Soete* FamRZ 1971, 129.

[23] *Mikat* FamRZ 1972, 1, 3; *Held* FamRZ 1971, 490; *Bürgle* FamRZ 1973, 508, 510; *Vogel* FamRZ 1976, 481; *Schwab* FamRZ 1976, 491.

[24] Entwurf 73 S. 259.

[25] BT-Drucks. 7/4992 S. 11; vgl. die Darstellung in BVerfGE 53, 224, 234f. = NJW 1980, 689; Voraufl. RdNr. 10 bis 12.

[26] Entwurf 73 S. 259; dazu die Gegenäußerung der BReg. S. 288; gleichzeitig sollte damit verhindert werden, dass die Wartefristen der Vermutungstatbestände zu leicht umgangen werden, dazu *Held* FamRZ 1970, 512.

[27] Dieser sah den Ausschluss der Scheidung im ersten Ehejahr durch einen neuen § 1567a vor, BT-Drucks. 7/4694 S. 8.

Grundtatbestandes auf Fälle der einjährigen Trennung entschieden und dabei nicht zwischen einverständlicher und streitiger Scheidung unterschieden.[28]

3. FGG-Reformgesetz. Mit der Aufhebung des § 630 ZPO aF durch das FGG-RG v. 17. 12. 2008 (BGBl. I S. 2586), das am 1. 9. 2009 in Kraft getreten ist, entfällt für ab diesem Zeitpunkt anhängige Scheidungsverfahren die notwendige Einigung über bestimmte Scheidungsfolgen als Dokumentation für die Seriosität der Scheidungsabsicht. Übereinstimmender Scheidungswille und der Ablauf des Trennungsjahres werden zukünftig alleinige Grundlage der unwiderlegbaren Scheiternsvermutung sein. Damit fallen der Grundtatbestand und die Vorschrift des § 1566 Abs. 1 praktisch zusammen, falls die Eheleute sich über die Scheidung einig sind. Nur für den Fall der streitigen Scheidung wird in Zukunft die Feststellung des Scheiterns der Ehe erforderlich sein. Das als Art. 1 des FGG-RG neu geschaffene FamFG, das vor allem eine Vereinheitlichung der verfahrensrechtlichen Vorschriften in Familiensachen und Angelegenheiten der freiwilligen Gerichtsbarkeit enthält, bewirkt so eine grundsätzliche Neugestaltung auch der materiellen Scheidungsvoraussetzungen hinsichtlich des bisherigen Scheidungstatbestandes des § 1566 Abs. BGB, in dem die formalisierte einverständliche Scheidung abgeschafft wird. Der Gesetzgeber zeichnet damit eine längst vollzogene tatsächliche Entwicklung nach. Es darf aber nicht verkannt werden, dass mit dieser Entscheidung eine weitere eheerhaltende Gestaltungskomponente des Scheidungsrechts aufgegeben wird. 8

III. Scheitern der Ehe

1. Scheitern „statt" Zerrüttung. An die Stelle des Begriffs „Zerrüttung" der Ehe, der im EheG durch die Worte „tief", „tiefgreifend" und „unheilbar" umschrieben wurde, ist die Bezeichnung „Scheitern" getreten. Das Wort „Scheitern" wird verwendet, um die sprachliche Verbindung zwischen dem beschriebenen Zustand und einer schuldhaften Handlung eines oder beider Ehegatten zu lösen.[29] Der Begriff „Zerrüttung" verknüpft nach dem traditionellen Verständnis des Eherechts schuldhafte Handlungen mit dem dadurch eingetretenen Ergebnis, unabhängig davon, welche Ursachen zur Zerrüttung geführt hatten.[30] Mit dem neuen Begriff „Scheitern" soll der Zustand der Ehe beschrieben werden, der die Scheidung rechtfertigt, wobei gleichgültig ist, welche Ursachen diesen Zustand herbeigeführt haben.[31] Es ist deshalb eine Verkürzung, unheilbare Zerrüttung und Scheitern der Ehe als weitgehend identisch anzusehen,[32] weil beide Begriffe ihren Inhalt aus den verschiedenen Merkmalen beziehen, mit denen sie verbunden waren und sind.[33] 9

Der Ausdruck „Zerrüttung der Ehe" war, obwohl er seit 150 Jahren in den Gesetzen verwendet wurde, schillernd geblieben.[34] Mit dem Übergang zum Begriff „Scheitern" wurde diese Problematik nicht aufgelöst. Die Schwierigkeiten liegen nicht im sprachlichen Ausdruck, sondern darin, den Zustand einer Ehe zu beschreiben, der die Scheidung rechtfertigt.[35] Für die entscheidende Frage des Eherechts, wann der Zustand eingetreten ist, der die Scheidung der auf Lebenszeit angelegten Ehe rechtfertigt, hat der Wechsel der Termino- 10

[28] Zur Gesetzesgeschichte eingehend *Holzhauer* JZ 1979, 113.

[29] Eherechtskommission Bericht I S. 34; Entwurf 73 S. 105; *Schwab* FamRZ 1976, 491, 495; *Diederichsen* NJW 1977, 273; *Rolland* RdNr. 5, 13.

[30] RGZ 165, 149, 152; *Lange* FamRZ 1971, 481, 488 und *Wolf/Lüke/Hax,* Scheidung und Scheidungsrecht, S. 299 heben als besonderen Vorteil hervor, dass der Ausdruck Zerrüttung unabhängig von den Ursachen sei.

[31] Entwurf 73 S. 104; *A. Wolf* FamRZ 1970, 431; *Neuhaus* RabelsZ 32 (1968), 24, 44.

[32] RGRK/*Graßhof* RdNr. 6; *Rolland* RdNr. 5, 6; für Identität: BGH FamRZ 1978, 671, 672; *Gernhuber/Coester-Waltjen* § 27 RdNr. 1; *Vogel* FamRZ 1976, 481, 483; *Schwab* FamRZ 1976, 491, 495; *ders.* (Handbuch) II RdNr. 12, 13; *Johannsen/Henrich/Jaeger* RdNr. 3.

[33] So auch *Staudinger/Rauscher* (2004) RdNr. 25.

[34] Vgl. *Neuhaus* FamRZ 1968, 57; *ders.* RabelsZ 32 (1968), 24, 42; *Fuchs,* Die Zerrüttung der Ehe, Diss. Köln 1961.

[35] *Neuhaus* FamRZ 1968, 57, 59 meint: „Wer in der Diskussion über die Ehescheidung den Ausdruck ‚Zerrüttung der Ehe' gebraucht, soll sich bewusst sein, damit nichts Präzises zu sagen. Ebenso gut könnte man,

logie allein keine wesentlichen Impulse gebracht. Rspr. und Lit. zum EheG sind zwar nicht obsolet geworden,[36] aber doch nur noch beschränkt verwertbar,[37] weil sie eine ständige Verbindung zwischen Handlung und verursachtem Zustand herstellten. Diese Verbindung wird, weil es sich um tatsächliche Vorgänge handelt, durch das 1. EheRG zwar nicht gelöst, rechtlich jedoch anders qualifiziert.[38]

11 **2. Legaldefinition.** Das „Scheitern der Ehe" wird in Abs. 1 S. 2 dahin beschrieben, dass die Lebensgemeinschaft der Ehegatten nicht mehr besteht und nicht erwartet werden kann, dass die Ehegatten sie wiederherstellen. Die Definition des Gesetzes zerlegt den Begriff des Scheiterns in **zwei Komponenten,** die ihrerseits auslegungsbedürftig sind: Die Feststellung des Nichtbestehens der Lebensgemeinschaft der Ehegatten **(Diagnose)** und die Vorhersage, dass die Wiederaufnahme der Lebensgemeinschaft nicht erwartet werden kann **(Prognose).** Dem Gesetzgeber ging es bei dieser Definition darum, zwei „Anzeichen" als Merkmale des Scheiterns festzulegen, die „in einer Beweisaufnahme fassbar" sind.[39]

12 **3. Scheitern der individuellen Lebensgemeinschaft auf personaler Ebene.** Das Scheitern bezieht sich auf die Lebensgemeinschaft der Ehegatten. Gegenüber dem Begriff der „dem Wesen der Ehe entsprechenden Lebensgemeinschaft" in § 48 Abs. 1 EheG soll damit deutlich gemacht werden, dass Maßstab des Scheiterns nicht nur eine objektive Vorstellung von der Ehe, sondern der individuelle Zuschnitt der jeweiligen Ehe ist.[40] Das Scheitern betrifft nicht in erster Linie die funktionalen Bereiche der Ehe im Sinne der Versorgung und Erziehung der Kinder und der Versorgung des Haushalts; vielmehr liegt dem Gesetz unzweifelhaft die Vorstellung von einem Scheitern der Ehe in ihrem personalen Bereich der geistig-emotionalen Beziehung zugrunde.[41]

IV. Nichtbestehen der Lebensgemeinschaft der Ehegatten (Diagnose)

13 **1. Lebensgemeinschaft der Ehegatten. a) „Objektiver" Maßstab des EheG.** Für die dem Wesen der Ehe entspr. eheliche Lebensgemeinschaft nach dem EheG wurde darauf abgestellt, ob dem Ehegatten trotz der Eheverfehlungen des anderen, einer Krankheit oder einer dreijährigen Trennung noch die Fähigkeit verblieben war, eine Ehe zu führen, „wie sie der redliche Durchschnittsmensch führt".[42] Es wurde also ein „objektiver" Maßstab angelegt.[43] Es kam nicht auf die Überempfindlichkeit eines sensiblen Menschen an, der eine Idealehe führen will oder eine Ehe mit sonstigen außergewöhnlichen Vorstellungen verbindet. Diese „objektive Ehezerrüttung" hat nur typische Besonderheiten der Ehegatten berücksichtigt; so konnten Alter, Beruf, Charakter der Ehegatten, persönliches Verhalten, Anlass, Dauer und bisheriger Verlauf der Ehe oder das Vorhandensein von Kindern gewertet werden.[44]

14 **b) Individuelle Lebensgemeinschaft.** Abs. 1 S. 2 spricht nicht mehr von der ehelichen Lebensgemeinschaft, sondern von der Lebensgemeinschaft der Ehegatten. Mit dem Wechsel der Begriffe durch das 1. EheRG wird stärker auf die individuellen Lebensverhältnisse der Ehegatten abgestellt und damit der Blick auf die konkret gelebte und gestaltete Ehe

---

in offener Tautologie sagen: Die Ehe muss geschieden werden, wenn sie scheidungsreif ist"; vgl. auch *Müller-Freienfels,* Ehe und Recht, S. 265.

[36] BGH NJW 1978, 1810 = FamRZ 1978, 671.

[37] *Kissel* S. 83; RGRK/*Graßhof* RdNr. 6.

[38] Die Bedenken der Minderheiten in BRat und Eherechtskommission, es werde zu unnötigen Schwierigkeiten kommen, wenn ein von der Rspr. erläuterter durch einen unbekannten Begriff ersetzt werde (Entwurf 73 S. 259; Eherechtskommission Bericht I S. 34), haben sich nicht bestätigt.

[39] BT-Drucks. 7/650 S. 105; *Johannsen/Henrich/Jaeger* RdNr. 4.

[40] BGH FamRZ 1995, 229, 230; *Schwab* (Handbuch) II RdNr. 14; *Staudinger/Rauscher* (2004) RdNr. 32; *Bamberger/Roth/Neumann* RdNr. 6.

[41] *Schwab* (Handbuch) II RdNr. 15; *Staudinger/Rauscher* (2004) RdNr. 27; *Gernhuber/Coester-Waltjen* § 25 RdNr. 3.

[42] *Frantz* NJW 1950, 95; *Marlok* NJW 1956, 102.

[43] BGHZ 3, 70, 71 = NJW 1951, 879; BGHZ 4, 186, 188 = NJW 1952, 461; *Frantz* NJW 1950, 94.

[44] BGH LM EheG § 43 Nr. 6; OLG München FamRZ 1968, 198; *Schwab* FamRZ 1976, 491, 495.

gerichtet. Maßstab ist nicht mehr nur eine objektive Durchschnittsehe, sondern die konkrete Lebensgemeinschaft der Eheleute.[45] Nicht entscheidend ist, was typischerweise zu einer Lebensgemeinschaft gehört, sondern von welchen subjektiven Vorstellungen die eheliche Lebensgemeinschaft im Einzelfall geprägt war. Der Richter muss den von den Ehegatten vereinbarten oder gelebten Zuschnitt der Ehe berücksichtigen[46] und dabei mit besonderer Sorgfalt vorgehen.[47]

c) Personaler Zerrüttungsbegriff. Mit dem Abstellen auf die individuell gelebte Ehe ist die Grundentscheidung getroffen, dass das Scheitern der Ehe sich nicht auf die Ehe als soziale Einrichtung bezieht (funktionaler Zerrüttungsbegriff), sondern auf die innere Beziehung der Ehegatten zueinander (personaler Zerrüttungsbegriff). Unter Lebensgemeinschaft ist damit „das Ganze des ehelichen Verhältnisses, primär aber die wechselseitige innere Bindung der Ehegatten zu verstehen".[48] Diese wechselseitige eheliche Gesinnung prägt die eheliche Lebensgemeinschaft. Die Funktion der Ehe als soziale Institution wird nur mehr in Randbereichen geschützt durch die Kinderschutzklausel und die Härteklausel des § 1568.[49] 15

d) Objektive Elemente. Das Gesetz stellt allerdings nicht auf eine Lebensgemeinschaft ab, die nur allein subjektiv durch die Vorstellung der Ehegatten bestimmt ist. Es verbindet vielmehr wie schon bisher objektive und subjektive Elemente, wobei die subjektiven Elemente stärker im Vordergrund stehen.[50] 16

e) Eheliche Pflichten. Die Lebensgemeinschaft der Eheleute stellt sich auch in ihrer Individualität als rechtlich verfasste Form des Zusammenlebens mit einem objektiven **Pflichtencharakter** dar.[51] Sie ist vom Gesetzgeber insbesondere mit der Einfügung des § 1353 Abs. 1 S. 2 Halbs. 2 durch das Eheschließungsrechtsgesetz vom 4. 5. 1998 (BGBl. I S. 833) als Verantwortungsgemeinschaft charakterisiert worden.[52] Die mit der Funktion der Ehe in Zusammenhang stehenden Rechtspflichten begründen nicht den Maßstab für die individuell gelebte Ehe. Ihre Verletzung kann im Einzelfall aber gleichwohl ein Indiz für das Scheitern der Ehe darstellen.[53] 17

f) Wechselseitige innere Bindung der Ehegatten. Unter Lebensgemeinschaft ist die wechselseitige innere Bindung der Ehegatten zu verstehen,[54] mag diese als „Bereitschaft oder Fähigkeit eines oder beider Ehegatten zur Anteilnahme am Geschick des Partners, zur geistigen Gemeinschaft und zur gemeinschaftlichen Lebensgestaltung (Konsens)",[55] als Bereitschaft und Fähigkeit, mit dem anderen „in der geistigen und seelischen Gemeinsamkeit zu leben, die in dieser individuellen Ehe üblich ist",[56] oder als Fähigkeit der Ehegatten „sich in allen wichtigen Angelegenheiten des ehelichen Lebens um eine Einigung zu bemühen",[57] bezeichnet werden. Solange die Ehegatten zu einem Versöhnungsversuch 18

---

[45] BGH FamRZ 1995, 229, 230; *Schwab* (Handbuch) II RdNr. 14; *Staudinger/Rauscher* (2004) RdNr. 32; *Bamberger/Roth/Neumann* RdNr. 6.

[46] BGH NJW 1995, 1082, 1083 = FamRZ 1995, 229, 230; *Ambrock* JR 1978, 1, 3; *Brüggemann* FamRZ 1978, 91; *Damrau* NJW 1977, 1620; *Lüke* AcP 178 (1978), 1, 24; *ders.*, FS Bosch, S. 627, 632; *Schwab* (Handbuch) II RdNr. 13; *Palandt/Brudermüller* RdNr. 2; *Soergel/Heintzmann* RdNr. 11.

[47] BGH NJW 1981, 449 = FamRZ 1981, 127.

[48] BGH NJW 2002, 671; 1989, 1988.

[49] *Gernhuber/Coester-Waltjen* § 27 RdNr. 3; RGRK/*Graßhof* RdNr. 17; *Staudinger/Rauscher* (2004) RdNr. 27; *Bamberger/Roth/Neumann* RdNr. 6.

[50] *Gernhuber/Coester-Waltjen* § 27 RdNr. 3, 6; ähnlich *Johannsen/Henrich/Jaeger* RdNr. 8, 9.

[51] BGH NJW 2002, 671; 1989, 1988.

[52] BGH NJW 2002, 671 m. Anm. *Hohloch* JuS 2002,613, *Muscheler* JZ 2002, 710, *Rauscher* JR 2002, 455.

[53] *Gernhuber/Coester-Waltjen* § 27 RdNr. 6.

[54] BGH NJW 2002, 671 = FamRZ 2002, 316; NJW 1989, 1988.

[55] *Gernhuber/Coester-Waltjen* § 27 RdNr. 4.

[56] RGRK/*Graßhof* RdNr. 11; *Johannsen/Henrich/Jaeger* RdNr. 10.

[57] Entwurf 73 S. 95; vgl. BGH NJW 1989, 1988 = FamRZ 1989, 479, 481; FamRZ 1978, 671 = NJW 1978, 1810, 1811; FamRZ 1979, 422 = NJW 1979, 1042; OLG Karlsruhe FamRZ 1978, 592; OLG Stuttgart NJW 1978, 52; *Staudinger/Rauscher* (2004) RdNr. 39 aE, 50; vgl. auch *E. Wolf* NJW 1968, 1497; *Müller-Freienfels*, Ehe und Recht, S. 269; *Schwab* FamRZ 1976, 491, 493, 495; *ders.* (Handbuch) II RdNr. 15; *Diederichsen* NJW 1977, 273, 275; *Graßhof*, FS Zeidler, S. 837, 846.

bereit sind, selbst wenn er noch nicht begonnen hat, kann das Scheitern der Ehe nicht festgestellt werden.[58] Dieser Vorgang der Einigung ist jedoch nicht statisch zu verstehen. Eine Einigung hat nur so lange Bedeutung, solange beide Ehegatten daran festhalten. Kern der ehelichen Lebensgemeinschaft ist damit die Bereitschaft der Ehegatten zu immer neuer Einigung,[59] möglicherweise auch die Bereitschaft, es hinzunehmen, dass der andere Ehegatte zum Nachgeben nicht bereit ist.

19 **g) Äußere Realisierung der Lebensgemeinschaft.** Das Gesetz verlangt eine Gemeinschaft der Ehegatten, also Gemeinsamkeiten, die über ein geistiges Band hinausgehen. Sie zeigen sich in den meisten Ehen durch eine häusliche Gemeinschaft und eine Geschlechtsgemeinschaft. Die **häusliche Gemeinschaft** umschreibt die äußere Realisierung der ehelichen Lebensgemeinschaft in einer gemeinsamen Wohnstätte, wobei es sich hierbei nicht um ein notwendiges Element der ehelichen Lebensgemeinschaft handelt.[60] Dabei kann vorübergehend jede tatsächliche Gemeinschaft der Ehegatten fehlen, ohne dass damit die eheliche Gemeinschaft aufgehoben ist. Der Maßstab dafür, was die Gemeinschaft der Ehegatten ist, ist an den bisherigen Lebensformen der Ehegatten zu messen.[61] Aus der Tatsache, dass „einzelne Merkmale üblichen ehelichen Zusammenlebens fehlen", darf nicht ohne weiteres geschlossen werden, „dass die Lebensgemeinschaft der Ehegatten nicht mehr besteht; denn es kann vorkommen, dass ein solches Merkmal nicht zur Lebensgemeinschaft dieser Ehegatten gehört".[62] So kann es sein, dass die sexuelle Treue der Ehegatten kein wesentliches Element dieser Ehe war.[63]

20 **h) Wandel der persönlichen Lebensumstände.** Die Lebensgemeinschaft der Ehegatten wird in verschiedenen Phasen ihres Lebens auch eine andere sein; sie wird von den sich verändernden Lebensumständen der Ehegatten geprägt. Nicht ausgeschlossen ist, das Bild des vorehelichen Zusammenlebens für die Beschreibung ihrer Gemeinschaft zu verwerten. Da das Gesetz keine inhaltliche Ordnung für die Gestaltung des ehelichen Zusammenlebens aufstellt, kann nicht das, was unter Ehegatten als äußere Gestaltung der Lebensgemeinschaft üblich ist, für einzelne Ehegatten zum alleinigen Maß des ehelichen Zusammenlebens bestimmt werden.[64]

21 **2. Nichtbestehen der Lebensgemeinschaft.** Die Lebensgemeinschaft der Ehegatten besteht dann nicht mehr, wenn die Bereitschaft oder die Fähigkeit eines oder beider Ehegatten zu einer Einigung über die Formen des Zusammenlebens erloschen ist und wenn deshalb keine dem bisherigen Zusammenleben oder den Vorstellungen und Bedürfnissen der Parteien entspr. Gemeinsamkeit mehr zustande kommt.[65] Für Ehen, in denen schon vor ihrer Krise nur eine eingeschränkte Lebensgemeinschaft bestand, kann die Bewertung schwierig sein, möglicherweise ändert sich nicht die äußere Form des Lebens, sondern nur die innere Einstellung zueinander. Aber auch eine von Anfang an zerrüttete Ehe oder eine von Anfang an nicht bestehende eheliche Lebensgemeinschaft kann nach § 1565 scheitern.[66] Nicht notwendig ist es, dass in der Lebensform eine äußerlich erkennbare Veränderung eintritt.[67] Die eheliche Lebensgemeinschaft kann in Fällen mit wenig tatsächlicher Gemeinschaft allein durch den Wegfall des Willens zur Gemeinschaft aufgehoben sein. Das **Fehlen üblicher Lebensformen** lässt allein nicht den Schluss zu, es fehle auch die eheliche Lebensgemeinschaft.[68] Solche Ehen außerhalb des Üblichen werden allerdings selten sein, so

[58] BGH NJW 1995, 1082, 1083 = FamRZ 1995, 229, 230.

[59] KG FamRZ 1980, 356; RGRK/*Graßhof* RdNr. 9, 19.

[60] BGH NJW 2002, 671 m. Anm. *Hohloch* JuS 2002,613, *Muscheler* JZ 2002, 710, *Rauscher* JR 2002, 455.

[61] BGH NJW 1995, 1082, 1083 = FamRZ 1995, 229, 231; *Lüke*, FS Bosch, S. 627, 639; *Gernhuber/Coester-Waltjen* § 27 RdNr. 5; *Palandt/Brudermüller* RdNr. 2.

[62] Entwurf 73 S. 105; *Diederichsen* NJW 1977, 273; RGRK/*Graßhof* RdNr. 18; *Johannsen/Henrich/Jaeger* RdNr. 16.

[63] BGH NJW 1995, 1082, 1083 = FamRZ 1995, 229, 231.

[64] Entwurf 73 S. 105; vgl. auch RGRK/*Graßhof* RdNr. 18.

[65] Vgl. auch OLG Zweibrücken FamRZ 2006, 1260.

[66] BGH NJW 2002, 671.

[67] *Johannsen/Henrich/Jaeger* RdNr. 14; aA *Soergel/Heintzmann* RdNr. 20.

[68] Vgl. OLG Schleswig SchlHA 1978, 37; *Johannsen/Henrich/Jaeger* RdNr. 14.

dass iZw. die typischen Lebensformen von Ehen bei der Bewertung hilfreich bleiben werden.[69]

22 **3. Einzelfälle. a) Freie Form des Zusammenlebens.** Die Ehegatten können in ihrem Zusammenleben Formen wählen, die von der Mehrheit der Menschen missbilligt werden. So können sie die Formen ihres Geschlechtsverkehrs selbst bestimmen, ohne dass darunter, solange sie sich darüber einig sind, ihre eheliche Gemeinschaft leidet. Auch der Verzicht auf geschlechtliche Beziehungen oder die Abrede, sexuelle Beziehungen auch oder nur zu Dritten zu haben, müssen nicht notwendig ein Indiz dafür sein, dass die Lebensgemeinschaft nicht mehr besteht.[70]

23 **b) Fehlende Wohngemeinschaft.** Die Lebensgemeinschaft der Ehegatten ist auch ohne häusliche Gemeinschaft möglich.[71] Die fehlende häusliche Gemeinschaft allein erfüllt nicht den Begriff des Getrenntlebens (vgl. § 1567 RdNr. 2, 10 ff.).[72] Sie ist auch nicht identisch mit der Aufhebung der ehelichen Lebensgemeinschaft.[73] Künstler, die in verschiedenen Städten arbeiten und sich jährlich nur zu einem Urlaub treffen, können eine eheliche Lebensgemeinschaft haben. Wichtige Indizien dafür werden regelmäßige Telefonkontakte oder regelmäßiger Briefwechsel sein.[74] Ist ein Ehegatte in einer Anstalt auf Dauer verwahrt, muss die Lebensgemeinschaft nicht aufgehoben sein. Sie kann sich in Besuchen und im Briefwechsel ausdrücken. Die auf die Trennungsfristen aufbauenden Scheidungstatbestände sind auf solche Ehen nicht nur analog, sondern direkt anzuwenden (vgl. § 1567 RdNr. 36 f.).[75] Trennung iSd. § 1567 beinhaltet nicht nur die Aufhebung der häuslichen Gemeinschaft, sie wird vielmehr wesentlich durch subjektive Elemente bestimmt. Ehegatten ohne Wohngemeinschaft leben iSd. Scheidungstatbestände nur dann getrennt, wenn die subjektiven Voraussetzungen erfüllt sind.

24 **c) Noch bestehende häusliche Gemeinschaft.** Die eheliche Lebensgemeinschaft kann aufgehoben sein, wenn die häusliche Gemeinschaft noch besteht, die Ehegatten also nicht getrennt leben.[76] Diese Gestaltung ist nur bedeutsam für die Scheidung iVm. Abs. 2, weil die Scheidung allein aus dem Grundtatbestand das einjährige Getrenntleben voraussetzt. Die Feststellung des Scheiterns bei fortbestehender Wohngemeinschaft bietet allerdings erhebliche Probleme (vgl. RdNr. 92 ff.).

25 **d) Fortbestehende Gemeinsamkeiten.** Auch i. Ü. ist es für die Aufhebung der Lebensgemeinschaft nicht notwendig, dass die Ehegatten alle Gemeinsamkeiten und Kontakte abgebrochen haben. Ein Rest davon wird vielfach weiter bestehen, zB die gemeinsame Verantwortung für Kinder, die Verwaltung eines noch nicht geteilten Vermögens, Briefwechsel aus alltäglichen Anlässen, Besuche, Hilfen verschiedener Art, Besorgung der Wäsche oder gelegentliche Abgabe von Mahlzeiten, gelegentlicher Geschlechtsverkehr[77] oder andere Kontakte.[78] Diese Kontakte sind Merkmale der weiter bestehenden ehelichen Gemeinschaft erst

[69] *Gernhuber/Coester-Waltjen* § 27 RdNr. 6.

[70] BGH NJW 1995, 1082, 1083 = FamRZ 1995, 229, 231; Zweifel bei RGRK/*Graßhof* RdNr. 18; vgl. auch BGHZ 26, 198 = NJW 1958, 546; OLG Oldenburg FamRZ 1981, 775, 777.

[71] BGH NJW 2002, 671 m. Anm. *Hohloch* JuS 2002,613, *Muscheler* JZ 2002, 710, *Rauscher* JR 2002, 455; BGH NJW 1978, 1810 = FamRZ 1978, 671; BGH NJW 1981, 449 = FamRZ 1981, 127; Entwurf 73 S. 105; *Lüke,* FS Bosch, S. 639; *Holzhauer* JZ 1979, 113, 117; *Johannsen/Henrich/Jaeger* RdNr. 14; *Staudinger/Rauscher* (2004) RdNr. 34; *Bamberger/Roth/Neumann* RdNr. 10.

[72] BGH NJW 1981, 449 = FamRZ 1981, 127; *Soergel/Heintzmann* RdNr. 13.

[73] OLG Oldenburg FamRZ 1997, 1213.

[74] BGH NJW 1989, 1988 = FamRZ 1989, 479.

[75] AA *Soergel/Heintzmann* § 1564 RdNr. 39.

[76] HM; vgl. BGH NJW 1981, 449 = FamRZ 1981, 127; OLG Stuttgart NJW 1978, 52; OLG Oldenburg NJW 1978, 1266; OLG Karlsruhe NJW 1978, 1534; OLG München NJW 1978, 49 = FamRZ 1978, 29; KG FamRZ 1978, 594; OLG Schleswig NJW 1978, 52; OLG Hamm FamRZ 1979, 37; OLG Frankfurt FamRZ 1978, 595; *Schwab* FamRZ 1979, 14; *Holzhauer* JZ 1979, 113, 117; *Damrau* NJW 1977, 1620; *Palandt/Brudermüller* RdNr. 2; *Johannsen/Henrich/Jaeger* RdNr. 14, 16.

[77] OLG Oldenburg FamRZ 1997, 1213.

[78] Vgl. OLG Schleswig FamRZ 1977, 802; *Rolland* RdNr. 25 a; RGRK/*Graßhof* RdNr. 18; *Johannsen/Henrich/Jaeger* RdNr. 14 a, 15.

dann, wenn die Ehegatten sie in ihrer subjektiven Einstellung als deren Merkmale empfinden.

26 **e) Verzicht auf übliche Formen der Gemeinsamkeit.** Nach § 1353 Abs. 1 S. 2 sind die Ehegatten zur ehelichen Lebensgemeinschaft verpflichtet, deren Inhalt sie allerdings selbst bestimmen können.[79] So können die Ehegatten in ihrer Lebensgemeinschaft auf Geschlechtsverkehr, auf Kinder oder auf sonst übliche Formen der Gemeinsamkeit verzichten. Eine Bindungswirkung hat ein solches Verhalten allerdings nicht.[80] Löst sich ein Ehegatte von einer solchen Vereinbarung und deren Lebensform, besteht die Lebensgemeinschaft der Ehegatten nicht mehr.[81]

27 **4. Geisteskrankheit.** Solange ein geisteskranker Ehegatte ein Empfinden für den inneren Zustand der Ehe hat und die Bereitschaft aufbringen kann, sich mit dem anderen Ehegatten in einer bestimmten Lebensform zusammenzufinden, bestehen keine Besonderheiten. An die Fähigkeit zur ehelichen Gesinnung sind keine übertriebenen Anforderungen zu stellen, sie kann bei einem geistig erheblich behinderten Menschen nicht an den üblichen Definitionselementen gemessen werden. Bereits die Freude über Kontakt erhaltende Besuche kann für den Fortbestand der ehelichen Lebensgemeinschaft ausreichen.[82] Hat der kranke Ehegatte infolge seiner geistigen Behinderung jedes Verständnis für die Ehe verloren, so folgt daraus noch nicht, dass damit seine Ehe „automatisch" gescheitert ist und diese bei Vorliegen der übrigen Voraussetzungen geschieden werden muss. Wendet sich der andere Ehegatte dem geistig behinderten Ehepartner weiterhin in ehelicher Verbundenheit und Fürsorge zu, so besteht die Lebensgemeinschaft als Verantwortungsgemeinschaft weiter, auch wenn sie infolge der Behinderung nicht mehr in wechselseitiger innerer Bindung gelebt werden kann.[83] Allerdings hindert die Behinderung den Ehegatten nicht, seinerseits Scheidungsklage zu erheben. Denn ihm kann die Berufung auf das Scheitern der Ehe nicht allein deshalb versagt werden, weil er infolge seiner Behinderung jedes Verständnis für die Ehe und das Scheitern verloren hätte; auch ein solcher Ehegatte kann nicht wegen seines Geisteszustands an einer gescheiterten Ehe festgehalten werden.[84] Solange eine eheliche Gemeinschaft besteht, ist ein Scheidungsantrag des gesetzlichen Vertreters unbegründet. Auf die Vorstellung des gesetzlichen Vertreters von einer ehelichen Lebensgemeinschaft kommt es nicht an.[85]

28 **5. Fehlehe.** Aus der Formulierung in Abs. 1 S. 2 sind Zweifel entstanden, ob dann, wenn von Anfang an keine Lebensgemeinschaft beabsichtigt war und auch nicht begründet wurde, die Feststellung möglich ist, dass die Lebensgemeinschaft „nicht mehr besteht" (vgl. RdNr. 45; RdNr. 93; § 1567 RdNr. 36 f.). Die hM[86] und ihr folgend der BGH[87] nehmen an, dass eine Ehe auch dann geschieden werden kann, wenn die Lebensgemeinschaft unter den Ehegatten von vorneherein nicht besteht. Daraus folgt aber nicht, dass die Scheidung schon deshalb ausgesprochen werden könnte, weil eine Lebensgemeinschaft von vorneherein nicht beabsichtigt war.[88] Vielmehr muss das Nichtbestehen der Lebensgemeinschaft im

---

[79] *Gernhuber/Coester-Waltjen* § 27 RdNr. 6.

[80] OLG Oldenburg FamRZ 1981, 775, 777; OLG Düsseldorf FamRZ 1981, 545; *Knütel* FamRZ 1981, 547; RGRK/*Graßhof* RdNr. 19.

[81] *Schwab* FamRZ 1976, 491, 499; *Rolland* RdNr. 22; RGRK/*Graßhof* RdNr. 19.

[82] BGH NJW 1989, 1988, 1990 = FamRZ 1989, 479, 481.

[83] BGH FamRZ 2002, 316, 317 = NJW 2002, 671 m. Anm. *Hohloch* JuS 2002, 613, *Muscheler* JZ 2002, 710, *Rauscher* JR 2002, 455; *Bamberger/Roth/Neumann* RdNr. 9.

[84] BGH FamRZ 2002, 316, 317 = NJW 2002, 671 m. Anm. *Hohloch* JuS 2002, 613, *Muscheler* JZ 2002, 710, *Rauscher* JR 2002, 455; BGH NJW 1989, 1988 unter Aufgabe der früheren Rspr. BGHZ 39, 191, 197 = NJW 1963, 1352; BGH NJW 1969, 921 = FamRZ 1969, 271; *Gernhuber/Coester-Waltjen* § 27 RdNr. 14; *Johannsen/Henrich/Jaeger* RdNr. 13 a; *Schwab* (Handbuch) II RdNr. 24; aA *Staudinger/Rauscher* (2004) RdNr. 44.

[85] OLG Hamm FamRZ 1990, 166, 167.

[86] *Gernhuber/Coester-Waltjen* § 27 RdNr. 15 bis 18; *Schwab* (Handbuch) II RdNr. 39; *Staudinger/Rauscher* (2004) RdNr. 47; *Bamberger/Roth/Neumann* RdNr. 11.

[87] BGH FamRZ 2002, 316, 317 = NJW 2002, 671, 672 m. Anm. *Hohloch* JuS 2002,613, *Muscheler* JZ 2002, 710, *Rauscher* JR 2002, 455.

[88] Kritisch *Johannsen/Henrich/Jaeger* RdNr. 17; vgl. auch *Gernhuber/Coester-Waltjen* § 27 RdNr. 15 bis 18.

Scheidungszeitpunkt feststehen, wobei den ehefremden Absichten bei der Eheschließung indizielle Wirkung zukommen kann.[89] Mit dem Eheschließungsrechtsgesetz[90] wurde ein neues Eheverbot der folgenlosen Ehe entwickelt (§ 1314 Abs. 2 Nr. 5, § 1310 Abs. 1 S. 2, § 1353 Abs. 1).[91] Alle „Fehlehen", zB zum Erwerb des Namens, der Staatsangehörigkeit, des Asyls und früher der Ausreise aus der DDR, sind voll gültige Ehen, die bei der Scheidung weder bevorzugt noch benachteiligt werden (vgl. RdNr. 45, 93).[92] Eine solche Ehe kann allerdings in anderen Bereichen, zB im Ausländerrecht, geringeren Schutz genießen.[93] Eine vor allem aus Gründen der Versorgung geschlossene **Rentnerehe** unterliegt ebenfalls keinen besonderen Bedingungen.[94] Für das Scheidungsrecht aus dem Grundtatbestand des Abs. 1 müssen die Ehegatten auch bei einer **Fehlehe** ein Jahr getrennt gelebt haben,[95] wobei die Trennungsfrist mit der Eheschließung beginnen kann (vgl. § 1567 RdNr. 38).[96] Zur Prozesskostenhilfe in diesen Fällen vgl. RdNr. 81.[97]

V. Fehlende Erwartung der Wiederherstellung der ehelichen Lebensgemeinschaft (Prognose)

29 **1. Praxis zum EheG.** Der Feststellung, ob die Ehe unheilbar zerrüttet ist, wurde zum EheG kaum Aufmerksamkeit gewidmet.[98] Die unheilbare Zerrüttung der Ehe wurde entweder aus schweren schuldhaften Eheverfehlungen (§§ 42, 43 EheG),[99] aus der Krankheit eines Ehegatten (§§ 44, 45 EheG) oder daraus, dass die häusliche Gemeinschaft der Ehegatten längere Zeit aufgehoben war (§ 48 EheG),[100] oder ohne besondere Nachprüfung gefolgert.[101] Eheverfehlungen, Krankheiten oder eine Zeit der Trennung waren in jedem Verfahren festzustellen, so dass eine Grundlage für die Feststellung vorlag. Da die Ehe in der Person des Klägers zerrüttet sein musste (vgl. dazu RdNr. 66), ergab sich schon aus der Tatsache, dass er das Scheidungsverfahren durchführte, die unheilbare Zerrüttung der Ehe.[102]

30 **2. Maßstab für die Prognose. a) Gegenstand der Prognose.** Während die Prognose nach § 48 EheG auf die Wiederherstellung einer dem Wesen der Ehe entsprechende und damit auf eine durchschnittliche eheliche Lebensgemeinschaft gerichtet war,[103] führt die Berücksichtigung des individuellen Zuschnitts der Ehe bei der Diagnose dazu, dass auch die Prognose dem **personalen Element** der Ehe Rechnung zu tragen hat. Eine Ehe ist gescheitert, wenn nicht mehr damit gerechnet werden kann, dass die Ehegatten **ihre** Lebensgemeinschaft wieder herstellen, oder, soweit sie noch nicht bestanden hat, aufnehmen werden. Was als Lebensgemeinschaft zu erwarten wäre, bestimmt sich nicht nach dem, was in einer Ehe üblich ist, oder nach sonst denkbaren Formen des ehelichen Zusammenlebens, sondern danach, ob die Eheleute wieder zu einer für sie möglichen Form der ehelichen Lebensgemeinschaft finden können. Dabei hat sich die Prognose nicht allein an der alten

[89] BGH FamRZ 2002, 316, 317 = NJW 2002, 671, 672 m. Anm. *Hohloch* JuS 2002, 613, *Muscheler* JZ 2002, 710, *Rauscher* JR 2002, 455.

[90] BGBl. 1998 I S. 833.

[91] *A. Wolf* FamRZ 1998, 1477 ff.; *Hepting* FamRZ 1998, 713 ff.; *Gaaz* StAZ 1998, 241 ff.

[92] Dazu KG FamRZ 1985, 73 f. m. abl. Anm. *Koßatz* und zust. Anm. *Weismann*; OLG Zweibrücken FamRZ 1997, 1212 *Soergel/Heintzmann* § 1564 RdNr. 40.

[93] Vgl. OVG Hamburg FamRZ 1991, 1433; *A. Wolf* FamRZ 1998, 1477, 1485.

[94] AG Landstuhl FamRZ 1985, 1042.

[95] BGH FamRZ 1981, 127, 129; OLG Karlsruhe FamRZ 1986, 680; OLG Zweibrücken FamRZ 1997, 1212; aA AG Stuttgart FamRZ 2004, 952 m. Anm. *Henrich.*

[96] OLG München FamRZ 1998, 826.

[97] BGH NJW 2005, 2781; OLG Brandenburg FamRZ 2006, 132.

[98] *Gernhuber/Coester-Waltjen* § 27 RdNr. 9.

[99] RGZ 169, 190, 196, 200.

[100] RGZ 160, 246, 248 verlangt ausdrücklich eine besondere Feststellung zur häuslichen Trennung und zur unheilbaren Zerrüttung.

[101] So die Begr. der BReg. zum 1. EheRG, Entwurf 73 S. 111; *E. Wolf* NJW 1968, 1497, 1501; *Blanke* FamRZ 1966, 329; vgl. jedoch BGH LM EheG § 48 Nr. 8.

[102] *Johannsen* FamRZ 1969, 353, 363.

[103] *Staudinger/Rauscher* (2004) RdNr. 48.

Lebensform der Ehegatten zu orientieren, sondern auch eine andere für die Ehegatten konsensfähige zukünftige Lebensform in den Blick zu nehmen.[104]

31 **b) Objektivität der Prognosenentscheidung.** Wenn ein objektiver strenger Maßstab der Prognoseentscheidung gefordert wird,[105] so kann dies zu Missverständnissen Anlass geben.[106] Es soll damit nicht in Zweifel gezogen werden, dass Gegenstand der Prognoseentscheidung die individuelle Ehe in ihrem konkreten oder konkret möglichen Zuschnitt ist. Der geforderte objektive Maßstab bezieht sich vielmehr darauf, dass der **Richter** bei seiner Prognosenentscheidung einen **objektiven Betrachterstandpunkt** einzunehmen hat. Die Prognose, ob mit der Wiederherstellung der ehelichen Lebensgemeinschaft noch zu rechnen ist, ist von ihm als einem außen stehenden Beurteiler zu treffen. Der Richter muss aus dem vorgetragenen und bewiesenen Tatsachenmaterial den Schluss auf das Scheitern der Ehe „objektiv" ziehen können.

32 **c) Prognose eines zukünftigen individuellen Verhaltens.** Zu beurteilen hat er allerdings einen psychologischen Tatbestand, der nur Indizien nach außen trägt. Was von den Ehegatten zu erwarten ist, hängt wesentlich von ihrem subjektiven Empfinden ab.[107] Die offenkundige Schwierigkeit, dass ein subjektives Empfinden objektiv festgestellt und hieraus auf ein zukünftiges individuelles Verhalten geschlossen werden muss,[108] darf nicht dazu führen, dass der Richter wertend entscheidet, wie sich die Ehegatten „vernünftigerweise" in Zukunft verhalten sollten, sondern nur, wie sie sich voraussichtlich tatsächlich verhalten werden.[109]

33 **3. Grundlagen der Prognose.** Wenn auch Analyse und Diagnose einen unterschiedlichen Prüfungsgegenstand haben,[110] so bestimmen doch die Grundlagen der Diagnose in aller Regel auch die Prognose die auf der Grundlage aller gegenwärtigen Umstände zu treffen ist.[111] Je stärker die innere Abwendung eines Ehegatten ist, desto geringer werden auch die Chancen einer Fortführung der Ehe sein. Hängt der festgestellte Zustand der Ehe hingegen eher von äußeren Faktoren, wie zB dem Einfluss Dritter ab, kommt eine positive Prognose bei möglichem Wegfall dieser Umstände durchaus in Betracht. Auch das Verhalten der Ehegatten bei der Bewältigung früherer Ehekrisen kommt als Grundlage der Prognoseentscheidung in Betracht.[112]

34 **a) Völlige Abwendung.** Die Prognose wird negativ sein, wenn sich ein Ehegatte vom anderen völlig abgewendet hat,[113] wenn seine eheliche Gesinnung zerstört ist, wenn es ihm wegen der inneren Entfremdung vom anderen Ehegatten nicht mehr möglich ist, eine eheliche Lebensgemeinschaft mit dem anderen Ehegatten zu führen, sich also insbes. auf eine Form des gemeinsamen Lebens zu einigen, wenn ein Ehegatte seine innere Bindung an den anderen verloren hat und fest entschlossen ist, nicht wieder in die Lebensgemeinschaft mit dem anderen Ehegatten zurückzukehren.[114] Es kommt nicht darauf an, worin die Ursache der völligen Abwendung liegt und dass es sich um eine nur **einseitige Abkehr** eines Partners handelt.[115]

---

[104] *Staudinger/Rauscher* (2004) RdNr. 49; RGRK/*Graßhof* RdNr. 30; aA *Rolland* RdNr. 19, 22.

[105] BGH FamRZ 1978, 671; FamRZ 1979, 1003; OLG Koblenz FamRZ 1978, 31; FamRZ 1980, 253; *Dörr* NJW 1989, 489.

[106] *Gernhuber/Coester-Waltjen* § 27 RdNr. 8; *Staudinger/Rauscher* (2004) RdNr. 48; *Johannsen/Henrich/Jaeger* RdNr. 20, 32.

[107] *Gernhuber/Coester-Waltjen* § 27 RdNr. 8; RGRK/*Graßhof* RdNr. 28; *Johannsen/Henrich/Jaeger* RdNr. 20; *Soergel/Heintzmann* RdNr. 7; *Staudinger/Rauscher* (2004) RdNr. 48.

[108] *Johannsen/Henrich/Jaeger* RdNr. 19.

[109] *Gernhuber/Coester-Waltjen* § 27 RdNr. 8; *Johannsen/Henrich/Jaeger* RdNr. 20.

[110] *Gernhuber/Coester-Waltjen* § 27 RdNr. 10.

[111] *Johannsen/Henrich/Jaeger* RdNr. 21; *Gernhuber/Coester-Waltjen* § 27 RdNr. 10.

[112] *Johannsen/Henrich/Jaeger* RdNr. 21.

[113] RGZ 106, 102; OLG Naumburg FamRZ 2006, 43 (LS); OLG Zweibrücken NJW-RR 2006, 1013; vgl. BGH NJW 1978, 1810; *Staudinger/Rauscher* (2004) RdNr 55.

[114] BGHZ 4, 186, 191 = NJW 1952, 461; BGH NJW 1978, 1810 = FamRZ 1978, 671.

[115] BGH NJW 1970, 1042; OLG Naumburg FamRZ 2006, 43 LS; OLG Zweibrücken NJW-RR 2006, 1013; *Gernhuber/Coester-Waltjen* § 27 RdNr. 12; *Staudinger/Rauscher* (2004) RdNr. 55; *Palandt/Brudermüller* RdNr. 3; *Bamberger/Roth/Neumann* RdNr. 7.

b) Mangelnde Liebe und Achtung. Dass es den Ehegatten noch gelingen kann, eine ihnen entspr. Lebensgemeinschaft zu führen, ohne dem anderen die aus dem Wesen der Ehe geschuldete Liebe und Achtung entgegenzubringen,[116] kann nicht angenommen werden.[117] Zwar kann sich das Zusammenleben der Eheleute auch auf eine gelebte Versorgungsgemeinschaft ohne innere geistig-emotionale Bindung reduzieren, etwa wenn die Ehe als reine Versorgungsgemeinschaft geschlossen worden ist.[118] Ist aber ein Mindestmaß an gegenseitiger Achtung nicht mehr vorhanden, so wird man die Ehe als gescheitert angesehen müssen. Gleiches gilt, wenn ein Ehegatte dem anderen sogar in Liebe zugewandt ist, die Fortsetzung der ehelichen Lebensgemeinschaft aber ablehnt, weil der andere etwa an einer Geisteskrankheit oder einer schweren ansteckenden oder Ekel erregenden Krankheit leidet[119] oder dem Alkohol oder anderem Rauschgift verfallen ist.[120] 35

c) Ablehnende, feindliche Haltung. Eine ablehnende, feindliche Haltung oder gar Hass gegenüber dem anderen Ehegatten ist stets als Grund dafür anzuerkennen, dass mit der Wiederherstellung der Lebensgemeinschaft nicht mehr gerechnet werden kann. 36

4. Einseitiges Scheitern. Die Wiederherstellung der ehelichen Lebensgemeinschaft kann und wird oft schon nicht mehr zu erwarten sein, wenn nur ein Ehegatte sich von der Ehe abgewendet hat.[121] Der Wortlaut von Abs. 1 stellt allein auf die Erwartung ab, nicht darauf, ob der andere Ehegatte an der Ehe festhalten will. Auch für diesen ist die Ehe gescheitert. Er kann selbst die Scheidung beantragen, wenn er die vom anderen aufgegebene Ehe nicht weiter bestehen lassen will.[122] Die Gründe dafür können vielfältig sein. 37

5. Unerheblichkeit der Gründe. Aus welchen Gründen ein Ehegatte die eheliche Gemeinschaft nicht mehr aufnehmen will, ist gleichgültig. Der Wegfall der Bereitschaft, die eheliche Gemeinschaft mit dem anderen weiterzuführen, ist eine aus einer möglichen Vielzahl von Gründen gespeiste subjektive Einstellung des Ehegatten als einer individuellen Persönlichkeit. Ob diese Gründe vernünftigerweise oder auch nur nachvollziehbar zur Abwendung von der Ehe führen, unterliegt nicht der Wertung des Gerichts.[123] Es genügt, wenn der Verlust der ehelichen Gesinnung auf **Laune oder Willkür** beruht.[124] 38

Ursache kann sein, dass die Ehegatten nicht zueinander passen. Aber auch beliebige andere Ursachen können bedeutsam gewesen sein. Ob die Gründe erheblich oder ernstlich sind, ist gleichgültig. Die Abkehr vom anderen Ehegatten oder der Verlust der ehelichen Gesinnung kann im Laufe der Zeit eingetreten sein, ohne dass ein Ehegatte Gründe dafür darlegen kann. 39

Unerheblich ist, ob die Abwendung eines Ehegatten auf richtigen oder falschen Vorstellungen beruht. Auch **falsche Vorstellungen** können zum endgültigen Erlöschen der ehelichen Bindungen geführt haben. Ein Ehegatte kann sich vom anderen aus Gründen 40

---

116 So die Voraufl. RdNr. 34.

117 RGZ 103, 326, 327; 163, 338, 342; *Dölle* § 39 IV 2 c; vgl. auch *Schwab* FamRZ 1976, 491, 496.

118 *Palandt/Brudermüller* RdNr. 4.

119 *Soergel/Heintzmann* RdNr. 5.

120 OLG Schleswig SchlHA 1978, 81; *Schwab* FamRZ 1976, 491, 496; *Diederichsen* NJW 1977, 273, 275; *Palandt/Brudermüller* RdNr. 4.

121 AllgM; vgl. BGH NJW 1995, 1082, 1084 = FamRZ 1995, 229, 231; NJW 1979, 1042; OLG Zweibrücken FamRZ 2006, 1210 = NJW-RR 2006, 1013; 1982, 293; OLG Naumburg FamRZ 2006, 43; OLG Schleswig FamRZ 1977, 802; OLG Hamm FamRZ 1977, 802; OLG Celle FamRZ 1978, 508; OLG Stuttgart FamRZ 1978, 690; OLG Nürnberg FamRZ 1979, 818; *Gernhuber/Coester-Waltjen* § 27 RdNr. 13; *Staudinger/Rauscher* (2004) RdNr. 55; *Soergel/Heintzmann* RdNr. 4; *Johannsen/Henrich/Jaeger* RdNr. 12; *Bamberger/Roth/Neumann* RdNr. 7; *Rauscher* § 21 RdNr. 518; krit. *Bosch* FamRZ 1982, 294; aA AG Landstuhl FamRZ 1995, 931; 1996, 1481 – krit. dagegen *Dörr-Hansen* NJW 1996, 2698, 2699.

122 *Gernhuber/Coester-Waltjen* § 27 RdNr. 13; *Johannsen/Henrich/Jaeger* RdNr. 12.

123 OLG Naumburg FamRZ 2006, 43; OLG Zweibrücken FamRZ 1997, 1212; *Staudinger/Rauscher* (2004) RdNr. 55; *Gernhuber/Coester-Waltjen* § 27 RdNr. 12.

124 So schon zu § 48 EheG: BGHZ 4, 186, 191 f. = NJW 1952, 461; RGZ 169, 278; 165, 144, 152; ob bei Willkür oder Launenhaftigkeit, einem Verhalten also, das nicht der Norm entspricht, eine vorsichtigere Prognose geboten ist, so BGHZ 1, 87, 93 = NJW 1951, 193; BGH LM EheG § 48 Abs. 2 Nr. 27, 30, 39, 43, erscheint zweifelhaft; vgl. *Staudinger/Rauscher* (2004) RdNr. 55.

abwenden, die auf einem Irrtum beruhen, zB aus unbegründeter Eifersucht, aus der unbegründeten Annahme, der andere Ehegatte hasse ein voreheliches Kind.[125] Es ist dann nur zu prüfen, ob die Berichtigung des Irrtums dazu führen würde, dass der Ehegatte die Lebensgemeinschaft wieder aufnimmt.[126] Unerheblich ist es auch, ob sich ein Ehegatte aus besonderer Empfindlichkeit oder Verletzlichkeit wegen eines bestimmten Ereignisses oder Zustandes vom anderen Ehegatten abwendet. Entscheidend ist, ob die Abneigung gegen den anderen Ehegatten einen solchen Grad erreicht hat, dass eine Wiederherstellung der ehelichen Lebensgemeinschaft zwischen den Parteien nicht erwartet werden kann.[127]

41 Die Abkehr von der Ehe kann auf einem **Willensentschluss** beruhen.[128] Es kann ein Gefühlssturm damit verbunden sein, aber es können auch kühle, rationale Überlegungen der Zweckmäßigkeit oder der persönlichen Nützlichkeit sein.

42 Es kommt nicht darauf an, wie sich der Ehegatte, bei dem die eheliche Gesinnung erloschen ist, vernünftigerweise in seiner Lage verhalten sollte oder verhalten müsste. Zu prüfen ist, wie sich der Antragsteller oder der andere Ehegatte **verhalten wird.**[129]

43 **6. Fremde Einflüsse.** Die eheliche Gesinnung kann aus eigenem Entschluss oder unter dem bestimmenden Einfluß Dritter erloschen sein.[130] Wenn der Einfluß Dritter, insbes. der Eltern eines noch jungen Ehegatten, ausreicht, um ihn auf Dauer davon abzuhalten, die Lebensgemeinschaft mit dem anderen Ehegatten fortzusetzen, ist die Wiederherstellung der ehelichen Lebensgemeinschaft nicht mehr zu erwarten. Beliebige andere Einflüsse sind denkbar, so der Streit mit Kindern, Arbeitslosigkeit, ansteckende Krankheiten, Geisteskrankheit. Für die Prognose ist entscheidend, ob die Ehe zerstörenden Gründe beseitigt werden können oder eine Krankheit geheilt und anschließend die Wiederaufnahme der Gemeinschaft erwartet werden kann.[131] Dabei darf aber nicht auf die nie auszuschließende Möglichkeit abgestellt werden, dass sich Lebensumstände verändern können.

44 Mitzubewerten ist hingegen, wenn **in naher Zukunft** Umstände eintreten werden, die zur Wiederaufnahme der Gemeinschaft führen dürften, zB wenn eine Wohnung entfernt von den Eltern bezogen werden kann oder wenn die Ehegatten einen Versöhnungsversuch beabsichtigen.[132] Unzulässig ist es jedoch, durch Abweisung der Scheidungsklage insbes. bei einer einseitig zerrütteten Ehe (vgl. RdNr. 37) zu testen, ob es der Antragsteller dann noch einmal versuchen würde; die **Abweisung des Antrags darf kein Mittel der Ehetherapie** sein.[133] Eine negative Prognose wird jedoch vielfach abgelehnt, wenn die Abweisung zur Wiederherstellung zumindest der häuslichen Gemeinschaft führen würde.[134] Dabei ist Vorsicht geboten, weil mit der Abweisung auch Hass erzeugt oder verstärkt werden kann. Es bestehen aber auch grundsätzliche Bedenken, denn es ist nicht Aufgabe des Gerichts, den Antragsteller zur Rückkehr in eine Ehe zu zwingen. Das könnte in diesen Fällen zumindest mittelbar mit der Abweisung des Scheidungsantrags geschehen, da dem Antragsteller keine Chance bliebe, sein Leben in einer anderen legalisierten Gemeinschaft zu führen.[135]

---

[125] BGH NJW 1978, 1810 = FamRZ 1978, 671.

[126] BGHZ 3, 70, 71 = NJW 1951, 879; RGZ 160, 248; OLG Koblenz FamRZ 1980, 253.

[127] BGH NJW 1978, 1810 = FamRZ 1978, 671; RGZ 165, 149, 152; RGRK/*Graßhof* RdNr. 29; *Soergel/Heintzmann* RdNr. 6.

[128] *Wolf/Lüke/Hax,* Scheidung und Scheidungsrecht, S. 299; *Müller-Freienfels,* Ehe und Recht, S. 289; vgl. jedoch BGHZ 3, 70, 71 = NJW 1951, 879.

[129] BGHZ 4, 486, 191 = NJW 1952, 186; BGHZ 12, 111, 112 = NJW 1954, 836; OGHZ 1, 29; RGZ 161, 399; 165, 149, 152; 169, 279.

[130] Vgl. OLG Koblenz FamRZ 1980, 253.

[131] OLG Stuttgart FamRZ 1978, 690; OLG Hamm FamRZ 1979, 37; OLG Koblenz FamRZ 1980, 253.

[132] OLG Bremen FamRZ 1986, 833, 834.

[133] *Johannsen/Henrich/Jaeger* RdNr. 23; RGRK/*Graßhof* RdNr. 29; *Staudinger/Rauscher* (2004) RdNr. 51; *Gernhuber/Coester-Waltjen* § 27 RdNr. 11.

[134] OLG Stuttgart FamRZ 1978, 690; *Schwab* FamRZ 1976, 491, 496; *ders.* (Handbuch) II RdNr. 24; *Gernhuber/Coester-Waltjen* § 27 RdNr. 11; RGRK/*Graßhof* RdNr. 29; zum EheG wurde diese Meinung verbreitet vertreten, vgl. BGHZ 1, 87, 93 = NJW 1951, 193; BGH NJW 1968, 1232; OGH MDR 1948, 271; RGZ 161, 398.

[135] Ein solcher Fall dürfte bei AG Landstuhl FamRZ 1985, 1042 vorliegen.

7. Fehlehe. Auch wenn die Bereitschaft zu einer Lebensgemeinschaft nie vorhanden war, weil die Ehegatten nur aus äußeren Gründen geheiratet haben, zB um ein Kind zu legitimieren, Vermögenstransaktionen zu erleichtern, eine Wohnung zu erhalten, Steuern zu sparen oder aus beliebigen anderen ehefremden Zwecken (vgl. RdNr. 28), ist die Prognose notwendig, ob die Ehegatten doch noch zu einer ehelichen Lebensgemeinschaft finden können oder ob dies auch für die Zukunft ausgeschlossen ist.[136] Mit der Vorschrift des § 1315 Abs. 1 Nr. 5 hat der Gesetzgeber bestätigt, dass die neu geschaffene pflichtenlose Ehe geheilt werden kann. Dies gilt für alle Formen von Fehl- oder Scheinehen entsprechend. Es ist deshalb immer eine auf den Einzelfall bezogene Prognose erforderlich. 45

VI. Einjähriges Getrenntleben als Voraussetzung der Scheidung

1. Getrenntleben. Die Scheidung aus dem Grundtatbestand allein ist erst nach Ablauf einer einjährigen Trennungszeit möglich (Abs. 2). Die Frist beginnt zu laufen, wenn alle Merkmale des Getrenntlebens im Sinne des § 1567 Abs. 1 S. 1 erfüllt sind und die Frist nicht unterbrochen oder gehemmt wurde. Die einjährige Trennung ist ein selbstständiges materiell-rechtliches **Tatbestandsmerkmal.**[137] Ein Zusammenleben über kürzere Zeit, das der Versöhnung der Ehegatten dienen soll, unterbricht oder hemmt auch die Trennungsfrist des Abs. 2 nicht. Dass § 1567 Abs. 2 nur auf § 1566 Bezug nimmt, beruht auf einem Redaktionsversehen des Gesetzgebers: § 1567 Abs. 2 wurde nicht mehr dem erst im VA eingefügten § 1565 Abs. 2 angepasst. 46

Da das Getrenntleben nach § 1567 leichter und sicherer zu ermitteln ist als das Scheitern der Ehe und die Trennung gleichzeitig ein gewichtiges Indiz[138] für das Scheitern der Ehe ist, dient das Trennungsjahr **mehreren Zwecken,** die sich teils überschneiden und teils widersprechen. Es soll die Feststellung erleichtern, ob die Ehe gescheitert ist, leichtfertige und voreilige Scheidungen vermeiden, vor Rechtsmissbrauch schützen,[139] aber auch allgemein die Scheidung erschweren[140] (vgl. dazu RdNr. 86 ff.). 47

Auch für **Fehl-, Zweck- oder Scheinehen,** die seit 1. 7. 1998 gem. § 1314 Abs. 2 Nr. 5 aufhebbar sind, ist dieser Fristablauf materielle Scheidungsvoraussetzung.[141] Hier wirkt das Erfordernis der Einhaltung des Trennungsjahres generalpräventiv und unter dem Gesichtspunkt des Schutzes des Instituts der Ehe dem Rechtsmissbrauch bei der Eheschließung entgegen.[142] Das Trennungsjahr beginnt erst mit dem Getrenntleben iS von § 1567 und nicht schon automatisch mit der Eheschließung, wenn die Eheleute – wie häufig bei der Eingehung von Scheinehen – auf die Begründung einer häuslichen Gemeinschaft verzichtet haben.[143] Getrenntleben kann dabei erst angenommen, wenn die Eheleute ihren Trennungswillen in irgendeiner Form kundtun,[144] spätestens mit der Stellung des Scheidungsantrags.[145] 48

2. Zeitpunkt des Fristablaufs. Die Frist muss im Zeitpunkt der letzten mündlichen Verhandlung in der Tatsacheninstanz abgelaufen sein, der Ablauf kann nur in der Tatsacheninstanz festgestellt werden. 49

3. Nachweis des Fristablaufs. Es sind alle Beweismittel zulässig, die nicht durch § 617 ZPO aF (§ 113 Abs. 4 FamFG) ausgeschlossen sind. Die Parteivernehmung wird die Regel 50

---

[136] OLG Zweibrücken FamRZ 1997, 1212; aA *Gernhuber/Coester-Waltjen* § 27 RdNr. 15 bis 18 „stets scheidbar"; *Johannsen/Henrich/Jaeger* RdNr. 17 „von vornherein gescheitert".

[137] RGRK/*Graßhof* § 1564 RdNr. 42; *Soergel/Heintzmann* RdNr. 37; *Rauscher* § 21 RdNr. 521: „Tatbestandsbegrenzung".

[138] *Rauscher* § 21 RdNr. 519.

[139] Zweifelnd *Rauscher* § 21 RdNr. 521; AnwK-BGB/*Bisping* RdNr. 11.

[140] Letzteres als legitimen Zweck des Trennungsjahrs ablehnend *Rauscher* § 21 RdNr. 521.

[141] *Johannsen/Henrich/Jaeger* RdNr. 50; *Staudinger/Rauscher* (2004) RdNr. 101.

[142] *Johannsen/Henrich/Jaeger* RdNr. 50; *Staudinger/Rauscher* (2004) RdNr. 103.

[143] *Staudinger/Rauscher* (2004) RdNr. 105; *Johannsen/Henrich/Jaeger* RdNr. 50.

[144] *Johannsen/Henrich/Jaeger* RdNr. 50; *Staudinger/Rauscher* (2004) RdNr. 105; OLG München FamRZ 1998, 826; aA für kurz vor Einführung des Eheaufhebungstatbestands der Scheinehe geschlossene Ehen AG Stuttgart FamRZ 2004, 952.

[145] *Staudinger/Rauscher* (2004) RdNr. 105.

sein. Das Gericht darf den Fristablauf nicht von Amts wegen prüfen, da der Nichtablauf eine eheerhaltende Tatsache ist. Es besteht die Gefahr, dass die Parteien den Fristablauf wahrheitswidrig behaupten, um eine vorzeitige Scheidung zu erreichen, ohne dass die Voraussetzungen des Abs. 2 vorliegen.[146] Deshalb muss der Richter auf die Anhörung der Parteien und die Ermittlung der wirklichen Umstände besondere Sorgfalt verwenden.

VII. Methode der Feststellung des Scheiterns der Ehe

51 **1. Grundsatz.** Das Scheitern der Ehe beruht meist auf einem komplexen Vorgang, der sich in einem gerichtlichen Verfahren nicht in allen Einzelheiten und bis zum letzten Grund aufklären lässt. Auf dieser Erkenntnis und der Absicht, nicht die Schuld in der Vergangenheit zu suchen, beruht der Übergang vom Verschuldens- zum Zerrüttungsprinzip.[147] An die Gerichte sind deshalb bei ihrer Prüfung des Scheiterns der Ehe keine übertriebenen Anforderungen stellen.[148]

52 **2. Sorgfaltspflicht des Gerichts.** Allerdings gebietet es der Zweck der Vorschrift, die Parteien vor einer übereilten Scheidung zu schützen, gerade bei der Scheidung aus der Generalklausel des Abs. 1 den Ablauf der Jahresfrist genau zu prüfen und die Prognose mit besonderer Sorgfalt zu stellen,[149] wobei ähnliche Umstände zu verschiedenen Wertungen führen können.[150] In frühen Entscheidungen nach Einführung des Zerrüttungsprinzips ist noch ein deutliches Bemühen zu erkennen, den Zustand der Ehe zu untersuchen,[151] insbes. dann, wenn ein Rechtsmittel zu erwarten ist.[152] Zunehmend ist aber festzustellen, dass die Gerichte sich mit den übereinstimmenden Erklärungen der Ehegatten zum Scheitern ihrer Ehe und dem Ablauf des Trennungsjahres begnügen und die Scheidung aussprechen. Solange keine objektiven Anhaltspunkte dafür vorliegen, dass die Parteien das Scheitern und den Ablauf der Trennungsfrist lediglich vortäuschen, um eine rasche Trennung zu erreichen, ist es nicht zu beanstanden, wenn die Gerichte sich bei ihrer Entscheidung auf den unstreitigen oder bewiesenen Vortrag der Parteien stützen.[153] Nach dem am 1. 9. 2009 in Kraft tretenden FGG-RG v. 17. 12. 2008 (BGBl. I S. 2586) kommt es in Zukunft bei übereinstimmendem Scheidungswillen nur noch darauf an, dass das einjährige Getrenntleben nachgewiesen wird.

53 **3. Schonung der Intimsphäre.** Das Grundgedanke des Zerrüttungsprinzips, nämlich die Privat- und Intimsphäre der Parteien möglichst zu schonen, kann mit der Pflicht des Gerichts, alle für das Scheitern vorgetragenen und bewiesenen Tatsachen zu würdigen und ehefreundliche Tatsachen von Amts wegen zu ermitteln (§ 616 ZPO aF, künftig § 127 Abs. 1 FamFG), kollidieren. Die notwendige **Gesamtwürdigung** kann dazu führen, dass die Intimsphäre der Ehegatten bei der Scheidung aus Abs. 1 (und 2), wenn keine der Vermutungen des § 1566 eingreift, nicht geschont werden kann.[154] Dabei sind die Ermittlungen des Gerichts (§§ 613, 616 ZPO aF; §§ 128, 127 FamFG) aber unter dem Gesichtspunkt der Verhältnismäßigkeit auf

---

[146] Zu den Motiven und Gefahren eines solchen Vorgehens vgl. *Kogel* FPR 2007, 247.

[147] *Müller-Freienfels,* Ehe und Recht, S. 288; *ders.* Sitzungsbericht M zum 48. DJT, S. M 18 f.; *Schwab* FamRZ 1976, 491, 497; *Neuhaus* FamRZ 1961, 173; *Lüderitz/Dethloff* § 6 RdNr. 5.

[148] *Lange* FamRZ 1971, 481, 488; *Mikat* FamRZ 1970, 333, 341; *E. Wolf* JZ 1970, 441, 447; *Wüstenberg* DRiZ 1970, 252; OLG Frankfurt FamRZ 1979, 1013; einen strengen Maßstab verlangt OLG Koblenz FamRZ 1980, 253, ebenso PWW/*Weinreich* RdNr. 1.

[149] BGH NJW 1981, 449 = FamRZ 1981, 127, 451; BGH NJW 1978, 1810 = FamRZ 1978, 671; OLG Koblenz FamRZ 1978, 31; 1980, 252; OLG Frankfurt FamRZ 1977, 801; *Lüke* AcP 178 (1978), 1, 24; *Johannsen/Henrich/Jaeger* RdNr. 19, 33; vgl. auch PWW/*Weinreich* RdNr. 1.

[150] OLG Oldenburg FamRZ 1978, 188 = NJW 1978, 1266; krit. *Giesen-Gick* JR 1979 1, 2.

[151] Vgl. OLG Bremen FamRZ 1977, 808; OLG Stuttgart NJW 1977, 1542; OLG Hamm FamRZ 1977, 802; OLG Schleswig FamRZ 1977, 802; OLG Koblenz FamRZ 1978, 31; OLG Zweibrücken FamRZ 1982, 293 m. krit. Anm. *Bosch* S. 294.

[152] Krit. *Finger* DRiZ 1980, 329; *Lantzke* NJW 1979, 1483, 1485.

[153] PWW/*Weinreich* RdNr. 8; *Bamberger/Roth/Neumann* RdNr. 12.

[154] Vgl. BGH NJW 1978, 1810 = FamRZ 1978, 671; NJW 1979, 1042; OLG Koblenz FamRZ 1978, 31; *Giesen-Gick* JR 1979, 1, 2; *Schwab* FamRZ 1976, 491; *Bergerfurth* FamRZ 1977, 529; *Johannsen/Henrich/Jaeger* RdNr. 30.

das notwendige Maß zu beschränken.[155] Fragen nach dem **letzter Geschlechtsverkehr** sind nur dann angebracht, wenn Zweifel am Scheitern der Ehe bestehen und sich aus dem konkreten Prozessstoff Anlass für solche Fragen ergibt.[156] Ob die Gerichte mit der notwendigen und auch weitgehend praktizierten Zurückhaltung die Privat- und Intimsphäre der Parteien berühren müssen, ist letztlich eine Frage des Einzelfalls.[157]

4. Indizienlehre. Die insbesondere von *Schwab*[158] entwickelte **Indizienlehre,** die typische Anzeichen für eine Zerrüttung der Ehe sammelt,[159] gibt nur Anhaltspunkte.[160] Die Störanzeichen dürfen nicht isoliert und losgelöst von der individuellen Ehe gewertet werden. Gerade **grobe Störungen,** die gewöhnlich im Umgang mit Mitmenschen nicht hingenommen werden, zB Tätlichkeiten, Beleidigungen, Untreue, werden in der Ehe oft verziehen[161] und zerstören die Ehe nicht, während formell korrektes, aber kaltes und **liebloses Verhalten** eine Ehe gefährden kann.[162] Aus besonders groben Enttäuschungen der üblichen Verhaltenserwartungen[163] kann vorsichtig auf den Zustand der Ehe geschlossen werden. Solche groben Störungen haben deshalb besonderes Gewicht, weil der Richter vom anderen Ehegatten schwerlich verlangen kann, er müsse sie ertragen, und verlässliche Methoden für die Vorhersage fehlen, er werde sie doch noch verzeihen. Der **Scheidungswille** gewinnt iVm. solchen Umständen deshalb besondere Bedeutung. Auch ohne grobe, nach außen erkennbare Ehewidrigkeiten kann der Inhalt der Ehe verloren gegangen sein, etwa weil die Eheleute sich unterschiedlich entwickelt haben oder ihre **Charaktere unvereinbar** (geworden) sind. In diesen Fällen kann die **einjährige Trennung,** der **Entschluss zur Scheidung** und die **Tatsache der Klageerhebung** das Scheitern der Ehe indizieren.[164] 54

5. Trennungszeit als Indiz. Trennungszeiten können als Indiz für das Scheitern der Ehe zu gewertet werden.[165] Das Gesetz selbst erkennt eine längere Trennungszeit als das stärkste Indiz für das Scheitern der Ehe an.[166] Bei der Scheidung aus dem Grundtatbestand des Abs. 1 kommt der einjährigen Trennung allein aber keine ausreichende Indizwirkung für das Scheitern der Ehe zu.[167] Die **mehr als einjährige Trennung** kann hingegen ein **wesentliches Indiz** dafür sein, dass mit der Wiederherstellung der ehelichen Lebensgemeinschaft nicht mehr zu rechnen ist.[168] Bei der Scheidung über die Unzumutbarkeitsvorschrift des 55

---

[155] *Johannsen/Henrich/Jaeger* RdNr. 30; *Schwab* (Handbuch) II RdNr. 35; PWW/*Weinreich* RdNr. 8; *Bamberger/Roth/Neumann* RdNr. 12.

[156] Anders noch die ältere Rechtsprechung, vgl. BGH NJW 1979, 1042; OLG Hamm FamRZ 1977, 802; OLG Karlsruhe FamRZ 1978, 590; 592, 593; 1534; OLG Köln FamRZ 1978, 25; KG FamRZ 1978, 594; OLG Koblenz FamRZ 1978, 31; ihr folgend auch die Voraufl. RdNr. 49; wie hier *Johannsen/Henrich/Jaeger* RdNr. 30; *Staudinger/Rauscher* (2004) RdNr. 80 ff.; *Bamberger/Roth/Neumann* RdNr. 13.

[157] *Johannsen/Henrich/Jaeger* RdNr. 30.

[158] *Schwab* (Handbuch) II RdNr. 28 bis 36; kritisch *Damrau* NJW 1977, 1620; *Kissel* S. 84; *Johannsen/Henrich/Jaeger* RdNr. 31.

[159] Vgl. die Kataloge bei *Schwab* (Handbuch) II RdNr. 28 bis 36; *Rolland* RdNr. 22 bis 28; *Palandt/Brudermüller* RdNr. 4; RGRK/*Graßhof* RdNr. 34 bis 49.

[160] So auch *Schwab* (Handbuch) II RdNr. 28.

[161] OLG Köln NJW 1978, 645; *Damrau* NJW 1977, 1620; RGRK/*Graßhof* RdNr. 68.

[162] PWW/*Weinreich* RdNr. 9.

[163] *Schwab* (Handbuch) II RdNr. 31.

[164] OLG Zweibrücken FamRZ 1989, 981; *Johannsen/Henrich/Jaeger* RdNr. 35 ff.

[165] BGH NJW 1995, 1082, 1084 = FamRZ 1995, 229, 231; NJW 1979, 1042 = FamRZ 1979, 422; NJW 1978, 1810, 1811 = FamRZ 1978, 671; *Schwab* FamRZ 1976, 491, 497; *Damrau* NJW 1977, 1621 f.; *Brüggemann* FamRZ 1978, 91, 98; *Lüke* AcP 178 (1978), 1, 24 Fn. 109; *Schwab* (Handbuch) II RdNr. 29 a; *Johannsen/Henrich/Jaeger* RdNr. 27; enger *Bosch* FamRZ 1982, 294; *Palandt/Brudermüller* RdNr. 4; aA RGRK/*Graßhof* RdNr. 33; vgl. auch OLG Koblenz FamRZ 1980, 253.

[166] *Staudinger/Rauscher* (2004) RdNr. 61.

[167] OLG Saarbrücken OLGR 2001, 128; *Johannsen/Henrich/Jaeger* RdNr. 27.

[168] Vgl. NJW 1981, 449, 451 = FamRZ 1981, 127, 129; OLG Köln NJW 1978, 1009; FamRZ 1977, 792; Trennungszeit von 2 Jahren: BGH NJW 1978, 1810 = FamRZ 1978, 671; BGH NJW 1979, 1042; OLG Köln FamRZ 1978, 25; OLG Schleswig FamRZ 1977, 802; OLG Hamm FamRZ 1977, 802; 16 Monate: OLG Frankfurt FamRZ 1977, 801; 15 Monate: OLG Hamburg FamRZ 1985, 711; 13 Monate: OLG Frankfurt FamRZ 1978, 813; vgl. *Johannsen/Henrich/Jaeger* RdNr. 27.

Abs. 2 sind auch kürzere Trennungszeiten als Indiz für das Scheitern der Ehe zu berücksichtigen.[169] Denn die Trennung, insbes. wenn sie nicht innerhalb der Ehewohnung vollzogen wird, offenbart eine erhebliche Scheidungsenergie, die auch für Dritte erkennbar wird. Auch hier sind aber stets die Einzelfallumstände zu berücksichtigen, so etwa der Anlass der Trennung und der konkrete Verlauf der Trennungszeit.[170]

56 **6. Scheidungswille als Indiz.** Scheidungswunsch und Scheidungsantrag sind Elemente jedes Scheidungsverfahrens. Ob sie auch gleichzeitig Indiz für das Scheitern der Ehe sein können,[171] ist umstritten.[172] Ein Teil der Lehre lehnt dies grundsätzlich ab, weil mit der Berücksichtigung des Scheidungswillens der Wunsch, geschieden zu werden, zum Tatbestandselement werde.[173] Damit wird der Scheidungsantrag aber nur in seiner materiellen und prozessualen Funktion gesehen und verkannt, dass er daneben ein wichtiges Indiz für die **innere Haltung** eines oder beider Ehegatten zur Ehe darstellen kann.[174] In dieser Gestalt ist er als **ein** Umstand zu bewerten, der Rückschlüsse auf die innere Einstellung und Empfindung eines oder beider Ehegatten zulässt und daher bei der Frage nach dem Scheitern der Ehe mit zu berücksichtigen ist. Die gerichtliche Praxis misst daher dem Scheidungsantrag auch bei der Scheidung aus dem Grundtatbestand zu Recht erhebliche Bedeutung zu. Der Scheidungswunsch eines Ehegatten[175] oder die unumstößliche Absicht eines oder beider Ehegatten, sich scheiden zu lassen,[176] oder die begründete Feststellung eines oder beider Ehegatten, dass die Wiederherstellung der ehelichen Lebensgemeinschaft ausgeschlossen ist,[177] werden – iVm. weiteren Umständen – als Indiz für das Scheitern der Ehe gewertet.[178] Nach Wegfall des § 630 ZPO durch das FGG-RG v. 17. 12. 2008 (BGBl. I S. 2586) für ab dem 1. 9. 2009 anhängige Scheidungsverfahren führt der übereinstimmende Scheidungswille neben der einjährigen Trennungszeit dazu, dass das Scheitern der Ehe unwiderlegbar vermutet wird.

57 Wenn es auch nach der Systematik der Scheidungstatbestände nicht gerechtfertigt ist, geringere Anforderungen an Vortrag und Beweis zu stellen, wenn beide Ehegatten das Scheitern der Ehe behaupten,[179] kommt dem **beidseitigen Scheidungswillen** in aller Regel doch **stärkere Indizwirkung** zu als dem nur einseitigen Scheidungswunsch. Das Gericht wird sich in der Regel leichter vom Scheitern der Ehe überzeugen lassen, wenn beide Ehegatten dies übereinstimmend darlegen. Soweit darin eine Verlagerung der einverständlichen Scheidung ohne deren strenge Anforderungen in den Grundtatbestand und eine

---

[169] 10 Monate: OLG Stuttgart NJW 1977, 1542; OLG Karlsruhe FamRZ 1978, 590; OLG Celle FamRZ 1979, 234; 8 Monate: OLG Saarbrücken FamRZ 1978, 415; 7 Monate: OLG Koblenz FamRZ 1978, 31; OLG Stuttgart NJW 1978, 546 = FamRZ 1978, 338 (LS); 4 Monate: OLG Düsseldorf FamRZ 1977, 804; 1978, 26; AG Lörrach FamRZ 1978, 116; vgl. zust. *Rolland* RdNr. 25; wohl auch BGH NJW 1981, 449, 451 = FamRZ 1981, 127, 129.

[170] *Gernhuber/Coester-Waltjen* § 27 RdNr. 5.

[171] Bejahend *Lüderitz/Dethloff* § 6 RdNr. 18; *Schwab* (Handbuch) II RdNr. 30; *Staudinger/Rauscher* (2004) RdNr. 79; *Johannsen/Henrich/Jaeger* RdNr. 35 für den beiderseitigen Scheidungswillen.

[172] Verneinend *Johannsen/Henrich/Jaeger* RdNr. 28 für den Fall des einseitigen Scheidungsantrags; wohl auch *Palandt/Brudermüller* RdNr. 1; *Gernhuber/Coester-Waltjen* § 27 RdNr. 7 auch für den beidseitigen Wunsch, geschieden zu werden; kritisch *Bosch* FamRZ 1982, 294; *Diederichsen* NJW 1977, 273, 275; *Voegeli* KritJ 1982, 132, 146 (faktische Rücknahme justizieller Kontrolle; *Schwab* (Handbuch) II RdNr. 30.

[173] *Gernhuber/Coester-Waltjen* § 27 RdNr. 7.

[174] *Staudinger/Rauscher* (2004) RdNr. 52, 79.

[175] BGH NJW 1978, 1810 = FamRZ 1978, 671; OLG Schleswig NJW 1978, 51; OLG Frankfurt FamRZ 1977, 801; zweifelnd AG Landstuhl FamRZ 1995, 931.

[176] OLG Stuttgart NJW 1977, 1542; OLG Düsseldorf FamRZ 1978, 27; OLG Karlsruhe FamRZ 1978, 590; FamRZ 1979, 919; OLG Stuttgart NJW 1978, 546 = FamRZ 1978, 338 (LS); OLG Schleswig FamRZ 1977, 802; OLG Frankfurt FamRZ 1977, 801; OLG Köln FamRZ 1978, 25; vgl. auch *Rauscher* § 21 RdNr. 518 „*endgültige* Abwendung".

[177] OLG Bremen FamRZ 1977, 808; *Johannsen/Henrich/Jaeger* RdNr. 35.

[178] Sehr weitgehend BayObLG FamRZ 2005, 1126, wonach die entschieden erklärte Scheidungsabsicht und das zwischen den Parteien geführte Trennungsunterhaltsverfahren das Scheitern der Ehe indizieren.

[179] OLG Köln FamRZ 1978, 26; OLG Zweibrücken FamRZ 1983, 1132; KG FamRZ 1994, 514; RGRK/*Graßhof* RdNr. 28, 50; *Soergel/Heintzmann* RdNr. 33; aA *Staudinger/Rauscher* (2004) RdNr. 51 ff.; ähnlich *Johannsen/Henrich/Jaeger* RdNr. 37, 38.

neue Form der Konsensualscheidung gesehen wird,[180] widerspricht dies nicht der Systematik des Scheidungsrechts[181] und ist hinzunehmen, um nicht unangemessenen Druck auf die Eheleute auszuüben, ihre Intimsphäre nicht zu verletzen und die Ernsthaftigkeit ihres Willens nicht unberechtigt in Zweifel zu ziehen.[182] Dem trägt das neue FamFG mit dem Wegfall des bisherigen § 630 ZPO Rechnung.

7. Weitere Indizien für die Zerrüttung. Neben Trennung, Scheidungsabsicht und Scheidungsantrag ist eine Vielzahl von Fakten geeignet, in einem oder beiden Ehegatten die Bereitschaft zur ehelichen Gemeinschaft zu zerstören und Indiz für das Scheitern zu sein. Diese Fakten legen dem Richter den Schluss nahe, dass die Ehegatten die eheliche Gemeinschaft nicht mehr wieder herstellen werden. Ein **Katalog zerrüttungsindizierender Umstände** darf jedoch nicht zur Automatik des alten § 43 EheG führen.[183] Nicht der einzelne Grund an sich, sondern nur seine Wirkung in der Ehe dieser Ehegatten ist das entscheidende Kriterium.[184] Oft gibt erst die **Häufung von Fakten** über eine bestimmte Zeit ein sicheres Bild. Trotzdem mag es hilfreich sein, die Umstände zusammenzustellen, die in der bisherigen Rspr. als zerrüttungsindizierend gewertet worden sind. 58

a) Neue Partnerschaft. Eine ernsthafte und auf Dauer angelegte neue Verbindung des Antragsgegners oder des Antragstellers lässt den Schluss auf das Scheitern der Ehe zu,[185] vor allem dann, wenn aus dieser Verbindung bereits ein Kind hervorgegangen ist. 59

b) Einrichtung eines eigenen Lebenskreises. Das Scheitern der Ehe und die Ernsthaftigkeit des Scheidungswillens sind indiziert, wenn der eheliche Hausrat geteilt und die bisherige Wohnung aufgegeben wurde und jeder Ehegatte sich einen eigenen Lebenskreis eingerichtet hat.[186] Aber auch schon dann, wenn die Ehegatten nicht mehr miteinander sprechen[187] oder wenn sie in getrennten Räumen schlafen,[188] kann dies Ausdruck einer tiefen Störung der Ehe sein. Umgekehrt wird ein Scheitern der Ehe nur schwer feststellbar sein, wenn die Ehegatten zwar getrennt leben, aber ständig Kontakt pflegen, bei dem es auch zum Geschlechtsverkehr kommt.[189] 60

c) Verlauf der Ehe. Wesentlicher Wertungsfaktor ist der Verlauf der Ehe, weil grobe Störungen und der Wunsch, geschieden zu werden, kaum aus heiterem Himmel kommen. Als Indiz für die tiefe Störung der Ehe ist es zu werten, wenn die Ehekrise schon jahrelang andauert oder bereits zu Scheidungsversuchen geführt hat.[190] Zu prüfen ist in diesen Fällen, ob mit dem vorliegenden Antrag jetzt ein Schlussstrich gezogen werden soll oder ob aus dem bisherigen Verhalten der Ehegatten erkennbar ist, dass sie auch diese Krise überwinden werden.[191] Das Gericht darf einem Ehegatten jedoch nicht eine Lebensform auf hoher Toleranzschwelle zumuten, weil er sie bisher ertragen hat.[192] 61

---

[180] *Gernhuber/Coester-Waltjen* § 27 RdNr. 7.

[181] So aber *Voegeli* KJ 1982, 146.

[182] *Staudinger/Rauscher* (2004) RdNr. 52.

[183] Eherechtskommission Bericht I S. 38; der Entwurf 73 und das Gesetz haben es abgelehnt, die Generalklausel durch Beispiele zu konkretisieren, vgl. Entwurf 73 S. 106; *Diederichsen* NJW 1977, 273, 275; *Staudinger/Rauscher* (2004) RdNr. 72, 73; *Johannsen/Henrich/Jaeger* RdNr. 31.

[184] *Schwab* (Handbuch) II RdNr. 28; *Rolland* RdNr. 28.

[185] BGH NJW 1979, 1042; OLG Dresden FamRZ 2003, 1193; OLG Stuttgart NJW 1978, 546 = FamRZ 1978, 338 (LS); OLG Saarbrücken FamRZ 1978, 415; OLG Frankfurt FamRZ 1977, 801; OLG Karlsruhe NJW 1978, 1534; OLG Hamm FamRZ 1978, 28, 29; OLG Dresden FamRZ 2003, 1193; *Schwab* FamRZ 1976, 491, 498; *Großmann* AnwBl. 1979, 9, 10; *Diederichsen* ZZP 91 (1978), 397, 432; *Schwab* (Handbuch) II RdNr. 32; *Palandt/Brudermüller* RdNr. 4; *Johannsen/Henrich/Jaeger* RdNr. 29; *Staudinger/Rauscher* (2004) RdNr. 74.

[186] AG Lörrach FamRZ 1978, 116; *Bamberger/Roth/Neumann* RdNr. 13; RGRK/*Graßhof* RdNr. 41.

[187] OLG Köln FamRZ 1978, 25; NJW 1978, 1009; KG FamRZ 1978, 594.

[188] OLG Köln FamRZ 1978, 25.

[189] OLG Schleswig FamRZ 2001, 1456 (LS) = SchlHA 2001, 39.

[190] OLG Hamm FamRZ 1977, 802; OLG Schleswig FamRZ 1977, 802; OLG Karlsruhe FamRZ 1978, 590; OLG Köln FamRZ 1978, 25; *Rolland* RdNr. 26; RGRK/*Graßhof* RdNr. 39, 47; *Soergel/Heintzmann* RdNr. 27.

[191] OLG München FamRZ 1978, 29, 31 = NJW 1978, 49; OLG Karlsruhe FamRZ 1979, 919.

[192] Vgl. jedoch OLG Schleswig SchlHA 1978, 37.

62 **d) Ende der sexuellen Beziehungen.** Unabhängig davon, ob es eine Rechtspflicht zur Geschlechtsgemeinschaft in der Ehe gibt (vgl. § 1353 RdNr. 33), ist sie üblicherweise Teil des ehelichen Zusammenlebens. Deshalb ist es ein Indiz für das Scheitern der Ehe, wenn die Ehegatten keine sexuellen Beziehungen mehr haben[193] oder wenn ein Ehegatte sie einseitig ablehnt. Es kommt jedoch gerade dabei auf die vereinbarte oder bisher gelebte Form in der Ehe an,[194] sowie auf das Alter und die Gesundheit der Ehegatten. Unfähigkeit zur Ausübung des Verkehrs kann, muss aber nicht ehezerstörend wirken.[195]

63 **e) Krankheiten.** Geisteskrankheit und körperliche Gebrechen können ehezerstörend sein, aber auch zu besonderer Zuwendung zum kranken Ehegatten führen. Es entspricht der Tradition des materiellen Ehescheidungsrechts in Deutschland, es der Entscheidung des gesunden Ehegatten zu überlassen, ob er trotzdem die Ehe fortsetzen will.[196] Krankheiten sind, wie andere Umstände auch, auf ihre Wirkung in der konkreten Ehe zu untersuchen. Dem Ehegatten, dessen eheliche Gesinnung wegen der Krankheit des anderen zerbrochen ist, wird vom Gesetz nicht die Rechtspflicht auferlegt, trotzdem an der Ehe festzuhalten.[197] Hält er hingegen an der Ehe fest und wendet sich dem geistig behinderten Partner in ehelicher Verbundenheit und Fürsorge zu, so besteht die eheliche Lebensgemeinschaft als objektiv gelebte Pflichtengemeinschaft fort.[198] Zu den Krankheiten, die ehezerstörend wirken können, gehört auch Aids,[199] unabhängig davon, ob der Ehegatte die Krankheit durch Ehebruch oder auf anderem Wege erworben hat. Die Angst davor, selbst angesteckt zu werden, kann jede Bereitschaft zur ehelichen Gemeinschaft zerstören. Auch über die Härteklausel kann eine solche Ehe nur sehr beschränkt weiter bestehen.[200] Eine Krankheit kann aber auch die eheliche Gesinnung des kranken Ehegatten zerstören und zum Scheitern der Ehe führen.

64 **f) Ehebruch.** Der Scheidungsgrund des Ehebruchs ist abgeschafft, trotzdem ist die Verletzung ehelicher Treue üblicherweise eine grobe Störung der Ehe und Indiz für ihre Krise;[201] der Ehebruch wird in vielen Fällen aber auch verziehen.

65 **g) Grobes Verhalten.** Verhaltenserwartungen werden üblicherweise durch besonders grobes Verhalten enttäuscht und rechtfertigen dann eine negative Prognose: Hierzu zählen insbes. grobe Behandlung und Tätlichkeiten,[202] die drastische Wirkung der Trunksucht,[203] die vielfach zu Tätlichkeiten und anderen Demütigungen des Partners führt, auch grobe

---

[193] BGH NJW 1979, 1042; OLG Hamm FamRZ 1977, 802; OLG Köln FamRZ 1978, 25; OLG Koblenz FamRZ 1978, 31; *Soergel/Heintzmann* RdNr. 30; zweifelnd *Johannsen/Henrich/Jaeger* RdNr. 30.

[194] BGH NJW 1995, 1082, 1083 = FamRZ 1995, 229, 231.

[195] Vgl. OLG Hamm FamRZ 1979, 37.

[196] Vgl. den Scheidungsgrund wegen „Raserei und Wahnsinn" in § 698 II 1 des Preußischen Allgemeinen Landrechts, § 1569 BGB aF, § 51 EheG 1938, §§ 44, 45 EheG 1946; vgl. die Darstellung im Entwurf 73 S. 62.

[197] *Schwab* (Handbuch) II RdNr. 33; *Johannsen/Henrich/Jaeger* RdNr. 13; *Bamberger/Roth/Neumann* RdNr. 13; vgl. OLG Düsseldorf FamRZ 1980, 146.

[198] BGH FamRZ 2002, 316, 317 = NJW 2002, 671 m. Anm. *Hohloch* JuS 2002, 613, *Muscheler* JZ 2002, 710, *Rauscher* JR 2002, 455.

[199] *Schwab* (Handbuch) II RdNr. 33; *Inge K. Tiedemann* NJW 1988, 729.

[200] BGH NJW 1981, 2808.

[201] BGH NJW 1979, 1042; OLG Stuttgart NJW 1977, 1542; NJW 1979, 167; OLG Düsseldorf FamRZ 1978, 27; OLG Koblenz FamRZ 1978, 31; OLG München FamRZ 1978, 113; OLG Frankfurt FamRZ 1978, 115; OLG Karlsruhe FamRZ 1978, 592; KG FamRZ 1978, 594; OLG Hamm FamRZ 1977, 802; 1978, 28; OLG Saarbrücken FamRZ 1978, 415; KG FamRZ 1978, 594; *Rolland* RdNr. 25; homosexuelle Kontakte sind ähnlich zu werten, vgl. OLG Hamm FamRZ 1978, 190; *Palandt/Brudermüller* RdNr. 4; aA OLG Celle NJW 1982, 586.

[202] OLG Stuttgart NJW 1977, 1542; OLG Düsseldorf FamRZ 1977, 804; OLG Bremen FamRZ 1977, 807; OLG Frankfurt FamRZ 1978, 813; NJW 1978, 276; OLG Düsseldorf FamRZ 1978, 26; OLG München NJW 1978, 49 = FamRZ 1978, 29; KG FamRZ 1978, 594; OLG Celle FamRZ 1979, 234; *Soergel/Heintzmann* RdNr. 28.

[203] OLG Schleswig FamRZ 1977, 802, 803; OLG Düsseldorf FamRZ 1977, 804; 1978, 26; OLG Stuttgart FamRZ 1977, 807; OLG München NJW 1978, 49 = FamRZ 1978, 29, 31; OLG Frankfurt FamRZ 1978, 338, 340; NJW 1978, 276; KG FamRZ 1978, 594; 897; OLG Schleswig NJW 1978, 51.

Beschimpfungen,[204] hasserfüllte Abneigung, die selbst im Scheidungsverfahren gezeigt wird, die schroffe Zurückweisung aller Annäherungs- und Versöhnungsversuche,[205] hartnäckige Vorwürfe, insbes. der Untreue;[206] aber auch die Vernachlässigung des Haushalts oder der Kinder, die Zerstörung der wirtschaftlichen Grundlagen der Ehe zB durch Glücksspiel, Versagen von Haushaltsgeld und Unterhalt[207] und strafbare Handlungen.

8. Verhalten des Antragstellers. Zur Begründung dafür, dass die Ehe gescheitert ist, 66
kann der Antragsteller auch sein eigenes ehewidriges Verhalten, insbesondere, dass er inzwischen eine ernsthafte und dauerhafte Verbindung mit einem anderen Partner eingegangen ist, dem Gericht unterbreiten.[208] Dieser Vortrag begründet jedoch nicht die Unzumutbarkeit nach Abs. 2, so dass die einjährige Trennung auch dann einzuhalten ist, wenn die Ehe gescheitert ist. Außerdem kann dieser Vortrag zur Anwendung der Härteklausel führen.

9. Reste von Gemeinsamkeit. Die eheliche Lebensgemeinschaft kann schon aufgeho- 67
ben sein, wenn noch nicht alle Gemeinsamkeiten beendet sind. Auch wenn noch Reste von Gemeinsamkeit bestehen, ist die Prognose möglich, dass die eheliche Lebensgemeinschaft nicht mehr wiederhergestellt werden wird.[209] Freundschaftlicher Briefwechsel, Besuche zB im Krankenhaus,[210] aber auch die Tatsache, dass die Ehegatten noch nicht im strengen Sinne des § 1567 getrennt leben,[211] gelegentlicher Geschlechtsverkehr,[212] selbst wenn er sich nach der Scheidung wiederholen könnte, müssen nicht Ausdruck der Bereitschaft sein, die Lebensgemeinschaft fortzusetzen. Eine Automatik in der Annahme, der Geschlechtsverkehr sei immer Verzeihung von Ehewidrigkeiten und Zeichen der Zuwendung, ist unbegründet. Allerdings sind andere Fakten für die negative Prognose notwendig, wenn die Geschlechtsgemeinschaft als wichtiger Teil ehelicher Beziehung noch nicht völlig abgebrochen ist.[213] Auch wenn beabsichtigt ist, eine gewisse Gemeinschaft nach der Scheidung fortzuführen, kann die Ehe gescheitert sein.[214] Die eheliche Lebensgemeinschaft ist jedoch nicht zerstört und die Scheidung ist abzulehnen, wenn die Ehegatten nur nicht verheiratet sein wollen, ihre enge Beziehung aber als nichteheliche Lebensgemeinschaft fortsetzen wollen.

10. Aussicht auf Versöhnung. Ist die eheliche Gesinnung eines oder beider Ehegatten 68
im Zeitpunkt der letzten mündlichen Verhandlung zerstört, kann nicht ohne stichhaltigen Grund angenommen werden, die Parteien würden im Laufe der Zeit wieder zueinander finden.[215] Theoretisch können sich Lebensumstände immer ändern und selbst verfeindete Ehegatten erneut zusammenfinden. Die nur noch theoretische Möglichkeit einer Versöhnung, an welche eine Partei glaubt, genügt jedoch nicht, um anzunehmen, die eheliche

---

204 OLG Karlsruhe FamRZ 1978, 590; KG FamRZ 1978, 594; 897; OLG Frankfurt FamRZ 1978, 276; OLG Köln FamRZ 1978, 25; OLG Karlsruhe FamRZ 1978, 590.

205 BGH NJW 1978, 1810 = FamRZ 1978, 671.

206 BGH FamRZ 1979, 1003; OLG Hamm FamRZ 1977, 802.

207 OLG Stuttgart FamRZ 1978, 178.

208 BGH NJW 1978, 1042; OLG Frankfurt FamRZ 1977, 801; *Schwab* FamRZ 1976, 491, 498; *Großmann* AnwBl. 1979, 9, 10; *Diederichsen* ZZP 91 (1978), 397, 432; *Schwab* (Handbuch) II RdNr. 32; *Soergel/Heintzmann* RdNr. 32.

209 OLG Karlsruhe FamRZ 1978, 592, 593; *Schwab* FamRZ 1976, 491, 496; FamRZ 1979, 14; *Rolland* RdNr. 23; *Staudinger/Rauscher* (2004) RdNr. 83; *Johannsen/Henrich/Jaeger* RdNr. 15; aA *Soergel/Heintzmann* RdNr. 19.

210 OLG Schleswig FamRZ 1977, 802; zum Fortbestehen der ehelichen Lebensgemeinschaft über Besuche beim geisteskranken Ehegatten im Krankenhaus vgl. BGH NJW 1989, 1988, 1990 = FamRZ 1989, 479, 481.

211 BGH NJW 1981, 449 = FamRZ 1981, 127.

212 *Staudinger/Rauscher* (2004) RdNr. 81; *Johannsen/Henrich/Jaeger* RdNr. 14 a; RGRK/*Graßhof* RdNr. 15; *Soergel/Heintzmann* RdNr. 5; vgl. auch BGHZ 12, 112 = NJW 1954, 836; OLG Zweibrücken FamRZ 1997, 1212, 1213.

213 *Johannsen/Henrich/Jaeger* RdNr. 14 a; *Gernhuber/Coester-Waltjen* § 27 RdNr. 9; zweifelnd *Staudinger/Rauscher* (2004) RdNr. 81.

214 Enger *Soergel/Heintzmann* RdNr. 5.

215 *Gernhuber/Coester-Waltjen* § 27 RdNr. 11; *Johannsen/Henrich/Jaeger* RdNr. 21; OLG Frankfurt FamRZ 1977, 801 und schon die Rspr. zum EheG, vgl. RGZ 165, 153; RG HRR 1941, Nr. 807.

Lebensgemeinschaft könne wiederhergestellt werden,[216] denn undenkbar ist eine Versöhnung niemals.[217]

VIII. Zeitpunkt der Beurteilung

69 **1. Ablauf der Trennungszeit.** Die Jahresfrist muss im Zeitpunkt der letzten mündlichen Verhandlung in der Tatsacheninstanz abgelaufen sein. Dann darf auch kein Versöhnungsversuch mehr im Gange sein, auch wenn er nach § 1567 Abs. 2 die Frist nicht unterbricht. Das Gericht darf das Verfahren nicht aussetzen oder das Verfahren verzögern,[218] damit die Trennungsfrist inzwischen abläuft. Ein **verfrüht gestellter Scheidungsantrag** ist **zulässig.** Die zum Nachteil des anderen Ehegatten eintretenden Wirkungen für den Zugewinnausgleich (§ 1384), den Versorgungsausgleich (§ 1587 Abs. 2) und den nachehelichen Unterhalt sind nach den Grundsätzen von Treu und Glauben (§ 242) bei den jeweiligen Ansprüchen auszugleichen.[219] Der verfrühte Scheidungsantrag, der nicht auf Härtegründe nach Abs. 2 gestützt ist, ist aber **unschlüssig.** Deshalb darf das Gericht nicht erst die Entscheidung der Folgesachen vorbereiten, insbesondere die Auskünfte zur Durchführung des Versorgungsausgleichs einholen und dann einen Termin zur mündlichen Verhandlung nach dem Ablauf der erforderlichen Trennungsfrist bestimmen.[220] Eine solche Verfahrensweise stünde zudem in Widerspruch dazu, dass die Trennungszeit der Besinnung der Eheleute dienen soll und die Ehe für die Zeit des Getrenntlebens vor Scheidungsanträgen geschützt wird.[221] Mit der inzwischen wohl hM ist daher anzunehmen, dass das Familiengericht die Sache an nächst bereiter Stelle zu terminieren hat, um den unschlüssigen Scheidungsantrag abzuweisen.[222] War die Scheidung wegen Unzumutbarkeit beantragt, hat der Antragsteller nach dem Ablauf der Jahresfrist das Verfahren auf Abs. 1 allein auszurichten, weil die Scheidung iVm. Abs. 2 nach dem Fristablauf nicht mehr möglich ist. Weist das FamG den Antrag ab, weil die Jahresfrist nicht abgelaufen ist, und verstreicht das Trennungsjahr in der 2. Instanz, so ist das Verfahren zur Erledigung der Folgesachen an das FamG zurückzuverweisen. Die Kosten der Berufung können entsprechend § 97 Abs. 2 ZPO der Partei auferlegt werden, die das Verfahren vorzeitig begonnen hat.[223] Dies gilt nicht, wenn der Antragsteller in erster Instanz die Voraussetzungen des Abs. 2 schlüssig darlegt hat und es im Hinblick auf das inzwischen abgelaufene Trennungsjahr offen bleiben

---

[216] BGH NJW 1979, 1042; OLG Zweibrücken FamRZ 1982, 293; OLG Frankfurt FamRZ 1977, 801; *Schwab* FamRZ 1977, 491, 496; *ders.* (Handbuch) II RdNr. 26; *Giesen-Gick* JR 1979, 1, 2; RGRK/*Graßhof* RdNr. 29.

[217] *Schwab* (Handbuch) II RdNr. 26; *Johannsen/Henrich/Jaeger* RdNr. 21; OLG Frankfurt FamRZ 1977, 801.

[218] OLG Bamberg FamRZ 1984, 897; *Johannsen/Henrich/Jaeger* RdNr. 47; *Finger* FuR 2008, 119 Fn. 1; FA-FamR/*v. Heintschel-Heinegg*, 2. Kap. RdNr. 58.

[219] BGH NJW 1997, 1007 f. = FamRZ 1997, 347 m. zust. Anm. *Wax* S. 348; *Weber* NJW 1997, 2787, 2789; aA OLG Oldenburg FamRZ 1995, 1481; FA-FamR/*v. Heintschel-Heinegg*, 2. Kap. RdNr. 58; *Garbe* § 2 RdNr. 36 hält einen solchen Antrag wegen § 242 für unzulässig; *Krause* FamRZ 2002, 1387 schlägt vor, bei Ablauf des Trennungsjahrs im Berufungsverfahren auf den Schluss der mündlichen Verhandlung in zweiter Instanz abzustellen, ebenso *Borth*, Versorgungsausgleich, 3. Aufl., 1. Kap. RdNr. 80.

[220] KG FamRZ 1985, 1066; *Wax* FamRZ 1997, 348, Anm. zu BGH LM Nr. 7 mit dem Vorschlag, der Familienrichter solle im Einvernehmen den ersten Termin nach dem Fristablauf ansetzen. *Soergel/Heintzmann* RdNr. 41; großzügiger noch KG FamRZ 1983, 821, m. abl. Anm. *Braeuer*; *Burghard* FamRZ 1983, 1044; *Jacobs* FamRZ 1983, 1044 und *Philippi* FamRZ 1985, 712.

[221] AnwK-BGB/*Bisping* § 1567 RdNr. 1.

[222] OLG Köln OLGR 2006, 357; *Kogel* FPR 2007, 247, 250, der im Einzelnen Motive und Gefahren des verfrüht gestellten Scheidungsantrags aufzeigt; *Dietzen* FamRZ 1988, 1010; *Gottwald* FamRZ 1987, 724; *Johannsen/Henrich/Jaeger* RdNr. 47; *Erman/Maier* RdNr. 11; *Staudinger/Rauscher* (2004) RdNr. 71; *Schwab* (Handbuch) II RdNr. 62; *Finger* FuR 2008, 119 Fn. 1; *Bamberger/Roth/Neumann* RdNr. 16; *Rauscher* § 21 RdNr. 522; *Garbe* § 2 RdNr. 36; FA-FamR/*v. Heintschel-Heinegg*, 2. Kap. RdNr. 58.

[223] BGH FamRZ 1997, 347, 348 = NJW 1997, 1007 f.; OLG Hamm FamRZ 1996, 1078; 1993, 456; OLG Hamburg FamRZ 1985, 711 m. zust. Anm. *Philippi* S. 712; OLG Köln FamRZ 1984, 280; OLG Zweibrücken FamRZ 1982, 293 m. zust. Anm. *Bosch* S. 294 mit dem Vorschlag, auch die Kosten der Wiederholung der 1. Instanz dem Antragsteller aufzuerlegen; OLG Zweibrücken FamRZ 1982, 627; OLG Düsseldorf FamRZ 1983, 628; *Staudinger/Rauscher* (2004) RdNr. 97; *Johannsen/Henrich/Jaeger* RdNr. 89; *Schwab/Maurer* (Handbuch) I RdNr. 746; *Soergel/Heintzmann* RdNr. 41; *Rauscher* § 21 RdNr. 522; aA OLG Düsseldorf FamRZ 1982, 1014.

muss, ob das Familiengericht die Anwendung des Abs. 2 zu Recht abgelehnt hat.[224] Der Fristablauf in der Revisionsinstanz ist eine nachträglich eingetretene neue Tatsache, die grundsätzlich nicht mehr berücksichtigt werden kann.[225]

2. Zeitpunkt des Scheiterns. Alle Fakten, aus denen sich das Scheitern der Ehe ergibt, können nur bis zur letzten mündlichen Verhandlung in der Tatsacheninstanz festgestellt werden. Die Beurteilung ist für diesen Zeitpunkt zu treffen,[226] die Ehe muss noch nicht zum Beginn der Jahresfrist oder dann gescheitert gewesen sein, als der Scheidungsantrag gestellt wurde. Die Prognose ist Aufgabe tatrichterlicher Würdigung.[227] 70

IX. Antragsberechtigung

1. Einseitiges Scheitern. Eine Ehe ist schon dann gescheitert, wenn nur ein Ehegatte nicht mehr bereit oder in der Lage ist, die eheliche Lebensgemeinschaft wieder aufzunehmen.[228] Sie kann auch auf **Antrag des Ehegatten** geschieden werden, **der selbst an der Ehe festhalten möchte** und die Gemeinschaft selbst jederzeit wiederherstellen würde.[229] Einem solchen Ehegatten wird nicht aufgezwungen, an der zur Illusion gewordenen Ehe festzuhalten; ihm ist aber auch nicht zuzumuten, unwahr die Abkehr von der Ehe zu behaupten, um die Scheidung zu erreichen, die für ihn einen wirtschaftlichen Vorteil oder sonstigen Sinn haben kann. 71

2. Geisteskrankheit. Auch der geisteskranke Ehegatte, der kein Empfinden mehr für den Zustand der Ehe hat, kann durch seinen Betreuer, der nach § 607 Abs. 2 ZPO aF der Genehmigung des Vormundschaftsgerichts bedarf, die Scheidung aus Abs. 1 erreichen (vgl. § 125 FamFG). Ihm kann die Berufung auf das Scheitern der Ehe nicht allein deshalb versagt werden, weil er infolge seiner Behinderung jedes Verständnis für die Ehe und das Scheitern verloren hätte.[230] Liegt die Scheidung nach der im Genehmigungsverfahren nach § 607 Abs. 2 ZPO aF (§ 125 Abs. 2 FamFG) gewonnenen Erkenntnis auch des Vormundschaftsgerichts (jetzt: Familiengericht) in seinem wohlverstandenen Interesse, so kann er nur wegen seines Geisteszustandes nicht an der Ehe festgehalten werden.[231] Zur Begründung kann er geltend machen, der Antragsgegner lehne die Fortsetzung der ehelichen Lebensgemeinschaft ab. Er kann sich aber auch auf seine eigene Unfähigkeit zur ehelichen Gemeinschaft und zum ehelichen Empfinden berufen[232] und damit das Ende der ehelichen Gemeinschaft dartun. Als Rest ehelicher Gesinnung hat der BGH allerdings schon die Fähigkeit ausreichen lassen, sich über den Besuch des anderen zu freuen.[233] Wendet sich der andere Ehegatte dem geistig behinderten Ehepartner weiterhin in ehelicher Verbundenheit und Fürsorge zu, so kann die Lebensgemeinschaft als Verantwortungsgemeinschaft weiter bestehen, auch wenn 72

[224] OLG Hamm OLGR 2000, 29 = FamRZ 2000, 498; vgl. auch BGH FamRZ 1997, 347 = NJW 1997, 1007; *Zöller/Philippi* § 629b ZPO RdNr. 7a.

[225] BGH NJW 1979, 105; 1981, 449 = FamRZ 1981, 127; der BGH hat in beiden Entsch. erwogen, ob nicht der Ablauf oder die Fortdauer der Frist durch übereinstimmenden Parteivortrag festgestellt werden kann; *Soergel/Heintzmann* § 1568 RdNr. 55 für die Härteklausel.

[226] RGRK/*Graßhof* RdNr. 54; OLG Zweibrücken FamRZ 1997, 1212.

[227] BGH NJW 1978, 1810 = FamRZ 1978, 671; FamRZ 1979, 1003; *Großmann* AnwBl. 1979, 9, 10; *Palandt/Brudermüller* RdNr. 3.

[228] AllgM; vgl. BGH NJW 1995, 1082, 1084 = FamRZ 1995, 229, 231; BGH NJW 1979, 1042; OLG Zweibrücken FamRZ 2006, 1210; 1982, 293; *Gernhuber/Coester-Waltjen* § 27 RdNr. 13; *Staudinger/Rauscher* (2004) RdNr. 55; *Johannsen/Henrich/Jaeger* RdNr. 12; PWW/*Weinreich* RdNr. 8; krit. *Bosch* FamRZ 1982, 294; aA AG Landstuhl FamRZ 1995, 931; 1996, 1481 – krit. dagegen *Dörr-Hansen* NJW 1996, 2698, 2699.

[229] OLG Köln FamRZ 1992, 319: *Gernhuber/Coester-Waltjen* § 27 RdNr. 13; *Johannsen/Henrich/Jaeger* RdNr. 12; *Staudinger/Rauscher* (2004) RdNr. 43.

[230] BGH FamRZ 2002, 316, 317 = NJW 2002, 671 m. Anm. *Hohloch* JuS 2002, 613, *Muscheler* JZ 2002, 710, *Rauscher* JR 2002, 455; *Johannsen/Henrich/Jaeger* RdNr. 13; *Staudinger/Rauscher* (2004) RdNr. 44.

[231] BGH FamRZ 2002, 316, 317 = NJW 2002, 671.

[232] BGH NJW 1989, 1988 = FamRZ 1989, 479, 481; *Gernhuber/Coester-Waltjen* § 27 RdNr. 14; *Johannsen/Henrich/Jaeger* RdNr. 13; *Staudinger/Rauscher* (2004) RdNr. 22, 32; aA RGRK/*Graßhof* RdNr. 21; die hM zum EheG gab dem geisteskranken Ehegatten, der keinen Rest von Empfinden für die Ehezerrüttung mehr hatte, kein Klagerecht, vgl. BGHZ 39, 191, 197 = NJW 1963, 1352; RGZ 163, 338, 343; vgl. dazu *Dölle* § 39 IV 2c.

[233] BGH NJW 1989, 1988, 1990 = FamRZ 1989, 479, 481; OLG Hamm FamRZ 1990, 166, 168.

sie infolge der Behinderung nicht mehr in wechselseitiger innerer Bindung gelebt werden kann. Die vom Antragsteller nicht abgelehnte fürsorgliche Verantwortung kann dann ausreichen, den Fortbestand der ehelichen Lebensgemeinschaft anzunehmen und das Scheidungsbegehren als unbegründet zurückzuweisen.[234]

X. Verhältnis zu anderen Scheidungstatbeständen

73 **1. Unstreitige Scheidung.** Die Scheidung aus dem Grundtatbestand setzt nicht voraus, dass die Ehegatten sich über den Fortbestand der Ehe oder die Art ihrer Auflösung streiten. Auch wenn beide sich scheiden lassen wollen, sind sie nicht gezwungen, von der formalisierten einverständlichen Scheidung nach Abs. 1 iVm. § 1566 Abs. 1 Gebrauch zu machen; wenn sie sich nicht auf die Vermutung des § 1566 Abs. 1 berufen, ist § 630 ZPO aF nicht anzuwenden.[235] Dieses Ergebnis ist schon deshalb geboten, weil auch dann, wenn beide Ehegatten den Scheidungsantrag stellen, ihre Scheidungsbegehren gegeneinander gerichtet sein können,[236] und Vereinbarungen nach § 630 ZPO aF nicht zustande kommen. Das Gesetz kennt keine Unterscheidung danach, wie streitig eine Scheidung nach Abs. 1 sein muss, es setzt nur ein großes Maß von Einigkeit für die **einverständliche Scheidung nach § 1566 Abs. 1, § 630 ZPO** voraus, weil nur dann die Voraussetzungen des § 630 ZPO aF erfüllt werden können. Ehegatten, die nur im Ziel einig sind, dass die Ehe geschieden werden soll, sind nicht auf die Scheidung nach dreijähriger Trennung nach § 1566 Abs. 2 verwiesen. Der Weg über den Grundtatbestand des Abs. 1 wird vor allem dann in Betracht kommen, wenn die Ehegatten nicht alle Folgeverfahren gem. § 630 Abs. 1 Nr. 2, 3, Abs. 3 ZPO aF regeln wollen oder können,[237] oder wenn einer der Ehegatten weder einen Scheidungsantrag stellen noch der Scheidung ausdrücklich zustimmen will.

74 **2. Dreijahresfrist.** Leben die Ehegatten seit drei Jahren gem. § 1567 getrennt, folgt aus **§ 1566 Abs. 2** unwiderlegbar, dass ihre Ehe gescheitert ist. Das Gericht darf nicht mehr prüfen, ob die Ehe gescheitert ist, auch dann nicht, wenn eine Partei dies verlangt. Die Zweifel an der Verfassungsmäßigkeit der Fristenscheidung sind ausgeräumt.[238]

75 **3. Scheidung ohne Fristablauf.** Der Antragsteller kann, wenn der Fristablauf nicht nachzuweisen ist, nachträglich die Scheidung aus Abs. 1 iVm. **Abs. 2** wegen Unzumutbarkeit der Fortsetzung der Ehe beantragen. Das Gericht darf jedoch nicht von Amts wegen die Ehe wegen Unzumutbarkeit scheiden, wenn die Scheidung nur aus dem Grundtatbestand beantragt ist.

76 **4. Härteklausel.** Sind die Voraussetzungen des Abs. 1 dargetan, ist von Amts wegen zu prüfen, ob es ausnahmsweise notwendig ist, die gescheiterte Ehe im Interesse minderjähriger Kinder aufrechtzuerhalten. Beruft sich der Antragsgegner auf die Härteklausel des **§ 1568,** muss er ihre Voraussetzungen dartun (§ 616 Abs. 3 ZPO aF, § 127 Abs. 3 FamFG). Die zeitliche Befristung der Härteklausel ist weggefallen (vgl. § 1568 RdNr. 10).

XI. Weitere Verfahrensfragen

77 **1. Beweislast.** Der Antragsteller muss dartun und beweisen, dass die Ehegatten seit einem Jahr gem. § 1567 getrennt leben und die Merkmale des Scheiterns vorliegen. Das Getrenntleben gehört auch im Grundtatbestand des Abs. 1 zum materiellen Recht. Dazu ist ein **Sachvortrag** erforderlich, der dem Gericht die **Analyse** der ehelichen Lebensgemeinschaft

---

[234] BGH FamRZ 2002, 316, 317 = NJW 2002, 671; krit. *Muscheler* JZ 2002 711, 715; *Staudinger/Rauscher* (2004) RdNr. 44.

[235] HM; vgl. OLG Köln FamRZ 1978, 25; 1979, 236; OLG Hamburg FamRZ 1979, 702; OLG Stuttgart NJW 1977, 1542; *Schwab* FamRZ 1976, 491, 497; *ders.* (Handbuch) II RdNr. 88; *Scheld* FamRZ 1977, 226; *Sedemund-Treiber* DRiZ 1976, 331; *Holzhauer* JZ 1977, 729, 733 f.; Entwurf 73 S. 107; *Johannsen/Henrich/Jaeger* RdNr. 5; *Musielak/Borth* § 630 ZPO RdNr. 2; aA *Diederichsen* NJW 1977, 649, 655; *ders.* ZZP 91 (1978), 397, 429 f.; *Bergerfurth* FamRZ 1976, 581; 1977, 227.

[236] Vgl. BayObLG NJW 1981, 832 m. Anm. *Hübner* JR 1981, 430; *Brüggemann* FamRZ 1978, 91, 98.

[237] *Staudinger/Rauscher* (2004) § 1566 RdNr. 6, 18; *Johannsen/Henrich/Jaeger* § 1566 RdNr. 5; durch den Wegfall des § 630 ZPO zum 1. 9. 2009 wird künftig eine Einigung der Parteien über die Folgesachen nicht mehr notwendig ist, §§ 134, 135 FamFG.

[238] BVerfGE 53, 224 = NJW 1980, 689; BGH NJW 1979, 978.

sowie die für die Entsch. notwendige **Prognose** ermöglicht. Dafür reichen Rechtsbehauptungen, die Ehe sei gescheitert oder unheilbar zerrüttet, nicht aus.[239] Bei der Prüfung durch das Gericht kann die Intimsphäre oft nicht geschont werden. Sind alle Voraussetzungen für die Scheidung erfüllt, muss das Gericht die Ehe scheiden, ein Ermessensspielraum besteht nicht. Bleiben Zweifel, ob die Ehe gescheitert ist, so ist der Scheidungsantrag abzuweisen.

2. Antrag und Gegenantrag. Nach § 1564 S. 1 kann die Ehe auf Antrag beider Ehegatten geschieden werden. Da das Verfahrensrecht einen gemeinsamen Antrag nicht zulässt, kann jeder Ehegatte im gleichen Verfahren den Antrag stellen, die Ehe aus dem Grundtatbestand des Abs. 1 zu scheiden. Das **Rechtsschutzbedürfnis** für den zweiten Antrag ist nicht zu versagen, weil nicht sicher ist, welches prozessuale Schicksal der Antrag des Ehegatten haben wird, der die Scheidung der Ehe zuerst beantragt hat.[240] Der Grundsatz der einheitlichen Verhandlung und Entsch. bietet bei gleichgerichteten Anträgen keine Schwierigkeiten. Wenn ein Ehegatte seinen Antrag nicht weiter betreibt, darf allerdings gegen ihn kein Versäumnisurteil ergehen. Über die Kosten von Antrag und Gegenantrag sowie über die Kosten der Folgeverfahren ist in einer einheitlichen Kostenentsch. zu befinden. Die Kosten werden idR gegeneinander aufzuheben sein (§ 93 a ZPO). Beantragt ein Ehegatte die Scheidung aus dem Grundtatbestand des Abs. 1 oder wegen Unzumutbarkeit iVm. Abs. 2 und der andere Ehegatte die Scheidung aus dem Dreijahrestatbestand, so entstehen Sonderprobleme (vgl. § 1564 RdNr. 62). 78

3. Verbund mit Folgesachen. Für den Scheidungsantrag aus dem Grundtatbestand des Abs. 1 bestehen keine Besonderheiten. Nach § 623 Abs. 1 S. 3 ZPO aF (§ 137 Abs. 2 Nr. 1 FamFG) ist über den Versorgungsausgleich nach § 1587 b auch ohne Antrag zu entscheiden, anderweitig anhängige Familiensachen sind von Amts wegen mit der Ehesache zu verbinden (§ 621 Abs. 3 ZPO aF). Die Antragsschrift muss deshalb nach § 622 Abs. 2 ZPO aF (§ 133 FamFG) Angaben darüber enthalten, ob gemeinschaftliche[241] Kinder vorhanden sind und Familiensachen, an denen beide Ehegatten beteiligt sind, anderweitig anhängig sind. Über weitere Folgesachen ist gem. § 623 ZPO aF (§ 137 FamFG) auf Antrag eines Ehegatten zu entscheiden. 79

4. Aussetzung des Verfahrens. Wird die Scheidung aus Abs. 1 allein begehrt und leben die Ehegatten schon ein Jahr getrennt, darf das Verfahren nicht gegen den Widerspruch beider Ehegatten ausgesetzt werden (§ 614 Abs. 2 S. 2 ZPO aF, § 136 Abs. 1 S. 2 FamFG). Einem Aussetzungsantrag des Antragstellers ist vor dem Scheidungsausspruch immer zu folgen (§ 614 Abs. 3 ZPO aF, § 136 Abs. 2 FamFG). Die Aussetzung kann einmal wiederholt werden, sie darf insgesamt nicht länger als ein Jahr dauern (§ 614 Abs. 4 ZPO aF, § 136 Abs. 3 FamFG). Das Gericht darf das Verfahren nur aussetzen, wenn nach seiner freien Überzeugung, die auf konkreten Anhaltspunkten beruht,[242] Aussicht auf Fortsetzung der Ehe besteht (§ 136 Abs. 1 S. 1 FamFG). Die Aussetzung ist damit **unzulässig, um** die Zeit bis zum **Ablauf der einjährigen Trennung zu überbrücken,** weil sie dann nicht der Erhaltung, sondern der Scheidung der Ehe dient.[243] Kein Anlass zur Aussetzung besteht, 80

---

[239] BGH NJW 1995, 1082, 1084 = FamRZ 1995, 229, 231; OLG Saarbrücken MDR 2005, 37; OLG Köln FamRZ 1995, 1503; OLG Zweibrücken FamRZ 1982, 293; *Diederichsen* NJW 1977, 273; *Brüggemann* FamRZ 1978, 91, 96; *Lüke* AcP 178 (1978), 1, 24; *Johannsen/Henrich/Jaeger* RdNr. 33; *Soergel/Heintzmann* RdNr. 34; *Staudinger/Rauscher* (2004) RdNr. 84, 86 ff.; PWW/*Weinreich* RdNr. 7.

[240] Vgl. KG FamRZ 1979, 536; OLG Celle FamRZ 1978, 606; OLG Düsseldorf FamRZ 1978, 914, 915; OLG Stuttgart NJW 1978, 546 = FamRZ 1978, 338 (LS); OLG Hamm FamRZ 1980, 1049, *Brüggemann* FamRZ 1977, 7; *Gernhuber/Coester-Waltjen* § 25 RdNr. 6; aA *Diederichsen* ZZP 91 (1978), 442.

[241] Künftig sind nur Angaben zu minderjährigen Kindern erforderlich, vgl. § 133 Abs. 1 Nr. 1 FamFG.

[242] OLG Düsseldorf FamRZ 1978, 609; KG FamRZ 1968, 167; OLG Schleswig FamRZ 1977, 803; *Brüggemann* FamRZ 1978, 91, 96; *Baumbach/Hartmann* § 614 ZPO RdNr. 2; *Musielak/Borth* § 614 ZPO RdNr. 6.

[243] *Braeuer* FamRZ 1983, 822; *Burghard* FamRZ 1983, 1044; *Jakobs* FamRZ 1983, 1044 gegen KG FamRZ 1983, 821; OLG Köln FamRZ 1976, 698; KG FamRZ 1978, 34; OLG Bamberg FamRZ 1984, 897; OLG Frankfurt FamRZ 1978, 919, 920; *Soergel/Heintzmann* RdNr. 41; *Schwab* FamRZ 1976, 491, 504; aA OLG Karlsruhe NJW 1978, 1388 für eine kurze Zeitspanne; vgl. auch *Bosch* FamRZ 1982, 317.

wenn der Scheidungsantrag in der Frist vor dem Ablauf des Trennungsjahres gestellt wird, die nach der üblichen Verfahrensdauer bis zum Termin der mündlichen Verhandlung vergeht.[244] Sie ist auch ungeeignet, um Härten für einen Ehegatten im Falle sofortiger Scheidung zu vermeiden, zumal mit dem Wegfall der Befristung der Härteklausel des § 1568 das Bedürfnis dafür entfallen ist.[245] IdR darf dann, wenn das Scheitern der Ehe nicht zweifelsfrei festgestellt ist, das Verfahren nicht ausgesetzt werden, um die weitere Entwicklung abzuwarten. Vielmehr ist der Scheidungsantrag bei Entscheidungsreife abzuweisen,[246] weil dem Antragsgegner anderenfalls Nachteile entstehen können.[247] Auf Antrag beider Ehegatten kann jedoch nach § 251 ZPO das **Ruhen des Verfahrens** angeordnet werden, um den Fristablauf abzuwarten,[248] wobei die Folgesachen wegen des Verbundes ebenfalls ruhen.[249]

81 **5. Prozesskostenhilfe.** Für den Antrag auf Bewilligung der Prozesskostenhilfe (für Verfahren ab dem 1. 9. 2009: Verfahrenskostenhilfe) sind die Scheidungsvoraussetzungen schlüssig vorzutragen. Ergibt sich aus dem Vortrag, dass das Trennungsjahr nicht abgelaufen ist, und werden keine Gründe nach Abs. 2 schlüssig geltend gemacht, kann Prozesskostenhilfe grundsätzlich nicht bewilligt werden.[250] Ob dem Antrag beim Vorliegen der übrigen Voraussetzungen stattzugeben ist, wenn erkennbar die Jahresfrist bis zum nächstmöglichen Verhandlungstermin erreicht wird,[251] ist zweifelhaft. Das Argument, es sei nicht gerechtfertigt, Scheidungsanträge anders zu behandeln, wenn Prozesskostenhilfe beantragt wird,[252] berücksichtigt nicht, dass die Gewährung von Prozesskostenhilfe stets einen schlüssigen Antrag voraussetzt und dass auch in anderen Verfahren nicht darauf abgestellt wird, ob sich die Schlüssigkeit des Antrags später möglicherweise ergeben kann. Ob bei bezahlten Scheinehen mit Ausländern besondere Grundsätze für das Prozesskostenhilfebegehren für die anschließende Scheidung gelten,[253] hat das BVerfG offen gelassen.[254] Der BGH hat inzwischen entschieden, dass die Partei, die die Scheinehe gegen Entgelt geschlossen hat, von diesem Rücklagen bilden müsse, um die Kosten des absehbaren Eheaufhebungsverfahrens hieraus zu tragen.[255] Hat sie allerdings kein Entgelt erhalten, sondern die Scheinehe aus anderen Gründen – etwa aus Mitleid – geschlossen, so ist ihr Prozesskostenhilfe zu gewähren, weil das Scheidungsbegehren nach der Rechtsordnung die einzige Möglichkeit ist, die zu ehefremden Zwecken geschlossene Ehe zu beenden.[256] Wird die Prozesskostenhilfe erst im Haupttermin einer Ehesache begehrt, so kann Prozesskostenhilfe noch bewilligt werden, obwohl nach Nr. 3104 VV RVG die Terminsgebühr – anders als die Verhandlungsgebühr nach § 31 Abs. 1 Nr. 2 BRAGO – bereits entstanden ist.[257] Ist das beabsichtigte Scheidungsverfahren wegen eines in einem Mitgliedsstaat der Europäischen Gemeinschaft eingeleiteten Verfahrens auf Trennung von Tisch und Bett auszusetzen, so ist – solange der Aussetzungsgrund besteht – Prozesskostenhilfe wegen Mutwilligkeit der Rechtsverfolgung

---

244 KG FamRZ 1985, 1066; *Soergel/Heintzmann* RdNr. 41; vgl. RdNr. 64.

245 Vgl. die Erwägungen in BVerfGE 55, 134 = NJW 1979, 108.

246 KG FamRZ 1985, 1066; *Soergel/Heintzmann* RdNr. 41; *Baumbach/Hartmann* § 614 ZPO RdNr. 3; *Zöller/Philippi* § 614 ZPO RdNr. 3; *Musielak/Borth* § 614 ZPO RdNr. 6.

247 Vgl. *Burghard* FamRZ 1983, 1044.

248 KG FamRZ 1977, 810; 1978, 34; OLG Frankfurt FamRZ 1978, 910; OLG Karlsruhe NJW 1978, 1388; *Baumbach/Hartmann* § 251 ZPO RdNr. 5.

249 KG FamRZ 1978, 34; *Rolland* RdNr. 42.

250 HM; OLG Rostock NJW 2006, 3648; OLG Dresden FPR 2002, 464; OLG Köln FamRZ 2004, 1117; *Palandt/Brudermüller* RdNr. 13; *Bamberger/Roth/Neumann* RdNr. 16; *Hoppenz/Burandt* RdNr. 17: *Kogel* FPR 2007, 247, 250 weist darauf hin, dass dieses Vorgehen bislang auch allgemeiner Praxis entspreche.

251 So OLG Köln OLGR 2006, 357.

252 So die Voraufl.; *Finger* DRiZ 1980, 329, 335; vgl. auch die 4: 4 Entsch. des BVerfG NJW 1985, 425 = FamRZ 1984, 1205, insbes. die Ansicht der anderen 4 Richter S. 1208; wie hier OLG Frankfurt NJW 1979, 823.

253 Verneinend OLG Naumburg FamRZ 2001, 629; OLG Karlsruhe FamRZ 2003, 1760.

254 4 : 4-Entsch. des BVerfG NJW 1985, 425 = FamRZ 1984, 1206, 1207.

255 BGH NJW 2005, 2781.

256 OLG Frankfurt/M. FamRZ 2006, 1128; OLG Naumburg FamRZ 2001, 629; vgl. auch BGH NJW 2005, 2781.

257 OLG Karlsruhe FamRZ 2006, 874.

zu verweigern.[258] Stirbt ein Ehegatte während des Prozesskostenhilfeverfahrens für eine beabsichtigte Berufung gegen das Scheidungsurteil, so ist das Verfahren in der Hauptsache nach § 619 ZPO aF erst mit der Entscheidung über den Prozesskostenhilfeantrag und die Gewährung der Wiedereinsetzung als erledigt anzusehen.[259]

B. Scheidung vor einjähriger Trennung (Abs. 2)

I. Normzweck

82 **1. Zusätzliche Scheidungsvoraussetzung.** Die Scheidung vor einer einjährigen Trennung nach Abs. 2 baut auf dem Grundtatbestand des Abs. 1 auf und bildet mit ihm zusammen eine charakteristische Scheidungsvoraussetzung, die sich von der Scheidung aus dem Grundtatbestand des Abs. 1 allein und den beiden Fristenscheidungen aus Abs. 1 iVm. § 1566 Abs. 1 und 2 abhebt und damit einen eigenen Scheidungstatbestand bildet.[260] Vor dem Ablauf der Jahresfrist darf eine gescheiterte Ehe nur geschieden werden, wenn die Voraussetzung der Unzumutbarkeit für den Antragsteller vorliegt.

83 **2. Unzumutbare Härte.** Abs. 2 ist mit der Scheidungsvoraussetzung unzumutbare Härte ein **Fremdkörper** in einem Scheidungsrecht, das auf dem Zerrüttungsprinzip aufbaut.[261] In einem Scheidungsrecht wegen Verschuldens wird die Scheidung nur zugelassen, wenn ein Ehegatte durch schwere Eheverfehlungen die Ehe unheilbar zerrüttet hat. Abs. 2 lässt die Scheidung einer Ehe, die auch ohne Ablauf einer bestimmten Trennungszeit gescheitert sein kann, vor dem Ablauf der einjährigen Trennung nur zu, wenn ihre Fortsetzung für den Antragsteller aus Gründen, die in der Person des anderen Ehegatten liegen, eine unzumutbare Härte darstellen würde. Die Nähe zu einem Verschuldensscheidungsrecht beruht einmal darauf, dass eine gescheiterte Ehe in bestimmten Fällen nicht (vor dem Fristablauf) geschieden werden kann. Sie ist noch deutlicher in der Notwendigkeit, über das Scheitern der Ehe hinaus Gründe in der Person des anderen Ehegatten zu werten, die letztlich idR die alten Scheidungsgründe des EheG und der §§ 1565 bis 1589 BGB idF bis 1938 sind. Es ist jedoch wenig sinnvoll, über diese Inkonsequenz des Gesetzes zu klagen, weil sie unvermeidbare Begleitung des Gesetzgebungsverfahrens war. Da der Grundtatbestand des Abs. 1 durch eine Frist eingeschränkt wird, war ein **Ventil für grobe Fälle** schwer vermeidbar, weil diese Scheidungserschwerung für die Fälle, in denen nach dem EheG die sofortige Scheidung möglich war, kaum durchsetzbar gewesen wäre.[262]

84 **3. Keine Verschuldensscheidung.** Trotz der Nähe zur Scheidung wegen Verschuldens kommt es nicht darauf an, ob der andere Ehegatte die in seiner Person liegenden Gründe verschuldet hat. Prinzipiell sind alle durch eine geistige Erkrankung bedingten groben Verhaltensweisen Gründe für die Unzumutbarkeit, also körperliche Angriffe, schwere Kränkungen, sexuelle Zügellosigkeit. Gleiches gilt von suchtbedingten Verhaltensweisen, die den anderen Ehegatten schwer beeinträchtigen. Allerdings führt Sucht oder Geisteskrankheit allein nicht zur Unzumutbarkeit, wenn hierdurch keine gravierenden Verhaltensweisen gegenüber dem anderen Ehegatten ausgelöst werden. Als Schicksalsschläge führen sie nur über die Trennungszeiten zur Scheidung.

85 **4. Geringe praktische Bedeutung.** Die praktische Bedeutung der Vorschrift, der von vorneherein ein geringer Anwendungsbereich vorhergesagt worden war,[263] hat stark abge-

---

[258] OLG Zweibrücken FamRZ 2006, 1043.

[259] OLG Stuttgart FamRZ 2000, 1029.

[260] Zur Bezeichnung „Scheidung wegen Unzumutbarkeit" vgl. *Lüke,* FS Constantinesco, S. 457, 459.

[261] *Brüggemann* FamRZ 1978, 92; *Holzhauer* JZ 1979, 113; *Lüke,* FS Bosch, S. 627, 639; *Lüke,* FS Constantinesco, S. 457, 459, 464; *Staudinger/Rauscher* (2004) RdNr. 19; einschränkend *Johannsen/Henrich/Jaeger* RdNr. 41; krit. *Gernhuber/Coester-Waltjen* § 27 RdNr. 21.

[262] *Staudinger/Rauscher* (2004) RdNr. 19.

[263] *Schwab* FamRZ 1976, 491, 504; *Lüke,* FS Bosch, S. 627, 639.

nommen.[264] In der veröffentlichten Rspr. der OLG erlangte sie zunächst ein bemerkenswertes Gewicht, weil Scheidungswillige versucht hatten, wie zum EheG die Scheidung ohne oder nach nur kurzer Trennung[265] zu erreichen (Vor § 1564 RdNr. 43). Die restriktive Rspr. der OLG und die Tatsache, dass die Praxis der Versuchung widerstanden hat, über die Unzumutbarkeitselemente des Abs. 2 die alte Konventionalscheidung zu § 43 EheG weiterzuführen, hat zur Vorsicht bei Scheidungsanträgen ohne Fristablauf geführt.[266] Dazu hat auch beigetragen, dass die Fristentatbestände des Abs. 1 und von Abs. 1 iVm. § 1566 Abs. 1 und 2 von der Praxis akzeptiert sind (vgl. § 1566 RdNr. 2). Hinzu kommt, dass wegen des notwendigen Verbundes insbesondere mit dem Versorgungsausgleich das Trennungsjahr zum Zeitpunkt der Entscheidung zumeist abgelaufen ist. Während 1979 10,2% der Scheidungen auch auf Abs. 2 gegründet wurden, waren es 1997 nur noch 1,56% (2958 Fälle), 2005 1,99% (4013 Fälle von 201693 Scheidungen),[267] 2006 1,64% (3300 Fälle von 190900 Scheidungen)[268] und 2007 nur noch 1,6% (3000 Fälle von 187100).[269] Die Annahme, dass mit der durch die Kindschaftsrechtsreform zum 1. 7. 1998 möglichen einvernehmlichen Klärung der Vaterschaft nach § 1599 Abs. 2 für die nach der Anhängigkeit des Scheidungsantrags geborenen Kinder, die die Notwendigkeit der Anfechtung der Vaterschaft zu dem von der Ehefrau erwarteten Kind aus einer neuen Beziehung entfallen lässt, eine weitere Abnahme der Scheidungen vor Ablauf des Trennungsjahres einhergeht,[270] lässt sich danach statistisch nicht belegen. Auch im Übrigen erweist sich weniger die verschuldensnahe Unzumutbarkeit nach Abs. 2 als Einfallstor für Manipulationen, sondern vielmehr der Grundtatbestand des Abs. 1, wenn der Ablauf des Trennungsjahres von den Parteien übereinstimmend vorgetragen und vom Gericht kaum nachgeprüft wird.

86 **5. Kompromisscharakter der Vorschrift.** Abs. 2 steht wegen seines Kompromisscharakters in verschiedenen Spannungsverhältnissen. Alle Fragen, die sich bei der Anwendung ergeben, wurden kontrovers diskutiert.[271] Da die Vorschrift erst über Anregungen des BRates im VA eingefügt wurde (vgl. RdNr. 12), sind Äußerungen über die Motive spärlich und wegen ihrer politischen Zielrichtung nur beschränkt verwertbar.[272] Seit dem Urteil des BGH vom 5. 11. 1980[273] ist in der Rechtspraxis weitgehend anerkannt, dass die Vorschrift mehrere Zwecke verfolgt.

87 **6. Schutz vor Rechtsmissbrauch.** Ein Zweck des Abs. 2 ist der Schutz vor Rechtsmissbrauch.[274] Dies wird in den Motiven des BRates[275] deutlich zum Ausdruck gebracht. Der Antragsteller soll sich nicht auf eigenes ehewidriges Verhalten, insbes. auf die Bindung an einen neuen Partner, berufen und damit die sofortige Scheidung erreichen können. Die

---

[264] *Bamberger/Roth/Neumann* RdNr. 18.

[265] Vgl. *Johannsen/Henrich/Jaeger* RdNr. 41.

[266] *Johannsen/Henrich/Jaeger* RdNr. 86 betont zu Recht die Bedeutung des Abs. 2 für die Abwehr verfrühter Scheidungsanträge.

[267] Vgl. Anhang Tabelle 2.31 des Statistischen Bundesamts.

[268] Pressemitteilung des Statistischen Bundesamts vom 7. 11. 2007.

[269] Statistischen Bundesamt, Pressemitteilung v. 28. 8. 2008.

[270] *Bamberger/Roth/Neumann* RdNr. 19; jurisPK-BGB/*Friederici,* 3. Aufl. 2006, RdNr. 16.

[271] *Schwab* FamRZ 1979, 14, 17; *Giesen-Gick* JR 1979, 1, 4.

[272] BGH NJW 1981, 449 = FamRZ 1981, 127; OLG Bremen FamRZ 1977, 808, 810; OLG Frankfurt FamRZ 1978, 115; *Brüggemann* FamRZ 1978, 91, 93; *Schwab* FamRZ 1979, 14, 17; *Holzhauer* JZ 1979, 113 betont jedoch den Wert der Materialien; *Johannsen/Henrich/Jaeger* RdNr. 41.

[273] BGH NJW 1981, 449, 451 = FamRZ 1981, 127, 129.

[274] BGH NJW 1981, 449, 451 = FamRZ 1981, 127, 129; KG NJW 1980, 1053; OLG Stuttgart NJW 1977, 1542; FamRZ 1977, 807; NJW 1978, 52; 275; OLG Köln FamRZ 1977, 717; OLG Celle NdsRpfl. 1977, 208; OLG Düsseldorf FamRZ 1977, 804; 1978, 26; OLG Schleswig SchlHA 1977, 187; NJW 1978, 51; OLG Hamm FamRZ 1978, 28; 1979, 37; OLG München NJW 1978, 49 = FamRZ 1978, 29; 113; OLG Braunschweig NdsRpfl. 1978, 30; KG FamRZ 1978, 34; 594; OLG Frankfurt FamRZ 1978, 115; NJW 1978, 276; OLG Karlsruhe NJW 1978, 53; FamRZ 1978, 590; OLG Koblenz FamRZ 1978, 31, 33; *Giesen* FamRZ 1984, 1188, 1193; *Holzhauer* JZ 1979, 113; *Görgens* FamRZ 1978, 647; *Gernhuber/Coester-Waltjen* § 27 RdNr. 19 sieht hierin den einzigen Zweck der Vorschrift; *Palandt/Brudermüller* RdNr. 6; *Erman/Maier* RdNr. 10; *Soergel/Heintzmann* RdNr. 45; *Johannsen/Henrich/Jaeger* RdNr. 43; kritisch *Staudinger/Rauscher* (2004) RdNr. 13 bis 15.

[275] Vgl. Entwurf 73 S. 259.

Vorschrift beschreibt allerdings den Fall des Rechtsmissbrauchs gerade nicht, sondern trifft ihn nur indirekt und verhindert ihn nur für ein Trennungsjahr; das Verhältnis zur Härteklausel des § 1568 lässt sie offen.

7. Schutz vor leichtfertiger und voreiliger Scheidung. Die Vorschrift des Abs. 2 will ferner leichtfertigen und voreiligen Scheidungen dadurch entgegenwirken, dass sie den Antragsteller anhält, bis zur Scheidung ein Jahr getrennt zu leben oder Gründe in der Person des anderen Ehegatten vorzutragen, die für ihn die Fortsetzung der Ehe zu einer unzumutbaren Härte machen.[276] Auch in der Lit. wird überwiegend angenommen, mit den Merkmalen des Abs. 2 werde die Seriosität und Ernsthaftigkeit des Scheidungsbegehrens gesichert.[277] Dem ist zuzustimmen. Zwar ist es richtig, dass Abs. 2 das Scheitern der Ehe voraussetzt und eine Ehe auch ohne oder nach nur kurzer Trennungszeit gescheitert sein kann. Doch stellt diese Überlegung den Schutzzweck des Gesetzes nicht ernsthaft in Frage. Dieser leitet sich aus dem **Misstrauen** des Gesetzgebers ab, das **Scheitern einer Ehe ohne handfeste äußere Umstände** oder **eine Trennungszeit festzustellen.** Ihm liegt die Auffassung zugrunde, dass ein durch einen verfrühten Scheidungsantrag eingeleitetes Gerichtsverfahren, auf das die Parteien selbst häufig keinen Einfluss mehr haben, ein Scheitern der Ehe zugrunde legen könnte, obwohl trotz der Ehekrise eine Versöhnung der Parteien noch möglich wäre.[278] Ob ein solches Misstrauen des Gesetzgebers berechtigt ist, muss bezweifelt werden: In aller Regel wollen sich die Ehepartner nicht vorschnell aus jeder ehelichen Bindung befreien, sondern mit der Regelung auch der Scheidungsfolgen eine tragfähige Grundlage für einen Neuanfang schaffen.[279] Abs. 2 betrifft danach von vorneherein nur besondere Härtefälle. 88

8. Erleichterung der Feststellung des Scheiterns der Ehe. Abs. 2 dient auch dazu, die schwierige Prognose, dass die Wiederherstellung der ehelichen Lebensgemeinschaft nicht mehr erwartet werden kann, zu erleichtern, wenn die Ehegatten nicht oder noch nicht ein Jahr getrennt leben.[280] Die Prüfung des Scheiterns der Ehe wird allerdings nicht überflüssig und nicht auf die Umstände beschränkt, die nach Abs. 2 zur Unzumutbarkeit führen,[281] die Prognose nach Abs. 1 wird auch nicht durch die Unzumutbarkeit ersetzt.[282] In der Rspr. werden deshalb regelmäßig zutreffend die Erwägungen zum Scheitern der Ehe nach Abs. 1 von den Erwägungen zur Unzumutbarkeit getrennt.[283] Würde man das Scheitern der Ehe 89

---

[276] BGH NJW 1981, 449, 451 = FamRZ 1981, 127, 129; OLG Rostock FamRZ 1993, 808; OLG Stuttgart FamRZ 1977, 807; 1978, 690; NJW 1977, 1542; 1978, 275; OLG Köln FamRZ 1977, 717; NJW 1978, 645; FamRZ 1991, 822; OLG Bremen FamRZ 1977, 809; OLG Düsseldorf FamRZ 1978, 26; 1977, 804; OLG Schleswig SchlHA 1977, 171; FamRZ 1977, 805; SchlHA 1978, 98, 100; NJW 1978, 51; OLG Saarbrücken FamRZ 1978, 114; OLG Oldenburg FamRZ 1978, 188 = NJW 1978, 1266; OLG Frankfurt NJW 1978, 276; 892; FamRZ 1978, 115; OLG München NJW 1978, 49 = FamRZ 1978, 29; OLG Karlsruhe NJW 1978, 53; NJW 1978, 168; OLG Zweibrücken FamRZ 1978, 896; OLG Celle NdsRpfl. 1977, 208; FamRZ 1978, 113; KG FamRZ 1978, 34; aA OLG Koblenz FamRZ 1978, 31, 33; krit. OLG Hamm FamRZ 1979, 37.

[277] *Schwab* FamRZ 1976, 491, 504; *ders.* FamRZ 1979, 14, 18; *ders.* (Handbuch) II RdNr. 46; *Brüggemann* FamRZ 1978, 91, 93; *Görgens* FamRZ 1978, 647, 648 Fn. 17; *Giesen* FamRZ 1984, 1188, 1193; *Kissel* DRiZ 1978, 225; *Lüke* AcP 178 (1978), 1, 26; *Palandt/Brudermüller* RdNr. 6; *Johannsen/Henrich/Jaeger* RdNr. 44; RGRK/*Graßhof* RdNr. 64; *Erman/Maier* RdNr. 10; *Staudinger/Rauscher* (2004) RdNr. 8 ff.; *Soergel/Heintzmann* RdNr. 45; OLG Rostock FamRZ 1993, 808, 809; aA *Gernhuber/Coester-Waltjen* § 27 RdNr. 20.

[278] *Johannsen/Henrich/Jaeger* RdNr. 44; *Staudinger/Rauscher* (2004) RdNr. 9; *Schwab* (Handbuch) II RdNr. 47; aA *Gernhuber/Coester-Waltjen* § 27 RdNr. 20; kritisch *Finger* FuR 2008, 119, 122.

[279] So zutreffend *Finger* FuR 2008, 199, 122.

[280] BGH NJW 1981, 449, 451 = FamRZ 1981, 127, 129; OLG Hamm FamRZ 1979, 37; OLG Köln NJW 1978, 645; OLG Saarbrücken FamRZ 1978, 114; *Staudinger/Rauscher* (2004) RdNr. 18, 117; *Johannsen/Henrich/Jaeger* RdNr. 45; RGRK/*Graßhof* RdNr. 64.

[281] So *Schwab* FamRZ 1979, 14, 19; *Brüggemann* FamRZ 1978, 91, 94.

[282] So OLG Stuttgart NJW 1979, 167; wie im Text die allgM; vgl. *Staudinger/Rauscher* (2004) RdNr. 117; *Schwab* (Handbuch) II RdNr. 47; *Palandt/Brudermüller* RdNr. 6.

[283] OLG Stuttgart NJW 1977, 1542; FamRZ 1977, 807; OLG Bremen FamRZ 1977, 808; OLG Frankfurt FamRZ 1978, 115; OLG Düsseldorf FamRZ 1977, 804; 1978, 26; OLG Koblenz FamRZ 1978, 31; OLG Karlsruhe NJW 1978, 1534; OLG Oldenburg NJW 1978, 1266; ebenso die hL, vgl. *Brüggemann* FamRZ 1978, 91, 94; *Diederichsen* NJW 1977, 273, 275; *Damrau* NJW 1977, 1622; *Holzhauer* JZ 1979, 113, 117; *Görgens* FamRZ 1978, 647, 650; *Palandt/Brudermüller* RdNr. 7.

zwingend oder notwendigerweise[284] nur aus den Gründen des Abs. 2 zulassen, unterbliebe also die Prüfung des vom Gesetz als einziger Scheidungsgrund anerkannte Zustand des Scheiterns der Ehe, so gelangten wieder absolute Scheidungsgründe zur Entstehung. Das schließt nicht aus, dass die Umstände in der Person des anderen Ehegatten, die die Fortsetzung der Ehe für den Antragsteller als unzumutbare Härte erscheinen lassen, als starkes Indiz für die Zerrüttung der Ehe an die Stelle des Trennungsjahres treten und damit ebenso wie dieses sowohl die Diagnose als auch die Prognose des Scheiterns der Ehe[285] erleichtern. Sie sind daher für die Frage des Scheiterns der Ehe mitzuverwerten und haben insofern eine Doppelfunktion.[286] Aus gravierenden Vorfällen kann auf das Scheitern der Ehe geschlossen werden, ohne dass weitergehende Überlegungen zum Scheitern der Ehe angestellt werden müssten.[287]

90 **9. Allgemeine Scheidungserschwerung.** Die Vorschrift hat aber auch die Funktion, die Scheidung zu erschweren. Das Gesetz ermöglicht trotz Scheiterns der Ehe die Scheidung grundsätzlich erst nach Ablauf des Trennungsjahres. Hiervon macht Abs. 2 nur für den Fall der unzumutbaren Härte eine Ausnahme. Diese Scheidungserschwerung richtet sich gegen den „schuldigen" und gegen den „nicht schuldigen" Ehegatten gleichermaßen und vor allem gegen die Scheidung einer gescheiterten Ehe vor dem Fristablauf. Abs. 2 ist danach zwar nicht als Scheidungssperre,[288] aber als allgemeine Scheidungserschwerung aufzufassen.[289] Weil die Mindesttrennungsdauer nur bei einer unzumutbaren Härte unterschritten werden kann, hat die Vorschrift ebenso wie Abs. 1 **eheerhaltenden Charakter** und trägt in dieser Funktion den Vorgaben des Bundesverfassungsgerichts[290] an das materielle Scheidungsrecht Rechnung.[291] Auch aus der **Entstehungsgeschichte** der Vorschrift ergibt sich, dass die allgemein geteilten Bedenken gegen eine zu große Scheidungserleichterung in Abs. 2 ihren Niederschlag gefunden haben. Nach den Motiven des BRates, die für die Entscheidung im VA maßgeblich waren, sollte der Grundtatbestand des Scheiterns der Ehe beschränkt werden, um das erneute Aufkommen von Konventionalscheidungen zu erschweren.[292]

II. Fehlende Trennung, Scheinehe und beidseitiger Scheidungswille

91 **1. Keine einjährige Trennung.** Die Scheidung wegen unzumutbarer Härte kommt nur in Betracht, wenn die Ehegatten noch nicht ein Jahr getrennt leben. Ist die Jahresfrist im Zeitpunkt der letzten mündlichen Verhandlung in der Tatsacheninstanz abgelaufen, dürfen die Merkmale des Abs. 2 auch dann nicht mehr geprüft werden, wenn ein Ehegatte auf ihrer Anwendung besteht. Wird der Scheidungsantrag vor dem Fristablauf eingereicht, kann er auf den Grundtatbestand des Abs. 1 allein gestützt werden, wenn die Frist im Zeitpunkt der

---

[284] *Brüggemann* FamRZ 1978, 91, 95; *Schwab* FamRZ 1979, 14.

[285] *Johannsen/Henrich/Jaeger* RdNr. 45; *Staudinger/Rauscher* (2004) RdNr. 18; für die Erleichterung nur der Prognose *Schwab* (Handbuch) II RdNr. 47; aA *Gernhuber/Coester-Waltjen* § 27 RdNr. 20.

[286] *Staudinger/Rauscher* (2004) RdNr. 117; *Johannsen/Henrich/Jaeger* RdNr. 51.

[287] OLG Düsseldorf FamRZ 1978, 26; OLG Hamm FamRZ 1978, 28; OLG Saarbrücken FamRZ 1978, 114; 415; OLG Frankfurt FamRZ 1978, 115; 338; KG FamRZ 1978, 897; OLG Oldenburg NJW 1978, 1266; *Schwab* (Handbuch) II RdNr. 47.

[288] Dagegen zu Recht BGH NJW 1981, 449 = FamRZ 1981, 127, weil das Gesetz Ausnahmen vorsieht.

[289] Die folgenden Entsch. operieren jedoch teilw. mit dem Begriff Scheidungssperre, vgl. OLG Köln FamRZ 1977, 717; OLG Braunschweig NdsRpfl. 1978, 30; OLG Frankfurt FamRZ 1978, 115; OLG Stuttgart NJW 1977, 1542; FamRZ 1977, 807; OLG Schleswig SchlHA 1978, 36; OLG Düsseldorf FamRZ 1977, 804; 1978, 27; OLG Hamm FamRZ 1978, 28; OLG München NJW 1978, 49 = FamRZ 1978, 29; KG FamRZ 1978, 34; FamRZ 1978, 594; FamRZ 1980, 1053; aA OLG Stuttgart FamRZ 1978, 690; OLG Koblenz FamRZ 1978, 33; auch in der Lit. wird die Theorie der allgemeinen Scheidungserschwerung vertreten: *Brüggemann* FamRZ 1978, 91, 93: „Sperrcharakter gleichsam rundum"; *Holzhauer* JZ 1979, 113; *Giesen-Gick* JR 1979, 1, 5; *Kissel* DRiZ 1978, 225; aA *Schwab* FamRZ 1979, 14, 18; vgl. auch *Dietzen* FamRZ 1988, 1010; kritisch *Finger* FuR 2008, 119, 122.

[290] BVerfG FamRZ 1980, 319, 323.

[291] *Johannsen/Henrich/Jaeger* RdNr. 46.

[292] Entwurf 73 S. 260; OLG Hamm FamRZ 1979, 37; OLG Schleswig SchlHA 1978, 50; *Holzhauer* JZ 1979, 113; *Palandt/Brudermüller* RdNr. 7; kritisch zu diesem Hinweis auf die Entstehungsgeschichte *Finger* FuR 2008, 119, 122.

letzten mündlichen Verhandlung abgelaufen sein wird. Damit wird der unernste Vortrag von Umständen nach Abs. 2 vermieden.

2. Keine Trennung. Auch wenn nicht sämtliche Trennungsvoraussetzungen des § 1567 erfüllt sind, kann das Scheitern der Ehe festgestellt werden.[293] Die Meinung, das Scheitern der Ehe könne nicht festgestellt werden, solange die Eheleute nicht getrennt leben,[294] ist überholt und bereits nach der Gesetzeshistorie zu widerlegen. Nach dem EheG wurden etwa 95% aller Scheidungen ohne formalisiertes Trennungserfordernis ausgesprochen (vgl. § 1567 RdNr. 6) und nahezu 30% der Ehegatten hatten vor der Scheidung überhaupt nicht getrennt gelebt. Mit dem EheRG war eine so drastische Erschwerung der Scheidungen, die zum EheG auf die Verschuldenstatbestände gestützt wurden, nicht beabsichtigt. Sie hätte die Scheidung unter Missachtung des Systems der Scheidungstatbestände aus allgemeinen Erwägungen vor dem Ablauf des Trennungsjahres praktisch ausgeschlossen.[295] Es darf aber noch die häusliche Gemeinschaft weiter bestehen. Hingegen muss als wesentlicher Inhalt des Scheiterns die Ablehnung der ehelichen Lebensgemeinschaft festgestellt werden. Für eine Scheidung trotz bestehender häuslicher Gemeinschaft ist die Prognose besonders sorgfältig zu stellen, weil sie nicht durch die Trennung unterstützt wird. Die Ernsthaftigkeit des Scheidungswillens kann dann vor allem den Tatsachen entnommen werden, die auch die Unzumutbarkeit begründen.[296] 92

3. Fehl- oder Scheinehe. Auf Ehen, bei denen keine eheliche Lebensgemeinschaft begründet wurde, weil sie von vornherein gescheitert waren, und auf Scheinehen, die zu einem ehefremden Zweck geschlossen wurden, ist Abs. 2 ohne Einschränkung anzuwenden.[297] Mit der Einhaltung der Trennungsfrist sollen Ehegatten solcher Ehen nicht etwa bestraft werden.[298] Es geht vielmehr darum, dass eine Ehe nur geschieden werden kann, wenn sie gescheitert ist; Abs. 2 nimmt Fehlehen davon nicht aus. Es besteht keine Veranlassung, Eheleute in Zweckehen besser zu stellen. Mit der Anwendung des Abs. 2 auf Scheinehen wird indirekt auch dem Rechtsmissbrauch durch Eingehung solcher Ehen vorgebeugt.[299] Mit der Aufnahme der folgenlosen, aufhebbaren Ehe in das Eheschließungsrecht (§ 1314 Abs. 2 Nr. 5, § 1310 Abs. 1 S. 2, § 1353 Abs. 1) ist keine Änderung für die Anwendung des Abs. 2 auf missbilligte oder aufhebbare Ehen eingetreten.[300] Die Trennungsfrist kann in seltenen Fällen bereits mit der Eheschließung beginnen,[301] regelmäßig aber erst dann, wenn ein Ehegatte seinen Scheidungswillen kundtut.[302] Da der mit der Scheinehe verfolgte Zweck 93

---

[293] HM; BGH NJW 1981, 449 = FamRZ 1981, 127, 128; OLG Stuttgart NJW 1978, 52; OLG Karlsruhe NJW 1978, 592; 1534; KG FamRZ 1978, 594; OLG Frankfurt FamRZ 1978, 595; OLG Schleswig NJW 1978, 51, 53; OLG Oldenburg NJW 1978, 1266; OLG Hamm FamRZ 1979, 37; 511; OLG München NJW 1978, 49 = FamRZ 1978, 29; FamRZ 1977, 810; OLG Bamberg FamRZ 1978, 592, 594; *Schwab* FamRZ 1979, 14; *Holzhauer* JZ 1979, 113, 117; RGRK/*Graßhof* RdNr. 100; *Johannsen/Henrich/Jaeger* RdNr. 49.

[294] OLG Frankfurt FamRZ 1978, 595; 892; OLG Köln FamRZ 1977, 712, 718; 1978, 34; *Brüggemann* FamRZ 1978, 91, 95.

[295] So ausdrücklich OLG Frankfurt FamRZ 1978, 595; OLG Köln FamRZ 1977, 717; 1978, 34; wie im Text BGH NJW 1981, 449 = FamRZ 1981, 127, 128.

[296] Vgl. BGH NJW 1981, 449, 450 = FamRZ 1981, 127, 129.

[297] HM; vgl. BGH NJW 1981, 449, 451 = FamRZ 1981, 127, 129; OLG Zweibrücken FamRZ 1997, 1212; OLG Karlsruhe FamRZ 1986, 680; KG FamRZ 1985, 73 m. zust. Anm. *Weismann* u. abl. Anm. *Koßatz;* KG FamRZ 1985, 1042; NJW 1982, 112; 1980, 1053; OLG Düsseldorf FamRZ 1981, 677; OLG Hamm FamRZ 1980, 145; 1982, 1073; OLG Köln FamRZ 1983, 592; OLG Hamburg FamRZ 1983, 1230; OLG Celle FamRZ 1983, 593; 1984, 279; *Gernhuber/Coester-Waltjen* § 27 RdNr. 15–18 Fn. 25; *Soergel/Heintzmann* RdNr. 42; *Johannsen/Henrich/Jaeger* RdNr. 50; RGRK/*Graßhof* RdNr. 103, 22; *Staudinger/Rauscher* (2004) RdNr. 101 bis 105; *Erman/Maier* RdNr. 10; aA KG FamRZ 1980, 356; AG Berlin-Charlottenburg FamRZ 1978, 38; *Palandt/Brudermüller* RdNr. 7.

[298] So jedoch wohl KG NJW 1980, 1053.

[299] *Staudinger/Rauscher* (2004) RdNr. 103; *Johannsen/Henrich/Jaeger* RdNr. 50.

[300] *A. Wolf* FamRZ 1998, 1477 ff.

[301] *Staudinger/Rauscher* (2004) RdNr. 105; *Johannsen/Henrich/Jaeger* RdNr. 50; *Schwab* (Handbuch) II RdNr. 150.

[302] OLG Hamm FamRZ 1982, 1073; KG NJW 1982, 112; OLG Karlsruhe FamRZ 1986, 680, 681; *Palandt/Brudermüller* RdNr. 7; *Johannsen/Henrich/Jaeger* RdNr. 50; *Staudinger/Rauscher* (2004) RdNr. 105; *Finger* FuR 2008, 119, 121.

es in der Regel erfordert, nach außen hin jedenfalls für eine gewisse Zeit eine eheliche Lebensgemeinschaft vorzuspiegeln, wird die Offenlegung des fehlenden Willens zu dieser Gemeinschaft meist mit der Kundgabe des Scheidungswillens zusammenfallen.[303] Unzumutbarkeit wird bei Fehlehen meist nicht festgestellt werden können, ist jedoch begrifflich nicht ausgeschlossen; sie ergibt sich jedenfalls nicht aus dem Umstand, dass die Ehe zu sachfremden Zwecken geschlossen worden ist.[304]

94 **4. Einverständliche Scheidung.** Obwohl Abs. 2 die Scheidung ohne Trennung auf Fälle der Unzumutbarkeit aus Gründen in der Person des anderen Ehegatten beschränkt und damit idR von Vorwürfen gegen ihn abhängig macht, ist Abs. 2 nicht auf die Fälle der streitigen Scheidung beschränkt. Abs. 2 ist auch anwendbar, wenn der andere Ehegatte der Scheidung nicht entgegentritt und wenn beide Ehegatten die Scheidung beantragen.[305] Das Gesetz gibt dem Einverständnis der Ehegatten nur bei der Scheidung über Abs. 1 iVm. § 1566 Abs. 1 und § 630 ZPO aF eigenständige Bedeutung.[306] Der Scheidungswunsch ist immer nur Indiz für das Scheitern der Ehe.[307] Die Anwendung von Abs. 2 ist jedenfalls nicht deshalb ausgeschlossen, weil dann „offensichtlich" gescheiterte Ehen „sinnlos" bis zum Fristablauf aufrechterhalten werden.[308] Abs. 2 dient gerade dazu, aus der Menge der vor dem Fristablauf gescheiterten Ehen diejenigen auszusondern, die wegen Unzumutbarkeit sofort geschieden werden können. Beantragen beide Ehegatten die Scheidung nach Abs. 2, sind die Voraussetzungen des Abs. 2 für beide Anträge selbstständig zu prüfen.[309] Ist nur einer der Anträge begründet, muss der andere als unbegründet abgewiesen werden, weil es sich um selbstständige Anträge handelt, die beide beschieden werden müssen.[310]

III. Gründe in der Person des anderen Ehegatten

95 **1. Scheitern der Ehe und Gründe der Unzumutbarkeit der Fortsetzung.** Ein wesentlicher Vorbehalt gegen das Verschuldensscheidungsrecht war, dass vielfach nicht festgestellt werden konnte, welche Gründe die Ehe zerstört hatten.[311] Abs. 2 stellt einen Kausal-

---

[303] *Staudinger/Rauscher* (2004) RdNr. 105; aA die Voraufl. RdNr. 88; *Gernhuber/Coester-Waltjen* § 27 RdNr. 15 bis 18 Fn. 25.

[304] OLG Karlsruhe FamRZ 1986, 681; AG Offenbach FamRZ 1993, 810 ohne Auseinandersetzung mit dem Problem.

[305] HM; KG FamRZ 1978, 34; OLG Köln FamRZ 1977, 717; NJW 1978, 645; OLG Düsseldorf FamRZ 1978, 26; 1979, 37; OLG Stuttgart NJW 1977, 1542; 1978, 52; 546; OLG Koblenz FamRZ 1978, 31; OLG Hamm NJW 1978, 168; OLG Frankfurt FamRZ 1978, 115; OLG Karlsruhe NJW 1978, 53; OLG München NJW 1978, 49 = FamRZ 1978, 29; OLG Bremen FamRZ 1977, 808; OLG Schleswig SchlHA 1978, 50; *Schwab* FamRZ 1976, 491, 504; *Diederichsen* NJW 1977, 273, 275; *Brüggemann* FamRZ 1977, 582; 1978, 91, 96; *Holzhauer* JZ 1979, 113 ff.; *Giesen-Gick* JR 1979, 1, 5; *Görgens* FamRZ 1978, 647, 650; *Johannsen/Henrich/Jaeger* RdNr. 48; *Palandt/Brudermüller* RdNr. 7; *Staudinger/Rauscher* (2004) RdNr. 79; *Bamberger/Roth/Neumann* RdNr. 22; *Schwab* (Handbuch) II RdNr. 50; *Lüderitz/Dethloff* § 6 RdNr. 19; aA OLG Karlsruhe FamRZ 1978, 590 für einen langen Zerrüttungsprozess; OLG Koblenz FamRZ 1978, 31, 33; AG Berlin-Charlottenburg FamRZ 1978, 38; *Schröder* FamRZ 1977, 767, 769; *Holzhauer* JZ 1977, 732; *Lüke* AcP 178 (1978), 1, 27; *Gernhuber/Coester-Waltjen* § 27 RdNr. 19, 25 bis 28.

[306] Wenn § 630 ZPO ab dem 1. 9. 2009 durch §§ 133–135 FamFG ersetzt wird, kommt es auf eine Einigung der Parteien über die Scheidungsfolgen nicht mehr an. Vielmehr knüpft das Gesetz dann die unwiderlegliche Vermutung des Scheiterns iSv. § 1566 Abs. 1 allein an den Ablauf des Trennungsjahres und das Einverständnis mit der Scheidung.

[307] Inkonsequent ist es, dem Scheidungswunsch jede Indizwirkung abzusprechen und ihn gleichzeitig bei Abs. 2 förmlich zu beachten, so *Gernhuber/Coester-Waltjen* § 27 RdNr. 7 und RdNr. 19, 25–28. vgl. die Berichte von *Finger* DRiZ 1980, 329, 330; *Lantzke* NJW 1979, 1483, 1485; *H. P. Westermann* JBl. 1979, 113, 121.

[308] Vgl. zB OLG Hamm FamRZ 1979, 37; 511.

[309] OLG Düsseldorf FamRZ 1979, 37; 1978, 27; KG FamRZ 1978, 34; OLG Hamm NJW 1978, 168; OLG Stuttgart NJW 1977, 1542; 1978, 546; OLG Frankfurt FamRZ 1978, 115; *Brüggemann* FamRZ 1977, 582; 1978, 91, 96; *Parche* NJW 1979, 139; *Johannsen/Henrich/Jaeger* RdNr. 48; *Palandt/Brudermüller* RdNr. 13; aA OLG Koblenz FamRZ 1978, 31; OLG Karlsruhe FamRZ 1978, 590.

[310] OLG Düsseldorf FamRZ 1979, 37; 1978, 27; KG FamRZ 1978, 34; OLG Hamm NJW 1978, 168; OLG Stuttgart NJW 1977, 1542; 1978, 546; OLG Frankfurt FamRZ 1978, 115; *Palandt/Brudermüller* RdNr. 13; aA OLG Stuttgart NJW 1978, 52 m. ablehn. Anm. *Heinz* und *Stillner* NJW 1978, 430.

[311] Vgl. Entwurf 73 S. 106; vgl. BGHZ 18, 20; 190, 196 = NJW 1955, 1714.

zusammenhang zwischen den Gründen der Unzumutbarkeit und den Gründen für das Scheitern nicht her.[312] Oft werden die Gründe, die in der Person des anderen Ehegatten liegen und die Fortsetzung der Ehe unzumutbar machen, aber gleichzeitig die Gründe sein, die zum Scheitern der Ehe geführt haben. Sie werden zumindest Indiz dafür sein, dass die Ehe gescheitert ist. Andererseits können die Gründe der Unzumutbarkeit erst entstanden sein, nachdem die Ehe schon gescheitert war.[313] In einem solchen Fall ist eine „Vertiefung" des Scheiterns nicht möglich.[314] So wird das Scheitern einer Ehe bspw. nicht vertieft, wenn ein Ehegatte versucht, den anderen zu töten, nachdem die Ehe schon gescheitert war.

2. Prüfungsmethoden. Für die Feststellung, ob die Ehe gescheitert ist, sind alle von den Parteien vorgebrachten Umstände zu bewerten, auch solche, die der Antragsteller selbst gesetzt hat, zB seine Beziehung zu einem anderen Partner;[315] die ehefreundlichen Umstände sind von Amts wegen zu ermitteln. Dabei sind alle Gründe, die für die Unzumutbarkeit vorgetragen werden, mitzuverwerten, weil das Scheitern der Ehe ein Gesamtvorgang ist, der weder nur aus diesen Gründen noch ohne diese Gründe beurteilt werden kann. Allerdings sind diese Gründe gleichzeitig für die Prüfung des Scheiterns der Ehe und die Unzumutbarkeit heranzuziehen. Ob die vorgetragenen Gründe zur Anerkennung der Unzumutbarkeit der Fortsetzung der Ehe führen, darf dabei nicht abstrakt beurteilt werden. Die Gründe müssen vielmehr auf die konkrete gescheiterte Ehe bezogen werden. Selbst schwere Vorfälle oder ungewöhnliche Eigenschaften eines Ehegatten stehen nie für sich allein, sie können immer nur im Gesamtzusammenhang der Ehe gewertet werden. Ob deshalb eine bestimmte **Prüfungsreihenfolge** einzuhalten ist, erscheint fraglich. Überwiegend wird angenommen, dass die Bewertung nach Abs. 2 erst abgeschlossen werden kann, wenn festgestellt ist, dass die Ehe gescheitert ist.[316] Demgegenüber wird vertreten, dass das Scheitern der Ehe nur zu prüfen ist, wenn Umstände in Betracht kommen, die zur Unzumutbarkeit führen.[317] Praktisch dürfte sich die Frage nicht stellen,[318] weil die Überprüfung des Scheiterns der Ehe kaum von der Überprüfung der Härtegründe getrennt werden kann. 96

3. Zustand der Ehe und Härtegründe. Von den Ehen, deren Scheitern schon vor dem Ablauf einer einjährigen Trennung festgestellt werden kann, sondert Abs. 2 einen Teil an Ehen aus, die sofort geschieden werden können. Gescheiterte Ehen, bei denen eine unzumutbare Härte nicht vorliegt, können erst nach dem Fristablauf geschieden werden.[319] Vielfach wird es in einem Ehegatten ein dramatisches Gefühl der Härte auslösen, dass seine Ehe gescheitert ist. Dieser Grund wird als Unzumutbarkeit jedoch nicht anerkannt, weil er sehr häufig vorliegt.[320] Das Scheitern der Ehe liegt außerdem nicht im anderen Ehegatten, es ist vielmehr ein gemein- 97

---

[312] OLG Frankfurt FamRZ 1978, 115; OLG München FamRZ 1978, 113; *Diederichsen* NJW 1977, 273, 275; *Schwab* FamRZ 1979, 14, 19; *Johannsen/Henrich/Jaeger* RdNr. 53; *Staudinger/Rauscher* (2004) RdNr. 96; RGRK/*Graßhof* RdNr. 99; aA OLG Schleswig NJW 1978, 52, 53; OLG Karlsruhe NJW 1978, 53; OLG Stuttgart NJW 1977, 1542; OLG Köln FamRZ 1977, 717; *Vogel* FamRZ 1976, 481, 483; *Hillermeier* FamRZ 1976, 578; *Thiele* DRiZ 1977, 275; *Holzhauer* JZ 1979, 113, 116; *Giesen-Gick* JR 1979, 1, 5; *Brüggemann* FamRZ 1978, 91, 96; *Böhmer* StAZ 1976, 237.

[313] OLG München FamRZ 1978, 113; OLG Frankfurt FamRZ 1978, 115, 116; *Staudinger/Rauscher* (2004) RdNr. 96; aA OLG Stuttgart FamRZ 1977, 646; *Holzhauer* JZ 1979, 113, 116.

[314] OLG München FamRZ 1978, 113; vgl. jedoch OLG Frankfurt NJW 1978, 892; Anklänge auch bei BGH NJW 1981, 449, 451 = FamRZ 1981, 127, 129.

[315] *Schwab* FamRZ 1976, 491, 504; aA *Vogel* FamRZ 1976, 481, 483; *Böhmer* StAZ 1976, 238.

[316] OLG Koblenz FamRZ 1978, 31; OLG Braunschweig NdsRpfl. 1978, 30; OLG Stuttgart FamRZ 1977, 646; OLG Köln FamRZ 1977, 717; OLG Bremen FamRZ 1977, 808; OLG Frankfurt FamRZ 1978, 115; OLG Düsseldorf FamRZ 1977, 804; 1978, 26; OLG Karlsruhe FamRZ 1978, 592; *Diederichsen* NJW 1977, 275; ZZP 91 (1978), 397, 432 f.; *Damrau* NJW 1977, 1622; *Palandt/Brudermüller* RdNr. 7; *Gernhuber/Coester-Waltjen* § 27 RdNr. 20.

[317] OLG Oldenburg FamRZ 1978, 188 = NJW 1978, 1266; *Soergel/Heintzmann* RdNr. 47, 52; *Schwab* FamRZ 1976, 491, 504; *ders.* FamRZ 1979, 14, 19; *Brüggemann* FamRZ 1978, 91, 94; *Staudinger/Rauscher* (2004) RdNr. 116; *Johannsen/Henrich/Jaeger* RdNr. 51.

[318] *Schwab* (Handbuch) II RdNr. 49; *Rolland* RdNr. 38.

[319] BGH NJW 1981, 449, 451 = FamRZ 1981, 127.

[320] OLG Frankfurt FamRZ 1978, 338; OLG Düsseldorf FamRZ 1978, 27; OLG München NJW 1978, 49 = FamRZ 1978, 29; *Schwab* FamRZ 1979, 14; *Damrau* NJW 1977, 1620; *Görgens* FamRZ 1978, 647; *Giesen-Gick*

sames Schicksal beider. Würde das Scheitern alleine als Grund anerkannt, wäre jede gescheiterte Ehe ohne Fristablauf zu scheiden und Abs. 2 würde damit jede Bedeutung verlieren.[321] Deshalb sind auch die Gründe, die zum Scheitern der Ehe geführt haben, nicht gleichzeitig automatisch Gründe für die Unzumutbarkeit.[322] Dies folgt einmal daraus, dass die idR sowieso nicht feststellbare Kausalität eines Umstandes für das Scheitern der Ehe nicht mehr bedeutsam ist. Die Folgerung ist auch deshalb zwingend, weil sonst jede gescheiterte Ehe, bei der das Gericht den Grund für das Scheitern glaubt ermittelt zu haben, idR nach Abs. 2 zu scheiden wäre. Deshalb sind an die unzumutbare Härte strenge Anforderungen zu stellen.[323] Weil eine Kausalität zwischen dem Scheitern der Ehe und der Unzumutbarkeit nicht vorausgesetzt wird, sind auch Gründe nach Abs. 2 verwertbar, die erst entstanden sind, nachdem die Ehe schon gescheitert war. Vorfälle, Verhaltensweisen und Eigenschaften eines Ehegatten, die zwar möglicherweise zum Scheitern der Ehe geführt haben, aber den Maßstab der Härtegründe nicht erreichen, werden daher als Gründe, auf die sich die unzumutbare Härte beziehen kann, nicht anerkannt.[324]

98 **4. Zuordnung des Grundes zum anderen Ehegatten.** Gründe in der Person des Antragstellers, also sein Verhalten, seine Krankheit, sind ausgesondert, ebenso das Interesse des Antragstellers an der schnellen Scheidung, um bald wieder heiraten zu können[325] oder um im fortgeschrittenen Alter noch ein Kind aus einer anderen Verbindung zu haben.[326] Erwartet die Antragstellerin von einem anderen Mann, mit dem sie zusammenlebt, ein Kind und will ihn vor der Geburt des Kindes noch heiraten, so kann sie hierauf eine Härtefallscheidung nicht stützen, weil es sich sämtlich um Umstände handelt, die in ihrer Person ihre Ursache haben.[327] Ob dann, wenn der Ehemann nicht als Vater des von einem anderen Mann gezeugten Kindes gelten will, ein Grund in seiner Person liegt, der das Abwarten des Trennungsjahres für die Ehefrau wegen dieses Verhaltens unzumutbar erscheinen lässt,[328] erscheint zweifelhaft. Die Zuordnung eines Grundes zum anderen Ehegatten kann schwierig sein, weil in der persönlichen Verflechtung einer Ehe nur wenige Umstände einen Ehegatten allein betreffen. Deshalb genügt es, wenn die Gründe **überwiegend aus der Sphäre des Antragsgegners** stammen.[329] Bleibt offen, wer von den Parteien die fehlende Intimität zu vertreten hat, reicht das für die Annahme einer unzumutbaren Härte eben nicht aus.[330] Gründe können von beiden Ehegatten vorgebracht werden, solange sie nicht aufeinander bezogen sind (dazu RdNr. 124), wenn also zB ein Ehegatte geltend macht, der andere sei Trinker, während dieser ein öffentliches ehewidriges Verhältnis des anderen vorträgt. Eine persönliche Verantwortung ist nicht erforderlich, es kommt nicht darauf an, ob der Antragsgegner die Gründe schuldhaft herbeigeführt hat.[331] Auch eine Eigenschaft, insbes. eine Krankheit, kann damit Grund für die Scheidung ohne Wartefrist sein. Es kön-

---

JR 1979, 1, 4; *Kissel* DRiZ 1978, 225; aA OLG Stuttgart FamRZ 1977, 807; OLG Schleswig NJW 1978, 52; OLG Karlsruhe NJW 1978, 53; *Holzhauer* JZ 1979, 113; *Lüke,* FS Bosch, S. 627, 639; *ders.* AcP 178 (1978), 1, 25.

[321] So jedoch wohl OLG Rostock FamRZ 1993, 808; vgl. auch OLG Düsseldorf FamRZ 1993, 809, 810 = NJW-RR 1994, 450; *Görgens* FamRZ 1978, 647, 649.

[322] So jedoch OLG Hamm FamRZ 1979, 37; 511, 512: alle Gründe, die so schwer wiegen, „dass die Ehe schon jetzt als endgültig gescheitert anzusehen ist"; *Holzhauer* JZ 1979, 113, 116; *Damrau* NJW 1977, 1620, 1622; wie im Text RGRK/*Graßhof* RdNr. 80.

[323] OLG München NJW 1978, 49; AG Kitzingen FamRZ 2006, 625; *Palandt/Brudermüller* RdNr. 9; kritisch *Finger* FuR 2008, 119, 122.

[324] OLG Stuttgart NJW 1978, 546; *Soergel/Heintzmann* RdNr. 69.

[325] OLG Naumburg NJW 2005, 1812; OLG Schleswig SchlHA 1978, 50; *Erman/Maier* RdNr. 13.

[326] OLG Zweibrücken FamRZ 1982, 610; *Soergel/Heintzmann* RdNr. 73.

[327] OLG Rostock FamRZ 1993, 808; OLG Naumburg NJW 2005, 1812.

[328] OLG Frankfurt/M. FamRZ 2006, 625; *Palandt/Brudermüller* RdNr. 12.

[329] *Gernhuber/Coester-Waltjen* § 27 RdNr. 23; *Staudinger/Rauscher* (2004) RdNr. 125; *Rauscher* § 21 RdNr. 524 schlägt vor, die Mitverursachung und Provokation im Tatbestandsmerkmal der Unzumutbarkeit zu berücksichtigen.

[330] OLG Zweibrücken FamRZ 2006, 1201, 1203.

[331] OLG Düsseldorf FamRZ 1977, 804; 1978, 27; OLG Saarbrücken FamRZ 1978, 114; *Schwab* FamRZ 1976, 491, 504; *Gernhuber/Coester-Waltjen* § 27 RdNr. 23; *Johannsen/Henrich/Jaeger* RdNr. 54; *Staudinger/Rauscher* (2004) RdNr. 125; vgl. auch BT-Drucks. 7/4694 S. 7.

nen auch Eigenschaften oder Krankheiten als Grund gewertet werden, die schon im Zeitpunkt der Eheschließung vorlagen, sie müssen nur während der Ehe fortdauern.

5. Strenge Voraussetzungen. Die Scheidungserschwerung vor Ablauf des Trennungsjahres kann nur dann wirksam werden, wenn nicht jede Banalität ein Grund für die Unzumutbarkeit ist. Folgerichtig werden Gründe in der Person des anderen Ehegatten nur unter strengen Voraussetzungen bejaht.[332] Geeignet sind insbes. **gewichtige Verfehlungen gegen die eheliche Gemeinschaft.**[333] Während die Härteklausel des § 1568 nur außergewöhnliche Umstände anerkennt, fehlt in Abs. 2 diese Begrenzung. Schon damit wird Abs. 2 eine wesentlich breitere Anwendung eingeräumt. Die Gründe müssen nicht Ausnahmefälle sein, die in einer Ehe selten sind, es genügen auch Verhaltensweisen, die öfter vorkommen,[334] **nicht** jedoch **alltägliche Probleme,** wie sie auch in einer nicht gescheiterten Ehe vorhanden sind.[335] Es wäre auch verfehlt, alle Umstände, die in der stark auf die Konventionalscheidung bezogenen Praxis zu § 43 EheG als schwere Eheverfehlung anerkannt wurden, als Gründe zu akzeptieren.[336] Diese schweren Eheverfehlungen haben auf Verschulden und Kausalität abgestellt und die Scheidung erst gerechtfertigt. Die Gründe für die Unzumutbarkeit müssen darüber hinausgehen.[337] Auch Verstöße gegen den reduzierten Pflichtenkatalog der §§ 1353 ff. sind deshalb nicht immer Gründe nach Abs. 2, ebenso wenig alle Umstände, die zum Scheitern der Ehe geführt haben (vgl. RdNr. 95). Damit sind subtilere Widerwärtigkeiten wie Lieblosigkeit, Reibereien, Nachlässigkeiten, ungenügende Versorgung, häufige abendliche Abwesenheiten oder Unverständnis als Gründe nicht geeignet.[338] Erst recht reicht es nicht aus, wenn der Antragsteller die Ehe und den Ehegatten ablehnt.[339] Die Scheidung vor Fristablauf kommt insbesondere in Ehen in Betracht, in denen **äußere Dramatik** eine Rolle spielt.[340] Um einen Maßstab zu gewinnen, kann darauf abgestellt werden, ob ein vernünftiger Dritter bei ruhiger Abwägung aller Umstände mit einem Scheidungsantrag reagieren würde, oder ob dies einem objektiven Beurteiler ohne weiteres begreiflich und plausibel wäre.[341] 99

IV. Unzumutbare Härte

1. Unbestimmter Rechtbegriff. Mit dem Begriff der unzumutbaren Härte wird dem Richter ein Ermessensspielraum, der unter dem Gesichtspunkt der Rechtssicherheit frag- 100

[332] OLG Bremen FamRZ 1996, 489; OLG Rostock FamRZ 1993, 808 = NJW-RR 1994, 450; OLG Düsseldorf FamRZ 1993, 809, 810; OLG München NJW 1978, 49 = FamRZ 1978, 29; OLG Saarbrücken FamRZ 2005, 809; OLG Stuttgart FamRZ 2002, 1342; AG Kitzingen FamRZ 2006, 625; *Palandt/Brudermüller* RdNr. 9; *Johannsen/Henrich/Jaeger* RdNr. 56; PWW/*Weinreich* RdNr. 14; kritisch *Finger* FuR 2008, 119, 122.

[333] OLG Schleswig SchlHA 1978, 98; NJW 1978, 51; OLG Düsseldorf FamRZ 1978, 26; *Giesen-Gick* JR 1979, 1, 5; *Schwab* FamRZ 1979, 14, 19.

[334] OLG Saarbrücken FamRZ 1978, 114; OLG München FamRZ 1978, 113; *Johannsen/Henrich/Jaeger* RdNr. 58; *Staudinger/Rauscher* (2004) RdNr. 138; *Erman/Maier* RdNr. 13.

[335] OLG Saarbrücken OLGR 2002, 177 = FamRB 2002, 226; OLG Hamm FamRZ 1979, 511; *Finger* FuR 2008, 119, 122.

[336] HM; OLG Düsseldorf FamRZ 1977, 804; OLG Bremen FamRZ 1977, 808; OLG Saarbrücken FamRZ 1978, 114; OLG Frankfurt NJW 1978, 169; 276; FamRZ 1978, 115; 191; OLG Köln FamRZ 1977, 717; OLG Schleswig SchlHA 1977, 187; 1978, 98, 100; OLG Oldenburg FamRZ 1978, 186; OLG Hamm FamRZ 1979, 511; *Schwab* FamRZ 1979, 14, 20; *Görgens* FamRZ 1978, 647, 649; *Kissel* DRiZ 1978, 225; *Soergel/Heintzmann* RdNr. 55; *Johannsen/Henrich/Jaeger* RdNr. 71; krit. *Diederichsen* ZZP 91 (1978), 397, 433; aA OLG Karlsruhe NJW 1978, 53; AG Berlin-Charlottenburg FamRZ 1978, 186, 197; OLG Schleswig NJW 1978, 51; OLG Stuttgart NJW 1978, 52; *Damrau* NJW 1977, 1620, 1622; *Holzhauer* JZ 1979, 113, 117.

[337] BGH NJW 1981, 449, 451 = FamRZ 1981, 127.

[338] OLG Saarbrücken OLGR 2002, 177 = FamRB 2002, 226; *Staudinger/Rauscher* (2004) RdNr. 136.

[339] OLG Düsseldorf FamRZ 2000, 286.

[340] Vgl. die Fälle OLG Stuttgart NJW 1978, 546, sowie OLG München NJW 1978, 49 = FamRZ 1978, 29; OLG Zweibrücken FamRZ 1978, 896; OLG Schleswig NJW 1978, 51; OLG Oldenburg NJW 1978, 1266.

[341] Vgl. OLG Hamm FamRZ 1979, 511; OLG Bamberg FamRZ 1980, 577; OLG Düsseldorf FamRZ 1993, 809, 810; OLG Brandenburg FamRZ 1995, 807, 808; BGH LM Nr. 4 = NJW 1981, 449, 451 = FamRZ 1981, 127, 129 („bei objektiver Beurteilung"); *Schwab* FamRZ 1979, 14, 20; *Soergel/Heintzmann* RdNr. 56; krit. *Johannsen/Henrich/Jaeger* RdNr. 66; *Staudinger/Rauscher* (2004) RdNr. 137; *Schwab* (Handbuch) II RdNr. 47.

würdig sein könnte, nicht eingeräumt. Vielmehr geht es um die Auslegung und Anwendung des unbestimmten Rechtsbegriffs der unzumutbaren Härte, dem die Judikatur inzwischen durch eine umfangreiche Kasuistik Konturen verliehen hat. Durch eine eher restriktive Auslegung des Begriffs der unzumutbaren Härte hat die Rechtsprechung einerseits dem Zweck der Vorschrift, übereilte Scheidungen zu vermeiden, Rechnung getragen und andererseits Kriterien für die schon aus verfassungsrechtlichen Gründen gebotene Loslösung[342] von der Ehe im Einzelfall geschaffen. Die Anwendung der Härteklausel bereitet in der Praxis nicht mehr Schwierigkeiten als in anderen Fällen auch, in denen die Rechtsprechung für Generalnormen Kriterien zu deren Anwendung im Einzelfall entwickelt hat.[343]

101 **2. Bezug auf das Eheband.** Die inzwischen ganz hM nimmt an, dass sich die unzumutbare Härte auf das Eheband, das **„Weiter-Miteinander-Verheiratetsein"**, bezieht,[344] nicht darauf, wie die Situation der Ehegatten wäre, wenn sie die eheliche Lebensgemeinschaft fortsetzen würden.[345] Der Bezug auf das Eheband schränkt die Fälle der Unzumutbarkeit stark ein, weil es leichter ist, ein Eheband als äußere Hülle zu ertragen, als die eheliche Gemeinschaft – fiktiv – fortsetzen zu müssen.[346] Stets kommt es aber auf die die konkrete Situation der Ehegatten bei der Frage an, ob ihnen das Abwarten der Jahresfrist zumutbar ist. Die Bezugnahme auf das Eheband darf nicht dazu führen, dass die Ausnahme in Abs. 2 praktisch nicht anwendbar ist.[347]

102 **3. Bezug auf die Jahresfrist.** Das Gesetz lässt die Scheidung einer gescheiterten Ehe nach Ablauf eines Trennungsjahres nach Abs. 1 zu, weil es unzumutbar ist, gegen den eigenen Willen länger in einer gescheiterten Ehe zu leben.[348] Es ist deshalb nicht überzeugend, die Unzumutbarkeit der Fortsetzung der gescheiterten Ehe auf ein beliebig langes Weiterbestehen zu beziehen,[349] das gerade in der Situation des Abs. 2 nicht in Betracht kommt. Aus der Fragestellung des Abs. 2 – kann die Ehe vor dem Fristablauf geschieden werden? – ergibt sich, dass es für die Frage der Unzumutbarkeit nur auf das **Abwarten des Trennungsjahres** ankommen kann.[350]

---

[342] BVerfG FamRZ 1980, 319, 323; AnwK-BGB/*Bisping* RdNr. 16.

[343] Vgl. *Staudinger/Rauscher* (2004) RdNr. 139 ff.; *Johannsen/Henrich/Jaeger* RdNr. 59.

[344] BGH NJW 1981, 449 = FamRZ 1981, 127, 129; OLG Brandenburg FamRZ 2004, 25; OLG Saarbrücken OLGR 2002, 177 = FamRB 2002, 226; OLG Köln FamRZ 1996, 108, 109; 1977, 717; OLG Hamm NJW 1978, 168; OLG München FamRZ 1977, 810; 1978, 29, 113; NJW 1978, 49 = FamRZ 1978, 29; OLG Düsseldorf FamRZ 1977, 804; 1978, 27; OLG Bremen FamRZ 1977, 807, 808, 810; OLG Frankfurt NJW 1978, 169; 276; 892; FamRZ 1978, 115; 191; 338; OLG Bamberg FamRZ 1980, 577; OLG Braunschweig NdsRpfl. 1978, 30; OLG Schleswig SchlHA 1978, 50; KG FamRZ 1978, 594; NJW 1980, 1053; OLG Stuttgart NJW 1978, 546; FamRZ 2002, 1342; OLG Zweibrücken FamRZ 1978, 896; *Damrau* NJW 1977, 1620, 1622; *Diederichsen* NJW 1977, 273, 276; *Kissel* DRiZ 1978, 225; *ders.* S. 90; *Görgens* FamRZ 1978, 647, 650; *Lüke* AcP 178 (1978), 1, 25; *Palandt/Brudermüller* RdNr. 9; *Soergel/Heintzmann* RdNr. 50; *Gernhuber/Coester-Waltjen* § 27 RdNr. 2; *Johannsen/Henrich/Jaeger* RdNr. 61; *Bamberger/Roth/Neumann* RdNr. 25; *Lüderitz/Dethloff* § 6 RdNr. 19; *Hoppenz/Burandt* RdNr. 10; kritisch, aber im Ergebnis zustimmend *Staudinger/Rauscher* (2004) RdNr. 144 ff.

[345] So aber: OLG Oldenburg FamRZ 1977, 805; 1978, 189 = NJW 1978, 1266; OLG Schleswig NJW 1978, 51; 778; KG FamRZ 1978, 897; OLG Stuttgart NJW 1977, 1542; 1978, 275; FamRZ 1978, 690; 1977, 807; OLG Hamm FamRZ 1979, 37; 511; *Schwab* FamRZ 1976, 491, 504; 1979, 14, 20; *Parche* NJW 1979, 139; *Brüggemann* FamRZ 1978, 91, 96; das OLG Stuttgart FamRZ 1977, 807 bezieht die Unzumutbarkeit auf beide Begriffe, ebenso *Rolland* RdNr. 52.

[346] BGH NJW 1981, 449 = FamRZ 1981, 127, 129; OLG Düsseldorf FamRZ 1978, 26; der Unterscheidung wird teilw. die praktische Bedeutung abgesprochen, vgl. *Parche* NJW 1979, 139; *Finger* DRiZ 1980, 329, 335.

[347] BGH NJW 1981, 449 = FamRZ 1981, 127, 129; vgl. auch *Finger* FuR 2008, 119, 123.

[348] *Gernhuber/Coester-Waltjen* § 27 RdNr. 22.

[349] So *Rolland* RdNr. 53; OLG Bamberg FamRZ 1980, 577; *Schwab* (Handbuch) II RdNr. 54; wie hier *Bamberger/Roth/Neumann* RdNr. 25.

[350] BGH NJW 1981, 449 = FamRZ 1981, 127, 129; OLG Düsseldorf FamRZ 1977, 804; FamRZ 1978, 27; OLG Bremen FamRZ 1977, 807, 808, 810; OLG Frankfurt FamRZ 1978, 191; NJW 1978, 169; OLG Zweibrücken FamRZ 1978, 896; KG FamRZ 1978, 594; FamRZ 1980, 1053; OLG Stuttgart NJW 1978, 275; *Diederichsen* NJW 1977, 273; *Kissel* DRiZ 1978, 225; *Damrau* NJW 1978, 647; *Lüke* AcP 178 (1978), 125; *Gernhuber/Coester-Waltjen* § 27 RdNr. 22; *Palandt/Brudermüller* RdNr. 9; *Staudinger/Rauscher* (2004) RdNr. 150; *Soergel/Heintzmann* RdNr. 51; RGRK/*Graßhof* RdNr. 77; *Johannsen/Henrich/Jaeger* RdNr. 60,

Leben die Ehegatten noch in **häuslicher Gemeinschaft,** ist ihre **konkrete Lebenssituation** und nicht eine mögliche Trennung Ausgangspunkt für die Frage, ob die Fortsetzung der gescheiterten Ehe noch zumutbar ist.[351] Das Gesetz will gerade dann, wenn die Trennung nicht gelingt, in bestimmten Fällen die Scheidung zulassen. Dies gilt insbes. für Fälle, in denen dem Ehegatten wegen der sozialen oder persönlichen Abhängigkeit eine § 1567 genügende Trennung nicht gelingt. Allerdings kann der Ehegatte sich auf eine unzumutbare Härte auf Grund einer Lebenssituation, der er leicht entgehen könnte, nicht berufen.[352] 103

Leben die Ehegatten schon **räumlich getrennt,** ist allerdings idR nicht mehr das konkrete Ertragen einer bestimmten Situation zu bewerten, vielmehr kann das Fehlverhalten eines Ehegatten trotz räumlicher Trennung fortwirken und die Bindung an die Ehe unzumutbar machen.[353] Wer die Härte nur auf das abstrakte Eheband bei räumlicher Trennung bezieht, kann den Katalog grober unmittelbarer Verletzungen, die überwiegend als Anwendungsfälle anerkannt sind, nur schwer zuordnen. 104

4. Subjektive Härte. Schon das RG hat bei der Unzumutbarkeit nach § 1568 BGB aF die Belange der beteiligten Ehegatten in den Vordergrund gestellt.[354] Dies geschieht in Abs. 2 dadurch, dass die Härte festzustellen ist, die der Antragsteller erleiden würde, wenn die Ehe nicht gleich geschieden würde. Die Härte bezieht sich damit auf das Empfinden des Ehegatten, der die Scheidung begehrt.[355] Es kann nicht generell festgelegt werden, welcher Umstand als Härte empfunden werden darf. Dies ist nach der **subjektiven Erlebnis- und Empfindungsfähigkeit** des jeweiligen Antragstellers zu beurteilen, wobei auf die körperlichen und geistigen Eigenschaften, den Charakter, die Bildung und die soziale Stellung der Ehegatten abzustellen ist. Es sind nicht nur die allgemein anerkannten, sondern auch die vielleicht von der Mehrheit abgelehnten Vorstellungen zu berücksichtigen, nach denen der Antragsteller lebt. Es kommt also nicht darauf an, ob ein durchschnittlicher Ehegatte oder der Richter die Nichtscheidung einer solchen Ehe als Härte empfinden würde, sondern wie sie der jeweilige Ehegatte empfindet.[356] Dieses Empfinden ist als innere Tatsache vom Richter festzustellen. Er muss dabei sorgfältig zwischen verbal behaupteter und wirklich empfundener Härte unterscheiden. Diese Feststellung ist Tatfrage. 105

Kann ein Ehegatte wegen **Geisteskrankheit** oder aus sonstigen Gründen die Härte nicht empfinden, so ist streitig, ob die Ehe vor Fristablauf geschieden werden kann. Teilweise wird dies mit der Begründung verneint, der empfindungsunfähige Ehegatte könne die Aufrechterhaltung des Ehebandes nicht als subjektive Härte empfinden.[357] Damit würde aber das besondere Schutzbedürfnis des geistig behinderten Ehegatten verkannt und dieser an einer Ehe festgehalten, obwohl jeder geistig Gesunde dies als unzumutbare Härte empfinden würde. Nicht nur in Fällen, in denen hierin eine Verletzung der Menschenwürde – etwa bei schweren Tätlichkeiten oder Trachten nach dem Leben – gesehen werden muss,[358] sondern auch in anderen Fällen, in denen die sofortige Scheidung in seinem wohlverstandenen 106

61; aA OLG Stuttgart FamRZ 1977, 807; FamRZ 1978, 690; AG Lörrach FamRZ 1978, 116; *Schwab* FamRZ 1979, 14.

[351] BGH NJW 1981, 449, 451 = FamRZ 1981, 127, 129; *Staudinger/Rauscher* RdNr. 151 f.; aA OLG Frankfurt FamRZ 1978, 115; OLG Bremen FamRZ 1977, 808, 810; vgl. auch *Johannsen/Henrich/Jaeger* RdNr. 61, der die Fälle nicht behandelt, in denen die Ehegatten nicht getrennt leben; aA KG NJW 1980, 1053.

[352] *Staudinger/Rauscher* (2004) RdNr. 153.

[353] BGH NJW 1981, 449, 451 = FamRZ 1981, 127, 129; OLG München NJW 1978, 49 = FamRZ 1978, 29, 31; OLG Bamberg FamRZ 1980, 577; KG FamRZ 1978, 897; OLG Düsseldorf FamRZ 1978, 26; OLG Schleswig NJW 1978, 51; OLG Stuttgart NJW 1978, 275; FamRZ 1978, 207; *Holzhauer* JZ 1979, 113, 117; *Schwab* FamRZ 1979, 14, 20 f.; *Johannsen/Henrich/Jaeger* RdNr. 67.

[354] RGZ 158, 203.

[355] OLG Hamm NJW 1978, 168; OLG München NJW 1978, 49 = FamRZ 1978, 29; OLG Düsseldorf FamRZ 1978, 26; OLG Saarbrücken FamRZ 1978, 415; OLG Oldenburg FamRZ 1978, 188, 190 = NJW 1978, 1266; *Johannsen/Henrich/Jaeger* RdNr. 63; *Rolland* RdNr. 50.

[356] *Johannsen/Henrich/Jaeger* RdNr. 63.

[357] *Soergel/Heintzmann* RdNr. 57.

[358] *Staudinger/Rauscher* (2004) RdNr. 162.

Interesse liegt,[359] ist das Kriterium der Härte am subjektiven Empfinden eines durchschnittlichen Ehepartners in der Lage des Antragstellers auszurichten.[360]

107 **5. Objektive Unzumutbarkeit.** Welche Härte dem Antragsteller zugemutet werden kann, ist entsprechend dem Zweck der Vorschrift nach einem objektiven Maßstab zu beurteilen.[361] Die Motive zum BGB haben die Begriffe „unzumutbar" und „unerträglich" gleichgesetzt,[362] so dass sich von der Wortwahl her ein strenger Maßstab empfiehlt. Unzumutbar ist die Härte allerdings nicht erst dann, wenn der Antragsteller den anderen Ehegatten für verabscheuungswürdig hält oder wenn er die Ehe mit ihm als Strafe empfindet.[363] Deshalb können auch Krankheiten des anderen Ehegatten, die den Antragsteller mit Mitleid erfüllen, die Unzumutbarkeit begründen. Je nach den Entscheidungen zu den Vorfragen wird ein strenger Maßstab angelegt[364] oder davor gewarnt, übertriebene Anforderungen zu stellen, weil sonst praktisch keine Anwendungsfälle verblieben.[365] Nach Wortlaut und Zweck der Vorschrift[366] ist, wie inzwischen allgemein anerkannt ist, ein eher **strenger Maßstab**[367] angezeigt, der sich bei der Entscheidung der Einzelfälle bilden muss. Nach der Formulierung des BGH müssen sich „– über den Tatbestand des Scheiterns hinaus – in der Person des Antragsgegners liegende Gründe ergeben, die so schwer wiegen, dass dem Antragsteller bei objektiver Beurteilung nicht angesonnen werden kann, an den Antragsgegner als Ehepartner weiterhin gebunden zu sein."[368] Zweifelhaft ist es, die Unzumutbarkeit bereits dann anzunehmen, wenn schlechterdings jede Aussicht auf Fortsetzung der Ehe fehlt,[369] weil damit die Unzumutbarkeit zur gesteigerten Zerrüttung wird.

108 **6. Scheitern der Ehe.** Die unzumutbare Härte muss auf Gründen beruhen, die über das Scheitern der Ehe hinausgehen, der Zustand der Ehe scheidet damit als Grund aus. Selbst wenn man das Scheitern als Härte anerkennen würde, weil der Antragsteller dieses Scheitern als Härte empfindet, ist diese Härte nicht unzumutbar, weil das Gesetz dem Antragsteller grundsätzlich zumutet, die Jahresfrist abzuwarten.[370]

V. Anwendungsfälle

109 **1. Grundsatz.** Jede Wertung, ob ein Umstand als Grund anerkannt wird, der eine Härte unzumutbar macht, bezieht sich auf eine **konkrete Ehe** und kann nicht automatisch auf

---

[359] Vgl. hierzu BGH NJW 2002, 671 für den Fall der Scheidung nach Abs. 1.

[360] *Rolland* RdNr. 51.

[361] BGH NJW 1981, 449, 451 = FamRZ 1981, 127, 129; OLG Hamm FamRZ 1979, 511; OLG Bamberg FamRZ 1980, 577; OLG Bremen FamRZ 1996, 489; OLG Brandenburg FamRZ 1995, 807; RGRK/*Graßhof* RdNr. 79; *Johannsen/Henrich/Jaeger* RdNr. 64; *Staudinger/Rauscher* (2004) RdNr. 129.

[362] Mot. IV S. 574; *Neuhaus* RabelsZ 32 (1968), 24, 52; vgl. *Soergel/Heintzmann* RdNr. 59.

[363] OLG Stuttgart NJW 1978, 275.

[364] OLG Köln FamRZ 1997, 24; 1977, 717; OLG München NJW 1978, 49 = FamRZ 1978, 29; FamRZ 1978, 113; OLG Frankfurt NJW 1978, 892; FamRZ 1978, 115; KG FamRZ 1978, 897; OLG Bremen FamRZ 1996, 489; OLG Brandenburg FamRZ 1995, 807; OLG Rostock FamRZ 1993, 808, 809 = NJW-RR 1994, 450; *Palandt/Brudermüller* § 1565 RdNr. 9; *Johannsen/Henrich/Jaeger* § 1565 RdNr. 65.

[365] BGH NJW 1981, 449 = FamRZ 1981, 127, 129; *Lüke*, FS Bosch, S. 639; *ders.* AcP 178 (1978), 1, 26; *Finger* FuR 2008, 119, 123.

[366] *Johannsen/Henrich/Jaeger* RdNr. 65.

[367] OLG Brandenburg FamRZ 2004, 25; OLG Düsseldorf FamRZ 2000, 286; OLG Rostock FamRZ 1993, 808; *Palandt/Brudermüller* RdNr. 9; kritisch *Finger* FuR 2008, 119, 122.

[368] BGH NJW 1981, 449, 451 = FamRZ 1981, 127, 129; vgl. auch OLG Köln FamRZ 1997, 24; 1996, 108, 109 („als erniedrigend empfindet"); OLG Hamm FamRZ 1979, 511, 512; OLG Bamberg FamRZ 1980, 577; zu Recht krit. *Johannsen/Henrich/Jaeger* RdNr. 66.

[369] OLG Köln FamRZ 1996, 108, 109; OLG Stuttgart FamRZ 1977, 807; NJW 1978, 275; Die Justiz 1978, 32; OLG Frankfurt NJW 1978, 892; KG FamRZ 1978, 897; OLG München NJW 1978, 49 = FamRZ 1978, 29; FamRZ 1978, 113.

[370] HM; BGH NJW 1981, 449, 451 = FamRZ 1981, 127, 129; OLG München NJW 1978, 49 = FamRZ 1978, 29; OLG Bremen FamRZ 1977, 807; OLG Köln FamRZ 1977, 717; OLG Düsseldorf FamRZ 1977, 804; 1978, 27; OLG Frankfurt FamRZ 1978, 115; NJW 1978, 892; *Schwab* FamRZ 1979, 14, 20; *Holzhauer* JZ 1979, 113, 117; *Diederichsen* NJW 1977, 273, 275; *Giesen-Gick* JR 1979, 1, 4; aA OLG Stuttgart FamRZ 1977, 807; *Lüke* AcP 178 (1978), 1, 25.

weitere Fälle übertragen werden. Eine Generalisierung ist schon deshalb nicht möglich, weil in den veröffentlichten Entscheidungen idR mehrere Gründe vorliegen und zusammenwirken. Erst eine Sammlung der schon getroffenen Entscheidungen gibt einer unkonkreten Gesetzesfassung ihren Inhalt.[371] In der Rspr. stehen Handlungen und Unterlassungen, die sich gegen den anderen Ehegatten richten, im Vordergrund, also Umstände, die als **schwere Eheverfehlungen** nach §§ 42, 43 EheG zur Scheidung ohne Wartefrist führten. In Betracht kommen auch **persönliche Eigenschaften,** insbes. Krankheiten,[372] die schon in den §§ 44 bis 46 EheG zu berücksichtigen waren. Es kann auch ein **Verhalten** zur Unzumutbarkeit führen, das vor allem **nach außen** wirkt und nur mittelbar die Ehe beeinträchtigt. Da Kategorien von Schuld und Verzeihung nur mittelbar über den Begriff der Unzumutbarkeit beachtlich sind, verlieren Gründe nicht ihre Bedeutung, weil der Antragsteller sie eine Zeitlang hingenommen hat,[373] sie können gerade durch ihre Dauer die Härte gesteigert haben. Da die **Verzeihung keine unmittelbare formale Bedeutung** hat,[374] kommt es nur darauf an, ob der Umstand – zB ein Ehebruch – im Zeitpunkt der Entscheidung noch als Härte empfunden wird.

2. Verstöße gegen die eheliche Treue. Treuebruch ist nicht automatisch, sondern nur 110
bei Hinzutreten weiterer Umstände Grund für die Unzumutbarkeit.[375] Während in der früheren Rspr. teilw. jeder Ehebruch als Grund anerkannt wurde,[376] wird seit langem zutreffend nur die Verletzung der Treuepflicht von langer Dauer oder zusammen mit zusätzlichen, tief greifenden, entwürdigenden Umständen[377] als ein zur Scheidung nach Abs. 2 ausreichender Grund angesehen. Nicht jede Aufnahme einer außerehelichen Lebensgemeinschaft mit einem Dritten begründet die Unzumutbarkeit für den anderen Ehegatten, das Trennungsjahr abzuwarten. Damit wird nicht der Treuebruch selbst bagatellisiert,[378] sondern der gesetzgeberischen Wertung Rechnung getragen, die eben das Vorliegen einer unzumutbaren Härte verlangt. Deshalb müssen weitere Umstände – wie etwa die Darstellung in der Öffentlichkeit[379] oder ein ehebrecherisches Verhältnis in der früheren Ehewohnung[380] – hinzutreten, die es für den anderen Ehegatten geradezu als entwürdigendes Unrecht erscheinen lassen, wenn man ihn noch länger am Eheband festhalten würde.[381]

Wenn die Beziehung zu einem anderen Partner zu einem **eheähnlichen Zusammen-** 111
leben geführt hat, kann dies einen Umstand darstellen, der es rechtfertigt, dem anderen Ehegatten die Scheidung vor Fristablauf zu gewähren.[382] Dies kann auch dann gelten,

---

[371] *Kissel* DRiZ 1978, 225; *Giesen-Gick* JR 1979, 1, 5; *Parche* NJW 1979, 139; *Rolland* RdNr. 59; RGRK/*Graßhof* RdNr. 82 ff.

[372] Der BRat hebt erhebliche geistige oder körperliche Gebrechen hervor, vgl. BT-Drucks. 7/4694 S. 7.

[373] OLG Düsseldorf FamRZ 1977, 804; 1978, 27; OLG Saarbrücken FamRZ 1978, 114; OLG München NJW 1978, 49 = FamRZ 1978, 29; KG FamRZ 1978, 594; 897; *Kissel* 1978, 225, 226 Fn. 10; *Görgens* FamRZ 1978, 647, 649; *Palandt/Brudermüller* RdNr. 9.

[374] *Rolland* RdNr. 58.

[375] OLG Stuttgart FamRZ 2002, 1342; OLG Rostock NJW 2006, 3648.

[376] OLG Düsseldorf FamRZ 1978, 27; OLG Stuttgart FamRZ 1977, 646, 647 = NJW 1977, 1542; 1978, 275; 1978, 546 = FamRZ 1978, 338; OLG Hamm NJW 1978, 168; OLG München FamRZ 1978, 113; OLG Karlsruhe NJW 1978, 53; FamRZ 1978, 592; OLG Saarbrücken FamRZ 1978, 415; KG FamRZ 1978, 594; OLG Frankfurt FamRZ 1978, 45; AG Berlin-Charlottenburg FamRZ 1978, 186; AG Lörrach FamRZ 1978, 116.

[377] OLG Stuttgart FamRZ 2002, 1342; OLG Braunschweig FamRZ 2000, 287; OLG Bremen FamRZ 1996, 489; OLG Köln FamRZ 2003, 1565; 1996, 108, 109; OLG Hamm OLGR 1996, 154; OLG Düsseldorf FamRZ 1986, 998; OLG Oldenburg FamRZ 1992, 682; *Palandt/Brudermüller* RdNr. 10; *Johannsen/Henrich/Jaeger* RdNr. 70; *Weber* NJW 2006, 3039, 3040; enger *Staudinger/Rauscher* (2004) RdNr. 170.

[378] So aber *Staudinger/Rauscher* (2004) RdNr. 170.

[379] OLG Düsseldorf FamRZ 1986, 998.

[380] OLG Saarbrücken FamRZ 2005, 809 = NJW-RR 2005, 1305; OLG Köln FamRZ 1999, 723; OLG Brandenburg FamRZ 2004, 25; offen gelassen von OLG Köln FamRZ 1992, 319.

[381] OLG Zweibrücken FamRZ 2006, 1201, 1203; OLG Rostock NJW 2006, 3648, 3649; OLG Stuttgart FamRZ 2002, 1342; *Johannsen/Henrich/Jaeger* RdNr. 69.

[382] OLG Rostock FamRZ 1993, 808; OLG Köln FamRZ 1991, 822; OLG Nürnberg, Beschl. v. 15. 4. 1981 – zit. nach juris; München FamRZ 1978, 113; OLG Stuttgart NJW 1977, 1542; 1978, 546; AG Lörrach FamRZ 1978, 116; OLG Hamm NJW 1978, 168; 1979, 662 LS; OLG Karlsruhe NJW 1978, 53; OLG

wenn das Verhältnis – ohne die Voraussetzungen einer eheähnlichen Gemeinschaft zu erfüllen – von einiger **Dauer** ist.[383] Allerdings ist stets eine Gesamtwürdigung der Umstände vorzunehmen. Dass allein die Dauer der Beziehung zu einem anderen Partner oder jedes eheähnliche Zusammenleben bereits eine unzumutbare Härte bedeutet, kann unter Berücksichtigung des Gesetzeszwecks nicht angenommen werden.[384]

112 Die **Art und Weise** sowie die **Begleitumstände des Treubruchs** können die Annahme eines Härtegrundes rechtfertigen. Als Grund für die Scheidung vor Ablauf des Trennungsjahres hat die Rspr. zum Beispiel den Geschlechtsverkehr mit der vorehelichen Tochter der Frau anerkannt,[385] mit Familienangehörigen oder der Schwägerin,[386] den Ehebruch, der auch für Dritte in einer kleinen Gemeinde offensichtlich ist,[387] wenn der Ehebruchspartner in die eheliche Wohnung aufgenommen wird[388] oder zur Verletzung der Treuepflicht weitere demütigende Umstände hinzukommen,[389] etwa die Aufforderung zum Geschlechtsverkehr zu dritt nach Entdeckung des ehebrecherischen Verhältnisses[390] oder auch einmaliger Geschlechtsverkehr mit einem bis dahin unbekannten Mann, den die Ehefrau ebenso wie die hierdurch begründete Schwangerschaft trotz entsprechenden Aids-Risikos dem Ehemann zunächst verschweigt.[391] Eine schwere Härte kann auch dann anzunehmen sein, wenn der Mann die Frau unmittelbar nach der Geburt eines gemeinsamen Kindes verlässt, um mit einer anderen Frau eheähnlich zusammenzuziehen.[392] Hingegen sollen auch fortgesetzte häufige Ehebrüche keinen Härtegrund darstellen,[393] jedoch dürfte es auch dabei auf die Umstände des Einzelfalls ankommen.

113 Wird die Ehefrau von einem anderen Mann **schwanger,** kann der Ehemann schon deshalb die vorzeitige Scheidung verlangen, um die gesetzliche Vaterschaft nach §§ 1592 Nr. 1, 1599 Abs. 2 auszuschließen.[394] Auf die Möglichkeit der scheidungsabhängigen Vaterschaftsanerkennung nach § 1599 Abs. 2 muss sich der Ehemann im Scheidungsverfahren nicht verweisen lassen.[395] Das Argument, dem Ehebruch der Frau würde damit wieder erhöhte Bedeutung gegeben, überzeugt nicht.[396]

Braunschweig NdsRpfl. 1977, 247; OLG Düsseldorf FamRZ 1992, 319 = NJW-RR 1992, 1092; FamRZ 1978, 27; 1986, 998; OLG Frankfurt FamRZ 1978, 115; *Dörr* NJW 1989, 488, 490; *Staudinger/Rauscher* (2004) RdNr. 139; *Palandt/Brudermüller* RdNr. 10; *Soergel/Heintzmann* RdNr. 61; RGRK/*Graßhof* RdNr. 87; enger OLG Köln FamRZ 1977, 717; OLG Schleswig NJW-RR 1989, 260; *Johannsen/Henrich/Jaeger* RdNr. 69; aA OLG Bremen FamRZ 1986, 489; OLG Köln FamRZ 1997, 24; 1992, 319; *Erman/Maier* RdNr. 13.

[383] OLG Braunschweig NdsRpfl. 1978, 30; OLG Bremen FamRZ 1977, 808, 810; OLG Hamm NJW 1978, 168; OLG Düsseldorf FamRZ 1978, 27; OLG Köln FamRZ 1977, 717; OLG Stuttgart NJW 1979, 167; *Rolland* RdNr. 59.

[384] OLG Hamm OLGR 1996, 154; OLG Nürnberg, Beschl. v. 6. 7. 1981 – 10 WF 1669/81 – zit. nach juris; *Johannsen/Henrich/Jäger* RdNr. 69; *Palandt/Brudermüller* RdNr. 10.

[385] OLG Schleswig SchlHA 1977, 189; OLG Frankfurt NJW 1978, 276; FamRZ 1978, 115; *Johannsen/Henrich/Jaeger* RdNr. 70.

[386] OLG Köln FamRZ 2003, 64; OLG Oldenburg FamRZ 1992, 682.

[387] OLG Karlsruhe FamRZ 1992, 1305; OLG Köln FamRZ 1991, 822, 823; OLG Frankfurt NJW 1978, 276; FamRZ 1978, 115; OLG Bamberg FamRZ 1985, 1069, 1070; *Johannsen/Henrich/Jaeger* RdNr. 70; aA OLG Düsseldorf FamRZ 1978, 27; 1981, 667; 1986, 998 m. Hinweis auf abw. Entsch.; OLG Hamm NJW 1978, 168; OLG Saarbrücken FamRZ 1978, 415.

[388] OLG Saarbrücken FamRZ 2005, 809 = NJW-RR 2005, 1305; OLG Köln FamRZ 1999, 723; OLG Brandenburg FamRZ 2004, 25.

[389] OLG Bremen FamRZ 1986, 489; OLG Schleswig SchlHA 1978, 98; OLG Frankfurt FamRZ 1978, 115; OLG Hamm FamRZ 1979, 586 f. = NJW 1979, 586; *Johannsen/Henrich/Jaeger* RdNr. 70.

[390] OLG Köln FamRZ 2006, 108 = NJW-RR 1996, 519.

[391] AG München FamRZ 2007, 1886 m. Anm. *Bergschneider.*

[392] OLG Schleswig NJW-RR 1989, 260; *Dörr* NJW 1991, 77.

[393] OLG Nürnberg Beschl. v. 31. 3. 1981 – 10 WF 865/81, zit. nach juris.

[394] OLG Karlsruhe FamRZ 2006, 1417 = NJW-RR 2000, 1389; offen gelassen von OLG Brandenburg FamRZ 2004, 25.

[395] *Palandt/Diederichsen* § 1599 RdNr. 9.

[396] OLG Frankfurt/M. FamRZ 2006, 625; OLG Karlsruhe FamRZ 2000, 1417; OLG Düsseldorf FamRZ 1992, 319; OLG Rostock FamRZ 1993, 808; OLG Brandenburg FamRZ 2004, 25; *Johannsen/Henrich/Jaeger* RdNr. 70; *Staudinger/Rauscher* (2004) RdNr. 180: *Palandt/Brudermüller* RdNr. 10; aA AG Biedenkopf FamRZ 1999, 722.

Die Aufnahme **gleichgeschlechtlicher Beziehungen** kann einen besonderen Härtegrund darstellen. Grundsätzlich gelten die gleichen Regeln wie bei anderen Verstöße gegen die eheliche Treue.[397] Insbesondere stellt sich die Hinwendung zu einem gleichgeschlechtlichen Partner gegenüber der Aufnahme von heterosexuellen Beziehungen nicht in einem milderen Licht dar.[398] Vielmehr liegt in ihr die grundsätzliche Ablehnung des Ehepartners als Sexualpartner, und mit ihr kann deshalb und im Hinblick auf die gesellschaftliche Außenwirkung eine besonders schwerwiegende Kränkung verbunden sein.[399] Daher kann es auch nicht allein entscheidend darauf ankommen, wie der andere Ehepartner den Wandel seiner Lebensauffassung dem Antragsteller nahe gebracht hat.[400] Ob die Aufnahme gleichgeschlechtlicher Beziehungen und das Zusammenleben mit dem gleichgeschlechtlichen Partner als besonders kränkend und entwürdigend empfunden werden und deshalb eine unzumutbare Härte bedingen, wird nach den konkreten Lebensumständen der Eheleute zu beurteilen sein. Aus der Liberalisierung der Sitten und Moralvorstellungen auch auf dem Gebiet sexueller Beziehungen, dem Inkrafttreten des Lebenspartnerschaftsgesetzes im Jahre 2001 und dem Allgemeinen Gleichbehandlungsgesetz (AGG) v. 14. 8. 2006 kann nicht abgeleitet werden, dass einem Ehepartner grundsätzlich zugemutet werden kann, das Trennungsjahr abzuwarten, wenn der andere sich einem gleichgeschlechtlichen Partner zugewandt hat, wobei es stets auf den konkreten Einzelfall ankommt; in der Regel wird aber auch hier das Hinzutreten besonderer Umstände verlangt werden müssen.[401] Eine Aussage, homosexuelle Beziehungen stellten keine so schwerwiegende Kränkung wie heterosexuelle Beziehungen dar,[402] ist nicht gerechtfertigt.[403] 114

Die Rechtspflicht zur ehelichen Treue und die Unwirksamkeit eines Verzichts hierauf hindern nicht, die **bisherige Gestaltung der Geschlechtsgemeinschaft** der Ehegatten bei der Bewertung der Unzumutbarkeit heranzuziehen. Wird in einer Ehe einverständlich der Geschlechtsverkehr mit Dritten toleriert, wird ein weiterer Treuebruch nicht die Unzumutbarkeit begründen. Ist Inhalt der konkreten Ehe eine hohe Sensibilität für die eheliche Treue, kann schon ein einmaliger Verstoß die Fortsetzung der Ehe unzumutbar machen.[404] 115

3. Umstände der Trennung. Dass die Ehegatten vor der Scheidung ein Jahr getrennt leben, wird ihnen vom Gesetz gerade grundsätzlich zugemutet; die darin liegende Belastung darf deshalb nicht zur Scheidung vor dem Fristablauf führen.[405] Denn nicht allein die Fortsetzung der gescheiterten Ehe ist unzumutbar. Deshalb ist die **„Verweigerung des ehelichen Verkehrs"** regelmäßig kein Härtegrund, weil mit dem Scheitern der Ehe Geschlechtsbeziehungen üblicherweise enden.[406] Haben sich beide Ehegatten einem anderen Partner zugewandt, so liegt darin keine unzumutbare Härte; die gegenteilige Auffassung[407] käme einer Konsensualscheidung nahe. **Umstände der Trennung** können jedoch zur Unzumutbarkeit führen, so wenn der Mann die schwangere Frau verlässt und nicht mehr auffindbar ist,[408] wenn die Frau den Mann und vier Kinder aus dessen erster Ehe allein lässt[409] oder wenn ein Ehegatte unter schwierigen Umständen aus der Wohnung ausgesperrt 116

---

397 OLG Köln FamRZ 1997, 24; OLG München OLGR 1995, 80; OLG Nürnberg NJW 2007, 2052.

398 BGHZ 176, 150 = FamRZ 2008, 1414 = NJW 2008, 2779 – zu § 1579 Nr. 7.

399 *Staudinger/Rauscher* (2004) RdNr. 182; *Johannsen/Henrich/Jaeger* RdNr. 75; vgl. auch *Palandt/Brudermüller* RdNr. 10; aM OLG Köln FamRZ 1997, 24.

400 So *Bamberger/Roth/Neumann* RdNr. 27.

401 Vgl. OLG Nürnberg NJW 2007, 2052 = FamRZ 2007, 1885; ebenso *Palandt/Brudermüller* RdNr. 11.

402 So OLG Celle NJW 1982, 586; von *Bosch* FamRZ 1982, 294 Fn. 1 als „abwegig" bezeichnet.

403 OLG Köln FamRZ 1997, 24; OLG Hamm FamRZ 1978, 190; OLG München OLGR 1995, 80; *Johannsen/Henrich/Jaeger* RdNr. 75; *Soergel/Heintzmann* RdNr. 67; *Staudinger/Rauscher* (2004) RdNr. 182.

404 Vgl. *Rolland* RdNr. 59.

405 AA OLG Stuttgart FamRZ 1977, 807 (LS) = Justiz 1977, 379.

406 *Soergel/Heintzmann* RdNr. 64.

407 OLG Düsseldorf, Beschl. v. 13. 11. 1991 – 2 WF 220/91, zit. nach juris.

408 OLG Celle FamRZ 1977, 718 (LS) = NdsRpfl. 1977, 208; *Schwab* FamRZ 1979, 14, 20 Fn. 48; *Kissel* DRiZ 1978, 225; *Soergel/Heintzmann* RdNr. 68; *Staudinger/Rauscher* (2004) RdNr. 190.

409 AG Berlin-Charlottenburg FamRZ 1978, 186, zweifelhaft.

wird,[410] nicht jedoch, wenn er bereits nach einigen Wochen eine neue Wohnung gefunden hat,[411] und nicht schon immer dann, wenn kein **Unterhalt** gezahlt wird.[412]

117 **4. Grobes Verhalten.** Misshandlungen und Körperverletzungen, oft durch Alkoholmissbrauch verursacht, machen die Fortsetzung der Ehe für den anderen häufig unzumutbar,[413] vor allem, wenn sie sich wiederholen,[414] auch die Misshandlung von Kindern oder von nahen Angehörigen,[415] ebenso schwere Beleidigungen[416] und ernsthafte Bedrohungen.[417] Hingegen reicht nicht jede Tätlichkeit in Abwesenheit Dritter als Härtegrund aus,[418] erst recht nicht, wenn es sich um einen einmaligen Vorfall handelt.[419] Mit der Konkretisierung in **§ 1361 b** durch das zum 1. 1. 2002 in Kraft getretene **Gewaltschutzgesetz** v. 11. 12. 2001 (BGBl. I S. 3513) hat der Gesetzgeber auch außerhalb des Anwendungsbereichs der Vorschrift einen Maßstab dafür setzen wollen, ab welchem Grad er gewalttätige Handlungen auch ohne Wiederholungsgefahr für unzumutbar hält; denn der Anspruch auf Aufhebung der häuslichen Gemeinschaft wurde nur geschaffen, um den bei Fortbestehen der unzumutbaren häuslichen Situation entstehenden faktischen Zwang zum Scheidungsantrag zu vermeiden.[420] Nach dieser Wertung reicht eine auch eine einmalige schwere Körperverletzung, Vergewaltigung oder ein Tötungsversuch, um eine unzumutbare Härte zu begründen, auch wenn eine Wiederholungsgefahr, was vom Antragsgegner nachzuweisen ist, nicht gegeben ist.

118 **5. Alkoholabhängigkeit.** Aus der Trunksucht eines Ehegatten, die vielfach zu demütigender Behandlung des anderen und der Familie führt, kann die Unzumutbarkeit folgen,[421] wobei das gesamte Verhalten mit Tätlichkeiten,[422] körperlicher Verwahrlosung[423] oder dem Vertrinken des Geldes, das dem Unterhalt der Familie dienen soll,[424] mitzubewerten ist. Bei der Frage, ob das Abwarten des Trennungsjahres eine unzumutbare Härte darstellt, wird auch zu berücksichtigen sein, wie der Antragsteller in der Vergangenheit mit dem Alkoholismus des Ehegatten umgegangen ist und ob besondere Umstände vorliegen, die eine Scheidung vor Ablauf des Trennungsjahrs zwingend erfordern.

---

[410] *Staudinger/Rauscher* (2004) RdNr. 190; *Johannsen/Henrich/Jaeger* RdNr. 84; aA OLG Bremen FamRZ 1977, 808, 810.

[411] OLG Zweibrücken FamRZ 2005, 379.

[412] OLG Stuttgart FamRZ 2001, 1458; KG FamRZ 2000, 288; OLG Köln FamRZ 1992, 319, 320; OLG Saarbrücken FamRZ 1978, 114; *Johannsen/Henrich/Jaeger* RdNr. 83; für sofortige Scheidung bei Unterhaltsverweigerung OLG Stuttgart FamRZ 1978, 778; vgl. auch OLG München NJW 1978, 49 = FamRZ 1978, 29; OLG Hamm FamRZ 1979, 586 = NJW 1979, 662.

[413] BGH NJW 1981, 449, 451 = FamRZ 1981, 127, 129; OLG Schleswig FamRB 2008, 67 *[Neumann]*; OLG Bamberg NJOZ 2005, 3600; OLG Stuttgart NJW 1977, 1542; 1978, 52; FamRZ 1977, 807; OLG Düsseldorf FamRZ 1977, 804; 1978, 26; OLG Bremen FamRZ 1977, 807; OLG Frankfurt NJW 1978, 276; FamRZ 1978, 115; OLG München FamRZ 1978, 30; OLG Schleswig SchlHA 1977, 171, 188; OLG Hamm NJW 1978, 168; *Giesen-Gick* JR 1979, 1, 5; *Palandt/Brudermüller* RdNr. 10.

[414] OLG Stuttgart FamRZ 1988, 1276; OLG Schleswig SchlHA 1978, 36; RGRK/*Graßhof* RdNr. 84.

[415] OLG München FamRZ 1978, 30; OLG Schleswig SchlHA 1977, 188; vgl. aber AG Landstuhl FamRZ 1996, 1287.

[416] BGH NJW 1981, 449, 451 = FamRZ 1981, 127, 129; OLG Schleswig FamRZ 1977, 805; OLG Frankfurt NJW 1978, 276; FamRZ 1978, 115; OLG München FamRZ 1978, 30; KG FamRZ 1978, 594; *Johannsen/Henrich/Jaeger* RdNr. 72.

[417] OLG Brandenburg FamRZ 2001, 1458; OLG Bremen FamRZ 1977, 807; vgl. auch *Johannsen/Henrich/Jaeger* RdNr. 72 ff.

[418] OLG Nürnberg EzFamR aktuell 1993, Nr. 10, 167.

[419] AG Kitzingen FamRZ 2006, 625; OLG Stuttgart FamRZ 2002, 239.

[420] RegEnt v. 21. 2. 1985, BT-Drucks. 10/2888; *Brudermüller* FamRZ 1987, 109, 110; AnwK-BGB/*Bisping* RdNr. 17.

[421] OLG Düsseldorf FamRZ 1977, 804; 1978, 26; OLG Bamberg FamRZ 1980, 577; OLG Schleswig NJW 1978, 51; OLG Stuttgart FamRZ 1977, 807; OLG Frankfurt NJW 1978, 276; FamRZ 1978, 115; OLG München NJW 1978, 49 = FamRZ 1978, 29; KG FamRZ 1978, 594; 897; vgl. auch *Giesen-Gick* JR 1979, 1, 5; *Johannsen/Henrich/Jaeger* RdNr. 81.

[422] OLG Düsseldorf FamRZ 1977, 804; 1978, 26; OLG Bamberg FamRZ 1980, 577.

[423] OLG München NJW 1978, 49 = FamRZ 1978, 29; OLG Düsseldorf FamRZ 1977, 804.

[424] OLG Schleswig NJW 1978, 51.

6. Krankheiten. Seit den Gesetzen der Aufklärung zählt die Scheidung wegen unheilbarer, ekel- oder abscheuerregender körperlicher Gebrechen sowie wegen Raserei und Wahnsinns zu den klassischen Scheidungsgründen,[425] die zuletzt in den §§ 44 bis 46 EheG enthalten waren. Mit dem Wegfall dieser Vorschriften sollte die Scheidung wegen Krankheiten jedoch nicht erschwert werden,[426] so dass auch unverschuldete Krankheiten eine vorzeitige Scheidung rechtfertigen können. Empfindet der Antragsteller eine Krankheit des anderen Ehegatten als Härte, kann die Fortsetzung der Ehe unzumutbar sein; meist wird aber die Trennungszeit – auch bei Uneinsichtigkeit hinsichtlich des Krankheitsbildes und seiner Behandlungsbedürftigkeit – abzuwarten sein.[427] Unzumutbarkeit liegt nicht vor, wenn eine Nervenkrankheit des Ehegatten bei der Eheschließung bekannt war.[428] Pflegt ein Ehegatte den anderen trotz des Scheiterns der Ehe weiter und kommt es deshalb nicht zur Trennung iSv. § 1567,[429] wird eine Härtefallscheidung nach Abs. 2 nicht möglich sein,[430] weil der Antragsteller durch sein Verhalten zeigt, dass er die Krankheit nicht als unbillige Härte empfindet. Auch die Unmöglichkeit, den ehelichen Verkehr auszuüben, wird die Unzumutbarkeit nicht ohne weiteres begründen,[431] jedenfalls nicht bei alten oder kranken Menschen, deren Ehe sonst der sofortigen Scheidung ausgesetzt wäre.[432] 119

7. Straftaten. Eine unzumutbare Härte stellt das Begehen **schwerer Straftaten** dar. 120
Unzumutbar ist das Abwarten des Trennungsjahres auch dann, wenn der Antragsgegner gegen seinen Ehegatten **massive Morddrohungen** gegenüber Dritten äußert und seine Intimsphäre zudem dadurch verletzt, dass er dessen zu privaten Zwecken verfasste erotische Geschichten öffentlich bekanntmacht.[433] Befindet sich der Antragsgegner wegen des Verdachts, die Eltern der Ehefrau getötet zu haben, in Untersuchungshaft, so ist die Aufrechterhaltung der Ehe für die Ehefrau unzumutbar.[434] Neigt der Antragsgegner zu Gewalttätigkeiten und hat seine Ehefrau schon mehrfach vorsätzlich im Straßenverkehr gefährdet, so soll dies bereits ausreichen, um eine unzumutbare Härte anzunehmen;[435] auch hier wird es aber auf die Umstände des Einzelfalls ankommen müssen. Das **Verschweigen der wahren Gründe** für eine langjährige **Freiheitsstrafe** kann ausreichen.[436] Hat der Ehegatte bei der Eheschließung verschwiegen, dass er demnächst eine Freiheitsstrafe von acht Monaten zu verbüßen habe, so liegt hierin auch im Hinblick auf die negative Außenwirkung der Inhaftierung eine unzumutbare Härte.[437] Wird das Strafverfahren gegen den Antragsgegner wegen der **Verbreitung kinderpornographischer Schriften** gemäß § 153 a StPO eingestellt, kann ohne Hinzutreten weiterer Umstände ein Härtegrund auch dann nicht bejaht werden, wenn die Lokalpresse zuvor über das Verfahren berichtet hatte.[438] Hat die Ehefrau im Zusammenhang mit einem Selbstmordversuch die beiden **gemeinsamen Kinder getötet,** so kann der Ehemann die Scheidung vor Ablauf des Trennungsjahres nicht verlangen, wenn die Tat auf ehelicher Untreue, Unwahrhaftigkeit und demütigendem Verhalten des Ehemannes beruht und sich die Frau in einer Nervenklinik befindet.[439] Verbleibt die Ehefrau trotz Vergewaltigung und sexueller Nötigung durch den Antragsgegner zunächst noch in der Ehewohnung und ist nach zwischenzeitlicher räumlicher Trennung mit Wiederholungen

---

[425] Vgl. § 698 Abs. 2 Satz 1 des Preußischen Allgemeinen Landrechts; Entwurf 73 S. 63.
[426] Vgl. Entwurf 73 S. 109.
[427] OLG Düsseldorf FamRZ 1993, 809, 810 = NJW-RR 1994, 450; OLG Brandenburg FamRZ 1995, 808 schließt die Scheidung wegen Unzumutbarkeit aus.
[428] OLG Düsseldorf NJW-RR 1994, 450 = FamRZ 1993, 809, 810.
[429] Vgl. den Fall BGH NJW 1979, 1360.
[430] So jedoch *Rolland* RdNr. 51 und sehr weitgehend *Soergel/Heintzmann* RdNr. 66.
[431] AA OLG Hamm FamRZ 1979, 37; 511 bei Phimose.
[432] Vgl. *Rolland* RdNr. 37; RGRK/*Graßhof* RdNr. 88.
[433] OLG Brandenburg FamRZ 2001, 1458.
[434] AG Hannover FamRZ 2004, 630.
[435] OLG Stuttgart FamRZ 1988, 1276.
[436] OLG Nürnberg FamRZ 1990, 630.
[437] AG Ludwigsburg NJW-RR 2007, 4 = FamRZ 2007, 286.
[438] AG Ludwigslust FamRZ 2005, 808.
[439] AG Landstuhl FamRZ 1996, 1287.

nicht zu rechnen, so soll sich das Weiter-Miteinander-Verheiratetsein jedenfalls solange nicht als unzumutbare Härte gelten, solange eine rechtskräftige Verurteilung wegen der angezeigten Verbrechen nicht erfolgt ist;[440] mit einer solchen Betrachtungsweise dürfte dem grundrechtlichen Schutz der Menschenwürde und körperlichen Unversehrtheit der Ehefrau jedoch nicht ausreichend Rechnung getragen werden.[441]

121 **8. Weitere Einzelfälle.** Zur Unzumutbarkeit führen kann es, wenn ein Ehegatte eine medizinische Behandlung, die seine Beiwohnungsfähigkeit herstellen kann, ohne zwingenden Grund ablehnt,[442] wenn der andere Ehegatte den Beischlaf erzwingt, **Strafanzeige** gegen den Antragsteller erstattet, den Antragsteller zum **Ehebruch** verleiten will, sich **skandalös in der Öffentlichkeit** benimmt, zB ein Bordell eröffnet, oder wenn die Frau als **Prostituierte** tätig wird.[443] IdR werden solche Gründe nicht allein und unvermittelt auftreten, sondern Teil der Biografie der Ehe sein, deren Gesamtverlauf zu einem so unerträglichen Zustand geführt hat. Auch wenn dann keine spektakulären Vorfälle nachzuweisen sind, kann der **Endzustand der Ehe** eine unzumutbare Härte begründen,[444] wobei es nicht auf die dem Verschuldensrecht entlehnte Feststellung ankommt, dass der Antragsgegner den Antragsteller zermürbt habe.[445] Eine unzumutbare Härte ergibt sich schließlich nicht schon daraus, dass die Ehe zu **sachfremden Zwecken** geschlossen worden ist.[446]

VI. Verhalten des Antragstellers

122 **1. Beteiligung des Antragstellers. a) Zustimmung und Teilnahme des Antragstellers.** Über die Gründe des Abs. 2 fließen die Verschuldenstatbestände der §§ 42, 43 EheG in die Scheidung vor dem Fristablauf ein, auch wenn die Härtegründe ein Verschulden des Antragsgegners nicht voraussetzen. Nicht geregelt sind jedoch die Zustimmung des Antragstellers und seine Teilnahme und der Fall, dass er selbst den Anlass für die von ihm vorgetragenen Gründe in der Person des Antragsgegners gesetzt hat. § 42 Abs. 2 EheG hatte dem Kläger die Scheidung versagt, wenn er dem Ehebruch zugestimmt oder ihn durch sein Verhalten erleichtert oder ermöglicht hatte. Nach § 43 S. 2 EheG konnte die Scheidung nicht begehren, wer selbst eine Verfehlung begangen hatte, wenn insbes. wegen des Zusammenhangs der Verfehlung des anderen Ehegatten mit seinem eigenen Verschulden sein Scheidungsbegehren bei richtiger Würdigung des Wesens der Ehe sittlich nicht gerechtfertigt war. Die Grundgedanken dieser Vorschriften waren von der Rspr. zu den Scheidungstatbeständen des BGB aF entwickelt worden, obwohl sie im Gesetz nicht enthalten waren.[447] Ähnlich ist daher bei Abs. 2 zu verfahren.

123 **b) Keine Berufung auf selbst herbeigeführte Gründe.** Der Antragsteller darf sich auf Gründe in der Person des anderen Ehegatten nicht berufen, wenn er sie selbst herbeigeführt hat. Wer seinen Ehegatten verstümmelt hat, darf sich auf die Verstümmelung nicht berufen, wer ihn mit einer Krankheit angesteckt hat, darf nicht wegen dieser Krankheit die sofortige Scheidung erreichen. Hat ein Ehegatte den anderen zur Trunksucht oder Rauschgiftsucht verführt, kann er nicht deswegen die Scheidung aus Abs. 2 sofort durchsetzen.[448] Er kann

---

[440] OLG Braunschweig FamRZ 2000, 287.

[441] So zutreffend *Finger* FuR 2008, 119, 123, 229, 231.

[442] OLG Bremen FamRZ 1996, 489; OLG Hamm FamRZ 1979, 511; aA *Johannsen/Henrich/Jaeger* RdNr. 82.

[443] OLG Bremen FamRZ 1986, 489.

[444] Vgl. OLG Karlsruhe Justiz 1978, 317; OLG Bamberg FamRZ 1980, 577; KG FamRZ 1978, 897; OLG Oldenburg NJW 1978, 1266; OLG München NJW 1978, 49 = FamRZ 1978, 29.

[445] So jedoch RGRK/*Graßhof* RdNr. 97; *Soergel/Heintzmann* RdNr. 65.

[446] OLG Karlsruhe FamRZ 1986, 680.

[447] Vgl. *Volkmar/Antoni/Ficker/Rexroth/Anz,* Großdeutsches Eherecht, § 47 EheG Anm. 4; *Staudinger/Engelmann,* 9. Aufl., § 1568 Anm. 7 a; *Planck* 4. Aufl., IV. Bd. 1. Hälfte, Familienrecht, § 1568 Anm. 23, 26; RGZ 85, 204.

[448] *Johannsen/Henrich/Jaeger* RdNr. 55, der das Ergebnis aus dem Rechtsmissbrauchsgedanken herleitet; *Soergel/Heintzmann* RdNr. 70; *Staudinger/Rauscher* (2004) RdNr. 128, der die Frage auf der Ebene der Unzumutbarkeit ansiedelt.

dem anderen ein Verhältnis nicht vorwerfen, zu dem er selbst angestiftet hat,[449] ebenso nicht eine Straftat, bei der er als Anstifter, Mittäter oder sonst beteiligt war. Hat ein Mann die Frau zur Prostitution angehalten, kann er nicht deshalb, weil sie der Prostitution nachgeht, die sofortige Scheidung verlangen. Ebenso sind Handlungen oder Unterlassungen auszuscheiden, die der Antragsteller selbst provoziert hat.[450] Dazu zählen Beschimpfungen oder Drohungen, die erst aus seinem eigenen Verhalten erwachsen sind, Misshandlungen, die Reaktionen auf eigenes herausforderndes Verhalten waren, und auch ein Tötungsversuch, wenn er durch eine schwerwiegende Provokation heraufbeschworen wurde.

2. Beiderseitige Härtegründe. Beide Ehegatten können die Scheidung vor dem Fristablauf erreichen, wenn jeweils in der Person des anderen Ehegatten Gründe für die unzumutbare Härte vorliegen.[451] Wie schon zu §§ 42, 43 EheG findet eine **Aufrechnung verschiedenartiger Gründe** nicht statt. Auch wenn die Gründe gleichartig sind, zB Ehebruch beider Ehegatten, gilt nichts anderes, weil ein ehewidriges Verhalten kein Freibrief für den anderen ist.[452] Wenn sich ein Ehegatte einem Dritten zuwendet, nachdem der andere eine feste andere Partnerschaft eingegangen ist, verliert er dadurch die Möglichkeit zur sofortigen Scheidung wegen Unzumutbarkeit nicht.[453] Insbes. bei **gleichartigen Gründen** – beiderseitiges ehewidriges Verhältnis, beide sind alkoholsüchtig, er ist Zuhälter, sie ist Prostituierte – wird jedoch nur schwerlich eine unzumutbare Härte aus einem Verhalten entstehen, das der Antragsteller auch selbst verwirklicht.[454] Bei beidseitiger, krankheitsbedingter Suizidgefahr und jeweiliger Drohung, das gemeinsame Kind zu töten, kann eine vorzeitige Scheidung in Betracht kommen.[455] 124

3. Verzeihung und Verzicht. Obwohl ein genereller Ausschluss des Scheidungsrechts unwirksam ist, können bei Tatbestandselementen, die nicht dauerbezogen wie das Scheitern der Ehe sind, vielmehr einzelne der Bewertung zugängliche Handlungen enthalten, Verhaltensweisen oder Absprachen[456] bedeutsam sein. Hat ein Ehegatte dem anderen Teil Verstöße gegen die eheliche Treue oder andere schwerwiegende Verhaltensweisen verziehen, wird Unzumutbarkeit wegen dieser Umstände kaum je vorliegen. Der Verzicht auf die Geltendmachung von Unzumutbarkeitsgründen ist ebenfalls zulässig, weil damit nur die sofortige Scheidung ohne Trennung ausgeschlossen wird und es sich um Gründe handelt, die der Ehegatte erlebt hat und bewerten kann.[457] 125

VII. Verfahrensfragen

1. Verhältnis zu anderen Scheidungstatbeständen. Neben den Voraussetzungen des Abs. 2 muss immer festgestellt werden, dass die Ehe gem. Abs. 1 gescheitert ist. Abs. 2 ist damit allein kein eigener Scheidungstatbestand,[458] vielmehr nur iVm. Abs. 1. Ist die Jahresfrist abgelaufen, wird Abs. 2 unanwendbar. Wird bei einem Antrag aus Abs. 1 oder bei der einverständlichen Scheidung nach Abs. 1 iVm. § 1566 Abs. 1 der Ablauf der Jahresfrist nicht nachgewiesen, so ist der Scheidungsantrag abzuweisen, auch wenn die Jahresfrist nach kurzer Zeit ablaufen würde. Der Antragsteller kann jedoch den Antrag auf die Scheidung nach 126

---

[449] RGZ 85, 204.

[450] AG Landstuhl FamRZ 1996, 1287.

[451] OLG Stuttgart FamRZ 1977, 646.

[452] OLG Rostock FamRZ 1993, 808, 809; OLG Karlsruhe FamRZ 1989, 284; OLG Hamm FamRZ 1978, 28, 29; OLG Hamburg FamRZ 1983, 113; OLG Köln FamRZ 1982, 807; *Johannsen/Henrich/Jaeger* RdNr. 55.

[453] OLG Rostock FamRZ 1993, 808, 809 = NJW-RR 1994, 266; OLG Karlsruhe FamRZ 1989, 284 (LS) = Justiz 1988, 482; aA *Erman/Maier* RdNr. 13, der meint, der verletzte Ehegatte empfinde in einem solchen Fall das Verhalten des anderen nicht mehr als hart.

[454] Vgl. OLG Hamm NJW 1978, 168; OLG Stuttgart NJW 1978, 546 = FamRZ 1978, 338 (LS); OLG Schleswig SchlHA 1978, 50; *Kissel* DRiZ 1978, 225; *Soergel/Heintzmann* RdNr. 70, 76; RGRK/*Graßhof* RdNr. 92; *Rolland* RdNr. 44.

[455] AG Dortmund, Urt. v. 22. 9. 2004 – 174 F 226/04, zit. nach juris.

[456] Vgl. AG Kitzingen FamRZ 2006, 625.

[457] Weitergehend *Rolland* RdNr. 36, der verziehene Umstände nur noch im Zusammenhang mit neuen Gründen gelten lassen will.

[458] BGH LM Nr. 4 = NJW 1981, 449 = FamRZ 1981, 127; *Soergel/Heintzmann* RdNr. 47.

Abs. 1 iVm. Abs. 2 umstellen und die Scheidung vor dem Fristablauf beantragen. Werden die Merkmale des Abs. 2 nicht nachgewiesen, können dem Antragsteller, der in 2. Instanz wegen Ablaufs der Jahresfrist die Scheidung erreicht, die Kosten des Berufungsverfahrens auferlegt werden. Anträge beider Ehegatten auf Scheidung der Ehe vor Ablauf einer einjährigen Trennung haben jeweils ihr eigenes Schicksal.[459]

127 **2. Aussetzung des Verfahrens.** Das Gericht darf das Verfahren zweimal aussetzen (§ 614 Abs. 4 S. 1 ZPO aF, § 136 Abs. 3 FamFG); der Widerspruch der Ehegatten gegen die Aussetzung hat keine unmittelbare prozessuale Bedeutung. Das Verfahren darf nicht ausgesetzt werden, um den Ablauf der Jahresfrist abzuwarten. Die Aussetzung ist nach § 614 Abs. 2 S. 1 ZPO aF (§ 136 Abs. 1 S. 1 FamFG) nur zulässig, wenn konkrete Anhaltspunkte die Aussicht begründen, dass die Ehe fortgesetzt werden kann. Es besteht allerdings keine Vermutung, dass die Ehe nicht gescheitert ist, wenn die Trennung noch nicht ein Jahr dauert.[460] Wird auf Antrag beider Parteien das Ruhen des Verfahrens angeordnet, ruhen auch die Folgesachen.

128 **3. Beweislast.** Der Antragsteller muss konkrete Umstände für das Scheitern der Ehe, für die Gründe in der Person des anderen Ehegatten und die daraus folgende unzumutbare Härte vortragen und beweisen; Rechtsbehauptungen reichen nicht aus.[461] Das Gericht darf nicht von Amts wegen prüfen, ob die Jahresfrist abgelaufen und Abs. 2 unanwendbar ist,[462] weil dann eine Scheidung unter erleichterten Voraussetzungen möglich wäre und eine solche Prüfung würde nicht der Aufrechterhaltung der Ehe dienen würde. Hingegen sind Umstände, die dem Antragsteller das Abwarten der Jahresfrist zumutbar machen, von Amts wegen aufzuklären.[463]

129 **4. Verbund.** Obwohl die Scheidung wegen Unzumutbarkeit durch den Wegfall der Trennungsfristen eine eilige Scheidung ist, gelten die Regeln über das Verbundverfahren.[464] Über eine Abtrennung von Folgesachen ist gem. § 628 Abs. 1 Nr. 4 ZPO aF (§ 140 FamFG) zu entscheiden.[465]

§ 1566 Vermutung für das Scheitern

(1) Es wird unwiderlegbar vermutet, dass die Ehe gescheitert ist, wenn die Ehegatten seit einem Jahr getrennt leben und beide Ehegatten die Scheidung beantragen oder der Antragsgegner der Scheidung zustimmt.

(2) Es wird unwiderlegbar vermutet, dass die Ehe gescheitert ist, wenn die Ehegatten seit drei Jahren getrennt leben.

Schrifttum: S. vor § 1564; *Deubner,* Der Vorrang der Zerrüttungsvermutung im Scheidungsrecht, NJW 1978, 2585; *Habscheid,* Vermutungen im neuen Scheidungsrecht, FS Bosch, 1976, S. 355; *Münch,* Plädoyer für eine einvernehmliche Scheidung mit Einigung über die Scheidungsfolgen, FamRB 2008, 251; *Schlosser,* Die einverständliche Scheidung im Spannungsfeld der Streitgegenstandsdogmatik, FamRZ 1978, 319; *Schröder,* Einverständliche Scheidung ohne einjährige Trennung?, FamRZ 1977, 767; *Verschraegen,* Die einvernehmliche Scheidung in rechtsvergleichender Sicht, 1991.

---

[459] *Johannsen/Henrich/Jaeger* RdNr. 88; *Soergel/Heintzmann* RdNr. 79; *Palandt/Brudermüller* RdNr. 13; *Staudinger/Rauscher* (2004) RdNr. 195.
[460] AG Berlin-Charlottenburg FamRZ 1978, 117.
[461] *Staudinger/Rauscher* (2004) RdNr. 195; *Erman/Maier* RdNr. 15; *Bamberger/Roth/Neumann* RdNr. 32.
[462] *Johannsen/Henrich/Jaeger* RdNr. 87; *Staudinger/Rauscher* (2004) RdNr. 197.
[463] *Staudinger/Rauscher* (2004) RdNr. 197.
[464] OLG Karlsruhe FamRZ 1994, 1399.
[465] Vgl. näher *Staudinger/Rauscher* (2004) RdNr. 199.

Übersicht

A. Die einverständliche Scheidung (Abs. 1)

I. Normzweck

1 **1. Ersatz für Konventionalscheidung.** An die Stelle der als Missstand empfundenen Konventionalscheidung, nach der auf der Grundlage von § 43 EheG über 90% aller Scheidungen als **von den Eheleuten inszenierte Verschuldensscheidung**[1] abgewickelt wurden, ist die formalisierte einverständliche Scheidung nach § 1565 Abs. 1 iVm. § 1566 Abs. 1, § 630 ZPO aF[2] getreten. Diese Scheidung berücksichtigt das übereinstimmende **prozessuale Verhalten** der Ehegatten als **Grundlage für die Vermutung,** dass die Ehe gescheitert ist, wenn die Ehegatten seit einem Jahr getrennt leben.[3] Das Misstrauen des Gesetzgebers gegen eine reine Konsensualscheidung, die nur den Scheidungswillen zur Grundlage des Scheidungsausspruchs macht, kommt zum einen in der **langen Trennungsfrist von einem Jahr** zum Ausdruck, vor allem aber in dem **notwendigen Verbund mit Folgesachen** (§ 630 ZPO aF). Während bei den anderen Scheidungstatbeständen nur der Versorgungsausgleich zum notwendigen Verbund gehört, verlangt § 630 Abs. 1 Nr. 2 aF im Falle der einverständlichen Scheidung übereinstimmende Erklärungen der Ehegatten zur elterlichen Sorge.[4] Außerdem müssen sich die Ehegatten über Ehegatten- und Kindesunterhalt sowie über die Rechtsverhältnisse an der Ehewohnung und am Hausrat einigen. Dieser Umfang des notwendigen Verbundes soll auch das Ziel haben, übereilten und später bereuten Schritten zur Auflösung der Ehe vorzubeugen.[5] Es sollte die Ehegatten vor allem davor schützen, auf eine Regelung von Scheidungsfolgen zu verzichten, die zu einer **sinnvollen Abwicklung der bisherigen Lebensgemeinschaft** gehört.[6] In dieses Dilemma, die einverständliche Scheidung zuzulassen, dieser Form der Scheidung aber gleichzeitig zu misstrauen, blieb das Gesetz verstrickt.

2 **2. Bedeutung.** Das primäre Ziel des Gesetzes war es, das Scheidungsverfahren ehrlicher zu gestalten. Dazu wäre eine praktikable Regelung der einverständlichen Scheidung notwendig gewesen. Zunächst schien es, als ob die formalisierte einverständliche Scheidung nach Abs. 1 dieses Ziel auch erreichen könnte. Die Statistik wies im Jahre 1997 aus, dass 69,56% der Scheidungen nach Abs. 1 durchgeführt wurden (Vor § 1564 RdNr. 46). Dieser angesichts der Erschwerung durch § 630 ZPO aF und der Möglichkeit, eine einverständli-

---

[1] *Staudinger/Rauscher* (2004) RdNr. 1.

[2] Die Vorschrift des § 630 ZPO wird zum 1. 9. 2009 für neu anhängige Scheidungsverfahren wegfallen, §§ 133–135 FamFG; Art. 29 Nr. 15 FGG-RG.

[3] *Vogel* FamRZ 1976, 481, 483, stellt unmittelbar auf den Scheidungswillen ab.

[4] *Johannsen/Henrich/Sedemund-Treiber* § 630 ZPO RdNr. 1.

[5] Entwurf 73 S. 89; *Deubner* in: Eheschließungsreform, Bd. 2 der Reihe: „Rechtspolitik und Gesetzgebung", S. 50, 56 Fn. 16; krit. *Ramm* Familienrecht I S. 301; RGRK/*Graßhof* RdNr. 3.

[6] *Johannsen/Henrich/Sedemund-Treiber* § 630 ZPO RdNr. 1.

che Scheidung auch über den Grundtatbestand des § 1565 Abs. 1 oder über die Dreijahresscheidung zu erreichen, erstaunlich hohe Anteil sprach zunächst für eine gelungene gesetzliche Regelung. Skeptische Berichte aus der Praxis, die Vorschrift des § 630 ZPO aF werde kaum mehr angewendet, widersprechen der Statistik, die aber die verschiedenen Scheidungstatbestände nicht sorgfältig genug unterschieden hat. Inzwischen hat sich herausgestellt, dass die einverständliche Scheidung nach § 630 ZPO aF kaum praktische Bedeutung erlangt hat. Die Vorschrift des § 1566 Abs. 1 ist Grundlage einer so im Gesetz nicht geregelten **Konsensualscheidung** geworden ist, bei der auf die wichtige Voraussetzung der Regelung der Folgen nach § 630 ZPO aF verzichtet wird.[7] Die Parteien bevorzugen vielmehr die Durchführung einer **nicht formalisierten, einvernehmlichen Scheidung,** bei der als Scheidungsfolge von Amts wegen nur der Versorgungsausgleich zu regeln ist.[8] Dem trägt der Gesetzgeber durch die Aufhebung von § 630 ZPO im Rahmen der FGG-Reform Rechnung.[9] Das FGG-RG wird am 1. 9. 2009 in Kraft treten.

II. Bisheriges Recht und Rechtsentwicklung

Mit dem Vordringen des Christentums wurde die Ehescheidung durch einseitige Erklärung des Mannes oder durch Vertrag zurückgedrängt. Trotzdem blieb in Deutschland **bis 1900** in bestimmten Fällen die einverständliche Scheidung zulässig.[10] Die Motive zum BGB führen erhebliche Gründe für die Beibehaltung der einverständlichen Scheidung an,[11] gleichwohl wurde sie nicht in das BGB übernommen. Auch die Ehegesetze von 1938 und 1946 sahen eine einverständliche Scheidung nicht vor. Versuche, sie wieder in das Gesetz einzufügen,[12] blieben erfolglos. Gleichwohl hat sich die **Konventionalscheidung** unter der Geltung des EheG 1946 mit 90% aller Scheidungen zur Normalform der Scheidung entwickelt.[13] Mit dem 1. EheRG sollte die „innere Wahrhaftigkeit und Redlichkeit des Scheidungsverfahrens" wieder hergestellt werden, es wurde aber auch der „für das Funktionieren der Demokratie lebensnotwendige Kompromiss" gesucht.[14] Trotz der Erschwerung der Konventionalscheidung durch die Regelung der formalisierten einverständlichen Scheidung dürften heute über 90% der Scheidungen als einverständliche Scheidungen zu werten seien, sei es über die Tatbestände der § 1565 Abs. 1 und der legalisierten einverständlichen Scheidung über §§ 1565 Abs. 1, 1566 Abs. 1, 630 ZPO, sei es über § 1565 Abs. 1, 1566 Abs. 2. Mit der FGG-Reform wird die Vorschrift des § 630 ZPO als Grundlage der formalisierten einverständlichen Scheidung wegfallen. Für die Vermutungswirkung nach Abs. 1 werden künftig der überstimmende Scheidungswille und der Ablauf des Trennungsjahres ausreichen. Damit werden zwar die im Interesse der Aufrechterhaltung der Ehe eingerichteten Hürden aufgegeben.[15] Es ist aber im Ergebnis zu begrüßen, dass der Gesetzgeber mit der vorgesehenen Gesetzesänderung der Scheidungswirklichkeit Rechnung trägt. 3

III. Einjähriges Getrenntleben als erste Grundlage der Scheiternsvermutung

1. Einjähriges Getrenntleben. Voraussetzung für die Vermutung des Scheiterns bei der einverständlichen Scheidung ist, dass die Ehegatten im Zeitpunkt der letzten mündlichen 4

---

[7] *Johannsen/Henrich/Sedemund-Treiber* § 630 ZPO RdNr. 1; *Stein/Jonas/Schlosser* § 630 ZPO RdNr. 1; MünchKommZPO/*Finger* § 630 RdNr. 2, 3.

[8] *Johannsen/Henrich/Sedemund-Treiber* § 630 ZPO RdNr. 1.

[9] §§ 133–135 FamFG, Art. 29 Nr. 15 FGG-RG.

[10] Entwurf 73 S. 62; DiskE S. 55.

[11] Mot. IV S. 567 f.

[12] DiskE S. 29.

[13] Entwurf 73 S. 111; DiskE S. 32; *Giesen,* Aktuelle Probleme einer Reform des Scheidungsrechts, S. 14; *A. Wolf* FamRZ 1970, 431, 433; *Müller-Freienfels,* Ehe und Recht, S. 239; *Neuhaus* FamRZ 1970, 348, 350; *Kühn* ZRP 1975, 165, geht von 80% aus.

[14] *Rheinstein* AcP 164 (1964), 368, 377; *Müller-Freienfels,* Sitzungsbericht M zum 48. DJT, S. M 9; Familienrechtskommission der EKD, S. 15; *Wüstenberg* DRiZ 1970, 252, 254; zur Entstehungsgeschichte vgl. die 3. Aufl. RdNr. 5, 6.

[15] Für den Fortbestand des § 630 ZPO *Münch* FamRB 2008, 251.

Verhandlung in der Tatsacheninstanz ein Jahr getrennt gelebt haben. Diese Frist beginnt zu laufen, wenn alle Merkmale der **Legaldefinition des § 1567 Abs. 1 S. 1** erfüllt sind und die Frist nicht unterbrochen oder gehemmt wurde. Sie kann frühestens mit der Eheschließung beginnen.[16] Das Gesetz kennt weder eine Mindestdauer der Ehe bis zur Scheidung noch bis zum Beginn des Getrenntlebens. Eine Registrierung des Fristbeginns ist nicht vorgesehen, der Ablauf der Frist kann grundsätzlich nur in der Tatsacheninstanz festgestellt werden.[17]

5 **2. Fehlen einer häuslichen Gemeinschaft oder ehelichen Lebensgemeinschaft.** Die Scheidungsform der einverständlichen Scheidung steht auch zur Verfügung, wenn von Anfang an eine häusliche Gemeinschaft oder eine eheliche Lebensgemeinschaft nicht begründet wurde,[18] also auch in Fällen der **von Anfang an gescheiterten Ehe** und der **Zweck oder -fehlehe.** Die Definition des Getrenntlebens in § 1567 Abs. 1 ist eine Legaldefinition für das Scheidungsrecht, es ist deshalb unzulässig, sie erst nach einer weiteren Bewertung im jeweiligen Scheidungstatbestand anzuwenden.[19] Schon die Formulierung in Abs. 1: „wenn die Ehegatten seit einem Jahr getrennt leben“, enthält keinen Hinweis, dass die Eheleute eine häusliche Gemeinschaft gehabt und aufgelöst haben müssen. Auch aus § 1353 Abs. 1 S. 2 folgt nicht zwingend, dass die Ehe durch eine häusliche Gemeinschaft geprägt ist. Ließe man die Scheidung solcher Ehen ohne häusliche Gemeinschaft oder ohne Begründung einer Lebensgemeinschaft über die Fristentatbestände nicht zu, wären solche Ehen auch aus dem Grundtatbestand des § 1565 Abs. 1 nicht scheidbar, der über § 1565 Abs. 2 ebenfalls ein Fristentatbestand ist. Damit wären aber solche Ehen, bei denen kaum eine unzumutbare Härte nach § 1565 Abs. 2 iVm. Abs. 1 vorliegen wird, letztlich nicht scheidbar. Für den Beginn der Trennungsfrist wird man bei Ehen ohne häusliche Gemeinschaft zwar nicht die Bekanntgabe des Scheidungswillens fordern dürfen, zumindest aber ein nach außen erkennbares Zeichen für die Ablehnung der ehelichen Gemeinschaft verlangen müssen.[20]

6 **3. Wahl und Wechsel des Scheidungstatbestandes.** Das einjährige Getrenntleben gibt keinen neuen Scheidungsgrund der Trennung,[21] sondern bildet mit § 1565 Abs. 1 einen Scheidungstatbestand,[22] über den unter den weiteren Voraussetzungen des § 630 ZPO die Scheidung erreicht werden kann.[23] Die Ehegatten können bestimmen, dass sie nur einverständlich über Abs. 1 geschieden werden wollen,[24] sie können aber auch von der einverständlichen Scheidung zur Scheidung aus dem Grundtatbestand des § 1565 Abs. 1 oder wegen Unzumutbarkeit nach § 1565 Abs. 2 oder zur Dreijahresscheidung übergehen – und umgekehrt. Ein neuer Scheidungsantrag ist dafür nicht erforderlich.[25]

7 **4. Beibringungsgrundsatz.** Dass die Ehegatten ein Jahr getrennt leben, haben der Antragsteller oder beide Antragsteller zu behaupten und zu beweisen. Amtsermittlung scheidet aus, weil der Fristablauf die Scheidung erleichtert.[26] Der Beweis des Getrenntlebens kann mit allen Beweismitteln, die im Eheverfahren zulässig sind, geführt werden. Ausgeschlossen sind nach § 617 ZPO (§ 113 Abs. 4 FamFG) nur die unmittelbaren Wirkungen des Aner-

---

[16] *Staudinger/Rauscher* (2004) RdNr. 20; *Soergel/Heintzmann* RdNr. 7.

[17] BGH NJW 1979, 105; NJW 1981, 449; RGZ 160, 280, 285; RGZ 165, 149; *Rolland* RdNr. 2.

[18] RGRK/*Graßhof* RdNr. 16; *Johannsen/Henrich/Jaeger* RdNr. 4; *Staudinger/Rauscher* (2004) RdNr. 22 ff.; aA *Brüggemann* FamRZ 1978, 91; *Soergel/Heintzmann* RdNr. 6, 43.

[19] *Johannsen/Henrich/Jaeger* RdNr. 4.

[20] *Staudinger/Rauscher* (2004) RdNr. 24.

[21] Wie hier allgM; vgl. BGH NJW 1980, 398; *Staudinger/Rauscher* (2004) RdNr. 18.

[22] *AnwKomm/Bisping* RdNr. 1 spricht bei Abs. 1 und 2 von „Hilfstatbeständen“.

[23] Da mit dem FGG-RG die Regelung des § 630 ZPO aufgehoben wird, so dass die Regelung der Folgesachen durch die Ehegatten nicht mehr Voraussetzung der einverständlichen Scheidung nach § 1566 Abs. 1 ist, vgl. §§ 133 bis 135 FamFG, wird wohl zukünftig doch ein neuer Scheidungsgrund der Trennung entstehen.

[24] *Schlosser* FamRZ 1978, 319, 323; RGRK/*Graßhof* RdNr. 10; dieses Ergebnis verträgt sich kaum mit der Meinung, Abs. 1 gebe nur eine zwingende Beweisregel, so jedoch RGRK/*Graßhof* RdNr. 7, 11.

[25] OLG Celle FamRZ 1982, 813, 816; OLG Frankfurt FamRZ 1982, 809, 811; OLG Hamburg FamRZ 1979, 702; *Johannsen/Henrich/Sedemund-Treiber* § 630 ZPO RdNr. 6, 11.

[26] *Johannsen/Henrich/Jaeger* RdNr. 3; *Staudinger/Rauscher* (2004) RdNr. 21.

kenntnisses, der unterbliebenen oder verweigerten Erklärung über Tatsachen oder über die Echtheit von Urkunden, die Wirkungen des Verzichts auf die Beeidigung des anderen Ehegatten, von Zeugen und von Sachverständigen und die Wirkungen eines gerichtlichen Geständnisses. Die Trennungszeit kann auch durch Parteivernehmung nachgewiesen werden. Vorschläge, die Parteivernehmung für den Nachweis der Trennungsfrist auszuschließen,[27] wurden nicht übernommen. Der Nachweis der Trennung kann, weil die innere Einstellung der Ehegatten dabei ganz entscheidend ist, vielfach überhaupt nur durch Vernehmung der Parteien nach § 613 ZPO (§ 128 FamFG) erbracht werden.[28] Der Gefahr, dass die Ehegatten den Ablauf der einjährigen Trennungszeit **einverständlich vorschwindeln,**[29] ist das Gesetz nicht durch weitere prozessuale Erschwerungen begegnet. Es ist aber die Pflicht des Richters, und auch der Rechtsanwälte, auf der Einhaltung der Trennungsfristen zu achten und dafür in Zweifelsfällen **seriöse Nachweise** zu verlangen, ohne allerdings intensive Nachforschungen anzustellen.[30] Dies liegt im wohlverstandenen Interesse der Parteien, nützt dem Ansehen der Familienrechtspflege und erhält das ausgewogene Verhältnis der vier Scheidungstatbestände zueinander. Hilfreich für dieses Ziel wäre es allerdings, wenn die Scheidung vor Ablauf der Jahresfrist wegen Unzumutbarkeit nach § 1565 Abs. 2 nicht übermäßig eingeengt würde.[31]

5. Dispositionsmöglichkeiten. Gleichwohl haben sich Vorhersagen, in der Praxis werde der Fristablauf vorgeschwindelt und damit die sofortige Scheidung erreicht,[32] oder die formalisierte einverständliche Scheidung über Abs. 1 iVm. § 630 ZPO werde umgangen, bestätigt.[33] Zwar wurden im Jahre 1997 nach den Angaben des Statistischen Bundesamtes 69,5% der Scheidungen formal über Abs. 1 abgewickelt. Diese Angaben sind jedoch nicht aussagekräftig, weil sie nicht ausweisen, ob in diesen Fällen § 630 ZPO angewendet worden ist. Inzwischen wird vermutet, dass die Verpflichtungen aus § 630 ZPO, deren Erfüllung erst die Grundlage für die unwiderlegbare Vermutung ist, überwiegend nicht befolgt wird (vgl. Vor § 1564 RdNr. 19, 20). Der Aufforderung, die Einhaltung von Trennungsfristen genau zu untersuchen,[34] kommen die Gerichte allenfalls in Zweifelsfällen nach. Zumeist wird der Ablauf der Trennungszeit allein den Erklärungen der Parteien entnommen.[35] Wenn die Anforderungen des § 630 ZPO nicht erfüllt sind und trotzdem die Scheiternsvermutung des Abs. 1 angenommen[36] oder in diesen Fällen aus dem Grundtatbestand des § 1565 Abs. 1 geschieden wird und das Scheitern der Ehe allein der Erklärung der Ehegatten entnommen wird, wird das Seriositätsindiz aufgegeben. Diese **Realität der Scheidungsverfahren** führt 8

---

[27] *Held* FamRZ 1970, 512.

[28] *Müller-Freienfels,* Sitzungsbericht M zum 48. DJT, S. M 35; Eherechtskommission Bericht I These 9 Abs. 2, S. 60; RGRK/*Graßhof* RdNr. 18; *Staudinger/Rauscher* (2004) RdNr. 21.

[29] *Wüstenberg* DRiZ 1970, 252, 254: „Dass die Eheleute vielleicht bisweilen noch, um eine glatte Scheidung zu erreichen, dem Richter den Ablauf der einjährigen Trennungsfrist vorspiegeln werden, wird in Kauf genommen werden können."; *Nolte* JR 1973, 353, 355; *Grunsky* in: Eherechtsreform, Bd. 2 der Reihe „Rechtspolitik und Gesetzgebung", S. 139; *Magnus* ZRP 1975, 56, 60; *Hagena* FamRZ 1975, 379, 383; *Diederichsen* NJW 1977, 271, 276; *Rolland* § 1565 RdNr. 4.

[30] *Staudinger/Rauscher* (2004) RdNr. 21.

[31] Zuzustimmen ist deshalb BGH NJW 1981, 449.

[32] Im Scheidungsverfahren wurde die Gesetzesumgehung seit jeher als vernünftig, menschlich und lebensnah angesehen, vgl. RGRK/*Graßhof* RdNr. 3, die schon früh erkannt hat, dass die Praxis die vom Gesetz allzu eingeengte einverständliche Scheidung nicht angenommen hat.

[33] In Zukunft wird es die formalisierte Scheidung durch Wegfall des § 630 ZPO zum 1. 9. 2009 nicht mehr geben, vgl. §§ 133–135 FamFG; *Borth* FamRZ 2007, 1925, 1932.

[34] 4. Entwurf 73 S. 112; *Brüggemann* FamRZ 1978, 91, 96; *Finger* DRiZ 1980, 329; *Lantzke* NJW 1979, 1483, 1485; *H. P. Westermann* JBl. 1979, 113, 120; *Lüke,* GS Constantinesco, S. 454, 459; *Palandt/Brudermüller* RdNr. 1.

[35] OLG Düsseldorf FamRZ 1978, 36: „Nach der übereinstimmenden Erklärung der Parteien leben sie ... getrennt. Das Scheitern der Ehe wird daher ... unwiderlegbar vermutet"; schwer verständlich die Erwägung des BGH LM § 1565 Nr. 4 = NJW 1981, 449, den Ablauf der Frist in der Revisionsinstanz durch übereinstimmenden Parteivortrag festzustellen; *Lantzke* NJW 1989, 1483, 1485; RGRK/*Graßhof* § 1565 RdNr. 57 bis 59; *Staudinger/Rauscher* (2004) RdNr. 21.

[36] Auf § 630 ZPO als Grundlage der unwiderlegbaren Vermutung weist OLG Bremen FamRZ 1986, 833, 834 hin.

dazu, dass weder die Trennungszeit prozessual korrekt festgestellt noch die Regelung aller Scheidungsfolgen gemäß § 630 ZPO verlangt wird. Man wird annehmen können, dass die weit überwiegende Zahl der Scheidungen allein deshalb ausgesprochen wird, weil die Ehegatten es wollen und das Vorliegen der gesetzlichen Voraussetzungen behaupten.

9 **6. Aussetzung.** Das Gericht kann in die einvernehmliche Führung des Verfahrens nur eingreifen, indem es durchsetzt, dass die einjährige Trennungsfrist eingehalten ist und die Anforderungen des § 630 ZPO erfüllt werden. Zwar kann es das Verfahren aussetzen, wenn nach seiner freien Überzeugung Aussicht auf Fortsetzung der Ehe besteht (§ 614 Abs. 2 S. 1 ZPO, § 136 Abs. 1 S. 1 FamFG), nach Ablauf der einjährigen Trennung jedoch nicht gegen den Widerspruch beider Ehegatten (S. 2).

IV. Anträge der Parteien auf einverständliche Scheidung als zweite Grundlage der Scheiternsvermutung

10 **1. Antrag.** Zweite Grundlage der Scheiternsvermutung sind die dem Anwaltszwang unterliegenden Anträge der Parteien auf einverständliche Scheidung. Nicht ausreichend ist es, wenn ein Antrag auf einverständliche Scheidung mit einem Antrag auf Scheidung wegen Unzumutbarkeit nach § 1565 Abs. 2 oder mit einem Antrag aus dem Grundtatbestand des § 1565 Abs. 1 oder aus der Dreijahresvermutung des Abs. 2 zusammentrifft,[37] weil diese Anträge dann gegeneinander gerichtet sein können. Soweit die Scheidungsanträge die Einigung der Ehegatten über die Scheidung und die nach § 630 ZPO erforderlichen Angaben enthalten, sind sie Grundlage der Vermutung und bilden damit eine materielle Voraussetzung für die Scheidung der Ehe.[38] Entweder müssen beide Ehegatten die Scheidung beantragen, oder ein Ehegatte muss die Scheidung beantragen und der andere dem Antrag zustimmen. Die Ehegatten können die Scheidung nicht gemeinsam beantragen. Jeder muss eine Antragsschrift einreichen.[39]

11 **2. Inhalt der Antragsschriften.** Beide Antragsschriften müssen den Erfordernissen des **§ 630 Abs. 1 ZPO**[40] genügen. Daneben gelten die §§ 623 ff. ZPO[41] über den **Entscheidungsverbund.** Nach § 630 Abs. 1 Nr. 1 ZPO ist mitzuteilen, dass der andere Ehegatte der Scheidung zustimmen oder in gleicher Weise die Scheidung beantragen wird. Das Gericht erfährt dadurch, wie sich der Antragsteller den Ablauf des Scheidungsverfahrens vorstellt. Nach dem Wegfall des Zwangsverbundes des Scheidungsverfahrens mit der Regelung der elterlichen Sorge hat der Gesetzgeber die Vorschrift des § 630 Abs. 1 Nr. 2 angepasst. Sind die Ehegatten über den Fortbestand der gemeinsamen elterlichen Sorge und den Umgang einig, haben sie übereinstimmende Erklärungen hierzu einzureichen. Wollen die Ehegatten eine gerichtliche Regelung, muss die Antragsschrift den Antrag und die Zustimmung dazu enthalten. Nach § 630 Abs. 1 Nr. 3 muss in die Antragsschrift die Einigung der Ehegatten über die Regelung der Unterhaltspflichten, der Ehewohnung und des Hausrats aufgenommen sein. Eine Einigung über die Unterhaltspflicht gegenüber einem volljährigen Kind ist nicht erforderlich (vgl. näher RdNr. 47).[42]

---

[37] *Brüggemann* FamRZ 1978, 91, 97; *Staudinger/Rauscher* (2004) RdNr. 26; RGRK/*Graßhof* RdNr. 19; aA *Schwab* (Handbuch) II RdNr. 85.

[38] OLG Zweibrücken FamRZ 1983, 1132; OLG Hamburg FamRZ 1979, 702; OLG Köln FamRZ 1978, 25; *Gernhuber/Coester-Waltjen* § 27 RdNr. 30; RGRK/*Graßhof* RdNr. 8.

[39] Entwurf 73 S. 214; *Sedemund-Treiber* DRiZ 1976, 331, 337; *Johannsen/Henrich/Jaeger* RdNr. 7; *Staudinger/Rauscher* (2004) RdNr. 26.

[40] Vgl. *Schwab* FamRZ 1976, 491, 503; *Ramm* Familienrecht I S. 301; *Johannsen/Henrich/Jaeger* RdNr. 8; zukünftig § 133 FamFG.

[41] Demnächst § 137 FamFG.

[42] *Schwab/Maurer/Borth* (Handbuch) I RdNr. 267; RGRK/*Graßhof* RdNr. 32; *Stein/Jonas/Schlosser* § 630 ZPO RdNr. 6; MünchKommZPO/*Finger* § 630 RdNr. 17; *Zöller/Philippi* § 630 ZPO RdNr. 6; der BRat wollte nur die Unterhaltspflicht gegenüber einem minderjährigen Kind einbeziehen, Entwurf 73 S. 279. Für die Erstreckung des Vorschlags auch auf volljährige Kinder: *Rolland/Roth* § 630 ZPO RdNr. 17; *Johannsen/Henrich/Sedemund-Treiber* § 630 ZPO RdNr. 9; Voraufl. RdNr. 10, 47 f.

Es genügt, wenn die vollständige Unterrichtung des Gerichts über das Einigsein oder den übereinstimmenden Vorschlag nach § 630 Abs. 1 Nr. 2 und die Einigung nach Nr. 3 **in einer Antragsschrift enthalten** sind und sich die Antragsschrift des anderen Ehegatten darauf bezieht. Es wäre nur Schreibarbeit für den RA und würde die Warnfunktion der Folgeregelung nicht erhöhen, wenn die Texte in beiden Schriften aufzuführen wären.[43] Übereinstimmende Erklärungen liegen insbesondere vor, wenn sie in einem von beiden Ehegatten unterzeichneten Papier vorliegen. Notwendig ist die Vorlage eines solchen besonderen Papiers über die Einigung jedoch nicht.[44] Wenn die Antragsschriften nicht gleichzeitig, sondern nacheinander eingereicht werden, kann die zweite Schrift auch nicht mitteilen, dass der andere Ehegatte in gleicher Weise die Scheidung beantragen wird, sondern nur, dass er sie beantragt hat. Dieser Fall liegt insbesondere vor, wenn eine streitige Scheidung in eine einverständliche Scheidung übergeführt wird. In der Antragsschrift ist auch mitzuteilen, ob eine Familiensache der in § 621 Abs. 1 ZPO aF bezeichneten Art anderweitig anhängig ist (§ 622 Abs. 2 Nr. 2 ZPO aF), damit diese Verfahren nach § 621 Abs. 3 ZPO aF an das Gericht der Ehesache verwiesen oder abgegeben werden können. Da die Bedingungen alle noch im Laufe des Verfahrens geschaffen werden können, müssen sie erst im **Zeitpunkt der letzten mündlichen Verhandlung** vorliegen. 12

3. § 630 ZPO aF und Zulässigkeit des Scheidungsantrags. a) § 630 ZPO aF als materielle Scheidungsvoraussetzung. Mit der Einordnung in das Verfahrensrecht hat die Regelung des **§ 630 ZPO aF** die praktisch kaum bedeutsame[45] Streitfrage provoziert, ob sie dem Verfahrensrecht angehört oder eine weitere materielle Scheidungsvoraussetzung ist. Nach richtiger, inzwischen herrschender Ansicht sind die Anforderungen des § 630 ZPO aF materielle Scheidungsvoraussetzungen für die formalisierte einverständliche Scheidung nach §§ 1565 Abs. 1, 1566 Abs. 1, § 630 ZPO.[46] Ein Antrag nach §§ 1566 Abs. 1, 1565 Abs. 1 iVm. § 630 ZPO aF führt zur Rechtshängigkeit auch dann, wenn alle oder einzelne Regelungen nach § 630 ZPO aF fehlen.[47] Die abweichende Meinung wertet § 630 ZPO aF als Sachurteilsvoraussetzung, ordnet die Vorschrift damit ganz dem Verfahrensrecht zu und kommt, wenn der Antrag nicht auf einen anderen Tatbestand umgestellt wird, zur Abweisung als unzulässig, wenn § 630 ZPO aF nicht erfüllt wird.[48] **Streitgegenstand** des Verfahrens ist nicht der Antrag auf einverständliche Scheidung, sondern der **Antrag, die Ehe zu scheiden.** Schon vom Ergebnis her ist es sinnlos, für die Erfordernisse des § 630 ZPO aF eine strenge Schlüssigkeitsprüfung vorzunehmen und Scheidungsanträge, die nach § 1565 Abs. 1 begründet wären,[49] als unzulässig abzuweisen, weil die Parteien die schwierigere formalisierte einverständliche Scheidung über Abs. 1 gewählt haben. Auch die prozessuale Ansicht zieht diese Konsequenz überwiegend[50] nicht. Die Unterschiede dürften kaum 13

[43] *Hagena* FamRZ 1975, 379, 388; *Diederichsen* ZZP 91 (1978), 397, 426; *Johannsen/Henrich/Jaeger* RdNr. 8; *Staudinger/Rauscher* (2004) RdNr. 51.

[44] *Johannsen/Henrich/Sedemund-Treiber* § 630 ZPO RdNr. 8; *Bergerfurth* FamRZ 1976, 583; aA OLG Schleswig FamRZ 2003, 46; *Schwab* FamRZ 1976, 503; *Damrau* NJW 1977, 1169, 1171 f.; *Diederichsen* NJW 1977, 654; MünchKommZPO/*Finger* § 630 RdNr. 13; aA OLG Schleswig FamRZ 2003, 46; *Baumbach/Hartmann* § 630 ZPO RdNr. 5; wohl auch *Zöller/Philippi* § 630 ZPO RdNr. 6.

[45] *Staudinger/Rauscher* (2004) RdNr. 59; *Johannsen/Henrich/Jaeger* RdNr. 18: *Büttner* FamRZ 1998, 585, 591.

[46] OLG Hamburg FamRZ 1979, 702; OLG Frankfurt FamRZ 1982, 809, 811; *Schlosser* FamRZ 1978, 319, 322; *Brehm* JZ 1977, 596; *Schwab* FamRZ 1976, 491, 503; *ders.* (Handbuch) II RdNr. 76; *Gernhuber/Coester-Waltjen* § 27 RdNr. 30; *Stein/Jonas/Schlosser* § 630 ZPO RdNr. 3; *Soergel/Heintzmann* RdNr. 32; *Staudinger/Rauscher* (2004) RdNr. 60, 61; *Johannsen/Henrich/Sedemund-Treiber* § 630 ZPO RdNr. 3; *Musielak/Borth* § 630 ZPO RdNr. 4.

[47] OLG Frankfurt FamRZ 1982, 809.

[48] Entwurf 73 S. 89; *Sedemund-Treiber* DRiZ 1976, 331, 337 mit Einschränkungen Fn. 68; *Damrau* NJW 1977, 1169, 1173; *Brüggemann* FamRZ 1977, 1, 10; *K. H. Schwab* FamRZ 1976, 662; *Diederichsen* NJW 1977, 649, 655; *ders.* ZZP 91 [1978], 397, 427; *Hagena* FamRZ 1975, 379, 388; *Schneider* MDR 1976, 705; *Lüke,* FS Bosch, S. 641; *Ramm* Familienrecht I S. 301 mit dem Schluss, es gebe zwei Formen einverständlicher Scheidung über Abs. 1; *Baumbach/Hartmann* § 630 ZPO RdNr. 7; *Johannsen/Henrich/Jaeger* RdNr. 18, 19.

[49] Vgl. *Brüggemann* FamRZ 1978, 91, 98, der auf Parallelen im Urkundenprozess verweist; RGRK/*Graßhof* RdNr. 9.

[50] AA *Baumbach/Hartmann* § 630 ZPO RdNr. 7.

praktische Bedeutung erlangen, da die Parteien nach dem erforderlichen Hinweis des Gerichts in aller Regel die Scheidung aus einem anderen Tatbestand begehren werden.

14 **b) Nachbesserung der Antragsschrift.** Die Antragsschrift kann durch einen Schriftsatz des Anwalts oder durch Erklärung zu Protokoll nachgebessert werden.[51] Bleibt das Vorbringen zu § 630 ZPO aF unvollständig, können die Parteien zur „streitigen" Scheidung nach § 1565 Abs. 1 oder iVm. mit § 1565 Abs. 2 oder § 1566 Abs. 2 übergehen.[52] Das Gericht hat nach § 139 ZPO von seinem Fragerecht Gebrauch zu machen und die Parteien über die Möglichkeiten aufzuklären.[53] Denn es wäre **prozessökonomisch** verfehlt, einen Scheidungsantrag wegen formeller Mängel als unzulässig abzuweisen, wenn er aus einem anderen Tatbestand durchgreifen und sofort wiederholt werden könnte. Erst wenn die Nachbesserung nicht gelingt und die Parteien auf der Anwendung von Abs. 1 bestehen, wird der Meinungsstreit praktisch. Der oder die Scheidungsanträge sind – ggfs. nach entsprechendem richterlichem Hinweis – nach der herrschenden materiellen Ansicht dann als unbegründet abzuweisen.[54]

15 **4. Gerichtliche Hilfe zur Einigung.** Der Vorschlag zum Verzicht auf einen Antrag oder zur Regelung des Verhältnisses zu den Kindern muss übereinstimmend sein, zu Unterhalt, Ehewohnung und Hausrat muss die Antragsschrift die Einigung enthalten. Stimmen die Vorschläge der Parteien nicht überein oder wird der Inhalt der Einigung verschieden dargestellt, wird das Gericht die Parteien darauf hinweisen und prüfen, ob eine Übereinstimmung der Parteien hergestellt werden kann. Der Sinn des Entscheidungsverbundes besteht bei der einverständlichen Scheidung nicht darin, nur perfekt abgestimmten Ehegatten diese Scheidungsart zu eröffnen und die anderen in die vereinbarte Scheidung nach § 1565 Abs. 1 zu drängen. Die Ehegatten sollen vielmehr auf die Folgen ihrer Scheidung hingewiesen, die gemeinschaftlichen Kinder geschützt und späterer Streit vermieden werden. Gehen streitige Scheidungsverfahren in ein Verfahren der einverständlichen Scheidung über, gehörte es schon immer zu den **Aufgaben des Gerichts,** den Parteien zu helfen, noch bestehende **Unklarheiten über Folgeregelungen zu beheben.**[55] Die Mithilfe des Gerichts wird vor allem dann in Betracht kommen, wenn der Vollstreckungstitel in einem zu Protokoll des Gerichts erklärten Vergleich niedergelegt werden soll.[56] Kommt mit Hilfe des Gerichts eine Einigung der Ehegatten zustande, wird die Scheidung über die Vermutung des Abs. 1 ausgesprochen. Denn dann liegen im Zeitpunkt der letzten mündlichen Verhandlung die Voraussetzungen des § 630 ZPO aF vor.[57]

16 Ein sinnvolles Verfahren zur einverständlichen Scheidung kann schon geführt werden, wenn die Ehegatten sich **im Wesentlichen einig** sind. Die Einigung kann noch gelingen, wenn die vollstreckbaren Schuldtitel nach § 630 Abs. 3 ZPO aF hergestellt werden. Die einverständliche Scheidung kann nicht von der Ungewissheit entlastet werden, ob es den Ehegatten tatsächlich gelingt, sich über die Scheidungsfolgen einig zu werden,[58] weil erst zum Zeitpunkt der letzten mündlichen Verhandlung die Einigung über den obligatorischen Einigungskomplex vorliegen muss.[59] Allerdings erfüllen nur wirksame Einigungen die Voraussetzungen des § 630 ZPO aF. Gesetzwidrige oder sittenwidrige (§§ 134, 138) Absprachen können keine Grundlage der formalisierten einverständlichen Scheidung sein.[60] Im Übrigen

---

51 *Johannsen/Henrich/Sedemund-Treiber* § 630 ZPO RdNr. 6; *Staudinger/Rauscher* (2004) RdNr. 62; *Baumbach/Hartmann* § 630 ZPO RdNr. 7; *Musielak/Borth* § 630 ZPO RdNr. 5.

52 HM; *Johannsen/Henrich/Sedemund-Treiber* § 630 RdNr. 6; *Musielak/Borth* § 630 ZPO RdNr. 4.

53 *Johannsen/Henrich/Sedemund-Treiber* § 630 ZPO RdNr. 60; *Baumbach/Hartmann* § 630 ZPO RdNr. 7.

54 HL; vgl. *Staudinger/Rauscher* (2004) RdNr. 62; *Johannsen/Henrich/Sedemund-Treiber* § 630 ZPO RdNr. 11; aA *Baumbach/Hartmann* RdNr. 7.

55 *Johannsen/Henrich/Sedemund-Treiber* § 630 ZPO RdNr. 11; *Proksch* FamRZ 1989, 916.

56 Entwurf 73 S. 90.

57 *Erman/Maier* RdNr. 3.

58 So jedoch der Entwurf 73 S. 90 und *Sedemund-Treiber* DRiZ 1976, 331, 337; *Diederichsen* ZZP 91 [1978], 397, 426 Fn. 197.

59 *Gernhuber/Coester-Waltjen* § 27 RdNr. 38.

60 *Musielak/Borth* § 630 ZPO RdNr. 9; *Gernhuber/Coester-Waltjen* § 27 RdNr. 36.

kann der Scheidungsantrag zurückgenommen, die Zustimmung kann widerrufen, Folgevereinbarungen können uU je nach dem Stand des Verfahrens wieder in Frage gestellt werden.[61]

Mit solchen **Hilfen des Gerichts** wird der Verbundvorschrift des § 630 ZPO aF ein praktisch handhabbares Maß gegeben. Das Gericht soll mitwirken, die **Parteien** durch ihre Einigung **zu befrieden,** deren **Intimsphäre wahren** und gleichzeitig vor einer Scheidung **ohne Regelung der wichtigsten Folgen schützen.** Wenn die Einhaltung der Vorschriften des § 630 ZPO aF auch geeignet ist, die verdeckte Konventionalscheidung zu verhindern, so ist die formalisierte einverständliche Scheidung **in der Praxis selten** geblieben.[62] Da die unheilbare Zerrüttung kaum zweifelhaft sein kann, wenn beide Parteien nach mindestens einjähriger Trennung die Scheidung begehren, kann die Ehe nach § 1565 ebenfalls unter weitgehender Schonung der Intimsphäre geschieden werden, ohne dass die Voraussetzungen des § 630 ZPO aF erfüllt und zusätzliche Kosten aufgewandt werden müssen.[63] Der Gesetzgeber hat durch das FGG-RG v. 17. 12. 2008 (BGBl. I S. 2586) die Vorschrift des § 630 ZPO aF mit Wirkung zum 1. 9. 2009 für neu anhängige Scheidungsverfahren aufgehoben, so dass die Einigung über bestimmte Scheidungsfolgen nicht mehr Voraussetzung für die unwiderlegbare Scheiternsvermutung sein wird. 17

5. Keine Erforschung des Scheidungsmotivs. a) Beschränkung auf prozessuale Ordnungsmäßigkeit des Scheidungsantrags. Grundlage der Vermutung ist der Scheidungsantrag der Ehegatten, nicht der innere Wille, dass die Ehe geschieden werden soll. Das Gericht darf also nur die prozessuale Ordnungsmäßigkeit der Antragsschrift prüfen, nicht jedoch untersuchen, welche Motive den Ehegatten veranlasst haben, die Scheidung der Ehe zu beantragen.[64] Der Unterschied der formalisierten einverständlichen Scheidung zur Scheidung aus dem Grundtatbestand, wenn beide Ehegatten geschieden sein wollen, besteht gerade darin, dass bei der formalisierten einverständlichen Scheidung die **Intimsphäre** der Ehegatten **weitestgehend geschont** werden kann. Wenn der Richter verpflichtet wäre, Motive und Ernstlichkeit des Scheidungswillens zu erforschen, wäre der Unterschied zwischen beiden Scheidungstatbeständen eingeebnet und die einverständliche Scheidung nicht mehr schonender, sondern nur schwerer als die Scheidung über den Grundtatbestand zu erreichen. Nicht jeder Ehegatte, der geschieden sein will, erstrebt die Scheidung.[65] Ein Ehegatte, der die Ehe gern erhalten würde, aber einsieht, dass dieses Ziel nicht mehr erreichbar ist, kann wirksam die Scheidung beantragen.[66] Dass es allein auf die prozessuale Erklärung ankommt, zeigt auch die zweite Alternative der einvernehmlichen Scheidung, nach der die Zustimmung zur Scheidung genügt, auch wenn der Ehegatte keinen Scheidungsantrag stellen will. Unbedachte Scheidungsanträge werden nicht dadurch verhindert, dass das Gericht in die Intimsphäre der Ehegatten eindringt, vielmehr durch den Zwang, die Scheidungsfolgen einverständlich zu regeln,[67] der allerdings durch das FGG-RG v. 17. 12. 2008 (BGBl. I S. 2586), das am 1. 9. 2009 in Kraft getreten ist, aufgehoben wird. 18

b) Anhörung der Parteien nach § 613 Abs. 1 ZPO aF.[68] Auch aus § 613 Abs. 1 ZPO aF, der dem Gericht zur Pflicht macht, das persönliche Erscheinen der Ehegatten anzuordnen und sie anzuhören, ohne die Anhörung auf behauptete Tatsachen zu beschrän- 19

[61] BGH FamRZ 2006, 201; AG Berlin-Charlottenburg FamRZ 1981, 787, 788; *Baumbach/Hartmann* § 630 ZPO RdNr. 6; *Johannsen/Henrich/Sedemund-Treiber* § 630 ZPO RdNr. 10; MünchKommZPO/*Finger* § 630 RdNr. 19; *Musielak/Borth* § 630 ZPO RdNr. 7 f.; *Zöller/Philippi* § 630 ZPO RdNr. 11; *Stein/Jonas/Schlosser* § 630 ZPO RdNr. 10.

[62] *Erman/Maier* RdNr. 3.

[63] *Erman/Maier* RdNr. 3.

[64] *Gernhuber/Coester-Waltjen* § 27 RdNr. 36; RGRK/*Graßhof* RdNr. 3, 40; vgl. auch *Mikat,* Deutscher BTag, 209. Sitzung, 11. 12. 1975, Stenograph. Bericht, S. 14115 A: „Eine unwiderlegbare Vermutung macht ... jeden richterlichen Versöhnungsversuch unzulässig".

[65] *Rheinstein* AcP 164 [1964], 368, 373; *Müller-Freienfels,* Ehe und Recht, S. 132; *Gernhuber/Coester-Waltjen* § 27 RdNr. 36; *Neuhaus* ZRP 1972, 155, 156.

[66] Vgl. Eherechtskommission Bericht I S. 41; Entwurf 73 S. 112.

[67] *Hagena* FamRZ 1975, 379, 389.

[68] Demnächst § 128 Abs. 1 FamFG.

ken,[69] und der dem Gericht die Möglichkeit gibt, von Amts wegen eheerhaltende Tatsachen (§ 616 Abs. 2 ZPO aF, § 137 Abs. 2 FamFG) durch Parteivernehmung zu ermitteln, ergibt sich nicht die Aufgabe des Richters, eine Motivanalyse vorzunehmen. Selbst wenn durch die Fragen des Gerichts festgestellt wird, dass ein Ehegatte, der die Scheidung beantragt, eigentlich nicht geschieden sein will, den Antrag aber stellt, weil der andere Ehegatte aus der Ehe fortstrebt, bleibt sein Scheidungsantrag Grundlage der Scheiternsvermutung. Eine sinnlose Ausforschung der Parteien verlangt weder § 613 ZPO aF (§ 128 FamFG) noch § 616 ZPO aF (§ 127 FamFG).[70]

20 **c) Schweigen zum Scheidungsmotiv.** Die Weigerung eines Ehegatten, auf Fragen des Gerichts nach den Motiven seines Scheidungsantrages **Auskunft zu geben,** bleibt ohne Folgen.[71] Nur das Erscheinen der Ehegatten kann erzwungen werden (§ 613 Abs. 2 ZPO aF, § 128 Abs. 4 FamFG). Die Weigerung ist zwar frei zu würdigen,[72] ein Ermessen des Richters fehlt aber, da der Scheidungsantrag vorliegt und Grundlage der Vermutung bleibt.

21 **6. Prozessfähigkeit der Ehegatten.** Obwohl der Scheidungsantrag bei der einverständlichen Scheidung Grundlage für die Vermutung ist, regelt sich die Prozessfähigkeit der Ehegatten nach den allgemeinen Regeln. Das gleiche gilt für die Zustimmung zur Scheidung.[73] Der in der Prozessfähigkeit beschränkte Ehegatte ist damit prozessfähig für die Ehesache selbst (§ 607 Abs. 1 ZPO aF, § 125 Abs. 1 FamFG) und die Erklärung, die die Grundlage für die einverständliche Scheidung bildet. Wegen des Verbunds von Scheidung und Folgesachen wird ein in der Geschäftsfähigkeit beschränkter Ehegatte wird damit in der Regel auch im Verfahren über Abs. 1 ohne seinen gesetzlichen Vertreter nicht auskommen.

V. Die Zustimmung des Antragsgegners als mögliche Grundlage der Scheiternsvermutung

21 a **1. Einverständliche Scheidung.** Die Vermutung des Scheiterns der Ehe greift auch ein, wenn nur ein Ehegatte die Scheidung beantragt und der andere der Scheidung zustimmt. Die einverständliche Scheidung steht also auch in den Fällen zur Verfügung, in denen nur ein Ehegatte die Scheidung erstrebt, der andere sich nicht zu einem Scheidungsantrag durchringen kann, sich der Scheidung aber nicht widersetzen will, weil er es für sinnlos hält, den Bestand der Ehe zu verteidigen, oder weil er der Untersuchung des inneren Zustandes der Ehe ausweichen will.[74] Die Motive für die Zustimmung sind prozessual ohne Bedeutung, insbesondere muss der zustimmende Ehegatte nicht annehmen, dass die Ehe gescheitert ist.[75]

22 **2. Ausdrückliche Erklärung.** Die prozessualen Erklärungen zur einverständlichen Scheidung, die Angaben zu den allgemeinen Voraussetzungen des Verbundes (§§ 621, 623 ZPO aF) und die in § 630 ZPO aF festgelegten besonderen Angaben zur einverständlichen Scheidung können allein in der Antragsschrift oder weiteren Schriftsätzen des Antragstellers enthalten sein. Der Scheidungsantrag muss nach § 630 Abs. 1 Nr. 1 ZPO aF die Mitteilung enthalten, dass der andere Ehegatte der Scheidung zustimmen wird.[76] Die Erklärung der Zustimmung muss nicht alle Merkmale einer Antragsschrift für die einverständliche Scheidung enthalten. Das Gesetz reduziert die Mitwirkung des Ehegatten auf die Zustimmung zur Scheidung und die Bereitschaft, einen vollstreckbaren Schuldtitel über Unterhalt, Ehewohnung und Hausrat herzustellen. Die Zustimmung zur Scheidung muss ausdrücklich erklärt

[69] Entwurf 73 S. 197.

[70] *Gernhuber/Coester-Waltjen* § 27 RdNr. 36.

[71] OLG Zweibrücken FamRZ 2006, 281; *Stein/Jonas/Schlosser* § 613 ZPO RdNr. 3.

[72] OLG Stuttgart FamRZ 2004, 958; *Baumbach/Hartmann* § 613 ZPO RdNr. 5.

[73] *Johannsen/Henrich/Sedemund-Treiber* § 630 ZPO RdNr. 15; MünchKommZPO/*Bernreuther* § 607 RdNr. 4.

[74] Eherechtskommission Bericht I S. 41; Entwurf 73 S. 112; *Gernhuber/Coester-Waltjen* § 27 RdNr. 36 Fn. 66.

[75] *Gernhuber/Coester-Waltjen* § 27 RdNr. 36 Fn. 66; *Staudinger/Rauscher* (2004) RdNr. 30.

[76] Dieses Erfordernis wird mit dem Inkrafttreten des FGG-RG zum 1. 9. 2009 wegfallen, § 133 FamFG.

werden; schon durch den in § 630 Abs. 2 S. 2 ZPO aF hervorgehobenen Formzwang ist sichergestellt, dass schlüssiges Verhalten nicht genügt.[77] Insbesondere darf aus der Erklärung, dem Scheidungsantrag nicht entgegenzutreten,[78] oder darin, dass ein Ehegatte bei der Regelung der Scheidungsfolgen mitwirkt,[79] keine Zustimmung zur Scheidung geschlossen werden. Im Übrigen werden aber auch in § 630 ZPO aF an die Zustimmung zur Scheidung keine weiteren Voraussetzungen geknüpft. Es genügt deshalb als Grundlage der Vermutung, wenn der andere Ehegatte erklärt: „Ich stimme der Scheidung meiner Ehe zu."

3. Zustimmung als Prozesshandlung. Die Zustimmung zum Scheidungsantrag ist **auch** eine **Prozesshandlung.**[80] Sie löst, wenn sie mit dem Scheidungsantrag des anderen Ehegatten korrespondiert, die unwiderlegbare Vermutung des Scheiterns der Ehe aus (§ 292 ZPO) und ermöglicht das Verfahren der einverständlichen Scheidung. Als solche ist sie von den Grundsätzen des bürgerlichen Rechts über Willensmängel unabhängig, ebenso davon, ob der Ehegatte, der zustimmt, die Scheidung erstrebt und ob er die Ehe für gescheitert hält. Die Gründe für die Erklärung der Zustimmung hat das Gericht nicht zu untersuchen,[81] sonst wäre ein wesentlicher Sinn dieser Scheidungsform, nämlich die Schonung der Intimsphäre vertan. Eine Zustimmung zur Scheidung, die den Vorschriften der §§ 134, 138 unterliegt, darf vom Gericht allerdings der einverständlichen Scheidung nicht zugrunde gelegt werden. Sie ist unwirksam. Andere Willensmängel bei der Erklärung sind während des Verfahrens ohne Bedeutung, weil nach § 630 Abs. 2 ZPO aF die Zustimmung bis zum Schluss der mündlichen Verhandlung, auf die das Urteil ergeht, widerrufen werden kann.[82] Mit der Rechtskraft des Scheidungsurteils verlieren sie nach allgemeinen Grundsätzen ihre Bedeutung.[83] Sie können allenfalls eine Wiederaufnahme nach § 580 ZPO rechtfertigen.[84] Eine materiellrechtliche Anfechtung der Zustimmung scheidet aus. 23

4. Zustimmung gegenüber dem Gericht. Als Prozesshandlung ist die Zustimmung gegenüber dem Gericht, nicht gegenüber dem anderen Ehegatten zu erklären.[85] § 630 Abs. 2 S. 2 ZPO aF stellt klar, dass die Erklärung zu **Protokoll der Geschäftsstelle** oder in der mündlichen Verhandlung zur **Niederschrift des Gerichts** abgegeben werden kann, und **befreit sie vom Anwaltszwang.**[86] Die Zustimmung wird damit nicht zur höchstpersönlichen Erklärung und kann deshalb auch in einem Anwaltsschriftsatz[87] oder in notarieller Urkunde erklärt werden, die dem Gericht vorgelegt wird.[88] Nur die Zustimmung in den Formen des § 630 Abs. 2 ZPO aF führt zum Ausschluss des Erbrechts gemäß § 1933 (§ 1933 RdNr. 7).[89] Aus einer Erklärung gegenüber dem anderen Ehegatten erwächst 24

---

[77] OLG Zweibrücken FamRZ 1990, 59; OLG *Stuttgart* NJW 1979, 626; *Johannsen/Henrich/Jaeger* RdNr. 12; *Staudinger/Rauscher* (2004) RdNr. 35; auch künftig ist die Zustimmung ausdrücklich zu erklären, § 134 Abs. 1 FamFG.

[78] OLG Zweibrücken FamRZ 1990, 59; *Johannsen/Henrich/Jaeger* RdNr. 12.

[79] *Rolland* RdNr. 13.

[80] HM; BGHZ 128, 125, 127 = FamRZ 1995, 229 = NJW 1995, 1082; FamRZ 1990, 1109; OLG Saarbrücken FamRZ 1992, 109, 110; *Lüke* AcP 178 [1978], 1, 29 f.; *ders.*, FS Bosch, S. 627, 671; *Staudinger/Rauscher* (2004) RdNr. 31 f.; MünchKommZPO/*Finger* § 630 RdNr. 10; *Zöller/Philippi* § 630 ZPO RdNr. 8; *Johannsen/Henrich/Jaeger* RdNr. 13; *Schwab* (Handbuch) II RdNr. 82; aA *Stein/Jonas/Schlosser* § 630 ZPO RdNr. 4; *Gernhuber/Coester-Waltjen* § 27 RdNr. 34 Fn. 61, RdNr. 36.

[81] *Gernhuber/Coester-Waltjen* § 27 RdNr. 117; *Staudinger/Rauscher* (2004) RdNr. 30.

[82] Jetzt § 134 Abs. 2 FamFG.

[83] RGRK/*Graßhof* RdNr. 24; *Gernhuber/Coester-Waltjen* § 27 RdNr. 36; *Staudinger/Rauscher* (2004) RdNr. 32.

[84] *Staudinger/Rauscher* (2004) RdNr. 32.

[85] *Johannsen/Henrich/Jaeger* RdNr. 11; *Staudinger/Rauscher* (2004) RdNr. 36; aA *Stein/Jonas/Schlosser* § 630 ZPO RdNr. 4; *Gernhuber/Coester-Waltjen* § 27 RdNr. 34 Fn. 61, RdNr. 36.

[86] *Gernhuber/Coester-Waltjen* § 27 RdNr. 34; *Johannsen/Henrich/Jaeger* RdNr. 10; jetzt §§ 134 Abs. 2, 114 Abs. 4 Nr. 3 FamFG.

[87] BayObLG FamRZ 1983, 97; OLG Zweibrücken NJW 1995, 602; *Johannsen/Henrich/Jaeger* RdNr. 10; RGRK/*Graßhof* RdNr. 25; *Baumbach/Hartmann* § 630 ZPO RdNr. 8; aA RGRK/*Graßhof* RdNr. 25.

[88] *Johannsen/Henrich/Jaeger* RdNr. 10.

[89] BGHZ 128, 125 = NJW 1995, 1082, 1083 = FamRZ 1995, 229, 230; OLG Frankfurt FamRZ 1990, 210 mwN; *Staudinger/Rauscher* (2004) RdNr. 31.

keinerlei Verpflichtung, die Zustimmung auch gegenüber dem Gericht zu erklären.[90] Die Verpflichtung eines Ehegatten, die Zustimmung gegenüber dem Gericht zu erklären, oder eine erklärte Zustimmung nicht mehr zu widerrufen, ist als ehefeindlich unwirksam.[91]

25 **5. Kein Anwaltszwang.** Die Erklärung unterliegt nach §§ 630 Abs. 2 S. 2, 78 Abs. 2 ZPO aF (§ 134, 114 Abs. 4 Nr. 3 FamFG) nicht dem Anwaltszwang. Die Erklärung durch die Partei ist besonders geeignet, das Scheidungsverfahren zu verbilligen. In diesem Falle wird es kaum je „unabweisbar" sein, demjenigen, der der Scheidung zustimmt, einen Rechtsanwalt als Beistand beizuordnen (§ 625 ZPO).[92]

26 **6. Zustimmung in der Revisionsinstanz.** Die Zustimmung kann als Prozesshandlung noch in der Revisionsinstanz erklärt werden,[93] sie wäre allerdings ohne Wirkung, wenn die zur Bewertung erforderlichen Tatsachen in der Tatsacheninstanz nicht eingeführt wären (§ 561 ZPO).

27 **7. Prozessfähigkeit der Parteien.** Für die Zustimmung zur Scheidung muss der Erklärende prozessfähig sein. Nach § 607 Abs. 1 ZPO aF (§ 125 Abs. 1 FamFG) ist für das Eheverfahren auch der **in der Geschäftsfähigkeit beschränkte Ehegatte prozessfähig** und kann die als Prozesshandlung qualifizierte Zustimmung selbst erklären.[94] Wird die Zustimmung nur als materiellrechtliche Willenserklärung aufgefasst, wäre § 607 Abs. 1 ZPO aF nicht anzuwenden mit der Folge, dass der vermindert zurechnungsfähige Ehegatte zwar jeden Scheidungsantrag selbst stellen, nicht jedoch einem Scheidungsantrag selbst zustimmen könnte.[95] Für materielle Vereinbarungen nach § 630 ZPO aF und für Folgesachen gilt die besondere Prozessfähigkeit nach § 607 Abs. 1 ZPO aF nicht.[96]

28 Für einen **geschäftsunfähigen** und damit prozessunfähigen Ehegatten kann dessen gesetzlicher Vertreter die Erklärung nur mit **Zustimmung des Vormundschaftsgerichts** abgeben (nach § 125 Abs. 2 FamFG künftig mit Zustimmung des Familiengerichts). Die Vorschrift des § 607 Abs. 2 S. 2 ZPO aF (§ 125 Abs. 2 FamFG), die diesen Fall nicht ausdrücklich regelt, ist analog anzuwenden.[97]

VI. Widerruf der Zustimmung und Rücknahme des Scheidungsantrags

29 **1. Widerruf der Zustimmung.** Der Ehegatte kann die Zustimmung bis zum Schluss der mündlichen Verhandlung, auf die das Urteil ergeht, widerrufen (§ 630 Abs. 2 S. 1 ZPO aF).[98] Damit entfällt die Grundlage für die Vermutung des Scheiterns der Ehe und damit für die einverständliche Scheidung.[99] Der Scheidungsantrag kann dann aus dem Grundtatbestand des § 1565 Abs. 1 oder aus dem Dreijahrestatbestand des Abs. 2, § 1565 Abs. 1 weiterverfolgt werden. Eines neuen Scheidungsantrages bedarf es nicht. Nur wenn der Antragsteller darauf besteht, dass Abs. 1 anzuwenden ist, ist der Antrag wegen Fehlens der Zustimmung als unbegründet abzuweisen.[100]

---

[90] *Rolland* RdNr. 16.

[91] *Gernhuber/Coester-Waltjen* § 27 RdNr. 34; *Rolland* RdNr. 16; MünchKommZPO/*Finger* § 630 RdNr. 11.

[92] AG Ettlingen FamRZ 1978, 340; *Rolland* RdNr. 17.

[93] BGH NJW 1984, 1302, 1303; aA RGRK/*Graßhof* RdNr. 25.

[94] *Baumbach/Hartmann* § 630 ZPO RdNr. 8; *Johannsen/Henrich/Sedemund-Treiber* § 607 ZPO RdNr. 4; *Stein/Jonas/Schlosser* § 630 ZPO RdNr. 2; *Rolland* RdNr. 12.

[95] So konsequent *Kissel* S. 97; auch dieses Ergebnis zeigt, dass die materielle Theorie zu unhaltbaren Ergebnissen führt.

[96] *Johannsen/Henrich/Sedemund-Treiber* § 607 ZPO RdNr. 4.

[97] *Kissel* S. 97 meint, bei Geschäftsunfähigen sei die einverständliche Scheidung nicht möglich.

[98] Künftig § 134 Abs. 2 FamFG.

[99] *Damrau* NJW 1977, 1170; *Gernhuber/Coester-Waltjen* § 27 RdNr. 34; *Rolland* RdNr. 14; RGRK/*Graßhof* RdNr. 26.

[100] OLG Celle FamRZ 1982, 813, 816; OLG Hamburg FamRZ 1979, 702; OLG Frankfurt FamRZ 1982, 809, 811; *Damrau* NJW 1977, 1169, 1171; *Johannsen/Henrich/Jaeger* RdNr. 14; aA *Rolland/Roth* § 630 ZPO RdNr. 10 mit der Ansicht, das Verfahren sei immer als streitiges Verfahren weiterzuführen.

Der Widerruf der Zustimmung unterliegt prozessual den gleichen Regeln wie die Erklärung der Zustimmung zur Scheidung (§ 630 Abs. 2 S. 2 ZPO aF).[101] Er kann auch noch in der Revisionsinstanz erklärt werden.[102] Der **Widerruf ist Prozesshandlung** und deshalb unbeachtlich, wenn er außerhalb des Prozesses erklärt und nicht in den Prozess eingeführt wird.[103] Auch die einverständliche Scheidung kann von jedem Ehegatten mit Rechtsmitteln angefochten werden, um auf den Scheidungsantrag zu verzichten oder die Zustimmungserklärung zu widerrufen (vgl. RdNr. 66; § 1564 RdNr. 87).[104] Der Widerruf ist dann gegenüber dem Rechtsmittelgericht zu erklären. Der Einwand des Rechtsmissbrauchs kann dem Widerruf nicht entgegengesetzt werden.[105] Zwar soll der Widerruf der Aufrechterhaltung der Ehe dienen. Dieses **Motiv** ist jedoch nicht Voraussetzung seiner Wirksamkeit. Ein Ehegatte kann aus Hass gegenüber dem anderen Ehegatten oder auch deshalb, weil er eine Untersuchung des Zustandes der Ehe erreichen will, um den anderen Ehegatten bloßzustellen, oder weil er die Scheidung aus dem Grundtatbestand beantragen will, oder aus sonstigen **beliebigen Gründen** die Zustimmung widerrufen. Deshalb dürfte es schwer möglich sein, das Rechtsschutzbedürfnis für ein Rechtsmittel nach antragsgemäßer Scheidung mit dem Ziel, die Zustimmung zu widerrufen, von den Motiven im Einzelnen abhängig zu machen. 30

2. Rücknahme des Scheidungsantrags. a) prozessual wirksame Rücknahme. Der Antrag auf Scheidung kann nur nach den allgemeinen Regeln zurückgenommen werden, nach dem Beginn der mündlichen Verhandlung also nur noch mit Einwilligung des anwaltlich vertretenen Antragsgegners (§ 113 FamFG, § 269 Abs. 1 ZPO). Ist die Rücknahme des Antrags prozessual wirksam, entfällt mit der Rücknahme des einen Scheidungsantrags die Grundlage für die Vermutung, dass die Ehe gescheitert ist.[106] Eine einverständliche Scheidung ist damit nicht mehr möglich, auch für eine Scheidungsfolgenvereinbarung kann damit die Grundlage entfallen sein. Der Scheidungsantrag des anderen Ehegatten kann dann als „streitiger" Antrag weiterbetrieben werden. 31

b) prozessual unwirksame Rücknahme. Erklärt ein Ehegatte nach Beginn der mündlichen Verhandlung und ohne Einwilligung des anwaltlich vertretenen anderen Ehegatten die Rücknahme, so ist die Erklärung **prozessual wirkungslos.** Der Scheidungsantrag bleibt dann weiter Grundlage des Verfahrens. Die Vorschrift des § 630 Abs. 2 S. 1 ZPO aF über die Zulässigkeit des freien Widerrufs der Zustimmung ist auf die Rücknahme des Scheidungsantrags nicht analog anwendbar, weil die Zustimmung zur Scheidung ohne Anwaltszwang möglich ist und als nicht prozessauslösende Erklärung eine Sonderstellung einnimmt.[107] Auch das neue FamFG sieht eine freie Rücknahme des Scheidungsantrags nicht vor; § 22 Abs. 1 FamFG gilt für Ehesachen nicht, § 113 Abs. 1 FamFG. Mit der Rücknahme der Zustimmung ist allerdings das **materielle Einverständnis mit der Scheidung,** das Grundlage der einverständlichen Scheidung gemäß § 1565 Abs. 1, 1566 Abs. 1, § 630 ZPO ist, **weggefallen.**[108] Da die Vermutung des Scheiterns auf dem **übereinstimmenden Scheidungswillen** basiert, entfällt mit der Rücknahme des Scheidungsantrags der für § 1566 Abs. 1 notwendige Konsens.[109] Sein Scheidungsantrag kann auch nicht zur Scheidung gemäß 32

---

101 § 134 Abs. 2 FamFG.

102 BGHZ 89, 325 = NJW 1984, 1303 = FamRZ 1984, 350, 351; *Johannsen/Henrich/Sedemund-Treiber* § 630 ZPO RdNr. 5; *Musielak/Borth* § 630 ZPO RdNr. 5; *Staudinger/Rauscher* (2004) RdNr. 41.

103 *Staudinger/Rauscher* (2004) RdNr. 42.

104 BGHZ 89, 325 = NJW 1984, 1303 = FamRZ 1984, 350, 351; *Brüggemann* FamRZ 1977, 1, 9. *Staudinger/Rauscher* (2004) RdNr. 41; *Johannsen/Henrich/Sedemund-Treiber* § 630 ZPO RdNr. 19.

105 *Schwab* FamRZ 1976, 491, 503; RGRK/*Graßhof* RdNr. 27.

106 *Gernhuber/Coester-Waltjen* § 27 RdNr. 33; aA *Lüke* AcP 178 (1978) 1, 30; *Johannsen/Henrich/Jaeger* RdNr. 15.

107 Ebenso *Gernhuber/Coester-Waltjen* § 27 RdNr. 33 Fn. 60; für eine analoge Anwendung *Johannsen/Henrich/Jaeger* RdNr. 15; *Staudinger/Rauscher* (2004) RdNr. 45, 46.

108 MünchKommZPO/*Finger* § 630 RdNr. 6.

109 *Gernhuber/Coester-Waltjen* § 27 RdNr. 33 Fn. 60; *Staudinger/Rauscher* (2004) RdNr. 46; *Johannsen/Henrich/Jaeger* RdNr. 15; *Schwab* (Handbuch) II RdNr. 86.

§ 1565 Abs. 1 oder § 1566 Abs. 2 führen, weil das Gericht sonst die Ehe gegen den Willen der Eheleute und unter Verletzung von Art. 6 GG scheiden würde (vgl. § 1564 RdNr. 54).[110] Dem Antragsteller kann auch nicht zugemutet werden, die Scheidung der Ehe durch Verzicht auf den Scheidungsantrag mit der Rechtsfolge des § 306 ZPO zu vermeiden.

33 **3. Wirkung auf Folgevereinbarungen.** Aus der Vorschrift des § 630 Abs. 2 S. 1 ZPO aF kann nicht das Recht zum freien Widerruf von Vereinbarungen über Scheidungsfolgen hergeleitet werden. Vereinbarungen sind auch nicht immer gegenstandslos, weil sie nicht regelmäßig nur für den Fall der einverständlichen Scheidung abgeschlossen werden. **Ob** Folgevereinbarungen als nur **für den Fall der einverständlichen Scheidung** geschlossen anzusehen sind und ob sie beim Scheitern der einverständlichen Scheidung **gegenstandslos** werden oder frei **widerruflich** sind, ist eine Frage der Auslegung im **Einzelfall.**[111] Geht der Gegenstand der getroffenen Vereinbarung **über den notwendigen Regelungsinhalt des § 630 Abs. 1 ZPO aF** hinaus, so ist nach allgemeinen Auslegungsgrundsätzen, ggfs. iVm. § 139 zu prüfen, ob die Regelung bei Scheitern der einverständlichen Scheidung Bestand haben soll.[112]

34 **Keine Bindungswirkung** haben allerdings Abreden über die **elterliche Sorge** und das **Umgangsrecht,** weil die Ehegatten darüber nicht für das Gericht bindend disponieren können. Unvertretbar ist es, aus § 630 Abs. 2 S. 1 ZPO aF herzuleiten, Folgevereinbarungen seien für den nur zustimmenden Ehegatten frei widerruflich, auch wenn er die Zustimmung aufrechterhält.[113]

VII. Unwiderlegbare Vermutung des Scheiterns der Ehe

35 **1. Unwiderlegbarkeit.** Haben beide Ehegatten wirksam die einverständliche Scheidung beantragt, oder hat ein Ehegatte dem wirksamen Scheidungsantrag des anderen Ehegatten wirksam zugestimmt, wird unwiderlegbar vermutet, dass die Ehe der Parteien gescheitert ist. Unwiderlegbare Rechtsvermutungen, die dem Bürgerlichen Recht bisher unbekannt waren,[114] erübrigen den Beweis und schließen den Gegenbeweis aus.[115] Die unwiderlegbare Vermutung des Scheiterns der Ehe als **„zwingende Beweisregel"**[116] führt theoretisch dazu, dass auch die tatsächlich nicht gescheiterte Ehe dann als gescheitert gilt. Mit der Anknüpfung an das Getrenntleben, die Trennungsdauer und den beidseitigen Entschluss zur einvernehmlichen Scheidung unter Regelung der wichtigsten Scheidungsfolgen verwendet das Gesetz **Tatsachen,** deren Nachweis die als unwiderlegbare Vermutung bezeichnete Rechtsfigur von einer bloßen Fiktion erheblich absetzt.[117] Mit dem Inkrafttreten des FGG-RG v. 17. 12. 2008 (BGBl. I S. 2586) zum 1. 9. 2009 wird allerdings für zukünftige Scheidungsverfahren auf die Regelung der wichtigsten Scheidungsfolgen als Vermutung für das Scheitern der Ehe durch Wegfall des § 630 ZPO verzichtet.[118]

36 **2. Keine Zustandsprüfung.** Die unwiderlegbare Vermutung ersetzt die Prüfung, ob die Ehe gescheitert ist. Entsprechend dem Zweck der Regelung, Eheleuten durch die Wahl

---

[110] *Schwab* (Handbuch) II RdNr. 86; *Johannsen/Henrich/Jaeger* § 1564 RdNr. 34; aA Voraufl. RdNr. 22 und § 1564 RdNr. 51.

[111] BGH FamRZ 2006, 201; AG Berlin-Charlottenburg FamRZ 1981, 787, 788; MünchKommZPO/*Finger* § 630 RdNr. 19; *Baumbach/Hartmann* § 630 ZPO RdNr. 6; *Johannsen/Henrich/Sedemund-Treiber* § 630 ZPO RdNr. 10; *Musielak/Borth* § 630 ZPO RdNr. 7 f.; *Zöller/Philippi* § 630 ZPO RdNr. 11; *Stein/Jonas/Schlosser* § 630 ZPO RdNr. 10.

[112] BGH FamRZ 2006, 201.

[113] *Damrau* NJW 1977, 1169, 1172.

[114] Vgl. die eingehende Begründung im Entwurf 73 S. 110 und *Gernhuber/Coester-Waltjen* § 27 RdNr. 29.

[115] BGH FamRZ 2000, 285; OLG Brandenburg FamRZ 2000, 1417; *Gernhuber/Coester-Waltjen* § 27 RdNr. 29; *Johannsen/Henrich/Jaeger* RdNr. 2; *Linke,* FS Beitzke, S. 269, 284; *Staudinger/Rauscher* (2004) RdNr. 2.

[116] *Johannsen/Henrich/Jaeger* RdNr. 2; *Linke,* FS Beitzke, S. 269, 284; *Staudinger/Rauscher* (2004) RdNr. 2; *Bamberger/Roth/Neumann* RdNr. 2; PWW/*Weinreich* RdNr. 1.

[117] Für eine reine Fiktion jedoch *Habscheid,* FS Bosch, S. 365, 371; wie im Text *Gernhuber/Coester-Waltjen* § 27 RdNr. 29.

[118] §§ 133, 134 FamFG; Art. 29 Nr. 15 FGG-RG.

dieser formalisierten Form der einverständlichen Scheidung die Möglichkeit zu geben, ihre Privatsphäre weitestgehend zu schonen,[119] reichen die Feststellung der Aufhebung der häuslichen Gemeinschaft, der Trennungsdauer und der beidseitige Scheidungswillen, der die Ablehnung der ehelichen Lebensgemeinschaft und damit die subjektiven Elemente des Getrenntlebens indiziert, aus.[120] Jede Untersuchung des Zustandes der Ehe, die über die Feststellung hinausgeht, dass die Ehegatten getrennt leben, ist unzulässig.[121] Das gesetzlich vermutete Scheitern der Ehe ist einem Gegenbeweis nicht zugänglich.

3. Verfassungsmäßigkeit. Mit der Entscheidung des BVerfG zur Verfassungsmäßigkeit 37
der unwiderlegbaren Vermutung in Abs. 2 sind auch die vereinzelt geltend gemachten Bedenken, die Möglichkeit, sich „friedlich" und ohne eigentliche Prüfung durch das Gericht von einer Ehe zu lösen, könne das in Art. 6 garantierte Institut der Ehe beinträchtigen,[122] widerlegt.[123] Die einverständliche Scheidung begünstigt nicht eine schnelle, leichtfertige oder unüberlegte Scheidung. Die Hemmnisse sind vielmehr vielfältig. Erforderlich ist eine einjährige Trennung, die jederzeit widerrufbare Zustimmung des anderen oder beidseitige Scheidungsanträge. Vor allem verlangt § 630 ZPO eine vollständige einverständliche Regelung aller Scheidungsfolgen.[124] Damit wird die Ehe nicht zur Disposition der Parteien gestellt, sondern ein Weg bereitet, die Scheidung unter Wahrung der Privatsphäre und in Achtung und Respekt gegenüber dem anderen Ehegatten auszusprechen. Die einverständliche Scheidung zerstört keine erhaltenswerte Ehe, gibt aber die Chance, im Interesse von Kindern und Ehegatten, die Ehe zu beenden und mit zwingenden Einigung über die Folgesachen deren schutzwürdige Interessen zu sichern.[125] Deshalb wird die einverständliche Scheidung auch in ihrer zukünftigen Ausgestaltung, also ohne das Erfordernis der Einigung über die wichtigsten Scheidungsfolgen, als mit dem GG vereinbar angesehen werden müssen.

VIII. Die Anwendung der Härteklauseln des § 1568

1. Kinderschutzklausel. Die Ehe soll auch aus dem Tatbestand der einverständlichen 38
Scheidung nicht geschieden werden, wenn und solange die Aufrechterhaltung der Ehe im Interesse der aus der Ehe hervorgegangenen Kinder aus besonderen Gründen ausnahmsweise notwendig ist (§ 1568). Ob es Fälle geben kann, in denen es im Interesse eines Kindes liegt, die Ehe der Eltern nicht zu scheiden, obwohl beide Elternteile geschieden sein wollen und sich über die wichtigsten, auch die Kinder betreffenden Folgen einig sind, ist immer wieder bezweifelt worden (vgl. im Einzelnen § 1568 RdNr. 17).[126]

§ 616 Abs. 3 ZPO aF (§ 127 Abs. 3 FamFG) unterstellt die außergewöhnlichen Umstän- 39
de, die einem Scheidungsantrag entgegengehalten werden können, dem Verhandlungsgrundsatz.[127] Die **Kinderschutzklausel** ist im materiellen Recht als von **Amts wegen** zu

[119] *Johannsen/Henrich/Jaeger* RdNr. 5; Entwurf 73 S. 113; *Dieckmann* ZRP 1971, 193; skeptisch *Hagena* FamRZ 1975, 379, 390; *Grunsky* in: Eherechtsreform, Bd. 2 der Reihe „Rechtspolitik und Gesetzgebung", S. 143; *Mikat* FamRZ 1970, 333, 338; *Lüderitz* Gutachten B zum 48. DJT, S. B 79.

[120] Zweifelnd die Voraufl. RdNr. 34; *Schwab* (Handbuch) II RdNr. 144 lehnt es ab, die Untersuchung, ob die Ehegatten getrennt leben, zu einer kleinen Zerrüttungsprüfung auszubauen; ähnlich *Johannsen/Henrich/Jaeger* § 1567 RdNr. 12; die Aussage von *Gernhuber/Coester-Waltjen,* § 27 RdNr. 29, das Beweisthema seien „gänzlich unproblematische äußere Fakten" erscheint allerdings zu weitgehend.

[121] *Palandt/Brudermüller* RdNr. 1; *Gernhuber/Coester-Waltjen* § 27 RdNr. 29; *Johannsen/Henrich/Jaeger* RdNr. 5; RGRK/*Graßhof* RdNr. 40; Entwurf 73 S. 113.

[122] *Habscheid,* FS Bosch, S. 355, 370; *Bergerfurth* FamRZ 1980, 731.

[123] BVerfGE 53, 224 = NJW 1980, 689; allgM; vgl. BGH NJW 1979, 978; *Staudinger/Rauscher* (2004) Vor § 1564 RdNr. 13 f.; *Johannsen/Henrich/Jaeger* § 1564 RdNr. 18.

[124] Diese Notwendigkeit wird für die einvernehmliche Scheidung in Zukunft entfallen, vgl. §§ 134, 135 FamFG. Die Möglichkeit, die Teilnahme der Parteien an einer kostenlosen Mediationsinformation anzuordnen, die nicht zwangsweise durchgesetzt werden kann, dürfte ein stumpfes Schwert sein und ebenso wie bisher schon die Regelung des § 630 ZPO in der Praxis ein „kümmerliches Dasein fristen", vgl. *Borth* FamRZ 2007, 1925, 1932.

[125] *Staudinger/Rauscher* (2004) Vor § 1564 RdNr. 14.

[126] *Gernhuber/Coester-Waltjen* § 27 RdNr. 46 f.; *Johannsen/Henrich/Jaeger* RdNr. 21.

[127] Vgl. Entwurf 73 S. 198.

beachtende Vorschrift ausgestaltet. § 616 Abs. 3 ZPO aF (§ 127 Abs. 3 FamFG) befasst sich nur mit den „außergewöhnlichen Umständen" der Härteklausel, nicht mit der Kinderschutzklausel. Die Kinderschutzklausel ist deshalb immer von Amts wegen zu prüfen.[128] Nachdem die Ehegatten auch bei der einverständlichen Scheidung die Regelung der elterlichen Sorge gemäß § 630 Abs. 1 Nr. 2 ZPO aF (§ 137 FamFG) ausklammern können, erfährt das Gericht nach § 622 Abs. 2 Nr. 1 ZPO aF nur noch, dass minderjährige Kinder vorhanden sind, jedoch nichts mehr darüber, welche Probleme für die Kinder durch die Scheidung der Eltern entstehen. Ermittlungen dazu wird das Gericht nur anstellen, wenn ihm Auffälligkeiten bekannt werden (vgl. § 1568 RdNr. 18).

40 **2. Ehegattenschutzklausel.** Ein Ehegatte, der den Scheidungsantrag wirksam gestellt oder der Scheidung wirksam zugestimmt hat, lehnt die Scheidung selbst dann nicht ab, wenn er die Ehe gerne aufrechterhalten würde (vgl. RdNr. 18); deshalb ist die Ehegattenschutzklausel zu seinen Gunsten nicht anwendbar, § 616 Abs. 3 ZPO aF (§ 127 Abs. 3 FamFG).[129] Hat ein Ehegatte die **Rücknahme** seines Antrages erklärt hat, der andere Ehegatte jedoch der Rücknahme nicht zugestimmt (vgl. RdNr. 32), so ist die Rücknahme zwar prozessual unwirksam; eine **Ablehnung der Scheidung** im Sinne des § 1568 ist aber anzunehmen, weil er in diesem Fall die Scheidung nicht weiterverfolgen will.[130] Dies gilt auch, wenn ein Ehegatte die Zustimmung zur einverständlichen Scheidung nach § 630 Abs. 2 S. 1 ZPO aF widerruft. Die frühere Zustimmung zur Scheidung oder ein früherer Scheidungsantrag können aber bei der Abwägung der beiderseitigen Belange nach § 1568 berücksichtigt werden.[131]

IX. Einigung über die Scheidungsfolgen

41 **1. Kein Einigungspapier erforderlich.** § 630 ZPO aF verlangt die Einigung der Parteien über bestimmte Folgeregelungen.[132] Als Grundlage der einverständlichen Scheidung ist ein Einigungspapier, das von beiden Ehegatten unterschrieben ist, nicht erforderlich. Es genügt jedoch, wenn zwei getrennte Erklärungen vorgelegt werden, die inhaltlich übereinstimmen. Ein Elternteil kann auch der Erklärung des anderen nur zustimmen.[133] Zwar verlangt § 630 Abs. 1 Nr. 2 ZPO aF eine „übereinstimmende Erklärung", wenn die Eltern eine gerichtliche Regelung des Sorge- und Umgangsrechts nicht wollen, und verwendet damit die Formulierung, die den früheren Streit darüber ausgelöst hatte, ob ein Einigungspapier notwendig ist.[134] Andererseits wird dann, wenn eine Regelung der elterlichen Sorge beantragt wird, in § 630 Abs. 1 Nr. 2 letzter Satzteil ZPO aF nicht mehr eine „übereinstimmende Erklärung" verlangt, vielmehr, „die entsprechenden Anträge und jeweils die Zustimmung des anderen Ehegatten hierzu." Diese Formulierung spricht dafür, dass sich das Gesetz der schon bisher überwiegenden Meinung anschließen wollte, ein Einigungspapier sei nicht notwendig.[135] Die Gründe für die unterschiedliche Formulierung für den Fall, dass eine Regelung nicht gewünscht oder doch verlangt wird, sind den Motiven nicht zu entnehmen. Zu vermuten ist eine sprachliche Nachlässigkeit. Ein privates oder notarielles Einigungspapier der Eltern ist dem Gericht jedoch vorzulegen.

---

[128] *Schwab* FamRZ 1976, 491, 505; eingehend *Rolland* § 1568 RdNr. 40; *Gernhuber/Coester-Waltjen* § 27 RdNr. 49; *Soergel/Heintzmann* RdNr. 24; *Staudinger/Rauscher* (2004) RdNr. 80.

[129] *Johannsen/Henrich/Jaeger* RdNr. 20; *Staudinger/Rauscher* (2004) RdNr. 78.

[130] Anders die Voraufl. RdNr. 39; wie hier *Staudinger/Rauscher* (2004) RdNr. 78; *Johannsen/Henrich/Jaeger* RdNr. 20.

[131] *Schwab* FamRZ 1976, 491, 503; *Johannsen/Henrich/Jaeger* RdNr. 20; *Staudinger/Rauscher* (2004) RdNr. 78.

[132] Die Vorschrift ist mit Inkrafttreten des FGG-RG zum 1. 9. 2009 wegfallen. §§ 133 ff. FamFG verlangen keine Einigung der Parteien über bestimmte Folgesachen mehr.

[133] *Johannsen/Henrich/Sedemund-Treiber* § 630 ZPO RdNr. 8; *Staudinger/Rauscher* (2004) RdNr. 63; aA OLG Schleswig FamRZ 2003, 46; *Zöller/Philippi* § 630 ZPO RdNr. 5; *Soergel/Heintzmann* RdNr. 14; *Baumbach/Hartmann* § 630 ZPO RdNr. 5.

[134] So *Damrau* NJW 1977, 1169, 1171; *Diederichsen* NJW 1977, 649, 654; *Schwab* FamRZ 1976, 491, 503; *Zöller/Philippi* § 630 ZPO RdNr. 6.

[135] *Johannsen/Henrich/Sedemund-Treiber* § 630 ZPO RdNr. 8.

2. Zeitpunkt der Einigung. Die Einigung über die Scheidungsfolgen muss nicht bereits bei Antragstellung vorliegen. Es ist ausreichend, wenn sie im Laufe des Verfahrens, spätestens in der letzten mündlichen Verhandlung, erzielt wird.[136] Die Anträge können in der Antragsschrift oder in einem späteren Schriftsatz enthalten sein. 42

3. Form der Einigung. a) Sorge- und Umgangsrecht. Die Erklärungen zum Sorge- und Umgangsrecht unterliegen keiner besonderen Form. Sie können zu Protokoll der Geschäftsstelle oder in der mündlichen Verhandlung zur Niederschrift des Gerichts erklärt werden; die einfache Mitwirkung zur elterlichen Sorge und zum Umgangsrecht unterliegt nicht dem Anwaltszwang.[137] Wegen der höchstpersönlichen Natur kann den Vorschlag auch ein in der Geschäftsfähigkeit beschränkter Ehegatte machen. 43

b) Vermögensrechtliche Vereinbarungen. Auch die vermögensrechtlichen Vereinbarungen nach § 630 Abs. 1 Nr. 3 ZPO aF unterliegen nicht dem Anwaltszwang, können also im Prozesskostenhilfeverfahren und im Güteverfahren auch von einem nicht vertretenen Antragsgegner geschlossen werden, der der einverständlichen Scheidung nur zustimmt.[138] Eine von einer nicht vertretenen Partei geschlossene Vereinbarung genügt jedoch nicht, soweit die nach **§ 630 Abs. 3 ZPO aF** erforderlichen **Vollstreckungstitel** erst durch Prozessvergleich geschaffen werden müssen, weil dafür Anwaltszwang besteht.[139] Ein minderjähriger oder in der Geschäftsfähigkeit beschränkter Ehegatte kann zwar den Eherechtsstreit selbst führen und Vorschläge zur elterlichen Sorge und zum Umgangsrecht machen, für die vermögensrechtlichen Vereinbarungen ist jedoch die Zustimmung seines gesetzlichen Vertreters erforderlich und in bestimmten Fällen die vormundschaftsgerichtliche Genehmigung.[140] 44

4. Elterliche Sorge und Umgangsrecht (§ 630 Abs. 1 Nr. 2 ZPO aF). a) Inhalt der Einigung. Die Entscheidungsbefugnis, ob mit der Ehescheidung eine Regelung der elterlichen Sorge und des Umgangsrechts vorzunehmen ist, belässt § 630 Abs. 1 Nr. 2 ZPO den Ehegatten auch bei der einverständlichen Scheidung. Das Kindschaftsrechtsreformgesetz hat den notwendigen Verbund der Scheidung mit der Regelung der elterlichen Sorge, wie er in § 1671, § 623 Abs. 3 S. 1 ZPO aF vorgesehen war, aufgebrochen. Nach der jetzigen Fassung des § 1671 können Eltern eine Regelung der elterlichen Sorge beantragen, müssen es aber nicht. Wenn Eltern einen **Antrag zur elterlichen Sorge und zum Umgangsrecht** stellen, wird er im Verbund mit der Ehescheidung beschieden (§ 623 Abs. 1 iVm. § 621 Abs. 1 Nr. 1, 2 ZPO aF). Jeder Ehegatte kann jedoch nach § 623 Abs. 2 S. 2 ZPO aF die Abtrennung beantragen. Wie in jedem Scheidungsantrag ist auch für die einverständliche Scheidung gemäß § 622 Abs. 1 Nr. 1 ZPO aF anzugeben, ob gemeinschaftliche minderjährige Kinder vorhanden sind. Die Erklärung jedes Elternteils und die hergestellte Einigkeit entfalten keine Bindungswirkung. Das Gericht darf die einverständliche Scheidung darauf nur stützen, wenn die Erklärungen in der letzten mündlichen Verhandlung noch wirksam vorliegen. 45

Soll die **gemeinsame elterliche Sorge fortbestehen** und sind die Eltern sich über den **Umgang einig,** haben sie nach § 630 Abs. 1 Nr. 2 ZPO aF eine übereinstimmende Erklärung abzugeben, dass ein Antrag zur Übertragung der elterlichen Sorge und zur Regelung des Umgangs nicht gestellt wird, weil über den Fortbestand der elterlichen Sorge und den Umgang Einigkeit besteht. Eine über § 1671 Abs. 2, 3 hinausgehende Bindung des Gerichts tritt nicht ein.[141] Halten die Ehegatten an ihren Erklärungen nicht mehr fest oder löst sich ein Ehegatte wirksam davon, entfällt eine Voraussetzung für die einverständliche Scheidung.[142] 46

---

136 MünchKommZPO/*Finger* § 630 RdNr. 6, 14.

137 *Brüggemann* FamRZ 1977, 587; *Johannsen/Henrich/Sedemund-Treiber* § 630 ZPO RdNr. 8.

138 *Baumbach/Hartmann* § 630 ZPO RdNr. 5; *Musielak/Borth* § 630 ZPO RdNr. 12.

139 BGH FamRZ 1991, 679; OLG Zweibrücken FamRZ 1985, 1071; OLG Hamm FamRZ 1979, 848; *Jost* NJW 1980, 328; *Friderici* AnwBl. 1977, 393; *Göppinger* RdNr. 130; *Baumbach/Hartmann* § 630 ZPO RdNr. 9; *Johannsen/Henrich/Sedemund-Treiber* § 630 ZPO RdNr. 14; *Zöller/Philippi* § 630 ZPO RdNr. 15.

140 *Johannsen/Henrich/Sedemund-Treiber* § 607 ZPO RdNr. 4; *Stein/Jonas/Schlosser* § 607 ZPO RdNr. 2.

141 Vgl. BT-Drucks 13/4889 S. 99.

142 *Damrau* NJW 1977, 1169; *Diederichsen* NJW 1977, 654; *Gernhuber/Coester-Waltjen* § 27 RdNr. 38 RdNr. 70.

47 **b) Entscheidung des Gerichts.** Ist die Regelung der elterlichen Sorge oder des Umgangs beantragt, so ist nach § 623 Abs. 1 S. 1 ZPO aF auf der Grundlage des Vorschlags der Eltern mit dem Ausspruch der Scheidung durch Urteil zu entscheiden.[143] Will das Gericht vom Vorschlag der Eltern abweichen, weil es zum Wohle des Kindes erforderlich ist, so hat es die elterliche Sorge vorweg durch Beschluss zu regeln (§ 627 Abs. 1 ZPO aF), der als Endentscheidung mit der befristeten Beschwerde nach § 621 e ZPO aF anfechtbar ist. Über die Scheidungssache und andere Folgesachen wird erst nach Rechtskraft dieses Beschlusses entschieden (§ 627 Abs. 2 ZPO aF), der allerdings vor der Rechtskraft des Scheidungsausspruchs nicht wirksam wird (§ 629 d ZPO aF). Der Verbund wird durch dieses Zwischenverfahren nicht gelöst, auch die Voraussetzung für die einverständliche Scheidung bleibt bestehen, da ein übereinstimmender Vorschlag auch vorliegt, wenn das Gericht von ihm abweicht.[144] Wird die abweichende Entscheidung des Gerichts rechtskräftig, müssen die Parteien Folgeregelungen uU anpassen.[145] Über Anträge zum Umgangsrecht ist immer zu entscheiden.

48 Das Gericht kann von einer Entscheidung über die elterliche Sorge und das Umgangsrecht absehen, wenn diese Entscheidung den Scheidungsausspruch so außergewöhnlich verzögern würde, dass der Aufschub auch unter Berücksichtigung der Bedeutung der Folgesachen eine unzumutbare Härte darstellen würde (§ 628 S. 1 Nr. 4 ZPO aF). Gleiches gilt nach § 628 S. 1 Nr. 3 ZPO aF, soweit das Verfahren zum Sorge- oder Umgangsrecht (§ 623 Abs. 2 S. 1 Nr. 1 und 2 ZPO aF) ausgesetzt ist. Eine Einigung über die Folgesache ist nicht Voraussetzung der einverständlichen Scheidung.[146]

49 **5. Unterhalt, Ehewohnung, Hausrat (§ 630 Abs. 1 Nr. 3 ZPO aF). a) Einigung.** Voraussetzung für die einverständliche Scheidung über Abs. 1 ist nach § 630 Abs. 1 Nr. 3 ZPO aF eine dem Gericht vorzulegende Einigung über die Regelung der Unterhaltspflicht gegenüber einem Kinde, die durch die Ehe begründete gesetzliche Unterhaltspflicht sowie die Rechtsverhältnisse an der Ehewohnung und dem Hausrat. Eine Einigung der Ehegatten über den Unterhalt für ein Kind ist auch dann erforderlich, wenn für die Zeit nach der Scheidung die gemeinsame elterliche Sorge fortbesteht.[147] Liegt eine Regelung schon vor oder ist keine zu regelnde Materie vorhanden, so ist eine Einigung nicht Voraussetzung der einverständlichen Scheidung.[148]

50 **b) Kindesunterhalt.** Es ist **umstritten,** ob § 630 Abs. 1 Nr. 3 ZPO aF nur die Regelung der Unterhaltspflicht gegenüber einem minderjährigen oder auch gegenüber einem **volljährigen Kind** fordert. Der Wortlaut des § 630 Abs. 1 Nr. 3 ZPO aF spricht von der Unterhaltspflicht gegenüber einem Kinde. Für die Antragsschrift verlangt § 622 Abs. 2 Nr. 1 ZPO aF dagegen nur die Angabe darüber, ob gemeinschaftliche minderjährige Kinder vorhanden sind; nach § 133 Abs. 1 Nr. 1 FamFG sind Namen, Geburtsdaten und der gewöhnliche Aufenthalt der gemeinschaftlichen minderjährigen Kinder mitzuteilen. Für den Verbund mit Folgesachen auf Antrag nach § 623 Abs. 1 ZPO aF (§ 137 FamFG) können gemäß §§ 623 Abs. 1, 621 Abs. 2 S. 1 Nr. 4 ZPO aF (§ 137 Abs. 2 Nr. 2 FamFG) auch Verfahren über die gesetzliche Unterhaltspflicht gegenüber einem gemeinschaftlichen, also auch einem volljährigen Kinde einbezogen werden. Es deshalb anerkannt und sinnvoll, das Verbundverfahren auch für die Klärung der Unterhaltspflicht gegenüber einem volljährigen Kind im Verhältnis der Eltern untereinander zur Verfügung zu stellen.[149]

51 Das bedeutet aber nicht, dass die Klärung der Unterhaltspflicht für ein volljähriges Kind im Verhältnis der Eltern untereinander notwendig für die einverständliche Scheidung nach

---

143 *Johannsen/Henrich/Sedemund-Treiber* § 630 ZPO RdNr. 16.
144 *Zöller/Philippi* § 627 ZPO RdNr. 2; MünchKommZPO/*Finger* § 630 ZPO RdNr. 14.
145 *Zöller/Philippi* § 627 ZPO RdNr. 1; RGRK/*Graßhof* RdNr. 30.
146 *Rolland/Roth* § 630 ZPO RdNr. 25; *Soergel/Heintzmann* RdNr. 17.
147 KG FamRZ 1994, 514; BT-Drucks. 13/4899 S. 123; *Baumbach/Hartmann* § 630 ZPO RdNr. 5.
148 *Baumbach/Hartmann* § 630 ZPO RdNr. 9.
149 OLG Oldenburg FamRZ 1981, 185; für die Unterhaltspflicht gegenüber dem Kinde im Verhältnis der Eltern zueinander vgl. BGH FamRZ 1979, 787; *Göppinger* RdNr. 580.

§ 630 ZPO aF ist. Auch wenn der Wortlaut der Vorschrift nicht auf minderjährige Kinder beschränkt ist, so sprechen doch gewichtige Gründe dafür, dass die Regelung des Volljährigenunterhalts nicht notwendiger Bestandteil einer einverständlichen Scheidung nach Abs. 1 ist. So werden nach § 622 Abs. 2 S. 1 ZPO aF in der Antragsschrift nur Angaben zu minderjährigen Kindern verlangt. Auch ist der Erlass der einstweiligen Anordnung nach § 620 Nr. 4 ZPO aF auf minderjährige Kinder beschränkt. Die Entstehungsgeschichte des § 630 ZPO aF weist darauf hin, dass der Gesetzgeber bei der ohnehin umstrittenen Einbeziehung des Kindesunterhalts[150] jedenfalls in erster Linie den Unterhalt für minderjährige Kinder in den notwendigen Regelungsgegenstand der einverständlichen Scheidung einbeziehen wollte.[151] Dies kommt auch mit der Formulierung des Gesetzes **„gegenüber** einem Kind" hinreichend zum Ausdruck. Da nach § 1629 BGB die Vertretungsbefugnis für das volljährige Kind fehlt, kann die Unterhaltsverpflichtung gegenüber einem volljährigen Kind nicht bei der einverständlichen Scheidung ohne Einbeziehung dieses Kindes mitgeregelt werden,[152] Die Möglichkeit einer Absprache der Eltern untereinander, wer und in welcher Form den Unterhalt an das Kind zu leisten hat, kann zwar Regelungsgegenstand sein; eine solche Absprache ist aber keine Regelung der Unterhaltspflicht **gegenüber dem Kind.** Wenn in § 629 Nr. 4 ZPO idF bis 31. 3. 1986 für die einstweilige Anordnung mit den Worten „die Unterhaltspflicht gegenüber einem Kinde im Verhältnis der Ehegatten zueinander" der Gegenstand einer solchen Absprache korrekt beschrieben worden war, hätte es nahe gelegen, die Formulierung auch für § 630 Abs. 1 Nr. 3 ZPO aF zu übernehmen, wenn die Regelung über den Volljährigenunterhalt hätte einbezogen werden sollen. Auch aus der vom Gesetz normierten Pflicht in § 630 Abs. 3 ZPO aF, über die Unterhaltregelung einen Vollstreckungstitel vorzulegen,[153] lässt sich ableiten, dass der Gesetzgeber die Regelung des Minderjährigenunterhalts vor Augen hatte, wenngleich die Vorschrift nicht als Mussvorschrift anzusehen sein mag (vgl. RdNr. 55). Hinzu kommt, dass mit der obligatorischen Einbeziehung der Unterhaltspflichten gegenüber einem volljährigen Kind das Verfahren nach § 630 ZPO aF über Gebühr strapaziert wird,[154] weil die Klärung der Haftungsanteile der Eltern für den Volljährigenunterhalt untereinander häufig unverhältnismäßig aufwändig und nur dann nötig ist, wenn seitens des Volljährigen Unterhaltsansprüche geltend gemacht werden. Da die Einkommensverhältnisse der Eltern zudem erheblichen Schwankungen unterworfen sein können, die Klärung ihrer Unterhaltspflicht auch nur den Moment der Scheidung festhalten kann, während der Unterhaltsanspruch des Volljährigen auf die Zukunft gerichtet ist, wird die getroffene Einigung der Eltern zukünftige Unterhaltsforderungen des volljährigen Kindes auch im Verhältnis untereinander nicht sinnvoll regeln können. Für die Scheidung über Abs. 1 wird deshalb eine Einigung über das Verhältnis der Ehegatten zueinander bezüglich des Unterhalts an volljährige Kinder als zwingende Voraussetzung nicht verlangt werden können.[155]

c) Ehegattenunterhalt. Nach § 1585 c können die Ehegatten über die Unterhaltspflicht 52
für die Zeit nach der Scheidung Vereinbarungen treffen. Die Einigung kann ein wechselseitiger Unterhaltsverzicht sein, der allerdings in seinen Auswirkungen genau überlegt sein sollte. Zweckmäßig ist es anzugeben, aus welcher Vorschrift der §§ 1569 ff. Unterhalt geleistet werden soll, und die wirtschaftlichen Verhältnisse festzuhalten, um Grundlagen für Abänderungsklagen zu haben.[156] Im Zweifel wird nur eine gesetzliche Unterhaltspflicht geklärt, nicht

---

[150] Gegen die Einbeziehung *Blomeyer* ZRP 1974, 120; *Hagena* FamRZ 1975, 379, 390 Fn. 45.

[151] Der Bundesrat wollte nur die Unterhaltspflicht gegenüber minderjährigen Kindern einbeziehen, Entwurf 73 S. 279, 281.

[152] RGRK/*Graßhof* RdNr. 32; vgl. auch BGH NJW 1983, 2084 = FamRZ 1983, 474.

[153] RGRK/*Graßhof* RdNr. 32.

[154] *Staudinger/Rauscher* (2004) RdNr. 58; *Stein/Jonas/Schlosser* § 630 ZPO RdNr. 6.

[155] MünchKommZPO/*Finger* § 630 RdNr. 17; *Staudinger/Rauscher* (2004) RdNr. 67; RGRK/*Graßhof* RdNr. 32; *Büttner* FamRZ 1998, 585; aA *Johannsen/Henrich/Sedemund-Treiber* § 630 ZPO RdNr. 9; Voraufl. RdNr. 10, 47 f.

[156] *Staudinger/Rauscher* (2004) RdNr. 70; *Göppinger* RdNr. 221; RGRK/*Graßhof* RdNr. 33.

eine vertragliche neu begründet.[157] Haben sich die Ehegatten schon über den nachehelichen Unterhalt anderweitig auseinandergesetzt, ist ein Protokollvermerk darüber zweckmäßig.[158]

53 **d) Wohnung.** Zur Ehewohnung können die Ehegatten nur ihr Innenverhältnis vereinbaren, also festlegen, wer von ihnen die Ehewohnung weiter bewohnen soll. Diese Vereinbarung wird gegenüber Vermieter, Grundstückseigentümer, Dienstherr und in Rechtsgemeinschaft stehenden Personen nur wirksam, wenn sie beteiligt werden (§ 7 HausratsVO). Trotzdem genügt für § 630 Abs. 1 Nr. 3 ZPO aF eine Einigung der Ehegatten, die, wenn ein Dritter nicht zustimmt, in einer Entscheidung nach der HausratsVO berücksichtigt werden kann. Für den Ausspruch der einverständlichen Scheidung ist es nicht erforderlich, dass das Gericht unter Einbeziehung des Dritten eine Regelung im Verfahren nach der HausratsVO herbeiführt.[159] Die HausratsVO ist durch Art. 2 des Gesetzes zur Änderung des Zugewinnausgleichs- und Vormundschaftsrecht v. 10. 7. 2009 (BGBl. I S. 1696) mit Wirkung zum 1. 9. 2009 aufgehoben worden, das materielle Recht ist in §§ 1568 a, 1568 b BGB, das Verfahrensrecht in §§ 200 bis 209 FamFG geregelt.

54 **e) Hausrat.** Eine genaue Einigung der Ehegatten über den Hausrat ist besonders wünschenswert. Vielfach wird der Hausrat schon auseinandergesetzt oder nach § 1361 a geregelt sein. In diesen Fällen genügen übereinstimmende Erklärungen, dass es dabei verbleiben soll.[160] Im Übrigen ist eine Vereinbarung über den Hausrat vorzulegen.

55 **6. Inhaltskontrolle von Scheidungsfolgenvereinbarungen. a) Richterliche Genehmigung nur beim Versorgungsausgleich.** Die Eherechtskommission hatte vorgeschlagen, Vereinbarungen der Ehegatten bei der einverständlichen Scheidung der Bestätigung durch den Richter zu unterstellen. Im Gesetz ist nur bestimmt, dass das Gericht eine Vereinbarung über den Versorgungsausgleich genehmigen muss (§ 1587 o Abs. 2 S. 3). Daraus ist zu folgern, dass i. Ü. nur die allgemeinen Grenzen einer Parteivereinbarung über vermögensrechtliche Ansprüche gelten. Sind Absprachen der Ehegatten gemäß §§ 134, 138 nichtig, können sie keine Grundlage der einverständliche Scheidung sein.[161]

56 **b) Wirksamkeitskontrolle.** Als Prozessvergleich werden Vereinbarungen erst mit dem Scheidungsurteil wirksam (§ 629 d ZPO aF). Bei der einverständlichen Scheidung gelten keine Besonderheiten. Insbesondere gehört es auch hier nicht zu den Aufgaben des Gerichts, in die Vereinbarungen der Parteien regelnd einzugreifen.[162] Da die Einigung Voraussetzung der Scheidung über Abs. 1 ist, muss das Gericht die Parteien darauf aufmerksam machen, wenn es eine solche obligatorische Scheidungsfolgenvereinbarung für unwirksam hält, weil dann nicht einverständlich geschieden werden kann. Insbesondere eine **sittenwidrige** und daher nichtige **Vereinbarung** kann das Gericht nicht zur Grundlage einer einverständlichen Scheidung machen.[163] Deshalb wird das Gericht prüfen müssen, ob ein Unterhaltsverzicht oder ein besonders hoher Unterhalt mit Nachgeben bei der elterlichen Sorge unzulässig erkauft wird oder ein Ehegatte von Unterhaltspflichten gegenüber einem Kind unangemessen freigestellt werden soll[164] oder Gegenleistung für einen Verzicht auf den Versorgungsausgleich die Überlassung eines Kindes ist. Ebenso sind die Grenzen von Vereinbarungen über den Wohnsitz eines Ehegatten nach der Scheidung zu beachten,[165] ebenso die Unzuläs-

---

[157] BGHZ 24, 269, 276 = FamRZ 1957, 316.

[158] AG Ettlingen FamRZ 1978, 304; *Zöller/Philippi* § 630 ZPO RdNr. 12.

[159] *Staudinger/Rauscher* (2004) RdNr. 74; aA RGRK/*Graßhof* RdNr. 34; *Johannsen/Henrich/Sedemund-Treiber* § 630 ZPO RdNr. 9, 17; *Gernhuber/Coester-Waltjen* § 27 RdNr. 37; *Zöller/Philippi* § 630 ZPO RdNr. 19.

[160] *Soergel/Heintzmann* RdNr. 20; *Johannsen/Henrich/Sedemund-Treiber* § 630 ZPO RdNr. 9; *Zöller/Philippi* § 630 ZPO RdNr. 12; MünchKommZPO/*Finger* § 630 RdNr. 19.

[161] *Johannsen/Henrich/Sedemund-Treiber* § 630 ZPO RdNr. 10; *Musielak/Borth* § 630 ZPO RdNr. 9; *Staudinger/Rauscher* (2004) RdNr. 68.

[162] *Zöller/Philippi* § 630 ZPO RdNr. 7; *Baumbach/Hartmann* § 630 ZPO RdNr. 7, 9.

[163] *Staudinger/Rauscher* (2004) RdNr. 68, 73.

[164] Vgl. *Göppinger* RdNr. 580; BGH NJW 1984, 1951; 1986, 1167; OLG Hamburg FamRZ 1984, 1223; KG FamRZ 1985, 1073.

[165] BGH NJW 1972, 1414 = FamRZ 1972, 448; vgl. auch *Göppinger* RdNr. 81 ff.

sigkeit von Vereinbarungen über Heiratsverbote oder Heiratspflichten. Während früher eine Inhaltskontrolle der von den Ehegatten getroffenen Vereinbarungen außerhalb des Versorgungsausgleichs grundsätzlich nicht vorgenommen wurde, wird man angesichts der Rechtsprechung des BVerfG[166] und des BGH[167] zur Wirksamkeitskontrolle von Eheverträgen insbesondere Globalvereinbarungen über Unterhalt, Versorgungsausgleich und Zugewinn im Rahmen von Scheidungsvereinbarungen kritisch prüfen müssen.[168] Die hiernach notwendige Inhaltskontrolle von Scheidungsfolgenvereinbarungen wird dazu führen, dass die formalisierte einverständliche Scheidung auch in Verfahren unter Fortgeltung von § 630 ZPO noch weiter an Bedeutung verlieren wird.

c) Vereinbarungen zum Nachteil der Kinder. Ob die Kinderschutzklausel des § 1568 57 anwendbar wird, wenn die Eltern insbesondere im **Unterhaltsrecht wirksame Vereinbarungen** treffen, **die Kinder benachteiligen,** ist umstritten.[169] Es erscheint fraglich, ob die einverständliche Scheidung über § 1568 versagt werden kann, wenn eine Vereinbarung über den Kindesunterhalt zwar nicht § 1614 widerspricht oder nach § 138 nichtig ist, das wohlverstandene Interesse eines Kindes durch die Regelung aber erheblich beeinträchtigt ist.[170] Dass die Aufrechterhaltung der Ehe notwendig sein soll, um im Interesse des Kindes eine bessere Unterhaltsregelung durchzusetzen, kann nicht angenommen werden, da die Unterhaltsregelung auch ohne die Scheidung bei fortdauernder Trennung Wirkung entfaltet.[171] Das Gericht kann zwar darauf hinzuwirken versuchen, dass die Parteien eine angemessene Unterhaltsregelung für das Kind treffen. Bei einer wirksamen, wenn auch nachteiligen Regelung des Kindesunterhalts kann die einverständliche Scheidung nicht über die Härteklausel versagen.

7. Vollstreckbare Schuldtitel über Unterhalt, Ehewohnung und Hausrat (§ 630 58 Abs. 3 ZPO aF). a) Notwendigkeit eines Titels. Ziel der Vorschrift des **§ 630 Abs. 3 ZPO aF** ist es, über die wichtigen Folgen der Scheidung abschließende, in die Zukunft greifende, durchsetzbare Regelungen zu erreichen. Das **Fehlen eines vollstreckbaren Schuldtitels** führt grundsätzlich dazu, dass die Scheidung nicht auf Abs. 1 gestützt werden kann. Dabei handelt es sich nach hM ebenso wie bei § 630 Abs. 1 ZPO aF um eine **materielle Norm** und nicht um eine Sachurteilsvoraussetzung, so dass der Scheidungsantrag, der nur auf Abs. 1 gestützt ist, als **unbegründet** abzuweisen ist, wenn der Vollstreckungstitel fehlt.[172] Von der Einordnung der Norm zu unterscheiden ist die Frage, **ob** die Fassung des § 630 Abs. 3 ZPO aF als Sollvorschrift dem Richter einen **Ermessenspielraum** dahingehend eröffnet, die Scheidung nach Abs. 1 auch bei Fehlen eines vollstreckbaren Titels zu ermöglichen. Trotz der Formulierung als Sollvorschrift ist nach dem Willen des Gesetzgebers grundsätzlich der Scheidungsausspruch von der Errichtung eines Titels abhängig.[173] Auch in Fällen, in denen kein Zweifel an der Ernsthaftigkeit der Einigung der Parteien über die Scheidungsfolgen besteht, reichen bloße Zweckmäßigkeitsgesichtspunkte nicht aus, um auf die Titulierung von Ansprüchen oder einer konkreten Vereinbarung von Scheidungsfolgen zu verzichten. Vereinbarungen und Titel sind auch dann zu verlangen, wenn sie den

---

[166] BVerfG FamRZ 2001, 343, 985.

[167] BGHZ 158, 81; dazu *Bergschneider* FamRZ 2004, 1757; *Borth* FamRZ 2004, 609; *Grziwotz* FamRB 2004, 199; *Koch* NotBZ 2004, 147; *Mayer* FPR 2004, 363, *Rauscher* DNotZ 2004, 524; BGH FamRZ 2005, 26, 185; NJW 2005, 2386, 2391.

[168] *Johannsen/Henrich/Sedemund-Treiber* § 630 ZPO RdNr. 10; *Schwenzer* AcP 196 (1996), 88; *Büttner* FamRZ 1997, 600; 1998, 1; *Schwab* FamRZ 1997, 520, 525; *Gernhuber,* Eherecht und Ehetypen, S. 25; *Dethloff* JZ 1997, 414; enger *Grziwotz* FamRZ 1997, 585; *Rauscher* FuR 2001, 155; vgl. ausführlich *Gernhuber/Coester-Waltjen* § 26 RdNr. 14 ff.

[169] Verneint von RGRK/*Graßhof* RdNr. 17 *Staudinger/Rauscher* (2004) RdNr. 82.

[170] So die Voraufl. RdNr. 54.

[171] RGRK/*Graßhof* RdNr. 17; *Staudinger/Rauscher* (2004) RdNr. 82.

[172] § 630 ZPO RdNr. 6; *Staudinger/Rauscher* (2004) RdNr. 60 f.; *Gernhuber/Coester-Waltjen* § 27 RdNr. 30; aA *Johannsen/Henrich/Sedemund-Treiber* § 630 ZPO RdNr. 17; eingehende Darstellung des Meinungsstreits bei *Johannsen/Henrich/Jaeger* RdNr. 19.

[173] BT-Drucks. 7/650 S. 214.

Parteien, nicht notwendig oder unzweckmäßig erscheinen.[174] Die Parteien haben sich für die formalisierte einverständliche Scheidung entschieden und müssen deshalb auch die Anforderungen erfüllen, die das Gesetz als „Seriositätskontrolle“[175] der einvernehmlichen Scheidung aufgestellt hat. Hiervon ist eine Ausnahme zu machen, wenn die Einigung **keinen vollstreckungsfähigen Inhalt** hat: Wird auf **Unterhalt verzichtet** oder sind **Wohnung** und **Hausrat schon auseinandergesetzt**[176] und haben die Parteien **keine gemeinsamen Kinder mehr,** kann ein Vollstreckungstitel nicht geschaffen und daher auch nicht verlangt werden.[177] Verlangt das Gericht zu Unrecht einen Titel nicht, so beeinträchtigt dieser Verstoß gegen § 630 Abs. 3 ZPO aF die Wirksamkeit des Scheidungsurteils nicht.[178]

59 **b) Art des Titels.** Ein Vollstreckungstitel kann als **notarielle Urkunde** (§ 794 Abs. 1 Nr. 5 ZPO) oder als **gerichtlich** oder **notariell für vollstreckbar erklärter Anwaltsvergleich** (§ 796 b, c ZPO) oder als **Prozessvergleich** (§ 794 Abs. 1 Nr. 1 ZPO) errichtet werden.[179] Der Unterhalt minderjähriger Kinder kann auch in einer **vollstreckbaren Urkunde** vor dem **Jugendamt** gemäß § 59 KJHG geregelt werden. War eine Familiensache vor der Ehesache bei einem Gericht anhängig und ist sie durch **Urteil oder Vergleich** abgeschlossen worden, so genügt auch dieser Titel den Anforderungen des § 630 Abs. 3 ZPO aF.[180] Der Titel muss aber für die Zeit nach der Scheidung Bestand haben oder von den Parteien in einer formlosen Einigung als maßgeblich anerkannt sein.[181] Ist die Familiensache nicht mehr im ersten Rechtszug anhängig, kann die einverständliche Scheidung idR erst durchgeführt werden, wenn das Verfahren über diese Familiensache abgeschlossen ist. Ein Titel über den Unterhalt bei Getrenntleben nach § 1361 wirkt nur bis zur Rechtskraft der Scheidung, weil der Anspruch nach § 1361 nicht mit dem nach §§ 1569 ff. identisch ist.[182] Deshalb muss für die Zeit nach der Scheidung ein neuer Titel geschaffen werden.

60 **c) Zeitpunkt der Errichtung des Titels.** Wenn bei Einreichung des Scheidungsantrags ein vollstreckbarer Titel bereits errichtet ist, kann er gleichzeitig als Einigung mit der Antragsschrift vorgelegt werden. Der fehlende Vollstreckungstitel kann aber, wie die Einigung selbst, auch im Laufe des Verfahrens erstellt werden. Denn § 630 Abs. 3 ZPO aF stellt für die Errichtung des Titels nicht auf die Einreichung des Scheidungsantrags, sondern auf den Schluss der mündlichen Verhandlung ab.[183] **In der Regel** wird der Vollstreckungstitel nicht bereits mit der Antragsschrift vorlegt, sondern erst durch einen gerichtlichen Vergleich geschaffen. Hierdurch ersparen die Parteien es sich, neben zwei Rechtsanwälten und dem Gericht auch noch einen Notar mit der Scheidungsfolgenregelung zu befassen. Die endgültige Einigung wird oft **erst im Laufe des Verfahrens herbeigeführt** werden.

61 **d) Anwaltszwang.** Schließen die Parteien im Scheidungsverfahren einen **Scheidungsfolgenvergleich** (§ 794 Abs. 1 Nr. 1 ZPO), so gilt **Anwaltszwang.**[184] Die Parteien können einen **vollstreckbaren Vergleich** (§ 794 Abs. 1 Nr. 1 ZPO) auch im **PKH-Verfahren** (§ 118 Abs. 1 S. 3 HS 2 ZPO), und dort auch vor dem Vorsitzenden oder einem von ihm beauftragten Richter (§ 118 Abs. 3 ZPO) oder dem nach § 20 Nr. 4 a RPflG beauftragten

[174] *Johannsen/Henrich/Jaeger* RdNr. 19; *Staudinger/Rauscher* (2004) RdNr. 72; *Schwab/Maurer/Borth* (Handbuch) I RdNr. 280; aA Voraufl. RdNr. 55.

[175] *Gernhuber/Coester-Waltjen* § 27 RdNr. 30.

[176] OLG Dresden FamRZ 2003, 1193; *Zöller/Philippi* § 630 ZPO RdNr. 12.

[177] *Zöller/Philippi* § 630 ZPO RdNr. 12; *Baumbach/Hartmann* § 630 ZPO RdNr. 9; *Johannsen/Henrich/Sedemund-Treiber* § 630 ZPO RdNr. 17; *Staudinger/Rauscher* (2004) RdNr. 72; *Johannsen/Henrich/Jaeger* RdNr. 19; *Schwab/Maurer/Borth* (Handbuch) I RdNr. 274.

[178] *Göppinger* RdNr. 645; BT-Drucks. 7/4361 S. 70.

[179] OLG Zweibrücken FamRZ 1994, 1399, 1400; *Zöller/Philippi* § 630 ZPO RdNr. 13.

[180] *Johannsen/Henrich/Sedemund-Treiber* § 630 ZPO RdNr. 26; aA *Damrau* NJW 1977, 1169, 1173.

[181] *Stein/Jonas/Schlosser* § 630 ZPO RdNr. 8; *Rolland/Roth* § 630 ZPO RdNr. 26.

[182] BGHZ 78, 130 = NJW 1980, 2811; BGH NJW 1981, 978.

[183] *Schwab/Maurer/Borth* (Handbuch) I RdNr. 264.

[184] BGH FamRZ 1991, 679 = NJW 1991, 1743; *Zöller/Philippi* § 630 ZPO RdNr. 15; *Zöller/Vollkommer* § 78 ZPO RdNr. 31; *Schwab/Maurer/Borth* (Handbuch) I RdNr. 119.

Rechtspfleger oder im **Güteverfahren**[185] vor dem beauftragten Richter (§ 278 Abs. 5 ZPO) schließen; dann gilt **kein Anwaltszwang** (§ 78 Abs. 5 ZPO aF; § 114 Abs. 4 Nr. 6 FamFG iVm. § 78 Abs. 3 ZPO).[186] Dies gilt im PKH-Verfahren jedenfalls, solange die Ehesache noch nicht rechtshängig ist.[187] Wird in der Hauptsache Termin zur mündlichen Verhandlung anberaumt, so kann nicht im Rahmen der Erörterung des PKH-Gesuchs ein vollstreckbarer Vergleich geschlossen werden, ohne dass beide Parteien anwaltlich vertreten sind.[188]

X. Verbundverfahren

1. Umfang des Scheidungsverbundes.[189] Von den zwölf Sachen, für die das Familiengericht zuständig ist (§ 621 Abs. 1 ZPO aF), sollen nach dem noch für Altverfahren geltenden Recht neun mit der einverständlichen Scheidung gleichzeitig abgeschlossen werden (§ 623 Abs. 1, 2 ZPO aF). § 630 ZPO aF verstärkt die Verbundregelung und verlangt eine gesteigerte Mitwirkung beider Ehegatten für die Einigung. 62

2. Notwendiger Verbund. Ein notwendiger Verbund besteht nach der Auflockerung durch das Kindschaftsrechtsreformgesetz gemäß § 623 Abs. 1 S. 3 ZPO aF nur noch mit dem **Versorgungsausgleich** in den Fällen des § 1587 b. Soll eine gerichtliche Regelung zur **elterlichen Sorge** oder zum **Umgang** erfolgen, haben die Ehegatten die erforderlichen Anträge und jeweils die Zustimmung des anderen Ehegatten hierzu vorzulegen (§ 630 Abs. 1 Nr. 2 ZPO aF). Entsprechend dieser vorgelegten Einigung entscheidet das Familiengericht im Verbund mit der Scheidung. Soll ein Kind nach der Scheidung an den anderen Elternteil herausgegeben werden, soll eine Entscheidung nach § 621 Abs. 1 Nr. 3 ZPO aF ergehen. 63

3. Fakultativer Verbund. Ansprüche aus dem ehelichen **Güterrecht** und die **Verfahren nach den §§ 1382, 1383** sind von der notwendigen Verbindung bei der einverständlichen Scheidung ausgeschlossen (§ 630 ZPO aF). Stellt ein Ehegatte einen **Antrag,** ist auch über die güterrechtlichen Bereiche im Verfahren der einverständlichen Scheidung zu verhandeln und zu entscheiden, wenn kein Grund für die Abtrennung vorliegt.[190] Unerheblich ist es dabei, ob die Ehegatten über die güterrechtlichen Fragen teilweise oder völlig uneinig sind. Denn das Verfahren der einverständlichen Scheidung hängt nicht von einer Einigung über diese Probleme ab. Das auf schnelle Abwicklung ausgerichtete Verfahren der einverständlichen Scheidung ist allerdings für eine streitige Auseinandersetzung über das Güterrecht wenig geeignet. 64

4. Abtrennung von Folgesachen. Auch bei der einverständlichen Scheidung bleibt § 628 ZPO mit der Folge anwendbar, dass **Folgesachen abgetrennt** werden können, wenn die Entscheidung über den **Versorgungsausgleich** oder Ansprüche aus dem ehelichen **Güterrecht** nicht möglich ist, wenn über eine auszugleichende Versorgung ein Rechtsstreit bei einem anderen Gericht anhängig ist, oder wenn die gleichzeitige Entscheidung das Verfahren **außergewöhnlich verzögern** würde (§ 628 Abs. 1 Nr. 1 bis 4 ZPO aF, jetzt § 140 Abs. 2 Nr. 5 FamFG). Mit dem Kindschaftsrechtsreformgesetz ist der allgemeine Verbund der Ehesache mit den **Kindschaftssachen** gelockert worden.[191] Nach § 623 Abs. 2 S. 2 ZPO aF muss das Gericht bereits auf den **einseitigen Antrag** eines Ehegatten die Regelung der elterlichen Sorge (§ 621 Abs. 1 Nr. 1 ZPO aF), die Regelung des Umgangs mit einem Kinde (§ 621 Abs. 1 Nr. 2 ZPO aF) sowie das Verfahren über die Herausgabe 65

[185] Nach § 113 Abs. 3 Nr. 4 FamFG sind die Vorschriften der ZPO über die Güteverhandlung zukünftig nicht mehr anwendbar.

[186] Offen gelassen von BGH FamRZ 1991, 679 = NJW 1991, 1743, 1744; OLG Hamburg FamRZ 1988, 1299; Philippi FamRZ 1982, 1083; *Zöller/Vollkommer* § 78 ZPO RdNr. 31; *Schwab/Maurer/Borth* (Handbuch) I RdNr. 118, 120.

[187] *Schwab/Maurer/Borth* (Handbuch) I RdNr. 120.

[188] *Schwab/Maurer/Borth* (Handbuch) I RdNr. 120; insofern verkennend OLG Hamburg FamRZ 1988, 1299.

[189] Jetzt § 137 FamFG.

[190] MünchKommZPO/*Finger* § 630 RdNr. 13.

[191] *Büttner* FamRZ 1998, 585 hebt zu Recht hervor, dass damit die Warn- und Schutzfunktion des Verbundes entwertet ist.

eines Kindes (§ 621 Abs. 1 Nr. 3 ZPO aF) und die damit regelmäßig in enger Verbindung stehenden Unterhaltsverfahren der Ehegatten (§ 621 Abs. 1 Nr. 5 ZPO aF) und gegenüber einem gemeinschaftlichen Kind (§ 621 Abs. 1 Nr. 4 iVm. Abs. 2 Nr. 4 ZPO aF) **abtrennen.**[192] Wenn diese Verfahren abgetrennt sind, sind sie auch **nicht mehr notwendiger Regelungsgegenstand.** Eine übereinstimmende Erklärung zur elterlichen Sorge und zum Umgangsrecht ist dann nicht mehr erforderlich. Die Begründung zu § 630 ZPO aF behandelt diesen Fall der Abtrennung auf einseitigen Antrag nicht.[193] Schon bisher war aber die einverständliche Scheidung möglich, wenn eine Sache, die Gegenstand der Einigung nach § 630 ZPO aF sein soll, abgetrennt worden war.[194] Damit bleibt die formalisierte einverständliche Scheidung auch für komplexe Scheidungsverfahren möglich, bei denen nicht alle Folgesachen im Augenblick der Scheidung regelbar sind. Ferner sind auch solche Scheidungsverfahren für einen späteren Übergang von der streitigen zur formalisierten einverständlichen Scheidung geeignet, bei denen schon in der streitigen Phase Folgesachen abgetrennt worden sind. Der Fortbestand der gemeinsamen elterlichen Sorge und das bisher gehandhabte Umgangsrecht sowie die obligatorische Abtrennung wichtiger Folgeverfahren auf einseitigen Antrag schlägt auf den Umfang der notwendigen Einigung nach § 630 ZPO aF durch.

XI. Rechtsmittel gegen den Ausspruch der einverständlichen Scheidung

66 Auch wenn beide Ehegatten die Scheidung einverständlich beantragt haben oder ein Ehegatte dem Scheidungsantrag des anderen zugestimmt hat, kann jeder von ihnen den Ausspruch der Scheidung anfechten, um die **Ehe doch noch aufrechtzuerhalten.**[195] Der Antragsteller kann in der Rechtsmittelinstanz den Scheidungsantrag mit Zustimmung des Antragsgegners **zurücknehmen** oder auf den Scheidungsantrag **verzichten.**[196] Der Antragsgegner, der der Scheidung nur zugestimmt hat, kann jedoch Anschlussrechtsmittel einlegen und in der Rechtsmittelinstanz einen Scheidungsantrag stellen, der jedoch nicht mehr auf Abs. 1 gestützt werden kann.[197] Das Ziel der Berufung des Antragsgegners kann es sein, in der zweiten Instanz die **Zustimmung** zu **widerrufen,** um die einverständliche Scheidung zu verhindern (vgl. RdNr. 30).[198] Der Antragsteller kann dann zur Scheidung aus dem Grundtatbestand des § 1565 Abs. 1 iVm. Abs. 2 oder § 1566 Abs. 2 übergehen. Der Widerruf der Zustimmung ist auch noch in der Revisionsinstanz möglich,[199] das Verfahren muss dann, wenn der Antragsteller eine streitige Scheidung betreiben will, **zurückverwiesen** werden.

67 Anfechtbar sind auch Entscheidungen des Gerichts über **Folgeverfahren,** die nicht in vollstreckbaren Schuldtiteln niedergelegt sind. In Betracht kommt ausnahmsweise die Anfechtung der Entscheidung über die Regelung der elterlichen Sorge, über die das Gericht, wenn es von einem Vorschlag der Eltern abweichen will, vorab zu entscheiden hat (§ 627 ZPO), über die Umgangsregelung, den Versorgungsausgleich und Ansprüche aus dem ehelichen Güterrecht. Wird eine verbundene Folgesache angefochten, wird auch der Ausspruch der Scheidung zunächst nicht rechtskräftig und kann bis zum Ablauf der Berufungserwiderungsfrist mit einem unselbstständigen Anschlussrechtsmittel angefochten werden (§ 524 Abs. 2 S. 2 ZPO). Der **Rechtsmittelverzicht** ist bei der einverständlichen Scheidung nach allgemeinen Regeln zulässig (vgl. § 1564 RdNr. 101).

---

[192] Jetzt § 140 FamFG.

[193] Vgl. BT-Drucks. 13/4899 S. 123 f.

[194] MünchKommZPO/*Finger* § 630 RdNr. 24.

[195] BGHZ 89, 325 = NJW 1984, 1302 = FamRZ 1984, 350; *Johannsen/Henrich/Sedemund-Treiber* § 630 ZPO RdNr. 19; *Zöller/Philippi* § 630 ZPO RdNr. 9; *Musielak/Borth* § 630 ZPO RdNr. 14.

[196] BGHZ 4, 314, 320 = NJW 1952, 705; BGHZ 24, 369; BGH NJW 1970, 46; 1978, 891; OLG Köln FamRZ 1980, 388; OLG Karlsruhe FamRZ 1980, 1121.

[197] OLG Karlsruhe FamRZ 1980, 1121.

[198] BGHZ 89, 325 = NJW 1984, 1302 = FamRZ 1984, 350, 351; OLG Stuttgart NJW 1979, 662; *Baumbach/Hartmann* § 630 ZPO RdNr. 11; RGRK/*Graßhof* RdNr. 28; *Johannsen/Henrich/Sedemund-Treiber* § 630 ZPO RdNr. 19.

[199] BGH NJW 1984, 1302, 1303; *Brüggemann* FamRZ 1977, 1.

XII. Verhältnis der einverständlichen Scheidung zur Scheidung aus anderen Tatbeständen

1. Wahlmöglichkeit zwischen den Scheidungstatbeständen. Wenn beide Ehegatten geschieden sein wollen, sind sie nicht darauf beschränkt, die Scheidung aus dem Tatbestand der einverständlichen Scheidung zu vollziehen. Auch die Scheidung wegen Unzumutbarkeit, die Scheidung aus dem Grundtatbestand und die Dreijahresscheidung setzen nicht voraus, dass ein Ehegatte nicht geschieden sein will oder dass sonst ein Interessengegensatz zwischen den Parteien besteht. Ehegatten, die sich über die Scheidung ihrer Ehe einig sind, können also zwischen den Scheidungstatbeständen wählen und sich auf denjenigen einigen, dessen Tatbestandsmerkmale sie am ehesten nachweisen können und der ihnen im Verfahrensrecht die **bequemste Art der Auflösung ihrer Ehe** gewährt. Eine Umgehung des Gesetzes liegt darin nicht, solange alle Voraussetzungen für die Scheidung aus dem gewählten Tatbestand vorliegen. 68

2. Verhältnis zum Grundtatbestand (§ 1565 Abs. 1). Eine einvernehmliche Scheidung über den Grundtatbestand ist zulässig.[200] Auch der Grundtatbestand setzt nur eine einjährige Trennung voraus (§ 1565 Abs. 2), für ihn ist allerdings immer das Scheitern der Ehe festzustellen. Da in der Praxis ein einjähriges Getrenntleben in aller Regel ohne weitere Beweisaufnahme zur Feststellung des Scheiterns der Ehe führt (vgl. Vor § 1564 RdNr. 21),[201] liegt es nahe, der hohe Hürden aufstellenden Vorschrift des § 630 ZPO aF auszuweichen und nur die Folgesachen zu regeln, deren Regelung notwendig ist. Nachdem die elterliche Sorge und das Umgangsrecht aus dem Scheidungsverbund ausgeklammert werden können, hat sich die Dispositionsbefugnis der Ehegatten erweitert.[202] 69

XIII. Prozesskostenhilfe

Für die Bewilligung von Prozesskostenhilfe genügt es, wenn der Antragsteller (auch in einem Formular) die äußeren Fakten mitteilt, erklärt, dass die Ehegatten ein Jahr getrennt leben, dass der andere Ehegatte der Scheidung zustimmen oder selbst einen Scheidungsantrag stellen wird und die Folgesachen im Verfahren geregelt werden sollen und wenn der Gegner im PKH-Verfahren diese Einigungen bestätigt.[203] Darlegungen zum Scheitern der Ehe, die nach Abs. 1 nicht erforderlich sind, sollten unterbleiben, um den Willen des Antragsgegners zur Einigung nicht zu stören.[204] Dem **Antragsgegner** kann die Prozesskostenhilfe auch dann nicht verweigert werden, wenn er der Scheidung zustimmt (vgl. § 1564 RdNr. 50),[205] sie ist ihm schon nach § 121 Abs. 2 S. 1 ZPO zu bewilligen, weil der Antragsteller im Scheidungsverfahren anwaltlich vertreten sein muss. Die Prozesskostenhilfe ist grundsätzlich auf die Folgesachen zu erstrecken, weil eine Partei nur so auf ihre Gestaltung Einfluss nehmen kann.[206] 70

---

[200] *Diederichsen* NJW 1977, 273, 276; *Johannsen/Henrich/Jaeger* § 1565 RdNr. 34; MünchKommZPO/*Finger* § 630 RdNr. 2; *Stein/Jonas/Schlosser* § 630 ZPO RdNr. 1; *Musielak/Borth* § 630 ZPO RdNr. 2.

[201] OLG Zweibrücken FamRZ 1989, 981; *Johannsen/Henrich/Jaeger* § 1565 RdNr. 34 ff.; *Staudinger/Rauscher* (2004) § 1565 RdNr. 52; aA noch OLG Frankfurt FamRZ 1977, 802; OLG Koblenz FamRZ 1980, 253.

[202] In Zukunft bedarf es der Regelung der Folgesachen für die einverständliche Scheidung nicht mehr, weil die „Hürde" des § 630 ZPO entfallen ist, vgl. §§ 133–135 FamFG, Art. 29 Nr. 15 FGG-RG.

[203] OLG Karlsruhe FamRZ 1984, 1231; OLG Zweibrücken FamRZ 1983, 1132; KG FamRZ 1980, 580; *Staudinger/Rauscher* (2004) RdNr. 87; *Johannsen/Henrich/Sedemund-Treiber* § 624 ZPO RdNr. 6; enger OLG Zweibrücken FamRZ 1983, 1132; *Wax* FamRZ 1985, 10, 11; RGRK/*Graßhof* RdNr. 43.

[204] *Staudinger/Rauscher* (2004) RdNr. 86.

[205] AllgM; OLG Hamburg FamRZ 1983, 1133; OLG Köln FamRZ 1982, 1224; OLG Düsseldorf FamRZ 1981, 265; OLG Frankfurt FamRZ 1980, 716 *Grunsky* NJW 1980, 2041; RGRK/*Graßhof* RdNr. 43; *Staudinger/Rauscher* (2004) RdNr. 89.

[206] OLG Hamburg FamRZ 1983, 1133; *Staudinger/Rauscher* (2004) RdNr. 91.

B. Der Dreijahrestatbestand (Abs. 2)

I. Normzweck

71 **1. Weiterentwicklung von § 48 Abs. 1 EheG.** Der Dreijahrestatbestand schließt an § 48 Abs. 1 EheG an. Er wandelt die tatsächliche Vermutung der unheilbaren Zerrüttung der Ehe in eine **unwiderlegbare gesetzliche Vermutung** um. Das Gericht soll nicht mehr gehalten sein, den Zustand der Ehe mit dem dabei unvermeidlichen Eindringen in die private Sphäre der Ehegatten zu untersuchen, obwohl jeder weiß,[207] dass das Ergebnis immer nur ist, dass die Ehe gescheitert ist. Wegen der Voraussetzungen, die an das Getrenntleben in § 1567 gestellt werden, sind nur noch theoretisch Fälle denkbar, in denen nach einer Trennungszeit von drei Jahren die Ehe nicht gescheitert sein könnte. Diese Fälle können auch unter dem Gesichtspunkt des Eheschutzes aus Art. 6 GG unberücksichtigt bleiben, weil die Unwiderlegbarkeit nach Fristablauf der schnellen Scheidung aus § 1565 vorbeugt und vermieden wird, in die Intimsphäre der Ehegatten einzudringen.[208] Der Richter wird damit davon befreit, in den Entscheidungsgründen Feststellungen über den Zustand der Ehe zu treffen, obwohl sich seine Überzeugung, dass die Ehe gescheitert ist, schon aus der langen Trennung der Ehegatten ergibt.

72 **2. Schonung der Intimsphäre.** Den Ehegatten wird es gleichzeitig erspart, den inneren Zustand der ehelichen Gemeinschaft vorzutragen, die Fakten, Umstände und Konsequenzen darzutun, aus denen der Richter entnehmen können soll, dass mit der Wiederherstellung der Lebensgemeinschaft der Ehegatten nicht mehr zu rechnen ist. Der Antragsteller kann, abgesehen von dem Vortrag, seit drei Jahren getrennt zu leben,[209] darauf verzichten, sein eigenes, vielleicht moralisch verwerfliches Verhalten als Ursache des Scheiterns darzustellen, und kann gleichzeitig auch seinen Ehepartner, mit dem er eine Lebensgemeinschaft gebildet hatte, schonen und ihm Vorwürfe ersparen.

II. Bisheriges Recht und Rechtsentwicklung

73 Das BGB kannte die Scheidung nur wegen Zerrüttung der Ehe nicht, es ließ eine Ausnahme vom Verschuldensprinzip nur bei der Scheidung wegen Geisteskrankheit nach § 1569 aF BGB zu; die Krankheit musste bis zur Scheidung drei Jahre gedauert haben. Bei den Reformarbeiten in der Weimarer Zeit mit dem Ziel, die Scheidung wegen Zerrüttung der Ehe einzuführen, wurde eine Wartefrist angeregt, um Willkürscheidungen zu verhindern (vgl. § 1567 RdNr. 7). Mit dem EheG 1938 wurde die Scheidung nur wegen Zerrüttung der Ehe eingeführt, wenn die häusliche Gemeinschaft der Ehegatten drei Jahre aufgehoben war (§ 55 Abs. 1 EheG 1938, § 48 Abs. 1 EheG). Die Scheidung nach dieser Wartefrist war wegen ihrer zu langen Dauer praktisch bedeutungslos geworden. In der Reformdiskussion zum 1. EheRG wurden nahezu alle denkbaren Modelle einer Fristenscheidung erörtert. Es wurde ein Kompromiss gesucht, der den Übergang zur Zerrüttungsscheidung ermöglichte, die Scheidung aber nicht zu sehr erleichtern sollte.

III. Dreijähriges Getrenntleben als Grundlage der unwiderlegbaren Vermutung

74 **1. Dreijahresfrist.** Die Vermutung im Dreijahrestatbestand unterscheidet sich von der einverständlichen Scheidung nach Abs. 1 vor allem durch die Dauer der Frist. Es kann deshalb auf die Bemerkungen zu Abs. 1 verwiesen werden. Die Frist muss im Zeitpunkt der letzten mündlichen Verhandlung abgelaufen sein. Der Ablauf kann mit allen im Eheverfahren zugelassenen Beweismitteln geführt werden. Insbesondere ist die Parteivernehmung nicht ausgeschlossen. Manipulationen sind beim Nachweis des Fristablaufs schwer zu ver-

---

[207] Das verkennen auch die Entwürfe 71 und 73 nicht, die trotzdem nur eine widerlegbare Vermutung vorsahen, Entwurf 73 S. 110f.; ebenso wenig der BRat bei der Anrufung des VA zu dieser Frage, BR-Drucks. 1/76 (Beschluss) S. 23.

[208] BGH NJW 1979, 978; *Deubner* NJW 1978, 2585; *Giesen-Giek* JR 1979, 1, 4.

[209] Entwurf 73 S. 67.

hindern. Die Scheidung über den Dreijahrestatbestand ist auch möglich, wenn die Ehegatten nie eine gemeinsame Ehewohnung hatten.

Die Richtigkeit der Vermutung des Scheiterns der Ehe wird erheblich weniger als bei der einverständlichen Scheidung durch weitere Merkmale abgesichert. Der **Antragsgegner** kann noch vom Fortbestand der Ehe überzeugt sein, er **muss in keiner Weise** bei der Abwicklung der Folgeverfahren **mitwirken.** Der notwendige Verbund umfasst nur die Regelung des Versorgungsausgleichs (§ 623 Abs. 1 S. 3 ZPO aF, § 137 Abs. 2 Nr. 1 FamFG). Andere Folgesachen, insbesondere eine Regelung der elterlichen Sorge und die Unterhaltsregelung, können offen bleiben. Es fehlt damit die bisher für die Vermutung bei der einverständlichen Scheidung vorhandene beidseitige Scheidungsenergie als Seriositätsindiz des Scheidungsbegehrens.[210] Im Hinblick darauf, das die Scheidung auch gegen den Willen des Antragsgegners durchsetzbar ist, ist der Feststellung, dass die Ehegatten drei Jahre getrennt leben, als Grundlage für das Scheitern der Ehe besondere Aufmerksamkeit zu widmen. 75

2. Unwiderlegbare Vermutung. Leben die Ehegatten im Zeitpunkt der letzten mündlichen Verhandlung über den Scheidungsantrag drei Jahre getrennt, wird unwiderlegbar vermutet, dass die Ehe gescheitert ist. Der Fristablauf von drei Jahren ist alleinige Grundlage der Vermutung und tritt an die Stelle des in Abs. 1 vorgesehenen Fristablaufs von einem Jahr, des übereinstimmenden Scheidungsantrags oder der Zustimmung zur Scheidung und der Regelungen in § 630 ZPO aF, die nach der geltenden Gesetzeslage für vor dem 1. 9. 2009 eingeleitete Scheidungsverfahren noch erforderlich sind. 76

Die zu § 48 Abs. 1 EheG praktizierte tatsächliche Vermutung[211] wurde in eine **gesetzliche Vermutung** umgewandelt. Da diese Vermutung unwiderlegbar ist, darf dann, wenn ein Ehegatte behauptet, die Ehegatten lebten drei Jahre getrennt, zunächst nur der Fristablauf geprüft werden. Liegt er vor, ist die Ehe als gescheitert anzusehen. Weder von Amts wegen noch auf Antrag einer Partei darf geprüft werden, ob die Ehe gescheitert ist.[212] Da gemäß § 1567 Abs. 1 bereits für das Getrenntleben der Ehegatten festzustellen ist, dass ein Ehegatte die eheliche Lebensgemeinschaft ablehnt, beschränkt sich die Erleichterung durch die unwiderlegbare Vermutung praktisch allerdings darauf, dass die **Prognose durch den Fristablauf ersetzt** wird. Haben sich die Ehegatten inzwischen versöhnt, werden sie nicht mehr im Sinne des § 1567 getrennt leben.[213] 77

3. Verfassungsmäßigkeit. Seit der Entscheidung des **BVerfG** vom 28. 2. 1980 ist mit Gesetzeskraft klargestellt, dass das Zerrüttungsprinzip und die unwiderlegbare Vermutung in Abs. 2 nicht gegen Art. 6 Abs. 1 GG verstoßen.[214] Art. 6 GG verlangt nur, dass die Scheidung von Ehen vermieden wird, die nicht gescheitert sind. Dies wird durch die Dreijahresfrist gesichert. Daneben gibt die Möglichkeit, das Verfahren nach § 614 ZPO aF (§ 136 FamFG) auszusetzen, dem Richter die Befugnis, mit den Ehegatten ein klärendes Gespräch zu führen und ihnen rechtliches Gehör zu gewähren (zu den Verfassungsfragen vgl. näher Vor § 1564 RdNr. 23).[215] 78

IV. Die Anwendung der Härteklauseln des § 1568

In der Reformdiskussion war umstritten, ob eine Härteklausel noch anwendbar sein soll, wenn das Scheitern der Ehe unwiderlegbar vermutet wird. Seit der Entscheidung des **BVerfG** zur Verfassungswidrigkeit der zeitlichen Befristung der Härteklausel in § 1568 79

---

[210] *Gernhuber/Coester-Waltjen* § 27 RdNr. 30; *Staudinger/Rauscher* (2004) RdNr. 95.

[211] DiskE S. 52 f.

[212] *Johannsen/Henrich/Jaeger* RdNr. 22; *Staudinger/Rauscher* (2004) RdNr. 98; *Habscheid,* FS Bosch, S. 373, sieht darin eine Verletzung des Grundsatzes des rechtlichen Gehörs; Zweifel auch bei *Rolland* RdNr. 18.

[213] OLG Bremen FamRZ 1986, 833, 834.

[214] BVerfGE 53, 224 = NJW 1980, 689; ebenso BGH LM Nr. 1 = NJW 1979, 978; *Lüke* AcP 178 (1978), 1, 28 ff., 32; die aA von OLG Köln NJW 1978, 167; 1009; *Habscheid,* FS Bosch, S. 355; *Hillermeier* FamRZ 1976, 577; *Bosch* FamRZ 1978, 416; 1977, 569, 574 ist damit überholt; zum Urteil des BVerfG vgl. *Wilkens* FamRZ 1980, 527; *Müller* DRiZ 1980, 448; *Ramm* JZ 1981, 82; *Soergel/Heintzmann* RdNr. 2.

[215] RGRK/*Graßhof* RdNr. 5, 46; zu Recht krit. *Rolland* RdNr. 18.

Abs. 2 (vgl. dazu Vor § 1564 RdNr. 26 und § 1568 RdNr. 2),[216] die zur Aufhebung von § 1568 Abs. 2 durch Gesetz vom 20. 2. 1986 (BGBl. I S. 301) geführt hat, ist die **Härteklausel zugunsten eines Ehegatten** immer zu prüfen, wenn er sich darauf beruft. Die Ehegattenschutzklausel ist der einzige Tatbestand, der einer Scheidung nach Abs. 2 entgegenstehen kann und der dazu führt, dass auch nach dreijähriger Trennung eine Prüfung des Zustands der Ehe stattfindet.[217] Die **Kinderschutzklausel** des § 1568 ist stets von Amts wegen zu beachten. Wenn Anträge zur elterlichen Sorge nicht gestellt werden (§ 623 Abs. 2 Nr. 1 ZPO, § 137 Abs. 3 FamFG), werden dem Gericht allerdings kaum Informationen zur Situation der Kinder vorliegen (vgl. § 1568 RdNr. 18).

V. Verhältnis des Dreijahrestatbestandes zu anderen Scheidungstatbeständen

80 **1. § 1565 Abs. 2.** Wird die Scheidung wegen **Unzumutbarkeit** nach § 1565 Abs. 2 begehrt, ist schon mit dem Ablauf eines Trennungsjahres nur noch der Grundtatbestand des § 1565 Abs. 1 anwendbar. Wird der Ablauf der Dreijahresfrist festgestellt, tritt die Vermutung des Abs. 2 ein, auch wenn sich der Antragsteller darauf nicht beruft (vgl. § 1564 RdNr. 60).[218] Da der Fristablauf eine ehefeindliche Tatsache ist, also der Disposition der Parteien nicht unterliegt, ist das **Einvernehmen der Parteien insoweit ohne Bedeutung.**

81 **2. § 1565 Abs. 1.** Beruft sich ein Ehegatte auf den Ablauf der Dreijahresfrist, darf das Gericht nicht untersuchen, ob die Ehe gescheitert ist. Jeder Ehegatte kann durch die Fassung seines Scheidungsantrages darüber bestimmen, ob der Zustand seiner Ehe untersucht werden darf (vgl. RdNr. 36).[219] Beantragt ein Ehegatte die Scheidung aus dem Grundtatbestand, der andere die Dreijahresscheidung, ist zunächst zu untersuchen, wie lange die Ehegatten getrennt leben. Erst wenn die Trennungsdauer von drei Jahren nicht festgestellt werden kann, darf der Zustand der Ehe untersucht werden.[220]

82 **3. Abs. 1.** Beantragt ein Ehegatte die einverständliche Scheidung nach Abs. 1, § 630 ZPO aF und behauptet und beweist er nur eine einjährige Trennung der Ehegatten, darf das Gericht **nicht von Amts wegen prüfen,** ob die Trennung schon drei Jahre dauert. Ein Ehegatte mag gute Gründe haben, diesen Nachweis nicht führen zu wollen. Eine Parallele besteht zur einverständlichen Scheidung, die die Ehegatten selbst dann nicht suchen müssen, wenn deren Voraussetzungen erfüllbar sind. Ergibt sich aber aus den Tatsachen, die dem Gericht unterbreitet sind, eine dreijährige Trennung der Ehegatten, greift die Vermutung, dass die Ehe gescheitert ist, selbst dann ein, wenn sich ein Ehegatte nicht darauf beruft.[221] Die Vermutung des Scheiterns der Ehe besteht nicht nur im Interesse der Parteien.

VI. Aussetzung des Verfahrens

83 **Beantragt** der Antragsteller oder beantragen beide Ehegatten die **Aussetzung des Verfahrens,** so darf das Gericht auf Scheidung nicht erkennen, bevor das Verfahren ausgesetzt war (§ 614 Abs. 3 ZPO aF, § 136 Abs. 2 FamFG). Leben die Ehegatten länger als ein Jahr getrennt, also im Regelfalle des Verfahrens nach Abs. 2, darf das Verfahren **nicht gegen den Widerspruch beider Ehegatten** ausgesetzt werden (§ 614 Abs. 2 S. 2 ZPO aF, § 136 Abs. 1 S. 2 FamFG). Diese auf die einverständliche Scheidung bezogene Regelung gilt auch für Abs. 2 (§ 614 Abs. 4 S. 2 ZPO aF).

84 Nach § 614 Abs. 2 S. 1, Abs. 4 S. 2 ZPO aF (§ 136 Abs. 3 FamFG) darf das Gericht das Verfahren jedoch **sechs Monate aussetzen,** auch wenn die Dreijahrestrennung abgelaufen ist. Da das Gericht das Verfahren nur aussetzen soll, wenn nach seiner freien Überzeugung Aussicht auf Fortsetzung der Ehe besteht (§ 614 Abs. 2 S. 1 ZPO aF, § 136 Abs. 1 FamFG),

---

216 BVerfGE 55, 134 = NJW 1981, 108.
217 *Staudinger/Rauscher* (2004) RdNr. 104.
218 *Staudinger/Rauscher* (2004) RdNr. 101; *Bamberger/Roth/Neumann* RdNr. 11.
219 *Staudinger/Rauscher* (2004) RdNr. 101.
220 *Staudinger/Rauscher* (2004) RdNr. 101.
221 *Staudinger/Rauscher* (2004) RdNr. 102.

nach Abs. 2 das Scheitern der Ehe jedoch unwiderlegbar vermutet wird, scheint sich ein logischer Bruch[222] zu ergeben. Der Gesetzgeber hat die Aussetzung des Verfahrens jedoch auch nach mehr als dreijähriger Trennung vorgesehen und als einen gewissen Ersatz für den Wegfall des Sühneverfahrens (§ 608 ZPO aF) geschaffen.[223] Deshalb wird eine Aussetzung des Verfahrens dort in Betracht kommen, wo trotz mehr als dreijähriger Trennung konkrete Aussicht auf die Fortsetzung der Ehe besteht. Dazu muss das Gericht nicht das Scheitern der Ehe in Frage stellen, sondern die Überzeugung gewinnen, trotz des unwiderlegbar vermuteten Scheiterns der Ehe sei eine Versöhnung[224] möglich. Dies wird freilich nur in **Ausnahmefällen** in Betracht zu ziehen sein, insbesondere dann, wenn beide Ehegatten Anzeichen von **Versöhnungsbereitschaft trotz Eingreifens der Scheiternsvermutung** erkennen lassen.[225]

§ 1567 Getrenntleben

(1) [1] Die Ehegatten leben getrennt, wenn zwischen ihnen keine häusliche Gemeinschaft besteht und ein Ehegatte sie erkennbar nicht herstellen will, weil er die eheliche Lebensgemeinschaft ablehnt. [2] Die häusliche Gemeinschaft besteht auch dann nicht mehr, wenn die Ehegatten innerhalb der ehelichen Wohnung getrennt leben.

(2) Ein Zusammenleben über kürzere Zeit, das der Versöhnung der Ehegatten dienen soll, unterbricht oder hemmt die in § 1566 bestimmten Fristen nicht.

Schrifttum: S. vor § 1564.

Übersicht

[222] So die Voraufl. RdNr. 86; *Rolland/Roth* § 614 ZPO RdNr. 15.

[223] Vorschlag des BRates zu § 614 Abs. 4 ZPO; Entwurf 73 S. 278; *Bürgle* FamRZ 1973, 508, 519; vgl. auch *Rolland* RdNr. 18.

[224] *Gernhuber/Coester-Waltjen* § 27 RdNr. 43 meint, es komme nicht nach der Versöhnungsbereitschaft, sondern nach Bereitschaft zur Fortführung der gescheiterten Ehe an.

[225] *Zöller/Philippi* § 614 ZPO RdNr. 6; *Staudinger/Rauscher* (2004) RdNr. 99, 100; *Johannsen/Henrich/Jaeger* RdNr. 23; anders die Voraufl. RdNr. 86, wonach eine Aussetzung nur in „völlig ungewöhnlichen Fällen“ in Betracht kommt.

I. Normzweck

1 **1. Begriff „Getrenntleben“. a) Weitreichende Bedeutung.** Der Begriff des Getrenntlebens hat nicht nur im heutigen Scheidungsrecht eine zentrale Bedeutung. Bei engen Beziehungen von Personen knüpft das Gesetz vielfach Rechtsfolgen daran, ob sie in häuslicher Gemeinschaft oder ob sie getrennt leben. So entstehen Rechtspflichten, wenn bei einem Dienstverhältnis der Dienstpflichtige in die häusliche Gemeinschaft aufgenommen wird (§§ 617 Abs. 1, 618 Abs. 2); unverheiratete Paare werden ebenso wie nicht dauernd getrennt lebende Ehegatten und Lebenspartner zu Bedarfsgemeinschaften, wenn sie in einem gemeinsamen Haushalt so zusammenleben, dass nach verständiger Würdigung der wechselseitige Wille anzunehmen ist, Verantwortung füreinander zu tragen und füreinander einzustehen (§ 7 Abs. 3 Nr. 3 c SGB II). Die Ehegatten werden steuerlich getrennt veranlagt, wenn sie getrennt leben (§§ 26, 26 a EStG). Von **überragender Bedeutung** ist der Begriff des Getrenntlebens jedoch **im gesamten Familienrecht,** wo allerdings weder die Terminologie noch der Inhalt des Begriffs einheitlich war und ist. Während die ältere Terminologie im Anschluss an § 1571 Abs. 2 aF vom Bestehen[1] oder von der Aufhebung der häuslichen Gemeinschaft sprach[2] und noch spricht,[3] wird in neuerer Zeit im Familienrecht im Anschluss an § 1361 aF[4] der Begriff des Getrenntlebens verwendet.[5] Der Inhalt beider Begriffe hatte sich in Rspr. und Lehre, insbesondere in der Rspr. des BGH, gewandelt, ohne dass die Begriffe an allen Stellen gleich ausgelegt wurden[6] oder ihre Auslegung unbestritten geworden wäre. Auf den Begriff des Getrenntleben in familienrechtlichen Vorschriften außerhalb des Scheidungsrechts[7] ist die Definition des § 1367 nicht direkt anwendbar, weil

[1] § 1361 Abs. 2 idF bis 30. 6. 1977, § 2028 Abs. 1.

[2] §§ 55 Abs. 1, 57 Abs. 1 S. 3 EheG 1938; §§ 48 Abs. 1, 50 Abs. 1 S. 2 EheG.

[3] § 1567 Abs. 1.

[4] § 1361 Abs. 1 lautete bereits in der seit 1900 geltenden Fassung „Leben die Ehegatten getrennt, ...“.

[5] § 1361 a Abs. 1 S. 1, §§ 1362 Abs. 1 S. 2, 1629 Abs. 3 S. 1, 1642, 1379 Abs. 1 Nr. 1 nF.

[6] Vgl. OLG Stuttgart NJW 1959, 1045 zu § 50 Abs. 1 S. 3 EheG und OLG Köln FamRZ 1965, 510 zu § 1362; zu Vorschriften außerhalb des Eherechts BGH LM VVG § 67 Nr. 18; BVerwGE 11, 10, 12, 13 zu § 269 Abs. 2 LAG; BVerwG FamRZ 1966, 234, 235 zu § 122 Abs. 1 BBG; BGH LM § 745 Nr. 11 = NJW 1982, 1753 zur gemeinsamen Eigentumswohnung; BGHZ 74, 38 = NJW 1979, 1289 zum Versorgungsausgleich.

[7] Der Begriff „Getrenntleben“ wird im Familienrecht in §§ 1357 Abs. 3, 1361 Abs. 1, 1361 a Abs. 1 S. 1, 1361 b Abs. 1 S. 1, 1362 Abs. 1 S. 2, 1379 Abs. 1 Nr. 1 nF, 1385, 1565 Abs. 2, 1566 Abs. 1, 2, 1629 Abs. 3 S. 1, 1671 Abs. 1, 1672 Abs. 1, verwendet.

sie mit dem vom BRat hinzugefügten Erfordernis der Ablehnung der ehelichen Lebensgemeinschaft ganz auf die Scheidungssituation bezogen ist;[8] dort, wo diese Regelungen einen Bezug zur Scheidungssituation haben, wird aber – auch außerhalb des Familienrechts – eine zumindest entsprechende Anwendung der Legaldefinition geboten sein (vgl. im Einzelnen RdNr. 67).[9]

b) Legaldefinition. Die Vorschrift drängt die Bezeichnung „Aufhebung der häuslichen Gemeinschaft" zurück und verwendet den Begriff „Getrenntleben" als Beschreibung des Zustandes, an den das Gesetz Rechtsfolgen knüpft. Was unter Getrenntleben zu verstehen ist, wird in § 1567 für das Scheidungsrecht in einer Legaldefinition festgelegt: Ehegatten leben getrennt, wenn zwischen ihnen **keine häusliche Gemeinschaft** mehr besteht und ein Ehegatte sie erkennbar nicht herstellen will, weil er die eheliche Gemeinschaft ablehnt. Der Begriff enthält danach **drei Elemente,** die für das Scheidungsrecht zusammen treffen müssen. Häusliche Trennung allein reicht danach für das Getrenntleben nicht aus.[10] Hinzu treten subjektive Elemente. Der **Wille** zumindest eines Ehegatten muss darauf gerichtet sein, die häusliche Gemeinschaft nicht wiederherzustellen, sein **Motiv** muss die Ablehnung der ehelichen Lebensgemeinschaft sein. Hingegen beinhaltet der Begriff des Getrenntlebens nicht die Zerrüttung der Ehe; das Getrenntleben ist vielmehr die Grundlage der Zerrüttungsvermutungen in § 1566.[11] Eine sog. „kleine Zerrüttungsvermutung" findet daher innerhalb der Prüfung, ob die Eheleute getrennt leben, nicht statt.[12] Die vom Gesetzgeber in die Definition des Getrenntlebens einbezogenen subjektiven Elemente dienen vielmehr dazu, freiwillige von unfreiwilligen Trennungen und solchen, die mit der Krise der Ehe nicht zusammenhängen, abzugrenzen.[13] 2

2. Indizwirkung für das Scheitern der Ehe. Das Getrenntleben wird bei der Zerrüttungsscheidung zu einem zentralen Begriff.[14] Die Bestimmung ist grundlegend für die Zerrüttungsvermutungen des § 1566 BGB. Das Gesetz verlangt eine bestimmte Zeit der Trennung als Zeit der Besinnung,[15] damit die Ehegatten die Scheidung erst nach einem **abgeschlossenen Zerrüttungsprozess,** nicht jedoch schon während einer noch beherrschbaren Krise ihrer Beziehung erreichen können. Deshalb soll die Ehe für die Zeit des Getrenntlebens vor Scheidungsanträgen geschützt werden.[16] Für den Begriff des Getrenntlebens muss deshalb die Vermutungswirkung des § 1566 Auslegungsmaßstab sein, das Getrenntleben muss also so beschaffen sein, dass es – bei entsprechender Dauer – nach der Lebenserfahrung das Scheitern der Ehe verlässlich anzeigt.[17] Deshalb sind alle Merkmale des Getrenntlebens mit Sorgfalt festzustellen; sie unterliegen nicht der Parteidisposition. 3

3. Trennungsdauer. Alle **vier Scheidungstatbestände** (vgl. dazu § 1564 RdNr. 16, 58 ff.) führen erst zur Scheidung, wenn feststeht, ob und wie lange die Ehegatten getrennt 4

---

[8] *Wacke* FamRZ 1980, 13, 16; *Staudinger/Rauscher* (2004) RdNr. 10 bis 12; *Schwab* (Handbuch) II RdNr. 166; *Rolland* RdNr. 2; RGRK/*Graßhof* RdNr. 2; aA – für Geltung im gesamten bürgerlichen Recht – *Johannsen/Henrich/Jaeger* RdNr. 6.

[9] *Staudinger/Rauscher* (2004) RdNr. 10 bis 12.

[10] Entwurf 71 S. 52 f.; Entwurf 73 S. 114.

[11] BGH NJW 1989, 1988, 1989 = FamRZ 1989, 479, 480.

[12] HM: BGH NJW 1989, 1988, 1989 = FamRZ 1989, 479, 480; *Schwab* FamRZ 1976, 500; *ders.* (Handbuch) II RdNr. 144; *Gernhuber/Coester-Waltjen* § 27 RdNr. 76; *Johannsen/Henrich/Jaeger* RdNr. 4; *Staudinger/Rauscher* (2004) RdNr. 18; RGRK/*Graßhoff* RdNr. 19 f.; *Rolland* RdNr. 6; aA die Voraufl. 49 bis 51, 56.

[13] *Schwab* (Handbuch) II RdNr. 136.

[14] BGH NJW 1989, 1988; OLG Köln FamRZ 1982, 807; *Staudinger/Rauscher* (2004) RdNr. 6 bis 8; *Johannsen/Henrich/Jaeger* RdNr. 1; *Soergel/Heintzmann* RdNr. 3; PWW/*Weinreich* RdNr. 1.

[15] Eherechtskommission Bericht I S. 42; *Ramm* JZ 1970, 705, 707; *Müller-Freienfels,* Sitzungsbericht M zum 48. DJT, S. M 33; *Staudinger/Rauscher* (2004) RdNr. 7; RGRK/*Graßhof* RdNr. 3; *Palandt/Brudermüller* RdNr. 2.

[16] AnwK-BGB/*Bisping* RdNr. 1.

[17] BGH NJW 1989, 1988, 1989 = FamRZ 1989, 479, 480; OLG Hamm FamRZ 1990, 166, 167; *Johannsen/Henrich/Jaeger* RdNr. 2, 3; RGRK/*Graßhof* RdNr. 8; *Soergel/Heintzmann* RdNr. 3; vgl. auch BT-Drucks. 7/650 S. 112.

leben. Die Trennungszeit erhält damit eine über das frühere Recht weit hinausgehende Bedeutung. So ist die Scheidung aus dem Grundtatbestand des § 1565 Abs. 1 allein erst möglich, wenn die Ehegatten ein Jahr getrennt leben. Aus § 1565 Abs. 2 ergibt sich, dass bis zum Ablauf dieser Trennungszeit die Scheidung nur gewährt wird, wenn die Fortsetzung der Ehe für den Antragsteller aus Gründen, die in der Person des anderen Ehegatten liegen, eine unzumutbare Härte darstellen würde. Umgekehrt ist diese Scheidung wegen Unzumutbarkeit nur bis zum Ablauf einer einjährigen Trennung der Ehegatten möglich; nach dem Ablauf dieser Trennungsfrist darf die Zumutbarkeit für die Fortsetzung der Ehe nicht mehr geprüft werden (vgl. § 1565 RdNr. 91). Die einverständliche Scheidung aus § 1565 Abs. 1 iVm. § 1566 Abs. 1 ist erst möglich, wenn die Ehegatten ein Jahr getrennt gelebt haben. Die unwiderlegbare Vermutung bei der Dreijahresscheidung des § 1565 Abs. 1 iVm. § 1566 Abs. 2 greift erst ein, wenn die Ehegatten seit drei Jahren getrennt leben. Auch für die **Aussetzung des Verfahrens** ist die Trennungsfrist von Bedeutung. Leben die Ehegatten ein Jahr getrennt, so darf das Verfahren nicht gegen den Widerspruch beider Ehegatten ausgesetzt werden (§ 614 Abs. 2 S. 2 ZPO aF, § 136 Abs. 1 S. 2 FamFG); leben sie bereits mehr als drei Jahre getrennt, darf die Aussetzung die Dauer von sechs Monaten nicht überschreiten (§§ 614 Abs. 4 S. 2 ZPO aF, § 136 Abs. 3 S. 2 FamFG).

5 **4. Versöhnungsversuche.** Ein Zusammenleben über kürzere Zeit unterbricht oder hemmt die in § 1566 genannten Fristen nicht. Zweck der Regelung in Abs. 2 ist es, Versöhnungsversuche der Ehegatten während der Trennungszeit zu ermöglichen und hierdurch die Scheidung der Ehe zu verhindern. Versöhnungsversuche sollen von den Ehegatten ohne ängstlichen Blick auf den Fristablauf in den verschiedenen Vorschriften des Scheidungsrechts in Angriff genommen werden können. Die Vorschrift hat daher **eheerhaltende Funktion.**[18]

II. Bisheriges Recht und Rechtsentwicklung

6 **1. Scheidungsrecht des BGB bis 1977.** Bis 1938 konnte ein Ehegatte nach § 1567 BGB aF auf Scheidung klagen, wenn der andere Ehegatte sich in böswilliger Absicht ein Jahr von der häuslichen Gemeinschaft fernhielt. Nach § 1571 Abs. 2 aF erlosch ein Scheidungsrecht nicht, solange die häusliche Gemeinschaft der Ehegatten aufgehoben war. Die Scheidungsgründe wegen schwerer Eheverfehlung nach dem BGB und den Ehegesetzen führten i. Ü. zur Scheidung ohne Wartefrist, so dass bei etwa 95% aller Scheidungen nach dem EheG keine förmlich bestimmte Zeit des Getrenntlebens oder der Aufhebung der häuslichen Gemeinschaft erforderlich war.

7 **2. Entstehung der Vorschrift. a) Legaldefinition (Abs. 1 S. 1).** Überlegungen zur **Zerrüttungsscheidung** waren in Deutschland von Anfang an mit einer Wartefrist verknüpft (vgl. 3. Aufl. RdNr. 9, 10). Als Anknüpfungspunkt für die Zerrüttungsvermutungen des § 1566 hat der Gesetzgeber des 1. EheRG nicht den Begriff der Aufhebung der häuslichen Gemeinschaft aus § 48 Abs. 1 EheG übernommen, sondern sich an dem Begriff des Getrenntlebens in § 1361 BGB orientiert.[19] Mit einer umfassenden Legaldefinition sollte – der Rechtsprechung des BGH folgend – klargestellt werden, dass Trennungen gegen den Willen der Ehegatten und solche, die nur vorübergehend sein sollten, den Begriff des Getrenntlebens nicht erfüllten.[20] Die weitergehende Subjektivierung des Getrenntlebens durch Aufnahme des Motivs der Trennung wurde im BRat eingeleitet, um Elemente der Zerrüttungsscheidung auch in den Begriff des Getrenntlebens einzubeziehen.[21] Hintergrund war der rechtspolitische Streit zwischen Bundestags- und Bundesratsmehrheit um die „Fris-

---

[18] *Johannsen/Henrich/Jaeger* RdNr. 5.
[19] *Johannsen/Henrich/Jaeger* RdNr. 6; BT-Drucks. 7/650 S. 113.
[20] BT-Drucks. 7/650 S. 114, 261; *Johannsen/Henrich/Jaeger* RdNr. 10.
[21] *Staudinger/Rauscher* (2004) RdNr. 16.

tenautomatik" des § 1566, also um die Widerlegbarheit oder Unwiderlegbarkeit der Zerrüttungsvermutungen.[22] Die BReg. hat gegen diese Erweiterung Bedenken vorgebracht, weil damit der volle Grundtatbestand des § 1565 Abs. 1 als Voraussetzung für das Eingreifen der Vermutungstatbestände des § 1566 verlangt werde.[23] Im UARA und im RA des BTages wurde die vom BRat vorgeschlagene Fassung auf Antrag der CDU/CSU-Fraktion einstimmig angenommen.[24]

b) Trennung in der ehelichen Wohnung (Abs. 1 S. 2). Schon zu § 48 Abs. 1 EheG war anerkannt, dass die häusliche Gemeinschaft auch in der ehelichen Wohnung aufgehoben sein konnte.[25] Daran anschließend wurde S. 2 erstmals vom BRat in seiner Stellungnahme zum Entwurf 71 vorgeschlagen. Die BReg hat ihn als § 1567 Abs. 1 S. 2 mit der Einfügung eines „dann" in den Entwurf 73 übernommen.[26] 8

c) Versöhnungsversuche (Abs. 2). Um die Scheidung nach § 48 EheG zu erreichen, musste die häusliche Gemeinschaft der Ehegatten drei Jahre ununterbrochen aufgehoben gewesen sein.[27] Ein vorübergehendes oder auch nur probeweises[28] Zusammenleben, auch wenn sich ein Ehegatte nur als Gast des anderen fühlte,[29] unterbrach die Frist. Diese Regelung hatte sich als versöhnungsfeindlich erwiesen, weil die Ehegatten einander ausweichen mussten, um sich das Scheidungsrecht nur wegen Zerrüttung der Ehe zu erhalten. Abs. 2 löst die Rspr. zu § 48 Abs. 1 EheG, die eine ununterbrochene dreijährige Aufhebung der häuslichen Gemeinschaft als Voraussetzung der Zerrüttungsscheidung verlangte, ab. Die Vorschrift, die auch auf die Frist des § 1565 Abs. 2 anzuwenden ist (vgl. RdNr. 55), geht auf einen Vorschlag der Eherechtskommission zurück.[30] 9

III. Grundlagen der Auslegung

1. Drei Elemente des Getrenntlebens. Zur Beschreibung, wann die Ehegatten getrennt leben, verwendet das Gesetz drei Begriffselemente:[31] (a) Eine häusliche Gemeinschaft zwischen den Ehegatten darf nicht bestehen; (b) zumindest ein Ehegatte will die häusliche Gemeinschaft erkennbar nicht mehr herstellen; (c) zumindest ein Ehegatte will die häusliche Gemeinschaft deshalb nicht mehr herstellen, weil er die eheliche Lebensgemeinschaft ablehnt. Demgegenüber bestand der Begriff der Aufhebung der häuslichen Gemeinschaft nach der Rspr. des BGH nur aus dem Zustand der Trennung und dem Willen eines oder beider Ehegatten, nicht mehr mit dem anderen zusammenzuleben.[32] 10

Alle drei Tatbestandselemente müssen vorliegen, damit festgestellt werden kann, dass die Ehegatten getrennt leben. Es genügt nicht, dass die häusliche Gemeinschaft nicht besteht. Andererseits kann die Willensrichtung der Ehegatten allein einem Zusammenleben der Ehegatten die Qualität der häuslichen Gemeinschaft nicht nehmen.[33] Zu dem Willen, nicht 11

---

[22] Entwurf 73 S. 261; die Fassung beruht auf einem Vorschlag des Landes Rheinland-Pfalz, der von den CDU-regierten Ländern unterstützt wurde; vgl. *Staudinger/Rauscher* (2004) RdNr. 16.

[23] Niederschrift über die 11. Sitzung des UARA des BTages, S. 10; *Rolland* RdNr. 4 und *Johannsen/Henrich/Jaeger* RdNr. 8 bis 10 verkennen, dass mit diesem subjektiven Element die Zerrüttungsscheidung erschwert werden sollte; richtig *Staudinger/Rauscher* (2004) RdNr. 16.

[24] Niederschrift über die 12. Sitzung des UARA, S. 11, und Niederschrift über die 53. Sitzung des RA S. 43, 44.

[25] Vgl. BGH FamRZ 1969, 80.

[26] Entwurf 71 S. 141, 152 f.; Entwurf 73, 114.

[27] RGZ 160, 280, 285; 164, 332, 335; OLG Schleswig FamRZ 1957, 420; *Hoffmann/Stephan* § 43 EheG RdNr. 25.

[28] *Hoffmann/Stephan* § 48 EheG RdNr. 24.

[29] OLG Nürnberg FamRZ 1961, 526, 530.

[30] These 5 Abs. 2 S. 2 zum Ehescheidungsrecht: „Ein Zusammenleben über kürzere Zeit, das der Versöhnung dienen soll, unterbricht oder hemmt diese Frist nicht."

[31] *Schwab* FamRZ 1976, 491, 500; *ders.* (Handbuch) II RdNr. 136; *Johannsen/Henrich/Jaeger* RdNr. 8; *Staudinger/Rauscher* (2004) RdNr. 23.

[32] *Johannsen/Henrich/Jaeger* RdNr. 9; RGRK/*Graßhof* RdNr. 10; *Ramm* Familienrecht I § 37 II 2 a S. 286.

[33] BGH LM EheG § 48 Abs. 1 Nr. 14; BGH NJW 1981, 449; BGH NJW 1978, 1810; BGH FamRZ 1979, 469; OLG Köln FamRZ 1982, 807, 809.

mehr mit dem anderen Ehegatten in häuslicher Gemeinschaft leben zu wollen, muss als Motiv die Ablehnung der ehelichen Lebensgemeinschaft hinzukommen.[34]

12 **2. Nichtbestehen der häuslichen Gemeinschaft.** Die häusliche Gemeinschaft kann je nach den großzügigen oder engen Wohnverhältnissen der Ehegatten unterschiedlich gelebt werden. Die Gestaltung der häuslichen Gemeinschaft ist auch von weiteren Faktoren bestimmt, zB vom Alter der Ehegatten, der Art ihrer Berufstätigkeit, ihrer Einbindung in eine Großfamilie oder in eine Wohngemeinschaft. Ob eine häusliche Gemeinschaft noch besteht, wird deshalb auch immer von dem Bild der häuslichen Gemeinschaft dieser Ehegatten vor der Krise der Ehe zu bewerten sein, also im Blick auf den ehemals gemeinschaftlichen Haushalt,[35] wenn ein solcher bestanden hat.

13 **3. Trennungswille.** Der erkennbare Wille zumindest eines Ehegatten, die eheliche Lebensgemeinschaft nicht wiederherzustellen, ist Voraussetzung für das Getrenntleben. Damit sollen, der Rechtsprechung des BGH schon zu § 48 EheG folgend,[36] Fälle unfreiwilliger Trennung (Freiheitsstrafe, Heimunterbringung, längerer Krankenhausaufenthalt, berufsbedingtes Nichtbestehen einer häuslichen Gemeinschaft) ausgegrenzt werden.[37]

14 **4. Trennungsmotiv.** Mit der Aufnahme des Trennungsmotivs hat der Gesetzgeber des 1. EheRG über die bisherige Rechtsprechung des BGH hinausgehend nicht nur die Fälle unfreiwilliger räumlicher Trennung aus Gründen der Klarstellung abgrenzen,[38] sondern aus rechtspolitischen Gründen ein Zerrüttungselement in den Begriff des Getrenntlebens aufnehmen wollen (vgl. näher RdNr. 7). Daraus ist abgeleitet worden, es bedürfe im Rahmen des § 1567 einer „kleinen Zerrüttungsprüfung". Das Gesetz verlange durch die Häufung subjektiver Merkmale – Trennungswille und Trennungsmotiv – bis auf die Prognose (§ 1565 Abs. 1 S. 2) alle Voraussetzungen des Scheiterns.[39] Die Rechtsprechung des BGH[40] und die hL[41] lehnen eine solche, an Wortlaut und Entstehungsgeschichte der Vorschrift orientierte „kleine Zerrüttungsprüfung" zu Recht ab. Dafür sprechen nicht nur Gründe der Praktikabilität,[42] sondern systematische Gründe und der Zweck der Norm.[43] Das Getrenntleben ist nach dem Willen des Gesetzgebers die Grundlage für die Zerrüttungsvermutungen des § 1566 und kann daher nicht seinerseits die Zerrüttung voraussetzen.[44] Der offene Konflikt zwischen der Zielsetzung des § 1566 einerseits und der rechtspolitisch begründeten Einfügung des subjektiven Motivelements andererseits kann nicht dazu führen, den Normzweck des § 1566 zu unterlaufen: Die Schonung der Privat- und Intimsphäre der Ehegatten war erklärtes Ziel des 1. EheRG;[45] es war deshalb gerade nicht das bestimmende Motiv des Gesetzgebers, den subjektiven Gesichtspunkten für das Getrenntleben im Sinne einer kleinen Zerrüttungsprüfung besonderes Gewicht zu verleihen. Die Tatsache, dass in der Rechtswirklichkeit die Prüfung der subjektiven Elemente des Getrenntlebens darauf reduziert ist, freiwillige von unfreiwilligen und jene wiederum von denjenigen zu unterscheiden, die ihre Grundlage nicht in einer Störung des ehelichen Verhältnisses haben,[46] lässt den rechtshis-

---

[34] *Johannsen/Henrich/Jaeger* RdNr. 8; *Staudinger/Rauscher* (2004) RdNr. 2.

[35] *Gernhuber/Coester-Waltjen* § 27 RdNr. 79.

[36] BGHZ 4, 280 f.; BGH FamRZ 1963, 173, FamRZ 1969, 80.

[37] *Staudinger/Rauscher* (2004) RdNr. 25; *Gernhuber/Coester-Waltjen* § 27 RdNr. 76; *Schwab* (Handbuch) II RdNr. 136; *Palandt/Brudermüller* RdNr. 5; BT-Drucks. 7/650 S. 114, 261.

[38] So aber: *Johannsen/Henrich/Jaeger* RdNr. 10; *Soergel/Heintzmann* RdNr. 6; *Gernhuber/Coester-Waltjen* § 27 RdNr. 76; wie hier: *Staudinger/Rauscher* (2004) RdNr. 26 bis 28.

[39] So die Voraufl. RdNr. 16, 49.

[40] BGH NJW 1989, 1988 = FamRZ 1989, 479, 480.

[41] *Johannsen/Henrich/Jaeger* RdNr. 10 ff.; *Gernhuber/Coester-Waltjen* § 27 RdNr. 76; *Staudinger/Rauscher* (2004) RdNr. 26 bis 28; AnwK-BGB/*Bisping* RdNr. 3.

[42] So aber die Voraufl. RdNr. 16.

[43] *Staudinger/Rauscher* (2004) RdNr. 17 bis 19.

[44] BGH NJW 1989, 1988, 1989 = FamRZ 1989, 479, 480.

[45] *Staudinger/Rauscher* (2004) RdNr. 16, 27 f.; *Schwab* (Handbuch) II RdNr. 144; *Johannsen/Henrich/Jaeger* RdNr. 10 bis 12.

[46] *Schwab* (Handbuch) II RdNr. 144.

torischen Hintergrund der Einfügung des Trennungsmotivs in seiner Bedeutung zurücktreten. In der Rechtspraxis wird die **Motivationslage** des die Trennung herbeiführenden Ehegatten **nicht im Sinne einer Zerrüttungskomponente,** sondern allenfalls im Sinne eines eheerhaltenden Elements verstanden.

IV. Nichtbestehen der häuslichen Gemeinschaft

1. Äußerer Zustand der Trennung. Der erste Definitionsteil „keine häusliche Gemeinschaft besteht" ist allein auf den Zustand der Trennung beschränkt. Das Nichtbestehen der häuslichen Gemeinschaft beschreibt nur den Zustand der Trennung, ohne die Willensrichtung der Ehegatten einzubeziehen. Während nach der Rspr. des BGH die häusliche Gemeinschaft nicht aufgehoben war, wenn die Ehegatten nach der Eheschließung keinen gemeinsamen Hausstand errichten konnten,[47] besteht nach § 1567 eine häusliche Gemeinschaft auch dann nicht, wenn die Ehegatten gegen ihren Willen getrennt sind. Eine Entfremdung der Ehegatten ist nicht notwendig,[48] die zum Getrenntleben erforderliche Willensrichtung wird erst durch die subjektiven Merkmale, den Trennungswillen und das Trennungsmotiv, beschrieben. 15

2. Getrennte Wohnungen. Eine häusliche Gemeinschaft besteht dann nicht, wenn die Ehegatten in getrennten Wohnungen leben. Dabei ist auf die äußeren Verhältnisse abzustellen, auf die Willensrichtung kommt es zunächst nicht an. Wenn die **Wohnungen in verschiedenen Häusern oder getrennt in einem Mehrfamilienhaus** liegen, besteht keine häusliche Gemeinschaft, es sei denn, dass die Ehegatten eine der beiden Wohnungen doch gemeinsam benutzen. Auch wenn jeder Ehegatte seine Wohnung hat, kann in einer von ihnen oder auch abwechselnd in der einen oder anderen Wohnung soviel Gemeinschaft beibehalten werden, dass die Ehegatten nicht getrennt leben,[49] so wenn in einer dieser Wohnungen weiter für beide gewirtschaftet, gekocht, Interessen gepflegt oder gemeinsam geschlafen wird.[50] Abzustellen ist nicht darauf, ob die Ehegatten noch unter einem Dach leben. Auch in einem Einfamilienhaus können getrennte Wohnungen eingerichtet sein. Die Ehegatten müssen jedoch alle Tätigkeiten eingestellt haben, die Ausdruck eines gemeinsamen Haushalts sind. Dass sie noch unter der Anschrift der ehelichen Wohnung gemeldet sind, steht der Aufhebung der häuslichen Gemeinschaft nicht entgegen, auch wenn der Ehegatte, der ausgezogen ist, noch einen Schlüssel zur Wohnung oder persönliche Gegenstände, zB Kleider, Schmuck, Bücher zurückgelassen hat.[51] 16

3. Unfreiwilligkeit der Trennung. Die Ehegatten haben auch dann keine häusliche Gemeinschaft, wenn sie gerne eine gemeinsame Wohnung hätten. Auf die Beweggründe für den äußeren Zustand kommt es zunächst weder für das Bestehen noch für das Nichtbestehen der häuslichen Gemeinschaft an.[52] So besteht keine häusliche Gemeinschaft, wenn ein Ehegatte infolge Kriegsgefangenschaft, Trennung durch politische Verhältnisse, dauerhafter Unterbringung in einer Anstalt oder längere Strafhaft[53] nicht mit seinem Ehepartner zusammenlebt. Für das erste Element des Tatbestandes ist es deshalb unrichtig zu sagen, bei allen unfreiwilligen Trennungen bestehe die häusliche Gemeinschaft weiter. Für das objektive Tatbestandselement des Getrenntlebens kommt es nur auf objektive Umstände, nicht auf die Beweggründe der Trennung an.[54] Glückt einem Ehepartner die Flucht aus einem Staat, der die Ausreise nicht erlaubt, während sie dem anderen misslingt, besteht keine häusliche 17

---

[47] BGHZ 38, 266, 269 = NJW 1963, 581; BGH LM EheG § 48 Abs. 1 Nr. 7.

[48] BGH NJW 1989, 1988.

[49] Vgl. AG Holzminden FamRZ 1997, 1214.

[50] *Johannsen/Henrich/Jaeger* RdNr. 14; *Rolland* RdNr. 3.

[51] OLG Hamm FamRZ 1978, 190; *Rolland* RdNr. 5; RGRK/*Graßhof* RdNr. 11; *Johannsen/Henrich/Jaeger* RdNr. 13.

[52] BGH LM Nr. 2 = NJW 1979, 105; RGRK/*Graßhof* RdNr. 35; *Staudinger/Rauscher* (2004) RdNr. 34; *Soergel/Heintzmann* RdNr. 6.

[53] OLG Bamberg FamRZ 1981, 52.

[54] *Staudinger/Rauscher* (2004) RdNr. 40.

Gemeinschaft mehr.[55] Unschädlich ist es auch, wenn ein Ehegatte lediglich irrig glaubt, der andere sei tot.[56]

18 **4. Vorübergehende Trennung.** Jedoch führt **nicht jede Entfernung aus der ehelichen Wohnung** dazu, dass keine häusliche Gemeinschaft mehr besteht. Eine erkennbar nur vorübergehende Trennung, etwa eine Urlaubsreise ohne den anderen Ehegatten oder eine kürzere Abwesenheit aus gesundheitlichen, beruflichen oder ähnlichen Gründen, bedeutet nicht die Aufhebung der häuslichen Gemeinschaft.[57] Auch bei längeren Abwesenheiten, die immer wieder durch Gemeinsamkeiten unterbrochen werden, besteht die häusliche Gemeinschaft fort.[58] Das Motiv eines Ehegatten, die häusliche Gemeinschaft nicht herstellen zu wollen, und die Einstellung, die eheliche Lebensgemeinschaft abzulehnen, führen in diesen Fällen nicht dazu, dass die Ehegatten iSv. Abs. 1 S. 1 getrennt leben, weil dafür alle drei Elemente festgestellt werden müssen. Jede unsaubere Vermengung mit subjektiven Elementen[59] im Sinne der Rechtsprechung zu § 48 Abs. 1 EheG ist überflüssig, weil die subjektiven Elemente im Gesetzestext getrennt genannt sind.

19 **5. Anderer örtlicher Mittelpunkt.** Entscheidend für die Aufhebung der häuslichen Gemeinschaft ist, ob die Ehegatten sich auf ihre Trennung eingerichtet haben und jeder sein **Leben aus einem anderen örtlichen Mittelpunkt** gestaltet.[60] Das wird dann, wenn ein Ehegatte eine kürzere Strafhaft verbüßt, nicht der Fall sein. Auch wenn ein Ehegatte seinen Wehrdienst leistet, wird idR die häusliche Gemeinschaft in der bisherigen Wohnung weiter bestehen, vor allem dann, wenn der Ehegatte immer wieder seine Freizeit in der Wohnung verbringt. Bei lebenslanger Haft besteht eine häusliche Gemeinschaft selbst dann nicht mehr, wenn der Verurteilte sich nicht für schuldig hält und an seine baldige Entlassung glaubt. Dann ist er gezwungen, sein Leben in einem anderen häuslichen Zusammenhang zu leben als sein Ehegatte, sein anderer Wille erhält erst Bedeutung bei der Prüfung der subjektiven Merkmale.

20 **6. Ehen ohne üblichen Hausstand.** Eine häusliche Gemeinschaft besteht auch dann nicht, wenn mit der Eheschließung kein gemeinsamer Hausstand begründet wird.[61] Dass die Ehegatten eine gemeinsame Wohnung haben wollen, aber dieses Ziel nicht erreichen, begründet keine häusliche Gemeinschaft, ebenso wenig übliche Formen ehelicher Kontakte, wie Geschlechtsverkehr, andere Zärtlichkeiten, Briefwechsel. In solchen Fällen kann eine eheliche Gemeinschaft ohne häusliche Gemeinschaft bestehen (vgl. § 1565 RdNr. 23),[62] die nicht vorhandene häusliche Gemeinschaft wird zur Trennung, wenn die subjektiven Elemente hinzutreten.[63]

21 Für eine häusliche Gemeinschaft müssen die Ehegatten nicht in einer vollständigen Wohnung leben. Eine häusliche Gemeinschaft kann auch bestehen oder weiter bestehen, wenn die Ehegatten, die an verschiedenen Orten arbeiten, studieren oder sonstige Tätigkeiten ausüben, nur die Wochenenden miteinander verbringen. Es kommt dabei nicht darauf an, dass sie das immer in derselben Wohnung tun. Auch das Zusammentreffen abwechselnd in der Wohnung des einen oder des anderen Ehegatten kann genügen.[64] Es genügt auch, wenn die Ehegatten ein Zimmer teilen oder beide in der Wohnung von Eltern, Verwandten

---

[55] *Staudinger/Rauscher* (2004) RdNr. 40.

[56] OLG Braunschweig DRiZ 1954, 51 und KG FamRZ 1969, 31 mit zahlr. Nachw.

[57] Weitergehend OLG Hamm FamRZ 1990, 166, 167 für Pflegeheim; *Diederichsen* NJW 1977, 273, 277; RGRK/*Graßhof* RdNr. 12; kritisch zu der auch in der Voraufl. verwendeten Formulierung einer Trennung, „die sich natürlich aus dem regelmäßigen Verlauf der Dinge erklärt" zu Recht *Staudinger/Rauscher* (2004) RdNr. 41 bis 45.

[58] *Staudinger/Rauscher* (2004) RdNr. 44.

[59] *Staudinger/Rauscher* (2004) RdNr. 40.

[60] RGRK/*Graßhof* RdNr. 11.

[61] *Johannsen/Henrich/Jaeger* RdNr. 29; *Schwab* (Handbuch) II RdNr. 150; *Staudinger/Rauscher* (2004) RdNr. 50.

[62] BGH NJW 1981, 1810; 449; *Staudinger/Rauscher* (2004) RdNr. 50.

[63] *Johannsen/Henrich/Jaeger* RdNr. 29; *Staudinger/Rauscher* (2004) RdNr. 50.

[64] RGRK/*Graßhof* RdNr. 11.

oder Freunden leben. Eine häusliche Gemeinschaft ist auch anzunehmen, wenn die Ehegatten mit anderen verheirateten oder unverheirateten Personen eine Wohnung teilen. Dabei kommt es nicht darauf an, ob in dieser Gemeinschaft geschlechtliche Beziehungen auch zu anderen Personen bestehen. Ob die Ehegatten zusammen oder getrennt leben, wird dann allerdings wesentlich durch ihre Einstellung zueinander bestimmt. Zur Aufhebung einer solchen häuslichen Gemeinschaft wird jedoch nicht der Auszug aus der **Wohngemeinschaft** oder der Anschluss an einen anderen Partner verlangt werden können.[65] In der Zuwendung zu einem anderen Partner allein kann die häusliche Trennung nicht gesehen werden. Erforderlich ist auch in diesem Fall, dass die Ehegatten die mögliche räumliche Trennung in der Gemeinschaftswohnung herbeiführen, wobei die Grundsätze des Abs. 1 S. 2 heranzuziehen sind.

V. Trennung in der ehelichen Wohnung (Abs. 1 S. 2)

22 **1. Ziel der Vorschrift.** Im Anschluss an die Rspr. zu § 48 Abs. 2 EheG[66] wird in Abs. 1 S. 2 klargestellt, dass die häusliche Gemeinschaft auch dann nicht mehr besteht, „wenn die Ehegatten innerhalb der ehelichen Wohnung getrennt leben". Die Vorschrift ist redaktionell misslungen. Nach S. 1 leben die Ehegatten getrennt, wenn keine häusliche Gemeinschaft besteht und ein Ehegatte sie erkennbar nicht herstellen will, weil er die eheliche Lebensgemeinschaft ablehnt. Für den Sonderfall, dass die Ehegatten noch dieselbe Wohnung bewohnen, wird dann jedoch der objektive Teil des Begriffs unter Verwendung des Gesamtbegriffs des Getrenntlebens definiert. Abs. 1 S. 2 soll klarstellen, dass ein Getrenntleben – unter den weiteren subjektiven Voraussetzungen von S. 1 – auch in der ehelichen Wohnung möglich ist.[67]

23 S. 2 ist von seinem Sinn her auszulegen, auch solchen Ehegatten die Fristenscheidung zu ermöglichen und sie nicht auf die Scheidung wegen Unzumutbarkeit nach § 1565 Abs. 2, 1 zu verweisen, die aus finanziellen oder sonstigen tatsächlichen Gründen nicht in der Lage sind, zwei getrennte Wohnungen zu bewohnen. Allerdings ist die Anwendung des S. 2 nicht auf solche Fälle beschränkt, weil es nicht auf die Beweggründe dafür ankommt, dass die Eheleute weiter die eheliche Wohnung nutzen. Es ist daher ein objektiver Maßstab anzulegen.[68] Auch wenn die Regelung die soziale Lage der Ehegatten berücksichtigen und die Grundlage für eine Annäherung der Eheleute nicht zerstören will,[69] müssen aber die **räumlichen Möglichkeiten zur Abgrenzung** der Lebensbereiche in einer Wohnung vorhanden sein.

24 **2. Entwicklung der Rechtsprechung.** Die Rspr. hat zwei unterschiedliche Auslegungslinien verfolgt. Sie verlangte überwiegend in Anknüpfung an die Rspr. zu § 48 Abs. 1 EheG[70] eine vollständige tatsächliche Trennung und stellte strenge Anforderungen an das Getrenntleben,[71] um die Möglichkeiten einer reinen Fristenscheidung einzudämmen.[72] Andererseits wurde auch bei Fortbestehen häuslicher Gemeinsamkeiten eine Trennung innerhalb der Ehewohnung angenommen, wenn die Eheleute durch diese Gemeinsamkeiten

---

[65] So jedoch *Soergel/Heintzmann* RdNr. 10; vgl. auch OLG Düsseldorf FamRZ 1981, 677.

[66] RGZ 159, 115, 119; RG DR 1939, 1330; BGH LM EheG § 48 Abs. 1 Nr. 14; OLG Celle MDR 1958, 164; OLG Nürnberg FamRZ 1961, 526, 530.

[67] BGH NJW 1979, 105 = FamRZ 1978, 884; OLG Köln FamRZ 1978, 34; OLG Frankfurt FamRZ 1978, 595; zur Kritik an der Vorschrift *Kissel* S. 88; RGRK/*Graßhof* RdNr. 36; *Gernhuber/Coester-Waltjen* § 27 RdNr. 80 Fn. 131; *Staudinger/Rauscher* (2004) RdNr. 53.

[68] BGH NJW 1979, 105; BGH NJW 1978, 1810; OLG Köln FamRZ 1982, 807; *Staudinger/Rauscher* (2004) RdNr. 56 f.; *Gernhuber/Coester-Waltjen* § 27 RdNr. 80; aA OLG München FamRZ 1978, 596.

[69] *Staudinger/Rauscher* (2004) RdNr. 56.

[70] BGH LM EheG § 48 Abs. 1 Nr. 14; RGZ 159, 115, 119; RGZ 163, 277, 279; *Schwab* FamRZ 1976, 491, 501; zur Differenzierung in dieser Rspr. vgl. *Rolland* RdNr. 8.

[71] OLG Köln FamRZ 1978, 34; OLG Schleswig SchlHA 1978, 37; OLG Stuttgart FamRZ 1978, 690; OLG Frankfurt FamRZ 1978, 595; NJW 1978, 892; ähnlich *Diederichsen* NJW 1977, 273, 277; *Ambrock* FamRZ 1978, 314, 316; *Kissel* DRiZ 1978, 225; *Brüggemann* FamRZ 1978, 91.

[72] OLG Frankfurt FamRZ 1978, 595; abgelehnt von *Rolland* RdNr. 8; OLG Köln FamRZ 1982, 807.

nicht in ehegemäßer Weise zur Befriedigung ihrer Lebensbedürfnisse zusammenwirkten, vielmehr Leistungen erbrachten, die auch einem **Untermieter** geleistet werden.[73] Diese Subjektivierung bei der Wertung äußerer Merkmale gab den vom Gesetz gewollten objektiven Teil des Getrenntlebens auf.[74] Der BGH[75] hat klargestellt, dass einerseits eine vollkommene tatsächliche Trennung[76] nicht erforderlich ist, wenn die Ehegatten in einer Wohnung leben. Es darf aber **kein gemeinsamer Haushalt** geführt werden und es dürfen **keine wesentlichen persönlichen Beziehungen** zwischen den Ehegatten bestehen.[77] Die Gemeinsamkeiten im Haushalt müssen sich danach auf das Unvermeidliche, zB die Benutzung von Flur und Küche, beschränken,[78] wobei gelegentliche Handreichungen unschädlich sind.[79] Erforderlich ist eine eindeutige räumliche Aufteilung[80] und die Existenz von zwei Haushalts- und Wirtschaftsbereichen;[81] getrenntes Schlafen[82] und Essen allein reichen nicht.[83] Je enger die räumlichen Verhältnisse in der Ehewohnung sind, desto geringere Anforderungen wird man an eine exakte räumliche Aufteilung stellen dürfen.

25 **3. Einzelfragen. a) Fortbestehende Gemeinsamkeiten und Versorgungsleistungen für den anderen.** Eine weitest mögliche tatsächliche Trennung ist erst dann herbeigeführt, wenn die Ehegatten die Tätigkeiten eingestellt haben, die Ausdruck eines gemeinsamen Haushalts sind. Es sind alle noch bestehenden Gemeinsamkeiten und alle Bereiche, in denen die Trennung vollzogen ist, zu bewerten, idR eine Reihe von Umständen, wobei es schwer ist, eine **kleinliche Kasuistik** zu vermeiden.[84] Eine häusliche Gemeinschaft besteht, wenn ein Ehegatte noch den Haushalt als gemeinsamen Haushalt leitet, aus einer gemeinsamen Kasse einkauft, kocht, wenn die Mahlzeiten gemeinsam eingenommen werden, die Ehefrau Wäsche, Bettzeug, Zimmer des Mannes versorgt oder andere häusliche Arbeiten mit dessen Einverständnis vornimmt oder wenn der Mann Arbeiten in Haus und Garten ausführt.[85] Eine häusliche Gemeinschaft wird aber nicht durch **gelegentliche Handreichungen** aufrechterhalten, so nicht, wenn die Frau für den Mann gelegentlich kocht, alle drei Monate die Bettwäsche erneuert, sein Zimmer aufräumt, wenn er abwesend ist, insbes. wenn diese Hilfen **aufgedrängt** sind.[86] Arbeiten, die automatisch dem anderen Ehegatten nützen, weil sie die Gesamtwohnung betreffen, bleiben ebenfalls außer Betracht.[87] Mit der Rspr. des BGH nicht zu vereinbaren ist es, Dienste für den anderen nicht als Gemeinsamkeiten zu werten, weil sie wie für einen Untermieter mit Geld bewertet werden können.[88]

---

[73] OLG München FamRZ 1978, 596; OLG Karlsruhe FamRZ 1980, 52.

[74] Ablehnend auch *Schwab* FamRZ 1979, 14, 16; *Rolland* RdNr. 8; *Johannsen/Henrich/Jaeger* RdNr. 25; *Staudinger/Rauscher* (2004) RdNr. 55; aA *Finger* Familienrecht S. 180; AK-BGB/*Lange-Klein* RdNr. 4, 5 a.

[75] BGH NJW 1978, 1810; 1979, 1360.

[76] Die Rspr. zum EheG hatte eine vollständige tatsächliche Trennung verlangt, vgl. BGH LM EheG § 48 Abs. 1 Nr. 14; RGZ 159, 115, 119; RGZ 163, 277, 279; *Schwab* FamRZ 1976, 491, 501.

[77] BGH NJW 1978, 1810 = FamRZ 1978, 671, wo der BGH ausdrücklich von der Rspr. zu § 48 EheG – BGH FamRZ 1969, 80 – abweicht; *Johannsen/Henrich/Jaeger* RdNr. 23.

[78] BGH NJW 1978, 1810; BGH NJW 1979, 1360; OLG Köln FamRZ 1978, 34; *Dörr* NJW 1989, 488; *Büte* FPR 2007, 231, 232.

[79] OLG Hamm FamRZ 1978, 511, 513; OLG Köln FamRZ 2002, 1341; NJW 1987, 1561 = FamRZ 198, 388; OLG Stuttgart FamRZ 2002, 239; OLG Jena FamRZ 2002, 99 (LS) OLG Zweibrücken NJW-RR 2000, 1388.

[80] BGH NJW 1978, 1810 = FamRZ 1978, 671; OLG Hamm NJW-FER 1998, 169 = FamRZ 1999, 723.

[81] *Büte* FPR 2007, 231, 232.

[82] OLG Stuttgart FamRZ 2002, 239.

[83] BGH NJW 1979, 105; OLG Bremen NJW-RR 2001, 3 = FamRZ 2000, 1417.

[84] *Finger* Familienrecht S. 180; *Gernhuber/Coester-Waltjen* § 27 RdNr. 81.

[85] OLG Köln FamRZ 1978, 34; FamRZ 1982, 807; OLG Frankfurt 1978, 595; *Johannsen/Henrich/Jaeger* RdNr. 24; *Soergel/Heintzmann* RdNr. 3; vgl. auch BGH NJW 1978, 1810; vgl. *Staudinger/Rauscher* (2004) RdNr. 65.

[86] OLG Jena FamRZ 2002, 99; OLG München FamRZ 1998, 826, 827; OLG Hamm FamRZ 1978, 511, 513; zust. *Rolland* RdNr. 8; *Johannsen/Henrich/Jaeger* RdNr. 24; *Staudinger/Rauscher* (2004) RdNr. 69; *Schwab* FamRZ 1976, 491, 502; BGH NJW 1979, 105; OLG Karlsruhe NJW 1978, 1534.

[87] OLG München FamRZ 1978, 596; 1998, 826; 2001, 1457; OLG Köln FamRZ 1982, 807; *Gernhuber/Coester-Waltjen* § 27 RdNr. 81; *Johannsen/Henrich/Jaeger* RdNr. 24; *Staudinger/Rauscher* (2004) RdNr. 65.

[88] So OLG München FamRZ 1978, 596; OLG Köln NJW 1978, 2556; RGRK/*Graßhof* RdNr. 45.

Das Gesetz und der Sinn der Vorschrift lassen es auch nicht zu, Gemeinsamkeiten im Haushalt dann zu rechtfertigen, wenn sie aus finanzieller Enge erklärt werden.[89] Erbringen die Ehepartner unverändert Versorgungsleistungen füreinander, so liegt auch dann kein Getrenntleben vor, wenn sie sich i. Ü. ständig streiten und nicht mehr miteinander geschlechtlich verkehren.[90] Wird der gemeinsame Haushalt von Eltern eines Ehegatten oder von einer Hausangestellten betreut und nehmen beide die Haushaltsleistungen in Anspruch, ist hierin kein gemeinsames Haushalten zu sehen, wenn in den übrigen Lebensbereichen eine vollständige Trennung stattfindet.[91]

b) Keine Trennung in Einraumwohnung. Je enger jedoch die Wohnung ist, umso mehr ist darauf abzustellen, ob vermeidbare Gemeinsamkeiten eingestellt sind und i. Ü. die häusliche Gemeinschaft in dem nach den gegebenen Umständen weitest möglichen Umfang aufgehoben ist.[92] Eine tatsächliche Trennung innerhalb einer **Einraumwohnung** ist zwar rechtlich nicht ausgeschlossen, dürfte jedoch praktisch nicht möglich sein. Das Zusammenleben in einem Raum geht über ein unschädliches Zusammentreffen hinaus, jede Hausarbeit betrifft praktisch immer beide. Zwar kann getrennt gekocht werden oder die Ehegatten können ihre Mahlzeiten außerhalb einnehmen. Bei der Zurückhaltung des BGH, eine Trennung anzunehmen, wenn ein Ehegatte zeitweilig im bisherigen Schlafzimmer schläft, das vom geisteskranken anderen Ehegatten benutzt wird,[93] dürfte eine Trennung in der Einraumwohnung aber nicht genügen. Sie kann auch kaum der Besinnung der Ehegatten und der Beweiserleichterung dienen.[94] 26

c) Eigene Lebensbereiche. Zur Trennung müssen in der gemeinsamen Wohnung also gesonderte Räume vorhanden sein, damit eigene Lebensbereiche entstehen. Die Ehegatten müssen in verschiedenen Räumen **wohnen** und **schlafen.**[95] **Unvermeidbar** und damit unschädlich ist es, wenn Flur, Küche, Toilette und das einzige Bad von beiden Ehegatten benutzt werden und diese sich darüber absprechen.[96] Hingegen ist das gleichzeitige Einnehmen einer gemeinsamen Mahlzeit nicht als bloßes räumliches Nebeneinander ohne persönliche Beziehung oder geistige Gemeinsamkeit[97] einordnen und durchaus vermeidbar.[98] Allerdings stehen **gelegentliche** Zusammentreffen in der Wohnung oder die gelegentliche Einnahme einer **gemeinsamen Mahlzeit** der Annahme des Getrenntlebens nicht entgegen.[99] Solange Ehegatten bei räumlicher Trennung i. Ü. regelmäßig gemeinsam **fernsehen,** ist die häusliche Gemeinschaft nicht aufgehoben.[100] 27

d) Betreuung der Kinder. Welche Bedeutung es hat, wenn Gemeinsamkeiten der Ehegatten in der bisherigen Wohnung der Betreuung der Kinder gelten, ist umstritten. Solange im Interesse der Kinder ein vollständiger Haushalt geführt wird, ist die häusliche 28

---

[89] *Staudinger/Rauscher* (2004) RdNr. 57; *Johannsen/Henrich/Jaeger* RdNr. 25; *Schwab* FamRZ 1979, 17; RGRK/*Graßhof* RdNr. 43; aA AK-BGB/*Lange-Klein* RdNr. 7.

[90] OLG Koblenz OLGR 2004, 632; vgl. auch OLG Zweibrücken FamRZ 2000, 1418.

[91] RGRK/*Graßhof* RdNr. 51, 53; *Staudinger/Rauscher* (2004) RdNr. 66; anders die Voraufl. RdNr. 28.

[92] BGH NJW 1979, 1360; *Staudinger/Rauscher* (2004) RdNr. 55.

[93] BGH LM Nr. 3 = NJW 1979, 1360 = FamRZ 1979, 469; *Soergel/Heintzmann* RdNr. 11; großzügiger OLG Köln NJW 1978, 2556.

[94] Wie hier *Schwab* FamRZ 1979, 14, 17; *Schwab* (Handbuch) II RdNr. 155; aA RGRK/*Graßhof* RdNr. 47; *Staudinger/Rauscher* (2004) RdNr. 63 f.

[95] BGH NJW 1978, 1810; *Schwab* (Handbuch) II RdNr. 155; *Staudinger/Rauscher* (2004) RdNr. 59, 61; *Johannsen/Henrich/Jaeger* RdNr. 22; *Soergel/Heintzmann* RdNr. 11; *Erman/Maier* RdNr. 2; PWW/*Weinreich* RdNr. 3.

[96] *Staudinger/Rauscher* (2004) RdNr. 60; *Johannsen/Henrich/Jaeger* RdNr. 21; *Schwab* (Handbuch) II RdNr. 155.

[97] So BGH NJW 1978, 1810.

[98] So zutreffend *Johannsen/Henrich/Jaeger* RdNr. 23; *Staudinger/Rauscher* (2004) RdNr. 68.

[99] *Staudinger/Rauscher* (2004) RdNr. 68; *Johannsen/Henrich/Jaeger* RdNr. 23; *Schwab* (Handbuch) II RdNr. 155.

[100] OLG Köln FamRZ 1982, 807; BGH LM § 1565 Nr. 1 = NJW 1978, 671; *Johannsen/Henrich/Jaeger* RdNr. 22, 24; *Staudinger/Rauscher* (2004) RdNr. 62; aA OLG Düsseldorf FamRZ 1982, 1014; OLG Karlsruhe FamRZ 1980, 52; RGRK/*Graßhoff* RdNr. 46.

Gemeinschaft nicht aufgehoben,[101] weil es auf die Motive nicht ankommt.[102] Sind jedoch die wesentlichen Elemente eines gemeinsamen Haushalts aufgegeben, so sind Gemeinsamkeiten, die nur der Betreuung der Kinder dienen, unerheblich.[103] Diese Auslegung ist geboten, um die Ehegatten davon abzuhalten, ihre Trennung zum Schaden für die Kinder zu verstärken. Deshalb ist es unschädlich, wenn die Ehegatten am Sonntag regelmäßig gemeinsam mit den Kindern essen.[104] Im Interesse der Kinder wird man in eingeschränktem Umfang Gemeinsamkeiten zulassen, andererseits aber eine weitest mögliche Trennung in sonstigen Bereichen der Haushaltsführung verlangen müssen.[105]

29 **e) Betreuung des kranken Ehegatten.** Die Betreuung des kranken Ehegatten, während die häusliche Gemeinschaft in der Ehewohnung aufgehoben sein soll, verlangt ähnliche Abgrenzungen. Hilfe für den anderen Ehegatten „im Einzelfall in dem notwendigen Umfang" steht der Annahme des Getrenntlebens nicht entgegen, die häusliche Gemeinschaft muss aber in dem nach den gegebenen Umständen weitest möglichen Umfang aufgehoben sein.[106] Unschädlich dürfte es dann auch sein, wenn ein Ehegatte gelegentlich in dem vom anderen benutzten Schlafzimmer übernachtet, um ihm im Notfall sofort helfen zu können.[107]

30 **4. Gemeinsamkeiten außerhalb der Wohnung.** Abzustellen ist auf die häusliche Gemeinschaft. Gemeinsamkeiten der Ehegatten außerhalb der Wohnung bleiben außer Betracht. Allein deshalb, weil ein Ehegatte im Gewerbebetrieb oder in der Landwirtschaft des anderen **mitarbeitet** oder im Gewerbebetrieb des anderen wie andere Arbeitnehmer auch verpflegt wird oder noch gemeinsam den in der bisherigen ehelichen Wohnung eingerichteten Büroraum benutzt, besteht keine häusliche Gemeinschaft.[108]

31 **Kontakte der Ehegatten** außerhalb eines gemeinsamen Haushalts begründen und erhalten keine häusliche Gemeinschaft.[109] So nicht ein freundlicher Briefwechsel, geschlechtliche Beziehungen, ohne dass es auf ihre Häufigkeit ankommt,[110] und andere gegenseitige Zuwendungen,[111] solange sie nicht an einem Ort konzentriert werden, der Mittelpunkt des gemeinsamen Zusammenlebens bleibt oder wird.[112] Ein Ehepaar kann durch Zuwendung allein keine häusliche Gemeinschaft begründen. Gelegentliche Besuche in der Wohnung des

[101] OLG Celle NdsRpfl. 1977, 247; OLG Düsseldorf FamRZ 1982, 1014; OLG Köln FamRZ 1986, 388; *Schwab* (Handbuch) II RdNr. 157; *Johannsen/Henrich/Jaeger* RdNr. 26, *Staudinger/Rauscher* (2004) RdNr. 70 bis 77.

[102] *Staudinger/Rauscher* (2004) RdNr. 76; *Johannsen/Henrich/Jaeger* RdNr. 26.

[103] OLG Köln FamRZ 1982, 807; 1986, 388; OLG Düsseldorf FamRZ 1982, 1014; OLG Karlsruhe FamRZ 1980, 52; *Diederichsen* NJW 1977, 273, 279; *Gernhuber/Coester-Waltjen* § 27 RdNr. 81; *Staudinger/Rauscher* (2004) RdNr. 70 bis 77; *Johannsen/Henrich/Jaeger* RdNr. 26; *Soergel/Heintzmann* RdNr. 25; RGRK/*Graßhof* RdNr. 41; aA OLG Köln FamRZ 1978, 34; *Schwab* hält es für ein Geheimnis, wie Ehegatten mit Kindern in einer Wohnung getrennt leben wollen, FamRZ 1978, 14, 17; krit. *Ramm* Familienrecht I S. 287.

[104] OLG Köln FamRZ 1986, 388; 1982, 807; 1980, 52; OLG Düsseldorf FamRZ 1982, 1014; *Soergel/Heintzmann* RdNr. 23; *Johannsen/Henrich/Jaeger* RdNr. 26; *Staudinger/Rauscher* (2004) RdNr. 76.

[105] *Staudinger/Rauscher* (2004) RdNr. 76 f.; zu weitgehend OLG Düsseldorf FamRZ 1982, 1014: gelegentliches gemeinsames Abendessen und regelmäßiges gemeinsames Fernsehen; OLG Köln FamRZ 1982, 807, 808: häufige gemeinsame Mahlzeiten, Wäschewaschen für den Mann; OLG Karlsruhe FamRZ 1980, 52: regelmäßiges gemeinsames Abendessen und fernsehen; Frau bereitet den Mann das Frühstück und kümmert sich um den Haushalt; kritisch dazu auch *Schwab* (Handbuch) II RdNr. 157 und *Staudinger/Rauscher* (2004) RdNr. 73, 77; *Johannsen/Henrich/Jaeger* RdNr. 26.

[106] BGH NJW 1979, 1360; *Schwab* FamRZ 1979, 14, 16; *Erman/Maier* RdNr. 2; *Staudinger/Rauscher* (2004) RdNr. 78 bis 80; *Johannsen/Henrich/Jaeger* RdNr. 27; *Soergel/Heintzmann* RdNr. 24; PWW/*Weinreich* RdNr. 2.

[107] Die aA des BGH NJW 1979, 1360, wirkt kleinlich, folgt aber aus der Ansicht, dass das gemeinsame Schlafzimmer die Gemeinschaft besonders symbolisiert; wie im Text *Staudinger/Rauscher* (2004) RdNr. 79.

[108] RG HRR 1942 Nr. 102; RGZ 167, 301, 315; OLG Köln FamRZ 1982, 807; *Staudinger/Rauscher* (2004) RdNr. 38; *Gernhuber/Coester-Waltjen* § 27 RdNr. 81; *Johannsen/Henrich/Jaeger* RdNr. 16; RGRK/*Graßhof* RdNr. 14; *Soergel/Heintzmann* RdNr. 11, 13.

[109] *Johannsen/Henrich/Jaeger* RdNr. 16; *Staudinger/Rauscher* (2004) RdNr. 81.

[110] *Staudinger/Rauscher* (2004) RdNr. 81; *Johannsen/Henrich/Jaeger* RdNr. 16; RGZ 160, 280, 284.

[111] RGZ 160, 246, 249; OGH MDR 1948, 471; es sind jedoch Indizien für eine eheliche Lebensgemeinschaft, die ohne häusliche Lebensgemeinschaft bestehen kann, vgl. § 1565 RdNr. 27.

[112] *Staudinger/Rauscher* (2004) RdNr. 81; *Schwab* (Handbuch) II RdNr. 139.

anderen sind ähnlich zu werten.[113] Ob dann allerdings noch die subjektiven Merkmale der Trennung erfüllt sind, ist besonders sorgfältig zu prüfen.

Es ist jedoch nicht auf einzelne noch bestehende Gemeinsamkeiten abzustellen. Vielmehr ist eine **Gesamtsicht notwendig,** in der alle noch bestehenden Kontakte, die räumlich konzentriert sind, und die abgebrochenen Kontakte, die vorher bestanden hatten, zu werten sind. Eine häusliche Gemeinschaft der Ehegatten besteht dann nicht mehr, wenn alle wesentlichen Gemeinsamkeiten, die zwischen diesen Ehegatten in einer Wohnung üblich waren oder, wenn die Ehegatten noch nicht in einer gemeinsamen Wohnung gelebt haben, unter Ehegatten üblich sind, abgebrochen sind oder nicht bestehen. 32

VI. Der Wille, die häusliche Gemeinschaft nicht herzustellen

1. Trennungswille. Zum Getrenntleben gehört weiter, dass ein Ehegatte die häusliche Gemeinschaft erkennbar nicht herstellen will, weil er die eheliche Lebensgemeinschaft ablehnt. Der Wille muss nur bei einem Ehegatten vorliegen, dann aber bei dem, der die räumliche Trennung aufrechterhält.[114] Solange eine häusliche Gemeinschaft besteht, ist jedoch die Willensrichtung eines Ehegatten unerheblich. Denn die Willensrichtung dient nur dazu, eine **unfreiwillige Trennung** der Ehegatten als Grundlage für den Fristablauf **auszuschließen.**[115] Ehe die Willensrichtung geprüft wird, ist deshalb festzustellen, ob die häusliche Gemeinschaft noch besteht. 33

Ein Ehegatte muss die häusliche Gemeinschaft mit dem anderen Ehegatten ablehnen. Dass er die Trennung als Beendigung dieser Gemeinschaft empfindet und hinnimmt, ist nicht ausreichend.[116] Das Gesetz verlangt eine **Entscheidung,** ohne dass es dabei auf eine ehefeindliche Gesinnung eines Ehegatten ankommt.[117] Es genügt, dass ein Ehegatte es ablehnt, mit dem anderen in einer bestimmten Stadt, einem bestimmten Haus oder einer bestimmten Wohnung zusammenzuleben, zB im Haus oder der Wohnung der Schwiegereltern. Zieht er dort aus, so lehnt er die häusliche Gemeinschaft ab, auch wenn er hofft, der Partner werde ihm alsbald nachfolgen.[118] 34

Der **Trennungswille** ist **nicht in die Zukunft** gerichtet. Er bezieht sich auf den gegenwärtigen Zustand, nicht auf die Vorstellung der Ehegatten über ihre zukünftige Haltung zur häuslichen Gemeinschaft.[119] So bekundet auch der Ehegatte, der aus einem Staat in der Hoffnung flüchtet, auch dem zurückbleibenden Ehegatte werde alsbald die Flucht gelingen, den Willen, die häusliche Gemeinschaft aufzuheben; ihm wird allerdings das Trennungsmotiv fehlen.[120] Es kommt lediglich darauf an, ob die häusliche Gemeinschaft nach der Vorstellung eines oder beider Ehegatten eine nicht nur kurze Zeit nicht bestehen soll. Auch wenn ein Ehegatte die häusliche Gemeinschaft verlässt, „um zunächst einmal endgültige Klarheit über das Verhältnis zum Partner zu gewinnen"[121] oder um den anderen zu bewegen, ihm aus der Wohnung im Haus der Schwiegereltern in eine andere Wohnung zu folgen,[122] will er keine häusliche Gemeinschaft. 35

---

[113] RGRK/*Graßhof* RdNr. 13; *Schwab* (Handbuch) II RdNr. 140; *Staudinger/Rauscher* (2004) RdNr. 82.

[114] BGH NJW 1978, 1810; *Staudinger/Rauscher* (2004) RdNr. 87; vgl. auch OLG Hamm FamRZ 1993, 456.

[115] BGH LM EheG § 48 Abs. 1 Nr. 14; *Staudinger/Rauscher* (2004) RdNr. 85; *Johannsen/Henrich/Jaeger* RdNr. 11; *Schwab* (Handbuch) II RdNr. 136; *Gernhuber/Coester-Waltjen* § 27 RdNr. 76.

[116] Vgl. BGH FamRZ 1989, 479, 480; BGHZ 4, 279, 281 = NJW 1952, 593; OLG Hamm FamRZ 1990, 167; BGH LM EheG § 48 Abs. 2 Nr. 30; OLG Stuttgart FamRZ 1956, 239; *Staudinger/Rauscher* (2004) RdNr. 88.

[117] BGH NJW 1989, 1988; AG Holzminden FamRZ 1997, 1214; *Staudinger/Rauscher* (2004) RdNr. 86; *Johannsen/Henrich/Jaeger* RdNr. 11; *Gernhuber/Coester-Waltjen* § 27 RdNr. 76.

[118] BGHZ 4, 279, 280 = NJW 1952, 543; *Gernhuber/Coester-Waltjen* § 27 RdNr. 76; *Rolland* RdNr. 12; RGRK/*Graßhof* RdNr. 22; aA *Diederichsen* NJW 1977, 273, 277.

[119] *Staudinger/Rauscher* (2004) RdNr. 88.

[120] BGHZ 4, 279, 280 = NJW 1952, 543; OLG Schleswig FamRZ 1957, 420.

[121] BGHZ 4, 279, 280 = NJW 1952, 543; BGHZ 38, 266, 269 = NJW 1963, 581.

[122] *Rolland* RdNr. 15; RGRK/*Graßhof* RdNr. 22.

36 **2. Ehen ohne häusliche Gemeinschaft.** Auch auf Ehen, in denen von vornherein keine häusliche Gemeinschaft bestand und die Begründung einer häuslichen Gemeinschaft nie beabsichtigt war, sind die Fristenvorschriften der §§ 1565 Abs. 2, 1566 anzuwenden.[123] Eine Unterscheidung danach, ob das Fehlen einer engen räumlichen Gemeinschaft zur Lebensform der Ehegatten gehörte oder ob die Ehe nur der äußeren Form halber zu ehefremden Zwecken geschlossen wurde (Namensehe, Legitimationsehe, Staatsangehörigkeitsehe), ist nicht gerechtfertigt.[124]

37 Besteht von Anfang an keine häusliche Gemeinschaft, leben die Ehegatten erst dann getrennt, wenn der **Trennungswille** eines Ehegatten **erkennbar wird.**[125] Haben die Ehegatten bewusst auf die Begründung einer häuslichen Gemeinschaft verzichtet, so kommt es auf den Willen, eine solche nicht herzustellen, naturgemäß nicht an, sondern allein auf die Ablehnung der ehelichen Lebensgemeinschaft. Stehen der Begründung einer häuslichen Gemeinschaft hingegen äußere, unüberwindbar erscheinende Hindernisse entgegen, so muss der Wille darauf gerichtet sein, einen gemeinsamen Haushalt nicht mehr begründen zu wollen, weil die eheliche Lebensgemeinschaft abgelehnt wird. Erst wenn ein Ehegatte den Willen aufgegeben hat, die häusliche Gemeinschaft noch zu begründen,[126] will er die häusliche Gemeinschaft nicht herstellen.

38 **3. Schein- und Zweckehen.** Eheschließung und Getrenntleben können theoretisch zusammenfallen,[127] wenn schon bei der Eheschließung erkennbar feststand, dass eine häusliche Gemeinschaft nie begründet werden, sondern die Ehe ohne häusliche Gemeinschaft nach der Zweckerreichung geschieden werden soll. Da jedoch die Kundgabe des Trennungswillens nach außen erforderlich ist und es zum Wesen der Scheinehe gehört, eine eheliche Lebensgemeinschaft für eine gewisse Zeit vorzuspiegeln, wird das Zusammenfallen von Eheschließung und Getrenntleben wegen der fehlenden Offenbarung des Scheincharakters der Ehe nach außen selten sein.[128] Es erscheint nicht gerechtfertigt, für die Zeit der Eheschließung den Willen zur Gemeinschaft aus dem Wesen der Ehe immer zu unterstellen.[129] Doch muss der Trennungswille oder der Scheincharakter der Ehe nach außen erkennbar werden.[130] Dass die Ehegatten einer Scheinehe sich gegenseitig die Absicht, eine Lebensgemeinschaft nicht begründen zu wollen, erklären,[131] reicht schon im Hinblick auf die Indizwirkung, die dem Getrenntleben für das Scheitern der Ehe zukommt, nicht aus.

39 **4. Trennung aus ehefremden Gründen.** Besteht eine häusliche Gemeinschaft nicht mehr aus Gründen, die nicht mit der Ehe zusammenhängen, zB wegen Kriegsgefangenschaft,[132] Verschleppung, Evakuierung, Internierung,[133] Aufenthalt in einem Pflege-

[123] KG NJW 1982, 112; OLG Karlsruhe FamRZ 1986, 680; *Schwab* (Handbuch) II RdNr. 150; *Johannsen/Henrich/Jaeger* RdNr. 29; aA KG FamRZ 1980, 356; *Brüggemann* FamRZ 1978, 91.

[124] *Johannsen/Henrich/Jaeger* § 1565 RdNr. 17, 50; *Staudinger/Rauscher* (2004) § 1565 RdNr. 101 bis 105.

[125] BGH FamRZ 1989, 479, 480; OLG Bamberg FamRZ 1981, 52; OLG Düsseldorf FamRZ 1980, 677; OLG Hamm FamRZ 1982, 1073 mit Anm. *Bosch*; OLG Karlsruhe FamRZ 1986, 680; KG NJW 1982, 112; *Schwab* (Handbuch) II RdNr. 150; *Johannsen/Henrich/Jaeger* RdNr. 29; *Staudinger/Rauscher* (2004) RdNr. 100; PWW/*Weinreich* RdNr. 4.

[126] BGHZ 38, 266, 270 = NJW 1963, 581; *Staudinger/Rauscher* (2004) RdNr. 100.

[127] Ebenso KG FamRZ 1985, 73; 1987, 486; RGRK/*Graßhof* § 1565 RdNr. 103; *Schwab* (Handbuch) II RdNr. 150; aA *Johannsen/Henrich/Jaeger* § 1565 RdNr. 50 wegen der Begründung aus dem Rechtsmissbrauch; *Staudinger/Rauscher* (2004) RdNr. 113; KG FamRZ 1987, 486; OLG Karlsruhe FamRZ 1986, 680, 681.

[128] *Staudinger/Rauscher* (2004) RdNr. 113, § 1565 RdNr. 105; *Johannsen/Henrich/Jaeger* RdNr. 31; § 1565 RdNr. 50; aA *Gernhuber/Coester-Waltjen* § 27 RdNr. 15–18 Fn. 25.

[129] So BGHZ 38, 266, 270 = NJW 1963, 581; OLG Düsseldorf FamRZ 1980, 677; OLG Hamm FamRZ 1982, 1073 m. Anm. *Bosch*; KG NJW 1982, 112; KG FamRZ 1985, 73; 1042; *Schwab* FamRZ 1976, 491, 498; *Staudinger/Rauscher* (2004) RdNr. 88; aA *Gernhuber/Coester-Waltjen* § 27 RdNr. 15 bis18 Fn. 25.

[130] OLG Karlsruhe FamRZ 1986, 680; aA OLG Düsseldorf FamRZ 1981, 677; OLG Hamm FamRZ 1982, 1073; KG FamRZ 1985, 73, 1042; FamRZ 1987, 486; *Soergel/Heintzmann* RdNr. 42; *Johannsen/Henrich/Jaeger* § 1565 RdNr. 50.

[131] AA die Voraufl. RdNr. 40 und § 1565 RdNr. 88.

[132] RGZ 128, 46, 49; 160, 246, 249; OLG Celle FamRZ 1957, 419.

[133] BGHZ 4, 279, 280 = NJW 1952, 543.

heim,[134] längerer Freiheitsstrafe,[135] Trennung zur Ausübung eines Berufs,[136] so ist diese Trennung ohne Bedeutung, solange nicht die Absicht eines Ehegatten hinzukommt, nicht mehr mit dem anderen zusammenzuleben.[137] So besteht bei lebenslanger Haft zwar keine häusliche Gemeinschaft mehr,[138] die Ehegatten leben jedoch erst getrennt, wenn die weiteren subjektiven Tatbestandsmerkmale hinzutreten. Ist ein Ehegatte verschollen, muss ebenfalls die Willensrichtung eines Ehegatten hinzutreten. Sie liegt dann vor, wenn er den anderen Ehegatten für tot[139] und die häusliche Gemeinschaft für nicht mehr möglich hält. Zweifel darüber, ob der andere noch lebt, genügen allein nicht. Sie werden erst beseitigt, wenn er beantragt, den anderen für tot zu erklären,[140] oder sonst nach außen zum Ausdruck bringt, dass er seine Lebensverhältnisse ohne den von ihm für tot gehaltenen Ehegatten neu ordnen, insbesondere eine neue Ehe eingehen will.[141]

5. Erkennbarkeit des Trennungswillens. a) Erkennbarkeit als Grundlage der gesetzlichen Scheiternsvermutung. Es muss erkennbar sein, dass der Ehegatte die häusliche Gemeinschaft ablehnt. Das Gesetz knüpft an die Rspr. zur Aufhebung der häuslichen Gemeinschaft an, die verlangt hatte, dass unzweifelhaft nach außen erkennbar die Trennung der Ehegatten auf der Absicht beruht, die häusliche Gemeinschaft nicht herzustellen.[142] Es ist also zweierlei festzustellen: Ein Ehegatte muss die Absicht haben, die häusliche Gemeinschaft nicht herzustellen. Diese Absicht muss erkennbar gewesen sein. Beide Merkmale müssen immer nebeneinander festgestellt werden. Es genügt also nicht die Absicht, ohne dass sie erkannt werden konnte, noch genügt eine Erklärung in dieser Richtung, wenn sie nicht der wirklichen Einstellung des Ehegatten entsprochen hat. Nur beide Merkmale sichern die tatsächliche Grundlage für die gesetzliche Vermutung. Erkennbar muss nur sein, dass ein Ehegatte die häusliche Gemeinschaft ablehnt,[143] weil sich nur dieses Motiv auf äußere Tatsachen bezieht und damit erkannt werden kann. Es wäre mit der Funktion der Frist unvereinbar, Erklärungen der Ehegatten zur ehelichen Lebensgemeinschaft zu verlangen, die sich wesentlich auf innere Vorgänge beziehen müssten. 40

b) Keine rechtsgeschäftliche Willenserklärung. Eine rechtsgeschäftliche Willenserklärung ist für die Äußerung des Trennungswillens nicht erforderlich, es genügt schlüssiges tatsächliches Verhalten.[144] Ist ein Ehegatte geistig erkrankt, so hängt es vom Grad dieser Erkrankung ab, ob er den Willen haben kann, die häusliche Gemeinschaft nicht herzustellen. Hierbei ist nicht auf die Kategorien der Geschäftsfähigkeit abzustellen, sondern darauf, ob es dem **natürlichen Willen** des Ehegatten entspricht, nicht mehr mit dem anderen zusam- 41

---

[134] OLG Hamm FamRZ 1990, 166, 167.

[135] 38, 266, 270 = NJW 1963, 581; OLG Bamberg FamRZ 1981, 52; OLG Köln FamRZ 1955, 50; FamRZ 1965, 510 zu § 1362 Abs. 2 BGB aF; KG FamRZ 1978, 342; allerdings verkennt das KG, dass in diesem Fall nie eine häusliche Gemeinschaft begründet worden war, weil die Ehe schon in einem Hafturlaub geschlossen wurde.

[136] OLG Bamberg FamRZ 1981, 52; OLG Hamm FamRZ 1978, 190; RGZ 164, 332.

[137] AllgM; BGH FamRZ 1989, 479, 480 = NJW 1989, 1988; OLG Hamm FamRZ 1978, 190; 1990, 167; BGHZ 38, 266, 270 = NJW 1963, 581, mit Anm. *Johannsen* LM EheG § 48 Abs. 1 Nr. 9; OLG Hamburg FamRZ 1965, 151; OLG Köln FamRZ 1965, 510; *Schwab* (Handbuch) II RdNr. 125; *Staudinger/Rauscher* (2004) RdNr. 114.

[138] Zu diesem Fall BGHZ 38, 266, 269 = NJW 1963, 581, mit Anm. *Johannsen* LM EheG § 48 Abs. 1 Nr. 9.

[139] OLG Schleswig SchlHA 1949, 208; aA OLG Braunschweig FamRZ 1956, 51; KG FamRZ 1969, 31; *Dölle* § 39 IV 2 a.

[140] *Rolland* RdNr. 14; RGRK/*Graßhof* RdNr. 27; KG FamRZ 1969, 31.

[141] *Staudinger/Rauscher* (2004) RdNr. 92; KG FamRZ 1969, 31; AG Hameln FamRZ 2006, 127.

[142] BGHZ 4, 279, 280, 281 = NJW 1952, 543; BGH LM EheG § 48 Abs. 1 Nr. 7; BGHZ 38, 266, 269 = NJW 1963, 581; OLG Celle FamRZ 1964, 302; OLG Hamburg FamRZ 1965, 151; OLG Stuttgart FamRZ 1956, 239; *Lersch* Anm. zu LM EheG § 48 Abs. 1 Nr. 5; *Schwab* FamRZ 1976, 491, 500; *Dölle* § 39 IV 2 a; *Gernhuber/Coester-Waltjen* § 27 RdNr. 77; *Staudinger/Rauscher* (2004) RdNr. 99.

[143] *Staudinger/Rauscher* (2004) RdNr. 78 dehnt die Erkennbarkeit auf die Ablehnung der ehelichen Lebensgemeinschaft aus, obwohl er das Merkmal nicht festgestellt wissen will, vgl. RdNr. 11 bis 14.

[144] *Erman/Maier* RdNr. 3; *Staudinger/Rauscher* (2004) RdNr. 91, 101; *Johannsen/Henrich/Jaeger* RdNr. 30.

menzuleben.[145] Solange der erkrankte Ehegatte den natürlichen Willen hat, kommt es auf den Willen des gesetzlichen Vertreters nicht an.[146]

42 **c) Keine Empfangsbedürftigkeit.** Es ist nicht erforderlich, dass die Absicht zur häuslichen Trennung von einem Dritten oder vom anderen Ehegatten tatsächlich erkannt worden ist. Da keine Willenserklärung verlangt wird, ist die Kundgabe der Trennungsabsicht auch nicht empfangsbedürftig.[147] Es ist daher auch nicht erheblich, ob der andere Ehegatte in der Lage ist, die Trennungsabsicht zu erkennen.[148] Ebenso wenig kommt es darauf an, ob dem anderen Ehegatten die Umstände bekannt waren, aus denen sich die Ablehnung der häuslichen Gemeinschaft ergab.[149] Ist der Trennungswille vorhanden und wird er Dritten gegenüber erkennbar geäußert, kommt es nicht darauf an, ob er dem anderen Ehegatten gegenüber verheimlicht wird.[150] Verheimlicht ein Ehegatte die Umstände, werden allerdings Zweifel an seiner Trennungsabsicht berechtigt sein.[151]

43 **d) Willensäußerung.** Eine ernst gemeinte ausdrückliche Erklärung gegenüber dem anderen Ehegatten beseitigt die Zweifel am Trennungswillen.[152] Der Wille, nicht mehr mit dem anderen in häuslicher Gemeinschaft zu leben, kann auch in einem Einverständnis mit dem anderen Ehegatten zum Ausdruck kommen. Hebt ein Ehegatte die häusliche Gemeinschaft ohne äußere Gründe auf, kann auf einen entsprechenden Trennungswillen geschlossen werden. Ein Antrag nach § 620 Nr. 5 ZPO aF, im Wege der einstweiligen Anordnung das Getrenntleben der Ehegatten zu regeln, ist meist Ausdruck dieses Willens, kann aber auch darin begründet sein, vorübergehenden Schutz vor einem trunksüchtigen oder kranken Ehegatten zu suchen. Erkennbar wird die Trennungsabsicht vor allem dann, wenn **ein Ehegatte die Scheidung beantragt,** idR wohl auch schon dann, wenn er sich von einem RA oder auch von anderen Personen zum Zwecke der Scheidung beraten lässt.[153] Fordert ein Ehegatte den anderen auf, wieder mit ihm zusammenzuleben, und kommt dieser der Aufforderung nicht nach, liegt Erkennbarkeit vor; ebenso, wenn ein Ehegatte einer Verurteilung zur Herstellung des ehelichen Lebens nicht Folge leistet. Lebt ein Ehegatte für Jahre im Ausland und hat er dort eine Geliebte, mit der er Kinder hat, ist daraus allein nicht erkennbar, dass er die häusliche Gemeinschaft ablehnt, selbst wenn er dies seiner Geliebten und Arbeitskollegen erzählt, solange er noch Kontakte zum Ehepartner hält.[154] Dies kann jedoch nur angenommen werden, wenn deutlich bleibt, dass die Ehe weiter bestehen soll. Bricht er den Briefverkehr[155] allerdings ab und verbringt er auch seinen Urlaub nicht mehr beim

---

[145] BGH NJW 1989, 1988 = FamRZ 1989, 479, 480; OLG Hamm FamRZ 1990, 166, 167; *Johannsen/Henrich/Jaeger* RdNr. 30; *Staudinger/Rauscher* (2004) RdNr. 91.

[146] BGH NJW 1989, 1988, 1989 = FamRZ 1989, 479, 480; *Gernhuber/Coester-Waltjen* § 27 RdNr. 77; vgl. auch OLG Hamm FamRZ 1990, 166, 167.

[147] *Schwab* FamRZ 1976, 491, 500 Fn. 56; *Staudinger/Rauscher* (2004) RdNr. 91; *Gernhuber/Coester-Waltjen* § 27 RdNr. 77; *Palandt/Brudermüller* RdNr. 5; aA *Johannsen/Henrich/Jaeger* RdNr. 30; zur Empfangsbedürftigkeit vgl. Entwurf 73 S. 114 und die hL zu § 48 EheG, vgl. BGH LM EheG § 48 Abs. 1 Nr. 7; OLG Schleswig JR 1950, 756; OLG Köln FamRZ 1955, 50; OLG Stuttgart FamRZ 1956, 239.

[148] *Staudinger/Rauscher* (2004) RdNr. 102; *Gernhuber/Coester-Waltjen* § 27 RdNr. 77; aA *Habscheid* MDR 1953, 338; OLG Hamm MDR 1968, 413; *Johannsen/Henrich/Jaeger* RdNr. 30; *Scholz/Stein/Erdrich,* Teil F, RdNr. 3, 5 mit der Begründung, der andere Partner müsse die Möglichkeit haben, Maßnahmen zur Rettung der Ehe einzuleiten.

[149] *Gernhuber/Coester-Waltjen* § 27 RdNr. 77; *Rolland* RdNr. 13; RGRK/*Graßhof* RdNr. 88; *Johannsen/Henrich/Jaeger* RdNr. 30.

[150] *Soergel/Heintzmann* RdNr. 19; aA RGRK/*Graßhof* RdNr. 28; *Staudinger/Rauscher* (2004) RdNr. 82.

[151] *Johannsen/Henrich/Jaeger* RdNr. 30; LG Stuttgart FamRZ 1955, 174; *Staudinger/Rauscher* (2004) RdNr. 104.

[152] OLG Hamm FamRZ 1978, 190.

[153] KG NJW 1982, 112; *Johannsen/Henrich/Jaeger* RdNr. 30; *Soergel/Heintzmann* RdNr. 21; zum Scheidungsantrag vgl. OLG Bamberg NJW 1952, 148; OLG Celle FamRZ 1957, 419; OLG Schleswig FamRZ 1957, 420.

[154] OLG Stuttgart FamRZ 1956, 239; *Schwab* FamRZ 1976, 491, 501; *Diederichsen* NJW 1977, 273, 277; RGRK/*Graßhof* RdNr. 28; vgl. jedoch die Zweifel bei *Rolland* RdNr. 14.

[155] Die Einstellung des Briefwechsels allein genügt nicht immer, BGH LM EheG § 48 Abs. 1 Nr. 7; *Schwab* FamRZ 1976, 491, 500.

Ehegatten, wird seine Absicht erkennbar. Hingegen soll das Einstellen von Besuchen in der Haftanstalt nicht genügen, um eine hinreichende Trennungserklärung zu bejahen;[156] auch hier dürfte es aber auf die Umstände des Einzelfalls ankommen.

VII. Ablehnung der ehelichen Lebensgemeinschaft

1. Trennungsmotiv. Die Aufhebung der häuslichen Gemeinschaft nach dem EheG war ein vom Beweggrund und Zweck der Trennung unabhängiger äußerer Tatbestand, zu dem als subjektives Element nur die Absicht gehörte, nicht mehr mit dem anderen zusammenzuleben. Es war gleichgültig, aus welchen Motiven ein Ehegatte die häusliche Gemeinschaft aufhob. Insbesondere war es nicht erforderlich, dass ein Ehegatte die eheliche Gemeinschaft ablehnte.[157] Es genügte, wenn ein Ehegatte die häusliche Gemeinschaft aufhob, um die eheliche Gemeinschaft zu retten, zB in der Hoffnung, der andere werde ihm folgen und sich damit dem ungünstigen Einfluß der Eltern entziehen. 44

Abs. 1 S. 1 fügt demgegenüber als weiteres Tatbestandsmerkmal ein: **„weil er die eheliche Lebensgemeinschaft ablehnt".** Mit ehelicher Lebensgemeinschaft ist „die Lebensgemeinschaft der Ehegatten" iSd. § 1565 Abs. 1 S. 1 gemeint. Die unterschiedliche Formulierung stellt ein Redaktionsversehen dar. 45

2. Keine „kleine Zerrüttungsprüfung". Die **Ablehnung der Lebensgemeinschaft** bedeutet nicht, dass in Anlehnung an den Grundtatbestand des Scheiterns der Ehe in § 1565 Abs. 1 eine „kleine Zerrüttungsprüfung" anzustellen wäre.[158] Vielmehr verlangt das Gesetz neben dem gegenwärtigen Trennungswillen ein **in die Zukunft gerichtetes Trennungsmotiv.**[159] Die Feststellung, dass ein Ehegatte die häusliche Gemeinschaft nicht will, weil er die eheliche Lebensgemeinschaft ablehnt, dient dazu, willentliche, aber nicht gegen die eheliche Lebensgemeinschaft gerichtete Trennungen als Grundlage für die Fristenscheidung auszusondern. Müsste bei der Prüfung des Getrenntlebens bereits eine „kleine Zerrüttungsprüfung" vorgenommen werden, würde die Fristenscheidung erschwert und die Vermutungsscheidung nach § 1566 entwertet. Die hM und der BGH lehnen deshalb eine solche „kleine Zerrüttungsprüfung" zu Recht ab (vgl. RdNr. 14).[160] 46

3. Ablehnung der Lebensgemeinschaft. Das Gesetz macht die Einstellung der Ehegatten zu ihrer Ehe, nicht nur zur häuslichen Gemeinschaft, zum Tatbestandsmerkmal. Ein Ehegatte lehnt die eheliche Lebensgemeinschaft ab, wenn ihm die Bereitschaft, sich mit dem anderen über die Formen des Zusammenlebens zu einigen, fehlt und er auch die wesentlichen äußeren Gemeinsamkeiten mit ihm nicht haben will. Deshalb führt die Trennung mit dem Ziel, den anderen Ehegatten zur Wiederaufnahme der häuslichen Gemeinschaft an anderem Ort oder in anderen Formen zu bewegen, zwar zur willentlichen Aufhebung der häuslichen Gemeinschaft, nicht jedoch zum Getrenntleben, weil dafür die Ablehnung der Lebensgemeinschaft hinzukommen muss. 47

a) Kein Scheidungswille erforderlich. Das Motiv für die Trennung wird häufig **scheidungsgerichtet** sein. Es sind aber durchaus Fälle denkbar, in denen der Ehegatte eine Scheidung nicht beabsichtigt.[161] Er kann auch dann, wenn er die eheliche Gemeinschaft ab- 48

---

[156] OLG Dresden MDR 2002, 762; *Bamberger/Roth/Neumann* RdNr. 5.

[157] Vgl. RdNr. 10 und BGHZ 4, 279, 280 = NJW 1952, 543 mit Anm. *Lersch* LM EheG § 48 Abs. 1 Nr. 5; BGHZ 38, 266, 268 = NJW 1963, 581 mit Anm. *Johannsen* zu LM EheG § 48 Abs. 1 Nr. 9; RGZ 160, 246, 249; aA nur die Entscheidung OLG Schleswig FamRZ 1957, 420; umgekehrt vertrat das LG Bonn FamRZ 1974, 188 die Meinung, dass zur Aufhebung der häuslichen Gemeinschaft kein entsprechender Wille gehöre.

[158] So aber die Vorauf. RdNr. 49, 16 unter Berufung auf den Willen des Gesetzgebers.

[159] *Staudinger/Rauscher* (2004) RdNr. 26, 28.

[160] BGH NJW 1989, 1988, 1989 = FamRZ 1979, 479, 480; OLG Hamm FamRZ 1990, 166; *Schwab* FamRZ 1976, 491, 500; *ders.* (Handbuch) II RdNr. 144; eing. *Johannsen/Henrich/Jaeger* RdNr. 9 bis 12; *Gernhuber/Coester-Waltjen* § 27 RdNr. 76; *Staudinger/Rauscher* (2004) RdNr. 26, 28; *Bamberger/Roth/Neumann* RdNr. 7; AnwK-BGB/*Bisping* RdNr. 3.

[161] AA *Staudinger/Rauscher* (2004) RdNr. 94, der stets ein scheidungsgerichtetes Trennungsmotiv verlangt.

lehnt, die Scheidung nicht anstreben, etwa aus religiösen oder gesellschaftlichen Überlegungen, weil er eine schwierige und verlustreiche Vermögensteilung fürchtet, weil die Scheidung zu teuer ist oder weil er im Hinblick auf gemeinsame Kinder nicht geschieden sein will.[162] Auch in solchen Fällen kann trotz fehlenden Scheidungswillens der Trennungswille Ausdruck der Ablehnung der ehelichen Lebensgemeinschaft sein, so wenn der Ehegatte mit einem anderen Partner in einer Dauerverbindung lebt.[163]

49 **b) Keine ehefeindliche Einstellung erforderlich.** Das Gesetz verlangt auch keine feindliche Einstellung gegenüber dem anderen Ehegatten. Warum ein Ehegatte die eheliche Gemeinschaft ablehnt, ist rechtlich nicht erheblich.[164] Das Motiv für die Trennung kann sich aus äußeren Notwendigkeiten ergeben, ohne dass die Achtung oder Liebe zum anderen Ehegatten beeinträchtigt ist. Dies wird insbesondere bei Alkoholsucht oder geistiger Erkrankung vorkommen.[165]

50 **c) Keine Prognose erforderlich.** Eine Prognose, ob der Ehegatte die eheliche Lebensgemeinschaft auch in Zukunft ablehnen wird, ist nicht verlangt. Darin liegt ein wesentlicher Unterschied zwischen dem Getrenntleben und dem Scheitern der Ehe, das erst vorliegt, wenn angesichts des Zustandes der Ehe oder unter Berücksichtigung der abgelaufenen Fristen nicht erwartet werden kann, dass die Ehegatten die eheliche Lebensgemeinschaft wieder herstellen werden.

51 **d) Beweislast.** Die Ablehnung der ehelichen Lebensgemeinschaft ist immer besonders zu behaupten, zu beweisen und in der Entscheidung festzustellen.[166] Der Ehegatte, der den Fristablauf behauptet, muss beweisen, dass er oder der andere Ehegatte die eheliche Lebensgemeinschaft ablehnt.

52 **e) Tatsächliche Vermutung.** Trennen sich die Ehegatten freiwillig, und ist erkennbar, dass ein Ehegatte nicht mehr mit dem anderen zusammenleben will, wird idR der Schluss zulässig sein, dass er auch die Lebensgemeinschaft mit dem anderen Ehegatten ablehnt. Dafür spricht eine tatsächliche Vermutung. Wenn keine häusliche Gemeinschaft besteht und ein Ehegatte sie erkennbar nicht herstellen will, könnte sich die eheliche Lebensgemeinschaft, die ihrerseits wieder stark vom Willen für Gemeinsamkeit bestimmt ist, nur noch in Gemeinsamkeiten außerhalb eines häuslichen Mittelpunktes verwirklichen. Das ist nicht ausgeschlossen, wenn die Ehegatten regelmäßig zusammentreffen, nach außen weiterhin als Ehepaar auftreten und zahlreiche Gemeinsamkeiten haben.[167] Meist ist jedoch mit der Aufgabe der Lebensgemeinschaft auch das Getrenntleben der Ehegatten verbunden.[168] In der Praxis werden die subjektiven Teile des Getrenntlebens den Erklärungen der Ehegatten entnommen. Eine besondere Untersuchung und Feststellung der Ablehnung der Lebensgemeinschaft ist hingegen in den Fällen notwendig, wenn eine häusliche Gemeinschaft von Anfang an nicht begründet wird, und dann, wenn zu prüfen ist, ob die Trennung auf äußeren Gründen beruht.

VIII. Fristberechnung

53 Für den Beginn und den Lauf einer Frist des Getrenntlebens ist Voraussetzung, dass alle Merkmale des Abs. 1, insbesondere alle subjektiven Merkmale, erfüllt sind und während der gesamten Zeit, für die die Trennung angenommen wird, bestanden haben.[169] Wird die Trennung für einen bestimmten Zeitpunkt festgestellt, kann ohne entgegenstehende Fakten

---

[162] Das räumt auch *Staudinger/Rauscher* (2004) RdNr. 95 ein.
[163] Vgl. *Ramm* Familienrecht I S. 289.
[164] *Gernhuber/Coester-Waltjen* § 27 RdNr. 76.
[165] *Rolland* RdNr. 10, 11.
[166] OLG Hamm FamRZ 1990, 166, 168; *Hillermeier* FamRZ 1976, 577; RGRK/*Graßhof* RdNr. 29.
[167] OLG Brandenburg OLGR 2008, 577 = FamRB 2008 m. Anm. *Neumann*.
[168] Vgl. BGH NJW 1981, 449.
[169] BGH FamRZ 1979, 285, 287; OLG Hamm FamRZ 1990, 167; *Rolland* RdNr. 15; *Staudinger/Rauscher* (2004) RdNr. 117, 151; *Johannsen/Henrich/Jaeger* RdNr. 17.

davon ausgegangen werden, dass die Merkmale des Getrenntlebens fortbestehen.[170] Es wäre praktisch unmöglich, für jeden Tag der Trennung die subjektiven Merkmale gesondert festzustellen. Der Fristablauf kann nur in der **Tatsacheninstanz** festgestellt werden (vgl. § 1565 RdNr. 69).[171] Verstreicht eine Trennungsfrist erst in der zweiten Instanz, können die Kosten des Berufungsverfahrens dem Antragsteller auferlegt werden.[172] Eine Registrierung der Trennung ist nicht vorgesehen, obwohl sie mehrfach gefordert wurde.[173] Haben Ehegatten bei der Eheschließung keine häusliche Gemeinschaft begründet, leben sie erst getrennt, wenn mindestens ein Ehegatte die häusliche Gemeinschaft nicht mehr aufnehmen will, weil er die eheliche Lebensgemeinschaft ablehnt. Mit der Eheschließung wird idR der Wille zur häuslichen Gemeinschaft und zur ehelichen Lebensgemeinschaft verbunden sein, notwendig ist das nicht. Deshalb können die Ehegatten in Ausnahmefällen von Anfang an getrennt leben. Die Frist beginnt dann mit der Eheschließung. Werden die Ehegatten gegen ihren Willen getrennt, beginnt der Fristablauf erst dann, wenn alle subjektiven Merkmale hinzutreten. Besteht die häusliche Gemeinschaft, leben die Ehegatten nicht deshalb getrennt, weil ein Ehegatte sie nicht will und sie gerne aufheben würde. Wenn ein Ehegatte ursprünglich Ausländer war, beginnt die Frist unabhängig von der Einbürgerung zu laufen.[174]

Die Trennungsfrist läuft auch weiter, wenn während einer Trennung nach Abs. 1 Um- 54
stände hinzutreten, die es den Ehegatten unmöglich machen, zusammenzuleben, selbst wenn sie es wollten, zB dann, wenn ein getrennt lebender Ehegatte eine längere Strafhaft antritt oder Ehegatten durch unüberwindbare Staatsgrenzen getrennt werden. Die Trennungsfrist wird jedoch unterbrochen, wenn sich die innere Einstellung des Ehegatten, der bisher die häusliche Gemeinschaft nicht herstellen wollte, erkennbar wandelt.[175]

IX. Fristwahrung trotz Zusammenlebens (Abs. 2)

1. Ziel der Vorschrift. Abs. 2 soll die Bereitschaft eines Ehegatten zu einem, auch wieder- 55
holten, **Versöhnungsversuch** fördern. Der Ehegatte soll nicht die Befürchtung haben müssen, dass seine prozessuale Situation sich dadurch verschlechtert, dass er einen Versöhnungsversuch unternimmt. Deshalb ist Abs. 2 auch auf die Jahresfrist des § 1565 Abs. 2 anzuwenden.[176] Es beruht auf einem Redaktionsversehen im VA, dass Abs. 2 nur auf die Fristen des § 1566 und nicht auch auf § 1565 Abs. 2, der erst im VA beschlossen wurde, verweist.

Schon zu § 48 EheG wurde es nicht als Wiederherstellung der häuslichen Gemeinschaft 56
angesehen, wenn sich die Ehegatten bei Dritten oder im Urlaub für eine von vornherein begrenzte Zeit wieder trafen, wenn ein eingezogener Soldat seinen Urlaub bei seiner Frau in der ehelichen Wohnung verbrachte,[177] wenn sich die Ehegatten noch besuchten und dabei sexuell verkehrten.[178] Hingegen wurde es als Unterbrechung gewertet, wenn ein Ehegatte einen Urlaub von 6 bis 8 Wochen beim anderen Ehegatten verbrachte, insbesondere dann, wenn er die Wohnung des anderen Ehegatten als sein eigentliches Zuhause ansah. Als ehefeindlich hat sich vor allem erwiesen, dass eine Vereinbarung der Eheleute, sie wollten

---

[170] *Rolland* RdNr. 21; RGRK/*Graßhof* RdNr. 69.

[171] *Soergel/Heintzmann* RdNr. 55.

[172] OLG Zweibrücken FamRZ 1982, 293; OLG Hamburg FamRZ 1985, 711; OLG Köln FamRZ 1984, 280; § 1565 RdNr. 53.

[173] *Lüderitz* Gutachten B zum 48. DJT, S. B 98, 120, allerdings ohne notwendige häusliche Trennung; *Müller-Freienfels,* Sitzungsbericht M zum 48. DJT, S. M 35; im Beschluss Nr. 13 hat der 48. DJT die Regelung abgelehnt, Sitzungsbericht M, S. M 182; auch die Eherechtskommission lehnte jede Registrierung ab, Bericht I These 5 Abs. 2 S. 1, 44; gegen die Registrierung auch *Ramm* JZ 1970, 705, 707.

[174] OLG Braunschweig FamRZ 1955, 258; OLG Zweibrücken FamRZ 1970, 661.

[175] BGH NJW 1989, 1988 = FamRZ 1989, 479, 480; *Gernhuber/Coester-Waltjen* § 27 RdNr. 82; *Johannsen/Henrich/Jaeger* RdNr. 17 wendet sich dagegen, dass der Sinneswandel erkennbar sein muss.

[176] AllgM; OLG Hamm FamRZ 1978, 190; OLG Celle FamRZ 1979, 234; OLG Köln FamRZ 1979, 236; *Staudinger/Rauscher* (2004) RdNr. 118; *Erman/Maier* RdNr. 5; *Johannsen/Henrich/Jaeger* RdNr. 5; AnwK-BGB/*Bisping* RdNr. 8.

[177] RGZ 160, 280, 285.

[178] OLG Schleswig FamRZ 1957, 420.

nur **probeweise** wieder zusammenleben, die Unterbrechung der Frist nicht verhindert hat.[179]

57 **2. Aufhebung der Trennung.** Solange alle Merkmale des Getrenntlebens erfüllt sind, ergibt sich aus Abs. 1, dass die Trennungsfrist weiterläuft.[180] In diesem Falle wird auch dann, wenn die Ehegatten die Versöhnung versuchen und persönlichen Kontakt haben, die Frist nicht unterbrochen. Insbesondere unterbricht geschlechtlicher Kontakt allein die Trennung nicht.[181] Die Fristvorschrift des Abs. 2 greift **erst dann ein, wenn die Ehegatten nicht mehr getrennt leben,** weil sie wieder eine räumliche Verbindung aufgenommen haben, die eine häusliche Gemeinschaft ist, oder wenn beide Ehegatten die häusliche Gemeinschaft wieder herstellen wollen oder wenn sie die häusliche Gemeinschaft nicht herstellen wollen, jedoch die eheliche Lebensgemeinschaft wieder bejahen.[182] Ob eine häusliche Gemeinschaft wieder entstanden ist, wird nach allg. Kriterien bestimmt, so dass es auch genügt, wenn nur ein Teil häuslicher Gemeinsamkeit hergestellt wird.

58 **3. Kürzere Zeit. a) Keine kleinliche Handhabung.** Der Fristablauf wird durch die Aufhebung der Trennung weder unterbrochen noch gehemmt, wenn die Ehegatten kürzere Zeit[183] und zum Zwecke der Versöhnung zusammenleben. Die offene Formulierung „kürzere Zeit" lässt Raum für eine Reihe von Zweifelsfragen. Da das Gesetz mit Abs. 2 ausdrücklich der eheerhaltenden Versöhnungsmöglichkeit den Vorzug vor klaren Fristen gibt, ist jede **kleinliche Handhabung der Vorschrift zu vermeiden.**[184] Insbesondere kann und muss auf die im Einzelfall erforderliche Klärungszeit abgestellt werden, um auch in problematischen Fällen die Anwendung von Abs. 2 nicht von vornherein auszuschließen.[185] Andererseits darf nicht jeder gescheiterte Versuch als kürzere Zeit gewertet werden, weil er zur Versöhnung nicht ausreichte.[186]

59 **b) Jahresfristen, Dreijahresfrist.** Für die **Jahresfristen** der §§ 1565 Abs. 2, 1566 Abs. 1 ist ein Zusammenleben von über sechs Monaten keine kürzere Zeit,[187] auch nicht von mehr als vier Monaten.[188] Eine Zeit von drei Monaten wird in der Jahresfrist hingegen als kürzere Zeit anerkannt.[189] Es spricht viel dafür, den Zeitraum von **drei Monaten** bei der Jahresfrist in der Regel als **Obergrenze** anzusehen;[190] gleichwohl sollte aber die Berück-

---

[179] RGZ 164, 332, 335; *Gernhuber* 2. Aufl. § 27 IV 2; *Hoffmann/Stephan* § 48 RdNr. 24.

[180] *Rolland* RdNr. 15; RGRK/*Graßhof* RdNr. 60; vgl. jedoch OLG Hamm FamRZ 1978, 190.

[181] BGH NJW 1982, 1870, 1872 = FamRZ 1982, 576, 578; OLG Celle FamRZ 1986, 804; OLG Zweibrücken FamRZ 1997, 1212; OLG Bremen FamRZ 1986, 833, 834; RGZ 160, 280, 284; OLG Frankfurt NJW 1974, 1828; AG Amberg FamRZ 2005, 1839; *Schwab* FamRZ 1976, 491, 501; *Soergel/Heintzmann* RdNr. 29; *Hoffmann/Stephan* § 48 RdNr. 15; aA *Bosch* FamRZ 1957, 481; BGHZ 4, 279, 282 = NJW 1952, 543 sieht den Geschlechtsverkehr zusammen mit anderen Gemeinsamkeiten.

[182] Vgl. *Rolland* RdNr. 17.

[183] Der DiskE lehnte den Begriff des Zusammenlebens über kürzere Zeit ab, weil er zu unbestimmt sei, S. 60; Bedenken auch bei *Dieckmann* ZRP 1971, 193, 196 Fn. 11, weil die Grundlagen von Vermutungen manipulierungssicher sein müssten.

[184] AllgM; *Staudinger/Rauscher* (2004) RdNr. 137; einschränkend RGRK/*Graßhof* RdNr. 64; *Schwab* FamRZ 1976, 494, 501; RGZ 164, 332 sah ein Zusammenleben von 6 bis 8 Wochen als Unterbrechung an; *Müller-Freienfels,* Sitzungsbericht M zum 48. DJT, S. M 41, These 11, hält nur eine Unterbrechung von einem Monat für kurzfristig; sehr kleinlich OLG München FamRZ 1990, 885: Zusammenleben von 14 Tagen als Unterbrechung – zust. *Schwab* (Handbuch) II RdNr. 142, weil die Versöhnung erreicht gewesen sei.

[185] OLG Köln FamRZ 1979, 236; OLG Celle FamRZ 1979, 234; RGRK/*Graßhof* RdNr. 67; aA *Gernhuber/Coester-Waltjen* § 27 RdNr. 84 u. Fn. 141 f. (Grenze 1 Monat pro Trennungsversuch) *Staudinger/Rauscher* (2004) RdNr. 138 (Grenze 3 Monate).

[186] Vgl. *Palandt/Brudermüller* RdNr. 7; aA OLG Köln FamRZ 1979, 236.

[187] OLG Celle FamRZ 1979, 234, 235.

[188] OLG Frankfurt FamRZ 1486, 166; OLG Zweibrücken FamRZ 1997, 1213; FamRZ 1981, 146; OLG Köln FamRZ 1982, 1015; aA OLG Köln FamRZ 1979, 236 (ein halbes Jahr als kürzere Zeit).

[189] Inzwischen hM, vgl. OLG Zweibrücken FamRZ 1981, 146; FamRZ 1997, 1213; OLG Düsseldorf FamRZ 1995, 96; *Johannsen/Henrich/Jaeger* RdNr. 34; *Staudinger/Rauscher* (2004) RdNr. 141; *Palandt/Brudermüller* RdNr. 7; *Erman/Maier* RdNr. 5; enger *Gernhuber/Coester-Waltjen* § 27 RdNr. 84.

[190] *Staudinger/Rauscher* (2004) RdNr. 141; *Bamberger/Roth/Neumann* RdNr. 10; PWW/*Weinreich* RdNr. 12; dagegen AnwK-BGB/*Bisping* RdNr. 12, der sich für eine individuelle Betrachtungsweise im Einzelfall ausspricht.

sichtigung individueller Umstände im Einzelfall dazu führen können, auch eine geringfügig längere Zeitspanne zuzulassen.[191] Der Vorschlag, zur Korrektur von Härten keine Unterbrechung der Frist, wohl aber einer Fristhemmung anzunehmen,[192] lässt sich mit dem Wortlaut des Gesetzes, das für beide Fälle ohne Unterscheidung an den Begriff der „kürzeren Zeit" anknüpft, nur schwer in Einklang bringen.

Während der **Dreijahresfrist** des § 1566 Abs. 2 ist eine längere Versöhnungszeit anzurechnen, weil die Frist als Grundlage für die Vermutung lange genug bleibt.[193] Bei der Dreijahresfrist kann ein Zusammenleben in der Anfangszeit großzügiger interpretiert werden als ein Zusammenleben kurz vor dem Scheidungsantrag; vor allem für die erste Zeit der Trennung werden mehrere Monate noch als kürzere Zeit gewertet werden können, weil durch sie die Vermutungsgrundlage nicht übermäßig eingeengt wird.[194] Für das letzte Jahr der Dreijahresfrist des § 1566 Abs. 2 sind ähnliche Maßstäbe wie bei der Jahresfrist anzulegen.[195] 60

c) Zusammenleben mit dem Ziel der Versöhnung. Das Gesetz privilegiert nur ein Zusammenleben, das der Versöhnung dienen soll.[196] Andere Motive sind denkbar, zB um gesellschaftlichen Erfordernissen zu genügen, um die Lebenshaltung zu verbilligen, zur Pflege eines Kindes, aus Mitleid, aus Not.[197] Ein Zusammenleben aus solchen Motiven unterbricht den Fristablauf nicht, obwohl es ebenfalls geeignet sein kann, die Versöhnung zu fördern; vielfach sind solche Motive mit der Bereitschaft verbunden, Teile der ehelichen Gemeinschaft wieder herzustellen und die Versöhnung ins Auge zu fassen. Ein solches Motivbündel, in dem auch die Tendenz zur Versöhnung enthalten ist, genügt auch dann, wenn die Versöhnungsabsicht nicht im Vordergrund steht oder wenn die Ehegatten prüfen wollen, ob die Voraussetzungen für eine Versöhnung vorliegen oder geschaffen werden können.[198] Eine Versöhnung setzt die Bereitschaft beider Ehegatten voraus; dass ein Ehegatte einer Versöhnung skeptischer als der andere gegenübersteht, schadet nicht. Nur eine ernsthafte, auf Dauer angelegte Versöhnungsbereitschaft unterbricht die Frist,[199] „scheinbare" Versöhnungsversuche bleiben unberücksichtigt.[200] Die Vortäuschung der Versöhnungsabsicht durch einen Ehegatten dürfte allerdings eher theoretisch sein.[201] Auch bei tief gestörten Ehen, bei denen der Misserfolg – rückblickend betrachtet – vorhersehbar war, kann die Versöhnung zunächst gelungen sein, selbst wenn sich die Eheleute wieder trennen.[202] Eine Unterscheidung zwischen aussichtsreichen und objektiv sinnlosen Versöhnungsversuchen macht das Gesetz nicht. Es wird nicht unterschieden, ob ein Versöhnungsversuch aus der Sicht eines Dritten aussichtslos war.[203] Im Zweifel ist Versöhnungsbereitschaft anzunehmen.[204] 61

4. Mehrere Versöhnungsversuche. Ob mit dem Wort „Ein" in Abs. 2 ein Zahlwort gemeint ist mit der Folge, dass das Privileg des Abs. 2 in der Frist nur einmal zur Verfügung steht, ist den Motiven nicht zu entnehmen. Der DiskE hatte in § 4 allerdings vorgeschlagen, 62

---

[191] So auch *Bamberger/Roth/Neumann* RdNr. 10; *Rauscher* § 21 RdNr. 536.

[192] *Staudinger/Rauscher* (2004) RdNr. 156.

[193] Str.; wie hier *Palandt/Brudermüller* RdNr. 7; *Damrau* NJW 1977, 1624; *Staudinger/Rauscher* (2004) RdNr. 139 f.; aA *Gernhuber/Coester-Waltjen* § 27 RdNr. 84; *Johannsen/Henrich/Jaeger* RdNr. 34.

[194] *Palandt/Brudermüller* RdNr. 7; *Staudinger/Rauscher* (2004) RdNr. 140; aA *Gernhuber/Coester-Waltjen* § 27 RdNr. 84 – 1 Monat; *Johannsen/Henrich/Jaeger* RdNr. 34 – auch bei der Dreijahresfrist nur drei Monate.

[195] *Staudinger/Rauscher* (2004) RdNr. 139; AnwK-BGB/*Bisping* RdNr. 12.

[196] RdNr. 7; *Staudinger/Rauscher* (2004) RdNr. 99; *Erman/Maier* RdNr. 5; *Johannsen/Henrich/Jaeger* RdNr. 33.

[197] *Palandt/Brudermüller* RdNr. 7; *Erman/Maier* RdNr. 5.

[198] *Palandt/Brudermüller* RdNr. 7.

[199] *Diederichsen* NJW 1977, 273, 277 f.; *Staudinger/Rauscher* (2004) RdNr. 131 bis 136; *Damrau* NJW 1977, 1624 stellt für die Bewertung auf die Dauer der Versöhnung ab.

[200] OLG Köln FamRZ 1979, 236; *Rolland* RdNr. 16; im Falle OLG München FamRZ 1990, 885 – Zusammenleben von 14 Tagen – dürfte eine Scheinversöhnung vorgelegen haben.

[201] Vgl. dazu *Staudinger/Rauscher* (2004) RdNr. 125.

[202] *Staudinger/Rauscher* (2004) RdNr. 124; aA OLG Köln FamRZ 1979, 236; *Schwab* (Handbuch) II RdNr. 142.

[203] OLG Köln FamRZ 1979, 236; *Staudinger/Rauscher* (2004) RdNr. 124.

[204] *Gernhuber/Coester-Waltjen* § 27 RdNr. 84; RGRK/*Graßhof* RdNr. 62.

Trennungszeiten zusammenzurechnen, so dass daraus, dass der BRat, der Entwurf 73 und das Gesetz von einem Zusammenleben sprechen, geschlossen werden könnte, das Privileg werde nur einmal gegeben. Zwingend ist diese Auslegung nicht. Vom Zweck der Vorschrift her sollen alle Versöhnungsversuche unterstützt werden; deshalb können auch mehrere gescheiterte Versuche privilegiert sein,[205] die allerdings zusammen die „kürzere Zeit" nicht überschreiten dürfen.[206]

63 Für den Lauf der Trennungsfrist kann es auch unschädlich sein, wenn die Ehegatten einen Versöhnungsversuch während des Scheidungsverfahrens machen. Im Zeitpunkt der **letzten mündlichen Verhandlung** dürfen sie jedoch nicht zusammenleben, weil sonst die Frist ihren Sinn verliert. Die gesamte Frist muss im Zeitpunkt der letzten mündlichen Verhandlung in der Tatsacheninstanz abgelaufen sein.[207]

64 **5. Folgen des Versöhnungsversuchs. a) Erfolgreiche Versöhnung.** Abs. 2 ist nur von Bedeutung, wenn die Versöhnung nicht gelungen ist. Ist die Versöhnung erreicht, wird die Frist unterbrochen; die bisher abgelaufenen Trennungsfristen werden bedeutungslos. Trennen sich die Ehegatten erneut, so beginnen die Trennungsfristen **vollständig neu zu laufen.**[208] Im Zweifel ist bei Scheitern endgültiger Versöhnung nur ein Versöhnungsversuch anzunehmen, insbesondere wenn die Ehegatten eine bestimmte Zeit probeweisen Zusammenlebens vereinbart hatten und sich dann wieder trennen.[209]

65 **b) Erfolgloser Versöhnungsversuch bei Zusammenleben von kürzerer Dauer.** Abs. 2 ist nur von Bedeutung, wenn die Versöhnung nicht gelungen ist. War das Zusammenleben dann von kürzerer Zeit, fällt die Zeit des Zusammenlebens ganz in die Trennungszeit. Die Frist wird weder unterbrochen noch gehemmt. Die begonnene Frist läuft weiter und der bisherige Fristablauf wird mitgerechnet (§ 217). Auch die Zeit, in der die Ehegatten wieder zusammengelebt haben, wird in die Frist eingerechnet.[210]

66 **c) Erfolgloser Versöhnungsversuch bei Zusammenleben über längere Dauer.** Haben die Ehegatten, ohne die Versöhnung zu erreichen, hingegen längere Zeit zusammengelebt, wird die Frist unterbrochen. Bisherige Zeiten der Trennung verlieren ihre Bedeutung, die Trennungszeit beginnt von vorn zu laufen.[211]

X. Getrenntleben in Vorschriften außerhalb des Scheidungsrechts

67 In einer **Vielzahl von Bereichen** knüpft das Recht Folgen daran, ob Ehegatten in häuslicher Gemeinschaft oder ob sie getrennt leben. Da der Begriff des Getrenntlebens in Abs. 1 ganz auf die Scheidungssituation bezogen ist, ist seine Verwendung in anderen Vorschriften nicht stets nach § 1567 zu beurteilen.[212] Die Formulierung dieser Vorschriften kann eine auch nur analoge Anwendung von § 1567 von vornherein ausschließen, zB weil sie nicht auf die Ablehnung der ehelichen Lebensgemeinschaft, sondern lediglich auf das tatsächliche Getrenntleben abstellt. Eine entsprechende Anwendung kommt hingegen in Betracht, soweit die jeweilige Norm an die Scheidungssituation anknüpft. Dies ist im

[205] *Gernhuber/Coester-Waltjen* § 27 RdNr. 84; *Soergel/Heintzmann* RdNr. 34 a; RGRK/*Graßhof* RdNr. 65; *Johannsen/Henrich/Jaeger* RdNr. 34; *Staudinger/Rauscher* (2004) RdNr. 144; krit. *Schwab* FamRZ 1976, 491, 501.

[206] RGRK/*Graßhof* RdNr. 65; *Johannsen/Henrich/Jaeger* RdNr. 34; *Staudinger/Rauscher* (2004) RdNr. 126; *Erman/Maier* RdNr. 5; *Bamberger/Roth/Neumann* RdNr. 10; aA *Gernhuber/Coester-Waltjen* § 27 RdNr. 84 Fn. 142; *Soergel/Heintzmann* RdNr. 34 a; *Rolland* RdNr. 19.

[207] *Schwab* FamRZ 1976, 491.

[208] BGH NJW 1982, 1870, 1872 = FamRZ 1982, 576, 578; OLG Celle FamRZ 1979, 234; OLG Köln FamRZ 1979, 236; OLG München FamRZ 1990, 885; AG Leipzig, Beschl. v. 20. 8. 2003 – 24 F 2309/03; *Soergel/Heintzmann* RdNr. 33, 35; *Schwab* (Handbuch) II RdNr. 142; *Gernhuber/Coester-Waltjen* § 27 RdNr. 85; RGRK/*Graßhof* RdNr. 63; *Staudinger/Rauscher* (2004) RdNr. 127; *Palandt/Brudermüller* RdNr. 7.

[209] *Rauscher* § 21 RdNr. 536.

[210] Krit. *Schwab* FamRZ 1976, 491, 501.

[211] AA *Soergel/Heintzmann* RdNr. 35, der in diesem Falle nur die Zeit des Zusammenlebens nicht zur Frist rechnen will; vgl. RdNr. 70.

[212] *Staudinger/Rauscher* (2004) RdNr. 10 bis 12; aA *Johannsen/Henrich/Jaeger* RdNr. 6: Geltungsbereich zumindest für das gesamte bürgerliche Recht; *Schwab* (Handbuch) II RdNr. 166; *Palandt/Brudermüller* RdNr. 1.

Familienrecht für § 1361 (Trennungsunterhalt), §§ 1361 a, 1361 b (Hausrat und Ehewohnung bei Getrenntleben), § 1379 Abs. 1 Nr. 1, Abs. 4 nF (Auskunft über das Vermögen zum Zeitpunkt der Trennung), § 1385 (vorzeitigen Zugewinnausgleich nach dreijähriger Trennung) und für § 1629 Abs. 3 (Prozessstandschaft für Kindesunterhalt bei Getrenntleben) zu bejahen. Hingegen kann es im Kindschaftsrecht für §§ 1371, 1372 (elterliche Sorge bei Getrenntleben) und bei § 1357 Abs. 3 (Wegfall der Schlüsselgewalt bei Getrenntleben) sowie § 1362 Abs. 1, § 739 ZPO nicht genügen, wenn die Eltern in der ehelichen Wohnung getrennt leben.[213] **Außerhalb des Familienrechts** gilt vielfach ein unabhängiger Trennungsbegriff: Für die örtliche Zuständigkeit der Familiengerichte ist der gemeinsame gewöhnliche Aufenthalt maßgeblich,[214] ein langes Getrenntleben kann den Versorgungsausgleich beeinflussen,[215] im **Steuerrecht** (§§ 26, 26 a EStG) kann ein nur vorübergehendes Wiederbegründen eines gemeinsamen Haushalts das Getrenntleben unterbrechen und damit den Steuervorteil der Zusammenveranlagung ermöglichen.[216] Im **Sozialrecht** kommt es auf den sozialpolitischen Zweck der Regelung an; so ist ein Getrenntleben innerhalb der Ehewohnung grundsätzlich als nicht ausreichend anzusehen.[217] Hingegen wird im **Ausländerrecht** häufig auf die familienrechtliche Lage abgestellt.[218]

§ 1568 Härteklausel

(1) Die Ehe soll nicht geschieden werden, obwohl sie gescheitert ist, wenn und solange die Aufrechterhaltung der Ehe im Interesse der aus der Ehe hervorgegangenen minderjährigen Kinder aus besonderen Gründen ausnahmsweise notwendig ist oder wenn und solange die Scheidung für den Antragsgegner, der sie ablehnt, auf Grund außergewöhnlicher Umstände eine so schwere Härte darstellen würde, dass die Aufrechterhaltung der Ehe auch unter Berücksichtigung der Belange des Antragstellers ausnahmsweise geboten erscheint.

(2) *(weggefallen)*

Schrifttum: S. vor § 1564; *Bosch,* Materialien zur scheidungsrechtlichen „Härteklausel", FamRZ 1971, 564; *Brinkmann,* Das wohlverstandene Interesse minderjähriger Kinder in § 48 Abs. 3 EheG, NJW 1947/48, 575; *Giesen,* Einzelfallgerechtigkeit als Problem, FamRZ 1984, 1188; *Görgens,* Die Rechtsprechung der Oberlandesgerichte zu den Härteklauseln im neuen Scheidungsrecht (insbesondere zu §§ 1568, 1565 II), FamRZ 1978, 647; *Graßhof,* Die Härteklausel im Ehescheidungsrecht, Festschr. für Zeidler, 1987, S. 837; *Grziwotz,* „Bis dass der Tod uns scheidet" oder zumindest Kinderschutzklausel im Ehevertrag?, FamRZ 2008, 2237; *Ramm,* Zum Unterhaltsänderungsgesetz, JZ 1986, 164; *ders.,* Scheidung zur Unzeit?, JZ 1981, 82; *Scheld,* Korrektur des Eherechts durch ersatzlose Streichung von § 1568 II BGB und § 1579 II BGB, FamRZ 1982, 6; *Schwab,* Verhinderung der „Scheidung zur Unzeit"? Zur Funktion und Reform des § 1568 BGB, FamRZ 1984, 1171.

Übersicht

[213] *Staudinger/Rauscher* (2004) RdNr. 11; *Schwab* (Handbuch) II RdNr. 166; weitergehend *Johannsen/Henrich/Jaeger* RdNr. 6.

[214] § 606 Abs. 1 ZPO aF; nach § 122 FamFG knüpft die örtliche Zuständigkeit nur noch sekundär an den gemeinsamen gewöhnlichen Aufenthalt der Eheleute an.

[215] Vgl. BGHZ 74, 38 = NJW 1979, 1289, 1294; FamRZ 2004, 1181, 1183; 2005, 2052; 2006 769.

[216] *Jessen/Vollers* FamRZ 2002, 149; *Hausmann* FamRZ 2002, 1612; *Linderer* FPR 2003, 390; *Staudinger/Rauscher* (2004) RdNr. 13; AnwK-BGB/*Bisping* RdNr. 14.

[217] *Staudinger/Rauscher* (2004) RdNr. 13.

[218] *Staudinger/Rauscher* (2004) RdNr. 13.

A. Allgemeines

I. Normzweck

1. Schutzvorschrift. Von dem Grundsatz des § 1565 Abs. 1, dass eine gescheiterte Ehe geschieden werden kann, macht die Härteklausel eine Ausnahme zugunsten minderjähriger Kinder und des Antragsgegners. Die Scheidbarkeit der Ehe wird aus besonderen Gründen, die nicht näher beschrieben werden, im Interesse minderjähriger Kinder eingeschränkt **(Kinderschutzklausel).** Außergewöhnliche Umstände, die ebenfalls nicht definiert sind, können dazu führen, dass die gescheiterte Ehe im Interesse des Antragsgegners aufrechterhalten wird; dabei sind jedoch wieder die Belange des Antragstellers zu berücksichtigen **(Ehegattenschutzklausel). Beide Härteklauseln** ermöglichen nach dem Wechsel vom Verschuldens- zum Zerrüttungsprinzip die Berücksichtigung schutzwürdiger Belange des scheidungsunwilligen Ehegatten und minderjähriger Kinder im individuellen Ausnahmefall. Durch die ersatzlose Streichung des Abs. 2 durch das Unterhaltsänderungsgesetz vom 20. 2. 1986 (BGBl. I S. 301) ist die Vorschrift zeitlich nicht mehr befristet, wenn auch die Kinderschutzklausel durch die Grenze der Volljährigkeit des Kindes eingeschränkt ist. Damit ist es insbes. bei der Ehegattenschutzklausel Aufgabe der Rspr. geworden, die im Gesetz nicht mehr ausdrücklich enthaltene Wertung vorzunehmen, wie lange im Einzelfall die Scheidung der Ehe eingeschränkt werden kann. Liegen die Voraussetzungen des § 1568 vor, ist die Scheidung der gescheiterten Ehe abzulehnen, ein Ermessensspielraum ist dem Richter mit der Formulierung „soll" nicht eingeräumt.[1] 1

2. Immanente Befristung. Der Wegfall der gesetzlichen Befristung auf fünf Jahre (vgl. RdNr. 10, 33, 72) hat die Grundaussage der Vorschrift nicht verändert, dass der Richter nur die Möglichkeit haben soll, vereinzelten, **außergewöhnlichen Einzelfällen** gerecht zu werden. Das Zerbrechen einer Ehe ist unabhängig von ihrer gesetzlichen Regelung eine Härte, die Scheidung einer gescheiterten Ehe ist ein Eingriff in zwei oder mehr Menschenleben. Das Gesetz mutet es jedem Ehegatten und auch den Kindern aus der Ehe zu, dieses Schicksal zu tragen. Mit dem Scheitern der Ehe entfallen jedoch die Pflichten der Ehegatten gegeneinander nur teilweise und gegenüber den Kindern nicht. Die Elternpflichten bleiben voll erhalten, Vermögen und Versorgung werden ausgeglichen, Unterhaltspflichten bestehen vielfach weiter. Als personale Folge der auf Lebenszeit angelegten Ehe ergibt sich „zum Schutz des nicht scheidungsbereiten Partners die Pflicht, eine **Scheidung zur Unzeit zu verhindern** und dem nicht scheidungsbereiten Ehegatten eine Umstellung auf die veränderte Lage zu erleichtern".[2] Aufgabe der Härteklausel ist es damit nicht, um der Institution der Ehe willen den formalen Bestand gescheiterter Ehen zu sichern,[3] vielmehr allein, aus besonderen Gründen und wegen außergewöhnlicher Umstände mit der Scheidung entstehende schwere Härten für den anderen Ehegatten oder Kinder aus der Ehe auszuschließen, wenn und solange sie zu befürchten sind.[4] Da Härten in aller Regel im Laufe der Zeit an Bedeutung verlieren, dient die Härteklausel grundsätzlich **nicht** dazu, gescheiterte **Ehen** 2

[1] *Gernhuber/Coester-Waltjen* § 27 RdNr. 46; *Staudinger/Rauscher* (2004) RdNr. 29; *Schwab* (Handbuch) II RdNr. 103; *Palandt/Brudermüller* RdNr. 1.

[2] BVerfGE 53, 224, 250 = NJW 1980, 689 = FamRZ 1980, 319, 324; BVerfGE 55, 134, 142 = NJW 1981, 108 = FamRZ 1991, 15, 16; BGH LM § 1566 Nr. 1 = NJW 1979, 978; BGH FamRZ 1984, 559, 560; BGH NJW 1985, 2713 = FamRZ 1985, 912, 913; OLG Düsseldorf FamRZ 1980, 780; OLG Hamm FamRZ 1989, 1189; OLG Karlsruhe FamRZ 1989, 1304; *Soergel/Heintzmann* RdNr. 1; krit. gegen die Beschränkung auf die „Scheidung zur Unzeit" vor allem *Schwab* FamRZ 1984, 1171 mwN; *Bosch* FamRZ 1976, 401; 1977, 574; *Bergerfurth* FamRZ 1992, 1140; *Johannsen/Henrich/Jaeger* RdNr. 9 f., § 1564 RdNr. 15.

[3] So jedoch *Schwab* (Handbuch) II RdNr. 9; dagegen *Staudinger/Rauscher* (2004) RdNr. 7.

[4] Ebenso unter ausführlicher Auseinandersetzung mit der Gegenmeinung: *Staudinger/Rauscher* (2004) RdNr. 11 bis 18.

lebenslang aufrechtzuerhalten.[5] Dauern Härten für den Antragsgegner lange an, können die Belange des Antragsstellers besonderes Gewicht erhalten.

3 **3. Kinderschutzklausel.** Für Kinder ist die intakte Ehe der Eltern auch heute noch eine wichtige Grundlage für ihre Entwicklung. Durch das Scheitern der Ehe der Eltern und die Trennung der Familie können Kinder schwer getroffen werden. Der Ausspruch der Scheidung selbst bedeutet allerdings meist keine faktische Schlechterstellung mehr.[6] Wenn durch die Scheidung wegen besonderer Gründe ein akuter Nachteil für ein Kind aus der Ehe zu befürchten ist, soll ausnahmsweise die Scheidung der Eltern verschoben werden können. Besondere Gründe können sich aus dem persönlichen Empfinden des Kindes, seiner gesundheitlichen oder sozialen Situation oder aus besonderen wirtschaftlichen Umständen ergeben. Die Kinderschutzklausel ist zwar von Amts wegen in allen Fällen und auch dann zu prüfen, wenn beide Ehegatten geschieden sein wollen. Wegen ihrer engen Fassung und deshalb, weil es einem Kind kaum helfen kann, wenn seinetwegen die Scheidung der gescheiterten Ehe der Eltern verweigert wird, ist sie nur in **ganz besonders gelagerten Einzelfällen** anwendbar.[7]

4 **4. Ehegattenschutzklausel.** Mit der Häufung einschränkender unbestimmter Rechtsbegriffe[8] wird im Gesetzestext der Anwendungsbereich der Härteklausel auf **extreme Ausnahmefälle** beschränkt.[9] Das Gesetz will trotzdem eine einheitliche Anwendung sichern. Deshalb stellt es nicht primär darauf ab, ob die Scheidung für einen Ehegatten eine Härte bedeutet. Aus der Fülle von Härten, die für die Beteiligten durch die Scheidung der gescheiterten Ehe selbst noch entstehen können, sind nur diejenigen zu berücksichtigen, die auf **außergewöhnliche Umstände** zurückgehen. Maßstab für die Härte ist nicht die Institution der Ehe oder sind nicht übergeordnete Gerechtigkeitserwägungen, sondern ist allein der einzelne Ehegatte, dem in einem außergewöhnlichen Fall nicht zugemutet werden soll, die schwere Härte, die für ihn die Scheidung bedeutet, sofort hinzunehmen.

5 **5. Belange des Antragstellers.** Während bei der Kinderschutzklausel die Interessen des Antragstellers außer Betracht bleiben, ist bei der Härteklausel nicht nur der Ehegatte zu sehen, der sich der Scheidung widersetzt, sondern auch der, der geschieden sein will. Die Härteklausel richtet sich grundsätzlich nicht gegen den Ehegatten, der die Scheidung einer gescheiterten Ehe betreibt. Dies schon deshalb, weil er nach den Maßstäben eines Verschuldensrechts der völlig unschuldige und schwer verletzte Ehegatte sein kann.

II. Bisheriges Recht und Rechtsentwicklung

6 **1. Verschuldensrecht ohne Härteklausel.** Das Verschulden eines Ehegatten war ausreichende Rechtfertigung für die Scheidung der Ehe. Eine Härteklausel zur Abwehr solcher Scheidungen mit der Folge schwerer Härten für den Antragsgegner kannte das Recht der Verschuldensscheidung nicht.[10]

---

[5] Die Mehrheit im RA des BTages hielt es allerdings im „äußersten Fall" für möglich, dass die Scheidung auf Lebenszeit verweigert wird, vgl. Beschlussempfehlung und Bericht, BT-Drucks. 10/4514, S. 20; für eine im Extremfall lebenslang unscheidbaren Ehe *Johannsen/Henrich/Jaeger* RdNr. 9, § 1564 RdNr. 15; *Schwab* FamRZ 1984, 1171, 1174 formuliert, dass der „Gnadenfristcharakter der Härteklausel" auch bei Wegfall der Befristung erhalten bleibt; krit. jedoch *Ramm* JZ 1986, 164, 165 f.; *Peschel-Gutzeit* MDR 1986, 455, 457; zur „heilenden Wirkung der Zeit" vgl. auch *Gernhuber/Coester-Waltjen* § 27 RdNr. 55; RGRK/*Graßhof* RdNr. 20.

[6] Vgl. schon Eherechtskommission Bericht I S. 55.

[7] *Staudinger/Rauscher* (2004) RdNr. 19 f., 35 ff.; *Johannsen/Henrich/Jaeger* RdNr. 4; *Gernhuber/Coester-Waltjen* § 27 RdNr. 47 f.

[8] *Schwab* (Handbuch) II RdNr. 105; vgl. dazu die sprachliche Kritik von *Diederichsen* NJW 1986, 1286 („rechtsethisches Kaudawelsch").

[9] OLG Nürnberg FamRZ 1986, 35; *Schwab* (Handbuch) II RdNr. 105.

[10] *Staudinger/Rauscher* (2004) RdNr. 1; Entwurf 73 S. 115; § 48 Abs. 3 EheG war nicht analog auf andere Scheidungstatbestände anzuwenden; so jedoch *Bosch,* Neue Rechtsordnung in Ehe und Familie, S. 59.

2. BGB. Auch die Scheidung wegen Geisteskrankheit nach § 1569 BGB aF, die einzige Form der Scheidung ohne Verschulden, konnte nicht mit einer Härteklausel verhindert oder verschoben werden. Das BGB befand sich damit in der Tradition des Naturrechts, nach dem bestimmte Krankheiten zur Scheidung berechtigten.[11] 7

3. Ehegesetze von 1938 und 1946. Sie kannten vier Formen der Abwehr von an sich begründeten Scheidungsklagen: 8
- Der wegen Verschuldens begründete Scheidungsanspruch konnte versagt werden, wenn der Kläger selbst Eheverfehlungen begangen hatte (§§ 47 Abs. 2, 49 S. 2 EheG 1938 und §§ 42 Abs. 2, 43 S. 2 EheG).
- Die Scheidung wegen unheilbarer Zerrüttung der Ehe konnte versagt werden, wenn der Kläger die Zerrüttung der Ehe ganz oder überwiegend verschuldet hatte § 855 Abs. 2 EheG 1938, § 48 Abs. 2 EheG).
- Die Kinderschutzklausel des § 48 Abs. 3 EheG wurde auf Vorschlag der sowjetischen Besatzungsmacht in das EheG eingefügt.
- Eine allgemeine Härteklausel kannten die Ehegesetze von 1938 und 1946 nur zur Abwehr von Scheidungen, die wegen Krankheit eines Ehegatten begehrt werden konnten.

4. 1. EheRG von 1976. Die Härteklausel war in der Gesetzgebungsdebatte[12] rechtspolitisch hoch umstritten. Gegenstand der Diskussion waren insbesondere die Erstreckung der Härteklausel auf wirtschaftliche Umstände, die Ausdehnung zum Schutz minderjähriger Kinder und vor allem die Befristung, die im Vermittlungsausschuss auf fünf Jahre ausgedehnt wurde (Abs. 2 idF des 1. EheRG).[13] 9

5. Aufhebung der zeitlichen Befristung der Härteklausel. Die zeitliche Befristung der Härteklausel auf die Dauer eines fünfjährigen Getrenntlebens der Ehegatten, die als Abs. 2 durch das 1. EheRG eingefügt worden war, blieb Jahre umstritten und hielt letztlich der Prüfung durch das BVerfG nicht stand. Nachdem das BVerfG zunächst in der 4 : 4 Entscheidung eine Verfassungswidrigkeit der Bestimmung nicht festgestellt hat,[14] erklärte es kurze Zeit später Abs. 2 für mit Art. 6 Abs. 1 GG unvereinbar. Diese zweite Entscheidung des BVerfG zur Härteklausel[15] ließ dem Gesetzgeber die Wahl zwischen einer vom BVerfG bevorzugten materiellen Aufweichung der Frist und einer erweiterten Aussetzungsmöglichkeit (vgl. Vor § 1564 RdNr. 26). Im Unterhaltsänderungsgesetz vom 20. 2. 1986 (BGBl. I S. 301) hat der Gesetzgeber Abs. 2 des § 1568 mit Wirkung vom 1. 4. 1986 aufgehoben.[16] 10

6. Verfassungsdiskussion. In den Debatten zur Härteklausel wurde wie in einem Brennglas die gesamte Problematik von Ehe und Ehescheidung, von Verschuldens- und Zerrüttungsprinzip sowie der Lage des Kindes nach einer gescheiterten Ehe der Eltern gebündelt.[17] Nach dem Wegfall der Befristung wird die Verfassungsdiskussion dahin geführt, ob die Härteklausel unter dem Gesichtspunkt von Eheschließungsfreiheit und allgemeiner Handlungsfreiheit einschränkend auszulegen ist. Zu Recht werden dabei neben einer engen Auslegung der Vorschrift das zeitliche Moment der Beschränkung der Scheidung betont und 11

---

[11] Entwurf 73 S. 63; vgl. *Giesen* FamRZ 1984, 1188.

[12] Vgl. die Darstellung der Reformdiskussion in den Vorauflagen, die Zusammenstellung der Vorschläge in Fn. 19 der 1. Aufl., sowie die Darstellung bei *Johannsen/Henrich/Jaeger* RdNr. 1 bis 3; *Staudinger/Rauscher* (2004) RdNr. 4.

[13] BR-Drucks. 216/76; vgl. die Dokumentation der Gesetzgebungsgeschichte in den Voraufl., zB 3. Aufl. RdNr. 10, 11.

[14] BVerfGE 53, 224, 249 = NJW 1980, 689, 690 = FamRZ 1980, 319.

[15] BVerfGE 55, 134, 142 f. = NJW 1981, 108 = FamRZ 1981, 15; und *Schwab* FamRZ 1984, 1171; *Scheld* FamRZ 1982, 6; *Ramm* JZ 1986, 164.

[16] Zur Aussetzung bis zum Inkrafttreten des Gesetzes vgl. BGH NJW 1985, 134 = FamRZ 1985, 905; OLG Hamm FamRZ 1985, 189.

[17] Vgl. *Johannsen/Henrich/Jaeger* RdNr. 1; *Rolland* RdNr. 1.

dabei die mit der Zeitdauer an Gewicht zunehmenden Interessen des Antragstellers in den Vordergrund gerückt.[18]

12 **7. Praktische Bedeutung.** Die geringe Anzahl der Abweisung von Scheidungsanträgen auf Grund der Härteklausel zeigt, dass die Praxis dem Ausnahmecharakter der Vorschrift in vollem Umfang Rechnung trägt.[19] Trotz Geltung für alle Scheidungstatbestände ist die Kinderschutzklausel praktisch bedeutungslos geblieben. Nur in einer Entscheidung[20] hat die Kinderschutzklausel zu einer Abweisung des Scheidungsantrags geführt; weniger als 5% der veröffentlichten Entscheidungen zu § 1568 befassen sind mit der Kinderschutzklausel.[21] In nur wenigen Einzelfällen ist der Scheidungsantrag nach der Ehegattenschutzklausel abgewiesen worden. Die Statistik weist für 2001 lediglich 16 Fälle einer Abweisung des Scheidungsantrags gemäß § 1568 aus.[22]

III. Zwei Härteklauseln

13 **1. Verschiedenheiten der Klauseln.** Die Vorschrift enthält in einem Satz zwei Einwendungen gegen die Scheidung einer gescheiterten Ehe, die hinsichtlich der geschützten Personen, der materiellen Voraussetzungen und der prozessualen Behandlung völlig unterschiedlich sind. Diese **gesetzestechnische Schwäche** ist entstanden, weil die Kinderschutzklausel erst im Vermittlungsausschuss eingefügt worden ist.[23] Über beide Klauseln kann die Scheidung versagt werden. Die **Kinderschutzklausel** enthält mit der Beschränkung auf minderjährige Kinder auch weiterhin eine feste zeitliche Grenze, die auch bei behinderten Kindern wirksam wird. Wenn ein behindertes Kind aus der Ehe hervorgegangen ist, kann aber auch nach seiner Volljährigkeit Anlass zur Prüfung bestehen, ob die Härteklausel zugunsten des anderen Ehegatten eingreift (vgl. RdNr. 48).[24]

14 **2. Abschließender Charakter der Billigkeitsklausel.** Die Härteklausel ist lex specialis gegenüber allen anderen Billigkeitserwägungen.[25] Als Teil der Voraussetzungen, unter denen die Scheidung begehrt werden kann, unterliegt die Härteklausel nach § 1564 S. 3 der abschließenden und zwingenden Regelung der Scheidungstatbestände. Die Härteklausel hat nicht nur die Aufgabe, Härtefälle im Einzelfall zu mindern, sondern auch die, dem Richter ein kanalisiertes, kalkulierbares Ventil für Einzelfälle zur Verfügung zu stellen,[26] dessen Mechanik er nicht verlassen darf, auch dann nicht, wenn seine persönliche Überzeugung von Billigkeit ihn dazu drängt, eine Ehe nicht zu scheiden.[27] Die umstrittene Frage, ob allg. Billigkeitserwägungen über die Vorschriften der §§ 242, 826 zur Abweisung des Scheidungsantrages führen dürfen, wenn die Fünfjahresfrist abgelaufen war, ist entfallen, nachdem die Frist des Abs. 2 aufgehoben ist; die Anwendung von § 242 würde auch zu einer vom Gesetzgeber bewusst abgelehnten allgemeinen Rechtsmissbrauchsklausel führen.[28]

---

[18] BVerfG NJW 2001, 2874 = FamRZ 2001, 986; vgl. zur verfassungsrechtlichen Diskussion ausführlich *Staudinger/Rauscher* (2004) RdNr. 5, 9ff., 15ff. und Vor § 1564 RdNr. 19, sowie *Johannsen/Henrich/Jaeger* RdNr. 19f.

[19] So auch *Staudinger/Rauscher* (2004) RdNr. 34.

[20] OLG Hamburg FamRZ 1986, 469 – Suizidgefahr beim Kind.

[21] *Gernhuber/Coester-Waltjen* § 27 RdNr. 48; *Staudinger/Rauscher* (2004) RdNr. 35.

[22] Statistisches Bundesamt, Arbeitsunterlage Familiengerichte Tab. 2.3.; *Staudinger/Rauscher* (2004) RdNr. 34.

[23] Vgl. die Kritik bei *Gernhuber/Coester-Waltjen* § 27 RdNr. 53; *Staudinger/Rauscher* (2004) RdNr. 22; die Trennung in zwei Absätze schlägt *Schwab* FamRZ 1984, 1171, 1175 vor.

[24] *Soergel/Heintzmann* RdNr. 8.

[25] HM; vgl. *Lüke* AcP 178 [1978], 1, 33; *Beitzke* ZfRV 1972, 1; *Erman/Maier* RdNr. 3; *Staudinger/Rauscher* (2004) RdNr. 27; *Graßhof*, FS Zeidler, S. 837, 842.

[26] *Rolland* RdNr. 22; *Staudinger/Rauscher* (2004) RdNr. 28.

[27] *Staudinger/Rauscher* (2004) RdNr. 28.

[28] *Staudinger/Rauscher* (2004) RdNr. 28.

B. Kinderschutzklausel

I. Allgemeines

1. Schutzbereich. Ob es im wohlverstandenen Interesse eines minderjährigen Kindes liegen kann, dass die gescheiterte Ehe seiner Eltern nicht geschieden wird, war in der Reformdiskussion umstritten.[29] Das Gesetz hat sich dafür entschieden, dass die Scheidung der Ehe der Eltern im Interesse der Kinder ausnahmsweise versagt werden kann. Eine globale Feststellung, die Verweigerung der Scheidung nütze den Kindern niemals, ist damit unzulässig.[30] Bei der Anwendung ist jedoch der irreale Vergleich zwischen einer dem Kind nützlichen intakten Ehe der Eltern und dem Zustand nach der Scheidung unangebracht.[31] Auszugehen ist vielmehr von der Realität der gescheiterten Ehe. Der Wert einer gescheiterten Ehe, der praktisch nur noch im Verheiratetsein der Eltern liegen kann, wird nur in extremen Ausnahmefällen überhaupt denkbar sein.[32] 15

2. Geringes Wirkungsfeld. Das Gericht hat von Amts wegen zu ermitteln, ob die Kinderschutzklausel ausnahmsweise greift,[33] ohne dass es besonders begründen muss, wenn es eine Ehe ohne die Erwägung der Härteklausel scheidet.[34] Obwohl die Klausel damit bei der Scheidung aller Ehen zu beachten, in denen minderjährige Kinder vorhanden sind, also bei etwa der Hälfte aller Scheidungen,[35] sind aus der Härteklausel beider Alternativen im Jahre 2001 nur 16 Scheidungsanträge abgewiesen worden (vgl. RdNr. 12).[36] Selbst wenn man alle Fälle auf die Kinderschutzklausel bezieht, ist ihr Wirkungsfeld gering. Es liegt nur eine obergerichtliche, inzwischen über 20 Jahre zurückliegende veröffentlichte Entscheidung[37] vor, in der die Anwendung der Kinderschutzklausel zur Abweisung der Scheidung geführt hat. 16

3. Zurückhaltende Anwendung bei einverständlicher Scheidung. Die Kinderschutzklausel ist auch dann zu prüfen, wenn beide Ehegatten geschieden sein wollen,[38] also auch dann, wenn sie beide die Scheidung beantragen oder wenn die Voraussetzungen der formalisierten einverständlichen Scheidung nach § 1565 Abs. 1 iVm. § 1566 Abs. 1 vorliegen.[39] Das Interesse eines Elternteils oder beider Eltern an der Scheidung wird auch nicht förmlich gegenüber dem Interesse eines Kindes an der Aufrechterhaltung der Ehe abgewogen; die „Belange des Antragstellers" im letzten Satzteil beziehen sich nur auf den Gegensatz der Ehegatten.[40] Schon zu § 48 Abs. 3 EheG hat die Rspr. Zurückhaltung geübt, wenn beide Ehegatten geschieden sein wollten.[41] Wenn der Ehegatte, bei dem das Kind leben und der die elterliche Sorge erhalten soll, die Scheidung der Ehe für den besten 17

---

[29] Vgl. 1. Aufl. Fn. 41.

[30] So jedoch *Rolland* RdNr. 30.

[31] *Gernhuber/Coester-Waltjen* § 27 RdNr. 47; *Staudinger/Rauscher* (2004) RdNr. 19 und 36; RGRK/*Graßhof* RdNr. 5 und 27; *Soergel/Heintzmann* RdNr. 10.

[32] Der Vorteil einer gescheiterten Ehe für Kinder wird überwiegend verneint, vgl. *Beitzke* ZfRV 1972, 1; *Haffter,* Kinder aus geschiedenen Ehen, 1960, S. 166 ff.; *Gernhuber/Coester-Waltjen* § 27 RdNr. 47; *Staudinger/Rauscher* (2004) RdNr. 19, 36 f.; aA Anm. der Redaktion FamRZ 1986, 470 zu OLG Hamburg FamRZ 1986, 469; vgl. auch *Fthenakis/Niesel/Kunze,* Ehescheidung: Konsequenzen für Eltern und Kinder, 1982; krit. auch *Schwab,* Handbuch, II RdNr. 110; *Grziwotz* FamRZ 2008, 2237.

[33] *Staudinger/Rauscher* (2004) RdNr. 23, 55; *Johannsen/Henrich/Jaeger* RdNr. 18; *Schwab* (Handbuch) II RdNr. 107.

[34] *Staudinger/Rauscher* (2004) RdNr. 23, 55; *Erman/Maier* RdNr. 4; aA *Schwab* (Handbuch) II RdNr. 112.

[35] Pressemitteilung des Statistischen Bundesamts vom 8. 12. 2006.

[36] *Schwab* (Handbuch) II RdNr. 112; *Gernhuber/Coester-Waltjen* § 27 RdNr. 48.

[37] OLG Hamburg FamRZ 1986, 469 – Suizidgefahr beim Kind.

[38] *Schwab* FamRZ 1976, 491, 506; *Staudinger/Rauscher* (2004) RdNr. 23, 46; *Johannsen/Henrich/Jaeger* RdNr. 11, 18.

[39] *Johannsen/Henrich/Jaeger* RdNr. 11; *Staudinger/Rauscher* (2004) RdNr. 23, 46.

[40] *Staudinger/Rauscher* (2004) RdNr. 51.

[41] *Schwab* FamRZ 1976, 492, 506; BGH FamRZ 1961, 428; OLG Köln FamRZ 1960, 238; OLG Bamberg OLGZ 1966, 23.

Ausweg hält, wird es dem Gericht kaum möglich sein festzustellen, dass im Interesse des Kindes die Aufrechterhaltung der Ehe notwendig ist.[42]

18 **4. Amtsmaxime.** Dass nach § 616 Abs. 3 ZPO aF (§ 127 Abs. 1 FamFG) die außergewöhnlichen Umstände nach § 1568 nur zu beachten sind, wenn sie von dem Ehegatten vorgebracht sind, der die Scheidung ablehnt, betrifft nur die Härteklausel zugunsten eines Ehegatten. Denn nur in der Härteklausel zugunsten des anderen Ehegatten sind außergewöhnliche Umstände erforderlich. Zu den besonderen Gründen der Kinderschutzklausel enthält § 616 Abs. 3 ZPO aF (§ 127 Abs. 1 FamFG) keine Aussage. Nach dem Sinn der Vorschrift untersteht die Kinderschutzklausel nach § 616 Abs. 2 ZPO aF jedoch der Amtsmaxime (vgl. § 1566 RdNr. 39),[43] sie ist also von Amts wegen in allen Instanzen auch dann anzuwenden, wenn beide Ehegatten geschieden sein wollen. Vereinbarungen der Ehegatten, besondere Gründe zur Anwendung der Kinderschutzklausel nicht vorzubringen oder zu unterdrücken, sind weder für die Ehegatten noch für das Gericht bindend (vgl. auch RdNr. 82).[44] Gleiches gilt, wenn die Ehegatten eine Anwendung der Kinderschutzklausel ohne das Vorliegen außergewöhnlicher Umstände vereinbaren oder sie vom Ergebnis einer psychologischen Empfehlung abhängig machen wollen.[45] Nachdem der notwendige Verbund der elterlichen Sorge mit dem Scheidungsverfahren durch das Kindschaftsrechtsreformgesetz am 1. 7. 1998 entfallen ist, kann das Familiengericht die Situation des Kindes nicht mehr in allen Fällen dem Parteivortrag und den Ermittlungen zur elterlichen Sorge entnehmen (vgl. §§ 623 Abs. 2 Nr. 1, 630 Abs. 1 Nr. 2 ZPO aF). Die Antragsschrift muss nur noch mitteilen, ob gemeinschaftliche minderjährige Kinder vorhanden sind (§ 622 Abs. 2 Nr. 1 ZPO aF, § 133 Abs. 1 Nr. 1 FamFG). In den Fällen, in denen die Ehegatten es bei der gemeinsamen elterlichen Sorge belassen, hat die Amtsmaxime für die Kinderschutzklausel keine praktische Bedeutung mehr (vgl. § 1566 RdNr. 39, 79).

19 **5. Gemeinsame Kinder.** Aus der Ehe hervorgegangen sind auch voreheliche, aber durch die Eheschließung der Eltern legitimierte Kinder[46] sowie Kinder aus einer früheren Ehe der Eltern, die geschieden wurde.[47] Ob das Kind vom Ehemann der Mutter abstammt, ist unbeachtlich, solange die Ehelichkeit des Kindes nicht angefochten ist.[48] Die Klausel erfasst ferner gemeinsam adoptierte minderjährige Kinder.[49] Ob sie auch auf Kinder nur eines Ehegatten oder auf Pflegekinder, die in dem gemeinsamen Haushalt gelebt haben, anzuwenden ist, ist umstritten. Während die hM[50] dies mit Rücksicht auf den klaren Wortlaut der Vorschrift verneint, wird nach der Einführung eines Umgangsrechts zum Stiefelternteil und zu Familienpflegeeltern durch § 1685 Abs. 2 zum 1. 7. 1998 die Auffassung vertreten, auch diese Kinder könnten die Anwendung der Schutzklausel begründen. Dafür spricht, dass die Härteklausel vor allem die soziale Situation von Kindern, die durch das Scheitern der Ehe betroffen sind, schützt und mit der Vorschrift des § 1685 Abs. 2 eine klar strukturierte Zuordnung von Stief- und Pflegekindern in den Schutzbereich möglich ist, zu denen eine sog. sozial-familiäre Beziehung besteht.[51] Geschützt werden Kinder aller Altersstufen bis zur Vollendung des 18. Lebensjahres. Es ist auf den konkreten Fall abzustellen und

---

[42] *Rolland* RdNr. 39; vgl. auch OLG Köln MDR 1960, 673.

[43] AllgM; *Schwab* FamRZ 1976, 491, 506; *ders.* (Handbuch) II RdNr. 102, 107; *Bergerfurth* FamRZ 1977, 357; *Gernhuber/Coester-Waltjen* § 27 RdNr. 49; *Johannsen/Henrich/Jaeger* RdNr. 18; *Soergel/Heintzmann* RdNr. 6; *Staudinger/Rauscher* (2004) RdNr. 23, 46, 82.

[44] *Staudinger/Rauscher* (2004) RdNr. 46.

[45] So aber *Grziwotz* FamRZ 2008, 2237, 2240.

[46] BGH NJW 1957, 100; *Staudinger/Rauscher* (2004) RdNr. 41; *Erman/Maier* RdNr. 7; *Schwab* (Handbuch) II RdNr. 113.

[47] BGH LM EheG § 48 Abs. 3 Nr. 7; RGRK/*Graßhof* RdNr. 28; *Staudinger/Rauscher* (2004) RdNr. 41; *Schwab* FamRZ 1976, 491, 507; *ders.* (Handbuch) II RdNr. 113.

[48] *Soergel/Heintzmann* RdNr. 7; *Erman/Maier* RdNr. 7; *Staudinger/Rauscher* (2004) RdNr. 41; aA OLG Saarbrücken NJW 1969, 134.

[49] *Bamberger/Roth/Neumann* RdNr. 4.

[50] *Erman/Maier* RdNr. 8; *Schwab* (Handbuch) II RdNr. 113.

[51] Eingehend hierzu *Staudinger/Rauscher* (2004) RdNr. 43.

pauschal anzunehmen, der Schutz gelte vor allem Kleinkindern und Kindern während der Pubertät. Ist ein minderjähriges Kind bereits verheiratet, ist der Schutzzweck der Klausel entfallen.[52]

II. Enge Ausnahmevorschrift

1. Scheidungshärten. Mit den einschränkenden Tatbestandsmerkmalen „aus besonderen Gründen", „ausnahmsweise" und „notwendig"[53] hebt das Gesetz hervor, dass die Aufrechterhaltung der gescheiterten Ehe der Eltern idR aus Kindesinteressen nicht zu fordern ist, weil die Abweisung des Antrags nicht zur gedeihlichen Wiederbelebung der Lebensgemeinschaft der Eltern führt.[54] Die Klausel dient damit nicht dazu, die Scheidung zu versagen, weil ein Elternteil seine Pflichten in Ehe und Familie vernachlässigt hat oder weil er sich gegenüber dem Kind pflichtbewusster verhalten sollte. Alle Erwägungen, dass der Antragsteller pflichtgemäß Ehe und Familie mit den Kindern fortsetzen sollte, sind damit unzulässig.[55] Es darf nicht darauf abgestellt werden, dass die Kinder der **Liebe und Fürsorge beider Eltern** bedürfen. Auch die Ablehnung der Scheidung kann ihnen nicht zurückgeben, was mit der Trennung der Eltern und dem Scheitern der Ehe eingetreten ist.[56] Vielmehr kann es nur darum gehen, die auch nach der Scheidung fortdauernde gemeinsame Verantwortung für die Kinder zu stärken und zu fördern. Alle Versuche, die Eltern über die Versagung der Scheidung aus der Kinderschutzklausel zu zwingen, im Interesse von Kindern in einer gedeihlichen Familie zu leben,[57] entsprechen nicht der gesetzlichen Funktion der Kinderschutzklausel. Das Gesetz geht von den Fakten aus, die durch das Scheitern der Ehe geschaffen sind. Es will in Ausnahmefällen nur weitere, vermeidbare Nachteile nicht eintreten lassen, die mit dem Scheidungsausspruch verbunden wären.[58] Eine ehestabilisierende Wirkung kann der Härteklausel nicht beigemessen werden.[59] 20

2. Ausnahmevorschrift. Nachteile für ein Kind sind nur zu berücksichtigen, wenn sie auf **besonderen Gründen** beruhen. Die üblichen Erschwernisse, die sich für Kinder aus der Lösung des Ehebandes der Eltern ergeben, mutet das Gesetz den Kindern zu. Für die Anwendung der Klausel ist deshalb die Feststellung zu treffen, dass eine für die Scheidung einer Ehe mit Kindern **außergewöhnliche Fallgestaltung** vorliegt. Das Wort „ausnahmsweise" macht die Scheidung einer gescheiterten Ehe mit Kindern zur Regel. Die Ausnahme der Nichtscheidung bedarf der besonderen Begründung.[60] **„Notwendig"** ist die Abweisung des an sich begründeten Scheidungsantrages nur, wenn durch sie die konkret „zu erwartende Gefährdung" der Kinder durch die Scheidung abgewendet oder gemildert werden kann[61] und andere Umstände die ungewöhnlichen Nachteile für das Kind nicht ausgleichen können. So sollen drohende Depressionen und Suizidgefahr kein Anlass sein, von der 21

---

[52] *Erman/Maier* RdNr. 8; *Staudinger/Rauscher* (2004) RdNr. 44.

[53] Krit. gegen die Häufung *Gernhuber/Coester-Waltjen* § 27 RdNr. 46; *Scheld* FamRZ 1982, 6.

[54] *Gernhuber/Coester-Waltjen* § 27 RdNr. 47; *Johannsen/Henrich/Jaeger* RdNr. 14 i; *Staudinger/Rauscher* (2004) RdNr. 36 f.

[55] Ausführlich *Staudinger/Rauscher* (2004) RdNr. 38 f.

[56] OLG Celle FamRZ 1978, 508; das wurde vielfach verkannt, vgl. BGH NJW 1967, 442; NJW 1967, 1128; BGH LM EheG § 48 Abs. 1 Nr. 8; RGZ 162, 124, 127; *Dölle* § 39 IV 4 S. 549; richtig *Dettmers* NJW 1947/48, 103.

[57] Vgl. etwa *Henrich* FS Müller-Freienfels, S. 289, 320; RGRK/*Graßhof* RdNr. 27 *Schwab* (Handbuch) II RdNr. 100 f., 108 f.; wie im Text *Erman/Maier* RdNr. 7; *Staudinger/Rauscher* (2004) RdNr. 38 f.

[58] HM; OLG Köln NJW 1982, 2262; OLG Zweibrücken FamRZ 1982, 293; OLG Hamburg FamRZ 1986, 469; *Gernhuber/Coester-Waltjen* § 27 RdNr. 47; *Soergel/Heintzmann* RdNr. 10; *Johannsen/Henrich/Jaeger* RdNr. 19; eine breitere Anwendung fordert insbes. *Schwab* FamRZ 1981, 1171; *Schwab* (Handbuch) II RdNr. 100 f., 108 ff.; vgl. auch *Scheld* FamRZ 1982, 6.

[59] So aber *Schwab* (Handbuch) II RdNr. 101.

[60] OLG Celle FamRZ 1978, 508; *Gernhuber/Coester-Waltjen* § 27 RdNr. 46 f.; *Johannsen/Henrich/Jaeger* RdNr. 14 ff.; *Staudinger/Rauscher* (2004) RdNr. 54 ff.; krit. *Schwab* (Handbuch) II RdNr. 105, 108.

[61] *Staudinger/Rauscher* (2004) RdNr. 49.

Scheidung abzusehen, wenn sie behandlungsfähig sind.[62] Diese Häufung einschränkender Merkmale ist nur scheinbar überflüssig und sinnstörend[63] oder halbherzig[64] oder eine sprachkünstlerische Leistung ohne justitiable zusätzliche Wegweisung.[65] Sie offenbart deutlich das Dilemma des Gesetzgebers, der zu Recht nicht daran glaubt, dass die gescheiterte Ehe der Eltern einem Kinde nützen kann, jedoch nicht alle extremen Ausnahmefälle gleichermaßen entscheiden will.[66]

22 **3. Keine Abwägung gegen Interessen der Eheleute oder Dritter.** Liegen die Voraussetzungen der Kinderschutzklausel vor, ist der Scheidungsantrag abzuweisen, auch wenn besondere Interessen des Antragstellers, eines Partners, mit dem er zusammenlebt, oder von Kindern, die aus der neuen Verbindung hervorgegangen sind, für die Scheidung der gescheiterten Ehe sprechen. Eine Abwägung mit den Interessen eines Elternteils oder von Dritten, die nicht zur Familie gehören, ist im Gesetz nicht vorgesehen.[67]

23 **4. Immaterielle Nachteile.** Bei den vom Wortlaut vorgegebenen engen Voraussetzungen führt die Kinderschutzklausel in der gerichtlichen Praxis nur selten zur Versagung der Scheidung (RdNr. 12).[68]

24 **a) Empfinden des Kindes.** Auch wenn aufgrund bestimmter Tatsachen, die äußerst sorgfältig zu ermitteln sind, festgestellt wird, dass das **Rechts- und Moralempfinden** eines (schon älteren) Kindes durch die Scheidung der Ehe der Eltern erschüttert würde, darf die Scheidung nicht versagt werden.[69] Wenn ein Kind eine vom Gesetz nicht geteilte Auffassung zur Ehescheidung hat, etwa die Ehe für unlösbar hält, rechtfertigt das nicht, schon deshalb besondere Gründe anzunehmen. Sonst könnten über die Kinderschutzklausel **religiöse Gebote**[70] oder sonstige **weltanschauliche Vorstellungen,** die im Zweifel auf der Erziehung des Kindes beruhen, aber von den Ehegatten nicht mehr geteilt werden,[71] dazu führen, dass die Scheidung von Ehen mit Kindern erst nach deren Volljährigkeit möglich wäre. Das Gesetz mutet es Kindern jedoch grundsätzlich zu, nach der Scheidung der Ehe der Eltern im Bewusstsein zu leben, aus einer geschiedenen Ehe zu stammen, auch wenn damit der Glaube an die lebenslange Ehe für sie in Frage gestellt wird. Ihnen kann mit der Härteklausel auch nicht abgenommen werden, das Leid eines Elternteils über das Scheitern und die Scheidung der Ehe mitzuerleben. Zumeist wird schon das Scheitern der elterlichen Ehe und nicht der Ausspruch der Scheidung das Problem erzeugt haben. Nur in Extremfällen, in denen der Wertekonflikt für das Kind **Krankheitswert** erreicht, kann die Anwendung der Härteklausel ausnahmsweise in Betracht kommen.[72]

---

[62] OLG Köln NJW 1982, 2262; das OLG Hamburg FamRZ 1986, 469 hat die Scheidung versagt, weil die rechtzeitige erfolgreiche Behandlung der therapiebedürftigen Mutter nicht gesichert war; beide Gerichte haben zu Recht einen Sachverständigen beigezogen, vgl. RdNr. 26.

[63] *Schwab* FamRZ 1976, 491, 507; 1986, 1171, 1175.

[64] *Gernhuber/Coester-Waltjen* § 27 RdNr. 46.

[65] *Scheld* FamRZ 1982, 6.

[66] BVerfGE 55, 134, 142 = NJW 1981, 108; *Gernhuber/Coester-Waltjen* § 27 RdNr. 48.

[67] *Johannsen/Henrich/Jaeger* RdNr. 15; *Staudinger/Rauscher* (2004) RdNr. 51 ff.; *Erman/Maier* RdNr. 10 weist zu Recht darauf hin, dass sich die Frage, ob überhaupt andere Interessen einzubeziehen sind, nicht stellt, wenn die Ablehnung des Scheidungsausspruchs „notwendig" ist; *Soergel/Heintzmann* RdNr. 17, 18.

[68] Es sind nur wenige Entscheidungen zur Kinderschutzklausel veröffentlicht: OLG Hamm FamRZ 1989, 1188; OLG Schleswig FamRZ 1977, 802; OLG Celle FamRZ 1978, 508; OLG Köln FamRZ 1981, 959 = NJW 1982, 2262; OLG Zweibrücken FamRZ 1982, 293; OLG Hamburg FamRZ 1986, 469 m. Anm. *Henrich*; nur die Entscheidung des OLG Hamburg wies den Antrag ab, weil bei einem Kind akute Selbstmordgefahr bestand, vgl. zu dieser Entscheidung *Johannsen/Henrich/Jaeger* RdNr. 17; *Schwab* (Handbuch) II RdNr. 112; *Gernhuber/Coester-Waltjen* § 27 RdNr. 48; *Johannsen/Henrich/Jaeger* RdNr. 15, 16; *Staudinger/Rauscher* (2004) RdNr. 35 ff., 54 ff.; *Erman/Maier* RdNr. 7.

[69] In diesen Fällen wurde teilweise aus § 48 Abs. 3 EheG die Scheidung versagt, BGH LM EheG § 48 Abs. 1 Nr. 8; OLG Celle NJW 1953, 1116 mit abl. Anm. *Hoffmann*; OLG Nürnberg FamRZ 1961, 530.

[70] Vgl. zB OLG Schleswig FamRZ 1955, 107.

[71] *Staudinger/Rauscher* (2004) RdNr. 70.

[72] *Staudinger/Rauscher* (2004) RdNr. 70.

b) Selbstmordgefahr beim Kind. Mit dem Zerfall der Familie kann für Kinder aus der Ehe ein psychischer Ausnahmezustand, das Bewusstsein der persönlichen Katastrophe, eine Identitätskrise entstehen,[73] die bis zur Gefahr der Selbstvernichtung führen können. Kinder können es vor allem als zusätzlichen schmerzhaften Vorgang empfinden, wenn der Elternteil, bei dem sie leben, von der Scheidung schwer getroffen wird.[74] Die Scheidung kann in solchen Fällen den Zustand des Kindes entscheidend verschlechtern, ebenso wenn ein Kind an einer schweren Krankheit leidet. Ob das Kind in einer solchen Gefahr ist, wird, da krankhafte Zustände beteiligt sein können, oft nur mit Hilfe eines Sachverständigen festgestellt werden können.[75] Wenn aber durch die formelle Ehescheidung Selbstmordgefahr besteht,[76] wäre das Beharren eines Elternteils auf der Scheidung unverständlich und sein Scheidungsantrag abzuweisen. Die Abweisung des Scheidungsantrages ist auch dann geboten, wenn ein solcher Zustand des Kindes behandlungsfähig ist.[77] Problematisch wäre es, in einem solchen Fall das Scheidungsverfahren für die Dauer der vom Sachverständigen angeratenen Therapie auszusetzen.[78] Der Erfolg und die Dauer einer Therapie werden schwer zu prognostizieren sein. Die Aussetzung von Amts wegen würde auch der Vorschrift des § 614 Abs. 2 ZPO aF (§ 136 Abs. 1 FamFG) widersprechen, weil das Verfahren nur ausgesetzt werden darf, wenn Aussicht auf Fortsetzung der Ehe besteht. Die Anregung des Gerichts, der Antragsteller möge seinerseits einen Aussetzungsantrag nach § 614 Abs. 3 ZPO aF (§ 136 Abs. 2 FamFG) stellen, bevor sein Scheidungsantrag abgewiesen werden müsse, um hierdurch die Verhärtung der Fronten und ein weiteres kostspieliges Scheidungsverfahren nach erfolgreicher Behandlung des Kindes zu vermeiden,[79] ist in einem solchen Fall nicht von dem Zweck des § 614 ZPO aF (§ 136 FamFG), die Aussöhnung der Eheleute zu ermöglichen, gedeckt. 25

c) Verlust eines Elternteils als Bezugsperson. Mit der Begründung, eine regelmäßig und gleichmäßige Bindung des Kindes an beide Eltern sei wünschenswert, darf die Scheidung nicht versagt werden,[80] weil das Scheitern der Ehe und nicht die Scheidung die Grundlage dafür zerstört hat. Die Möglichkeit des Fortbestands der elterlichen Sorge über die Scheidung hinaus, von der die Mehrzahl der Eltern Gebrauch machen, hat dazu geführt, dass trotz der Trennung eine gemeinsame Verantwortung für die Kinder empfunden und wahrgenommen wird, so dass sich das Bedürfnis nach der Aufrechterhaltung des formalen Ehebandes zum Schutz der Kinder reduziert hat.[81] Auch in Fällen, in denen die elterliche Sorge einem Elternteil übertragen wird, ist kaum Raum für die Anwendung der Kinderschutzklausel.[82] Hängt ein Kind an beiden Elternteilen, wird es eine Härte sein, dass es sich für ein Leben bei dem einen oder anderen entscheiden muss. Diese Entscheidung ist jedoch schon durch die Trennung erzwungen. Auch Nachteile für die Erziehung eines Kindes sind häufig unvermeidbar. Sie beruhen aber bereits auf der Trennung der Eltern und reichen nach dem Gesetz nicht aus, die Scheidung zu versagen.[83] Keinesfalls darf die Scheidung mit Blick 26

[73] *Rolland* RdNr. 35; *Johannsen/Henrich/Jaeger* RdNr. 17; *Staudinger/Rauscher* (2004) RdNr. 64 ff.

[74] BGH LM EheG § 48 Abs. 1 Nr. 8; EheG § 48 Abs. 3 Nr. 3.

[75] *Staudinger/Rauscher* (2004) RdNr. 66; *Erman/Maier* RdNr. 9; *Palandt/Brudermüller* RdNr. 2.

[76] OLG Hamburg FamRZ 1986, 469 m. Anm. *Henrich*; RGRK/*Graßhof* RdNr. 33; *Graßhof*, FS Zeidler, S. 837, 854 weist zu Recht auf das Versagen des betreuenden Elternteils hin; *Johannsen/Henrich/Jaeger* RdNr. 17; *Erman/Maier* RdNr. 9; *Staudinger/Rauscher* (2004) RdNr. 65; *Soergel/Heintzmann* RdNr. 20; vgl. auch OLG Celle FamRZ 1978, 508.

[77] OLG Hamburg FamRZ 1986, 470 m. Anm. *Henrich*; RGRK/*Grasshoff* RdNr. 38; *Soergel/Dieckmann* RdNr. 4; aA *Bamberger/Roth/Neumann* RdNr. 5; *Erman/Maier* RdNr. 11.

[78] *Staudinger/Rauscher* (2004) RdNr. 31, 66 ff.

[79] So *Staudinger/Rauscher* (2004) RdNr. 31, 66 ff.

[80] HM; *Soergel/Heintzmann* RdNr. 13; *Gernhuber/Coester-Waltjen* § 27 RdNr. 50 bis 52; *Staudinger/Rauscher* (2004) RdNr. 56 ff.; *Graßhof*, FS Zeidler, S. 837, 847.

[81] *Gernhuber/Coester-Waltjen* § 27 RdNr. 50 bis 52.

[82] OLG Köln FamRZ 1998, 827, 828; OLG Celle FamRZ 1978, 509; OLG Schleswig FamRZ 1977, 802; *Kissel* DRiZ 1978, 225, 227; *Rolland* RdNr. 30; *Staudinger/Rauscher* (2004) RdNr. 50.

[83] Diese eindeutige Sicht des Gesetzes verstößt nicht gegen Art. 6 Abs. 1, 2 GG, so aber *Schwab* (Handbuch) II RdNr. 109.

auf die Kinderschutzklausel versagt werden, weil der Antragsteller Umgangskontakte der Kinder zum Antragsgegner verweigert;[84] einem solchen Verhalten ist bei der Regelung des Sorge- und Umgangsrechts zu begegnen.

27 **d) Wohn- und Betreuungssituation des Kindes.** Hinnehmen muss ein Kind grundsätzlich einen durch die Trennung der Eltern bedingten **Wohnungswechsel** und die veränderte Rolle des Elternteils, bei dem es lebt, insbesondere auch eine **Berufstätigkeit der Mutter.**[85] Dies gilt auch für die Betreuung eines behinderten Kindes.[86]

28 **5. Wirtschaftliche Nachteile. a) Grundsatz.** In aller Regel verschlechtert es die wirtschaftliche Lage eines Kindes, wenn die Ehe der Eltern scheitert und sein Unterhalt gegenüber einem Elternteil als Geldanspruch realisiert werden muss (vgl. §§ 1360, 1601, 1612). Diesen Nachteil muss das Kind hinnehmen. Das Gesetz geht allerdings davon aus, dass daneben besondere wirtschaftliche Nachteile mit dem Ausspruch der Scheidung entstehen können, die es ausnahmsweise rechtfertigen, die Scheidung der gescheiterten Ehe der Eltern zu versagen. Die Ansicht der Entwürfe, solchen Härten sei nicht durch ein Scheidungsverbot, sondern notfalls durch öffentliche Hilfen zu begegnen,[87] hat der Gesetzgeber nicht übernommen. Ebenso wie bei Eheschutzklausel ist auch für die gleichzeitig eingeführte Kinderschutzklausel keine Beschränkung auf immaterielle Härten vorgesehen.[88] Die Berücksichtigung wirtschaftlicher Belange der Kinder ist jedoch so stark beschränkt, dass kaum Fälle vorstellbar sind, in denen die Kinderschutzklausel greift.[89] Die verringerte Leistungsfähigkeit eines Elternteils, sollte sie ausnahmsweise nicht Folge der Trennung, sondern erst der Scheidung sein, reicht für die Anwendung der Kinderschutzklausel nicht aus.[90] Auch eine wesentliche Verschlechterung der wirtschaftlichen Verhältnisse oder eine Gefährdung des Unterhalts infolge der Scheidung oder eine fehlende Leistungsbereitschaft nach Scheidung können nicht zur Bejahung der Klausel führen.[91] In den bisher veröffentlichten Entscheidungen zur Kinderschutzklausel wurden wirtschaftliche Härten nicht erörtert.[92]

29 **b) Neue Ehe.** Der weit überwiegende Teil aller Geschiedenen geht eine neue Ehe ein (vgl. Vor § 1564 RdNr. 38). Es liegen deshalb keine besonderen Gründe für die Aufrechterhaltung der Ehe vor, wenn ein Elternteil gegenüber einem neuen Ehegatten unterhaltspflichtig wird.[93] Die Anwendung der Kinderschutzklausel in einem solchen Fall würde einen grundrechtwidrigen Eingriff in die Entschließungsfreiheit des scheidungswilligen Elternteils darstellen.[94] Hinzu kommt, dass der Unterhaltsanspruch des Kindes demjenigen des neuen Ehegatten vorgeht. Die Scheidung darf deshalb nicht verweigert werden, weil eine erneute Eheschließung zu erwarten ist.[95] Sie darf auch nicht deshalb versagt werden, weil ein Ehegatte in einer neuen Ehe weitere Kinder zeugen oder gebären könnte[96] und sich damit der Unterhaltsanspruch eines Kindes verändern würde.

---

[84] So aber AG Korbach NJW-RR 2001, 1157; dagegen OLG Frankfurt NJW-RR 2002, 577.

[85] *Rolland* RdNr. 37; *Staudinger/Rauscher* (2004) RdNr. 60 ff.

[86] KG NJW-RR 2001, 1658.

[87] DiskE S. 68 f.; Entwurf 71 S. 62; Entwurf 73 S. 119.

[88] HM, vgl. *Schwab* FamRZ 1976, 491, 505; *Diederichsen* NJW 1977, 278; *Gernhuber/Coester-Waltjen* § 27 RdNr. 50 bis 52; *Soergel/Heintzmann* RdNr. 12; *Staudinger/Rauscher* (2004) RdNr. 71 ff.; *Schwab* (Handbuch) II RdNr. 111; *Johannsen/Henrich/Jaeger* RdNr. 16.

[89] *Staudinger/Rauscher* (2004) RdNr. 72.

[90] *Staudinger/Rauscher* (2004) RdNr. 72.

[91] *Staudinger/Rauscher* (2004) RdNr. 73 ff.; *Johannsen/Henrich/Jaeger* RdNr. 16; aA für die Gefährdung des Unterhalts: *Schwab* (Handbuch) II RdNr. 111; *Soergel/Heintzmann* RdNr. 15.

[92] Vgl. die Entscheidungen in Fn. 77; *Johannsen/Henrich/Jaeger* RdNr. 16; RGRK/*Graßhof* RdNr. 27.

[93] *Staudinger/Rauscher* (2004) RdNr. 74; *Johannsen/Henrich/Jaeger* RdNr. 16.

[94] *Staudinger/Rauscher* (2004) RdNr. 74.

[95] *Diederichsen* NJW 1977, 273, 278; *Johannsen/Henrich/Jaeger* RdNr. 16; RGRK/*Graßhof* RdNr. 30; *Staudinger/Rauscher* (2004) RdNr. 74; *Erman/Maier* RdNr. 9; aA *Schwab* FamRZ 1976, 491, 507; *Schwab* (Handbuch) II RdNr. 111; *Soergel/Heintzmann* RdNr. 15.

[96] RGRK/*Graßhof* RdNr. 31; *Johannsen/Henrich/Jaeger* RdNr. 16; *Staudinger/Rauscher* (2004) RdNr. 75; aus § 48 Abs. 3 EheG wurde deshalb oft die Scheidung verweigert, wenn eine konkrete Zweitehe in Aussicht war, BGH FamRZ 1967, 139, 141; OLG München FamRZ 1968, 162, 165.

c) Fehlende Leistungsbereitschaft. Die Scheidung kann aus der Kinderschutzklausel auch nicht verweigert werden, wenn aus dem bisherigen Verhalten des verpflichteten Ehegatten zu schließen ist, dass ihm nach der Scheidung trotz Leistungsfähigkeit die Zahlungsbereitschaft fehlen wird.[97] Einen entsprechenden Einwand muss der Unterhaltsschuldner nicht ausräumen. Die Rechte des Kindes sind ausreichend dadurch gewahrt, dass der Antragsgegner im Scheidungsverbund den Kindesunterhalt anhängig machen kann. 30

d) Krankheitsbedingter Sonderbedarf. Auch bei Sonderbedarf eines Kindes auf Grund einer Erkrankung ist die Anwendung der Kinderschutzklausel abzulehnen. In aller Regel besteht für Kosten einer notwendigen Heilbehandlung **Versicherungsschutz.** Sollte dieser nicht greifen, so können **Sozialleistungen** in Anspruch genommen werden. Die Scheidung der Ehe kann vor diesem Hintergrund nicht abgelehnt werden.[98] 31

e) Erbrechtlicher Status der Kinder. Auch im Hinblick auf den erbrechtlichen Status der gemeinsamen Kinder kommt die Anwendung der Härteklausel nicht in Betracht. Die Scheidung einer gescheiterten Ehe darf nicht versagt werden, weil durch sie die Geburt weiterer Kinder aus einer nächsten Ehe ermöglicht wird.[99] Auf Grund des Erbrechtsgleichstellungsgesetzes vom 16. 12. 1997 (BGBl. I S. 2968) ist ohnehin mit Wirkung vom 1. 4. 1998 durch Aufhebung der §§ 1934a bis 1934e die erbrechtliche Sonderstellung nichtehelicher Kinder beseitigt. 32

6. Zeitfaktor. Auch nach dem Wegfall der Fünfjahresfrist des Abs. 2 verhindert die Kinderschutzklausel nur die Scheidung zur Unzeit,[100] also nur „solange" die Aufrechterhaltung der Ehe der Eltern für ein Kind notwendig ist. Es ist deshalb immer zu prüfen, ob die Notwendigkeit im Zeitpunkt der letzten mündlichen Verhandlung noch andauert oder ob sie durch eingetretene Veränderungen gemildert oder entfallen ist. Die Aussetzung des Verfahrens nach § 614 ZPO aF (§ 136 FamFG) bis zum Wegfall der besonderen Belastung für ein Kind kommt nicht in Betracht (vgl. RdNr. 25). War ein Scheidungsantrag an der Kinderschutzklausel gescheitert, kann er wiederholt werden, wenn etwa eine psychische Ausnahmesituation durch die Behandlung des Kindes, durch sein Älterwerden oder andere Umstände beseitigt worden ist. 33

C. Ehegattenschutzklausel

I. Grundfragen

1. Keine allgemeine Rechtsmissbrauchsklausel. Die Scheidung einer gescheiterten Ehe wird vom Gesetz zugelassen. Sie gehört zu dem Bild der verweltlichten bürgerlichen Ehe, das der Verfassung zugrunde liegt.[101] Der Antrag, eine gescheiterte Ehe zu scheiden, ist deshalb für sich allein nicht rechtsmissbräuchlich,[102] auch dann nicht, wenn sich der Antragsteller auf sein eigenes Verhalten zur Begründung dafür beruft, dass die Ehe gescheitert ist.[103] Die Härteklausel ist deshalb ungeeignet, um dem „schuldigen" Ehegatten die Scheidung zu versagen. Sie ist ihrem Wortlaut und Zweck nach keine allgemeine Rechtsmissbrauchsklausel.[104] 34

---

97 *Johannsen/Henrich/Jaeger* RdNr. 16; *Staudinger/Rauscher* (2004) RdNr. 76.

98 *Staudinger/Rauscher* (2004) RdNr. 77.

99 RGRK/*Graßhof* RdNr. 31; *Staudinger/Rauscher* (2004) RdNr. 78; *Schwab* (Handbuch) II RdNr. 111.

100 BVerfGE 55, 134, 142 = NJW 1981, 108; zu Unrecht krit. Zur „Scheidung-zur-Unzeit-Formel" *Schwab* (Handbuch) II RdNr. 97.

101 BVerfGE 53, 224, 245 = NJW 1980, 689 = FamRZ 1980, 319; NJW 2001, 2874; BGH FamRZ 2007, 109, 112.

102 DiskE S. 62; Entwurf 73 S. 117; *Gernhuber/Coester-Waltjen* § 27 RdNr. 54.

103 *Staudinger/Rauscher* (2004) RdNr. 85; zur Bewertung von Verhalten des Antragstellers für die Feststellung des Scheiterns vgl. § 1565 RdNr. 61; es wurde gefordert, die Härteklausel müsse den „Triumph der Niedertracht" verhindern, vgl. *Bosch* FamRZ 1971, 57, 64; *Neuhaus* FamRZ 1970, 448; *Häberle,* Zum Thema Ehescheidung, S. 105; gegen eine Rechtsmissbrauchsklausel *Giesen,* Aktuelle Probleme einer Reform des Ehescheidungsrechts, S. 18.

104 *Gernhuber/Coester-Waltjen* § 27 RdNr. 54.

Das Zerrüttungsprinzip gilt nicht nur bei unstreitigen Scheidungen.[105] Die Befürchtungen, die Scheidungspraxis werde über die Härteklausel zum Verschuldensprinzip zurückkehren, haben sich als unbegründet erwiesen.[106] Die Scheidung aus Gründen, die in der Person des Antragstellers liegen, wird durch § 1565 Abs. 2 nur bis zum Ablauf einer einjährigen Trennung erschwert. Nach Ablauf dieser Frist setzt sich gegenüber diesen Erwägungen der Grundgedanke durch, dass eine gescheiterte Ehe auf Antrag eines Ehegatten geschieden werden darf.

35 **2. Keine Begrenzung des Zerrüttungsprinzips.** Alle allgemeinen rechtspolitischen oder weltanschaulichen Erwägungen gegen die Scheidung gescheiterter Ehen hat der Gesetzgeber nicht aufgegriffen. Es ist die Entscheidung des Gesetzes, dass der Staat gescheiterte Ehen nicht zwangsweise aufrechterhalten will.[107] Auch die Härteklausel ändert nichts an dem Grundsatz. Sie ist nicht dazu bestimmt, die Institution der Ehe vor den Scheidungsmöglichkeiten zu schützen, die durch die Vorschriften der §§ 1565, 1566 eröffnet sind.[108] Die Härteklausel soll den einzelnen Ehegatten, dem die alsbaldige Scheidung eine zusätzliche Härte zufügen würde, **in besonderen Fällen schützen.** Dass und ob es für alle Beteiligten besser gewesen wäre, wenn die Ehe nicht gescheitert wäre, bleibt außer Betracht.[109] Das vom Gesetzgeber verfolgte Ziel, dass Scheidungsanträge nur in sehr wenigen Fällen aus der Härteklausel abgewiesen werden sollen, hat die Rechtsprechung auf der Grundlage der Bewusstseinsveränderung zur Ehescheidung in der Öffentlichkeit akzeptiert. § 1568 führte im Jahre 2001 in nur 16 Fällen zur Abweisung eines Scheidungsantrags (vgl. RdNr. 12). Die Härteklausel zum Schutze der Ehegatten ist verfassungsrechtlich unbedenklich.[110]

36 **3. Scheidungsbedingte Härten.** Die Scheidung einer gescheiterten Ehe kann aus der Härteklausel nur wegen solcher Härten versagt werden, die die Scheidung, also die **Auflösung des Ehebandes,** selbst **verursachen oder mit verursachen** würde. Eine allein durch das Scheitern der Ehe verursachte Härte genügt nicht.[111] Deshalb rechtfertigt eine mit einem Selbstmordversuch verbundene Gemütskrankheit, auch wenn sie durch die Aufnahme ehewidriger Beziehungen des anderen Ehegatten verursacht wurde, nicht die Anwendung der Härteklausel.[112] Die Verschlechterung eines bei der Scheidung schon bestehenden Krankheitszustandes ist üblicherweise mit der Scheidung eines kranken Ehegatten verbunden und steht der Scheidung grundsätzlich nicht entgegen,[113] vielmehr nur dann, wenn die Verschlechterung des Krankheitszustandes selbst außergewöhnlich und schwer wäre,[114] wobei eine drohende Depression, die behandlungsfähig ist, keine schwere Härte darstellt.[115]

---

[105] *Lange* FamRZ 1971, 481, 489.

[106] Vgl. jedoch *Derleder* KritJ 1982, 18; *Wiegmann* NJW 1982, 1369.

[107] *Graßhof,* FS Zeidler, S. 837, 844.

[108] Vgl. dazu *Ernst Wolf* JZ 1964, 749 ff.; *ders.* JZ 1970, 441 ff.; *Mikat,* Möglichkeiten und Grenzen einer Leitbildfunktion des bürgerlichen Ehescheidungsrechts, S. 7, 22; *Giesen,* Aktuelle Probleme einer Reform des Ehescheidungsrechts, S. 13; RGRK/*Graßhof* RdNr. 5; *Soergel/Heintzmann* RdNr. 43; ausgeprägt in dieser Richtung OLG Düsseldorf FamRZ 1980, 780; OLG Hamm FamRZ 1957, 262; *Staudinger/Rauscher* (2004) RdNr. 85; einschränkend *Schwab* FamRZ 1984, 1171, 1174 und ders. (Handbuch) II RdNr. 98, 99, 101 mit der Forderung nach einer ausgedehnten Anwendung im Interesse der Institution Ehe und ihrer sozialen Funktion auch gegen den Wortlaut des Gesetzes.

[109] *Schwab* FamRZ 1976, 491, 505; BGHZ 12, 111, 115 = NJW 1954, 836; die Rspr. hat gegen diesen an sich anerkannten Grundsatz häufig verstoßen, vgl. BGH FamRZ 1964, 28, 32.

[110] BVerfG NJW 2001, 2874.

[111] HM; BGH NJW 1979, 1042; 1981, 2809; vgl. auch 1985, 905, 907; OLG Stuttgart FamRZ 1991, 334 m. abl. Anm. *Bosch* S. 334 und Anm. *Hauffe* und *Bosch* S. 950, 951; OLG Hamm FamRZ 1990, 60; KG FamRZ 1983, 1135; OLG Düsseldorf FamRZ 1978, 36; OLG Koblenz NJW 1978, 54; OLG Schleswig NJW 1978, 53; OLG Köln NJW 1982, 2262; OLG Nürnberg FamRZ 1979, 818; AG Schorndorf FamRZ 1992, 568, 569; *Schwab* (Handbuch) II RdNr. 116; *Gernhuber/Coester-Waltjen* § 27 63; *Graßhof,* FS Zeidler, S. 837, 839; *Staudinger/Rauscher* (2004) RdNr. 87; *Erman/Maier* RdNr. 17.

[112] BGH NJW 1981, 2808; OLG Düsseldorf FamRZ 1980, 146; *Staudinger/Rauscher* (2004) RdNr. 88.

[113] BGH NJW 1979, 1360; BGH NJW 1981, 2808; OLG Köln FamRZ 1981, 960; OLG Düsseldorf FamRZ 1980, 146.

[114] BGH NJW 1981, 2808; *Staudinger/Rauscher* (2004) RdNr. 89.

[115] OLG Köln FamRZ 1981, 959.

4. Keine innere Bindung an die Ehe erforderlich. Der Vorschlag des BRates,[116] die innere Bindung des Ehegatten, der die Scheidung ablehnt, zur Voraussetzung der Anwendung der Härteklausel zu machen, wurde abgelehnt. Jeder Anklang an das Widerspruchsrecht des § 48 Abs. 2 EheG sollte vermieden werden.[117] Der andere Ehegatte soll nicht veranlasst werden, Liebe, Zuneigung, Bindung und Fortsetzungsbereitschaft zu heucheln, wo es darum geht, besondere Härten auszuschließen. Die subjektive Darstellung eines Ehegatten über seine innere Bindung an die Ehe ist auch weder beweisbar noch widerlegbar. Es entspricht daher heute der hM, dass es einem Ehegatten nicht von vornherein verwehrt ist, sich auf die Härteklausel zu berufen, wenn ihm die innere Bindung an die Ehe oder die Bereitschaft fehlt, die eheliche Lebensgemeinschaft fortzusetzen.[118] Soweit in Ausnahmefällen materielle Härten berücksichtigt werden können, entstehen sie durch den Ausspruch der Scheidung unabhängig davon, ob der Ehegatte eine Bindung an die Ehe hat oder nicht. Auch die übrigen denkbaren schweren Härten entstehen nicht nur, wenn die subjektive Bindung noch nicht zerstört ist. Während beim Begriff des Scheiterns die personale Funktion der Ehe im Vordergrund steht, schützt die Härteklausel gerade die **soziale Funktion der Ehe.**[119] Sie kann auch dann schützwürdig sein, wenn der Antragsgegner die Bindung an die Ehe verloren hat und die Lebensgemeinschaft nicht mehr aufnehmen würde.[120] Werden immaterielle Härten behauptet, wird jedoch nur in Ausnahmefällen das subjektive Härteempfinden festgestellt werden können, wenn dem Antragsgegner selbst die Bindung an die Ehe fehlt.[121] Bei der Geltendmachung von wirtschaftlichen Härten kommt es auf die innere Bindung ohnehin nicht an. 37

5. Zeitfaktor. Die Härteklausel ist nur dann und nur solange anzuwenden, solange ihre Voraussetzungen vorliegen. Auch nachdem ihre Befristung auf fünf Jahre entfallen ist, liegt in dem Wort „solange" der deutliche Hinweis, dass das Gesetz **Härten als Übergangsproblem** ansieht.[122] Wenn eine Härte vorgelegen hat, ist zu prüfen, ob dem anderen Ehegatten die Umstellung auf die neue Situation gelungen und die Härte damit entfallen ist.[123] Unerheblich ist, ob die Ehe zu einem früheren Zeitpunkt scheidbar gewesen wäre. Auch Härten, die erst später entstanden sind, aber zur Zeit der Entscheidung andauern, können zur Anwendung der Härteklausel führen. Dauert die Härte nicht mehr an, ist die gescheiterte Ehe zu scheiden. Ein aus der Härteklausel abgewiesener Scheidungsantrag kann nach dem Wegfall der Härte wiederholt werden.[124] Liegt eine Härte, etwa infolge einer schweren Erkrankung des Antragsgegners, vor, die sich auch durch einen längerfristigen Scheidungsaufschub kaum mehr verändern wird, so kann die Abweisung des Scheidungsantrags im Extremfall dazu führen, dass diese Ehe auf Lebenszeit nicht geschieden werden kann. Ob ein solches Ergebnis mit Art. 2 Abs. 1, Art. 6 Abs. 1 GG und dem Zweck des 38

---

116 Entwurf 73 S. 261; BT-Drucks. 7/4694 S. 9.

117 Dazu *Bürgle* FamRZ 1968, 508, 512; *Schwab* FamRZ 1976, 491, 506.

118 BGH NJW 1984, 2353; FamRZ 1985, 905 = NJW 1985, 2531; vgl. auch BGH NJW 1979, 1048; NJW 1981, 2516; OLG Düsseldorf FamRZ 1980, 780; OLG Karlsruhe FamRZ 1990, 631; *Schwab* (Handbuch) II RdNr. 123; *Staudinger/Rauscher* (2004) RdNr. 149; *Johannsen/Henrich/Jaeger* RdNr. 22; RGRK/*Graßhof* RdNr. 25; *Soergel/Heintzmann* RdNr. 47; *Palandt/Brudermüller* RdNr. 3; enger die Forderung des 4. Dt. Familiengerichtstages NJW 1982, 152; OLG Köln NJW 1982, 2262; wohl auch BGH FamRZ 1985, 905; FamRZ 1984, 559; *Ambrock* FamRZ 1978, 314, 315 Fn. 15, hält es für verfassungswidrig, wenn die Härteklausel angewendet wird, obwohl dem Antragsgegner die Bindung an die Ehe fehlt.

119 *Schwab* FamRZ 1984, 1171, 1174; *Schwab* (Handbuch) II RdNr. 98, 99; *Staudinger/Rauscher* (2004) RdNr. 149.

120 KG FamRZ 1983, 1133, 1135; *Schwab* FamRZ 1984, 1171, 1174; *Schwab* (Handbuch) II RdNr. 123 f.

121 BGH NJW 1981, 2516; 1984, 2353; FamRZ 1985, 905 = NJW 1985, 2531; 4. DFGT NJW 1982, 152; *Soergel/Heintzmann* RdNr. 47; *Johannsen/Henrich/Jaeger* RdNr. 23; RGRK/*Graßhof* RdNr. 25; *Schwab* (Handbuch) II RdNr. 124.

122 BVerfGE 53, 224, 250 = NJW 1980, 689; BVerfGE 55, 134 ff. = NJW 1981, 108; BGH NJW 1981, 2516; 2808; 1984, 2353; OLG Hamm FamRZ 1985, 191; *Staudinger/Rauscher* (2004) RdNr. 167 ff.; *Gernhuber/Coester-Waltjen* § 27 RdNr. 55; krit. *Johannsen/Henrich/Jaeger* RdNr. 9 f.

123 OLG Schleswig NJW 1978, 53; BGH NJW 1979, 1042; BVerfGE 55, 134 = NJW 1981, 108; *Staudinger/Rauscher* (2004) RdNr. 168; *Erman/Maier* RdNr. 17; *Gernhuber/Coester-Waltjen* § 27 RdNr. 55.

124 *Staudinger/Rauscher* (2004) RdNr. 178; *Johannsen/Henrich/Jaeger* RdNr. 41.

Gesetzes, Scheidungen zur Unzeit zu vermeiden und dem Antragsgegner eine Gewöhnungsfrist einzuräumen, noch vereinbar wäre, ist streitig.[125] Keinesfalls darf der Antragsteller einer Wertung ausgesetzt werden, die ihm jede Hoffnung auf eine Scheidung nimmt.[126] Das bedeutet aber nicht, dass im Hinblick auf eine künftige Prognose eine Scheidung ausgesprochen werden darf, obwohl die Härteklausel nach der Wertung des Gerichts an sich eingreifen müsste. Allerdings kann auch bei schwersten Härten für den Antragsgegner die Abwägung dazu führen, dass gerade im Hinblick auf die voraussichtliche Unveränderbarkeit der Lage beim Antragsgegner die Belange des Antragsstellers überwiegen.[127]

39 **6. Ausnahmevorschrift.** Die Härteklausel ist durch ihre prozessuale Einordnung und ihre restriktive Fassung eine Ausnahmevorschrift. Sie ist nur anzuwenden, wenn der andere Ehegatte die Scheidung ablehnt; gemäß § 616 Abs. 3 ZPO aF (§ 127 Abs. 3 FamFG) sind außergewöhnliche Härten nur zu berücksichtigen, wenn sie prozessual korrekt in das Verfahren eingeführt und bewiesen sind. Es genügt nicht, wenn der Antragsgegner keine Erklärung abgibt, er muss sich auf die Umstände, die zur Anwendung der Härteklausel führen, ausdrücklich berufen; **die Härteklausel ist Einrede.**[128] **Ermittlungen von Amts wegen sind unzulässig,** obwohl die Härteklausel zur Aufrechterhaltung der gescheiterten Ehe führen kann und damit eheerhaltenden Charakter hat. Die Scheidung ist im Interesse des Antragsgegners nur zu versagen, wenn sie aufgrund außergewöhnlicher Umstände eine so schwere Härte darstellen würde, dass die Aufrechterhaltung der Ehe auch unter Berücksichtigung der Belange des Antragstellers ausnahmsweise geboten erscheint. Die Scheidung darf immer nur aus individuellen, persönlichen Gründen in der Person des Ehegatten verweigert werden. Es genügt nicht, wenn die Abweisung des Scheidungsbegehrens nützlich, zweckmäßig oder wünschenswert wäre. Die Häufung der Worte ist geradezu eine Demonstration, dass die Härteklausel **sehr restriktiv** zu interpretieren ist;[129] die Rspr. wendet sie nur sehr zurückhaltend an.[130]

II. Außergewöhnliche Umstände

40 **1. Grundsatz.** Die Härteklausel ist nur in Fällen anzuwenden, in denen die Auswirkungen der Scheidung „auf außergewöhnlichen, von den normalen Gegebenheiten abweichenden Umständen beruhen",[131] also auf solchen, die normalerweise bei einer Scheidung nicht vorliegen.[132] Dies ist nach **objektiven Kriterien** zu entscheiden, wobei ein Vergleich mit

---

[125] Verneinend: *Staudinger/Rauscher* (2004) RdNr. 168, 11 ff.; *Ramm* JZ 1986, 164; bejahend: *Johannsen/Henrich/Jaeger* RdNr. 9, 10; *Schwab* (Handbuch) II RdNr. 96, 99, 101.

[126] *Staudinger/Rauscher* (2004) RdNr. 18 unter Hinweis auf OLG Hamm NJW-RR 1989, 1159.

[127] OLG Nürnberg FamRZ 1996, 35.

[128] *Gernhuber/Coester-Waltjen* § 27 RdNr. 57; 25 RdNr. 7; aA – keine Einrede im engeren Sinne – *Johannsen/Henrich/Jaeger* RdNr. 37 ff.; *Staudinger/Rauscher* (2004) RdNr. 24; *Schwab* (Handbuch) II RdNr. 102 – „Einwendung".

[129] Vgl. *Diederichsen* NJW 1977, 273, 278; NJW 1986, 1286 („rechtsethisches Kauderwelsch"); *Johannsen/Henrich/Jaeger* RdNr. 19; *Staudinger/Rauscher* (2004) RdNr. 32 bis 34; *Lüke,* FS Bosch, S. 643; vgl. die Hinweise zur Entstehungsgeschichte in 3. Aufl. § 1568 Fn. 124; aA *Schwab* FamRZ 1976, 491, 504, der die Ausschöpfung der Härteklausel verlangt; vgl. jedoch auch FamRZ 1984, 1171, 1173 f.

[130] Anwendung abgelehnt: BGH NJW 1980, 2809; 1979, 1360; 1981, 2516; 2808; 1984, 2353; OLG Nürnberg FamRZ 1996, 35; OLG Köln NJW 1982, 2262; OLG Zweibrücken FamRZ 1982, 293; OLG Köln FamRZ 1981, 959; OLG Düsseldorf FamRZ 1980, 146; OLG Nürnberg FamRZ 1979, 818; OLG Celle FamRZ 1978, 508; OLG Koblenz NJW 1978, 54; OLG Düsseldorf FamRZ 1978, 36; OLG Schleswig NJW 1978, 53; OLG Hamm FamRZ 1977, 802; FamRZ 1989, 1188, 1190; Härteklausel angewendet: BGH NJW 1979, 1042 (Likörfabrik); BGH NJW 1985, 2531 (Multiple Sklerose); OLG Hamm FamRZ 1985, 189 (schwer behindertes Kind); KG FamRZ 1983, 1133 (Selbstmordgefahr); OLG Karlsruhe FamRZ 1979, 512 (Krebs).

[131] BGH NJW 1979, 1042; OLG Hamm FamRZ 1989, 1189; AG Schorndorf FamRZ 1992, 568; *Soergel/Heintzmann* RdNr. 27; vgl. auch Entwurf 73 S. 116.

[132] BGH NJW 1981, 2208; 1979, 1042; 1360; 1984, 560; OLG Schleswig NJW 1978, 53; OLG Hamm FamRZ 1977, 802; OLG Koblenz NJW 1978, 54; OLG Düsseldorf FamRZ 1978, 36; *Gernhuber/Coester-Waltjen* § 27 RdNr. 60; *Staudinger/Rauscher* (2004) RdNr. 91, 92; *Johannsen/Henrich/Jaeger* RdNr. 25; vgl. auch *Giesen-Gick* JR 1979, 1, 6; *Kissel* DRiZ 1978, 225, 227; *Görgens* FamRZ 1978, 647; *Parche* NJW 1979,

der Situation anderer gescheiterter Ehen zu ziehen ist.[133] Der Überlegung, auch weniger gravierende Umstände zu berücksichtigen, weil der Härteeinwand zeitlich befristet ist,[134] ist mit dem Wegfall der Befristung der Boden entzogen. Die Umstände können, müssen aber nicht ehebedingt sein.[135] Außergewöhnliche Umstände können im Laufe einer längeren Trennung ihre Außergewöhnlichkeit verlieren;[136] dies muss aber nicht immer so sein. Ein außergewöhnlicher Umstand verliert diese Qualifikation regelmäßig nicht durch den Zeitablauf. Die Belange des Antragstellers dürfen hier noch nicht einfließen. Mit der Zeit wird vor allem das durch den außergewöhnlichen Umstand verursachte Härteempfinden abflachen. Außergewöhnlich kann ein einzelner Umstand sein, vielfach wird erst die Verbindung mehrerer Umstände zur Außergewöhnlichkeit führen.[137]

2. Dauer der Ehe. Die lange Dauer der Ehe bis zum Scheidungsverfahren ist schon 41
angesichts verlängerter Lebenserwartung nicht ungewöhnlich,[138] die Scheidung auch nach mehr als 20-jähriger Ehe ist häufig und ihre Zahl steigt an. Sie kann deshalb nur iVm. anderen Gegebenheiten, zB wenn ein Ehegatte in einer langen Ehe besondere Leistungen oder besondere Opfer erbracht hat,[139] als außergewöhnlicher Umstand angesehen werden. Das Gesetz kennt keine allgemeine Scheidungssperre, wenn die Ehe lange gedauert hat.[140] Ein voreheliches Zusammenleben oder eine lange Verlobungszeit sind für die Dauer der Ehe unwesentlich. Bei kurzer Ehedauer wird idR keine schwere Härte vorliegen,[141] ausgeschlossen ist dies jedoch nicht. So wird auch eine kurze Ehe nicht geschieden werden müssen, solange der Suizid droht oder der Krebstod des anderen Ehegatten bevorsteht.

3. Besondere Leistungen. Hat sich ein Ehegatte in ungewöhnlichen Situationen für 42
den anderen oder die Familie besonders **eingesetzt** oder **verdient gemacht,** kann die Anwendung der Härteklausel gerechtfertigt sein.[142] Dies kann zB der Fall sein, wenn er in einer wirtschaftlichen Krise oder einem sonstigen Existenzkampf Beistand geleistet, sein väterliches Erbe geopfert und sofort eine Berufstätigkeit aufgenommen hat.[143] Hingegen reicht es ohne Hinzutreten weiterer Umstände nicht allein aus, wenn er einen Betrieb während der Abwesenheit des anderen aufrechterhalten, dessen Studium finanziert, ihn während einer schweren Krankheit aufopfernd gepflegt oder viele Kinder geboren hat. In solchen Fällen kann die Enttäuschung zwar groß sein. Ob der mit der Scheidung entstehende Inhaltsverlust in solchen Fällen außergewöhnlich gravierend und die Zeit bis zur Umstellung länger ist, hängt von den jeweiligen Einzelfallumständen ab. Da der gegenseitige Beistand in

---

139; aA *Schwab* FamRZ 1976, 491, 505; *ders.* (Handbuch) II RdNr. 119 f., weil die außergewöhnlichen Umstände nur die Härte akzentuiere; gegen *Schwab* ausdrücklich *Staudinger/Rauscher* (2004) RdNr. 92; die Beschränkung des Anwendungskreises ist verfassungsgemäß, vgl. BVerfGE 53, 224, 251.

[133] *Gernhuber/Coester-Waltjen* § 27 RdNr. 60.

[134] *Schwab* FamRZ 1976, 495, 504.

[135] BGH FamRZ 1985, 905, 906; *Johannsen/Henrich/Jaeger* RdNr. 25; *Staudinger/Rauscher* (2004) RdNr. 101.

[136] *Soergel/Heintzmann* RdNr. 54 verlangt nach längerer Trennung schwerer wiegende Umstände; vgl. AG Mainz NJW-RR 1990, 779; *Staudinger/Rauscher* (2004) RdNr. 167 bis 169.

[137] *Johannsen/Henrich/Jaeger* RdNr. 26; *Staudinger/Rauscher* (2004) RdNr. 102.

[138] AllgM; OLG Nürnberg FamRZ 1979, 818; OLG Hamm FamRZ 1989, 1188; *Gernhuber/Coester-Waltjen* § 27 RdNr. 61; *Soergel/Heintzmann* RdNr. 35; *Johannsen/Henrich/Jaeger* RdNr. 29; *Staudinger/Rauscher* (2004) RdNr. 119, 122.

[139] BGH NJW 1979, 1042; OLG Hamm FamRZ 1979, 1188; OLG Düsseldorf FamRZ 1978, 36; OLG Koblenz FamRZ 1977, 790; KG FamRZ 1983, 1133; *Schwab* (Handbuch) II RdNr. 121; krit. *Staudinger/Rauscher* (2004) RdNr. 121; *Erman/Maier* RdNr. 15; *Johannsen/Henrich/Jaeger* RdNr. 26; vgl. auch BGHZ 40, 251 = NJW 1964, 447 zum EheG.

[140] OLG Hamm FamRZ 1989, 1188: keine Anwendung bei Ehedauer von 30 Jahren; das OLG Koblenz FamRZ 1977, 790 hat die Härteklausel nach 19 Jahren Ehe und 10 Jahren Verlobungszeit nicht angewandt; vgl. *Görgens* FamRZ 1978, 647; krit. *Gernhuber/Coester-Waltjen* § 27 RdNr. 61; für Anwendung der Härteklausel RGRK/*Graßhof* RdNr. 13.

[141] OLG Düsseldorf FamRZ 1978, 36; RGZ 160, 236, 239; *Staudinger/Rauscher* (2004) RdNr. 123.

[142] BGH NJW 1979, 1042 = FamRZ 1979, 422 m. Anm. *Bosch*; OLG Düsseldorf FamRZ 1978, 36; *Staudinger/Rauscher* (2004) RdNr. 117; *Schwab* FamRZ 1976, 491, 505; *ders.* (Handbuch) II RdNr. 108; *Ambrock* FamRZ 1978, 314, 318; RGRK/*Graßhof* RdNr. 13; *Mikat* FamRZ 1970, 333, 342.

[143] BGH NJW 1979, 1042; zust. *Schwab* (Handbuch) II RdNr. 121; *Staudinger/Rauscher* (2004) RdNr. 117.

der Ehe ihr selbstverständlicher Inhalt ist, muss es sich schon um darüber deutlich hinausgehende Leistungen handeln.[144]

43 **4. Lebensalter.** Ein hohes Lebensalter ist ebenfalls kein außergewöhnlicher Umstand.[145] Dass es einem alten Menschen schwerer gelingt, sich eine neue Lebensgrundlage zu schaffen,[146] reicht allein für die Annahme eines außergewöhnlichen Umstandes nicht.[147] Zweifelhaft ist es deshalb, eine schwere Härte zu bejahen, weil dem betagten und pflegebedürftigen Ehegatten in den letzten Lebensjahren eine Ehescheidung nicht mehr zugemutet werden kann.[148] Auch zusammen mit dem Alter im Zeitpunkt der Eheschließung und im Zeitpunkt des Scheidungsverfahrens sowie mit altersüblichen Beschwerden und Erkrankungen kann ein hohes Lebensalter nicht als außergewöhnlich angesehen werden.[149] Liegen aber andere besondere Umstände vor, so kann das Alter mit zu berücksichtigen sein. Darin, dass ein Ehegatte bei der Eheschließung besonders jung war, kann man allein einen außergewöhnlichen Umstand nicht sehen.[150]

44 **5. Religiöse Bindung.** Viele Menschen gehören christlichen Kirchen oder anderen religiösen Vereinigungen an, von denen die Ehescheidung abgelehnt wird. Es gehört zu den überkommenen Grundsätzen des Ehescheidungsrechts, dass die weltliche Gestaltung der Ehescheidung davon unabhängig ist. Die religiöse Überzeugung eines Ehegatten von der Unauflöslichkeit der Ehe ist kein außergewöhnlicher Umstand.[151]

45 **6. Krankheit. a) Schwere Krankheit.** Die Härteklausel steht „der Scheidung von Ehen, in denen ein Ehegatte erkrankt ist und im Falle der Scheidung aufgrund seines Krankheitszustandes Nachteile erleidet, nicht entgegen."[152] Dieser Grundsatz wird nach dem Mechanismus der Härteklausel jedoch durchbrochen, wenn eine Krankheit **von besonderen Umständen begleitet** ist; sie kann dann, insbesondere durch ihre Schwere oder ihre Verbindung zum Verlauf der Ehe, zu einem außergewöhnlichen Umstand werden, so wenn ein Ehegatte in einer dramatischen Phase einer **Krebskrankheit** oder einer **multiplen Sklerose** mit einem Scheidungsverfahren überzogen wird,[153] bei einer chronischen Krankheit jedoch nur, wenn sie durch den Ausspruch der Scheidung verschlimmert würde.[154] Eine schwere Krankheit erst dann als außergewöhnlichen Umstand zu werten, wenn sie Auswirkungen auf die Psyche des Antragsgegners hat,[155] erweist sich als zu eng und führt im Bestreitensfall auch zu für den Antragsgegner unzumutbaren Beweiserhebungen.[156] Vorzeitiger Altersabbau und

---

[144] Krit. *Staudinger/Rauscher* (2004) RdNr. 118.

[145] OLG Brandenburg FamRZ 2007, 1888, 1889; OLG Nürnberg FamRZ 1979, 818.

[146] BGH NJW 1979, 1042.

[147] *Gernhuber/Coester-Waltjen* § 27 RdNr. 61; *Johannsen/Henrich/Jaeger* RdNr. 26; *Soergel/Heintzmann* RdNr. 35; *Schwab* (Handbuch) II RdNr. 121.

[148] So OLG Stuttgart NJW-RR 2002, 1443.

[149] *Staudinger/Rauscher* (2004) RdNr. 124; *Johannsen/Henrich/Jaeger* RdNr. 29; vgl. BGH NJW 1979, 1042; OLG Brandenburg FamRZ 2007, 1888, 1889.

[150] *Staudinger/Rauscher* (2004) RdNr. 125.

[151] AllgM; BGH NJW 1979, 1024; 2808; OLG Stuttgart FamRZ 1991, 334, 335 m. Anm. *Bosch* sowie *Bonk* und *Hauffe* FamRZ 1991, 950; OLG Schleswig OLGZ 2001, 6; *Gernhuber/Coester-Waltjen* § 27 RdNr. 56; *Staudinger/Rauscher* (2004) RdNr. 126f.; PWW/*Weinreich* RdNr. 8; aA AG Schorndorf FamRZ 1992, 568, 569; *Bosch* FamRZ 1991, 334, 951; ausführlich *Schwab* (Handbuch) II RdNr. 132.

[152] BGH NJW 1981, 2808; 1979, 1360; 1985, 907 = FamRZ 1985, 905, 907; FamRZ 1984, 559; OLG Hamm FamRZ 1990, 60; OLG Nürnberg FamRZ 1979, 818, 819; KG FamRZ 1983, 1133; *Hauffe* FamRZ 1990, 950; AG Mainz NJW-RR 1990, 779; RGRK/*Graßhof* RdNr. 14; *Staudinger/Rauscher* (2004) RdNr. 103.

[153] BGH NJW 1985, 2531 (MS); OLG Karlsruhe FamRZ 1979, 512 (Krebs); OLG Schleswig NJW 1978, 53; OLG Düsseldorf FamRZ 1978, 36; *Görgens* FamRZ 1978, 647; *Ambrock* FamRZ 1978, 314, 317; *Gernhuber/Coester-Waltjen* § 27 RdNr. 61; *Johannsen/Henrich/Jaeger* RdNr. 26; *Soergel/Heintzmann* RdNr. 31; *Staudinger/Rauscher* (2004) RdNr. 105, der allerdings meint, auch der nahe Tod des Antragsgegners sei kein absolut für die Außergewöhnlichkeit sprechender Umstand; aA *Ramm* JZ 1986, 164, weil die Befindlichkeit eines Ehegatten unbeachtlich sei.

[154] BGH NJW 1981, 2516; 2808; 1985, 2531; OLG Hamm FamRZ 1990, 60.

[155] So jedoch *Staudinger/Rauscher* (2004) RdNr. 105.

[156] Solche hält *Staudinger/Rauscher* (2004) RdNr. 146 zur Feststellung psychisch bedingter Umstände für erforderlich.

unterschiedliche Leiden mit Operationen sind für sich keine außergewöhnlichen Umstände.[157] Dass das BVerfG gerade einen solchen Fall (Schilddrüsenerkrankung, Unterleibsoperation, Depressionen, Brustamputation), bei dem das OLG die Voraussetzungen der Härteklausel bejaht hatte, zum Anlass genommen, die Befristung der Härteklausel für verfassungswidrig zu erklären, steht nicht entgegen, weil es sich insoweit um eine mit der Verfassungsbeschwerde nicht angegriffene Anwendung einfachen Rechts handelte.[158] Auch **Herzkrankheiten,** selbst wenn sie mit hohem Alter und Angst vor dem Alleinsein verbunden sind, rechtfertigen die Anwendung der Härteklausel nicht.[159] Bei einer **akuten Erkrankung**[160] wird eher die **Aussetzung** des Verfahrens auf Antrag des anderen Ehegatten als die Abweisung des Scheidungsantrags in Betracht kommen (vgl. § 1564 RdNr. 72f.). Führt die Krankheit nach medizinischer Vorhersage bald **zum Tode,** kann dies einen außergewöhnlichen Umstand begründen.[161] Ausnahmsweise kann die Scheidung trotz der Krankheit des Antragsgegners in Betracht kommen, wenn auch der Antragsteller lebensgefährlich erkrankt ist und die Eheschließung mit seinem langjährigen Lebensgefährten anstrebt.[162]

b) Psychische Erkrankung, Selbstmorddrohung. Besondere Bedeutung haben psy- 46
chische Erkrankungen, weil sie oft zum Scheitern der Ehe beitragen und verbunden mit Alkoholismus und Selbstmorddrohungen eheliche Solidarität erschweren. Die Selbstmorddrohung eines psychisch Kranken ist kein außergewöhnlicher Umstand, solange der Kranke seine seelischen Reaktionen noch steuern kann.[163] Ist das Steuerungsvermögen erheblich beeinträchtigt, darf die Ehe nicht geschieden werden,[164] bis die ausreichende medizinische Betreuung des Kranken gesichert ist.[165] Unerheblich ist dabei, ob der selbstmordgefährdete Ehegatte das Scheitern der Ehe verursacht hat. Kann der Antragsgegner auf Grund einer schweren psychischen Erkrankung durch eine Scheidung in eine existenzbedrohende Situation mit Suizidgefährung geraten, so kann dies die Anwendung der Härteklausel rechtfertigen;[166] das BVerfG hat jedoch betont, dass auch dann eine umfassende Prüfung der Härteklausel unter Berücksichtigung der Belange des Antragstellers, des Willens des Antragsgegners zur Fortsetzung der Ehe und der konkreten Möglichkeiten der Milderung oder Beseitigung der Härte durch andere Maßnahmen zum Erhalt der äußeren Strukturen anzustellen ist.[167] Kann der Antragsgegner seine Bereitschaft zu einer Therapie noch steuern, so muss er sich behandeln lassen, anderenfalls ist ihm dieses Verhalten als eigenverantwortlich zuzurechnen.[168]

c) Alkoholabhängigkeit. Alkoholismus oder andere Abhängigkeiten, die nach § 1565 47
Abs. 1, 2 zur Scheidung ohne Fristablauf führen (vgl. § 1565 RdNr. 118), können im Rahmen der Härteklausel nicht als außergewöhnliche Umstände anerkannt werden, auch dann nicht, wenn der Süchtige mit der Scheidung der Ehe seinen letzten Halt ver-

---

157 KG FamRZ 1983, 1133; *Soergel/Heintzmann* RdNr. 31.

158 BVerfGE 55, 134 = NJW 1981, 108, so zutreffend *Staudinger/Rauscher* (2004) RdNr. 104.

159 OLG Brandenburg FamRZ 2007, 1888, 1889.

160 DiskE S. 63; Entwurf 73 S. 116.

161 OLG Karlsruhe FamRZ 1979, 512; *Staudinger/Rauscher* (2004) RdNr. 105.

162 OLG Hamm NJW-RR 1989, 1159 = MDR 1989, 453.

163 BGH NJW 1981, 2808 = FamRZ 1981, 1161, 1162; FamRZ 1984, 560; OLG Celle FamRZ 1996, 614; NJW-RR 1995, 1409; OLG Hamm FamRZ 1989, 1189; 1990, 60, 61; OLG Köln FamRZ 1981, 959; OLG Düsseldorf FamRZ 1980, 146; KG FamRZ 1983, 1133; *Johannsen/Henrich/Jaeger* RdNr. 29; *Staudinger/Rauscher* (2004) RdNr. 108.

164 BGH NJW 1981, 2808; 1984, 2353; OLG Hamm FamRZ 1990, 60; KG FamRZ 1983, 1133; OLG Hamm NJW-RR 1990, 965; *Staudinger/Rauscher* (2004) RdNr. 109; *Johannsen/Henrich/Jaeger* RdNr. 29; RGRK/*Graßhof* RdNr. 14; *Palandt/Brudermüller* RdNr. 5; aA *Ramm* JZ 1986, 164, der Suiziddrohungen als Scheidungsneurosen abtut.

165 OLG Hamm FamRZ 1990, 60; AG Schorndorf FamRZ 1992, 568, 569 – Betreuung durch Seelsorger –; *Palandt/Brudermüller* RdNr. 5.

166 BGH FamRZ 1981, 1161; OLG Hamm FamRZ 1990, 60; OLG Schleswig MDR 2006, 874 = FK [*Büte*] 2006, 122.

167 BVerfG NJW 2001, 2874.

168 OLG Brandenburg FamRZ 2007, 1888, 1889; OLG Hamm FamRZ 1990, 60, 61 = NJW-RR 1990, 965; OLG Stuttgart NJW-RR 1992, 1093; *Dörr* NJW 1991, 77; *Ramm* JZ 1986, 164; *Staudinger/Rauscher* (2004) RdNr. 111.

liert.[169] Anderes gilt jedoch, wenn eine schwere Suchtkrankheit zum Wegfall der Steuerungsfähigkeit führt und eine gravierende Verschlechterung infolge der Scheidung zu erwarten ist.[170]

48 **d) Krankheit eines Kindes.** Die Krankheit oder Behinderung eines Kindes, auch eines erwachsenen Kindes, kann einen außergewöhnlichen Umstand begründen.[171] Nicht entscheidend ist dabei, dass ein krankes Kind des besonderen Einsatzes beider Eltern bedarf, denn diese Unterstützung bekommt das Kind auch dann nicht, wenn der Scheidungsantrag abgewiesen wird.[172] Bei dem Elternteil, der das Kind betreut, kann jedoch hierdurch eine solche Belastung entstehen, dass die zusätzliche Belastung mit dem Scheidungsausspruch nicht vertretbar erscheint.[173] Allein die Tatsache, dass der Antragsgegner sich um die gemeinsamen minderjährigen Kinder kümmern muss, schließt aber die Ehescheidung nicht aus.[174] Dieser Zustand kann auch durch den Tod eines Kindes eintreten,[175] wobei es nicht darauf ankommt, ob das Kind minderjährig war.

49 **7. Schwierige Lebenslagen.** Schwierige Lebenslagen, zB berufliche Krisen oder die Verbüßung einer Freiheitsstrafe sind keine außergewöhnlichen Umstände.[176] Dass ein Ehegatte durch das Ehescheidungsverfahren und die Furcht vor dem Alleinsein belastet wird und nach der Scheidung den Status eines Geschiedenen einnimmt und befürchtet, den Bekanntenkreis zu verlieren, isoliert und dadurch, insbesondere in einer kleinen Gemeinde, im gesellschaftlichen Ansehen gemindert zu werden, führt nicht zur Annahme außergewöhnlicher Umstände.[177] Die Härte, die in der Erkenntnis des wirklichen Zustandes der Ehe liegen kann, wird regelmäßig schon durch das Scheidungsverfahren eingetreten sein. Außerdem kann die bisherige Trennungszeit schon lange genug gewesen sein, sich auf die Situation nach der Scheidung einzustellen.[178]

50 **8. Schweres Verschulden.** Obwohl die Motive es nahe legen, ist die „planmäßige, einseitige und bewusste Zerstörung der Ehe durch einen Ehegatten“[179] kein außergewöhnlicher Umstand, der die Anwendung der Härteklausel rechtfertigt, denn dieses Verhalten ist nicht selten oder ungewöhnlich, auch dann nicht, wenn eine außereheliche Beziehung in dem Bewusstsein, dass die Ehe dadurch zerstört wird, aufrechterhalten wurde.[180] Das Ehescheidungsrecht der §§ 1564 ff. basiert auf der Vorstellung, dass idR nicht festgestellt werden kann, ob ein Ehegatte und welcher die Ursachen für das Scheitern der Ehe gesetzt hat. Schuldhaftes Verhalten eines Ehegatten gegen den anderen kann jedoch von Bedeutung sein, wenn ein Ehegatte zB gegen den anderen eine schwere Straftat begangen hat – wobei dahinstehen kann, ob sie Ursache oder Folge der Zerrüttung ist –, insbesondere wenn der Ehegatte nach einem Mordversuch schwer verletzt im Krankenhaus liegt.[181]

---

[169] OLG Düsseldorf FamRZ 1978, 36; OLG Schleswig NJW 1978, 53; OLG Köln NJW 1982, 2262 = FamRZ 1981, 959, 960; *Görgens* FamRZ 1978, 647; *Staudinger/Rauscher* (2004) RdNr. 112.

[170] *Staudinger/Rauscher* (2004) RdNr. 112 f.

[171] OLG Hamm FamRZ 1985, 189; *Soergel/Heintzmann* RdNr. 22; aA OLG Celle FamRZ 1978, 509.

[172] OLG Celle FamRZ 1978, 508; vgl. jedoch DiskE S. 63.

[173] KG NJW-RR 2001, 1658; *Staudinger/Rauscher* (2004) RdNr. 115.

[174] OLG Bamberg FamRZ 2006, 810.

[175] BGH NJW 1979, 1042; OLG Koblenz NJW 1978, 54; vgl. auch OLG Hamm FamRZ 1985, 189; *Johannsen/Henrich/Jaeger* RdNr. 26; RGRK/*Graßhof* RdNr. 13; *Soergel/Heintzmann* RdNr. 8.

[176] *Gernhuber/Coester-Waltjen* § 27 RdNr. 61; vgl. auch AG Schorndorf FamRZ 1992, 568, 569.

[177] OLG Brandenburg FamRZ 2007, 1888, 1889; OLG Düsseldorf FamRZ 1978, 36; 1980, 146; OLG Nürnberg FamRZ 1979, 818; OLG Hamm FamRZ 1977, 802; dazu *Görgens* FamRZ 1978, 647; RGRK/*Graßhof* RdNr. 23; *Soergel/Heintzmann* RdNr. 39; aA *Schwab* (Handbuch) II RdNr. 131.

[178] OLG Schleswig FamRZ 1977, 802, 804.

[179] Entwurf 73 S. 116; DiskE S. 63; Eherechtskommission Bericht I S. 50.

[180] BGH NJW 1981, 2808 = FamRZ 1981, 1161; OLG Düsseldorf FamRZ 1980, 146; *Gernhuber/Coester-Waltjen* § 27 RdNr. 61; *Johannsen/Henrich/Jaeger* RdNr. 29; RGRK/*Graßhof* RdNr. 13; aA *Ambrock* FamRZ 1978, 318; *Diederichsen* NJW 1977, 278; *Soergel/Heintzmann* RdNr. 32 – anders RdNr. 37; vgl. auch OLG Hamm FamRZ 1989, 1188, 1189.

[181] *Gernhuber/Coester-Waltjen* § 27 RdNr. 61 Fn. 105 zweifelt, ob der verletzte Ehegatte dann das Empfinden besonderer Härte bei der Scheidung hätte.

9. Ausweisung. Die Aufenthaltserlaubnis eines ausländischen Ehegatten ist nicht nur an die Ehe, sondern auch an die Existenz einer familiären Lebensgemeinschaft gekoppelt, die in der Regel eine häusliche Gemeinschaft voraussetzt. Die Aufenthaltserlaubnis entfällt damit schon mit der Trennung.[182] Notwendige wirtschaftliche Veränderungen durch die Ausweisung sind kein Härtegrund.[183] Ein Härtegrund ist generell zu verneinen, wenn die Ehe vor allem geschlossen wurde, um die Aufenthaltserlaubnis zu erhalten. Das Eheschließungsrecht sieht in §§ 1310 Abs. 1, 1314 Abs. 2 Nr. 5 für diese Fälle ein Eheverbot und die Aufhebung der Ehe auf Antrag einer Behörde vor.[184] 51

10. Wirtschaftliche Umstände. a) Ausspruch der Scheidung. Im VA wurde der von der BReg. vorgeschlagene, vom BTag beschlossene und von der Mehrheit im BRat[185] und der CDU/CSU-Opposition im BTag bekämpfte Satz: „Wirtschaftliche Härten bleiben außer Betracht" gestrichen.[186] Es ist nicht zweifelhaft, dass einem Ehegatten als Folge der Scheidung wirtschaftliche Nachteile entstehen können.[187] Dies wird sogar die Regel sein. Im engen Mechanismus der Härteklausel können sie außergewöhnliche Umstände sein und zu schweren Härten führen.[188] Berücksichtigt werden können wirtschaftliche Veränderungen nur, wenn sie durch den Ausspruch der Scheidung und nicht durch die Trennung eintreten[189] und auf außergewöhnlichen, von den normalen Gegebenheiten abweichenden Umständen beruhen (vgl. RdNr. 35, 40).[190] Ob wirtschaftliche Veränderungen, die durch die Scheidung eintreten, je außergewöhnliche, also nicht in vielen Scheidungen auftretende Umstände sind, ist zweifelhaft.[191] Eine Entscheidung, in der allein wirtschaftliche Folgen der Scheidung zur Anwendung der Härteklausel führten, ist bisher nicht veröffentlicht worden.[192] Einigkeit besteht wohl darin, dass **gewöhnliche Scheidungsfolgen,** die durch das Scheidungsfolgenrecht geregelt werden, keine außergewöhnlichen Umstände sind.[193] Gelangt der Antragsteller durch die Verbindung mit einem anderen Partner in bessere wirtschaftliche Verhältnisse, ist dies für den anderen Ehegatten, der auf die Scheidungsfolgenregelung angewiesen bleibt, kein Härtegrund.[194] Vielfach haben Veränderungen der Lebensverhältnisse, die meist schon durch die erforderliche Trennung eintreten, wirtschaft- 52

---

182 OLG Nürnberg FamRZ 1996, 35f.; OLG Köln FamRZ 1998, 827; 1996, 997; OLG Karlsruhe FamRZ 1990, 631 = NJW-RR 1990, 1476, 1477; *A. Wolf* FamRZ 1998, 1477, 1485; *Johannsen/Henrich/Jaeger* RdNr. 30, 42; *Schwab* (Handbuch) II RdNr. 133; PWW/*Weinreich* RdNr. 10.

183 OLG Köln FamRZ 1998, 827, 829; OLG Karlsruhe FamRZ 1990, 630; Ein Härtegrund soll auch nicht vorliegen, wenn der ausländische Ehegatte durch die Ausweisung den Kontakt zu einem geliebten Kleinkind verlieren würde, vgl. OLG Köln aaO S. 829f., zumal die Entscheidung der Ausländerbehörde zur Versagung der Aufenthaltserlaubnis nicht durch die Scheidung der Ehe, sondern schon durch die Trennung der Ehegatten ausgelöst wird; vgl. OLG Köln FamRZ 1995, 997; *Schwab* (Handbuch) II RdNr. 133; *Staudinger/Rauscher* (2004) RdNr. 140; *Erman/Maier* RdNr. 14.

184 Vgl. *A. Wolf* FamRZ 1998, 1477ff.

185 Entwurf 71 S. 142; Entwurf 73 S. 261; DiskE S. 64 bis 67; BT-Drucks. 7/4361, S. 13.

186 Der Wert einer wirtschaftlichen Härteklausel war auch in der Lit. umstritten, vgl. Dt. Familiengerichtstag NJW 1982, 152.

187 *Nolte,* Sitzungsbericht zum 48. DJT, S. M 50; *Bosch* FamRZ 1971, 57, 65.

188 BGH NJW 1981, 2516; 1984, 2353 = FamRZ 1984, 559; FamRZ 1985, 912; OLG Düsseldorf FamRZ 1978, 36; FamRZ 1980, 780; *Görgens* FamRZ 1978, 647; *Schwab* (Handbuch) II RdNr. 118.

189 OLG Nürnberg FamRZ 1996, 35; OLG Karlsruhe FamRZ 1990, 631; *Schwab* (Handbuch) II S. 483; vgl. RdNr. 39.

190 OLG Hamm FamRZ 1989, 1188, 1190.

191 *Staudinger/Rauscher* (2004) RdNr. 99; RGRK/*Graßhof* RdNr. 15.

192 Die Entscheidung OLG Hamm FamRZ 1989, 1189 betrifft nur am Rande die wirtschaftlichen Nachteile, im Kern geht es um die Position im Betrieb des Ehegatten, vgl. *Johannsen/Henrich/Jaeger* RdNr. 28; *Staudinger/Rauscher* (2004) RdNr. 99; aA *Schwab* (Handbuch) II RdNr. 117, der nicht wirtschaftliche Nachteile, sondern die Vertreibung aus dem sozialen Umfeld in den Mittelpunkt stellt.

193 BGH NJW 1984, 2353 = FamRZ 1984, 559; OLG Köln FamRZ 1998, 827, 829; 1995, 997; OLG Düsseldorf FamRZ 1978, 36; *Ambrock* FamRZ 1978, 318; *Görgens* FamRZ 1978, 647; *Staudinger/Rauscher* (2004) RdNr. 95; *Johannsen/Henrich/Jaeger* RdNr. 30; RGRK/*Graßhof* RdNr. 15; gegen die Berücksichtigung materieller Härten 4. DFGT NJW 1982, 152.

194 *Soergel/Heintzmann* RdNr. 33; aA anscheinend OLG Hamm FamRZ 1985, 189, 191, in der Entscheidung standen die Lasten für den behinderten Sohn im Vordergrund.

liche Folgen und gravierende soziale Auswirkungen. So fällt die Miete für die zweite Wohnung an oder das vertraute Umfeld muss verlassen werden, die wirtschaftlich gute Position im Gewerbebetrieb des Ehegatten geht verloren und die sozial herausgehobene Stellung als Ehegatte des Inhabers entfällt. In diesen Fällen kann die Verbindung wirtschaftlicher und immaterieller Folgen nicht als außergewöhnlicher Umstand qualifiziert werden.[195] In der Regel ist eine Ehe mit einer Lebenshaltung verbunden, die ohne die eheliche Gemeinschaft nicht gelebt werden kann. Sie wird durch die Trennung beendet, nicht durch die Scheidung. Würde man in diesen Fällen die Scheidung aus der Härteklausel versagen, könnten Ehen zusammenarbeitender Freiberufler und Ehen, in denen ein Ehegatte an der wirtschaftlichen oder gesellschaftlichen Position des anderen teilnimmt, nicht geschieden werden.

53 **b) Auflösung der häuslichen Gemeinschaft.** Die Auflösung der häuslichen Gemeinschaft verschlechtert die wirtschaftliche Lage der Ehegatten unmittelbar, weil zwei Wohnungen und zwei Haushalte zu führen sind; der Unterhaltsanspruch und die Arbeitspflicht regeln sich dann nach § 1361. Diese Veränderungen entstehen durch die Trennung und nicht durch die Scheidung der Ehe.[196] Mit einer langjährigen Wohnung entsteht ein Umfeld, das einem Ehegatten über die Wohnungszuweisung unter Vermeidung von Härten erhalten werden kann. Wenn ein Ehegatte Wohnung und Umfeld verlassen muss, ist dies die Folge des Zerbrechens der Ehe und der Trennung.[197]

54 **c) Kein Unterhaltsanspruch, Sozialleistungen.** Die Umstellung vom Trennungsunterhalt aus § 1361 auf den Unterhaltsanspruch nach der Scheidung nach §§ 1569 ff. ist Folge jeder Scheidung. Diese kann nicht deshalb verweigert werden, weil die Ansprüche aus §§ 1569 ff. geringer wären als die während Bestehens der Ehe.[198] Hat ein Ehegatte keinen Unterhaltsanspruch nach §§ 1569 ff., insbesondere auch nicht aus § 1576, so kann die Scheidung nicht allein aus diesem Grunde versagt werden. Dem bloßen Interesse an der finanziellen Sicherstellung nach der Scheidung ist im Rahmen des Scheidungsfolgenrechts, etwa bei der Inhaltskontrolle des Unterhaltsansprüche ausschließenden oder begrenzenden Ehevertrags, Rechnung zu tragen; für sich allein kann dieses Interesse die Aufrechterhaltung einer von beiden Ehegatten als gescheitert betrachteten Ehe nicht rechtfertigen.[199] Ein im Gesetz geregelter Tatbestand kann nicht als besonderer Umstand im Sinne der Härteklausel angesehen werden. Würde der Antragsgegner wegen mangelnder Leistungsfähigkeit des Verpflichteten auf **Sozialleistungen** verwiesen, liegt auch darin kein außergewöhnlicher Umstand.[200] Die Sozialhilfe ist Teil der sozialen Sicherung. Wäre deswegen die Scheidung zu versagen, würden gescheiterte Ehen sozial Schwacher unscheidbar.

55 **d) Erwerbstätigkeit nach der Scheidung.** Kein außergewöhnlicher Umstand ist es, wenn ein Ehegatte nach der Scheidung erwerbstätig werden muss, obwohl er es während der Ehe nicht war. Unterhaltsrechtliche Folgen der Scheidung können nicht über die scheidungsrechtliche Härteklausel ausgeglichen werden. Vielmehr ist das Scheidungsfolgenrecht – unter Berücksichtigung des Grundsatzes der Eigenverantwortlichkeit, des Zuschnitts der Ehe und der Belange der Kinder – zu gestalten.[201]

---

195 AA *Schwab* (Handbuch) II RdNr. 131, der allerdings zutreffend darauf hinweist, es handle sich um ein psychosoziales Problem; ob er auch die „Vertreibung" des ehebrecherischen Ehegatten über die Härteklausel verhindern will, darf man fragen; wie im Text *Staudinger/Rauscher* (2004) RdNr. 99, 131 f.; *Johannsen/Henrich/Jaeger* RdNr. 29.

196 DiskE S. 65; Entwurf 73 S. 113; *Rolland* RdNr. 19.

197 BGH FamRZ 1985, 912; 1984, 559, 560; aA und für die Anwendung der Härtefallklausel in diesen Fällen *Schwab* (Handbuch) II RdNr. 131.

198 OLG Düsseldorf FamRZ 1978, 36; *Johannsen/Henrich/Jaeger* RdNr. 30; *Staudinger/Rauscher* (2004) RdNr. 134; Gernhuber/*Coester-Waltjen* § 27 RdNr. 60; RGZ 160, 239.

199 BGH FamRZ 2008, 583.

200 OLG Bamberg FamRZ 2005, 810; *Staudinger/Rauscher* (2004) RdNr. 134.

201 *Staudinger/Rauscher* (2004) RdNr. 135.

e) Neue Eheschließung. Veränderungen in der Leistungsfähigkeit, die durch eine neue Eheschließung eintreten können, bilden keinen außergewöhnlichen Umstand,[202] auch wenn der neue Ehegatte – etwa wegen Kinderbetreuung – dem alten Ehegatten im Hinblick auf dessen nur kurze Ehe im Range vorgeht (§§ 1582, 1609). Dass ein geschiedener unterhaltspflichtiger Ehegatte in einer neuen Ehe weitere Kinder legitimiert, zeugt oder gebiert, die den Unterhaltsanspruch des anderen Ehegatten beeinträchtigen können, ist schon deshalb kein außergewöhnlicher Umstand, weil Kinder, auch wenn sie nichtehelich sind, im Range vorgehen (§ 1609 Nr. 1). Selbst wenn der unterhaltspflichtige Ehegatte in einer neuen Ehe mehr Kinder zeugen würde als in einer nicht legalisierten Verbindung, ergibt sich hieraus kein außergewöhnlicher Umstand, der die Scheidung verhindern könnte.[203] 56

f) Veräußerung eines gemeinsamen Hauses. Die Vermögensauseinandersetzung führt nicht selten dazu, dass ein bisher gemeinsames Haus veräußert werden muss und der Antragsgegner es zu räumen hat. Dieses ist eine übliche und keine außergewöhnliche Folge der Scheidung.[204] 57

g) Auseinandersetzung eines gemeinsamen Gewerbebetriebes. Die Auseinandersetzung eines gemeinsamen Gewerbebetriebes oder das Ausscheiden eines Ehegatten aus dem Gewerbebetrieb des anderen[205] kann zu Härten führen, ist jedoch die übliche Folge des Scheiterns einer solchen Ehe und idR nicht nur der Scheidung. Die Härteklausel ist allenfalls geeignet, den Eintritt dieser Folgen zur Unzeit zu verhindern.[206] Der Ausgleich ist im Arbeitsrecht oder im Auseinandersetzungsrecht der gewählten Gewerbeform zu suchen. Auch der Zugewinnausgleich kann ein Gleichgewicht herstellen. Verbleibende Unausgewogenheiten sind oft Folge des gewählten Güterstandes oder der Tatsache, dass unbenannte Zuwendungen grundsätzlich nicht ausgeglichen werden.[207] Eine Korrektur durch die Anwendung der Härteklausel wäre systemfremd.[208] 58

h) Krankenversicherungsschutz, Witwenrente, Versorgungsausgleich. Veränderung im Krankenversicherungsschutz, insbesondere der Wegfall des Beihilfeanspruchs, dürfen nicht durch Aufrechterhaltung der Ehe vermieden werden.[209] Der Wegfall der Witwenrente und der Geschiedenen-Witwenrente nach der Scheidung[210] ist die übliche Folge einer Scheidung,[211] ebenso Schwierigkeiten beim schuldrechtlichen Versorgungsausgleich einer betrieblichen Altersversorgung,[212] weil immer Ehen eines ähnlichen Zuschnitts zu vergleichen sind. Die Härteklausel ist auch nicht dafür vorgesehen, eine günstige Regelung beim Versorgungsausgleich zu erreichen.[213] Dies gilt auch, wenn der Ehegatte wegen der Betreuung eines schwerstbehinderten Kindes an der Ausweitung der Berufstätigkeit gehindert 59

---

[202] OLG Düsseldorf FamRZ 1978, 36; *Görgens* FamRZ 1978, 647; *Staudinger/Rauscher* (2004) RdNr. 134.

[203] *Staudinger/Rauscher* (2004) RdNr. 134.

[204] BGH NJW 1984, 2353 = FamRZ 1984, 559; NJW 1985, 2531; OLG Hamm FamRZ 1989, 1188, 1189 f.; *Johannsen/Henrich/Jaeger* RdNr. 30; *Staudinger/Rauscher* (2004) RdNr. 138; krit. *Schwab* (Handbuch) II RdNr. 131.

[205] OLG Hamm FamRZ 1989, 1189; vgl. *Schwab* FamRZ 1976, 491, 495; *ders.* (Handbuch) II RdNr. 131; *Johannsen/Henrich/Jaeger* RdNr. 30; *Staudinger/Rauscher* (2004) RdNr. 99, 139.

[206] *Staudinger/Rauscher* (2004) RdNr. 100; *Gernhuber/Coester-Waltjen* § 27 RdNr. 55; *Schwab* (Handbuch) II RdNr. 97 ff., 118 will in diesen Fällen zu Unrecht die Härteklausel anwenden, um die durch die Ehe begründete Lebensstellung zu schützen.

[207] BGHZ 116, 178.

[208] *Staudinger/Rauscher* (2004) RdNr. 95 bis 97, 134, 138.

[209] BGH NJW 1981, 2516 = FamRZ 1981, 649; *Palandt/Brudermüller* RdNr. 6; *Soergel/Heintzmann* RdNr. 40; *Johannsen/Henrich/Jaeger* RdNr. 30; *Staudinger/Rauscher* (2004) RdNr. 136; *Schwab* (Handbuch) II RdNr. 118.

[210] BGH FamRZ 1985, 912 ff. = NJW 1985, 2713; OLG Düsseldorf FamRZ 1980, 780; *Johannsen/Henrich/Jaeger* RdNr. 30; krit. *Soergel/Heintzmann* RdNr. 40; *Schwab* (Handbuch) II RdNr. 118, weil die soziale Katastrophe zu berücksichtigen sei.

[211] OLG Düsseldorf FamRZ 1980, 780; RGRK/*Graßhof* RdNr. 17.

[212] BGH FamRZ 1985, 912 = NJW 1985, 2713; *Johannsen/Henrich/Jaeger* RdNr. 30; *Staudinger/Rauscher* (2004) RdNr 136 f.; RGRK/*Graßhof* RdNr. 17; *Soergel/Heintzmann* RdNr. 40; vgl. jedoch OLG Hamm FamRZ 1985, 191; OLG Düsseldorf FamRZ 1980, 780.

[213] OLG Karlsruhe FamRZ 1989, 1304.

ist.[214] Der Ehegatte kann auch den Ausschluss des Versorgungsausgleichs durch Ehevertrag (§ 1408 Abs. 2) nicht als außergewöhnlichen Umstand geltend machen.

60 **i) Verlust des Erb- und Pflichtteilrechts.** Der Verlust des Erb- und Pflichtteilrechts durch die Scheidung, ebenso des erbvertraglich oder testamentarisch festgelegten Anspruchs (§§ 2077 Abs. 1, 2268 Abs. 1, 2279 Abs. 1, 2), ist die regelmäßige Folge der Scheidung, also kein außergewöhnlicher Umstand.[215]

61 **j) Zugewinnausgleich, Versorgungsausgleich.** Verpflichtungen aus dem Zugewinnausgleich oder zur Abtretung von Versorgungsanteilen an den die Scheidung begehrenden Ehegatten sind gesetzlich geregelte Folgen der Scheidung und können die Anwendung der Härteklausel nicht rechtfertigen.[216]

III. Schwere Härten

62 **1. Grundsatz.** Das Zerbrechen einer Ehe und ihre Scheidung werden idR eine Härte sein, weil beide Ehegatten die Ehe als auf Dauer angelegte Gemeinschaft begründet haben. Diese Härte hat jeder Ehegatte zu ertragen. Die Scheidung einer zerstörten Ehe darf nur dann verschoben werden, wenn in dem alsbaldigen **Ausspruch der Scheidung selbst** eine schwere, unzumutbare Härte liegen würde, also eine Härte, die über das übliche Maß hinausgeht.[217] Diese Härte muss durch den Scheidungsausspruch selbst verursacht oder wesentlich mit verursacht werden; eine schon durch das Scheitern der Ehe verursachte Härte genügt nicht.[218] Auch die Härten des Scheidungsverfahrens selbst, die durch die Abweisung des Antrags nicht mehr ungeschehen werden, muss jeder Ehegatte tragen.

63 **2. Schwere Härte nur auf Grund außergewöhnlicher Umstände.** Eine schwere seelische Beeinträchtigung oder das Gefühl tiefer Kränkung kann zu einer schweren, unzumutbaren Härte auch dann führen, wenn mit der Scheidung keine außergewöhnlichen Umstände verbunden sind. Doch reicht dies für die Anwendung der Härteklausel nicht aus. Der Gesetzgeber hat sich gegen eine Generalklausel zur Vermeidung schwerer Härten entschieden, sondern nur solche Härten für schützenswert gehalten, die auf außergewöhnlichen Umständen beruhen.[219] Damit führt ein Großteil schwerer Härten, die in höchster seelischer Beeinträchtigung und im Gefühl der Kränkung liegen, nicht zur Anwendung der Härteklausel,[220] insbes. dann nicht, wenn solche Gefühle durch seelische Erkrankungen bedingt sind (vgl. RdNr. 46).[221] Sind **außergewöhnliche Umstände** festgestellt, werden jedoch auch andere Faktoren berücksichtigt, die nicht eng mit diesen Umständen verbunden sind, die aber zur Annahme einer ungewöhnlichen Härte führen können, zB die Einstellung zur Ehe, die Bindung an sie, die unbegründete Hoffnung auf ihren Fortbestand.[222]

---

[214] KG NJW-RR 2001, 1658; PWW/*Weinreich* RdNr. 11.

[215] Entwurf 73 S. 118; vgl. jedoch *Bosch* FamRZ 1971, 57, 65.

[216] *Johannsen/Henrich/Jaeger* RdNr. 30.

[217] BGH NJW 1979, 1042; 1981, 2516; OLG Hamm FamRZ 1985, 189; KG FamRZ 1983, 1133, 1135; OLG Koblenz NJW 1978, 54; AG Schorndorf FamRZ 1992, 568, 569; *Schwab* FamRZ 1976, 491, 505; *Johannsen/Henrich/Jaeger* RdNr. 25; *Gernhuber/Coester-Waltjen* § 27 RdNr. 60; zur außergewöhnlichen Härte in § 47 S. 2 EheG BGH LM EheG § 47 Nr. 4.

[218] BGH NJW 1979, 1042; 1981, 2808; OLG Köln NJW 1982, 2262; OLG Schleswig FamRZ 1977, 802; OLG Koblenz FamRZ 1977, 791; OLG Düsseldorf FamRZ 1978, 36; OLG Nürnberg FamRZ 1979, 819; *Staudinger/Rauscher* (2004) RdNr. 87; RGRK/*Graßhof* RdNr. 22; aA *Schwab* FamRZ 1976, 491, 505.

[219] BGH NJW 1981, 2208; FamRZ 1979, 422; *Johannsen/Henrich/Jaeger* RdNr. RdNr. 19; *Gernhuber/Coester-Waltjen* § 27 RdNr. 60; *Staudinger/Rauscher* (2004) RdNr. 144; aA *Schwab* (Handbuch) II RdNr. 119 ff.; die Ansicht des BRates: „Es liegt in der Natur der Härteklausel, dass sie nicht auf den Herkunftsbereich der Härte abstellen kann, sondern von der auf den Betroffenen zukommenden Wirkung ausgehen muss." – Entwurf 73 S. 261 – ist nicht Gesetz geworden.

[220] Diese Begrenzung der Härteklausel verstößt nicht gegen das GG, vgl. BVerfGE 53, 224, 251 = NJW 1980, 689.

[221] BGH NJW 1981, 2808.

[222] BGH NJW 1979, 1042; *Staudinger/Rauscher* (2004) RdNr. 145.

3. Subjektives Empfinden schwerer Härte. Im Merkmal der schweren Härte zeigt sich das subjektive Element der Härteklausel,[223] während die außergewöhnlichen Umstände, auf die sie zurückzuführen sind, nach objektiven Kriterien zu bestimmen sind. Ob der Ehegatte die Scheidung der Ehe als schwere Härte empfinden würde, ist nach seiner subjektiven **Erlebnis- und Empfindungsfähigkeit** zu beurteilen, nach seiner körperlichen, geistigen und seelischen Veranlagung und Verfassung sowie nach seinen Empfindungen, also nach der Persönlichkeit des Ehegatten und seiner konkreten Situation.[224] In das Gefühl eines Ehegatten, eine schwere Härte zu erleiden, wenn die Ehe geschieden würde, können alle auch nicht von der Allgemeinheit anerkannten Vorstellungen einfließen. Gerade hierin zeigt sich das **subjektive Element der Härteklausel.** Ihre Begrenzung liegt nicht darin, dass das Empfinden der schweren Härte an einen objektiven Maßstab, zB an die Wertung eines durchschnittlich empfindenden Menschen in dieser Situation anknüpft, sondern darin, dass das Empfinden des Ehegatten nur beachtlich wird, wenn es auf außergewöhnlichen Umständen beruht.[225] Deshalb kann eine schwere Härte, die auf außergewöhnlichen Umständen beruht, beachtlich sein, wenn sie für einen Ehegatten aufgrund seiner Einstellung zur Ehe,[226] seines religiösen[227] und sittlichen Empfindens, seines Gerechtigkeitsgefühls entstanden ist. Diese Auslegung führt nicht dazu, dass weltanschauliche Vorstellungen zur Anwendung der Härteklausel führen, weil in diesen Fällen idR keine außergewöhnlichen Umstände vorliegen (vgl. RdNr. 40). Der BGH berücksichtigt folgerichtig auch eine Härte, die an einen Irrtum über das Scheitern der Ehe anknüpft.[228] Das Gesetz kann auch nicht bestimmen, dass ein Ehegatte nicht durch die Scheidung einer Ehe schwer betroffen sein darf, nur weil sie aus ihm zurechenbaren Gründen gescheitert ist,[229] oder weil er die Trennung selbst herbeigeführt hat.[230] Die Härteklausel wird deshalb eher für den labilen, empfindsamen Ehegatten wirksam werden; außergewöhnliche Umstände sind nicht bedeutsam, wenn sie der Ehegatte nicht als schwere Härte empfindet.[231] Das Empfinden der Härte kann im Laufe der Zeit abflachen, es kann aber auch weiter bestehen.[232] Dann wird die Scheidung der gescheiterten Ehe erst möglich, wenn, bedingt durch den Zeitablauf, die Belange des Antragstellers überwiegen. Die Härteklausel soll nicht dazu führen, die Scheidung einer gescheiterten Ehe auf Dauer zu versagen.[233] Auf das Empfinden des Richters kommt es nicht an, denn er erleidet die Härte nicht. Es geht um die Feststellung einer Tatsache, nämlich der, ob der Ehegatte die Scheidung als schwere Härte empfindet. Die Gefahr, dass das Empfinden schwerer Härte nur vorgespiegelt wird, ist eingeschränkt durch die Notwendigkeit, konkrete, die Härte begründende Tatsachen vorzutragen.[234] Eine tatsächliche Ver- 64

---

[223] BGH NJW 1979, 1042; *Soergel/Heintzmann* RdNr. 41; *Staudinger/Rauscher* (2004) RdNr. 142.

[224] BGH NJW 1979, 1042; 1981, 2808 = FamRZ 1981, 1161; AG Schorndorf FamRZ 1992, 568, 569; Entwurf 73 S. 116; Eherechtskommission Bericht I S. 49; *Schwab* FamRZ 1976, 491, 505; *ders.* (Handbuch) II RdNr. 117; *Johannsen/Henrich/Jaeger* RdNr. 32; RGRK/*Graßhof* RdNr. 21; *Staudinger/Rauscher* (2004) RdNr. 143; *Soergel/Heintzmann* RdNr. 42.

[225] So deutlich die Begründung zu § 1568 im Entwurf 73 S. 116.

[226] BGH NJW 1979, 1042; RGRK/*Graßhof* RdNr. 24.

[227] Dieser Gesichtspunkt wird von der Mehrheit der Eherechtskommission ausdrücklich ausgeschlossen, Bericht I S. 50; vgl. auch die Meinungen zur formal religiösen Bindung an die Ehe nach § 48 Abs. 2 EheG, zB BGH FamRZ 1961, 68.

[228] BGH NJW 1979, 1042.

[229] So jedoch OLG Köln NJW 1982, 2262; zu verneinen waren jedoch außergewöhnliche Umstände; wie im Text *Staudinger/Rauscher* (2004) RdNr. 145.

[230] KG FamRZ 1983, 1133, 1135; vgl. *Soergel/Heintzmann* RdNr. 53, 54.

[231] OLG Celle FamRZ 1998, 509; *Gernhuber/Coester-Waltjen* § 27 RdNr. 64; *Staudinger/Rauscher* (2004) RdNr. 143.

[232] *Gernhuber/Coester-Waltjen* § 27 RdNr. 65.

[233] OLG Hamm FamRZ 1985, 191; *Scheld* FamRZ 1982, 6; *Schwab* FamRZ 1984, 1172; *Soergel/Heintzmann* RdNr. 54.

[234] Abstrakte Behauptungen, der Antragsgegner empfände die Scheidung als schwere Härte oder werde seelisch schwer getroffen, genügen nicht, sind auch kein Anlass zur Parteivernehmung, BGH LM Nr. 3 = NJW 1981, 2516; *Bosch* FamRZ 1982, 294; *Johannsen/Henrich/Jaeger* RdNr. 34; *Staudinger/Rauscher* (2004) RdNr. 146, 170.

mutung, dass außergewöhnliche Umstände zu einer schweren Härte für den Antragsgegner führen, besteht nicht.[235]

65 Eine schwere Härte scheidet aus, wenn ein Ehegatte wegen **Geisteskrankheit**[236] oder aus sonstigen Gründen eine Härte nicht empfinden kann. Andererseits ist eine wesens- oder krankheitsbedingte Überempfindlichkeit zu beachten.

IV. Berücksichtigung der Belange des Antragstellers

66 **1. Abwägung.** Schon bei der Härteklausel des § 47 EheG waren die Belange beider Parteien gegeneinander abzuwägen.[237] Diesen Gedanken verwendet das Gesetz erneut, weil bei einem nicht mehr auf das Verschulden abstellenden Recht nach Möglichkeit auch schwere Härten für den Antragsteller vermieden werden sollen.[238]

67 **2. Wichtige Belange des Antragstellers.** Die Belange des Antragstellers werden im Gesetz nicht näher bestimmt.[239] Sie können auch nur ansatzweise über die Gesichtspunkte ermittelt werden, die bei der Härte für den Antragsgegner zu berücksichtigen sind. In Umkehrung der Härteklausel zugunsten des Antragsgegners sind Belange des Antragstellers zu berücksichtigen, die geeignet sind, die nur durch gravierende Besonderheiten zu rechtfertigende Anwendung der Härteklausel beiseite zuschieben.[240] Die Bestimmung grenzt die berücksichtigungsfähigen Belange des Antragstellers nicht auf außergewöhnliche Umstände ein; auch weniger schwerwiegende Belange können die schwere Härte auf Seiten des Antragsgegners im Einzelfall ausgleichen.[241]

68 So wie die Härteklausel zugunsten des Antragsgegners nur eingreift, wenn ihm der Ausspruch der Scheidung selbst, nicht das Scheitern der Ehe oder die Trennung der Ehegatten, unverhältnismäßig stark schaden würde, sind Belange des Antragstellers nur zu berücksichtigen, wenn die **Scheidung seine Lage verbessern** würde. Günstigere Positionen, die schon durch die Trennung entstehen, bleiben außer Betracht. Allein darauf abzustellen, welche Vorteile eine neue Ehe für den Antragsteller hätte, erscheint jedoch zu eng.[242] Es kann ausnahmsweise das Interesse in Betracht kommen, nicht mehr verheiratet zu sein, zB um einer nichtehelichen Lebensgemeinschaft den Makel zu nehmen, noch anderweitig verheiratet zu sein.[243] Wenn Gründe in der Person des anderen Ehegatten das Verheiratetsein zur Härte machen, also die Erwägungen aus § 1565 Abs. 2 in Betracht kommen, wird schon die Berufung auf die Härteklausel kaum erfolgreich sein (vgl. für das Gefühl der Härte jedoch RdNr. 64),[244] eine Abwägung mit den Belangen des Antragstellers deshalb nicht praktisch werden. Es ist jedoch zu vermeiden, Verschulden gegeneinander abzuwägen, wie es die Vorschrift des § 48 EheG verlangt hatte. Es kommen Fälle in Betracht, in denen wegen übersteigerter Empfindsamkeit des Antragstellers die Gefahr besteht, dass er **Selbstmord** begeht,[245]

---

[235] So auch *Staudinger/Rauscher* (2004) RdNr. 146.

[236] *Staudinger/Rauscher* (2004) RdNr. 147; *Soergel/Heintzmann* RdNr. 46; so schon zu §§ 45, 47 EheG BGHZ 40, 247; 1, 262, 265 = NJW 1951, 438; aA *Rolland* RdNr. 10; vgl. jedoch auch OLG Hamm FamRZ 1957, 263; zum Empfinden des Scheiterns vgl. § 1565 RdNr. 30.

[237] RGZ 160, 300, 304; RGZ 166, 344, 347; BGHZ 1, 262, 266 = NJW 1951, 438; FamRZ 1964, 28, 32.

[238] Eherechtskommission Bericht I S. 49; DiskE § 5 Abs. 2 S. 67; Entwurf 73 S. 117.

[239] Vgl. die Kritik bei *Gernhuber/Coester-Waltjen* § 27 RdNr. 66; *Rolland* RdNr. 16.

[240] *Johannsen/Henrich/Jaeger* RdNr. 36; *Staudinger/Rauscher* (2004) RdNr. 152.

[241] *Staudinger/Rauscher* (2004) RdNr. 152; *Johannsen/Henrich/Jaeger* RdNr. 36; *Gernhuber/Coester-Waltjen* § 27 RdNr. 68.

[242] So jedoch KG FamRZ 1983, 1133, 1135; wie im Text *Gernhuber/Coester-Waltjen* § 27 RdNr. 69; *Johannsen/Henrich/Jaeger* RdNr. 36; *Staudinger/Rauscher* (2004) RdNr. 154.

[243] AA KG FamRZ 1983, 1135; OLG Hamm NJW-RR 1989, 1159; wie im Text *Johannsen/Henrich/Jaeger* RdNr. 36; *Staudinger/Rauscher* (2004) RdNr. 154 f.

[244] OLG Köln NJW 1982, 2262 = FamRZ 1981, 959; *Soergel/Heintzmann* RdNr. 23, 53; vgl. auch *Rolland* RdNr. 20; für Fälle übersteigerter Sensibilität beim Antragsteller vgl. *Gernhuber/Coester-Waltjen* § 27 RdNr. 69.

[245] KG FamRZ 1983, 1135; *Soergel/Heintzmann* RdNr. 53; *Staudinger/Rauscher* (2004) RdNr. 160; auch die lebensbedrohende Verschlimmerung einer Krankheit kommt in Betracht; vgl. *Johannsen/Henrich/Jaeger* RdNr. 36 und OLG Hamm NJW-RR 1989, 1159.

zumal die Schranke der besonderen Umstände fehlt. Die Belange des Antragstellers bleiben nicht deshalb völlig außer Betracht, weil er die Ehe planmäßig zerstört hat[246] oder weil gegen ihn die Scheidung ohne Fristablauf gem. § 1565 Abs. 2 erreichbar gewesen wäre.

Der Wunsch, nicht mehr verheiratet zu sein, oder die Absicht, einen anderen Partner zu heiraten, reichen allein nicht aus, weil sie gegenüber den für die Anwendung der Härteklausel geforderten ganz besonderen Umständen beim Antragsgegner nicht gewichtig genug sind.[247] Die Belange des Antragstellers müssen über die Interessen hinausgehen, die ein Ehegatte üblicherweise an der Scheidung der gescheiterten Ehe hat. Der DiskE stellte als beachtenswerte Belange heraus: Ein aus einer neuen Verbindung zu erwartendes Kind soll schon ehelich geboren werden, ein Kind aus einer solchen Verbindung soll eingeschult, dafür soll die Namensgleichheit hergestellt werden. Ob allerdings das **Interesse, eine neue Verbindung zu legalisieren,** schon dann überwiegt, wenn Kinder aus ihr hervorgegangen sind, ist insbesondere vor dem Hintergrund zweifelhaft, dass mit der rechtlichen Gleichstellung nichtehelicher Kinder durch das Kindschaftsrechtsreformgesetz die drängende Notwendigkeit ihrer Legitimation geschwunden ist[248] und auch wegen ihrer unterhaltsrechtlichen Vorrangstellung gegenüber der geschiedenen Ehefrau (§ 1609 Nr. 1) ein vorrangiges Interesse des Antragstellers an einer alsbaldigen Scheidung nicht gegeben ist. Beachtenswert kann es sein, wenn der Antragsteller pflegebedürftig ist und die Pflege durch eine erneute Ehe sichern kann,[249] wenn er aus anderen Gründen dringend in geordnete Verhältnisse kommen muss, um seine Arbeitskraft zu erhalten,[250] wenn er nur durch eine neue Eheschließung eine Wohnung, ein Darlehen für den Bau eines Hauses oder sonstige wichtige Vorteile erlangen kann oder wenn er seine Verhältnisse vor einer Auswanderung ordnen will.[251] 69

Wirtschaftliche Umstände können wichtige Belange des Antragstellers sein, zumal sie beim Antragsgegner ebenfalls berücksichtigt werden können. Auch wenn die wirtschaftlichen Veränderungen durch die Scheidung, die das Scheidungsfolgenrecht regelt, als außergewöhnliche Umstände und damit als Härtegrund für den Antragsgegner ausscheiden (vgl. RdNr. 52 bis 61), erscheint es nicht ausgeschlossen, die wirtschaftlichen Seiten des Verheiratetseins, zB geringere Obliegenheit des anderen Ehegatten zur Erwerbstätigkeit, solange die Ehe besteht, Weiterwachsen der Anwartschaft für die Altersversorgung, die später in den Versorgungsausgleich fiele, bei den Belangen des Antragstellers zu werten, weil diese Nachteile durch das Scheidungsfolgenrecht nicht berücksichtigt werden.[252] Sie werden allerdings nur in extremen Ausnahmefällen eine schwere Härte beim Antragsgegner aufwiegen können.[253] 70

3. Bedeutung der Abwägung. Solange die Härteklausel auf fünf Jahre befristet war (vgl. zum Wegfall der Befristung RdNr. 2, 10), waren die Nachteile für den Antragsteller, die durch die Verschiebung der Scheidung bis zum Ablauf der Frist entstehen, mit den Härten der Scheidung für den Antragsgegner abzuwägen. Zu prüfen war dabei insbesondere, ob dem Antragsteller zugemutet werden konnte, bis zum Ablauf der Fünfjahresfrist verheiratet zu bleiben. Eine zeitliche Befristung der Härteklausel findet sich jedoch im geltenden Recht weiterhin darin, dass die Ehe nur **solange** nicht geschieden werden darf, solange die Härte anhält und die Aufrechterhaltung der Ehe geboten erscheint.[254] 71

---

[246] Dieser Gesichtspunkt führt schon nicht zur Anwendung der Härteklausel, vgl. RdNr. 53.

[247] KG FamRZ 1983, 1133, 1135; *Kissel* S. 94; *Gernhuber/Coester-Waltjen* § 27 RdNr. 69; *Staudinger/Rauscher* (2004) RdNr. 154; *Johannsen/Henrich/Jaeger* RdNr. 36.

[248] *Gernhuber/Coester-Waltjen* § 27 RdNr. 69 und Fn. 112; *Staudinger/Rauscher* (2004) RdNr. 157; *Johannsen/Henrich/Jaeger* RdNr. 36; RGRK/*Graßhof* RdNr. 26.

[249] BGH LM EheG § 48 Abs. 2 Nr. 43, 44; *Gernhuber/Coester-Waltjen* § 27 RdNr. 69; RGRK/*Graßhof* RdNr. 26; *Staudinger/Rauscher* (2004) RdNr. 157; *Johannsen/Henrich/Jaeger* RdNr. 36.

[250] Vgl. BGHZ 1, 262, 266 = NJW 1951, 438.

[251] *Rolland* RdNr. 20.

[252] *Staudinger/Rauscher* (2004) RdNr. 163.

[253] *Staudinger/Rauscher* (2004) RdNr. 164; *Rolland* RdNr. 21.

[254] *Staudinger/Rauscher* (2004) RdNr. 167; *Johannsen/Henrich/Jaeger* RdNr. 35 fordert, das Wort „solange" besonders ernst zu nehmen.

72 **Nach dem Wegfall der Fünfjahresfrist** erhält die Abwägung eine neue Qualität. In den Fällen, in denen die immanente zeitliche Befristung der Härteklausel nicht wirksam wird (vgl. RdNr. 2),[255] ist nun die Härte für den Antragsgegner im Falle der Scheidung gegenüber der Härte für den Antragsteller abzuwägen, auf Dauer an eine gescheiterte Ehe gebunden zu bleiben. Überwiegend wird gefordert, die Anforderungen für die Anwendung der Härteklausel mit der Länge der Trennungszeit zu verschärfen.[256] Auch wenn die außergewöhnlichen Umstände weiter bestehen, wird regelmäßig das Härteempfinden im Laufe der Zeit nachlassen. Nach einer Trennungsfrist von mehr als fünf Jahren werden die Belange des Antragstellers größeres Gewicht erhalten (vgl. RdNr. 38).[257] Allerdings kann nicht ohne nähere Prüfung unterstellt werden, außergewöhnliche Umstände und das Empfinden schwerer Härte verlören durch Zeitablauf automatisch und immer ihre Bedeutung. Die Belange des Antragstellers werden aber an Bedeutung zunehmen.[258]

V. Verfahrensfragen zur Ehegattenschutzklausel

73 **1. Vorrang der Prüfung des Scheiterns der Ehe.** Ob die Härteklausel zugunsten eines Ehegatten zur Abweisung des Scheidungsantrages führt, kann immer nur für eine gescheiterte Ehe beurteilt werden. Der Zustand der Ehe ist so eng mit außergewöhnlichen Umständen und schweren Härten verbunden, dass eine isolierte Prüfung, ob der Antrag schon aus der Härteklausel abzuweisen wäre, ausscheidet. Dies hat das Gesetz mit der Formulierung „obwohl sie gescheitert ist" ausdrücklich festgelegt. Das Gericht darf deshalb die Prüfung, ob die Ehe gescheitert ist, nicht unterlassen, weil es den Scheidungsantrag selbst dann aus § 1568 abweisen würde.[259] Die vereinzelte abweichende Meinung[260] verkennt die Aufgabe der Härteklausel im Gefüge der Scheidungstatbestände.[261] Regelmäßig ist eine gescheiterte Ehe zu scheiden. Danach handelt die Praxis. Wer die Härteprüfung für eine Ehe vornimmt, ohne den Zustand dieser Ehe zu kennen, wird gegen die Intention des Gesetzes zur Anwendung der Härteklausel kommen, weil es für den noch möglichen Fall, dass die Ehe nicht gescheitert ist, die Ehe aufrechterhalten will und auch soll. Erst wenn feststeht, dass eine gescheiterte Ehe zu beurteilen ist, wird der Blick frei dafür, welche Konsequenzen die Anwendung der Härteklausel haben würde. Deshalb hat der Gesetzgeber die Reihenfolge der Prüfung ausdrücklich bestimmt. Wird das Scheitern der Ehe nach § 1566 unwiderlegbar vermutet, ist kein Raum, im Rahmen der Härteklausel eine selbstständige Zerrüttungsprüfung vorzunehmen.[262]

74 **2. Einwendung. a) Grundsatz.** Das Gericht hat nach dem ausdrücklichen Hinweis in § 616 Abs. 2 ZPO aF (§ 127 Abs. 2 FamFG) von Amts wegen alle Tatsachen zu berück-

[255] Die Fälle werden selten sein, vgl. jedoch *Ramm* JZ 1986, 164; JZ 1981, 82; zum Gnadenfristcharakter der Härteklausel vgl. *Schwab* FamRZ 1984, 1171, 1174; zwei Richter des BVerfG halten eine Möglichkeit für geboten, eine gescheiterte Ehe bis zum Tode eines Ehegatten unscheidbar zu machen, vgl. BVerfGE 53, 224, 252 = NJW 1980, 689; gegen die Entscheidung des BVerfG *Zeidler*, FS Faller, 1984, S. 145, 160: „Diese Rechtsmeinung des BVerfG ist zu bedauern; ihre Gründe sind nicht überzeugend, sie führt zu einem Systembruch im Scheidungsrecht selbst und wird ‚fortzeugend' neuerliches Unglück hervorbringen".

[256] OLG Schleswig FamRZ 1977, 804; OLG Hamm FamRZ 1985, 191; AG Mainz NJW-RR 1990, 779; *Dörr* NJW 1989, 491; *Johannsen/Henrich/Jaeger* RdNr. 35; *Staudinger/Rauscher* (2004) RdNr. 167 bis 169; *Schwab* (Handbuch) II RdNr. 96, 125.

[257] Auch das BVerfG betont die Aufgabe der Härteklausel, Scheidungen zur Unzeit zu verhindern, vgl. BVerfGE 55, 134, 144 = NJW 1981, 108; vgl. den Gedanken auch bei BGH NJW 1981, 2808, 2809 = FamRZ 1981, 1161; *Schwab* FamRZ 1984, 1172; *Scheld* FamRZ 1982, 6; *Soergel/Heintzmann* RdNr. 54; *Staudinger/Rauscher* (2004) RdNr. 169 nimmt an, in aller Regel werde nach einer fünfjährigen Trennungsdauer die Härteklausel verbraucht sein.

[258] *Staudinger/Rauscher* (2004) RdNr. 169; *Gernhuber/Coester-Waltjen* § 27 RdNr. 66.

[259] *Schwab* FamRZ 1976, 491, 504; *ders.* (Handbuch) II RdNr. 104; *Diederichsen* NJW 1977, 273, 278; RGRK/*Graßhof* RdNr. 37; *Johannsen/Henrich/Jaeger* RdNr. 20; *Staudinger/Rauscher* (2004) RdNr. 26; aA *Rolland* RdNr. 5; *Soergel/Heintzmann* RdNr. 58.

[260] *Rolland* RdNr. 5.

[261] *Staudinger/Rauscher* (2004) RdNr. 26.

[262] AA *Soergel/Heintzmann* RdNr. 52, 18.

sichtigen, die der Aufrechterhaltung der Ehe dienen, auch wenn sie nicht vorgebracht sind. Ohne ausdrückliche Regelung hätte das Gericht alle Voraussetzungen für die Anwendung der Härteklausel von Amts wegen zu prüfen, also ob außergewöhnliche Umstände vorliegen und ob sich aus ihnen eine so schwere Härte ergibt, dass die Aufrechterhaltung der Ehe geboten ist. Von diesem Grundsatz macht **§ 616 Abs. 3 ZPO aF (§ 127 Abs. 3 FamFG)** eine Ausnahme. Außergewöhnliche Umstände können danach nur berücksichtigt werden, wenn der Antragsgegner sie vorgebracht hat. Damit wird der Untersuchungsgrundsatz eingeschränkt, hingegen kein materielles Gestaltungsrecht oder Widerspruchsrecht begründet. Es handelt sich auch nicht um eine Einrede im engeren Sinne, sondern um eine materiell-rechtliche Einwendung, für die der Antragsgegner die notwendigen Tatsachen vortragen muss.[263]

b) Behauptungs- und Beweislast des Antragsgegners für außergewöhnliche Umstände. Außergewöhnliche Umstände, auf die die Härteklausel gestützt wird, können nur berücksichtigt werden, wenn der Ehegatte sie vorbringt. Das Gericht darf nicht von Amts wegen nach Besonderheiten suchen. Ein Ehegatte kann gute Gründe haben, sie nicht vor dem Gericht auszubreiten. Dies ist eine Entsprechung zur Möglichkeit, auf den Vortrag interner Probleme für das Vorliegen des Scheiterns zur verzichten und auf die unwiderlegbaren Vermutungen auszuweichen. Außergewöhnliche Umstände müssen deshalb vom Antragsgegner **substanziiert behauptet**[264] und **bewiesen**[265] werden; die allgemeine Erklärung, er würde von der Scheidung seelisch schwer getroffen[266] oder werde die Scheidung als schwere Härte empfinden, reicht dafür nicht aus.[267] Es wird jedoch nicht verlangt, dass sich ein Ehegatte in einer ausdrücklichen Erklärung auf die Vorschrift des § 1568 beruft.[268] Es genügt, wenn er die Scheidung ablehnt und außergewöhnliche Umstände vorbringt. Die Bewertung obliegt dann dem Gericht. Das Gericht wird dazu regelmäßig die Parteien zu hören haben (§ 613 Abs. 1 ZPO aF).[269] Auch ein Ehegatte, der seinen Scheidungsantrag oder die Zustimmung zur Scheidung wirksam zurückgenommen hat, kann die Härteklausel geltend machen. 75

c) Behauptungs- und Beweislast des Antragsgegners für schwere Härte. § 616 Abs. 3 ZPO aF (§ 127 Abs. 3 FamFG) nimmt seinem Wortlaut nach nur „außergewöhnliche Umstände" von dem Untersuchungsgrundsatz aus, nicht jedoch die anderen auf Fakten zu gründenden Merkmale. Trotzdem wird zutreffend angenommen, dass alle Tatsachen für die Anwendung der Härteklausel, also insbesondere für die schwere Härte, der Parteimaxime unterliegen.[270] Nach dem Wortlaut des § 616 Abs. 3 ZPO aF (§ 127 Abs. 3 FamFG) sind zwar nur die außergewöhnlichen Umstände, nicht die anderen Voraussetzungen der Härteklausel, vom Antragsgegner vorzubringen. Der Zweck der Regelung, nicht von Amts wegen, gegen den Willen der Partei, intime oder sonst private Tatsachen zu ermitteln, verlangt aber keineswegs, nur die außergewöhnlichen Umstände der Parteimaxime zu unterstellen und die anderen Fakten, insbesondere die schwere Härte, von Amts wegen zu ermitteln. Der Ehegatte, der außergewöhnliche Umstände für die Aufrechterhaltung der Ehe vorträgt, wird zugleich auch 76

[263] *Staudinger/Rauscher* (2004) RdNr. 24; *Schwab* (Handbuch) II RdNr. 102; iE auch *Johannsen/Henrich/Jaeger* RdNr. 37; aA *Gernhuber/Coester-Waltjen* § 25 RdNr. 7.

[264] OLG Brandenburg FamRZ 2007, 1888, 1889; OLG Zweibrücken FamRZ 1982, 293, 294; *Erman/Maier* RdNr. 19; *Rauscher* § 21 RdNr. 539.

[265] OLG Karlsruhe FamRZ 2007, 1418, 1419; *Schellhammer,* Familienrecht nach Anspruchsgrundlagen, 4. Aufl. 2006, RdNr. 255; *Erman/Maier* RdNr. 19.

[266] BGH NJW 1981, 2516; NJW 1981, 2809 = FamRZ 1981, 1161; OLG Zweibrücken FamRZ 1982, 293, 294 m. Anm. *Bosch*; RGRK/*Graßhof* RdNr. 35; *Soergel/Heintzmann* RdNr. 28, 56; *Staudinger/Rauscher* (2004) RdNr. 170.

[267] BGH NJW 1981, 2516; NJW 1981, 2808, 2809 = FamRZ 1981, 1161; OLG Zweibrücken FamRZ 1982, 293; *Johannsen/Henrich/Jaeger* RdNr. 37.

[268] *Johannsen/Henrich/Jaeger* RdNr. 37; *Schwab* FamRZ 1976, 491, 504; *Rolland* RdNr. 22.

[269] *Staudinger/Rauscher* (2004) RdNr. 170.

[270] *Johannsen/Henrich/Jaeger* RdNr. 37; *Staudinger/Rauscher* (2004) RdNr. 24, 170; *Schwab* (Handbuch) II RdNr. 102.

die hierdurch begründete schwere Härte, die die Scheidung für ihn bedeuten würde, vortragen, weil sich beide Aspekte oft gar nicht voneinander unterscheiden lassen. Damit wird auch der Schutz der Ehegatten nicht systemwidrig eingeschränkt. Demjenigen, der sich auf die Härteklausel beruft, ist es zuzumuten, sämtliche Tatsachen, die ihre Anwendung rechtfertigen könnten, vorzutragen. Nähme man hiervon das Merkmal der schweren Härte aus, so würde dies gerade dazu führen, dass das Gericht von Amts wegen intime oder private Umstände zu ermitteln hätte.[271]

77 **d) Kein Anwaltszwang.** Die Berufung auf die Härteklausel ist keine Prozesshandlung,[272] sondern ehefreundlicher Sachvortrag und unterliegt als Einwendung gegen die Scheidung nicht dem Anwaltszwang.[273] Das Gericht hat den anwaltlich nicht vertretenen Antragsgegner auf die Möglichkeit, sich auf die Härteklausel zu berufen, hinzuweisen und ihm bei entsprechendem Sachvortrag uU einen RA nach § 625 ZPO aF (§ 138 FamFG) beizuordnen.

78 **e) Darlegungs- und Beweislast des Antragstellers für seine Belange.** Belange des Antragstellers sind nur zu berücksichtigen, wenn er sie vorträgt. Das folgt aus der Beschränkung des Amtsermittlungsprinzips auf eheerhaltende Tatsachen (§ 616 Abs. 2 ZPO aF, § 127 Abs. 2 FamFG). Will das Gericht eine schwere Härte für den Antragsgegner berücksichtigen, wird es dem Antragsteller Gelegenheit geben, sich dazu zu äußern.[274]

79 **f) Härteprüfung in der Revisionsinstanz.** Auch in der Revisionsinstanz kann ein Ehegatte das Gericht auffordern, die Voraussetzungen der Härteklausel zu prüfen.[275] Voraussetzung ist, dass die Tatsachen, die als außergewöhnliche Umstände und schwere Härte in Betracht kommen, in der Tatsacheninstanz festgestellt sind. Das Gericht kann nur prüfen, ob die in der Tatsacheninstanz festgestellten Tatsachen die Anwendung der Härteklausel rechtfertigen. Voraussetzung ist also, dass das Revisionsgericht die Grundlagen für die von Amts wegen zu prüfende Härte und die Notwendigkeit, die Ehe aufrechtzuerhalten, dem vorliegenden Streitstoff entnehmen kann.

80 **g) Abstandnahme von Härteklausel.** Ein Ehegatte kann jederzeit und ohne Anwaltszwang[276] wirksam erklären, dass er schwere Härten nicht mehr geltend mache. Die Erklärung ist auch in der Revisionsinstanz uneingeschränkt wirksam.[277]

81 **3. Zweifel hinsichtlich der tatsächlichen Umstände.** Die **Beweislast** für das Vorliegen der tatsächlichen Umstände, die die Anwendung der Härteklausel rechtfertigen sollen, liegt beim Antragsgegner.[278] Bleibt zweifelhaft, ob außergewöhnliche Umstände vorliegen und ob sie für den Antragsgegner eine schwere Härte darstellen, ist die gescheiterte Ehe zu scheiden.[279] Die **Wertung,** ob die Aufrechterhaltung der Ehe ausnahmsweise geboten erscheint, hat das Gericht auf der Grundlage der bewiesenen Tatsachen vorzunehmen. Beweislast kommt für diese Wertung nicht in Betracht. Kann sich das Gericht nicht eindeutig dafür entscheiden, dass die Aufrechterhaltung der Ehe geboten ist, so ist die Ehe zu scheiden.[280]

---

[271] *Staudinger/Rauscher* (2004) RdNr. 25; anders die Voraufl. RdNr. 79.

[272] Anders die Voraufl. RdNr. 79; *Johannsen/Henrich/Jaeger* RdNr. 38.

[273] *Schwab* FamRZ 1976, 506; *Bergerfurth* FamRZ 1976, 584; RGRK/*Graßhof* RdNr. 36; *Erman/Maier* RdNr. 20; *Staudinger/Rauscher* (2004) RdNr. 171; *Zöller/Philippi* § 616 ZPO RdNr. 6; *Johannsen/Henrich/Sedemund-Treiber* § 616 ZPO RdNr. 6; *Musielak/Borth* § 616 ZPO RdNr. 10; *Staudinger/Rauscher* (2004) RdNr. 171; RGRK/*Graßhof* RdNr. 160; aA *Johannsen/Henrich/Jaeger* RdNr. 38.

[274] *Staudinger/Rauscher* (2004) RdNr. 170.

[275] *Staudinger/Rauscher* (2004) RdNr. 172.

[276] *Erman/Maier* RdNr. 20; *Staudinger/Rauscher* (2004) RdNr. 175; *Johannsen/Henrich/Jaeger* RdNr. 39.

[277] Eingehend *Staudinger/Rauscher* (2004) RdNr. 176.

[278] *Schwab* (Handbuch) II RdNr. 115.

[279] OLG Karlsruhe FamRZ 1990, 631; OLG Köln FamRZ 1995, 997; *Schwab* FamRZ 1976, 491, 504; *Schwab* (Handbuch) II RdNr. 115; *Johannsen/Henrich/Jaeger* RdNr. 42; *Soergel/Heintzmann* RdNr. 56; *Staudinger/Rauscher* (2004) RdNr. 173.

[280] *Johannsen/Henrich/Jaeger* RdNr. 42.

4. Ausschluss und Verzicht. Es unterliegt der Disposition eines Ehegatten, ob er die Scheidung einer gescheiterten Ehe beantragt oder ob er sich auf die Härteklausel beruft, um die Scheidung abzuwehren. Ein allgemeiner für die Zukunft wirkender vertraglicher Ausschluss der Scheidung einer gescheiterten Ehe wird trotzdem nicht anerkannt (vgl. § 1564 RdNr. 26)[281] und ist nach allgemeiner Meinung auch für die Geltendmachung der Härteklausel nicht anzuerkennen. Ebenso wie ein Scheidungsverzicht sich nicht auf mögliche Scheidungsrechte in der Zukunft erstrecken kann, ist auch ein Verzicht auf die Härteklausel nicht zulässig, soweit noch nicht bekannte außergewöhnliche Umstände und die daraus entstehenden Härten Gegenstand der Vereinbarung sind.[282] Hingegen ist streitig, ob ein Ehegatte auf die Geltendmachung schon entstandener Härtegründe verzichten kann. Die überwiegende Meinung lehnt auch dies im Hinblick auf den schützenden Charakter der Härteklausel ab.[283] Entgegen der hM ist aber entsprechend den Grundsätzen über den Verzicht auf das bereits erwachsene subjektive Scheidungsrecht[284] auch die Wirksamkeit des Verzichts auf bereits entstandene Härtegründe zu bejahen.[285] Denn der Ehegatte trifft mit einem solchen Verzicht eine überschaubare Verfügung über eine Befugnis, die seiner Entscheidung unterliegt. Für das Vorliegen außergewöhnlicher Umstände hat es das Gesetz dem Ehegatten ausdrücklich freigestellt, ob er sich darauf berufen will. Diese Entscheidung kann der Ehegatte begründet treffen, wenn ihm die Tatsachen, die die Anwendung der Härteklausel begründen, bekannt sind; eines besonderen Schutzes bedarf er bei einer für ihn eindeutig zu bewertenden Sachlage nicht.[286] Ein Verzicht ist auch nicht deshalb unwirksam, weil er vom anderen Ehegatten abgekauft wurde (§ 1564 RdNr. 21),[287] insbes. nicht bei wirtschaftlichen Härten. Bei immateriellen Härten wird der Schluss zulässig sein, dass die behaupteten Härten nicht schwer gewesen sein können, jedenfalls jetzt nicht mehr vorliegen. 82

Hat ein Ehegatte darauf verzichtet, schon bekannte außergewöhnliche Umstände für die Härteklausel geltend zu machen, darf das Gericht seinen Vortrag darüber **nicht verwerten,** insbes. keinen Beweis darüber erheben und in seiner Entscheidung die Härteklausel nicht anwenden.[288] 83

5. Aussetzung des Verfahrens. Greift die Härteklausel, ist der Scheidungsantrag abzuweisen. Es ist unzulässig, das Verfahren auszusetzen, um aus prozessökonomischen Gründen abzuwarten, bis Gründe für die Anwendung der Härteklausel entfallen sind (allg. zur Aussetzung vgl. § 1564 RdNr. 80 ff.).[289] 84

6. Neuer Scheidungsantrag. Neue Tatsachen, zu denen auch die nach der letzten Tatsachenverhandlung abgelaufene Zeitspanne gehören kann, können allein oder iVm. alten Tatsachen, die schon der Anwendung der Härteklausel zugrunde lagen, zu einer Neubewertung und zur Nichtanwendung der Härteklausel führen. Auf den neuen Antrag kann die Ehe dann geschieden werden (vgl. § 1564 RdNr. 111).[290] 85

---

281 BGHZ 97, 304 = NJW 1986, 2046.

282 *Staudinger/Rauscher* (2004) RdNr. 174; *Johannsen/Henrich/Jaeger* RdNr. 40; RGRK/*Graßhof* RdNr. 22.

283 *Johannsen/Henrich/Jaeger* RdNr. 40, § 1564 RdNr. 35; RGRK/*Graßhof* RdNr. 22; *Gernhuber/Coester-Waltjen* § 25 RdNr. 10 f.; wie hier *Staudinger/Rauscher* (2004) RdNr. 174.

284 BGHZ 97, 304 = NJW 1986, 2046.

285 Ablehnend auch für den Verzicht auf das entstandene Scheidungsrecht *Gernhuber/Coester-Waltjen* § 25 RdNr. 10 f.

286 *Staudinger/Rauscher* (2004) RdNr. 174.

287 Vgl. *Ramm* JZ 1986, 164 zu BVerfGE 55, 134 = NJW 1981, 108; *Otto* FamRZ 1979, 512; *Knütel* FamRZ 1985, 1089; *A. Wolf,* FS Rebmann, S. 703 ff.

288 BGHZ 97, 304 = NJW 1986, 2046; BGHZ 28, 45, 47; BGH FamRZ 1981, 211; *Johannsen/Henrich/Jaeger* RdNr. 37; *Staudinger/Rauscher* (2004) RdNr. 174; *Soergel/Heintzmann* RdNr. 56.

289 OLG Hamburg FamRZ 1986, 469, 470; OLG Oldenburg NJW 1969, 101 = FamRZ 1968, 604; OLG München NJW 1971, 711; *Zöller/Philippi* § 614 ZPO RdNr. 3; aA *Soergel/Heintzmann* RdNr. 57.

290 *Staudinger/Rauscher* (2004) RdNr. 178; *Bamberger/Roth/Neumann* RdNr. 20.

Untertitel 1 a. Behandlung der Ehewohnung und der Haushaltsgegenstände

§ 1568 a Ehewohnung

(1) Ein Ehegatte kann verlangen, dass ihm der andere Ehegatte anlässlich der Scheidung die Ehewohnung überlässt, wenn er auf deren Nutzung unter Berücksichtigung des Wohls der im Haushalt lebenden Kinder und der Lebensverhältnisse der Ehegatten in stärkerem Maße angewiesen ist als der andere Ehegatte oder die Überlassung aus anderen Gründen der Billigkeit entspricht.

(2) [1] Ist einer der Ehegatten allein oder gemeinsam mit einem Dritten Eigentümer des Grundstücks, auf dem sich die Ehewohnung befindet, oder steht einem Ehegatten allein oder gemeinsam mit einem Dritten ein Nießbrauch, das Erbbaurecht oder ein dingliches Wohnrecht an dem Grundstück zu, so kann der andere Ehegatte die Überlassung nur verlangen, wenn dies notwendig ist, um eine unbillige Härte zu vermeiden. [2] Entsprechendes gilt für das Wohnungseigentum und das Dauerwohnrecht.

(3) [1] Der Ehegatte, dem die Wohnung überlassen wird, tritt

1. zum Zeitpunkt des Zugangs der Mitteilung der Ehegatten über die Überlassung an den Vermieter oder

2. mit Rechtskraft der Endentscheidung im Wohnungszuweisungsverfahren

an Stelle des zur Überlassung verpflichteten Ehegatten in ein von diesem eingegangenes Mietverhältnis ein oder setzt ein von beiden eingegangenes Mietverhältnis allein fort. [2] § 563 Abs. 4 gilt entsprechend.

(4) Ein Ehegatte kann die Begründung eines Mietverhältnisses über eine Wohnung, die die Ehegatten auf Grund eines Dienst- oder Arbeitsverhältnisses innehaben, das zwischen einem von ihnen und einem Dritten besteht, nur verlangen, wenn der Dritte einverstanden oder dies notwendig ist, um eine schwere Härte zu vermeiden.

(5) [1] Besteht kein Mietverhältnis über die Ehewohnung, so kann sowohl der Ehegatte, der Anspruch auf deren Überlassung hat, als auch die zur Vermietung berechtigte Person die Begründung eines Mietverhältnisses zu ortsüblichen Bedingungen verlangen. [2] Unter den Voraussetzungen des § 575 Abs. 1 oder wenn die Begründung eines unbefristeten Mietverhältnisses unter Würdigung der berechtigten Interessen des Vermieters unbillig ist, kann der Vermieter eine angemessene Befristung des Mietverhältnisses verlangen. [3] Kommt eine Einigung über die Höhe der Miete nicht zustande, kann der Vermieter eine angemessene Miete, im Zweifel die ortsübliche Vergleichsmiete, verlangen.

(6) In den Fällen der Absätze 3 und 5 erlischt der Anspruch auf Eintritt in ein Mietverhältnis oder auf seine Begründung ein Jahr nach Rechtskraft der Endentscheidung in der Scheidungssache, wenn er nicht vorher rechthängig gemacht worden ist.

Schrifttum: *Blunck,* „Zurück“verweisung vom Hausratsrichter an das Prozessgericht?, FamRZ 1969, 625; *Blank,* Zuweisung der Ehewohnung nach der Hausratsverordnung, FPR 1997, 119; *Breetzke,* Die Beteiligten im Hausratsverfahren, DRiZ 1956, 170; *Breithaupt,* Zwei Fragen zur Hausratsverordnung, NJW 1949, 370; *Brudermüller,* Die Zuweisung der Ehewohnung an einen Ehegatten, FamRZ 1987, 109; *ders.,* Wohnungszuweisung und Ausgleichszahlung, FamRZ 1989, 7; *ders.,* Regelungen der Nutzungs- und Rechtsverhältnisse an Ehewohnung und Hausrat, FamRZ 1999, 129, 193; *ders.,* Regelungen der Nutzungs- und Rechtsverhältnisse an Ehewohnung und Hausrat, FamRZ 2006, 1157; *Dörr,* Ehewohnung, Hausrat ... in der Entwicklung seit dem 1. EheRG, NJW 1989, 810; *Eckebrecht,* Zwangsvollstreckung in Verfahren der Freiwilligen Gerichtsbarkeit – Ehewohnung und Hausrat, FPR 2008, 436; *Fehmel,* Hausratsverordnung, Kommentar, 1986; *Finger,* Zuweisung von Ehewohnung und Hausrat bei Trennungs- und Scheidungsverfahren mit Auslandsbezug, FuR 2000, 1 und 64; *Flatow,* Die Ehewohnung in der Trennungsphase der Ehegatten, 2002; *Götz/Brudermüller,* Die gemeinsame Wohnung, 2008; *dies.*, Wohnungszuweisung und Hausratsteilung – Aufhebung der HausratsVO und Neuregelung im BGB, NJW 2008, 3025; *dies.*, Wohnungszuweisungs- und Hausratssachen – Das neue Verfahren nach §§ 200 ff. FamFG mit Ausblick auf §§ 1568 a, 1568 b BGB, FPR 2009, 38; *dies.*, Die „Rechtsnachfolger" der Hausratsverordnung, FamRZ 2009, 1261; *Gräber,* Das Behelfsheim bei der Wohnungsauseinandersetzung nach der 6. DVO z. EheG, JZ 1951, 685; *Heintzmann,* Zur Anfechtbarkeit und Bindungswirkung der Abgabeentscheidung nach § 18 HausratsVO, FamRZ 1983, 957; *Henrich,* Die gerichtliche Zuweisung der Ehewohnung an einen Ehegatten in Fällen mit Auslandsberührung, FS Ferid, 1988, S. 147; *Kemper,* Der Rechtsstreit um Wohnung und Hausrat, 2004; *ders.*, Hausratsteilung und Zugewinnausgleich – Konkurrenz und Reformfragen, FPR 2007, 202; *Kuhnt,* Die Regelung des Hausrats nach der Ehescheidung, AcP 150 (1949), 130; *ders.*, Hausratsteilung und Zugewinnausgleich – Konkurrenz und Reformfragen, FPR 2007, 202; *Klein,* Rechtsverhältnisse an Ehewohnung und Hausrat, FuR 1997, 39, 73, 107, 142, 199, 239, 269; *Kobusch,* Besitzschutz und Hausratsteilungsverfahren zwischen getrenntlebenden Ehegatten – Eine Bestandsaufnahme, FPR 2000, 88; *Lempp* u. *Thalmann,* Die Beteiligung Dritter am familiengerichtlichen Wohnungszuweisungsverfahren, FamRZ 1984, 14; *Lill,* Ehewohnung und Hausrat im Familienrecht europäischer Staaten, 1974; *Maurer,* Die Wirkung vorläufiger Benutzungsregelungen zum Hausrat und zur Ehewohnung, FamRZ 1991, 886; *Möller,* Teileinigung über den Hausrat, FuR 2000, 69; *de la Motte,* Vereinbarung der Beteiligten und rechtsgestaltender Richterspruch nach der HausratsVO, MDR 1950, 718; *Müller,* Zeitgrenze für Änderungsregelungen über Ehewohnung und HausratsVO, JR 1953, 294; *Neumann,* Ende der Hausratsverordnung in Sicht, FamRB 2008, 191; *Oenning,* Die Rechtsverhältnisse an der Ehewohnung bei Getrenntleben und nach Rechtskraft der Scheidung, FPR 1997, 122; *Pauling,* Die unterhaltsrechtliche Behandlung der Kosten für die Ehewohnung nach der Zuweisung der Ehewohnung (Miet- und Eigentumswohnung) an einen Ehegatten, FPR 1997, 130; *Quambusch,* Zur rechtlichen Behandlung der Vorräte bei Ehescheidung und Getrenntleben, FamRZ 1989, 691; *Rabl,* Die Ehewohnung, Diss. Regensburg 1985; *Reinecke,* Rechtsprechungstendenzen zur Hausratsteilung bei Trennung, Scheidung und Aufhebung der Ehe, FPR 2000, 96; *Roth,* Die Zuweisung von Hausrat und Ehewohnung nach dem Entwurf eines Gesetzes zur Änderung des Zugewinnausgleichs– und Vormundschaftsrechts, FamRZ 2008, 1388 ff.; *Schandau,* Hausratsteilungsverfahren, einstweilige Anordnung und einstweilige Verfügung, JR 1957, 55; *Scharfschwerdt-Otto,* Gestaltungsmöglichkeiten und Bindung des billigen Ermessens im Hausratsverfahren, 1992; *Schettler,* Die Stellung des Vermieters bei der gerichtlichen Regelung der Rechtsverhältnisse an der Wohnung geschiedener Ehegatten, ZMR 1983, 325; *Schmidt-Futterer,* Die nachträgliche gerichtliche Regelung der Hausratsschulden, MDR 1971, 452; *ders.*, Die Räumungsfrist bei der Zuteilung der Ehewohnung, NJW 1957, 1308; *Schmitz-Justen,* Hausratsverordnung, Ehewohnung und Mietrecht, WuM 1999, 495; *Schöpf,* Die Hausratsteilung im System der ehelichen Vermögensordnung, Diss. Mannheim 1990; *Schubert,* Zur Reform der Gemeinschaftsteilung durch die Hausratsverordnung von 1944, JZ 1983, 939; *Smid,* Einheitlicher Prozess über Herausgabeansprüche zwischen Ehegatten und differenzierter Begriff des Hausrats im Zusammenhang der verschiedenen Rechtsinstitute, AcP 189 (1989), 51; *Vlassopoulos,* Der eheliche Hausrat im Familien- und Erbrecht, 1983; *Vogel,* Die Verteilung des Hausrats durch den Richter nach der Verordnung vom 21. 10. 1944, JR 1949, 430; *Vomberg,* Begriff der Hausratsgegenstände im Sinne der § 1361 a BGB, §§ 1, 8 ff. HausratsVO, FPR 2000, 67; *Walter,* Die eigenmächtige Hausratsteilung, JZ 1983, 54; *Wever,* Die Entwicklung der Rechtsprechung zur Vermögensauseinandersetzung der Ehegatten außerhalb des Güterrechts, FamRZ 2005, 485; FamRZ 2006, 365; FamRZ 2007, 857; FamRZ 2008, 1485; *Wönne,* Abgrenzung von Zugewinnausgleich zu Hausratsverordnung und Versorgungsausgleich unter Berücksichtigung der Strukturreform, FPR 2009, 293.

Übersicht

I. Einführung

1 **1. Neuregelung im BGB.** Die Vorschrift des § 1568 a soll Ehegatten, die sich während der Trennungszeit vor der Scheidung nicht über die Ehewohnung haben einigen können, Maßstäbe für die Lösung ihres Konflikts geben. Die §§ 1568 a, 1568 b wurden zum 1. 9. 2009 eingefügt durch das Gesetz zur Änderung des Zugewinnausgleichs und Vormundschaftsrechts.[1] Sie ersetzen die früheren materiell-rechtlichen Regelungen der HausratsV, insbesondere die §§ 2–5, 8, 10 HausratsV. Die verfahrensrechtlichen Vorschriften der HausratsV (§§ 1, 7, 11, 13 bis 17, 18 a, 20 und 23) wurden durch Art. 62 des Gesetzes zur Reform des Verfahrens in Familiensachen und in den Angelegenheiten der freiwilligen Gerichtsbarkeit (FGG-Reformgesetz – FGG-RG)[2] aufgehoben und in das Gesetz über das Verfahren in Familiensachen und in den Angelegenheiten der freiwilligen Gerichtsbarkeit (§§ 200 bis 209 FamFG) als Ehewohnungs- und Haushaltssachen übernommen (s. RdNr. 56). Damit konnte die HausratsV[3] nach rund 65 Jahren aufgehoben werden. Die nachfolgend **zitierte Rechtsprechung** bezieht sich freilich noch im vollen Umfang auf die jeweiligen Vorgängernormen in der HausratsV.

2 **2. Rechtsentwicklung. a) Die HausratsV** war 1944 ergangen,[4] weil infolge des Krieges der Wohnraum verknappt und die Beschaffung von Möbeln und sonstigem Hausrat schwierig geworden und daher jeder Ehegatte bei Auflösung der Ehe bestrebt war, die Wohnung und die Möbel, welche die Eheleute bisher gemeinsam benutzt hatten, zu behalten.[5] Dadurch wurden die Mängel des damaligen Rechts, das die Auseinandersetzung geschiedener Eheleute über Wohnung und Hausrat nicht besonders regelte, deutlich spürbar. Die allgemeinen, auf die Eigentums- und Besitzverhältnisse abstellenden Vorschriften reich-

[1] S. dazu Gesetzentwurf der Bundesregierung, BR-Drucks. 635/08 vom 29. 8. 2008 und BT-Drucks. 16/10798 vom 5. 11. 2008; Beschlussempfehlung und Bericht des Rechtsausschusses vom 13. 5. 2009, BT-Drucks. 16/13027. Nicht Gesetz wurde der erste Gesetzentwurf vom 1. 11. 2007, dazu *Roth* FamRZ 2008, 1188.

[2] BGBl. 2008 I S. 2586.

[3] Zu den zahlreichen Änderungen der HausratsV seit ihrem Erlass s. Auflistung in der Voraufl., Vor § 1 HausratsV RdNr. 5.

[4] Erlass als sechste Durchführungsverordnung zum EheG 1938 vom 21. 10. 1944 (RGBl. I S. 256).

[5] Vgl. die amtl. Begr. DJ 1944, 278.

ten auch in ihrer durch die Rechtsprechung bewirkten Fortentwicklung[6] nicht aus, um die Auseinandersetzung in allen in Betracht kommenden Fällen befriedigend zu regeln. Insbesondere trugen sie dem Umstand, dass es sich um die Nachwirkungen einer oft jahrelangen ehelichen Lebensgemeinschaft handelte, nicht ausreichend Rechnung. Die im Gesetz vorgeschriebene Teilung gemeinsamer Hausratsgegenstände durch Verkauf (§ 753) führte zu dem unerwünschten Ergebnis, dass möglicherweise keiner der Ehegatten den Gegenstand erhielt. Auch fehlte die Möglichkeit, das Mietverhältnis über die Ehewohnung gegen den Willen des Vermieters umzugestalten. Schließlich stand für Streitigkeiten über Wohnung und Hausrat nur der Prozessweg offen. Für die Gestaltung von Rechtsverhältnissen ist jedoch, insbesondere wenn Dritte hinzugezogen werden müssen, ein Verfahren der freiwilligen Gerichtsbarkeit geeigneter. Die Erhebung der Eigentumsklage aus § 985 führte oft zu ausgedehnten Rechtsstreiten, bei denen Umfang und Schwierigkeit der Beweisaufnahme in keinem Verhältnis zum Wert der herausverlangten Sachen stand.

Mit der HausratsV war dem Richter dann ein Mittel an die Hand gegeben worden, die für 3
die Ehegatten wichtige Auseinandersetzung von Wohnung und Hausrat im Streitfall schnell, gerecht, zweckmäßig und ohne starre gesetzliche Vorgaben in einem den Bedürfnissen des Einzelfalles angepassten, weniger formgebundenen Verfahren vorzunehmen. Kernpunkte der Verordnung waren die dem Richter eingeräumte, nach billigem Ermessen unter Einbeziehung familienrechtlicher Gesichtspunkte auszuübende Gestaltungsbefugnis und die Möglichkeit, die Regelung auch Dritten (dem Vermieter) gegenüber durchzusetzen. Man verwies insoweit auf die vorausgegangene, enge Lebensgemeinschaft der Ehegatten, die es sowohl rechtfertige als auch erfordere, die Auseinandersetzung von Wohnung und Hausrat anlässlich der Scheidung primär an Billigkeitsgesichtspunkten zu orientieren.[7] Dabei war die HausratsV mit Blick auf die Funktion der Wohnung als Lebensmittelpunkt der Familie als eine im Hinblick auf Art. 6 Abs. 1, 2 GG verfassungsgemäße Sozialbindung des Eigentums eingestuft worden.[8]

b) Überleitung im Einigungsvertrag. Für am 3. 10. 1990 noch nicht geschiedene 4
Ehegatten galten aufgrund von Art. 8 EV die güterstandsunabhängigen Vorschriften der HausratsV auch dann uneingeschränkt, wenn gemäß Art. 234 § 4 Abs. 2 EGBGB infolge Option eines oder beider Ehegatten der bisherige Güterstand oder gemäß Art. 234 § 4 Abs. 4 EGBGB für die Auseinandersetzung des bis zum Wirksamwerdens des Beitritts erworbenen gemeinschaftlichen Eigentums und Vermögens § 39 FGB sinngemäß fortgalt (Näheres s. Voraufl. Vor § 1 HausratsV RdNr. 18 f.).

c) Anlass der Neuregelung. Der Gesetzgeber hielt Form und Standort der HausratsV 5
inzwischen für überholt. Der Standort außerhalb des BGB sei allein mit dem Entstehungszeitpunkt der HausratsV (vgl. RdNr. 2) zu erklären, in der Sache aber nicht mehr zu rechtfertigen.[9] Aber auch der in § 2 HausratsV enthaltene Grundsatz, wonach der Richter die Rechtsverhältnisse nach billigem Ermessen zu gestalten hatte, ist laut Gesetzgeber nur mit der Entstehungsgeschichte der HausratsV zu begründen. In das System des BGB, das maßgeblich auf Anspruchsgrundlagen beruhe, aus denen sich Rechte ergeben, die im Streitfall auf dem Gerichtsweg durchzusetzen seien, passe eine solche Regelung nicht.[10] Als unverändert relevant wird aber das Kernanliegen begriffen, zur Konfliktlösung beizutragen, wenn Ehegatten anlässlich der Scheidung über die Verteilung der Haushaltsgegenstände oder die Zuweisung der Ehewohnung streiten. Die §§ 752 ff. bieten insoweit für die Auseinandersetzung von Wohnung und Haushaltsgegenständen keine angemessene bzw. hinreichende Regelung. Der Hausrat wird eben auch nicht zum Zweck des Privatgebrauchs durch den einen oder anderen Ehegatten angeschafft, sondern zur Begründung des gemeinsamen

[6] Dazu *Schubert* JZ 1983, 940 f.
[7] Vgl. OLG Hamm FamRZ 1965, 220 f. und FamRZ 1982, 937, 938; OLG Karlsruhe FamRZ 1982, 277, 278; *Kuhnt* AcP 150 (1949), 157; *Dölle* I § 41 V 1.
[8] BVerfG FamRZ 1991, 1413.
[9] Gesetzentwurf der Bundesregierung, BR-Drucks. 635/08 S. 22.
[10] BT-Drucks. 16/10798 S. 16.

Hausstandes. Demgemäß sei der Ansatz, wonach die enge Gemeinschaft, in der die Eheleute gelebt haben, eine Auseinandersetzung von Wohnung und Haushaltsgegenständen in einem eigenen Verfahren erfordere, das sich nicht an den von der Parteiherrschaft bestimmten Grundsätzen der ZPO orientiert sowie schnell, zweckmäßig und einfach sein soll, unverändert richtig.[11] Der Gesetzgeber entschied sich daher, die Kernstrukturen der HausratsV in das BGB zu übernehmen und in Anspruchsgrundlagen umzugestalten. Dabei wurde die Vorschrift über die Ehewohnung in § 1568 a vor der Regelung über die Haushaltsgegenstände in § 1568 b eingefügt, weil sie den bedeutsameren Vermögensgegenstand betreffe.[12] Unglücklich ist indes, dass es bei den §§ 1361 a, 1361 b genau andersherum liegt.[13]

6 **3. Übergangsrecht.** Nach der Übergangsvorschrift des Art. 111 FGG-RG sind auf Verfahren, die bis zum Inkrafttreten des Gesetzes eingeleitet worden sind oder deren Einleitung bis zu diesem Zeitpunkt beantragt wurde, weiter die vor Inkrafttreten des Gesetzes geltenden Vorschriften anzuwenden. Dabei gelten Abänderungs-, Verlängerungs- und Aufhebungsverfahren als eigenständige Verfahren, so dass es nicht auf das zuvor eingeleitete Verfahren, in dem bereits eine gerichtliche Entscheidung ergangen ist, sondern ausschließlich auf die Einleitung bzw. die Beantragung der Einleitung des Abänderungs-, Verlängerungs- oder Aufhebungsverfahrens ankommt.

II. Allgemeiner Anwendungsbereich der §§ 1568 a, 1568 b

7 **1. Ehegatten.** Geregelt werden allein Rechtsverhältnisse unter Ehegatten. Auf die Auseinandersetzung von Wohnung und Hausrat zwischen Nichtehegatten, insbes. bei Auflösung einer eheähnlichen Lebensgemeinschaft, sind die §§ 1568 a, 1568 b auch nicht analog anwendbar.[14] Für eingetragene **Lebenspartner** enthält § 17 LPartG eine Verweisung auf die §§ 1568 a, 1568 b.

8 **2. Regelung anlässlich der Scheidung.** Die §§ 1568 a, 1568 b gelten zeitlich nur für die Phase nach Einleitung des Scheidungsverfahrens und nach Scheidung der Ehe, nicht für die Zeit vor Anhängigkeit der Ehesache. Für die davor liegende Phase des Getrenntlebens sind die §§ 1361 a, 1361 b einschlägig. Eine danach getroffene vorläufige Regelung wird durch die (ggf. endgültige) Nutzungsüberlassung gemäß der §§ 1568 a, 1568 b abgelöst. Die Formulierung „anlässlich der Scheidung" eröffnet die Möglichkeit der Regelung der Rechtsverhältnisse an Ehewohnung und Haushaltsgegenständen als Folgesache im Verbund, vgl. § 137 Abs. 2 Nr. 3 FamFG (s. auch RdNr. 57). Bei **Aufhebung der Ehe** sind die Vorschriften der §§ 1568 a, 1568 b auf Streitigkeiten der Ehegatten über Wohnung und Haushaltssachen entsprechend anzuwenden, § 1318 Abs. 4. Dabei sind die Umstände bei der Eheschließung und im Fall des Verstoßes gegen § 1306 die Belange der dritten Person besonders zu berücksichtigen. Bei Auflösung der Ehe durch **Tod** eines Ehegatten gelten die §§ 1568 a, 1568 b nicht. Ein laufendes Verfahren erledigt sich im Fall des Todes eines Ehegatten, § 208 FamFG. Ist der überlebende Ehegatte gesetzlicher Erbe, stehen ihm die Haushaltsgegenstände aber ggf. als sog. Voraus gemäß § 1932 zu. Ist die Ehewohnung eine Mietwohung, tritt der überlebende Ehegatte kraft Gesetzes mit dem Tod des Mieters in das Mietverhältnis ein, § 563.

III. Anspruch auf Überlassung der Ehewohnung, Abs. 1

9 **1. Überblick.** Abs. 1 gibt einem Ehegatten gegen den anderen Ehegatten unter bestimmten Voraussetzungen einen Anspruch auf Überlassung der Ehewohnung an ihn zur Allein-

[11] Gesetzentwurf der Bundesregierung, BR-Drucks. 635/08 S. 22, 43; BT-Drucks. 16/10798 S. 16.
[12] Gesetzentwurf der Bundesregierung, BR-Drucks. 635/08 S. 43.
[13] Krit. auch *Götz/Brudermüller* NJW 2008, 3025.
[14] Vgl. OLG Hamm FamRZ 2005, 2085; *Palandt/Brudermüller* Anh zu §§ 1361 a, 1361 b, Einf. RdNr. 5; *Brudermüller* FamRZ 1994, 207, 213 ff.; *Diederichsen* NJW 1983, 1017, 1021; aA (für § 1361 b BGB) LG München NJW-RR 1991, 8374; *Struck* ZRP 1983, 215, 219; ferner dazu *Kemper* FPR 2007, 202, 205.

nutzung bzw. zur Nutzung gemeinsam mit den Kindern oder anderen Familienangehörigen. Die Norm ist als **Anspruchsgrundlage** ausgestaltet worden. Nach den früheren §§ 1 Abs. 1, 2 HausratsV hingegen regelte der Richter auf Antrag die Rechtsverhältnisse an der Ehewohnung nach billigem Ermessen. Nunmehr ist allein über den geltend gemachten Anspruch (und ggf. über das Mietverhältnis nach Abs. 3 bis 5) zu entscheiden, eine anderweitige Gestaltung der Rechtsverhältnisse scheidet aus.[15] Das bedeutet auch, dass dem anderen Ehegatten insoweit kein Recht mehr zusteht, die Überlassung an den bedürftigen Ehegatten zu beantragen,[16] etwa um auf diese Weise aus dem Mietverhältnis entlassen zu werden.

2. Ehewohnung. a) Begriff. Der Begriff Ehewohnung ist weit auszulegen. Unter 10
Ehewohnung sind Wohnräume zu verstehen, in denen die Ehegatten während der Ehe gemeinsam gewohnt haben oder die nach den gesamten Umständen zumindest dafür bestimmt waren.[17] Die Wohnung braucht nicht abgeschlossen zu sein, auch einzelne Räume oder ein möbliertes Zimmer sind als Wohnung anzusehen. Die Wohnung kann rechtlich eine bewegliche Sache sein. Wohnung ist auch das Behelfsheim (zB zerlegbare Baracke) auf fremden Grund und Boden, ein Wohnschiff, der Wohnwagen eines Schaustellers oder Landfahrers.[18] Bei der Wohnlaube auf Pachtland[19] oder einer Genossenschaftswohnung[20] steht der Wohnungseigenschaft nicht entgegen, dass die Parzelle oder die Wohnung satzungsmäßig nur an Mitglieder des Kleingartenvereins oder der Genossenschaft abgegeben werden darf oder – bei einem Kleingarten – dass ein Dauerwohnen auf der Parzelle nicht gestattet ist.[21] Ehewohnung ist auch eine Wohnung, in welche die Ehegatten zur Vermeidung von Obdachlosigkeit polizeilich eingewiesen worden sind.[22] Zur Ehewohnung gehören auch die **Nebenräume** (Boden, Keller, Abstellraum, Schuppen, Stallung, Garage) und der Hausgarten,[23] nicht jedoch ausschließlich gewerblich oder beruflich (zB von einem Arzt oder Rechtsanwalt) genutzte Räume, ferner nicht ein separater Kleingarten. Bei Dienst- oder Werkwohnungen ist Abs. 4 zu berücksichtigen (RdNr. 37 f.).

b) Mehrere Ehewohnungen. Die Ehegatten können mehrere Ehewohnungen haben. 11
Welche Wohnung vorwiegend benutzt wird, wo der räumliche Lebensmittelpunkt der Ehegatten liegt, braucht nicht festgestellt zu werden. Die Zweitwohnung braucht auch nach Größe und Ausstattung der Erstwohnung nicht gleichwertig zu sein. Es genügt, dass die weitere Wohnung für einen ständigen zeitweiligen Aufenthalt (Schlafen) bestimmt ist, wie zB ein Wochenendhaus, eine Ferienwohnung, eine den Sommer über bewohnte Kleingartenlaube, selbst ein fest installiertes Wohnmobil, und nicht vorwiegend anderen Zwecken (Vermietung) dient.[24] Es wäre auch widersprüchlich, solche Wohnungen nicht zu erfassen, wohl aber deren Einrichtung als Haushaltsgegenstände. Bei einem **Wohnwagen** entscheidet die Verkehrsauffassung. Zu fordern ist neben einer wohnungsmäßigen Größe und Ausstattung, dass der Wagen auf einem festen Platz nicht nur vorübergehend (Urlaub) abgestellt ist

---

[15] Vgl. *Götz/Brudermüller* NJW 2008, 3025, 3027.

[16] Dazu noch OLG München NJW-Spezial 2008, 517; OLG Celle FamRZ 1998, 1530; OLG Karlsruhe FamRZ 1995, 45.

[17] OLG München NJW-Spezial 2008, 517; OLG München FamRZ 1986, 1019, 1020; BayObLG FamRZ 1971, 34, 36.

[18] BayObLGZ 1953, 45, 48; 1956, 153, 156.

[19] BGH FamRZ 1990, 987, 988; HansOLG Hamburg MDR 1948, 477; SchlHOLG SchlHA 1955, 25, 26 f.; zweifelnd KG FamRZ 1986, 1010, 1011.

[20] Vgl. BayObLGZ 1955, 56, 59 f.; KG NJW 1955, 185, 186; OLG München FamRZ 1991, 1452, 1453.

[21] AA KG FamRZ 1986, 1010, 1011; OLG Naumburg FamRZ 2005, 1269 mit abl. Anm. *Gottwald.*

[22] Vgl. OLG Stuttgart NJW-RR 1991, 581 = FamRZ 1990, 1354, 1355.

[23] Vgl. OLG Celle JR 1949, 451; BayObLGZ 1953, 45, 48; BayObLG FamRZ 1971, 34, 36; HansOLG Hamburg MDR 1948, 477; *Gräber* JZ 1951, 685.

[24] Vgl. BGH NJW-RR 1990, 1026 = FamRZ 1990, 987, 988; KG FamRZ 1974, 198, 199; OLG Zweibrücken FamRZ 1980, 569; OLG Frankfurt FamRZ 1982, 398; OLG Brandenburg FamRZ 2008, 1930, 1931; *Bamberger/Roth/Neumann* § 1 HausratsV RdNr. 5; *Haußleiter/Schulz* Kap. 4 RdNr. 9; FA-FamR/*Klein* Kap. 8 RdNr. 49 f.; **aA** OLG Zweibrücken FamRZ 1981, 259, 260; KG FamRZ 1986, 1010, 1011; OLG München FamRZ 1994, 1331; OLG Bamberg FamRZ 2001, 1316, 1317; *Flatow* S. 12 f.; *Rabl* S. 8 ff.; *Rahm/Künkel/Niepmann* IV RdNr. 140; *Staudinger/Mankowski* Art. 17 a EGBGB RdNr. 6.

und die Familie in ihm regelmäßig zusammengelebt hat. Sonst ist er Haushaltsgegenstand. Keine Ehewohnung ist ein Geschäftsraum mit Schlafgelegenheit.

12 **c) Eigentumsverhältnisse.** Für den Begriff der Ehewohnung sind die Eigentumsverhältnisse an ihr unerheblich. Bedeutung erlangt dieser Aspekt aber im Hinblick auf die Anspruchsvoraussetzungen bzw. die Abgrenzung von Abs. 1 zu Abs. 2. Abs. 1 betrifft im Wesentlichen nur die Fälle, in denen die Wohnung entweder im Miteigentum der Ehegatten steht[25] oder als Mietwohnung im Alleineigentum eines Dritten. Dabei spielt es im Hinblick auf die gemietete Ehewohnung zunächst keine Rolle, wer von den Ehegatten Mieter ist (s. aber Abs. 3; RdNr. 28 f.). Abs. 2 hingegen betrifft den Fall, dass der Anspruchsgegner im Hinblick auf das Grundstück bzw. die Wohnung entweder allein dinglich berechtigt ist (als Eigentümer, Nießbraucher, Erbbauberechtiger, Inhaber eines Wohnrechts) oder gemeinsam mit einem Dritten dinglich berechtigt ist (s. RdNr. 23 f.).

13 **d) Auszug; einverständliche Regelung.** Die **nach** der endgültigen **Trennung** von einem Ehegatten beschaffte Wohnung ist keine Ehewohnung, auch wenn er sie gegen die Ehewohnung in der Absicht eingetauscht hat, diese hierdurch der Auseinandersetzung zu entziehen. Auch die von den Ehegatten erst nach rechtskräftiger Scheidung ihrer Ehe gemietete Wohnung fällt nicht in den Anwendungsbereich des § 1568 a. Die gemeinschaftliche Wohnung verliert aber nicht dadurch ihre Eigenschaft als Ehewohnung, dass ein Ehegatte die häusliche Gemeinschaft aufhebt und auszieht,[26] während der andere sie faktisch allein weiterbenutzt. Das Gleiche gilt bei einer Kündigung des Mietverhältnisses durch einen der Ehegatten oder den Vermieter, solange zumindest ein Ehegatte die Wohnung weiter nutzt. Von einer Ehewohnung kann jedoch nicht mehr gesprochen werden, wenn sich die Ehegatten bereits eindeutig und endgültig über den Verkauf der Immobilie geeinigt oder das Mietverhältnis bereits gemeinsam gekündigt haben. Wird insoweit intern noch über die Mietzahlungspflicht gestritten, handelt es sich nicht mehr um eine Haushaltssache.[27] Gleiches gilt, wenn sich die Ehegatten schon **endgültig einvernehmlich** über die Wohnungsüberlassung an einen von ihnen **geeinigt** hatten,[28] was auch der Fall sein wird, wenn der ausziehende Ehegatte seine Rechte an der Ehewohnung mit dem Auszug endgültig aufgeben wollte.[29] In diesen Fällen besteht für einen Antrag nach Abs. 1 auch kein Rechtsschutzbedürfnis mehr.[30] Die unwiderlegliche Vermutung des § 1361 b Abs. 4 gilt für die endgültige Regelung der Rechtsverhältnisse an der Wohnung anlässlich der Scheidung allerdings nicht. Wenn die interne Einigung der Ehegatten vom **Vermieter nicht akzeptiert** wird,[31] hat sich der Regelungszweck von § 1568 a aber noch nicht erledigt. Das betrifft auch den Fall, dass der Vermieter zwar damit einverstanden ist, dass die von beiden gemietete Wohnung künftig von einem Ehegatten allein bewohnt wird, er den ausziehenden Ehegatten aber nicht aus dem Mietverhältnis entlassen will.[32] Hier bezieht sich das Rechtsschutzbegehren der Ehegatten dann auf den Eintritt in das Mietverhältnis über Abs. 3 Nr. 1.

---

[25] Vgl. BayObLG FamRZ 1971, 34, 36; 1974, 22; OLG Stuttgart Justiz 1978, 169; OLG Celle FamRZ 1992, 465, 466.

[26] Vgl. OLG Jena NJW-RR 2004, 435; OLG Hamm FamRZ 1989, 739 und FamRZ 2008, 1639, 1640; OLG Bamberg FamRZ 1990, 1353; OLG Karlsruhe FamRZ 1999, 1087, 1088; *Flatow* S. 17.

[27] Vgl. zum früheren Recht: OLG Celle FamRZ 1981, 958, 959; HansOLG Hamburg FamRZ 1983, 621; OLG Karlsruhe FamRZ 1993, 820; 821; *Soergel/Heintzmann* § 5 RdNr. 7; *Haußleiter/Schulz* Kap. 4 RdNr. 83.

[28] OLG Frankfurt/M. FamRZ 2004, 875; OLG Köln FamRZ 2005, 1993; OLG Karlsruhe FamRZ 1999, 1087, 1088; *Götz/Brudermüller* RdNr. 186.

[29] Vgl. OLG Köln FamRZ 2005, 1993; OLG Köln MDR 1961, 242; BayObLG FamRZ 1974, 22, 23; 1977, 467, 471; *Vogel* JR 1949, 430.

[30] *Götz/Brudermüller* RdNr. 186.

[31] Vgl. noch zum früheren Recht: OLG Frankfurt FamRZ 1980, 170, 171; OLG Karlsruhe FamRZ 1981, 182; HansOLG Hamburg FamRZ 1982, 939, 940; NJW-RR 1990, 649 = FamRZ 1990, 651 f.; SchlHOLG SchlHA 1984, 116; OLG Hamm FamRZ 1993, 574, 575 und 1994, 388; OLG Celle FamRZ 1998, 1530 und 2002, 340.

[32] Vgl. HansOLG Hamburg NJW-RR 1990, 649 = FamRZ 1990, 651, 652; OLG Karlsruhe FamRZ 1995, 45; OLG Köln FamRZ 1999, 672, 673; aA OLG Köln FamRZ 1989, 640, 641 (offengelassen FamRZ 1999, 1096, 1097).

14 **3. Anspruchsvoraussetzungen. a) Allgemeines.** Während der Richter nach den früheren §§ 1, 2 HausratsV die Wohnungszuweisung nach Billigkeit an den einen oder anderen Ehegatten vornahm, gibt die Neuregelung nur demjenigen Ehegatten, der stärker auf die Nutzung der Wohnung angewiesen ist, einen Überlassungsanspruch gegen den anderen Ehegatten. Nach der Gesetzesbegründung sollen hier aber die Grundsätze, die sich für die Anwendung von § 2 HausratsV herausgebildet hatten, entsprechend fortgelten.[33] Insoweit sind also weiterhin alle konkreten Umstände des Einzelfalls vom Richter zu prüfen.[34]

15 **b) Angewiesenheit auf die Wohnung.** Der Anspruch nach Abs. 1 setzt in der ersten Alternative voraus, dass der Anspruchsteller in stärkerem Maße als der andere Ehegatte auf die **Nutzung der Wohnung zu Wohnzwecken** angewiesen ist. Insoweit ist beachtlich, ob er aus beruflichen und geschäftlichen Gründen (Nähe der Arbeitsstelle) die Wohnung benötigt,[35] ob er einen erhöhten Wohnbedarf hat, weil seine Eltern oder ein erwachsenes Kind bei ihm leben[36] oder er wiederheiraten will,[37] ob er aus finanziellen Gründen auf die billige Ehewohnung angewiesen ist oder umgekehrt die teuere Ehewohnung nicht bezahlen kann,[38] oder ob es ihm leichter als dem anderen Ehegatten fällt, eine neue angemessene Wohnung zu finden. Maßgebend sind bei alldem die Verhältnisse im Zeitpunkt der Beschlussfassung.[39] Zukünftige ungewisse Umstände sind nicht zu berücksichtigen, wohl aber die künftig zu erwartende, vorhersehbare Entwicklung, zB die beabsichtigte Wiederheirat eines Ehegatten. An einer Angewiesenheit iS der Norm fehlt es, wenn der betreffende Ehegatte die Wohnung verkaufen oder vermieten will.[40]

16 **c) Wohl der Kinder.** Die Vorschriften der §§ 1568 a, 1568 b dienen dem Schutz der Familie.[41] Wesentliche Bedeutung kommt daher bei der Prüfung der Angewiesenheit auf die Ehewohnung dem Wohl der Kinder (auch Stiefkinder[42] und Pflegekinder[43]) zu, die mit den Ehegatten oder einem von ihnen in der Ehewohnung zusammenleben. Dies gebietet es in der Regel, demjenigen Ehegatten, dem die elterliche Sorge für die gemeinschaftlichen Kinder übertragen wird oder bei dem sich die Kinder mit Einwilligung des anderen Elternteils oder aufgrund einer gerichtlichen Entscheidung gewöhnlich aufhalten oder bei dem die volljährigen Kinder leben oder der für nichtgemeinschaftliche Kinder aus einer anderen Beziehung zu sorgen hat, die Ehewohnung und den für die Betreuung der Kinder erforderlichen Hausrat zuzuweisen.[44] So können die Kinder, die bereits mit der Scheidung der Eltern zu kämpfen haben, zumindest in der ihnen vertrauten Umgebung (nahe gelegene Schule etc.) bleiben. Das entspricht dem durch Art. 6 Abs. 1 GG geforderten Schutz des familiären Gemeinschaftslebens.[45] Im Antrag ist demgemäß auch anzugeben, ob im Haushalt Kinder der Ehegatten leben, § 203 Abs. 3 FamFG.

17 **d) Lebensverhältnisse der Ehegatten.** Die weitere Anknüpfung an die „Lebensverhältnisse der Ehegatten" soll sicherstellen, dass bei der gerichtlichen Entscheidung wie bisher alle Umstände des Einzelfalls Berücksichtigung finden können.[46] § 2 HausratsV stellte bei der vorzunehmenden Billigkeitsabwägung insoweit auch noch auf die „Erfordernisse des

---

[33] Gesetzentwurf der Bundesregierung, BR-Drucks. 635/08 S. 43.
[34] *Götz/Brudermüller* NJW 2008, 3025, 3027.
[35] BayObLGZ 1956, 153, 159 f.
[36] AA SchlHOLG SchlHA 1949, 350; BayObLGZ 1956, 370, 373.
[37] OLG Stuttgart OLGZ 1968, 124, 125; aA *Scharfschwerdt-Otto* S. 117 f.
[38] BayObLG FamRZ 1964, 306, 308.
[39] *Palandt/Brudermüller* Anh zu §§ 1361 a, 1361 b, § 2 HausrVO RdNr. 5.
[40] OLG Karlsruhe FamRZ 1999, 1087, 1088; OLG Frankfurt/M. FamRZ 2004, 875, jeweils zu § 1361 b.
[41] Vgl. BVerfG FamRZ 2006, 1596 in Bezug auf die HausratsV.
[42] KG FamRZ 1991, 467; OLG Brandenburg FamRZ 2001, 636; *Weinreich* FPR 2004, 88.
[43] *Götz/Brudermüller* RdNr. 202; *Staudinger/Weinreich* § 2 HausratsV RdNr. 7.
[44] KG FamRZ 1967, 631; 1989, 74, 75; 1991, 467; HansOLG Hamburg FamRZ 1991, 1317, 1319; OLG Celle FamRZ 1992, 465, 466; OLG Karlsruhe FamRZ 1981, 1087, 1088; OLG München FamRZ 1997, 752, 753 f.; *Weinreich* FPR 2004, 88, 89 (für Stiefkinder).
[45] Vgl. BVerfG FamRZ 2006, 1596, 1597.
[46] Gesetzentwurf der Bundesregierung, BR-Drucks. 635/08 S. 43.

Gemeinschaftslebens“ ab, worunter nicht das Gemeinschaftsleben der Eheleute zueinander, sondern ihre sozialen Beziehungen nach außen zu verstehen waren, bei der Ehewohnung insbesondere das Verhältnis zum Hauseigentümer und zu den übrigen Hausbewohnern bzw. das Einfügen in die Hausgemeinschaft[47] und zur näheren Umgebung. Im Übrigen kann das längere Abwarten mit einem Antrag bei der Beurteilung der Gesamtumstände zu berücksichtigen sein.[48]

18 **e) Andere Billigkeitsgründe.** Nach der zweiten Alternative von Abs. 1 besteht der Anspruch zudem, wenn die Überlassung aus anderen Gründen der Billigkeit entspricht. Bedeutung wird das vor allem in Fällen erlangen, in denen keine Kinder vorhanden sind und sich nicht feststellen lässt, ob ein Ehegatte stärker als der andere auf die Ehewohnung angewiesen ist. Hier kommt es darauf an, ob ein Ehegatte aufgrund anderer Umstände ein besonderes und schützenswertes Interesse an der Wohnung hat, weil er beispielsweise in ihr aufgewachsen ist.[49] Weiter ist zu berücksichtigen, ob ein Ehegatte schon vor der Heirat in der Wohnung gelebt hat. Haben Ehegatten gemeinsam gespart und so die Mittel für eine Wohnung aufgebracht, so kommt dem Umstand, dass ein Ehegatte höhere Einkünfte hatte und deshalb zu den Ersparnissen mehr beitragen konnte, aber nur geringe Bedeutung zu.[50]

19 **f) Die Weigerung des Vermieters,** das Mietverhältnis mit dem anspruchstellenden Ehegatten fortzusetzen, und seine ausdrückliche und ernstliche Ankündigung, das Mietverhältnis zu kündigen (vgl. §§ 1568 a Abs. 2 S. 2, 563 Abs. 4), wenn die Ehewohnung diesem Ehegatten zugewiesen werde, steht der Bejahung des Überlassungsanspruchs an sich nicht entgegen.[51] Wäre der Wille des Vermieters beachtlich, so würde letztlich er und nicht das Gericht entscheiden. Anders liegt es jedoch, wenn klar abzusehen ist, dass die Wohnung dem begünstigten Ehegatten in einem Räumungsrechtsstreit alsbald wieder genommen würde.[52] Eine Entscheidung, die dem Ehegatten nichts nützt, sollte das Gericht nicht treffen.

20 **4. Anspruchsziel: Überlassung zur Nutzung.** Anspruchsziel von Abs. 1 (wie auch Abs. 2) ist allein die Überlassung der Wohnung zu Wohn- bzw. Benutzungszwecken durch den Anspruchsteller (und die Kinder). In Verbindung damit kann die **Räumung** der Wohnung durch den anderen Ehegatten verlangt bzw. beantragt werden[53] (vgl. auch RdNr. 59). Besteht der Überlassungsanspruch, kann der Ehegatte vom Eigentümerehegatten als zur Vermietung berechtigten Person die Begründung eines Mietverhältnisses gem. Abs. 5 verlangen (s. RdNr. 46 ff.).[54] Weitere Rechtsfolge ist insofern ausschließlich die Begründung oder Fortführung eines Mietverhältnisses.[55] Eine Änderung der Eigentumsverhältnisse (zB Übertragung eines Miteigentumsanteils) kann nicht verlangt werden.[56] Die Möglichkeit der Teilung der Wohnung ist nach neuem Recht ebenfalls nicht mehr vorgesehen. Mit dem Nutzungsrecht erlangt der berechtigte Ehegatte ein Besitzrecht an der Wohnung iS von § 986.

21 **5. Gegenansprüche.** Ist ein Ehegatte infolge seiner Verpflichtung, dem anderen die Wohnung zu überlassen, zum Auszug gezwungen, so werden meist Umzugskosten anfallen. Eine Rechtsgrundlage, für solche Aufwendungen ganz oder teilweise Ersatz oder eine sonstige Ausgleichszahlung verlangen zu können, ist indes nicht gegeben.[57] Die Kosten können

[47] BayObLGZ 1955, 202, 205; 1956, 153, 159 und 370, 376; HansOLG Hamburg NJW 1954, 1892.

[48] *Erman/Maier* § 1 HausratsVO RdNr. 18.

[49] Gesetzentwurf der Bundesregierung, BR-Drucks. 635/08 S. 44.

[50] Vgl. BayObLG MDR 1964, 506; KG FamRZ 1988, 182, 184 = NJW-RR 1989, 711, 712.

[51] Krit. *Götz/Brudermüller* NJW 2008, 3025, 3027.

[52] KG FamRZ 1984, 1242 f.; LG Mannheim NJW 1966, 1716, 1717; *Schettler* ZMR 1983, 325, 328 f.

[53] Vgl. zum früheren Recht OLG Stuttgart FamRZ 2002, 559.

[54] Zur Nutzungsentschädigung nach früherem Recht: BGH NJW 1996, 2153, 2154; BayObLGZ 1953, 45, 49 f.; HansOLG Hamburg FamRZ 1991, 1317, 1319; OLG Oldenburg FamRZ 1965, 277; SchlHOLG SchlHA 1955, 25, 27; OLG Nürnberg OLGZ 1980, 46, 47.

[55] Gesetzentwurf der Bundesregierung, BR-Drucks. 635/08 S. 44.

[56] Vgl. schon KG FamRZ 1986, 72.

[57] Das galt auch schon nach bisherigem Recht, vgl. OLG Hamburg FamRZ 1988, 80, 81; OLG Hamm FamRZ 1993, 1462; *Brudermüller* FamRZ 1989, 7, 8, 12 f.; aA OLG Hamm FamRZ 1980, 469.

allenfalls unterhaltsrechtlichen Sonderbedarf (§ 1613 Abs. 2) darstellen.[58] Eine analoge Anwendung von § 1568 b Abs. 3 (Anspruch auf Ausgleichszahlung) muss, da nicht von einer planwidrigen Gesetzeslücke gesprochen werden kann, ausscheiden.[59]

6. Verhältnis zu anderen Vorschriften. Gegenüber dem **Anspruch aus § 745 Abs. 2** auf Verwaltung und (Allein-)Benutzung des Miteigentums stellt die Regelung in § 1568 a Abs. 1 und 5 für den die Wohnungsbenutzung selbst begehrenden Ehegatten eine abschließende **Sonderregelung** dar.[60] Gleiches gilt für einen Herausgabeanspruch aus § 985[61] (zu **sachenrechtlichen Ansprüchen** s. auch die Ausführungen bei § 1568 b RdNr. 28, die insoweit auf die Ehewohnung entsprechend bezogen werden können). Geht es den Miteigentümer-Ehegatten jedoch um eine anderweitige Nutzung der Wohnung oder um eine Regelung zu einem späterem Zeitpunkt, also nicht mehr anlässlich der Scheidung, so ist der Tatbestand von Abs. 1 nicht einschlägig und es verbleibt bei dem Anspruch aus § 745 Abs. 2 BGB. Fraglich ist, was zu gelten hat, wenn sich die Miteigentümer-Ehegatten über die weitere Wohnungsnutzung durch einen von ihnen bereits **einvernehmlich** geeinigt hatten. Hier fehlt es zwar für einen Antrag nach Abs. 1 am Rechtsschutzbedürfnis, jedoch kann es weiterhin um den Anspruch auf Begründung eines Mietverhältnisses nach Abs. 5 gehen, der dann insoweit wiederum als Sonderregelung gegenüber § 745 Abs. 2 zu begreifen ist. Wird die Geltendmachung dieses Anspruchs unterlassen und schließen die Ehegatten (zunächst) auch keinen Mietvertrag, so bleibt für den Anspruch auf Nutzungsvergütung aber erneut nur § 745 Abs. 2[62] (vgl. auch RdNr. 52). Aus § 745 Abs. 2 heraus kann auch direkt auf Zahlung geklagt werden.[63] Ausgleichsansprüche zwischen Ehegatten wegen der gemeinsamen Finanzierung eines Eigenheims oder einer Eigentumswohnung bleiben unberührt.[64] Schadensersatzansprüche des Wohnungseigentümers gegen den anderen Ehegatten, der die Wohnung rechtswidrig weiter innehat, bilden keine Haushaltssache.[65] 22

IV. Anspruch auf Überlassung der Ehewohnung im Fall von Abs. 2

1. Normzweck. Schon § 3 HausratsV räumte dem an der Ehewohnung dinglich berechtigten Ehegatten bei der Wohnungszuteilung den Vorrang vor dem nicht dinglich berechtigten Ehegatten ein. In das Eigentum soll eben nicht mehr als unbedingt notwendig eingegriffen werden. Dieser Gedanke findet sich nun weitgehend unverändert in Abs. 2 wieder, der in diesen Fällen eine unbillige Härte zur Tatbestandsvoraussetzung macht. Zugleich hat der Gesetzgeber die bisher in § 60 WEG aF geregelte Klarstellung über die Anwendbarkeit der HausratsV auf Wohnungseigentum und Dauerwohnrecht im Zuge der Neuregelung nunmehr systemgerecht[66] in Abs. 3 verankert. § 60 WEG konnte demgemäß gestrichen werden. 23

2. (Mit-)Eigentum oder dingliche Berechtigung des Anspruchsgegners. Abs. 2 betrifft zum einen die Fälle, dass sich die Ehewohnung im Alleineigentum des Anspruchsgegners oder im Miteigentum des Anspruchsgegners und eines Dritten befindet. Ausschlaggebend ist insoweit die im Grundbuch ausgewiesene dingliche Rechtslage; etwaige obligatorische Ansprüche des anspruchstellenden Ehegatten können regelmäßig nicht berücksichtigt werden.[67] Abs. 2 gilt aber auch, wenn die Ehewohnung sich nicht in einem mit 24

[58] *Roth* FamRZ 2008, 1388, 1389.
[59] So auch *Roth* FamRZ 2008, 1388, 1389; *Götz/Brudermüller* RdNr. 300.
[60] Vgl. in diesem Sinne zu § 1361 b: OLG Jena NJW-RR 2008, 956, 957; OLG München NJW 2008, 381; OLG Dresden NJW 2005, 3151, 3152; *Palandt/Sprau* § 745 RdNr. 5; aA KG NJW-RR 2007, 798.
[61] *Götz/Brudermüller* RdNr. 265.
[62] Vgl. *Erman/Maier* Vor § 1 HausratsVO RdNr. 11; *Wever* FamRZ 2007, 1658 f.; anders wohl OLG München FamRZ 2007, 1655.
[63] Vgl. allgemein BGH NJW 1994, 1721, 1722; *Palandt/Sprau* § 745 RdNr. 5.
[64] Vgl. HansOLG Hamburg FamRZ 1988, 80, 81; OLG Hamm FamRZ 1993, 1462.
[65] Vgl. zum früheren Recht OLG Frankfurt FamRZ 2008, 83.
[66] Gesetzentwurf der Bundesregierung, BR-Drucks. 635/08 S. 44.
[67] Vgl. OLG Stuttgart OLGZ 1968, 126, 127; OLG Hamm JMBl. NRW 1958, 103; OLG Düsseldorf FamRZ 1980, 171, 172.

dem Grund und Boden fest verbundenen Haus, sondern in einem Behelfsheim oder einer Wohnlaube befindet, die als bewegliche Sache anzusehen ist.[68] Der Erwerb des Alleineigentums im Wege der Teilungsversteigerung durch einen Ehegatten schließt die Verpflichtung zur Überlassung an den anderen Ehegatten nicht aus; § 180 Abs. 3 ZVG verbietet die Anwendbarkeit von Abs. 2 nicht.[69] Ob bei einer vertraglichen Verpflichtung des einen Ehegatten, im Falle der Scheidung das Eigentum auf den anderen zu übertragen, dieser ausnahmsweise bereits als Eigentümer angesehen werden[70] oder lediglich als Noch-Nichteigentümer die Überlassung der Wohnung beanspruchen kann, macht letztlich keinen Unterschied. Dem Eigentum oder Miteigentum stehen gleich der Nießbrauch (§ 1030), das Erbbaurecht (§ 1 ErbbauRG) und das dingliche Wohnungsrecht (§ 1093, aber auch schon § 1090)[71] an dem Grundstück, auf dem sich die Ehewohnung befindet. Entsprechendes gilt gemäß Abs. 2 S. 2 für das Wohnungseigentum (§ 1 WEG) und das Dauerwohnrecht (§ 31 WEG) des anderen Ehegatten. Einer dinglichen Berechtigung iS von Abs. 2 nicht gleichzusetzen ist indes die bloße Mitgliedschaft in einer Wohnungsbaugenossenschaft. Insoweit greift Abs. 2 nicht.[72]

25 Abs. 2 ist **entsprechend** anzuwenden, wenn der anspruchstellende Ehegatte zwar (Mit-)Eigentümer ist, dem anderen Ehegatten jedoch ein dingliches Nutzungsrecht an der Ehewohnung im genannten Sinne zusteht.[73] Bei einer beschränkten persönlichen Dienstbarkeit (§ 1090) wirkt sich das dingliche Mitbenutzungsrecht des Eigentümer-Ehegatten an der Ehewohnung dahin aus, dass beide Ehegatten als in gleicher Weise dinglich berechtigt erscheinen;[74] in diesem Fall ist Abs. 1 anzuwenden.

26 **3. Unbillige Härte.** Der Anspruch auf Überlassung der Wohnung setzt in den Fällen des Abs. 2 voraus, dass die Überlassung notwendig ist, um eine unbillige Härte zu vermeiden. Eine unbillige Härte liegt nicht bereits vor, wenn die Aufgabe der bisherigen Ehewohnung für den Nichteigentümer-Ehegatten oder für das gemeinschaftliche Kind (Schulwechsel) mit Unbequemlichkeiten und Belastungen verbunden ist.[75] Gefordert wird, dass der Auszug für ihn eine außergewöhnlich schwere Beeinträchtigung darstellt, die als unbillig hart anzusehen wäre und die nur dadurch vermieden werden kann, dass er die Wohnung erhält.[76] An das Vorliegen dieser Voraussetzungen sind **strenge Anforderungen** zu stellen, da in die Eigentumsverhältnisse nicht mehr als notwendig eingegriffen werden soll.[77] Eine unbillige Härte kann zB vorliegen, wenn die Frau, der die elterliche Sorge zusteht oder bei der sich die Kinder gewöhnlich aufhalten, keine andere auch den Raumbedarf der Kinder deckende Wohnung, die für sie erschwinglich wäre, finden kann;[78] wenn sie wegen unzureichender Unterhaltszahlungen des Mannes auf die Einnahmen aus einer Untervermietung eines Teils der Ehewohnung angewiesen ist;[79] wenn der Anspruchsteller in der Wohnung sein **Gewerbe** oder seine **Praxis** ausgeübt hat und sein Geschäft nicht alsbald anderswohin verlegen kann oder wenn ein betagter Ehegatte schon seit vielen Jahren allein in der Ehewohnung

[68] BGH LM Nr. 1; SchlHOLG SchlHA 1955, 25, 27.
[69] AA OLG Hamm FamRZ 1998, 181, 182; *Johannsen/Henrich/Brudermüller* § 3 HausratsV RdNr. 15.
[70] So OLG Köln NJW-RR 1992, 1155, 1156.
[71] Vgl. OLG Düsseldorf FamRZ 1980, 171, 172.
[72] Zum früheren Recht KG NJW 1955, 185, 186; FamRZ 1984, 1242; *Götz/Brudermüller* RdNr. 210.
[73] Vgl. zum früheren Recht: OLG Oldenburg FamRZ 1998, 571 (Erbbaurecht eines Ehegatten am gemeinsamen Grundstück); *Erman/Maier* § 3 HausratsVO RdNr. 5.
[74] OLG Stuttgart FamRZ 1990, 1260, 1261. AA insoweit OLG Düsseldorf FamRZ 1980, 171, 172 mit abl. Anm. *Rüffer.* Das OLG räumt dem Dienstbarkeitsberechtigten, *Rüffer* dem Eigentümer den Vorrang ein. *Fehmel* in FamGB (RdNr. 5) und *Schwab/Motzer* (VIII RdNr. 92) stellen in allen Fällen, in denen beide Ehegatten dinglich berechtigt sind, auf § 2 ab, ebenso OLG Naumburg FamRZ 1998, 1529.
[75] OLG München FamRZ 1995, 1205, 1207.
[76] OLG Naumburg FamRZ 2002, 672; *Erman/Maier* § 3 HausratsVO RdNr. 3.
[77] OLG Hamm FamRZ 2004, 888, 889; OLG Naumburg FamRZ 2002, 672; OLG Stuttgart OLGZ 1968, 126, 127; BayObLG FamRZ 1974, 17, 18; OLG Düsseldorf FamRZ 1980, 171, 172; OLG Köln NJW-RR 1992, 1155, 1156; *Götz/Brudermüller* RdNr. 206.
[78] OLG Stuttgart OLGZ 1968, 126, 128; BayObLG FamRZ 1974, 17, 18; OLG Köln FamRZ 1996, 492; aA OLG München FamRZ 1995, 1205, 1206 = EzFamR HausratsVO § 3 Nr. 1 m. Anm. *Brudermüller.*
[79] Vgl. FA-FamR/*Klein* Kap. 8 RdNr. 143 a; aA *Johannsen/Henrich/Brudermüller* RdNr 7.

lebt.[80] Zu berücksichtigen ist auch die Lage des Eigentümer-Ehegatten, zB ob er die Wohnung selbst benötigt oder diese gar nicht persönlich nutzen will oder ob er wegen erheblicher Schulden auf die Veräußerung der Ehewohnung angewiesen ist.[81] Gleiches gilt für die Interessen eines etwaigen dinglich mitberechtigten Dritten. Keine Rolle spielen hingegen in aller Regel die Ursachen der Eheauflösung.[82]

4. Anspruch auf Nutzungsüberlassung. Anspruchsziel ist auch bei Abs. 2 die Überlassung der Ehewohnung an den Anspruchsteller zur Alleinnutzung. Andere Rechtsfolgen sind nicht vorgesehen. Insbesondere kann weder die Überlassung der Wohnung zu Eigentum oder Wohnungseigentum noch die Einräumung eines dinglichen Wohnrechts etc. verlangt werden. Das gilt auch, wenn die Ehewohnung sich in einem Behelfsheim, einer Wohnlaube oder ähnlichen Unterkünften befindet.[83] Der berechtigte Ehegatte kann aber im Regelfall gem. Abs. 5 die **Begründung eines Mietverhältnisses** verlangen. Dieses Mietverhältnis kann unter Umständen befristet werden (s. RdNr. 49). Davon abgesehen ist eine **Befristung** des Anspruchs auf eine Übergangszeit von Verfassungs wegen nicht geboten.[84] 27

V. Eintritt in das Mietverhältnis, Abs. 3

1. Anwendungsbereich. Abs. 3 regelt die mietrechtlichen Konsequenzen in dem Fall, dass es sich bei der Ehewohnung um eine gemietete Wohnung handelt. Sofern die Ehegatten die Wohnung zuvor gemeinsam gemietet hatten, führt der Anspruch aus Abs. 1 auf Wohnungsüberlassung an einen von ihnen dazu, dass dieser Ehegatte nun das von beiden eingegangene Mietverhältnis allein fortsetzt. Davon zu unterscheiden ist die Konstellation, dass der andere Ehegatte Alleinmieter der Wohnung ist. In diesem Fall tritt der anspruchsberechtigte Ehegatte an Stelle des zur Überlassung verpflichteten Ehegatten in das von diesem eingegangene Mietverhältnis ein. In der Sache ersetzt Abs. 3 die frühere Rechtgestaltung durch den Richter nun durch eine an den §§ 563, 563 a orientierte gesetzliche Nachfolge.[85] Verfassungsrechtliche Bedenken gegen diese Regelung, insbesondere im Hinblick auf die Eigentumsgarantie des Art. 14 Abs. 1 S. 1 GG, bestehen – wie schon gegen die ähnliche Vorgängerregelung in § 5 HausratsV[86] – nicht. Abs. 3 ist insoweit als Ausfluss der Sozialbindung des Eigentums zu begreifen. Die Vorschrift findet auch dann Anwendung, wenn es sich bei der Ehewohnung um **genossenschaftsrechtlich** gebundenen Wohnraum handelt.[87] 28

2. Mietwohnung. Das Mietverhältnis muss grundsätzlich im Zeitpunkt der Entscheidung noch bestehen. Steht im Falle der **Kündigung** des Mietverhältnisses durch den Vermieter fest, dass die Ehewohnung nicht beibehalten werden kann, weil das Räumungsverlangen offensichtlich gerechtfertigt ist, so fehlt das Rechtsschutzbedürfnis für einen Antrag auf Überlassung der Ehewohnung.[88] Hat der zur Überlassung verpflichtete Ehegatte das Mietverhältnis über die von ihm allein gemietete Wohnung durch Kündigung oder durch einen mit dem Vermieter geschlossenen Aufhebungsvertrag beendet, so hindert das, solange die Wohnung noch nicht anderweitig vermietet worden ist,[89] deren Überlassung an 29

[80] Vgl. AG Königstein FamRZ 2002, 973.

[81] OLG Stuttgart OLGZ 1968, 126, 129; BayObLG FamRZ 1977, 467, 471 f.

[82] *Palandt/Brudermüller* Anh zu §§ 1361 a, 1361 b, § 2 HausrVO RdNr. 9; anders für Ausnahmefall KG FamRZ 1988, 182, 182; differenzierend auch *Erman/Maier* § 1 HausratsVO RdNr. 6.

[83] Vgl. SchlHOLG SchlHA 1955, 25, 27.

[84] AA nach früherem Recht: *Johannsen/Henrich/Brudermüller* § 3 HausratsV RdNr. 10; *Staudinger/Weinreich* § 3 HausratsV RdNr. 17.

[85] Gesetzentwurf der Bundesregierung, BR-Drucks. 635/08 S. 44.

[86] Vgl. BVerfG NJW 1992, 106 und FamRZ 2006, 1596, 1597; BayObLG NJW 1961, 317; OLG Karlsruhe NJW 1998, 2148; BGHZ 6, 270; eingehend *Johannsen/Henrich/Brudermüller* § 5 HausratsV RdNr. 1 ff.

[87] Gesetzentwurf der Bundesregierung, BR-Drucks. 635/08 S. 44; *Götz/Brudermüller* NJW 2008, 3025, 3027.

[88] OLG Oldenburg FamRZ 1993, 1342.

[89] Vgl. KG OLGR 1998, 44; AG Hamburg-Altona MDR 1994, 1125.

den dort noch lebenden anderen Ehegatten unter (rückwirkender) Begründung eines neuen Mietverhältnisses zu den alten Bedingungen nicht, weil die Ehewohnung dadurch ihre Eigenschaft als Mietwohnung nicht verloren hat.[90] Andernfalls könnte der Ehegatte, der bisher alleiniger Mieter war, stets die Zuweisung der Wohnung an den anderen Teil vereiteln. Entsprechendes gilt für den Fall der Kündigung seitens des Vermieters, wenn die Wohnung anschließend von einem der Ehegatten – aufgrund neuer Vereinbarungen – weiter genutzt wird. Die Zivilgerichte haben eine Räumungsklage gegebenenfalls bis zur Entscheidung in der Ehewohnungssache auszusetzen.[91] Abs. 3 findet auch auf **ähnliche Vertragsverhältnisse** wie Miete Anwendung. Bei einer Leihe von Wohnraum gilt er entsprechend.

30 **3. Der Eintritt in das Mietverhältnis** erfolgt nun **kraft Gesetzes** und nicht mehr – wie nach § 5 HausratsV – durch richterlichen Hoheitsakt. Das Gesetz nennt alternativ zwei Eintrittszeitpunkte, wobei die Rechtswirkungen aber nach der ratio legis frühestens mit Rechtskraft der Scheidung greifen können.[92] Zum einen wird der Eintritt in das Mietverhältnis bewirkt im Zeitpunkt des **Zugangs** (§ 130) der an den Vermieter gerichteten Mitteilung der Ehegatten über die Wohnungsüberlassung **(Nr. 1)**. Erforderlich ist insoweit die Mitteilung durch **beide Ehegatten.** Bei getrennten Mitteilungen der Ehegatten ist auf den Zugang der letzten Erklärung abzustellen. Weigert sich der in der Wohnung verbliebene Ehegatte an einer Änderung des Mietvertrags mit dem Vermieter oder an der genannten Mitteilung mitzuwirken, kann ihn der andere Ehegatte auf Zustimmung zur Abgabe der Kündigungserklärung verklagen.[93] Beachtlich bleibt bei der Variante nach Abs. 3 Nr. 1, dass keine gerichtliche Klärung, welcher der Ehegatten tatsächlich mehr auf die Wohnung angewiesen ist, vorausgegangen ist. Die Ehegatten können dies letztlich privatautonom bestimmen und dem Vermieter dann mitteilen.[94]

31 Alternativ erfolgt der Eintritt in das Mietverhältnis im Zeitpunkt der Rechtskraft der **Endentscheidung in der Ehewohnungssache (Nr. 2)**. Die Neuregelung stellt insoweit auf die Endentscheidung iS von § 209 Abs. 2 FamFG ab. Wird die Endentscheidung im Verbundverfahren im Scheidungsbeschluss getroffen, so werden gem. § 148 FamFG Entscheidungen in Folgesachen nicht vor Rechtskraft des Scheidungsausspruchs wirksam. Sie können aber bei Abtrennung der Folgesache oder im Fall eines isolierten Rechtsmittels auch erst später rechtskräftig werden. Die **Zustimmung des Vermieters** ist zum Eintritt in das Mietverhältnis nicht erforderlich; auch vorangehender Streit zwischen Vermieter und berechtigtem Ehegatten ist unbeachtlich.[95] Die damit verbundene **Beschränkung der Rechte des Vermieters** findet ihre Rechtfertigung darin, dass die Wohnung vertragsgemäß einer Familie als Lebensmittelpunkt gedient hat und der Ehegatte, der Vertragspartner war, auch über die Scheidung hinaus dem anderen Ehegatten und insbesondere seinen Kindern zur Rücksichtnahme verpflichtet ist.[96] Der Vermieter ist allerdings im Verfahren zu beteiligen, § 204 FamFG (RdNr. 58). Auf seine Zustimmung kommt es allein im Fall von Abs. 4 an. Bei Genossenschaftswohnungen erscheint es allerdings höchst tunlich, die Zustimmung einzuholen, um der Gefahr einer Kündigung zu entgehen.[97]

32 **4. Ausgestaltung des Mietverhältnisses; Nachhaftung.** Die Änderung des Mietverhältnisses beschränkt sich auf die Änderung der Person des Mieters. Der berechtigte Ehegatte wird nun Alleinmieter. Im Übrigen bleibt das Mietverhältnis, insbesondere die Höhe der Miete, die Vertragslaufzeit oder die Kündigungsfristen, unberührt. Eine geleistete Kaution

---

[90] BayObLG NJW 1961, 317, 318; 1957, 62, 63; HansOLG Hamburg FamRZ 1982, 939, 940; KG FamRZ 1984, 1242 und NJWE-FER 1997, 121; OLG München FamRZ 1991, 1452, 1455; *Johannsen/Henrich/Brudermüller* § 5 HausratsV RdNr. 9, 12, 20.

[91] Vgl. BVerfG FamRZ 2006, 1596, 1597.

[92] *Götz/Brudermüller* FamRZ 2009, 1261, 1262.

[93] *Götz/Brudermüller* NJW 2008, 3025, 3029.

[94] Vgl. *Neumann* FamRB 2009, 191, 192; *Götz/Brudermüller* FamRZ 2009, 1261, 1262.

[95] Vgl. KG NJWE-FER 1997, 121.

[96] BVerfG FamRZ 2006, 1596, 1597; BVerfG NJW 1992, 106.

[97] Vgl. *Götz/Brudermüller* NJW 2008, 3025, 3027.

bleibt beim Vermieter. Laut Gesetzesbegründung wurde bewusst davon abgesehen, im Rahmen der Abs. 3 bis 5 ein bloßes entgeltliches Nutzungsverhältnis der Ehegatten untereinander zuzulassen. Das Mietrecht kenne ein solches entgeltliches Nutzungsverhältnis neben der Miete nicht. Eine solche Regelung wäre daher systemwidrig gewesen.[98]

Mit dem Eintritt des Ehegatten in das Mietverhältnis bzw. dessen alleiniger Fortführung 33 des bisher gemeinsamen Mietverhältnisses enden die Rechte und Pflichten des weichenden Ehegatten aus dem Mietverhältnis. Er haftet lediglich für die während seiner Mietzeit entstandenen Verbindlichkeiten aus dem Mietverhältnis.[99] Das **Vermieterpfandrecht** an seinen eingebrachten Sachen besteht nur hinsichtlich zuvor entstandener Ansprüche fort.[100] Der in das Mietverhältnis eingetretene Ehegatte wiederum haftet nur dann für **Mietrückstände,** wenn er selbst bereits zuvor neben dem anderen Ehegatten Mietpartei war. Wird er mit Eintritt erstmals Mieter, so schuldet er erst ab die diesem Zeitpunkt die Miete.[101] Eine entsprechende Anwendung von § 563 b hat der Gesetzgeber nämlich nicht angeordnet. Die frühere Regelung in § 5 Abs. 1 S. 2 HausratsV,[102] wonach der Richter zur Sicherung der Ansprüche des Vermieters den Ehegatten gegenüber Anordnungen treffen konnte,[103] wurde nicht übernommen. Insbesondere sah der Gesetzgeber aus mietrechtlicher Sicht für eine **Nachhaftung** auch deshalb kein Bedürfnis, weil der Vermieter bei Zahlungsrückständen das Mietverhältnis kündigen kann.[104]

5. Kündigungsrecht des Vermieters. a) Kündigung gem. § 563 Abs. 4. Die Inte- 34 ressen des Vermieters sind im Rahmen der Entscheidung über den Anspruch des Ehegatten grundsätzlich noch nicht zu berücksichtigen.[105] Ihm steht allerdings ein Kündigungsrecht zu. Das gilt gerade auch für den Fall, dass kein gerichtliches Verfahren durchgeführt wurde, weil sich die Ehegatten einverständlich über die Wohnungsüberlassung geeinigt hatten und nun dem Vermieter die Eintrittserklärung gemäß Abs. 3 haben zukommen lassen. Angesichts der besonderen Bedeutung der Wohnung als Lebensmittelpunkt ist die Interessenlage insoweit mit dem Eintrittsrecht des Ehegatten bei Tod des Mieters vergleichbar.[106] Daher hat der Gesetzgeber dem Vermieter auch in diesen Fällen das besondere Kündigungsrecht gem. § 563 Abs. 4 eingeräumt; diese Norm ist gemäß Abs. 3 S. 2 entsprechend anwendbar.

Danach kann der Vermieter das Mietverhältnis innerhalb eines Monats, nachdem er von 35 dem endgültigen Eintritt in das Mietverhältnis Kenntnis erlangt hat, außerordentlich mit der gesetzlichen Frist (§§ 573 d Abs. 2 S. 1, 575 a Abs. 3 S. 1) kündigen, wenn in der Person des Eingetretenen ein wichtiger Grund vorliegt. Auf diese Weise sollen die Belange des Vermieters, der nun mit einem einzigen Mietschuldner bzw. mit einem ggf. weniger zahlungskräftigen Mieter vorlieb nehmen muss, gewahrt werden. Ein **wichtiger Grund** in der Person des neuen Mieters oder den damit unmittelbar zusammenhängenden Umständen wird indes – wie in den Fällen der §§ 553 Abs. 1 S. 2, 540 Abs. 1 S. 2 – **nur im Ausnahmefall** zu bejahen sein,[107] etwa wenn dieser durch besonders ungebührliches persönliches Verhalten (gegenüber der Hausgemeinschaft) auffällt[108] oder dauerhaft zahlungsunfähig und vermögenslos ist.[109] Eine lediglich geringere Solvenz des neuen Mieters im Vergleich zum Vormieter genügt nicht.[110] Hatten die Ehegatten selbst keine Ehewohnungs-

---

98 Gesetzentwurf der Bundesregierung, BR-Drucks. 635/08 S. 44.
99 Vgl. schon *Erman/Maier* § 5 HausratsVO RdNr. 4.
100 *Palandt/Brudermüller* Anh zu §§ 1361 a, 1361 b, § 5 HausrVO RdNr. 2.
101 Das galt auch schon bisher, vgl. BGH NJW 1962, 487; *Erman/Maier* § 5 HausratsVO RdNr. 4.
102 S. dazu Voraufl. § 5 HausratsV RdNr. 9 ff.
103 S. zuletzt OLG München NJW-Spezial 2008, 517: übergangsweise gesamtschuldnerische Haftung der Ehegatten für Miete.
104 Gesetzentwurf der Bundesregierung, BR-Drucks. 635/08 S. 44.
105 Krit. *Götz/Brudermüller* NJW 2008, 3025, 3027.
106 Gesetzentwurf der Bundesregierung, BR-Drucks. 635/08 S. 45.
107 Näher dazu *Hinz* ZMR 2002, 640, 643.
108 Vgl. *Palandt/Weidenkaff* § 540 RdNr. 12.
109 Vgl. OLG Köln FamRZ 2007, 1580.
110 *Roth* FamRZ 2008, 1388, 1389.

sache anhängig gemacht, werden die das Mietverhältnis betreffenden Fragen also oft erst im Rahmen des Kündigungsprozesses oder des sich anschließenden Räumungsverfahrens gerichtlich behandelt werden können,[111] während auch dafür zuvor das Hausratsverfahren zur Verfügung stand.

36 **b) Sonstige Kündigungsrechte.** Unberührt bleibt – vorbehaltlich des gesetzlichen Kündigungsschutzes – ein Kündigungsrecht des Vermieters aus anderen Gründen, insbesondere wegen **Zahlungsverzugs.** Dafür genügt nach § 543 Abs. 2 Nr. 3 a bereits der Verzug mit der Entrichtung der Miete oder eines nicht unerheblichen Teils davon für zwei aufeinander folgende Termine. Eine Kündigung aus diesem Grund ist für den (meist weniger solventen) Ehegatten, der die Wohnung überlassen bekommen hat und anlässlich der Scheidung vielleicht auch um seinen Unterhaltsanspruch kämpfen muss, die größere Gefahr.[112]

VI. Besonderheiten bei Dienstwohnungen, Abs. 4

37 **1. Normzweck.** Eine Dienst- oder Werkwohnung soll im Interesse des Arbeitgebers oder Dienstherrn, der die Wohnung nur im Hinblick auf das Dienst- oder Arbeitsverhältnis den Ehegatten überlassen hat, grundsätzlich dem Ehegatten verbleiben, der das Dienst- oder Arbeitsverhältnis eingegangen ist. Eine Überlassung an den anderen Ehegatten sollte daher – wie zuvor gem. § 4 HausratsV – grundsätzlich nur mit Einverständnis des Arbeitgebers oder Dienstherrn möglich sein. Allerdings war schon bisher hM, dass eine Zuweisung der Ehewohnung auch gegen den Willen des Vermieters erfolgen kann, wenn die Belange des Ehegatten die des Vermieters überwiegen.[113]

38 Die **Neuregelung** in Abs. 4 knüpft nun allerdings (bewusst?) nicht an den Überlassungsanspruch nach Abs. 1 an, indem an diesen weitere Anforderungen gestellt würden, sondern verlangt lediglich für die Begründung des Mietverhältnisses mit dem Dienstherrn/Arbeitgeber dessen Zustimmung bzw. das Vorliegen einer schweren Härte. Das bedeutet, dass unter den Voraussetzungen des Abs. 1 auch eine Dienst- oder Werkwohnung dem bedürftigen Ehegatten überlassen werden kann, und zwar ohne dass es auf die Voraussetzungen des Abs. 4 ankäme.[114] Scheitert in solchen Fällen die Begründung eines Mietverhältnisses mit dem Dienstherrn, bleibt der dienstverpflichtete Ehegatte Partei im Mietvertrag. Die Ehegatten müssen dann im Innenverhältnis das Nutzungsverhältnis und eine Nutzungsentschädigung regeln (dazu auch RdNr. 52).

39 **2. Dienst- und Werkwohnung.** Abs. 4 bezieht sich auf Wohnungen, die den Ehegatten mit Rücksicht auf ein Dienst- oder Arbeitsverhältnis des einen von ihnen oder im Rahmen eines solchen überlassen worden ist. Dass der Hauseigentümer gleichzeitig Arbeitgeber oder Dienstherr ist, genügt allein nicht. Gleichgültig ist, ob sich das Recht zur Benutzung der Wohnung nach Mietrecht (Werkmietwohnung) richtet oder (wie bei einer Werkdienstwohnung) ein gemischter Vertrag vorliegt oder ob die Wohnung aufgrund eines öffentlich-rechtlichen Nutzungsverhältnisses überlassen worden ist und ob nur der Arbeitnehmer-Ehegatte oder auch dessen Partner Mieter ist. Der Arbeitgeber oder Dienstherr braucht nicht Eigentümer oder Vermieter der Räume zu sein; Vermieter kann zB auch ein Dritter sein, der sich einem Unternehmen gegenüber zur Überlassung der Wohnung an Betriebsangehörige verpflichtet hat.[115]

40 **Maßgebend** für die Beurteilung dieser Voraussetzung ist der **Zeitpunkt** der Entscheidung.[116] Daher ist Abs. 4 auch anzuwenden, wenn ein Mietvertrag zunächst ohne Rücksicht auf das Arbeits- oder Dienstverhältnis geschlossen worden ist, später jedoch eine Abhängig-

[111] Vgl. *Götz/Brudermüller* NJW 2008, 3025, 3028.
[112] Vgl. *Götz/Brudermüller* NJW 2008, 3025, 3028.
[113] OLG Frankfurt FamRZ 1992, 695; AG Ludwigshafen FamRZ 1995, 558 und 1207; *Staudinger/Weinreich* § 4 HausratsVO RdNr. 8.
[114] Vgl. *Götz/Brudermüller* NJW 2008, 3025, 3029.
[115] Vgl. BayObLGZ 1959, 403, 406; 1971, 377, 380; OLG Frankfurt FamRZ 1991, 838.
[116] Vgl. SchlHOLG SchlHA 1955, 281.

keit zwischen beiden vereinbart wird. Ist zur Zeit der Entscheidung das Dienst- oder Arbeitsverhältnis bereits beendet oder eine Frist verstrichen, nach deren Ablauf die Wohnung nicht mehr als mit Rücksicht auf das Arbeitsverhältnis überlassen gelten sollte (zB „nach Ablauf von fünf Jahren wird das Mietverhältnis von dem bestehenden Arbeitsverhältnis unabhängig"), so kommt es auf die Voraussetzungen von Abs. 4 nicht mehr an,[117] weil das Arbeitsverhältnis dann keinen Einfluss mehr auf Verlauf und Gestaltung des Mietverhältnisses hat. Es gilt nichts anderes als im Falle des Todes des Arbeitnehmer-Ehegatten. Nicht ausreichend ist, dass die Wohnung im Falle einer Neubelegung – weil das Belegungsrecht des Arbeitgebers fortbesteht – wieder Dienst- oder Werkwohnung wird.

3. Einverständnis des Dienstherrn. Zur Begründung eines Mietverhältnisses zwischen dem berechtigten Ehegatten und dem Dienstherrn ist – vorbehaltlich eines Härtefalls (RdNr. 42) – dessen Einverständnis erforderlich. Wenn der Dienstherr/Arbeitgeber den Vermieter mit der Wahrnehmung seiner Interessen betraut hat, genügt dessen Zustimmung.[118] Der Dienstherr oder Arbeitgeber ist gem. § 204 Abs. 1 FamFG am Verfahren zu beteiligen. 41

4. Schwere Härte. Unabhängig vom Einverständnis des Arbeitgebers oder Dienstherrn besteht der Anspruch auf Begründung eines Mietverhältnisses auch dann, wenn dies notwendig ist, um in besonderen, atypischen Fällen eine schwere Härte zu vermeiden. Die in der Praxis entwickelten besonderen Voraussetzungen für die Zuweisung gegen den Willen des Dienstherrn/Arbeitgebers werden in diesem Erfordernis der schweren Härte zusammengefasst. Die Abstufung zur unbilligen Härte in Abs. 2 soll der besonderen Zweckbindung der Wohnungsüberlassung im Verhältnis zwischen Dienstherrn und Dienstverpflichtetem Rechnung tragen.[119] Eine schwere Härte kann z. B. vorliegen, wenn der Ehegatte, der die Wohnung nicht aufgrund eines Dienst- oder Arbeitsverhältnisses innehat, psychisch schwer krank ist und die mit dem Fortzug veranlasste Veränderung seiner Lebensumwelt sich negativ auf seinen Gesundheitszustand auswirken würde.[120] Das Gleiche gilt, wenn die Wohnung für diesen Ehegatten behindertengerecht umgebaut worden ist.[121] 42

Bei der diesbezüglichen Beurteilung ist zu Gunsten des Dienstherrn/Arbeitgebers zu beachten, dass der Charakter der Wohnung als Dienst- oder Werkwohnung nicht endgültig oder auf nicht absehbare Zeit aufgehoben werden soll, also die Begründung des Mietverhältnisses regelmäßig nur vorübergehend, **befristet** oder bis zur Anmietung einer Ersatzwohnung auszusprechen ist. Weiterhin soll durch die Überlassung der Ehewohnung die Fortsetzung des Arbeitsverhältnisses für den betriebsangehörigen Ehegatten nicht unmöglich gemacht oder unzumutbar erschwert werden.[122] 43

5. Dienst- und Arbeitsverhältnis mit beiden Ehegatten. War das Dienst- oder Arbeitsverhältnis mit beiden Ehegatten eingegangen (Beispiel: Hausmeisterehepaar), so steht grundsätzlich demjenigen Ehegatten der Überlassungsanspruch zu, der das Dienst- oder Arbeitsverhältnis fortsetzt.[123] Eine Überlassung an den anderen Ehegatten kommt nur in Härtefällen (RdNr. 42) in Betracht. Setzen beide Ehegatten das Dienstverhältnis fort, so ist grundsätzlich nach Abs. 1 zu entscheiden und nicht in entsprechender Anwendung von Abs. 4 die Überlassung der Wohnung an einen der Ehegatten von dem Einverständnis des Dienstherrn oder Arbeitgebers abhängig zu machen.[124] 44

---

[117] HansOLG Hamburg FamRZ 1982, 939, 940; *Erman/Maier* § 4 HausratsVO RdNr. 1; aA OLG Frankfurt FamRZ 1991, 838.

[118] Vgl. SchlHOLG SchlHA 1982, 197.

[119] Gesetzentwurf der Bundesregierung, BR-Drucks. 635/08 S. 45.

[120] AG Kerpen FamRZ 1997, 1344, 1345.

[121] Gesetzentwurf der Bundesregierung, BR-Drucks. 635/08 S. 45.

[122] Vgl. BayObLGZ 1959, 403, 407; 1971, 377, 381; 1972, 216, 218 f.; BayObLG NJW 1970, 329, 330; OLG Frankfurt FamRZ 1992, 695; OLG Hamm Rpfleger 1951, 640 und FamRZ 1981, 183; *Lill* S. 28; RGRK/*Kalthoener* § 4 HausratsV RdNr. 6.

[123] *Palandt/Brudermüller* Anh. zu §§ 1361 a, 1361 b, § 4 HausrVO RdNr. 2.

[124] Vgl. *Soergel/Heintzmann* § 4 HausratsV RdNr. 4; aA *Dölle* I § 41 V 3; RGRK/*Kalthoener* § 4 HausratsV RdNr. 7.

45 **6. Entsprechende Anwendung.** In Rechtsprechung und Schrifttum wurde eine entsprechende Anwendung der Vorgängernorm des § 4 HausratsV zunächst auf den Fall befürwortet, dass zwar die Vermietung nicht mit Rücksicht auf ein bestimmtes Arbeitsverhältnis erfolgt war, wohl aber deshalb, weil ein Ehegatte einer Berufsgruppe oder einer bestimmten Kategorie von Arbeitskräften angehört, deren wohnungsmäßige Förderung Aufgabe des Vermieters ist,[125] zum anderen dann, wenn die Ehewohnung in einem so engen räumlichen Zusammenhang mit dem Arbeitsplatz steht (zB Wohnung in einem gepachteten Bauernhof), dass die Interessenlage der des Vermieters einer Dienst- oder Werkwohnung gleicht.[126] Dafür besteht jedoch nach wie vor kein Anlass. Hier hat es bei Anwendung von Abs. 1 zu verbleiben. Der Familienrichter kann diesbezügliche Aspekte im Rahmen der danach vorzunehmenden Billigkeitsbetrachtung hinreichend berücksichtigen. Auch bei einer genossenschaftlichen Bindung der Wohnung (hierzu auch RdNr. 29) ist Abs. 4 nicht einschlägig.[127]

VII. Anspruch auf Begründung eines Mietverhältnisses, Abs. 5

46 **1. Anwendungsbereich.** Die Vorschrift ersetzt und konkretisiert § 5 Abs. 2 HausratsV, wonach der Richter zugunsten eines Ehegatten ein Mietverhältnis begründen konnte, wenn kein Mietverhältnis an der Ehewohnung besteht. Das betrifft etwa Wohnungen, die im Alleineigentum des anderen Ehegatten stehen,[128] im Miteigentum der Ehegatten oder in gemeinsamer dinglicher Berechtigung des anderen Ehegatten und eines Dritten (vgl. Abs. 2). Weiterhin wird der Fall erfasst, dass die Ehewohnung im Eigentum der Eltern bzw. Schwiegereltern steht oder dass ein Ehegatte, der alleiniger Mieter ist, das Mietverhältnis an der gemeinsamen Ehewohnung bereits wirksam gekündigt hat.[129]

47 **2. Beiderseitige Ansprüche.** Die Regelung in S. 1 stellt sicher, dass nicht nur der zur Nutzung berechtigte Ehegatte, sondern auch die zur Vermietung berechtigte Person die Begründung eines Mietverhältnisses über die Ehewohnung verlangen kann. Damit soll dem dinglich Berechtigten ein korrespondierender Anspruch auf Begründung eines Mietverhältnisses eingeräumt werden. Er kann – neben dem Ehegatten, dem die Wohnung zu überlassen ist – nunmehr selbst tätig werden und den Abschluss eines Mietvertrages verlangen. Diese Lösung soll vermeiden, dass es zu Streitigkeiten über die Rechtsgrundlage eines Nutzungsentgelts kommt, weil einem Ehegatten zwar nach Abs. 2 die Wohnung zu überlassen ist, dieser aber nicht zugleich die Begründung eines Mietverhältnisses verlangt. Das dem Gesetzentwurf innewohnende Ziel, das System von der richterlichen Anordnung auf Anspruchsgrundlagen umzustellen, wird durch diese Lösung laut Gesetzesbegründung konsequent eingehalten. Eines gesonderten (familien-rechtlichen) Anspruchs auf Nutzungsentschädigung, dessen Schaffung vereinzelt gefordert worden ist, bedürfe es nicht, da der dinglich Berechtigte durch den Anspruch auf Begründung eines Mietverhältnisses ausreichend abgesichert sei.[130] Die „zur Vermietung **berechtigte Person**" muss nicht zwangsläufig der Eigentümer der zu vermietenden Immobilie sein, man denke an den Fall der Vermietung durch eine Verwaltungsgesellschaft im eigenen Namen.[131]

48 **3. Mietvertrag.** Für das Mietverhältnis gelten die §§ 535 ff. Die Begründung des Mietverhältnisses kann zu den ortsüblichen Bedingungen verlangt werden. Im Fall eines gerichtlichen Verfahrens, legt das Gericht im Streitfall den Inhalt des Mietvertrages durch eine rechtsgestaltende Entscheidung fest.[132]

---

[125] Vgl. OLG Frankfurt ZMR 1955, 179, 180.
[126] Vgl. LG Wuppertal MDR 1949, 170, 171.
[127] KG NJW 1955, 185, 186 und FamRZ 1984, 1242.
[128] Vgl. zum früheren Recht BayObLG FamRZ 1974, 22, 23.
[129] Gesetzentwurf der Bundesregierung, BR-Drucks. 635/08 S. 46.
[130] Beschlussempfehlung BT-Drucks. 16/13027 vom 13. 5. 2009, S. 11.
[131] Gesetzentwurf der Bundesregierung, BR-Drucks. 635/08 S. 46.
[132] Gesetzentwurf der Bundesregierung, BR-Drucks. 635/08 S. 46.

a) Miete. Die richterliche Mietfestsetzung wird anstelle des unbestimmten Rechtsbegriffs der Billigkeit (§ 2 HausratsV) ausdrücklich an die ortsübliche Vergleichsmiete (Marktmiete) als Regelfall geknüpft. Von diesem Maßstab kann aber unter Umständen aufgrund der persönlichen und wirtschaftlichen Verhältnisse der Betroffenen im Einzelfall abgewichen werden kann, zB wenn der Nichteigentümer-Ehegatte auch den Raumbedarf minderjähriger, unterhaltsberechtigter Kinder zu befriedigen hat.[133] Mit dem Verweis auf eine **angemessene** Miete soll dabei auch bewirkt werden, dass eine mögliche Wechselwirkung zwischen Miethöhe und Unterhalt Berücksichtigung finden kann.[134] Bei hälftigem Miteigentum der Ehegatten ist die Miete grundsätzlich nach dem halben Mietwert festzulegen.[135] Bei preisgebundenem Wohnraum ist die sog. Kostenmiete maßgebend, nicht die wesentlich höhere marktübliche Miete.[136] Die Entscheidung über die vom Berechtigten zu zahlende Miete ist auf Antrag zugleich mit der Entscheidung über den Überlassungsanspruch zu treffen. Nach Rechtskraft der Entscheidung kann sie nur unter den Voraussetzungen des § 48 Abs. 1 FamFG nachgeholt werden.[137] Nach dieser Vorschrift richtet sich auch eine Änderung der Miete.[138]

b) Befristung. Nach § 5 Abs. 2 HausratsV konnte der Richter das Mietverhältnis nach 49 Billigkeit von vornherein auf eine bestimmte Übergangszeit befristen.[139] Das bis zum 1. 9. 2001 geltende Mietrecht sah dabei keine Beschränkung für den Abschluss eines Zeitmietvertrags vor, weil der Mieter nachträglich über das Fortsetzungsverlangen (§ 564 c aF) geschützt war. Nach geltendem Mietrecht ist der Mieterschutz auf den Abschluss des Mietvertrags vorverlagert. Während § 575 die Befristung eines Mietvertrags nur unter bestimmten Voraussetzungen erlaubt, ist das nachträgliche Fortsetzungsverlangen auf den Wegfall des Befristungsgrundes beschränkt. Hieran knüpft die Regelung des Abs. 5 an. Unter Beachtung des Umstands, dass das Mietverhältnis nicht aufgrund der freien Entscheidung beider Beteiligten zustande kommt und auch die Interessen des Vermieters angemessen zu berücksichtigen sind, hat der Gesetzgeber nun dem Vermieter das Recht eingeräumt, eine Befristung des Mietverhältnisses zu verlangen. Gedacht ist dabei auch an den Fall, dass der andere Ehegatte selbst der Vermieter ist und ihm eine dauerhafte mietrechtliche Bindung an den anderen Ehegatten nicht zumutbar sein mag.[140]

Die Befristung des Mietverhältnisses ist zum einen möglich, wenn die **Voraussetzungen** 50 des **§ 575 Abs. 1** vorliegen. Die zur Vermietung verpflichtete Person, regelmäßig der Eigentümer, soll wie jeder andere Vermieter auch das Recht bekommen, eine Befristung aus den dort genannten engen Gründen verlangen zu können (künftiger Eigenbedarf des Vermieters, Planung wesentlicher baulicher Veränderungen, geplante Beseitigung der Wohnräume, spätere Verwendung als Dienstwohnung für Dienstverpflichteten). Zum anderen ist die Befristung möglich, wenn die Begründung eines unbefristeten Mietverhältnisses unter **Würdigung der berechtigten Interessen des Vermieters** ausnahmsweise **unbillig** ist. Damit soll einerseits eventuellen verfassungsrechtlichen Bedenken gegen die zu weitgehende Ermöglichung eines unbefristeten Mietverhältnisses Rechnung getragen werden. Andererseits sollen aber auch Situationen vermieden werden, in denen eine sofortige Räumung der Wohnung für den berechtigten Ehegatten unzumutbar ist.[141] Aus Sicht des Vermieters/Ei-

---

[133] Vgl. BayObLG FamRZ 1977, 467, 472; Gesetzentwurf der Bundesregierung, BR-Drucks. 635/08 S. 46.

[134] *Roth* FamRZ 2008, 1388, 1389.

[135] Vgl. BayObLG FamRZ 1974, 22, 24; OLG Nürnberg OLGZ 1980, 46, 47; *Brudermüller* FamRZ 1989, 7, 11.

[136] BGH FamRZ 1994, 822, 823.

[137] Vgl. zum früheren Recht OLG München FamRZ 1990, 530, 531; aA OLG München FamRZ 1989, 199.

[138] Vgl. OLG Düsseldorf FamRZ 1985, 1153, 1154.

[139] Vgl. BayObLG NJW 1957, 62, 63; FamRZ 1974, 17, 18 f.; 1977, 467, 472; OLG München FamRZ 2001, 1709, 1710; für eine Pflicht zur Befristung *Scharfschwerdt-Otto* S. 204 f., 251 f.

[140] Gesetzentwurf der Bundesregierung, BR-Drucks. 635/08 S. 47.

[141] Gesetzentwurf der Bundesregierung, BR-Drucks. 635/08 S. 48.

gentümers mag etwa das Interesse, die Immobilie bald veräußern oder versteigern zu können, schutzwürdig sein. Bei der **Dauer der Befristung** sind die Interessen des berechtigten Ehegatten an dem dauerhaften Verbleib in der Wohnung und des Eigentümers an einer anderen Verwendung oder Verwertung der Ehewohnung angemessen zu gewichten.[142] Auf Seiten des berechtigten Ehegatten ist neben den Kindesbelangen zu berücksichtigen, wie viel Zeit dieser benötigen wird, um angemessenen Ersatzwohnraum zu finden.[143] Eine spätere Verlängerung des Mietverhältnisses kann durch Abänderungsentscheidung nach § 48 FamFG bewirkt werden. Eine entsprechende Geltung von § 549 Abs. 2 BGB auf das befristete Mietverhältnis hat der Gesetzgeber nicht angeordnet.[144]

51 **4. Schutz des Mieters.** Der Mietvertrag schützt den berechtigten Ehegatten bei **Verkauf** der Ehewohnung (§ 566). Bei Ehewohnungen, die im Miteigentum, insbesondere beider Ehegatten stehen, dient der Mietvertrag – wie schon nach bisherigem Recht – insbesondere auch dem Schutz des berechtigten Ehegatten mit Blick auf eine mögliche **Teilungsversteigerung** nach § 753.

52 **5. Fehlen eines Mietvertrages.** Überlassen die Miteigentümer-Ehegatten im Fall von Abs. 1 einverständlich bzw. freiwillig einem von ihnen bzw. überlässt ein Ehegatte in den Fällen des Abs. 2 dem anderen die Wohnung, unterlassen beide Seiten aber die Begründung eines Mietverhältnisses, so kann der dinglich berechtigte Ehegatte gleichwohl vom Zeitpunkt einer Zahlungsaufforderung an[145] eine **Nutzungsentschädigung** verlangen.[146] Das wurde bereits auf Grundlage der HausratsV bejaht, obwohl auch dort diesbezüglich eine Regelungslücke bestand.[147] Zum Teil wurde der Anspruch aus § 3 HausratsV hergeleitet,[148] zum Teil auf die §§ 987, 990, 100 gestützt;[149] bei Miteigentümern ist jedoch nach hM § 745 Abs. 2 einschlägig.[150] Soweit § 745 Abs. 2 oder die §§ 987, 990 einschlägig sind, handelt es sich aber um eine sonstige Familiensache gemäß §§ 111 Nr. 10, 266 Abs. 1 FamFG,[151] so dass ebenfalls das Familiengericht zuständig ist. Für die Ermittlung der Entschädigungshöhe sind die vorgenannten für die Mietbestimmung (RdNr. 48) geltenden Grundsätze entsprechend heranzuziehen.

VIII. Erlöschen von Ansprüchen nach Abs. 3 und 5, Abs. 6

53 **1. Regelungszweck.** Zum Schutz des Vermieters und anderer Drittbeteiligter, die auf die Stellung des Antrags auf Überlassung der Ehewohnung keinen Einfluss haben und auf eine alsbaldige Erledigung der Angelegenheit nicht hinwirken können, lässt Abs. 6 den Anspruch auf Eintritt in ein Mietverhältnis oder auf seine Begründung ein Jahr nach Rechtskraft der Entscheidung in der Scheidungssache erlöschen, sofern er nicht vorher rechtshängig gemacht worden ist (vgl. zuvor § 12 HausratsV). Der Vermieter soll innerhalb

[142] Gesetzentwurf der Bundesregierung, BR-Drucks. 635/08 S. 48; siehe auch OLG München FamRZ 1995, 1205, 1207.

[143] Vgl. *Götz/Brudermüller* RdNr. 256.

[144] Vgl. dazu *Götz/Brudermüller* NJW 2008, 3025, 3030.

[145] Vgl. *Götz/Brudermüller* RdNr. 272.

[146] So auch der BGH im Rahmen von § 1361 b im Fall der freiwilligen Wohnungsüberlassung, NJW-RR 2006, 1081.

[147] Vgl. OLG München NJW 2008, 381.

[148] OLG Köln FamRZ 2002, 1124; OLG München FamRZ 2007, 1655 mit abl. Anm. *Wever*; *Johannsen/Henrich/Brudermüller* § 3 HausratsVO RdNr. 1; *Götz/Brudermüller* RdNr. 288.

[149] *Schröder/Bergschneider/Wever*, Familienvermögensrecht, Rn. 5.114.

[150] Vgl BGH NJW 1982, 1753; FamRZ 1986, 436; NJW 1996, 2153, 2154; OLG Naumburg FamRZ 1994, 390 und 2004, 889, 890 sowie FamRZ 2007, 920; OLG Hamm FamRZ 1980, 469, 470; OLG Frankfurt FamRZ 1983, 730, 731; BayObLG NJW-RR 1986, 6, 7; OLG Zweibrücken FamRZ 1985, 819 und 1998, 171; OLG Celle NdsRpfl. 1988, 120; OLG Bamberg FamRZ 1990, 179, 180; OLG Karlsruhe FamRZ 2004, 891; OLG Brandenburg NJW 2008, 1603, 1604; *Wever* FamRZ 2008, 1485, 1486; *Götz/Brudermüller* NJW 2008, 3025, 3029; offen gelassen von BGH NJW-RR 2006, 1081; aA OLG Jena NJW-RR 2008, 956, das im Rahmen von § 1361 b dessen Abs. 3 (analog) als lex specialis gegenüber § 745 Abs. 2 sieht; ähnlich OLG Hamm FamRZ 2008, 1637, 1638.

[151] *Götz/Brudermüller* NJW 2008, 3025, 3030.

eines Jahres nach Rechtskraft der Scheidung Klarheit darüber haben, welcher der geschiedenen Ehegatten künftig sein Mieter ist. Danach braucht er einen Eingriff in seine Rechtsstellung, dh. eine Abänderung des Mietvertrages gegen seinen Willen, nicht mehr zu befürchten.[152] Nach Ablauf der Jahresfrist bleibt aber eine freiwillige Vereinbarung zwischen den Beteiligten über den Eintritt in das Mietverhältnis möglich.

2. Betroffene Ansprüche. Abs. 6 beschränkt sich auf die Fälle, in denen sich die Ansprüche des Ehegatten gegen Dritte richten. Der Anspruch nach Abs. 1, der nur zwischen den Ehegatten wirkt, bleibt unberührt.[153] Gleiches gilt für sonstige Regelungen zwischen den Ehegatten im Zusammenhang mit der Wohnungsüberlassung. Insoweit ist zwischen den Ehegatten allenfalls eine Verwirkung von Rechten nach allgemeinen Grundsätzen denkbar (§ 1586 b RdNr. 19). Abs. 6 betrifft vielmehr nur den Anspruch gegen einen Dritten, sei es auf Eintritt in das Mietverhältnis (Abs. 3 Alt. 1), auf alleinige Fortsetzung des Mietverhältnisses[154] (Abs. 3 Alt. 2) und auf Begründung eines Mietverhältnisses (Abs. 5). Für den Anspruch nach Abs. 4 muss Entsprechendes gelten.[155] 54

3. Rechtsfolgen. Ist der Anspruch gegen den Dritten auf Eintritt in ein Mietverhältnis oder Begründung eines Mietverhältnisses nach Abs. 5 erloschen, so berührt das einen Anspruch nach Abs. 1 allerdings nicht, so dass die Ehewohnung gleichwohl dem darauf angewiesenen Ehegatten zugewiesen werden kann. Es wird also lediglich die Konsequenz des Abs. 3 Nr. 2 verhindert, wonach mit Rechtskraft der Entscheidung automatisch der Eintritt des berechtigten Ehegatten in das Mietverhältnis erfolgt. Folge ist allerdings, dass der weichende Ehegatte dann – ggf. gegen seinen Willen – Partei im Mietverhältnis und somit (Mit-)Schuldner der Miete bleibt. Das ist ihm nur zuzumuten, wenn er intern vom berechtigten Ehegatten von den Zahlungen freigestellt wird.[156] 55

IX. Hinweise zum Verfahren

1. Zuständiges Gericht. Streitigkeiten nach § 1568 a sind verfahrensrechtlich Familiensachen bzw. Ehewohnungssachen gem. §§ 111 Nr. 5, 200 Abs. 1 Nr. 2 FamFG. Zuständig ist das FamG, §§ 23 a Abs. 1 Nr. 1, 23 b Abs. 1 GVG. Bei eingetragenen Lebenspartnern liegt eine Lebenspartnerschaftssache gem. § 269 Abs. 1 Nr. 5 FamFG vor; insoweit gilt das gleiche Verfahrensrecht wie für Ehegatten, vgl. § 270 Abs. 1 S. 2 FamFG. Örtlich zuständig ist während der Anhängigkeit einer Ehesache iS von § 121 FamFG das Gericht, bei dem die Ehesache im ersten Rechtszug anhängig ist oder war, § 201 Nr. 1 FamFG, ansonsten das Gericht, in dessen Bezirk sich die gemeinsame Wohnung der Ehegatten befindet, § 201 Nr. 2 FamFG. Wird eine Ehesache nachträglich bei einem anderen Gericht anhängig, ist die Ehewohnungssache an dieses Gericht von Amts wegen abzugeben, § 202 FamFG. 56

2. Antrag. Das Verfahren wird durch Antrag des anspruchstellenden **Ehegatten** eingeleitet, § 203 Abs. 1 FamFG. Ist ein Ehegatte beschränkt geschäftsfähig oder geschäftsunfähig, so wird er durch seinen gesetzlichen Vertreter bzw. Betreuer vertreten, § 9 Abs. 2 FamFG. Dritte, wie etwa der Vermieter, sind nicht antragsberechtigt. Auch die Erben eines Ehegatten haben kein Antragsrecht. Ein bereits schwebendes Verfahren erledigt sich durch den **Tod eines Ehegatten** in der Hauptsache (§ 208 FamFG), die Erben können das Verfahren nur noch im Kostenpunkt weiter betreiben.[157] Der **Antrag soll** die Angabe enthalten, ob im Haushalt der Ehegatten Kinder leben, § 203 Abs. 3 FamFG, und begründet werden, § 23 Abs. 1 S. 1 FamFG. Eine Entscheidung kann auch im Scheidungsfolgenverbund begehrt werden, § 137 I FamFG. Dazu ist die Ehewohnungssache spätestens zwei Wochen vor der 57

[152] Vgl. schon BayObLGZ 1957, 33, 37.

[153] AA *Götz/Brudermüller* FamRZ 2009, 1261, 1265 f.

[154] Dazu schon SchlHOLG SchlHA 1955, 203, 204; AG Berlin-Charlottenburg FamRZ 1990, 532, 533.

[155] *Götz/Brudermüller* FamRZ 2009, 1261, 1265.

[156] Das galt auch schon bisher, vgl. OLG München FamRZ 1986, 1019, 1021; *Erman/Maier* § 5 HausratsVO RdNr. 9.

[157] Vgl. zum früheren Recht OLG Hamm FamRZ 1965, 220; 1969, 102.

mündlichen Verhandlung im ersten Rechtszug in der Scheidungssache anhängig zu machen, § 137 Abs. 2 Nr. 3 FamFG. Nur wenn die Ehewohnungssache auf diese Weise zu einer **Folgesache** wird, besteht **Anwaltszwang** gem. § 114 Abs. 1 FamFG, sonst nicht. Besteht kein Anwaltszwang, kann der Antrag auch schriftlich oder zur Niederschrift der Geschäftsstelle des Gerichts abgegeben werden, § 25 Abs. 1 FamFG. Eine **Antragsfrist** besteht nicht. Im Fall längeren Abwartens kann der Anspruch oder das Antragsrecht jedoch unter Umständen **verwirkt** sein.[158] Im Übrigen kann eine späte Antragstellung unter dem Gesichtspunkt der Billigkeit (Abs. 1) bei der Sachentscheidung Bedeutung erlangen.[159] Bei Rechten bzw. Ansprüchen gegenüber Dritten ist Abs. 6 (RdNr. 53 f.) zu beachten. Unabhängig von einem Hauptsacheverfahren kann in dringlichen Fällen eine einstweilige Anordnung betreffend die Nutzung der Ehewohnung beantragt werden, § 49 FamFG.

58 3. **Beteiligte** sind stets beide Ehegatten, § 7 Abs. 1, 2 FamFG. Mit ihnen soll das Gericht die Angelegenheit in einem Termin erörtern. Zu diesem Zweck ist das persönliche Erscheinen anzuordnen, § 207 FamFG (vgl. zuvor § 13 Abs. 2 HausratsV). Auf eine gütliche Einigung der Beteiligten ist hinzuwirken, § 36 Abs. 1 S. 2 FamFG. **Weitere Beteiligte** sind der **Vermieter** oder Untervermieter der Wohnung bzw. die zur Vermietung berechtigte Person gem. Abs. 5 sowie Dritte iS von Abs. 2 (Miteigentümer, Nießbrauchberechtigte,[160] Erbbauberechtigte oder sonstige dinglich Berechtigte) und Abs. 4 (Dienstherr bzw. Arbeitgeber), § 204 Abs. 1 FamFG. Außerdem nennt § 204 Abs. 1 FamFG sonstige Personen, mit denen die Ehegatten oder einer von ihnen hinsichtlich der Ehewohnung **in Rechtsgemeinschaft** stehen. Gemeint sind Dritte, die eigene dingliche (zB als Miteigentümer) oder schuldrechtliche (zB als Mitmieter oder Untermieter[161]) Besitzrechte an der Ehewohnung haben.[162] Dass jemand durch die Regelung unmittelbar betroffen wird, genügt nach dem Wortlaut nicht. § 204 FamFG ist nicht abschließend, eine Beteiligtenstellung kann sich zudem aus § 7 Abs. 2 Nr. 1 FamFG ergeben.[163] Kein Beteiligter ist der Insolvenzverwalter über das Vermögen eines Ehegatten.[164] Minderjährige **Kinder** stehen allein auf Grund des Eltern-Kind-Verhältnisses noch nicht mit einem Elternteil hinsichtlich der Ehewohnung in Rechtsgemeinschaft.[165] Im Übrigen ist das **Jugendamt** in Ehewohnungssachen auf seinen Antrag zu beteiligen, wenn Kinder im Haushalt der Ehegatten leben, § 204 Abs. 2 FamFG. In diesem Fall ist das Jugendamt auch anzuhören, § 205 Abs. 1 FamFG. Zur Beteiligtenfähigkeit s. § 8 FamFG.

59 4. **Entscheidung; Rechtsmittel.** Für das Verfahren gilt der Amtsermittlungsgrundsatz, § 26 FamFG. Es gilt grundsätzlich das Freibeweisverfahren, §§ 29 f. FamFG. Das Gericht hat auf eine gütliche Einigung der Beteiligten hinzuwirken, § 36 Abs. 1 S. 2 FamFG. Möglich ist auch ein schriftlicher Vergleich, § 36 Abs. 3 FamFG. Ansonsten wird über den geltend gemachten Anspruch durch **Beschluss** (§ 38 ff. FamFG) entschieden. Mit der Endentscheidung sind die **Anordnungen** zu treffen, die zu ihrer Durchführung erforderlich sind, § 209 FamFG. Demgemäß ist dem Räumungsschuldner ggf. auch noch aufzugeben, die **Wohnung zu räumen,** vorhandene Wohnungsschlüssel herauszugeben sowie seine darin befindliche Habe wegzuschaffen. Für die Räumung muss ein Zeitpunkt bestimmt werden; der Richter kann eine Räumungsfrist bewilligen.[166] Ohne die Aufforderung, die Wohnung – binnen einer bestimmten Frist – zu räumen, ist eine auf Räumung gerichtete

[158] Vgl. OLG Bamberg NJW-RR 1991, 1285 = FamRZ 1992, 332: zweijährige Untätigkeit; OLG Naumburg FamRB 2002, 3 und FamRZ 2007, 1579; AG Weilburg FamRZ 1998, 963, 964.
[159] Vgl. KG OLGZ 1977, 427.
[160] OLG Celle NdsRpfl. 1961, 288; OLG Stuttgart OLGZ 1968, 126.
[161] BayObLGZ 1955, 202, 206; OLG Celle NdsRpfl. 1961, 228; OLG Hamm JMBl. NRW 1951, 214, 215.
[162] Vgl. BayObLG FamRZ 1977, 467, 468 f.; AG Berlin-Tempelhof-Kreuzberg FPR 2008, 457, 458.
[163] *Götz/Brudermüller* FPR 2009, 38, 40.
[164] Vgl. OLG Celle MDR 1962, 416.
[165] BayObLG FamRZ 1977, 467, 468; aA *Schwab/Maurer/Borth* I RdNr. 97.
[166] Vgl. OLG Nürnberg FamRZ 2000, 1104; *Fehmel* in FamGB RdNr. 3.

Zwangsvollstreckung unzulässig.[167] Die Anordnung kann auch gegenüber einem Drittbeteiligten ergehen, zB jemandem, der mit einem Ehegatten in Rechtsgemeinschaft in der Ehewohnung lebt.

Der Beschluss wird mit Rechtskraft wirksam. Gegen den Beschluss kann von den Ehegatten Beschwerde eingelegt werden, §§ 58 ff. FamFG. **Beschwerdeberechtigt** ist zudem das Jugendamt, sofern es beteiligt worden war, § 205 Abs. 2 S. 2 FamFG. Sonstige Beteiligte haben nur dann ein Beschwerderecht, wenn sie durch den Beschluss in ihren eigenen Rechten beeinträchtigt sind. In Ehewohnungssachen gem. § 200 Abs. 1 Nr. 2 FamFG beträgt der **Verfahrenswert** 4000 Euro, § 48 des Gesetzes über Gerichtskosten in Familiensachen. Da es sich bei der Wohnungszuweisung um eine Entscheidung mit Dauerwirkung handelt, kommt bei nachträglicher wesentlicher Änderung der Sach- oder Rechtslage eine **Abänderung** nach § 48 FamFG in Betracht. 60

X. Hinweise zum IPR

Die international-privatrechtliche Regelung findet sich in Art. 17 a EGBGB,[168] die nun neu mit „Ehewohnung und Haushaltsgegenstände" überschrieben ist, inhaltlich im Übrigen aber unverändert blieb. Insoweit gilt nach wie vor, dass die Nutzungsbefugnis für die im Inland belegene Ehewohnung und die **im Inland befindlichen** Haushaltsgegenstände sowie damit zusammenhängende Betretungs-, Näherungs- und Kontaktverbote **den deutschen Sachvorschriften** unterliegen. Art. 17 a EGBGB bezieht sich sowohl auf die bei Getrenntleben geltenden §§ 1361 a und 1361 b als auch auf die anlässlich der Scheidung zu regelnde endgültige Zuweisung der Ehewohnung und Überlassung von Haushaltsgegenständen gem. §§ 1568 a, 1568 b.[169] Für eingetragene Lebenspartner verweist Art. 17 b Abs. 2 S. 1 EGBGB ebenfalls auf die Regelung in Art. 17 a. Hinsichtlich einer **im Ausland belegenen Ehewohnung** und im Ausland befindlicher Haushaltsgegenstände ist das Scheidungsstatut (Art. 17 EGBGB) maßgebend.[170] Sieht das danach maßgebende Sachrecht eine Regelung der Rechtsverhältnisse an der Ehewohnung und/oder an Haushaltsgegenständen abweichend von der dinglichen und ehegüterrechtlichen Rechtslage nicht vor, so haben derartige Regelungen – vorbehaltlich des ordre public – zu unterbleiben; diese Lücke ist hinzunehmen.[171] 61

§ 1568 b Haushaltsgegenstände

(1) Jeder Ehegatte kann verlangen, dass ihm der andere Ehegatte anlässlich der Scheidung die im gemeinsamen Eigentum stehenden Haushaltsgegenstände überlässt und übereignet, wenn er auf deren Nutzung unter Berücksichtigung des Wohls der im Haushalt lebenden Kinder und der Lebensverhältnisse der Ehegatten in stärkerem Maße angewiesen ist als der andere Ehegatte oder die Überlassung aus anderen Gründen der Billigkeit entspricht.

(2) Haushaltsgegenstände, die während der Ehe für den gemeinsamen Haushalt angeschafft wurden, gelten für die Verteilung als gemeinsames Eigentum der Ehegatten, es sei denn, das Alleineigentum eines Ehegatten steht fest.

---

[167] OLG Stuttgart FamRZ 2002, 559.

[168] Die Norm wurde eingefügt durch das Gesetz zur Verbesserung des zivilgerichtlichen Schutzes bei Gewalttaten und Nachstellungen sowie zur Erleichterung der Überlassung der Ehewohnung bei Trennung v. 11. 12. 2001 (BGBl. I S. 3513).

[169] So bereits im Hinblick auf die HausratsV: *Palandt/Thorn* Art. 17 a EGBGB Rn. 2; *Johannsen/Henrich* Art. 17 a EGBGB RdNr. 3; *Rahm/Künkel/Niepmann* VIII RdNr. 709; *Schwab/Motzer* Teil VIII RdNr. 135; aA *Staudinger/Mankowski* Art. 17 a EGBGB RdNr. 12, 16.

[170] Vgl. *Staudinger/Mankowski* Art. 17 a EGBGB RdNr. 33, 38 ff., 51; *Johannsen/Henrich* Art. 17 a EGBGB RdNr. 4.

[171] Vgl. OLG Hamm FamRZ 1998, 1530; OLG Karlsruhe FamRZ 2000, 1577, 1578 und dazu *Hohloch* JuS 2001, 399, 400; *Rahm/Künkel/Niepmann* VIII RdNr. 726.

(3) Der Ehegatte, der sein Eigentum nach Absatz 1 überträgt, kann eine angemessene Ausgleichszahlung verlangen.

Schrifttum: Siehe Hinweise bei § 1568 a.

Übersicht

I. Einführung

1 **1. Normzweck.** Die Norm dient der Konfliktlösung zwischen den Ehegatten, wenn sie sich anlässlich der Scheidung nicht darüber einigen können, wer welche Haushaltsgegenstände erhält. Stellt sich diese Frage schon anlässlich der Trennung, ist § 1361 a einschlägig; für den Zeitraum ab Anhängigkeit des Scheidungsantrags oder nach Scheidung gilt § 1568 b. Die Vorschrift übernimmt im Wesentlichen die frühere Regelung von **§ 8 HausratsV.** Nach dessen Abs. 1 verteilte der Richter auf Antrag den Hausrat, der beiden Ehegatten gehört, gerecht und zweckmäßig, wobei gemäß § 2 HausratsV nach billigem Ermessen zu entscheiden war. § 8 Abs. 2 HausratsV enthielt die jetzt wiederum in Abs. 2 geregelte Miteigentumsvermutung. Die Regelung zur Ausgleichszahlung (jetzt Abs. 3) fand sich in ähnlicher Form in § 8 Abs. 3 HausratsV. Nicht mehr möglich ist nach der Neuregelung aber die Beanspruchung von Haushaltsgegenständen, die im Alleineigentum des anderen Ehegatten stehen (zuvor § 9 HausratsV; s. RdNr. 8). Weiterhin nicht übernommen wurde die Regelung von § 10 HausratsV, wonach der Richter festlegen konnte, welcher der Ehegatten künftig im Innenverhältnis zur Bezahlung der Schulden verpflichtet sein sollte, die mit dem Hausrat zusammenhängen. Die Vorschrift ist laut Gesetzgeber nicht mehr erforderlich, weil hausratsbezogene Schulden nach neuem Recht auf andere Weise rechtlich einfacher gewürdigt werden. Wurden sie nicht verteilt, so mindern sie im Zugewinnausgleich das Endvermögen desjenigen Ehegatten, der im Außenverhältnis Schuldner ist.[1] Zum **Übergangsrecht** s. § 1568 a RdNr. 6.

[1] BGH NJW-RR 1986, 1325 f.

2. Anwendungsbereich; IPR. Zum allgemeinen Anwendungsbereich in persönlicher und zeitlicher Hinsicht kann auf die entsprechenden Ausführungen zu § 1568 a (RdNr. 7, 8) verwiesen werden. Zum IPR s. § 1568 a RdNr. 61. 2

II. Der Anspruch auf Überlassung von Haushaltsgegenständen, Abs. 1

1. Anspruchsgrundlage. Anders als die Vorgängernorm des § 8 HausratsV ist § 1568 b – in gleicher Weise wie § 1568 a – als Anspruchsgrundlage ausgestaltet worden. Soweit eine einvernehmliche Regelung zwischen den Ehegatten über die Aufteilung des gemeinsamen Hausrats scheitert, kann derjenige Ehegatte, der einen oder mehrere bestimmte Haushaltsgegenstände für sich begehrt, deren Überlassung und Übereignung unter den Voraussetzungen des Abs. 1 beanspruchen bzw. diesen Anspruch durch Antrag bei Gericht als Haushaltssache (RdNr. 36) geltend machen. Ein Rechtsschutzbedürfnis besteht aber auch dann, wenn die Ehegatten sich zwar über die Überlassung einig sind, nicht jedoch über die Höhe der Ausgleichszahlung gem. Abs. 3.[2] 3

2. Haushaltsgegenstand. a) Begriff. Der Begriff der Haushaltsgegenstände ersetzt den früheren Begriff der „Wohnungseinrichtung und des sonstigen Hausrats" in § 1 Abs. 1 HausratsV. Inhaltlich ist damit keine Änderung verbunden. Der Begriff ist nach wie vor **weit auszulegen.** Er deckt sich mit dem der Gegenstände des ehelichen Haushalts in §§ 1369 Abs. 1, 1932 Abs. 1 und der Haushaltsgegenstände iS von § 1361 a. Beansprucht werden können einzelne Gegenstände oder auch Sachgesamtheiten wie die Wohnungseinrichtung. Haushaltsgegenstände sind **bewegliche Sachen,** die nach den Vermögens- und Lebensverhältnissen der Ehegatten für die Wohnung, die Hauswirtschaft und das Zusammenleben der Familie bestimmt sind.[3] Die Sachen können auch schon vor der Eheschließung erworben worden sein. Nicht erforderlich ist, dass die Ehegatten sie auch täglich benutzen oder auf sie angewiesen sind.[4] Zu den Haushaltsgegenständen zählt daher auch die Einrichtung eines Wochenendhauses. Unerheblich ist, dass ein Haushaltsgegenstand fast ausschließlich nur von einem Ehegatten gebraucht wird. Maßgebend ist die tatsächliche Nutzung, nicht der Anlass der Anschaffung. Irrelevant ist weiterhin, in wessen **Besitz** sich der Haushaltsgegenstand inzwischen befindet, er muss sich nicht mehr unbedingt in der ehemaligen Ehewohnung befinden.[5] 4

b) Beispiele. Ein **Personenwagen** nebst Kraftfahrzeugbrief ist dann Haushaltsgegenstand, wenn er ganz oder überwiegend für das eheliche und familiäre Zusammenleben (Einkauf, Ausflüge und Reisen, Betreuung der Kinder, gemeinsame Fahrten zum Arbeitsplatz) und nicht primär persönlichen oder beruflichen Zwecken eines Ehegatten diente.[6] Steht der Familie für alle Fahrten (einschließlich Fahrten zum Arbeitsplatz) aber nur ein Fahrzeug zur Verfügung, so kann der Schwerpunkt der Nutzung regelmäßig im familiären Bereich gesehen werden und daher von einem Haushaltsgegenstand ausgegangen werden.[7] Dass nur ein Ehegatte im Kfz-Brief eingetragen ist, steht dem nicht entgegen. Entsprechende Grundsätze gelten für **Computer,** Handy, Musikinstrumente, Bücher, Fotoausrüstung, Sportgeräte, 5

[2] Vgl. zum früheren Recht: BGH FamRZ 1986, 454, 455; OLG Frankfurt FamRZ 1983, 730, 731; OLG Hamm FamRZ 1983, 911, 912 = FamRZ 1984, 1016, 1017; OLG Karlsruhe FamRZ 1987, 848, 849.

[3] Vgl. BGHZ 89, 137, 145; BGH NJW 1984, 1758; *Kuhnt* AcP 150 (1949), 132.

[4] AA OLG Düsseldorf FamRZ 1992, 60 f.

[5] OLG Naumburg NJW-Spezial 2009, 294.

[6] Vgl. BGH FamRZ 1983, 794 und 1991, 43, 49; BayObLG FamRZ 1982, 399 f. und NJW-RR 1986, 6, 7; OLG Hamm FamRZ 1983, 72 und 1990, 54, 55; OLG Celle FamRZ 1983, 615, 616; HansOLG Hamburg FamRZ 1990, 1118; OLG Düsseldorf FamRZ 1992, 60, 61 und 1445; OLG Frankfurt NJWE-FER 1998, 234; OLG Köln FamRZ 2002, 322, 323; OLG Naumburg FamRZ 2004, 889, 890; OLG Koblenz OLGR 2005, 787, 788; FA-FamR/*Klein* Kap. 8 RdNr. 182; aA (es genügt, dass das Fahrzeug auch familiär genutzt wurde, wobei auch die Fahrt zur Arbeitsstelle familiären Interessen diene) KG FamRZ 2003, 1927 mit zust. Anm. *Wever*; OLG Düsseldorf NJW 2007, 1001, 1002; *Brudermüller* FamRZ 2006, 1157, 1160 f.; *Haußleiter/Schulz* Kap. 4 RdNr. 117.

[7] OLG Düsseldorf NJW 2007, 1001; *Wönne* FPR 2009, 293, 294.

Boote und andere der Freizeitgestaltung dienende Sachen.[8] Bei Wert- und Kunstgegenständen kommt es neben dem Lebenszuschnitt der Ehegatten auf die Zweckbestimmung an, so dass auch **Kostbarkeiten** (wertvolle Bilder, Orientteppiche, Tafelsilber) Haushaltsgegenstände sein können, wenn sie der Ausschmückung der Wohnung und nicht ausschließlich der Kapitalanlage oder den Zwecken einer Sammlung dienen.[9] Zu den Haushaltsgegenständen gehört auch ein – familiären Zwecken dienender – **Wohnwagen** (Wohnmobil),[10] sofern er nicht ausnahmsweise als Ehewohnung anzusehen ist (vgl. § 1568 a RdNr. 11). Wie Haushaltsgegenstände zu behandeln sind Haushaltsvorräte (Nahrungsmittel, Weinkeller, Heizmaterialien) sowie **Haustiere**[11] (s. auch RdNr. 15). Tiere sind aber dann nicht einem Haushaltsgegenstand gleichzusetzen, wenn sie der Gewinnerzielung dienen.[12]

6 **Keine Haushaltsgegenstände** sind Gebäudebestandteile (§ 94 Abs. 2), zu denen je nach Umständen und Verkehrsanschauung auch Heizungsanlagen, Einbauküchen,[13] Herde und Öfen, Waschbecken, Badewanne oder Teppichböden gehören können, vgl. § 94 Abs. 2.[14] Sind Einbaumöbel als Haushaltsgegenstände anzusehen, wird regelmäßig derjenige Ehegatten sie beanspruchen können, der auch die Ehewohnung weiternutzen darf.[15] Keine Haushaltsgegenstände sind ferner die zum individuellen **persönlichen (beruflichen,** schulischen) **Gebrauch** eines Ehegatten oder eines Kindes bestimmten Dinge (Kleidung, Wäsche, Schmuck, Familienandenken, Sammlungen, Fachliteratur, Arbeitsgeräte, Ausrüstung für Sport und Hobby, Schulbücher, Spielzeug),[16] und zwar auch dann, wenn beide Ehegatten beruflich auf den Gegenstand angewiesen sind (zB Klavierlehrer auf den gemeinsamen Flügel).[17] Gegenstände, die allein der **Kapitalanlage** dienen, sind ebenfalls keine Haushaltsgegenstände, mögen sie ihrem Wesen nach auch Haushaltsgegenstände sein.[18] Ausgenommen wird weiterhin ein Haus (Behelfsheim), auch wenn es rechtlich als bewegliche Sache anzusehen ist,[19] sowie ein Sparguthaben, auch wenn es für Haushaltsanschaffungen bestimmt war. Zu den Haushaltsgegenständen zählen ferner die Sachen nicht, die nicht für das gemeinsame Zusammenleben, sondern für eine **getrennte Haushaltsführung** der Ehegatten bestimmt sind. Hiervon ist bei nach der Trennung oder Scheidung angeschafften Gegenständen auszugehen.[20]

7 **c) Noch existierende Gegenstände.** Der Anspruch aus Abs. 1 erstreckt sich grundsätzlich nur auf Gegenstände, die im **Zeitpunkt der gerichtlichen Entscheidung** (im Verbundverfahren im Zeitpunkt der letzten mündlichen Verhandlung) noch vorhanden sind.[21] Dazu gehören aber auch Haushaltsgegenstände, die ein Ehegatte beiseite geschafft hat, um sie sich zu sichern.[22] Haushaltsgegenstände, die davor verloren gegangen, zerstört,

---

[8] Vgl. OLG Dresden FPR 2003, 596, 597 für eine Motoryacht; aA für Gartenhaus auf gepachteter Kleingartenanlage OLG Hamm NJW-RR 2009, 440.

[9] Vgl. BGH NJW 1984, 1758 f. = JR 1984, 379 mit zust. Anm. *Schubert*; OLG Bamberg FamRZ 1997, 378, 379; *Wönne* FPR 2009, 293, 294; RGRK/*Kalthoener* § 1 HausratsVO RdNr. 20.

[10] Vgl. OLG Köln FamRZ 1992, 696; OLG Hamm MDR 1999, 615; aA OLG Düsseldorf FamRZ 1992, 60, 61.

[11] Vgl. OLG Zweibrücken FamRZ 1998, 1432; OLG Schleswig NJW 1998, 3127; OLG Naumburg FamRZ 2001, 481, 482; OLG Bamberg FamRZ 2004, 559; AG Bad Mergentheim NJW 1997, 3033 (Haustiere); *Wönne* FPR 2009, 293, 294; *Quambusch* FamRZ 1989, 691, 692; *Kuhnt* AcP 150 (1949), 133.

[12] OLG Naumburg FamRZ 2001, 481; *Erman/Gamillscheg* § 1361 a RdNr. 3.

[13] OLG Hamm FamRZ 1991, 89; *Wönne* FPR 2009, 293, 294.

[14] Vgl. OLG Naumburg NJW-Spezial 2009, 294.

[15] Vgl. OLG Stuttgart FamRZ 1999, 855, 856.

[16] OLG Naumburg NJW-Spezial 2009, 294; OLG Düsseldorf FamRZ 1986, 1134; *Erman/Maier* § 1 HausratsVO RdNr. 8.

[17] Vgl. AG Weilburg FamRZ 2000, 1017, 1018.

[18] BGH NJW 1984, 484, 486; *Kemper* FPR 2007, 202, 204.

[19] Vgl. HansOLG Bremen FamRZ 1963, 366; BayObLGZ 1953, 45, 48; OLG Zweibrücken FamRZ 1980, 569 (auf gepachtetem Grundstück fest installiertes Wohnmobil); aA *Struck* ZRP 1983, 215, 219.

[20] Vgl. BGHZ 89, 137, 145; OLG Köln FamRZ 2002, 322, 324; OLG Naumburg NJW-Spezial 2009, 294; *Vlassopoulos* S. 82; *Erman/Maier* § 1 HausratsVO RdNr. 8; aA KG FamRZ 1974, 195, 196; *Kuhnt* AcP 150 (1949), 135.

[21] Vgl. jeweils zu § 1361 a: BGH FamRZ 1983, 794 zu § 1361 a; OLG Frankfurt FamRZ 2004, 1105.

[22] Vgl. SchlHOLG SchlHA 1957, 207; KG FamRZ 1974, 195, 196; OLG Frankfurt FamRZ 1981, 375, 376.

wirksam veräußert oder weggegeben worden sind, werden – sofern nicht ein Surrogat vorliegt – nicht erfasst. Nicht in die Regelung einzubeziehen sind regelmäßig auch solche Gegenstände, deren Verbleib sich nicht aufklären lässt; insoweit genügt allerdings nicht, dass der Ehegatte, der die Sache ursprünglich in seinem Besitz hatte, ohne Angabe von Einzelheiten behauptet, sie sei nicht mehr vorhanden. Befindet sich die Sache im Besitz eines Dritten und besteht ein **Herausgabeanspruch** (zB aus § 985 oder auch §§ 1369, 1368),[23] so kann der unmittelbare Besitz von den Ehegatten wiedererlangt werden und demgemäß auch ein Anspruch auf die Sache nach Abs. 1 in Betracht kommen. Ansonsten kann auch anstelle des Gegenstands die Abtretung des Ersatzanspruchs verlangt werden.[24]

3. Gegenstand in gemeinsamem Eigentum. Die Haushaltsgegenstände werden – entsprechend der Vermutung nach Abs. 2 (RdNr. 20 f.) – regelmäßig beiden Ehegatten gemeinsam gehören oder einem Ehegatten allein. Ggf. ist darüber Beweis zu erheben. Die Eintragung nur eines Ehegatten im Kfz-Brief ist noch kein Beweis für das Alleineigentum dieses Ehegatten; dasselbe gilt für den Umstand, dass der Kaufvertrag allein von einem Ehegatten geschlossen worden war.[25] Der Anspruch aus § 1568 b betrifft indes ausschließlich Gegenstände, die in gemeinsamem Eigentum der Ehegatten stehen. Insoweit kann es sich um Miteigentum nach Bruchteilen handeln, wobei es auf die Größe der Bruchteile nicht ankommt, oder um Gesamthandseigentum. Letzteres entsteht vor allem, wenn die Ehegatten im Güterstand der Gütergemeinschaft leben (§ 1416). Gegenstände im **Alleineigentum** können – anders als nach dem früheren § 9 HausratsV – vom anderen Ehegatten nicht beansprucht werden.[26] Der damit verbundene Eingriff in das Eigentum des anderen Ehegatten war ohnehin kritisch zu sehen. Insoweit müssen die Ehegatten nun eine einverständliche Regelung finden. Die Möglichkeit, vor dem Prozessgericht auf Feststellung des Alleineigentums zu klagen, bleibt unberührt. 8

Vom Gesetzgeber nicht klar geregelt wurde, was für Gegenstände gelten soll, die von den Ehegatten gemeinsam unter **Eigentumsvorbehalt** (§ 449) angeschafft worden sind. Hier wird man indes auf das daran bestehende **Anwartschaftsrecht** abstellen und insoweit Abs. 1 entsprechend anwenden können.[27] Das entspricht dem allgemeinen Grundsatz, dass Normen über das Eigentum auf das Anwartschaftsrecht entsprechend anwendbar sind. Hinzu kommt, dass schon auf Basis der HausratsV anerkannt war, dass auch Gegenstände, die unter Eigentumsvorbehalt erworben worden waren, der Hausratsverteilung unterliegen.[28] Die Rechte des Eigentümers werden insoweit nicht verletzt, da sich an der Schuldnerstellung der Ehegatten dadurch nichts ändert. Dritte gehören aus diesem Grund, anders als bei der Wohnung, auch nicht zu den Verfahrensbeteiligten. Meist werden gemäß § 1357 Abs. 1 weiterhin beide Ehegatten zahlungspflichtig sein. Stellt sich bei einem Haushaltsgegenstand nachträglich heraus, dass im Zeitpunkt der Entscheidung noch ein Eigentumsvorbehalt bestand, so kann die Zuweisung des Eigentums in die Zuweisung der Eigentumsanwartschaft umgedeutet werden.[29] Beansprucht werden nach Abs. 1 kann zudem die Überlassung von Gegenständen, die an einen Dritten (Kredit- oder Finanzierungsinstitut) **sicherungsübereignet** wurden.[30] Insofern kann schließlich von potenziellem künftigen „Eigentum" der Ehegatten gesprochen werden. Der Zustimmung des Eigentümers bedarf es dabei nicht.[31] Fraglich bleibt, ob auch Haushaltsgegenstände nach Abs. 1 beansprucht werden können, die 9

---

[23] BGH FamRZ 1983, 794.

[24] Vgl. zum früheren Recht *Erman/Maier* § 1 HausratsVO RdNr. 11.

[25] BGH FamRZ 2004, 1016, 1018 bez. Pkw; *Erman/Maier* § 8 HausratsVO RdNr. 3; *Palandt/Brudermüller* Anh zu §§ 1361 a, 1361 b § 8 HausrVO RdNr. 4.

[26] Gesetzentwurf der Bundesregierung, BR-Drucks. 635/08 S. 48.

[27] Offen gelassen von *Roth* FamRZ 2008, 1388, 1390; vgl. zum frühren Recht § 10 Abs. 2 HausratsV.

[28] Vgl. Vorauf l. § 10 HausratsV RdNr. 3 ff.; BayObLG FamRZ 1968, 319.

[29] AA OLG Saarbrücken OLGZ 1967, 1, 3.

[30] Vgl. BayObLG FamRZ 1968, 319, 320 f.; SchlHOLG SchlHA 1955, 365, 366 unter Aufgabe von SchlHA 1953, 139, 140.

[31] Vgl. OLG Hamm FamRZ 1990, 531, 532.

lediglich **geleast,** gemietet oder geliehen sind.[32] Dagegen spricht die Neufassung, die ausdrücklich nur auf das „Eigentum“ abstellt. Andererseits gibt es keinen Grund, im Rahmen von § 1568 b ein Leasingfahrzeug anders zu behandeln als ein unter Eigentumsvorbehalt erworbenes Fahrzeug.

10 **4. Angewiesenheit auf Nutzung des Gegenstands. a) Neufassung.** Nach früherem Recht (§§ 1, 2 HausratsV) entschied das FamG, soweit es die Rechtsverhältnisse an der Ehewohnung und am Hausrat zu gestalten hatte, nach billigem Ermessen unter Berücksichtigung aller Umstände des Einzelfalls. Nach der Neuregelung findet keine Verteilung des gesamten Hausrats mehr statt. Es gibt nur noch einen Anspruch auf Überlassung einzelner, näher zu bezeichnender Gegenstände, auf deren Nutzung man besonders angewiesen ist. Bei vielen alltäglichen Gebrauchsgegenständen wird das nicht so leicht zu begründen sein.[33] Indes kann dann hilfsweise noch auf andere Gründe der Billigkeit abgestellt werden (RdNr. 14).

11 **b) Billigkeitsabwägung.** Nach der Gesetzesbegründung soll es auch nach neuem Recht im Wesentlichen bei der bisherigen umfassenden **Billigkeitsabwägung** verbleiben. Die Prüfung des Tatbestandsmerkmals der Angewiesenheit erfolgt dabei nach ähnlichen Maßstäben wie bei der Ehewohnung (s. § 1568 a RdNr. 14 ff.).[34] Bei der Entscheidung sind alle Umstände zu berücksichtigen, die das Verhältnis der Ehegatten zueinander, ihre gegenwärtigen Lebensbedingungen und ihre Beziehungen zu den betreffenden Hausratsgegenständen betreffen.[35] Umstände, die zum Scheitern der Ehe beigetragen haben, spielen demgegenüber grundsätzlich keine Rolle, im besonderen Einzelfall mag es sich gleichwohl aufdrängen, auch diesen Aspekt zu berücksichtigen.[36]

12 **c) Kindeswohl.** Wesentliche Bedeutung kommt dem Wohl der Kinder zu, die mit den Ehegatten, der die Überlassung des Haushaltsgegenstands begehrt, zusammenleben und insofern mittel- oder unmittelbar auch an dessen Nutzung teilhaben. In diesem Fall wird dieser Elternteil – besonders bei beengten finanziellen Verhältnissen – dringender auf die Weiterbenutzung der Wohnungseinrichtung, der Küchenausstattung, der Wäsche und anderer für eine Haushaltsführung unentbehrlicher Dinge angewiesen sein als der andere Ehegatte. Das kann auch das **Familienfahrzeug** betreffen, das erforderlich ist, um die Kinder zu Kindergarten, Schule, Sport etc. fahren zu können. Weiterhin kann ein Kind aus Ausbildungsgründen auf die Nutzung eines Musikgerätes angewiesen sein.[37]

13 **d) Lebensverhältnisse der Ehegatten.** Weiterhin zu berücksichtigen sind Alter, Gesundheitszustand, Hilfsbedürftigkeit, wirtschaftliche Leistungsfähigkeit der Ehegatten,[38] der Güterstand und daraus folgende Ansprüche (insbesondere auf Zugewinnausgleich) und die Möglichkeit anderweitiger Ersatzbeschaffung. Insbesondere ist zu berücksichtigen, inwieweit der eine oder andere Ehegatte unter Berücksichtigung seiner Einkommens- und Vermögensverhältnisse (einschl. etwaiger Forderungen gegen den anderen Ehegatten auf Unterhalt und Zugewinnausgleich) in der Lage ist, sich einen entsprechenden (Ersatz-)Gegenstand selbst zu beschaffen.[39] Hat sich der aus der Ehewohnung ausgezogene Teil zwischenzeitlich eine andere Wohnung vollständig neu eingerichtet, so wird er nicht mehr auf die alte Wohnungseinrichtung angewiesen sein. Eine Angewiesenheit ist zudem zu verneinen, wenn die Veräußerung des Gegenstands geplant ist.[40]

---

[32] Bejahend nach früherem Recht: OLG Hamm FamRZ 1990, 531, 532; LG Tübingen FamRZ 1979, 443, 444.

[33] Vgl. *Roth* FamRZ 2008, 1388, 1390.

[34] Gesetzentwurf der Bundesregierung, BR-Drucks. 635/08 S. 49.

[35] BGHZ 18, 143, 148 = NJW 1955, 1355.

[36] Vgl. KG FamRZ 1988, 182, 183 = NJW-RR 1989, 711; zu weitgehend AG Weilburg FamRZ 1992, 191, 192 (Prozessbetrug der Ehefrau in einem Anordnungsverfahren auf Trennungsunterhalt).

[37] LG Berlin JR 1949, 450.

[38] BGH NJW 1984, 484, 486.

[39] Vgl. OLG Hamm JMBl. NRW 1959, 17, 18; OLG Stuttgart FamRZ 1982, 485, 486.

[40] AG Borken FamRZ 2008, 696, bez. Pkw.

5. Andere Gründe der Billigkeit. Unabhängig von der Angewiesenheit auf den Haushaltsgegenstand können – wie bei § 1568 a Abs. 1 (s. dort RdNr. 18) – auch andere Gründe der Billigkeit für die Überlassung der Sache an den anspruchstellenden Ehegatten sprechen. Das gilt insbesondere, wenn beide Ehegatten in gleichem Maße auf den Haushaltsgegenstand angewiesen sind. In diesen Fällen wird eine zweckmäßige und gerechte Verteilung nur dann ermöglicht, wenn auch an andere Umstände angeknüpft werden kann. So kann beispielsweise darauf abgestellt werden, wer die Anschaffung des Gegenstands veranlasst oder aus eigenen Ersparnissen finanziert hat; die Herkunft der Mittel für den Erwerb des Hausrats ist aber nicht ausschlaggebend.[41] Ferner kann relevant sein, in welcher Art und Weise sich die Ehegatten bereits über die Verteilung anderer Haushaltsgegenstände geeinigt haben.[42] 14

Beachtlich ist weiterhin, wer den Gegenstand während der Ehe primär genutzt und auf eigene Kosten gepflegt und erhalten hat.[43] Bei **Haustieren** sind die Beziehungen zu dem Tier und die Auswirkungen der Regelung auf das Tier zu berücksichtigen.[44] Seine Ermessensfreiheit erlaubte dem Richter nach früherer Rechtslage, dem Ehegatten, der den Haushund nicht erhalten hat, das Recht einzuräumen, mit dem Hund zu bestimmten Zeiten zusammen zu sein.[45] Nunmehr sollte das Gericht immerhin versuchen, eine gütliche Einigung der Ehegatten über das „Umgangsrecht" mit dem Hund herbeizuführen (vgl. § 36 Abs. 1 S. 2 FamFG). 15

6. Anspruchsziel: Überlassung und Übereignung. Der Antrag des Anspruchstellers ist zu richten auf Überlassung und Eigentumsübertragung am betreffenden Haushaltsgegenstand, d. h. auf Besitzverschaffung sowie Übereignung nach den §§ 929 ff. Die Begründung eines Mietverhältnisses – wie zuvor nach § 9 Abs. 2 HausratsV – ist nicht mehr vorgesehen. Anders als nach der früheren Regelung gem. § 8 HausratsV werden die Rechtsverhältnisse nicht mehr mit Rechtskraft der Entscheidung automatisch umgestaltet. Angesichts der Ausgestaltung des § 1568 b als Anspruchsgrundlage ist der Richter an den gestellten Antrag weitgehend gebunden. Er kann seine Entscheidung weder auf andere Haushaltsgegenstände erstrecken, noch den beanspruchten Gegenstand dem anderen Ehegatten zuweisen, wie dies im Rahmen der Billigkeitsentscheidung nach §§ 1, 2 HausratsV noch möglich war. 16

7. Anspruch auf Ausgleichszahlung, Abs. 3. Der Ehegatte, der sein (Mit-)Eigentum nach Abs. 1 überträgt, kann für die Überlassung des Haushaltsgegenstands eine **angemessene** Ausgleichszahlung verlangen. S. 1 entspricht insoweit der Regelung des § 8 Abs. 3 S. 2 HausratsV, die sich laut Gesetzesbegründung bewährt hat.[46] Die Festlegung der Ausgleichszahlung erfolgt durch richterliche Entscheidung gem. § 209 Abs. 1 FamFG. 17

Die **Höhe der Zahlung** ist nach billigem Ermessen festzulegen. Maßgebend sind die Umstände des Einzelfalls. Ein wertmäßiger Ausgleich, welcher der Beteiligung der Ehegatten an dem betreffenden Gegenstand bzw. allen aufgeteilten Gegenständen vollkommen entspricht, braucht nicht herbeigeführt zu werden.[47] Zu berücksichtigen ist gleichwohl primär der **Verkehrswert** der zu übertragenden Haushaltsgegenstände zum Zeitpunkt der Verteilung, nicht der Neuwert. Beachtlich sind weiterhin die wirtschaftlichen Verhältnisse der Beteiligten, Ansprüche auf Zugewinnausgleich, der Umstand, dass der Haushaltsgegenstand in erster Linie der Versorgung der Kinder dient, der von jedem Ehegatten zur Anschaffung geleistete Beitrag, die Kosten anderweitiger Ersatzbeschaffung usw.[48] Im Einzelfall können

---

[41] Vgl. OLG Düsseldorf FamRZ 1987, 1055.

[42] Vgl. SchlHOLG SchlHA 1957, 207; OLG Frankfurt FamRZ 1983, 730, 731. OLG Bamberg MDR 2001, 820.

[43] Gesetzentwurf der Bundesregierung, BR-Drucks. 635/08 S. 49.

[44] *Scharfschwerdt-Otto* S. 121 f.

[45] AG Bad Mergentheim NJW 1997, 3033; aA SchlHOLG NJW 1998, 3127; OLG Bamberg FamRZ 2004, 559.

[46] Gesetzentwurf der Bundesregierung, BR-Drucks. 635/08 S. 49.

[47] Vgl. BGHZ 89, 137, 143; BGH DtZ 1994, 151, 152.

[48] Vgl. OLG Hamm FamRZ 1967, 105, 106 und FamRZ 1981, 293; OLG Karlsruhe FamRZ 1982, 277, 278; OLG Karlsruhe FamRZ 1987, 848, 849.

noch **Schulden** bestehen, die mit dem Haushaltsgegenstand zusammenhängen, zB weil der Gegenstand noch nicht voll bezahlt ist oder Versicherungsbeiträge, Instandhaltungs- und Reparaturkosten offen stehen. Hier wird es nahe liegen, dass derjenige Ehegatte, der den Gegenstand für sich beansprucht, anstelle (eines Teils) der Ausgleichszahlung im Innenverhältnis die Verpflichtung zur Bezahlung etc. allein übernimmt und den anderen Ehegatten insoweit von den Ansprüchen freistellt.

18 Die Überlassung des Gegenstands muss grundsätzlich nur **Zug um Zug** (§ 273) gegen Ausgleichszahlung erfolgen. Insoweit ist – sofern nicht Gründe der Billigkeit für eine andere Lösung sprechen – ein Zurückbehaltungsrecht des anderen Ehegatten zu beachten. Im Einzelfall können in Bezug auf die Ausgleichszahlung aber auch Ratenzahlung oder Stundung gewährt werden. Bestehen beiderseitige Überlassungsansprüche, können die jeweils bestimmten Ausgleichsbeträge miteinander **verrechnet** werden.[49] Gegen den Ausgleichsanspruch aus Abs. 3 kann auch (ggf. im Voraus) aufgerechnet werden.[50] Eine andere Form der Ausgleichsleistung, etwa in Form der Überlassung eines anderen Gegenstands, ist nicht vorgesehen.

19 **8. Einwendungen.** Anderweitige vermögensrechtliche Ansprüche, die aus der ehelichen Lebensgemeinschaft und deren Auseinandersetzung anlässlich der Scheidung erwachsen, berechtigen einen Ehegatten grundsätzlich nicht, sich gegenüber dem Herausgabeanspruch einredeweise auf ein **Zurückbehaltungsrecht** zu berufen, da der Schutzzweck der Norm sonst in Frage gestellt werden könnte. Der Anspruch nach Abs. 1 kann nach allgemeinen Grundsätzen (§ 242) verwirkt sein, wenn ein entsprechendes Umstands- und Zeitmoment zusammenkommen. Das kann zu bejahen sein, wenn ein Ehegatte den Anspruch längere Zeit nach Scheidung nicht geltend macht und sich der andere nach dem gesamten Verhalten des Berechtigten darauf einrichten durfte, dass der Berechtigte den Anspruch auch in Zukunft nicht geltend machen wird.[51] Eine **Verwirkung** ist zu verneinen, wenn die Ehegatten die Hausratsverteilung einverständlich aus dem Scheidungsverfahren ausgeklammert hatten, ein Ehegatte aber wiederholt in der außergerichtlichen Korrespondenz deutlich gemacht hat, dass er auf bestimmte Gegenstände Wert legt.[52] Im Übrigen verjährt der Anspruch aus Abs. 1 in der regelmäßigen **Verjährungsfrist** des § 195 in drei Jahren. Solange die Ehe noch besteht, ist die Verjährung gehemmt, § 207 Abs. 1 S. 1.

III. Die Miteigentumsvermutung, Abs. 2

20 **1. Normzweck und Anwendungsbereich.** Nach **Abs. 2** gelten Haushaltsgegenstände, die während der Ehe für den gemeinsamen Haushalt angeschafft wurden, für die Verteilung als gemeinsames Eigentum der Ehegatten, es sei denn, dass das Alleineigentum eines Ehegatten feststeht (früher § 8 Abs. 2 HausratsV). Diese Miteigentumsvermutung trägt dazu bei, schwierige und häufig fruchtlose Beweiserhebungen darüber zu vermeiden, wer nach bürgerlichem Recht Eigentümer der einzelnen Gegenstände ist. Die Vermutung entspricht der Realität der meisten Ehen, da die Ehegatten regelmäßig eine Gemeinschaft des Erwerbs und Verbrauchs bilden.[53] Der Güterstand der Ehegatten spielt dabei keine Rolle.

21 Nach hM lässt sich der Gedanke des Abs. 2 über den eigentlichen Anwendungsbereich des § 1568 b hinaus erweitern. Die Vermutung gilt insbesondere entsprechend für die Verteilung der Haushaltsgegenstände bei **Getrenntleben** nach § 1361 a.[54] Auf den Gedan-

---

[49] Gesetzentwurf der Bundesregierung, BR-Drucks. 635/08 S. 50; *Götz/Brudermüller* NJW 2008, 3025, 3031.

[50] Teilweise abweichend zum früheren Recht: OLG Nürnberg OLGZ 1980, 46, 48 f.; OLG Hamm FamRZ 1981, 293; OLG Hamm FamRZ 1988, 745, 746; OLG Köln FamRZ 1993, 1462, 1463.

[51] OLG Naumburg FamRZ 2007, 1579.

[52] OLG Düsseldorf FF 2008, 169.

[53] Vgl. BGHZ 114, 74, 80 = NJW 1991, 2283, 2284 f. = JZ 1992, 217 m. Anm. *Kick* = JR 1992, 285 m. Anm. *Lüke*; *Johannsen/Henrich/Brudermüller* § 8 HausratsVO RdNr. 7; *Leipolt,* FS Gernhuber, 1993, S. 695, 702 ff.

[54] Vgl. Karlsruhe FamRZ 2007, 59, 61; *Palandt/Brudermüller* § 1361 a RdNr. 16; *Staudinger/Voppel* § 1361 a RdNr. 39; *Erman/Gamillscheg* § 1361 a RdNr. 15.

ken wird zudem zurückgegriffen werden können, wenn sich die Ehegatten während intakter Ehe über die Eigentumsverhältnisse an Haushaltsgegenständen streiten. Eine analoge Anwendung auf Auseinandersetzungsansprüche im Rahmen der nichtehelichen Lebensgemeinschaft wird von der hM aber abgelehnt.[55]

2. Angeschaffte Haushaltsgegenstände. Zum Begriff des Haushaltsgegenstands s. oben RdNr. 4 ff. **Anschaffen** setzt voraus, dass ein entgeltlicher Erwerb stattgefunden hat. Haushaltsgegenstände, die ein Ehegatte geerbt oder von einem Dritten geschenkt bekommen hat oder die ihm sonst unentgeltlich zugewendet worden sind, fallen nicht unter die Vermutung des Abs. 2; das gilt insbes. für eine Ausstattung gemäß § 1624.[56] Bei der **Schenkung** von Haushaltsgegenständen wird jedoch häufig von einer Schenkung an beide Ehegatten gemeinsam ausgegangen werden können, so dass meist ebenfalls Miteigentum vorliegt. Das gilt insbesondere für Hochzeitsgeschenke. Hier spricht eine tatsächliche Vermutung für gemeinsamen Eigentumserwerb, sofern nicht die Zuwendung ausdrücklich nur an einen Ehegatten erfolgt ist oder sich dies aus den Umständen, insbesondere der Art und dem Wert des Geschenks oder der Person des Schenkers ergibt. Als angeschafft sind auch Haushaltsgegenstände anzusehen, die ein Ehegatte entgeltlich erworben und anschließend dem anderen geschenkt hat[57] oder selbst angefertigt hat, ohne dass es auf das Verhältnis des Materialwerts zum Wert der Verarbeitung ankommt.[58] 22

Der Haushaltsgegenstand muss für den **gemeinsamen Haushalt** angeschafft worden sein. Hierfür spricht, solange die Ehegatten zusammenleben, eine tatsächliche Vermutung, ohne dass es auf den wirklichen Zustand der Ehe ankommt. Die Voraussetzung wird zudem zu bejahen sein, wenn der Gegenstand in einer Zeitphase getrennter Haushalte (zB aus beruflichen Gründen) angeschafft worden ist, danach aber dem gemeinsamen Haushalt zur Verfügung gestellt wurde. Dagegen werden nach Aufhebung der häuslichen Gemeinschaft die Ehegatten Haushaltsgegenstände in der Regel nicht mehr für den gemeinsamen Haushalt erwerben. 23

3. Anschaffung während der Ehe. Die Anschaffung muss während der Ehe erfolgt sein. Bei Haushaltsgegenständen, die ein Verlobter vor der Eheschließung angeschafft hat, ist eine Ausnahme auch dann nicht zu machen, wenn der Gegenstand ganz oder überwiegend erst nach der Eheschließung bezahlt worden ist.[59] Erst recht genügt nicht, dass ein vor der Eheschließung zur Anschaffung aufgenommenes Darlehen während der Ehe zurückgezahlt wird.[60] Im Übrigen kann freilich auch Hausrat, den die Ehegatten vor der Eheschließung erworben haben, ihr gemeinsames Eigentum sein, zB wenn sie bereits vor der Eheschließung zusammengelebt haben. Ebenso können Haushaltsgegenstände, die von einem Ehegatten vor der Eheschließung erworben worden sind, nach der Eheschließung gemeinsames Eigentum werden, wenn die Ehegatten sie dem gemeinsamen Haushalt gewidmet haben und die Änderung der Eigentumslage, was häufig der Fall sein wird, ihrem Willen entspricht.[61] Das bedarf jedoch stets besonderer Feststellung. 24

4. Widerlegung der Vermutung. Die Vermutung des Abs. 2 ist widerlegt, wenn das **Alleineigentum** eines Ehegatten **feststeht.** Zu eng wäre es, Alleineigentum eines Ehegatten nur dann als feststehend anzusehen, wenn dies zwischen den Ehegatten außer Streit ist oder sich das Eigentum eines Ehegatten ohne weitere Beweiserhebung feststellen lässt.[62] Andererseits ist die Formulierung „feststeht" nicht gleichbedeutend mit „nachgewiesen 25

---

[55] *Palandt/Brudermüller* Einl v § 1297 RdNr. 22.

[56] Vgl. OLG Stuttgart NJW 1982, 585, 586; OLG Köln FamRZ 1986, 703.

[57] Vgl. OLG Celle NdsRpfl. 1960, 231, 232.

[58] Vgl. OLG Düsseldorf NJW 1959, 1046; aA *Hoffmann/Stephan* RdNr. 7; *Fehmel* in FamGB RdNr. 14.

[59] Vgl. OLG Oldenburg NdsRpfl. 1955, 53; SchlHOLG SchlHA 1957, 207, 208; *Erman/Maier* § 8 HausratsVO RdNr. 4; aA *Staudinger/Weinreich* § 8 HausratsV RdNr. 7.

[60] Vgl. OLG Zweibrücken FamRZ 1987, 165.

[61] Vgl. *Rahm/Künkel/Niepmann* IV RdNr. 194; *Staudinger/Weinreich* § 8 HausratsVO RdNr. 8; *Haußleiter/Schulz* Kap. 4 RdNr. 143.

[62] AA OLG Kiel JR 1948, 344.

ist".[63] Eine **Beweisaufnahme** über die Eigentumsfrage (von Amts wegen, vgl. § 26 FamFG[64]) ist nicht ausgeschlossen, insbesondere bei wertvollen Gegenständen ist Beweisantritten im Einzelnen nachzugehen,[65] jedoch haben langwierige und komplizierte Beweiserhebungen, die in keinem Verhältnis zum Wert des betreffenden Gegenstandes stehen, zu unterbleiben.

26 Wer Eigentümer der während der Ehe für den gemeinsamen Haushalt angeschafften Sachen wird, richtet sich mangels anderer Erwerbstatbestände nach den allgemeinen **Vorschriften der §§ 929 ff.** Ist die Erklärung des Veräußerers – und das wird regelmäßig der Fall sein – so zu verstehen, dass er an den übereignet, den es angeht, kommt es allein auf die Einigungserklärung des jeweiligen Ehegatten und seinen Erwerbswillen an. So wird von Erwerb zu Alleineigentum auszugehen sein, wenn der angeschaffte Gegenstand für den alleinigen Bedarf des Ehegatten bestimmt ist. In anderen Fällen wird die Auslegung bei der Anschaffung von gemeinsam zu nutzenden Hausrat meist ergeben, dass beide Ehegatten Miteigentümer werden sollen.[66] Sein Alleineigentum hat ein Ehegatte daher nicht schon dargetan, wenn feststeht, dass er den Haushaltsgegenstand im eigenen Namen gekauft und mit eigenen Mitteln bezahlt hat.[67] Auch die Haltereigenschaft (bei einem PKW) reicht nicht aus.[68] Ebenso wenig genügt für die Feststellung von Alleineigentum, dass ein Ehegatte behauptet, der Haushaltsgegenstand sei ihm von dem anderen Ehegatten geschenkt worden. Was sich Ehegatten üblicherweise an Hausratsgegenständen schenken, wird in der Regel gemeinsames Eigentum und nicht Alleineigentum des Beschenkten.[69]

27 Vorrang vor der Vermutung des § 1568 b Abs. 2 hat die Regelung des **§ 1370** aF zur **dinglichen Surrogation.**[70] Diese Norm wurde zwar durch das Gesetz zur Änderung des Zugewinnausgleichs und Vormundschaftsrechts zum 1. 9. 2009 gestrichen; sie behält jedoch für vor diesem Stichtag angeschaffte Haushaltsgegenstände weiter Geltung, Art. 229 § 20 EGBGB. Nach § 1370 wurden Haushaltsgegenstände, die anstelle von nicht mehr vorhandenen oder wertlos gewordenen Gegenständen angeschafft worden waren, kraft Gesetzes automatisch Eigentum desjenigen Ehegatten, dem die nicht mehr vorhandenen oder wertlos gewordenen Gegenstände gehört hatten.

IV. Verhältnis zu anderen Anspruchsgrundlagen

28 **1. Herausgabeansprüche aus Sachenrecht.** Bei **Alleineigentum** des Anspruchstellers kann dieser seinen Gegenstand vom anderen Ehegatten nach § 985 herausverlangen, sofern diesem weder aus Vertrag noch sonstiger dinglicher Berechtigung ein Besitzrecht (§ 986) zukommt. Ein Konkurrenzverhältnis zu § 1568 b entsteht insoweit nicht, weil sich diese Norm nur auf Haushaltsgegenstände bezieht, die im Miteigentum der Ehegatten stehen. Gegenüber einem **Anspruch aus § 985** auf Herausgabe eines in **Miteigentum** stehenden Gegenstands bzw. auf dessen Zurückschaffung in die Ehewohnung bildet § 1568 b jedoch im Rahmen seines Anwendungsbereichs die speziellere Norm.[71] Insoweit muss genügen,

---

[63] Vgl. *Vogel* JR 1949, 431.

[64] S. zum früheren Recht OLG Düsseldorf FF 2008, 169.

[65] Vgl. BGH NJW 1984, 1758, 1759.

[66] BGH NJW 1991, 2283; *Palandt/Brudermüller* Anh zu §§ 1361 a, 1361 b § 8 HausrVO RdNr. 4.

[67] Vgl. BGHZ 114, 74, 79 f. = NJW 1991, 2283, 2284 f.; OLG München NJW 1972, 542, 543; FamRZ 1997, 752, 753; OLG Celle NdsRpfl. 1960, 231, 232. Für einen regelmäßig auf Alleineigentum gerichteten Erwerbswillen des nach außen hin allein auftretenden Ehegatten *Vlassopoulos* S. 106 ff., 123 ff., 133; *Brötel* Jura 1992, 470, 475.

[68] HansOLG Hamburg FamRZ 1990, 1118, 1119; *Haußleiter/Schulz* Kap. 4 RdNr. 137; *Palandt/Brudermüller* Anh zu §§ 1361 a, 1361 b § 8 HausrVO RdNr. 4; *Wönne* FPR 2009, 293, 295.

[69] AA offenbar BGHZ 114, 74, 81 = NJW 1991, 2283, 2285.

[70] KG FamRZ 1986, 648, 649; *Erman/Maier* § 8 HausratsVO RdNr. 3; *Götz/Brudermüller* NJW 2008, 3025, 3031.

[71] BGHZ 67, 217, 219 f.; 71, 216, 223; *Erman/Maier* Vor § 1 HausratsVO RdNr. 10; *Götz/Brudermüller* RdNr. 265; *Lüderitz/Dethloff* RdNr. 126; aA *Schneider* MDR 1999, 637 f.; *Haußleiter/Schulz* Kap. 4 RdNr. 186.

dass eine Haushaltssache anhängig gemacht werden könnte,[72] sie muss (noch) nicht geplant oder gar anhängig sein.

Was für das Verhältnis des § 1568 b zum **Besitzschutzanspruch aus § 861** gelten soll, ist umstritten. Die verbotene Eigenmacht findet freilich meist schon im Rahmen der Trennung der Ehegatten statt, so dass das Problem primär in Bezug auf die Norm des § 1361 a diskutiert wird. Insofern lässt sich mit Blick auf den eigenständigen vorläufigen Schutzzweck der §§ 861 ff. sowohl ein konkurrierendes Nebeneinander der Normgruppen vertreten[73] als auch im Sinne der Prozessökonomie ein Vorrang der §§ 1361 a, 1361 b bzw. der §§ 1568 a, 1568 b.[74] Eine vermittelnde Ansicht wiederum will auch im Fall des Geltendmachens possessorischer Ansprüche die familienrechtlichen Vorschriften in entsprechender Anwendung als Anspruchsgrundlage heranziehen und dabei den Regelungsgehalt des possessorischen Besitzschutzes bei der Billigkeitsbetrachtung berücksichtigen.[75] Der Streit hat sich allerdings entschärft, da inzwischen auch für ein Verfahren nach § 861 BGB (als sonstige Familiensache und Familienstreitsache, § 112 FamFG) das Familiengericht zuständig ist, § 266 Abs. 1 FamFG. 29

2. Verhältnis zum Zugewinnausgleich. Der Anspruch aus Abs. 1 ist unabhängig vom Güterstand, in dem die Ehegatten leben. Gilt der gesetzliche Güterstand, kann das Verhältnis von § 1568 b zum Zugewinnausgleich relevant werden. Unproblematisch ist die Sachlage bei Gegenständen im **Alleineigentum** der Ehegatten. Da § 1568 b hierfür nicht gilt, ist Alleineigentum der Ehegatten ohne Weiteres im Rahmen des Zugewinnausgleichs zu erfassen.[76] Alle diesbezüglichen früheren Abgrenzungsfragen[77] haben sich nach neuem Recht erledigt. 30

Bei Haushaltsgegenständen im **Miteigentum** hat **§ 1568 b grundsätzlich Vorrang,** so dass davon betroffene Gegenstände aus dem Zugewinnausgleich bzw. aus dem Endvermögen herausgenommen werden. Insoweit war schon bisher anerkannt, dass Hausrat, der beiden Ehegatten gemeinsam gehört und vom Hausratsrichter gerecht und zweckmäßig verteilt werden kann, vom Zugewinnausgleich auszunehmen ist.[78] Der Grund dafür lag vor allem in den abweichenden Bewertungsregeln und insoweit in der Vermeidung von Wertungswidersprüchen. Es sollte vermieden werden, dass einem Ehegatten beim Zugewinnausgleich Haushaltsgegenstände oder damit zusammenhängende Verbindlichkeiten mit ihrem vollem Wert zugerechnet werden, obwohl sie der Richter im Hausratsverfahren ohne vollen Wertausgleich dem anderen Ehegatten zuweisen kann; denn damit wäre die Gefahr einer ungerechtfertigten doppelten Benachteiligung verbunden.[79] Die Frage ist allerdings, ob dieser Vorrang künftig nur greift, wenn sich ein Ehegatte tatsächlich auf § 1568 b beruft oder eine Haushaltssache anhängig macht bzw. machen will.[80] Überwiegend wurde dies auf Grundlage von § 8 HausratsV verneint und ein genereller Vorrang geltend gemacht.[81] Nach der Gesetzesbegründung soll die neue Vorschrift des § 1568 b Abs. 3 „wie die Hausratsverordnung eine Sonderregelung für die Verteilung der Haushaltsgegenstände sein, allerdings nur, **soweit tatsächlich von ihr Gebrauch** gemacht wird".[82] Ansonsten komme „auf die 31

---

[72] *Erman/Maier* Vor § 1 HausratsVO RdNr. 10.

[73] So: OLG Koblenz FamRZ 2008, 63; OLG Düsseldorf FamRZ 1984, 1095 mit Anm. *Luthin*; aA OLG Karlsruhe FamRZ 2007, 59; *Erman/Maier* Vor § 1 HausratsVO RdNr. 10.

[74] *Erman/Maier* Vor § 1 HausratsVO RdNr. 10.

[75] OLG Karlsruhe FamRZ 2007, 59, 60 f.; OLG Karlsruhe FamRZ 2001, 760; OLG Hamm FamRZ 1991, 81; *Götz/Brudermüller* RdNr. 261 f.

[76] Im Grundsatz galt das schon nach früherem Recht, vgl. *Erman/Maier* Vor § 1 HausratsVO RdNr. 9.

[77] S. dazu: Voraufl. § 1 HausratsV RdNr. 16 ff.

[78] Vgl. BGHZ 89, 137, 142 ff. = NJW 1984, 484 = JZ 1984, 380 mit zust. Anm. *Lange*; aA *Rauscher*, Familienrecht, RdNr. 717, für ggf. kumulative Anwendung.

[79] BGH NJW 1984, 484, 486.

[80] Offen gelassen von *Hoppenz* FamRZ 2008, 1889, 1894; ebenso zum früheren Recht *Weinreich/Klein/Weinreich* § 1 HausrVO RdNr. 2.

[81] BGH NJW 1984, 484, 485 f.; *Erman/Maier* Vor § 1 HausratsVO RdNr. 9; jurisPK-BGB/*Leis* § 1 HausratsVO RdNr. 11.

[82] Krit. *Götz/Brudermüller* NJW 2008, 3025, 3031, die es im Sinne einer klaren und praktikablen Abgrenzung vorziehen würden, Haushaltsgegenstände im Miteigentum generell aus dem Zugewinnausgleich herauszunehmen und allein § 1568 b zu unterstellen; krit. auch *Wönne* FPR 2009, 293, 295.

eventuelle Verrechnung des vor und während der Ehe erworbenen gemeinsamen Eigentums der Ehegatten das Ehegüterrecht des BGB zur Anwendung."[83] Demnach soll der Vorrang des § 1568 b also nur in dem Fall gelten, dass tatsächlich eine Ausgleichszahlung für einen zu überlassenden Gegenstand bestimmt wird. Das dürfte aber auch den Fall betreffen, dass die Ehegatten **außergerichtlich eine einverständliche Regelung** getroffen und eine Ausgleichszahlung[84] festgelegt haben, zumal sie damit regelmäßig auch einen weiteren Streit im Rahmen des Güterrechts ausschließen möchten;[85] ob das auch für **Schulden** gilt, die in Zusammenhang mit dem jeweiligen Gegenstand stehen, muss jedoch einzelfallbezogen ermittelt werden.[86] Im Zweifel werden Schulden nur bei ausdrücklicher diesbezüglicher Vereinbarung im Zugewinnausgleich unberücksichtigt bleiben.[87] Wurde aber weder gerichtlich noch außergerichtlich über eine Zuteilung bzw. Ausgleichszahlung entschieden, verbleibt es hingegen nach dem Willen des Gesetzgebers bei der Berücksichtigung der Haushaltsgegenstände im jeweiligen Endvermögen. In der Sache wird das in erster Linie hochwertige Gegenstände wie etwa Pkw oder neuere Möbel betreffen. Bei hälftigem Miteigentum wird sich der beiderseitige Ansatz im Endvermögen freilich meist nicht weiter auswirken.[88] Hinzu kommt, dass nun im Rahmen von Abs. 3 grundsätzlich auf den Verkehrswert der Sache abzustellen ist, so dass unterschiedliche Bewertungen ohnehin sehr selten sein dürften.

32 Wird der **Zugewinnausgleich** demgemäß unter Berücksichtigung der in Miteigentum stehenden Gegenstände **durchgeführt,** so steht dem eine spätere Geltendmachung des Anspruchs aus Abs. 1 allerdings nicht entgegen. Jedoch kann die Entscheidung über den Zugewinnausgleich im Rahmen von § 1568 b in die Billigkeitsbetrachtung einfließen. Zudem wird die vorherige Bewertung des Gegenstands im Zugewinnausgleichsverfahren bei der Ermittlung der Ausgleichszahlung nach Abs. 3 zu berücksichtigen sein.

33 Problematisch ist zudem das **Verhältnis von § 1568 b zu § 1383**, der die Übertragung von Vermögensgegenständen im Rahmen des Zugewinnausgleichs betrifft. Nach hM galt insoweit bisher, dass § 8 HausratsV gegenüber § 1383 vorrangig ist, so dass der verteilte Haurat nicht nach dieser Norm angerechnet werden konnte.[89] Davon wird mangels einschlägiger Gesetzesänderung auch weiterhin auszugehen sein.

34 **3. Ansprüche aus einvernehmlichen Regelungen.** Haben sich die Ehegatten außergerichtlich über die Verteilung der Haushaltsgegenstände geeinigt, kommt ein Ehegatte den in der Einigung übernommenen Pflichten aber nicht nach, zB indem er einen dem anderen Ehegatten gebührenden Gegenstand beiseite schafft, so sind diesbezügliche Ansprüche als sonstige Familiensachen gem. § 111 Nr. 10, 266 Abs. 1 Nr. 3 FamFG ebenfalls vor dem Familiengericht geltend zu machen. Sofern jedoch die Einigung selbst bestritten oder nicht als bindend anerkannt wird, so handelt es sich in der Sache ohnehin um einen Anspruch aus Abs. 1.[90]

35 **4. Sonstige vermögensrechtliche Ansprüche.** Von § 1568 b unberührt bleiben sonstige vermögensrechtliche Ansprüche der Ehegatten in Bezug auf die Haushaltsgegenstände. Das betrifft auch Streitigkeiten wegen Schadenersatzansprüchen, die sich auf Haushaltsgegenstände beziehen. Während solche Ansprüche bislang vor den Prozessgerichten durch-

---

[83] Gesetzentwurf der Bundesregierung, BR-Drucks. 635/08 S. 49; BT-Drucks. 16/10798 S. 37.
[84] Auf diese Voraussetzung will *Wönne* FPR 2009, 293, 295 verzichten.
[85] Vgl. BGH NJW 1984, 484, 486; OLGR Bremen 2007, 588.
[86] OLGR Bremen 2007, 588.
[87] So auch *Wönne* FPR 2009, 293, 295.
[88] Vgl. *Kemper* FPR 2007, 202, 203.
[89] *Johannsen/Henrich/Brudermüller* § 8 HausratsVO RdNr. 2; *Roth* FamRZ 2008, 1388, 1391.
[90] Vgl. zum früheren Recht: HansOLG Bremen FamRZ 1963, 366; KG FamRZ 1975, 164, 165; OLG Hamm FamRZ 1980, 901; OLG Frankfurt FamRZ 1991, 1327; OLG Koblenz FamRZ 1984, 1241, 1242; OLG Karlsruhe FamRZ 2003, 621, 622; LG Stuttgart FamRZ 1978, 703; *Soergel/Heintzmann* § 1 HausratsVO RdNr. 9. Für eine generelle Zuständigkeit des Prozessgerichts BGH LM GVG § 23 b Nr. 16 = NJW 1979, 2156, 2157; OLG Karlsruhe FamRZ 2007, 407, 408; RGRK/*Kalthoener* RdNr. 12, 17. Für eine generelle Zuständigkeit des Familiengerichts *Haußleiter/Schulz* Kap. 4. RdNr. 160, 168.

zusetzen waren,[91] werden sie nach neuem Verfahrensrecht indes häufig als sonstige Familiensachen im Sinne von § 111 Nr. 10, 266 Abs. 1 Nr. 3 FamFG einzuordnen und somit vor dem Familiengericht zu behandeln sein. Unberührt von § 1568 b bleibt zudem eine Klage auf Feststellung des Alleineigentums an einem Haushaltsgegenstand. Für eine Klage auf Feststellung des Miteigentums wird jedoch dann das Feststellungsinteresse fehlen, soweit letztlich ein Verfahren nach Abs. 1 angestrebt wird, in dessen Rahmen dies als Vorfrage zu klären ist.[92]

V. Hinweise zum Verfahren

1. Zuständiges Gericht. Streitigkeiten nach § 1568 b sind verfahrensrechtlich **Haushaltssachen** gem. §§ 111 Nr. 5, 200 Abs. 2 Nr. 2 FamFG. Zuständig ist das FamG, § 23 b Abs. 1 GVG. Bei eingetragenen Lebenspartnern liegt eine Lebenspartnerschaftssache gem. § 269 Abs. 1 Nr. 6 FamFG vor; insoweit gilt das gleiche Verfahrensrecht wie für Ehegatten, vgl. § 270 Abs. 1 S. 2 FamFG. Örtlich zuständig ist während der Anhängigkeit einer Ehesache iS von § 121 FamFG das Gericht, bei dem die Ehesache im ersten Rechtszug anhängig ist oder war, § 201 Nr. 1 FamFG, ansonsten das Gericht, in dessen Bezirk sich die gemeinsame Wohnung der Ehegatten befindet, § 201 Nr. 2 FamFG. Wird eine Ehesache nachträglich bei einem anderen Gericht anhängig, ist die Ehewohnungssache an dieses Gericht von Amts wegen abzugeben, § 202 FamFG. 36

2. Antrag. Das Verfahren wird durch Antrag des anspruchstellenden **Ehegatten** eingeleitet, § 203 Abs. 1 FamFG (Näheres s. § 1568 a RdNr. 57). Der **Antrag** in Haushaltssachen muss die Angabe der Gegenstände enthalten, deren Überlassung begehrt wird, vgl. § 203 Abs. 2 S. 1 FamFG. Insoweit werden die Mitwirkungspflichten der Ehegatten konkretisiert. Zudem bestimmt § 203 Abs. 2 S. 2 FamFG, dass dem Antrag in Haushaltssachen eine Aufstellung sämtlicher Hausratsgegenstände beigefügt werden soll, die auch deren genaue Bezeichnung enthält. Hat der Antragsteller entsprechende Angaben nicht gemacht, kann das Gericht gemäß § 206 Abs. 1 Nr. 1 und 2 FamFG die Angabe der begehrten Hausratsgegenstände sowie die Aufstellung sämtlicher Haushaltsgegenstände anfordern. Kommt ein Ehegatte einer Auflage nach § 206 Abs. 1 FamFG nicht nach, ist das Gericht insoweit zur weiteren Aufklärung des Sachverhalts nicht verpflichtet, § 206 Abs. 3 FamFG. Im Fall verspäteten Vorbringens ist § 206 Abs. 2 zu beachten. Diese Vorschriften nehmen zwar, wenn mehr oder weniger eine Verteilung des gesamten Hausrats beantragt, nicht aber wenn nur der Anspruch auf einen einzelnen Gegenstand geltend gemacht wird. In diesem Fall liegt es vielmehr so, dass die konkrete Bezeichnung des beanspruchten Gegenstands bereits zwingend notwendig ist, um den Antrag schlüssig zu machen. Einer Auflistung sonstiger Haushaltsgegenstände bedarf es hingegen insoweit nicht mehr, da es allein in der Hand der Ehegatten liegt zu bestimmen, über welche Gegenstände sie sich einvernehmlich auseinandersetzen, über welche sie momentan noch keine Regelung herbeiführen und welche sie ggf. über § 1568 b konkret herausverlangen. 37

3. Beteiligte sind stets beide Ehegatten, § 7 Abs. 1, 2 FamFG. Mit ihnen soll das Gericht die Angelegenheit in einem Termin erörtern. Zu diesem Zweck ist das persönliche Erscheinen anzuordnen, § 207 FamFG (vgl. zuvor § 13 Abs. 2 HausratsV). Auf eine gütliche Einigung der Beteiligten ist hinzuwirken, § 36 Abs. 1 S. 2 FamFG. 38

4. Entscheidung durch Beschluss. Anders als nach früherem Recht auf Basis der §§ 1, 2 HausratsV[93] ist nun grundsätzlich von einer Bindung an den gestellten Antrag auszugehen (s. auch RdNr. 16); zu entscheiden ist nur über den konkret geltend gemachten Anspruch. 39

[91] Vgl. BGH FamRZ 1988, 155; KG FamRZ 1974, 195, 197; OLG Düsseldorf FamRZ 1986, 1132, 1134.

[92] Vgl. schon *Kuhnt* AcP 150 (1949), 148.

[93] Vgl. BGHZ 18, 143, 145 = NJW 1955, 1355; BayObLGZ 1956, 153, 157; 1959, 472, 474; BayObLG FamRZ 1971, 34, 35; OLG Frankfurt FamRZ 1977, 400, 401; OLG Zweibrücken FamRZ 1987, 508 und FuR 1998, 432, 433; OLG Naumburg FamRZ 2007, 565, 566.

Die herauszugebenden Sachen sind im Beschluss so genau zu bezeichnen, dass eine Vollstreckung möglich ist.[94] Mit der Endentscheidung sind die **Anordnungen** zu treffen, die zu ihrer Durchführung erforderlich sind, § 209 FamFG (früher § 15 HausratsV). In erster Linie wird es sich dabei um Anordnungen handeln, welche die Vollstreckung der Entscheidung ermöglichen, da von der Bereitschaft, die Entscheidung ohne Zwang zu befolgen, nicht ausgegangen werden kann. Das kann bei Haushaltsgegenständen die Art und Weise der Herausgabe betreffen. Zu denken ist ferner an Anordnungen über die Modalitäten der Ausgleichszahlung. Insbesondere kann eine Zahlung in Raten und eine Zug-um-Zug-Leistung vorgesehen werden (s. RdNr. 18).

40 **5. Rechtsmittel.** Gegen den Beschluss kann von den Ehegatten **Beschwerde** eingelegt werden, §§ 58 ff. FamFG. Nach § 61 FamFG ist die Beschwerde in vermögensrechtlichen Angelegenheiten nur zulässig, wenn der Wert des Beschwerdegegenstandes 600 Euro übersteigt; jedoch hat das Gericht die Beschwerde zuzulassen, wenn die Rechtssache grundsätzliche Bedeutung hat oder die Fortbildung des Rechts oder die Sicherung einer einheitlichen Rechtsprechung eine Entscheidung des Beschwerdegerichts erfordert. Die Entscheidung des Familiengerichts konnte nach früherem Recht innerhalb der Bereiche Wohnung und Hausrat nicht teilweise angefochten werden, weil sonst die Einheitlichkeit der Entscheidung verloren gegangen wäre.[95] Für diese Einschränkung gibt es auf Grundlage des neuen Rechts indes keinen Grund mehr.

Untertitel 2. Unterhalt des geschiedenen Ehegatten

Vorbemerkungen

a) Allgemeines. Schrifttum: *Bäumel/Büte/Poppen,* Praxiskommentar Unterhaltsrecht, 2006; *Baumeister/Fehmel/Griesche/Hochgräber/Kayser/Wick,* Familiengerichtsbarkeit, 1992; *Bergerfurth/Rogner,* Der Ehescheidungsprozess, 15. Aufl. 2006; *Bernreuther,* Rechtsgewinnung in den Normen des nachehelichen Ehegattenunterhalts, 2006; *Borth,* Verhindern Billigkeitsregeln im Familienrecht Ungerechtigkeiten?, FPR 2005, 313; *Brudermüller,* Geschieden und doch gebunden? Ehegattenunterhalt zwischen Recht und Moral, 2008; *Büttner,* Auswirkungen des Gesetzes zur Beschleunigung fälliger Zahlungen auf das Familienrecht, FamRZ 2000, 921; *Diederichsen,* Teilhabegerechtigkeit in der Ehe, FamRZ 1992, 1; *ders.,* Geschiedenenunterhalt – Überforderung nachehelicher Solidarität?, NJW 1993, 2265; *Dopffel/Buchhofer,* Unterhaltsrecht in Europa, 1983; *Eberl-Borges,* Festlegung der Geschlechterrollen durch Unterhaltspflichten – Die Hausmann-Rechtsprechung im Lichte soziologischer Untersuchungen, FamRZ 2004, 1521; *Ehinger/Griesche/Rasch,* Handbuch Unterhaltsrecht, 5. Aufl. 2008; *van Els,* Nacheheliche Solidarität, FamRZ 1992, 625; *ders.,* Unterhaltsrechtliche Obliegenheiten, FPR 2005, 348; *Ewers,* Maßstab und Methode, FamRZ 2003, 423; *Franz,* Die neuere Rechtsprechung zum Ehegatten- und Kindesunterhalt im Lichte des Verfassungsrechts, NJW 1993, 1103; *Frenz,* Die neuere Rechtsprechung zum Ehegatten- und Kindesunterhalt im Lichte des Verfassungsrechts, FamRZ 1993, 1103; *Gerhardt/Schulz,* Verbot der Doppelverwertung von Abfindungen beim Unterhalt und Zugewinn, FamRZ 2005, 145, FamRZ 2005, 317; *Göppinger/Wax,* Unterhaltsrecht, 9. Aufl. 2008; *Graba,* Auf dem Weg zu einem Ehegattenunterhaltsrecht nach Billigkeit, FamRZ 2008, 1217; *Grandel,* Warum werden die Herabsetzungsmöglichkeiten aus dem Unterhaltsrechtsänderungsgesetz von 1986 so wenig angewandt? – Brauchen wir eine Gesetzesänderung?, FPR 2005, 320; *Griesche,* Billigkeitsprobleme bei allen gesetzlichen Unterhaltsansprüchen, FPR 2005, 340; *Grossfeld/Schaffrath,* Die Sieben im Familienrecht, FamRZ 1993, 1014; *Heiß/Born,* Unterhaltsrecht, 34. Aufl. 2008; *Hoppenz,* Familiensachen, 9. Aufl. 2009; *Kalthoener/Büttner/Niepmann,* Die Rechtsprechung zur Höhe des Unterhalts, 10. Aufl. 2008; *Knöpfel,* Gerechtigkeit und nachehelicher Unterhalt – eine ungelöste Frage, AcP 191 (1991), 107; *Köbl,* Welche Maßnahmen empfehlen sich, um die Vereinbarkeit von Berufstätigkeit und Familie zu verbessern?, JZ 1994, 840; *Köhler,* Unterhaltsrecht am Scheideweg, FamRZ 1990, 922; *Lengtat,* Eigenverantwortung und Unterhaltspflicht zwischen Ehegatten, 1984; *Luthin,* Handbuch des Unterhaltsrechts, 10. Aufl. 2004; *Metz,* Rechtsethische Prinzipien des nach-

[94] Vgl. OLG Brandenburg OLGR 2002, 487, 488; *Eckebrecht* FPR 2008, 436, 440 f.

[95] BGHZ 18, 143, 146 = NJW 1955, 1355; BayObLGZ 1959, 472, 474 f.; BayObLG FamRZ 1970, 33, 34; 1971, 34, 35; OLG Frankfurt FamRZ 1977, 400, 401; OLG Zweibrücken FamRZ 1993, 82, 83; aA *de la Motte* MDR 1950, 719 f.; RGRK/*Kalthoener* § 14 HauratsVO RdNr. 9.

ehelichen Unterhaltsrechts, 2004; *Niemeyer,* Entscheidungen des Bundesverfassungsgerichts zum Unterhaltsrecht, FuR 1995, 41; *Oelkers/Kraeft,* Rehabilitation und Teilhabe behinderter Menschen – Auswirkungen auf das Unterhaltsrecht, FamRZ 2002, 790; *Roth,* Der familienrechtliche Ausgleichsanspruch, FamRZ 1994, 793; *Scherpe/Schwarz,* Nachehelicher Unterhalt im internationalen Privatrecht – Überlegungen zur Reformbedürftigkeit des Art. 8 des Haager Unterhaltsübereinkommens von 1973 anhand eines Beispiels aus dem deutsch-schwedischen Rechtsverkehr, FamRZ 2004, 665; *Schulte,* Kann die Düsseldorfer Tabelle durch eine stufenlose Quotenberechnung von Ehegatten- und Kindesunterhalt ersetzt werden?, FamRZ 1991, 639; *Schürmann,* Unterhaltsrechtliche Leitlinien, FamRZ 2005, 490; *Schwab, D.,* Handbuch des Scheidungsrechts, 5. Aufl. 2004; *ders.,* Tendenzen im Recht des Geschiedenenunterhalts, Schriftenreihe Juristische Studiengesellschaft Karlsruhe, Band 159, 1983; *ders.,* Familiäre Solidarität, FamRZ 1997, 521; *Spangenberg,* Risiken und Nebenwirkungen, FamRZ 1994, 483; *Thalmann/May/Benner,* Praktikum des Familienrechts, 5. Aufl. 2006; *Wax,* Zur Dogmatik des Unterhaltsanspruchs, FamRZ 1993, 22; *Wendl/Staudigl,* Das Unterhaltsrecht in der familienrichterlichen Praxis, 7. Aufl. 2008. S. auch Schrifttum zur Einleitung; zum älteren Schrifttum s. 3. Aufl. Vor § 1569.

b) 1. EheRG. Schrifttum: *Bosch,* Die Neuordnung des Eherechts ab 1. Juli 1977, FamRZ 1977, 569; *Deubner,* Der Weg in die Unterhaltsknechtschaft, ZRP 1972, 153; *Dieckmann,* Unterhalts- und versorgungsrechtliche Betrachtungen zur Reform des Scheidungsrechts, FS Bosch, 1976, S. 119; *ders.,* Unterhaltsansprüche geschiedener und getrennt lebender Ehegatten nach dem 1. EheRG, FamRZ 1977, 81, 161; *Diederichsen,* Ehegattenunterhalt im Anschluß an die Ehescheidung nach dem 1. EheRG, NJW 1977, 353; *Engelhardt,* Neues Unterhaltsrecht und frühere Scheidungen, JZ 1976, 576; *Freimuth/Jansen/Kurtenbach/Siekmann/Wolf,* Der Diskussionsentwurf eines Gesetzes über die Neuregelung des Rechts der Ehescheidung und der Scheidungsfolgen, FamRZ 1970, 431, 436; *Gernhuber,* Neues Familienrecht, 1977; *Hillermeier,* Das 1. EheRG aus der Sicht der Bundesratsvorschläge, FamRZ 1976, 577; *Holzhauer,* Die Neuregelung des Unterhaltsrechts Geschiedener, JZ 1977, 73; *Maier-Reimer,* Empfiehlt es sich, Gründe und Folgen der Ehescheidung neu zu regeln, Gutachten A zum 48. DJT 1970; *Mikat,* Scheidungsreform in einer pluralistischen Gesellschaft, 1970; *Schumacher,* Geschiedenenunterhalt nach dem 1. EheRG, MDR 1976, 881; *ders.,* Zum Begriff der angemessenen Erwerbstätigkeit im künftigen Unterhaltsrecht geschiedener Ehegatten, DRiZ 1976, 343; *Vogel,* Das 1. EheRG v. 14. 6. 1976, FamRZ 1976, 481.

Materialien: Gesetzentwurf der *Bundesregierung* eines Ersten Gesetzes zur Reform des Ehe- und Familienrechts, BT-Drucks. 7/650; *Deutscher Juristentag,* Empfiehlt es sich, Gründe und Folgen der Ehescheidung neu zu regeln?, Sitzungsbericht M zum 48. DJT 1970; *Eherechtskommission* beim Bundesministerium der Justiz, Vorschläge zur Reform des Ehescheidungsrechts und des Unterhaltsrechts nach der Scheidung, 1970.

c) Gesetz zur Änderung unterhaltsrechtlicher, verfahrensrechtlicher und anderer Vorschriften (UÄndG). Schrifttum: *Benda,* Recht und Realität – Zur Funktion des Familienrechts, Brühler Schriften zum Familienrecht 1986, 9; *Bosch,* Neues Ehegatten-Unterhaltsrecht in der Bundesrepublik Deutschland, FamRZ 1984, 1165; *Deutscher Anwaltverein,* Stellungnahme des Familienrechtsausschusses, 1984 (nicht veröffentlicht); *Deutscher Richterbund,* Neuregelung des Scheidungsfolgenrechts, DRiZ 1984, 369; *Dieckmann,* Rückkehr zum Verschuldensprinzip im nachehelichen Unterhaltsrecht?, FamRZ 1984, 369; *Diederichsen,* Die Änderungen des materiellen Rechts nach dem UÄndG, NJW 1986, 1283; *ders.,* Änderungen des Verfahrensrechts nach dem UÄndG, NJW 1986, 1462; *Emmerlich,* „Roll-back" im Eherecht, Aktuelle Informationen der SPD 1984, Nr. 11 S. 2; *Engelhard, H. A.,* Zur Neuregelung des Scheidungsfolgenrechts, Bulletin v. 31. 8. 1984 Nr. 97, S. 2; *Engelhardt, H.,* Zur Bemessung des nachehelichen Unterhalts, FamRZ 1985, 433; *Eyrich,* Wende im nachehelichen Unterhaltsrecht?, FamRZ 1984, 941; *Finger,* Geplante Änderungen im Unterhaltsrecht, JR 1985, 1; *Giesing,* Bemessung des Erwerbslosen- und Aufstockungsunterhalts bei zeitlicher Begrenzung nach § 1578 Abs. 1 S. 2, 3 und § 1573 Abs. 5 BGB, FamRZ 1986, 937; *Häberle,* Die Erweiterung der negativen Härteklausel (§ 1579 BGB) durch das Unterhaltsänderungsgesetz, FamRZ 1986, 311; *Hahne,* Zur Auslegung der § 1578 Abs. 1 S. 2 und § 1573 Abs. 5 BGB in der Fassung des RegE für das UÄndG, FamRZ 1985, 113; *dies.,* Zur Auslegung der § 1578 Abs. 1 S. 2 und 3 und § 1573 Abs. 5 BGB idF des UÄndG, FamRZ 1986, 305; *Hummel-Liljegren,* Weg mit dem Aufstockungsunterhalt?, ZRP 1984, 170; *Jaeger,* Zur geplanten Änderung des Verfahrensrechts in Familiensachen gemäß dem Referentenentwurf der Bundesregierung, FamRZ 1985, 865; *ders.,* Die Übergangsregelung des UÄndG, FamRZ 1986, 737; *Liebl-Blittersdorf/Schöfer-Liebl,* 3 Jahre Unterhaltsänderungsgesetz, FamRZ 1989, 1241; *Limbach,* Kritik der geplanten Korrekturen des nachehelichen Unterhaltsrechts, ZRP 1985, 129; *dies.,* Über den Stil der Rechtspolitik, ZRP 1984, 199; *Müller-Webers,* Zur geplanten Änderung des Unterhaltsrechts, DRiZ 1984, 370; *Oetkers,* Unterhaltsausschluß durch ein „Verhältnis" des Unterhaltsberechtigten mit einem Dritten im Scheidungsfolgenrecht, ZRP 1984, 93; *Pantke,* Stellungnahme zum Referentenentwurf eines Gesetzes zur Änderung unterhaltsrechtlicher und anderer Vorschriften, ZfJ 1984, 548; *Pawlowski,* Zur Anwendung vertraglicher Kriterien auf den ehelichen Unterhaltsanspruch, ZRP 1985, 62; *Peschel-Gutzeit,* Das Unterhaltsänderungsgesetz, MDR 1986, 455; *Ramm,* Versperrt die Hintertür, das neue Ehescheidungsrecht könnte zur Wiedereinführung des alten Verschuldensprinzips führen, Die Zeit v. 23. 11. 1984, Nr. 48 S. 82; *ders.,* Zum Unterhaltsänderungsgesetz, JZ 1986, 164; *v. Renesse,* Zum Koalitionsvorhaben „Änderung des Unterhaltsrechts", Evangelische Aktionsgemeinschaft für Familienfragen (EAF) 1984 Nr. 4 S. 25; *Richter,* Die geplanten materiellrechtlichen Änderungen des 1. EheRG, JR 1985, 133; *ders.*, Die materiellrechtlichen Vorschriften des UÄndG, JR 1986, 319; *Roth-Stielow*, Entwurf und Kritik des Bonner Referentenentwurfs eines UÄndG, DAVorm 1984, 839; *Sautter*, Scheidungsfolgenrecht, Bayern Kurier v. 4. 8. 1984 S. 15; *Scholz*, Benachteiligung des Mannes in Ehe- und Familienrecht, ZRP 1984, 201; *Sedemund-Treiber*, Änderungen des Verfahrensrechts nach dem UÄndG, FamRZ 1986, 209; *Weychardt*, Entwurf und Kritik des Bonner Referentenentwurfs eines UÄndG, DAVorm 1984, 839; *Wiegmann*, Auf Umwegen zum Verschuldensprinzip, ZRP 1985, 64; *Willutzki*, Lebenslange Unterhaltslast, ein unabwendbares Schicksal, ZfJ 1984, 1 = Brühler Schriften zum Familienrecht Bd. 3, S. 15; *ders.*, Das Gesetz zur Änderung unterhaltsrechtlicher Vorschriften, ZfJ 1985, 1; *Zeidler*, Ehe und Familie, in: Handbuch des Verfassungsrechts, herausgegeben von *Benda, Maihofer* und *Vogel*, 1983, S. 555.

Materialien: Gesetzentwurf der *Bundesregierung* eines Gesetzes zur Änderung unterhaltsrechtlicher, verfahrensrechtlicher und anderer Vorschriften (UÄndG), BT-Drucks. 10/2888; Beschlussempfehlung und Bericht des RA-BT zu dem Entwurf eines Gesetzes zur Änderung unterhaltsrechtlicher, verfahrensrechtlicher und anderer Vorschriften (UÄndG), BT-Drucks. 10/4514; *Bayerisches Staatsministerium der Justiz*, Änderung des Scheidungsfolgenrechts, 1985; *Justizministerium Baden-Württemberg*, „Hat sich das 1. EheRG bewährt?", Bericht über ein Symposium v. 6./7. Mai 1981 in Triberg, 1981.

d) Gesetz zur Änderung des Unterhaltsrechts: Schrifttum: *Becker/Junggeburth*, Das neue Unterhaltsrecht, 2008; *Berghahn/Wersig*, Wer zahlt den Preis für die Überwindung der Hausfrauenehe?, FPR 2005, 508; *Bergschneider*, Vereinbarungen im Vorfeld der Unterhaltsrechtsreform, FamRZ 2006, 153; *ders.*, Zum Formerfordernis nach der Neuregelung des § 1585 c BGB im Unterhaltsrechtsänderungsgesetz, FamRZ 2008, 17; *Born*, Das neue Unterhaltsrecht, NJW 2008, 1; *Borth*, Der Gesetzesentwurf der Bundesregierung zur Reform des Unterhaltsrechts, FamRZ 2006, 813; *ders.*, Unterhaltsrechtsänderungsgesetz (UÄndG), 2007; *ders.*, Der Betreuungsunterhalt geschiedener Ehegatten und die Erwerbsobliegenheit nach neuem Recht, FamRZ 2008, 2; *ders.*, Die Übergangsbestimmungen zur Unterhaltsrechtsreform und die Änderungen der ZPO im UÄndG, FamRZ 2008, 105; *Bosch, R.*, Die wesentlichen Änderungen im neuen Unterhaltsrecht, FF 2007, 293; *Brandtner*, Unterhaltsreform, gleichrangige betreuende Elternteile und der Bedarf, FamRZ 2007, 2033; *Braeuer*, Gleichberechtigte Teilhabe als Grundlage für den nachehelichen Unterhalt. Zugleich ein Beitrag zur Anwendung des künftigen § 1578 b BGB, FamRZ 2006, 1489; *van Els*, Unterhaltsrechtliche Obliegenheiten, FPR 2005, 348; *Büttner*, Die Härteklauseln (§§ 1578 b, 1579 BGB) im geplanten Unterhaltsrecht, FamRZ 2007, 773; *Erdrich*, § 1612 BGB: Die Unterhaltsbestimmung durch die Eltern nach neuem Recht, FPR 2005, 490; *Finke*, Die Wiederkehr des gesetzlich definierten Mindestbedarfs und die Abschaffung der Regelbetrag-VO – ein Fortschritt?, FPR 2005, 477; *Dose*, Ausgewählte Fragen der Unterhaltsrechtsreform – Kindergeldanrechnung, Erwerbsobliegenheit und Beschränkungsmöglichkeiten –, FamRZ 2007, 1289; *Gerhardt*, Das Unterhaltsrechtsabänderungsgesetz, FuR 2005, 529; *Gerhardt/Gutdeutsch*, Die Unterhaltsberechnung bei gleichrangigen Ehegatten nach dem geplanten Recht, FamRZ 2007, 778; *Graba*, Beschränkung des nachehelichen Unterhalts wegen Unbilligkeit, FamRZ 2005, 2032; *ders.*, Die Abänderung von Unterhaltstiteln und Unterhaltsvereinbarungen nach dem Inkrafttreten des UÄndG 2007, FF 2008, 63; *Grandel*, Unterhaltsberechnung bei „gleichrangig" berechtigten Ehegatten außerhalb des Mangelfalls, NJW 2008, 796; *Granold*, Das neue Unterhaltsrecht: Genese und Kernpunkte, FF 2008, 11; *Gutdeutsch*, Unterhaltsreform, gleichrangige betreuende Elternteile und der Bedarf, FamRZ 2007, 2035; *ders.*, Nachrangiger Unterhalt des früheren Ehegatten nach neuem Recht, FamRZ 2008, 661; *Hartung*, Überblick zum neuen Betreuungsunterhalt, MDR 2008, 249; *Hohloch*, Beschränkung des nachehelichen Unterhalts im Entwurf eines Unterhaltsrechtsänderungsgesetzes, FF 2005, 217; *ders.*, Der unterhaltsrechtliche Rang minderjähriger und ihnen gleichstehender Kinder, Ein Beitrag zu § 1609 BGB in der Fassung des Entwurfs eines Unterhaltsänderungsgesetzes unter Berücksichtigung der Regelungen anderer europäischer Rechte, FPR 2005, 486; *ders.*, Nachehelicher Unterhalt – was bringt die Reform?, Brühler Schriften zum Familienrecht, Band 15, 2008, S. 41; *Hoppenz/Hülsmann*, Der reformierte Unterhalt, 2008; *Hütter*, Vergleichende Unterhaltsberechnung nach bisherigem Recht und nach dem geplanten Unterhaltsrechtsänderungsgesetz, FamRZ 2006, 1577; *Kemper*, Das neue Unterhaltsrecht, 2008; *Klein*, Das neue Unterhaltsrecht 2008; *Klein/Schlechta*, Will die Unterhaltsrechtsreform den Wert der Frau auf ihre Gebärtüchtigkeit reduzieren?, FPR 2005, 496; *Klinkhammer*, Berechnungen zur Unterhaltsreform 2007, FF 2007, 13; *ders.*, Die Düsseldorfer Tabelle nach der Unterhaltsrechtsreform (Stand: 1. 1. 2008), FamRZ 2008, 193; *Langenfeld*, Die notariell zu beurkundende Vereinbarung über den nachehelichen Unterhalt nach § 1585 c BGB n. F., FPR 2008, 38; *Lipp/Schumann/Veit (Hrsg.)*, Reform des Unterhaltsrechts, 5. Göttinger Workshop zum Familienrecht, Göttinger Juristische Schriften, Band 3, 2007; *Maurer*, Der nacheheliche Unterhalt nach dem UÄndG 2007, FamRZ 2008, 2157; *Meier*, Betreuungsunterhalt gemäß §§ 1570 und 1615 l BGB nach der Unterhaltsrechtsreform, FamRZ 2008, 101; *Menne*, Die Unterhaltsrechtsreform. Die Änderungen beim Kindesunterhalt, Kind-Prax 2005, 174; *ders.*, Die Unterhaltsreform: Der Unterhalt des geschiedenen Ehegatten, FPR 2005, 323; *ders.*, Eckpunkte der Unterhaltsrechtsreform, ZFE 2006, 244; *ders.*, Der Regierungsentwurf zum Unterhaltsänderungsgesetz – Sachstand und Ausblick auf die geplanten Änderungen beim nachehelichen Unterhalt und beim Verwandtenunterhalt, FF 2006, 175, 220; *ders.*, Der Betreuungsunterhalt nach § 1615 l BGB im Regierungsentwurf zum Unterhaltsrechtsänderungsgesetz, FamRZ 2007, 173; *Menne/Grundmann*, Das neue Unterhaltsrecht, 2008; *Niebling*, Neues Unterhaltsrecht: Bleibt alles beim Alten? Zur Auslegung von § 1570 BGB, FF 2008, 193; *Peschel-Gutzeit*, Kritische Überlegungen zur geplanten Reform des Unterhaltsrechts, ZRP 2005, 177; *dies.*, Das neue Unterhaltsrecht, 2008; *dies.*, Betreuungsunterhalt nach § 1570 BGB – Abschied vom Altersphasenmodell, FPR 2008, 24; *Rasch*, Die Abänderung und Anpassung von Unterhaltstiteln an das neue Recht, § 36 EGZPO, FPR 2008, 15; *Reinken*, Die Änderung der Zumutbarkeitsanforderungen an die Aufnahme einer Erwerbstätigkeit im Reformgesetz, FPR 2005, 502; *ders.*, Die Rangfolgenregelung nach neuem Recht mit Berechnungsbeispielen für den Mangelfall, FPR 2008, 9; *Schilling*, § 1615 I BGB-E – ein Fortschritt?, FPR 2005, 513; *ders.*, § 1615 l BGB nach der Reform, FPR 2008, 27; *ders.*, Der Betreuungsunterhalt nach der Reform, FF 2008, 279; *Schnitzler*, Das Altersphasenmodell und die neuen Leitlinien der Oberlandesgerichte ab 1. 1. 2008, FF 2008, 270; *ders.*, Die verfestigte Lebensgemeinschaft als selbständiger Härtegrund im neuen § 1579 Nr. 2 BGB, FPR 2008, 41; *Scholz*, Der Kindesunterhalt nach dem Gesetz zur Änderung des Unterhaltsrechts, FamRZ 2007, 2021; *Schürmann*, Kinder-Eltern-Rang, Die neue Rechtsordnung nach dem Unterhaltsänderungsgesetz, FamRZ 2008, 313; *Schubert/Moebius*, Das Unterhaltsrechtsänderungsgesetz: Kindesunterhalt hat künftig absoluten Vorrang!, NJ 2006, 289; *Schwab*, Zur Reform des Unterhaltsrechts, FamRZ 2005, 1417; *ders.*, Koinzidenz – Zur gegenwärtigen Lage der Unterhaltsrechtsreform, FamRZ 2007, 1053; *Soyka*, Die Reform des Unterhaltsrechts setzt den Schutz der Ehe aufs Spiel, Stuttgarter Zeitung v. 4. 9. 2006, S. 8; *Triebs*, Begrenzung und Befristung des Ehegattenunterhalts nach § 1578 b BGB n. F., FPR 2008, 31; *Viefhues*, Entwurf eines Gesetzes zur Änderung des Unterhaltsrechts, ZFE 2005, 220; *ders.*, Berechnungsprobleme bei § 1578 b I BGB, FPR 2008, 36; *Viefhues/Mleczko*, Das neue Unterhaltsrecht 2008; *Vossenkämper*, Der Kindesunterhalt nach neuem Recht ab 1. 1. 2008, FamRZ 2008, 201; *Wellenhofer*, Die Unterhaltsrechtsreform nach dem Urteil des BVerfG zum Betreuungsunterhalt, FamRZ 2007, 1282; *Wever*, Unterhalt bei Betreuung nichtehelicher Kinder – der neu gestaltete § 1615 l BGB, FamRZ 2008, 553; *Wiegmann*, Reform des Ehegattenunterhalts – Wo ist der Handlungsbedarf?, FF 2006, 135; *Willutzki*, Die neue Rangfolge im Unterhaltsrecht – ein Beitrag pro Reform?, FPR 2005, 505.

Materialien: RefE des *Bundesministeriums der Justiz* eines Gesetzes zur Änderung des Unterhaltsrechts (auch – ohne die Begründung – FamRZ 2005, 1041); Gesetzentwurf der *Bundesregierung* eines Gesetzes zur Änderung des Unterhaltsrechts, BT-Drucks. 16/1830; Beschlussempfehlung und Bericht des *Rechtsausschusses des Bundestags* zu dem Gesetzentwurf der Bundesregierung eines Gesetzes zur Änderung des Unterhaltsrechts, BT-Drucks. 16/6980; Stellungnahme des *Deutschen Anwaltvereins* zum Referentenentwurf eines Gesetzes zur Änderung des Unterhaltsrechts, FuR 2005, 504.

Übersicht

A. Rechtsentwicklung

1 Durch folgende Gesetzesvorhaben wurde das nacheheliche Unterhaltsrecht (zur Rechtsentwicklung bis zum 1. EheRG und zu dessen Entstehung s. 1. Aufl. 1978 RdNr. 1–18) weiterentwickelt:

- **Erstes Gesetz zur Reform des Ehe- und Familienrechts (1. EheRG)** v. 14. 6. 1976 (BGBl. I S. 1421): §§ 1569–1586 b wurden eingefügt, §§ 58–70, 72 EheG für Ehegatten außer Kraft gesetzt, deren Ehe nach dem 1. 7. 1977 geschieden wurde; in Kraft getreten am 1. 7. 1977.
- **Gesetz zur Änderung unterhaltsrechtlicher, verfahrensrechtlicher und anderer Vorschriften (UÄndG)** v. 20. 2. 1986 (BGBl. I S. 301): §§ 1573 Abs. 5, 1578 Abs. 1 S. 2 und 3, 1579 wurden geändert; in Kraft getreten am 1. 4. 1986. – Zur Rechtsentwicklung bis zum UÄndG und zu dessen Entstehung s. 3. Aufl. 1993 RdNr. 2–11.
- **Vertrag zwischen der Bundesrepublik Deutschland und der Deutschen Demokratischen Republik über die Herstellung der Einheit Deutschlands – Einigungsvertrag –** v. 31. 8. 1990 (BGBl. II S. 889) iVm. dem **Gesetz zu dem Vertrag zwischen der Bundesrepublik Deutschland und der Deutschen Demokratischen Republik über die Herstellung der Einheit Deutschlands – Einigungsvertragsgesetz – und der Vereinbarung vom 18. September 1990** v. 23. 9. 1990 (BGBl. II S. 885), in Kraft getreten am 29. 9. 1990: Das nacheheliche Unterhaltsrecht des BGB wird im Beitrittsgebiet in Kraft gesetzt; für vor dem Beitritt geschiedene Ehen bleibt das Unterhaltsrecht des FGB maßgebend und Unterhaltsvereinbarungen unberührt (Art. 234 EGBGB § 5, dazu Art. 234 § 5 RdNr. 21 ff.).[1]
- **Gesetz zur unterhaltsrechtlichen Berechnung von Aufwendungen für Körper- und Gesundheitsschäden** v. 15. 1. 1991 (BGBl. I S. 46): § 1578 a mit Wirkung ab 16. 1. 1991 eingefügt.
- **Gesetz zur Vereinheitlichung des Unterhaltsrechts minderjähriger Kinder (Kindesunterhaltsgesetz – KindUG)** v. 6. 4. 1998 (BGBl. I S. 666): § 1584 S. 3 mit Wirkung ab 1. 7. 1998 eingefügt (dazu auch Anhang zu § 1586 b RdNr. 22).
- **Gesetz zur Neuordnung des Eheschließungsrechts (Eheschließungsrechtsgesetz – EheschlRG)** v. 4. 5. 1998 (BGBl. I S. 833): § 1318 mit Wirkung ab 1. 7. 1998 eingefügt. Für Ehen, hinsichtlich derer vor diesem Tag bereits Nichtigkeits- und Aufhebungsklage erhoben war oder die schon für nichtig oder aufgehoben erklärt worden waren, bleibt es beim Unterhaltsrecht des EheG.
- **Gesetz über die Eingetragene Lebenspartnerschaft (LPartG)** v. 16. 2. 2001 (BGBl. I S. 266), geändert durch das **Gesetz zur Änderung des Ehe- und Lebenspartnerschaftsnamensrechts** v. 6. 2. 2005 (BGBl. I S. 203): Lebenspartnerschaft und nachpartnerschaftlichen Unterhalt in Anlehnung an den nachehelichen Unterhalt in § 16 LPartG mit Wirkung ab 1. 8. 2001 geregelt.[2]
- **Gesetz zur Überarbeitung des Lebenspartnerschaftsrechts** v. 15. 12. 2004 (BGBl. I S. 3396): Neufassung u. a. der unterhaltsrechtlichen Vorschriften in §§ 5, 12 und 16 LPartG mit Wirkung ab 1. 1. 2005.
- **Gesetz zur Änderung des Unterhaltsrechts** v. 21. 12. 2007 (BGBl. I S. 3189): Stärkung der nachehelichen Solidarität durch Neuregelung der §§ 1569, 1570 (Anpassung an § 1615 l), 1574, 1578 b (Begrenzung nachehelicher Unterhaltsansprüche), 1582, 1609 (Nachrang des nachehelichen Unterhalts) mit Wirkung ab 1. 1. 2008.
- **Gesetz über das Verfahren in Familiensachen und in Angelegenheiten der freiwilligen Gerichtsbarkeit** (Art. 1 des Gesetzes zur Reform des Verfahrens in Familiensachen und in Angelegenheiten der freiwilligen Gerichtsbarkeit (FGG-Reformgesetz –

[1] Dazu *Bosch* FamRZ 1991, 1370.
[2] *Büttner* FamRZ 2001, 1105; *Roller* FamRZ 2003, 1424.

FGG-RG) v. 17. 12. 2008 (BGBl. I S. 2586): U. a. Neuregelung des Verfahrens in Unterhaltssachen (§§ 231–260 FamFG), insbesondere auch des Abänderungsverfahrens (§§ 238–241 FamFG, bis 31. 8. 2009 § 323 ZPO).

B. Nachehelicher Unterhalt im System des Unterhaltsrechts

Das BGB gliedert das Unterhaltsrecht nicht vertikal, sondern **horizontal,** unterscheidet 2
nach den rechtlichen Beziehungen der Parteien des Unterhaltsrechtsverhältnisses und regelt die Unterhaltsansprüche im sachlichen Kontext mit diesen:

– Während **andauernder Ehe** bzw. Lebenspartnerschaft den Familien- und den Getrenntlebensunterhalt in den §§ 1360–1361, §§ 5, 12 LPartG,
– für die Zeit nach der **Auflösung der Ehe** bzw. der Lebenspartnerschaft den nachehelichen Unterhalt in den §§ 1569–1586 b, 1308 Abs. 2, § 16 LPartG,
– sowie den **Verwandtenunterhalt** einschließlich den Unterhalt des nichtehelichen Kindes (§§ 1615 a, 1601 ff.) und des Elternteils eines nichtehelichen Kindes (§§ 1615 a, 1615 l–1615 o).

Doch bestimmen die **wesentlichen Grundbegriffe** des Unterhaltsrechts wie „Bedarf", „Bedürftigkeit" und „Leistungsfähigkeit", „Maß", „Höhe" und „Angemessenheit des Unterhalts", „Erwerbspflicht" und „Obliegenheit, sich um eine angemessene Erwerbstätigkeit zu bemühen", alle Unterhaltsrechtsverhältnisse. Diese allgemeinen Begriffe des Unterhaltsrechts werden vornehmlich beim **Verwandtenunterhalt** der §§ 1601 ff. erläutert. – Zum Verhältnis von **Trennungs-** zum **nachehelichen Unterhalt** s. § 1569 RdNr. 14

C. Nachehelicher Unterhalt und GG

Unterhaltsverpflichtungen schränken den Verpflichteten in seiner durch Art. 2 Abs. 1 GG 3
geschützten allgemeinen Handlungsfreiheit ein. Dies ist im Rahmen der verfassungsgemäßen Ordnung – zu der auch die Regelungen über den nachehelichen Unterhalt gehören, deren Auslegung und Anwendung nicht zu verfassungswidrigen Ergebnissen führen darf[3] – gerechtfertigt.[4] Dabei schützt Art. 6 Abs. 1 GG neben der bestehenden Ehe auch die **Folgewirkungen** einer geschiedenen Ehe.[5] Zudem sind nach Art. 6 Abs. 2 S. 2, Art. 2 Abs. 1 iVm. Art. 1 Abs. 2 GG auch Regelungen zum nachehelichen Unterhalt zu vermeiden, welche die Entwicklung der **Kinder** der Eheleute beeinträchtigen. Denn sie leiden unter der Trennung und Scheidung ihrer Eltern ohnehin und sollen durch eine Erwerbstätigkeit des sie betreuenden Elternteils nicht noch weiter belastet werden.[6] – Verfassungsrechtliche Berührungspunkte ergeben sich

– außer zur Wahrung der **Interessen der Kinder,**
– vornehmlich zur **Berufswahl** und **-ausübung** des Verpflichteten,
– zu seiner allgemeinen **Handlungsfreiheit** bei der Beurteilung seiner Leistungsfähigkeit (dazu § 1578 RdNr. 151–165) und
– beim Schutz seines **Ehegatten** aus einer Folgeehe (dazu § 1582 RdNr. 8–18).

---

[3] BVerfGE 80, 286 = NJW 1989, 2807 = FamRZ 1989, 941, 943 m. Anm. *Schlüter* FuR 1990, 49; NJW 1996, 915 = FamRZ 1996, 343, 344.

[4] BVerfGE 57, 361= NJW 1981, 1771 = FamRZ 1981, 745 ff. m. Anm. *Bosch*; BVerfGE 68, 256 = NJW 1985, 1211 = FamRZ 1985, 143; NJW 1996, 915 = FamRZ 1996, 343, 344.

[5] BVerfGE 53, 257 = NJW 1980, 692 = FamRZ 1980, 326, 333; BVerfGE 66, 84 = NJW 1984, 1523 = FamRZ 1984, 346, 348 ff.

[6] BVerfGE 55, 171 = NJW 1981, 217 = FamRZ 1981, 217, 219; BVerfGE 57, 361 = NJW 1981, 1771 = FamRZ 1981, 745, 749 m. Anm. *Bosch*; NJW 1996, 915 = FamRZ 1996, 343, 344; s. nunmehr BVerfG NJW 2007, 1735 = FamRZ 2007, 965, 968 [44] (dort auch zum Anspruch nichtehelicher Eltern auf Betreuungsunterhalt nach § 1615 l BGB); auch BGH FamRZ 1987, 252, 254; NJW 1996, 1815 = FamRZ 1996, 796, 797.

Zu ihren Auswirkungen auf das Unterhaltsrecht s. die Erläuterungen der einzelnen Vorschriften. – Zur Verfassungsgemäßheit der Abkehr vom **Verschuldensprinzip** auch im Recht des nachehelichen Unterhalts s. § 1569 RdNr. 1.

D. Nachehelicher Unterhalt und andere Ausgleichssysteme

I. Versorgungsausgleich und Rente

4 Sowohl nachehelicher Unterhalt als auch Versorgungsausgleich und in dessen Folge die Rente dienen der **wirtschaftlichen Sicherung** des sozial schwächeren Ehegatten nach der Scheidung: Der nacheheliche Unterhalt der Sicherung des aktuellen Lebensbedarfs, der Versorgungsausgleich der Sicherung für den Fall des Alters und der Erwerbsunfähigkeit. Beide wirken aufeinander ein: Der Unterhalt auf den Versorgungsausgleich nach den §§ 1587 c Nr. 3, 1587 h Nr. 1 und 3, 1587 n, 1587 o Abs. 2 S. 3 (aber auch nach § 1587 c Nr. 1, wenn der Versorgungsausgleich bei bereits Rente beziehenden Ehegatten zur Unterhaltsberechtigung des Ausgleichspflichtigen führen würde,[7] und der Versorgungsausgleich auf den Unterhalt durch seine bedarfsdeckende und die Bedürftigkeit beseitigende Wirkung im Rentenfall)[8] [dazu auch § 27 VersAusglG[9]]. Beiden kommt deshalb bei der Beurteilung der Wirksamkeit von Scheidungsfolgenvereinbarungen auch derselbe „Rang" zu (dazu § 1585 c RdNr. 29). – Beide Ausgleichssysteme sind **abgeschlossen** und **ausschließlich:** Was versorgungsausgleichsrechtlich ausgeglichen wurde, kann nicht noch einmal unterhaltsrechtlich – oder versorgungsausgleichsrechtlich (§ 1587 Abs. 3, s. auch § 2 Abs. 4 VersAusglG) – ausgeglichen werden (dazu auch RdNr. 8–11). – Zur **darlehensweisen** Gewährung des Unterhalts im Zusammenhang mit dem Versorgungsausgleich und zur **Rückabwicklung** von Unterhaltsleistungen s. § 1585 RdNr. 3.

5 In diesem Zusammenhang sei auf zwei Aspekte gegenseitiger Beeinflussung von Unterhalt und Versorgungsausgleich hingewiesen:

- Versorgungsausgleich und **Vorsorgeunterhalt** dienen dem Erhalt des in der Ehe erwirtschafteten Standards. Der Versorgungsausgleich führt zu einem Ausgleich der während der Ehe erworbenen beiderseitigen Versorgungsanrechte, der Vorsorgeunterhalt, wird er für die Trennungszeit bis zu dem der Rechtshängigkeit des Scheidungsantrags vorausgehenden Monatsende geleistet, zur Verringerung des Versorgungsausgleichs, danach zur auch künftigen Absicherung des Berechtigten. Beide zusammen gewährleisten eine befriedigende soziale Absicherung des Berechtigten auf der Grundlage der ehelichen Lebensverhältnisse.
- Nach § 5 VAHRG[10] wird die Rente des Ausgleichspflichtigen trotz des Versorgungsausgleichs nicht gekürzt, solange der Berechtigte aus den im Versorgungsausgleich erworbenen Anrechten keine Rente erhält und einen Unterhaltsanspruch gegen den Ausgleichspflichtigen hat oder nur deshalb nicht hat, weil dieser infolge der Kürzung seiner Versorgung leistungsunfähig ist. Nachzahlungen fließen Berechtigtem und Verpflichtetem je zur Hälfte zu (§ 6 VAHRG). Zu den Einzelheiten s. die Erläuterungen zum **VAHRG;** dazu auch §§ 33, 34 VersAusglG.

II. Hausrat und Ehewohnung

6 Nachehelicher Unterhalt und die Auseinandersetzung von Hausrat und Ehewohnung – wobei insbesondere die Nutzung der Ehewohnung eine praktisch bedeutsame Rolle spielt – können sich dadurch gegenseitig beeinflussen, dass der nacheheliche Barunterhalt seiner

[7] BGH NJW-RR 1987, 325 = FamRZ 1987, 255, 256 f.
[8] BGH NJW 1987, 1555 = FamRZ 1987, 459.
[9] Dazu BT-Drucks. 16/10144 S. 68 ff.
[10] Der auf BVerfGE 53, 257 = NJW 1980, 692 = FamRZ 1980, 326 ff. zurückgeht.

Anlage nach eine „Rundumversorgung" gewährt, dh. alle Bedürfnisse des Berechtigten auf eheangemessenem Niveau abdeckt. – Insbesondere beinhaltet der nacheheliche Unterhalt einen Anteil für die Versorgung mit **Wohnraum** (dazu § 1578 RdNr. 66, 129–132). Ein Berechtigter, der nachehelich die Ehewohnung vom Eigentümer-Ehegatten als Naturalunterhalt zur Nutzung erhält, deckt dadurch seinen Wohnraumbedarf, weshalb er keinen Anspruch mehr auf einen Wohnraumanteil im Barunterhalt hat.[11] Hat das FamG die Ehewohnung dem Berechtigten nach § 1568 a Abs. 1, 2 (ehemals §§ 3, 5 HausratsV) zugewiesen, setzt es auf Antrag zugleich den Mietzins fest (§ 1568 a Abs. 5; ehemals § 5 Abs. 2 S. 2 HausratsV[12]), sodass der Berechtigte auch Anspruch auf den Wohnraumanteil im Barunterhalt hat. – Nachehelich gilt, dass der Berechtigte mit dem im Barunterhalt enthaltenen Wohnraumanteil grundsätzlich auskommen muss; wurde ihm die Ehewohnung zugewiesen, für die er eine höhere Miete bezahlen muss, führt dies deshalb nicht notwendig zu einem trennungsbedingten Mehrbedarf, für den der Verpflichtete aufzukommen hätte. Zudem kann der Verpflichtete den Unterhalt zwar grundsätzlich nicht als Naturalunterhalt erbringen (§ 1585 Abs. 1 S. 1); hat der Berechtigte aber tatsächlich den Wohnraumvorteil, weil er ihn sich einseitig unberechtigt oder vereinbarungsgemäß nimmt, bleibt dies wegen der dadurch bewirkten Bedarfsdeckung nicht unberücksichtigt (dazu auch § 1585 RdNr. 2). – Auch zum **Hausrat** stellt sich das Problem des trennungsbedingten Mehraufwands, wenn sich der Berechtigte nach der Trennung neue Hausratsgegenstände auf Kredit angeschafft hat. Insoweit ist von einem Vorrang der Hausratsauseinandersetzung auszugehen, sodass nur die trennungsbedingten Aufwendungen für Gegenstände beachtlich sind, die nicht bei einer Auseinandersetzung des Hausrats hätten zumutbar erlangt werden können.

III. Güterrecht

Der Güterstand der geschiedenen Ehegatten beeinflusst den nachehelichen Unterhalt hinsichtlich seiner Voraussetzungen und seiner Höhe nicht.[13] **Zugewinngemeinschaft** und **Gütertrennung** wirken sich auch im Übrigen nicht auf den Unterhalt aus. Die **Gütergemeinschaft** bewirkt zum **Trennungsunterhalt** nach § 1361, dass § 1420 anzuwenden ist und der Berechtigte vom Verpflichteten nicht Zahlung, sondern nach § 1451 Mitwirkung bei der ordnungsgemäßen Verwendung des Gesamtgutes verlangen kann.[14] Dagegen ist der Berechtigte zum **nachehelichen Unterhalt** wegen der Beendigung des Güterstandes von dieser Beschränkung grundsätzlich frei.[15] – Da § 1416 Abs. 1 S. 2, wonach (neu erworbenes) Vermögen eines Ehegatten weiter in das Gesamtgut fällt, nicht weiter gilt, fallen **Einkünfte,** die nicht im Zusammenhang mit dem bisherigen Gesamtgut stehen, diesem nicht mehr zu.[16] Beruht der Bedarf der Ehegatten aber auf Einkünften und Nutzungen, die in das Gesamtgut fallen, gehört ihre Bedarfsdeckung zu einer ordnungsgemäßen Verwaltung iSd. § 1472 Abs. 3. Der Berechtigte muss dann weiter die Mitwirkung bei der ordnungsgemäßen Verwendung des Gesamtgutes[17] oder aber die Auseinandersetzung betreiben. Schon um der Einfachheit willen geht die Zahlungspflicht aus nicht gesamthänderisch gebundenen Einkünften der Mitwirkungspflicht bei der Verwertung der gesamthänderisch gebundenen vor. – Bei der klageweisen Auseinandersetzung handelt es sich um keine Unterhaltssache iSd. § 23 b Abs. 1 S. 2 Nr. 6 GVG, § 621 Abs. 1 Nr. 5 ZPO, §§ 111 7

---

11 OLG Karlsruhe FamRZ 1984, 1019, 1021 m. Anm. *Luthin.*

12 § 5 HausratsV aufgehoben durch Art. 2, § 1568 a eingefügt durch Art. 1 Nr. 12 des Gesetzes zur Änderung des Zugewinnausgleichs- und Vormundschaftsrechts v. 6. 7. 2009 (BGBl. I S. 1696).

13 Zur Gütergemeinschaft OLG Zweibrücken FamRZ 1998, 239.

14 BGHZ 111, 248 = NJW 1990, 2251 = FamRZ 1990, 851, 852 f.; OLG München FamRZ 1996, 166; NJW-RR 1996, 903 = FamRZ 1996, 557; OLG Zweibrücken FamRZ 1996, 227; FamRZ 1998, 239. Zur Entscheidung des BGH aaO s. auch *Kleinle* FamRZ 1997, 1194 ff. Dem Berechtigten steht auch kein Anspruch auf PKV zu, solange ausreichendes verwertbares Gesamtgut vorhanden ist, OLG Zweibrücken FamRZ 1996, 227.

15 OLG München FamRZ 1988, 1276; OLG Nürnberg FuR 1993, 289 f.; *Ensslen* FamRZ 1998, 1077, 1079.

16 *Wendl/Dose* § 6 RdNr. 415.

17 AA *Ensslen* FamRZ 1998, 1077, 1079.

Nr. 8, 231 Abs. 1 Nr. 2 FamFG,[18] sondern um eine **Güterrechtssache** iSd. § 23 b Abs. 1 S. 2 Nr. 9 GVG, § 621 Abs. 1 Nr. 8 ZPO, 111 Nr. 9, 261 Abs. 2 FamFG. – Lebt der **wiederverheiratete Verpflichtete** mit seinem neuen Ehegatten in Gütergemeinschaft, ist er so zu behandeln, als gehöre das Gesamtgut ihm, §§ 1583, 1604 (s. dazu die Ausführungen zu § 1583).

E. Doppelberücksichtigung

Schrifttum: *Brudermüller,* Die Entwicklung des Familienrechts seit Mitte 2004 – Güterrecht und Versorgungsausgleich, NJW 2005, 3187; *Fischer-Winkelmann,* Sind Unternehmensbewertungen im Zuge des Zugewinnausgleichs passé?, FuR 2004, 433; *Gerhardt/Schulz,* Verbot der Doppelverwertung von Abfindungen beim Unterhalt und Zugewinn, FamRZ 2005, 145; *dies.,* Verbot der Doppelverwertung von Schulden beim Unterhalt und Zugewinn, FamRZ 2005, 317; *Grziwotz,* Doppelverwertungsverbot im Scheidungsfolgenrecht, MittBayNot 2005, 284; *Hoppenz* Zur Konkurrenz von Unterhalt und Zugewinn, FamRZ 2006, 1242; *Hermes,* Nochmals: Die Doppelberücksichtigung von Abfindungen und Schulden im Unterhalt und Zugewinnausgleich, FamRZ 2007, 184; *Kaiser,* Abfindungen wegen Beendigung des Arbeitsverhältnisses – Zugewinnausgleichspflichtiges Vermögen oder unterhaltsprägendes Einkommen?, FS Schwab, 2005, S. 495; *Kogel,* Doppelberücksichtigung von Abfindungen und Schulden im Unterhalt und Zugewinnausgleich – Ein Diskussionsbeitrag auch zur Anwaltshaftung –, FamRZ 2004, 1614; *ders.,* Zur Qualifikation arbeitsrechtlicher Abfindungen – Unterhaltsrecht oder Güterrecht?, FamRZ 2005, 1524; *Maier,* Vom Unterhalt bei Vermögensauseinandersetzung, FamRZ 2006, 897; *Maurer,* Zur Qualifikation arbeitsrechtlicher Abfindungen – Unterhaltsrecht oder Güterecht?, FamRZ 2004, 1509; *Münch,* Unternehmensbewertung im Zugewinnausgleich und Doppelverwertungsverbot, NJW 2008, 1201; *Niepmann,* Aktuelle Probleme des ehelichen Vermögensrechts, FF 2005, 131; *Norpoth,* Die eingeschränkte Berücksichtigung von Tilgungsleistungen auf Hausdarlehen, FamRZ 2008, 2245; *Schmitz,* Verbot der Doppelverwertung von Schulden im Unterhaltsrecht und Zugewinn, FamRZ 2005, 1520; *ders.,* Zur Konkurrenz von Unterhalt und Zugewinnausgleich, FamRZ 2006, 1811; *Schöpflin,* Laufendes Einkommen, Giroguthaben und Zugewinnausgleich, FuR 2004, 60; *Schulin,* Verbot der Doppelverwertung von Schulden im Unterhaltsrecht und Zugewinn, FamRZ 2005, 1521; *Schulz* Zur Doppelberücksichtigung von Vermögenspositionen beim Unterhalt und Zugewinn, FamRZ 2006, 1237; *Soyka,* Behandlung von Abfindungen, FuR 2005, 539; *Wohlgemuth,* Doppelverwertung von Schulden beim Unterhalt und Zugewinnausgleich, FamRZ 2007, 187.

I. Verbot

8 Hinter dem Verbot der Doppelberücksichtigung von **Vermögenswerten** steht die Erkenntnis, dass nicht mehr ausgeglichen werden kann und darf, was bereits ausgeglichen ist. Nur so kann ausgeschlossen werden, dass ggf. der Berechtigte seine Ausgleichsforderung „selbst finanziert" oder der Verpflichtete „doppelt bezahlt". – In der Sache geht es v. a. um die Abgrenzung zwischen unterhaltsrechtlicher und güterrechtlicher Behandlung ein und desselben Vermögenswertes. Doch ist dies nicht ausschließlich (dazu RdNr. 4–7),[19] vielmehr ergibt sich die Problemstellung immer dann, wenn ein Vermögenswert Gegenstand mehrerer Ausgleichsinstitute ist. – Erörtert wird das Verbot, ohne hierauf beschränkt zu sein,[20] vornehmlich im Zusammenhang mit arbeitsrechtlichen Abfindungen und Schulden. – Folgende Bsp. mögen die Problematik veranschaulichen:

Bsp. 1: Vermögenseinkünfte werden bis zum Stichtag über den Zugewinnausgleich ausgeglichen.[21] Würden sie bis zum Stichtag auch zum Unterhalt berücksichtigt, würde der Ehemann „doppelt zahlen", durch den Zugewinnausgleich und den Unterhalt.

Bsp. 2: Der Ehemann hat ehebedingte Schulden allein aufgenommen, die er auch allein zurückführt. Zum Stichtag Zugewinnausgleich beteiligt sich die Ehefrau zur Hälfte an den

[18] OLG Karlsruhe FamRZ 1996, 1414 f.

[19] Zur Abgrenzung Güterrecht/Hausratsauseinandersetzung s. etwa BGH NJW 1984, 484 = FamRZ 1984, 144 ff.; NJW 1991, 1741 = FamRZ 1991, 1166, 1168; wN bei *Schwab/Motzer* VIII RdNr. 108 Fn. 32; zur Abgrenzung Güterrecht/Versorgungsausgleich BGH NJW-RR 2008, 81 = FamRZ 2007, 1542, 1544 [16].

[20] S. dazu etwa den Fall von BGH NJW 2008, 57 = FamRZ 2007, 1532, 1535 [29 ff.] m. Anm. *Maurer,* in dem es um angesparte Vermögenserträge geht.

[21] Dies ist der Fall des BGH NJW 2008, 57 = FamRZ 2007, 1532, 1535 [33] m. Anm. *Maurer.*

Schulden, weil der Schuldenstand das Endvermögen des Ehemannes in voller Höhe mindert. Deshalb sind die Schulden fiktiv getilgt und können den Unterhaltsbedarf in Höhe der Tilgungen nach dem Stichtag nicht mehr prägen. Ansonsten würde die Ehefrau ihren Zugewinnausgleich „selbst finanzieren".

Bsp. 3: Wie Bsp. 2, doch geht es um den Unterhalt bis zum Stichtag. Berücksichtigt man neben den Schulden auch den Schuldendienst, erhält man das zutreffende Ergebnis: Die Schuldentilgung führt zur Vermögensmehrung und erhöht das Endvermögen des Ehemannes, das durch den Zugewinnausgleich ausgeglichen wird. Als Ausgleich dafür wird der Schuldendienst zum Unterhalt bedarfsmindernd berücksichtigt. Man mag auch dies „Doppelberücksichtigung" nennen, die nunmehr aber geboten ist, weil der Ehemann „doppelt zahlen" würde, müsste er höheren Zugewinnausgleich und höheren Unterhalt aufbringen.

Bsp. 4: Ein selbständig erwerbstätiger Ehegatte betreibt Altersvorsorge durch Bildung von Kapital, das güterrechtlich auszugleichen ist. Bis zur Rechtskraft der Scheidung, mit der jedenfalls der Güterstand beendet ist, wird eine unterhaltsrechtliche Berücksichtigung ausscheiden müssen.

Im Einzelnen bestehen unterschiedliche Auffassungen, sowohl was die Anknüpfungspunkte 9
als auch die Folgerungen aus ihnen anbelangt. Zwar sollte **Ausgangspunkt** die Unterscheidung zwischen **Vermögensstamm** und **Vermögensertrag** sein:[22] Der Vermögensstamm ist güterrechtlich, sein Ertrag unterhaltsrechtlich auszugleichen. Doch trägt dieser Ausgangspunkt nicht immer: So kann der Vermögensstamm auch zur Bedarfsdeckung (§ 1577 Abs. 1, 3) oder zum Erhalt der Leistungsfähigkeit (§ 1581 S. 2) heranzuziehen sein. Und der Vermögensertrag muss nicht notwendig für die Bestreitung des ehelichen Lebensbedarfs herangezogen, sondern kann selbst wieder dem Vermögen zugeführt worden sein. Deshalb ist **weitergehend** danach zu fragen, was die Ehegatten zur Verwendung ihrer finanziellen Mittel **bestimmt** haben (§ 1356), inwieweit diese Absprache auch nach Trennung und Scheidung noch **Bestand** haben kann (zur unangemessen sparsamen Lebensführung s. § 1578 RdNr. 3) und **wofür** der Vermögensgegenstand erworben wurde. Letzteres kann insbesondere für den Ausgleich arbeitsrechtlicher Abfindungen und selbstgenutzten Wohnraums[23] Bedeutung erlangen. – Maßgebend ist auch, ob die finanziellen Mittel aus **Arbeitseinkünften** stammen.[24] Dies jedenfalls insoweit, als sie bislang zur Bestreitung des familiären Lebensunterhalts verwandt wurden und auch zukünftig hierfür zu verwenden oder für diese Verwendung gedacht sind.[25]

Dabei ist es den Ehegatten sowohl zum Güterrecht (§ 1378 Abs. 3 S. 2) als auch zum 10
Unterhalt (§ 1585 c) in den insoweit bestehenden Grenzen nicht grundsätzlich verwehrt, **Vereinbarungen** dazu zu schließen, in welchem Ausgleichssystem Vermögenswerte ausgeglichen werden sollen.[26] Doch ist eine **einseitige** Bestimmung eines Ehegatten verwehrt,[27] und gerade die grundlegenden **Qualifikationen** als güterrechtlich oder unterhaltsrechtlich sind nicht disponibel.[28]

Bsp. aus der Rspr.: BGHZ 82, 149 = NJW 1982, 279 = FamRZ 1982, 147: Die 11
Abfindung einer Witwenrente hat der BGH nicht dem privilegierten Anfangsvermögen im Zugewinnausgleich zugeschlagen, weil er sie nach Fälligkeit als laufende Einkünfte bewertet hat, und auch die Forderung auf künftiges Arbeitsentgelt nicht in das Anfangsvermögen fällt. – **BGH NJW 1982, 279 = FamRZ 1982, 148:** Dagegen fällt eine noch vorhandene schadensersatzrechtliche Abfindung für Verdienstausfall in das Endvermögen. – **BGH NJW 1998, 749 = FamRZ 1998, 362:** Ein arbeitsrechtliche, aus Anlass einer Kündigung gezahlte und noch vorhandene Abfindung ist dem Endvermögen zuzuschlagen, weil sie nicht zum Ausgleich für entgangenes Arbeitsentgelt gezahlt wird. Dies jedenfalls dürfte keine

---

[22] *Hoppenz* FamRZ 2006, 1242, 1243 f.
[23] Dazu auch *Graba* FamRZ 2006, 821, 827 f.; *Finke* FF 2007, 185, 187.
[24] AA etwa *Hoppenz* FamRZ 2006, 1242.
[25] Dazu *Kaiser,* FS Schwab, S. 495, 511 f.; *Maurer* FamRZ 2005, 757, 761 f.
[26] *Hoppenz* FamRZ 2006, 1242, 1247.
[27] *Hoppenz* FamRZ 2006, 1242, 1247 mwN.
[28] *Maurer* FamRZ 2005, 1526 zur Qualifikation arbeitsrechtlicher Abfindungen.

tragfähige Begründung darstellen.[29] – **OLG Frankfurt a. M. FamRZ 2000, 611:** Der Verbrauch der arbeitsrechtlichen Abfindung wegen Eintritt in den Vorruhestand ist nach § 1381 den Zugewinnausgleich mindernd zu berücksichtigen. – **BGHZ 146, 64 = NJW 2001, 439 = FamRZ 2001, 278, 281:** Eine arbeitsrechtliche Abfindung, die aus Anlass einer Betriebsstilllegung bezahlt wird und nach den Vereinbarungen den Charakter einer Sozialabfindung hat, dient dem Ausgleich der entstehenden wirtschaftlichen Nachteile und ist deshalb im Anfangsvermögen zu berücksichtigen. Im konkreten Fall hat der BGH diese Zwecksetzung allerdings nicht angenommen und sich deshalb nicht mit der Frage auseinandergesetzt, ob Abfindungen, die dem Einkommensersatz dienen, überhaupt in den Zugewinnausgleich fallen können. – **BGH NJW 2003, 1396 = FamRZ 2003, 432, 433:** Die gesellschaftsrechtliche Beteiligung des Ehemannes war im Zugewinnausgleich ausgeglichen worden. Nach dem Stichtag anfallende Gewinnanteile haben die Ehegatten in einem Unterhaltsvergleich als unterhaltsrelevantes Einkommen behandelt. Deshalb hat der BGH die Erhöhung der Beteiligung der Ehefrau zum güterrechtlichen Stichtag über deren Nennwert hinaus mit der Begründung der verwehrten Doppelberücksichtigung abgelehnt. Dies verkennt jedoch die Trennung in Vermögensstamm und Vermögenserträge. Der Wert der Beteiligung betrifft allein den Vermögensstamm und sagt unabhängig davon, dass er auch von der Ertragssituation bestimmt wird, nichts über ihren Einsatz zur Deckung des Lebensbedarfs aus.[30] – **BGHZ 156, 105 = NJW 2003, 3339 = FamRZ 2003, 1544, 1545 f.:** Tilgungsleistungen verringern bis zum Stichtag die Schuld und erhöhen so das Endvermögen im Zugewinnausgleich, sie können deshalb unterhaltsmindernd berücksichtigt werden; nach dem Stichtag bleiben sie aber im Zugewinnausgleich unberücksichtigt, sodass sich die Frage der Doppelberücksichtigung nicht (mehr) stellt und sie unterhaltsrechtlich zu behandeln sind. Andererseits führt der BGH aus (S. 1546): „Ebenso kann sich der ausgleichsberechtigte Ehegatte gegen die Berücksichtigung am Stichtag noch bestehender Verbindlichkeiten des Ausgleichspflichtigen bei dessen Endvermögen nicht mit der Begründung wehren, er habe wegen dieser Verbindlichkeiten bereits eine Reduzierung seines Unterhaltsanspruchs hinnehmen müssen. Denn ein etwaiger Einfluss der Schuldenlast auf die unterhaltsrechtliche Leistungsfähigkeit hat mit dem Vermögensausgleich des § 1378 BGB nichts zu tun.", doch dürfte dies jedenfalls in dieser Allgemeinheit nicht zutreffen. Zufällige geringfügige zeitliche Überschreitungen nimmt der BGH aus Praktikabilitätsgründen hin. – **BGH NJW 2004, 2675 = FamRZ 2004, 1352:** Haben die Ehegatten eine arbeitsrechtliche Abfindung durch Vereinbarung in die Unterhaltsberechnung einbezogen, ist sie einem zusätzlichen güterrechtlichen Ausgleich entzogen. – **OLG München FamRZ 2005, 459 f.; FamRZ 2005, 713 f.:** Im Endvermögen wurden Verbindlichkeiten in voller Höhe berücksichtigt. Deshalb bleiben die Tilgungen im Unterhalt bis zum güterrechtlichen Stichtag unberücksichtigt, die Zinsen sind einkommensmindernd anzusetzen. Dies entspricht dem obigen Bsp. 2 und OLG Saarbrücken FamRZ 2006, 1038. – **OLG München FamRZ 2005, 714:** Eine arbeitsrechtliche Abfindung wegen Eintritts in den Vorruhestand ist nur in der Höhe in den Zugewinnausgleich einzubeziehen, als sie nicht zur Bestreitung des eigenen sowie des Berechtigten Unterhalts bis zum Eintritt in den Ruhestand benötigt wird. – **OLG Oldenburg FamRZ 2006, 1031, 1032** m. Anm. *Hoppenz* (dazu auch das Revisionsurteil BGHZ 175, 207 = NJW 2008, 1221 = FamRZ 2008, 761): Unter Berufung auf BGH (XII. ZS) NJW 2003, 1396 = FamRZ 2003, 432, 433 hat es entschieden, dass der Wert einer Tierarztpraxis nicht ins Endvermögen gehört, weil deren auch künftige Erträge bereits unterhaltsrechtlich berücksichtigt wurden. Dies verkennt jedoch die Trennung in Vermögensstamm und Vermögenserträge. Dass die Erträge der Praxis deren Wert prägen, betrifft allein den Vermögensstamm, sagt aber über ihren Einsatz zur Deckung des Lebensbedarfs nichts aus. – **OLG Saarbrücken FamRZ 2006, 1038** m. Anm. *Kogel*: Im Endvermögen wurden Verbindlichkeiten in voller Höhe berücksichtigt. Deshalb bleiben die Til-

[29] Dazu *Kaiser*, FS Schwab, S. 495, 511 f.; *Maurer* FamRZ 2005, 757, 761 f.
[30] *Hoppenz* FamRZ 2006, 1033.

gungen im Unterhalt bis zum güterrechtlichen Stichtag unberücksichtigt, die Zinsen sind einkommensmindernd anzusetzen. Dies entspricht dem obigen Bsp. 2. – **BGH NJW 2008, 57 = FamRZ 2007, 1532, 1535 [33]** m. Anm. *Maurer* (s. Bsp. 1): Vermögenserträge waren in voller Höhe beim Zugewinnausgleich das Endvermögen erhöhend berücksichtigt worden. Ihre erneute Berücksichtigung beim Unterhalt bis zum güterrechtlichen Stichtag würde zu einer verwehrten Doppelberücksichtigung führen. – **BGH NJW 2008, 849 = FamRZ 2008, 602, 603 [9]:** Wurde ein Schuldendienst zum Ehegattenunterhalt in voller Höhe bei der Leistungsfähigkeit des Verpflichteten berücksichtigt, trägt ihn der Berechtigte über die Halbteilung zur Hälfte mit, weshalb er nicht mehr über den Gesamtschuldnerausgleich herangezogen werden kann. – **BGHZ 175, 207 = NJW 2008, 1221 = FamRZ 2008, 761, 762 ff. [16, 23, 25]** m. Anm. *Hoppenz*: Eine zweifache Teilhabe liegt nicht bereits in der Berücksichtigung des Werts einer Tierarztpraxis beim Zugewinnausgleich und der aus ihr erzielten Erträge beim Unterhalt. Um sie auszuschließen, ist allerdings bei der Ermittlung des Werts der Praxis der good will durch Vorwegabzug des den individuellen Verhältnissen entsprechenden und konkret gerechtfertigten Unternehmerlohns, der für die Unterhaltsbemessung heranzuziehen ist, zu bereinigen.

II. Doppelte Nichtberücksichtigung

Neben dem Verbot (dazu RdNr. 8–11) gibt es spiegelbildlich auch ein „Gebot der doppelten Nichtberücksichtigung“. Dabei geht es v. a. darum, inwieweit sich der Berechtigte Tilgungsraten des Verpflichteten auf Verbindlichkeiten entgegenhalten lassen muss. Kann ein Ehegatte nicht mehr an der **Vermögensbildung** des anderen teilnehmen, muss er sich auch unterhaltsrechtlich nicht mehr an ihr beteiligen. Dies gilt v. a. zur Abgrenzung Zugewinnausgleich/Unterhalt (dazu auch § 1578 RdNr. 128): Bis zum zugewinnausgleichsrechtlichen Stichtag der Zustellung des Scheidungsantrags (§ 1384) nimmt der Berechtigte über den Zugewinnausgleich am Vermögenszuwachs des Verpflichteten teil, sodass er sich unterhaltsrechtlich auch die Tilgungen entgegenhalten lassen muss. Weil ab dem Stichtag die Beteiligung am Vermögenszuwachs entfällt, erfolgt auch keine unterhaltsrechtliche Berücksichtigung der Tilgungen mehr. Paradebeispiel sind Tilgungen auf für Wohneigentum aufgenommene Schulden,[31] für die aber gegen die Nichtberücksichtigung der Tilgungsleistungen beim Unterhalt spricht, dass ihnen der Wohnvorteil gegengerechnet wird.[32] 12

F. Nachehelicher Unterhalt und Sozialrecht

1. Schrifttum (Auswahl): *Atzler,* Berücksichtigung sozialhilferechtlicher Leistungsfähigkeit beim Übergang des Unterhaltsanspruchs auf den Sozialhilfeträger, NJW 1999, 700; *Baltzer,* Zum Übergang des bürgerlichrechtlichen Unterhaltsanspruchs auf den Sozialhilfeträger nach § 91 BSHG, SGb 1998, 10; *Becker,* Von der Notwehr der Rechtsprechung gegen die Gesetzgebung, FamRZ 1995, 1256; *Brudermüller,* Aktuelle Probleme des § 91 BSHG im Unterhaltsrecht, FuR 1995, 17; *ders.,* § 91 BSHG im Schnittpunkt von Unterhaltsrecht und Sozialhilferecht, FamRZ 1995, 1033; *ders.,* Solidarität und Subsidiarität im Verwandtenunterhalt – Überlegungen aus rechtsethischer Sicht, FamRZ 1996, 129; *Derleder, P./Bartels,* Die Neuordnung des Unterhaltsprozesses bei Sozialhilfebezug, FamRZ 1995, 1111; *Derleder, A./Derleder, P.,* Privater Unterhalt und staatliche Sozialleistung, DAVorm 1984, 99; *Flieser-Hartl,* Sozialhilferechtliche Bedeutung der Unterhaltsverteilung im Mangelfall, FamRZ 2000, 335; *Fröhlich,* Zur Höhe des nach § 91 BSHG übergegangenen Unterhaltsanspruchs, FamRZ 1995, 772; *ders.,* Zum Verhältnis der Zivilrichter zum BSHG, FamRZ 1999, 758; *Hampel,* Unterhalt und Sozialhilfe – Zur Problematik des § 91 II S. 1 BSHG, FamRZ 1996, 513; *Klinkhammer,* Die bedarfsorientierte Grundsicherung nach dem GSiG und ihre Auswirkungen auf den Unterhalt, FamRZ 2002, 997; *ders.,* Grundsicherung und Unterhalt, FamRZ 2003, 1793; *ders.,* Änderungen im Unterhaltsrecht nach „Hartz IV“, FamRZ 2004, 1909; *ders.,* Arbeitslosengeld II und Unterhaltsregress nach § 33 SGBII – Fortentwicklungsgesetz, FamRZ 2006, 1171; *Kohleiß,* Sozialrecht und Unterhaltsrecht, FamRZ 1991, 8; *Künkel,* Unterhalt und Sozialhilfe, FamRZ 1994, 540; *ders.,* Erneute Änderung des § 91 BSHG, FamRZ 1996, 1509; *Landzettel,* Die allgemeine Härteregelung des § 91 II S. 2 BSHG in der aktuellen Rechtsprechung, FamRZ

[31] BGH NJW 2008, 1946 m. Anm. *Griesche* = FamRZ 2008, 963, 965 [17–20].
[32] *Norpoth* FamRZ 2008, 2245, 2249.

2004, 1936; *v. Maydell,* Sozialstaatliche Existenzsicherung und Familienunterhalt, Von der bürgerlichen zur sozialen Rechtsordnung, 1981, S. 171; *ders.,* Unterhalt und soziale Sicherheit – Zur Funktion des Unterhaltsrechts im Sozialstaat, Familie – Tatsachen, Probleme, Perspektiven 1986, 244 (Archiv für Wissenschaft und Praxis der sozialen Arbeit, 1986, Sonderveröffentlichung); *Münder,* Sozialrechtliche Probleme bei Trennung und Scheidung, Brennpunkte des Sozialrechts 1998, 1; *ders.,* Der sozialhilferechtliche Übergang von Ansprüchen gegen zivilrechtlich Unterhaltspflichtige, NJW 2001, 2201; *Münder/Armborst/Berlit,* Sozialgesetzbuch, Lehr- und Praxiskommentar, 8. Aufl. 2008; *Naendrup,* Sozialstaatliche Existenzsicherung und Familienunterhalt, Von der bürgerlichen zur sozialen Rechtsordnung, 1981, S. 183; *Ott,* Die prozessuale Durchsetzung der Unterhaltsansprüche von Sozialhilfeempfängern, FamRZ 1995, 456; *Plascher,* Zur Zulässigkeit der Aufrechnung mit auf den Sozialhilfeträger übergegangenen Unterhaltsforderungen, FamRZ 1998, 178; *Schellhorn,* Zur Wirksamkeit bürgerlichrechtlicher Abführungszusagen im Sozialhilferecht, FuR 1994, 234; *ders.,* Unterhaltspflicht und Sozialhilferecht – Öffentlichrechtliche Vergleichsberechnung beim Übergang von Unterhaltsansprüchen nach § 91 BSHG, FuR 1995, 10; *ders.,* Zur Rückwirkung des gesetzlichen Forderungsübergangs nach § 91 BSHG auf Altfälle, FuR 1995, 229; *ders.,* Zum Übergang des Unterhaltsanspruchs auf den Sozialhilfeträger, FuR 1995, 230; *ders.,* Der Auskunftsanspruch des Sozialhilfeträgers bei Übergang von Unterhaltsansprüchen, FuR 1997, 9; *Schellhorn/Schellhorn/Hohm,* SGB XII, Sozialgesetzbuch XII, Sozialhilfe, 17. Aufl. 2006; *Schellhorn, W./Schellhorn, H.,* Die Neuregelung des Übergangs von Unterhaltsansprüchen auf den Sozialhilfeträger, FuR 1993, 261; *Schmidt,* SGB II – Überblick und Auswirkungen auf das Unterhaltsrecht, FuR 2005, 290; *Schöppe-Fredenburg,* § 91 BSHG – Der vereitelte höchstrichterliche Schlußstrich zur Rückabtretung, FuR 1997, 7; *Scholz,* Zur Neufassung des § 91 BSHG, FamRZ 1994, 1; *ders.,* Widersprüche zwischen Unterhaltsrecht und Sozialrecht und ihre Bedeutung für die Praxis, FamRZ 2004, 751; *Schürmann,* „Hartz IV" verändert die Sozialhilfeschwelle für Erwerbstätige, FamRZ 2005, 148; *ders.,* SGB II – wichtige Neuregelungen zum 1. 8. 2006, FuR 2006, 349; *Steymans,* Weitere Probleme mit der bedarfsorientierten Grundsicherung, FamRZ 2002, 1687; *Zeranski,* Die Aussetzung des Zivilstreits aus übergeleitetem Recht bei Anfechtung der Überleitungsanzeige, FamRZ 1999, 824; *ders.,* Zum rechtlichen Schicksal eines auf fiktiven Einkünften beruhenden Unterhaltsanspruchs nach Gewährung von Sozialhilfe an den Unterhaltsberechtigten, FamRZ 2000, 1057.

2. Tabellen: Regelsätze nach § 22 BSHG, Stand: 1. 7. 1991, FamRZ 1991, 1278; Stand: 1. 7. 1992, FamRZ 1992, 1031; Stand: 1. 7. 1993, FamRZ 1993, 1288; Stand: 1. 7. 1994, FamRZ 1994, 1310; Stand: 1. 7. 1995, FamRZ 1995, 1558; Stand: 1. 7. 1996, FamRZ 1996, 1264; Stand: 1. 7. 1997, FamRZ 1997, 1064; Stand: 1. 7. 1998, FamRZ 1998, 1161; Stand: 1. 7. 1999, FamRZ 1999, 1196; Stand: 1. 7. 2000, FamRZ 2000, 1011; Stand: 1. 7. 2001, FamRZ 2001, 1210; Stand: 1. 1. 2002, FamRZ 2002, 225; Stand: 1. 7. 2002, FamRZ 2002, 1012; Stand: 1. 7. 2003, FamRZ 2003, 1250; Regelleistungen nach § 20 II, III SGBII/Regelsätze nach § 28 SGBXII, Stand: 1. 1. 2005, FamRZ 2005, 1386; Stand: 1. 7. 2007, FamRZ 2007, 1433.

3. Empfehlungen. *Deutscher Verein für öffentliche und private Fürsorge* (Hrsg.), Empfehlungen für die Heranziehung Unterhaltspflichtiger in der Sozialhilfe (SGB XII), Stand: 1. 7. 2005, FamRZ 2005, 1387 (gelten unverändert weiter, FamRZ 2007, 1433). Frühere Fassungen s. FamRZ 2000, 788; FamRZ 2002, 931.

I. Subsidiarität

13 Sozialrechtliche Leistungen sind der Unterhaltsverpflichtung nach den §§ 1569 ff. grundsätzlich subsidiär (§ 2 BSHG). Dies gilt uneingeschränkt sowohl für **Sozialhilfeleistungen** (§ 94 SGB XII; zur Subsidiarität bei unterhaltsrechtlicher Zurechnung fiktiver Erwerbseinkünfte des Verpflichteten s. RdNr. 19) als auch für das **Arbeitslosengeld II** (§ 33 SGB II; für die **Arbeitslosenhilfe** galt dies nur eingeschränkt, weil deren Übergang davon abhing, dass dem Verpflichteten die Leistungserbringung vom Arbeitsamt unverzüglich angezeigt wurde, ehemals § 203 Abs. 1 S. 3 SGB III). Bei Gewährung von **Ausbildungsförderung** geht nach § 37 Abs. 1 S. 1 BAföG dagegen nur der Unterhaltsanspruch gegen die Eltern, nicht auch der gegen den Ehegatten auf den Leistungsträger über.

II. Rechtsübergang

14 **1. Grundsätze.** Als Rechtsfolge der Subsidiarität gehen die Unterhaltsansprüche nach § 94 Abs. 1 S. 1 SGB XII, § 33 Abs. 1 S. 3 SGB II[33] in der Höhe ihres Bestehens auf den Sozialleistungsträger über, begrenzt durch die Höhe seiner Leistungen. Erfasst werden in Höhe

[33] Die cessio legis erfasst auch vor dem Inkrafttreten der jeweiligen gesetzlichen Regelung fällig gewordene Unterhaltsbeträge, zu § 91 Abs. 1 S. 1 BSHG s. BGH NJW 1995, 3391 = FamRZ 1995, 871, 872; OLG Hamburg FamRZ 1994, 126; OLG Köln FamRZ 1994, 970; aA OVG Münster FamRZ 1994, 598; OLG Koblenz FamRZ 1995, 171, 172.

der bisherigen monatlichen Aufwendungen auch die **künftigen Unterhaltsleistungen** unter der aufschiebenden Bedingung der künftigen Gewährung von Leistungen, wenn die Sozialhilfe voraussichtlich längere Zeit zu gewähren ist (dazu auch RdNr. 15, 25).[34] Der Übergang der Unterhaltsansprüche für die **Trennungszeit** umfasst auch den später fällig werdenden nachehelichen Unterhalt.[35] Ein nachträglicher **Verzicht** des Berechtigten kann das bedingte Recht des Sozialleistungsträgers nicht mehr beeinträchtigen. Zur Sittenwidrigkeit eines Verzichts s. § 1585 c RdNr. 39. – Der Sozialleistungsträger muss im Unterhaltsrechtstreit vor den FamG (§ 94 Abs. 5 S. 3 SGB XII, § 33 Abs. 4 S. 3 SGB II) den Forderungsübergang,[36] den Bedarf und die Bedürftigkeit des Unterstützten, die Leistungsfähigkeit des Verpflichteten und bei mehreren unterstützten Berechtigten auch die Aufteilung des Unterstützungsbetrags auf diese[37] **darlegen** und **beweisen.** Hierzu reicht der allgemeine Hinweis auf die Gewährung von Sozialhilfe nicht aus,[38] vielmehr hat er die Höhe seiner Leistungen an den Berechtigten und mithin der auf ihn übergegangenen Unterhaltsansprüche nach dem Zeitpunkt des Übergangs der Unterhaltsforderung (dazu RdNr. 15)[39] nachvollziehbar vorzutragen.[40] Insoweit hat er idR durch eine öffentlich-rechtliche **Vergleichsberechnung** darzulegen, inwieweit der Verpflichtete als Hilfsbedürftiger Einkommen und Vermögen einzusetzen hätte.[41]

2. Rechtsübergang. Liegt er **nach Rechtshängigkeit** der Unterhaltsansprüche, tritt mit 15
der Wirksamkeit des Forderungsübergangs, die den Erlass des Sozialhilfebescheids voraussetzt,[42] die gesetzliche Prozessstandschaft des Berechtigten für bereits fällige Unterhaltsbeträge ein (§ 265 Abs. 2 ZPO, § 113 Abs. 1 S. 2 FamFG).[43] Der Berechtigte bleibt uneingeschränkt prozessführungsbefugt, muss jedoch nunmehr Leistung an den Sozialleistungsträger begehren,[44] ansonsten die Klage als unbegründet abgewiesen wird. – Sowohl der Berechtigte als auch der Sozialleistungsträger, gewährt er die Hilfe voraussichtlich auf längere Zeit (§ 94 Abs. 4 S. 2 SGB XII, § 33 Abs. 3 S. 2 SGB II; dazu auch RdNr. 14, 25), kann wegen zukünftiger Unterhaltsbeträge Leistung an sich verlangen, doch steht gleichzeitig geführten Verfahren der Einwand anderweitiger Rechtshängigkeit entgegen.[45] Den Anspruchsübergang[46] und die Anwendung sozialhilferechtlicher Schutzvorschriften[47] kann der Verpflichtete mit der **Vollstreckungsgegenklage** (§ 767 ZPO, § 95 Abs. 1 Nr. 1 FamFG) gegen den Berechtigten geltend machen. – Der Sozialleistungsträger kann wegen nach Rechtshängigkeit übergegangener Ansprüche in Höhe der gewährten Sozialleistungen die **Umschreibung des Titels** auf sich (§ 727 ZPO, § 95 Abs. 1 Nr. 1 FamFG) verlangen, für ein gleichwohl geführtes Klage-

[34] Zu Geltendmachung künftigen Unterhalts durch den Sozialleistungsträger bei Gewährung von Unterhaltsvorschuss s. BGH NJWE-FER 1998, 64 = FamRZ 1998, 357 f. (wirksam begründete Prozessführungsbefugnis durch private Ermächtigung).

[35] BGH NJW 1988, 1147 = FamRZ 1988, 375, 376 f. (zur aF); aA OLG Hamm FamRZ 1988, 398 f.

[36] Hierzu genügt die monatlich spezifiziert aufgeschlüsselte Aufstellung über die gezahlten Sozialleistungen, OLG Zweibrücken FamRZ 1997, 1092.

[37] S. dazu BGH NJW-RR 1995, 1217 = FamRZ 1995, 1131, 1132 f.

[38] OLG Oldenburg FamRZ 1991, 1347 f. S. dazu auch *Künkel* FamRZ 1994, 540, 548.

[39] S. dazu auch *Ott* FamRZ 1995, 456 ff.

[40] OLG Frankfurt a. M. FamRZ 1997, 501. Dazu muss er auch eine Vergleichsberechnung zur Höhe des auf ihn übergegangenen Anspruchs anstellen, OLG Koblenz FamRZ 1998, 1513; OLG Saarbrücken FamRZ 1999, 1024 f. – Nach OLG Köln FamRZ 1995, 613 muss die gewährte Sozialleistung die Höhe des Unterhaltsanspruchs nicht für jeden Monat erreichen, vielmehr soll ausreichen, dass sie diese im Durchschnitt erreicht.

[41] OLG Koblenz FamRZ 1998, 1513.

[42] BGH NJW 1986, 724 = FamRZ 1985, 793 f.

[43] Ganz hM, BGH NJW 1986, 3206, 3207; NJW-RR 1995, 1217 = FamRZ 1995, 1131, 1132, 1133; KG FamRZ 1988, 300, 301; OLG Hamburg FamRZ 1988, 843, 844; OLG Hamm FamRZ 1990, 1369, 1370. Ist der Verwaltungsträger Partei des Rechtsstreits und geht der streitbefangene Anspruch durch Funktionsnachfolge auf einen anderen Verwaltungsträger über, tritt ein Parteiwechsel kraft Gesetzes ein, BSG FamRZ 1988, 1267 (LS).

[44] OLG Nürnberg FamRZ 1995, 236, 237.

[45] Vgl. zum Ganzen BGH NJW 1982, 232 = FamRZ 1982, 23, 25; NJW 1992, 1624 = FamRZ 1992, 797, 799; KG FamRZ 1988, 300; OLG Hamburg FamRZ 1988, 843 f.

[46] KG FamRZ 1989, 417, 418.

[47] OLG Zweibrücken FamRZ 1997, 1092.

verfahren fehlt das Rechtsschutzbedürfnis.[48] Er kann auch den Berechtigten **zur Zwangsvollstreckung ermächtigen.**[49] – War der Unterhaltsanspruch bereits **vor Rechtshängigkeit** auf den Sozialleistungsträger übergegangen, muss dieser die Ansprüche grundsätzlich selbst gerichtlich verfolgen. Zur **Rückübertragung** oder Einziehungsermächtigung s. RdNr. 23.

16 § 94 Abs. 1 S. 2–4, Abs. 2 und 3 SGB XII, § 33 Abs. 2 SGB II **privilegieren** den Verpflichteten durch die Regelung, wann ein Unterhaltsanspruch **nicht** auf den Sozialleistungsträger übergeht, obwohl er besteht und dieser Hilfe gewährt (hat). Nach § 94 Abs. 1 S. 2–4 SGB XII entfällt ein Übergang in folgenden Fällen:

- Der Verpflichtete hat den Unterhaltsanspruch durch laufende Zahlungen in voller Höhe **erfüllt** (§ 94 Abs. 1 S. 2 SGB XII).[50]
- Aus **personalen** Gründen, wenn der Verpflichtete
  - selbst sozialhilfeberechtigt ist,
  - mit dem sozialhilfeberechtigten Berechtigten
  - im 2. oder einem entfernteren Grad verwandt ist (§ 94 Abs. 1 S. 3 Halbs. 1 Alt. 2 SGB XII), sie also nicht in einem Eltern-Kind-Verhältnis stehen und auch nicht miteinander verheiratet sind.
  - im 1. Grad verwandt ist und die Sozialleistungsberechtigte schwanger ist oder ihr leibliches Kind bis zur Vollendung seines 6. Lebensjahres betreut (§ 94 Abs. 1 S. 3 Halbs. 2, S. 4 SGB XII). Zudem, wenn der Berechtigte seinem nicht getrennt lebenden Ehegatten nach §§ 1360, 1360 a oder seinen minderjährigen unverheirateten Kindern nach § 1603 Abs. 2 S. 1 **gesteigert unterhaltspflichtig** ist (§ 94 Abs. 1 S. 3 Halbs. 1 Alt. 1 SGB XII, s. auch § 19 Abs. 1 S. 2 SGB XII); in die sozialrechtliche Privilegierung nicht einbezogen ist der einem privilegierten volljährigen Kind (§ 1603 Abs. 2 S. 2) unterhaltspflichtige Elternteil.

17 § 33 Abs. 2 SGB II schließt einen Übergang aus,

- soweit der Verpflichtete den Unterhaltsanspruch durch laufende Zahlungen **erfüllt** hat (S. 2),
- wenn der Berechtigte mit dem Verpflichteten
  - in einer Bedarfsgemeinschaft lebt (S. 1 Nr. 1),
  - verwandt ist und den Unterhaltsanspruch nicht geltend macht (S. 1 Nr. 2), es sei denn, der Berechtigte ist minderjährig oder zwar volljährig, hat aber das 25. Lebensjahr noch nicht vollendet und die Erstausbildung noch nicht abgeschlossen, und sein Unterhaltsanspruch richtet sich gegen seine Eltern,
  - in einem Kindschaftsverhältnis zum Verpflichteten steht und schwanger ist oder sein leibliches Kind bis zur Vollendung seines 6. Lebensjahres betreut.

18 Aus **sozialpolitischen** Gründen ausgeschlossen ist der Rechtsübergang nach § 94 Abs. 1 S. 5 und 6, Abs. 2 SGB XII zum Schutz des Verpflichteten. – Zudem soll dem Verpflichteten jedenfalls so viel verbleiben, wie er im Falle der **Sozialhilfegewährung** bekommen würde (§ 94 Abs. 3 S. 1 Nr. 1 SGB XII).[51] Deshalb geht der Anspruch nur in der Höhe über, in der er sein Einkommen (§§ 85 ff. SGB XII) und sein Vermögen (§ 90 SGB XII) einzusetzen hätte. – Zur **Darlegungslast** s. RdNr. 14.

19 Aus sozialstaatsrechtlichen Gründen führen die dem Verpflichteten unterhaltsrechtlich lediglich **fiktiv zugerechneten Einkünfte** nicht zu einem Übergang der Unterhaltsforderung, um den Verpflichteten nicht selbst sozialhilfebedürftig zu machen,[52] und weil er eben

---

[48] BGH NJW 1992, 1624 = FamRZ 1992, 797, 799; s. auch OLG Düsseldorf FamRZ 1997, 826, 827. Zu den für die Umschreibung erforderlichen Nachweisen s. OLG Köln FamRZ 1994, 52 f. mwN.

[49] BGHZ 92, 347 = NJW 1985, 809 m. krit. Anm. *Olzen* JR 1985, 288 und abl. Anm. *Brehm* JZ 1985, 342; NJW-RR 1992, 61; KG FamRZ 1989, 417, 418 f.; OLG Hamm FamRZ 1991, 1078 f.

[50] Diese Regelungen sind überflüssig, weil ein übergangsfähiger Anspruch gar nicht mehr besteht, wenn er bereits erfüllt ist, ebenso *Schellhorn/Schellhorn/Hohm* § 94 RdNr. 59.

[51] OLG Düsseldorf FamRZ 1999, 1020, 1021; OLG Nürnberg FamRZ 1999, 1021, 1022.

[52] Zu § 91 Abs. 2 S. 1 BSHG s. BGH NJW 1998, 2219 = FamRZ 1998, 818, 819 f.; NJW 1999, 2365 = FamRZ 1999, 843, 845; OLG Koblenz FamRZ 1996, 1548, 1549; OLG Hamm FamRZ 1997, 90 mwN; OLG Karlsruhe FamRZ 1997, 179, 180; OLG München FamRZ 1998, 552 f.; OLG Düsseldorf FamRZ

keine tatsächlichen Einkünfte hat, von denen er seinen Lebensunterhalt und den des Berechtigten bestreiten könnte (§ 94 Abs. 3 S. 1 SGB XII; s. auch § 91 Abs. 2 S. 1 BSHG).[53] Wegen der Unwirksamkeit **privatrechtlicher Verträge** zwischen Berechtigtem und Sozialhilfeträger auf Überleitung der Unterhaltsansprüche[54] führt dies wohl zu seinem endgültigen Ausfall.

20 Wenn und soweit die Inanspruchnahme des Verpflichteten eine **unbillige Härte** darstellen würde, findet gleichfalls kein Anspruchsübergang statt (§ 94 Abs. 3 S. 1 Nr. 2 SGB XII). Sie ist idR anzunehmen, wenn Eltern einem von einer Behinderung bedrohten oder pflegebedürftigen Kind, welches das 18. Lebensjahr vollendet hat und dem Eingliederungs- oder Pflegehilfe gewährt wird, unterhaltspflichtig sind (§ 94 Abs. 2 SGB XII). In welchen Fällen ansonsten eine unbillige Härte vorliegt, richtet sich hinsichtlich der Eingriffsschwelle an diesem **Regelfall** aus; insbesondere soziale Belange des Berechtigten wie des Verpflichteten sind zu berücksichtigen.[55] Gesetzessystematisch gehen die unterhaltsrechtlichen Billigkeitsregelungen in §§ 1573 Abs. 5 S. 1 Halbs. 1, 1578 Abs. 1 S. 2 Halbs. 1, 1579, 1581 dieser sozialhilferechtlichen vor, weil ihre Anwendung dazu führt, dass bereits kein Unterhaltsanspruch besteht, der übergehen könnte.[56] Dagegen schließt eine Nichtanwendung dieser unterhaltsrechtlichen Billigkeitsregelungen die Anwendung der sozialhilferechtlichen ebenso wenig aus wie die Anwendung von § 1576.

21 Aus Gründen des **Vertrauensschutzes** kann der Verpflichtete vom Sozialleistungsträger für die Vergangenheit auf **rückständigen Unterhalt** nur insoweit in Anspruch genommen werden, als dies bürgerlich-rechtlich nach § 1585 b Abs. 2 möglich ist. Daran ändern § 94 Abs. 4 SGB XII, § 33 Abs. 3 SGB II nichts, weil sie dem Sozialleistungsträger durch den Einsatzzeitpunkt der schriftlichen Mitteilung der Sozialhilfegewährung **(Rechtswahrungsanzeige)** nur die Möglichkeit einräumen, den Verpflichteten unabhängig vom Berechtigten in Verzug zu setzen. – Zu den **Einzelheiten** s. § 1585 b RdNr. 8.

III. Auskunftsrecht des Sozialleistungsträgers

22 Trotz der besonderen familienrechtlichen Beziehungen zwischen Berechtigtem und Verpflichtetem erwirbt der Sozialleistungsträger mit dem Übergang des Unterhaltsanspruchs auch den diesem akzessorischen privatrechtlichen **Auskunftsanspruch** aus §§ 1580, 1605 (§ 94 Abs. 1 S. 1 SGB XII, § 33 Abs. 1 S. 3 SGB II; s. auch § 7 Abs. 1 S. 2 UVG, § 94 Abs. 3 S. 2 SGB VIII).[57, 58] Daneben stehen ihm auch öffentlich-rechtliche Auskunftsrechte zu (vgl. § 117 SGB XII, §§ 56 ff. SGB II; s. auch §§ 60 ff. SGB I, § 47 Abs. 1 BAföG), die aufgrund Verwaltungsakts mit verwaltungsrechtlichen Zwangsmitteln durchzusetzen sind. – S. dazu auch § 1580 RdNr. 3.

IV. Rückübertragung und Einziehungsermächtigung

23 Der Sozialleistungsträger kann die auf ihn übergegangenen Ansprüche treuhänderisch auf den Unterstützten zur gerichtlichen Geltendmachung **zurück übertragen** und sich den geltend gemachten Anspruch abtreten lassen (§ 94 Abs. 5 S. 1 SGB XII, § 33 Abs. 4 S. 1

1999, 127, 128; FamRZ 1999, 885, 886; FamRZ 1999, 1020, 1021; *Künkel* FamRZ 1991, 14, 23; aA OLG Karlsruhe FamRZ 1995, 615, 616; *Hampel* FamRZ 1996, 513, 517; *Brudermüller* FuR 1995, 17, 20 f.; offen gelassen von OLG Köln FamRZ 1998, 175, 176.

[53] Ob dieser auf § 7 UVG entsprechend anzuwenden ist, hat der BGH NJW 2000, 812 = FamRZ 2000, 221, 222 f.; NJW-RR 2000, 1385 = FamRZ 2000, 1358 offen gelassen. Für nach § 94 Abs. 1 S. 1 SGB XII, § 33 Abs. 3 SGB II übergegangene Unterhaltsansprüche dürfte sich dieselbe Problematik stellen.

[54] BGH NJW 1994, 1733 = FamRZ 1994, 829, 830 f. m. Anm. *Wohlgemuth* FamRZ 1995, 333 ff.; OLG Karlsruhe FamRZ 1993, 999 ff.; *Plagemann* EWiR 1994, 707, *Strohal* DAVorm 1994, 879; *Vogel* FamRZ 1994, 967, 968 f.

[55] Zu den Einzelheiten s. die Darstellung bei *Schellhorn/Schellhorn/Hohm* § 94 RdNr. 103, 104; s. auch OLG Koblenz FamRZ 1999, 475, 476.

[56] *Schellhorn/Schellhorn/Hohm* § 94 RdNr. 105.

[57] IdF von Art. 4 Abs. 11 Nr. 4 Buchst. a Doppelbuchst. aa KindUG.

[58] AA zum vor den Rechtsänderungen geltenden Recht BGH NJW 1986, 1688 = FamRZ 1986, 568 (zu § 90 BSGH); NJW 1991, 1235 = FamRZ 1991, 1117 f. (zu § 37 BAföG).

SGB II; s. auch §§ 94 Abs. 4 S. 1 SGB VIII,[59] 7 Abs. 4 S. 2 UVG[60]).[61] – Zulässig ist auch eine **Einziehungsermächtigung,**[62] doch wird es meist an einem Bedürfnis für die klageweise Geltendmachung durch den Berechtigten im Wege der gewillkürten Prozessstandschaft fehlen.[63] Sie ist nur zulässig, wenn der Berechtigte eigene Interessen verfolgt, woran es aber fehlt, wenn Unterhalt in die Sozialhilfeleistungen nicht übersteigender Höhe geltend gemacht wird, weil die finanzielle Absicherung durch die Sozialhilfeleistungen sichergestellt ist. Auch ist es nicht gerechtfertigt, dem Verpflichteten das Kostenrisiko aufzubürden, indem ihm statt des leistungsfähigen Sozialleistungsträgers der (meist) insolvente Berechtigte gegenübergestellt wird.[64] Übersteigen aber die verlangten Unterhaltsbeträge die Sozialleistungen, ist die gewillkürte Prozessstandschaft aus Gründen der Rechtssicherheit und Prozesswirtschaftlichkeit zuzulassen, um nicht Sozialleistungsträger (in Höhe der Sozialleistungen) und Berechtigten (wegen des übersteigenden Betrages) auf zwei Prozesse mit erhöhter Kostenbelastung und der Gefahr abweichender Entscheidungen zu verweisen.[65] Sie ist weiter zulässig, wenn Ehegatten- und Kindesunterhalt im Verbund verfolgt werden sollen, weil der Ehegatte schutzwürdig ist, der als Berechtigter oder als betreuender Elternteil die Scheidung von der Klärung der Unterhaltsfragen abhängig machen will. – Dagegen sind **Vollstreckungsermächtigungen** ohne die vorherige Rückübertragung der übergegangenen Ansprüche auf den Berechtigten unwirksam.

V. Verfahrensrechtliche Besonderheiten

24 **1. Rechtsweg.** Über Grund, Höhe, Beginn und Dauer des Unterhaltsanspruchs und seines Rechtsübergangs ist im **Zivilrechtsweg** (§ 94 Abs. 5 S. 3 SGB XII, § 33 Abs. 4 S. 3 SGB II;[66] zur **Zuständigkeit** s. RdNr. 27, 28) zu entscheiden. Insbesondere hat das FamG auch über die sozialhilferechtlichen Beschränkungen des Rechtsübergangs (dazu RdNr. 16–21) zu befinden. Zudem entscheidet es über die **Auskunftspflicht** des Verpflichteten, nicht aber über das sozialhilferechtliche Auskunftsrecht des Sozialleistungsträgers (dazu RdNr. 22); doch wird sich aufgrund des bürgerlich-rechtlichen Auskunftsrechts des Sozial-

---

[59] IdF von Art. 4 Abs. 11 Nr. 4 Buchst. b KindUG, in Kraft seit 1. 7. 1998; doch kann entsprechend § 91 Abs. 4 S. BSHG auch für die Zeit bis 30. 6. 1998 nichts anderes gelten.

[60] IdF von Art. 4 Abs. 1 Nr. 4 Buchst. c KindUG. Zum vor dem 1. 7. 1998 geltenden Recht für die Wirksamkeit einer Rückübertragung OLG Nürnberg FamRZ 1995, 817f.; Hinweise des OLG Hamm zu § 91 BSHG und § 7 UVG, FamRZ 1997, 275; OLG Hamm FamRZ 1998, 30, 31 m. abl. Anm. *Born*; OLG Köln FamRZ 1998, 175, 177; *Kalthoener/Büttner/Niepmann* RdNr. 561 mwN; dagegen OLG München FamRZ 1995, 1170; OLG Hamm FamRZ 1997, 822; FamRZ 1998, 174, 175; OLG Nürnberg FamRZ 1997, 1087; KG FamRZ 1998, 30.

[61] OLG Hamm FamRZ 1998, 174, 175 nimmt eine wirksame Rückübertragung nur an, wenn sie „frei von jeglichen materiell-rechtlichen und prozessualen Einschränkungen" ist, insbesondere hinsichtlich einer vergleichsweisen Erledigung.

[62] *Künkel* FamRZ 1996, 1511, 1515. AA für den bis zum 31. 7. 1996 geltenden Recht BGH NJW 1996, 3273 = FamRZ 1996, 1203, 1206f. (m. der Darstellung des damaligen Streitstandes); NJW-RR 1996, 1345 = FamRZ 1996, 1207, 1208; s. dazu auch OLG Thüringen FamRZ 1995, 951; OLG München FamRZ 1995, 1170; OLG Celle FamRZ 1995, 1172f.; KG FamRZ 1996, 37, 38; OLG Braunschweig FamRZ 1996, 39f.; OLG Celle FamRZ 1996, 503f. (LS). Nach OLG Celle FamRZ 1998, 1444, 1445 bleibt eine vor dem 1. 7. 1996 erteilt Einziehungsermächtigung unwirksam.

[63] Gegen jede Zulässigkeit einer gewillkürten Prozessstandschaft spricht sich der 7. DFGT 1987, A 2c aa, cc, FamRZ 1988, 469 aus. Vgl. auch LG Hamburg FamRZ 1990, 653f. (Amtshaftung der Sozialbehörde, die einen Berechtigten zur Einziehung ermächtigt, ohne ihn zugleich darauf hinzuweisen, dass nach der Rspr. der zuständigen Gerichte eine gewillkürte Prozessstandschaft unzulässig ist).

[64] Ebenso OLG Hamburg FamRZ 1988, 843f.; FamRZ 1990, 417, 418f.; OLG Hamm FamRZ 1990, 1369, 1370f.; *Göppinger/Wax* 5. Aufl. 1987 RdNr. 3043; *Soergel/Häberle* § 1607 RdNr. 6; *Seetzen* NJW 1978, 1353; aA OLG Hamm FamRZ 1979, 1058, 1059; KG FamRZ 1988, 300, 301f.; OLG Hamm FamRZ 1989, 506, 507.

[65] OLG Köln FamRZ 1994, 970f. mwN; aA *Vogel* FamRZ 1994, 967, 969: Nichtigkeit wegen Sittenwidrigkeit, wenn Gegner wegen Leistungsunfähigkeit des Unterstützungsempfängers trotz Obsiegens auf seinen Kosten sitzen bleibt.

[66] Anders §§ 91 Abs. 3, 91 Abs. 1 S. 1 BSHG aF: Grund und Umfang der Überleitung einschließlich der Schongrenzen waren im Verwaltungs- und verwaltungsgerichtlichen Verfahren zu klären.

leistungsträgers meist ein gesondertes Verwaltungsverfahren zur Durchsetzung diese Auskunftsrechts erübrigen.

2. Klage auf künftige Leistung. Der **Sozialhilfeträger** kann bis zur Höhe seiner bisherigen Aufwendungen auch auf künftige Leistung klagen, wenn die Hilfe voraussichtlich auf längere Zeit gewährt werden muss (§ 94 Abs. 4 S. 2 SGB XII, § 33 Abs. 3 S. 2 SGB II). Die Bedingung der Erbringung künftiger Sozialleistungen in bisheriger Höhe ist in den Tenor aufzunehmen;[67] ihr Eintritt ist im Verfahren auf Erteilung der Vollstreckungsklausel zu prüfen (§ 727 ZPO, § 95 Abs. 1 Nr. 1 FamFG).[68] **Abänderungs-** und **Vollstreckungsgegenklage** sind vom Sozialleistungsträger zu erheben bzw. gegen ihn zu richten.[69] – Trotz der Klagebefugnis des Sozialleistungsträgers ist die gerichtliche Geltendmachung künftigen Unterhalts durch den **Berechtigten** selbst prozesskostenhilferechtlich nicht **mutwillig** iSd. § 114 ZPO, § 113 Abs. 1 S. 1 FamFG.[70] 25

3. Klage des Berechtigten nach Rückübertragung. Überträgt der Sozialleistungsträger die auf ihn übergegangenen Unterhaltsansprüche auf den Berechtigten zurück, hat er die Kosten zu übernehmen, mit denen der Berechtigte dadurch selbst belastet wird (§ 94 Abs. 5 S. 2 SGB XII, § 33 Abs. 4 S. 2 SGB II). Dies schließt es zwar nicht grundsätzlich aus, dem Berechtigten für den Rechtsstreit **Prozesskostenhilfe** zu gewähren, weil § 2 Abs. 2 S. 1 SGB XII, § 5 Abs. 1 S. 1 SGB II die Leistungsverpflichtungen anderer Sozialleistungsträger unberührt lassen[71] und der Sozialleistungsträger die Kosten nur zu übernehmen hat, soweit der Berechtigte durch die gerichtliche Geltendmachung selbst belastet würde, was aber im Falle der Bewilligung von PKH gerade nicht der Fall ist. Nach der Entscheidung des BGH im Beschluss v. 2. 4. 2008[72] ist jedoch wie folgt zu differenzieren: 26

- Hat der Sozialleistungsträger den auf ihn übergegangenen Anspruch auf den ehemaligen Anspruchsinhaber wieder zurück übertragen, ist er ihm prozesskostenvorschusspflichtig, sodass die Bedürftigkeit iSv. § 114 Abs. 1 S. 1 ZPO, § 113 Abs. 1 S. 1 FamFG entfällt [13–18].
- Dies gilt grundsätzlich auch, wenn der Bedürftige neben den rückübertragenen (rückständigen) Unterhaltsansprüchen die bei ihm verbliebenen Ansprüche auf künftigen Unterhalt gerichtlich geltend macht. Die Prozessökonomie und das Interesse des Bedürftigen an einer einheitlichen Geltendmachung und Entscheidung der Unterhaltsansprüche begründen kein schützenswertes Interesse an der Bewilligung von PKH auch für die rückübertragenen Ansprüche [19].
- Lediglich dann kann ihm insgesamt PKH bewilligt werden [19], wenn
  - die Verweisung auf den PKV bloße Förmelei wäre, etwa wenn sich die rückübertragenen Ansprüche neben nicht übergegangenen Ansprüchen kostenrechtlich nicht auswirken – was praktisch meist nicht der Fall sein wird, aber bei zwischen Einreichung des PKH-Antrags und Zustellung der Klage fällig gewordenen Ansprüche vorkommen kann –, oder
  - der Bedürftige durch die Verweisung auf den Anspruch auf PKV Rechtseinbußen erleiden würde, weil dieser nicht alsbald realisierbar ist, etwa weil er gegen den Sozial-

[67] BGH NJW 1992, 1624 = FamRZ 1992, 797, 799; s. auch OLG Celle FamRZ 1997, 1074, 1075; aA für die ab 27. 6. 1993 geltende Fassung von § 91 BSHG OLG Koblenz FamRZ 1996, 756.

[68] OLG Köln FamRZ 1992, 1219, 1220.

[69] BGH NJW 1992, 1624 = FamRZ 1992, 797, 800; OLG Zweibrücken FamRZ 1986, 190; *Künkel* FamRZ 1994, 540, 549.

[70] OLG Hamm FamRZ 1994, 1533; OLG Köln FamRZ 1995, 820 f.; OLG Düsseldorf FamRZ 1995, 1165, 1166.

[71] *Schellhorn/Schellhorn/Hohm* § 94 RdNr. 145; grundsätzlich ebenso der Hinweis des OLG Hamm zu § 91 BSHG und § 7 UVG, FamRZ 1997, 275: Verweigerung von PKH nur in Ausnahmefällen, etwa wenn nur rückständiger Unterhalt in Höhe der gewähren Sozialhilfeleistungen geltend gemacht wird. Zur gerichtlichen Geltendmachung nach § 7 UVG aF übergegangener und rückübertragener Unterhaltsbeträge (s. dazu nunmehr § 7 Abs. 4 S. 2 und 3 UVG idF von Art. 4 Nr. 4 Buchst. c KindUG) zusammen mit künftigem Unterhalt s. OLG Stuttgart FamRZ 1996, 1019 f.

[72] BGH NJW 2008, 1950 = FamRZ 2008, 1159 ff.

leistungsträger eingeklagt werden müsste – was nach dieser Entscheidung des BGH gleichfalls wohl eher nicht der Fall sein wird.

G. Verfahrensrecht

Schrifttum: *Bieder,* Zur Bedeutung des Merkmals der „wesentlichen Änderung der Verhältnisse nach § 323 I ZPO für die Anpassung familienrechtlicher Urteile, FamRZ 2000, 649; *Bißmaier,* Der Prozeßkostenvorschuß in der familiengerichtlichen Praxis, FamRZ 2002, 863; *Borgmann,* Neuere Rechtsprechung zum Verfahrensrecht in Ehe- und anderen Familiensachen, FamRZ 1985, 321; *Braeuer,* Das Schicksal der einstweiligen Anordnung auf Ehegattenunterhalt, FamRZ 1984, 10; *Deisenhofer,* Früheres Unterhaltsurteil und Scheidungsverbundverfahren, FamRZ 1978, 168; *Deisenhofer/Göhlich,* Rückwirkende Abänderung gerichtlicher Unterhaltsvergleiche, FamRZ 1984, 229; *Gaul, H. F.,* Die Entwicklung des einstweiligen Rechtsschutzes in Familien- und insbesondere in Unterhaltssachen, FamRZ 2003, 1137; *Gießler,* Vorläufiger Rechtsschutz in Ehe-, Familien- und Kindschaftssachen, 2. Aufl. 1993; *ders.,* Richterliche Vorausprüfungs- und Begründungspflicht bei Entscheidungen des einstweiligen Rechtsschutzes, FamRZ 1999, 695; *Gottwald,* Probleme der Abänderungsklage in Unterhaltssachen, FamRZ 1992, 1374; *Graba,* Die Vollstreckungsgegenklage bei Unterhaltsvergleich und Unterhaltsurteil, NJW 1989, 481; *ders.,* Die Abänderung von Unterhaltstiteln, 3. Aufl. 2004; *ders.,* Die Abänderung von Unterhaltstiteln bei fingierten Verhältnissen, FamRZ 2002, 6; *ders.,* Grundzüge der Abänderung von Unterhaltstiteln, FPR 2008, 100; *Hauß,* Verbraucherinsolvenz und Unterhalt, FamRZ 2006, 306; *ders.,* Unterhalt und Verbraucherinsolvenz, FamRZ 2006, 1496; *Heumann,* Neues zur Präklusion von Abänderungsklagen beim nachehelichen Unterhalt unter besonderer Berücksichtigung des Kriteriums der „ehebedingten Nachteile", FF 2008, 484; *Huber,* Prozessuale Geltendmachung des Anspruchs auf Prozeßkostenvorschuß, FamRZ 2002, 1541; *Kalthoener/Büttner/Wrobel-Sachs,* Prozeßkostenhilfe und Beratungshilfe, 4. Aufl. 2005; *Klinkhammer,* Die Abtrennung der Unterhaltsfolgesache nach § 623 II S. 3 ZPO – ein gesetzgeberisches Missverständnis, FamRZ 2003, 583; *Köhler,* Titulierungsanspruch?, FamRZ 1991, 645; *Kohler,* Rückforderung auf Grund einstweiliger Anordnung gezahlten Ehegattenunterhalts, FamRZ 1988, 1005; *Löhnig,* Die Sicherung künftiger familienrechtlicher Ansprüche – Zur Zweispurigkeit materiell-rechtlicher und prozessualer Sicherungsmittel –, FamRZ 2004, 503; *Luthin,* Verfahrensrechtliche Fragen zur einstweiligen Unterhaltsanordnung, FamRZ 1986, 1059; *Maurer,* Abänderung von Unterhaltsurteilen ab Zugang eines Prozeßkostenhilfegesuchs beim Abänderungsgegner?, FamRZ 1988, 445; *ders.,* Versäumnisurteil und Abänderungsklage, FamRZ 1989, 445; *Menne,* Die Sicherung von Unterhaltsansprüchen durch dinglichen Arrest, FamRZ 2004, 6; *Mörsch,* Rechtsschutzlücke durch das UÄndG bezüglich des Ehegattenunterhalts, FamRZ 1986, 629; *Scheffler,* Vorläufige Vollstreckbarkeit bei Abänderung von Unterhaltstiteln nach § 323 ZPO, FamRZ 1986, 532; *Spangenberg,* Nachehelicher Unterhalt und Verzug, FamRZ 1993, 23; *Uhlenbruck,* Unterhaltsansprüche in einem Restschuldbefreiungsverfahren nach dem Entwurf einer Insolvenzordnung, FamRZ 1993, 1026; *ders.,* Insolvenzrechtsreform: Flucht der Schuldner aus dem „Modernen Schuldturm" auf Kosten des Unterhaltsberechtigten?, FamRZ 1998, 1473; *Wohlgemuth,* Unterhalt und Insolvenz, FamRZ 2005, 2035; *dies.,* Verbraucherinsolvenz und Unterhalt, FamRZ 2006, 308; *dies.,* Einkommensprognose beim Unterhalt und Abänderungsklage, FamRZ 2008, 2081; *Zenker,* Zur Vollstreckbarkeit von Unterhaltsvergleichen mit Anpassungsklausel, FamRZ 2006, 1248.

Zum FamFG: Schrifttum: *Borth,* Einführung in das Gesetz zur Reform des Verfahrens in Familiensachen und in den Angelegenheiten der freiwilligen Gerichtsbarkeit v. 17. 12. 2008 (FGG-ReformG), FamRZ 2009, 157; *Büte,* Verfahrenskostenhilfe, Anwaltszwang und Ausnahmen, FPR 2009, 14; *Heiter,* Verfahrensfähigkeit des Kindes in personenbezogenen Verfahren nach dem FamFG, FamRZ 2009, 85; *Kretzschmar/Meysen,* Reform des Familienverfahrensrechts- Reformziele und Regelungsmechanismen: eine Auswahl, FPR 2009, 1; *Rakete-Dombek,* Das neue Verfahren in Scheidungs- und Folgesachen, FPR 2009, 16; *Schael,* Die Terminologie in Familienstreitsachen nach der bevorstehenden Reform des Familienverfahrensrechts, FamRZ 2009, 7; *ders.,* Die Statthaftigkeit von Beschwerde und sofortiger Beschwerde nach dem neuen FamFG, FPR 2009, 11; *Vorwerk,* Einstweilige Anordnung, Beschluss, Rechtsmittel und Rechtsmittelbelehrung nach dem FGG-RG, FPR 2009, 8: *Zimmermann,* Die Beteiligten im neuen FamFG, FPR 2009, 5.

Materialien: Gesetzentwurf der *Bundesregierung* eines Gesetzes zur Reform des Verfahrens in Familiensachen und in den Angelegenheiten der freiwilligen Gerichtsbarkeit, BT-Drucks. 16/6308; Beschlussempfehlung und Bericht des Rechtsausschusses zu dem Gesetzentwurf der Bundesregierung, BT-Drucks 16/9733; Referentenentwurf des *Bundesministeriums der Justiz* eines Gesetzes zur Reform des Verfahrens in Familiensachen und in den Angelegenheiten der freiwilligen Gerichtsbarkeit.

I. Zuständigkeit

27 Für Streitigkeiten, die eine durch Ehe und Verwandtschaft begründete gesetzliche Unterhaltspflicht betreffen, sind die Amtsgerichte **sachlich** zuständig (§ 23 a Nr. 2 GVG; s. auch

Art. 23 a Abs. 1 Nr. 1, GVG, §§ 111 Nr. 8, 112 Nr. 1, 231 Abs. 1 Nr. 2 FamFG). – Streitigkeiten um nachehelichen Unterhalt sind **Familiensachen** (§ 23 b Abs. 1 S. 2 Nr. 6 GVG; s. auch § 23 a Abs. 1 Nr. 1 GVG, §§ 111 Nr. 8, 112 Nr. 1, 231 Abs. 1 Nr. 2 FamFG). Zu ihnen gehören etwa Streitigkeiten

– nach den §§ 1570–1576,
– auf Auskunft (§§ 1580, 1605),
– auf Abfindung in Kapital nach § 1585 Abs. 2,
– auf Sicherheitsleistung nach § 1585 a,
– aus einer die gesetzliche Unterhaltspflicht bestimmenden Vereinbarung nach § 1585 c; für Streitigkeiten aus rein vertraglichen Vereinbarungen sind die Zivilgerichte (AG oder die Zivilkammern der LG) sachlich zuständig;
– auf Erstattung der durch das begrenzte Realsplitting entstandenen Nachteile (dazu § 1569 RdNr. 15).[73]

Zuständig kraft **gesetzlicher Geschäftsverteilung**[74] sind die FamG – Abteilungen für Familiensachen der AG – (§ 23 b Abs. 1 S. 1 GVG).

Für die **örtliche** Zuständigkeit wird nach der Anhängigkeit einer Ehesache unterschie- 28
den. Es gilt:

– Ist eine Ehesache nicht anhängig, bestimmt sie sich nach den allgemeinen Vorschriften (§ 621 Abs. 2 S. 2 ZPO), mithin nach §§ 12 ff. ZPO, insbesondere auch § 23 a ZPO, und nach § 642 Abs. 3 ZPO. – Nach § 232 Abs. 3 S. 1 FamFG tritt der gewöhnliche Aufenthalt des Verpflichteten an die Stelle seines Wohnsitzes. S. 2 Nr. 1 und 2 sieht Wahlgerichtsstände nach Wahl des Antragstellers vor, die für unterschiedliche Unterhaltssachen aufeinander abgestimmte Entscheidungen gewährleisten sollen.
– Ist eine Ehesache anhängig, nicht notwendig rechtshängig, ist das Gericht der Ehesache auch für die Streitigkeit über den nachehelichen Unterhalt ausschließlich örtlich zuständig (§ 621 Abs. 2 S. 1 ZPO; s. auch § 232 Abs. 1 Nr. 1 FamFG).
– Wird eine Ehesache während der Anhängigkeit eines Unterhaltsrechtsstreits rechtshängig, ist letzterer an das Gericht der Ehesache abzugeben oder zu verweisen (§ 621 Abs. 3 S. 1 ZPO; s. auch § 233 FamFG, der in S. 2 eine entsprechend § 281 Abs. 2, 3 S. 1 ZPO bindende Abgabe vorsieht).
– Im Rechtsmittelrechtszug sind aufgrund einer formellen Anknüpfung die OLG zur Entscheidung über Berufungen und Beschwerden gegen Entscheidung der FamG unabhängig davon **funktionell** zuständig, ob es sich materiell um eine Familiensache handelt (§§ 72, 119 Abs. 1 Nr. 1 und 2 GVG; s. auch § 119 Abs. 1 Nr. 1 Buchst. a GVG idF FGG-RG).

II. Geltendmachung

Der Antrag wird durch **Klage** oder im Verbund mit der Scheidungssache durch Antrag geltend 29
gemacht (§§ 253 Abs. 1, 623 Abs. 1 S. 1 ZPO). – Nach § 23 Abs. 1 S. 1, 113 Abs. 5 Nr. 2–4 FamFG tritt an die Stelle der Klage ein Antrag, an den dieselben Anforderungen wie an eine Klage zu stellen sind (§ 113 Abs. 1 FamFG). Insbesondere bleibt es beim **Beibringungsgrundsatz.**

Der nacheheliche Unterhalt gehört nicht zu den notwendigen **Folgesachen.** Der Be- 30
rechtigte kann, ohne mit seinem Antrag oder mit Tatsachen ausgeschlossen zu sein, seinen Anspruch nach Abschluss des Scheidungsverfahrens in einem **selbständigen** Verfahren betreiben.[75] Er kann ihn aber auch als gewillkürte Folgesachen im **Verbund** mit der Scheidungssache verfolgen (§ 623 Abs. 1 S. 1 ZPO; s. auch § 137 Abs. 2 S. 1 Nr. 2 FamFG). – Macht der Berechtigte seinen Anspruch auf nachehelichen Unterhalt während der Anhängigkeit einer **Scheidungssache** – nicht auch einer Ehefeststellungs- und Eheaufhebungsklage – bis zum Schluss der mündlichen Verhandlung über den Scheidungsantrag

---

[73] Etwa BGH NJW-RR 2008, 156 = FamRZ 2008, 40, 41 ff. (zu Art. 5 Nr. 2 EuGVVO).

[74] HM, vgl. lediglich BGHZ 71, 264 = NJW 1978, 1531 = FamRZ 1978, 582, 583 mwN.

[75] Ohne dass ihm deshalb wegen Mutwilligkeit (§ 114 ZPO) PKH versagt werden könnte, BGH NJW 2005, 1497 = FamRZ 2005, 786, 787 f. mwN.

(§ 623 Abs. 4 S. 1 ZPO; s. auch § 137 Abs. 1, Abs. 2 S. 1 FamFG) gerichtlich geltend, ist in der Scheidungssache und in den Folgesachen unter Einschluss der Unterhaltssache **gleichzeitig** zu verhandeln und zu entscheiden. Die **Auflösung** des Verbunds kann nach § 628 S. 1 Nr. 4 ZPO (s. auch § 140 Abs. 2 S. 2 Nr. 5, Abs. 3 FamFG) ausnahmsweise und nur dann erfolgen, wenn der Ausspruch der Scheidung zusammen mit der Regelung des nachehelichen Unterhalts wegen seiner außergewöhnlichen Verzögerung zu einer unzumutbaren Härte führen würde. – Zur **Stufenklage** s. § 1580 RdNr. 22, 27.

31 Die **Vollmacht** für die Scheidungssache erstreckt sich auf alle Folgesachen (§ 624 Abs. 1 ZPO).[76] Die für die Scheidungssache bewilligte **PKH** erstreckt sich von Gesetzes wegen auf die Folgesache (§ 624 Abs. 2 ZPO), soweit sie nicht ausdrücklich ausgenommen wird. Stets handelt es sich um eine **Feriensache** iSd. § 227 Abs. 3 S. 2 ZPO; zur Geltendmachung des **Auskunftsanspruchs** s. § 1580 RdNr. 22–24. Im Verbund besteht (auch) im ersten Rechtszug **Anwaltszwang,** für selbständige Unterhaltsrechtsstreitigkeiten dagegen nur im Rechtsmittelrechtszug (§ 78 Abs. 1 S. 2 Nr. 2 ZPO; anders nunmehr § 114 Abs. 1 FamFG). Es gilt ohne die Einschränkungen aus §§ 616 und 617 ZPO der **Verhandlungsgrundsatz** (auch § 113 Abs. 1 FamFG, § 128 Abs. 1 ZPO).[77]

III. Entscheidung und Anfechtbarkeit

32 Das FamG entscheidet immer durch **Urteil,** gleich ob im Verbund, nach Abtrennung oder in einem selbständigen Verfahren. Dagegen ist nach Maßgabe der allgemeinen Bestimmungen **Berufung** zulässig, über die nach §§ 72, 119 Abs. 1 Nr. 1, Abs. 2, 23 b Abs. 1 S. 1 GVG ein Familiensenat beim OLG entscheidet. **Revision** zum BGH ist, auch wenn die Berufung als unzulässig verworfen worden ist, nur nach ausdrücklicher Zulassung zulässig (§ 543 ZPO),[78] die Nichtzulassung ist bindend (keine Nichtzulassungsbeschwerde, § 26 Nr. 9 EGZPO). Gegen einen die Berufung als unzulässig verwerfenden Beschluss ist jedoch die Rechtsbeschwerde statthaft, wenn die Rechtsfrage grundsätzliche Bedeutung hat oder die Fortbildung des Rechts oder die Sicherung einer einheitlichen Rechtsprechung eine Entscheidung des BGH erfordert (§§ 522 Abs. 1 S. 4, 574 Abs. 1 Nr. 1, Abs. 2 ZPO). – Zur Zulässigkeit eines **Teilurteils** s. § 1578 RdNr. 211. – Nach § 38 FamFG wird das FamG stets durch Beschluss entscheiden, gegen den die Beschwerde innerhalb einer Monatsfrist stattfindet (§§ 58 Abs. 1, 63 Abs. 1, 116, 117 FamFG). Dagegen ist die Rechtsbeschwerde nur nach Zulassung statthaft (§ 70 Abs. 1 FamFG), auch wenn die Beschwerde als unzulässig verworfen worden ist (s. auch § 68 Abs. 2 FamFG).

IV. Besondere Verfahrensarten

33 **1. Abänderungsklage.** Dazu auch § 1578 RdNr. 212–214. – Die Abänderungsklage dient der Durchbrechung der Bestandskraft von Urteilen (§ 323 Abs. 1 ZPO; s. auch § 238 Abs. 1 FamFG) sowie der Anpassung anderer, rechtsgeschäftlich errichteter Vollstreckungstitel wie Prozessvergleich und notarieller Urkunden (§§ 323 Abs. 4, 794 Abs. 1 Nr. 1, 5 ZPO, § 239 FamFG; zur alternativen Zuständigkeit des Jugendamts und des AG zur Beurkundung der Verpflichtung zur Zahlung von Kindesunterhalt und den Unterhalt eines nichtehelichen Elternteils nach § 1615 l s. §§ 59–60 SGB VIII, § 62 BeurkG; s. auch § 239 FamFG). Bei einer Verminderung des titulierten Betrags ist sie **Gestaltungsklage,** bei einer Erhöhung zudem **Leistungsklage.**[79]

---

[76] Zur – abzulehnenden – Einschränkung der Prozessvollmacht s. *Schwab/Maurer/Borth* I RdNr. 108 mwN.

[77] Dazu *Schwab/Maurer/Borth* I RdNr. 332 mwN auch zur abw. Auffassung.

[78] *Musielak/Ball* § 522 ZPO RdNr. 17; s. dazu auch BT-Drucks. 14/3750 S. 90. – Anders § 621 d Abs. 2 ZPO in der bis zum Inkrafttreten des Gesetzes zur Reform des Zivilprozesses (Zivilprozessreformgesetz – ZPO-RG) v. 27. 7. 2001 (BGBl. I S. 1887) am 1. 1. 2002 geltenden Fassung: Revision stets statthaft gegen die Verwerfung einer Berufung als unzulässig durch – damals allein zulässig – Urteil.

[79] Dazu *Schwab/Maurer/Borth* I RdNr. 983 mwN.

Nach **Abweisung** einer Erstklage ist zur erneuten Geltendmachung eines Unterhaltsanspruchs aufgrund geänderter Verhältnisse eine originäre Leistungsklage der zulässige Rechtsbehelf, um den Verpflichteten nicht an unzutreffende Feststellungen zu binden.[80] Nach Abweisung einer Abänderungsklage ist dagegen Klage auf Abänderung des abweisenden Urteils zu erheben, um eine von der letzten Prognose abweichende Entwicklung der maßgeblichen Verhältnisse geltend zu machen.[81] 34

Für die **Zulässigkeit** der Abänderungsklage muss der Kläger die Grundlagen des abzuändernden Titels und die wesentliche Änderung dieser maßgeblichen Verhältnisse darlegen (nunmehr ausdrücklich § 238 Abs. 1 S. 2 FamFG). – Das FamG ist an diese Grundlagen gebunden; eine Durchbrechung dieser **Bindung** ist jedoch aus Billigkeitsgründen zulässig.[82] Die **Anpassung** des abzuändernden Titels ist deshalb nicht aufgrund einer freien Festsetzung, sondern nur entsprechend seinen tatsächlichen und rechtlichen Grundlagen zulässig (nunmehr ausdrücklich § 238 Abs. 4 FamFG).[83] 35

Ein **Urteil** kann grundsätzlich erst für die Zeit ab **Erhebung,** mithin Rechtshängigkeit der Klage (§§ 261 Abs. 1, 253 Abs. 1 ZPO; s. auch § 113 Abs. 1 FamFG) abgeändert werden (§ 323 Abs. 3 S. 1 ZPO, § 238 Abs. 3 S. 1 FamFG). Zudem kann der Berechtigte die Abänderung auch ab dem Zeitpunkt begehren, zu dem ihm infolge einer **Inverzugsetzung** nach § 1585 b (und §§ 1360 a [Familienunterhalt], 1361 Abs. 4 S. 4 [Trennungsunterhalt], 1613 Abs. 1 [Verwandten-, insbesondere Kindesunterhalt], 1615l Abs. 3 S. 1 [Unterhalt eines nichtehelichen Elternteils]) materiellrechtlich erhöhter Unterhalt für die Vergangenheit zusteht (§ 323 Abs. 3 S. 2 ZPO, § 238 Abs. 3 S. 2 FamFG);[84] dies gilt für eine Abänderungsklage des Verpflichteten auf Herabsetzung des titulierten Betrages entsprechend (so nunmehr ausdrücklich § 238 Abs. 3 S. 3 FamFG).[85] Für **rechtsgeschäftlich** errichtete Titel gelten dagegen die Präklusionen aus § 323 Abs. 2 und 3 ZPO nicht (dazu auch § 239 Abs. 2 FamFG).[86] 36

2. Vollstreckungsgegenklage. Ihre Abgrenzung zur Abänderungsklage ist nicht immer eindeutig,[87] gleichwohl schließen sich beide gegenseitig aus; deshalb kann sich unter den Voraussetzungen des § 260 ZPO eine alternative Antragstellung empfehlen. – Nach § 767 ZPO ist vorzugehen, wenn der endgültige Wegfall des Unterhaltsanspruchs etwa durch Erfüllung, Aufrechnung, Erlass, Verjährung, Verwirkung oder Ausschluss nach § 1579 geltend gemacht wird, während die Abänderungsklage der Anpassung eines Titels an veränderte Umstände dient.[88] 37

3. Feststellungsklage. Positiv ist sie zulässig, wenn die Verjährung titulierter Ansprüche nicht anders unterbrochen werden kann.[89] – **Negativ** dient sie der Abwehr behaupteter und titulierter Unterhaltsansprüche, in der Praxis v. a. solcher, die in einer im Verfahren einer Ehesache erlassenen und noch nicht nach § 620 f ZPO außer Kraft getretenen einstweiligen 38

[80] Etwa BGHZ 82, 246 = NJW 1982, 578 = FamRZ 1982, 259, 260 f.; NJW-RR 1990, 390 = FamRZ 1990, 1795, 1796.

[81] BGH NJW 2007, 2249 = FamRZ 2007, 983, 984 [19]; NJW 2008, 1525 = FamRZ 2008, 872, 873 [12–13] m. Anm. *Hoppenz*.

[82] S. dazu die Darstellung anhand der Rechtsprechung des BGH bei *Schwab/Maurer/Borth* I RdNr. 1035 ff.; zur Abänderung von Titeln auf der Grundlage fiktiver Einkünfte s. BGH NJW 2008, 1525 = FamRZ 2008, 872, 873 f. [15–22] m. Anm. *Hoppenz*.

[83] Zu einer Neufestsetzung, wenn die Ehegatten lediglich bis zu einem bestimmten Zeitpunkt den Unterhalt geregelt haben, s. BGH NJW 2007, 2249 = FamRZ 2007, 983, 984 f. [17–21] (Erstklage), die Grundlagen einer abzuändernden Vereinbarung nicht mehr ermittelbar sind, s. BGH NJW 2001, 2259 = FamRZ 2001, 1140, 1142; BGHZ 173, 210 = NJW 2007, 2921 m. Anm. *Born* = FamRZ 2007, 1459, 1460 [15], oder die Ehegatten bei Abschluss der Vereinbarung bewusst auf eine Feststellung der Grundlagen verzichtet haben, OLG Düsseldorf FamRZ 2008, 1002 f. (Revision eingelegt, BGH XII ZR 8/08).

[84] IdF von Art. 3 Nr. 3 Buchst. a KindUG.

[85] *Schwab/Maurer/Borth* I RdNr. 1061; aA etwa *Strauß* FamRZ 1998, 993, 1001.

[86] BGH-GZS-Z 85, 64 = NJW 1983, 228 = FamRZ 1983, 22. S. dazu auch § 1585 c RdNr. 30, 37.

[87] BGH NJW 1978, 753 = FamRZ 1978, 177.

[88] Zum Ganzen *Schwab/Maurer/Borth* I RdNr. 1010 ff. mwN.

[89] BGHZ 93, 287 = NJW 1985, 1711, 1713.

Anordnung nach § 620 Nr. 6 ZPO verbrieft sind.[90] – Den §§ 620 ff. ZPO entsprechende Regelungen gibt es nach der Regelung des FamFG nicht mehr (dazu auch RdNr. 40, 41).[91] Gleichwohl hat sich damit die negative Feststellungsklage nicht erledigt, weil nach §§ 119 Abs. 1 S. 1, 49 Abs. 1, 52 Abs. 1 S. 1 FamFG der Erlass einer einstweiligen Anordnung nicht mehr die Anhängigkeit eines Hauptsacheverfahrens voraussetzt (s. auch § 56 Abs. 1 FamFG).

39 **4. Wiederaufnahmeklage. Schadensersatzklage.** Die **Restitutionsklage** des § 580 ZPO kommt wegen ihrer engeren Voraussetzungen und der Frist des § 586 Abs. 1 ZPO nur selten in Betracht. Größere praktische Bedeutung hat die auf Unterlassen der Vollstreckung und Herausgabe des Titels gerichteten Klage aus **§ 826** wegen sittenwidriger Schädigung (dazu § 826 RdNr. 167 f.), etwa bei der Verletzung der Verpflichtung zu **ungefragter Information** (dazu § 1578 RdNr. 178, § 1579 RdNr. 25–27). Subjektiv muss der Schädiger nicht im Bewusstsein der Sittenwidrigkeit seines Verhaltens handeln, doch muss er den Schaden vorsätzlich zufügen.[92]

40 **5. Einstweiliger Rechtsschutz.** Ist eine **Unterhaltssache** anhängig oder ein Antrag auf Bewilligung von PKH für eine solche eingereicht, sind einstweilige Anordnungen nach **§ 644 ZPO** zulässig.[93] – Daneben kann der Berechtigte nur noch in seltenen Ausnahmefällen, in denen ihm die Einreichung einer Klage in der Hauptsache oder eines PKH-Gesuchs nicht zumutbar ist, eine **einstweilige Verfügung** nach § 940 ZPO beantragen. Sie setzt voraus, dass ein Unterhaltsanspruch besteht und der Berechtigte zur Bestreitung seines Lebensunterhalts dringend auf die Leistungen des Verpflichteten angewiesen ist;[94] dies hat er entsprechend den allgemeinen Regeln zur Darlegungs- und Beweislast nach §§ 936, 920 Abs. 2, 294 ZPO glaubhaft zu machen. Im Gegensatz zur einstweiligen Anordnung kann er mit ihr jedoch nur den **Notunterhalt** erhalten, mithin so viel, dass er seinen unbedingt notwendigen Lebensbedarf bestreiten kann.[95] Nach hM ist sie idR auf **6 Monate** zu begrenzen, weil in dieser Zeit meist ein Titel in der Hauptsache erstritten werden kann;[96] um die Beantragung einer weiteren einstweiligen Verfügung zu vermeiden, sollte demgegenüber aus Gründen der Prozessökonomie auf eine Befristung verzichtet werden.[97] – Das **FamFG** kennt keine den §§ 620 ff. ZPO entsprechenden Regelungen für eine eAO in der Ehesache mehr. Zulässig sind isolierte eAO nach §§ 49 ff. FamFG.[98] – Bei Anhängigkeit einer **Ehesache** oder einem für sie eingereichten Antrag auf Bewilligung von PKH sind einstweilige Anordnungen nach **§ 620 Nr. 6 ZPO** zulässig. Zwar liegt ihnen materiell-rechtlich der Anspruch aus §§ 1360, 1360 a, 1361 zugrunde, doch wirken sie bis zum Wirksamwerden einer anderweitigen Regelung über den Eintritt der Rechtskraft des Scheidungsausspruchs fort (§ 620 f ZPO; s. dazu auch RdNr. 38).[99] – Ist sowohl die Scheidungssache als auch der Trennungsunterhalt anhängig, stellt sich die Frage nach dem **Verhältnis** der Verfahren nach § 620 Nr. 6 ZPO und § 644 ZPO. Da eine einstweilige Anordnung nach § 644 ZPO nur soweit reichen kann wie der Streitgegenstand im Hauptsacheverfahren, in dem sie erlassen wird, dieser sich aber nur auf den Trennungsunterhalt beziehen kann, weil während der Anhängigkeit der Scheidungssache der nacheheliche Unterhalt im Verbund geltend zu machen ist, ist der einstweiligen Anordnung nach § 620 Nr. 6 ZPO der Vorrang einzuräumen. – Nach §§ 127 a, 620 Nr. 9, 621 f,

---

90 BGH NJW 1983, 1330 = FamRZ 1983, 355, 356. S. auch die Darstellung bei *Schwab/Maurer/Borth* I RdNr. 319 f.

91 Dazu RegE BT-Drucks. 16/6308 S. 167.

92 BGH NJW 1986, 1751 = FamRZ 1986, 450; NJW 1988, 1965 = FamRZ 1988, 270.

93 IdF von Art. 3 Nr. 9 KindUG.

94 Zum Ganzen *Göppinger/Wax/van Els* RdNr. 2280 ff.

95 *Göppinger/Wax/van Els* RdNr. 2291 mwN auch zur abw. Auffassung.

96 S. dazu etwa OLG Köln FamRZ 1983, 410, 413 und die Nachw. bei *Göppinger/Wax/van Els* RdNr. 2293 Fn. 51.

97 Ebenso *Göppinger/Wax/van Els* RdNr. 2293.

98 Dazu BT-Drucks. 16/6308 S. 167.

99 Zum Beweismaß im eAO-Verfahren nach § 620 Nr. 6 ZPO s. AG Solingen FamRZ 1998, 559, 560.

644 S. 2 ZPO kann auch die Verpflichtung zur Leistung eines **PKV** durch einstweilige Anordnung geregelt werden.

Nach § 246 Abs. 1 FamFG kann das FamG eine einstweilige Anordnung zum Unterhalt und PKV auf Antrag (§ 51 Abs. 1 FamFG) außerhalb einer Ehesache oder einer Hauptsache und ohne Bindung an § 49 FamFG erlassen. Sie ist auf Zahlung gerichtet und erfordert kein „dringendes Bedürfnis für ein sofortiges Tätigwerden". Örtlich und sachlich zuständig ist das Gericht der Hauptsache im ersten Rechtszug, während der Anhängigkeit der Hauptsache im Beschwerderechtszug das Beschwerdegericht (§ 50 Abs. 1 FamFG). Zum Außerkrafttreten der einstweiligen Anordnung s. § 56 FamFG und RdNr. 38. 41

V. Einverständliche Scheidung

Wollen sich die Eheleute nach § 1566 Abs. 1 einverständlich scheiden lassen, müssen sie sich nach § 630 Abs. 1 ZPO zu einer Vielzahl von Scheidungsfolgen **einigen,** u. a. über den nachehelichen Unterhalt (Nr. 3); die Einigung muss – was in der familiengerichtlichen Praxis kaum jemals der Fall ist – bereits in der **Antragsschrift** enthalten sein. Die Eheleute müssen einen **vollstreckbaren Titel** schaffen (§ 630 Abs. 3 ZPO); hierfür reicht wegen der Nichtidentität von Trennungs- und nachehelichem Unterhalt (dazu § 1569 RdNr. 14) die außergerichtliche Vereinbarung der Eheleute, ein für die Trennungszeit geschaffener Titel solle auch für die nacheheliche Zeit gelten, nicht aus.[100] – Eine § 630 ZPO entsprechende Vorschrift sieht das **FamFG** nicht mehr vor. 42

VI. Zwangsvollstreckung

Ein Urteil, das die Verpflichtung zur Zahlung einer Unterhaltsrente ausspricht, ist von Amts wegen ohne Sicherheitsleistung für **vorläufig vollstreckbar** zu erklären (§ 708 Nr. 8 ZPO). Wurde im **Verbund** zum nachehelichen Unterhalt entschieden, ist die vorläufige Vollstreckbarkeit unter die Bedingung der Rechtskraft des Scheidungsausspruchs zu stellen.[101] – Die Unterhaltsrente des geschiedenen Ehegatten ist, auch soweit sie Rückstände betrifft,[102] nach Maßgabe von § 850 b Abs. 1 Nr. 2, Abs. 2 ZPO **bedingt pfändbar.** Funktionell zuständig ist der Rechtspfleger des Vollstreckungsgerichts (§ 20 Nr. 17 RPflG). – Der geschiedene Ehegatte genießt das **Pfändungsvorrecht** des § 850 d ZPO. § 850 d Abs. 2 ZPO [UÄndG 2007] weist allen Unterhaltsberechtigten den nach §§ 1582, 1609 bestehenden materiellrechtlichen **Rang** auch vorstreckungsrechtlich zu (anders noch § 850 d Abs. 2 Buchst. a ZPO aF: Vorrang gegenüber einem neuen Ehegatten nach § 1582 aF). 43

VII. Gesamtvollstreckung

1. Insolvenz des Berechtigten. In der Insolvenz des Berechtigten fällt der **gesetzliche** oder ausschließlich **vertragliche** Unterhaltsanspruch wegen seiner Unpfändbarkeit nicht zur Insolvenzmasse (§§ 36 Abs. 1 InsO, 850 b Abs. 1 Nr. 2 und 3 ZPO). Dieser Insolvenzschutz erstreckt sich auf zur Erfüllung des Unterhaltsanspruchs abgetretenes Arbeitsentgelt.[103] Dagegen fällt der Anspruch auf eine **Abfindung** nach § 1585 Abs. 2 in die Insolvenzmasse (§ 35 InsO). 44

2. Insolvenz des Verpflichteten. a) Insolvenzforderungen. In der Insolvenz des Verpflichteten sind als **Insolvenzforderungen** iSd. § 38 InsO die Unterhaltsbeträge sowie der Anspruch auf Kapitalabfindung nach § 1585 Abs. 2 geltend zu machen, soweit sie vor der Insolvenzeröffnung fällig geworden sind. – **Nach der Eröffnung** fällig werdende Unterhaltsbeträge können nach § 40 S. 1 InsO geltend gemacht werden, wenn und soweit der Gemeinschuldner als Erbe nach § 1586 b haftet. Der den Zeitraum bis zur Insolvenzeröff- 45

[100] BGH NJW 1982, 2072 = FamRZ 1982, 782, 783. S. zum Ganzen auch *Schwab/Maurer/Borth* I RdNr. 276.
[101] Str., s. hierzu *Schwab/Maurer/Borth* I RdNr. 758 ff. mwN.
[102] BGHZ 31, 210 = NJW 1960, 572.
[103] *Uhlenbruck* FamRZ 1998, 1473 f.

nung umfassende Teil einer Abfindung nach § 1585 Abs. 2 ist Insolvenzforderung, i. Ü. handelt es sich um eine persönliche Forderung gegen den Verpflichteten.[104] – Gehen ausschließlich **vertragliche** Unterhaltsansprüche über die gesetzlichen Ansprüche hinaus, sind §§ 38, 40 S. 1 InsO insoweit nicht anzuwenden. – Da auch der **Neuerwerb** von Vermögen durch den Verpflichteten nach der Eröffnung des Insolvenzverfahrens in die Insolvenzmasse fällt (§ 35 InsO), können die Berechtigten auch nicht in dieses neu erworbene Vermögen vollstrecken (§ 89 Abs. 1 InsO). Ausnahme: Vollstreckung in den unpfändbaren Teil der Bezüge des Verpflichteten (§ 89 Abs. 2 S. 2 InsO). – Ein anhängiger Unterhaltsrechtsstreit wird durch die Insolvenzeröffnung insoweit **unterbrochen,** als die Unterhaltsforderung in die Insolvenzverstrickung fällt (§ 240 ZPO).[105]

46 **b) Insolvenzplan. Verbraucherinsolvenz. Restschuldbefreiung.** Rückständige und künftige Unterhaltsforderungen können in den **Insolvenzplan** über das Vermögen des Verpflichteten nach §§ 217 ff. InsO aufgenommen werden, auch wenn das Vermögen eines persönlich haftenden Gesellschafters nach § 93 InsO in das Verfahren über das Vermögen der Gesellschaft einbezogen wird.[106] – Auch im **Verbraucherinsolvenzverfahren** nach §§ 304 ff. InsO sind sowohl in die obligatorische außergerichtliche Schuldenregulierung als auch in den gerichtlichen Schuldenbereinigungsplan im Rahmen der Berücksichtigung der Familienverhältnisse (§ 305 Abs. 1 Nr. 4 InsO) rückständige und künftige Unterhaltsansprüche, denen vorrangige Bedeutung zukommt, einzubeziehen.[107] – Von der **Restschuldbefreiung** nach § 287 Abs. 1 InsO werden auch *rückständige* Unterhaltsforderungen erfasst, nicht dagegen *künftige* Unterhaltsforderungen, weil sie nicht Gegenstand des Verfahrens sind.[108]

47 **c) Bedarfsdeckung des Verpflichteten.** Nach § 100 InsO kann dem Verpflichteten, seinen minderjährigen unverheirateten Kindern, seinem Ehegatten und früheren Ehegatten und der mit ihm nicht verheirateten Mutter seines Kindes vom Insolvenzverwalter (Abs. 2 S. 1) und der Gläubigerversammlung (Abs. 1) Unterhalt aus der Insolvenzmasse gewährt werden.

Kapitel 1. Grundsatz

§ 1569 Grundsatz der Eigenverantwortung

[1] Nach der Scheidung obliegt es jedem Ehegatten, selbst für seinen Unterhalt zu sorgen. [2] Ist er dazu außerstande, hat er gegen den anderen Ehegatten einen Anspruch auf Unterhalt nur nach den folgenden Vorschriften.

Schrifttum: *Büttner,* Ungefragte Information – Nutzen und Grenzen eines Rechtsinstituts, FF 2008, 15; *Hoppenz,* Die unterhaltsrechtliche Pflicht zu ungefragter Information, FamRZ 1989, 337; *ders.,* Gegenseitige Auskunftspflicht mehrerer Unterhaltspflichtiger oder mehrerer Unterhaltsschuldner, FamRZ 2008, 733; *Scheld,* Überlegungen zur Identitätstheorie, Rpfleger 1980, 321; *ders.,* Fortwirkendes prozeßökonomisches Denken der Identitätstheorie, FamRZ 1981, 521; *Schröder,* Der Mythos von der Einheitlichkeit der nachehelichen Unterhaltsansprüche, FamRZ 2005, 320; *Wohlfahrt,* Anrechnung gegen Unterhaltsansprüche mit Rückzahlungsansprüchen aus Unterhaltsüberzahlungen, FamRZ 2001, 1185. S. auch die Hinweise zum Schrifttum Vor § 1569.

Übersicht

[104] *Uhlenbruck* FamRZ 1998, 1473, 1475 mwN; aA zum alten Recht die hM, etwa *Jaeger/Henckel* Konkursordnung 9. Aufl. 1997 § 3 KO RdNr. 111 mwN.
[105] Dazu OLG Karlsruhe NJW-RR 2006, 1302 = FamRZ 2006, 956, 957 m. krit. Anm. *Gottwald.*
[106] *Uhlenbruck* FamRZ 1998, 1473, 1474.
[107] *Uhlenbruck* FamRZ 1998, 1473, 1475 f.
[108] Zur Kritik s. *Uhlenbruck* FamRZ 1998, 1473, 1476 f.

I. Normzweck

1 § 1569 ist seit seiner Einführung durch das **1. EheRG** mit Wirkung ab 1. 7. 1977 bis zum Inkrafttreten des **UÄndG 2007** am 1. 1. 2008 unverändert geblieben (zur Rechtsentwicklung s. Vor § 1569 RdNr. 1). Zwar haben allein die durch das UÄndG 2007 bewirkten sprachlichen Änderungen den sachlichen Gehalt der Regelung nicht verändert,[1] doch soll mit den redaktionellen Änderungen der Grundsatz der nachehelichen **Eigenverantwortung** der Ehegatten gestärkt und die nacheheliche **Solidarität** „in einer den heutigen Wertvorstellungen akzeptablen und interessengerechten Weise ausgestaltet werden“.[2] Dieser „Leitsatz“ vor dem nachehelichen Unterhaltsrecht ist als **Programmsatz** des Gesetzgebers, der die Eigenverantwortung mit einer neuen Rechtsqualität versehen sieht,[3] zu verstehen. – Veranlassung und Antrieb für die Neuregelung ist zum einen die **empirische Erkenntnis,** dass für viele Frauen gerade der Wunsch nach größerer Unabhängigkeit ausschlaggebendes Motiv für eine Scheidung ist, und zum anderen die besondere Schutzbedürftigkeit der Kinder, die anders als Erwachsene nicht selbst für ihren Unterhalt sorgen können.[4] Auch wenn man aufgrund der Erfahrungen in der Praxis daran zweifeln kann, ob die Frauen in ihrem Streben nach Unabhängigkeit auch und gerade die Unabhängigkeit von den Finanzen des geschiedenen Ehemannes gemeint haben, ist dem Anliegen des Reformgesetzgebers, die nacheheliche Eigenverantwortung gerade der Frauen zu stärken,[5] auch über die Anwendung der Neuregelungen, die dieses ausdrücklich und unmittelbar umsetzen (dazu RdNr. 6), hinaus Rechnung zu tragen.[6] Allerdings sind immer die anspruchsimmanenten Voraussetzungen der einzelnen Unterhaltstatbestände maßgebend, die nicht allein wegen der stärkeren Betonung der Eigenverantwortung von der bisherigen Behandlung abweichend beurteilt werden können.[7] – Das Abstellen auf die Eigenverantwortlichkeit der ehemaligen Ehegatten für die Deckung ihres eigenen Lebensbedarfs[8] rechtfertigt auch die durch das 1. EheRG vollzogene Abkehr vom **Verschuldensprinzip** und von der Bindung an die Stellung des Scheidungsantrags im Unterhaltsrecht (zum alten Recht s. §§ 58, 61 Abs. 2 EheG) sowie die Geltung der Vor-

---

1 *Schwab* FamRZ 2005, 1417 f.

2 BT-Drucks. 16/1830 S. 16.

3 BT-Drucks. 16/1830 S. 16.

4 BT-Drucks. 16/1830 S. 12.

5 BT-Drucks. 16/1830 S. 13, 14, 16 f.

6 So auch die ausdrückliche Erwartung des Gesetzgebers, der den „Grundsatz der Eigenverantwortung ... in weit stärkerem Maße als bisher als Auslegungsgrundsatz für die einzelnen Unterhaltstatbestände“ herangezogen sehen will, BT-Drucks. 16/1830 S. 16 f.

7 IdS kritisch auch *Schwab* FamRZ 2005, 1417, 1478 (exemplarisch zum Anspruch auf Betreuungsunterhalt aus § 1570).

8 BGH NJW 1987, 58 = FamRZ 1986, 783, 785 m. Anm. *Luthin*; BGHZ 109, 72 = NJW 1990, 1172 = FamRZ 1990, 260, 265; FamRZ 1991, 416, 419.

schriften zum nachehelichen Unterhalt unabhängig vom Güterstand (dazu Vor § 1569 Rd-Nr. 7).[9]

II. Anwendungsbereich

2 Die §§ 1570–1586 b regeln die Unterhaltsansprüche von Ehegatten einer **geschiedenen** (§ 1569), einer nach §§ 16–24 EheG für **nichtig** erklärten (§ 26 Abs. 1 EheG) und nach §§ 28–36 EheG oder §§ 1313 ff. (ab 1. 7. 1998) **aufgehobenen Ehe** (§ 37 Abs. 1 EheG,[10] § 1318 Abs. 2). Entsprechend anwendbar sind sie zudem auf die Lebenspartner einer **aufgehobenen Lebenspartnerschaft** (§§ 15, 16 LPartG). – Zur Angleichung des Unterhaltsanspruchs **nichtehelicher Eltern** nach § 1615 l an § 1570 s. § 1615 l RdNr. 30–36, 38–42,[11] zum **intertemporalen** Recht s. Anhang zu § 1586 b RdNr. 5.

III. Struktur der Norm

3 § 1569 ist keine selbständige Anspruchsgrundlage, sodass sich aus ihm selbst auch **kein Anspruch** auf nachehelichen Unterhalt ergeben kann.[12] Er stellt vielmehr nur programmatisch und allgemein fest, dass Anspruch auf Unterhalt aufgrund einer früheren Ehe[13] nur der Ehegatte hat, der nicht selbst für sich sorgen kann, und begründet damit die wirtschaftliche Eigenverantwortung der Ehegatten in der nachehelichen Zeit (dazu RdNr. 6). Deshalb formuliert auch S. 1 die **Obliegenheit** eines jeden Ehegatten, für die Deckung seines Lebensbedarfs zu sorgen. Damit wird die dem Unterhaltsrecht eigene Begrifflichkeit durch das UÄndG 2007 ausdrücklich in den Gesetzestext übernommen und klargestellt, dass die nacheheliche Eigenverantwortlichkeit nicht eingeklagt werden, ihre Verletzung aber zu unterhaltsrechtlichen Nachteilen führen kann.

4 Schon bisher[14] standen der Grundsatz der Eigenverantwortung und die Unterhaltstatbestände in einem **Regel-Ausnahme-Verhältnis,** nach der Novellierung durch das UÄndG 2007 gilt dies erst recht:[15] Die Regel ist, dass jeder Ehegatte nach der Scheidung selbst für seinen Unterhalt sorgt (S. 1). S. 2 postuliert die Ausnahme, dass Anspruch auf Unterhalt nur „nach den folgenden Vorschriften", also nur in den in §§ 1570–1576 **enumerativ** und **abschließend** aufgezählten Fällen, besteht.[16] Damit wird es aber mit den Ausnahmen nicht sein Bewenden haben können, weil sich die Verweisung in S. 2 nicht auf die Unterhaltstatbestände beschränkt, sondern ganz allgemein die §§ 1570 ff. einbezieht. Deshalb werden alle Vorschriften zum nachehelichen Unterhalt im Lichte der Stärkung der Eigenverantwortung anzuwenden sein. Ein Grundproblem der Praxis hat der Gesetzgeber aber nicht gelöst und konnte es natürlich auch nicht lösen: Auch der gutwilligste geschiedene Ehegatte kann die nacheheliche Eigenverantwortung nicht umsetzen, wenn er keinen Arbeitsplatz hat oder bekommt.[17] Auch deshalb hat sich an der **lebenslangen Dauer** des Unterhalts im Grundsatz nichts geändert; ihr kann lediglich über die Postulierung von Erwerbsobliegenheiten (§ 1574) sowie Beschränkungen nach § 1578 b oder § 1579 wirkungsvoll begegnet werden.

---

[9] Dies ist mit dem Grundgesetz vereinbar, BVerfGE 57, 361 = NJW 1981, 1771 = FamRZ 1981, 745, 748. S. dazu auch 3. Aufl. 1993 Vor § 1569 RdNr. 3.

[10] Durch Art. 14 Nr. 1 EheschlRG wurde mit Wirkung ab 1. 7. 1998 das Rechtsinstitut der Nichtigkeit der Ehe abgeschafft, an deren Stelle allein die Aufhebung der Ehe nach §§ 1313–1317 getreten ist. Doch behalten Bestimmungen des EheG Gültigkeit für die bis zum 30. 6. 1998 für nichtig erklärten oder aufgehobenen Ehen.

[11] Dazu auch BVerfG NJW 2007, 1735 = FamRZ 2007, 965; BGHZ 161, 124 = NJW 2005, 503 = FamRZ 2005, 347; NJW 2005, 500 = FamRZ 2005, 354; NJW 2005, 502 = FamRZ 2005, 357; NJW 2005, 818 = FamRZ 2005, 442; OLG München NJW-RR 2006, 586 = FamRZ 2006, 812 (LS); *Hahne,* FS Schwab, 2005, S. 783 = FF 2006, 24.

[12] BT-Drucks. 16/1830 S. 16. Zur Entstehungsgeschichte s. die Erläuterungen 1. Aufl. 1978 Vor § 1569 RdNr. 12 ff.

[13] BGHZ 78, 130 = NJW 1980, 2643 = FamRZ 1980, 1099; NJW 1981, 978 = FamRZ 1981, 242, 243.

[14] BGH NJW 1981, 978 = FamRZ 1981, 242, 243.

[15] So ausdrücklich BT-Drucks. 16/1830 S. 16.

[16] BGH NJW 1981, 978 = FamRZ 1981, 242, 243.

[17] *Borth* FamRZ 2006, 813, 814.

IV. Ehebedingte Wechselbeziehungen

1. Ehebezogenheit. Ehebedingtheit. Aus der Systematik und dem Inhalt der Unterhaltstatbestände folgt, dass grundsätzlich nur eine **ehebezogene Bedürftigkeit** zu einem Unterhaltsanspruch führt. Dies gilt auch für den Unterhalt wegen Alters (dazu § 1571 RdNr. 1, 8) und wegen Krankheit (dazu § 1572 RdNr. 1, 4)[18] in dem Sinne, dass sie während der Ehe bereits bestanden haben oder in ihr angelegt waren. Ein Anspruch auf Billigkeitsunterhalt kann zudem auch aus nicht ehebezogenen Gründen gegeben sein (dazu § 1576 RdNr. 1, 3). – Ehebezogenheit ist nicht **Ehebedingtheit.**[19] Nur für den Betreuungsunterhalt (§ 1570) und den Ausbildungsunterhalt (§ 1575) werden auf der Tatbestandsebene durch die Ehe bedingte Nachteile verlangt. – Soweit die Ehebedingtheit nicht bereits (ausnahmsweise) Tatbestandsmerkmal ist, ist sie jedenfalls in die Prüfung der **Herabsetzung** oder **Befristung** des Unterhalts wegen Unbilligkeit nach § 1578 b, insbesondere Abs. 1 S. 2, Abs. 2 S. 2 einzubeziehen. 5

2. Nacheheliche Eigenverantwortung. Der bedürftige Ehegatte ist in der nachehelichen Zeit grundsätzlich darauf verwiesen, seinen Lebensbedarf durch eigene finanzielle Mittel zu decken und alle ihm möglichen Anstrengungen zu unternehmen, diese Mittel durch eine **Erwerbstätigkeit** zu erwirtschaften. – Da die Gewährung von Unterhalt gesetzessystematisch nicht die Regel, sondern die **Ausnahme** ist (dazu RdNr. 4), kann nicht bei jeder nach der Scheidung eintretenden Bedürftigkeit Unterhalt verlangt werden. Der Berechtigte muss die seinen Anspruch begründenden Umstände **darlegen** und ggf. **beweisen** und ist den gesetzlich formulierten Obliegenheiten (s. §§ 1573, 1574 Abs. 2 und 3, 1577, 1578, 1579 Nr. 3; dazu auch RdNr. 3) ausgesetzt. Zur Erwerbsobliegenheit s. § 1573 RdNr. 6, 8–10, § 1578 RdNr. 146–165, zur Obliegenheit, auch anderweitige Einkünfte zu erzielen, s. § 1578 RdNr. 145, 166, 167, 175–187. – Eines der maßgeblichen Ziele des Gesetzgebers des **UÄndG 2007** ist, die Eigenverantwortlichkeit geschiedener Ehegatten zu stärken. Es wird unmittelbar in §§ 1570 (Anpassung an § 1615 l), 1574 (angemessene Erwerbstätigkeit), 1578 b (Begrenzung nachehelicher Unterhaltsansprüche), 1582, 1609 (Nachrang des nachehelichen Unterhalts) umgesetzt. Doch ist dieses Ziel auch darüber hinaus zu beachten, insbesondere kann es bei der Anwendung von §§ 1575 (Ausbildungsunterhalt), 1576 (Billigkeitsunterhalt), 1577 (Anrechnung überobligat erzielter Einkünfte, Vermögensverwertung), 1579 (Nr. 1 [Ehe von kurzer Dauer]; Nr. 2 [verfestigte Lebensgemeinschaft]; Billigkeitsabwägung), 1581 (Selbstbehalt) und ganz allgemein bei der Bestimmung der Obliegenheiten des Berechtigten Bedeutung erlangen. Zum Ganzen auch RdNr. 1. 6

3. Nacheheliche Solidarität. Die in S. 2 geregelte fortwirkende wirtschaftliche **Mitverantwortung** tritt neben die wirtschaftliche Eigenverantwortung des geschiedenen Ehegatten als Nachwirkung ehelicher Solidarität.[20] Wegen der grundsätzlichen wirtschaftlichen Eigenverantwortung der Ehegatten bedarf sie jedoch besonderer Begründung,[21] die sie in den Unterhaltstatbeständen, beim Umfang des Unterhalts (§ 1578) und seinem Vorrang nach § 1582 sowie beim Wiederaufleben des Unterhaltsanspruchs nach Scheidung der Folgeehe (§ 1586 a) findet. Aus dem Fortbestand der ehelichen Solidarität in der nachehelichen Zeit folgt allgemein auch die Haftung nur im Rahmen der **Zumutbarkeit**[22] und der **Gegenseitigkeit,**[23] die ihre ausdrückliche Berücksichtigung in der Dauer der Ehe und insbesondere der besonderen Betonung der Betreuung gemeinsamer Kinder (§§ 1570, 1574 Abs. 2 S. 2, 1577 Abs. 4 S. 2, 1578 b Abs. 1 und 2, 1579 Nr. 1 Halbs. 2, 1582, 1609 Nr. 1 und 2) erfährt. 7

---

[18] BGH NJW 1982, 40 = FamRZ 1981, 1163, 1164; s. dazu auch *Brudermüller* FamRZ 1998, 649, 650.

[19] Worauf *Borth* FamRZ 2006, 813, 814 Fn. 8 zutreffend hinweist.

[20] BVerfGE 57, 361= NJW 1981, 1771 = FamRZ 1981, 750 f. m. Anm. *Bosch*; BGH NJW 1981, 1214 = FamRZ 1981, 439 f.; NJW 1981, 1782 = FamRZ 1981, 752 f.; NJW 1981, 2805 = FamRZ 1981, 1042, 1044.

[21] *Brudermüller* FamRZ 1998, 649.

[22] BGH NJW 1985, 1695, 1698 = FamRZ 1985, 782, 785 f.

[23] BGH NJW 1980, 1686 = FamRZ 1980, 665.

V. Grundfragen des materiellen Rechts

8 **1. Begriff „Unterhalt".** Die gesetzliche Regelung enthält wegen der unterschiedlichen Zielsetzung und Funktion der einzelnen Unterhaltstatbestände keine Bestimmung des Begriffs „Unterhalt".[24] Anders als der Familienunterhalt (dazu § 1360 RdNr. 14, 16) umfasst der nacheheliche Unterhalt wegen der Auflösung der ehelichen Lebensgemeinschaft keine Dienstleistungen, vielmehr ist er stets in **Geld** zu leisten (§ 1585 Abs. 1 S. 1), und zwar auch für eine Ausbildung (§ 1575; dazu aber auch § 1360 a RdNr. 8). – Nachehelicher Unterhalt dient dem Zweck, den **materiellen Lebensbedarf** des mit dem Verpflichteten nicht mehr zusammenlebenden Bedürftigen einschließlich Alters-, Krankheits- und Pflegevorsorge (dazu § 1578 Abs. 2, 3) abzudecken und ihn grundsätzlich auch zu befriedigen (zu den Einschränkungen s. etwa §§ 1578 b, 1579, 1582).

9 **2. Rechtsnatur des Unterhaltsanspruchs.** Der nacheheliche Unterhaltsanspruch ist ein sich auf die frühere Ehe und ihre Nachwirkungen (dazu auch RdNr. 7) stützender **familienrechtlicher Anspruch,** dem trotz einzelner verschuldensabhängiger Elemente (s. §§ 1576, 1579) keine Straf-, Genugtuungs- oder Schadensersatzfunktion zukommt (allgM). – Auf den Anspruch auf nachehelichen Unterhalt als familienrechtlichem Anspruch sind, fehlt eine ausdrückliche besondere Regelung, die Vorschriften des **allgemeinen Schuldrechts** entsprechend anzuwenden, wenn und soweit ihnen der familienrechtliche Charakter nicht entgegensteht. Dies gilt insbesondere für **§ 242.** So kann trotz der kurzen 3jährigen Verjährungsfrist (§§ 195, 197 Abs. 1 Nr. 2 und 3, Abs. 2) der Anspruch auf rückständigen Unterhalt verwirkt werden,[25] nicht jedoch der auf den laufenden künftigen Unterhalt. Es können sich weitere, über § 1580 hinausgehende **Auskunfts-** (dazu § 1580 RdNr. 16, 17) und **Mitteilungspflichten** ergeben, deren Verletzung zu Schadensersatzansprüchen führen kann. – Zum Verhältnis zu **§ 1579** s. dort RdNr. 25.

10 Es handelt sich um einen **einheitlichen,** aus § 1569 iVm. den in §§ 1570–1573 Abs. 1–4, 1575, 1576 im Einzelnen geregelten Unterhaltstatbeständen folgenden Anspruch.[26] Die einzelnen Anspruchsgrundlagen stehen grundsätzlich **nebeneinander (Anspruchskonkurrenz)** und können **zusammen** (dazu RdNr. 16, 17) oder **nacheinander** verwirklicht werden.[27] Etwa kann einem Anspruch auf Betreuungsunterhalt aus § 1570 ein solcher wegen Krankheit aus § 1572 und Ausbildung aus § 1575 folgen, denen sich Anspruch auf Anschlussunterhalt aus § 1573 Abs. 3 und schließlich der auf Altersunterhalt aus § 1571 anschließt (zum Umfang s. RdNr. 19).[28] – Zu den sich hieraus ergebenden **Rechtsfolgen** s. RdNr. 16–19.

11 **3. Geschlechtsneutralität.** Alle Unterhaltsansprüche können sowohl dem Mann als auch der Frau zustehen. Wegen Art. 3 Abs. 2 GG und der geschlechtsneutralen Ausgestaltung der Ehewirkungen in §§ 1356, 1360, 1361 ist auch die geschlechtsneutrale Regelung des nachehelichen Unterhaltsrechts zwingend (ausdrücklich § 1615 l Abs. 4 S. 1 zum Anspruch des nichtehelichen Vaters auf Betreuungsunterhalt).

12 **4. Einsatzzeitpunkte.** Wann ein Unterhaltsanspruch **tatbestandlich** entstehen kann, stellt sich für sie einzelnen Unterhaltstatbestände unterschiedlich dar:

- Der Anspruch auf **Betreuungsunterhalt** (§ 1570) besteht und entsteht mit der Betreuungsbedürftigkeit des gemeinsamen Kindes. Es gelten keine festen Einsatzzeitpunkte (dazu § 1570 RdNr. 3).
- Für den **Kranken-** und **Altersunterhalt** knüpfen die §§ 1571, 1572 ausdrücklich am Zeitpunkt der Scheidung oder einem gleichgestellten Zeitpunkt an.

[24] *Göppinger/Wax* RdNr. 1, 2.

[25] BGHZ 84, 280 = NJW 1982, 1999 = FamRZ 1982, 898. Näher hierzu *Richter* JR 1983, 150.

[26] Zur Kritik *Schröder* FamRZ 2005, 320 ff.

[27] BGH FamRZ 1984, 353, 354. Nach *Schröder* FamRZ 2005, 320, 321 sind die Unterhaltstatbestände keine konkurrierenden Ansprüche.

[28] S. auch OLG Köln FamRZ 1996, 867: Einem Anspruch aus § 1575 Abs. 1 während einer Umschulung folgt ein Anspruch aus § 1573 Abs. 1 bis zur Aufnahme einer Erwerbstätigkeit sowie ab der Aufnahme ein Anspruch auf Aufstockungsunterhalt aus § 1573 Abs. 2 nach.

– Der Anspruch auf **Erwerbslosen-** und **Aufstockungsunterhalt** nach § 1573 ist grundsätzlich an keinen Einsatzzeitpunkt gebunden; Regulativ ist die zeitliche Begrenzung des Eintritts der Nachhaltigkeit (§ 1573 Abs. 4) (dazu § 1573 RdNr. 3–7).
– Zum **Ausbildungsunterhalt** sieht § 1575 nicht ausdrücklich Einsatzzeitpunkte vor, fordert aber, dass die Ausbildung „sobald wie möglich" aufgenommen wird (dazu § 1575 RdNr. 4).
– Der **Billigkeitsunterhalt** (§ 1576) kann nach der Scheidung zeitlich unbeschränkt entstehen (dazu dort RdNr. 18).

Unerheblich ist, wenn der Berechtigte seinen bestehenden Anspruch erst **später** geltend 13
macht;[29] als Regulativ dient § 1585 b Abs. 2 und 3, ggf. § 242. Bestand kein Unterhaltsanspruch, scheidet auch ein Anspruch auf **Anschlussunterhalt** nach §§ 1571 Nr. 3, 1572 Nr. 4, 1573 Abs. 3 oder 4 jedenfalls grundsätzlich aus (näher dazu § 1571 RdNr. 10, 11, § 1572 RdNr. 9–13, § 1573 RdNr. 20–27). – Grundsätzlich richtet sich der **Bedarf** nach den im Zeitpunkt der Scheidung (dazu § 1578 RdNr. 13–41), die **Bedürftigkeit** des Berechtigten (dazu § 1577 RdNr. 2, § 1578 RdNr. 17) und die **Leistungsfähigkeit** des Verpflichteten (dazu § 1581 RdNr. 1, § 1578 RdNr. 17) dagegen nach den im Zeitpunkt der Beurteilung bestehenden maßgeblichen Verhältnissen.

5. Verhältnis von ehelichem und nachehelichem Unterhalt. Zwischen ehelichem – 14
Familien- (§§ 1360, 1360 a) und Trennungsunterhalt (§ 1361) – und nachehelichem Unterhalt besteht **keine Identität** (zur Kritik s. 4. Aufl. RdNr. 17), weil es sich materiell-rechtlich um verschiedene Ansprüche handelt; der Fortwirkung einer einstweiligen Anordnung in die nacheheliche Zeit (§ 620 f ZPO, § 56 FamFG) kommt keine materiell-rechtliche Bedeutung zu.[30] Rechtsstreitigkeiten zum Familien-, Trennungs- und nachehelichen Unterhalt haben deshalb **verschiedene Streitgegenstände.** Daraus folgt:

– Ein Titel zum Trennungsunterhalt regelt grundsätzlich nicht auch den Geschiedenenunterhalt. Eine **Vereinbarung** vor der Scheidung zum Unterhalt kann nach ausdrücklicher Regelung auch den nachehelichen Unterhalt mit umfassen; für eine entsprechende Auslegung der Vereinbarung dürfte nur wenig Raum bestehen;[31]
– er kann nicht für die nacheheliche Zeit **abgeändert** werden;
– gegen Vollstreckungen aus ihm für die nacheheliche Zeit muss mit der **Vollstreckungsgegenklage** vorgegangen werden;
– der Berechtigte muss erneut **Leistungsklage** iSe. Erstklage erheben.

VI. Unterhaltsbegleitende Ansprüche

Hierzu zählen zunächst: 15

– **Auskunfts**– und **Beleganspruche** zwischen
  – Unterhaltsgläubiger und -schuldner nach §§ 1580, 1605 und der Anspruch auf Versicherung der Vollständigkeit und Richtigkeit der erteilten Auskunft an Eides statt,
  – mehreren Unterhaltsgläubigern oder -schuldnern nach § 242.[32]
– Mitteilung der Kündigung einer **Krankenversicherung,** um eine Eigenversicherung zu ermöglichen; ein Verstoß macht schadensersatzpflichtig.[33]

---

[29] BGHZ 163, 84 = NJW 2005, 3277 = FamRZ 2005, 1817, 1819 (zum Aufstockungsunterhalt aus § 1573 Abs. 1); OLG Stuttgart FamRZ 2005, 1996 (zum Anschlussunterhalt nach § 1573 Abs. 4).

[30] BGHZ 78, 130 = NJW 1980, 2811 = FamRZ 1980, 1099 (zu §§ 58 ff. EheG); NJW 1981, 978 = FamRZ 1981, 242 (zu §§ 1569 ff.), jeweils m. krit. Anm. *Mutschler*; NJW 1982, 1875 = FamRZ 1982, 465 f.; NJW 1982, 1216 = FamRZ 1982, 466, 468; BGHZ 103, 62 = NJW 1988, 1137 = FamRZ 1988, 370, 371 f.; NJW 1988, 1147 = FamRZ 1988, 375, 377; FamRZ 1992, 298, 299. Ihm folgt die familiengerichtliche Praxis, s. OLG Oldenburg FamRZ 1980, 1002 f.; OLG Hamburg FamRZ 1991, 811; OLG Düsseldorf FamRZ 1993, 1313 (LS); OLG Hamm FamRZ 1998, 1512; AG Mühldorf FamRZ 1988, 1173. Jetzt auch *Johannsen/Henrich/Büttner* Vor §§ 1569–1586 b RdNr. 21.

[31] S. BGH NJW 1988, 557 = FamRZ 1988, 46 f.

[32] Eingehend *Hoppenz* FamRZ 2008, 733 ff.

[33] OLG Köln FamRZ 1985, 926, 927; OLG Koblenz NJW-RR 1989, 649 = FamRZ 1989, 1111, 1112.

- **Anspruch auf ungefragte Information,** wenn sich unterhaltsrechtlich erhebliche Umstände verändert haben (dazu RdNr. 9, § 1579 RdNr. 25–27, 35, 50. Er beruht stets auf § 242 BGB unabhängig davon,
  - ob sich die Veränderung beim Berechtigten oder beim Verpflichteten ergibt, weil beide der Wahrheitspflicht unterliegen,[34]
  - ob es um die mögliche Anpassung eines Urteils oder Vergleichs geht, weshalb
  - auch nicht danach zu differenzieren ist, ob die ungefragte Offenbarungspflicht „evident unredlich"[35] ist,[36]
  - ob die „Schonfrist" aus § 1605 Abs. 2 noch offen ist.[37]

Voraussetzung ist allerdings, dass die Veränderung **wesentlich** (§ 323 Abs. 1 ZPO, § 238 Abs. 1 S. 2 FamFG) oder **schwerwiegend** (§ 313 Abs. 1, 2) ist. Da es um die Sanktionierung einer Pflichtverletzung geht, ist auf die laienhafte Vorstellung des Ehegatten abzustellen, der diese begangen haben soll. Diese Vorstellung muss sich auf die unterhaltsrechtliche Bedeutung der Änderung und ihre Maßgeblichkeit erstrecken. – Da zur ungefragten Information eine **Rechtspflicht** und nicht lediglich eine Obliegenheit besteht, ergeben sich aus ihrer Verletzung **Schadensersatzansprüche** wegen Betrugs nach § 823 Abs. 2 iVm. § 263 StGB, aus § 313 wegen der Verletzung vertraglicher Pflichten oder aus § 826 wegen vorsätzlicher sittenwidriger Schädigung durch Zwangsvollstreckung aus einem Unterhaltstitel. Für den Berechtigten sind sie auf die Bezahlung des tatsächlich geschuldeten Unterhalts einschließlich Zinsen gerichtet und bestehen unabhängig von der Beschränkung der Unterhaltsansprüche für die Vergangenheit durch § 1585 b. Für den Verpflichteten richten sie sich auf die Rückzahlung zuviel bezahlten Unterhalts einschließlich Zinsen, ohne dass auch Bereicherungsansprüchen die Einwendung der Entreicherung entgegenstehen würde (§§ 818 Abs. 3, 819 Abs. 1).[38] Zudem kann der Berechtigte seinen Unterhaltsanspruch **verwirken** (§ 1579 Nr. 2, 4, dazu dort RdNr. 25–27, 35, 50).

- Zwar findet eine **Rentennachzahlung** erst ab ihrer Auszahlung Berücksichtigung und beseitigt deshalb die Bedürftigkeit des Berechtigten grundsätzlich nicht rückwirkend. Doch steht dem Verpflichteten ein **Erstattungsanspruch** aus Treu und Glauben (§ 242) zu, soweit er unter Berücksichtigung der Rentennachzahlung zuviel Unterhalt bezahlt hat. Zudem kann dem Berechtigten der Unterhalt als **Darlehen** mit einem Rückzahlungsanspruch nach Auszahlung der Rentennachzahlung gewährt werden (zum Ganzen s. § 1585 RdNr. 3).
- Ansprüche auf **Rückforderung** überzahlten Unterhalts wegen ungerechtfertigter Bereicherung und unerlaubter Handlung (dazu nunmehr auch § 241 FamFG).[39]

In **steuerlicher** Hinsicht gilt:

- Während der Trennungszeit kann ein Anspruch auf **Zusammenveranlagung** bestehen, soweit sie steuerrechtlich noch möglich ist, also bis einschließlich dem Jahr der Trennung.[40]
- Aufgrund der nachehelichen Solidarität (dazu RdNr. 7) sind die Ehegatten einander auch nach der Scheidung verpflichtet, die finanziellen Lasten des jeweils anderen zu mindern. Der Berechtigte ist deshalb ggf. verpflichtet (§ 242), den ihm zustehenden hälftigen **Aus-**

[34] *Büttner* FF 2008, 15, 17.

[35] So für die Titulierung des Unterhalts in einem Urteil etwa der BGH NJW 1986, 1751 = FamRZ 1986, 450, 453.

[36] *Büttner* FF 2008, 15, 17.

[37] *Göppinger/Wax/Strohal* RdNr. 678, 704; *Büttner* FF 2008, 15, 17.

[38] OLG Naumburg FamRZ 2005, 365, 366.

[39] Dazu etwa BGHZ 175, 182 = NJW 2008, 1663 m. Anm. *Born* = FamRZ 2008, 968, 974 f. [61–68] m. Anm. *Maurer*; BGHZ 177, 356 = NJW 2008, 3213 m. Anm. *Mleczko* = FamRZ 2008, 1911, 1918 f. [68–71] m. Anm. *Maurer*.

[40] BGH NJW 2002, 2319 = FamRZ 2002, 1024 ff. m. Anm. *Bergschneider* FamRZ 2002, 1181; NJW 2006, 223 = FamRZ 2006, 1178 ff. m. Anm. *Wever*; NJW 2007, 2554 = FamRZ 2007, 1229 ff. m. Anm. *Engels* und *Peetz* FamRZ 2007, 1799.

bildungs- und Kinderfreibetrag für gemeinschaftliche Kinder auf den Verpflichteten zu übertragen.[41]

– Der Berechtigte muss auch dem begrenzten **Realsplitting,** welches das steuerrechtliche Verbot des Abzugs von Unterhaltsleistungen (§ 12 Nr. 2 EStG) für Ehegattenunterhalt bis zu einem Höchstbetrag von 13 805 € durchbricht (§ 10 Abs. 1 Nr. 1 EStG), ausdrücklich und nachweisbar – etwa schriftlich oder zur Niederschrift des Finanzamts – zustimmen;[42] eine Unterzeichnung der Anlage U zur Steuererklärung wird jedoch nicht geschuldet.[43] Seine Zustimmung gilt als mit Eintritt der Rechtskraft eines entsprechenden Urteils abgegeben (§ 894 ZPO, § 95 Abs. 1 Nr. 1 FamFG).[44] Er kann seine Zustimmung Zug um Zug davon abhängig machen, dass sich der Verpflichtete zum Ausgleich sämtlicher ihm durch das Realsplitting entstehender steuerlichen, einschließlich der Kosten für die Zuziehung eines Steuerberaters,[45] sowie sozialversicherungs- und sozialrechtlichen[46] **Nachteile** verpflichtet (zur Nichtanwendbarkeit von § 1579 auf diesen Anspruch s. dort RdNr. 2).[47] – **Zahlungen** zum Ausgleich dieser Nachteile sind selbst wieder Unterhaltsleistungen.[48] Dies wirkt sich auf das Ausschöpfen der steuerlichen Höchstbeträge aus,[49] aber auch auf den Unterhaltsanspruch gleich- und nachrangiger Berechtigter. – Keinen Anspruch hat der Berechtigte, dass ihn der Verpflichtete an der durch das Realsplitting bewirkten **Steuerersparnis** beteiligt.[50] Führt sie zu einer Erhöhung des Nettoeinkommens, kann sie bei einer Neubemessung des Unterhalts berücksichtigt werden. – Ist der Berechtigte infolge der Unterhaltsleistung zu **Steuervorauszahlungen** verpflichtet, hat der Verpflichtete ihm auch diese laufend zu erstatten. Denn dem Berechtigten entsteht bereits dadurch ein Nachteil, dass ihm die Vorauszahlungsbeträge für seinen Lebensunterhalt fehlen und er einen Zinsverlust hinnehmen muss. Demgegenüber entsteht dem Verpflichteten der steuerliche Vorteil sofort, entweder nach Eintragung eines Freibetrags auf der Lohnsteuerkarte oder aber, etwa bei Selbständigen oder Freiberuflern, bei der Bemessung von Steuervorauszahlungen.[51] Dass die Jahre der Vorauszahlung und der Geltendmachung des Realsplittings übereinstimmen müssen, folgt aus § 22 S. 2 Nr. 1 Buchst. a EStG, wonach der Berechtigte hinsichtlich der Unterhaltsleistungen nur dann steuerpflichtig wird, wenn sie vom Verpflichteten steuermindernd geltend gemacht wur-

---

[41] BGH NJW 1996, 1894 = FamRZ 1996, 725; anders noch BGH NJW 1988, 1720 = FamRZ 1988, 607, 609 f.

[42] StRspr. des BGH, s. BGH NJW 1983, 1545 = FamRZ 1983, 576; NJW 1985, 195 = FamRZ 1984, 1211, 1212; NJW 1986, 254 = FamRZ 1985, 1232, 1233; NJW 1988, 1886 = FamRZ 1988, 820. Zum möglichen Verlust auf beitragsfreie Familienkrankenhilfe durch die steuerliche Geltendmachung der Unterhaltsleistungen im Rahmen des Realsplittings s. LSG Darmstadt FamRZ 1991, 992, 993 m. abl. Anm. *Weychardt.*

[43] BGH NJW-RR 1998, 1153 = FamRZ 1998, 953, 954; OLG Hamm FamRZ 1990, 1244, 1245; OLG Stuttgart FamRZ 1993, 206; aA wohl OLG Hamm FamRZ 1993, 205.

[44] BGH NJW 1988, 1886 = FamRZ 1988, 820; NJW-RR 1998, 1153 = FamRZ 1998, 953, 954; BFHE 155, 99 = NJW 1989, 1504 = FamRZ 1989, 738.

[45] BGH NJW 1988, 1886 = FamRZ 1988, 820.

[46] OLG Hamm FamRZ 1993, 205: Reduzierung des Kindergeldzuschlags nach dem ehemaligen § 11 a BKGG.

[47] Dazu auch BGH NJW-RR 2008, 156 = FamRZ 2008, 40, 41 ff. (zu Art. 5 Nr. 2 EuGVVO).

[48] Zu § 22 Nr. 1 a EStG s. BFH FamRZ 2008, 888.

[49] Dazu *Spieker* jurisPR-FamR 5/2008 Anm. 5.

[50] BGH NJW 1983, 1545 = FamRZ 1983, 576; NJW 1985, 195 = FamRZ 1984, 1211, 1212; auch OLG Bamberg FamRZ 1988, 727, 728.

[51] Ebenso OLG Bamberg FamRZ 1987, 1047, 1048; OLG Köln FamRZ 1988, 951, 952; grundsätzlich auch OLG Hamburg FamRZ 2005, 519, 520 (allerdings nur, wenn der Verpflichtete erklärt, auch für den betreffenden Zeitraum das Realsplitting durchzuführen, die festgesetzten Vorauszahlungsbeträge den Berechtigten fühlbar in seinen Lebensumständen beeinträchtigen und ein erfolgloser Versuch unternommen wurde, die Vorauszahlungen abzuwenden); OLG Frankfurt a. M. NJW-RR 2007, 219, 220 (aber nicht, wenn die Vorauszahlungen aus Mitteln aufgebracht werden können, die nicht zur Sicherung des Unterhalts benötigt werden); offen gelassen von OLG Karlsruhe FamRZ 1992, 67, 68 (weil der Berechtigte gegen seine Obliegenheit verstoßen hatte, steuerliche Entlastungen auch zeitnah geltend zu machen), allerdings mit der Tendenz, einen Anspruch auf Ausgleich der Vorauszahlungsbeträge zu verneinen.

den. Ihm obliegt, fehlerhafte Vorauszahlungsbescheide im Verwaltungsrechtsweg überprüfen zu lassen; für die Kosten wird allerdings der Verpflichtete aufkommen und sich auch zu ihrer Tragung verpflichten müssen. – Dagegen muss der Verpflichtete dem Berechtigten nicht auch die Nachteile aus dessen **Zusammenveranlagung** mit seinem neuen Ehegatten ersetzen, weil sie für ihn mangels Kenntnis von dessen Einkünften nicht abschätzbar sind.[52] – Ist zu besorgen, dass der Verpflichtete seine Verpflichtung zum Ausgleich des Steuernachteils künftig nicht erfüllen kann oder wird, kann der Berechtigte ausnahmsweise die Sicherung seines Erstattungsanspruchs durch vorherige Erbringung einer **Sicherheitsleistung** Zug um Zug gegen Zustimmung zum Realsplitting verlangen.[53] – Dem Verpflichteten obliegt auch der Eintrag eines **Freibetrags** auf der Lohnsteuerkarte, wenn und soweit der Unterhaltsbetrag zwischen den Ehegatten nicht mehr im Streit steht, also anerkannt oder rechtskräftig festgestellt ist oder freiwillig bezahlt wird. Die unberechtigte Verweigerung der Zustimmung führt zur **Schadensersatzpflicht** des Berechtigten,[54] die unterlassene Eintragung eines Freibetrags auf der Lohnsteuerkarte ggf. zu einer fiktiven Zurechnung der sich aus einem Freibetrag ergebenden Vorteile abzüglich der dem Berechtigten auszugleichenden Nachteile (zum Ganzen näher § 1578 RdNr. 168).

VII. Konkurrenz der Unterhaltsansprüche

16 **1. Grundsätze. a) „Einheitlichkeit" des Unterhaltsanspruchs.** Das Verständnis vom Unterhaltsanspruch als einem **einheitlichen Anspruch** (dazu RdNr. 10) führt zu folgenden rechtlichen Auswirkungen:[55]

– Stets handelt es sich im Rechtsstreit um einen einheitlichen **Streitgegenstand,** sodass ein Urteil den nachehelichen Unterhaltsanspruch immer **in vollem Umfang** umfasst, unabhängig davon, welche einzelnen Tatbestände in Betracht kommen und vom FamG auch geprüft wurden.[56]
– Das FamG hat alle Unterhaltstatbestände **von Amts wegen** zu prüfen. Es kann nicht offen bleiben, worauf der Unterhaltsanspruch in welcher Höhe gestützt wird, weil sich die einzelnen Teile rechtlich unterschiedlich entwickeln können – unterschiedliche Einsatzzeitpunkte und Detailregelungen; künftige Abänderungsregelungen –; lediglich in Ausnahmefällen kann die Einzelbestimmung unterbleiben, wenn unterschiedliche Rechtsfolgen im konkreten Einzelfall ausgeschlossen werden können.[57]
– Ein Wechsel des Unterhaltstatbestands ist mit der **Abänderungsklage** geltend zu machen.

17 **b) Teilunterhalt.** Die einzelnen Unterhaltstatbestände können einen Anspruch auf Teilunterhalt gewähren. Typisches Beispiel hierfür ist der Anspruch auf Aufstockungsunterhalt aus § 1570 und § 1573 Abs. 2, wenn dem betreuenden Elternteil noch eine **teilweise Erwerbstätigkeit** obliegt. Der Unterhaltsanspruch kann sich auch aus **mehreren Ansprüchen** auf Teilunterhalt zusammensetzen: Etwa kann ein Anspruch aus § 1570 bestehen, soweit keine Erwerbstätigkeit obliegt, ein weiterer aus § 1573 Abs. 1, soweit der Berechtigte keine teilschichtige Arbeitsstelle findet, und letztlich ein Anspruch aus § 1573 Abs. 2, wenn

---

[52] BGH NJW 1992, 1391 = FamRZ 1992, 534, 535; NJW-RR 1992, 1028 = FamRZ 1992, 1050, 1051. Ebenso OLG Karlsruhe FamRZ 1991, 832; OLG Stuttgart FamRZ 1991, 1063; aA OLG Hamm FamRZ 1989, 638, 640; FamRZ 1990, 757; OLG Düsseldorf FamRZ 1991, 452, hierzu kritisch *Philippi* FamRZ 1989, 1086; *Schulze* FamRZ 1990, 415.

[53] OLG Zweibrücken NJW-RR 2006, 513 = FamRZ 2006, 791 (LS).

[54] BGH NJW 1977, 378 = FamRZ 1977, 38, 41; NJW 1988, 2032 = FamRZ 1988, 143; NJW 1988, 1886 = FamRZ 1988, 820, 821.

[55] Dazu *Schröder* FamRZ 2005, 320 ff.

[56] BGH FamRZ 1984, 353, 354; zu einem klageabweisenden Urteil s. OLG Karlsruhe FamRZ 1980, 1125.

[57] BGH NJW 1988, 2369 = FamRZ 1988, 265, 267; NJW 1990, 1847 = FamRZ 1990, 492, 493; NJW-RR 1992, 1282; FamRZ 1999, 708, 709; auch OLG Stuttgart FamRZ 1979, 1018 m. Anm. *Wenz*; OLG Frankfurt a. M. FamRZ 1994, 1265.

der Berechtigte auch mit einer Vollerwerbstätigkeit nicht seinen vollen eheangemessenen Bedarf verdienen könnte (dazu RdNr. 20).

Auch für die Zeit ab dem Inkrafttreten des **UÄndG 2007,** das die Möglichkeit der Befristung des Unterhaltsanspruchs (§ 1573 Abs. 5 [UÄndG 1986]) durch § 1578 b Abs. 2 [UÄndG 2007] auf alle nachehelichen Unterhaltstatbestände ausgedehnt hat, am 1. 1. 2008 bedarf es der Rechtsfigur des Teilunterhalts weiter, weil sich deren Bedeutung nicht in der Befristung erschöpft. Insbesondere können sich die einzelnen Unterhaltsteile hinsichtlich der Erwerbsobliegenheiten gänzlich unterschiedlich entwickeln, und auch im Rahmen der Billigkeitsabwägung nach § 1578 b sind die einzelnen Unterhaltstatbestände durchaus unterschiedlich zu gewichten (dazu § 1578 b RdNr. 44).[58] 18

c) Anschlussunterhalt. Aus dem dargelegten Verhältnis der Unterhaltstatbestände ergibt sich weiter: Folgt ein Unterhaltstatbestand dem anderen nach, kann der Unterhalt nach dem Folgetatbestand die **Höhe** des Unterhalts nach dem Vortatbestand nicht überschreiten.[59] Dies gilt insbesondere auch für den Anschlussunterhalt nach §§ 1571 Nr. 3, 1572 Nr. 4 infolge des Wegfalls der Voraussetzungen für einen Unterhaltsanspruch nach § 1573 (dazu auch § 1571 RdNr. 14, § 1572 RdNr. 16).[60] – Nach einem Wechsel des Unterhaltstatbestands hat der Berechtigte auf die Abänderungsklage des Verpflichteten die Voraussetzungen für den Anschlussunterhalt **darzulegen** und zu **beweisen.**[61] 19

2. Konkurrenzen der Unterhaltstatbestände. a) Betreuungsunterhalt (§ 1570). Weil der Anspruch auf Betreuungsunterhalt monokausal ist (dazu § 1570 RdNr. 55; aA noch 4. Aufl. RdNr. 22, § 1570 RdNr. 16), steht er in einem **Ausschlussverhältnis** zu den Ansprüchen auf **Kranken-** und **Ausbildungsunterhalt** (§§ 1572, 1575), auch – eher selten – zu dem auf **Altersunterhalt** (§ 1571) und auf **Teil-Erwerbslosigkeits-** und **Aufstockungsunterhalt** aus § 1573 Abs. 1 und 2. So kann, findet der eingeschränkt erwerbsobliegene Berechtigte keine angemessene Arbeitsstelle, ein Anspruch nach § 1573 Abs. 1 bis zur Höhe der fiktiv aus einer solchen Arbeitsstelle erzielbaren Einkünfte und daneben ein Anspruch auf Betreuungs- oder Krankenunterhalt bis zur Höhe der erzielbaren Einkünfte aus einer vollschichtigen Erwerbstätigkeit sowie, ist damit der volle eheangemessene Bedarf noch nicht abgedeckt, ein Anspruch nach § 1573 Abs. 2 bestehen.[62] Zu § 1573 Abs. 3 und 4 s. auch § 1573 RdNr. 20–27. Dagegen ist der Anspruch auf **Billigkeitsunterhalt** (§ 1576) stets **subsidiär** (dazu auch RdNr. 24).[63] Führt aber erst die Betreuung eines nicht gemeinschaftlichen Kindes zusammen mit der eines gemeinschaftlichen dazu, dass die Aufnahme einer Erwerbstätigkeit nicht erwartet werden kann, besteht kein Konkurrenzverhältnis, weil idR nur ein Anspruch auf Billigkeitsunterhalt aus § 1576 und nicht auch auf Betreuungsunterhalt aus § 1570 bestehen kann (s. dazu aber auch § 1570 RdNr. 49).[64] – Trifft den betreuenden Ehegatten **keine Erwerbsobliegenheit,** ergibt sich nach Auffassung des BGH[65] 20

---

[58] Ebenso etwa *Grandel* FF 2008, 204; s. auch *Borth* UÄndG RdNr. 165; verneinend etwa FA-FamR/*Gerhardt* Kap. 6 RdNr. 355.

[59] OLG Stuttgart FamRZ 1983, 501, 503; OLG Karlsruhe FamRZ 1994, 104, 105; OLG Düsseldorf FamRZ 1994, 965; OLG Schleswig OLGR 1997, 59, 60; OLG Celle FamRZ 1997, 1074, 1075; *Dieckmann* FamRZ 1977, 81, 95; *Wendl/Pauling* § 4 RdNr. 50, 101; *Soergel/Häberle* RdNr. 24; *Johannsen/Henrich/Büttner* § 1572 RdNr. 4. S. auch § 1572 RdNr. 16.

[60] BGH NJW 2001, 3260 = FamRZ 2001, 1291, 1294; NJW 2003, 3481 = FamRZ 2003, 1734, 1736.

[61] BGH NJW 1990, 2752 = FamRZ 1990, 496, 497; OLG Zweibrücken FamRZ 1986, 811, 812 (der BGH hat PKH für die Revision verweigert, FamRZ 1987, 487); FamRZ 1989, 1192, 1193 f.; OLG Hamm FamRZ 1992, 842; FamRZ 1992, 1184; OLG Celle NJW-RR 1994, 1354 = FamRZ 1994, 963, 964; AG Mönchengladbach FamRZ 1996, 1086, 1087 m. Anm. *Gottwald.*

[62] Nunmehr – gegen seine frühere Rspr. (etwa BGH NJW 1986, 2832 = FamRZ 1986, 886, 888 und noch NJW-RR 1993, 838 = FamRZ 1993, 789, 791) – der BGH ständig, s. BGH NJW 1990, 1847 = FamRZ 1990, 492, 494 m. zust. Anm. *Weber* FamRZ 1992, 949 f.; NJW 1991, 224 = FamRZ 1991, 170, 171; NJW-RR 1991, 132 = FamRZ 1991, 304, 305; BGHZ 171, 206 = NJW 2007, 1961 = FamRZ 2007, 793, 798 [54]; BGH FPR 2009, 128 m. Anm. *Kemper* und *Maurer* LMK 2009, 276248 = FamRZ 2009, 406, 407 [20] m. Anm. *Schürmann.*

[63] BGH NJW 1984, 1538 = FamRZ 1984, 361, 363.

[64] *Soergel/Häberle* § 1570 RdNr. 5.

[65] BGH NJW 1990, 1847 = FamRZ 1990, 492, 493 f.; s. auch OLG München OLGR 1992, 14.

der Unterhaltsanspruch nur aus § 1570, ohne dass es darauf ankäme, ob er mit Einkünften aus einer vollschichtigen Erwerbstätigkeit seinen vollen angemessenen Lebensbedarf selbst decken könnte. Dies hat schon bislang nicht überzeugt (zur Kritik s. 4. Aufl. RdNr. 22), weil sich in der Praxis ständig die gleiche Problematik bei der Zurechnung fiktiver Einkünften ergibt, wenn der Erwerbsobliegenheit nicht genügt wird. Jedenfalls nach Aufgabe seiner Rspr. zur Anrechnung von Erwerbseinkünften nach Beendigung der Kinderbetreuung durch den BGH (dazu § 1578 RdNr. 9) ist dies nicht mehr haltbar, weil diese Einkünfte als Surrogat nunmehr als eheprägend behandelt werden und sich damit notwendig jedenfalls dem Grunde nach ein Anspruch auf Aufstockungsunterhalt aus § 1573 Abs. 2 ergibt.[66]

21 **b) Alters- und Krankenunterhalt (§§ 1571, 1572).** Während Ausbildungs- und Billigkeitsunterhalt bei Bestehen eines Anspruchs auf Alters- und Krankenunterhalt regelmäßig ausscheiden, können Alters- und Krankenunterhalt nebeneinander stehen; ggf. ist auf die überwiegende Kausalität abzustellen.[67] – Zum Verhältnis zum Betreuungsunterhalt s. RdNr. 20, zum Erwerbslosigkeits- und Aufstockungsunterhalt RdNr. 22, zum Ausbildungsunterhalt RdNr. 23, zum Billigkeitsunterhalt s. RdNr. 24.

22 **c) Erwerbslosigkeits- und Aufstockungsunterhalt (§ 1573 Abs. 1 und 2).** Vgl. hierzu auch § 1573 RdNr. 28–30. Findet der Berechtigte trotz zumutbarer Bemühungen nur eine **Teilzeitbeschäftigung,** soll es sich bei vollschichtiger Erwerbsobliegenheit nicht um die eheangemessene Erwerbstätigkeit handeln, weshalb ihm der eheangemessene Unterhalt aus Abs. 1, nicht aus Abs. 2 zusteht.[68] Doch werden damit die Kriterien Umfang der Erwerbsobliegenheit und Angemessenheit einer Erwerbstätigkeit miteinander vermengt. – Im Verhältnis zum **Alters-** und **Krankenunterhalt** (§§ 1571, 1572) ist nicht auf die überwiegende Kausalität für die Erwerbsunfähigkeit abzustellen (dazu § 1571 RdNr. 9, § 1572 RdNr. 6, 7), sodass neben dem Anspruch auf Alters- und Krankenunterhalt ein Anspruch aus § 1573 Abs. 2 bestehen kann.[69] Kann ein Bedürftiger ohne vorherige Ausbildung eine angemessene Erwerbstätigkeit nicht mehr finden (§§ 1573 Abs. 1, 1574 Abs. 3), ist diese jedoch wegen seines Alters nicht mehr sinnvoll, kann von ihm eine Erwerbstätigkeit nicht erwartet werden und sein Unterhaltsanspruch richtet sich nach § 1571.[70] Ist wegen des Alters oder einer Krankheit des Berechtigten von ihm nur eine teilschichtige Erwerbstätigkeit zu erwarten, steht ihm, findet er eine solche trotz entsprechender Bemühungen nicht, neben Alters- oder Krankenunterhalt ein Anspruch auf Erwerblosenunterhalt nach § 1573 Abs. 1 zu. Reichen die durch Alters- oder Kranken- und ggf. Erwerbslosenunterhalt abgedeckten möglichen Einkünfte aus einer vollschichtigen Erwerbstätigkeit zur vollständigen Deckung des eheangemessenen Bedarfs nicht aus, besteht hinsichtlich des ungedeckten Restes ein Anspruch auf Aufstockungsunterhalt nach § 1573 Abs. 2.[71] I. Ü. schließen Alters- und Krankenunterhalt Erwerbslosenunterhalt nach Abs. 1 und Aufstockungsunterhalt nach Abs. 2 aus.

23 **d) Ausbildungsunterhalt (§ 1575).** Zum Verhältnis zum Betreuungsunterhalt (§ 1570) s. RdNr. 20. Der Anspruch auf Erwerbslosenunterhalt geht dem auf Ausbildungsunterhalt

[66] In diese Richtung auch BGH NJW 2003, 3481 = FamRZ 2003, 1734, 1736 (unter 4. b).

[67] Zu § 1572 BGH NJW-RR 1993, 838 = FamRZ 1993, 789, 791 m. Anm. *P. Derleder* FuR 1993, 169 (§ 1573 Abs. 1 und 2 grundsätzlich subsidiär).

[68] BGH NJW 1988, 2369 = FamRZ 1988, 265, 266.

[69] BGH NJW 1991, 224 = FamRZ 1991, 170, 171; NJW-RR 1993, 838 = FamRZ 1993, 789, 791 m. Anm. *P. Derleder* FuR 1993, 169; NJW 2007, 2628 = FamRZ 2007, 1232, 1234 f. [8–10] m. Anm. *Maurer*; BGH FPR 2009, 128 m. Anm. *Kemper* und *Maurer* LMK 2009, 276248 = FamRZ 2009, 406, 407 [20] m. Anm. *Schürmann;* ebenso KG FamRZ 1992, 948, 949 m. zust. Anm. *Weber*; OLG Karlsruhe FamRZ 2007, 1176, 1177; wohl auch OLG Hamburg FamRZ 1996, 292; aA OLG Nürnberg FamRZ 1992, 681, 682; OLG München FamRZ 1997, 295, 296 (allerdings nur Anspruch auf Unterhalt wegen Krankheit bei völliger Erwerbsunfähigkeit und „Mischeinkünften" aus Erwerbsunfähigkeitsrente und Wohnwert).

[70] BGH NJW 1983, 1483 = FamRZ 1983, 144, 145; BGHZ 93, 330 = NJW 1985, 1340 = FamRZ 1985, 371, 373; NJW 1987, 2739 = FamRZ 1987, 691, 693.

[71] KG FamRZ 1992, 948, 949 m. Anm. *Weber*; OLG Hamm FamRZ 1992, 1184; s. auch OLG Schleswig NJW-RR 2004, 1372 f. Nach OLG Düsseldorf FamRZ 1987, 595, 597 ist wie bei § 254 der Unterhaltsanspruch nach dem Gewicht der Verursachungsbeiträge auf die Anspruchsgrundlagen zu verteilen.

vor (dazu auch § 1574 RdNr. 28).[72] § 1575 greift Platz, wenn seine Voraussetzungen vorliegen, der Bedürftige aber auch ohne die Weiterbildung eine angemessene Erwerbstätigkeit ausüben könnte (dazu auch § 1574 RdNr. 33, § 1575 RdNr. 3).

e) Billigkeitsunterhalt (§ 1576). Der Anspruch auf Billigkeitsunterhalt ist gegenüber 24
dem auf Betreuungsunterhalt subsidiär (dazu RdNr. 20). Auch mit den Ansprüchen auf Alters-, Krankheits-, Erwerbslosen-, Aufstockungs- und Ausbildungsunterhalt besteht keine Anspruchskonkurrenz; der Billigkeitsunterhalt tritt nicht neben diese durch enumerative Nennung bestimmter Bedürfnislagen gekennzeichneten Unterhaltsansprüche, sondern füllt nur von diesen nicht abgedeckte Lücken und greift deshalb nur ein, wenn und soweit diese nicht bestehen.[73] Dazu auch § 1576 RdNr. 22.

Kapitel 2. Unterhaltsberechtigung

§ 1570 Unterhalt wegen Betreuung eines Kindes

(1) [1] Ein geschiedener Ehegatte kann von dem anderen wegen der Pflege oder Erziehung eines gemeinschaftlichen Kindes für mindestens drei Jahre nach der Geburt Unterhalt verlangen. [2] Die Dauer des Unterhaltsanspruchs verlängert sich, solange und soweit dies der Billigkeit entspricht. [3] Dabei sind die Belange des Kindes und die bestehenden Möglichkeiten der Kinderbetreuung zu berücksichtigen.

(2) Die Dauer des Unterhaltsanspruchs verlängert sich darüber hinaus, wenn dies unter Berücksichtigung der Gestaltung von Kinderbetreuung und Erwerbstätigkeit in der Ehe sowie der Dauer der Ehe der Billigkeit entspricht.

Schrifttum: *Borth,* Der Betreuungsunterhalt geschiedener Ehegatten und die Erwerbsobliegenheit nach neuem Recht, FamRZ 2008, 2; *Büttner,* Der Betreuungsunterhalt nach § 1570 BGB, FPR 2009, 92; *Derleder, A./Derleder, P.,* Kindesbetreuung und Ehegattenunterhalt, FamRZ 1977, 587; *Ehinger,* Eine erste Übersicht der Rechtsprechung zu §§ 1578 b und 1570 BGB seit Inkrafttreten des UÄndG, FPR 2009, 105; *Graba,* Bedarf und Dauer des Betreuungsunterhalts nach § 1615 l BGB, NJW 2008, 3105; *Huber,* Der Unterhaltsregress des Scheinvaters, FamRZ 2004, 145; *Limbach,* Das Verhältnis von Familie und Beruf im Unterhaltsrecht nach der Scheidung, NJW 1982, 1721; *Löhnig,* Unterhaltsrückgriff beim Betreuungsunterhalt nach § 1570 BGB, FamRZ 2003, 1354; *Meier,* Betreuungsunterhalt gemäß §§ 1570 und 1615 l BGB nach der Unterhaltsrechtsreform, FamRZ 2008, 101; *Niebling,* Neues Unterhaltsrecht: Bleibt alles beim Alten? Zur Auslegung von § 1570 BGB, FF 2008, 193; *Peschel-Gutzeit,* Betreuungsunterhalt nach § 1570 BGB – Abschied vom Altersphasenmodell, FPR 2008, 24; *Roth-Stielow,* Betreuung volljähriger Kinder und Unterhaltsanspruch, NJW 1982, 425; *Schilling,* § 1615 l BGB nach der Reform, FPR 2008, 27; *ders.,* Der Betreuungsunterhalt nach der Reform, FF 2008, 279; *Schnitzler,* Das Altersphasenmodell und die neuen Leitlinien der Oberlandesgerichte ab 1. 1. 2008, FF 2008, 270; *Sell,* Kinderbetreuungseinrichtungen in der Republik – Angebot und Kosten als Kontextbedingung für das reformierte Unterhaltsrecht, FPR 2009, 101; *Wever,* Unterhalt bei Betreuung nichtehelicher Kinder – der neu gestaltete § 1615 l BGB, FamRZ 2008, 553. S. auch Schrifttum Vor § 1569.

Übersicht

[72] *Soergel/Häberle* § 1574 RdNr. 18.

[73] Str., BGH FamRZ 1983, 800, 801; NJW 1984, 1538 = FamRZ 1984, 361, 362 f.; NJW 2003, 3481 = FamRZ 2003, 1734, 1736 (für den Krankenunterhalt).

A. Normzweck

1 Die Bedürftigkeit eines geschiedenen Ehegatten ist stets ehebedingt, wenn er wegen der Pflege oder Erziehung eines **gemeinschaftlichen** Kindes nicht erwerbstätig sein kann. Der Unterhaltsanspruch besteht deshalb nur zur Wahrung des **Kindeswohls,** wie ohnehin die Kindesbetreuung auch und gerade aus verfassungsrechtlichen Gründen zutreffend einen ganz besonderen gesetzlichen Schutz erfährt (§§ 1361 Abs. 2 und 3, 1570, 1571 Nr. 2, 1572 Nr. 2, 1574 Abs. 2 S. 2, 1577 Abs. 4 S. 2, 1578 b Abs. 1 S. 1, 3, Abs. 2, 1579 [auch Nr. 1], 1582, 1609 Nr. 1, 1586 a Abs. 1 [dazu RdNr. 16–18 und die Erläuterungen bei der jeweiligen Regelung]; zum Rang des Betreuungsunterhalts bei der Prüfung der Wirksamkeit einer **Vereinbarung** zum Ehegattenunterhalt § 1585 c RdNr. 29). Er soll sicherstellen, dass das Kind nach der Trennung von einem Elternteil nicht auch noch – obwohl darauf angewiesen – auf die persönliche Betreuung durch den anderen Elternteil deshalb verzichten muss, weil dieser mangels Unterhaltszahlungen zur Sicherung seines Lebensunterhalts einer Erwerbstätigkeit nachgehen müsste.[1] – Wegen seiner besonderen Bedeutung steht der Anspruch auf **Betreuungsunterhalt** sowohl gesetzessystematisch als auch rechtstatsächlich (noch) an der Spitze der Unterhaltstatbestände. Doch wird er durch das **UÄndG 2007** (dazu Vor § 1569 RdNr. 1) und die stärkere Betonung der Eigenverant-

[1] Zum Ganzen BVerfGE 57, 363 = NJW 1981, 1711 = FamRZ 1981, 745, 749 (s. dazu die Kritik von *Bosch,* FS Habscheid, 1989, S. 23, 34 ff.); nunmehr auch BVerfGE 118, 45 = NJW 2007, 1735 = FamRZ 2007, 965, 968 [44] (dort auch zum Anspruch nichtehelicher Eltern auf Betreuungsunterhalt nach § 1615 l BGB); auch BGH FamRZ 1987, 252, 254; NJW 1996, 1815 = FamRZ 1996, 796, 797. Zu § 1615 l s. auch BGHZ 168, 245 = NJW 2006, 2687 = FamRZ 2006, 1362, 1366 f. m. Anm. *Schilling;* auch allgemeine Meinung, vgl. etwa *Staudinger/Engler* RdNr. 50; *Palandt/Diederichsen* RdNr. 12, jeweils zu § 1615 l BGB; *Puls* FamRZ 1998, 865, 872 f.

wortung geschiedener Ehegatten durch die Verweisung auf eine Fremdbetreuung des Kindes stark nivelliert (dazu RdNr. 13–18). – Die Betreuung **anderer Personen,** insbesondere eines nicht gemeinschaftlichen Kindes, kann allenfalls zu einem Anspruch auf Billigkeitsunterhalt nach § 1576 führen (dazu RdNr. 22–24, § 1576 RdNr. 5–7; s. dazu aber auch RdNr. 23). – Zur **Geschlechtsneutralität** des Anspruchs s. § 1569 RdNr. 11; zu seiner **Abdingbarkeit** und zum **Verzicht** auf ihn s. § 1585 c RdNr. 28–30, 37, 38; zur Konkurrenz der Ansprüche auf Betreuungsunterhalt nach **§§ 1570, 1615 l** s. § 1609 RdNr. 17, 18.

Der Gesetzgeber hat bewusst nicht konkretisiert, ab wann eine Erwerbstätigkeit zumutbar ist.[2] Die Rspr. hat deshalb zur bis zum 31. 12. 2007 geltenden Fassung des § 1570 **Leitlinien** entwickelt, die allerdings nicht starr zu handhaben waren (**„Altersphasenmodell"**, dazu RdNr. 4–12, zu dessen weiteren Anwendbarkeit s. RdNr. 35–38). Zudem konnte die Billigkeitsabwägung nach **§ 1579** (dazu dort RdNr. 72) zwar nicht zu einer Verschärfung der Erwerbsobliegenheit führen, wohl aber zu einem zusätzlichen Druck, eigene Erwerbseinkünfte zu erzielen. – Zu den für eine Verlängerung des Anspruchs auf Betreuungsunterhalt über das vollendete 3. Lebensjahr des Kindes hinaus **maßgeblichen Umständen** s. RdNr. 40–49. 2

B. Privilegierung des Betreuungsunterhalts

Aus dem Zweck des Betreuungsunterhalts, das Kindeswohl zu wahren (dazu RdNr. 1), folgt sein hoher Stellenwert, der auch in folgenden Privilegierungen zum Ausdruck kommt: 3

- Die gesetzliche Regelung sieht keinen festen **Einsatzzeitpunkt** vor (dazu auch § 1569 RdNr. 12).[3] – Der Unterhaltsanspruch kann jederzeit **wieder aufleben,** wenn ein Kind betreuungsbedürftig wird, es zum anderen Elternteil wechselt oder eine nachfolgende Ehe aufgelöst wird (§ 1586 a). Er kann auch erst lange nach der Scheidung (dazu RdNr. 26) und zudem ggf. wieder entstehen, etwa wenn entgegen bisheriger Erwartung der Unterhalt aus dem Vermögen wegen dessen Wegfalls nicht nachhaltig gesichert werden kann (vgl. § 1577 Abs. 4 S. 1 und 2).
- Die **negative Härteklausel** in § 1579 (zu deren Entwicklung s. 3. Aufl. RdNr. 5–7) sichert den Vorrang der Kinderinteressen in verfassungskonformer Weise durch den Vorbehalt, dass Beschränkungen des Unterhaltsanspruchs „auch unter Wahrung der Belange eines dem Berechtigten zur Pflege und Erziehung anvertrauten Kindes" stehen (dazu § 1579 RdNr. 65–68).
- Der Betreuungsunterhalt genießt neben Unterhaltsansprüchen wegen langer Ehedauer den **Vorrang** vor anderen Unterhaltsansprüchen (§§ 1582, 1609 Nr. 2).
- Für die Ansprüche auf Alters- und Krankenunterhalt stellen die §§ 1571 Nr. 2, 1572 Nr. 2 die Beendigung der Kinderbetreuung dem **Stichtag** der Ehescheidung gleich; nach §§ 1574 Abs. 2 S. 2, 1578 b Abs. 1 S. 3, Abs. 3, 1579 Nr. 1 Halbs. 2 ist die **Zeit der Kinderbetreuung** zu berücksichtigen.
- Letztlich ist der Betreuungsunterhalt hinsichtlich seiner **vertraglichen Disponibilität** durch seine Zurechnung zum Kernbereich der Scheidungsfolgen bevorzugt (dazu § 1585 c RdNr. 29).
- Gewährung von **Erziehungsrente** für den geschiedenen Ehegatten (dazu § 1564 RdNr. 125, Vor § 1587 RdNr. 10).
- Unterhaltsrechtliche Privilegierung des **Erziehungsgeldes** (§ 9 BErzGG) und des **Elterngeldes** (§ 11 BEEG).

---

[2] BT-Drucks. 7/650 S. 122 f.; dazu auch BVerfGE 118, 45 = NJW 2007, 1735 = FamRZ 2007, 965, 968 f. [46]. – Zum UÄndG 2007 s. auch BT-Drucks. 16/1830 S. 17; BT-Drucks. 16/6980 S. 9.

[3] *Schilling* FF 2008, 279, 283.

C. Traditionelles „Altersphasenmodell“[4]

I. Betreuung eines Kindes

4 **1. Vorschulalter.** Weil ein Elternteil sich der Betreuung eines Kleinkindes ganz widmen darf, brauchte der Ehegatte, der ein noch nicht schulpflichtiges Kind betreut, grundsätzlich **keiner Erwerbstätigkeit** nachzugehen[5] und sich auch nicht als Tagesmutter zu betätigen.[6] Auch der Besuch des **Kindergartens** oder die Möglichkeit hierzu begründete grundsätzlich noch keine Erwerbsobliegenheit, auch nicht die Betreuung des Kindes durch die Eltern des Berechtigten während dessen **ausbildungsbedingter** Abwesenheit, wenn davon ausgegangen werden konnte, dass dies bei einer Erwerbstätigkeit des Berechtigten nicht der Fall gewesen wäre.[7]

5 **2. Grundschulalter.** Während des **1. Schuljahres** oder bis zur Vollendung des **8. Lebensjahres** bestand für den betreuenden Elternteil wegen der ungünstigen Gestaltung der Stundenpläne und der Umstellung des Kindes auf den geregelten Schulbetrieb, welche die gleiche Aufmerksamkeit und Zuwendung wie für das Vorschulkind erforderten,[8] grundsätzlich keine Erwerbsobliegenheit.[9] – Während der weiteren Grundschulklassen bis etwa zum **11. Lebensjahr** richtete sich die Erwerbsobliegenheit nach den Umständen des Einzelfalles, weil mit zunehmendem Alter des Kindes im Allgemeinen die Bedeutung der Betreuungsleistungen zunehmend zurücktreten sollte; neben die persönlichen Umstände des betreuenden Elternteils wie Alter, Gesundheit, Berufsausbildung und Chancen auf dem Arbeitsmarkt traten die sonstigen subjektiven Umstände wie frühere Berufsausübung seit der Geburt des Kindes, die Möglichkeit zur Einbindung einer Betreuungsperson, Dauer der Ehe und wirtschaftliche Lage der Parteien.[10]

Bsp. aus der Rspr.: OLG München FamRZ 1988, 1021, 1024: Keine Erwerbsobliegenheit während der 2. Grundschulklasse. – **OLG Celle FamRZ 1988, 1238, 1240; OLG Koblenz FamRZ 1989, 627; NJWE-FER 2001, 249 = FamRZ 2001, 1617:** Keine Erwerbsobliegenheit bis vollendetem 10. Lebensjahr oder der 4. Grundschulklasse. – **OLG Hamm NJW-RR 1994, 707 = FamRZ 1994, 446, 447; OLG Schleswig NJW-RR 2004, 147, 148**: Keine Erwerbsobliegenheit während der ganzen Grundschulzeit oder, OLG Hamm aaO, bis zum 10. Lebensjahr. – **OLG Saarbrücken OLGR 2004, 60 = FuR 2005, 90:** Auch nach vollendetem 8. Lebensjahr „bis auf Weiteres“ keine Erwerbsobliegenheit.

6 Als objektiver Umstand konnte die soziale Wirklichkeit, dass auch in vollständigen Familien die Erwerbstätigkeit von Müttern schulpflichtiger Kinder weit verbreitet ist, nicht außer Acht gelassen werden. – Im Grundschulalter konnte dem betreuenden Elternteil nur ganz ausnahmsweise mehr als eine **Halbtagstätigkeit**[11] angesonnen werden, etwa bei einer entspre-

[4] In Anlehnung an die verwandten Altersgrenzen auch „0–8–15-Modell“ genannt: *Wellenhofer* FamRZ 2007, 1282, 1283 Fn. 18 schreibt diese anschauliche Begriffsbildung wohl zu Recht *Klinkhammer* zu.

[5] BGH NJW 1982, 175 = FamRZ 1982, 25, 27; NJW 1983, 1427 = FamRZ 1983, 456, 458; aA etwa OLG Hamm FamRZ 1982, 297, 298 (5jähriges Kind; an einem ganzen Tag der Woche erwerbstätig).

[6] AA AG Essen NJW-RR 1995, 1026 = FamRZ 1996, 804, 805 m. abl. Anm. *Zieroth.*

[7] BGH FamRZ 1987, 252, 253.

[8] Aus den LL bis 31. 12. 2007: Bis zum Übergang in die 3. Grundschulklasse: Bremen, Frankfurt a. M., Hamburg, KG, SüdL (Nr. 17.1). – Bis zur Vollendung des 8. Lebensjahres: Düsseldorf, Köln, Oldenburg (Nr. 17.1.1). – Bis zur Vollendung des 9. Lebensjahres: Schleswig (Nr. 17.1). – Bis zum Ende des Jahres der Einschulung: Koblenz Nr. 17.1. – Bis zur Beendigung der Grundschule: Celle, Hamm (Nr. 17.1).

[9] StRspr. des BGH, BGH NJW 1982, 175 = FamRZ 1982, 25, 27; NJW 1983, 1427 = FamRZ 1983, 456, 458; NJW 1984, 1537 = FamRZ 1984, 356; NJW 1989, 1083 = FamRZ 1989, 487; NJW 1995, 1148 = FamRZ 1995, 291, 292; zuletzt BGH NJW 2006, 2182 = FamRZ 2006, 846, 847 m. Anm. *Born*; s. auch OLG Hamm FamRZ 2001, 228 (LS2): bei Betreuung eines 8 Jahre alten Kindes in der 3. Grundschulklasse mit „bis-Mittag-Betreuung“ ist Vormittagsbeschäftigung zumutbar.

[10] BGH NJW 1982, 326 = FamRZ 1982, 148, 150; NJW 1984, 2358 = FamRZ 1984, 662; NJW 1989, 1083 = FamRZ 1989, 487.

[11] So auch OLG Braunschweig FamRZ 2002, 1711 (halbschichtige Erwerbstätigkeit).

chenden Lebensplanung der Eltern, einer besonders günstigen Betreuungssituation[12] oder einer bereits früher in größerem Umfang begonnenen und ausgeübten Erwerbstätigkeit.[13]

3. Vollendung des 11.–15. Lebensjahres. In diesem Alter wurde eine Erwerbsobliegenheit des betreuenden Elternteils im Umfang einer **Teilzeittätigkeit,** nicht aber stets einer Halbtagstätigkeit angenommen.[14] Doch wurde in besonders gelagerten Fällen auch eine den Umfang einer Halbtagstätigkeit übersteigende Erwerbstätigkeit oder gar eine Ganztagstätigkeit angesonnen.[15] Die Umstände des Einzelfalles konnten eine Erwerbsobliegenheit aber auch ganz ausschließen.[16] 7

4. Vollendung des 16. Lebensjahres. Ein „Hineinwachsen des Kindes in ein Alter von 15 oder 16 Jahren" ermöglichte dem betreuenden Elternteil idR die Aufnahme einer Vollzeitbeschäftigung,[17] ab etwa dem 16. Lebensjahr war er idR an der Aufnahme einer **Ganztagstätigkeit** nicht mehr gehindert.[18] Zunehmend wurde dies bereits ab vollendetem **15. Lebensjahr** angenommen.[19] – Die Betreuung eines gesunden **volljährigen** Kindes führte selbst dann nicht zu einem Unterhaltsanspruch nach § 1570, wenn es noch die Schule besuchte und unterhaltsrechtlich privilegiert war (dazu §§ 1603 Abs. 2 S. 2, 1609 Nr. 1).[20] 8

Dagegen konnte die Betreuung eines – ggf. auch volljährigen – **kranken Kindes** einen Anspruch auf Betreuungsunterhalt begründen. 9

Bsp. aus der Rspr.: OLG Saarbrücken DAVorm 1998, 918: Zumutbarkeit einer halbschichtigen Erwerbstätigkeit für einen geschiedenen Ehegatten, der ein 21-jähriges Kind pflegt, das seit seiner Geburt an einer tuberkulösen Hirnsklerose mit Anfallsleiden leidet, sich auf der Entwicklungsstufe eines 4–5-jährigen Kindes befindet und täglich 4–5 Stunden Pflege bedarf, jedenfalls dann, wenn sachverständig der Besuch einer Behindertenwerkstatt ausdrücklich befürwortet wird. – **OLG Zweibrücken FamRZ 2001, 833 f.:** Betreuung eines 15-jährigen, durch ein Down-Syndrom geistig schwer behinderten Kindes, das schultäglich bis in den Nachmittag in einer Behinderteneinrichtung betreut wird; das OLG nimmt nur die Obliegenheit für eine Aushilfstätigkeit an; ab 1. 1. 2008 dürfte diese Obliegenheit angesichts der Dauer der Abwesenheit des Kindes jedoch zu gering bemessen sein. – **OLG Braunschweig FamRZ 2002, 1711:** Halbschichtige Erwerbstätigkeit ab vollendetem 8. Lebensjahr. – **OLG Schleswig FuR 2006, 283:** Betreuung eines durch eine im Kindesalter erlittene Meningitis in der Entwicklung deutlich zurückgebliebenen

---

[12] OLG Köln FamRZ 1990, 1241; OLG Celle NJW-RR 1992, 776.

[13] OLG Oldenburg FamRZ 2005, 718, 719.

[14] BGH NJW 1979, 1452 = FamRZ 1979, 571, 572 f.; NJW 1981, 448 = FamRZ 1981, 17; NJW 1981, 1782 = FamRZ 1981, 752; NJW 1984, 2355 = FamRZ 1984, 769, 770; NJW 1997, 1851 = FamRZ 1997, 671, 673; NJW-RR 1999, 297 = FamRZ 1999, 372 f. – Ebenso LL bis 31. 12. 2007 (Nr. 17.1.): Bremen, Celle, Düsseldorf, Frankfurt a. M., Hamburg, Köln, SüdL; Hamm, Oldenburg (Nr. 17.1.1). Nach – abzulehnender – Auffassung des OLG Schleswig SchlHA 1996, 50 = FamRZ 1996, 734 (LS) ist bei der Betreuung eines noch nicht 14 jährigen Kindes nur eine Erwerbstätigkeit im Geringverdienerbereich zumutbar; aA auch OLG Köln FamRZ 1982, 706, 709; NJW-RR 2001, 276 = FamRZ 2001, 1717 (maximal Halbtagstätigkeit); OLG Hamm FamRZ 1983, 186, 187; OLG Frankfurt a. M. FamRZ 1986, 1103 (30 Wochenstunden); OLG Düsseldorf FamRZ 1991, 192, 193. LL Koblenz, Schleswig Nr. 17.1: IdR halbschichtige Erwerbstätigkeit.

[15] OLG Saarbrücken NJW-RR 2006, 869, 871 (bis 3/4-schichtig).

[16] OLG Celle FamRZ 1981, 268 (asthmakrankes 11 jähriges Kind); FamRZ 1987, 1038, 1039 (Autismus); OLG Zweibrücken OLGR 2000, 466, 468 = FamRZ 2000, 1366 (LS2) (12 Jahre; Erziehungsprobleme, erhebliche schulische Schwierigkeiten und Gefahr des Abgleitens in die „rechte Szene").

[17] BGH NJW 1985, 429 = FamRZ 1985, 50, 51; NJW 1988, 2369 = FamRZ 1988, 265, 266; NJW 1997, 1851 = FamRZ 1997, 671, 673; auch LL Düsseldorf, Nr. 17.1; Hamm Nr. 17.1.1.

[18] BGH NJW 1983, 1548 = FamRZ 1983, 569, 571 (15½ Jahre); BGHZ 89, 108 = NJW 1984, 292 = FamRZ 1984, 149, 150; NJW 1985, 429 = FamRZ 1985, 50, 51; BGHZ 109, 72 = NJW 1990, 1172 = FamRZ 1990, 260; NJW 1997, 1851 = FamRZ 1997, 671, 673; auch KG FamRZ 1984, 898 f.; OLG Düsseldorf FamRZ 1985, 815, 816 (16/17 jährig); OLG Hamm FamRZ 1988, 1056; OLG Zweibrücken FamRZ 1989, 1192; OLG Naumburg OLGR 1997, 233 = FamRZ 1998, 479 (LS).

[19] OLG Celle NJW-RR 1994, 1354 = FamRZ 1994, 963, 964; ebenso LL bis 31. 12. 2007: Bremen, Frankfurt a. M., Hamburg, KG, Koblenz, Köln, Oldenburg (Nr. 17.1.1); Schleswig, SüdL (Nr. 17.1); nicht jedoch OLG Celle (Nr. 17.1).

[20] BGH NJW 1985, 429 = FamRZ 1985, 50, 51; auch OLG Zweibrücken FamRZ 1981, 148, 149; aA lediglich *Roth-Stielow* NJW 1982, 425.

36-jährigen Kindes bis zur Aufnahme einer Ausbildung in einer überbetrieblichen Arbeitsstätte.

II. Betreuung mehrerer Kinder

10 Die **Unterhaltsrechtlichen Leitlinien** der OLG verwiesen idR darauf, dass von den Regeln zur Betreuung eines Kindes bei Betreuung mehrerer Kinder abgewichen kann, ohne weitere konkrete Kriterien vorzugeben. Lediglich das OLG Köln Nr. 17.1. (Erwerbstätigkeit unzumutbar bei mehreren Kindern unter 14 Jahren, Teilerwerbsobliegenheit bei mehreren Kindern zwischen 14 und 18 Jahren) und das OLG Oldenburg Nr. 17.1.1. (Teilerwerbsobliegenheit bei mehreren Kindern zwischen 13 und 16 Jahren) differenzieren. Im Übrigen wird auf den konkreten Einzelfall verwiesen, für den gilt:

11 Auch bei der Betreuung von **2 schulpflichtigen Kindern** schied die Obliegenheit, eine Teilzeitbeschäftigung anzunehmen, nach den Umständen des jeweiligen **Einzelfalles** nicht stets aus.[21] Doch waren die für die Betreuung nur eines minderjährigen schulpflichtigen Kindes geltenden Grundsätze nicht entsprechend anwendbar,[22] vielmehr war dem betreuenden Elternteil eine Erwerbstätigkeit nur in geringerem Umfang als bei der Betreuung nur eines Kindes zumutbar.[23] So konnte zwar die Fortführung einer schon während der Ehe ausgeübten Teilzeitarbeit als Lehrerin trotz der Betreuung von 7 und 11 Jahre alten Kindern angesonnen,[24] aber trotz der Betreuung von 11 und 12 Jahre alten Kindern bei vorgerücktem Alter des betreuenden Elternteils und langer Unterbrechung der Berufstätigkeit eine Erwerbsobliegenheit verneint werden.[25] Doch wurde idR auch eine Teilzeitbeschäftigung nicht zugemutet, bevor nicht ein Kind jedenfalls das 14. oder 15. Lebensjahr vollendet hatte.[26] – Bei der Betreuung von **3 und mehr Kindern** kam eine Erwerbsobliegenheit nur in seltenen Ausnahmefällen in Betracht.[27]

12 **Bsp. aus der Rspr.: Keine Teilzeiterwerbstätigkeit. OLG Stuttgart FamRZ 1978, 693:** 11 und 8 Jahre. – **OLG Stuttgart FamRZ 1980, 1004:** 9 und 7 Jahre. – **OLG Frankfurt a. M. FamRZ 1982, 818, 819:** 14 und 11 Jahre. – **OLG Karlsruhe FamRZ 1985, 286, 287:** 11 und 8 Jahre. – **OLG Düsseldorf FamRZ 1985, 417, 418:** 12 und 8 Jahre. – **OLG Oldenburg FamRZ 1990, 170:** 9 und 8 Jahre. – **AG Hamburg FamRZ 1991, 208, 209:** 12, 10 und 7½ Jahre. – **OLG Hamm FamRZ 1994, 1115, 1116:** 9 und 11 Jahre. – **OLG Hamm FamRZ 1995, 173, 174:** 7 und 10 Jahre. – **OLG Koblenz FamRZ 1995, 1415:** 7 und 11 Jahre. – **BGH NJWE-FER 1996, 15 = FamRZ 1996, 1067, 1068:** 7 und 11½ Jahre. – **OLG Koblenz FamRZ 2000, 288:** 9 und 11 Jahre. – **OLG Hamm OLGR 2000, 236, 237:** 10 und 12 Jahre; solange auch nur ein Kind in der Grundschule. – **OLG Zweibrücken FamRZ 2001, 228 (LS):** 3 Kinder im Alter zwischen 9 und 12 Jahren. – **OLG Oldenburg NJW-RR 2001, 227 = FamRZ 2002, 243, 244:** 12 und 14 Jahre. – **OLG Köln NJW 2001, 3716 = FamRZ 2002, 463 f.:** 10 und 7 Jahre.

Teilzeiterwerbstätigkeit. OLG Nürnberg NJW 1980, 1473: 12 und 11 Jahre. – **OLG München FamRZ 1981, 461, 462:** 11 und 9 Jahre; Berechtigter kann als Übersetzer zu Hause arbeiten. – **OLG Zweibrücken FamRZ 1982, 1016:** 12 Jahre, dazu Aufnahme eines 25-jährigen, behinderten Kindes am Wochenende. – **KG FamRZ 1982,**

---

[21] BGH NJW 1982, 232 = FamRZ 1982, 23, 24; NJW 1982, 326 = FamRZ 1982, 148; NJW 1987, 776 = FamRZ 1987, 46, 47; NJW-RR 1988, 514 = FamRZ 1988, 145, 146. – S. für die Zeit nach der Unterhaltsreform *Klinkhammer* FF 2007, 13, 14: keine Erwerbsobliegenheit bei der Betreuung eines 3 und eines 5 jährigen Kindes.

[22] BGH NJW-RR 1997, 897 = FamRZ 1997, 873, 875.

[23] BGH NJW 1982, 326 = FamRZ 1982, 148, 150; NJW 1990, 3274 = FamRZ 1990, 989.

[24] BGH NJW 1981, 2804 = FamRZ 1981, 1159.

[25] BGH NJW 1981, 2804 = FamRZ 1981, 1159.

[26] Etwa *Soergel/Häberle* RdNr. 11; *Kalthoener/Büttner/Niepmann* RdNr. 403, jeweils mwN. Insoweit lediglich referierend BGH NJW-RR 1997, 897 = FamRZ 1997, 873, 875; aA etwa OLG Nürnberg NJW 1980, 1473 (12 und 11 Jahre alte Kinder: 3stündige Teilzeittätigkeit zumutbar).

[27] BGH NJW 1983, 933 = FamRZ 1983, 146, 147; NJW-RR 1990, 323 = FamRZ 1990, 283, 286.

1021, 1022: 14 und 12½ Jahre; halbschichtige Erwerbstätigkeit. – **OLG Bamberg FamRZ 1988, 725 f.:** 14 und 10 Jahre. – **KG FamRZ 1995, 355:** Das jüngere Kind hat das 8. Lebensjahr vollendet und besucht die 3. Klasse. – **OLG Düsseldorf FamRZ 1996, 734, 735:** Das jüngere Kind hat das 8. Lebensjahr vollendet (unter unzutreffender Bezugnahme auf die Entscheidung **BGH NJW 1995, 1148 = FamRZ 1995, 292,** der nur ein zu betreuendes Kind zugrunde lag). – **OLG Hamm OLGR 1997, 93, 94:** 14 und 12 Jahre alte Kinder, die weiterführende Schulen besuchen; stundenweise Erwerbstätigkeit zumutbar. – **OLG Köln NJW-RR 1998, 1300 = FamRZ 1999, 113, 114:** 2 Kinder unter 8 Jahren, bereits während des Zusammenlebens, nicht aus wirtschaftlichen Gründen ausgeübte Teilerwerbstätigkeit ist nicht überobligat. – **OLG Celle FamRZ 1998, 1518 f.:** 13 und 8 Jahre alte Kinder; 40-jährige Beamtin, die sich nach der Geburt des ersten Kindes für 15 Jahre beurlauben lassen hat, also demnächst ihren Arbeitsplatz verlieren würde; halbschichtige Erwerbstätigkeit. – **BGH NJW-RR 1999, 297 = FamRZ 1999, 372 f.:** 12 und 13 Jahre; sozialersicherungsfreie Aushilfstätigkeit. – **OLG München FamRZ 2000, 24:** 11 und 13 Jahre, Halbtagstätigkeit. – **OLG Düsseldorf NJW-RR 001, 434 = FamRZ 2001, 102 f.:** 7, 9 und 11 Jahre, der betreuende Elternteil wollte möglichst schnell ins Berufsleben zurückkehren. – **OLG Hamm FamRZ 2001, 627:** 11, 13 und 14 Jahre; stundenweise Erwerbstätigkeit vor der Trennung wegen beengter wirtschaftlicher Verhältnisse. – **OLG Köln FamRZ 2004, 376, 377:** 15 und 14 Jahre, halbschichtige Tätigkeit als Hauptschullehrer. – **OLG Hamm FamRZ 2004, 1294, 1295:** 12 und 9 Jahre alte Kinder; halbschichtige Erwerbstätigkeit.

Keine Vollerwerbstätigkeit: OLG Hamm FamRZ 1994, 449 (LS): 12 und 14 Jahre.

D. UÄndG 2007

I. Reformanliegen

13 Das UÄndG 2007 hat durch annähernd deckungsgleiche Regelungen in §§ 1570 Abs. 1, 1615 l Abs. 2 S. 3 die Unterhaltsansprüche ehelicher und nichtehelicher Eltern nahezu gleichgestellt (dazu näher RdNr. 50, 51)[28] und damit die **Eigenverantwortlichkeit** geschiedener Ehegatten, ein Grundanliegen der Unterhaltsreform, gestärkt (dazu § 1569 RdNr. 1, 6). Der aufgrund verfassungsrechtlicher Vorgaben zum Schutz der Ehe[29] durch den RA-BT[30] eingefügte Abs. 2 ermöglicht die Berücksichtigung der **nachehelichen Solidarität.**

14 Der Reformgesetzgeber bemängelt die „häufig sehr schematisierende[n] Betrachtungsweise [der Praxis] anhand des tradierten „Altersphasenmodells"" (dazu RdNr. 4–12) und verlangt, „stärker auf den konkreten Einzelfall und tatsächlich bestehende, verlässliche Möglichkeiten der Kinderbetreuung abzustellen". Er reagiert damit auf „aktuelle Tendenzen in der jüngeren Rechtsprechung ..., die Altersgrenzen des Betreuungsunterhalts zu überprüfen und ... auf diesbezügliche Kritik der Literatur",[31] und misst ihm auch wegen der sozial- und sozialversicherungsrechtlichen Wertentscheidungen (dazu RdNr. 32) bei Kleinkindern weniger Bedeutung bei als bei Kindern, die das 3. Lebensjahr noch nicht vollendet haben.[32] Man kann sich allerdings des Eindrucks nicht erwehren, als gehe es gar nicht um das Kindeswohl, das ja gefördert werden soll,[33] sondern vornehmlich darum, „die Chancen

---

[28] Dazu BVerfGE 118, 45 = NJW 2007, 1735 = FamRZ 2007, 965 ff. – Zur Annäherung des Anspruchs der nichtehelichen Eltern aus § 1615 l an den Anspruch auf Betreuungsunterhalt bereits in der Zeit vor dem UÄndG 2007 s. auch die Darstellung der Rspr. des BGH bei *Hahne,* FS Schwab, 2005, S. 783 ff. = FF 2006, 24 ff.

[29] In Folge der Entscheidungen BVerfGE 117, 316 = NJW 2007, 1343 = FamRZ 2007, 529, 531 m. Bspr. *Helms/Wanitzek* FamRZ 2007, 685; BVerfGE 118, 45 = NJW 2007, 1735 = FamRZ 2007, 965, 970 [58].

[30] BT-Drucks. 16/6980 S. 3, 9.

[31] BT-Drucks. 16/1830 S. 16 f.

[32] BT-Drucks. 16/1830 S. 17.

[33] BT-Drucks. 16/1830 S. 13.

[des Verpflichteten] für einen Neuanfang nach einer gescheiterten Ehe [zu] erhöhen und die Zweitfamilien [zu] entlasten."[34]

15 Weil Betreuungsunterhalt als „Leitidee" v. a. wegen der Kinderbetreuung gewährt wird,[35] rückt die gesetzliche Neuregelung das **Kindeswohl** in den Vordergrund. Die Erwerbstätigkeit des betreuenden Elternteils muss mit ihm vereinbar sein (Abs. 1). Hinzugefügt hat der RA-BT als billigerweise zu beachtenden Umstand die bisherige Gestaltung der Kindesbetreuung und Erwerbstätigkeit des betreuenden Elternteils während des Zusammenlebens der Ehegatten (Abs. 2), was eine kindeswohlgerechte Anpassung an die Veränderungen des Lebensplans durch Trennung und Scheidung nicht ausschließt.[36] – Da der Anspruch auf Betreuungsunterhalt vornehmlich im Interesse des Kindes besteht (dazu RdNr. 1, 3), kommt es maßgeblich auf dessen **Einbußen** in der Betreuung durch den Berechtigten infolge Trennung und Scheidung an.[37] Deshalb ist zunächst allein der **Betreuungsaufwand** ausschlaggebend und nicht die **Eigenverantwortung.**[38] Zum Betreuungsaufwand sagt der Gesetzgeber aber nichts, verweist nicht auf sozialpädagogische Untersuchungen und sagt auch sonst nicht, warum die bisherigen Annahmen der Rspr. unzutreffend sein sollen. Gleichwohl kann sein Appell, § 1570 im Hinblick auf den „konkreten Einzelfall" und „tatsächlich bestehende, verlässliche Möglichkeiten der Kinderbetreuung" „enger auszulegen",[39] nicht unberücksichtigt bleiben. Trotz der Berücksichtigung der bisherigen Vorstellungen der Ehegatten (Abs. 2) ist mit der Novellierung insoweit eine **grundsätzliche Änderung** gegenüber der bisherigen Handhabung in der Praxis verbunden, als nach dem Gesetzeswortlaut „bestehende Möglichkeiten der Kinderbetreuung zu berücksichtigen" sind (dazu RdNr. 18–22)[40] und deren Berücksichtigung „grundsätzlich bei den über dreijährigen Kindern [auch] geboten" ist.[41]

II. Verfassungsgemäßheit

16 Bislang wurde von der Verfassungsgemäßheit des „Altersphasenmodells" (dazu RdNr. 4–12) ausgegangen, weil es dem Betreuungsbedarf der Kinder angemessen Rechnung getragen habe. Unterstellt man, dass die Fremdbetreuung (dazu RdNr. 40–45) tatsächlich so umfänglich angeboten wird, dass sich daraus die erforderliche Verlässlichkeit und Konstanz für den betreuenden Elternteil hinsichtlich der Ausübung einer Erwerbstätigkeit ergibt, reduziert sich die verfassungsrechtlich zu beantwortende Frage darauf, ob es für diesen Elternteil ohne entsprechende entwicklungspsychologische Verfassung des Kindes, die seine emotionalen Bindungen an den Elternteil berücksichtigt, im Hinblick auf den ausdrücklichen grundgesetzlichen Schutz der Kinderbetreuung in Art. 6 Abs. 2 S. 1 GG einen **„Zwang zur Fremdbetreuung"**[42] geben kann. Dies wird zwar grundsätzlich zu verneinen,[43] jedoch auch im Lichte der nachehelichen Eigenverantwortung und ggf. dem Schutz der „Zweitfamilie" des nicht betreuenden Elternteils nach Art. 6 Abs. 1 zu sehen sein.

III. Kritik

17 Durch die gesetzliche Neuregelung des Betreuungsunterhalts scheint das **Kindeswohl** eher beeinträchtigt und seine Stärkung als Ziel der Unterhaltsreform in sein Gegenteil verkehrt:

---

[34] BT-Drucks. 16/1830 S. 13; dazu auch *Klein/Schlechta* FPR 2005, 496, 497; *Berghahn/Wersig* FPR 2005, 508.

[35] BT-Drucks. 16/6980 S. 8 f.; s. auch BVerfGE 118, 45 = NJW 2007, 1735 = FamRZ 2007, 965, 971 f. [60–67].

[36] Ebenso *Wellenhofer* FamRZ 2007, 1282, 1283; nicht ausgeschlossen von BVerfGE 118, 45 = NJW 2007, 1735 = FamRZ 2007, 965, 970 [58].

[37] S. auch OLG Naumburg OLGR 1997, 169 = FamRZ 1998, 243 (LS).

[38] Ähnlich *Schwab* FamRZ 2005, 1417, 1418; aA wohl *Niebling* FF 2008, 193, 194.

[39] BT-Drucks. 16/1830 S. 17.

[40] *Gerhardt* FuR 2005, 529, 531; aA wohl *Reinken* FPR 2005, 502, 503.

[41] BT-Drucks. 16/1830 S. 17.

[42] Begriff von *Schwab* FamRZ 2005, 1417, 1418.

[43] Im Ergebnis ebenso *Schwab* FamRZ 2005, 1417, 1418.

Das Mehr an Erwerbstätigkeit des betreuenden Elternteils wird durch ein Weniger an persönlicher Kinderbetreuung erkauft.[44] Die entscheidenden Fragen dürften deshalb lauten:
- Welchen **Wert** hat die persönliche Betreuung durch einen Elternteil für ein Kind?
- Macht es ab vollendetem 3. Lebensjahr nicht die **Mischung** aus Eigen- und Fremdbetreuung?

Daraus könnten sich Ableitungen in zweifacher Hinsicht ergeben:
- Aus dem Wert der Fremdbetreuung etwa im **Kindergarten** kann sich ein – bislang verneinter – **Zwang** dahin ergeben, dieses Angebot wegen seiner das Kindeswohl fördernden Auswirkungen auch anzunehmen. Auf die Fremdbetreuung im **Familien-, Freundes-** und **Bekanntenkreis** braucht sich der betreuende Elternteil aber regelmäßig nicht verweisen lassen, weil diese idR aus Gefälligkeit übernommen wird und nicht die erforderliche Gewähr für Stetigkeit und Nachhaltigkeit bietet.
- Dieser Zwang zur Fremdbetreuung steht unter dem Vorbehalt der physischen und psychischen **Konstitution des Kindes** – Eignung nach Entwicklungsstand und Gesundheit für die betreffende Art und Dauer der Betreuung; Belastung durch Trennung und Scheidung, Verlustängste etc.[45] – sowie der Vereinbarkeit der konkreten Arbeitszeiten mit den Bedürfnissen des Kindes und den konkret angebotenen **Fremdbetreuungszeiten.** Insbesondere für die ersten 2 Grundschulklassen stellt sich die Frage nach der „verlässlichen Grundschule" (dazu auch RdNr. 44).

Für die **familiengerichtliche Praxis** wird sich daraus wohl ein erhöhter Aufwand ergeben: Zum einen, weil das Abstellen auf den jeweiligen Einzelfall zu Unsicherheit in der beratenden Praxis führt. Zum anderen, weil sich die Verpflichteten vermutlich verstärkt auf die Fremdbetreuungsmöglichkeiten und die sich daraus ergebenden zeitlichen Ressourcen für eine Erwerbstätigkeit des betreuenden Elternteils berufen werden. Diese werden deshalb geprüft, ggf. wird Beweis erhoben werden müssen. Maßgebliche Bedeutung wird deshalb der **Darlegungs- und Beweislast** für die Erwerbsobliegenheit des betreuenden Elternteils zukommen (dazu RdNr. 61–63). 18

IV. Normstruktur

Die Norm ist in ihrer ihr durch den RA-BT gegebenen Form wie folgt aufgebaut: Abs. 1 S. 1 regelt den Anspruch auf den **Basisunterhalt** für die ersten 3 Lebensjahre des Kindes (dazu im Einzelnen RdNr. 32–34).[46] An ihn schließt sich ggf. ein Anspruch auf **Verlängerung** des Unterhalts entsprechend der Billigkeit aus Gründen des Kindeswohls an (**„kindbezogene Belange"** [Abs. 1 S. 2, 3] dazu RdNr. 39). Wenn allein diese Gründe für eine Verlängerung des Anspruchs nicht (mehr) ausreichen, kann Betreuungsunterhalt gleichwohl zugesprochen werden, wenn dies aus „ehebezogenen Belangen" billig ist (**„Annexanspruch"** [Abs. 2]; dazu im Einzelnen RdNr. 46–49). – Dabei begreift der Gesetzgeber den Anspruch auf Betreuungsunterhalt unabhängig davon, worauf er gestützt wird, als **einheitlichen Anspruch.**[47] 19

Hinsichtlich der Möglichkeiten, den Unterhaltsanspruch über das vollendete 3. Lebensjahr des Kindes hinaus aus Gründen der **Billigkeit** zu verlängern, unterscheidet der Reformgesetzgeber zwischen „kindbezogenen Belangen" und „ehebezogenen Belangen".[48] Die eine Verlängerung rechtfertigenden „kindbezogenen Belange" werden in Abs. 1 (S. 2, 3), die „ehebezogenen Belange" in Abs. 2 geregelt. Systematisch zutreffender wäre mE gewesen, beide Verlängerungsmöglichkeiten in Abs. 2 zusammenzufassen, weil die Billigkeit nicht ein- 20

---

[44] *Soyka* Stuttgarter Zeitung v. 4. 9. 2006, S. 8.

[45] *Hütter* FamRZ 2006, 1577, 1579; *Wellenhofer* FamRZ 2007, 1282, 1283.

[46] Zur Terminologie s. BT-Drucks. 16/6980 S. 8.

[47] BT-Drucks. 16/6980 S. 9: „Entsprechend handelt es sich bei dem Anspruch nach § 1570 Abs. 2 nicht um einen selbständigen Unterhaltstatbestand, sondern um eine ehespezifische Ausprägung des Betreuungsunterhaltsanspruchs und ist damit eine Art „Annexanspruch" zum Anspruch nach § 1570 Abs. 1."

[48] BT-Drucks. 16/6980 S. 9.

dimensional beurteilt werden kann und durchaus denkbar ist, dass erst das Zusammenspiel beider Belange die Verlängerung des Unterhaltsanspruchs rechtfertigt. Damit wäre auch der sich daraus ergebenden Unstimmigkeit, dass lediglich Abs. 1 S. 2 den verlängerten Unterhalt unter den ausdrücklichen Vorbehalt „wenn und soweit dies der Billigkeit entspricht" stellt, nicht jedoch Abs. 2 (dazu auch RdNr. 46, 53), vorgebeugt worden.

21 Dieser Aufbau der Norm wirft letztlich die Frage nach der **Konkurrenz** der Ansprüche aus Abs. 1 S. 1, Abs. 1 S. 2 und Abs. 2 auf. Nach ihrer Konzeption als einem einheitlichen Anspruch auf Betreuungsunterhalt (dazu RdNr. 19) ergibt sich dieser zunächst bis zum vollendeten 3. Lebensjahr des Kindes aus Abs. 1 S. 1, an den sich wegen der besonderen Bedeutung der kindbezogenen Belange (dazu RdNr. 39–45) die Verlängerung nach Abs. 1 S. 2, 3 anschließt, und der schließlich in einen Anspruch nach Abs. 2 aus elternbezogenen Belangen (dazu RdNr. 46–49) einmünden kann.[49] Aus dieser Rangordnung folgt auch die **Wertigkeit** der Ansprüche: IdR wird elternbezogenen Belangen geringeres Gewicht beizumessen sein wie kindbezogenen.[50]

E. Allgemeine Voraussetzungen des Unterhaltsanspruchs

I. Gemeinschaftliches Kind

22 „Gemeinschaftlich" ist ein Kind, wenn es **„ehelich"** ist,[51] also

- während der Ehezeit geboren wurde; dabei ist solange unerheblich, ob der geschiedene Ehemann auch der biologische Vater ist, als die Nichtvaterschaft nicht gerichtlich festgestellt ist;
- innerhalb von 300 Tagen nach der Auflösung der Ehe durch den Tod des Ehegatten geboren wurde (§§ 1592 Nr. 1, 1593 S. 1 und 2;[52] zur Anwendung von § 1579 Nr. 3 und 7 s. dort RdNr. 23, 50; zur Kindesunterschiebung auch § 1578 RdNr. 178),[53]
- zwar vor der Eheschließung geboren wurde, die Vaterschaft des Ehemannes aber anerkannt oder gerichtlich festgestellt ist,
- nach §§ 1719 ff. aF legitimiert[54] oder
- von beiden Ehegatten an Kindes statt angenommen (§ 1754 Abs. 1) worden ist.

23 **Kein** Anspruch auf Betreuungsunterhalt besteht für die Betreuung

- von Kindern aus einer früheren Ehe eines Ehegatten,[55] auch soweit der Ehemann aus der Folgeehe der biologische Vater ist, die Nichtvaterschaft des Ehemannes der Vorehe aber nicht gerichtlich festgestellt und die Vaterschaft vom Ehemann der Folgeehe nicht anerkannt worden ist,[56]
- vor der Eheschließung geborener, aber nicht anerkannter oder nicht gerichtlich festgestellter gemeinschaftlicher Kinder und

[49] Ebenso *Borth* FamRZ 2008, 2, 8. S. auch BGHZ 177, 272 = NJW 2008, 3128 m. Bespr. *Graba* NJW 2008, 3105 = FamRZ 2008, 1739, 1748 [100] m. Anm. *Maurer* FamRZ 2008, 1830, *Viefhues* FF 2008, 376 und m. Anm. *Fiedler* FPR 2008, 518 (Verlängerung wegen kindbezogener Belange ist „vorrangig"); s. auch BT-Drucksache 16/6980 S. 10 (zu § 1615 l).

[50] BGHZ 177, 272 = NJW 2008, 3128 m. Bespr. *Graba* NJW 2008, 3105 = FamRZ 2008, 1739, 1748 [102] m. Anm. *Maurer* FamRZ 2008, 1830, *Viefhues* FF 2008, 376 und *Fiedler* FPR 2008, 518.

[51] Die bis zum 30. 6. 1998 auch im Rahmen von § 1570 getroffene Unterscheidung nach ehelichen und nichtehelichen Kindern (vgl. BGH NJW 1998, 1065 = FamRZ 1998, 426 f.) wurde durch das KindRG mit Wirkung ab 1. 7. 1998 weitgehend aufgehoben.

[52] BGH NJW 1998, 1065 = FamRZ 1998, 426 f.; s. auch KG OLGR 1997, 127.

[53] Auch wenn es aus einer heterologen Insemination hervorgegangen ist. Zu den sich daraus ergebenden Unterhaltsansprüchen des Kindes s. BGHZ 129, 297 = NJW 1995, 2028 = FamRZ 861 ff.; NJW 1995, 2031 = FamRZ 1995, 865 ff.

[54] Die Regelungen über die Legitimation (§§ 1719–1740 g aF) wurden, jeweils mit Wirkung ab 1. 7. 1998, durch Art. 1 Nr. 5 BeistandG (Art. 6 BeistandG) vom Siebten Titel zum Achten Titel und durch Art. 1 Nr. 48 KindRG aufgehoben.

[55] *Soergel/Häberle* RdNr. 5.

[56] OLG Düsseldorf FamRZ 1999, 1247.

– zwar gemeinschaftlicher, aber nach der Scheidung gezeugter und geborener Kinder (§ 1615 a).[57] Für die Mutter besteht ein Unterhaltsanspruch aus § 1615 l.[58] Ein Anspruch auf Billigkeitsunterhalt nach § 1576 wie bei der Betreuung eines **Pflegekindes** (dazu § 1576 RdNr. 6) ist kaum denkbar, sieht doch § 1615 l Abs. 2 S. 4 [UÄndG 2007] eine Verlängerung des Betreuungsunterhalts gerade aus Billigkeitsgründen vor.

Für noch **während der Ehe** gezeugte, aber nach rechtskräftiger Scheidung geborene Kinder, für die nicht die Vaterschaftsvermutung aus § 1592 Nr. 1 gilt, kann dies unter dem Gesichtspunkt fortbestehender nachehelicher Solidarität zweifelhaft sein. Aus Gründen der Rechtsklarheit sollte jedoch auch auf sie nicht § 1570 zur Anwendung kommen, weil sonst eine Vielzahl weiterer Differenzierungen nach den Umständen der Zeugung erforderlich wäre: Die Ehegatten haben noch zusammengelebt; sie haben getrennt gelebt und sich lediglich ab und an, ggf. nur einmal wieder getroffen; Versöhnungsversuch.[59] Der Schutz der Ehefrau durch §§ 1576, 1578 Abs. 3, 1582 und durch § 1615 l reicht aus, um einen Ausgleich der durch die Mutterschaft und die Auflösung der Ehe geschaffenen unterschiedlichen Interessen zu gewährleisten. – Zum **Konkurrenzverhältnis** zwischen § 1576 und § 1615 l s. § 1576 RdNr. 22. – Zum **Trennungsunterhalt** s. § 1361 RdNr. 53–56. 24

II. Pflege und Erziehung

1. Begriff. „Pflege und Erziehung" entspricht die in § 1609 Nr. 2 [UÄndG 2007] angesprochene **Betreuung** eines Kindes. Sie haben dieselbe Bedeutung wie in Art. 6 Abs. 2 GG und in §§ 1571 Nr. 2, 1572 Nr. 2, 1574 Abs. 2 S. 2, 1577 Abs. 4, 1578 b Abs. 1 S. 1, 3, Abs. 2 [UÄndG 2007], 1579 (auch Nr. 1), 1582, 1609 Nr. 2, 1586 a Abs. 1 §§ 1578 b Abs. 1 S. 1, 3, 1579, 1606 Abs. 3 S. 2.[60] Zwar lassen sich beide Begriffe nicht scharf voneinander abgrenzen, doch meint Pflege die Förderung des **körperlichen Wohls** und Erziehung die der **geistigen Fähigkeiten und Anlagen.**[61] – Zur **Unterstützung** eines Elternteils in der Betreuung durch einen Dritten s. RdNr. 27. 25

2. Betreuungsbedürftigkeit. Das Kind muss der Betreuung bedürfen. Ist es zwar nicht mehr erziehungs-, wegen körperlicher oder geistiger Gebrechen wohl aber noch pflegebedürftig, kann der Anspruch fortbestehen.[62] Dies gilt auch nach **Volljährigkeit** des Kindes. – Das Kind muss nicht (spätestens) bei der **Scheidung** betreut werden.[63] Die Betreuung kann – etwa bei Geburt eines gemeinsamen Kindes nach der Scheidung oder nachträglich eintretender Betreuungsbedürftigkeit – später aufgenommen werden, aber auch entfallen und wieder neu erforderlich und erbracht werden. 26

Bsp.:[64] Die noch nicht unterhaltsberechtigte Frau, die im Zeitpunkt der Scheidung schwanger ist, wird nach der Niederkunft mit der Übernahme der Betreuung des Kindes unterhaltsberechtigt. – Der Ehegatte beginnt erst nach der Scheidung mit der Betreuung des Kindes im eigenen Haushalt, weil ihm erst jetzt die elterliche Sorge übertragen wurde oder das Kind bislang bei Verwandten oder in einem Heim untergebracht war.

3. Fremdunterbringung. Ein lediglich **vorübergehender** Heim- oder Krankenhausaufenthalt lässt die Betreuung nicht entfallen, weil er sich idR nur auf die Pflege auswirkt, die Erziehung dagegen weiter vom Elternteil wahrgenommen wird. – Betreuung und darauf 27

---

[57] AG Erding FamRZ 1995, 1414, 1415; *Dieckmann* FamRZ 1977, 81, 93; aA OLG Schleswig OLGR 1996, 202, 203 (als Vorinstanz zu BGH NJW 1998, 1065 = FamRZ 1998, 426 f.); *Schwab/Borth* IV RdNr. 152; *Soergel/Häberle* RdNr. 5; auch noch BGH NJW 1985, 428 = FamRZ 1985, 51, 52, allerdings hiervon ausdrücklich abgerückt BGH NJW 1998, 1065 = FamRZ 1998, 426.

[58] BGH NJW 1998, 1065 = FamRZ 1998, 426 f.

[59] AA AnwK-BGB/*Fränken* RdNr. 7.

[60] BT-Druck. 7/650 S. 122.

[61] *Soergel/Häberle* RdNr. 2.

[62] BT-Drucks. 7/650 S. 122. Dazu OLG Hamm FamRZ 2008, 1446 f.: Massive psychische Probleme, die zur Schulverweigerung führten und die Aufnahme in stationäre Behandlung erforderten.

[63] BT-Drucks. 7/650 S. 122.

[64] Aus der amtlichen Begründung, BT-Drucks. 7/650 S. 122.

gestützter Unterhaltsanspruch entfallen jedoch, wenn das Kind **dauerhaft** in einem Internat, einem Heim oder einer Pflegefamilie untergebracht ist. – Keine Fremdunterbringung in diesem Sinne liegt vor, wenn das Kind zeitweise von **Verwandten,** Freunden oder Bekannten oder in einer Tageseinrichtung betreut wird. Die rechtliche Umsetzung erfolgt über die Rechtsfiguren der unterhaltsrechtlichen Obliegenheiten des Berechtigten (dazu RdNr. 30) und ggf. der unterhaltsneutralen freiwilligen Leistungen Dritter. Wohl aber handelt es sich um „bestehende Möglichkeiten der Kinderbetreuung“ iSd. S. 2.

28 **4. Zusammenleben der Eltern.** Im Gegensatz zum Trennungsunterhalt (dazu aber auch § 1361 RdNr. 5) setzt § 1570 nicht voraus, dass die Ehegatten jemals zusammen gelebt haben, weil unerheblich ist, ob „die Ehegatten begonnen hatten, eine eheliche Lebensgemeinschaft zu verwirklichen und einen gemeinsamen Lebensplan ins Werk zu setzen oder durch sonstige Anstrengungen einen gemeinsamen Lebensbereich zu schaffen“.[65] Maßgebend für den Betreuungsunterhalt ist vielmehr allein die Betreuungssituation für das Kind. Insoweit werden mögliche gemeinsame Entscheidungen der Ehegatten Bedeutung erlangen.

29 **5. Sorgerecht.** Die Betreuung ist als **tatsächlicher Zustand** unabhängig vom Sorgerecht,[66] wenngleich beide idR jedenfalls als Mit-Sorgeberechtigung in einer Hand liegen. Ist der betreuende Elternteil nicht zugleich (Mit-) Sorgerechtsinhaber, ist stets die **Einwilligung** des Sorgeberechtigten, ggf. eines Vormunds oder Pflegers, in die Betreuung oder sonst ein rechtfertigender Grund für die Übernahme erforderlich.[67] Ausgeschlossen ist deshalb eine Unterhaltsberechtigung bei **willkürlicher Betreuung** gegen den Willen des/der Sorgeberechtigten oder entgegen einer gerichtlichen Sorgerechtsregelung.[68] – Unerheblich ist, wenn das Sorgerecht mit unrichtigen Angaben **erschlichen** worden ist;[69] dies kann ggf. eine Abänderung nach § 1696 rechtfertigen.

F. Erwerbsobliegenheit

I. Allgemeines

30 Die Zumutbarkeit einer Erwerbstätigkeit richtet sich stets nach den **Umständen des Einzelfalls.** Dabei wird auch nach der Neuregelung durch das UÄndG 2007 von **objektiven,** am Alter des Kindes anknüpfenden Gesichtspunkten[70] auszugehen sein, weshalb auch bis zum vollendeten 3. Lebensjahr des Kindes stets Betreuungsunterhalt verlangt werden kann (Abs. 1 S. 1, dazu RdNr. 32–34, zu Ausnahmen insbesondere RdNr. 34). Daneben sind auch weitere Bedürfnisse und Interessen des Kindes sowie des betreuenden und des unterhaltspflichtigen Ehegatten zu berücksichtigen. Deshalb steht es auch nicht im Belieben des betreuenden Ehegatten, eine Erwerbstätigkeit aufzunehmen; solches lässt sich weder aus § 1626 noch aus Art. 6 Abs. 2 GG herleiten, auch wenn die Wertung in Art. 6 Abs. 2 GG die Auslegung beeinflusst,[71] ebenso wenig aus § 1360 S. 2 oder § 1606 Abs. 3 S. 2.[72] Zu den weiteren Einzelheiten s. auch RdNr. 30–55. – Soweit ein Anspruch auf Betreuungsunterhalt nicht (mehr) besteht, trifft den Berechtigten eine **Erwerbsobliegenheit,** die auf eine **angemessene Tätigkeit** iSd. § 1574 gerichtet ist (dazu dort RdNr. 3–19). Findet er

[65] BGH NJW 2005, 3639 = FamRZ 2005, 1979, 1980.

[66] OLG Düsseldorf FamRZ 1987, 1262, 1263; *Schwab/Borth* IV RdNr. 153; *Göppinger/Wax/Bäumel* RdNr. 954; *Soergel/Häberle* RdNr. 3; aA *Diederichsen* NJW 1977, 353 f. Offen gelassen von BGH NJW 1980, 1686 = FamRZ 1980, 665, 667; NJW 1983, 451 = FamRZ 1983, 142.

[67] RGRK/*Cuny* RdNr. 8; das Einverständnis des Sorgeberechtigten fordert auch *Soergel/Häberle* RdNr. 3.

[68] BT-Drucks. 10/4514 S. 21. Das OLG Frankfurt a. M. FamRZ 1995, 234 fasst diesen Sachverhalt unter § 1579 „Nr. 6 und 7“ [UÄndG 1986].

[69] Offen gelassen BGH NJW 1987, 893 = FamRZ 1987, 356, 357.

[70] BGH NJW 1981, 448 = FamRZ 1981, 17, 18; NJW 1982, 326 = FamRZ 1982, 148, 150; NJW 1983, 1427 = FamRZ 1983, 456, 458; NJW 1985, 429 = FamRZ 1985, 50, 51.

[71] Ausführlich dazu 1. Aufl. 1978 RdNr. 10.

[72] Zu Letzterem s. BGH NJW 1981, 2804 = FamRZ 1981, 1159 f.; aA *Griesche* FamRZ 1981, 423, 425.

eine solche trotz aller zumutbaren Anstrengungen nicht, muss er sich ausbilden, fortbilden oder umschulen lassen, soweit dies zur Aufnahme einer angemessenen Tätigkeit erforderlich und ein erfolgreicher Abschluss der Ausbildung zu erwarten ist sowie aufgrund der Lage auf dem Arbeitsmarkt die berechtigte Erwartung besteht, dass er danach auch eine Arbeitsstelle erhält (§ 1574 Abs. 3; dazu dort RdNr. 20–29).

II. Vor der Geburt

§ 1615l Abs. 2 S. 3 spricht Unterhalt frühestens ab 4 Monate vor der Geburt zu. Dabei handelt es sich nicht um Betreuungsunterhalt iSd. § 1570, weil (noch) kein Kind zu betreuen ist, sondern um **Krankenunterhalt** iSd. § 1572 (dazu näher dort RdNr. 14). 31

III. Bis zum vollendeten 3. Lebensjahr

„Mindestens" bis zum vollendeten 3. Lebensjahr des Kindes kann der betreuende Elternteil Betreuungsunterhalt verlangen (S. 1),[73] und eine **Erwerbstätigkeit** kann von ihm grundsätzlich (zu den Ausnahmen RdNr. 34) nicht erwartet werden. Dies korrespondiert mit § 1615l Abs. 2 S. 2 und 3, der die Beschränkung des Unterhaltsanspruchs nichtehelicher Eltern bis zu diesem Zeitpunkt nur ausnahmsweise zulässt,[74] sowie mit dem Recht des Kindes auf einen Kindergartenplatz (§ 24 SGB VIII), der Zumutbarkeit einer Erwerbstätigkeit bei Unterbringung des Kindes in einer Tageseinrichtung (§ 10 Abs. 1 Nr. 3 SGB II, § 11 Abs. 4 S. 2–4 SGB XII), der Begrenzung der Erziehungszeit auf 3 Jahre (§ 15 Abs. 2 S. 1 BErzGG, § 56 Abs. 1 S. 1 SGB VI) und dem Recht, Elternzeit bis zur Vollendung des 3. Lebensjahres eines Kindes in Anspruch zu nehmen (§ 15 Abs. 2 S. 1 BEEG). 32

Die h. M. ging bislang zutreffend davon aus, dass es sich bei der Beschränkung bis zum vollendeten 3. Lebensjahr des Kindes um eine **tatbestandsimmanente**[75] **Befristung** des Anspruchs auf Betreuungsunterhalt, unabhängig von einer Befristung nach § 1578 b Abs. 2 handelt: Die pauschale Beurteilung der Belange des Kindes, dh. seiner Betreuungsbedürftigkeit, endet, ein weitergehender Anspruch besteht nur noch aufgrund einer konkreten Abwägung aller Umstände des Einzelfalls (dazu RdNr. 35–38). Da vor dem 4. Lebensjahr idR keine zuverlässige Prognose dazu, wie sich die „Belange des Kindes" und insbesondere die Möglichkeiten für eine Fremdbetreuung darstellen, getroffen werden kann, dem betreuenden Elternteil aber die Darlegungs- und Beweislast auch für die Anspruchsvoraussetzungen obliegt (dazu RdNr. 61, 62), ist Betreuungsunterhalt trotz der **Einheitlichkeit** des Unterhaltsanspruchs (dazu RdNr. 19, § 1569 RdNr. 10, 16) nur **befristet** bis zum vollendeten 3. Lebensjahr zuzusprechen.[76] – Zu den Folgen für die **Klageart** s. RdNr. 60. – Geht man im Anschluss an das Urteil des BGH v. 16. 7. 2008[77] davon aus, dass entgegen der Intention des 33

---

[73] Dieser Satz wurde durch den BT-RA in den Gesetzestext eingefügt; s. dazu aber auch schon BT-Drucks. 16/1830 S. 17.

[74] Dazu AnwK-BGB/*Schilling* § 1615l RdNr. 9; *Göppinger/Wax/Maurer* RdNr. 1238.

[75] KG FamRZ 2008, 1942, 1944 [bis zum 18. Lebensjahr (?)]; *Schramm* NJW-Spezial 2007, 596, 597.

[76] Ebenso OLG Bremen NJW 2008, 1745 = FamRZ 2008, 1281, 1282 (zu § 1615l Abs. 2 [UÄndG 2007]) m. Anm. *Budzikiewicz* und *Kieninger* jurisPR-FamR 11/2008 Anm. 2 (der zutreffend darauf hinweist, dass für § 1570 nichts anderes gelten kann); *Hauß* FamRB 2007, 367, 368; *Maurer* FamRZ 2008, 2157, 2160; *Schramm* NJW-Spezial 2007, 596, 597; *Peschel-Gutzeit* FPR 2008, 24, 27; *Schilling* FPR 2008, 27, 30; *ders.* FF 2008, 279, 292; *Wever* FamRZ 2008, 553, 558; s. auch *Meier* FamRZ 2008, 101, 102 (nach dem Gesetzestext ist „im Regelfall ein Anspruch auf Betreuungsunterhalt nach Vollendung des dritten Lebensjahres des jüngsten zu betreuenden Kindes nicht mehr gegeben"); in diese Richtung geht wohl auch BGHZ 175, 182 = NJW 2008, 1663 m. Anm. *Born* = FamRZ 2008, 968, 970 [30] m. Anm. *Maurer.* – AA *Palandt/Brudermüller* § 1570 RdNr. 10; *Borth* UÄndG Rdn. 364, 83; *ders.* FamRZ 2008, 2, 10 f. (sein Hinweis auf BGH NJW-RR 1997, 897 = FamRZ 1997, 873, 875 f. trägt mE jedoch nicht, weil es dort darum ging, im Wege einer Prognose eine erst später eintretende Abweichung vom Regelfall nach dem „Altersphasenmodell" zu beurteilen – was der BGH zu Recht abgelehnt hat). S. auch LL Köln (Nr. 17. 1 Abs. 5), das aber ersichtlich eine Befristung nach § 1578 b meint, wie sein Verweis auf BT-Drucks. 16/1830 S. 19 zeigt.

[77] BGHZ 177, 272 = NJW 2008, 3128 m. Bespr. *Graba* NJW 2008, 3105 = FamRZ 2008, 1739, 1749 [103, 104] m. Anm. *Maurer* FamRZ 2008, 1830, *Viefhues* FF 2008, 376 und *Fiedler* FPR 2008, 518.

Gesetzgebers ab dem 4. Lebensjahr des Kindes doch eine pauschalierende Fallgruppenbildung möglich ist, führt dies noch nicht zum Wegfall jeglicher tatbestandsimmanenter Begrenzung, sondern zu deren Anpassung an ein neues Altersphasenmodell (dazu näher RdNr. 35–38).[78]

34 Nicht eindeutig ist, was der Reformgesetzgeber des UÄndG 2007 unter **„mindestens"** versteht. Jedenfalls ermöglicht „mindestens" – wozu man dieses Wort allerdings nicht gebraucht hätte – eine **Verlängerung** des Unterhaltsanspruchs nach Abs. 1 S. 2, 3, Abs. 2, lässt aber offen, ob sich seine Bedeutung darin erschöpft, oder ob mit dieser Formulierung darüber hinaus grundsätzlich ein weiterer Betreuungsbedarf des Kindes durch einen Elternteil anerkannt wird. Für Letzteres spricht die Änderung der Gesetzesfassung im RA-BT, der zunächst in einem S. 3 formuliert hatte: „Bis zur Vollendung des dritten Lebensjahres des Kindes kann eine Erwerbstätigkeit nicht erwartet werden.", und das Wort „mindestens" erst später zusätzlich eingefügt hat. Dagegen spricht die Auffassung des Gesetzgebers, der ersichtlich die eher pauschale Betrachtungsweise eines irgendwie gearteten „Altersphasenmodells" durch eine Billigkeitsabwägung aufgrund der Umstände des konkreten Einzelfalls ersetzen wollte (dazu auch RdNr. 35–38). – „Mindestens" scheint nicht auch eine **Abkürzung** der Dauer des Unterhaltsanspruchs zuzulassen und idS. als unwiderlegbare Vermutung für die Betreuungsbedürftigkeit des Kindes und eine fehlende Erwerbsobliegenheit des betreuenden Elternteils zu wirken. Doch ist dies zu restriktiv, weil es die tatsächlichen Lebensverhältnisse der Ehegatten während ihres Zusammenlebens außer Betracht lässt. S. 1 ist mithin dahin einzuschränken, dass eine Erwerbstätigkeit **ausnahmsweise** auch bereits vor diesem Zeitpunkt zumutbar sein kann.[79] Dies kann etwa angenommen werden, wenn die Eltern auch bisher schon das noch nicht 3 jährige Kind nicht nur vorübergehend und ohne wirtschaftliche Zwänge in Fremdbetreuung gegeben haben und dies auch nach Trennung und Scheidung ggf. mit zumutbarem zusätzlichen Aufwand und fortbestehendem Betreuungsangebot etwa in einer Kinderkrippe oder bei den Eltern des Verpflichteten – die Eltern des Berechtigten werden ihr Betreuungsangebot eher ausnahmsweise zur Entlastung des Verpflichteten aufrecht erhalten[80] – und ohne Beeinträchtigung der Belange des Kindes weiter praktiziert werden kann.[81] Dagegen kann wegen der überragenden Bedeutung der Belange des Kindes allein das Vorliegen eines Mangelfalls nicht eine Verschärfung der Erwerbsobliegenheit des betreuenden Elternteils und Abkürzung der „Schonfrist" rechtfertigen.[82]

IV. Ab dem 4. Lebensjahr

35 **1. „Altersphasenmodell". a) Einzelfallbetrachtung.** Nach dem Willen des Reformgesetzgebers hat das bisherige „Altersphasenmodell" (dazu RdNr. 4–12), das der BGH in Kenntnis der Reformbestrebungen wegen der erforderlichen verstärkten Beaufsichtigung und Fürsorge auch noch in den ersten beiden Schuljahren erst kürzlich wieder bestätigt hat,[83] keinen Bestand mehr und kann deshalb auch nicht zur Auslegung der Neuregelung herangezogen werden:

„. . .das bisherige, von der Rechtsprechung entwickelte „Altersphasenmodell", ab welchem Alter des Kindes dem betreuenden Elternteil eine Erwerbstätigkeit zumutbar ist. . ., neu zu überdenken und zu korrigieren ist";[84]

[78] *Maurer* FamRZ 2008, 2157, 2158 f.

[79] So wohl auch der Gesetzgeber BT-Drucks. 16/1830 S. 17: „Bedeutung erlangt dies weniger bei Kleinkindern, . . .". Zu § 1615 l s. *Göppinger/Wax/Maurer* RdNr. 1238.

[80] Plastisch *Schwab* FamRZ 2005, 1417, 1418: „kein Zwang zur Fremdbetreuung".

[81] Ebenso *Palandt/Brudermüller* RdNr. 10; *Hauß* FamRB 2007, 367, 368 f.; *Borth* FamRZ 2008, 2, 5; aA *Palandt/Diederichsen* § 1615 l RdNr. 13; *Wendl/Pauling* § 4 RdNr. 64; *Schilling* FPR 2008, 27, 28; *ders.* FF 2008, 279, 280; wohl auch BGHZ 177, 272 = NJW 2008, 3128 m. Bespr. *Graba* NJW 2008, 3105 = FamRZ 2008, 1739, 1748 [97] m. Anm. *Maurer* FamRZ 2008, 1830, 1832, *Viefhues* FF 2008, 376 und *Fiedler* FPR 2008, 518: „Für die Dauer der ersten drei Lebensjahre des Kindes bleibt es allerdings dabei, dass der betreuende Elternteil die freie Wahl hat, ob er die Betreuung und Erziehung des Kindes in dieser Zeit selbst vornehmen möchte oder – um eine eigene Erwerbstätigkeit zu ermöglichen – staatliche Hilfen in Anspruch nimmt."

[82] AA *Borth* UÄndG RdNr. 66; *ders.* FamRZ 2008, 2, 5.

[83] BGH NJW 2006, 2182 = FamRZ 2006, 846, 847 m. Anm. *Born.*

[84] BT-Drucks. 16/1830 S. 16.

„*Anstelle* [Hervorhebung von mir] der bisherigen, häufig sehr schematisierenden Betrachtungsweise anhand des tradierten „Altersphasenmodells“...“;[85]

„...es auch hier auf die Verhältnisse des Einzelfalls ankommt.“[86]

Grundlage des tradierten „Altersphasenmodells“ waren sozialpädagogische Notwendigkeiten. Sie allein sollten auch künftig maßgeblich sein.[87] Deshalb kann es auch nach dem UÄndG 2007 nur darum gehen, die sich aus der Stärkung der nachehelichen Eigenverantwortung (dazu § 1569 RdNr. 6) ergebenden **Sozialisations-** und **Bildungsnotwendigkeiten** des betreuenden Elternteils mit dem **emotionalen Bedürfnis** des Kindes auf elterliche Eigenbetreuung in Einklang zu bringen (dazu RdNr. 17). – Zwar ist kein zwingender Grund ersichtlich, warum die bisherige Altersabstufung nicht kindgerecht gewesen sein und die „Belange des Kindes“ nicht angemessen berücksichtigt haben soll. Dies würde es aber nicht grundsätzlich verwehren, über eine Modifizierung des „Altersphasenmodells“ nachzudenken.

Doch rechtfertigt dies nicht, den ausdrücklichen Willen des Reformgesetzgebers zu übergehen. An die Stelle einer eher schematischen Betrachtung mittels eines „Altersphasenmodells“ tritt eine **Billigkeitsabwägung** unter Einbeziehung **aller konkreten Umstände des Einzelfalls** („... stärker auf den konkreten Einzelfall ... abzustellen“),[88] insbesondere auch der „bestehenden Möglichkeiten der Kinderbetreuung“ (S. 3 Alt. 2) – gemeint ist die Fremdbetreuung des Kindes, was im Gesetzeswortlaut nicht zum Ausdruck kommt, weil auch die Eigenbetreuung eine „bestehende Möglichkeit der Kinderbetreuung“ ist. In Abs. 2 wird dem **Lebensplan** der Ehegatten dazu, wie die Betreuung eines Kindes gestaltet werden soll, Bedeutung beigemessen. 36

Das Abstellen allein auf die Umstände des konkreten Einzelfalls bedeutet für die **Praxis** zweierlei: Für die **beratende** Praxis, dass ihr das feste „Gerüst“ des „Altersphasenmodells“ fehlt und die außergerichtliche Beratung erschwert und unsicherer wird.[89] Dies wiederum dürfte zu vermehrten Unterhaltsprozessen, meist mit Prozesskostenhilfe, führen, weil der Ausgang nicht sicher genug abgeschätzt werden kann. In der **gerichtlichen** Praxis wird sich ein erhöhter Ermittlungsbedarf mit entsprechendem Mehraufwand ergeben. – Gleichwohl sollte man dem „Altersphasenmodell“ schon deshalb keine, auch keine **indizielle** Wirkung für die Neuregelung beimessen,[90] weil es bereits bisher der sozialen Wirklichkeit nicht im- 37

---

[85] BT-Drucks. 16/1830 S. 17.

[86] BT-Drucks. 16/6980 S. 18. Die Vertreter des BMJ, *Grundmann* und *Menne,* haben auf der Tagung der Unterhaltskommission des Deutschen Familiengerichtstags am 3. 12. 2007 wohl vertreten, es werde kein, allenfalls ein sehr geringer Spielraum für ein „Altersphasenmodell“ gesehen, und jede pauschale Betrachtungsweise sei verfehlt.

[87] Ebenso *Schwab* FamRZ 2005, 1417, 1418.

[88] BT-Drucks. 16/1830 S. 17; s. auch BT-Drucks. 16/6980 S. 9; wohl auch BGHZ 175, 182 = NJW 2008, 1663 m. Anm. *Born* = FamRZ 2008, 968, 970 [30] m. Anm. *Maurer;* OLG Hamm NJW 2008, 2049 m. Anm. *Born* = FPR 2008, 311 m. Anm. *Erdrich* = FamRZ 2008, 1937, 1939 f. – Ebenso LL ab 1. 1. 2008: Nr. 17.1: Brandenburg, Braunschweig, Bremen, Celle, Düsseldorf, Hamburg, KG, Koblenz, Köln, Naumburg, Oldenburg, Rostock, Schleswig, SüdL. – Zu abweichenden LL s. Fn. 89.

[89] Dies ist – verständlicher – Anlass für *Borth* UÄndG RdNr. 69 ff., 362; *ders.* FamRZ 2008, 2, 9 f., trotz des von ihm anerkannten Ausgangspunkts des Reformgesetzgebers (FamRZ 2008, 2, 5 [unter 3. a]) ein modifiziertes „Altersphasenmodell“ zu fordern und, differenzierend nach Alter und Anzahl der Kinder (bis vollendetem 8. Lebensjahr: halbschichtige Tätigkeit; bis vollendetem 15. Lebensjahr: über halbschichtige Tätigkeit nach den Umständen des Einzelfalls, insbesondere der Anzahl der zu betreuenden Kinder und der Lage auf dem Arbeitsmarkt), in UÄndG RdNr. 71 auch vorzustellen. Jedenfalls beim Gesetzgeber dürfte dieses Modell wegen seiner allzu starken Anlehnung am tradierten „Altersphasenmodell“ kein Gefallen finden. Allerdings darf vorausgesagt werden, dass sich die Praxis v. a. aus Gründen der Beratungssicherheit Schemata suchen wird. – Auch einzelne LL geben feste Anhaltspunkte vor: Dresden (Nr. 17.1: Ab dem 4. Lebensjahr nach Maßgabe der Betreuungsbedürftigkeit und der zumutbaren Betreuungsmöglichkeit; ab 15. Lebensjahr idR Vollerwerbstätigkeit); Frankfurt a. M. (Nr. 17.1: Keine Vollerwerbstätigkeit bis zur Beendigung der Grundschule); auch Hamm (Nr. 17.1.1: Ab vollendetem 3. Lebensjahr geringfügige Erwerbstätigkeit, ab Ende des 1. Grundschuljahres bis zum Ende des 1. Jahres auf einer weiterführenden Schule halbschichtige, danach vollschichtige Erwerbstätigkeit; bei mehreren Kindern Einzelfallentscheidung).

[90] Ebenso OLG Celle NJW 2008, 1456 = FamRZ 2008, 997, 998; OLG Düsseldorf NJW 2008, 3005 = FPR 2008, 525 m. Anm. *Carlberg; Schilling* FPR 2008, 27, 29; *ders.* FF 2008, 279, 280, 282; *Meier* FamRZ 2008, 101, 104; *Menne* FamRB 2008, 110, 116; *Wever* FamRZ 2008, 553, 556; offen gelassen von *Peschel-Gutzeit* FPR 2008, 24 26. – Allerdings geht der Ruf nach „Orientierungshilfen“ in den LL (so *Menne* FamRB

mer gerecht geworden ist. So war der Betreuungsaufwand etwa in den ersten 2 Grundschulklassen (etwa bis zum vollendeten 8. Lebensjahr) wegen der unregelmäßigen Schulzeiten oft höher und v. a. weniger kontinuierlich gestaltbar als während des Kindergartenbesuchs. Dies mag sich mit der „verlässlichen" Grundschule ändern – so es sie bereits gibt.

38 **b) Pauschalierung.** Demgegenüber scheint sich die Rspr. in Anlehnung an die Ausführungen des RA-BT, dass

„im Interesse des Kindes ... vielmehr auch künftig ein gestufter, an den Kriterien von § 1570 Abs. 1 BGB-E orientierter Übergang möglich sein [wird]",[91]

hin zu einer **Modifizierung** des „Altersphasenmodells" zu entwickeln:

- So hat der BGH im Urteil v. 16. 7. 2008[92] das Bedürfnis insbesondere kleinerer Kinder nach „persönlichem Zuspruch" hervorgehoben und dem Berufungsgericht aufgegeben zu prüfen, ob sich „aus dem Gesichtspunkt der überobligationsmäßigen Doppelbelastung ungeachtet des gesetzlichen Regelfalls eines dreijährigen Betreuungsunterhalts Fallgruppen bilden lassen, die auf Erfahrungswerten beruhen und – z. B. nach dem Alter des Kindes – einer gewissen Pauschalierung zugänglich sind." Dies deutet darauf hin, dass der BGH einem modifizierten „Altersphasenmodell", das den Regelfall definiert, den Vorzug vor einer reinen Einzelfallbetrachtung gibt.[93]
- Ähnlich nimmt das OLG München im Urteil v. 4. 6. 2008[94] bis zum Ende der 2. Grundschulklasse ganz allgemein eine erhöhte Betreuungsbedürftigkeit des Kindes an, ohne eine Überprüfung seines Ergebnisses anhand der Umstände des Einzelfalls vorzunehmen: Wegen der in der Freizeit zu leistenden intensiven Betreuung des Kindes, die der nicht betreuende Elternteil nicht erbringen muss, obliege dem betreuenden Elternteil zur Wahrung einer sich an allgemeinen Gerechtigkeitsmaßstäben ausrichtenden Lastenverteilung bis zur Beendigung der 2. Grundschulklasse selbst dann keine mehr als halbschichtige Erwerbstätigkeit, wenn zumutbare Fremdbetreuungsmöglichleiten bestünden. Zwar trifft zu, dass es sich der Fremdbetreuung durch die Großeltern des Kindes um freiwillige Leistungen Dritter zur Entlastung des betreuenden Elternteils und nicht des Unterhaltspflichtigen handelt, doch ergeben sich hieraus m. E. andere Folgerungen: Erbringen die Großeltern – ebenso andere Verwandten oder Bekannte – die Betreuung, erfolgt tatsächlich eine Entlastung des betreuenden Elternteils. Als Ausgleich kann ihm der Wert dieser Leistungen bei der Ermittlung des Bedarfs und der Bedürftigkeit zugute gehalten oder ein Mehrbedarf zuerkannt werden.
- Das OLG Nürnberg geht im Urteil v. 19. 5. 2008[95] davon aus, dass wie nach dem tradierten Alterphasenmodell vor Vollendung des 15. Lebensjahres des betreuten Kindes keine vollschichtige Erwerbstätigkeit erwartet werden kann.

Aus einer Pauschalierung der Erwerbsobliegenheit nach dem Alter des Kindes folgt wie zum tradierten „Altersphasenmodell" die Umkehrung der Darlegungs- und Beweislast (dazu RdNr. 62).[96]

2008, 110, 116; *Schilling* FF 2008, 279, 283) doch wieder stark in Richtung eines – zuvor abgelehnten – „Altersphasenmodells".

[91] BT-Drucks. 16/6980 S. 9.

[92] BGHZ 177, 272 = NJW 2008, 3128 m. Bespr. *Graba* NJW 2008, 3105 = FamRZ 2008, 1739, 1748 f. [96–104] m. Anm. *Maurer* FamRZ 2008, 1830, *Viefhues* FF 2008, 376 und *Fiedler* FPR 2008, 518.

[93] Dieser Interpretation widerspricht *Hahne* FF 2009, 5, 6: „Wer aus der Entscheidung vom 16. Juli 2008 herauszulesen glaubt, dass der Senat hätte damit ein neues Altersphasenmodell in modifizierter Form geschaffen, hat die Entscheidung missverstanden bzw. den Kontext nicht sorgfältig gelesen. ... Aus alldem folgt, dass der Tatrichter seiner Ermessensentscheidung zwar gewisse Erfahrungswerte zugrunde legen kann. Indem das Gesetz ihm aber eine Billigkeitsentscheidung auferlegt, muss diese immer individuell unter Abwägung aller Umstände des Einzelfalls getroffen werden. Damit lässt sich ein Altersphasenmodell alter Prägung, und sei es auch in modifizierter Gestalt, nicht vereinbaren."

[94] OLG München FamRZ 2008, 1945, 1946 (die zugelassene Revision wurde eingelegt, BGH XII 102/08); s. auch OLG Thüringen NJW 2008, 3224 = FamRZ 2008, 2203, 2204 f.; OLG Nürnberg OLGR 2008, 910, 911.

[95] OLG Nürnberg OLGR 2008, 910, 911.

[96] *Maurer* FamRZ 2008, 1830, 1832.

2. Kindbezogene Belange. a) „Belange des Kindes“. Sie beziehen sich ausschließlich auf betreuungsbezogene und nicht auch auf finanzielle Umstände.[97] Sie sollen nach der Vorstellung des Reformgesetzgebers eine Verlängerung des Unterhaltsanspruchs dann rechtfertigen können, „wenn das Kind in besonderem Maße betreuungsbedürftig ist.“[98] Da Maßstab wohl ein „normales“, dh. altersgemäß entwickeltes Kind sein muss, kann dem Alter des Kindes, sieht man einmal von den ersten 3 Lebensjahren ab (dazu RdNr. 32–34), nur noch im Zusammenspiel mit anderen **besonderen** Umständen, insbesondere fehlenden Möglichkeiten der Fremdbetreuung (dazu RdNr. 40–45), maßgebliche Bedeutung zukommen (zum „Altersphasenmodell“ und seiner Bedeutung unter der Geltung des UÄndG 2007 s. RdNr. 35–38).[99] Zu den maßgeblichen kinderbezogenen Belangen zählen danach insbesondere:[100] 39

- **Alter** und **Anzahl** der betreuten Kinder. Dabei ist unerheblich, ob alle betreuten Kinder vom Verpflichteten abstammen, da es allein darauf ankommt, wie viel Zeit neben der Kinderbetreuung bleibt, um ohne Beeinträchtigung des Kindeswohls einer Erwerbstätigkeit nachgehen zu können.[101]
- **Entwicklungs-** und **Verhaltensstörungen, Erziehungsschwierigkeiten,**[102] **Lernbehinderungen** und sonstige **schulische Schwierigkeiten,** allgemein **Problemkinder.**[103]
- Besondere **persönliche Reife,**[104] **Selbständigkeit** und **Verantwortungsbewusstsein** des Kindes.
- Körperliche wie geistige – genetisch bedingt oder infolge einer lang andauernden Krankheit – **Behinderungen** und **Krankheiten,** die einen höheren und längeren persönlichen Betreuungsbedarf durch einen Elternteil bedingen,[105] nicht aber bei normalen, hinsichtlich ihrer Dauer überschaubaren Erkrankungen des Kindes wie Erkältungen, Grippe etc. einschließlich der Kinderkrankheiten.

Bsp. aus der Rspr.: OLG Hamm NJW-RR 1994, 773 = FamRZ 1994, 963 (LS): Zurückgebliebenes 9½-jähriges Kind, das erst die zweite Grundschulklasse besucht, ist unterhaltsrechtlich wie ein 7jähriges Kind zu behandeln. – **OLG Celle FamRZ 2002, 636:** Wahrnehmungsstörung und deutliche Verzögerung der Sprachentwicklung. – **OLG Düsseldorf FamRZ 2003, 184, 185**: Kognitive und psychische Schwächen. – **OLG Zweibrücken NJW-RR 2006, 513 = FamRZ 2006, 791 (LS):** Vom Berechtigten kann mit Rücksicht auf die Betreuung des die Woche über im Internat lebenden gemeinsamen schwerstbehinderten Sohnes an den Wochenenden keine mehr als die ausgeübte halbschichtige Erwerbstätigkeit erwartet werden, weil ihm angesichts auch des nächtlichen Betreuungsaufwandes die Wochenenden nicht zum Regenerieren und Kräfte sammeln zur Verfügung stehen. **OLG Köln NJW 2008, 2659 = FamRZ 2008, 2119 f.:** Betreuung von 11 und 8 Jahre alten Kindern: Vollschichtige Erwerbsobliegenheit; Fortführung einer Berufsausbildung wegen des geschützten Vertrauens auf die Rechtslage bis 31. 12. 2007, anschließend Orientierungsphase, um angemessene Beschäftigung zu finden. Letztere ist nicht auf § 1578 b gestützt, sondern ergibt sich allein aus der Bestimmung der Erwerbsobliegenheit.

Bei **behebbaren** Behinderungen des Kindes ist der Unterhaltsanspruch bis zur völligen Genesung zu gewähren.[106] Doch auch bei **nicht behebbaren** Behinderungen wird es grundsätzlich keinen zeitlich unbeschränkten Unterhaltsanspruch des Berechtigten geben

---

[97] *Borth* FamRZ 2008, 2, 6.
[98] BT-Drucks. 16/6980 S. 9.
[99] *Borth* FamRZ 2008, 2, 6.
[100] Zum Ganzen BGH NJW 1997, 1851 = FamRZ 1997, 671, 673.
[101] AA wohl *Borth* UÄndG RdNr. 361.
[102] *Borth* UÄndG RdNr. 360.
[103] BGH NJW 2006, 2182 = FamRZ 2006, 846, 847.
[104] *Borth* FamRZ 2008, 2, 6.
[105] BGHZ 177, 272 = NJW 2008, 3128 m. Bespr. *Graba* NJW 2008, 3105 = FamRZ 2008, 1739, 1748 [101] m. Anm. *Maurer* FamRZ 2008, 1830, *Viefhues* FF 2008, 376 und *Fiedler* FPR 2008, 518; BT-Drucks. 13/4899 S. 89. Dazu auch OLG Celle FamRZ 2002, 636; OLG Schleswig NJW 2003, 3715 = FamRZ 2004, 975.
[106] OLG Düsseldorf FamRZ 2003, 184, 185 (kognitive und psychische Schwächen).

können. Vielmehr muss das Kind gerade seiner Betreuung bedürfen und/oder v. a. darf dem Kind, aber auch dem Berechtigten die teilweise oder ganze Betreuung durch eine soziale Einrichtung nicht zugemutet werden können.

- **Seelische Belastungen** des Kindes durch die Trennung der Eltern und das sich daraus ergebende verstärkte Bedürfnis nach persönlicher Betreuung durch den Elternteil.[107]
- Inner- und außerschulische **Zusatzaktivitäten** des Kindes insbesondere musischer und sportlicher Art,[108] mit denen ein vom Elternteil zu erbringender erhöhter Betreuungsaufwand einhergehen kann (dazu auch RdNr. 50, 51).

40 **b) „Bestehende Möglichkeiten der Kinderbetreuung". aa) Grundsätze.** Nach **S. 3** [UÄndG 2007] sind bei der Billigkeitsabwägung – entgegen bisheriger Auffassung – „bestehende Möglichkeiten der Kinderbetreuung" durch Dritte – etwa durch die Großeltern, eine Tagesmutter, eine Kinderkrippe, den Kindergarten, die Vorschule und die Schule – zu berücksichtigen. – Der Reformgesetzgeber spricht von „tatsächlich bestehende[n], verlässliche[n] Möglichkeiten der Kinderbetreuung", die wahrzunehmen „zumutbar" sein und „mit dem Kindeswohl in Einklang stehen" müssen.[109] Zwar werden damit **alle** Möglichkeiten der Fremdbetreuung erfasst (dazu RdNr. 41), gleichwohl wird es im **Einzelfall** einfache Antworten nicht geben können. Zu berücksichtigen ist aber die Intention des Reformgesetzgebers, die Unterhaltsansprüche ehelicher und nichtehelicher Elternteile einander anzugleichen.[110]

41 **bb) Fremdbetreuung.** Erfasst werden grundsätzlich alle Betreuungsmöglichkeiten, unabhängig davon, ob sie in öffentlicher oder privater Trägerschaft stehen,[111] und von ihrer **Entgeltlichkeit** (zur Berücksichtigung der Kosten s. RdNr. 43, 49). Zunächst kommen die **„fremden"** – professionellen[112] – Betreuungen durch Kinderkrippe, Kinderhort, Kindergarten, Tageseltern, Vorschule „verlässliche" Grundschule in Betracht, aber auch allgemein die Schule, weil auch noch nach der Grundschule Betreuungsbedarf besteht. Hinzu kommen **„familiennahe"** Betreuungen durch Großeltern, Geschwister, allgemein Verwandte und Verschwägerte sowie Bekannte, wenn sie entgeltlich oder zwar unentgeltlich, aber gerade zur Entlastung des Verpflichteten geleistet werden, wovon ausgegangen werden kann, wenn die Verwandten etc. des Verpflichteten bei der Betreuung unterstützen (dazu auch RdNr. 27).[113] – Die Betreuung durch den **Verpflichteten,** meist den Vater des Kindes, dürfte idR nur dann in Betracht kommen, wenn

- sie sich mit seiner Erwerbstätigkeit in Einklang bringen lässt; keinesfalls darf sie dazu führen, dass der Verpflichtete seine Erwerbstätigkeit einstellt; oder
- der Verpflichtete bereits nicht mehr erwerbstätig ist und damit für die Kinderbetreuung unbegrenzt zur Verfügung steht,
- und – worauf besonderer Wert zu legen ist, da es sich (auch) um eine Form der Ausgestaltung des Umgangsrechts des Verpflichteten nach § 1684 Abs. 1 handelt – die Betreuung dem Kindeswohl entspricht.[114]

42 Die Möglichkeit zur Fremdbetreuung muss **bestehen.** Den betreuenden Elternteil trifft, verstößt dies nicht gegen die Belange des Kindes, aus Gründen der nachehelichen Eigenverantwortung als Teilaspekt der Erwerbsobliegenheit (dazu § 1578 RdNr. 149) ggf. auch die Obliegenheit für einen **Ortswechsel** durch Umzug, um eine anderweitige Möglichkeit für eine Fremdbetreuung des Kindes, die ihm eine Erwerbstätigkeit ermöglicht, nutzen zu kön-

---

[107] BT-Drucks. 16/6980 S. 9.
[108] *Borth* FamRZ 2008, 2, 6.
[109] BT-Drucks. 16/1830 S. 17 [Zu Nummer 4 (Änderung von § 1570 BGB)].
[110] BT-Drucks. 16/1830 S. 13 f. [Zu Nummer 3 (Neufassung von § 1569 BGB)].
[111] *Borth* UÄndG RdNr. 63; *ders.* FamRZ 2008, 2, 7.
[112] *Schilling* FF 2008, 279, 281.
[113] Ebenso *Borth* UÄndG RdNr. 63. Einschränkend *Palandt/Brudermüller* RdNr. 13 (nur bei Betreuung durch Angehörige der eigenen Familie und bei entsprechender bisheriger Übung oder zumindest Planung); *Schilling* FF 2008, 279, 281 (Betreuung durch sie entspricht gewisser Übung). AA FA-FamR/*Gerhardt* 6. Kap. RdNr. 362 c; *Menne* FamRB 2008, 110, 114.
[114] *Schilling* FF 2008, 279, 281; s. dazu auch OLG Celle NJW 2008, 3441, 3442.

nen.[115] Dies setzt aber weiter voraus, dass am Ort der Fremdbetreuung für den betreuenden Elternteil auch eine zumutbare Erwerbstätigkeit möglich ist. Damit überlagern sich Gesichtspunkte zum Betreuungs- und zum Erwerbslosenunterhalt: Die Obliegenheit des betreuenden Elternteils zum Ortswechsel ermöglicht die Fremdbetreuung und „generiert" dadurch die Obliegenheit, sich um eine Arbeitsstelle zu bemühen. Doch ist insoweit Zurückhaltung angebracht und von einer solchen Obliegenheit nur auszugehen, wenn dies unter Berücksichtigung der sozialen Beziehungen des Kindes und des betreuenden Elternteils angemessen ist. Die Umzugskosten hat der Verpflichtete zu tragen, sei es als Mehrbedarf, sei es über den laufenden Unterhalt nach deren Vorwegabzug vom berücksichtigungsfähigen Einkommen des Berechtigten. – Welchen Unterhalt man zuspricht, ist von praktischer Relevanz: Zwar nicht zu den Einsatzzeitpunkten für Alters- und Krankenunterhalt (§§ 1571 Nr, 2, 3, 1572 Nr. 2, 4), wohl aber zu einer Begrenzung des Unterhaltsanspruchs (§ 1578 b) und zum Rang (§ 1609 Nr. 2, 3). Deshalb kann durchaus ein Interesse des Verpflichteten daran bestehen, dass eine Obliegenheit zum Umzug, die den Anspruch auf Betreuungsunterhalt entfallen lässt, angenommen und von einem Anspruch aus § 1573 ausgegangen wird.

Mutet man dem betreuenden Elternteil einen **Umzug** zu, wird der Verpflichtete grund- 43
sätzlich auch für die Kosten als Mehrbedarf des Berechtigten aufzukommen haben (dazu auch RdNr. 42), es sei denn, der Berechtigte könnte sie aus eigenem Vermögen aufbringen.[116] Bleibt der Berechtigte aber erwerbslos, sind über die Halbteilung die Einkünfte des Verpflichteten idR vollständig verteilt. Mit einem Vorwegabzug der Umzugskosten, die, können sie nicht auf einmal bezahlt werden, ggf. auf einen längeren Zeitraum umgelegt werden könnten, dürfte dem Berechtigten, der für sie aktuell aufkommen muss, idR nicht gedient sein. Man müsste ihn wegen der Umzugskosten dann auf die Inanspruchnahme von Sozialleistungen verweisen, was für ihn aber jedenfalls dann unzumutbar sein dürfte, wenn er trotz Erfüllung seiner Erwerbsobliegenheiten am Ort der Fremdbetreuungsmöglichkeit keine Arbeitsstelle bekommen kann.

cc) Verlässlichkeit. Verlässlich ist eine Fremdbetreuung, wenn sie die Gewähr für Stetig- 44
keit und einen festen zeitlichen Rahmen bietet, auf den sich der betreuende Elternteil mit seiner Erwerbstätigkeit verlassen und einstellen kann. Nicht erfasst werden deshalb die „familiennahen" Betreuungen durch **Verwandte,** Freunde und Bekannte des **betreuenden** Elternteils: Sie werden idR ohne rechtliche Verpflichtung erbracht, weshalb sie auch jederzeit wieder beendet werden können. Zudem wird die Kinderbetreuung in diesen Fällen idR allein dem betreuenden Elternteil und dem Kind zuliebe geleistet und gerade nicht auch zur Entlastung des Verpflichteten von seinen Unterhaltspflichten (dazu aber auch RdNr. 27). Verlässlich ist die Fremdbetreuung zudem nur dann, wenn sie Betreuungsangebote auch für die **Ferienzeit** anbietet, weil der erwerbstätige Elternteil nur selten wird Urlaub im Umfang der Kinderferien nehmen können. Maßgebliche Bedeutung wird auch der Bereitschaft und den beruflichen Möglichkeiten des Verpflichteten, einen Teil der Ferien durch einen **Ferienumgang** abzudecken, und der **Kooperationsbereitschaft** und **-fähigkeit** der Ehegatten zukommen. – Die **„verlässliche Grundschule"** wird verstärkt Bedeutung erlangen. Maßgeblich ist der von ihr gewährte zeitliche Betreuungsumfang.[117] Stets wird es zudem noch weiterer Betreuungsmöglichkeiten jedenfalls für die Ferienzeit bedürfen. – Zum **„Zwang zur Fremdbetreuung"** s. RdNr. 16.

dd) Zumutbarkeit. Da die Fremdbetreuung **für das Kind** zumutbar sein muss (dazu 45
auch RdNr. 40),[118] wird es in der Praxis stark auf den Einzelfall ankommen. Das Betreuungsangebot muss „qualitativ akzeptabel sein" und „in erreichbarer Nähe liegen".[119] Ins-

---

[115] OLG Nürnberg NJW 2003, 3065 = FamRZ 2003, 1320 f.; AnwK-BGB/*Schilling* § 1615 l RdNr. 12; offen gelassen von *Schilling* FF 2008, 279, 281; aA *Palandt/Diederichsen* § 1615 l Rn. 20.
[116] Zum Ganzen *Maurer* FamRZ 2008, 2157, 2159 f.
[117] Dazu AG Besigheim FamRZ 2002, 671.
[118] BT-Drucks. 16/1830 S. 17 [Zu Nummer 4 (Änderung von § 1570 BGB)]
[119] *Wellenhofer* FamRZ 2007, 1282, 1283.

besondere wenn die Betreuungsperson im Lager des Verpflichteten steht, wird genau danach zu fragen sein, welche Möglichkeiten der Einflussnahme auf das Kind bestehen und wie sich dies auf das Kindeswohl auswirkt. Klassischer Fall, der bereits bislang in Gestalt des Anerbietens, das Sorgerecht für das betreuungsbedürftige Kind zu übernehmen, vorgekommen ist, nach dem UÄndG 2007 aber zunehmend an praktischer Bedeutung gewinnen könnte: Der mit der unterhaltsberechtigten Mutter heillos zerstrittene unterhaltspflichtige Vater bietet die Betreuung des gemeinsamen Kindes durch seine aktuelle Lebensgefährtin oder seine Mutter an. Für das Kind mag dies, die entsprechende Eignung der Betreuungsperson und die Gewähr dafür, dass sie Einflussnahmen auf das Kind unterlässt, unterstellt, durchaus zumutbar sein. Ob es dies auch für den betreuenden Elternteil ist, ist eine andere Frage (dazu RdNr. 47). Doch dürfen auch insoweit Wechselwirkungen nicht außer Betracht bleiben: Die Ablehnung der Betreuungsperson durch den betreuenden Elternteil kann sich, wenn das Kind hiervon Kenntnis hat oder dies spürt, auch negativ auf das Kindeswohl auswirken, weshalb diese Betreuungsmöglichkeit ungeeignet sein kann. – Zur Zumutbarkeit für den betreuenden **Elternteil** s. RdNr. 50–55.

46 **3. Elternbezogene Belange. a) Grundsätze.** Ohne dass die Belange des Kindes eine Fremdbetreuung verwehren würden, lässt **Abs. 2** eine weitere Verlängerung des Betreuungsunterhalts aus Gründen zu, die in der Ehe ihre Rechtfertigung finden, und schützt damit das Vertrauen auf einen gemeinsamen Lebensplan, auf die gemeinsame und praktizierte Rollenverteilung von Erwerbstätigkeit sowie Haushaltsführung und gemeinsame Ausgestaltung der Kinderbetreuung, mithin die konkreten ehelichen Lebensverhältnisse und die nachwirkende **eheliche Solidarität.**[120] Dieser Anspruch, vom Reformgesetzgeber als „Annexanspruch" verstanden,[121] behält seine Rechtsnatur auf Unterhalt wegen Kinderbetreuung, weshalb er nicht ein Vertrauen des betreuenden Ehegatten auf dauerhafte Sicherstellung seines Unterhalts schützt[122] und mit der Beendigung der Betreuung endet (zu Letzterem auch RdNr. 55). – Als beachtenswerte elternbezogene Belange führt Abs. 2 lediglich die „Gestaltung von Kinderbetreuung und Erwerbstätigkeit in der Ehe" und die „Dauer der Ehe" ausdrücklich auf. Obwohl nicht ausdrücklich angeordnet wird, dass diese Umstände „insbesondere" in die Billigkeitsabwägung einzubeziehen sind, müssen andere elternbezogene Umstände nicht generell unberücksichtigt bleiben.[123] Denn Abs. 2 sagt gerade nicht, dass lediglich die ausdrücklich aufgeführten Umstände bei der Billigkeitsabwägung zu berücksichtigen sind, sondern nur, dass eben sie stets zu berücksichtigen sind. Die andere Gesetzesfassung in § 1615l Abs. 2 S. 5 [UÄndG 2007] beruht darauf, dass dem nichtehelichen Elternteil kein weiterer Unterhaltstatbestand zur Verfügung steht, während dem geschiedenen Elternteil noch Unterhaltsansprüche aus §§ 1571, 1572, 1573, 1575, 1576 offen stehen. Da es auch beim Unterhalt nach Abs. 2 um solchen für die Kinderbetreuung geht (dazu RdNr. 19, 21), besteht nach Abs. 1 S. 3 kein **numerus clausus** der beachtenswerten Umstände, vielmehr rückt er nur die ausdrücklich genannten in den Mittelpunkt. Andere Umstände sind bei der Prüfung der **Zumutbarkeit** einer Erwerbstätigkeit gleichfalls zu berücksichtigen, soweit sie die Kinderbetreuung prägen. Dieses Ergebnis wird durch die Gesetzesbegründung gestützt, die ausführt, dass „§ 1570 Abs. 2 entsprechend eine Möglichkeit [vorsieht], den Betreuungsunterhalt im Einzelfall zusätzlich aus Gründen zu verlängern, die ihre Rechtfertigung allein in der Ehe finden";[124] ein Ausschluss nicht ausdrücklich aufgeführter Umstände ist darin nicht zu sehen.

47 **b) „Gestaltung von Kinderbetreuung und Erwerbstätigkeit in der Ehe".** Nach dem Wortlaut von Abs. 1 S. 3 ist die **tatsächliche** Übung maßgeblich, nicht notwendig

[120] BT-Drucks. 16/6980 S. 9. Abs. 2 wurde vom RA-BT aufgrund der Erwägungen von BVerfGE 118, 45 = NJW 2007, 1735 = FamRZ 2007, 965, 970 [58] in den Gesetzestext aufgenommen.
[121] BT-Drucks. 16/6980 S. 9.
[122] *Borth* FamRZ 2008, 2, 8.
[123] IdS. wohl auch BT-Drucks. 16/6980 S. 9.
[124] BT-Drucks. 16/6980 S. 9.

vorausgesetzt wird eine einvernehmliche Gestaltung der ehelichen Lebensverhältnisse. Deshalb ist etwa ein unabdingbarer zeitlich erhöhter Betreuungsaufwand wegen besonderer **Aktivitäten** des Kindes unabhängig davon berücksichtigungsfähig, ob die Ehegatten diese und deren Gewährleistung durch zeitaufwändige Dienste des betreuenden Elternteils abgesprochen haben (dazu auch RdNr. 39). Weil durch dieses Anspruchselement aber „das in der Ehe gewachsene Vertrauen in die vereinbarte und praktizierte Rollenverteilung und die gemeinsame Ausgestaltung der Kinderbetreuung"[125] geschützt werden soll, kommt einer einseitigen, gegen den Willen des anderen Ehegatten durchgesetzten und von diesem ggf. nur geduldeten Gestaltung nicht dasselbe Gewicht wie einer von den Ehegatten vereinbarten Gestaltung zu. – Diesem Anspruchselement ist zudem die bisherige **Dauer** der Gestaltung von Kinderbetreuung und Erwerbstätigkeit immanent. – Nach dem Gesetzeswortlaut maßgeblich ist nur die Gestaltung **„in der Ehe"**, also ab der Eheschließung bzw. Geburt des Kindes bis zur Scheidung, wobei auch insoweit auf die Stellung des Scheidungsantrags abzustellen ist. Doch schließt dies die Berücksichtigung vorehelicher und „zwischenehelicher" Gestaltungen von Kinderbetreuung und Erwerbstätigkeit nicht aus (dazu RdNr. 49). – Kinderbetreuung und Erwerbstätigkeit müssen sich nach dem Gesetzeswortlaut nicht zwingend bedingen. Doch gerade dies ist vom Reformgesetzgeber so gewollt[126] und auch systematisch deshalb zutreffend, weil es allein um Betreuungsunterhalt und nicht um Erwerbslosenunterhalt nach § 1573 geht.

c) „Dauer der Ehe". Warum der Ehedauer im Zusammenhang mit der Kinderbetreu- 48
ung Bedeutung zukommen soll, erschließt sich nicht schon auf den ersten Blick. So begnügt sich auch der Reformgesetzgeber mit einem Hinweis auf dieselbe Regelungstechnik in § 1578 b [UÄndG 2007] und schließt daraus, dass sich der Anspruch auf Betreuungsunterhalt ohne weiteres verlängert, wenn dies „ehebedingt" billig ist,[127] ohne auch nur beispielhaft zu sagen, wann nach seiner Vorstellung die Ehedauer eine Verlängerung des Betreuungsunterhalts rechtfertigt.[128] – Tatsächlich fällt es auch schwer, praktische Fälle dafür zu finden, wann die Ehedauer in diesem Zusammenhang einschlägig sein kann. Es kann nur darum gehen, Betreuungsunterhalt zuzuerkennen, obwohl die Belange des Kindes ihn eigentlich nicht mehr rechtfertigen würden. Also können allein „ehebedingte" Gründe[129] zu einer anerkennenswerten Betreuungsbedürftigkeit des Kindes führen, wobei die als selbständiges Kriterium aufgeführte „Gestaltung von Kinderbetreuung und Erwerbstätigkeit" ausscheidet. Zudem sind Umstände unbeachtlich, die in §§ 1571, 1572, 1573, 1575, 1576 erfasst werden. Folglich kann es eigentlich nur darum gehen, dass der betreuende Elternteil bereits vor Beginn der Kinderbetreuung nicht erwerbstätig war und ihn nach der Scheidung zwar eine Erwerbsobliegenheit treffen würde, diese aber aufgrund der Ehedauer in Verbindung mit der Kinderbetreuung wieder entfällt. – Voraussetzung eines Anspruchs auf Betreuungsunterhalt ist mithin stets, dass überhaupt noch ein gemeinsames Kind **betreut** wird. Dass es auch im **Zeitpunkt** der Scheidung betreut wurde, ist unerheblich, wenn die schützenswerte Betreuungsbedürftigkeit erst zu einem späteren Zeitpunkt eingetreten ist,[130] etwa weil es erst danach geboren wurde oder erkrankt ist.

d) Weitere Einzelumstände. Etwa folgende Umstände können bei der Billigkeitsabwä- 49
gung zu berücksichtigen sein und eine Verlängerung des Betreuungsunterhalts rechtfertigen:

- Dauerhafte **Aufgabe, Einschränkung** oder **Nichtaufnahme** einer Erwerbstätigkeit oder Ausbildung wegen der Heirat oder der Geburt von Kindern.

[125] BT-Drucks. 16/6980 S. 9; dazu auch OLG Düsseldorf NJW 2008, 2658 = FamRZ 2008, 1861.

[126] BT-Drucks. 16/6980 S. 9.

[127] BT-Drucks. 16/6980 S. 9.

[128] Nach *Borth* UÄndG RdNr. 66 c; *ders.* FamRZ 2008, 2, 8 wird „das aufgrund einer langjährigen ehelichen Lebensgemeinschaft gewachsene Vertrauen in den Bestand der Ehe [geschützt]"; dies hat aber mit der Kinderbetreuung nichts zu tun.

[129] Ausdrücklich auch BT-Drucks. 16/6980 S. 9.

[130] AA *Borth* UÄndG RdNr. 66 c; *ders.* FamRZ 2008, 2, 8.

– Praktische Bedeutung, weil in Rechtsstreitigkeiten immer wieder vorgebracht, erlangt in diesem Zusammenhang auch die Frage, ob die berufliche Disposition einseitig vorgenommen wurde oder auf einem gemeinsamen **Lebensplan** der Ehegatten beruhte[131] und warum dieser Lebensplan so gefasst wurde. Hat der kinderbetreuende Bedürftige einseitig gehandelt, ist auch insoweit nach den Motiven, die das Handeln durchaus gerechtfertigt erscheinen lassen können, zu fragen. Ggf. wird der Verpflichtete auch zu erklären haben, warum er das einseitige Handeln des Bedürftigen hingenommen und ggf. nicht versucht hat, es zu ändern.
– Finanzierung der **Ausbildung** des Verpflichteten,[132] ggf. unter Hintanstellung eigener Weiterqualifizierungschancen.
– **Voreheliche** und **„zwischeneheliche“ Betreuung.** Damit wird die von den Ehegatten praktizierte Gestaltung von Kinderbetreuung und Erwerbstätigkeit vor der Eheschließung und zwischen Scheidung und Wiederheirat berücksichtigt. Dies ist gerechtfertigt, weil der Berechtigte auch dann auf den Fortbestand der tatsächlichen Gestaltung vertrauen kann, wenn diese bereits bzw. auch in diesen Zeiten iSd. Eigenbetreuung umgesetzt war, zumal dann, wenn der Verpflichtete den Lebensunterhalt der Lebensgemeinschaft bestritten bzw. Betreuungsunterhalt bezahlt hat.
– **Anzahl** der betreuten Kinder:[133] IdR wird es sich um gemeinsame Kinder (dazu RdNr. 22) handeln müssen, aber auch andere, während des Zusammenlebens der Ehegatten mitbetreute oder nach der Scheidung hinzu gekommene gemeinsame Kinder (dazu RdNr. 23, 24) sind in die Billigkeitsabwägung mit einzubeziehen.
– Die Möglichkeit der **Fremdbetreuung** sollte idR „in erreichbarer Nähe liegen“.[134] Dies ist ein sowohl beim Kindeswohl (dazu RdNr. 41–43) als auch beim Elternteil zu berücksichtigender Umstand.
– Der betreuende Elternteil hat sich um eine Fremdbetreuung zu bemühen, **sobald** sich die Obliegenheit für sie abzeichnet, mithin bereits rechtzeitig vor Vollendung des 3. Lebensjahres und jedes weiteren, ein erhöhtes Maß an Fremdbetreuung zulassenden Lebensabschnitts des Kindes.[135] – Zur **Darlegungs-** und **Beweislast** s. RdNr. 62.
– **Vereinbarkeit** der Zeiten der Betreuung der Kinder und einer Erwerbstätigkeit.[136]
– Die **Kosten** der Fremdbetreuung müssen für den betreuenden Elternteil „bezahlbar sein.“[137] Er hat für sie jedenfalls im Außenverhältnis aufzukommen, es sei denn, der Verpflichtete hat sich gegenüber dem die Fremdbetreuung Leistenden ausnahmsweise selbst zur Zahlung des Entgelts verpflichtet. – Für die Kostentragungspflicht im Innenverhältnis der Ehegatten sind 2 Möglichkeiten denkbar: Entweder man spricht dem betreuenden Elternteil insoweit einen Mehrbedarf zu (Variante 1), oder man setzt die Betreuungskosten von seinem prägenden Einkommen als Mehrbedarf ab (Variante 2);[138] das Ergebnis ist dasselbe (dazu auch § 1578 RdNr. 101).[139]

Rechenbeispiele:

UE = Ehegattenunterhalt; a = Einkommen des Verpflichteten; b = Einkommen des Berechtigten; c = Fremdbetreuungskosten

Variante 1: $UE = [(a - c) + b] : 2 - b + c = \frac{1}{2}a - \frac{1}{2}c + \frac{1}{2}b - b + c = \frac{1}{2}a - \frac{1}{2}b + \frac{1}{2}c$

Variante 2: $UE = [a + (b - c)] : 2 - (b - c) = \frac{1}{2}a + \frac{1}{2}b - \frac{1}{2}c - b + c = \frac{1}{2}a - \frac{1}{2}b + \frac{1}{2}c$

– Einen Sonderfall bilden die Kosten für den **Kindergartenbesuch,** weil dieser idR pädagogisch und nicht erwerbsbezogen motiviert ist (dazu auch § 1578 RdNr. 101).

---

[131] BT-Drucks. 16/6980 S. 9; dazu auch *Schilling* FF 2008, 279, 284.
[132] *Wever* FamRZ 2008, 553, 557 mwN.
[133] BGHZ 177, 272 = NJW 2008, 3128 m. Bespr. *Graba* NJW 2008, 3105 = FamRZ 2008, 1739, 1749 [107] m. Anm. *Maurer* FamRZ 2008, 1830, *Viefhues* FF 2008, 376 und *Fiedler* FPR 2008, 518.
[134] *Wellenhofer* FamRZ 2007, 1282, 1283.
[135] *Borth* UÄndG RdNr. 64; *ders.* FamRZ 2008, 2, 7.
[136] Zum nichtehelichen Elternteil s. *Wever* FamRZ 2008, 553, 557 f.; *Schilling* FF 2008, 279, 285.
[137] *Wellenhofer* FamRZ 2007, 1282, 1283; dazu auch *Borth* FamRZ 2008, 2, 7.
[138] So *Borth* UÄndG RdNr. 77; *ders.* FamRZ 2008, 2, 5.
[139] *Maurer* FamRZ 2008, 2157, 2159.

– **Einkommens- und Vermögensverhältnisse** beider Ehegatten, insbesondere besonders gute **wirtschaftliche Verhältnisse** des Verpflichteten.[140]
– **Trennungs-** und **scheidungsbedingte Mehrbelastung** des betreuenden Elternteils (dazu auch RdNr. 54).[141]
– Dauer der **Wiedereingliederung in den Erwerbsprozess**[142] einschließlich **Fortbildungsmaßnahmen** nach § 1574 Abs. 3.[143]

4. Billigkeit. a) Grundsätze. Nach § 1615l Abs. 2 S. 3 aF war bis 31. 12. 2007 eine Verlängerung des Unterhaltsanspruchs nur bei grober Unbilligkeit möglich, sodass die Ablehnung eines Unterhaltsanspruchs dem Gerechtigkeitsempfinden in unerträglicher Weise widersprechen musste.[144] Nach §§ 1570 Abs. 1 S. 2, 3 Abs. 2, 1615l Abs. 2 S. 4 [UÄndG 2007] reicht nunmehr einfache Billigkeit, weshalb eine Verlängerung dem Gerechtigkeitsempfinden widersprechen, mithin **unzumutbar** sein muss. Was unzumutbar ist, kann nur unter Berücksichtigung der **Umstände des Einzelfalls** beurteilt werden[145] und kann sich danach richten, „was vernünftig und dem Kindeswohl förderlich erscheint."[146] Welche Umstände in die Abwägung einzubeziehen sind, richtet sich nach Abs. 1 S. 2, 3 und Abs. 2. 50

Abs. 1 S. 2 spricht allgemein von Billigkeit, ohne selbst ausdrückliche Einschränkungen der zu beachtenden Umstände (dazu RdNr. 39) vorzunehmen. Seine systematische Stellung in Abs. 1, der Betreuungsunterhalt wegen **kindbezogener** Belange gewährt und die nacheheliche Eigenverantwortung zurücktreten lässt, sowie die Regelung in S. 3, die ausdrücklich auf die Belange des Kindes Bezug nimmt, lässt den Schluss zu, dass insoweit allein diese und die Möglichkeiten der Fremdbetreuung des Kindes maßgebend und elternbezogene Umstände nicht einzubeziehen sind. Dies zeigt auch ein Blick auf § 1615l Abs. 2 S. 5 [UÄndG 2007], der im Gegensatz zu Abs. 1 S. 3 ausdrücklich regelt, dass die Belange des Kindes und die Möglichkeiten der Fremdbetreuung „insbesondere" zu berücksichtigen sind, und damit die Einbeziehung von elternbezogenen Umständen ermöglicht und auch fordert; dabei sind an die Belange des Kindes keine allzu hohen und an die elternbezogenen strengere Anforderungen zu stellen.[147] Diese Berücksichtigung elternbezogener Umstände des nichtehelichen Elternteils ist auch sachgerecht, weil ihm außer nach § 1615l Abs. 2 S. 4 [UÄndG 2007] kein Unterhaltsanspruch zusteht, während der geschiedene Ehegatten ggf. weitergehende Unterhaltsansprüche nach §§ 1571 ff. hat. 51

Demgegenüber erlaubt **Abs. 2** eine weitere Verlängerung des Unterhaltsanspruchs aus **elternbezogenen** Gründen (dazu RdNr. 49), wenn dies durch die nacheheliche Solidarität gerechtfertigt ist.[148] Dabei darf aber nicht außer Betracht gelassen werden, dass es auch insoweit um „Betreuungsunterhalt"[149] geht, mithin auch dieser Anspruch voraussetzt, dass das Kind betreuungsbedürftig ist. Deshalb sind in die Billigkeitsabwägung nach Abs. 2 sowohl kind- als auch elternbezogene Umstände einzubeziehen. 52

Lediglich Abs. 1 stellt die Verlängerung des Betreuungsunterhalts ausdrücklich unter den Vorbehalt, „solange und soweit dies der Billigkeit entspricht." Da diese **zeitliche** und **umfängliche** Einschränkung jedoch jedem Unterhaltsanspruch immanent ist – damit auch seine ausdrückliche Aufnahme in den Gesetzestext an sich überflüssig ist, mit ihr vielmehr 53

---

140 *Wever* FamRZ 2008, 553, 557.
141 BGH NJW 2006, 2182 = FamRZ 2006, 846, 848.
142 BVerfGE 118, 45 = NJW 2007, 1735 = FamRZ 2007, 965, 970 [58].
143 S. auch *Borth* FamRZ 2008, 2, 8.
144 OLG Frankfurt a. M. NJW-RR 2000, 1531 = FamRZ 2000, 1522 f.; OLG Karlsruhe NJW 2004, 523 = FamRZ 2004, 974; auch AnwK-BGB/*Schilling* § 1615l RdNr. 11; BT-Drucks. 16/1830, S. 31.
145 BT-Drucks. 16/6980 S. 9.
146 So OLG Celle FamRZ 2002, 636.
147 Zu § 1615l: OLG Celle FamRZ 2002, 636 („Schwelle für die Entstehung des verlängerten Unterhaltsanspruchs ... niedrig anzusetzen"); OLG Schleswig NJW 2003, 3715 = FamRZ 2004, 975; *Wever/Schilling* FamRZ 2002, 581, 582; *Schilling* FamRZ 2006, 1, 7.
148 BT-Drucks. 16/6980 S. 9; s. auch BVerfGE 118, 45 = NJW 2007, 1735 = FamRZ 2007, 965, 970 [58].
149 BT-Drucks. 16/6980 S. 9.

nur zum Ausdruck gebracht wird, dass er nur bis zum Beginn einer Erwerbsobliegenheit dauern kann –, hat dieser Vorbehalt auch für den Betreuungsunterhalt nach Abs. 2 Gültigkeit, zumal diese Einschränkung systematisch wohl zu Bedarf (§§ 1578, 1578 b), Bedürftigkeit (§ 1577) und Leistungsfähigkeit (§ 1581) gehört.

54 **b) Fortsetzung einer Erwerbstätigkeit.** Hat der betreuende Elternteil bereits in der Ehe – während des Zusammenlebens oder auch in der Trennungszeit – trotz Kinderbetreuung eine Erwerbstätigkeit ausgeübt, kann ihm die Fortsetzung dieser Tätigkeit eher angesonnen werden als eine Neuaufnahme.[150] Die Ausübung einer Erwerbstätigkeit aus **freien Stücken** ist ein Indiz für deren Zumutbarkeit,[151] kann allerdings nicht der alleinige Gesichtspunkt sein. So kann die Indizwirkung etwa bei Ausübung einer Erwerbstätigkeit aus **wirtschaftlicher Not** entfallen,[152] ohne dass diese jedoch stets überobligat sein müsste.[153] Zu berücksichtigen ist immer die **konkrete Lebenssituation,** insbesondere auch die Betreuungssituation nach der Trennung der Ehegatten mit dem für den betreuenden Elternteil erhöhten Betreuungsaufwand,[154] und ob sich die **veränderte Lebenssituation** so auswirkt, dass unter Berücksichtigung auch ihrer wirtschaftlichen Verhältnisse die Belastbarkeitsgrenze erreicht oder überschritten wird und deshalb die Fortführung der Erwerbstätigkeit unzumutbar wird;[155] mit der Mehrbelastung durch die Betreuung kann in – allerdings wohl seltenen – Einzelfällen eine fühlbare Entlastung von den Aufgaben im Haushalt einhergehen, auch kann der Wegfall der Betreuung durch den anderen Elternteil durch andere Personen, die nach der Scheidung mit dem betreuenden Elternteil zusammenleben, aufgefangen werden (zB Verwandte, auch Partner einer nichtehelichen Lebensgemeinschaft). Von der Zumutbarkeit einer Erwerbstätigkeit des betreuenden Elternteils im bisherigen Umfang kann etwa dann ausgegangen werden, wenn die Eltern beider Ehegatten ihre Betreuungsleistungen auch nach Trennung und Scheidung der Ehegatten weiter im bisherigen Umfang erbringen (zur Berücksichtigung von Betreuungsleistungen Verwandter, Freunde und Bekannter allgemein s. RdNr. 49).[156] – Ob der Berechtigte, der während des Zusammenlebens einmal erwerbstätig war, erneut auf eine Erwerbstätigkeit verwiesen werden kann, hängt zudem von den **wirtschaftlichen Verhältnissen** des Verpflichteten ab.[157] – Zur Darlegungs- und **Beweislast** s. RdNr. 61–63.

55 **c) Dauer und Umfang des Unterhaltsanspruchs.** Ein Anspruch auf Betreuungsunterhalt besteht nur, **solange** und **soweit** dies der Billigkeit entspricht (Abs. 1 S. 2; dazu auch RdNr. 39). Daraus folgt:

– Da die Betreuung für die Nichtausübung einer Erwerbstätigkeit ursächlich, jedenfalls aber mitursächlich (dazu RdNr. 26) sein muss, **dauert** der Anspruch nur, solange der geschiedene Ehegatte wegen der Kindesbetreuung an einer angemessenen Erwerbstätigkeit (dazu RdNr. 50–54) gehindert ist. Er endet, wenn die Betreuung zur Wahrung des Kindeswohls nicht mehr oder nur noch in geringerem Umfang erforderlich ist, und deshalb vom (ehemals) betreuenden Elternteil die Aufnahme oder Ausweitung einer Erwerbstätigkeit erwartet werden kann oder eine bereits aufgenommene überobligatorische Tätigkeit zumutbar wird.

---

150 BGH NJW 1981, 2804 = FamRZ 1981, 1159, 1161; NJW 1983, 1548 = FamRZ 1983, 569, 570; ausdrücklich auch BT-Drucks. 16/6980 S. 19.

151 BGH NJW 1981, 2804 = FamRZ 1981, 1159, 1161; NJW 1998, 721 = FamRZ 1998, 1501, 1502; NJW 2006, 2182 = FamRZ 2006, 846, 848; s. auch OLG Frankfurt a. M. FamRZ 1980, 144; OLG Bamberg FamRZ 1996, 1076, 1077; OLG Hamm OLGR 1997, 231, 232; NJWE-FER 1998, 97 = FamRZ 1999, 235, 236; NJW-RR 2003, 1297 f. = FamRZ 2004, 375 (LS1).

152 BGH NJW 1998, 721 = FamRZ 1998, 1501, 1502; NJW 2006, 2182 = FamRZ 2006, 846, 848.

153 OLG Düsseldorf NJW-RR 2001, 434 = FamRZ 2001, 102 f.; anders wohl OLG Schleswig NJW-RR 2004, 147, 148.

154 BGH NJW 2006, 2182 = FamRZ 2006, 846, 848; s. auch *Palandt/Brudermüller* RdNr. 13.

155 Nach dem Arbeitskreis 5 des 3. DFGT, FamRZ 1980, 1173 (unter III.) soll dies regelmäßig der Fall sein.

156 OLG Hamm NJW-RR 2003, 1297, 1298 = FamRZ 2004, 375 (LS).

157 BGHZ 109, 211 = NJW-RR 1990, 323 = FamRZ 1990, 283, 286 (zu § 1361 Abs. 2).

– Bei behebbaren **Behinderungen** des Kindes ist der Unterhaltsanspruch bis zur völligen Genesung zu gewähren.[158] Aber auch bei nicht behebbaren Behinderungen wird es grundsätzlich keinen zeitlich unbeschränkten Unterhaltsanspruch des betreuenden Elternteils geben können. Vielmehr muss das Kind gerade seiner Betreuung bedürfen, und ihm darf eine Fremdbetreuung nicht zugemutet werden können.

– Die Rspr. hat bislang im Allgemeinen davon abgesehen, den Anspruch ausdrücklich zu **befristen,** und hat eine Begrenzung nur ausgesprochen, wenn anhand hinreichend sicherer Anhaltspunkte eine verlässliche Prognose für die Fortdauer oder Beendigung des Anspruchs möglich ist.[159]

Bsp.: OLG Karlsruhe FamRZ 1979, 821, 822: Unsicher, ob der 13 Jahre alte Sohn die Schule wird regulär abschließen können. – **BGH NJW-RR 1997, 897 = FamRZ 1997, 873, 875:** Entwicklung von 10 und 11 Jahre alten Kindern bis zur Vollendung des 15. Lebensjahres nicht hinreichend sicher zu beurteilen. – **OLG Frankfurt a. M. FamRZ 2000, 1522:** Befristung des Unterhaltsanspruchs aus § 1615 l Abs. 2 S. 3 wegen ursprünglich geplanter Lebensgemeinschaft der Eltern, weil verlässliche Prognose nur bis zur Schulpflichtigkeit des jüngeren Sohnes möglich. – **OLG Düsseldorf FamRZ 2005, 1772, 1775:** Befristung bis zum vollendeten 6. Lebensjahr des jüngsten Kindes bei Betreuung von 3 Kindern (für die Zeit ab 1. 1. 2008 s. BGHZ 177, 272 = NJW 2008, 3128 m. Bespr. *Graba* NJW 2008, 3105 = FamRZ 2008, 1739, 1743 [34–43], dazu RdNr. 38). – **OLG Düsseldorf NJW 2008, 2658 = FamRZ 2008, 1861:** Betreuung von 2 Kindern, 9 und 7 Jahre alt: Erwerbsobliegenheit für 5 Stunden/Tag = 108 Stunden/Monat. – **AG Tempelhof-Kreuzberg FamRZ 2008, 1862:** Nur Teilerwerbstätigkeit zumutbar bei Betreuung von 5-jährigen Zwillingen.

Wann eine hinlänglich sichere **Prognose** getroffen werden kann, ist unabhängig davon, ob der Anspruch auf kind- oder elternbezogene Umstände gestützt ist.[160] Ausschlaggebend ist allein, welche den Anspruch tragenden Umstände vorliegen und wie deren Entwicklung eingeschätzt werden kann.

– Der Anspruch steht zudem nur unter der Einschränkung, „soweit" dies der Billigkeit entspricht, sodass sich sein **Umfang** nach den erzielten oder jedenfalls erzielbaren Einkünften bestimmt. Ein „abrupter, übergangsloser Wechsel von der elterlichen Betreuung zu Vollzeiterwerbstätigkeit" ist nicht gefordert, sondern ein „abgestufter ... Übergang" möglich;[161] verlangt wird eben das, was insbesondere nach den Belangen des Kindes „billig" ist. – Für einen Unterhaltsanspruch nach § 1570 UÄndG 2007 ab dem 1. 1. 2008 muss dem Berechtigten eine **Übergangsfrist** eingeräumt werden, innerhalb derer er sich auf seine erhöhten Erwerbsobliegenheiten einstellen und sich auf dem Arbeitsmarkt orientieren kann.

Bsp.: AG Düsseldorf FF 2008, 211, 212: 12 Jahre altes Kind, Realschule, danach Hort bis 16.30 h: 1 Jahr Übergangszeit für den Berechtigten, sich um eine Vollerwerbstätigkeit zu bemühen. – **AG Mönchengladbach FF 2008, 212, 213 f.:** Kind besucht die 4. Grundschulklasse: 6 Monate Übergangszeit zur Ausweitung einer fiktiven halbschichtigen in eine vollschichtige Erwerbstätigkeit. – **OLG Thüringen NJW 2008, 3224 = FamRZ 2008, 2203, 2205:** Kind 7 Jahre alt, gerade eingeschult, Berechtigte ist Chinesin, hat bis 2002 mit dem Ehemann in China gelebt, dort als Masseuse (Begleitung) gearbeitet, spricht nicht deutsch, keine in Deutschland verwertbare Berufsausbildung: Übergangsfrist 1 Jahr. – **OLG Düsseldorf NJW 2008, 3005:** Betreuung eines 6 Jahre alten Kindes: Übergangsfrist 1 Jahr.

---

[158] OLG Düsseldorf FamRZ 2003, 184, 185 (kognitive und psychische Schwächen).

[159] BGH NJW-RR 1997, 897 = FamRZ 1997, 873, 875.

[160] AA *Wever* FamRZ 2008, 553, 558; ähnlich *Borth* UÄndG RdNr. 83.

[161] BT-Drucks. 16/6980 S. 9; s. auch OLG Düsseldorf NJW 2008, 2658 = FamRZ 2008, 1861; *Borth* FamRZ 2008, 2, 5 („phasenweiser Übergang"). – Mit Regel-Ausnahme-Verhältnis (s. *Niebling* FF 2008, 193, 194 f.) dürfte dies allerdings nicht zutreffend charakterisiert werden, so auch *Schilling* FPR 2008, 27, 28.

G. Konkurrenzen[162]

I. Kinderbetreuung durch beide Eltern

56 Die gesetzliche Regelung verhält sich nicht zu dem Fall, dass beide Elternteile ein Kind betreuen und deshalb die Voraussetzungen des § 1570 erfüllen.[163] Unabhängig davon kann aber immer **nur ein Elternteil** anspruchsberechtigt sein,[164] weil sich der Anspruch, ohne dass es insoweit auf Billigkeitsgesichtspunkte ankäme, im weiteren nach der Bedürftigkeit des den Unterhalt begehrenden und der Leistungsfähigkeit des in Anspruch genommenen Elternteils richtet, und nur der Elternteil berechtigt ist, der seinen Bedarf nicht selbst decken kann.[165] Zur **Höhe** des geschuldeten Unterhalts, für die nicht zwischen Mutter und Vater differenziert werden darf,[166] ist die Leistungsfähigkeit des Verpflichteten von besonderer Bedeutung (§ 1581 S. 1); in Anwendung des Rechtsgedankens aus § 1577 Abs. 2 muss dem neben der Betreuung Erwerbstätigen ein **angemessener Betreuungsbonus** verbleiben (s. dazu § 1578 RdNr. 102).[167]

II. Teil- und Anschlussunterhalt

57 Ist der betreuende Elternteil gehalten, eine teilweise Erwerbstätigkeit aufzunehmen oder beizubehalten (RdNr. 30–55), findet er aber keine angemessene Arbeitsstelle, kann neben einem Anspruch auf **Teilunterhalt** aus § 1570 (Betreuungsunterhalt) ein weiterer Teilanspruch aus **§ 1573 Abs. 1** (Erwerbslosenunterhalt) treten. Decken Betreuungsunterhalt und Einkünfte aus angemessener Teilerwerbstätigkeit den vollen Unterhalt des betreuenden Elternteils iSd. § 1578 Abs. 1 S. 2 nicht ab, steht ihm zusätzlich ein Anspruch aus **§ 1573 Abs. 2** (Aufstockungsunterhalt) zu (zum Ganzen auch § 1569 RdNr. 20).[168] Die **Höhe** des Betreuungsunterhalts ergibt sich ggf. aus dem Abzug der Einkünfte des Berechtigten aus eigener angemessener Erwerbstätigkeit vom Bedarf,[169] der idR allerdings unter Einschluss auch seines Einkommens festgesetzt wird (dazu § 1578 RdNr. 7–10). Verstößt der Berechtigte gegen seine Obliegenheit zur Aufnahme einer (Teil-)Erwerbstätigkeit, sind ihm die erzielbaren Einkünfte fiktiv zuzurechnen (dazu auch § 1578 RdNr. 139–144 und § 1579 RdNr. 28). – Zum **Rang** des Teilanspruchs aus § 1573 Abs. 1, 2 s. § 1582 RdNr. 10.

58 Endet der Betreuungsunterhalt (dazu RdNr. 51), kann sich ein Anspruch nach § 1571–1573 anschließen (**Anschlussunterhalt** im Gegensatz zum **Stammunterhalt**);[170] dabei kommt dem Anspruch aus § 1573 besondere Bedeutung zu. Anschlussunterhalt kann nur in der **Höhe** des entfallenen Betreuungsunterhalts bestehen, weshalb sich an einen Teilanspruch kein voller Unterhaltsanspruch anschließen kann (dazu § 1569 RdNr. 19).

---

[162] Zur Konkurrenz der Unterhaltsansprüche aus § 1570 Abs. 1 S. 1, Abs. 1 S. 2 und Abs. 2 s. RdNr. 21; allgemein zu den Anspruchskonkurrenzen § 1569 RdNr. 20.

[163] KG FamRZ 1982, 386, 387.

[164] OLG Hamm FamRZ 1980, 255, 256; KG FamRZ 1982, 386, 387. Auch BGH NJW 1983, 1548 = FamRZ 1983, 569, 570 behandelt einen solchen Fall, ohne jedoch auf die aufgeworfene Fragestellung eingehen zu müssen.

[165] KG FamRZ 1982, 386, 387; *Schwab/Borth* IV RdNr. 167; aA wohl OLG Schleswig NJW-RR 1990, 1028 = FamRZ 1990, 657 (LS).

[166] KG FamRZ 1982, 386, 387.

[167] Ähnlich OLG Hamm FamRZ 1980, 255, 256 – Anrechnung der Einkünfte in Anwendung des Rechtsgedankens aus § 1577 Abs. 2 nur, soweit der volle Unterhalt nach § 1578 gewahrt ist; so auch die 3. Aufl. 1993 RdNr. 17; KG FamRZ 1982, 386, 387 – Berücksichtigung nach Treu und Glauben.

[168] BGH NJW 1990, 1847 = FamRZ 1990, 492, 493 f. (gegen BGH NJW 1987, 1761 = FamRZ 1987, 572, 573); OLG Hamburg NJW-RR 1996, 323 = FamRZ 1995, 879.

[169] BGH NJW 1985, 429 = FamRZ 1985, 50, 51; NJW-RR 1987, 962 = FamRZ 1987, 912; NJW-RR 1987, 1282 = FamRZ 1987, 1011, 1012; s. auch BT-Drucks. 7/650 S. 122.

[170] Die von der Rspr. übernommene Begriffsbildung geht auf *Diederichsen* NJW 1977, 353 und *Dieckmann* FamRZ 1977, 81, 97 zurück.

III. Beschränkungen des Unterhaltsanspruchs

Fraglich ist v. a., ob und ggf. inwieweit der Anspruch auf Betreuungsunterhalt aus § 1570 nach **§ 1578 b** beschränkt werden kann. Maßgeblich wird es dabei darauf ankommen, die Belange des betreuten Kindes auch insoweit zu wahren. – Diese stehen für einen Anspruch auf den „Basisunterhalt" aus Abs. 1 einer **Befristung** nach § 1578 b Abs. 2 entgegen, weil er sowohl Grund wie Dauer gerade in der Betreuungsbedürftigkeit findet und bereits durch diese zeitlich begrenzt ist. Dagegen steht zwar die Betreuungsbedürftigkeit des Kindes der Befristung des „Annexanspruchs" aus Abs. 2 nicht entgegen, weil sie nicht der Grund für diesen Anspruch ist, wohl aber die Billigkeitsabwägung, die zu ihm geführt hat und die auch seine Dauer umfasst; sie kann zu Abs. 2 aber nicht anders ausfallen als zu § 1578 b Abs. 2.[171] – Dagegen ist die **Herabsetzung** des Anspruchs auf den angemessenen Bedarf (§ 1578 b Abs. 1) idR möglich, wenn und soweit sie die Belange des Kindes nicht verletzt und die Betreuungsleistung des Elternteils nicht schmälert.[172] 59

H. Verfahren

I. Klageart

Der Anspruch auf Betreuungsunterhalt ist wie alle Unterhaltsansprüche mit der **Leistungsklage** geltend zu machen, wesentliche Änderungen der für einen Titel maßgebenden Umstände mit der **Abänderungsklage** nach § 323 ZPO, §§ 238, 239 FamFG. 60

- Ein bis zum **31. 12. 2007** errichteter Titel auf Betreuungsunterhalt verliert nicht mit der Vollendung des 3. Lebensjahres seine Wirkungen. Da diese Titel Unterhalt regelmäßig unbefristet zugesprochen haben, müssen Änderungen aufgrund des UÄndG 2007 vom Verpflichteten mit der Abänderungsklage geltend gemacht werden.
- Für ab **1. 1. 2008** errichteter Titel ist zu unterscheiden:
  - Enthält er **keine Befristung,** wirkt er über das vollendete 3. Lebensjahr des Kindes hinaus, dem Verpflichteten obliegt die Initiative für eine Abänderung des Ausgangstitels.[173]
  - Wurde dagegen die titulierte Unterhaltsverpflichtung – zu Recht (dazu RdNr. 33) – **befristet,** muss der Berechtigte seinen Anspruch ab dem 4. Lebensjahr mit der Leistungsklage geltend machen.[174] Und zwar auch dann, wenn mit der Befristung zugleich die Klage für die Zeit ab dem 4. Lebensjahr abgewiesen wurde, weil nach einer Klageabweisung der Unterhaltsanspruch für einen klar abgegrenzten Zeitraum stets die Leistungs- und nicht die Abänderungsklage der zulässige Rechtsbehelf ist.[175]

II. Darlegungs- und Beweislast

1. Grundsatz. Verlangt ein Elternteil Betreuungsunterhalt, muss er grundsätzlich **alle** Anspruchsvoraussetzungen darlegen und ggf. auch beweisen. Dazu gehört auch, dass ihm wegen der **Betreuung** eines gemeinschaftlichen Kindes und wegen dessen **Belangen** keine oder keine fortbestehende[176] – teil- oder vollschichtige – **Erwerbstätigkeit** zumutbar ist und sie ihm deshalb auch nicht obliegt,[177] aber auch, dass eine **Fremdbetreuung** des Kindes nicht möglich ist.[178] 61

---

[171] Im Ergebnis ebenso *Borth* FamRZ 2008, 2, 8 („. . ., weil ein vom Gesetz gewährter Unterhaltsanspruch nicht zugleich durch eine Billigkeitsregelung ausgeschlossen werden kann").

[172] *Borth* FamRZ 2008, 2, 9.

[173] So ausnahmslos *Borth* UÄndG RdNr. 364.

[174] Insoweit ebenso *Borth* UÄndG RdNr. 83; *ders.* FamRZ 2008, 2, 11; s. auch *Wever* FamRZ 2008, 553, 561; *Schilling* FF 2008, 279, 293.

[175] BGHZ 82, 246 = NJW 1982, 578 = FamRZ 1982, 259, 261.

[176] OLG Hamm OLGR 1997, 231, 232; AG Ludwigslust NJOZ 2006, 1837, 1841 = FamRZ 2006, 125 (LS).

[177] OLG Köln NJW 2008, 2659 = FamRZ 2008, 2119 (LS 1 S. 2).

[178] OLG Celle NJW 2008, 1456 = FamRZ 2008, 997, 998; *Borth* FamRZ 2008, 2, 10.

62 **2. Differenzierungen.** Für die einzelnen Ansprüche auf Betreuungsunterhalt aus § 1570 ist, obwohl es sich um einen einheitlichen Anspruch handelt (dazu RdNr. 19, 21), weiter wie folgt zu differenzieren:

- Bis zum **vollendeten 3. Lebensjahr** des Kindes (Abs. 1 S. 1, dazu RdNr. 32–34) bedarf es keiner weiteren Darlegungen des Berechtigten.[179] Vertritt man – wie hier (dazu RdNr. 34) – die Auffassung, dass ihn auch für diesen Zeitraum eine Erwerbsobliegenheit treffen kann, obliegt dem Verpflichteten die Darlegungs- und Beweislast für deren Bestehen.
- Für einen Anspruch auf verlängerten Betreuungsunterhalt ab dem **4. Lebensjahr** des Kindes (Abs. 1 S. 2, 3, Abs. 2, dazu RdNr. 35–55) ergeben sich Folgerungen daraus, welche Bedeutung einem **„Altersphasenmodell"** zukommt (dazu RdNr. 4–12, 38):
  - Misst man dem **„traditionellen"** Alterphasenmodell weiter indizielle Bedeutung dahin bei, ob, dass und inwieweit den betreuenden Elternteil grundsätzlich eine Erwerbsobliegenheit trifft, führt dies zu Folgen für die Darlegungs- und Beweislast, weil dann die Altersgrenzen des „Altersphasenmodells" und die sich aus ihm ergebende Erwerbsobliegenheit zum Grundsatz erhoben wird, auf den sich die Ehegatten berufen können. Macht ein Ehegatte ein Abweichen von diesem Grundsatz geltend, muss er die für diese Ausnahme maßgeblichen Umstände vortragen und ggf. beweisen:[180] Der betreuende Ehegatte muss einen höheren als den über die Altersphasen abgedeckten und eine geringere Erwerbsobliegenheit rechtfertigenden Betreuungsbedarf darlegen. Ist das Kind in einem Alter, in dem danach eine Erwerbstätigkeit noch nicht verlangt werden kann, muss der Verpflichtete darlegen, dass der im „Altersphasenmodell" angelegte Betreuungsbedarf des Kindes tatsächlich geringer und die Erwerbsobliegenheit erhöht ist.
  - Vertritt man die Auffassung, dass eine **„modifiziertes"** Altersphasenmodell zur Anwendung kommen soll (dazu RdNr. 38), gilt: Beruft sich der Berechtigte zu Recht auf eine Fallgruppe, entspricht er einem seine Erwerbsobliegenheit begrenzenden Regelfall. Es liegt dann am Verpflichteten, darzulegen und ggf. zu beweisen, dass eine Ausnahme von der Regel, dh. eine Erwerbsobliegenheit des Unterhaltsberechtigten vorliegt.[181]
  - Setzt man die Intention des Reformgesetzgebers um, dass eine Verlängerung des Anspruchs auf Betreuungsunterhalt über die Vollendung des 3. Lebensjahres hinaus nur anhand aller Umstände des Einzelfalls möglich ist, hat ein irgendwie geartetes „Altersphasenmodell" **keine** Bedeutung als Indiz für die Betreuungsbedürftigkeit eines Kindes und daran anknüpfend für den Anspruch auf Betreuungsunterhalt mehr (dazu auch RdNr. 35–37).
    - Dies bedeutet jedoch nicht, dass der betreuende Elternteil stets Vortrag zu den Möglichkeiten der Fremdbetreuung halten muss. Er kann vielmehr abwarten, ob sich der Verpflichtete hierauf beruft. Denn die Eigenbetreuung kann dem gemeinsamen Plan der Ehegatten entsprechen (Abs. 2), weshalb dem Verpflichteten zugemutet werden kann, sich auf Fremdbetreuung zu berufen, wenn er meint, diese sei zumutbar.[182] Tut er dies nicht, kann davon ausgegangen werden, dass er den betreuenden Elternteil nicht auf eine Erwerbsobliegenheit unter den strengeren Voraussetzungen des Abs. 1 S. 3 verweisen will. Dann kann ein wie auch immer geartetes „Altersphasenmodell" weiter zur Orientierung hinsichtlich der Erwerbsobliegenheiten und ihres Umfangs herangezogen werden.[183]

---

[179] BGHZ 175, 182 = NJW 2008, 1663 m. Anm. *Born* = FamRZ 2008, 968, 970 [30] m. Anm. *Maurer*; BGHZ 177, 272 = NJW 2008, 3128 m. Bespr. *Graba* NJW 2008, 3105 = FamRZ 2008, 1739, 1748 [97] m. Anm. *Maurer* FamRZ 2008, 1830, *Viefhues* FF 2008, 376 und *Fiedler* FPR 2008, 518; OLG Celle NJW 2008, 1456 = FamRZ 2008, 997, 998; wohl auch OLG Hamm NJW 2008, 2049 m. Anm. *Born* = FPR 2008, 311 m. Anm. *Erdrich* = FamRZ 2008, 1937, 1940.

[180] BGH NJW 1983, 1427 = FamRZ 1983, 456, 458; NJW 2006, 2182 = FamRZ 2006, 846, 847 m. Anm. *Born*.

[181] *Maurer* FamRZ 2008, 2157, 2160 f.

[182] AA *Borth* FamRZ 2008, 2, 10.

[183] Dazu auch *Borth* FamRZ 2008, 2, 10; aA wohl *Wever* FamRZ 2008, 553, 558.

– Beruft sich der Verpflichtete auf Fremdbetreuung, trifft den **Berechtigten** allerdings die volle Darlegungs- und Beweislast für (nicht) bestehende Möglichkeiten der Fremdbetreuung (Abs. 1 S. 3; dazu RdNr. 40–45), für seine rechtzeitigen Bemühungen um einen Betreuungsplatz und die Gestaltung der Kinderbetreuung und Erwerbstätigkeit in der Ehe (Abs. 2; dazu RdNr. 49).[184] Er muss diese darlegen und sich zur Zumutbarkeit der Inanspruchnahme der Kinderbetreuung erklären. Praktische Schwierigkeiten sind vorhersehbar: Was kann vom Berechtigten hinsichtlich seiner **Bemühungen,** einen Fremdbetreuungsplatz zu bekommen, verlangt werden (dazu auch RdNr. 49)? Sicher kann und muss er sich beim Jugendamt nach Fremdbetreuungsmöglichkeiten erkundigen. Dagegen wird er eigene Anzeigen in der Tagespresse wohl nicht aufgeben müssen. – Dem betreuenden Elternteil ist anzuraten, seine Bemühungen wie Bewerbungen um einen Arbeitsplatz schriftlich zu **dokumentieren** (Einrichtung, Ansprechpartner, Telefonnummer, Datum und Ergebnis der Bemühungen).[185]

– Geht man dagegen weiter **ohne Einschränkungen** von der indiziellen Wirkung des „Altersphasenmodells" aus, muss der Verpflichtete die Betreuungsmöglichkeiten und die Zumutbarkeit ihrer Inanspruchnahme darlegen.

– Dass die Eltern verheiratet waren, begründet allein nicht die **Vermutung,** dass die Voraussetzungen für einen Anspruch aufgrund elternbezogener Umstände aus Abs. 2 vorliegen.[186]

3. Beweismaß. Stets hat der Beweispflichtige den **vollen** Beweis für den maßgeblichen Umstand zu erbringen, und zwar unabhängig davon, ob der Anspruch auf kind- oder elternbezogene Umstände gestützt wird.[187] Beweiserleichterungen können sich nur in dem Umfang ergeben, wie dem „Altersphasenmodell" noch Bedeutung beigemessen wird (dazu RdNr. 62). 63

§ 1571 Unterhalt wegen Alters

Ein geschiedener Ehegatte kann von dem anderen Unterhalt verlangen, soweit von ihm im Zeitpunkt

1. der Scheidung,
2. der Beendigung der Pflege oder Erziehung eines gemeinschaftlichen Kindes oder
3. des Wegfalls der Voraussetzungen für einen Unterhaltsanspruch nach den §§ 1572 und 1573

wegen seines Alters eine Erwerbstätigkeit nicht mehr erwartet werden kann.

Schrifttum: S. Vor § 1569.

Übersicht

[184] BGHZ 175, 182 = NJW 2008, 1663 m. Anm. *Born* = FamRZ 2008, 968, 970 [30] m. Anm. *Maurer;* BGHZ 177, 272 = NJW 2008, 3128 m. Bespr. *Graba* NJW 2008, 3105 = FamRZ 2008, 1739, 1748 [97] m. Anm. *Maurer* FamRZ 2008, 1830, 1832, *Viefhues* FF 2008, 376 und *Fiedler* FPR 2008, 518; OLG Celle NJW 2008, 1456 = FamRZ 2008, 997, 998; OLG Hamm NJW 2008, 2049 m. Anm. *Born* = FPR 2008, 311 m. Anm. *Erdrich* = FamRZ 2008, 1937, 1940; *Maurer* FamRZ 2008, 2157, 2160; im Ergebnis ebenso *Borth* FamRZ 2006, 813, 814; *Meier* FamRZ 2008, 101, 102; *Schilling* FF 2008, 279, 280.

[185] *Borth* UÄndG RdNr. 64; *ders.* FamRZ 2008, 2, 7.

[186] AA *Wever* FamRZ 2008, 553, 558.

[187] AA *Wever* FamRZ 2008, 553, 556 („...die Anforderungen an Darlegungslast und Beweisführung abzumildern, solange das (ggf. jüngste) Kind das achte Lebensjahr noch nicht erreicht hat."); in diese Richtung wohl auch *Schilling* FF 2008, 279, 283.

I. Normzweck

1 Die Erwerbslosigkeit eines Ehegatten ist idR auch **durch die Ehe bedingt,** wenn er während v. a. längerer Ehe nicht erwerbstätig gewesen ist, und zwar auch dann, wenn er hätte arbeiten können, sich aber einseitig für die Erwerbslosigkeit entschieden hat, weil ihn nach § 1356 Abs. 2 S. 1 grundsätzlich keine Pflicht zur Aufnahme einer Erwerbstätigkeit getroffen, sondern ihm nur ein Recht hierzu zugestanden hat (dazu dort RdNr. 18). § 1571 gibt ihm deshalb aus **ethischen Gründen** einen Unterhaltsanspruch **(Altersunterhalt),** soweit von ihm im Zeitpunkt der Scheidung wegen seines Alters eine – eheangemessene (§ 1574, dazu dort RdNr. 3–19) – Erwerbstätigkeit nicht mehr erwartet werden kann (Nr. 1). Dem Zeitpunkt der Scheidung werden in Nr. 2 und 3 Zeitpunkte gleichgestellt, in denen die Verantwortung des leistungsfähigen Ehegatten noch nachwirkt. – Zur **Abdingbarkeit** des Anspruchs auf Altersunterhalt s. § 1585 c RdNr. 28–30. – Zur Bedürftigkeit wegen versäumter **Beschränkung des Versorgungsausgleichs** nach § 1587 c s. § 1578 RdNr. 180 (dazu auch § 27 VersAusglG).

II. „Alter"

2 **1. Allgemeines.** Nicht näher festgelegt ist, was unter **„Alter"** zu verstehen ist. Normzweck und Entstehungsgeschichte[1] legen jedoch eine Anwendung der Vorschrift auf die Personen nahe, die die Voraussetzungen für ein Altersruhegeld aus der öffentlichen Altersversorgung erfüllen. Doch verwehrt dies nicht, im Einzelfall bereits früher von einem Anspruch auf Altersunterhalt auszugehen, etwa wenn der Berechtigte aufgrund seines Alters keine Chancen auf eine angemessene Erwerbstätigkeit iSd. § 1574 mehr hat (dazu auch dort RdNr. 8). – Die von dem Bedürftigen erwartete **Erwerbstätigkeit** muss nach § 1574 Abs. 1–3 eheangemessen sein (dazu die Erläuterungen zu § 1574).[2] – § 1571 differenziert für die Anspruchsberechtigung nicht zwischen Frauen und Männern, er ist **geschlechtsneutral.**[3] Dies schließt nicht aus, die besonderen Belastungen einer Frau (dazu RdNr. 5) im Einzelfall zu berücksichtigen; doch wird der Anspruch dann meist zutreffender auf § 1572 gestützt werden können.

3 **2. Öffentliche Altersversorgung. a) Bezug von Regelaltersruhegeld.** Über die **Regelaltersgrenze** (65. Lebensjahr, s. § 35 SGB VI, § 25 BRRG, § 41 Abs. 1 BBG, § 48 DRiG) hinaus besteht grundsätzlich keine Erwerbsobliegenheit.[4] Wer den Berechtigten gleichwohl auf eine Erwerbstätigkeit verweisen will, trägt insoweit die Darlegungs- und Beweislast.[5] In Betracht kommen kann dies v. a. für **freiberuflich Tätige,**[6] allerdings

---

[1] Dazu 1. Aufl. 1978 RdNr. 2–5.

[2] BGH NJW 1983, 1483 = FamRZ 1983, 144, 145; BGHZ 93, 330 = NJW 1985, 1340 = FamRZ 1985, 371, 373; NJW 1987, 2739 = FamRZ 1987, 691, 693.

[3] KG FamRZ 1981, 1173; *Schwab/Borth* IV RdNr. 188; aA wohl *Soergel/Häberle* RdNr. 2.

[4] BGH NJW 1981, 754 = FamRZ 1980, 140; NJW 1982, 929 = FamRZ 1982, 28; NJW 1983, 1483 = FamRZ 1983, 144; BGHZ 166, 351 = NJW 2006, 1654 = FamRZ 2006, 683, 684; *Göppinger/Wax/Bäumel* RdNr. 965; *Soergel/Häberle* RdNr. 2; auch OLG Köln FamRZ 1984, 269 m. Anm. *Büttner*; unausgesprochen auch OLG Koblenz FamRZ 1980, 589, 591; OLG Hamburg FamRZ 1981, 54, 55; OLG Düsseldorf FamRZ 1981, 56, 57; OLG Bamberg FamRZ 1981, 1082; OLG Frankfurt a. M. FamRZ 1984, 593. Das AG Ludwigsburg FamRZ 1992, 442, 443 verneint die Erwerbsobliegenheit eines 70-jährigen Rentners.

[5] *Schwab/Borth* IV RdNr. 187, doch betrifft dies gerade nicht die dort in Fn. 72 angesprochene Leistungsunfähigkeit, die unabhängig von den Voraussetzungen aus § 1571 gegeben sein muss.

[6] *Soergel/Häberle* RdNr. 4; aA ohne jede weitere Differenzierung OLG Hamm NJWE-FER 1997, 26 = FamRZ 1997, 883, 884.

weniger für den Berechtigten als für den Verpflichteten (s. auch § 1578 RdNr. 169). Immer muss aber die soziale Wirklichkeit dafür sprechen, dass verhältnismäßig häufig über die Regelaltersgrenze hinaus gearbeitet wird.[7] Die Annahme einer fortbestehenden Erwerbsobliegenheit führt zum Verlust des Anspruchs auf Altersunterhalt und unter Zugrundelegung fiktiver Einkünfte evt. zu einem Anspruch auf Aufstockungsunterhalt aus § 1573 Abs. 2.

b) Vorgezogene Altersrente. Vorruhestand. Altersteilzeit. Allein die Möglichkeit zum Bezug einer **vorgezogenen Altersrente** (s. §§ 36 SGB VI, 37 S. 2, 40 SGB VI,[8] § 42 Abs. 4 Nr. 2 BBG) ist kein taugliches Kriterium zur Beurteilung, ob eine Erwerbsobliegenheit besteht, und beseitigt sie nicht;[9] der Unterhalt Begehrende hat deshalb auch in diesen Fällen darzulegen und zu beweisen, dass ihm eine Erwerbstätigkeit nicht zugemutet werden kann.[10] – Dazu, zum **Vorruhestand** und zur **Altersteilzeit** auch § 1578 RdNr. 169–172 und **§ 1579 Nr. 4** s. dort RdNr. 28. 4

c) Unterhalt ohne öffentliche Altersversorgung. Ein Anspruch auf Altersunterhalt kann nach Wortlaut, Entstehungsgeschichte und Gesamtzusammenhang[11] von § 1571 auch bestehen, wenn der Berechtigte die Voraussetzungen auf ein Altersruhegeld noch nicht erfüllt, sein Alter vielmehr deutlich **unter dieser Grenze** liegt, eine Rückkehr ins Erwerbsleben wegen seines Alters jedoch nicht mehr in Betracht kommt. Allgemeine Grundsätze und feste Altersgrenzen haben sich nicht – auch nicht für Frauen[12] – herausgebildet, vielmehr ist auf die im Einzelfall gegebenen besonderen Umstände abzustellen.[13] So wird eine längere Unterbrechung der Erwerbstätigkeit oft zu unüberwindlichen Schwierigkeiten bei der Wiedereingliederung ins Erwerbsleben, bei der die Angemessenheit der Erwerbstätigkeit iSd. § 1574 Abs. 2 (dazu dort RdNr. 3–19) zu beachten ist, führen.[14] Zu berücksichtigen sind die **besonderen Belastungen einer Frau** durch Schwangerschaften und Betreuung der Kinder, durch Frauenkrankheiten und Beschwerden während des Klimakteriums, die zu einem vorzeitigen Altern geführt haben können. 5

Bsp. aus der Rechtsprechung: Keine Erwerbsobliegenheit: BGH NJW 1987, 2739 = FamRZ 1987, 691, 693: 57-jährige Frau. – **OLG Koblenz FamRZ 1989, 59:** 59-jährige Frau. – **OLG Schleswig NJWE-FER 1998, 266:** 57-jährige Frau, 30-jährige Ehedauer, Ehemann sehr gut verdienender Alleinverdiener. – **OLG Stuttgart OLGR 1998, 217, 218:** 63-jährige Frau. – **OLG Oldenburg FamRZ 1999, 518:** 59 Jahre, keine reale Beschäftigungsaussicht. – **OLG Hamm FamRZ 1999, 723, 724:** 62-jährige Frau. – **OLG Schleswig OLGR 1999, 424, 425 = FamRZ 2000, 825 (LS):** 58¾ Jahre alte Frau, 29 Jahre Ehedauer, 8 Jahre arbeitslos, ernsthafte und nachhaltige Erwerbsbemühungen, keine reale Beschäftigungsaussicht. – **OLG Schleswig OLGR 2003, 534, 535:** 64-jährige Frau, ungelernt, nie vollschichtig, sondern lediglich auf Geringverdienerbasis

---

[7] Von OLG Hamm FamRZ 1981, 558 f. verneint für eine 57-jährige Ehefrau, die bis zum 55. Lebensjahr einen Hof bewirtschaftet und danach verpachtet hatte.

[8] Die Privilegierung der Frauen ist verfassungsgemäß, BVerfGE 74, 163 = NJW 1987, 1541 = FamRZ 1987, 348.

[9] BGH NJW 1999, 1547 = FamRZ 1999, 708, 709 f.; KG FamRZ 1981, 1173; *Schwab/Borth* IV RdNr. 187; *Soergel/Häberle* RdNr. 2; aA – ohne dies zu problematisieren – BGH NJW 1982, 929 = FamRZ 1982, 28, 29; OLG Hamm FamRZ 1987, 829, 830 (idR keine Erwerbsobliegenheit); *Göppinger/Wax/Bäumel* RdNr. 965.

[10] *Schwab/Borth* IV RdNr. 187. Diesen Grundsatz kehrt das OLG Hamm FamRZ 1987, 829, 830 durch das von ihm vertretene Regel-Ausnahme-Prinzip um.

[11] BT-Drucks. 7/650 S. 123.

[12] Der Vorschlag der Eherechtskommission, eine gesetzliche Vermutung einzuführen, dass eine 55 jährige keine angemessene Erwerbstätigkeit mehr finden kann, wurde nicht in das Gesetz übernommen (s. hierzu BT-Drucks. 7/650 S. 123 f.; 1. Aufl. RdNr. 2–5). Deshalb erscheint die Orientierung an sozialversicherungsrechtlichen Regelungen wie § 39 SGB VI, §§ 590 Abs. 2 Nr. 1, 1248 Abs. 3 RVO nicht sachgerecht.

[13] BGH NJW 1999, 1547 = FamRZ 1999, 708, 709 f.; OLG Koblenz FamRZ 1992, 950, 951 (53-jährige Frau); OLG Hamm FamRZ 1995, 1416 f. (60-jährige Frau): Dass eine Ehefrau während der – auch langen – Ehezeit nicht mehr außerhalb des Familienhaushalts in abhängiger Stellung gearbeitet hat, hindert nicht die Annahme ihrer Obliegenheit zur Aufnahme einer Erwerbstätigkeit, OLG Hamm NJWE-FER 1997, 145 = FamRZ 1998, 291 (64-jährige Frau).

[14] BGH NJW 1983, 1483 = FamRZ 1983, 144, 145.

erwerbstätig, Mann hat 14 Jahre freiwillig Trennungs- und nachehelichen Unterhalt bezahlt.

Keine Erwerbstätigkeit nach langer Unterbrechung der Erwerbstätigkeit: OLG Düsseldorf NJW 1982, 831 = FamRZ 1981, 1184, 1185: 60-jährige Frau, die während 32-jähriger Ehedauer nicht erwerbstätig war. – **OLG Hamm FamRZ 1983, 924:** 57-jährige Frau, während 30-jähriger Ehedauer nicht berufstätig. – **OLG München FamRZ 1983, 925:** 50-jährige Frau, gelernte Schneiderin, während 20-jähriger Ehedauer nur bei ihrem Vater als Praxisaushilfe tätig. – **OLG München FamRZ 2003, 874, 875:** 64-jährige Frau, 7 Jahre arbeitslos mit fehlender Berufspraxis als Tonmeisterin, schlechte Arbeitsmarktlage.

Erwerbsobliegenheit: OLG Köln FamRZ 1980, 1006: 54-jährige Frau. – **BGH NJW 1988, 2369 = FamRZ 1988, 265, 266:** 48-jährige Frau. – **OLG Hamburg FamRZ 1991, 445, 446 f.:** 53-jährige Frau, doch geht es in der Entscheidung vornehmlich um die Eheangemessenheit einer Erwerbstätigkeit. – **OLG Koblenz FamRZ 1992, 950, 951:** 53-jährige Frau nach 31 Jahren Nur-Haushaltsführung. – **OLG Bamberg FamRZ 1992, 1304, 1305:** 56-jährige Frau. – **OLG Hamm FamRZ 1995, 1416:** 60-jährige Frau. – **OLG Oldenburg FamRZ 1996, 672:** 56-jähriger Mann, jedenfalls im Geringverdienerbereich. – **OLG Karlsruhe NJWE-FER 1998, 52 = FamRZ 1998, 746:** 57-jährige Frau, ungelernt, leichte Tätigkeiten zumutbar. – **OLG Dresden EzFamR aktuell 2000, 267 = FamRZ 2001, 833 (LS):** 54-jähriger Mann. – **OLG Bamberg OLGR 2001, 146 = FamRZ 2002, 101 (LS):** 43-jährige Frau, 4 Jahre Trennung, Volljuristin ohne Berufserfahrung. – **OLG Stuttgart FamRZ 2004, 1380:** 56-jährige, voll erwerbsfähige Frau.

Erwerbsobliegenheit nach den Umständen des Einzelfalles: OLG Düsseldorf FamRZ 1984, 489, 490: 53-jährige Ehefrau, die noch minderjährige Tochter betreut und bei der eine weitere volljährige, noch die Schule besuchende Tochter lebt. – **OLG Koblenz FamRZ 1992, 950, 951:** 53-jährige Frau. – **OLG Hamm FamRZ 1995, 1416 f.:** 60-jährige Frau. – **OLG Zweibrücken NJWE-FER 1997, 145 = FamRZ 1998, 291:** 64-jährige Frau.

6 Oft wird nicht zuverlässig beurteilt werden können, ob das Alter oder die Lage auf dem Arbeitsmarkt der Rückkehr ins Erwerbsleben entgegenstehen; nicht selten vereitelt gerade die Lage auf dem Arbeitsmarkt die Erwerbschancen älterer Arbeitssuchender. In diesen Fällen stehen die Ansprüche aus §§ 1571, 1573 nach Ausdehnung der Befristungsmöglichkeit u. a. auch auf den Altersunterhalt kumulativ nebeneinander (dazu auch § 1569 RdNr. 22).[15] – Allein das **Scheitern der Ehe** führt auch bei älteren Ehegatten[16] nicht zur Unzumutbarkeit der Fortsetzung einer bereits während der Ehezeit ausgeübten Erwerbstätigkeit. Zur Obliegenheit, sich um eine Arbeitsstelle zu bemühen, s. § 1578 RdNr. 146–150 und § 1579 RdNr. 28.

7 **3. Aufnahme und Fortsetzung einer Erwerbstätigkeit.** Ob eine Obliegenheit zu einer Erwerbstätigkeit besteht, bestimmen die **Umstände des Einzelfalles,**[17] insbesondere die persönlichen Umstände des Berechtigten wie Alter, Gesundheitszustand und Berufsausbildung, frühere berufliche Betätigung und Beschäftigungschancen, die Dauer der Ehe, die einvernehmliche Gestaltung der ehelichen Lebensverhältnisse[18] und die wirtschaftlichen Verhältnisse der Ehegatten.[19] Allgemein ist zwischen der **Fortsetzung** einer Erwerbstätigkeit und ihrer **Neuaufnahme** zu unterscheiden.[20] Die Fortsetzung einer bereits ausgeübten Tätigkeit bis zur Vollendung des 65. Lebensjahres kann idR erwartet werden. Dagegen wird zur Aufnahme einer

---

[15] Zur Rechtslage bis 31. 12. 2007 s. *Soergel/Häberle* RdNr. 8: Der Unterhaltsanspruch ergibt sich grundsätzlich aus § 1573 Abs. 1 und nur dann aus § 1571 Nr. 1, wenn und soweit eine Erwerbstätigkeit v. a. wegen des Alters nicht erwartet werden kann.

[16] OLG Köln FamRZ 1980, 1006 (58-jährige Ehefrau).

[17] S. zB OLG Hamm FamRZ 1995, 1416 f.

[18] OLG Düsseldorf FamRZ 1986, 360, 361 (vollschichtige Erwerbstätigkeit neben der Betreuung eines 12 jährigen Kindes).

[19] BGH NJW 1982, 326 = FamRZ 1982, 148 ff.

[20] KG FamRZ 1981, 1173.

Erwerbstätigkeit idR bereits ab dem 60. Lebensjahr, ggf. auch schon früher, keine Obliegenheit mehr bestehen; Ausnahmen sind auch hier v. a. bei freiberuflich Tätigen denkbar.

4. Ehebedingtheit. S. hierzu allgemein § 1569 RdNr. 5. Die Bedürftigkeit des Berechtigten muss nicht ehebedingt, dh. die Ehe muss nicht kausal für die Bedürftigkeit sein.[21] Anspruch auf Altersunterhalt besteht deshalb auch dann, wenn der Berechtigte bereits bei der Eheschließung wegen Alters einer Erwerbstätigkeit nicht nachgehen konnte;[22] doch kann in diesen Fällen eine Herabsetzung oder ein Ausschluss des Unterhaltsanspruchs nach § 1579 Nr. 1 wegen kurzer Ehedauer (dazu dort RdNr. 6–11)[23] und insbesondere eine Herabsetzung des Bedarfs und eine Befristung des Unterhaltsanspruchs nach § 1578 b in Betracht kommen. 8

III. Weitere Einzelfragen

1. Ursächlichkeit des Alters. „Wegen des Alters" muss von dem geschiedenen Ehegatten eine, ggf. auch teilweise, Erwerbstätigkeit nicht mehr erwartet werden können. V. a. (dazu RdNr. 6) das Alter muss danach kausal für die unterlassene Aufnahme einer Erwerbstätigkeit sein.[24] 9

2. Einsatzzeitpunkte. a) Grundsätze. Für einen Anspruch auf Altersunterhalt reicht nicht aus, dass der geschiedene Ehegatte zu irgendeinem Zeitpunkt nach der Scheidung wegen seines Alters nicht mehr erwerbstätig sein kann. Die **Aufzählung** der maßgeblichen Einsatzzeitpunkte in Nr. 1–3 ist **abschließend;** eine entsprechende Anwendung auf den Zeitpunkt des Entfallens der Voraussetzungen für den Billigkeitsunterhalt aus § 1576 kommt nicht Betracht, weil sie dem mit den normierten Einsatzzeitpunkten verfolgten Zweck, nur enumerativ aufgeführte Bedürfnislagen zu erfassen, widersprechen würde.[25] Die Einsatzzeitpunkte sind nur für die **Zumutbarkeit einer Erwerbstätigkeit wegen Alters,** nicht auch hinsichtlich der Bedürftigkeit und der Leistungsfähigkeit maßgebend (dazu § 1577 RdNr. 3). 10

b) Die einzelnen Einsatzzeitpunkte. Die übrigen Voraussetzungen aus § 1572 müssen zu folgenden Zeitpunkten gegeben sein: 11

- Der **Scheidung (Nr. 1).**[26] Abzustellen ist grundsätzlich auf die Rechtskraft des Scheidungsausspruchs.[27] Bei einer Entscheidung im Verbund ist die letzte mündliche Verhandlung maßgeblich;[28] nach einer Abtrennung der Unterhaltssache aus dem Verbund nach § 628 ZPO, § 140 FamFG oder nach Eintritt der Rechtskraft des Scheidungsausspruchs vor dem in der Unterhaltssache ist jedoch wieder die Rechtskraft des Scheidungsausspruchs maßgebend.
- Der **Beendigung der Pflege oder Erziehung eines gemeinschaftlichen Kindes (Nr. 2):** Damit wird auf den Zeitpunkt des – auch teilweisen – Entfallens des Unterhaltsanspruchs aus § 1570 abgestellt.[29]
- Des **Wegfalls der Voraussetzungen für einen Unterhaltsanspruch nach §§ 1572 und 1573 (Nr. 3):** Nicht erforderlich ist, dass dem Berechtigten seit Scheidung nahtlos ein Anspruch auf Krankheits-, Erwerbslosen- oder Aufstockungsunterhalt zustand,[30] es genügt, dass sich der Altersunterhalt nahtlos an einen dieser Unterhaltstatbestände ungeachtet deren Einsatzzeitpunkte anschließt (zur gleichen Problematik beim Krankenunter-

---

[21] AA wohl OLG Koblenz FamRZ 1980, 589, 591, das die ehebedingte Zurechnung der Bedürftigkeit einer Ehefrau begründet, die nach dem Zweiten Weltkrieg den Verpflichteten für tot erklären lassen hat.

[22] BGH NJW 1982, 929 = FamRZ 1982, 28, 29 f.; NJW 1983, 683 = FamRZ 1983, 150; aus der Literatur s. etwa *Göppinger/Wax/Bäumel* RdNr. 963; *Schwab/Borth* IV RdNr. 182; *Soergel/Häberle* RdNr. 9.

[23] S. als Beispielsfall OLG Hamm FamRZ 1992, 336 f.

[24] OLG München FamRZ 1993, 564, 565; aA wohl – beiläufig – OLG München FamRZ 1989, 1309.

[25] *Soergel/Häberle* RdNr. 11.

[26] Dazu auch BGH FamRZ 1984, 364, 365.

[27] *Soergel/Häberle* RdNr. 11.

[28] BGH NJW 1981, 753 = FamRZ 1981, 241.

[29] *Soergel/Häberle* RdNr. 11.

[30] So aber OLG Stuttgart FamRZ 1982, 1015 f.

halt nach § 1572 Nr. 4 s. dort RdNr. 11; dazu auch § 1573 RdNr. 7).[31] Nicht ausreichend ist dagegen, dass der Berechtigte wegen seines Alters seine Arbeitsstelle verloren hat, wenn ihm nicht zunächst ein Unterhaltsanspruch aus § 1573 Abs. 4 zustand, weil sein Lebensunterhalt durch seine Erwerbstätigkeit nicht nachhaltig gesichert war.[32]

– Dagegen bietet der Wegfall eines Anspruchs auf **Billigkeitsunterhalt** (§ 1576) schon deshalb keinen tauglichen Anknüpfungspunkt, weil er lediglich ausnahmsweise bei Fehlen sonstiger Unterhaltsansprüche eingreifen kann. Umgekehrt kann man sich fragen, ob ein Anspruch auf Billigkeitsunterhalt bestehen kann, wenn ein Anspruch auf Altersunterhalt lediglich am Einsatzzeitpunkt scheitert (dazu § 1576 RdNr. 9).

12 **3. Umfang und Dauer des Anspruchs.** Der Altersunterhalt **umfasst** auch den Altersvorsorgeunterhalt nach § 1578 Abs. 3, wenn der Berechtigte die Regelaltersgrenze noch nicht erreicht hat.[33] Der Anspruch auf Krankenvorsorgeunterhalt (§ 1578 Abs. 2) entfällt dagegen idR mangels Bedürftigkeit bereits mit dem Bezug einer Vorruhestandsrente, wenn und soweit die Beiträge für die Krankenversicherung vom Rentenversicherungsträger getragen werden; etwas anderes kann bei Beamten gelten, für die die Beihilfe nicht die vollen Krankheitsvorsorgekosten abdeckt. Der Anspruch auf **Anschlussunterhalt** nach Nr. 3 beschränkt sich auf den Umfang des Vortatbestands (dazu § 1569 RdNr. 19). – **Fiktive Renteneinkünfte** können dem Berechtigten seinen Anspruch auf Altersunterhalt verringernd zugerechnet werden, wenn er

– nach § 1361 Abs. 1 S. 2 oder § 1578 Abs. 3 bezogenen **Altersvorsorgeunterhalt** zweckswidrig verwandt und dadurch seine Altersrente geschmälert hat (dazu § 1578 RdNr. 181, § 1579 RdNr. 28),

– seiner Erwerbsobliegenheit nicht nachgekommen ist (dazu § 1578 RdNr. 146–166).

13 **Zeitlich begrenzt** ist der Altersunterhalt grundsätzlich nur durch den **Tod** und die **Wiederheirat** des Berechtigten. Dagegen können Umstände für eine **Befristung** nach §§ 1578 b, 1579 und eine infolge des **Versorgungsausgleichs** erlangte Rente den Unterhaltsanspruch – unter Umständen auch rückwirkend – entfallen lassen (dazu Vor § 1569 RdNr. 4); dies ist ggf. mit einer Abänderungsklage geltend zu machen.

14 **4. Teilunterhalt.** Teil-Altersunterhalt kommt in Betracht, wenn der Berechtigte über verwertbares Vermögen oder über Vermögenserträgnisse verfügt oder sich bei einer verringerten Rente im Vorruhestand befindet, eine Berufs- oder Erwerbsunfähigkeitsrente bezieht oder von ihm noch eine Teilzeitbeschäftigung erwartet werden kann.[34] Schließt sich der Anspruch auf Altersunterhalt an einen solchen auf Betreuungs-, Kranken- oder Unterhalt aus § 1573 an und umfasste dieser den Unterhalt nur teilweise, ist auch der Altersunterhalt entsprechend begrenzt.[35] – Zu den **Anspruchskonkurrenzen** allgemein s. § 1569 RdNr. 20–24.

§ 1572 Unterhalt wegen Krankheit oder Gebrechen

Ein geschiedener Ehegatte kann von dem anderen Unterhalt verlangen, solange und soweit von ihm vom Zeitpunkt

1. der Scheidung,

2. der Beendigung der Pflege oder Erziehung eines gemeinschaftlichen Kindes,

---

[31] S. auch OLG Bremen OLGR 2000, 294.

[32] Ebenso OLG Koblenz OLGR 2005, 907, 908.

[33] AA wohl OLG Hamm FamRZ 1987, 829, 830; 3. Aufl. 1993 RdNr. 12: IdR kein Altersvorsorgeunterhalt mehr.

[34] Im Verhältnis zu § 1573 offen gelassen von BGH NJW 1988, 2369 = FamRZ 1988, 265, 266, doch wird man nicht anders als für das Verhältnis von § 1570 zu § 1573 Abs. 2 (dazu BGH NJW 1990, 1847 = FamRZ 1990, 492, 493 f., s. § 1570 RdNr. 57) entscheiden können.

[35] OLG Stuttgart FamRZ 1983, 501, 502; s. auch RdNr. 12, § 1569 RdNr. 19.

3. der Beendigung der Ausbildung, Fortbildung oder Umschulung oder
4. des Wegfalls der Voraussetzungen für einen Unterhaltsanspruch nach § 1573
an wegen Krankheit oder anderer Gebrechen oder Schwäche seiner körperlichen oder geistigen Kräfte eine Erwerbstätigkeit nicht erwartet werden kann.

Schrifttum: *Finke,* Alkoholmißbrauch als Problem beim Trennungs- und nachehelichen Unterhalt, FPR 1998, 9; s. auch Vor § 1569.

Übersicht

I. Normzweck

§ 1572 räumt dem Ehegatten einen Unterhaltsanspruch ein, der im Zeitpunkt der Scheidung wegen **Krankheit** nicht in der Lage war, sich selbst zu unterhalten. Zwar wird die Krankheit idR **nicht ehebedingt** sein und braucht es auch nicht zu sein,[1] doch wird die Bedürftigkeit infolge der Krankheit oft durch die Ehe mitgeprägt sein. V. a. aber entspricht es wie beim Altersunterhalt (dazu § 1571 RdNr. 1) **ethischen Vorstellungen,** dass dem in der Ehe erkrankten Ehegatten vom bisherigen Lebenspartner Hilfe zuteil wird. Dem Zeitpunkt der Scheidung (Nr. 1) werden in Nr. 2–4 Zeitpunkte gleichgestellt, in denen die Verantwortung des leistungsfähigen Ehegatten noch nachwirkt. Eine nach der Scheidung aufgetretene Krankheit kann, war der Unterhalt durch eine eigene Erwerbstätigkeit des Berechtigten noch nicht nachhaltig gesichert, zu einem Unterhaltsanspruch nach § 1573 Abs. 4 führen. IÜ bestehen aber bei einer Erkrankung grundsätzlich keine Unterhaltsansprüche, auch nicht auf Billigkeitsunterhalt aus § 1576. – Zur **Abdingbarkeit** des Anspruchs auf Krankenunterhalt s. § 1585 c RdNr. 28–30. 1

II. „Krankheit"

1. „Krankheit oder andere Gebrechen oder Schwäche der körperlichen oder geistigen Kräfte". „Krankheit" ist eine körperliche oder seelische Erkrankung nicht nur vorübergehender Natur.[2] Im Hinblick auf die dem Sozialversicherungs- und Beamtenrecht entlehnte Begrifflichkeit „Gebrechen oder Schwäche seiner körperlichen oder geistigen Kräfte" ist für die Auslegung der Krankheitsbegriff des **Sozialversicherungsrechts** 2

[1] BGH NJW 1982, 40 = FamRZ 1981, 1163, 1164; NJW 1994, 1286 = FamRZ 1994, 566; NJW 1996, 2793 = FamRZ 1996, 1272, 1273.
[2] BT-Drucks. 7/650 S. 124.

(vgl. § 10 Abs. 1 Nr. 1 SGB VI, § 42 Abs. 1 S. 1 BBG, § 26 Abs. 1 S. 1 BRRG) heranzuziehen,[3] nach dem ein objektiv fassbarer regelwidriger Körper- und Geisteszustand vorliegen muss, der der ärztlichen Behandlung bedarf oder (zugleich oder ausschließlich) Arbeitsunfähigkeit zur Folge hat.[4] **Gebrechen** sind etwa Taubheit, Blindheit oder Lähmungen. – „Krankheit" und „Gebrechen" müssen sich nicht gegenseitig ausschließen. So kann auch ein psychisch bedingter und behandelbarer Sprachfehler „Krankheit" sein.[5] – **Schwäche** der körperlichen oder geistigen Kräfte setzt keinen erkennbaren regelwidrigen organischen Zustand voraus.[6] – Wegen des **weiten Krankheitsbegriffs,** mit dem die veröffentlichten Entscheidungen durchweg auskommen, kommt anderen Gebrechen oder Schwächen nur geringe praktische Bedeutung zu. – Ausreichend ist eine **vorübergehende Erkrankung,**[7] sodass auf § 1573 oder § 1576 nicht ausgewichen werden muss. Doch werden Lohnfortzahlung und Krankengeld die Bedürftigkeit oft entfallen lassen (dazu § 1578 RdNr. 106).

3 **2. Einzelne Krankheiten.** Tatbestandlich können insbesondere sein (zur **Beweislast** s. RdNr. 21):

- **Physische** Krankheiten.[8]
- **Alkohol-**[9] und **Drogenabhängigkeit.**[10] Doch obliegt es dem Berechtigten, sich einer Entziehungskur zu unterziehen. Seine Weigerung führt wegen Nichterfüllung der Erwerbsobliegenheit idR zur Zurechnung fiktiver Einkünfte (dazu § 1578 RdNr. 166) und ggf. zur Verminderung seines Unterhaltsanspruchs nach § 1579 Nr. 4 (s. dazu dort RdNr. 28).
- Erhebliche **psychische Erkrankungen,**[11] insbesondere **Depressionen,** selbst wenn sie durch die mit der Trennung und Scheidung verbundenen Aufregungen mit verursacht sind.[12] Auch insoweit besteht eine Obliegenheit zur Therapie, deren Verletzung zur Zurechnung fiktiver Einkünfte und zur Verminderung des Unterhaltsanspruchs nach § 1579 Nr. 4 führen kann.
- Massive **Persönlichkeitsstörungen.**[13]
- Nicht beachtlich sind die insbesondere auch aus dem Haftpflicht- und Sozialrecht bekannten (dazu Vor § 249 RdNr. 70) Neurosen, in denen sich der Berechtigte (auch unbewusst) in die Vorstellung flüchtet, er sei durch seine Unterhaltsansprüche versorgt, weshalb sich die (an sich mögliche) Wiederherstellung seiner Erwerbsfähigkeit nicht

---

[3] Ebenso OLG Hamburg FamRZ 1982, 702; *Schwab/Borth* IV RdNr. 197; *Soergel/Häberle* RdNr. 2; *Johannsen/Henrich/Büttner* RdNr. 5.

[4] BSGE 26, 240, 242f. = NJW 1968, 1109; BSGE 35, 10, 12; BSGE 46, 41; BSGE 48, 265 = NJW 1980, 1919; BSGE 53, 22, 27.

[5] BSGE 50, 47.

[6] BSGE 14, 63; OLG Celle FamRZ 1986, 910, 911.

[7] OLG Nürnberg FamRZ 1992, 682, 683; *Schwab/Borth* IV RdNr. 200; *Soergel/Häberle* RdNr. 4; aA BT-Drucks. 7/650 S. 124; *Schumacher* DRiZ 1976, 343; *Palandt/Brudermüller* RdNr. 2.

[8] Bsp.: OLG Hamm FamRZ 1998, 295 f. (cerebrale Krampfanfälle); AG Crailsheim NJWE-FER 2000, 28 = FamRZ 1999, 1077 (degenerative Hirnleistungsstörung).

[9] BGH NJW 1981, 2805 = FamRZ 1981, 1042; FamRZ 1984, 353, 355; NJW 1988, 1147 = FamRZ 1988, 375, 377; OLG Karlsruhe FamRZ 1980, 1125; OLG Stuttgart FamRZ 1981, 963; OLG Düsseldorf FamRZ 1981, 1177, 1178; FamRZ 1987, 1262.; OLG Schleswig OLGR 2001, 248, 249.

[10] *Griesche* FamRZ 1981, 423, 425.

[11] Dazu BGH NJW-RR 2005, 1450 = FamRZ 2005, 1897, 1898 (Schizophrenie mit beginnender Chronifizierung und Defektbildung; fehlende Krankheitseinsicht); OLG Frankfurt a. M. FamRZ 1994, 1265; OLG Karlsruhe FamRZ 1994, 104, 106; OLG Oldenburg NJW-RR 2005, 516 = FamRZ 2005, 1179, 1180; AG Münster FamRZ 2003, 875.

[12] Bsp.: OLG Koblenz FamRZ 1989, 286, 287; NJWE-FER 1998, 122 = FamRZ 1998, 745 (schwere reaktive Depression und Skoliose der Wirbelsäule); OLG Hamburg FamRZ 1998, 294 (depressiver Versagungs- oder Verstimmungszustand); OLG Frankfurt a. M. FuR 2001, 371; von OLG Köln FamRZ 1981, 366, 367 verneint für „depressive Verstimmung".

[13] OLG Bamberg FamRZ 2000, 231, 232 (geringe Vitalität; geringe Ausdauer und Belastbarkeit; rasche Erschöpfung; Konzentrationsschwäche; Versagen bei privaten und beruflichen Anforderungen; vegetative Störung; Unfähigkeit, allgemeine Leistungsschwäche zu kompensieren).

lohne.[14] Liegt eine solche **Unterhaltsneurose** vor, kann zwar eine an sich erhebliche Krankheit gegeben sein; wegen der „Simulationsnähe" wird aber stets das Gutachten eines Sachverständigen eingeholt werden müssen.[15] An ihrer Ursächlichkeit für die Erwerbslosigkeit (dazu RdNr. 6, 7) fehlt es, wenn nach der Einholung des Gutachtens eines Sachverständigen von einer Erwerbstätigkeit therapeutische Wirkungen zu erwarten sind.[16] Ist die seelische Störung aber nicht so übermächtig, dass der Berechtigte sie aus eigener Kraft oder mit ärztlicher Hilfe auch nach der Aberkennung des Unterhaltsanspruchs nicht überwinden kann,[17] verletzt der Berechtigte seine Obliegenheit zur Wiederherstellung seiner Erwerbsfähigkeit; dies kann unter den Voraussetzungen des § 1579 Nr. 4 und Nr. 7 zu einer Verringerung des Unterhaltsanspruchs führen (dazu dort RdNr. 28, 58).[18]

Bsp. aus der Rspr.: OLG Nürnberg FamRZ 1981, 964: Diabetes. – **OLG Oldenburg NJW 1991, 3222 = FamRZ 1991, 827:** Multiple Sklerose. – **OLG Hamm FamRZ 1994, 1037:** Morbus Crohn. – **AG Rastatt FamRZ 1991, 824, 825:** Epileptische Erkrankung. – **OLG Hamm OLGR 1999, 51, 52:** Neurotische Depression und Colitis Ulcerosa: Versicherungsfreie Tätigkeit zumutbar. – **OLG Hamm Urt. v. 23. 6. 1999 – 5 UF 190/98, juris [4] = FamRZ 2000, 611 (LS):** Morbus Crohn. – **KG EzFamR aktuell 1999, 377 = KGR 2000, 263 (LS):** Langjähriges schweres Fibromyalgiesyndrom. – **OLG Koblenz Urt. v. 2. 11. 2006 – 7 UF 774/05, juris [14, 15] = NJW-RR 2007, 434 (insoweit nicht abgedruckt) = FamRZ 2007, 833 (insoweit nicht abgedruckt):** Migräne, meistens mit Aura, teilweise auch in Form der so genannten Migräne accompagnée, d. h. Migräne mit neurologischen Ausfällen wie Sprachstörungen, Halbseitenlähmungen oder Gesichtsfeldausfällen, sowie neurasthenische Störung mit Konzentrationsstörung, Ermüdbarkeit, Erschöpfbarkeit, nachlassender Vitalität und geringem Elan, die einerseits durch die Migräneanfälle verstärkt werden, andererseits aber auch erschwerend auf die Migräneerkrankung einwirken: nur halbschichtige Tätigkeit als Rechtspflegerin. – **OLG Zweibrücken OLGR 2007, 527, 528:** Auffassungsstörungen, Konzentrationsstörungen und deutliche Herabsetzung der kognitiven Verarbeitungsgeschwindigkeit führen zur Erwerbsfähigkeit von nur 3–4 Stunden täglich. – **OLG Thüringen Beschl. v. 9. 5. 2007 – 1 WF 9/07, juris [35]:** „Migränoide Spannungskopfschmerzen, Zustand nach Schädelhirntrauma und posttraumatische Kopfschmerzen" reichen nicht aus.

3. Ehebedingtheit. Die Krankheit etc. braucht nicht ehebedingt, dh. weder erstmals während der Ehezeit noch wegen der Ehe aufgetreten zu sein. Deshalb kann auch eine bereits vor der Eheschließung bestehende Krankheit den Anspruch auf Unterhalt wegen Krankheit begründen.[19] Dies folgt aus der nachehelichen Solidarität, nach der schicksalhafte Entwicklungen grundsätzlich gemeinsam zu tragen sind, auch wenn und soweit sie schon vorehelich angelegt waren. Dabei ist grundsätzlich unerheblich, ob der Berechtigte oder der Verpflichtete um die Krankheit gewusst haben.[20] – Zur Berücksichtigung des Umstandes, dass die Krankheit **nicht ehebedingt** ist, im Rahmen von **§ 1579 Nr. 7** s. dort RdNr. 58, und von § 1578 b s. dort RdNr. 44. 4

[14] Dazu etwa OLG Düsseldorf FamRZ 1981, 255, 256.

[15] *Göppinger/Wax/Bäumel* RdNr. 973.

[16] *Soergel/Häberle* RdNr. 3. OLG Hamm NJW-RR 1995, 642 = FamRZ 1995, 996 scheint diesen Schluss ohne sachverständige Hilfe zu ziehen.

[17] Zum Ganzen BGHZ 91, 105 = NJW 1984, 1816 = FamRZ 1984, 660, 661.

[18] OLG Düsseldorf NJW-RR 1989, 1157 = FamRZ 1990, 68, 69 sieht § 1579 Nr. 7 verwirklicht; *Göppinger/Wax/Bäumel* RdNr. 973 gehen von der Arbeitsfähigkeit des Berechtigten aus und verneinen seine Bedürftigkeit; *Soergel/Häberle* RdNr. 2 verneinen das Vorliegen einer „Krankheit". Die 3. Aufl. RdNr. 7 verneint allgemein die Kausalität zwischen der Rentenneurose und der Erwerbslosigkeit; abgesehen davon, dass die Ursächlichkeit kaum verneint werden kann, lässt diese Lösung den Unterhaltsanspruch ganz entfallen, während § 1579 Nr. 3 noch die Differenzierung zwischen dessen Verringerung und seinem Entfallen zulässt.

[19] BGH NJW 1982, 40 = FamRZ 1981, 1163, 1164 f.; NJW-RR 1988, 834 = FamRZ 1988, 930, 931; NJW 1994, 1286 = FamRZ 1994, 566; NJW-RR 1995, 449 = FamRZ 1995, 1405, 1407; NJW 1996, 2793 = FamRZ 1996, 1272, 1273; FamRZ 2004, 779, 780 (IX. Zivilsenat).

[20] BGH NJW 1982, 40 = FamRZ 1981, 1163, 1165; NJW 1994, 1286 = FamRZ 1994, 566.

5 **4. Erwerbsunfähigkeit.** Ein Erkrankter ist **arbeitsunfähig,** wenn er nicht oder nur auf die Gefahr einer Verschlimmerung seines Zustandes seiner bisherigen Erwerbstätigkeit nachgehen kann.[21] Der Bezug einer Erwerbsunfähigkeitsrente ist zwar nicht erforderlich, indiziert jedoch die krankheitsbedingte Arbeitsunfähigkeit des Berechtigten,[22] was aber abweichende Beurteilungen im Einzelfall nicht verwehrt.[23] Da vom Berechtigten nur eine eheangemessene Erwerbstätigkeit erwartet werden kann (§ 1574, dazu RdNr. 7), muss er nicht schlechthin, sondern nur hinsichtlich einer solchen arbeitsunfähig sein.[24] Ggf. kann die Erwerbsfähigkeit auch für eine teilweise Erwerbstätigkeit oder für eine Nebentätigkeit gegeben sein.[25] – Lassen es Art und Schwere der Erkrankung zu, besteht auch die Obliegenheit des Berechtigten zur **Ausbildung,** Fortbildung oder Umschulung, um eine Erwerbstätigkeit zu erlangen, welche die nachhaltige Sicherung seines Unterhalts erlaubt (§§ 1574 Abs. 3, 1575).

6 **5. Ursächlichkeit der Krankheit für die Erwerbsunfähigkeit. a) Praktische Bedeutung.** Da die heutigen hoch entwickelten medizinischen Untersuchungsmethoden bei wohl jedem Erwachsenen zu einem Befund mit Krankheitswert führen können, kommt der Ursächlichkeit der Krankheit für eine völlige oder teilweise Erwerbsunfähigkeit **besondere Bedeutung** zu. Dabei kann von der Erfahrungstatsache ausgegangen werden, dass wohl die Mehrzahl der Erwerbstätigen ihrer Arbeit trotz gesundheitlicher Beeinträchtigungen und Abnutzungserscheinungen nachgehen. In diesem Zusammenhang erlangen auch immer wieder die Feststellungen der Versorgungsämter zum Grad der Erwerbsminderung praktische Bedeutung. Sie sind allerdings für sich allein nicht aussagekräftig und entbinden nicht von konkreten Feststellungen im Prozess.

7 **b) Grundsätze.** „Wegen der Krankheit" muss von dem geschiedenen Ehegatten eine Erwerbstätigkeit nicht mehr erwartet werden können, die Krankheit muss mithin **kausal** für die unterlassene Aufnahme einer Erwerbstätigkeit sein.[26] Ursächlichkeit besteht nicht, wenn der Berechtigte aufgrund seiner Krankheit lediglich keine **Beschäftigungschance** hat.[27] Vom Berechtigten kann nur eine **eheangemessene** Erwerbstätigkeit (dazu § 1574 RdNr. 3–19) erwartet werden.[28] Wegen der Berücksichtigung der in § 1574 Abs. 2 aufgeführten Merkmale[29] muss für den Unterhalt wegen Krankheit **v. a.** die Krankheit ursächlich für die Erwerbsunfähigkeit sein.[30] Allein dass bestimmte Tätigkeiten krankheitsbedingt ausgeschlossen sind, spricht nicht für eine gänzliche Erwerbsunfähigkeit, sondern nur für eine Unfähigkeit zur Ausübung bestimmter Berufe und beruflicher Tätigkeiten.[31] Unterhalt wegen Krankheit scheidet danach in folgenden Fällen aus:

- Die Krankheit erlaubt zwar eine Erwerbstätigkeit, eine entsprechende Arbeitsstelle kann aber nicht gefunden werden; insoweit kann ein Anspruch aus § 1573 Abs. 1 zustehen.
- Die Krankheit lässt eine vollschichtige Erwerbstätigkeit zu, steht aber einer höher dotierten Arbeit entgegen; insoweit kann Aufstockungsunterhalt nach § 1573 Abs. 2 zustehen.[32]

---

[21] BSGE 19, 173, 179 = NJW 1964, 124; BSGE 21, 189 = NJW 1964, 2223; BSGE 28, 114.

[22] OLG Nürnberg FamRZ 1992, 682, 683; OLG Brandenburg OLG-NL 1996, 92 = FamRZ 1996, 866.

[23] Strenger OLG Zweibrücken NJW-RR 2007, 222 = FamRZ 2007, 470, 471: Vollumfängliche Erwerbsunfähigkeit nach den Grundsätzen des Sozialhilferechts ist unterhaltsrechtlich ohne Bedeutung.

[24] OLG Dresden FamRZ 1999, 232, 233.

[25] OLG Hamm Urt. v. 11. 4. 2006 – 1 UF 185/05, juris [13].

[26] *Soergel/Häberle* RdNr. 3. Nach OLG Karlsruhe FamRZ 1980, 1125, 1126 dürfen die Anforderungen an die Kausalität nicht überspannt werden.

[27] OLG Frankfurt a. M. FamRZ 1994, 1265 (psychische Erkrankung), aA wohl OLG Brandenburg OLG-NL 1996, 92 = FamRZ 1996, 866.

[28] BT-Drucks. 7/650 S. 124. S. hierzu OLG Frankfurt a. M. FamRZ 1992, 64.

[29] S. dazu OLG Düsseldorf FamRZ 1989, 57, 58.

[30] *Soergel/Häberle* RdNr. 3.

[31] BGH NJW 1991, 224 = FamRZ 1991, 170, 171; NJW-RR 1993, 838 = FamRZ 1993, 789, 791; OLG Köln FamRZ 1981, 966, 967; OLG Hamburg FamRZ 1987, 1250, 1251; OLG Hamm FamRZ 1992, 1184, 1185 f.

[32] BGH NJW 1983, 1483 = FamRZ 1983, 144 f.; NJW 1991, 224 = FamRZ 1991, 170, 171; OLG Düsseldorf FamRZ 1987, 1254; OLG Dresden FamRZ 1999, 235, 236.

– **Abnutzungserscheinungen** oder **Unpässlichkeiten** allein, die die Arbeitsfähigkeit nicht wesentlich beeinträchtigen, bleiben außer Betracht,[33] auch wenn sie altersbedingt sind.[34] Zur Ursächlichkeit bei einer **Unterhaltsneurose** s. RdNr. 3.

6. Auskunft über den Gesundheitszustand. Um dem Verpflichteten die Prüfung des Fortbestandes seiner Unterhaltspflicht zu ermöglichen, ist der Berechtigte über § 1580, der nur ein Auskunftsrecht hinsichtlich der Einkommens- und Vermögensverhältnisse einräumt (dazu § 1580 RdNr. 11), hinaus aus § 242 auf Verlangen auch zur Auskunft über seinen Gesundheitszustand verpflichtet.[35] Da Unterhalt wegen Krankheit idR unbefristet zugesprochen wird, ist der Berechtigte bei einer Besserung seines Gesundheitszustandes auch **unaufgefordert** zur Auskunft verpflichtet (allgemein zur Pflicht zur **ungefragten Information** § 1578 RdNr. 178, § 1579 RdNr. 25–27). Zur Vermeidung einer unangemessenen Belastung des Berechtigten ist jedoch § 1605 Abs. 2 entsprechend anzuwenden. 8

III. Einsatzzeitpunkte

1. Grundsätze. Nicht jede Krankheit führt zu einem Anspruch auf Krankenunterhalt. 9
Fehlt ein unmittelbarer zeitlicher Zusammenhang mit der Ehe iSd. Nr. 1–4, besteht kein Anspruch aus § 1572 und idR auch nicht aus § 1576,[36] vielmehr muss die Krankheit zu einem bestimmten Zeitpunkt gegeben sein.[37] Doch setzt § 1572 nicht voraus, dass bereits Anspruch auf Trennungsunterhalt bestanden haben muss (zum Einsetzen der Krankheit nach einem Stichtag s. RdNr. 12).[38] Unzumutbarkeit einer Erwerbstätigkeit, Bedürftigkeit des Berechtigten und Leistungsfähigkeit des Verpflichteten können, besteht die erhebliche Krankheit fort, später eintreten (dazu § 1578 RdNr. 17). – Nr. 1 („vom Zeitpunkt der Scheidung an") stellt auf die **Rechtskraft des Scheidungsausspruchs** ab. Diesem Zeitpunkt gleichgestellt sind die Beendigung der **Pflege oder Erziehung eines gemeinschaftlichen Kindes** (Nr. 2, dazu auch RdNr. 10),[39] die Beendigung der **Ausbildung, Fortbildung oder Umschulung** (Nr. 3) und der Wegfall der Voraussetzungen für einen Unterhaltsanspruch nach **§ 1573** (Nr. 4, dazu auch RdNr. 11),[40] der nicht geltend gemacht worden sein muss,[41] nicht aber der Wegfall der Voraussetzungen für einen **Billigkeitsunterhalt** nach § 1576 (dazu auch § 1571 RdNr. 11).

2. Beendigung der Pflege oder Erziehung eines gemeinschaftlichen Kindes. Entgegen dem Wortlaut in Nr. 2 kommt es nicht auf den tatsächlichen Zeitpunkt der Beendigung der Betreuung an, sondern auf den für § 1570 maßgeblichen. Entscheidend ist mithin der Zeitpunkt, in dem trotz der Kinderbetreuung eine Erwerbsobliegenheit des Berechtigten besteht.[42] Dazu § 1570 RdNr. 30–55. 10

3. Wegfall der Voraussetzungen für einen Unterhaltsanspruch nach § 1573. Nach der Rspr. des BGH muss eine ununterbrochene **„Unterhaltskette"** von dem Anspruch auf Unterhalt wegen Erwerbslosigkeit oder auf Aufstockungsunterhalt zu dem Anspruch auf Unterhalt wegen Krankheit führen.[43] Dies bedarf jedoch der Konkretisierung: Zum einen 11

[33] BGH FamRZ 1984, 353, 356 mwN.
[34] *Johannsen/Henrich/Büttner* RdNr. 5.
[35] OLG Schleswig FamRZ 1982, 1018; *Schwab/Borth* IV RdNr. 213.
[36] OLG Hamm FamRZ 1999, 230, 232.
[37] Etwa OLG Düsseldorf FamRZ 1994, 331; OLG Hamburg NJW-RR 1996, 323 = FamRZ 1995, 879 (insoweit nicht abgedruckt).
[38] OLG Zweibrücken NJWE-FER 2001, 143.
[39] S. hierzu OLG Zweibrücken FamRZ 1989, 1192, 1193.
[40] S. auch hierzu OLG Zweibrücken FamRZ 1989, 1192, 1193.
[41] OLG Hamm FamRZ 1986, 360, 361.
[42] BGHZ 109, 72 = NJW 1990, 1172 = FamRZ 1990, 260, 262; NJW 1991, 224 = FamRZ 1991, 170, 171.
[43] BGH NJW 2001, 2360 = FamRZ 2001, 1291, 1294; NJW 2003, 3481 = FamRZ 2003, 1734, 1736; auch OLG Celle FPR 1999, 112 = FamRZ 1997, 1074, 1075; OLG Hamm NJW-RR 1999, 1096 = FamRZ 1999, 1510, 1511; OLG Düsseldorf FamRZ 2003, 683 f.; OLG Schleswig OLGR 2006, 486, 487.

muss der Anspruch nach § 1573 nicht geltend gemacht gewesen sein, es reicht aus, dass er bestanden hat.[44] Zum anderen muss genügen, dass der Anspruch zum Einsatzzeitpunkt dem Grunde nach bestanden, der Berechtigte also seine Erwerbsobliegenheit nicht verletzt hat. Besteht deshalb ein Anspruch allein aus wirtschaftlichen Gründen zunächst nicht, erstarkt er aber nach einer Änderung (dazu § 1573 RdNr. 6), ist die geforderte „Unterhaltskette" gewahrt. – Der Anspruch auf Unterhalt wegen **Erwerbslosigkeit** nach § 1573 Abs. 1, 3 und 4 muss bis zum Eintritt der die Erwerbsfähigkeit beeinträchtigenden Krankheit bestanden haben. Insbesondere darf der Unterhalt durch die Erwerbstätigkeit nicht – ggf. teilweise – nachhaltig gesichert gewesen sein (§ 1573 Abs. 4 S. 1 und 2, dazu dort RdNr. 22–26).[45] – Maßgeblich ist nicht, ob und in welcher Höhe der Unterhalt **tituliert** ist, sondern dass materiell-rechtlich ein Anspruch auf ihn tatsächlich bestanden hat.[46]

12 **4. Fehlender Einsatzzeitpunkt.** Der Verpflichtete kann sich mit der Folge des Erhalts des Einsatzzeitpunktes aus Nr. 1 und Nr. 4 für den Berechtigten unter Umständen nach **Treu und Glauben** (§ 242) nicht darauf berufen, der Anspruch aus § 1570 oder aus § 1573 Abs. 1 sei trotz seiner Unterhaltszahlungen wegen des unterbliebenen Nachweises von Erwerbsbemühungen durch den Berechtigten bereits zu einem früheren Zeitpunkt entfallen gewesen, wenn der Berechtigte darauf vertrauen durfte, der Unterhaltsanspruch bestehe fort und er müsse sich um eine Erwerbstätigkeit nicht bemühen. Dies ist etwa der Fall, wenn der Verpflichtete den Berechtigten in Kenntnis fehlender Erwerbsbemühungen durch die Fortzahlung von Unterhalt bewusst von solchen abgehalten und ihn in Sicherheit gewiegt hat, oder er trotz des Entfallens der Voraussetzungen für Betreuungsunterhalt in Kenntnis des Vertrauens des Berechtigten auf die fortbestehende Betreuungsbedürftigkeit eines Kindes weiter Unterhalt gezahlt hat.[47] Allein die Fortzahlung des Unterhalts reicht hierzu jedoch schon deshalb nicht aus, weil es Sache des Berechtigten ist, den Fortbestand seines Unterhaltsanspruchs darzulegen und zu beweisen.[48] – Scheidet ein Anspruch auf Krankenunterhalt mangels Einsatzzeitpunkts aus, hindert dies nicht einen Anspruch auf **Aufstockungsunterhalt** aus § 1573 Abs. 2. Hätte der Berechtigte zudem keine Arbeitsstelle bekommen oder hätte diese nicht zur nachhaltigen Unterhaltssicherung geführt, steht ihm zudem ein Anspruch auf **Erwerbslosenunterhalt** nach § 1573 Abs. 1 und 4 zu (dazu auch § 1569 RdNr. 21, 22).[49] – Zum Anspruch auf **Billigkeitsunterhalt** aus § 1576, wenn der Anspruch auf Krankenunterhalt lediglich am Einsatzzeitpunkt scheitert, s. § 1576 RdNr. 4.

13 **5. Einsetzen der Krankheit nach Einsatzzeitpunkt.** Auch wenn der Berechtigte zum maßgeblichen Zeitpunkt infolge seiner Krankheit erst teilweise erwerbsunfähig war, ist eine **spätere volle Erwerbsunfähigkeit** diesem Zeitpunkt zuzurechnen, wenn sie infolge der späteren Verschlimmerung der Krankheit eingetreten ist[50] und absehbar war.[51] – Um schicksalhafte Ereignisse nach dem Einsatzzeitpunkt nicht zu Lasten des Verpflichteten gehen zu lassen, führt nur ein **enger zeitlicher Zusammenhang** mit dem maßgeblichen Zeitpunkt bei Ausbrechen einer **latent vorhandenen** Krankheit zu einem Anspruch auf Unterhalt wegen Krankheit,[52] und zwar auch dann, wenn eine Verschlechterung vorhersehbar war (anders noch 4. Aufl. RdNr. 11). Dies schließt es aus, etwa auf den Zeitpunkt einer nach-

---

[44] BGHZ 163, 84 = NJW 2005, 3277 = FamRZ 2005, 1817, 1819.

[45] OLG Karlsruhe FamRZ 1994, 104, 106; NJW-RR 1999, 338 = FamRZ 2000, 233 f.; OLG Schleswig NJW-RR 2000, 738, 739; OLG Koblenz OLGR 2005, 907, 908.

[46] So wohl auch OLG Schleswig NJW-RR 2000. 738, 739.

[47] BGH NJW 1990, 2752 = FamRZ 1990, 496, 498.

[48] *Schwab/Borth* IV RdNr. 210; aA beim Entfallen von Betreuungsunterhalt wohl AG Kerpen FamRZ 1993, 969 f.

[49] OLG Schleswig NJW-RR 2004, 1372 f.

[50] BGH NJW 1987, 2229 = FamRZ 1987, 684, 685.

[51] OLG Düsseldorf FamRZ 1993, 331.

[52] BGH NJW 2001, 2360 = FamRZ 2001, 1291, 1293; AnwK-BGB/*Fränken* RdNr. 12. Auf einen engen zeitlichen Zusammenhang verzichten etwa KG FamRZ 2002, 460; *Soergel/Häberle* RdNr. 6. Ganz ablehnend *Rolland/Hülsmann* RdNr. 10; *Staudinger/Verschraegen* RdNr. 22, weil dadurch die strengen Anforderungen an den Einsatzzeitpunkt untergraben würden.

haltigen Sicherung des Unterhalts[53] oder der Aufnahme einer den Unterhalt nachhaltig sichernden Erwerbstätigkeit[54] abzustellen,[55] weil dadurch Sinn und Zweck der Einsatzzeitpunkte, die „Haftung" des Verpflichteten auf „ehebedingte" Risiken zu beschränken, unterlaufen würde.

Bsp. aus der Rspr.: OLG Stuttgart FamRZ 1983, 501, 503: Bejaht für Verschlimmerung der Krankheit im Jahr der Scheidung. – **OLG Karlsruhe FamRZ 1994, 104, 106:** Verneint für eine sich nach über 4 Jahren auswirkende psychische Erkrankung. – **OLG Karlsruhe Urt. v. 24. 10. 1997 – 16 UF 17/96, juris [4] = FamRZ 1999, 917 (LS):** Verneint für nach 3 Jahren eintretende Spätfolge einer Nervenkrankheit. – **OLG Schleswig OLGR 2000, 256, 257:** Bejaht bei Brustkrebserkrankung mit Ausbruch der Krankheit 2 1/2 Jahre nach dem Stichtag wegen der Besonderheiten von Krebserkrankungen, die sich langsam entwickeln können. – **BGH NJW 2001, 2360 = FamRZ 2001, 1291, 1293:** Verneint bei einem Ausbruch der Krankheit 23 Monaten nach dem Stichtag. – **AG Hamburg-Altona Urt. v. 31. 8. 2005 – 350 F 86/04, juris [20]:** Verneint bei Eintritt der Erwerbsunfähigkeit 23 Monaten nach dem Stichtag. – **OLG Schleswig OLGR 2006, 486, 488:** Verneint für Eintritt der Erwerbsunfähigkeit 3 Jahre nach dem Einsatzzeitpunkt. – **OLG Koblenz NJW-RR 2006, 151 = FamRZ 2006, 704 (LS):** Verneint für einen Zeitablauf von 21 Monaten. – **OLG Stuttgart FamRZ 2007, 2075, 2076:** Verneint für eine sich nach 7 Jahren auswirkende psychische Erkrankung.

§ 16151 Abs. 2 S. 1, 3 spricht Unterhalt frühestens ab 4 Monate vor der Geburt eines Kindes zu. Dabei handelt es sich nicht um Betreuungsunterhalt nach § 1570 (dazu dort RdNr. 31), weil (noch) kein Kind zu betreuen ist, sondern um Krankenunterhalt. § 1572 sieht keinen entsprechenden Einsatzzeitpunkt bis zur Geburt eines Kindes für die Fälle vor, in denen das Kind als eheliches Kind gilt, weil es vor der Scheidung gezeugt wurde (dazu § 1570 RdNr. 24). Diese verfassungswidrige Schlechterbehandlung der schwangeren nichtehelichen gegenüber der ehelichen Mutter ist dadurch zu beheben, dass auch in diesen Fällen **entsprechend § 16151 Abs. 2 S. 1, 3** ein Anspruch auf Krankenunterhalt zugestanden wird, wenn kein anderer Einsatzzeitpunkt gewahrt ist. 14

Hatte sich die Krankheit bereits manifestiert, aber noch nicht zur Unzumutbarkeit einer Erwerbstätigkeit geführt, ist bei einer rechtlich erheblichen **Verschlechterung** auf deren Vorhersehbarkeit abzustellen. Zur Beurteilung einer zum Einsatzzeitpunkt bestehenden **Alkoholabhängigkeit** und ihrer Fortentwicklung s. RdNr. 3. – War der Unterhalt des Berechtigten iSd. § 1573 Abs. 4 bereits **nachhaltig gesichert,** bestand kein Unterhaltsanspruch mehr nach § 1573, an den im Rahmen von Nr. 4 angeknüpft werden könnte, sodass kein Unterhaltsanspruch nach § 1572 besteht.[56] – Zu einem Anspruch auf **Billigkeitsunterhalt,** wenn ein Anspruch auf Unterhalt wegen Krankheit ausscheidet, s. § 1576 RdNr. 10. 15

IV. Wegfall des Anspruchs

1. Wiederherstellung der Gesundheit des Berechtigten. Der Anspruch auf Unterhalt wegen Krankheit besteht, solange und soweit eine Erwerbstätigkeit wegen Krankheit nicht erwartet werden kann;[57] er entfällt deshalb – ggf. teilweise –, wenn der Berechtigte wieder **gesund** ist oder sich sein Gesundheitszustand gebessert hat. Beides ist mit der **Abänderungsklage** geltend zu machen.[58] Findet der Berechtigte trotz genügender Bemühungen (dazu § 1573 RdNr. 11–13, § 1578 RdNr. 146–150) keine eheangemessene Erwerbstätigkeit, tritt an seine Stelle der Anspruch auf **Anschlussunterhalt** nach § 1573 Abs. 3. Zum **Teil-Krankenunterhalt** s. RdNr. 20. 16

---

[53] So OLG Hamm FamRZ 2002, 1564.
[54] So OLG Hamm FPR 1999, 108 = FamRZ 1999, 230, 231.
[55] AG Hamburg-Altona Urt. v. 31. 8. 2005–350 F 86/04, juris [21 ff.].
[56] OLG Düsseldorf FamRZ 1998, 1519, 1520; OLG Hamm FPR 1999, 108 = FamRZ 1999, 230, 231.
[57] OLG Hamm Urt. v. 11. 4. 2006 – 1 UF 185/05, juris [12].
[58] OLG Hamm FamRZ 1999, 917, 918 f.

17 **2. Bedürftigkeit. a) Einkünfte.** Auch der Unterhalt wegen Krankheit steht unter der Voraussetzung der Bedürftigkeit (zu den **erheblichen** Einkünften s. § 1578 RdNr. 88–137; zum Zeitpunkt, zu dem Bedürftigkeit vorliegen muss, s. § 1578 RdNr. 17). Insbesondere Leistungen aus der **Sozialversicherung** mit Lohnersatzfunktion wie Kranken- und Übergangsgeld oder Rente wegen Berufs- oder Erwerbsunfähigkeit und Unfallrenten[59] können die Bedürftigkeit mindern oder entfallen lassen. Im Falle einer stationären **Entziehungskur,** für deren Kosten die Sozialversicherungsträger aufkommen, entfällt die Bedürftigkeit des Berechtigten weitgehend bis etwa auf Taschengeld und Kleidung,[60] ggf. auch auf Wohnkosten. Zu den Wirkungen eines Antrags auf eine **Berufs-** oder **Erwerbsunfähigkeitsrente** s. Vor § 1569 RdNr. 4, 5, § 1585 RdNr. 3 und § 1578 RdNr. 117. – Die Berücksichtigung trotz Erwerbsunfähigkeit **überobligat** erzielter Erwerbseinkünfte richtet sich nach § 1577 Abs. 2 (dazu § 1578 RdNr. 97–102).[61]

18 **b) Mutwillige Herbeiführung der Bedürftigkeit.** Eine Herbeiführung der Bedürftigkeit iSd. § 1579 Nr. 4 kann im Unterlassen, für einen **ausreichenden Versicherungsschutz** zu sorgen, gesehen werden; doch wird nur unter ganz engen Voraussetzungen Mutwillen[62] angenommen werden können. Größere praktische Bedeutung dürfte dem Unterlassen, die **Gesundung** insbesondere durch die Einnahme von Medikamenten **herbeizuführen,** zukommen (dazu § 1579 RdNr. 30, auch § 1578 RdNr. 166). – Zur **Unterhaltsneurose** s. RdNr. 3, zur Herabsetzung oder Ausschluss des Unterhaltsanspruchs nach **§ 1579** s. dort RdNr. 73–76.

V. Konkurrenzen

19 Zu den **Anspruchskonkurrenzen** allgemein s. zunächst § 1569 RdNr. 22–24. – Die strikte Anbindung des Krankenunterhalts an feste Einsatzzeitpunkte hat Auswirkungen nicht nur für diesen, sondern etwa auch für den **Erwerbslosenunterhalt:** Erkrankt der Berechtigte, ohne wegen des fehlenden Einsatzzeitpunktes (dazu RdNr. 9–13) Anspruch auf Krankenunterhalt zu haben, kann er dem Verpflichteten auch im Rahmen von § 1573 nicht sein verringertes Einkommen aus **Krankengeld** entgegenhalten, weil er auch insoweit das Krankheitsrisiko selbst trägt. Vielmehr ist er fiktiv an seinen bislang erzielten Erwerbseinkünften festzuhalten.

20 **Teilunterhalt** wegen Krankheit kommt in Betracht, wenn der Berechtigte über verwertbares **Vermögen** oder über **Vermögenserträgnisse** verfügt oder von ihm wegen seiner Erkrankung nur (noch) eine **Teilzeitbeschäftigung** erwartet werden kann.[63] – Ein Anspruch auf Unterhalt wegen Krankheit als **Anschlussunterhalt** an einen solchen auf Betreuungs- oder Unterhalt aus § 1573 (Nr. 2 und 4), der den Bedarf nur teilweise umfasste, ist der Höhe nach entsprechend **begrenzt.**[64]

---

59 Zu Letzteren OLG Frankfurt a. M. FamRZ 1979, 139.

60 OLG Hamm FamRZ 1989, 631.

61 S. auch OLG Hamm FamRZ 1994, 1035, 1036.

62 *Soergel/Häberle* RdNr. 9.

63 Im Verhältnis zu § 1573 offen gelassen von BGH NJW 1988, 2369 = FamRZ 1988, 265, 266, doch wird man nicht anders als für das Verhältnis von § 1570 zu § 1573 Abs. 2 (dazu BGH NJW 1990, 1847 = FamRZ 1990, 492, 493 f., s. auch § 1571 RdNr. 14, § 1569 RdNr. 22) entscheiden können. S. auch OLG München FamRZ 1981, 154; OLG Hamburg FamRZ 1981, 160, 161; OLG Köln FamRZ 1981, 966, 967; OLG Düsseldorf NJW 1988, 1287 = FamRZ 1989, 57; OLG Hamm FamRZ 1994, 966. – Entgegen OLG Celle FamRZ 2009, 56 m. Anm. *Borth* besteht auch nach der Einführung der Möglichkeit durch § 1578 b [UÄndG 2007], den Krankenunterhalt zu beschränken, ein Bedürfnis für eine Differenzierung zwischen Kranken- und Aufstockungsunterhalt, zumal eine Beschränkung des Aufstockungsunterhalts eher in Betracht kommt als die des Krankenunterhalts (dazu § 1578 b RdNr. 4).

64 BGH NJW 2001, 2360 = FamRZ 2001, 1291, 1294 mwN; NJW 2003, 3481 = FamRZ 2003, 1734, 1736, jeweils zu § 1572 Nr. 4; s. auch OLG Celle FPR 1999, 112 = FamRZ 1997, 1074, 1075; OLG Schleswig FPR 1999, 110; NJW-RR 2000, 738, 739; OLG Zweibrücken NJWE-FER 2001, 139, 141; FamRZ 2002, 821 f.; OLG Koblenz NJW-RR 2006, 151, 152 = FamRZ 2006, 704 (LS).

VI. Darlegungs- und Beweislast

Sie obliegt dem Berechtigten für das Vorliegen einer – auch latenten[65] – Krankheit bzw. beachtlicher Gebrechen oder Schwächen zum maßgebenden Stichtag und zu deren Auswirkungen auf die Erwerbsfähigkeit.[66] Erforderlich ist eine **konkrete** Darstellung der Krankheit, der auf sie zurück zu führenden gesundheitlichen Beeinträchtigungen zu dem in Anspruch genommenen Zeitpunkt und ihre Auswirkungen auf die Erwerbsfähigkeit.[67] – Zur Darlegung der Wahrung des Einsatzzeitpunkts nach Nr. 4 gehören auch Ausführungen dazu, dass der Unterhalt durch Einkünfte aus der bisherigen Erwerbstätigkeit, aber auch aus fiktiv zugerechneten Einkünften, **nicht nachhaltig** gesichert war, ansonsten der seine Erwerbsobliegenheit verletzende Verpflichtete besser gestellt würde als der sie erfüllende.[68] – Der Berechtigte muss ggf. auch das Vorliegen einer **Unterhaltsneurose** ausräumen oder aber, weil es sich um ein anspruchsbegründendes Merkmal handelt, deren Übermächtigkeit (dazu RdNr. 3) beweisen.[69] 21

Nicht selten bezieht der Ehegatte, der auf Krankenunterhalt anträgt, eine **Erwerbsunfähigkeitsrente.** IdR wird dann auch unterhaltsrechtlich entsprechend der **Minderung der Erwerbsfähigkeit** (MdE) von ggf. teilweiser Erwerbsunfähigkeit infolge einer Krankheit oder eines Gebrechens ausgegangen werden können, weil die sozialversicherungsrechtliche Erwerbsunfähigkeit die unterhaltsrechtliche indiziert.[70] Dem Verpflichteten muss aber die Möglichkeit bleiben, die Indizwirkung zu beseitigen. Deshalb ist auf sein Verlangen vom Berechtigten das im Verrentungsverfahren eingeholte Gutachten vorzulegen. Erhebt der Verpflichtete dagegen substantiierte Einwendungen, obliegt dem Berechtigten wieder die volle Beweislast. Dann wird im Unterhaltsverfahren erneut ein Gutachten eingeholt werden müssen.[71] – Dagegen sagt der **Grad der Behinderung** (GdB) im Behindertenrecht nichts direkt über die Erwerbsfähigkeit aus,[72] weil er die Einschränkung der körperlichen Funktion, der geistigen Fähigkeiten oder der seelischen Gesundheit auf Grund eines Gesundheitsschadens bemisst, der mit hoher Wahrscheinlichkeit länger als 6 Monate von dem für das Lebensalter typischen Zustand abweicht und daher lediglich die Teilhabe des Behinderten am Leben in der Gesellschaft beeinträchtigt (§ 2 Abs. 1 S. 1 SGB IX). 22

Macht der Verpflichtete mit der **Abänderungsklage** die Genesung des Berechtigten geltend, muss er die Änderung des Gesundheitszustands substantiiert darlegen;[73] dem Berechtigten obliegt dann die Darlegungs- und Beweislast für das Fortbestehen der seinen Unterhaltsanspruch auslösenden Krankheit. Nach Wegfall der Voraussetzungen für den Krankenunterhalt hat der Berechtigte die volle Darlegungs- und Beweislast für einen Unterhaltsanspruch aufgrund eines anderen Unterhaltstatbestands.[74] 23

---

[65] *Soergel/Häberle* RdNr. 11.

[66] BGH NJW 1990, 2752 = FamRZ 1990, 496, 497; NJW-RR 1993, 898 = FamRZ 1993, 789, 791; NJW 2001, 2360 = FamRZ 2001, 1291, 1292; NJW-RR 2005, 1450 = FamRZ 2005, 1897, 1898; NJW-RR 2005, 1450 = FamRZ 2005, 1897, 1898; s. auch KG EzFamR aktuell 1999, 377 = KGR 2000, 263 (LS); OLG Hamm Urt. v. 11. 4. 2006–1 UF 185/05, juris [10].

[67] BGH NJW 2001, 2360 = FamRZ 2001, 1291, 1292; NJW 2007, 839 = FamRZ 2007, 200, 202; s. auch OLG Thüringen Beschl. v. 9. 5. 2007 – 1 WF 9/07, juris [31]; nach OLG Saarbrücken FF 2008, 504, 506 m. Anm. *Clausius* dürfen die Anforderungen an den Nachweis krankheitsbedingter Erwerbsunfähigkeit nicht überspannt werden.

[68] BGH NJW 2003, 3481 = FamRZ 2003, 1734, 1736.

[69] *Schwab/Borth* IV RdNr. 204.

[70] Im Ergebnis ebenso OLG Brandenburg FamRZ 1996, 866; OLG Nürnberg FamRZ 2002, 682, 683.

[71] Dazu auch AnwK-BGB/*Fränken* RdNr. 16.

[72] OLG Schleswig OLGR 2006, 486, 488.

[73] BGH NJW 1990, 2752 = FamRZ 1990, 496, 497 (im Abänderungsprozess trägt „grundsätzlich" der Abänderungskläger die Darlegungs- und Beweislast für eine wesentliche Veränderung der Verhältnisse, die für die Festsetzung der Unterhaltsrente maßgebend waren); NJW-RR 2005, 1450 = FamRZ 2005, 1897, 1898.

[74] BGH NJW 1990, 2752 = FamRZ 1990, 496, 497 mwN.

§ 1573 Unterhalt wegen Erwerbslosigkeit und Aufstockungsunterhalt

(1) Soweit ein geschiedener Ehegatte keinen Unterhaltsanspruch nach den §§ 1570 bis 1572 hat, kann er gleichwohl Unterhalt verlangen, solange und soweit er nach der Scheidung keine angemessene Erwerbstätigkeit zu finden vermag.

(2) Reichen die Einkünfte aus einer angemessenen Erwerbstätigkeit zum vollen Unterhalt (§ 1578) nicht aus, kann er, soweit er nicht bereits einen Unterhaltsanspruch nach den §§ 1570 bis 1572 hat, den Unterschiedsbetrag zwischen den Einkünften und dem vollen Unterhalt verlangen.

(3) Absätze 1 und 2 gelten entsprechend, wenn Unterhalt nach den §§ 1570 bis 1572, 1575 zu gewähren war, die Voraussetzungen dieser Vorschriften aber entfallen sind.

(4) [1] Der geschiedene Ehegatte kann auch dann Unterhalt verlangen, wenn die Einkünfte aus einer angemessenen Erwerbstätigkeit wegfallen, weil es ihm trotz seiner Bemühungen nicht gelungen war, den Unterhalt durch die Erwerbstätigkeit nach der Scheidung nachhaltig zu sichern. [2] War es ihm gelungen, den Unterhalt teilweise nachhaltig zu sichern, so kann er den Unterschiedsbetrag zwischen dem nachhaltig gesicherten und dem vollen Unterhalt verlangen.

Schrifttum: *Maier, K. C.*, Die Bemessung des Aufstockungsunterhalts – Licht im Dunkel des Methodenstreits?, FamRZ 1992, 1381; s. auch Vor § 1569.

Übersicht

I. Normzweck

1 Während §§ 1570–1572, 1575 und 1576 nur Bedürfnislagen, die im Zusammenhang mit der Ehe stehen und Folge einer Erwerbslosigkeit sind, abdecken, regeln § 1573 Abs. 1–4[1] die Unterhaltsansprüche eines Ehegatten, dem eine **Erwerbstätigkeit obliegt.** – Zur

[1] Gegen deren Verfassungsgemäßheit keine Bedenken bestehen: BVerfGE 57, 361 = NJW 1981, 1771 = FamRZ 1981, 745 (Abs. 2); BGH FamRZ 1981, 341.

Abgrenzung der Unterhaltsansprüche untereinander s. im Einzelnen RdNr. 2, zur Darlegungs- und **Beweislast** s. RdNr. 31. – Abs. 5 [UÄndG 1986], der aus Billigkeitsgründen ausnahmsweise eine **Befristung** der Unterhaltsansprüche aus Abs. 1–4 ermöglichte, wurde durch das **UÄndG 2007** (dazu Vor § 1569 RdNr. 1) aufgehoben und in **§ 1578 b** auf alle Unterhaltsansprüche ausgedehnt. Zur Befristung des Unterhaltsanspruchs **aus anderen Gründen** s. § 1578 b RdNr. 44. – Zu den **Einsatzzeitpunkten** und ihrer Bedeutung s. RdNr. 5–7, § 1569 RdNr. 12, § 1578 RdNr. 13–41. – Zur **Verwirkung** des Unterhaltsanspruchs nach § 1579 Nr. 4, wenn nicht bereits während der Trennungszeit trotz Obliegenheit (§ 1574 Abs. 3) die Ausbildung zu einer angemessenen Erwerbstätigkeit aufgenommen wurde, s. § 1578 RdNr. 147, 154. – Zur **Abdingbarkeit** der Ansprüche s. § 1585 c RdNr. 28–30.

II. Grundsätzliche Fragen

1. Abgrenzung der Unterhaltsansprüche. Allen Ansprüchen aus § 1573 ist die Verquickung des Unterhaltsanspruchs des Berechtigten mit seiner Erwerbsobliegenheit eigen (dazu RdNr. 8–10). Abs. 1 ist von Abs. 2 nach Erwerbslosigkeit und Erwerbstätigkeit abzugrenzen, weil auch nach Abs. 1 lediglich Aufstockungsunterhalt geschuldet werden kann (dazu RdNr. 12): 2

- **Abs. 1** räumt dem noch nicht wieder ins Erwerbsleben eingegliederten Ehegatten einen Anspruch auf Unterhalt wegen **Erwerbslosigkeit** ein.
- **Abs. 2** spricht dem erwerbstätigen Bedürftigen die Differenz zwischen seinen Einkünften und seinem vollen eheangemessenen Bedarf als **Aufstockungsunterhalt** zu.

Abs. 3 und 4 regeln Ansprüche auf den **Anschlussunterhalt** nach Abs. 1 und 2 (dazu RdNr. 20): **Abs. 3** nach Entfallen der Voraussetzungen für einen Unterhalt nach den §§ 1570–1572, 1575, **Abs. 4** nach dem Entfallen von Erwerbseinkünften.

2. Rechtsnatur und Anwendungsbereich der Regelungen. Abs. 1 und 2 sind eigenständige **Anspruchsgrundlagen.**[2] Dagegen beinhalten **Abs. 3** und **Abs. 4** keine Anspruchsgrundlagen,[3] sondern regeln einen weiteren **Einsatzzeitpunkt** (dazu RdNr. 20) für die Ansprüche aus Abs. 1, 2, deren Voraussetzungen neben denen aus Abs. 3 oder 4 vorliegen müssen, auf **Anschlussunterhalt** nach Beendigung der Bedarfsdeckung entweder durch Zahlungen des Verpflichteten aufgrund eines anderen Unterhaltsanspruchs (Abs. 3) oder durch eigene Erwerbseinkünfte (Abs. 4). 3

Missverständlich ist die gemeinhin definitorisch getroffene **Unterscheidung** in Unterhalt wegen Erwerbslosigkeit nach Abs. 1 und Aufstockungsunterhalt nach Abs. 2, weil auch nach Abs. 1 nur **Aufstockungsunterhalt** geschuldet sein kann: Kann der Bedürftige ohne Verletzung seiner Erwerbsobliegenheit lediglich aus einer teilschichtigen angemessenen Erwerbstätigkeit Einkünfte erzielen, steht ihm ein Anspruch auf Aufstockungsunterhalt aus Abs. 1 zu und nicht aus Abs. 2. Auch Abs. 3 führt zu einem Anspruch auf Aufstockungsunterhalt nach Abs. 1, wenn dem Berechtigten aus §§ 1570–1572, 1575 Teilunterhalt zustand und er ohne Verletzung seiner Erwerbsobliegenheit eine angemessene teilschichtige Erwerbstätigkeit nicht finden kann. 4

3. Einsatzzeitpunkte. a) Erwerbslosen- und Aufstockungsunterhalt. aa) Rechtsprechung des BGH. Für den Unterhalt wegen **Erwerbslosigkeit (Abs. 1)** wird grundsätzlich auf die Rechtskraft des Scheidungsausspruchs als Stichtag abgestellt. „Nach der Scheidung" fordert allerdings, anders als die Ansprüche nach §§ 1571 Nr. 1, 1572 Nr. 1 („im Zeitpunkt der Scheidung", dazu § 1571 RdNr. 11, § 1572 RdNr. 9) keine strikte Bindung an die Scheidung. Ausreichend soll deshalb ein **zeitlicher Zusammenhang** mit 5

[2] Zu Abs. 2 s. etwa OLG Celle FamRZ 1980, 581.

[3] *Soergel/Häberle* RdNr. 25; *Göppinger/Wax/Bäumel* RdNr. 986; *Schwab/Borth* IV RdNr. 272; *Johannsen/Henrich/Büttner* RdNr. 12; wohl auch OLG Schleswig NJW-RR 2000. 738, 739; aA etwa OLG Braunschweig OLGR 1995, 42; *Dieckmann* FamRZ 1977, 81, 85.

der Scheidung sein,[4] der jedoch bereits nach Ablauf weniger Monate nicht mehr gewahrt sein soll.[5] Fehlt dieser zeitliche Zusammenhang, besteht kein Unterhaltsanspruch nach Abs. 1.[6] Der Einsatzzeitpunkt kann ausnahmsweise nach **Treu und Glauben** etwa dann auf den Zeitpunkt der **Einstellung von Unterhaltszahlungen** hinausgeschoben werden, wenn diese vom Verpflichteten über einen längeren Zeitraum freiwillig erbracht wurden, wodurch der Bedürftige von Erwerbsbemühungen abgehalten wurde und seine Erwerbschancen verschlechtert wurden, und/oder ihm gar ein höherer Unterhalt zugestanden hätte.[7] – Auch für den Anspruch auf **Aufstockungsunterhalt (Abs. 2)** wird grundsätzlich auf die Rechtskraft des Scheidungsausspruchs als Stichtag abgestellt.[8] – Für den Anspruch auf **Anschlussunterhalt** aus **Abs. 3** ist Einsatzzeitpunkt das Entfallen der Unterhaltsansprüche nach §§ 1570–1572, 1575, **Abs. 4** knüpft an den Verlust einer ehemaligen eheangemessenen Erwerbstätigkeit des Berechtigten und das Entfallen der Erwerbseinkünfte, die noch zu keiner nachhaltigen Unterhaltssicherung geführt haben, an (dazu RdNr. 22–26). – Unerheblich ist grundsätzlich, wenn ein Unterhaltsanspruch erst zu einem späteren Zeitpunkt **geltend gemacht** wird.[9]

6 **bb) Obergerichtliche Rechtsprechung.** Diese Rspr. des BGH gilt nach seinen eigenen Ausführungen im „Grundsatz" (zur Korrektur nach Treu und Glauben s. RdNr. 5). Darin kommt eine strukturelle **Unsicherheit** zum Ausdruck, die sich in der praktischen Rechtsanwendung fortsetzt. So wird etwa zum **Aufstockungsunterhalt** (Abs. 2) in der obergerichtlichen Rspr. ganz überwiegend die Annahme der Rechtskraft des Scheidungsausspruchs als Stichtag abgelehnt oder der Anspruch auf die Dauer der Annahme einer Erwerbsobliegenheit begrenzt.[10] Letzteres trifft zu:

– Sowohl für den Unterhalt wegen Erwerbslosigkeit als auch für den Aufstockungsunterhalt ist die Erfüllung der **Erwerbsobliegenheit** nicht auf einen bestimmten Stichtag beschränkt, sondern hat Dauerwirkung, muss also stets erfüllt werden. Zu jedem beliebigen Zeitpunkt entfällt deshalb der Anspruch, wenn und soweit die Obliegenheit nicht mehr erfüllt wird, oder er entsteht, wenn oder soweit sie – ggf. wieder – erfüllt wird. Der Abgrenzung nach dem **zeitlichen Zusammenhang** mit der Scheidung (dazu RdNr. 5) kommt keine praktische Bedeutung zu: Denkbar ist ein fehlender zeitlicher Zusammenhang nur, wenn der Berechtigte seine bislang innegehabte Arbeitsstelle verliert, ohne gegen seine Erwerbsobliegenheit zu verstoßen. Da aber auch insoweit stets Anspruchsvoraussetzung ist, dass der Unterhalt des Berechtigten durch seine Erwerbstätigkeit noch nicht nachhaltig gesichert war, und sich die **Nachhaltigkeit** nach der Dauer der

[4] BGH NJW 1987, 2229 = FamRZ 1987, 684, 687 (verneint nach ca. 1½ Jahren); aA – Zeitpunkt der Scheidung – OLG Bamberg NJW-RR 1997, 198 = FamRZ 1997, 819, 820; OLG Schleswig NJW-RR 2000. 738, 739; *Johannsen/Henrich/Büttner* RdNr. 10.

[5] *Soergel/Häberle* RdNr. 8 (3 Monate).

[6] OLG Bamberg FamRZ 1984, 897, 898; OLG Oldenburg NJW 1986, 199 m. Anm. *Raiser* NJW 1986, 1919 = FamRZ 1986, 64, 65; *Soergel/Häberle* RdNr. 8. AA wohl OLG Düsseldorf FamRZ 1991, 193, 194: Beginn des Unterhaltsanspruch bei verspäteter Arbeitssuche mit Beginn der Erwerbsbemühungen 8 Monate nach Verlust des Arbeitsplatzes.

[7] BGH NJW 1990, 2752 = FamRZ 1990, 496, 498; OLG Schleswig OLGR 2003, 535, 536 f.

[8] So jedenfalls der BGH in ständiger Rspr. seit BGH NJW 1980, 2083 = FamRZ 1980, 770; s. auch BGH NJW 1983, 2321 = FamRZ 1983, 886 und zuletzt BGHZ 163, 84 = NJW 2005, 3277 = FamRZ 2005, 1817, 1819; ebenso OLG Hamm FPR 2002, 300, 301 (Anspruch muss durchgängig bestehen); FPR 2004, 220 = FamRZ 2004, 375 f.; OLG Dresden, Beschluss v. 5. 5. 2000 – 20 WF 185/00 RdNr. 6 = FamRZ 2001, 833 (LS) sowie die wN in 4. Aufl. § 1573 Fn. 45.

[9] BGHZ 163, 84 = NJW 2005, 3277 = FamRZ 2005, 1817, 1819; BGHZ 172, 22 = NJW 2007, 2249 = FamRZ 2007, 983, 986 [25] m. Anm. *Schürmann*.

[10] OLG München FamRZ 1993, 564, 565; FF 2001, 134, 135; OLG Frankfurt a. M. FamRZ 1995, 735; OLG Thüringen OLG-NL 2004, 165 = FamRZ 2004, 1207 m. krit. Anm. *Schröder* FamRZ 2004, 1726. Ähnlich OLG Zweibrücken FamRZ 2002, 1565 (nachträgliche Verpflichtung des Berechtigten zur Zahlung von Kindesunterhalt); OLG Koblenz NJW 2003, 1877 = FamRZ 2003, 1105, 1106 (für einen sich erst aus einem Wechsel von der Anrechnungs- zur Differenz-/Additionsmethode nach der Änderung der Rspr. des BGHZ 148, 105 = NJW 2001, 2254 = FamRZ 2001, 986, [dazu § 1578 RdNr. 9] ergebenden Unterhaltsanspruch); aA wohl *Borth* FamRZ 2008, 2, 16.

Erwerbstätigkeit auch schon vor Trennung und Scheidung, ggf. auch schon vor der Eheschließung und nicht erst ab Scheidung beurteilt (dazu RdNr. 7), liegen entweder die Voraussetzungen aus Abs. 4 vor oder es scheiden Unterhaltsansprüche aus § 1573 aus.
– **Bedarf** und **Bedürftigkeit** des Berechtigten (s. zu Letzterem auch § 1577 Abs. 1 [„solange und soweit"] und Abs. 4 S. 1) und **Leistungsfähigkeit** des Verpflichteten sind an einen festen Stichtag nur gebunden, wenn man sie als nach der Scheidung nicht mehr dynamisch und festgeschrieben ansieht. Dies entspricht nicht mehr der neueren Rspr. des BGH, wie sie etwa in der Berücksichtigung des Wegfalls von die ehelichen Lebensverhältnissen prägenden Unterhaltspflichten und ehebedingter Verbindlichkeiten, nach der Kinderbetreuung und nach der Scheidung erzielter Erwerbseinkünfte (dazu § 1578 RdNr. 88–105) oder dem nachträglichen Entstehen von Unterhaltsverpflichtungen zum Ausdruck kommt. Deshalb kann der Unterhaltsanspruch aus Abs. 1 und 2 nachehelich jederzeit entstehen, begrenzt lediglich durch die Nachhaltigkeit bisher erzielter und entfallener Erwerbseinkünfte (Abs. 4).

b) Anschlussunterhalt. Die Regelungen in Abs. 3, 4 beinhalten keine Anspruchsgrundlage, sondern fügen den bereits nach Abs. 1 und 2 bestehenden Ansprüchen **weitere Einsatzzeitpunkte** hinzu (dazu auch RdNr. 5): **Abs. 3** lässt den Unterhaltsanspruch aus Abs. 1 und 2 nach Entfallen eines Unterhaltsanspruchs nach §§ 1570–1572, 1575 ggf. neu entstehen, **Abs. 4** lässt wegen des noch bestehenden Zusammenhangs der Bedürfnislage mit der Ehe nach Entfallen von Einkünften aus einer angemessenen Erwerbstätigkeit, durch die der Unterhalt nach der Scheidung noch nicht nachhaltig gesichert war (dazu RdNr. 6; nicht aber auch bei Entfallen anderer als **Erwerbseinkünfte),**[11] diese Ansprüche wieder aufleben. – Davon zu unterscheiden ist der Stichtag zur Beurteilung der **Nachhaltigkeit:** War der Bedürftige bereits während der Ehezeit erwerbstätig, ist unabhängig davon, ob er die Erwerbstätigkeit vor oder nach Eheschließung oder Trennung aufgenommen hat, die Scheidung der frühest mögliche Zeitpunkt für die Beurteilung, ob sein Unterhalt nachhaltig gesichert ist;[12] bei späterer Aufnahme der Erwerbstätigkeit ist der aktuelle Zeitpunkt für die Beurteilung maßgebend. Abs. 4 dehnt den Einsatzzeitpunkt zeitlich aus, wenn eine **nachhaltige Sicherung** des Unterhalts nicht gelungen war. Soweit die Nachhaltigkeit des Unterhalts gesichert ist oder war, kann kein Anspruch nach Abs. 1 oder 2 bestehen oder noch entstehen. – Zu einem Anspruch auf Unterhalt wegen **Alters** oder **Krankheit** (§§ 1571, 1572) führt das Entfallen der Einkünfte dagegen nur dann, wenn die dort aufgeführten Stichtage gewahrt sind.[13] – Zur verwandten Regelung in § 1577 Abs. 4 s. dort RdNr. 24, 25, zu den **Konkurrenzen** s. RdNr. 28–30 und § 1569 RdNr. 22. 7

4. Erwerbsobliegenheit. Zentrale Bedeutung für **Unterhaltsansprüche** aus §§ 1570–1573, 1575 und 1576 und auch für § 1573 hat die Erwerbsobliegenheit des Bedürftigen: Ein Unterhaltsanspruch nach §§ 1570–1572, 1575 besteht nur, solange und soweit ihn aufgrund der in diesen geregelten Bedürfnislagen keine oder keine volle Erwerbsobliegenheit trifft. § 1573 setzt damit die grundsätzliche Erwerbsobliegenheit voraus; ob überhaupt und ggf. zu welcher Tätigkeit sie besteht, richtet sich dagegen allein nach § 1574. 8

Ein Anspruch auf Unterhalt wegen **Erwerbslosigkeit (Abs. 1)** besteht deshalb grundsätzlich (zur Ausnahme s. RdNr. 11, 14) nur, wenn und soweit den Bedürftigen eine Erwerbsobliegenheit trifft,[14] er gleichwohl aber seinen vollen Lebensbedarf nicht decken kann. Und **Abs. 2** vermittelt einen Anspruch auf **Aufstockungsunterhalt** nur, wenn der Bedürftige trotz Erfüllung seiner Erwerbsobliegenheit mit seinen Erwerbseinkünften seinen 9

[11] BGH NJW 1987, 3129 = FamRZ 1987, 689: Entfallen der Versorgung aus einer nichtehelichen Lebensgemeinschaft.

[12] BGH NJW 1985, 430 = FamRZ 1985, 53, 55; NJW 1985, 1699 = FamRZ 1985, 791 f.; NJW 1986, 375 = FamRZ 1985, 1234; NJW 1988, 2034 = FamRZ 1988, 701, 702; auch OLG Karlsruhe FamRZ 1996, 948, 949 (Scheidung in der ehemaligen DDR); OLG Bamberg NJW-RR 1997, 198 = FamRZ 1997, 819, 820; OLG Hamm FamRZ 1997, 821, 822; OLG Köln NJWE-FER 1998, 218 = FamRZ 1998, 1434, 1435.

[13] Jedenfalls missverständlich OLG Koblenz OLGR 2005, 907, 908.

[14] S. auch OLG Köln NJW-RR 2001, 1371, 1372.

Lebensbedarf nicht selbst decken kann (dazu RdNr. 14). Dies gilt auch für die Ansprüche auf **Anschlussunterhalt** (Abs. 3 und 4; zu deren Rechtsnatur s. RdNr. 2), wenn der Berechtigte trotz Erwerbsobliegenheit gar keiner Arbeit nachgegangen ist, ihm trotz seiner Unterhaltsansprüche nach §§ 1570–1572, 1575 eine teilweise Erwerbstätigkeit oblegen hat (Unterhalt wegen Erwerbslosigkeit) oder seine obligat erfüllte Erwerbsobliegenheit zur Deckung seines Lebensbedarfs nicht ausreicht (Aufstockungsunterhalt). – Besteht keine oder nur eine Erwerbsobliegenheit auf eine teilschichtige Erwerbstätigkeit, kommen zunächst Ansprüche nach §§ 1570–1572, 1575, 1576 in Betracht (dazu RdNr. 29). Doch ist auch ein ergänzender Anspruch aus Abs. 1 nicht ausgeschlossen (dazu RdNr. 4). – Zu den **Einsatzzeitpunkten** s. RdNr. 5–7, zu den **Anspruchskonkurrenzen** s. auch § 1569 RdNr. 22.

10 Führt die Erfüllung der Erwerbsobliegenheit zu einer angemessenen Arbeitsstelle und zu Erwerbseinkünften, kann sich ein Unterhaltsanspruch aus Abs. 2, ansonsten aus Abs. 1 ergeben. Verstößt der Bedürftige gegen seine Erwerbsobliegenheit, ist er **fiktiv** so zu halten, als habe er Erwerbseinkünfte aus einer angemessenen Erwerbstätigkeit. Auch sie führen zur Nachhaltigkeit iSd. Abs. 4, nur eben fiktiv, um ihn nicht besser zu stellen als einen entsprechend seiner Obliegenheit erwerbstätigen Bedürftigen (zur Behandlung fiktiver Einkünfte bei der Bestimmung des Bedarfs und der Bedürftigkeit s. § 1578 RdNr. 138–187).[15]

III. Unterhalt wegen Erwerbslosigkeit

11 **1. Allgemeines.** Unterhalt wird aus **Abs. 1** solange und soweit geschuldet, als der Bedürftige seinen Bedarf nicht aus einer angemessenen eigenen Erwerbstätigkeit decken kann. Da seine Erwerbslosigkeit **nicht ehebedingt** zu sein braucht,[16] trägt der Verpflichtete das **Arbeitsmarktrisiko,** sodass grundsätzlich auch unerheblich ist, warum er keine Erwerbstätigkeit findet. Praktisch wird sich der Anspruch aus Abs. 1 jedoch idR auf eine Übergangszeit beschränken, bis der Bedürftige einen Arbeitsplatz gefunden hat. Seine unterhaltsrechtlich bedeutsame **Bedürftigkeit** setzt erst ein, wenn er trotz Erfüllung seiner Erwerbsobliegenheit keine eheangemessene Erwerbstätigkeit finden kann (dazu auch RdNr. 9).[17] – Zum **Einsatzzeitpunkt** RdNr. 5–7, zur **zeitlichen Begrenzung** s. § 1578 b RdNr. 44, zum Verhältnis insbesondere zu **§ 1571 Nr. 3** s. RdNr. 29, zu den **Erwerbs-** und **Ausbildungsobliegenheiten** s. § 1578 RdNr. 146–166.

12 **2. Anspruchsvoraussetzungen.** Der Bedürftige darf eine **angemessene Erwerbstätigkeit** (§ 1574 Abs. 1 und 2, dazu dort RdNr. 3–19) nicht oder nicht voll ausüben. Die Erwerbslosigkeit braucht nicht ehebedingt zu sein (dazu RdNr. 11). Eine **nicht angemessene** Tätigkeit ist überobligat; sie bleibt im Rahmen des Anspruchsgrundes unberücksichtigt[18] und kann jederzeit ohne nachteilige Folgen aufgegeben werden; die aus ihr erzielten Einkünfte werden im Rahmen des § 1577 Abs. 2 angerechnet (dazu § 1578 RdNr. 97–102).

13 **3. Dauer des Anspruchs.** Zum **Beginn** des Anspruchs s. zunächst RdNr. 5–7. Eine **zeitliche Begrenzung** ist grundsätzlich nicht vorgesehen. Besteht aber ein Anspruch aus § 1573 Abs. 1 iVm. § 1574 Abs. 3 wegen einer Weiterbildung, kann die Unterhaltsverpflichtung für die zu erwartende Dauer der Weiterbildung zeitlich begrenzt werden.[19] I. Ü. kann einer unzumutbaren Belastung des Verpflichteten durch eine Befristung des Unterhaltsanspruchs nach § 1578 b Abs. 2 [UÄndG 2007] Rechnung getragen werden.

---

[15] BGH NJW 2003, 3481 = FamRZ 2003, 1734, 1736.

[16] BGH NJW 1980, 393, 394 = FamRZ 1980, 126, 127. Kritisch hierzu *Schwab* FamRZ 1997, 521, 524; *Brudermüller* FamRZ 1998, 649, 650.

[17] BGH FamRZ 1984, 988, 989, allerdings missverständlich formuliert: „Die Bedürftigkeit setzt vielmehr erst ein, wenn der geschiedene Ehegatte überhaupt keine angemessene Erwerbstätigkeit im iSd. § 1574 BGB zu finden vermag (§ 1573 Abs. 1 BGB)."

[18] BGH NJW 1980, 393 = FamRZ 1980, 126, 127; s. auch BT-Drucks. 7/650 S. 125.

[19] BGH NJW 1986, 985 = FamRZ 1986, 553, 555; aA OLG Schleswig FamRZ 1982, 703, 705.

IV. Aufstockungsunterhalt

1. Allgemeines. Abs. 2 hat große praktische Bedeutung. Als **selbständige Anspruchsgrundlage**[20] stellt er sicher, dass der seiner Erwerbsobliegenheit nachkommende, damit aber seinen vollen Bedarf nicht deckende Ehegatte nicht schlechter steht als der von ihr befreite.[21] Er setzt voraus, dass der geschiedene Ehegatte eine **eheangemessene Erwerbstätigkeit** ausübt. Ist sie nicht angemessen, ergibt sich ein Anspruch aus Abs. 1; der Ehegatte erzielt seine Erwerbseinkünfte überobligat, weshalb sich ihre Anrechnung nach § 1577 Abs. 2 richtet. – Ein Aufstockungsanspruch besteht auch, wenn der Bedürftige schon vor der Ehe erwerbstätig war oder ihm wegen der Verletzung seiner Erwerbsobliegenheit fiktive, seinen vollen Bedarf nicht deckende Einkünfte (dazu § 1578 RdNr. 139) zugerechnet werden.[22] – Zur Kritik an dieser Regelung s. 3. Aufl. 1993 RdNr. 16. – Zum **Einsatzzeitpunkt** RdNr. 5–7. – Zum **Konkurrenzverhältnis** zu Abs. 1 s. RdNr. 28. Im Zusammenhang mit dem Konkurrenzverhältnis zu den Unterhaltsansprüchen aus §§ 1570–1572 hat der BGH im Urteil v. 26. 11. 2008[23] ausgeführt, dass der „Aufstockungsanspruch ... danach nur den Teil des Lebensbedarfs [widerspiegelt], der auf dem in der Höhe erhöhten Lebensbedarf beruht." Es kann dahin gestellt bleiben, ob dies zutrifft, jedenfalls eignen sich Fragen des Bedarfs nicht für eine Abgrenzung der Unterhaltsansprüche. 14

2. Allein- und Doppelverdienerehe. War im Einsatzzeitpunkt (dazu RdNr. 14) **nur** der Verpflichtete erwerbstätig, bestimmen sich die ehelichen Lebensverhältnisse iSd. § 1578 Abs. 1 S. 1 grundsätzlich nur nach seinen Erwerbseinkünften; Einkünfte des Bedürftigen werden nur angerechnet **(Anrechnungsmethode).** – Waren dagegen beide Ehegatten erwerbstätig oder hat der Berechtigte nach dem Einsatzzeitpunkt eine Erwerbstätigkeit aufgenommen, die sich wegen der Wandelbarkeit der ehelichen Lebensverhältnisse als **Surrogat** der Haushaltsführung darstellt (dazu § 1578 RdNr. 13, 14), bestimmt sich der Aufstockungsunterhalt nach ihrer beider Einkommen **(Differenz-/Additionsmethode,** dazu § 1578 RdNr. 7–10). – Zum Ausgleich **geringer Einkommensunterschiede** s. § 1577 RdNr. 5. 15

3. Vollzeit-/Teilzeitarbeit. Was unter **Vollzeit** zu verstehen ist, bestimmt sich nach den Tarifverträgen und den Gesetzen, ggf. auch nach Betriebsvereinbarungen. Deshalb arbeitet auch der in Vollzeit, der nach diesen Regelungen unter 40 Arbeitsstunden/Woche zu leisten hat. Aus Gründen der nachehelichen **Eigenverantwortung** (dazu RdNr. 1569 RdNr. 6) bedeutet dies jedoch nicht, dass er nicht auf eine zusätzliche Tätigkeit angemessene Tätigkeit (§ 1574 Abs. 1) verwiesen werden könnte.[24] – Übt der Bedürftige eine durch **Kündigungsschutz** gesicherte Teilzeitarbeit aus, kann ihm idR nicht angesonnen werden, diese zugunsten einer kündigungsschutzrechtlich ungesicherten vollschichtigen Tätigkeit aufzugeben. Doch muss er sich um eine zusätzliche Teilzeitarbeitsstelle bemühen.[25] 16

4. Unterbezahlte Tätigkeit. Aus §§ 1569, 1573 Abs. 2 folgt die Obliegenheit des Bedürftigen, sich um eine Erwerbstätigkeit zu bemühen, die ihm möglichst die eigene Bestreitung seines vollen Bedarfs ermöglicht. Findet er zwar eine eheangemessene Tätigkeit, wird diese jedoch nicht angemessen bezahlt, muss er grundsätzlich um eine besser bezahlte Arbeitsstelle bemüht sein.[26] Doch dürfen nach der Lage auf dem Arbeitsmarkt reale Chancen auf eine besser bezahlte Beschäftigung nicht von vornherein ausgeschlossen sein (dazu § 1578 RdNr. 149). Zudem ist bei der Beurteilung, ob dem Bedürftigen ein Arbeitsplatz- 17

[20] OLG Celle FamRZ 1980, 581.
[21] BVerfGE 57, 361 = NJW 1981, 1771 = FamRZ 1981, 745, 750 f.
[22] Zu Letzterem BGH NJW-RR 1988, 1218 = FamRZ 1988, 927, 929; NJW 1990, 1477 = FamRZ 1990, 499; NJW-RR 1990, 578 = FamRZ 1990, 979 f.
[23] BGH FPR 2009, 128 m. Anm. *Kemper* und *Maurer* LMK 2009, 276248 = FamRZ 2009, 406, 407 [20, 22] m. Anm. *Schürmann*.
[24] AA OLG Karlsruhe Urt. v. 13. 3. 2003 – 16 UF 58/02, juris [38] (30 Arbeitsstunden/Woche).
[25] *Schwab/Borth* IV RdNr. 225.
[26] AA wohl 3. Aufl. RdNr. 21: Korrektur nach § 1579 Nr. 3.

wechsel zumutbar ist, die **kündigungsschutzrechtliche Absicherung** an seinem jetzigen Arbeitsplatz zu berücksichtigen (dazu auch RdNr. 16).

18 **5. Selbständigkeit.** Selbständig tätige Bedürftige, die auch nach angemessener Anlaufzeit keine Gewinne erwirtschaften, müssen die Selbständigkeit aufgeben und sich in abhängige Arbeit begeben.[27] Wenn nicht gerade eine selbständige Tätigkeit etwa als Rechtsanwalt oder Arzt eheangemessen ist, darf ein Bedürftiger nicht eine erreichbare abhängige Tätigkeit ausschlagen und sich statt dessen in die Selbständigkeit begeben mit der Folge absehbarer Verluste und fortdauernder Bedürftigkeit.

19 **6. Dauer des Anspruchs.** Zum **Beginn** des Anspruchs s. RdNr. 5–7. Eine **zeitliche Begrenzung** ist grundsätzlich nicht vorgesehen. Einer sich daraus ergebenden unzumutbaren Belastung des Verpflichteten kann mit einer Befristung des Unterhaltsanspruchs nach § 1578 b Abs. 2 begegnet werden.

V. Anschlussunterhalt

20 **1. Wegfall von Unterhaltsansprüchen.** Zu **Rechtsnatur** und **Einsatzzeitpunkt** s. zunächst RdNr. 3, 5–7. – **Abs. 3 ergänzt** Abs. 1 und 2 und gewährt wegen des Zusammenhangs der Bedürfnislage mit der Ehe Unterhalt auch, wenn zunächst bestehende Unterhaltsansprüche nach §§ 1570–1572, 1575 später (wieder) **entfallen** sind.[28] Die Verweisung auf **§ 1571** trägt für den Fall, dass ein früh gealterter Bedürftiger sich, etwa nach einer Kur-Behandlung, erholt und sein Alter dann der Aufnahme einer angemessenen Erwerbstätigkeit nicht mehr entgegensteht. Entfallen die Voraussetzungen des **§ 1575**, bestimmt sich die angemessene Erwerbstätigkeit unter Berücksichtigung von dessen Abs. 3 (dazu dort RdNr. 24, 25).

21 **2. Nachträglicher Verlust einer angemessenen Erwerbstätigkeit.** Zu **Rechtsnatur** und **Einsatzzeitpunkt** s. zunächst RdNr. 3, 5–7. – Abs. 4 **ergänzt** Abs. 1 und 2 für die Fälle, dass der Bedürftige zunächst in der Lage war, seinen vollen Lebensbedarf durch eigene Erwerbseinkünfte zu decken, diese jedoch später wegen des ggf. teilweisen Verlustes der Arbeitsstelle mit der Folge eintretender Bedürftigkeit entfallen sind.

22 **a) Nachhaltige Sicherung des Unterhalts. aa) „Nachhaltig".** Nachhaltigkeit definiert sich durch **Dauerhaftigkeit.**[29] Die Tätigkeit muss deshalb im Zeitpunkt ihrer Aufnahme nach objektiven Maßstäben und allgemeiner Lebenserfahrung und unter Einbeziehung aller zu diesem Zeitpunkt bestehender, aber erst später zutage getretener und der Entschließungsfreiheit des Bedürftigen entzogener Umstände mit einer gewissen Sicherheit als dauerhaft angesehen werden und ein stetiges Einkommen auch in der Zukunft und nicht nur gegenwärtig vorübergehend gewährleisten können.[30] Nachhaltigkeit wird danach idR auch bei Aufnahme einer auf Dauer angelegten Tätigkeit nicht angenommen werden können, wenn der Bedürftige seinen Arbeitsplatz einige Zeit (dazu RdNr. 26) nach der Scheidung oder zu einem in Abs. 3 gleichgestellten Einsatzzeitpunkt unverschuldet verliert. – Ist von Nachhaltigkeit auszugehen, ist unerheblich, aus welchem Grund die Arbeitsstelle verloren wird,[31] insbesondere bleibt die freiwillige Aufgabe einer Erwerbstätigkeit außer Betracht.[32]

Bsp.: Nachhaltigkeit kann trotz der **Insolvenz** des Arbeitgebers gegeben sein, doch kann ein zeitlich enger Zusammenhang mit der Scheidung auch für eine nur vorübergehende Sicherung des Lebensbedarfs durch die beim insolventen Arbeitgeber erzielten Einkünfte sprechen.

---

[27] OLG Stuttgart FamRZ 1991, 1059.

[28] OLG Hamm NJW-RR 1994, 837 = FamRZ 1994, 1392; *Johannsen/Henrich/Büttner* RdNr. 23.

[29] Zur Herleitung aus dem Entschädigungsrecht, insbesondere § 75 BEG, BGH NJW 1985, 430 = FamRZ 1985, 53, 55.

[30] BGH NJW 1988, 2034 = FamRZ 1988, 701, 702 mwN; NJW 2003, 3481 = FamRZ 2003, 1734, 1736; s. auch OLG Köln FamRZ 2004, 1725.

[31] OLG Hamm FamRZ 1997, 821 f. (Krankheit).

[32] OLG Karlsruhe FamRZ 1991, 1449, 1450.

Keine Nachhaltigkeit begründen: Besondere **Krisenanfälligkeit** der Arbeitsstelle.[33] – Infolge jahrelanger **Unterbrechung** der Erwerbstätigkeit während der Ehe wird der Bedürftige den Anforderungen der übernommenen Tätigkeit nicht mehr gerecht. – Wegen seines **Alters** wird der Bedürftige an der weiteren Ausübung der übernommenen Tätigkeit gehindert. – Eine bei der Scheidung ausgeheilt erscheinende **Krankheit** tritt wieder auf und macht eine weitere Erwerbstätigkeit unmöglich.[34] – Eine bei der Scheidung bereits angelegte Krankheit tritt auf.[35] – Der Bedürftige erleidet beim Auszug aus der Ehewohnung einen Unfall, der zu seiner Arbeitsunfähigkeit führt. – Der Bedürftige nimmt eine zeitlich **befristete** ABM-Stelle an[36] oder bekommt nur einen **Zeitarbeitsvertrag,** auch wenn dieser mehrfach verlängert wird.[37]

bb) Obliegenheit. Da der Anspruch nur besteht, wenn dem Bedürftigen die Sicherung seines Lebensunterhalts „trotz seiner Bemühungen nicht gelungen" ist, obliegt es ihm, sich ernsthaft um eine **auf Dauer angelegte Erwerbstätigkeit** zu bemühen, und zwar auch nach dem Verlust eines Arbeitsplatzes.[38] Mit der Übernahme nur vorübergehender Tätigkeiten, etwa Gelegenheitsarbeiten, erfüllt der Bedürftige diese Obliegenheit nicht, wenn er eine dauerhafte Arbeitsstelle hätte finden können.[39] Zudem darf er eine seinen Unterhalt nachhaltig sichernde Tätigkeit **nicht aufgeben;** tut er dies gleichwohl, etwa wegen der Pflegebedürftigkeit eines gemeinsamen Kindes, steht jedenfalls kein Anspruch aus Abs. 1 oder 2, möglicherweise jedoch aus § 1570 zu, an den sich dann wieder ein Anspruch nach Abs. 1 und 2 anschließen kann (Abs. 3), ohne dass es eines Rückgriffs auf die Auffangklausel des § 1576 bedürfte. – Auch dem Bedürftigen wegen eines Verstoßes gegen die Erwerbsobliegenheit zugerechnetes **fiktives** Einkommen kann die Nachhaltigkeit sichern. 23

cc) Maßstab und Kriterien. Anhand **objektiver Maßstäbe** und **allgemeiner Lebenserfahrung** ist aus der Gesamtschau eines optimalen, rückblickenden Betrachters unter Einbeziehung schon bestehender, aber erst später zutage getretener Umstände – wie etwa eine latente Krankheit, wegen der die angetretene Stelle wieder aufgegeben werden musste – **vorausschauend** zu prüfen, ob die Erwerbstätigkeit mit einer gewissen Sicherheit als dauerhaft angesehen werden konnte oder ob befürchtet werden musste, dass der Bedürftige sie durch außerhalb seiner Entschließungsfreiheit liegende Umstände in absehbarer Zeit wieder verlieren würde; oft würde auch eine Beurteilung aus nachträglicher Sicht zu keinem anderen Ergebnis führen. Da die Entwicklung des Beschäftigungsverhältnisses zur Nachhaltigkeit führen kann, kann sie, etwa bei Vereinbarung einer Probezeit oder bei nicht vorhersehbarer krankheitsbedingter Erwerbsunfähigkeit nach Aufnahme einer dauerhaften Erwerbstätigkeit,[40] bei Antritt der Stelle noch zu verneinen sein, zu einem späteren, jedoch vor seiner Beendigung liegenden Zeitpunkt aber vorliegen.[41] Die **subjektive Erwartung** des Verpflichteten, gegründet auf die lange Dauer der Erwerbsausübung, zu Unterhaltsleistungen nicht mehr herangezogen zu werden, ist demgegenüber nur im Rahmen von § 1578b Abs. 1, 2, der Härteklausel des § 1579 Nr. 8 und bei § 1581 zu berücksichtigen.[42] 24

An **einzelnen Umständen** sind bei der Beurteilung der Nachhaltigkeit etwa heranzuziehen:[43] **Alter** und **Gesundheitszustand** des Bedürftigen, **Schulbildung, Berufsausbildung,** bisherige **berufliche Tätigkeit** (etwa bislang nur in Aushilfsbeschäftigungen im 25

33 BGH RzW 1958, 228 f.; RzW 1969, 196 f.

34 OLG Celle FamRZ 1983, 717.

35 BGH NJW 1986, 375 = FamRZ 1985, 1234; OLG Köln FamRZ 2004, 1725 f.

36 OLG Frankfurt a. M. NJW-RR 1987, 1154 = FamRZ 1987, 1042.

37 AG Schorndorf FamRZ 1994, 1590, 1591.

38 OLG Düsseldorf FamRZ 1998, 1519, 1520; OLG Köln Urt. v. 18. 1. 2005 – 4 UF 105/04, juris [4] = FamRZ 2005, 1912 (LS).

39 *Soergel/Häberle* RdNr. 26.

40 Zu Letzterem s. OLG Hamm FPR 1999, 108 = FamRZ 1999, 230, 231.

41 Zum Ganzen BGH NJW 1986, 375 = FamRZ 1985, 1234; NJW 1988, 2034 = FamRZ 1988, 701, 702; NJW 2003, 3481 = FamRZ 2003, 1734, 1736.

42 *Soergel/Häberle* RdNr. 27.

43 BGH NJW 2003, 3481 = FamRZ 2003, 1734, 1736.

Geringverdienerbereich tätig), Erforderlichkeit eines **Arbeitsplatzwechsels,** Verhältnisse auf dem **Arbeitsmarkt, Zumutbarkeit** einer Tätigkeit nach den ehelichen Lebensverhältnissen.

26 **dd) Dauer des Beschäftigungsverhältnisses.** Das Beschäftigungsverhältnis muss **auf Dauer angelegt** sein; von vornherein zeitlich begrenzten Tätigkeiten mangelt es stets an der Nachhaltigkeit. Aus Gründen der Rechtssicherheit besteht ein unabweisbares Bedürfnis für eine **feste zeitliche Grenze,** ab deren Überschreiten idR von der erforderlichen Nachhaltigkeit ausgegangen werden kann. Dies wird nach Ablauf von **2 Jahren** angenommen werden können, weil danach im Allgemeinen auch kein entfernter Zusammenhang mit der Ehe mehr gegeben ist.[44] Doch können die jeweiligen Umstände des Einzelfalles ein anderes Ergebnis nahe legen, etwa wenn abzusehen ist, dass bis zur Verrentung keine ausreichende Alterssicherung aufgebaut werden kann.[45]

Bsp. aus der Rspr.: Nachhaltigkeit: OLG Hamm FamRZ 1986, 360, 361: Kündigung des Arbeitsverhältnisses nach etwa 3½ Jahren. – **OLG Karlsruhe FamRZ 1994, 105, 106:** 4 Jahre nach der Scheidung entfallen die Erwerbseinkünfte aufgrund Erwerbsunfähigkeit wegen Psychose. – **AG Hamburg FamRZ 1995, 555, 556:** 3-jährige Lehrzeit, 1½-jährige Berufsausübung nach 19jähriger Erwerbspause. – **OLG Bamberg NJW-RR 1997, 198 = FamRZ 1997, 819, 820:** 3jährige Erwerbstätigkeit bei Scheidung, ausgeweitet auf wöchentlich 36 Stunden mit bedarfsdeckendem Einkommen ein halbes Jahr vor der Scheidung. – **OLG Hamm FamRZ 1997, 821, 822:** Vor der Scheidung 2 Jahre teilschichtig und 1 Jahr vollschichtig gearbeitet, 4 Jahre nach der Scheidung entfallen die Erwerbseinkünfte wegen Erwerbsunfähigkeit. – **OLG Dresden Beschl. v. 5. 5. 2000 – 20 WF 185/00, juris [6–8] = FamRZ 2001, 833 (LS):** Trotz Kündigung bereits im Zeitpunkt der Rechtskraft des Scheidungsausspruchs erst 4 Jahre später nach mehreren gleichfalls gekündigten Beschäftigungsverhältnissen eintretende Arbeitslosigkeit. – **BGH NJW 2003, 3481 = FamRZ 2003, 1734, 1736:** Nicht ausgeschlossen für eine Tätigkeit von 20 Monaten.

Keine Nachhaltigkeit: OLG Schleswig NJW-RR 2004, 1372, 1373: Verlust eines zusätzlichen halben Deputats nach 1 Jahr.

27 **b) Teilunterhalt.** Kann der Bedürftige durch eine angemessene Erwerbstätigkeit aufgrund einer **Teilzeitarbeit** seinen Lebensunterhalt nur teilweise nachhaltig sichern, kann er nach Abs. 4 S. 2, ist er nicht schon nach anderen Vorschriften unterhaltsberechtigt, den **Differenzbetrag** zwischen nachhaltig gesichertem und vollem Unterhalt verlangen. Kann er dagegen mit einer vollschichtigen Tätigkeit seinen vollen Bedarf nicht abdecken, ergibt sich sein Anspruch aus Abs. 2.

VI. Konkurrenzen

28 **1. Unterhalt wegen Erwerbslosigkeit und Aufstockungsunterhalt.** Der Aufstockungsunterhalt nach Abs. 2 setzt voraus, dass der geschiedene Ehegatte eine **eheangemessene Erwerbstätigkeit** ausübt und ihm nicht ein Unterhaltsanspruch nach einem anderen Tatbestand, einschließlich der Abs. 1, 4, zusteht.[46] – Kann der Bedürftige, obwohl er seiner Obliegenheit zu Erwerbsbemühungen in vollem Umfang nachkommt, nur eine **Teilzeitarbeit** finden, übt er damit nicht die ihm angemessene Erwerbstätigkeit iSd. §§ 1573 Abs. 2, 1574 aus; wegen des nicht gedeckten Bedarfs hat er einen Anspruch auf Unterhalt wegen Erwerbslosigkeit nach Abs. 1[47] und muss sich weiter um eine vollschichtige Tätigkeit bemühen. Ist die Teilzeit-

[44] OLG Karlsruhe NJW-RR 1999, 1599 = FamRZ 2000, 233, 234; OLG Köln Urt. v. 18. 1. 2005 – 4 UF 105/04, juris [3] = FamRZ 2005, 1912 (LS); s. auch *Dieckmann* FamRZ 1977, 89, 90.

[45] OLG Koblenz NJW-RR 1986, 555 = FamRZ 1986, 471.

[46] BGH NJW 1987, 1761 = FamRZ 1987, 572, 573; NJW 1988, 2369 = FamRZ 1988, 265, 266; NJW 1988, 2034 = FamRZ 1988, 701, 702; NJW 1990, 1479 = FamRZ 1990, 499, 500; dahingestellt geblieben bei BGH NJW-RR 1992, 1282.

[47] BGH NJW 1988, 2369 = FamRZ 1988, 265, 266; NJW-RR 1988, 1218 = FamRZ 1988, 927, 929; auch OLG Hamm FamRZ 1987, 1249.

arbeitsstelle jedoch sicher, etwa weil sie bereits seit längerer Zeit innegehabt oder besonders gut bezahlt wird,[48] und ergeben sich infolge des Alters oder Gesundheitszustandes des Bedürftigen oder der Lage auf dem Arbeitsmarkt größere Risiken, wenn eine neue Arbeitsstelle angetreten werden muss, ist die Teilzeitstelle die eheangemessene Erwerbstätigkeit (dazu auch RdNr. 17), sodass sich der Anspruch des Bedürftigen aus Abs. 2 ergibt.

2. Unterhalt wegen Alters und Krankheit. Die Ansprüche auf Unterhalt wegen Alters und Krankheit **verdrängen** die Ansprüche aus Abs. 1–4.[49] Dies ergibt sich bereits aus dem Wortlaut von Abs. 1 und 3, und für den Anspruch auf Anschlussunterhalt nach Abs. 4 daraus, dass es sich insoweit um keine eigenständige Anspruchsgrundlage handelt (dazu RdNr. 3), folgt aber auch aus dem systematischen Zusammenhang: Da im Fall des Alters oder der Krankheit keine Erwerbsobliegenheit besteht, kann sich daneben kein Anspruch aus § 1573, der eine Erwerbsobliegenheit gerade voraussetzt, ergeben (dazu RdNr. 8; s. hierzu auch § 1569 RdNr. 22).[50] Dies gilt jedoch nur, solange und soweit eine Erwerbsobliegenheit nicht besteht. Entfällt sie vollständig, folgt der Anspruch nur auf §§ 1571, 1572.[51] – Entwickelt sich der Arbeitsmarkt bei zunächst gegebenen Erwerbschancen im Laufe der Zeit dahin, dass das Alter oder eine Krankheit zum Haupthemmnis für eine Erwerbstätigkeit wird, endet der Anspruch auf Unterhalt wegen Erwerbslosigkeit aus Abs. 1 und dem Bedürftigen steht ein Anspruch auf Unterhalt wegen Alters oder wegen Krankheit zu (§§ 1571 Nr. 3, 1572 Nr. 4). – Zur Behandlung von **Krankengeld** im Rahmen von § 1573 s. § 1572 RdNr. 17. 29

3. Ausbildungsunterhalt. Das Verhältnis zwischen Abs. 1 und § 1575 kann nicht dahingestellt bleiben, weil der Anspruch nach Abs. 1 grundsätzlich zeitlich unbegrenzt (Ausnahme: § 1578 b Abs. 2) und nach § 1578 Abs. 3 Altersvorsorgeunterhalt nur geschuldet wird, wenn sich der Anspruch auf § 1573 Abs. 1 stützt, nicht aber auch bei einem Anspruch aus § 1575. Letzterer ist nur dann einschlägig, wenn in Erwartung der Ehe oder während der Ehe eine Ausbildung nicht aufgenommen oder abgebrochen wurde. Liegen diese Voraussetzungen aber nicht vor, sondern ist der Bedürftige in Anbetracht der ehelichen Lebensverhältnisse allgemein unterqualifiziert, stützt sich sein Anspruch auf Unterhalt für die Zeit seiner Ausbildung auf §§ 1573 Abs. 1, 1574 Abs. 3.[52] Liegen aber die Voraussetzungen aus § 1575 vor, sind Ansprüche aus Abs. 1 ausgeschlossen,[53] da dann vom Bedürftigen gerade keine Erwerbstätigkeit verlangt werden kann (s. auch § 1573 Abs. 3). 30

VII. Darlegungs- und Beweislast

Dem Bedürftigen obliegt es für **alle Unterhaltsansprüche** nach Abs. 1–4, alle seinen Unterhaltsanspruch begründenden Umstände darzulegen und zu beweisen, auch wenn der Verpflichtete mit einer Abänderungsklage nach § 323 ZPO, §§ 238, 239 FamFG die Herabsetzung eines titulierten Unterhaltsbetrags betreibt.[54] – Dies betrifft zunächst und v. a. bis in die Einzelheiten gehend seine **Erwerbsbemühungen** hinsichtlich Zahl und Ernsthaftigkeit und deren Ergebnis, ohne dass ihm die Beweiserleichterung aus § 287 Abs. 2 ZPO, § 113 Abs. 1 S. 2 FamFG zugute käme.[55] Das Maß des erforderlichen Vortrags richtet sich nach 31

[48] OLG Düsseldorf FamRZ 1991, 194, 195.

[49] Zum Unterhalt wegen Krankheit s. auch OLG Schleswig NJW-RR 2004, 1372 f.

[50] Zum Unterhalt wegen Krankheit missverständlich OLG Dresden FamRZ 1999, 232, 233.

[51] BGH FPR 2009, 128 m. Anm. *Kemper* und *Maurer* LMK 2009, 276248 = FamRZ 2009, 406, 407 [20] m. Anm. *Schürmann*.

[52] BGH NJW 1984, 1685 = FamRZ 1984, 561, 562 f.; *Göppinger/Wax/Bäumel* RdNr. 987; *Schwab/Borth* IV RdNr. 261; aA *Soergel/Häberle* RdNr. 2; § 1575 RdNr. 20; *Palandt/Brudermüller* RdNr. 1.

[53] Für ausreichende Bemühungen um eine eheangemessene Erwerbstätigkeit auch *Schwab/Borth* IV RdNr. 219; aA BGH NJW 1980. 393 = FamRZ 1980, 126 f.

[54] *Klauser* MDR 1982, 535; *Schwab/Borth* IV RdNr. 232; *Soergel/Häberle* RdNr. 14; s. auch *Maurer* FamRZ 1989, 445, 449; aA – Beweislast des Abänderungsklägers – OLG Hamm NJW-RR 1988, 1476 = FamRZ 1988, 840, 841; *Baumgärtel/Laumen* RdNr. 2; 3. Aufl. 1993 RdNr. 15.

[55] Zur Beweislast: BGH NJW 1982, 1873 = FamRZ 1982, 255, 257; NJW 1986, 718 = FamRZ 1986, 244, 246; NJW 1987, 898 = FamRZ 1987, 144, 145. Zu § 287 ZPO: BGH NJW 1986, 3080 = FamRZ 1986, 885, 886; NJW-RR 1993, 838 = FamRZ 1993, 789, 791 m. Anm. *P. Derleder* FuR 1993, 169; NJW

dem Umfang seiner Obliegenheit.[56] IdR hat er eine nachvollziehbare Dokumentation seiner einzelnen Bewerbungen einschließlich fernmündlicher Kontaktaufnahmen unter Beifügung der Bewerbungs- und Antwortschreiben nach Firma, Datum und Ansprechpartner vorzulegen (dazu näher § 1578 RdNr. 148).[57] Dabei ist flexibel danach zu verfahren, wie im Arbeitsleben gemeinhin Bewerbungen auf eine bestimmte Stelle durchgeführt werden. Deshalb werden nicht stets schriftliche Bewerbungen und die Vorlage schriftlicher Absagen gefordert werden können. – Dem Berechtigten obliegt auch der Nachweis, dass er keine reale **Beschäftigungschance** auf dem Arbeitsmarkt mehr hat. Dass er durch das **Arbeitsamt** nicht vermittelbar ist, kann der Bedürftige durch die eine Zeugenvernehmung ersetzende amtliche Auskunft des Arbeitsamts (§§ 273 Abs. 2 Nr. 2, 358 a S. 2 Nr. 2 ZPO, § 113 Abs. 1 S. 2 FamFG) nachweisen.[58] Er ist auch mit dem Vortrag nicht ausgeschlossen, dass auch **eigene Bemühungen** nicht zum Erfolg führen würden; insoweit kann sich das Gericht auf eigene Erfahrungen und Kenntnisse von den örtlichen Verhältnissen auf dem Arbeitsmarkt stützen.[59] Da die hypothetische Chance auf einen Arbeitsplatz nie ausgeschlossen werden kann, dürfen die Anforderungen hierzu zwar nicht überspannt werden, doch kann, ohne dass Bewerbungen getätigt worden sind, nur in Ausnahmefällen von einem allgemein verschlossenen Arbeitsmarkt ausgegangen werden können, etwa wegen des Alters oder des Gesundheitszustands des Bedürftigen, der eine Erwerbstätigkeit nicht gänzlich ausschließt. Ob reale oder lediglich theoretische Chancen auf dem Arbeitsmarkt bestehen, ist vom Tatrichter zu klären; ernsthafte Zweifel gehen zu Lasten des Bedürftigen.[60] – Bei der Beurteilung seiner **Arbeitsbereitschaft** ist neben umfangreichen missglückten Bewerbungen auch zu berücksichtigen, ob zumutbare Stellenangebote verschwiegen werden.[61] – Für den Anspruch auf Anschlussunterhalt nach **Abs. 4** iVm. Abs. 1 und 2 ist der Bedürftige auch dafür darlegungs- und ggf. beweispflichtig, dass eine **nachhaltige** Sicherung seines Unterhalts nicht zu erreichen war.[62] Kann hiervon nicht ausgegangen werden, geht ein Verlust des Arbeitsplatzes allein zu seinen Lasten.[63]

§ 1574 Angemessene Erwerbstätigkeit

(1) Dem geschiedenen Ehegatten obliegt es, eine angemessene Erwerbstätigkeit auszuüben.

(2) [1] Angemessen ist eine Erwerbstätigkeit, die der Ausbildung, den Fähigkeiten, einer früheren Erwerbstätigkeit, dem Lebensalter und dem Gesundheitszustand des geschiedenen Ehegatten entspricht, soweit eine solche Tätigkeit nicht nach den ehelichen Lebensverhältnissen unbillig wäre. [2] Bei den ehelichen Lebensverhältnissen sind insbesondere die Dauer der Ehe sowie die Dauer der Pflege oder Erziehung eines gemeinschaftlichen Kindes zu berücksichtigen.

(3) Soweit es zur Aufnahme einer angemessenen Erwerbstätigkeit erforderlich ist, obliegt es dem geschiedenen Ehegatten, sich ausbilden, fortbilden oder umschulen zu lassen, wenn ein erfolgreicher Abschluss der Ausbildung zu erwarten ist.

2008, 3635 m. Anm. *Born* = FPR 2008, 634 m. Anm. *Erdrich* = FamRZ 2008, 2104, 2105 [18] m. Anm. *Schürmann* und *Wohlgemuth* FamRZ 2009, 410.

[56] BGH NJW 1986, 718 = FamRZ 1986, 244, 246.

[57] OLG Stuttgart FamRZ 1983, 1233 m. Anm. *Luthin*; OLG Hamburg FamRZ 1984, 1245; OLG Zweibrücken FamRZ 1984, 1250.

[58] BGHZ 89, 114, 119 = NJW 1984, 438, 439 f. = FamRZ 1984, 159, 161; NJW-RR 1987, 962 = FamRZ 1987, 912, 913.

[59] BGH NJW 1988, 2799 = FamRZ 1988, 604, 607.

[60] BGHZ 53, 245, 256; NJW 1978, 1919 f.; NJW 1982, 2874, 2875; NJW 1986, 3080 = FamRZ 1986, 885, 886; NJW 1987, 898 = FamRZ 1987, 144, 145; NJW-RR 1987, 962 = FamRZ 1987, 912, 913; NJW-RR 1993, 838 = FamRZ 1993, 789, 791 m. Anm. *P. Derleder* FuR 1993, 169; s. auch OLG Schleswig FamRZ 1998, 1615 („sorgfältige Abwägung aller Umstände des Einzelfalles“).

[61] BGH NJW 1986, 718 = FamRZ 1986, 244, 246.

[62] BGH NJW 1986, 375 = FamRZ 1985, 1234, 1235; NJW 2003, 3481 = FamRZ 2003, 1734, 1736.

[63] S. dazu OLG Düsseldorf FamRZ 1993, 331.

Schrifttum: *Borth,* Der Betreuungsunterhalt geschiedener Ehegatten und die Erwerbsobliegenheit nach neuem Recht, FamRZ 2008, 2; *Limbach,* Der Begriff der Angemessenheit im Unterhaltsrecht, Brühler Schriften zum Familienrecht Bd. 5 S. 26; s. auch Schrifttum Vor § 1569.

Übersicht

I. Normzweck

Der nachehelichen **Eigenverantwortlichkeit** (§ 1569 S. 1; dazu dort RdNr. 6) und der sich daraus ergebenden Obliegenheit der geschiedenen Ehegatten, sich selbst zu unterhalten, steht § 1574 gegenüber, der den nicht erwerbstätigen geschiedenen Ehegatten vor dem drohenden sozialen Abstieg bewahren soll.[1] Der Berechtigte braucht – Ausdruck der nachehelichen Solidarität (§ 1569 S. 2; dazu dort RdNr. 7) – nur eine **angemessene Erwerbstätigkeit** auszuüben (Abs. 1).[2] Abs. 2 enthält die – der Lehre und Rspr. zu § 58 EheG nachgebildeten[3] – Kriterien, die zur Beurteilung der Angemessenheit einer Erwerbstätigkeit heranzuziehen sind. Abs. 3 regelt die Obliegenheit des Berechtigten zur beruflichen Aus- oder Fortbildung, die erforderlich ist, um ihm eine angemessene Erwerbstätigkeit zu ermöglichen. Diese Regelungen führen im Zusammenhang mit den §§ 1578 b, 1579 zu sachgerechten Ergebnissen.[4] – Durch das **UÄndG 2007** (dazu Vor § 1569 RdNr. 1) wurde Abs. 1 neu gefasst und sprachlich an § 1569 angepasst, ohne dass sich dadurch sein sachlicher Gehalt geändert hätte (dazu RdNr. 3).[5] Die Änderungen in Abs. 2 verschärfen für den Berechtigten die Voraussetzungen, unter denen eine Erwerbstätigkeit als den ehelichen Lebensverhältnissen nicht mehr angemessen bezeichnet werden kann (dazu RdNr. 10). – § 1574 ist auf den **Trennungsunterhalt** grundsätzlich nicht anwendbar, weil der Berechtigte während der Trennungszeit nach der Schutzvorschrift des § 1361 Abs. 2 nur unter engeren Voraussetzun- 1

[1] KG FamRZ 1984, 898, 899; OLG Hamburg FamRZ 1991, 445, 447.
[2] Für die Unterscheidung des OLG Hamm FamRZ 1994, 1035, 1036 zwischen überobligater und unzumutbarer Erwerbstätigkeit besteht kein Raum, weil dies dasselbe bedeutet.
[3] S. die Nachw. 1. Aufl. 1978 RdNr. 1 Fn. 5.
[4] Zur Kritik an der Regelung s. etwa *Deubner* ZRP 1972, 153.
[5] Ebenso *Borth* FamRZ 2008, 2, 12.

gen auf eine Erwerbstätigkeit verwiesen werden kann als nach § 1574 Abs. 2. Mit Ablauf des Trennungsjahres und zunehmender Verfestigung der Trennung nähert sich der Anspruch auf Trennungsunterhalt dem auf nachehelichen Unterhalt an,[6] sodass auch § 1574 Abs. 2 anzuwenden ist (zum Ganzen auch § 1361 RdNr. 52, 58).

II. Verfassungsgemäßheit

2 **„Angemessene Erwerbstätigkeit"** ist ein unbestimmter Rechtsbegriff, der in Abs. 2 insbesondere wegen des weitgehenden Rückgriffs auf Lehre und Rspr. zu § 58 EheG rechtsstaatlich ausreichend konkretisiert ist.[7] Auch die darin liegende Verschärfung der Erwerbsobliegenheit durch das UÄndG 2007, dass der Berechtigte die Unbilligkeit einer nach Abs. 2 S. 1 Halbs. 1 angemessenen Tätigkeit nach den ehelichen Lebensverhältnissen darlegen und beweisen muss (dazu RdNr. 34), ist verfassungsrechtlich unbedenklich. – Die Obliegenheit zur **Weiterbildung** ist ebenfalls verfassungsgemäß und insbesondere mit dem Recht auf freie Entfaltung der Persönlichkeit (Art. 2 Abs. 1 GG) vereinbar, zumal sie sich nur auf eine nach Abs. 2 angemessene Erwerbstätigkeit richtet.[8] – Nicht zuletzt kann in diesem Zusammenhang nicht unberücksichtigt bleiben, dass die Obliegenheit zur Aufnahme einer Erwerbstätigkeit oder zur Weiterbildung einem Berechtigten nur entgegen gehalten werden kann, wenn ihm tatsächlich auch die Möglichkeit auf eine solche Stelle auf dem **Arbeits**– und **Ausbildungsmarkt** offen steht.[9] Die Darlegungs- und Beweislast für seine Erwerbs- und Ausbildungsbemühungen sowie für die Unergiebigkeit des Marktes trägt nach allgemeinen Regeln der Berechtigte (dazu etwa § 1573 RdNr. 31).

III. Angemessene Erwerbstätigkeit

3 **1. Allgemeines. a) Grundsätze.** Abs. 1 und 2 enthalten keine eigenständigen **Anspruchsgrundlagen,** sondern inhaltliche **Beschränkungen** der aus der nachehelichen Eigenverantwortung (§ 1569 S. 1) folgenden Obliegenheit zur Erwerbstätigkeit. **Abs. 1,** der durch das UÄndG 2007 sachlich nicht verändert wurde (dazu RdNr. 1), gibt den Maßstab vor[10] und stellt klar, dass von dem Berechtigten als Ausdruck der nachehelichen Solidarität (§ 1569 S. 2) nur eine angemessene Erwerbstätigkeit erwartet werden kann,[11] auch wenn dies in den einzelnen Anspruchsgrundlagen, wie etwa in §§ 1570–1572, 1576 – im Gegensatz zu §§ 1573 Abs. 1 und 2, 1575 Abs. 1 S. 1 – nicht ausdrücklich gesagt wird. – Die in die Beurteilung der Angemessenheit der Erwerbstätigkeit für den Berechtigten einzubeziehenden Kriterien sind in Abs. 2 S. 1, S. 2 **nicht abschließend** aufgeführt.[12] Vielmehr bestimmt sie sich nach einer **Gesamtabwägung** aller Umstände des Einzelfalls,[13] bei der aber den ausdrücklich aufgeführten Kriterien besonderes Gewicht zukommt.[14] – Zu einzelnen **nicht ausdrücklich normierten** Umständen s. RdNr. 14–16. – In der **Rechtsanwendung** ist die Angemessenheit einer Erwerbstätigkeit zunächst aufgrund einer Gesamtabwägung ohne Einbeziehung der ehelichen Lebensverhältnisse und der sonstigen nicht normierten Umstände zu bestimmen. Führt dies zur Angemessenheit, ist diese nach der Ausnahmeregelung des Abs. 2 S. 1 Halbs. 2 anhand einer auf die ehelichen Lebensverhältnisse und die nicht normierten Umstände bezogenen **Billigkeitsabwägung** (Zumutbar-

---

[6] BGHZ 109, 211 = NJW-RR 1990, 323 = FamRZ 1990, 283, 285 f.; NJW 2001, 973 = FamRZ 2001, 350, 351; NJW 2008, 1946 m. Anm. *Griesche* = FamRZ 2008, 963, 966 [26, 27] m. Anm. *Büttner.*

[7] So schon BT-Drucks. 7/650 S. 128.

[8] AllgM, etwa OLG Schleswig FamRZ 1982, 703.

[9] *Menne* FF 2006, 175, 181.

[10] BT-Drucks. 16/1830 S. 17.

[11] BGH NJW 1983, 1483 = FamRZ 1983, 144, 145.

[12] *Borth* FamRZ 2008, 2, 12; aA zum bis 31. 12. 2007 geltenden Recht 4. Aufl. RdNr. 76.

[13] BGH NJW 1984, 1685 = FamRZ 1984, 561, 562; NJW-RR 1986, 68 = FamRZ 1985, 908, 909; NJW 1991, 1049 = FamRZ 1991, 416, 419; NJW 2005, 61 = FamRZ 2005, 23, 24 f.

[14] *Soergel/Häberle* RdNr. 9; *Borth* FamRZ 2008, 2, 12.

keitsprüfung), die insbesondere die Dauer der Ehe und der Kinderbetreuung einzubeziehen hat, zu überprüfen.[15]

b) Einsatzzeitpunkt. Für alle Kriterien ist grundsätzlich der Zeitpunkt der **Scheidung** maßgebend.[16] Abzustellen ist insbesondere auf die zu diesem Zeitpunkt bestehenden Fähigkeiten, nicht auch auf die durch Weiterbildungsmaßnahmen entwickelbaren Anlagen,[17] und ehelichen Lebensverhältnisse.[18] Wird der nacheheliche Unterhalt im **Verbund** geltend gemacht, sind die im Zeitpunkt der letzten mündlichen Verhandlung gegebenen und bis zur Rechtskraft des Scheidungsausspruchs absehbaren Veränderungen der Entscheidung zugrunde zu legen.[19] So ist etwa die zu erwartende künftige Dauer der Kinderbetreuung mit einzubeziehen und erhöht das Gewicht der ehelichen Lebensverhältnisse. Ansonsten bleiben nachträgliche Veränderungen unberücksichtigt und sind mit der Abänderungsklage (§ 323 ZPO, §§ 238, 239 FamFG) geltend zu machen. – Die Erwerbsobliegenheit wird durch den Streit der Ehegatten um das **Sorgerecht** für gemeinsame Kinder grundsätzlich nicht berührt. Insoweit wird zunächst auf die im vorliegenden Zusammenhang geltenden Ausführungen zu den Obliegenheiten des Verpflichteten verwiesen (§ 1578 RdNr. 157). Doch besteht für den bislang nicht erwerbstätigen Bedürftigen bis zu einer wirksamen familiengerichtlichen Entscheidung[20] oder aber Einigung der Ehegatten über das Sorgerecht und ihre Ausübung noch keine Erwerbsobliegenheit. 4

2. Benannte Umstände. a) Persönliche Merkmale des Berechtigten. aa) Ausbildung. Maßgeblich kommt es darauf an, ob die Berufsausbildung (etwa Hochschul- oder Fachhochschulstudium, Fachschulausbildung mit entsprechender Qualifikation, Lehre mit Gesellen- oder Gehilfenprüfung, Meisterprüfung) **abgeschlossen** ist und sie zur Aufnahme eines bestimmten Berufes berechtigt. Ist sie nicht abgeschlossen, wird ihr idR keine maßgebende Bedeutung zukommen; doch werden im Einzelfall die Voraussetzungen des Abs. 3 zu prüfen sein. Zwar obliegt dem Berechtigten nicht nur eine Erwerbstätigkeit im erlernten Beruf, doch ist entscheidend sein durch die Ausbildung geprägtes **Ausbildungsniveau,**[21] das nicht wesentlich unterschritten werden darf.[22] Deshalb kann ein Berechtigter, der (auch) während der Ehezeit in seinem erlernten Beruf **gearbeitet** hat, nicht auf eine Tätigkeit als ungelernte Kraft verwiesen werden, und ein Berufswechsel ist ihm nur zumutbar, wenn im erlernten und ausgeübten Beruf keine Arbeitsmarktchancen bestehen.[23] – Dies gilt auch nach Inkrafttreten des **UÄndG 2007.**[24] Dass der Berechtigte vor oder während der Ehe in seinem Ausbildungsberuf gearbeitet, in diesem keine Arbeitsstelle bekommen hat und auch nicht mehr bekommen kann, und/oder eine Erwerbstätigkeit unter seinem Ausbildungsniveau ausgeübt hat, bestimmt die Merkmale „frühere Erwerbstätigkeit“ und „eheliche Lebensverhältnisse“ und wirkt sich auf die Zumutbarkeitsprüfung aus. – Zur Wahrung des Ausbildungsniveaus, wenn der erlernte Beruf **altersbedingt** nicht mehr ausgeübt werden kann, s. RdNr. 8. 5

bb) Fähigkeiten. Angesprochen sind geistige oder körperliche Fähigkeiten und Kenntnisse, die mangels besonderer Ausbildung die berufliche Qualifikation des Berechtigten ausmachen.[25] 6

---

[15] Auch *Borth* FamRZ 2008, 2, 12, 15: Er nimmt Unbilligkeit nur dann an, „wenn nach Beendigung der Betreuung wegen der Führung des gemeinsamen Haushalts auch weiterhin bis zur Scheidung keine Erwerbstätigkeit ausgeübt [wurde], ... die ehelichen Lebensverhältnisse in finanzieller Hinsicht stets überdurchschnittlich [waren] und die Trennung sowie Scheidung erst nach langer Ehedauer erfolgt, ...“. Ob dies nicht zu eng ist, wird sich in der Praxis weisen müssen.

[16] OLG Zweibrücken FamRZ 1981, 148, 149.

[17] *Schumacher* DRiZ 1976, 343.

[18] BGH NJW 1983, 1483 = FamRZ 1983, 144 f.

[19] BGH NJW 1982, 2439 = FamRZ 1982, 892; NJW 1983, 1483 = FamRZ 1983, 144 f.

[20] OLG Oldenburg FamRZ 1988, 724.

[21] OLG Hamm FamRZ 1992, 1184, 1185; s. auch BT-Drucks. 7/650 S. 128.

[22] BGH NJW 1991, 1049 = FamRZ 1991, 416, 419.

[23] OLG München FamRZ 2004, 1208, 1209.

[24] AA *Borth* FamRZ 2008, 2, 13.

[25] BT-Drucks. 7/650 S. 128.

Bsp.: Von der Ehefrau eines Rechtsanwalts mit kaufmännischer Ausbildung, die in der Kanzlei mitgearbeitet hat, kann aufgrund ihres dabei erworbenen Wissens ggf. eine Tätigkeit als Bürovorsteherin in einer Anwaltskanzlei erwartet werden. – Fremdsprachenkenntnisse,[26] handwerkliche Fertigkeiten und musische Begabungen.[27]

Meist wird es um Ehefrauen gehen, die den Haushalt geführt und die Kinder betreut haben. Für sie ist auch ohne Ausbildung idR eine Tätigkeit in einem sozialpflegerischen Beruf – etwa Erzieherin, Altenpflege- oder Schwesternhelferin – angemessen. Auf die Führung eines fremden Haushalts werden sie im Allgemeinen nicht verwiesen werden können, weil dies der Führung des eigenen Haushalts sozial nicht gleichwertig ist, es sei denn, es würde sich um eine wirklich leitende Funktion, etwa im Haushalt eines Industriellen, handeln. Jedenfalls ist aber die Tätigkeit als Haushaltshilfe (oder Altenpflegerin) nach 32 Jahren Ehedauer in überdurchschnittlich guten wirtschaftlichen Verhältnissen und der Erziehung und Betreuung von 2 Kindern nicht angemessen.[28] Anderes kann etwa für eine Tätigkeit als Gesellschafterin gelten, so es eine solche denn überhaupt noch gibt. – Eine Tätigkeit, in die vorhandene Fähigkeiten und Kenntnisse nicht eingebracht werden können, ist nicht angemessen, ohne dass eine optimale berufliche Erfüllung verlangt werden kann und stets eine der verlorenen gleichwertige Arbeitsstelle angestrebt werden darf.[29]

7 **cc) Frühere Erwerbstätigkeit.** Bereits zum bisherigen Recht wurde eine bisherige Erwerbstätigkeit des Berechtigten bei der Bestimmung der Angemessenheit berücksichtigt.[30] Doch wird diesem Umstand durch die Aufnahme als Tatbestandsmerkmal in den Katalog der ausdrücklich aufgeführten maßgeblichen Umstände durch das UÄndG 2007 erhöhtes Gewicht beigemessen. – Der Berechtigte, der eine bestimmte, seinem Ausbildungsniveau ggf. nicht entsprechende Erwerbstätigkeit bereits während des Zusammenlebens ausgeübt hat,[31] gibt damit unabhängig davon, ob die Einkünfte aus ihr die ehelichen Lebensverhältnisse mitgeprägt haben, zu erkennen, dass er diese Tätigkeit für zumutbar hält. Hieran muss er sich grundsätzlich auch nach der Scheidung festhalten lassen und darf die ausgeübte Erwerbstätigkeit nicht ohne sachlichen Grund aufgeben;[32] lediglich ausnahmsweise wird nach der Scheidung von der Unzumutbarkeit dieser Tätigkeit ausgegangen werden können. Wurde sie über Jahre hinaus ausgeübt, besteht eine widerlegliche Vermutung dafür, dass sie den ehelichen Lebensverhältnissen entspricht.[33] S. dazu auch § 1570 RdNr. 54. – Auf den Grund für die Aufnahme einer Erwerbstätigkeit unter Ausbildungsniveau kommt es grundsätzlich nicht an, doch kann bei der Billigkeitsabwägung Berücksichtigung finden, wenn sie aus wirtschaftlicher Not oder nur vorübergehend ausgeübt wurde.[34] – Eine ohne berufliche Ausbildung ausgeübte Erwerbstätigkeit fällt nicht unter das Merkmal „frühere Erwerbstätigkeit", sondern unter „Ausbildung".[35]

Bsp. aus der Rspr.: OLG Karlsruhe FamRZ 2002, 1566: Ehefrau eines Lehrers mit Abitur ohne Berufsausbildung, die während der Ehe als Aushilfskraft in einer Buchhandlung

---

26 OLG Karlsruhe FamRZ 2002, 1566. S. auch BGH NJW-RR 1986, 985 = FamRZ 1986, 553, 554, wonach Fremdsprachenkenntnisse nutzbringend „bei Presse und Rundfunk, bei einer Fluggesellschaft, im Touristikgewerbe als Reiseleiterin oder auch als Fremdsprachenkorrespondentin oder Dolmetscherin" angewandt werden können.

27 Bsp. von *Borth* FamRZ 2008, 2, 13. Doch werden musische Begabungen ebenso wie sportliche Veranlagungen kaum je „zu Geld gemacht" werden können.

28 BGH NJW 1987, 2739 = FamRZ 1987, 691, 693.

29 BGH FamRZ 1984, 988, 989 f.

30 Etwa BGH NJW 2005, 61 = FamRZ 2005, 23, 25; NJW 2008, 1946 m. Anm. *Griesche* = FamRZ 2008, 963, 966 [30] m. Anm. *Büttner.*

31 *Borth* FamRZ 2008, 2, 12.

32 BGH NJW 2005, 61 = FamRZ 2005, 23, 25; OLG Köln FamRZ 1981, 966, 967; OLG Hamm FamRZ 1997, 1076 (Ausübung eines Pflegeberufs trotz gehobener wirtschaftlicher Lebensverhältnisse). S. auch *Jauernig/Schlechtriem* Anm. 2 d: Wer aus Neigung Gärtner wird, kann sich auf seine Ausbildung zum Volljuristen nicht berufen.

33 OLG Celle FamRZ 1980, 581; s. auch OLG München FamRZ 1981, 154.

34 *Borth* FamRZ 2008, 2, 12.

35 AA wohl *Borth* FamRZ 2008, 2, 14.

gearbeitet hat. – **OLG München FamRZ 2004, 108:** Verweisung auf Ausübung der Prostitution auch dann unzumutbar, wenn ihr während der Ehe einvernehmlich nachgegangen wurde. Dies ist – jedenfalls seit Inkrafttreten des Gesetzes zur Regelung der Rechtsverhältnisse der Prostituierten (Prostituiertengesetz – ProstG)[36] am 1. 1. 2002 (die Entscheidung des OLG München aaO datiert v. 10. 2. 2003) abzulehnen, weil nicht ersichtlich ist, dass nachehelich unzumutbar sein soll, was während der Ehe zumutbar war. – **BGH NJW 2005, 61 = FamRZ 2005, 23, 25:** Fachabitur, Fachhochschulabschluss zum Umwelttechniker, Fortbildung zum Umweltbeauftragten, danach selbständiger Betrieb eines Einzelhandelsgeschäfts: Den Ehegatten trifft die Obliegenheit zur Aufnahme einer abhängigen Tätigkeit im Einzelhandel.

dd) Lebensalter. Das Alter des Berechtigten, für das es keine feste Grenze gibt (zu 8
§ 1571 s. dort RdNr. 2),[37] kann etwa dann zur Unangemessenheit einer Erwerbstätigkeit führen, wenn diese nur mit unzumutbarem körperlichen, geistigen oder seelischen Kraftaufwand, der wegen des Alters nicht mehr erwartet werden kann, ausgeübt werden kann,[38] oder der Berechtigte nach längerer Berufsabwesenheit eine Arbeitsstelle nur nach einer Fortbildung, die wegen seines Alters aber nicht mehr sinnvoll ist, erlangen könnte.[39] Einer noch sinnvollen Fortbildung muss er sich dagegen unterziehen. – Kann ein vor der Ehe ausgeübter Beruf altersbedingt nicht mehr ausgeübt werden, führt dies allein nicht stets zu einem Anspruch auf Altersunterhalt nach § 1571, vielmehr ist der Berechtigte auf Tätigkeiten verwiesen, die seinem Ausbildungsniveau und seinen Fähigkeiten entsprechen, ggf. nach einer Weiterbildungsmaßnahme nach Abs. 3. So kann etwa für einen Piloten eine Tätigkeit in einem technischen Beruf, für einen ehemaligen Berufssportler die Arbeit in einem Sportgeschäft und für ein Mannequin eine Tätigkeit als Damenschneiderin oder Direktrice in Betracht kommen, es sei denn, ein Vergleich der bislang erzielten mit den nunmehr erzielbaren Einkünfte schließt dies aus.

ee) Gesundheitszustand. Maßgeblich sind **gesundheitliche Beeinträchtigungen,** 9
die nicht bereits zu einem Anspruch auf Krankenunterhalt (§ 1572) führen würden. In Betracht kommen danach solche körperlichen oder seelischen Beeinträchtigungen, die eine vollschichtige Erwerbstätigkeit nicht allgemein, sondern lediglich für einen bestimmten Beruf ausschließen.[40] – Zu berücksichtigen ist nicht nur der gegenwärtige Gesundheitszustand, sondern auch seine voraussichtliche künftige **Entwicklung.**[41] Dabei ist nicht jede Abweichung von der Norm unterhaltsrechtlich erheblich, ohne dass jedoch Arbeitsunfähigkeit vorliegen müsste; Letzteres verwehrt schon die anzustellende Gesamtabwägung. Auch kann ein schlechter Gesundheitszustand zur Folge haben, dass nur bestimmte Tätigkeiten ausscheiden: Ein schwerer Bandscheibenschaden mag zwar Büro-, nicht aber notwendig auch andere Tätigkeiten ausschließen.[42] Sind die Auswirkungen einer Erkrankung auf die Erwerbsfähigkeit zweifelhaft, ist ein Arbeitsversuch zumutbar.[43] – IdR wird dies und insbesondere auch, ob eine Erwerbstätigkeit nicht eine wirksame Krankheitstherapie darstellen würde (dazu § 1572 RdNr. 3), nur aufgrund **sachverständiger Beratung** festgestellt werden können.[44] – Erlaubt der Gesundheitszustand des Berechtigten eine auch unter Berücksichtigung der übrigen Kriterien angemessene Erwerbstätigkeit, steht ihm kein **Krankenunterhalt** nach § 1572, sondern lediglich Aufstockungsunterhalt nach § 1573 Abs. 2 zu (dazu auch § 1572 RdNr. 7).

---

[36] V. 20. 12. 2001 (BGBl. I S. 3983).
[37] *Borth* FamRZ 2008, 2, 14.
[38] OLG Zweibrücken FamRZ 1983, 600, 601; BT-Drucks. 7/650 S. 128 f.
[39] BGH NJW 1987, 2739 = FamRZ 1987, 691, 693.
[40] BGH NJW-RR 1987, 196 = FamRZ 1986, 1085, 1086 (aus psychischen Gründen ist eine Tätigkeit als Programmierer nicht mehr möglich).
[41] RG LZ 1921, 498.
[42] BGH NJW-RR 1987, 196 = FamRZ 1986, 1085, 1086.
[43] *Schwab/Borth* IV RdNr. 242; *Borth* FamRZ 2008, 2, 14.
[44] *Soergel/Häberle* RdNr. 5.

10 **b) Eheliche Lebensverhältnisse. aa) Beurteilungsmaßstab.** Die „ehelichen Lebensverhältnisse" iSd. Abs. 2 S. 1 und 2 entsprechen denen in § 1578 Abs. 1 S. 1 (dazu näher die Darstellung dort RdNr. 3–12).[45] Mit ihrer Einbeziehung wird das Vertrauen auf die nachhaltige gemeinsame Gestaltung des ehelichen Lebens durch die Ehegatten geschützt.[46] – Die Neuregelung von Abs. 2 durch das UÄndG 2007 führt zu einer Veränderung des Stellenwerts der ehelichen Lebensverhältnisse. Waren sie bislang neben den anderen ausdrücklich aufgeführten Kriterien gleichrangige konstitutive Anspruchsvoraussetzung, sind sie in Abs. 2 S. 1 Halbs. 2 nunmehr als **Ausnahme** ausgestaltet:[47] Die anhand der anderen Kriterien für angemessen erachtete Erwerbstätigkeit wird dahin überprüft, ob sie in Anbetracht der ehelichen Lebensverhältnisse billig, also dem Berechtigten zumutbar ist. Als Einwendung sind die ehelichen Lebensverhältnisse von Amts wegen zu beachten, doch muss der Berechtigte die entsprechenden Umstände vortragen, ohne dass sie vom FamG amtswegig ermittelt würden. – Nach **Abs. 2 S. 2** sind bei der Bestimmung der ehelichen Lebensverhältnisse **„insbesondere"** die Dauer der Ehe und der Pflege und Erziehung gemeinschaftlicher Kinder zu berücksichtigen. Dies lässt die Berücksichtigung anderer Umstände offen, macht aber deutlich, dass ihnen nach der Gesamtkonzeption der Neuausrichtung durch das UÄndG 2007 hinsichtlich nachehelicher Solidarität und Eigenverantwortung besondere **Bedeutung** und den weiteren Umständen geringeres Gewicht als nach bisherigem Recht zukommt.[48]

11 **bb) Dauer der Ehe und der Kinderbetreuung.** Nach Abs. 2 S. 2 sind bei der Bestimmung der ehelichen Lebensverhältnisse „insbesondere" die Dauer der Ehe und der Pflege und Erziehung gemeinschaftlicher Kinder zu berücksichtigen. Danach sind die ehelichen Lebensverhältnisse nicht schlechthin beachtlich, sondern v. a. entsprechend der Ehe- und Betreuungsdauer, denen jedoch mit zunehmender Dauer immer größeres Gewicht zukommt, sodass sie bei einer Ehe von langer Dauer mehr als die übrigen Merkmale die Angemessenheit einer Erwerbstätigkeit bestimmen können.[49] Da sich die Lebensstellung des Berechtigten entscheidend auch nach der Ehedauer bestimmt, kann bei stärkerer Betonung der übrigen Kriterien desto weniger auf die ehelichen Lebensverhältnisse abgestellt werden, je kürzer die Ehe gedauert hat; von dem geschiedenen Ehegatten werden einige Abstriche von den ehelichen Lebensverhältnissen erwartet werden müssen.[50] Bei langer Ehedauer und gehobenen wirtschaftlichen Verhältnissen verengt sich der Kreis der in Betracht kommenden Tätigkeiten; doch kann die Prüfung der Angemessenheit wegen der wirtschaftlichen Eigenverantwortung des Berechtigten nicht außer Acht gelassen werden.[51]

12 **cc) Wirtschaftliche Verhältnisse.** V. a. sie bestimmen die ehelichen Lebensverhältnisse. Sie richten sich nach den Einkommens- und Vermögensverhältnissen, insbesondere nach dem Erwerbseinkommen, aber auch nach den Kapital- und sonstigen Vermögenserträgnissen,[52] einschließlich der Zeiten einer Nicht-Erwerbstätigkeit und deren Gründe. – Die gesellschaftliche Herkunft der Ehegatten ist dagegen in diesem Zusammenhang unerheblich, weil der „standesgemäße Unterhalt" dem geltenden Recht fremd ist.[53] Zu den Einzelheiten s. § 1578 RdNr. 3–12.

---

[45] Kritisch gegenüber einer zu starken Berücksichtigung der ehelichen Lebensverhältnisse *Bosch* FamRZ 1984, 1165, 1168.

[46] BT-Drucks. 16/1830 S. 17 [Zu Absatz 2].

[47] Ebenso *Schwab* FamRZ 2005, 1417, 1418; *Borth* FamRZ 2006, 813, 814; *ders.* FamRZ 2008, 2, 14, 15; *Wellenhofer* FamRZ 2007, 1282, 1284 f.; s. auch BT-Drucks. 16/1830 S. 17 (als Korrektiv als Einwendung ausgestaltet); *Menne* FF 2006, 175, 181.

[48] *Borth* FamRZ 2008, 2, 12.

[49] S. auch BT-Drucks. 7/650 S. 129 und KG FamRZ 1991, 808, 809 (34-jährige Ehedauer).

[50] *Schumacher* DRiZ 1976, 343 ff.; *Dieckmann* FamRZ 1977, 81, 88.

[51] BGH NJW 1991, 1049 = FamRZ 1991, 416, 419.

[52] BGH NJW 1991, 1049 = FamRZ 1991, 416, 419 („... hohen Einkünften, die der Familie jahrelang aus der beruflichen Tätigkeit des Ehemannes zur Verfügung standen und die ehelichen Lebensverhältnisse prägten, ...", „gehobene wirtschaftliche Verhältnisse").

[53] Dazu *Göppinger/Wax/Strohal* RdNr. 231 Fn. 18.

dd) Gesellschaftliche Stellung. Zum Schutz des Berechtigten vor einem unangemessenen sozialen Abstieg ist auch der soziale Status, der sich aus der beruflichen Tätigkeit beider Ehegatten einschließlich ihrer Weiterqualifizierungen während der Ehe ableitet, zu berücksichtigen.[54] Auf das Einverständnis des anderen Ehegatten mit der innerehelichen beruflichen Weiterentwicklung wird es idR nicht ankommen (vgl. dazu § 1356 Abs. 2). 13

Bsp. aus der Rspr.: BGH NJW 1983, 1483 = FamRZ 1983, 144, 145: Ehefrau zu Beginn der Ehe Verkäuferin, Ehemann zum Ende Professor an einer Hochschule für Bildende Künste. – **BGH NJW-RR 1988, 1282 = FamRZ 1988, 1145, 1146:** Ehefrau eines selbständigen Bäckers hat in unterschiedlichen Funktionen in dessen größerem Betrieb mit mehreren Filialen mitgearbeitet; da sie dies von einer Angestellten in einem fremden Betrieb unterschied, durfte sie sich zur Kosmetikerin ausbilden lassen und eine selbständige Erwerbstätigkeit anstreben. – **BGH NJW-RR 1992, 1282 f.** (ebenso **OLG Koblenz NJW-RR 1991, 4 = FamRZ 1990, 751, 752** als Vorinstanz): Ehefrau bis zur Geburt eines Kindes Erzieherin, Ehemann als gelernter Diplom-Ingenieur jetzt Betriebsleiter. – **OLG Hamm FamRZ 1993, 970, 971:** Ehemann ist Diplom-Mathematiker, wissenschaftlicher Assistent; die vor der Ehezeit liegende schulische Ausbildung der Ehefrau wird im Inland nicht anerkannt, sie erwirbt solche schulischen Qualifikationen und beginnt während der Ehezeit eine Fachhochschulstudium der Sozialpädagogik. – **OLG Hamm FamRZ 1997, 1076:** Die Arbeit in einem Pflegeberuf, konkret Schwesternhelferin, ist auch bei sehr gehobenen wirtschaftlichen Verhältnissen zumutbar.

3. Unbenannte Umstände. In die Gesamtabwägung, in die auch Gesichtspunkte der Zumutbarkeit einfließen (dazu RdNr. 3), sind auch nicht ausdrücklich aufgeführte Umstände einzubeziehen. Sie können in **objektiven** Umständen bestehen, etwa 14

- die Betreuung eines **kranken Kindes,** die zu einem Anspruch auf Betreuungs- (§ 1570, dazu dort RdNr. 39) oder auf Billigkeitsunterhalt (§ 1576, dazu dort RdNr. 5–7) führen kann;
- die **Entfernung** zum Arbeitsplatz und **Verkehrsverbindungen;**
- die **Lage auf dem Arbeitsmarkt,**[55] die den Kreis der angemessenen Tätigkeit erweitern kann;[56]

oder in **subjektiven** Umständen wie: 15

- **Leistungen** und **Opfer** für die Familie, etwa die Schaffung der Lebensgrundlage für die Familie während der noch andauernden Ausbildung des Verpflichteten, oder der Verzicht auf eine eigene Erwerbstätigkeit aus familiären Gründen.[57]
- **Erwerbsbemühungen** (dazu § 1578 RdNr. 146–150).
- **Mobilität,** die von einem Berechtigten grundsätzlich in hohem Maße zu verlangen ist,[58] stehen nicht besondere familiäre Verpflichtungen gegenüber Kindern oder sonstigen nahen Angehörigen entgegen.[59] Lediglich **neue Partnerschaften** ohne rechtliche Verpflichtungen schränken seine Obliegenheiten gegenüber dem geschiedenen Ehegatten nicht ein. Etwas anderes gilt aber dann, wenn die neue Lebensgemeinschaft zwar unter dem Schutz von Art. 6 Abs. 1 GG steht, weil die neuen Partner zusammenleben und aus ihr ein **Kind** hervorgegangen ist, die zeitliche Eingriffsschwelle von § 1579 Nr. 2 allerdings noch nicht erreicht ist.

---

[54] Dazu auch *Menne* FF 2006, 175, 181; für den Rechtszustand nach dem UÄndG 2007 zweifelnd *Borth* FamRZ 2008, 2, 15 („..., weil es kein allgemein gültiges Leitbild gibt, dass ab einer bestimmten Stellung eines Ehegatten dem anderen grundsätzlich keine Erwerbstätigkeit zumutbar sein könnte.").

[55] BGH NJW-RR 1986, 68 = FamRZ 1985, 908, 909.

[56] *Soergel/Häberle* RdNr. 9.

[57] *Borth* FamRZ 2008, 2, 14.

[58] BGH NJW 1994, 1002 = FamRZ 1994, 372, 375.

[59] BVerfG NJW 2006, 2317 = FamRZ 2006, 469 f. (zur Zumutbarkeit einer bundesweiten Arbeitssuche unter Berücksichtigung persönlicher Beziehungen, insbesondere des Umgangsrechts mit Kindern); NJW-RR 2007, 649 = FamRZ 2007, 273, 274.

- **Wünsche** und **Neigungen** des Berechtigten, dem es grundsätzlich freisteht, (auch) nach ihnen die ihm zumutbare angemessene Erwerbstätigkeit selbst zu bestimmen,[60] der aber auch die Verdienstmöglichkeiten nicht unbeachtet lassen darf. Zwar ist nach ihnen nicht zu bestimmen, ob und inwieweit ihm überhaupt eine Erwerbstätigkeit obliegt, doch bleibt ihm die Wahl unter mehreren verschiedenen Möglichkeiten.
- **Unterhaltsfortzahlung** durch den Verpflichteten, obwohl ihm bekannt ist, dass der den Unterhaltsanspruch auslösende Tatbestand entfallen ist – etwa werden betreute Kinder volljährig –, ohne auf die Erwerbsobliegenheit des Berechtigten hinzuweisen, wodurch sich sein Vertrauen auf die Weiterzahlung bilden und seine Erwerbsobliegenheit „zurückbilden" kann.[61] Es liegt gewissermaßen der spiegelbildliche Fall der Verwirkung vor. Um dem Berechtigten eine gewisse Übergangszeit für seine Erwerbsbemühungen zu lassen und auch das Vertrauen des Verpflichteten darauf, dass diese auch entfaltet werden, zu schützen, kann von einer solchen Vertrauensbildung wohl nicht vor Ablauf eines Jahres ab dem Entfallen des bisherigen Unterhaltstatbestandes ausgegangen werden.
- Verweist der Verpflichtete den Berechtigten nach der Trennung auf eine Geringverdienertätigkeit, ohne auf eine künftige **Vollerwerbstätigkeit** in der nachehelichen Zeit hinzuweisen, kann dem Berechtigten aus Vertrauensgesichtpunkten, die als gleichsam übereinstimmende unterhaltsrechtliche Ausgestaltung der nachehelichen Zeit die Eigenverantwortung überspielen können, eine Karenzzeit bis zur Annahme einer vollschichtigen Erwerbsobliegenheit einzuräumen sein.[62]

16 Nach bisherigem Recht blieben die Verhältnisse des **Verpflichteten** außer Betracht (allgM, vgl. Abs. 2, 1 iVm. §§ 1571, 1572, 1573 Abs. 1 und 2), soweit sie die wirtschaftliche Lage des Berechtigten durch die Prägung der ehelichen Lebensverhältnisse nicht unmittelbar beeinflussten.[63] Nach dem UÄndG 2007 können nunmehr **günstige wirtschaftliche Verhältnisse** bei der Billigkeitsabwägung nach Abs. 2 S. 1 Halbs. 2 grundsätzlich Berücksichtigung finden.[64] Doch ist insoweit Zurückhaltung angebracht, weil der Berechtigte an diesen bereits über den Anspruch auf Aufstockungsunterhalt (§ 1573 Abs. 2) und die bedarfsprägende Wirkung der Einkünfte (§ 1578 Abs. 1) teilhat. – Zudem führt mittelbar zu einer Verschärfung der Erwerbsobliegenheit des Berechtigten,[65] dass der Verpflichtete Unterhalt nur nach Billigkeit schuldet, weil sein eigener angemessener Unterhalt nicht gewahrt ist (§ 1581 S. 1).[66] Dabei meinen Billigkeit in Abs. 2 S. 1 Halbs. 2 und § 1581 S. 1 nicht dasselbe und sind deshalb autonom zu bestimmen: Während erstere die anspruchsbegründenden Umstände meint, auf die ein Unterhaltsanspruch gestützt werden kann, betrifft letztere allein die **Leistungsfähigkeit** des Verpflichteten aufgrund seiner finanziellen Verhältnisse. – Darüber hinaus können die Belange des Verpflichteten nach §§ 1579, 1582 berücksichtigt werden.

17 **4. Beispiele aus der Rechtsprechung. a) Studierender Ehegatte. KG FamRZ 1978, 692 (ähnlich OLG Hamm FamRZ 1980, 1123; OLG Karlsruhe FamRZ 1980, 559):** Eine ausgebildete Krankenschwester braucht ihr Studium nicht abzubrechen, wenn entsprechend den Voraussetzungen aus Abs. 3 ein erfolgreicher Abschluss zu erwarten ist. – **OLG Düsseldorf FamRZ 1980, 585 f.:** Für einen mit einer Ärztin verheirateten Antiquitätenhändler entspricht die Aufnahme eines Medizinstudiums erst nach der Trennung bei einem lediglich 2-jährigen Zusammenleben nicht den ehelichen Lebensverhältnissen. –

---

[60] BGH NJW 1984, 1685 = FamRZ 1984, 561, 563; NJW-RR 1987, 196 = FamRZ 1986, 1085, 1086; NJW 1988, 1282 = FamRZ 1988, 1145, 1146.

[61] OLG Köln FamRZ 1999, 853 f. (jahrelange Handhabung: 7 Jahre); AG Kerpen FamRZ 1993, 969.

[62] OLG Hamm FamRZ 2004, 1208 (LS) = OLGR 2004, 138, 139 (6 Monate).

[63] BGH NJW 1991, 1049 = FamRZ 1991, 416, 419.

[64] *Borth* FamRZ 2008, 2, 14.

[65] Dazu auch *Borth* FamRZ 2008, 2, 15 („Die gebotene Zumutbarkeitsprüfung im Rahmen des § 1581 S. 1 BGB strahlt auch auf die Angemessenheitsprüfung nach § 1574 I, II BGB aus, um eine einseitige Belastung des Unterhaltspflichtigen zu vermeiden.").

[66] BGH NJW 1983, 1548 = FamRZ 1983, 569, 572.

BGH FamRZ 1980, 343: Der Abbruch eines Studiums und eine Erwerbstätigkeit in dem ursprünglich erlernten und ausgeübten Beruf eines kaufmännischen Angestellten ist nicht angemessen, solange der Berechtigte sein Studium mit Nachdruck betreibt und ein erfolgreicher Abschluss in zumutbarer Zeit zu erwarten ist. – **OLG Hamm NJW-RR 1993, 776 = FamRZ 1993, 970, 971:** Ehemann ist Diplom-Mathematiker; Ehefrau beginnt im Einvernehmen mit dem Ehemann Schulausbildung zur Fachhochschulreife bereits während des nichtehelichen Zusammenlebens, schließt sie nach der Eheschließung ab, leistet ein Praktikum für Sozialarbeit ab und beginnt nach der Trennung ein – eheangemessenes – Hochschulstudium zur Diplom-Sozialarbeiterin. – **OLG Frankfurt a. M. FamRZ 1995, 879 f.:** Nach der Trennung aufgenommener Realschulabschluss, Abitur und Hochschulstudium entsprechen angesichts des Volksschulabschlusses und einer abgebrochenen Ausbildung zur Steuergehilfin als Vorbildung sowie der Berufstätigkeit des Ehemannes als Programmierer nicht den ehelichen Lebensverhältnissen.

b) Angemessene Erwerbstätigkeit. BGH NJW 1980, 393 = FamRZ 1980, 126: 18
Nach Tätigkeit als kaufmännischer Angestellter im Einverständnis mit dem Ehegatten aufgenommenes Studium führt zur Angemessenheit des akademischen Berufs. – **OLG Köln FamRZ 1980, 1006 f.:** Einer 54-jährigen ungelernten Ehefrau, die vor der Ehe als Serviererin und auch zu Ehezeiten als Näherin und Putzhilfe tätig war, ist eine ungelernte Tätigkeit zumutbar. – **OLG Köln FamRZ 1981, 366, 367:** Der 48-jährigen Ehefrau eines Oberstleutnant, die bei Eheschließung Stenokontoristin war und während der Ehe einen Sekretärinnenkurs absolviert, danach aber nur einige Monate als Sekretärin gearbeitet hat, ist eine Erwerbstätigkeit als Kontoristin oder Schreibkraft zumutbar. – **OLG Zweibrücken FamRZ 1982, 1016:** 46-jähriger Ehefrau ist nach 25-jähriger Ehe, aus der 4 Kinder hervorgegangen sind, angesichts des Berufs des Ehemannes als Chemiefacharbeiter eine bereits zuvor sporadisch ausgeübte Tätigkeit als Putz- oder Haushaltshilfe zumutbar. – **BGH NJW 1983, 1483 = FamRZ 1983, 144:** Einer 48-jährigen, vor der Eheschließung als Verkäuferin tätigen Ehefrau kann nach 25-jähriger Ehe eine Tätigkeit im ursprünglichen Beruf (wohl) nicht angesonnen werden, wenn der Ehemann im Zeitpunkt der Trennung Werkdozent im gehobenen Dienst und bei Scheidung Professor an einer Hochschule für Bildende Künste war. – **OLG Zweibrücken FamRZ 1983, 600, 601:** 56-jähriger Frau eines Fachkalkulators ohne Berufsausbildung ist nach 30-jähriger Ehedauer keine Putztätigkeit zumutbar. – **OLG München FamRZ 1983, 925:** 50-jähriger Ehefrau, gelernte Schneiderin, ist nach 20-jähriger Ehedauer, während der sie lediglich aushilfsweise in der Tierarztpraxis ihres Vaters tätig war, bei den wirtschaftlich guten Verhältnissen des Ehemannes eine Erwerbstätigkeit als Schneiderin nicht zumutbar. – **OLG Düsseldorf FamRZ 1984, 489, 490** (bestätigt von **BGHZ 93, 330 = NJW 1985, 1340 = FamRZ 1985, 371, 373**): 53-jährige Ehefrau, über 20-jährige Ehe mit einem sehr gut verdienenden kaufmännischen und technischen Leiter eines Unternehmens ohne weitere Erwerbstätigkeit, Unzumutbarkeit einer Bürotätigkeit; Obliegenheit zur Weiterbildung nach Abs. 3 bleibt unerörtert. – **OLG Hamburg FamRZ 1985, 1260, 1261:** Der Ehefrau eines gut verdienenden angestellten Diplom-Ingenieurs ist eine nicht lediglich untergeordnete Bürotätigkeit zumutbar. – **OLG Düsseldorf NJW-RR 1986, 436 = FamRZ 1985, 1262:** Einer 52-jährigen Frau, gelernte Falzerin, ist nach 25-jährige Ehedauer, während der sie als Putzhilfe und Kellnerin gearbeitet hat, eine versicherungsfreie Aushilfstätigkeit zumutbar. – **BGH NJW 1986, 985 = FamRZ 1986, 553, 555** (weitere Bsp.: **BGH NJW 1985, 3080 = FamRZ 1986, 885; NJW-RR 1987, 196 = FamRZ 1986, 1085, 1086; NJW 1987, 2739 = FamRZ 1987, 691, 692**): 46-jährige Ehefrau, vor der Ehe 2 Jahre als Ticketagentin einer Fluggesellschaft tätig, während 23-jähriger Ehe mit einem Oberstudiendirektor 14 Semester Anglistik, Germanistik und Philosophie ohne Abschluss studiert, danach Lehre des Zen-Buddhismus aufgenommen, nach 2 Jahren die Leitung eines Zentrums übernommen, Ausbildung sollte allerdings weitere drei Jahre gehen – nach den ehelichen Lebensverhältnissen ist ihr an sich eine Tätigkeit bei Presse oder Rundfunk, einer Fluggesellschaft, im

Touristikgewerbe als Reiseleiterin, als Fremdsprachenkorrespondentin oder als Dolmetscherin nach entsprechender Ausbildung (Abs. 3) zuzumuten. – **OLG Düsseldorf FamRZ 1987, 708, 709f.:** Trotz im Einverständnis mit dem Ehegatten aufgenommenem und abgeschlossenem Studium der Bibliothekswissenschaft ist nicht lediglich ein akademischer Beruf angemessen, sondern jede Tätigkeit in nicht zu anspruchsloser Umgebung, etwa als Fremdenführerin, in einem Reisebüro oder einer Buchhandlung, an der Rezeption eines Hotels oder als Repräsentantin einer Versicherung (gegen **BGH NJW 1980, 393 = FamRZ 1980, 126**). – **OLG Hamm FamRZ 1987, 733, 736:** Gelernter Bauzeichnerin, mit einem Ingenieur im Schuldienst verheiratet, die halbschichtig beim Finanzamt als Vertretung beschäftigt war, ist die hauswirtschaftliche Betreuung eines älteren oder kranken Menschen unter Aussparung der Putztätigkeit zumutbar. – **BGH NJW 1987, 2233 = FamRZ 1987, 795, 797:** Der Ehefrau eines Leiters der Stadtgärtnerei mit Wirtschaftsabitur, aber ohne Berufsausbildung, die während des Zusammenlebens der Tätigkeit einer angelernten Büroangestellten bei einem Steuerberater nachging, ist die einer selbständigen Buchhändlerin zumutbar. – **OLG Düsseldorf FamRZ 1987, 1259, 1260:** Der Ehefrau eines Ingenieurs in guten wirtschaftlichen Verhältnissen ist eine Tätigkeit als Putzfrau nicht zumutbar. – **BGH NJW 1988, 2369 = FamRZ 1988, 265, 266:** Tätigkeit in chemischer Reinigung für 51-jährige Frau zumutbar, die vor der Ehe als Wäschenäherin, während der 27 Jahre dauernden Ehe aber erst nach der Trennung erwerbstätig war. – **OLG Hamm FamRZ 1990, 633:** 53-jähriger, bei Trennung 48-jähriger Frau ohne erlernten Beruf sind nach einer Hausfrauenehe, der Mann war im Bergbau tätig, Haushaltstätigkeiten zumutbar, die sie auch vor der Ehe schon ausgeübt hatte. – **BGH NJW 1991, 1049 = FamRZ 1991, 416, 419f.:** 50-jähriger Ehefrau, 30 Jahre als Erzieherin tätig, kann wegen ihrer wirtschaftlichen Eigenverantwortung Tätigkeit als Verkäuferin in gehobenem Einrichtungshaus zugemutet werden. – **BGH NJW-RR 1992, 1282, 1283:** Ehemann Diplom-Ingenieur, Betriebsleiter einer Papierfabrik; 50-jährige Ehefrau, ausgebildete Kindergärtnerin, während 23$^{1}/_{2}$-jähriger Ehe nur 4 Jahre bis zur Geburt der ehegemeinsamen Tochter erwerbstätig, hat trotz obliegenheitsgemäßen Erwerbsbemühungen nur eine nicht eheangemessene Tätigkeit als einfache Verkaufshilfe gefunden. – **OLG Hamm FamRZ 1998, 243, 244:** Approbierter, jedoch noch nie tätiger Ärztin ist nach Wiedererlangung der erforderlichen Qualifikation auch Tätigkeit außerhalb des klassischen Bereichs Praxis/Krankenhaus in der Ausbildung in Alten- und Pflegeschulen oder im universitären Bereich zumutbar. – **OLG Schleswig NJWE-FER 1998, 266:** 57-jährige Ehefrau, die zu Beginn der Ehe ihre Tätigkeit als Beamtin aufgegeben hat, 30 Jahre Ehedauer, 2 Kinder aufgezogen, sehr gut verdienender Ehemann: Keine angemessene Erwerbstätigkeit mehr zu erwarten. – **OLG München FamRZ 2004, 1208, 1209:** Vor und während der 16-jährigen Ehezeit im erlernten Beruf als Hotel- und Gaststättengehilfin z. Zt. teilschichtig erwerbstätigen Ehefrau ist eine ggf. auch höher dotierte Hilfsarbeitertätigkeit nicht zumutbar. – **BGH NJW 2005, 61 = FamRZ 2005, 23, 25f.:** Ausbildung des Ehemannes während der Ehezeit zum Umwelttechniker und Fortbildung zum Umweltbeauftragten, 1 Jahr später Eröffnung und 3 Jahre lang selbständiger Betrieb eines Lebensmittelladens; die durch den Betrieb des Lebensmittelladens erworbenen Fähigkeiten und Kenntnisse stehen im Vordergrund und sind für die Beurteilung der Zumutbarkeit einer Erwerbstätigkeit maßgebend.

19 **c) Abwägung der Belange beider Ehegatten. OLG Frankfurt a. M. FamRZ 1979, 591:** Dem Berechtigten ist nicht nur eine Tätigkeit zumutbar, die ihm optimale berufliche Entfaltung bietet; abzuwägen sind die Belange beider Ehegatten. Diese Begründung ist abzulehnen, weil sie auch die Verhältnisse des Verpflichteten berücksichtigt (dazu RdNr. 16). – **OLG Hamm FamRZ 1983, 181:** Nach 22-jähriger Ehe kann 46-jährige Ehefrau, die vor der Ehe zunächst Jura, dann Medizin studiert und letzteres Studium nach der Geburt des ersten Kindes abgebrochen hatte, im Hinblick auf ihre erreichte Schulbildung, die Ehedauer, die Erziehung von 3 Kindern und die Stellung des Ehemannes als Oberarzt nicht auf leichte Frauenarbeiten verwiesen werden; allerdings Obliegenheit zur Weiterbildung (Abs. 3).

IV. Obliegenheit zur Weiterbildung

1. Allgemeines. Die Obliegenheit zur Ausbildung, Fortbildung oder Umschulung **(Abs. 3)** setzt voraus, dass überhaupt eine Erwerbsobliegenheit nach Abs. 1 besteht[67] und eine angemessene Erwerbstätigkeit zwar nicht aufgrund der bisherigen Ausbildung sowie Fähigkeiten und Kenntnisse, wohl aber nach entsprechender Weiterbildung erlangt werden kann.[68] Sie ist konkreter Ausfluss der **nachehelichen Eigenverantwortung** (§ 1569 S. 1, dazu dort RdNr. 6). – Besteht danach die Obliegenheit zur Weiterbildung, tritt sie an die Stelle der **Erwerbsobliegenheit** nach §§ 1573 Abs. 1 und 4, 1574 Abs. 1 und 2.[69] – Zur **Verfassungsgemäßheit** der Regelung s. RdNr. 2, zur Darlegungs- und **Beweislast** s. RdNr. 34, 35. 20

2. Inhalt der Obliegenheit. a) Konkretisierung. Die bereits §§ 1569, 1573 Abs. 1, 4 zu entnehmende Obliegenheit des geschiedenen Ehegatten, alle zumutbaren Anstrengungen zur nachhaltigen Sicherung des Unterhalts durch eine Erwerbstätigkeit zu unternehmen, wird in Abs. 3 konkretisiert. Danach müssen Ausbildung, Fortbildung oder Umschulung für die Aufnahme einer Erwerbstätigkeit **erforderlich,** ein **erfolgreicher** Abschluss der Weiterbildung und eine wesentliche Verbesserung der **Chance** auf einen Arbeitsplatz[70] zu erwarten sein. Über den Wortlaut der Regelung hinaus besteht wegen der wirtschaftlichen Eigenverantwortung diese Obliegenheit auch, wenn der Berechtigte zwar eine angemessene Tätigkeit ausübt, damit aber nicht seinen vollen Bedarf abdecken kann.[71] – Einem studierenden Ehegatten kann je nach dem Stand seines Studiums idR eine gewisse Erwerbstätigkeit während der **Semesterferien** zugemutet werden.[72] Inwieweit die dabei erzielten Einkünfte zur Bestreitung des Bedarfs einzusetzen sind, ist gleichfalls nach Billigkeitsgesichtspunkten, insbesondere nach den Einkommensverhältnissen des Verpflichteten zu beurteilen; idR wird er es hinnehmen müssen, wenn der Studierende von seinen Erwerbseinkünften etwa eine Urlaubsreise finanziert. Jedenfalls können in diesem Zusammenhang die Kriterien aus §§ 11 Abs. 2, 21–23 BAföG nicht maßgebend sein und lediglich einen groben Anhalt bieten, da sie nicht auf das zwischen den Ehegatten bestehende besondere Pflichtengefüge abstellen. 21

b) Begriffe. „Ausbilden“, „fortbilden“ und „umschulen“ entspricht den gleichen Begriffen in **§ 1575 Abs. 1–3.** Auf die Erläuterungen zu § 1575 (dort RdNr. 5, 8) wird Bezug genommen. 22

c) Erforderlichkeit. Die Weiterbildung muss zur Aufnahme einer angemessenen Erwerbstätigkeit erforderlich sein. Sie ist nicht erforderlich, wenn mit den bereits erworbenen **Qualifikationen** eine eheangemessene Erwerbstätigkeit ausgeübt werden kann (dazu aber auch § 1575 RdNr. 3).[73] Wird gleichwohl eine Weiterbildung betrieben, wird der Berechtigte fiktiv so gehalten, als habe er Einkünfte aus einer angemessenen Tätigkeit. – Dass der Berechtigte bislang noch gar **keine Berufsausbildung** erlangt hat, macht eine Ausbildung nicht stets erforderlich. Dies kann es vielmehr nahelegen, die Aufnahme einer unqualifizierten Tätigkeit für zumutbar zu halten.[74] 23

---

[67] OLG Koblenz NJW-RR 1993, 964 = FamRZ 1993, 199, 200.

[68] BGH NJW 1986, 985 = FamRZ 1986, 553, 554; NJW 2001, 973 = FamRZ 2001, 350, 352.

[69] BGH NJW 1984, 1685 = FamRZ 1984, 561, 562; NJW-RR 1987, 196 = FamRZ 1986, 1085, 1086.

[70] OLG Karlsruhe FamRZ 1998, 1597, 1598 (für eine 50-jährige Ehefrau ohne berufliche Erfahrung angesichts der Verhältnisse auf dem Arbeitsmarkt verneint).

[71] OLG Schleswig FamRZ 1982, 703, 704; OLG Karlsruhe FamRZ 1984, 1018, 1019; *Soergel/Häberle* RdNr. 14; aA 3. Aufl. 1993 RdNr. 23.

[72] BGH NJW 1980, 393 = FamRZ 1980, 126, 127.

[73] BGH NJW 1984, 1685 = FamRZ 1984, 561, 563; dazu auch OLG Koblenz OLGR 2000, 15, 16 (keine Ausbildung zur Altenpflegerin bei nicht abgeschlossener Berufsausbildung, Ehemann Polizeibeamter).

[74] BGH NJW 2001, 973 = FamRZ 2001, 350, 352 (Berechtigte war bereits aushilfsweise in der Altenpflege und der Gastronomie tätig, und auch der Verpflichtete ging einer Erwerbstätigkeit ohne eine entsprechende Berufsausbildung nach); OLG Saarbrücken NJW-RR 2007, 1452 = FamRZ 2008, 411, 412 (langjährige Tätigkeit des Berechtigten im Betrieb des Ehegatten als Bürohilfe, zuvor Putzhilfe in Konditorei/Bäckerei; unerheblich, dass der Berechtigte das Abitur abgelegt hat).

Bsp. aus der Rspr.: BGH NJW 2001, 973 = FamRZ 2001, 350, 352: Berechtigte war bereits aushilfsweise in der Altenpflege und der Gastronomie tätig, und auch der Verpflichtete ging einer Erwerbstätigkeit ohne entsprechende Berufsausbildung nach. – **OLG Saarbrücken NJW-RR 2007, 1452 = FamRZ 2008, 411, 412:** Langjährige Tätigkeit des Berechtigten im Betrieb des Ehegatten als Bürohilfe, zuvor Putzhilfe in Konditorei/Bäckerei. Unerheblich ist, dass der Berechtigte das Abitur abgelegt hat. – **OLG Karlsruhe FamRZ 2009, 120 f.:** Tätigkeit der Bedürftigen, kamerunische Staatsangehörige, vor der Ehe als Au-pair-Mädchen, nach der Trennung Ablegen der deutschen Prüfung für den Hochschulzugang, nach Einreichung des Scheidungsantrags Beginn eines Hochschulstudiums: Studium ist für eine angemessene nicht erforderlich, die Bedürftige kann als Zimmermädchen oder Haushälterin erwerbstätig werden.

Ist eine Weiterbildung erforderlich, kann der Berechtigte zwischen **mehreren** möglichen Weiterbildungsmaßnahmen unter Berücksichtigung seiner Veranlagung, subjektiven Eignung und besonderen Lebensumstände, seines Alter und seiner Gesundheit sowie objektiver Umstände wie der Beschäftigungschancen nach Abschluss der Weiterbildung[75] und der danach gegebenen Möglichkeit, seinen vollen Bedarf möglichst selbst zu verdienen,[76] wählen und braucht sich nicht ohne Rücksicht auf seine Neigungen einer möglichst kurzen und kostengünstigen Weiterbildung zuwenden. Doch hat er dabei auch die Belange des Verpflichteten zu beachten: Einer besonders zeit- und kostenaufwendigen Weiterbildung darf er sich nur bei Vorliegen außergewöhnlicher, die hohe Belastung des Verpflichteten rechtfertigender Umstände zuwenden (s. auch RdNr. 16).[77]

24 **d) Erfolgreicher Abschluss.** Ist ein solcher nicht **einigermaßen sicher**[78] zu erwarten, besteht eine Obliegenheit zur Weiterbildung nicht. Die Prognose wird insbesondere die Vorbildung des Berechtigten, sein Alter und seine physische wie psychische gesundheitliche Verfassung zu berücksichtigen haben. Unerheblich ist die Einsatzbereitschaft des Berechtigten,[79] weil ihm die Weiterbildung, mithin auch die Einsatzbereitschaft obliegt.

25 **e) Alter.** Eine Obliegenheit zur Weiterbildung besteht nicht, wenn bereits bei ihrem Beginn absehbar ist, dass der Berechtigte wegen seines bei ihrem Abschluss erreichten Alters die Voraussetzungen für einen Unterhaltsanspruch nach § 1571 erfüllen[80] oder aber wahrscheinlich keine angemessene Arbeitsstelle finden wird.[81] Letzteres wird stark von den Verhältnissen auf dem Arbeitsmarkt und damit den realen Beschäftigungschancen (dazu auch § 1578 RdNr. 146) nach Abschluss der Weiterbildung abhängen. Doch sollte angesichts der grundsätzlichen wirtschaftlichen Eigenverantwortlichkeit der Ehegatten in der nachehelichen Zeit und der möglichen langen Dauer der Unterhaltspflicht nicht zu schnell von einer Unvermittelbarkeit ausgegangen[82] und in jedem Einzelfall die Beschäftigungschance genau geprüft werden.

26 **3. Einsatzzeitpunkt.** Die Obliegenheit zur Weiterbildung besteht grundsätzlich ab dem Einsatzzeitpunkt für den Anspruch auf Erwerbslosenunterhalt aus § 1573 Abs. 1, mithin spätestens ab **Scheidung** oder einem nach § 1573 Abs. 3 und 4 gleichgestellten Zeitpunkt bzw., wird der Anspruch im Verbund geltend gemacht, bereits zu einem früheren Zeitpunkt während der Trennung (s. dazu allgemein § 1573 RdNr. 5–7, 8–10). Da sich jedoch die Notwendigkeit für eine Weiterbildung oftmals erst herausstellt, nachdem Erwerbsbemühungen erfolglos geblieben

[75] BGH NJW 1986, 985 = FamRZ 1986, 553, 555.

[76] *Soergel/Häberle* RdNr. 16.

[77] BGH NJW 1984, 1685 = FamRZ 1984, 561, 563; *Soergel/Häberle* RdNr. 16.

[78] BGH NJW 1986, 985 = FamRZ 1986, 553, 555.

[79] Anders aber *Wendl/Pauling* § 4 RdNr. 145.

[80] BGH NJW 1987, 2739 = FamRZ 1987, 691, 692.

[81] BGH NJW 1986, 985 = FamRZ 1986, 553, 555.

[82] BGH NJW 1986, 985 = FamRZ 1986, 553, 554; OLG Schleswig FamRZ 1982, 703, 704; FamRZ 1994, 1404, 1405; OLG Hamm FamRZ 1983, 181; OLG Koblenz FamRZ 1992, 950, 951: Ausbildungsobliegenheit eines 47-, 45-, 41-, 46- bzw. 53-jährigen Berechtigten. Für einen 50jährigen Berechtigten verneint von BGH NJW-RR 1992, 1282, 1283.

sind, kann in diesem Zusammenhang nicht starr auf den Einsatzzeitpunkt für den Erwerbslosenunterhalt abgestellt werden, vielmehr ist unter Berücksichtigung der allgemeinen **Lage auf dem Arbeitsmarkt** und den dort gestellten Anforderungen an die Qualifikation von Arbeitsuchenden auf den Zeitpunkt abzustellen, ab dem der Berechtigte aus seiner Sicht die Notwendigkeit für eine Weiterbildung erkennen musste.[83] Auch kann **bei langer Trennung** der Eheleute oder sonst erkennbarer Zerrüttung der Ehe die Obliegenheit des Berechtigten bestehen, eine zur Erlangung einer angemessenen Erwerbstätigkeit erforderliche Ausbildung bereits während des Getrenntlebens aufzunehmen (dazu auch § 1361 RdNr. 52–58).[84]

4. Erfüllung der Obliegenheit. a) Allgemeines. Der Berechtigte erfüllt seine Obliegenheit zur Weiterbildung dadurch, dass er diese **zielstrebig** betreibt.[85] Dies ist unabhängig davon, ob die Weiterbildung letztlich an dem Berechtigten nicht zuzurechnenden Umständen scheitert oder er nach erfolgreichem Abschluss keine angemessene Erwerbstätigkeit findet. Der Eintritt dieser Umstände lässt deshalb den Unterhaltsanspruch nicht rückwirkend entfallen; zudem besteht der Unterhaltsanspruch aus § 1573 Abs. 1 fort.[86] – Zur **Begrenzung** der Unterhaltsverpflichtung s. § 1578 b. 27

b) Anspruchsgrundlage. In Betracht kommen – praktisch allerdings wohl eher selten und nur ausnahmsweise, weil es in diesen Fällen meist schon an einer realen Beschäftigungschance nach Abschluss der Weiterbildung fehlen dürfte – §§ 1571 und 1572, wenn infolge des Alters oder einer Krankheit eine eheangemessene Tätigkeit nur aufgrund einer Weiterbildung, insbesondere Umschulung, erlangt werden kann. – Den Hauptanwendungsbereich bilden der **Erwerbslosenunterhalt** (§ 1573 Abs. 1) und seine **Abgrenzung zum Ausbildungsunterhalt** aus § 1575 (dazu auch § 1569 RdNr. 22, 23). Diese Abgrenzung ist (nach wie vor) praktisch bedeutsam, weil nur aufgrund des § 1573 Abs. 1 nach § 1578 Abs. 3 auch Altersvorsorgeunterhalt verlangt und bis 31. 12. 2007 nur der Erwerbslosenunterhalt nach § 1573 Abs. 5 [UÄndG 1986] zeitlich begrenzt werden konnte (kann). Vorrangig ist § 1573 Abs. 1, weil er – im Gegensatz zu § 1575, der auf die ehebedingte Nichtaufnahme einer Ausbildung oder deren Abbruch abstellt, unabhängig davon, ob auch ohne diese eine eheangemessene Erwerbstätigkeit ausgeübt werden könnte (dazu § 1575 RdNr. 3)[87] – eine fehlende Erwerbsfähigkeit iSd. ehelichen Lebensverhältnisse voraussetzt. 28

c) Rückforderung. Hat der Berechtigte seine Obliegenheit auf Weiterbildung erfüllt (dazu RdNr. 33), ist er, führt sie nicht zu einem angemessenen Arbeitsplatz, zur **Rückzahlung** des erhaltenen Unterhalts nicht verpflichtet, weil dies den Unterhaltsanspruch für die Zeit der Weiterbildung nicht rückwirkend wieder entfallen lässt, sondern allenfalls für die Zukunft.[88] In einem solchen Fall obliegt dem Berechtigten dann aber die Aufnahme einer geringwertigeren Tätigkeit (Rechtsgedanke aus § 1575 Abs. 3). 29

V. Rechtsfolgen

1. Auskunfts- und Belegpflicht. Wie zu § 1575 (dazu dort RdNr. 23) besteht auch zu dem Anspruch aus § 1573 iVm. § 1574 Abs. 3 trotz der Darlegungslast des Bedürftigen für seine Unterhaltsberechtigung (dazu RdNr. 34) für den Verpflichteten ein Bedürfnis, über den Ausbildungsverlauf auf dem Laufenden gehalten zu werden, um den Fortbestand seiner Unterhaltspflicht überprüfen zu können. Deshalb ist der Bedürftige nach **§ 242** auch 30

[83] Ähnlich *Schwab/Borth* IV RdNr. 268; aA *Soergel/Häberle* RdNr. 19.

[84] BGH NJW 1986, 985 = FamRZ 1986, 553, 555.

[85] *Wendl/Pauling* § 4 RdNr. 145.

[86] Ebenso *Wendl/Pauling* § 4 RdNr. 146.

[87] BGH NJW 1985, 1695 = FamRZ 1985, 782, 784; NJW 1987, 2233 = FamRZ 1987, 795, 796; aA 3. Aufl. 1993 RdNr. 27: Überspannung der Pflichten des Verpflichteten, der neben den Kosten der Ausbildung (§ 1578 Abs. 2) auch noch Altersvorsorgeunterhalt zahlen muss (§ 1578 Abs. 3).

[88] Im Ergebnis ebenso *Soergel/Häberle* RdNr. 20; *Palandt/Brudermüller* RdNr. 11, die allerdings von einem nach § 818 Abs. 3 entfallenden Bereicherungsanspruch aus § 812 Abs. 1 S. 2 ausgehen; s. auch *Borth* FPR 2008, 341, 344.

insoweit verpflichtet, dem Verpflichteten kontinuierlich Auskunft über den Fortschritt seiner Ausbildung zu erteilen und seine Angaben nach § 259 Abs. 1 durch Vorlage von aussagefähigen Bescheinigungen des Ausbildungsbetriebs, Berufsschule, Fachhochschule, Hochschule etc. zu belegen,[89] sowie ihn darüber hinaus insbesondere bei Nichtaufnahme, Verzögerungen oder Abbruch der Ausbildung **ungefragt** zu informieren.[90]

31 **2. Dauer des Anspruchs.** Wie der Anspruch auf Ausbildungsunterhalt nach § 1575 besteht der Anspruch nach § 1573 iVm. § 1574 Abs. 3 längstens für die Zeit, in der eine Ausbildung im Allgemeinen abgeschlossen wird, um deren unangemessene Ausdehnung auf Kosten des Verpflichteten zu vermeiden. Zu den Einzelheiten s. § 1575 RdNr. 17. – Das FamG hat den Unterhalt auf die voraussichtliche Dauer der Ausbildung zu **befristen.**[91] Für den Fall, dass die Ausbildungszeit überschritten oder nach der Ausbildung keine Arbeitsstelle gefunden wird, muss der Berechtigte nach einer Befristung weiteren Unterhalt (nach § 1573 iVm. § 1574 Abs. 3 bzw. allein § 1573 Abs. 1) im Wege der Erstklage verfolgen, während bei unterlassener Befristung der Verpflichtete Abänderungsklage nach § 323 ZPO, §§ 238–240 FamFG erheben muss.

32 **3. Behandlung von Erwerbseinkünften.** Hat der Berechtigte eine **angemessene** Erwerbstätigkeit bereits während des Zusammenlebens der Ehegatten ausgeübt, können die daraus erzielten Erwerbseinkünfte die ehelichen Lebensverhältnisse geprägt haben. Auch wenn eine solche Prägung nicht vorliegt, sind die Einkünfte nach § 1577 Abs. 1 in voller Höhe anzurechnen. Ist die Erwerbstätigkeit **nicht angemessen,** ist sie dem Berechtigten nicht zumutbar.[92] Die Anrechenbarkeit der aus einer nicht zumutbaren Tätigkeit erzielten Einkünfte ist nach § 1577 Abs. 2 zu beurteilen.[93] – Zum Ganzen und insbesondere zur neueren Rspr. des **BGH** zur eheprägenden Berücksichtigung überobligat erzielter Einkünfte s. § 1578 RdNr. 88–105.

33 **4. Verletzung der Erwerbs- oder Weiterbildungsobliegenheit.** Sie setzt das **schuldhafte** Unterlassen der Ausübung einer angemessenen Erwerbstätigkeit oder einer obliegenden Weiterbildung bzw. deren schuldhaften Abbruch voraus und führt zum **Entfallen** des Unterhaltsanspruchs aus § 1573 Abs. 1,[94] nicht lediglich zur Berücksichtigung nach § 1579 Nr. 4 bei Mutwillen.[95] Wegen der Unterschiede bei den Voraussetzungen und der Darlegungs- und Beweislast ist diese Unterscheidung auch praktisch bedeutsam. Entfällt der Anspruch aus § 1573 Abs. 1, kann ein Anspruch auf Aufstockungsunterhalt nach § 1573 Abs. 2 unter Anrechnung fiktiver Einkünfte aus einer nach einer Weiterbildung möglichen Erwerbstätigkeit verbleiben,[96] ohne dass dem Berechtigten Unterhalt nach § 1573 Abs. 1 für die Dauer einer angemessenen, aber nicht aufgenommenen oder abgebrochenen Weiterbildung zustünde. – Der Unterhaltsanspruch entfällt danach nur in der Höhe, in welcher der Berechtigte, ggf. nach Durchführung der Weiterbildung, **fiktiv** eigene Einkünfte hätte erzielen können.[97] Deshalb kommt es auf den Streit nicht an, ob er **dauerhaft**[98] oder nicht dauerhaft entfällt und wieder auflebt.[99] – Einkünfte in welcher **Höhe** fiktiv zugerechnet werden können, bestimmt sich nach der Erwerbstätigkeit, die vom Berechtigten angemessen ausgeübt werden könnte.[100]

---

[89] AnwK-BGB/*Fränkel* RdNr. 14; *Johannsen/Henrich/Büttner* RdNr. 13; *Borth* FPR 2008, 341, 344.

[90] *Borth* FPR 2008, 341, 344.

[91] Borth FPR 2008, 341, 344; ähnlich, aber nicht ausdrücklich BGH NJW 1986, 985 = FamRZ 1986, 553, 555 (unter 2.).

[92] AA scheinbar OLG Hamm FamRZ 1994, 1035, 1036.

[93] BGH NJW-RR 1992, 1282, 1283.

[94] *Schwab/Borth* IV RdNr. 263–266; wohl auch *Wendl/Pauling* § 4 RdNr. 146.

[95] So aber BGH NJW 1986, 985 = FamRZ 1986, 553, 555; ähnlich OLG Schleswig FamRZ 1982, 703, 704 mwN; wohl auch *Palandt/Brudermüller* RdNr. 11.

[96] BGH NJW-RR 1988, 1218 = FamRZ 1988, 927, 929 (zu nicht ausreichenden Erwerbsbemühungen); s. auch *Wendl/Pauling* § 4 RdNr. 146.

[97] OLG Hamburg FamRZ 1985, 1260, 1261.

[98] So *Wendl/Pauling* § 4 RdNr. 146; *Soergel/Häberle* RdNr. 20.

[99] So *Schwab/Borth* IV RdNr. 269.

[100] *Borth* FamRZ 2008, 2, 16.

VI. Darlegungs- und Beweislast

Die **„angemessene Erwerbstätigkeit"** ist ausdrückliche Anspruchsvoraussetzung eines Anspruchs auf Erwerbslosen- und Aufstockungsunterhalt aus § 1573 Abs. 1–4. Dem Berechtigten obliegt deshalb die Darlegungs- und Beweislast für die Angemessenheit einer ausgeübten oder angestrebten Tätigkeit iSv. Abs. 1 und 2. Er muss regelmäßig substantiierten Vortrag zu seiner Ausbildung, seinen Fähigkeiten, einer früheren Erwerbstätigkeit, seinem Lebensalter und seinem Gesundheitszustand halten, wenn er hieraus Einschränkungen für eine Berufstätigkeit herleiten will, substantiierten Vortrag des Verpflichteten muss er ausräumen.[101] – Die Neufassung von Abs. 2 S. 1 durch das UÄndG 2007 hat die Bestimmung der angemessenen Erwerbstätigkeit durch die ehelichen Lebensverhältnisse als Ausnahme gefasst (dazu RdNr. 10). Deshalb obliegt dem Berechtigten auch das Beweisrisiko für die als Einwendung von Amts wegen zu beachtende **Unzumutbarkeit** einer nach diesen Kriterien bestimmten Berufstätigkeit aufgrund der ehelichen Lebensverhältnisse.[102] 34

Auch die Verletzung der Obliegenheit zur **Weiterbildung** (Abs. 3) ist als Einwendung von Amts wegen zu beachten.[103] Das Beweisrisiko trägt der Ehegatte, der sich auf Abs. 3 beruft: Der Berechtigte, wenn er geltend macht, die Ausbildung etc. sei eheangemessen[104] oder er erfülle seine Obliegenheit ordnungsgemäß;[105] der Verpflichtete, wenn er sich auf die Obliegenheit zur Ausbildung etc. oder ihre Verletzung beruft.[106] 35

§ 1575 Ausbildung, Fortbildung oder Umschulung

(1) [1] Ein geschiedener Ehegatte, der in Erwartung der Ehe oder während der Ehe eine Schul- oder Berufsausbildung nicht aufgenommen oder abgebrochen hat, kann von dem anderen Ehegatten Unterhalt verlangen, wenn er diese oder eine entsprechende Ausbildung sobald wie möglich aufnimmt, um eine angemessene Erwerbstätigkeit, die den Unterhalt nachhaltig sichert, zu erlangen und der erfolgreiche Abschluss der Ausbildung zu erwarten ist. [2] Der Anspruch besteht längstens für die Zeit, in der eine solche Ausbildung im allgemeinen abgeschlossen wird; dabei sind ehebedingte Verzögerungen der Ausbildung zu berücksichtigen.

(2) Entsprechendes gilt, wenn sich der geschiedene Ehegatte fortbilden oder umschulen lässt, um Nachteile auszugleichen, die durch die Ehe eingetreten sind.

(3) Verlangt der geschiedene Ehegatte nach Beendigung der Ausbildung, Fortbildung oder Umschulung Unterhalt nach § 1573, so bleibt bei der Bestimmung der ihm angemessenen Erwerbstätigkeit (§ 1574 Abs. 2) der erreichte höhere Ausbildungsstand außer Betracht.

Schrifttum: *Borth,* Ausbildungsunterhalt – Pflichten des Unterhaltsberechtigten, FPR 2008, 341; *Heidemann,* Weiterbildung im Spannungsfeld zwischen Ausbildungsförderung und Familienunterhalt, RdJB 1979, 447; *Paulus,* Der Anspruch des getrennt lebenden oder geschiedenen Ehegatten auf Ausbildungsunterhalt im Verhältnis zur Ausbildungsförderung nach dem Bundesausbildungsförderungsgesetz (BAföG), FamRZ 1981, 640; *Reinecke,* Ausbildungsunterhalt für den geschiedenen Ehegatten, FPR 2008, 373; s. auch Schrifttum Vor § 1569.

---

[101] AA etwa AnwK-BGB/*Fränken* RdNr. 19: Beweislast bei dem, der sich auf Angemessenheit bzw. Unangemessenheit beruft.

[102] BT-Drucks. 16/1830 S. 17; s. auch *Borth* FamRZ 2008, 2, 15; *Soergel/Häberle* RdNr. 20.

[103] *Baumgärtel/Laumen* RdNr. 2; *Schwab/Borth* IV RdNr. 267; aA OLG Schleswig FamRZ 1982, 703, 704; *Schwab,* Handbuch, 1. Aufl., RdNr. 270 (dilatorische Einrede); wohl auch BT-Drucks. 7/650 S. 130; *Palandt/Brudermüller* RdNr. 11.

[104] BGH NJW 1987, 2233 = FamRZ 1987, 795, 797.

[105] *Baumgärtel/Laumen* RdNr. 2.

[106] *Baumgärtel/Laumen* RdNr. 2 mwN.

Übersicht

A. Normzweck

1 Grundsätzlich ist es Aufgabe der **Eltern,** für die Kosten der Ausbildung eines Kindes aufzukommen (§ 1610 Abs. 2), doch haftet der Ehegatte vor den Eltern (§ 1608 Abs. 1 S. 1). Der Anspruch auf **Ausbildungsunterhalt** des § 1575 in der nachehelichen Zeit dient der künftig eigenverantwortlichen, von den Einkommens- und Vermögensverhältnissen des Verpflichteten möglichst unabhängigen Lebensführung durch den berechtigten Ehegatten. Die Ausbildung soll ehebedingte Ausbildungsnachteile ausgleichen[1] und dem geschiedenen Ehegatten die Ausübung einer auf Dauer angemessenen Erwerbstätigkeit ermöglichen, um so auch die unterhaltsrechtlichen Beziehungen der ehemaligen Ehegatten endgültig zu lösen.[2] – Zur **Abdingbarkeit** des Anspruchs auf Ausbildungsunterhalts s. § 1585 c RdNr. 28–30, zum Verhältnis zur öffentlich-rechtlichen **Ausbildungsförderung** s. § 1578 RdNr. 113, 154.

B. Anspruchsvoraussetzungen

I. Grundsätze

2 Da die Ansprüche auf Ausbildungsunterhalt (Abs. 1) sowie Fortbildungs- und Umschulungsunterhalt (Abs. 2) eine Ausprägung sowohl der nachehelichen **Eigenverantwortung** wie auch der nachehelichen **Solidarität** sind, darf der Berechtigte mit seiner Ausbildung auch Nachteile ausgleichen, die er in seinem beruflichen Fortkommen mit Rücksicht auf die Ehe hingenommen hat. Deshalb entfällt der Anspruch nicht bereits dann, wenn der Berechtigte auch ohne die Weiterbildung eine **angemessene Erwerbstätigkeit** iSd. § 1574 Abs. 2 finden könnte (dazu § 1574 RdNr. 7), mit ihr jedoch eine ohne die Ehe schon früher erreichte Verbesserung seines Status im Erwerbsleben anstrebt.[3] Insoweit geht ihr

[1] BGH FamRZ 1984, 988, 989; KG FamRZ 1984, 898; s. auch BT-Drucks. 16/1830 S. 130.
[2] BGH NJW 1985, 803 = FamRZ 1985, 353, 354.
[3] BGH NJW 1985, 1695 = FamRZ 1985, 782, 785; NJW 1987, 2233 = FamRZ 1987, 795, 796; auch OLG Saarbrücken NJW-RR 2007, 1452 = FamRZ 2008, 411, 412.

Anwendungsbereich über den des Erwerbslosenunterhalts und die Obliegenheit zur Weiterbildung, um die Aufnahme einer angemessenen Erwerbstätigkeit zu ermöglichen (§ 1573 Abs. 1 iVm. § 1574 Abs. 3), hinaus.

Die erstrebte Ausbildung muss zur Ausübung einer angemessenen Erwerbstätigkeit **notwendig** sein.[4] Deshalb entspricht es nicht mehr den Grundsätzen der **Zumutbarkeit** (dazu auch § 1574 RdNr. 3; zur Berücksichtigung der Zumutbarkeit allgemein § 1569 RdNr. 7), einen Anspruch auf Ausbildungsunterhalt nach Abs. 1 zu eröffnen, wenn eine bereits abgeschlossene Berufsausbildung eine **einträgliche** und **angemessene Erwerbstätigkeit** ermöglicht, gleich ob diese vor, während oder nach der Ehe erlangt und ggf. vom Verpflichteten finanziert wurde,[5] oder ob er die Ausbildung wechselt.[6] Auch besteht weder nach Abs. 1 noch nach Abs. 2 ein Unterhaltsanspruch für eine **höherwertigere** als die bislang erlangte Ausbildung, auch wenn diese den ehelichen Lebensverhältnissen nicht entspricht,[7] solange sie nur angemessen ist.[8] Ggf. besteht ein Anspruch auf Fortbildungs- oder Umschulungsunterhalt nach Abs. 2 oder ein Anspruch aus § 1573 iVm. § 1574 Abs. 3 (dazu § 1574 RdNr. 23). – Die Maßstäbe sind durch die Stärkung der nachehelichen **Eigenverantwortung** durch das UÄndG 2007, wie sie insbesondere in §§ 1569, 1570, 1578 b zum Ausdruck gekommen ist, noch verschärft worden.[9] Zudem kann auch in diesem Zusammenhang die tendenziell restriktive Rspr. des BGH zu den **Begrenzungen** von Unterhaltsansprüchen nach § 1578 b und der Eröffnung von Befristungen auf alle Unterhaltstatbestände, auch wenn sie zum Ausbildungsunterhalt wohl kaum Bedeutung erlangen können (dazu RdNr. 18), nicht unberücksichtigt bleiben. 3

II. Einsatzzeitpunkte

Die gesetzliche Regelung nennt keinen Einsatzzeitpunkt. Sie spricht – überflüssigerweise, weil sie ohnehin im Unterkapitel 2 „Unterhalt unter geschiedenen Ehegatten" steht – nur vom geschiedenen Ehegatten und drückt damit lediglich die Selbstverständlichkeit aus, dass es vor rechtskräftigem Scheidungsausspruch auf ihrer Grundlage keinen Anspruch auf Ausbildungsunterhalt geben kann. Dies schließt nicht aus, Ausbildungsunterhalt während des Zusammenlebens als Familienunterhalt nach § 1360 a (dazu dort RdNr. 8)[10] und während der Trennungszeit nach § 1361 (dazu dort RdNr. 58)[11] zuzusprechen. – **Stichtag** ist jedoch keineswegs stets der Eintritt der Rechtskraft des Scheidungsausspruchs bzw., wurde der Anspruch im Verbund mit dem Scheidungsverfahren geltend gemacht, der Zeitpunkt der letzten mündlichen Verhandlung, sondern nur dann, wenn zu diesem Zeitpunkt lediglich die Voraussetzungen aus § 1575, nicht jedoch auch die aus §§ 1570–1573 vorgelegen haben. 4

[4] OLG Saarbrücken NJW-RR 2007, 1452 = FamRZ 2008, 411, 412.

[5] BGH NJW 1985, 1695 = FamRZ 1985, 782, 785 f. – Kritisch *Schwab/Borth* IV RdNr. 351 aE, der einen Unterhaltsanspruch für eine geplante, in fachlichem Zusammenhang stehende weiterführende Ausbildung bejaht. Doch ist dies der Maßstab des § 1610 Abs. 2 und nicht des § 1574 Abs. 1, 2; auch der weitere Verweis auf §§ 1573 Abs. 1, 1574 Abs. 3 führt deshalb nicht weiter (s. dazu auch § 1574 RdNr. 23). Gegen die Berücksichtigung von Zumutbarkeitsgesichtspunkten *Soergel/Häberle* RdNr. 12: Berücksichtigung nur über §§ 1579, 1581. Zur Entstehung der gesetzlichen Regelung, anlässlich welcher der Rechtsausschuss des Bundestages um eine Eingrenzung des Anwendungsbereichs der Vorschrift bemüht war, s. 1. Aufl. 1978 RdNr. 3–6.

[6] *Wendl/Pauling* § 4 RdNr. 152.

[7] KG FamRZ 1984, 898 mwN.

[8] Wohl ebenso *Reinecke* FPR 2008, 373, 374 für ein Studium.

[9] *Reinecke* FPR 2008, 373, 374.

[10] Während des Zusammenlebens von Ehegatten hat für diese Kosten der andere Ehegatte im Rahmen seiner Verpflichtung zur Leistung von Familienunterhalt aufzukommen, wenn die Ausbildung dem übereinstimmenden Entschluss der Ehegatten entspricht (§§ 1360 S. 1, 1360 a Abs. 1, 1356 Abs. 1 S. 1, 1608 S. 1), BGH NJW 1985, 803 = FamRZ 1985, 353 f., wohl aber nicht bei einem einseitigen Entschluss des die Ausbildung betreibenden Ehegatten – die Schwierigkeiten des Nachweises in der Praxis sind offenkundig.

[11] Zur gleichen Wertung beim **Trennungsunterhalt** s. BGH NJW 2001, 973 = FamRZ 2001, 350, 351: Anspruch aus § 1361 besteht, wenn der Berechtigte im „Vorgriff auf die Voraussetzungen des § 1575 BGB eine Ausbildung hätte aufnehmen können".

Bestehen solche Ansprüche, ist Stichtag für den Anspruch auf Ausbildungsunterhalt der Zeitpunkt ihres Entfallens. Letztlich hängt diese Fragestellung eng mit den Obliegenheiten des Berechtigten und den Konkurrenzen der Unterhaltsansprüche (zu Letzteren s. RdNr. 24) zusammen. – Als **Korrektiv** dient der Umstand, dass die Ausbildung „sobald wie möglich“ aufgenommen werden muss (dazu RdNr. 11).

III. Ausbildungsunterhalt

5 **1. „Schul- oder Berufsausbildung“.** Welche Ausbildungsgänge ihnen unterfallen, ist aufgrund einer **ganz weiten** Auslegung zu beurteilen. Insbesondere sind sie nicht auf die nach dem BAföG geförderten Ausbildungsgänge oder durch gesetzliche Berufsbilder bestimmte Berufe zu begrenzen (allgM;[12] zur Weiterbildung iSd. Abs. 2 s. RdNr. 8). Doch wird der Berechtigte nicht auf mit der Sittenordnung nicht vereinbare Berufe oder solche verwiesen, die nicht ohne Verstoß gegen gesetzliche Vorschriften ausgeübt werden können (zB Taschendieb oder Glücksspieler). Erforderlich ist stets ein Ausbildungsverhältnis zu einem **Ausbilder,** der die Ausbildung leitet; selbständige Tätigkeiten, die ggf. zur Zulassung zur Prüfung in dem angestrebten Beruf dienen, genügen diesem Anforderungsprofil nicht.[13]

6 **2. Nichtaufnahme und Abbruch einer Ausbildung.** Sie muss **in Erwartung** der Ehe, wegen der nachehelicher Unterhalt begehrt wird, oder **während** dieser erfolgt sein.[14] – Die bevorstehende Eheschließung muss, auch wenn weitere Beweggründe mit eingeflossen sind, mitursächlich für die Nichtaufnahme oder den Abbruch der Ausbildung gewesen sein. Für eine nicht aufgenommene Ausbildung müssen aber jedenfalls die Eingangsvoraussetzungen für die Ausbildung (zB Bestehen einer Aufnahmeprüfung, Notendurchschnitt für geplantes Studium) vorgelegen haben.[15] Sonstige Eignungsdefizite und Unzulänglichkeiten[16] – fehlende Motivation und Arbeitseifer – sind unerheblich. – Nicht erforderlich ist, dass bereits **konkrete Berufspläne** bestanden haben,[17] vielmehr reichen (noch) allgemeine Pläne für eine der Vorbildung entsprechende Ausbildung aus.[18] – Dagegen muss der Abbruch einer Ausbildung **während der Ehe** nicht ursächlich auf diese zurückgehen;[19] die Ehebedingtheit wird gleichsam unwiderleglich vermutet.[20]

7 **3. Wiederaufnahme der abgebrochenen und Aufnahme einer entsprechenden Ausbildung.** Hat der Ehegatte eine Ausbildung abgebrochen, kann er für „diese oder eine entsprechende Ausbildung“ Unterhalt verlangen;[21] dies gilt entsprechend für eine **nicht aufgenommene Ausbildung,** deren Niveau jedoch bestimmt werden kann (dazu RdNr. 5). – Die (wieder) aufgenommene **entsprechende** Ausbildung muss nicht der Fachrichtung der abgebrochenen entsprechen oder auch nur ähneln, vielmehr reicht aus, dass soziale Einordnung des Berufszieles und Ausbildungsvoraussetzungen, -anforderungen und -umfang gleichwertig sind.[22] Auf eine wesentlich längere und teurere Ausbildung besteht

---

[12] Nach OLG Koblenz OLGR 2000, 15, 16 ist eine staatlich nicht anerkannte Ausbildung (zur Diätbetköchin) „zumindest hinsichtlich der sozialen Einordnung nicht gleichwertig“.

[13] BGH NJW 1987, 2233 = FamRZ 1987, 795, 796.

[14] Dazu auch BGH NJW 2001, 973 = FamRZ 2001, 350, 352.

[15] AllgM, s. auch OLG Frankfurt a. M. FamRZ 1995, 879 f.

[16] *Erman/Graba* RdNr. 7.

[17] So aber OLG Bamberg FamRZ 1981, 150; OLG Frankfurt a. M. FamRZ 1985, 712, 713; *Wendl/Pauling* § 4 RdNr. 149; *Schwab/Borth* IV RdNr. 351; *Soergel/Häberle* RdNr. 6; *Palandt/Brudermüller* RdNr. 7; *Borth* FPR 2008, 341, 343; *Reinecke* FPR 2008, 373, 374.

[18] *Dieckmann* FamRZ 1977, 81, 92. Deshalb schuldet Ausbildungsunterhalt auch der Verpflichtete, welcher der ausländischen Berechtigten für den Fall der Übersiedlung nach Deutschland zusagt, ihr das Erlernen der Sprache und ein Studium zu ermöglichen, OLG Düsseldorf FamRZ 2008, 1856 (zum Trennungsunterhalt).

[19] BGH NJW 1980, 393 = FamRZ 1980, 126, 127 (krankheitsbedingte Unterbrechung).

[20] Ebenso *Reinecke* FPR 2008, 373, 374.

[21] OLG Schleswig FamRZ 1984, 588, 589 f.; OLG Köln FamRZ 1996, 867, 868.

[22] OLG Düsseldorf FamRZ 1980, 585, 586; OLG Hamm FamRZ 1983, 181, 183 (Medizin/Betriebswirtschaft); OLG Schleswig FamRZ 1984, 588, 590; SchlHA 1984, 163 f. = FamRZ 1984, 1236 (LS); OLG Köln FamRZ 1996, 867, 868 (Krankenschwester/Rechtsanwaltsgehilfin).

kein Anspruch, wohl aber auf eine weniger anspruchsvolle. Doch darf der Verpflichtete den Berechtigten auf den für ihn günstigsten Weg verweisen.[23] – Die Aufnahme einer der früheren Ausbildung nicht entsprechenden und nicht an ihr anknüpfenden Weiterbildung begründet keinen Anspruch auf Ausbildungsunterhalt;[24] doch ist in diesen Fällen immer auch an einen Anspruch aus § 1573 Abs. 1 iVm. § 1574 Abs. 3 zu denken. Zur zu finanzierenden **Weiterqualifizierung** kann unter besonderen Umständen auch eine Promotion gehören, etwa wenn sie auf dem Arbeitsmarkt unabdingbar vorausgesetzt wird; allein die Verbesserung der Chancen auf dem Arbeitsmarkt reicht allerdings nicht aus.[25]

IV. Fortbildungs- und Umschulungsunterhalt

Der Ehegatte, der während der Ehe nicht, nicht zumutbar oder nur teilweise erwerbstätig 8
war, hat zum Ausgleich durch die Ehe eingetretener Nachteile (dazu RdNr. 9, 14) einen Unterhaltsanspruch nach Abs. 2, wenn er sich in seinem erlernten Beruf fortbildet oder umschult. – Fortbildung und Umschulung sind dem früheren AFG entnommene Begriffe, denen im vorliegenden Zusammenhang trotz der durch SGB II und SGB III gewählten anderen, auf die berufliche Weiterbildung und Eingliederung gerichteten Begrifflichkeit (dazu § 1 Abs. 1 SGB II, § 1 Abs. 2 SGB III) die ursprüngliche Bedeutung zukommt.[26] Beide setzen eine abgeschlossene Berufsausbildung oder eine angemessene Berufserfahrung voraus. **Fortbildung** (§ 41 Abs. 1 AFG) ist die Teilnahme an Maßnahmen, die das Ziel haben, berufliche Kenntnisse und Fertigkeiten festzustellen, zu erhalten, zu erweitern, der technischen Entwicklung anzupassen oder einen beruflichen Aufstieg zu ermöglichen, und eine abgeschlossene Berufsausbildung oder eine angemessene Berufserfahrung voraussetzen.[27] **Umschulung** (§ 47 Abs. 1 AFG) ist die Teilnahme von Arbeitsuchenden an Maßnahmen, die das Ziel haben, den Übergang in eine andere berufliche Tätigkeit zu ermöglichen, insbesondere die berufliche Beweglichkeit zu sichern und zu verbessern. Aus dem Förderbereich und damit aus dem Abwendungsbereich von Abs. 2 ausgenommen ist jedoch die Finanzierung einer **Hochschul-** oder **Fachhochschulausbildung** (§ 34 Abs. 4 AFG).[28] – Unter Fortbildung und Umschulung fällt nicht die Nachholung einer **schulischen Qualifikation,** etwa des Abiturs. Für sie kann nur unter den Voraussetzungen des Abs. 1 Ausbildungsunterhalt verlangt werden.

V. Gemeinsame Voraussetzungen

1. Ehebedingte Nachteile. Die Ehe muss für eingetretene Nachteile **ursächlich** ge- 9
worden sein. Dabei kann es sich um **materielle** Nachteile handeln, etwa dass die bislang mögliche Erwerbstätigkeit nur einen geringeren Lebensstandard ermöglicht oder – in der Praxis häufig geltend gemacht, aber selten erfolgreich – berufliche Nachteile durch nicht (mehr) erreichbare Aufstiegsmöglichkeiten eingetreten sind. Beachtlich ist aber auch, wenn diese Erwerbstätigkeit keine **angemessene Entfaltung** der Kenntnisse und Fähigkeiten ermöglichen würde, ohne dass eine optimale berufliche Erfüllung verlangt werden könnte.[29]

2. Beginn der Ausbildung. Dadurch, dass die Ausbildung **„sobald als möglich“** 10
aufgenommen werden soll, sollen für den Verpflichteten zu einem möglichst frühen Zeitpunkt abschätzbare Verhältnisse geschaffen und seine Belastung mit Unterhaltsansprüchen

---

[23] OLG Köln FamRZ 1996, 867, 868.

[24] BGH NJW 1984, 1685 = FamRZ 1984, 561, 563 (Beginn eines Studiums während der Ehe); OLG Frankfurt a. M. FamRZ 1979, 591 (vor Beginn der Ehe mittlere Reife und Bürotätigkeit, während der Ehe Abitur nachgeholt und Studium begonnen); OLG Koblenz OLGR 2000, 15, 16 (abgebrochene Ausbildung zur staatlich nicht anerkannten Diätbeiköchin und Ausbildung zur Altenpflegerin).

[25] OLG Düsseldorf FamRZ 1987, 708, 709.

[26] BGH NJW 1985, 1695 = FamRZ 1985, 782, 786; NJW 1987, 2233 = FamRZ 1987, 795, 797, jeweils unter Hinweis auf BT-Drucks. 7/650 S. 132.

[27] BSGE 40, 234; BSGE 41, 225.

[28] BGH NJW 1985, 1695 = FamRZ 1985, 782, 786.

[29] Zum Ganzen BGH FamRZ 1984, 988, 989.

überschaubar gemacht werden.[30] Bei der Bestimmung der **Schonfrist** ist auch den Interessen des Berechtigten Rechnung zu tragen. Neben einer angemessenen Überlegungsfrist[31] sind auch Kindererziehungszeiten sowie andere familiär bedingte, nicht schuldhaft herbeigeführte Zeiten der Verhinderung[32] oder krankheitsbedingte Verzögerungen,[33] vergebliche Bemühungen um eine angemessene Erwerbstätigkeit vor Ausbildungsbeginn und die Mitverantwortlichkeit des Verpflichteten für einen verzögerten Beginn[34] zu berücksichtigen. – Zum verzögerten Ausbildungsbeginn aus **ausbildungstechnischen** Gründen s. RdNr. 28.

11 **3. Angemessene Erwerbstätigkeit.** Die Weiterbildung muss zur Aufnahme einer angemessenen Erwerbstätigkeit, die den Unterhalt nachhaltig sichert (dazu § 1573 RdNr. 22–26), erforderlich sein (dazu auch § 1574 RdNr. 23).[35] Zu berücksichtigen sind auch die objektiven Chancen auf dem Arbeitsmarkt nach abgeschlossener Ausbildung,[36] ohne dass es bereits ganz konkreter Aussichten auf einen bestimmten Arbeitsplatz bedürfte. – Ein reines **„Vergnügungsstudium"**, das lediglich zur Bildung und Entwicklung der Persönlichkeit betrieben wird,[37] braucht der Verpflichtete nicht zu finanzieren.[38] Doch handelt es sich nicht bereits wegen unsicherer Zukunftschancen der gewählten Ausbildung um ein solches, weil heute der Mehrzahl der Ausbildungsgänge eine gewisse Unsicherheit eigen ist.[39] – Im Gegensatz zu § 1574 Abs. 2 (dazu dort RdNr. 7) sind im vorliegenden Zusammenhang auch die **entwickelbaren Anlagen** zu berücksichtigen,[40] zudem kann ein Anspruch auf Ausbildungsunterhalt auch gegeben sein, wenn eine Obliegenheit zur Weiterbildung nach § 1574 Abs. 3 nicht besteht.

Bsp.: Eine Frau hat wegen der Eheschließung mit einem Handwerker ihr Medizinstudium abgebrochen, das sie jetzt wieder aufnehmen will.[41]

Der Bedürftige kann die Finanzierung der bereits ursprünglich angestrebten Ausbildung auch dann verlangen, wenn der im Zeitpunkt der Scheidung erreichte Status so hoch ist, dass der Verpflichtete den Berechtigten nicht auf die frühere nicht aufgenommene oder abgebrochene Ausbildung verweisen könnte, weil diese nach den ehelichen Lebensverhältnissen nicht mehr angemessen ist (vgl. § 1574 Abs. 2);[42] dem Ausbildungsunterhalt schließt sich ein Anspruch auf Aufstockungsunterhalt aus § 1573 Abs. 2 an.

12 **4. Erfolgsprognose.** Ein erfolgreicher Abschluss der Ausbildung muss bei deren Aufnahme **zu erwarten** sein; dies ist anhand des Alters, des Gesundheitszustandes und der persönlichen Verfassung des Berechtigten, seiner schulischen und beruflichen Vorbildung, des zeitlichen Abstands zur Beendigung einer früheren Ausbildung und der sonstigen Kenntnisse und Fähigkeiten, seiner Begabung, seines Willens, sich der Ausbildung zu unterziehen, und seiner Einsatzbereitschaft sowie aller äußerer Umstände zu beurteilen.[43] Diese Prüfung

---

[30] Der Gesetzgeber des 1. EheRG hat bewusst auf eine Ausschlussfrist für die Aufnahme der Ausbildung verzichtet, BT-Drucks. 7/650 S. 131.

[31] *Wendl/Pauling* § 4 RdNr. 150; *Schwab/Borth* IV RdNr. 354.

[32] Zum Ganzen OLG Hamm FamRZ 1983, 181, 183 mwN; s. auch OLG Köln FamRZ 1996, 867, 868: Ehedauer 14 Jahre, Kinderbetreuung, Beginn der Ausbildung 14 Monate nach Scheidung nach – ihr nicht anzulastendem – gescheiterten Arbeitsversuch im früheren Beruf.

[33] BGH NJW 1980, 393 = FamRZ 1980, 126, 127.

[34] BT-Drucks. 7/650 S. 131.

[35] Unzutreffend OLG Frankfurt a. M. FamRZ 1985, 712, 713; *Reinecke* FPR 2008, 373, 374, die verlangen, dass die angestrebte Ausbildung zur vollen wirtschaftlichen Selbständigkeit führt, ansonsten der Anspruch auf Aufstockungsunterhalt (§ 1573 Abs. 2) vorzuziehen sei.

[36] Dazu BGH NJW 1986, 985 = FamRZ 1986, 553, 555; OLG Frankfurt a. M. FamRZ 1985, 712, 713.

[37] *Reinecke* FPR 2008, 373, 374.

[38] BGH NJW 1985, 1695 = FamRZ 1985, 782, 784; NJW 1987, 2233 = FamRZ 1987, 795, 796.

[39] OLG Schleswig FamRZ 1984, 588, 589 f. (Ausbildung zur Realschullehrerin trotz unsichererer Übernahme in den Staatsdienst in Anbetracht der durch den Abschluss allgemein verbesserten Erwerbschancen); strenger OLG Frankfurt a. M. FamRZ 1985, 712, 713: Es müssen „greifbar realistische Chancen" für die Erlangung der vollen wirtschaftlichen Selbständigkeit bestehen.

[40] *Wendl/Pauling* § 4 RdNr. 151; *Soergel/Häberle* RdNr. 8.

[41] *Gernhuber/Coester-Waltjen* § 30 RdNr. 64.

[42] AA OLG Düsseldorf FamRZ 1980, 585, 586.

[43] *Wendl/Pauling* § 4 RdNr. 152; *Borth* FPR 2008, 341, 343.

wird meist keine Schwierigkeiten bereiten, wenn – auch – eine Obliegenheit zur Weiterbildung nach § 1574 Abs. 3 besteht. Könnte aber auch ohne die angestrebte Weiterbildung gemessen an den vorhandenen Fähigkeiten eine angemessene Erwerbstätigkeit gefunden werden, ist eine strenge Prüfung angezeigt. – Ein feste **Altersgrenze** besteht nicht (dazu auch § 1574 RdNr. 25).[44] Das Alter wird aber im Hinblick darauf eine Rolle spielen, ob nach Abschluss der Ausbildung überhaupt eine Chance auf dem **Arbeitsmarkt** besteht (dazu RdNr. 11). – Bei den Fähigkeiten ist neben der Intelligenz und der Bildungsfähigkeit, wofür auch Schulzeugnisse einen Anhalt bieten, auch die **Entwicklung während der Ehe** – positiv (Entwicklung von Fähigkeiten) wie negativ (etwa Krankheiten) – zu berücksichtigen.[45]

Die Aussicht auf einen erfolgreichen Verlauf muss auch **während** der Dauer der Aus- 13
bildung fortbestehen. Nacheheliche Eigenverantwortung und Solidarität (dazu RdNr. 2) gebieten, dass der Bedürftige seine Ausbildung pflichtbewusst mit dem gehörigen Fleiß und der gebotenen Zielstrebigkeit betreibt. – Zur **Auskunfts- und Belegpflicht** des Berechtigten s. RdNr. 22.

5. „Unterhalt". Darunter ist der Unterhaltsanspruch zu verstehen, dh. der Betrag, den 14
der Berechtigte unter Berücksichtigung seiner Bedürftigkeit (§ 1577) noch benötigt, um seinen Lebensbedarf zu decken. Umfasst wird der gesamte Lebensbedarf, der sich nach den **ehelichen Lebensverhältnissen** bestimmt (§ 1578 Abs. 1). Der Berechtigte soll mithin durch die Bildungsmaßnahme in die Lage versetzt werden, seinen Bedarf nach den ehelichen Lebensverhältnissen durch Erwerbseinkünfte aus dem angestrebten Beruf selbst zu decken. In diesem Zusammenhang ist auch Abs. 3 zu sehen, nach dem die aus der beruflichen Qualifikation erzielten Mehreinkünfte nicht mehr bedarfsprägend sind (dazu auch RdNr. 24).

C. Umfang und Dauer des Anspruchs

I. Grundsätze

Umfang und Dauer des Anspruchs sowohl auf Ausbildungsunterhalt als auch auf Fort- 15
bildungs- und Umschulungsunterhalt bestimmen sich nach denselben Kriterien (Abs. 1 S. 2, Abs. 2). Für die konkrete Bemessung der **Dauer** wird idR zusätzlich auf SGB III abgestellt werden können, das im Allgemeinen eine Begrenzung der Förderung auf 18 Monate oder 1 Jahr (Berufsausbildungsbeihilfe, § 73 Abs. 1 SGB III) bzw. auf 2/3 der Zeit für eine entsprechende Berufsausbildung (Weiterbildungskosten, § 85 Abs. 2 SGB III) vorsieht.

II. Umfang

Der Anspruch auf Ausbildungsunterhalt umfasst den **gesamten Lebensbedarf** nach den 16
ehelichen Lebensverhältnissen (§ 1578 Abs. 1). Hierzu gehören auch die den Bedarf des Bedürftigen erhöhenden Kosten der **Krankenvorsorge** und der **Schul-** oder **Berufsausbildung** nach §§ 1574, 1575 (§ 1578 Abs. 2), nicht aber die Kosten der Versicherung für den Fall des Alters und der Berufs- oder Erwerbsunfähigkeit (dazu fehlende Verweisung auch auf § 1575 in § 1578 Abs. 3, dazu dort RdNr. 70). Dies gilt auch für den Anspruch auf Fortbildungs- und Umschulungsunterhalt (Abs. 2 iVm. Abs. 1 S. 2), der zudem die Kosten der Fortbildung oder Umschulung bedarfserhöhend umfasst. – Für eine Begrenzung der Anspruchshöhe aus Gründen der **Zumutbarkeit**[46] ist grundsätzlich kein Raum. Über die Leistungsfähigkeit (§ 1581) des Verpflichteten, insbesondere die Angemessenheitsprüfung (dazu dort RdNr. 17–19), können eine abweichende Beurteilung rechtfertigende Umstände erfasst werden, etwa dass auch der Verpflichtete ehebedingt berufliche Nachteile erlitten hat:

---

[44] Etwa OLG Hamm FamRZ 1983, 181 ff.
[45] *Palandt/Brudermüller* RdNr. 11 f.
[46] Dazu AnwK-BGB/*Fränkel* RdNr. 12 mwN.

Will er gleichfalls eine seine Leistungsfähigkeit beeinträchtigende Weiterbildung betreiben, wird ihm dies unter den gleichen Voraussetzungen wie dem Berechtigten zuzubilligen sein; für eine fiktive Zurechnung von Einkünften ist dann kein Raum. Will er dies aber nicht, besteht kein Grund, den Anspruch des Berechtigten auf Ausbildungsunterhalt der Höhe nach allein deshalb zu begrenzen, weil auch der Verpflichtete ehebedingte berufliche Nachteile hinnehmen musste.

III. Dauer

17 Der Anspruch auf **Ausbildungsunterhalt** (Abs. 1) besteht unter Berücksichtigung ehebedingter Verzögerungen längstens für die Zeit, in der eine solche Ausbildung im Allgemeinen abgeschlossen wird, um deren unangemessene Ausdehnung auf Kosten des Verpflichteten zu vermeiden. Bei einem Studenten ist dabei nicht auf die Mindeststudienzeit nach den Ausbildungsordnungen oder die Regelstudienzeit nach dem BAföG, sondern allgemein auf die durchschnittliche Ausbildungszeit an der jeweiligen Ausbildungsstätte abzustellen.[47] Deren Überschreitung aus rein persönlichen Gründen ist grundsätzlich unbeachtlich,[48] doch ist unschädlich, wenn sie auf das fortgeschrittene Alter des Bedürftigen oder ehebedingte Verzögerungen zurückzuführen[49] oder krankheitsbedingt[50] ist. – Für die konkrete Bemessung der Dauer des **Fortbildungs-** und **Umschulungsunterhalts** (Abs. 2) ist idR zusätzlich auf SGB III abzustellen, das im Allgemeinen eine Begrenzung der Förderung auf 18 Monate oder 1 Jahr (Berufsausbildungsbeihilfe, § 73 Abs. 1 SGB III) bzw. auf 2/3 der Zeit für eine entsprechende Berufsausbildung (Weiterbildungskosten, § 85 Abs. 2 SGB III) vorsieht. – Das FamG hat den Unterhalt auf die voraussichtliche Dauer der Ausbildung zu **befristen.**[51] Dies ist schon deshalb erforderlich, um den Berechtigten sachgerecht mit der Initiative zur Geltendmachung weiteren Unterhalts für den Fall, dass die Ausbildungszeit überschritten oder nach der Ausbildung keine Arbeitsstelle gefunden wird, zu belasten. Er muss nach einer Befristung weiteren Unterhalt im Wege der Erstklage verfolgen, während bei unterlassener Befristung der Verpflichtete Abänderungsklage nach § 323 ZPO (s. auch §§ 238–240 FamFG) erheben muss (dazu auch RdNr. 19).

IV. Begrenzungen

18 Während die Möglichkeit zur Befristung in § 1573 Abs. 5 [UÄndG 1986] keine Anwendung auf den Anspruch auf Ausbildungsunterhalt fand, wohl aber § 1578 Abs. 1 S. 2 [UÄndG 1986], beziehen sich die Begrenzungen nach § 1578 b [UÄndG 2007] auf alle Unterhaltstatbestände, mithin auch auf den Ausbildungsunterhalt. – **Befristungen** kommen allerdings kaum in Betracht, weil die Leistungsdauer durch die Ausbildungszeit vorgegeben und bereits dadurch der Unterhaltsanspruch zeitlich begrenzt wird. Weitere Befristungen nach § 1578 b Abs. 2 würden in aller Regel das Ausbildungsziel gefährden und deshalb der Verpflichtungen des Verpflichteten zur nachehelichen Solidarität zuwider laufen. – Dagegen kommt der **Herabsetzung** des Unterhalts bis auf den angemessenen Bedarf (§ 1578 b Abs. 1) durchaus praktische Bedeutung zu. Nicht ausgeschlossen erscheint etwa, den Bedarf eines studierenden Ehegatten nach einer gewissen Zeit auf den notwendigen Bedarf herabzusetzen; die Reduzierung auf den Bedarf eines volljährigen studierenden Kindes ist jedoch nicht angemessen.

---

[47] BT-Drucks. 7/650 S. 131. S. auch etwa *Wendl/Pauling* § 4 RdNr. 152; *Schwab/Borth* IV RdNr. 362. S. auch BGH NJW 1984, 1961 = FamRZ 1984, 777, 778 (zum Verwandtenunterhalt): angemessene und übliche Dauer.

[48] BGH NJW 1980, 393 = FamRZ 1980, 126, 127.

[49] BT-Drucks. 7/650 S. 131.

[50] BGH NJW 1980, 393 = FamRZ 1980, 126, 127 für den Fall, dass die Ausbildung einverständlich aufgenommen und trotz Krankheit aufrechterhalten wurde; i. Ü. ausdrücklich offen gelassen; *Schwab/Borth* IV RdNr. 362.

[51] BGH NJW 1986, 985 = FamRZ 1986, 553, 555 (unter 2. aE).

V. Entfallen der Anspruchsvoraussetzungen

Entfallen die Voraussetzungen für den Ausbildungsunterhalt, während die Ausbildung noch andauert, muss dies der Verpflichtete mit der **Abänderungsklage** nach § 323 ZPO, §§ 238–240 FamFG geltend machen, wenn ein vollstreckbarer Titel gegen ihn vorliegt und er sich mit dem Bedürftigen nicht einvernehmlich verständigen kann. Im Abänderungsverfahren kann der Berechtigte, weil der Unterhaltsanspruch einheitlich ist (dazu § 1569 RdNr. 10), seinen (titulierten) Unterhaltsanspruch auch auf eine andere Anspruchsgrundlage stützen (zur Darlegungs- und Beweislast s. RdNr. 29). – Wurde ein Titel nicht errichtet, vielmehr Unterhalt aufgrund einer **Vereinbarung** bezahlt, kann der Verpflichtete die Unterhaltszahlungen wegen der Änderung der Geschäftsgrundlage (§ 313) ohne weiteres einstellen. 19

Der Anspruch auf Ausbildungsunterhalt ist **nicht erfolgsabhängig;** das Nichterfüllen von Prüfungsvoraussetzungen oder das Nichtbestehen der Prüfung allein führen deshalb, unabhängig vom Verbrauch der gezahlten Gelder (§ 818 Abs. 3), nicht zur Verpflichtung des Bedürftigen, die empfangenen Unterhaltsbeträge **zurückzuerstatten.** Eine Rückzahlungsverpflichtung kommt allenfalls nach § 826 in Betracht. 20

D. Obliegenheiten und Verpflichtungen des Berechtigten

I. Betreiben der Weiterbildung

Die Aussicht auf Erfolg der Ausbildung, Fortbildung oder Umschulung muss auch während der Dauer der Ausbildung fortbestehen. Deshalb **obliegt** dem Bedürftigen aufgrund seiner nachehelichen Eigenverantwortung (dazu RdNr. 2), seine Ausbildung pflichtbewusst mit dem gehörigen Fleiß und der gebotenen Zielstrebigkeit zu betreiben, um sie innerhalb angemessener und üblicher Dauer beenden zu können. Die Anforderungen an den die Bildungsmaßnahme betreibenden Ehegatten sind angesichts seiner nachehelichen Eigenverantwortung strenger als die an ein volljähriges Kind (zum Kindesunterhalt s. § 1610 RdNr. 230). Hierzu hat er sich im Allgemeinen an bestehende Ausbildungspläne zu halten, ohne dass etwa einem Studenten die selbständige Auswahl der angebotenen Lehrveranstaltungen und der eigenverantwortliche Aufbau des Studiums verwehrt wäre, solange dadurch der ordnungsgemäße Abschluss des Studiums innerhalb angemessener Frist nicht gefährdet wird.[52] Er kann danach seinen Anspruch wegen Verletzung seiner Obliegenheiten für die Zukunft insbesondere dann verlieren, wenn er nicht die erforderlichen Leistungen erbringt (Zwischenprüfung, Vordiplom, Physikum, Scheine u. dgl.).[53] 21

II. Öffentliche Leistungen

Zwar braucht der Bedürftige subsidiäre öffentliche Leistungen nicht in Anspruch zu nehmen, weil dies durch den Übergang der Unterhaltsansprüche nur zu deren Verlagerung führen würde und sie deshalb keine Einkünfte iSd. § 1577 Abs. 1 darstellen (dazu auch § 1578 RdNr. 113, 175). Doch gehen die Unterhaltsansprüche gegenüber dem geschiedenen Ehegatten nicht auf den Träger der Ausbildungsförderung über (§§ 37, 38 BAföG). Zudem ist dem Bedürftigen die darlehensweise Inanspruchnahme von BAföG, die ohnehin nicht zu einem Übergang der Unterhaltsansprüche führt (§§ 17 Abs. 2, 3, 18 c, 37 Abs. 1 S. 3 BAföG), wegen der günstigen Konditionen und seiner nachehelichen Eigenverantwortung zumutbar. – Zu **Studiengebühren** s. § 1578 RdNr. 65. 22

---

[52] BGH NJW 1984, 1961 = FamRZ 1984, 777, 778 (zum Verwandtenunterhalt).

[53] OLG Hamm FamRZ 1988, 1280, 1281 (46jährige Bedürftige hat das nach 4 Semestern abzulegende Vordiplom Ende des 9. Semesters noch nicht abgelegt).

III. Auskunfts- und Belegpflicht

23 Trotz der Darlegungslast des Bedürftigen für seine Unterhaltsberechtigung (dazu RdNr. 29) besteht für den Verpflichteten ein Bedürfnis, über den Ausbildungsverlauf auf dem Laufenden gehalten zu werden, um den Fortbestand seiner Unterhaltspflicht überprüfen zu können. Deshalb ist der Bedürftige, der Ausbildungsunterhalt in Anspruch nimmt, nach **§ 242** verpflichtet, dem Verpflichteten kontinuierlich Auskunft über den Fortschritt seiner Ausbildung zu erteilen und seine Angaben nach § 259 Abs. 1 durch Vorlage von aussagefähigen Bescheinigungen des Ausbildungsbetriebs, Berufsschule, Fachhochschule, Hochschule etc. zu belegen.[54] Darüber hinaus trifft ihn insbesondere bei Nichtaufnahme, Verzögerungen oder Abbruch der Ausbildung die Obliegenheit, den Verpflichteten **ungefragt** zu informieren (dazu auch § 1578 RdNr. 178, § 1579 RdNr. 25–27; zum Verwandten-, insbesondere Kindesunterhalt s. auch § 1610 RdNr. 234).[55]

E. Einkünfte aus angemessener Erwerbstätigkeit

24 Nach Beendigung der – erfolgreichen oder erfolglosen – Weiterbildung entfällt ein Anspruch aus Abs. 1 und 2. Der geschiedene Ehegatte wird nun im Allgemeinen in der Lage sein, seinen vollen Bedarf aus den Einkünften einer angemessenen Erwerbstätigkeit selbst zu bestreiten. Kann der Bedürftige gleichwohl keine angemessene Erwerbstätigkeit finden, steht ihm ein Anspruch auf Unterhalt wegen Erwerbslosigkeit nach § 1573 Abs. 1 zu (§ 1573 Abs. 3). Da es die nacheheliche Solidarität überspannen würde, dem Verpflichteten das Risiko aufzubürden, dass der Berechtigte eine nach seiner Weiterbildung **angemessene Erwerbstätigkeit** nicht findet, bleibt bei der Bestimmung der Angemessenheit der Erwerbstätigkeit nach § 1574 Abs. 2 der durch die schulische oder berufliche Weiterbildung und mit einem Anspruch aus Abs. 1, 2 erreichte Ausbildungsstand unberücksichtigt (Abs. 3), vielmehr sind allein die vor der Weiterbildung gegebenen Umstände maßgebend.[56] Allerdings wird man dem Bedürftigen eine angemessene Bewerbungszeit, die sich nach den Umständen auf dem Arbeitsmarkt richtet, zugestehen müssen.[57] – Ist das **Fehlschlagen** der beruflichen Weiterbildung auf das Versagen des Bedürftigen zurückzuführen, wurden seine Fähigkeiten überschätzt; ihm kann jetzt eine Tätigkeit angesonnen werden, die er vor der Weiterbildung ablehnen durfte. – Zum **Scheitern** der Weiterbildung aufgrund des Verhaltens des Berechtigten s. § 1578 RdNr. 154.

25 Die Regelung in Abs. 3 hat Bedeutung über ihren Wortlaut hinaus: Sie ordnet nicht nur an, dass bei der Bestimmung der Angemessenheit einer Erwerbstätigkeit nach § 1574 Abs. 2 der durch die alimentierte Bildungsmaßnahme erreichte Bildungsstand außer Betracht zu bleiben hat. Ihr ist zugleich zu entnehmen, dass der zu deckende **Bedarf** nach den ehelichen Lebensverhältnissen (§ 1578 Abs. 1 S. 1) nicht auch vom Einkommen aus der durch die Bildungsmaßnahme erreichten höher qualifizierten Erwerbstätigkeit geprägt wird. Mit diesem Verständnis sagt die Regelung zugleich aus, dass die nacheheliche Weiterqualifizierung keine maßgebliche Änderung der bedarfsprägenden Umstände darstellt (dazu grundsätzlich § 1578 RdNr. 27).

F. Konkurrenzen

26 Die Ansprüche aus **Abs. 1** und **Abs.** 2 konkurrieren nicht miteinander, weil sie verschiedene Lebenssachverhalte regeln: Abs. 1 spricht Ausbildungsunterhalt zu, wenn ehebedingt keine Schul- oder Berufsausbildung absolviert werden konnte. Abs. 2 setzt dagegen eine

---

[54] AnwK-BGB/*Fränkel* RdNr. 14; *Johannsen/Henrich/Büttner* RdNr. 13; *Borth* FPR 2008, 341, 344.
[55] *Borth* FPR 2008, 341, 344.
[56] BT-Drucks. 7/650 S. 132.
[57] OLG Düsseldorf FamRZ 1987, 708, 709 (1 Jahr nach Abschluss des Studiums wegen nur begrenzten Arbeitsplatzangeboten).

solche voraus und spricht Fortbildungs- und Umschulungsunterhalt zu, wenn die bisherige Schul- oder Berufsausbildung dem Berechtigten nicht ermöglicht, durch eine angemessene Erwerbstätigkeit seinen eigenen Unterhalt nachhaltig zu sichern.

Beide Ansprüche setzen voraus, dass der Berechtigte zwar grundsätzlich erwerbsoblegen ist, ihn aber ausnahmsweise keine Erwerbsobliegenheit trifft, weil er aufgrund der ehebedingten Gegebenheiten seinen eheangemessenen Bedarf nicht selbst decken kann. Anspruch auf Ausbildungsunterhalt in jeglicher Form besteht deshalb nicht, wenn bereits keine grundsätzliche Erwerbsobliegenheit besteht, er also Anspruch auf **Betreuungs-** (§ 1570), **Alters-** (§ 1571) oder **Krankenunterhalt** (§ 1572) hat. – Dass ein Anspruch auf Ausbildungsunterhalt nicht besteht, schließt einen Anspruch auf **Billigkeitsunterhalt** (§ 1576) nicht grundsätzlich aus, wenn weitere berücksichtigungsfähige Umstände hinzukommen (dazu § 1569 RdNr. 24; § 1576 RdNr. 2).[58] 27

Besteht **keine Erwerbsobliegenheit,** weil ohne Ausbildung eine angemessene Erwerbstätigkeit nicht gefunden werden kann, und war der Ausbildungsmangel ehebedingt, verdrängt ein Anspruch auf Ausbildungsunterhalt nach § 1575 grundsätzlich einen Anspruch auf **Erwerbslosenunterhalt** nach § 1573,[59] auch soweit dieser aus § 1573 Abs. 1 iVm. § 1574 Abs. 3 folgt, weil insoweit der Erwerbsobliegenheit durch die Erfüllung der Ausbildungsobliegenheit zur Weiterbildung genügt wird (dazu auch § 1574 RdNr. 20). – Dies gilt auch, wenn er zwar eine angemessene Erwerbstätigkeit finden könnte, aber wegen eines **ehebedingten Ausbildungsmangels** eine Ausbildung machen möchte (dazu RdNr. 9). Ist der Ausbildungsmangel **nicht** ehebedingt, besteht ggf. nur ein Anspruch aus § 1573 iVm. § 1574 Abs. 3.[60] – Verzögert sich der Ausbildungsbeginn aus **ausbildungstechnischen** Gründen, etwa weil die Lehrveranstaltungen erst später beginnen, besteht für die Zwischenzeit kein Anspruch aus § 1575, sondern aus § 1573. Dem Bedürftigen obliegt es, ggf. eine vorübergehende Erwerbstätigkeit aufzunehmen und seinen Bedarf jedenfalls teilweise durch eigene Einkünfte selbst zu decken.[61] 28

G. Darlegungs- und Beweislast

Der Bedürftige hat **alle Voraussetzungen** für seinen Anspruch auf Ausbildungsunterhalt darzulegen und zu beweisen. Dies gilt insbesondere für den ehebedingten Nachteil (dazu RdNr. 9),[62] aber auch für die Angemessenheit der Ausbildung, die Nachhaltigkeit des nach ihrer Beendigung erzielbaren Einkommens (dazu RdNr. 11), das den Obliegenheiten angemessene Betreiben der Ausbildung (dazu RdNr. 12, 13), allgemein auch für das Fortbestehen des Anspruchs, auch in einem vom Verpflichteten nach § 323 ZPO, §§ 238, 239 FamFG eingeleiteten **Abänderungsverfahren** (dazu auch RdNr. 19, 20), und für einen sich dem Ausbildungsunterhalt anschließenden **Anschlussunterhalt.** 29

§ 1576 Unterhalt aus Billigkeitsgründen

[1] Ein geschiedener Ehegatte kann von dem anderen Unterhalt verlangen, soweit und solange von ihm aus sonstigen schwerwiegenden Gründen eine Erwerbstätigkeit nicht erwartet werden kann und die Versagung von Unterhalt unter Berücksichtigung der Belange beider Ehegatten grob unbillig wäre. [2] Schwerwiegende Gründe dürfen nicht allein deswegen berücksichtigt werden, weil sie zum Scheitern der Ehe geführt haben.

Schrifttum: S. Vor § 1569.

---

[58] AA OLG Düsseldorf FamRZ 1980, 585, 586; auch 3. Aufl. 1993 RdNr. 16.
[59] AnwK-BGB/*Fränkel* RdNr. 15; *Reinecke* FPR 2008, 373, 377; wohl auch *Borth* FPR 2008, 341, 344.
[60] Zum Ganzen auch *Reinecke* FPR 2008, 373, 377.
[61] *Borth* FPR 2008, 341, 343.
[62] Zum Ganzen BGH FamRZ 1984, 988, 989.

Übersicht

I. Normzweck

1 Nach systematischer Stellung und Wortwahl – „schwerwiegenden Gründe", „grob unbillig" – ist diese Regelung keine dem nachehelichen Unterhaltsrecht fremde Generalklausel, sondern eine – positive – allgemeine **Härteklausel** für **Ausnahmefälle.**[1] Sie erfährt in ihrer Beschränkung auf Ausnahmen von der nachehelichen Eigenverantwortung (§ 1569 S. 1; dazu dort RdNr. 6) und in der Zulassung dieser Ausnahmen durch die nacheheliche Solidarität (§ 1569 S. 2; dazu RdNr. 7) eine doppelte Rechtfertigung. – S. 1 stellt sicher, dass jede Unterhaltsbedürftigkeit, unabhängig davon, ob sie ehebedingt ist (dazu RdNr. 3), erfasst wird und es durch das Enumerationsprinzip (dazu § 1569 RdNr. 4) zu keinen Ungerechtigkeiten kommt.[2] S. 2 verwehrt eine Rückkehr zum **Verschuldensprinzip** im nachehelichen Unterhaltsrecht über S. 1, gewährleistet aber auch, dass solche Umstände nicht schlechthin unbeachtlich sind, sondern zusammen mit anderen Umständen durchaus einen Unterhaltsanspruch rechtfertigen können. – Zur **Abdingbarkeit** des Anspruchs auf Billigkeitsunterhalt s. § 1585 c RdNr. 28–30.

II. Anwendungsbereich

2 Als einer **Ausnahmeregelung**[3] kommt § 1576 die Bedeutung einer **Auffangvorschrift** für gesetzlich nicht ausdrücklich geregelte Fälle für nachehelichen Unterhalt zu.[4] Ihr Anwendungsbereich ist weder im Verhältnis zum Regelungsbereich der §§ 1570–1572 auf andere als die dort erfassten Umstände begrenzt, noch ist er sonst Beschränkungen auf bestimmte Unterhaltstatbestände unterworfen.[5] Er kann deshalb auch in den für die §§ 1570–1572 einschlägigen, tatbestandlich aber nicht geregelten Lebenssachverhalten zu einem Unterhaltsanspruch führen.[6]

Bsp.: Die Betreuung nicht gemeinsamer Kinder (dazu eingehend RdNr. 5, 6).

Dagegen regeln § 1575 und § 1573 iVm. § 1574 Abs. 3 den Unterhaltsanspruch für die Dauer einer nachehelichen **Berufsausbildung** abschließend. Sind deren Voraussetzungen

[1] BGH FamRZ 1983, 800, 801; NJW 1984, 1538 = FamRZ 1984, 361, 363.
[2] BT-Drucks. 7/4361 S. 17; zur Entstehungsgeschichte BGH FamRZ 1983, 800, 802 und 1. Aufl. Vor § 1569 RdNr. 12ff., 18.
[3] BGH FamRZ 1983, 800, 802.
[4] BGH NJW 1998, 1065 = FamRZ 1998, 426, 427.
[5] BGH FamRZ 1983, 800, 801.
[6] BGH NJW 1984, 1538 = FamRZ 1984, 361, 362; NJW 2003, 3481 = FamRZ 2003, 1734, 1735f. Dazu auch OLG Schleswig OLGR 1996, 202, 204, dort als Vorinstanz zu und gegen BGH NJW 1998, 1065 = FamRZ 1998, 426 bejaht für ein gemeinsames nichteheliches Kind der geschiedenen Ehegatten.

nicht erfüllt, steht dem Bedürftigen Unterhalt für eine Aus- oder Weiterbildung grundsätzlich auch nicht aus § 1576 zu,[7] sondern nur ausnahmsweise, etwa wenn der kurz bevorstehende Abschluss ohne Unterhaltsleistungen gefährdet wäre.[8] S. dazu auch § 1569 RdNr. 24, § 1575 RdNr. 26.

IdR werden die „sonstigen schwerwiegenden Gründe" für die Unzumutbarkeit einer Erwerbstätigkeit im Zusammenhang mit der Ehe stehen und somit **ehebedingt** sein. Zwar ist dies nicht erforderlich;[9] als Korrektiv dient die „grobe Unbilligkeit".[10] Doch werden nicht ehebedingte Gründe praktisch die seltene Ausnahme sein. 3

III. „Sonstige schwerwiegende Gründe"

1. Allgemeines. Zur Bestimmung, was „schwerwiegend" ist, ist insbesondere an die den Unterhaltstatbeständen in §§ 1570–1572 zugrundeliegenden, einen Unterhaltsanspruch auslösenden Gründe, die als Orientierung für § 1576 dienen können, anzuknüpfen. „Schwerwiegend" ist ein die Bedürftigkeit begründender Umstand deshalb nur, wenn ihm das **gleiche Gewicht** zukommt wie den in §§ 1570–1572 geregelten Gründen.[11] Insbesondere muss der auf Unterhalt in Anspruch genommene Ehegatte idR einen schutzwürdigen **Vertrauenstatbestand** geschaffen haben,[12] der im Allgemeinen die Zubilligung eines Unterhaltsanspruchs rechtfertigt, wenngleich dies wegen der weiteren Fassung des Gesetzes nicht unabdingbare Voraussetzung ist.[13] 4

Bsp.:[14] Ein Kinder betreuender Ehegatte hatte einen Unterhaltsanspruch gegen eine früheren Ehegatten nach altem Recht (§§ 58 ff. EheG), der durch die Eheschließung unwiederbringlich untergegangen ist, weil § 1586 a nur für Unterhaltsansprüche aufgrund nach dem ab 1. 7. 1977 geltenden Recht ausgesprochener Scheidungen gilt. – Der kinderbetreuende Ehegatte hatte vor der Eheschließung bedarfsdeckende Einkünfte aus Erwerbstätigkeit (die Kinderbetreuung wurde anderweitig sichergestellt), die er nach der Eheschließung im Einvernehmen mit dem in Anspruch genommenen Ehegatten aufgegeben hat und jetzt nicht mehr oder nur nach einer Übergangszeit wieder erlangen kann. – Der in Anspruch genommene Ehegatte hat es durch eigene oder gemeinsame Vermögensdispositionen (mit) zu verantworten, dass der kinderbetreuende Ehegatte sein Vermögen, das ihm nach der Ehe zumindest vorübergehend wirtschaftliche Sicherheit vermittelt hätte, in der Ehe verloren hat.

Allein der Umstand, dass die **Einsatzzeitpunkte** der Unterhaltstatbestände der §§ 1570–1573, 1575 nicht gewahrt sind, rechtfertigt aber nicht die Annahme eines sonstigen schwerwiegenden Grundes.[15]

2. Betreuungsfälle. a) Eigenes, nicht gemeinschaftliches Kind. Für die Betreuung eines **gemeinschaftlichen** Kindes iSd. § 1570 (dazu dort RdNr. 22–24) besteht ein Anspruch auf Betreuungsunterhalt und nicht (auch) auf Billigkeitsunterhalt. – Die Betreuung eines eigenen, **nicht gemeinschaftlichen** Kindes – auch Ehebruchskindes[16] – durch einen Ehegatten mit Zustimmung des anderen im gemeinsamen Haushalt kann, ist er durch die Betreuungsbedürftigkeit des Kindes nach der Scheidung an der Aufnahme einer Erwerbstätigkeit gehindert, die Annahme eines „sonstigen schwerwiegenden Grundes" rechtfertigen,[17] 5

---

[7] OLG Düsseldorf FamRZ 1980, 585; OLG Schleswig SchlHA 1984, 163 f. = FamRZ 1984, 1236 (LS).

[8] OLG Frankfurt a. M. FamRZ 1995, 879, 880.

[9] BGH FamRZ 1983, 800, 801; NJW 2003, 3481 = FamRZ 2003, 1734, 1737; anders wohl OLG Karlsruhe FamRZ 1991, 1449, 1450; AG Erding FamRZ 1995, 1414, 1415.

[10] OLG Stuttgart FamRZ 1983, 503, 504.

[11] Zum Ganzen BGH FamRZ 1983, 800, 801.

[12] OLG Karlsruhe FamRZ 1994, 104, 107.

[13] BGH FamRZ 1983, 800, 802.

[14] Nach OLG Düsseldorf FamRZ 1981, 1070, 1072.

[15] OLG Hamm FPR 1999, 108 = FamRZ 1999, 230, 232.

[16] OLG Frankfurt a. M. NJW 1981, 2069 = FamRZ 1982, 299 f. mwN; *Soergel/Häberle* RdNr. 10; aA OLG Celle FamRZ 1979, 238; 3. Aufl. 1993 RdNr. 16.

[17] BGH FamRZ 1983, 800, 801.

zumal dann, wenn der Ehemann zwar der biologische, aber nicht der rechtliche Vater ist.[18] Doch ist das Rangverhältnis der Verpflichteten im Falle der Wiederheirat des Berechtigten und erneuter Scheidung aus § 1586 a zu beachten: Die Betreuung eines Kindes aus der Vorehe in der Folgeehe kann idR keinen Anspruch gegen den zweiten Ehegatten begründen, um nicht den Rückgriff auf den ersten Ehegatten nach §§ 1586 a Abs. 1, 1570 auszuschließen,[19] wenn nicht besondere Umstände hinzutreten.[20]

6 **b) Pflegekind.** Die nicht nur vorübergehende Aufnahme eines Pflegekindes während der Ehe in den ehelichen Haushalt kann beachtlich sein, wenn sie aufgrund eines **gemeinsamen Entschlusses** der Ehegatten[21] oder **mit Billigung** des das Kind nicht unmittelbar betreuenden Ehegatten erfolgte[22] und dadurch das Vertrauen des betreuenden Ehegatten auf den Fortbestand der Betreuung und des Unterhaltsanspruchs unter Beachtung der Belange beider Ehegatten und Einbeziehung aller Umstände des Einzelfalls, auch der zeitlichen Nähe der Aufnahme des Pflegekindes zur Stellung des Scheidungsantrags, gerechtfertigt ist.[23] Dies gilt insbesondere, wenn die Ehegatten ein Kind in **Adoptionspflege** genommen oder ein ausländisches Kind **ohne förmliche Adoption** als eigenes Kind bei sich aufgenommen haben.[24]

7 Die Umstände des Einzelfalls rechtfertigen Billigkeitsunterhalt auch, wenn
– der Berechtigte **ohne gemeinsame Entschließung** der geschiedenen Ehegatten ein Kind ihrer gemeinsamen Tochter als Pflegekind aufnimmt, weil diese das Kind krankheitsbedingt nicht selbst betreuen kann,[25]
– die Verweisung des Berechtigten auf eine **Auflösung** des Pflegeverhältnisses wegen Verstoßes gegen das Kindeswohl ausscheidet, weil das Kind aufgrund der Dauer seines Aufenthalts in der Pflegefamilie in diese sozial eingegliedert ist.[26]

8 **c) Andere nahe Angehörige.** Auch wegen der Pflege eines anderen nahen Angehörigen kann diesem, obwohl das geltende Recht keine Unterhaltspflicht gegenüber Verschwägerten kennt, unter Beachtung der Belange beider Ehegatten und Einbeziehung aller Umstände des Einzelfalls Billigkeitsunterhalt zustehen. So etwa, wenn ein Elternteil mit Zustimmung oder jedenfalls Billigung oder Duldung des anderen Ehegatten gemeinschaftliche Enkelkinder zur Betreuung in den ehelichen Haushalt aufgenommen hat und nunmehr pflegebedürftig wird. – Zur Billigkeitsabwägung in diesen Fällen s. auch RdNr. 16.

9 **3. Alter.** Das Alter des bedürftigen Ehegatten kann ausnahmsweise zu Billigkeitsunterhalt führen, wenn ein Anspruch aus § 1571 lediglich am Einsatzzeitpunkt scheitert.[27] Dies etwa dann, wenn der Ehefrau Billigkeitsunterhalt wegen der Pflege von Angehörigen des Mannes zustand (dazu RdNr. 8) und von ihr danach wegen ihres Alters keine Erwerbstätigkeit mehr erwartet werden kann.

10 **4. Krankheit.** Nicht jede Krankheit, die ein Ehegatte nach der Scheidung erleidet, führt zu einem Anspruch auf Krankenunterhalt (§ 1572, dazu dort RdNr. 9–15). War die Krankheit bereits in der Ehezeit angelegt und scheitert der Unterhaltsanspruch lediglich am **Einsatzzeitpunkt,** kann dies zu einem Anspruch auf Billigkeitsunterhalt führen, wenn die Versagung von Unterhalt grob unbillig wäre.[28] Eines engen zeitlichen Zusammenhangs mit

---

[18] OLG Düsseldorf FamRZ 1999, 1274.
[19] OLG Hamm FamRZ 1986, 364, 365.
[20] BGH FamRZ 1983, 800, 802; OLG Bremen OLGR 2001, 467, 468; OLG Koblenz FamRZ 2005, 1997.
[21] BGH NJW 1984, 1538 = FamRZ 1984, 361, 363; s. auch AG Hamburg FamRZ 1993, 965.
[22] Zum Ganzen OLG Stuttgart FamRZ 1983, 503, 504.
[23] BGH NJW 1984, 2355 = FamRZ 1984, 769, 771; OLG Hamm FamRZ 1996, 1417, 1418.
[24] BGH NJW-RR 1995, 1089 = FamRZ 1995, 995 (zu § 1361 Abs. 2).
[25] AG Herne-Wanne FamRZ 1996, 1016 f.
[26] Vom OLG Hamm FamRZ 1996, 1417, 1418 verneint bei einer im Zeitpunkt der Entscheidung etwa 3jährigen Dauer.
[27] OLG Düsseldorf FamRZ 1980, 56 („jedenfalls unterstützend").
[28] OLG Karlsruhe FamRZ 1994, 104, 106; OLG Zweibrücken FamRZ 2002, 821, 822; OLG Köln FamRZ 2004, 1725, 1726; *Schwab/Borth* IV RdNr. 383; *Soergel/Häberle* RdNr. 10; wohl auch BGH NJW

der Scheidung bedarf es im Gegensatz zum Anspruch auf Krankenunterhalt (dazu § 1572 RdNr. 13) nicht.[29]

5. Besondere Lebensleistung. Hat der Bedürftige für die Familie besondere **Opfer** erbracht, kann dies einen Unterhaltsanspruch rechtfertigen.[30] 11

Bsp.: Die Ehefrau ermöglicht mit ihrer Erwerbstätigkeit das Studium des Mannes und versorgt gleichzeitig den Haushalt und betreut die Kinder. – Besondere Leistungen des Berechtigten beim Aufbau oder der Sicherung der Existenz, bei Krankheiten oder in sonstigen Notlagen. – Allgemein: Frühere Vermögensaufwendungen des Berechtigten zugunsten des Verpflichteten. – Pflege des Verpflichteten während einer früheren schweren Erkrankung durch den Berechtigten. – Der Berechtigte hat die Eltern des Verpflichteten gepflegt oder pflegt sie nach der Scheidung weiter.

6. Dauer der Ehe. Zugunsten des Bedürftigen kann eine **lange** Ehedauer streiten (vgl. § 1582 Abs. 1 S. 2),[31] während eine verhältnismäßig **kurze** Dauer, auch wenn sie nicht kurz iSd. § 1579 Nr. 1 ist, einem Unterhaltsanspruch meist entgegensteht.[32] 12

7. Wirtschaftliche Verhältnisse. Ermöglichen sie dem in Anspruch genommenen Ehegatten unschwer Unterhaltszahlungen, ist dies zu berücksichtigen.[33] Doch kann wegen des Ausnahmecharakters von § 1576 dieser Umstand allein einen Unterhaltsanspruch nicht begründen. 13

IV. Zumutbarkeit einer Erwerbstätigkeit

Betreut der bedürftige Ehegatte ein **nicht gemeinsames Kind** oder ein **Pflegekind** und wird er deshalb vom Anwendungsbereich des § 1576 erfasst (dazu RdNr. 5–7), beurteilt sich die Zumutbarkeit der Aufnahme einer Erwerbstätigkeit wie bei § 1570, mithin grundsätzlich nach dem Alter des betreuten Kindes und den bestehenden Möglichkeiten der Fremdbetreuung (dazu § 1570 RdNr. 26, 27, 32–55).[34] Dies schließt nicht aus, bei der Beurteilung der groben Unbilligkeit auch andere Gesichtspunkte zu berücksichtigen und letztlich zu von § 1570 abweichenden Bewertungen zu kommen (dazu RdNr. 5–7). – Bei der Pflege **naher Angehöriger** kann auf den Grad der Pflegebedürftigkeit und den sich daraus herleitenden täglichen Pflegeaufwand abgestellt werden. – Zur zusätzlichen Voraussetzung **„grob unbillig"** s. RdNr. 15, 16 – Zur Berücksichtigung des **Pflegegeldes** s. § 1578 RdNr. 112. 14

V. „Grob unbillig"

1. Allgemeines. Auch wenn ein „sonstiger schwerwiegender Grund" vorliegt (dazu RdNr. 4–13), besteht ein Unterhaltsanspruch gleichwohl nur, wenn seine Versagung unter Berücksichtigung der Belange beider Ehegatten grob unbillig wäre. Grobe Unbilligkeit liegt vor, wenn die Ablehnung eines Unterhaltsanspruchs **dem Gerechtigkeitsempfinden in unerträglicher Weise widerspräche.**[35] In die Billigkeitsabwägung sind alle Umstände des Einzelfalles einschließlich persönlicher Umstände wie Alter und Gesundheitszustand, die allein einen Unterhaltsanspruch nach §§ 1570–1572 nicht zu begründen vermö- 15

1990, 2752 = FamRZ 1990, 496, 499; NJW 2003, 3481 = FamRZ 2003, 1734, 1737; aA etwa *Kalthoener/Büttner* NJW 1991, 402; *Palandt/Brudermüller* RdNr. 1. S. auch *Lange* FamRZ 1972, 225, 227 f.; *Dieckmann* FamRZ 1977, 81, 97 f.

[29] AA noch 4. Aufl. RdNr. 9.

[30] BGH FamRZ 1983, 800, 802; OLG Karlsruhe FamRZ 1994, 104, 107.

[31] BGH FamRZ 1983, 800, 802.

[32] Dazu auch AG Lahnstein FamRZ 1984, 1236, 1237.

[33] BGH FamRZ 1983, 800, 802; NJW 1984, 1538 = FamRZ 1984, 361, 363.

[34] OLG Düsseldorf FamRZ 1981, 1070 f.; OLG Stuttgart FamRZ 1983, 503, 504; aA OLG Düsseldorf FamRZ 1980, 56; *Soergel/Häberle* RdNr. 5; 3. Aufl. RdNr. 9. S. auch OLG Köln FamRZ 1980, 1006: Zumutbarkeit einer Erwerbstätigkeit, wenn pflegebedürftiges nicht gemeinsames Kind während der Ehezeit im Heim untergebracht war.

[35] BGH FamRZ 1980, 877; FamRZ 1983, 800, 801.

gen,[36] der Einkommens- und Vermögensverhältnisse der Ehegatten,[37] der Betreuungsmöglichkeiten für ein Kind durch andere Personen[38] sowie solcher Umstände, die zum Scheitern der Ehe geführt haben,[39] einzubeziehen, auch soweit sie der negativen Härteregelung des § 1579 zuzurechnen sind. Besteht danach ein Anspruch auf Billigkeitsunterhalt, greifen auch §§ 1578 b (dazu dort RdNr. 44), 1579[40] nicht mehr ein, weil dann auch hinsichtlich Dauer und Höhe des Unterhaltsanspruchs einheitlich nach § 1576 entschieden ist (dazu auch RdNr. 19).

16 **2. Betreuungsfälle.** Bei der Betreuung eines **vorehelichen Kindes** oder eines **Pflegekindes** ist bei der Billigkeitsabwägung zu berücksichtigen, dass die Verantwortung für den geschiedenen Ehegatten wesentlich geringer wiegt als bei der Betreuung eines gemeinsamen Kindes. Ähnlich wie bei § 1581 wird dem Bedürftigen im Ergebnis daher eher eine Erwerbstätigkeit zuzumuten sein. Insbesondere wird bei der Betreuung eines **Pflegekindes** dessen Alter bei der Aufnahme[41] sowie,[42] ebenso wie bei der Betreuung von **Angehörigen** (dazu RdNr. 8), auch die Dauer der Pflege sowie die Vorstellung der Ehegatten hiervon bei Aufnahme der Pflege zu beachten sein. – Bei der Betreuung eines **Ehebruchskindes** wird der Anfechtung der Vaterschaft durch den Mann in nahem zeitlichen Zusammenhang mit der Kenntniserlangung der Nichtvaterschaft und seine verweigerte Zustimmung zu einer Abtreibung maßgebliche Bedeutung zukommen. Da eigene Ehebrüche des Mannes mit dem Betreuungsaufwand für das Kind und der Bedürftigkeit nichts zu tun haben, bleibt dieser Umstand außen vor.[43] – Ganz besonderes Gewicht ist der Pflege von **Angehörigen des anderen Ehegatten** beizumessen.

VI. Scheitern der Ehe

17 Auch wenn es sich um „schwerwiegende Gründe" handelt, sind sie nicht allein deshalb zu berücksichtigen, weil sie zum Scheitern der Ehe geführt haben **(S. 2).** Dadurch wird der Rückkehr zum Verschuldensprinzip im nachehelichen Unterhaltsrecht vorgebeugt. Zudem soll sichergestellt werden, dass ein Unterhaltsanspruch ausschließlich nach wirtschaftlichen Gesichtspunkten gewährt wird: Weder soll dem Bedürftigen allein wegen eines persönlichen Fehlverhaltens ein Unterhaltsanspruch versagt, noch soll der Schuldner allein deshalb unterhaltspflichtig werden, weil er das Scheitern der Ehe verursacht hat.[44] Deshalb darf zwar das persönliche Fehlverhalten nicht als „schwerwiegender Grund" berücksichtigt werden, steht aber der Berücksichtigung im Rahmen der Billigkeitsabwägung nicht entgegen (dazu RdNr. 15).

VII. Weitere Einzelfragen

18 **1. Einsatzzeitpunkt.** Da § 1576 eine ausdrückliche Regelung insoweit nicht enthält, kann der Anspruch auf Billigkeitsunterhalt zeitlich unbeschränkt nach der Scheidung entstehen.[45] Sein Hauptanwendungsbereich dürfte jedoch die Zeit unmittelbar nach der Scheidung betreffen, weil der Verpflichtete umso eher darauf **vertrauen** durfte, nicht mehr in Anspruch genommen zu werden, je länger die Scheidung zurückliegt.[46]

[36] BGH NJW 1984, 1538 = FamRZ 1984, 361, 363; OLG Düsseldorf FamRZ 1980, 56.

[37] Dazu AG Hamburg-Altona Urt. vom 31. 8. 2005 – 350 F 86/04, juris [25]: Kein Billigkeitsunterhalt, wenn der Mindestbedarf des Bedürftigen durch eigene Einkünfte gedeckt ist und nur eine relativ geringfügige Einkommensdifferenz der beiderseitigen Einkünfte besteht.

[38] OLG Bamberg FamRZ 1980, 587, 588.

[39] OLG Köln FamRZ 1980, 886, 890.

[40] Zum Ganzen BGH NJW 1984, 1538 = FamRZ 1984, 361, 363.

[41] BGH NJW 1984, 1538 = FamRZ 1984, 361, 363.

[42] OLG Stuttgart FamRZ 1983, 503, 505.

[43] AA OLG Frankfurt a. M. FamRZ 1980, 299 f.

[44] BT-Druck. 7/4361 S. 90.

[45] BGH NJW 2003, 3481 = FamRZ 2003, 1734, 1737; aA etwa OLG Karlsruhe FamRZ 1996, 948, 949.

[46] BGH NJW 2003, 3481 = FamRZ 2003, 1734, 1737 mwN; OLG Bamberg NJW-RR 1997, 198 = FamRZ 1997, 819, 820; *Wendl/Pauling* § 4 RdNr. 164; *Soergel/Häberle* RdNr. 7; ähnlich *Johannsen/Henrich/Büttner* RdNr. 5.

2. Dauer und Höhe des Anspruchs. a) „Solange". Eine zeitliche Begrenzung des Anspruchs kann sich aus der zeitlich beschränkten Auswirkung des **„schwerwiegenden Grundes"** ergeben, etwa dass die Betreuung eines nicht gemeinschaftlichen Kindes nach einer gewissen Zeit die Aufnahme einer Erwerbstätigkeit nicht mehr hindert. Sie kann aber auch Folge der **Billigkeitsabwägung** sein,[47] wenn eine Hilfe für den Bedürftigen lediglich für eine Übergangszeit gerechtfertigt ist (dazu RdNr. 15). Ob sich daran ein weiterer Anspruch auf Billigkeitsunterhalt anschließen kann – etwa wenn nach Beendigung des Anspruchs infolge der Betreuung eines nicht gemeinschaftlichen Kindes der Bedürftige alt und krank, ein Unterhaltsanspruch nach §§ 1571, 1572 mangels Einsatzzeitpunkt jedoch nicht gegeben ist –, ist eine Frage des Einzelfalls.[48] 19

b) „Soweit". Auch die Höhe des Anspruchs kann sich – neben ihrer Bestimmung durch den Bedarf des Bedürftigen (§ 1578) und die Leistungsfähigkeit des Verpflichteten (§ 1581) – aus die Bedürftigkeit beschränkenden Auswirkungen des **„schwerwiegenden Grundes"** ergeben. Zudem ist auch sie einer **Billigkeitsprüfung** zugänglich. Nach den Umständen des Einzelfalles kann es billig sein, dem Verpflichteten einen höheren als den sich aus § 1581 ergebenden Selbstbehalt, der aber keinesfalls unterschritten werden darf, zu belassen, den notwendigen oder angemessenen Bedarf seiner zweiten Ehefrau und seiner minderjährigen Kinder aus einer zweiten Ehe vorab von seinem Einkommen abzuziehen[49] oder aber den Bedarf des Bedürftigen herabzusetzen. Nach dem durch das UÄndG 2007 geänderten Recht folgt dies bereits aus der Rangregelung in §§ 1582, 1609 Nr. 1–3. 20

3. Rang. Der unterhaltsrechtliche Rang des aus § 1576 Berechtigten ist Billigkeitserwägungen nicht zugänglich.[50] Besteht ein Anspruch auf Billigkeitsunterhalt, unterliegt er ohne Änderungsmöglichkeit der sich aus §§ 1582, 1609 Nr. 3 ergebenden Rangfolge. 21

VIII. Konkurrenzen

Der Anspruch auf Billigkeitsunterhalt aus § 1576 ist gegenüber den Ansprüchen aus §§ 1570–1573, 1575, die für die von ihnen geregelten Lebenssachverhalte abschließende Regelungen treffen, **subsidiär** (s. auch § 1569 RdNr. 24).[51] Erst nach Verneinung oder nur teilweiser Bejahung eines vorrangigen Unterhaltsanspruchs kann der Anspruch aus § 1576 zum Zuge kommen, insbesondere wenn ein Anspruch aus § 1572 lediglich am Einsatzzeitpunkt scheitert.[52] – Zur **Spezialität** des Anspruchs auf **Aus-** und **Weiterbildung** nach § 1575 sowie § 1573 Abs. 1 iVm. § 1574 Abs. 3 s. RdNr. 2, zur Konkurrenz mit **§ 1579** s. dort RdNr. 82. – Der Anspruch aus § 1576 wird, betreut der Berechtigte ein gemeinsames nichteheliches Kind, grundsätzlich von dem den Unterhalt abschließend regelnden **§ 1615l** verdrängt,[53] zumal nach dessen Ausgestaltung durch Art. 6 SFHÄndG[54] [Ausdehnung der Frist auf drei Jahre und Lockerung der Erwerbsobliegenheit], Art. 1 Nr. 5 Buchst. a KindRG (dazu Vor § 1569 RdNr. 1) [unbegrenzte Ausdehnung bei grober Unbilligkeit (§ 1615l Abs. 2 S. 3)] und Art. 1 Nr. 20 Buchst. a UÄndG 2007 (dazu Vor § 1569 RdNr. 1) [unbegrenzte Ausdehnung bei einfacher Unbilligkeit] auch ein Anspruch aus § 1576 nicht weiter tragen dürfte als der aus § 1615l. Für noch **während bestehender** 22

---

47 BGH NJW 1984, 2355 = FamRZ 1984, 769, 770.

48 *Soergel/Häberle* RdNr. 8.

49 OLG Düsseldorf FamRZ 1980, 56, 57. Anders wohl *Soergel/Häberle* RdNr. 9: § 1581 ist unanwendbar.

50 BGH NJW 1985, 2268 = FamRZ 1985, 911, 912 (zu § 1582 Abs. 1 S. 2).

51 BGH FamRZ 1983, 800, 801; NJW 1984, 1538 = FamRZ 1984, 361, 363 (für den Betreuungsunterhalt); NJW 2003, 3481 = FamRZ 2003, 1734, 1736 mwN (zu entscheiden war das Verhältnis zum Krankenunterhalt).

52 BGH NJW 1990, 2752 = FamRZ 1990, 496, 499; NJW 2003, 3481 = FamRZ 2003, 1734, 1737 mwN; s. auch OLG Zweibrücken FamRZ 2002, 821, 822; OLG Köln FamRZ 2004, 1725, 1726.

53 BGH NJW 1998, 1065 = FamRZ 1998, 426, 427.

54 *Schwangeren- und Familienhilfeänderungsgesetz* v. 21. 8. 1995 (BGBl. I S. 1050).

Ehe gezeugte, aber nach rechtskräftiger Scheidung geborene Kinder (dazu § 1570 RdNr. 24) ist jedoch der Bezug zur Ehe so stark, dass der Ehefrau aus Gründen der nachehelichen Solidarität der durch § 1578 Abs. 3 (Altersvorsorge) verstärkte Schutz des Unterhaltsanspruchs aus § 1576 zuteil werden muss.

§ 1577 Bedürftigkeit

(1) Der geschiedene Ehegatte kann den Unterhalt nach den §§ 1570 bis 1573, 1575 und 1576 nicht verlangen, solange und soweit er sich aus seinen Einkünften und seinem Vermögen selbst unterhalten kann.

(2) [1] Einkünfte sind nicht anzurechnen, soweit der Verpflichtete nicht den vollen Unterhalt (§§ 1578 und 1578 b) leistet. [2] Einkünfte, die den vollen Unterhalt übersteigen, sind insoweit anzurechnen, als dies unter Berücksichtigung der beiderseitigen wirtschaftlichen Verhältnisse der Billigkeit entspricht.

(3) Den Stamm des Vermögens braucht der Berechtigte nicht zu verwerten, soweit die Verwertung unwirtschaftlich oder unter Berücksichtigung der beiderseitigen wirtschaftlichen Verhältnisse unbillig wäre.

(4) [1] War zum Zeitpunkt der Ehescheidung zu erwarten, dass der Unterhalt des Berechtigten aus seinem Vermögen nachhaltig gesichert sein würde, fällt das Vermögen aber später weg, so besteht kein Anspruch auf Unterhalt. [2] Dies gilt nicht, wenn im Zeitpunkt des Vermögenswegfalls von dem Ehegatten wegen der Pflege oder Erziehung eines gemeinschaftlichen Kindes eine Erwerbstätigkeit nicht erwartet werden kann.

Schrifttum: *Born,* Ist der Fleißige der Dumme? – Überobligationsmäßige Einkünfte in der unterhaltsrechtlichen Praxis, FamRZ 1997, 129; *Büttner,* Das Zusammenleben mit einem neuen Partner und seine Auswirkungen auf den Unterhaltsanspruch, FamRZ 1996, 136; *Krenzler,* Zur Anrechnungsproblematik gemäß § 1577 II BGB, FamRZ 1983, 653; *Möller,* Berechnung der Drittelobergrenze, FamRZ 1997, 405; *Müller, W.,* Mehrarbeit bei der Unterhaltsberechnung, DAVorm 1987, 81; *ders.,* Das für die Unterhaltsbemessung maßgebliche Nettoeinkommen, DAVorm 1988, 491; *ders.,* Die Arbeitspflicht getrenntlebender oder geschiedener Ehegatten, ZfJ 1988, 169; *Roth-Stielow,* Eheloses Zusammenleben eines Unterhaltsgläubigers als Bedürfnisproblem, JR 1982, 53; *Scholz,* Trennungs- und Scheidungsunterhalt bei Aufnahme einer nichtehelichen Lebensgemeinschaft, MDR 1983, 441; *ders.,* Unterhalt für Telefonsex?, FamRZ 2003, 1900; *Schulze,* Bedürfnis und Leistungsfähigkeit im internationalen Unterhaltsrecht, Diss. Heidelberg 1997; *Schwab, D.,* § 1577 Abs. 2 BGB – das große Rätsel?, Brühler Schriften zum Familienrecht Bd. 1 (1981), 23; *Steyman,* Keine doppelte Bedarfsdeckung beim Unterhalt aufgrund fiktiver Einkünfte des Unterhaltspflichtigen und Sozialhilfebezugs des Unterhaltsberechtigten, FamRZ 2001, 672; *Winkler von Mohrenfels,* Die unterhaltsrechtliche Verpflichtung (Obliegenheit) zur Realisierung individueller vermögensrechtlicher Ansprüche, FamRZ 1981, 521; *Wohlgemuth,* Die angemessenen Wohnvorteile beim Familieneigenheim. Abschied von der Drittelobergrenze?, FamRZ 1999, 621; *Zeranski,* Zum rechtlichen Schicksal eines auf fiktiven Einkünften beruhenden Unterhaltsanspruchs nach Gewährung von Sozialhilfe an den Unterhaltsberechtigten, FamRZ 2000, 1057. S. auch Schrifttum Vor § 1569 und zu § 1578.

Übersicht

I. Normzweck

Unabhängig von der Anspruchsgrundlage (§§ 1570–1573, 1575–1576) besteht ein Unterhaltsanspruch nur, wenn der Berechtigte nach seinen Einkommens- und Vermögensverhältnissen **bedürftig** ist (Abs. 1). – Abs. 2[1] regelt die Anrechnung von Einkünften des Berechtigten, wenn der Verpflichtete nicht den **vollen** Unterhalt leistet. Nach ihm richtet sich vornehmlich die Anrechnung von Einkünften aus einer **überobligaten** Erwerbstätigkeit. – Abs. 3 enthält eine **Ausnahme** von der Regel, dass der Bedürftige grundsätzlich auch den Stamm seines Vermögens zur Bedarfsdeckung einzusetzen hat.[2] – Abs. 4 trifft eine Regelung für den Fall des **Wegfalls des Vermögens,** das den Unterhalt des Bedürftigen nachhaltig gesichert hatte. 1

II. Grundsätze

1. Anspruchsvoraussetzung. Unterhaltsansprüche, gleich auf welcher Rechtsgrundlage, setzen stets voraus, dass der Berechtigte **bedürftig,** mithin außerstande ist, sich selbst zu unterhalten (zum Begriff s. § 1602 Abs. 1; s. auch §§ 1361 Abs. 2, 16151 Abs. 3 S. 1). So steht auch einem geschiedenen Ehegatten nachehelicher Unterhalt nicht zu, solange und soweit er sich aus seinen Einkünften und seinem Vermögen selbst unterhalten kann **(Abs. 1).** Seine Bedürftigkeit verringert sich nur durch die Möglichkeit, seinen Bedarf durch eigene Einkünfte zu decken, nicht auch durch die **freiwillige Einschränkung** seiner Lebensführung (dazu § 1578 RdNr. 3). – Zur **rechnerischen** Berücksichtigung von Eigeneinkünften des Berechtigten s. die Ausführungen bei § 1578 RdNr. 4–10, zum **Einsatzzeitpunkt** s. § 1578 RdNr. 17. 2

2. Obliegenheit zur Einkunftserzielung. Aufgrund der nachehelichen Eigenverantwortung obliegt es dem Berechtigten, im Rahmen der **Zumutbarkeit** Einkünfte aller Art[3] zu erzielen und zur Deckung seines Lebensbedarfs zu verwenden (zur nachehelichen Eigenverantwortung s. § 1569 RdNr. 6). **Verstöße** gegen diese Obliegenheit führen nach § 1578 Abs. 1 zur Berücksichtigung in Höhe der vorwerfbar nicht erzielten Einkünfte beim Bedarf (dazu dort § 1578 RdNr. 138–187) und nach Abs. 1 dazu, dass diese fiktiven Einkünfte den Bedarf des Berechtigten deckend und damit seine Bedürftigkeit verringernd zuzurechnen sind.[4] Darüber hinaus ermöglicht **§ 1579 Nr. 4** eine Herabsetzung, wenn den Berechtigten 3

[1] Zur entsprechenden Anwendung: Auf den **Trennungsunterhalt** nach § 1361 BGH NJW 1983, 933 = FamRZ 1983, 146, 148; aA etwa KG FamRZ 1981, 869, 871 (dazu auch dort RdNr. 35). – Auf den **Verwandtenunterhalt** OLG Hamm OLGR 1998, 174, 175; Urt. v. 5. 3. 1999 – 11 UF 186/98, juris [90] = OLGR 2000, 176 (LS); OLG Karlsruhe Urt. v. 18. 12. 2002 – 16 UF 138/02, juris [14]; AG Ludwigslust FamRZ 2004, 1808; AG Hameln Urt. v. 6. 12. 2005 – 31 F 227/05, juris [26]. – Auf Unterhaltsansprüche nichtehelicher Eltern BGH NJW 2005, 818 = FamRZ 2005, 442, 444 m. Anm. *Schilling*; OLG Hamburg FamRZ 2005, 927, 928 f.; OLG München NJW-RR 2006, 586 = FamRZ 2006, 812 (LS); *Hahne,* FS Schwab, 2005, S. 783 = FF 2006, 24; aA noch etwa OLG Schleswig OLGR 2001, 201 f. – Im Rahmen von § 844 Abs. 2 OLG Nürnberg NZV 1997, 439 f.

[2] Zur Anwendbarkeit auf ein volljähriges Kind s. BGH NJW 1998, 978 = FamRZ 1998, 367; OLG Köln NJWE-FER 1999, 176 = FamRZ 1999, 1277 (LS); OLG Frankfurt a. M. OLGR 2007, 285 f. – Zum Elternunterhalt: BGH NJW 2004, 2306 = FamRZ 2004, 1184 ff. [Vorinstanz OLG Hamm Urt. v. 8. 10. 2001 – 8 UF 21/01, juris (LS) = FamRZ 2002, 1212 (LS)].

[3] OLG Karlsruhe OLGR 2002, 125, 126 (Geltendmachung von Pflichtteilsansprüchen); OLG Hamm OLGR 2000, 329, 330 = FamRZ 2001, 101 (LS) (möglichst gewinnbringende Geldanlage – Renovierung von Immobilien und anschließende Schenkung an Tochter).

[4] BGH FPR 2003, 245 = FamRZ 2003, 434, 435.

zwar keine Obliegenheit zur Einkommenserzielung (mehr) trifft, er diesen Zustand jedoch „mutwillig" herbeigeführt hat (dazu § 1579 RdNr. 28–31).

4 **3. Einkünfte.** Es gilt derselbe **weite** Einkunftsbegriff wie zu §§ 1578, 1581. Zu den Einzelheiten wird auf die Ausführungen zu § 1578 RdNr. 88–137 verwiesen. Dort werden im Zusammenhang mit der Bedarfsbemessung auch die Fragen zur Bedarfsdeckung und zur Leistungsfähigkeit erörtert.

5 **4. Bagatellunterhalt.** Auch er ist unabhängig von der Anspruchsgrundlage für den nachehelichen Unterhalt[5] grundsätzlich auszugleichen.[6] Unter dem Gesichtspunkt der nachehelichen **Eigenverantwortung** (§ 1569, dazu dort RdNr. 6) ist im Einzelfall jedoch auf die Eigeneinkünfte und das Vermögen des Berechtigten abzustellen: Ist dieses bzw. sind sie relativ hoch, kann davon ausgegangen werden, dass der Berechtigte zur Aufrechterhaltung seines Lebensstandards nach den ehelichen Lebensverhältnissen nicht des Ausgleichs eines geringen Einkommensunterschieds bedarf. Jedenfalls die Anknüpfung allein am Ausgleichsbetrag[7] ist ungeeignet, weil sie die ggf. individuelle Bedeutung auch geringer Unterhaltsbeträge völlig außer Betracht lässt.[8] – Ggf. kann der Unterhaltsanspruch nach § 1578b Abs. 2 zeitlich begrenzt (dazu dort RdNr. 24) oder im Rahmen einer nach § 1579 anzustellenden Billigkeitsabwägung berücksichtigt werden.

III. Überobligat erzielte Einkünfte

6 **1. Allgemeines.** Anlass für die Regelung in **Abs. 2** war für den Gesetzgeber die Behandlung von Einkünften aus nicht zumutbarer Erwerbstätigkeit in Rspr. und Literatur.[9] Auch die veröffentlichte Rspr. beschäftigt sich vornehmlich mit der Behandlung von **Erwerbseinkünften.**[10] – Der schwer verständliche und auslegungsbedürftige[11] Abs. 2 soll eine Schlechterstellung des Berechtigten vermeiden, der eine ihm nach den §§ 1570ff. **nicht zumutbare Erwerbstätigkeit** ausübt.[12] Er regelt mithin nur die Behandlung von Einkünften aus überobligater[13] und nicht auch aus zumutbarer Erwerbstätigkeit. Die Ausübung der Tätigkeit ist **Indiz,**[14] allerdings nicht der einzige Gesichtspunkt für die Zumutbarkeit der ausgeübten Erwerbstätigkeit. Zu den Einzelheiten auch im Hinblick auf **Lohnersatzleistungen** s. die Ausführungen § 1578 RdNr. 105–107. – Zu den auch für den Verpflichteten geltenden Einzelheiten zu **überobligaten Erwerbseinkünften** s. § 1578 RdNr. 97–102; zum **Einkommensbegriff** s. § 1578 RdNr. 88–137; zur Obliegenheit, neben einer **Kindesbetreuung** einer Erwerbstätigkeit nachzugehen, s. § 1570

---

[5] Zum Anspruch auf Altersunterhalt s. OLG Karlsruhe FPR 2008, 461 m. Bespr. *Born* = FamRZ 2008, 2120, 2121.

[6] *Soergel/Häberle* RdNr. 20; 4. DFGT FamRZ 1981, 1204; aA OLG Frankfurt a. M. FamRZ 1981, 1061; OLG Düsseldorf FamRZ 1996, 947 (Mindestbetrag: 100 DM); OLG Oldenburg NJW-RR 1995, 453, 454 (bei einer Erhöhung des Einkommens des Berechtigten um lediglich 4%); OLG München FamRZ 1997, 425, 426 (auch bei niedrigen Einkünften und einem Ausgleichbetrag von 100 DM); FamRZ 2004, 1208, 1209 (Aufstockungsunterhalt unter 10% des eigenen Einkommens ist vernachlässigbar); OLG Koblenz NJW-RR 2006, 151, 152 = FamRZ 2006, 704 (LS) (wenn Einkommensdifferenz weniger als 10% des Gesamteinkommens); AG Besigheim FamRZ 2004, 546 (Unterhaltsanspruch von 64 €); offen gelassen von KG FamRZ 1981, 156.

[7] So etwa OLG Düsseldorf FamRZ 1996, 947 (100 DM); OLG München FamRZ 1997, 425, 426 (100 DM); FamRZ 2004, 1208, 1209 (10% des bereinigten Nettoeinkommens des Berechtigten); OLG Brandenburg FamRZ 2005, 210 (100 DM = 51,13 €).

[8] OLG Köln FamRZ 2007, 1463, 1464 (zum Trennungsunterhalt); KG FamRZ 2008, 415, 416.

[9] BT-Drucks. 7/650 S. 135.

[10] Insbesondere BGH NJW 1983, 933 = FamRZ 1983, 146, 148.

[11] BGH NJW 1983, 933 = FamRZ 1983, 146, 149.

[12] BT-Drucks. 7/650 S. 135.

[13] BGH NJW 1983, 933 = FamRZ 1983, 146, 148. Das OLG Hamm NJW-RR 1993, 3273 = FamRZ 1994, 1035, 1036 unterscheidet zwischen überobligatorisch und unzumutbar erzielten Einkünften.

[14] BGH NJW 1981, 2804 = FamRZ 1981, 1159, 1161; s. auch OLG Frankfurt a. M. FamRZ 1980, 144; OLG Düsseldorf FamRZ 1980. 685, 686; OLG Hamm NJW-RR 1996, 1154 = FamRZ 1995, 1422 (zum Nebenerwerb eines pensionierten Beamten); OLGR 1997, 231, 232; OLG Bamberg FamRZ 1996, 1076, 1077.

RdNr. 32–55; zur Berücksichtigung der unzumutbar erzielten Einkünfte im **Mangelfall** im Rahmen des § 1581 s. dort RdNr. 16; zur Nichtanwendbarkeit bei Verweisung des Berechtigten auf eine Erwerbstätigkeit im Rahmen des **§ 1579** s. dort RdNr. 71.

Praktische **Schwerpunkte** der Regelung sind Einkünfte aus einer Erwerbstätigkeit 7
- neben der **Betreuung** von Kindern;
- trotz Erwerbsunfähigkeit wegen **Krankheit.**[15] Ihre Ausübung indiziert und begründet die Vermutung für die Erwerbsfähigkeit. An den Gegenbeweis des Erkrankten sind zwar strenge Anforderungen zu stellen, doch ist der berechtigten Sorge eines Erwerbstätigen um seinen Arbeitsplatz und betrieblichen Belangen seines Arbeitgebers genügend Beachtung zu schenken;
- nach Erreichen der **Altersgrenze** (dazu näher § 1578 RdNr. 169).

2. Nichtanrechnung. a) „Einkünfte“. Neben **Erwerbseinkünften** (dazu § 1578 RdNr. 88–105) erfasst Abs. 2 auch **Vermögenseinkünfte** aus einer nicht zumutbaren Anlage[16] und kann sowohl bereits getätigte Anlagen als auch Vermögensumschichtungen (dazu § 1578 RdNr. 182) betreffen. Da die Verwirklichung eines **erhöhten Anlagerisikos** zur Annahme einer Obliegenheitsverletzung (§§ 1579 Nr. 3, 242) und zur Zurechnung fiktiver Einkünfte führen kann, sind die Erträgnisse aus einer überobligaten Anlage nach Abs. 2 zu behandeln, soweit sie diejenigen aus einer „konventionellen“ Anlage, die dem Berechtigten immer obliegt (dazu auch § 1578 RdNr. 118, 119, § 1579 RdNr. 28), überschreiten. Führt eine nicht zumutbare **Vermögensumschichtung** (dazu § 1578 RdNr. 183, § 1579 RdNr. 28) zu keinen höheren Erträgnissen, ist Abs. 2 unanwendbar. 8

b) „Voller Unterhalt“. Dies ist der Unterhaltsbetrag, der dem Berechtigten nach seinem sich aufgrund der ehelichen Lebensverhältnisse nach § 1578 Abs. 1–3 ergebenden Bedarf (dazu § 1578 RdNr. 4–10, 44–48) einschließlich Mehrbedarf (dazu § 1578 RdNr. 59–82) zustehen würde,[17] mithin der **eheangemessene Bedarf,** und nicht lediglich der Betrag, den der Verpflichtete ohne die Einkünfte des Berechtigten zu leisten hätte. – Dabei ist von besonderer Bedeutung, dass Einkünfte aus einer unzumutbaren Erwerbstätigkeit die ehelichen Lebensverhältnisse nicht prägen können (dazu ausführlich § 1578 RdNr. 99, 100; s. auch RdNr. 10). Hat der Berechtigte seine Erwerbseinkünfte in voller Höhe überobligat erzielt, weil ihm eine solche überhaupt nicht zumutbar ist, handelt es sich beim vollen Unterhalt deshalb um den Unterhaltsbetrag, den der Verpflichtete ohne die Einkünfte des Berechtigten zu leisten hätte. War die Erwerbstätigkeit jedoch teilweise obligat, ist der darauf entfallende Anteil der Einkünfte (auch) bedarfsprägend zu berücksichtigen. 9

c) Nichtanrechnung. S. 1 ist keine **Sanktionsvorschrift** zu Lasten des seiner Unterhaltspflicht nicht oder nur ungenügend nachkommenden Verpflichteten.[18] Vielmehr ist für die Nichtanrechnung von Einkünften allein darauf abzustellen, ob und inwieweit die Unterhaltsleistung zusammen mit obligat erzielten Einkünften des Berechtigten hinter dessen vollen Unterhalt zurückbleibt. – Zunächst ist also der Bedarf nach § 1578 Abs. 1 S. 1 zu bestimmen (RdNr. 9), und davon der gezahlte Unterhaltsbetrag und ggf. die zumutbar erzielten Einkünfte abzusetzen. In Höhe des Unterschiedsbetrags sind die unzumutbar erzielten Einkünfte **anrechnungsfrei,**[19] verbleiben also allein dem Berechtigten als „Honorierung“ seines überobligaten Einsatzes. Diese Bevorzugung ist insbesondere deshalb gerechtfertigt, weil die unzumutbar erzielten Einkünfte die ehelichen Lebensverhältnisse nicht prägen konnten (dazu auch RdNr. 14–16 und insbesondere § 1578 RdNr. 99, 100) und bei einer Anrechnung (zur Anrechnungsmethode § 1578 RdNr. 9) allein zu Lasten des Berechtigten gegangen wären. – Nach der neueren Rspr. des BGH prägen auch überobligat erzielte 10

[15] OLG Bremen FamRZ 1991, 86; OLG Hamm FamRZ 1994, 1034 f.

[16] Dazu etwa *Krenzler* FamRZ 1983, 653, 655; *Wendl/Gutdeutsch* § 4 RdNr. 544.

[17] BGH NJW 1983, 933 = FamRZ 1983, 146, 149.

[18] BGH NJW 1983, 933 = FamRZ 1983, 146, 148 f. mN auch zur abw. Auffassung.

[19] Abzulehnen ist OLG Hamm FamRZ 1994, 1035, 1036, das eine überobligate Erwerbstätigkeit gleichwohl für zumutbar hält und nicht mehr zwischen S. 1 und 2 unterscheidet.

Einkünfte die ehelichen Lebensverhältnisse. Danach ist vom überobligat erzielten Einkommen der „anrechnungsfreie" Anteil, in den ein Bonus für seinen überobligaten Einsatz einzurechnen ist, abzuziehen und der Rest in die Bedarfsbemessung nach der Halbteilung einzubeziehen (zum Ganzen eingehend § 1578 RdNr. 99, 100).

11 **3. Anrechnung. a) „Einkünfte, die den vollen Unterhalt übersteigen".** Erzielt der Berechtigte überobligate Einkünfte, die allein oder zusammen mit dem vom Verpflichteten geleisteten Unterhalt[20] seinen vollen Unterhalt übersteigen, würde die Nichtanrechnung nach S. 1 vielfach zu einer unangebrachten wirtschaftlichen Besserstellung des Berechtigten gegenüber dem Verpflichteten führen. Unzumutbar erzielte Einkünfte bleiben deshalb nach S. 2 nicht völlig unangetastet, sondern sind in begrenztem Umfang auch zur Entlastung des Verpflichteten heranzuziehen, wenn der volle Unterhalt gesichert ist.[21] Übersteigen sie den nach S. 1 ermittelten Unterschiedsbetrag, sind sie aufgrund einer **Billigkeitsabwägung** unter Berücksichtigung der beiderseitigen wirtschaftlichen Verhältnisse der geschiedenen Ehegatten anzurechnen. – Der BGH scheint in seiner neueren Rspr. die Anrechnung nach S. 1 und S. 2 zusammenzufassen (dazu auch RdNr. 10).

12 Entgegen dem Wortlaut des S. 2, der nur auf die wirtschaftlichen Verhältnisse der Ehegatte abstellt, sind in die Billigkeitsabwägung **alle individuellen Umstände** der Ehegatten einzubeziehen, weshalb allein nicht ausreicht, dass der Berechtigte voll erwerbstätig ist.[22] Sie ermöglicht insbesondere die Berücksichtigung besonderer Belastungen eines Ehegatten oder anderer persönlicher Umstände, etwa die Betreuung eines behinderten Kindes,[23] aber auch, dass der neue Lebenspartner des Berechtigten in gehobenen wirtschaftlichen Verhältnissen lebt und ihn daran teilhaben lässt.[24] **Konkreter Betreuungsaufwand** eines Ehegatten für ein gemeinsames Kind (dazu § 1578 RdNr. 101)[25] wird sich allerdings meist schon durch Vorwegabzug vom Einkommen des betroffenen Ehegatten bereits zur Hälfte im Unterhaltsbetrag niedergeschlagen haben, was idR eine erneute Berücksichtigung verwehrt. – Die Anrechnung bestimmt sich auch dann nach S. 2, wenn der vom Verpflichteten geleistete Unterhalt den vollen Unterhalt des Berechtigten abdeckt.[26] – Ganz anrechnungsfrei werden die den nach S. 1 anrechnungsfreien Betrag übersteigenden Einkünfte nur in seltenen Ausnahmefällen sein, etwa wenn sein notwendiger Bedarf durch Eigeneinkünfte und Unterhalt nicht gedeckt wird; doch bleibt anrechnungsfrei jedenfalls der Betrag, den der Berechtigte benötigt, um zusammen mit den Einkünften und dem Unterhaltsbetrag seinen **notwendigen Bedarf** abzudecken.[27] Im Einzelfall kann es durchaus billig sein, ihm zum Ausgleich für idR anfallende Mehraufwendungen einen größeren Anteil als den anzurechnenden zu belassen.[28]

13 **b) Pauschalierung.** Eine **Schematisierung** würde zwar die außergerichtliche Beratung erleichtern und die Entscheidung, ob der Rechtsweg beschritten werden soll, absichern, zudem würde das gerichtliche Verfahren ganz erheblich vereinfacht. Zutreffend **verwehrt** sie der BGH[29] aber und verlangt in jedem Einzelfall eine konkrete Abwägung aller individuellen Umstände, insbesondere im Hinblick auf die Vereinbarkeit von Arbeitszeiten mit der

---

[20] BGH NJW 1983, 933 = FamRZ 1983, 146, 149.

[21] BGH NJW 1995, 962 = FamRZ 1995, 343.

[22] BGH NJW 1995, 962 = FamRZ 1995, 343. Das OLG Karlsruhe FamRZ 1981, 559, 560 hat von einer Anrechnung bei hohen berufsbedingten Aufwendungen und einem geringen Unterhaltsbetrag, der unschwer bezahlt werden kann, abgesehen.

[23] Bsp. von *Krenzler* FamRZ 1983, 653, 656.

[24] BGH NJW 1995, 962 = FamRZ 1995, 343.

[25] So OLG Stuttgart FamRZ 2007, 150, 151 m. Anm. *Spangenberg* FamRZ 2007, 1022, 1023.

[26] OLG Zweibrücken FamRZ 1983, 719, 720; *Krenzler* FamRZ 1983, 653, 655; s. auch BGH NJW 1995, 962 = FamRZ 1995, 343.

[27] OLG Stuttgart FamRZ 2004, 1294; FamRZ 2007, 150, 151.

[28] KG FamRZ 1995, 355, 356 (trennungsbedingter Mehrbedarf, der dann aber dem Bedarf nicht bereits nach § 1578 Abs. 1 S. 1 zugeschlagen worden sein darf); *Griesche* FamGb RdNr. 58; *ders.* FamRZ 1981, 850.

[29] BGH NJW 1995, 962 = FamRZ 1995, 343; NJW 2003, 1181 = FamRZ 2003, 518, 520; BGHZ 162, 384 = NJW 2005, 2145 = FamRZ 2005, 1154, 1156.

erforderlichen häuslichen Betreuung von Kindern.[30] Dementsprechend führen die OLG meist eine konkrete Berechnung des nach S. 2 anzurechnenden Betrags durch, die dann idR zu einem unterhaltsrechtlichen Schonbetrag von 1/4–1/2 des überobligat erzielten Einkommens, in Einzelfällen aber auch zu einem höheren Anteil führt.

Bsp. aus der Rspr. zum „geschonten" Erwerbsanteil: Zu 1/4: KG FamRZ 1981, 869, 871; FamRZ 1982, 386, 388; OLG Köln FamRZ 2004, 376, 377.

Zu 1/3: OLG Stuttgart NJW 1980, 2715 = FamRZ 1980, 1003, 1005; NJW-RR 1991, 69 = FamRZ 1990, 753; OLG Karlsruhe FamRZ 1998, 560, 561; NJW 2004, 859 = FamRZ 2004, 1209, 1211; OLGR 2005, 195, 196 = FamRZ 2005, 1747 (LS).

Zu 1/2: BGHZ 148, 368 = NJW 2001, 3618 = FamRZ 2001, 1687, 1690; OLG Düsseldorf FamRZ 1978, 856; FamRZ 1984, 800, 801; OLG Hamm FamRZ 1981, 362, 365; FamRZ 1990, 998, 1000; FamRZ 1992, 1427, 1428; FamRZ 1994, 1036, 1037; FamRZ 1994, 1592, 1594; FamRZ 2002, 885 f.; NJW 2003, 2461 = FamRZ 2004, 376; FamRZ 2004, 1108 (LS); NJW-RR 2004, 438 = FamRZ 2004, 1379 (LS); OLG Frankfurt a. M. FamRZ 1982, 818, 820; OLG Köln FamRZ 1993, 1115, 1116; OLG Koblenz FamRZ 1999, 1275, 1276; OLG Nürnberg Beschl. v. 6. 7. 2000 – 10 WF 2189/00, juris [6]; OLG Braunschweig FamRZ 2002, 1711; s. auch die LL: Hamm Nr. 32; München Nr. 3.6; im Ergebnis auch OLG Köln FamRZ 1991, 856.

Zu einem höheren Anteil: OLG Hamm NJW-RR 1997, 963 = FamRZ 1997, 886 (LS) (Entlastung des Berechtigten durch Tagesmutter, allerdings nach Vorwegabzug der für sie anfallenden Kosten); OLG Koblenz FamRZ 2000, 288, 289 (60%).

Doch ist eine hälftige oder gar darüber hinaus gehende Quote als anzurechnendes Einkommen idR abzulehnen, da bereits eine hälftige Quote zur Halbteilung führt, sodass dem überobligat erwerbstätigen Ehegatten entgegen Abs. 2 gar kein Bonus mehr verbleibt[31] und er so behandelt wird, als stammten die Einkünfte aus einer obligaten Erwerbstätigkeit (dazu auch § 1578 RdNr. 100). Zu einem anderen Ergebnis kann nur eine **Angemessenheitskontrolle** nach § 1581 (dazu dort RdNr. 17–19) führen. – Statt einem Ehegatten einen Anteil an seinen überobligaten Erwerbseinkünften zu belassen, kann ihm für die Kinderbetreuung ein **Betreuungsbonus** oder, wird sie für ihn von seinem jetzigen Ehegatten oder Partner erbracht, ein **Freibetrag** eingeräumt werden, der sich flexibel nach den individuellen Umständen des Kindes und des betreuenden Elternteils richtet (dazu § 1578 RdNr. 102).

c) Bedarfsdeckung. In seiner bisherigen Rspr. berücksichtigte der BGH[32] den nach S. 2 anrechenbaren Betrag nicht (auch) **bedarfsprägend,** sondern nur bedarfsdeckend, weil unzumutbar erzielte Einkünfte die ehelichen Lebensverhältnisse und damit auch den Bedarf nicht bestimmen können (dazu RdNr. 10, § 1578 RdNr. 99). Der volle Unterhalt wurde somit unter Außerachtlassung des anrechenbaren Betrages bestimmt und dieser erst danach abgezogen (Direktabzug). Für den Berechtigten war dies ungünstig, weil damit seine Einkünfte seinen Bedarf nicht erhöhen konnten und der dadurch geringere Bedarf nicht (auch) bereits vorab durch Halbteilung verringert wurde. 14

Nunmehr hat der BGH seine Rspr. geändert und behandelt (auch) überobligat erzielte Einkünfte grundsätzlich bedarfsprägend (dazu eingehend § 1578 RdNr. 99). An ihrer **bedarfsdeckenden** Behandlung hat sich dadurch aber nichts geändert. Auch insoweit ist nur 15

[30] BGHZ 162, 384 = NJW 2005, 2145 = FamRZ 2005, 1154, 1157; OLG Hamm OLGR 1996, 264 = FamRZ 1997, 886 (LS); OLG Karlsruhe OLGR 2005, 195, 196 = FamRZ 2005, 1747 (LS). – S. auch die LL der OLG [vor § 1578] Nr. 15.2: Celle, KG, Oldenburg, Schleswig. Nr. 10.3: Brandenburg, Braunschweig, Bremen, Celle, Dresden (für Kinder unter 14 Jahren), Düsseldorf, Hamburg, Hamm, Koblenz (bei vollschichtiger Erwerbstätigkeit für Kinder unter 3 Jahren 300 €, bei älteren Kindern nach den Umständen des Einzelfalls); Köln, Naumburg, Oldenburg, Rostock, SüdL, Thüringen; auch Frankfurt a. M. (200 €, wenn er oder Dritte zusätzliche Aufwendungen für die Kinderbetreuung haben). Nur konkrete Kinderbetreuungskosten berücksichtigen: KG; Schleswig.

[31] OLG Frankfurt a. M. OLGR 2004, 294; *Juncker* 2003, 1533, 1534; ausführlich *Maurer* FamRZ 2005, 1823, 1824. S. auch OLG Köln FamRZ 2004, 376, 377, wonach der Berechtigte keinesfalls besser stehen darf als bei der Behandlung seines Einkommens als obligat erzielt.

[32] BGH NJW 1983, 933 = FamRZ 1983, 146, 150; aA etwa *Krenzler* FamRZ 1983, 653, 656 f.

der unterhaltsrelevante Anteil der überobligat erzielten Einkünfte vom nach der Differenz-/Additionsmethode ermittelten Bedarfsbetrag abzuziehen.[33] – Der Veranschaulichung sollen die folgenden Bsp. dienen. Dass dabei Anrechnungs- und Differenz-/Additionsmethode zum selben Ergebnis führen, ist allein auf die betragsmäßig gleiche Bemessung des quotalen und des festen Anteils am überobligaten Einkommen zurückzuführen; die Diskussion um die dogmatische Einordnung und Berücksichtigung der überobligaten Erwerbseinkünfte erübrigt sich dadurch nicht.

Der Ehemann (EM) verdient bereinigt netto 2000 €/Monat, die Ehefrau (EF) überobligat 900 €.

Bsp. 1: Nach bisheriger Rspr. stand EF zu: 2000 €
2 = 1000 €. Bei Anrechnung ihrer überobligaten Einkünfte zu 1/3 hatte sie einen Unterhaltsanspruch von 700 €. – Nach geänderter Rspr. stehen EF zu, wenn man den nicht unterhaltsrelevanten Teil mit 300 € bemisst: 2000 € + (900 € – 300 €) = 2600 € : 2 = 1300 € – 600 € = 700 €.

Bsp. 2: Wie im Bsp. 1, doch hat EF einen konkreten Betreuungsaufwand von 300 €, sodass ihr nur 600 € bleiben. Bei Anrechnung zu 1/3 beträgt ihr Unterhaltsanspruch 800 €. – Nach geänderter Rspr. stehen ihr zu: 2000 € + (900 € – 300 € – 200 €) = 2400 € : 2 = 1200 € – 400 € = 800 €.

16 **d) Praktische Umsetzung.** Der anrechenbare Betrag ist idR vom ermittelten Quotenunterhalt abzuziehen, jedenfalls dann, wenn man den unzumutbar erzielten Einkünften keine bedarfsprägende Wirkung beimisst. Im Mangelfall ergibt sich nichts anderes:[34] Er definiert sich allein über das Einkommen des Verpflichteten. Soweit der notwendige Bedarf des Berechtigten nicht durch den Unterhaltsbetrag gedeckt wird, ist sein Einkommen bereits nach S. 1 anrechnungsfrei. Über die Anrechnung eines weiteren Betrags kann erreicht werden, dass beide Ehegatten über dieselben finanziellen Mittel verfügen, soweit dies im Hinblick auf die zusätzlichen Belastungen des Berechtigten der Billigkeit entspricht. – Nach der neueren Rspr. des BGH (dazu RdNr. 15) zur Bedarfsprägung des überobligat erzielten Einkommens in unterhaltsrelevanter Höhe ist er vorab vom überobligat erzielten Einkommen abzuziehen; eines weiteren Abzugs nach der Quotenbildung bedarf es nicht. Dies gilt auch für den Mangelfall, der sich, ggf. neben anderen Unterhaltsansprüchen, allein über den Quotenunterhalt definiert.

IV. Vermögensverwertung

17 **1. Vermögensbegriff.** Vermögen ist das **gesamte verwertbare Aktivvermögen,** das bei fortbestehender Ehe dem Unterhalt der Familie zur Verfügung stehen könnte.[35] Unerheblich ist, welcher Art es ist und wann es erworben wurde; insbesondere kann es auch nach der Scheidung erworben worden sein. Es umfasst insbesondere jegliche **Barmittel**[36] einschließlich der aus einer **Vermögensauseinandersetzung** der Parteien,[37] dem **Zugewinnausgleich**[38] und aus **Erbschaften, Pflichtteilsansprüchen**[39] oder **Vermächtnissen** zugeflossenen Mittel, aber auch eine **Münz-,**[40] **Briefmarken-** oder **Gemäldesammlung,** überhaupt Sammlungen aller Art, **Schmuck, Wertpapiere** sowie sonstige **Geschäftsan-**

[33] BGHZ 162, 384 = NJW 2005, 2145 = FamRZ 2005, 1154, 1157.

[34] AA OLG Braunschweig FamRZ 1995, 356, 358.

[35] BGH NJW 1982, 2771 = FamRZ 1982, 996, 997 f. (verneint für einen Pflichtteilsanspruch, bei dessen Geltendmachung der Pflichtteilsberechtigte von der Schlusserbfolge ausgeschlossen wird).

[36] BGH NJW 1985, 907 = FamRZ 1985, 360, 361; NJW 1985, 1343 = FamRZ 1985, 582, 583 (jeweils zu Sparguthaben).

[37] BGH FamRZ 1985, 354, 356.

[38] BGH NJW 1985, 909 = FamRZ 1985, 357, 359.

[39] BGH NJW-RR 1988, 1282 = FamRZ 1988, 1145, 1146; NJW 1993, 1920 = FamRZ 1993, 1065 m. Anm. *Dörner* IPRax 1994, 362; OLG Hamm FamRZ 1992, 1184, 1186; OLG München FamRZ 1993, 62; OLG Oldenburg FamRZ 2005, 718, 719.

[40] BGH NJW-RR 1986, 683 = FamRZ 1986, 439, 440.

teile, Immobilien, Anteile an einer **Miteigentümergemeinschaft**[41] und einer **Miterbengemeinschaft**[42] und **Pflichtteilsansprüche.** Dagegen sind Barmittel aus dem **Versorgungsausgleich** nicht Vermögen iSd. Abs. 3, weil sie der Sicherung des Lebensbedarfs im Alter dienen und deshalb grundsätzlich nach der Lebenserwartung des begünstigten Ehegatten auf seine restliche Lebenszeit umzulegen sind (zu Letzterem auch RdNr. 22);[43] wohl aber zählen sie anteilig zu den Einkünften iSd. Abs. 1, § 1578 Abs. 1.

2. Grundsatz. Der unterhaltsberechtigte geschiedene Ehegatte muss sich auch auf den Stamm seines Vermögens verweisen lassen (Abs. 1; anders noch § 58 Abs. 1 EheG), ihm obliegt dessen **Verwertung;** doch sind insoweit die Einschränkungen in Abs. 3 zu beachten (dazu RdNr. 19–22). Der Ehegatte wird damit einem bedürftigen volljährigen Kind weitgehend gleichgestellt (§ 1602 Abs. 1). Soweit die Obliegenheit reicht, muss der Berechtigte das Vermögen zur Bestreitung seines Lebensbedarfs einsetzen und darf es nicht anderweitig ausgeben.[44] – Zur sich aus Abs. 1 ergebenden Obliegenheit, vorhandenes Vermögen möglichst ertragreich anzulegen, s. RdNr. 8, § 1578 RdNr. 182, § 1579 RdNr. 28. 18

3. Ausnahmen. a) Allgemeines. Der Berechtigte braucht den Stamm seines Vermögens nicht zu verwerten, wenn und soweit die Verwertung **unwirtschaftlich** oder nach den beiderseitigen Vermögensverhältnissen der geschiedenen Ehegatten **unbillig** wäre **(Abs. 3).** Diese Einschränkung der Verwertungsobliegenheit aus Abs. 1 entspricht den von der Rechtsprechung zu § 1602 entwickelten Einschränkungen (dazu § 1602 RdNr. 8).[45] – Die **Ausnahmeregelung** ist weit gefasst und greift bereits bei der Verwirklichung einer der Alternativen ein (allgM). Sie umfasst alle Vermögensmittel, unabhängig von ihrer **Herkunft.** Deshalb sind auch Erb- und Pflichtteilsansprüche nicht von vornherein ausgeschlossen.[46] 19

b) Unwirtschaftlichkeit. Die Verwertung des Vermögens oder eines Vermögensbestandteils ist unwirtschaftlich, wenn sie einen nicht mehr vertretbaren wirtschaftlichen Nachteil mit sich bringen würde.[47] Dies ist nach den Grundsätzen der **Zumutbarkeit** unter Berücksichtigung aller Umstände des Einzelfalls zu prüfen.[48] Hierzu können **subjektive** Umstände wie das Lebensalter der geschiedenen Ehegatten, die Ergiebigkeit des Vermögenserlöses, das Einkommen des Verpflichteten, die voraussichtliche Dauer der Bedürftigkeit des Berechtigten[49] etc. zählen, aber auch **objektive** Umstände wie die Marktlage und die Ertragsmöglichkeiten des Vermögens.[50] Wesentlich ist deshalb, inwieweit ein dem vollen Verkehrswert entsprechender Erlös erzielt werden kann.[51] Dem Berechtigten bleibt ein gewisser **Ermessensspielraum.**[52] Eine **Veräußerung** im Zeitpunkt einer nur zeitweiligen Marktschwäche wird dem Berechtigten nicht angesonnen werden können, wohl aber eine **Beleihung.** – Statt einer Verwertung kann eine **Vermögensumschichtung** in Betracht kommen (dazu § 1578 RdNr. 182, § 1579 RdNr. 28).[53] 20

Bsp. aus der Rspr.: BGH FamRZ 1984, 364, 367: Die Verwertung von **Sparguthaben** ist nicht unwirtschaftlich.[54] – **BGH NJW 1984, 2358 = FamRZ 1984, 662, 663:** Die Verwertung des Miteigentumsanteils an einem **Hausgrundstück** durch Aufhebung der

---

41 BGH NJW 1984, 2358 = FamRZ 1984, 662, 663; NJW 1985, 907 = FamRZ 1985, 360, 361.

42 BGHZ 75, 272, 275 = NJW 1980, 340 = FamRZ 1980, 43, 44 (Baugrundstück).

43 Im Ergebnis ebenso OLG Hamm FamRZ 2000, 1286.

44 OLG Oldenburg NJW-RR 1995, 453 f.

45 Zur entsprechenden Anwendung auf den Verwandtenunterhalt s. BGH NJW 1998, 978 = FamRZ 1998, 367, 369.

46 BGH NJW 1993, 1920 = FamRZ 1993, 1065, 1066 m. Anm. *Dörner* IPRax 1994, 362.

47 BGHZ 75, 272 = NJW 1980, 340 = FamRZ 1980, 43, 44.

48 BT-Drucks. 7/650 S. 135.

49 BGH FamRZ 1985, 354, 356.

50 Zu letzterem BGH FamRZ 1985, 354, 356.

51 BT-Drucks. 7/650 S. 141.

52 BGH NJW-RR 1986, 746 = FamRZ 1986, 560, 561.

53 BGH NJW-RR 1986, 746 = FamRZ 1986, 560, 561.

54 S. auch BGH FamRZ 1985, 354, 356; NJW 1985, 907 = FamRZ 1985, 360, 361; NJW-RR 1986, 683 = FamRZ 1986, 439; NJW-RR 1986, 746 = FamRZ 1986, 560, 561, 563 f.

Gemeinschaft geht der Beleihung des Anteils vor. – **BGH NJW-RR 1986, 746 = FamRZ 1986, 560, 561:** Bei besonders günstigen Vermögensverhältnissen kann dem Berechtigten nicht die Veräußerung ererbten **Grundbesitzes** zur höheren Verzinsung des Kapitals angesonnen werden.

21 **c) Unbilligkeit.** Die Obliegenheit zur Verwertung des Vermögensstamms entfällt auch dann, wenn auch eine wirtschaftliche Verwertung unter Berücksichtigung der beiderseitigen wirtschaftlichen Verhältnisse unbillig und damit unzumutbar wäre. Zu beachten kann sein: Der Gesundheitszustand des **Berechtigten** und sein Alter, die Vorkehrungen für einen plötzlich auftretenden Sonderbedarf nahe gelegt haben.[55] – Der Besitz weiterer Vermögenswerte.[56] – Das beiden Ehegatten zur Verfügung stehende Vermögen und ob und inwieweit sie, insbesondere der Verpflichtete, es (auch) für Unterhaltszwecke einsetzen müssen.

Bsp. aus der Rspr.: Berechtigter: OLG Köln FamRZ 1982, 1018, 1019 f.: Der vermögenden Ehefrau ist trotz überdurchschnittlich hoher Einkünfte des Ehemannes, die die Zahlung laufenden Unterhalts ohne Schwierigkeiten ermöglichen würden, zumutbar, wertvolle Einrichtungsgegenstände (Sammlerstücke) zu verwerten. – Der nur geringe Wert des Vermögens eines älteren Berechtigten oder der unbedeutende Wert eines Kunstwerks. – **BGH FamRZ 1985, 354, 356:** Die voraussichtliche Dauer der Bedürftigkeit[57] und die Ertragsmöglichkeiten von Vermögensgegenständen. – **OLG Hamm NJOZ 2007, 736 = FamRZ 2006, 1680, 1681 f.:** Dem Berechtigten verblieben nach der Vermögensauseinandersetzung 57 500 € und nach Abzug von Freibeträgen ca. 40 000 €, der Verpflichtete hat seinen Anteil von 37 520 € unterhaltsrechtlich nicht zu missbilligend ausgegeben; angesichts der bescheidenen laufenden Einkünfte des Verpflichteten hat der Berechtigte sein Vermögen von 40 000 € voll für die Eigenbedarfsdeckung einzusetzen. – **OLG Hamm Urt. v. 11. 4. 2006 – 1 UF 185/05, juris [26]:** Vermögen 120 000 €, monatliche Entnahme von 40 € zumutbar, zumal angesichts von angenommenen Zinseinkünften von monatlich 700 €. – **OLG Schleswig NJW-RR 2007, 1376 = FamRZ 2008, 281, 282** (zu §§ 1587 h Nr. 1, 1577 Abs. 3): Unbillig, weil idR unwirtschaftlich, ist die Verwertung eines selbstgenutzten Eigenheims (Wert 250 000 €; Bankguthaben 25 000 €). – **OLG Saarbrücken NJW-RR 2007, 1377 = FamRZ 2008, 698 f.:** Verwertung von ca. 130 000 € aus dem Verkauf einer Eigentumswohnung billig bei Eigentum an einer weiteren Wohnung im Wert von 65 000 € und Vermögen des Verpflichteten von 40 000 €, das er auch für die Anschaffung eines berufsbedingt benötigten PKW einsetzen muss.

Verpflichteter: OLG Hamm FamRZ 1999, 917, 919: Ob und wie viel Vermögen besitzt er, und ob und inwieweit muss er es für Unterhaltszwecke einsetzen. – **OLG Bamberg FamRZ 1981, 150, 154:** In welchem Maße belastet ihn die Unterhaltsgewährung aus seinem Einkommen. – **BGH NJW 1985, 907 = FamRZ 1985, 360, 361; KG FamRZ 1985, 485, 486:** Der Verlust oder Erhalt eines Wohnvorteils. – **BGH FamRZ 1985, 354, 356; NJW-RR 1987, 962 = FamRZ 1987, 912, 913** (beiden geschiedenen Ehegatten waren jeweils 174 800 DM zugeflossen): Welcher Vermögenswert ist ihm aus der Auseinandersetzung einer Vermögensgemeinschaft mit dem Berechtigten zugeflossen, den er zu Unterhaltszwecken voraussichtlich nicht benötigt. – **BGH NJW 1980, 393 = FamRZ 1980, 126, 128:** Die Belange naher Angehöriger. – **BGH NJW 1985, 907 = FamRZ 1985, 360, 361:** Bestreiten des Lebensbedarfs während intakter Ehe aus vorhandenem Vermögen. – **OLG Oldenburg FamRZ 2005, 718, 719:** Es ist billig, wenn dem Berechtigten nach Abzug von Ausgaben in Höhe von 20 000 € und unter Berücksichtigung einer Befristung seines Unterhaltsanspruchs von ererbten 70 000 € ein Betrag von 25 000 € verbleibt. – **OLG Koblenz FamRZ 2005, 1482, 1483:** Beide Ehegatten haben bei der Vermögensauseinandersetzung einen gleich hohen Anteil am Sparvermögen erhalten.

---

[55] BGH FamRZ 1984, 364, 367.

[56] BGH NJW 1985, 907 = FamRZ 1985, 360, 361.

[57] Auch darauf abzustellen, inwieweit der Berechtigte zur Bestreitung seines Lebensunterhalts auch auf die Vermögenseinkünfte angewiesen ist (so das OLG München FamRZ 1994, 1459, 1460), ist ein Zirkelschluss.

d) Rücklage. Auch wenn dem Berechtigten die Verwertung von Vermögen obliegt, ist ihm jedenfalls dann, wenn er nicht erwerbstätig ist, für Not- und Krankheitsfälle eine Rücklage als **Schonbetrag** zu belassen.[58] Nach Abwägung aller Umstände des Einzelfalles kann dies auch gelten, wenn er erwerbstätig ist, insbesondere wenn auch der Verpflichtete über Vermögen verfügt, ist jedoch ausgeschlossen, wenn dem Verpflichteten nicht gleichfalls eine Rücklage in mindestens derselben Höhe verbleibt.[59] Entsprechend § 1 Abs. 1 S. 1 Nr. 1 b der Verordnung zu § 90 Abs. 2 Nr. 9 SGB XII sind dem Berechtigten jedenfalls 2600 € zu belassen. 22

Bsp. aus der Rspr.: BGH NJW 1985, 907 = FamRZ 1985, 360, 361: Einer nicht erwerbstätigen geschiedenen Ehefrau wird neben ihrem Miteigentumsanteil an einem Hausgrundstück eine Rücklage von 27 000 DM belassen, weil der Miteigentumsanteil „erfahrungsgemäß nur unter Schwierigkeiten, daher nicht kurzfristig und häufig nur unwirtschaftlich zu verwerten" ist. – **AG Wetter FamRZ 1991, 852, 853:** 20 000 DM.

4. Aufteilung. Das für Unterhaltszwecke einzusetzende Vermögen ist so zu verwenden, dass der eheangemessene Lebensbedarf des Berechtigten möglichst auf **Lebenszeit** gesichert wird.[60] Dabei sind insbesondere die zukünftigen Erwerbsmöglichkeiten des Berechtigten von Belang, was zu erheblichen Unsicherheiten und praktischen Schwierigkeiten führen kann.[61] – Zur Bildung einer **Rücklage** s. RdNr. 22. 23

V. Wegfall des Vermögens

1. Grundsatz. Ausnahme. Nach der gesetzlichen Regelung kann ein Unterhaltsanspruch tatbestandlich grundsätzlich nur im Zeitpunkt der Scheidung oder einem gleichgestellten Zeitpunkt entstehen (dazu § 1569 RdNr. 12). Dagegen bestimmt sich die **Bedürftigkeit** grundsätzlich nach den im Zeitpunkt der Beurteilung bestehenden maßgeblichen Verhältnissen (dazu § 1578 RdNr. 17; zur Ausnahme des S. 2 s. RdNr. 25). Hiervon macht **Abs. 4 S. 1** eine **Ausnahme:** War zum Zeitpunkt der Scheidung zu erwarten, dass der Unterhalt des Berechtigten nachhaltig aus seinem Vermögen gesichert sein würde, kann – abgesehen von S. 2 – der Wegfall dieses Vermögens nicht zum Wiederaufleben oder zur Neuentstehung eines Unterhaltsanspruchs führen. Wie bei § 1573 Abs. 4 (dazu § 1573 RdNr. 21) sollen spätere Schicksalsschläge nicht mehr zu Lasten des Verpflichteten gehen, wenn der Unterhalt des Berechtigten zwischenzeitlich nachhaltig gesichert war. Auch im vorliegenden Zusammenhang wird die Nachhaltigkeit durch die **Dauerhaftigkeit** des Vermögens und seiner Erträgnisse bestimmt (dazu § 1573 RdNr. 22–27). Von einer nachhaltigen Sicherung kann nur ausgegangen werden, wenn aus **vorausschauender Sicht** zum Zeitpunkt der Scheidung, die auch mögliche Schwankungen in der wirtschaftlichen Entwicklung einbeziehen sollte, das Vermögen einen solchen Wert hat, dass seine Erträgnisse oder seine Verwertung den Bedarf des Berechtigten auch bei Überschreitung der statistischen Lebenserwartung um einige Jahre abdecken. 24

2. Ausnahme von der Ausnahme. Beruht der Unterhaltsanspruch wegen der Betreuung gemeinsamer Kinder auf § 1570, führt der Wegfall des Vermögens, das aus vorausschauender Sicht (dazu RdNr. 22) zur lebenslangen Bedarfsdeckung hätte ausreichen müssen, entgegen Abs. 4 S. 1 zur Wieder- oder Neuentstehung des Unterhaltsanspruchs **(Abs. 4 S. 2).** Endet der Anspruch auf Betreuungsunterhalt nach der Beendigung der Kindesbetreuung, können sich Ansprüche aus §§ 1571 Nr. 2, 1572 Nr. 2,[62] 1573 Abs. 1–3 anschließen. 25

---

[58] BGH FamRZ 1984, 364, 367; FamRZ 1985, 354, 356 f.; NJW 1985, 907 = FamRZ 1985, 360, 361; NJW-RR 1986, 683 = FamRZ 1986, 439. S. auch OLG Hamburg FamRZ 1996, 292, 295. Zum Notgroschen für eine volljähriges Kind s. BGH NJW 1998, 978 = FamRZ 1998, 367; NJW 2006, 2037 = FamRZ 2006, 935, 937 m. Anm. *Hauß*; OLG Köln NJWE-FER 1999, 176 = FamRZ 1999, 1277 (LS); OLG Frankfurt a. M. OLGR 2007, 285 f.

[59] BGH FamRZ 1984, 364, 367.

[60] BGH FamRZ 1985, 354, 356.

[61] Dazu auch OLG Hamm NJOZ 2007, 736 = FamRZ 2006, 1680, 1681 f. (Wiederheirat).

[62] *Soergel/Häberle* RdNr. 32.

VI. Darlegungs- und Beweislast

26 Der **Berechtigte** hat seine Bedürftigkeit darzulegen und zu beweisen, weil sie Teil der seinen Anspruch begründenden Voraussetzungen ist. Er muss sich also darüber verhalten, ob und über welche anrechenbaren Einkünfte oder Vermögensgegenstände er verfügt;[63] dies gilt auch für die Berücksichtigungsfähigkeit von Aufwendungen für eine Verbindlichkeit. Substantiierten Vortrag des Verpflichteten, auf den er gezielt erwidern kann, muss er „weg beweisen".[64] Da der Anspruch nur besteht, „solange und soweit" der Berechtigte bedürftig ist, muss der Berechtigte auch die Angemessenheit des geforderten Unterhaltsbetrages, die Dauer seiner Bedürftigkeit und die Voraussetzungen für die Nichtanrechenbarkeit nach Abs. 2 darlegen und beweisen; eine verbleibende Ungewissheit geht zu seinen Lasten.[65] – In der Praxis ergeben sich die **Schwierigkeiten** im Detail: Meist teilt der Berechtigte seine Haupteinnahmen mit, während der Verpflichtete auf Nebeneinnahmen des Berechtigten wie Zinseinkünfte oder geldwerte Leistungen durch die Führung des Haushalts für einen neuen Partner hinweist. In diesem Vortrag des Verpflichteten liegt prozesstechnisch das Bestreiten der Angaben des Berechtigten, der ggf. substantiierten Vortrag „weg beweisen" muss (s. o.).

27 Da der Bedürftige den Stamm seines Vermögens „nur" dann nicht zu verwerten braucht, wenn die Verwertung unwirtschaftlich oder unbillig wäre (Abs. 3), ist die Verwertung der **Grundsatz** und die Nichtverwertung die Ausnahme. Beruft sich der Bedürftige auf die **Ausnahme,** hat er deren Voraussetzungen darzulegen und zu beweisen.

§ 1578 Maß des Unterhalts

(1) [1] Das Maß des Unterhalts bestimmt sich nach den ehelichen Lebensverhältnissen. [2] Der Unterhalt umfasst den gesamten Lebensbedarf.

(2) Zum Lebensbedarf gehören auch die Kosten einer angemessenen Versicherung für den Fall der Krankheit und der Pflegebedürftigkeit sowie die Kosten einer Schul- oder Berufsausbildung, einer Fortbildung oder einer Umschulung nach den §§ 1574, 1575.

(3) Hat der geschiedene Ehegatte einen Unterhaltsanspruch nach den §§ 1570 bis 1573 oder § 1576, so gehören zum Lebensbedarf auch die Kosten einer angemessenen Versicherung für den Fall des Alters sowie der verminderten Erwerbsfähigkeit.

1. Schrifttum: *Arens,* Familienrechtliche Ansprüche im Ehescheidungsverfahren mit steuerlichen Auswirkungen, StB 1986, 326; AnwBl. 1989, 76; *Arens/Spieker,* Die Maßgeblichkeit steuerlicher Unterlagen und steuerlicher Ansätze für familienrechtliche Ansprüche, FamRZ 1985, 121; *Bauer,* Die steuerliche Ermittlung des Gewinns aus selbständiger Arbeit und ihre Maßgeblichkeit für den Unterhaltsanspruch, DAVorm 1987, 475; *Bergschneider,* Familienrechtliche Konsequenzen der sog. „Riester-Rente" – Ehescheidung, Versorgungsausgleich, Zugewinnausgleich, Prozesskostenhilfe, FamRZ 2003, 1609; *Bißmaier,* Die Berücksichtigung von Berufskosten bei der Unterhaltsberechnung, FamRZ 2002, 1448; *Bienko,* Zum Unterhalt der Ehefrau nach den ehelichen Lebensverhältnissen, FamRZ 2000, 13; *Blaese,* Fiktive Steuerberechnung oder konkrete Steuerzahlung bei Selbständigen?, FamRZ 1994, 216; *Born,* Bestrafung durch die Hintertür? – Die unterhaltsrechtliche Behandlung geldwerter Versorgungsleistungen nach der neuen Hausfrauenrechtsprechung, FamRZ 2002, 1603; *ders.,* Der Bedarf in der aktuellen Rechtsprechung – Das Ende eines unterhaltsrechtlichen Grundbegriffs?, NJW 2008, 3089; *Borth,* Die ehelichen Lebensverhältnisse nach § 1578 BGB – ein Danaer-Geschenk des Gesetzgebers?, FamRZ 2001, 193; *ders.,* Die Entscheidung des BGH vom 13. 6. 2001 zum nachehelichen Unterhalt, FamRZ 2001, 1653; *ders.,* Ergänzende Altersvorsorge – Voraussetzungen für die unterhaltsrechtliche Anerkennung, FPR 2004, 549; *ders.,* Private Altersvorsorge und Unterhalt, NJW 2008, 326; *Brandtner,* Unterhaltsreform, gleichrangige betreuende Elternteile und der Bedarf, FamRZ 2007, 2033;

[63] Ständige Rspr. des BGH, s. etwa. BGH NJW 1980, 393 = FamRZ 1980, 126, 128; NJW 1991, 1290 = FamRZ 1991, 670, 673; NJW 1995, 962 = FamRZ 1995, 343, 344. Diese Auffassung hat sich auch in der obergerichtlichen Rspr. und in der Literatur durchgesetzt.

[64] OLG Köln FamRZ 1998, 1427, 1428.

[65] BGH NJW 1995, 962 = FamRZ 1995, 343, 344.

Braeuer, Gleichberechtigte Teilhabe als Grundlage für den nachehelichen Unterhalt. Zugleich ein Beitrag zur Anwendung des künftigen § 1578b BGB, FamRZ 2006, 1489; *Brüchert,* Zum Verhältnis von Vorsorgeunterhalt und Elementarunterhalt, FamRZ 1985, 235; *Büte,* Die konkrete Berechnung des Unterhaltsbedarf, FuR 2005, 385; *Büttner,* Abzugs-, Differenz- und Summenmethode, FamRZ 1984, 534; *ders.,* Auswirkungen der Pflegeversicherung auf das Unterhaltsrecht, FamRZ 1995, 193; *ders.,* Kinderbetreuung und Abzugsmethode, FamRZ 1999, 893; *ders.,* Wie ist Pflegegeld bei Unterhaltsansprüchen zu berücksichtigen?, FamRZ 2000, 596; *ders.,* Zur Berücksichtigung freiwilliger Leistungen im Unterhaltsrecht, FamRZ 2002, 1445; *ders.,* Sind die Bedenken gegen die Rechtsprechung des BGH und des BVerfG zu den ehelichen Lebensverhältnissen gerechtfertigt?, FamRZ 2003, 641; *ders.,* Alterssicherung und Unterhalt, FamRZ 2004, 1918; *Buob,* Zivilgerichte zum steuerlichen Realsplitting, FamRZ 1981, 233; *Christian,* Steuerliche Fragen bei der Heranziehung unterhaltspflichtiger Selbständiger, DAVorm 1986, 561; *Christl,* Quotenunterhalt und Bedarfskontrolle, NJW 1982, 961; *ders.,* Revisible Erfahrungssätze in Unterhaltstabellen, NJW 1984, 267; *ders.,* Minijobs – gesteigerte Zurechnung fiktiver Nebeneinkünfte nach § 16093 II BGB? –, FamRZ 2003, 1235; *Christl/Sprinz,* Klage auf Vorsorgeunterhalt – zu kompliziert und riskant?, FamRZ 1989, 347; *Clausius,* Der Karrieresprung im Unterhaltsrecht, FF 2006, 233; *dies.,* Das Ende des Karrieresprungs?, FF 2007, 131; *dies.,* Neues zum Karrieresprung – zwei obergerichtliche Entscheidungen im Vergleich, FF 2008, 106; *Conradi,* Die Berechnung des Vorsorgeunterhalts für Kranken- und Pflegeversicherungsbeiträge, FamRZ 2004, 1156; *Derleder,* Die ehelichen Lebensverhältnisse, FuR 1990, 9; *Diederichsen,* Die Tragfähigkeit des Surrogatsgedankens im Unterhaltsrecht, Brühler Schriften zum Familienrecht, Band 13, 2004, 27; *Doerges,* Unterhaltsrechtliche Relevanz steuerlicher AfA, FamRZ 1985, 761; *Duderstadt,* Die doppelte Kindesunterhaltslast, FamRZ 2003, 70; *Durchlaub,* Abschreibungen im Unterhaltsrecht, FamRZ 1987, 1223; *Eberl-Borges,* Festlegung der Geschlechterrollen durch Unterhaltspflichten – Die Hausmann-Rechtsprechung im Lichte soziologischer Untersuchungen, FamRZ 2004, 1521; *Eschenbruch/Loy,* Die Sättigungsgrenze beim Ehegattenunterhalt – ein Problem konkreter Unterhaltsberechnung, FamRZ 1994, 665; *Ewers,* Zum sog. Erwerbstätigenbonus und seinen Auswirkungen auf die Bedarfsberechnung und die Ermittlung der Leistungsfähigkeit, FamRZ 1988, 268; *ders.,* Existenz, wenigstens, für wen weniger? – zur Mangelfallberechnung –, FamRZ 2001, 895; *ders.,* Warum? – Überlegungen zu BGH, FamRZ 2001, 986, und BVerfG, FamRZ 2002, 527; FamRZ 2002, 1437; *Finke,* Wohnwert – Nutzungsentschädigung: Die Nutzung des Familienheims im Unterhaltsrecht und allgemeinen Zivilrecht, FF 2007, 185; *ders.,* Der Wohnwert beim Ehegatten- und Kindesunterhalt unter besonderer Berücksichtigung unterschiedlicher Eigentumsverhältnisse am Familienheim, FPR 2008, 94; *Fischer-Winkelmann,* Schmälerung der unterhaltsrechtlichen Leistungsfähigkeit von Selbständigen durch die steuerlich legale Verwandlung privater Schuldzinsen in Betriebsausgaben?, FamRZ 1998, 929; *ders.,* Schuldzinsen und Einkommensermittlung bei Selbständigen – Konsequenzen des Steuerbereinigungsgesetzes vom 22. 12. 1999 für die Einkommensermittlung des unterhaltsrechtlichen Einkommens, FamRZ 2002, 927; *Fischer-Winkelmann/Maier,* Unterhaltsrechtliche Einkommensberechnung bei Selbständigen: Informationspflichten „versus" Informationsbedarf?, FuR 1992, 14; *dies.,* Ermittlung der unterhaltsrechtlich anrechenbaren Steuerlast bei Selbständigen, FamRZ 1993, 880; *dies.,* Einkünfte aus der Beteiligung an einer Personen- oder Kapitalgesellschaft aus unterhaltsrechtlicher Perspektive, FamRZ 1996, 1391; *Gerhardt,* Berechnung des Ehegattenunterhalts bei Veräußerung eines Familienheimes, FamRZ 1992, 1123; *ders.,* Die Berechnung des Ehegattenunterhalts nach der Additionsmethode, FamRZ 1993, 261; *ders.,* Wohnwert und „Drittelobergrenze" bei der Unterhaltsberechnung, FamRZ 1993, 1139; *ders.,* Bereinigtes Nettoeinkommen und Erwerbstätigenbonus bei Mischeinkünften, FamRZ 1994, 1158; *ders.,* Eheliche Lebensverhältnisse bei Kinderbetreuung und Haushaltsführung, FamRZ 2000, 134; *ders.,* Neubewertung der ehelichen Lebensverhältnisse, FamRZ 2003, 278; *ders.,* Die Veräußerung des Eigenheims beim Ehegattenunterhalt, FamRZ 2003, 414; *ders.,* Die Bereinigung des Nettoeinkommens beim Ehegattenunterhalt nach der geänderten Rechtsprechung des BGH, FamRZ 2007, 945; *Gerhardt/Häußermann,* Unterhaltsrechtliche Leitlinien der Familiensenate in Süddeutschland, FamRZ 2002, 508; *dies.,* Unterhaltsrechtliche Leitlinien in Süddeutschland, FamRZ 2002, 1149; *Gerhardt/Gutdeutsch,* Die Bereinigung des Nettoeinkommens beim Ehegattenunterhalt nach der geänderten Rechtsprechung des BGH, FamRZ 2007, 945; *Graba,* Mietfreies Wohnen und Unterhalt, FamRZ 1985, 657; *ders.,* Das Familienheim beim Scheitern der Ehe, NJW 1987, 1721; *ders.,* Zum Erwerbstätigenbonus im Unterhaltsrecht, NJW 1993, 3033; *ders.,* Zur Mietersparnis im Unterhaltsrecht, FamRZ 1995, 385; *ders.,* Zum Unterhalt der Hausfrau nach den ehelichen Lebensverhältnissen, FamRZ 1999, 1115; *ders.,* Fiktives Einkommen im Unterhaltsrecht, FamRZ 2001, 1257; *ders.,* Die Abänderung von Unterhaltstiteln bei fingierten Verhältnissen, FamRZ 2002, 6; *ders.,* Zum trennungsbedingten Mehrbedarf, FamRZ 2002, 857; *ders.,* Ist die Düsseldorfer Tabelle gesetzwidrig?, FamRZ 2003, 129; *ders.,* Surrogat des Wohnvorteils und Unterhalt nach den ehelichen Lebensverhältnissen, FamRZ 2006, 821; *ders.,* Bedarf und Dauer des Betreuungsunterhalts nach § 1615l BGB, NJW 2008, 3105; *ders.,* Die Rechtsprechung des BGH zu den wandelbaren ehelichen Lebensverhältnissen, FF 2008, 437; *Grandel,* Unterhaltsberechnung bei „gleichrangig" berechtigten Ehegatten außerhalb des Mangelfalls, NJW 2008, 796; *Griesche,* Die neue Rechtsprechung des BGH zu den wandelbaren ehelichen Verhältnissen und ihre Auswirkungen auf den Bedarf des Unterhaltsberechtigten im Ehegattenunterhaltsrecht, FPR 2008, 63; *Gröning,* Vorsorgeunterhalt und Elementarunterhalt, FamRZ 1982, 459; *ders.,* Elementarunterhalt, Vorsorgeunterhalt und Krankenversicherungsunterhalt, FamRZ 1983, 331; *ders.,* Elementarunterhalt und Vorsorgeunterhalt, FamRZ 1984, 736; *Gutdeutsch,* Zur integrierten Berechnung des Vorsorge- und Grundunterhalts, FamRZ 1989, 451; *ders.,* Die Berechnung des Erwerbsbonus bei Vorabzug von Kindesunterhalt (Bonusbegrenzung), FamRZ 1994, 346; *ders.,* Noch einmal der Bonus, FamRZ 1994, 1161; *ders.,* Vorsorgeunterhalt und Pflegeversicherung, FamRZ 1994, 878; *ders.,* Splittingvorteil in Bedarf, Leistungsfähigkeit und Selbstbehalt – zugleich Besprechung von BVerfG, FamRZ 2003, 1821, FamRZ 2004, 501; *ders.*, Additionsmethode bei Gleichrang von zwei Ehegatten, FamRZ 2006, 1072; *ders.*, Wie weit kann das Unterhaltsrecht vereinfacht werden? Zum vorgeschlagenen Wegfall der Kontrollberechnung und zum tatrichterlichen Ermessen, FamRZ 2006, 1502; *ders.*, Unterhaltsberechnung bei Patchwork-Familien, FamRZ 2006, 1724; *ders.* Unterhaltsreform, gleichrangige betreuende Elternteile und der Bedarf, FamRZ 2007, 2035; *ders.*, Erwerbstätigenbonus und Bedarfskorrektur im Mangelfall, FamRZ 2008, 736; *ders.*, Herabsetzung des Selbstbehalts bei Zusammenleben, FamRZ 2008, 2240; *ders.*, Vorrang wegen Kindesbetreuung, FF 2008, 488; *Gutdeutsch/Hampel*, Tabellarische Übersicht auf der Grundlage der Bremer Tabelle, FamRZ 1992, 1028; *Gutdeutsch/Zieroth*, Verbrauchergeldparität und Unterhalt – Bedarfskorrektur bei Auslandsberührung, FamRZ 1993, 1152; *Hampel*, Probleme des Altersvorsorgeunterhalts, FamRZ 1979, 249; *ders.*, Aktuelle Fragen zur Bemessung des nachehelichen Unterhalts, FamRZ 1989, 113; *ders.*, Quotenunterhalt und voller Unterhalt, FamRZ 1981, 851; *ders.*, Zur Bemessung des Ehegattenunterhalts, FamRZ 1984, 621; *ders.*, Bemessung des Unterhalts, 1994; *ders.*, Bemessung des Unterhalts gleichrangig berechtigter Ehegatten, FamRZ 1995, 1177; *Hauß*, Verbraucherinsolvenz und Unterhalt, FamRZ 2006, 306; *ders.*, Unterhalt und Verbraucherinsolvenz, FamRZ 2006, 1496; *Hedrich*, Krankenversicherung für geschiedene Ehegatten, NJW 1984, 1020; *Heiß*, Karrieresprung und eheliche Lebensverhältnisse, FPR 2008, 69; *Hohloch*, Die Versagung der Restschuldbefreiung in der Verbraucherinsolvenz und ihre Bedeutung für das Unterhaltsrecht, FPR 2006, 77; *Hoppenz*, Fiktive Einkommensverhältnisse im Unterhaltsrecht, NJW 1984, 2327; *ders.*, Schulden im Unterhaltsrecht, FamRZ 1987, 324; *von Hornhardt*, Differenz- und Anrechnungsmethode bei der Berechnung des Ehegattenunterhalts, NJW 1982, 17; *Huber*, Die Ehewohnung in der Trennungszeit – Nutzungsvergütung oder Trennungsunterhalt, FamRZ 2000, 129; *Hütter*, Der Existenzminimumbericht, das Existenzminimum der Frau, Synergieeffekte und Kindergartengebühren, FamRZ 2009, 5; *Jacob*, Integrierte Berechnung des Vorsorge- und Grundunterhalts, FamRZ 1988, 997; *Keller*, Der Unterhaltsanspruch als Insolvenzforderung und die Stellung des Unterhaltsgläubigers im Insolvenzverfahren, NZI 2007, 143; *Kemper*, Werteverzehr und AfA-Kürzung, FamRZ 2003, 1430; *Kleinle*, Der Ärger mit der AfA, FamRZ 1998, 1346; *Klauser*, Beweislast und Beweismaß im Unterhaltsprozeß, MDR 1982, 529; *ders.*, Zur Arbeitspflicht des Unterhaltsgläubigers und des Unterhaltsschuldners, MDR 1980, 448; *Klinkhammer*, Die bedarfsorientierte Grundsicherung nach dem GSiG und ihre Auswirkungen auf den Unterhalt, FamRZ 2002, 997; *ders.*, Grundsicherung und Unterhalt, FamRZ 2003, 1793; *ders.*, Änderungen im Unterhaltsrecht nach „Hartz IV", FamRZ 2004, 1909; *ders.*, Die Düsseldorfer Tabelle nach der Unterhaltsrechtsreform (Stand: 1. 1. 2008), FamRZ 2008, 193; *Köhler*, Bundeserziehungsgeldgesetz (BErzGG) mit unauflösbaren Ungereimtheiten, FamRZ 1986, 229; *Kogel*, Doppelberücksichtigung von Abfindungen und Schulden im Unterhalt und Zugewinnausgleich – Ein Diskussionsbeitrag auch zur Anwaltshaftung –, FamRZ 2004, 1614; *Krause*, Bedarfskorrektur bei Auslandsberührung, FamRZ 2002, 145; *ders.*, Die Optimierung des Realsplittingvorteils nach § 10 I Nr. 1 EStG, FamRZ 2003, 899; *ders.*, Altersvorsorgeunterhalt – eine Chance für den Pflichtigen, FamRZ 2003, 1617; *ders.*, Der Einfluss von Schulden und Kindesunterhalt auf den Erwerbstätigenbonus, FamRZ 2005, 8; *Krenzler*, Zum Vorsorgeunterhalt und seiner Bemessung, FamRZ 1979, 877; *ders.*, Unterhalt „nach den ehelichen Lebensverhältnissen" – Dogmatische Grundlage und ihre Konsequenzen –, FamRZ 1990, 221; *von Krog*, Unterhaltspflicht und verschuldete Leistungsunfähigkeit, FamRZ 1984, 539; *Kuhnigk*, Die Bedarfsberechnung beim Kindesunterhalt durch Verdoppelung der Tabellenbeträge, FamRZ 2002, 923; *Laier*, Differenzmethode oder Anrechnungsmethode?, FamRZ 1993, 392; *Laws*, Unterhaltsrechtliche Pauschalkappung linearer Abschreibungspositionen, FamRZ 2000, 588; *Lüpke*, Die Bemessung des nachehelichen Ehegattenunterhalts gemäß § 1578 Abs. 1 Satz 2 BGB in der Fassung des UÄndG 1986, Diss. FU Berlin, WS 1996/97; *Luthin*, Zum Bedarf nach den ehelichen Lebensverhältnissen unter besonderer Berücksichtigung der Rechtsprechung des Bundesgerichtshofs, FamRZ 1988, 1109; *Maier, K. C.*, Die Bemessung des Vorsorgeunterhalts, FamRZ 1992, 1259; *ders.*, Der Vorsorgeunterhalt, Stellung im System – Verfassungsmäßigkeit – Bemessung, Diss. Göttingen 1993; *Maier, W.*, Vom Unterhalt bei Vermögensauseinandersetzung, FamRZ 2006, 897; *Maurer*, Zur Qualifikation unterhaltsrechtlicher Abfindungen – Unterhaltsrecht oder Güterrecht?, FamRZ 2005, 757; *ders.*, Kindergartenbeiträge: Ein Massenphänomen ohne unterhaltsrechtliche Bedeutung?, FS Schwab, 2005, S. 823 = FamRZ 2006, 663; *ders.*, Zum „Maß des Unterhalts nach den ehelichen Lebensverhältnissen", FamRZ 2008, 1985; *ders.*, Der nacheheliche Unterhalt nach dem UÄndG 2007, FamRZ 2008, 2157; *Mayer*, Additionsmethode statt Differenzmethode, FamRZ 1992, 138; *Melchers/Hauß*, Unterhaltsrecht und Verbraucherinsolvenz, 2003; *Müller*, Steuerentlastung für Unterhaltszahlungen an Ehegatten, DAVorm 1988, 961; *Nickl*, Die steuerliche Abschreibung bei der Berechnung des unterhaltsrechtlich relevanten Einkommens bei Selbständigen, FamRZ 1986, 1219; *Norpoth*, Die eingeschränkte Berücksichtigung von Tilgungsleistungen auf Hausdarlehen, FamRZ 2008, 2245; *Quambusch*, Zum Verhältnis der Unterhaltsansprüche des volljährigen Kindes und des geschiedenen Ehegatten, ZfG 1990, 417; *Reinken*, Kinderbetreuungskosten – Wo werden sie unterhaltsrechtlich berücksichtigt?, FPR 2008, 90; *Richter*, Der Halbteilungsgrundsatz, FS Rebmann, 1989, S. 675; *Riegner*, Die Verteilung des Erwerbseinkommens zwischen Ehegatten: Unterhaltsleitlinien 1996 und Rechtsprechung des Bundesgerichtshofs, FamRZ 1997, 257; *ders.*, Grundzüge der Nürnberger Tabelle, FamRZ 1996, 988; *ders.*, „Angemessener" Wohnwert und Leistungsfähigkeit des unterhaltspflichtigen Ehegatten, FamRZ 2000, 265; *ders.*, Anmerkungen zu den Süddeutschen Leitlinien, FamRZ 2002, 511; FamRZ 2003, 1800; FamRZ 2005, 1292; *Röthel*, Erwerbstätigenbonus und Halbteilungsgrundsatz, FamRZ 2001, 328; *Romeyko*, Der private Nutzungswert des Geschäftswagens, FamRZ 2004, 242; *Runge*, Vereinfachte Bewertung des Wohnvorteils beim Ehegattenunterhalt, FamRZ 1997, 262; *Schöppe-Fredenburg*, Das betriebliche Auto des Selbständigen im Unterhaltsrecht, FuR 1998, 153; *Scholz*, Von der Anrechnungs- zur Differenzmethode – Wirft das Urteil des BGH vom 13. 6. 2001 neue Gerechtigkeitsprobleme auf?, FamRZ 2003, 265; *ders.*, Änderungen der Rechtsprechung und Gesetzesinitiativen beim Kindergeld, FPR 2006, 29; *ders.*, Die Neuregelung der steuerlichen Förderung von Kinderbetreuungskosten und ihre Auswirkungen auf den Unterhalt, FamRZ 2006, 737; *ders.*, Die Beteiligung des betreuenden Elternteils am Barunterhalt, FamRZ 2006, 1728; *Schürmann,* Entnahmen – Einblicke in die Lebensverhältnisse, FamRZ 2002, 1149; *ders.*, Kindergeld und Unterhalt – ein weiterhin ungelöstes Problem, FamRZ 2003, 489; *ders.*, Unterhaltsrechtliche Leitlinien, FamRZ 2005, 490; *ders.*, Art. 6 Abs. 5 GG – wohin führt die Gleichstellung ehelicher und nichtehelicher Kinder?, FF 2007, 235; *Schulte,* Kann die Düsseldorfer Tabelle durch eine stufenlose Quotenberechnung von Ehegatten- und Kinderunterhalten ersetzt werden?, FamRZ 1991, 639; *Schumann,* Zur Gleichbehandlung ehelicher und nichtehelicher Eltern-Kind-Verhältnisse, FF 2007, 227; *Schwab, D.*, Maß für Maß, FamRZ 1986, 128; *ders.*, Zur Sättigungsgrenze beim Unterhalt geschiedener Ehegatten, FamRZ 1982, 456; *ders.*, Alles, nur nicht eheähnlich!, FamRZ 2003, 16; *Söpper,* Zum Unterhalt der Ehefrau nach den ehelichen Lebensverhältnissen, FamRZ 2000, 13; *Soyka,* Die Düsseldorfer Tabelle und die Berliner Tabelle, Stand: 1. 7. 2003, FamRZ 2003, 1154; Stand: 1. 7. 2005, FamRZ 2005, 1287; Stand: 1. 7. 2007, FamRZ 2007, 1363; *ders.*, Unterhaltsbemessung zwischen Gesetz, Richtlinien und freier richterlicher Entscheidung, FF 2004, 164; *Spangenberg,* Wider den trennungsbedingten Mehrbedarf, FamRZ 1991, 269; *ders.*, Der „tabellarische Mindestsatz" des unterhaltsberechtigten Ehegatten, FamRZ 1995, 1038; *ders.*, Der Erwerbstätigenbonus, FamRZ 2002, 1388; *ders.*, Unterhaltsbemessung nach Einsatzbeträgen, FamRZ 2004, 239; *Stein,* Entnahmen im Unterhaltsrecht, FamRZ 1989, 343; *Strohal,* Jahreswagen und Unterhalt, FamRZ 1995, 459; *ders.*, Der Vorruhestand im Unterhaltsrecht, FamRZ 1996, 197; *ders.*, Einflüsse der Rentenreform 2001 auf die Unterhaltsberechnung, FamRZ 2002, 277; *Struck/Molkentin,* Probleme der Gesetzgebung zu Härtefällen des Altersvorsorgeunterhalts, FamRZ 1985, 342; *Theurer,* Umgangskosten – Wem sind sie zuzuordnen? Wer trägt sie?, FamRZ 2004, 1619; *Tischler,* Übersicht zu den Problemen bei einer fiktiven Einkommensberechnung unter Außerachtlassung oder Hinzurechnung von Steuervergünstigungen aus steuerrechtlicher Sicht, FPR, 2008, 79; *Viefhues,* Einkommensbestimmung des geschiedenen wiederverheirateten unterhaltspflichtigen Ehegatten, FPR 2008, 74; *Vogt,* Nachteilsausgleichung und Vorteilsteilhabe bei der Zustimmung zum begrenzten Realsplitting, NJW 1983, 1525; *Weidlich,* Die Auswirkungen des Ehegattensplittings auf den Nachteilsausgleich beim begrenzten Realsplitting, FamRZ 2007, 1602; *Weychardt,* Zur Bemessung des Ehegattenunterhalts: Differenz- oder Abzugsmethode, NJW 1984, 2328; *ders.*, Zum „Halbteilungsgrundsatz" beim nachehelichen Unterhalt, FamRZ 1989, 239; *Wohlgemuth,* Unterhalt und Insolvenz, FamRZ 2005, 2035; *dies.*, Verbraucherinsolvenz und Unterhalt, FamRZ 2006, 308; *dies.*, Einkommensprognose beim Unterhalt und Abänderungsklage, FamRZ 2008, 2081. Weiteres Schrifttum zur Unterhaltsbemessung und zu den Unterhaltstabellen s. die Angaben Vor § 1569, § 1610.

2. Unterhaltstabellen: Berliner Tabelle, Stand: 1. 7. 2007, FamRZ 2007, 1370 (mwN zu den Fundstellen ab Stand: 17. 1. 1991; s. dazu auch *Vossenkämper,* Hinweis zur Berliner Tabelle ab dem Jahr 2008, FamRZ 2008, 215). – **Bremer Tabelle** zur Berechnung des Altersvorsorgeunterhalts (fortgeführt von *Gutdeutsch*), Stand: 1. 1. 2009, FamRZ 2009, 283. – **Düsseldorfer Tabelle,** Stand: 1. 1. 2009, FamRZ 2009, 180 (mwN zu den Fundstellen ab Stand: 1. 7. 1979). – Düsseldorfer Tabelle nach **Bremer Praxis,** Stand: 1. 2. 2005, FamRZ 2005, 1312 (mwN zu den Fundstellen ab Stand: 1. 1. 1985). – Die Düsseldorfer Tabelle nach **Frankfurter Praxis,** Stand 1. 1. 1996, FamRZ 1996, 22.

3. Übersichten: Zur Berechnung der Altersvorsorge: *Gutdeutsch,* Altersvorsorgeunterhalt – Tabellarische Übersicht auf der Grundlage der *Bremer Tabelle,* Stand: 1. 1. 2009, FamRZ 2009, 284. – **Zum Kindesunterhalt:** *Vossenkämper,* Zusammenstellung der Tabellenbedarfs-, Kindergeldabzugs- und Unterhaltszahlbeträge ab 1. 1. 2009 für Kinder der 1. bis 4. Altersstufe, FamRZ 2009, 184.

4. Unterhaltsrechtliche Leit- und Richtlinien (Stand: 1. 1. 2008): OLG Brandenburg FamRZ 2008, 215 (mwN zu den Fundstellen ab Stand: 1. 7. 1992). – **OLG Braunschweig** FamRZ 2008, 467 (mwN zu den Fundstellen ab Stand: 1. 4. 2007). – **OLG Bremen** FamRZ 2008, 333 (mwN zu den Fundstellen ab Stand: 1. 1. 1985). – **OLG Celle** FamRZ 2008, 338 (mwN zu den Fundstellen ab Stand: 1. 1. 1982). – **OLG Dresden** FamRZ 2008, 220 (mwN zu den Fundstellen ab Stand: 1. 1. 1995). – **OLG Düsseldorf** FamRZ 2008, 749 (mwN zu den Fundstellen ab Stand: 1. 1. 1988). – **OLG Frankfurt a. M.** FamRZ 2008, 224 (mwN zu den Fundstellen ab Stand: 1. 7. 1992) idF. v. 19. 5. 2008, FamRZ 2008, 1504. – **OLG Hamburg** FamRZ 2008, 343 (mwN zu den Fundstellen ab Stand: 1. 1. 1982). – **OLG Hamm** FamRZ 2008, 347 (mwN zu den Fundstellen ab Stand: Sept. 1978). – **KG** FamRZ 2008, 472 (mwN zu den Fundstellen ab Stand: 1. 1. 1985). – **OLG Koblenz** FamRZ 2008, 355 (mwN zu den Fundstellen ab Stand: 1. 7. 2003). – **OLG Köln** FamRZ 2008, 571 (mwN zu den Fundstellen ab Stand: 1. 1. 1980). – **OLG Naumburg** FamRZ 2008, 359 (mwN zu den Fundstellen ab Stand: 1. 7. 1992). – **OLG Oldenburg** FamRZ 2008, 365 (mwN zu den Fundstellen ab Stand: 1. 1. 1996). – **OLG Rostock** FamRZ 2008, 369 (mwN zu den Fundstellen ab Stand: 1. 1. 1996). – **OLG Saarbrücken** FamRZ 2008, 374 (mwN zu den Fundstellen ab Stand: 1. 1. 1996). – **OLG Schleswig** FamRZ 2008, 478 (mwN zu den Fundstellen ab Stand: 1. 7. 1985). – **OLG Thüringen** FamRZ 2008, 235 (mwN zu den Fundstellen ab Stand: 1. 7. 1992). – **Unterhaltsrechtliche Leitlinien der Familiensenate in Süddeutschland (SüdL)** – Oberlandesgerichte Bamberg, Karlsruhe, München, Nürnberg, Stuttgart und Zweibrücken, Stand: 1. 1. 2008, FamRZ 2008, 231 (mwN zu den Fundstellen ab Stand: 1. 7. 2003) [zu den SüdL vorangehenden LL der OLG: **OLG Bamberg,** Stand 1. 7. 1998, in: *Kemnade/Scholz/Zieroth,* Familienrecht '98, S. 64 (seit 1. 7. 1998: BayL, seit 1. 1. 2002: SüdL)]. – **Unterhaltsrechtliche Leitlinien der Familiensenate in Bayern (BayL)** – Oberlandesgerichte Bamberg, München und Nürnberg –, Stand: 1. 7. 1998, FamRZ 1998, 600; Stand: 1. 7. 1999, FamRZ 1999, 773, mit Modifikation OLG Nürnberg FamRZ 1999, 915; Stand: 1. 7. 2001, FamRZ 2001, 818 (seit 1. 1. 2002 werden die SüdL angewandt). – **OLG Karlsruhe,** Stand: 1. 7. 1999, (16. Zivilsenat) FamRZ 1999 (Heft 3), Umschlagseite II; (5. Zivilsenat) FamRZ 1999, 1049 (seit 1. 1. 2002: SüdL). – **OLG München,** zuletzt Stand: 1. 10. 1997, FamRZ 1997, 1200 (seit 1. 7. 1998: BayL, seit 1. 1. 2002: SüdL). – Zu **OLG Nürnberg** in: *Kemnade/Scholz/Zieroth,* Daten und Tabellen zum Familienrecht, 5. Aufl. 2004, Stand: 1. 8. 2004, S. 65, 253 (seit 1. 7. 1998: BayL, seit 1. 1. 2002: SüdL). – **OLG Stuttgart,** Stand: 1. 7. 2001, FamRZ 2001, 979 (seit 1. 1. 2002: SüdL). – **OLG Zweibrücken,** Stand.: 1. 7. 1998, in: *Kemnade/Scholz/Zieroth,* Familienrecht '98, S. 205 (seit 1. 1. 2002: SüdL).]

5. Verbrauchergeldparität: Verbrauchergeldparitäten und Devisenkurse ausgewählter Länder, FamRZ 1993, 1158;[1] Internationaler Vergleich der Verbraucherpreise ausgewählter Länder, FamRZ 2005, 1408; Ländergruppeneinteilung ab 2004 – Berücksichtigung ausländischer Verhältnisse, FamRZ 2007, 1433. – Aktuelle Daten des Statistischen Bundesamts im Internet unter www.destatis.de Suchwort: Verbraucherpreise: Internationaler Vergleich der Verbraucherpreise – Fachserie 17 Reihe 10. – *Gutdeutsch/Zieroth,* Verbrauchergeldparität und Unterhalt – Bedarfskorrektur bei Auslandsberührung –, FamRZ 1993, 1152 = *Kemnade/Scholz/Zieroth,* Familienrecht '96, FamRZ-Buch 1, S. 615; *dies.,* Daten und Tabellen zum Familienrecht, FamRZ-Buch 1, 5. Aufl. 2004, Ländergruppeneinteilung, S. 330.

Übersicht

[1] Zur Verbrauchergeldparität im Verhältnis zu **Bulgarien** *Buseva,* Verbrauchergeldparität im Verhältnis zu Bulgarien und Bemessung des Unterhalts für in Bulgarien lebende Kinder, FamRZ 1997, 264; OLG Koblenz FamRZ 1998, 1532; zu **Dänemark** OLG Schleswig OLGR 1996, 156; zu **Ecuador** OLG Koblenz FamRZ 2007, 1592; zu **Italien** OLG Karlsruhe NJWE-FER 1997, 147 = FamRZ 1997, 1279; zu den **Philippinen** OLG Koblenz NJW-RR 2008, 159 = FamRZ 2008, 417; zu **Polen** OLG Karlsruhe NJW-RR 1988, 392 = FamRZ 1987, 1149; FamRZ 1991, 600; OLG Hamm NJW-RR 1989, 514 = FamRZ 1989, 785; FamRZ 1989, 1333; IPRax 1990, 186; FamRZ 1993, 839; FamRZ 1994, 773; FamRZ 1994, 774; OLG Hamburg IPRspr 1989, 247; NJW-RR 1991, 390 = FamRZ 1990, 794; OLG Düsseldorf FamRZ 1990, 556; OLG Bamberg FamRZ 1990, 198; KG NJW-RR 1995, 202 (LS) = FamRZ 1994, 759; OLG Nürnberg NJWE-FER 1997, 102 = FamRZ 1997, 1355; OLG Celle OLGR 1998, 149 m. Anm. *Winn* Kind-Prax 1998, 154; zur Schweiz OLG Brandenburg FamRZ 2008, 1279; zu **Serbien** OLG Stuttgart FamRZ 1999, 887, 888; zu **Slowenien** LG Hannover FamRZ 1998, 858, 859; zur **Tschechischen Republik** OLG München FamRZ 1998, 857, 858; OLG Karlsruhe FamRZ 1998, 1531; zur **Türkei** OLG Hamm OLGR 1996, 179; OLG Zweibrücken FamRZ 1999, 33, 35; OLG Hamm FamRZ 2006, 124 f. m. Anm. *Motzer* FamRBint 2006, 25.

A. Normzweck

1 § 1578 ist die **zentrale Vorschrift** für die Bemessung des nachehelichen Unterhalts. Wie § 1610 für den Verwandtenunterhalt richtet sie den Umfang des Unterhaltsanspruchs nach dem gesamten Lebensbedarf (Abs. 1 S. 2). Dieser bestimmt sich nach der Lebensstellung des Berechtigten (vgl. auch § 1610 Abs. 1), die sich ihrerseits von den **ehelichen Lebensverhältnissen** ableitet (Abs. 1 S. 1; zu diesem Begriff bei der Bestimmung der Angemessenheit einer Erwerbstätigkeit s. § 1574 RdNr. 3–19). Diese **Lebensstandardgarantie** wird durch die durch das **UÄndG 1986** in Abs. 1 S. 2 und 3 eingefügten und durch das **UÄndG 2007** (dazu Vor § 1569 RdNr. 1) in § 1578 b Abs. 1 überführten Billigkeitsklauseln aufgelockert, um bei starker Verbesserung des Lebensstandards durch die Ehe, wenn sie nicht lange gedauert hat und aus ihr keine Kinder hervorgegangen sind, den Berechtigten nach einer Übergangszeit auf seinen vor der Ehe bestehenden Lebensstandard zu verweisen.[2] – Abs. 2 und 3 enthalten auf einzelne Teilbereiche bezogene Umschreibungen des maßgeblichen Lebensbedarfs und bestimmen – teilweise abweichend vom Recht auf Verwandten- und Trennungsunterhalt – dessen **Umfang.** Sie gewährleisten die sozialrechtliche Absicherung – Krankheits- und Rentenvorsorge – und die Ausbildung des Berechtigten auf einen Stand, der ihm eine möglichst weitgehende eigenverantwortliche Bestreitung seines Lebensbedarfs erlaubt. – Zum **Verbot der Doppelberücksichtigung** von Einkünften und Verbindlichkeiten sowohl beim Unterhalt als auch im güterrechtlichen Ausgleich s. Vor § 1569 RdNr. 8–11.

[2] BT-Drucks. 10/2888 S. 19. Zur Textgeschichte ausführlich 3. Aufl. RdNr. 2.

B. „Eheliche Lebensverhältnisse“

I. Begriff

Was unter den „ehelichen Lebensverhältnissen“ zu verstehen ist, sagt **Abs. 1 S. 1** nicht. 2
Der Begriff ist an § 58 Abs. 1 EheG angelehnt, wonach angemessener Unterhalt „nach den Lebensverhältnissen der Ehegatten“ zu leisten war, und ist mit diesem inhaltsgleich,[3] weshalb sich beide Begriffe entsprechen. Ersichtlich soll den Ehegatten ermöglicht werden, sich die bereits während ihres ehelichen **Zusammenlebens** bestehenden Verhältnisse auch nach der Scheidung grundsätzlich zu erhalten, ohne dass damit eine unabdingbare Festschreibung der maßgeblichen Umstände und Beträge zu einem bestimmten Stichtag, dem „Zeitpunkt der Scheidung“,[4] bezweckt war (dazu auch RdNr. 13–17). Vielmehr wird ein **Prüfungsmaßstab** vorgegeben, der ermöglicht, die für die Bemessung des Unterhaltsbedarfs maßgeblichen Gesichtspunkte von denen, die der Ehe und der gemeinsamen Lebensleistung der Ehegatten nicht mehr zugeordnet werden können, zu trennen. – Insbesondere im Hinblick auf die Anknüpfung an der gemeinsamen Lebensleistung der Ehegatten ist dies eigentlich eine Selbstverständlichkeit. Sie wird auch durch die Unterhaltsrechtsreform 2007 und der mit ihr beabsichtigten Stärkung der **nachehelichen Eigenverantwortung** (dazu § 1569 RdNr. 6) nicht in Frage gestellt, weil diese nicht die Bedarfsbemessung des § 1578 Abs. 1, sondern ausschließlich die Bedarfsdeckung betrifft, nämlich die Erwerbsobliegenheit insbesondere des Berechtigten sowie die Begrenzung des Unterhaltsanspruchs nach § 1578 b. Angesichts der nach dem Urteil des BGH vom 13. 6. 2001[5] Einzug gehaltenen „Wandelbarkeitsmystik“[6] besteht jedoch Anlass, hierauf aus- und nachdrücklich hinzuweisen.

II. Maßstab

Die ehelichen Lebensverhältnisse[7] **(Abs. 1 S. 1)** richten sich nach **wirtschaftlichen** 3
Gesichtspunkten und damit nach den den Ehegatten für Unterhaltszwecke zur Verfügung stehenden finanziellen Mitteln.[8] In Doppelverdienerehen werden sie durch die Einkünfte beider Ehegatten unabhängig davon geprägt, ob sie sich zu einer **Wirtschaftsgemeinschaft** zusammengeschlossen haben (s. dazu zunächst § 1574 RdNr. 10–13).[9] – Maßgebend ist, wie die Lebensverhältnisse in der Ehe tatsächlich gehandhabt worden sind, solange und soweit sich die Ehegatten vom Standpunkt eines vernünftigen Betrachters aus nach einem **objektiven Maßstab** in einem wirtschaftlich sinnvollen und angemessen erscheinenden Rahmen gehalten haben. Sowohl eine freiwillige **zu dürftige Lebensführung** als auch **übertriebener Aufwand** bleiben außer Betracht, es sei denn, die Belange des anderen Ehegatten werden durch den übertriebenen Aufwand nicht berührt.[10] In diesem Umfang werden die Lebensverhältnisse der Ehegatten durch ihr tatsächliches Konsumverhalten be-

---

[3] Dazu etwa BGH FamRZ 1987, 257, 259; NJW-RR 1989, 1154 = FamRZ 1990, 258, 259; NJW 2006, 201 = FamRZ 2006, 317, 320.

[4] Dazu BT-Drucks. 7/650 S. 136.

[5] BGHZ 148, 105 = NJW 2001, 2254 = FamRZ 2001, 986 ff.

[6] *Maurer* FamRZ 2008, 975.

[7] Die den „Lebensverhältnissen der Ehegatten“ in § 1361 Abs. 1 S. 1 Halbs. 1 entsprechen, BGH NJW 1984, 1537 = FamRZ 1984, 356, 357.

[8] Verfassungsrechtlich unbedenklich, BVerfG NJW 1993, 2926 = FamRZ 1993, 171, 172; s. auch BVerfG 1. Kammer des 1. Senats Beschl. v. 2. 4. 1990 – 1 BvR 80/90, juris.

[9] BGH Urt. v. 21. 4. 1982 – IVb ZR 693/80, juris; OLG Düsseldorf FamRZ 1983, 1139; OLG Oldenburg NJW-RR 1995, 453 f. (ausschließlich Eigenverwendung der Einkünfte durch einen Ehegatten); aA wohl OLG Naumburg OLGR 1997, 233 = FamRZ 1998, 479 (LS).

[10] Zum Ganzen BGH NJW 1982, 1645 = FamRZ 1982, 151, 152; NJW 1983, 2318 = FamRZ 1983, 352, 353; NJW 1984, 1237 = FamRZ 1984, 358, 360 f.; NJW-RR 1987, 194 = FamRZ 1987, 36, 37 (zum Bauherrenmodell, dazu RdNr. 105); NJW 1989, 2809 = FamRZ 1989, 1160, 1161; NJW 1992, 1044 = FamRZ 1992, 423, 424; NJW-RR 1993, 898 = FamRZ 1993, 789, 792; NJW 1994, 935 = FamRZ 1994, 228, 230; NJW-RR 1995, 835 = FamRZ 1995, 869, 870 f. Für eine konkrete Bedarfsbemessung s. OLG

stimmt (dazu auch RdNr. 42, 96, 99).[11] – Ist auch grundsätzlich unerheblich, dass die Ehegatten mit der **Vermögensbildung** zu Lasten der Lebensführung gemeinsame Zwecke verfolgt haben,[12] verwehrt dies doch die Berücksichtigung von **Abweichungen** vom objektiven Standard im Einzelfall nicht, wenn diesen ein wirtschaftlich vernünftiger konkreter Lebensplan – etwa der Aufbau eines Gewerbebetriebes oder der Bau eines Familienheims – zugrunde liegt, der größere Sparraten bedingt und eine Korrektur der Unterhaltsbemessung nahe legt. – Der Bedarf kann nur nach den Lebensverhältnissen während der Ehe bemessen werden, die dauernden Bestand gewonnen haben oder wenigstens die Gewähr für Stetigkeit boten und für den Lebensbedarf beider Ehegatten auch zur Verfügung gestanden haben. Abzustellen ist auf die die Lebensverhältnisse der Ehegatten prägenden, weil **nachhaltig** und deshalb dauerhaft erzielten und für Unterhaltszwecke zur Verfügung stehenden Einkünfte.[13] – Da sich der Bedarf nach den tatsächlichen wirtschaftlichen Verhältnissen der Parteien richtet, kann er grundsätzlich nicht entsprechend den Veränderungen der **Lebenshaltungskosten** fortgeschrieben werden, wenn mit diesen keine entsprechende Veränderung der maßgeblichen Einkünfte einhergeht (dazu auch RdNr. 18, 21).[14] – Zur **Vermögensbildung** s. RdNr. 87.

III. Bedarfsbemessung

4 **1. Halbteilung.** Der Bedarf des Berechtigten bestimmt sich nach den ehelichen Lebensverhältnissen. Sie richten sich nach den wirtschaftlichen Verhältnissen der Ehegatten und damit nach ihren **Einkommens-** und **Vermögensverhältnissen.** Prägend sind Einkünfte aller Art, die die Ehegatten der Bestreitung ihres allgemeinen Lebensbedarfs zugeführt haben. Praktisch kommt den **Erwerbseinkünften** die größte Bedeutung zu.

5 Da die ehelichen Lebensverhältnisse für beide Ehegatten gleich sind, haben sie beide Anspruch auf **gleichmäßige Teilhabe** an den verfügbaren finanziellen Mitteln und auf die Hälfte des anrechnungsfähigen Einkommens **(Halbteilungsgrundsatz).**[15] Sie entspricht dem vollen Unterhalt iSd. Abs. 1. Dazu, ob auch ein **Mindestbedarf,** der den nach der Halbteilung ermittelten Bedarf übersteigt, den ehelichen Lebensverhältnissen entsprechen kann, s. RdNr. 54–58. – **Maßvolle Abweichungen** von der gleichmäßigen Teilhabe sind nur aufgrund besonderer Umstände möglich,[16] etwa wenn ein Ehegatte im Ausland lebt und dort die Lebenshaltungskosten geringer sind als im Inland.[17] Auf sie kommt es nicht an, wenn die Ehegatten in überdurchschnittlich guten wirtschaftlichen Verhältnissen gelebt haben und der Lebensbedarf des Berechtigten deshalb **konkret** zu bemessen ist (dazu

---

Düsseldorf NJW-RR 1996, 1155. Nach *Luthin* FamRZ 1983, 929 ist stets nach der tatsächlichen individuellen Lebensführung zu fragen; doch stößt dies auf praktisch unüberwindliche Schwierigkeiten.

[11] Zum Ganzen BGH NJW-RR 1987, 1285 = FamRZ 1989, 838, 839; NJW 1989, 2809 = FamRZ 1989, 1160, 1161; NJW 1994, 2618 = FamRZ 1994, 1169, 1170; NJW 1997, 735 = FamRZ 1997, 281, 284; NJW 2008, 57 = FamRZ 2007, 1532, 1534 [27].

[12] BGH NJW-RR 1987, 194 = FamRZ 1987, 36, 39; NJW 1992, 2477 = FamRZ 1992, 1045, 1048.

[13] BGH NJW 1982, 1873 = FamRZ 1982, 255, 257; NJW 1982, 1870 = FamRZ 1982, 576, 577; NJW 1983, 933 = FamRZ 1983, 146, 149; NJW-RR 1986, 1002 = FamRZ 1986, 780, 781; NJW 1992, 2477 = FamRZ 1992, 1045, 1047. Verfassungsrechtlich nicht zu beanstanden, BVerfG NJW 1993, 2926 = FamRZ 1993, 171 f.; BayVerfGH FamRZ 1992, 458, 459.

[14] BGH NJW 1987, 1555 = FamRZ 1987, 459, 460 f. m. abl. Anm. *Luthin;* OLG Düsseldorf NJW-RR 1988, 2 = FamRZ 1988, 67, 68; FamRZ 1991, 194 f.; aA OLG Hamburg FamRZ 1983, 932, 933; OLG Stuttgart FamRZ 1985, 491, 493; OLG Düsseldorf NJW-RR 1985, 436 = FamRZ 1985, 1262, 1263; OLG Hamm FamRZ 1986, 362, 363; FamRZ 1987, 600, 601; OLG Zweibrücken NJW 1994, 527 = FamRZ 1994, 1534, 1535; auch *Luthin* FamRZ 1983, 1236 f.; kritisch auch *Schwab/Borth* IV RdNr. 959. Anders zum Bedarf eines Kindes nach der Düsseldorfer Tabelle BGH NJW 1995, 534 = FamRZ 1995, 221 ff.; doch richtet sich dieser gerade nicht nach einer festen Quote der Einkommensverhältnisse.

[15] StRspr. des BGH, s. BGH NJW 1979, 1985 = FamRZ 1979, 692, 694; NJW 1981, 753 = FamRZ 1981, 241; NJW 1981, 1556 = FamRZ 1981, 442, 444; NJW 1982, 41 = FamRZ 1981, 1165, 1166; NJW 1988, 2369 = FamRZ 1988, 265, 267.

[16] BGH FamRZ 1984, 988, 990.

[17] BGHZ 104, 158 = NJW 1988, 1722 = FamRZ 1988, 705, 709.

RdNr. 47, 49–51). Zudem werden Abweichungen für **Erwerbseinkünfte** zugelassen, um Erwerbstätige für den mit der Berufsausübung verbundenen Aufwand zu entlasten (zu den **berufsbedingten Aufwendungen,** zum **Erwerbsanreiz**[18] und zur Umsetzung der Halbteilung in der **Praxis** s. RdNr. 53).

Nunmehr hat der BGH im Urteil v. 30. 7. 2008[19] im Zuge der Umsetzung des UÄndG 2007 den auf die Ehegatten bezogenen Halbteilungsgrundsatz zu einem „so verstandenen Halbteilungsgrundsatz" weiterentwickelt, der es ermöglicht, insbesondere auch nachehelich entstandene Unterhaltsverpflichtungen gegenüber anderen Partnern in die Bedarfsbemessung einzubeziehen (**„Dreiteilung";** sie kann nach der Tendenz des BGH problemlos zu weiteren Teilungen, gleichsam zu einer „X-Teilung" führen). Dies betrifft vornehmlich Unterhaltsansprüche aus §§ 1361 a, 1361, 1615 l Abs. 2 S. 2, aber auch solche aus §§ 1570 ff. nach Auflösung einer Folgeehe. Diese Dreiteilung ist auch nicht wegen des möglichen Gleichrangs solcher Unterhaltsansprüche nach § 1609 Nr. 2 BGB erforderlich, vielmehr ist sie im Zusammenhang mit der schleichenden Tendenz des BGH zu sehen, den Lebensbedarf eines Ehegatten losgelöst von den ehelichen Lebensverhältnissen und damit abseits der gesetzlichen Regelung in § 1578 Abs. 1 S. 1 zu bestimmen. Dies betrifft v. a. die Bestimmung der **maßgebenden Lebensverhältnisse,** ihre **„stete" Wandelbarkeit** und den **Stichtag** (dazu RdNr. 13–17). – Diese Rspr. des BGH ist **abzulehnen,** weil sie gegen die gesetzliche Regelung in § 1578 Abs. 1 S. 1 und den Halbteilungsgrundsatz verstößt. Daran ändert auch das Verständnis des BGH vom Halbteilungsgrundsatz nichts: Der Halbteilungsgrundsatz ist allein auf die geschiedenen Ehegatten bezogen. Mit einem neuen Ehegatten hat der bedürftige geschiedene Ehegatten nichts zu teilen.[20] 6

2. Bemessungsmethoden. Werden die ehelichen Lebensverhältnisse durch Einkünfte beider Ehegatten[21] geprägt **(Doppelverdienerehe),** bestimmt sich der maßgebende Bedarf des Berechtigten nach der **Differenz-** oder der **Additionsmethode.**[22] Nach der Differenzmethode wird das Einkommen des Berechtigten von dem des Verpflichteten abgezogen und die Differenz quotiert. Demgegenüber bestimmt die Additionsmethode die ehelichen Lebensverhältnisse zunächst durch Zusammenrechnen beider Einkünfte, halbiert die Summe und zieht das Einkommen des Berechtigten ab. – Der BGH wendet in ständiger Rspr. die Differenzmethode an,[23] hält aber auch die Anwendung der Additionsmethode bei einer hälftigen Beteiligung beider Ehegatten an den ehelichen Lebensverhältnissen für bedenkenfrei.[24] Vorzuziehen ist die Additionsmethode, weil sie von den tatsächlichen ehelichen Verhältnissen ausgeht und auch in den Fällen nichthälftiger Beteiligung der Ehegatten an den ehelichen Lebensverhältnissen unter Berücksichtigung des Erwerbsanreizes zu angemessenen Ergebnissen führt.[25] 7

[18] StRspr. des BGH, zuletzt BGHZ 166, 351 = NJW 2006, 1654 = FamRZ 2006, 683, 686 mwN.

[19] BGHZ 177, 356 = NJW 2008, 3213 m. Anm. *Mleczko* = FamRZ 2008, 1911, 1913 ff. [29–45, 39] m. abl. Anm. *Maurer;* s. auch BGH NJW 2009, 145 m. Anm. *Born* = FamRZ 2009, 23, 25 [30] m. Anm. *Norpoth* und *Maurer* FamRZ 2009, 204; BGH NJW 2009, 588 = FamRZ 2009, 411, 414 [29–31] m. Anm. *Borth.*

[20] *Maurer* FamRZ 2008, 1919 f.; *ders.* FamRZ 2008, 1985, 1988 ff.; *Born* NJW 2008, 3089, 3095; *Graba* FF 2008, 437, 444.

[21] Ggf. auch negativer Einkünfte, wenn dadurch das mietfreie Wohnen der Familie finanziert wurde, OLG Hamm FamRZ 1994, 248.

[22] Welche Oberlandesgerichte die Differenzmethode und welche die Additionsmethode anwenden, lässt sich den LL Nr. 15.2 nicht immer zuverlässig entnehmen, weil bei Methoden für sich in Anspruch nehmen, dem Halbteilungsgrundsatz gerecht zu werden. Für die Differenzmethode: Düsseldorf, Hamm, KG, Naumburg, Oldenburg, Schleswig, Thüringen; für die Additionsmethode: Brandenburg, Bremen, Celle, Dresden, Frankfurt a. M., Hamburg, Köln, Rostock, SüdL.

[23] BGH NJW 1979, 1985 = FamRZ 1979, 692, 693 f.; NJW 1981, 1609 = FamRZ 1981, 539, 541; NJW 1984, 1237 = FamRZ 1984, 358, 359; NJW-RR 1986, 68 = FamRZ 1985, 908; NJW 1986, 58 = FamRZ 1986, 703; NJW 1986, 1342 = FamRZ 1986, 437; NJW-RR 1987, 194 = FamRZ 1987, 36, 40; NJW-RR 1987, 1282 = FamRZ 1987, 1011; NJW 1991, 2703 = FamRZ 1991, 1163.

[24] BGH NJW 1981, 1609 = FamRZ 1981, 539, 541; NJW-RR 1987, 194 = FamRZ 1987, 36, 39 f.; BGHZ 148, 105 = NJW 2001, 2254 = FamRZ 2001, 986, 988.

[25] *Mayer* FamRZ 1992, 138 f. Bei Anwendung der Additionsmethode ergeben sich auch nicht die vom OLG Düsseldorf FamRZ 1991, 194, 195 aufgezeigten Schwierigkeiten bei der Errechnung des Erwerbs-

8 Ist nur ein Ehegatte erwerbstätig **(Alleinverdienerehe),** richtet sich der Bedarf des Berechtigten allein nach den Einkünften des Verpflichteten, es sei denn, der Berechtigte hat anderweitige Einkünfte, die während intakter Ehe für den allgemeinen Lebensbedarf verwandt wurden.

9 Nimmt der Berechtigte nach Trennung oder Scheidung eine Erwerbstätigkeit auf, wurden bis zur Entscheidung des BGH v. 13. 6. 2001[26] seine Einkünfte voll bedarfsdeckend angerechnet (**Anrechnungsmethode;** s. dazu 4. Aufl. RdNr. 59 mwN). Diese Berechnungsweise war zwar in der Bestimmung der ehelichen Lebensverhältnisse durch die wirtschaftlichen Verhältnisse der Ehegatten (dazu RdNr. 3) angelegt, führte aber durch die streng auf den Stichtag bezogene Betrachtung letztlich dazu, dass der Verpflichtete infolge der anzurechnenden und nicht beim Bedarf des Berechtigten zu berücksichtigenden Einkünfte einseitig entlastet wurde, ihm also entgegen der Halbteilung der vom Berechtigten erwirtschaftete Betrag zusätzlich verblieb. Seit der o. a. Entscheidung des BGH wird die einer Haushalts- und Betreuungstätigkeit folgende Erwerbstätigkeit eines Ehegatten als deren **Surrogat** und damit die aus ihr erzielten Erwerbseinkünfte als bedarfsprägend behandelt mit der Folge, dass der Unterhaltsberechnung nunmehr die **Differenz-/Additionsmethode** zugrunde zu legen ist. – Zur Kritik an dieser Rspr. s. RdNr. 14. Aufgrund des verfassungsrechtlichen Verdikts der Anwendung der Anrechungsmethode in diesen Fällen[27] ist die Differenz-/Additionsmethode auch auf **Zeiträume** vor der Entscheidung des BGH am 13. 6. 2001 anzuwenden.[28]

10 Eine **Kombination** aus Differenz-/Additionsmethode sowie Anrechnungsmethode ist dann der Bedarfsfestsetzung zugrunde zu legen, wenn der Berechtigte sowohl eheprägende als auch nicht eheprägende Einkünfte hat; die 4/7-Quotierung bzw. der Abzug berufsbedingter Aufwendungen und eines Erwerbsanreizes kann in diesen Fällen nur hinsichtlich der Erwerbseinkünfte angewandt/vorgenommen werden.[29]

11 **3. Rang der Unterhaltsforderung.** Der Rang einer Unterhaltsforderung nach §§ 1582, 1609 ist unerheblich für die Bemessung des Bedarfs nach den ehelichen Lebensverhältnissen. Die Aufteilung der unterhaltsrechtlich verteilungsfähigen Masse setzt dogmatisch die Feststellung der konkurrierenden Unterhaltsansprüche nach dem Bedarf voraus. **Vorrang ist Vorrang** (dazu § 1581 RdNr. 16, § 1582 RdNr. 20, 21).[30] Ein „rangrelativer"[31] Bedarf ist systemwidrig und deshalb abzulehnen. Daran ändert auch nichts, dass die Gesetzesbegründung zum UÄndG 2007 ausführt:[32]

„Auch auf der Basis der neuen Rangordnung gilt es, in besonderem Maße auf den Rechenweg Bedacht zu nehmen, um in Mangelfällen und hier insbesondere im Verhältnis vorrangiger Kinder zu nachrangigen Unterhaltsberechtigten, etwa dem betreuenden Elternteil, oder im Verhältnis von Erst- und Zweitfamilien zu gerechten Ergebnissen zu gelangen. Die unter der Geltung des alten Rechts entwickelten Methoden können hierbei entsprechend genutzt und fortentwickelt werden. Danach kann, soweit es etwa um die Verteilung des Resteinkommens zwischen Erst- und Zweitfamilie geht, besonders geprüft werden, ob nicht die Selbstbehaltssätze des Pflichtigen zu reduzieren sind, um der Erstfamilie auch im Vergleich zur Zweitfamilie ein angemessenes Auskommen zu sichern. Weiter ist auch, wie schon bisher, das rechnerische Gesamtergebnis im Wege einer „Gesamtschau" daraufhin zu

---

tätigenbonus nach Ausweitung einer Erwerbstätigkeit durch den Berechtigten, wenn lediglich die Einkünfte aus einer geringeren Tätigkeit die ehelichen Lebensverhältnisse geprägt haben.

[26] BGHZ 148, 105 = NJW 2001, 2254 = FamRZ 2001, 986 ff. und seither ständig.

[27] BVerfGE 105, 1 = FPR 2002, 180 = FamRZ 2002, 527 ff.

[28] OLG Köln FamRZ 2004, 1725, 1726.

[29] Dazu *Scholz* FamRZ 1990, 1088 f.; OLG Düsseldorf NJW 1990, 2695 = FamRZ 1990, 1364, 1365. Die LL Düsseldorf nennen dies (Nr. 15.2.) – nicht sehr anschaulich – „Quotenbedarf".

[30] BGHZ 175, 182 = NJW 2008, 1663 m. Anm. *Born* = FamRZ 2008, 968, 973 [48] m. Anm. *Maurer;* OLG Köln NJW 2008, 2659 = FamRZ 2008, 2119, 2120; so bereits *Schwab* FamRZ 2005, 1417, 1423; *Born* NJW 2008, 1, 2; *Vossenkämper* FamRZ 2008, 201, 210; *Schürmann* FamRZ 2008, 313, 321; auch *Grandel* NJW 2008, 796, 797.

[31] *Grandel* NJW 2008, 796, 797.

[32] BT-Drucks. 16/1830 S. 24.

überprüfen, ob im konkreten Einzelfall die Aufteilung des verfügbaren Einkommens auf die minderjährigen Kinder und den oder die unterhaltsberechtigten Ehegatten insgesamt billig und angemessen ist (...). Korrekturbedürftig kann eine Mangelfallberechnung insbesondere dann sein, wenn nach ihrem Gesamtergebnis die Erstfamilie (zusätzlich) auf Sozialleistungen angewiesen ist, während die nach der Scheidung gegründete zweite Familie auch unter Berücksichtigung des Selbstbehalts des Unterhaltspflichtigen und des Vorteils aus einem eventuellen Ehegattensplitting einer neuen Ehe im konkreten Vergleich ein gutes Auskommen hat.“

Was aber systematisch unzutreffend ist, wird durch die Gesetzesbegründung nicht zutreffend. – Für die gerichtliche Praxis können sich aus diesen „Verschränkungen“ auch Vorteile ergeben: In den einschlägigen Fällen wird vieles auf eine am Einzelfall ausgerichtete Billigkeitsentscheidung hinauslaufen, welche die Zulassung der Revision bzw. ab 1. 9. 2009 der Rechtsbeschwerde idR nicht erfordert. Für die beratende Praxis dürfte dies dagegen eher misslich sein. – Zur Berücksichtigung von **weiteren Unterhaltsforderungen** bereits beim Bedarf s. auch RdNr. 190–200.

IV. Einkommensverhältnisse

Der Bedarf (§ 1578) und die Bedürftigkeit des Berechtigten (§ 1577) sowie die Leistungsfähigkeit des Verpflichteten (§ 1581) werden v. a. durch die wirtschaftlichen Verhältnisse der Ehegatten bestimmt. Diese richten sich grundsätzlich nach ihren **Einkommensverhältnissen,** insbesondere nach ihren **Erwerbseinkünften,** aber auch nach den **Kapital**– und sonstigen **Vermögenserträgen.** – **Unterhalts-** und **steuerpflichtiges** Einkommen sind nicht identisch.[33] Allgemein ist das zu versteuernde Einkommen geringer als das Einkommen, nach dem sich der Unterhalt bemisst,[34] weil das Steuerrecht als wirtschaftpolitisches Instrument meist höhere Absetzungen als das Unterhaltsrecht, das von der familienrechtlichen Verantwortung für den Bedürftigen geprägt ist, zulässt. Dies gilt in besonderem Maße für Selbständige (dazu RdNr. 92–96). – Es ist ein **weiter,** für Berechtigte wie Verpflichtete gleicher Begriff der Einkünfte zugrunde zu legen (allgM). Er erfasst **alle geldwerten Zuflüsse** einschließlich **Gebrauchsvorteile** als Vermögensnutzungen iSd. § 100 (zum **Wohnvorteil** s. RdNr. 120–133) unabhängig davon, ob sie auf Arbeit, Vermögen oder öffentlich-rechtlichen Ansprüchen beruhen oder gegen Gegenleistung gewährt und aus welchem Anlass sie erzielt werden,[35] doch fallen unter Abs. 1 nur **zumutbar erzielte** Einkünfte.[36] – Unerheblich ist, woher diese Einkünfte stammen,[37] wem sie zuzuordnen sind und ob sie auf gemeinsamen Anstrengungen der Eheleute während der Ehe beruhen.[38] Die Einkünfte müssen regelmäßig und nachhaltig erzielt worden und dauerhaft sein (dazu RdNr. 3), weshalb grundsätzlich das Einkommen aus einem längeren Zeitraum zugrunde zu legen ist. Bei **Lohn-** und **Gehaltsempfängern** ist idR auf das Durchschnittseinkommen aus dem der Scheidung vorausgehenden Jahr, bei **Selbständigen** idR auf das der letzten drei Jahre zurückzugreifen;[39] auch bei **Vermögenseinkünften** kann ein längerer, Schwankungen ausgleichender Zeitraum gewählt werden.[40] Zusammengerechnet bilden die beiderseitigen Einkünfte die für die Bestimmung der ehelichen Lebensverhältnisse maßgebenden 12

[33] Dazu näher BGH NJW 1985, 909 = FamRZ 1985, 357, 359.

[34] BGH NJW-RR 1986, 66 = FamRZ 1986, 48, 49.

[35] BGH NJW-RR 1986, 1002 = FamRZ 1986, 780, 781; NJW 1994, 134 = FamRZ 1994, 21, 22.

[36] BGH NJW 1983, 933 = FamRZ 1983, 146, 149; s. auch KG FamRZ 1982, 386, 387.

[37] AA OLG Hamm FamRZ 1998, 1169, 1170, wenn der Verpflichtete neben einer Erwerbsunfähigkeitsrente rechtswidrig Einkünfte aus einer selbständigen Tätigkeit erzielt hat, weil diese jederzeit wieder aufgegeben werden kann; doch kommt es hierauf ebenso wenig an wie im Zusammenhang mit der Eheprägung auf unzumutbar erzielte Einkünfte (dazu RdNr. 97–102).

[38] OLG Hamm FamRZ 1993, 1089, 1090.

[39] BGH NJW 1982, 1645 = FamRZ 1982, 151, 152; NJW 1982, 1642 = FamRZ 1982, 680, 681; NJW 1983, 1554 = FamRZ 1983, 680, 681.

[40] OLG München FamRZ 1999, 453.

Einkommensverhältnisse,[41] und zwar auch dann, wenn der Verpflichtete den Berechtigten an seinen höheren Einkünften nicht oder **nur unzureichend** durch Unterhaltsleistungen beteiligt hat.[42] – Einkünfte dürfen nicht deshalb unberücksichtigt bleiben, weil der Berechtigte bei pauschalierender Betrachtung nachehelich **ähnliche Vorteile** genießt.[43] – Zu Einkünften aus **überobligater** Erwerbstätigkeit s. RdNr. 97–102, zu **fiktiven** Einkünften RdNr. 138–186, zu **freiwilligen Leistungen Dritter** RdNr. 134, zum zu berücksichtigenden **Erwerbseinkommen** RdNr. 88–105, zu **Sozialleistungen** einschließlich **Lohnersatzleistungen** RdNr. 106–117.

C. Maßgeblicher Zeitpunkt

I. Grundsatz

13 Von den **Einsatzzeitpunkten** für die einzelnen Unterhaltstatbestände (dazu § 1569 RdNr. 12) ist der maßgebliche Zeitpunkt für die Beurteilung der ehelichen Lebensverhältnisse zu unterscheiden **(„Stichtag“).** Dies ist die **Scheidung,**[44] dh. der Eintritt der Rechtskraft des Scheidungsausspruchs – nicht der Trennung[45] oder der Rechtshängigkeit des Scheidungsantrags[46] – oder, wird der nacheheliche Unterhalt im Verbund mit der Scheidung geltend gemacht, der Schluss der letzten mündlichen Verhandlung.[47] Deshalb prägen insbesondere auch nach der Trennung der Ehegatten bis zur Scheidung eingetretene Veränderungen die ehelichen Lebensverhältnisse, soweit sie nicht auf einer unerwarteten und vom Normalverlauf erheblich abweichenden Entwicklung beruhen.[48]

14 An diesem Grundsatz hielt der BGH[49] bis vor kurzem fest und suchte den Ausgleich der sich daraus ergebenden Ungereimtheiten für anerkennenswerte Veränderungen der maßgeblichen wirtschaftlichen Verhältnisse der Ehegatten mit zwei verschiedenen Ansätzen: Zum einen in **Ausnahmen,** die sich aus den Einkommensverhältnissen immanenten Veränderungen rechtfertigen (dazu RdNr. 17–40),[50] zum anderen im Gedanken des **Surrogats,** nach dem auch alle diejenigen Umstände die ehelichen Lebensverhältnisse prägen, die an die Stelle der bis zur Scheidung bestehenden treten.

Bsp.: Aufnahme einer Erwerbstätigkeit (dazu näher RdNr. 26): **BGHZ 148, 105 = NJW 2001, 2254 = FamRZ 2001, 986, 991:** Eine nach der Scheidung aufgenommene Erwerbstätigkeit prägt die ehelichen Lebensverhältnisse, weil sie sich als Surrogat der während des ehelichen Zusammenlebens ausgeübten Haushaltsführung und Kinderbetreuung darstellt;

[41] BGH NJW 1981, 753 = FamRZ 1981, 241.

[42] BGH NJW 1980, 2349 = FamRZ 1980, 876, 877; NJW 1983, 2318 = FamRZ 1983, 352, 353.

[43] BGH NJW 1986, 1342 = FamRZ 1986, 437, 438 f. (Zinserträge); NJW 1998, 753 = FamRZ 1998, 87, 88 f. (Wohnvorteil).

[44] So ausdrücklich BT-Drucks. 7/650 S. 136.

[45] So noch etwa OLG Bamberg FamRZ 1980, 687; OLG Düsseldorf FamRZ 1981, 887; *Hampel* FamRZ 1984, 621 ff.

[46] So *Palandt/Brudermüller* RdNr. 11.

[47] BGH NJW 1981, 753 = FamRZ 1981, 241.

[48] BGH NJW 1992, 2477 = FamRZ 1992, 1045, 1046; NJW 1994, 935 = FamRZ 1994, 228, 229; NJW 1996, 517 = FamRZ 1996, 345, 346; ebenso OLG München OLGR 2003, 286; s. auch die Nachw. in 4. Aufl. RdNr. 36 Fn. 260. Verfassungsrechtlich nicht beanstandet von BayVerfGH FamRZ 1994, 1536, 1537. – Nicht mit diesen Maßstäben zu messen sind durch die **Wiedervereinigung** (dazu BGH DtZ 1995, 207 = FamRZ 1995, 473, 474 f.; zur Anpassung von DDR-Unterhaltsrenten s. auch BGH DtZ 1994, 371 = FamRZ 1994, 562, 565) oder eine **Übersiedlung** (OLG Düsseldorf FamRZ 1992, 953, 954) hervorgerufene Bedarfsänderungen, die als in der Ehe angelegt anzusehen sind. Zu fragen ist nach den Einkünften, die die Ehegatten bei der Projektion ihrer im Zeitpunkt der Scheidung bestehenden Verhältnisse in der BRD erzielt hätten. Zu weiteren **Ausnahmen** im Einzelnen s. RdNr. 25–27.

[49] BGHZ 148, 105 = NJW 2001, 2254 = FamRZ 2001, 986, 988 (Abs. 1): Scheidung ist Endpunkt für die Entwicklung der ehelichen Lebensverhältnisse; BGHZ 153, 358 = NJW 2003, 1518 = FamRZ 2003, 590, 592.

[50] Vgl. auch die Darstellung der Entwicklung der BGH-Rspr. bei BGH NJW 2009, 588 = FamRZ 2009, 411, 413 [17–19, 21–23] m. Anm. *Borth*.

Ziel war, die sich durch die Anrechnungsmethode ergebenden Ungerechtigkeiten zu Lasten des Berechtigten zu beseitigen; seither ständig, BGH NJW 2001, 3260 = FamRZ 2001, 1291, 1293; BGHZ 153, 372 = NJW 2003, 1796 = FamRZ 2003, 848, 851; NJW 2004, 2303 = FamRZ 2004, 1170, 1171; NJW 2004, 3106 = FamRZ 2004, 1357, 1360; BGHZ 162, 384 = NJW 2005, 2145 = FamRZ 2005, 1154, 1157; NJW 2005, 3639 = FamRZ 2005, 1979, 1981; NJW 2006, 1201 = FamRZ 2006, 317, 320; zuletzt BGH NJW 2007, 839 = FamRZ 2007, 200, 203.

Neue Partnerschaft (dazu näher RdNr. 136, 137): **BGH NJW 2001, 3779 = FamRZ 2001, 1693, 1694; NJW 2004, 2303 = FamRZ 2004, 1170; NJW 2004, 2305 = FamRZ 2004, 1173, f.; NJW-RR 2004, 1155 = FamRZ 2004, 1179, 1181:** Haushaltsführung in einer neuen Partnerschaft ist Surrogat der Haushaltsführung in der Ehe.

Wohneigentum (dazu näher RdNr. 120–133): **BGH NJW 2001, 2259 = FamRZ 2001, 1140, 1143:** Erlös aus dem Verkauf eines Hauses oder Miteigentumsanteils ist Surrogat für den Nutzungsvorteil (dazu auch bereits OLG Hamm Urt. v. 23. 6. 1999 – 5 UF 190/98, juris [9] = FamRZ 2000, 611 (LS): Einkünfte aus Wohneigentum als Surrogat für Einkünfte aus einem Mietshaus, dessen Verkaufserlös für dessen Erwerb verwandt wurden). – **BGH NJW 2005, 2077 = FamRZ 2005, 1159, 1160 f.:** Dies gilt auch bei der Übernahme des Miteigentumsanteils eines Ehegatten durch den anderen. – **BGHZ 163, 84 = NJW 2005, 3277 = FamRZ 2005, 1817, 1820 f.:** Vermögenserträge aus Erlös des Verkaufs des anteiligen Eigentums am Familienheim als Surrogat für Nutzungsvorteile.

Rente. Versorgungsausgleich (dazu näher RdNr. 39): **BGH NJW 2002, 436 = FamRZ 2002, 88, 91; BGHZ 153, 272 = NJW 2003, 1796 = FamRZ 2003, 848, 851; BGHZ 163, 187 = NJW 2005, 2313 = FamRZ 2005, 1479, 1480; NJW-RR 2005, 1450 = FamRZ 2005, 1897, 1899; NJW 2006, 1794 = FamRZ 2006, 387, 391:** Rente ist das Surrogat für die wirtschaftliche Nutzung der Arbeitskraft, auch soweit die Anwartschaften bereits vor der Eheschließung erworben wurden.

Ob mit dem „Surrogat" der richtige Ansatz gewählt wurde, ist immerhin zweifelhaft, weil er 15 das hinter den ehelichen Lebensverhältnissen stehende Prinzip eher verdunkelt als herausstellt: **Maßstab** für die unterhaltsrechtliche Erheblichkeit ist zum einen das Wirtschaften der Ehegatten aufgrund ihres gemeinsamen **Lebensplans,** was ermöglicht, auch künftige Änderungen zu erfassen. Dabei kann die soziale Wirklichkeit ein Indiz für diesen Lebensplan sein und widerlegbare Vermutungen rechtfertigen, insbesondere wenn es um die bedarfsprägende Wirkung einer nach Scheidung aufgenommenen Erwerbstätigkeit geht. Zum anderen ist es die **Zumutbarkeit** der bedarfsprägenden Berücksichtigung von Veränderungen für die Ehegatten. Da die ehelichen Lebensverhältnisse eben auch nach der Scheidung dynamisch und deshalb **wandelbar** sind,[51] lassen sich sachgerechte(re) Ergebnisse dadurch erreichen, dass deren **Weiterentwicklung** auch noch nach dem Stichtag anerkannt wird. Am augenfälligsten ist dies bei einer Veränderung der wirtschaftlichen Verhältnisse durch normale Verdienstanpassungen, zeigt sich aber auch bei einem infolge der Scheidung eingetretenen Wechsel der Steuerklasse (liegen Trennung und Scheidung im selben Jahr, bewirkt allein die Scheidung den Wechsel im Folgejahr, dazu auch RdNr. 28, 29). War eine Erwerbstätigkeit des Berechtigten nach dem Lebensplan der Ehegatten nie beabsichtigt, können von ihm erzielte Erwerbseinkünfte nicht in der Ehe angelegt sein und deshalb die ehelichen Lebensverhältnisse nicht prägen, sodass sie unterhaltsrechtlich weiter allein durch Anrechnung zu berücksichtigen sind.[52] – Unangemessenen Ergebnissen zu Lasten des Berechtigten könnte auch weiterhin durch die Berücksichtigung seines **trennungsbedingten Mehrbedarfs** (dazu RdNr. 66–68), eines **Betreuungsbonus** (dazu RdNr. 102), die Errechnung des Elementarunterhalts ohne Vorwegabzug des **Vorsorgeunterhalts** (dazu RdNr. 70, 71) oder allgemein durch eine **Angemessenheitskontrolle** (dazu § 1581 RdNr. 17–19) wenigstens teilweise begegnet werden.

---

[51] BGHZ 171, 206 = NJW 2007, 1961 = FamRZ 2007, 793, 795 [21] (soweit ersichtlich erstmals ausdrücklich so formuliert); BGHZ 175, 182 = NJW 2008, 1663 m. Anm. *Born* = FamRZ 2008, 968, 971 f. [43] m. Anm. *Maurer.*

[52] Kritisch *Scholz* FamRZ 2001, 1061.

16 In seiner Entscheidung v. 6. 2. 2008[53] bezeichnet der BGH nunmehr die Anknüpfung an den Stichtag der rechtskräftigen Scheidung als „überholt".[54] An dessen Stelle setzt er eine **wertende Betrachtung,** die zum Maßstab hat, dass „dem Recht des nachehelichen Unterhalts keine Lebensstandardgarantie entnommen werden kann", oder den „Zweck des nachehelichen Unterhalts einerseits und der fortwirkenden ehelichen Solidarität andererseits".[55] Doch schließt weder das Eine noch das Andere das Festhalten an einem Stichtag aus:[56] Es gibt eben Entwicklungen, die in der Ehe angelegt sind, und solche, die es nicht sind. Sie grundsätzlich nach einem Stichtag voneinander zu scheiden, ist im Sinne eines ersten Differenzierungsrasters sachgerecht. So leuchtet etwa ohne weiteres ein, dass nach dem Stichtag aufgenommene Schulden idR die ehelichen Lebensverhältnisse nicht mehr prägen können. Zudem kann die Stichtagsregelung der Verteilung der Darlegungs- und Beweislast dienen: Wer sich für einen Umstand darauf beruft, dass er die ehelichen Lebensverhältnisse positiv oder negativ prägt, hat dies ggf. auch zu beweisen. Als Bsp. kann die auch vom BGH angezogene Rspr. zum „Karrieresprung" – an der er zunächst noch festgehalten hat,[57] die er aber neuestens modifiziert (dazu näher RdNr. 25) – dienen: Trat er bis oder in unmittelbarem zeitlichen Zusammenhang zum Stichtag ein, spricht die Vermutung für eine Eheprägung, die der Verpflichtete zu widerlegen hat. Ist er dagegen erst später eingetreten, spricht die Vermutung gegen eine Eheprägung; sie hat der Berechtigte zu widerlegen.

17 Für die Beurteilung der **Bedürftigkeit** und der **Leistungsfähigkeit** gibt es keinen Einsatzzeitpunkt. Ausschlaggebend sind die tatsächlichen Einkommens- und Vermögensverhältnisse im Zeitpunkt der möglichen Unterhaltspflicht oder, aufgrund einer Obliegenheitsverletzung, ihrer Fiktion. Deshalb ist jedenfalls **grundsätzlich** unerheblich, ob ein Ehegatte zu einem früheren Zeitpunkt mangels Bedürftigkeit nicht unterhaltsberechtigt war (zur Ausnahme des § 1577 Abs. 4 S. 2 s. dort RdNr. 24, 25);[58] auch dann besteht der Unterhaltsanspruch dem Grunde nach fort, solange seine Voraussetzungen nach den §§ 1570–1576 vorliegen.[59]

II. Wesentliche Änderungen der wirtschaftlichen Verhältnisse

18 **1. Grundsätze.** Betroffen sind alle die ehelichen Lebensverhältnisse prägenden Einkünfte, gleich aus welchen Quellen sie stammen.[60] Maßgeblich ist allein ein so enger Bezug der Einkünfte und ihrer Fortentwicklung zur Ehe, dass die Teilhabe des Berechtigten an ihnen für beide Ehegatten zumutbar ist. Dabei kommt dem **Stichtag** (dazu RdNr. 13) nicht stets die ausschlaggebende Bedeutung zu, ebenso wenig ist maßgebend, ob die Veränderung noch während der **Trennungszeit** oder erst nach der **Scheidung** eingetreten ist. Entscheidend ist vielmehr, ob und inwieweit Veränderungen als die **Weiterentwicklung** der ehelichen Lebensverhältnisse zu verstehen sind, oder ob sie keinen oder nur einen sehr losen **Bezug** zu diesen haben.[61] Das entscheidende **Kriterium** ist, ob diese Einkünfte der Bestreitung des

53 BGHZ 175, 182 = NJW 2008, 1663 m. Anm. *Born* = FamRZ 2008, 968, 972 [44] m. Anm. *Maurer;* bestätigt in BGH NJW 2009, 588 = FamRZ 2009, 411, 413f. [24] m. Anm. *Borth.*

54 Anders dagegen wieder BGHZ 178, 79 = NJW 2008, 3562 = FamRZ 2008, 2189, 2190, 2191 [17, 29] m. Anm. *Graba*: „Anders als beim Ehegattenunterhalt ist der Lebensstandard der Kinder nicht auf die zum Zeitpunkt der Ehescheidung vorhandenen Einkommensquellen begrenzt."

55 BGH NJW 2009, 588 = FamRZ 2009, 411, 413f. [24] m. Anm.

56 S. dazu auch die Kritik bei *Maurer* FamRZ 2008, 1985, 1986f.

57 BGH NJW 2007, 2628 = FamRZ 2007, 1232, 1235 [29, 30].

58 OLG München FamRZ 1989, 1309; FamRZ 1993, 564, 565 mwN auch zur abw. Auffassung; OLG Zweibrücken NJWE-FER 2001, 143; *Schwab/Borth* IV RdNr. 1066; *Wendl/Gutdeutsch* § 4 RdNr. 529; *Soergel/Häberle* RdNr. 2; aA wohl BGH FamRZ 1987, 152f.; OLG Düsseldorf FamRZ 1981, 1080, 1082 (jeweils zu § 58 EheG), dagegen wohl OLG Köln FamRZ 1982, 493, 495f.

59 *Soergel/Häberle* RdNr. 2.

60 OLG Hamm NJW-RR 1998, 6, 7 (Einkünfte aus zwischen Trennung und Scheidung anfallender Erbschaft prägen die ehelichen Lebensverhältnisse); OLG Celle OLGR 1998, 84, 85: Die Eheprägung des Eintritts in den Vorruhestand nach Trennung hängt davon ab, ob dieser bereits vor der Trennung geplant war.

61 Ebenso etwa *Born* NJW 2008, 3089, 3095; *Graba* FF 2008, 437, 444.

Lebensbedarfs zugeführt worden sind oder bei Fortführung der ehelichen Lebensgemeinschaft zugeführt worden wären oder jedenfalls hätten zugeführt werden müssen. Deshalb kann etwa eine während der Trennungszeit angefallene **Erbschaft** die ehelichen Lebensverhältnisse prägen, wenn die Erträge aus der Erbschaft bei bestehender Lebensgemeinschaft auch unter Berücksichtigung berechtigter Belange der Vermögensbildung für den ehelichen Lebensunterhalt verwandt worden wären (dazu auch RdNr. 119).[62]

Zwar prägen Veränderungen der Einkommensverhältnisse nach rechtskräftiger Scheidung 19 die ehelichen Lebensverhältnisse grundsätzlich nicht mehr. Doch ermöglicht die neuere Rspr. des BGH zur **Surrogation** wirtschaftlicher Werte (dazu RdNr. 14, 15) eine stärkere Berücksichtigung von Veränderungen, indem sie eine Entwicklung der wirtschaftlichen Verhältnisse auch nach dem Stichtag als in der Ehe angelegt und die gelebten Lebensverhältnisse ersetzend behandelt. Deshalb ist die **Aufnahme einer Erwerbstätigkeit,** die dem Lebensplan der Ehegatten entsprochen hat, bedarfsprägend, auch wenn sie im Zeitpunkt der Scheidung noch nicht verwirklicht war.[63] Bei **Selbständigen** mit schwankendem Einkommen ist zudem auf die mit einiger Sicherheit vorauszusehende künftige Entwicklung abzustellen (zu Einkommensverschlechterungen s. auch RdNr. 24).[64] **Ausnahmsweise** können auch nach der Scheidung eintretende Umstände, die nicht als Surrogat für einen anderen wirtschaftlichen Wert aufgefasst werden können, bei der Bedarfsbemessung Berücksichtigung finden, wenn im Zeitpunkt der Scheidung ihr baldiger Eintritt sicher oder mit hoher Wahrscheinlichkeit zu erwarten war und die Ehegatten ihren Lebenszuschnitt im Hinblick auf die künftige Entwicklung gestalten konnten.[65] Ihr Eintritt muss derart wahrscheinlich sein, dass die Ehegatten vernünftigerweise ihren Lebenszuschnitt auf die Veränderung der Umstände einstellen konnten.[66] Zu den **Ausnahmen** im Einzelnen s. RdNr. 22–41.

Nachdrücklich zu widersprechen ist dagegen der These des BGH von den **„wandelbaren Lebensverhältnissen“,** die allein durch den „Zweck des nachehelichen Unterhalts“ 20 und durch die „fortwirkende **nacheheliche Solidarität**“ eine Begrenzung erfahren sollen (dazu auch RdNr. 16),[67] weil sie auch Veränderungen ohne Bezug zur Ehe den maßgebenden Verhältnisse zuordnet. Dies ist mit § 1578 Abs. 1 S. 1 nicht in Einklang zu bringen. Daran ändert auch die scheinbare Einschränkung des BGH, dass Veränderungen unberücksichtigt zu bleiben hätten, die auf eine Verletzung der nachehelichen Solidarität unterhaltsrechtlich leichtfertiges und deshalb **vorwerfbares** Verhalten zurückzuführen sind, nichts.[68] Denn diese Begrifflichkeit hat Bedeutung bei der Beschränkung eines Unterhaltsanspruchs oder der Leistungsfähigkeit des Verpflichteten, nicht jedoch im Rahmen der Bedarfsbemessung (dazu auch RdNr. 34). – Auch die vom BGH angezogene und zu Recht verneinte **Lebensstandardgarantie**[69] kann kein anderes Ergebnis rechtfertigen, weil dieses Kriterium für die Leistungsfähigkeit einschließlich des Rangs aussagekräftig ist, nicht jedoch für den Bedarf. Ebenso wenig die **nacheheliche Eigenverantwortung,** welche die Erwerbs-

---

[62] OLG Hamm NJW-RR 1998, 6, 7.

[63] AA noch BGH NJW 1987, 58 = FamRZ 1986, 783, 785 m. Anm. *Luthin*; NJW 1987, 1555 = FamRZ 1987, 459.

[64] BGH NJW-RR 1993, 1283 = FamRZ 1993, 1304, 1305 m. Anm. *P. Derleder* FuR 1993, 353.

[65] BGH NJW 1985, 1699 = FamRZ 1985, 791, 793; NJW-RR 1993, 964 = FamRZ 1993, 1304, 1305; s. auch BGHZ 175, 182 = NJW 2008, 1663 m. Anm. *Born* = FamRZ 2008, 968, 972 [46] m. Anm. *Maurer*. Verneint von OLG Hamm NJWE-FER 1998, 25 für die mehrere Jahre nach der Scheidung anfallenden Kosten wegen der Pflegebedürftigkeit der Eltern des Verpflichteten; bejaht von OLG Hamm FamRZ 1999, 515, 516 m. Anm. *Cramer* für die Beendigung der Strafhaft.

[66] BGH NJW 1987, 1555 = FamRZ 1987, 459, 461.

[67] Dazu lediglich BGH NJW 2009, 145 m. Anm. *Born* = FamRZ 2009, 23, 24 f. [22, 23] m. Anm. *Norpoth* und *Maurer* FamRZ 2009, 204; BGH NJW 2009, 588 = FamRZ 2009, 411, 413 f. [24] m. Anm. *Borth*.

[68] BGHZ 175, 182 = NJW 2008, 1663 m. Anm. *Born* = FamRZ 2008, 968, 972 [45] m. Anm. *Maurer*; BGH NJW 2009, 145 m. Anm. *Born* = FamRZ 2009, 23, 25 [29] m. Anm. *Norpoth* und *Maurer* FamRZ 2009, 204; BGH NJW 2009, 588 = FamRZ 2009, 411, 414 [26] m. Anm. *Borth*.

[69] BGH NJW 2009, 145 m. Anm. *Born* = FamRZ 2009, 23, 25 [25] m. Anm. *Norpoth* und *Maurer* FamRZ 2009, 204.

obliegenheiten bestimmt, nicht aber das Maß des Unterhalts nach den ehelichen Lebensverhältnissen.[70]

21 Stets bedarf es aber einer Kontrollüberlegung, die der BGH wie alle anderen Gesichtspunkte gleichsam in die Bedarfsbemessung integriert:[71] Die finanziellen Mittel, die über den Unterhalt unter den Ehegatten verteilt werden sollen, müssen oder müssten, werden fiktive Einkünfte zugerechnet (dazu RdNr. 138–187), tatsächlich **vorhanden** sein. Deshalb sind infolge von Trennung und Scheidung eingetretene Veränderungen auch bedarfsprägend hinzunehmen. Dabei dürfte es sich meist um die Einkünfte verringernde Umstände handeln, wie etwa die Änderung der Steuerklasse (dazu RdNr. 28, 29) oder der Wegfall eines Wohnvorteils (dazu RdNr. 130–132). Würden diese vom Berechtigten hinzunehmenden Veränderungen nicht berücksichtigt, würde der Verpflichtete unter Verstoß gegen den Halbteilungsgrundsatz benachteiligt.

22 **2. Steigerung der Lebenshaltungskosten.** Die durch sie bewirkte Erhöhung des Bedarfs des Berechtigten ist den ehelichen Lebensverhältnissen zwar immanent, prägt sie jedoch wegen der Anknüpfung an die wirtschaftlichen Verhältnisse der Eheleute bei der Bestimmung der ehelichen Lebensverhältnisse gleichwohl grundsätzlich nicht, wenn der Bedarf nach einer **Quote** vom Familieneinkommen bemessen wird.[72] Wer anders verfährt, muss die Korrektur in der Leistungsfähigkeit des Verpflichteten suchen.[73] Etwas anderes kann nur **ausnahmsweise** in folgenden Fällen gelten:

- Die Parteien **vereinbaren** eine Anpassung nach den Lebenshaltungskosten (dazu näher § 1585 c RdNr. 13, 14).[74]
- Der Unterhalt wurde wegen der überdurchschnittlichen wirtschaftlichen Verhältnisse **konkret** bemessen. Allerdings sind auch dann idR nicht die Lebenshaltungskosten fortzuschreiben, vielmehr bestimmt die allgemeine Entwicklung der **Lohnkosten** das Maß der Anpassung:[75] Der Bedarf ist nicht nach einer Quote vom Familieneinkommen, sondern bei überdurchschnittlichen Einkünften nach den **tatsächlichen Bedürfnissen** zu bemessen (zur **konkreten Bedarfsbemessung** s. auch RdNr. 23, 49–51). Da in diesen Fällen für den Bedarf nicht am Familieneinkommen angeknüpft wird, kann dieses und seine Veränderungen nicht als maßgebliche Größe für den Bedarf herangezogen werden. Vielmehr steigt der finanzielle Aufwand für die Bedarfsdeckung mit zunehmender Geldentwertung und ihr entsprechend an, weshalb sie auch die maßgeblichen ehelichen Lebensverhältnisse prägt. Das notwendige Korrektiv bildet die Leistungsfähigkeit des Verpflichteten; doch dürfte dies bei den gegebenen überdurchschnittlichen Einkommensverhältnissen nur sehr selten praktisch werden.
- Der Berechtigte nimmt nachehelich nicht mehr am Einkommenszuwachs des Verpflichteten teil, weil dieser nicht mehr **in der Ehe angelegt** war.

---

[70] *Maurer* FamRZ 2008, 1985, 1987 f.

[71] So bereits BGHZ 166, 351 = NJW 2006, 1654 = FamRZ 2006, 683, 685 m. Anm. *Büttner* FamRZ 2006, 765 und *Borth* FamRZ 2006, 852: „Einer zusätzlichen Grenze der Leistungsfähigkeit nach den individuellen ehelichen Lebensverhältnissen bedarf es nicht mehr.".

[72] BGH NJW 1987, 1555 = FamRZ 1987, 459, 460 f. m. krit. Anm. *Luthin*; OLG Düsseldorf NJW-RR 1988, 2 = FamRZ 1988, 67, 68; FamRZ 1991, 194 f.; OLG Bamberg FamRZ 1999, 31, 32 f.; aA OLG Hamburg FamRZ 1983, 932, 933; OLG Stuttgart FamRZ 1985, 491, 493; OLG Düsseldorf FamRZ 1985, 1262, 1263; OLG Hamm FamRZ 1986, 362, 363; FamRZ 1987, 600, 601; OLG Zweibrücken NJW 1994, 527 = FamRZ 1994, 1534, 1535, die die Anpassung im Wege der Abänderungsklage nach § 323 ZPO, §§ 238, 239 FamFG allein wegen der Steigerung des Lebenshaltungskostenindexes zulassen. Anders zur Bemessung des Kindesunterhalts nach der Düsseldorfer Tabelle BGH NJW 1995, 534 = FamRZ 1995, 221, 222; doch richtet sich dieser gerade nicht nach einer festen Quote der Einkommensverhältnisse.

[73] So ausdrücklich etwa *Luthin* FamRZ 1983, 1236, 1237.

[74] OLG Bamberg FamRZ 1999, 31, 32.

[75] Auch wenn der Unterhaltsanspruch durch Vergleich geregelt worden war, aA *Wendl/Gutdeutsch* § 4 RdNr. 303; scheinbar auch der BGH FamRZ 1986, 458, 460 (zu § 58 EheG), der allerdings eine Anpassung ohne Rücksicht auf die Entwicklung der beiderseitigen Lebensverhältnisse der Eheleute ausdrücklich ausschließt.

– Nach dem **Tod des Verpflichteten** können sich die ehelichen Lebensverhältnisse nicht mehr nach seinem realen Einkommenszuwachs bestimmen. Bei Fortführung eines Unternehmens durch den Erben ist deshalb wegen der Unsicherheit, ob auch der Erblasser das Unternehmen mit demselben Erfolg weitergeführt hätte, eine Anpassung nach dem Lebenshaltungskostenindex vorzunehmen.[76]
– Der Verpflichtete verfügt nachehelich über die ehelichen Lebensverhältnisse **nicht prägende Einkünfte.**[77] Da in diesen Fällen für die Bedarfsbemessung nicht an einer beachtlichen Weiterentwicklung der Einkommensverhältnisse angeknüpft werden kann, bleibt zur Erhaltung des Lebensstandards des Berechtigten nur die Möglichkeit, den einmal festgestellten Bedarf statistisch nach der Entwicklung der Lohnkosten fortzuschreiben.

3. Einkommensveränderungen. a) „Einfache" Einkommensänderungen. Praktisch bedeutsam sind v. a. **Einkommensverbesserungen,** die nicht mit einem Berufswechsel verbunden sind und lediglich dem Ausgleich des Kaufkraftverlustes und der Anhebung des Lebensniveaus im allgemeinen gesamtwirtschaftlichen Rahmen dienen. Zudem muss die Erwartung einer künftigen konkreten Einkommenssteigerung schon die ehelichen Lebensverhältnisse geprägt haben,[78] wovon für tarifliche Erhöhungen des Arbeitsentgelts und gesetzliche Erhöhungen der Renten und Pflegegelder[79] als selbstverständlich ausgegangen werden kann.[80] – Die vom BGH[81] weiter geforderte Sicherheit oder hohe Wahrscheinlichkeit ihres Eintritts ist wegen der zu beachtenden Dynamik der ehelichen Lebensverhältnisse (dazu RdNr. 19) nicht sachgerecht und deshalb entbehrlich.[82] – Einkommensverbesserungen können dann nicht zu einer Erhöhung des eheangemessenen Bedarfs führen, wenn er nicht nach einer Quote, sondern **konkret** bemessen wurde, weil dann die Höhe der Einkünfte für seine Festlegung nicht unmittelbar bestimmend war.[83] Insoweit kann eine Anpassung aufgrund der Steigerung der **Lebenshaltungskosten** in Betracht kommen (dazu RdNr. 50; allgemein zur konkreten Bedarfsberechnung RdNr. 22, 49–51). 23

Auch **Einkommensminderungen** prägen die ehelichen Lebensverhältnisse, weil sich die Ehegatten auch bei fortbestehender Ehe auf sie hätten einrichten müssen. Für die **abhängig** Erwerbstätigen folgt dies bereits daraus, dass etwa das Arbeitsmarktrisiko des Verpflichteten bei fortbestehender Ehe von beiden Ehegatten hätte gemeinsam getragen werden müssen und kein Grund dafür ersichtlich ist, warum der geschiedene Berechtigte dieses Risiko nicht mittragen soll. Für **Selbständige** findet die Berücksichtigung der Einkommenseinbußen seine Grenze in einer grundlegenden Veränderung des ehelichen Lebensstandards von unabsehbarer Dauer und ohne Aussicht auf Besserung (dazu auch RdNr. 155, 156). – Die Grenze bildet die **Obliegenheitsverletzung** eines Ehegatten: Ist die Einkommenseinbuße auf sein unterhaltsrechtlich zu missbilligendes Verhalten zurückzuführen, etwa auf eine Verletzung seiner Erwerbsobliegenheit oder auf eine freiwillige berufliche oder wirtschaftliche Disposition, ohne sie durch zumutbare Vorsorge aufzufangen, bleibt sie unberücksichtigt.[84] So ist etwa einem Selbständigen bei entsprechenden Chancen auf dem 24

---

[76] OLG Celle FamRZ 1987, 1038, 1040.

[77] BGH NJW 1987, 1555 = FamRZ 1987, 459, 460 f.

[78] Nach OLG Hamburg FamRZ 1986, 1001 f. sollen Einkommensverbesserungen beim Verpflichteten entsprechend § 1573 Abs. 5 [UÄndG 1986] unberücksichtigt bleiben, wenn zum Einsatzzeitpunkt der Lebensbedarf des Berechtigten durch eigene Einkünfte nachhaltig gesichert war.

[79] Zu Letzterem s. OLG Koblenz FamRZ 1999, 507 (LS).

[80] Nach OLG Nürnberg NJW-RR 2009, 292 = FamRZ 2009, 345, 346 soll – was abzulehnen ist – mietfreies Wohnen nach der Trennung als Gegenleistung für Hausmeisterdienste die ehelichen Lebensverhältnisse prägen.

[81] BGH NJW 1992, 2477 = FamRZ 1992, 1045, 1047; NJW-RR 1993, 1283 = FamRZ 1993, 1304, 1305 f. m. Anm. *P. Derleder* FuR 1993, 353; zuletzt BGH NJW 2007, 839 = FamRZ 2007, 200, 202; auch OLG Hamm NJW 1995, 2042 = FamRZ 1995, 1152, 1153.

[82] Wohl ebenso BGHZ 175, 182 = NJW 2008, 1663 m. Anm. *Born* = FamRZ 2008, 968, 972 [44] m. Anm. *Maurer.*

[83] BGH NJW-RR 1990, 194 = FamRZ 1990, 280, 281 f.

[84] BGHZ 153, 358 = NJW 2003, 1518 = FamRZ 2003, 590, 591 f. m. Anm. *Büttner* FamRZ 2003, 594 und *Graba* FamRZ 2003, 746; NJW 2006, 1794 = FamRZ 2006, 387, 388 m. Anm. *Büttner*; BGHZ 166,

Arbeitsmarkt die Aufgabe der selbständigen und die Aufnahme einer abhängigen Tätigkeit zumutbar (dazu auch RdNr. 156).[85] – Zur Berücksichtigung einer **Abfindung** bei nachfolgender Einkommensminderung s. RdNr. 91.

25 **b) Berufliche Veränderungen.** Auch Einkommenssteigerungen, die sich aus der beruflichen oder wirtschaftlichen **Weiterentwicklung** der Ehegatten auch in einem dem ursprünglichen vergleichbaren Beruf[86] ergeben, prägen die ehelichen Lebensverhältnisse.[87] Die Erwartung einer künftigen konkreten Einkommenssteigerung (dazu RdNr. 18) kann für Regelbeförderungen von Beamten angenommen werden,[88] nicht aber auch für Leistungsbeförderungen,[89] und gilt jedenfalls für das Vorrücken in eine höhere Dienstaltersstufe,[90] kann aber auch für einen Anstellungswechsel in der Privatwirtschaft gelten.[91] Allein die Möglichkeit einer im Nachhinein eingetretenen beruflichen Entwicklung reicht jedoch nicht aus.[92] – Solche Weiterentwicklungen bleiben nur ausnahmsweise in den praktisch relativ seltenen Fällen außer Betracht, dass sie auf einer **unerwarteten, vom Normalverlauf erheblich abweichenden Entwicklung** beruhen, um den Berechtigten von der Teilhabe an Einkünften, die das eheliche Zusammenleben nicht geprägt haben können, auszuschließen.[93] Deshalb sollen auch Veränderungen nach der Scheidung, deren Wahrscheinlichkeit erst nach der Trennung eingetreten ist, unbeachtlich sein.[94] Aber auch dann bleiben **„normale"**, nicht auf der beruflichen Weiterentwicklung beruhende Einkommensentwicklungen beachtlich.[95] – Danach können auch Einkommensveränderungen während der **Trennungszeit** nichtprägend sein. Hieran müssen jedoch Zweifel angemeldet werden: Zum einen ermöglicht dies, auch Veränderungen in der Trennungszeit, die bereits während des ehelichen Zusammenlebens wahrscheinlich waren, als nicht prägend zu behandeln.[96] Zum anderen dient insbesondere das Trennungsjahr (§§ 1565 Abs. 2, 1566 Abs. 3) dazu, den Ehegatten nicht durch eine schnelle Scheidung die Fortsetzung der Ehe zu verbauen; Veränderungen während des Trennungsjahres sollten deshalb als eheprägend behandelt werden. – Das für diese Sonderfälle geprägte Stichwort **„Karrieresprung"** gibt die erfassten Lebenssachverhalte nur unvollkommen wieder, weil es etwa die Weiterentwicklung einer bereits ausgeübten Tätigkeit sprachlich nicht mit umfasst. – Hat der Verpflichtete aber den Berechtigten an den Einkommenssteigerungen durch erhöhte Unterhaltszahlungen oder

351 = NJW 2006, 1654 = FamRZ 2006, 683, 685 m. Anm. *Büttner* FamRZ 2006, 765 und *Borth* FamRZ 2006, 852; *Gerhardt* FamRB 2006, 210; *Gutdeutsch* FamRZ 2006, 1072; NJW 2007, 839 = FamRZ 2007, 200, 202. Nicht zu missbilligen ist der durch Art. 4 GG privilegierte Eintritt in eine **Religionsgemeinschaft,** BGHZ 171, 206 = NJW 2007, 1961 = FamRZ 2007, 793, 795 [23–25].

[85] S. auch OLG Hamm NJW-RR 1993, 776 = FamRZ 1997, 970, 972 (Kündigung einer abhängigen Stellung und Beginn einer selbständigen Tätigkeit nach der Trennung).

[86] OLG Hamm FamRZ 1990, 998, 999.

[87] Etwa BGH NJW 1983, 2318 = FamRZ 1983, 352, 353.

[88] BGH FamRZ 1982, 684, 686; OLG Köln FamRZ 1993, 711 f. (Beförderung zum Ministerialrat, nachdem diese Stellung bereits während der Ehe kommissarisch bekleidet wurde).

[89] OLG Koblenz FamRZ 1997, 1079, 1080; OLG Hamm OLGR 1998, 141, 142 f. (Beförderung vom Oberstudienrat zum Studiendirektor an einer Schule mit 62 Lehrern und 8 Planstellen für Studiendirektoren).

[90] AA OLG Nürnberg FamRZ 1981, 964, 965.

[91] OLG Hamm NJWE-FER 1997, 147 = FamRZ 1998, 291 (Höherstufung nach beruflichem Einsatz in den neuen Ländern nicht unwahrscheinlich), doch bleibt offen, inwieweit bereits die Erwartung höherer Einkünfte die ehelichen Lebensverhältnisse mitgeprägt hat.

[92] BGH NJW 1985, 1699 = FamRZ 1985, 791, 793.

[93] Etwa BGHZ 148, 105 = NJW 2001, 2254 = FamRZ 2001, 986, 991; NJW 2007, 839 = FamRZ 2007, 200, 202. – Nach OLG Düsseldorf FamRZ 2007, 1815, 1816 [33–34] soll – was abzulehnen ist, anders auch BGHZ 171, 206 = NJW 2007, 1961 = FamRZ 2007, 793, 795 [22] – im Hinblick auf die Entscheidung des BGH NJW 2006, 1654 = FamRZ 2006, 683 zur Bedarfsprägung der Unterhaltsverpflichtung gegenüber nachehelich geborenen Kindern auch auf einer unerwarteten Entwicklung beruhende Einkommensveränderungen stets bedarfsprägend sein. Dazu aber jetzt BGH NJW 2009, 588 = FamRZ 2009, 411, 413 f. [24] m. Anm. *Borth* und dazu RdNr. 25 aE.

[94] OLG Nürnberg NJW-RR 2004, 476 = FamRZ 2004, 1212 f.

[95] OLG Frankfurt a. M. OLGR 1999, 254, 255.

[96] Ebenso OLG Schleswig NJW-RR 2004, 147, 148, das auf den Eintritt der Wahrscheinlichkeit für die Einkommensänderung während der Trennung abstellt.

andere laufende Zuwendungen dauerhaft beteiligt, obwohl eine unerwartete, vom Normalverlauf erheblich abweichende Entwicklung vorgelegen hat, und dadurch dessen Lebensstandard nachhaltig angehoben, prägt auch diese **ehebedingte Teilhabe** die ehelichen Lebensverhältnisse.[97] – Dafür, dass ein solcher Ausnahmefall vorliegt, ist der Ehegatte **darlegungs- und beweispflichtig,** der daraus Rechte herleiten will,[98] mithin der, der die aktuellen Einkünfte nicht berücksichtigt haben will. Dies kann sich auf die eigenen Einkünfte beziehen, aber auch auf die des Ehegatten, etwa wenn der Verpflichtete sich darauf beruft, die erhöhten Einkünfte des Berechtigten dürften nicht bedarfsprägend nach der Differenz-/Additionsmethode zugrunde gelegt, sondern lediglich im Wege der Anrechnung berücksichtigt werden.

Bsp. aus der Rspr.: Prägend: BGH Urt. v. 27. 6. 1984 – IVb ZR 23/83 (nicht veröffentlicht, zit. von BGH NJW 1985, 1699 = FamRZ 1985, 791, 793): Die Einkünfte eines Kfz-Meisters, der die Meisterprüfung schon während der Ehe abgelegt und die Meisterstelle nur wegen der betriebsbedingten Gegebenheiten bei seinem Arbeitgeber erst nach der Scheidung angetreten hatte. – **BGH NJW-RR 1991, 130 = FamRZ 1991, 307, 308 f.** m. Anm. *Struck* FuR 1991, 98: Schweißer wird Gewerkschaftssekretär. – **BGH DtZ 1995, 207 = FamRZ 1995, 473, 474:** Veränderungen des Lohn-Preis-Verhältnisses und typischer Erwerbschancen durch die Wiedervereinigung. – **OLG Köln FamRZ 1995, 353, 354 f.:** Die Übergangsgebührnisse und die Erwerbseinkünfte eines kurz nach der Scheidung aus der Bundeswehr ausgeschiedenen Soldaten, soweit sie für die Lebenshaltung und nicht für die Vermögensbildung verwandt worden wären. – **OLG Köln FamRZ 1995, 876, 877:** Der Wechsel eines Elektromeisters in eine selbständige Erwerbstätigkeit auch nach 11 jähriger Trennung, wenn sie bereits während des Zusammenlebens der Ehegatten geplant worden war. – **OLG Zweibrücken NJWE-FER 2001, 139, 141:** Stellenanhebung von A12 auf A13 durch Stellenbewirtschaftung. – **OLG Köln NJWE-FER 2001, 281 = FamRZ 2001, 1374:** Wechsel eines Busfahrers nach Trennung vom Nah- in den Fernverkehr. – **OLG Celle NJW-RR 2006, 153 = FamRZ 2006, 704, 705:** Steigerung des Einkommens auf das Dreifache dessen bei Scheidung, wenn Grundlage hierfür das während der Ehe absolvierte Studium ist, auch wenn sie auf verstärktem Arbeitseinsatz und Erweiterung der im Studium erworbenen Kenntnisse beruht. – **OLG Hamm Urt. v. 19. 10. 2005 – 11 UF 78/05, juris [53] = FamRZ 2006, 707** (insoweit nicht abgedruckt): Einkommenssteigerungen aufgrund üblicher Bildungsanstrengungen (27 Fortbildungstage unmittelbar nach Scheidung). – **OLG Düsseldorf NJW-RR 2006, 505 = FamRZ 2006, 1040** (insoweit nicht abgedruckt): Den Einkommensverlust durch Aufgabe einer selbständigen Tätigkeit nicht vollständig kompensierende Zulage. – **OLG Celle FamRZ 2007, 1821 f.:** Einkünfte aus einer Tätigkeit als Oberarzt nach Aufgabe einer zuvor nebenberuflich ausgeübten Tätigkeit als Praxisvertreter und – zusätzlich – Fortbildung zum Facharzt für Innere Medizin und Facharzt für Innere Medizin – Kardiologie. – **OLG Düsseldorf Urt. v. 5. 5. 2008 – II-2 UF 135/06, juris [26] = FamRZ 2008, 1254** (insoweit nicht abgedruckt): Durch Beförderung (Polizeibeamter) bewirkte Besoldungserhöhung von A 9 auf A 10.

Nicht prägend: BGH NJW 1982, 1870 = FamRZ 1982, 576, 578: Entwicklung eines 1961 gegründeten, in Mieträumen betriebenen Pelzhandels bis 1979 zu einem gewinnbringenden Unternehmen mit einem Jahresumsatz von 1 Mio. DM. – **BGH FamRZ 1982, 895, 896:** Die Ertragsentwicklung einer 1946 kurz vor der Scheidung eröffneten Arztpraxis, weil deren Entwicklung unter den besonderen Verhältnissen der Nachkriegszeit ungewiss war. – **BGH NJW 1985, 1699 = FamRZ 1985, 791, 793:** Die Einkünfte eines Verpflichteten, der im Zeitpunkt der Scheidung als wissenschaftlicher Assistent im Hochschuldienst angestellt war und promoviert hat, aus einer Erwerbstätigkeit in der Computerindustrie. Dieser Entscheidung ist nicht zu folgen: Es war von vornherein klar, dass der Verpflichtete mit Abschluss seiner Promotion jedenfalls seine Anstellung als wissenschaftlicher Assistent

[97] BGH NJW 1982, 1870 = FamRZ 1982, 576, 579; NJW 1984, 1485 = FamRZ 1984, 561, 562.
[98] BGH NJW 1983, 2318 = FamRZ 1983, 352, 353.

aufgeben würde; die Anstellung als Diplom-Mathematiker in der Computerbranche ist berufstypisch; den Berechtigten bei der Bedarfsermittlung demgegenüber auf dem Einkommensniveau eines wissenschaftlichen Assistenten festzuhalten entspricht nicht den Vorstellungen der Ehegatten während der Ehe und ist nicht angemessen. – **BGH NJW 1990, 2886 = FamRZ 1990, 1085, 1086** m. Anm. *Scholz* und *Dieckmann* FamRZ 1990, 1335, *P. Derleder* FuR 1990, 371: Bei der Scheidung war der Verpflichtete als Vertriebsingenieur tätig, der Aufstieg 9 Jahre später zum Geschäftsführer einer GmbH bleibt als unerwartete Entwicklung unberücksichtigt. – **OLG Hamm FamRZ 1990, 65:** Aufstieg vom kaufmännischen Sachbearbeiter zum Abteilungsbereichsleiter 3 Jahre nach der Scheidung. – **OLG Stuttgart FamRZ 1991, 952** m. Anm. *Franke*: Aufnahme einer Tätigkeit als Handelsvertreter nach Arbeitslosigkeit nach der Trennung und nachhaltige Verbesserung der Einkommensverhältnisse 3 Jahre nach der Scheidung. – **OLG Düsseldorf FamRZ 1992, 1439:** Berufung eines Angestellten in gehobener Position in die Geschäftsleitung eines großen Unternehmens. – **OLG Frankfurt a. M. NJW-RR 1993, 966 = FamRZ 1994, 514 f. (LS):** Einkünfte aus einer kurz vor der Scheidung aufgenommenen Auslandstätigkeit, obwohl der Verpflichtete zu Beginn der Ehe eine ähnliche Tätigkeit ausgeübt hat. – **OLG Hamm NJW-RR 1995, 1029 = FamRZ 1994, 515:** Geschäftsführer eines mittelständischen Betriebs wird „Senior-Manager" eines international tätigen Konzerns. – **OLG München FamRZ 1997, 613, 614:** Aufstieg vom Verkaufsleiter (brutto 12 000 DM) zum Geschäftsführer der Firma (brutto 15 900 DM) 4 Jahre nach der Trennung. – **OLG Karlsruhe NJWE-FER 1997, 147 = FamRZ 1997, 1279, 1280:** Planung einer Auslandstätigkeit während des Zusammenlebens, Aufnahme kurz nach der Trennung, auch wenn der Verpflichtete die Trennung bereits zuvor insgeheim geplant hatte. – **OLG Koblenz NJWE-FER 1997, 122 = FamRZ 1997, 1402 (LS):** Leiter der Lokalsportredaktion übernimmt übergeordnete Schwerpunktredaktion. – **OLG Frankfurt a. M. OLGR 1999, 254, 255:** Steigerung der Einkünfte als Verkaufsleiter nach einem Arbeitgeberwechsel um 72%. – **OLG München OLGR 2003, 286 f.:** Einkommenssteigerung nach Arbeitgeberwechsel um etwa 1/3. – **OLG Schleswig NJW-RR 2004, 147, 148:** Einkommenssteigerung um mehr als 1/3 nach Arbeitgeberwechsel. – **OLG Köln NJW-RR 2004, 297 = FamRZ 2004, 1114, 1115:** Tätigwerden in einem anderen Bereich oder anderer Funktion mit einem Mehrverdienst von 20%. – **OLG Zweibrücken FamRZ 2007, 473:** Aufstieg eines promovierten Chemikers vom mittleren Management (Gruppenleiter Ebene 5) in die Führungsebene (Ebene 3) 21 Jahre nach Scheidung. – **BGHZ 171, 206 = NJW 2007, 1961 = FamRZ 2007, 793, 795 [22]:** Beförderung vom Oberstudienrat zum Studiendirektor. (Ohne Kenntnis der tatsächlichen Beförderungssituation im Zeitpunkt der Beförderung lässt sich dies nicht beurteilen. Im Fall des BGH aaO war dies auch nicht streitentscheidend, weil insoweit die Bindung an ein abzuänderndes Urteil bestand). – **BGH NJW 2007, 2628 = FamRZ 2007, 1232, 1235 [29, 30]:** Vom „leitenden Oberarzt und ständigen Chefarztvertreter" zum Chefarzt ist Karrieresprung.[99] (Vorliegend nicht streitentscheidend, weil insoweit die Bindung an eine vertragliche Vereinbarung bestand). – **OLG Hamm FamRZ 2008, 1446, 1447:** Aufstieg vom gehobenen in den höheren Dienst (A 12 zu A 13). – **OLG Celle FamRZ 2008, 1853, 1854 ff.:** Aufstieg vom Oberarzt zum Chefarzt 5 Jahre nach der Trennung, aber vor der Scheidung.

Die Aufrechterhaltung der Rspr. zum „Karrieresprung" ist nach der Aufgabe des Stichtagsprinzips durch den BGH (dazu RdNr. 13–17) nicht konsequent, weil sich ja alle Veränderungen allein mit dem Korrektiv des vorwerfbaren Verhaltens, ansonsten aber ohne weitere Differenzierung auf den Bedarf auswirken sollen. Diese Rspr. macht nur dann weiter Sinn, wenn man – wie hier (dazu RdNr. 13–17) – am Stichtagsprinzip festhält. Gleichwohl verfolgt der BGH im Urteil vom 17. 12. 2008[100] eine „Zwitterlösung", die sicherstellen soll, dass der Berechtigte nicht am Einkommenszuwachs des Verpflichteten teilnimmt:

---

[99] Krit. *Maurer* FamRZ 2007, 1236, 1238

[100] BGH NJW 2009, 588 = FamRZ 2009, 411, 414 f. [32–34] m. Anm. *Borth.*

– Grundsätzlich nimmt der Berechtigte an dem höheren Einkommen nicht teil[101] – also: Geltung des Stichtagsprinzips. Insoweit knüpft der BGH auch weiter daran an, ob und inwieweit „diese nacheheliche Entwicklung bereits während des Zusammenlebens der Ehegatten absehbar war."[102]
– Treten aber weitere Unterhaltsberechtigte hinzu, ist der Unterhalt auf der Grundlage der erhöhten Einkünfte zu bemessen – ggf. im Wege der Dreiteilung (dazu RdNr. 36) –, allerdings begrenzt durch den Unterhaltsbetrag, der sich aufgrund einer Kontrollberechnung des Unterhalts nach den eheangemessenen Einkünften ohne Berücksichtigung der neuen Unterhaltspflichten ergibt (zur gleichen Vorgehensweise beim Splittingvorteil s. RdNr. 36).

c) Aufnahme und Beendigung einer Erwerbstätigkeit. Einkünfte aus einer zwischen 26
Trennung und Scheidung **aufgenommenen** oder ausgeweiteten Erwerbstätigkeit prägen die ehelichen Lebensverhältnisse auch bei Bestehen einer Erwerbsobliegenheit (§ 1361 Abs. 2) nur, wenn sie schon während des Zusammenlebens geplant oder vorauszusehen war und damit auch ohne die Trennung aufgenommen oder ausgeweitet worden wäre.[103] I. Ü. kann die bisherige Rspr., dass ein **allgemeiner Lebensplan** ohne auch nur teilweise Verwirklichung bis zur Scheidung grundsätzlich keinen Einfluss auf die ehelichen Lebensverhältnisse haben soll, weil allgemein aufgrund der zunehmenden beruflichen Ausbildung der Frauen von ihrer weiteren Erwerbstätigkeit ausgegangen werden kann, soweit dies die Betreuung der Kinder erlaubt (dazu und zur Kritik s. 4. Aufl. RdNr. 38),[104] nach der Entscheidung des BGH v. 13. 6. 2001[105] zur Erwerbstätigkeit als **Surrogat** der Haushaltsführung und Kinderbetreuung (dazu RdNr. 9, 14, 15) nicht mehr aufrecht erhalten werden. Dies gilt erst recht, wenn eine überobligate Erwerbstätigkeit des Berechtigten durch den Wegfall der Betreuungsbedürftigkeit zur zumutbaren Erwerbstätigkeit wird.[106] – Insgesamt sollte aber die Berücksichtigung von neu hinzu gekommenen Erwerbseinkünften **begrenzt** werden: Nur dann, wenn und soweit eine Obliegenheit zur Erwerbstätigkeit bestanden hat, können daraus erzielte Einkünfte die ehelichen Lebensverhältnisse prägen. Hat eine solche nicht bestanden, etwa weil auch nach Beendigung der Kinderbetreuung der Lebensplan der Ehegatten keine Erwerbstätigkeit des Berechtigten vorgesehen hat, können solche Einkünfte die ehelichen Lebensverhältnisse nicht prägen. – Auch eine **nach Scheidung** aufgenommene Erwerbstätigkeit kann Surrogat von Haushaltsführung und Kinderbetreuung sein und die ehelichen Lebensverhältnisse bestimmen. Dies setzt allerdings eine Aufnahme in **engem zeitlichen Zusammenhang** mit der Scheidung oder Beendigung der Kinderbetreuung voraus. Entfällt der **Betreuungsbedarf** für ein Kind und entsteht oder erweitert sich eine Erwerbsobliegenheit des Berechtigten, prägen deshalb auch dessen nunmehr erzielte Einkünfte die ehelichen Lebensverhältnisse. Dieser enge zeitliche Zusammenhang ist aber nicht mehr gegeben, wenn der Ehegatte die Erwerbstätigkeit erst einige Zeit nach der Scheidung

---

[101] Soweit der BGH in BGH NJW 2009, 588 = FamRZ 2009, 411, 414 [32] m. Anm. *Borth* darauf hinweist, dies beruhe auf der gesetzlichen Wertung, dass das nacheheliche Unterhaltsrecht den geschiedenen Ehegatten nicht besser stellen will, als er während der Ehe gestanden hat, trifft dies nicht zu. Begründet wurde dies damit, dass der „Karrieresprung" nicht vorhersehbar und damit nicht in der Ehe angelegt war, s. o.

[102] BGH NJW 2009, 588 = FamRZ 2009, 411, 415 [36] m. Anm. *Borth*.

[103] BGHZ 89, 108 = NJW 1984, 292 = FamRZ 1984, 149, 150; NJW 1985, 1026 = FamRZ 1985, 161, 162; NJW 1985, 1699 = FamRZ 1985, 791, 793; NJW 1987, 58 = FamRZ 1986, 783, 785 m. Anm. *Luthin*; auch OLG Hamm OLGR 1997, 93, 94; FamRZ 1997, 1282, 1283 („im Zweifel" nicht in der Ehe angelegt); AG Merzig FamRZ 1995, 740 f.

[104] BGH NJW 1987, 58 = FamRZ 1986, 783, 785 m. Anm. *Luthin*; auch OLG Naumburg OLGR 1997, 233 = FamRZ 1998, 479 (LS), doch kann in dessen Fall die Einrichtung der ehelichen Lebensverhältnisse auf die künftige Tätigkeit des Ehemannes als Professor schon darin liegen, dass wegen und bis zu seiner künftigen Berufung kein gemeinsamer Hausstand gegründet wird.

[105] BGHZ 148, 105 = NJW 2001, 2254 = FamRZ 2001, 986, 991.

[106] AA noch BGH NJW 1985, 1026 = FamRZ 1985, 161, 162, allerdings vor den Entscheidungen BGH NJW 1990, 2886 = FamRZ 1990, 1085, 1087 f. m. zust. Anm. *Scholz, Dieckmann* FamRZ 1990, 1335; *P. Derleder* FuR 1990, 371, NJW-RR 1990, 1346 = FamRZ 1990, 1090 m. abl. Anm. *Dieckmann* FamRZ 1990, 1335 ff.

aufnimmt, es sei denn, dass bei der Scheidung eine entsprechende Planung bereits teilweise verwirklicht war. – Allein die bloße **Möglichkeit** einer entsprechenden beruflichen Entwicklung bei der Scheidung reicht jedoch nicht aus, ihr einen die ehelichen Lebensverhältnisse bestimmenden Einfluss beizumessen.[107] So hat der BGH die Einkünfte aus einer Erwerbstätigkeit als Assistenzarzt als prägend angesehen, wenn der Verpflichtete im Zeitpunkt der Scheidung kurz vor dem Abschluss seines Medizinstudiums gestanden hat;[108] doch ist diese Betrachtung zu eng, weil die Tätigkeit als Assistenzarzt notwendiger Teil der Berufsausbildung ist (war). – Zur unterhaltsrechtlichen Beachtlichkeit der **Beendigung** eines Arbeitsverhältnisses s. RdNr. 151–164.

27 **d) Weiterqualifizierung.** Fraglich ist dies für die Einkünfte aus einer Erwerbstätigkeit, die nach einer **Aus- oder Fortbildung** erzielt werden, für die der Berechtigte Unterhalt nach § 1575 bezogen hat. Gegen die Eheprägung dieser Einkünfte spricht, dass sie nicht ehebedingt sind, vielmehr gerade ihre Nichterzielung ehebedingt war: Grund für die nicht aufgenommene oder unterbrochene und nach dem Scheitern der Ehe nachgeholte Ausbildung war die Eheschließung, mithin hat die Nichterzielung von Einkünften aus einer dieser Aus-/Fortbildung entsprechenden Erwerbstätigkeit die ehelichen Lebensverhältnisse geprägt. Helfen kann auch nicht stets der Surrogationsgedanke (dazu RdNr. 9, 14), weil die die Aus-/Fortbildung nicht die Weiterentwicklung der bisherigen Tätigkeit des Bedürftigen zu sein braucht. Hat es aber dem Lebensplan der Ehegatten entsprochen, dass der durch die Eheschließung in beruflicher Hinsicht benachteiligte Ehegatte nach der Kinderbetreuung die Ausbildung nachholt oder fortführt, prägen die aus der höherwertigen Erwerbstätigkeit erzielten Einkünfte auch die ehelichen Lebensverhältnisse.

28 **e) Familienbedingte öffentliche Leistungen. aa) Steuerklasse.** Ein durch die **Trennung** oder **Scheidung** veranlasster Wechsel von der Stkl. 3 in die Stkl. 1 oder 2 (§ 38 b EStG) ist beachtlich, weil er zwingend ist und die mit ihm verbundene nachhaltige und erhebliche Verringerung des erzielten Nettoeinkommens gleichmäßig von beiden geschiedenen Ehegatten zu tragen ist.[109]

29 Dagegen prägt der sich aus **Wiederheirat** und Wechsel eines Ehegatten in die Stkl. 3 ergebende steuerliche **Splittingvorteil** auch für die Zeit ab 1. 1. 2008[110] die ehelichen Lebensverhältnisse nicht[111] (zur Behandlung bei **Gleichrang** zweier Ehegatten nach § 1609 Nr. 2 s. § 1582 RdNr. 30; dazu auch § 1579 RdNr. 59; zur Berücksichtigung bei der **Angemessenheitsprüfung** s. § 1581 RdNr. 19). Da der in der aufgelösten Ehe zustehende Steuervorteil unterhaltsrechtlich beachtlich bereits mit dem der Trennung der Ehegatten folgenden Jahr, spätestens jedoch mit der Rechtskraft des Scheidungsausspruchs als dem letztlich maßgebenden Stichtag entfallen ist, und der neue Splittingvorteil allein wegen der Folgeehe gewährt wird, darf er auch nur ihr zugute kommen.[112] Für die Unterhaltsberech-

---

[107] BGH NJW 1985, 1699 = FamRZ 1985, 791, 793.

[108] BGH NJW 1986, 720 = FamRZ 1986, 148, 149.

[109] StRspr. des BGH, etwa BGH NJW 1982, 1986 = FamRZ 1983, 152, 153; NJW-RR 1991, 514 = FamRZ 1991, 542, 543; ebenso OLG Hamm FamRZ 1988, 1283; zur aA s. die Nachw. in 4. Aufl. Fn. 163. Eine fiktive Bemessung lehnt BGH NJW 1988, 2105 = FamRZ 1988, 486; NJW 1988, 2101 = FamRZ 1988, 817, 818 wegen der damit verbundenen erheblichen Unsicherheiten, und weil sie die Gerichte vor kaum lösbare praktische Probleme stellen würde, ab.

[110] BGHZ 175, 182 = NJW 2008, 1663 m. Anm. *Born* = FamRZ 2008, 968, 971 [35] m. Anm. *Maurer*; OLG Düsseldorf ZFE 2008, 273 f.; OLG Hamm FamRZ 2008, 1446, 1447; *Maurer* FamRZ 2008, 975, 977 mwN; *Schilling* FF 2008, 279, 288; aA jetzt aber BGHZ 177, 356 = NJW 2008, 3213 m. Anm. *Mleczko* = FamRZ 2008, 1911, 1916 f. [49–51] m. krit. Anm. *Maurer*, der den Unterhalt des geschiedenen Ehegatten aber wieder aufgrund einer „Kontrollberechnung" auf das Maß begrenzt, das sich bei einer Unterhaltsberechnung ohne den nach-ehelichen Unterhaltsanspruch und Splittingvorteil ergibt; OLG Düsseldorf FamRZ 2008, 1254, 1256 m. Anm. *Born* FPR 2008, 532; *Schürmann* FamRZ 2008, 313, 323.

[111] Dazu ausführlich *Maurer* FamRZ 2008, 1919, 1920.

[112] Zum Verpflichteten BVerfGE 108, 351 = NJW 2003, 3466 = FamRZ 2003, 1821, 1824 m. Anm. *Schürmann* und – kritisch – *Ewers* FamRZ 2003, 1913; FuR 2004, 397, 398, das damit die trotz mancherlei Kritik – dazu OLG München FamRZ 1980, 150; OLG Schleswig FamRZ 1982, 705; FamRZ 1985, 713, 715; OLG Düsseldorf FamRZ 1984, 1103, 1104; OLG Frankfurt a. M. FamRZ 1995, 1423; *Weychardt*

nung ist das Einkommen des Verpflichteten fiktiv der Grundtabelle unter Berücksichtigung der steuerlichen Entlastung aus dem (begrenzten) **Realsplitting** zu entnehmen.[113] Der sich aus ihm oder der Geltendmachung als **außergewöhnliche Belastung** ergebende Vorteil (dazu RdNr. 168) fließt dem Verpflichteten aber allein wegen der Unterhaltspflicht gegenüber dem geschiedenen Ehegatten zu, weshalb dieser Teil der Steuerentlastung bei der Bedarfsbemessung allein diesem Ehegatten zuzurechnen ist.[114] Dies gilt auch für die Besteuerung arbeitsrechtlicher **Abfindungen.**[115] – Weil die ehelichen Lebensverhältnisse vor der Entscheidung des BVerfG v. 7. 10. 2003[116] auch nach den wegen der Folgeehe nach der Stkl. 3 versteuerten Einkünften bemessen wurden, wurden sie durch die Steuervorteile sowohl aus dem begrenzten Realsplitting als auch aus dem Ehegattensplitting geprägt.[117] Dies kann auch aktuell von Bedeutung sein, wenn man die Abänderbarkeit eines Titels erst ab der Entscheidung des BVerfG annimmt (dazu RdNr. 213). – Der BGH, der davon ausgeht, dass auch **Unterhaltspflichten** aus der **Folgeehe** die ehelichen Lebensverhältnisse prägen (zur **„Drittelmethode"** bzw. **„Dreiteilung"** RdNr. 36), behandelt unter Aufgabe seiner bisherigen Rspr. auch den Splittingvorteil aus der Folgeehe wieder bedarfsprägend[118] und vermeidet damit eine doppelte Belastung des geschiedenen Ehegatten. Zwingend ist dies nicht, weil nicht ersichtlich ist, warum die Zweckrichtung des Splittingvorteils, die Ehe zu entlasten, wegen der er gewährt wird, nunmehr keine Bedeutung mehr haben soll.[119] – Da die Lohnsteuerbelastung aus der Stkl. 4 der aus der Stkl. 1 entspricht, stellt sich die frühere Problematik nach der Wahl der **Stkl. 4** durch einen Ehegatten in der neuen Ehe (dazu 4. Aufl. RdNr. 44) nicht mehr in der bisherigen Schärfe. Ganz entfällt sie jedoch nicht, weil bei der Geltendmachung von **Kinderfreibeträgen** (zu diesen RdNr. 31) die Annexsteuern Solidarzuschlag und Kirchensteuer nach wie vor unterschiedlich hoch sind. Insoweit gilt weiter, dass die Entscheidung der Ehegatten in der neuen Ehe grundsätzlich deren Entscheidung und vom Berechtigten hinzunehmen ist, weil der neue Ehegatte nicht die Belange des Ehegatten aus der Vorehe zu wahren hat, weshalb der Verpflichtete dies und damit einen Wechsel in die Stkl. 5 mit der entsprechenden steuerlichen Mehrbelastung von ihm nicht verlangen kann. **Ausnahmen** sind in folgenden Fällen zu machen:

- Das Einkommen des neuen Ehegatten ist so gering, dass es sich auf das steuerliche Gesamtaufkommen nicht auswirkt;[120] weichen die Einkommen stark voneinander ab, kann dem Verpflichteten die Stkl. 3 und der Ausgleich der steuerlichen Nachteile seines neuen Ehegatten bedarfsmindernd zugemutet werden.
- Lässt sich der Verpflichtete allerdings zugunsten seines neuen Ehegatten in die **Stkl. 5** einstufen, kann er diese ungünstige steuerliche Behandlung dem Berechtigten grundsätzlich nicht entgegenhalten. Von der tatsächlich entrichteten Lohnsteuer ist ein Ab-

---

FamRZ 1988, 930 und die Ausführungen 4. Aufl. RdNr. 44 – ehemals eherne Rspr. des BGH (BGH NJW 1980, 2251 = FamRZ 1980, 984, 985; zuletzt BGH NJW-RR 1988, 514 = FamRZ 1988, 145, 148 m. Anm. *Hoppenz*) korrigiert; doch kann für den Berechtigten nichts anderes gelten.

[113] BGHZ 163, 84 = NJW 2005, 3277 = FamRZ 2005, 1817, 1819; NJW 2007, 2628 = FamRZ 2007, 1232, 1234 f. [21–31] m. Anm. *Maurer;* BGHZ 175, 182 = NJW 2008, 1663 m. Anm. *Born* = FamRZ 2008, 968, 971 [40] m. Anm. *Maurer*; aA etwa *Borth* FamRB 2004, 18 ff. (Einkommen aus der Splitting- und nicht aus der Grundtabelle); ebenso zum Unterhaltsanspruch aus § 1615 l OLG Koblenz NJW 2004, 957 = FamRZ 2004, 973. Dies gilt auch für die beim Bezug von ALG I nach § 133 Abs. 1 Nr. 2, Abs. 2 SGB III berücksichtigte Lohnsteuer, OLG Frankfurt a. M. NJW-RR 2006, 77 = FamRZ 2006, 792 (LS). Zum Ganzen auch *Schürmann* FamRZ 2003, 1825, 1826 f.

[114] Ebenso *Klinkhammer* FF 2007, 13, 15.

[115] BGHZ 172, 22 = NJW 2007, 2249 = FamRZ 2007, 983, 987 [36] m. Anm. *Schürmann.*

[116] BVerfGE 108, 351 = NJW 2003, 3466 = FamRZ 2003, 1821, 1824.

[117] OLG Hamm NJW-RR 2003, 1084, 1086 = FamRZ 2003, 1839 (LS); aA OLG Frankfurt a. M. NJW-RR 2000, 369, 370.

[118] BGHZ 177, 356 = NJW 2008, 3213 m. Anm. *Mleczko* = FamRZ 2008, 1911, 1916 f. [49–51] m. Anm. *Maurer* XII ZR 177/06; BGH NJW 2009, 145 m. Anm. *Born* = FamRZ 2009, 23, 25 f. [31–33] m. Anm. *Norpoth* und *Maurer* FamRZ 2009, 204; ebenso OLG Düsseldorf FamRZ 2008, 1254, 1256.

[119] S. auch *Maurer* FamRZ 2008, 975, 977 mwN; *ders.* FamRZ 2008, 1919, 1920; *Schilling* FF 2008, 279, 288

[120] OLG Köln FamRZ 1989, 65 ff.

schlag in Höhe des steuerlichen Nachteils zu machen,[121] sodass er wie nach Stkl. 1 versteuert behandelt wird. Da aber diese steuerliche Gestaltung wegen höherer Einkünfte des neuen Ehegatten den ehelichen Verpflichtungen in der neuen Ehe aus § 1356 Abs. 2 S. 2 entspricht, ist sie vom Berechtigten hinzunehmen,[122] wenn und soweit sein notwendiger Bedarf abgedeckt ist.

– Für den Unterhalt der **Kinder** aus der geschiedenen Ehe ist an dem Einkommen des Verpflichteten einschließlich des Steuervorteils aus dem **Ehegattensplitting** anzuknüpfen, weil sich deren **Bedarf** von der Lebensstellung des barunterhaltspflichtigen Elternteils (§ 1610 Abs. 1), die sich (auch) nach den Vorteilen aus dem Splitting bemisst, ableitet.[123] Erzielt der Ehegatte der Folgeehe jedoch Erwerbseinkünfte, kann der auf ihn entfallende, aufgrund einer fiktiven Einzelveranlagung zu ermittelnde Anteil am Splittingvorteil nicht für die Bemessung des Lebensbedarfs der Kinder aus der geschiedenen Ehe herangezogen werden.[124] – Nach Auffassung des BGH[125] ist jedoch nur der fiktiv aus der **Grundtabelle** errechnete Kindesunterhalt vorweg abzuziehen. Dies galt jedenfalls bis zum 31. 12. 2007, solange also Gleichrang zwischen Kindern und geschiedenem Ehegatten bestand (§ 1609 Abs. 2 BGB aF). Ob dies auch nach dem UÄndG 2007 ab 1. 1. 2008 so gelten kann,[126] ist eine ganz andere Frage. Denn: Vorrang ist Vorrang (dazu RdNr. 11), der für den vollen Unterhaltsbedarf des Kindes gilt (§ 1609 Nr. 1).[127] Insoweit von einer Angemessenheitsprüfung auf der Bedarfsebene auszugehen ist abzulehnen: Zum einen widerspricht dies dem Ziel des Reformgesetzgebers, das Kindeswohl und die nacheheliche Eigenverantwortung zu stärken, zum anderen ist eine Angemessenheitsprüfung systematisch der letzte Schritt zur Unterhaltsbemessung iSe. gerechten Aufteilung der Unterhaltsbeträge auf alle Unterhaltsberechtigten. Ihn bereits in die Bedarfsbemessung hineinzutragen kann, wenn überhaupt, nur gerechtfertigt sein, wenn kein Mangelfall vorliegt. Eröffnet man aber dem geschiedenen Ehegatten wieder den Splittingvorteil (dazu oben), besteht kein Grund, lediglich den fiktiven Kindesunterhalt vorweg abzuziehen.[128]

– Der Vorbehalt des Splittingvorteils der Folgeehe für die zweite Ehefrau und für alle Kinder gilt nicht nur für die Bedarfsbemessung, sondern auch für die **Leistungsfähigkeit.**[129] Auch wenn man den Ehegattenunterhalt mit dem BGH nach der „Dreiteilung" und unter Einbeziehung des Splittingvorteils aus der Folgeehe bemisst (dazu RdNr. 36), kann er sich für den Ehegattenunterhalt nur auswirken, soweit nicht bereits im 1. Rang ein den Splittingvorteil vollständig abschmelzender Mangelfall besteht. – Der Hinweis des BGH[130] auf den Einsatz des Splittingvorteils bei gesteigerter Unterhaltspflicht (§ 1603 Abs. 2 S. 1, 2) des Verpflichteten ist irreführend, weil sich für den Bedarf nicht privilegierter Volljähriger und damit auch für eine nicht gesteigerte Unterhaltspflicht nichts an-

---

[121] BGH NJW 1980, 2268 = FamRZ 1980, 984, 985.

[122] OLG Düsseldorf FamRZ 1986, 66, 67.

[123] StRspr. des BGH, BGHZ 163, 84 = NJW 2005, 3277 = FamRZ 2005, 1817, 1819, 1822; BGH NJW 2007, 1969 = FamRZ 2007, 882, 885 [26] m. Anm. *Born*; BGHZ 172, 22 = NJW 2007, 2249 = FamRZ 2007, 983, 987 [40] m. abl. Anm. *Schürmann*; NJW 2007, 2628 = FamRZ 2007, 1232, 1235 [28] m. Anm. *Maurer*; BGHZ 175, 182 = NJW 2008, 1663 m. Anm. *Born* = FamRZ 2008, 968, 970 f., 973 [34, 49] m. Anm. *Maurer*; BGHZ 178, 79 = NJW 2008, 3562 = FamRZ 2008, 2189, 2190 [15] m. Anm. *Graba*; ebenso OLG Karlsruhe OLGR 2004, 476 f.; aA OLG Oldenburg NJW 2006, 2419 = FamRZ 2006, 1127; FamRZ 2006, 1223, 1224 (wenn der Bedarf des neuen Ehegatten aufgrund vorrangiger Ansprüche des geschiedenen Ehegatten (§ 1582 aF) unberücksichtigt bleibt); *Schürmann* FamRZ 2007, 987, 988 f.

[124] BGHZ 178, 79 = NJW 2008, 3562 = FamRZ 2008, 2189, 2192 [33] m. Anm. *Graba.*

[125] BGH NJW 2007, 2628 = FamRZ 2007, 1232, 1235 [29] m. Anm. *Maurer*; auch BGHZ 175, 182 = NJW 2008, 1663 m. Anm. *Born* = FamRZ 2008, 968, 973 [50] m. Anm. *Maurer.*

[126] So BGHZ 177, 272 = NJW 2008, 3128 m. Bespr. *Graba* NJW 2008, 3105 = FamRZ 2008, 1739, 1746 [76, 77] m. Anm. *Maurer* FamRZ 2008, 1830, *Viefhues* FF 2008, 376 und *Fiedler* FPR 2008, 518.

[127] BGHZ 175, 182 = NJW 2008, 1663 m. Anm. *Born* = FamRZ 2008, 968, 973 [50] m. Anm. *Maurer*, der nicht für die Zeit bis 31. 12. 2007 und ab 1. 1. 2008 differenziert.

[128] *Maurer* FamRZ 2008, 1830, 1832.

[129] BGHZ 175, 182 = NJW 2008, 1663 m. Anm. *Born* = FamRZ 2008, 968, 971 [35] m. Anm. *Maurer*; BGHZ 178, 79 = NJW 2008, 3562 = FamRZ 2008, 2189, 2191 [23] m. Anm. *Graba.*

[130] BGHZ 178, 79 = NJW 2008, 3562 = FamRZ 2008, 2189, 2191 [23] m. Anm. *Graba.*

deres ergibt: Der finanzielle Vorteil ist stets den Kindesbedarf prägend zu berücksichtigen. Nur ist der Vorteil dann nicht mehr vorhanden, wenn er bereits auf die vorrangig Berechtigten verteilt ist.

bb) Kinder- und sonstige familienbedingte Leistungen. Auch alle familienbedingten Zuschläge sind der Ehe vorbehalten, wegen der sie bezogen werden.[131] Im Einzelnen gilt: 30

- Weil der besoldungsrechtliche **Familienzuschlag** für einen Beamten sowohl wegen seiner Unterhaltspflicht aus der geschiedenen Ehe als auch wegen seiner (bestehenden) Folgeehe gewährt wird (§ 40 Abs. 1 Nr. 1 und 3 BBesG), soll er unabhängig von der Höhe des nachehelich geschuldeten Unterhalts bei der Bedarfsbemessung nur zur Hälfte zu berücksichtigen sein. Da aber Grund für den Anspruch auf den Zuschlag die Mehraufwendungen für den Familienangehörigen sind, ist nicht an der Wiederheirat des Verpflichteten, sondern daran anzuknüpfen, ob er auch seinem neuen Ehegatten unterhaltspflichtig ist.[132]
- Die Berücksichtigung des Familienzuschlags kann zu einer **Wechselwirkung** zwischen Unterhaltspflicht und Anspruch auf Familienzuschlag führen, wenn erst der Familienzuschlag zu einem Unterhaltsanspruch in gleicher Höhe führt. Der Familienzuschlag ist dann bei der Unterhaltsbemessung außer Betracht zu lassen.[133]
- Familienzuschlag (§ 40 Abs. 2 BBesG)[134] für und steuerliche Vorteile[135] wegen eines **Stiefkindes** (§ 40 Abs. 2 BBesG) bleiben dagegen der Folgeehe vorbehalten, weil es nur wegen dieser ehelichen Verbindung gewährt wird.
- Die Erhöhung des **ALG** um 7% nach § 129 Nr. 1, 2 SGB III erfolgt wegen des Kindes des Ehegatten und nicht wegen der Wiederverheiratung, weshalb sie den Bedarf der geschiedenen Ehe prägt. Dagegen bleibt der Teil des ALG, der darauf beruht, dass der Empfänger nach der Stkl. 3 versteuert wurde (§ 133 Abs. 2 SGB III), der neuen Ehe vorbehalten.[136]
- Der steuerliche **Behinderten-Pauschbetrag** für ein Kind nach § 33 b Abs. 5 EStG hat dem Bezieher in voller Höhe zu verbleiben.[137]

Kinderzuschläge des Arbeitgebers (für Beamte §§ 9 Abs. 2, 40 Abs. 2–4 BBesG) und die steuerliche Entlastung durch **Kinderfreibeträge** (§ 32 Abs. 6 S. 1 EStG) sind nach der Rspr. des BGH in das prägende Einkommen einzubeziehen, weil sie nur für das Kind unabhängig von einer Ehe der Eltern und von deren Zusammenleben eingeräumt werden und deshalb nicht der bestehenden Ehe vorbehalten sind.[138] Anderes gilt für den – zusätzlichen – Kinderfreibetrag für den neuen Ehegatten des Verpflichteten (§ 32 Abs. 6 S. 2 EStG),[139] der 31

---

[131] Zum nach § 137 Abs. 2 Nr. 3 a SGB III aF wegen der aktuellen Ehefrau gezahlten Teil des ALG OLG Koblenz FamRZ 2005, 720, 722.

[132] Im Ergebnis ebenso – allerdings wohl nur wegen der von ihm vertretenen „Dreiteilung" [54] – BGHZ 177, 356 = NJW 2008, 3213 m. Anm. *Mleczko* = FamRZ 2008, 1911, 1917 [52–54] m. Anm. *Maurer* XII ZR 177/06; OLG Oldenburg NJW 2006, 2419 = FamRZ 2006, 1127; aA noch – zum Verheiratetenzuschlag – BGHZ 171, 206 = NJW 2007, 1961 = FamRZ 2007, 793, 797 f. [44–48] (hälftige Berücksichtigung des Familienzuschlags bei dem geschiedenen und dem aktuellen Ehegatten); OLG Celle NJW 2005, 1516 = FamRZ 2005, 716, 717; OLG Hamm FamRZ 2005, 1177 f.

[133] OLG Celle NJW-RR 2006, 721 = FamRZ 2006, 1126.

[134] BGHZ 171, 206 = NJW 2007, 1961 = FamRZ 2007, 793, 798 [51]; OLG Hamm FamRZ 2005, 1177, 1178; *Schürmann* FamRZ 2003, 1825, 1826.

[135] BGHZ 163, 84 = NJW 2005, 3277 = FamRZ 2005, 1817, 1820; OLG Hamm FamRZ 2005, 1177, 1178.

[136] Zum Ganzen BGHZ 172, 22 = NJW 2007, 2249 = FamRZ 2007, 983, 986 [34, 35]; OLG Koblenz FamRZ 2005, 720, 722 (Vorinstanz zum BGH aaO; die angezogenen §§ 135–139 wurden durch Art. 1 Nr. 72 des Gesetzes v. 23. 12. 2003 (BGBl. I 2848) mWv 1. 1. 2005 aufgehoben); OLG Frankfurt a. M. NJW-RR 2006, 77 = FamRZ 2006, 792 (LS).

[137] OLG Hamm NJW-RR 2008, 158 = FamRZ 2008, 66.

[138] BGHZ 171, 206 = NJW 2007, 1961 = FamRZ 2007, 793, 796 [35, 36]; BGH NJW 2007, 1969 = FamRZ 2007, 882, 885 f. [36] m. Anm. *Born*; BGHZ 172, 22 = NJW 2007, 2249 = FamRZ 2007, 983, 986 [30] m. Anm. *Schürmann*; BGHZ 175, 182 = NJW 2008, 1663 m. Anm. *Born* = FamRZ 2008, 968, 975 [71] m. Anm. *Maurer*.

[139] Für jeden Elternteil: Freibetrag von 1824 € (insgesamt: 3648 €) für das sächliche Existenzminimum des Kindes (Kinderfreibetrag) sowie Freibetrag von 1080 € (insgesamt: 5808 €) für den Betreuungs- und Erziehungs- oder Ausbildungsbedarf des Kindes (BT-Drucks. 16/11065 S. 6).

wegen der bestehenden Ehe gewährt und deshalb ihr vorbehalten ist.[140] – Weil auch **Kindergeld** allein wegen des Kindes, gleich aus welcher Beziehung es stammt, und nicht wegen einer bestimmten Lebenspartnerschaft gewährt wird, ist es zum nachehelichen Unterhalt grundsätzlich nicht geschützt. Gleichwohl ist es nicht bedarfserhöhend in die Bedarfsbemessung einzubeziehen, weil es jedenfalls nicht Einkommen der Eltern ist (dazu auch RdNr. 115, 116).

32 **4. Unterhaltspflichten. a) Kindesunterhalt.** Die Entwicklung der Kinder bis zu ihrer wirtschaftlichen Selbständigkeit und die sich daraus ergebenden Unterhaltslasten prägen bis zu ihrem Entfallen die ehelichen Lebensverhältnisse idR – Ausnahme bei sehr guten wirtschaftlichen Verhältnissen, in denen der Ehegattenunterhalt konkret zu bemessen ist (dazu RdNr. 49–51) – so dauerhaft, dass der Zufälligkeit, in welchem Stand dieser Entwicklung es zur Scheidung kommt und wie hoch die Unterhaltslasten gerade zu diesem Zeitpunkt sind, keine die ehelichen Lebensverhältnisse prägende Bedeutung zukommen kann. Der Bedarf nach den ehelichen Lebensverhältnissen folgt deshalb – positiv wie negativ – den Änderungen des Kindesunterhalts.[141] – Der Kindesunterhalt ist jedenfalls so lange in tatsächlich entrichteter und nicht lediglich in gesetzlicher[142] **Höhe** zu berücksichtigen, als der notwendige bzw. angemessene Bedarf beider Ehegatten gewahrt wird und die Aufteilung der Mittel angemessen ist (dazu § 1581 RdNr. 17–19). – Die durch das **Entfallen** dieser Unterhaltspflicht freiwerdenden Mittel prägen die ehelichen Lebensverhältnisse nur dann nicht, wenn anzunehmen ist, dass sie unter den dann gegebenen Verhältnissen nicht dem allgemeinen Lebensbedarf, sondern der Vermögensbildung oder anderen nicht dem allgemeinen Lebensbedarf zuzurechnenden Zwecken, etwa der Befriedigung eines trennungsbedingten Mehrbedarfs, dienen.[143] – Zum **Elternunterhalt** s. RdNr. 35, zum Unterhaltsanspruch des Ehegatten aus einer **Folgeehe** RdNr. 36.

33 Nach der Rspr. des BGH prägen auch Unterhaltspflichten für **nicht gemeinschaftliche** Kinder die ehelichen Lebensverhältnisse. Er erstreckt dies auf während der **Trennungszeit,**[144] auch zwischen Scheidungsanspruch und Eintritt seiner Rechtskraft geborene Kinder,[145] weil eine Wiederherstellung der ehelichen Lebensgemeinschaft mit der Folge der Prägung der ehelichen Lebensverhältnisse durch diese Unterhaltspflicht nicht ausgeschlossen werden könne. Doch könnte mit dieser Begründung ein Großteil der nach der Trennung aufgenommenen Verbindlichkeiten den ehelichen Lebensverhältnissen zugeordnet werden. Deshalb sollte gelten: Unterhaltspflichten gegenüber nicht gemeinsamen Kindern prägen die ehelichen Lebensverhältnisse idR **nicht,** es sei denn, dies wäre dem Berechtigten nach Treu und Glauben zumutbar (zu diesem Abgrenzungskriterium allgemein s. RdNr. 188), etwa weil er von der Unterhaltsverpflichtung Kenntnis hatte und diese nicht nur gezwungenermaßen mitgetragen hat.

---

[140] BGHZ 171, 206 = NJW 2007, 1961 = FamRZ 2007, 793, 798 [51]; BGH NJW 2007, 1969 = FamRZ 2007, 882, 886 [37] m. Anm. *Born*; BGHZ 172, 22 = NJW 2007, 2249 = FamRZ 2007, 983, 986 [30] m. Anm. *Schürmann*; BGHZ 175, 182 = NJW 2008, 1663 m. Anm. *Born* = FamRZ 2008, 968, 975 [72] m. Anm. *Maurer.*

[141] BGH NJW 1990, 2886 = FamRZ 1990, 1085, 1087 f. m. zust. Anm. *Scholz*; *Dieckmann* FamRZ 1990, 1335; *P. Derleder* FuR 1990, 371; NJW-RR 1990, 1346 = FamRZ 1990, 1090 m. abl. Anm. *Dieckmann* FamRZ 1990, 1335 ff. Damit ist der BGH von seiner bisherigen Rspr. in BGH NJW-RR 1987, 1218 = FamRZ 1987, 913; NJW 1988, 2034 = FamRZ 1988, 701, 703 m. krit. Anm. *Ewers*; NJW 1988, 2101 = FamRZ 1988, 817, 819 m. Anm. *Weychardt* FamRZ 1988, 929, 930; NJW-RR 1989, 1154 = FamRZ 1990, 258, 259 f. (ebenso OLG Hamm FamRZ 1987, 710, 712 m. Anm. *Roelen* und abl. Anm. *Ewers* FamRZ 1987, 1043 f.) ausdrücklich abgerückt.

[142] So OLG Hamm FamRZ 2008, 991.

[143] Dazu etwa OLG Stuttgart FamRZ 2007, 2075, 2077.

[144] BGH NJW 1994, 190 = FamRZ 1994, 87, 89 m. Anm. *Ewers* FamRZ 1994, 816 f.; zuletzt BGHZ 172, 22 = NJW 2007, 2249 = FamRZ 2007, 983, 986 [33]; ebenso OLG Hamm OLGR 1996, 41, 42 = FamRZ 1996, 805 (LS); FamRZ 1997, 886 f.; OLG Koblenz FamRZ 1998, 1584 m. abl. Anm. *Schumacher*; OLG Hamburg FamRZ 1998, 1585; FamRZ 1999, 857, 858; OLG München FamRZ 1999, 511 f.; OLG Thüringen NJW-RR 2006, 584 = FamRZ 2006, 1205, 1206.

[145] BGH NJW 1999, 717 = FamRZ 1999, 367, 369 m. Anm. *Graba.*

Für **nachehelich geborene Kinder** des Verpflichteten – ihnen gleichgestellt sind **adoptierte** Kinder[146] – stellt sich die Rechtslage wie folgt dar: 34

- Bislang konnte man aufgrund der Rspr. des BGH davon ausgehen, dass jedenfalls die Unterhaltspflicht für Kinder, die nach dem für ihre Bemessung maßgeblichen Zeitpunkt in einer **Folgeehe** oder **nichtehelich** geboren wurden, wie auch Unterstützungsleistungen an **Stiefkinder**[147] die ehelichen Lebensverhältnisse nicht mehr prägen.[148]
- Hiervon schien der BGH bereits im Urteil v. 15. 3. 2006[149] mit dem obiter dictum,[150] dass sich das Hinzutreten weiterer vorrangiger oder gleichrangiger Berechtigter auf den Unterhaltsbedarf des geschiedenen Ehegatten auswirken müsse, allerdings wieder abgerückt. Dies muss es aber gerade nicht, weil damit unsystematisch Fragen des Bedarfs mit solchen der Leistungsfähigkeit vermengt werden:[151] Auch wenn den ehelichen Lebensverhältnissen eine nacheheliche Dynamik eigen ist, ist diese doch nicht beliebig, sondern hat sich auf die zum maßgeblichen Stichtag (dazu RdNr. 13–17) bestehenden Verhältnisse und ihre Veränderungen zu beziehen. Damit haben nachehelich geborene Kinder jedoch nichts gemein, und daran ändern auch die Rangverhältnisse nichts.[152] Sie wirken sich „nur" auf die Leistungsfähigkeit des Verpflichteten (§ 1581) aus, insoweit ist der Gleichrang der Kinder aus der Folgeehe, nicht auch der Stiefkinder, mit den Kindern aus der Erstehe zu beachten (§ 1609 Nr. 1 [UÄndG 2007]; dazu auch RdNr. 11, 29).
- Im Urteil v. 6. 2. 2008[153] hat der BGH dieses obiter dictum insoweit bestätigt, als er die Unterhaltspflichten gegenüber Kindern aus einer neuen Ehe des Verpflichteten deshalb bedarfsprägend behandelt, weil es keine Lebensstandardgarantie gebe und diese Generierung einer Unterhaltspflicht nicht vorwerfbar, da nicht **unterhaltsbezogen leichtfertig** sei. Diese Begründung ist für die Bedarfsprägung schon deshalb nicht aussagekräftig, weil Vorwerfbarkeit im Zusammenhang mit den Erwerbsobliegenheiten, mit der Verwirkung eines Unterhaltsanspruchs iSd. § 1579 Nr. 4, 5 (dazu dort Rn. 30, 34) und der Leistungsfähigkeit (s. auch RdNr. 92, 188, 204) steht. Es geht auch gar nicht um die Vorwerfbarkeit eines Verhaltens des Verpflichteten, sondern darum, ob es dem Berechtigten zumutbar ist, über den Vorrang des Kindesunterhalts hinaus diesen und den Familienunterhalt der neuen Ehe bereits über die Bedarfsprägung mitzufinanzieren. Ich meine, dies muss er nicht, zumal der BGH selbst zutreffend feststellt, dass die Rangregelung die Leistungsfähigkeit betrifft und sich nicht auch auf den Bedarf auswirkt (dazu RdNr. 11,

---

[146] BGH NJW 2009, 145 m. Anm. *Born* = FamRZ 2009, 23, 25 [24, 25] m. Anm. *Norpoth* und *Maurer* FamRZ 2009, 204. Eine Differenzierung nach den Motiven für die Adoption stellt der BGH trotz seiner Anknüpfung an die unterhaltsbezogene Leichtfertigkeit auch im Falle einer Stiefkindadoption nicht an.

[147] BGHZ 163, 84 = NJW 2005, 3277 = FamRZ 2005, 1817, 1819 f.; daran hält der BGH fest, BGH NJW 2009, 145 m. Anm. *Born* = FamRZ 2009, 23, 25 [26] m. Anm. *Norpoth* und *Maurer* FamRZ 2009, 204.

[148] BGH NJW 1987, 1551 = FamRZ 1987, 456, 458; BGHZ 104, 158 = NJW 1988, 1722 = FamRZ 1988, 705, 709; NJW 1992, 1621 = FamRZ 1992, 539, 540; auch OLG Hamm NJWE-FER 1997, 76 = FamRZ 1997, 296.

[149] BGHZ 166, 351 = NJW 2006, 1654 = FamRZ 2006, 683, 686 m. Anm. *Büttner* FamRZ 2006, 765 und *Borth* FamRZ 2006, 852; s. auch BGHZ 172, 22 = NJW 2007, 2249 = FamRZ 2007, 983, 986 [30] (gleichfalls nicht entscheidungserheblich); ebenso OLG Bremen OLGR 2001, 467, 469; OLG Oldenburg FamRZ 2006, 1242 f.; *Gutdeutsch* FamRZ 1995, 327 ff.; FamRZ 2006, 1072. S. auch OLG Düsseldorf Urt. v. 18. 12. 2006–7 UF 154/06, juris [47] = FuR 2007, 128, 130, das daraus Weiterungen zum „Karrieresprung" (dazu RdNr. 25) herleitet.

[150] Ebenso *Grandel* NJW 2008, 796, 797.

[151] *Grandel* NJW 2008, 796, 797 spricht deshalb zu Recht von einer „Abkehr des BGH von den dogmatischen Wurzeln des Unterhaltsrechts"; ablehnend auch *Born* NJW 2008, 1669, 1670; *Maurer* FamRZ 2008, 975; *Graba* FamRZ 2008, 1217, 1222; *Schilling* FF 2008, 279, 285 f.

[152] Ebenso OLG Celle FamRZ 2007, 1818, 1819 f. (für nachehelich adoptierte Kinder); FamRZ 2007, 1821, 1822 (für nachehelich geborene Kinder) [Revisionsurteil BGH Urt. v. 28. 1. 2009 – XII ZR 119/07]; *Borth* FamRZ 2006, 852, 853; aA dagegen BGH NJW 2009, 145 m. Anm. *Born* = FamRZ 2009, 23, 25 [26] m. Anm. *Norpoth* und *Maurer* FamRZ 2009, 204; OLG Koblenz NJW-RR 2008, 159 = FamRZ 2008, 417, 418; *Gerhardt* FamRB 2006, 210, 212 (wegen der Rangverhältnisse, auch nach Inkrafttreten des UÄndG 2007).

[153] BGHZ 175, 182 = NJW 2008, 1663 m. Anm. *Born* = FamRZ 2008, 968, 972 [47] m. Anm. *Maurer*; BGH NJW 2009, 588 = FamRZ 2009, 411, 414 [28] m. Anm. *Borth*.

29).[154] Dies gilt auch für den Unterhalt gemeinsamer Kinder. – In dieser Entscheidung sagt der BGH zwar nichts dazu, wie die Unterhaltspflicht gegenüber nichtehelichen Kindern (zur Unterhaltspflicht gegenüber einem neuen Ehegatten s. RdNr. 36) zu behandeln ist, doch wird man nicht anders verfahren können. – Nachehelich geborenen gleichgestellt sind auch **adoptierte Kinder.** Eine Differenzierung nach den Motiven für die Adoption stellt der BGH trotz seiner Anknüpfung an die unterhaltsbezogene Leichtfertigkeit auch im Falle einer Stiefkindadoption nicht an.[155]

– Behandelt man die Unterhaltspflicht des Verpflichteten gegenüber seinen nachehelich geborenen Kinder für die geschiedene Ehe bedarfsprägend, muss dies eigentlich auch für nachehelich geborene Kinder des Berechtigten gelten. Von dessen bedarfsprägendem Einkommen ist der Kindesunterhalt abzusetzen. Betreut der Berechtigte das Kind und ist deshalb nicht oder nicht voll erwerbstätig, sind Erwerbseinkünfte und Barunterhaltspflicht fiktiv zu rechnen, um den Verpflichteten nicht für den Unterhalt des nicht gemeinsamen Kindes mithaften zu lassen.

35 **b) Elternunterhalt.** Da auch die Unterhaltsansprüche von Berechtigten, die dem Ehegatten im Rang nachgehen, die ehelichen Lebensverhältnisse prägen können (zu volljährigen Kindern s. RdNr. 196), kann auch, ggf. durch Übernahme der Pflegekosten für die Eltern der Ehegatten,[156] geleisteter Elternunterhalt vorweg abgezogen werden. Der Vorrang des Ehegatten bewirkt lediglich, dass der Vorwegabzug nicht zu einem **Missverhältnis** mit dem Ehegattenunterhalt führen darf.[157] Ein Missverhältnis besteht, wenn dem Ehegatten nicht der angemessene Bedarf bleibt (Düsseldorfer Tabelle, Stand: 1. 1. 2009, Anm. D. 1.: mindestens 1400 €).[158] Der prägenden Wirkung des Elternunterhalts steht nicht entgegen, dass er nicht bereits bei Beendigung der Ehe bezahlt wurde, wenn diese **latente** Unterhaltslast die ehelichen Lebensverhältnisse deshalb mitbestimmt hat, weil absehbar war, dass die Eltern ihren notwendigen Bedarf nicht durch eigene Einkünfte würden decken können;[159] darüber hinaus bedarf es unter diesen Voraussetzungen keines engen zeitlichen Zusammenhangs mit der Scheidung. – Auch das **Entfallen** dieser Unterhaltsverpflichtung ist bedarfsprägend zu berücksichtigen.

36 **c) Familienunterhalt.** Geht ein geschiedener Ehegatte eine neue Ehe ein, stellt sich gleichfalls die Frage, ob die sich aus dieser Ehe ergebende Unterhaltspflicht die ehelichen Lebensverhältnisse aus der Erstehe prägen können:

– Der BGH vertritt – beginnend mit dem Urteil v. 15. 3. 2006 (dazu RdNr. 34),[160] fortgesetzt in den Urteilen v. 6. 2. 2008[161] und v. 30. 7. 2008[162] – folgende Auffassung:
  – Jedenfalls vorrangige und gleichrangige Unterhaltspflichten prägen auch gegenüber **neuen Ehegatten** die ehelichen Lebensverhältnisse der Vorehe.

---

[154] *Maurer* FamRZ 2008, 976; *ders.* FamRZ 2008, 1985, 1987.

[155] BGH NJW 2009, 145 m. Anm. *Born* = FamRZ 2009, 23, 25 [24, 25] m. Anm. *Norpoth* und *Maurer* FamRZ 2009, 204.

[156] OLG Hamm FamRZ 1998, 621 (LS).

[157] BGH NJW 2003, 1660 = FamRZ 2003, 860, 865; zum Kindesunterhalt s. auch BGH NJW 2003, 1112 = FamRZ 2003, 363, 366.

[158] Nur den Mindestbedarf legt BGH NJW 2003, 1660 = FamRZ 2003, 860, 865 zugrunde; damit wird jedoch dem Vorrang des Ehegattenunterhalts nicht genügt.

[159] BGH NJW 2003, 1660 = FamRZ 2003, 860, 865; s. auch OLG Hamm NJWE-FER 1998, 25 = FamRZ 1998, 621 (LS).

[160] BGHZ 166, 351 = NJW 2006, 1654 = FamRZ 2006, 683, 686 m. Anm. *Büttner* FamRZ 2006, 765 und *Borth* FamRZ 2006, 852; ebenso etwa OLG Bremen OLGR 2001, 467, 469; OLG Oldenburg FamRZ 2006, 1242; *Gutdeutsch* FamRZ 2006, 1072 ff.

[161] BGHZ 175, 182 = NJW 2008, 1663 m. Anm. *Born* = FamRZ 2008, 968, 971 ff. [42–51] m. Anm. *Maurer* (allerdings setzt er sich in dieser Entscheidung damit nicht ausdrücklich auseinander, obwohl das Einkommen des neuen Ehegatten und damit dessen Bedürftigkeit nicht bekannt war).

[162] BGHZ 177, 356 = NJW 2008, 3213 m. Anm. *Mleczko* = FamRZ 2008, 1911, 1914 [31–44] m. Anm. *Maurer*; BGH NJW 2009, 588 = FamRZ 2009, 411, 414, 415 f. [29, 39]; ebenso OLG Düsseldorf FamRZ 2008, 1254, 1256.

– Der Bedarf des Berechtigten aus der geschiedenen Ehe errechnet sich nach der **„Drittelmethode“:**[163] Dem Verpflichteten und den beiden bedürftigen Ehegatten verbleiben jeweils 1/3 des maßgeblichen „Familieneinkommens“. Einkünfte des geschiedenen Ehegatten sind in diese Berechnung einzubeziehen, nicht dagegen die des neuen Ehegatten: Eine „Kontrollberechnung“ begrenzt den Bedarf des geschiedenen Ehegatten auf das sich nach seinen und des Verpflichteten Einkünften ohne den Splittingvorteil ergebende Maß. Dadurch partizipiert der aktuelle Ehegatte an den Einkünften des geschiedenen Ehegatten, nicht dagegen umgekehrt.[164] Ausnahmen lässt der BGH nicht zu, sondern nur Korrekturen im **Mangelfall** bei der Leistungsfähigkeit. – Diese „ergebnisoffene“ Betrachtung ermöglicht bei Hinzutreten weiterer Berechtigter auch eine Vier- bzw. „X-Teilung“.
– Als Ausgleich ist der **Splittingvorteil** aus der Nachehe (s. RdNr. 28, 29) wieder dem geschiedenen Ehegatten eröffnet, allerdings auch der Vorteil aus dem **Realsplitting** dem Ehegatten der Nachehe (zur gleichen Vorgehensweise beim „Karrieresprung“ s. RdNr. 25).

– Demgegenüber sollte nach meiner Auffassung gelten:[165] Schon systematisch haben Gleichrang und auch Vorrang der Unterhaltspflicht in der Nachehe gegenüber der aus der Vorehe mit dem Bedarf nach den ehelichen Lebensverhältnissen nichts zu tun.[166] Auch ist die Prägung des ehelichen Bedarfs der Vorehe durch den Bedarf der Nachehe schon gedanklich ausgeschlossen,[167] weil die Nachehe nicht bereits der Vorehe immanent ist.[168] Noch im Urteil v. 15. 3. 2006[169] ist auch der BGH davon ausgegangen, dass der geschiedene Ehegatte eine negative Einkommensentwicklung bei *Fortbestand der Ehe* mit zu tragen hätte; dann aber gäbe es keine Ehefrau aus einer Wiederheirat.[170] Vielmehr ist die Bedarfsprägung ganz „anlassbezogen“ zu sehen ist, nämlich bezogen auf die jeweilige Ehe. Zwar prägen alle Unterhaltsansprüche zusammen die Lebensverhältnisse, aber eben nur die des Verpflichteten und gerade nicht die „ehelichen“ Lebensverhältnisse der geschiedenen Ehe. Dagegen ist das Entfallen der Unterhaltsverpflichtung aus der geschiedenen Ehe den Bedarf in der zweiten Ehe prägend zu berücksichtigen. – Demgegenüber prägt die Unterhaltspflicht der Vorehe als „wirtschaftliche Hypothek“ den Bedarf in der Nachehe.[171] Hiervon abzusehen ist auch nach dem UÄndG 2007, das die Bemessung des Bedarfs nach den „ehelichen“ Lebensverhältnissen nicht aufgegeben hat,[172] nicht gerechtfertigt. Auch der Hinweis des BGH in seinem Urt. v. 17. 12.

---

[163] Dazu *Wendl/Gerhardt* § 4 RdNr. 305 ff.; *Wendl/Gutdeutsch* § 4 RdNr. 390 ff.; *Gutdeutsch* FamRZ 1995, 327 ff.; *ders.* FamRZ 2006, 1072 ff. (dort auch zur rechnerischen Umsetzung); *Hampel* FamRZ 1995, 1177 ff.; *Gerhardt* FamRB 2006, 210, 212; *Gerhardt/Gutdeutsch* FamRZ 2007, 778, 779; *Reinken* FPR 2008, 9, 11.

[164] Krit. hierzu *Maurer* FamRZ 2008, 1919, 1920.

[165] S. dazu auch *Maurer* FamRZ 2008, 975 ff.; *ders.* FamRZ 2008, 1985, 1988; *ders.* FamRZ 2008, 1985, 1989 ff.; *ders.* FamRZ 2008, 2157, 2161 Fn. 47, 2165 Fn. 89; *ders.* FamRZ 2009, 204, 205; ablehnend auch *Graba* FF 2008, 437, 445; *ders.* FamRZ 2008, 1217, 1222; *Born* NJW 2008, 3089, 3095; *ders.* NJW 2009, 148; *Norpoth* FamRZ 2009, 26, 27 f.

[166] So ausdrücklich auch BGHZ 177, 356 = NJW 2008, 3213 m. Anm. *Mleczko* = FamRZ 2008, 1911, 1914 ff. [31] m. Anm. *Maurer*; ebenso *Wendl/Gerhardt* § 4 RdNr. 306; *Borth* FamRZ 2006, 852, 853; aA – sie geht von der „Drittelmethode“ aus (dazu RdNr. 36) – *Gutdeutsch* FamRZ 1995, 327 ff.; *ders.* FamRZ 2006, 1072 ff. (dort auch zur rechnerischen Umsetzung); *Hampel* FamRZ 1995, 1177 ff.; *Gerhardt* FamRB 2006, 210, 212; *Reinken* FPR 2008, 9, 11.

[167] *Maurer* FamRZ 2008, 1919, 1920; *ders.* FamRZ 2008, 1985, 1988 ff.

[168] Zutreffend abgelehnt von BVerfGE 108, 351 = NJW 2003, 3466 = FamRZ 2003, 1821, 1824 (unter II. 1. a)).

[169] BGHZ 166, 351 = NJW 2006, 1654 = FamRZ 2006, 683, 686 m. Anm. *Büttner* FamRZ 2006, 765 und *Borth* FamRZ 2006, 852; ebenso etwa OLG Bremen OLGR 2001, 467, 469; OLG Oldenburg FamRZ 2006, 1242; *Gutdeutsch* FamRZ 2006, 1072 ff.

[170] Ebenso *Borth* FamRZ 2006, 852, 853.

[171] BVerfGE 66, 84 = NJW 1984, 1523 = FamRZ 1984, 346, 350; s. auch ausdrücklich BT-Drucks. 7/650 S. 143.

[172] So ausdrücklich BT-Drucks. 16/1830 S. 18 [Zu Nummer 8 (Änderung von § 1578 BGB)]: „§ 1578 Abs. 1 S. 1 BGB ... bestimmt unverändert, dass sich das Maß des Unterhalts nach den ehelichen Lebensverhältnissen bestimmt ...“ Auch im RA-BT wurde hieran nicht gerüttelt.

2008,[173] weil das Gesetz bei einem Absinken des unterhaltsrelevanten Einkommens zwischen Berechtigtem und Verpflichtetem dadurch unterscheide, dass die Erfüllung der Anspruchsvoraussetzungen für einen Unterhaltsanspruch nach §§ 1571, 1572, 1573 von einem Einsatzzeitpunkt abhänge, sodass eine erst später eintretende Bedürftigkeit einen Unterhaltsanspruch nicht mehr rechtfertigen könne, kann sein Ergebnis nicht rechtfertigen; denn die Bestimmung der ehelichen Lebensverhältnisse ist hiervon unabhängig.

37 **d) Unterhalt nichtehelicher Elternteile.** Nach bisheriger Rechtslage ging der Unterhaltsanspruch des nichtehelichen Elternteils dem des Ehegatten nach (§ 1615l Abs. 3 S. 3 Halbs. 1 aF). Obwohl Bedarf und Rang nicht stets gleich beurteilt werden müssen, wurde – soweit ersichtlich – die Prägung des Bedarfs des geschiedenen Ehegatten durch diesen Unterhaltsanspruch nicht in Betracht gezogen. Nach dem ab 1. 1. 2008 nach §§ 1582, 1609 Nr. 2 [UÄndG 2007] geltenden Gleichrang wird sich die Frage, ob er nicht auch Aussagekraft für den Bedarf hat (dazu auch RdNr. 34), drängender stellen. Doch bleibt es dabei, dass sich der **Bedarf** nicht über den **Rang** definiert (dazu RdNr. 11, 29). Weil sich der Ehegatte die Unterhaltsverpflichtung gegenüber nichtehelichen Elternteilen nach Treu und Glauben nicht entgegenhalten lassen muss (dazu RdNr. 188), ist sie bei der Bedarfsbemessung nicht zu berücksichtigen. – Zudem bestimmt sich der Bedarf des nichtehelichen Elternteils anders als der des Ehegatten:[174] Er richtet sich jedenfalls grundsätzlich (zu den Einschränkungen s. § 1615l RdNr. 38–42) allein nach der **Lebensstellung** des nichtehelichen Elternteils (§§ 1615l Abs. 3 S. 1, 1610 Abs. 1), während sich der Bedarf des Ehegatten an den ehelichen Lebensverhältnissen ausrichtet.[175] – Behandelt man die Unterhaltsverpflichtung bedarfsprägend, ist auch ihr **Entfallen** bedarfsprägend zu berücksichtigen.

38 **5. Sonstige Verbindlichkeiten.** Das **Entfallen** von Verbindlichkeiten, etwa der Wegfall von Zins- und Tilgungsleistungen, soll die ehelichen Lebensverhältnisse unabhängig davon, dass es zu einem auch bestimmten Zeitpunkt vorhersehbar war, nur prägen, wenn die Ehegatten ihm erkennbar schon im Voraus und noch während des Bestehens der Ehe einen prägenden Einfluss auf ihre Lebensverhältnisse eingeräumt haben, er mithin sicher und in Bälde zu erwarten war.[176] Der BGH hat dies im Zusammenhang mit seinen Erörterungen zum Wegfall einer Unterhaltsverpflichtung für ein Kind begründet (dazu RdNr. 32) und stellt auf den Ausnahmecharakter der Berücksichtigung nachehelicher Veränderungen ab. Die Zurückführung von den Ehegatten gemeinsam aufgenommener Schulden, die die ehelichen Lebensverhältnisse bedarfsmindernd geprägt haben, und die damit einhergehende Besserung der wirtschaftlichen Verhältnisse soll damit einseitig zugunsten des Verpflichteten und zu Lasten des Berechtigten gehen, wenn sie nicht in engem zeitlichen Zusammenhang mit der Scheidung steht, obwohl sie sicher zu erwarten war. Dies lässt unberücksichtigt, dass Ehegatten nach der Lebenserfahrung bei der Aufnahme von Schulden nahezu immer von einer nur zeitlich begrenzten Beschränkung ihrer wirtschaftlichen Verhältnisse, deren Erstarken nach der Schuldenrückführung und davon ausgehen, dass die frei werdenden Mittel dann dem allgemeinen Lebensbedarf zugeführt werden können. Das Entfallen der Schuld prägt deshalb immer auch die ehelichen Lebensverhältnisse. – Nach Trennung und Scheidung **eingegangene** Verbindlichkeiten prägen die ehelichen Lebensverhältnisse grundsätzlich nicht,[177] weil ihnen der Bezug zur ehelichen Lebensgemeinschaft fehlt. In engem Rahmen können hiervon Ausnahmen gemacht werden, etwa wenn es sich lediglich um **Umschuldungen** handelt oder ein nur zur **Berufsausübung** genutzter PKW neu ange-

[173] BGH NJW 2009, 588 = FamRZ 2009, 411, 414 [31] m. Anm. *Borth.*

[174] Worauf *Wever* FamRZ 2008, 553, 560 f. zutreffend hinweist.

[175] Dazu BGHZ 177, 272 = NJW 2008, 3128 m. Bespr. *Graba* NJW 2008, 3105 = FamRZ 2008, 1739, 1743 [24–43] m. krit. Anm. *Maurer* FamRZ 2008, 1830, 1831, *Viefhues* FF 2008, 376 und *Fiedler* FPR 2008, 518.

[176] BGH NJW 1988, 2034 = FamRZ 1988, 701, 703; NJW-RR 1995, 835 = FamRZ 1995, 869, 871; ebenso etwa OLG Schleswig OLGR 1996, 236, 237 = FamRZ 1997, 297 (LS); *Schwab/Borth* IV RdNr. 946.

[177] Zutreffend KG FamRZ 2008, 1631 f.; s. auch *Maurer* FamRZ 2008, 1985, 1986 f.; aA *Gerhardt* FamRZ 2007, 945, 948.

schafft werden musste (dazu aber auch RdNr. 61; zur Berücksichtigung bei der Bemessung des Selbstbehalts s. § 1581 RdNr. 11, 12). – Abzuwarten bleibt, ob der BGH nach der Abschaffung des **Stichtagsprinzips** (dazu RdNr. 13–17) auch hierzu seine Rspr. ändert und alle Veränderungen auch bedarfsprägend behandelt.

6. Rente. Versorgungsausgleich. Die von einem Ehegatten bezogene **Altersrente** prägt die ehelichen Lebensverhältnisse auch, soweit sie auf **vor der Eheschließung** oder infolge des **Versorgungsausgleichs** erworbenen Versorgungsanrechten beruht und erst nach der Scheidung angefallen ist. Der BGH[178] begründet diese Abkehr von seiner bisherigen Rspr. (dazu 4. Aufl. RdNr. 46) damit, dass die Rente das Surrogat (dazu RdNr. 14, 15) für den wirtschaftlichen Nutzen der Arbeitskraft sei. Für vor der Eheschließung erworbene Versorgungsanrechte ergibt sich dieses Ergebnis bereits daraus, dass auch sie die gemeinsamen Erwartungen der Ehegatten hinsichtlich ihrer künftigen wirtschaftlichen Verhältnisse bestimmen, und zwar unabhängig davon, wie lange es noch bis zum Versorgungsfall hin ist, weil dieser sicher ist, ebenso sicher wie der Wegfall einer Unterhaltsverpflichtung gegenüber einem Kind (dazu RdNr. 32). Und die infolge des Versorgungsausgleichs erworbenen Versorgungsanrechte leiten sich direkt aus den ehelichen Lebensverhältnissen als deren Fortentwicklung ab. – Dies gilt i. Ü. grundsätzlich auch für **nach** der Eheschließung erworbene Versorgungsanrechte, soweit sie Ausfluss der Weiterentwicklung der maßgeblichen Einkommensverhältnisse sind (anders noch 4. Aufl. RdNr. 46 aE). Nur soweit sie auf einer überobligaten Erwerbstätigkeit oder auf einer unerwarteten, vom Normalverlauf erheblich abweichenden Entwicklung (dazu RdNr. 25) beruhen, können sie nicht mehr als Fortentwicklung der ehelichen Lebensverhältnisse angesehen werden und diese deshalb nicht mehr prägen. – Gleiches gilt für Anrechte aus einer **privaten Altersversorgung.** Dass das Kapital einer **Lebensversicherung** nach der Ehe angespart wurde, hindert dessen eheprägende Berücksichtigung dann nicht, wenn diese Zahlungen bei der Bemessung des nachehelichen Unterhalts berücksichtigt worden sind.[179] Ihnen gleichzustellen ist sonstiges, für den Ruhestand gebildetes **Kapital,** das entsprechend der durchschnittlichen Lebenserwartung des Vermögensinhabers zu kapitalisieren ist.[180] Doch wird der Bedarf nach den ehelichen Lebensverhältnissen durch die ehemaligen Erwerbseinkünfte **begrenzt;**[181] dies ist dann abzulehnen, wenn der Berechtigte durch den Abzug der entsprechenden Leistungen bei der Unterhaltsbemessung am Erwerb der Versorgungsleistung beteiligt wurde. – Soweit Versorgungsleistungen zu berücksichtigen sind, sind sie mit den auch durch den Versorgungsausgleich bestimmten Beträgen in die **Halbteilung** einzubeziehen.[182] – Die Anknüpfung an die Ehebedingtheit des Rentenbezugs und die Koppelung an einen engen zeitlichen Zusammenhang mit der Scheidung ist aber für eine **Berufs-** oder **Erwerbsunfähigkeitsrente,** deren Bezug nicht „vorhersehbar" ist, sachgerecht.[183] Sie beeinflusst deshalb nur die Bedürftigkeit des Berechtigten und die Leistungsfähigkeit des Verpflichteten. 39

[178] BGH NJW 2002, 436 = FamRZ 2002, 88, 91; BGHZ 153, 272 = NJW 2003, 1796 = FamRZ 2003, 848, 851; BGHZ 163, 187 = NJW 2005, 2313 = FamRZ 2005, 1479, 1480; BGH NJW-RR 2005, 1450 = FamRZ 2005, 1897, 1899; zuletzt BGH NJW 2006, 1794 = FamRZ 2006, 387, 391; aA noch etwa OLG Hamm OLGR 1999, 51, 53 = FamRZ 1999, 1275 (LS); OLG Schleswig OLGR 2001, 41, 42; KG FamRZ 2002, 460, 461; offen gelassen von OLG Hamm Urt. v. 17. 6. 2002 – 6 UF 229/01, juris [31–34] = FamRZ 2003, 460 f. (LS). Ohne weitere Differenzierung stets das Renteneinkommen beider Ehegatten einbeziehend OLG München FamRZ 2000, 612, 613.

[179] OLG Düsseldorf FamRZ 1998, 621, 622; OLG Hamm FamRZ 1998, 1520, 1521 m. Anm. *Bienko* FamRZ 1999, 517.

[180] OLG Stuttgart OLGR 1998, 217, 218 (Geschäftsbetrieb, Immobilien).

[181] BGH NJW 1988, 2101 = FamRZ 1988, 817, 818, 819 m. Anm. *Weychardt* FamRZ 1988, 930; OLG Hamm FamRZ 1995, 1422.

[182] OLG München FuR 2001, 552; anders noch OLG München FamRZ 1997, 613 (die durch den Versorgungsausgleich ausgeglichenen Beträge bleiben unberücksichtigt; für den Bedarf wäre dies nicht erheblich, für die Bedürftigkeit und die Leistungsfähigkeit aber schon).

[183] Ähnlich OLG Hamm NJW-RR 1996, 1154 = FamRZ 1995, 1422 (weil die Krankheit auch bei fortbestehender Ehe eingetreten wäre); OLGR 1999, 51, 53 = FamRZ 1999, 1275 (LS).

40 **7. Vermögensumschichtung.** Bei einer **trennungsbedingten** Vermögensumschichtung ist nicht auf die ehemaligen, während des Zusammenlebens erzielten Vermögenseinkünfte zurückzugreifen, weil die Veränderung ebenso wie etwa die Änderung der Steuerklasse (dazu RdNr. 28, 29) die Fortentwicklung der ehelichen Lebensverhältnisse abbildet. Dies hat der BGH[184] bislang zwar anders beurteilt, doch wird er an seiner bisherigen Auffassung nach der zwischenzeitlichen zutreffenden Betonung der Wandelbarkeit der ehelichen Lebensverhältnisse (dazu RdNr. 14, 18, 19) wohl nicht mehr festhalten. – Zur **Obliegenheit,** das Vermögen zur Erzielung höherer Erträge umzuschichten, s. RdNr. 182.

41 **8. Vermögensauseinandersetzung.** Sie berührt zwar die ehelichen Lebensverhältnisse nicht direkt, doch ist sie eine notwendige Fortentwicklung nach Trennung und Scheidung. Die Aufgabe der ehemals bestehenden Verhältnisse und ihre Neugestaltung sind unausweichlich, weshalb die gewandelten Verhältnisse auch als eheprägend zu behandeln sind. Deshalb treten an die Stelle des bisherigen Vermögens die nach der Auseinandersetzung des **Güterstands**[185] und einer **Vermögensgemeinschaft** (etwa Veräußerung in ihrem Miteigentum der Ehegatten stehenden Grundbesitzes)[186] bestehenden Vermögenswerte, soweit die Erträge aus den ausgeglichenen Vermögenswerten in die Deckung des ehelichen Lebensbedarfs geflossen, die Erträge aus dem Auseinandersetzungserlös also nur an die Stelle der ursprünglichen Erträge getreten sind, und die **Erträge** aus diesen sind bedarfsprägend.[187] – Dies gilt jedenfalls dann, wenn das Vermögen **geteilt** werden kann, aber auch, wenn es dazu erst der Veräußerung eines Vermögensgegenstandes, etwa des ehemaligen Familienheims, bedarf. Stets ist aber eine ungerechtfertigte **Bedarfserhöhung** zu vermeiden.[188] Deshalb kann der Vermögensertrag des aus dem Familienheim weichenden Ehegatten die ehelichen Lebensverhältnisse nicht prägen, wenn der übernehmende Ehegatte die Auszahlung finanzieren muss und weiter der volle Wohnvorteil zugrunde gelegt wird (dazu auch RdNr. 123, 129–132).[189] – Zur Berücksichtigung des Schuldendienstes für ein **Darlehen,** das zur Finanzierung der Auseinandersetzungsforderung aufgenommen wurde, s. RdNr. 200. – Auch die interne Auseinandersetzung der Ehegatten von ehebedingten **Verbindlichkeiten** und die sich daraus ergebenden Belastungen sind bedarfsprägend.

D. Der „gesamte Lebensbedarf"

I. Allgemeines

42 Der Unterhalt umfasst den gesamten Lebensbedarf (Abs. 1 S. 2; dies gilt auch für den Trennungsunterhalt, für den dies nicht ausdrücklich geregelt ist).[190] Diese Regelung stimmt mit der in § 1610 Abs. 2 zum Verwandtenunterhalt überein; auf dessen Auslegung kann verwiesen werden (dazu § 1610 RdNr. 59–206). – Weil der gesamte Lebensbedarf des Berechtigten zu befriedigen ist, hat er nicht nur Anspruch auf das **Existenzminimum,** vielmehr sind alle einem menschenwürdigen Dasein dienenden Bedürfnisse zu befriedigen.

---

[184] Etwa BGH FamRZ 1985, 354 zum trennungsbedingten Verkauf von Wohneigentum (doch dürfte diese Rspr. überholt sein, dazu RdNr. 130); auch OLG Hamm Urt. v. 23. 6. 1999 – 5 F 190/98, juris [9] = FamRZ 2000, 611 (LS).

[185] Zum **Zugewinnausgleich:** BGH NJW 2008, 57 = FamRZ 2007, 1532, 1537 [47] m. Anm. *Maurer*; NJW 2008, 1946 m. Anm. *Griesche* = FamRZ 2008, 963, 967 [38] m. Anm. *Büttner*; OLG Karlsruhe Urt. v. 13. 3. 2003 – 16 UF 58/02, juris [43]; OLG Hamm FamRZ 2007, 215; aA noch BGH NJW 1986, 1342 = FamRZ 1986, 437, 439 und zur Auseinandersetzung der **Gütergemeinschaft** BGH NJW-RR 1986, 682 = FamRZ 1986, 441, 442.

[186] BGH NJW 2005, 2077 = FamRZ 2005, 1159, 1161; aA noch BGH FamRZ 1985, 354, 356; OLG Hamm NJWE-FER 1997, 145 = FamRZ 1998, 291, 292.

[187] BGH NJW 2008, 57 = FamRZ 2007, 1532, 1537 [47] m. Anm. *Maurer*; OLG Saarbrücken FamRZ 2003, 685, 687.

[188] *Maurer* FamRZ 2007, 1538, 1540.

[189] Dazu *Maurer* FamRZ 2006, 258, 259.

[190] *Wendl/Gerhardt* § 4 RdNr. 171.

– Der **Maßstab** für die Bemessung des Lebensbedarfs ist nicht einheitlich, weil er sich nach den ehelichen Lebensverhältnissen richtet (Abs. 1 S. 1; dazu RdNr. 3–12). Im Allgemeinen wird der Umfang des Lebensbedarfs auch von der wirtschaftlichen Gesamtsituation nicht unbeeinflusst und in Zeiten der Hochkonjunktur großzügiger als in solchen allgemeiner Not zu bemessen sein. Auswirkungen kann dies aber nur bei konkreter Bedarfsbemessung (dazu RdNr. 49–51) haben.

Zum Lebensbedarf der Ehegatten gehört auch ihr **Mehrbedarf,** der durch ganz verschiedene Anlässe verursacht sein kann (dazu RdNr. 59–69). Systematisch gehören zu ihm, obwohl idR nicht in diesem Zusammenhang erörtert, auch der durch die **Berufsausübung** verursachte Bedarf (zu den berufsbedingten Aufwendungen s. RdNr. 59–63) sowie für jeden **Einkommensbestandteil** der zu seiner Erzielung entstandene besondere finanzielle Mehraufwand.[191] Beide Aufwandsarten werden bereits durch Vorwegabzug vom verfügbaren Einkommen, ggf. nach Schätzung gemäß § 287 Abs. 2 ZPO, § 113 Abs. 1 S. 2 FamFG, gedeckt. Zu den **Spesen** s. insbesondere RdNr. 90. Hinzu kommen die Kosten für einen dem Lebenszuschnitt der Ehegatten **angemessenen** Mehrbedarf,[192] insbesondere wegen **Krankheit**[193] oder **Alter,** aber auch zur **Sozialvorsorge** (dazu RdNr. 64) und wegen **Ausbildung** (dazu RdNr. 65), die im Allgemeinen nicht im Quotenunterhalt enthalten sind,[194] nicht jedoch auch wegen **Prozesskostenvorschuss** (dazu RdNr. 84). – Der Anspruch auf diese Kosten ist zusammen mit dem Elementarunterhalt **unselbständiger Teil** des einheitlichen Unterhaltsanspruchs, dessen einzelnen Teile sich gegenseitig beeinflussen.[195] Deshalb erfasst ein **Auskunftsbegehren** mit dem Ziel der Geltendmachung von Unterhalt auch den Mehrbedarf.[196] – Zum **Sonderbedarf** einschließlich Prozesskostenvorschuss s. RdNr. 83–86; zu den **verfahrensrechtlichen Auswirkungen** der Einheitlichkeit des Unterhaltsanspruchs s. RdNr. 211. 43

II. Elementarbedarf

1. Grundsatz. Da die ehelichen Lebensverhältnisse für beide Ehegatten gleich sind, haben sie beide Anspruch auf gleichmäßige Teilhabe an den verfügbaren finanziellen Mitteln und auf die **Hälfte** des anrechnungsfähigen Einkommens.[197] Dies verwehrt es nicht, berufsbedingte Aufwendungen vorweg abzusetzen und den Gesichtspunkt des Erwerbsanreizes angemessen zu berücksichtigen (dazu RdNr. 59–63).[198] Zur Umsetzung der Halbteilung in der Praxis s. RdNr. 53 – Die Hälfte entspricht dem „gesamten" Lebensbedarf iSd. Abs. 1 S. 2 und dem **vollen Unterhalt** iSd. Abs. 1 S. 1. **Abweichungen** vom Grundsatz auf gleichmäßige Teilhabe sind nur aufgrund besonderer Umstände möglich,[199] etwa wenn ein Ehegatte im **Ausland** lebt und dort die Lebenshaltungskosten geringer/höher als im Inland sind,[200] oder die Ehegatten in überdurchschnittlich guten wirtschaftlichen Verhältnissen gelebt haben (dazu RdNr. 49–51). 44

---

[191] Etwa BGH NJW 1983, 2318 = FamRZ 1983, 352, 353; NJW 1994, 134 = FamRZ 1994, 21, 22.

[192] Nicht auch für Unterhaltsansprüche nach dem EheG, OLG Bamberg NJW-RR 1990, 74 = FamRZ 1990, 172, 173.

[193] OLG Hamm NJWE-FER 1997, 76 = FamRZ 1997, 296 f. Zum Mehraufwand wegen Pflegebedürftigkeit s. RdNr. 64, 72, 73.

[194] S. etwa LL Hamm Nr. 27, FamRZ 1996, 87, 89.

[195] Zum Krankenvorsorge-, Altersvorsorge- und Ausbildungsunterhalt s. BGH NJW 1982, 1873 = FamRZ 1982, 255; NJW 1982, 1875 = FamRZ 1982, 465; NJW 1982, 2438 = FamRZ 1982, 890, 892; NJW 2007, 144 = FamRZ 2007, 117, 118.

[196] Zum Altersvorsorgeunterhalt BGH NJW 2007, 511 = FamRZ 2007, 193, 196 m. Anm. *Borth*; NJW 2008, 57 = FamRZ 2007, 1532, 1537 [50].

[197] StRspr. des BGH, s. BGH NJW 1979, 1985 = FamRZ 1979, 692, 694; NJW 1981, 753 = FamRZ 1981, 241; NJW 1981, 1556 = FamRZ 1981, 442, 444; NJW 1982, 41 = FamRZ 1981, 1165, 1166; NJW 1988, 2369 = FamRZ 1988, 265, 267.

[198] BGH NJW 1982, 2442 = FamRZ 1982, 894, 895; NJW 1983, 683 = FamRZ 1983, 150, 151; FamRZ 1984, 988, 990.

[199] BGH FamRZ 1984, 988, 990.

[200] BGHZ 104, 158 = NJW 1988, 1722 = FamRZ 1988, 705, 709.

45 Der Elementarunterhalt umfasst insbesondere folgende Aufwendungen: Für die **Wohnung,** also Miete, Nebenkosten und Kosten für die Reinigung, ggf. aber auch die Aufwendungen für Zins und Tilgung von Verbindlichkeiten, wenn der Berechtigte im Eigentum der Ehegatten stehenden Wohnraum bewohnt. – Für **Nahrung, Kleidung** und **Körperpflege.** – Für die Pflege der **Gesundheit,** soweit nicht von Abs. 2 erfasst, etwa für eine notwendige Kur. – Für **Urlaub** und **PKW.** – Für die Pflege **geistiger** und **kultureller Interessen** und der **Geselligkeit.** – Für **Liebhabereien,** die keine übermäßigen Aufwendungen erfordern und dem Lebenszuschnitt der Ehegatten entsprechen, wie etwa **Hundehaltung.**[201] – Für eine **Haushaltshilfe,** wenn sie nicht wegen Pflegebedürftigkeit erforderlich wird.[202]

46 **2. Erwerbstätige Ehegatten.** Der Unterhaltsbedarf eines nicht erwerbstätigen Ehegatten ist nicht in gleicher Höhe anzusetzen wie der eines erwerbstätigen. Letzterem muss wegen seiner berufsbedingten Aufwendungen (Erwerbstätigenbonus) und zum Anreiz auf Erwerbstätigkeit[203] ein die Hälfte des verteilungsfähigen Einkommens maßvoll übersteigender Betrag verbleiben.[204] Ist auch der Berechtigte erwerbstätig, steht auch ihm der **Erwerbstätigenbonus** auf seine Erwerbseinkünfte zu,[205] dessen Höhe festzulegen der BGH dem Tatrichter überlässt. Ein solcher Bonus kann jedoch nur auf **Erwerbseinkünfte,** nicht auch auf sonstige, etwa Vermögenseinkünfte gewährt werden (näher dazu RdNr. 63). Die von dieser Auffassung des BGH abweichende Meinung[206] stellt darauf ab, ob während intakter Ehe ein Bonus als Anreiz für eine Erwerbstätigkeit oder als Ausgleich für berufsbedingte Nachteile erforderlich war. – Entgegen der Auffassung des BGH[207] stellt sich diese Frage auch für den **Familienunterhalt,** weil berufsbedingte finanzielle Nachteile auch während intakter Ehe entstehen. Dagegen kann der Erwerbsanreiz beim **Taschengeldanspruch** unberücksichtigt bleiben. – Nach dem **Ausscheiden aus dem Erwerbsleben** – gleich aus welchem Grund – gibt es für einen Mehrbehalt keinen hinreichenden Grund mehr; deshalb bleibt es bei der **Halbteilung.** Doch können besondere Gründe die entsprechende Anwendung der für einen Erwerbstätigen geltenden Grundsätze rechtfertigen, etwa bei einem Mehrbedarf wegen Alters oder Krankheit.[208]

47 **3. Sättigungsgrenze.** Bei Einkünften bis zu durchschnittlicher Höhe stellt sich die Frage nach der Sättigungsgrenze nicht, da die Aufteilung nach Tabellen etc. (dazu RdNr. 52) nur – wenn überhaupt – den tatsächlichen Bedarf abdeckt. Bei überdurchschnittlichen Einkommen ist meist eine Anwendung der Tabellen nach Abzug von der Vermögensbildung zufließenden oder zugeflossenen Beträgen[209] angezeigt. Lediglich bei außergewöhnlich hohen Einkommen, bei deren Vorliegen der Bedarf nicht mehr nach Tabellen, sondern konkret bemessen wird (dazu RdNr. 49–51),[210] kann sich die Frage stellen, ob es einen Betrag gibt, der die angemessene Befriedigung aller Bedürfnisse erlaubt. Aber auch dann ist

---

[201] Zu Letzterem OLG Düsseldorf NJW 1998, 616.

[202] OLG Bamberg FamRZ 1999, 1082 f.

[203] Kritisch *Mutschler* FamRZ 1977, 397.

[204] BGH NJW 1988, 2369 = FamRZ 1988, 265, 267; NJW 1989, 1992 = FamRZ 1989, 842, 844; NJW-RR 1990, 514 = FamRZ 1990, 503, 504; NJW-RR 1990, 578 = FamRZ 1990, 979, 980; NJW-RR 1990, 1346 = FamRZ 1990, 1090, 1091 m. Anm *Dieckmann* FamRZ 1990, 1335 ff.; NJW-RR 1991, 132 = FamRZ 1991, 304, 305; NJW 1990, 1290 = FamRZ 1991, 670; NJW-RR 1991, 514 = FamRZ 1991, 542, 543 f.; NJW-RR 1991, 1346 = FamRZ 1991, 1414.

[205] BGH NJW 1985, 1026 = FamRZ 1985, 161, 164; NJW 1988, 2369 = FamRZ 1988, 265, 267. Dieser Rspr. des BGH folgen die Oberlandesgerichte zwischenzeitlich wohl ohne Abweichungen (dazu etwa OLG Düsseldorf FamRZ 1989, 57; OLG Hamm FamRZ 1989, 634). Zur aA s. die Nachw. in der folgenden Fn.

[206] OLG Düsseldorf FamRZ 1987, 1254, 1255; OLG Hamm FamRZ 1988, 920; OLG Karlsruhe FamRZ 1988, 307; *Luthin* FamRZ 1988, 1109, 1113; *Hampel* FamRZ 1989, 113, 115 ff.

[207] So zutreffend BGH NJW 1989, 1992 = FamRZ 1989, 842, 844.

[208] Zum Ganzen BGH NJW 1982, 2442 = FamRZ 1982, 894, 895; NJW 1983, 683 = FamRZ 1983, 150, 151; NJW 1984, 2358 = FamRZ 1984, 662, 664; NJW-RR 1990, 580 = FamRZ 1990, 981, 982.

[209] BGH NJW-RR 1987, 1218, 1219 = FamRZ 1987, 913, 915.

[210] OLG Frankfurt a. M. OLGR 1999, 254, 255; OLG Koblenz OLGR 2002, 46, 47 = FamRZ 2002, 887 (LS) sprechen insoweit von einer „relativen" Sättigungsgrenze. Dazu auch RdNr. 47.

mit der hM zu Recht die Annahme einer Sättigungsgrenze **abzulehnen,**[211] weil sich der Bedarf nach den individuell gestalteten ehelichen Lebensverhältnissen richtet. – In seltenen Ausnahmefällen kann bei besonders hohen Einkommen der Bedarf auf die Mittel beschränkt werden, die eine Einzelperson auch bei Berücksichtigung hoher Ansprüche für einen billigenswerten Lebensbedarf sinnvoll ausgeben kann.[212] Wegen der Bestimmung des Unterhalts nach einem **objektiven Maßstab** bleibt zudem unangemessenes Konsumverhalten außer Betracht (dazu RdNr. 3, 82, 145).

4. Halbteilung. a) Allgemeines. Die gesetzliche Regelung sieht eine **konkrete** Unterhaltsbemessung in jedem Einzelfall vor;[213] deshalb ist das FamG nicht gehindert, den eheangemessenen Unterhaltsbedarf konkret durch die Feststellung der Kosten zu ermitteln, die für die Aufrechterhaltung des bis zur Scheidung erreichten Lebensstandards erforderlich sind,[214] und sich ggf. an einer vertraglichen Lebensgestaltung ausrichten.[215] Demgegenüber wird eine konkrete Bedarfsbemessung in der Praxis nur bei hohen Einkommen vorgenommen, bei denen ausgeschlossen ist, dass sie vollständig zur Bestreitung des Lebensbedarfs der Familie herangezogen worden sind und werden (dazu RdNr. 49–51). Fehlt es an ausreichenden Anhaltspunkten für eine konkrete Berechnung, kann ein geringerer Anteil am Einkommen des Verpflichteten, der sich mit steigendem Einkommen degressiv gestaltet,[216] als nach den Leitlinien je nach dessen Höhe zugrunde gelegt werden.[217] – I. Ü. aber bemisst die Praxis den Unterhalt auch des geschiedenen Ehegatten mit Billigung des BGH[218] zur Gleichbehandlung gleich gelagerter Fälle nach für die Bezirke der einzelnen OLG entwickelten **Leitlinien** (Unterhaltsschlüssel, Tabellen, Richtsätze) und spricht **Quotenunterhalt** zu (dazu auch Rd-Nr. 7–10).[219] Diese Leitlinien sind Hilfsmittel zur Ausfüllung des unbestimmten Rechtsbegriffs „angemessener Unterhalt", die sich im Einzelnen am Gesetz messen lassen müssen.[220] 48

b) Konkrete Bedarfsbemessung. Sind die wirtschaftlichen Verhältnisse der Ehegatten von Einkünften geprägt, die weit über dem liegen, was auch bei guten Einkommensverhältnissen für den Lebensunterhalt benötigt wird,[221] kann der Bedarf des Berechtigten nicht mehr nach der Halbteilung bestimmt werden. Vielmehr hat der Berechtigte seinen sich aus den ehelichen Lebensverhältnissen ergebenden Lebensbedarf unter Anlegung eines objektiven Maßstabs **konkret** zu benennen.[222] Hierzu stehen ihm **mehrere Möglichkeiten** zur Verfügung: 49

---

[211] BGH NJW 1980, 1686 = FamRZ 1980, 665, 669; NJW 1982, 1645 = FamRZ 1982, 151, 152; NJW 1982, 1642 = FamRZ 1982, 680, 681; NJW 1983, 683 = FamRZ 1983, 150, 151; NJW 1983, 1733 = FamRZ 1983, 678; NJW 1985, 1343 = FamRZ 1985, 582; NJW-RR 1990, 154 = FamRZ 1990, 280, 281; aA etwa OLG Frankfurt a. M. NJW-RR 1993, 7 = FamRZ 1992, 823 (3000 DM); *Schwab* FamRZ 1982, 456.

[212] BGH NJW 1982, 1645 = FamRZ 1982, 151, 152; NJW 1983, 683 = FamRZ 1983, 150, 151.

[213] BGH NJW 1979, 1985 = FamRZ 1979, 692, 693; NJW 1984, 1614 = FamRZ 1984, 1000; NJW-RR 1986, 426 = FamRZ 1986, 151, 152; NJW 1987, 2739 = FamRZ 1987, 691, 693.

[214] BGH NJW 1987, 2739, 2740 = FamRZ 1987, 691, 693.

[215] BGH NJW 1980, 2083 = FamRZ 1980, 770; OLG Düsseldorf FamRZ 1981, 1184.

[216] *Soergel/Häberle* RdNr. 12.

[217] OLG Düsseldorf FamRZ 1978, 854, 856: $^1/_3$–$^1/_4$.

[218] Etwa BGH NJW 1983, 1733 = FamRZ 1983, 678; FamRZ 1984, 988, 990; NJW 1988, 2369 = FamRZ 1988, 265, 267; NJW-RR 1989, 1154 = FamRZ 1990, 258, 260.

[219] Zur Kritik etwa *Gernhuber* FamRZ 1983, 1069, 1072 ff.

[220] Zu den Bemühungen des Gesetzgebers, die Richtlinien zu ersetzen, s. 3. Aufl. RdNr. 19.

[221] S. auch Nr. 15.3 der LL: Brandenburg: außergewöhnlich hohe Einkommen; Bremen, Celle, Dresden, Düsseldorf, Hamburg, KG, Koblenz, Köln, Rostock, SüdL: sehr gute Einkommensverhältnisse; Hamm: besondere günstige wirtschaftliche Verhältnisse; Oldenburg: hohe Einkommen.

[222] OLG Stuttgart FamRZ 1978, 681, 683; OLG Bamberg FamRZ 1981, 668, 670; OLG Düsseldorf NJW-RR 1996, 1155 = FamRZ 1996, 1418, 1419; NJW 1982, 831 = FamRZ 1981, 1184; OLG Koblenz 1985, FamRZ 479; OLG Köln NJW-RR 1992, 1155 = FamRZ 1992, 322, 323 f.; OLG Koblenz NJW-RR 1993, 964 = FamRZ 1993, 199, 201; OLG Hamm NJW-RR 1995, 1283 = FamRZ 1995, 1578. Zur Bindung an eine konkrete Bedarfsbemessung im Abänderungsverfahren s. BGH NJW 1985, 1343 = FamRZ 1985, 582, 583; NJW-RR 1990, 194 = FamRZ 1990, 280, 281 und – verneint für den Fall der Zurruhesetzung eines Chefarztes – BGHZ 153, 372 = NJW 2003, 1796 = FamRZ 2003, 848, 850.

- Er kann alle **Einzelbedürfnisse** – etwa Wohnung, Einrichtung, Nahrung, Kleidung, Kosmetik, Hauspersonal, PKW, Kultur, Sport, Unterhaltung, gesellschaftlicher Verkehr, Urlaub und Reisen, Arzt, Kurkosten (dazu auch RdNr. 63, 64)[223] – beziffern,
- oder aber das für die Deckung des Lebensbedarf zu Verfügung stehende **Gesamteinkommen** und die konkreten Aufwendungen für die Vermögensbildung[224] oder den ihm bislang monatlich zur Bedarfsdeckung **zur Verfügung stehenden Betrag** darlegen.

Benennt er seinen Bedarf gleichwohl nicht konkret, sondern bemisst ihn nach der Halbteilung, ist seine Unterhaltsklage **unschlüssig** und als unbegründet abzuweisen.

Ab welchem Betrag der Bedarf konkret zu berechnen ist, richtet sich nach dem Durchschnittseinkommen aller Erwerbstätigen als Ausgangsgröße,[225] das allerdings noch zu verdoppeln sein dürfte, sodass man zu einem Schwellenbedarfswert von 3600 € käme.[226] Soweit der BGH die Ehegatten bereits dann auf eine konkrete Bedarfsbemessung verweist, wenn sie Teile ihres Einkommens der Vermögensbildung zugeführt haben, ist dem nicht zu folgen.

Bsp. aus der Rspr.: OLG Bamberg FamRZ 1981, 150, 152: 260 000 DM bis 280 000 DM/Jahr vor Steuern. – **KG FamRZ 1986, 1109, 1110:** Ca. 22 000 DM/Monat. – **OLG Koblenz FamRZ 1995, 1577:** Unterhaltsverlangen von 17 450 DM. – **OLG Oldenburg FamRZ 1996, 288:** Nettoeinkommen zwischen 8500 DM und 12 000 DM/Monat nicht außergewöhnlich hoch. – **OLG Frankfurt a. M. OLGR 1999, 254, 255; FuR 2001, 371, 373:** Bei Überschreitung eines Unterhaltsbetrags von 3600 DM (dies entspricht IV. 9. der Unterhaltsgrundsätze des OLG Frankfurt a. M., Stand: 1. 7. 1999, FamRZ 1999, 1045, 1047). – **OLG Hamm FamRZ 2000, 21, 22:** Mit einem Bedarf von 3300 DM ist Schwellenwert nicht überschritten. – **OLG Karlsruhe NJW-RR 2000, 1026, 1027 = FamRZ 2000, 1366 (LS):** Jahresnettoeinkommen des Verpflichteten 487 000 DM, verlangter Unterhalt von monatlich 17 000 DM. – **OLG Köln NJWE-FER 2001, 305 = FamRZ 2002, 326:** Nettoeinkommen des Verpflichteten zwischen 12 000 DM und 17 000 DM/Monat. – **OLG Köln OLGR 2004, 146, 147:** Keine konkrete Bedarfsberechnung, wenn sich ein Gesamteinkommen des Berechtigten aus eigenen Erwerbseinkünften und Ehegattenunterhalt von etwa 4000 € ergibt. – **OLG Hamm OLGR 2004, 309, 310 = FamRZ 2005, 214 (LS):** Konkrete Bedarfsbemessung bei Nettofamilieneinkommen von 10 000 €, das auch zur Vermögensbildung verwandt wurde. – **OLG Hamm OLGR 2006, 524 = FamRZ 2006, 44 (LS):** Konkrete Bedarfsberechnung bei bereinigtem Nettoeinkommen von mehr als 4800 €/Monat. – **OLG Zweibrücken FamRZ 2008, 1655, 1656:** Deutlich über der 13. Einkommensgruppe der Düsseldorfer Tabelle Stand: 1. 7. 2007 liegendes Einkommen [über 4800 €]).

50 Auch sonst kann der Bedarf nicht quotenmäßig bestimmt werden, wenn er von **besonderen,** von den wirtschaftlichen Verhältnissen der Parteien unabhängigen Umständen vorgegeben ist. Dies kann etwa auf einen Ehegatten zutreffen, der bereits während des Zusammenlebens in einem **Pflegeheim** untergebracht worden war; sein Bedarf wird durch die konkreten Unterbringungskosten bestimmt (dazu RdNr. 64). – Eine **Sättigungsgrenze** als Obergrenze (dazu RdNr. 47) besteht auch für den konkret bemessenen Unterhalt nicht, doch ist er darauf zu beschränken, was auch bei hohen Ansprüchen nach einem objektiven Maßstab sinnvoll zur Bedarfsdeckung ausgegeben werden kann (dazu auch RdNr. 3, 82, 145);[227] insbesondere sind die durch die Trennung und Scheidung entfallenen Bedarfspositionen, etwa für sich aus der gesellschaftlichen Stellung des Verpflichteten ergebenden und künftig nach der eigenen Lebensstellung nicht mehr zu erfüllenden Repräsentationspflichten, auszuscheiden.

---

[223] BGH NJW 1969, 919 = FamRZ 1969, 205, 206 f.; auch OLG Köln FamRZ 1998, 1170 (LS). S. als – abschreckendes – Beispiel OLG Hamm NJW-RR 2006, 794 = FamRZ 2006, 1603 f.

[224] OLG Hamm OLGR 2006, 524 = FamRZ 2006, 44 (LS).

[225] Durchschnittseinkommen der Arbeiter und Angestellten im 3. Quartal 2008 im früheren Bundesgebiet (s. Statistisches Bundesamt, www.destatis.de): brutto 3224 € = rund 1950 € netto.

[226] LL: Nr. 15.3 Oldenburg: ein den Betrag aus der 13. Einkommensgruppe der Düsseldorfer Tabelle übersteigendes bereinigtes Familieneinkommen, mithin mehr als 4800 €, oder ein 2400 € übersteigender Ehegattenunterhalt; Frankfurt a. M.: Bedarf über 2200 €; Thüringen: Bedarf über 1840 €.

[227] S. dazu auch OLG Brandenburg OLGR 2007, 140, 141.

Bsp. aus der Rspr.: OLG Hamm OLGR 1994, 179 f.: Begrenzung auf 4500 DM/Monat. – Zugesprochen haben: **OLG Köln NJW-RR 1992, 1155 = FamRZ 1992, 322, 324:** 9145 DM. **OLG Frankfurt a. M. FamRZ 1997, 353:** 11 500 DM. **OLG Bamberg NJWE-FER 1999, 78 = FamRZ 1999, 513, 514** m. Anm. *Schulze*: 14 646 DM. **OLG Hamm FamRZ 1999, 723, 724:** 15 000 DM.

Im **Abänderungsrechtsstreit** bleibt es grundsätzlich bei den im Ausgangsverfahren berücksichtigten Bedarfspositionen,[228] weshalb eine Anpassung idR nur bei einer erheblichen Steigerung der Lebenshaltungskosten[229] oder Entfallen eines berücksichtigten Mehrbedarfs[230] in Betracht kommt. Unerheblich ist etwa, wenn der Berechtigte weniger aufwändig lebt.[231] – Veränderungen in den **Einkünften** der Ehegatten betreffen grundsätzlich nur deren Bedürftigkeit und Leistungsfähigkeit.[232] Verändern sich die Einkünfte des Verpflichteten aber in einem Maße, das die bisherigen Ausgaben für den Lebensunterhalt als nicht mehr den ehelichen Lebensverhältnissen entsprechend erscheinen lässt, rechtfertigt dies auch eine Bedarfsanpassung. Insbesondere ab dem Bezug von Ruhestandsbezügen kann dies auch zu einer Bedarfsbestimmung aufgrund **Quotenbildung** iSd. Halbteilung führen.[233] 51

c) Tabellen. Die **Düsseldorfer Tabelle** wird in den alten Ländern zwischenzeitlich von allen Oberlandesgerichten, in den neuen Ländern die **Berliner Tabelle** – zum Kindesunterhalt als Vortabelle zur Düsseldorfer Tabelle[234] – auch hinsichtlich des nachehelichen Unterhalts im Grundsatz angewandt.[235] – Die Berliner und die Düsseldorfer Tabelle haben aufgrund ihres Tabellenwerks ihre vornehmliche Bedeutung beim Kindesunterhalt. Ihre Bedeutung für den nachehelichen Unterhalt gewinnen sie durch ihre **Quotenbildung** (dazu RdNr. 53) sowie die Systematik und die Höhe der **Selbstbehaltssätze** (dazu § 1581 RdNr. 8–16), auf die sich auch Abweichungen der **unterhaltsrechtlichen Leitlinien** der einzelnen Oberlandesgerichten von diesen Tabellen beziehen. 52

d) Halbteilung in der Praxis. Zur Halbteilung s. zunächst RdNr. 4, 5, 48. Ganz überwiegend bemisst die Praxis der Oberlandesgerichten[236] den Bedarf des Berechtigten nach der **Düsseldorfer Tabelle.** Danach stehen ihm, ist er selbst nicht auch erwerbstätig, grundsätzlich 3/7 der um 5% **Erwerbstätigenpauschale** verringerten anrechenbaren Einkünfte des Verpflichteten zu; bei eigener Erwerbstätigkeit erhält er 3/7 der Differenz der beiderseitigen anrechenbaren Einkünfte. – Die Oberlandesgerichte, die die **SüdL** anwenden,[237] setzen die Halbteilung durch die Bemessung des Bedarfs des Berechtigten in Höhe der Hälfte der anrechenbaren, vorab um 5% berufsbedingte Aufwendungen und 10% **Erwerbsanreiz** bereinigte Erwerbseinkünfte um. Dies führt rechnerisch zu nahezu gleichen Ergebnissen wie die Düsseldorfer Tabelle (3/7 = 43% zuzüglich 5% Erwerbspauschale = 48%), lässt aber beim Erwerbsanreiz dadurch einen größeren Spielraum, dass dieser erst nach dem nach Abzug weiterer zu berücksichtigender Aufwendungen ermittelt wird. – Zu den berufsbedingten Aufwendungen und den Erwerbsanreiz s. näher RdNr. 59–63. 53

---

[228] BGH NJW 1985, 1343 = FamRZ 1985, 582, 583.

[229] OLG Brandenburg OLGR 2007, 140, 141.

[230] BGH NJW 1985, 1343 = FamRZ 1985, 582, 583; OLG Köln NJOZ 2005, 4418, 4419 = FamRZ 2006, 704 (LS).

[231] BGH NJW 1985, 1343 = FamRZ 1985, 582, 583.

[232] Zur Bedürftigkeit BGH NJW 1985, 1343 = FamRZ 1985, 582, 583; zur Leistungsfähigkeit BGH NJW-RR 1990, 194 = FamRZ 1990, 280, 281 f.; BGHZ 153, 372 = NJW 2003, 1796 = FamRZ 2003, 848, 850; OLG Brandenburg OLGR 2007, 140, 141; *Büte* FuR 2005, 385, 388.

[233] BGHZ 153, 372 = NJW 2003, 1796 = FamRZ 2003, 848, 850.

[234] S. dazu aber auch *Vossenkämper* FamRZ 2008, 215: Für die Zeit ab 1. 1. 2008 wird die Berliner Tabelle nicht mehr angewandt.

[235] Weiteren Tabellen und Schlüsseln, etwa der Nürnberger Tabelle, dem Zwickauer Schlüssel oder dem des Landkreistages von Baden-Württemberg (dazu 3. Aufl. RdNr. 20), kommt keine praktische Bedeutung mehr zu.

[236] LL Nr. 15.2: Brandenburg, Bremen, Celle, Dresden, Düsseldorf, Frankfurt a. M., Hamburg, Hamm, KG, Koblenz, Köln, Oldenburg, Rostock, Schleswig, Thüringen.

[237] Bamberg, Karlsruhe, München, Nürnberg, Stuttgart, Zweibrücken.

54 **e) Mindestbedarf. Mangelfall. aa) Bis 31. 12. 2007.** Der BGH verneint in ständiger Rspr. einen **Mindestbedarf** des geschiedenen Ehegatten, weil § 1578 Abs. 1 S. 1 allein auf den eheangemessenen Bedarf abstellt, der auch unter dem Existenzminimum liegen kann. Inhalt des nachehelichen Unterhalts sei nicht, „dem Berechtigten unter allen Umständen das sog. Existenzminimum zu sichern – das ist notfalls Sache des Sozialhilfeträgers –, sondern nach Maßgabe des § 1578 Abs. 1 S. 1 BGB die Fortsetzung derjenigen – möglicherweise auch engen – Lebensverhältnisse zu ermöglichen, die die Ehe geprägt haben."[238] Demgegenüber hat die Gegenmeinung darauf abgehoben, dass es unabhängig von den ehelichen Lebensverhältnissen einen Mindestbedarf für ein menschenwürdiges Leben gäbe und die Handhabung des BGH zu einem Missverhältnis der Unterhaltsansprüche der Berechtigten führe (zum Streitstand s. die die Rspr. des BGH ablehnende Darstellung in 4. Aufl. RdNr. 60, 61 mwN). Von seiner Auffassung, dass dieser unter dem Existenzminimum liegende eheangemessene Bedarf auch den Einsatzbetrag im **Mangelfall** darstelle, ist der BGH zwischenzeitlich allerdings wieder abgerückt.[239]

55 Anerkannt ist damit neben der sozialrechtlichen die unterhaltsrechtliche Selbstverständlichkeit, dass es einen Mindestbedarf auch des Ehegatten gibt. Dieser wird insbesondere dann relevant, wenn ein **„absoluter" Mangelfall**[240] vorliegt, der Verpflichtete also bei Wahrung seines Selbstbehaltssatzes vorrangige und gleichrangige Unterhaltspflichten nicht vollständig bedienen kann. Kann er lediglich nachrangige Unterhaltspflichten nicht (vollständig) erfüllen, liegt ein im vorliegenden Zusammenhang unerheblicher **relativer** Mangelfall vor.[241] – Fraglich ist allerdings die **Umsetzung** des Mindestbedarfs. Der BGH[242] hat bislang an einer Angemessenheitsprüfung angesetzt: Der Ehegattenunterhalt ist ohne die Berücksichtigung von Mindestbeträgen unter Vorwegabzug des Kindesunterhalts zu berechnen. Ergibt sich daraus ein Missverhältnis zu Lasten des Ehegattenunterhalts, unterbleibt zunächst der Vorwegabzug des Kindesunterhalts (zu diesem RdNr. 191, 192–200). Liegt der ohne Vorwegabzug errechnete Ehegattenunterhalt über dem Mindestbedarf und steht deshalb nicht in Einklang mit den ehelichen Lebensverhältnissen, ist der Mindestbedarf, ggf. nach einem Abschlag beim Kindesunterhalt in Höhe der Differenz zwischen Existenzminimum und Tabellenbetrag bis zum Mindestunterhalt, heranzuziehen. Vereinfacht liegt danach ein absoluter Mangelfall vor, wenn dem Verpflichteten nach Abzug des **Tabellenbetrags** zum Kindesunterhalt nicht wenigstens der **notwendige** und nach Abzug des **eheangemessenen** Ehegattenunterhalts der **billige Selbstbehalt** (zu diesem s. § 1581 RdNr. 8–16) verbleibt.[243] Praktisch werden kann dies bei Unterhaltspflichten gegenüber einer nicht erwerbstätigen Ehefrau und 2 Kindern der Altersstufe 3 bis zu einem anrechenbaren Nettoeinkommen des Verpflichteten von bereinigt 2500 € (1000 € billiger Selbstbehalt des Verpflichteten + 770 € notwendiger Bedarf + Mindestunterhalt der Kinder von jeweils 365 €). – Nach § 1609 **UÄndG 2007** liegt ein „absoluter" Mangelfall nur noch vor, wenn der Verpflichtete die im 1. Rang stehenden Unterhaltsansprüche der minderjährigen und privilegierten volljährigen Kinder nicht vollständig befriedigen kann. – Zum Vorwegabzug **berufsbedingter Aufwendungen** im Mangelfall s. RdNr. 59.

56 In eine **Mangelfallberechnung** ist das bereinigte Nettoeinkommen des Verpflichteten abzüglich seines **billigen** Selbstbehalts als Verteilungsmasse (§ 1581 S. 1, dazu dort RdNr. 8–16), für den unterhaltsberechtigten Ehegatten der **Mindestbedarf** in Höhe des

---

[238] Etwa BGH NJW 1995, 963 = FamRZ 1995, 346, 347; zuletzt BGHZ 166, 351 = NJW 2006, 1654 = FamRZ 2006, 683, 685; NJW 2007, 2409 = FamRZ 2007, 1303, 1305.

[239] BGH NJW 2003, 1112 = FamRZ 2003, 363, 366 (zum Familienunterhalt); NJW 2003, 1660 = FamRZ 2003, 860, 865 (zum Elternunterhalt); NJW 2005, 433 = FamRZ 2005, 97, 98.

[240] BGH NJW 2003, 1112 = FamRZ 2003, 363, 366.

[241] Das OLG Hamm FamRZ 2004, 1110, 1111 bemisst diesen bei einer Halbtagstätigkeit des Berechtigten nach dem Mittelwert aus dem notwendigen Bedarf von Erwerbstätigem und Nichterwerbstätigem. Doch ist dies abzulehnen, weil den halbschichtig Erwerbstätigen gegenüber einem vollschichtig Tätigen relativ hohe Belastungen finanzieller wie nicht finanzieller Art treffen.

[242] BGH NJW 2003, 1112 = FamRZ 2003, 363, 366.

[243] Dazu auch BGH NJW 2005, 433 = FamRZ 2005, 97, 98.

notwendigen Bedarfs und der Kindesunterhalt mit 135% des Regelbetrags ohne Vorwegabzug des Kindergeldanteils einzustellen.[244] Für die Rechtslage nach Inkrafttreten des **UÄndG 2007** am 1. 1. 2008, nach der an die Stelle des Regelbetrags der **Mindestunterhalt** tritt (§ 1612 a nF), kommt diesem Problem nicht mehr die bisherige Bedeutung zu, weil die minderjährigen und die privilegierten volljährigen Kinder Vorrang vor dem Ehegattenunterhalt haben und nur noch ihr Unterhalt quotal zu kürzen ist.[245]

bb) Ab 1. 1. 2008. In der Praxis verlangte der sorgeberechtigte geschiedene Ehegatte bereits bisher auch in Mangelfällen nicht selten den vollen Unterhalt für die Kinder, begnügte sich mit dem dann zur Verfügung stehenden Rest und ließ sich damit den Kindesunterhalt **vorgehen.** Solche Aufteilungen waren zulässig, zumal es im Belieben des Berechtigten steht, in welcher Höhe er seinen Unterhaltsanspruch geltend macht; die Vorschriften über die Rangfolge der Unterhaltsansprüche (§§ 1609, 1582) standen nicht entgegen, da die Rangfolge vertraglichen Abreden zugänglich ist.[246] Eine solche Lösung konnte aber daran scheitern, dass für die Kinder **Unterhaltsvorschuss** und für den Ehegatten Sozialhilfe bezahlt wurde/wird und der Unterhaltsvorschuss, im Gegensatz zur Sozialhilfe, für welche die Länder alleine aufzukommen haben, zur Hälfte vom Bund getragen wird. Zudem muss der Vorwegabzug nicht die steuerlich günstigste Lösung sein, weil zwar der Ehegatten-, nicht aber der Kindesunterhalt zu einer Entlastung bei der Einkommensteuer (**begrenztes Realsplitting** oder **außergewöhnliche Belastung,** dazu RdNr. 28, 29) führen kann. 57

Nach dem **UÄndG 2007** bestehen diese Probleme in den praktisch besonders wichtigen Fällen im Verhältnis zwischen Kindern und Eltern nicht mehr: 58

- Die minderjährigen und die privilegierten volljährigen Kinder (§ 1603 Abs. 2 S. 2) gehen jedweden Elternteilen vor (§ 1609 Nr. 1 [UÄndG 2007]), volljährige nicht privilegierte Kinder gehen ihnen nach (§ 1609 Nr. 4 [UÄndG 2007]). Nach wie vor können sie sich theoretisch allerdings im Verhältnis zwischen mehreren unterhaltsberechtigten bevorrechtigten Elternteilen (§ 1609 Nr. 2 [UÄndG 2007]), sonstigen betreuenden Ehegatten (§ 1609 Nr. 3 [UÄndG 2007]) und sonstigen Ehegatten (§ 1609 Nr. 4 [UÄndG 2007]) ergeben. Praktisch dürfte dies nicht werden, da nicht recht vorstellbar ist, dass ein geschiedener Ehegatte kraft Vereinbarung hinter einen anderen Ehegatten/Elternteil zurücktritt.
- Allerdings beeinflussen sich Kindes- und Ehegattenunterhalt insoweit, als sie sich gegenseitig prägen (s. etwa die Ab- und Zuschläge und die Bedarfskontrollbeträge der Düsseldorfer Tabelle, Anm. A. 1., 6.). Zudem stellt sich nach wie vor die Frage, ob bezogen auf den **Ehegattenunterhalt** ein Mangelfall unter Abzug des Tabellen- oder des Zahlbetrags zum Kindesunterhalt festgestellt wird. Kann der Verpflichtete den Zahlbetrag erfüllen, besteht kein absoluter Mangelfall. Zur Bemessung des Ehegattenunterhalts nach Bedarf und Leistungsfähigkeit ist trotz § 1612 b Abs. 1 S. 2 nF weiter wie bisher der Tabellenbetrag abzuziehen (dazu näher RdNr. 194).
- Für den Mangelfall im **2. Rang** – geschiedener Ehegatte und kinderbetreuender Elternteil – (dazu § 1582 RdNr. 8–18) und dafür, ob ein solcher überhaupt vorliegt, stellt sich weiter die Frage nach dem **Mindestbedarf.** Der BGH hat dies im Urteil v. 17. 1. 2007[247] ausdrücklich offen gelassen, weil sich in seinem Fall der Bedarf der geschiedenen nichtehelichen Mutter nach den ehelichen Lebensverhältnissen gerichtet hat und dieser nach seiner Auffassung unter dem Mindestbedarf liegen kann. War danach zu erwarten, dass er für einen nichtehelichen Elternteil, der seinen Bedarf nicht aus ehelichen Lebensverhältnissen ableitet, nicht anders entscheiden wird, sind daran aufgrund des

[244] BGH NJW 2003, 1112 = FamRZ 2003, 363, 365.
[245] BGHZ 178, 79 = NJW 2008, 3562 = FamRZ 2008, 2189, 2191 f. [31] m. Anm. *Graba.*
[246] BGH FamRZ 1981, 341, 343; s. auch BGH NJW 1988, 2101 = FamRZ 1988, 817, 819 m. Anm. *Weychardt* FamRZ 1988, 929, 930; weiter etwa auch OLG Hamm OLGR 1993, 158; OLG Naumburg FamRZ 1998, 558.
[247] BGH NJW 2007, 2409 = FamRZ 2007, 1303, 1305 [20].

Urteils v. 16. 7. 2008[248] Zweifel angebracht: Zwar lässt der BGH auch in diesem Urteil seine Entscheidung ausdrücklich offen, doch deutet sich eine Tendenz zum Mindestbedarf für den Unterhalt des nichtehelichen Elternteil an,[249] was dann auch für einen geschiedenen Elternteil gelten muss. Den bisherigen Entscheidungen des BGH ist zu widersprechen, seine Hinwendung zu einem Mindestbedarf – so es denn eine solche geben wird – ist zu unterstützen:[250] Nach wie vor muss ein Mindestbedarf auch zur Feststellung, ob eine Mangelfall vorliegt, angenommen werden. Das Abstellen allein auf die ehelichen Lebensverhältnisse verkennt, dass mit Trennung und Scheidung ein erhöhter Bedarf entsteht, der unter dem Stichwort „Ersparnis durch gemeinsame Haushaltsführung" auch vom BGH durchaus anerkannt wird (dazu RdNr. 136, 137, § 1581 RdNr. 16). Zudem ist die Abgrenzung zum Mangelfall lediglich im Hinblick auf den Unterhaltsbetrag und seiner Relation zum Kindesunterhalt nachvollziehbar, nicht jedoch dogmatisch: In die Mangelverteilung können die Unterhaltsansprüche nur in der Höhe einfließen, in der sie bestehen. Für den Betreuungsunterhalt aus § 1570 und damit auch für den aus § 1615l Abs. 2 S. 3–5 spricht zudem die Regelung in § 1579, die den Umfang einer Begrenzung des Unterhaltsanspruchs am Maßstab der Kindesbelange bemisst, für einen Mindestunterhalt (dazu auch § 1579 RdNr. 72). Eine erforderliche Korrektur ist nur über eine nachgeschaltete **Angemessenheitsprüfung** (dazu § 1581 RdNr. 17–19) möglich.[251]

III. Allgemeiner Mehrbedarf

59 **1. Berufsbedingte Aufwendungen. a) Allgemeines.** Die zur Erzielung von Erwerbseinkünften notwendigen Aufwendungen prägen die ehelichen Lebensverhältnisse (dazu auch RdNr. 53). Sie setzen sich aus dem für die Erzielung der Erwerbseinkünfte erforderlichen **berufsbedingten Mehraufwand** (dazu RdNr. 60–62) und einem **Erwerbstätigenbonus** (dazu RdNr. 63) zusammen.[252] Berufsbedingt sind diejenigen Aufwendungen, die notwendig mit der **Berufsausübung** verbunden sind und sich eindeutig von den Kosten der privaten Lebensführung abgrenzen lassen.[253] Sie müssen **tatsächlich** angefallen sein, wovon indessen nach allgemeiner Lebenserfahrung ausgegangen und ihre Höhe nach § 287 ZPO, § 113 Abs. 1 S. 2 FamFG geschätzt werden kann.[254] – Dieser Aufwand beider Ehegatten ist sowohl beim **Bedarf** als auch bei der **Bedürftigkeit** und der **Leistungsfähigkeit** „maßvoll" zu berücksichtigen, auch wenn dadurch dem Verpflichteten etwas mehr als die Hälfte des zu verteilenden Einkommens verbleibt.[255] – Im **Mangelfall** sollten die Erwerbseinkünfte beider Ehegatten wegen des Unterschiedsbetrags zwischen notwendigem Selbstbehalt eines erwerbstätigen und nicht erwerbstätigen Ehegat-

---

[248] BGHZ 177, 272 = NJW 2008, 3128 m. Bespr. *Graba* NJW 2008, 3105 = FamRZ 2008, 1739, 1743 [34–43] m. Anm. *Maurer* FamRZ 2008, 1830, *Viefhues* FF 2008, 376 und *Fiedler* FPR 2008, 518.

[249] *Maurer* FamRZ 2008, 1830.

[250] Ebenso *Hütter* FamRZ 2009, 5 f.

[251] S. auch *Wever* FamRZ 2008, 553, 560 f., der im Verhältnis zwischen geschiedenem Ehegatten und kinderbetreuendem nichtehelichen Elternteil (wohl) generell die Zugrundelegung eines Mindestbedarfs befürwortet. Ähnlich auch *Schilling* FF 2008, 279, 289: Kann der Verpflichtete den beiden Berechtigten den notwendigen Bedarf nicht bezahlen, sind für beide gleiche Unterhaltsbeträge festzusetzen.

[252] BGH NJW 1982, 41 = FamRZ 1981, 1165, 1166; NJW-RR 1986, 68 = FamRZ 1985, 908, 910; NJW 1988, 2369 = FamRZ 1988, 265, 267; NJW 1990, 3274 = FamRZ 1990, 989, 991.

[253] BGH NJW 2007, 511 = FamRZ 2007, 193 m. Anm. *Borth* (zu Kosten für Kleider-/Hemdenreinigung und Telefon).

[254] Zu Letzterem BGH NJW 1981, 2462 = FamRZ 1981, 541, 543; NJW 1983, 2318 = FamRZ 1983, 352, 353.

[255] BGH NJW 1982, 41 = FamRZ 1981, 1165, 1166; NJW-RR 1987, 1218 = FamRZ 1987, 913, 915; NJW-RR 1989, 386 = FamRZ 1989, 483; NJW 1989, 1992 = FamRZ 1989, 842, 843 f.; NJW 1988, 2369 = FamRZ 1988, 265, 267; NJW-RR 1990, 514 = FamRZ 1990, 503, 504; NJW-RR 1990, 578 = FamRZ 1990, 979, 980 f.; NJW 1990, 3274 = FamRZ 1990, 989, 991; NJW 1990, 2886 = FamRZ 1990, 1085, 1087; NJW 1991, 224 = FamRZ 1991, 170, 172; NJW-RR 1991, 132 = FamRZ 1991, 304, 305; NJW 1991, 1290 = FamRZ 1991, 670, 671; NJW 1997, 1919 = FamRZ 1997, 806, 807.

ten von 130 € nicht um berufsbedingte Aufwendungen bereinigt werden. Lediglich wenn ein Ehegatte diesen Betrag übersteigende Aufwendungen geltend macht und beweist, kann von seinem Einkommen der überschießende Betrag seinen Selbstbehalt erhöhend berücksichtigt werden.[256] Stets kann aber ein **Erwerbstätigenbonus** nicht mehr in Abzug gebracht werden. – Die berufsbedingten Aufwendungen können **konkret** dargelegt (dazu RdNr. 60, 61) oder **pauschal** bemessen werden (dazu RdNr. 62). Wurden sie konkret bemessen,[257] und bei **Selbständigen,** bei denen sie idR bereits in der Gewinn- und Verlust-Rechnung oder der Einnahmenüberschussrechnung enthalten sind, kann eine Pauschale nicht zusätzlich abgesetzt werden. – Konkret geltend gemachten Mehraufwand hat der Ehegatte, der sich darauf beruft, darzulegen und zu **beweisen.**[258] Zur Aufwandspauschale s. RdNr. 62. – Der berufsbedingte Mehraufwand lastet ebenso wie der Erwerbsanreiz (dazu RdNr. 63) nur auf **Erwerbseinkünften,** soweit sie durch Arbeit erzielt werden, nicht aber auch auf Erwerbseinkünften nach **Freistellung**[259] oder aufgrund von **Altersteilzeit,** auf **Kranken-** oder **Arbeitslosengeld,**[260] arbeitsrechtlichen **Abfindungen,**[261] **Renten** und **anderen Einkünften,**[262] unabhängig davon, dass oder ob sie ihren Grund in der Erwerbstätigkeit haben (zum Selbstbehalt des Verpflichteten s. auch § 1581 RdNr. 16). Dies schließt die Berücksichtigung von Mehraufwendungen etwa für **Krankheit, Pflege** oder **Ausbildung** (s. RdNr. 64, 65), aber auch für **Bewerbungen** um einen Arbeitsplatz nicht aus; doch können sie nicht pauschaliert, sondern müssen grundsätzlich konkret dargelegt und können danach geschätzt werden (§ 287 ZPO, § 113 Abs. 1 S. 2 FamFG).

b) Konkrete Bemessung. Neben den **Fahrtkosten** zur Arbeitsstelle (dazu RdNr. 61) 60
zählen zu den berufsbedingten Aufwendungen insbesondere die Kosten für **Arbeitskleidung**[263] und ihre Pflege, für **Aus-** und **Fortbildung** sowie **Verpflegungsmehraufwand. – Gewerkschaftsbeiträge** sind stets und nicht nur dann zu berücksichtigen, wenn der Arbeitgeber auf eine gewerkschaftliche Bindung drängt. Dagegen sind sie im Mangelfall nicht abzusetzen, weil die Deckung des Lebensbedarfs des Berechtigten der gewerkschaftlichen Organisierung vorgeht.[264] Zur Berücksichtigung der Gewerkschaftsbeiträge bei pauschaler Bemessung der berufsbedingten Aufwendungen s. RdNr. 62).

In der Praxis verursachen die **Fahrten** zur Arbeitsstelle meist die höchsten Aufwendun- 61
gen. Werden sie mit dem **PKW** zurückgelegt, zählen zu den berücksichtigungsfähigen

---

[256] So ausdrücklich Unterhaltsrechtliche Hinweise des OLG Stuttgart, Stand: 1. 7. 2001, III. Abs. 2, FamRZ 2001, 979, 980; aA alle LL, ausdrücklich jeweils Nr. 10.2.1 SüdL Anhang 3, Schleswig Anhang III, Hamm Anhang III.2, Celle Anhang III.3.2; nicht ausdrücklich Düsseldorfer Tabelle Anm. A.3, C. und jeweils Nr. 23.1 Brandenburg, Bremen, Dresden, Frankfurt a. M., Hamburg, KG, Koblenz, Köln, Oldenburg, Rostock.

[257] BGH NJW 1997, 1919 = FamRZ 1997, 806, 807 .

[258] So wohl auch BGH FamRZ 2009, 404, 405 [12–14].

[259] OLG Koblenz NJW-RR 2008, 1030 = FamRZ 2008, 2281: Die Bereitschaft, für begrenzte Projekte zur Verfügung zu stehen, verursacht keinen besonderen Aufwand. Zudem kann für sie anfallender Aufwand konkret berücksichtigt werden.

[260] Zum Arbeitslosengeld: BGHZ 172, 22 = NJW 2007, 2249 = FamRZ 2007, 983, 987 [37] m. Anm. *Schürmann*; NJW-RR 2009, 289 = FamRZ 2009, 307, 309 [25] m. Anm. *Günther*; OLG München OLGR 1996, 150; OLG Karlsruhe NJWE-FER 1998, 52 = FamRZ 1998, 746. Zum Krankengeld: BGH NJW-RR 2009, 289 = FamRZ 2009, 307, 309 [25] m Anm. *Günther.*

[261] BGHZ 172, 22 = NJW 2007, 2249 = FamRZ 2007, 983, 987 [37] m. Anm. *Schürmann.*

[262] BGH NJW 1982, 2442 = FamRZ 1982, 894, 895; NJW 1984, 2358 = FamRZ 1984, 662, 664; NJW 1989, 2809 = FamRZ 1989, 1160, 1162; BGH NJW 1990, 3274 = FamRZ 1990, 989, 991 (zum Wohnvorteil); NJW 1991, 2703 = FamRZ 1991, 1163, 1166; zuletzt BGH NJW 2006, 1794 = FamRZ 2006, 387, 391 m. Anm. *Büttner* (Vermögenserträge). Anders zum notwendigen Selbstbehalt OLG Karlsruhe Beschl. v. 9. 7. 1999 – 2 WF 78/99, juris [14] = FamRZ 2000, 1091 (LS), das auch während der Zeit des Bezugs von Krankengeld als Lohnersatzleistung den Selbstbehaltssatz für einen Erwerbstätigen ansetzt (dazu auch § 1581 RdNr. 12).

[263] Dazu OLG Köln FamRZ 2007, 1463.

[264] AA OLG Celle OLGR 2007, 641 = FamRZ 2007, 1020 (LS) (Gewerkschaftsbeiträge sind als berufsbedingter Aufwand stets abzusetzen.

Kosten auch die für seine Anschaffung, ohne dass es darauf ankäme, ob der Kauf durch Kredit oder durch die Bildung von Rücklagen finanziert wurde.[265] Im Einzelnen gilt:

- Im Allgemeinen sind die PKW-Kosten mit dem **km-Satz** aus § 5 Abs. 2 S. 1 Nr. 2 JVEG für Sachverständige (z. Zt. 0,30 €/km) für Hin- und Rückfahrt ausreichend berücksichtigt.[266] Da mit diesem Betrag, anders als mit dem Betrag von 0,25 € aus § 5 Abs. 2 S. 1 Nr. 1 JVEG für Zeugen, idR sämtliche mit der Anschaffung, der Haltung und dem Betrieb des PKW verbundene Kosten abgegolten sind,[267] ist er zu verringern, wenn ein Schuldendienst gesondert berücksichtigt[268] wird oder, weil dann die festen Kosten anteilig sinken, größere Entfernungen abgerechnet werden.[269] Wird ohne Verstoß gegen Treu und Glauben ein hochwertiger PKW gefahren, kann der Betrag auch erhöht werden; als Anhaltspunkt können die vom ADAC mitgeteilten Sätze dienen. Würde – wie meist – ein PKW auch ohne die berufsbedingte Nutzung gehalten, können nur die durch die **berufsbedingte Mehrbenutzung** entstehenden Kosten abgesetzt werden;[270] dies führt insbesondere zur Nichtberücksichtigung von Kfz-Steuer[271] und -Versicherung, aber auch, jedenfalls in diesem Zusammenhang (s. dazu auch unten), für den Schuldendienst, doch ist die Abnutzung infolge der berufsbedingten Mehrnutzung durch eine Erhöhung des zunächst verringerten Satzes zu berücksichtigen. – Durch einen **Umzug** veranlasste erhöhte Fahrtkosten sind zu berücksichtigen, wenn dies in Berücksichtigung aller Umstände zumutbar ist.[272]
- Für den **Selbständigen** sind keine gesonderten Kosten für den PKW abzusetzen, weil sie bereits in der Gewinn- und Verlustrechnung bzw. Einnahmenüberschussrechnung einschließlich der Abschreibung enthalten sind.[273] Zur Bemessung des **Privatanteils** s. RdNr. 88, 93.
- Im Allgemeinen wird es dem Ehegatten zumutbar sein, sich **öffentlicher Verkehrsmittel** zu bedienen.[274] Berücksichtigungsfähig sind dann nur die bei ihrer Inanspruchnahme anfallenden Kosten.[275] Die Zumutbarkeit richtet sich zunächst nach den wirtschaftlichen Verhältnissen der Ehegatten: Beanspruchen die PKW-Kosten einen unverhältnismäßig großen Teil des Einkommens oder zehren sie ihn so weit auf, dass kein ausreichender Unterhalt mehr bezahlt werden kann, ist dem Verpflichteten idR die Inanspruchnahme kostengünstigerer öffentlicher Verkehrsmittel zuzumuten[276] (zur Obliegenheit zum **Umzug** s. auch RdNr. 173, 174). Zu beachten sind auch die öffentlichen Verkehrsverbin-

---

265 BGH NJW 1982, 1869 = FamRZ 1982, 360, 362.

266 LL Nr. 10.2.2: Bis 30 km einfach: 0,30 €/km: Bremen, Celle, Düsseldorf, Frankfurt a. M., Hamburg, Hamm, KG, Köln, Naumburg, Oldenburg (Reduzierung bei langen Fahrtstrecken), Schleswig, SüdL, Thüringen (längere als 40 km/einfache Fahrtstrecke idR nicht mehr angemessen). 0,27 €/km: Dresden, Rostock. 0,25 €/km: Brandenburg. 10 €/km im Monat: Koblenz. – Über 30 km: 0,20 €/km: Bremen, Düsseldorf, Hamburg, Köln, KG (es kann nach unten abgewichen werden), Schleswig, SüdL; ebenso OLG Düsseldorf FamRZ 2007, 217. 0,18 €/km: Dresden. 0,15 €/km: Frankfurt a. M.; OLG Koblenz NJW-RR 2008, 159 = FamRZ 2008, 417, 418. 0,10 €/km: Hamm.

267 BGH NJW-RR 1992, 1282, 1283; NJW-RR 1991, 1346 = FamRZ 1991, 1414; NJW 2006, 2182 = FamRZ 2006, 846, 847 m. Anm. *Born*; OLG Hamm OLGR 1997, 280, 281 = FamRZ 1998, 561 (LS); FamRZ 1998, 1512; auch OLG Karlsruhe OLGR 1999, 276.

268 Dazu OLG Naumburg FamRZ 1998, 558.

269 Zu Letzterem OLG Hamm OLGR 1997, 124 = FamRZ 1997, 836 (LS).

270 BGH FamRZ 1984, 988, 990.

271 OLG Celle FamRZ 2007, 1020 (LS).

272 Dazu OLG Köln FamRZ 2006, 1760, 1761: Unzumutbar ist der Ansatz von berufsbedingten Fahrtkosten für 115 km einfach, die durch den Umzug zu einem neuen Partner entstehen.

273 S. hierzu eingehend *Schöppe-Fredenburg* FuR 1998, 153 ff.

274 S. dazu auch OLG Karlsruhe FamRZ 1981, 783, 784; OLG Hamburg NJW-RR 1993, 647 = FamRZ 1992, 1308.

275 BGH NJW 1982, 1869 = FamRZ 1982, 360, 362.

276 BGH FamRZ 1984, 988, 990; NJW-RR 1989, 386 = FamRZ 1989, 483, 484. S. auch OLG Hamm NJW-RR 1998, 724, 725 = FamRZ 1998, 623 (L1): Monatliche Fahrtkosten in Höhe von 1100 DM sind hinzunehmen, wenn die Benutzung öffentlicher Verkehrsmittel unvertretbar zeitaufwändig und ein Umzug angesichts des Alters des Erwerbstätigen unzumutbar ist sowie die Anmietung einer Zweitwohnung einschließlich wöchentlicher Heimfahrten zu einem ähnlich hohen Aufwand führen würde; OLG Brandenburg

dungen, die ggf. unterschiedlich lange Dauer des Arbeitsweges und die konkreten Arbeitszeiten des Ehegatten sowie die Vereinbarkeit mit seinen sonstigen familiären Verpflichtungen, etwa der Kinderbetreuung oder Pflege von Familienangehörigen. Entspricht die PKW-Haltung nach dem Einkommen der Ehegatten ihren ehelichen Lebensverhältnissen, sind nur die durch die Fahrten zur Arbeitsstelle verursachten Mehrkosten berücksichtigungsfähig,[277] dh. jedenfalls Kfz-Steuer und -Versicherung bleiben unberücksichtigt. In Ausnahmefällen kann der Ehegatte auch darauf verwiesen werden, den Berufsweg mit dem **Fahrrad**[278] oder **zu Fuß** zurückzulegen.

- Benutzt der Ehegatte den PKW nicht nur für Fahrten zur Arbeitsstelle, sondern benötigt er ihn beruflich für **Dienstfahrten,** kann er auch die dafür anfallenden Kosten als Bedarfsposten geltend machen, soweit sie ihm von seinem Arbeitgeber nicht erstattet werden.
- Nutzt der Ehegatte einen **Firmenwagen,** ohne hierfür vom Arbeitgeber nicht erstattete Aufwendungen zu haben, kann er jedenfalls keine Fahrtkosten geltend machen.[279] Zur Berücksichtigung des Anteils für die **Privatnutzung** als Einkommen s. RdNr. 88, 93.
- Wird ein von einem Bekannten **geliehener** PKW für Fahrten zur Arbeit benutzt, sind die tatsächlich entstandenen Kosten zuzüglich 0,25 €/km (§ 5 Abs. 2 S. 1 Nr. 1 JVEG) zu berücksichtigen.[280]

c) Pauschale Bemessung. Die Praxis[281] pauschaliert die **berufsbedingten Aufwendungen** ganz überwiegend, wenn – wie in aller Regel – Anhaltspunkte dafür bestehen, dass solche auch anfallen.[282] Dagegen spricht nichts, weil solche nach der Lebenserfahrung entstehen und ein Bedürfnis nach einer Vereinfachung des Unterhaltsrechtsstreits als einer Massenerscheinung besteht. Dies jedenfalls dann, wenn die Pauschalierung als **widerlegbare Vermutung** verstanden und den Ehegatten der Gegenbeweis für niedrigere/höhere Aufwendungen ermöglicht wird. Hat der Arbeitgeber für bestimmte Aufwendungen, etwa Fahrtkosten zur Arbeitsstelle, einen Zuschuss gewährt, muss der einen höheren Aufwand behauptende Ehegatte diesen konkret darlegen und belegen.[283] Soweit die Unterhaltsleitlinien der Oberlandesgerichte die Pauschalierung zulassen, bemessen sie die Pauschale durchweg mit 5% des Nettoeinkommens, idR aber mindestens 50 € und höchstens 150 €/Monat.[284] – Die Pauschale ist aus dem um Steuern und Sozialabgaben zuzüglich einer angemessenen weiteren Altersversorgung (dazu RdNr. 79) oder bei Selbständigen anderen angemessenen Vorsorgeaufwendungen **bereinigten Einkommen** zu berechnen. Andere bei der Bedarfsermittlung zu berücksichtigende **Verbindlichkeiten** sind nicht vorab abzusetzen, weil sie nicht unmittelbar mit der Erzielung von Erwerbseinkommen und mit den auf dieses gewährten berufsbedingten Aufwendungen zusam- 62

FamRZ 1999, 1010f. (im Mangelfall sind Fahrtzeiten mit den öffentlichen Verkehrsmitteln von 2–3 Stunden zumutbar).

[277] BGH FamRZ 1984, 988, 990.

[278] OLG Köln FamRZ 2007, 1463; OLG Stuttgart NJW-RR 2008, 527 = FamRZ 2008, 1273.

[279] OLG Stuttgart FamRZ 2004, 1109.

[280] OLG Hamm OLGR 2001, 47, 48 = FamRZ 2001, 482 (LS): 50% der berufsbedingten Fahrtkosten.

[281] S. jeweils LL Nr. 10.2.1: Eine Pauschalierung lassen zu Brandenburg, Celle, Dresden, Düsseldorf, Frankfurt a. M., KG, Koblenz, Oldenburg, sowie in den SüdL Bamberg, Karlsruhe, München, Nürnberg, Stuttgart und Zweibrücken, auch Saarbrücken iVm. Düsseldorfer Tabelle Anm. A. 3. – Stets eine konkrete Darlegung berufsbedingter Aufwendungen verlangen: Bremen, Hamburg, Hamm, Köln (dazu auch OLG Köln FamRZ 2006, 1760, 1762), Rostock, Schleswig, Thüringen.

[282] Der BGH hat sich mit dieser Frage noch nicht problemorientiert auseinandergesetzt (ausdrücklich offen gelassen BGH NJW 1986, 2054 = FamRZ 1986, 790, 791), rügt aber die Pauschalierung nicht (etwa BGH NJW-RR 1989, 386 = FamRZ 1989, 483; NJW 1991, 224 = FamRZ 1991, 170, 172; NJW 1991, 1290 = FamRZ 1991, 670, 671 (gerügt wird nur die Höhe der Pauschale); NJW 1992, 1621 = FamRZ 1992, 539, 541 m. krit. Anm. *Graba* (mit der 5%igen Pauschale werden bei sehr beengten finanziellen Verhältnissen Erwerbsanreiz und Mehraufwendungen abgedeckt); NJW 1997, 1919 = FamRZ 1997, 806, 807.

[283] BGH NJW-RR 1989, 900 = FamRZ 1990, 266, 268. OLG Brandenburg Beschl. v. 20. 10. 2005 – 10 WF 247/05, juris [3] = FamRZ 2007, 71 (LS) lässt im Mangelfall eine Pauschalierung nicht zu und verlangt den konkreten Nachweis.

[284] S. – zum Kindesunterhalt – die Düsseldorfer Tabelle Anm. A. 3, der KG, Koblenz und Oldenburg, jeweils Nr. 10.2.1, folgen. Ohne Begrenzungen Brandenburg, Celle, SüdL.

menhängen.[285] – Liegt die Pauschale niedriger als der **Erwerbstätigenzuschlag** nach der Düsseldorfer Tabelle (z. Zt. 130 €), ist ausschließlich die Pauschale abzurechnen und der Bedarf eines Nichterwerbstätigen zugrunde zu legen.[286] – Im Falle der pauschalen Bemessung der berufsbedingten Aufwendungen umfasst die Pauschale auch **Gewerkschaftsbeiträge** (zur Berücksichtigung bei konkreter Bemessung der berufsbedingten Aufwendungen s. RdNr. 60).

63 **d) Erwerbstätigenbonus.** Seine **Höhe,** die im Ermessen des Tatrichters steht,[287] muss dem **Erwerbsanreiz** und der Abdeckung nicht konkret messbarer, von den allgemeinen Lebenshaltungskosten nicht abgrenzbarer **Mehraufwendungen** gerecht werden.[288] Er wird durchweg mit $^1/_7$[289] bzw. 10%[290] bemessen, von dem um die berufsbedingten Aufwendungen[291] und weitere Verbindlichkeiten, insbesondere Kindesunterhalt bereinigten Einkommen ermittelt und von diesem abgezogen (dazu auch RdNr. 53).[292] – Der Erwerbstätigenbonus sollte eigentlich geringer dotiert sein als die berufsbedingten Aufwendungen,[293] weil die Ausübung einer Erwerbstätigkeit zur Deckung des Lebensbedarfs als Ausdruck der eigenverantwortlichen Lebensgestaltung an sich eine Selbstverständlichkeit ist; anders jedoch die Praxis, die den Erwerbsanreiz mit 10% und den berufsbedingten Mehraufwand mit idR pauschal 5% (dazu RdNr. 62) bemisst.[294] – Errechnet sich das unterhaltsrechtlich maßgebliche Einkommen neben Erwerbseinkünften noch aus weiteren Einkünften **(gemischte Einkünfte),** etwa aus Renten oder Vermögenserträgen, ist zu beachten, dass sich der Erwerbstätigenbonus als Erwerbsanreiz nur aus dem Erwerbseinkommen errechnen kann (dazu RdNr. 46). Da dieses vor der Errechnung des Erwerbstätigenbonus zu bereinigen ist, fällt er geringer aus, wenn der gesamte **Kindesunterhalt** vom Erwerbseinkommen vorweg abgezogen wird, als wenn er (auch) auf die sonstigen Einkünfte angerechnet wird.[295] Deshalb ist der Kindesunterhalt anteilig auf die einzelnen Einkommensbestandteile anzurechnen, wobei die Differenzierung in Erwerbseinkommen und sonstiges Einkommen ausreichend sachgerecht ist. Die Rechnung kann wie folgt aussehen (UE = Ehegattenunterhalt; UK = Kindesunterhalt; EE = Erwerbseinkünfte; VE = Vermögenserträge):

$$UE = \{EE - [(UK \times EE) : (EE + VE)] \times 90\%\} + \{VE - [(UK \times VE) : (EE + VE)]\}.$$

[285] So im Ergebnis auch die Berechnung bei BGH NJW 1989, 2809 = FamRZ 1989, 1160, 1163; OLG Hamburg FamRZ 1991, 953, 954; demgegenüber spricht BGH NJW 1988, 2369 = FamRZ 1988, 265, 267 vom „verteilungsfähigen Einkommen", ohne dieses näher zu bestimmen. Anders BGH NJW 1997, 1919 = FamRZ 1997, 806, 807; OLG Karlsruhe FamRZ 1992, 1438; FamRZ 1996, 350, 351; OLGR 1999, 168 (LS); OLGR 1999, 168, 169. Zu den Schwierigkeiten bei der Berechnung der Pauschale, wenn auch andere Verbindlichkeiten vorweg abgezogen werden, s. *Graba* NJW 1993, 3033 ff., *Gerhardt* FamRZ 1994, 1158 f., *Gutdeutsch* FamRZ 1994, 346 ff. und FamRZ 1994, 1161 f. sowie *Scholz* FamRZ 1993, 125, 141.

[286] BGH NJW 1997, 1919 = FamRZ 1997, 806, 810; aA OLG Düsseldorf FamRZ 1993, 331, 333.

[287] BGH NJW 1990, 2886 = FamRZ 1990, 1085, 1087; NJW-RR 1990, 1346 = FamRZ 1990, 1090, 1091; NJW 1997, 1919 = FamRZ 1997, 806, 807.

[288] Etwa NJW 1997, 1919 = FamRZ 1997, 806, 807; auch OLG Braunschweig OLGR 1996, 212 = FamRZ 1997, 358 (LS).

[289] Der BGH NJW-RR 1990, 578 = FamRZ 1990, 979, 980 f.; NJW 1990, 2886 = FamRZ 1990, 1085, 1087 m. Anm. *Scholz, Dieckmann* FamRZ 1990, 1335, *P. Derleder* FuR 1990, 371 hält diese Quote für zu hoch. Nicht beanstandet in BGH NJW 2007, 511 = FamRZ 2007, 193 m. Anm. *Borth,* wo wohl gar ein Erwerbstätigenbonus von $^1/_5$ für angemessen gehalten wird.

[290] SüdL 15.2.

[291] BGH NJW-RR 1990, 578 = FamRZ 1990, 979, 980 f.: Nach Abzug berufsbedingter Aufwendungen Erwerbstätigenbonus geringer als sonst üblich; ebenso BGH NJW 1990, 2886 = FamRZ 1990, 1085, 1087; NJW-RR 1990, 1346 = FamRZ 1990, 1090, 1091; NJW 1997, 1919 = FamRZ 1997, 806, 807 ($^1/_9$ statt $^1/_7$). Keinen Erwerbstätigenbonus einzuräumen, weil bereits die berufsbedingten Aufwendungen mit pauschal 5% ohne Einzelnachweis berücksichtigt worden sind, wird von BGH NJW 2004, 505 = FamRZ 2004, 254, 255 kritisch gesehen und wohl abgelehnt.

[292] BGH NJW 1997, 1919 = FamRZ 1997, 806, 807; OLG Karlsruhe NJWE-FER 1999, 261; s. auch LL Düsseldorf, SüdL, jeweils Nr. 15.2; ebenso Düsseldorfer Tabelle Anm. B. I. 1. a.

[293] Ebenso OLG Karlsruhe FamRZ 1996, 350, 351.

[294] Etwa SüdL Nr. 10.2.1, Nr. 15.2, FamRZ 2005, 1376, 1377.

[295] OLG Karlsruhe NJW 1999, 1722 = FamRZ 1999, 1276; *Scholz* FamRZ 1993, 125, 143.

Der Erwerbstätigenbonus kommt auch **Selbständigen** zugute und ist auch bei **konkreter Bedarfsbemessung** abzusetzen, weil sie im Ergebnis eine zwar verfeinerte, aber doch auch überschlägige Bedarfsermittlung darstellt (dazu RdNr. 49), die nicht alle Kosten zu erfassen vermag.[296] – Im **Mangelfall** ist neben dem Vorwegabzug der berufsbedingten Aufwendungen (dazu RdNr. 59–62) ein weiterer Abzug eines Erwerbstätigenbonus allerdings verwehrt,[297] weil er dann bereits in den unterschiedlichen Selbstbehaltssätzen für Erwerbstätige und Nicht-Erwerbstätige enthalten ist. Dies gilt für den Verpflichteten wie den Berechtigten.

2. Krankheits- und Pflegebedarf. Kosten für Krankheit[298] und Pflege einschließlich 64
der für betreutes Wohnen oder für die Unterbringung in einem Alters- und Pflegeheim prägen die ehelichen Lebensverhältnisse in ihrer **konkreten** Höhe unabhängig davon, wann sie anfallen.[299] Gegenzurechnen sind allerdings die Kosten, die ohnehin angefallen wären, insbesondere die des allgemeinen Lebensbedarfs und die normalen Wohnkosten.[300] **Zuzahlungen** zu Medikamenten und **Praxisgebühr** gehören jedoch zum allgemeinen Lebensbedarf und sind kein krankheitsbedingter Mehrbedarf.[301] – Der Ehegatte, der sich auf den Mehraufwand beruft, hat diesen konkret **darzulegen** und zu beweisen, bei entsprechenden Anhaltspunkten kann er nach § 287 ZPO, § 113 Abs. 1 S. 2 FamFG geschätzt werden.[302]

3. Ausbildungsbedingter Mehrbedarf. Abs. 2 Alt. 2 setzt den Rechtsgedanken für 65
den Anspruch auf Ausbildungsunterhalt nach §§ 1573 Abs. 2 und 3, 1574, 1575 um und stellt klar, dass zum gesamten Lebensbedarf nach Abs. 1 S. 2 auch die besonderen Kosten der Ausbildung zählen. Auch sie sind vom Einkommen des Verpflichteten vorweg abzuziehen, weil er sie zusätzlich aufbringen muss und sie zur Bestreitung des allgemeinen Lebensbedarfs nicht zur Verfügung stehen.[303] – Etwas anderes gilt für **Studiengebühren:** Da ihre Berücksichtigung zu einer Abweichung vom Halbteilungsgrundsatz führt, ist diese zusätzliche Belastung nur gerechtfertigt, wenn sie nicht über ein von der öffentlichen Hand gewährtes **Darlehen** finanziert werden können. Die für ein Studium an einer **privaten Hochschule** anfallenden Studiengebühren werden idR nicht geschuldet, sondern nur, wenn Einkommen oder Vermögen des Verpflichteten so hoch sind, dass sie für die Bemessung des eheangemessenen Bedarfs nicht heranzuziehen sind.

4. Trennungsbedingter Mehrbedarf. a) Grundsätze. Die Trennung der Ehegatten 66
führt idR[304] sowohl für den ausziehenden Ehegatten, zB durch die Anmietung von Wohnraum, als auch für den in der Ehewohnung verbleibenden Ehegatten, auch wenn er für ihn in der Praxis kaum diskutiert wird, zu höheren Kosten für die Haushaltsführung und damit meist auch zu einer Erhöhung ihres Bedarfs. Dieser Mehrbedarf ist Teil des **vollen Lebensbedarfs,** unabhängig davon, wonach sich dieser bemisst. Der Mehrbedarf prägt die ehelichen Lebensverhältnisse der Ehegatten grundsätzlich **nicht,** insbesondere auch um den Berechtigten vor dem sozialen Abstieg zu bewahren. Er steht ihm **neben** den Mitteln zur Deckung seines Bedarfs nach den ehelichen Lebensverhältnissen zu, ist also dem nach den eheprägenden Einkünften ermittelten Lebensbedarf zuzuschlagen und nicht umgekehrt bei

---

[296] Im Ergebnis ebenso OLG Hamm FamRZ 2008, 1184, 1185 m. Anm. *Born*; *Kalthoener/Büttner/Niepmann* RdNr. 43 aE; aA OLG Köln NJWE-FER 2001, 305 = FamRZ 2002, 326 (kein Bonus); OLG Hamm OLGR 2004, 309 = FamRZ 2005, 214 (LS) (halber Bonus).

[297] BGH NJW 1992, 1621 = FamRZ 1992, 539, 541 (kein weiterer Erwerbstätigenbonus).

[298] Etwa OLG Naumburg Urt. v. 10. 12. 1997 – 8 UF 170/97, juris [5].

[299] OLG Koblenz FamRZ 1998, 1513; OLG München OLGR 2000, 139 = FamRZ 2000, 1092 (LS) (Selbstbehalt des Verpflichteten in Höhe der konkreten Kosten zuzüglich anfallender Zusatzkosten und Taschengeld); OLG Saarbrücken FamRZ 2004, 1293 mwN.

[300] AG Besigheim FamRZ 2004, 546.

[301] OLG Karlsruhe FPR 2008, 461 m. Bespr. *Born* = FamRZ 2008, 2120, 2121.

[302] OLG Hamm FamRZ 2006, 124.

[303] *Wendl/Gutdeutsch* § 4 RdNr. 439.

[304] Anders etwa, wenn ein Ehegatte zu einem anderen Partner oder zu seinen Eltern zieht, dazu OLG Frankfurt a. M. FamRZ 1982, 376, 378.

der Ermittlung des Lebensbedarfs von diesen vorab abzusetzen.[305] – Eine **konkrete Bedarfsbemessung** (dazu RdNr. 49–51) erfasst per se den gesamten Lebensbedarf, weshalb daneben nicht auch noch Raum für einen trennungsbedingten Mehrbedarfs ist.[306] Die Frage, ob er vom Verpflichteten verlangt werden kann, stellt sich deshalb nur, wenn der Unterhalt nach der **Quote** bemessen wird, weil sie die Einkünfte beider Ehegatten idR je hälftig auf diese aufteilt und damit auch den Mehrbedarf ausgleicht. Insbesondere ist in der Quote im Grundsatz – Ausnahmen: hohe Wohnkosten nach Auszug, Mangelfälle – auch der Wohnbedarf erfasst und mit ihr abgedeckt (dazu näher RdNr. 48, 52, 53, 67).

67 **b) Quotenunterhalt.** Der BGH[307] hat, wurden Erwerbseinkünfte des Berechtigten als **Surrogat** für die Haushaltsführung und Kindererziehung in die **Differenz-/Additionsberechnung** bedarfsprägend eingestellt (dazu RdNr. 9, 14, 15, 26), auch den trennungsbedingten Mehrbedarf vorbehaltlich weiterer Umstände des Einzelfalls, die besonderer Berücksichtigung bedürfen,[308] als durch den erhöhten Bedarf abgedeckt behandelt, weil es ansonsten zu einem Verstoß gegen die Halbteilung komme. Die ist aber **nicht** auf die Surrogatsfälle beschränkt, weil das Surrogat auch die ehelichen Lebensverhältnisse bestimmt, was auf den trennungsbedingten Mehrbedarf gerade nicht zutrifft. – Mag auch die Erfassung des Mehrbedarfs über die Quote in der Mehrzahl der Fälle zu einem befriedigenden Ergebnis führen (dazu RdNr. 48, 52, 53), so ist doch die Ausgangsthese angreifbar, über sie würden auch die trennungsbedingten Mehraufwendungen befriedigend ausgeglichen. Dem Berechtigten kommt die Quote zu, ob er trennungsbedingten Mehraufwand hat oder nicht; zudem wird dieser bei dem die Ehewohnung verlassenden Ehegatten meist höher ausfallen als bei dem zurückbleibenden. Angesichts der Ausrichtung an den ehelichen Lebensverhältnissen kann auch dem Umstand, dass die Begründung eines neuen Hausstandes ggf. eine Entscheidung des Berechtigten gewesen ist, keine maßgebende Bedeutung zukommen, solange er nicht gegen seine unterhaltsrechtlichen Obliegenheiten verstößt. Obwohl er dadurch, dass der trennungsbedingte Mehrbedarf die ehelichen Lebensverhältnisse nicht prägt, vor einem sozialen Abstieg bewahrt werden soll, führt dessen Abgeltung allein über die Quote doch dazu, dass er tatsächlich weniger zur Bestreitung seines Lebensbedarfs zur Verfügung hat. – Soweit der Mehrbedarf nicht bereits über die Quote ausgeglichen wird, kann er grundsätzlich gar nicht befriedigt werden, weil die finanziellen Mittel der Ehegatten bereits verteilt sind. Stehen dem Verpflichteten keine **nicht bedarfsprägenden** finanziellen Mittel zur Verfügung und kann der Berechtigte den Mehrbedarf nicht aus eigenen, den eheangemessenen Bedarf nicht prägenden finanziellen Mitteln – etwa überobligat erzielte oder fiktive Einkünfte (dazu RdNr. 97–102, 138–187) – decken, bleibt er ganz unberücksichtigt,[309] weil sein Vorwegabzug von den eigenen bedarfsdeckenden Mitteln des Berechtigten den Verpflichteten benachteiligen würde. Verfügt der Verpflichtete über nicht bedarfsprägende finanzielle Mittel, kann er grundsätzlich zur Bestreitung des Mehrbedarfs des Berechtigten herangezogen werden.[310] Insbesondere im Zusammenhang mit nicht prägenden Mitteln des Berechtigten selbst richtet sich seine Inanspruchnahme nach der **Zumutbarkeit.** Der Mehrbedarf kann dann nicht allgemein nach einem **prozentualen** Anteil des ehelichen Bedarfs bemessen werden, vielmehr hat der Berechtigte die Mehrkosten konkret darzulegen, ggf. sind sie anhand allgemeiner Erfahrungssätze (Schätzung nach § 287 ZPO, § 113 Abs. 1 S. 2 FamFG) zu ermitteln,[311] können aller-

[305] BGH NJW 1986, 1342 = FamRZ 1986, 437, 438; NJW 1987, 897 = FamRZ 1987, 266, 267; NJW 1990, 3020 = FamRZ 1990, 1091, 1093.

[306] *Wendl/Gutdeutsch* § 4 RdNr. 427 f.

[307] BGH NJW 2004, 3106 = FamRZ 2004, 1357, 1359.

[308] BGH NJW 1982, 2439 = FamRZ 1982, 892, 894; BGHZ 89, 108 = NJW 1984, 292 = FamRZ 1984, 149, 151; NJW 1984, 1237 = FamRZ 1984, 358, 360; s. auch OLG Hamm FamRZ 1997, 944; anders – voller Bedarf umfasst wegen des trennungsbedingten Mehraufwands mehr als die Hälfte des beiderseitigen Einkommens – BGH NJW 1983, 1733 = FamRZ 1983, 678, 679.

[309] OLG Nürnberg FuR 2000, 40, 46; *Soergel/Häberle* RdNr. 28; *Wendl/Gutdeutsch* § 4 RdNr. 427 f.

[310] BGH NJW 1984, 1237 = FamRZ 1984, 358, 360; OLG Hamburg DAVorm 1992, 1121.

[311] Ständige Rspr. des BGH, s. lediglich BGH NJW 1982, 1873 = FamRZ 1982, 255, 257; NJW 1995, 963 = FamRZ 1995, 346, 347; NJW-RR 1998, 721 = FamRZ 1998, 1501, 1503.

dings nur in einer den ehelichen Lebensverhältnissen angemessenen Höhe[312] berücksichtigt werden. – Dies gilt auch bei Anwendung der **Anrechnungsmethode** (dazu RdNr. 9), weil auch insoweit der Bedarf nach der Quote ermittelt wird.[313] Allerdings sind die lediglich anzurechnenden Einkünfte des Berechtigten zunächst auf seinen anzuerkennenden Mehrbedarf zu verwenden und erst der Rest auf den Quotenunterhalt anzurechnen.[314] – IdR wird ein zuerkannter trennungsbedingter Mehrbedarf wieder entfallen, wenn der Ehegatte mit einem **neuen Partner** eine Wirtschaftsgemeinschaft eingeht.[315]

c) Wohnkosten. Sie stellen neben den Umzugskosten (zu diesen als Sonderbedarf s. Rd- 68
Nr. 85) den größten Kostenfaktor dar. Nach der Trennung der Ehegatten anfallende Kosten für Wohnraum können nur dann zu einem trennungsbedingten Mehrbedarf führen, wenn sie unterhaltsrechtlich beachtlich den bereits im **Elementarunterhalt** enthaltenen Mietaufwand überschreiten. Orientiert man sich hierzu an der Düsseldorfer Tabelle, die den im notwendigen Selbstbehalt von 900 € enthaltenen Anteil für Warmmiete mit 360 € und unter Zugrundelegung der **Drittelobergrenze** (dazu RdNr. 133) mit einer Kaltmiete von 240 € bemisst, entfallen 40% des Elementarunterhalts auf die Gesamtwohnkosten[316] und 1/4 auf die Kaltmiete. Für den darüber hinausgehenden **Mehraufwand** sind grundsätzlich die tatsächlichen Aufwendungen für angemessenen Wohnraum maßgeblich,[317] doch sind höhere Aufwendungen dann ausnahmsweise zu berücksichtigen, wenn der Verpflichtete, ohne dass ihm dies als Obliegenheitsverletzung vorgeworfen werden könnte, mehr Miete bezahlen muss.[318]

5. Umgangsrecht. Eltern haben die Kosten für die Ausübung des Umgangsrechts mit 69
ihren Kindern wie Fahrt-, Übernachtungs-, Verpflegungs- und Vergnügungskosten **grundsätzlich** selbst zu tragen. Weder können sie deshalb idR deren Erstattung unmittelbar verlangen noch mittelbar gegenüber dem Kind und dem geschiedenen Ehegatten geltend machen, weil diese Kosten unmittelbarer Ausfluss ihres sich aus ihrer Elternverantwortung (§§ 1618 a, 1626, 1631) ergebenden und grundrechtlich geschützten höchstpersönlichen Rechts wie auch Pflicht aus § 1684 sind, deren Berücksichtigung zur Beteiligung des Kindes und des geschiedenen Ehegatten an diesen Kosten führen würde. Der **Entlastung** des umgangsberechtigten Elternteils dienen staatliche Vergünstigungen wie das **Kindergeld,** das ihm hälftig zusteht und das nach § 1612 b Abs. 1 [UÄndG 2007] stets auf den Barunterhalt in voller Höhe anzurechnen ist, wodurch er in dieser Höhe entlastet wird und seinen Kindergeldanteil zur Bestreitung der Umgangskosten einsetzen kann.[319] – Stets werden aber

[312] OLG Düsseldorf NJW 1990, 2695 = FamRZ 1990, 1364, 1365; OLG Oldenburg NJW 1991, 3222 = FamRZ 1991, 827.

[313] Ebenso wohl OLG Hamm FamRZ 1997, 944 f.; *Wendl/Gutdeutsch* § 4 RdNr. 427; aA noch 3. Aufl. RdNr. 16 a, wohl auch OLG Düsseldorf NJW 1990, 2695 = FamRZ 1990, 1364, 1365.

[314] Ebenso OLG Hamburg FamRZ 2003, 235.

[315] BGH NJW 1995, 962 = FamRZ 1995, 343, 344 mwN.

[316] Für „Drittelobergrenze" etwa OLG Schleswig OLGR 1997, 244. Das AG Detmold FamRZ 1998, 1508, 1509 spricht die Kosten für eine angemietete Wohnung zur Hälfte als trennungsbedingten Mehrbedarf zu; da es den Wohnvorteil eines Eigenheims jedoch in voller Höhe beim Bedarf berücksichtigt hat, hätte sich ein Vergleich mit dem hälftigen Wohnvorteil angeboten.

[317] BGH NJW 1998, 2821 = FamRZ 1998, 899, 901; anders noch BGH NJW-RR 1986, 682 = FamRZ 1986, 441, 442, der einen Mietmehrbedarf in Höhe der Differenz zwischen Mietaufwendungen und ehemaligem, nach Kopfanteilen errechneten Wohnvorteil annimmt.

[318] OLG Koblenz FamRZ 1995, 1415, 1416; OLG Hamburg FamRZ 1995, 1417, 1418 berücksichtigen die höheren Mietaufwendungen als trennungsbedingten Mehrbedarf durch eine Erhöhung des Selbstbehalts im Rahmen der Billigkeitsabwägung.

[319] Für die Zeit **bis 31. 12. 2007** gilt: Die Verweisung des umgangsberechtigten Elternteils auf den Kindergeldanteil zur Bestreitung der Umgangskosten setzt voraus, dass die Anrechnung des Kindergelds auf den Kindesunterhalt nicht nach § 1612 b Abs. 5 ganz oder teilweise unterbleibt, sondern ihm auch tatsächlich verbleibt und er davon die Umgangskosten bestreiten kann. Ansonsten sind die nicht gedeckten Umgangskosten den Bedarf verringernd, die Bedürftigkeit erhöhend und die Leistungsfähigkeit mindernd zu behandeln, in einem Mangelfall ist der Selbstbehalt des Verpflichteten um den ungedeckten Betrag zu erhöhen. Dazu auch OLG Koblenz NJW-RR 2008, 159 = FamRZ 2008, 417, 418. Zum Kindesunterhalt s. BGH NJW 2003, 1177 = FamRZ 2003, 445, 449; NJW 2005, 1493 = FamRZ 2005, 706, 708; NJW 2007, 511 =

nur diejenigen Umgangskosten berücksichtigungsfähig sein, die einem dem **Kindeswohl** entsprechenden Umgang, der ggf. vom FamG festgelegt werden muss, dienen. – Zu Schwierigkeiten wird führen, wenn der geschiedene sorgeberechtigte Ehegatte seinen Wohnsitz mit dem Kind in einer so großen **Entfernung** genommen hat, dass die Kostenbelastung für den Verpflichteten angesichts seiner beengten finanziellen Verhältnisse schlechthin unzumutbar ist und zu einer Vereitelung oder erheblichen Einschränkung seines Umgangsrechts führt. Ihm sind dann die Mittel zu belassen, die ihm einen seinen wirtschaftlichen Verhältnissen angepassten Umgang ermöglichen. Die Opfergrenze des Berechtigten dürfte aber dort erreicht sein, wo er nur noch weniger als das **Existenzminimum** zu beanspruchen hätte, der Verpflichtete zur Bestreitung der Umgangskosten aber nicht der **Sozialhilfe** anheim fällt.[320]

IV. Vorsorgebedarf

70 **1. Allgemeines.** Seinen **Kranken-/Pflegevorsorge-** und den **Altersvorsorgebedarf** wird der Berechtigte nicht selten aus seinen eigenen Einkünften bestreiten können. So wird etwa sein Kranken-/Pflegevorsorgebedarf durch eine sozialversicherungspflichtige Erwerbstätigkeit unabhängig von der Höhe seiner Einkünfte in voller Höhe abgedeckt, und der Altersvorsorgebedarf jedenfalls zu einem Teil. Dies gilt auch, wenn und soweit dem Berechtigten sozialversicherungspflichtige Erwerbseinkünfte **fiktiv** zugerechnet werden (dazu auch RdNr. 142).[321] Allerdings gehört nur der Kranken-/Pflegevorsorgebedarf unabhängig von der Anspruchsgrundlage stets zum Lebensbedarf des Berechtigten **(Abs. 2).** Dagegen gehört der Altersvorsorgebedarf **(Abs. 3)** nur dann zum Lebensbedarf, wenn der Berechtigte einen Anspruch auf Betreuungs- (§ 1570), Alters- (§ 1571), Kranken- (§ 1572), Erwerbslosen- (§ 1573) und Billigkeitsunterhalt (§ 1576) hat, nicht aber auch bei einem Anspruch auf Ausbildungsunterhalt (§ 1575). – Werden die Vorsorgebeträge des Verpflichteten – wie regelmäßig – vom bei der Bildung der Quote zu berücksichtigenden Einkommen des Verpflichteten **vorab abgezogen,** sind zur Vermeidung eines Ungleichgewichts ohne Verstoß gegen den Grundsatz der Halbteilung (zu diesem RdNr. 4, 5, 48–58)[322] auch die Kosten einer angemessenen Versicherung des Berechtigten vor der Bildung der Quote abzusetzen.[323] – Zu den **Ausnahmen** vom Vorwegabzug beim Altersvorsorgunterhalt s. RdNr. 82, zur **Zahlung** der Vorsorgeaufwendungen s. RdNr. 74 und zu ihrer **zweckwidrigen Verwendung** s. RdNr. 74, 181. – Keine Vorsorge kann für den Fall der **Arbeitslosigkeit** vom Verpflichteten gebildet und vom Berechtigten verlangt werden.[324] Denn Selbständige unterliegen nicht dem Risiko einer Kündigung, unselbständige Arbeitnehmer sind von Gesetzes wegen gegen Arbeitslosigkeit versichert und Erwerbslose bedürfen keinen Versicherungsschutz vor Arbeitslosigkeit mehr.

71 **2. Rang.** Da Elementar- und Vorsorgeunterhalt Teile eines einheitlichen Unterhaltsanspruchs sind (dazu RdNr. 43), ist auch die Leistungsfähigkeit des Verpflichteten einheitlich zu beurteilen.[325] Reicht nach Ermittlung des Altersvorsorgeunterhalts aber der verbleibende Elementarunterhalt zur Bestreitung des allgemeinen Lebensbedarfs nicht aus, kommt

---

FamRZ 2007, 193, 194 m. Anm *Borth*; NJW 2008, 1373 = FamRZ 2008, 594, 599 [46]; OLG Bremen NJW 2008, 1237 = FamRZ 2008, 1274; OLG Stuttgart NJW-RR 2008, 527 = FamRZ 2008, 1273 (Verweisung auf öffentliche Verkehrsmittel); s. auch AG Velbert FamRZ 2007, 1907. Anders noch BGH NJW 1995, 717 = FamRZ 1995, 215 f. m. Anm. *Weychardt* mwN auch zur abw. Auffassung, der eine Berücksichtigung bei einer Entfernung von 160 km und einer monatlichen Kostenbelastung von 88 DM, die durch die Inanspruchnahme vergünstigter Angebote der Bahn noch verringert werden kann, verneint.

[320] Zu Letzterem BGH NJW 2005, 1493 = FamRZ 2005, 706, 708.

[321] OLG Hamm FamRZ 1994, 107 (zum Krankenvorsorgebedarf).

[322] Ebenso *Griesche* FamRZ 1981, 841, 847; aA OLG Bremen FamRZ 1979, 121; 3. Aufl. RdNr. 31.

[323] BGH NJW 1981, 1556 = FamRZ 1981, 442, 445; NJW 1982, 1983 = FamRZ 1982, 887, 888; NJW 1983, 1552 = FamRZ 1983, 676, 677; NJW 1983, 2937 = FamRZ 1983, 888, 889.

[324] BGH NJW 2003, 1160 = FamRZ 2003, 860, 863.

[325] BGH NJW 1982, 2438 = FamRZ 1982, 890, 892.

im Rahmen des § 1581 dem **Elementarunterhalt** der Vorrang zu,[326] weil elementare gegenwärtige Bedürfnisse, zu denen auch die **Krankheitsvorsorge,** nicht aber die **Altersvorsorge** gehört, vor der Sicherung erst zukünftig entstehender Bedürfnisse zu befriedigen sind (vgl. auch § 1587 d, entfällt nach Art. 3 Nr. 5 VAStrRefG).[327]

3. Kranken- und Pflegevorsorgeunterhalt. a) Allgemeines. Der Berechtigte hat Anspruch auf die Kosten einer angemessenen Versicherung für den Fall der **Krankheit** (Abs. 2 Alt. 1) und der **Pflegebedürftigkeit** (Abs. 2 Alt. 2).[328] Sie gehören zum allgemeinen Lebensbedarf.[329] Als einem wichtigen Teil des gegenwärtigen Lebensbedarfs geht ihm – anders als dem Altersvorsorgeunterhalt – der Elementarunterhalt grundsätzlich nicht vor (dazu RdNr. 71).[330] – Der Berechtigte ist verpflichtet, die Leistungen **zweckentsprechend** für eine Kranken- und Pflegeversicherung zu verwenden (dazu auch RdNr. 181).[331] 72

b) Gleichwertigkeit. Angemessen ist eine den ehelichen Lebensverhältnissen **gleichwertige** Versicherung,[332] die den Berechtigten für den Fall der Krankheit und der Pflege wie während der Ehe absichert. Die **Höhe** der Kosten richtet sich nach der als angemessen anerkannten Absicherung; sie können bei Geltung von Mindestbeitragssätzen insbesondere höher liegen als bei der Errechnung der Kosten nach dem Beitragssatz unter Zugrundelegung des Elementarunterhalts.[333] – Im Einzelnen gilt: Waren die Ehegatten für den Fall der Krankheit und der Pflegebedürftigkeit 73

- **gesetzlich** versichert, hat der Berechtigte auch nur Anspruch auf die Kosten einer entsprechenden Versicherung;
- daneben **zusatzversichert,** hat der Berechtigte auch Anspruch auf die Kosten für eine Zusatzversicherung;
- durch die **Beihilfeberechtigung** eines verbeamteten Ehegatten abgesichert, ggf. ergänzt durch eine private Versicherung, genügt der Berechtigte mit dem Abschluss einer privaten Versicherung seinen Obliegenheiten[334] und braucht sich nicht auf die gesetzliche Versicherung verweisen zu lassen. Wird er aber durch die Aufnahme einer Erwerbstätigkeit gesetzlich versicherungspflichtig oder wird er fiktiv auf eine entsprechende Erwerbstätigkeit verwiesen (dazu auch RdNr. 146–165),[335] hat er nur noch Anspruch auf eine Zusatzversicherung;
- **freiwillig privat** versichert, hat der Berechtigte grundsätzlich Anspruch auf Fortführung dieser Versicherung. Erlischt seine Mitversicherung aber durch die Scheidung, hat er im Rahmen einer ihm nach seinen individuellen Verhältnissen und den jeweiligen Leistungen zumutbaren Auswahl die **kostengünstigste** Versicherung abzuschließen und ggf.
  - der **gesetzlichen Versicherung,** ggf. auch der Betriebskrankenkasse des Verpflichteten, beizutreten,[336]
  - eine Versicherung mit **Selbstbeteiligung** zu wählen. Der Verpflichtete ist dann jedoch zur Erstattung der vertraglich nicht abgedeckten **Krankheitskosten** verpflichtet.[337] Bei nachhaltigen **Verstößen** des Verpflichteten ist dem Berechtigten die weitere

---

[326] BGH NJW 1981, 1556 = FamRZ 1981, 442, 443; NJW 1982, 1983 = FamRZ 1982, 887, 890.

[327] Weil es Anordnungen zum Ruhen der Verpflichtung zur Beitragszahlung im neuen Teilungssystem nicht mehr geben wird (BT-Drucks. 16/10144 S. 98).

[328] Eingefügt durch Art. 19 Nr. 2 Buchst. a RRG 1999, in Kraft ab 1. 1. 2000 (Art. 33 Abs. 13 RRG 1999). Doch gilt auch für die Zeit zuvor nichts anderes, s. dazu OLG Schleswig FamRZ 1996, 217, 218; OLG Saarbrücken FamRZ 1999, 382 (dort auch zur Abänderbarkeit eines Vergleichs, wenn zwar der Alters-, nicht aber der Krankheitsvorsogeunterhalt von der Anpassung ausgeschlossen wurde); *Schwab/Borth* IV RdNr. 1011; *Büttner* FamRZ 1995, 193, 197.

[329] BGH NJW 1983, 1552 = FamRZ 1983, 676, 677.

[330] BGH NJW-RR 1989, 386 = FamRZ 1989, 483, 485.

[331] BGH NJW-RR 1989, 386 = FamRZ 1989, 483, 485.

[332] BGH NJW 1983, 1552 = FamRZ 1983, 676, 677; NJW 1983, 2937 = FamRZ 1983, 888, 889.

[333] Letzteres hat der BGH NJW 1983, 2937 f. = FamRZ 1983, 888, 889 gebilligt.

[334] BGH NJW 1983, 1552 = FamRZ 1983, 676, 677; NJW-RR 1989, 386 = FamRZ 1989, 483, 485.

[335] Dazu OLG Brandenburg FamRZ 2008, 789, 790.

[336] BGH NJW 1983, 2937 f. = FamRZ 1983, 888, 889.

[337] KG FamRZ 2007, 2100 (zum Kindesunterhalt); OLG Brandenburg FamRZ 2008, 789, 790.

Verweisung auf eine Versicherung mit Selbstbeteiligung nicht (mehr) zumutbar, sodass er unterhaltsrechtlich unschädlich einen Versicherungsvertrag ohne Selbstbeteiligung abschließen und den Verpflichteten auf die Erstattung der dafür erforderlichen Versicherungsprämien in Anspruch nehmen kann.

74 **4. Vorsorge für das Alter und die verminderte Erwerbsfähigkeit. a) Grundsätze.** Der Bedarf zur Vorsorge für den Fall des Alters sowie der verminderten Erwerbsfähigkeit, die u. a. die Berufs- und Erwerbsunfähigkeit umfasst (§ 33 Abs. 3 Nr. 4 und 5 SGB VI), gehört zum Lebensbedarf (Abs. 3); Aufwendungen hierfür sind nicht in den Tabellen und Richtlinienwerten enthalten, nach denen die Praxis im Allgemeinen auch den nachehelichen Ehegattenunterhalt bemisst (dazu RdNr. 52, 53).[338] Diese Regelung, die **verfassungsgemäß** ist,[339] soll Lücken in der „sozialen Biographie" des unterhaltsberechtigten Ehegatten schließen[340] und die Nachteile ausgleichen, die ihm aus der meist ehebedingten Behinderung seiner Erwerbstätigkeit erwachsen.[341] – Der Anspruch auf den **Altersvorsorgeunterhalt** richtet sich auf **Zahlung an den Berechtigten,** nicht an einen Versorgungsträger.[342] Er kann sich auch gegen einen Verpflichteten richten, der sich bereits im Ruhestand befindet,[343] kann aber nicht mehr verlangt werden, wenn der Berechtigte bereits **Altersruhegeld** bezieht[344] oder die Altersruhegrenze erreicht hat.[345] Wohl aber besteht ein Bedürfnis für weitere Altersvorsorge, wenn eine Rente wegen **Erwerbsunfähigkeit** bezogen wird. – Der Anspruch wird nicht durch einen vertraglichen Verzicht auf die Durchführung des **Versorgungsausgleichs** (§§ 1408 Abs. 2 S. 1, 1587 o, s. auch § 1408 Abs. 2 idF von Art 3 Nr. 3 VAStrRefG iVm. §§ 6–8 VersAusglG) ausgeschlossen, weil er dem Berechtigten nicht eine Beteiligung an den während der Ehezeit vom Verpflichteten erworbenen, dem Versorgungsausgleich zuzurechnenden Versorgungsanrechten vermittelt, sondern eine eigenständige Versorgung für den Fall des Alters.[346] – Altersvorsorgeunterhalt kann idR nur bis zum Eintritt in das **allgemeine Rentenalter** von 65 Jahren verlangt werden, weil bis zu diesem Zeitpunkt grundsätzlich Rentenanwartschaften erworben werden können.[347] Entfällt das Vorsorgebedürfnis **früher,** etwa weil bereits die bisherige Altersversorgung die des Verpflichteten erreicht, besteht schon zu diesem Zeitpunkt kein Anspruch auf Altersvorsorgeunterhalt mehr.[348] – Der Berechtigte braucht grundsätzlich keine konkreten **Angaben** über die von ihm beabsichtigte Vorsorge und die hierfür erforderlichen Vorsorgeaufwendungen zu machen.[349] Doch ist er verpflichtet, die Leistungen **zweckentsprechend** für die Altersvorsorge zu verwenden.[350] Er kann deshalb den ihm zustehenden Gesamtunterhalt nicht nach freiem Ermessen auf den Elementar- und Altersvorsorgeunterhalt aufteilen.[351] – Wegen des Vorrangs des Elementarunterhalts kommt dem Altersvorsor-

---

[338] BGH NJW 1981, 1556 = FamRZ 1981, 442; NJW 1982, 1983 = FamRZ 1982, 887, 890.

[339] BGH NJW 1981, 1556 = FamRZ 1981, 442, 443; NJW 1981, 2192 = FamRZ 1981, 864, 865; NJW 1982, 1983 = FamRZ 1982, 887, 889; aA AG Mannheim FamRZ 1980, 690, 696 f.; FamRZ 1982, 1088.

[340] BT-Drucks. 7/650 S. 136.

[341] BGH NJW 1981, 1556 = FamRZ 1981, 442, 443; NJW 1981, 2192 = FamRZ 1981, 864, 865; NJW-RR 1988, 514 = FamRZ 1988, 145, 150; NJW-RR 1999, 297 = FamRZ 1999, 372, 373. Dies trifft auch auf einen Beamten zu, der sich wegen der Kinderbetreuung beurlauben lässt, OLG Köln FamRZ 1987, 1257, 1258.

[342] BGH NJW 1983, 1547, 1548 = FamRZ 1982, 1187, 1188.

[343] OLG Koblenz FamRZ 1989, 59.

[344] OLG Hamm FamRZ 1987, 829, 830; FamRZ 1998, 27 f.; OLG Frankfurt a. M. FamRZ 1992, 823, 824.

[345] OLG Frankfurt a. M. NJW-RR 1991, 202 = FamRZ 1990, 1363.

[346] AG Euskirchen FF 1997, 90 f.

[347] BGH NJW 2000, 284 = FamRZ 2000, 351, 354; NJW 2006, 1794 = FamRZ 2006, 387, 392 m. Anm. *Büttner.*

[348] BGH NJW 1981, 1556 = FamRZ 1981, 442, 445; NJW 2000, 284 = FamRZ 2000, 351, 354; NJW 2006, 1794 = FamRZ 2006, 387, 392 m. Anm. *Büttner.*

[349] BGH NJW 1982, 1983 = FamRZ 1982, 887, 889 f.; NJW 1982, 1986 = FamRZ 1983, 152, 154; NJW 1983, 1547 = FamRZ 1982, 1187, 1188; zuletzt BGH NJW 2007, 144 = FamRZ 2007, 117, 119.

[350] Zur Krankheitsvorsorge BGH NJW-RR 1989, 386 = FamRZ 1989, 483, 485.

[351] BGH NJW 1982, 1983 = FamRZ 1982, 887, 890; NJW 1983, 1547 = FamRZ 1982, 1187, 1188.

geunterhalt **praktisch** relativ geringe Bedeutung zu und gewinnt idR nur bei überdurchschnittlichen Einkommensverhältnissen des Verpflichteten eigenes Gewicht. Hierzu und zum **Vorwegabzug** s. RdNr. 71.

b) Form. Beide Ehegatten haben grundsätzlich die **Wahl,** wie sie für das Alter und die Berufs- oder Erwerbsunfähigkeit Vorsorge treffen wollen.[352] Für **nichtselbständige** Arbeitnehmer besteht hinsichtlich ihrer **primären Altersvorsorge** allerdings insoweit kein Wahlrecht, als sie in der gesetzlichen Rentenversicherung pflichtversichert sind (§ 2 SGB VI). Dagegen können nichtversicherungspflichtige **Selbständige** ihre Primärvorsorge sowohl durch freiwillige Versicherung in der **gesetzlichen** Rentenversicherung (§ 7 SGB VI) als auch durch **private** Vorsorge betreiben. Private Vorsorge ist schon deshalb in Betracht zu ziehen, weil der geschuldete Unterhaltsbetrag hinter der Mindestbeitragshöhe für die gesetzliche Rentenversicherung zurückbleiben kann oder nur eine Höherversicherung möglich wäre, oder aber der Berechtigte bereits privat Vorsorge getroffen hat.[353] Zudem können nach § 1587 b Abs. 4 angeordnete oder nach § 1587 o genehmigte Versorgungsformen gewählt werden (dazu auch §§ 6, 8 VersAusglG). – Da dem Gesetzgeber an einer Absicherung für den Fall des Alters und der Berufs- oder Erwerbslosigkeit gelegen war,[354] kann nicht jede beliebige vermögenswirksame Anlage des Vorsorgezuschlags gewählt werden,[355] vielmehr ist das **Interesse des Verpflichteten** zu beachten, nach Eintritt des Versorgungsfalles nicht weiter in Anspruch genommen zu werden. – Das **„Verbot der Doppelberücksichtigung"** (dazu Vor § 1569 RdNr. 8–12) ist für den nachehelichen Unterhalt auch bei **kapitalbildenden** Anlageformen ohne Belang, weil der Güterstand ohnehin beendet ist. Für den Trennungsunterhalt (§ 1361) können die Aufwendungen jedoch nicht durch Berücksichtigung des gebildeten Kapitals und durch die unterhaltsrechtliche Anerkennung der monatlichen Aufwendungen für gleiche Zeiträume doppelt ausgeglichen werden. – Vornehmlich folgende private Anlageformen kommen in Betracht: 75

- **Lebensversicherungen** in Form von Kapital- oder Rentenversicherung, auch als **Direktversicherung** als Form der betrieblichen Altersversorgung durch Entgeltumwandlung (§ 1 a BetrAVG; dazu auch RdNr. 79)[356] oder für Selbständige als **Risikolebensversicherung.**[357] Dies dürfte, zumal angesichts der staatlich geförderten „Riester-Rente", wohl die gebräuchlichste Form der privaten Altersvorsorge sein.
- **Wertpapiere** und **Fondsbeteiligungen.** Insbesondere für diese Anlageformen mit dem Risiko erhöhter Volatilität erlangt ihre nachhaltige Werthaltigkeit erhöhte Bedeutung. Ggf. ist der Ehegatte, der diese Anlageform gewählt hat, fiktiv unter Zugrundelegung einer anderen, sichereren Anlage zu behandeln.[358]
- Erwerb und Finanzierung von **Immobilien.**[359] Als monatlicher Aufwand sind neben den Zins- auch die Tilgungsleistungen,[360] oder, wurde eine Lebensversicherung durch Abtretung des Auszahlungsanspruchs bei Tilgungsaussetzung zur Sicherung eines Darlehens verwandt, die Versicherungsprämien zu berücksichtigen. Dient der finanzierte Vermögensgegenstand dagegen nicht der Altersvorsorge und wurde das Einkommen bereits

[352] BGH NJW 1987, 2229 = FamRZ 1987, 684, 686; NJW 2003, 1160 = FamRZ 2003, 860, 863; NJW 2007, 144 = FamRZ 2007, 117, 119; NJW 2008, 1946 m. Anm. *Griesche* = FamRZ 2008, 963, 965 f. [22] m. Anm. *Büttner.* Der Gesetzgeber (BT-Drucks. 7/650 S. 137) hat vornehmlich an eine Beitragsentrichtung zur gesetzlichen Rentenversicherung gedacht.

[353] BGH NJW 1981, 1556 = FamRZ 1981, 442, 443.

[354] BT-Drucks. 7/650 S. 137.

[355] OLG Frankfurt a. M. FamRZ 1990, 414.

[356] BGHZ 163, 84 = NJW 2005, 3277 = FamRZ 2005, 1817, 1821 f.; NJW 2008, 1946 m. Anm. *Griesche* = FamRZ 2008, 963, 965 f. [22] m. Anm. *Büttner.*

[357] *Borth* NJW 2008, 326, 329.

[358] BGH NJW 2003, 1160 = FamRZ 2003, 860, 863: „nicht zwingend in Betracht zu ziehen".

[359] BGHZ 163, 84 = NJW 2005, 3277 = FamRZ 2005, 1817, 1820 f.; NJW 2006, 1794 = FamRZ 2006, 387, 389 f. m. Anm. *Büttner* FamRZ 2006, 393; offen gelassen noch BGH NJW 2003, 2306 = FamRZ 2003, 1179, 1182 m. Anm. *Klinkhammer.*

[360] BGHZ 163, 84 = NJW 2005, 3277 = FamRZ 2005, 1817, 1821 f.

durch die Abschreibung des Gegenstandes vermindert, können die Versicherungsprämien zur Vermeidung einer Doppelberücksichtigung nicht noch einmal abgesetzt werden.[361]

– **Spar-, Bauspar-** und **Fondssparverträge,** Letztere insbesondere dann, wenn sie zertifiziert sind, aber auch **Sparbücher.**[362] Insoweit wird aber stets zu prüfen sein, ob und inwieweit die angesparten Mittel tatsächlich der Altersvorsorge dienen oder lediglich für die spätere Anschaffung von Verbrauchsgütern vorgesehen sind.
– ggf. **Rückstellungen** eines Selbständigen nach § 6 a Abs. 1 EStG.[363]

76 **c) Bemessung. aa) Grundsätze.** Der BGH[364] bemisst den Altersvorsorgeunterhalt in den Fällen, in denen das Erwerbseinkommen **vollständig** zur Deckung des Lebensbedarfs herangezogen und der Unterhalt nach der **Halbteilung** bemessen wurde, nicht danach, ob er unter Berücksichtigung bereits vorhandener und noch zu erwartender Versorgungsanrechte des Berechtigten im Versorgungsfall zu angemessenen, den Lebensbedarf deckenden Versorgungsleistungen führt. Vielmehr richtet er ihn, auch wenn **Aufstockungsunterhalt** nach § 1573 Abs. 2 geschuldet wird,[365] unabhängig davon, wie die Eheleute während ihres Zusammenlebens ihre Alterssicherung betrieben haben, in Anlehnung an die Brutto-/Nettoberechnung nach § 14 Abs. 2 SGB IV an dem zugebilligten Elementarunterhalt aus und knüpft an dessen Lohnersatzfunktion an, weil ein Anspruch auf ihn idR auch einen Anspruch auf Altersvorsorgeunterhalt nach sich zieht. Er begrenzt ihn durch die Höhe der für den Verpflichteten zu erwartenden Altersversorgung. Dies ist deshalb sachgerecht, weil der Altersvorsorgeunterhalt damit an der Entwicklung der ehelichen Lebensverhältnisse teilnimmt, zu einer eheangemessenen Versorgung führt und die gerade in diesem Bereich besonders großen Unsicherheiten der Prognose ausgeschlossen werden können.

77 **bb) Maßgebliche Einkünfte.** In die Errechnung des Altersvorsorgeunterhalts sind alle **Erwerbseinkünfte** einzubeziehen, auf die Altersvorsorgebeiträge geleistet werden. Dies gilt auch für **fiktive** Erwerbseinkünfte (dazu RdNr. 142),[366] soweit sie bedarfsprägend eingestellt werden, weil auch sie lediglich mit ihrem Nettoertrag berücksichtigt werden und damit auch der Aufwand für Vorsorgebeiträge fingiert wird. – Daneben finden auch **alle bedarfsprägenden Einkünfte,** aus denen keine Vorsorgebeiträge abgeführt werden, Berücksichtigung. Denn der Vorsorgebedarf richtet sich nicht nach dem bislang tatsächlich betriebenen Vorsorgeaufwand, sondern nach dem „Nettoeinkommen" des Berechtigten, das durch den künftigen Vorsorgeaufwand gesichert werden soll. – In die Bemessung des vorläufigen Elementarunterhalts sind deshalb auch Einkünfte des Berechtigten aus einer **sozialversicherungsfreien** Beschäftigung (§ 8 Abs. 1 Nr. 2 SGB IV; dazu auch RdNr. 78)[367] einzubeziehen, ohne dass dies zu einer Verringerung des Vorsorgebeitrags führt. Diese Einkünfte werden deshalb sowohl im Rahmen der Anrechnungsmethode (dazu auch RdNr. 67)[368] als auch der Differenz-/Additionsmethode bei der Ermittlung des für die Errechnung des Vorsorgebeitrags maßgeblichen vorläufigen Elementarunterhalts nicht angerechnet. – Dagegen können Vermögenserträge wie Kapitalerträge, Mietzinsen, Wohnvorteile oder sonstige Gebrauchsvorteile, die, **nachhaltig erzielt,** selbst als Altersvorsorge geeignet sind, nicht als Anknüpfung für die Bemessung des Altersvorsorgeunterhalts dienen, da dies zu einer Doppelberücksichtigung und Überversorgung des Berechtigten führen würde. Dies hat zur Folge, dass diese Vorteile in die Bemessung des Bedarfs und der

---

[361] OLG Hamm NJW-RR 1991, 1474 = FamRZ 1991, 1310, 1312.
[362] BGH NJW 2003, 1160 = FamRZ 2003, 860, 863: „im Einzelfall".
[363] Zu deren Behandlung s. *Borth* NJW 2008, 326, 329.
[364] BGH NJW 1981, 1556 = FamRZ 1981, 442, 444 f.; NJW-RR 1988, 514 = FamRZ 1988, 145, 150; NJW-RR 1988, 1282 = FamRZ 1988, 1145, 1147 f.
[365] BGH NJW 1982, 1873 = FamRZ 1982, 255, 257; NJW-RR 1988, 514 = FamRZ 1988, 145, 151.
[366] OLG Hamm NJWE-FER 1997, 98 = FamRZ 1997, 1278, 1279; OLG Dresden FamRZ 1999, 232, 233.
[367] BGH NJW-RR 1999, 297 = FamRZ 1999, 372, 373; OLG Hamm NJWE-FER 1997, 98 = FamRZ 1997, 1278, 1279; aA *Kalthoener/Büttner/Niepmann* RdNr. 358; noch offen gelassen von BGH NJW 1982, 1873 = FamRZ 1982, 255, 257.
[368] BGH NJW-RR 1999, 297 = FamRZ 1999, 372, 374.

Bedürftigkeit (1. Stufe) einzubeziehen und nach Errechnung des „Bruttoeinkommens" (2. Stufe) vom in der 3. Stufe ermittelten Vorsorgebeitrag als bedarfsdeckend wieder abzuziehen sind.[369]

Für folgende **Sonderfälle** gilt: 78

- Lebt der Berechtigte in einer **nichtehelichen Lebensgemeinschaft,** in der sein Partner für seinen Elementarunterhalt aufkommt, ist für die Berechnung des Altersvorsorgeunterhalts an den ohne das Bestehen dieser Gemeinschaft geschuldeten Elementarunterhalt anzuknüpfen, auch wenn dieser hinter dem vollen oder dem notwendigen Unterhalt zurückbleibt.[370] Wenn man mit der neueren Rspr. des BGH die haushaltsführende Tätigkeit des Berechtigten in der neuen Partnerschaft bedarfsprägend behandelt (dazu RdNr. 135–137), ist der Wert dieser Leistung für die Errechnung des Vorsorgebeitrags nicht vom Bedarf vorweg abzusetzen (dazu RdNr. 71).
- Auch wenn wegen einer **unzumutbaren Erwerbstätigkeit** des Berechtigten der Elementarunterhalt nach § 1577 Abs. 2 bemessen wird, ist er der Berechnung des Altersvorsorgeunterhalts zugrunde zu legen; die zusätzliche Verpflichtung des Verpflichteten zur Zahlung von Altersvorsorgeunterhalt kann jedoch die anzustellende Billigkeitsabwägung beeinflussen.[371]
- Erstreckt sich die Obliegenheit des Berechtigten auf eine Erwerbstätigkeit über den **Geringverdienerbereich** hinaus, errechnen sich die zugerechneten fiktiven Nettoeinkünfte bereits nach Abzug der Sozialversicherungsaufwendungen (dazu auch RdNr. 71), sodass der Berechnung des Altersvorsorgeunterhalts der sich unter Einbeziehung der fiktiven Nettoeinkünfte ergebende vorläufige Elementarunterhalt zugrunde zu legen ist.[372] Dies gilt auch für Geringverdienereinkünfte, die nach Wahl des Berechtigten **sozialversicherungspflichtig** werden (§ 8 Abs. 1 Nr. 1 SGB IV, § 5 Abs. 2 S. 2 SGB VI).

cc) Höhe. Über die primäre Altersvorsorge (dazu RdNr. 75), die in Höhe des gesetzlichen Beitragssatzes von z. Zt. 19,9% auch jedem Selbständigen[373] und nicht versicherungspflichtig Beschäftigten zuzuerkennen ist,[374] hinaus sind **beiden** Ehegatten angesichts der Unsicherheiten der Absicherung für den Fall des Alters durch die gesetzliche Rentenversicherung weitere Aufwendungen in Anlehnung an die staatlich geförderte „Riester-Rente" in Höhe von 4% des **Gesamtbruttoeinkommens** – nicht nur des Bruttoerwerbseinkommens, allerdings beschränkt auf Einkünfte mit Lohnersatzfunktion, weil Altersvorsorge idR aus Erwerbseinkünften betrieben wird und auch die Rspr. des BGH hieran anknüpft; zu ihnen zählt auch Ehegattenunterhalt (Elementar- und Vorsorgeunterhalt), weil er Erwerbseinkünfte ersetzt oder ausgleicht – für eine zusätzliche private – **sekundäre** – **Altersvorsorge** ohne Beschränkung auf bestimmte **Anlageformen** (dazu RdNr. 75) zuzubilligen (zu ihrer **Geltendmachung** s. RdNr. 210).[375] Für den Berechtigten gilt dies in doppelter Hinsicht: Zum einen ist die sekundäre Altersvorsorge von seinem in die Unterhaltsberechnung einzustellenden Einkommen abzusetzen, zum anderen geht sein **Anspruch** gegenüber dem Verpflichteten auch 79

---

[369] BGH NJW 2000, 284, 288 = FamRZ 2000, 351, 355 m. Anm. *Quack* FamRZ 2000, 665.
[370] BGH NJW 1982, 1987, 1988 = FamRZ 1982, 679, 680.
[371] BGH NJW-RR 1988, 514 = FamRZ 1988, 145, 151.
[372] *Wendl/Gutdeutsch* § 4 RdNr. 475.
[373] S. dazu insbesondere *Borth* NJW 2008, 326, 328 f.
[374] BGH NJW 2003, 1660 = FamRZ 2003, 860, 863.
[375] BGHZ 163, 84 = NJW 2005, 3277 = FamRZ 2005, 1817, 1821 f. – Anders OLG Hamm FamRZ 2002, 885, 887 m. Anm. *Kemper* FamRZ 2003, 1430: Berücksichtigung der Lebensversicherungsprämie nur zu 50%, da die Erträge aus einer selbständigen Tätigkeit nur mit diesem Anteil in die Unterhaltsberechnung einbezogen wurden. – Nach *Borth* NJW 2008, 326, 327 fehlt es an einer „Grundlage zur Anerkennung eines generellen, den Unterhaltsberechtigten wie -verpflichteten betreffenden Anspruchs auf Anerkennung einer Altersvorsorge." Dies ist missverständlich: Altersvorsorge kann entsprechend den ehelichen Lebensverhältnissen verlangt werden, weil sie Teil des ehebedingten Bedarfs sind. Und in Höhe von 4% sind die Aufwendungen unabhängig davon, ob sie bereits während der Ehezeit betrieben wurde, stets bedarfsprägend, weil sie erforderlich sind, die Rentenreduktionen aufzufangen.

auf diesen Teil der Vorsorge.[376] Anders als zur primären können Beiträge für die sekundäre Altersvorsorge allerdings nur unter folgenden Voraussetzungen verlangt werden:

- Die sekundäre Altersvorsorge muss auch **tatsächlich** betrieben werden;[377] der Berechtigte hat dies und die Höhe seiner Beiträge im Rechtsstreit ggf. nachzuweisen.
- Der Berechtigte ist für den Fall des Alters nicht bereits **hinreichend** abgesichert. Maßgeblich für diese Beurteilung ist seine Versorgungslage insgesamt aufgrund seiner Altersvorsorge und seines Vermögens (sowohl hinsichtlich des Stammes als auch der Erträge).[378] Da die sekundäre Altersvorsorge allein die absehbare Minderung der Altersversorgung über die gesetzliche Rentenversicherung auffangen soll, hindern Anwartschaften aus einer **betrieblichen Alterversorgung** deren Erheblichkeit jedenfalls grundsätzlich nicht. Insoweit kann berücksichtigt werden, ob der Beitritt zur betrieblichen Altersversorgung freiwillig oder aufgrund von Betriebsvereinbarungen verpflichtend ist, ob als Arbeitnehmer Beiträge und ggf. in welcher Höhe bezahlt werden und wie hoch die Leistungen im Versorgungsfall sind. Zudem sind die künftigen Renteneinkünfte des Verpflichteten idR bereits durch den Versorgungsausgleich geschmälert; dass damit der Berechtigte den Versorgungsausgleich über die sekundäre Altersversorgung mitfinanziert, steht deren Berücksichtigung nicht entgegen, da dies auch sonst nicht anders ist und ihm der Aufbau einer entsprechenden Altersversorgung gleichfalls zugestanden wird. Restriktionen können sich wie stets bei eingeschränkter **Leistungsfähigkeit** ergeben.
- Die **Höhe** des Anspruchs auf primäre und sekundäre Altervorsorge kann dadurch ermittelt werden, dass bei Anwendung der Bremer Tabelle (dazu RdNr. 80, 81) von einer Bemessungsgrundlage von insgesamt 24,9% (Beitragssatz in der gesetzlichen Rentenversicherung 19,9% + 4%) ausgegangen wird. Stets werden aber Vergleichsberechnungen erforderlich sein, um auszuschließen, dass dem Berechtigten mehr Unterhalt für die sekundäre Altersvorsorge zugesprochen wird, als er tatsächlich Beiträge aufbringt. – Da es um eine angemessene Altersvorsorge entsprechend den familiären wirtschaftlichen Lebensverhältnissen geht, wird die Höhe des Altersvorsorgeunterhalts nicht entsprechend der sozialversicherungsrechtlichen **Beitragsbemessungsgrenze** (z. Zt. 5250 €/Monat, Anlage 2 zu § 160 Nr. 2 SGB VI) gedeckelt,[379] weil als sozialadäquat unterstellt werden kann, dass von der Beitragsbemessungsgrenze Betroffene idR darüber hinaus Altersvorsorge betreiben.
- Insbesondere bei Selbständigen ist die **Angemessenheit** der Altersvorsorge selbst bei einem Satz von 20% wegen der höheren Rendite als in der gesetzlichen Rentenversicherung zu hinterfragen.[380] Für eine **Direktversicherung** (dazu auch RdNr. 75) ist aber zu beachten, wenn der Arbeitgeber seinem Arbeitnehmer die Prämien für eine Lebensversicherung erstattet. Da dann, wie bei den vermögenswirksamen Leistungen (dazu RdNr. 89), die Erstattung von der tatsächlich betriebenen Altersvorsorge abhängt, sind die Prämien ohne Begrenzung auf 4% in erstatteter Höhe abzugsfähig.

80 **dd) Berechnung des Altersvorsorgeunterhalts.** Der BGH hat die Berechnung des Altersvorsorgeunterhalts nach der **Bremer Tabelle** ausdrücklich gebilligt.[381] Danach wird

---

[376] Zu Letzterem auch *Borth* FPR 2004, 549, 554; FPR 2008, 86, 87.

[377] BGH NJW 2003, 1660 = FamRZ 2003, 860, 863; NJW 2007, 511 = FamRZ 2007, 193 f. m. Anm. *Borth*; BGHZ 171, 206 = NJW 2007, 1961 = FamRZ 2007, 793, 795 [27]; s. auch *Kalthoener/Büttner/Niepmann* RdNr. 410.

[378] BGH NJW-RR 2004, 793 = FamRZ 2004, 792, 793; s. hierzu auch das Bsp. BGH NJW 2006, 1794 = FamRZ 2006, 387, 390: Der Verpflichtete hatte angesichts des ihm zugeflossenen Erbes auf eine weitergehende Altersvorsorge verzichtet; ähnlich *Borth* NJW 2008, 326, 330. – Etwas anderes kann mE auch nicht aus BGHZ 163, 84 = NJW 2005, 3277 = FamRZ 2005, 1817, 1821 abgeleitet werden, weil sich der BGH dort nur mit dem konkreten Einzelfall der Direktversicherung als – zulässiger – betrieblicher Altersvorsorge auseinandersetzt.

[379] BGH NJW 2007, 144 = FamRZ 2007, 117, 119; OLG Hamm FamRZ 2008, 1184, 1185 m. Anm. *Born*.

[380] S. dazu auch die Zweifel bei *Borth* NJW 2008, 326, 328 f.; FPR 2008, 86, 88

[381] BGH NJW 1982, 1986 = FamRZ 1983, 152, 153 f.; NJW 1983, 2937 = FamRZ 1983, 888, 889; NJW-RR 1988, 514 = FamRZ 1988, 145, 151; zuletzt BGH NJW 2007, 511= FamRZ 2007, 193, 196 m. Anm. *Borth*.

der Berechtigte so behandelt, als entspreche der ihm zustehende **Elementarunterhalt** seinem **Nettoeinkommen,** das zur Ermittlung der Versicherungsbeiträge in ein **fiktives Bruttoeinkommen** umgerechnet wird. Errechnet wird der Betrag, der zu dem Nettobetrag nach Abzug von Steuern und dem Arbeitnehmeranteil zur Renten- und zur Arbeitslosenversicherung führt. Die Kosten für die Kranken- und Pflegeversicherung bleiben zur Vermeidung unterschiedlicher Berechnungsweisen je nachdem, ob solche Kosten verlangt werden oder nicht, außer Betracht, weil sie nicht stets geltend gemacht werden und ihre Außerachtlassung nur zu verhältnismäßig geringen Differenzen führt; erbrachte oder zu erbringende Krankheits- und Pflegevorsorgeaufwendungen sind jedoch bei der Errechnung des anrechnungsfähigen Einkommens des Verpflichteten vorweg abzusetzen.[382] – Der Elementarunterhalt ist grundsätzlich aufgrund einer **zwei-** bzw., werden Einkünfte in die Unterhaltsberechnung einbezogen, auf die keine Vorsorgebeiträge bezahlt wurden und die nicht selbst solche darstellen (dazu RdNr. 77, 78), **dreistufigen Berechnungsweise** zu ermitteln (zu den **Ausnahmen** s. RdNr. 82). Zunächst ist er ohne Berücksichtigung von Altersvorsorgeaufwendungen zu errechnen und unter Zuhilfenahme der Bremer Tabelle in das fiktive Bruttoeinkommen umzurechnen. Aus diesem Bruttoeinkommen ist anhand der Beitragssätze der gesetzlichen Rentenversicherung[383] der Altersvorsorgebeitrag zu errechnen. Dieser ist vom bereinigten Einkommen des Verpflichteten vorweg abzusetzen und aus dem reduzierten Einkommen die Quote zu bilden. – Soweit ersichtlich, folgt die **Praxis,** auch wenn andere Berechnungsmethoden nicht ausgeschlossen sind, wegen ihrer Praktikabilität weitgehend der Berechnungsmethode des BGH und errechnet den Altersvorsorgeunterhalt anhand der Bremer Tabelle.[384] – Gleichwohl soll auf eine offensichtliche Ungereimtheit der Berechnungsmethode nach der Bremer Tabelle hingewiesen werden: Rechnet man mit der Bemessungsgrundlage der Bremer Tabelle, lässt man die tatsächliche Anlage des Altersvorsorgeunterhalts außer Betracht. In Versorgungseinrichtungen außerhalb der gesetzlichen Rentenversicherung, in denen der Altersvorsorgeunterhalt idR auch angelegt wird, können aber höhere Renditen erzielt werden. Die Anwendung der Bremer Tabelle wird deshalb idR zu einer zu hohen Altersversorgung des Berechtigten führen, ein Effekt, der sich durch die Einbeziehung der sekundären Altersvorsorge (dazu RdNr. 79, 103) noch verstärkt. – Zu **anderen Berechnungsmethoden** in der Praxis, meist vor den Entscheidungen des BGH, s. 3. Aufl. RdNr. 50.[385]

ee) Berechnungsbeispiele nach der Bremer Tabelle. 81

Bsp. 1 (keine Einkünfte des Berechtigten):[386]

Unterhaltspflichtiges Einkommen des Verpflichteten	6468 DM
./. Kindesunterhalt	1050 DM
Bereinigtes Nettoeinkommen des Verpflichteten	5418 DM
Vorläufiger Elementarunterhalt $3/7$ = fiktives Nettoarbeitsentgelt	2322 DM
Fiktives Bruttoarbeitsentgelt: nach Bremer Tabelle (+ 50%)	3483 DM
Krankenvorsorgeunterhalt (x 10,42%)	363 DM
Bereinigtes Nettoeinkommen des Verpflichteten	5418 DM
./. Krankenvorsorgeunterhalt (x 10,42%)	363 DM

[382] BGH NJW 1983, 2937 = FamRZ 1983, 888, 889 f.

[383] Bis 31. 12. 1980 *18%*; vom 1. 1. 1981 bis 31. 12. 1982 *18,5%*; vom 1. 1. 1983 bis 31. 8. 1983 *18%*; vom 1. 9. 1983 bis 31. 12. 1984 *18,5%*; vom 1. 1. 1985 bis 31. 5. 1985 *18,7%*; vom 1. 6. 1985 bis 31. 12. 1986 *19,2%*; vom 1. 1. 1987 bis 31. 3. 1991 *18,7%*; vom 1. 4. 1991 bis 31. 12. 1992 *17,7%*; vom 1. 1. 1993 bis 31. 12. 1993 *17,5%*; vom 1. 1. 1994 bis 31. 12. 1995 *19,2%*; vom 1. 1. 1997 bis 31. 3. 1999 *20,3%*; seit 1. 4. 1999 bis 31. 12. 1999 *19,5%*; vom 1. 1. 2000 bis 31. 12. 2000 *19,3%*; vom 1. 1. 2001 bis 31. 12. 2002 *19,1%*; vom 1. 1. 2003 bis 31. 12. 2006 *19,5%;* seit 1. 1. 2007 bis *19,9%.*

[384] S. etwa OLG Hamm NJWE-FER 1997, 98 = FamRZ 1997, 1278, 1279.

[385] Zu weiteren Berechnungsmethoden in der Literatur s. *Gröning* FamRZ 1983, 331, 333; FamRZ 1984, 736 und *Jacob* FamRZ 1988, 997.

[386] Nach BGH NJW 1983, 2937, 2938 = FamRZ 1983, 888, 890, hinsichtlich des Krankheitsvorsorgeunterhalts modifiziert nach *Wendl/Gutdeutsch* § 4 RdNr. 492; s. auch BGH NJW 2007, 511= FamRZ 2007, 193, 196 m. Anm. *Borth.*

Bsp. 1 (keine Einkünfte des Berechtigten):[387]

Bereinigtes Nettoeinkommen des Verpflichteten nach Krankenvorsorgeunterhalt	5055 DM
Vorläufiger Elementarunterhalt $^3/_7$ = fiktives Nettoarbeitsentgelt	2167 DM
Fiktives Bruttoarbeitsentgelt nach Bremer Tabelle (+ 46%)	3164 DM
Altersvorsorgeunterhalt x 18,5%	586 DM
Bereinigtes Nettoeinkommen des Verpflichteten	5055 DM
./. Altersvorsorgeunterhalt	586 DM
Bereinigtes Nettoeinkommen des Verpflichteten	4469 DM
Elementarunterhalt $^3/_7$	1916 DM
Gesamtunterhalt: Elementarunterhalt + Krankenvorsorgeunterhalt + Altersvorsorgeunterhalt	2865 DM

Bsp. 2 (prägende Einkünfte des Berechtigten):

Unterhaltspflichtiges Einkommen des Verpflichteten	3000 €
Berücksichtigungsfähiges Erwerbseinkommen des Berechtigten	1000 €
Familieneinkommen	4000 €
: 2 =	2000 €
./. eigenes Einkommen	1000 €
Vorläufiger Elementarunterhalt	1000 €
Fiktives Bruttoarbeitsentgelt: nach Bremer Tabelle (+ 19%)	1190 €
Altersvorsorgeunterhalt (x 19,9%)	237 €
Unterhaltspflichtiges Einkommen des Verpflichteten	3000 €
./. Altersvorsorgeunterhalt	237 €
	2763 €
Berücksichtigungsfähiges Erwerbseinkommen des Berechtigten	1000 €
Familieneinkommen	3763 €
: 2 =	1882 €
/. eigenes Einkommen	1000 €
Elementarunterhalt	882 €
Gesamtunterhalt: Elementarunterhalt + Altersvorsorgeunterhalt	1119 €

Bsp. 3 (prägende Einkünfte des Berechtigten, auf die keine Altersvorsorgebeiträge entrichtet werden):

Unterhaltspflichtiges Einkommen des Verpflichteten	3000 €
Einkommen des Berechtigten	1000 €
Familieneinkommen	4000 €
Vorläufiger Elementarunterhalt (: 2 =)	2000 €
Fiktives Bruttoarbeitsentgelt nach Bremer Tabelle (+ 45%)	2900 €
Altersvorsorgeunterhalt (x 19,9%)	578 €
Unterhaltspflichtiges Einkommen des Verpflichteten	3000 €
./. Altersvorsorgeunterhalt	578 €
	2422 €
Berücksichtigungsfähiges Erwerbseinkommen des Berechtigten	1000 €
Familieneinkommen	3422 €
: 2 =	1711 €
./. eigenes Einkommen	1000 €
Elementarunterhalt	711 €
Gesamtunterhalt: Elementarunterhalt + Altersvorsorgeunterhalt	1289 €

82 **ff) Ausnahme: Einstufige Berechnung des Elementarunterhalts.** Die zweistufige Berechnung des Elementarunterhalts soll sicherstellen, dass nicht zum Nachteil des Ver-

[387] Nach BGH NJW 1983, 2937, 2938 = FamRZ 1983, 888, 890, hinsichtlich des Krankheitsvorsorgeunterhalts modifiziert nach *Wendl/Gutdeutsch* § 4 RdNr. 492; s. auch BGH NJW 2007, 511= FamRZ 2007, 193, 196 m. Anm. *Borth*.

pflichteten von der Halbteilung abgewichen wird.[388] Wird aber die Halbteilung auch bei einer einstufigen Berechnung gewahrt, ist sie zur Errechnung des Elementarunterhalts heranzuziehen, dh. der bei der zweistufigen Berechnung vorläufige Elementarunterhalt ist bei der einstufigen Berechnung der endgültige Elementarunterhalt. Dies gilt für folgende **Fälle:**

– Ist der Bedarf wegen des hohen Nettoeinkommens des Verpflichteten **konkret** zu bemessen (dazu RdNr. 49–51), sind auch die Altersvorsorgeaufwendungen konkret darzulegen und kann, wenn dadurch der Grundsatz der gleichmäßigen Teilhabe am ehelichen Lebensstandard nicht verletzt wird, die Berechnung eines fiktiven Bruttoeinkommens unterbleiben.[389]
– Bei der Berechnung des eheangemessenen Bedarfs wurden Aufwendungen zur **Vermögensbildung** abgesetzt. Diese Mittel hat der Verpflichtete zunächst zur Bestreitung des Vorsorgeunterhalts einzusetzen, weil Vermögensbildung nicht fortgesetzt werden darf, wenn und soweit ein Mehrbedarf sonst nicht befriedigt werden kann.[390]
– Der Verpflichtete wird durch die **Anrechnung** nicht prägender Einkünfte des Berechtigten beim Elementarunterhalt bereits entlastet, weshalb er zusätzliche Mittel zur Bestreitung des Elementarunterhalts zur Verfügung hat.[391]
– Der Verpflichtete verfügt über **nicht prägende Einkünfte** in mindestens der Höhe der sich bei einer zweistufigen Berechnung ergebenden Differenz zwischen vorläufigem und endgültigem Elementarunterhalt.[392]

V. Sonderbedarf

1. Begriff. Sonderbedarf ist ein **unregelmäßiger, außergewöhnlich hoher Bedarf** 83
(§§ 1585 b Abs. 1, 1613 Abs. 2 Nr. 1 Halbs. 1). Unregelmäßig und außergewöhnlich ist der Bedarf nach der Rspr. des BGH, wenn er nicht mit Wahrscheinlichkeit vorherzusehen war, deshalb bei der Bemessung der laufenden Unterhaltsrente nicht berücksichtigt werden konnte[393] und nach den Umständen des Einzelfalles aus der laufenden Unterhaltsrente nicht zumutbar bestritten werden kann.[394] – Aus Gründen der gerechten Verteilung der materiellen Belastungen dürfen insbesondere an die **Nicht-Vorhersehbarkeit** keine zu strengen Anforderungen gestellt werden.[395] Mag es auch zum Kindesunterhalt angezeigt sein, auf das Überraschungsmoment gänzlich zu verzichten,[396] zum Ehegattenunterhalt ist daran festzuhalten, weil der Bedarf nach den ehelichen Lebensverhältnissen die Bedürfnisse des Berechtigten grundsätzlich vollständig umfasst (dazu RdNr. 42, 43). Dabei reicht aus, dass die Aufwendungen nicht im Voraus abschätzbar waren und deshalb nicht in die Bemessung der laufenden Unterhaltsrente einfließen konnten.[397] – Der Sonderbedarf ist **außergewöhnlich hoch,** wenn er nach den Umständen des Einzelfalles, insbesondere nach seiner Höhe und den Einkünften des Berechtigten, nach dem Lebenszuschnitt der Ehegatten und nach Anlass und Umfang der Aufwendungen, trotz der Leistungsfähigkeit des Verpflichteten nicht **zumutbar** aus der laufenden Unterhaltsrente bestritten werden kann.[398] Unzumutbarkeit

[388] BGH NJW 1983, 1547 = FamRZ 1982, 1187, 1188.

[389] BGH NJW 1983, 1547 = FamRZ 1982, 1187, 1188; NJW-RR 1988, 1282 = FamRZ 1988, 1145, 1148; auch OLG Hamm NJW-RR 1995, 1283 = FamRZ 1995, 1578.

[390] BGH NJW 1987, 1218 = FamRZ 1987, 913, 916; *Wendl/Gutdeutsch* § 4 RdNr. 485.

[391] BGH NJW-RR 1999, 297 = FamRZ 1999, 372, 374; OLG München NJW-RR 1993, 1479 = FamRZ 1992, 1310, 1311; FamRZ 1994, 1459; *Gutdeutsch* FamRZ 1989, 451, 452; *Wendl/Gutdeutsch* § 4 RdNr. 486.

[392] *Wendl/Gutdeutsch* § 4 RdNr. 487.

[393] BGH NJW 1982, 328 = FamRZ 1982, 145, 146 (zu § 1613 Abs. 2 S. 1); NJW 1983, 224 = FamRZ 1983, 29, 30.

[394] BGH NJW 1983, 224 = FamRZ 1983, 29, 30; OLG Hamm FamRZ 1980, 478, 479; OLG Düsseldorf FamRZ 1982, 1068, 1069.

[395] *Kalthoener/Büttner/Niepmann* RdNr. 280; *Göppinger/Wax/Kodal* RdNr. 194.

[396] OLG Karlsruhe FamRZ 1997, 967, 968; zu kieferorthopädischen Behandlungskosten eines Kindes als Sonderbedarf nach § 1603 Abs. 2 Nr. 1 s. OLG Celle NJW-RR 2008, 378 = FamRZ 2008, 1884, 1885.

[397] BGH NJW 1983, 224 = FamRZ 1983, 29, 30.

[398] BGH NJW 1983, 224 = FamRZ 1983, 29, 30.

idS liegt stets vor, wenn die Unterhaltsrente ohnehin nur den notwendigen Bedarf abdeckt oder die zusätzlichen Aufwendungen deren Monatsbetrag übersteigen.[399] – Der **trennungsbedingte Mehrbedarf** (dazu RdNr. 66–68) unterscheidet sich vom Sonderbedarf durch seine Regelmäßigkeit. Er ist im Gegensatz zum Sonderbedarf bei der Bestimmung des vollen nachehelichen Unterhaltsbedarfs zu berücksichtigen (dazu RdNr. 66). Wie dieser ist der Sonderbedarf jedoch neben dem **laufenden Unterhalt** zu bezahlen und führt seine Leistung nicht zu dessen Verringerung. – Zu den Einzelheiten s. RdNr. 66–68, § 1613 RdNr. 63–94, zu **Studiengebühren** s. § 1575 RdNr. 16.

84 **2. Einzelfälle. a) Prozesskostenvorschuss.** Nach der Rspr. des BGH besteht zwischen **geschiedenen Ehegatten** kein Anspruch auf Prozesskostenvorschuss, weil deren unterhaltsrechtliche Beziehungen infolge ihrer grundsätzlichen wirtschaftlichen Eigenverantwortung nicht mehr von der besonderen, zwischen Ehegatten bestehenden Verantwortung geprägt sind.[400] Für einen Rechtsstreit auf nachehelichen Unterhalt kann Prozesskostenvorschuss deshalb nur dann verlangt werden, wenn dieser noch während der **Trennungszeit** in einem selbständigen Verfahren oder im Scheidungsverfahren mittels einer einstweiligen Anordnung für die Scheidungssache und die Folgesachen, auch für im Verbund erstrebten nachehelichen Unterhalt (§§ 621 Nr. 5, 623 ZPO, §§ 137 Abs. 2 Nr. 2, 231 Abs. 1 Nr. 2 FamFG), verlangt wird (§§ 1361 Abs. 4 S. 2, 1360 a Abs. 4).[401] Eine Geltendmachung im **Verbund** scheidet aus, da nicht eine Entscheidung für den Fall der Scheidung (§ 623 Abs. 1 S. 1 ZPO, § 137 Abs. 2 FamFG), sondern für die Durchführung des Scheidungsverfahrens erstrebt wird. – Wird bereits dem Anspruch auf Prozesskostenvorschuss die Verwirkung des Unterhaltsanspruchs nach § 1579 entgegengehalten, wird er idR gleichwohl zugesprochen werden müssen, um die Prüfung zu eröffnen, ob § 1579 verwirklicht ist und zu welchen Rechtsfolgen – Ausschluss, Herabsetzung oder Befristung des Unterhalts – dies führt.[402] Etwas anderes kann nur gelten, wenn die Verwirkung und der Ausschluss des Unterhaltsanspruchs offensichtlich sind.

85 **b) Umzugskosten.** Sie und die Kosten zur Renovierung der neu bezogenen Wohnung sind infolge ihrer Unregelmäßigkeit Sonderbedarf.[403] Bei der Prüfung der Zumutbarkeit, sie aus der laufenden Unterhaltsrente zu bestreiten, ist für die **Trennungszeit** auch darauf abzustellen, ob eine Trennung in der Ehewohnung möglich und zumutbar[404] oder ob der Umzug wirtschaftlich oder persönlich unsinnig[405] war. IdR werden sie aber als trennungsbedingter Mehraufwand über die Quote abgedeckt (dazu RdNr. 67).

86 **c) Verbindlichkeiten.** Sie können den Bedarf mitbestimmen, wenn sie die ehelichen Lebensverhältnisse mitgeprägt haben (§ 1578 Abs. 1 S. 1). IdR wird es sich bei dem monatlichen Schuldendienst nicht um einen Sonderbedarf handeln, weil seine Entstehung mit Wahrscheinlichkeit vorherzusehen war.[406] Wurden die Verbindlichkeiten allerdings eingegangen, um berücksichtigungsfähigen Sonderbedarf zu befriedigen, für den der Verpflichtete hätte eintreten müssen, jedoch mangels finanzieller Mittel nicht eintreten konnte, hat er im Rahmen seiner Leistungsfähigkeit für die monatlichen Kreditkosten als Sonderbedarf aufzukommen, wenn dieser rechtzeitig geltend gemacht worden ist.[407]

---

[399] OLG Düsseldorf FamRZ 1981, 75, 76; FamRZ 1982, 1068, 1069.

[400] BGHZ 89, 33 = NJW 1984, 291 = FamRZ 1984, 148 f. m. krit. Anm. *Herpers* FamRZ 1984, 465 und *Richter* JR 1984, 281; NJW-RR 1990, 194 = FamRZ 1990, 280, 282; s. auch OLG Schleswig FamRZ 2008, 614, 615.

[401] Dazu auch OLG Schleswig FamRZ 2008, 614, 615 mwN: Zum Anspruch auf Prozesskostenvorschuss im noch laufenden eAO-Verfahren nach Eintritt der Rechtskraft des Scheidungsausspruchs, insbesondere auch zum – verneinten – eAO-Gegenstand eines Anspruchs auf Schadensersatz hinsichtlich des Prozesskostenvorschusses.

[402] OLG Zweibrücken NJW-RR 2001, 1009 = FamRZ 2001, 1149.

[403] Dazu BGH NJW 1983, 224 = FamRZ 1983, 29; OLG Düsseldorf FamRZ 1982, 1068.

[404] OLG Köln FamRZ 1986, 163, 164 f.

[405] OLG Düsseldorf FamRZ 1982, 1068, 1069 f.

[406] AA *Hoppenz* FamRZ 1987, 324 (zeitlich gestreckter Sonderbedarf).

[407] *Göppinger/Wax/Strohal* RdNr. 268; *Kalthoener/Büttner/Niepmann* RdNr. 382.

VI. Vermögensbildung

87 Einkünfte, die während der Ehe für die Vermögensbildung verwandt wurden, haben nicht der Deckung des ehelichen **Lebensbedarfs** gedient und somit nicht die ehelichen Lebensverhältnisse iSd. § 1578 geprägt (zum **Maßstab** s. RdNr. 3).[408] Nicht der Vermögensbildung dienen Sparguthaben zur späteren Befriedigung aufgeschobener Unterhaltsbedürfnisse, wie etwa die Ansparung der finanziellen Mittel für ein Auto oder eine Urlaubsreise, ebenso nicht die als Notgroschen für unvorhergesehene Ausgaben vorgehaltenen Gelder; insoweit handelt es sich um Aufwendungen für Bedarfsgüter, die der Lebensführung dienen und deren Wert mit zunehmendem Gebrauch laufend abnimmt.[409] – Der Berechtigte braucht sich an dem Verhalten während des ehelichen Zusammenlebens nicht festhalten zu lassen, wenn die Ehegatten ihr Konsumverhalten zugunsten der Vermögensbildung nach einem objektiven Maßstab in **unverhältnismäßig** hohem Maße eingeschränkt und nach ihren finanziellen Verhältnissen erkennbar zu dürftig gelebt haben, zumal mit der Scheidung die personale Grundlage für eine eingeschränkte Lebensführung entfallen ist und der Berechtigte an der weiteren Vermögensbildung nicht mehr teilnimmt (dazu näher RdNr. 3, 42, 96, 99).[410] Ist auch grundsätzlich unerheblich, dass die Ehegatten mit der Vermögensbildung zu Lasten der Lebensführung **gemeinsame Zwecke** verfolgt haben,[411] verwehrt dies doch die Berücksichtigung von **Abweichungen** vom objektiven Standard im Einzelfall nicht, wenn diesen ein wirtschaftlich vernünftiger konkreter Lebensplan – etwa der Aufbau eines Gewerbebetriebes oder der Bau eines Familienheims – zugrunde liegt, der größere Sparraten bedingt und eine Korrektur der Unterhaltsbemessung nahe legt. Zu berücksichtigen ist auch, ob und mit welchem Anteil beide Ehegatten an dem Vermögensgegenstand **beteiligt** wurden oder durch güterrechtlichen Ausgleich daran teilhaben.[412] – Im **Mangelfall** bleiben die Aufwendungen für Vermögensbildung wegen des Vorrangs der Deckung des Lebensbedarfs außer Betracht.[413] Deshalb kann die zulässige **Vermögensbildungsrate** nicht pauschal durch einen Erfahrungssatz ermittelt, sondern muss im Einzelfall festgestellt werden.[414] – Bei der Bestimmung der **Bedürftigkeit** des Berechtigten und der **Leistungsfähigkeit** des Verpflichteten bleiben die Aufwendungen für die Vermögensbildung unberücksichtigt, weil der Unterhalt nicht der Vermögensbildung dient, es sei denn, sie sind unterhaltsrechtlich **neutral,** etwa wenn den Tilgungsraten für ein Darlehen, das zur Vermögensbildung führt, wie bei der Bildung von Wohneigentum durch das mietfreie Wohnen ein unterhaltsrechtlich zu berücksichtigender Vorteil gegenübersteht. – Zur Berücksichtigung von Prämienzahlungen auf eine **Lebensversicherung** s. RdNr. 75.

E. Einkünfte

I. Erwerbseinkünfte

88 **1. Unselbständige Arbeit. a) Grundsätze.** Das Erwerbseinkommen umfasst alle **Leistungen des Arbeitgebers,** die im Hinblick auf das Arbeits- und Dienstverhältnis gezahlt

---

[408] BGH NJW 1980, 1686 = FamRZ 1980, 665, 669; NJW 1983, 1733 = FamRZ 1983, 678, 679; BGHZ 89, 108 = NJW 1984, 292 = FamRZ 1984, 149, 151; OLG Oldenburg NJW 2004, 1051 = FamRZ 2004, 1211 f. (für „VW-Zeitwertpapiere" zur Ermöglichung späterer Altersteilzeit); aA für Lebensversicherungsbeiträge etwa OLG Hamburg FamRZ 1984, 59, 61.

[409] BGHZ 89, 108 = NJW 1984, 292 = FamRZ 1984, 149, 151.

[410] BGH NJW 1984, 1237 = FamRZ 1984, 358, 360 f.; NJW-RR 1987, 194 = FamRZ 1987, 36, 39; OLG Koblenz NJW-RR 1993, 964 = FamRZ 1993, 199, 201; OLG Bamberg NJW-RR 1994, 454 = FamRZ 1994, 1178, 1179 m. Anm. *P. Derleder* FuR 1994, 110; wohl auch OLG Hamm FamRZ 1993, 1089, 1090 (Erörterung einer Sättigungsgrenze); aA scheinbar OLG Köln FamRZ 1998, 1427 f. für Vermögensbildung aus Nebeneinkünften.

[411] BGH NJW-RR 1987, 194 = FamRZ 1987, 36, 39; NJW 1992, 2477 = FamRZ 1992, 1045, 1048.

[412] Zu Letzterem BGH NJW 2008, 57 = FamRZ 2007, 1532, 1537 [47].

[413] OLG Frankfurt a. M. Beschl. v. 13. 3. 2001 – 1 WF 285/00, juris [9] = EzFamR aktuell 2001, 309.

[414] BGH NJW-RR 1987, 194 = FamRZ 1987, 36, 39.

werden.[415] Maßgeblich ist das auf ein Jahr umgelegte **Nettoeinkommen** (zu den **Vorsorgebeiträgen** s. RdNr. 103, zu den **berufsbedingten Aufwendungen** s. RdNr. 59–63, zur Behandlung der **Steuern** s. auch RdNr. 104, 105), ausgehend von dem Bruttoeinkommen einschließlich:

- Schichtzulagen,[416] Urlaubs- und Weihnachtsgeld,[417] Prämien jeder Art,[418] Gewinnbeteiligungen, Sachzuwendungen jeder Art,[419] insbesondere in Form von Personalrabatten,[420] Gegenständen,[421] Tantiemen, Gratifikationen,[422] Sonderzuwendungen und Zulagen jeder Art,[423] Steuerrückerstattungen und -nachzahlungen (dazu auch RdNr. 104),[424] ebenso die Vergütung von Überstunden sowie von Sonn- und Feiertagsarbeit, Erschwerniszulagen,[425] Nebeneinkünfte[426] und Erfindervergütungen.
- Bei **Abgeordneten**[427] und **Bürgermeistern**[428] die Aufwandsentschädigung; bei **kommunalen Volksvertretern** auch die Sitzungsgelder;[429] bei **Beamten** der Ortszuschlag samt seinen kinderbezogenen Bestandteilen, auch soweit sie für ein Stiefkind, dem der Bezieher nicht unterhaltspflichtig ist, gewährt wird, weil sie nicht unter den Ehegatten auszugleichen oder auf den Barunterhalt des Kindes anzurechnen sind (dazu auch RdNr. 31),[430] der Familienzuschlag (dazu auch RdNr. 30)[431] und die Ministerialzulage;[432] bei **Soldaten** Fliegerzulage und Fliegeraufwandentschädigung,[433] bei aus dem Dienst scheidenden Soldaten auf Zeit die Übergangsgebührnisse und -beihilfen;[434] bei **Gerichtsvollziehern** neben den Dienstbezügen die Entschädigungen.[435]
- **Geschäftsführerbezüge.**[436]
- Privatnutzung eines **Firmenwagens** (dazu auch RdNr. 61). Ihr Anteil kann entsprechend der steuerrechtlichen Regelung idR mit monatlich 1% des Bruttolistenpreises (§ 6 Abs. 1 S. 3 SachbezV, §§ 8 Abs. 2 S. 2, 6 Abs. 1 Nr. 4 S. 2 EStG) bemessen werden, um gerade im Massengeschäft Unterhalt eine möglichst einfache Berechnungsmethode anzuwenden.[437] Wer einen höheren oder geringeren Anteil behauptet, hat dies konkret darzu-

---

[415] BGH FamRZ 1980, 342, 343.

[416] OLG Stuttgart FamRZ 1978, 1332; OLG Braunschweig Urt. vom 2. 10. 1981 – 2 UF 110/81 (nicht veröffentlicht).

[417] BGH NJW 1980, 934 = FamRZ 1980, 555, 556; NJW 1980, 2251 = FamRZ 1980, 984; NJW 1982, 822 = FamRZ 1982, 250; NJW 1991, 1049 = FamRZ 1991, 416, 418.

[418] NJW 1971, 137 = FamRZ 1970, 636; NJW 1980, 2251 = FamRZ 1980, 984.

[419] Zu Hypothekenzinsen als Sachzuwendungen s. OLG Düsseldorf FamRZ 2004, 1292; sie nicht als unterhaltsrelevant zu berücksichtigen überzeugt nicht.

[420] Die aber in Anspruch genommen worden sein müssen, OLG Hamm FamRZ 1999, 166, 167.

[421] BGH NJW 1983, 2318 = FamRZ 1983, 352, 353; auch OLG Hamburg FamRZ 1987, 1045; AG Weilburg FamRZ 1998, 1168, 1169. Zur Bewertung der Sachleistungen ist auf die Nutzungsmöglichkeit und nicht auf die tatsächliche Nutzung abzustellen (OLG Hamm FamRZ 1999, 513 (LS)).

[422] OLG München FamRZ 1996, 307.

[423] BGH FamRZ 1980, 342, 343.

[424] BGH NJW 1985, 195 = FamRZ 1984, 1211, 1212; OLG Düsseldorf FamRZ 1991, 1315, 1316 f.

[425] AG Herne-Wanne FamRZ 1988, 502: Anrechnung zu 2/3.

[426] OLG Köln NJW-RR 1998, 1300 = FamRZ 1999, 113, 114.

[427] BGH NJW-RR 1986, 1002 = FamRZ 1986, 780, 781.

[428] OLG Bamberg FamRZ 1999, 1082.

[429] BGH FamRZ 1983, 670, 672; OLG Bamberg FamRZ 1999, 1082.

[430] BGH NJW 1983, 933 = FamRZ 1983, 49 ff.; NJW 1984, 1458 = FamRZ 1984, 374, 376; NJW-RR 1989, 580 (LS) = FamRZ 1989, 172, 173 f.

[431] BGH NJW-RR 1990, 580 = FamRZ 1990, 981, 983; BGHZ 171, 206 = NJW 2007, 1961 = FamRZ 2007, 793, 797 f. [44–48].

[432] OLG Köln FamRZ 1982, 706, 708.

[433] BGH NJW 1994, 134 = FamRZ 1994, 21, 22; OLG Hamm FamRZ 1991, 576.

[434] BGH NJW-RR 1987, 706 = FamRZ 1987, 930, 931. Zu den Übergangsgebührnissen s. auch OLG Köln FamRZ 1995, 353, 354.

[435] OLG Köln FamRZ 1987, 1257.

[436] Das OLG Hamburg FamRZ 1998, 294 f. rechnet sie zu den Privatentnahmen (dazu RdNr. 95).

[437] Ebenso OLG Bamberg OLGR 2007, 514 = FamRZ 2007, 1818 (LS); OLG Hamm FamRZ 2008, 281 (Abweichung von der 1%-Regelung aber jedenfalls bei Nutzung eines für berufliche Repräsentationszwecke angeschafften besonders kostspieligen PKW); *Schwab/Borth* IV RdNr. 591; aA OLG Düsseldorf Urt. v. 6. 1.

legen und zu beweisen, ggf. durch Vorlage eines von ihm geführten Fahrtenbuchs.[438] Für **Selbständige** s. auch RdNr. 92.

Nicht zum berücksichtigungsfähigen Erwerbseinkommen zählen 89
- die **Arbeitnehmersparzulage,**[439]
- **Sparprämien,**
- die Zuschüsse des Arbeitgebers zu **vermögenswirksamen Leistungen** und zu **Direktversicherungen,** weil sie ohne entsprechende Vermögensanlage nicht ausbezahlt würden; da sie steuer- und sozialversicherungspflichtig sind, ist nur ihr Nettoanteil nicht abzugsfähig.[440]

b) Spesen und andere Entschädigungen. Spesen, **Trennungsentschädigungen, Reisekostenerstattungen, Auslandszuschläge**[441] und **Auslösungen**[442] sind unabhängig davon, ob sie steuerfrei gewährt werden oder unpfändbar (§§ 850 a Nr. 3, 850 d Abs. 1 S. 1 ZPO, § 95 Abs. 1 Nr. 1 FamFG) sind, nach Abzug der Aufwendungen in tatsächlicher Höhe und möglicher Steuerbelastungen als Einkommen anzusetzen.[443] Zusätzlich gewährtem **Kaufkraftausgleich, Mietzuschuss** und **Fahrtkostenersatz** für Heimreisen steht der tatsächliche Aufwand gegenüber, der nach konkreten Angaben des betroffenen Ehegatten geschätzt werden kann.[444] – IdR führen die **Spesen** auch zu einer **Ersparnis** häuslicher Aufwendungen für Ernährung, aber auch für sonstige Verbrauchskosten wie Strom, Gas, Wasser und Heizkosten, die nur durch eine Schätzung nach § 287 ZPO, § 113 Abs. 1 S. 2 FamFG erfasst werden können. Diese Ersparnisse können in Anlehnung an die unterhaltsrechtlichen Leitlinien pauschal mit 1/3 des ausbezahlten Betrages bemessen werden,[445] allerdings nicht auch hinsichtlich der Kosten, die die Spesenanteile vollständig auffressen.[446] – Soweit Spesen etc. und Ersparnisse auf einer **überobligaten** Erwerbstätigkeit beruhen, prägen sie die ehelichen Lebensverhältnisse nicht (dazu RdNr. 97–102); ihre Anrechnung richtet sich für den Berechtigten nach § 1577 Abs. 2 und für den Verpflichteten nach § 242.[447] 90

2005 – 4 UF 144/04, juris [13] (keine Bemessung nach ADAC-Tabellen oder der steuerlichen Mehrbelastung, vielmehr nach der Ersparnis durch die Privatnutzung, „weil er hierdurch von der Anschaffung und Unterhaltung eines seinem Einkommen, seinen Unterhaltspflichten und seinen laufenden Verbindlichkeiten entsprechenden Fahrzeugs freigestellt worden ist.“); OLG Karlsruhe NJW-RR 2006, 1585 = FamRZ 2006, 1759 (Ersparnis bei den verbrauchsunabhängigen Kosten); OLG Zweibrücken FamRZ 2008, 1655 f. (nach der Tabelle des ADAC); AG Ludwigslust Beschl. v. 5. 6. 2005 – 5 F 39/04, juris [28] (der steuerliche Zu- und Abschlagswert ist neutral zu halten und der Vermögensvorteil auf 200 €/Monat zu schätzen); AG Geldern FamRZ 2008, 541 (Schätzung der Arbeitgeberleistung nach § 287 ZPO, § 113 Abs. 1 S. 2 FamFG zwischen 150 und 300 €). Zur PKW-Nutzung als Gegenleistung für Haushaltsführung in neuer Partnerschaft s. OLG Oldenburg Urt. v. 16. 4. 2002 – 12 UF 202/01, juris [48].

[438] OLG Bamberg OLGR 2007, 514 f. = FamRZ 2007, 1818 (LS)

[439] BGH NJW 1980, 2251 = FamRZ 1980, 984 f.; NJW 1992, 1624 = FamRZ 1992, 797, 799.

[440] BGH NJW-RR 1999, 297 = FamRZ 1999, 372, 375; BGHZ 162, 384 = NJW 2005, 2145 = FamRZ 2005, 1154, 1158; aA noch BGH NJW 1980, 2251 = FamRZ 1980, 984, 985; NJW 1992, 1624 = FamRZ 1992, 797, 799 („vermögenswirksame Leistungen des Arbeitgebers keine einkommensmindernde Ausgaben im unterhaltsrechtlichen Sinne“, dafür die Sparzulage keine einkommenserhöhende); Abzug des Nettoanteils allerdings nicht gerügt von BGH NJW-RR 1990, 514 = FamRZ 1990, 503.

[441] OLG Koblenz DAVorm 1987, 704; OLG Köln FamRZ 1991, 940, 941; OLG Bamberg NJWE-FER 1997, 242 = FamRZ 1997, 1339, 1340; OLG Hamm OLGR 1999, 90 f.

[442] BGH NJW-RR 1989, 900 = FamRZ 1990, 266, 267.

[443] BGH FamRZ 1980, 342, 343 f.

[444] OLG Bamberg NJWE-FER 1997, 242 = FamRZ 1997, 1339, 1340; OLG Hamm OLGR 1999, 90, 91 (vom betroffenen Ehegatten substantiiert darzulegen und ggf. zu belegen). Ohne weitere Differenzierung Anrechnung zu 1/3 OLG Stuttgart Beschl. v. 8. 11. 2004 – 16 WF 506/01, juris [4] = FamRZ 2002, 820 (LS); OLG Naumburg OLGR 2003, 297.

[445] LL Nr. 1.4, zum Teil (Brandenburg, Bremen, Dresden, Celle, Frankfurt a. M., Hamburg, Hamm, KG, Koblenz, Naumburg, Oldenburg, Rostock, SüdL, Thüringen) beschränkt auf Aufwendungspauschalen; s. auch OLG Frankfurt a. M. FPR 2004, 398, 399; OLG Brandenburg Beschl. v. 20. 10. 2005 – 10 WF 247/05, juris [3] = FamRZ 2007, 71 (LS); OLG Naumburg FamRZ 2008, 1274 (LS). LL Köln sieht stets die konkrete Bemessung der Ersparnis vor.

[446] OLG Frankfurt a. M. FPR 2004, 398 f. berücksichtigt auch hinsichtlich der Übernachtungskosten keine häusliche Ersparnis.

[447] Dazu *Wendl/Dose* § 1 RdNr. 61.

91 c) **Arbeitsrechtliche Abfindung.** Auch sie dient unabhängig davon, ob ein Rechtsanspruch auf sie bestand,[448] dem **Lohnersatz,**[449] v. a. wenn sie bei Auflösung des Arbeitsverhältnisses als Ausgleich für den Verlust des Arbeitsplatzes gezahlt wird, und ermöglicht die Aufrechterhaltung des bisherigen Lebensstandards für eine Übergangszeit bis zur Erlangung einer neuen Arbeitsstelle.[450] Als Ersatz für das Erwerbseinkommen (zur Surrogation s. RdNr. 9, 14, 15, 26) ist für die Bedarfsprägung unerheblich, ob der Bezug der Abfindung bei Scheidung der Ehe bereits absehbar war.[451] – Vorrangig ist die Abfindung so anzulegen, dass mit den **Vermögenserträgen** die Einkommenseinbußen ausgeglichen werden können.[452] Ist dies, wie regelmäßig, nicht möglich, ist sie im Rahmen einer sparsamen Wirtschaftsführung auf einen längeren Zeitraum, nach dem erst die Anpassung an die geänderten Verhältnisse in Betracht kommt, zu verteilen und zur Bestreitung des Lebensunterhalts, vom Verpflichteten auch zur Deckung des Unterhaltsbedarfs des Berechtigten nach den ehelichen Lebensverhältnissen zu verwenden.[453] Die Aufteilung der Abfindung auf einen **angemessenen Zeitraum**[454] soll dazu führen, den ehelichen **Lebensstandard** des Betroffenen nach seinen bisherigen Erwerbseinkünften unter Einbeziehung etwa von Arbeitslosengeld möglichst lange zu erhalten (ehemaliges Nettoeinkommen ./. Erwerbstätigenbonus = ALG I/ALG II + anteilige Abfindung; zum ALG II s. aber näher RdNr. 106, 110).[455] – Hat der Betroffene vor dem vollständigen **Verbrauch** der Abfindung wieder eine Arbeitsstelle gefunden, ist der verbliebene Betrag zur Erreichung des bisherigen Einkommensniveaus als Einkommen anzurechnen; verdient er gleich viel oder mehr, ist der Restbetrag als Vermögen zu behandeln und die aus ihm erzielten/erzielbaren Vermögenseinkünfte als Einkommen hinzuzurechnen. – Bei älteren Arbeitnehmern dient die Abfindung dazu, den bisherigen Lebensstandard bis zum Eintritt in das **Rentenalter** aufrechtzuerhalten.[456] Sie ist deshalb auf diesen Zeitraum aufzuteilen, auch wenn die Streckung nach dem bisherigen Lebensstandard einen längeren Zeitraum umfassen würde.[457] Würde er ihn unterschreiten, kann gleichwohl auf den Renteneintritt abgestellt werden, wenn ansonsten die Belange des Berechtigten angesichts der bisherigen Lebensverhältnisse nicht genügend gewahrt würden.[458] – Der **Berechtigte** hat eine Abfindung vollständig zur Bestreitung seines Lebensbedarfs zu verwenden. – Demgegenüber soll eine Abfindung unberücksichtigt bleiben, wenn der Ehegatte nach Auf-

---

[448] OLG Köln Urt. v. 15. 8. 2001 – 27 UF 11/01, juris [21].

[449] BGHZ 172, 22 = NJW 2007, 2249 = FamRZ 2007, 983, 987 [36]; OLG Hamm FamRZ 1999, 233, 234; OLG Frankfurt a. M. FuR 2001, 371, 376 f.; OLG Karlsruhe NJW-RR 2001, 113 = FamRZ 2001, 1615; aA BGH (IX. Zivilsenat) NJW 1998, 749 = FamRZ 1998, 362, der Abfindungen deshalb dem Zugewinnausgleich zurechnet.

[450] Zu einer „Austrittsvergütung", die zur Ablösung von Versorgungsanrechten gegen eine betriebliche Versorgungskasse gezahlt wird, als unterhaltsrechtlich anrechenbares Einkommen im Einzelfall s. OLG Köln OLGR 1997, 192.

[451] AA OLG Köln OLGR 2001, 237 f.

[452] AG Essen FamRZ 1991, 575.

[453] BGH NJW 1982, 822 = FamRZ 1982, 250, 252; NJW 1987, 1554 = FamRZ 1987, 359, 360; NJW 1990, 709 = FamRZ 1990, 269, 271; auch OLG Hamm NJW-RR 1996, 66 = FamRZ 1996, 219, 220.

[454] So der BGH NJW 1987, 1554 = FamRZ 1987, 359, 360; NJW 1990, 709 = FamRZ 1990, 269, 271; s. auch OLG Frankfurt a. M. FuR 2001, 371, 376. – Ebenso LL 1.2: Brandenburg, Braunschweig, Bremen, Celle, Dresden, Düsseldorf, Frankfurt a. M., Hamburg, Hamm, KG, Koblenz, Köln (idR mehrere Jahre), Naumburg, Rostock, Oldenburg, Schleswig, Thüringen, SüdL. – Das OLG Köln Urt. v. 15. 8. 2001 – 27 UF 11/01, juris [21] legt die Abfindung ohne weitere Abwägung auf 5 Jahre um.

[455] LL Nr. 1.2 : Celle, KG. Ähnlich OLG Hamm NJW-RR 1996, 66 = FamRZ 1996, 219, 220; FamRZ 1999, 233, 234; NJWE-FER 2000, 273 f. = FamRZ 2001, 103 (LS); OLG Dresden NJWE-FER 2000, 256 = FamRZ 2000, 1433 (LS); OLG Karlsruhe NJW-RR 2001, 113 = FamRZ 2001, 1615; OLG Frankfurt a. M. FamRZ 2005, 36 (Obergrenze ist der Betrag nach den ehelichen Lebensverhältnissen); OLG Koblenz NJW-RR 2005, 1675 = FamRZ 2006, 1447, 1448; OLG Brandenburg Beschl. v. 15. 12. 2005 – 10 WF 287/05, juris [6] = FamRZ 2006, 1701 (LS).

[456] BGH NJW 1987, 1554 = FamRZ 1987, 359, 360; BGHZ 172, 22 = NJW 2007, 2249 = FamRZ 2007, 983, 987 [36].

[457] OLG München FamRZ 1995, 809; OLG Frankfurt a. M. FamRZ 2000, 611; OLG Zweibrücken Urt. v. 11. 11. 1999 – 6 UF 30/97, juris [38]; OLG Koblenz FamRZ 2005, 720, 722; AG Essen FamRZ 1991, 575, 576 (10 Jahre bis zum Eintritt in das Rentenalter).

[458] Ähnlich OLG Koblenz FamRZ 1991, 573, 574; OLG Oldenburg FamRZ 1996, 672 (mit der Annahme einer fortbestehenden Erwerbsobliegenheit im Umfang einer Teilzeittätigkeit); OLG Hamm FamRZ 1998, 27, 28.

lösung seines Arbeitsverhältnisses eine **geringer bezahlte Arbeit** findet und diese Einkommensminderung auch unterhaltsrechtlich hingenommen werden muss;[459] dies ist abzulehnen, weil die Abfindung gerade auch für diese Fälle bezahlt wird.[460] Verdient er dagegen jedenfalls **nicht weniger,** kann die Abfindung die ehelichen Lebensverhältnisse nicht prägen,[461] auch nicht mit ihrem Vermögensertrag, sondern lediglich die Leistungsfähigkeit beeinflussen. – Der arbeitsrechtlichen Abfindung gleich zu behandeln ist die Abfindung von **Versorgungsanrechten,** die nicht bereits durch den Versorgungsausgleich ausgeglichen worden sind.[462] – Zur Behandlung der Abfindung aus einer **unzumutbaren Erwerbstätigkeit** s. RdNr. 98, zu den **Obliegenheiten** im Zusammenhang mit Abfindungen s. RdNr. 167, zu ihrer **steuerlichen Behandlung** s. RdNr. 29, zum **Verbot der Doppelberücksichtigung** der Abfindung beim Unterhalt und bei der güterrechtlichen Auseinandersetzung s. Vor § 1569 RdNr. 8–12.

2. Selbständige Arbeit. a) Erträge. aa) Grundsätze. Den Ehegatten steht es auch unterhaltsrechtlich grundsätzlich frei, einer selbständigen Erwerbstätigkeit nachzugehen.[463] Werden jedoch auch nach einer **Übergangsfrist** (dazu RdNr. 155, 156) nur Gewinne in einer nicht einmal das Existenzminimum abdeckenden Höhe erwirtschaftet, müssen sie sich, wenn sich wirtschaftlich keine Besserung abzeichnet, um eine Nebenerwerbstätigkeit bemühen oder aber ihre selbständige Tätigkeit ganz aufgeben und eine höhere Einkünfte versprechende **abhängige Arbeit** aufnehmen,[464] wenn reale Chancen für eine abhängige Erwerbstätigkeit auf dem Arbeitsmarkt bestehen.[465] – Die Aufnahme eines **Teilhabers** in eine freiberufliche Praxis muss nicht objektiv richtig, sondern kaufmännisch und unternehmerisch vernünftig sein und auf die Belange des Berechtigten Rücksicht nehmen;[466] dabei sind insbesondere die Auswirkungen der wirtschaftlichen Einbußen auf Bedarf bzw. Unterhaltsanspruch und ihre **Zumutbarkeit** für den betroffenen Ehegatten zu beachten. Dieser Maßstab, der auch für die Aufgabe eines Geschäftsbetriebs[467] und für Investitionen gilt, ist gegenüber der **Mutwilligkeit** nach §§ 1579 Nr. 4, 5, 1581 (Unterhaltsbezogenheit der Dispositionen, die mutwillig, dh. verantwortungslos, mindestens leichtfertig vorgenommen worden sein müssen, dazu § 1579 RdNr. 30, 34), unterschwellig (dazu auch RdNr. 140, 153, 187, 188). – Für den Bedarf unerheblich ist der **„good will“,** der nur den Wert eines Unternehmens mitbestimmt.[468] – Zur Obliegenheit, ggf. über die **Regelaltersgrenze** hinaus die selbständige Erwerbstätigkeit fortzusetzen, s. RdNr. 169–172. – **Berufsbedingte Aufwendungen** sind bei Selbständigen in voller Höhe bereits in der Gewinn- und Verlustrechnung bzw. in der Einnahmen-Überschuss-Rechnung enthalten und können nicht noch einmal abgezogen werden (dazu RdNr. 61). Anders dagegen der **Erwerbsanreiz,** der auch Selbständigen zugute kommen muss. 92

bb) Einkommensermittlung. Ihr sind mangels anderer Erkenntnismöglichkeiten idR die steuerlichen **Jahresabschlussunterlagen** zugrunde zu legen (dazu auch § 1580 RdNr. 11).[469] Wegen oft erheblicher Einkommensschwankungen und der Notwendigkeit, zur 93

---

[459] BGHZ 153, 358 = NJW 2003, 1518 = FamRZ 2003, 590, 591 f.; ebenso OLG Frankfurt a. M. NJWE-FER 2001, 280, 281.

[460] Ebenso OLG Hamm NJW 2007, 1218, 1219 = FamRZ 2007, 1818 (LS).

[461] OLG Stuttgart OLGR 2008, 742, 743 = FamRZ 2008, 2208 (insoweit nicht abgedruckt) (die zugelassene Revision wurde eingelegt, BGH XII ZR 138/08).

[462] OLG Köln FamRZ 1998, 619, 620.

[463] Zu sog. „verkappten Selbständigen“, die ihre Geschäftsführerbezüge unmittelbar an Gewinn oder Verlust anpassen, s. OLG Köln NJW-RR 2007, 941 = FamRZ 2006, 1756 (LS).

[464] BGH NJW-RR 1993, 1283 = FamRZ 1993, 1304, 1306 (Landwirt kann die Verpachtung und gar der Verkauf von Teilen seines Grundbesitzes zuzumuten sein); auch OLG Hamm NJW-RR 1993, 776 = FamRZ 1993, 970, 972; NJW-RR 1995, 1283 = FamRZ 1995, 1144 (nach Anlaufphase von 3 Jahren); NJWE-FER 1997, 219 (nach 4½ Jahren).

[465] OLG München NJW 1993, 2186 = FamRZ 1993, 62, 64 (verneint für Rechtsanwalt); OLG Schleswig FamRZ 1998, 1180.

[466] OLG Frankfurt a. M. OLGR 1996, 99, 100.

[467] Dazu OLG Oldenburg FamRZ 1998, 289; OLG Hamm FamRZ 2000, 21, 22.

[468] OLG Köln NJOZ 2005, 4418, 4419 = FamRZ 2006, 704 (LS).

[469] BGH NJW 2004, 1227 = FamRZ 2004, 1177, 1178.

Gewährleistung eines ausgeglichenen Lebensstandards sowohl über- als auch unterdurchschnittliche Erträge auszugleichen, bietet nur die Einbeziehung eines längeren Zeitraums von idR **3 Jahren** eine einigermaßen verlässliche Grundlage zur Ermittlung des unterhaltsrechtlich maßgebenden Erwerbseinkommens.[470] **Ausnahmsweise** ist, etwa bei einem Bauträger, ein längerer, etwa 5 jähriger Zeitraum zugrunde zu legen, wenn sonst eine sichere Beurteilung der Gewinne nicht möglich ist,[471] aber auch ein kürzerer,[472] wenn etwa die Gewinnermittlung der letzten Jahre durch ein starkes Ansteigen oder Absinken nicht (mehr) repräsentativ ist. – Die Einkommensermittlung nach **unterhaltsrechtlichen Grundsätzen** hat insbesondere dem Umstand Rechnung zu tragen, dass das Steuerrecht einzelne Einkommensarten privilegiert und Aufwendungen (etwa Beiträge zu Kapitallebensversicherungen und Bausparkassen oder Darlehen zum Wohnungsbau) und Abschreibungen einkommensmindernd anerkennt, denen keine reale Vermögenseinbuße gegenübersteht.[473] Soweit diese nicht zu einer **tatsächlichen** Verringerung der für den Lebensbedarf verfügbaren Mittel führen, sind sie unterhaltsrechtlich unbeachtlich. Sie sind so eingehend zu erläutern, dass die steuerlich beachtlichen von den unterhaltsrechtlich abzugsfähigen Aufwendungen abgegrenzt werden können. Hierzu reicht die bloße Aneinanderreihung der einzelnen Kostenarten nicht aus, auch kann ein Antrag auf Vernehmung eines Steuerberaters substantiierten Sachvortrag nicht ersetzen.[474] – Zur privaten Nutzung eines **Firmen-PKW** s. RdNr. 88).

94 **cc) Abschreibungen. Rückstellungen. Investitionszulagen. Lineare** Abschreibungen nach den sog. AfA-Tabellen (§ 7 Abs. 1 S. 1 EStG) tragen dem Wertverlust eines Wirtschaftsgutes Rechnung und führen zu einer gleichmäßigen Verteilung der Anschaffungs- oder Herstellungskosten auf die Nutzungsdauer. IdR geben sie den tatsächlichen Werteverzehr wieder und sind deshalb auch in steuerlich berücksichtigungsfähiger Höhe absetzbar, sofern ihnen nicht erkennbar eine zu geringe Nutzungsdauer zugrunde liegt.[475] – **Degressive** Abschreibungen (§ 7 Abs. 2 S. 1 EStG) führen als Mittel der Investitionsförderung und als Liquiditätshilfe für den Selbständigen zu einer Risikominderung und Steigerung des Finanzierungsvolumens.[476] Da ihnen keine tatsächlichen Wertverluste zugrunde liegen, sind sie in lineare Abschreibungsbeträge umzurechnen.[477] – Abschreibungen nach Maßgabe der **Leistung des Wirtschaftsguts** (§ 7 Abs. 1 S. 5, 6 EStG) verteilen die Anschaffungs- oder Herstellungskosten nach der Beanspruchung auf seine Nutzungszeit (etwa Maschinenstunden, Fahrtkilometer); geht mit der Leistung eine Wertminderung einher, sind sie unterhaltsrechtlich beachtlich.[478] – Abschreibungen für **außergewöhnliche Abnutzung** (§ 7 Abs. 1 S. 7 EStG) tragen einem erhöhten Substanzverbrauch Rechnung und sind unterhaltsrechtlich zu berücksichtigen. – **Sonderabschreibungen** (§ 7 g Abs. 1 EStG) dienen der Refinanzierung des Betriebs und der Schaffung konjunktureller Anreize; sie sind unterhaltsrechtlich unbeachtlich.[479] Statt ihrer ist das Wirtschaftgut im Jahr der Anschaffung

---

[470] BGH NJW 1982, 1645 = FamRZ 1982, 151, 152; NJW 1982, 822 = FamRZ 1982, 250, 252; NJW 1982, 1642 = FamRZ 1982, 680, 681; NJW 1983, 1554 = FamRZ 1983, 680, 681; NJW 2004, 1227 = FamRZ 2004, 1177, 1178. Die Beurteilung obliegt den Fachgerichten und ist verfassungsrechtlich nur auf einen Verstoß gegen das Willkürverbot zu überprüfen, BVerfG FamRZ 1993, 169, 170 m. Anm. *Compes.*

[471] BGH NJW 1985, 909 = FamRZ 1985, 357, 358; NJW 2004, 1227 = FamRZ 2004, 1177, 1178.

[472] BVerfG FamRZ 1993, 169, 170 m. Anm. *Compes.*

[473] BGH NJW 1980, 2083 = FamRZ 1980, 770, 771; NJW 1985, 909 = FamRZ 1985, 357, 359; NJW 1987, 776 = FamRZ 1987, 46, 48; NJWE-FER 1998, 64 = FamRZ 1998, 357, 359.

[474] BGH NJW 1980, 2083 = FamRZ 1980, 770 f.; NJW 1984, 303 = FamRZ 1984, 39, 41; NJW 1985, 909 = FamRZ 1985, 357, 359.

[475] BGH NJW 1987, 776 = FamRZ 1987, 46, 48; NJW 2003, 1734 = FamRZ 2003, 741, 743; OLG Bamberg FamRZ 1987, 1181; OLG Karlsruhe FamRZ 1990, 1234; OLG Hamm FamRZ 1991, 1310; OLG Bremen FamRZ 1995, 935, 936; OLG Köln FamRZ 1996, 966; s. auch *Kleinle* FamRZ 1998, 1346, 1349.

[476] *Nickl* FamRZ 1985, 1219, 1220.

[477] *Staudinger/Engler/Kaiser* § 1603 RdNr. 50 mwN empfehlen, die degressive Abschreibung hinzunehmen; dies dürfte jedenfalls der gängigen Praxis entsprechen.

[478] *Staudinger/Engler/Kaiser* § 1603 RdNr. 51 mwN; *Nickl* FamRZ 1985, 1219, 1220.

[479] BGH NJW 2003, 1734 = FamRZ 2003, 741, 743; OLG Dresden FamRZ 1999, 850, 851; LG Detmold FamRZ 1998, 47; *Staudinger/Engler/Kaiser* § 1603 RdNr. 53 mwN; *Nickl* FamRZ 1985, 1219, 1221.

und den Folgejahren **fiktiv linear** abzuschreiben, gleichwohl soll aber die tatsächlich gezahlte und nicht die fiktiv zu zahlende Steuer maßgeblich sein.[480] Letzteres ist abzulehnen: Wird eine die Steuerbelastung mindernde Abschreibung unterhaltsrechtlich nicht gewinnmindernd anerkannt, wird der Gewinn durch die Zugrundelegung der tatsächlich gezahlten Steuer erneut erhöht. Hierfür gibt es keinen Grund, auch nicht das vom BGH angezogene Zufluss-/Abflussprinzip.[481] – Abschreibungen **geringwertiger Wirtschaftsgüter** (§ 6 Abs. 2 EStG) sind auch unterhaltsrechtlich beachtlich, weil bei ihnen auch tatsächlich von einem starken Wertverlust auszugehen ist. Dies ist zudem aus praktischen Gründen geboten, weil sonst für jedes Wirtschaftsgut die Abschreibung über Jahre fiktiv fortgeführt werden müsste, was einen unvertretbaren Aufwand im Prozess und bei Abänderungen zu Folge hätte.[482] – Abschreibungen für die **Abnutzung von Gebäuden** (§§ 7 b–7 c, 7 h–7 k EStG) berühren das unterhaltsrechtlich maßgebende Einkommen nicht, und **Instandsetzungskosten** sind nur erheblich, soweit es sich um notwendigen Erhaltungsaufwand handelt und sie nicht der Vermögensbildung dienen, etwa durch Ausbauten oder wertsteigernde Verbesserungen.[483] Denn den Abschreibungen steht grundsätzlich kein realer Wertverlust gegenüber. Hat sich ein solcher aber verwirklicht, ist auch die diesem entsprechende Gebäudeabschreibung berücksichtigungsfähig.[484] – Gleiches gilt für Abschreibungen von Wirtschaftsgütern, die dem **Umweltschutz** dienen (§ 7 e EStG).

Rückstellungen vermindern, soweit sie wegen möglicher künftiger Verbindlichkeiten 95
gebildet und ihrer Höhe nach angemessen sind, auch unterhaltsrechtlich den Gewinn. Werden sie aufgelöst, weil sich das mit ihnen abgesicherte Risiko nicht verwirklicht hat, erhöhen sie grundsätzlich im Jahre ihrer Auflösung den Gewinn. Wegen der Einbeziehung mehrerer Jahre in die Einkommensermittlung verteilt sich auch die aufgelöste Rückstellung auf diese; erreicht sie in Anbetracht der regelmäßigen Gewinnsituation aber eine außergewöhnliche Höhe, kann sie ausnahmsweise auch auf mehrere Jahre umgelegt werden mit der Folge, dass sie ggf. teilweise unterhaltsrechtlich nicht erfasst werden. – **Ansparabschreibungen** sind Rückstellungen für künftig abschreibungsfähige Investitionen (§ 7 g Abs. 3 EStG), die die Liquidität und Eigenkapitalausstattung eines Unternehmens im Hinblick auf die geplante Investition erhöhen und nicht in den privaten Konsum fließen sollen. Werden sie aufgelöst, ohne dass die Investition getätigt wurde, erhöhen sie den Gewinn und die Steuerbelastung im Jahre ihrer Auflösung.[485] – Dieselbe Zielrichtung haben **Investitionszulagen,** weshalb sie unterhaltsrechtlich unberücksichtigt bleiben müssen.[486]

b) Privatentnahmen. Werden beständig Verluste gemacht, legt der Selbständige seine 96
Bedürftigkeit nicht nachprüfbar dar[487] oder ergeben sich konkrete Hinweise auf eine

[480] BGH NJW 2003, 1734 = FamRZ 2003, 741, 743 m. insoweit krit. Anm. *Gerken.*

[481] Ebenso *Gerken* FamRZ 2003, 745 f.

[482] Ebenso *Staudinger/Engler/Kaiser* § 1603 RdNr. 54; *Kalthoener/Büttner/Niepmann* RdNr. 949; für eine großzügige Handhabung auch OLG Hamm NJW-RR 1991, 1474 = FamRZ 1991, 1310; *Wendl/Dose* § 1 RdNr. 102 „Abschreibungen"; *Wendl/Kemper* § 1 RdNr. 243 ff.; aA OLG Hamm NJWE-FER 1997, 219, 220 (für Geschäftseinrichtungen und geringwertige Wirtschaftsgüter). Das OLG Hamm NJW-RR 1991, 1474 = FamRZ 1991, 1310 hat eine zeitliche Streckung bei hohen Abschreibungen wegen eines außergewöhnlichen Ereignisses – Praxisverkauf – vorgenommen.

[483] BGH NJW 1984, 303 = FamRZ 1984, 39, 41; NJW 1997, 735 = FamRZ 1997, 281, 283. – Ebenso LL Nr. 1.6: Bremen, Celle, Düsseldorf (Nr. 1.5 Abs. 2), Frankfurt a. M., Hamburg, Hamm (Nr. 1.6.1), Koblenz (Nr. 1.6, 1.5), Köln, Naumburg, Rostock, Thüringen, SüdL. Anders Schleswig Nr. 1.5: Absetzungsbeträge sind nicht berücksichtigungsfähig, soweit sie erheblich über die tatsächliche Wertminderung hinausgehen. Offen gelassen nunmehr von BGH NJW 2005, 2077 = FamRZ 2005, 1159, 1160 (unter Hinweis auf *Schwab/Borth* IV RdNr. 756) wegen des Substanzverlusts und erforderlichem Erhaltungsaufwand infolge des Alters des Gebäudes. Jedenfalls der Erhaltungsaufwand wird idR jedoch nicht über die Abschreibungen, sondern nach konkreten Ansparungen oder Ausgaben erfasst.

[484] *Göppinger/Wax/Strohal* RdNr. 697; wohl auch OLG Köln NJW-RR 1992, 1155 = FamRZ 1992, 322, 325.

[485] BGH NJW 2004, 1227 = FamRZ 2004, 1177, 1178; OLG Schleswig SchlHA 2002, 48 = OLGR 2002, 8, 9 (Vorinstanz zu BGH aaO); *Kemper* FamRZ 2003, 1430; aA OLG Hamm FamRZ 2002, 885, 886.

[486] Im Ergebnis ebenso *Gerken* FamRZ 2003, 744, 745; aA BGH NJW 2003, 1734 = FamRZ 2003, 741, 743.

[487] OLG Düsseldorf FamRZ 1983, 397, 399.

Manipulation der steuerlichen Gewinnermittlung,[488] können Privatentnahmen, die auf Geld, Waren, Nutzungen und Leistungen, etwa als Versicherungsbeiträge und Steuerzahlungen, gerichtet sein können,[489] als Indiz für die Lebensführung dienen und zur Bestimmung des Bedarfs heranzuziehen sein.[490] Insoweit gilt:

- Für die **Vergangenheit** ist stets von den tatsächlichen Entnahmen auszugehen, weil sie zur Deckung des Bedarfs zur Verfügung gestanden haben und belegen, welchen Lebensstil sich die Ehegatten gegönnt haben, weshalb der Berechtigte hieran auch teilhaben muss.[491]
- Die Privatentnahmen sind auch heranzuziehen, wenn die Gewinne/Verluste nicht oder auf absehbare Zeit nicht **zuverlässig ermittelt** werden können[492] oder die vorgelegten Unterlagen für die Bestimmung des unterhaltsrelevanten Einkommens offensichtlich untauglich sind, etwa wenn sie mit anderen Faktoren, eben einer auf längere Sicht getätigten Privatentnahme, in nicht aufgelöstem Widerspruch stehen.[493]
- Entnahmen führen zu **Vermögensentzug** und sind deshalb der Sache nach Vermögensverwertung, die den Ehegatten nur nach Billigkeit obliegt (§ 1577 Abs. 3, dazu dort RdNr. 17–23; s. auch § 1581 RdNr. 20, 21). Deshalb prägen die Privatentnahmen für die **Zukunft** die ehelichen Lebensverhältnisse nur dann, wenn es **billig** wäre, das Vermögen zu verwerten.[494] Danach kann gelten:
  - Ist das Betriebsvermögen bereits **überschuldet,** durch Verluste **erschöpft,**[495] oder würde es durch weitere Privatentnahmen erschöpft,[496] kann grundsätzlich nicht mehr an den Privatentnahmen angeknüpft werden, weil dann keine einer Verwertung zugängliche Betriebssubstanz mehr vorhanden ist.
  - Dagegen sind die Privatentnahmen stets **maßgeblich,** wenn
    - durch sie nach der Vorstellung des Betroffenen nur eine **vorübergehende** Schwäche der Liquidität überbrückt wird, die tatsächlichen Entnahmen aber die ehelichen Lebensverhältnisse und die Einschätzung des Betroffenen, dass sein Betrieb diese Entnahmen auf Dauer zuverlässig trägt, zutreffend wiedergeben; hierfür kann insbesondere der Umstand sprechen, dass der Betrieb die Privatentnahmen jahrelang wirtschaftlich auch verkraftet hat;[497]
    - Anhaltspunkte dafür bestehen, dass die in den Jahresabschlüssen ausgewiesenen geringeren Gewinne nicht den tatsächlichen Einkünften entsprechen, der Lebensstandard des Ehegatten vielmehr **nachhaltig** durch Mittel in Höhe der Entnahmen geprägt wird;[498] sie dienen dann als Indiz für das unterhaltsrechtlich relevante Einkommen.[499]

Prägen die Privatentnahmen danach den Bedarf nach den ehelichen Lebensverhältnissen, bestimmen sie auch die Bedürftigkeit des Berechtigten und die Leistungsfähigkeit des Verpflichteten. Von den Entnahmen sind zunächst die persönlichen **Steuern** und **Vorsorgeaufwendungen,**[500] aber auch die im selben Zeitraum geleisteten **Privateinlagen** abzuziehen.[501] Der betroffene Ehegatte kann auch auf eine **Kreditaufnahme** in Höhe der bisherigen Entnahmen verwiesen werden.[502] Dies setzt jedoch voraus, dass er in überschau-

---

[488] OLG Hamm FamRZ 1993, 1088; OLG Koblenz NJWE-FER 2001, 185 = FamRZ 2001, 1239, 1240.
[489] *Wendl/Kemper* § 1 RdNr. 287 ff.
[490] Dazu auch LL Nr. 1.5: Bremen, Düsseldorf, Hamm, Oldenburg, Schleswig, Koblenz.
[491] OLG Schleswig SchlHA 1996, 144; OLG Dresden FamRZ 1999, 850, 851; *Schwab/Borth* IV RdNr. 776.
[492] LL Nr. 1.5: Düsseldorf Abs. 1 S. 1 Koblenz.
[493] OLG Frankfurt a. M. FuR 2001, 370.
[494] LL Koblenz Nr. 1.5.
[495] OLG Düsseldorf FamRZ 1983, 397, 399; OLG Hamm FamRZ 1997, 674.
[496] OLG Frankfurt a. M. FamRZ 2005, 803.
[497] OLG Köln OLGR 2007, 519 = FamRZ 2007, 1559 (LS).
[498] OLG Koblenz NJWE-FER 2001, 185 = FamRZ 2001, 1239, 1240.
[499] Zu den Privatentnahmen als Indikator s. auch OLG Dresden FamRZ 1999, 850, 851.
[500] OLG Hamm FamRZ 1993, 1088; OLG Schleswig SchlHA 1996, 244, 245.
[501] OLG Düsseldorf FamRZ 1983, 397, 400; OLG Dresden FamRZ 1999, 850, 851.
[502] Ähnlich OLG Köln FamRZ 1983, 87, 89.

barer Zeit in der Lage sein wird, den Eigenbedarf bzw. Unterhalt und den Schuldendienst zu erwirtschaften, ansonsten die Verweisung auf eine Kreditaufnahme ausscheidet.[503]

3. Einkünfte aus unzumutbarer Erwerbstätigkeit. a) Unzumutbarkeit. Die Frage nach der Zumutbarkeit einer Erwerbstätigkeit stellt sich meist im Zusammenhang mit der **Kinderbetreuung,**[504] dem **Alter** und der **Gesundheit**[505] eines Ehegatten und der Art der angesonnenen **Tätigkeit.** Sie betrifft aber auch **Art, Umfang, Gestaltung** und gesundheitlicher oder sozialer – zB bezogen auf die Ausübung des Umgangsrechts mit Kindern – **Verträglichkeit** der Arbeit etwa bei Schichtdienst,[506] Überstunden, Montage, Auslandseinsätzen etc. – Stets unzumutbar erzielt ist Einkommen aus **Urlaubsverzicht.**[507] – Wie überobligat erzielte Einkünfte hinsichtlich der **Bedürftigkeit** und **Leistungsfähigkeit** zu behandeln sind, folgt aus §§ 1577 Abs. 2, 1581 (dazu § 1577 RdNr. 6–16, § 1581 RdNr. 16). Zur Behandlung überobligat erzielter **Vermögenseinkünfte** s. § 1577 RdNr. 8. 97

Zumutbar erzielt sind stets: **ALG I** und **II** (dazu RdNr. 106), eine arbeitsrechtliche **Abfindung, Krankengeld** oder eine **Rente,** auch soweit sie aufgrund einer überobligaten Erwerbstätigkeit bezahlt werden,[508] weil ausschlaggebend allein ist, dass diese Leistungen ohne eine weitere unzumutbare Tätigkeit und Aufwand zufließen. Auch **Ausbildungsförderung** ist nicht unzumutbar erzielt, weil Aus- und Weiterbildung nicht unmittelbar der Einkommenserzielung dienen.[509] Sie prägen deshalb den Bedarf und bestimmen ohne Einschränkungen die Bedürftigkeit und die Leistungsfähigkeit (dazu allgemein RdNr. 113). – Zur Gewährung eines **Betreuungsbonus** bei wegen Kinderbetreuung überobligater Erwerbstätigkeit s. RdNr. 102, zur Behandlung überobligat erzielter Einkünfte im Rahmen der **Bedürftigkeit** nach § 1577 Abs. 2 s. auch dort RdNr. 6–16. – Zur Zumutbarkeit einer **Nebentätigkeit** s. RdNr. 88, 165. 98

b) Bedarfsprägung. Inwieweit die Einkünfte des Berechtigten aus überobligater Erwerbstätigkeit die ehelichen Lebensverhältnisse **prägen** können, ist durch die neuere, auf der Entscheidung v. 13. 6. 2001[510] aufbauenden Rspr. des BGH nicht unbedingt klarer geworden: 99

– Der BGH hält in einer Entscheidung v. 22. 1. 2003[511] an seiner bisherigen Rspr.[512] fest. Danach prägt der wirtschaftliche Wert der Hausarbeit die ehelichen Lebensverhältnisse in

[503] S. auch OLG München NJW 1993, 2186 = FamRZ 1993, 62, 64.

[504] Das OLG Stuttgart FamRZ 2007, 400 f. behandelt Einkünfte bereits dann nicht mehr als überobligat erzielt, wenn die Obliegenheit zu vollschichtiger Erwerbstätigkeit bei Rechtskraft der Scheidung bereits absehbar war – das mag im konkreten Fall im Ergebnis zutreffen, taugliches Abgrenzungskriterium ist dies jedoch nicht.

[505] OLG Hamm FamRZ 1994, 1034; AG Flensburg FamRZ 2008, 1626 f.

[506] Dazu OLG Köln FamRZ 2006, 1760, 1761: Unberücksichtigt bleiben Einkommenseinbußen wegen Aufgabe des Schichtdienstes infolge Umzugs zu einem 115 km vom Arbeitsort entfernt wohnenden neuen Partner.

[507] OLG Köln FamRZ 1984, 1108, 1109.

[508] Zu Letzterem OLG Köln FamRZ 1989, 1178, 1179; OLG Hamburg NJW-RR 1993, 647 = FamRZ 1992, 1308, 1309; OLG Stuttgart FamRZ 1996, 415 f. (dessen Begründung, der dortige Berechtigte habe sich schon die Beiträge zur Arbeitslosenversicherung entgegenhalten lassen müssen, allerdings nicht überzeugt); OLG München OLGR 1996, 150, 151; OLG Zweibrücken Urt. v. 18. 11. 1997 – 5 UF 79/96, juris [83] = FPR 1999, 115; OLG Braunschweig Beschl. v. 7. 3. 2005 – 1 WF 446/04, juris [6] = FamRZ 2005, 1997 (LS); OLG Köln NJW-RR 2006, 361 = FamRZ 2006, 342, 343; im Ergebnis ebenso OLG Köln NJW-RR 1994, 2 = FamRZ 1994, 897; FamRZ 2001, 625 f.; OLG München FamRZ 1996, 169, 170; OLG Karlsruhe NJW 2004, 859 = FamRZ 2004, 1209, 1211, die zwar lediglich die Hälfte anrechnen, ohne allerdings das ALG bei der Bedarfsprägung zu berücksichtigen, und so zum nach der Additionsmethode erzielbaren Ergebnis gelangen.

[509] OLG Hamm NJW-RR 1996, 1287 = FamRZ 1995, 1422, 1423.

[510] BGHZ 148, 105 = NJW 2001, 2254 = FamRZ 2001, 986.

[511] BGH NJW 2003, 1181 = FamRZ 2003, 518, 520 m. Anm. *Büttner, Gutdeutsch* FamRZ 2003, 1002, *Graba* FPR 2003, 520, *Hoppenz* FuR 2003, 251, *Luthin* FamRB 2003, 142, *ders.* FamRB 2003, 149, *Mleczko* ZFE 2003, 137, *Soyka* FuR 2003, 193. – Nur scheinbar anders BGH NJW 2002, 217 = FamRZ 2002, 23, 24: „Im übrigen ist das zu berücksichtigende Einkommen der Beklagten nach der Rspr. des Senats nicht auf den Bedarf anzurechnen, sondern in die Bedarfsbemessung einzubeziehen und in die Differenzberechnung einzustellen". Denn das „zu berücksichtigende Einkommen" war ersichtlich das Einkommen, das dem obligaten Teil der Erwerbstätigkeit zugeordnet wurde.

[512] BGH NJW 1983, 933 = FamRZ 1983, 146, 149; BGHZ 89, 108 = NJW 1984, 292 = FamRZ 1984, 149, 150; NJW 1984, 294 = FamRZ 1984, 151, 152; FamRZ 1984, 364, 365; NJW 1985, 907 = FamRZ

Höhe des obligat erzielten Nettoeinkommens abzüglich Erwerbstätigenbonus, weil es sonst der Berechtigte in der Hand hätte, durch die Aufgabe der Erwerbstätigkeit seinen Unterhaltsanspruch zu erhöhen.[513] Dagegen prägen die überobligat erzielten Einkünfte die ehelichen Lebensverhältnisse nicht, weil die Erwerbstätigkeit jederzeit einseitig wieder aufgegeben werden kann, ohne dass gegen unterhaltsrechtliche Obliegenheiten verstoßen wird, die Einkünfte mithin nicht nachhaltig erzielt worden sind.[514] Soweit sie dem Berechtigten nach § 1577 Abs. 2 nicht in voller Höhe verbleiben, sind sie die **Bedürftigkeit** mindernd anzurechnen; die entsprechend § 1577 Abs. 2[515] nicht berücksichtigungsfreien obligaten Einkünfte des Verpflichteten erhöhen nach § 242 seine **Leistungsfähigkeit.**[516] Dies gilt entsprechend, wenn sich ein Ehegatte über das zumutbare Maß hinaus **einschränkt** oder etwa als Schwerbehinderter an sich erforderlichen **Pflegeaufwand** nicht betreibt.[517]

– Mit seiner Entscheidung v. 13. 4. 2005[518] rückt der BGH hiervon unter Hinweis auf seine Entscheidung v. 5. 9. 2001[519] und die **obergerichtliche Rspr.**[520] ab. Danach ist vom überobligat erzielten Einkommen der nach §§ 1577 Abs. 2, 242 unberücksichtigt bleibende Betrag abzuziehen und der Restbetrag in die Bedarfsberechnung einzustellen.[521] Dies ist abzulehnen, weil damit ohne verständigen Grund – ein solcher wird vom BGH auch nicht genannt; in seiner Surrogationstheorie kann er nicht gesehen werden, weil sich aus ihr gerade nichts zur Behandlung überobligat erzielten Einkommens ergibt[522] – gegen das unterhaltsrechtliche Erfordernis der Nachhaltigkeit des erzielten

---

1985, 360, 362; FamRZ 1998, 1501 und noch NJW-RR 2005, 945 = FamRZ 2005, 967, 971; ebenso OLG Zweibrücken FamRZ 1983, 505, 506; OLG Frankfurt a. M. NJW-RR 1989, 1232 = FamRZ 1990, 62; OLG München FamRZ 1996, 169; OLG Bamberg FamRZ 1996, 1076; aA OLG Hamm FamRZ 1995, 606 f.; FamRZ 1996, 488; FamRZ 1996, 489 (LS): Berücksichtigung der überobligat erzielten Einkünfte beim Bedarf zur Hälfte.

[513] Entgegen *Büttner* FamRZ 2003, 520 ist darin keine Abweichung von der Entscheidung BGH NJW 2002, 217 = FamRZ 2002, 23, 24 zu sehen, weil dort der BGH nur davon gesprochen hat, dass das zu berücksichtigende Einkommen des Berechtigten in die Bedarfsbemessung einzubeziehen sei, er insoweit also zwischen berücksichtigungsfähigem und nicht berücksichtigungsfähigem Einkommen unterscheidet (s. dazu auch Fn. 510).

[514] *Maurer* FamRZ 2005, 1823, 1825; im Ergebnis ebenso OLG Hamburg FamRZ 2003, 235; OLG Stuttgart FamRZ 2004, 1380; OLGR 2005, 127, 128 = FamRZ 2005, 1746 (LS); aA OLG Köln NJW 2001, 3716 = FamRZ 2002, 463, 464; OLG Karlsruhe NJW 2002, 900, 901 = FamRZ 2002, 820 (LS), die auch die überobligat erzielten Einkünfte in die Differenzberechnung einstellen.

[515] OLG Hamm FamRZ 1995, 606, 607.

[516] BGH NJW 1980, 2251 = FamRZ 1980, 984; NJW 1982, 520 = FamRZ 1982, 152, 153; NJW 1982, 2264 = FamRZ 1982, 779, 780; NJW 1983, 1548 = FamRZ 1983, 569, 570; NJW 1985, 907 = FamRZ 1985, 360, 362; NJW 1986, 2054 = FamRZ 1986, 790, 791; auch KG FamRZ 1981, 869, 871.

[517] OLG Karlsruhe FamRZ 1998, 479, 480 (BGH Beschl. v. 15. 1. 1997 – XII ZA 16/96: keine Prozesskostenhilfe für die zugelassene Revision mangels Erfolgsaussicht).

[518] BGHZ 162, 384 = NJW 2005, 2145 = FamRZ 2005, 1154, 1157 m. wohl zust. Anm. *Gerhardt* und abl. Anm. *Maurer* FamRZ 2005, 1823; ähnlich BGH NJW-RR 2005, 945 = FamRZ 2005, 967, 970 f.; BGHZ 166, 351 = NJW 2006, 1654 = FamRZ 2006, 683, 684; s. dazu auch – mit nach meinem Dafürhalten unzutreffendem Ansatz bei der Surrogationstheorie des BGH – *Büttner* FamRZ 2004, 641, 643 f.

[519] BGHZ 148, 368 = NJW 2001, 3618 = FamRZ 2001, 1687, 1691; s. auch OLG München NJW-RR 2000, 1243, 1246 = FamRZ 2000, 1286 (LS) als Vorinstanz: Die überobligat erzielten Einkünfte seien zum Teil bedarfsprägend zu berücksichtigen.

[520] Etwa OLG München NJW-RR 2000, 1243, 1244 f. = FamRZ 2000, 1286 (LS); OLGR 2002, 261, 262 = FamRZ 2002, 1407 (LS); OLG Köln NJW 2001, 3716 = FamRZ 2002, 463, 464; KG FPR 2002, 409, 410; OLG Karlsruhe NJW 2002, 900 = FamRZ 2002, 820 (LS); OLGR 2002, 162; OLG Hamm NJW-RR 2003, 223 = FamRZ 2002, 1708 f.; OLG Braunschweig FamRZ 2002, 1711; auch OLG Koblenz NJW-RR 2003, 219 = FamRZ 2003, 611, 612 f.; Urt. v. 4. 2. 2003 – 11 UF 371/02, juris [9]; OLGR 2003, 245, 246; OLG Saarbrücken NJW-RR 2006, 869, 870; aA noch OLG Frankfurt a. M. Beschl. v. 2. 4. 2001 – 1 WF 274/00, juris = EzFamR aktuell 2001, 322; OLG Nürnberg Beschl. v. 6. 7. 2000 – 10 WF 2189/00, juris [6]; OLG Hamm FamRZ 2000, 1219; NJW 2003, 2461 = FamRZ 2004, 376; FamRZ 2004, 1108 (LS); NJW-RR 2004, 438 = FamRZ 2004, 1379 (LS); OLG Stuttgart FamRZ 2004, 1294; wohl auch OLG Köln FamRZ 2004, 376, 377; in der Literatur s. *Scholz* FamRZ 2003, 265, 269; *Gerhardt* FamRZ 2003, 273, 275 im Hinblick auf die Entscheidung BGHZ 148, 105 = NJW 2001, 2254 = FamRZ 2001, 986.

[521] OLG Saarbrücken NJW-RR 2006, 869, 870; OLG Stuttgart FamRZ 2007, 150, 151 m. Anm. *Spangenberg* FamRZ 2007, 1022, 1023, *Born* FamRZ 2007, 888, 889.

[522] Insoweit wohl ebenso *Borth* FamRZ 2001, 1653, 1657.

Einkommens völlig außer Betracht gelassen wird, dass die überobligate Erwerbstätigkeit unterhaltsrechtlich neutral jederzeit wieder aufgegeben werden kann. Zudem wohnt dieser Rspr. die Gefahr inne, dass im Zuge der stärkeren Betonung der nachehelichen Eigenverantwortung als obligat behandelt wird, was überobligat ist.

- In einer weiteren Entscheidung v. 1. 3. 2006[523] greift der BGH zutreffend den Umstand, dass eine Beschäftigung jederzeit unterhaltsrechtlich unschädlich wieder aufgegeben werden kann, als Abgrenzungskriterium für eine überobligate Erwerbstätigkeit wieder auf, behandelt aber den nach §§ 1577 Abs. 2, 242 zu bemessenden Anteil gleichwohl als bedarfsprägend.

Demgegenüber sollte gelten: Ist die Erwerbstätigkeit insgesamt überobligat, prägen die erzielten Einkünfte die ehelichen Lebensverhältnisse nicht, der nach §§ 1577 Abs. 2, 242 zu berücksichtigende Anteil ist anzurechnen bzw. die Leistungsfähigkeit mitbestimmend zu berücksichtigen. Ist die Erwerbstätigkeit teilweise obligat, sind nur die auf den obligaten Teil entfallenden Einkünfte bedarfsprägend. Allerdings ist stets eine Alternativberechnung nach der Differenz-/Additionsmethode durchzuführen, um zu verhindern, dass der betroffene Ehegatte mit der Anrechnung schlechter gestellt wird als mit einer eheprägenden Behandlung und damit für seine überobligaten Anstrengungen „bestraft" wird.[524] – Der mE zutreffende Ansatz ist deshalb, danach zu fragen, was nach dem gemeinsamen **Lebensplan** der Ehegatten und den daran ausgerichteten ehelichen Lebensverhältnissen eine überobligate Erwerbstätigkeit darstellt, und insbesondere was der Grund für die Aufnahme der Erwerbstätigkeit war und wie sich die daraus ergebende Belastung v. a. im Hinblick auf die Kinderbetreuung nach Trennung und Scheidung auswirkt.[525] Im Ergebnis wird man, wie die Erfahrung aus der Praxis zeigt, bei einem bislang als unzumutbar erzielt behandelten Einkommen oft dazu kommen, dass es obligat erzielt ist und deshalb die ehelichen Lebensverhältnisse geprägt hat. Zu fragen ist dann, ob und was sich an der Betreuungssituation durch Trennung und Scheidung geändert hat. IdR wird der Berechtigte seine Erwerbstätigkeit gar nicht mehr aufgeben wollen; dann kann auch nicht davon ausgegangen werden, dass diese sich als unzumutbar darstellt, wenn ihm etwaige Mehraufwendungen für die Betreuung der Kinder und – bei der Anrechnung der Erwerbseinkünfte – der erhöhte Betreuungsaufwand infolge des Wegfalls des Betreuungsanteils des barunterhaltspflichtigen Elternteils durch einen Vorwegabzug von seinem Einkommen zugute gehalten werden (dazu § 1577 RdNr. 16). Dem wird allerdings durch eine **hälftige** Anrechnung der erzielten Erwerbseinkünfte nicht Rechnung getragen, weil dies im Ergebnis zur Halbteilung führt und dem Berechtigten kein Bonus für die Kinderbetreuung mehr verbleibt.[526] 100

c) Konkreter Betreuungsaufwand. Neben dem Barunterhalt ist auch der Aufwand für eine Fremdbetreuung des Kindes in Höhe der etwa für Kinderkrippe, Kindergarten, Kindertagesstätte, Hort,[527] Tagesmutter, Betreuung durch Verwandte,[528] Ganztagesschule oder Internat konkret anfallenden Kosten, aber auch der Betreuungsmehrbedarf für ein behindertes Kind[529] in voller Höhe vom Erwerbseinkommen des betreuenden Ehegatten vorweg abzuziehen,[530] wenn sie nur anfallen, um ihm eine **Erwerbstätigkeit** zu ermögli- 101

---

523 BGH NJW 2006, 2182 = FamRZ 2006, 846, 848 f. m. Anm. *Born*; auch BGH NJW 2007, 1969 = FamRZ 2007, 882, 885 f. [49] m. Anm. *Born*.

524 OLG Frankfurt a. M. Beschl. v. 2. 4. 2001 – 1 WF 274/00, juris = EzFamR aktuell 2001, 322; OLG Hamburg FamRZ 2003, 235; OLG Köln FamRZ 2004, 376, 377.

525 *Maurer* FamRZ 2005, 1823 ff.; ebenso OLG Düsseldorf NJW-RR 2001, 434 = FamRZ 2001, 102 f.; OLG Karlsruhe FamRZ 2007, 413, 414 f.; OLG Zweibrücken FamRZ 2008, 1655, 1657; ersichtlich geht auch das OLG Karlsruhe NJW 2002, 900, 901 = FamRZ 2002, 820 (LS) so vor, obwohl es seinem Wortlaut nach überobligat erzielte Einkünfte bedarfsprägend behandelt.

526 Dazu ausführlich *Maurer* FamRZ 2005, 1823, 1824; dazu auch § 1577 RdNr. 13.

527 OLG Frankfurt a. M. FamRZ 2007, 1353, 1354.

528 Keine Berücksichtigungsfähigkeit aber, wenn damit nur selbst ersparte Kosten ausgeglichen werden, OLG Hamm OLGR 2001, 89, 90 = FamRZ 2001, 625 (LS) (Verpflegungskosten).

529 BGH NJW 1983, 2082 = FamRZ 1983, 689, 690.

530 BGH FamRZ 1979, 210, 211; NJW 1980, 2081 = FamRZ 1980, 771, 772; NJW 1982, 2664 = FamRZ 1982, 779, 780; NJW 1991, 697 = FamRZ 1991, 182, 184; BGHZ 162, 384 = NJW 2005, 2145 =

chen.[531] Der Berechtigte trägt die Fremdbetreuungskosten dann aufgrund der Halbteilung idR zur Hälfte selbst, was bei einem Vorwegabzug vom Einkommen des Verpflichteten nicht anders wäre (dazu auch § 1570 RdNr. 49).[532] Dies zeigen folgende Berechungen:

[EM 3000 € + (EF 1500 € – 300 € Betreuungskosten)]: 2 = 2100 € – 1200 € = 900 €;
[(EM 3000 € – 300 € Betreuungskosten) + EF 1500 €]: 2 = 2100 € – 1500 € = 600 € + 300 € Betreuungskosten = 900 €.

Verfügt der Verpflichtete aber über Einkünfte, die nicht zur Deckung des Elementarunterhalts herangezogen werden, und kann er mit diesen den Mehrbedarf decken, hat er Elementarunterhalt ohne Vorwegabzug des Mehrbedarfs zuzüglich den Mehrbedarf zu leisten. Zu den Kosten für einen **Umzug,** um Fremdbetreuungsangebote wahrnehmen zu können, s. § 1570 RdNr. 43. – Dient die Fremdbetreuung dagegen – wie idR etwa ein Kindergartenbesuch – der pädagogischen und bildungsbezogenen **Erziehung** und **Entwicklung** des Kindes, werden die hierfür anfallenden Kosten durch den Bedarf des Kindes hervorgerufen, weshalb sie auch diesem zugehören und grundsätzlich durch den Barunterhalt für das Kind abgedeckt werden.[533] Ansonsten sind sie dem Mehrbedarf des Kindes zuzurechnen, für den die Eltern entsprechend ihren Einkünften nach § 1606 Abs. 3 S. 1 BGB anteilig aufzukommen haben.[534] – Der BGH[535] hat den Beitrag für einen halbtätigen Kindergartenbesuch bis zur Höhe von 50 € auch im ab 1. 1. 2008 geltenden **Mindestunterhalt** enthalten angesehen, allerdings nur deshalb, weil der Mindestunterhalt sich solange auf die Höhe des bisherigen Regelbetrags beläuft, bis er diesen – was noch nicht der Fall ist[536] – nach der Berechnung des § 1612 a BGB übersteigt (§ 36 Nr. 4 EGZPO). Erhöht sich aber der Mindestunterhalt infolge der Anhebung des Kinderfreibetrags in § 32 Abs. 6 S. 1 EStG auf denselben oder einen höheren als den Regelbetrag, ist der Betreuungsbedarf, der mit einem zusätzlichen Steuerfreibetrag für den Betreuungs-, Erziehungs- oder Ausbildungsbedarf des Kindes von 1080 €/Jahr je Elternteil bemessen und nicht dem sächlichen

---

FamRZ 2005, 1154, 1156 m. Anm. *Gerhardt;* OLG Celle FamRZ 2004, 1380, 1381 (Internat). Das OLG Hamm FamRZ 1999, 513 (LS) geht von jährlich 240 Fahrten zum Kindergarten aus.

531 BGH NJW 2008, 2337 = FamRZ 2008, 1152, 1153 [19] m. Anm. *Born.*

532 *Maurer* FamRZ 2008, 2157, 2159.

533 So jedenfalls für die Kosten eines pädagogisch motivierten halbtägigen Kindergartenbesuchs, weil diese keinen Mehrbedarf (des Kindes) darstellen und von den Sätzen der Düsseldorfer Tabelle abgedeckt sind, BGH NJW 2007, 1969 = FamRZ 2007, 882, 886 [44] m. Anm. *Born;* NJW 2008, 2337 = FamRZ 2008, 1152, 1154 [25, 26, 28] m. Anm. *Born* (für „Kosten für den halbtätigen Kindergartenbesuch bis zu einer Höhe von etwa 50 €"; darüber hinausgehende Kosten sind Mehrbedarf des Kindes, für den „beide Elternteile anteilig nach ihren Einkommensverhältnissen aufzukommen haben", § 1606 Abs. 3 S. 1); s. auch *Maurer* FamRZ 2006, 663, 665 f. = FS Schwab, 2005, S. 823 mwN. – Das OLG Hamburg FamRZ 1998, 553 (L2) differenziert danach, ob der betreuende Elternteil arbeitet oder nicht. – Das KG FamRZ 2007, 2100, 2101 f. (Revision eingelegt, BGH XII ZR 65/07) hat einem Kind, dessen Vater das doppelte Einkommen der 13. Einkommensgruppe der Düsseldorfer Tabelle erzielt, das aber mit höheren Lebenshaltungskosten in der Schweiz lebt und Barunterhalt lediglich aus dieser Einkommensgruppe verlangt, zusätzlich die Kosten für den halbtägigen Kindergartenbesuch zuerkannt. – Die Kosten allein deshalb stets dem Kind als Mehrbedarf zuzuschlagen, weil sich dann der betreuende Elternteil nach Wegfall des Anspruchs auf Betreuungsunterhalt daran beteiligen muss (so *Menne* FamRB 2008, 110, 115; *Schilling* FF 2008, 279, 282), führt nicht weiter: Er muss sich nämlich daran auch anteilig entsprechend den wirtschaftlichen Verhältnissen beider Eltern beteiligen, wenn er Betreuungsunterhalt, ggf. neben Einkünften aus einer Erwerbstätigkeit, in einer Höhe bekommt, die ihm eine Beteiligung ermöglichen.

534 BGH NJW 2007, 1969 = FamRZ 2007, 882, 886 [44] m. Anm. *Born;* BGH NJW 2008, 2337 = FamRZ 2008, 1152, 1153 [19] m. Anm. *Born* (für den Kindergartenbesuch); OLG München OLGR 1999, 43 (Privatschulkosten für lernbehindertes Kind); OLG Karlsruhe NJW-RR 1999, 4 = FamRZ 1999, 859 (LS) (Kindertagesstätte); OLG Celle FamRZ 2004, 1380, 1381 (Internat); s. dazu auch OLG Stuttgart FamRZ 2004, 1129 f.; FamRZ 2006, 1282 f. m. abl. Anm. *Gottwald;* FamRZ 2007, 150, 151 (jeweils Kindergartenbeiträge); *Maurer* FamRZ 2006, 663 ff. = FS Schwab, 2005, 823 ff. mwN. Offen gelassen noch von BGH NJW 2007, 1969 = FamRZ 2007, 882, 886 [41 f.] m. Anm. *Born.* – Nicht anerkannt als Bedarf des Kindes hat das AG Konstanz FamRZ 2006, 1709 Hortkosten, die wegen eines Umzugs der Mutter ins Ausland zum Zwecke der Promotion anfallen.

535 BGH NJW 2008, 2337 = FamRZ 2008, 1152, 1154 [26] m. Anm. *Born.*

536 Aktueller Mindestunterhalt nach § 1612 a Abs. 1 S. 2 BGB nF, § 32 Abs. 6 S. 1 EStG: 281 €/322 €/377 €; Regelbeträge nach § 1612 a BGB aF: 202 € + 77 € = 279 €/245 € + 77 € = 322 €/288 + 77 € = 365 €.

Existenzminimum zuzurechnen ist,[537] vom Mindestunterhalt nicht (mehr) umfasst.[538] – Zum **Kindesunterhalt** hat der BGH[539] den Betreuungsaufwand bei einer Fremdunterbringung des Kindes unabhängig von den konkret anfallenden Kosten monetarisiert, in Ausnahmefällen aber, etwa bei persönlichkeitsbedingt besonders hohem Betreuungsaufwand oder bei konkret feststehenden Betreuungskosten, die Widerlegung durch den Elternteil zugelassen, der sich darauf beruft. Dies ist abzulehnen (dazu RdNr. 135, 198). – Zum **Betreuungsbonus** wegen überobligater Erwerbstätigkeit und zum **Mangelfall** s. RdNr. 102.

d) Betreuungsbonus. Ist die ausgeübte Erwerbstätigkeit wegen Kinderbetreuung ganz oder teilweise **überobligat,** kann auch ohne oder neben konkreten Betreuungskosten ein **pauschaler** Betreuungsbonus zur Abgeltung des Mehraufwands für die Betreuung gemeinsamer Kinder durch die Erbringung von Betreuungsleistungen in der Freizeit abgezogen werden,[540] jedenfalls dann, wenn die Betreuung nur unter besonderen Erschwernissen, etwa hohem zeitlichen Aufwand, möglich ist.[541] Dies gilt auch dann, wenn bei **obligater** Erwerbstätigkeit ein Mehraufwand für die Kinderbetreuung auszugleichen ist. Dieser Betreuungsbonus steht dem Verpflichteten als **Freibetrag** auch zu, wenn die Betreuung zwar nicht von ihm, sondern von seinem jetzigen Ehegatten oder Partner erbracht wird.[542] – **Maßstab** dafür, was überobligat ist, ist die dem **Berechtigten** nach **§ 1570** zumutbare Erwerbstätigkeit (dazu dort RdNr. 30–52);[543] zur Gleichbehandlung der Ehegatten ist er auch auf den **Verpflichteten** anzuwenden. – Dieser Betrag ist bei der Feststellung der **Bedürftigkeit** nach § 1577 Abs. 2 anrechnungsfrei und bei der **Leistungsfähigkeit** nach § 1581 vorweg abzuziehen. Er kann nicht abstrakt-pauschal bemessen werden, sondern richtet sich nach den Grundsätzen von **Treu und Glauben** unter Berücksichtigung aller **konkreten Umstände** des Einzelfalles.[544] In Betracht kommen insbesondere: 102

Einkommens- und Vermögensverhältnisse sowie die sonstigen wirtschaftlichen Verhältnisse beider Ehegatten. Sie können im Mangelfall auch die Nichtberücksichtigung eines Betreuungsbonus rechtfertigen (dazu auch § 1581 RdNr. 16). – Die persönlichen Verhältnisse wie Alter, Gesundheitszustand, Erwerbstätigkeit beider Ehegatten, Art und Ausmaß ihrer Anstrengungen zur Erzielung unzumutbarer Einkünfte, weitere Unterhaltsverpflichtungen.[545] – Anzahl, Alter, Gesundheitszustand, Entwicklungsstand, individuelle Betreuungsbedürftigkeit (kann das Kind den Schulweg allein bewältigen und ggf. vor und nach der Schule für eine gewisse Zeit unbeaufsichtigt bleiben) und schulische Belange (Leistungsfähigkeit, Stundenplangestaltung) der Kinder. – Aufnahme bzw. Fortsetzung der

---

537 Zuletzt BT-Drucks. 16/11065 S. 6.

538 *Wendl/Klinkhammer* § 2 RdNr. 275; *Maurer* FamRZ 2008, 2157, 2160; *Bißmaier* BGHReport 2008, 745; *Hütter* FamRZ 2009, 5, 6; in Frage gestellt auch von *Schilling* FF 2008, 279, 282. Die gelegentlich in der Praxis diskutierte Frage, ob der vom BGH dem Regelbetrag zugeordnete Anteil an den Kindergartenkosten (50 €) dynamisch und bei einer Erhöhung des Mindestunterhalts entsprechend zu erhöhen ist, stellt sich danach nicht.

539 BGH NJW 2006, 3421 = FamRZ 2006, 1597, 1599 f. mwN und m. Anm. *Born.*

540 Etwa OLG Düsseldorf FamRZ 1980, 685, 687; OLG Hamm NJW 2003, 223 = FamRZ 2002, 1708, 1710 (dort auch illustrativ zu unterschiedlichen Berechnungsweisen und ihren Auswirkungen).

541 BGH NJW 1985, 1026 = FamRZ 1985, 161, 163; NJW 1986, 284 = FamRZ 1986, 790, 791; NJW 1988, 2369 = FamRZ 1988, 265, 267; NJW 1991, 697 = FamRZ 1991, 182, 184; NJW 2001, 973 = FamRZ 2001, 350, 352; s. auch OLG Zweibrücken FamRZ 1999, 852; aA wohl OLG Hamm OLGR 1998, 97, 98 (Betreuungsbonus nur bei unzumutbarer Erwerbstätigkeit).

542 BGH NJW 1982, 2664 = FamRZ 1982, 779, 780; Urt. v. 29. 6. 1983 – IVb ZR 379/81, juris [22, 23]; auch KG FPR 2002, 301, 303; OLG Stuttgart FamRZ 2007, 150, 151 m. Anm. *Spangenberg* FamRZ 2007, 1022, 1023.

543 Dazu auch OLG Thüringen OLG-NL 2004, 165 = FamRZ 2004, 1207, 1208.

544 StRspr. des BGH seit BGH NJW 1981, 2804 = FamRZ 1981, 1159, 1161; NJW-RR 1998, 721 = FamRZ 1998, 1501, 1502; NJW 2001, 973 = FamRZ 2001, 350, 352; NJW 2005, 818 = FamRZ 2005, 442, 444 m. Anm. *Schilling*; BGHZ 162, 384 = NJW 2005, 2145 = FamRZ 2005, 1154, 1156 m. Anm. *Gerhardt* und *Maurer* FamRZ 2005, 1823; jedenfalls missverständlich OLG Hamm NJW-RR 2003, 223 = FamRZ 2002, 1708, 1710, wonach der Betreuungsbonus abstrakt zu bemessen ist.

545 KG FPR 2002, 301, 303.

Erwerbstätigkeit aus freien Stücken oder aus wirtschaftlicher Not. – Umfang der Erwerbstätigkeit (teil-/vollschichtig; Geringverdienertätigkeit). – Stehen während der Arbeitszeit andere, ggf. zu bezahlende Betreuungspersonen zur Verfügung. – Auswirkungen der Doppelbelastung auf den betreuenden Elternteil. – Weitere Unterhaltspflichten des Verpflichteten.[546]

Da der so bemessene Betrag lediglich den „konkreten" Mehraufwand für die Kinderbetreuung abgilt, muss dem betreuenden Ehegatten ein **weiterer Anteil** seiner Einkünfte, der pauschal durch die Erhöhung des Betreuungsbonus abgegolten werden kann, zur Honorierung seiner Erwerbstätigkeit verbleiben.[547] – Der Betreuungsbonus **prägt** auch die ehelichen Lebensverhältnisse.[548] Denn er ist eine notwendige Fortentwicklung der ehelichen Lebensverhältnisse nach Trennung und Scheidung und hat zudem, obwohl ihm keine konkreten Aufwendungen gegenüberstehen, Vermögenswert, weil die mit der Erbringung der Betreuungsleistungen betrauten fremden Dienstleister entgolten werden müssten (zur Bedarfsprägung des **Betreuungsunterhalts** und der Einkünfte aus einer **überobligaten Erwerbstätigkeit** s. RdNr. 98–100). Das Einkommen des betroffenen Ehegatten ist deshalb vor ihrer Einstellung in die Bedarfsberechnung um den Betreuungsbonus zu bereinigen.

Bsp. aus der Rspr. zur Höhe des Betreuungsbonus: OLG Düsseldorf FamRZ 1980, 685, 687: 200 DM/Kind. – **BGH NJW 1986, 284 = FamRZ 1986, 790, 791:** 300 DM für 2 Kinder nicht beanstandet. – **BayVerfGH FamRZ 1992, 458, 459:** 400 DM/Kind nicht beanstandet. – **OLG Hamm OLGR 1993, 158, 159:** 250 DM/Kind. – **OLG München OLGR 1993, 299:** Belassung des Kindergelds. – **OLG Brandenburg OLG-NL 1996, 92 = FamRZ 1996, 866f.:** 400 DM/Kind. – **OLG Hamm FamRZ 1996, 1077:** 200 DM/Kind. – **OLG Hamburg FamRZ 1997, 357, 358:** 400 DM/Kind. – **OLG Hamm OLGR 1997, 280, 282 = FamRZ 1998, 561 (L5):** Jeweils 300 DM für 8 und 4 Jahre alte Kinder. – **OLG Hamm FamRZ 1998, 1588** m. Anm. *Born*: In Höhe des nach der Düsseldorfer Tabelle zu zahlenden Barunterhalts. Diese Entscheidung ist abzulehnen, weil keine Differenzierung nach dem Betreuungsaufwand mehr ermöglicht wird. – **KG FamRZ 1998, 1112, 1113:** 400 DM für ein Kind. – **OLG Schleswig FamRZ 1999, 513:** 200 DM bei Fortsetzung halbschichtiger Erwerbstätigkeit nach der Geburt und nicht „sehr gravierender" Mehrbelastung durch Trennung. – **OLG Oldenburg OLGR 2000, 189, 192 = FamRZ 2000, 1286 (LS):** 300 DM. – **OLG Köln NJW-RR 2001, 1371:** Betreuung 16jähriger Tochter; Betreuungsbonus 674 DM. – **OLG Koblenz Urt. v. 4. 2. 2003 – 11 UF 371/02, juris [9]:** 100 DM von verfügbaren 570 DM. – **OLG Koblenz OLGR 2003, 245, 246:** 1/5 des Nettoeinkommens. – **OLG Koblenz NJW-RR 2003, 937f.:** Bis zur Einschulung (vollendetes 6. Lebensjahr) 300 €, bis zum Ende der Grundschule (vollendetes 10. Lebensjahr) 200 €, 11. bis vollendetes 14. Lebensjahr 150 €. – **OLG Celle FamRZ 2004, 1380, 1381:** 200 €. – **KG FPR 2002, 301, 303:** Halbschichtig erwerbsoblegene Lehrerin, 3 Kinder im Alter von 12, 16 und 17 Jahren, Betreuungsbonus bei vollschichtiger Erwerbstätigkeit 1450 DM, bei dreiviertelschichtiger 752 DM. – **KG NJW 2005, 2930 = FamRZ 2006, 341, 342:** 500 €. – **OLG Brandenburg NJW-RR 2006, 944 = FamRZ 2006, 341:** In Höhe des fiktiven Barunterhalts (dies bedeutet eine Monetarisierung des Betreuungsunterhalts). – **OLG München NJW-RR 2006, 586 = FamRZ 2006, 812 (LS):** Kindesbetreuung und Maklertätigkeit im gleichen Haus: 300 €. – **OLG Hamm FamRZ**

[546] BGH NJW 2001, 973 = FamRZ 2001, 350, 352; OLG Stuttgart FamRZ 2007, 150 m. Anm. *Spangenberg* FamRZ 2007, 1022, 1023; s. auch *Hahne,* FS Schwab, 2005, S. 783, 791 = FF 2006, 24 mwN.

[547] AA OLG Hamm OLGR 1997, 310, 312.

[548] Ebenso OLG Hamm FamRZ 1980, 255f.; KG FamRZ 1981, 869; FamRZ 1982, 386, 388; OLG Oldenburg, OLGR 2000, 189, 190 = FamRZ 2000, 1286 (LS) mwN; auch *Born* FamRZ 1997, 129, 130; aA wohl OLG Hamm FamRZ 1994, 1036, 1037; OLG Köln FamRZ 1993, 1115, 1116. Der BGH NJW 2005, 818 = FamRZ 2005, 442, 443f. m. Anm. *Schilling* bemisst dagegen den Unterhalt der nichtehelichen Mutter nach ihrer früheren Lebensstellung und setzt den Betreuungsbonus lediglich vom anzurechnenden Einkommen ab; dies ist folgerichtig, doch im vorliegenden Zusammenhang nicht aussagekräftig, da sich die Lebensstellung des nichtehelichen Elternteils allein nach seinen finanziellen Mitteln bemisst.

2007, 1464, 1465: Bei halbschichtiger Erwerbstätigkeit 100 €, bei vollschichtiger Erwerbstätigkeit insbesondere wegen der berufsbedingten Fahrtzeiten 450 €.

4. Einkommensabzüge. a) Vorsorgebeiträge. Sowohl für Arbeitnehmer wie für Selbständige ist nur das Nettoeinkommen nach Abzug von Steuern und angemessenen Aufwendungen für die Kranken-/Pflege- und Altersvorsorge maßgebend. – IdR können 103

- für die **Kranken-/Pflegevorsorge** die Beiträge in der gesetzlichen Kranken- und Pflegeversicherung angesetzt werden (dazu auch RdNr. 72, 73). Bei einer Privatversicherung sind die auch bislang hierfür angefallenen Aufwendungen zu berücksichtigen; meist dürfte ein Versicherungswechsel zu keinen geringeren Kosten führen.
- für die **Altersvorsorge** insgesamt 24% des Bruttoeinkommens (ca. 20% primäre zuzüglich 4% sekundäre Altersvorsorge) berücksichtigt werden. Die sekundäre Altersvorsorge ist angesichts des politischen Willens zu verstärkter privater Altersvorsorge weder auf bestimmte Berufsgruppen noch auf bestimmte Anlageformen beschränkt (dazu RdNr. 75, 79).[549] Doch müssen die Aufwendungen auch **tatsächlich** erbracht werden, eine fiktive Berücksichtigung kommt nicht Betracht.[550] Werden sie erbracht, prägen sie den Bedarf und beeinflussen Bedürftigkeit und Leistungsfähigkeit beider Ehegatten unabhängig davon, ob die Vorsorge bereits während bestehender Ehe betrieben oder erst **nach** deren Scheitern oder Auflösung begonnen wurde, es sei denn, die Altersvorsorge ist bereits durch anderweitige Vorsorgeaufwendungen im zulässigen Umfang abgedeckt.[551] – Der BGH knüpft damit an seine Rspr. zum Verwandtenunterhalt[552] und die politische Zielsetzung an, die private Altersvorsorge anzuregen und zu stärken (Art. 6 Altersvermögensgesetz).[553] Damit wird die oft noch sehr ferne Zukunft in den Vordergrund gerückt, für die meist nicht sicher beurteilt werden kann, ob die Zusatzversorgung überhaupt „erlebt" wird. Deshalb sollte differenziert werden: Reichen die finanziellen Familienverhältnisse aus, einen über dem notwendigen und angemessenen Bedarf liegenden eheangemessenen Bedarf zu befriedigen, sollten die Vorsorgeaufwendungen in voller Höhe bedarfsmindernd abgezogen werden. Im **Mangelfall** sollte es mE um die Gegenwart und nicht um die ungewisse Zukunft gehen und deshalb nacheheliche Altersvorsorgebeiträge, gleich welcher Art die private Altersvorsorge ist, sowohl bei der Bedarfsbemessung als auch bei der Leistungsfähigkeit außer Betracht bleiben. Diese entspricht auch dem **Vorrang** des Elementar- vor dem Altersvorsorgeunterhalt (dazu RdNr. 71).

b) Steuern. Steuern – insbesondere Lohnsteuer, Einkommensteuer, Kirchensteuer, Soli- 104
daritätszuschlag – werden nach dem **Zufluss-/Abflussprinzip** behandelt und sind deshalb grundsätzlich in **real** entrichteter Höhe anzusetzen.[554] Steuerrückerstattungen und -nachzahlungen werden erst nach ihrem Erhalt bzw. ihrer Entrichtung berücksichtigt[555] und auf eine längere Zeit – gemeinhin auf das Jahr, in dem sie angefallen sind, nicht für das sie erhoben oder erstattet werden – verteilt.[556] – **Steuerrückerstattungen, -nachzahlungen** und Vorteile aus einem **Steuerklassenwechsel** können die ehelichen Lebensverhältnisse

[549] Zu Letzterem BGHZ 163, 84 = NJW 2005, 3277 = FamRZ 2005, 1817, 1820f.; NJW 2006, 1794 = FamRZ 2006, 387, 389f. m. Anm. *Büttner* FamRZ 2006, 393; offen gelassen noch BGH NJW 2003, 2306 = FamRZ 2003, 1179, 1182 m. Anm. *Klinkhammer.*

[550] BGH NJW 2003, 1660 = FamRZ 2003, 860, 863; NJW 2007, 511 = FamRZ 2007, 193f. m. Anm. *Borth;* BGHZ 171, 206 = NJW 2007, 1961 = FamRZ 2007, 793, 795 [27].

[551] BGH NJW 2006, 1794 = FamRZ 2006, 387, 389 m. Anm. *Büttner.*

[552] Zum Elternunterhalt BGH NJW-RR 2004, 793 = FamRZ 2004, 792, 793: 5%.

[553] V. 26. 6. 2001 (BGBl. I S. 1330, 1335).

[554] BGHZ 175, 182 = NJW 2008, 1663 m. Anm. *Born* = FamRZ 2008, 968, 971 [37] m. Anm. *Maurer.*

[555] StRspr. des BGH, s. BGH NJW 1980, 2251 = FamRZ 1980, 984; NJW 1985, 195 = FamRZ 1984, 1211, 1212; NJW-RR 1987, 194 = FamRZ 1987, 36, 37 mwN; NJW 1988, 2101 = FamRZ 1988, 817, 818; s. auch OLG Koblenz FamRZ 1999, 516, 517. Ausführliche Darstellungen steuerrechtlicher Fragen etwa bei *Göppinger/Wax/Märkle* RdNr. 4000ff.; *Schwab/Borth* IV RdNr. 788ff.

[556] BGH NJW 1982, 822 = FamRZ 1982, 250, 252; NJW 1985, 195 = FamRZ 1984, 1211, 1212; auch OLG Hamm OLGR 1997, 264.

nur insoweit prägen, als sie sich aus dem Einkommen des geschiedenen Ehegatten ergeben. Erzielt der Ehegatte der Folgeehe gleichfalls zu versteuernde Einkünfte, sind die ihm zuzurechnenden Steuervorteile herauszurechnen. Hierzu sind die bei getrennter Veranlagung anfallenden Steuerschulden ins Verhältnis zueinander zu setzen.[557] Zum **Steuerklassenwechsel** infolge der Trennung oder Scheidung und bei Wiederverheiratung eines Ehegatten s. RdNr. 28, 29. – Erst **künftige** Änderungen der Steuerklasse bleiben unberücksichtigt und sind in einem Abänderungsverfahren nach § 323 ZPO, §§ 238, 239 FamFG geltend zu machen.[558] – Steuerliche Vorteile aus dem begrenzten **Realsplitting** (dazu auch RdNr. 29, 168, § 1569 RdNr. 15) prägen, obwohl auch sie nur scheidungsbedingt eintreten können, die ehelichen Lebensverhältnisse dann, wenn sie sich verwirklichen: Nach Eintrag als Freibetrag beim laufenden Einkommen, ansonsten als Steuerrückerstattung.

105 **Ausnahmsweise** sind in besonders gelagerten Fällen nicht die tatsächlich entrichteten, sondern die **fiktiv** ermittelten Steuern in die Bedarfsbemessung einzustellen:[559]

- Der **Splittingvorteil** aus einer Wiederheirat hat der neuen Ehe zu verbleiben (dazu RdNr. 29).
- Nichtgeltendmachung erreichbarer **steuerlicher Vorteile** (dazu RdNr. 168). Zum **Realsplitting** s. auch RdNr. 29.
- Sind **Aufwendungen** unterhaltsrechtlich nicht zu berücksichtigen, sollen sie nach der Rspr. des BGH auch aus den sich aus ihnen ergebenden steuerlichen Entlastungen herauszurechnen sein.[560] Doch wird zu differenzieren sein:
  - Kann die zur steuerlichen Entlastung führende Belastung unterhaltsrechtlich schon **dem Grunde nach** keine Bedeutung haben, kann der andere Ehegatte an ihr unterhaltsrechtlich auch nicht beteilgt werden. Dies kann etwa für Aufwendungen zur **Vermögensbildung** gelten, insbesondere für eine Beteiligung an einem **Bauherrenmodell.**[561]
  - Sind dagegen die Aufwendungen auch unterhaltsrechtlich hinzunehmen und anerkennt sie das Steuerrecht lediglich mit einem höheren Betrag als das Unterhaltsrecht, nimmt der andere Ehegatte auch an der höheren steuerlichen Entlastung teil.[562] Dies kann etwa für Werbungskosten gelten, die als **berufsbedingte Aufwendungen** unterhaltsrechtlich nicht in voller Höhe anerkannt werden.
- **Zeitliche Verschiebungen** zwischen dem Entstehen der Steuerschuld und ihrer Begleichung werden nicht ausgeglichen. Diese Problematik kann insbesondere bei der Ermittlung des maßgeblichen Einkommens eines **Selbständigen** auftreten, wenn die Steuerbelastung zwar für ein der Unterhaltsbemessung zugrunde gelegtes Jahr anfällt, aber erst in einem nicht herangezogenen Jahr veranlagt wird.[563]
- Bei Einbeziehung **fiktiver Einkünfte** der Ehegatten in die Bedarfsbemessung (dazu RdNr. 138–187).[564]
- Unterhaltsrechtlich vorwerfbar wird **keine Steuererklärung** abgegeben oder sonst gegen unterhaltsrechtliche Obliegenheiten verstoßen. Allerdings setzt die Berücksichtigung eines fiktiven Steuererstattungsbetrags voraus, dass dieser mit genügender Sicherheit geschätzt werden kann.[565]

---

557 BGH NJW 1977, 378 = FamRZ 1977, 38; dazu auch BGHZ 175, 182 = NJW 2008, 1663 m. Anm. *Born* = FamRZ 2008, 968, 971 [41] m. Anm. *Maurer*; OLG Düsseldorf FamRZ 1991, 194 f.; FamRZ 1991, 1315 f.; auch OLG Hamm FamRZ 1999, 42 (zum Kindesunterhalt).

558 BGH NJW 1988, 2105 = FamRZ 1988, 486.

559 Dazu BGHZ 175, 182 = NJW 2008, 1663 m. Anm. *Born* = FamRZ 2008, 968, 971 [37] m. Anm. *Maurer.*

560 BGH NJW 2005, 2077 = FamRZ 2005, 1159, 1160 f.; NJW 2006, 1794 = FamRZ 2006, 387, 393.

561 BGH NJW-RR 1987, 194 = FamRZ 1987, 36, 37. Von BVerfG FamRZ 1991, 295 aus Verfassungsgründen nicht beanstandet.

562 Ähnlich OLG Brandenburg FamRZ 2007, 1020, 1022.

563 Etwa BGH NJW 2004, 1227 = FamRZ 2004, 1177, 1178 f.; OLG Frankfurt a. M. OLGR 2001, 162 f.

564 OLG Hamm NJW 1995, 2042 = FamRZ 1995, 1152, 1153 mwN; FamRZ 1999, 233, 234.

565 OLG Bamberg OLGR 2007, 514, 515, 516 = FamRZ 2007, 1818 (LS)

II. Sozialleistungen

1. Krankheit. Arbeitslosigkeit. Lohnfortzahlung, Krankengeld (für das die Vermutung aus § 1610 a, 1578 a nicht gilt),[566] **Krankentagegeld, Krankenhaustagegeld**[567] (dazu aber auch § 1572 RdNr. 17) und **Arbeitslosengeld I**[568] (ALG I; zum ALG II s. RdNr. 110) werden als Ersatz für entgangenes Arbeitsentgelt bezahlt und sind deshalb als **Lohnersatz** unterhaltsrechtlich – Bedarfsprägung, Bedürftigkeit, Leistungsfähigkeit – als Einkommen zu behandeln. 106

2. Entschädigungen. Da die sozialrechtliche Zwecksetzung einer öffentlichen Leistung für die unterhaltsrechtliche Beurteilung nicht ohne weiteres maßgebend ist,[569] ist zu unterscheiden: 107

Bedarfsprägend sind: **Grundrente** nach dem BVG[570] samt Schwerbeschädigten- und Pflegezulage (§§ 31 Abs. 5, 35 Abs. 1 S. 1 BVG),[571] Kleiderzulage (§ 15 BVG),[572] Berufsschadensausgleich (§§ 30 Abs. 3 und BVG),[573] Ausgleichsrente (§ 32 BVG) und Ehegattenzuschlag (§ 33 a BVG, dazu aber auch RdNr. 30, 31).[574] – **Verletztenrente** aus der gesetzlichen Unfallversicherung.[575] – **Gesundheits-** (§§ 28 ff. BEG) und **Berufsschadensrente** (§§ 64 ff., 115 BEG) nach dem – auch landesrechtlichen – Entschädigungsrecht.[576] – **Blindengeld.**[577] – Entschädigungen nach dem **LAG.** – Leistungen nach dem **StrRehaG:**[578] § 17 StrRehaG (Kapitalentschädigung), § 17 a StrRehaG (monatliche besondere Zuwendung für Haftopfer),[579] § 18 StrRehaG (Unterstützungsleistungen) und § 19 StrRehaG (Leistungen wegen besonderer Härten).

Für die für **Körper-** und **Gesundheitsschäden** gewährten Sozialleistungen wird widerleglich vermutet, dass sie nicht höher sind als die Aufwendungen (§§ 1578 a, 1610 a;[580] dazu die Erläuterungen zu § 1610 a). Ist die Vermutung widerlegt, ist der **Mehraufwand** von den Leistungen abzusetzen. Er ist vom Betroffenen konkret darzulegen und ggf. zu beweisen,[581] kann jedoch nach § 287 ZPO, § 113 Abs. 1 S. 2 FamFG unter billiger Berücksichtigung des ideellen Zwecks der Leistung und der Schwierigkeiten des Berechtigten bei seiner konkreten Darlegung geschätzt und dadurch einbezogen werden, dass der Gesamtbedarf unter Einschluss des schadensbedingten Mehraufwandes einheitlich durch einen 108

---

566 BGH NJW-RR 1987, 194 = FamRZ 1987, 36, 38; NJW-RR 2009, 289 = FamRZ 2009, 307, 308, 309 [12, 14, 25] m. Anm. *Günther.*

567 OLG Bremen FamRZ 1991, 86.

568 Zum ALG nach dem AFG s. OLG Frankfurt a. M. FamRZ 2000, 26. Zum Unterhaltsgeld nach § 153 SGB III, aufgehoben mit Wirkung ab 1. 1. 2005 durch Art. 1 Nr. 86, Art. 124 Abs. 3 des Dritten Gesetzes für moderne Dienstleistungen am Arbeitsmarkt v. 23. 12. 2003 (BGBl. I S. 2848), s. auch OLG Karlsruhe FamRZ 1985, 286, 287: Inanspruchnahme nicht zumutbar, wenn Nichteintritt der Rückzahlungsverpflichtung nicht sicher.

569 BGHZ 103, 267 = NJW 1988, 2799 = FamRZ 1988, 604, 606; BGH NJW 1997, 1919 = FamRZ 1997, 806, 809 m. Bspr. *Riegner* FamRZ 1997, 1521, *Klein* FuR 1997, 255, *Kleffmann* FuR 1998, 74.

570 BGH NJW 1981, 1313 = FamRZ 1981, 338, 339; dazu auch OLG Hamm NJW-RR 1991, 1352 = FamRZ 1991, 1199, 1200.

571 BGH NJW 1982, 41 = FamRZ 1981, 1165, 1166.

572 BGH NJW 1982, 1594 = FamRZ 1982, 579, 580.

573 BGH NJW 1983, 1783 = FamRZ 1983, 674.

574 BGH NJW 1982, 1593 = FamRZ 1982, 252.

575 BGH NJW 1982, 1593 = FamRZ 1982, 252; NJW 1983, 1783, 1784 = FamRZ 1983, 674, 675.

576 BGH NJW 1983, 1783 = FamRZ 1983, 674, 675.

577 OLG Nürnberg FamRZ 1981, 964, 965; OLG Hamm FamRZ 1990, 405, 406; grundsätzlich wohl ebenso OLG Schleswig NJW-RR 1992, 390 = FamRZ 1992, 471; *Soergel/Häberle* RdNr. 6; *Wendl/Dose* § 1 RdNr. 440 mit Hinweis auf die LL; aA OLG Karlsruhe NJW-RR 1990, 713 = FamRZ 1990, 1240, 1241; 3. Aufl. RdNr. 8.

578 Gesetz über die Rehabilitierung und Entschädigung von Opfern rechtsstaatswidriger Strafverfolgungsmaßnahmen im Beitrittsgebiet (Strafrechtliches Rehabilitierungsgesetz – StrRehaG) v. 29. 10. 1992 (BGBl. I S. 1814), zuletzt geändert durch Art. 5 des Gesetzes v. 13. 12. 2007 (BGBl. I S. 2904).

579 OLG Stuttgart Beschl. v. 21. 11. 2008 – 15 WF 253/08.

580 Eingefügt durch Art. 1 Nr. 3 des Gesetzes vom 15. 1. 1991 (BGBl. I S. 46) mit Wirkung ab 16. 1. 1991.

581 BGH NJW 1982, 41 = FamRZ 1981, 1165, 1166; NJW 1982, 1594 = FamRZ 1982, 579, 580.

angemessenen Zuschlag auf den allgemeinen Lebensbedarf bemessen wird.[582] Künftige Veränderungen bleiben unberücksichtigt und einem späteren Abänderungsverfahren nach § 323 ZPO, §§ 238, 239 FamFG vorbehalten.[583]

109 **3. Sozialhilferechtliche Leistungen. Sozialhilfe** ist gegenüber der Unterhaltsverpflichtung subsidiär, prägt deshalb den Bedarf des Berechtigten nicht und ist nicht bedarfsdeckend anzurechnen. Ihre Gewährung führt grundsätzlich zum Übergang des Unterhaltsanspruchs von Gesetzes wegen auf den Sozialhilfeträger.[584] Sie ist auch dann nicht bedarfsdeckend zu berücksichtigen, wenn der Unterhaltsanspruch nach § 94 Abs. 1 S. 2–4, Abs. 2, Abs. 3, Abs. 4 S. 1 SGB XII oder bei Ansatz fiktiver Einkünfte des Verpflichteten nicht auf den Sozialleistungsträger (dazu Vor § 1569 RdNr. 14–19) übergehen kann,[585] weil privates Unterhaltsrecht und öffentliches Sozialrecht unterschiedlichen Voraussetzungen und Zielsetzungen folgen.[586] – Auch Leistungen der **Grundsicherung** im Alter und bei Erwerbsminderung (§§ 41 ff. SGB XII als Nachfolgeregelungen des am 31. 12. 2004 außer Kraft getretenen GSiG) sind nach § 43 Abs. 2 S. 1 SGB XII subsidiär.[587] – Nicht ausgeschlossen ist die Berufung des Verpflichteten auf einen Verstoß gegen **Treu und Glauben,** wenn der Berechtigte wegen des fehlenden Übergangs neben der bezogenen Sozialhilfe auch noch Unterhalt verlangt.[588] Bei der Zurechnung fiktiver Einkünfte wegen Verstoßes gegen seine Erwerbsobliegenheit ist ihm dies allerdings verwehrt, weil er diese Rechtsfolge selbst herbeigeführt hat und nicht darauf vertrauen kann, deshalb von seinen Unterhaltspflichten befreit zu werden.

110 An die Stelle der Arbeitslosenhilfe (dazu 4. Aufl. RdNr. 19) ist mit Wirkung ab 1. 1. 2005 das **Arbeitslosengeld II (Grundsicherung für Arbeitsuchende)** getreten. Es hat, da es subsidiär ist und trotz fehlender Übergangsregelung auch für die vor dem 1. 8. 2006 fällig werdenden Unterhaltsansprüche[589] von Gesetzes wegen auf die Bundesagentur für Arbeit bzw. die kommunalen Leistungsträger (§ 6 Abs. 1 S. 1 SGB II) übergeht (§ 33 Abs. 1 S. 1 SGB II nF),[590] grundsätzlich keine **Lohnsersatzfunktion**, jedenfalls soweit es die existenzsichernden Leistungen nach § 19 S. 1 SGB II iVm § 20 (Regelleistung zur Sicherung des Lebensunterhalts), § 21 (Leistungen für Mehrbedarfe beim Lebensunterhalt), § 22 (Leistungen für Unterkunft und Heizung), § 24 (Befristeter Zuschlag nach Bezug von Arbeitslosengeld), § 25 (Leistungen bei medizinischer Rehabilitation der Rentenversicherung und bei Anspruch auf Verletztengeld aus der Unfallversicherung) und § 26 SGB II (Zuschuss zu Versicherungsbeiträgen) umfasst;[591] wegen seines **Subventionscharakters** gilt dies jedoch

[582] BGH NJW 1981, 1313 = FamRZ 1981, 338, 339 f.; NJW 1982, 41 = FamRZ 1981, 1165, 1167.

[583] BGH NJW 1982, 41 = FamRZ 1981, 1165, 1166; NJW 1982, 1594 = FamRZ 1982, 579, 580.

[584] BGH NJW 1979, 815 = FamRZ 1979, 211, 212 ff.; FamRZ 1979, 470, 471; NJW 1980, 393 = FamRZ 1980, 126, 128; NJW 1982, 684 = FamRZ 1982, 587; NJW-RR 1986, 1194 = FamRZ 1986, 889.

[585] BGHZ (VI. ZS) 115, 228 = NJW 1992, 115 = FamRZ 1992, 41, 42 f. mwN auch zur abw. Auffassung; (XII. ZS) NJW-RR 2000, 1385 = FamRZ 2000, 1358; LG Offenburg FamRZ 1984, 307; aA OLG Hamm FamRZ 1987, 742; ausdrücklich offen gelassen BGH (XII. ZS) NJW-RR 1993, 322 = FamRZ 1993, 417, 418.

[586] BGH NJW 1999, 2365 = FamRZ 1999, 843, 844 ff. mwN; s. auch OLG Stuttgart FamRZ 2006, 1757. Konstruktiv lässt sich dies für dem Verpflichteten fiktiv zugerechnete Einkünfte auch anders begründen: Zwar ist der Berechtigte für seine Bedürftigkeit darlegungs- und beweispflichtig (dazu § 1577 RdNr. 26), doch kommt er dieser Obliegenheit bereits durch den Nachweis des Bezugs von Sozialhilfe nach. Der Verpflichtete kann sich auf den Sozialhilfebezug des Berechtigten wegen Verstoßes gegen § 242 nicht berufen, weil er diesen durch seine unterhaltsrechtliche Obliegenheitsverletzung selbst herbeigeführt hat.

[587] Anders für Leistungen nach dem GSiG, für die kein Übergang angeordnet war, OLG Bremen NJW-RR 2005, 1526 = FamRZ 2005, 801 f.; OLG Hamm FamRZ 2006, 125, 126; aA OLG Zweibrücken NJW-RR 2003, 1299 = FamRZ 2003, 1850, 1852; *Klinkhammer* FamRZ 2002, 997, 1002; *ders.* FamRZ 2003, 1793, 1799. – Zum Elternunterhalt s. BGH NJW-RR 2007, 1513 = FamRZ 2007, 1158, 1159 [14] m. Anm. *Scholz*.

[588] BGH NJW-RR 1993, 322 = FamRZ 1993, 417, 418; *Wendl/Scholz* § 8 RdNr. 126, 127.

[589] *Klinkhammer* FamRZ 2006, 1171, 1173; so bereits BGH NJW 1995, 3391 = FamRZ 1995, 871, 872 zum Gesetz zur Umsetzung des Föderalen Konsolidierungsprogramms (FKPG) v. 23. 6. 1993 (BGBl. I S. 944).

[590] Mit Wirkung ab 1. 8. 2006 eingefügt durch Art. 1 Nr. 29 des Gesetzes zur Fortentwicklung der Grundsicherung für Arbeitsuchende v. 20. 7. 2006 (BGBl. I S. 1706).

[591] BGH NJW-RR 2009, 289 = FamRZ 2009, 307, 309 [20] m. Anm. *Günther*; OLG München NJW-RR 2006, 439 = FamRZ 2006, 1125 m. Anm. *Götsche* FamRB 2006, 105 und *Soyka* FuR 2006, 189; OLG Celle

nicht für das Einstiegsgeld nach § 29 SGB II.[592] – Die Leistungsträger können den Unterhaltsanspruch für die Vergangenheit aber nur unter den Voraussetzungen von § 1613 und nur nach schriftlicher Rechtswahrungsanzeige geltend machen (§ 33 Abs. 3 S. 1 SGB II nF). Dies ist kumulativ und nicht alternativ zu verstehen: Auch nach Inverzugsetzung geht der Unterhaltsanspruch erst mit und ab Zugang der schriftlichen Rechtswahrungsanzeige beim Verpflichteten auf den Leistungsträger über.[593] – Eine Berücksichtigung des ALG II bei der Bedarfsbestimmung und seine Zurechnung an den Berechtigten als bedarfsminderndes Einkommen scheidet aus,[594] ausgenommen das Einstiegsgeld nach § 29 SGB II.

Wohngeld und **Lastenzuschuss** nach dem Wohngeldgesetz dienen der wirtschaftlichen 111
Sicherung angemessenen und familiengerechten Wohnens (§ 1 Abs. 1 WoGG). Sie wirken sowohl beim Berechtigten als auch beim Verpflichteten einkommens- und deshalb auch bedarfserhöhend, soweit sie den im Unterhalt oder Eigenbedarf enthaltenen Wohnkostenanteil, der idR mit 1/3 des Unterhalts bzw. Einkommens bemessen werden kann, übersteigt.[595] Ist der tatsächliche Mietaufwand geringer als dieser Wohnkostenanteil, ist das Wohngeld in voller Höhe als Einkommen zu berücksichtigen; ist er höher, bleibt die Differenz zwischen tatsächlichem Mietaufwand und Wohnkostenanteil unberücksichtigt.[596] – Zwar indiziert der Bezug der Unterstützung einen Mietmehrbedarf, doch wird sie in voller Höhe als Einkommen behandelt, wenn der Bezieher nicht konkret erhöhte Wohnkosten darlegt.[597]

4. Pflegegeld. Für das **sozialhilferechtliche** Pflegegeld nach § 64 SGB XII wider- 112
spricht dessen Subsidiarität (§ 94 SGB XII) seinem Ansatz als unterhaltsrechtlich zu berücksichtigendes Einkommen auch dann, wenn der Unterhaltsanspruch nach § 94 Abs. 1 S. 2–4, Abs. 2, Abs. 3, Abs. 4 S. 1 SGB XII nicht auf den Sozialleistungsträger übergehen kann (dazu Vor § 1569 RdNr. 14–19), und für das **sozialversicherungsrechtliche** Pflegegeld aus § 37 SGB XI dem grundsätzlichen Anrechnungsverbot (§ 13 Abs. 6 S. 1 SGB XI;

NJW 2006, 1356 = FamRZ 2006, 1203 f.; FamRZ 2006, 1715 (die Ausnahme bei Verstoß gegen Treu und Glauben, weil der Leistungsempfänger den Leistungsträger über die gerichtliche Inanspruchnahme des Verpflichteten auf Unterhalt unterrichtet hat, ohne dass der Unterhaltsanspruch übergeleitet worden wäre, kann nach dem Übergang von Gesetzes wegen nicht mehr vorkommen); OLG Stuttgart FamRZ 2008, 1654 f.; *Knittel* JAmt 2004, 397, 398; *Klinkhammer* FamRZ 2004, 1909, 1913, 1917; *ders.* FamRZ 2006, 1171 ff. S. auch OLG Koblenz NJOZ 2006, 2143 = FamRZ 2006, 1296 (zu § 30 SGB II); OLG Brandenburg NJW 2006, 3286 = FamRZ 2006, 1297, 1299 (zur Anrechnungsfreiheit von Einkünften aus einer Nebentätigkeit, § 11 Abs. 2 S. 2 SGB II).

[592] *Klinkhammer* FamRZ 2006, 1171, 1172 mwN; im Ergebnis auch OLG Celle NJW 2006, 1356 = FamRZ 2006, 1203 f.

[593] Für bis zum 31. 7. 2006 fällig gewordene Unterhaltsansprüche bedurfte es einer schriftlichen Überleitung des Unterhaltsanspruchs (§ 33 SGB II aF). Konnte der Unterhaltsanspruch nicht mehr übergehen, war auch das ALG II hinsichtlich aller seiner Leistungen bedarfsprägend und den Bedarf des Berechtigten deckend zu behandeln, weil dieser nicht sowohl ALG II als auch Unterhalt bekommen sollte. Ebenso OLG München NJW-RR 2006, 439 = FamRZ 2006, 1125 m. Anm. *Götsche* FamRB 2006, 105 und *Soyka* FuR 2006, 189 (für das Übergangsgeld nach § 24 SGB II); OLG Celle NJW 2006, 1356 = FamRZ 2006, 1203, 1204 f. (für das Einstiegsgeld nach § 29 SGB II, aA aber hinsichtlich der Grundleistungen, ebenso OLG Celle FamRZ 2006, 1715); allgemein aA *Knittel* JAmt 2004, 397, 398; *Klinkhammer* FamRZ 2004, 1909, 1913, 1917. Zur (ehemaligen) Arbeitslosenhilfe BGH NJWE-FER 1997, 15 = FamRZ 1996, 1067, 1070 mwN; Nachw. zur abw. Auffassung s. 4. Aufl. RdNr. 19 Fn. 150. Leistungen nach §§ 19 ff. SGB II konnten bereits vor dem 1. 8. 2006 als Einkommen des Verpflichteten behandelt werden, wenn deren Nichtberücksichtigung treuwidrig wäre (OLG Celle FamRZ 2006, 1715 f.).

[594] Zur ehemaligen Arbeitslosenhilfe BGH NJW 1987, 1551 = FamRZ 1987, 456, 458 mwN.

[595] BGH NJW 1980, 2081 = FamRZ 1980, 771; NJW 1983, 684 = FamRZ 1982, 587; FamRZ 1984, 772, 774; auch OLG Hamm FamRZ 1987, 600, 601; NJW 2003, 1660 = FamRZ 2003, 860, 862; s. auch OLG Brandenburg Urt. v. 24. 8. 2006 – 10 UF 119/06, juris [16]; Urt. v. 19. 12. 2006 – 10 UF 183/05, juris [97]; aA etwa OLG Düsseldorf FamRZ 1981, 772, 773; FamRZ 1981, 879, 880 ff.; OLG Hamm NJW 1981, 767 = FamRZ 1981, 783; ohne Vergleichsberechnung etwa OLG Koblenz NJW-RR 2005, 803 = FamRZ 2005, 804; OLG Köln Urt. v. 10. 10. 2006 – 4 UF 29/06, juris [44] = OLGR 2007, 217 (insoweit nicht abgedruckt).

[596] Dazu ausführlich *Wendl/Dose* § 1 RdNr. 453 f.

[597] BGH FamRZ 1985, 374, 375; aA noch 4. Aufl. RdNr. 29: Vom anderen Ehegatten zu widerlegende Vermutung.

Ausnahmen: S. 2).[598] Soweit Letzteres jedoch unterhaltsrechtlich zu berücksichtigen ist – in den Fällen des § 1361 Abs. 3, der §§ 1579, 1603 Abs. 2 und des § 1611 Abs. 1 sowie für Unterhaltsansprüche der Pflegeperson, wenn von dieser erwartet werden kann, ihren Unterhaltsbedarf ganz oder teilweise durch eigene Einkünfte zu decken, und der Pflegebedürftige mit dem Verpflichteten nicht in gerader Linie verwandt ist, § 13 Abs. 4 S. 2 SGB XI –, ist es sowohl bedarfsprägend als auch bedarfsdeckend zu berücksichtigen. – Als Erwerbseinkommen gilt aber das für die **Inpflegenahme** eines Kindes gewährte Pflegegeld, soweit es nicht für eine angemessene Versorgung des Pflegekindes benötigt wird.[599]

Bsp. aus der Rspr.: BGH NJW 1984, 2355 = FamRZ 1984, 769, 772 zweifelt die vom Oberlandesgericht angenommenen 50% an. – **OLG Karlsruhe FamRZ 1987, 1074 f.:** Die „finanzielle Situation der Pflegekinder selbst [soll] günstiger gestellt werden als die von Kindern derart finanziell schwacher Eltern"; es kann kein wesentlich höherer Betrag als der Erziehungsbeitrag (§ 39 Abs. 1 S. 2 SGB VIII) als Einkommen des Pflegeelternteils angenommen werden. – **OLG Hamm NJW 1997, 1081 = FamRZ 1997, 1216**: Anrechnung des Erziehungsbeitrags (§ 39 Abs. 1 S. 2 SGB VIII) ./. Erwerbstätigenbonus). – **OLG Hamm FamRZ 1998, 1430, 1431:** Dem Pflegekind soll „ein Leben entsprechend den mittleren Einkommensverhältnissen der Eltern" ermöglicht werden. – **OLG Hamm NJW-RR 2006, 796 = FamRZ 2006, 1537 (LS):** Anrechnung nach 135% des Regelbetrags + einem Zuschlag bis zur Höhe der finanziellen Ausstattung eigener Kinder für das Pflegekind). – **OLG Zweibrücken OLGR 2002, 75, 76:** Anrechnung zu $1/3 + 1/2$ Kindergeld.

Bezieht ein Ehegatte wegen eigener **Pflegebedürftigkeit** ein Pflegegeld, sind die für die Pflege anfallenden Aufwendungen, etwa für eine Pflegeperson, abzusetzen.[600] Für die Betreuung eines pflegebedürftigen **Erwachsenen** ist auf den vollen Wert der Betreuungsleistung abzustellen, der sich an den erforderlichen Aufwendungen für eine fremde Pflegeperson orientiert und neben dem Pflegegeld auch die Zumutbarkeit der Zahlung eines Entgelts einbezieht.[601] Wird die Betreuung durch einen **Ehegatten** übernommen, ist dessen eheliche Verantwortung und Beistandsverpflichtung aus § 1353 Abs. 1 S. 2 zu beachten, die einen sozialadäquaten unentgeltlichen Pflegeaufwand verlangt und insoweit eine Vergütungspflicht ausschließt;[602] doch sollte auch insoweit nicht kleinlich verfahren werden, um die Eigeninitiative nicht zu sehr zu beschneiden. – I. Ü. gelten die §§ 1578 a, 1610 a: Es gilt die widerlegbare **Vermutung,** dass die Höhe des Pflegegeldes nicht geringer ist als die Aufwendungen.[603]

113 **5. Ausbildungsförderung.** Nicht rückforderbare oder als Darlehen gewährte **Ausbildungsförderung** ist Einkommensersatz.[604] Dies wäre zwar anders, wenn und soweit sie lediglich voraus-, mithin subsidiär geleistet wurde, auf den Leistungsträger übergegangen

---

598 Für das Pflegegeld nach § 37 SGB XI s. BGH NJW 2006, 2182 = FamRZ 2006, 846, 848 m. Anm. *Born*; auch OLG Koblenz FamRZ 2000, 826; FamRZ 2005, 1482; OLG Schleswig OLGR 2002, 296; OLG Saarbrücken OLGR 2004, 192 = FamRZ 2004, 1674 (LS); NJW 2008, 2049 m. Anm. *Born* = FPR 2008, 311 m. Anm. *Erdrich* = FamRZ 2008, 1937, 1938. Anders für die bis 31. 7. 1999 geltende Fassung BGH NJW 1984, 2355 = FamRZ 1984, 769, 771 f.; BGHZ 98, 353 = FamRZ 1987, 259, 260; EzFamR BGB § 1569 Nr. 6 = FamRZ 1996, 933 (LS); wohl auch OLG Frankfurt a. M. EzFamR aktuell 2001, 281 f.; für das Pflegegeld nach § 69 BSHG offen gelassen von BGH NJW-RR 1993, 322 = FamRZ 1993, 417, 418; s. dazu auch die weit. Nachw. 4. Aufl. RdNr. 29 Fn. 196.

599 BGH NJW 1984, 2355 = FamRZ 1984, 769, 772.

600 BGH NJW-RR 1993, 322 = FamRZ 1993, 417, 418; OLG Brandenburg OLG-NL 1996, 92 = FamRZ 1996, 866, 867; OLG Hamm FamRZ 1998, 1431 (keine Anrechnung bei Pflegestufe II).

601 OLG München OLGR 1995, 263; OLG Hamm FamRZ 1996, 36; FamRZ 1999, 852, 853 ($1/3$ der Renteneinkünfte in Höhe von ca. 1600 DM); s. auch AG Crailsheim FamRZ 1999, 1077, 1078.

602 OLG Hamm FamRZ 1999, 166, 167 f.

603 OLG München OLGR 1995, 263; OLG Köln FamRZ 2008, 1276. Zur Bemessung des Pflegeaufwands auch OLG Koblenz FamRZ 2005, 1482, 1483.

604 BGH NJW 1985, 2331 = FamRZ 1985, 916, 917; NJW-RR 1986, 1262; NJW-RR 1989, 578 = FamRZ 1989, 499, 500; auch OLG Hamm FamRZ 1987, 600, 601; aA OLG Hamm ZfJ 2005, 452 = FamRZ 2005, 1747 (LS) (nicht subsidiäre BAföG-Leistungen sind nur anzurechnen, weil sie nicht Entgelt für eine Leistung sind, sondern der Bedarfsdeckung dienen).

wäre und vom Verpflichteten zurückgefordert werden könnte; doch trifft dies auf die Ausbildungsförderung nach dem BAföG gerade nicht zu (§§ 37, 38 BAföG).[605] Dazu auch § 1575 RdNr. 22; zur **Obliegenheit,** Ausbildungsförderung zu beantragen, s. RdNr. 175.

6. Kindbezogene Sozialleistungen. a) Mutterschafts-, Erziehungs-, Elterngeld. 114
Mutterschaftsgeld ist als Lohnersatzleistung anzurechnen.[606] – **Erziehungsgeld** nach dem BErzGG oder nach landesrechtlichen Regelungen ist zwar für bislang erwerbstätige Eltern auch Lohnersatz, gleichwohl hat es keine Lohnersatzfunktion, weil es auch an nicht erwerbstätige Eltern gezahlt wird.[607] Deshalb ist es idR nicht als Einkommen zu berücksichtigen (§ 9 S. 1 BErzGG),[608] auch wenn der Berechtigte mit ihm neben dem Unterhalt über mehr finanzielle Mittel als der Verpflichtete verfügt,[609] sondern nur ausnahmsweise bei der Bedarfsdeckung im Rahmen einer Billigkeitsabwägung nach § 1579 (und §§ 1361, 1611, s. § 9 S. 2 BErzGG; dazu § 1579 RdNr. 75), der Angemessenheitskontrolle nach § 1581 (dazu dort RdNr. 17–19) und zum Kindesunterhalt bei gesteigerter Unterhaltspflicht (§ 1603 Abs. 2).[610] Auch nach Inkrafttreten des BEEG am 1. 1. 2007 wird es weiter für bis zum 31. 12. 2006 geborene Kinder gewährt (§ 27 Abs. 1 BEEG). – Ab 1. 1. 2007 wird das Erziehungsgeld durch das **Elterngeld** abgelöst.[611] Das Elterngeld ist Lohnersatz und in Höhe des den Schonbetrag – § 11 BEEG: S. 1: 300 €; S. 2: 150 €, wenn Auszahlung in jeweils 2 Monatsbeträgen beantragt wird, wodurch sich der Auszahlungszeitraum verdoppelt; S. 3: Vervielfachung dieser Beträge bei Mehrlingsgeburten – übersteigenden Betrags bedarfsprägend, die Bedürftigkeit mindernd und die Leistungsfähigkeit erhöhend. § 11 S. 4 BEEG sieht dieselben Ausnahmen wie § 9 S. 2 BErzGG vor, und auch insoweit kann der Schonbetrag in die Billigkeitsprüfung des § 1579 und die Angemessenheitsprüfung des § 1581 Eingang finden (dazu auch § 1581 RdNr. 19) und zum Kindesunterhalt bei gesteigerter Unterhaltspflicht (§ 1603 Abs. 2) zu berücksichtigen sein.[612]

b) Kindergeld. Zum **Kindesunterhalt** ist zu beachten: Kindergeld zählt als öffentliche 115
Sozialleistung nicht zum Einkommen des Kindes und erhöht auch nicht seinen Unterhaltsanspruch, weil es die Unterhaltslast der Eltern erleichtern und nicht erschweren soll.[613] Der BGH, der bislang einen Anspruch des Kindes auf Auskehr des Kindergelds gegenüber einem Elternteil verneint hatte,[614] geht in seiner Entscheidung v. 26. 10. 2005 ohne weitere Begründung für eine volljähriges Kind von einem solchen Anspruch aus und behandelt das Kindergeld zudem „als bedarfsdeckendes Einkommen des volljährigen Kindes".[615] Der Gesetzgeber hat in § 1612b Abs. 1 S. 2 **UÄndG 2007** unter Berufung auf diese Entscheidung des BGH, ohne darzulegen, wie dieser Anspruch dogmatisch hergeleitet wird, auch für minderjährige Kinder angeordnet, dass das Kindergeld den Barbedarf des Kindes mindert.[616]

---

605 BGH NJW 1980, 393 = FamRZ 1980, 126, 128.

606 OLG Köln FamRZ 1989, 1178.

607 BGH NJW 2006, 2404 = FamRZ 2006, 1010, 1012 m. Anm. *Borth*; NJW-RR 2006, 1225 = FamRZ 2006, 1182, 1183 m. Anm. *Luthin*.

608 BVerfG NJW-RR 2000, 1529 = FamRZ 2000, 1149; BGH NJW-RR 2006, 1225 = FamRZ 2006, 1182, 1183 m. Anm. *Luthin*.

609 KG OLGR 1994, 67 f.

610 Zu Letzterem s. auch BGHZ 178, 79 = NJW 2008, 3562 = FamRZ 2008, 2189, 2191 [26] m. Anm. *Graba* XII ZR 72/06.

611 Art. 1, 3 des Gesetzes zur Einführung des Elterngeldes v. 5. 12. 2006 (BGBl. I S. 2748).

612 Zu Letzterem s. auch BGHZ 178, 79 = NJW 2008, 3562 = FamRZ 2008, 2189, 2191 [26] m. Anm. *Graba* XII ZR 72/06.

613 StRspr. des BGH seit BGHZ 70, 151, 153 = NJW 1978, 753 = FamRZ 1978, 177, 178, zuletzt BGHZ 161, 124 = NJW 2005, 503 = FamRZ 2005, 347, 350; BGHZ 164, 375 = NJW 2006, 57 = FamRZ 2006, 99, 101, 103; anders wohl BGH NJW 1991, 697 = FamRZ 1991, 182, 184; BGHZ 103, 267 = NJW 1988, 2799 = FamRZ 1988, 604, 606, wo er das Kindergeld bei der Beurteilung der Leistungsfähigkeit berücksichtigt; aber wieder BGH NJW 1997, 1919 = FamRZ 1997, 806, 807.

614 BGHZ 103, 267 = NJW 1988, 2799 = FamRZ 1988, 604, 606.

615 BGHZ 164, 375 = NJW 2006, 57 = FamRZ 2006, 99, 102, 103.

616 Auch *Scholz* FamRZ 2006, 106, 108 tendiert zu einem Anspruch auf Auskehr wegen des § 1612b Abs. 5 und der Entscheidung des BVerfG zum Splittingvorteil (dazu RdNr. 29).

Dazu auch § 1612 b RdNr. 37–59; zu Folgerungen für den **Ehegattenunterhalt** aus dieser Anrechnungsregel s. RdNr. 194–196.

116 Auch zum **Ehegattenunterhalt** ist die maßgebliche Zweckbestimmung der Kindergeldzahlung, den Eltern die Erbringung ihrer Unterhaltslast gegenüber den Kindern zu erleichtern.[617] Sie verwehrt es, den Unterhaltsanspruch eines Ehegatten durch Zurechnung des Kindergelds zu erhöhen; und zwar auch dann, wenn der Verpflichtete auch noch für ein weiteres, nicht gemeinsames Kind Kindergeld bezieht und ihm ein **Zählkindvorteil** zugute kommt, jedoch nur, wenn er auch diesem Unterhalt leistet.[618] Dem wird man zur vereinfachten Behandlung einer Massenerscheinung folgen können, auch wenn rechtstatsächlich das Kindergeld mehrheitlich zur Bestreitung des Familienunterhalts insgesamt herangezogen wird, weil iSe. pauschalierenden Betrachtungsweise auch dann davon ausgegangen werden kann, dass das Kindergeld entsprechend seiner Zweckbestimmung den Kindern zugute kommt. – Der Anteil des Berechtigten am Kindergeld ist nicht auf seinen Bedarf anzurechnen. Es ist ihm **anrechnungsfrei** zu belassen, weil es der Entlastung der Eltern bei der Erfüllung ihrer Unterhalts- oder Umgangspflichten (zu Letzterem RdNr. 69) dient und davon auszugehen ist, dass der Berechtigte seinen Kindergeldanteil für die Bestreitung des Bedarfs der Kinder einsetzt.[619] – Zur Berücksichtigung des Kindergelds im Rahmen der **Angemessenheitskontrolle** s. § 1581 RdNr. 19.

117 **7. Renten, Pensionen und ähnliche Leistungen.** Zu den anrechenbaren, weil Arbeitseinkommen ersetzenden Leistungen zählen:

- Alle für den Fall des **Alters,** der **Berufs-** und **Erwerbsunfähigkeit** gezahlten Leistungen, seien sie **öffentlich-rechtlicher** – Altersrente und Rente wegen verminderter Erwerbsfähigkeit (früher: Berufs- und Erwerbsunfähigkeitsrente), auch soweit sie auf der Berücksichtigung von Kindererziehungszeiten[620] oder die Durchführung des Versorgungsausgleichs (dazu RdNr. 39) beruht,[621] Versorgungs- und Versichertenrente aus einer Zusatzversorgungskasse – oder **privatrechtlicher Natur** (betriebliche Zusatzversorgung, privater Versicherungsvertrag,[622] Unfallrente[623]) samt Kinderzuschuss unter Abzug eines fiktiven Betrages in Höhe des Kindesgeldes.[624] Da auf das tatsächlich zum Bestreiten des Lebensbedarfs der Familie zur Verfügung stehende Einkommen abgestellt wird, ist es idR unerheblich, ob die Versorgungsanrechte auch während der Ehezeit erwirtschaftet wurden;[625] zum **Beginn** des Rentenbezugs nach der Scheidung s. RdNr. 39.
- **Pensionen** von Richtern und Beamten einschließlich kinderbezogener Bestandteile (dazu auch RdNr. 88).[626]
- Eine wieder **aufgelebte Witwenrente** nach § 46 Abs. 3 SGB VI und den entsprechenden Vorschriften aus dem Sozialversicherungs- und Versorgungsrecht prägt die ehelichen Lebensverhältnisse nicht, weil auf sie die Unterhaltsansprüche anzurechnen und sie damit

[617] BGH NJW 1997, 1919 = FamRZ 1997, 806, 809 f.; aA ausdrücklich OLG München FamRZ 1999, 511, 512. Zur abweichenden Rspr. des BGH vor dieser Entscheidung, von der er ausdrücklich abrückt, s. die Nachw. 4. Aufl. RdNr. 28 Fn. 192.

[618] BGH NJW 1997, 1919 = FamRZ 1997, 806, 809; NJW 2000, 3140 = FamRZ 2000, 1492, 1494 m. Anm. *Scholz*.

[619] BGH NJW 1997, 1919 = FamRZ 1997, 806, 811 (soweit der BGH dennoch darauf abhebt, dass der Berechtigte das Kindergeld zur Bestreitung auch seines eigenen Unterhalts verwende, stellt er unsystematisch dann aber doch auf die Bedarfsdeckung beim Ehegatten ab). AA etwa OLG Karlsruhe FamRZ 1985, 929, 930 (Zählkindvorteil); FamRZ 1985, 936, 937; OLG Hamm FamRZ 1998, 1430 f.

[620] BGH NJW 1992, 364 = FamRZ 1992, 162, 163 f.

[621] BGHZ 83, 278 = NJW 1982, 1147 = FamRZ 1982, 470.

[622] Aber OLG Hamm FamRZ 2000, 1286: Keine Berücksichtigung bei der Bedarfsdeckung, wenn die Versicherung dem gemeinsamen Vermögen der Ehegatten entstammen und bereits hälftig aufgeteilt worden sind (Verbot der Doppelberücksichtigung!, dazu Vor § 1569 RdNr. 8–12).

[623] OLG München FamRZ 2007, 471, 472.

[624] BGH NJW 1981, 167 = FamRZ 1980, 1112, 1113.

[625] OLG Hamm FamRZ 1993, 1089, 1090.

[626] BGH NJW 1989, 1033 = FamRZ 1989, 172, 173.

subsidiär ist (§ 90 Abs. 1 SGB VI).[627] Sie ist grundsätzlich auch nicht auf den Bedarf des Berechtigten **anzurechnen.** Würde aber der dem Verpflichteten zur Bestreitung seines Lebensunterhalts verbleibende Betrag außer Verhältnis zu dem dem Berechtigten aus der Rente und dem Unterhalt zufließenden Betrag stehen, ist der Unterhaltsbetrag aufgrund einer Angemessenheitsprüfung nach § 242[628] (dazu § 1581 RdNr. 17–19) grundsätzlich so weit zu kürzen, dass beiden geschiedenen Ehegatten gleichviel zufließt bzw. verbleibt.[629] Doch sind in die Abwägung alle Umstände des Einzelfalles einzubeziehen, insbesondere ob der Verpflichtete wieder verheiratet und auch seinem neuen Ehegatten unterhaltspflichtig ist oder ob er über die ehelichen Lebensverhältnisse nicht prägende Einkünfte verfügt.

- **Rentennachzahlungen** finden erst ab ihrer Auszahlung Berücksichtigung, sie beseitigen die Bedürftigkeit des Berechtigten nicht rückwirkend.[630] Zum Anspruch des Verpflichteten auf **Erstattung** des für die Vergangenheit zuviel bezahlten Unterhalts s. Vor § 1569 RdNr. 14

Zur **Leibrente** s. RdNr. 119. – Zur Obliegenheit, entsprechende **Rentenanträge** zu stellen, s. RdNr. 175, § 1579 RdNr. 28.

III. Vermögenserträge

1. Vermögensart. Alle Kapital- und andere Vermögenserträge sowie sonstige wirtschaftliche Nutzungen können die ehelichen Lebensverhältnisse prägen. Unerheblich ist die **Herkunft** des Vermögens, wenn die Erträge den Ehegatten während des Zusammenlebens zur Bestreitung des ehelichen Lebensbedarfs zur Verfügung gestanden haben.[631] Dies setzt voraus, dass sie über diese Erträge auch tatsächlich verfügen konnten. – **Erzielte** oder **erzielbare**[632] Vermögenserträge sind nach Abzug von Steuern und notwendigen Beschaffungs- und Verwaltungskosten[633] in voller Höhe einzustellen, auch wenn das verzinste Kapital einen **Kaufkraftverlust** erlitten hat.[634] – Weil Gesichtspunkte der Wirtschaftlichkeit und Billigkeit nur für die Verwertung des Vermögensstammes Bedeutung gewinnen (§ 1577 Abs. 3, dazu dort RdNr. 20, 21; § 1581 S. 2, dazu dort RdNr. 20, 21),[635] kommt es für die Heranziehung von Vermögenserträgen zur Bedarfsdeckung auf die **Herkunft** des Vermögens und auf Billigkeitserwägungen nicht an.[636] – So wie den Ehegatten obliegt, ihre Arbeitskraft möglichst optimal einzusetzen (dazu RdNr. 138, 146–166), obliegt ihnen auch, ihr Vermögen möglichst **ertragreich** anzulegen (dazu auch RdNr. 181, § 1579 RdNr. 28). In ihrem Eigentum, ggf. auch nur in ihrem Besitz stehenden Wohnraum, den sie nicht selbst benötigen, müssen sie vermieten; Geld, auch „Notgroschen", ist verzinslich anzulegen. Bei Einkünften aus unzumutbarem Vermögenseinsatz können sich Einschränkungen ihrer Anre- 118

---

[627] BGH NJW 1979, 815 = FamRZ 1979, 211, 212ff.; FamRZ 1979, 470, 471; NJW-RR 1986, 1194 = FamRZ 1986, 889f.; auch OLG Hamm FamRZ 1985, 604, 605; OLG Koblenz FamRZ 1987, 1154, 155; OLG Düsseldorf FamRZ 1996, 947, 948.

[628] OLG Hamm FamRZ 1985, 604, 605; OLG Koblenz FamRZ 1987, 1154, 1155; OLG Düsseldorf FamRZ 1996, 947, 948; FamRZ 1998, 743 mwN. Offen gelassen von BGH FamRZ 1979, 470, 471; NJW-RR 1986, 1194 = FamRZ 1986, 889, 890.

[629] OLG Hamm FamRZ 1985, 604, 605; OLG Düsseldorf FamRZ 1996, 947, 948 mwN.

[630] BGH NJW 1983, 1481 = FamRZ 1983, 574f.; NJW 1990, 709 = FamRZ 1990, 269, 272; auch OLG Hamburg FamRZ 1991, 953.

[631] BGH FamRZ 1985, 354, 356; NJW 1986, 1340 = FamRZ 1986, 434; NJW 1986, 1342 = FamRZ 1986, 437, 438; NJW-RR 1988, 1282 = FamRZ 1988, 1145f.

[632] Dazu OLG Düsseldorf FamRZ 1988, 284, 285.

[633] BGH NJW-RR 1986, 682 = FamRZ 1986, 441, 442.

[634] BGH NJW-RR 1986, 682 = FamRZ 1986, 441, 442 (Nominalertrag); NJW 1992, 1044 = FamRZ 1992, 423, 425; aA OLG Stuttgart FamRZ 1985, 607, 610; AG Charlottenburg FamRZ 1991, 573.

[635] BGH NJW-RR 1986, 682 = FamRZ 1986, 441, 442.

[636] BGH FamRZ 1985, 354, 356; NJW 1985, 909 = FamRZ 1985, 357, 359; NJW 1985, 1347 = FamRZ 1985, 471, 472; NJW 1985, 1343 = FamRZ 1985, 582, 583; NJW-RR 1986, 683 = FamRZ 1986, 439, 440; NJW-RR 1986, 682 = FamRZ 1986, 441, 442; NJW-RR 1988, 1093 = FamRZ 1988, 1031, 1034 m. krit. Anm. *Voelskow* FamRZ 1989, 481.

chenbarkeit ergeben, etwa bei Untervermietung trotz beengter räumlicher Verhältnisse (dazu RdNr. 182, § 1577 RdNr. 28). – Zur Obliegenheit zur **Vermögensumschichtung** s. RdNr. 182; zur Obliegenheit, den **Vermögensstamm** zu verwerten, s. § 1577 Abs. 3 (dazu dort RdNr. 17–23), und § 1581 S. 2 (dazu dort RdNr. 20, 21; zu **überobligat erzielten** Vermögenserträgen s. § 1577 RdNr. 8.

119 Die ehelichen Lebensverhältnisse **prägen** Erträge aus

- der Anlage eines **Schmerzensgeldes,**[637]
- der Bereitstellung eines Grundstücksanteils als **Sicherheit,**[638]
- **Sparguthaben,**
- **Gesellschaftsbeteiligungen** (Beteiligung an GbR, oHG, KG, stiller Gesellschaft, GmbH, AG),
- **Immobilien** (Wohnvorteil [dazu RdNr. 120–133];[639] Miet- und Pachtzins [dazu auch RdNr. 182]; Entschädigung für die Bereitstellung eines Grundstücksanteils als Sicherheit),[640] auch in kapitalisierter Form als **Leibrente,** die sowohl mit ihrem Zins- wie dem Tilgungsanteil einzustellen ist,[641]
- **Erbschaft** (dazu RdNr. 18),[642] **Pflichtteil**[643] und **Vermächtnis** (zur Obliegenheit, diese Ansprüche auch geltend zu machen und durchzusetzen, s. RdNr. 138),
- der Nutzung von Sachen (**Gebrauchsvorteile** iSd. § 100), insbesondere von **Wohneigentum** (Wohnvorteil, dazu RdNr. 120–133)
- Mitteln der Auseinandersetzung des **Güterstands** und einer sonstigen **Vermögensgemeinschaft** (dazu RdNr. 41).

120 **2. Wohnvorteil. a) Grundsätze.** Wohnvorteil ist der Vorteil für die Nutzung von Wohnraum, für den keine oder nur eine geringere als die marktgerechte Miete gezahlt wird. Er ist mit der – positiven – Differenz zwischen dem Wert des Nutzungsvorteils und den Hausaufwendungen (dazu RdNr. 128) zu bemessen. Wer Miete erspart, die ansonsten einen Teil seines allgemeinen Lebensbedarfs ausmachen würde und die er aus seinen finanziellen Mitteln zu entrichten hätte, wohnt gegenüber einem Mieter vergleichbaren Wohnraums **billiger** und verfügt über zusätzliche Mittel zur Bestreitung seines Lebensunterhalts, die seinen Bedarf steigern und seine Bedürftigkeit mindern bzw. seine Leistungsfähigkeit erhöhen.[644] Nach der Halbteilung fließt dieser **Nutzungsvorteil** je zur Hälfte in den Bedarf der Ehegatten.[645] Auch wenn die Ehegatten **teurer** gewohnt haben, weil ihre Aufwendungen den Wohnwert überstiegen haben, prägt dies die ehelichen Lebensverhältnisse. – Dass mit der Berücksichtigung eines **bereinigten** Wohnvorteils auch in der nachehelichen Zeit Vermögensbildung ermöglicht wird, ist wie stets, wenn Mittel dem ehelichen Lebensunterhalt entzogen waren, grundsätzlich unerheblich (dazu RdNr. 3). Alleiniger Maßstab ist, ob die ehelichen Lebensverhältnisse aus objektiver Sicht wirtschaftlich sinnvoll und angemessen waren (dazu RdNr. 3, 42, 96, 99), sodass die Berücksichtigung von Hausaufwendungen ggf.

---

[637] BGH NJW-RR 1988, 1093 = FamRZ 1988, 1031, 1034 m. krit. Anm. *Voelskow* FamRZ 1989, 481.

[638] BGH NJW-RR 1987, 194, 195 = FamRZ 1987, 36, 38.

[639] Zur Nutzung einer Ferienwohnung OLG Karlsruhe FamRZ 2009, 48, 49.

[640] BGH NJW-RR 1987, 194 = FamRZ 1987, 36, 38.

[641] BGH NJW 1994, 935 = FamRZ 1994, 228, 230; OLG Köln FamRZ 1983, 643, 645; OLG München OLGR 1992, 122.

[642] BGH NJW 1982, 2771 = FamRZ 1982, 996, 997; NJW-RR 1986, 746 = FamRZ 1986, 560, 561; NJW-RR 1988, 1282 = FamRZ 1988, 1145, 1146; NJW 1993, 1920 = FamRZ 1993, 1065; NJW 2006, 1794 = FamRZ 2006, 387, 390 m. Anm. *Büttner*; NJW 2008, 148 = FamRZ 2007, 2052, 2054 [28]; s. auch OLG Hamm FamRZ 1992, 1184, 1186; NJW-RR 1998, 6 = FamRZ 1998, 620 f.; OLG München FamRZ 1993, 62.

[643] BGH NJW 1982, 2771 = FamRZ 1982, 996, 997.

[644] BGH FamRZ 1985, 354, 356; NJW 1985, 909 = FamRZ 1985, 357, 360 und seither ständig, etwa BGH NJW-RR 1994, 1155 = FamRZ 1994, 1100, 1102; NJW-RR 1995, 835 = FamRZ 1995, 869, 870. Zur Leistungsfähigkeit: BGH FamRZ 1985, 354, 356. Dies gilt auch, wenn der Bedarf des Berechtigten konkret bemessen wurde (dazu RdNr. 49–51) und er in Wohneigentum wohnt, aA wohl OLG Bamberg FamRZ 1999, 513, 514 f. m. abl. Anm. *Schulze*.

[645] BGH NJW 1989, 2809 = FamRZ 1989, 1160, 1163; NJW 1990, 3274 = FamRZ 1990, 989, 991.

auf die Höhe des Wohnvorteils beschränkt werden kann. Als Korrektiv bleibt der Negativbetrag in Höhe angemessener Mietaufwendungen unberücksichtigt, die gleichfalls vom verfügbaren Einkommen grundsätzlich nicht abgesetzt werden. Zur Berücksichtigung von **Tilgungsleistungen** s. auch RdNr. 128, zur **Übernahme** des Miteigentumsanteils des anderen Ehegatten und zum **Verkauf** von Wohneigentum RdNr. 130–132. – Für die Bedürftigkeit und Leistungsfähigkeit ist zu berücksichtigen, dass im Selbstbehalt (dazu § 1581 RdNr. 8–16) Wohnaufwendungen enthalten sind, sodass nur noch die Differenz des Wohnanteils im **Selbstbehalt** (Düsseldorfer Tabelle A. 5.: im notwendigen Selbstbehalt 360 € Warmmiete, im angemessenen Selbstbehalt 450 €) zum Wohnwert die Einkünfte erhöhend berücksichtigt werden können.[646]

Obgleich im Allgemeinen auf den Zeitpunkt der **Scheidung** abzustellen (dazu Rd- 121
Nr. 12), die gemeinsame Nutzung des Wohneigentums meist aber bereits mit der Trennung der Ehegatten beendet ist, prägt der Nutzungsvorteil idR weiter die ehelichen Lebensverhältnisse. Der BGH[647] wollte damit ursprünglich den Berechtigten vor einem durch die Scheidung bewirkten sozialen Abstieg bewahren. Doch ist iSd. Wandelbarkeit der maßgeblichen Verhältnisse nicht ausschlaggebend, dass der Wohnraum auch weiter von einem Ehegatten genutzt wird oder nach Trennung oder Scheidung veräußert worden ist. Deshalb behandelt der BGH nunmehr Vermögenserträge aus den den Ehegatten aus dem Verkauf eines Hauses oder Miteigentumsanteils zugeflossenen finanziellen Mitteln als **Surrogat** des entfallenen Nutzungsvorteils, was mE zutreffender mit dem Verständnis der Veränderung als notwendige, Trennung oder Scheidung geschuldete Weiterentwicklung der ehelichen Lebensverhältnisse begründet werden kann (dazu auch RdNr. 8, 14, 15, 26).

Unerheblich ist weiter, ob die **Verkaufsabsicht** bereits vor der Trennung gefasst war oder 122
sich die finanzielle Lage der Ehegatten so dargestellt hat, dass das Wohneigentum in jedem Falle veräußert werden musste (anders noch 4. Aufl. RdNr. 31). Denn auch dann wären die Vermögenserträge aus dem Verkaufserlös eheprägend gewesen. Zudem wäre das Abstellen auf die Verkaufsabsicht in der Praxis kaum umsetzbar und würde idR zu einer Entscheidung nach Beweislastgrundsätzen führen.

Nicht prägt die ehelichen Lebensverhältnisse ein von den Ehegatten infolge der **Tren-** 123
nung überhaupt nicht mehr gemeinsam genutzter[648] oder erst nach der Trennung erworbener Wohnraum.[649] Doch ist dann immer danach zu fragen, ob ein Vermögensvorteil an die Stelle des Wohnvorteils getreten und ob etwa der **neue Wohnraum** aus dem Verkaufserlös für das ehegemeinsame Wohneigentum angeschafft worden ist (dazu RdNr. 130, 131). Hat der Wohnvorteil die ehelichen Lebensverhältnisse nicht geprägt, kommen unabhängig davon, ob sie aus eigenen Einkünften bestritten werden konnten,[650] auch die Zinsleistungen nicht in Abzug, weil der Unterhalt auch nicht mittelbar der Vermögensbildung und der Tilgung der Schulden des Berechtigten dient.[651] – Demgegenüber gesteht der **BGH** im Urteil v. 1. 10. 2008 einem Verpflichteten im Zuge der von ihm vertretenen „Einheitsbeurteilung" des Bedarfs (dazu RdNr. 20, 21) zu, als Ersatz für das ehemalige Familienheim in der neuen Ehe erneut ein Familienheim zu bauen und die sich aus der dafür eingegangenen Verschuldung anfallenden Zinsen in voller Höhe dem Wohnvorteil gegenzurechnen, was im konkreten Fall wegen der Höhe der Verbindlichkeiten dazu geführt hat, dass kein positiver Wohnwert mehr verblieb. Bedeutung hat der BGH dem lediglich hinsichtlich einer Ver-

---

646 Zutreffend von OLG Nürnberg NJW-RR 2008, 600 = FamRZ 2008, 992 f. bezogen auf die Kaltmiete, für die es den Wohnanteil im billigen Selbstbehalt auf 100 € (= 1/4 der Warmmiete) festlegt.

647 Dazu etwa BGH FamRZ 1985, 354, 356; NJW 1985, 909 = FamRZ 1985, 357, 360; NJW-RR 1986, 66 = FamRZ 1986, 48, 49; NJW 1986, 1342 = FamRZ 1986, 437, 438; NJW 1990, 709 = FamRZ 1990, 269, 272; NJW 1990, 3274 = FamRZ 1990, 989, 990.

648 BGH NJW-RR 1988, 514 = FamRZ 1988, 145, 146 m. Anm. *Hoppenz*.

649 OLG München FamRZ 1994, 967; *Wendl/Gerhardt* § 1 RdNr. 268. S. dazu auch BGH NJW 1992, 1044 = FamRZ 1992, 423 ff.

650 Wohl ebenso BGH NJW 1998, 753 = FamRZ 1998, 87, 88 m. Anm. *Dieckmann*; aA *Schwab/Borth* IV RdNr. 872.

651 BGH NJW 1992, 1044 = FamRZ 1992, 423, 425; OLG München FamRZ 1994, 967.

mögensumschichtung (dazu RdNr. 182) beigemessen, ohne eine solche allerdings anzunehmen.[652] Dies ist abzulehnen, weil der Berechtigte damit das Familienheim der Folgeehe mitfinanziert.

124 Nicht abzusetzen sind **berufsbedingte Aufwendungen** und **Erwerbstätigenbonus,** weil sie nicht im Zusammenhang mit der Erzielung des Wohnvorteils anfallen (dazu RdNr. 60). – Zur Berücksichtigung der **Zinserträge** aus der Anlage des erzielten Verkaufspreises s. RdNr. 118, 121. – Dem Vorteil selbstgenutzten Wohneigentums sind geringe **Mietkosten** durch Anmietung einer günstigen Wohnung nicht gleichzustellen.[653]

125 **b) Nutzungsvorteil. aa) Mietwert.** Weil die ehelichen Lebensverhältnisse den Wohnraumbedarf der ganzen Familie während ihres Zusammenlebens festschreiben, werden sie grundsätzlich durch den **objektiven,** dh. den marktgerechten Mietzins geprägt.[654] Daran ändert sich für die **nacheheliche** Zeit nichts, weil es zwar in der Eigenverantwortlichkeit des Betroffenen liegt, inwieweit er den Vorteil mietfreien Wohnens für eigene Wohnzwecke nutzen will, ihm andererseits aber eine marktgerechte Verwertung zumutbar ist,[655] weil ihm eine möglichst ertragreiche Vermögensanlage obliegt (dazu RdNr. 117). – Die **Höhe** des objektiven Mietwerts kann der Tatrichter zwar gemäß § 287 Abs. 2 ZPO, § 113 Abs. 1 S. 2 FamFG schätzen,[656] doch nur anhand der konkreten Marktlage und nicht der Einkommensverhältnisse der Ehegatten.[657] – Kann der Berechtigte aber im Einzelfall über das Wohneigentum nicht verfügen oder bringt ihm ein Auszug keinen zusätzlichen Vorteil, kann es gerechtfertigt sein, lediglich den **subjektiven** Mietwert anzusetzen.

Bsp.: OLG Düsseldorf FamRZ 1994, 1049, 1052: Nicht auseinander gesetzte Miteigentumsgemeinschaft. – **OLG Karlsruhe FamRZ 1996, 1414, 1415; OLG Nürnberg NJW-RR 1997, 1361 = FamRZ 1997, 1217:** Wohnraum gehört zum Gesamtgut einer nicht auseinander gesetzten Gütergemeinschaft. – Einschränkungen der Verkehrsfähigkeit der Immobilie durch die schlechte Marktlage.

126 Für die **Trennungszeit** ist nach der Rspr. des BGH der Ehegatte, der aus der Ehewohnung auszieht und damit dem Ehegatten die Nutzung des ganzen Wohnraums „aufdrängt", idR[658] durch die Berücksichtigung eines lediglich **subjektiven** Mietwerts zu gleichen Teilen an dem dadurch herbeigeführten Ausfall eines Teils der Nutzungen zu beteiligen, weil es sich bei dem vom ausgezogenen Ehegatten nicht genutzten Wohnraum um „totes Kapital" handeln[659] und die Wiederherstellung der ehelichen Lebensgemeinschaft nicht behindert werden soll.[660] Für die Bedarfsprägung ist von dem Mietbetrag auszugehen, den der Berechtigte auf dem örtlichen Wohnungsmarkt für eine dem ehelichen Lebensstan-

---

[652] BGH NJW 2009, 145 m. Anm. *Born* = FamRZ 2009, 23, 24 [17, 19] m. Anm. *Norpoth* und *Maurer* FamRZ 2009, 204.

[653] Der Selbstbehaltssatz ist nicht wegen günstigerer als in ihm enthaltener Mietkosten zu kürzen: BGH NJW-RR 2004, 217 = FamRZ 2004, 186, 189 m. Anm. *Schürmann*; NJW 2006, 3561 = FamRZ 2006, 1664, 1666 m. Anm. *Schürmann*; s. auch OLG Nürnberg FuR 2000, 40, 44.

[654] BGH NJW-RR 1986, 66 = FamRZ 1986, 48, 49; NJW 1986, 1342 = FamRZ 1986, 437, 438; NJW-RR 1988, 514 = FamRZ 1988, 145, 150; NJW 2000, 2349 = FamRZ 2000, 950, 951.

[655] OLG Karlsruhe NJW-RR 1994, 66 = FamRZ 1993, 1091, 1092; FamRZ 1996, 1414, 1415.

[656] BGH NJW-RR 1995, 1044 = FamRZ 1995, 869, 871; NJW 1998, 2821 = FamRZ 1998, 899, 901; NJW 2008, 57 = FamRZ 2007, 1532, 1534 [24] m. Anm. *Maurer*; NJW 2008, 2581 = FamRZ 2008, 1325, 1326 [17] m. Anm. *Borth*. Statt einer konkreten Berechnung kann auch von einer statistisch ermittelten, mit Immobilien langfristig erzielbaren Rendite von etwa 3%/Jahr ausgegangen werden.

[657] BGH NJW 1998, 2821 = FamRZ 1998, 899, 901; NJW 2000, 2349 = FamRZ 2000, 950, 951: Deshalb keine Pauschalierung auf eine „Drittelobergrenze". BGH NJW 1989, 2809 = FamRZ 1989, 1160, 1163 mwN; NJW 1990, 3274 = FamRZ 1990, 989, 991 nimmt diese Drittelbegrenzung als „weithin" angewandt hin, ohne sich hierzu wertend, allerdings auch nicht ablehnend zu äußern.

[658] BGH NJW 1989, 2809 = FamRZ 1989, 1160, 1162; NJW 2000, 284 = FamRZ 2000, 351, 353; NJW 2000, 2349 = FamRZ 2000, 950, 951; NJW 2007, 1974 = FamRZ 2007, 879, 882 [21].

[659] BGH NJW 1989, 2809 = FamRZ 1989, 1160, 1162; NJW 1990, 3274 = FamRZ 1990, 989, 991; FamRZ 1998, 899, 901; *Graba* NJW 1987, 1721, 1727; FamRZ 1995, 385, 387; s. auch OLG München FamRZ 1999, 509; OLG Hamm FamRZ 1999, 510 (LS).

[660] BGH NJW 1989, 2809 = FamRZ 1989, 1160, 1162; NJW 2000, 2349 = FamRZ 2000, 950, 951; NJW 2007, 1974 = FamRZ 2007, 879, 882 [21]; s. auch OLG Zweibrücken FamRZ 2008, 615 f.

dard entsprechende angemessene kleinere Wohnung zahlen müsste.[661] – Ausnahmsweise wird der Wohnvorteil mit dem **objektiven** Mietwert in der Bedarfsbemessung erfasst, wenn

- dieser Nutzungsausfall durch Einkünfte aus der Vermietung des nicht genutzten Wohnraums **kompensiert** wird oder eine Obliegenheit hierzu besteht,[662]
- der den Wohnraum nutzende Ehegatte eine Verwertung des Wohnraums durch sein Beharren auf Alleinnutzung **verhindert,**[663]
- der „Bedarfsverlust" durch das „tote Kapital" durch nicht prägende Einkünfte **ausgeglichen** werden könnte,[664]
- die Ehegatten sich innerhalb des ihnen gemeinsam gehörenden Hauses getrennt haben,[665]
- ein Ehegatte während der Trennungszeit den Miteigentumsanteil des anderen **übernommen** hat (dazu auch RdNr. 131),[666]
- die Ehe offenkundig endgültig **gescheitert** ist und eine Wiederherstellung der ehelichen Lebensgemeinschaft ausgeschlossen erscheint, wovon nach Ablauf des Trennungsjahres,[667] nach Rechtshängigkeit eines Scheidungsantrags, Übernahme des Miteigentumsanteils des einen durch den anderen Ehegatten oder abschließender Vermögensauseinandersetzung der Ehegatten[668] ausgegangen werden kann. Dies kann allerdings dann nicht gelten, wenn ernsthafte Bemühungen um den Verkauf des Wohneigentums bislang erfolglos waren oder der weichende Ehegatte die Verkaufsbemühungen nicht unterstützt oder gar unterläuft.

Dieser Rspr. des BGH ist bereits grundsätzlich zu **widersprechen:** Die ehelichen Lebensverhältnisse werden auch während der Trennungszeit durch den Wohnbedarf beider Ehegatten geprägt.[669] Dass es sich bei dem nicht genutzten Wohnraum um „totes Kapital" handelt, betrifft nicht den eheangemessenen Bedarf, sondern die Bedürftigkeit des Berechtigten und die Leistungsfähigkeit des Verpflichteten, zumal beiden Ehegatten während der Trennungszeit, jedenfalls aber während des Trennungsjahres die Veräußerung des Wohnraums grundsätzlich nicht obliegt, um nicht vor dem endgültigen Scheitern der Ehe deren Grundlage zu zerstören. Auch geht es nicht um die Ansetzung einer fiktiven Miete, sondern um die Bewertung des genutzten Anteils an der Ehewohnung, weshalb dieser nach dem Mietwert der Ehewohnung und nicht einer Ersatzwohnung zu bestimmen wäre. Berücksichtigt man das „tote Kapital" auf der Bedarfsebene, vermindert man den Bedarf des Berechtigten (ohne Berücksichtigung des Wohnbedarfs von Kindern), dem nach der Halbteilung ohnehin nur dessen Hälfte zugeschrieben wird, um 1/4 und setzt ihn zudem noch der Berücksichtigung trennungsbedingten Mehrbedarfs des Verpflichteten aus. 127

bb) Aufwendungen. Grundsätzlich sind dem Nutzungsvorteil in Form ersparter Mietaufwendungen die **Kapitalaufwendungen,** die mit der Erzielung des Wohnvorteils verbunden sind, gegenzurechnen. Abzusetzen sind danach (s. aber auch RdNr. 120): 128

- Alle Aufwendungen, die auf dem Grundeigentum lasten und die üblicherweise nicht auf Mieter abgewälzt werden können. Hierzu zählen alle **verbrauchsunabhängigen**

[661] BGH NJW 1998, 2821 = FamRZ 1998, 899, 901; NJW 2007, 1974 = FamRZ 2007, 879, 880 [10]; NJW 2008, 1946 m. Anm. *Griesche* = FamRZ 2008, 963, 965 [15] m. Anm. *Büttner.* Das OLG Nürnberg OLGR 2008, 288, 289 legt zur Leistungsfähigkeit den im Selbstbehalt enthaltenen Anteil für die Kaltmiete zugrunde.

[662] *Graba* NJW 1987, 1721, 1727.

[663] OLG Hamm NJWE-FER 1997, 219, 220.

[664] OLG München OLGR 1998, 253; *Graba* FamRZ 1995, 385, 391.

[665] OLG Karlsruhe FamRZ 1998, 1511.

[666] BGH NJW 2008, 1946 m. Anm. *Griesche* = FamRZ 2008, 963, 964 f. [12, 13] m. Anm. *Büttner.*

[667] AA OLG Zweibrücken NJW-RR 2007, 222 = FamRZ 2007, 470, 471; FamRZ 2008, 615, 616: Ausnahmen nur bei Aufnahme eines neuen Lebenspartners in die ehemalige Ehewohnung, wenn mit der Wiederherstellung der ehelichen Lebensverhältnisse nicht mehr gerechnet werden kann, oder bei sehr langer Trennungszeit.

[668] BGH NJW 2008, 1946 m. Anm. *Griesche* = FamRZ 2008, 963, 964 f. [12–16] m. Anm. *Büttner.*

[669] Im Ergebnis ebenso AG Detmold FamRZ 1998, 1508, 1509.

Grundstücksunkosten und Lasten einschließlich einer gesetzlich vorgeschriebenen Gebäudeversicherung.[670]

- **Zinsaufwendungen** für Darlehen zum Erwerb, der Herstellung, den Umbau oder der Renovierung eigengenutzten Wohnraums.[671]
- **Tilgungsleistungen** für diese Darlehen.
  - Für die **Trennungszeit** berücksichtigt der BGH bei der Bestimmung des Bedarfs neben Zins- auch Tilgungsleistungen, auch in den Wohnwert übersteigender Höhe, bei der Bedürftigkeit dagegen nur in Höhe der Summe aus Einkünften und Gebrauchsvorteilen,[672] nicht auch negativ. Da es darauf ankommt, ob ein Ehegatte am Vermögenszuwachs des anderen (noch) teilhaben kann, ist die Berücksichtigung allerdings auf die Tilgungsleistungen bis längstens zur Zustellung des Scheidungsantrags (§ 1384) oder des vereinbarten Eintritts der Gütertrennung beschränkt (dazu auch Vor § 1569 RdNr. 12).[673] Daraus folgt auch, dass bei vor der Eheschließung vereinbarter Gütertrennung die Tilgungsleistungen unterhaltsrechtlich stets unberücksichtigt zu bleiben haben.
  - In der **nachehelichen** Zeit sind Tilgungsleistungen nach dem BGH dagegen nicht abzugsfähig, weil der Unterhalt nicht der Vermögensbildung dient.[674] Ausnahmsweise berücksichtigt er auch Tilgungsleistungen, ihrem Umfang nach beschränkt für Selbständige auf ca. 24% und für nichtselbständige Arbeitnehmer auf 4% sekundäre Altersvorsorge aus dem Bruttoeinkommen, wenn das Wohneigentum der (ggf. zusätzlichen) Altersvorsorge dient.[675]
  - Dieser Behandlung der Tilgungsleistungen ist nach wie vor (s. bereits 4. Aufl. RdNr. 32) aus folgenden Gründen bereits grundsätzlich zu **widersprechen:**[676]
    - Unerheblich ist, ob durch die Tilgung gemeinschaftliches **Vermögen** für beide Ehegatten oder nur Vermögen für einen von ihnen geschaffen wird.[677] Zwar trifft zu, dass der die Immobilie nicht bewohnende Ehegatte nachehelich beim Zuge-

---

[670] AA OLG Hamm FamRZ 1993, 1089, 1090 (Gebäudeversicherung wird im Rahmen der Auseinandersetzung der Miteigentumsgemeinschaft berücksichtigt); OLG Düsseldorf FamRZ 2008, 895 f. (weil Grundsteuer und Versicherungsbeträge im Allgemeinen auf den Mieter umgelegt werden).

[671] BGH FamRZ 1985, 354, 356; NJW 1985, 909 = FamRZ 1985, 357, 360; NJW-RR 1986, 66 = FamRZ 1986, 48, 49; NJW 1986, 1342 = FamRZ 1986, 437, 438; NJW 1989, 2809 = FamRZ 1989, 1160, 1162; NJW 1992, 1044 = FamRZ 1992, 423, 424 f.; NJW-RR 1994, 1155 = FamRZ 1994, 1100, 1102; NJW-RR 1995, 1044 = FamRZ 1995, 869, 871; NJW 1998, 753 = FamRZ 1998, 87, 88 m. Anm. *Dieckmann.* Nach OLG Hamm FamRZ 1995, 1418, 1419 sollen die Tilgungsleistungen nach der Auseinandersetzung des Miteigentums an einem Hausgrundstück nicht mehr abgesetzt werden dürfen; dies ist abzulehnen, weil es unterhaltsrechtlich nicht auf die Auseinandersetzung des Miteigentums und die dabei berücksichtigten Verbindlichkeiten ankommt, sondern auf den Vergleich zwischen Wohnvorteil und Aufwendungen hierfür und angemessenen Mietaufwendungen.

[672] BGH NJW 2007, 1974 = FamRZ 2007, 879, 882 [21, 22].

[673] BGH NJW 2008, 1946 m. Anm. *Griesche* = FamRZ 2008, 963, 965 [17–19] m. Anm. *Büttner.*

[674] Bereits früher BGH NJW 1992, 1044 = FamRZ 1992, 423, 424; NJW 1998, 753 = FamRZ 1998, 87, 88 m. Anm. *Dieckmann*; nunmehr BGHZ 163, 84 = NJW 2005, 3277 = FamRZ 2005, 1817, 1821; NJW 2007, 1974 = FamRZ 2007, 879, 882 [18]. Mit dem BGH die ganz überwiegende Praxis, s. etwa OLG München FamRZ 1997, 425. Der Hinweis in BGHZ 163, 84 = NJW 2005, 3277 = FamRZ 2005, 1817, 1821 (unter 4. b) auf BGH NJW 2000, 2349 = FamRZ 2000, 950, 951 f.; NJW 2005, 2077 = FamRZ 2005, 1159, 1161 ist mE irreführend, weil in BGH NJW 2000, 2349 = FamRZ 2000, 950, 952 wörtlich ausgeführt ist: „... unter Abzug ... des Zins- und Tilgungsaufwandes für den ... Finanzierungskredit, ... Auch wenn die Eheleute mit Hilfe der Tilgungszahlungen für einen entsprechenden Kredit bei Bestehen der Ehe Vermögen gebildet haben, bestimmen die insoweit geleisteten Zahlungen als tatsächlicher Eheaufwand die für die Bemessung des nachehelichen Unterhalts maßgeblichen ehelichen Lebensverhältnisse, solange sie sich in einem wirtschaftlich angemessenen Rahmen hielten."

[675] BGHZ 163, 84 = NJW 2005, 3277 = FamRZ 2005, 1817, 1821 f. (unter 4. b, 5. d); NJW 2007, 1974 = FamRZ 2007, 879, 882 [19]; NJW 2008, 1946 m. Anm. *Griesche* = FamRZ 2008, 963, 964 [11] m. Anm. *Büttner.*

[676] S. auch OLG Nürnberg EzFamR aktuell 2001, 4 f.; OLG Schleswig FamRZ 2004, 808, 809 (allerdings zu Unrecht unter Berufung auf die Entscheidung BGH NJW 1998, 2821 = FamRZ 1998, 899, 901, die zum Trennungsunterhalt ergangen ist).

[677] BGH NJW-RR 1995, 835 = FamRZ 1995, 869, 870.

winnausgleich insoweit nicht mehr am Vermögenszuwachs des anderen teilnimmt.[678] Doch ist diese güterrechtliche Anknüpfung schon deshalb nicht geeignet, weil es neben der Zugewinngemeinschaft auch andere Güterstände gibt, und zudem der vom BGH hervorgehobene Gesichtspunkt wegen des auf die Zustellung des Scheidungsantrags vorgezogenen güterrechtlichen Bewertungsstichtags auch schon für den Trennungsunterhalt Bedeutung erlangen müsste, ohne dass diese Konsequenz, soweit ersichtlich, gezogen würde.[679] Zudem wird dem in Wohneigentum lebenden Ehegatten mit dem Wohnvorteil der Ertrag aus dem Vermögen zugerechnet, sodass die diesen mindernden Vorteil mindernden Tilgungsleistungen gegenzurechnen sind.[680]

– Gesteht man einem Ehegatten das Wohnen in Wohneigentum auch nachehelich zu, müssen deshalb auch seine Tilgungsleistungen seinen Wohnvorteil mindernd anerkannt werden, zusammen mit dem Zinsanteil allerdings beschränkt auf die Höhe des Wohnvorteils. Erst danach beginnt die vom Verpflichteten nicht mehr hinzunehmende Vermögensbildung durch Tilgung.[681] Er steht dann zwar immer noch besser, als würde er in Miete wohnen, weil er diese dann noch von seinem Einkommen bestreiten müsste. Doch ist dies **angemessen** (dazu allgemein RdNr. 133), weil der Wohnvorteil ohne sie gar nicht bestehen würde, sie auch während des Zusammenlebens nur für den Wohnbedarf, allerdings der Familie, zur Verfügung gestanden hat und mit ihnen v. a. Daseinsvorsorge betrieben wird. Zudem ist der Schuldendienst insgesamt meist höher als der Wohnvorteil, sodass immer noch ein nicht abgedeckter „Mietanteil" des das Wohneigentum weiter nutzenden Ehegatten besteht. Für diese Behandlung der Tilgungsleistungen spricht auch, dass, würde das Wohneigentum verkauft und verblieben Restschulden, diese als Folgekosten aus Ehe und Scheidung idR auch mit ihrem Tilgungsanteil bedarfsmindernd zu berücksichtigen wären (dazu RdNr. 130), obwohl auch insoweit wegen des Schuldenabbaus Vermögensbildung betrieben würde. – In seinem Urteil vom 11. 5. 2005 scheint auch der BGH[682] die Absetzbarkeit von Tilgungsleistungen anzuerkennen, indem er nach bereits bestehenden Tilgungsverpflichtungen und solchen für den *Erwerb* von Wohneigentum differenziert.

– Eine Obliegenheit zur **Vermögensumschichtung** (dazu RdNr. 182, § 1579 RdNr. 28) wird es in diesem Zusammenhang nur bei eindeutig zu aufwändigem Wohnkomfort geben können.

- **Erhaltungsaufwendungen.**
- **Instandhaltungsrücklagen,** wenn sie für konkrete Instandhaltungsmaßnahmen auch tatsächlich gebildet wurden bzw. werden,[683] ggf. gekürzt um Fördermittel.[684] Doch ist die Beschränkung auf konkrete Instandhaltungsmaßnahmen zu eng, weil Instandhaltungsmaßnahmen regelmäßig und v. a. oft unvorhergesehen anfallen, wie insbesondere auch die Instandhaltungsrücklage nach § 21 Abs. 5 Nr. 4 WEG zeigt.
- **Modernisierungsrücklagen,** wenn etwa die Erneuerung der Heizungsanlage oder die Nutzbarmachung alternativer Energien geplant ist. Allerdings muss die Hinnahme des

---

[678] BGH NJW 2007, 1974 = FamRZ 2007, 879, 882 [18].

[679] Zum Problembereich des „Verbots der Doppelberücksichtigung" (dazu Vor § 1569 RdNr. 8–12) nimmt der BGH aus Gründen der Praktikabilität „zufällige geringfügige zeitliche Überschneidungen", die „sich in Massenfällen dieser Art auf praxisgerechte Weise nicht vermeiden lassen", ausdrücklich hin, BGHZ 156, 105 = NJW 2003, 3339 = FamRZ 2003, 1544, 1546.

[680] *Norpoth* FamRZ 2008, 2245, 2248.

[681] Ablehnend auch OLG Bamberg NJW-RR 1993, 66 = FamRZ 1992, 1305, 1306, das die bei verzinslicher Geldanlage unschwer zu erzielende Rendite zugrunde legen will und damit im Grunde von einer Obliegenheit zur Vermögensumschichtung ausgeht, und OLG Hamm FamRZ 1995, 1418, 1421, das nur den Teil des objektiven Mietwerts bedarfsdeckend berücksichtigt, der dem Verhältnis von Kaufpreis zum eingesetzten Eigenkapital entspricht.

[682] BGHZ 163, 84 = NJW 2005, 3277 = FamRZ 2005, 1817, 1821 f. m. Anm. *Büttner* FamRZ 2005, 1899 und *Maurer* FamRZ 2006, 258.

[683] BGH NJW 2000, 284 = FamRZ 2000, 351, 354; OLG Hamm FamRZ 1999, 233, 234.

[684] OLG München FamRZ 1999, 251, 252.

verfolgten Zwecks und der Höhe der monatlichen Rücklagenbildung für den jeweils anderen Ehegatten **zumutbar** sein.

129 **cc) Nutzungen.** Nutzt ein Ehegatte die Wohnung auch nach Trennung und Scheidung **(Eigennutzung),** prägt dieser Vorteil weiter die ehelichen Lebensverhältnisse. Dabei sind die Eigentumsverhältnisse – Alleineigentum eines Ehegatten oder gemeinsames Eigentum beider Ehegatten – zunächst unerheblich; Bedeutung erlangt dies erst bei der Bemessung des Nutzungsvorteils (dazu RdNr. 133).

130 Wird das Familienheim im Zusammenhang mit Trennung und Scheidung **verkauft,** werden die ehelichen Lebensverhältnisse nicht mehr durch den ehemaligen Wohnvorteil geprägt. An die Stelle des Wohneigentums tritt der **Veräußerungserlös,** statt des entfallenen Wohnvorteils prägen nunmehr die erzielten oder erzielbaren **Erträge** aus dem Veräußerungserlös, zu denen auch ein Wohnvorteil aus mit dem Veräußerungserlös angeschafften neuen Wohneigentum gehört (dazu auch RdNr. 131).[685] Zwar waren gerade diese Erträge während des Zusammenlebens der Ehegatten nicht vorhanden, doch haben sich die ehemaligen ehelichen Verhältnisse in diesem Sinne gewandelt. Anders zu verfahren könnte dazu führen, dass der Verpflichtete am bisherigen ehelichen Lebensbedarf festgehalten und eine Korrektur nur noch über die Leistungsfähigkeit möglich wäre; steht diese nicht in Frage, würde er eine nachteilige Veränderung alleine tragen. – Verbleiben nach der Veräußerung des Wohneigentums **Verbindlichkeiten,** ist der darauf entfallende Schuldendienst aus Tilgung und Zinsen als Folgekosten aus Ehe und Scheidung weiter bedarfsprägend zu berücksichtigen (dazu auch RdNr. 128, 201).

131 Übernimmt ein Ehegatte den **Miteigentumsanteil** des anderen durch Kauf oder in der Teilungsversteigerung und bewohnt weiter das ehemalige Familienheim, soll sich der den Bedarf prägende Vermögensertrag nach der ständigen Rspr. des BGH[686] so errechnen:

Wohnvorteil + Vermögensertrag aus dem Ablösungsbetrag ./. Zins- und Tilgungsleistungen vor Übernahme des Miteigentumsanteils + Zinsbelastung für die Fremdfinanzierung des Ablösungsbetrags.

Damit wird aber der ehemalige Vermögensertrag „im Haben" vergrößert, ohne dass es hierfür einen rechtfertigenden Grund gäbe. Auch wenn das Darlehen dazu dient, einem Ehegatten das Familienheim zu erhalten, rechtfertigt dies nicht, seine Darlehenskosten beim Bedarf zur Hälfte auf den anderen Ehegatten abzuwälzen,[687] weil er sich sonst den Wohnvorteil zu Lasten des anderen erhält. Deshalb ist der Bedarf nach dem Wohnvorteil[688] ./. ehemalige Zins- und Tilgungsleistungen zu bemessen, zusätzliche Belastungen des Verpflichteten und neue Vermögenserträge des Berechtigten verringern ggf. Leistungsfähigkeit und Bedürftigkeit.[689] – Da der abgefundene Ehegatte an den Erträgnissen der zur Bestreitung der Ausgleichsforderung veräußerten Vermögensgegenstände nicht mehr teilhaben könnte,[690] kann **fiktiv** auch so gerechnet werden, als sei die Veräußerung des Familienheims erfolgt und das Darlehen nicht aufgenommen worden. Nur wenn, was eher theoretisch sein

---

[685] BGHZ 148, 105 = NJW 2001, 2254 = FamRZ 2001, 986, 991; NJW 2001, 2259 = FamRZ 2001, 1140, 1143; NJW 2002, 436 = FamRZ 2002, 88, 92; BGHZ 163, 84 = NJW 2005, 3277 = FamRZ 2005, 1817, 1820 f.; NJW 2006, 1794 = FamRZ 2006, 387, 391 m. Anm. *Büttner*; aA noch etwa OLG Hamm FamRZ 1999, 917, 918. Zum neuen Wohneigentum auch OLG Hamm Urt. v. 23. 6. 1999 – 5 UF 190/98, juris [9] = FamRZ 2000, 611 (LS); Urt. v. 11. 4. 2006 – 1 UF 185/05, juris [18].

[686] BGH NJW 2005, 2077 = FamRZ 2005, 1159, 1161; BGHZ 163, 84 = NJW 2005, 3277 = FamRZ 2005, 1817, 1821 f. m. Anm. *Büttner* FamRZ 2005, 1899 und *Maurer* FamRZ 2006, 258; ebenso OLG Düsseldorf Urt. v. 15. 12. 2005 – 7 UF 141/05, juris [37, 38]. Das OLG Karlsruhe NJW 2004, 859 = FamRZ 2004, 1209, 1210 bestimmt den Bedarf nach Zinserträgen aus einem fiktiven Verkaufserlös.

[687] AA etwa OLG Hamm FamRZ 1999, 233, 234; OLG Düsseldorf FPR 2004, 255 = FamRZ 2004, 1205, 1206 (es sieht diese als Aufwendungen zur Erhaltung des Wohnvorteils und rückt dies damit wohl in die Nähe von Instandhaltungsaufwendungen); s. auch *Büttner* FamRZ 2003, 641, 644.

[688] Kritisch dazu *Graba* FamRZ 2006, 821, 827 Fn. 52, weil der Hinzuerwerb des Miteigentumsanteils des anderen Ehegatten nicht ehe-, sondern scheidungsbedingt erfolge; dazu aber RdNr. 120.

[689] Dazu eingehend *Maurer* FamRZ 2006, 258 ff. Zweifelnd wohl auch *Büttner* FamRZ 2003, 641, 644.

[690] BGH NJW 1986, 1342 = FamRZ 1986, 437, 439; OLG Hamm FamRZ 1985, 483, 484; aA OLG Hamm NJW 1995, 2042 = FamRZ 1995, 1152, 1154.

dürfte, eine **Vergleichsberechnung** ergäbe, dass die Fremdfinanzierung bei Erhalt der Vermögenseinkünfte die günstigere Vermögensdisposition ist, kann unter deren Zurechnung und unter Beachtung der für eine Vermögensumschichtung bestehenden Obliegenheiten (dazu RdNr. 182) auch der Schuldendienst einbezogen werden.[691]

Ehegatten, die bisher in eigenem Wohneigentum gelebt haben, ist idR zuzubilligen, auch künftig in eigenem Eigentum zu wohnen. Deshalb kann es, mussten zum Erwerb **neuen Wohneigentums** Fremdmittel aufgenommen werden, angemessen sein (zur Angemessenheitsprüfung s. auch RdNr. 133), auch die dafür aufzubringenden Zins- und Tilgungslasten vom Nutzungsvorteil abzuziehen, wenn keine anderen finanziellen Mittel für die Anschaffung verwandt werden konnten. Im Einzelfall kann dies bis zum völligen Abschmelzen des positiven Wohnwerts führen, etwa wenn bereits während des Zusammenlebens der Ehegatten kein positiver Wohnvorteil erzielt worden war und auch dem im ehemaligen Wohneigentum verbliebenen Ehegatten kein positiver Wohnvorteil zugerechnet wird. Auch dies ist jedenfalls nicht stets eine Frage der Vermögensbildung, sondern vornehmlich die nach der Obliegenheit zu möglichst ertragreicher Vermögensanlage/Vermögensumschichtung (dazu RdNr. 182)[692] – **Einschränkungen** vom Recht auf Wohnen im eigenen Eigentum können etwa dann bestehen, wenn das Wohneigentum nur sehr kurze Zeit gemeinsam bewohnt oder mit über jedes wirtschaftlich vertretbare Maß hinausgehenden monatlichen Belastungen erkauft war. 132

dd) Angemessenheit. Der Bemessung des Wohnvorteils im Einzelfall richtet sich nach einer **Billigkeitsabwägung,** die sich an den ehelichen Lebensverhältnissen ausrichtet.[693] In Anlehnung an die Düsseldorfer Tabelle (A. Nr. 5, dazu auch RdNr. 52, 53), die für die Sätze des notwendigen Bedarfs einen Anteil von 360 € für Warmmiete und von 240 € für die Kaltmiete beinhalten, begrenzt die obergerichtliche Rspr.[694] bei der Angemessenheitskontrolle den Kaltmiete-Vorteil idR auf ein **Drittel** des für die Deckung des Lebensbedarfs ohne Mietkosten, mithin 1/4 des gesamten dem Lebensunterhalt zur Verfügung stehenden Betrages.[695] Diese Regelbegrenzung entspricht den Erfordernissen der Praktikabilität und sollte deshalb Ausgangspunkt der Bemessung sein, der eine Veränderung aufgrund der konkreten Umstände des Einzelfalles, etwa hohes Mietniveau, zulässt. – Doch bleiben laufende Verpflichtungen für im Eigentum des Ehegatten stehenden eigengenutzten **Wohnraum** die Bedürftigkeit/Leistungsfähigkeit vermindernd grundsätzlich unberücksichtigt, soweit sie den Wohnkosten nach ihren normalen Lebenshaltungskosten entsprechen.[696] Übersteigen die laufenden Verpflichtungen (Zins und Tilgung) den Wohnvorteil, bleiben sie insoweit unberücksichtigt, weil sie dann der Vermögensbildung dienen, die nach Beendigung der Ehe nicht mehr hinzunehmen ist,[697] es sei denn, auch vergleichbarer Wohnraum könnte nur zu einem höheren Mietzins angemietet werden. – Leben gemeinsame oder nicht gemeinsame **Kinder** 133

---

691 OLG Hamm FamRZ 1999, 233, 234.

692 AA scheinbar BGH NJW 1998, 753 = FamRZ 1998, 87, 89; auch OLG Bamberg OLGR 2007, 514, 515 = FamRZ 2007, 1818 (LS).

693 BGH NJW 1998, 2821 = FamRZ 1998, 899, 901 f.

694 OLG München FamRZ 1982, 173, 174 f.; OLG Bamberg NJW-RR 1992, 836 = FamRZ 1992, 560, 561; OLG Frankfurt a. M. FamRZ 1994, 1031; OLG Karlsruhe NJW-RR 1995, 1221 = FamRZ 1995, 1578, 1579; OLG Oldenburg FamRZ 1998, 1510, 1511 m. krit. Anm. *Quack* FamRZ 1999, 442; OLG Hamm FamRZ 1998, 1512; FamRZ 1999, 433 (LS); *Graba* FamRZ 1995, 385, 386; *Wohlgemuth* FamRZ 1999, 621, 623; s. auch *Wendl/Gerhardt* § 1 RdNr. 318 a. Das OLG Bamberg Urt. v. 12. 1. 1993 – 7 UF 146/92, juris [6] beziffert den Anteil auf 25–30%. Zur – entbehrlichen, weil nur einer Scheingenauigkeit verpflichteten – mathematisch genauen Berechnung der Drittelobergrenze in einem Rechenschritt s. OLG Karlsruhe aaO S. 1579 f.; *Runge* FamRZ 1997, 262, 263; *Möller* FamRZ 1997, 405. Im Rahmen des Verwandtenunterhalts geht das OLG Düsseldorf OLGR 1993, 245 von einem Anteil von 25% aus. Die LL gehen von folgendem aus: KG A. 9 und München Nr. 1. 10: bis zu 1/3; Dresden I. 6, OLG Naumburg I. 6 und Brandenburg I. 6: bis zu 30%; Schleswig A. II. 2: 1/5–1/3.

695 Auch BGH NJW 1998, 2821 = FamRZ 1998, 899, 901 f. räumt ein, dass die Drittelbegrenzung dem Einzelfall gerecht werden kann.

696 BGH NJW 1984, 1237 = FamRZ 1984, 358, 360.

697 OLG Stuttgart FamRZ 1984, 1105.

mit in der Wohnung, ist zu beachten, dass deren Wohnraumbedarf durch den ihnen gewährten Barunterhalt abgedeckt wird und in der auf den Wohnbedarf entfallenden Höhe auch die Aufwendungen des geschiedenen Ehegatten für den Wohnraum verringert werden.[698] – Zur Obliegenheit, im Rahmen einer **Vermögensumschichtung** Teile des Wohnraums zu vermieten, anderen Wohnraum anzumieten und den ehelichen Wohnraum zu vermieten, oder den Wohnraum zu veräußern s. RdNr. 182, § 1579 RdNr. 28.

IV. Sonstige vermögenswerte Einkünfte

134 **1. Freiwillige Zuwendungen Dritter.** Sie **prägen** auch dann die ehelichen Lebensverhältnisse nicht, wenn die Ehegatten die Zuwendungen zur Bestreitung des Lebensbedarfs der Familie verwandt haben, weil auf sie kein Rechtsanspruch besteht, sie deshalb jederzeit eingestellt werden (s. dazu die Parallele zu Einkünften aus **unzumutbarer Erwerbstätigkeit** RdNr. 99, 100) und die Ehegatten nicht auf eine dauerhafte Zuwendung vertrauen können.[699] – **Freiwillig** sind Zuwendungen nur, wenn sie ohne Rechtsanspruch erbracht werden. Dass sie vom Zuwendungsempfänger entgolten werden, begründet solange kein Rechtsverhältnis, als darin lediglich das Entgelten einer Gefälligkeit oder die Erfüllung einer Anstandspflicht zu sehen ist. – Erfasst werden sowohl **Bar-** wie **Naturalleistungen.**[700] Als Barzuwendungen kommt auch die Freistellung von Zinszahlungen für ein **Darlehen** in Betracht,[701] als Sachzuwendungen insbesondere die Überlassung von **Wohnraum**[702] und **PKW,**[703] **Pflegeleistungen**[704] sowie **Betreuungsleistungen** der Kinder,[705] aber auch Leistungen der Kinder im Rahmen von § 1619, da auch sie die wirtschaftliche Grundlage der Familie durch das Einsparen von Ausgaben verbreitern. – Hat der Dritte keinen anderen **Willen** zum Ausdruck gebracht, ist aufgrund der persönlichen Beziehungen zwischen Zuwendendem und Zuwendungsempfänger grundsätzlich davon auszugehen, dass er nur den Zuwendungsempfänger und nicht auch die Rechtsstellung seines Ehegatten unterstützen will;[706] diese Vermutung ist von dem Ehegatten widerlegbar, der sich aus der Berücksichtigung der Zuwendungen Vorteile verspricht. Bei der Beurteilung der **Bedürftigkeit** des Berechtigten (§ 1577) sind solche Zuwendungen deshalb nicht bedarfsdeckend anzurechnen, beim Verpflichteten sind sie nicht seine **Leistungsfähigkeit** (§ 1581) erhöhend zu berücksichtigen,[707] um den Zuwendenden auch nicht indirekt an den Unterhaltsleistungen zu beteiligen.[708] – Hiervon sind folgende **Ausnahmen** zu machen:
– Erbringt der Zuwendungsempfänger dem Zuwendenden eine **Gegenleistung,** meist in Form der Haushaltsführung, sind die Zuwendungen nach dem Rechtsgedanken des

[698] BGH NJW 1989, 2809 = FamRZ 1989, 1160, 1163; NJW 1992, 1044 = FamRZ 1992, 423, 424; auch OLG Koblenz FamRZ 1995, 1415, 1416 (Aufteilung nach Anteilen: 2 Anteile für jeden Ehegatten, 1 Anteil für jedes Kind). Missverständlich *Wendl/Gerhardt* § 1 RdNr. 326, die in diesem Zusammenhang von einer Erhöhung des angemessenen Wohnwerts sprechen.

[699] OLG München FamRZ 1996, 169; *Büttner* FamRZ 2002, 1445, 1448; aA noch 4. Aufl. RdNr. 33.

[700] BGH NJW 1995, 1486 = FamRZ 1995, 537, 539; OLG München FamRZ 1996, 169.

[701] BGH NJW 2005, 945 = FamRZ 2005, 967, 969.

[702] BGH NJW 1992, 2477 = FamRZ 1992, 1045, 1049; NJW 1995, 1486 = FamRZ 1995, 537, 539; s. auch OLG Hamm NJWE-FER 2000, 249, 250 = FamRZ 2000, 1285 (LS); OLG Hamburg FamRZ 2005, 927, 928.

[703] OLG Hamm OLGR 1999, 51 = FamRZ 1999, 1275 (LS).

[704] BGH NJW 1980, 1686 = FamRZ 1980, 665, 669; NJW-RR 1993, 322 = FamRZ 1993, 417, 419; NJW 1995, 1486 = FamRZ 1995, 537, 539.

[705] BGH NJW 1988, 159 = FamRZ 1988, 159, 162; *Johannsen/Henrich/Büttner* § 1577 RdNr. 15 (Großeltern für Enkelkinder).

[706] BGH NJW 1980, 124 = FamRZ 1980, 40, 42; FamRZ 1980, 879, 880; NJW 1985, 1339 = FamRZ 1985, 584, 585; NJW-RR 1993, 322 = FamRZ 1993, 417, 419; NJW 1995, 1486 = FamRZ 1995, 537, 539; NJW 1999, 2804 = FamRZ 2000, 153, 154; NJW 2005, 945 = FamRZ 2005, 967, 969; auch OLG Celle FamRZ 1993, 352, 353. *Johannsen/Henrich/Büttner* § 1577 RdNr. 14 verweisen darauf, dass bei anderer Praxis solche Leistungen entweder eingestellt oder versteckt erbracht werden.

[707] BGH NJW 1992, 2477 = FamRZ 1992, 1045, 1049; NJW-RR 1993, 322 = FamRZ 1993, 417, 419; NJW 1995, 1486 = FamRZ 1995, 537, 538 f.; NJW 1999, 2804 = FamRZ 2000, 153, 154.

[708] *Johannsen/Henrich/Büttner* § 1577 RdNr. 14.

§ 850 h Abs. 2 ZPO, § 95 Abs. 1 Nr. 1 FamFG als zu berücksichtigendes Einkommen zu behandeln (dazu auch RdNr. 135, 136).

– **Versorgungsleistungen** des neuen Partners etwa in Form der Kinderbetreuung mindern zwar den Anspruch des bedürftigen Ehegatten auf Entgelt der eigenen Zuwendungen, bleiben aber im Verhältnis zum Verpflichteten unberücksichtigt, weil den Berechtigten keine Verpflichtung zum Entgelt dieser Leistungen trifft (dazu aber auch RdNr. 136, 137);[709] die **Darlegungs-** und **Beweislast** dafür, dass ihm für seine Versorgungsleistungen kein Entgelt zugestanden hat, trägt der Berechtigte.[710]
– Zudem sind die freiwilligen Zuwendungen in die **Billigkeitsabwägung** nach § 1579[711] und die Billigkeits- und **Angemessenheitskontrolle** nach § 1581 einzubeziehen und jedenfalls in **Mangelfällen** als die Leistungsfähigkeit fördernd zu berücksichtigen.[712]

2. Haushaltsführung und Kinderbetreuung. a) Ehegatten. Haushaltsführung und 135
Kinderbetreuung durch einen Ehegatten ist der Erwerbstätigkeit des anderen gleichwertig und nach modernen Anschauungen unzweifelhaft eine vermögenswerte Leistung. Denn würde sie nicht von einem Ehegatten erbracht, müsste sie „erkauft" werden. Allerdings würde dann der „Hausarbeitslohn" nicht mehr als Familieneinkommen zur Verfügung stehen und die Einkünfte die ehelichen Lebensverhältnisse insoweit nicht mehr prägen können. Dies wäre nicht anders, wenn der den Haushalt führende Ehegatte vom anderen dafür entlohnt würde. Somit steht dem Vermögenswert „Hausführung und Kinderbetreuung" in aller Regel kein das Familieneinkommen erhöhender geldwerter Vorteil gegenüber. Deshalb und weil sich Haushaltsführung und Betreuung im familiären Bereich nicht unmittelbar aufrechnen lassen, sind sie nicht zu **monetarisieren.**[713] – Zum **Kindesunterhalt** hat der BGH[714] den Betreuungsaufwand bei einer Fremdunterbringung des Kindes monetarisiert, ihn wegen seiner Gleichwertigkeit mit dem Barunterhalt pauschal in dessen Höhe bemessen und in dieser Höhe auch zur Zahlung zugesprochen, in Ausnahmefällen aber, etwa bei persönlichkeitsbedingt besonders hohem Betreuungsaufwand oder bei konkret feststehenden Betreuungskosten, die Widerlegung durch den Elternteil zugelassen, der sich darauf beruft. Dogmatisch leuchtet dies nicht ein, weil Gleichwertigkeit auch insoweit keine finanzielle Größe, sondern nur eine Wertentscheidung ausdrückt. Wenn aber zum Kindesunterhalt soll monetarisiert werden können, warum dann nicht auch zum Ehegattenunterhalt? Es bleibt abzuwarten, ob der BGH lediglich die Gesamtzusammenhänge außer Betracht gelassen hat oder aber seine Rspr. zum Kindesunterhalt entgegen seiner bisherigen Rspr. auf den Ehegattenunterhalt ausdehnen wird. Für den Ehegattenunterhalt ist die Nicht-Monetarisierung jedenfalls im Grundsatz sachgerecht, weil sich die ehelichen Lebensverhältnisse

---

[709] BGH NJW 1983, 933 = FamRZ 1983, 146, 148. Kinderbetreuungsleistungen des neuen Partners bleiben auch beim Kindesunterhalt außer Betracht, BGH NJW 1980, 1686 = FamRZ 1980, 665, 669.

[710] BGH NJW 1983, 683 = FamRZ 1983, 150, 152; NJW 1991, 1290 = FamRZ 1991, 670, 673.

[711] BGH NJW 1990, 253 = FamRZ 1989, 1279, 1280; ebenso *Schwab/Borth* IV RdNr. 430; zweifelnd *Johannsen/Henrich/Büttner* § 1579 RdNr. 54; aA *Büttner* FamRZ 2002, 1445, 1447 f.

[712] BGH NJW 1999, 2365 = FamRZ 1999, 843, 847; NJW 1999, 2804 = FamRZ 2000, 153, 154; OLG Hamm NJWE-FER 2000, 249, 250 = FamRZ 2000, 1285 (LS); *Soergel/Häberle* RdNr. 16; *Büttner* FamRZ 2002, 1445, 1448.

[713] BGH NJW 1983, 2082 = FamRZ 1983, 689; FamRZ 1988, 1039, 1041; ebenso BVerfGE 105, 1 = FPR 2002, 180 = FamRZ 2002, 527, 529; s. etwa auch OLG Schleswig NJW-RR 2004, 151 f.; *Born* FamRZ 1999, 541, 547; *ders.* MDR 2000, 981 ff.; *Büttner* FamRZ 1999, 893 ff.; *ders.* FamRZ 2003, 641, 642; *Gerhardt* FamRZ 2000, 134 ff.; *Gerhardt/Gutdeutsch* FuR 1999, 241; *Graba* FamRZ 1999, 1115 ff. Allerdings ausdrücklich offen gelassen von BGHZ 148, 105 = NJW 2001, 2254 = FamRZ 2001, 986, 990 f., sodass im Zusammenhang mit dieser Entscheidung und der Diskussion um die Prägung der nach dem Scheitern der Ehe einem anderen Lebenspartner erbrachten Haushaltsleistungen (dazu RdNr. 135, 136) in der Lit. auch der Streit um die Monetarisierung neu entflammt ist (für eine Monetarisierung etwa *Rauscher* FuR 2001, 385; *ders.* FuR 2002, 337; *Muscheler* JZ 2002, 661; dagegen *Büttner* FamRZ 2002, 641, 642). Dagegen monetarisiert das OLG Brandenburg NJW-RR 2006, 944 = FamRZ 2006, 341.

[714] BGH NJW 2006, = FamRZ 2006, 1597, 1589 f., der ausdrücklich von Monetarisierung spricht, mwN auch zur abw. Auffassung und m. – zweifelnder? – Anm. *Born*; *Kalthoener/Büttner/Niepmann* RdNr. 903, 918–921.

nach den wirtschaftlichen Verhältnissen der Ehegatten richten und die Betreuung selbst keine finanziellen Kosten verursacht. – Zur Berücksichtigung von Haushaltsführung und Kinderbetreuung in einer **anderen Partnerschaft** s. RdNr. 136, 137.

136 **b) Neue Partner.** Nach Trennung und Scheidung der Ehegatten prägt nach Auffassung des BGH[715] die einem anderen Partner geleistete Haushaltsführung und ggf. auch Kinderbetreuung als **Surrogat** der ehelich erbrachten Leistungen die ehelichen Lebensverhältnisse. Dies erstaunt zwar zunächst, erweist sich aber im Ergebnis als zutreffend: Zwar setzt sich die eheliche Haushaltsführung nicht einfach in der neuen Beziehung fort und kann deshalb nicht deren Surrogat sein. Anzusetzen ist vielmehr an der Nichterwerbstätigkeit während des ehelichen Zusammenlebens, die in aller Regel auf dem gemeinsamen Lebensplan der Ehegatten beruht. Dieser Lebensplan wird meist durch die Auflösung der ehelichen Lebensgemeinschaft aufgehoben, wenn auch nicht notwendig, etwa wenn Grund für die Nichterwerbstätigkeit die Betreuung der gemeinsamen Kinder war und deren Betreuungsbedürftigkeit fortbesteht. Für die Prägung der ehelichen Lebensverhältnisse ist deshalb maßgeblich auf die fortbestehende Betreuungsbedürftigkeit der gemeinsamen Kinder abzustellen. Wenn sie eine ggf. teilweise **Erwerbstätigkeit** des betreuenden, in einer neuen Beziehung lebenden Elternteils zulässt, ist die eheliche Vereinbarung einer Nichterwerbstätigkeit unbeachtlich, die aus einer solchen Tätigkeit erzielbaren **fiktiven Einkünfte** sind eheprägend zu behandeln (dazu auch RdNr. 138–144, 146–171).[716] Diese Betrachtungsweise macht die Bewertung der zuzurechnenden Einkünfte davon unabhängig, ob dem neuen Lebenspartner tatsächlich vermögenswerte Leistungen erbracht werden und ob dieser zum Entgelten dieser Leistungen gewillt und nach seinem Einkommen in der Lage ist;[717] sie weist dem Berechtigten das Arbeitsplatzrisiko zu und begründet seine Obliegenheit, sich um einen solchen zu bemühen. – Es bleiben dann die Fälle, in denen dem Berechtigten aufgrund der Betreuung gemeinschaftlicher Kinder eine Erwerbstätigkeit **nicht zumutbar** ist, er aber gleichwohl auch den Haushalt des neuen Partners führt. Gibt es diese Fälle überhaupt? In der Ehe hat der Berechtigte ja auch neben der Kinderbetreuung den Haushalt geführt, sodass er jedenfalls insoweit auch in der neuen Beziehung seine Arbeitskraft einsetzen kann. Dies gilt aber eben nur für die Ehe; in der neuen Partnerschaft kommt es allein darauf an, dass dem Berechtigten wegen der Kinderbetreuung eine Erwerbstätigkeit nicht zumutbar ist und ihm deshalb keine fiktiven Einkünfte zugerechnet werden können (dazu RdNr. 161). Die Haushaltsführung wird so zum – unterhaltsrechtlich unbeachtlichen – „Abfallprodukt" der Kindererziehung. Der Ausgleich findet nicht bei der Bedarfsbemessung, sondern allein bei der Bedürftigkeit und der Leistungsfähigkeit statt: Ist der neue Lebenspartner leistungsfähig,[718] ist dem Berechtigten auch ohne dessen rechtliche Verpflichtung der Wert der Haushaltsführung bedarfsdeckend anzurechnen. Hat der Verpflichtete etwa berufsbedingt begründbare Mehraufwendungen für die an sich der allgemeinen Lebenshaltung zugehörende Haushaltsführung, verringern diese seine Leistungsfähigkeit.

---

715 BGH NJW 2001, 3779 = FamRZ 2001, 1692, 1694 m. Anm. *Büttner* und Bspr. *Born* FF 2001, 183, *Borth* FamRB 2002, 259, *Rauscher* FuR 2002, 337, *Schnitzler* FF 2003, 42; NJW 2004, 2303 = FamRZ 2004, 1170, 1171 ff.; NJW 2004, 2305 = FamRZ 2004, 1173, 1174 f. m. Anm. *Born* und *Gerhardt* FamRZ 2004, 1545; NJW-RR 2004, 1155 = FamRZ 2004, 1179, 1181; ebenso OLG Hamm FamRZ 2004, 109, 110; OLG Köln FamRZ 2004, 1725 f.; *Büttner* FamRZ 2003, 641, 642 f.; aA OLG Oldenburg FamRZ 2002, 1488, 1489 ff.; *Gerhardt* FamRZ 2003, 272; *Rauscher* FuR 2002, 337, 339; auch noch 4. Aufl. Ergänzungsband 2. Lfg. RdNr. 4a.

716 Ähnlich *Büttner* FamRZ 2003, 641, 643.

717 So etwa OLG Celle FamRZ 1979, 119; OLG München FamRZ 1980, 361, 362; OLG Nürnberg FamRZ 1981, 954, 955. Entgegen AG Neuss FamRZ 1993, 1451 verwehrt die Vereinbarung der Ehegatten, Erwerbseinkünfte des Berechtigten nicht auf seinen Bedarf anzurechnen, nicht die Anrechnung der Versorgungsleistungen, weil ein Erwerbsanreiz, nicht ein „Versorgungsanreiz" geschaffen werden soll. Zur PKW-Nutzung als Gegenleistung für Haushaltsführung in neuer Partnerschaft s. OLG Oldenburg Urt. v. 16. 4. 2002 – 12 UF 202/01, juris [48].

718 OLG Hamm Urt. v. 26. 10. 2005 – 11 UF 83/05, juris [53] = FamRZ 2006, 809 (LS).

Ersparnisse in der Lebensführung durch Zusammenleben und gemeinsames Wirtschaften mit anderen – Ehegatte, nichtehelicher Lebensgefährte,[719] Lebenspartner,[720] aber auch anderen Personen, etwa Verwandten, Mitglieder einer Wohngemeinschaft – weil es nur auf die tatsächliche Entlastung der Ehegatten ankommt – etwa bei den Kosten für Energie, Funk und Fernsehen, Zeitung und Telefon, aber auch bei den Wohnkosten – mindern den Bedarf des Ehegatten.[721] Insoweit gilt: 137

- Zwar könnten solche Ersparnisse grundsätzlich eine Abweichung von der Halbteilung rechtfertigen, weil insoweit bereits kein **Bedarf** mehr besteht und der trennungsbedingte Mehrbedarf schon über die Quotierung des unterhaltsrelevanten Einkommens ausgeglichen wird (zum trennungsbedingten Mehrbedarf s. RdNr. 66–68).[722] Die aktuelle Ersparnis kann aber, obwohl solche Ersparnisse auch während des ehelichen Zusammenlebens bestanden haben, nicht als Fortentwicklung der ehelichen Lebensverhältnisse begriffen und bedarfsprägend behandelt werden. Zwar tragen die Überlegungen zum Steuerklassenwechsel und zum Familienzuschlag (dazu RdNr. 28–31), die sich daraus ergebenden Vorteile der Folgeehe vorzubehalten, für die sie gewährt werden, im vorliegenden Zusammenhang nicht unmittelbar, weil es sich hier nicht um staatliche Unterstützungsleistungen für bestimmte Lebenssachverhalte handelt. Gleichwohl fällt die Entscheidung der Partner für die gemeinsame Haushaltsführung in der neuen Beziehung meist zumindest auch wegen der sich daraus ergebenden finanziellen Entlastungen.
- Ein **Wohnvorteil** des Verpflichteten in einer neuen Ehe dadurch, dass allein der neue Ehegatte den ehelichen Wohnraum zur Verfügung stellt, hat mit der geschiedenen Ehe nichts zu tun und kann deshalb den Bedarf nach ehelichen Lebensverhältnissen nicht prägen.[723]
- Doch können diese Ersparnisse die **Bedürftigkeit** und die **Leistungsfähigkeit** beeinflussen.[724] Die **Höhe** der Entlastung beurteilt sich nach den Lebensverhältnissen des geschiedenen Ehegatten im Einzelfall.[725] Nach dem Verhältnis zwischen notwendigem Selbstbehalt des Verpflichteten und monatlichem Eigenbedarf eines mit ihm in einem gemeinsamen Haushalt lebenden Ehegatten ergibt sich ein Anteil von rund 14%. Ihre hauptsächliche Bedeutung kommt diesen Ersparnissen im **Mangelfall** zu, wenn es darum geht, möglichst viel verteilungsfähige Masse zu erhalten oder den Bedarf des Berechtigten zu vermindern. Zur Berücksichtigung durch Herabsetzung des **Selbstbehalts** s. § 1581 RdNr. 16.
- Ist der neue Partner nicht **leistungsfähig,** erfährt der Ehegatte auch keine Entlastung.[726] Er erbringt jenem auch keine Leistungen, die unberücksichtigt zu bleiben hätten, weil er die Aufwendungen auch ohne entsprechende Mitnutzung des Partners hätte.

---

[719] OLG München FamRZ 2004, 485; OLG Stuttgart FamRZ 2005, 54, 55; OLG Düsseldorf NJW-RR 2007, 794 = FamRZ 2007, 1039, 1041; OLG Dresden FamRZ 2007, 1476, 1477; aA OLG Hamm FamRZ 2003, 1214 (nur bei Wiederverheiratung).

[720] AA OLG Frankfurt a. M. NJW-RR 2005, 1599 = FamRZ 2005, 2090, 2091; LL Nr. 21.5.3.

[721] BGH NJW-RR 1998, 505 = FamRZ 1998, 286, 288; OLG Frankfurt a. M. FamRZ 1985, 957, 958; OLG Hamburg FamRZ 1987, 1044, 1045.

[722] OLG Hamm NJWE-FER 2000, 249, 250 = FamRZ 2000, 1285 (LS) mwN; grundsätzlich auch BGH NJW 1995, 655 = FamRZ 1995, 344, 346 mit Einschränkungen im Zusammenhang mit trennungsbedingten Aufwendungen; aA OLG Karlsruhe NJW 2004, 859 = FamRZ 2004, 1209, 1211; *Soergel/Häberle* § 1577 RdNr. 12. Abzuwarten bleibt, ob der BGH an seiner Auffassung festhält, weil der trennungsbedingte Mehrbedarf durch die Quote idR gerade ausgeglichen und zudem die ehelichen Lebensverhältnisse auch durch die Haushaltsführung für einen anderen Partner geprägt sein sollen.

[723] AA BGHZ 175, 182 = NJW 2008, 1663 m. Anm. *Born* = FamRZ 2008, 968, 974 [58] m. Anm. *Maurer.* Der Hinweis auf BGH NJW 2007, 1974 = FamRZ 2007, 879, 880 f. [9 ff.] trägt mE nicht, weil es dort gerade um während der Ehe genutzten Wohnraum ging.

[724] Dazu auch BGHZ 175, 182 = NJW 2008, 1663 m. Anm. *Born* = FamRZ 2008, 968, 973 f. [52 ff.] m. Anm. *Maurer.*

[725] BGH NJW 1991, 1290 = FamRZ 1991, 670, 673.

[726] Im Ergebnis auch BGHZ 175, 182 = NJW 2008, 1663 m. Anm. *Born* = FamRZ 2008, 968, 974 [57] m. Anm. *Maurer*; OLG Nürnberg NJW 2006, 2127, 2128; KG FamRZ 2006, 1702, 1703.

- Auf den Willen des Partners, den Verpflichteten nicht entlasten zu wollen, oder auf konkrete Absprachen des Berechtigten mit ihm kommt es nicht an,[727] maßgeblich ist allein die **tatsächliche Entlastung.** Dies gilt zumal in einer neuen Ehe, in der die Ehegatten einander zum Familienunterhalt verpflichtet sind (§ 1360 a).[728] – Kommt ein neuer, nicht verheirateter Lebenspartner aber allein für die **Wohnkosten** auf, ist dies gegenüber dem Berechtigten eine **freiwillige Leistung Dritter,** die nach dessen Willen in aller Regel nicht auch dem Verpflichteten zugute kommen soll und schon deshalb die ehelichen Lebensverhältnisse nicht prägen kann (dazu RdNr. 134). – Aus dem gleichen Grunde ist sie auch nicht auf die Bedürftigkeit des Berechtigten anzurechnen und kann die Leistungsfähigkeit des Verpflichteten nicht erhöhen.[729] Etwas anderes gilt nur, wenn der betroffene Ehegatte unterhaltsbezogen mutwillig (dazu auch RdNr. 140, § 1579 RdNr. 30) handelt.
- Während die Ersparnisse in der gemeinsamen Lebensführung dazu führen, dass bereits kein Bedarf besteht, führt das Abgelten von **Versorgungsleistungen** mit kostenfreiem Wohnen zur Bedarfsdeckung; auch insoweit kommt es auf den Willen des Partners nicht an.[730]

F. Fiktive Einkünfte

I. Grundsätze

138 **1. Verpflichtungen. Obliegenheiten.** Die geschiedenen Ehegatten treffen Verpflichtungen und Obliegenheiten, die ihren Grund in der **nachehelichen Solidarität** haben. Sie gibt zum einen dem Verpflichteten auf, ggf. für die Bedarfsdeckung des Berechtigten zu sorgen, zum anderen dem Berechtigten, den Verpflichteten so weit als möglich zu entlasten. – Während den Berechtigten keine direkten unterhaltsrechtlichen **Verpflichtungen** treffen, ist der Verpflichtete zur Zahlung des Unterhalts verpflichtet. Darüber hinaus bestehen Verpflichtungen etwa zur Mitwirkung bei der bestmöglichen zulässigen **steuerlichen** Behandlung des anderen Ehegatten, aber auch ggf. zum Ausgleich der daraus entstehenden steuerlichen Nachteile, oder zur Unterlassung schädigender Handlungen, auch wenn sie keine finanziellen Auswirkungen haben (dazu § 1569 RdNr. 15). Unterhaltsrechtlich handelt es sich bei diesen Verpflichtungen aber um Obliegenheiten. – Neben den Verpflichtungen bestehen für beide Ehegatten nicht erzwingbare unterhaltsrechtliche Anforderungen, sog. **Obliegenheiten.** Zwar „obliegt" dem Verpflichteten die Unterhaltsleistung nicht, vielmehr ist er bei Vorliegen der gesetzlichen Voraussetzungen zu ihr verpflichtet. Indessen ist er „nur" zur Unterhaltsleistung und nicht auch dazu verpflichtet, die an ihn gestellten unterhaltsrechtlichen Anforderungen, auch soweit es um die Ausnutzung seiner Arbeitskraft geht,[731] zu erfüllen. Deshalb spricht § 170 b StGB von einer Verletzung der Unterhaltspflicht; er sanktioniert die unterlassene Unterhaltszahlung[732] und nicht bereits die Obliegenheitsverletzung. – Diese Obliegenheiten sind breit gestreut. Die Ehegatten müssen insbesondere

- ihre **Arbeitskraft** so gut wie möglich einsetzen und sich Einkünfte[733] und Lohnersatzleistungen[734] zurechnen lassen, die sie bei gutem Willen durch eine **zumutbare** Erwerbs-

---

[727] BGH NJW 1980, 1686 = FamRZ 1980, 665, 668; NJW 1983, 683 = FamRZ 1983, 150, 152; NJW 1995, 962 = FamRZ 1995, 343 f., aA wohl OLG Hamm FamRZ 2003, 1214.

[728] BGHZ 175, 182 = NJW 2008, 1663 m. Anm. *Born* = FamRZ 2008, 968, 973, 974 [55, 57] m. Anm. *Maurer.*

[729] OLG Bamberg NJW-RR 1996, 647 = FamRZ 1996, 628; OLG Hamm NJWE-FER 2000, 249 f. = FamRZ 2000, 1285 (LS) mwN.

[730] OLG Hamm NJWE-FER 2000, 249, 250 = FamRZ 2000, 1285 (LS).

[731] Insoweit – unkritisch – aA BGH NJW 1981, 1609 = FamRZ 1981, 539, 540; NJW 1982, 1050 = FamRZ 1982, 365, 366; 3. Aufl. RdNr. 5, doch dürfte es sich insoweit lediglich um eine Frage der Terminologie handeln; s. dazu auch BVerfGE 68, 256 = NJW 1985, 1211 = FamRZ 1985, 143, 145; BGH FamRZ 1981, 341, 343.

[732] S. dazu *Schönke/Schröder/Lenckner,* StGB, 27. Aufl. 2006, § 170 b RdNr. 27.

[733] BGH NJW 1981, 1609 = FamRZ 1981, 539, 540; NJW 1982, 1050 = FamRZ 1982, 365, 366; NJW 1983, 814 = FamRZ 1983, 140; NJW 1996, 517 = FamRZ 1996, 345, 346. Für einen unterhaltspflichtigen Elternteil s. etwa BGH NJW 1980, 2414 = FamRZ 1980, 1113, 1114.

[734] OLG Hamm FamRZ 1998, 1612, 1613 (Krankengeld).

tätigkeit und Vermögensanlage erzielen könnten,[735] sowie alle zumutbaren Möglichkeiten zur weitest möglichen Erhaltung oder Wiederherstellung ihrer Erwerbsfähigkeit ausnutzen[736] (zur Obliegenheit zum **Umzug** s. RdNr. 173, 174);
- **Steuervorteile** wahrnehmen (dazu RdNr. 168),
- zweckgerichtete Zuwendungen auch für den vorgesehenen **Zweck** einsetzen (zu **Versicherungsbeiträgen** s. RdNr. 181),
- **Ansprüche,** insbesondere **Erbansprüche,** geltend machen[737] und ggf. auch die Auseinandersetzung der **Miterbengemeinschaft** betreiben, um das Vermögen – Erträge oder Verwertung – der unterhaltsrechtlichen Berücksichtigung zuführen zu können.

Keine Obliegenheitsverletzung stellen dagegen allein die **Herbeiführung der Trennung**[738] oder die **Fortsetzung** eines während der Ehe einverständlich begonnenen Verhaltens, etwa die Fortführung eines Studiums durch den Berechtigten bei Erwerbstätigkeit des Verpflichteten, dar.[739]

2. Fiktive Einkünfte. a) Bedarf. Bedürftigkeit. Leistungsfähigkeit. Besteht eine **139** Obliegenheit eines Ehegatten zur Erzielung von Einkünften, die er dadurch **verletzt,** dass er sie nicht erzielt, wird er idR so gehalten, als hätte er die erzielbaren Einkünfte auch tatsächlich erzielt, dh. ihm werden entsprechend § 850 h ZPO, § 95 Abs. Nr. 1 FamFG in dem Umfang fiktive Einkünfte zugerechnet, wie sie bei Erfüllung der Obliegenheit erzielt worden wären (dazu RdNr. 141, 142; Ausnahme: Die Obliegenheitsverletzung führt auch zur dauerhaften Begrenzung des Unterhaltsanspruchs nach § 1579; zur Darlegungs- und Beweislast s. RdNr. 141). Dies gilt für alle **Einkunftsarten,** ist jedoch v. a. für nicht erzielte **Erwerbseinkünfte** praktisch bedeutsam. Allerdings führt die Obliegenheitsverletzung auch nicht zu einem dauerhaften **Anspruchsverlust** (dazu auch RdNr. 143, 144).[740] – Die fiktiven Einkünfte **prägen** auch die ehelichen Lebensverhältnisse und bestimmen den ehebedingten Bedarf, obwohl sie zur Bestreitung des Familienbedarfs nie zur Verfügung gestanden haben, weil auch sie als Surrogat des wirtschaftlichen Werts der bisherigen Tätigkeit sowohl des Berechtigten[741] als auch – aus Gründen der Gleichbehandlung – des Verpflichteten anzusehen sind.[742] In der Sache wird dadurch – abgelehnt allerdings für den Betreuungsunterhalt (dazu RdNr. 135, 198) – die Arbeitskraft **monetarisiert:** Gleich ob sie zur Einkunftserzielung herangezogen wurde, wird sie in Höhe der erzielbaren Einkünfte bewertet. Sie wird unabhängig davon bedarfsprägend behandelt, ob sie jemals materiell zur Bedarfsdeckung beigetragen hat, maßgebend ist allein, dass die Ehegatten die Einkünfte hätten erzielen müssen und können. Erklären kann man dies mit einer **Fortentwicklung** der ehelichen Lebensverhältnisse nach der Scheidung, mit der die Aufgabe eines gemeinsamen Lebensplans einhergeht und die zur nachehelichen Solidarität überleitet. – Auch im Rahmen der **Bedürftigkeit** und der **Leistungsfähigkeit** sind die fiktiven Einkünfte zu berücksichtigen: Dem Berechtigten werden sie bedarfsmindernd angerechnet, der Verpflichtete wird in ihrer Höhe als leistungsfähig behandelt.

---

[735] Verfassungsrechtliche Bedenken aus Art. 12, 2 und 6 GG gegen die Annahme einer solchen Obliegenheit bestehen nicht, BVerfGE 68, 256 = NJW 1985, 1211 = FamRZ 1985, 143 ff. (zur Erwerbsobliegenheit).

[736] BGH NJW 1984, 2351 = FamRZ 1984, 657, 659.

[737] Zur Obliegenheit, den Pflichtteilsanspruch auch durchzusetzen, s. BGH NJW 1993, 1920 = FamRZ 1993, 1065, 1066 f.; OLG Karlsruhe OLGR 2002, 125, 126.

[738] BGH NJW 1986, 1340 = FamRZ 1986, 434, 436; NJW-RR 1986, 746 = FamRZ 1986, 560, 562.

[739] OLG Hamm FamRZ 1978, 899, 900. S. dazu auch BGH NJW 1980, 393 = FamRZ 1980, 126, 127.

[740] *Borth* FamRZ 2008, 2, 16.

[741] So der BGH: BGHZ 148, 105 = NJW 2001, 2254 = FamRZ 2001, 986, 991; NJW 2001, 3200 = FamRZ 2001, 1291, 1293; FPR 2003, 245 = FamRZ 2003, 434, 435; NJW-RR 2004, 505 = FamRZ 2004, 254, 256; NJW 2005, 3639 = FamRZ 2005, 1979, 1981; BGHZ 166, 351 = NJW 2006, 1654 = FamRZ 2006, 683, 684 unter ausdrücklicher Aufgabe seiner bisherigen ständigen, aber umstrittenen Rspr., etwa BGH NJW 1985, 1026 = FamRZ 1985, 161, 163; zuletzt BGH NJW 1998, 753 = FamRZ 1998, 87, 89 (weil der Berechtigte für seine Obliegenheitsverletzung nicht auch noch durch eine Erhöhung seines Bedarfs „belohnt" werden darf).

[742] Zum Verpflichteten BGHZ 175, 182 = NJW 2008, 1663 m. Anm. *Born* = FamRZ 2008, 968, 972 [45] m. Anm. *Maurer.*

140 **b) Maßstab.** Ab wann einem Ehegatten fiktive Erwerbseinkünfte zugerechnet werden können, richtet sich nach der für beide Ehegatten gleichen **Anforderungsdichte.** Wurde bislang idR Mutwilligkeit iSd. § 1579 Nr. 4 bzw. für den Verpflichteten nach § 242 verlangt,[743] stellt der BGH[744] nunmehr (wohl) nur noch auf das Bestehen der Obliegenheit ab. Dies ist aus Gründen der Gleichbehandlung der Ehegatten zutreffend, weil auch eine Obliegenheitsverletzung des Berechtigten, die nicht (auch) die Voraussetzungen des § 1579 Nr. 4 erfüllt, bereits zur Zurechung fiktiver Einkünfte führt. **Mutwillen** ist kein den Bedarf und die Leistungsfähigkeit bestimmendes Erfordernis,[745] sondern kann nur für den Berechtigten über die Zurechnung fiktiver Einkünfte hinaus zu einer Herabsetzung oder zeitlichen Begrenzung des Unterhalts führen.[746] – Zur Beurteilung, ob eine Obliegenheitsverletzung vorliegt und fiktive Einkünfte zuzurechnen sind, bedarf es einer umfassenden **Interessenabwägung** nach den Umständen des Einzelfalls. In die Bedarfsbemessung ist ggf. das ungeschmälerte fiktive Einkommen der Ehegatten einzustellen. – Im Rahmen der **Bedürftigkeit** kann dem Berechtigten ggf. eine erhöhte Erwerbsobliegenheit angesonnen werden, wenn ihm ein Verstoß gegen **§ 1579** vorzuwerfen ist. Stets sind jedoch die Belange betreuungsbedürftiger Kinder zu beachten (dazu § 1579 RdNr. 71, 72).

141 **c) Höhe.** Fiktive Einkünfte sind in der Höhe zuzurechnen, wie sie von dem betroffenen Ehegatten unter Berücksichtigung seiner **Schul-** und **Berufsausbildung,** bisherigen **beruflichen Tätigkeit,** (weiteren) **persönlichen** und **fachlichen Eignung** und **Befähigung, Alters** und **Gesundheitszustandes** sowie der **konkreten Verhältnisse auf dem Arbeitsmarkt** tatsächlich auch erzielt werden können.[747] Deshalb sind sie, hat der Berechtigte unter Verletzung seiner Erwerbsobliegenheit lediglich teilschichtig gearbeitet, nicht stets durch Hochrechnen der tatsächlich erzielten Erwerbseinkünfte zu bestimmen, sondern danach, welche Erwerbseinkünfte bei entsprechenden Erwerbsbemühungen hätten erzielt werden können.[748] Dabei kann grundsätzlich an ehemals erzielten Einkünften aus einer adäquaten Erwerbstätigkeit angeknüpft werden.[749] Ist dies im Einzelfall wegen langer Arbeitslosigkeit oder Unvermittelbarkeit in eine entsprechende Arbeitsstelle nicht möglich, ist der Ehegatte mit Einkünften aus ungelernter Tätigkeit zu fingieren, soweit dies unter Berücksichtigung seiner bisherigen Tätigkeiten zumutbar ist.

Bsp. aus der Rspr.: OLG Hamm FamRZ 2005, 803, 804: 10 €/Stunde für ungelernten Arbeitnehmer. – **OLG Hamm FamRZ 2006, 726:** 7 € für ungelernte Hilfskräfte ./. 10%, weil sie idR nur zeitlich befristet eingestellt werden und 2 Monate/Jahr arbeitslos sind. **– OLG Hamm FamRZ 2006, 952, 953:** 9 €/Stunde für ungelernten Arbeitnehmer ohne Berufserfahrung. – **AG Flensburg FamRZ 2006, 1293, 1294:** Tarifvertragliche Vereinbarungen als Anhaltspunkt (8 €). – **AG Meldorf Urt. v. 16. 12. 2005 – 16 F 122/04, juris [29, 30] = FamRZ 2006, 1295 (LS):** Für Taxifahrer sind 192 Stunden/Monat zumutbar. – **OLG Naumburg NJOZ 2007, 2004 = FamRZ 2007, 1118:** 8,80 €, weil Mindestlohn für ungelernte Arbeitnehmer im Baugewerbe. – **KG FamRZ 2007, 1121, 1122:** Für gelernte Köchin 10 €/Stunde. – **OLG Schleswig NJW-RR 2007, 660 = FamRZ 2007, 1474, 1475:** Für Ausländer ohne ausreichende Deutschkenntnisse ist Stun-

[743] BGH NJW 1983, 814 = FamRZ 1983, 140, 141; NJW 1985, 732 = FamRZ 1985, 158, 159f.; NJW-RR 1986, 746 = FamRZ 1986, 560, 562; NJW-RR 1987, 770 = FamRZ 1987, 372, 374; NJW-RR 2004, 505 = FamRZ 2004, 254, 255; OLG München NJW-RR 1992, 386 = FamRZ 1992, 441; OLG Karlsruhe FamRZ 1994, 755, 756; OLG Hamm NJW-RR 1996, 66 = FamRZ 1996, 219, 220; FamRZ 1999, 516 (LS) (Verspielen von Vermögen).

[744] BGHZ 153, 358 = NJW 2003, 1518 = FamRZ 2003, 590, 592; BGHZ 166, 351 = NJW 2006, 1654 = FamRZ 2006, 683, 686; s. aber auch BGHZ 175, 182 = NJW 2008, 1663 m. Anm. *Born* = FamRZ 2008, 968, 972 [45, 47] m. Anm. *Maurer.*

[745] AA wohl BGHZ 175, 182 = NJW 2008, 1663 m. Anm. *Born* = FamRZ 2008, 968, 972 [47] m. Anm. *Maurer.*

[746] S. auch *Hoppenz* FamRZ 2006, 611; anders *Wohlgemuth* FamRZ 2008, 2081, 2083.

[747] OLG Hamm FPR 2005, 366 (LS) = FamRZ 2005, 35.

[748] OLG Köln FamRZ 2005, 1097, 1098.

[749] OLG Stuttgart FamRZ 2006, 1757.

denlohn von 8 € erreichbar, wenn er seine Sprachkenntnisse deutlich verbessert [8, 12]). – **OLG Hamm FamRZ 2007, 1480:** Für Ausländer mit mittelmäßigen Deutschkenntnissen sind 7 € Stundenlohn erreichbar. – **OLG Zweibrücken NJOZ 2007, 3547 = FamRZ 2007, 2073, 2075:** 8 €. – **OLG Naumburg FamRZ 2008, 1277** m. Anm. *Nagel*: Tariflicher Grundlohn in erlerntem und ausgeübtem Beruf. – **OLG Hamm FamRZ 2008, 1631 (LS):** Nach 4 Jahre dauernder Arbeitslosigkeit brutto 7,15 € Stundenlohn.

Der Berechtigte, der für seinen Bedarf und seine Bedürftigkeit **darlegungs**– und **beweispflichtig** ist, muss eine Obliegenheitsverletzung des Verpflichteten und die Höhe der fiktiven Einkünfte beider Ehegatten **schlüssig** darlegen, der Verpflichtete muss den Vortrag zu seinen fiktiven Einkünften „wegbeweisen".[750] – Zur **zweckwidrigen Verwendung** des Vorsorgeunterhalts s. RdNr. 181.

Werden fiktive Einkünfte zugerechnet, ist auch i. Ü. grundsätzlich – positiv wie negativ – 142
fiktiv **weiterzurechnen:** Dies betrifft etwa

- die **Besteuerung** (dazu RdNr. 104, 105)
- **Sozialversicherungsbeiträge;** sie sind bei der Beurteilung des nach den ehelichen Lebensverhältnissen erforderlichen Versicherungsschutzes des Berechtigten und der Kosten (dazu auch RdNr. 73) fiktiv zu berücksichtigen;[751]
- Aufwendungen für die **sekundäre Altersvorsorge** (dazu RdNr. 79),
- die **berufbedingten Aufwendungen** (dazu RdNr. 59–62),
- den **Erwerbsanreiz**[752] (dazu RdNr. 63),
- etwaige weitere **Unterhaltspflichten.**[753] Würde ein Ehegatte durch die Zurechnung fiktiver Einkünfte gegenüber **Kindern** barunterhaltspflichtig oder würde sich seine Unterhaltspflicht erhöhen, ist zu differenzieren:
  - Wird (erhöhter) Kindesunterhalt nicht geltend gemacht, ist er auch nicht einkommensmindernd zu berücksichtigen.[754] Warum er nicht geltend gemacht wird – entweder verlangt ihn der betreuende Elternteil nicht, oder dem Kind ist die Inanspruchnahme seines ihn betreuenden Elternteils entsprechend § 1607 Abs. 2 S. 1 nicht zumutbar –, ist unerheblich.
  - Wird er aber geltend gemacht, muss sich dies auch in dem unterhaltsrechtlich zugerechneten Betrag niederschlagen.
- den Verlust von **Sozialversicherungsansprüchen** infolge Aufgabe oder Nichtaufnahme einer Erwerbstätigkeit unter Verletzung unterhaltsrechtlicher Obliegenheiten. Der Verpflichtete haftet dem Berechtigten etwa nicht für die bei Erfüllung der Obliegenheiten durch die gesetzliche Versicherung abgedeckten **Kranken- und Pflegekosten,** auch nicht für entgangenes **Arbeitslosengeld,** zudem sind dem Berechtigten fiktives **Krankengeld** und im Rentenfall fiktive **Versorgungsanrechte**[755] zuzurechnen.[756]

d) Dauer. Für **alle** fiktiv zugerechneten Einkünfte stellt sich die Frage, für welchen Zeit- 143
raum von ihrem fiktiven Bezug ausgegangen werden kann, weil auch deren **künftige Entwicklung** prognostisch zu erfassen ist. Diese Prognose, in die Besonderheiten der jeweiligen Einkunftsart einzufließen haben, erstreckt sich in Erstverfahren ebenso wie in Abänderungsverfahren (§ 323 ZPO, § 313, §§ 238, 239 FamFG) nicht nur auf die mutmaßliche Höhe der Einkünfte, sondern auch auf ihre zeitliche Zurechenbarkeit (zur parallelen Problematik bei Begrenzungen und Befristungen nach § 1578b [UÄndG 2007] s. dort

[750] OLG Naumburg FamRZ 1998, 557, 558.

[751] OLG Brandenburg FamRZ 2008, 789, 790.

[752] AA BGH FPR 2009, 128 m. Anm. *Kemper* und *Maurer* LMK 2009, 276248 = FamRZ 2009, 406, 407 [17] m. Anm. *Schürmann*.

[753] Zur Errechnung des Kindesunterhalts OLG Schleswig FamRZ 2006, 209 (LS).

[754] OLG Koblenz FamRZ 2007, 286, 287 f.

[755] BGH NJW 1983, 2315 (LS) = FamRZ 1983, 803, 804; NJW 2006, 1201 = FamRZ 2006, 317, 319 m. abl. Am. *Hoppenz* FamRZ 2006, 611, der für die Zurechnung einer fiktiv erhöhten Rente aus fiktiven Einkünften – mE zu Unrecht – nunmehr den Maßstab der Mutwilligkeit anlegt.

[756] Zum Eintritt der Erwerbsunfähigkeit während fiktiver Probezeit s. OLG Hamm NJW-RR 2006, 1374 = FamRZ 2006, 1758.

RdNr. 53–55). Doch ist einer Verurteilung aufgrund fiktiver Einkünfte nicht eine **zeitlich beschränkte** Prognose immanent.[757] – Zu allen Einkunftsarten ist als maßgeblich stets zu berücksichtigen, wenn der betroffene Ehegatte sein Verhalten entsprechend seinen Obliegenheiten iSd. gewünschten Verhaltens nachhaltig **ändert** (zur Aufnahme von Erwerbsbemühungen s. RdNr. 144). – Zur **Abänderbarkeit** von Unterhaltstiteln, die auf der Grundlage der Zurechnung fiktiver Einkünfte ergangen sind, s. RdNr. 214.

144 Praktisch bedeutsam sind insbesondere die wegen eines Verstoßes gegen Erwerbsobliegenheiten zugerechneten fiktiven **Erwerbseinkünfte** (dazu auch RdNr. 214). Dabei ist zu unterscheiden:

- Hat der betroffene Ehegatte nach **unverschuldetem Verlust des Arbeitsplatzes** sein Verhalten
  - **geändert** und etwa die von ihm erwarteten **Erwerbsbemühungen** (dazu RdNr. 146–150) aufgenommen, ist dies grundsätzlich auch zu berücksichtigen.[758] Zwischenzeitlich eingetretene Verschlechterungen auf dem Arbeitsmarkt sind nur dann beachtlich, wenn sie den Betroffenen auch bei obligat aufgenommenen Erwerbsbemühungen getroffen hätten,[759] etwa wenn trotz ausreichender Erwerbsbemühungen noch keine zumutbare Arbeitsstelle gefunden werden konnte[760] oder ausreichende Erwerbsbemühungen zu einem Arbeitsplatz mit geringeren als den fingierten Einkünften geführt haben oder hätten.[761] Allerdings wird er dann während einer **Übergangsfrist** die Nachhaltigkeit und Stetigkeit seiner Bemühungen unter Beweis zu stellen haben (dazu auch RdNr. 147). Sie darf nicht zu lang bemessen sein, um ihn nicht unzumutbar zu belasten, muss aber die Überprüfung der Fortdauer seiner Erwerbsbemühungen ermöglichen. Sie idR mit 6 Monaten anzunehmen, dürfte zu einem billigen Interessenausgleich führen.[762]
  - **nicht geändert,** soll wegen der Veränderungen im Arbeitsleben mit der stets bestehenden Gefahr, einen Arbeitsplatz auch aus unterhaltsrechtlich nicht zurechenbaren Gründen (wieder) verlieren zu können, eine Fiktion nicht auf unabsehbare Zeit aufrechterhalten werden können.[763] – Hat der **ehemalige Arbeitgeber** später betriebsbedingte Entlassungen, von denen auch der Ehegatte betroffen gewesen wäre, vorgenommen oder seine wirtschaftliche Tätigkeit vollständig eingestellt, wird hieran zur Beendigung der (ursprünglichen) Fiktion angeknüpft werden können.[764] Ist der betroffene Ehegatte seinen zu diesem Zeitpunkt bestehenden Obliegenheiten nicht nachgekommen ist, muss er aufgrund einer auf diesen Zeitpunkt bezogenen Prognose weiter fingiert werden. Aber auch wenn er sie erfüllt hat, ist er weiter nach den Einkünften zu fingieren, über die er, etwa als ALG I, zu diesem Zeitpunkt verfügen würde. Allein auf die „Veränderungen im Arbeitsleben" abzustellen ist zu allgemein. – Zur Einschränkung der Fiktion wird zwar zutreffend auf die bei Aufrechterhaltung der Fiktion weiter **fortschreitende Verschuldung** des Verpflichteten hingewiesen.[765] Damit wird der Sache nach der für die Berücksichtigung nur des Zins- und nicht auch

---

[757] BGH NJW 2008, 1525 = FamRZ 2008, 872, 873 f. [19] m. Anm. *Hoppenz.*

[758] BGH NJW 2008, 1525 = FamRZ 2008, 872, 873 f. [19] m. Anm. *Hoppenz*; OLG Hamm FamRZ 2007, 1327, 1328; FamRZ 2008, 2216; *Wendl/Dose* § 1 RdNr. 538.

[759] BGH NJW 2008, 1525 = FamRZ 2008, 872, 873 f. [19] m. Anm. *Hoppenz.*

[760] OLG Hamm FamRZ 1987, 1286 f.; FamRZ 1990, 772, 773 f.; NJWE-FER 1997, 164 = FamRZ 1997, 889, 890.

[761] OLG Hamm NJWE-FER 1997, 164 = FamRZ 1997, 889, 890.

[762] *Kalthoener/Büttner/Niepmann* RdNr. 636: 2–3 Jahre.

[763] S. auch OLG Hamm NJW 1995, 1483 = FamRZ 1995, 1217 (Fiktion von 2 Jahren zu lang); OLG Zweibrücken NJWE-FER 1998, 198 = FamRZ 1999, 881, 882 (früheres Erwerbseinkommen verliert nach 5 Jahren seine prägende Kraft); wohl auch *Kalthoener/Büttner/Niepmann* RdNr. 635.

[764] Ähnlich *Wendl/Dose* § 1 RdNr. 538: „... zu klären, ob ein späterer Verlust aus hinnehmbaren Gründen ausgeschlossen werden kann." Soweit sie weiter ausführen: „Ist dies nicht möglich, dürfen die Einkünfte aus dem früheren Arbeitsverhältnis nicht mehr fiktiv zugerechnet werden." lässt dies mE die Darlegungs- und Beweislast des betroffenen Ehegatten unberücksichtigt.

[765] *Kalthoener/Büttner/Niepmann* RdNr. 636; ausdrücklich offen gelassen von OLG Hamm NJWE-FER 1997, 164 = FamRZ 1997, 889, 890, das insoweit von „allgemeinen Gerechtigkeitserwägungen" spricht.

des Tilgungsanteils von Verbindlichkeiten entwickelte Rechtsgedanke, nach dem das weitere Anwachsen der Schuld zu verhindern ist (dazu RdNr. 186, 207), und der Verwirkungsgedanke (§ 1585 b Abs. 3, dazu dort RdNr. 26–32) in Bezug genommen. Auf eine Obliegenheitsverletzung, für die ein Ehegatte die unterhaltsrechtlichen Folgen zu tragen hat, sind sie jedoch nicht anwendbar, weshalb auch andere allgemeine Erwägungen nicht herangezogen werden können.

– Nach **verschuldetem Verlust des Arbeitsplatzes** kommt es nicht darauf an, dass sich der Ehegatte entsprechend den ihm obliegenden Erwerbsbemühungen beworben oder keine reale Beschäftigungschance auf dem Arbeitsmarkt mehr hat,[766] weil darin nicht das vorgeworfene Verhalten liegt. Auch dann ist nach dem ursprünglichen Verhalten zu fingieren, weil die Prognose idR dahin geht, dass der Betroffene „ohne das ihm vorwerfbare Verhalten weiterhin über seinen Arbeitsplatz und das frühere Einkommen verfügen würde".[767] Erst wenn der Ehegatte eine geringer dotierte Arbeitsstelle findet, kann sich die Frage nach der Fortführung der Fiktion stellen: Entspricht sie seinen beruflichen Qualifikationen, kann das geringere Einkommen die Fiktion nach den Voraussetzungen, die für einen freiwilligen Arbeitsplatzwechsel gelten (dazu RdNr. 151), ersetzen, i. Ü. hat es bei der Fiktion zu bleiben.[768] – Zur Geltendmachung einer von der Prognose abweichenden **Entwicklung** mit der Abänderungsklage s. RdNr. 214.

II. Einzelne Obliegenheiten

1. Eheliche Lebensführung. Solange und soweit sich die Ehegatten vom Standpunkt 145
eines vernünftigen Betrachters aus nach einem **objektiven Maßstab** in einem wirtschaftlich sinnvollen und angemessenen Rahmen gehalten haben, ist diese Handhabung für die Bestimmung der ehelichen Lebensverhältnisse maßgebend. **Unangemessene Sparsamkeit** in der Lebensführung ist, wurden die ihr nicht zugeführten Mittel dem Vermögen zugeführt, ein Unterfall der **Vermögensbildung** (zum Ganzen RdNr. 3, 42, 96, 99). Hat ein Ehegatte die eingesparten Mittel ausschließlich für **eigene Zwecke** verbraucht – etwa zur Finanzierung einer/eines Geliebten –, liegt auch hierin eine Obliegenheitsverletzung. – Wurde der tatsächliche Aufwand für die Lebensführung von einem Ehegatten **allein bestimmt,** verstößt unangemessene Sparsamkeit gegen die ehelichen Obliegenheiten und führt zur bedarfsprägenden Zurechnung von Einkünften in der Höhe, in der sie vom betroffenen Ehegatten tatsächlich auch erzielt worden sind. – Dagegen liegt keine Obliegenheitsverletzung vor, wenn und solange die unangemessen sparsame Lebensführung von beiden Ehegatten **mitgetragen** wird. Dass sich der Berechtigte diese nach der Trennung gleichwohl nicht entgegenhalten lassen muss, liegt darin begründet, dass er sich ab diesem Zeitpunkt infolge der gewandelten Lebensverhältnisse nicht mehr an seinem Einverständnis zur zu sparsamen Lebensführung festhalten lassen muss und sich auf einen durch die Vermögenserträge bedingten höheren Bedarf berufen kann. – Ob man diese Einkünfte als **fiktive**[769] – weil nicht zur Lebensführung verwandte – oder als tatsächliche – weil vorhandene – behandelt, ist angesichts der bedarfsprägenden Wirkung beider ohne praktische Bedeutung.

2. Erwerbsobliegenheiten. a) Erwerbsbemühungen. aa) Grundsätze. Voraussetzung für die Zurechnung fiktiver Erwerbseinkünfte ist allgemein, dass der Ehegatte seine 146
Erwerbsobliegenheiten verletzt (dazu auch RdNr. 139). Wegen der wirtschaftlichen Eigen-

---

[766] BGH NJW 2008, 1525 = FamRZ 2008, 872, 873 f. [19] m. Anm. *Hoppenz*; aA OLG Schleswig OLGR 2001, 181, 182, das nur für eine Übergangszeit von wenigen Monaten fingieren will.

[767] BGH NJW 2008, 1525 = FamRZ 2008, 872, 873 f. [19] m. Anm. *Hoppenz,* der in dieser Behandlung zu Recht keinen Verstoß gegen den verfassungsrechtlichen Maßstab der Verhältnismäßigkeit sieht [21, 22].

[768] Im Ergebnis ebenso BGH NJW 2008, 1525 = FamRZ 2008, 872, 873 f. [19] m. Anm. *Hoppenz*; ähnlich OLG Hamm NJWE-FER 1997, 164 = FamRZ 1997, 889, 890.

[769] So BGH NJW-RR 1988, 514 = FamRZ 1988, 145, 149; NJW 2008, 57 = FamRZ 2007, 1532, 1535 [29] m. Anm. *Maurer.*

verantwortung des Berechtigten in der nachehelichen Zeit trifft ihn grundsätzlich die **Obliegenheit** zu einer Erwerbstätigkeit, um seinen Bedarf mit eigenen Arbeitseinkünften selbst zu decken (dazu § 1569 RdNr. 6). Obliegenheiten können auch für einen Ehegatten bestehen, der einer Erwerbstätigkeit **nachgeht,** wenn diese nicht seinen aufgrund seiner Kenntnisse und Fähigkeiten bestehenden Verdienstmöglichkeiten und Erwerbschancen entspricht,[770] es sei denn, diese Tätigkeit habe der Absprache der Ehegatten entsprochen. – Ein Ehegatte muss seine Erwerbsbemühungen auf einen seinen **Kenntnissen und Fähigkeiten** entsprechenden Arbeitsplatz mit adäquater Bezahlung richten. Nur wenn er einen solchen trotz intensiver Bemühungen nicht bekommt, kann er sich unterhaltsrechtlich unbedenklich mit einem geringeren Einkommen zufrieden geben.[771] Zum nachehelichen Unterhalt sollte dies zu Lasten des Verpflichteten jedoch wegen der nachehelichen Eigenverantwortung nicht zu streng gehandhabt werden. – Besteht **keine** Erwerbsobliegenheit – noch nicht oder nicht mehr –, braucht eine Erwerbstätigkeit nicht aufgenommen oder sie kann unterhaltsrechtlich unbeachtlich abgebrochen werden. – **Ohne Erwerbsobliegenheit** des Berechtigten kann eine mutwillige Herbeiführung der Bedürftigkeit nur vorliegen, wenn Krankheit, Alter oder Lage auf dem Arbeitsmarkt die (Wieder-)Aufnahme einer Erwerbstätigkeit zwar nicht zulassen, die nach § 1579 Nr. 4 maßgebliche Verfehlung aber bereits im **Herbeiführen der Erwerbslosigkeit** liegt (dazu auch RdNr. 151–164).[772] – Für eine Obliegenheitsverletzung muss der Ehegatte ihm subjektiv **zumutbare** Anstrengungen, eine angemessene Erwerbstätigkeit zu finden, nicht oder nicht ausreichend unternommen haben, und zudem muss feststehen oder darf jedenfalls nicht auszuschließen sein, dass bei gehörigen Bemühungen eine **reale Beschäftigungschance**[773] mit der Möglichkeit, entsprechende Einkünfte auch zu erzielen, für ihn bestanden hätte.[774] Obwohl zur Unterscheidung zwischen Arbeitsscheu und Chancenlosigkeit die Anforderungen an den Ehegatten für eine ernsthafte Arbeitssuche grundsätzlich nicht aufgegeben werden dürfen,[775] dürfen sie auch nicht überspannt werden: Da die **mangelnde** oder mangelhafte Arbeitssuche **kausal** für die Erwerbslosigkeit sein muss, reicht eine lediglich theoretische Beschäftigungschance nicht aus. Es muss also nach den – auch strukturbedingten und örtlich unterschiedlichen[776] – tatsächlichen Gegebenheiten auf dem Arbeitsmarkt und den persönlichen Eigenschaften und Fähigkeiten des Bedürftigen sowie seiner auch aus seiner Arbeitsbiographie abgeleiteten[777] Arbeitsbereitschaft feststehen, dass trotz ausreichender Bemühungen wegen der Verhältnisse auf dem Arbeitsmarkt und der persönlichen Eigenschaften des Bedürftigen keine reale Beschäftigungschance besteht.[778] – Die **Darlegungs-** und **Beweislast** sowohl für ausreichende Erwerbsbemühungen als auch für eine reale Beschäftigungschance

[770] OLG Hamburg FamRZ 2006, 503 (Revision eingelegt, BGH XII ZR 168/05); OLG Karlsruhe FamRZ 2006, 1295 (zu § 1603 Abs. 2 S. 1).

[771] OLG Düsseldorf FamRZ 2006, 1871, 1872.

[772] Im Ergebnis wohl auch *Büte* in: *Bäumel/Büte/Poppen* RdNr. 15, der Nr. 4 als Spezialregelung nur auf vor Eintritt einer Erwerbsobliegenheit liegende Vorgänge anwendet.

[773] BGH NJW 1986, 718 = FamRZ 1986, 244, 246; NJW-RR 1987, 962 = FamRZ 1987, 912, 913 (für den Verpflichteten); NJW-RR 1993, 898 = FamRZ 1993, 789, 791 m. Anm. *P. Derleder* FuR 1993, 169; NJW 1996, 517 = FamRZ 1996, 345, 346; NJW 2005, 3639 = FamRZ 2005, 1979, 1981; NJW 2008, 57 = FamRZ 2007, 1532, 1535 f. [36] m. Anm. *Maurer*; NJW 2008, 3635 m. Anm. *Born* = FPR 2008, 634 m. Anm. *Erdrich* = FamRZ 2008, 2104, 2105 [22] m. Anm. *Schürmann* und *Wohlgemuth* FamRZ 2009, 410; – Das OLG Hamm FamRZ 2008, 991 f. verneint eine Erwerbsobliegenheit für eine 62-jährige Ehefrau, weil für sie eine Erwerbstätigkeit weder zumutbar noch möglich ist (Trennungszeit, allerdings hatte sie während dieser bereits gearbeitet). Zumutbar dürfte die Erwerbstätigkeit gewesen sein, ggf. aber nicht mehr möglich; allerdings fehlen angesichts der früheren Erwerbstätigkeit der Ehefrau erforderliche Ausführungen zu den realen Chancen auf dem Arbeitsmarkt, welche die Ehefrau darzulegen und ggf. zu beweisen hätte (dazu BGH NJW 2008, 57 = FamRZ 2007, 1532, 1535 f. [36].

[774] BVerfG NJW 2006, 2317 = FamRZ 2006, 469, 470; NJW-RR 2008, 1025 = FamRZ 2008, 1145, 1146 [16].

[775] OLG Köln NJWE-FER 1998, 218 = FamRZ 1998, 1434, 1435.

[776] BGH NJW 1986, 718 = FamRZ 1986, 244, 246.

[777] BGH NJW 1986, 718 = FamRZ 1986, 244, 246.

[778] OLG Hamm FuR 2001, 550, 551 (verneint – sachverständig beraten – für einen 57-jährigen hoch qualifizierten arbeitslosen Ingenieur).

trägt der betroffene Ehegatte (s. auch § 1573 RdNr. 32).[779] Er darf sich nicht auf die bloße Behauptung, keine Beschäftigungschancen mehr zu haben, beschränken, da dies auf einen **Ausforschungsbeweis** hinausliefe.[780] – Bei schwerer oder lange andauernder Obliegenheitsverletzung kann für den künftigen Unterhalt zudem **§ 1579 Nr. 4** zur Anwendung kommen, wenn sich dadurch die Chancen auf dem Arbeitsmarkt verschlechtert haben.

bb) Beginn der Erwerbsbemühungen. Die Ehegatten haben Erwerbsbemühungen grundsätzlich erst ab **Beginn** der Erwerbsobliegenheit aufzunehmen, es sei denn, der Einsatzzeitpunkt ist absehbar und Erwerbsbemühungen versprechen bereits zu einem früheren Zeitpunkt Erfolg.[781] Trotz Nicht-Identität von Trennungs- und nachehelichem Unterhalt (dazu § 1569 RdNr. 14) ist für den Bedürftigen auch maßgebend, ob ihn bereits während der Trennungszeit eine Erwerbsobliegenheit getroffen hat, etwa weil die Ehegatten bereits lange getrennt leben oder die Zerrüttung ihrer Ehe auf sonstige Weise erkennbar ist (dazu § 1361 RdNr. 52–58[782]).[783] Da er auf den Fortbestand der Ehe und der ehelichen Lebensplanung jedenfalls bis zum Ablauf des Trennungsjahres vertrauen kann, wird eine Erwerbsobliegenheit idR nicht früher einsetzen.[784] Aus dem Gesetzeswortlaut „solange und soweit er *nach der Scheidung* keine angemessene Erwerbstätigkeit zu finden vermag" (§ 1573 Abs. 1) kann nichts anderes hergeleitet werden,[785] weil dadurch nur die Dauer der Unterhaltspflicht und nicht der Beginn der Erwerbsobliegenheit bestimmt wird. Verfolgt der Bedürftige seinen Anspruch im **Verbund,** muss er ohnehin bis zur letzten mündlichen Verhandlung auch seine Bemühungen um eine Erwerbstätigkeit aufgenommen haben, ansonsten er schon nicht darlegen kann, dass er eine angemessene Erwerbstätigkeit nicht finden kann.[786] Für eine unterschiedliche Behandlung je nachdem, ob der Unterhaltsanspruch selbständig oder im Verbund geltend gemacht wurde, gibt es keinen rechtfertigenden Grund. – Ist der Beginn der Erwerbsobliegenheit bestimmt absehbar, wird es meist angezeigt sein, die Obliegenheit für Erwerbsbemühungen **vorzuverlegen,** um einen nahtlosen Fortgang der oder Übergang in die Erwerbstätigkeit zu gewährleisten. Zwar werden Arbeitskräfte idR ab sofort gesucht, doch entbindet dies nicht von sofortigen Erwerbsbemühungen, weil erst aufgrund solcher die tatsächlichen Verhältnisse für den betreffenden Arbeitnehmer auf dem Arbeitsmarkt erfahren werden. – Angezeigt sein kann, dem Bedürftigen eine gewisse **Übergangs-** und **Überlegungsfrist** zur Einstellung auf seine Erwerbsobliegenheit und das weitere Vorgehen zur Erlangung einer angemessenen Erwerbstätigkeit einzuräumen, wenn ihm Erwerbsbemühungen aus subjektiven Gründen, etwa bei einer Erkrankung, zuvor nicht möglich waren (dazu auch RdNr. 144).[787] – Besteht für den Bedürftigen eine Obliegenheit zur **Weiterbildung** nach § 1574 Abs. 3, die 147

[779] BGH NJW 1994, 1002 = FamRZ 1994, 372, 374; NJW 1996, 517 = FamRZ 1996, 345, 346; NJW-RR 2000, 1385 = FamRZ 2000, 1358, 1359f.; NJW 2008, 2581 = FamRZ 2008, 1325, 1326f. [22] m. Anm. *Borth*; NJW 2008, 3635 m. Anm. *Born* = FPR 2008, 634 m. Anm. *Erdrich* = FamRZ 2008, 2104, 2106 [24] m. Anm. *Schürmann* und *Wohlgemuth* FamRZ 2009, 410; OLG Hamm FamRZ 2007, 1327, 1328.

[780] BGH NJW 2008, 57 = FamRZ 2007, 1532, 1535f. [36] m. Anm. *Maurer*; auch OLG Köln NJW-RR 2006, 1664 = FamRZ 2006, 1756 (LS); NJW-RR 2007, 291 = FamRZ 2007, 1475.

[781] OLG Hamm NJWE-FER 1997, 26 = FamRZ 1997, 1016 (L2).

[782] Dazu auch BGH NJW 2008, 1946 m. Anm. *Griesche* = FamRZ 2008, 963, 966 [26] m. Anm. *Büttner.*

[783] Dazu insbesondere BGH NJW 1985, 1695 = FamRZ 1985, 782, 784; NJW 1986, 985 = FamRZ 1986, 553, 555; BGHZ 109, 211 = NJW-RR 1990, 323 = FamRZ 1990, 283, 286.

[784] Im Ergebnis ebenso OLG Hamm FamRZ 1986, 1108f.; OLG Köln NJW-RR 1995, 1157, 1158; aA – Zeitpunkt der Trennung – OLG Bamberg FamRZ 1986, 682; im Ergebnis auch OLG Hamm FamRZ 1997, 264.

[785] AA etwa OLG Zweibrücken FamRZ 1981, 148, 149; *Soergel/Häberle* RdNr. 9.

[786] OLG Zweibrücken FamRZ 1982, 1016, 1017 (offen gelassen, ob bereits vor der Scheidung eine Obliegenheit zu Erwerbsbemühungen bestand).

[787] Dazu etwa OLG Hamburg FamRZ 1991, 1298, 1300; OLG Koblenz NJW-RR 1993, 964 = FamRZ 1993, 199, 200; s. auch OLG Düsseldorf FamRZ 1985, 815, 816, das allerdings die ehelichen Lebensverhältnisse nach § 1574 Abs. 2 nach einer 25-jährigen Ehedauer, in der der Bedürftige nicht sozialversicherungspflichtig erwerbstätig war, für die Dauer von 3 Jahren fortschreiben will (dies ist nunmehr nach § 1578b Abs. 1 UÄndG 2007 zu beurteilen). – Das OLG Hamm FamRZ 2007, 1908 gesteht selbst dem nach § 1603 Abs. 2 S. 1 Verpflichteten – ohne jede weitere Differenzierung? – eine Übergangszeit von 6 Monaten zu.

an die Stelle der Erwerbsobliegenheit tritt (dazu § 1574 RdNr. 20–29), ist für Erwerbsbemühungen grundsätzlich an den Abbruch oder den Abschluss[788] der Weiterbildungsmaßnahme anzuknüpfen. Dies gilt entsprechend für eine vom Verpflichteten nach § 1575 zu finanzierende **Ausbildung.** Doch ist auch auf die Üblichkeit des Bewerbungsverhaltens abzustellen; so kann es durchaus **sozialadäquat** sein, sich bereits vor dem endgültigen Abschluss auf der Grundlage der bisherigen dokumentierten Leistungen zu bewerben. – Wird von einer **stufenweisen** beruflichen Eingliederung ausgegangen, ist für die Frage der realen Beschäftigungschance auf den Beginn der Obliegenheit zu einer teilschichtigen Erwerbstätigkeit abzustellen und die Chancen für eine sukzessive Ausweitung der Tätigkeit zu beurteilen. Zweifel gehen zu Lasten des beweispflichtigen Berechtigten.[789]

148 **cc) „Angemessene Erwerbstätigkeit".** Aus der Formulierung „keine angemessene Erwerbstätigkeit zu finden vermag" (§ 1573 Abs. 1) sowie aus der Eigenverantwortlichkeit der Ehegatten in der nachehelichen Zeit (§ 1569) folgt die Obliegenheit beider Ehegatten, sich **ernsthaft** und **nachhaltig**[790] um eine angemessene, auch angemessen vergütete (dazu RdNr. 149) Erwerbstätigkeit, auch in Form einer **Berufsausbildung,**[791] ggf. in einem neuen Beruf[792] (zur Berücksichtigung von Wünschen und Neigungen s. auch § 1574 RdNr. 15) zu bemühen. Was **angemessen** ist, bestimmt sich für den Berechtigten nach § 1574. – Die Ehegatten müssen zur Erfüllung ihrer Obliegenheit alle ihnen möglichen und persönlich zumutbaren Anstrengungen unternehmen.[793] Allein die Meldung bei der Agentur für Arbeit genügt nicht;[794] daneben sind, weil viele Arbeitsstellen nicht über die Agentur, sondern über die Tageszeitungen und Anzeigenblätter angeboten werden, regelmäßige schriftliche,[795] telefonische und persönliche Bewerbungen auf Zeitungsanzeigen[796] und ggf. auch eigene Anzeigen,[797] je nach Berufsbild aber auch die Stellensuche in elektronischen Medien[798] zumutbar. Der betroffene Ehegatte muss seine Erwerbsbemühungen im Einzelnen darlegen und beweisen,[799] wozu er zweckmäßigerweise die Ablehnungsschreiben vorlegt oder eine Dokumentation erstellt, aus der die Bewerbungen nach Arbeitgeber (mit Anschrift und Telefon- bzw. Telefaxnummer, Email-Adresse etc.), Datum der Bewerbung, Gesprächspartner und Ergebnis der Bewerbung ersichtlich sind (zur **Beweislast** s. § 1573 RdNr. 31). – Die **Ernsthaftigkeit** der Erwerbsbemühungen beurteilt sich nach der inneren Einstellung des Betroffenen, einen Arbeitsplatz zu finden. Bewerbungen um höher und geringer **qualifizierte** Stellen, als der eigenen Berufsqualifikation entsprechen,[800] können ebenso wie mangelhafte inhaltliche **Qualität**[801] oder nichts sagende Gleichgültigkeit in der textlichen

---

788 OLG Celle NJW-RR 1992, 1349 = FamRZ 1992, 569, 570.

789 BGH NJW-RR 1993, 898 = FamRZ 1993, 789, 791; NJW 2008, 3635 m. Anm. *Born* = FPR 2008, 634 m. Anm. *Erdrich* = FamRZ 2008, 2104, 2105 f. [23, 24] m. Anm. *Schürmann* und *Wohlgemuth* FamRZ 2009, 410.

790 BGH NJW 2008, 3635 m. Anm. *Born* = FPR 2008, 634 m. Anm. *Erdrich* = FamRZ 2008, 2104, 2105 [18, 19] m. Anm. *Schürmann* und *Wohlgemuth* FamRZ 2009, 410.

791 BGH NJW 1986, 985 = FamRZ 1986, 553, 555; auch OLG Hamburg FamRZ 1991, 445, 447.

792 BGH NJW-RR 1987, 196 = FamRZ 1986, 1085, 1086.

793 Etwa OLG Koblenz FamRZ 1986, 999, 1000; OLG Stuttgart FamRZ 2006, 1757 („... alle nur denkbaren Anstrengungen zur Erlangung einer auskömmlichen Erwerbstätigkeit zu unternehmen").

794 BGH NJW 2008, 3635 m. Anm. *Born* = FPR 2008, 634 m. Anm. *Erdrich* = FamRZ 2008, 2104, 2105 [18] m. Anm. *Schürmann* und *Wohlgemuth* FamRZ 2009, 410; OLG Köln NJW-RR 2007, 291 = FamRZ 2007, 1475.

795 Das AG Velbert FamRZ 2007, 1907 verlangt – was wegen Übersteigerung der Obliegenheiten abzulehnen ist – auch bei Bewerbungen um einfache Tätigkeiten (Bauhelfer) schriftliche Bewerbungen.

796 OLG Stuttgart FamRZ 1983, 1233, 1235 m. Anm. *Luthin*; OLG Hamm FamRZ 1985, 483, 484; OLG Frankfurt a. M. FamRZ 1987, 16; EzFamR BGB § 1569 Nr. 5.

797 Zum Ganzen auch OLG Hamm OLGR 1997, 264.

798 Dazu noch aA 4. Aufl. RdNr. 7.

799 Etwa OLG Hamm FamRZ 1983, 927; FamRZ 1985, 483, 484; OLG Naumburg OLGR 1997, 233 = FamRZ 1998, 479 (LS).

800 OLG Düsseldorf FamRZ 1987, 708, 709.

801 BGH NJW 2008, 3635 m. Anm. *Born* = FPR 2008, 634 m. Anm. *Erdrich* = FamRZ 2008, 2104, 2105 [19] m. Anm. *Schürmann* und *Wohlgemuth* FamRZ 2009, 410; OLG Bamberg FamRZ 1988, 1277 m. zust. Anm. *van Els* FamRZ 1989, 397 f.

und formalen Gestaltung[802] auf mangelnden Arbeitswillen schließen lassen und gegen die Ernsthaftigkeit sprechen.[803] Doch richtet sich auch die zu fordernde Qualität der Bewerbung nach der **Vorbildung** und den **subjektiven Anforderungen,** die die angestrebte Stelle voraussetzt. Die Mitteilung **zutreffender Umstände** in Bewerbungsschreiben über subjektive Vorgegebenheiten – insbesondere hinsichtlich des beruflichen Werdegangs –, die bei einem Vorstellungsgespräch ohnehin offenbart werden müssten, sprechen nicht gegen die Ernsthaftigkeit.[804] Bei notorischen, für die erstrebte Stelle erheblichen **Mängeln** der Bewerbungen wird die Belegung eines einschlägigen Kurses bei der Volkshochschule etc. verlangt werden können.

Bsp.: Für eine Bewerbung als Verkäuferin werden orthographische Mängel in vertretbarem Umfang unschädlich sein, nicht jedoch für eine Sekretärin. – Krankheiten. – Vorstrafen.

Die **Nachhaltigkeit** der Erwerbsbemühungen lässt sich aus der **Quantität** der Bewerbungen nach ihrer Anzahl[805] und dem Bewerbungszeitraum einschließlich zeitlicher Lücken ableiten.[806]

Die Ehegatten müssen sich um eine nach ihrer Ausbildung, Kenntnissen und sonstigen Fähigkeiten **angemessen vergütete** Erwerbstätigkeit bemühen. **Art** und **Umfang**[807] der Bemühungen richtet sich sowohl nach den **objektiven** – örtlicher wie ggf. überörtlicher Arbeitsmarkt – wie den **subjektiven** Umständen 149

– **Bsp.:** Alter; Gesundheitszustand; Berufsausbildung; frühere Berufstätigkeit und deren Dauer, insbesondere Arbeit im erlernten Beruf; Arbeitswille etc. –,

unter denen eine Arbeitsstelle gesucht werden muss. Inwieweit dem Bedürftigen anlässlich der Arbeitssuche ein **Ortswechsel** zuzumuten ist, hängt zudem auch von seiner sozialen Verwurzelung am bestehenden Wohnsitz

– persönliche Mobilität;[808] Schulbesuch von Kindern;[809] Umgang mit den Kindern;[810] Kontakte zu Verwandten; nicht jedoch Freundes- und Bekanntenkreis –

und den wirtschaftlichen Verhältnissen des Verpflichteten nach der Scheidung ab.[811] – Dies gilt auch für die Zumutbarkeit eines **Berufs-**[812] und **Arbeitsplatzwechsels.**[813] So obliegt

---

[802] Ebenso OLG Hamm FamRZ 1992, 63.

[803] Zum Ganzen auch OLG Karlsruhe FamRZ 2002, 1567.

[804] Zum Ganzen auch OLG Bamberg FamRZ 1998, 289, 290.

[805] Zur „Leitzordner-Rspr." etwa: OLG Hamm FamRZ 2007, 1327, 1328 (ausreichend zwischen 15 und 55 Bewerbungen/Monat; der zeitliche Rahmen wird nicht mitgeteilt). – Zur gesteigerten Unterhaltspflicht aus § 1603 Abs. 2 S. 1: OLG Brandenburg OLGR 2006, 976, 977 = FamRZ 2006, 1701 (LS) (nicht ausreichend lediglich 4–5 Bewerbungen/Monat, erforderlich 20–30 Bewerbungen/Monat, auch wenn die Agentur für Arbeit lediglich 260 €/Jahr an Bewerbungskosten erstattet); OLG Stuttgart FamRZ 2007, 1908 (zur gesteigerten Unterhaltspflicht aus § 1603 Abs. 2 S. 1 nicht ausreichend 5 Bewerbungen in 3 Monaten; zum nachehelichen Unterhalt kann jedenfalls insoweit nichts anderes gelten).

[806] BGH NJW 2008, 3635 m. Anm. *Born* = FPR 2008, 634 m. Anm. *Erdrich* = FamRZ 2008, 2104, 2105 [18, 19] m. Anm. *Schürmann* und *Wohlgemuth* FamRZ 2009, 410.

[807] Zur Anzahl der Bewerbungen etwa: OLG Frankfurt a. M. FamRZ 1987, 161 (nur 12 Bewerbungen in ca. 3 Monaten); EzFamR BGB § 1569 Nr. 5 (4 Bewerbungen in knapp 2 Jahren); OLG Hamm FamRZ 1997, 1402, 1403 (nicht ausreichend 1994 2, 1995 14 und 1996 5 Bewerbungen); OLG Bamberg FamRZ 1998, 289, 290 (ausreichend 40 Bewerbungen innerhalb 7 Monaten, 2 Eigenanzeigen in örtlicher Tageszeitung).

[808] OLG Hamm OLGR 1996, 215, 216 verweist einen geschiedenen, keine Kinder betreuenden, beruflich hoch qualifizierten Verpflichteten ohne weitere Abwägung auf eine Stellensuche im ganzen Bundesgebiet; OLG Hamm FamRZ 1998, 42, 43 m. Anm. *Born* verlangt von einem Hilfsarbeiter keine überregionalen Erwerbsbemühungen; s. dazu auch OLG Hamm FamRZ 1999, 165, 166.

[809] OLG Bamberg FamRZ 1998, 289, 290.

[810] BVerfG NJW-RR 2007, 649 = FamRZ 2007, 273 ff. zum Kindesunterhalt, doch muss dies erst recht für den Ehegattenunterhalt gelten.

[811] Zum Kindesunterhalt bei gesteigerter Erwerbsobliegenheit des Verpflichteten aus § 1603 Abs. 2 s. BGH NJW 1980, 2414 = FamRZ 1980, 1113, 1114. Angesichts der wirtschaftlichen Eigenverantwortung in der nachehelichen Zeit wird mit dem Verpflichteten nicht gleich streng verfahren werden können (dazu auch § 1581 RdNr. 8–16). S. auch OLG Schleswig FamRZ 2003, 603, 605, das allerdings nicht streng zwischen Obliegenheit zur Erwerbstätigkeit und Verstoß gegen § 1579 Nr. 4 (Mutwilligkeit!) unterscheidet.

[812] BGH NJW 1980, 2414 = FamRZ 1980, 1113, 1114; s. auch OLG Hamburg FamRZ 2008, 1274, 1275.

[813] BGH NJW-RR 1993, 1283 = FamRZ 1993, 1304, 1306; KG FamRZ 1984, 592; OLG Naumburg OLGR 2001, 294 (nicht tarifgerechte Entlohnung der bisherigen Tätigkeit).

etwa einem Ehegatten, der in seinem **Beruf** aus gesundheitlichen Gründen nicht mehr vermittelbar ist, ggf. die Aufnahme einer Nebentätigkeit, soweit diese auf die Arbeitslosenunterstützung nicht angerechnet wird (dazu § 141 SGB III: mind. 165 €, Abs. 1; zum ALG II s. § 30 SGB II: mind. 100 €).[814] – Ein **Arbeitsplatzwechsel** kann verlangt werden, wenn der Ehegatte an einem anderen Arbeitsplatz nicht unwesentlich mehr verdienen kann. Die Obliegenheit zur **Arbeitssuche** kann einen Ehegatten idR auch dann treffen, wenn er nach seinen Kenntnissen und Fähigkeiten und bei zumutbarem Einsatz seiner Arbeitskraft während des **Zusammenlebens** ein höheres Einkommen hätte erzielen können, dies aber nicht getan hat, sodass sich die Ehegatten mit einem geringeren Lebensstandard begnügen mussten, es sei denn, der andere Ehegatte sei damit einverstanden gewesen. Allerdings ist für einen Arbeitsplatzwechsel auch die **soziale Absicherung** am bisherigen Arbeitsplatz des Ehegatten wie etwa Kündigungsschutz an einer langjährigen oder angesichts seiner Vorbildung besonders günstigen Arbeitsstelle, Vergütung und betriebliche Altersversorgung zu beachten; dies wird unter Berücksichtigung des Alters und der an einer neuen Arbeitsstelle abzuleistenden Probezeit oft zur Unzumutbarkeit der Aufgabe eines Arbeitsplatzes führen. Dies kann auch verwehren, ihn auf die Aufgabe einer **teilschichtigen** und die Aufnahme einer **vollschichtigen** Erwerbstätigkeit zu verweisen;[815] ggf. kann ihm aber die Aufnahme einer zusätzlichen teilschichtigen Erwerbstätigkeit oder auch **Nebentätigkeit** angesonnen werden.[816] – Die Ehegatten können nicht einfach ihr **Stundendeputat** reduzieren, wenn dessen Aufrechterhaltung im Einzelfall nicht aus sachlichen Gründen unzumutbar ist.[817] Die Ableistung von **Überstunden** und **Schichtdienst**[818] müssen sie aufrechterhalten. – Seine grundrechtlich gewährleistete Handlungsfreiheit (Art. 12 Abs. 1 GG) ermöglicht einem Ehegatten grundsätzlich auch, ein sicheres Arbeitsverhältnis **aufzugeben** und ein neues einzugehen. Ob ihm jedoch unterhaltsrechtlich das Festhalten an seinem Arbeitsverhältnis abverlangt wird, richtet sich nach der Zumutbarkeit, in deren Rahmen auch die Interessen des Berechtigten zu berücksichtigen sind.[819] Zur **Kündigung** eines Arbeitsverhältnisses s. insbesondere RdNr. 149–162. – Die Übernahme einer **vorübergehenden** Erwerbstätigkeit verstößt so lange nicht gegen die Erwerbsobliegenheiten, als nicht feststeht, dass unschwer eine vollschichtige nachhaltige Erwerbstätigkeit hätte gefunden werden können und das Unterlassen entsprechender Bemühungen dem Bedürftigen vorzuwerfen ist. Doch muss sich der Ehegatte weiter um eine angemessene Tätigkeit bemühen.[820] – Zum **räumlichen Umfang** der Erwerbsbemühungen sind die persönlichen Bindungen des Ehegatten, insbesondere seines **Umgangsrechts** mit seinen Kindern und die dabei sowie bei einem Umzug anfallenden **Kosten** zu beachten.[821] – Ein arbeitsloser Ehegatte kann nicht deshalb von Erwerbsbemühungen absehen, weil er sich um das **Sorgerecht** für ein Kind und dessen **Betreuung,** die von ihm noch nicht erbracht wird, bemüht (dazu auch RdNr. 157).

150 Im Rahmen der **Billigkeitsabwägung** nach § 1581 S. 1 können darüber hinaus die Erwerbsobliegenheiten des Berechtigten nach § 1574 Abs. 2 (dazu dort RdNr. 3–20) und

---

814 OLG Köln OLGR 2004, 330 = FamRZ 2005, 458 (LS).

815 OLG Düsseldorf FamRZ 1991, 194, 195.

816 Zu § 1603 Abs. 2 S. 1 s. OLG Hamm FamRZ 2008, 1271, 1272. Anders: OLG Düsseldorf Urt. v. 12. 5. 2004 – II-3 UF 251/02, juris [10]: Teilzeit-Arbeitsverhältnis in Kirchengemeinde ist trotz Kündigungsschutz und wegen der Tarifgebundenheit im öffentlichen Dienst vergleichsweisen guten Bezahlung zugunsten einer neuen Tätigkeit aufzugeben.

817 Zum Kindesunterhalt s. LG Itzehoe FamRZ 1998, 256f. (Reduzierung des Stundendeputats wegen gesundheitlicher Beeinträchtigungen). – Das BVerfG FPR 2004, 495 = FamRZ 2004, 1949 hat einen Verstoß gegen Art. 6 Abs. 1 GG angenommen, wenn ein Verpflichteter nach Wiederheirat sich seine ehemals vollschichtige Arbeitsstelle mit seinem neuen Ehegatten teilt. Dies kann aber nur deshalb richtig sein, weil das OLG seine gemeinsame Bewerbung mit seiner jetzigen Ehefrau auf jeweils eine halbe Stelle für unterhaltsrechtlich unbedenklich erklärt hatte.

818 Dazu OLG Karlsruhe FamRZ 1994, 755, 756.

819 KG FamRZ 1998, 1112, 1113 (Berechtigter verfügt über ausreichendes eigenes Einkommen).

820 BT-Drucks. 7/650 S. 128.

821 BVerfG NJW 2006, 2317 = FamRZ 2006, 469, 470; NJW-RR 2007, 649 = FamRZ 2007, 273, 274; s. auch OLG Köln FamRZ 2008, 1274, 1275.

aus Gründen der Gleichbehandlung auch des Verpflichteten insbesondere in **Mangelfällen** verschärft werden.[822] Kann anders der Unterhalt der Ehegatten nicht sichergestellt werden, ist deshalb ihre Verweisung etwa auf Aushilfstätigkeiten zumutbar, auch wenn sie ihrer Vorbildung nicht entsprechen,[823] ggf. auch auf Nebentätigkeiten (dazu auch RdNr. 165). – Dies ist grundsätzlich auch nicht verwehrt, wenn der Berechtigte seinen Unterhaltsanspruch auf § 1570 stützt[824] oder der Verpflichtete gemeinsame Kinder betreut. Allerdings ist insoweit Zurückhaltung geboten, weil in diesen Fällen das Maß an Erwerbsobliegenheit ja gerade am Kindeswohl ausgerichtet ist. Für den Anspruch auf Betreuungsunterhalt ist zudem zu beachten, dass dieses Maß bereits auf der Tatbestandsebene des § 1570 bestimmt wird und deshalb nicht noch einmal durch eine Doppelberücksichtigung herangezogen werden kann.

b) Beendigung des Arbeitsverhältnisses. aa) Allgemeines. IdR darf ein Ehegatte, ohne bereits eine neue Arbeitsstelle zu haben, sein Arbeitsverhältnis nicht **selbst kündigen.**[825] Kündigt er dennoch und kommt damit nicht lediglich einer drohenden, offensichtlich begründeten Kündigung seines Arbeitgebers zuvor, ist dies wegen Obliegenheitsverstoßes grundsätzlich unbeachtlich. Eine sofortige Eigenkündigung kann aber, bei Fortbestehen der Bewerbungsobliegenheiten (dazu RdNr. 153), nach Abwägung der Minderung der Chancen für eine Wiederbeschäftigung auf dem Arbeitsmarkt nach einer Kündigung des Arbeitgebers gegen den Wegfall von Erwerbseinkünften und die Sperrfrist beim ALG I hinzunehmen sein, wenn die Aufrechterhaltung des Arbeitsverhältnisses aus persönlichen Gründen ausnahmsweise unzumutbar geworden ist. In Betracht kommen kann etwa Mobbing oder im Zusammenhang mit dem Arbeitsplatz stehende gesundheitliche Beeinträchtigungen. Haben Letztere Krankheitswert und führen zur Erwerbsunfähigkeit, ist ein Ehegatte zudem auf eine Krankschreibung und den Bezug von Krankengeld zu verweisen. – **Überobligat** ausgeübte Tätigkeiten, ggf. etwa Nebentätigkeiten oder Überstunden, prägen die ehelichen Lebensverhältnisse nicht (dazu RdNr. 99, 100) und können sanktionslos einseitig **aufgegeben** werden. Wird eine Erwerbstätigkeit entgegen unterhaltsrechtlicher Obliegenheiten aufgegeben, prägt dies die ehelichen Lebensverhältnisse nicht; sie werden nach dem bislang erzielten Einkommen bestimmt (dazu RdNr. 141, 142). – Wird eine zumutbare Erwerbstätigkeit eines Ehegatten durch die Trennung **unzumutbar** – etwa eine Nebentätigkeit, weil sich der Verpflichtete nunmehr selbst versorgen muss, oder weil nach der Trennung neben der Kinderbetreuung eine Erwerbstätigkeit nicht mehr zumutbar ist[826] –, beeinflusst dies bereits den Bedarf und nicht erst die Bedürftigkeit und die Leistungsfähigkeit, um keinen Ehegatten durch Verstoß gegen die Halbteilung zu benachteiligen (dazu allgemein RdNr. 99, 100).[827] 151

Verliert ein Ehegatte seinen Arbeitsplatz und damit auch seine Erwerbseinkünfte unverschuldet durch **Kündigung des Arbeitgebers,** kann dies grundsätzlich unterhaltsrechtlich nicht unberücksichtigt bleiben, weil dies auch bei intakter Ehe von den Ehegatten hätte gemeinsam getragen werden müssen.[828] Der Unterhalt ist nach den Lohnersatzleistungen 152

---

[822] BGH Urt. v. 29. 6. 1983 – IVb ZR 379/81, juris [12].

[823] BGHZ 75, 272 = NJW 1980, 340 = FamRZ 1980, 43, 44; FamRZ 1981, 341, 343.

[824] BGH NJW 1983, 1548 = FamRZ 1983, 569, 574; NJW 1987, 776 = FamRZ 1987, 46, 47; s. auch OLG Naumburg OLGR 2001, 294.

[825] BGH NJW 1981, 1609 = FamRZ 1981, 539; NJW 1981, 2805 = FamRZ 1981, 1042, 1044; s. auch OLG Stuttgart FamRZ 1997, 358, 359 (krankheitsbedingte Aufgabe des Arbeitsplatzes nicht nachvollziehbar); FamRZ 2007, 1908, 1909 (bei gesteigerter Unterhaltspflicht nach § 1603 Abs. 2 S. 1 darf „nicht ohne Not eine gut bezahlte Stellung [aufgegeben werden]"); OLG Koblenz FamRZ 1986, 999, 1000 (zum Verpflichteten); OLG Karlsruhe FamRZ 2006, 953, 954. OLG Hamm OLGR 1996, 261, 262 = NJWE-FER 1997, 26 = FamRZ 1997, 1016 (LS) sieht in der Kündigung durch einen arbeitsunfähig krank geschriebenen Verpflichteten kein leichtfertiges Verhalten. OLG München NJW-RR 1997, 69 = FamRZ 1996, 1078, 1079 verlangt einen „triftigen Grund" für die Eigenkündigung. Nach OLG Oldenburg FamRZ 2006, 1223, 1224 ist nach Wiederheirat eine Kündigung hinzunehmen, wenn am neuen Wohnort fast nahtlos eine neue Arbeitsstelle zu fast gleichen Bedingungen und insbesondere zum selben Stundenlohn angenommen wird. S. auch OLG Dresden FamRZ 1998, 979 zum Rückumzug in die neuen Länder.

[826] Dazu AG Ludwigslust FamRZ 2006, 125 (LS1).

[827] OLG Düsseldorf FamRZ 1985, 1039.

[828] BGHZ 166, 151 = NJW 2006, 1654 = FamRZ 2006, 683, 685 (für Arbeitslosigkeit nach Trennung).

(ALG I, Abfindung) zu bemessen. Zwar braucht der betroffene Ehegatte nicht stets arbeitsrechtliche Maßnahmen zur **Abwehr** der Kündigung ergreifen,[829] wohl aber Erfolg versprechende: etwa Abwendung der Kündigung durch **Kündigungsschutzklage;** Einfordern einer **Abfindung;** Erfüllung der Erwerbsobliegenheiten durch **Bewerbungen** und **Annahme** einer Arbeitsstelle. Zudem können **Änderungskündigungen** des Arbeitgebers Anlass zu Bewerbungen um eine andere Arbeitsstelle mit höherer Dotierung sein,[830] wenn dies nicht aus sozialen Gründen, etwa wegen des Kündigungsschutzes, unzumutbar ist. – Zur Obliegenheit, **Arbeitslosengeld** zu beantragen, s. RdNr. 176.

153 Auch nicht jedes für den Verlust des Arbeitsplatzes kausale **Fehlverhalten** verwehrt einem Ehegatten, sich auf den Wegfall seiner Erwerbseinkünfte zu berufen, weil dies auch bei intakter Ehe hätte gemeinsam getragen werden müssen. Der Arbeitsplatzverlust muss vielmehr **gewollt** gewesen sein, oder es muss sich um ein **schwerwiegendes Verschulden** gehandelt haben,[831] bei dem sich die Vorstellungen und Antriebe des Ehegatten auch auf den Unterhalt bezogen haben (dann liegen wegen Mutwilligkeit zusätzlich die Voraussetzungen aus § 1579 Nr. 4 vor, dazu dort RdNr. 31). – Nicht erforderlich ist, dass sich die Motivation des Ehegatten (auch) auf die damit verbundene Minderung seiner Leistungsfähigkeit erstreckt hat, er sie gleichsam „bewusst in Kauf genommen hat".[832] Denn in der Sache würde damit ein für eine Obliegenheitsverletzung nicht erforderliches unterhaltsbezogenes, dh. mutwilliges, mindestens leichtfertiges Verhalten iSd. § 1579 Nr. 4, was nach Treu und Glauben auch für den Verpflichteten gilt,[833] verlangt (dazu auch RdNr. 140). Erforderlich ist deshalb auch nicht, dass der Ehegatte die Möglichkeit des Eintritts der Leistungsunfähigkeit als Folge seines Verhaltens erkennt und im Bewusstsein dieser Möglichkeit, wenn auch im Vertrauen auf ihren Nichteintritt handelt, und sich dabei unter grober Missachtung dessen, was jedem einleuchten muss, oder in Verantwortungslosigkeit und Rücksichtslosigkeit gegen den Berechtigten über die erkannte Möglichkeit nachteiliger Folgen für seine Leistungsfähigkeit hinwegsetzt (dazu auch RdNr. 92, 140, 187, 188).[834] – Doch muss dem Ehegatten auch bei verschuldetem Arbeitsplatzverlust die erstmalige Geltendmachung oder die Anpassung des Unterhalts an seine **tatsächlichen** (verringerten oder ganz entfallenen) Einkünfte ermöglicht werden. Zur Berücksichtigung verminderter Einkünfte aus einem neuen Arbeitsverhältnis (wäre ein Arbeitsplatzwechsel mit verringerten Einkünften unterhaltsrechtlich nicht ohnehin hinzunehmen gewesen) oder der erfolglosen Arbeitsplatzsuche muss er jedoch konkret nachweisen, dass er auch aus anderen, unterhaltsrechtlich nicht vorwerfbaren, etwa betriebsbedingten oder gesund-

---

[829] Zu von vornherein offensichtlich aussichtslosen Maßnahmen s. OLG Frankfurt a. M. FamRZ 1983, 292; OLG Hamm NJW-RR 1996, 963 = FamRZ 1996, 1017, 1018; OLG Hamburg FamRZ 1998, 619.

[830] OLG Hamm OLGR 1996, 215, 216.

[831] Zu § 1603 s. BGH NJW 1993, 1974 = FamRZ 1993, 1055, 1056 f. m. Anm. *P. Derleder* FuR 1993, 290 (Diebstahl beim Arbeitgeber); NJW 1994, 258 = FamRZ 1994, 240, 241 m. Anm. *Raiser* FamRZ 1994, 817 und *P. Derleder* FuR 1994, 49 (Alkoholmissbrauch); ähnlich OLG Köln FamRZ 1985, 930, das allerdings allein auf die Mutwilligkeit nach § 1579 Nr. 4 abstellt.

[832] BGH NJW 1982, 1812 = FamRZ 1982, 792, 794; NJW 1982, 2491 = FamRZ 1982, 913; auch OLG Koblenz FamRZ 1998, 44; OLG Karlsruhe NJW-RR 1997, 1165 = FamRZ 1998, 45, 46 f. S. auch OLG Koblenz FamRZ 1998, 44 f. (sexueller Missbrauch einer Tochter hindert die Berufung auf Leistungsunfähigkeit nicht); OLG Frankfurt a. M. FamRZ 1993, 203, 204 als Vorinstanz zu BGH NJW 1994, 258 = FamRZ 1994, 240, 241; OLG Hamm FamRZ 1998, 979 m. Anm. *Born* und m. abl. Anm. *Struck* FamRZ 1998, 1610 f. (Kündigung, weil sich Verpflichteter tatsächlich nicht vorhandene Arbeitsunfähigkeit bescheinigen ließ). Ähnlich OLG Köln FamRZ 1980, 1007 für einen Verlust des Arbeitsplatzes als Handelsvertreter wegen der Anzeige einer Unterhaltspflichtverletzung durch den Berechtigten (auch Problematik des § 1579 Nr. 5, dazu dort RdNr. 35).

[833] S. dazu BGH NJW 1985, 730 = FamRZ 1985, 158 f.; NJW 2002, 1799 = FamRZ 2002, 813, 814; OLG Düsseldorf OLGR 1993, 260 (Entlassung als Beamter wegen Straftat und aktuellen Erwerbseinkünften in nahezu derselben Höhe); OLG München OLGR 1994, 163 (Kündigung eines Verpflichteten aus den neuen Ländern wegen mangelnder Arbeitsleistung); OLG Frankfurt a. M. FamRZ 1995, 98 (Gewerbeuntersagung); OLG Bamberg FamRZ 1997, 1486 (Fahnenflucht).

[834] Zu § 1603 s. BGH NJW 2002, 1799 = FamRZ 2002, 813, 814; s. auch OLG Hamm OLGR 2005, 442, 443 = FamRZ 2005, 1839 (LS); OLG Schleswig NJW-RR 2007, 152.

heitlichen[835] Gründen seinen ehemaligen Arbeitsplatz zwischenzeitlich verloren hätte. Allein der Ablauf einer gewissen Übergangszeit und der Nachweis erfolgter zumutbarer Erwerbsbemühungen reichen hierzu aber nicht aus.[836] – Wegen der Handlungsfreiheit des Verpflichteten ist ihm nicht jeder Arbeitsplatzwechsel mit **verringerten Einkünften** verwehrt. Was hinzunehmen dem Berechtigten zumutbar ist, richtet sich nach den Einkommens- und Vermögensverhältnissen beider Ehegatten.

bb) Ausbildung. Fortbildung. Ein **Verpflichteter** hat grundsätzlich kein Recht, sei- 154
nen Beruf, der der Familie eine auskömmliche Lebensgrundlage bietet, ohne vorsorgende Kapitalrückstellungen für eine **weitere** Ausbildung oder Fortbildung aufzugeben und die Berechtigten auf die Hilfe Dritter oder die Sozialhilfe zu verweisen. Das Recht auf freie Entfaltung der Persönlichkeit und auf freie Berufswahl tritt hinter der höherwertigen Verantwortung für die Familie zurück; die Zweitausbildung ist aufzugeben, selbst wenn sie weiter fortgeschritten ist.[837] Doch kann sich der Verpflichtete auf seine Leistungsunfähigkeit berufen, wenn er die weitere Ausbildung schon vor der Trennung[838] im **Einverständnis** mit dem Ehegatten begonnen hat und der Lebensunterhalt der Familie durch dessen Erwerbseinkünfte gesichert war,[839] oder er unverschuldet **arbeitslos** wurde und ohne Chance auf eine neue Anstellung eine weitere, gleichwertige Ausbildung durchläuft, die eine begründete Aussicht auf eine spätere Anstellung und damit Sicherstellung des Ehegattenunterhalts bietet.[840] Zur **Anpassung** der Unterhaltsverpflichtung s. die entsprechend geltenden Ausführungen bei RdNr. 27, 28. – Einem **Berechtigten,** der mangels entsprechender Ausbildung eine eheangemessene Erwerbstätigkeit nicht aufnehmen kann, obliegt es, sich für eine angemessene Tätigkeit ausbilden, fortbilden oder umschulen zu lassen, wenn ein erfolgreicher Abschluss der Ausbildung zu erwarten ist (§ 1574 Abs. 3; dazu dort RdNr. 20–29). Hierzu hat er auch ein Recht, weshalb ihm für die Zeit der Ausbildung etc. ein Anspruch aus § 1573 Abs. 1 zusteht.[841] Zu den Ausbildungskosten s. RdNr. 65. – Ist das **Scheitern** einer Ausbildung/Fortbildung (dazu auch RdNr. 27) allein oder ganz überwiegend auf das Verhalten des Betroffenen zurückzuführen, sind ihm sowohl beim Bedarf als auch bei Bedürftigkeit und Leistungsfähigkeit fiktive Einkünfte aus einer der angestrebten Qualifizierung entsprechenden Erwerbstätigkeit zuzurechnen. Dies verbietet sich jedoch, wenn der Abbruch der Weiterbildung auf seinem mangelnden Leistungsvermögen oder auf seit ihrem Beginn deutlich verschlechterten Arbeitsmarktchancen beruht.

cc) Selbständigkeit. Gibt ein Ehegatte seine abhängige Arbeit auf und macht sich **selb-** 155
ständig, ist für seine unterhaltsrechtlich maßgeblichen Einkünfte ein strenger Maßstab anzulegen,[842] sodass ihm idR die Berufung auf seine Leistungsunfähigkeit versagt wird.[843] Im Einzelnen gilt:

– Letztlich ist es eine Frage der **Zumutbarkeit,** ob sich ein Verpflichteter selbständig machen durfte. Zum einen muss es ihm zumutbar sein, sich nicht oder nicht zum gegebenen Zeitpunkt selbständig zu machen. Dies kann entscheidend von den Verhält-

[835] OLG Hamm FamRZ 1990, 772, 773 f.; ähnlich OLG Celle FamRZ 1983, 717, 718.

[836] BGH NJW 2008, 1525 = FamRZ 2008, 872, 873 f. [19–22] m. Anm. *Hoppenz*; aA OLG Karlsruhe FamRZ 1983, 931, 932; OLG Schleswig FamRZ 1985, 69; OLG Hamburg DAVorm 1988, 720, 721; OLG Hamm FamRZ 1999, 1013 (LS).

[837] BGH NJW 1980, 2414 = FamRZ 1980, 1113 ff.; NJW 1983, 814 = FamRZ 1983, 140 f.

[838] Zu dieser Einschränkung s. OLG Hamm FamRZ 1996, 863, 864.

[839] BGH NJW 1983, 814 = FamRZ 1983, 140, 141.

[840] OLG Karlsruhe FamRZ 1989, 627, 628 f.

[841] BGH NJW 1984, 1685 = FamRZ 1984, 561, 562; BGHZ 109, 211 = NJW-RR 1990, 323 = FamRZ 1990, 283, 286 (zu § 1361 Abs. 2); s. auch OLG Hamburg FamRZ 1985, 1260, 1261; OLG Celle NJW-RR 1992, 1349 = FamRZ 1992, 569, 570. Offen gelassen – die Tatbestandsvoraussetzungen sowohl aus § 1573 Abs. 1 als auch aus § 1575 waren gegeben – noch von BGH NJW 1980, 393 = FamRZ 1980, 126.

[842] BGH NJW 1983, 814 = FamRZ 1983, 140; NJW-RR 1987, 770 = FamRZ 1987, 372, 374.

[843] Dazu auch OLG Hamm NJW-RR 1990, 964 = FamRZ 1990, 50, 51 (Selbständigkeit eines Hilfsarbeiters nach dem Grundwehrdienst); OLG Köln Urt. v. 16. 12. 2003 – 4 UF 262/02, juris [12] = FamRZ 2005, 215 (LS) (die selbständige Tätigkeit wurde nicht vorgeplant, insbesondere keine Marktanalyse und keine Kalkulation erstellt).

nissen an seiner abhängigen Arbeitsstelle – etwa die wirtschaftliche Lage des Arbeitgebers, die dortige Personalsituation (evt. bevorstehender Personalabbau), Karrierechancen, Betriebsklima – wie auch von aktuellen Markt- und Entwicklungschancen der selbständig begonnenen Erwerbstätigkeit abhängen. Von Bedeutung ist auch das Berufsbild im vom Verpflichteten ausgeübten Beruf; so kann etwa gerade für den Oberarzt an einer Klinik die Niederlassung in eigener Praxis berufstypisch sein, wenn er keine konkreten Aussichten auf eine Chefarztstelle hat.[844] Zum anderen muss für den Verpflichteten auch die Möglichkeit bestehen, Vorsorgemaßnahmen zu ergreifen. Er muss deshalb angesichts seiner vor der Selbständigkeit bestehenden Einkommensverhältnisse und der Zeit, die ihm für die Entscheidung zur Selbständigkeit blieb, in der Lage sein, Rücklagen zu bilden.[845] War ihm dies nicht möglich, muss er über seine beruflich benötigten Darlehen hinaus auch für ein zur Deckung seiner Unterhaltsverpflichtungen erforderliches Darlehen kreditwürdig sein. Letztlich kommt den Belangen des Berechtigten auf Sicherung seines Lebensunterhalts eine ganz maßgebliche Bedeutung zu. Von ihm wird in jedem Fall erwartet werden können, sich für eine Übergangszeit von etwa drei Jahren zu bescheiden und mit einer geringeren Bedarfsdeckung zufrieden zu geben. Ob ihm aber auch noch weitere Einschränkungen zuzumuten sind, kann nur aufgrund einer Abwägung aller erheblichen Umstände des Einzelfalles beurteilt werden.

- Der Ehegatte, der seinen Arbeitsplatz aufgibt, um **Pflegeleistungen** gegenüber den eigenen Eltern zu erbringen, verstößt gegen seine Erwerbsobliegenheiten,[846] weil diese gegenüber dem geschiedenen Ehegatten nachrangig sind (§ 1609 Abs. 1, 2 aF, § 1609 Nr. 6). Ebenso der **ausländische Arbeitnehmer,** der, ohne für den Unterhalt Vorsorge zu treffen, nach der Scheidung in sein Heimatland zurückkehrt,[847] wenn nicht weitere unterhaltsrechtlich beachtliche Umstände dies rechtfertigen.
- Da die Einkünfte aus der selbständigen Tätigkeit nach der Aufgabe einer abhängigen Arbeit aufgrund vorhersehbarer rückläufiger Entwicklung des Arbeitseinkommens in aller Regel zu einer Einschränkung der Leistungsfähigkeit des Verpflichteten und damit zu einer Verschlechterung des Lebensstandards des Berechtigten führen, ist dem Verpflichteten zuzumuten, durch **Vorsorgemaßnahmen,** insbesondere Rücklagenbildung oder Kreditaufnahme, den Unterhalt sicherzustellen;[848] doch werden ihm dies seine finanziellen Verhältnisse nur in wenigen Fällen erlauben.

156 Zeichnet sich ab, dass sich mit der selbständigen Tätigkeit auf absehbare Zeit keine Einkünfte erzielen lassen, mit der der eheangemessene Bedarf des Berechtigten gedeckt werden kann, ist dem Verpflichteten zumutbar, seine selbständige zugunsten einer abhängigen Tätigkeit wieder **aufzugeben.**[849] Doch muss ihm eine ausreichende **Übergangsfrist** von idR nicht unter 3 Jahren zur Beobachtung der Einkommensentwicklung gelassen werden.[850]

157 **dd) Bemühen um die elterliche Sorge.** Ein Ehegatte darf sein Arbeitsverhältnis nicht schon deshalb aufgeben, weil er sich um die Übertragung der elterlichen Sorge für ehe-

---

[844] BGH NJW 1988, 514 = FamRZ 1988, 145, 147.

[845] Missverständlich OLG Celle FamRZ 2007, 1121: Nicht die fehlende Rücklagenbildung kann einem Arbeitslosen, der „ALHi" bezieht, vorgeworfen werden, sondern ungenügende Erwerbsbemühungen, die zur Zurechnung fiktiver Einkünfte geführt hätten, die ihrerseits eine Rücklagenbildung ermöglicht hätten.

[846] AG Weilburg FamRZ 1991, 451, 452.

[847] AA OLG München OLGR 1993, 213 f.

[848] BGH NJW 1982, 1050 = FamRZ 1982, 365, 366 f.; NJW-RR 1987, 770 = FamRZ 1987, 372, 374; NJW 1988, 514 = FamRZ 1988, 145, 147; NJW-RR 1993, 898 = FamRZ 1993, 789, 792 m. Anm. *P. Derleder* FuR 1993, 169; auch OLG Hamm FamRZ 1996, 959, 960; OLG Köln NJW-RR 2006, 1664 = FamRZ 2006, 1756 (LS).

[849] S. etwa OLG Koblenz FamRZ 1985, 812, 813; OLG Naumburg NJW-RR 2008, 138 = FamRZ 2008, 2230 (LS).

[850] OLG Düsseldorf FamRZ 1981, 480, 481; FamRZ 1997, 1078 (Überlegungsfrist von 2 Jahren). Das OLG Köln NJW-RR 1995, 1157, 1158 räumt beim Neubeginn einer selbständigen Tätigkeit eine Anlaufphase von 3 Jahren, das OLG München OLGR 1998, 102 eine solche von 2 Jahren ein. Nach OLG Hamm NJWE-FER 1997, 219 kann eine 4jährige defizitäre Anlaufzeit nicht mehr verlängert werden, nach OLG Koblenz FamRZ 2000, 288 f. ist die Selbständigkeit jedenfalls nach 4 Jahren nachhaltiger Verluste aufzugeben.

gemeinsame Kinder bemüht. Auch während eines **laufenden Sorgerechtsverfahrens** bedarf es keiner Kündigung, um die Ernsthaftigkeit des Sorgerechtsbegehrens darzulegen. Ausreichend sind Darlegungen über Absprachen mit dem Arbeitgeber zur Gestaltung des Arbeitsverhältnisses für den Fall der Sorgerechtsübertragung oder über seine Auflösung. Zu den einem **arbeitslosen** Elternteil obliegenden Erwerbsbemühungen s. RdNr. 146–150. – Wurde dem Ehegatten aber das Sorgerecht **übertragen,** rechtfertigt der Vorrang der Kindesinteressen nach einer Abwägung aller Umstände des Einzelfalles idR die Umgestaltung des Arbeitsverhältnisses[851] bereits dann, wenn die Sorgerechtsübertragung nur vorläufig durch einstweilige Anordnung erfolgte, auch auf die Gefahr hin, dass bei einer anders lautenden abschließenden Sorgerechtsregelung der ehemalige Arbeitsplatz nicht mehr eingenommen werden kann. – Eine geschiedene Ehefrau begeht durch die Betreuung eines **nichtehelichen** Kindes im Umfang des nach § 1570 Zumutbaren wegen Art. 6 Abs. 2 GG keine Obliegenheitsverletzung.[852] Ihre Bedürftigkeit wird auch durch ihren Unterhaltsanspruch gegen den nichtehelichen Vater bestimmt (dazu §1615l RdNr. 52–55). – Eine Erwerbstätigkeit obliegt dem Ehegatten, der ein gemeinsames Kind **gegen** eine ausdrückliche Sorgerechtsentscheidung betreut.[853] Ein Anspruch auf Betreuungsunterhalt besteht bereits dem Grunde nach nicht, weil die Betreuung von § 1570 nicht gedeckt wird (dazu dort RdNr. 30). Je nach der Höhe der zugerechneten Einkünfte kann ein Anspruch auf Aufstockungsunterhalt aus § 1573 Abs. 2 bestehen. – Zu den **Hausmann-Fällen** s. RdNr. 158–162.

ee) Übernahme der Haushaltsführung. Hierzu gilt: 158

– Übernimmt der **Verpflichtete** in nichtehelicher Lebensgemeinschaft[854] oder nach Wiederheirat zur Betreuung eines aus seiner neuen Ehe hervorgegangenen Kindes die Haushaltsführung (Hausmann/-frau), galt bis zum Inkrafttreten des **UÄndG 2007**, dass der Konflikt zwischen den in der neuen Ehe übernommenen Pflichten und den Unterhaltsansprüchen des **geschiedenen Ehegatten,** v. a. wenn sich der Unterhaltsanspruch wegen der Betreuung der gemeinsamen Kinder aus § 1570 ergibt,[855] und der gemeinsamen minderjährigen Kinder nach §§ 1609, 1582 aF zu lösen ist: Zwar kann der Verpflichtete mit seinem neuen Ehegatten die Aufteilung von Erwerbstätigkeit und Haushaltsführung nach § 1356 Abs. 1 vereinbaren. Doch gilt diese Abrede nur im Verhältnis zu seiner neuen Familie und nicht auch zum geschiedenen Ehegatten und darf nicht in unzumutbarer Weise zu dessen Lasten gehen.[856] Der Gleichrang der Berechtigten verwehrt es dem Verpflichteten, sich nach Eingehung der neuen Ehe ohne weiteres auf die Sorge für seine neue Familie zu beschränken. Vielmehr muss er in ihr in gleicher Weise auf die Interessen der erstehelichen Kinder und des geschiedenen Ehegatten Rücksicht nehmen. Dem muss auch sein neuer Ehegatte durch die Übernahme eines Teils der Haushaltsführung Rechnung tragen und die dadurch bedingte verminderte Mitarbeit im Haushalt und die arbeitsbedingte Abwesenheit des Verpflichteten hinnehmen (§ 1356 Abs. 2 S. 2).[857] Danach entfällt die Obliegenheit zu einer zumutbaren Erwerbstätigkeit regelmäßig nicht allein mit der Übernahme der Haushaltsführung in der neuen Ehe;[858] insbesondere dann, wenn er durch seine Erwerbstätigkeit für den Familienunterhalt gesorgt hat, hat er in besonderem Maße auf die

---

[851] BVerfG NJW 1996, 915 = FamRZ 1996, 343, 344.

[852] OLG Hamburg FamRZ 1999, 857, 858.

[853] Das OLG Frankfurt a. M. FamRZ 1995, 234 fasst diesen Sachverhalt unter „Nr. 6 und 7".

[854] BGHZ 147, 19 = NJW 2001, 1488 = FamRZ 2001, 614, 615 aE m. Anm. *Büttner.*

[855] BVerfGE 66, 84 = NJW 1984, 1523 = FamRZ 1984, 346, 348; BVerfGE 68, 256 = NJW 1985, 1211 = FamRZ 1985, 143, 145; BGH FamRZ 1987, 252, 254; NJW 1996, 1815 = FamRZ 1996, 796, 797; BGHZ 147, 19 = NJW 2001, 1488 = FamRZ 2001, 614 f. m. Anm. *Büttner.*

[856] BVerfGE 68, 256 = NJW 1985, 1211 = FamRZ 1985, 143, 145.

[857] BGHZ 75, 272 = NJW 1980, 346 = FamRZ 1980, 43; NJW 1986, 1869 = FamRZ 1986, 668; FamRZ 1987, 252, 253; NJW 1987, 1549 = FamRZ 1987, 472 f.; NJW 1996, 1815 = FamRZ 1996, 796 f.; BGHZ 147, 19 = NJW 2001, 1488 = FamRZ 2001, 614 aE m. Anm. *Büttner.*

[858] Anders aber dann, wenn der in der neuen Ehe den Haushalt führende geschiedene Ehegatte auch wegen der Betreuung der gemeinsamen Kinder aus der geschiedenen Ehe nicht erwerbsoblegen ist, so der Fall des OLG Koblenz FamRZ 1989, 286, 288.

Belange der von ihm abhängigen Berechtigten Rücksicht zu nehmen.[859] – Seit Inkrafttreten des **UÄndG 2007** tritt der Ehegattenunterhalt im Rang hinter den Unterhaltsanspruch minderjähriger und privilegierter volljähriger Kinder zurück (§§ 1582, 1609 Abs. 1 Nr. 1 [**UÄndG 2007**]), was der Gesetzgeber mit der Förderung des Kindeswohls durch Sicherung ihrer materiellen Grundlagen zur Vermeidung von Kinderarmut auch als Ausdruck der gesteigerten Unterhaltsobliegenheit gegenüber den Kindern begründet.[860] Die Schutzbedürftigkeit des Ehegatten ist davon zwar nicht direkt betroffen, doch kommt in dieser gesetzgeberischen Wertung auch die nacheheliche Eigenverantwortung der Ehegatten zum Ausdruck, weshalb sie grundsätzlich weiter auf der Anspruchs- und nicht erst auf der Rangebene zu beurteilen ist. An der Problematik dürfte sich deshalb nichts ändern.

159 – Für den Bedarf des **Berechtigten** bleibt es bei den bei der Scheidung bestehenden Lebensverhältnissen einschließlich der Fortschreibungen aufgrund ihrer Wandelbarkeit. Zu diesen beachtlichen Veränderungen gehören die Eingehung einer neuen Verbindung und insbesondere die Gestaltung ihrer Lebensverhältnisse durch die Partner nicht (anders aber – **Dreiteilung** – der BGH, dazu RdNr. 36). Deshalb ist allein die **Leistungsfähigkeit** des Verpflichteten oder – praktisch selten – die Bedürftigkeit des Berechtigten angesprochen. Sie ist im Einzelfall nach **Zumutbarkeitsgesichtspunkten** unter Beachtung der gesetzlichen Wertung in (§§ 1582, 1609 Abs. 1 Nr. 1 [**UÄndG 2007**] zu beurteilen.[861] Danach gilt:

- Erzielt der neue Ehegatte **keine höheren** Erwerbseinkünfte als der Verpflichtete sie erzielen könnte, ist die gewählte Aufgabenverteilung idR nicht hinzunehmen, weil sie weder zu einer finanziellen Besserstellung der Ehegatten führt noch sonstige erkennbare Vorteile mit sich bringt.[862] Erzielt er keine **wesentlich** höheren Einkünfte, ist dem Verpflichteten die Fortsetzung seiner Erwerbstätigkeit idR weiter zumutbar.[863] Doch ist zu beachten, dass auch sonstige, **nicht wirtschaftliche Gründe** den Rollentausch rechtfertigen können, wenn sie einen erkennbaren Vorteil für die neue Familie bringen.[864]
- Selbst wenn höhere Erwerbseinkünfte des neuen Ehegatten wegen ihres wesentlichen Vorteils für die neue Familie, der den Verzicht auf den Rollentausch unzumutbar macht, die Übernahme der Haushaltsführung durch den Verpflichteten nach einem strengen, auf Ausnahmefälle beschränkten Maßstab rechtfertigen, ist er gehalten, die Haushaltsführung auf das unbedingt erforderliche Maß zu beschränken, die Beeinträchtigung möglichst gering zu halten und wenigstens eine **Nebentätigkeit** – etwa in den Abendstunden oder an den Wochenenden[865] – aufzunehmen, die ihm die ggf. teilweise Erfüllung seiner Barunterhaltspflicht erlaubt, soweit er dadurch nicht im Verhältnis zu anderen, gleichrangigen Verpflichteten unverhältnismäßig belastet wird. Führen die Einkünfte aus einer Nebentätigkeit zu einer Einschränkung seiner Leistungsfähigkeit und damit zu einer Verschlechterung des Lebensstandards der Mitglieder der alten Familie, ist zu prüfen, ob der Verpflichtete zumutbare **Vorsorgemaßnahmen** zur Sicherstellung des Unterhalts der Berechtigten treffen muss.[866]
- Hat der Verpflichtete danach seine Erwerbsobliegenheit verletzt, weil die Rollenwahl nicht hinzunehmen und er auf eine **Vollerwerbstätigkeit** zu verweisen ist,

[859] BVerfG NJW 1996, 915 = FamRZ 1996, 343, 344.
[860] BT-Drucks. 16/1830 S. 23.
[861] OLG Hamm FamRZ 1994, 1461, 1462; OLG Oldenburg NJW-RR 2005, 516 = FamRZ 2005, 1179, 1180.
[862] *Schwab/Borth* IV RdNr. 112 aE.
[863] OLG München FamRZ 1999, 1076, 1077.
[864] BGH FamRZ 1987, 252, 255; NJW 1996, 1815 = FamRZ 1996, 796, 797. S. auch OLG Oldenburg NJW-RR 2005, 516 = FamRZ 2005, 1179, 1181: Der Verpflichtete ist örtlich gebunden, weil er mit Lebensgefährtin und Kind auf einem von dieser ererbten Hausgrundstück kostengünstig lebt, von dort nur mit einem PKW zu seiner aufgegebenen Arbeitsstelle käme, jedoch keine Fahrerlaubnis hat, und für Mütter größere Schwierigkeiten bei der Rückkehr in den früheren Beruf bestehen.
[865] OLG Koblenz NJW-RR 1993, 325 = FamRZ 1993, 1212.
[866] BGH NJW 1996, 1815 = FamRZ 1996, 796, 797.

gilt er in Höhe der aus dieser erzielbaren Einkünfte als leistungsfähig,[867] allerdings mit der Maßgabe und unter Berücksichtigung, dass er für diesen Fall möglicherweise auch den Mitgliedern der neuen Familie gleichrangig barunterhaltspflichtig wäre.

– Die aus einer **Nebentätigkeit** erzielten Einkünfte hat der Verpflichtete in voller Höhe zur Bestreitung seiner Unterhaltsverpflichtung gegenüber dem Berechtigten einzusetzen, ohne sich auf einen Selbstbehalt berufen zu können, der ebenso wie der Bedarf weiterer Familienmitglieder durch die Verpflichtung seines neuen Ehegatten, zum Familienunterhalt beizutragen (§§ 1360, 1360 a), abgedeckt wird.[868] Dies setzt allerdings voraus, dass durch die Erwerbseinkünfte seines Partners der notwendige Bedarf der neuen Familie aus dem Familienunterhalt, der fiktiv in Geld zu rechnen ist und sich wie der nacheheliche Unterhalts eines geschiedenen Ehegatten bemisst, auch tatsächlich **abgedeckt** ist, ansonsten er seine Erwerbseinkünfte zunächst zur Deckung seines notwendigen Bedarfs verwenden kann.[869] 160

– Wenn und soweit der Partner einer nichtehelichen Lebensgemeinschaft dem **Berechtigten** für die von ihm erbrachte Haushaltsführung und Versorgung[870] **keine** ihrem wirklichen Wert entsprechenden Zuwendungen gewährt, muss dieser sich nach dem Rechtsgedanken des § 850 h Abs. 2 ZPO, § 95 Abs. 1 Nr. 1 FamFG gleichwohl eine angemessene Vergütung anrechnen lassen,[871] wenn und soweit der Partner – unter Anlegung eines strengen Maßstabs,[872] dh. unter Wahrung seines notwendigen Selbstbehalts – leistungsfähig ist;[873] zur Beweislast s. RdNr. 139, 141. Ist er **leistungsunfähig,**[874] stellt sich angesichts der wirtschaftlichen Eigenverantwortlichkeit des geschiedenen Ehegatten die Frage nach einer Erwerbsobliegenheit in besonderem Maße;[875] von dem Partner ist dabei eine Mithilfe im Haushalt zu verlangen, um zu vermeiden, dass er kostenlose Leistungen des Berechtigten erhält.[876] 161

– Die **Bewertung** der Versorgungsleistungen richtet sich nach dem wirklichen Wert[877] ihres tatsächlichen Umfangs,[878] der sich auch nach den wirtschaftlichen Verhältnissen des Lebensgefährten bestimmt, nicht nach dem subjektiven Wert für den Partner.[879] Hierzu können Richtsätze, die auf die gegebenen Verhältnisse abstellen und der Lebenserfahrung entsprechen, als Anhalt dienen, soweit nicht im Einzelfall besondere Umstände eine Abwei- 162

---

[867] BGHZ 75, 272 = NJW 1980, 346 = FamRZ 1980, 43; NJW 1982, 175 = FamRZ 1982, 25 f.; NJW 1987, 1549 = FamRZ 1987, 472 f.; NJW 1996, 1815 = FamRZ 1996, 796, 797.

[868] BGHZ 75, 272 = NJW 1980, 346 = FamRZ 1980, 43, 44; NJW 1982, 1592 = FamRZ 1982, 590; OLG Zweibrücken FamRZ 1990, 553, 554; OLG Hamm FamRZ 1994, 1461, 1462. AA OLG Stuttgart FamRZ 1983, 185, 186, das offenbar einen Anspruch auf Bar-Familienunterhalt annimmt und zudem von einem Anspruch auf Vergütung für die Betreuung eines vorehelichen Kindes der neuen Ehefrau ausgeht.

[869] BGH FPR 2004, 27 = FamRZ 2004, 24, 25; OLG Oldenburg NJW-RR 2005, 516 = FamRZ 2005, 1179, 1180.

[870] Das OLG Hamm OLGR 1997, 264, 265 geht von entsprechenden Leistungen nicht aus, wenn der Lebensgefährte verheiratet ist und weiter bei seiner Familie wohnt.

[871] BGH NJW 1980, 124 = FamRZ 1980, 40, 42; NJW 1980, 1686 = FamRZ 1980, 665, 668; FamRZ 1980, 879, 880; NJW 1982, 1050 = FamRZ 1982, 365, 366; NJW 1984, 2358 = FamRZ 1984, 662, 663; BGHZ 93, 123 = NJW 1985, 806 = FamRZ 1985, 273; NJW 1987, 3129 = FamRZ 1987, 689; ausdrücklich aA AG Dortmund FamRZ 1994, 1117.

[872] Keine Leistungsunfähigkeit des Partners bei verfügbarem Einkommen von 1366 DM/Monat (BGH NJW-RR 1987, 1282 = FamRZ 1987, 1011, 1014) oder von 1410 DM (BGH NJW 1989, 1083 = FamRZ 1989, 487, 488).

[873] BGH NJW 1983, 933 = FamRZ 1983, 146, 148; BGHZ 93, 123 = NJW 1985, 806 = FamRZ 1983, 273; NJW-RR 1987, 1282 = FamRZ 1987, 1011, 1013, 1014; NJW 1989, 1083 = FamRZ 1989, 487, 488.

[874] Dies ist keine reine Tatfrage, sondern setzt eine wertende Feststellung voraus, weshalb die Leistungsunfähigkeit nicht „unstreitig gestellt" werden kann, BGH NJW 1989, 1083 = FamRZ 1989, 487, 488.

[875] BGHZ 93, 123 = NJW 1985, 806 = FamRZ 1985, 273, 274 (zum Unterhaltsanspruch eines volljährigen Kindes).

[876] Dazu auch *Wendl/Gerhardt* § 1 RdNr. 472.

[877] BGH NJW 1980, 1686 = FamRZ 1980, 665, 668; NJW 1984, 2358 = FamRZ 1984, 662, 663.

[878] NJW 1989, 1083 = FamRZ 1989, 487, 488 f.

[879] AA wohl OLG Düsseldorf FamRZ 1982, 1076, 1077.

chung bedingen.[880] Dies soll nach dem BGH[881] insbesondere für die Richtlinien und Erfahrungssätze gelten, die zur Bemessung von Schadensersatzrenten bei der **Verletzung oder Tötung von Hausfrauen** entwickelt worden sind (dazu § 844 RdNr. 35–43). Doch sind diese Sätze meist überhöht, weil sie auf die Kosten für die Beschäftigung einer Fachkraft abstellen, die aber idR ohne einen Ersatzanspruch nicht angestellt wird[882] und die der neue Partner allermeist auch gar nicht anstellen würde.[883] Ihre Anwendung kommt deshalb idR nur bei sehr guten finanziellen Verhältnissen des neuen Partners in Betracht, der ohne die Versorgungsleistungen des geschiedenen Ehegatten zu seiner Versorgung tatsächlich eine Haushälterin anstellen würde; doch ist dann schon wieder eher unwahrscheinlich, dass auf deren Anstellung verzichtet würde. Demgegenüber empfiehlt es sich, die Richtsätze der **unterhaltsrechtlichen Leitlinien** der Oberlandesgerichte zum Maßstab zu nehmen und die Höhe der Zuwendung nach § 287 ZPO, § 113 Abs. 1 S. 2 FamFG zu schätzen. Dabei ist auch zu berücksichtigen, dass der Lebensgefährte meist gleichfalls im Haushalt mitarbeitet und so dem Berechtigten geldwerte Zuwendungen erbringt. In einer Partnerschaft, in welcher der Berechtigte den ganzen Haushalt des Lebensgefährten versorgt, werden seine Leistungen mit etwa 400 €/Monat bewertet werden können.[884]

163 **ff) Strafhaft.** Die bei Beendigung einer Erwerbstätigkeit gültigen Grundsätze (dazu RdNr. 151–153) gelten auch, wenn der Ehegatte seinen Arbeitsplatz wegen einer **Straftat** und sich anschließender Strafhaft verloren hat. Die Straftat muss unterhaltsbezogen sein, dh. sich gerade auf die Unterhaltspflicht beziehen, oder die Vorstellungen und Antriebe des straffälligen Ehegatten müssen sich gerade auch auf die Verminderung seiner unterhaltsrechtlichen Leistungsfähigkeit als Folge der Straftat erstreckt haben. Hiervon ist auszugehen, wenn der Verpflichtete seine Unterhaltspflicht gegenüber dem Berechtigten verletzt oder die Straftat dazu geführt hat, dass der Berechtigte (vermehrt) bedürftig geworden ist.[885] Zu einem Verlust des Unterhaltsanspruchs führt deshalb nicht:

Verletzung der Unterhaltspflicht. – Straftat, um sich seiner Unterhaltspflicht zu entziehen. – Vorstellungen und Antriebe für die Straftat erstrecken sich auf die Leistungsunfähigkeit als ihre Folge. – Bedürftigkeit des Berechtigten durch eine gegen sein Vermögen oder einen ihm vorrangigen Verpflichteten gerichtete Straftat.[886]

164 Soweit der Verpflichtete infolge der Haftverbüßung einkommenslos ist, prägt dies die ehelichen Lebensverhältnisse, weil es dem Ehegatten nicht möglich ist, Einkommen zu erzielen. Erzielt er Arbeitsentgelt nach § 43 StVollzG, kann er dies grundsätzlich zur Bestreitung seiner Unterhaltspflicht einsetzen (vgl. § 49 StVollzG), allerdings erst nach Abzug des **Hausgelds,** das ihm zum Einkauf von Nahrungs- und Genussmitteln, von Mitteln der Körperpflege, für Postgebühren etc. zur Verfügung steht (§§ 47, 22 Abs. 1 StVollzG); es hat dem Inhaftierten als Minimum für seine die Unterkunft, Verpflegung und Bekleidung übersteigenden notwendigen Ausgaben des täglichen Lebens zu verbleiben.[887] Hat der Inhaftierte aber vor Antritt der Strafhaft in einer neuen Ehe den Haushalt geführt und kann deshalb dem Berechtigten nicht seinen notwendigen Selbstbehalt entgegenhalten (dazu RdNr. 137, § 1581 RdNr. 16), muss

---

[880] BGH NJW 1979, 1985 = FamRZ 1979, 692; NJW 1980, 124 = FamRZ 1980, 40, 42; NJW 1980, 1686 = FamRZ 1980, 665, 668 f.; NJW 1984, 2358 = FamRZ 1984, 662, 663.

[881] BGH NJW 1984, 2358 = FamRZ 1984, 662, 663; ebenso OLG Düsseldorf FamRZ 1985, 417, 418; OLG Frankfurt a. M. FamRZ 1987, 588; OLG Koblenz NJW 1991, 183 = FamRZ 1991, 944, 945.

[882] *Kalthoener/Büttner/Niepmann* RdNr. 491.

[883] Kritisch auch *Soergel/Häberle* RdNr. 14; wie BGH noch 3. Aufl. 1993 RdNr. 13.

[884] Bsp.: OLG Hamm NJW 1981, 464: 750 DM. – OLG Hamm 1984, 498: 700 DM. – BGH NJW 1984, 297 = FamRZ 1984, 154: Täglich 2½–3 Stunden decken den Mindestbedarf ab. – OLG Düsseldorf FamRZ 1988, 509, 510: 100 DM. – OLG Koblenz FamRZ 1991, 444, 445: 850 DM. – BGH NJW 1991, 1290 = FamRZ 1991, 670, 673: 500 DM nicht beanstandet. – OLG Hamm FamRZ 1993, 1450: 500 DM bei kleiner Wohnung des Lebensgefährten.

[885] BGH NJW 2002, 1799 = FamRZ 2002, 813, 814.

[886] OLG Hamm OLGR 2005, 442, 443 = FamRZ 2005, 1839 (LS): Vermehrte Bedürftigkeit des Berechtigten aufgrund Körperverletzung und psychischen Folgen nach Mordversuch.

[887] BGH NJW 1982, 1812 = FamRZ 1982, 792, 793 f.; NJW 1982, 2491 = FamRZ 1982, 913 f.

er auch das Hausgeld zur Bestreitung des Unterhalts des Berechtigten einsetzen.[888] Stets steht dem Berechtigten das **Überbrückungsgeld** (§ 51 StVollzG) offen, weil auch dieses dem Lebensunterhalt des Berechtigten dient; allerdings erst für die ersten 4 Wochen nach der Entlassung, weshalb der Verpflichtete auch erst nach seiner Entlassung darüber verfügen kann, sodass auch dem Berechtigten erst ab diesem Zeitpunkt der Zugriff offen steht.[889]

c) Nebentätigkeit. V. a. zum Unterhalt minderjähriger Kinder und privilegierter voll- 165
jähriger Kinder wegen der gesteigerten Unterhaltspflicht (§ 1603 Abs. 2 S. 1, 2, dazu dort § 1603 RdNr. 97–118, insbesondere RdNr. 107),[890] aber auch zum Ehegattenunterhalt[891] stellt sich die Frage, ob und inwieweit einem Ehegatten eine **Nebentätigkeit** zumutbar ist, insbesondere wenn der notwendige Bedarf des Berechtigten durch die Erwerbseinkünfte des Verpflichteten nicht vollständig gedeckt werden kann. Sie drängt sich umso mehr auf, als die tarifliche Arbeitszeit oft unter 40 Wochenstunden liegt, im öffentlichen Dienst jedoch zum Teil 41 oder gar 42 Wochenstunden beträgt. Folgendes kann gelten: Eine Nebentätigkeit ist unabhängig davon, ob die tarifliche Wochenarbeitszeit abgeleistet wird, nicht von vornherein unzumutbar.[892] Stets ist auf den Einzelfall abzustellen und die **Zumutbarkeit** nach der **Verhältnismäßigkeit** der zeitlichen, physischen und psychischen Belastung des Verpflichteten zu wahren.[893] Maßgeblich ist,

- ob und ggf. warum eine Nebentätigkeit bereits während des ehelichen **Zusammenlebens** ausgeübt wurde[894] und was sich daran nach Trennung und Scheidung geändert hat;
- wie lange die **Wochen-** und die **Monatsarbeitszeit** (§§ 3, 6 ArbZG) ist;[895]
- die Regelungen des Arbeitszeitgesetzes, sonstige **rechtliche Beschränkungen,** nicht aber arbeitsrechtliche **Nebentätigkeitsverbote,** weil der Arbeitgeber auf die familiären Belange seiner Arbeitnehmer Rücksicht nehmen muss;[896] doch besteht, weil unzumutbar, keine Obliegenheit, gegen die Versagung der Zustimmung gerichtlich vorzugehen;[897]

---

[888] OLG Zweibrücken FamRZ 1990, 553, 554.

[889] BGH NJW 1982, 1812 = FamRZ 1982, 792, 794.

[890] Dazu etwa BGH NJW 2008, 1525 = FamRZ 2008, 872, 874 f. [29–30] m. Anm. *Hoppenz*; OLG Thüringen OLG-NL 2006, 91 = FamRZ 2006, 1299, 1300 (Tätigkeit neben Bezug von Berufsunfähigkeitsrente); KG FamRZ 2006, 1702 f.; OLG Köln NJW 2007, 444 = FamRZ 2007, 1119, 1120; NJW-RR 2007, 291 = FamRZ 2007, 1475, 1476 (insgesamt 48 (!) Std./Woche zumutbar); OLG Naumburg NJOZ 2007, 2004 = FamRZ 2007, 1118, 1119 (aus fiktiver Nebentätigkeit als Zeitungsausträger monatlich 150–200 € zuzurechnen); OLG Karlsruhe FamRZ 2007, 1123 (unter Berücksichtigung der §§ 3, 6 ArbZG Nebentätigkeit von 14 Std./Monat, max. 188 Monatsstunden zumutbar). S. auch AG Bruchsal FamRZ 2007, 415, 416; FamRZ 2007, 1125: Keine Zurechnung von Einkünften aus weiterer Tätigkeit für vollschichtig Erwerbstätigen, dem bereits weitere fiktive Einkünfte aus Nebentätigkeit von 400 €/Monat zugerechnet sind. Das AG Rinteln FamRZ 2007, 1120 f. lehnt – mE zu Unrecht – eine Obliegenheit zur Aufnahme einer Nebentätigkeit auch bei gesteigerter Unterhaltspflicht nach § 1603 Abs. 2 S. 1 ab.

[891] OLG Stuttgart FamRZ 2004, 1380; OLG Oldenburg NJW-RR 2005, 516 = FamRZ 2005, 1179, 1180; OLG Oldenburg FamRZ 2006, 1223, 1224 f.; OLG Saarbrücken Urt. v. 29. 3. 2006 – 9 UF 5/05, juris [188] = FamRZ 2006, 1756 (LS); OLG Zweibrücken Beschl. v. 12. 5. 2006 – 2 WF 103/06, juris [14] = NJW 2006, 1659, 1660 (insoweit nicht abgedruckt); OLG Köln Urt. v. 10. 10. 2006 – 4 UF 29/06, juris [5] = OLGR 2007, 217 (Selbständiger); NJW-RR 2007, 941, 943 = FamRZ 2006, 1756 (LS).

[892] AA OLG München FamRZ 1998, 623; OLG Zweibrücken NJWE-FER 2001, 4, 5 = FamRZ 2001, 103 (LS); nicht ausgeschlossen von BGH NJW 1985, 907 = FamRZ 1985, 360, 362.

[893] BVerfGE 68, 256 = NJW 1985, 1211 = FamRZ 1985, 143, 146; FPR 2003, 479 = FamRZ 2003, 661 f. (Verhältnismäßigkeit); FamRZ 2008, 1403 f.; abzulehnen BGH NJW 2008, 1525 = FamRZ 2008, 872, 874 [29] m. Anm. *Hoppenz*.

[894] BVerfG FPR 2003, 479 = FamRZ 2003, 661 f. (Indiz für die Zumutbarkeit). Ohne Veränderungen behandelt das OLG Hamm FamRZ 2002, 885, 886 Einkommen aus einer offenbar obligaten Nebentätigkeit lediglich zu 50% bedarfsprägend und bedarfsdeckend.

[895] Unzutreffend BGH NJW 2008, 1525 = FamRZ 2008, 872, 875 [31] m. Anm. *Hoppenz,* der übersieht, dass § 3 S. 1 ArbZG die Arbeitszeit auf höchstens 8 Stunden werktäglich, also einschließlich Samstag, beschränkt, mithin eine Wochenarbeitszeit von 48 Stunden zulässt; ebenso KG FamRZ 2003, 1208, 1210, das allerdings eine reale Beschäftigungschance am Wochenende nicht erkennen konnte.

[896] AA etwa OLG Dresden FamRZ 2005, 1584 mwN insbesondere zur Rspr. des BAG; OLG Hamburg FamRZ 2006, 503 (Revision eingelegt, BGH XII ZR 168/05); OLG Naumburg FamRZ 2007, 1038.

[897] OLG Hamburg FamRZ 2003, 1205 f. (LS); OLG Hamm FamRZ 2005, 649; *Christl* FamRZ 2003, 1235, 1239.

– die Lage auf dem **Arbeitsmarkt;**[898]
– aktuelle **Qualifizierungsmaßnahmen** der Agentur für Arbeit;[899]
– **Alter** des Ehegatten; so wird jedenfalls zum nachehelichen Unterhalt einem Verpflichteten nach Erreichen der gesetzlichen **Altersgrenze** nur bei sehr engen finanziellen Verhältnissen noch eine Nebentätigkeit obliegen;[900]
– die **körperliche Beanspruchung** und die konkreten **gesundheitlichen Belastungen** des Ehegatten durch Arbeit und Mehrarbeit;[901]
– auf wie viele **Arbeitstage** die Haupttätigkeit verteilt ist und wie die **Arbeitsumstände** beschaffen sind – Tag-, Nacht-, Schicht-,[902] Sonn- und Feiertagsarbeit, Überstunden; Letztere werden in zumutbarer Weise abgeleistet, wenn sie in nur geringem Umfang anfallen oder das im Beruf des Berechtigten übliche Maß nicht überschreiten[903] und die durch die Trennung oder Scheidung der Ehegatten bewirkten Veränderungen der Lebensumstände keine andere Beurteilung rechtfertigen; ansonsten sind die durch sie erzielten Einkünfte überobligat erarbeitet, sodass sich ihre Anrechnung nach § 1577 Abs. 2 richtet, dazu RdNr. 99, 100);[904]
– die zeitliche **Regelmäßigkeit** des Dienstes;[905]
– **Fahrtweg** und **-zeit;**[906]
– die **familiäre Beanspruchung** des Ehegatten – eigene Haushaltsführung, Kinderbetreuung, Ausübung von **Umgangskontakten** mit Kindern,[907] Pflege von Verwandten –;
– in welchem Umfang danach **Nebeneinkünfte** aus einer Nebentätigkeit erzielt werden können.[908] Da wegen der nachehelichen Eigenverantwortlichkeit der Ehegatten die unterhaltsrechtlichen Obliegenheiten des Verpflichteten geringer und die des Berech-

---

[898] Abzulehnen BGH NJW 2008, 1525 = FamRZ 2008, 872, 875 [31] m. Anm. *Hoppenz,* der ohne weitere Feststellungen von einem „Überangebot an Arbeitssuchenden, das für geringfügige Beschäftigungen zur Verfügung steht," spricht. – Auch gibt es keine „allgemeine Lebenserfahrung…, dass solche Stellen an Arbeitnehmer, die ihre Arbeitskraft schon für 8 Stunden eingesetzt haben, nicht vergeben werden"; weder der BGH noch das von ihm als Beleg angeführte KG (FamRZ 2003, 1208, 1210) sagen, woraus sie ihre allgemeine Lebenserfahrung denn schöpfen. Auch insoweit muss der Betroffene seine Bemühungen darlegen und ggf. beweisen (dazu auch RdNr. 146).

[899] OLG Stuttgart FamRZ 2007, 1763.

[900] Nach OLG Köln FPR 2008, 463 = FamRZ 2008, 1276 kommt generell bei Erreichen der gesetzlichen Altersgrenze keine Nebentätigkeit mehr in Betracht.

[901] Abzulehnen, weil zu großzügig, BGH NJW 2008, 1525 = FamRZ 2008, 872, 874 f. [30] m. Anm. *Hoppenz*: Bürotätigkeit von 7.15 h–16.00 h, bei der „psychisch und intellektuell Leistungen" zu erbringen sind, „Erwerbsfähigkeit gemindert" (in welcher Höhe?), „mehrfach krankengymnastische Behandlung, …, die einigen Zeitaufwand erfordert" (warum?). Aus der Begründung wird nicht klar, wie der BGH denn konkret eine mangelnde Nebenerwerbsfähigkeit begründen will.

[902] Zu § 1603 Abs. 2 S. 1 s. OLG Hamm FamRZ 2006, 952, 953 (im konkreten Fall unzumutbar); OLG Düsseldorf FamRZ 2006, 1701, 1702 (im konkreten Fall zumutbar bei regulärer Arbeitszeit von 37,5 Stunden/Woche: aus Nebentätigkeit 150–200 €/Monat zugerechnet); OLG Naumburg FamRZ 2008, 1274 (LS) (200 €/Monat).

[903] BGH NJW 1980, 2251 = FamRZ 1980, 984; NJW 1981, 170 = FamRZ 1981, 26 (Kranfahrer); NJW 1982, 2664 = FamRZ 1982, 779, 780; NJW 1983, 2321 = FamRZ 1983, 886 (Cheffahrer); NJW 1985, 907 = FamRZ 1985, 360, 362. S. auch OLG Köln FamRZ 1984, 1108, 1109 (bei einem Berufskraftfahrer sind Überstunden berufstypisch); FamRZ 2008, 1657 (Berücksichtigung erheblicher Überstunden, aber auch erheblicher Verschuldung, wegen der die Überstunden geleistet werden, gegenüber volljährigem Kind). Das AG Dieburg FamRZ 1998, 1587 stellt auf die arbeitsschutzrechtliche Zulässigkeit des Arbeitsumfangs ab; doch ist dies allein kein unterhaltsrechtlich beachtlicher Gesichtspunkt. Zum Ganzen eingehend *W. Müller* DAVorm 1987, 81 ff.

[904] Das OLG München NJW 1982, 835 lässt einen Teil der aus Schichtarbeit erzielten Einkünfte anrechnungsfrei.

[905] OLG Oldenburg FamRZ 2006, 1223, 1224 f.

[906] BVerfG FPR 2003, 479 = FamRZ 2003, 661 f.

[907] OLG Oldenburg FamRZ 2006, 1223, 1225.

[908] BGH FamRZ 1979, 210, 211; BGH NJW 1982, 1986 = FamRZ 1983, 152, 153; OLG Frankfurt a. M. FamRZ 1984, 176, 177 (Nebentätigkeit eines Sonderschullehrers als Logopäde); OLG Stuttgart FamRZ 1995, 1487, 1488 (Nebentätigkeit als Diskjockey bei Überstunden im Hauptberuf, wenn der Unterhalt den Mindestbedarf übersteigt); OLG München FamRZ 1998, 623 (Nebentätigkeit bei voller Erwerbstätigkeit nur bei Schichtarbeit zumutbar).

tigten höher ausfallen als gegenüber einem minderjährigen Kind, kann dem Verpflichteten nur **ausnahmsweise** eine Nebentätigkeit angesonnen werden.[909] So etwa dann, wenn sich durch die Trennung und Scheidung die wirtschaftliche Lage des Berechtigten stark verschlechtert hat und ihm auch bei Anwendung strenger Kriterien keine ggf. zusätzliche Erwerbstätigkeit zugemutet werden kann. – Auch **Selbständigen** ist eine Nebentätigkeit zumutbar, wenn sie aus ihrer selbständigen Tätigkeit nicht ausreichende Einkünfte erzielen und nicht ohnehin auf deren Aufgabe und die Ausübung einer abhängigen Erwerbstätigkeit verwiesen werden (dazu auch RdNr. 155, 156). – Letztlich geht es darum, **welche** Nebentätigkeit einem Ehegatten zugemutet werden kann.[910] Verwiesen werden kann er nur auf eine angemessene Nebentätigkeit (dazu § 1574 RdNr. 3–19). – Die **Darlegungs-** und **Beweislast** für die Unzumutbarkeit und die Erlangbarkeit einer Nebentätigkeit obliegt dem Ehegatten, der sich hierauf beruft.

- welchen zusätzlichen Zeitaufwand das Erzielen von **Erschwerniszulagen**[911] und **Erfindervergütungen** erfordert;
- die **wirtschaftlichen Verhältnisse** des Berechtigten, also wie sein Bedarf auch ohne zusätzliche Einkünfte des Verpflichteten aus einer Nebentätigkeit gedeckt ist und was ihm ggf. noch an Zusatzarbeit abverlangt werden kann.

3. Erhaltung und Wiederherstellung der Erwerbsfähigkeit. Verliert ein Ehegatte 166
seinen Arbeitsplatz **krankheitsbedingt** oder ist er krankheitsbedingt nicht in der Lage, eine Erwerbstätigkeit aufzunehmen, führt er seine Bedürftigkeit nicht herbei. Doch muss er seine Erwerbsfähigkeit durch geeignete und zumutbare Maßnahmen **wiederherstellen**. Dazu ist maßgeblich darauf abzustellen, ab wann ihm die Erkenntnis über die Art der Erkrankung und das Nichtergreifen von Therapie- und Rehabilitationsmaßnahmen zugerechnet werden kann.[912] Stets muss er aber trotz seiner Krankheit in der Lage sein, seine Behandlungsbedürftigkeit zu erkennen und nach dieser **Erkenntnis** auch zu handeln.[913] Allerdings ist Zurückhaltung angebracht, weil dieser Bereich stark von psychologischen und psychischen Gegebenheiten des Kranken geprägt ist und es letztlich allein in seiner Entscheidung liegt, ob er sich etwa einer Operation unterzieht; sie ist idR zu respektieren. Nur wenn aus objektiver Sicht unter Beachtung aller individuellen Umstände die Entscheidung nicht mehr verständlich erscheint, kann in ihr ausnahmsweise eine Obliegenheitsverletzung gesehen werden. Kann eine solche schon nicht angenommen werden, liegen auch die Voraussetzungen von §§ 1579 Nr. 4, 242 (dazu auch § 1579 RdNr. 28) nicht vor. – Ist die Krankheit die Folge eines fehlgeschlagenen **Selbstmordversuchs**[914] oder eines selbstverschuldeten **Unfalls,**[915] ist für die Mutwilligkeit zudem auf die Eigenverursachung abzustellen. **Unvorsichtigkeiten,** etwa beim Sport oder im Straßenverkehr, reichen grundsätzlich nicht aus,[916] doch kann Mutwilligkeit bei Ausübung einer gefährlichen und verletzungsanfälligen **Sportart** (etwa Boxen) vorliegen. – Bei einer **Unterhaltsneurose** fehlt es meist bereits an einem Anspruch (dazu § 1572 RdNr. 3), sodass es des Rückgriffs auf eine Obliegenheitsverletzung

---

[909] S. etwa OLG Stuttgart FamRZ 2004, 1380: Keine Nebentätigkeit zumutbar bei 50 Wochenarbeitsstunden und Einkünften des Berechtigten über dem angemessenen Bedarf (1100 € zu 1220 €). – Nach OLG Köln Urt. v. 26. 9. 2006 – 4 UF 70/06, juris [9, 10] (zum Kindesunterhalt) sind 48 Wochenarbeitsstunden zumutbar. Dies bedeutet eine 6-Arbeitstage-Woche zu je 8 Stunden/Tag. Mehr wird nicht verlangt werden können, die 48 Wochenstunden aber auch nur, wenn sich alle übrigen zu berücksichtigenden Umstände für den Verpflichteten positiv gestalten.

[910] OLG Naumburg Urt. v. 6. 11. 2003 – 14 UF 143/03, juris [23]; Urt. v. 17. 8. 2006 – 4 UF 10/06, juris [29]; Urt. v. 26. 10. 2006 – 4 UF 33/06, juris [35] (jeweils zum Kindesunterhalt bei gesteigerter Erwerbsobliegenheit: Austragen von Zeitungen, Zeitschriften, Werbeprospekten an Wochenenden).

[911] AG Herne-Wanne FamRZ 1988, 502: Anrechnung zu 2/3.

[912] BGH NJW 1987, 1554 = FamRZ 1987, 359, 361; s. auch KG FamRZ 2002, 460, 462.

[913] BGH NJW 1981, 2805 = FamRZ 1981, 1042, 1044; s. auch OLG Frankfurt a. M. FamRZ 1985, 1043, 1044; KG FamRZ 2002, 460, 462 OLG Hamm NJW-RR 2003, 510, 511 = FamRZ 2003, 876 (LS).

[914] BGH NJW-RR 1989, 1218 = FamRZ 1989, 1054, 1056 f.

[915] BGH Beschl. v. 9. 12. 1981 – IVb ZR 669/80, zitiert bei *Lohmann* RdNr. 75.

[916] *Palandt/Brudermüller* RdNr. 18; aA *Schuhmacher* MDR 1976, 884.

grundsätzlich nicht bedarf.[917] Hat die seelische Störung dennoch einen beachtlichen Krankheitswert, ist sie aber nicht so übermächtig, dass der betroffene Ehegatte sie nicht aus eigener Kraft oder mit ärztlicher Hilfe auch nach der Aberkennung des Unterhaltsanspruchs überwinden könnte,[918] verletzt er seine Obliegenheit zur Wiederherstellung seiner Erwerbsfähigkeit.[919] – Für einen **Alkoholabhängigen** kommt es insbesondere darauf an, inwieweit er die Folgen für seinen Arbeitsplatz und seine Erwerbsfähigkeit hätte voraussehen und entsprechend dieser Einsicht handeln können.[920] An einer Obliegenheitsverletzung wird es aber etwa dann fehlen, wenn der betroffene Ehegatte nach Schicksalsschlägen zu trinken begann.[921] Dagegen ist bei **Drogen-** und **Tablettensucht**[922] idR von einer Obliegenheitsverletzung bereits zu Beginn der Drogensucht auszugehen, weil die dadurch indizierten gesundheitlichen Gefahren allgemein bekannt sind; nicht aber, wenn der Berechtigte unbewusst und ungewollt von Dritten süchtig gemacht wurde. Immer aber obliegt es dem Süchtigen, sich einer **Entziehungskur** und **Suchttherapie** zu unterziehen. Dies zu unterlassen ist idR leichtfertig, es sei denn, nach sachverständiger Beratung ist davon auszugehen, dass der Berechtigte schon so schwer erkrankt ist, dass er nicht mehr einsichtsfähig oder nicht mehr fähig ist, nach dieser Einsicht zu handeln.[923] Bricht der Berechtigte eine Entziehungskur aus Willensschwäche ab, handelt er bei Einsichtsfähigkeit in seine Krankheit und die Folgen seines Handelns idR vorwerfbar,[924] weil er mit seinen Möglichkeiten zur Lebensgestaltung stets für das mitverantwortlich ist, was er aus sich macht.[925] – Im Allgemeinen wird man nicht den Weg über **§ 1579 Nr. 4** gehen müssen, weil sich die obliegenden Bemühungen bereits aus §§ 1573 Abs. 1, 1574 Abs. 3 ergeben. Nur wenn fehlende Erwerbsbemühungen tatsächlich aussichtslos wären, bedarf es des Rückgriffs auf § 1579 Nr. 4 dann, wenn frühere Erwerbsbemühungen zu einer Arbeitsstelle geführt hätten und deren jetzige Nutzlosigkeit ursächlich darauf zurückzuführen ist (dazu auch § 1573 RdNr. 8–10).

167 **4. Arbeitsrechtliche Abfindungen.** Ein Ehegatte verstößt mit der Annahme einer Abfindung für freiwilliges Ausscheiden aus dem Betrieb seines Arbeitgebers nur dann nicht gegen seine Erwerbsobliegenheit, wenn er dadurch einer ansonsten sicher drohenden betriebsbedingten Kündigung ohne oder gegen eine **geringere** Abfindung zuvorkommt. Eine **betriebsbedingte Kündigung** mit Anspruch auf Abfindung muss er einer Eigenkündigung vorziehen,[926] und stets muss er eine ihm zustehende Abfindung **verlangen** und ggf. arbeitsgerichtlich geltend machen. Zu den arbeitsrechtlichen Abfindungen s. auch RdNr. 91. – Der Ehegatte muss die Abfindung vornehmlich zur Wahrung des bisherigen Lebensstandards bis zum ggf. vollständigen Verbrauch zur Bestreitung seiner Unterhaltspflicht einsetzen[927] und darf lediglich den danach verbliebenen Restbetrag zur **Schuldentilgung** verwenden.[928]

---

[917] AA OLG Hamburg FamRZ 1982, 702; OLG Düsseldorf FamRZ 1990, 68, 69; 3. Aufl. RdNr. 24.

[918] Zum Ganzen BGHZ 91, 105 = NJW 1984, 1816 = FamRZ 1984, 660, 661.

[919] OLG Düsseldorf NJW-RR 1989, 1157 = FamRZ 1990, 68, 69 sieht § 1579 Nr. 7 verwirklicht.

[920] Ähnlich BGH NJW 1987, 1554 = FamRZ 1987, 359, 361 (Vorstellungen und Antriebe haben sich unterhaltsbezogen auf die Bedürftigkeit als Folge des Alkoholsmissbrauchs erstreckt); OLG Bamberg FamRZ 1988, 525, 526 (verneint für einen Langzeitabhängigen, der ohne Erfolg Therapien durchlaufen hat); FamRZ 1998, 370 f. (verneint bei anlagebedingter Charakterschwäche); OLG Köln FamRZ 1999, 237 f.; OLG Zweibrücken NJOZ 2007, 3547 = FamRZ 2007, 2073, 2075; aA OLG Düsseldorf FamRZ 1981, 1177, 1179; im Ergebnis ebenso OLG Naumburg FamRZ 2007, 472. OLG Celle FamRZ 1998, 1614 stellt lediglich auf den Krankheitswert der Alkoholabhängigkeit ab; doch ist dieser allein nicht aussagekräftig.

[921] BGH NJW 1981, 2805 = FamRZ 1981, 1042, 1044 (wegen ehebedingter Konfliktsituationen und nach einem Selbstmord eines Verwandten, wegen dem er sich Vorwürfe macht); OLG Hamm NJW-RR 1996, 963 = FamRZ 1996, 1017 (nach Krebsoperation aus Angst vor erneuter Tumorbildung).

[922] Zu Letzterer etwa OLG Hamm FamRZ 1994, 1037 f.

[923] BGH NJW 1981, 2805 = FamRZ 1981, 1042, 1044; auch OLG Frankfurt a. M. FamRZ 1985, 1043, 1044; OLG Schleswig OLGR 1997, 11 = FamRZ 1997, 1016 (LS); OLG Brandenburg FamRZ 2007, 72.

[924] KG FamRZ 2001, 1617, 1618; aA BGH NJW 1988, 1149 = FamRZ 1988, 375, 377.

[925] BVerwG NJW 1980, 1347, 1348.

[926] OLG Hamm Urt. v. 4. 11. 2004 – 3 UF 555/01, juris [33] = NJW 2005, 297 (insoweit nicht abgedruckt) = FamRZ 2005, 1276 (LS).

[927] AA BGH NJW 1987, 1554 = FamRZ 1987, 359, 360; NJW 1990, 709 = FamRZ 1990, 269, 271.

[928] Dazu BGH NJW-RR 2005, 945 = FamRZ 2005, 967, 968.

Dies gilt auch bei beengten finanziellen Verhältnissen, insbesondere wenn dem Verpflichteten nur der „billige Selbstbehalt" iSd. § 1581 S. 1 verbleibt. Der Verbrauch der Abfindung ist dem Ehegatten aber nicht vorwerfbar, wenn er mit der Inanspruchnahme auf nachehelichen Unterhalt nicht rechnen[929] oder zu billigende Investitionen tätigen musste.[930]

5. Steuervorteile. Die Obliegenheit, auch nachehelich auf die finanziellen Belange des anderen Ehegatten Rücksicht zu nehmen, gebietet den Ehegatten, Steuervorteile auszunutzen. Es gilt: Lässt sich ein Ehegatte keine **Freibeträge**[931] auf der Lohnsteuerkarte eintragen,[932] ist deshalb der mögliche steuerliche Vorteil ggf. auch bedarfsprägend zu berücksichtigen, wenn sonst der notwendige Bedarf des Berechtigten nicht befriedigt werden kann; i. Ü. ist dem Berechtigten idR zumutbar, den Rückfluss aus dem Steuerausgleich im Folgejahr abzuwarten. – Führt ein Ehegatte keinen **Jahressteuerausgleich** oder diesen zeitlich verzögert durch und besteht hierfür kein nachvollziehbarer Grund, ist ihm der fiktive Steuerrückerstattungsbetrag für das Jahr bedarfsbildend und bei der Bedürftigkeit/Leistungsfähigkeit zuzurechnen, in dem die Rückerstattung hätte fließen können.[933] – Das **Realsplitting** (§ 10 Abs. 1 Nr. 1 EStG: bis zu einem Unterhaltsbetrag 13 805 €/Jahr) ist in Anspruch zu nehmen, die Ehegatten sind zur Mitwirkung hieran verpflichtet (dazu auch § 1569 RdNr. 15).[934] Dem Verpflichteten obliegt der Eintrag eines Freibetrags jedoch nur, wenn und soweit der Unterhaltsbetrag zwischen den Ehegatten nicht mehr im Streit steht, also anerkannt oder rechtskräftig festgestellt ist oder aber freiwillig bezahlt wird;[935] ggf. ist ein zwischen den Ehegatten unstreitiger Sockelbetrag einzutragen.[936] Eine Titulierung in einer einstweiligen Anordnung, einem nur sie ersetzenden, nicht auch den Unterhaltsanspruch in der Hauptsache erledigenden Vergleich oder in einem vorläufig vollstreckbaren Urteil reicht danach für die Annahme einer Obliegenheit nicht aus.[937] Ist der Berechtigte nicht unbeschränkt einkommensteuerpflichtig (§ 1 EStG), hat der Verpflichtete die Unterhaltsleistung als **außergewöhnliche Belastung** (§ 33 a Abs. 1 EStG: bis zu einem Unterhaltsbetrag von 7680 €/Jahr) steuermindernd geltend zu machen. – Für die Annahme einer Obliegenheitsverletzung reicht der vom davon begünstigten Ehegatten **vorgetragene** Umstand aus, dass steuerliche Vorteile nicht realisiert worden sind. Der betroffene Ehegatte muss dann Umstände darlegen und beweisen, die den Vorwurf einer Obliegenheitsverletzung ausräumen. – Zur Wahl der Stkl. 4 in der **Folgeehe** s. RdNr. 29. 168

[929] OLG Frankfurt a. M. OLGR 1996, 100, 101.

[930] OLG Schleswig OLGR 1997, 109, 110; OLG München FamRZ 1998, 559 (Arbeitsmittel für die Wiedereingliederung in das Berufsleben).

[931] Dazu BGH NJW-RR 1999, 297 = FamRZ 1999, 372, 374; OLG Bamberg FamRZ 1987, 1031, 1032 (stets Obliegenheit zum Eintrag eines Freibetrags); OLG Hamburg FamRZ 1991, 196 ff.; NJW-RR 1993, 647 = FamRZ 1992, 1308 (verweist den Verpflichteten bei hohen Werbungskosten auf die Eintragung eines Freibetrags).

[932] Die unterlassene Versteuerung nach der Splittingtabelle nach Wiederheirat (dazu 4. Aufl. RdNr. 22) ist keine Fallgestaltung einer Obliegenheitsverletzung mehr, nachdem der Splittingvorteil ohnehin der neuen Familie vorbehalten ist (dazu aber auch RdNr. 28, 29).

[933] Dazu auch OLG Koblenz FamRZ 1999, 516, 517; OLG Hamm OLGR 2001, 47 = FamRZ 2001, 482 (LS) (verlangt wird Unterhaltsbezogenheit).

[934] OLG Schleswig OLGR 1999, 424, 425 = FamRZ 2000, 825 (LS) (Obliegenheit zur Ausschöpfung steuerlicher Möglichkeiten: Geltendmachung des begrenzten Realsplittings + Ausbildungsaufwendungen für Kinder, die das 27. Lebensjahr vollendet haben).

[935] BGH NJW-RR 1999, 297 = FamRZ 1999, 372, 374 f.; BGHZ 171, 206 = NJW 2007, 1961 = FamRZ 2007, 793, 797 [40, 43]; NJW 2007, 1969 = FamRZ 2007, 882, 885 [28] m. Anm. *Born*; NJW 2007, 2628 = FamRZ 2007, 1232, 1234 [19] m. Anm. *Maurer*; BGHZ 175, 182 = NJW 2008, 1663 m. Anm. *Born* = FamRZ 2008, 968, 971 [38] m. Anm. *Maurer*; ähnlich OLG Düsseldorf FamRZ 1991, 192, 193 (LS Nr. 3; im Text nicht abgedruckt); OLG Schleswig OLGR 1999, 424, 425 = FamRZ 2000, 825 (LS); OLG Hamm FamRZ 1999, 851 (LS) (Nr. 547); AG Wennigsen FamRZ 2006, 1205.

[936] OLG Düsseldorf Urt. v. 22. 12. 2005 – 4 UF 180/05, juris [29].

[937] Zur Parallelität mit dem Außerkrafttreten einer einstweiligen Anordnung (erst) durch ein rechtkräftiges Urteil s. BGHZ 143, 65 = NJW 2000, 740 = FamRZ 2000, 751, 752.

169 **6. Regelaltersrente. Vorgezogene Altersrente. Vorruhestand. Altersteilzeit.** Ein **unselbständig** Erwerbstätiger kann mit Erreichen der **Regelaltersgrenze** von 65 Jahren bzw. in Zukunft bis 67 Jahren in den Ruhestand (§ 35 SGB VI, § 25 Abs. 1 BRRG, § 41 Abs. 1 BBG, § 48 DRiG; s. dazu auch § 1571 RdNr. 3), ohne dass ihm eine Obliegenheitsverletzung vorgeworfen werden könnte.[938] – Für **freiberuflich** und **selbständig** Erwerbstätige kann unabhängig davon, ob sie (auch) Regelaltersruhegeld nach den sozialversicherungs- oder beamtenrechtlichen Vorschriften beziehen, eine Erwerbsobliegenheit über die Regelaltersgrenze hinaus bestehen.[939] Doch muss dann die soziale Wirklichkeit für eine Fortsetzung der Tätigkeit über die Regelaltersgrenze hinaus sprechen, was insbesondere bei Rechtsanwälten, Wirtschaftprüfern, Steuerberatern, Ärzten, Versicherungsagenten etc. in Betracht kommen kann. Sie ist jedenfalls dem Ehegatten zumutbar, der keine ausreichende **Altersvorsorge** betrieben hat,[940] obwohl er die Möglichkeiten dazu gehabt hätte.

170 Den Ehegatten ist der Bezug einer **vorgezogenen Altersrente** allein wegen des Erreichens der vorgezogenen Altersgrenze (für in der gesetzlichen Rentenversicherung Versicherte: vollendetes 62. Lebensjahr, § 36 SGB VI, 60. Lebensjahr für schwerbehinderte Menschen und für langjährig unter Tage beschäftigte Versicherte, §§ 37 S. 2, 40 SGB VI; für Beamte und Richter gilt idR das vollendete 63. Lebensjahr, etwa § 42 Abs. 4 Nr. 2 BBG, mit Sonderregelungen etwa für Soldaten und Polizeibeamte) verwehrt, weil sie kein taugliches Kriterium für das Entfallen einer Erwerbsobliegenheit ist und diese nicht beseitigt.[941] Von der weiter fortbestehenden Erwerbsobliegenheit sind nur insoweit Ausnahmen zu machen, als der Eintritt in den Ruhestand **krankheits-** oder **betriebsbedingt** war. Im letzteren Fall sind dann jedoch vom Arbeitgeber bezahlte Abfindungen zu berücksichtigen. – Bei Zurruhesetzung mit Erreichen einer vorgezogenen Regelaltersgrenze trifft einen Ehegatten dann eine Erwerbsobliegenheit, wenn sie in einem **Alter** erfolgt, in dem regelmäßig noch einer Erwerbstätigkeit nachgegangen wird und eine solche dem Betroffenen auch zumutbar ist. Ihm obliegt dann eine Tätigkeit, mit der er zusammen mit seinen Ruhestandsbezügen sein ursprüngliches Einkommensniveau aus aktiver Zeit erreicht.[942]

171 Bis zum 14. 2. 1996 konnte ein Arbeitnehmer in **Vorruhestand** gehen und eine Altersrente wegen Arbeitslosigkeit beantragen, wenn er das 55. Lebensjahr vollendet hatte und, ggf. auch infolge vertraglicher Aufhebung seines Arbeitsverhältnisses mit Abfindung, ohne Beschäftigung war. Die unterhaltsrechtliche Fragestellung hat sich durch diese zeitliche Befristung der Antragstellung nicht erledigt, weil der Eintritt in den Vorruhestand Dauerwirkungen hinsichtlich der Regelaltersrente entfaltet. Ob der Eintritt in den Vorruhestand unterhaltsrechtlich hinzunehmen ist, ist eine Frage der Zumutbarkeit für beide Ehegatten, für welche die arbeitsmarktpolitische Zielsetzung des Vorruhestands wie auch der Altersteilzeit (dazu RdNr. 172) unerheblich ist.[943] Sie erfordert eine umfassende Interessenabwägung anhand der sachlichen Gegebenheiten,[944] die sich insbesondere an ihren persönlichen Verhältnissen – etwa den Folgen, wenn der Verpflichtete das Angebot des Arbeitgebers nicht annimmt (meist Kündigung aus betriebsbedingten Gründen ohne Abfindung; Versetzung an einen anderen Ort), Gesundheitszustand etc. –, den konkreten finanziellen Auswirkungen

---

[938] OLG Köln OLGR 2007, 217 (auch zur Zumutbarkeit einer Nebentätigkeit in Form der Haushaltsführung für einen neuen Lebenspartner); OLG Düsseldorf NJW-RR 2007, 1157 = FamRZ 2007, 1817 (nicht vorhersehbare Fortsetzung der Tätigkeit als angestellter Geschäftsführer nach Eintritt ins Rentenalter); OLG Schleswig FamRZ 2007, 1904 (bei gesteigerter Unterhaltspflicht nach § 1603 Abs. 2 S. 1 Erwerbsobliegenheit im Mangelfall).

[939] OLG Hamburg FamRZ 1985, 394, 396; *Soergel/Häberle* § 1571 RdNr. 4; aA ohne jede weitere Differenzierung OLG Hamm NJWE-FER 1997, 26 = FamRZ 1997, 883, 884.

[940] OLG Köln OLGR 2007, 217.

[941] BGH NJW 1999, 1547 = FamRZ 1999, 708, 709 f. (zu § 1571; dazu auch dort RdNr. 4); OLG Celle FamRZ 1994, 517; OLG Hamm NJW 1999, 2976 = FamRZ 1999, 1078 f.; FamRZ 1999, 1079.

[942] BGH NJW-RR 2004, 505 = FamRZ 2004, 254, 255, 256 (Strahlenflugzeugführer bei der Luftwaffe wird mit 41 Jahren pensioniert: Erwerbstätigkeit zur Erhaltung des bisherigen Niveaus seines Erwerbseinkommen ist zumutbar).

[943] OLG Saarbrücken NJW 2007, 520 = FamRZ 2007, 1019 f.

[944] OLG Koblenz NJW-RR 2008, 1030 = FamRZ 2008, 2281.

sowie daran ausrichtet, ob die Ehegatten die Entscheidung für den Vorruhestand gemeinsam getroffen haben oder die Entscheidung des Verpflichteten vom Berechtigten jedenfalls hingenommen wurde.[945]

Bsp. aus der Rspr.: OLG Celle OLGR 1998, 84, 85: Verpflichteter war nach 15-jähriger Zugehörigkeit zum öffentlichen Dienst unkündbar, er hat die Entscheidung für den Ruhestand trotz der besonderen Pflegebedürftigkeit der Berechtigten und der damit verbundenen Kosten allein getroffen. – **OLG Hamm NJW 1999, 2976 = FamRZ 1999, 1078 f.:** Kein Vorruhestand für gesundheitlich nicht beeinträchtigten 56 jährigen Jugendwart. – **OLG Koblenz FamRZ 2004, 1573:** Vorruhestand muss auch im Verhältnis zum Berechtigten angemessen sein. – **OLG Zweibrücken Urt. v. 18. 11. 1997 – 5 UF 79/96, juris [48] = FPR 1999, 115:** Nicht problematisiert. – **OLG Zweibrücken NJW-RR 2007, 222 (insoweit nicht abgedruckt) = FamRZ 2007, 470, 471:** Angesprochen, wegen Inbezugnahme des angefochtenen familiengerichtlichen Urteils aber nicht näher erörtert.

Dasselbe gilt für die an die Stelle der Vorruhestandsregelung getretene **Altersteilzeit,**[946] 172
die ein Arbeitnehmer nach dem Altersteilzeitgesetz ab vollendetem 55. Lebensjahr mit seinem Arbeitgeber vereinbaren kann.

Bsp. aus der Rspr.: OLG Hamm NJW 1999, 2976 = FamRZ 1999, 1078 f.: Keine Altersteilzeit für gesundheitlich nicht beeinträchtigten 56 jährigen Jugendwart. – **OLG Hamm FamRZ 1999, 1079:** Die freiwillige Beendigung des Arbeitsverhältnisses durch die Vereinbarung von Altersteilzeit verstößt in aller Regel gegen die unterhaltsrechtliche Erwerbsobliegenheit. – **OLG Koblenz FamRZ 2000, 610:** Keine unterhaltsbezogene Mutwilligkeit, wenn Unterhalt weiter auf relativ hohem Niveau sichergestellt ist. – **OLG Hamm NJW-RR 2001, 433, 434 = FamRZ 2001, 482 (LS):** Altersteilzeit wurde hingenommen: Die Niederlassung, in welcher der Verpflichtete beschäftigt war, wurde geschlossen, keine anderweitige Beschäftigungsmöglichkeit im Betrieb; alternatives Angebot: sofortige Entlassung mit Abfindung; gesundheitliche Beeinträchtigung. – **OLG Hamm FamRZ 2001, 1476:** Zur gesteigerten Unterhaltspflicht nach § 1603 Abs. 2 S. 1: Halbierung des Einkommens durch Altersteilzeit ohne hinreichenden gesundheitlichen Grund ist unterhaltsbezogen leichtfertig. – **OLG Köln FamRZ 2003, 602, 603:** Altersteilzeit muss durch Gesundheitsbeeinträchtigungen mit krankheitsbedingter Minderung der Erwerbsfähigkeit gerechtfertigt sein. – **OLG Koblenz NJW-RR 2004, 938:** Keine unterhaltsrechtlich anerkennenswerten Gründe, wie etwa ein ansonsten drohender Arbeitsplatzverlust wegen gesundheitlicher Beeinträchtigungen. – Zu großzügig **AG Hannover FamRZ 2004, 1495:** Altersteilzeit ist hinzunehmen, weil der Betroffene „der älteste Arbeitnehmer in seiner Abteilung war, und weil er einen anstrengenden Arbeitsplatz in einem stressigen Wirtschaftszweig, der Automobilindustrie, hatte". – **OLG Oldenburg NJW 2004, 1051 = FamRZ 2004, 1211 f.:** „VW-Zeitwertpapiere" zur Ermöglichung späterer Altersteilzeit ist Vermögensbildung und vermindert nicht das unterhaltsrechtlich relevante Einkommen. – **KG Urt. v. 17. 6. 2005 – 25 UF 101/04, juris [45]:** Wirtschaftlich günstiges Modell zur Berechnung der Einkünfte in Altersteilzeit. – **OLG Hamm NJW 2005, 161, 162 = FamRZ 2005, 1177 (LS):** Altersteilzeit kann als unterhaltsbezogene Leichtfertigkeit gewertet werden, wenn es für eine derartige Verringerung der Arbeitszeit keine triftigen Gründe gegeben hat. – **AG Landau FamRZ 2007, 1018 f.:** Psychischer Druck im Betrieb rechtfertigt jedenfalls dann, wenn lediglich Aufstockungsunterhalt geschuldet wird, die Vereinbarung von Altersteilzeit. – **OLG Saarbrücken NJW 2007, 520 = FamRZ 2007, 1019, 1020:** Leistungsfähigkeit darf nicht durch Inanspruchnahme der lediglich aus arbeitsmarktpolitischen Gründen eingeführten Altersteilzeit eingeschränkt werden.

---

[945] OLG Celle OLGR 1998, 84, 85: Die Eheprägung des Eintritts in den Vorruhestand nach Trennung hängt davon ab, ob dies bereits vor der Trennung geplant war.

[946] Der Aufstockungsbetrag nach § 3 Abs. 1 Nr. 1 Buchst. a ATG ist auf die Zeit der Altersteilzeit und nicht auf die Zeit bis zur Vollendung des 65. Lebensjahres zu verteilen, aA AG Stuttgart FamRZ 2004, 1379 (LS).

173 **7. Umzug.** Die Frage nach der Obliegenheit eines Ehegatten für einen Umzug stellt sich in doppelter Hinsicht: Zum einen in Bezug auf die räumliche Ausdehnung seiner **Erwerbsbemühungen** (dazu RdNr. 149), zum anderen wegen der Berücksichtigung **berufsbedingter Aufwendungen** (dazu RdNr. 59–63). Im Zusammenhang mit Letzteren (zur Obliegenheit zum Umzug s. auch RdNr. 59) kann dem Ehegatten v. a. bei hohen Aufwendungen für die Fahrt zur Arbeit infolge einer langen Anfahrt obliegen, seinen Wohnort in deren Nähe zu verlegen.[947] Dabei sollten folgende Umstände berücksichtigt werden: Die **Einkommens**- und **Vermögensverhältnisse** der Ehegatten, sodass bei guten finanziellen Verhältnisse ohnehin kein Anlass für eine Korrektur besteht, die nur in Betracht kommen sollte, wenn der notwendige Bedarf beider Ehegatten, ggf. auch der billige Bedarf des Verpflichteten nicht gewahrt wird. – **Soziale Bindungen** am bisherigen Wohnort, insbesondere zu einem Kind und einem neuen Lebensgefährten.[948] – **Gesundheitliches** Befinden des Ehegatten.[949] – **Mietkosten** am Wohn- und Arbeitsort. – **Arbeitszeiten** und Zumutbarkeit, **öffentliche Verkehrsmittel** zu benutzen.[950]

174 Doch kann einem Ehegatten auch obliegen, **keinen Umzug** vorzunehmen, weil er an seinem neuen Wohnort nur ein geringeres Einkommen erzielen kann (dazu auch RdNr. 153). Für den Verpflichteten wird dies im Allgemeinen jedoch nicht in Betracht kommen, weil er keiner gesteigerten Erwerbsobliegenheit unterliegt.[951] Für den Berechtigten kann dagegen seine nacheheliche Eigenverantwortung nicht unberücksichtigt bleiben.

175 **8. Ansprüche auf Sozial- und andere Leistungen. a) Geltendmachung.** Die Ehegatten müssen insbesondere ihre Ansprüche auf folgende Leistungen geltend machen:

– **Sozialleistungen,**[952] insbesondere **Arbeitslosengeld I,**[953] **Alters-, Berufs-** und **Erwerbsunfähigkeitsrenten,**[954] auch **vorgezogene Altersrente,** wenn sie aufgrund ihres Alters keine Erwerbsobliegenheit (mehr) trifft,[955] **Ausbildungsförderung,**[956] **Absehen von der Rentenkürzung** nach § 5 VAHRG (dazu auch §§ 33, 34 VersAusglG),[957] **Lohnfortzahlung, Krankengeld, Krankenhaustagegeld, Unterhaltsgeld, Mutterschaftsgeld.** Unerheblich ist in diesem Zusammenhang das **Erziehungsgeld** und **Elterngeld** (es sei denn, die Voraussetzungen aus § 9 S. 2 BErzGG,[958] § 11 S. 4 BEEG liegen aus einem anderen Grund als der Nichtgeltendmachung des Erziehungsgeldes vor), **Sozialhilfe** und idR auch **ALG II,** weil und soweit diese Leistungen subsidiär sind. Den Ehegatten ist die Berufung auf die Bedürftigkeit/Leistungsunfähigkeit verwehrt, wenn sie zwar arbeitsunfähig erkrankt sind, zuvor aber eine versicherungspflichtige Arbeit unterhaltsrechtlich zurechenbar verloren oder ausgeschlagen haben, die ihnen während ihrer Krankheit Lohnfortzahlung und Krankengeld verschafft hätte.[959] – Anders aber für die

[947] Von rund 30 km einfache Fahrtstrecke geht BGH NJW-RR 1998, 721 = FamRZ 1998, 1501, 1502 (zu § 1361); NJW-RR 1995, 129, 130 (zu § 1603) aus; OLG Koblenz FamRZ 1994, 1609: 55 km einfache Fahrtstrecke zu viel.

[948] Zu Letzterem OLG Hamburg NJW-RR 1993, 647.

[949] OLG Hamburg NJW-RR 1993, 647: Schwierige psychische Situation wegen Alkoholabhängigkeit und Suizidgefährdung.

[950] Zu Letzterem AG Kerpen FamRZ 1994, 1424.

[951] OLG Zweibrücken FamRZ 2008, 1863.

[952] S. dazu *Greßmann/Klattenhoff* FuR 1996, 137, 138.

[953] OLG Hamm NJW-RR 1994, 707 = FamRZ 1994, 446, 447.

[954] OLG Bamberg FamRZ 1984, 388; s. dazu auch *Kalthoener/Büttner/Niepmann* RdNr. 1082 mwN. Zur darlehensweisen Gewährung von Unterhalt nach Stellung eines Rentenantrags s. § 1569 RdNr. 15, § 1585 RdNr. 3. Zum – unterhaltsrechtlich neutralen – Zuwarten mit der Antragstellung, wenn der Verpflichtete bereits eine Rente bezieht und sich der Rentenanspruch des Berechtigten nahezu ausschließlich auf den Versorgungsausgleich gründet, s. § 5 VAHRG (dazu auch §§ 33, 34 VersAusglG) und OLG Zweibrücken FamRZ 1997, 504, 505. – Zur früheren Erwerbsunfähigkeitsrente BGH NJW 1983, 1481 = FamRZ 1983, 574, 575.

[955] BGH NJW 1999, 1630 = FamRZ 1999, 710, 713.

[956] BGH NJW 1980, 393 = FamRZ 1980, 126, 128.

[957] OLG Nürnberg NJWE-FER 1997, 169.

[958] S. dazu auch BGH NJW 1998, 1309 = FamRZ 1998, 541, 542.

[959] BGH NJW 1988, 2239 = FamRZ 1988, 597, 599.

Prozesskostenhilfe: Da sie nicht subsidiär ist, kann ein Ehegatte auf ihre Inanspruchnahme verwiesen und bei unterlassener Beantragung so behandelt werden, als habe er sie bewilligt erhalten. – Zum **Kindergeld** s. RdNr. 31.

- **Rentennachzahlungen** sind nach dem Zuflussprinzip ab ihrer Auszahlung, nicht für die Zeit, für die sie bezahlt werden, zu berücksichtigen.[960] So zu verfahren ist dann nicht zwingend, wenn vom Berechtigten noch Unterhalt für die Vergangenheit verlangt und die Nachzahlung bei der Unterhaltsbemessung noch berücksichtigt werden kann; dann sollte entsprechend der Behandlung von Steuerrückerstattungen der Nachzahlungsbetrag für den Zeitraum, für den er entrichtet wurde, berücksichtigt werden (dazu RdNr. 105).
- **Schadensersatzrenten,** jedoch nur in dem Umfang und in der Höhe, in der aus einer oblegenen Erwerbstätigkeit Einkünfte erzielt werden könnten, weil der Verpflichtete durch das Schadensereignis nicht besser gestellt werden darf, als er ohne dieses stünde.[961]
- **Jegliche andere Ansprüche,**[962] etwa ein Pflichtteilsrecht,[963] im Rahmen der Zumutbarkeit, für deren Beurteilung alle Belange des Berechtigten und des Verpflichteten unter Berücksichtigung der Umstände des Einzelfalles angemessen gegeneinander abzuwägen sind.

b) Verlust. Der Nichtgeltendmachung von Ansprüchen (dazu RdNr. 175) steht der 176
zurechenbare Verlust von Ansprüchen **jeglicher Art** gleich. Dabei können insbesondere die Verjährung und die Verwirkung der Ansprüche von Bedeutung sein.

Hat sich der unterhaltsbedüftige Ehegatte seiner Unterhaltsansprüche aus einer **geschie-** 177
denen Folgeehe nach § 1579 begeben, hat er sich insoweit bedürftig gemacht. Voraussetzung für die Annahme einer Obliegenheitsverletzung ist aber auch in diesen Fällen, dass sich der Berechtigte der rechtlichen Auswirkungen auf den Unterhaltsanspruch sowohl aus der Erstehe als auch aus der Folgeehe wenigstens aufgrund einer Parallelwertung in der Laiensphäre bewusst ist. Dies gilt auch für die Unterhaltsansprüche aus einer **aufgehobenen** oder – bis 30. 6. 1998 – für **nichtig erklärten** Folgeehe (dazu § 1586 a RdNr. 2, 3), deren der Berechtigte infolge Kenntnis der Aufhebbarkeit der Ehe (§ 1314 Abs. 1 iVm. §§ 1303, 1304, 1306, 1307, 1311, § 1314 Abs. 2 Nr. 1, 2 und 5;[964] bei beiderseitiger Kenntnis der Aufhebbarkeit wegen Verstoßes gegen §§ 1306, 1307 oder 1311 s. aber auch § 1318 Abs. 2 Nr. 2; bis 30. 6. 1998 §§ 30–32 EheG) oder wegen eigener oder mit seinem Wissen ausgeübter Täuschung oder Drohung (§ 1314 Abs. 2 Nr. 3 und 4; bis 30. 6. 1998 §§ 33 und 34 EheG) verlustig gehen kann.

9. Ungefragte Information. Mit ihr (dazu insbesondere § 1579 RdNr. 25–27) ist die 178
Obliegenheit zur Information über die **Aufnahme, Fortsetzung** und **Ausweitung** einer Erwerbstätigkeit angesprochen. Zwar prägen die aus der veränderten Erwerbstätigkeit erzielten Einkünfte die ehelichen Lebensverhältnisse dann, wenn jene obligat und auch nicht aus sonstigen Gründen, etwa wegen eines „Karrieresprungs“, nicht prägend ist. Doch ist dies unabhängig davon, ob und dass die Ehegatten sich gegenseitig zur Information verpflichtet sind (§ 1580), keine Frage der Zurechnung fiktiver Einkünfte, weil diese Einkünfte ja erzielt und nur nicht mitgeteilt werden. Ein Ausgleich kann nur – wenig effektiv, weil meist die finanziellen Mittel fehlen dürften – über das Schadensersatz- und das Bereicherungsrecht erfolgen, oder aber der Unterhaltsanspruch nach § 1579 beschränkt werden. – Bei zugesprochenem **Krankheitsunterhalt** ist auch eine Verbesserung des Gesundheitszustandes, aus der sich eine erhöhte Erwerbsobliegenheit ergeben kann (dazu auch RdNr. 166, § 1572 RdNr. 8), bei **Aus-, Fort-** und **Umschulungsunterhalt** Nichtaufnahme, Verzögerungen, Abbruch und Beendigung der Bildungsmaßnahme (dazu § 1575 RdNr. 23) ungefragt mit-

---

[960] BGH NJW 1985, 486 = FamRZ 1985, 155, 156; KG FamRZ 1988, 720, 721; OLG Nürnberg NJWE-FER 1997, 169, 170. Zu Rentennachzahlungen allgemein s. auch BGH NJW 1983, 1783 = FamRZ 1983, 674, 675.

[961] BGH FamRZ 1998, 1503, 1504.

[962] BGH NJW 1980, 393 = FamRZ 1980, 126.

[963] BGH NJW 1993, 1920 = FamRZ 1993, 1065.

[964] IdF von Art. 1 Nr. 2 EheschlG.

zuteilen und über den Bildungsfortschritt durch Übersenden von Leistungsnachweisen ungefragt in Kenntnis zu setzen.

179 **10. Kindesunterschiebung.** Dabei handelt es sich um Fälle, in denen die Ehefrau **gegen den Willen** des Ehemannes ein Kind bekommt. Sie reichen von der natürlichen Befruchtung ohne den Willen beider Ehegatten über die einseitige Entscheidung der Ehefrau für ein Kind bis hin zur Problematik der künstlichen Befruchtung. – Der BGH[965] hat in einem Fall der **In-vitro-Fertilisation** (IVF) zunächst dargelegt, dass der Ehemann von einem mit der Ehefrau getroffenen Entschluss für eine IVF einseitig wieder Abstand nehmen konnte.[966] Weiter hat er, weil „die Entscheidung für oder gegen Nachkommenschaft zum nicht justiziablen engsten persönlichen Intimbereich der Partner gehört und weder einer rechtsgeschäftlichen Regelung noch dem Deliktsrecht unterliegt", Zweifel daran geäußert, ob § 1579 überhaupt eingreifen kann, weil sowohl Nr. 4 als auch Nr. 5 ein missbilligenswertes Verhalten des Berechtigten voraussetzen und eine auch nur teilweise Korrektur des Unterhaltsanspruchs einem nach allgemeinen Grundsätzen verwehrten Schadensersatzanspruch gleichkäme. Letztlich hat er aber (auch) eine Verfehlung der Ehefrau verneint, weil „die Verwirklichung [eines] Kinderwunsches nicht als sinnloses leichtfertiges Verhalten [vorwerfbar sei], welches ein verständiger Mensch in vergleichbarer Situation vermieden hätte". – Entgegen diesen auf allgemeine Überlegungen gestützten Erwägungen des BGH sollte jedoch – wie stets im nachehelichen Unterhaltsrecht – allein das **Ehemodell** der Ehegatten, ihr Lebensplan, ausschlaggebend sein.[967] Rückt der Ehemann – aus welchen Gründen auch immer – von einem gemeinsamen Kinderwunsch ab, ist zu unterscheiden:

- Wendet sich die Ehefrau vom Ehemann ab und lässt sich gleichwohl künstlich befruchten, verstößt sie gegen ihre Obliegenheiten, wenn sie zudem ihre Erwerbstätigkeit aufgeben und sich der Kinderbetreuung widmen will. Die Belastung des Ehemannes mit Ansprüchen auf nachehelichen Unterhalt ist im Rahmen der Wahrung der Kinderinteressen grob unbillig, es sei denn, er hat vom Termin der IVF gewusst und es unterlassen, den Arzt von seinem Sinneswandel in Kenntnis zu setzen. – Fasst die Ehefrau den Entschluss zur Aufgabe ihrer Erwerbstätigkeit erst nach der Geburt des Kindes, ist eine Abwägung der widerstreitenden Interessen vorzunehmen, doch wird man von der Ehefrau gesteigerte Erwerbsbemühungen verlangen müssen.
- Der Ehemann hält an der Ehe und der Abrede einer extrakorporalen Befruchtung nicht mehr „uneingeschränkt" fest (so der Fall des BGH), weil er sich nicht sicher ist, ob er die Ehe aufrechterhalten will. Damit wird der gemeinsame Lebensplan der Ehegatten (noch) nicht aufgegeben, weshalb es hinzunehmen ist, wenn die Ehefrau, ggf. vor dem Hintergrund der Rettung der Ehe, die IVF durchführen lässt. – Hinzu kommt, dass im Falle des BGH der Ehemann vom Termin der IVF gewusst und es lediglich abgelehnt hat, die Ehefrau zum Arzt zu begleiten, sowie es zudem unterlassen hat, den Arzt von seinem Sinneswandel in Kenntnis zu setzen. Jedenfalls dies lässt das Verhalten der Ehefrau nicht als mutwillig iSd. § 1579 Nr. 4, 5 und die Belastung des Ehemannes mit nachehelichem Unterhalt auch nicht als grob unbillig erscheinen.
- Der Ehemann hält mit Kenntnis der Ehefrau an der Ehe und der extrakorporalen Befruchtung nicht mehr fest. Dann sind die Voraussetzungen aus Nr. 4 und Nr. 5 erfüllt, dem Ehemann sind Zahlungen von nachehelichem Unterhalt über den notwendigen Bedarf hinaus nicht zumutbar. Auf die Nichtäußerung nach außen gegenüber dem Arzt kommt es nicht an, weil zwischen den Ehegatten allein deren Innenverhältnis maßgebend ist.

180 **11. Beschränkung des Versorgungsausgleichs.** Versäumt der versorgungsausgleichspflichtige Ehegatte, den Versorgungsausgleich nach § 1587 c (dazu auch § 27 VersAusglG) herabsetzen zu lassen, weil er nach dessen Durchführung selbst unterhaltspflichtig wird (dazu

[965] BGHZ 146, 391 = NJW 2001, 1789 = FamRZ 2001, 541, 544.
[966] Anders die Vorinstanz OLG Stuttgart FamRZ 1999, 1136, 1137.
[967] Differenzierend auch *Borth* BGHR 2001, 329.

dort RdNr. 19), ist es ihm nicht verwehrt, nach der Zurruhesetzung Altersunterhalt nach § 1571 zu verlangen.[968] Denn unabhängig davon, ob man überhaupt eine Obliegenheit zur Geltendmachung der Beschränkung annehmen kann – eher nicht, weil der ausgleichsberechtigte Ehegatte durch die Unterlassung ja nicht unmittelbar benachteiligt wird –, ändert sich gegenüber dem Ehegatten hinsichtlich der ihm zur Verfügung stehenden finanziellen Mittel nichts: Entweder er bekommt sie über den Versorgungsausgleich, oder er muss Unterhalt bezahlen; in beiden Fällen kommt es zur Halbteilung.

12. Zweckwidrige Verwendung von Unterhaltsleistungen. Unterhalt ist stets an den 181 Berechtigten zu bezahlen, auch soweit er auf **Mehrbedarf** geleistet wird. Für **ausbildungs-** und **trennungsbedingten** Mehrbedarf gilt dies auch, soweit damit Schulgelder oder Studiengebühren abgedeckt werden sollen. Grundsätzlich kann der Verpflichtete gegen den Willen des Berechtigten auch nicht verlangen, den auf die **Kranken-** und **Pflegevorsorge** sowie die **Altersvorsorge** entfallenden Teil des Unterhalts unmittelbar an den Versicherungsträger zahlen zu dürfen, weil es allein Sache des Berechtigten ist, mit dem Versicherungsträger als seinem Vertragspartner zu verkehren. – **Ausnahmen** sind nur zu machen, wenn aufgrund besonderer Umstände das Verlangen des Berechtigten auf Zahlung an sich gegen Treu und Glauben verstößt,[969] etwa wenn konkreter Anlass für die Annahme besteht, dass der Berechtigte die Leistungen nicht zweckentsprechend, insbesondere für den laufenden Unterhalt verwendet.[970] Der Verpflichtete kann dann mit einer **Abänderungsklage** (§ 323 ZPO, §§ 238, 239 FamFG) erreichen, dass die auf die Krankheits- und Pflegevorsorge sowie die Altersvorsorge entfallenden, titulierten Beträge direkt an den Versicherer gezahlt werden können.[971] – Hat der Berechtigte die Zahlungen auf den Mehrbedarf **zweckwidrig** verwandt, ist er so zu behandeln, als hätten die Leistungen zu einer zweckentsprechenden Absicherung geführt, dh. ihm sind die dadurch entgangenen Ansprüche auf Krankengeld oder auf Altersvorsorge fiktiv zuzurechnen und der Unterhaltsanspruch entsprechend zu kürzen.[972] Dabei ist von einer Obliegenheitsverletzung des Berechtigten und der Befriedigung seines Bedarfs durch die Zahlung des Vorsorgeunterhalts auszugehen[973] und dem Weg über § 1579 Nr. 3 vorzuziehen,[974] der die zusätzliche Feststellung eines – idR allerdings gegebenen – Mutwillens[975] voraussetzt. Hat er den Vorsorgeunterhalt wegen beengter finanzieller Mittel zur Bestreitung seines allgemeinen **Lebensbedarfs** verwandt, kann ihm auch zum Vorwurf gereichen, mit einer Abänderungswiderklage nicht den Wegfall des Vorsorgeunterhalts und eine Erhöhung des Elementarunterhalts betrieben zu haben.[976] – Unbillige Ergebnisse können über § 242 erfasst werden, allerdings mit der Folge, dass nunmehr dem Berechtigten und nicht dem Verpflichteten die Darlegungs- und Beweislast obliegt. Deshalb und weil die Zahlungen mit Rechtsgrund erfolgt sind, kann der Verpflichtete auch seine Leistungen nicht **zurückverlangen.**[977] – Da der Bedarf des Berechtigten für den Fall der Krankheit, der Pflege, des Alters sowie der Berufs- oder Erwerbsfähigkeit durch die Vorsorgeleistungen des Verpflichteten abgedeckt ist und er deshalb bei Eintritt des

---

[968] AA OLG Celle NJW 2006, 922 = FamRZ 2006, 1544.

[969] BGH NJW 1983, 1547 = FamRZ 1982, 1187, 1189; NJW 1983, 1552 = FamRZ 1983, 676, 677.

[970] BGH NJW 1983, 1547 = FamRZ 1982, 1187, 1189; NJW-RR 1989, 386 = FamRZ 1989, 483, 485.

[971] Zum Altersvorsorgeunterhalt BGH NJW 1987, 2229 = FamRZ 1987, 684, 688.

[972] BGH NJW 1987, 2229 = FamRZ 1987, 684, 686 m. krit. Anm. *Weychardt* FamRZ 1987, 1130; NJW 1988, 2101 = FamRZ 1988, 817, 820; BGHZ 153, 372 = NJW 2003, 1796 = FamRZ 2003, 848, 853; auch OLG Hamm NJW-RR 1992, 261 = FamRZ 1991, 1056; OLG Schleswig OLGR 2001, 41, 42; OLG Koblenz OLGR 2002, 9, 10; OLG Bamberg NJW-RR 2003, 74 = FamRZ 2003, 762, 763.

[973] So BGH NJW 1983, 1552 = FamRZ 1983, 676, 678; *Weychardt* FamRZ 1987, 1130, 1131.

[974] BGH NJW 1987, 2229 = FamRZ 1987, 684, 686 m. krit Anm. *Weychardt* FamRZ 1987, 1130 ff.; NJW 1988, 2101 = FamRZ 1988, 817, 820 m. krit. Anm. *Weychardt* FamRZ 1988, 930; NJW-RR 1989, 386 = FamRZ 1989, 483, 485. OLG Koblenz OLGR 2002, 9, 10 wendet § 1579 Nr. 4 an.

[975] Von BGH NJW 1987, 2229 = FamRZ 1987, 684, 686 m. krit Anm. *Weychardt* FamRZ 1987, 1130 ff. für den Fall einer Notlage des Berechtigten verneint.

[976] BGH NJW 1987, 2229 = FamRZ 1987, 684, 686 m. krit. Anm. *Weychardt* FamRZ 1987, 1130.

[977] Zum Altersvorsorgeunterhalt BGH NJW 1987, 2229 = FamRZ 1987, 684, 688; OLG Hamm NJW-RR 1992, 261 = FamRZ 1991, 1056 f.; OLG Celle FamRZ 1992, 690, 694.

Versorgungsfalles insoweit nicht bedürftig ist, hat der Verpflichtete kein Recht auf **Auskunft** und Rechnungslegung über die Verwendung seiner Vorsorgeleistungen aus § 242.[978]

182 **13. Vermögensumschichtung.** Der Berechtigte muss, abgeleitet aus § 242, sein Vermögen so **ertragreich** wie möglich anlegen.[979] Ob und inwieweit eine Obliegenheit besteht, zur Erzielung höherer Vermögenserträge das Vermögen umzuschichten, richtet sich nach der **Zumutbarkeit,** die unter Einbeziehung aller Umstände des Einzelfalls aufgrund einer Abwägung aller Belange der Ehegatten einschließlich der beiderseitigen früheren wie jetzigen Wohnverhältnisse (dazu auch RdNr. 120–133) festzustellen ist. Den Verpflichteten muss die Unterhaltslast besonders hart treffen,[980] dem Vermögensinhaber muss aber ein Entscheidungsspielraum[981] und eine gewisse Zeit zur Entscheidung zugestanden werden. Zudem sind die Ehegatten grundsätzlich an eine von ihnen gemeinsam getragene Vermögensnutzung gebunden.[982] Unter Beachtung dieser Gesichtspunkte muss sich die Vermögensanlage als **eindeutig unwirtschaftlich** darstellen, ehe ein Ehegatte auf eine andere Anlageform und daraus erzielbare Erträge verwiesen werden kann.[983] Dabei ist ihm aus Gründen der Zumutbarkeit eine konservative Vermögensanlage zuzugestehen, sodass er nicht stets die am Markt erzielbare ertragreichste Vermögensanlage wählen muss; insbesondere kann die Sicherheit der bisherigen Vermögensanlage berücksichtigt werden. Auf **spekulative** und ungewöhnliche Anlagen oder auf eine Vermögensumschichtung allein wegen **kurzfristiger Vorteile** braucht er sich nicht verweisen zu lassen. Er darf aber für angelegtes Vermögen nicht ohne zwingende Gründe eine Anlage zu erheblich niedrigeren Erträgnissen wählen.[984] – Die Obliegenheit zur Vermögensumschichtung kann ausnahmsweise auch bereits während einer insbesondere schon länger andauernden **Trennungszeit** bestehen, wenn die Ehe ohne Aussicht auf eine Versöhnung der Ehegatten endgültig gescheitert ist.[985] – Für eine **Übergangszeit** kann von der Verweisung auf eine Vermögensumschichtung abgesehen werden, wenn und solange ein Vermögensgegenstand, aus dem eine güterrechtliche Verpflichtung zu bestreiten ist, nicht zu angemessenen Bedingungen veräußert werden kann. Ein nach den aktuellen Verhältnissen auf dem Markt relativ geringer Verkehrswert ohne konkrete Aussicht auf Verbesserung innerhalb zumutbarer Zeit steht dem aber entgegen. – Eine in die Ehe eingebrachte und von den Ehegatten bewohnte **Immobilie** braucht ein Ehegatte nicht zu verwerten. Als Maßstab kann der Schutz für ein angemessenes, selbst bewohntes Haus (vgl. § 90 Abs. 2 Nr. 8 SGB XII) dienen.[986] – Einem Ehegatten kann es obliegen, leer stehenden Wohnraum auch zu **vermieten,** ggf. nach dessen zumutbarer Instandsetzung.[987] Bei der Überlassung von Wohnraum an **Ange-**

[978] AA OLG Karlsruhe FamRZ 1978, 501, 502; 3. Aufl. RdNr. 45.

[979] Zur Übertragung eines Gewerbebetriebes an den Ehegatten der Folgeehe s. OLG Karlsruhe OLGR 1998, 184f.

[980] BGH NJW-RR 1986, 683 = FamRZ 1986, 439, 440. Zum Ganzen auch OLG Hamm FamRZ 1995, 1418, 1421.

[981] BGH NJW-RR 1986, 683 = FamRZ 1986, 439, 440; NJW-RR 1986, 746 = FamRZ 1986, 560, 561; NJW-RR 1988, 514 = FamRZ 1988, 145, 149; NJW-RR 1994, 1154 = FamRZ 1995, 540f.; auch OLG Oldenburg NJW-RR 1995, 453; OLG Hamm NJWE-FER 1997, 145 = FamRZ 1998, 291, 292.

[982] OLG Karlsruhe FamRZ 1996, 1414, 1415 (zur Nutzung des Gesamtgutes). Verneint von OLG Hamm FamRZ 2004, 108, 109 für die weiter kostenfreie Wohnungsnutzung durch den Sohn des Verpflichteten nach Scheidung.

[983] BGH NJW-RR 1986, 683 = FamRZ 1986, 439, 440; NJW-RR 1986, 746 = FamRZ 1986, 560, 561; NJW 1992, 1044 = FamRZ 1992, 423, 424f.; NJW 1998, 753 = FamRZ 1998, 87, 88; NJW 2000, 2349 = FamRZ 2000, 950, 951 NJW 2001, 2259 = FamRZ 2001, 1140, 1143; NJW 2005, 2077 = FamRZ 2005, 1159, 1162; NJW 2006, 1794 = FamRZ 2006, 387, 391 m. Anm. *Büttner*; NJW 2009, 145 m. Anm. *Born* = FamRZ 2009, 23 [19, 20] m. Anm. *Norpoth* und *Maurer* FamRZ 2009, 2004; s. auch OLG Frankfurt a. M. FuR 2001, 371, 376. Unzutreffend wohl OLG Hamm FamRZ 1999, 233, 235, das bei einer Kapitalanlage zu 4% und 3,25% Zinsen statt erzielbarer 4,25% von Unwirtschaftlichkeit ausgeht; schon dies dürfte nicht zutreffen, jedenfalls fehlt es an einer eindeutigen Unwirtschaftlichkeit.

[984] OLG Hamm FamRZ 1999, 917, 918.

[985] OLG Stuttgart FamRZ 2004, 1109 (Hausverkauf).

[986] BGH NJW 2008, 2581 = FamRZ 2008, 1325, 1326 [18] m. Anm. *Borth.*

[987] OLG Karlsruhe FamRZ 2009, 48.

hörige[988] kann es der Anstandspflicht entsprechen, von diesem keine Miete zu verlangen. Jedenfalls solange gemeinsame Kinder wegen ihrer Schul-, Hochschul- oder Berufsausbildung, die sie auch entsprechend ihren unterhaltsrechtlichen Obliegenheiten betreiben, keine Erwerbseinkünfte erzielen, sind dem Ehegatten weder zum Bedarf noch zur Bedürftigkeit und Leistungsfähigkeit fiktive Mieterträge zuzurechnen. I. Ü. ist danach zu fragen, ob von dem Angehörigen die Erzielung von Erwerbseinkünften und die Zahlung einer Miete erwartet werden kann. – Hat ein Ehegatte Vermögensgegenstände **verbraucht,** etwa auf den Zugewinnausgleich oder die sonstige Vermögensauseinandersetzung geleistete Zahlungen für Luxusausgaben verwandt,[989] sind ihm Vermögenserträgnisse fiktiv zuzurechnen. Doch ist dem Berechtigten zuzugestehen, anlässlich der **Trennung** und **Scheidung** der Ehegatten anfallende Ausgaben in dem ehelichen Lebensstandard entsprechender Höhe aus seinem Vermögen zu bestreiten.[990] – Ggf. ist dem Ehegatten eine kurzfristig verfügbare **Rücklage** für Not- und Krankheitsfälle zu den Zinsen eines Sparguthabens mit gesetzlicher Kündigungsfrist zu belassen,[991] deren Höhe sich an der Lebensstellung der Ehegatten ausrichtet; lediglich ganz hohe Unterhaltsansprüche, die im Allgemeinen auch werthohe Anschaffungen ermöglichen, machen eine Rücklage entbehrlich. – Zum **Wohnvorteil** allgemein s. RdNr. 120–133; zur Anwendung von **§ 1577 Abs. 2** s. RdNr. 96–101; zur **mutwilligen Herbeiführung der Bedürftigkeit** s. RdNr. 151–163, § 1579 RdNr. 28–31; zur **Vermögensbildung** RdNr. 87.

Bsp.: Werden die aus der Vermögensauseinandersetzung zufließenden Mittel wieder zur Schaffung von Wohneigentum eingesetzt, ist bei der Zumutbarkeitsprüfung zu berücksichtigen, wenn die Ehegatten während der Ehe im **eigenen Heim** gelebt haben.[992] Reichen die finanziellen Mittel aus der Vermögensauseinandersetzung nur teilweise für die Anschaffung aus, sind für die Beurteilung der Wirtschaftlichkeit durch Vergleich mit einer zinsbringenden Anlage vom Mietwert zunächst die monatlichen Finanzierungskosten abzusetzen.[993] – **Ererbtes** Wohneigentum kann der Erbe selbst bewohnen und braucht es nicht wegen höherer Erträgnisse anderer Anlageformen zu verkaufen.[994] – Wer in einem großen, **luxuriösen** Haus lebt, dem können dessen Vermietung und der Umzug in eine kostengünstigere Wohnung oder die Vermietung einzelner Räume sowie die Verwendung überschüssiger Mieteinnahmen zur eigenen Bedarfsdeckung obliegen.[995] – Dem Berechtigten kann ggf. zwar der Verkauf eines Grundstücks nicht zugemutet werden, angesichts seines Einkommens wohl aber dessen **Beleihung.**

14. Kreditaufnahme. In engen Grenzen kann es dem **Verpflichteten** obliegen, sich die **183**
Mittel für die Unterhaltszahlungen zur Herstellung seiner Leistungsfähigkeit durch Kreditaufnahme zu beschaffen.[996] Sie kommt im Allgemeinen nur für den laufenden Unterhalt in Betracht; für rückständigen Unterhalt nur, wenn sich der Berechtigte zur Bestreitung seines

---

988 Dazu auch OLG Karlsruhe FamRZ 2009, 48 (zum Trennungsunterhalt).

989 OLG Karlsruhe FamRZ 1983, 506; OLG Koblenz NJW-RR 1990, 838 = FamRZ 1990, 51, 52 f.; *Schwab/Borth* IV RdNr. 463.

990 Zu einer arbeitsrechtlichen Abfindung s. OLG Schleswig OLGR 1997, 109, 110; allerdings ist sie vornehmlich nicht als Vermögen, sondern als Lohnersatz zu behandeln, dazu RdNr. 91. – Zum Vermögensverbrauch bei gesteigerter Unterhaltspflicht nach § 1603 Abs. 2 S. 1 s. OLG Köln FamRZ 2006, 809 (LS).

991 BGH FamRZ 1984, 364, 367; FamRZ 1985, 354, 357; NJW-RR 1986, 683 = FamRZ 1986, 439, 441.

992 BGH NJW-RR 1986, 683 = FamRZ 1986, 439, 441; NJW 1998, 753 = FamRZ 1998, 87, 89; NJW 2009, 145 m. Anm. *Born* = FamRZ 2009, 23 [19, 20] m. Anm. *Norpoth* und *Maurer* FamRZ 2009, 2004; auch OLG Hamm FamRZ 1982, 170, 172; aA etwa OLG Düsseldorf FamRZ 1985, 392, 393; wohl auch OLG Frankfurt a. M. Urt. v. 15. 3. 2000 – 144/95, juris [23] = FuR 2001, 371 (das nach Wiederanlage des aus der Zwangsversteigerung des gemeinsamen Hauses geflossenen Erlöses in eine selbst bewohnten Doppelhaushälfte den Wohnvorteil mit den Erträgen aus anderen Anlageformen vergleicht).

993 BGH NJW 1992, 1044 = FamRZ 1992, 423, 425; NJW 1998, 753 = FamRZ 1998, 87, 89.

994 BGH NJW-RR 1986, 746 = FamRZ 1986, 560, 561.

995 BGH NJW-RR 1986, 746 = FamRZ 1986, 560, 561; NJW-RR 1988, 514 = FamRZ 1988, 145, 149; NJW 1992, 1044 = FamRZ 1992, 423, 425.

996 BGH NJW 1982, 1641 = FamRZ 1982, 678, 679.

Lebensunterhalts verschulden musste und der Verpflichtete neben dem laufenden Unterhalt den rückständigen Unterhalt nicht auch noch mindestens in Höhe des monatlichen Schuldendienstes des Berechtigten zurückführen kann. Aber auch für den laufenden Unterhalt kommt eine Kreditaufnahme nur in Betracht, wenn die Rückführung des Kredits gewährleistet und nicht bereits wegen anderweitiger Schulden ausgeschlossen ist.[997]

184 Der **Berechtigte** kann im Rahmen der Zumutbarkeit gehalten sein, zur – ggf. teilweisen – Deckung seines Bedarfs einen Kredit aufzunehmen.[998]

Bsp.: Zumutbar ist

- für einen Berechtigten, der einen **Rentenantrag** gestellt hat, die Unterhaltszahlungen darlehensweise zins- und tilgungsfrei gegen Abtretung des Anspruchs auf Rentennachzahlung entgegenzunehmen; wird dieser Weg mangels Kenntnis nicht gewählt, steht dem Verpflichteten nach Auszahlung der Rentennachzahlung ein Erstattungsanspruch nach Treu und Glauben zu (dazu § 1569 RdNr. 15, § 1585 RdNr. 3),
- die Inanspruchnahme eines **BAföG-Darlehens** zur Finanzierung eines Studiums.[999]

185 **15. Verbindlichkeiten. Tilgungsplan.** Da die Obliegenheiten nur vor dem Hintergrund des Verhältnisses des Berechtigten zum Verpflichteten bestimmt werden können, scheidet ihre Verletzung grundsätzlich aus, wenn Schulden **gemeinsam** oder **im Einverständnis mit dem Ehegatten** aufgenommen wurden.[1000] Etwas anderes kann etwa gelten, wenn ein Ehegatte den anderen getäuscht hat. – Die Zahlung von **Kindesunterhalt,** die bereits die ehelichen Lebensverhältnisse geprägt hat (dazu RdNr. 32–34), durch einen Ehegatten verstößt nicht gegen Obliegenheiten.[1001] – Anders Aufwendungen für **Luxusanschaffungen** und andere Anschaffungen, für die angesichts beengter Einkommens- und Vermögensverhältnisse kein vernünftiger Grund besteht.[1002] – Dazu auch RdNr. 188–207.

186 Zwar kommt den Unterhaltsansprüchen kein allgemeiner Vorrang vor den sonstigen Verpflichtungen zu (dazu RdNr. 188), doch können sich die Ehegatten auf die sonstigen Verpflichtungen nicht ohne Rücksicht auf die Unterhaltsinteressen berufen und diese tilgen. Vielmehr sind die Interessen des Verpflichteten, des Berechtigten und der Drittgläubiger in einem vernünftigen **Tilgungsplan** auszugleichen und nur die Beträge zu berücksichtigen, die auch bei Fortdauer der ehelichen Lebensgemeinschaft der Schuldenrückführung zugeführt worden wären.[1003] Dabei kann es dem Verpflichteten gestattet werden, seine Schuldenrückführung erstmals aufzunehmen oder zu erhöhen, wenn sie bislang nur unzureichend, etwa im Wege der Pfändung, erfolgte und zu einem Anwachsen der Schuld geführt hat.[1004] Doch muss sich der Verpflichtete bei seinen Gläubigern, insbesondere wenn es sich um ein Familiendarlehen handelt,[1005] um Stundung oder Einräumung günstigerer Zahlungsbedingungen bemühen und ggf. eine Umschuldung anstreben, sofern sie zu einer fühlbaren Entlastung führen kann. Jedenfalls ist ihm die Bedienung der **Zinsen** zu ermöglichen, um ein weiteres Anwachsen der Schuld zu verhindern (dazu auch RdNr. 207). – Dem „Tilgungsplan" kommt praktische Bedeutung v. a. in folgendem Zusammenhang zu:

- **Familiendarlehen.** Oft wird man den Schuldner auf Bemühungen um eine Tilgungsaussetzung verweisen können, zumal dann, wenn der Schuldendienst im Zusammenhang mit den Barunterhaltsverpflichtungen aufgenommen wurde. Abzugrenzen ist im Einzel-

[997] BGH NJW 1982, 1641 = FamRZ 1982, 678, 679.

[998] BGH NJW 1982, 1641 = FamRZ 1982, 678, NJW 1983, 1481 = FamRZ 1983, 574, 575; NJW 1985, 2331 = FamRZ 1985, 916, 917; NJW 1988, 2376 = FamRZ 1988, 259, 263.

[999] BGH NJW 1985, 2331 = FamRZ 1985, 916, 197. S. dazu auch *Graba* FamRZ 1985, 118, 119 f.

[1000] Ebenso *Göppinger/Wax/Strohal* RdNr. 316.

[1001] Ähnlich OLG Stuttgart FamRZ 1987, 1030, 1031.

[1002] *Hoppenz* FamRZ 1987, 324, 325, der nach der Angemessenheit des durch die Schulden hervorgerufenen Bedarfs fragt.

[1003] BGH NJW 1982, 232 = FamRZ 1982, 23, 24; NJW 1982, 1641 = FamRZ 1982, 678, 679.

[1004] BGH NJW 1982, 1641 = FamRZ 1982, 678, 679.

[1005] Dazu OLG Nürnberg EzFamR aktuell 1992, Nr. 2, 8.

fall aber zu einer freiwilligen Leistung Dritter, die unterhaltsrechtlich ohne Belang ist (dazu RdNr. 134); eine solche würde insbesondere dann vorliegen, wenn auch bislang ein Schuldendienst auf das Darlehen geleistet wurde.
- Bemühungen um Tilgungsaussetzungen im Zusammenhang mit dem Verkauf von **Grundeigentum,** was bei konkreten Verkaufsbemühungen und -aussichten idR auch gelingen wird.
- Umschuldung mit geringerer Tilgungs- und Zinsbelastung durch Zusammenfassung **mehrerer Darlehen** oder zur Abdeckung eines Sollsaldos auf dem **Girokonto.**

16. Verbraucherinsolvenz. Pfändungsschutz. Zum Unterhalt für ein minderjähriges Kind hat der BGH[1006] den Verpflichteten in Abweichung von dem Grundsatz, dass Unterhaltspflichten keinen Vorrang vor anderen Verbindlichkeiten genießen (dazu RdNr. 188), zur Steigerung seiner Leistungsfähigkeit auf die Einleitung eines **Verbraucherinsolvenzverfahrens** mit dem Ziel der Restschuldbefreiung verwiesen, wenn dadurch der laufende Unterhalt wegen des Vorrangs vor anderen Verbindlichkeiten sichergestellt wird und dies dem Verpflichteten nach Abwägung aller Vor- und Nachteile[1007] zumutbar ist. Maßgeblich hierfür ist die gesteigerte Unterhaltsverpflichtung des Elternteils, die darauf beruht, dass das Kind zur Deckung seines Bedarfs idR nichts beitragen kann. **Unzumutbar** ist dem Verpflichteten die Einleitung eines Verbraucherinsolvenzverfahrens etwa, wenn die Unterhaltsgläubiger nach einer Umschuldung nicht schlechter stehen als in der Verbraucherinsolvenz oder die Umschuldung zu vertretbaren Raten führt.[1008] – Für den **Ehegattenunterhalt** trifft schon dieser Ausgangspunkt nicht zu. Zudem haben die Verbindlichkeiten beider Ehegatten ihre ehelichen Lebensverhältnisse mit der Folge eingeschränkter Dispositionsfreiheit und der mit ihnen erkauften Vorteile bestimmt. Dabei ist unerheblich, ob die Schulden von den Ehegatten gemeinsam oder nur von einem von ihnen aufgenommen wurden; die Grenze dessen, was ein Ehegatte hinnehmen muss, ist allein die Zumutbarkeit eines Verhaltens (dazu auch RdNr. 188). Deshalb obliegt es einem Ehegatten grundsätzlich weder zum Trennungs- noch zum nachehelichen Unterhalt, ein Verbraucherinsolvenzverfahren einzuleiten.[1009] Doch geht es in der Praxis v. a. um die Fälle, in denen bei einem Vorwegabzug des Schuldendienstes der Lebensbedarf des Berechtigten nicht gedeckt werden kann. Jedenfalls dann, wenn der **notwendige Lebensbedarf** nicht befriedigt werden kann und der Ehegatte in einer ähnlichen Lage ist wie ein Kind, das seinen Bedarf nicht selbst decken kann, etwa weil er die finanziellen Mittel für seinen Lebensbedarf wegen Kinderbetreuung, Alters oder Krankheit nicht selbst durch eine Erwerbstätigkeit aufbringen kann, sollte es dem Verpflichteten obliegen, die Mittel für die Bedarfsdeckung durch ein Verbraucherinsolvenzverfahren ggf. teilweise frei zu machen.[1010] – Auch wenn nur gegenüber den Kindern und **nicht** auch gegenüber dem Ehegatten eine Obliegenheit zur Einleitung eines Verbraucherinsolvenzverfahrens bestand, soll auch er an der dadurch bewirkten finanziellen Entlastung des Verpflichteten teilhaben.[1011] Dies ist abzulehnen: Besteht nämlich die Obliegenheit nur gegenüber den Kindern, dann deshalb, weil nur sie 187

[1006] BGHZ 162, 234 = NJW 2005, 1279 = FamRZ 2005, 608, 609 ff.; s. auch OLG Koblenz FamRZ 2005, 650; OLG Stuttgart FamRZ 2003, 1216; OLG Naumburg NZI 2003, 615 = FamRZ 2003, 1215; AG Besigheim FamRZ 2004, 1890.

[1007] Dazu etwa OLG Oldenburg FamRZ 2006, 1223, 1225: Gefährdung des Arbeitsplatzes durch Verbraucherinsolvenzverfahren; drohender Entzug des PKW durch Kreditgeber und Nichterreichbarkeit des Arbeitsplatzes mit öffentlichen Verkehrsmitteln.

[1008] OLG Hamm NZI 2007, 299 = FamRZ 2007, 1031 (LS).

[1009] BGH NJW 2008, 851 = FamRZ 2008, 497, 499 f. m. Anm. *Hauß* [18 ff.]; zum Trennungsunterhalt auch OLG Celle FamRZ 2006, 1536; AG Besigheim FamRZ 2004, 1890, 1891; zum Unterhaltsanspruch aus § 1615 l ebenso OLG Koblenz NJW-RR 2005, 1457, 1459 = FamRZ 2006, 440 (LS). Das OLG Oldenburg FamRZ 2006, 1223, 1225 scheint nicht zwischen Kindes- und Ehegattenunterhalt zu differenzieren.

[1010] Zur ähnlichen Differenzierung zum Selbstbehalt (dazu § 1581 RdNr. 8–16) OLG Koblenz NJW-RR 2003, 146, 147 = FamRZ 2003, 313 (LS) (wenn der Ehegatte einem Kind vergleichbar hilflos ist).

[1011] OLG Celle FamRZ 2007, 1020 (LS) für die Kinder betreuenden Berechtigten; zutreffender wäre wohl, in diesen Fällen auch eine Obliegenheit gegenüber dem Ehegatten anzunehmen.

geschützt und deshalb auch nur ihnen die zusätzlichen finanziellen Mittel zugute kommen sollen. Dies ist derselbe Rechtsgedanke, der auch zur Zuweisung der Vorteile aus dem Ehegattensplitting allein in die neue Ehe führt (dazu RdNr. 28, 29). Meist wird es hierauf wegen des Vorrangs des Kindesunterhalts (§ 1609 Nr. 1) aber nicht ankommen. – Ein Ehegatte kann auch durch einen **Verbraucherinsolvenzantrag** gegen seine unterhaltsrechtlichen Obliegenheiten verstoßen. Auf die Mutwilligkeit der Antragstellung kommt es nicht an, weil die Obliegenheitsverletzung gegenüber der Mutwilligkeit unterschwellig ist (dazu auch RdNr. 140).[1012] Ausreichend ist die Unzumutbarkeit einer Antragstellung. – Geht man davon aus, dass einem Ehegatten die Antragstellung obliegt, oder ist sie hinzunehmen, beeinflussen die insolvenzrechtlichen Folgen sowohl den **Bedarf**[1013] als auch die **Bedürftigkeit** und die **Leistungsfähigkeit.** Die Verbindlichkeiten sind lediglich in der Höhe abzusetzen, als sie vom Treuhänder auch tatsächlich bedient werden. Dies rechtfertigt sich daraus, dass mit der Restschuldbefreiung der Schuldner seiner weitergehenden Verbindlichkeiten enthoben ist und dadurch zusätzliche finanzielle Mittel auch für den nachehelichen Unterhalt zur Verfügung stehen. Für Ehegattenunterhalt verfügbar ist weiter nur die Differenz zwischen dem pfändungsfreien Betrag – nach Abzug weiterer berücksichtigungsfähiger Belastungen – und dem billigen Selbstbehalt.[1014] – Fraglich ist, ob Entsprechendes auch für die Geltendmachung der **Pfändungsfreigrenzen** nach §§ 850 c Abs. 1 S. 2, 850 f Abs. 1 Buchst. c ZPO, § 95 Abs. 1 Nr. 1 FamFG gilt, weil sie nicht zu einer Restschuldbefreiung, sondern lediglich zu einer zeitlichen Streckung und damit (auch) zu einem weiteren Auflaufen der Schulden führen. Soweit es darum geht, den notwendigen Lebensbedarf des Berechtigten, der hierzu nicht selbst in der Lage ist, abzudecken, sollte dies bejaht und der Schuldendienst nur in der Höhe berücksichtigt werden, wie er nach Geltendmachung von Pfändungsschutz vollstreckungsrechtlich auch tatsächlich aufzubringen wäre, weil das Vollstreckungsrecht zu einem sachgerechten Ausgleich der Interessen der Gläubiger und des Schuldners führt. – Dafür, dass das Verbraucherinsolvenzverfahren oder der Pfändungsschutz zulässig und geeignet sind, dem Berechtigten den Vorrang vor anderen Gläubigern einzuräumen, ist dieser Berechtigte **darlegungs-** und **beweispflichtig,**[1015] der Verpflichtete dagegen dafür, dass ihm das entsprechende Vorgehen unzumutbar ist.[1016] Geht es um Obliegenheiten des Berechtigten, trifft ihn die Darlegungs- und Beweislast allein.

G. Verpflichtungen

I. Allgemeines

188 Unterhaltsansprüchen kommt kein allgemeiner **Vorrang** vor den Forderungen anderer Gläubiger zu.[1017] Deshalb können neben **Unterhaltsansprüchen** anderer Berechtigter auch **sonstige Verpflichtungen** sowohl beim Bedarf wie auch bei der Bedürftigkeit und der Leistungsfähigkeit berücksichtigungsfähig sein. – Ihre Berücksichtigungsfähigkeit beurteilt sich nach **Treu und Glauben** und damit nach der **Zumutbarkeit.** Dabei ist nicht Maßstab, ob die Ehegatten die Verpflichtungen mutwillig (dazu § 1579 RdNr. 34), sondern ob sie sie – gegenüber der Mutwilligkeit unterschwellig – unter Verstoß gegen ihre unterhaltsrechtlichen Obliegenheiten (dazu auch RdNr. 140) eingegangen sind. Danach können sich die

[1012] S. auch *Hoppenz* FamRZ 2006, 611. Das OLG Celle FamRZ 2005, 1746 stellt insoweit darauf ab, ob die Einleitung eine unerwartete und vom Normalverlauf erheblich abweichende Entwicklung darstellt.

[1013] Im Ergebnis ebenso OLG Celle FamRZ 2005, 1746; OLG Karlsruhe FamRZ 2006, 953, 954; OLG Zweibrücken NJW-RR 2006, 1659, 1660.

[1014] OLG Frankfurt a. M. FF 2003, 182 („großer" Selbstbehalt); ebenso OLG Frankfurt a. M. OLGR 2003, 96, 97; OLG Koblenz FamRZ 2003, 109, 110.

[1015] AG Besigheim FamRZ 2004, 1890, 1891.

[1016] BGHZ 162, 234 = NJW 2005, 1279 = FamRZ 2005, 608, 610.

[1017] BGH NJW 1984, 2351 = FamRZ 1984, 657, 658; NJW-RR 1986, 428 = FamRZ 1986, 254, 257.

Ehegatten auf Verbindlichkeiten nicht berufen, die sie für **luxuriöse Zwecke** oder **ohne verständigen Grund** eingegangen sind. Insbesondere der Zweck der Verbindlichkeit, Zeitpunkt und Art ihrer Entstehung, die Dringlichkeit der beiderseitigen Bedürfnisse, die Kenntnis des Verpflichteten von Grund und Höhe der Unterhaltsverpflichtung, die Mitwirkung oder das Einverständnis des Berechtigten bei ihrer Eingehung sowie die Möglichkeit, die Leistungsfähigkeit in zumutbarer Weise ganz oder teilweise wiederherzustellen, sowie die schutzwürdigen Belange des Drittgläubigers sind einzubeziehen.[1018] Deshalb wird eine Verpflichtung, die noch bei intakter Ehe oder trennungsbedingt eingegangen und ggf. aus der gemeinsamen Lebensführung stammt,[1019] idR zu berücksichtigen sein, aber auch Leistungen auf in die Ehe eingebrachte Schulden. – Nicht alle Verpflichtungen der Ehegatten sind einkommens- und bedarfsmindernd zu berücksichtigen. Die Abgrenzung richtet sich danach, ob die Verpflichtungen allgemein der ehetypischen **Lebenshaltung** zuzuordnen sind oder diese überschreiten. Für Erstere gilt, dass sie unterhaltsrechtlich nicht vom verfügbaren Einkommen abgesetzt werden. Unter sie fallen insbesondere **Versicherungsbeiträge** aller Art, soweit sie nicht im Zusammenhang mit einer bestimmten Einkunftsart stehen (s. etwa Versicherungsbeiträge für **Immobilien,** dazu RdNr. 128). – Werden Verpflichtungen nicht berücksichtigt, müssen auch aus ihnen resultierende – insbesondere steuerliche – **Vorteile** unberücksichtigt bleiben.[1020] – Zum **Stichtag** s. insbesondere RdNr. 32–38; zum **Tilgungsplan** s. RdNr. 186.

II. Einzelne Verpflichtungen

1. Erwerbsbedingte Verpflichtungen. Grundsätzlich unproblematisch ist die Berück- 189
sichtigung von Verpflichtungen, die im Zusammenhang mit der Erwerbstätigkeit stehen. Maßgeblich ist das Nettoeinkommen, weshalb **Steuern** einschließlich Steuerrückerstattungen und -nachzahlungen (dazu auch RdNr. 104, 105)[1021] und jedenfalls die **gesetzlichen Vorsorgeaufwendungen** für die Renten-, Kranken-, Pflege- und Arbeitslosenversicherung[1022] vom Bruttoeinkommen abzuziehen sind. Beiden Ehegatten obliegt es grundsätzlich, nach der jeweils günstigsten **Steuerklasse** zu versteuern, ansonsten die Steuern fiktiv gerechnet und in dieser Höhe der Unterhaltsbemessung zugrunde gelegt werden (s. hierzu auch RdNr. 104, 105, 168). – Nicht mehr gesondert in Ansatz zu bringen sind jedoch Verbindlichkeiten für Aufwendungen, die bereits mit den **berufsbedingten Mehraufwendungen** erfasst worden sind (dazu RdNr. 59–63). Dies kann insbesondere für Aufwendungen im Zusammenhang mit der Anschaffung eines beruflich genutzten PKW zutreffen. – Zur Berücksichtigung von **weiteren Vorsorgeaufwendungen** s. RdNr. 79.

2. Familiäre Verpflichtungen. a) Grundsätze. Zu den beachtlichen familiären Ver- 190
pflichtungen zählen grundsätzlich **alle** vor-, gleich und auch nachrangigen[1023] Unterhaltsverpflichtungen gegenüber anderen Berechtigten. Das Rangverhältnis bestimmt sich nach §§ 1609, 1582. Der geschiedene Ehegatte geht nicht privilegierten volljährigen und verheirateten Kindern vor (§ 1609 Nr. 1 [**UÄndG 2007**], § 1609 Abs. 2 S. 2 aF). Unverheiratete **minderjährige** und diesen gleichgestellte privilegierte volljährige Kinder gehen dem Ehegatten vor (§ 1609 Nr. 1–3 [**UÄndG 2007**], anders – Gleichrang – § 1609 Abs. 2 S. 1

[1018] BGH NJW 1982, 232 = FamRZ 1982, 23, 24; NJW 1982, 380 = FamRZ 1982, 157, 158; NJW 1982, 1999 = FamRZ 1982, 898, 899; NJW 1984, 1237 = FamRZ 1984, 358, 360; NJW 1984, 2351 = FamRZ 1982, 657, 658; NJW 1986, 720 = FamRZ 1986, 148, 149; NJW-RR 1986, 428 = FamRZ 1986, 254, 257; BGHZ 109, 211 = NJW-RR 1990, 323 = FamRZ 1990, 283, 287; NJW 1992, 1624 = FamRZ 1992, 797, 798.

[1019] BGH NJW 1982, 232 = FamRZ 1982, 23, 24.

[1020] Zur Abschreibung nach § 10 e EStG für Verbindlichkeiten für ein in der Folgeehe gebautes Haus OLG Koblenz FamRZ 2005, 720, 721.

[1021] OLG Karlsruhe FamRZ 1990, 1234, 1235.

[1022] Etwa BGH NJW 1980, 2251 = FamRZ 1980, 984; NJW 1986, 1689 = FamRZ 1986, 553, 555; NJW 1982, 822 = FamRZ 1982, 250; NJW 1991, 1049 = FamRZ 1991, 416, 418.

[1023] AA etwa OLG Hamm FamRZ 1994, 1592, 1593; OLG Hamburg FamRZ 1996, 1420, 1421.

Halbs. 1 aF). Zum Rangverhältnis zwischen dem geschiedenen und dem neuen Ehegatten s. § 1582. **Rückständiger** Unterhalt prägt die ehelichen Lebensverhältnisse nicht und auch nicht die Bedürftigkeit des Berechtigten und die Leistungsfähigkeit des Verpflichteten. Ansonsten hätte es der Verpflichtete in der Hand, sich durch Auflaufenlassen rückständigen Unterhalts für künftigen Unterhalt leistungsunfähig zu machen. – Zu **nicht gemeinschaftlichen Kindern** s. RdNr. 33, 34.

191 Der Rang der Unterhaltsverpflichtung beeinflusst die ehelichen Lebensverhältnissen und die Bedarfsprägung nicht direkt.[1024] Davon geht offensichtlich auch der Gesetzgeber des **UÄndG 2007** aus, der geschiedenen Ehegatten lediglich keinen „Vertrauensschutz" dahin zuteil werden lässt, „dass sich durch Wiederheirat und Gründung einer Zweitfamilie der Kreis der unterhaltsberechtigten Personen nicht vergrößert und seine Unterhaltsquote nicht gekürzt wird."[1025] Das Hinzutreten weiterer Berechtigter ist eine hinzunehmende Tatsache, die Unterhaltsquote richtet sich nach dem Rang und der Leistungsfähigkeit des Verpflichteten, dh. wie viel finanzielle Mittel dem Verpflichteten zur Bestreitung der Berechtigten in diesem Rang zur Verfügung stehen. Dies sagt nichts darüber aus, wie sich der Unterhaltsbedarf der Berechtigten in den einzelnen Rängen ermittelt. – Allerdings ist der Rang auch Ausdruck der **Schutzbedürftigkeit** der einzelnen Unterhaltsberechtigten. Doch kann auch dies nicht dazu führen, bereits den Bedarf entsprechend der Rangordnung zu bestimmen, weil die Schutzbedürftigkeit bereits ausreichende Beachtung in den Unterhaltstatbeständen und den weiteren unterhaltsrechtlichen Regeln erfahren hat. – Zum **Elternunterhalt** s. RdNr. 35, zum **Ehegattenunterhalt** aus einer Folgeehe s. RdNr. 36.

192 **b) Kindesunterhalt. aa) Grundsätze.** Die ehelichen Lebensverhältnisse werden nach der Rspr. des BGH auch durch den **Aufwand,** insbesondere die **Barunterhaltspflicht** (zur Nichtberücksichtigung des **Betreuungsunterhalts** s. RdNr. 135) gegenüber minderjährigen und volljährigen **gemeinsamen** Kinder und den vor oder während der Ehe geborenen **nicht gemeinsamen** Kindern der Ehegatten, für deren Barunterhalt sie aufzukommen hatten (dazu auch RdNr. 32–34),[1026] **geprägt,** weil die für den Barunterhalt der Kinder erforderlichen Mittel den Ehegatten zur Deckung ihres allgemeinen Lebensbedarfs nicht zur Verfügung stehen (zum **Entfallen** der Unterhaltspflicht s. RdNr. 32, 35–37). Diese Unterhaltsverpflichtungen werden grundsätzlich durch **Vorwegabzug** vom Einkommen des barunterhaltspflichtigen Ehegatten berücksichtigt (zum Vorwegabzug bei gemischten Einkünften aus Erwerbstätigkeit und Vermögen, Rente etc. s. RdNr. 77), der aber unterbleibt, wenn er zu einem **Missverhältnis** von Kindes- und Ehegattenunterhalt führen würde.[1027] Dieses Missverhältnis wird von einem Teil der LL mit der Wahrung des Eigenbedarfs/Selbstbehalts eines mit dem Verpflichteten in einem Haushalt lebenden Berechtigten (erwerbstätig wie nicht erwerbstätig: 800 €) definiert,[1028] was sachgerecht ist, da der Kindesunterhalt, wenn man dies auf das Zusammenleben mit den Kindern bezieht, auch einen Anteil für Wohnkosten umfasst (zum **Mindestbedarf** und zum **Mangelfall** allgemein s. RdNr. 54–58). – Der Kindesunterhalt wird nicht durch die **ehelichen Lebensverhältnisse** begrenzt, weil er sich nicht nach diesen, sondern allein nach der Lebensstellung des Verpflichteten bestimmt. Deshalb nimmt das Kind ohne Bindung an einen Stichtag (dazu RdNr. 13–17) an Einkommensveränderungen nach der Scheidung teil.[1029] – Zu **anderen Unterhaltspflichten** s.

[1024] BGHZ 178, 79 = NJW 2008, 3562 = FamRZ 2008, 2189, 2190 [18] m. Anm. *Graba.*

[1025] BT-Drucks. 16/1830 S. 24.

[1026] BGHZ 98, 353 = NJW 1987, 1201 = FamRZ 1987, 259, 264; NJW 1988, 2101 = FamRZ 1988, 817, 819 m. Anm. *Weychardt* FamRZ 1988, 929, 930; NJW-RR 1990, 578 = FamRZ 1990, 979, 980; NJW 1991, 2703 = FamRZ 1991, 1163; s. auch OLG Stuttgart FamRZ 1987, 1030, 1031; KG FamRZ 1997, 1012.

[1027] BGH NJW 2003, 1112 = FamRZ 2003, 363, 366.

[1028] LL Nr. 22.1 bzw. Nr. 22.2: Braunschweig, Frankfurt a. M., Dresden, Hamburg, KG, Köln, Oldenburg (560 €), Rostock, Schleswig, SüdL. – Bis 31. 12. 2007 wurde unterschieden, ob der Mitbewohner erwerbstätig (dann 650 €) oder nicht erwerbstätig (dann 560 €) ist; Bremen, Naumburg (erwerbstätig: 600 €, nicht erwerbstätig: 520 €), Thüringen (Nr. 23.2.3: 560 €/650 €) führen diese Differenzierung fort.

[1029] BGHZ 178, 79 = NJW 2008, 3562 = FamRZ 2008, 2189, 2191 [29] m. Anm. *Graba.*

RdNr. 35–38. – Zur Berücksichtigung **konkreter Betreuungskosten** und eines **Betreuungsbonus** s. RdNr. 101, 102.

bb) Bar- und Betreuungsunterhalt. Soweit danach die Unterhaltspflicht gegenüber Kindern **bedarfsprägend** zu berücksichtigen ist, gilt: 193

- Grundsätzlich wird der **bar** oder sonst geldwert, etwa durch Naturalleistungen, gewährte Kindesunterhalt von den die ehelichen Lebensverhältnisse prägenden Einkünften des Elternteils, der ihn erbringt, **vorweg abgezogen,**[1030] dh. vor der Bedarfsbemessung und vor der Feststellung der Bedürftigkeit[1031] und der Leistungsfähigkeit. Dies ist seit 1. 1. 2008 angesichts des Vorrangs der minderjährigen und privilegierten volljährigen Kinder und des Nachrangs der nicht privilegierten volljährigen Kinder (§ 1609 Nr. 1, 2, 4 nF) unbedenklich, war es trotz des Gleichrangs mit den minderjährigen und privilegierten volljährigen Kindern und dem Nachrang nicht privilegierter volljähriger Kinder aber auch bis 31. 12. 2007 (§ 1609 Abs. 2 S. 1 aF), weil die erforderlichen finanziellen Mittel zur Bestreitung des Bedarfs der Ehegatten nicht zur Verfügung gestanden haben. – Der Kindesbarunterhalt ist grundsätzlich in der Höhe abzusetzen, in der er **tituliert** ist – ggf. müssen sich die Ehegatten um die Anpassung des Titels bemühen – oder freiwillig im Einverständnis mit dem unterhaltsberechtigten Ehegatten bezahlt wird. Bei Streit über die Höhe des Kindesunterhalts ist er in gesetzlich geschuldeter Höhe einzustellen.[1032] – Zur „fiktiven" Bemessung des vorweg abzuziehenden Kindesunterhalts unter Berücksichtigung des **Splittingvorteils** s. RdNr. 29.
- Abzusetzen ist der **Tabellenbetrag** ohne Vorwegabzug des hälftigen Kindergelds.[1033] 194
  Dies gilt auch nach § 1612 b Abs. 1 S. 2 [**UÄndG 2007**],[1034] wonach das Kindergeld zur Deckung des Barbedarfs des Kindes zu verwenden ist und seinen Barbedarf mindert. Insoweit handelt es sich lediglich um eine Anrechnungsregel zum Kindesunterhalt, die allein im systematischen Zusammenhang zu diesem steht und nicht auch auf den Ehegattenunterhalt anzuwenden ist. Zu ihm gilt nach wie vor, dass Kindergeld als Sozialleistung nicht dem unterhaltsrechtlich verfügbaren Einkommen der Ehegatten zuzuschlagen ist (dazu RdNr. 114),[1035] was aber mit dem Vorwegabzug des Kindesunterhalts gerade

---

[1030] Zum Berechtigten BGH NJW 1991, 2703 = FamRZ 1991, 1163, 1164, zum Verpflichteten BGH NJW 1986, 985 = FamRZ 1986, 553, 555; NJW 1987, 1551 = FamRZ 1987, 456, 458; s. jüngst BGH NJW 2008, 3635 m. Anm. *Born* = FPR 2008, 634 m. Anm. *Erdrich* = FamRZ 2008, 2104, 2106 [31] m. Anm. *Schürmann* und *Wohlgemuth* FamRZ 2009, 410.

[1031] BGHZ 98, 353 = NJW 1987, 1201 = FamRZ 1987, 259, 264 (der allerdings nicht nach Bedarf und Bedürftigkeit differenziert); OLG Karlsruhe FamRZ 1997, 1076, 1077 f.

[1032] S. auch OLG Koblenz FamRZ 1999, 516, 517.

[1033] BGHZ 161, 124 = NJW 2005, 503 = FamRZ 2005, 347, 350 f. m. Anm. *Schilling* und *Graba*; so schon OLG Hamm FamRZ 1990, 413, 414; OLG Braunschweig OLGR 1995, 285 (LS).

[1034] **Str.**, s. dazu insbesondere die LL. – Ebenso etwa der 7. Familiensenat des OLG Düsseldorf, Düsseldorfer Tabelle (Anm. B. III. Fn. 2), und die Familiensenate des OLG Stuttgart, SüdL, (Nr. 15.2 Fn. 2); Hamm (Nr. 15.2.3); Naumburg (Nr. 15.2); Oldenburg (Nr. 15.1); OLG Düsseldorf FamRZ 2009, 338, 339 ff. (Revision eingelegt, BGH XII ZR 161/08); *Maurer* FamRZ 2008, 975; *ders.* FamRZ 2008, 1985, 1991 ff.; *ders.* FamRZ 2008, 2157, 2161; wohl auch *Schürmann* FamRZ 2008, 313, 324; aA – ausdrücklich bislang stets nur zum Volljährigenunterhalt, wohl ebenso aber auch zum Minderjährigenunterhalt – BGH NJW 2008, 1946 m. Anm. *Griesche* = FamRZ 2008, 963, 967 [36] m. Anm. *Büttner*; NJW 2008, 3635 m. Anm. *Born* = FPR 2008, 634 m. Anm. *Erdrich* = FamRZ 2008, 2104, 2107 [36] m. Anm. *Schürmann* und *Wohlgemuth* FamRZ 2009, 410; OLG Hamm NJW-RR 2008, 882 = FamRZ 2008, 893 f.; NJW 2008, 2049 m. Anm. *Born* = FPR 2008, 311 m. Anm. *Erdrich* = FamRZ 2008, 1937, 1940 f.; NJW 2009, 675 = FamRZ 2009, 311, 313 [19, 21] m. Anm. *Borth* (ohne ausdrückliche Problematisierung); wohl auch BGH FamRZ 2009, 404, 405 [16]; auch OLG Celle NJW 2008, 1456 = FamRZ 2008, 997; OLG Hamm FamRZ 2008, 1446, 1448 („im Einzelfall"); OLG Zweibrücken FamRZ 2009, 49, 50; Düsseldorfer Tabelle (Anm. B. III); SüdL (Nr. 15.2); Brandenburg (Nr. 15.1); Braunschweig (Nr. 15.2. Abs. 2); Bremen (Nr. 15.2); Celle (Nr. 15.2); Düsseldorf (Nr. 15.1 Abs. 6); Frankfurt a.M. (Nr. 15.2); Hamburg (Nr. 15.2); KG (Nr. 15.2 Abs. 2); Koblenz (Nr. 15.2 Abs. 6); Rostock (Nr. 15.2); Schleswig (Nr. 15. 2. Abs. 3); *Borth* UÄndG, Rdn. 332, 341; *Bosch* FF 2007, 293, 303; *Dose* FamRZ 2007, 1289, 1292 f.; *Gerhardt* FamRZ 2007, 945, 948; *Gutdeutsch/Gerhardt* FamRZ 2007, 748; *Scholz* FamRZ 2007, 2021, 2028; *Reinken* FPR 2008, 9, 11; *Klinkhammer* FamRZ 2008, 193, 199, 200; *Vossenkämper* FamRZ 2008, 201, 208; *Wever* FamRZ 2008, 553, 560; *Büttner* FamRZ 2008, 967; auch BT-Drucks. 16/1830 S. 29. – Die LL Köln verhalten sich hierzu nicht.

[1035] Daran hält der Gesetzgeber des UÄndG 2007 fest, BT-Drucks. 16/1830 S. 30.

bewirkt würde. Zudem würde der Vorwegabzug lediglich des Zahlbetrags dazu führen, dass der Verpflichtete gegen die unterhaltsrechtliche Neutralität des Kindergelds dessen Hälfte zur Bestreitung des Ehegattenunterhalts einsetzen müsste,[1036] während der Berechtigte seine Kindergeldhälfte ohne unterhaltsrechtliche Berücksichtigung voll für sich behalten könnte. ME zeigt dies deutlich das folgende

Bsp.: F1 verlangt nachehelichen Unterhalt von M, der mit F2 in 2. Ehe, aus der Kinder hervorgegangen sind, verheiratet ist. Das für diese Kinder bezahlte Kindergeld kann das unterhaltsrechtlich maßgebliche Einkommen nicht erhöhen (dazu RdNr. 113; zur – verneinten – Zurechnung des Kindergelds allein in die 2. Ehe s. RdNr. 31). Bei einer Übernahme der Anrechnungsregel für den Kindesunterhalt aus 1612 b Abs. 1 S. 2 [UÄndG 2007] in den Ehegattenunterhalt würde F1 entgegen der Zuordnung des Kindergelds in die 2. Ehe durch den Vorwegabzug eines geringeren Kindesunterhalts am Kindergeld unterhaltsrechtlich teilhaben.

Dagegen scheint § 1609 die tatsächlichen Unterhaltsbeträge und nicht die Bedarfssätze zu meinen, weil nach § 1612 b Abs. 1 S. 1 Halbs. 1 das Kindergeld zur Bedarfsdeckung heranzuziehen ist. Doch definiert § 1609 „Unterhalt" nicht, sondern meint den Unterhaltsanpruch nach § 1603 Abs. 1, 2 (§ 1609 RdNr. 5). Und § 1612 b Abs. 1 S. 1 Halbs. 1 ist lediglich eine „Handlungsanweisung" an den barunterhaltspflichtigen Elternteil.

In diesem Zusammenhang eine **kritische** Anmerkung zur sprachlichen Fassung von S. 2, wonach das nach S. 1 zu verwendende Kindergeld „den Barbedarf des Kindes [mindert]". Dies ist unterhaltsdogmatisch schlicht unzutreffend: Gemindert wird nicht der Bedarf des Kindes, sondern allenfalls dessen Bedürftigkeit. Dies zeigt auch der Blick auf S. 1 Halbs. 1, wonach das Kindergeld zur Deckung des Barbedarfs zu verwenden ist; der Bedarf aber ist unabhängig vom Kindergeld.

Das Problem wird dadurch abgeschwächt, dass sich Kindes- und Ehegattenunterhalt trotz des Vorrangs des Kindesunterhalts aus § 1609 Nr. 1 auch weiter gegenseitig beeinflussen: Weil sich die Lebensstellung des Kindes von der seines Verpflichteten ableitet, die auch durch seine anderen Unterhaltsverpflichtungen bestimmt wird,[1037] kann auf eine **angemessene** Verteilung des verfügbaren Einkommens durch Auf- und Abstufung auf der Grundlage der Zahl der Unterhaltsverpflichtungen, durch die Anwendung der Bedarfskontrollbeträge der Düsseldorfer Tabelle (dazu aber auch § 1582 RdNr. 26) und durch eine eigenständige Angemessenheitsprüfung nach § 1581 (dazu dort RdNr. 17–19) geachtet werden.

195 – Für **volljährige** Kinder hat der BGH im Urteil v. 26. 10. 2005[1038] bereits zum Rechtszustand vor Inkrafttreten des UÄndG 2007 anders entschieden:[1039] Er rechnet ihnen mit Hinweis auf § 11 Abs. 1 S. 3 SGB II, § 82 Abs. 1 S. 2 SGB XII das Kindergeld als Einkommen zu, wenn es ihnen zufließt.[1040] Da ihnen zudem ein Anspruch gegen seine

---

[1036] AA BT-Drucks. 16/1830 S. 29: „Soweit es sich bei dem nachrangig Unterhaltsberechtigten um den geschiedenen oder dauernd getrennt lebenden Ehegatten handelt, greift – *aufgrund des auf diese Weise erhöhten Unterhaltszahlbetrags* [Hervorhebung vom *Verf.*] – ..."

[1037] *Scholz* FamRZ 2007, 2021, 2029. *Schwab* FamRZ 2005, 1417, 1423 und *Borth* FamRZ 2006, 813, 817 sehen hierin eine Verwässerung des Vorrangs des Kindesunterhalts; dagegen zutreffend *Scholz* aaO.

[1038] BGHZ 164, 375 = NJW 2006, 57 = FamRZ 2006, 99, 103 (unter d) [diese Entscheidung war Anlass für den Gesetzgeber, die Regelung in § 1612 b Abs. 1 S. 2 [UÄndG 2007] einzufügen (BT-Drucks. 16/1830 S. 30)]; BGHZ 176, 150 = NJW 2008, 2779 = FamRZ 2008, 1414, 1415 [14] m. Anm. *Wellenhofer*; NJW 2008, 3635 m. Anm. *Born* = FPR 2008, 634 m. Anm. *Erdrich* = FamRZ 2008, 2104, 2107 [36] m. Anm. *Schürmann* und *Wohlgemuth* FamRZ 2009, 410; dazu auch *Dose* FamRZ 2007, 1289 ff.

[1039] AA OLG Koblenz FamRZ 2007, 286, 287 (Vorinstanz zu BGH NJW 2008, 3635 m. Anm. *Born* = FPR 2008, 634 m. Anm. *Erdrich* = FamRZ 2008, 2104, 2107 [36] m. Anm. *Schürmann* und *Wohlgemuth* FamRZ 2009, 410).

[1040] Anders BSG FamRZ 2008, 886, 887 [12, 13]: Einkommen des Kindergeldberechtigten; auch BSG FamRZ 2008, 1068 ff. [14 ff.], welches das Kindergeld als Einkommen des Elternteils, bei Vorliegen der Voraussetzungen der Auszahlung des Kindergelds an das volljährige Kind (§ 74 EStG) und zeitnaher Weiterleitung an dieses aber als nicht „bereites" und deshalb die Gewährung von Sozialleistungen nicht hinderndes Einkommen behandelt.

Eltern auf Auskehr des Kindergelds zustehen soll, werden sie diesen auch geltend machen müssen. Abgesehen davon, dass man den Streit unter den Eltern um die Aufteilung des Kindergelds in das Verhältnis Kind/betreuender Elternteil verlagert, bedeutet dies konkret, dass der das Kindergeld beziehende Ehegatte seinen Kindergeldanteil auch dann zur Bedarfsdeckung des Kindes einsetzen muss, wenn er nicht barunterhaltspflichtig ist, während den barunterhaltspflichtigen Elternteil sein Kindergeldanteil nach wie vor entlastet. Ist der betreuende Elternteil selbst unterhaltsberechtigt, nimmt er daran zwar wieder teil, aber eben höchstens zur Hälfte. Hinzu kommt, dass steuerrechtlich der Anspruch auf Kindergeld nicht dem Kind zukommt, sondern dem Elternteil (§ 62 EStG). Dies sollte Anlass sein, den Komplex Kindergeld für volljährige Kinder noch einmal zu überdenken. – Zieht man den Tabellenbetrag vorweg ab, ist die „ausgleichende" Berücksichtigung des Kindergelds in der **Angemessenheitsprüfung** nach § 1581 zu suchen (dazu dort RdNr. 19).[1041]

– Ein **Mangelfall** – das verfügbare Einkommen des Verpflichteten reicht nach Abzug des Tabellenbetrags unter Wahrung seines Selbstbehalts nicht zur Deckung des Bedarfs aller Berechtigten aus (dieser Fall kann erst eintreten, wenn nach Vorwegabzug des Kindesunterhalts ggf. aus der 1. Einkommensgruppe der Düsseldorfer Tabelle der Unterhalt auch nachrangiger Berechtigter nicht vollständig bezahlt werden kann [dazu § 1582 RdNr. 26–31]) – kann horizontal, vertikal und kombiniert vertikal/horizontal eintreten: Ergibt er sich **horizontal** bereits im **1. Rang** zwischen minderjährigen und privilegierten volljährigen Kindern (§ 1609 Nr. 1), ist nahezu gleichgültig, ob – so meine ich – mit dem Tabellenbetrag oder dem um den Kindergeldanteil gekürzten Zahlbetrag[1042] gerechnet wird; die verhältnismäßige Aufteilung des verfügbaren Einkommens führt – wenn auch nur annähernd – stets zum selben verringerten Zahlbetrag. – Auch wenn er **vertikal** oder kombiniert **vertikal/horizontal** (die vorrangigen Berechtigten und ein nachrangiger Berechtigter können voll befriedigt werden, nicht mehr aber mehrere nachrangig Berechtigte) eintritt, ist für die vorrangig berechtigten Kinder der **Tabellenbetrag** vorab abzusetzen (dazu näher RdNr. 194, 195, § 1582 RdNr. 26). Dem nachrangigen unterhaltsberechtigten Ehegatten verbleibt sein Kindergeldanteil, und die Angemessenheitsprüfung (dazu § 1581 RdNr. 19) kann dazu führen, dass der Verpflichtete seinen Kindergeldanteil für gemeinsame Kinder zusätzlich für den Ehegattenunterhalt einsetzen muss – im Ergebnis kann dies, muss aber nicht dem Vorwegabzug des Zahlbetrags entsprechen. – Die bisherige Rspr.[1043] kann nicht mehr angewandt werden. – Im Verhältnis zum Unterhalt gleichrangiger minderjähriger und privilegierter volljähriger Kinder ist der notwendige Lebensbedarf (**absoluter** Mangelfall), im Verhältnis zum Unterhalt volljähriger Kinder der angemessene Lebensbedarf der Eltern zu wahren.[1044] Zu den **Einzelheiten** s. RdNr. 54–58. 196

– Führt ein **erhöhtes Einkommen** zwar zu einem höheren Kindesunterhalt, bleibt es aber, weil nicht prägend, beim Ehegattenunterhalt unberücksichtigt – etwa nach einem Karrieresprung;[1045] nach Wiederheirat des Verpflichteten ist der Kindesunterhalt aus dem Einkommen nach der Splittingtabelle, der Ehegattenunterhalt aber nach der Grundtabelle zu rechnen (dazu RdNr. 28, 29); Einkünfte aus einer die ehelichen Lebensverhältnisse nicht prägenden Erbschaft (dazu RdNr. 18, 119) –, ist der Kindesunterhalt nur mit seiner fiktiven Höhe aus dem geringeren Einkommen vorweg abzuziehen. 197

[1041] OLG Stuttgart, SüdL, Stand: 1. 1. 2008, Nr. 15.2 Fn. 2.

[1042] So *Schürmann* FamRZ 2008, 313, 324.

[1043] Im Mangelfall unterblieb ein Vorwegabzug, sodass der in die Mangelberechnung einzubeziehende Bedarfsbetrag des Ehegatten ohne Berücksichtigung des Kindesunterhalts zu errechnen war, OLG Bamberg NJW-RR 1993, 1219 = FamRZ 1993, 1093, 1094; OLG Düsseldorf NJW-RR 1998, 1011 = FamRZ 1998, 851, 854.

[1044] BGH NJW 1981, 753 = FamRZ 1981, 241, 242; NJW 1985, 2713 = FamRZ 1985, 912, 916; NJW 1986, 985 = FamRZ 1986, 553, 556; s. auch OLG Hamm FamRZ 1999, 853 (LS) (bei Unterschreiten des Existenzminimums des Berechtigten).

[1045] BGH NJW 2007, 2628 = FamRZ 2007, 1232, 1235 [29] m. Anm. *Maurer.*

198 – Bei **Doppelverdienern** finanziert der die Kinder betreuende und daneben obligat erwerbstätige Ehegatte bei einem Vorwegabzug entgegen § 1606 Abs. 3 S. 2 den Kindesunterhalt mit, obwohl er seinen Unterhaltsbeitrag durch die Kinderbetreuung erbringt. Gleichwohl ist auch in diesen Fällen und selbst dann der Kindesunterhalt vorweg abzuziehen, wenn dies erst zu einem Anspruch auf Ehegattenunterhalt führt, weil der Betreuungsunterhalt nicht zu **monetarisieren** ist (zur Monetarisierung des Betreuungsunterhalts auch RdNr. 133).[1046] Helfen kann die Gewährung eines Betreuungsbonus (dazu RdNr. 102).

199 – Wider **Treu und Glauben** handelt der Ehegatte, der unterhaltsberechtigt und dessen Verpflichtung zur Zahlung von Kindesunterhalt tituliert ist, wenn er zwar Ehegattenunterhalt unter Vorwegabzug des Kindesunterhalts verlangt, diesen aber nicht bezahlt. IdR wird dies, weil nicht prognostizierbar, auch dann nicht bereits im Ausgangsverfahren berücksichtigt werden können, wenn der Berechtigte den Kindesunterhalt bislang nicht bezahlt hat; der Verpflichtete ist vielmehr auf eine Vollstreckungsgegenklage verwiesen.[1047]

200 Das **Älterwerden** von Kindern ist zwar zuverlässig vorhersehbar,[1048] und damit auch die sich daraus ergebende Erhöhung des Kindesunterhalts und die rechtlichen Folgen hinsichtlich der Erwerbsobliegenheiten des betreuenden Elternteils (dazu § 1570 RdNr. 30–55). Doch sind von der Norm abweichende Entwicklungen nicht selten, weshalb bislang in der Praxis die künftige Altersentwicklung von Kindern nicht selten nur dann in eine Entscheidung mit einbezogen wurde, wenn die rechtlich maßgebliche Änderung des Kindesalters kurz bevorstand. Für die künftige Höhe des Kindesunterhalts mag eine Prognose nach dem Alter des Kindes möglich sein. Hinsichtlich der Erwerbsobliegenheiten und deren Verletzung lassen sich aber über längere Zeit im Voraus idR keine sicheren Prognosen treffen.

201 **3. Sonstige Verpflichtungen. a) Bedarfsprägung.** Folgende Verbindlichkeiten **prägen** grundsätzlich die ehelichen Lebensverhältnisse: Aus **Darlehen,** die aus der Ehe herrühren,[1049] soweit sie zum maßgeblichen Zeitpunkt noch bedient wurden (zum Entfallen der Kreditverpflichtung durch Rückzahlung s. RdNr. 38),[1050] auch soweit sie zur **Vermögensbildung** führen (s. dazu und zur Berücksichtigung eines Gebrauchsvorteils RdNr. 3, 138, 140). Dies gilt für alle vom Berechtigten wie vom Verpflichteten auch vorehelich aufgenommenen Darlehen, es sei denn sie wären gegen den erklärten Willen des anderen Ehegatten oder zu Luxuszwecken eingegangen worden. Wurden sie jedoch nur zur Finanzierung des **Konsums** aufgenommen, bleiben sie unberücksichtigt, weil auch für diesen Zweck vorweggenommene Sparleistungen den Bedarf nach den ehelichen Lebensverhält-

[1046] BGH NJW 1991, 2703 = FamRZ 1991, 1163, 1164; NJW 1999, 717 = FamRZ 1999, 367, 370 m. insoweit abl. Anm. *Graba*; OLG Zweibrücken FamRZ 2002, 1565, 1566 mwN; OLG Schleswig NJW-RR 2004, 151 f.; wohl auch OLG Stuttgart FamRZ 2006, 1680; aA OLG Hamburg FamRZ 1986, 1001; FamRZ 1986, 1212, 1213; NJW-RR 1993, 392 = FamRZ 1992, 1187, 1188; OLG Köln NJW-RR 2001, 1371, 1372; OLG Thüringen OLG-NL 2004, 165 = FamRZ 2004, 1207, 1208; OLG Brandenburg NJW-RR 2006, 944 = FamRZ 2006, 341; *Kalthoener/Büttner/Niepmann* RdNr. 1011; auch noch 4. Aufl. RdNr. 5. – Nach KG KGR 1995, 201, 202; KGR 1997, 31 = FamRZ 1997, 1217 (LS); OLG Hamburg FamRZ 1998, 1585 f. ist, wenn der Berechtigte zur Zahlung von Kindesunterhalt verpflichtet ist, dieser bei der Beurteilung seiner Bedürftigkeit in der Höhe abzuziehen, in der er während des Zusammenlebens anteilsmäßig aus seinem Einkommen bestritten wurde. Doch könnte dies allenfalls für die Bedürftigkeit, nicht auch für die Prägung der ehelichen Lebensverhältnisse, die vom gesamten Barbedarf des Kindes bestimmt sind, gelten; scheinbar aA OLG Hamburg aaO.

[1047] Für die Berücksichtigung im Ausgangsverfahren OLG Koblenz NJW 2005, 686, 687 = FamRZ 2005, 802 (LS); OLG Zweibrücken NJW-RR 2006, 1659, 1660 = FamRZ 2007, 151 (LS).

[1048] BGHZ 171, 206 = NJW 2007, 1961 = FamRZ 2007, 793, 799 [60].

[1049] BGH NJW 1985, 2268 = FamRZ 1985, 911, 912. Zu Darlehensraten aufgrund der Inanspruchnahme einer während der Ehezeit eingegangenen Bürgschaft s. OLG Hamm NJW-RR 1998, 6 = FamRZ 1998, 558, 559.

[1050] Nach OLG Hamm FamRZ 1998, 558, 559 prägt bereits die „latente Gefahr“, aus einer Bürgschaft in Anspruch genommen zu werden.

nissen nicht vermindert hätten (dazu RdNr. 3, 47, 87, 95).[1051] Ob die Ehegatten das Darlehen gemeinsam oder einer mit dem ausdrücklichen oder stillschweigenden Einverständnis des anderen[1052] oder aber nur ein Ehegatte aufgenommen hat, ist zunächst gleichgültig und kann ggf. nur über eine Korrektur der ehelichen Lebensverhältnisse anhand einer objektiven Betrachtung (dazu RdNr. 3) berücksichtigt werden (zur Berücksichtigung bei der Leistungsfähigkeit s. RdNr. 205). – **Versicherungsprämien,** auch für **Unfall**– und **Berufsunfähigkeitsversicherung,**[1053] soweit sie nicht der allgemeinen **Lebensführung** zuzurechnen sind,[1054] wovon jedenfalls bei Selbständigen ausgegangen werden kann. Für unselbständig Erwerbstätige richtet sich die Berücksichtigungsfähigkeit nach der Zumutbarkeit und damit insbesondere nach der Erforderlichkeit und den zur Bestreitung des Lebensbedarfs zur Verfügung stehenden finanziellen Mitteln; jedenfalls in Mangelfällen wird sie zu verneinen sein. – Dies gilt grundsätzlich auch für **Lebensversicherungen,** die zur Vermögensbildung geführt haben, weil der entsprechende Betrag der Familie nicht zur Befriedigung des laufenden Lebensbedarfs zur Verfügung gestanden hat.[1055] Doch wird man differenzieren müssen: Dient die Lebensversicherung allein der **Vermögensbildung,** beurteilt sich die Berücksichtigungsfähigkeit der Prämien nach allgemeinen Kategorien (dazu RdNr. 39). Dient sie der „sekundären" (privaten) **Altersvorsorge,** sind die Prämien bedarfsprägend, doch kann es bei beengten Lebensverhältnissen angemessen sein, sie auf 4% des Bruttoeinkommens des versicherten Ehegatten (dazu RdNr. 103) zu beschränken (zur Berücksichtigung im Rahmen der Bedürftigkeit und Leistungsfähigkeit s. RdNr. 205). Im **Mangelfall** wird man vom versicherten Ehegatten allerdings verlangen müssen, dass er den Vertrag auflöst oder jedenfalls beitragsfrei stellt,[1056] weil die Deckung des notwendigen Elementarbedarfs der des Altersvorsorgebedarfs vorgeht (dazu auch RdNr. 71). – Nach Eröffnung des **Insolvenzverfahrens** sind Schuldendienste nur noch in Höhe des pfändbaren Betrags zu berücksichtigen,[1057] allerdings nur, soweit sie überhaupt unterhaltsrechtlich erheblich sind.

Nicht prägend sind: Nach Trennung und Scheidung eingegangene **Verbindlichkeiten** 202
(dazu RdNr. 41). Dazu zählt grundsätzlich auch der Schuldendienst für ein zur Erfüllung einer **güterrechtlichen** Forderung (dazu auch RdNr. 36) oder zur Auseinandersetzung von **Miteigentum** aufgenommenes Darlehen.[1058] Zur Übernahme des **Miteigentumsanteils** des anderen Ehegatten s. RdNr. 131. – Durch Trennung und Scheidung verursachte **Prozesskosten,**[1059] weil sie nicht die ehelichen Lebensverhältnisse betreffen und zudem grundsätzlich bei beiden Ehegatten anfallen (dazu auch RdNr. 206).

b) Bedürftigkeit. Leistungsfähigkeit. Nach ständiger Rspr. des BGH berühren Schul- 203
den des **Berechtigten** idR nicht seine Bedürftigkeit (§ 1577), weil der Ehegattenunterhalt nicht dem Zweck dient, ihm die Bildung von Vermögen durch die Bedienung von Verbindlichkeiten zu ermöglichen, selbst wenn dies dem Verpflichteten, der nicht verpflichtet ist, dessen Schulden zu tilgen,[1060] möglich wäre.[1061] Einschränkungen werden lediglich

---

[1051] BGH NJW 1982, 822 = FamRZ 1982, 250, 252; OLG Düsseldorf FamRZ 1987, 595, 596; aA OLG München NJW-RR 1995, 1159 = FamRZ 1995, 233; wohl auch OLG Hamm FamRZ 1981, 968 (der Höhe nach allerdings begrenzt auf die Pfändungsfreigrenze nach § 850 c ZPO, § 95 Abs. 1 Nr. 1 FamFG); OLG Hamm NJW-RR 1987, 462 = FamRZ 1986, 362.

[1052] Insoweit OLG München NJW-RR 1995, 1159 = FamRZ 1995, 233.

[1053] OLG Hamm OLGR 2001, 89, 90 = FamRZ 2001, 625 (LS) (weil Leistungen aus ihr auch den Berechtigten zugute kommen).

[1054] OLG Celle FamRZ 2007, 1020 (LS).

[1055] BGH NJW 1992, 1044 = FamRZ 1992, 423, 424.

[1056] OLG München OLGR 1997, 257 (Lebens-, Haftpflicht- und Unfallversicherungsbeiträge).

[1057] OLG Stuttgart OLGR 2008, 742, 744 = FamRZ 2008, 2208 (insoweit nicht abgedruckt) (die zugelassene Revision wurde eingelegt, BGH XII ZR 138/08).

[1058] OLG Karlsruhe NJW-RR 1994, 66 = FamRZ 1993, 1091, 1092; OLG Hamm NJW 1995, 2042 = FamRZ 1995, 1152, 1154.

[1059] OLG Karlsruhe NJW-RR 1998, 578, 579; aA scheinbar OLG Düsseldorf FamRZ 1999, 44 (LS) für während der Trennungszeit an den Berechtigten entrichteten Prozesskostenvorschuss.

[1060] BGH NJW 1985, 2265 = FamRZ 1985, 902; NJW-RR 1990, 194 = FamRZ 1990, 280, 282.

[1061] BGH NJW-RR 1987, 194, 195 = FamRZ 1987, 36, 39; NJW 1992, 1044 = FamRZ 1992, 423, 424 f.

insoweit gemacht, als der Berechtigte eigenes Einkommen hat, das er zur Bestreitung seiner Verbindlichkeiten einsetzt.[1062]

Demgegenüber sollte gelten: Schulden des Berechtigten erhöhen grundsätzlich seine Bedürftigkeit, seinen Bedarf dagegen nur, wenn sie die ehelichen Lebensverhältnisse mitgeprägt haben. Hat der Berechtigte keine eigenen Einkünfte, kann sich sein Bedarf durch Verbindlichkeiten nicht erhöhen, wohl aber verringern, wenn der Verpflichtete die Schulden bedient hat. Gleiches gilt, wenn der Berechtigte die Schulden aus eigenem Einkommen bedient, weil ihm auch dann weniger finanzielle Eigenmittel zur Bestreitung seines allgemeinen Lebensbedarfs zur Verfügung stehen. Inwieweit Letzteres unterhaltsrechtlich hinzunehmen oder aber eine Obliegenheitsverletzung anzunehmen ist, richtet sich nach den Absprachen und der Handhabung unter den Ehegatten; darüber hinaus ermöglicht **§ 1579 Nr. 4, 5** weitere Einschränkungen, wenn sich der Berechtigte mutwillig bedürftig gemacht hat (dazu § 1579 RdNr. 29–31).[1063] Für die die ehelichen Lebensverhältnisse prägenden Verbindlichkeiten wird Letzteres allerdings kaum angenommen werden können, es sei denn, der Berechtigte handelt seiner Obliegenheit zur Reduzierung seiner Bedürftigkeit durch das Unterlassen der Schuldenrückführung bewusst zuwider. – Zu Berücksichtigung von im Zusammenhang mit einem **Wohnvorteil** anfallenden Zins- und Tilgungsleistungen s. RdNr. 129–131.

204 Verpflichtungen sind insoweit unbeachtlich, als sie zu den Kosten der **Lebensführung** zählen, die bereits vom billigen Selbstbehalt (dazu § 1581 RdNr. 13–15) mit umfasst sind; hierzu zählen insbesondere auch Kosten für einen **PKW** (zur Behandlung bei berufsbedingter Nutzung s. RdNr. 61) und **Urlaub,** auch wenn sie vorfinanziert wurden. Etwas anderes kann bei einem durch besondere, unabwendbare Gründe hervorgerufenen Nachholbedarf gelten,[1064] oder wenn der Bedarf unvorhergesehen entsteht, etwa bei der zur Berufsausübung unabdingbaren Anschaffung eines neuen PKW wegen eines Verkehrsunfalls.[1065] – Bei **Familiendarlehen** ist besonders streng zu prüfen, ob sie mutwillig eingegangen worden sind, ob überhaupt eine Rückzahlungsverpflichtung besteht und wie dringlich diese ist,[1066] weil oft erst angesichts einer Barunterhaltsverpflichtung eine Rückzahlungsverpflichtung „aktiviert" wird. Zu ihrer Bedeutung im Rahmen eines **Tilgungsplanes** s. RdNr. 186. – Die Kosten für die Hinzuziehung eines **Steuerberaters** zur Fertigung der Steuererklärung sind zu berücksichtigen, wenn und soweit sie unter Berücksichtigung der Kenntnisse und Fähigkeiten des Verpflichteten erforderlich und angemessen sind.[1067] – **Versicherungsbeiträge** gehören idR zum allgemeinen Lebensbedarf, der von den zur Verfügung stehenden finanziellen Mitteln zu bestreiten ist. Sind sie ausnahmsweise – etwa bei Selbständigen – zu berücksichtigen, können sie in Mangelfällen nur insoweit in Abzug gebracht werden, als die Verträge nicht beitragsfrei gestellt oder gekündigt werden können.[1068] Zu **Lebensversicherungen** s. auch RdNr. 202.

205 Notwendige **Prozess-** und **Vollstreckungskosten** für das Scheidungsverfahren (dazu auch RdNr. 201), auch als **Prozesskostenvorschuss** an den Berechtigten,[1069] mindern die Leistungsfähigkeit,[1070] wenn sie nicht aus unterhaltsrechtlich nicht zu berücksichtigenden finanziellen Mitteln bestritten werden können. Konnte und kann sie der Verpflichte-

---

[1062] *Schwab/Borth* IV RdNr. 872, 1015. Offen gelassen von BGH NJW 1992, 1044 = FamRZ 1992, 423, 425.

[1063] Nur § 1579 Nr. 4 wendet *Hoppenz* NJW 1984, 2327; FamRZ 1987, 324 ff. an; doch ist die Obliegenheitsverletzung gegenüber § 1579 unterschwellig (dazu auch RdNr. 92, 187, 188).

[1064] BGH NJW 1982, 822 = FamRZ 1982, 250, 252 („nur").

[1065] Nach OLG Hamm Beschl. v. 11. 8. 2005 – 4 WF 165/05, juris [16] = ZFE 2006, 156 sind die Kreditkosten für eine PKW-Anschaffung nicht zu berücksichtigen, weil ihnen der Nutzungsvorteil gegenübersteht. Doch dürften diese Nutzungsvorteile, steht kein PKW zur Verfügung, nur in sehr eingeschränktem Umfang durch andere Kosten erkauft werden.

[1066] BGH NJW 1986, 720 = FamRZ 1986, 148, 149; OLG Hamm NJW-RR 1996, 66 = FamRZ 1996, 219, 220; OLG Karlsruhe FamRZ 2007, 413, 414.

[1067] Dazu OLG Hamm FamRZ 1992, 1177, 1178 mwN.

[1068] OLG München OLGR 1997, 257 (Lebens-, Haftpflicht- und Unfallversicherungsbeiträge).

[1069] KG FamRZ 1988, 720, 722.

[1070] S. auch *Hoppenz* FamRZ 1987, 324, 326.

te nicht aus dem ihm verbleibenden Einkommen bestreiten,[1071] sind sie nicht der allgemeinen Lebensführung zuzurechnen.[1072] Dies gilt auch für die Kosten eines Unterhaltsstreits sowie für jeden anderen Rechtsstreits, auch gegen Dritte,[1073] sofern dessen Führung nicht gegen unterhaltsrechtliche Obliegenheiten verstößt;[1074] Letzteres kann stets bereits dann ausgeschlossen werden, wenn Prozesskostenhilfe bewilligt wurde,[1075] liegt in Unterhaltsstreitigkeiten wegen der diesen immanenten Unsicherheiten aber auch sonst idR nicht vor.[1076] I. Ü. sind der Anlass für das Entstehen der Prozesskosten und der Umfang des Obsiegens des Verpflichteten in die Interessenabwägung einzubeziehen. Der Unterschied zwischen trennungs- und scheidungsbedingten sowie sonstigen Rechtsstreitigkeiten liegt in der Berücksichtigung beim **Bedarf:** Rechtsverfolgungs- und Rechtsverteidigungskosten aus sonstigem Grund prägen den Bedarf nach den ehelichen Lebensverhältnissen, solche aus Anlass der Trennung und Scheidung sind trennungsbedingter Mehrbedarf und ggf. dem Bedarf nach den ehelichen Lebensverhältnissen hinzuzurechnen. – **Prozesskostenhilferaten** sind, auch aus Gründen der Gleichbehandlung der Ehegatten, idR vom verbleibenden Einkommen, ggf. vom notwendigen Selbstbehalt, zu bestreiten,[1077] weil pkh-rechtlich nach § 115 Abs. 1 S. 2 ZPO, § 113 Abs. 1 S. 2 FamFG weit mehr als abzugsfähig berücksichtigt wird als unterhaltsrechtlich. Dies gilt insbesondere dann, wenn die PKH-Raten für zwischen den Ehegatten geführte Verfahren in Familiensachen zu erbringen sind, weil diese bei beiden Ehegatten anfallenden Kosten sonst von einem Ehegatten über den Unterhalt mitfinanziert würden. Obwohl die PKH eine besondere Art der Sozialhilfe ist, kann bei der Geltendmachung von Prozesskosten- und Vollstreckungskosten auf ihre Inanspruchnahme verwiesen werden, weil sie der Unterhaltsverpflichtung nicht subsidiär ist und deshalb auch kein Unterhaltsanspruch auf die Staatskasse übergeht.

Trennungsbedingter Mehrbedarf (zur Berücksichtigung beim Bedarf s. RdNr. 66–68) 206
des Verpflichteten gehört zu seinem angemessenen Unterhalt iSd. § 1578 Abs. 1 S. 1 und kann bei zumutbarer Begründung (dazu RdNr. 67) die Leistungsfähigkeit einschränken.[1078] Doch ist er vordringlich aus die ehelichen Lebensverhältnisse nicht prägenden Mitteln zu bestreiten.[1079] – Bei der Bestimmung der Leistungsfähigkeit bleibt die Verpflichtung zur Zahlung **rückständigen Unterhalts** unberücksichtigt, soweit dem Verpflichteten die Erfüllung zumutbar war; dabei ist grundsätzlich unerheblich, ob der Unterhalt tituliert ist oder nicht und ob er zwangsweise beigetrieben wird.[1080] Die Zumutbarkeit ergibt sich idR bereits aus der Unterhaltsverpflichtung. Unberücksichtigt bleiben auch der Erfüllung der Unterhaltspflicht dienende Auszahlungen von dem Verpflichteten zustehenden **Sozialleistungen** (§ 48 Abs. 1 S. 1 SGB I) an den Berechtigten nach Pfändung von Unterhaltsansprüchen.[1081]

Die Abwägung der Einzelumstände kann dazu führen, die Interessen der **Drittgläubiger** 207
weitergehend zu berücksichtigen, als dies durch den **Vollstreckungsschutz** (Pfändungsfreigrenzen, Pfändungsvorrecht des Berechtigten) gewährleistet wird. So etwa, wenn die Verpflichtungen im Interesse oder mit dem Einverständnis des Berechtigten eingegangen, dadurch die Leistungsfähigkeit auch über den Mindestunterhalt hinaus eingeschränkt wurde und die Bemühungen des Verpflichteten um die Wiederherstellung seiner Leistungsfähigkeit

---

1071 BGH NJW 1982, 822 = FamRZ 1982, 250, 252.
1072 OLG Köln FamRZ 1983, 750, 753.
1073 AA OLG Köln FamRZ 1983, 750, 753: nur für lebensnotwendige Prozesse.
1074 OLG Karlsruhe NJW-RR 1998, 578, 579; *Hoppenz* FamRZ 1987, 324, 326.
1075 OLG Karlsruhe FamRZ 1988, 400, 401.
1076 *Schwab/Borth* IV RdNr. 1138.
1077 OLG Koblenz FamRZ 1991, 438 f.; OLG Hamm NJW-RR 1994, 707 = FamRZ 1994, 446, 448 folgert dies aus § 120 ZPO, § 113 Abs. 1 S. 2 FamFG; aA OLG Karlsruhe FamRZ 1988, 202, 203 f.; FamRZ 1988, 400, 401 f.; wohl auch OLG Hamm FamRZ 1996, 166 für scheidungsbedingt veranlasste PKH-Raten: Als notwendiger trennungsbedingter Mehrbedarf immer abzusetzen.
1078 BGH NJW-RR 1990, 578 = FamRZ 1990, 979, 981.
1079 BGHZ 89, 108 = NJW 1984, 292 = FamRZ 1984, 149, 151.
1080 *Schwab/Borth* IV RdNr. 1141.
1081 *Schwab/Borth* IV RdNr. 1142.

durch die Rückgängigmachung von Dispositionen bis hin zur Verwertung mit Schulden belasteter, nicht dringend benötigter Gegenstände nicht erfolgreich waren. Muss sich der Berechtigte danach eine Verschuldung entgegenhalten lassen und hat sie einen Umfang erreicht, der dem Verpflichteten noch nicht einmal die Begleichung der Zinsen ermöglicht, sodass Unterhaltsleistungen zu einer **Erhöhung des Schuldenstandes** führen würden, kann die Grenze des für den Verpflichteten Zumutbaren überschritten sein und der Berechtigte darauf verwiesen werden, sich die für seinen Lebensunterhalt benötigten Mittel unter äußerster Anspannung seiner Kräfte durch einen über das im Allgemeinen Gebotene hinausgehenden Einsatz selbst zu verschaffen.[1082] – Zur Berücksichtigung der Schulden im Rahmen eines vernünftigen **Tilgungsplans** s. RdNr. 186. – Die **Darlegungs-** und **Beweislast** (allgemein dazu RdNr. 215, 216) für die Berücksichtigungsfähigkeit der Schulden, insbesondere für eine gegenwärtige oder unmittelbar bevorstehende Rückzahlungsverpflichtung, trägt der Verpflichtete, weil er damit seine – ggf. teilweise – Leistungsunfähigkeit geltend macht.[1083]

H. Verfahren

I. Feststellung des Bedarfs

208 Der Bedarf des Berechtigten ist aufgrund der Darlegungs- und Beweislast (dazu RdNr. 215, 216) nach den Beweisregeln der ZPO (s. auch § 113 Abs. 1 S. 2 FamFG) im Wege des Strengbeweises festzustellen. Der Unterhaltsrechtsstreit als Massenphänomen bringt es jedoch mit sich, dass seine Handhabbarkeit und die Verhältnismäßigkeit der für eine weitere Aufklärung anfallenden Kosten nur gewährleistet werden können, wenn aufgrund vorhandener Anknüpfungspunkte nach § 287 Abs. 2 ZPO, § 113 Abs. 1 S. 2 FamFG **geschätzt** wird. Für die Ermittlung der maßgebenden **Erwerbseinkommen** der Ehegatten ist eine Schätzung idR jedoch verwehrt, weil sie durch Vorlage von Verdienstabrechnungen sowie Steuererklärungen und -bescheiden, ggf. nach Geltendmachung und Durchsetzung des Auskunfts- und Belegrechts der Ehegatten (§ 1580) und des Auskunftsrechts des FamG (§ 643 ZPO, §§ 235, 236 FamFG), sowie bei der Ermittlung des Einkommens von Selbständigen unter Einschaltung eines Sachverständigen ermittelt werden können; die völlige Aufklärung konkret auftretender Zweifel ist deshalb idR nicht unverhältnismäßig schwierig und steht nicht außer jedem Verhältnis zum Umfang der Unterhaltsforderung.[1084]

II. Bedarfsprognose

209 S. dazu zunächst die Ausführungen zu RdNr. 13–21, die im Rahmen der Anpassung des eheangemessenen Bedarfs entsprechend gelten. – Lässt sich im Ausgangsrechtsstreit eine genügend sichere Prognose zur Höhe des angemessenen Lebensbedarfs nicht treffen, wohl aber zum Zeitpunkt, ab dem auf ihn statt auf den eheangemessenen Bedarf abzustellen ist, kann dieser bei Streit der Ehegatten auf eine **Zwischenfeststellungsklage** oder eine **Feststellungswiderklage** festgelegt werden.[1085]

III. Vorsorgeunterhalt

210 Vorsorgeunterhalt wird nicht **von Amts wegen** zugesprochen. Er muss **betragsmäßig** – zulässig auch in einer **Teilklage**[1086] – geltend gemacht werden und ist im **Tenor** der gericht-

[1082] Zum Ganzen BGH NJW 1982, 1641 = FamRZ 1982, 678, 679; NJW 1984, 2351 = FamRZ 1984, 657, 659.

[1083] BGH NJW 1980, 2083 = FamRZ 1980, 770; NJW 1986, 720 = FamRZ 1986, 148, 149; BGHZ 109, 211 = NJW-RR 1990, 323 = FamRZ 1990, 283, 287.

[1084] OLG Frankfurt a. M. FamRZ 2007, 404, 406.

[1085] Zu Letzterer s. OLG Düsseldorf FamRZ 1991, 951.

[1086] BGH NJW 1983, 1547 = FamRZ 1982, 1187. Zu den Besonderheiten der Teilklage s. *Schwab/Maurer/Borth* I RdNr. 567 ff.

lichen Entscheidung mit seinem Betrag gesondert auszuweisen.[1087] – Dies gilt grundsätzlich auch für die Geltendmachung von Beiträgen zur **sekundären Altersvorsorge.** Soweit solche allerdings nicht ausdrücklich verlangt werden, sind sie sowohl beim Berechtigten wie beim Verpflichteten als Abzugsposten den Elementarbedarf prägend und Bedürftigkeit und Leistungsfähigkeit bestimmend zu berücksichtigen.[1088] – Hinsichtlich der Aufteilung des Unterhaltsbetrags auf Elementar- und Altersvorsorgeunterhalt besteht keine **Bindung** an die Anträge des Berechtigten,[1089] weshalb ein das Verhältnis Elementar-/Vorsorgeunterhalt betreffendes Anerkenntnis unwirksam ist.[1090] Mag der Berechtigte auch keine konkrete Aufteilung des von ihm geforderten Unterhaltsbetrags auf Elementar- und Vorsorgeunterhalt vornehmen müssen,[1091] der Vorsorgeunterhalt muss vom Klageantrag umfasst und es muss deutlich gemacht werden, dass und welcher Vorsorgeunterhalt begehrt wird.[1092] – Hatte der Berechtigte seinen vollen Unterhalt eingeklagt, kann er wegen seinem dabei nicht mit geltend gemachten Vorsorgebedarf eine Erhöhung der zugesprochenen Beträge nur mit einer Abänderungsklage nach § 323 ZPO, §§ 238, 239 FamFG nach einer wesentlichen Änderung der maßgebenden Verhältnisse erreichen.[1093] War aber auf seine **Teilklage** nicht sein voller Unterhalt tituliert worden – etwa weil er nur einen Spitzenbetrag klageweise geltend gemacht hatte –, kann er erhöhten Unterhalt unter Einschluss des Vorsorgeunterhalts mit einer Erstklage ohne Bindung durch § 323 ZPO, §§ 238, 239 FamFG geltend machen.[1094]

IV. Teilurteil

Ein Teilurteil (nach dem FamFG: Teil-Beschluss, §§ 38, 113 Abs. 1 S. 2 FamFG) ist in 211
Unterhaltsrechtsstreitigkeiten wegen der Einheitlichkeit des Unterhaltsanspruchs (dazu § 1569 RdNr. 10) praktisch die seltene **Ausnahme.**[1095] Es ist zwar nicht grundsätzlich unzulässig, darf jedoch nur ergehen, „wenn es über einen aussonderbaren, einer selbständigen Entscheidung zugänglichen Teil des Verfahrensgegenstands ergeht und der Ausspruch über diesen Teil unabhängig von demjenigen über den restlichen Verfahrensgegenstand getroffen werden kann, sodass die Gefahr einander widersprechender Entscheidungen ausgeschlossen ist."[1096] Danach gilt:

- Ein Teilurteil ist bereits dann unzulässig, wenn für den Teil des Verfahrensgegenstandes, zu dem ein Teilurteil erlassen werden soll, die Gefahr einander **widersprechender Entscheidungen,** ggf. auch im Rechtsmittelrechtszug, besteht.[1097]
- Es kommt danach vornehmlich **vertikal** in Betracht, wenn die Unterhaltspflicht zwar für bestimmte **abgeschlossene Zeiträume** endgültig beurteilt werden kann,[1098] für andere

---

[1087] StRspr. des BGH, s. BGH NJW 1981, 1556 = FamRZ 1981, 442, 445; NJW 1981, 2192 = FamRZ 1981, 864; NJW 1982, 1983 = FamRZ 1982, 887, 890; NJW 1982, 1986, 1987 = FamRZ 1983, 152, 154; NJW 1987, 2229 = FamRZ 1987, 684, 686; dazu auch *Borth* FamRZ 2007, 196, 197; *ders.* FPR 2008, 86, 87.

[1088] Dazu auch die – unberechtigte – Kritik an BGH NJW 2008, 1946 = FamRZ 2008, 963, 967 [38] von *Büttner* FamRZ 2008, 967, 968: Es ging in dieser Entscheidung lediglich um den Abzug der sekundären Altersvorsorge beim Verpflichteten.

[1089] Dazu auch OLG Hamm FamRZ 1999, 443 (LS).

[1090] BGH NJW 1985, 2173 = FamRZ 1985, 912, 915.

[1091] BGH NJW 2008, 57 = FamRZ 2007, 1532, 1537 [52]. Etwas Anderes kann auch nicht aus der Entscheidung BGH NJW 2007, 511 = FamRZ 2007, 193, 196 m. Anm. *Borth* abgeleitet werden, die lediglich die für den Verwandtenunterhalt geänderte Rechtslage nach § 1613 Abs. 1 S. 1, wonach rückständiger Unterhalt bereits ab dem Ersuchen um Auskunft verlangt werden kann (dazu § 1585 b RdNr. 9), umsetzt.

[1092] Dem steht die Entscheidung BGH NJW 2008, 57 = FamRZ 2007, 1532, 1537 [52] nicht entgegen, weil sie lediglich keine Bezifferung des Vorsorgeunterhalts „in bestimmter Höhe" verlangt.

[1093] BGHZ 94, 145 = NJW 1985, 1701 = FamRZ 1985, 690; s. auch OLG Frankfurt a. M. FamRZ 2007, 217, 218.

[1094] BGH NJW 1991, 429 = FamRZ 1991, 320.

[1095] Zum Ganzen auch *Schwab/Maurer/Borth* I RdNr. 568 mwN.

[1096] BGH NJW 2007, 144 = FamRZ 2007, 117 f.

[1097] BGH NJW 1999, 1718 = FamRZ 1999, 992; NJW 2007, 144 = FamRZ 2007, 117 f.

[1098] OLG Hamm FamRZ 2004, 109 f.; aA OLG Karlsruhe NJW-RR 2006, 1302 = FamRZ 2006, 956, 957 m. abl. Anm. *Gottwald.*

Zeiträume oder für die Zukunft aber noch nicht abschließend geklärt und weitere Aufklärung erforderlich ist. Die Möglichkeit, dass über eine Rechtsfrage im Teilurteil anders als im Schlussurteil entschieden wird, hindert ein Teilurteil nicht, weil auch bei Geltendmachung des Unterhalts nach getrennten Zeiträumen in eigenständigen Verfahren grundsätzlich keine Rechtskrafterstreckung stattfinden würde.[1099] Auch § 301 Abs. 1 S. 2 ZPO, § 113 Abs. 1 S. 2 FamFG hindert nicht ein Teilurteil und fordert bei dessen Erlass nicht zugleich ein Grundurteil, weil der durch das Teilurteil verbeschiedene Zeitraum endgültig abgeschlossen ist und über den Unterhalt für andere Zeiträume nach Grund und Höhe stets erneut und getrennt hiervon entschieden werden muss.[1100]

- Es ist auch **horizontal,** also für denselben Zeitraum, nicht grundsätzlich ausgeschlossen, wenn zwar der endgültige Unterhaltsbetrag noch nicht ausermittelt ist, aber mit Sicherheit festgestellt werden kann, dass er einen **Mindestbetrag** nicht unterschreiten wird. Doch ist ein Teilurteil in dieser Konstellation praktisch ausgesprochen selten und kommt v. a. im Zusammenhang mit einer Stufenklage vor: Der Berechtigte macht die Bezifferung seines Unterhaltsantrags von der Auskunftserteilung und Belegvorlage durch den Verpflichteten abhängig, begehrt aber einen Mindestbetrag.[1101] Es ist aber ausgeschlossen, „wenn die Entscheidung über den weiter gehenden Antrag von Umständen abhängt, die auch für den bereits ausgeurteilten Teil maßgeblich sind und die einer abweichenden Beurteilung, ggf. in der Rechtsmittelinstanz, unterliegen können."[1102] Dies gilt insbesondere auch zum Verhältnis von **Elementar-/Vorsorgeunterhalt** (dazu auch RdNr. 43, 71).[1103]
- Bei **subjektiver Klagenhäufung** kann nur über den Unterhalt materiell vorrangiger Berechtigter durch Teilurteil entschieden werden, nicht aber über den materiell gleichrangiger Streitgenossen,[1104] wenn der Verpflichtete nicht uneingeschränkt leistungsfähig ist.[1105]

V. Abänderungsklage

212 **1. Änderung der Rechtsprechung.** Die Abänderungsklage (§ 323 ZPO, §§ 238, 239 FamFG dazu auch Vor § 1569 RdNr. 32–35) dient zunächst der Geltendmachung veränderter, für einen Unterhaltstitel maßgebender **Umstände,** aber auch von **Gesetzesänderungen** (zur Änderung durch das UÄndG 2007 s. Anhang zu § 1586 b RdNr. 30–34).[1106] Der BGH sieht auch in der Änderung einer gefestigten **höchstrichterlichen Rspr.** – etwa zur Anrechnungsmethode bei nachehelicher Erwerbstätigkeit des Berechtigten (dazu RdNr. 9) oder zur Zurechnung des Splittingvorteils aus einer Folgeehe (dazu RdNr. 29), aber auch zur unterhaltsrechtlichen Relevanz von Aufwendungen für die sekundäre Altersvorsorge (dazu RdNr. 79) – zu Recht einen Abänderungsgrund und lässt in ständiger Rspr. diese Abänderbarkeit erst **ab** Änderung der höchstrichterlichen Rspr. zu.[1107] Dies wird man mit

---

[1099] *Gottwald* FamRZ 2006, 957.

[1100] OLG Hamm FamRZ 2004, 109, 110.

[1101] Dazu BGH NJW-RR 2003, 68 = FamRZ 2003, 31, 32: Nur der unbezifferte Teil des Zahlungsantrags steht im Stufenverhältnis mit dem Auskunftsantrag; zum Ganzen auch *Schwab/Maurer/Borth* I RdNr. 570.

[1102] BGH NJW 1999, 1718 = FamRZ 1999, 992; NJW 2007, 144 = FamRZ 2007, 117, 118.

[1103] BGH NJW 2007, 144 = FamRZ 2007, 117, 118.

[1104] OLG Frankfurt a. M. FamRZ 1987, 1275, 1276; OLG Schleswig SchlHA 1990, 177 = FamRZ 1991, 206 (LS).

[1105] OLG Hamm FamRZ 2006, 1779.

[1106] Dazu BGHZ 148, 368 = NJW 2001, 3618 = FamRZ 2001, 1687, 1689 mwN.

[1107] Zum Wechsel von der Anrechnungs- zur Differenz-/Additionsmethode BGHZ 148, 368 = NJW 2001, 3618 = FamRZ 2001, 1687, 1690 f. m. Anm. *Gottwald* und abl. Anm. *Ludwig* FamRZ 2002, 229 [s. zur Vorinstanz auch OLG München NJW-RR 2000, 1243, 1246 = FamRZ 2000, 1286 (LS), das auf die Änderung der eigenen Rspr. abgestellt hat]; NJW 2003, 1181 = FamRZ 2003, 518, 519 f. m. krit. Anm. *Büttner*; NJW 2004, 3106 = FamRZ 2004, 1357, 1358. Zum Splittingvorteil BGHZ 171, 206 = NJW 2007, 1961 = FamRZ 2007, 793, 798 [48]; NJW 2007, 1969 = FamRZ 2007, 882, 884 f. [25] m. Anm. *Born*; BGHZ 172, 22 = NJW 2007, 2249 = FamRZ 2007, 983, 986 [27] (das OLG Koblenz FamRZ 2005, 720 als

der Einschränkung versehen müssen, dass der Wandel der höchstrichterlichen Rspr. durch Zugriff auf eine veröffentlichte Entscheidung, nicht lediglich Pressemitteilung nachvollziehbar ist.[1108]

Der Restriktion des Beginns der Abänderbarkeit ab Änderung der höchstrichterlichen Rspr. ist jedenfalls dann zu folgen, wenn die vormalige Rspr. **verfassungsgemäß** war, weil sie dann als Grundlage für den Titel weiter Bestand hat. War sie aber **verfassungswidrig,** entfällt rückwirkend auch diese Grundlage, sodass danach zu fragen ist, ob sich dadurch hinsichtlich der Abänderbarkeit etwas ändert.[1109] Das BVerfG eröffnet eine rückwirkende Berufung auf die Verfassungswidrigkeit gleichwohl nur für Unterhaltstitel, die Gegenstand des verfassungsgerichtlichen Verfahrens sind, verweist andere Titel jedoch auf § 323 Abs. 3 S. 1 ZPO (s. auch § 238 Abs. 3 S. 1 FamFG) und die BGH-Rspr.[1110] Ob die Berufung auf die Präklusionsvorschrift und damit auf die Verfassungswidrigkeit gegen Treu und Glauben verstößt, erörtert es nicht. IdR wird diese Frage theoretischer Natur sein, weil sich der Berechtigte trotz Feststellung der Verfassungswidrigkeit auf Entreicherung wird berufen können. Praktische Bedeutung kann sie erlangen, wenn auf den Unterhaltstitel keine Zahlungen erfolgt sind. Doch kann man dem Berechtigten entgegenhalten, dass er seine titulierten Ansprüche nicht zwangsweise durchgesetzt hat. Beschränkte praktische Bedeutung kann ihr für die Übergangszeit zwischen einer BGH-Entscheidung und der Geltendmachung der Abänderung zukommen, indessen dürfte auch dies keinen Verstoß gegen Treu und Glauben begründen (dazu nunmehr auch § 238 Abs. 3 S. 2, 3 FamFG). 213

2. Fiktive Einkünfte. Für die Abänderung von Titeln, denen fiktive Einkünfte zugrunde gelegt wurden,[1111] gilt im Grundsatz nichts Besonderes. Bereits für die Zulässigkeit der Abänderungsklage muss der Abänderungskläger maßgebliche Veränderungen vortragen.[1112] Dass die maßgeblichen Verhältnisse unzutreffend fingiert worden sind, bleibt, weil die Abänderungsklage nicht allgemein der Fehlerkorrektur dient, deshalb wie stets unberücksichtigt und kann lediglich zur Abwehr eines Abänderungsbegehrens der jeweils anderen Partei herangezogen werden. Eine Abänderung ist nur dann möglich, wenn sich 214

- die Obliegenheiten, die dem Ausgangstitel zugrunde gelegt wurden, verändert haben, oder
- sich Umstände ergeben haben, die deshalb eine Korrektur der Fiktion erfordern, weil sich die fingierten Verhältnisse anders als prognostiziert entwickelt haben, etwa dass
  - nach zwischenzeitlich eingetretener Erwerbsunfähigkeit oder Personalabbau am ehemaligen Arbeitsplatz von einem Verlust des Arbeitsplatzes auszugehen ist,[1113]
  - aus gesundheitlichen Gründen die ehemalige Erwerbstätigkeit nicht ausgeübt werden kann,[1114]
  - von einem nachhaltigen Sinken der Einkünfte am ehemaligen Arbeitsplatz auszugehen ist.[1115]

Davon wird, soweit ersichtlich, auch allgemein ausgegangen. Die Schwierigkeit liegt aber in der Beantwortung der Frage, wann eine maßgebliche Änderung vorliegt, wenn sich nicht auch die Obliegenheiten geändert haben (dazu auch RdNr. 143, 144).

Vorinstanz zu BGH aaO. stellt insoweit auf den Zeitpunkt der Entscheidung des BVerfG ab, was der BGH verwirft, weil im konkreten Fall nicht Abänderungsklage, sondern zutreffend Erstklage erhoben worden war).

1108 Offen gelassen von OLG München OLGR 2008, 133 f. für den Zugriff auf eine auf der Internetseite des BGH veröffentlichte Entscheidung.

1109 So etwa *Büttner* FamRZ 2003, 641, 644.

1110 BVerfGE 108, 351 = NJW 2003, 3466 = FamRZ 2003, 1821, 1825.

1111 Zum Ganzen *Graba* FamRZ 2002, 6 ff.

1112 BGH NJW 2008, 1525 = FamRZ 2008, 872, 873 [15] m. Anm. *Hoppenz.*

1113 BGH NJW 2008, 1525 = FamRZ 2008, 872, 874 [23] m. Anm. *Hoppenz.*

1114 OLG Frankfurt a. M. FamRZ 1995, 735.

1115 BGH NJW 2008, 1525 = FamRZ 2008, 872, 874 [23] m. Anm. *Hoppenz* (Kurzarbeit); OLG Hamm FamRZ 1997, 891, 892.

VI. Darlegungs- und Beweislast

215 **1. Bedarf.** Als einen anspruchsbegründenden Umstand hat grundsätzlich der Berechtigte seinen **Bedarf** nach Abs. 1–3 darzulegen und zu beweisen. Zu den **berufsbedingten Aufwendungen** s. RdNr. 59. Im Einzelnen gilt:

– Will er bei sehr guten wirtschaftlichen Verhältnissen seinen Bedarf **konkret** bemessen wissen (dazu RdNr. 49–51), gilt dies uneingeschränkt: Er hat grundsätzlich alle einzelnen Bedarfspositionen, aus denen sich sein Gesamtbedarf zusammensetzt, substantiiert vorzutragen und ggf. nachzuweisen;[1116] um den Unterhaltsrechtstreit handhabbar zu halten, kann jedoch ggf. auch großzügig nach § 287 Abs. 2 ZPO, § 113 Abs. 1 S. 2 FamFG geschätzt werden.

– Beansprucht er **Quotenunterhalt,** handelt es sich bei den wirtschaftlichen Verhältnissen des Verpflichteten um doppelrelevante, sowohl den Bedarf wie die Leistungsfähigkeit bestimmende Tatsachen. Deshalb ist zu unterscheiden: Da sich der Bedarf nach den ehelichen Lebensverhältnissen und diese sich nach den wirtschaftlichen Verhältnissen der Ehegatten richten, hat der Berechtigte auch die Darlegungs- und Beweislast für die Einkommens- und Vermögensverhältnisse des Verpflichteten. Ihr nachzukommen hilft ihm das Auskunfts- und Belegrecht aus §§ 1580, 1605 Abs. 1 S. 1 und 2,[1117] das er zwar geltend machen muss, nicht jedoch gerichtlich durchzusetzen braucht.[1118] Macht der Berechtigte plausible Angaben zu seinem Bedarf, ist es am **Verpflichteten,** die seine Einkommens- und Vermögensverhältnisse betreffenden Angaben substantiiert zu bestreiten. Er hat deshalb die (sekundäre) Beweislast dafür, dass der vom Berechtigten dargelegte Bedarf nicht zutrifft, letztlich also für seine Einkommens- und Vermögensverhältnisse, weil der Berechtigte außerhalb des von ihm darzulegenden Geschehensablaufs steht und keine nähere Kenntnis der maßgebenden Umstände hat, während der Verpflichtete diese Kenntnis über die vom Berechtigten behaupteten, seinem Wahrnehmungsbereich zuzuordnenden Tatsachen hat und ihm nähere Angaben auch im Hinblick auf seine Auskunftsverpflichtung zumutbar sind.[1119] Gesteht man dem Berechtigten einen **Mindestbedarf** zu (dazu RdNr. 53–57) und übersteigt seine Unterhaltsforderung diesen nicht, braucht er zu den wirtschaftlichen Verhältnissen des Verpflichteten keine Angaben zu machen, vielmehr muss dieser seine Leistungsunfähigkeit darlegen und beweisen.[1120]

– Die Beweislast für eine **Obliegenheitsverletzung** des Verpflichteten und ggf. ein nach § 242 zu berücksichtigendes verantwortungsloses, mindestens leichtfertiges Verhalten (dazu aber auch RdNr. 138) trägt der Berechtigte, für eine Obliegenheitsverletzung des Berechtigten der Verpflichtete (zum Verstoß gegen § 1579 s. dort RdNr. 87–90). – Der seine Obliegenheit verletzende Ehegatte, der seinen Bedarf und Bedürftigkeit bzw. Leistungsfähigkeit darzulegen und zu beweisen hat, muss auch **substantiierten** Vortrag zu seinen Erwerbsmöglichkeiten halten.[1121]

216 **2. Wesentliche Änderung der wirtschaftlichen Verhältnisse.** Grundsätzlich trägt der Ehegatte, der sich auf eine beachtliche Veränderung der maßgeblichen Verhältnisse beruft, die Darlegungs- und Beweislast für seinen Vortrag, und zwar unabhängig davon, ob er die Veränderung in einem Erst- oder in einem Abänderungsverfahren geltend macht.[1122] – Die Darlegungs- und Beweislast dafür, dass eine Änderung der wirtschaftlichen Verhältnisse nach

[1116] OLG Koblenz NJW-RR 1993, 964 = FamRZ 1993, 199, 200.

[1117] OLG München FamRZ 1984, 393 (LS).

[1118] OLG Hamm OLGR 2006, 505, 506 = FamRZ 2006, 44 (LS).

[1119] BGHZ 98, 353 = NJW 1987, 1201 = FamRZ 1987, 259, 260; auch OLG Hamm NJW-RR 1990, 1286 = FamRZ 1990, 641; OLGR 2006, 505, 506 = FamRZ 2006, 44 (LS).

[1120] OLG Karlsruhe NJW-RR 1997, 323 = FamRZ 1997, 1011, 1012.

[1121] BGH NJW 2008, 2581 = FamRZ 2008, 1325, 1326 [21] m. Anm. *Borth*: Es reicht nicht aus, der Berechnung des Einkommens aus einer vollzeitigen Tätigkeit durch eine Verdoppelung des Bruttoeinkommens aus einer halbzeitigen Tätigkeit die pauschale Behauptung entgegen zu setzen, es könnte allenfalls ein bestimmter Betrag erzielt werden.

[1122] S. etwa KG FPR 2002, 409: Beruft sich der Verpflichtete auf seine eingeschränkte Leistungsfähigkeit wegen einer Verringerung seines Erwerbseinkommens, muss er nicht nur die Gehaltsbescheinigungen vorder **Trennung** eingetreten und dass sie unterhaltsrechtlich unbeachtlich ist, trägt der Ehegatte, der sich hierauf beruft.[1123] Dies kann im Rechtsstreit dazu führen, dass der Berechtigte zwar das Risiko der Nichterweislichkeit für die Veränderung, der Verpflichtete aber für ihre Unbeachtlichkeit trägt, während nach der **Scheidung** der Berechtigte auch für die Beachtlichkeit der Veränderung darlegungs- und beweisbelastet ist.[1124] – Macht der Berechtigte geltend, eine Erwerbstätigkeit wäre **ohne Trennung** (noch) nicht aufgenommen worden, muss er dies sowie den beabsichtigten Zeitpunkt der Erwerbsaufnahme vortragen und ggf. beweisen.[1125] – Macht der Verpflichtete mit der Abänderungsklage geltend, aus dem bislang zugrunde gelegten Unterhaltstatbestand nicht mehr verpflichtet zu sein, ist er für die dafür maßgebenden Umstände beweispflichtig. Dem Berechtigten obliegt dann die Beweislast dafür, dass ihm Unterhalt aus einem **anderen Unterhaltstatbestand** zusteht.

§ 1578 a Deckungsvermutung bei schadensbedingten Mehraufwendungen

Für Aufwendungen infolge eines Körper- oder Gesundheitsschadens gilt § 1610 a.

Es wird auf die Erläuterungen zu § 1610 a verwiesen.

§ 1578 b Herabsetzung und zeitliche Begrenzung des Unterhalts wegen Unbilligkeit

(1) [1] Der Unterhaltsanspruch des geschiedenen Ehegatten ist auf den angemessenen Lebensbedarf herabzusetzen, wenn eine an den ehelichen Lebensverhältnissen orientierte Bemessung des Unterhaltsanspruchs auch unter Wahrung der Belange eines dem Berechtigten zur Pflege oder Erziehung anvertrauten gemeinschaftlichen Kindes unbillig wäre. [2] Dabei ist insbesondere zu berücksichtigen, inwieweit durch die Ehe Nachteile im Hinblick auf die Möglichkeit eingetreten sind, für den eigenen Unterhalt zu sorgen. [3] Solche Nachteile können sich vor allem aus der Dauer der Pflege oder Erziehung eines gemeinschaftlichen Kindes, aus der Gestaltung von Haushaushaltsführung und Erwerbstätigkeit während der Ehe sowie aus der Dauer der Ehe ergeben.

(2) [1] Der Unterhaltsanspruch des geschiedenen Ehegatten ist zeitlich zu begrenzen, wenn ein zeitlich unbegrenzter Unterhaltsanspruch auch unter Wahrung der Belange eines den Berechtigten zur Pflege oder Erziehung anvertrauten gemeinschaftlichen Kindes unbillig wäre. [2] Absatz 1 Satz 2 und 3 gilt entsprechend.

(3) Herabsetzung und zeitliche Begrenzung des Unterhaltsanspruchs können miteinander verbunden werden.

Schrifttum: *Braeuer,* Gleichberechtigte Teilhabe als Grundlage für den nachehelichen Unterhalt. Zugleich ein Beitrag zur Anwendung des künftigen § 1578 b BGB, FamRZ 2006, 1489; *Bißmaier,* Unterhaltsbegrenzung nach § 1578 b BGB: Ehebedingte Nachteile und Erwerbsobliegenheiten, FamRZ 2009, 389; *Brudermüller,* Zeitliche Begrenzung des Unterhaltsanspruchs (§§ 1573 V, 1578 I S. 2 BGB), FamRZ 1998, 649; *ders.,* Lebenslange Unterhaltslast – Zur Anwendung der §§ 1573 Abs. 5, 1578 Abs. 1 S. 2 BGB, FF 2004, 101; *Büte,* Begrenzung und Herabsetzung des nachehelichen Unterhalts, FPR 2005, 316; *Büttner,* Die Härteklauseln (§§ 1578 b, 1579 BGB) im geplanten Unterhaltsrecht, FamRZ 2007, 773; *Christl,* Zeitliche Begrenzung des Ehegattenunterhalts als Prozeßkostenrisiko, FamRZ 1986, 627; *Gerhardt,* Die zeitliche Begrenzung des Ehegattenunterhalts nach § 1573 V BGB und die Begrenzung auf den angemessenen Bedarf nach § 1578 I 2 BGB, FuR 1997, 249; *Grandel,* Warum werden die Herabsetzungsmöglichkeiten aus dem Unterhaltsrechts-

---

legen, aus denen sich das neue Gehalt ergibt, sondern auch darlegen und beweisen, dass, warum und mit welchem Inhalt und ab wann der Arbeitsvertrag geändert worden ist.)

[1123] BGH NJW 1983, 2318 = FamRZ 1983, 352, 353.

[1124] BGH NJW 1988, 2034 = FamRZ 1988, 701, 703.

[1125] BGHZ 89, 108 = NJW 1984, 292 = FamRZ 1984, 149, 150; NJW 1985, 1026 = FamRZ 1985, 161 f.; NJW 1985, 1699 = FamRZ 1985, 791, 793; NJW-RR 1988, 519 = FamRZ 1988, 256.

änderungsgesetz von 1986 so wenig angewandt? – Brauchen wir eine Gesetzesänderung?, FPR 2005, 320; *Heumann,* Beschränkung des Aufstockungsunterhalts nach langer Kinderbetreuung, Vorwirkungen der Reform – und Präklusion?, FamRZ 2007, 178; *ders.*, Neues zur Präklusion von Abänderungsklagen beim nachehelichen Unterhalt unter besonderer Berücksichtigung des Kriteriums der „ehebedingten Nachteile", FF 2008, 484; *Hohloch,* Beschränkung des nachehelichen Unterhalts im Entwurf eines Unterhaltsrechtsänderungsgesetzes, FF 2006, 159; *Triebs,* Begrenzung und Befristung des Ehegattenunterhalts nach § 1578 b BGB n. F., FPR 2008, 31; *Viefhues,* Berechnungsprobleme bei § 1578 b I BGB, FPR 2008, 36.

Übersicht

A. Normzweck

1 Die Vorschrift wurde durch das **UÄndG 2007** (dazu Vor § 1569 RdNr. 1) eingefügt. Sie führt die Regelungen aus § 1578 Abs. 1 S. 2 und 3 [UÄndG 1986] zur Begrenzung des unterhaltsrechtlich bedeutsamen **Lebensbedarfs** (Abs. 1) und aus § 1573 Abs. 5 [UÄndG 1986] zur **zeitlichen Begrenzung** des Erwerbslosen- und Aufstockungsunterhalts (Abs. 2) zusammen und erstreckt die Möglichkeit der Befristung des Unterhaltsanspruchs auf **alle Unterhaltsansprüche.** Ausdrückliches **Ziel** des Gesetzgebers ist es, auf die Abkehr der Rspr. von der Anrechnungsmethode und Hinwendung zur Differenz- bzw. Additionsmethode (dazu § 1578 RdNr. 9)[1] und der damit einhergehenden Erhöhung des Unterhalts-

[1] Die – entgegen anders lautender Stimmen in der Literatur, etwa *Gerhardt* FamRZ 2003, 272, 273 – allein kein ausreichender Grund für eine nachträgliche Befristung mittels einer Abänderungsklage war, BGH NJW 2004, 3106 = FamRZ 2004, 1357, 1360.

anspruchs mit seiner Beschränkung anhand objektiver Billigkeitsmaßstäbe zu reagieren.[2] Zudem hat er durch die **Wortwahl** „hat" statt „kann" (dazu RdNr. 8) seinem „Ziel, die Beschränkung von Unterhaltsansprüchen anhand objektiver Billigkeitsmaßstäbe und hier insbesondere anhand des Maßstabs der „ehebedingten Nachteile" zu erleichtern",[3] und die ausdrückliche Aufnahme dieser ehebedingten Nachteile in den Gesetzestext („inwieweit durch die Ehe Nachteile ... eingetreten sind", Abs. 1 S. 2, Abs. 2 S. 2 [UÄndG 2007]) Nachdruck verliehen. Dadurch unterstreicht er zugleich sein übergeordnetes Ziel, die nacheheliche Eigenverantwortung der Ehegatten zu stärken.

B. Grundsätze

I. Struktur der Regelung

1. Konzentration der Begrenzungen. Das UÄndG 2007 konzentriert alle Regelungen zur Herabsetzung und Befristung von Ansprüchen auf nachehelichen Unterhalt, ausgenommen die in §§ 1576, 1579 (zur Konkurrenz s. RdNr. 44, 47), aus Billigkeitsgründen in § 1578 b. Diese Konzentration der Beschränkungsmöglichkeiten ist mehr als eine bloße Formalie, sie ist **Programm,** weil sie in ihrer Zusammenfassung den Willen des Gesetzgebers herausstellt, „die Beschränkung von Unterhaltsansprüchen anhand objektiver Billigkeitsmaßstäbe und hier insbesondere anhand des Maßstabs der „ehebedingten Nachteile" zu erleichtern",[4] dadurch die nacheheliche Eigenverantwortung zu stärken[5] und so zu erreichen, dass in der Praxis von den Beschränkungsmöglichkeiten vermehrt Gebrauch gemacht wird. – Voraussetzung für sein Eingreifen ist, dass ein Anspruch auf **nachehelichen Unterhalt** (§§ 1570–1573, 1575, 1576) dem Grunde nach besteht. Den Ansprüchen v. a. auf Unterhalt wegen Kinderbetreuung, Krankheit, Erwerbslosigkeit, Ausbildung und Billigkeit auf der Tatbestandsebene immanente Begrenzungen, insbesondere Befristungen, bleiben **daneben** bestehen.[6] 2

2. Regelungsinterne Abgrenzungen. Das UÄndG 2007 übernimmt das bisherige Instrumentarium für Beschränkungen des Unterhaltsanspruchs und „entzerrt" es. Während das UÄndG 1986 eine zeitliche Begrenzung des Unterhaltsanspruchs mit nachfolgendem gänzlichen Entfallen nur nach § 1573 Abs. 5 vorsah und § 1578 Abs. 1 S. 2 eine zeitliche Begrenzung mit anschließendem Übergang auf den Ersatzmaßstab des angemessenen Lebensbedarfs erlaubte, ist die Neuregelung nach dem UÄndG 2007 klarer strukturiert: **Abs. 1** regelt nur die **Herabsetzung** des Bedarfs (dazu RdNr. 27, 28; er entspricht § 1578 Abs. 1 S. 2 Alt. 1 [UÄndG 1986], geht aber über § 1578 Abs. 1 S. 2 [UÄndG 1986] insofern hinaus, als er seinem Wortlaut nach keine „Schonfrist" [dazu RdNr. 29] mehr voraussetzt), **Abs. 2** die **zeitliche Begrenzung** sowohl des Bedarfs wie auch des Anspruchs selbst (dazu RdNr. 29, 30; entspricht § 1573 Abs. 5, 1578 Abs. 1 S. 2 Alt. 2 [UÄndG 1986]) und **Abs. 3** die **Kumulation** von Bedarfsreduktion und zeitlicher Begrenzung (dazu RdNr. 31). 3

II. Geltungsbereich

1. Anwendungsbereich. Der Reformgesetzgeber hat es nicht bei der Zusammenführung der bisherigen Regelungen belassen, sondern diese dadurch **sachlich** ausgedehnt, dass sowohl die Begrenzung des Bedarfs (Abs. 1) als auch die Befristung des Unterhaltsanspruchs (Abs. 2; § 1573 Abs. 5 [UÄndG 1986] galt nur für die Unterhaltsansprüche aus § 1573 4

---

[2] BT-Drucks. 16/1830 S. 18.
[3] BT-Drucks. 16/1830 S. 18.
[4] BT-Drucks. 16/1830 S. 18.
[5] BT-Drucks. 16/1830 S. 14, 18.
[6] Zu § 1570 s. *Schwab* FamRZ 2005, 1417, 1419; *Borth* FamRZ 2006, 813, 816.

Abs. 1–4 auf Erwerbslosigkeits- und Aufstockungsunterhalt[7]) und die Möglichkeit der **Kombination** aus Begrenzung und Befristung (Abs. 3; dazu RdNr. 31) grundsätzlich für **alle Ansprüche** auf nachehelichen Unterhalt gilt (s. dazu aber auch RdNr. 44), ausgenommen denen nach **§§ 58–70, 72 EheG** (dazu Anhang zu § 1586 b RdNr. 6, 27; so schon § 1578 Abs. 1 S. 2 [UÄndG 1986]).[8] Zur **praktischen Bedeutung** der zeitlichen Begrenzung für die einzelnen Unterhaltstatbestände s. RdNr. 6. Weder Abs. 1 noch Abs. 2 sind auf den **Trennungsunterhalt** (§ 1361) anwendbar, weil dieser ohnehin bereits durch den Ablauf der Trennungszeit zeitlich begrenzt ist[9] und der Berechtigte bis dahin keine Reduzierung seines eheangemessenen Bedarfs hinnehmen muss.[10] Beschränkungen des Trennungsunterhalts sind nach § 1361 Abs. 2 möglich. – **Persönlich** ist auch § 1578 b wie alle unterhaltsrechtlichen Regelungen geschlechtsneutral. Nicht verwehrt ist jedoch die Berücksichtigung geschlechtsspezifischer Eigenheiten, insbesondere unterschiedliche Chancen auf dem Arbeitsmarkt. – **Zeitlich** ist auf die Rechtskraft des Scheidungsausspruchs, bei einer Entscheidung im Verbund mit der Scheidung auf die letzte mündliche Verhandlung abzustellen, weil auch trennungsbedingte Änderungen ehebedingt sein können.

5 **2. Regelungsbezogenheit. Abs. 1** greift ein, wenn sich die Lebensverhältnisse des Berechtigten während der Ehe verbessert haben.[11] Unerheblich ist zunächst, ob sich die Verbesserung ehebedingt oder nicht ehebedingt ergeben hat; dies ist erst für die aus der **Verbesserung der Lebensverhältnisse** zu ziehenden Folgerungen maßgebend. – Auch **Abs. 2** (zu seiner Entwicklung s. RdNr. 1) unterscheidet zunächst nicht nach der **Ehebedingtheit** der Nachteile.[12] IdR wird aber bei nicht ehebedingten Nachteilen eine zeitliche Begrenzung eher möglich sein (dazu RdNr. 12–14).

III. Rechtsnatur

6 Die Regelung befasst sich mit den für den Unterhaltsanspruch maßgeblichen, dem wirtschaftlichen Wandel unterliegenden Verhältnissen der Ehegatten, die den Voraussetzungen des Unterhaltsanspruchs zuzuordnen sind. Herabsetzung des Bedarfs wie Befristung sind keine rechtsvernichtenden Einwendungen,[13] sondern von Amts wegen zu beachtende **Ausnahmen** vom Grundsatz. Liegen ihre Voraussetzungen vor, beginnt die Eigenverantwortlichkeit des Berechtigten, und es verringert sich oder endet die nacheheliche Solidarität. – Zur **gerichtlichen Geltendmachung,** auch zur **Klageart** für die nachträgliche Geltendmachung s. RdNr. 51–54, zur **Darlegungs-** und **Beweislast** s. RdNr. 55.

IV. „Unterhaltsanspruch"

7 Nach Abs. 1, 2 ist der „Unterhaltsanspruch" herabzusetzen oder zu befristen. Für die **Befristung** (Abs. 2) leuchtet dies ohne weiteres ein, geht es doch darum, die Dauer der Unterhaltsleistung zeitlich zu begrenzen, mithin dessen, was aufgrund des Anspruchsgrun-

---

[7] Dies umgeht das AG Rastatt FamRZ 2007, 1174, 1175 f., indem es eine nicht unter § 1579 Nr. 1 fallende Ehe, die über 5 Jahre dauerte, unter § 1579 Nr. 7 UÄndG 1986 fasste und einen Anspruch auf Krankheitsunterhalt aus § 1572 unter Umgehung der Wertung in § 1573 Abs. 5 UÄndG 1986 befristete.

[8] BT-Drucks. 16/1830 S. 18 f.; zu § 1578 Abs. 1 S. 2, 3 schon BGH NJW 1986, 2832 = FamRZ 1986, 886, 888; auch BGH FPR 2009, 128 m. Anm. *Kemper* und *Maurer* LMK 2009, 276248 = FamRZ 2009, 406, 407 f. [24] m. Anm. *Schürmann*.

[9] Zur Befristung s. OLG Koblenz NJW 2003, 1816, 1818 f.

[10] S. auch BT-Drucks. 16/1830 S. 16; *Triebs* FPR 2008, 31, 35 [V.].

[11] OLG Nürnberg FamRZ 1992, 682, 684.

[12] Anders zu § 1573 Abs. 5 [UÄndG 1986] BGH NJW-RR 1989, 386 = FamRZ 1989, 483, 486; NJW 2006, 2401 = FamRZ 2006, 1006, 1007 m. Anm. *Born*; OLG Düsseldorf FamRZ 1988, 838, 839; FamRZ 1989, 635, 636; KG FamRZ 1992, 948, 949 m. Anm. *Weber,* die eine Befristung nur bei nicht ehebedingten Nachteilen annahmen; s. auch 4. Aufl. RdNr. 28.

[13] Zu §§ 1573 Abs. 5, 1578 Abs. 1 S. 2, 3 [UÄndG 1986]: BGH NJWE-FER 2001, 25 = FamRZ 2001, 905, 906 f.; OLG Schleswig FamRZ 2006, 209 (LS); gleichwohl spricht BGH aaO, S. 906 von „Einwendungen", ebenso zum UÄndG 2007 *Triebs* FPR 2008, 31, 32, 34; aA zu § 1578 Abs. 1 S. 2, 3 [UÄndG 1986] etwa OLG Hamm FamRZ 1987, 829, 832; *Hahne* FamRZ 1986, 305, 310; auch noch 4. Aufl. § 1578 RdNr. 88.

des, des Bedarfs, der Bedürftigkeit und der Leistungsfähigkeit an Unterhalt einschließlich fiktiv zugerechneter Einkünfte zu bezahlen ist. Für die **Herabsetzung** des Unterhalts geht es dagegen nicht darum, dass der Unterhaltsanspruch unmittelbar herabgesetzt werden soll. Dies ist lediglich eine mittelbare Folge, vielmehr geht es unmittelbar um die Feststellung des Bedarfs als Ausgangsrechengröße für den Unterhalt.[14]

V. Ermessen

Bereits zu §§ 1573 Abs. 5, 1578 Abs. 1 S. 2, 3 [UÄndG 1986] wurde davon ausgegangen, 8
dass trotz der Wortwahl „kann" deren Anwendung grundsätzlich nicht im Ermessen des FamG stand und die Vorschriften idR auch anzuwenden waren (dazu 4. Aufl. § 1573 RdNr. 30, § 1578 RdNr. 90). Gleichwohl haben die FamG nach den Feststellungen des Gesetzgebers von diesen Beschränkungsmöglichkeiten zu zurückhaltend bis gar nicht Gebrauch gemacht (dazu auch RdNr. 1). Jedenfalls nach § 1578 b Abs. 1, 2 [UÄndG 2007] handelt es sich um eine **gebundene Entscheidung,** sodass für die Annahme eines Ermessens kein Raum mehr ist: Der Unterhaltsanspruch „ist" herabzusetzen oder zu begrenzen (Abs. 1 S. 1, Abs. 2). Dies folgt auch daraus, dass nach dem Willen des Gesetzgebers § 1578 b „bewusst nicht als Generalklausel ausgestaltet [wurde], sondern ... den Gerichten ... klare gesetzliche Vorgaben für die vorzunehmenden Billigkeitserwägungen [gibt]".[15] – Liegen aber sowohl die Voraussetzungen des Abs. 1 S. 1 als auch die des Abs. 2 vor, steht dem Gericht ein Ermessen („können", Abs. 3) hinsichtlich der **Rechtsfolge** – zeitliche Begrenzung entweder des Unterhaltsanspruchs dem Grunde nach oder seiner Bemessung nach den ehelichen Lebensverhältnissen – zu. – Um keine Frage des Ermessens, sondern der Billigkeitsabwägung unter Zumutbarkeitsgesichtspunkten handelt es sich bei der **konkreten Bestimmung** des angemessenen Bedarfs oder der zeitlichen Begrenzung.[16]

VI. Unbilligkeit

Abs. 1 und Abs. 2 stellen darauf ab, dass eine Nichtbegrenzung des Unterhaltsanspruchs 9
„unbillig" ist (ebenso schon §§ 1573 Abs. 5, 1578 Abs. 1 S. 2 [UÄndG 1986]).[17] Es genügt einfache Unbilligkeit, nicht erforderlich ist grobe Unbilligkeit. Während für die grobe Unbilligkeit iSd. der §§ 1576, 1579 eine Unterhaltszahlung dem Gerechtigkeitsempfinden in unerträglicher Weise widersprechen muss (dazu § 1576 RdNr. 15; § 1579 RdNr. 63), wird für die einfache Unbilligkeit ausreichen, dass eine Unterhaltszahlung **unzumutbar** ist.[18] Diese Differenzierung ist auch rechtspolitisch und verfassungsrechtlich gerechtfertigt: § 1576 führt höchst ausnahmsweise trotz nachehelicher Eigenverantwortung des Bedürftigen und fehlender Unterhaltsverantwortung des Verpflichteten zu einem Unterhaltsanspruch, § 1579 aufgrund des Unwerts des Verhaltens des Bedürftigen zu dessen Beschränkung. Demgegenüber steht die Unterhaltsverantwortung in den Fällen des § 1578 b zwar fest – was gleichfalls für grobe Unbilligkeit für die Anspruchsbegrenzung sprechen könnte –, doch sind die schützenswerten Interessen des Bedürftigen bereits durch die Anspruchsgewährung und die Deckung seines Lebensbedarfs grundsätzlich gewahrt, weshalb einfache Unbilligkeit der zutreffende Maßstab für die Anspruchsbegrenzung ist. – §§ 1573 Abs. 5, 1578 Abs. 1 S. 2 [UÄndG 1986] waren als Ausnahmetatbestände gedacht,[19] weshalb die Worte „unbillig wäre"[20] statt „der Billigkeit entspricht"[21] gewählt wurden. An dieser Wortwahl hat sich

---

[14] Ebenso *Viefhues* FPR 2008, 36, 38.

[15] BT-Drucks. 16/1830 S. 19.

[16] AA *Viefhues* FPR 2008, 36 mwN.

[17] Zu diesem Maßstab sagt der Gesetzgeber des UÄndG (BT-Drucks. 10/2888 S. 18 f.) und auch der des UÄndG 2007 (BT-Drucks. 16/1830 S. 18 ff.) nichts (mehr).

[18] BGH NJW 2006, 2401 = FamRZ 2006, 1006, 1008.

[19] OLG Frankfurt a. M. FamRZ 1986, 683, 684; OLG Karlsruhe NJW-RR 1989, 1348 = FamRZ 1989, 511, 514.

[20] BT-Drucks. 10/4514 S. 21.

[21] So BT-Drucks. 10/2828 S. 5.

durch das UÄndG 2007 ohne weitere Erörterungen nichts geändert. Deshalb ist trotz der Intention des Gesetzgebers, „die Beschränkung von Unterhaltsansprüchen anhand objektiver Billigkeitsmaßstäbe und ... insbesondere anhand des Maßstabs der „ehebedingten Nachteile" zu erleichtern",[22] am **Lebenszeitprinzip** und dem **Ausnahmecharakter** der Beschränkungen grundsätzlich festzuhalten,[23] allerdings wird die **Eingriffsschwelle** deutlich herabgesetzt.[24] – Die Unbilligkeit ist ***ein*** Tatbestandsmerkmal neben den ausdrücklich genannten und auch weiteren Umständen des Einzelfalles.

10 **Methodisch** sind – wie im Rahmen des § 1579 (dazu dort RdNr. 63) – zunächst diese Einzelumstände festzustellen. An diese Feststellung schließt sich ihre Gewichtung an, auf deren Grundlage in einer Billigkeitsprüfung die Interessen der Parteien gegeneinander abzuwägen sind.[25] Und zwar nicht schematisch,[26] sondern im Rahmen einer umfassenden **Gesamtabwägung** unter Bewertung und Gewichtung aller maßgeblichen Umstände des Einzelfalles und unter Berücksichtigung des **Ausnahmecharakters** der Regelung (dazu RdNr. 6).

C. Maßgebliche Umstände

I. Allgemeines

11 Abs. 1 und 2 nehmen **dieselben** Kriterien in Bezug, aufgrund derer sie eine Beschränkung des Unterhaltsanspruchs zulassen.[27] Dies verkompliziert die Anwendung der nach dem UÄndG 2007 bestehenden Regelung, weil die Billigkeitsabwägung (dazu RdNr. 32–41) sich auch auf die **Auswahl** der Restriktion zu beziehen hat. Dies war zwar auch bisher nach dem UÄndG 1986 nicht anders, ist aber aufgrund der Regelung an verschiedenen Standorten (§§ 1573 Abs. 5, 1578 Abs. 1 S. 2, 3 [UÄndG 1986]) meist nicht so ins Bewusstsein getreten. – Die in Abs. 1 S. 2 und 2, Abs. 2 aufgeführten **ausdrücklichen** Umstände führen **typischerweise,** nicht aber notwendig zu einer ehebedingten Erwerbslosigkeit des Bedürftigen (zur Ehebedingtheit der maßgeblichen Umstände s. allgemein RdNr. 12).

II. Ehebedingtheit

12 Die Regelungen in §§ 1573 Abs. 5, 1578 Abs. 1 S. 2 [UÄndG 1986] waren nicht ausdrücklich darauf ausgerichtet, dass die beim Bedürftigen im Hinblick auf die Deckung seines Lebensbedarfs durch eigene Erwerbseinkünfte eingetretenen Nachteile durch die Ehe bedingt waren. Dies galt für die **benannten** wie die **unbenannten Umstände.** Gleichwohl war die Bedürfnislage oft, wenn nicht gar meist, ehebedingt, so etwa wegen der Betreuung gemeinschaftlicher Kinder oder der Gestaltung der Haushaltsführung und der Erwerbstätigkeit.

---

[22] BT-Drucks. 16/1830 S. 18.

[23] So ausdrücklich BT-Drucks. 16/1830 S. 20. Zur Verfassungsgemäßheit auch für einen Anspruch auf Aufstockungsunterhalt nach § 1573 Abs. 2 s. BVerfG NJW 1993, 2926 = FamRZ 1993, 171 f.

[24] S. bereits die Entscheidung BGH NJW 2006, 2401 = FamRZ 2006, 1006, 1007 f., in der der XII. Zivilsenat, gleichsam in einem „Vorgriff" auf das UÄndG 2007, eine zeitliche Begrenzung des Unterhaltsanspruchs nach 14¾-jähriger Ehe mangels ehebedingter Nachteile zugelassen hat; s. auch *Triebs* FPR 2008, 31, 34 („wesentlich großzügigerer Maßstab").

[25] BGH NJW 1986, 2832 = FamRZ 1986, 886, 888. Das KG FPR 2002, 301, 304 lehnt eine Befristung wegen „mangelnder Überschaubarkeit" der für die Billigkeitsabwägung maßgeblichen Umstände ab, weil nicht alle Verhältnisse, insbesondere die Verpflichtung zur Zahlung von Kindesunterhalt und die Betreuungssituation der Kinder geklärt seien, ohne allerdings darzulegen, warum es diese Verhältnisse nicht aufgeklärt hat.

[26] BGH NJW 1986, 2832 = FamRZ 1986, 886, 889 (zu § 1578 Abs. 1 S. 2 [UÄndG 1986]; NJW 1990, 2810 = FamRZ 1990, 857, 859 (zu § 1573 Abs. 5 [UÄndG 1986]); OLG Karlsruhe NJW-RR 1989, 1348 = FamRZ 1989, 511, 512; BT-Drucks. 10/2888 S. 18 f.

[27] Ebenso bereits zu §§ 1573 Abs. 5, 1578 Abs. 1 S. 2 [UÄndG 1986] OLG Hamm FamRZ 1987, 707; OLG Celle NdsRPfl 1990, 171.

Deshalb hat der BGH in seiner Rspr. ab dem Jahr 2006 zunehmend auf die **Ehebedingtheit** erlittener Nachteile abgestellt und damit im Zuge der Unterhaltsreform 2007 bereits zu §§ 1573 Abs. 5, 1578 Abs. 1 S. 2, 3 [UÄndG 1986] ab dem Jahr 2006 eine deutliche Hinwendung zu deren Zielen vollzogen.[28] Dies gilt vornehmlich hinsichtlich der – deutlich – herabgestuften Bedeutung der Ehedauer und der Verflechtung der gemeinsamen Verhältnisse, denen er nur noch eine **indizielle** Bedeutung beimisst,[29] sowie der sehr starken Betonung der Ehebedingtheit erlittener Nachteile. Insbesondere diese Rspr. kann zur Auslegung des § 1578 b [UÄndG 2007] herangezogen werden.[30] – In seinem Urteil v. 12. 4. 2006[31] stellt der BGH zum **Aufstockungsunterhalt** (§ 1573 Abs. 2) grundlegend fest, dass eine lebenslange Beibehaltung des ehelichen Lebensstandards nur dann angemessen ist, wenn 13

– aus der Ehe gemeinsame Kinder hervorgegangen sind, die der Berechtigte betreut oder betreut hat,
– der Berechtigte erhebliche berufliche Nachteile um der Ehe willen auf sich genommen hat, oder
– sonstige Gründe wie Alter und Gesundheitszustand des Berechtigten hierfür sprechen.

I. Ü. sei dem Berechtigten, dessen Lebensstandard sich während der Ehe verbessert hat, nach einer **Übergangszeit** oft ein vor der Ehe bestehender Lebensstandard zuzumuten, sodass Unterhalt nur noch in dem Umfang in Betracht komme, den der Berechtigte aufgrund seiner eigenen beruflichen Qualifikation ohne ehebedingte Nachteile hätte erreichen können. Unangemessen sei, einen Ehegatten, der in seinem beruflichen Fortkommen durch die Ehe nicht benachteiligt wurde, selbst dann zu begünstigen, wenn die Ehe nicht lange gedauert habe. Auch wenn die Einkommensunterschiede nicht ehebedingt seien, könne eine Begrenzung des Unterhaltsanspruchs unzumutbar sein, sich nach einer lang dauernden Ehe, deren tatsächlicher Lebenszuschnitt durch eine erheblich über den eigenen Möglichkeiten und wirtschaftlichen Verhältnissen des Berechtigten liegendes Einkommen des Verpflichteten geprägt worden ist, dauerhaft auf einen niedrigeren, allein seinen beruflichen Möglichkeiten entsprechenden Lebensstandard einstellen zu müssen. Damit wird nicht generell ausgeschlossen, auch bei kurzer Ehedauer von einer Befristung dann abzusehen, wenn der Berechtigte ehebedingte Nachteile erlitten hat.[32]

Nach dem UÄndG 2007 erhält die Ehebedingtheit sowohl nach der Intention des Reformgesetzgebers als auch nach der sprachlichen Fassung von Abs. 1 S. 2 eine zentrale Bedeutung:[33] „Je geringer „ehebedingte Nachteile" sind, desto eher kommt eine Beschränkung in Betracht." Dies schließt zwar nicht aus, von einer Beschränkung abzusehen, wenn ein Nachteil nicht ehebedingt war. Doch wird stets danach zu fragen sein, inwieweit der Nachteil ehebedingt erlitten wurde und wie dies im Rahmen der Billigkeitsabwägung (dazu RdNr. 32–41) zu berücksichtigen ist. Nicht ehebedingt erlittene Nachteile werden geringer zu gewichten sein. Auch wenn gar keine ehebedingten Nachteile erlitten wurden, etwa weil die Differenz der Einkommen der Ehegatten nicht ehebedingt war, kann nach der Rspr. des BGH selbst bei langer Ehedauer der Unterhaltsanspruch nach § 1578 b beschränkt werden.[34] – **Ehebedingt** sind Nachteile, die „die Fähigkeit eines Ehegatten, für seinen Unterhalt zu sorgen", durch „die Gestaltung der Ehe, insbesondere die Arbeitsteilung der Ehegatten", 14

---

[28] Ähnlich OLG Köln NJW 2008, 2448, 2449 = FamRZ 2009, 122 f.; OLG Celle NJW 2008, 2449 = FamRZ 2008, 1956.

[29] BGH NJW 2008, 2581 = FamRZ 2008, 1325, 1328 [41] m. Anm. *Borth*.

[30] Ebenso *Triebs* FPR 2008, 31, 33.

[31] BGH NJW 2006, 2401 = FamRZ 2006, 1006, 107 f.; NJW 2008, 151 = FamRZ 2008, 134, 135 [20]; NJW 2008, 2644 = FamRZ 2008, 1508, 1509, 1510 f. [12, 24] m. Anm. *Borth*.

[32] *Triebs* FPR 2008, 31, 33.

[33] BT-Drucks. 16/1830 S. 14 [„2. Stärkung der Eigenverantwortung nach der Ehe"]. – Zu § 1573 Abs. 5 [UÄndG 1986] schon BGH NJW 1986, 2832 = FamRZ 1986, 886, 888; NJW-RR 1989, 386 = FamRZ 1989, 483, 486; OLG Karlsruhe FamRZ 2007, 1176, 1177. Das OLG Köln FamRZ 1993, 565, 566; NJW-RR 1995, 1157, 1159 scheint ganz auf ehebedingte Nachteile abzustellen.

[34] Dazu BGH NJW 2008, 2644 = FamRZ 2008, 1508, 1510 [17] m. Anm. *Borth*.

beeinträchtigen.[35] Sie schließen weder eine Bedarfsbegrenzung noch eine Befristung kategorisch aus,[36] und zwar auch dann nicht, wenn **künftige** ehebedingte Nachteile in Betracht kommen.[37] – Zwar wird sich die Frage nach der Ehebedingtheit v. a. im Zusammenhang mit der **Haushaltsführung** und **Kinderbetreuung** stellen,[38] doch ist sie nicht ausschließlich darauf bezogen. So sind etwa auch ehebedingte Nachteile eines Berechtigten denkbar, der wegen des beruflichen Fortkommens des Verpflichteten auf Karrierechancen verzichtet. – Dass der Berechtigte während der Ehe zuletzt lediglich teilschichtig erwerbstätig war, sagt nichts darüber aus, ob er ehebedingte Nachteile erlitten hat.[39] Letzteres kann nur ein **Vergleich** der früheren mit den jetzigen Erwerbschancen ergeben. – Zur Bedeutung der Ehebedingtheit einer **Krankheit** s. RdNr. 44.

III. Fehlverhalten des Bedürftigen

15 Da das nacheheliche Unterhaltsrecht grundsätzlich verschuldensunabhängig ausgestaltet ist (dazu § 1569 RdNr. 1), berücksichtigt es **Schuldelemente** nur ausnahmsweise in §§ 1576, 1579. Deshalb ist die Schuld der Ehegatten am **Scheitern der Ehe**[40] und die **Parteistellung** im Scheidungsverfahren nicht in die Billigkeitsabwägungen nach Abs. 1 und 2 einzubeziehen. Auch sonstige **persönliche Verfehlungen** der Ehegatten, die für das Scheitern der Ehe nicht ursächlich geworden sind, bleiben unberücksichtigt;[41] Maßstab für sie sind allein §§ 1579, 1581.

IV. Benannte Umstände

16 **1. „Pflege und Erziehung eines gemeinschaftlichen Kindes". a) Rechtsentwicklung. Grundsätze.** Die **Gleichrangigkeit** der Kinderbetreuung mit der Dauer der Ehe soll den Schwierigkeiten bei der Wiedereingliederung in den Arbeitsmarkt Rechnung tragen.[42] Gleichwohl rückt das UÄndG 2007 die „Pflege und Erziehung" anvertrauter gemeinschaftlicher Kinder an die erste Stelle der berücksichtigungsfähigen Umstände, wandelt sie vom Ausnahme- („soweit") zum Regelkriterium[43] und hebt dadurch deren **Bedeutung** (dazu auch §§ 1570, 1571 Nr. 2, 1572 Nr. 2, 1573 Abs. 1 und 2, 1579) hervor. Der Wechsel der Begrifflichkeit von „Kinderbetreuung" zu „Pflege und Erziehung" (dazu § 1570 RdNr. 25) und die Einfügung von „anvertraut" (dazu § 1570 RdNr. 29, § 1579 RdNr. 68) passt Abs. 1 und 2 an §§ 1570, 1579 an. Bei der Streichung des Merkmals „vorübergehend" (dazu 4. Aufl. § 1573 RdNr. 38) handelt es sich lediglich um eine redaktionelle und nicht auch inhaltliche Änderung: „Pflege und Erziehung" sind auf längere Dauer angelegt und vertragen keine Kurzzeitigkeit.[44] Ist ein Kind dem betreuenden Eltern-

---

[35] BGH NJW 2008, 1080 = FamRZ 2008, 582, 586 [36] mwN; BGH FPR 2009, 128 m. Anm. *Kemper* und *Maurer* LMK 2009, 276248 = FamRZ 2009, 406, 408 [32] m. Anm. *Schürmann*.

[36] AA OLG Karlsruhe FamRZ 2008, 2206, 2207.

[37] BGH NJW 2008, 2644 = FamRZ 2008, 1508, 1510f. [24] m. Anm. *Borth*; wohl ebenso OLG Brandenburg FamRZ 2008, 1952f.; OLG Karlsruhe FamRZ 2008, 2206, 2207f.; anders BGH NJW 2009, 588 = FamRZ 2009, 411, 416 [44] m. Anm. („Begrenzung und Befristung bei noch vorhandenen ehebedingten Nachteilen regelmäßig ausgeschlossen) unter Hinweis auf BGH NJW 2006, 2401 = FamRZ 2006, 1006, 1007f., doch steht dies dort nicht in dieser Schärfe.

[38] Dazu *Triebs* FPR 2008, 31, 33.

[39] Unzutreffend deshalb OLG Karlsruhe NJW 2008, 3645, 3648.

[40] Für die Schuld des Berechtigten s. BGH NJW 1986, 2832 = FamRZ 1986, 886, 888; NJW 1987, 1761 = FamRZ 1987, 572, 575; allgemein *Gerhardt* FuR 1997, 249, 251; *Brudermüller* FamRZ 1998, 649, 652; *Johannsen/Henrich/Büttner* RdNr. 39; aA scheinbar OLG Hamm FamRZ 1037, 1038, nach dem sich § 1578 Abs. 1 S. 2 [UÄndG 1986] von § 1579 Nr. 7 [UÄndG 1986] nur durch den Grad der Unbilligkeit unterscheiden soll (hierauf geht der BGH in seiner Revisionsentscheidung BGH NJW-RR 1995, 449 = FamRZ 1995, 1405, 1406f. nicht ein); für die Schuld des Verpflichteten *Soergel/Häberle* RdNr. 33.

[41] BT-Drucks. 16/1830 S. 19f.; s. auch *Borth* UÄndG RdNr. 174. Zum UÄndG 1986 auch BGH NJW 1986, 2832 = FamRZ 1986, 886, 888 mwN; ebenso *Brudermüller* FamRZ 1998, 649, 652; aA *Soergel/Häberle* RdNr. 33; auch noch 4. Aufl. § 1573 RdNr. 36.

[42] BT-Drucks. 10/4514 S. 21.

[43] *Triebs* FPR 2008, 31, 33.

[44] Nicht erörtert und erläutert in BT-Drucks. 16/1830 S. 18ff.

teil nicht „anvertraut", besteht schon gar kein einer Beschränkung zugänglicher Unterhaltsanspruch nach § 1570 (mehr) (dazu dort RdNr. 25). – Zu den **berücksichtigungsfähigen Kindern** s. § 1570 RdNr. 22–24.

Nach §§ 1573 Abs. 5, 1578 Abs. 1 S. 2 [UÄndG 1986] wurde die Zeit der Kinderbetreuung der Ehedauer nur **„in der Regel"** gleichgesetzt (zu Ausnahmen s. 4. Aufl. § 1573 RdNr. 33). Diese Einschränkung ist ebenso wie das Erfordernis, dass die Betreuung **allein** oder überwiegend übernommen worden war, nach dem UÄndG 2007 entfallen. Inwieweit und mit welchem Gewicht die Zeit und das Maß der Kinderbetreuung zu berücksichtigen ist, ist im Rahmen der Gesamtabwägung (dazu RdNr. 10) zu entscheiden. 17

b) Einzelheiten. Die Berücksichtigungsfähigkeit der Betreuungszeit ist unabhängig davon, ob dem Berechtigten ein Unterhaltsanspruch nach § 1570 zugestanden oder mangels Bedürftigkeit oder Leistungsfähigkeit nicht zugestanden hat.[45] Doch werden lediglich die Zeiten **nach** der Ehe erfasst, die **vor** der Ehe dagegen nur, wenn die Ehegatten schon einmal verheiratet waren.[46] Die Betreuungszeiten **während** der Ehe werden bereits durch das Merkmal „Dauer der Ehe" abgedeckt. 18

Die Pflege und Erziehung muss **tatsächlich** erbracht worden sein, ansonsten Abs. 1 S. 3, Abs. 2 S. 2 schon tatbestandsmäßig nicht eingreifen.[47] Liegt dies vor, kommt eine zeitliche Begrenzung während andauernder Betreuung nur dann **ausnahmsweise** in Betracht, wenn der Berechtigte ohne Rechtfertigung betreut. Da das UÄndG 2007 die nacheheliche Eigenverantwortung stärkt und die Ehebedingtheit erlittener Nachteile in den Vordergrund rückt, kann zeitlich auch begrenzt werden, wenn die Kinderbetreuung zu **keinem wirtschaftlichen Nachteil** geführt hat.[48] – Die Zeit der tatsächlichen Betreuung wird jedoch wie zu § 1570 und § 1579 durch das **Alter** des Kindes, seine **Betreuungsbedürftigkeit** und die Möglichkeiten der **Fremdbetreuung** sowie die sich daraus ergebende Obliegenheit zu einer teil- oder vollschichtigen Erwerbstätigkeit des betreuenden Elternteils relativiert (dazu § 1570 RdNr. 27, § 1579 RdNr. 72).[49] Im Hinblick auf diese Stärkung der nachehelichen **Eigenverantwortung** durch das UÄndG 2007 ist die Unterstützung durch eine Tagesmutter oder von Verwandten, der Besuch einer Ganztagesschule oder gar der Aufenthalt des Kindes in einem Internat oder einem Heim maßgeblich von Belang. 19

2. „Gestaltung von Haushaltsführung und Erwerbstätigkeit". Sie trägt der autonomen Regelung der ehelichen Lebensverhältnisse durch die Ehegatten (§ 1356 Abs. 1 und 2) Rechnung und erfasst die wichtigsten Fälle **ehebedingter Bedürfnislagen.**[50] War für §§ 1573 Abs. 5, 1578 Abs. 1 S. 2, 3 [UÄndG 1986] anerkannt, dass diese Regelung nicht ehebedingt erfolgt sein musste, gilt nach dem UÄndG 2007 Anderes: Es ist danach zu fragen, inwieweit ehebedingte Nachteile ursächlich für die Möglichkeit der eigenen Bedarfsdeckung durch den Bedürftigen geworden sind (Abs. 1 S. 2, Abs. 2 S. 2). – Die Regelung der ehelichen Lebensverhältnisse kann einvernehmlich, sie kann aber auch einseitig sein, wenn ein Ehegatte mit der ausschließlichen Haushaltsführung und Kinderbetreuung durch den anderen oder aber mit dessen Erwerbstätigkeit nicht einverstanden war (dazu § 1356 RdNr. 6). Fallen bei Erwerbslosigkeit des Berechtigten – wie regelmäßig – Haushaltsführung und Kinderbetreuung zusammen, wird das Gewicht Letzterer weiter verstärkt.[51] Abzustellen ist wie bei den ehelichen Lebensverhältnissen im Rahmen des § 1578 Abs. 1 20

---

[45] *Diederichsen* FamRZ 1986, 1283, 1287; *Brudermüller* FamRZ 1998, 649, 654.

[46] BGH NJW 1980, 2247 = FamRZ 1980, 981; NJW 1986, 2832 = FamRZ 1986, 886, 888; OLG Hamm FamRZ 1986, 908, 909; aA OLG Düsseldorf NJW-RR 1996, 1348 = FamRZ 1996, 1416, 1417.

[47] Nach *Soergel/Häberle* RdNr. 36 liegt in diesen Fällen eine Ausnahme von der Regel vor.

[48] Zum UÄndG 1986 aA OLG Karlsruhe NJW-RR 1989, 1348 = FamRZ 1989, 511, 513; *Hahne* FamRZ 1986, 305 ff.; *Johannsen/Henrich/Büttner* RdNr. 41; dazu bereits anders *Giesing* FamRZ 1986, 937.

[49] Zu § 1573 Abs. 5 [UÄndG 1986] s. OLG Hamm FamRZ 1995, 1204, 1205; *Brudermüller* FamRZ 1998, 649, 652; anders *Wendl/Pauling* § 4 RdNr. 592.

[50] S. auch *Schwab* FamRZ 1997, 521, 524; *Brudermüller* FamRZ 1998, 649, 650, 654.

[51] *Soergel/Häberle* RdNr. 32.

(dazu dort RdNr. 3–11) auf die **Rechtskraft des Scheidungsausspruchs** oder bei einer Entscheidung im Verbund mit der Scheidung auf die **letzte mündliche Verhandlung,** weil auch trennungsbedingte Änderungen ehebedingt sein können.

Bsp.: Beide Ehegatten sind berufstätig; nach der Versetzung des Mannes an einen anderen Ort gibt die Frau ihren sicheren Arbeitsplatz auf, findet jedoch am neuen Wohnort keine angemessene Beschäftigung mehr; 5 Jahre später wird die Ehe geschieden.[52] Die Erwerbslosigkeit ist ehebedingt, Abs. 2 ist nicht anzuwenden. Auch nicht, wenn die Frau ihre Erwerbstätigkeit zur Betreuung erstehelicher Kinder ihres Mannes oder dessen Mutter aufgegeben hat. – Der Mann ist bei der Eheschließung und während der Dauer der Ehe erwerbstätig; weil die Frau als Lehrerin keine Anstellung fand, übernimmt sie ab der Eheschließung die Haushaltsführung; nach 5 Jahren wird die Ehe geschieden. War die Frau bei Eheschließung noch relativ jung, dürfte ihre Bedürfnislage nicht ehebedingt und Abs. 2 anzuwenden sein. – Beide Ehegatten sind in kinderloser Ehe erwerbstätig; nach 4 Jahren verliert der Mann infolge der Insolvenz – oder Kündigung – seines Arbeitgebers seinen Arbeitsplatz, kann jedoch keinen neuen Arbeitsplatz mehr finden; nach 5 Jahren wird die Ehe geschieden.[53] Die Bedürfnislage ist nicht ehebedingt, Abs. 2 ist anzuwenden.

21 **3. „Dauer der Ehe".** Weder der Gesetzgeber des UÄndG 1986 und des UÄndG 2007[54] noch die bisherige Rspr.[55] haben eine feste Zeitdauer festgelegt, allerdings misst ihr der Gesetzgeber des UÄndG 2007 nach wie vor besondere Bedeutung bei.[56] Da die wirtschaftlichen Beziehungen und Verflechtungen der Ehegatten idR umso stärker durch die Ehe geprägt wurden, je länger diese gedauert hat,[57] wird der Dauer der Ehe meist die **größte Bedeutung** zukommen (dazu aber auch RdNr. 22).[58] Sie bemisst sich – wie in §§ 1579 Nr. 1, 1582, 1609 Nr. 2 – von der Eheschließung bis zur **Rechtshängigkeit des Scheidungsantrag.**[59] Die Dauer einer früheren gemeinsamen Ehe wird bei Wiederheirat grundsätzlich nicht hinzugerechnet;[60] doch kann sie bei einer Gesamtabwägung aller maßgeblichen Umstände (dazu RdNr. 32) oder im Rahmen des § 1576 berücksichtigt werden.

22 **4. Kumulation.** Möglich ist auch eine Kumulation von Ehedauer und Kinderbetreuungszeit. Nach bisheriger Auffassung des BGH soll dies idR zu ihrer **Addition** führen.[61] Doch dürfte dies angesichts der Handhabung zu § 1579 Nr. 1 (dazu auch § 1579 RdNr. 10, 11) den verfassungsrechtlichen Anforderungen nicht genügen, weil Gründe für eine andere Behandlung nicht ersichtlich sind. Deshalb sollte von der tatsächlichen Ehedauer ausgegangen und anschließend die Zeiten der Kinderbetreuung in die **Billigkeitsabwägung** einbezogen werden.[62]

---

[52] Bsp. von *Engelhard* Recht 11/1986, 1, 3.

[53] Die beiden letzteren Bsp. vom *Bayerischen Staatsministerium der Justiz,* Änderung des Scheidungsfolgenrechts, 1985, S. 2 und 8.

[54] Dazu auch BT-Drucks. 16/1830 S. 19.

[55] Zuletzt aus jüngster Zeit BGH NJW 2006, 2401 = FamRZ 2006, 1006, 1007; NJW 2007, 839 = FamRZ 2007, 200, 203; BGHZ 171, 206 = NJW 2007, 1961 = FamRZ 2007, 793, 800 [66]; NJW 2007, 2628 = FamRZ 2007, 1232, 1236 [38] m. Anm. *Maurer;* NJW 2008, 644 = FamRZ 2008, 1508, 1510 [21] m. Anm. *Borth.*

[56] BT-Drucks. 16/1830 S. 19 (Abs. 1 aE)

[57] BGH FPR 2009, 128 m. Anm. *Kemper* und *Maurer* LMK 2009, 276248 = FamRZ 2009, 406, 409 [39] m. Anm. *Schürmann* (Ehedauer ist Indiz für wirtschaftliche Verflechtung); OLG Celle FamRZ 1987, 69, 70; OLG Schleswig FamRZ 1989, 1092, 1094.

[58] Zur besonderen Bedeutung der Ehedauer s. insbesondere BT-Drucks. 16/1830 S. 19; BGH FPR 2009, 128 m. Anm. *Kemper* und *Maurer* LMK 2009, 276248 = FamRZ 2009, 406, 409 [39] m. Anm. *Schürmann.*

[59] BGH NJW 1986, 2832 = FamRZ 1986, 886, 888; NJW 1990, 1847 = FamRZ 1990, 492, 495; NJW-RR 1991, 130 = FamRZ 1991, 307, 310; OLG Karlsruhe NJW-RR 1989, 1348 = FamRZ 1989, 511, 512; OLG Hamm NJW-RR 1991, 709 = FamRZ 1990, 1361, 1362.

[60] OLG Karlsruhe NJW-RR 1989, 1348 = FamRZ 1989, 511, 512; OLG Düsseldorf NJW-RR 1996, 1348 = FamRZ 1996, 1416, 1417; OLG Hamm NJWE-FER 1998, 2 = FamRZ 1998, 292, 293.

[61] S. BGH NJW 2004, 1227 = FamRZ 2004, 1357, 1360.

[62] OLG Düsseldorf FamRZ 1994, 756, 758.

V. Unbenannte Umstände

Die in Abs. 1 S. 2, 3, Abs. 2 S. 2 ausdrücklich aufgeführten Umstände (dazu RdNr. 16–26) sind nicht enumerativ, sondern nur beispielhaft und deshalb **nicht abschließend** („insbesondere", „vor allem").[63] Doch sind sie besonders hervorgehoben, weil es sich insoweit um besonders bedeutsame und auch praktisch wichtige Umstände handelt und daher stets zu berücksichtigen sind. Auch **sonstige Umstände,** ausgenommen die **Schuld** der Ehegatten am Scheitern der Ehe (dazu RdNr. 15), sind in die Billigkeitserwägungen mit einzubeziehen. Folgende Umstände können Bedeutung erlangen: 23

Ehebedingte Umstände: 24

- der mit der Eheschließung verfolgte **Zweck** – Versorgungsehe? –,
- wie lange und wie weit die Ehegatten ihre **Lebensplanungen** aufeinander abgestellt und in **wechselseitiger wirtschaftlicher Abhängigkeit**[64] auf ein gemeinschaftliches Lebensziel ausgerichtet haben, inwieweit also die Bedürfnislage im Zeitpunkt der Scheidung von der Ehe wesentlich mitgeprägt ist,
- wegen der Kinderbetreuung nur eingeschränkte Gelegenheit zur **Fort-** und **Weiterbildung,**[65]
- wirtschaftliche **Entflechtung** der Lebensverhältnisse der Ehegatten seit langer Zeit und Ausübung einer angemessenen Erwerbstätigkeit (§ 1574) durch den Berechtigten,[66]
- Ausgleich ehebedingter Nachteile durch die Leistung von **Ausbildungsunterhalt** (§ 1573 iVm. § 1574 Abs. 3, § 1575), die zu einer angemessenen Erwerbstätigkeit iSd. §§ 1574 Abs. 1, 4, 1575 geführt hat,[67]
- Ausgleich ehebedingter Nachteile bei der Altersvorsorge durch den **Versorgungsausgleich;** als Vergleichsmaßstab gilt, was der Berechtigte durch eine vollzeitige Erwerbstätigkeit an Vorsorgeanrechten hätte erwerben können,[68]
- **eigenes Einkommen** des Bedürftigen und seine **Zuverdienstmöglichkeiten,**
- sein **Vermögen,** auch soweit es durch die vermögensrechtliche Auseinandersetzung der Ehegatten erlangt wurde,[69]
- die Dauer und der Umfang **bisheriger Unterhaltsleistungen,** auch während der Trennungszeit,[70]
- beträchtliche Opfer in der Lebensführung während der **Ausbildung des Verpflichteten,**[71]
- **voreheliche,** nicht durch Kinderbetreuung (dazu RdNr. 34) belegte Zeiten, etwa ein nichteheliches Zusammenleben,
- ob und inwieweit der Berechtigte eigene **Berufs-** und **Erwerbsaussichten** zurückgestellt hat, um durch die Haushaltsführung dem Verpflichteten die volle berufliche Entfaltung zu ermöglichen,[72]
- **Aufgabe einer Erwerbstätigkeit** anlässlich der Eheschließung,[73]
- Aufnahme eines **Pflegekindes**[74] und Betreuung eines nicht gemeinschaftlichen Kindes des Berechtigten wie des Verpflichteten,[75]

---

63 Zum UÄndG 1986 BGH NJW 2007, 839 = FamRZ 2007, 200, 203.

64 BGH NJW 2008, 2581 = FamRZ 2008, 1325, 1328 [40] m. Anm. *Borth;* OLG Köln NJW-RR 1995, 1157, 1159.

65 BGH NJW 2008, 2581 = FamRZ 2008, 1325, 1328 [41] m. Anm. *Borth.*

66 BGHZ 171, 206 = NJW 2007, 1961 = FamRZ 2007, 793, 800 [68].

67 *Borth* FPR 2008, 341, 344.

68 BGH NJW 2008, 2581 = FamRZ 2008, 1325, 1328 f. [42, 43] m. Anm. *Borth;* s. auch BGH NJW 2008, 2644 = FamRZ 2008, 1508, 1510, 1511 [18, 25] m. Anm. *Borth;* BGH FPR 2009, 128 m. Anm. *Kemper* und *Maurer* LMK 2009, 276248 = FamRZ 2009, 406, 408 [34] m. Anm. *Schürmann.*

69 BGHZ 171, 206 = NJW 2007, 1961 = FamRZ 2007, 793, 800 [68].

70 BGH NJW 2008, 2644 = FamRZ 2008, 1508, 1511 [28] m. Anm. *Borth.*

71 OLG Hamm NJW-RR 1991, 1474 = FamRZ 1991, 1310, 1312.

72 BGH NJW 1986, 2832 = FamRZ 1986, 886, 888; OLG Hamm FamRZ 1987, 1250, 1253.

73 BGH NJW 1986, 2832, 2833 f. = FamRZ 1986, 886, 888.

74 OLG Hamm FamRZ 1994, 1108 (zu § 1361).

75 *Brudermüller* FamRZ 1998, 649, 655.

- **Krankenpflege** des Verpflichteten, seiner Angehörigen oder eines gemeinschaftlichen Kindes,[76]
- **Mitarbeit** im Erwerbsgeschäft des Verpflichteten,[77]
- Mithilfe beim Bau eines **Familienheims** und dabei zugezogene gesundheitliche Beeinträchtigungen,[78]
- Verlust eines sicheren Unterhaltsanspruchs aus früherer Ehe durch **Wiederheirat** (§ 1586 Abs. 1),[79]
- grundlose **Verweigerung einer Erwerbstätigkeit** gegen die berechtigten Vorstellungen des Verpflichteten,[80]
- welche Zeit der Berechtigte benötigt, sich auf die **neue Situation** nach der Scheidung einzustellen,[81]
- besondere **Belastungen** durch Verbindlichkeiten, die der Verpflichtete auch zur Entlastung des Berechtigten zurückführt,[82]
- Auflösung einer **Kapitalbeteiligung,**[83]
- nach Feststellung des Unterhaltsanspruchs nach Bedarf (§ 1578), Bedürftigkeit (§ 1577), Leistungsfähigkeit (§ 1581) und ggf. seine Herabsetzung (§ 1579)[84]
  - die Möglichkeit des Berechtigten, den eheangemessenen Unterhalt durch Aufnahme einer vollschichtigen **Erwerbstätigkeit**[85] oder aus **Vermögen**[86] sicherzustellen; dies gilt auch für nach § 1577 Abs. 3 privilegiertes Vermögen, weil die Bedarfsfestsetzung der Beurteilung der Bedürftigkeit vorgeht;
  - die Höhe des **Unterhaltsbetrags** im Verhältnis zu den dem Verpflichteten verbleibenden finanziellen Mitteln,[87]
  - lediglich **kurzzeitige Einkommenseinseinbußen,**
  - **geringe Unterhaltsbeträge** aufgrund geringer Einkommensunterschiede;[88] in diesen Fällen wird idR Unbilligkeit angenommen werden können,
  - die **Verhältnisse des Verpflichteten,** insbesondere auch seine wirtschaftlichen;[89] um nicht den Gesetzeszweck zu unterlaufen, reicht allein nicht aus, dass er in besonders günstigen Verhältnissen lebt,[90]
- inwieweit den Berechtigten eine zeitliche Begrenzung in seiner **Lebensführung** beeinträchtigt;

---

[76] BGH NJW 1986, 2832 = FamRZ 1986, 886, 888; BT-Drucks. 10/2888 S. 18.

[77] *Soergel/Häberle* RdNr. 33.

[78] BGH NJW 1986, 2832, 2833 f. = FamRZ 1986, 886, 888.

[79] BGH NJW-RR 1989, 386 = FamRZ 1989, 483, 486; OLG Düsseldorf FamRZ 1987, 1254, 1256; FamRZ 1988, 838, 839. Hat aber der Berechtigte auf seinen nachehelichen Unterhaltsanspruch verzichtet, liegt kein Anspruch vor, der wieder aufleben könnte, BGH aaO; OLG Düsseldorf FamRZ 1988, 838, 839.

[80] *Soergel/Häberle* RdNr. 33.

[81] BGH NJW 1986, 2832 = FamRZ 1986, 886, 889; OLG Frankfurt a. M. FamRZ 1986, 683, 684; OLG Hamm NJWE-FER 1998, 2 = FamRZ 1998, 292, 294. Zu § 1579 Nr. 1 s. BGH NJW 1981, 754 = FamRZ 1981, 140, 142; dazu auch § 1579 RdNr. 7.

[82] *Soergel/Häberle* RdNr. 33.

[83] BGH NJW 1986, 2832, 2833 f. = FamRZ 1986, 886, 888.

[84] Zu § 1578 BGH NJW-RR 1995, 449 = FamRZ 1995, 1405, 1406; NJW 2007, 839 = FamRZ 2007, 200, 204; zu § 1581: *Hahne* FamRZ 1986, 305, 309; *Brudermüller* FamRZ 1998, 649, 656; aA aber – Vorrang von § 1578 b – RdNr. 3, 47; *Soergel/Häberle* RdNr. 33.

[85] OLG Hamm FamRZ 1995, 1204, 1205.

[86] *Brudermüller* FamRZ 1998, 649, 656.

[87] BGH NJW 1988, 2109 = FamRZ 1988, 817, 820; NJW 2007, 839 = FamRZ 2007, 200, 204, auch OLG Hamm FamRZ 1987, 707, 708. Zu § 1581 s. dort RdNr. 17.

[88] BT-Drucks. 10/2888 S. 18; *Hahne* FamRZ 1985, 113, 116.

[89] BGH NJW 1986, 2832, 2833 f. = FamRZ 1986, 886, 888.

[90] Wohl ebenso BGH NJW 2007, 2628 = FamRZ 2007, 1232, 1236 [39] m. Anm. *Maurer,* wo neben außergewöhnlich guten finanziellen Verhältnissen des Verpflichteten auch krankheitsbedingte Einschränkungen der Erwerbsfähigkeit des Berechtigten vorlagen.

Nicht ehebedingte Umstände:[91] 25
- das **Alter** und der **Gesundheitszustand** – der aber auch nicht ehebedingt sein kann – des Berechtigten (zu Letzterem auch RdNr. 24),[92]
- die **wirtschaftlichen Verhältnisse** i. Ü. (dazu auch RdNr. 26),[93] einschließlich des dem Berechtigten aus seinen Erwerbseinkünften abgesetzten **Erwerbstätigenbonus** (dazu allgemein § 1578 Rn. 63),[94]
- die Möglichkeit, eine ausreichende **Altersversorgung** nach den eigenen Verhältnissen aufzubauen,[95]
- das **Arbeitsmarktrisiko,**[96]
- weitere **Unterhaltspflichten,** soweit sie nach §§ 1582, 1609 nachrangig sind,
- die Erwerbslosigkeit wegen **Rauschmittelmissbrauch**[97] oder
- nach freiwilligem **Abbruch einer Ausbildung.**[98]

Nicht zu berücksichtigen ist dagegen[99] 26
- der ehebedingte Nichterwerb von **Versorgungsanrechten;** ihrem Ausgleich dient der **Versorgungsausgleich,** der zwar den Nichterwerb von Anrechten aus einer vollen Erwerbstätigkeit nicht vollständig kompensieren kann, doch zu gleichgewichtigen Nachteilen beim Verpflichteten führt;[100]
- bereits bedarfsdeckend angerechnete **Vermögenserträgnisse** (dazu § 1578 RdNr. 13),[101] ansonsten es zu einer Doppelverwertung kommt, für die jedenfalls hinsichtlich des angerechneten Betrags kein Raum besteht (zur Berücksichtigung bei der **Befristung** s. aber auch RdNr. 39),
- **Vermögenseinbußen** des Berechtigten, weil Unterhalt der Deckung des Lebensbedarfs und nicht der Vermögensbildung dient,
- dass mit einer Befristung der **Einsatzzeitpunkt** für den Altersunterhalt (§ 1571 Nr. 3)[102] oder den Krankenunterhalt (§ 1572 Nr. 4) erhalten werden kann.

D. Beschränkungen

I. Herabsetzung des Bedarfs

Liegen die Voraussetzungen vor (dazu RdNr. 12–26), ist der Unterhaltsanspruch auf den „angemessenen Lebensbedarf", der eine dem Einzelfall gerecht werdende Bemessungsgrundlage darstellt, herabzusetzen. Da Abs. 1 S. 1 nur der **Kürzung** der Unterhaltsansprüche dient, kann er bei vorehelich höherem Lebensstandard als dem ehelichen nicht auch zu einer Erhöhung des Unterhaltsanspruchs führen.[103] Ehebedingte Nachteile rechtfertigen in 27

[91] OLG Düsseldorf FamRZ 1987, 162, 164; FamRZ 1987, 945. Doch ist diesen Entscheidungen nicht zu folgen, soweit ihnen entnommen werden könnte, § 1573 Abs. 5 [UÄndG 1986] sei auch anzuwenden, wenn der Berechtigte seinen Bedarf durch seine eigenen Einkünfte decken könnte; dann besteht schon gar kein Unterhaltsanspruch nach Abs. 2, so zutreffend *Schwab/Borth* IV RdNr. 313.

[92] BGH NJW 2007, 2628 = FamRZ 2007, 1232, 1236 [39] m. Anm. *Maurer*; NJW 2008, 2644 = FamRZ 2008, 1508, 1510 [21] m. Anm. *Borth*; aA wohl OLG Celle FamRZ 2009, 121.

[93] AA wohl OLG Köln FamRZ 1995, 1365.

[94] BGH NJW 2008, 2644 = FamRZ 2008, 1508, 1511 [28] m. Anm. *Borth*.

[95] BGH NJW 2008, 2644 = FamRZ 2008, 1508, 1510 [20] m. Anm. *Borth*.

[96] BT-Drucks. 10/2888 S. 17 f.; BT-Drucks. 10/4514 S. 6, 21. S. auch *Brudermüller* FamRZ 1998, 649, 656 mwN.

[97] OLG Hamburg FamRZ 1987, 1250.

[98] OLG Köln NJW-RR 1995, 1157.

[99] Zum Ganzen *Brudermüller* FamRZ 1998, 649, 655 f.

[100] Dazu auch BGH NJW 2008, 2581 = FamRZ 2008, 1325, 1328 f. [42, 43] m. Anm. *Borth*; NJW 2008, 2644 = FamRZ 2008, 1508, 1510, 1511 [18, 25] m. Anm. *Borth*.

[101] AA – ohne Begründung – BGH NJW 2008, 148 = FamRZ 2007, 2052, 2054 [28] (sowohl für die Erträge aus dem Zugewinnausgleich als auch für die aus einer Erbschaft).

[102] BGH NJW 2008, 2644 = FamRZ 2008, 1508, 1509 f., 1510 [14, 23] m. Anm. *Borth*; aA OLG Düsseldorf FamRZ 2008, 418 f. (als Vorinstanz zu BGH aaO.).

[103] OLG Hamm NJWE-FER 1998, 2 = FamRZ 1998, 292, 293.

Höhe ihres Umfangs einen dauerhaften unterhaltsrechtlichen Ausgleich zugunsten des Bedürftigen, auch wenn i. Ü. die Voraussetzungen für eine Herabsetzung des Bedarfs oder eine zeitliche Begrenzung vorliegen.[104]

28 **„Angemessen"** ist nur ein über dem Existenzminimum, das mit dem notwendigen Eigenbedarf gleichzusetzen ist, liegender Bedarf[105] einschließlich des Alters-, Kranken- und Pflegevorsorgeunterhalts.[106] Bemisst man den angemessenen Bedarf nach dem billigen Selbstbehalt iSd. § 1581 (dazu dort RdNr. 12–14), ist eine Herabsetzung des Bedarfs in Mangelfällen stets ausgeschlossen. Im Einzelnen gilt:[107]

- War der Berechtigte vor der Eheschließung **erwerbstätig,** wird der angemessene Lebensbedarf nach der eheunabhängigen Lebensstellung des Berechtigten bemessen. Es ist an die vor Eingehung der Ehe bestehenden Einkommensverhältnisse des Berechtigten anzuknüpfen.[108]
- War der Berechtigte **nicht erwerbstätig**[109] oder kann er seinen „angemessenen Lebensbedarf" nicht mit seinem Erwerbseinkommen abdecken,[110] soll dieser nach § 1603 Abs. 1 bemessen werden können.[111] Daran kann aber angesichts der Rspr. des BGH zum – verneinten – Mindestbedarf nach den ehelichen Lebensverhältnissen (dazu § 1578 RdNr. 54–58) und der geänderten Rangverhältnisse in §§ 1582, 1609 nicht mehr festgehalten werden. Denn „angemessen" iSd. § 1603 Abs. 1 ist – jedenfalls nach der Handhabung der Praxis – eine objektive Größe, nach der sich bestimmt, welche finanziellen Mittel zur Bestreitung eines angemessenen Lebensstandards benötigt und dem Verpflichteten belassen werden müssen. Demgegenüber ist „angemessen" iSd. § 1578 b Abs. 1 S. 1 trotz der mit § 1603 Abs. 1 übereinstimmenden Begrifflichkeit subjektiv auf die Lebensverhältnisse des Bedürftigen bezogen. Zudem ist nicht auch die Bemessung des angemessenen Lebensbedarfs der Billigkeitsabwägung unterworfen, vielmehr ist dieser eine feste Größe, auf die der Unterhalt aus Billigkeitsgründen herabzusetzen ist (dazu auch RdNr. 32–41). Doch sollen vornehmlich ehebedingte Nachteile, wie insbesondere deren ausdrückliche Aufnahme in § 1578 b Abs. 1 S. 2 und 3 zeigt, ausgeglichen und der voreheliche Lebensstandard des Berechtigten gesichert werden, was dafür spricht, den angemessenen Lebensbedarf nach Letzterem zu bestimmen. Was angemessen ist, ist nicht unabhängig von den Auswirkungen der Ehe etwa in gesellschaftlicher Hinsicht, sodass der „angemessene Lebensbedarf" nicht fest, sondern ausgehend vom vorehelichen Lebensstandard des Bedürftigen, mindestens jedoch vom notwendigen Bedarf iSd. § 1603 Abs. 2 S. 1 als dem Existenzminimum zu bestimmen ist.[112] Die obere Grenze ist dann auch nicht notwendig der angemessene Lebensbedarf

---

[104] BGH NJW 2007, 839 = FamRZ 2007, 200, 204.

[105] BGH NJW 1986, 2832 = FamRZ 1986, 886, 889; vgl. auch BT-Drucks. 10/4514 S. 22; *Büttner* FamRZ 2007, 773, 775; aA OLG Hamm NJWE-FER 1998, 2 = FamRZ 1998, 292, 293, nach dem eine Unterhaltskürzung erst ausscheidet, wenn der unter dem Existenzminimum liegende eheangemessene Bedarf (dazu § 1578 RdNr. 54, 55, 58) unterschritten werden müsste. – AA OLG Naumburg OLGR 2008, 544, 545 m. w. N. = FamRZ 2008, 2120 (LS 2) [zu § 1578 Abs. 1 S. 2 BGB aF]: Der angemessene Bedarf entspricht jedenfalls dem angemessenen Selbstbehalt (z. Zt. 1100 €).

[106] OLG München OLGR 2003, 139, 140 = FamRZ 2003, 1110, 1111 (LS); *Büttner* FamRZ 2007, 773, 775; *Viefhues* FPR 2008, 36 mwN.

[107] S. dazu auch die Berechnungsbsp. bei *Viefhues* FPR 2008, 36 ff.

[108] OLG Hamm FamRZ 1986, 908, 910; OLG Celle FamRZ 1987, 69, 70; OLG Düsseldorf FamRZ 1992, 1188, 1189; OLG Schleswig NJW–RR 1993, 836 = FamRZ 1993, 72, 74 (4 1/2-jährige Ehedauer, mehr als 6 jährige Trennung); *Hahne* FamRZ 1985, 113, 117. S. auch BT-Drucks. 10/4514 S. 22.

[109] Nach der Düsseldorfer Tabelle A. 5. z. Zt. 1100 €; auch OLG Hamburg FamRZ 1998, 294, 295; ähnlich OLG Hamm FamRZ 1998, 295, 296, allerdings für einen erwerbstätigen Berechtigten.

[110] OLG Hamm FamRZ 1998, 295, 296; OLG München OLGR 2003, 139, 140 = FamRZ 2003, 1110 (LS); zum Ganzen ebenso 4. Aufl. § 1578 RdNr. 95. Das OLG Schleswig OLGR 2000, 255, 256 gesteht dem Berechtigten Unterhalt auf ein mit der Erwerbsunfähigkeitsrente über dem angemessenen Selbstbehalt liegenden Niveau zu.

[111] *Borth* UÄndG RdNr. 137.

[112] OLG Saarbrücken FamRZ 2004, 1293, 1294; *Borth* UÄndG RdNr. 137; *Triebs* FPR 2008, 31, 34; *Viefhues* FPR 2008, 36.

iSd. § 1603 Abs. 1,[113] wenngleich eine höhere Bemessung nur ausnahmsweise in Betracht kommen dürfte.

– Eine Herabsetzung auf einen Betrag **über** dem angemessenen Lebensbedarf scheint Abs. 1 dagegen nicht zu ermöglichen („wenn"). § 1578 Abs. 1 S. 2 [UÄndG 1986] sah demgegenüber eine Herabsetzung vor, „soweit" die Bemessung des Unterhalts nach den ehelichen Lebensverhältnissen unbillig ist, was auch eine stufenweise Herabsetzung auf den angemessenen Bedarf ermöglichte.[114] Der Begründung zum UÄndG 2007 ist nicht zu entnehmen, dass mit der textlichen Änderung auch eine inhaltliche Änderung beabsichtigt ist. Deshalb sollte, auch wegen der verfassungsrechtlich geforderten Verhältnismäßigkeit, weiter eine **gestaffelte** Herabsetzung bis zum angemessenen Lebensbedarf zugelassen werden.[115]

II. Zeitliche Begrenzung

29 Liegen die Voraussetzungen von Abs. 2 vor, ist der Unterhaltsanspruch ohne Schematismus, der dem Einzelfall nicht gerecht würde, zeitlich zu begrenzen (zum fehlenden **Ermessen** s. RdNr. 8; zur **Gesamtabwägung** RdNr. 9, 32–41). Im Gegensatz zu § 1573 Abs. 5 [UÄndG 1986] (dazu 4. Aufl. § 1573 RdNr. 43) erlaubt die Neuregelung grundsätzlich auch eine **sofortige** zeitliche Begrenzung ohne „Schonfrist", doch ist hiervon aus Vertrauensgesichtspunkten lediglich ausnahmsweise Gebrauch zu machen, um dem Berechtigten zu ermöglichen, sich auf die neue Situation einzustellen (zum Ganzen RdNr. 33–38). – Ebenso wie Abs. 1 zum Bedarf (dazu RdNr. 26) ermöglicht Abs. 2 eine **gestaffelte** zeitliche Begrenzung (zur Kombination beider Beschränkungen nach Abs. 3 s. RdNr. 31). – Maßstab ist zunächst das Bestehen oder Fortwirken **ehebedingter** Nachteile.[116] **Nicht ehebedingte** Nachteile führen stets zu einer zeitlichen Begrenzung, ist sie nicht aus anderen Gründen ausgeschlossen. Nach der Vorstellung des Gesetzgebers des UÄndG 1986 sollte damit bei einer längeren Ehedauer jedoch sparsam umgegangen und nur bei einer geringen Differenz der beiderseitigen Einkünfte beim Aufstockungsunterhalt[117] Gebrauch gemacht werden. Nach § 1578 b [UÄndG 2007] wird der Ehebedingtheit stärkeres Gewicht beizumessen sein, was auch in der neueren Rspr. des BGH zu § 1573 Abs. 5 [UÄndG 1986] bereits zum Ausdruck kommt (dazu auch RdNr. 38).

30 Zudem ermöglicht Abs. 2 eine **Staffelung** der zeitlichen Begrenzung. Denn wenn der Unterhaltsanspruch so befristet werden kann, dass er mit Fristablauf ganz entfällt, kann statt einem gänzlichen Entfallen auch eine zeitliche Begrenzung dergestalt ausgesprochen werden, dass der Unterhalt für eine gewisse Zeit auf ein Niveau unterhalb des angemessenen Bedarfs – der nach Abs. 1 nicht unterschritten werden kann – festgesetzt wird.

Bsp.: Herabsetzung des Bedarfs nach 2 Jahren auf den angemessenen Bedarf (Abs. 1), danach Befristung auf weitere 3 Jahre unter Herabsetzung des Bedarfs unter den angemessenen Bedarf (Abs. 2).

III. Kumulation

31 Nach Abs. 3 können, was auch nach §§ 1573 Abs. 5, 1578 Abs. 1 S. 2 [UÄndG 1986] möglich war,[118] die Herabsetzung des Unterhaltsanspruchs vom eheangemessenen auf den angemessenen Bedarf (Abs. 1) und seine zeitliche Begrenzung (Abs. 2) „miteinander verbunden" werden,[119] und zwar auch in einem Abänderungsrechtsstreit (§ 323 ZPO, §§ 238,

[113] Ebenso AnwK-BGB/*Schürmann* § 1578 RdNr. 152.

[114] AnwK-BGB/*Schürmann* § 1578 RdNr. 152.

[115] Ebenso OLG Karlsruhe FamRZ 2008, 2206, 2208 mwN.

[116] OLG Düsseldorf FamRZ 1988, 838, 839; KG FamRZ 1992, 948, 949 m. Anm. *Weber*; s. auch *Hahne* FamRZ 1986, 305, 306; *Brudermüller* FamRZ 1998, 649, 654; *Soergel/Häberle* RdNr. 40 ff.

[117] BT-Drucks. 10/2888 S. 18.

[118] BGH NJWE-FER 2001, 25 = FamRZ 2001, 905, 906 f. mwN.

[119] So BT-Drucks. 16/1830 S. 19. Dies wurde bereits zu §§ 1573 Abs. 5, 1578 Abs. 1 S. 2 [UÄndG 1986] angenommen, BGH NJW 2000, 3789 = FamRZ 2000, 1499, 1502; s. auch *Kalthoener/Büttner/Niepmann*

239 FamFG, dazu RdNr. 51–53), in dem aber insbesondere auch die Präklusion nach § 323 Abs. 2 ZPO, § 238 Abs. 3 S. 1 FamFG zu beachten sein wird. Die Regelungen können **kumulativ** oder **alternativ** angewandt werden. Möglich ist,

– den Unterhalt nach den ehelichen Lebensverhältnissen zunächst zeitlich zu begrenzen (Abs. 1) und danach auf den angemessenen Bedarf herabzusetzen; daran kann sich eine zeitliche Begrenzung des Unterhalts nach dem angemessenen Lebensbedarf anschließen (Abs. 2) und der Unhaltsanspruch nach Ablauf der Frist entfallen; oder
– den Unterhaltsanspruch zunächst der Höhe nach, ggf. gestaffelt, zeitlich zu begrenzen (Abs. 2), um ihn dann auf den angemessenen Lebensbedarf herabzusetzen (Abs. 1), oder
– den Bedarf zunächst gestaffelt bis auf den angemessenen Bedarf (Abs. 1) und dann weiter unter den angemessenen Bedarf bis zum völligen Entfallen herabzusetzen (Abs. 2).

IV. Billigkeitsabwägung

32 **1. Grundsätze.** Abs. 1, 2 stellen als **Ausnahmeregelungen** (dazu RdNr. 6) weiter klar, dass ein unbeschränkter Unterhaltsanspruch nicht grundsätzlich unbillig ist (zu §§ 1573 Abs. 5, 1578 Abs. 1 S. 2 [UÄndG 1986] s. 4. Aufl. § 1573 RdNr. 38, § 1578 RdNr. 89), aber auch, dass eine Beschränkung nicht schon deshalb ausgeschlossen ist, weil der Berechtigte insbesondere ein gemeinschaftliches Kind betreut, während der Ehe keiner Erwerbstätigkeit nachgegangen ist oder die Ehe von langer Dauer war. Maßgebend ist vielmehr eine **Gesamtabwägung,** in die alle Umstände des Einzelfalls einzufließen haben. Da erklärtes Ziel des Reformgesetzgebers ist, die **Eingriffsschwelle** für Beschränkungen herabzusetzen, ist die Rspr. zur Rechtslage nach dem UÄndG 1986 nur noch eingeschränkt aussagekräftig (zum Ganzen dazu RdNr. 9, 10; zur **Darlegungs**– und **Beweislast** s. RdNr. 55). – Da die Befristung nach Abs. 2 gegenüber der Herabsetzung nach Abs. 1 die schwerwiegenderen Folgen hat, werden für sie strengere Maßstäbe gelten müssen.[120] – Alle benannten und unbenannten Umstände des Einzelfalls sind **gleichrangig.**[121] Doch sind sie nicht stets auch gleichgewichtig, vielmehr bestimmt sich ihr konkretes Gewicht nach seinen Auswirkungen auf die Lebensumstände des Bedürftigen. **Maßstab** kann auch nach dem UÄndG 2007 sein, wie lange der Berechtigte aufgrund der ehebedingten Verflechtung der ehelichen Lebensverhältnisse braucht, um sich auf eine Kürzung des Unterhalts einzustellen.[122] – Nicht der Billigkeitskorrektur unterliegt dagegen die Bemessung des **angemessenen Lebensbedarfs,** auf den der Unterhalt herabzusetzen ist, „wenn eine an den ehelichen Lebensverhältnissen orientierte Bemessung des Unterhaltsanspruchs ... unbillig wäre."

33 Die **Dauer der Ehe** wird nach dem UÄndG 2007, auch wenn ihr besonderes Gewicht beigemessen wird (dazu RdNr. 21), in ihrer Bedeutung für einen Anspruch auf nachehelichen Unterhalt eine nicht unerhebliche Einbuße erfahren müssen, insbesondere wenn sie mit einer langen **Trennungszeit** einhergeht, während der sich der Bedürftige auf ein „Leben nach der Ehe" einstellen konnte und musste. Maßgeblich wird auf sein Alter, Gesundheitszustand, Ausbildung, Berufserfahrung, bisherige Erwerbstätigkeit und Dauer ihrer Unterbrechung, Fortbildungsmöglichkeiten, allgemein auf die **Chancen auf dem Arbeitsmarkt** etc. abzustellen sein. Zudem ist die in der Ehe erreichte **soziale Stellung** zu beachten,[123] deren Gewicht wiederum durch die Dauer der Ehe relativiert wird, was auch für die **„Gestaltung von Haushaltsführung und Erwerbstätigkeit"** gilt.

RdNr. 1033; *Hahne* FamRZ 1985, 113, 117; *Jaeger* FamRZ 1986, 737, 745; *Brudermüller* FamRZ 1998, 649, 651.

[120] *Büttner* FamRZ 2007, 773, 775.

[121] Zur Ehedauer und Gestaltung von Haushaltsführung und Erwerbstätigkeit s. BGH NJW 2006, 2401 = FamRZ 2006, 1006, 1007.

[122] BGH NJW 1986, 2832 = FamRZ 1986, 886, 889; NJW-RR 1989, 386 = FamRZ 1989, 483, 486; OLG Karlsruhe NJW-RR 1989, 1348 = FamRZ 1989, 511, 512; s. *Diederichsen* NJW 1986, 1283, 1288; s. auch *Hahne* FamRZ 1986, 305, 310; BT-Drucks. 10/2888 S. 18 f.

[123] AA zum UÄndG 1986 wohl der BGH, der zuletzt vor allem auf die ehebedingten Nachteile abstellt, dazu die Bsp. und Nachw. RdNr. 38, 39.

Nach bisheriger, auf dem auch verfassungsgemäß starken Schutz des Kindeswohls aufbauender Handhabung der Praxis kam der **Kinderbetreuung** überragende Bedeutung zu. 34
Dies wird für die Neuregelung nach dem UÄndG 2007 zu überdenken sein: Nach § 1570 Abs. 1 S. 2 sind für einen Anspruch auf Betreuungsunterhalt die Möglichkeiten der Fremdbetreuung zu berücksichtigen. Soweit die Kinderbetreuung **beendet** ist, ist von der tatsächlichen Übung auszugehen. **Dauert** die Kinderbetreuung an, geht es bereits um den Anspruchsgrund für Betreuungsunterhalt nach § 1570. Dies schließt nicht von vornherein aus, prognostisch die zukünftige Entwicklung der Kinderbetreuung zu erfassen und in die Prüfung von Beschränkungen auch Fremdbetreuungsmöglichkeiten einzubeziehen, dann jedoch ebenfalls bezogen auf den Anspruchsgrund. Angesichts des noch nicht sonderlich ausgeprägten Angebots an Fremdbetreuungsplätzen dürfte aber eine genügend sichere Prognose idR ausgesprochen schwer fallen. Die Frage nach einer Beschränkung eines Unterhaltsanspruchs wegen der Dauer der Kinderbetreuung wird sich deshalb meist erst stellen, wenn kein Anspruch auf Betreuungsunterhalt mehr besteht.

2. „Schonfrist". Die gesetzliche Regelung sieht keine **Mindestdauer** der Ehe und auch 35
keine automatische Bindung der Dauer der Unterhaltspflicht an die Dauer der Ehe vor.[124] Deshalb sind auch kurze Ehen[125] vom Anwendungs- und Schutzbereich nicht grundsätzlich ausgeschlossen (zum Verhältnis zu § 1579 Nr. 1 s. RdNr. 47),[126] doch wird eine Befristung ausscheiden und sofortige Versagung in Betracht kommen, wenn bei kinderloser Ehe beide Ehegatten erwerbstätig waren und sich wirtschaftliche Abhängigkeiten noch nicht oder nur in geringem Umfang gebildet haben.

Zum **UÄndG 1986** wurde die Dauer der Ehe zum Ausgangspunkt und Ausgangsgröße[127] 36
für eine Befristung gemacht. Der praktisch bedeutsamste Fall war die kinderlose Ehe von nicht allzu langer Dauer. Zwar war der Unterhaltsanspruch nicht ab einer bestimmten Dauer der Ehe- oder Kinderbetreuung ausgeschlossen, doch entsprach es Normzweck und Gesamtzusammenhang, den Belangen des Berechtigten umso mehr Bedeutung beizumessen, je länger die zurechenbare Zeit gedauert hat.[128]

Die gesetzliche Regelung idF des **UÄndG 2007** schließt eine **sofortige Versagung** des 37
Unterhalts nicht von vornherein aus.[129] Insbesondere aus Gründen des Vertrauensschutzes des Bedürftigen dürfte dies jedoch nur ausnahmsweise in Betracht kommen (zur kurzen Ehezeit s. RdNr. 36). Die danach einzuräumende „Schonfrist" wird für einen Anspruch auf Aufstockungsunterhalt nach § 1573 Abs. 2 idR wesentlich kürzer als für den Unterhalt wegen Erwerbslosigkeit ausfallen.[130]

Der Ehedauer allein wird nach dem UÄndG 2007 nicht mehr das bisherige Gewicht 38
zukommen können, weil auch insoweit stets danach zu fragen ist, ob und inwieweit **ehebedingte Nachteile** entstanden sind.[131] Auch nach einer Ehedauer von 10 und mehr Jahren wird nicht mehr grundsätzlich von einem Ausschluss einer Beschränkung und ihrer Zulässigkeit nur bei außergewöhnlichen Umständen ausgegangen werden können, und auch die Versagung einer zeitlichen Begrenzung muss bei einer nur 2 Jahre und 10½ Monate

---

[124] So schon zum UÄndG 1986 BT-Drucks. 10/2888 S. 18; s. auch BGH NJW 1986, 2832 = FamRZ 1986, 886, 889; NJW 1996, 2793 = FamRZ 1996, 1272; OLG Düsseldorf NJW-RR 1996, 1348 = FamRZ 1996, 1416; OLG Hamm NJWE-FER 1998, 2 = FamRZ 1998, 292, 294. Zum UÄndG 2007 NJW 2008, 2644 = FamRZ 2008, 1508, 1511 [27] m. Anm. *Borth*.

[125] Bis 3 Jahre: BGH NJW 1981, 754 = FamRZ 1981, 140; NJW 1982, 2064 = FamRZ 1982, 582.

[126] *Soergel/Häberle* RdNr. 31; *Hahne* FamRZ 1986, 305, 307; aA *Eyrich* FamRZ 1984, 944.

[127] OLG Düsseldorf FamRZ 1987, 162, 165.

[128] BGH NJW-RR 1991, 130 = FamRZ 1991, 307, 310; NJW 2004, 3106 = FamRZ 2004, 1357, 1361; BGHZ 171, 206 = NJW 2007, 1961 = FamRZ 2007, 793, 800 [66].

[129] Ebenso *Schwab* FamRZ 2005, 1417, 1419; *Büttner* FamRZ 2007, 773, 774; aA *Triebs* FPR 2008, 31, 35 [IV.]. Anders § 1578 Abs. 1 S. 2 UÄndG 1986, dazu OLG Düsseldorf FamRZ 1987, 945, 946; BT-Drucks. 10/2888 S. 18; s. auch 4. Aufl. RdNr. 43.

[130] OLG Hamm FamRZ 1986, 908, 910; FamRZ 1987, 707, 708; OLG Koblenz NJW-RR 1987, 132 = FamRZ 1987, 160; s. auch *Soergel/Häberle* RdNr. 34. S. auch BGH NJW 2006, 2401 = FamRZ 2006, 1006, 1007 (dazu auch RdNr. 38).

[131] Ähnlich bereits zum UÄndG 1986 BGH NJW 2006, 2401 = FamRZ 2006, 1006, 1007.

dauernden Ehe nicht von vornherein unbillig sein.[132] Doch wird umso eher von ehebedingten Nachteilen ausgegangen werden können, je länger die Ehe gedauert hat. Sind solche aber nicht festzustellen, kann auch bei einer Ehe von langer Dauer eine zeitliche Begrenzung erfolgen, es sei denn, während der Ehe begründete wirtschaftliche Abhängigkeiten oder die durch die Ehe erworbene gesellschaftliche Stellung stünden dem entgegen. Stets ist jedoch auf den **Einzelfall** abzustellen.[133] Haben die Ehegatten etwa längere Zeit getrennt gelebt und konnten sich deshalb wechselseitige Abhängigkeiten während der Ehe kaum herausbilden, kann eine Begrenzung auch dann angebracht sein, wenn die Ehe wesentlich länger als 10 Jahre gedauert hat. Bei einer Ehedauer von mehr als 20 Jahren[134] kann sie bei langer Trennungsdauer jedenfalls dann ausscheiden, wenn die Nichterwerbstätigkeit des Berechtigten während dieser Zeit dem übereinstimmenden Willen der Ehegatten entsprach und deshalb von einer dauerhaften Unterhaltsgarantie auszugehen ist.[135] – Die „Schonfrist" ist so zu bemessen, dass sich der Berechtigte in seiner **Lebenshaltung** auf die Kürzung des eheangemessenen Unterhalts auf seine persönlichen und wirtschaftlichen Verhältnisse einstellen kann.[136]

39 **3. Beispiele aus der Rechtsprechung (in der Reihenfolge der Ehedauer). a) UÄndG 1986. aa) § 1578 Abs. 1 S. 2, 3 [UÄndG 1986]: OLG Hamm FamRZ 1991, 86, 87:** Keine zeitliche Begrenzung des Bedarfs nach den ehelichen Lebensverhältnissen, weil die Anpassung an den angemessenen Bedarf dadurch erreicht wird, dass eine bezogene Ruhestandsrente nicht in gleichem Maße angepasst wird wie die Lebenshaltungskosten steigen. – *Engelhardt* **Recht 11/1986** S. 4f.: Ein gut verdienender Rechtsanwalt heiratet seine Bürogehilfin, beide sind während der Ehe im bisherigen Umfang erwerbstätig. Nach der 4 Jahre später erfolgten Scheidung ist die Frau arbeitslos. Weil sich die Gestaltung von Haushaltsführung und Erwerbsfähigkeit durch die Eheschließung nicht wesentlich geändert hat, ist es nicht gerechtfertigt, die Höhe des sich aus § 1573 Abs. 1 ergebenden Unterhaltsanspruchs nach dem hohen Lebensstandard der Ehe zu bemessen. Sprechen nicht andere Umstände (dazu RdNr. 23–26) für eine unbegrenzte Dauer der ehelichen Lebensverhältnisse als Bemessungsmaßstab, richtet sich der Unterhalt daher nach einer Übergangszeit nach dem angemessenen Lebensbedarf. – **OLG Saarbrücken FamRZ 2004, 1293, 1294:** 3 Jahre 2 Monate Ehedauer, Heirat in vorgerücktem Alter, Berechtigte hat vorehelich innegehabte Stellung als Hauswirtschafterin aufgegeben und nach der Eheschließung Rente beantragt, keine spezifisch ehebedingte Verschärfung der Bedürftigkeit: Nach 3 Jahren Bemessung des Unterhaltsanspruchs nach dem vorehelichen Lebensstandard der Berechtigten. – *Bayerisches Staatsministerium der Justiz,* **Änderung des Scheidungsfolgenrechts, 1985, S. 8f.:** Beide Ehegatten haben während der Ehe gearbeitet; der Mann hat als Facharbeiter monatlich 2500 DM, die Frau als Friseuse 2000 DM verdient. Nach 3½ Jahren wird die Ehe geschieden; beide Ehegatten sind wie bisher erwerbstätig. Der Unterhaltsanspruch aus § 1573 Abs. 2 bleibt der Frau für eine Übergangszeit. Wegen der kurzen Ehedauer, die auf die Bedürftigkeit der Frau keinen Einfluss hatte, bedarf es keiner Lebensstandardgarantie durch Unterhalt, weil sich die Gestaltung von Haushaltsführung und Erwerbstätigkeit durch die Ehe nicht geändert hat. Allerdings dürften auch die Voraussetzungen aus Abs. 2 vorliegen, sodass der Unterhaltsanspruch bereits dem Grunde nach begrenzt werden kann. – **OLG Nürnberg FamRZ 1992, 682, 684:** 4½ Jahre Ehedauer lässt Beschränkung zu. – **OLG Schleswig OLGR 2000, 255, 256:** 4 Jahre 8 Monate Ehedauer, insgesamt 6½ Jahre Zusammenleben, Berechtigte vor der Eheschließung nicht mehr in

---

[132] BGH NJW 1986, 2832 = FamRZ 1986, 886, 888.

[133] So zum UÄndG 1986: BGH NJW 1990, 2810 = FamRZ 1990, 857, 859; NJW-RR 1991, 130 = FamRZ 1991, 307, 310, und noch NJW 2004, 3106 = FamRZ 2004, 1357, 1360; s. auch BT-Drucks. 10/2888 S. 18 [zu § 1573 Abs. 5] und 4. Aufl. § 1573 RdNr. 39 mwN.

[134] BGH NJW 1987, 2739 = FamRZ 1987, 691, 693 (32 Jahre); NJW 1994, 935 = FamRZ 1994, 228 (36 Jahre); NJW-RR 1991, 130 = FamRZ 1991, 307, 310 (28 Jahre).

[135] KG FamRZ 1987, 181, 193: keine Begrenzung nach 40 Ehejahren.

[136] BGH NJW 2008, 2644 = FamRZ 2008, 1508, 1511 [27] m. Anm. *Borth.*

ihrem Beruf als Krankenschwester tätig, sondern Bezug von Krankengeld und Sozialhilfe, danach von Erwerbsunfähigkeitsrente: Befristung auf 5 Jahre, danach Unterhalt auf mit der Erwerbsunfähigkeitsrente über dem angemessenen Selbstbehalt liegenden Niveau. – **BGH NJW 2004, 3106 = FamRZ 2004, 1357, 136:** 9 Jahre Ehedauer, weitere 8 Jahre Kinderbetreuung: keine Herabsetzung oder zeitliche Begrenzung des eheangemessenen Bedarfs. – **OLG München OLGR 2004, 448, 449:** 9-jährige Ehedauer, Erwerbsunfähigkeitsrente nur unerheblich über Existenzminimum, 20 Jahre lang Unterhaltszahlungen: Beschränkung auf den angemessenen Lebensbedarf. – **OLG Hamm NJWE-FER 1998, 2 = FamRZ 1998, 292, 293:** 9-jährige Ehedauer, bevorstehender Ruhestand des Verpflichteten: Befristung auf 3 Jahre. – **OLG Hamm FamRZ 1998, 295, 296:** 9-jähriges Zusammenleben, schwere Erkrankung während Ehezeit, keine ehebedingten finanziellen Benachteiligungen: keine zeitliche Begrenzung, aber Begrenzung der Unterhaltshöhe auf etwa den angemessenen Selbstbehalt iSd. § 1603 Abs. 1. – **OLG Schleswig FamRZ 2006, 209 (LS):** Ehedauer 16 Jahre, ehebedingte berufliche Nachteile: keine zeitliche Begrenzung.

bb) § 1573 Abs. 5 [UÄndG 1986]: Unterhalt wegen Erwerbslosigkeit: OLG 40
Frankfurt a. M. FamRZ 1986, 683, 684: 3 Jahre Ehedauer, kinderlos: Begrenzung auf 21 Monate. – **OLG Hamburg FamRZ 1987, 1250, 1253:** 9 Jahre $4^1/_2$ Monate Ehedauer, 53-jährige Ehefrau, kinderlos, keine ehebedingten Nachteile: Begrenzung auf Ehedauer.[137] – **OLG Hamm FamRZ 1986, 1108, 1109:** $9^1/_2$ Jahre Ehedauer, kinderlos: Begrenzung auf etwa die Ehedauer. – **OLG Hamm NJW-RR 1988, 1476 = FamRZ 1988, 840, 841:** 7 Jahre Ehedauer, $4^1/_2$ Jahre Zusammenleben, kinderlos: Begrenzung auf etwa die Ehedauer.

Aufstockungsunterhalt: OLG Hamm FamRZ 2009, 50, 51 f.: 2 Jahre 8 Monate Ehedauer, keine Kinder, keine ehebedingten Nachteile: Kein Unterhaltsanspruch, keine Übergangsfrist. – **OLG Celle FamRZ 1987, 69, 70:** 2 Jahre 11 Monate Ehedauer, 56 jährige Ehefrau, gibt wegen Heirat Erwerbstätigkeit auf und arbeitet im Betrieb des Ehemannes mit: Nach 3 Jahren Begrenzung auf Einkommen vor der Ehe, Wegfall ab Vollendung des 65. Lebensjahres. – **OLG Schleswig OLGR 1999, 344:** 3 Jahre 1 Monat Ehedauer, Berechtigte bringt Kind in Ehe mit, keine gemeinsamen Kinder, keine ehebedingten Einschränkungen der Berufsausübung: Befristung auf 3 Jahre $1^1/_2$ Monate. – **OLG Hamm FamRZ 1986, 908, 909 f.:** $3^1/_4$ Jahre Ehedauer, kinderlos: Nach 15 Monaten Herabsetzung, Begrenzung auf 4 Jahre. – **AG Mülheim FamRZ 1986, 1216, 1217:** Nach 4 Jahren kinderloser Ehe, einem Alter der Ehegatten von 30 und 27 Jahren, Einkommen von 2300 DM und 4250 DM sowie 7-jähriger Zahlung von Aufstockungsunterhalt: Entfallen des Unterhaltsanspruchs. – **OLG Koblenz NJW-RR 1987, 132 = FamRZ 1987, 160, 161:** $5^1/_2$ Jahre Ehedauer, kinderlos, 49-jährige Ehefrau, keine ehebedingten Nachteile: Begrenzung auf 5 Monate. – **AG Peine FamRZ 1987, 593, 594:** 3 Jahre Zusammenleben, $5^1/_2$ Jahre Ehedauer, keine ehebedingten beruflichen Nachteile: Begrenzung auf etwa 5 Jahre. – **OLG Hamm FamRZ 1987, 707 f.:** 3 Jahre 4 Monate Ehedauer, kinderlos: Begrenzung auf 16 Monate. – **OLG Hamm FamRZ 1996, 1417, 1418:** Nach 4 Jahren Ehe und zunächst teilweiser, dann vollständiger Aufgabe der Erwerbstätigkeit wegen der Aufnahme eines Pflegekindes Befristung auf 5 Jahre. – **OLG Düsseldorf FamRZ 1987, 1254, 1256:** 6 Jahre 10 Monate Ehedauer, kinderlos: Begrenzung auf 8 Jahre. – **OLG Düsseldorf FamRZ 1988, 838, 839:** $5^1/_2$ Jahre Ehedauer: Begrenzung auf etwa $5^1/_2$ Jahre. – **OLG Düsseldorf FamRZ 1989, 635, 636:** 4 Jahre Ehedauer, Ehe kinderlos: Kurz zu bemessende Übergangszeit. – **OLG Düsseldorf FamRZ 2007, 835:** 6 Jahre Ehedauer, $2^1/_2$ Jahre Trennungszeit: Befristung (die Dauer ergibt sich aus der Entscheidung nicht), unbefristet hinsichtlich entfallener Witwenrente (es handelte sich wohl um eines Altersehe). – **OLG Schleswig FamRZ 1989, 1092, 1094 f.:** $6^1/_2$ Jahre Ehedauer, kinderlos: Begrenzung auf 4 Jahre. – **OLG Celle NdsRpfl 1990, 174:** Nach $6^1/_2$ Jahren Ehedauer und 3-jähriger Trennung bei Fehlen ehebedingter Nachteile: Begrenzung auf 4 Jahre. – **OLG Hamm FamRZ 1990, 413:** Ca. 10 Jahre Ehedauer, kinderlos, keine ehebedingten Nachteile:

[137] Mit *Soergel/Häberle* RdNr. 34: zu lang.

Begrenzung auf 4 Jahre. – **OLG Schleswig NJW-RR 1993, 836 = FamRZ 1993, 72, 74:** Nach 4 1/2 Jahren Ehedauer und mehr als 6jähriger Trennung kürzere Übergangsfrist als Ehedauer. – **OLG Schleswig OLGR 1997, 143:** 4 Jahre Ehedauer bis zur Trennung, 5 Jahre bis zur Zustellung des Scheidungsantrags und 6 Jahre bis zur Scheidung, ohne ehebedingte finanzielle Nachteile: Befristung auf 6 Jahre. – **OLG Bremen OLGR 2001, 467, 470:** 5 Jahre Ehedauer, kinderlose Ehe, Berechtigte bringt betreuungsbedürftiges Kind mit in die Ehe: Befristung auf 5 1/2 Jahre. – **OLG Hamm OLGR 2004, 340, 342:** 5 Jahre Ehedauer, Ehefrau hat 19-jährige Tätigkeit im Krankenhaus zugunsten einer Tätigkeit in der Arztpraxis des Ehemannes aufgegeben: Befristung auf 5 Jahre, wenn Berechtigter in dauerhaftem Arbeitsverhältnis, sonst keine Befristung. – **OLG Hamm OLGR 2000, 274, 275 f. = FamRZ 2000, 1370 (LS):** 7 Jahre Ehedauer, Berechtigte 39 Jahre alt, keine ehebedingten beruflichen Nachteile: Befristung auf 2/3 der Ehezeit. – **OLG München NJW-RR 2000, 1243, 1246 = FamRZ 2000, 1286 (LS):** 7 Jahre Ehedauer, Kinderbetreuung, keine ehebedingten Nachteile bei der Berufsausübung: Befristung bis zum vollendeten 15. Lebensjahr des Kindes durch das FamG (nach Auffassung des OLG Grenzfall). – **OLG Hamm FuR 2000, 33, 37:** Knapp 7 1/2 Jahre Ehedauer, begründete Hoffnung auf künftig höhere Erwerbseinkünfte der Berechtigten, Berechtigte ist vermögend: Befristung auf 4 1/2 Jahre. – **OLG Hamm NJW-RR 2003, 1084, 1086 f. = FamRZ 2003, 1839 f. (LS):** 7 Jahre 8 Monate Ehedauer, 44-jährige Berechtigte, keine Kinder, ausschließlich Haushaltstätigkeit während des Zusammenlebens: Befristung auf 3 Jahre. – **OLG Nürnberg FuR 2000, 40, 46 f.:** 7 Jahre 9 Monate Ehedauer und Kinderbetreuung, ehebedingte Nachteile bei der Berufsausübung nicht ausgeschlossen: Befristung nicht zwingend. – **OLG Düsseldorf FamRZ 1987, 162 ff.:** 8 Jahre Ehedauer, 38-jährige Ehefrau, kinderlos: Begrenzung auf Ehedauer. – **OLG Düsseldorf NJW-RR 1992, 1154 = FamRZ 1992, 951, 952:** 8 Jahre Ehedauer und 1 Jahr nacheheliche Zeit: Keine Begrenzung nach § 1573 Abs. 5 [UÄndG 1986], wohl aber nach § 1578 Abs. 1 S. 2 [UÄndG 1986]. – **OLG Düsseldorf Beschl. v. 25. 11. 2004 – 8 UF 207/04, juris [3, 23] = ZFE 2005, 101 (LS)** (ebenso AG Oberhausen ZFE 2005, 101 (LS) als Vorinstanz): 8 Jahre Zusammenleben, keine Kinder, beide Ehegatten erwerbstätig: Befristung auf 3 Jahre. – **OLG Düsseldorf FamRZ 1994, 756, 757 f.:** 8 1/2 Jahre Ehedauer und 7 Jahre Kinderbetreuung: Begrenzung, weil keine wirtschaftlichen Nachteile nach Beendigung der Betreuung eingetreten waren. – **OLG Hamm NJWE-FER 1998, 2 = FamRZ 1998, 292, 293 f.:** Nach 9 Jahren Ehedauer Befristung auf 3 Jahre. – **OLG Frankfurt a. M. OLGR 2003, 364, 366 f.:** 9 Jahre 2 Monate Ehedauer und Erziehungszeit, Berechtigte nach Erziehungszeit teilschichtig, nach Fortbildung freiberuflich tätig: Befristung auf 5 Jahre ab Beendigung Kindererziehung. – **BGH NJW 2004, 3106 = FamRZ 2004, 1357, 1360:** 9 Jahre Ehedauer, weitere 8 Jahre Kinderbetreuung: keine Befristung. – **OLG München OLGR 2003, 139, 140 = FamRZ 2003, 1110 (LS):** 9 1/2 Jahre Ehedauer: Genaue zeitliche Begrenzung wird nicht mitgeteilt, aber 3 1/4 Jahre ab Urteilsverkündung. – **OLG Schleswig NJW-RR 2004, 220:** 11 Jahre 2 Monate Ehedauer, keine gemeinsamen Kinder, 1 nicht mehr betreuungsbedürftiges Kind der Ehefrau, Finanzierung einer Sekretärinnenausbildung durch den Ehemann: Befristung auf ca. 15 Jahre (nachfolgend **BGH NJW 2007, 839 = FamRZ 2007, 200, 203 f.,** der dies nicht grundsätzlich in Frage gestellt hat; Zurückverweisung an die Vorinstanz allerdings wegen mangelnder Berücksichtigung der Leistungsfähigkeit des Verpflichteten). – **OLG Köln FamRZ 1993, 565, 566:** 12 Jahre 7 Monate Ehedauer, keine Kinder: Befristung auf 1 Jahr nach Rechtskraft der Scheidung. – **OLG Karlsruhe FamRZ 2005, 1179:** 12 Jahre Ehedauer, keine Kinder; Berechtigte stets erwerbstätig: Begrenzung auf 4 Jahre. – **BGHZ 171, 206 = NJW 2007, 1961 = FamRZ 2007, 793, 800 [69]:** 13 Jahre Ehedauer; Berechtigte war 5 Jahre halbschichtig, danach 11 Jahre vollschichtig erwerbstätig; Erhalt einer nunmehr fast unbelasteten Doppelhaushälfte bei der Vermögensauseinandersetzung: Befristung auf 20 1/2 Jahre nachehelichen Unterhalt. – **OLG Düsseldorf FamRZ 2008, 418 f.:** 13-jährige Ehedauer, 61-jährige Berechtigte: keine Befristung, um Einsatzzeitpunkt für Altersunterhalt nach § 1571 zu erhalten (aA in der Revisionsinstanz **BGH NJW 2008, 2644 = FamRZ**

2008, 1508 m. Anm. *Borth*). – **OLG Celle FamRZ 2007, 832 f.:** 13 Jahre 7 Monate Ehedauer: Befristung auf 7 Jahre. – **OLG Hamburg FamRZ 1996, 292, 294:** Keine Befristung nach 13½ Jahren Ehedauer und 7-jähriger Kinderbetreuung auch ohne ehebedingte Nachteile. – **OLG Düsseldorf FamRZ 1987, 945 f.:** 13 Jahre 9 Monate Ehedauer, 37-jährige Ehefrau, kinderlos: Voller Unterhalt 5 Jahre, Verringerung für 2 Jahre, danach Wegfall. – **AG Hildburghausen Urt. v. 15. 9. 2004 – 1 F 272/03, juris [16] = ZFE 2005, 134 (LS):** 14 Jahre Ehedauer, davon 11 Jahre Zusammenleben, Berechtigte selbständig tätig: Befristung auf 10 Jahre. – **BGH NJW 2006, 2401 = FamRZ 2006, 1006, 1007 f.:** 14 Jahre 9 Monate Ehedauer; 40 Jahre alte Berechtigte, wieder in den Arbeitsmarkt integriert, zeitwillige Unterbrechungen der Erwerbstätigkeit bleiben ohne Auswirkungen auf Erwerbschancen: Befristung auf 3½ Jahre. – **OLG Hamm FPR 2005, 366 (LS) = FamRZ 2005, 35 f.:** Keine Befristung nach 15½ Jahren Ehedauer, auch bei Kinderlosigkeit und keinen ehebedingten Nachteilen. – **OLG Schleswig FamRZ 2006, 209 (LS 1):** Keine Befristung nach Ehedauer und Kinderbetreuung von 16 Jahren. – **OLG Hamm FamRZ 2007, 215, 216 f.:** Keine Befristung nach Ehedauer und Kinderbetreuung von 16 Jahre. – **OLG Hamm FamRZ 1995, 1204, 1205:** 16½ Jahre Ehedauer und Kinderbetreuung, keine ehebedingten Nachteile: Begrenzung auf 13 bis 14 Jahre. – **KG NJW-RR 2005, 517 = FamRZ 2005, 458, 459:** 17-jährige Ehedauer: Befristung nur in Ausnahmefällen. – **OLG Köln NJW-RR 1995, 1157, 1159:** 18 Jahre kinderlose Ehedauer, 46-jähriger Ehemann ohne Berufsausbildung, der aus freien Stücken ein Jura-Studium aufgegeben hat, keine ehebedingten Nachteile: Begrenzung auf etwa 4 bis 5 Jahre. – **OLG Köln FamRZ 1995, 1365:** 18 Jahre Ehedauer: Befristung unter Berücksichtigung der beiderseitigen Einkommens- und Vermögensverhältnisse. – **BGH NJW 2008, 151 = FamRZ 2008, 134, 136 [25–29]:** Ehedauer 18 Jahre, 2 Kinder; Ehefrau bei Scheidung 40 Jahre alt, wieder in ihrem erlernten Beruf als Wirtschaftskauffrau vollschichtig tätig, wegen geringer Einkommensunterschiede beträgt der Aufstockungsunterhalt lediglich 110 €: Befristung auf 5 Jahre. – **OLG Düsseldorf NJW-RR 2006, 505 = FamRZ 2006, 1040, 1041:** 20 Jahre Ehedauer, Berechtigte begann nach der Trennung zunächst mit einer halbschichtigen und wechselte dann in eine vollschichtige Erwerbstätigkeit mit Nettoeinkünften von 1700 €/Monat, geringer Unterhaltsanspruch: Befristung auf 5 Jahre. – **BGH NJW 2007, 2628 = FamRZ 2007, 1232, 1236 [39]:** 20 Jahre Ehedauer und Kinderbetreuung; Berechtigter kann wegen Krankheit nur halbschichtig arbeiten, Verpflichteter lebt in außergewöhnlich guten finanziellen Verhältnissen: Zunächst keine Befristung, weil Verlauf der Krankheit nicht absehbar (dazu aber auch RdNr. 29).[138] **OLG Saarbrücken NJW-RR 2007, 1452 = FamRZ 2008, 411, 414 f.:** 20-jährige kinderlose Ehe; Ehefrau, relativ jung, führt Haushalt des Ehemannes und arbeitet nach Aufnahme einer selbständigen Tätigkeit in seinem Betrieb mit: Befristung auf 10 Jahre. – **BGH NJW-RR 2008, 1 = FamRZ 2007, 2049, 2051 f. [21–23]:** Mehr als 20-jährige Ehe, 10 Jahre beiderseitige volle Erwerbstätigkeit in der DDR: Befristung bei Fehlen ehebedingter Nachteile nicht ausgeschlossen. – **BGH NJW 2008, 148 = FamRZ 2007, 2052, 2053 f. [24–28]:** Ehedauer 20 Jahre 5 Monate, Berechtigter 42 Jahre alt, kinderlose Ehe, Aufstockung der Erwerbstätigkeit während der Ehe im erlernten Beruf nach der Trennung auf Vollerwerbstätigkeit, keine ehebedingten Nachteile: Befristung auf 7 Jahre. – **OLG Saarbrücken Urt. v. 25. 5. 2007 – 9 UF 163/06, juris [73 ff.]:** Über 20-jährige, kinderlose Ehe, Berechtigte war in der Ehe nicht gehindert, ihr Qualitätsniveau zu steigern: Befristung auf 10 Jahre. – **KG FamRZ 2008, 415, 416 f.:** 21½-jährige Ehe- und Kinderbetreuungsdauer; Berechtigte bezieht zunächst Erwerbsunfähigkeits-, dann Altersrente; keine ehebedingten beruflichen Nachteile, keine Versorgungsnachteile; Erwerbsunfähigkeitsrente des Verpflichteten: kein Unterhalt nach 26 Jahre zurückliegender Scheidung. – **OLG Stuttgart FamRZ 2007, 2075, 2077:** Ehedauer und Zeit der Kinderbetreuung ca. 23 Jahre, Ehefrau als Realschullehrerin frühpensioniert; Befristung auf 6 Jahre. – **AG Bremen Urt. v. 13. 3. 2003 – 65 F 2199/02, juris [36]:** 25 Jahre Ehedauer und Kinder-

[138] Krit. *Maurer* FamRZ 2007, 1236, 1237 f.

erziehungszeit: Keine Befristung. – **OLG Koblenz NJW-RR 2007, 434 = FamRZ 2007, 833:** 25 Jahre Ehedauer, davon 5 Jahre Trennungszeit, keine ehebedingten beruflichen Nachteile: Befristung auf 5 Jahre. – **OLG Hamm FamRZ 2008, 1184, 1185 m. Anm.** *Born*: Keine Befristung während 2½-jähriger Probezeit, weil künftige berufliche Entwicklung noch nicht absehbar.

41 **b) UÄndG 2007: Aufstockungsunterhalt (§ 1573 Abs. 2): OLG Karlsruhe FamRZ 2008, 1187, 1188 f.:** Ehedauer 19 Jahre, 1 Kind, ehebedingte berufliche Nachteile, die nicht mehr aufgeholt werden können: Keine Herabsetzung des Bedarfs und keine Befristung (Revision eingelegt, BGH XII ZR 2/08). Worin die ehebedingten Nachteile konkret liegen, wird nicht dargelegt (zur Darlegungs- und Beweislast s. RdNr. 55). – **OLG Zweibrücken NJW 2008, 1893, 1894:** Ehedauer 21 Jahre, keine ehebedingten beruflichen Nachteile, aber ungesicherte berufliche Zukunft: Nach 10-jähriger Zahlung von Aufstockungsunterhalts Befristung auf weitere 6 Jahre. – **OLG Saarbrücken FamRZ 2009, 349, 350 f.:** Ehedauer 28 Jahre, Ausdehnung der Erwerbstätigkeit im erlernten Beruf nach der Trennung auf eine Vollbeschäftigung: Befristung auf 10 Jahre ab Rechtskraft der Scheidung. – **BGH NJW 2008, 2581 = FamRZ 2008, 1325, 1328 f. [42, 43]:** Befristung kann nicht mit während der Ehe und durch diese bedingten geringeren Rentenanwartschaften begründet werden, wenn der **Versorgungsausgleich** für die Ehezeit vollständig durchgeführt wurde. – **BGH NJW 2008, 2644 = FamRZ 2008, 1508, 1511 [23–25] m. Anm.** *Borth*: 13 Jahre Ehedauer, Ehefrau 2½ Jahre erwerbslos, i. Ü. erwerbstätig, Ehemann während Ehe bereits etwa 11 Jahre in Rente, kein **Versorgungsausgleich** durchgeführt (der zu Lasten der Ehefrau gegangen wäre): Befristung auf 4 Jahre; dass damit der Einsatzzeitpunkt für Altersunterhalt (§ 1571 Nr. 3) entfällt, ist kein zu berücksichtigender Umstand. – **OLG Hamm NJW 2008, 2445 = FamRZ 2008, 1000 f.:** Keine Versagung von **PKH** bei Anwendung des UÄndG 2007. Dies kann man angesichts der Rspr. des BGH und der auf diese zugeschnittenen Unterhaltsrechtsreform auch anders sehen. – **OLG Celle FamRZ 2008, 1448, 1449:** Ehedauer 15 Jahre, 47 Jahre alte Berechtigte, gelernte Hauswirtschafterin, zwei 19 Jahre alte Kinder, wieder vollzeitig im erlernten Beruf tätig mit einem Nettoeinkommen von 1260 €/Monat, Verpflichteter verdient netto 1616 €/Monat: Befristung auf 5 Jahre. – **OLG Celle FamRZ 2008, 1449, 1450 ff.:** Ehedauer 4¾ Jahre, Berechtigte jetzt 44 Jahre alt, Sohn 20 Jahre alt, aufgrund von Krankheit nur teilschichtig erwerbsfähig, Unterhaltszahlungen bislang ca. 11 Jahre: Befristung auf weitere 3 Jahre. – **OLG Köln NJW 2008, 2448 = FamRZ 2009, 122, 123:** Ehedauer über 25 Jahre, Berechtigte hat 2 Kinder großgezogen, gelernte Rechtsanwaltsgehilfin, ehemalige Justizangestellte, die ihre Erwerbstätigkeit wegen Haushaltsführung und Kindererziehung aufgegeben hat, Verdienstmöglichkeit lediglich brutto 1400 €/Monat: Keine Befristung. – **OLG München NJW 2008, 2447 = FamRZ 2009, 52 f.:** Ehedauer 9 Jahre, kinderlos, 7½-jähriges Zusammenleben, Berechtigte 53 Jahre alt, Obliegenheit zur Ausweitung der teil- in eine vollschichtige Erwerbstätigkeit: Befristung 3 Jahre ab Zustellung des Scheidungsantrags. – **OLG Celle FamRZ 2008, 1949:** Ehedauer 9½ Jahre, Zusammenleben 5½ Jahre, keine ehebedingten Nachteilen trotz Kinderbetreuung: Befristung auf 2½ Jahre. – **OLG Düsseldorf FamRZ 2008, 1950, 1951:** Ehedauer 30 Jahre, ehebedingt kann die Berechtigte wegen fehlender beruflicher Praxis nur noch im Geringverdienerbereich tätig sein: Weder Herabsetzung des Unterhalts noch Befristung. – **OLG Brandenburg FamRZ 2008, 1952 ff.:** Ehedauer 18 Jahre, insgesamt 10 Jahre Unterhaltszahlungen, davon 8 Jahre nachehelicher Unterhalt: Herabsetzung des Unterhalts, aber keine Befristung, weil die künftige Erwerbsbiografie nicht absehbar und das Einkommen im Jahr 2016 nicht prognostizierbar war. Letzteres leuchtet nicht ein, weil von fiktiven Einkünften von 1000 €/Monat ausgegangen wurde, die den notwendigen Bedarf der Unterhaltsberechtigten abdecken; von dieser Prognose abweichende Entwicklungen sind mit der Abänderungsklage zu verfolgen. – **OLG Celle NJW 2008, 2449 = FamRZ 2008, 1956 f.:** Im PKH-Prüfungsverfahren blieb dahingestellt, nach welcher Übergangsfrist der Unterhalt herabzusetzen und danach zu befristen ist, allerdings mit dem

Hinweis, dass eine (weitere) Befristung angesichts der eigenen Einkünfte der Unterhaltsberechtigten von 1120 €/Monat wohl nicht in Betracht kommt. – **OLG Bremen NJW 2008, 2268 = FamRZ 2008, 1957 f.**: Ehedauer 27 Jahre, 50 1/2-jährige Berechtigte, keine ehebedingten Nachteile: Nach einer Übergangsfrist (bis 1. 6. 2011), deren Länge sich aus der Entscheidung nicht genau bestimmen lässt, Unterhalt in Höhe des billigen Selbstbehalts ohne weitere Befristung. – **OLG Zweibrücken FamRZ 2008, 1958 f.**: Ehedauer 20 Jahre, keine ehebedingten Nachteile: Nachehelicher Unterhalt für insgesamt 16 Jahre, um der Berechtigten die Wiedererlangung von Einkünften zur Wahrung ihres angemessenen Bedarfs zu ermöglichen. Damit dürfte aber die Schonfrist viel zu großzügig bemessen worden sein. – **OLG Stuttgart FamRZ 2008, 2208, 2209** (die zugelassene Revision wurde eingelegt, BGH XII ZR 138/08): Knapp 20jährige Ehedauer, während der die 47 Jahre alte Berechtigte die gemeinsamen Kinder betreut und den Verpflichteten bei der Ausübung eines Nebengewerbes unterstützt hat: Befristung auf 6 1/2 Jahre nach der Scheidung. Da während der Trennungszeit und noch etwa 2 1/2 Jahre nach der Scheidung kein Unterhalt bezahlt wurde, wurde tatsächlich nur für 4 1/2 Jahre Unterhalt zugesprochen. – **OLG Köln NJW 2008, 2659 = FamRZ 2008, 2119:** Vollschichtige Erwerbsobliegenheit bei Betreuung zweier 11 und 8 Jahre alter Kinder, nach halbjähriger Orientierungsphase Herabsetzung des Bedarfs auf den angemessenen Bedarf. – **OLG Karlsruhe FamRZ 2008, 2206, 2208:** Maßvolle Bedarfsbegrenzung auf zwischen eheangemessenem und angemessenem Bedarf liegenden Betrag, konkret auf 2422 € bei angemessenem Bedarf von 1722 €. – **OLG Zweibrücken FamRZ 2009, 49, 50:** 21jährige Ehedauer, 2 Kinder, bei entsprechenden Erwerbsbemühungen besteht die Möglichkeit der Rückkehr in den gelernten Beruf der Friseurin, durch die keine Kindesbelange berührt werden: Befristung auf 5 Jahre. – **OLG Stuttgart FamRZ 2009, 53, 54 f. m. Anm.** *Borth*: 17-jährige Ehedauer, ungelernte Berechtigte 38 Jahre alt bei Trennung: Beibehaltung des vor dem 1. 1. 2008 titulierten Unterhalts bis 31. 3. 2010 in Höhe von monatlich 1379 €, danach Verringerung auf monatlich 500 €, befristet bis 31. 12. 2018. – **OLG Düsseldorf NJI 2008, 689 = FamRZ 2009, 123, 124:** 25-jährige Ehedauer, ehebedingte Nachteile der Bedürftigen durch Kindererziehung und Haushaltsführung, die bis zum Erreichen der Altersgrenze nicht mehr ausgeglichen werden können, Verpflichteter hat sich außergerichtlich nicht auf Begrenzung des Unterhalts berufen: Keine Begrenzung oder Befristung. – **OLG Nürnberg NJW-RR 2009, 292 = FamRZ 2009, 345, 347:** Ehedauer rund 27 Jahre, Bedürftige 50 Jahre alt, ehebedingte Nachteile durch Erziehung der Kinder und Haushaltsführung: keine Herabsetzung des Bedarfs und keine Befristung.

Krankheitsunterhalt (§ 1572): OLG Nürnberg NJW 2008, 2444 = FamRZ 2008, 1256, 1257, m. Anm. *Grandel* **FF 2008, 204** (die zugelassene Revision wurde offenbar nicht eingelegt): Keine Befristung nach langer Ehedauer bei dauernder Krankheit und drohender, aber nicht prognostizierbarer künftiger Verschlechterung des Gesundheitszustands. – **OLG Celle FamRZ 2008, 1449, 1450 ff.:** 44 Jahre alte Berechtigte mit 20 Jahre altem Sohn, Ehedauer 4 3/4 Jahre, wegen Krankheit nur teilschichtig erwerbsfähig: Befristung nach Unterhaltszahlungen von bislang ca. 11 Jahren auf weitere 3 Jahre. Will man den Unterhaltsanspruch begrenzen, fragt sich schon, warum nach so langer Unterhaltszahlung noch eine weitere Frist eingeräumt und der Zahlungszeitraum auf das 3fache der Ehedauer ausgedehnt wird. Geht man von dauerhaften gesundheitlichen Einschränkungen aus, spricht in Anbetracht der nachehelichen Solidarität mehr dafür, gar keine Befristung anzuordnen. – **OLG München FamRZ 2008, 1959, 1960**: Nach etwa 8-jähriger Ehe ohne ehebedingte Nachteile, lediglich 3-jährige eheliche Lebensgemeinschaft: Befristung nach Wiederverheiratung des Verpflichteten mit einem Kind aus der zweiten Ehe auf 3 Jahre. Zu den wirtschaftlichen Verhältnissen wird nichts mitgeteilt. – **OLG Saarbrücken FF 2008, 504, 507 f. m. Anm.** *Clausius*: 29 Jahre Ehedauer, Beitrag des Bedürftigen zum Familieneinkommen während des Studiums des Verpflichteten, vor Geburt des gemeinsamen Kindes qualifizierte Tätigkeiten u. a. als Chefsekretärin, wegen wiederholter Umzüge und der Kinderbetreuung keine, danach nur teilschichtige Erwerbstätigkeit: keine Herabsetzung des Bedarfs und keine Befristung. – **OLG Celle FamRZ 2009, 56, 57 f. m. Anm.**

Borth: 53-jährige Berechtigte, ausgebildete Sozialpädagogin, 23-jährige Ehedauer, bis nach der Trennung 11 Jahre lang in der Praxis des Verpflichteten angestellt, 3 Kinder, ehebedingte Nachteile: für eine Übergangszeit von 3 Jahren nach Rechtskraft der Scheidung nicht beschränkter Unterhalt von 834,55 €, danach verringerter Unterhalt von monatlich 200 € befristet auf 4 Jahre. – **BGH FPR 2009, 128 m. Anm.** *Kemper* **und** *Maurer* **LMK 2009, 276248 = FamRZ 2009, 406, 409 [39] m. Anm.** *Schürmann*: Ehedauer 11 Jahre, zweite Ehe des 47-jährigen Bedürftigen, nur 2 Jahre gemeinsamer Haushalt, keine wirtschaftliche Verflechtung, keine wirtschaftlichen Dispositionen im Hinblick auf Unterhaltsanspruch, durch Renteneinkünfte deutlich über dem Existenzminimum liegender Lebensstandard, über 4 Jahre gezahlter Trennungsunterhalt: Befristung auf 3$^1/_2$ Jahre nach Rechtskraft der Scheidung. – **OLG Karlsruhe NJW 2009, 525 = FamRZ 2009, 341, 342 f.**: Ehedauer 5–6 Jahre, danach weiter Betreuung des gemeinsamen Kindes, bisher 24 Jahre lang Unterhaltszahlungen, Krankheit 12 Jahre nach Rechtskraft der Scheidung aufgetreten, nachdem Bedürftige seit 2 Jahren vollschichtig erwerbstätig war und Einkünfte entsprechend ihrer Berufsausbildung erzielte: Begrenzung des Bedarfs auf den billigen Bedarf (1000 €), Befristung auf weitere 5 Jahre.

V. Wirkungen

42 Die Begrenzung der **Höhe** des Unterhaltsanspruchs (Abs. 1) lässt seine Tatbestandsmäßigkeit entfallen und führt zu seinem endgültigen Erlöschen, soweit die Begrenzung reicht. Nach Abs. 2 wird dagegen der Unterhaltsanspruch entsprechend seiner festgestellten Höhe nach Ablauf der festgesetzten **Dauer** insgesamt versagt.[139] Da die Begrenzungen nicht auf einer Prognose der künftigen Entwicklung der maßgeblichen Verhältnisse, sondern auf deren abschließender Beurteilung aufgrund endgültiger, nicht mehr veränderbarer Umstände beruhen, ist eine nachträgliche Beurteilung und Abänderung auf eine Erst- und auch Abänderungsklage (§ 323 ZPO; s. auch § §§ 238, 239 FamFG), sieht man einmal von einer Anpassung an die allgemeinen Lebensverhältnisse ab, grundsätzlich ausgeschlossen.

43 Begrenzungen **aus anderen Gründen,** die aufgrund einer Prognose der Entwicklung künftiger Verhältnisse vorgenommen worden sind, etwa

- **Herabsetzung,** weil von eheprägenden Mindereinkünften des Verpflichteten oder Mehreinkünften des Berechtigten ausgegangen wurde, oder
- **Befristung,** weil erwartet wurde, dass Erwerbseinkünfte nachhaltig erzielt werden, diese jedoch innerhalb der erforderlichen Dauer (§ 1573 Abs. 4, dazu dort RdNr. 26) wieder entfallen sind,[140] oder aufgrund der Annahme, dass sich der Gesundheitszustand des Berechtigten so weit gebessert haben und der Erzielung von Erwerbseinkünften nicht mehr entgegen stehen wird,

ind nicht auf Abs. 1, 2, sondern auf § 1578 oder die Unterhaltstatbestände gestützt. Sie führen nicht zu einem endgültigen, ggf. teilweisen Erlöschen des Unterhaltsanspruchs, sondern lassen eine Anpassung aufgrund einer verfehlten Prognose zu. – Fraglich ist die Klageart, mit der der Berechtigte die Beseitigung dieser Begrenzungen gerichtlich geltend machen muss: Da es um die Korrektur einer Prognose und Anpassung an die tatsächlichen Verhältnisse geht, ist die Abänderungsklage (§ 323 ZPO, §§ 238, 239 FamFG) der zulässige Rechtsbehelf (dazu auch RdNr. 51–53).

E. Abgrenzungen

I. Unterhaltsanspruch

44 Trotz der grundsätzlichen Geltung sowohl der Herabsetzung des Bedarfs (Abs. 1) wie der zeitlichen Begrenzung (Abs. 2) und deren Kumulation (Abs. 3) für alle Ansprüche auf nach-

[139] Zum Ganzen auch *Maurer* FamRZ 2008, 2157, 2166.
[140] OLG Naumburg OLGR 2002, 250.

ehelichen Unterhalt (dazu RdNr. 4) werden bei der **Rechtsanwendung** aber Struktur und Normzweck des jeweiligen Unterhaltstatbestandes maßgeblich zu beachten sein:

– Für den Anspruch auf **Betreuungsunterhalt** (§ 1570) wird eine Befristung wegen des Schutzes des Kindes nur in seltenen Ausnahmefällen, etwa bei einem kinderbetreuenden, auch ohne Unterhaltszahlungen gut situierten Ehegatten, in Betracht kommen,[141] weil diesem Anspruch eine zeitliche Begrenzung bereits durch Alter und Betreuungsbedürftigkeit des Kindes sowie Fremdbetreuungsmöglichkeiten immanent ist.

– Für den **Alters-**[142] (§ 1571) und **Krankheitsunterhalt** (§ 1572)[143] wird es maßgeblich auch auf das eigene Einkommen des Bedürftigen und seine Zuverdienstmöglichkeiten, sein Vermögen, die Dauer der Ehe, die Dauer und den Umfang bisheriger Unterhaltsleistungen und ggf. den mit der Eheschließung verfolgten Zweck – Versorgungsehe – und die Rechtsfolgen der Eheschließung – Aufgabe von Unterhalts- und Versorgungsansprüchen[144] – ankommen, insbesondere soweit es lediglich um Aufstockungsunterhalt geht. – I. Ü. sind diese Unterhaltsansprüche stärker als die anderen von der **nachehelichen Solidarität** der Ehegatten geprägt.[145] Maßgebend wird es deshalb insoweit auf die beiderseitigen Einkommens- und Vermögensverhältnisse der Ehegatten sowie darauf ankommen, ob vom Berechtigten trotz Alter oder Krankheit eine Erwerbstätigkeit erwartet werden kann. – Die anspruchsbegründende **Krankheit** selbst kann grundsätzlich nicht mehr für eine Befristung herangezogen werden;[146] der darauf gegründete Anspruch wird durch ihre Dauer und den Grad der Beeinträchtigung zeitlich begrenzt. Die tatbestandlichen Beschränkungen des Unterhaltsanspruchs gehen einer Begrenzung nach § 1578 b BGB vor, weil nicht (mehr) beschränkt werden kann, was nicht (mehr) besteht. Doch stehen tatbestandliche Beschränkung und Begrenzungen nach § 1578 b BGB nebeneinander: Dies gilt sowohl für die Herabsetzung des Bedarfs (Abs. 1) als auch für eine Befristung (Abs. 2) aufgrund sonstiger, für die Billigkeitsabwägung maßgeblicher Umstände. Ist die Krankheit allerdings lange andauernd oder unheilbar, kann deshalb eine Herabsetzung auf den angemessenen Bedarf und auch eine Befristung, etwa bei kurzer Ehedauer, in Betracht kommen, wenn nicht die Ehe gerade in Anbetracht der Krankheit oder Pflegebedürftigkeit eingegangen wurde.[147] – Eine Krankheit ist nicht schon deshalb **ehebedingt,** weil sie während der Ehe eingetreten ist, sondern nur dann, wenn der Berechtigte infolge „der Rollenverteilung in der Ehe nicht ausreichend für den Fall der Erwerbsminderung vorgesorgt" hat[148] oder die Krankheit auf die Pflege des Ehegatten, eines (gemeinsamen) Kindes oder von Eltern der Ehegatten zurückzuführen ist. Doch kommt es mE auf die Ehebedingtheit einer Krankheit wegen der nachehelichen Solidarität grundsätzlich nicht an.[149] Zur Gewichtung der Ehebedingtheit der Krankheit im Rahmen der Billigkeitsabwägung s. RdNr. 41. – Bei der Befristung ist, wenn der Anspruch

---

141 BT-Drucks. 16/1830 S. 19; auch *Schwab* FamRZ 2005, 1417, 1419; *Borth* FamRZ 2006, 813, 816; *ders.* FamRZ 2008, 1, 11; *Büttner* FamRZ 2007, 773, 774; *Triebs* FPR 2008, 31, 34 f. (Hauptbedeutung); s. auch OLG München FamRZ 2008, 1945, 1946 f.; OLG Brandenburg FamRZ 2008, 1947, 1948; OLG Thüringen NJW 2008, 3224 = FamRZ 2008, 2203, 2205; OLG Nürnberg OLGR 2008, 910, 911.

142 OLG Naumburg OLGR 2008, 544 f. = FamRZ 2008, 2120 (LS 2) [zu § 1578 Abs. 1 S. 2 BGB aF].

143 Dazu auch OLG Nürnberg NJW 2008, 2444 = FamRZ 2008, 1256, 1257 m. Anm. *Grandel* FF 2008, 204; OLG Celle NJW 2008, 3575 = FamRZ 2008, 1449, 1450 ff.; *Büttner* FamRZ 2007, 773, 774; OLG Celle FamRZ 2009, 56, 58 m. Anm. *Borth*; nicht problematisiert von OLG Stuttgart FamRZ 2009, 53, 55 m. Anm. *Borth*.

144 *Borth* UÄndG RdNr. 158.

145 Zutreffend OLG Nürnberg FF 2008, 202, 203 m. Anm. *Grandel*; s. auch OLG Braunschweig FamRZ 2008, 999 f.; zweifelnd BGH FPR 2009, 128 m. Anm. *Kemper* und *Maurer* LMK 2009, 276248 = FamRZ 2009, 406, 409 [37, 38] m. Anm. *Schürmann*.

146 AA wohl BGH NJW 2007, 2628 = FamRZ 2007, 1232, 1236 [39] m. Anm. *Maurer*.

147 *Maurer* FamRZ 2008, 2157, 2162, 2164, 2166.

148 BGH FPR 2009, 128 m. Anm. *Kemper* und *Maurer* LMK 2009, 276248 = FamRZ 2009, 406, 408 f. [33, 36] m. Anm. *Schürmann*.

149 *Maurer* LMK 2009, 276248; wohl auch BGH FPR 2009, 128 m. Anm. *Kemper* und *Maurer* LMK 2009, 276248 = FamRZ 2009, 406, 408 f. [36, 37] m. Anm. *Schürmann*.

auf Krankenunterhalt bereits vor dem 1. 1. 2008 eingesetzt hat, auch zu berücksichtigen, inwieweit sie für den Berechtigten **zumutbar** ist (§ 36 Nr. 7, 1 EGZPO; dazu auch Anhang zu § 1586 b RdNr. 28).

- Im Anwendungsbereich des § 1573 wird schon deshalb häufiger eine zeitliche Begrenzung des **Aufstockungs-** (§ 1573 Abs. 2)[150] als des **Erwerbslosenunterhalts** (§ 1573 Abs. 1) in Betracht kommen,[151] weil sie dort aufgrund des eigenen Einkommens des Berechtigten weit weniger einschneidende Wirkungen zeitigt und deshalb idR nicht zu befürchten ist, dass die Unterhaltslasten seinen Verwandten oder der Allgemeinheit aufgebürdet werden. Zudem sind die Umstände, die zu einem Anspruch auf Unterhalt wegen Erwerbslosigkeit führen, meist ehebedingt, sodass bereits aus diesem Grund eine zeitliche Begrenzung nur eingeschränkt möglich ist (dazu auch RdNr. 13). – Eine Beschränkung des Unterhaltsanspruchs aus § 1573 Abs. 2 kommt aber nicht in Betracht, wenn der Berechtigte durch die Betreuung nicht an einer teilschichtigen Erwerbstätigkeit gehindert ist. Dann nämlich verringert sich die Höhe seines Anspruchs ohnehin aufgrund seiner Erwerbsobliegenheit,[152] wenn insoweit nicht ein Anspruch aus § 1573 Abs. 1 besteht; zudem dürfte es sich dann auch nicht mehr um eine kurze Dauer (dazu RdNr. 21) handeln. – Zur Befristung, um den **Einsatzzeitpunkt** der §§ 1571 Nr. 3, 1572 Nr. 4 zu erhalten, s. RdNr. 26.
- Für den **Ausbildungsunterhalt** (§ 1573 iVm. § 1574 Abs. 3, § 1575) wird eine Befristung idR nicht möglich sein, zumal ihm eine Befristung durch die Ausbildungszeit immanent ist und sich weitere Begrenzungen aufgrund von Obliegenheitsverletzungen des Bedürftigen ergeben können (dazu § 1575 RdNr. 9, 14). Etwas anderes gilt für den Anschlussunterhalt nach §§ 1575 Abs. 3, 1573, der bereits nach bisherigem Recht gemäß § 1573 Abs. 5 befristet werden konnte.[153] Dagegen ist die Herabsetzung des Bedarfs nicht ausgeschlossen.
- Für den **Billigkeitsunterhalt** (§ 1576) dürfte eine Befristung gänzlich ausgeschlossen sein, da die Frage nach einer Begrenzung des Bedarfs wie auch der Dauer des Unterhaltsanspruchs im Interesse des Verpflichteten wegen der Einheitlichkeit der Billigkeit bereits in die Prüfung, ob und inwieweit die Versagung von Unterhalt „grob unbillig“ wäre, einzufließen hat.[154]

II. Bedarf und Befristung

45 Die gesetzliche Regelung gibt nicht ausdrücklich den Vorrang einer nach § 1578 b BGB möglichen Begrenzung des Unterhaltsanspruchs vor der anderen vor.[155] Er ergibt sich auch nicht aus der systematischen Stellung der Herabsetzung des Bedarfs in Abs. 1 und der Befristung in Abs. 2. Und auch Abs. 3 gibt keine Reihenfolge der Anwendung vor, sondern spricht lediglich aus, was sich ohnehin bereits aus der gesetzlichen Regelung in Abs. 1, 2 ergibt: Beide Begrenzungsmöglichkeiten können auch „miteinander verbunden“, dh. nebeneinander angewandt werden (dazu RdNr. 22). – Zur **Staffelung** der zeitlichen Begrenzung nach Abs. 2 s. RdNr. 30)

46 Die Wirkungsweise beider Begrenzungsmöglichkeiten gibt die **Reihenfolge** ihrer Anwendung vor: Abs. 1 setzt mit der Verringerung des Unterhaltsanspruches durch die Herabsetzung des Bedarfs bereits auf der Tatbestandsebene an, während Abs. 2 den Anspruch voraussetzt und die Möglichkeit einräumt, ihn zu begrenzen (dazu RdNr. 42, 43). Vorrangig ist deshalb Abs. 1. Erst wenn feststeht, in welcher Höhe ein Unterhaltsanspruch überhaupt besteht, ist über seine Befristung nach Abs. 2 zu entscheiden. Dies führt immer dann bereits zu einer „Befristung“ nach Abs. 1, wenn wegen eigener Einkünfte des Berechtigten lediglich „Aufstockungsunterhalt“ geschuldet und der Bedarf auf ein Maß herabgesetzt wird, das

---

[150] *Triebs* FPR 2008, 31, 34 (bei Anschlusstatbeständen).
[151] So schon *Soergel/Häberle* RdNr. 40.
[152] *Hahne* FamRZ 1985, 113, 115; FamRZ 1986, 305, 308.
[153] Zum Ganzen auch *Büttner* FamRZ 2007, 773, 774.
[154] Ebenso *Büttner* FamRZ 2007, 773, 774; *Borth* UÄndG 167.
[155] Zum Ganzen *Maurer* FamRZ 2008, 2157, 2166.

der Berechtigte mit seinen Einkünften selbst decken kann. Einer Befristung nach Abs. 2 bedarf es dann nicht mehr.

III. Verwirkung

§§ 1578 b, 1579 unterscheiden sich in ihren Voraussetzungen (zu den Wirkungen s. RdNr. 42), weshalb zwischen ihnen auch kein Wertungswiderspruch besteht:[156] Während § 1578 b Abs. 1, 2 objektive Umstände erfasst und einfache Unbilligkeit genügen lässt (dazu auch RdNr. 9) und Abs. 1 bereits zum Entfallen der Tatbestandsmäßigkeit des Unterhaltsanspruchs führt, sanktioniert § 1579 – ausgenommen § 1579 Nr. 1 BGB (Ehe von langer Dauer) – subjektive Umstände, erfordert grobe Unbilligkeit und lässt wie § 1578 b Abs. 2 die Tatbestandsmäßigkeit des Unterhaltsanspruchs bestehen (zum Wiederaufleben des Unterhaltsanspruchs nach Entfallen der Voraussetzungen insbesondere aus § 1579 Nr. 2 s. dort RdNr. 77–80). – **Systematisch** kommt § 1578 b vor § 1579 zur Anwendung, weil er objektive Umstände erfasst und die niedrigere Eingriffsschwelle aufweist.[157] Zudem hängt Abs. 1 untrennbar mit der Bedarfsbemessung zusammen und führt zu dem Ergebnis, dass kein durch einen Unterhalt auszugleichender, nicht gedeckter Bedarf besteht. Erst wenn feststeht, dass es noch einen ungedeckten Bedarf gibt, kann nach § 1579 darüber nachgedacht werden, ob der Unterhaltsanspruch (noch) weiter begrenzt werden soll. – Da § 1578 b verschuldensunabhängig ausgestaltet ist (dazu RdNr. 15–23), können **persönliche Verfehlungen** beider Ehegatten nur im Rahmen des § 1579 berücksichtigt werden, wie ohnehin alle unter § 1579 fallende Sachverhalte im Rahmen von § 1578 b keine Bedeutung erlangen (dazu RdNr. 15). – Eine Sonderstellung nimmt die **Ehedauer** ein, die nach § 1578 b und nach § 1579 Nr. 1 berücksichtigungsfähig sein kann. Sie sanktioniert nicht eine Verfehlung des Berechtigten, sondern den objektiven Umstand der nur kurzen ehelichen Verbindung der Ehegatten. Die strengere „grobe Unbilligkeit" nach § 1579 wird auch von der „Unbilligkeit" des § 1578 b umfasst und kann nach Abs. 1 zum Wegfall der Tatbestandsmäßigkeit führen, sodass ihm auch insoweit der Vorrang zukommt.[158] – Praktisch wird § 1579 sofort zur Anwendung kommen können, wenn ein Fehlverhalten iSd. § 1579 zu einem gänzlichen Wegfall des Unterhaltsanspruchs führt oder etwa wegen der Kinderbetreuung zu dessen Reduktion auf den notwendigen Bedarf offenkundig ist. 47

IV. Rang

Die Begrenzungen nach § 1578 b BGB gehen der die Leistungsfähigkeit betreffenden Rangeinteilung nach § 1609 BGB systematisch vor: Erst wenn bekannt ist, ob und in welcher Höhe ein Unterhaltsanspruch (noch) besteht, kann sich die Frage stellen, welchem Rang er zuzuordnen ist.[159] 48

V. Treu und Glauben

§ 1578 b [UÄndG 2007] ist neben § 1579 grundsätzlich abschließend[160] und die gegenüber § 242 speziellere Regelung. Umstände, die von diesen Regelungen erfasst und einer 49

---

[156] BT-Drucks. 16/1830 S. 19 f.; aA *Triebs* FPR 2008, 31, 35 [IV.].

[157] Im Ergebnis ebenso BGH NJW-RR 1995, 449 = FamRZ 1995, 1405, 1406; *Soergel/Häberle* RdNr. 37 (Vorrang von § 1573 Abs. 5 [UÄndG 1986]); *Graba* FF 2007, 246, 249; *Triebs* FPR 2008, 31, 35 [IV.]; *Maurer* FamRZ 2008, 2157, 2166; wohl auch BT-Drucks. 16/1830 S. 19 f.; aA – Vorrang von § 1579 Nr. 1 gegenüber § 1573 Abs. 5 [UÄndG 1986], weil dieser auch die Herabsetzung des Unterhalts zulässt – BGH NJW-RR 1989, 386 = FamRZ 1989, 483, 486; OLG Hamm FamRZ 1986, 908, 909; OLG Koblenz NJW-RR 1987, 132 = FamRZ 1987, 160; *Hohloch* FF 2005, 217, 218 f. (allgemeiner Vorrang); wohl ebenso *Schwab/Borth* IV RdNr. 306; *Borth* UÄndG RdNr. 175; *Hahne* FamRZ 1986, 305, 307; *Brudermüller* FamRZ 1998, 649, 652, 654; *Büttner* FamRZ 2007, 773, 778; *Born* NJW 2008, 1, 6; *Schnitzler* FPR 2008, 41, 44.

[158] Im Ergebnis wohl ebenso *Borth* UÄndG RdNr. 175; aA *Palandt/Brudermüller* § 1578 b RdNr. 12.

[159] *Maurer* FamRZ 2008, 2157, 2166.

[160] AA OLG Frankfurt a. M. FamRZ 1999, 97, 98.

Billigkeitsabwägung zugeführt werden können, können deshalb nicht auch zu einer Verwirkung nach § 242 führen. Ausgeschlossen ist sie jedoch nicht, wenn der Verpflichtete darauf vertrauen durfte, dass der Unterhaltsanspruch nicht mehr geltend gemacht wird (dazu auch § 1579 RdNr. 5, § 1585 b RdNr. 30).

F. Verfahren

I. Gerichtliche Geltendmachung

50 **1. Ausgangsrechtsstreit.** Ob und ggf. wie lange der Unterhaltsanspruch zeitlich zu begrenzen ist, ist wegen der ohnehin anzustellenden Prognose über die künftige Entwicklung der maßgeblichen Umstände grundsätzlich bereits im **Ausgangsrechtsstreit** zu entscheiden.[161] Wurde eine Begrenzung nicht ausgesprochen und damit ausdrücklich oder stillschweigend abgelehnt, ist der Verpflichtete in einem Abänderungsrechtsstreit mit seinem Begehren nach einer Befristung gemäß § 323 Abs. 2 ZPO, § 238 Abs. 3 S. 1 FamFG **präkludiert,**[162] es sei denn, die Ehegatten hätten seine Berücksichtigung vereinbart.[163] Allerdings muss stets ein **konkreter Anlass** dafür bestanden haben, bereits zu diesem Zeitpunkt überhaupt an eine Beschränkung des Unterhalts durch Herabsetzung oder zeitliche Begrenzung zu denken, weil die maßgeblichen Umstände bereits eingetreten waren oder ihr Eintritt unter Berücksichtigung aller Umstände des Einzelfalls jedenfalls zuverlässig vorhersehbar war, idR also absehbar kurz bevorstand, vom bloßen Zeitablauf abhing oder sonst abschließend beurteilt werden konnte.[164]

Bsp.: BGH NJW 2006, 2401 = FamRZ 2006, 1006, 1008: Nach Befristung des Unterhaltsanspruchs in einem Vergleich ist der Verpflichtete nicht stets mit der Geltendmachung einer weiteren Befristung wegen Unbilligkeit für den Berechtigten oder wegen Verwirkung ausgeschlossen. – **BGHZ 171, 206 = NJW 2007, 1961 = FamRZ 2007, 793, 799 [60]:** Befristung bei vollständigem und nachhaltigem **Ausgleich ehebedingter Nachteile** durch neu aufgenommene Vollzeittätigkeit. Oft werden sich aber die für eine Befristung maßgeblichen Umstände in einem Ausgangsrechtsstreit noch nicht zuverlässig beurteilen lassen, sodass in diesem auch noch keine Befristung beantragt zu werden braucht. – Der BGH verweist in diesem Zusammenhang auf das **Älterwerden von Kindern** als zuverlässig vorhersehbar; für die Frage einer Befristung kann deshalb nach bisherigem **Altersphasenmodell** (dazu § 1570 RdNr. 4–12) mit einer Kinderbetreuung und damit Verlängerung der Ehedauer bis zum vollendeten 15. Lebensjahr des jüngsten Kindes ausgegangen werden (dazu aber RdNr. 44). Das Risiko einer abweichenden Entwicklung und der sich daraus ergebenden Notwendigkeit der Erhebung einer Abänderungsklage trägt damit der kinderbetreuende Berechtigte. Unter der Geltung des **UÄndG 2007** wird dies aber für den Regelfall zu verneinen sein, weil dann allein die Umstände des Einzelfalls ausschlaggebend sind (dazu § 1570 RdNr. 35–38). – **OLG Stuttgart FamRZ 2007, 2075, 2077:** 2 noch minderjährige Kinder, Berechtigter nur halbschichtig erwerbstätig: Umstände für Befristung nicht zuverlässig vorhersehbar.

---

[161] BGH NJW 1986, 2832 = FamRZ 1986, 886, 888; NJWE-FER 2001, 25 = FamRZ 2001, 905, 906 mwN (zu §§ 1573 Abs. 5, 1578 Abs. 1 S. 2 [UÄndG 1986]; OLG Düsseldorf NJW-RR 1992, 1154 = FamRZ 1992, 951, 952 f. (zu § 1578 Abs. 1 S. 2 [UÄndG 1986]); *Soergel/Häberle* RdNr. 39.

[162] Für Prozessvergleiche mangels Änderung der Geschäftsgrundlage: BGH NJW 1995, 1891 = FamRZ 1995, 665, 666; NJWE-FER 2001, 25 = FamRZ 2001, 905, 906 f.; NJW 2004, 3106 = FamRZ 2004, 1357, 1360; OLG Düsseldorf OLGR 1996, 221, 222 (notarielle Urkunde).

[163] OLG Hamm FamRZ 1994, 1392.

[164] BGH NJW 2000, 3789 = FamRZ 2000, 1499, 1501; NJW 2004, 3106 = FamRZ 2004, 1357, 1360; BGHZ 171, 206 = NJW 2007, 1961 = FamRZ 2007, 793, 799 [60]; NJW-RR 2008, 1 = FamRZ 2007, 2049, 2051 [24]; NJW 2008, 151 = FamRZ 2008, 134, 136 [21]; NJW 2008, 2644 = FamRZ 2008, 1508, 1509 f. [13, 14] m. Anm. *Borth*; auch OLG Celle FamRZ 2007, 1821, 1822 f.; OLG Hamm FamRZ 2008, 1184, 1185 m. Anm. *Born*.

2. Abänderungsklage. Nach dem Schluss der mündlichen Verhandlung des Ausgangsverfahrens eingetretene Änderungen der maßgeblichen Verhältnisse (§ 323 Abs. 2 ZPO, § 238 Abs. 3 S. 1 FamFG) – etwa eine unerwartet günstige Entwicklung der Chancen auf dem Arbeitsmarkt, die Übernahme der Kinderbetreuung oder eine Erkrankung des Berechtigten,[165] nachträglich eingetretene Voraussetzungen für eine Beschränkung des Unterhaltsanspruchs (dazu RdNr. 43) oder das Entfallen ehebedingter Nachteile[166] – sind mit der **Abänderungsklage** (§ 323 ZPO, §§ 238, 239 FamFG), nicht mit der Vollstreckungsgegenklage geltend zu machen.[167] Sie kann vom Verpflichteten auf eine Verringerung, vom Berechtigten auf eine Verlängerung oder ein Entfallen der Schonfrist gerichtet werden (dazu auch RdNr. 52). Für die Abänderung eines **Vergleichs** muss sich dessen Geschäftsgrundlage geändert haben (§ 313), was nicht der Fall ist, wenn die für eine Herabsetzung oder zeitliche Begrenzung maßgebenden Verhältnisse bereits im Zeitpunkt des Vergleichsabschlusses bestanden haben und dem Verpflichteten auch bekannt waren.[168] 51

Die Änderung der Rechtslage durch das **UÄndG 1986** konnte im Wege der Abänderungsklage geltend gemacht werden.[169] Dabei war insbesondere auch das Vertrauen des Berechtigten auf Unterhalt im bisherigen Umfang gegen die Unzumutbarkeit auf Weiterzahlung abzuwägen (Art. 6 Nr. 1 S. 1 UÄndG 1986).[170] – Entsprechend ist nunmehr für die Änderungen nach dem **UÄndG 2007** zu verfahren (zu den Einzelheiten s. Anhang zu § 1586 b RdNr. 28, 30–32). Bevor aber nicht klar war – frühestens also mit Beschlussfassung des RA-BT –, wie diese Regelung ausfallen wird, brauchte eine darauf gestützte Beschränkung im Rechtsstreit nicht geltend gemacht zu werden. Haben aber die Voraussetzungen für eine Begrenzung bereits nach altem Recht vorgelegen, ist die Änderung der Rechtslage nicht kausal für die Möglichkeit einer Beschränkung, sodass der Verpflichtete mit einer Begrenzung nach § 323 Abs. 2 ZPO, §§ 238 Abs. 2, 239 Abs. 2 FamFG, § 313 Abs. 1 BGB präkludiert ist. Die Präklusion erfasst den **ganzen** Unterhaltsanspruch, also auch einen mit der Abänderungsklage geltend gemachten höheren und nicht nur den bislang titulierten Unterhaltsbetrag. Dagegen kann sich der Verpflichtete damit begnügen, sich lediglich gegenüber dem mit der Abänderungsklage verlangten Erhöhungsbetrag auf eine Begrenzung zu berufen.[171] 52

Dagegen ist die Änderung der **höchstrichterlichen Rspr.** (dazu auch § 1578 RdNr. 212, 213) von der Anrechnungs- zur Additions- bzw. Differenzmethode[172] allein kein ausreichender Grund für eine nachträgliche zeitliche Begrenzung,[173] wohl aber die Änderung der Rspr. zur Erleichterung der **Beschränkungen** (dazu RdNr. 38). 53

3. Zwangsvollstreckung. Gegen **Vollstreckungsmaßnahmen** nach Ablauf der festgesetzten Frist sind die Vollstreckungserinnerung (§ 766 ZPO, § 95 Abs. 1 Nr. 1 FamFG) oder die sofortige Beschwerde (§ 793 ZPO, § 95 Abs. 1 Nr. 1 FamFG) die zulässigen Rechtsbehelfe; unzulässig ist dagegen die Vollstreckungsgegenklage (§ 767 ZPO, § 95 Abs. 1 Nr. 1 FamFG).[174] 54

---

165 S. dazu *Brudermüller* FamRZ 1998, 649, 659.

166 *Soergel/Häberle* RdNr. 39.

167 BGH NJW 1987, 1761 = FamRZ 1987, 572, 575; NJW 1995, 1891 = FamRZ 1995, 665, 666 f.; BGH NJW 2000, 3789 = FamRZ 2000, 1499, 1501 f. (jeweils zu § 1573 Abs. 5 [UÄndG 1986]); NJWE-FER 2001, 25 = FamRZ 2001, 905, 906 (zu §§ 1573 Abs. 5, 1578 Abs. 1 S. 2 [UÄndG 1986]); zu § 1578 Abs. 1 S. 2 [UÄndG 1986]: OLG Düsseldorf NJW-RR 1992, 1154 = FamRZ 1992, 951, 952 f.; OLG Hamm FamRZ 1994, 1392 f.; OLG Schleswig FamRZ 2006, 209 (LS 2).

168 AG Gifhorn FamRZ 2002, 1576.

169 BGH NJW-RR 1989, 898 = FamRZ 1989, 839, 840.

170 Zu einer Abwägung AG Peine FamRZ 1987, 593, 594.

171 AA OLG Celle FamRZ 2009, 120 f. (wegen der Einheitlichkeit des Unterhaltsanspruchs).

172 BGHZ 148, 105 = NJW 2001, 2254 = FamRZ 2001, 986 ff.; s. dazu § 1578 RdNr. 9.

173 BGH NJW 2004, 3106 = FamRZ 2004, 1357, 1360.

174 BGH NJWE-FER 2001, 25 = FamRZ 2001, 905, 906 f; aA *Brudermüller* FamRZ 1998, 649, 659.

II. Darlegungs- und Beweislast

55 Zwar sind die eine Herabsetzung des Bedarfs oder eine Befristung des Unterhaltsanspruchs rechtfertigenden Umstände von Amts wegen zu beachten (dazu RdNr. 6), doch sind sie nicht auch von Amts wegen zu ermitteln.[175] Deshalb sind sie vorzutragen. Da eine Herabsetzung und Befristung des Unterhaltsanspruchs – trotz ihrer Beschränkung auf den nachehelichen Unterhalt (dazu RdNr. 4) und trotz der nachehelichen Eigenverantwortung – die **Ausnahme** ist,[176] trägt der Verpflichtete die Darlegungs- und Beweislast für alle die Unbilligkeit eines der Höhe nach unbeschränkten und unbefristeten Unterhaltsanspruchs begründenden Umstände,[177] insbesondere für die Dauer der Ehe, die Gestaltung von Haushaltsführung und Erwerbstätigkeit, die Verbesserung des Lebensbedarfs durch die Eheschließung (zu einem hierauf gerichteten Auskunftsanspruch s. § 1580 RdNr. 12), dass die Kinderbetreuung nur vorübergehend oder nicht überwiegend wahrgenommen wurde[178] (zu den ehebedingten Nachteilen s. RdNr. 56). Hat der Verpflichtete allerdings maßgebliche Umstände dargetan und sind diese objektiv nachprüfbar und ggf. bewiesen, obliegt dem Berechtigten als **„Ausnahme von der Ausnahme"** die Darlegungs- und Beweislast für die bei der Billigkeitsabwägung zu seinen Gunsten und gegen eine Begrenzung des Unterhaltsanspruchs sprechenden Umstände, ggf. auch für eine längere „Schonfrist",[179] die er substantiiert darzulegen hat.[180]

56 Insbesondere den **ehebedingten Nachteilen** kommt in diesem Zusammenhang praktische Bedeutung zu: Es handelt sich dabei um Umstände, die der Sphäre des Berechtigten zuzuordnen und zu seinen Gunsten zu berücksichtigen sind. Deshalb ist es zunächst nicht Sache des Verpflichteten, darzulegen und zu beweisen, dass der Berechtigte keine ehebedingten Nachteile erlitten hat, sondern des Berechtigten, dass er solche erlitten hat. Erst wenn der Berechtigte solche Umstände substantiiert dargelegt und ggf. bewiesen hat, obliegt dem Verpflichteten der Gegenbeweis.[181] Zudem steht ihm der Nachweis offen, dass ein erlittener Nachteil des Berechtigten nicht ehebedingt war[182] oder nicht mehr ist.[183]

III. Hinweispflicht

57 Die Begrenzung des Unterhaltsanspruchs nach § 1578 b hat das FamG von Amts wegen zu beachten (dazu RdNr. 6). Doch hat es nicht auch von Amts wegen danach zu fragen und entsprechende Ermittlungen anzustellen. Vielmehr ist unter der weiteren Geltung der Dispositionsmaxime davon auszugehen, dass jede Partei die ihr günstigen Umstände auch vorträgt, sodass nur vorgetragene Umstände rechtlich iSd. Begrenzung zu würdigen sind. Deshalb muss das FamG den **Verpflichteten** nach § 139 ZPO, § 113 Abs. 1 S. 2 FamFG auch nicht auf die abstrakte Möglichkeit einer Begrenzung hinweisen, sondern nur darauf, dass ggf. im Hinblick auf eine Begrenzung gehaltener Vortrag nicht schlüssig ist.[184] –

175 Zum Ganzen auch *Maurer* FamRZ 2008, 2157, 2164.

176 BT-Drucks. 16/1830 S. 20.

177 BGH NJW 2008, 151 = FamRZ 2008, 134, 136 [22]; NJW 2008, = FamRZ 2008, 1325, 1328 [41] m. Anm. *Borth*; NJW 2008, 2644 = FamRZ 2008, 1508, 1510 [15] m. Anm. *Borth*; OLG Celle FamRZ 2009, 121; *Dose* FamRZ 2007, 1289, 1296; *Triebs* FPR 2008, 31, 34. Zum UÄndG 1986 s. OLG Hamm FamRZ 1987, 829, 832; OLG Schleswig OLGR 1997, 143; *Hahne* FamRZ 1986, 305, 310.

178 Für den Umfang der Betreuung aA 3. Aufl. RdNr. 40.

179 Zum Ganzen BGH NJW 1990, 2810 = FamRZ 1990, 857, 859; NJW 2008, 151 = FamRZ 2008, 134, 136 [22]; NJW 2008, 2581 = FamRZ 2008, 1325, 1328 [41] m. Anm. *Borth*; NJW 2008, 2644 = FamRZ 2008, 1508, 1510 [15] m. Anm. *Borth* s. auch BT-Drucks. 16/1830 S. 20; *Büttner* FamRZ 2007, 773, 774; aA *Borth* UÄndG RdNr. 171 (der Verpflichtete hat die „negative" Tatsache wegzubeweisen).

180 BGH NJW 2008, 2581 = FamRZ 2008, 1325, 1328 [41]; s. auch OLG Celle FamRZ 2008, 1448, 1449.

181 AA OLG Saarbrücken FF 2008, 504, 508 m. Anm. *Clausius*.

182 *Soergel/Häberle* RdNr. 32.

183 BGH NJW 2008, 151 = FamRZ 2008, 134, 136 [22]; NJW 2008, 2581 = FamRZ 2008, 1325, 1328 [41] m. Anm. *Borth*.

184 *Maurer* FamRZ 2008, 2157, 2164.

Auch wenn der Verpflichtete die Befristung des Unterhaltsanspruchs beantragt hat, bedarf es keines rechtlichen Hinweises des FamG darauf, dass der **Berechtigte** die für eine weitere Schonfrist aufgrund fortbestehender Nachteile sprechenden Umstände darzulegen hat.[185]

§ 1579 Beschränkung oder Versagung des Unterhalts wegen grober Unbilligkeit

Ein Unterhaltsanspruch ist zu versagen, herabzusetzen oder zeitlich zu begrenzen, soweit die Inanspruchnahme des Verpflichteten auch unter Wahrung der Belange eines dem Berechtigten zur Pflege oder Erziehung anvertrauten gemeinschaftlichen Kindes grob unbillig wäre, weil

1. **die Ehe von kurzer Dauer war; dabei ist die Zeit zu berücksichtigen, in welcher der Berechtigte wegen der Pflege oder Erziehung eines gemeinschaftlichen Kindes nach § 1570 Unterhalt verlangen kann,**
2. **der Berechtigte in einer verfestigten Lebensgemeinschaft lebt,**
3. **der Berechtigte sich eines Verbrechens oder eines schweren vorsätzlichen Vergehens gegen den Verpflichteten oder einen nahen Angehörigen des Verpflichteten schuldig gemacht hat,**
4. **der Berechtigte seine Bedürftigkeit mutwillig herbeigeführt hat,**
5. **der Berechtigte sich über schwerwiegende Vermögensinteressen des Verpflichteten mutwillig hinweggesetzt hat,**
6. **der Berechtigte vor der Trennung längere Zeit hindurch seine Pflicht, zum Familienunterhalt beizutragen, gröblich verletzt hat,**
7. **dem Berechtigten ein offensichtlich schwerwiegendes, eindeutig bei ihm liegendes Fehlverhalten gegen den Verpflichteten zur Last fällt oder**
8. **ein anderer Grund vorliegt, der ebenso schwer wiegt wie die in den Nummern 1 bis 7 aufgeführten Gründe.**

Schrifttum: *Beckmann,* Kein Unterhaltsanspruch wegen „grober Unbilligkeit" (§ 1579 Abs. 1 BGB) – dann aber Unterhaltsanspruch gegen Verwandten?, FamRZ 1983, 863; *Büttner,* Die feste soziale Bindung, FamRZ 1987, 23; *ders.,* Das Zusammenleben mit einem neuen Partner und seine Auswirkungen auf den Unterhaltsanspruch, FamRZ 1996, 136; *ders.,* Die Härteklauseln (§§ 1578 b, 1579 BGB) im geplanten Unterhaltsrecht, FamRZ 2007, 773; *ders.,* Ungefragte Information – Nutzen und Grenzen eines Rechtsinstituts, FF 2008, 15; *Derleder, P.,* Die neue Zähmung der Widerspenstigen, Krit. Justiz 1982, 18; *Graba,* Die Einschränkung des Unterhaltsanspruchs nach dem UÄndG, FamRZ 1987, 981; *Diederichsen,* Unterhaltsrechtliche Folgen des Partnerwechsels: Rückkehr zum Verschuldensprinzip im Scheidungsfolgenrecht, NJW 1980, 1672; *Ewers,* Was ist eine kurze Dauer?, FamRZ 2002, 1387; *Grandel,* Warum werden die Herabsetzungsmöglichkeiten aus dem Unterhaltsrechtsänderungsgesetz von 1986 so wenig angewandt? – Brauchen wir eine Gesetzesänderung?, FPR 2005, 320; *Greßmann/Klattenhoff,* Die Geltendmachung von antragsabhängigen Sozialleistungen als unterhaltsrechtliche Nebenpflicht, FuR 1996, 137; *Häberle,* Zum Einfluß persönlicher Eheverfehlungen auf den Ehegattenunterhalt, FamRZ 1982, 557; *ders.,* Die Erweiterung der negativen Härteklausel durch das UÄndG, FamRZ 1986, 311; *Henrich,* Die negative Härteklausel (§ 1579 BGB nF) und die Belange des Kindes, FamRZ 1986, 401; *Hohloch,* Beschränkung des nachehelichen Unterhalts im Entwurf eines Unterhaltsrechtsänderungsgesetzes, FF 2006, 159; *Hoppenz,* Fiktive Einkommensverhältnisse im Unterhaltsrecht, NJW 1984, 2327; *ders.,* Die unterhaltsrechtliche Pflicht zu ungefragter Information, FamRZ 1989, 337; *Hohloch,* Beschränkung des nachehelichen Unterhalts im Entwurf eines Unterhaltsrechtsänderungsgesetzes, FF 2006, 159; *Hülle,* Über die systemwidrige Gerechtigkeitsvorstellung des § 1579 BGB, DRiZ 1982, 383; *Klauser,* Ausschluß und Beschränkung des Ehegattenunterhalts aus Billigkeitsgründen, MDR 1979, 896; *v. Krog,* Unterhaltspflicht und verschuldete Leistungsunfähigkeit, FamRZ 1984, 539; *ders.,* Schadensersatz bei der Verletzung der Unterhaltspflicht, DAVorm 1985, 625; *Limbach,* Unterhaltsverlust wegen grober Unbilligkeit bei Getrenntleben, NJW 1980, 871; *dies.,* Die Rechtsprechung des BGH in Unterhaltssachen – eine kritische Bestandsaufnahme, 4. Dt. Familiengerichtstag, Brühler Schriften zum Familienrecht, Bd. 2 (1981), 36; *Lübbert,* Der Ausschluß des nachehelichen Unterhalts wegen „grober Unbilligkeit" – § 1579 BGB –, 1982; *Luthin,* Zur „objektiven Unzumutbarkeit" einer Leistung von nachehelichem Unterhalt in der Rechtsprechung des BGH, FamRZ 1986, 1166; *Maurer,* Ersatzhaftung von Verwandten bei Ausschluss des Ehegattenunterhalts nach § 1579 BGB?, FPR 2005, 331; *Müller, W.,* Unterhalt trotz Zuwendung zu einem anderen Partner?, DAVorm 1985, 872; *Nehlsen-von Stryk,* Zur unterhaltsrechtlichen Relevanz des „auf Dauer angeleg-

[185] BGH NJW 2008, 151 = FamRZ 2008, 134, 136 [27].

ten Verhältnisses", FamRZ 1990, 109; *Oelkers,* Die neuere Rechtsprechung zu § 1579 BGB im Überblick, FamRZ 1996, 257; *Scheld,* Unterhaltsversagung wegen grober Unbilligkeit, FamRZ 1978, 651; *ders.*, Korrektur des Eherechts durch ersatzlose Streichung von § 1568 Abs. 2 und § 1579 Abs. 2 BGB, FamRZ 1982, 6; *Schnitzler,* Die verfestigte Lebensgemeinschaft als selbständiger Härtegrund im neuen § 1579 Nr. 2 BGB, FPR 2008, 41; *Spangenberg,* Risiken und Nebenwirkungen, FamRZ 1994, 480; *Uhlmann,* Zur Drittwirkung von Unterhaltsregelungen für nichteheliche Lebensgemeinschaften, FamRZ 1989, 240; *Verschraegen,* Neuere Tendenzen der Rechtsprechung zu § 1579 BGB, insbesondere zu den Nrn. 6 und 7, FPR 2005, 328; *Wellenhofer-Klein,* 14 Jahre Negative Härteklausel § 1579 BGB – Eine kritische Bestandsaufnahme, Dissertation München 1993; *dies.*, Die „Abkehr von der Ehe" als Unterhaltsausschlußgrund nach § 1579 Nr. 6 BGB, FamRZ 1995, 905; *Wohlgemuth,* Ehegattenunterhalt und Anspruch auf Versorgungsentgelt bei neuer Partnerschaft, FamRZ 2003, 983. S. auch Schrifttum Vor § 1569.

Übersicht

A. Normzweck

I. Allgemeines

Während die positive Härteregelung in § 1576 zu einem Unterhaltsanspruch führt, dient die **negative Härteklausel** des § 1579 – auch als unterhaltsrechtliche Härteklausel oder negative Billigkeitsklausel bezeichnet – dazu, in einem vornehmlich an den Interessen und Bedürfnissen des Berechtigten ausgerichteten System von Unterhaltsansprüchen den Belangen des Verpflichteten auch außerhalb des § 1581 in angemessener Weise durch Beschneidung der Höhe und/oder der Dauer eines Unterhaltsanspruchs gerecht zu werden. – Die negative Härteklausel ist eine **Rechtsmissbrauchsklausel** mit Konkretisierungen in Nr. 1–7 und einer Auffangklausel in Nr. 8. Ihre jetzige Fassung beruht auf einer grundlegenden Änderung durch das UÄndG 1986 (dazu Vor § 1569 RdNr. 1), durch das die Verfassungswidrigkeit des Abs. 2 [1. EheRG][1] behoben wurde, sowie auf dem **UÄndG 2007** (dazu Vor § 1569 RdNr. 1), wodurch sie erneut schärfere Konturen erhalten hat. I. Ü. bestehen zwischen der alten und der neuen Fassung keine substantiellen Unterschiede, sodass die frühere Rspr. fast uneingeschränkt noch zur Auslegung herangezogen werden kann.[2] – Die Klausel hat keinen **Strafcharakter**[3] und führt nicht zur Rückkehr zum **Verschuldensprinzip** im nachehelichen Unterhaltsrecht.[4] Insbesondere in Nr. 8 werden jedoch aufgrund der Vorgaben des BVerfG[5] in Anlehnung an die frühere Rspr. des BGH[6] die Grenzen eines verschuldensunabhängigen Unterhaltsrechts berücksichtigt.[7] – Zur **Entstehungsgeschichte** der Vorschrift s. 3. Aufl. 1993 RdNr. 5–7. 1

[1] BVerfGE 57, 361 = NJW 1981, 1771 = FamRZ 1981, 745.
[2] *Wendl/Gerhardt* § 4 RdNr. 599.
[3] *Göppinger/Wax/Bäumel* RdNr. 1073; aA *Häberle* FamRZ 1986, 311 für § 1579 Nr. 4 [1. EheRG].
[4] Jetzt ganz hM, s. *Häberle* FamRZ 1986, 311.
[5] BVerfGE 57, 361 = NJW 1981, 1771 = FamRZ 1981, 745.
[6] BT-Drucks. 10/2888 S. 20; 10/4514 S. 20.
[7] Dazu auch BT-Drucks. 16/1830 S. 21.

II. Anwendungsbereich

2 Die negative Härteklausel ist auf Unterhaltsansprüche nach **Scheidung** einer Ehe (§ 1569), aber auch nach ihrer **Nichtigerklärung** (§ 26 EheG aF)[8] und **Aufhebung** (§§ 37 Abs. 1 EheG aF, 1318 Abs. 2) anwendbar. Sie kann sich gegen **alle** nachehelichen Unterhaltstatbestände richten.[9] – Wurde eine Nichtigkeits- oder Aufhebungsklage mangels Vorliegens ihrer materiell-rechtlichen Voraussetzungen abgewiesen oder die Frist zur Erklärung über den Ausschluss der Geltung der vermögensrechtlichen Folgen nach der Scheidung (§§ 26 Abs. 2, 37 Abs. 2 EheG aF) versäumt, kann sich der Verpflichtete nicht mehr auf § 1579 berufen: Bei der Versäumung der Erklärungsfrist, weil nach dem Sinn und Zweck von §§ 26 Abs. 2, 37 Abs. 2 EheG aF die dort genannten Aufhebungs- und Nichtigkeitsgründe idR keine Härtegründe iSd. Nr. 8 sein können und es von der ermessensgetragenen Entschließung des Verpflichteten abhängig war, die vermögensrechtlichen Folgen der Scheidung auszuschließen; bei Abweisung der Klage und anschließender Scheidung, weil es sich um (vermeintliche) Härtegründe handelt, die ihrer Art nach Nichtigkeits- oder Aufhebungsgründe sein könnten.[10] – Zur entsprechenden Anwendbarkeit auch auf den **Trennungsunterhalt** s. § 1361 Abs. 3 (dazu dort RdNr. 62–74, zur Geltung für **Lebenspartnerschaften** s. §§ 12 S. 2, 16 Abs. 1 LPartG (dazu § 12 LPartG RdNr. 3, § 16 LPartG RdNr. 1). – Nicht direkt anwendbar ist § 1579 auf die Unterhaltsansprüche **nichtehelicher Eltern** aus § 1615 l,[11] weil § 1615 l Abs. 3 S. 1 ausdrücklich auf § 1611 verweist. Da aber die Anwendung von § 1579 eher interessengerecht wäre,[12] steht mE nichts dagegen, die Wertungen des § 1579 im Rahmen des § 1611 jedenfalls auf den Betreuungsunterhalt aus § 1615 l Abs. 2 S. 2–5 zu übertragen.[13] – Da es sich bei dem Anspruch auf Ausgleich der durch die Durchführung des **begrenzten Realsplittings** entstandenen Nachteile um keinen Unterhaltsanspruch handelt,[14] ist auf diese Verpflichtung § 1579 nicht anwendbar.[15]

3 Nicht anwendbar ist § 1579 auf **vor dem 1. 7. 1977** geschiedene Ehen (dazu Anhang zu § 1586 b RdNr. 6). Nicht direkt anwendbar ist er auf den Anspruch auf **Prozesskostenvorschuss** aus § 1360 a Abs. 4, doch fließen die nach Nr. 1–8 zu berücksichtigenden Umstände in die umfassende Billigkeitsabwägung ein.[16] Bei seiner Prüfung im Verfahren der **Prozesskostenhilfe** ist dessen summarischer Charakter zu beachten, der wegen der anzustellenden Billigkeitsabwägung eine Versagung idR verwehren wird.[17] Dem **Auskunftsanspruch** aus § 1580

---

[8] Zum Übergangsrecht gilt Art. 226 Abs. 2 EGBGB: Wurde die Nichtigkeits- oder Aufhebungsklage vor dem 1. 7. 1998 erhoben (§ 253 Abs. 1 ZPO), bleiben auch für die Rechtsfolgen der Nichtigkeit oder Aufhebung die bisher geltenden Rechtsvorschriften maßgebend. Dazu auch FamRefK/*Wax* § 1318 RdNr. 22.

[9] BGH NJW-RR 1988, 834 = FamRZ 1988, 930, 932; s. auch OLG Karlsruhe NJWE-FER 1998, 26 = FamRZ 1998, 751, 752. Zu § 1572 auch OLG München OLGR 1992, 14; OLG Karlsruhe NJWE-FER 1998, 26 f.; OLG Düsseldorf FF 2000, 29 = FamRZ 2000, 827 (LS). Nach AG Groß-Gerau FamRZ 1991, 1202 findet § 1579 auch auf Ansprüche auf Ausgleich von Nachteilen aus dem begrenzten Realsplitting entsprechende Anwendung.

[10] BGH NJW 1983, 1427 = FamRZ 1983, 456, 457 (zu § 37 Abs. 2 EheG); OLG Hamm FamRZ 1987, 947, 948 (zu § 26 Abs. 2 EheG).

[11] Offen gelassen von BGHZ 177, 272 = NJW 2008, 3128 m. Bespr. *Graba* NJW 2008, 3105 = FamRZ 2008, 1739, 1743 f. [47] m. Anm. *Maurer* FamRZ 2008, 1830, 1831 f., *Viefhues* FF 2008, 376 und *Fiedler* FPR 2008, 518.

[12] Dazu insbesondere AnwK-BGB/*Schilling* § 1615 l Rz. 34; *Puls* FamRZ 1998, 865, 876; *Peschel-Gutzeit* Unterhaltsrecht aktuell RdNr. 130; *dies.* FPR 2005, 344, 345 ff.; *dies.* FPR 2008, 24, 26; *Schumann* FF 2007, 227, 229; s. auch *Maurer* FamRZ 2008, 1830, 1831 f.

[13] *Maurer* FamRZ 2008, 1830, 1831 f.

[14] BGH NJW 2005, 2223 = FamRZ 2005, 1162, 1164; NJW-RR 2008, 156 = FamRZ 2008, 40, 41 [10] (zu Art. 5 Nr. 2 EuGVVO).

[15] AA AG Groß-Gerau FamRZ 1991, 1202.

[16] Ähnlich OLG Koblenz Beschl. v. 17. 8. 2000 – 9 WF 478/00, juris [2]; OLG Zweibrücken NJW-RR 2001, 1009.

[17] BVerfG NJW-RR 1993, 1090 = FamRZ 1993, 664, 665; OLG Karlsruhe OLGR 2001, 328, 329.

steht er nur entgegen, wenn das Fehlverhalten nachgewiesen ist und dieses zur gänzlichen Versagung des Unterhaltsanspruchs führen würde (dazu dort RdNr. 5, 7, 9).

III. Rechtsnatur

Die negative Härteklausel regelt nicht Bedarf (§ 1578) und Bedürftigkeit (§ 1577) des Berechtigten sowie Leistungsfähigkeit des Verpflichteten (§ 1581), sondern setzt diese voraus. Sie dient lediglich der Korrektur des nach diesen Vorschriften ermittelten Unterhaltsbetrags nach Höhe und/oder Dauer. Gleichwohl gibt es **Überschneidungen** insbesondere hinsichtlich der Behandlung entgegen einer bestehenden Erwerbsobliegenheiten vom Berechtigten nicht erzielter Einkünfte: Sie werden sowohl bei der Bedarfsbemessung als bei der Bedarfsdeckung und der Leistungsfähigkeit fiktiv als tatsächlich erzielt zugerechnet (§ 1578 RdNr. 139, § 1577 RdNr. 3; zur Berücksichtigung bei der Leistungsfähigkeit s. § 1581 RdNr. 12–19). Danach kann der Unterhaltsbetrag ggf. nach § 1579 korrigiert werden (dazu RdNr. 31), wenn die Nichterzielung der Einkünfte mutwillig erfolgte (dazu RdNr. 30, 34). 4

Als Ausprägung des Grundsatzes von **Treu und Glauben** (§ 242) ist die negative Härteklausel, anders als § 66 EheG (dazu Anhang zu § 1586 b RdNr. 3), nicht lediglich ein Unterfall der Verwirkung eines Anspruchs, die den Anspruch endgültig zum Erlöschen bringt. Vielmehr ist sie ein **Rechtsinstitut eigener Art,**[18] weshalb ein Wiederaufleben des Unterhaltsanspruchs nach Wegfall des Härtegrundes nicht gänzlich ausgeschlossen ist (dazu RdNr. 77–80). Als **rechtsvernichtende Einwendung** ist sie von Amts wegen zu beachten.[19] Dies und das Erfordernis der groben Unbilligkeit (dazu RdNr. 63–80) macht sie zur **Ausnahmevorschrift,** die neben den anderen Billigklauseln in §§ 1573 Abs. 5 aF, 1576, 1577 Abs. 2 S. 2, 1578 b, 1581 der Einzelfallgerechtigkeit auch hinsichtlich persönlicher Umstände dient.[20] – Ohne strenge Durchführung wirkt auch bei der Anwendung der negativen Härteklausel der das Unterhaltsrecht während bestehender Ehe prägende Grundsatz der Gegenseitigkeit[21] nach. Dies kommt insbesondere im grundsätzlichen Vorrang der Kindesinteressen (dazu RdNr. 65–68) und in dem Erfordernis der Verhältnismäßigkeit der Rechtsfolgen (dazu RdNr. 69–72) zum Ausdruck. Vor allem für die Auffangklausel in Nr. 8 kommen auch Gesichtspunkte der Zumutbarkeit zum Tragen: Ihre Voraussetzungen können vorliegen, wenn die sich aus der Unterhaltspflicht ergebenden Belastungen die Grenze des Zumutbaren überschreiten, aber auch aufgrund objektiver Umstände, wie die Verweisung auf Nr. 1 zeigt.[22] 5

B. Die Härtegründe

I. „Ehe von kurzer Dauer“ (Nr. 1)

1. Stichtage. Die Ehedauer bemisst sich nach der Dauer ihres rechtlichen Bandes, nicht nach der Zeit des tatsächlichen Zusammenlebens,[23] und umfasst die Zeit vom Tag der **Eheschließung** bis zur **Zustellung des Scheidungsantrags,** nicht bis zur Rechtskraft des Scheidungsausspruchs,[24] weil bereits mit der Zustellung des Scheidungsantrags auch für den 6

[18] BGH NJW-RR 1988, 70 = FamRZ 1987, 1238.

[19] BGH NJW 1981, 1461 = FamRZ 1982, 463, 464; FamRZ 1984, 364, 368; NJW 1991, 1290 = FamRZ 1991, 670, 672.

[20] BT-Drucks. 10/2888 S. 11, 19 f.

[21] *Göppinger/Wax/Bäumel* RdNr. 1277.

[22] Zum Letzteren ständige Rspr. des BGH seit BGH NJW 1983, 1548 = FamRZ 1983, 569, 572; NJW 1983, 2243 = FamRZ 1983, 996 f.

[23] BGH NJW 1980, 2247 = FamRZ 1980, 981, 982. So jedoch etwa *Schwab* Handbuch 1. Aufl. RdNr. 377; wie der BGH nunmehr aber *Schwab/Borth* IV RdNr. 438.

[24] StRspr. des BGH, s. BGH NJW 1980, 2247 = FamRZ 1980, 981, 983; zuletzt BGH NJW 1990, 1847 = FamRZ 1990, 492, 495; aA noch OLG Hamm FamRZ 1979, 38; wie der BGH aber OLG Hamm FamRZ 1986, 988.

Antragsgegner das Scheitern des gemeinsamen Lebensplanes und das Ende der gemeinschaftlichen Lebensgestaltung deutlich und ihm durch das Abstellen auf die Zustellung des Scheidungsantrags die Möglichkeit der Verlängerung der Ehedauer durch verfahrensrechtliche Mittel genommen wird.[25] Unerheblich ist grundsätzlich, ob die Ehegatten bereits vor der Eheschließung zusammengelebt haben, schon einmal verheiratet waren[26] oder dem zur Scheidung führenden Verfahren bereits ein durch Antragsrücknahme oder -abweisung beendetes Scheidungsverfahren vorangegangen war.[27] – Wurde der **Scheidungsantrag verfrüht** gestellt – vor Ablauf des Trennungsjahres und ohne Härtegrund iSd. § 1565 Abs. 2 –, berührt dies den Stichtag nicht unmittelbar, sondern ist bei der Billigkeitsabwägung mit zu berücksichtigen (dazu RdNr. 63).[28]

7 **2. Kurze Ehedauer. a) Grundsätze.** Was unter „kurzer Dauer" zu verstehen ist, bestimmt sich nicht nach einer abstrakten, für alle Ehen gleichermaßen maßgeblichen, allgemeinen zeitlichen Abgrenzung.[29] Deshalb verbietet sich ein Vergleich mit der Durchschnittsdauer aller geschiedenen Ehen, der geschiedenen Ehen der betreffenden Altersgruppe oder auch der Ehedauer, nach der die überwiegende Zahl der Ehen geschieden wird. Abzustellen ist vielmehr auf die **Lebenssituation der Ehegatten** im Einzelfall, insbesondere des Bedürftigen, die entscheidend durch deren gemeinsamen Lebensplan sowie die mit zunehmender Ehedauer einhergehende, sich verstetigende Verflechtung und Abhängigkeit der beiderseitigen Lebensstellungen und allgemein eine wachsende wirtschaftliche Abhängigkeit des unterhaltsbedürftigen Ehegatten geprägt wird, die durch die nacheheliche Solidarität abgesichert wird. Gleichwohl werden im Interesse einer praktischen Handhabung der Vorschrift **zeitliche Grenzen** konkretisiert, innerhalb derer eine Ehe in aller Regel von kurzer Dauer ist. Lässt sich eine Ehe nicht diesen zeitlichen Grenzen zuordnen oder ist sie durch besondere, vom Regelfall abweichende Umstände in den Lebensverhältnissen der Ehegatten gekennzeichnet, bedarf es der näheren Prüfung, ob die Ehegatten ihre jeweilige Lebensstellung in der Ehe bereits so weit aufeinander eingestellt und in wechselseitiger Abhängigkeit auf ein gemeinschaftliches Leben ausgerichtet haben, dass eine unterhaltsrechtliche Verpflichtung des einen Ehegatten gegenüber dem anderen für die nacheheliche Zeit dem Billigkeits- und Gerechtigkeitsempfinden nicht mehr in grober Weise widerspricht.[30]

8 **b) Zeitliche Grenzen.** Nach der Rspr. des BGH[31] ist eine nicht länger als **2 Jahre** dauernde Ehe idR als kurz anzusehen. Dauerte die Ehe **2–3 Jahre,** ist für die Einordnung als kurz darauf abzustellen, inwieweit die Ehegatten ihre Lebensführung bereits aufeinander eingestellt und in wechselseitiger Abhängigkeit auf ein gemeinsames Lebensziel ausgerichtet haben.[32] Bei einer Ehedauer von **über 3 Jahren** ist idR davon auszugehen, dass sie nicht mehr kurz ist, wenn nicht im Einzelfall besondere Umstände vorliegen, die eine andere Beurteilung rechtfertigen.

Bsp.: Kurze Ehedauer: BGH NJW 1982, 2064 = FamRZ 1982, 582: Ehedauer 2½ Jahre. – **BGH NJW 1992, 2477 = FamRZ 1992, 1045, 1049:** Ehedauer 2 Jahre 9 Monate.

---

25 BGH NJW 1981, 754 = FamRZ 1981, 140, 141.

26 OLG Hamm NJW-RR 1990, 584 = FamRZ 1989, 1091.

27 BGH NJW 1982, 2442 = FamRZ 1982, 894, 895; NJW 1986, 2832 = FamRZ 1986, 886, 887.

28 OLG Schleswig FamRZ 2003, 763 f. mwN; OLG Hamm NJW-RR 2006, 651 f.; s. auch OLG Oldenburg FamRZ 1996, 1480, 1481 (unzulässige Rechtsausübung, § 242).

29 Grundlegend BGH NJW 1981, 754 = FamRZ 1981, 140, 141 f. mwN zu den im Einzelnen unterschiedlichen Auffassungen.

30 Dazu auch OLG Köln FPR 2002, 307, 308.

31 BGH NJW 1981, 754 = FamRZ 1981, 140, 142 mwN; NJW 1982, 823 = FamRZ 1982, 254; NJW 1982, 929 = FamRZ 1982, 28, 30; NJW 1982, 2442 = FamRZ 1982, 894, 895; NJW 1986, 2832 = FamRZ 1986, 886, 887; NJW 1987, 2161 = FamRZ 1987, 463, 466; NJW-RR 1989, 386 = FamRZ 1989, 483, 486; NJW-RR 1995, 449 = FamRZ 1995, 1405, 1407; NJW 1999, 1630 = FamRZ 1999, 710, 711 f.

32 OLG Nürnberg 1997, 351, 352. OLG München NJW-RR 1997, 69 = FamRZ 1996, 1078; *Wendl/Gerhardt* § 4 RdNr. 648 stellen dagegen darauf ab, ob die Inanspruchnahme des Verpflichteten dem Gerechtigkeitsempfinden unerträglich widersprechen würde; doch ist dies nicht ein Element der Bestimmung der Ehezeit als kurz, sondern der allgemeinen Billigkeitsabwägung (dazu RdNr. 63).

– **OLG Düsseldorf FamRZ 1992, 1188, 1190:** $2^{1}/_{2}$jährige Ehedauer, während der Ehe eintretende Minderung der Erwerbsfähigkeit. – **AG Detmold FamRZ 1992, 1441, 1442:** Ehedauer 25 Monate 12 Tage.– **OLG München OLGR 1993, 236:** $2^{1}/_{4}$jährige Ehedauer, Trennung bereits nach 12 Monaten, Kind erst nach der Trennung gezeugt, beiderseitige Berufstätigkeit und neue Partner. – **OLG München OLGR 1996, 104 f.:** 33jährige Berechtigte mit abgeschlossenem Hochschulstudium, wegen Erziehungsurlaubs nicht ausgeübter Erwerbstätigkeit, knapp 3jährige Ehedauer, Schwangerschaft bereits bei der Heirat, keine wirtschaftlichen Abhängigkeiten. – **OLG Nürnberg FuR 1997, 351, 352:** Ehedauer 2 Jahre 10 Monate, trotz behindertengerechter Einrichtung der Wohnung und Inanspruchnahme steuerlicher Vorteile der Schwerbehinderung durch den anderen Ehegatten, da sich die Ehegatten nach der Scheidung finanziell gleich stellen wie bei der Eheschließung. – **OLG Köln FamRZ 1998, 301, 303:** 14 Monate. – **OLG Frankfurt a. M. FamRZ 1999, 237:** Ehedauer 3 Jahre 2 Monate, wenn die Ehegatten bei der Eheschließung erst 22 Jahre alt waren. – **OLG Koblenz OLGR 2003, 131, 133:** $4^{1}/_{2}$jährige Ehe, kein gemeinsamer Lebensplan außer den Kindern. – **OLG Brandenburg NJW-RR 2004, 581, 582 = FamRZ 2004, 1036 (LS):** 3 Jahre 1 Monat, kinderlose Ehe, teilweise Erwerbstätigkeit des Berechtigten. – **OLG Köln FamRZ 2006, 553:** 26 Monate, trotz Betreuung eines Kindes. – **OLG Karlsruhe FamRZ 2009, 120, 121:** Ehedauer 3 Monate, keine gemeinsamen Kinder.

Keine kurze Ehedauer: BGH NJW 1982, 823 = FamRZ 1982, 254: IdR ab 3 Jahre. – **OLG Bremen FamRZ 1989, 746, 747:** 4 Jahre 10 Monate. – **KG FamRZ 1992, 948, 949** m. Anm. *Weber*: $4^{1}/_{2}$ Jahre. – **OLG Schleswig OLGR 1999, 344:** 2 Jahre 5 Monate; doch zeitliche Begrenzung des Unterhalts auf 3 Jahre. – **BGH NJW 1999, 1630 = FamRZ 1999, 710, 712:** $5^{1}/_{4}$ Jahre. **–** **OLG Schleswig OLGR 2000, 255:** 4 Jahre 8 Monate. – **OLG Saarbrücken FamRZ 2004, 1293:** 3 Jahre 2 Monate. – **OLG Karlsruhe FamRZ 2007, 1176, 1177:** rd. 5 Jahre.

Dies verwehrt es nicht, bei einer noch nicht 2 Jahre dauernden Ehe von einer langen und 9
bei einer über 3 Jahre dauernden von einer kurzen Ehe auszugehen, wenn **besondere Umstände** des Einzelfalles dies rechtfertigen. Ausschlaggebendes Kriterium ist auch insoweit, inwieweit die Ehegatten ihre Lebensführung bereits aufeinander ein- und in wechselseitiger Abhängigkeit auf ein gemeinsames Lebensziel ausgerichtet haben (dazu RdNr. 7). Als maßgeblicher Umstand dient vor allem die Zeit des **Zusammenlebens** der Ehegatten vor und während der Ehezeit[33] – bei nur kurzem Zusammenleben während der Ehe ist jedoch nach seinen Ursachen zu fragen[34] –, oder dass sie schon einmal verheiratet waren,[35] aber auch die **Ehebedingtheit** der Bedürfnislage,[36] die Zeit einer möglichen **Berufsunterbrechung** oder einer nach § 1575 unterhaltsberechtigenden **Berufsausbildung,**[37] die Finanzierung des **Studiums** des Verpflichteten durch den Berechtigten, der Verlust der **Witwenrente** infolge der Eheschließung[38] oder die Besonderheiten bei **Altersehen**[39] und die Zeit, die der Berechtigte benötigt, um sich auf die neue Situation nach der Scheidung **einzustellen.** – Bestimmt man die „Ehe von kurzer Dauer" abstrakt, dienen die „besonderen Umstände" nicht ihrer Konkretisierung, sondern sind – wie die Zeiten der Kinderbetreuung (dazu RdNr. 10, 11) – in die Prüfung einzubeziehen, ob und inwieweit die Inanspruchnahme des Verpflichteten **grob unbillig** ist. Zur **Kritik** und wN s. 4. Aufl. RdNr. 8.

---

[33] BGH NJW-RR 1995, 449 = FamRZ 1995, 1405, 1407; s. auch OLG Schleswig OLGR 1999, 342 f. (6-jähriges Zusammenleben vor der Eheschließung); OLG Köln FPR 2002, 307, 308 (keine Verlängerung bei 8-jähriger Ehezeit, 5-jährigem Zusammenleben, Alter 52 und 28 Jahre, keine Kinder).

[34] BGH NJW 1980, 2247 = FamRZ 1980, 981, 983; NJW 1982, 2442 = FamRZ 1982, 894, 895.

[35] OLG Hamm NJW-RR 1990, 584 = FamRZ 1989, 1091; OLG Celle FamRZ 2006, 703 f.

[36] OLG Hamm FamRZ 1992, 326, 327; AG Fürth FamRZ 1995, 1156, 1157.

[37] Zu letzterem OLG Schleswig FamRZ 1984, 588, 590 f.

[38] OLG Oldenburg FamRZ 1999, 518, 519; *Palandt/Brudermüller* RdNr. 13.

[39] BGH NJW 1982, 823 = FamRZ 1982, 254; NJW 1982, 2064 = FamRZ 1982, 582; OLG Hamm FamRZ 1992, 326, 327.

10 **3. Zeit der Kinderbetreuung.** Neben der Ehedauer „ist die Zeit zu berücksichtigen, in welcher der Berechtigte wegen der Pflege und Erziehung eines gemeinschaftlichen Kindes nach § 1570 Unterhalt verlangen kann" (Nr. 1 Halbs. 2). Die Änderung durch das UÄndG 2007 ist lediglich redaktioneller Art:[40] Sie stellt zum einen klar, dass auch zukünftige, nach der Ehezeit liegende Zeiten der Kinderbetreuung, die einen Anspruch auf Betreuungsunterhalt nach § 1570 vermitteln, bei der Bestimmung der Ehezeit zu berücksichtigen sind; dies galt nach der Rspr. des BGH auch bereits für die bis zum 31. 12. 2007 geltende Gesetzesfassung. Zum anderen setzt sie die Rspr. des BVerfG zur Altfassung um und setzt nunmehr auch sprachlich die Zeiten der Kinderbetreuung nicht schematisch der Ehedauer gleich.

11 Deshalb gilt wie bislang: Die Betreuung gemeinschaftlicher Kinder darf nicht dazu führen, dass der Härtetatbestand der Kurzzeitehe überhaupt nicht mehr erfüllt werden kann, wenn aus der Ehe Kinder hervorgegangen sind.[41] Vielmehr ist zunächst von der **tatsächlichen Ehezeit** auszugehen und, ist diese kurz, die gesetzliche Abwägung durchzuführen, ob und inwieweit unter Wahrung der Belange eines Kindes und unter Berücksichtigung aller Umstände des Einzelfalles Restriktionen des nachehelichen Unterhalts wegen **grober Unbilligkeit** möglich sind.[42] Damit werden die tatbestandlichen Voraussetzungen „grob unbillig" und die Zeit der Kinderbetreuung miteinander vermengt.[43] Dogmatisch zutreffender wäre es deshalb, Nr. 1 Halbs. 2 direkt an „grob unbillig" anzubinden, zumal die Kinderbetreuung immer ein bei der Billigkeitsabwägung ausdrücklich zu beachtender Umstand ist (dazu RdNr. 65–68). – Da **ehebedingte,** durch die Betreuung von Kindern hervorgerufene finanzielle Nachteile ausgeglichen werden sollen, steht bei der Billigkeitsprüfung der Zeit, in der Unterhalt nach § 1570 verlangt werden konnte und kann,[44] die Zeit gleich, in der nach Zustellung des Scheidungsantrags (dazu RdNr. 6) wegen der Kinderbetreuung ein Anspruch auf **Trennungsunterhalt** (§ 1361) bestand.[45] Der Berechtigte kann sich danach bei kurzer Ehezeit nicht darauf verlassen, allein wegen der Betreuung eines gemeinschaftlichen Kindes einen lebenslangen Unterhaltsanspruch zu haben.

II. Verfestigte Lebensgemeinschaft (Nr. 2)

12 **1. Rechtsentwicklung.** Die nunmehr in Nr. 2 ausdrücklich erfasste verfestigte Lebensgemeinschaft wurde zunächst unter Nr. 4 **[1. EheRG]**, danach unter den durch das **UÄndG 1986**[46] eingefügten Nr. 7 subsumiert. Ihre Aufnahme in eine selbständige Nr. 2 durch das **UÄndG 2007** soll die Nr. 8 [UÄndG 2007] (= Nr. 7 [UÄndG 1986]) von einer „überaus reichen, nur schwer überschaubaren Kasuistik ... [entlasten]" und zudem deutlich machen, dass „kein vorwerfbares Fehlverhalten des Unterhaltsberechtigten sanktioniert, sondern ... eine rein objektive Gegebenheit bzw. eine Veränderung in den Lebensverhältnissen des bedürftigen Ehegatten erfasst [wird], die eine dauerhafte Unterhaltsleistung unzumutbar erscheinen lässt."[47] Diese Programmatik ist nebensächlich, nicht schlüssig und auch nicht aussagekräftig, zumal die Regelung nichts Neues bringt[48] und sich die Praxis

---

[40] BT-Drucks. 16/1830 S. 20; s. auch *Borth* FamRZ 2006, 813, 814 f.

[41] BVerfGE 80, 286 = NJW 1989, 2807 = FamRZ 1989, 941, 944 m. Anm. *Schlüter* FuR 1990, 49; FamRZ 1992, 782, 783; auch BVerfG, 1. Kammer des 1. Senats, Beschl. v. 21. 11. 1989 – 1 BvR 208/88 (nicht veröffentlicht). S. auch BGH NJW 1990, 1847 = FamRZ 1990, 492, 495; NJW 1990, 3020 = FamRZ 1990, 1091, 1094; OLG Köln FamRZ 1991, 1241, 1242.

[42] S. dazu auch BVerfG NJW 1993, 455 = FamRZ 1992, 1283, 1284; BGH NJW 1992, 2477 = FamRZ 1992, 1045, 1049; NJW 2005, 3639 = FamRZ 2005, 1979, 1980; OLG München OLGR 1996, 104.

[43] *Borth* FamRZ 2006, 813, 816 („überlappt").

[44] Dazu BT-Drucks. 16/1830 S. 20; ebenso zu Letzterem schon BGH NJW 1987, 1761 = FamRZ 1987, 572, 573 m. krit. Anm. *Graba* FamRZ 1987, 981, 983 ff. Offen gelassen von BVerfGE 80, 286 = NJW 1989, 2807 = FamRZ 1989, 941, 943 m. Anm. *Schlüter* FuR 1990, 49.

[45] OLG Schleswig FamRZ 1984, 588, 590; FamRZ 1984, 1099, 1100.

[46] Gesetz zur Änderung unterhaltsrechtlicher, verfahrensrechtlicher und anderer Vorschriften (UÄndG) v. 20. 2. 1986 (BGBl. I S. 301).

[47] BT-Drucks. 16/1830 S. 21.

[48] Entgegen der Auffassung von *Schnitzler* FPR 2008, 41, 43 ist nicht neu, „dass die Leistungsfähigkeit des neuen Partners keine Rolle mehr spielen soll"; ähnlich wohl auch *Borth* UÄndG RdNr. 226. Dies galt bereits bislang für die „eheähnliche Lebensgemeinschaft". Das UÄndG 2007 hat der „verfestigten Lebensgemein-

bereits seit 30 Jahren mit der bisherigen Regelung zurechtfinden musste.[49] Maßgeblich ist vielmehr die auch in der Gesetzesbegründung eher versteckt zum Ausdruck kommende Änderung in der Formulierung: Wurde bislang auf die „sozio-ökonomische Lebensgemeinschaft" oder auf das „An die Stelle der Ehe"-Treten abgestellt, was zu Problemen bei der Erfassung gleichgeschlechtlicher Lebensgemeinschaften geführt hat, eröffnet die jetzige Textfassung zwanglos die Erfassung **aller Lebensgemeinschaften** (zu den Einschränkungen s. RdNr. 15), seien sie hetero- oder homosexuell orientiert (dazu auch RdNr. 18).[50]

2. Grundsätze. Dazu, wann von einer „verfestigten Lebensgemeinschaft" ausgegangen werden kann, kann grundsätzlich auf die Rspr. zu Nr. 7 [UÄndG 1986] zurückgegriffen werden.[51] Der BGH hat folgende **Kriterien** aufgestellt: Dass der Berechtigte nach der Scheidung mit einem anderen Partner eine intime Beziehung eingeht, rechtfertigt wegen der Beendigung der ehelichen Treuepflicht[52] ohne Hinzutreten weiterer Umstände die Anwendung von Nr. 2 selbst dann nicht, wenn die Beziehung bereits längere Zeit andauert[53] oder er mit dem Partner eine nichteheliche Lebensgemeinschaft aufnimmt.[54] Vielmehr müssen weitere, die enge Verquickung der Verhältnisse der Partner anzeigenden Umstände hinzukommen (dazu RdNr. 14–18). Doch ist durch die Stärkung der **nachehelichen Eigenverantwortung** eines geschiedenen Ehegatten durch das UÄndG 2007 (§ 1569 nF, dazu dort RdNr. 6) und der damit verbundenen Erhöhung seiner unterhaltsrechtlichen Obliegenheiten eine restriktivere Handhabung angezeigt (dazu RdNr. 14, 16, auch RdNr. 63). – Auch die Eingehung einer Gemeinschaft mit **mehreren Personen** steht der Einordnung unter Nr. 2 nicht grundsätzlich entgegen,[55] wenn sie den Charakter einer **Beistandgemeinschaft** (dazu RdNr. 15) trägt. – Zur Abgrenzung zur nach Nr. 7 zu berücksichtigenden **Eingehung eines Verhältnisses zu einem anderen Partner** s. RdNr. 47. 13

3. „Sanktionierte" Lebensgemeinschaften. a) Unterhaltsgemeinschaft. Auch wenn das Absehen von einer neuen Eheschließung vom Verpflichteten hinzunehmen ist, ist seine Inanspruchnahme unzumutbar und die Anwendung von Nr. 2 gerechtfertigt, wenn der Berechtigte und sein neuer Partner eine Unterhaltsgemeinschaft eingegangen sind und der Berechtigte in dieser sein Auskommen findet. Hierzu muss sich ihr Zusammenleben so verfestigt haben, dass zwischen ihnen ein fester sozialer und wirtschaftlicher Zusammenschluss iSe. **„ehegleichen ökonomischen Solidarität"**[56] besteht, sie mithin gemeinsam wirtschaften („sozio-ökonomische Lebensgemeinschaft").[57] Ein solcher Zusammenschluss kann vorliegen, wenn der den Haushalt führende Berechtigte von seinem Partner unterhalten wird, oder sich die Partner die Führung des Haushalts und seine Finanzierung, ggf. 14

---

schaft" in allen ihren Ausprägungen lediglich wegen ihrer zwischenzeitlich überragenden Bedeutung eine eigene Bestimmung zugewiesen, BT-Drucks. 16/1830 S. 21. S. dazu auch RdNr. 14–18.

[49] Kritisch auch *Hohloch* FF 2005, 217, 220 ff.; *Wellenhofer* FamRZ 2007, 1282, 1285.

[50] So auch ausdrücklich BT-Drucks. 16/1830 S. 21 („bzw. eine Lebenspartnerschaft eingehen könnten").

[51] OLG Karlsruhe NJW 2009, 860 = FamRZ 2009, 351, 352 f.; *Hohloch* FF 2005, 217, 220 f. vermisst insoweit gesetzliche Vorgaben im neuen Nr. 2. Doch dürften solche gesetzlichen Vorgaben entbehrlich sein, weil der Begriff „verfestigte Lebensgemeinschaft" durch die bisherige Rspr. ausreichende Konturen erhalten hat; zudem könnten sie durch die Schaffung von Missverständnissen über die Absicht des Gesetzgebers auch „störend" wirken. *Büttner* FamRZ 2007, 773, 777 sieht durch Nr. 2 der bisherigen Rspr. den Boden entzogen, weil nicht mehr auf die Leistungsfähigkeit des neuen Partners abgestellt wird; doch war diese bereits nach altem Recht nur für die Unterhaltsgemeinschaft – zur Begründung der Verfestigung der Lebensgemeinschaft – und nicht auch für die nichteheliche Lebensgemeinschaft – deren Verfestigung sich aus anderen Umständen ergibt – erforderlich (s. auch Fn. 48).

[52] BGH NJW 1983, 1548 = FamRZ 1983, 569, 572; NJW 1989, 1083 = FamRZ 1989, 487, 489.

[53] OLG München FamRZ 1990, 1243; OLG Karlsruhe FamRZ 1994, 174, 175 f.

[54] BGH NJW 1989, 1083 = FamRZ 1989, 487, 489 f.

[55] Dazu auch *Büttner* FamRZ 2007, 773, 776.

[56] *Luthin* FamRZ 1986, 1166 ff.: Begriff ist diffus.

[57] Dieser Begriff wird nicht einheitlich verwandt – s. OLG Oldenburg NJW-RR 1992, 515 = FamRZ 1992, 443, das ihn ersichtlich auf eine „einfache" nichteheliche Lebensgemeinschaft (dazu RdNr. 15–17) anwendet –, trifft aber nur die Unterhaltsgemeinschaft.

entsprechend ihren Einkommensverhältnissen, teilen.[58] Ein gemeinsamer Haushalt oder eine bestimmte **Mindestdauer** des Zusammenlebens[59] wird nicht vorausgesetzt; je nach dem Erscheinungsbild in der Öffentlichkeit **(„Publizitätselement“)** – das nicht Tatbestandselement ist, aber als Indiz dienen kann – kann Unzumutbarkeit angenommen werden. – Dem Verpflichteten ist seine Inanspruchnahme auch dann unzumutbar, wenn die neuen Partner seit längerer Zeit **(„Zeitmoment“)** in einer festen sozialen Verbindung zusammenleben **(„Verdichtungsmoment“),** der Ehegatte in dieser Partnerschaft sein Auskommen finden könnte und kein verständlicher Grund ersichtlich ist, weshalb sie nicht die **Ehe** oder jedenfalls eine **Unterhaltsgemeinschaft** eingehen;[60] auf ein bestimmtes Erscheinungsbild in der Öffentlichkeit kommt es nicht an. Für die Unterhaltsgemeinschaft als Unterfall der verfestigten Lebensgemeinschaft besteht auch nach der Neuregelung durch das **UÄndG 2007** ein Bedürfnis für die Fälle, in denen nicht aus der Dauer des Zusammenlebens auf eine verfestigte Lebensgemeinschaft geschlossen werden kann.[61] Dass der Reformgesetzgeber sie vom Anwendungsbereich der Nr. 2 ausnehmen wollte, ist nicht ersichtlich.[62] – Die ab 1. 1. 2008 verstärkte **nacheheliche Eigenverantwortung** eines geschiedenen Ehegatten (dazu auch RdNr. 13) bedingt erhöhte Anforderungen an die Beachtlichkeit des – in der Praxis ständig vorgebrachten – Wunsches, aufgrund der Erfahrungen in der geschiedenen Ehe **keine eheliche Bindung** mehr oder noch nicht eingehen zu wollen.

15 **b) Eheähnliche Lebensgemeinschaft.** Auch wenn die wirtschaftlichen Verhältnisse des neuen Partners die Begründung einer Unterhaltsgemeinschaft nicht zulassen, kann ein Härtegrund vorliegen, wenn sich die sozialen Beziehungen zu dem neuen Partner so verfestigt haben, dass an die Stelle der Ehe ein nichteheliches Zusammenleben iSe. **Beistandsgemeinschaft** getreten ist. Sie kann auch zwischen hetero- und homosexuellen Partnern bestehen und erfordert keine Intimkontakte, weshalb auch unerheblich ist, wenn der Berechtigte solche zu wechselnden Partnern unterhält.[63] Nicht erforderlich ist eine Bedarfsgemeinschaft iSd. § 7 Abs. 2, 3 SGB II (s. auch § 19 Abs. 1 S. 2, Abs. 2 S. 4, Abs. 3, 4 SGB XII), welche die im vorliegenden Zusammenhang gerade nicht erforderliche Leistungsfähigkeit des Partners verlangen würde.[64] Dagegen fallen unter Nr. 2 **nicht** Beistandsgemeinschaften, die nicht an die Stelle der Ehe treten. Dies trifft vor allem auf das Zusammenziehen mit Eltern und Geschwistern, idR allgemein mit **Verwandten,** aber auch auf reine **Haushalts**– und **Wohngemeinschaften** zu.[65] – Erforderlich ist nicht, dass die Partner **zusammenwohnen** oder ihren Lebensbereich bewusst trennen wollen, auch längere berufsbedingte Abwesenheiten stehen nicht entgegen.[66] Deshalb ist auch nicht das Zusammenziehen oder die bewusste räumliche Trennung[67] maßgebend, sondern allein die **Verfestigung** der Beziehung, die eine **innere Bindung** der Partner iS gegenseitigen

---

[58] Dazu OLG Hamm FamRZ 1992, 956.

[59] BGH NJW 1989, 1083 = FamRZ 1989, 487, 490 im Umkehrschluss aus den Ausführungen zur nichtehelichen Lebensgemeinschaft S. 491; dies verkennt AG Hamburg FamRZ 1997, 374 f.

[60] Jetzt ständige Rspr., zum Ganzen BGH NJW 1987, 3129 = FamRZ 1987, 689; NJW-RR 1987, 1282 = FamRZ 1987, 1011; NJW 1989, 1083 = FamRZ 1989, 487, 489 f.; s. auch OLG Hamm FamRZ 1990, 1001, 1002; NJW-RR 1991, 1474 = FamRZ 1991, 828, 829; OLG Köln NJW-RR 1994, 1030 f.

[61] Dass nach BT-Drucks. 16/1830 S. 21 „die Leistungsfähigkeit des neuen Partners ... grundsätzlich keine Rolle [spielt]“, ist hierzu ohne Belang.

[62] Ebenso wohl OLG Karlsruhe NJW 2009, 860 = FamRZ 2009, 351, 352; insoweit missverständlich *Schnitzler* FPR 2008, 41, 43.

[63] Zum Ganzen BGHZ 150, 209 = NJW 2002, 1947 = FamRZ 2002, 810, 812 m. Anm. *Bergschneider* FamRZ 2002, 951; s. auch OLG Köln OLGR 2002, 249, 250 = FamRZ 2003, 236 (LS); OLG Celle FamRZ 2008, 1627, 1628.

[64] *Büttner* FamRZ 2007, 773, 776.

[65] *Büttner* FamRZ 2007, 773, 776.

[66] OLG Hamm NJW-RR 1999, 1233 = FamRZ 2000, 29 (LS); OLG Stuttgart Urt. v. 9. 9. 2004 – 16 UF 126/04, juris [30 ff.] = OLGR 2005, 127 (insoweit nicht abgedruckt) = FamRZ 2005, 1746 (LS); OLG Koblenz FamRZ 2006, 1540, 1541; OLG Zweibrücken FamRZ 2008, 1630.

[67] Dazu *Schnitzler* FPR 2008, 41, 44.

Einstehens füreinander verlangt,[68] und ihre **Dauer.**[69] Maßgebend ist allein die **Lebensgestaltung,** ob also die Partner ihre Lebensbereiche auch tatsächlich getrennt halten, ansonsten der Verpflichtete allein von der Willensbildung seines ehemaligen Ehegatten und dessen neuen Partners abhängig wäre.[70] – Ausreichend ist die **Dauerhaftigkeit** der Beziehung,[71] etwa wenn die Partner sich im Alltag gegenseitig Hilfe leisten und unterstützen, insbesondere die Hausarbeit und die Betreuung von auch nicht gemeinsamen Kindern gemeinsam und füreinander leisten;[72] die Freizeit ständig miteinander verbringen; zusammen Urlaub machen;[73] gemeinsam an Familienfesten teilnehmen; aus ihrer Verbindung schon Kinder hervorgegangen sind;[74] nicht gemeinsame Kinder den Partner „Mama" oder „Papa" und die Eltern des Partners ihres Elternteils „Oma" und „Opa" nennen;[75] ein Partner seine Lebensführung vollständig auf die Vollbetreuung des schwerst erkrankten anderen abstellt;[76] gemeinsames Wohneigentum erwerben[77] oder erwerben wollen; gemeinsam einen Mietvertrag abschließen; Beistand bei Krankheit;[78] gemeinsames Testament oder Erbvertrag,[79] aber auch einseitiges Einsetzen des anderen Partners als Erben.

Die konkret erforderliche **Dauer** der Beziehung ist aufgrund der konkreten Umstände 16
des Einzelfalles zu bestimmen, durfte nach bisheriger Rspr. idR 2–3 Jahre aber kaum unterschreiten,[80] weil bei einer kürzeren Dauer nicht verlässlich beurteilt werden kann, ob die Partner nur „probeweise" zusammenleben oder sich ihre Gemeinschaft auf Dauer verfestigt hat und sie nach dem **Erscheinungsbild in der Öffentlichkeit**[81] das Zusammenleben als Lebensform bewusst auch für ihre weitere Zukunft gewählt haben.[82] – Liegt aber eine

---

[68] BVerfG NJW 2005, 3347 (LS) = NVwZ 2005, 1178 = FamRZ 2004, 1950 (zu § 7 Abs. 3 Nr 3 Buchst. b SGB II); s. auch OLG Bamberg NJOZ 2008, 3198 = FamRZ 2008, 2037.

[69] OLG Schleswig OLGR 1997, 336.

[70] BGH NJW 1984, 2692 = FamRZ 1984, 986, 987; NJW 1989, 1083 = FamRZ 1989, 487, 490 f.; NJW 1991, 1290 = FamRZ 1991, 670, 672; NJW-RR 1994, 1154 = FamRZ 1995, 540, 542 f.; NJW 1997, 1891 = FamRZ 1997, 671, 672; NJW 2002, 217 = FamRZ 2002, 23, 24 m. Anm. *Schwab* FamRZ 2002, 92; zuletzt BGHZ 157, 395 = NJW 2004, 1326 = FamRZ 2004, 614, 615 m. Anm. *Büttner*; dazu auch OLG Schleswig FamRZ 2000, 28 f.; OLG Koblenz NJW-RR 2000, 1097 = FamRZ 2000, 1372, 1373 (Vorinstanz zu BGH NJW 2002, 217 = FamRZ 2002, 23, 24); NJW-RR 2004, 1576; OLG Frankfurt a. M. FamRZ 2003, 99. Großzügig OLG Frankfurt a. M. NJWE-FER 1999, 257 = FamRZ 2000, 427.

[71] BGH NJW 1984, 2692 = FamRZ 1984, 986, 987; OLG Hamm FamRZ 1989, 631; NJW-RR 1995, 389 = FamRZ 1994, 1591, 1592; FamRZ 1997, 374 (LS); KG NJW 1991, 113 = FamRZ 1990, 746, 747; OLG Düsseldorf NJW 1992, 2302 = FamRZ 1992, 955; OLG München OLGR 1993, 117; OLG Zweibrücken NJW 1993, 1660 (8 Jahre dauernde intime Beziehung, regelmäßiges gemeinsames Verbringen der Freizeit einschließlich Urlaub); aA wohl OLG Hamm NJW-RR 1994, 773 = FamRZ 1994, 963 (LS), das fordert, dass sich die Partner gegenseitig erhebliche Versorgungsleistungen erbringen und überwiegend in einer gemeinsamen Wohnung leben.

[72] Etwa OLG Schleswig OLGR 2002, 276 f.

[73] Dazu OLG Koblenz FamRZ 1991, 1314 f.; OLG Stuttgart Urt. v. 9. 9. 2004 – 16 UF 126/04, juris [30 ff.] = OLGR 2005, 127 (insoweit nicht abgedruckt) = FamRZ 2005, 1746 (LS).

[74] Zu Letzterem OLG München OLGR 1993, 117 (schon 2. Kind); OLG Zweibrücken OLGR 2000, 258, 260 = FamRZ 2001, 29 (LS) (mehrjähriges Zusammenleben, 2 Kinder); OLG Hamburg FamRZ 2002, 1038; AG Westerburg FamRZ 1997, 1339; nunmehr wohl auch *Büttner* FamRZ 2007, 773, 777; ablehnend *Johannsen/Henrich/Büttner* RdNr. 41, 43, da keine „Lebensführungskontrolle" ermöglicht werden soll.

[75] OLG Hamm OLGR 2000, 236, 237 = FamRZ 2000, 1375 (LS); OLG Schleswig OLGR 2002, 276, 277.

[76] OLG Köln OLGR 2002, 249, 250 = FamRZ 2003, 236 (LS).

[77] OLG Schleswig FamRZ 2006, 954 f.

[78] *Schnitzler* FPR 2008, 41, 44.

[79] *Schnitzler* FPR 2008, 41, 44.

[80] Zur Überschreitung, wenn Anhaltspunkte für das Zerbrechen der Beziehung in absehbarer Zeit nach 2¼jährigem Bestand vorliegen, OLG Köln NJW-RR 2003, 938 f.

[81] S. auch OLG Hamm FamRZ 1998, 1588 m. Anm. *Born,* das in einem Fall zwar das Erscheinungsbild in der Öffentlichkeit (entgeltliche Vermietung einer Wohnung und einer Ferienwohnung), nicht aber ein partnerschaftliches Verhältnis angenommen hat.

[82] BGH NJW 1983, 2243 = FamRZ 1983, 996, 997; NJW 1984, 2692 = FamRZ 1984, 986, 987; NJW 1989, 1083 = FamRZ 1989, 487, 489; NJW 1991, 1290 = FamRZ 1991, 670, 672; NJW 1997, 1851 = FamRZ 1997, 671, 672; s. auch OLG Hamm NJWE-FER 1999, 76 = FamRZ 1999, 239 (LS); KG NJOZ 2007, 414 = FamRZ 2006, 1542, 1543; OLG Bamberg NJOZ 2008, 3198 = FamRZ 2008, 2037. Auf das

zunehmende Verfestigung der Beziehung vor,[83] tritt die Bedeutung der geschiedenen Ehe als Grund für die fortdauernde unterhaltsrechtliche Verantwortung des Verpflichteten gegenüber dem Berechtigten zurück, sodass es dem Verpflichteten objektiv unzumutbar werden kann, den Berechtigten gleichwohl weiterhin (uneingeschränkt) unterhalten zu müssen.[84] Wird die Lebensgemeinschaft vor Erreichen der Mindestdauer **beendet,** fehlt es am Erfordernis ihrer Verstetigung, sodass die Voraussetzungen von Nr. 2 insgesamt sowohl für rückständigen wie für zukünftigen Unterhalt nicht vorliegen.[85] – Ein die **Unterschreitung** der zeitlichen Grenze von 2 Jahren rechtfertigender **Ausnahmefall** kann etwa angenommen werden, wenn die nichteheliche Lebensgemeinschaft bereits während der Trennungszeit begründet worden ist und in der nachehelichen Zeit fortgesetzt wird; aus ihr ein Kind hervorgegangen ist;[86] die Partner zusammen ein neu erbautes Eigenheim beziehen;[87] der andere Partner am ehemaligen Familienheim Miteigentum erwirbt;[88] die Partner sich gemeinsam eine Wohnung mieten;[89] sie sich gemeinsames Wohneigentum anschaffen;[90] sie sich zu der Lebensgemeinschaft erst nach der Geburt eines gemeinsamen Kindes zum Zusammenleben entschlossen haben, sich schon längere Zeit zuvor näher gekannt haben oder nach mehrmaligem kurzzeitigen Zusammenleben endgültig zusammengezogen sind.[91]

Die ab 1. 1. 2008 verstärkte **nacheheliche Eigenverantwortung** eines geschiedenen Ehegatten (dazu auch RdNr. 13) muss jedoch auch im vorliegenden Zusammenhang zu weniger strengen Anforderungen an das „Zeitmoment" und das „Verdichtungsmoment" führen. Deshalb werden eher Ausnahmen von der 2–3-Jahres-Regel anzunehmen und die Voraussetzungen an den Grad der Verfestigung der Beziehungen zu lockern sein. – Nicht erforderlich ist, dass die Partner die Ehe/Lebenspartnerschaft miteinander eingehen können, weshalb die erforderliche Dauer auch bereits während der Trennungszeit verwirklicht werden kann und Nr. 2 auch auf den **Trennungsunterhalt** aus §§ 1361 Abs. 3, 1579 Nr. 7 [UÄndG 1986], 1579 Nr. 2 [UÄndG 2007] anzuwenden ist.[92] – Zum **Wiederaufleben** des Unterhaltsanspruchs nach Lockerung der Lebensgemeinschaft s. RdNr. 80, 81. – Zur **Darlegungs**– und **Beweislast** s. RdNr. 87.

Zeitmoment gänzlich verzichten will offenbar OLG Düsseldorf NJW 1992, 2302 = FamRZ 1992, 955. AA AG Bochum FamRZ 1998, 753, 754 f., weil dies gegen Art. 2, 6 Abs. 2 S. 1 GG verstoße.

[83] Die auch durch eine 1-jährige räumliche Trennung bei Aufrechterhaltung der Beziehungen nicht in Frage gestellt wird, OLG Hamm NJW-RR 2003, 1297, 1299 = FamRZ 2004, 375 (LS); s. auch OLG Saarbrücken FF 2003, 252, 253.

[84] BGH NJW 1989, 1083 = FamRZ 1989, 487, 489; NJW 1997, 1851 = FamRZ 1997, 671, 672. Vom OLG Celle NJW-RR 1992, 1349 = FamRZ 1992, 569, 570 nicht angenommen für eine 2-jährige Partnerschaft bei längerer berufsbedingter Abwesenheit des Partners.

[85] KG FPR 2002, 301, 303.

[86] OLG Nürnberg FuR 2002, 328 f. (18monatiges Zusammenleben, bereits zuvor intensiver Umgang, 3 gemeinsame Kinder); OLG Köln FPR 2005, 365 (LS) = FamRZ 2005, 279 (nicht erörtert Nr. 6 [UÄndG 1986] bei wechselnden Partnerschaften, dazu RdNr. 47); OLG Schleswig NJW-RR 2005, 734 (etwas mehr als 2-jährige Dauer, 1 Kind); AG Hanau FamRZ 1997, 1485; AG Mölln FamRZ 2005, 1096 (4 Kinder von neuem Partner).

[87] BGHZ 150, 209 = NJW 2002, 1947 = FamRZ 2002, 810, 811 f. (die Begründung von Miteigentum ist nicht erforderlich); OLG Düsseldorf FamRZ 1994, 176; OLG Köln NJW-RR 2000, 371 = FamRZ 2000, 290, 291 (Verkürzung der Dauer auf 1 Jahr); OLG Hamburg FamRZ 2002, 1038; OLG Köln FF 2005, 192 f. (gemeinsamer Kauf eines Einfamilienhauses, jeweils hälftiges Miteigentum der Partner, gemeinsames Kind: Verkürzung auf 16 Monate); OLG Schleswig FPR 2004, 610 = FamRZ 2005, 277, 278 (Erwerb von Miteigentum durch den Partner am ehemaligen Familienheim nach 1½jähriger Beziehung); FamRZ 2006, 954 f.; OLG Karlsruhe FamRZ 2006, 706; aA OLG Schleswig OLGR 2000, 176 (2½-jährige Dauer, Erwerb eines Reihenhauses); AG Groß-Gerau FamRZ 1992, 327, 328 (bei gemeinsamem Erwerb des Eigenheims nach lediglich ½-jähriger Partnerschaft trotz Heiratsplan, wenn der Partner noch nicht geschieden ist).

[88] OLG Schleswig FPR 2004, 610 = FamRZ 2005, 277 f.

[89] AG Menden FamRZ 1991, 712, 713 (1 Jahr und 4 Monate).

[90] OLG Hamburg FamRZ 2002, 1038; wohl auch *Büttner* FamRZ 2007, 773, 777; ablehnend noch *Johannsen/Henrich/Büttner* RdNr. 41.

[91] Zu Letzterem AG Königstein FamRZ 1992, 1439, 1440 (dort kommt der Einzug des Berechtigten in das von seinem Partner neu erworbene Reihenhaus und die Geburt eines Kindes hinzu).

[92] BGHZ 150, 209 = NJW 2002, 1947 = FamRZ 2002, 810, 812 m. krit. Anm. *Bergschneider;* s. auch *Büttner* FamRZ 2007, 773, 777.

Auf das Merkmal „Erscheinungsbild in der Öffentlichkeit" sollte ganz allgemein verzichtet werden.[93] Dies gilt insbesondere dann, wenn die Partner ihre Lebensbereiche bewusst trennen, weil damit auch von der „Öffentlichkeit" gerade nicht wahrgenommene Umstände erfasst werden. Es kann nur dazu dienen, die Verfestigung der Beziehung zu belegen, sodass es allenfalls als **Indiz** für diese dienen kann. So fordert der BGH[94] denn auch nicht, dass die Öffentlichkeit den Schluss auf eine verfestigte Beziehung zieht, sondern lässt deren Erkennbarkeit ausreichen. 17

c) Gleichgeschlechtliche Partnerschaft. Auch gleichgeschlechtliche Partnerschaften fallen unter Nr. 2 (dazu RdNr. 15).[95] – Gleichwohl soll kurz auf die Rechtslage vor Inkrafttreten des UÄndG 2007 eingegangen werden: Hierzu hat der BGH in einem Urteil v. 14. 12. 1994[96] entschieden, dass auf sie die zur **eheähnlichen Lebensgemeinschaft** (dazu RdNr. 15–17) entwickelten Grundsätze nicht anwendbar seien, weil gleichgeschlechtliche Partner nicht heiraten[97] und deshalb auch nicht ehegleich[98] zusammenleben könnten.[99] In seinem Urteil v. 20. 3. 2002[100] führt er aus, diese Auslegung beruhe auf einem Missverständnis; wesentlicher Grund sei nicht die fehlende Möglichkeit einer Eheschließung gewesen, sondern dass sich noch keine Vorstellung von einer Versorgung in einer gleichgeschlechtlichen Lebensgemeinschaft entwickelt gehabt habe.[101] Ausdrücklich offen gelassen hat der BGH, ob auch die Grundsätze zur **Unterhaltsgemeinschaft** (dazu RdNr. 14) nicht anzuwenden seien, da auch sie von einer „ehegleichen ökonomischen Solidarität" geprägt ist, schließt allerdings nicht aus, die rechtliche Beurteilung eines **Verhältnisses mit einem anderen Partner** (dazu RdNr. 47) anzuwenden, wenn die Beziehung wegen besonderer, etwa kränkender oder sonst anstößiger, in die Öffentlichkeit gedrungener Begleitumstände geeignet ist, den Verpflichteten in außergewöhnlicher Weise zu treffen oder sonst in seinem Ansehen zu schädigen. Jedenfalls seit dem Inkrafttreten des LPartG am 1. 8. 2001 (s. auch § 1 AGG) war diese Differenzierung des BGH nicht mehr tragfähig.[102] – Nunmehr hat der BGH im Urteil v. 16. 4. 2008[103] zu Nr. 6 [UÄndG 1986], **Nr. 7 [UÄndG 2007]** zutreffend entschieden, dass nicht zwischen hetero- und homosexuellen Lebensgemeinschaften zu unterscheiden ist, weil das vorgeworfene Verhalten nicht in der sexuellen Umorientierung, sondern in der Zuwendung zu einem anderen Partner und der Loslösung von den ehelichen Bindungen zu sehen ist. Dies gilt in gleicher Weise für Nr. 2 nF, sodass davon ausgegangen werden kann, dass der BGH auch insoweit von seiner bisherigen Rspr. abrückt und hetero- und homosexuelle Lebensgemeinschaften gleichstellt. 18

III. „Verbrechen oder schweres vorsätzliches Vergehen gegen den Unterhaltspflichtigen" (Nr. 3)

1. Begriffe. Grundsätze. Die Begriffe „Verbrechen" und „schweres vorsätzliches Vergehen" entstammen dem Strafrecht (§ 12 StGB) und erfordern ein **schuldhaftes Verhalten** im strafrechtlichen Sinne, ein solches iSd. § 276 reicht nicht aus. Voraussetzung ist Schuld- 19

[93] So, wenn die neuen Partner es verstehen, ihre Beziehung in der Öffentlichkeit geheim zu halten, *Johannsen/Henrich/Büttner* RdNr. 40; aA *Griesche* FamGb RdNr. 35; *Luthin* FamRZ 1986, 1166, 1167. Offen gelassen von BGH NJW 1997, 1851 = FamRZ 1997, 671, 672.

[94] BGH NJW 1997, 1851 = FamRZ 1997, 671, 672.

[95] Ebenso *Borth* UÄndG RdNr. 224; *Büttner* FamRZ 2007, 773, 776; *Schnitzler* FPR 2008, 41, 44 [VIII.] (der aber noch auf S. 43 [IV.] formuliert: „... alleine ... die Lebensgemeinschaft eines Mannes und einer Frau, ...").

[96] BGH NJW 1995, 655 = FamRZ 1995, 344, 345 m. Anm. *P. Derleder* FuR 1995, 155; ebenso OLG Celle NJW-RR 1995, 5 (als Vorinstanz); OLG Hamm 2000, 21, 23.

[97] BVerfG, 3. Kammer des 1. Senats, NJW 1993, 3058 = FamRZ 1993, 1419.

[98] BVerfGE 87, 234 = NJW 1993, 643 = FamRZ 1993, 164, 168.

[99] Zur Kritik an dieser Rspr. s. 4. Aufl. RdNr. 62.

[100] BGHZ 150, 209 = NJW 2002, 1947 = FamRZ 2002, 810, 812 m. Anm. *Bergschneider* FamRZ 2002, 951 und *Bosch* FF 2002, 103.

[101] Zu dieser „Uminterpretation" s. *Bergschneider* FamRZ 2002, 951, 952.

[102] So auch AG Hamburg FamRZ 2004, 1036 f.; AG Aichach FamRZ 2005, 1096; AnwK-BGB/*Hohloch* RdNr. 81 mwN. Ausdrücklich offen gelassen von BGHZ 150, 209 = NJW 2002, 1947 = FamRZ 2002, 810, 812.

[103] BGHZ 176, 150 = NJW 2008, 2779 = FamRZ 2008, 1414, 1416 f. [26, 27] m. Anm. *Wellenhofer.*

fähigkeit; ausreichend ist **verminderte Schuldfähigkeit,**[104] doch ist dies in die Billigkeitsabwägung einzubeziehen (dazu RdNr. 63). – Eine **Unterhaltsbezogenheit** der Straftat ist nicht erforderlich, sodass sich die Antriebe und Vorstellungen des Berechtigten nicht auf seine Bedürftigkeit als Folge seines Handelns erstrecken müssen, kann aber bei der Billigkeitsabwägung Bedeutung erlangen (dazu auch RdNr. 63). – **Verbrechen** sind alle Delikte, die nach dem StGB Verbrechen sind, in allen Beteiligungsformen, auch als Versuch. **Vergehen** müssen stets – ggf. bedingt – **vorsätzlich** begangen worden sein, fahrlässige Begehung erfüllt den Tatbestand nicht.[105] Zivilrechtlich nicht erforderlich ist die **Bestrafung** des Berechtigten. – Unerheblich ist, ob die Verfehlung vor oder nach der **Auflösung der Ehe** begangen wurde. – Für die Qualifizierung als **schwer,** die im Wesentlichen der Tatrichter vorzunehmen hat,[106] können die Tatbestandlichkeit des Delikts, seine Begehungsform, die das Vergehen verwirklichende Handlung und vor allem seine Auswirkungen auf den Geschädigten, überhaupt alle für die Strafzumessung maßgeblichen Umstände herangezogen werden.[107] Bereits bei der Prüfung der Schwere des Delikts, nicht erst der groben Unbilligkeit, ist ein **Mitverschulden** des Verpflichteten zu beachten. – Nicht stets schließt eine **Verzeihung** die Tatbestandsmäßigkeit aus,[108] insbesondere bei schweren und nachhaltigen Eingriffen in die körperliche Unversehrtheit. Doch ist sie dann bei der Prüfung der groben Unbilligkeit besonders zu gewichten (dazu RdNr. 64). – **Nahe Angehörige** sind jedenfalls der Ehegatte und Lebenspartner iSd. § 1 LPartG des Verpflichteten und seine Verwandten 1. Grades, zudem die weiteren in § 11 Abs. 1 Nr. 1 StGB genannten Personen, wenn zugleich eine enge persönliche Verbundenheit etwa durch Hauszugehörigkeit besteht. Kein Angehöriger idS. ist dagegen der Partner einer **nichtehelichen Lebensgemeinschaft.** – Wegen der **Rechtsfolgen,** insbesondere zu deren **Verhältnismäßigkeit** und dazu, ob sich die Verwirkung auf bei Tatbeginn bereits **fällige Ansprüche** erstreckt, s. RdNr. 70, 76.

20 **2. Einzelne Delikte. a) Delikte gegen die freie Selbstbestimmung. Nötigung**[109] und **Erpressung** können schwere Vergehen sein. **Sexualdelikte** sind, wenn nicht bereits Verbrechen, so doch stets schwere Vergehen, insbesondere dann, wenn sie sich gegen ein gemeinsames minderjähriges Kind oder ein Kind des Verpflichteten[110] richten.

21 **b) Gewaltdelikte. Mord und Totschlag.** – IdR ist eine **gefährliche Körperverletzung** (§ 223 a StGB) ein schweres Vergehen,[111] eine **einfache Körperverletzung** (§ 223 StGB) dagegen nur unter besonderen Umständen.[112] – Verstöße gegen gerichtliche Anordnungen nach **§§ 4, 1 Abs. 1 S. 1, 3 GewSchG.**[113]

22 **c) Falschaussage. Beleidigung. Verleumdung.** Die Voraussetzungen eines schweren vorsätzlichen Vergehens erfüllt der Berechtigte auch in folgenden Fällen, in denen auch eine Konkurrenz zu Nr. 7 vorliegen kann: **Falschaussage** in einem vom Verpflichteten angestrengten Vaterschaftsanfechtungsverfahren mit der Behauptung, in der gesetzlichen Empfängniszeit nur mit diesem geschlechtlich verkehrt zu haben.[114] – Wiederholte schwerwie-

---

104 BGH NJW 1982, 100; OLG Hamm FamRZ 2002, 240, 241.

105 Dazu auch OLG Hamm NJWE-FER 1999, 204 = FamRZ 1999, 516 (LS): Der Berechtigte darf sich nach Trennung für berechtigt halten, die Hälfte eines auch hohen Bankguthabens abzuheben (abgehobener Betrag: 130 000 DM).

106 BGH NJW 1984, 296 = FamRZ 1984, 34, 35.

107 OLG Stuttgart FamRZ 1997, 419, 420: Die Beharrlichkeit des Leugnens von Beziehungen zu einem anderen Partner rechtfertigt die Qualifikation als „schwer".

108 Sehr str., wie hier *Gernhuber/Coester-Waltjen* § 30 RdNr. 90; aA etwa *Johannsen/Henrich/Büttner* RdNr. 45.

109 KG NJW-RR 1992, 648 = FamRZ 1992, 571, 573.

110 OLG Hamm NJW 1990, 1119 = FamRZ 1990, 887; OLG Schleswig OLGR 2005, 695 f.

111 BGH NJW 1984, 296 = FamRZ 1984, 34, 35; NJW 2004, 1324 = FamRZ 2004, 612 ff.; auch OLG Düsseldorf NJW 1993, 3078 = FamRZ 1994, 896 (Schusswaffengebrauch); OLG Koblenz NJWE-FER 1998, 122 = FamRZ 1998, 745.

112 OLG Düsseldorf FamRZ 1983, 585; OLG Koblenz NJW-RR 1992, 2 = FamRZ 1991, 1312.

113 OLG Bamberg OLGR 2007, 474 f. = FamRZ 2007, 1465 (LS).

114 OLG Bremen FamRZ 1981, 953.

gende **Beleidigungen** und **Verleumdungen,**[115] wenn sie mit nachteiligen Auswirkungen auf die persönliche und berufliche Entfaltung und die Stellung des Verpflichteten in der Öffentlichkeit verbunden sind[116] und nicht der Wahrnehmung berechtigter Interessen[117] dienen.

d) Vermögensdelikte. aa) Grundsätze. Es muss sich um Straftaten **von einigem** 23
Gewicht handeln. Unerheblich ist, ob bei einem Antragsdelikt (etwa §§ 247, 266 Abs. 3 StGB) auch Strafantrag gestellt wurde, wenn die unterlassene Antragstellung im Einzelfall nicht das geringe Gewicht des Vermögensdelikts indiziert. In Betracht kommen insbesondere **Diebstahl,**[118] **Sachbeschädigung,**[119] **Unterschlagung** und **Untreue,** vor allem aber **Betrug,** meist als versuchter und vollendeter **Prozessbetrug** durch falsche Angaben, aber auch durch außergerichtliches, insbesondere vorgerichtliches Verhalten,[120] der aber die unterhaltsrechtliche Erheblichkeit der verschwiegenen Einkünfte verlangt (dazu auch RdNr. 73).[121]

Bsp. aus der Rspr.: Verschweigen des Abbruchs eines Studiums; zugleich Nr. 5 verwirklicht.[122] – Verschweigen von Einkünften:[123] auch wenn die unterhaltsrechtliche Bewertung Sache des FamG ist, muss die mögliche unterhaltsrechtliche Erheblichkeit der Einkünfte aufgrund einer „Parallelwertung in der Laiensphäre" erfasst werden können. – Verschweigen einer Erbschaft.[124] – Abstreiten des gewerbsmäßigen Betriebs von „Telefonsex"; zugleich Nr. 7 verwirklicht.[125] – Falsche Angaben über Beziehungen zu neuem Partner.[126] – Unvollständige Angaben zu den Vermögensverhältnissen.[127] – Bewusst falsche Behauptung einer im Zugewinnausgleich zu berücksichtigenden Darlehensverbindlichkeit im Anfangsvermögen, die zur güterrechtlichen Ausgleichspflicht des Verpflichteten führen würde.[128] – Vorspiegeln der Vaterschaft an einem Kind (dazu auch RdNr. 49).

---

[115] Zu Letzterem OLG Hamm FamRZ 1995, 808 (sexueller Missbrauch gemeinsamer Kinder); Urt. v. 16. 6. 1997 – 5 UF 236/96, juris (LS) = EzFamR aktuell 1997, 291 ff. (Anzeige wegen Steuerhinterziehung); OLG München FamRZ 2006, 1605 f. (sexueller Missbrauch eines gemeinsamen Kindes); anders wohl OLG Celle FamRZ 2008, 1627, 1629 (sexueller Missbrauch eines gemeinsamen Kindes).

[116] OLG Düsseldorf FPR 1997, 240 = FamRZ 1997, 418 f. (Übersendung von Intimphotos an den Arbeitgeber); OLG Schleswig OLGR 2000, 429, 430 (Vorwurf des sexuellen Kindesmissbrauchs). OLG Hamm Urt. v. 31. 5. 2000 – 6 UF 55/98, juris [28] = FamRZ 2000, 1371 (LS) scheint hierauf verzichten zu wollen. S. auch BGH NJW 1982, 100, 101: Typische, den Rahmen des früheren § 43 EheG nicht überschreitende Eheverfehlungen reichen nicht aus.

[117] Die nach OLG Zweibrücken Urt. v. 18. 12. 1997 – 5 UF 149/96, juris [127] stets bei Ehrverletzungen in einem gerichtlichen Verfahren vorliegen.

[118] OLG Hamm FamRZ 1994, 168 (erhebliche Vermögenswerte); OLG Karlsruhe Urt. v. 4. 5. 2000 – 2 UF 178/99, juris [51] = FamRZ 2001, 833 (LS) (versuchter Diebstahl).

[119] OLG Hamm Urt. v. 21. 12. 2005 – 11 UF 197/05, juris [109] = NJW-RR 2006, 796 (insoweit nicht abgedruckt) = FamRZ 2006, 1537 (LS) (Sachbeschädigung, versuchte gefährliche Körperverletzung, versuchter Prozessbetrug).

[120] Dazu OLG Schleswig OLGR 1998, 428.

[121] OLG Schleswig OLGR 1997, 216; OLG Hamm OLGR 1997, 280, 282 = FamRZ 1998, 561 (LS) (verneint, soweit das Einkommen ohnehin anrechnungsfrei geblieben wäre und den Mindestbedarf nicht erreicht hätte); OLG Saarbrücken FF 2008, 504, 506 m. Anm. *Clausius*. Zum Beginn des Versuchs – Einreichen des den unwahren Vortrag enthaltenden Schriftsatzes – s. OLG Hamm NJW-RR 2004, 1229 = FamRZ 2004, 1786, 1787 f.

[122] BGH NJW-RR 1990, 1410 = FamRZ 1990, 1095, 1097.

[123] OLG Hamm FamRZ 1994, 1035, 1036; NJW-RR 1994, 901 = FamRZ 1994, 1115, 1116 f.; OLGR 2000, 374, 376 = FamRZ 2000, 1367 (LS); OLG Zweibrücken NJW-RR 1996, 1219 = FamRZ 1996, 220 f.; OLG Koblenz OLGR 1997, 245, 246; OLG München FuR 1997, 274 f.; OLG Hamm OLGR 1997, 280, 282 = FamRZ 1998, 561 (LS); OLG Schleswig NJW-RR 1987, 1481 f.; FamRZ 2000, 1367 f. (Rentenbeginn); OLG Karlsruhe FamRZ 2002, 1037, 1038; OLG Saarbrücken FF 2008, 504, 506 m. Anm. *Clausius*.

[124] OLG Hamm NJW-RR 1994, 323 = FamRZ 1994, 1119, 1120.

[125] OLG Karlsruhe NJW 1995, 2796 = FamRZ 1995, 1488, 1489.

[126] OLG Hamm FamRZ 1996, 1079; FamRZ 1997, 373 f.; FamRZ 1997, 1337; OLG Stuttgart FamRZ 1997, 419, 420; OLG Koblenz NJW-RR 1999, 1597 = FamRZ 2000, 605, 607; AG Solingen FamRZ 1998, 1112.

[127] OLG Koblenz NJW-RR 1997, 1229 = FamRZ 1998, 745, 746.

[128] OLG Köln NJW-RR 2003, 507 = FamRZ 2003, 678 f.

24 Eine frühere **Unterhaltspflichtverletzung** (§ 170 b StGB) des jetzigen Berechtigten **nach der Trennung** erfüllt die Voraussetzungen, wenn sie nachhaltig war, mindestens aber über einen längeren Zeitraum hinweg erfolgte, auch der Höhe nach gewichtig war und ihr eine titulierte oder sonst zweifelsfreie Unterhaltspflicht zugrunde lag.[129] **Vor** der Trennung begangene Unterhaltspflichtverletzungen unterfallen dagegen Nr. 6 als der besonderen Vorschrift („Familienunterhalt").

25 **bb) Pflicht zur ungefragten Information.** Ein **Betrug** kann auch darin liegen, dass entgegen einer Pflicht zu ungefragter Information Umstände, die für den Verpflichteten erkennbar von Bedeutung sind, nicht mitgeteilt werden (dazu auch § 1578 RdNr. 61). Denn nach § 242 hat der aus einem **Urteil** Berechtigte den Verpflichteten ungefragt davon in Kenntnis zu setzen, wenn das Schweigen über eine ihm günstige, für den Unterhaltsanspruch ersichtlich grundlegende Änderung der persönlichen oder wirtschaftlichen Verhältnisse evident unredlich erscheint, etwa wenn der Verpflichtete aufgrund vorangegangenen Tuns des Berechtigten oder nach der Lebenserfahrung keine Veranlassung hat, sich des Fortbestandes der anspruchsbegründenden Umstände durch ein Auskunftsverlangen zu vergewissern, der Berechtigte aber trotz einer für den Verpflichteten nicht erkennbaren Veränderung seiner wirtschaftlichen Verhältnisse, die den materiellrechtlichen Unterhaltsanspruch ersichtlich erlöschen lässt oder ihn grundlegend verändert, eine festgesetzte Unterhaltsrente weiter entgegennimmt und dadurch den Irrtum fördert, in seinen Verhältnissen habe sich erwartungsgemäß nichts geändert.[130] War aber eine Änderung zu erwarten, kann verlangt werden, dass der Auskunftsanspruch (§§ 1580, 1605) geltend gemacht wird.[131] – Ergibt sich die Unterhaltsverpflichtung aus einer **Vereinbarung,** erweitert sich wegen der weitergehenden vertraglichen Treuepflicht die Offenbarungsverpflichtung des Berechtigten wie des Verpflichteten auf alle die Unterhaltsverpflichtung berührenden Umstände, über die bei einer Änderung jederzeit und unaufgefordert Mitteilung zu machen ist.[132] – Die subjektive Bewertung der unterhaltsrechtlichen **Erheblichkeit** der mitzuteilenden Umstände durch die Ehegatten ist unerheblich.[133] – Zu **Schadensersatzansprüchen** aus der Verletzung der Informationspflicht s. § 1569 RdNr. 15.

26 Die Pflicht zu ungefragter Information (dazu auch RdNr. 35, 50) wurde in der Rspr. bislang für folgende **Einzelumstände** angenommen: Beendigung einer Ausbildung,[134] Aufnahme einer Erwerbstätigkeit,[135] Ausweitung einer Erwerbstätigkeit, auch bereits während der Probezeit,[136] ggf. auf ein Erwerbseinkommen über einen vertraglich festgelegten Freibetrag hinaus,[137] auch soweit dies vom Berechtigten als überobligat angesehen wird.[138] –

[129] *Göppinger/Wax/Bäumel* RdNr. 1087; aA *Soergel/Häberle* RdNr. 7; 3. Aufl. 1993 RdNr. 17.

[130] Dazu BGH NJW 1986, 1751 = FamRZ 1986, 450, 453; NJW 1986, 2047 = FamRZ 1986, 794, 796; NJW 1988, 1965 = FamRZ 1988, 270, 271 f.; NJW 1997, 1439 = FamRZ 1997, 483 f. (dazu auch OLG Schleswig FamRZ 1996, 221 ff. als Vorinstanz); auch OLG Oldenburg NJW 1991, 3222 = FamRZ 1991, 827, 828; OLG Koblenz FamRZ 1997, 371, 373; FamRZ 1997, 1338 f. (Bezug einer Erwerbsunfähigkeitsrente); OLG Hamm FamRZ 1997, 1402 (keine ungefragte Information bei Kenntnis des Verpflichteten vom Ausbildungsbeginn eines Kindes); zur ungefragten Mitteilung von Veränderungen während eines laufenden Prozesses s. OLG Hamburg FamRZ 1987, 1044, 1045 f. – Zu § 1611 s. OLG Karlsruhe OLGR 1999, 46, 48.

[131] OLG Naumburg FamRZ 2005, 365, 366.

[132] BGH NJW 1997, 1439 = FamRZ 1997, 483; zu einem Vergleich auch BGH NJW 2008, 2581 = FamRZ 2008, 1325, 1327 [27] m. Anm. *Borth.*

[133] BGH NJW 1999, 2804 = FamRZ 2000, 153, 154 f.; OLG Bamberg OLGR 2001, 96, 97 = FamRZ 2001, 834 f. (LS); OLG Frankfurt a. M. FF 2006, 157, 158 m. Anm. *Schnitzler.*

[134] BGH NJW-RR 1990, 1410 = FamRZ 1990, 1095.

[135] OLG Düsseldorf FamRZ 1988, 841; FamRZ 1989, 62; FamRZ 1991, 1313; OLG Schleswig FamRZ 1996, 221, 222; OLGR 1999, 87; OLGR 2005, 394, 395; OLG Frankfurt a. M. FuR 2002, 83; AG Bad Iburg FamRZ 2000, 289 f.

[136] OLG Koblenz Urt. v. 8. 6. 2001 – 11 UF 672/00, juris [2] = FamRZ 2001, 325 (LS); OLG Frankfurt a. M. FF 2006, 157, 158 m. Anm. *Schnitzler.*

[137] BGH NJW 1997, 1439 = FamRZ 1997, 483, 484.

[138] OLG Frankfurt a. M. FamRZ 2003, 1750.

Erwerb von Renteneinkünften.[139] – Unerwartete Einkünfte.[140] – Erbschaft.[141] – Entfallen eines für die Kürzung des vertraglich vereinbarten Unterhaltsanspruchs erheblichen Umstandes.[142] – Bestehen einer eheähnlichen Lebensgemeinschaft[143] und allgemein das Zusammenleben mit einem anderen Partner. – Durch Vergleich eingegangene Verpflichtung, die Aufnahme einer Erwerbstätigkeit anzuzeigen.[144] – Ausbildungsvergütung eines Kindes;[145] doch wird es darauf ankommen, ob der Berechtigte davon ausgehen kann, der Verpflichtete habe aufgrund seines Kontaktes zu dem Kind bereits Kenntnis vom Bezug der Ausbildungsvergütung.

Nicht offenbart werden müssen: Die Einschränkungen relevanter Darlehensrückführungen, wenn die Unerheblichkeit des Wegfalls von Tilgungsleistungen vertraglich vereinbart war.[146] Anders aber, wenn eine solche Vereinbarung nicht getroffen wurde. – Die Änderung der **Einkommensverhältnisse** durch den Verpflichteten;[147] die Interessen des Berechtigten werden grundsätzlich[148] über die §§ 1580 S. 1, 1605 ausreichend gewahrt. Aus Gründen der Gleichbehandlung gilt dies, abgesehen von vorstehenden Fallgestaltungen (dazu RdNr. 25, 26), auch für den Berechtigten.[149] 27

IV. Mutwilliges Herbeiführen der Bedürftigkeit (Nr. 4)

1. Grundsätze. Nr. 4 setzt sich aus den Tatbestandsmerkmalen „Bedürftigkeit herbeiführen" und „Mutwilligkeit" zusammen. Deshalb führt allein das Herbeiführen der Bedürftigkeit nicht zu einer Beschränkung nach Nr. 4, ist aber auch dann nicht völlig sanktionslos, wenn Mutwilligkeit nicht vorliegt: Stellt es zugleich eine **Obliegenheitsverletzung** dar, wird der Berechtigte – wie auch der Verpflichtete – **fiktiv** so behandelt, als habe er noch die vor der Herbeiführung erzielten Einkünfte. Diese Einkünfte prägen den Bedarf und bestimmen die Bedürftigkeit und die Leistungsfähigkeit (dazu § 1578 RdNr. 138–187). Nr. 4 ermöglicht einen noch weitergehenden Eingriff in den Unterhaltsanspruch, wenn zu der Obliegenheitsverletzung **Mutwillen** hinzutritt. Daraus folgt weiter, dass alle Obliegenheitsverletzungen auch tatbestandsmäßig iSd. Nr. 4 sind. Unzutreffend ist deshalb die Feststellung des BGH,[150] dass sich ein nicht mutwilliges Verhalten des Berechtigten auch nicht auf seinen Unterhaltsanspruch auswirkt. – Deshalb und weil die Problematik über den Anwendungsbereich von Nr. 4 hinausgeht, werden die einzelnen Obliegenheiten bei **§ 1578** erörtert (dazu dort RdNr. 145–187). Zu den maßgeblichen Obliegenheiten s. die Ausführungen zu § 1578: Zur **Erwerbsobliegenheit** RdNr. 146–166, zur krankheitsbedingten **Erwerbsunfähigkeit** RdNr. 166, zu **Verbindlichkeiten** RdNr. 185, 186 und **Vermögensnutzung** RdNr. 118, 174–177, 182, zur **Regelaltersrente, vorgezogenen Altersrente, Vorruhestand** und **Altersteilzeit** RdNr. 170–172, zur **Begründung und Geltendmachung** 28

[139] OLG Frankfurt a. M. NJW-RR 1991, 202 = FamRZ 1990, 1363; OLG Koblenz FamRZ 1997, 371, 373; FamRZ 1997, 1338 f.; OLG Schleswig FamRZ 2000, 1367 f.

[140] BGH NJW 1986, 1751 = FamRZ 1986, 450, 453; s. auch BGH NJW 1986, 2047 = FamRZ 1986, 794, 796: Die Aufnahme einer nach den Umständen des Einzelfalles ohnehin erwarteten Erwerbstätigkeit durch den Berechtigten braucht, ohne dass besondere Vertrauensgesichtspunkte hinzutreten, nicht mitgeteilt zu werden; AG Dieburg FamRZ 1999, 854 (Bezug von Pflegegeld).

[141] OLG Frankfurt a. M. FF 2006, 157, 159 m. Anm. *Schnitzler.*

[142] BGH NJW 1988, 1965 = FamRZ 1988, 270, 271 f.

[143] OLG Koblenz FamRZ 1987, 1156; NJW-RR 1999, 1597 = FamRZ 2000, 605, 607; OLG Hamm FuR 1998, 319 f. (das Nr. 4 und Nr. 5 aF anwendet); OLG Frankfurt a. M. FuR 2002, 83.

[144] OLG Bamberg FamRZ 1990, 755.

[145] OLG Hamm FamRZ 1994, 966.

[146] OLG Bamberg NJW-RR 1994, 454 = FamRZ 1994, 1178, 1179.

[147] OLG Düsseldorf FamRZ 1995, 741, 742.

[148] Zu Ausnahmefällen s. BGH NJW 1997, 1439 = FamRZ 1997, 483 f. und dazu OLG Schleswig FamRZ 1996, 221 ff. als Vorinstanz: (statt anrechnungsfreier 600 DM wurden bis zu 1700 DM/Monat verdient); OLG Bremen FamRZ 2000, 256, 257.

[149] BGH NJW 1986, 1751 = FamRZ 1986, 794, 796; AG Weilburg FamRZ 2000, 93 ff.; aA wohl OLG Düsseldorf MDR 2001, 540.

[150] BGH NJW-RR 1986, 746 = FamRZ 1986, 560, 562.

von Ansprüchen RdNr. 176, zum **Verlust von Ansprüchen** RdNr. 177, 178, zu entgeltlichen Diensten in einer **nichtehelichen Lebensgemeinschaft** RdNr. 158–162, zur **Kindesunterschiebung** RdNr. 179, zur **zweckwidrigen Verwendung** des Altersvorsorgeunterhalts RdNr. 181.

29 **2. Herbeiführen der Bedürftigkeit. Mutwilligkeit.** Der Berechtigte muss seine Bedürftigkeit adäquat **verursacht** haben. Dies kann auf die unterschiedlichsten Lebenssachverhalte zutreffen, etwa:

Eine erforderliche Vorbildung bzw. Ausbildung zu einer **angemessenen Erwerbstätigkeit** iSd. § 1574 Abs. 2 hätte bereits in der Vergangenheit absolviert werden können.[151] – Ein Ehegatte hat sein **Vermögen** ganz oder zT weggegeben oder für luxuriöse, den ehelichen Lebensumständen nicht mehr angemessene Zwecke ausgegeben, und so ggf. den Zugewinnausgleich vereitelt.[152] – Durch einen **Verzicht** auf nachehelichen Unterhalt gegen den Ehegatten aus einer Folgeehe wurde der Unterhaltsanspruch gegen den Ehegatten der geschiedenen Vorehe nach § 1586a Abs. 1 zum Wiederaufleben gebracht (dazu auch § 1585c RdNr. 39). – Vorwerfbar wurde eine rechtzeitige Vorsorge für das Alter und die **Erwerbs-** oder **Berufsunfähigkeit**[153] oder eine **Krankheitstherapie** einschließlich Medikamenteneinnahme (dazu § 1572 RdNr. 18, § 1578 RdNr. 166) unterlassen; infolge **Alkohol-** und **Drogenmissbrauch** wurde eine Arbeitsstelle verloren (zur Obliegenheit, eine angemessene Erwerbstätigkeit auszuüben, s. § 1573 RdNr. 8–10). – Dem Ehegatten wurde durch eine Schwangerschaft von einem anderen Mann oder durch eine In-vitro-Fertilisation gegen den Willen des Ehegatten (dazu auch RdNr. 35 und näher § 1578 RdNr. 179)ein **Kind untergeschoben.**

30 Die Bedürftigkeit muss **mutwillig** herbeigeführt worden sein. Dies setzt zwar kein vorsätzliches, jedoch ein **verantwortungsloses, mindestens leichtfertiges Verhalten** voraus, einfaches Verschulden reicht nicht aus.[154] Das Verhalten muss aus unterhaltsrechtlicher Sicht nicht mehr vertretbar sein. Deshalb muss die Mutwilligkeit **unterhaltsbezogen** sein, wozu sich Vorstellungen und Antriebe für das Verhalten auch auf die Bedürftigkeit als dessen Folge erstrecken müssen.[155] Der Berechtigte muss sich seiner Erwerbslosigkeit und der sich daraus ergebenden Bedürftigkeit als Folge seines Handelns bewusst sein, diese zwar im Vertrauen auf ihren Nichteintritt gebilligt und sich unter Hinwegsetzen dessen, was jedem einleuchten muss, oder rücksichts- und verantwortungslos über die möglichen Folgen für seine Bedürftigkeit hinweggesetzt haben.[156] Zudem ist die Gestaltung des Verhältnisses des Berechtigten zum Verpflichteten im Zeitpunkt des beanstandeten Verhaltens zu berücksichtigen; dies kann insbesondere bei der Eingehung von **Verbindlichkeiten** Bedeutung erlangen (dazu § 1578 RdNr. 185). – **Ohne Erwerbsobliegenheit** des Berechtigten kann

[151] BGH NJW 1986, 985 = FamRZ 1986, 553, 555.

[152] OLG Karlsruhe FamRZ 1983, 506; OLG Hamm NJW 2007, 1144 = FamRZ 2007, 1889, 1890: Vereitelung des Zugewinnausgleichs infolge der Haftungsbegrenzung nach § 1378 Abs. 2; s. dazu aber auch die Fassung des § 1378 Abs. 2 nach dem RegE eines Gesetzes zur Änderung des Zugewinnausgleichs- und Vormundschaftsrechts (BT-Drucks. 16/10798): „Die Höhe der Ausgleichsforderung wird durch den hälftigen Wert des Vermögens des Ausgleichspflichtigen begrenzt, das nach Abzug der Verbindlichkeiten bei Beendigung des Güterstandes vorhanden ist. Die sich nach Satz 1 ergebende Begrenzung der Ausgleichsforderung erhöht sich in den Fällen des § 1375 Abs. 2 um die Hälfte des dem Endvermögen hinzuzurechnenden Betrages."

[153] BGH NJW 1983, 2315 = FamRZ 1983, 803.

[154] BGH NJW 1981, 2805 = FamRZ 1981, 1042; FamRZ 1984, 364, 367.

[155] BGH NJW 1981, 2805 = FamRZ 1981, 1042, 1044; FamRZ 1984, 364, 367; NJW 1987, 1554 = FamRZ 1987, 359, 361; s. auch OLG Hamm NJW-RR 1994, 1287 = FamRZ 1994, 704, 705 (Alkoholabhängigkeit); FamRZ 1994, 1037f. (Tablettenabhängigkeit); OLG Köln FamRZ 1999, 920f. (Alkoholabhängigkeit).

[156] StRspr. des BGH, etwa BGH NJW-RR 1989, 1218 = FamRZ 1989, 1054, 1057; BGHZ 146, 391 = NJW 2001, 1789 = FamRZ 2001, 241, 244 mwN; zu § 1603 s. BGH NJW 2002, 1799 = FamRZ 2002, 813, 814; s. auch KG FamRZ 2002, 460, 462 m. Anm. *Müller* FamRZ 2002, 1406. S. auch OLG Saarbrücken FF 2008, 504, 506 m. Anm. *Clausius*: Verbleibende Zweifel an der Mutwilligkeit gehen zu Lasten des Verpflichteten.

eine mutwillige Herbeiführung der Bedürftigkeit nur vorliegen, wenn Krankheit, Alter oder Lage auf dem Arbeitsmarkt die (Wieder-)Aufnahme einer Erwerbstätigkeit zwar nicht zulassen, die nach Nr. 4 maßgebliche Verfehlung aber bereits in der **Herbeiführung der Erwerbslosigkeit** liegt (dazu auch RdNr. 29).[157]

3. Rechtsfolge. Das Vorliegen der Voraussetzungen von Nr. 4 führt zunächst zu einer **Fiktion:** Der Berechtigte ist so zu halten, als verfüge er über die finanziellen Mittel zur Bestreitung seines eheangemessenen Bedarfs, deren er sich durch sein vorwerfbares Verhalten entsetzt hat.[158] In einem **weiteren** Schritt ist dann die Beschränkung des Unterhaltsanspruchs wegen grober Unbilligkeit (dazu RdNr. 63–80) zu prüfen. – Zur Abgrenzung gegenüber der **bedarfsdeckenden** Anrechnung der nicht erzielten, fiktiven Einkünfte bereits nach § 1577 Abs. 1 s. dort RdNr. 3, zu ihrer Berücksichtigung bei der Ermittlung des **Bedarfs,** der Bedürftigkeit und der Leistungsfähigkeit s. § 1578 RdNr. 139. 31

V. Mutwilliges Hinwegsetzen über schwerwiegende Vermögensinteressen (Nr. 5)

1. Allgemeines. Diese Regelung (zur Entstehungsgeschichte s. 3. Aufl. RdNr. 25) soll insbesondere die Fälle, dass der Berechtigte den Verpflichteten bei dessen Arbeitgeber anschwärzt und damit seinen Arbeitsplatz gefährdet, einer Lösung zuführen.[159] Für ihre Anwendung hat der Gesetzgeber bewusst **keine Zeitgrenze** vorgesehen, sodass sie insbesondere auch bei Verstößen nach rechtskräftiger Scheidung eingreifen kann.[160] Die **Verwerflichkeit** des Verhaltens des Berechtigten ist kein Tatbestandsmerkmal von Nr. 5, findet allerdings im Rahmen der Billigkeitsabwägung Berücksichtigung.[161] 32

2. „Schwerwiegende Vermögensinteressen“. Nicht jede unterlassene Rücksichtnahme auf die Vermögensinteressen des Verpflichteten ist im Rahmen des Nr. 5 beachtlich, vielmehr müssen „schwerwiegende Vermögensinteressen“ berührt werden. Der Eintritt eines **Vermögensschadens** ist nicht erforderlich, ausreichend ist eine **Vermögensgefährdung,**[162] die auch darin liegen kann, dass geleisteter Unterhalt nicht **zurückgefordert** werden kann.[163] – Nicht jede Gefährdung reicht aus, vielmehr muss sie ein besonderes Gewicht erlangen.[164] Deshalb ist sie nur dann **schwerwiegend,** wenn die wirtschaftliche Grundlage des Verpflichteten nicht nur messbar, sondern nicht unerheblich nachhaltig beeinträchtigt wird, und sie seine Leistungsfähigkeit erheblich erschweren oder unmöglich machen kann.[165] 33

3. „Mutwilliges Hinwegsetzen“. „Hinwegsetzen“ ist als Handlung für sich gesehen **objektiv** zu verstehen.[166] Weil nicht auf die Intensität des Verhaltens des Berechtigten[167] 34

---

[157] Im Ergebnis wohl auch *Büte* in: *Bäumel/Büte/Poppen* RdNr. 15, der Nr. 4 als Spezialregelung nur auf vor Eintritt einer Erwerbsobliegenheit liegende Vorgänge anwendet.

[158] BGH NJW 1981, 2805 = FamRZ 1981, 1042, 1043; NJW-RR 1988, 1218 = FamRZ 1988, 927, 928 f.

[159] BGH NJW 1979, 1348 = FamRZ 1979, 569, 570 (zu Nr. 4 [1. EheRG]); OLG München FamRZ 1982, 270, 272 (zu Nr. 4 [1. EheRG]); OLG Koblenz NJW-RR 1992, 2 = FamRZ 1991, 1312, 1313; BT-Drucks. 10/2888 S. 20. Dazu auch *Bosch* FamRZ 1984, 1165, 1170; *Eyrich* FamRZ 1984, 941, 943; *Lübbert* S. 156, 160, 162; *Richter* JR 1985, 133, 135.

[160] OLG Hamburg FamRZ 1987, 1044, 1045; *Schwab/Borth* IV RdNr. 470.

[161] *Göppinger/Wax/Bäumel* RdNr. 1092.

[162] BGH NJW 2008, 2581 = FamRZ 2008, 1325, 1327 [27] m. Anm. *Borth*; OLG Düsseldorf NJW-RR 1996, 1155 = FamRZ 1996, 1418; FPR 1997, 240 = FamRZ 1997, 418; *Häberle* FamRZ 1986, 311, 312; *Schwab/Borth* IV RdNr. 474; *Soergel/Häberle* RdNr. 13.

[163] Zum Ganzen BGH NJW 2009, 588 m. Anm. *Born* = FamRZ 2009, 411, 416 [41] m. Anm. *Borth*; s. auch BGH NJW 2008, 2581 = FamRZ 2008, 1325, 1327 [27]. Deshalb kann es entgegen BGH NJW 2009, 588 m. Anm. *Born* = FamRZ 2009, 411, 416 [42] m. Anm. *Borth* jedenfalls nicht allein darauf ankommen, dass sich verschwiegene Erwerbseinkünfte auf den Unterhaltsanspruch deshalb nicht auswirken können, weil der Berechtigte mit Einkünften in darüber hinausgehender Höhe fingiert wurde.

[164] OLG Celle FamRZ 1994, 1324, 1325. Auch BGH NJW 2008, 2581 = FamRZ 2008, 1325, 1327 [27] m. Anm. *Borth* stellt auf die Intensität der Pflichtverletzung ab.

[165] OLG Zweibrücken NJW-RR 1996, 1219 = FamRZ 1996, 220; OLG Düsseldorf NJW-RR 1996, 1155 = FamRZ 1996, 1418; OLG Karlsruhe NJWE-FER 1998, 52 = FamRZ 1998, 746, 747.

[166] BGHZ NJW 2009, 588 m. Anm. *Born* = FamRZ 2009, 411, 416 [41] m. Anm. *Borth.*

[167] AA BGH NJW 2009, 588 m. Anm. *Born* = FamRZ 2009, 411, 416 [41] m. Anm. *Borth.*

oder die Empfindungen des Verpflichteten, sondern allein auf die Gefährdung der Vermögensinteressen des Verpflichteten abgestellt wird, wird anders als bei Nr. 4 (dazu RdNr. 30) eine **Unterhaltsbezogenheit** des Verhaltens nicht vorausgesetzt,[168] weshalb sich Vorstellungen und Antriebe für das Verhalten nicht auch auf die Leistungsfähigkeit des Verpflichteten als dessen Folge erstrecken müssen. – Zudem ist „Hinwegsetzen" dadurch auch eine **subjektive** Tendenz eigen, dass er mit seinem Verhalten den Vermögensinteressen des Verpflichteten zuwiderhandelt. Deshalb kann sich das Erfordernis der **Mutwilligkeit** nur auf die Vermögensgefährdung, nicht aber auch auf das Hinwegsetzen beziehen. Mutwilligkeit liegt wie bei Nr. 4 bei verantwortungslosem, mindestens leichtfertigem Verhalten vor.[169] Danach reicht vorsätzliches, auch bedingt vorsätzliches[170] Verhalten eines schuldfähigen Berechtigten immer, nicht aber jedes fahrlässige Verhalten aus (dazu RdNr. 30). Das Verhalten eines **Schuldunfähigen** ist nach Nr. 8 zu beurteilen (dazu RdNr. 63).[171]

35 **4. Bsp. aus der Rspr.: Anschwärzen** des Verpflichteten bei seinem Arbeitgeber;[172] auch Hinweis an Auftraggeber eines Selbständigen auf **fruchtlose Pfändungsversuche** und die Abgabe der eidesstattlichen Versicherung.[173] – Nichtgebrauchmachen von einem zustehenden **Aussageverweigerungsrecht.**[174] – Zur **In-vitro-Fertilisation** s. RdNr. 29 und näher § 1578 RdNr. 179. – Die **Pfändung** des titulierten Unterhalts[175] und die Vorsprache wegen Pfändungen beim Arbeitgeber des Verpflichteten sind unerheblich, wenn der Verpflichtete nicht freiwillig bezahlt und sich nicht gesetzestreu verhält;[176] eine dadurch bewirkte nachhaltige Vermögensschädigung muss aber zur Durchsetzung des Unterhaltstitels erforderlich sein.[177] – Verletzung der Pflicht zur Mitwirkung bei der **steuerlichen Zusammenveranlagung**[178] und bei der Durchführung des **begrenzten Realsplittings** (§§ 10 Abs. 1 S. 1 Nr. 1, 22 Nr. 1 a EStG). – **Strafanzeigen;**[179] wegen der Verfolgung berechtigter eigener Belange reicht jedoch eine Strafanzeige wegen **Unterhaltspflichtverletzung** nicht aus,[180] es sei denn, sie beinhalte eine falsche Anschuldigung oder treffe einen Verpflichteten, der in einem finanzsensiblen Bereich – etwa Banken, Versicherungen, Rechtsanwälte, Steuerberater, Wirtschaftsprüfer – arbeitet.[181] Unschädlich sind **Selbstanzeigen** wegen Beteiligung an einer Straftat; bei Steuerdelikten wird jedoch eine vorherige Hinweispflicht

---

[168] Ebenso *Häberle* FamRZ 1986, 311, 312; *Schwab/Borth* IV RdNr. 473; *Soergel/Häberle* RdNr. 13; aA *Eyrich* FamRZ 1984, 941, 943.

[169] *Göppinger/Wax/Bäumel* RdNr. 1093; *Schwab/Borth* IV RdNr. 473.

[170] BGH NJW 2008, 2581 = FamRZ 2008, 1325, 1327 [30] m. Anm. *Borth.*

[171] OLG Hamm FamRZ 1998, 371, 372; *Schwab/Borth* IV RdNr. 473.

[172] OLG Hamm FamRZ 1987, 946; FamRZ 1997, 356, 357; OLG Zweibrücken FamRZ 1989, 63 (Diebstahl und sexuelle Übergriffe am Arbeitsplatz); OLG Koblenz EzFamR aktuell 1996, 279 = FamRZ 1997, 418 (LS) (Korruptionsverdacht); OLG Düsseldorf FPR 1997, 240 = FamRZ 1997, 418 (ungenehmigter Betrieb eines Nebengewerbes mit Assoziationen in den Intimbereich des Verpflichteten); OLG Karlsruhe NJWE-FER 1998, 52 = FamRZ 1998, 746, 747 (Diebstahl am Arbeitsplatz).

[173] OLG Düsseldorf NJW-RR 1996, 1155 = FamRZ 1996, 1418.

[174] OLG Köln FamRZ 1995, 1580.

[175] Zur Doppelpfändung aus einem summarischen Titel s. OLG Frankfurt a. M. Urt. v. 18. 2. 2002 – 1 UF 64/01, juris (LS).

[176] OLG Hamm NJWE-FER 1998, 97 = FamRZ 1999, 235, 236.

[177] OLG Düsseldorf NJW-RR 1996, 1155 = FamRZ 1996, 1418, 1419 f.

[178] OLG Celle FamRZ 1994, 1324, 1325; OLG Hamm NJW-RR 2004, 1229 = FamRZ 2004, 1786, 1787: In den konkreten Fällen wurde die Verletzung schwerwiegender Vermögensinteressen (dazu RdNr. 33) verneint, weil sich durch die getrennte Veranlagung das Einkommen des Berechtigten erhöht und das des Verpflichteten verringert hatte, sodass der steuerliche Nachzahlungsbetrag des Verpflichteten mit der Verringerung seiner Unterhaltsverpflichtung gegenzurechnen war.

[179] OLG Zweibrücken FamRZ 1989, 63 (unerlaubten Waffenbesitzes); OLG Koblenz NJW-RR 1992, 2 = FamRZ 1991, 1312; OLGR 2002, 243; OLG Köln NJWE-FER 1999, 107 f. (Steuerhinterziehung; im Ergebnis verneint, weil die Angaben des Berechtigten in seiner Anzeige völlig unbrauchbar waren); OLG Frankfurt a. M. Urt. v. 18. 2. 2002 – 1 UF 64/01, juris (LS); AG Aachen NJWE-FER 1998, 244 = FamRZ 1998, 747, 748 m. Anm. *Kogel* (Steuerhinterziehung).

[180] OLG Stuttgart FamRZ 1979, 40.

[181] S. aber auch OLG Köln FamRZ 1980, 1007 für einen Handelsvertreter, der wegen einer Anzeige wegen Unterhaltspflichtverletzung seinen Arbeitsplatz verloren hat.

an den Verpflichteten angenommen.[182] Unschädlich ist auch, wenn das FamG aufgrund Parteivortrags des Berechtigten die Akten dem Finanzamt wegen des Verdachts auf **Steuerhinterziehung** zur Prüfung der Einleitung eines Steuerstrafverfahrens vorlegt, weil die nicht versteuerten Einkünfte jedenfalls in Höhe des Nettobetrags die Höhe des Unterhalts beeinflussen können.[183] – Gegen den Verpflichteten gerichtete **Straftaten** des Berechtigten können den Tatbestand des Nr. 5 unabhängig davon erfüllen, dass meist auch Nr. 3 vorliegen wird. In der Rspr. nimmt insoweit ein versuchter oder vollendeter **Prozessbetrug** einen breiten Raum ein;[184] bereits im Übergang der Darlegungs- und Beweislast im **Abänderungsverfahren** auf den Verpflichteten hinsichtlich der Abänderungsvoraussetzungen liegt eine Vermögensgefährdung, die geeignet ist, ihn empfindlich zu schädigen.[185] Doch muss es sich nicht notwendig um ein gegen das Vermögen gerichtetes Delikt handeln, ausreichend ist jede Straftat, welche die Vermögensinteressen des Verpflichteten gefährdet.[186] – Verletzung der Pflicht zu **ungefragter Information;**[187] meist wird auch Nr. 4 und Nr. 7 vorliegen (dazu RdNr. 25–27, RdNr. 50). – **Verschweigen** von **Vermögen**[188] und **Einkommen.**[189] – **Versicherungsbetrug,** bei dem der Unterhaltschuldner in den Verdacht der Mitwirkung geraten kann.[190]

VI. Gröbliche Verletzung der Pflicht, zum Familienunterhalt beizutragen (Nr. 6)

1. Allgemeines. Objektiv erforderlich ist eine gröbliche Unterhaltspflichtverletzung, die während der Ehe bis zur Trennung längere Zeit angedauert hat. Diese den §§ 1587 c Nr. 3, 1587 h Nr. 3 (dazu auch § 27 VersAusglG) nachgebildete Regelung[191] hat ebenso wie jene nur eine sehr begrenzte praktische Bedeutung; soweit ersichtlich wurde sie in keiner der veröffentlichten Entscheidungen zu Lasten einer Ehefrau angewandt.[192] 36

2. „Familienunterhalt“. Darunter ist dasselbe wie in §§ 1360, 1360 a zu verstehen. Er umfasst neben den durch die Einkünfte der Ehegatten, soweit sie für den Unterhalt aller Familienmitglieder benötigt werden, bestimmten wirtschaftlichen Grundlagen der Familie auch die Haushaltsführung einschließlich der Pflege und Erziehung der gemeinschaftlichen Kinder (zum Ganzen § 1360 a RdNr. 2–9). 37

3. „Vor der Trennung“. Die Verletzung der Pflicht, zum Familienunterhalt beizutragen, muss die Zeit des Zusammenlebens vor der Trennung betreffen. Erst **danach** vorgenommene Pflichtverletzungen können Nr. 6 nach dessen ausdrücklichem Wortlaut nicht 38

---

[182] Dazu OLG Koblenz OLGR 2002, 243; *Schwab/Borth* IV RdNr. 462.

[183] OLG Zweibrücken OLGR 2002, 105, 107.

[184] BGH NJW-RR 1990, 1410 = FamRZ 1990, 1095, 1096; BGHZ 175, 182 = NJW 2008, 1663 m. Anm. *Born* = FamRZ 2008, 968, 974 [60] m. Anm. *Maurer* (im konkreten Fall hat der BGH eine grobe Unbilligkeit wegen der unaufgeforderten Klarstellung von eigenen Einkünften im Berufungsrechtszug und wegen der sehr engen finanziellen Verhältnisse der Berechtigten verneint); OLG Düsseldorf FamRZ 1989, 61; OLG Frankfurt a. M. FamRZ 1990, 136; OLG Oldenburg NJW 1991, 3222 = FamRZ 1991, 827; OLG Celle FamRZ 1991, 1313; OLG Zweibrücken NJW-RR 1996, 1219 = FamRZ 1996, 220; OLG Koblenz NJW-RR 1997, 1229 = FamRZ 1998, 565 f.; OLG Karlsruhe FamRZ 2002, 1037; OLG Schleswig FamRZ 2003, 603, 605.

[185] BGH NJW-RR 1990, 1410 = FamRZ 1990, 1095, 1096; OLG Koblenz NJW-RR 1997, 1229 = FamRZ 1998, 565 f.

[186] OLG Koblenz NJW-RR 1992, 2 = FamRZ 1991, 1312 (Tätlichkeiten); OLG Hamm Urt. v. 16. 6. 1997 – 5 UF 236/96, juris (LS) = EzFamR aktuell 1997, 291 ff. (Anzeige wegen Steuerhinterziehung).

[187] BGH NJW 2008, 2581 = FamRZ 2008, 1325, 1327 [27–31] m. Anm. *Borth*; OLG Hamburg FamRZ 1987, 1044; OLG Frankfurt a. M. FamRZ 1992, 327 (LS); OLG Hamm NJW-RR 1994, 772 = FamRZ 1994, 1265 (LS); FamRZ 1994, 1265, 1266; OLG Schleswig OLGR 1999, 87; OLGR 2005, 394.

[188] OLG Hamm FamRZ 2002, 242, 243: Im konkreten Fall allerdings eher gering zu gewichten, weil der Verpflichtete trotz des von ihm erkannten Versicherungsbetrugs den Scheck der Versicherung an die Berechtigte übersandt und ihr das weitere Vorgehen anheim gestellt hatte, anstatt ihn an die Versicherung zurückzusenden.

[189] BGHZ NJW 2009, 588 m. Anm. *Born* = FamRZ 2009, 411, 416 [41] m. Anm. *Borth*.

[190] OLG Hamm FamRZ 2002, 242, 243.

[191] Eingefügt durch das UÄndG 1986 (dazu Vor 1569 RdNr. 1).

[192] Das OLG Hamburg FamRZ 1984, 712 wandte sie zu Lasten eines Ehemannes an.

mehr verwirklichen,[193] sondern sind ggf. nach Nr. 3, 7 und 8 zu beurteilen. Die Beendigung der Haushaltsführung infolge der Trennung stellt deshalb keinen Pflichtenverstoß in diesem Sinne dar. Andererseits reicht nicht jeder vor der Trennung vorgenommene Pflichtenverstoß aus; er muss vielmehr im Zeitpunkt der Trennung noch **andauern.**[194]

39 **4. „Längere Zeit".** Wie lange die Pflichtverletzung angedauert haben muss, lässt sich nicht durch eine allgemeingültige Mindestdauer, sondern nur im **Einzelfall** unter Berücksichtigung der gesamten Ehezeit bis zur Trennung bestimmen. Dies zeigt sich insbesondere an einer Ehe, in der die Ehegatten lediglich kurze Zeit zusammengelebt haben; allerdings dürfte dann idR keine gröbliche Unterhaltspflichtverletzung vorliegen, weil sich die Ehegatten wirtschaftlich noch nicht eng genug aneinander gebunden haben. Nur gelegentliche oder vorübergehende Pflichtverletzungen scheiden aus.[195] Dauert die Pflichtverletzung aber länger als 1 zusammenhängendes Jahr an, ist das Zeiterfordernis stets erfüllt.[196]

40 **5. „Gröbliche Verletzung der Unterhaltspflicht".** Um geringfügige Pflichtverletzungen auszuscheiden, müssen zur Qualifizierung der Nichterfüllung der Unterhaltspflicht als „gröblich" **weitere objektive Merkmale** erfüllt sein, die dem pflichtwidrigen Verhalten ein besonderes Gewicht verleihen.[197] Deshalb muss die Familie durch die Pflichtverletzung des Berechtigten in **ernstliche Schwierigkeiten** geraten,[198] oder diese dürfen nur dadurch abgewendet worden sein, dass der Verpflichtete die Aufgaben des Berechtigten durch besonderen Einsatz übernommen hat.[199]

41 Doch bestimmt sich die Pflichtverletzung als „gröblich" nicht nur nach objektiven, sondern auch nach **subjektiven** Merkmalen.[200] Weil sich die Eingriffsschwelle für alle Tatbestände der Nr. 1–7 entsprechen soll (s. Nr. 8: „ein anderer Grund vorliegt, der ebenso schwer wiegt wie die in den Nr. 1 bis 7 aufgeführten Gründe"), ist in subjektiver Hinsicht wie bei der „Mutwilligkeit" in Nr. 4 und Nr. 5 (dazu RdNr. 30, 34) ein verantwortungsloses, mindestens leichtfertiges Verhalten zu fordern, sodass mindestens **grobe Fahrlässigkeit** erforderlich und auch ausreichend ist.[201]

42 **6. Vereinbarungen zur ehelichen Aufgabenerfüllung.** Haben sich die Ehegatten über die Erfüllung der Aufgaben in der Ehe geeinigt (§ 1356) und weicht ein Ehegatte von der Vereinbarung ab, wird Nr. 6 im Allgemeinen nicht erfüllt sein, auch wenn ein Ehegatte statt der vereinbarten alleinigen Haushaltsführung eine Erwerbstätigkeit aufnimmt oder sich statt der bisherigen Erwerbstätigkeit nunmehr der Haushaltsführung und der Betreuung der Kinder widmet. Nur wenn es der von der Vereinbarung abweichende Berechtigte an jeglicher Rücksichtnahme auf den Verpflichteten fehlen lässt und die Familie dadurch in eine Notlage geraten war, kann Nr. 6 erfüllt sein.[202]

---

[193] Ebenso *Schwab/Borth* IV RdNr. 479; *Göppinger/Wax/Bäumel* RdNr. 1094; *Johannsen/Henrich/Voelskow* 2. Aufl. RdNr. 30; aA *Palandt/Brudermüller* RdNr. 22; offen gelassen von BGH NJW 1986, 1935 = FamRZ 1986, 658, 660. Zu §§ 1587 c Nr. 3, 1587 h Nr. 3 (dazu auch § 27 VersAusglG) s. § 1587 c RdNr. 43 ff., § 1587 h RdNr. 14 f.

[194] *Schwab/Borth* IV RdNr. 481.

[195] *Göppinger/Wax/Bäumel* RdNr. 1094 mwN.

[196] *Häberle* FamRZ 1986, 311, 312; *Schwab/Borth* IV RdNr. 481.

[197] Zu § 1587 c Nr. 3 (dazu auch § 27 VersAusglG) BGH NJW 1986, 1935 = FamRZ 1986, 658, 660; FamRZ 1987, 49, 51.

[198] BGH NJW 1986, 1935 = FamRZ 1986, 658, 660; FamRZ 1987, 49, 51; OLG Celle FamRZ 1981, 576; OLG Karlsruhe FamRZ 1983, 818.

[199] OLG Hamburg FamRZ 1984, 712; OLG Köln FamRZ 1986, 580.

[200] OLG Zweibrücken NJOZ 2007, 3547 = FamRZ 2007, 2073, 2075 (wegen schwerer Suchterkrankung nicht in der Lage, zum Familienunterhalt beizutragen).

[201] Ebenso OLG Celle FamRZ 1981, 576 (zu § 1587 c Nr. 3); *Schwab/Borth* IV RdNr. 483; *Soergel/Häberle* RdNr. 14; *Griesche* FamGb RdNr. 25. Vorsatz fordern *Häberle* FamRZ 1986, 311, 312; *Göppinger/Wax/Bäumel* RdNr. 1094; RGRK/*Cuny* RdNr. 33; *Soergel/Vorwerk* § 1587 c RdNr. 37; MünchKomm/*Dörr* § 1587 c RdNr. 49. Einfache Fahrlässigkeit lassen genügen *Palandt/Brudermüller* RdNr. 22. Der BGH FamRZ 1987, 49, 50 ging in dem von ihm entschiedenen Fall von Vorsatz aus, ohne sich dazu zu äußern, ob dieser für § 1587 c Nr. 3 (dazu auch § 27 VersAusglG) zu fordern ist.

[202] *Schwab* Handbuch 1. Aufl. RdNr. 667; *Schwab/Borth* IV RdNr. 482.

VII. Fehlverhaltensklausel (Nr. 7)

1. Allgemeines. Zwar hat das 1. EheRG auch im Recht des nachehelichen Unterhalts grundsätzlich das **Verschuldensprinzip** aufgegeben,[203] doch müssen **Ausnahmen** zugelassen sein, wenn der Berechtigte den Mindestanforderungen allgemein mitmenschlichen Umgangs zuwider gehandelt hat.[204] Dies war in der Rspr. des BGH zu Abs. 1 Nr. 4 [1977] auch anerkannt. Der durch das UÄndG 1986 eingefügte Text in Nr. 7 [UÄndG 2007] (= Nr. 6 [UÄndG 1986])[205] greift die in der Rspr. des BGH zu Abs. 1 Nr. 4 [1. EheRG] geprägte Formulierung auf,[206] weshalb mit der Neuregelung keine wesentliche sachliche Änderung verbunden ist und für die Auslegung von Nr. 7 die bisherige Rspr. ohne Einschränkungen herangezogen werden kann.[207] – **Voreheliches Fehlverhalten** des Berechtigten ist wegen der Sonderregelung für die Eheaufhebung in § 37 Abs. 2 EheG aF, § 1318 Abs. 2 unbeachtlich,[208] weshalb auch nicht zur Eheaufhebung berechtigende Umstände wegen der fehlenden ehelichen Bindungen von vornherein unerheblich sind. – **Detektivkosten** können ggf. im Rahmen von § 91 ZPO, § 113 Abs. 1 S. 2 FamFG festgesetzt werden, soweit sie notwendig waren.[209] 43

Dem Berechtigten muss ein offensichtlich schwerwiegendes, eindeutig bei ihm liegendes Fehlverhalten gegen den Verpflichteten zur Last fallen. Das Fehlverhalten muss sich gegen die **ehelichen Pflichten** (dazu RdNr. 47–50) richten.[210] Im Vordergrund stehen Verstöße gegen die eheliche **Treuepflicht,** insbesondere die Aufnahme einer nichtehelichen Lebensgemeinschaft mit einem anderen Partner (dazu RdNr. 47), doch können auch **andere Verstöße** gegen die ehelichen Pflichten zu einer Verfehlung iSv. Nr. 7 führen. 44

2. Stichtag. Es gibt keinen Stichtag für das nach Nr. 7 erhebliche Fehlverhalten,[211] das deshalb auch noch nach dem **Scheitern der Ehe,** nach der **Trennung**[212] und gar noch nach der **Scheidung** liegen kann. Für die Qualifizierung als „schwerwiegend" kann jedoch nicht außer Betracht bleiben, dass die ehelichen Pflichten, insbesondere die zur ehelichen Treue, trotz der verbleibenden Pflicht, dem anderen ein Mindestmaß an Achtung entgegenzubringen, bereits mit dem Scheitern der Ehe[213] und nicht erst mit ihrer Auflösung[214] entfallen. Hat aber ein Ehegatte seinen Anspruch auf Trennungsunterhalt verwirkt, weil er eine nichteheliche Lebensgemeinschaft aufgenommen hat, entfällt auch der Anspruch auf nachehelichen Unterhalt – allerdings nach **Nr. 8** (dazu RdNr. 58) – jedenfalls dann, wenn diese nach der Scheidung fortgesetzt wird.[215] 45

3. „Schwerwiegendes Fehlverhalten". a) Allgemeines. Die Verfehlung muss **schwerwiegend** sein. Dies ist zunächst unter Beachtung des Gebots der gegenseitigen 46

---

[203] S. dazu die Ausführungen 1. Aufl. Vor § 1569 RdNr. 19–28.

[204] *Schwab,* Tendenzen im Recht des Geschiedenenunterhalts, S. 40.

[205] Zur Entwicklung der Textfassung s. die Ausführungen 3. Aufl. RdNr. 33–36; s. dazu auch *Wellenhofer-Klein* FamRZ 1995, 905, 906 ff.

[206] BT-Drucks. 10/2888 S. 20.

[207] Vgl. etwa BGH NJW 1986, 2832 = FamRZ 1986, 886, 888.

[208] BGH NJW 1983, 1427 = FamRZ 1983, 456, 457; auch OLG Düsseldorf FamRZ 1981, 56, 57; OLG Celle FamRZ 1986, 910, 911; OLG Köln FamRZ 1994, 1253.

[209] Dazu OLG Stuttgart FamRZ 1989, 888; OLG Karlsruhe OLGR 1999, 40 = FamRZ 1999, 174 (LS); OLG Hamm FamRZ 2000, 1513 (LS); KG KGR 2002, 297; OLG Koblenz NJW-RR 2003, 75 = FamRZ 2003, 238; OLG Schleswig FamRZ 2006, 352; zu ihrer – versagten – Berücksichtigung als außergewöhnliche Belastung iSd. § 33 Abs. 2 S. 1 EStG s. BFHE 168, 39 = NJW 1993, 960 (LS) = FamRZ 1992, 1420 (LS).

[210] OLG München FamRZ 1994, 1108, 1110; *Oelkers* FamRZ 1996, 258, 262; *Palandt/Brudermüller* RdNr. 24. Nach *Wellenhofer-Klein* FamRZ 1995, 905, 906 soll unter Fehlverhalten die Verletzung ungeschriebener moralischer Regeln und Pflichten zu verstehen sein.

[211] Ganz allgM, s. etwa *Göppinger/Wax/Bäumel* RdNr. 1096 mwN; *Schwab/Borth* IV RdNr. 501.

[212] BGHZ 176, 150 = NJW 2008, 2779 = FamRZ 2008, 1414, 1416 f. [26] m. Anm. *Wellenhofer.*

[213] *Soergel/Häberle* RdNr. 20; *Schwab/Borth* IV RdNr. 501; wohl auch OLG Hamm FamRZ 1997, 1484.

[214] So 3. Aufl. RdNr. 40; wohl auch *Johannsen/Henrich/Büttner* RdNr. 24 (Fehlverhalten vor der Trennung kann mehr Gewicht zukommen als nach der Trennung).

[215] BGH NJW 1983, 1548 = FamRZ 1983, 569, 571; NJW 1983, 1552 = FamRZ 1983, 676; NJW 1989, 1083 = FamRZ 1989, 487.

Rücksichtnahme (dazu § 1569 RdNr. 6)[216] **objektiv** aus der Sicht eines Durchschnittsbetrachters zu bestimmen. Vorausgesetzt wird danach eine **grobe Verantwortungslosigkeit** und **Pflichtwidrigkeit,** sodass weder einfaches Fehlverhalten[217] oder durchschnittliche Schuld iSd. bis zum 31. 6. 1977 geltenden Scheidungsrechts[218] noch, liegen keine weiteren Umstände vor oder beweist der Verpflichtete kein entsprechend strenges Verständnis der Ehegatten von ihren ehelichen Pflichten,[219] einfacher Ehebruch ausreicht, auch wenn aus ihm ein Kind hervorgegangen ist.[220] – Doch kommt auch **subjektiven** Momenten Bedeutung zu: Wie der Verpflichtete das Fehlverhalten aufgrund seiner eigenen oder der übereinstimmenden Lebenseinstellung der Ehegatten **empfunden** hat (zur **Verzeihung** s. RdNr. 64),[221] kann, da es um die Zumutbarkeit der Inanspruchnahme auf Unterhaltszahlungen geht, bei der Bestimmung dessen, was schwerwiegend ist, nicht außer Betracht bleiben. Deshalb muss idR auch nicht die ganze **Ehegeschichte** aufgerollt werden.[222] Unerheblich ist aber, wenn sich der Verpflichtete nach einer gewissen Zeit gleichfalls einem anderen Partner zuwendet.[223] – Sich fehl zu verhalten bedingt **schuldhaftes Handeln,**[224] weshalb etwa krankheitsbedingt nicht steuerbares Verhalten ausscheidet.[225] Dabei reicht grundsätzlich jeder Verschuldensgrad aus. Welcher im Einzelfall zu fordern ist, ist bereits eine Frage der Tatbestandsmäßigkeit von Nr. 7, weil dies für die Beurteilung der Schwere des Verstoßes von Bedeutung sein kann, aber auch für die Zumutbarkeit von Unterhaltszahlungen,[226] mithin für die Billigkeitsabwägung.

47 **b) Verstoß gegen die ehelichen Pflichten. aa) Verstoß gegen die eheliche Treuepflicht.** Die Aufnahme einer **nichtehelichen Lebensgemeinschaft** vor der Scheidung stellt regelmäßig dann ein schwerwiegendes Fehlverhalten dar, wenn sich der Berechtigte gegen den Willen des Verpflichteten von der Ehe ab- und einem anderen Partner in einem **nachhaltigen,** auf längere Dauer angelegten Verhältnis zugewendet hat und diesem die seinem Ehegatten geschuldete Hilfe und Betreuung zukommen lässt.[227] Ob das Verhältnis auf längere Dauer angelegt ist, ist nicht im Zeitpunkt seines Zerbrechens, sondern seiner Begründung zuzüglich einer gewissen Überlegungsfrist zu beurteilen, sodass die Anlage auf eine längere Dauer auch bei einem Verhältnis von nur vorübergehender Dauer gegeben sein kann.[228] Schwerwiegend kann in diesen Fällen das Fehlverhalten des Berechtigten nur dann nicht sein,

---

[216] BGHZ 176, 150 = NJW 2008, 2779 = FamRZ 2008, 1414, 1416 [22] m. Anm. *Wellenhofer* (zu § 1361).

[217] Dazu näher *Häberle* FamRZ 1982, 557, 558; *Lübbert* S. 134.

[218] Ganz hM, vgl. lediglich OLG Frankfurt a. M. FamRZ 1978, 290; *Soergel/Häberle* RdNr. 18.

[219] *Häberle* FamRZ 1982, 557, 558 f.

[220] Ganz hM, *Soergel/Häberle* RdNr. 18; *Göppinger/Wax/Bäumel* RdNr. 1095; *Kalthoener/Büttner/Niepmann* RdNr. 1106; *Schwab/Borth* IV RdNr. 489; *Griesche* FamGb RdNr. 28; *Häberle* FamRZ 1982, 557, 559; *Klauser* MDR 1979, 896; *Griesche* FamRZ 1981, 1025; wohl auch BGH NJW 1981, 1214 = FamRZ 1981, 439; aA OLG Frankfurt a. M. FamRZ 1981, 775; *Scheld* FamRZ 1978, 651.

[221] KG NJW-RR 1992, 648 = FamRZ 1992, 571, 573.

[222] *Häberle* FamRZ 1982, 557, 560.

[223] Wohl aA AG München FamRZ 1998, 1112.

[224] BGH NJW 1980, 100, 101; NJW 1990, 253 = FamRZ 1989, 1279, 1280; OLG Karlsruhe FamRZ 1980, 1011.

[225] *Oelkers* FamRZ 1996, 257, 263.

[226] BGH NJW 1985, 2266 = FamRZ 1985, 267, 268 (für das Unterschieben eines Kindes wird nicht direkter Vorsatz gefordert, sondern bedingter Vorsatz als ausreichend angesehen); ebenso OLG Schleswig OLGR 1998, 147, 148.

[227] BGH NJW 1980, 1686 = FamRZ 1980, 665; NJW 1981, 1782 = FamRZ 1981, 752, 753; NJW 1983, 451 = FamRZ 1983, 142; NJW 1989, 1083 = FamRZ 1989, 487, 489; FamRZ 1984, 664; s. auch OLG Schleswig NJW-RR 1994, 457; OLGR 1996, 90; OLG Nürnberg NJWE-FER 2000, 275 (obwohl der Ehemann ein intimes Verhältnis der Ehefrau zu einem anderen und die sich daraus ergebende Schwangerschaft zur Rettung der Ehe verziehen hat, zieht die Ehefrau zum Vater des Kindes); KG NJOZ 2007, 414 = FamRZ 2006, 1542.

[228] KG FamRZ 1998, 1112, 1113; OLG Koblenz FPR 2002, 446 (20jähriges intimes Verhältnis zu gemeinsamem Freund); AG Leipzig Urt. v. 12. 6. 2002 – 25 F 3129/01, juris (LS) (intimes Verhältnis mit Schwiegervater während des ehelichen Zusammenlebens und Begründung einer nichtehelichen Lebensgemeinschaft mit diesem nach der Trennung); AG Bad Kreuznach FamRZ 2003, 680.

wenn sich der Verpflichtete seinerseits bereits **zuvor** von den ehelichen Bindungen losgesagt hat.[229] Doch kann auch dann wegen des Erscheinungsbildes der nichtehelichen Lebensgemeinschaft in der Öffentlichkeit **(Nr. 2)** die Fortdauer der Unterhaltsbelastung die Grenze des Zumutbaren übersteigen und zu einem Unterhaltsausschluss oder -herabsetzung führen (dazu RdNr. 12–18). Zum **Zusammenziehen** des Berechtigten mit einem anderen Partner ohne die Aufnahme geschlechtlicher Beziehungen s. RdNr. 49. – Die Beziehung ist wegen besonderer, etwa kränkender oder sonst anstößiger, in die Öffentlichkeit gedrungener **Begleitumstände** geeignet, den Verpflichteten in außergewöhnlicher Weise zu treffen oder sonst in seinem Ansehen zu schädigen.[230] Hierfür wird eine nach der Trennung eingetretene **Schwangerschaft** von einem anderen Mann idR allein nicht ausreichen.[231] – Die Aufnahme eines nachhaltigen, auf längere Dauer angelegten – **homo-** oder **heterosexuellen**[232] – **intimen Verhältnisses,** auch wenn keine nichteheliche Lebensgemeinschaft begründet oder gar die eheliche Lebensgemeinschaft beibehalten wird, weil sich nicht auf die eheliche Solidarität berufen kann, wer sie selbst dem Verpflichteten nicht zuteil werden lässt.[233] Ob ein solches Verhältnis vorliegt, richtet sich zunächst nach der Vorstellung des Berechtigten und nicht nach seiner tatsächlichen Dauer,[234] die allerdings maßgeblich ist, wenn das Verhältnis aus objektiver Sicht über eine flüchtige Augenblicksbeziehung hinausgeht.[235] Eine bereits vor Aufnahme des Verhältnisses gegen den Willen des Verpflichteten erfolgte Trennung der Ehegatten ist unerheblich.[236] Eine nur **kurzzeitige** intime Beziehung zu einem anderen Partner bei Festhalten an der Ehe reicht für eine schwerwiegende Verfehlung nicht aus.[237] Gleichzuachten ist jedoch die Aufnahme intimer Beziehungen zu **ständig wechselnden Partnern** oder zum selben Partner in zwar unterbrochenen, aber kurzen Zeitabständen.[238] – Der Berechtigte sieht von einer Eheschließung mit seinem neuen Partner nur ab,[239] um sich den **Unterhaltsanspruch** gegen den Verpflichteten zu erhalten.[240]

bb) Herbeiführung der Trennung. Auch das **grundlose Verlassen** des Verpflichteten kann ein schwerwiegendes Fehlverhalten darstellen. Das Fehlen verständlicher Gründe für dieses Verhalten reicht allerdings nicht aus,[241] weil allein die Trennung nicht zu unterhaltsrechtlichen Folgen führen soll.[242] Vielmehr bedarf es weiterer, besonderer Umstände, die im 48

[229] BGH NJW 1981, 1214 = FamRZ 1981, 439, 440 f.; BGHZ 176, 150 = NJW 2008, 2779 = FamRZ 2008, 1414, 1416 f. [26] m. Anm. *Wellenhofer*; KG NJOZ 2007, 414 = FamRZ 2006, 1542.

[230] BGH NJW 1989, 1083 = FamRZ 1989, 487, 489 f.

[231] AA AG Wuppertal FamRZ 2003, 1103.

[232] BGHZ 176, 150 = NJW 2008, 2779 = FamRZ 2008, 1414, 1416 f. [26, 27] m. Anm. *Wellenhofer*: Nicht seine sexuelle Umorientierung gereicht dem Berechtigten zum Vorwurf, sondern die bewusste Loslösung von den ehelichen Bindungen.

[233] StRspr. des BGH NJW 1981, 1214 = FamRZ 1981, 439, 440 f.; NJW 1983, 1552 = FamRZ 1983, 676; NJW 1989, 1083 = FamRZ 1989, 487, 489 f.; zuletzt NJW 1990, 253 = FamRZ 1989, 1279, 1280; vgl. auch OLG Köln FamRZ 1991, 707; OLG Frankfurt a. M. NJW-RR 1994, 456 = FamRZ 1994, 169; OLG Hamm NJW 1995, 518 = FamRZ 1995, 947; FamRZ 1997, 1484; OLG Zweibrücken FPR 2005, 365 (LS) = FamRZ 2004, 1576; AG Lindau FamRZ 2000, 1372. Zu Letzterem s. auch OLG Oldenburg FamRZ 1981, 775; OLG Frankfurt a. M. aaO.

[234] OLG Bamberg FamRZ 1986, 1104, 1105.

[235] *Kalthoener/Büttner/Niepmann* RdNr. 1105; *Johannsen/Henrich/Büttner* RdNr. 29.

[236] OLG Frankfurt a. M. FamRZ 1999, 1135, 1136.

[237] OLG Hamm OLGR 2000, 274, 276 = FamRZ 2000, 1370 (LS) (einmaliger außerehelicher Verkehr unter Alkoholeinfluss); OLG Köln FamRZ 2003, 767, 768; OLG Koblenz FamRZ 2000, 290 (unerheblich ist eine Beendigung des Verhältnisses vor der Trennung der Ehegatten und Wiederbegründung danach).

[238] BGH FamRZ 1983, 670 f.; OLG Celle NJW-RR 1987, 580 = FamRZ 1987, 603; OLG Düsseldorf NJW-RR 1986, 753 = FamRZ 1986, 62, 63; OLG Hamm FamRZ 1987, 600, 602; NJW-RR 1996, 769 = FamRZ 1996, 289; OLG Frankfurt a. M. OLGR 2002, 8; aA AG Stuttgart FamRZ 1989, 305.

[239] Wofür nicht der Anscheinsbeweis spricht, BGH NJW 1983, 1548 = FamRZ 1983, 569, 572.

[240] BGH NJW 1983, 1548 = FamRZ 1983, 569, 572; NJW 1984, 2692 = FamRZ 1984, 986; NJW 1989, 1083 = FamRZ 1989, 487, 489 f.

[241] AA OLG Hamm FamRZ 1979, 580; 3. Aufl. RdNr. 39. Der „Bagatellfall" des OLG Hamm aaO kann über Nr. 1 und Nr. 3 [UÄndG 2007] erfasst werden.

[242] Zu Letzterem BGHZ 176, 150 = NJW 2008, 2779 = FamRZ 2008, 1414, 1416 f. [26] m. Anm. *Wellenhofer* mwN.

Einzelfall beim Verlassen zur **Unzeit** wegen Krankheit oder sonstiger Hilflosigkeit des Verpflichteten angenommen werden können.[243] IdR wird auch die Mitnahme des **Hausrats** aus Anlass der Trennung nicht tatbestandsmäßig sein.[244] Zur Begründung einer Lebensgemeinschaft mit einem neuen Partner s. RdNr. 12–18.

49 **cc) Sonstige Verstöße gegen die ehelichen Pflichten.** Schwerwiegendes Fehlverhalten in diesem Sinne stellen dar, ggf. wegen in die nacheheliche Zeit fortwirkender Pflichten:

- Die Veranlassung zur Eheschließung durch **Vorspiegeln der Vaterschaft** an einem erwarteten Kind, ohne dass es zu einer Eheaufhebung gekommen ist,[245] in deren Fall dem täuschenden Ehegatten nach §§ 1318 Abs. 2 Nr. 1, 1314 Abs. 2 Nr. 3 kein Unterhaltsanspruch zugestanden hätte.
- Trotz der Vermutung der Ehelichkeit nach § 1592 Nr. 1, wenn der Berechtigte den Verpflichteten von einer rechtzeitigen **Anfechtung der Vaterschaft** eines Kindes abgehalten hat, obwohl er mit der Nichtvaterschaft mindestens rechnete, weshalb bedingter Vorsatz ausreicht.[246] Das Abhalten kann bereits in der unterlassenen Aufklärung über die Nichtvaterschaft liegen und bedarf der ausdrücklichen Behauptung der Vaterschaft nur, wenn dies Gegenstand der Erörterung der Ehegatten war.[247] Im Allgemeinen muss die Nichtvaterschaft gerichtlich festgestellt sein, doch wird ausreichen, wenn sie zwischen den Parteien (zwischenzeitlich) unstreitig ist[248] oder zweifelsfrei feststeht.[249] Zusätzlich wird zu beachten sein, ob der Verpflichtete in zumutbarer Zeit die Anfechtung der Vaterschaft betrieben hat oder sie aus Fristgründen (§ 1600 b) überhaupt noch Erfolg versprechend betreiben kann. – Die **Beweislast** für die Nichtvaterschaft obliegt als tatbestandsbegründendes Merkmal dem Verpflichteten.[250] Da die Vaterschaftsvermutung des § 1592 jedoch grundsätzlich[251] nur nach rechtskräftiger familiengerichtlicher Feststellung der Nichtvaterschaft nicht gilt, kann eine entsprechende Feststellung – ausgenommen die Nichtvaterschaft ist unstreitig oder steht zweifelsfrei fest – nicht auch inzident im Unterhaltsverfahren getroffen werden, sondern ist dem Statusverfahren vorbehalten.[252]
- Das Zusammenziehen des Berechtigten mit einem anderen Partner ohne die Aufnahme geschlechtlicher Beziehungen, wenn in der Öffentlichkeit das Bild einer **eheähnlichen Lebensgemeinschaft** entsteht.[253]

---

[243] Sehr str., wie hier OLG Köln FuR 2002, 530, 531, das ein „böswilliges Verlassen" fordert; *Schwab/Borth* IV RdNr. 492; aA *Griesche* FamGb RdNr. 29.

[244] KG FamRZ 1997, 1012, 1013.

[245] OLG Bremen OLGR 1998, 34, 35.

[246] BGH NJW 1985, 428 = FamRZ 1985, 51, 52; NJW 1985, 2266 = FamRZ 1985, 267, 268; s. auch OLG Frankfurt a. M. FamRZ 1988, 62, 63; OLGR 1998, 176, 177; OLG Oldenburg FamRZ 1991, 448, 449 f.; OLG Hamburg FamRZ 1996, 946; OLG Zweibrücken NJWE-FER 1997, 193 = FamRZ 1997, 1231, 1232; OLG Schleswig SchlHA 1998, 159, 160; OLG Köln FamRZ 1998, 749 f.; OLG Brandenburg NJW-RR 2000, 1098, 1099 = FamRZ 2000, 1372 (LS). Zu § 1587 c (dazu auch § 27 VersAusglG) s. dort RdNr. 34.

[247] OLG Oldenburg FamRZ 1991, 448, 449; auch OLG Schleswig OLGR 1999, 147, 148; OLG Hamm FamRZ 2005, 212 f.

[248] BGH NJW 1985, 428 = FamRZ 1985, 51, 53 (Kind wurde in außerehelicher Lebensgemeinschaft geboren, die Mutter hatte erklärt, keinen Kindesunterhalt zu verlangen; offen gelassen, ob stets grobe Unbilligkeit vorliegt); KG KGR 1997, 127 mwN aus der obergerichtlichen Rspr. (das Kind wurde unstreitig nach der Trennung der Ehegatten von einem anderen Mann empfangen und geboren); aA OLG Düsseldorf NJW-RR 1994, 197 = FamRZ 1993, 962, 964.

[249] Zu Letzterem OLG München OLGR 1995, 152, 153 (nach Sachverständigengutachten).

[250] Das OLG Zweibrücken NJWE-FER 1997, 193 = FamRZ 1997, 1231, 1232 gewährt ihm nach Feststellung der Nichtehelichkeit die Beweiserleichterung des Anscheinsbeweises für außerehelichen Geschlechtsverkehr.

[251] Zu Ausnahmen s. BGHZ 176, 327 = NJW 2008, 2433 m. Anm. *Maurer* = FamRZ 2008, 1424, 1425 ff. [13–36] m. Anm. *Wellenhofer*; FamRZ 2009, 32 f. [11–17] m. Anm. *Wellenhofer*; dazu auch § 1599 RdNr. 38 ff.

[252] OLG Köln FamRZ 2003, 1751. S. auch § 1599 RdNr. 44.

[253] OLG Hamm FamRZ 1981, 162; FamRZ 1981, 984; FamRZ 1999, 508, 509. Das OLG München FamRZ 1998, 1589 will dies während der Trennungszeit selbst bei langjährigem Zusammenleben nicht

– Das Vereiteln des **Umgangs** mit einem Kind durch ein schwerwiegendes Fehlverhalten,[254] was idR ein fortgesetztes und schuldhaftes[255] Handelns voraussetzt, auch durch **Auswandern** des Berechtigten mit den seinem Sorgerecht unterstellten Kindern, wenn dies in der Absicht der Vereitelung des Umgangsrechts geschieht und nicht auf anderen, verständlichen Motiven beruht.[256] Auch die unverständliche Weigerung, den **Wohnsitz** an einem vom Verpflichteten gewünschten Ort zu nehmen, wenn sich der Berechtigte einem objektiv vernünftigen und zumutbaren Vorschlag ohne sachliche Gründe von einigem Gewicht willkürlich verschlossen hat.[257]

dd) Weitere Bsp. aus der Rspr.: AG Brühl NJWE-FER 2000, 51: Verweigerung des 50 **ehelichen Verkehrs.** Dies ist abzulehnen, da insoweit kein der Schwere nach vergleichbares Fehlverhalten vorliegt. – **OLG Oldenburg NJWE-FER 2001, 227 = FamRZ 2002, 243 f.:** Vernichtung von im **Eigentum** des anderen Ehegatten stehenden Gegenständen und **Diffamierung** gegenüber Dritten. – **OLG Schleswig FamRZ 1977, 814:** Die nachehelich erstmalige Ausübung der **Prostitution** gegen den Willen des Verpflichteten. – **OLG Hamm FamRZ 2002, 753 f.:** Vorübergehende Ausübung der Prostitution vor der Trennung. – **OLG Oldenburg NJW 1991, 3222 = FamRZ 1991, 827, 828; OLG Hamm FamRZ 1997, 1402:** Verstoß gegen die Pflicht zu **ungefragter Information** (dazu auch RdNr. 25–27, 35). – **OLG Celle NJW-RR 1994, 900 = FamRZ 1994, 386 f.:** Aufnahme eines neuen Partners in die Ehewohnung gegen den Willen des Verpflichteten. – **KG FamRZ 1995, 355 f.; OLG Schleswig OLGR 2000, 429, 430; OLG München FamRZ 2006, 1605, 1606:** Unberechtigter Vorwurf des **sexuellen Fehlverhaltens** gegen die gemeinsamen Kinder; der Vorwurf sei allerdings nicht unberechtigt, wenn ein solches Fehlverhalten nach den Angaben der Kinder nicht auszuschließen war; auch das Beharren auf dem Vorwurf sei unschädlich, da in Wahrnehmung berechtigter Interessen (§ 193 StGB) erfolgt. Dazu auch **OLG Schleswig OLGR 2000, 439, 430; OLG Frankfurt a. M. FuR 2005, 460, 461.** Zur Tatbestandsmäßigkeit nach Nr. 3 s. RdNr. 19. – **OLG Karlsruhe NJW 1995, 2796 = FamRZ 1995, 1488, 1489:** Das Betreiben von **Telefonsex** unter Vorspiegeln einer anderen Erwerbstätigkeit. – **OLG Celle NJW-RR 1996, 646 = FamRZ 1995, 1489, 1490:** Verschweigen des Freitodes eines gemeinsamen Kindes und nachträgliches Zuschieben der Verantwortung unter Ausschluss von der Beisetzung und eigenmächtiger Inbesitznahme des Nachlasses. – **OLG Hamm FamRZ 1996, 223: Schwere Beleidigungen.** – **OLG Schleswig NJW-RR 2004, 799 f.:** Schwerer **Vertrauensmissbrauch** durch Haushaltsauflösung in Trennungsabsicht während gemeinsamer urlaubsbedingter Abwesenheit. – **KG FamRZ 1997, 1012, 1013:** Verschweigen von **Vorehen** idR nur, wenn der Verpflichtete vor der Eheschließung zu erkennen gegeben hat, dass ihm die Kenntnis hiervon wichtig ist. – **OLG Braunschweig FamRZ 2008, 999:** Keine grobe Unbilligkeit, wenn für den ehebrechenden Ehegatten 4 Jahre lang Ehegattenunterhalt bezahlt worden war.

4. „Eindeutig beim Berechtigten liegendes Fehlverhalten“. Das schwerwiegende 51 Fehlverhalten muss eindeutig beim Berechtigten liegen.[258] Ein idS relevantes Fehlverhalten erfordert, dass der Ehegatte aus einer intakten, dh. zumindest durchschnittlich verlaufenden Ehe mit den ihr immanenten Problemen und Spannungen ausbricht und sich unter Abkehr

---

ausreichen lassen, wenn der Berechtigte seinen Lebenspartner wegen dessen schlechten wirtschaftlichen Verhältnissen nicht heiratet; doch sind dies unterschiedliche Fallgruppen.

[254] BGH NJW 1987, 893 = FamRZ 1987, 356, 358 f.; NJW 2007, 1969 = FamRZ 2007, 882, 887 [64].

[255] Das nicht vorliegt, wenn der Ausschluss gerichtlich angeordnet ist, KG FamRZ 1995, 355, 356.

[256] BGH NJW 1987, 893 = FamRZ 1987, 356, 359; s. auch OLG Celle FamRZ 1989, 1104; OLG Nürnberg NJW 1994, 2964 = FamRZ 1994, 1393 f.; NJWE-FER 1997, 4 = FamRZ 1997, 614, 615; OLGR 2008, 910, 911; OLG München FamRZ 1997, 1160; FamRZ 1998, 750 f.; FamRZ 2006, 1605, 1606; OLG Karlsruhe NJWE-FER 1998, 121 = FamRZ 1999, 92, 93; OLG Schleswig FamRZ 2003, 603, 606; FamRZ 2003, 688; FamRZ 2004, 808, 810; OLGR 2005, 695, 696.

[257] BGH NJW 1987, 1761 = FamRZ 1987, 572, 573; NJW 1990, 1847 = FamRZ 1990, 492.

[258] Das OLG Hamm FamRZ 1998, 1588 m. Anm. *Born*; OLG Celle FamRZ 1999, 508 f. sprechen von Ausbruch aus „intakter Ehe“.

von dem Ehegatten einem Dritten zuwendet,[259] ohne dass der andere Ehegatte sich gleichfalls bereits zuvor von der Ehe abgewandt[260] oder ihm ein ähnlich schweres Fehlverhalten vorgeworfen werden kann.[261] Dabei ist das tatsächliche Bestehen der Beziehungsstörung ausreichend und nicht erforderlich, dass sie nach außen sichtbar werden.[262] Dies macht es erforderlich, dass der Schuldner nicht nur den Verstoß, sondern auch die Umstände darlegt, die den Schluss auf ein Ausbrechen aus einer intakten Ehe zulassen (dazu RdNr. 89). – **Einseitigkeit** wird nicht verlangt, um die Tatbestandsmäßigkeit der Nr. 7 nicht bereits bei jedem geringfügigen Fehlverhalten des Verpflichteten auszuschließen.[263] **Eindeutigkeit** kann ausnahmsweise auch vorliegen, wenn die Ehegatten vor dem tatbestandsmäßigen Verhalten bereits über eine Scheidung gesprochen haben.[264] Sie ist bei **Gegenvorwürfen** von einigem Gewicht ausgeschlossen.[265] – Das dem Verpflichteten vorzuwerfende Verhalten muss insofern für die Zerrüttung der Ehe **ursächlich** geworden sein, als es dem Berechtigten das Festhalten an der Ehe erheblich erschwert hat und dessen Verhalten in einem milderen Licht erscheinen lässt.[266] Nur idS ist ein **Zusammenhang** zwischen den Verfehlungen des Berechtigten und denen des Verpflichteten erheblich.[267] Deshalb wird es idR nicht auf eine Ermittlung des ganzen Eheverlaufs ankommen.[268] – Das Fehlverhalten des Verpflichteten muss von **einigem Gewicht** sein.[269] Objektiv reichen deshalb allein Streitigkeiten und Auseinandersetzungen, selbst wenn sie mit beleidigenden Äußerungen und persönlichen Herabsetzungen verbunden sind, nicht aus.[270] Dies setzt voraus, dass er – wie der Berechtigte (dazu RdNr. 46) – **schuldhaft** gehandelt hat, weshalb krankheitsbedingte Verhaltensauffälligkeiten keine Verfehlungen idS sein können.[271] Beschimpfungen des Verpflichteten gegen den Berechtigten nach Kenntniserlangung von dessen ehewidrigem Verhalten reichen nicht aus.[272] – Das Fehlverhalten des Verpflichteten muss nicht unbedingt in einem **aktiven Handeln** wie etwa Tätlichkeiten oder eigenen Verletzungen der ehelichen Treuepflicht bestehen, vielmehr können auch **Lieblosigkeiten** von anhaltender Dauer oder **Vernachlässigung** wie die **Verweigerung des ehelichen Verkehrs**[273] genügen. – Auch bei einem Fehlverhalten des Verpflichteten kann von der Eindeutigkeit des Fehlverhaltens des Berechtigten ausgegangen werden, wenn die **Abwägung** des beiderseitigen Verhaltens der Ehegatten dazu führt, dass das Fehlverhalten des Verpflichteten nicht mehr ins Gewicht fällt.[274] – Zur **Konkretisierung der Vorwürfe** und zur **Beweislast** s. RdNr. 89. – Auch

---

[259] Etwa OLG Schleswig OLGR 2002, 26 = FamRZ 2002, 1190 (LS); AnwK-BGB/*Hohloch* RdNr. 52. OLG Frankfurt a. M. NJW 2006, 3286 = FamRZ 2007, 473 (LS) wendet sich gegen das Erfordernis „intakte" Ehe.

[260] BGH NJW 1981, 1214 = FamRZ 1981, 439, 441.

[261] OLG Hamm FamRZ 2001, 1611.

[262] OLG Koblenz FamRZ 2000, 1371, 1372; auch OLG Schleswig FF 2001, 66 ff. (die dem anderen Ehegatten bekannte Erwägung seines Ehepartners, sich an eine Eheberatungsstelle zu wenden, spricht gegen das Ausbrechen aus einer intakten Ehe).

[263] *Eyrich* FamRZ 1984, 941, 943. Missverständlich BGH NJW 1986, 722, 723; *Kalthoener/Büttner/Niepmann* RdNr. 1096.

[264] OLG Hamm FamRZ 1997, 1484 f.

[265] OLG Stuttgart FamRZ 1997, 419.

[266] BGH NJW 1982, 1461 = FamRZ 1982, 463 f.; FamRZ 1983, 670, 672; NJW 1985, 2266 = FamRZ 1985, 267, 268; NJW 1986, 722, 723.

[267] AA wohl *Schwab/Borth* IV RdNr. 495; *Griesche* FamGb RdNr. 30; 3. Aufl. RdNr. 41, die unter Hinweis auf die Entscheidung BGH NJW 1985, 2266 = FamRZ 1985, 267, 268 einen „inneren Zusammenhang" zwischen den Verfehlungen des Verpflichteten und denen des Berechtigten fordern.

[268] Ebenso *Häberle* FamRZ 1982, 557, 560.

[269] Zu Nr. 4 [1. EheRG] s. BGH NJW 1982, 1461 = FamRZ 1982, 463 f.; NJW 1985, 2266 = FamRZ 1985, 267, 268; NJW 1986, 722, 723; etwa auch *Kalthoener/Büttner/Niepmann* RdNr. 1098. Nach *Häberle* FamRZ 1982, 557, 560 sind nur Gründe von erheblichem Gewicht zu berücksichtigen.

[270] OLG Karlsruhe FamRZ 2008, 2279, 2280.

[271] BGH NJW 1990, 253 = FamRZ 1989, 1279, 1280.

[272] BGH FamRZ 1983, 670, 673.

[273] KG NJW-RR 1992, 648 = FamRZ 1992, 571, 572; OLG Karlsruhe NJW-RR 1999, 153, 154 = FamRZ 1999, 238 (LS).

[274] BGH NJW 1983, 2243 = FamRZ 1983, 996, 997.

wenn danach die Voraussetzungen des Nr. 7 nicht vorliegen, können bei Hinzutreten weiterer, von Nr. 7 nicht erfasster Umstände die Voraussetzungen aus **Nr. 8** vorliegen (dazu RdNr. 62).

5. „Offensichtlich". Es reicht nicht aus, dass das Fehlverhalten des Berechtigten schwerwiegend ist, es muss offensichtlich schwerwiegend sein. Damit wird der vom BGH vor 1982 verwandte Begriff „evident" aufgegriffen.[275] Das Fehlverhalten ist offensichtlich schwerwiegend, wenn es nach allgemeinem, nicht nur nach einem einseitigen **Eheverständnis** missbilligt wird.[276] Die geforderte Offensichtlichkeit hat aber nichts damit zu tun, ob das schwerwiegende Fehlverhalten zwischen den Ehegatten **streitig** ist,[277] ansonsten es dem Berechtigten offen stünde, allein durch sein Bestreiten die Tatbestandsmäßigkeit von Nr. 7 zu beseitigen. 52

Bsp.: Der unsportliche A heiratet die B, eine, wie er weiß, aktive Tennisspielerin. Nach der Eheschließung verstärkt B ihr sportliches Engagement. Mag auch aus der Sicht des A ein schwerwiegendes Fehlverhalten vorliegen, offensichtlich ist es nicht, weil auch eine intensive sportliche Betätigung von der Gesellschaft nicht abgelehnt wird.

6. „Gegen den Unterhaltspflichtigen". Das Fehlverhalten muss sich zumindest **auch** gegen den Verpflichteten richten. Ein Fehlverhalten gegen einen nahen Angehörigen des Verpflichteten reicht nicht aus,[278] wenn darin nicht zugleich ein Fehlverhalten gegen den Verpflichteten selbst gesehen werden kann.[279] Doch kann es den Tatbestand von Nr. 8 erfüllen.[280] 53

7. „Zur Last fallen". Das Fehlverhalten muss dem Berechtigten **zugerechnet** werden können. Zur **Ursächlichkeit** und zum **Verschulden** s. RdNr. 51. 54

VIII. Auffangklausel (Nr. 8)

1. Allgemeines. Die Auffangklausel in Nr. 8 [UÄndG 2007] (= Nr. 7 [UÄndG 1986]) wurde der in Abs. 1 Nr. 4 [1. EheRG] nachgebildet, ohne dass sachliche Unterschiede bestehen dürften. Sie soll die Fortführung der Rspr. ermöglichen, die ihre Voraussetzungen auch als gegeben ansah, wenn die sich aus der Unterhaltspflicht ergebenden Belastungen die Grenze des Zumutbaren überschritten haben,[281] und hilft eine unverhältnismäßige Belastung des Verpflichteten vermeiden.[282] Die gegen Abs. 1 Nr. 4 [1. EheRG] erhobenen verfassungsrechtlichen Bedenken wegen fehlender gesetzlicher Bestimmtheit (dazu 3. Aufl. RdNr. 33) können zurücktreten, weil die neue Auffangklausel durch die Nr. 5–7 [UÄndG 1986] stark entlastet wurde. 55

2. Erhebliche Gründe. a) Grundsätze. Die von Nr. 8 erfassten Umstände können wie zu Abs. 1 Nr. 4 [1. EheRG][283] sowohl auf einem dem Berechtigten vorwerfbaren Verhalten **(subjektiv)** als auch, wie die Regelung in Nr. 1 zeigt, auf ihm nicht vorwerfbaren Gegebenheiten und Entwicklungen der beiderseitigen Lebensverhältnisse **(objektiv)** beruhen.[284] Zur Auslegung der Neuregelung kann uneingeschränkt auf die bisherige 56

---

[275] BT-Drucks. 10/2888 S. 20.

[276] *Lübbert* S. 133. Nach *Göppinger/Wax/Bäumel* RdNr. 1095 soll „offensichtlich" verdeutlichen, dass das Fehlverhalten besonders deutlich sein muss; doch bräuchte man hierzu das Merkmal „offensichtlich" angesichts des weiteren Merkmals „eindeutig" wohl nicht.

[277] *Häberle* FamRZ 1986, 311, 313; *Kalthoener/Büttner/Niepmann* RdNr. 1094.

[278] Dazu BT-Drucks. 10/4514 S. 21.

[279] *Johannsen/Henrich/Büttner* RdNr. 28.

[280] Ebenso *Kalthoener/Büttner/Niepmann* RdNr. 1092; aA *Häberle* FamRZ 1986, 311, 314.

[281] BT-Drucks. 10/2888 S. 20.

[282] BGH NJW 1985, 428 = FamRZ 1985, 51, 52 f.

[283] BVerfGE 57, 361 = NJW 1981, 1771 = FamRZ 1981, 745, 748 f.; BGH NJW 1980, 1686 = FamRZ 1980, 655, 656; NJW 1983, 1548 = FamRZ 1983, 569, 572. S. auch *Schwab* Handbuch 1. Aufl. RdNr. 373; *ders.*, Tendenzen im Recht des Geschiedenenunterhalts, S. 47.

[284] BGH FamRZ 1986, 443, 444; NJW 1987, 1761 = FamRZ 1987, 572, 575; NJW-RR 1988, 834 = FamRZ 1988, 930, 932; NJW-RR 1994, 644 = FamRZ 1994, 558, 559.

Rspr. zu Abs. 1 Nr. 4 [1. EheRG] zurückgegriffen werden.[285] Diese Umstände müssen dazu führen, dass die Inanspruchnahme des Verpflichteten auf Unterhalt die **Grenze des Zumutbaren** in unerträglicher Weise übersteigt.[286] Ob diese Grenzen überschritten sind, ist aufgrund einer alle Umstände des Einzelfalles umfassenden Abwägung und Würdigung der **beiderseitigen Rechts- und Interessenlagen** zu beurteilen. Hierbei hat der Tatrichter einen ihm vorbehaltenen **Beurteilungsspielraum,** der nur der rechtlichen Kontrolle des Revisionsgerichts unterliegt.[287] – Der nach Nr. 8 für eine Anwendung der Härteklausel erhebliche Grund muss **ebenso schwer** wiegen wie die in den Nr. 1–7 aufgeführten Gründe. – **Voreheliches Fehlverhalten** ist entsprechend den Ausführungen zu Nr. 7 (dazu RdNr. 43) unerheblich. – Lag bereits für die **Trennungszeit** aufgrund der eheähnlichen Lebensgemeinschaft ein Härtegrund vor und dauert diese auch nach der Scheidung an, erfasst der Härtegrund auch den Anspruch auf nachehelichen Unterhalt.[288]

57 **b) Weitere Einzelfälle. aa) Ehebezogene Umstände.** Zwar besteht eine **lange Ehedauer,** doch haben die Ehegatten nie zusammen gelebt und waren wirtschaftlich stets unabhängig.[289] Haben die Ehegatten nur kurze Zeit oder überhaupt nicht zusammengelebt, liegen nach **langer Trennungszeit** zwar die Voraussetzungen von Nr. 1 nicht vor, doch kann Nr. 8 eingreifen, wenn sich ihre Lebensverhältnisse verselbständigt haben.[290] – Keinen Härtegrund stellt allein die einer Vereinbarung der Ehegatten entsprechende **Nichtaufnahme einer ehelichen Lebensgemeinschaft** dar (zur Verbindlichkeit einer solchen Vereinbarung s. § 1353 Abs. 1 S. 2, Abs. 2 und dazu dort § 1353 RdNr. 25).[291] Liegen dieser Vereinbarung aber religiöse Motive des Verpflichteten – kirchenrechtlich bislang nicht gültig aufgelöste Vorehe des Berechtigten – zugrunde, die vom Berechtigten geteilt werden, kann der Unterhaltsanspruch verwirkt sein,[292] wenn die eheliche Lebensgemeinschaft nach Beseitigung der Hindernisse ohne das Hinzutreten weiterer zu berücksichtigender Umstände nicht aufgenommen wird. Ein Härtegrund liegt auch vor, wenn die Eheleute eine „Zweckheirat" eingegangen sind und von vornherein ernstlich gar keine dauerhafte eheliche Lebensgemeinschaft begründen wollten,[293] wirtschaftliche Abhängigkeiten sich zwischen ihnen jedoch nicht herausgebildet haben. – Die einseitige Weigerung des Berech-

---

[285] BGH NJW 1987, 3129 = FamRZ 1987, 689, 690; NJW 1989, 1083 = FamRZ 1989, 487; FamRZ 1992, 670.

[286] BGH NJW 1983, 1548 = FamRZ 1983, 569, 572; NJW 1984, 2692 = FamRZ 1984, 986, 987; NJW 1985, 2266 = FamRZ 1985, 267, 268; NJW 1985, 2268 = FamRZ 1985, 911, 912.

[287] BGH NJW-RR 1988, 834 = FamRZ 1988, 930, 933; NJW-RR 1994, 644 = FamRZ 1994, 558, 559; zu § 1587 c (dazu auch § 27 VersAusglG) s. BGHZ 74, 38 = NJW 1979, 1289 = FamRZ 1979, 477, 489; NJW-RR 1988, 709 = FamRZ 1988, 600.

[288] BGH NJW 1983, 1548 = FamRZ 1983, 569, 572; NJW 1983, 1552 = FamRZ 1983, 676; NJW 1984, 297 = FamRZ 1984, 154, 155; NJW 1984, 1537 = FamRZ 1984, 356, 357; NJW 1984, 2358 = FamRZ 1984, 662, 664; NJW 1984, 2692 = FamRZ 1984, 986 f.; s. auch OLG Hamm FamRZ 1987, 600, 602.

[289] OLG München FamRZ 2003, 874, 875 (24 jährige Ehe, keine Kinder: Beschränkung auf den notwendigen Bedarf).

[290] OLG Celle FamRZ 1990, 519 f. (3monatiges Zusammenleben, 19 jährige Trennung); OLG Köln NJWE-FER 1999, 2 = FamRZ 1999, 93, 94 (1 jähriges Zusammenleben, 4 jährige Trennung); OLG Frankfurt a. M. FPR 2004, 25 = FamRZ 2004, 1574 f. (19 jährige Trennung); ebenso wohl auch BGH NJW-RR 1988, 834 = FamRZ 1988, 930, 932; s. auch AG Holzminden FamRZ 1994, 1033 (40 jährige Trennung); AG Norderstedt FamRZ 2000, 1375 (LS) (20 jährige Trennung); *Graba* FamRZ 1987, 981, 983; *Schwab/Borth* IV RdNr. 521 f. AA BGH NJW 1980, 2247 = FamRZ 1980, 981, 983; NJW 1982, 1460 = FamRZ 1982, 573, 575; NJW 1987, 1761 = FamRZ 1987, 572, 575, weil dadurch die Spezialität der Nr. 1–6 [UÄndG 1986] (dazu RdNr. 62) unterlaufen würde; auch der BGH scheint von dieser Auffassung abrücken zu wollen, weil er seine Entscheidung BGH NJW-RR 1994, 644 f. = FamRZ 1994, 558 f. im LS als Ergänzung der Entscheidung BGH NJW 1982, 1460 = FamRZ 1982, 573, 575 sieht. Das OLG München FamRZ 2003, 874, 875 beschränkt den Anspruch auf Altersunterhalt auf den notwendigen Bedarf bei einer 24 jährigen Ehe, in der die Ehegatten nie zusammen gelebt haben, aus der keine Kinder hervorgegangen sind und die Ehegatten stets wirtschaftlich selbständig waren.

[291] AA wohl BGH NJW-RR 1988, 834 = FamRZ 1988, 930, 932.

[292] BGH NJW-RR 1994, 644 = FamRZ 1994, 558 f.

[293] Offen gelassen von BGH NJW-RR 1988, 834 = FamRZ 1988, 930, 932.

tigten, nach der Eheschließung den **Wohnsitz** beim Verpflichteten zu nehmen, fällt unter Nr. 7 (dazu RdNr. 49). – Eine **Verheiratung** gegen den Willen des Verpflichteten kann bei Kinderlosigkeit und Scheitern der Ehe bereits nach wenigen Monaten unter Nr. 8 fallen.[294]

bb) Personenbezogene Umstände. Die bisherige **Nichtgeltendmachung von Unterhaltsansprüchen** führt nicht zu einer Verwirkung zukünftigen Unterhalts.[295] – Begründete **Anzeige** wegen einer Straftat, wenn deren Ahndung dem Berechtigten gleichgültig sein kann.[296] – Kundgabe **wahrer Tatsachen,** wenn dies besonders verwerflich ist.[297] – Überlassen der alleinigen **Betreuung** und finanziellen Unterhaltung eines gemeinsamen Kindes.[298] – Die Beziehung zu einem **anderen Partner,** die nicht schon unter Nr. 2 fällt, wenn sie den Verpflichteten wegen besonderer, etwa kränkender oder sonst anstößiger Begleitumstände in außergewöhnlicher Weise trifft, ihn in der Öffentlichkeit bloßstellt oder sonst in seinem Ansehen schädigt.[299] – Auch wenn eine Verfehlung iSd. Nr. 3 wegen **Schuldunfähigkeit** des Berechtigten ausscheidet (dazu RdNr. 19), kann wegen einer tatbestandlich erfüllten Straftat der Härtegrund aus Nr. 8 eingreifen.[300] Allerdings müssen wegen der Ausschlusswirkung von Nr. 3 (dazu RdNr. 62) besondere Umstände, etwa Brutalität in der Ausführung oder schwere Folgen der Tat, hinzutreten.[301] – **Verminderte Schuldfähigkeit** ist nur in der Billigkeitsabwägung zu berücksichtigen (dazu RdNr. 19, 63). – **Ehrloses** oder **unsittliches Verhalten** wie Prostitution oder wiederholte Straffälligkeit, das infolge seiner Ehe- oder Unterhaltsbezogenheit auch die Interessen des Verpflichteten berührt.[302] – Verheimlichen des **Wohnortes** und des Zusammenlebens mit einem neuen Partner durch die Mitteilung einer Deckadresse, auch wenn die Voraussetzungen für die Annahme einer den Unterhaltsanspruch berührenden nichtehelichen Lebensgemeinschaft noch nicht vorliegen.[303] – Dass ein Anspruch auf Krankenunterhalt nach § 1572 wegen einer **Krankheit,** die nicht ehebedingt ist, besteht, reicht allein zur Anwendung von Nr. 8 nicht aus,[304] wenn die Unterhaltsleistungen den Verpflichteten nicht zu hart treffen,[305] kann aber im Zusammenhang mit anderen Härtegesichtspunkten,[306] mit einem 58

---

[294] OLG München OLGR 1994, 118.

[295] BGHZ 84, 280 = NJW 1982, 1999 = FamRZ 1982, 898; FamRZ 1985, 376, 378; OLG Koblenz NJW 2003, 1877 = FamRZ 2003, 1105, 1106.

[296] OLG Zweibrücken OLGR 2000, 407, 409 = FamRZ 2000, 1371 (LS).

[297] OLG Hamm OLGR 2000, 42 = FamRZ 2000, 1374 (LS) (Preisgabe, dass der Ehemann mit seiner Schwägerin im Einverständnis seines Bruders 2 Kinder gezeugt hat, womit auch die Berechtigte einverstanden war).

[298] OLG Zweibrücken NJWE-FER 1999, 73 = FamRZ 1999, 852.

[299] BGH NJW 1989, 1083 = FamRZ 1989, 487, 490; NJW 1995, 655 = FamRZ 1995, 344 f. m. Anm. *P. Derleder* FuR 1995, 155. Vom OLG Thüringen FamRZ 2005, 1095 f. verneint für eine Beziehung zum Schwiegersohn, mit dem sie an einem anderen Ort zusammen wohnt.

[300] BGH Beschl. v. 14. 1. 1998 – XII ZR 277/97, juris [1] (ebenso die Vorinstanz OLG Hamm FamRZ 1998, 371, 372); FamRZ 2002, 240, 241; OLG Schleswig FamRZ 2000, 1375, 1376 f.; *Schwab/Borth* IV RdNr. 473; *Johannsen/Henrich/Büttner* RdNr. 44; aA wohl OLG Hamm FamRZ 1997, 1484, 1485.

[301] OLG Schleswig FamRZ 2000, 1375, 1376 f.

[302] BGH NJW 1980, 2247 = FamRZ 1980, 981 f.; *Kalthoener/Büttner/Niepmann* RdNr. 1122; *Schwab/Borth* IV RdNr. 518.

[303] OLG Hamm FamRZ 1995, 880 (2 Jahre lang).

[304] BGH NJW-RR 1995, 449 = FamRZ 1995, 1405, 1407.

[305] BGH NJW 1994, 1286 = FamRZ 1994, 566; NJW-RR 1995, 449 = FamRZ 1995, 1405; NJW 1996, 2793 = FamRZ 1996, 1272, 1273. S. auch OLG Hamm NJOZ 2006, 1116 = FamRZ 2006, 707, 708: Nicht ausreichend ist die Doppelbelastung des gesunden Ehegatten durch die nun von ihm zusätzlich zu erbringende Kinderbetreuung.

[306] OLG Düsseldorf FamRZ 1981, 1177, 1179 f. (jahrelange Vernachlässigung des Haushalts wegen übermäßigem Alkoholgenuss); NJW-RR 1987, 774 = FamRZ 1987, 487, 488 (Krankheit des Berechtigten ist auf Tätlichkeiten seines neuen Partners zurückzuführen; Verpflichteter muss allein für den Unterhalt von 3 ehegemeinsamen Kindern aufkommen; bei Zahlung von Ehegattenunterhalt läge ein Mangelfall vor); OLG Köln FamRZ 1992, 1311, 1312 f. (leichtfertige Herbeiführung der Erwerbsunfähigkeit durch Verursachung eines Unfalls); OLG Brandenburg OLG-NL 1996, 92 = FamRZ 1996, 866, 867 (Krankheit hat bereits vor Eheschließung bestanden, keine ehebedingten Nachteile, Doppelbelastung infolge der vom Berechtigten herbeigeführten Trennung durch Erwerbstätigkeit und Kinderbetreuung).

nur kurzen Zusammenleben der Ehegatten[307] sowie damit, dass sie ihre Lebensverhältnisse noch nicht aufeinander eingerichtet haben, oder mit dem Wissen des Berechtigten um die Krankheit und ihr Verschweigen Bedeutung erlangen.[308] Eine **schwere** Krankheit, die zur Erwerbsunfähigkeit und zur Pflegebedürftigkeit des Berechtigten führt, kann bei nicht allzu langer Ehedauer wegen der Überspannung der nachehelichen Solidarität die Annahme eines Härtegrundes rechtfertigen, wenn der Pflegebedarf jedes für einen Durchschnittsverdiener unvorstellbare Maß übersteigt.[309] Zur **Unterhaltsneurose** s. § 1578 RdNr. 166). **Alkohol-** und **Drogenabhängigkeit** sowie andere **Selbstschädigungen** können, erfüllen sie mangels Mutwillen nicht bereits Nr. 3 (dazu RdNr. 19, 20), in Ausnahmefällen, etwa bei einem unverbesserlichen Abhängigen, die Grenzen des Zumutbaren überschreiten und Nr. 8 verwirklichen.[310] – Unterlassen einer indizierten **medizinischen Behandlung** eines gemeinsamen Kindes als Verletzung der unterhaltsrechtlichen Obliegenheiten.[311]

59 **cc) Vermögensbezogene Umstände.** Dass die dem Berechtigten gleichrangige neue Ehefrau und die aus der neuen Ehe hervorgegangenen volljährigen, nicht privilegierten Kinder (§ 1609 Nr. 2, 3) bei Berücksichtigung des Unterhaltsanspruchs des Berechtigten jedenfalls teilweise auf **Sozialhilfe** verwiesen werden, führt, um nicht die gesetzliche Rangregelung zu unterlaufen, nicht zu einer Unzumutbarkeit der Inanspruchnahme des Verpflichteten auf nachehelichen Unterhalt.[312] Auch dass der neue Ehegatte wegen des Vorrangs des Berechtigten nach § 1582 Abs. 1 S. 2 aF zur Bestreitung seines Lebensbedarfs Sozialhilfe in Anspruch nehmen muss, begründet keine Unzumutbarkeit, es sei denn, dies ist, etwa im Ausland, nicht möglich.[313] – Der **Splittingvorteil** aus einer neuen Ehe des Verpflichteten kommt dem Berechtigten nicht (mehr) zugute.[314] Nach der neueren Rspr. des BVerfG und des BGH (dazu § 1578 RdNr. 28, 29), wonach der Splittingvorteil aus der Folgeehe dieser auch zu verbleiben hat, wird dieser Fragestellung im vorliegenden Zusammenhang keine Bedeutung mehr beikommen. Zudem dürfte es sich insoweit eher um eine Frage der Leistungsfähigkeit und der Angemessenheitsprüfung (dazu § 1581 RdNr. 19) denn um eine solche der „Verwirkung" handeln.

IX. Konkurrenz der Härtegründe

60 **1. Zu allgemeinen Regeln.** Die Regelung der Härtegründe ist abschließend. Deshalb greifen die allgemeinen Regeln über die Verwirkung **(§ 242)** auch dann nicht ein,

---

[307] BGH NJW-RR 1988, 834 = FamRZ 1988, 930, 932; OLG Celle FamRZ 1986, 910, 911 f.; FamRZ 1990, 524, 525 f.; OLG Oldenburg NJW 1991, 3222 = FamRZ 1991, 827 f. (knapp 10-jährige Ehedauer); OLG München OLGR 1992, 14 (Multiple Sklerose des Berechtigten, 3-jähriges Zusammenleben, 6-jährige Ehedauer bis zur Rechtshängigkeit des Scheidungsantrags, keine wirtschaftlichen Einbußen des Berechtigten durch die Eheschließung); OLG Koblenz OLGR 1997, 109 f. (Ehedauer 6½ Jahre, Zusammenleben 3 Jahre, Verpflichteter hat das gemeinsame Kind versorgt und 12 Jahre lang Ehegattenunterhalt bezahlt); AG Rastatt FamRZ 1991, 824, 826 (dauerhafte epileptische Anfälle des Berechtigten, 6-jähriges Zusammenleben, keine wirtschaftlichen Nachteile des Berechtigten durch die Eheschließung); AG Essen FamRZ 1994, 706; FamRZ 1995, 880, 881 (4-jährige Ehedauer, bereits bei Eheschließung bestehende Folgeschäden aus Gehirnhautentzündung, vom Berechtigten nicht bekämpfte Medikamentenabhängigkeit, 15 Jahre lang Unterhaltszahlungen); AG Münster FamRZ 2003, 875, 876 (8-jährige Ehedauer); aA OLG Düsseldorf FamRZ 1987, 595, 597; FamRZ 1987, 597, 599 f.

[308] BGH NJW 1994, 1286 = FamRZ 1994, 566; OLG Hamburg FamRZ 1995, 1417; großzügiger wohl AG Crailsheim FamRZ 1999, 1077 f.

[309] OLG Oldenburg NJW 1991, 3222 = FamRZ 1991, 827, 828 (Multiple Sklerose, Ehedauer 8 Jahre 10 Mon.); auch OLG Karlsruhe NJWE-FER 1998, 26 = FamRZ 1998, 751, 752 (Multiple Sklerose, Ehedauer 10 Jahre).

[310] BGH NJW-RR 1989, 1218 = FamRZ 1989, 1054, 1057 (Selbstmordversuch); OLG Köln FamRZ 1992, 1311, 1312 f.

[311] Zu § 1615 l OLG Düsseldorf FamRZ 2003, 184, 185.

[312] BGH NJW 1996, 2793 = FamRZ 1996, 1272, 1273; aA OLG Hamburg FamRZ 1995, 1417 f. als Vorinstanz, das einen Unterhaltsausschluss nach Nr. 7 [UÄndG 1986] annimmt, wenn der angemessene Selbstbehalt des Verpflichteten unterschritten und seine 5 köpfige neue Familie sozialhilfebedürftig würde.

[313] BGHZ 104, 158 = NJW 1988, 1722 = FamRZ 1988, 705, 707 f.

[314] BGH NJW 1985, 2268 = FamRZ 1985, 911, 912; NJW 1988, 2105 = FamRZ 1988, 486, 487; NJW-RR 1990, 514 = FamRZ 1990, 503, 504.

wenn die tatbestandlichen Voraussetzungen der Nr. 1–8 nicht gegeben sind. Dies gilt aber nur, soweit der Anwendungsbereich von § 1579 und die von ihm geregelten Fallgruppen reichen, nicht jedoch für den klassischen Bereich der Verwirkung, dass nämlich der Verpflichtete aufgrund Zeitablauf und Verhalten des Berechtigten darauf vertrauen durfte, dass Unterhalt nicht mehr geltend gemacht wird (dazu auch § 1585 b Abs. 3 und dort RdNr. 30). – Zum Verhältnis zur Begrenzung nach **§ 1578 b** s. dort RdNr. 47.

2. Nr. 1–7. a) Nr. 1–7 zueinander. Die Härtegründe nach Nr. 1–6 schließen sich nicht gegenseitig aus und können nebeneinander bestehen. Soweit sie durch verschiedene Handlungen verwirklicht werden, besteht **Realkonkurrenz,** bei einer Verwirklichung durch eine Handlung **Idealkonkurrenz.** Die kumulative Verwirklichung von Härtegründen ist bei der Beurteilung der groben Unbilligkeit sowie der hieraus abzuleitenden Folgerungen – Umfang von Herabsetzung, Versagung oder Befristung – zu berücksichtigen. 61

b) Nr. 1–7 zur Auffangklausel in Nr. 8. Die Lücke für Sachverhalte, die zwar die Nr. 1–7 nicht erfüllen, gleichwohl aber die Inanspruchnahme des Verpflichteten auf Unterhalt als grob unbillig erscheinen lassen, schließt Nr. 8. Sie führt zu keiner Ausweitung der Härteklausel, weshalb ein Grund, der einschlägig iSd. Nr. 1–7 ist, allein grundsätzlich nicht unter Nr. 8 fallen kann; **weitere Umstände** müssen hinzukommen.[315] Die praktisch wichtigsten Fälle sind: Die Ehe war nicht von kurzer Dauer (Nr. 1, dazu RdNr. 6–11). – Der Berechtigte war bei einer Straftat nicht schuldfähig (Nr. 3, dazu RdNr. 19). – Der Berechtigte war unverschuldet krank geworden (Nr. 4, dazu RdNr. 29). 62

C. Grobe Unbilligkeit und ihre Rechtsfolgen

I. Allgemeines

1. Grundsätze. Das Erfordernis der groben Unbilligkeit ist ein **zusätzliches** Tatbestandsmerkmal, das zu einem Härtegrund aus Nr. 1–8 hinzutreten muss.[316] Sie liegt vor, wenn die volle oder teilweise Gewährung nachehelichen Unterhalts dem **Gerechtigkeitsempfinden in unerträglicher Weise widersprechen** würde,[317] und wird idR indiziert sein, wenn die Voraussetzungen der Nr. 1–8 gleichsam „übererfüllt" sind, es sich etwa um eine nur wenige Wochen dauernde Ehe handelt (Nr. 1), ein besonders schweres Vergehen vorliegt (Nr. 3), direkter Vorsatz (Nr. 3) oder besonders krasses Fehlverhalten (Nr. 7) gegeben ist. Zur vorrangigen Berücksichtigung der **Kindesinteressen** bei der Billigkeitsabwägung s. RdNr. 65–68. Da die Billigkeit nur **einheitlich** beurteilt werden kann, sind alle auch bei §§ 1573 Abs. 5 aF, 1576, 1577 Abs. 2 und 3, 1578 Abs. 1 S. 2, 1578 b Abs. 1, 2, 1581 maßgeblichen Umstände des **Einzelfalles** einzubeziehen,[318] insbesondere: 63

[315] BGH NJW 1985, 428 = FamRZ 1985, 51, 52; NJW 1985, 2268 = FamRZ 1985, 911; NJW 1987, 1761 = FamRZ 1987, 572, 575; NJW-RR 1995, 449 = FamRZ 1995, 1405, 1407; dazu auch OLG Celle 1990, 519 f. (kurze Ehezeit); AG Weilburg NJW-RR 1995, 3 = FamRZ 1995, 97; offen gelassen von OLG Hamm FamRZ 1997, 417, 418.

[316] Etwa OLG Karlsruhe NJW-RR 1990, 770 = FamRZ 1990, 67; OLG Hamm NJW-RR 1994, 1287 = FamRZ 1994, 704, 705. Verfassungsrechtlich unbedenklich, BVerfG NJW 1993, 455 = FamRZ 1992, 1283, 1284.

[317] BGH NJW 1982, 2064 = FamRZ 1982, 582, 583; FamRZ 1983, 670, 672; s. auch OLG Celle FamRZ 1990, 519, 520; OLG Frankfurt a. M. NJW-RR 1991, 902 = FamRZ 1991, 823, 824.

[318] BVerfGE 80, 286 = NJW 1989, 2807 = FamRZ 1989, 941, 943 f. m. Anm. *Schlüter/Vennemann* FuR 1990, 47; NJW 1993, 455 = FamRZ 1992, 1283, 1284; BGH NJW 1983, 1552 = FamRZ 1983, 676; FamRZ 1983, 800, 802 (zu § 1576); NJW 1984, 297 = FamRZ 1984, 154, 157; NJW 1984, 296 = FamRZ 1984, 34; NJW 1984, 1537 = FamRZ 1984, 356, 358; NJW 1984, 2692 = FamRZ 1984, 986, 988; NJW 1986, 722 = FamRZ 1986, 443, 444 m. Bspr. *Luthin* FamRZ 1986, 1166; NJW 1990, 3020 = FamRZ 1990, 1091, 1095; NJW 1992, 2477 = FamRZ 1992, 1045, 1049.

– **Ehebezogene Umstände: Dauer** der Ehe[319] und des tatsächlichen Zusammenlebens.[320] – **Verfrühte** Stellung des Scheidungsantrags.[321] – Zahl und Interessen ehegemeinsamer **Kinder** (dazu RdNr. 65–68, 72). – Die Interessen von **Pflege-** und **Stiefkindern.**[322] – Das **Verhalten** der Ehegatten nach der Scheidung. Zur **Verzeihung** s. RdNr. 64. – Von den Ehegatten während der Ehe, auch nach der Trennung, erbrachte **Leistungen.** – Gegenseitige **wirtschaftliche Abhängigkeit** der Ehegatten.[323] – **Nacheheliche Eigenverantwortung.**[324]
– **Personenbezogene Umstände:** Begehung einer Straftat iSd. Nr. 3 im Zustand der **verminderten Schuldfähigkeit** (dazu RdNr. 19);[325] zur **Schuldunfähigkeit** s. RdNr. 58. – **Überobligat** erzielte[326] oder erzielbare[327] Einkünfte (dazu auch RdNr. 71). – **Freiwillige Leistungen Dritter.** – Betroffenheit des Verpflichteten durch die Unterhaltspflicht angesichts der **wirtschaftlichen Verhältnisse** der geschiedenen Ehegatten im Einzelfall.[328] – **Verzeihung** und – praktisch eher selten – **Nichtberufen** auf Verfehlungen und objektive Umstände, die an sich Nr. 1 und Nr. 8 verwirklichen (dazu RdNr. 64).
– **Verfehlungsbezogene Umstände:** Für die Tatbestandsmäßigkeit von Nr. 3 nicht erforderliche (dazu RdNr. 19) **Unterhaltsbezogenheit** einer Straftat. – Lediglich **Versuch** einer Straftat.[329] – **Verhältnismäßigkeit** von Verfehlung, betroffenen Interessen und Rechtsfolgen (zu RdNr. 69–72).
– **Einkommensbezogene Umstände:** Zwar verschwiegene, für die Errechnung des Unterhaltsanspruchs aber **unerhebliche** Einkünfte des Berechtigten;[330] doch dürfte es dann bereits an der nach Nr. 3 erforderlichen Schwere des Vergehens (dazu auch RdNr. 23) fehlen. – **Enge finanzielle Verhältnisse** des Bedürftigen.[331] – **Unterhaltsrechtliche Relevanz** einer Verfehlung.[332] – Unerheblich ist die **Herkunft der maßgeblichen Einkünfte** des Verpflichteten.[333] – **„Bagatellunterhalt“** (dazu § 1577 RdNr. 5) unter Berücksichtigung der individuellen Bedeutung auch geringer Unterhaltsbeträge.[334]
– **Nacheheliche Umstände:** Leistungsfähigkeit eines **nichtehelichen Lebenspartners.**[335] – **Nacheheliche Eigenverantwortung** (dazu auch RdNr. 13, 14, 16); die

---

[319] OLG Düsseldorf NJW-RR 1991, 1347 = FamRZ 1991, 450 (Ehedauer 31 Jahre); Urt. v. 10. 12. 1999 – 4 UF 215/98, juris [15] = FamRZ 2000, 1374 (LS) (20 Jahre Zusammenleben); OLG Hamm NJW-RR 2003, 510, 511 = FamRZ 2003, 876 (LS) (Ehedauer 31 Jahre).
[320] OLG Köln FamRZ 1998, 301, 302; OLG Schleswig FamRZ 2003, 763, 764.
[321] OLG Schleswig FamRZ 2003, 763 f. mwN; s. auch OLG Oldenburg FamRZ 1996, 1480, 1481 (unzulässige Rechtsausübung, § 242).
[322] Vgl. *Häberle* FamRZ 1982, 557, 560.
[323] OLG Schleswig FamRZ 2003, 763, 764.
[324] BGH NJW 2008, 57 = FamRZ 2007, 1532, 1538 [56] m. Anm. *Maurer*.
[325] BGH NJW 1982, 100 f.; OLG Hamm NJW 1990, 1119 = FamRZ 1990, 887; FamRZ 1998, 371; FamRZ 2002, 240, 241 (vollständiges Entfallen des Unterhaltsanspruchs nach gefährlicher Körperverletzung zu Lasten eines Säuglings); aA scheinbar OLG Hamm FamRZ 1995, 808 (die Voraussetzungen des § 1579 Nr. 2 [UÄndG 1986] seien nicht festzustellen). Des Rückgriffs auf Nr. 8 bedarf es danach nicht, aA *Schwab/Borth* IV RdNr. 445.
[326] BGH NJW 1990, 3020 = FamRZ 1990, 1091, 1095.
[327] OLG Schleswig OLGR 2000, 429, 431.
[328] BGH NJW 1982, 2064 = FamRZ 1982, 582; NJW-RR 1989, 386 = FamRZ 1989, 483, 486; NJW 1992, 2477 = FamRZ 1992, 1045.
[329] OLG Schleswig NJW-RR 2007, 292, 293.
[330] OLG Hamm NJW-RR 2003, 510, 511 = FamRZ 2003, 876 (LS).
[331] BGHZ 175, 182 = NJW 2008, 1663 m. Anm. *Born* = FamRZ 2008, 968, 974 [60] m. Anm. *Maurer* (im konkreten Fall hat der BGH eine grobe Unbilligkeit wegen der unaufgeforderten Klarstellung von eigenen Einkünften im Berufungsrechtszug und wegen der sehr engen finanziellen Verhältnisse der Berechtigten verneint).
[332] OLG Hamm NJW-RR 1988, 8, 9.
[333] AG Ludwigsburg FamRZ 1992, 442, 443 (Erbschaft).
[334] OLG Köln FamRZ 2007, 1463, 1464.
[335] BVerfG NJW-RR 1993, 1090 = FamRZ 1993, 664, 665.

durch sie erhöhten Erwerbsobliegenheiten des geschiedenen Ehegatten ab 1. 1. 2008 führen auch dazu, die Anforderungen an die grobe Unbilligkeit für den Verpflichteten herabzusetzen.

2. Verzeihung. Soweit die Tatbestände der Nr. 2–8 an ein **persönliches Fehlverhalten** 64 des Berechtigten anknüpfen,[336] kann dieses vom Verpflichteten **ausdrücklich** oder **konkludent** mit der Folge eines Einwendungsverzichts dadurch verziehen werden, dass er trotz Kenntnis von dem verwerflichen Verhalten des Ehegatten die Ehe mit ihm fortsetzt oder weiter Unterhalt bezahlt,[337] etwa wegen der Betreuungsbedürftigkeit eines gemeinsamen Kindes ohne Beschränkung auf den Mindestbedarf.[338] Zahlt er den Unterhalt jedoch nur weiter, um sich trotz des Versorgungsausgleichs eine ungeschmälerte Rente zu erhalten (§ 5 Abs. 1 VAHRG, dazu auch §§ 33, 34 VersAusglG), spricht dies jedenfalls dann gegen einen Einwendungsverzicht, wenn er dadurch günstiger steht als bei Wegfall seines Unterhalts und gleichzeitiger Kürzung seiner Rente.[339] – Die Verzeihung lässt nicht bereits die **Tatbestandsmäßigkeit** der Handlung entfallen,[340] weil sie an deren Verwirklichung und Bewertung zum Zeitpunkt ihrer Vornahme nichts ändert. Doch wird durch die Verzeihung idR die **grobe Unbilligkeit** entfallen, weil sie die Unterhaltszahlung nicht mehr als objektiv unzumutbar erscheinen lässt.[341] – Scheidet danach bei Anknüpfung an **objektive Umstände** (Nr. 1 und Nr. 8) eine Verzeihung zwar aus, ist im Rahmen der Billigkeitsabwägung, obwohl diese Umstände von Amts wegen zu beachten sind, zu berücksichtigen, ob sich der Verpflichtete auf diese beruft. Tut er dies nicht, rechtfertigt deren Tatbestandsmäßigkeit aus Billigkeitsgründen keine Restriktion des Unterhaltsanspruchs (zum Ganzen auch RdNr. 86).

3. Wahrung der Belange gemeinschaftlicher Kinder. a) Grundsatz. Ob die negative Härteklausel zu einem Ausschluss, zu einer Herabsetzung oder zu einer Befristung des 65 Unterhaltsanspruchs führt, hängt ganz wesentlich davon ab, ob der Anspruch wegen der Betreuung gemeinschaftlicher Kinder (§ 1570) oder aus anderen Gründen besteht. Den Belangen der Kinder kommt der **Vorrang** gegenüber denen des Verpflichteten zu; sie sind durch Leistung von nachehelichem Unterhalt an den betreuenden Elternteil – der Verpflichtete wird durch die Kindeswohl-Klausel nicht geschützt[342] – **zu wahren,** weil es sich um eine gemeinsame Aufgabe beider Eltern handelt, auf deren Erfüllung sie auch in ihrem Verhältnis zueinander bedacht sein müssen.[343] Dies entspricht der Stellung des § 1570 im System der nachehelichen Unterhaltsbestände, der wegen des Kindeswohls wie kein anderer Unterhaltstatbestand privilegiert wird (s. § 1570 RdNr. 3).[344] Betreut der Berechtigte gemeinschaftliche Kinder, kommen danach Restriktionen des nach dem **eheangemessenen Bedarf** (dazu § 1578 RdNr. 3–12) bemessenen Unterhaltsanspruchs nur ausnahmsweise in Betracht. Unerheblich ist dabei, ob der Berechtigte seinen auf die Kinderbetreuung gestütz-

[336] Ebenso *Göppinger/Wax/Bäumel* RdNr. 1106; aA *Johannsen/Henrich/Büttner* RdNr. 45; offen gelassen, ob Verzeihung auch bei Anknüpfung an objektive Umstände wie bei Nr. 1 und 8 möglich ist, von BGH NJW-RR 2003, 505 = FamRZ 2003, 521, 522; BGHZ 157, 395 = NJW 2004, 1326 = FamRZ 2004, 614, 615.

[337] Zu Letzterem OLG Nürnberg FamRZ 1992, 673; OLG Hamm NJW-RR 1994, 1287 = FamRZ 1994, 704, 705; FamRZ 2003, 877; OLG Düsseldorf FamRZ 1997, 1159; FamRZ 2001, 835 (Abschluss einer Unterhaltsvereinbarung trotz Kenntnis des ehewidrigen Verhaltens des Berechtigten).

[338] BGH NJW 1997 483 = FamRZ 1997, 483, 484; BGHZ 157, 395 = NJW 2004, 1326 = FamRZ 2004, 614, 615 m. Anm. *Büttner.*

[339] BGH NJW-RR 2003, 505 = FamRZ 2003, 521, 522; BGHZ 157, 395 = NJW 2004, 1326 = FamRZ 2004, 614, 615 f. m. Anm. *Büttner.*

[340] AnwK-BGB/*Hohloch* RdNr. 90; *Gernhuber/Coester-Waltjen* § 30 RdNr. 90; aA *Johannsen/Henrich/Büttner* RdNr. 45; ausdrücklich offen gelassen von BGH NJW-RR 2003, 505 = FamRZ 2003, 521; BGHZ 157, 395 = NJW 2004, 1326 = FamRZ 2004, 614, 615 m. Anm. *Büttner* und jeweils mwN.

[341] OLG Düsseldorf FamRZ 1997, 1159, OLG Hamm FamRZ 1997, 1485, 1486.

[342] OLG Köln FamRZ 2008, 523 f.

[343] BGH NJW 1992, 3163 = FamRZ 1992, 1403, 1405; NJW-RR 1997, 897 = FamRZ 1997, 873, 875.

[344] BVerfGE 57, 361 = NJW 1981, 1771 = FamRZ 1981, 745, 749 ff., das diesen Vorrang aus allgemeinen verfassungsrechtlichen Gesichtspunkten ableitet.

ten Unterhaltsanspruch für einen vorangegangenen Zeitraum eingebüßt hatte.[345] – Zur **Verhältnismäßigkeit** s. auch RdNr. 69–72.

66 **b) Gemeinschaftliches Kind.** Es muss sich – wie bei § 1570 – um von beiden Ehegatten abstammende **„eheliche"** Kinder handeln. S. hierzu zunächst die Ausführungen zu § 1570 RdNr. 22–24. Dies gilt auch für ein nach §§ 1591, 1593 mangels Feststellung seiner Nichtehelichkeit (noch) als ehelich geltendes – **scheineheliches** –, jedoch unstreitig nicht vom Verpflichteten abstammendes Kind; ggf. kann aber von einem ausnahmsweisen Wegfall des Vorrangs der Kindesbelange ausgegangen werden (dazu RdNr. 72).[346] Über den nur gemeinsame „eheliche" Kinder erfassenden Anwendungsbereich von § 1570 hinaus sind im vorliegenden Billigkeitsbereich aber auch die Interessen gemeinsamer **„nichtehelicher"** Kinder, hervorgegangen aus einer nachehelichen Beziehung der ehemaligen Ehegatten, in die Billigkeitsabwägung einzubeziehen. Zu den Erwerbsobliegenheiten des bedürftigen, gemeinsame Kinder betreuenden Ehegatten s. § 1570 RdNr. 30–55.

67 **c) Ausnahmen. aa) Allgemeines.** Trotz der Bedeutung des Kindesinteresses darf sein Vorrang eine noch **bestehende Ehe** für den Fall einer Scheidung nicht beeinträchtigen, zudem muss die **Verhältnismäßigkeit** gewahrt sein.[347] Bedeutung wird dies allerdings weniger für den nachehelichen als durch die Verweisung auf § 1579 in § 1361 Abs. 3 für den Getrenntlebensunterhalt erlangen, wenn für die nacheheliche Zeit eine gerichtliche Sorgerechtsregelung vorliegt. Anders aber etwa, wenn den Eltern auch nach der Scheidung die elterliche Sorge gemeinsam belassen wurde und sie sich über den Aufenthalt und die Betreuung des Kindes nicht einigen können.

68 **bb) „Anvertraut".** Um ein unrechtmäßiges Verhalten eines Elternteils nicht auch noch durch die Gewährung eines Unterhaltsanspruchs unzulässig zu prämieren, muss das Kind dem Berechtigten anvertraut sein. Hat der Berechtigte das Kind beim Auszug aus der Ehewohnung mitgenommen, obwohl der Verpflichtete mit der Betreuung des Kindes durch ihn nicht **einverstanden** ist, kommt deshalb den Kinderinteressen so lange kein Vorrang zu, als dem Berechtigten nicht die elterliche Sorge oder wenigstens das Aufenthaltsbestimmungsrecht durch **gerichtliche Entscheidung** übertragen worden ist.[348] Einem, ggf. nachträglich erklärten,[349] Einverständnis des Verpflichteten steht gleich, dass er seinen Willen zur Kinderbetreuung unter gleichzeitiger Darlegung seiner Betreuungsmöglichkeiten nicht geäußert hat.[350] – Eine der **eigenmächtigen** Übernahme der Kinderbetreuung nachfolgende Übertragung des Sorgerechts durch gerichtliche Entscheidung wirkt grundsätzlich nicht zurück und führt nicht zu deren Legitimation, weil durch die gesetzliche Regelung gerade verhindert werden soll, dass der Berechtigte aus eigenmächtigem Handeln wirtschaftliche Vorteile ziehen kann.[351] Dies gilt auch für die Zeit zwischen Erlass des Verbundurteils und Wirksamwerden der Sorgerechtsregelung (§§ 623 Abs. 1 S. 1, Abs. 2, 629 d ZPO, §§ 137 Abs. 1, Abs. 2 Nr. 2, 148 FamFG),[352] die dann ggf. durch eine Sorgerechtsentscheidung – die sich aufdrängt, wenn die Ehegatten sich nicht einigen können – im Wege einer Regelung in der Hauptsache, die nach §§ 621 Abs. 1 Nr. 1, 621 a Abs. 1 ZPO, § 16 FGG, § 40 FamFG bereits mit ihrer Bekanntmachung an die Beteiligten wirksam wird, oder als einstweilige Anordnung nach § 620 Nr. 1 ZPO, §§ 49, 51 FamFG überbrückt werden muss. – Ausnahmsweise wird es dem Verpflichteten nach **Treu und Glauben** (§ 242) verwehrt

---

345 BGH NJW-RR 1988, 70 = FamRZ 1987, 1238, 1239.

346 BGH NJW 1985, 428 = FamRZ 1985, 51, 53; noch offen gelassen von BGH NJW 1983, 451 = FamRZ 1983, 142, 144; aA OLG Hamm FamRZ 1981, 257, 258.

347 BVerfGE 57, 361 = NJW 1981, 1771 = FamRZ 1981, 745, 750.

348 BVerfGE 57, 361 = NJW 1981, 1771 = FamRZ 1981, 745, 749 f.; BGH NJW 1980, 1686 = FamRZ 1980, 665, 668; NJW 1983, 451 = FamRZ 1983, 142, 143; *Henrich* FamRZ 1986, 401. S. auch die Erläuterungen zu § 1570 RdNr. 29.

349 BVerfG NJW 1982, 2859 = FamRZ 1982, 991.

350 BVerfG, 1. Kammer des 1. Senats, Beschl. v. 16. 12. 1988 – 1 BvR 521/88, juris [3].

351 BGH NJW 1983, 451 = FamRZ 1983, 142, 143.

352 BGH NJW 1983, 451 = FamRZ 1983, 142, 143.

sein, sich darauf zu berufen, dass weder sein Einverständnis noch eine gerichtliche Entscheidung vorliegt. Dies kann etwa angenommen werden, wenn er nicht zum Ausdruck bringt, dass er mit der Betreuung durch den Berechtigten nicht einverstanden ist. Für eine Rückwirkung reicht allerdings nicht aus, dass der Verpflichtete die überwiegenden Ursachen für den Auszug des Berechtigten mit den Kindern aus der Ehewohnung gesetzt hat.[353]

II. Verhältnismäßigkeit

1. Grundsätze. Unabhängig vom erfüllten Verwirkungstatbestand[354] müssen die Rechtsfolgen unter Berücksichtigung der Interessen beider Ehegatten und insbesondere der gemeinsamer Kinder sowie der Schwere des Verstoßes des Berechtigten **verhältnismäßig** sein. 69
Dogmatisch ist die Verhältnismäßigkeit Teil der Interessenabwägung bei der Prüfung der **groben Unbilligkeit.** Insbesondere den **Kinderinteressen** (dazu RdNr. 72) kommt dabei Bedeutung zu, weil Erwachsene idR selbst für ihren Lebensunterhalt sorgen können. – Die unterhaltsrechtliche Relevanz der Verfehlung und die Gesamtumstände beider Ehegatten, zu denen auch ein Verstoß des Verpflichteten gegen seine Verpflichtungen zu rechnen ist,[355] sind gegeneinander abzuwägen.[356] Dabei ist die **vollständige Versagung** des Unterhalts auf diejenigen Ausnahmefälle zu beschränken, in denen jede Unterhaltszahlung mit dem Gerechtigkeitsempfinden schlechthin unvereinbar ist[357] oder lediglich **Aufstockungsunterhalt** verlangt wird.[358] Auch **Altersvorsorgeunterhalt** wird teilweise oder vollständig versagt werden können,[359] nicht jedoch **Krankenvorsorgeunterhalt.**

Grundsätzlich kann eine grobe Unbilligkeit nur auf **künftige Unterhaltsansprüche,** die nach der Verfehlung fällig werden bzw. geworden sind, bezogen werden. Vornehmlich Verfehlungen nach Nr. 3 können bei besonders schwerwiegenden Umständen aber ausnahmsweise rechtfertigen, bereits vor der Verfehlung **fällig** gewordene Unterhaltsansprüche aus Billigkeitsgründen herabzusetzen, auszuschließen oder zu befristen.[360] Doch ist dies nicht auf die Verfehlungen nach Nr. 3 beschränkt, sondern kann alle Verfehlungen nach Nr. 2–8 betreffen, soweit der jeweilige Verstoß entsprechend schwerwiegend ist und auch einen Bezug in die Zeit vor Beginn seines Unterhaltsbegehrens aufweist. 70

Auch wenn die Unterhaltspflicht nicht durch die Bedürfnislage des Berechtigten, sondern durch den Anspruch des Kindes auf Betreuung durch einen Elternteil gerechtfertigt wird, und trotz des daraus folgenden grundsätzlichen Vorrangs seiner Belange sind **unverhältnismäßige Belastungen** des Verpflichteten zugunsten des Berechtigten zu vermeiden.[361] In solchen **besonders gelagerten Härtefällen** kann deshalb eine Herabsetzung des Unterhaltsanspruchs gerechtfertigt sein, auch wenn der Berechtigte ein gemeinsames 71

[353] AA 3. Aufl. 1993 RdNr. 10 Fn. 32.

[354] Zu Nr. 1: BGH NJW 1990, 1847 = FamRZ 1990, 492, 495. – Zu Nr. 4 [1977], Nr. 7 [UÄndG 1986], Nr. 2 [UÄndG 2007]: BGH NJW 1983, 1548 = FamRZ 1983, 569, 573; NJW 1983, 1552 = FamRZ 1983, 676; NJW 1984, 297 = FamRZ 1984, 154, 156; NJW 1984, 2358 = FamRZ 1984, 662, 664 f.; NJW 1984, 2092 = FamRZ 1984, 986, 988; NJW 1988, 2376 = FamRZ 1988, 259, 260 f.; OLG Hamm FamRZ 1982, 172, 174; AG Bochum FamRZ 1998, 753, 754 f. – Zu Nr. 7 [UÄndG 1986], Nr. 2 [UÄndG 2007]: OLG Frankfurt a. M. FamRZ 1987, 157, 158; FamRZ 1987, 161, 162. – Zu Nr. 2 [UÄndG 1986], Nr. 3 [UÄndG 2007]: BGH NJW 1984, 296 = FamRZ 1984, 34, 35; OLG Hamm NJW-RR 1988, 8, 9. Das OLG Schleswig OLGR 1997, 127 hat im Falle eines versuchten Prozessbetrugs durch die unterlassene Mitteilung geringfügiger Erwerbseinkünfte den Unterhaltsanspruch auf die Hälfte gekürzt; zudem könnte man an die Befristung des herabgesetzten Unterhalts denken. – Zu § 66 EheG: BGH NJW 1984, 306 = FamRZ 1984, 32, 33.

[355] BGH NJW 2008, 2581 = FamRZ 2008, 1325, 1327 [31] m. Anm. *Borth*: Der Verpflichtete verschweigt seinerseits eine Einkommenserhöhung; im konkreten Fall hat diese aber die Unterhaltshöhe nicht beeinflusst.

[356] OLG Hamm NJW-RR 1988, 8, 9.

[357] OLG Frankfurt a. M. FamRZ 1987, 157, 158.

[358] OLG Schleswig OLGR 2005, 394, 396.

[359] OLG Frankfurt a. M. FamRZ 1987, 588, 590; OLG Bremen FamRZ 1999, 1138, 1139.

[360] BGH NJW 2004, 1324 = FamRZ 2004, 612, 613 (ebenso als Vorinstanz OLG Zweibrücken FamRZ 2002, 241, 242). Offen gelassen noch von BGH NJW 1984, 296 = FamRZ 1984, 34.

[361] BVerfGE 57, 361 = NJW 1981, 1771 = FamRZ 1981, 745, 750.

Kind betreut.[362] Ob ein solcher Härtefall vorliegt, ist nach umfassender Abwägung der Umstände des Einzelfalles unter besonderer Berücksichtigung der Belange des Kindeswohls zu entscheiden. Von Bedeutung ist dabei, ob die Belastung des Verpflichteten vom Kindeswohl ganz oder teilweise gefordert wird oder ob der Berechtigte die Voraussetzungen von Nr. 7 in besonders krasser Weise – hierfür kann die Verfestigung einer nichtehelichen Lebensgemeinschaft wie auch die Leugnung der außergerichtlichen Zeugung eines Kindes[363] oder das Abhalten des Scheinvaters von der Ehelichkeitsanfechtung durch die Erklärung des Berechtigten, er brauche keinen Kindesunterhalt zahlen,[364] von Bedeutung sein – verwirklicht hat.[365] Auch kann die Annahme einer **erhöhten Erwerbsobliegenheit** des Berechtigten (dazu RdNr. 72, § 1578 RdNr. 140) oder eine Herabsetzung des Unterhaltsbetrages unter das **Existenzminimum** bis zu seiner völligen Versagung[366] in Frage kommen. Die Verweisung des Berechtigten auf eine an sich überobligate (dazu § 1570 RdNr. 30–55) Erwerbstätigkeit führt zugleich zur Erwerbsobliegenheit und zur Nichtanwendbarkeit von § 1577 Abs. 2.[367] – In die Prüfung der Verhältnismäßigkeit sind stets auch die Einkommensverhältnisse des **Verpflichteten** einzubeziehen. Insbesondere ist danach zu fragen, ob ihm sein angemessener Selbstbehalt verbleibt;[368] ist dies gewährleistet, kann es unverhältnismäßig sein, den Berechtigten lediglich auf den notwendigen Bedarf zu verweisen.[369]

72 **2. Belange gemeinsamer Kinder.** Sie sind auch in diesem Zusammenhang zu wahren; ihr Lebensstandard soll nicht wegen eines von ihm nicht zu verantwortenden Fehlverhaltens absinken.[370] Dazu sind dem Berechtigten die finanziellen Mittel zur Verfügung zu stellen, die er zur Bestreitung seines Lebensbedarfs benötigt und die ihm das zur Kinderbetreuung notwendige Maß belassen. – Die Kindesbelange werden deshalb idR nur gewahrt, wenn dem Berechtigten finanzielle Mittel in mindestens der Höhe seines **notwendigen Bedarfs** zur Verfügung stehen.[371] Sie sind aber auch dann gewahrt, wenn die Pflege und Erziehung des Kindes anders als durch elterliche **Betreuung** sichergestellt werden kann[372] – etwa durch den Besuch des Kindergartens oder der Schule,[373] wobei aber die Gestaltung der Arbeitszeit während der Krankheit und der Ferien des Kindes beachtet werden muss,[374] aber auch durch den Lebensgefährten des Berechtigten[375] oder dessen Eltern[376] – und der seinen notwendigen Bedarf durch eine eigene **Erwerbstätig-**

[362] BVerfGE 57, 361 = NJW 1981, 1771 = FamRZ 1981, 745 (LS2).

[363] BGH NJW 1983, 1548 = FamRZ 1983, 569, 574.

[364] BGH NJW 1985, 428 = FamRZ 1985, 51, 52 f.

[365] Zum Ganzen BGH NJW 1983, 1552 = FamRZ 1983, 676.

[366] BVerfGE 57, 361 = NJW 1981, 1771 = FamRZ 1981, 745, 749; BVerfGE 80, 286 = NJW 1989, 2807 = FamRZ 1989, 941, 943; BGH NJW 1998, 1309 = FamRZ 1998, 541, 542 mwN.

[367] OLG Hamm FamRZ 1987, 1265, 1267; ähnlich *Soergel/Häberle* RdNr. 31.

[368] Zum Ganzen BGH NJW 1984, 297 = FamRZ 1984, 154, 156.

[369] OLG Hamm FamRZ 1999, 1139.

[370] BGH NJW-RR 1988, 70 = FamRZ 1987, 1238, 1239. S. auch OLG Frankfurt a. M. FamRZ 1987, 588.

[371] Zum Ganzen BVerfGE 57, 361 = NJW 1981, 1771 = FamRZ 1981, 745, 750 m. Anm. *Bosch*; BGH NJW 1990, 253 = FamRZ 1989, 1279, 1280 f. mwN; NJW 1991, 1290 = FamRZ 1991, 670, 673; NJW 1992, 3164 = FamRZ 1992, 1403, 1405; NJW-RR 1997, 897 = FamRZ 1997, 873, 875; etwa auch OLG Bremen OLGR 1995, 25, 26; OLG Braunschweig OLGR 1995, 262; OLG München OLGR 1996, 104, 105; OLG Hamm OLGR 1996, 215, 216; OLG Frankfurt a. M. FuR 2001, 428; OLG Zweibrücken Beschl. v. 14. 5. 2002–5 UF 28/00, juris [13]. Das OLG München OLGR 1993, 236, 237 erkennt den angemessenen Bedarf iSd. § 1603 Abs. 1 zu. Kritisch gegenüber einer Begrenzung allgemein *Büttner* FamRZ 2007, 773, 777 f., der die Anknüpfung an die Möglichkeit, Erwerbseinkommen zu erzielen, befürwortet; doch ist dies eine Frage der Tatbestandlichkeit nach § 1570 und kann deshalb bei § 1579 nicht mehr berücksichtigt werden.

[372] BGH NJW 1990, 253 = FamRZ 1989, 1279, 1280 f. mwN; NJW 1998, 1309 = FamRZ 1998, 541, 542; aA zur Sozialhilfe OLG Koblenz FamRZ 1989, 632, 633; *Henrich* FamRZ 1986, 401, 404.

[373] OLG Hamm FamRZ 1987, 600, 603.

[374] OLG Düsseldorf FamRZ 1987, 1267, 1269.

[375] OLG Koblenz NJW-RR 1988, 1099 = FamRZ 1987, 1269, 1270.

[376] BGH NJW 1983, 1552 = FamRZ 1983, 676, 677.

keit, die entsprechend dem Alter des Kindes noch genügend Raum für die Eigenbetreuung lassen muss,[377] selbst decken kann. – Aufgrund der Intention des **UÄndG 2007,** die Unterhaltsansprüche aus §§ 1570, 1615l anzugleichen (dazu auch § 1570 RdNr. 13)[378] und durch die Verweisung des betreuenden Elternteils auf Möglichkeiten der Fremdbetreuung dessen nacheheliche Eigenverantwortung zu stärken (dazu RdNr. 13, § 1569 RdNr. 6),[379] wird ein kinderbetreuender Ehegatte zunehmend leichter auf weitergehende Erwerbsanstrengungen und dadurch mögliche eigene Erwerbseinkünfte verweisen können. – Andererseits kann bei guten wirtschaftlichen Verhältnissen des Verpflichteten, auch wenn die Einkünfte des Berechtigten seinen Mindestbedarf decken, ein Unterhaltsanspruch trotz kurzer Ehedauer (Nr. 1) billig sein.[380] – Auch bei **besonders schwerwiegendem Fehlverhalten** darf der Berechtigte nicht auf geringere als zur Deckung seines notwendigen Bedarfs erforderliche Mittel verwiesen werden, weil mit solchen sein Lebensunterhalt nicht mehr gewährleistet ist und damit auch das Wohl des Kindes beeinträchtigt wird.[381] Zudem scheidet, ist der notwendige Bedarf nicht gedeckt, eine **zeitliche Begrenzung** des Unterhaltsanspruchs im Allgemeinen aus;[382] sie kann allerdings für die Zeit berufsbedingter, mit Mehrkosten für die Kinderbetreuung einhergehender Abwesenheit des Berechtigten in Betracht kommen.[383] Zur Berücksichtigung einzelner **Einkünfte** des Berechtigten s. RdNr. 75.

III. Rechtsfolgen

1. Grundsätze. Statt den Unterhalt zu versagen oder herabzusetzen kann er auch 73
befristet werden.[384] Die Auswahl der im Einzelfall anzuwendenden **Maßnahme** obliegt als Wertung tatsächlicher Umstände der Verantwortung des **Tatrichters.**[385] Welche Maßnahme ergriffen wird, liegt nicht in seinem freien **Ermessen,** vielmehr muss sie den Interessen beider Ehegatten und der ehegemeinsamen Kinder unter Wahrung der **Verhältnismäßigkeit** (dazu RdNr. 69–72) gerecht werden. Die vollständige Versagung des Unterhaltsanspruchs ist auf die Ausnahmefälle beschränkt, bei denen jede Unterhaltsgewährung überhaupt mit dem Rechtsempfinden unvereinbar wäre.[386] – Bei einer **Kürzung** des Unterhalts muss nicht in jedem Fall der **notwendige Bedarf** des Berechtigten gewahrt werden; anders aber zur Wahrung der Belange ehegemeinsamer Kinder (dazu RdNr. 72). Hat der Berechtigte seine Bedürftigkeit mutwillig herbeigeführt (Nr. 4), ist die Herabsetzung des Unterhalts idR auf die gerade dadurch herbeigeführte Einkommenseinbuße zu **beschränken.** – § 1579 ermöglicht auch die zeitlich und umfänglich **gestaffelte** Beschränkung des

---

[377] OLG Koblenz NJW-RR 1988, 1099 = FamRZ 1987, 1269, 1270 (nur halbschichtige Tätigkeit bei 4- bis 6 jährigem Kind).

[378] Dazu auch OLG Bremen NJW 2007, 1890 m. Anm. *Bergschneider* = FamRZ 2007, 1465, 1466 f., das wegen der Angleichung der Unterhaltsansprüche aus §§ 1570, 1615l und im Hinblick auf das UÄndG 2007 die Erwerbsobliegenheit über § 1579 erhöht. Dogmatisch klar ist dies nicht: Man mag über eine Angleichung der Unterhaltsansprüche ehelicher und nichtehelicher Eltern sowie ihrer Erwerbsobliegenheiten nachdenken können und müssen, mit der Billigkeitsabwägung nach § 1579 hat dies allerdings nichts zu tun. Über sie können deshalb zwar faktisch, nicht aber rechtlich „neue Erwerbsobliegenheiten" geschaffen werden.

[379] Zu Letzterem BGH NJW 2008, 57 = FamRZ 2007, 1532, 1538 [56] m. Anm. *Maurer.*

[380] OLG Köln FamRZ 1990, 1241, 1242.

[381] BGH NJW 1984, 297 = FamRZ 1984, 154, 155; *Henrich* FamRZ 1986, 401, 404 f.; *Schwab/Borth* IV RdNr. 431; wohl auch OLG Hamm FamRZ 1987, 1265, 1266; aA OLG Frankfurt a. M. FamRZ 1987, 588 f.; OLG Celle NJW-RR 1987, 580 = FamRZ 1987, 603; OLG Düsseldorf FamRZ 1987, 1267, 1268; 3. Aufl. RdNr. 13 a; *Richter* JZ 1985, 133, 134; *Jaeger* FamRZ 1986, 737, 747; ausdrücklich offen gelassen von BGH NJW 1984, 296 = FamRZ 1984, 34, 35; NJW 1990, 253 = FamRZ 1989, 1279, 1280; NJW-RR 1997, 897 = FamRZ 1997, 873, 875.

[382] BGH NJW 1990, 253 = FamRZ 1989, 1279, 1280.

[383] *Henrich* FamRZ 1986, 401, 402; *Soergel/Häberle* RdNr. 33.

[384] Ausdrücklich geschaffen durch das UÄndG 1986. Zu § 1579 [1. EheRG] war noch streitig, ob der Unterhaltsanspruch auch befristet werden kann (zum Streitstand s. die Darstellung in BT-Drucks. 10/2888 S. 19).

[385] BGH NJW 1982, 1461 = FamRZ 1982, 463, 464; s. auch *Kalthoener/Büttner/Niepmann* RdNr. 1055.

[386] OLG Saarbrücken Urt. v. 13. 7. 1989 – 6 UF 138/87, juris [12].

Unterhaltsanspruchs.[387] Doch ist in diesem Zusammenhang das Konkurrenzverhältnis zu § 1578 b in besonderem Maße zu beachten (dazu auch RdNr. 82, § 1578 b RdNr. 47).

Bsp.: Liegt der Verstoß in der Nichterzielung von Erwerbseinkünften, die die ehelichen Lebensverhältnisse prägen würden, sind diese nach der Additionsmethode bei der Bestimmung der ehelichen Lebensverhältnisse einzustellen und im Rahmen der Bedürftigkeit vom so ermittelten Bedarf wieder abzusetzen; eine Herabsetzung kann danach rechnerisch nur in Höhe der Hälfte der nicht erzielten bereinigten Einkünfte erfolgen.

74 Die Beschränkung des Unterhalts kann zu rechtlichen Folgen außerhalb des Unterhaltsrechts führen. So können dem Berechtigten dadurch die finanziellen Mittel fehlen, um sich entsprechend einer Vereinbarung der Ehegatten zu § 426 Abs. 1 S. 1 an der **Rückführung ehegemeinsamer Schulden** zu beteiligen.[388] Mit der Annahme einer Änderung der Geschäftsgrundlage ist aber jedenfalls zugunsten des Berechtigten ausgesprochen zurückhaltend umzugehen, um zu vermeiden, dass dadurch das unterhaltsrechtlich geahndete Verhalten des Berechtigten über den Wegfall seiner vertraglichen Verpflichtungen doch honoriert wird.

75 Große Bedeutung kommt den **Einkommens-** und **Vermögensverhältnissen** beider Ehegatten zu,[389] inwieweit der Berechtigte auf Unterhalt überhaupt angewiesen ist und inwieweit der Verpflichtete durch die Unterhaltszahlungen in seiner Lebensführung eingeschränkt würde (dazu RdNr. 71, 72). Der Berechtigte ist zu verweisen auf

- eigene **Erwerbseinkünfte,** auch aus nach allgemeinen Kriterien unzumutbarer Arbeit,[390]
- das ihm zustehende anteilige **Kindergeld**[391] (soweit es nicht für den Kindesunterhalt benötigt wird; nicht dagegen auf den Kindesunterhalt selbst),
- **Erziehungsgeld** (s. § 9 S. 2 BErzGG),[392] **Elterngeld** (§ 11 S. 4 BEEG),
- **Wohngeld,**[393]
- **Pflegegeld** für die Betreuung eines behinderten Kindes,[394]
- **Vermögensverwertung** (über eine nach § 1577 Abs. 3 zumutbare Verwendung hinaus),[395]
- **Unterhaltszahlungen** des Verpflichteten,
- **freiwillige Zuwendungen** Dritter (dazu § 1578 RdNr. 134), auch eines **nichtehelichen Lebenspartners** als Sachleistungen und sonstiger Vorteile einschließlich der sich aus dem Zusammenleben ergebenden Entlastungen (dazu § 1578 RdNr.

---

[387] OLG Karlsruhe FamRZ 2008, 2279, 2280 f.

[388] S. dazu den Fall des OLG Bremen FamRZ 2007, 47 ff.

[389] S. dazu etwa OLG Hamm FamRZ 1996, 223 f. (Beschränkung auf den doppelten Mindestbedarf angesichts der hohen Einkünfte des Verpflichteten); OLG Koblenz NJW-RR 1997, 1229 f. (auch sonst nicht zu berücksichtigendes Vermögen des Berechtigten ist einzubeziehen).

[390] BGH NJW 1990, 3020 = FamRZ 1990, 1091, 1095; NJW 1992, 2477 = FamRZ 1992, 1045, 1049; NJW 1998, 1309 = FamRZ 1998, 541, 542; OLG Schleswig OLGR 2000, 429, 431; OLG Celle NJW 2000, 2282 = FamRZ 2000, 1374 f. (Partner war objektiv zur Betreuung der Kinder in der Lage).

[391] OLG München OLGR 1993, 117, 118; OLG Hamm FamRZ 1999, 1134, 1135; aA OLG Düsseldorf FamRZ 1987, 1267, 1269.

[392] Dazu BGH NJW 1990, 253 = FamRZ 1989, 1279, 1280; OLG Zweibrücken FamRZ 1987, 820 f.; OLG Köln FamRZ 1989, 1178 f.; KG FamRZ 1990, 1120; OLG München OLGR 1993, 117, 118; OLG Hamm FamRZ 1995, 805 f.; OLG Nürnberg NJW-RR 1996, 1089 = FamRZ 1996, 1090, 1091; NJW-RR 1997, 963, 965 = FamRZ 1997, 886 (LS); OLG Zweibrücken OLGR 2000, 430, 432 = FamRZ 2001, 228 (LS); OLG Schleswig OLGR 2005, 349, 350; OLG Köln FF 2006, 319, 320; AG Konstanz FamRZ 1987, 1247, 1248. Zweifelnd gegenüber Anrechnung in voller Höhe *Johannsen/Henrich/Büttner* RdNr. 56, die zudem die Anwendbarkeit von § 9 S. 2 BErzGG auf einen Verstoß nach Nr. 7 beschränken. Stets lässt der Bezug des Erziehungsgeldes jedoch den Verfügungsgrund für eine einstweilige Verfügung – die es nach dem FamFG nicht mehr geben wird – entfallen, OLG Stuttgart FamRZ 1988, 305 f.; OLG Hamm FamRZ 1992, 582; OLG Düsseldorf NJW-RR 1994, 197, 198; OLG München OLGR 1996, 70; OLG Köln OLGR 1996, 110. OLG Nürnberg FamRZ 1995, 674 (zu Nr. 6).

[393] OLG Köln FF 2006, 319, 320.

[394] OLG Zweibrücken FamRZ 2001, 833, 834.

[395] BGH NJW 1984, 297 = FamRZ 1984, 154, 156; *Schwab/Borth* IV RdNr. 430; *Johannsen/Henrich/Büttner* RdNr. 55.

135–137),[396] auch auf fiktive Leistungen des leistungsfähigen Partners für ihm erbrachte Dienste,
- nicht jedoch auf **Sozialhilfeleistungen** (wegen ihrer Subsidiarität und weil sie aufgrund gesetzlicher Verpflichtung gewährt wird; zu Leistungen nach dem SGB II s. § 1578 RdNr. 110).[397]

2. Beispiele aus der Rechtsprechung. Zur Kürzung des Unterhaltsanspruchs, wenn der Berechtigte ehegemeinsame Kinder betreut, s. RdNr. 72. 76

Zu Nr. 1: BGH NJW 1982, 2064 = FamRZ 1982, 582: Eine extrem kurze Ehezeit kann allein schon zur groben Unbilligkeit und zur Versagung jeglichen Unterhalts führen; bei einer Ehedauer bis zu 2 Jahren sind an die Darlegung von Unbilligkeitsgründen geringere Anforderungen zu stellen; je länger die Ehedauer 2 Jahre übersteigt, desto mehr bedarf es der Feststellung konkreter Umstände. – **OLG Hamm NJW-RR 2006, 651, 652:** Knapp 2jährige Ehedauer, lediglich 1jähriges eheliches Zusammenleben; Wiederaufleben der Witwenrente nach Scheidung, keine ehebedingten Nachteile.

Zu Nr. 3: BGH NJW 1984, 296 = FamRZ 1984, 34: Dieser Härtegrund kann Wirkungen grundsätzlich erst ab der Tat **für die Zukunft** entfalten. – **BGH NJW 2004, 1324 = FamRZ 2004, 612, 613:** In besonders gravierenden **Ausnahmefällen** Erstreckung auf bereits rückständigen Unterhalt: Der Berechtigte hat die Tat von langer Hand geplant, er war sich der Anwesenheit der Kinder bei der Tatausführung bewusst, der Verpflichtete hatte in der Vergangenheit teilweise Unterhalt durch Zahlung von Miete erbracht. – **OLG Hamm FamRZ 1994, 1035, 1036:** Trotz massiven Prozessbetrugs keine gänzliche Versagung von Unterhalt, weil der Berechtigte auf absehbare Zeit nur unterdurchschnittliche Einkünfte erzielen kann. – **OLG Hamm FamRZ 1997, 1337, 1338:** Nur Teil-Verwirkung bei für den Unterhaltsanspruch nicht erheblichen falschen Angaben über Beziehungen zu anderem Partner. – **OLG Koblenz NJWE-FER 1998, 122 = FamRZ 1998, 745:** Bei erheblichem Mitverschulden des Verpflichteten an einer gefährlichen Körperverletzung und sehr guten wirtschaftlichen Verhältnissen Herabsetzung des Unterhalts auf die Hälfte. – **OLG Hamm Urt. v. 21. 12. 2005 – 11 UF 197/05, juris [109] = NJW-RR 2006, 796 (insoweit nicht abgedruckt) = FamRZ 2006, 1537 (LS):** Sachbeschädigung, versuchte gefährliche Körperverletzung, versuchter Prozessbetrug: Kürzung um $^2/_3$. – **OLG München FamRZ 2006, 1605 ff.:** Falsche Verdächtigung (sexueller Missbrauch eines gemeinsamen Kindes) mit versuchtem Prozessbetrug, Umgangsverweigerung: Ausschluss des Unterhaltsanspruchs. – **OLG Schleswig OLGR 2007, 514, 516:** Körperverletzung und falsche Verdächtigung mit versuchtem Prozessbetrug: Kürzung um 50%.

Zu Nr. 5: OLG Hamm FamRZ 1996, 1155, 1156: Bei überdurchschnittlichen Einkommens- und Vermögensverhältnissen der Ehegatten ist eine Herabsetzung auf den Mindestunterhalt zu weitgehend (im konkreten Fall Herabsetzung auf 2000 DM). – **OLG Karlsruhe NJW-FER 1998, 52 = FamRZ 1998, 746, 747:** Nichtteilhabe des Berechtigten an der nachehelichen Entwicklung des Erwerbseinkommens des Verpflichteten; Aufstockungsunterhalt bis zur Höhe des notwendigen Bedarfs.

Zu Nr. 2 und 6: BGH FamRZ 1983, 670, 672: Trotz ehebrecherischer Beziehungen zu mindesten 4 Männern nur eine Kürzung des Unterhaltsanspruchs um $^1/_3$ wegen des vorgerückten Alters der Berechtigten (55 Jahre), eines 30jährigen Zusammenlebens, 4 in der Ehe geborener und aufgezogener Kinder und günstiger Einkommens- und Vermögensverhältnisse des Verpflichteten. – **OLG Bamberg FamRZ 1987, 1153, 1154:** Eine Versagung jeglichen Unterhalts kann bei einer kinderlosen 20jährigen Ehe in Betracht kommen, wenn der Berechtigte eine geraume Zeit vor der Scheidung aufgenommene

[396] OLG Hamm NJW-RR 1996, 1474 = FamRZ 1997, 374 (LS); OLGR 2004, 86, 87 = FamRZ 2004, 1026 (LS); OLG Zweibrücken FamRZ 2001, 833, 834.

[397] BGH NJW 1990, 253 = FamRZ 1989, 1279, 1280 f. mwN; NJW 1992, 3164 = FamRZ 1992, 1403, 1405; OLG Saarbrücken OLGR 2002, 342; anders OLG München OLGR 1993, 117, 118.

ehewidrige Beziehung nach der Scheidung fortsetzt und die Ehe trotz langer Dauer zu keiner ausgeprägten wirtschaftlichen Abhängigkeit der Eheleute geführt hat. – **AG Kamen FamRZ 2006, 1537 f.:** Leugnen der Aufnahme einer Beziehung zu einem fremden Mann: wegen gewandeltem Moralverständnis Kürzung um 1/3. – **OLG Brandenburg Urt. v. 1. 8. 2006 – 10 UF 14/06, juris [21]:** Aufstockungsunterhalt befristet bis zum vollendeten 16. Lebensjahr der gemeinsamen Tochter, danach trotz weiterer Betreuungsbedürftigkeit vollständige Versagung des Unterhaltsanspruchs, Berechtigter hat nach der Scheidung jahrelang keinen Unterhalt geltend gemacht, Zahlung von Unterhalt lediglich 2 1/4 Jahren: Keine weitere Kürzung.

IV. Wiederaufleben des Unterhaltsanspruchs

77 **1. Grundsätze.** Die Härtegründe schließen als rechtsvernichtende Einwendung in besonderer Ausprägung von Treu und Glauben ein Wiederaufleben des untergegangenen Rechts **grundsätzlich** aus.[398] Als Rechtsinstitut eigener Art (dazu RdNr. 5) lassen sie aber Ausnahmen zu,[399] um auch der Eigenart des Unterhaltsrechts als sich für die Zukunft stets erneuerndes Dauerrecht und den Umständen des Einzelfalles gerecht zu werden. – Diese **Ausnahmen** haben sich am jeweiligen Härtegrund, mithin an den Nr. 1–8 zugrunde liegenden Wertungen und ihren Wirkungen, auszurichten (dazu RdNr. 78–81).[400] Maßstab für die Reichweite der Wirkung eines Härtegrundes ist die **grobe Unbilligkeit,** die sich danach beurteilt, in welchem Umfang der benachteiligte Ehegatte – ggf. noch – betroffen ist, und wie diese Betroffenheit im Verhältnis zu den schützenswerten Interessen des handelnden Ehegatten zu gewichten ist. Dabei ist unerheblich, wenn der Härtegrund in der **Trennungszeit** erfüllt wurde (zur Nicht-Identität s. § 1569 RdNr. 14). Da die Belange gemeinsamer **Kinder** stets zu berücksichtigen sind, stehen alle Härtegründe hinsichtlich der Endgültigkeit ihrer Wirkungen unter der „auflösenden Bedingung", dass die Voraussetzungen für einen Anspruch auf Betreuungsunterhalt nach § 1570 neu entstehen,[401] etwa nach nachträglicher Übertragung der elterlichen Sorge für ein Kind auf den Berechtigten. – Nicht verwehrt sind Beschränkungen des Unterhaltsanspruchs nach **§ 1578 b [UÄndG 2007]** (dazu RdNr. 82). – Zur **Darlegungs**- und **Beweislast** s. RdNr. 86–89, zur **prozessualen Geltendmachung** des Wiederauflebens s. RdNr. 85.

78 **2. Nr. 1, 3–7.** Die Verwirkung des Unterhaltsanspruchs nach diesen Härtegründen ist wegen der ihnen im Allgemeinen zukommenden Dauerwirkung idR **endgültig.** Dies trifft auf die Tatbestände der **Nr. 1** und **6** und grundsätzlich auf den Tatbestand der **Nr. 3** zu. **Ausnahmen** sind ggf. bei einem nachträglichen Wechsel in der Betreuung gemeinsamer Kinder, einer Verzeihung oder einer Verbesserung der wirtschaftlichen Verhältnisse des Verpflichteten zu machen.[402]

79 Ist den Härtegründen keine Dauerwirkung beizumessen, weil sie sich auf ein **noch andauerndes Verhalten** des Berechtigten stützen, kann dem Unterhaltsanspruch grundsätzlich nicht mehr Verwirkung entgegengehalten werden, wenn der Berechtigte das zu beanstandende Verhalten aufgibt.[403] Dies gilt vor allem für die mutwillige Herbeiführung der Bedürftigkeit **(Nr. 4)**[404] und die mutwillige Schädigung der Vermögensinteressen des

---

[398] AnwK-BGB/*Hohloch* RdNr. 100; *Soergel/Häberle* RdNr. 36; *Gernhuber/Coester-Waltjen* § 30 RdNr. 95; *Schwab/Borth* IV RdNr. 433, 529; *Johannsen/Henrich/Büttner* RdNr. 58; *Brudermüller* NJW 1980, 1672; *Griesche* FamRZ 1981, 1025; aA *Luthin* FamRZ 1986, 1168.

[399] *Staudinger/Verschraegen* RdNr. 226.

[400] BGH NJW-RR 1988, 70 = FamRZ 1987, 1238, 1239.

[401] BGH NJW-RR 1988, 70 = FamRZ 1987, 1238, 1239 (zu Nr. 7 [UÄndG 1986]); *Häberle* FamRZ 1982, 557, 561. Der ehemalige Standardfall der Geburt eines im Rechtssinne gemeinsamen Kindes der Ehegatten nach rechtskräftiger Scheidung ist eine für ab 1. 7. 1998 geborene Kinder unerhebliche Fallgestaltung (s. § 1592 Nr. 1 nF).

[402] *Johannsen/Henrich/Büttner* RdNr. 59.

[403] *Johannsen/Henrich/Büttner* RdNr. 59.

[404] Ebenso *Kalthoener/Büttner/Niepmann* RdNr. 1144.

Verpflichteten **(Nr. 5),** kann aber auch auf eine nach **Nr. 3** beachtliche, lediglich vermögensbezogene Straftat, deren schädigenden Folgen durch eine lediglich zeitweilige Reduktion ausgeglichen werden können, und ein nach **Nr. 7** beachtliches, nicht verziehenes Fehlverhalten wie etwa die Behinderung des Umgangs mit gemeinsamen Kindern oder ein Intimverhältnis zu einem anderen Partner[405] zutreffen. In diesen Fällen wird nach Entfallen des zu beanstandenden Fehlverhaltens aber das Eingreifen der Auffangklausel **(Nr. 8)** zu prüfen sein.[406] – Zum **Betreuungsunterhalt** nach § 1570 s. RdNr. 81.

3. Nr. 2, 8. Die Änderung der die Unzumutbarkeit der Inanspruchnahme des Verpflich- **80**
teten begründenden Umstände im Rahmen der Auffangklausel rechtfertigt – anders als zu Nr. 1, 3–7 – stets die Prüfung, ob die aus der Unterhaltspflicht erwachsende Belastung für den Verpflichteten die Grenze der **Zumutbarkeit** überschreitet.[407] – Wird die zu einer Verwirkung nach **Nr. 2** führende **verfestigte Lebensgemeinschaft** aufgehoben, entfällt – anders als zu § 1579 Nr. 7 [UÄndG 1986][408] – bereits dadurch die Tatbestandsmäßigkeit des sanktionierten Verhaltens, sodass der Unterhaltsanspruch wie nach der Auflösung einer Folgeehe (§ 1586 a Abs. 1) wieder auflebt.[409] – Weitere Umstände können eine Begrenzung des Unterhaltsanspruchs nach Nr. 8 rechtfertigen, etwa wenn die Lockerung oder Aufhebung der Lebensgemeinschaft lediglich wegen der Aufforderung des Verpflichteten zum Verzicht auf nachehelichen Unterhalt erfolgte.[410]

In die – erstmalige oder auch erneute[411] – Prüfung nach **Nr. 8** sind grundsätzlich alle **81**
Umstände des Einzelfalles einzustellen, die die gebotene Billigkeitsabwägung beeinflussen können,[412] insbesondere: Die **Ehedauer** wegen der damit einhergehenden, zunehmend engeren wirtschaftlichen Verflechtung der Ehegatten und der daraus folgenden wirtschaftlichen Abhängigkeit des Berechtigten vom Verpflichteten, sowie die **Dauer des Verhältnisses,** das die Unzumutbarkeit der Inanspruchnahme des Verpflichteten auf nachehelichen Unterhalt begründet, wegen des sich darauf gründenden schutzwürdigen Vertrauens des Verpflichteten, für den Unterhalt des Berechtigten nicht mehr aufkommen zu müssen **(Zeitfaktor)**. Das Vertrauen des Verpflichteten kann schutzwürdig sein, wenn er im Hinblick auf die Verwirkung des Unterhalts Vermögensdispositionen etwa durch Aufnahme von Krediten getroffen hat, die er dem Berechtigten unterhaltsrechtlich nicht entgegenhalten kann, oder erneut geheiratet hat.[413] – Sind aber die Belange eines **ehegemeinsamen Kindes** zu wahren, hat dies unabhängig davon zu geschehen, ob der Berechtigte seinen Unterhaltsanspruch für einen vorangehenden Zeitraum verwirkt hatte.

---

[405] Dazu OLG Nürnberg NJWE-FER 1997, 4 = FamRZ 1997, 614, 615; OLG München FamRZ 1998, 750, 751; OLG Zweibrücken FPR 2005, 365 (LS) = FamRZ 2004, 1576, 1577 (kein Wiederaufleben des Unterhaltsanspruchs nach Beendigung des Verhältnisses, aus dem ein Kind hervorgegangen ist und das der Verpflichtete nicht verziehen hat).

[406] Im Ergebnis ebenso *Kalthoener/Büttner/Niepmann* RdNr. 1141.

[407] BGH NJW 1986, 722 = FamRZ 1986, 443, 444 (Zerbrechen einer Unterhaltsgemeinschaft): NJW 1987, 3129 = FamRZ 1987, 689, 690; NJW-RR 1988, 70 = FamRZ 1987, 1238 f.; NJW-RR 1991, 514 = FamRZ 1991, 542, 543 (Zerbrechen einer nichtehelichen Lebensgemeinschaft); s. auch OLG Nürnberg NJW 1994, 2964 = FamRZ 1994, 1393 f.; NJWE-FER 1997, 4 = FamRZ 1997, 614, 615 (Behinderung des Umgangs mit dem Kind); OLG Hamm FamRZ 1996, 1080, 1081; NJW-RR 1998, 724, 726 = FamRZ 1998, 623 (LS); NJWE-FER 2000, 129 = FamRZ 2000, 907 (LS); OLG Schleswig OLGR 2000, 176; OLG Celle FamRZ 2008, 1627, 1628. Das OLG Schleswig NJW-RR 2007, 292, 293 scheint bereits zu § 1579 Nr. 7 [UÄndG 1986] von einem von einer Billigkeitsprüfung unabhängigen Wiederaufleben nach Beendigung des Verhältnisses auszugehen.

[408] BGH NJW-RR 1991, 514 = FamRZ 1991, 542, 543.

[409] BGHZ 177, 272 = NJW 2008, 3128 m. Bespr. *Graba* NJW 2008, 3105 = FamRZ 2008, 1739, 1743 f. [47] m. Anm. *Maurer* FamRZ 2008, 1830, 1831 f., *Viefhues* FF 2008, 376 und *Fiedler* FPR 2008, 518.

[410] BGH NJW-RR 1991, 514 = FamRZ 1991, 542, 543.

[411] BGH NJW 1991, 1290 = FamRZ 1991, 670, 672.

[412] BGH NJW 1987, 3129 = FamRZ 1987, 689, 690 mwN; s. auch OLG Karlsruhe FamRZ 1997, 370, 371; NJW-RR 1998, 724, 726 = FamRZ 1998, 623 (L4) (insbesondere Ehedauer, Alter und Gesundheitszustand).

[413] Zum Ganzen BGH NJW 1991, 1290 = FamRZ 1991, 670, 672; s. auch OLG Hamm FPR 1998, 51 = FamRZ 1996, 1080, 1081; NJW-RR 2007, 583 = FamRZ 2007, 1106, 1107.

D. Konkurrenzen zu verwandten Vorschriften

I. Weitere Billigkeitsklauseln

82 In die bei **§ 1576** anzustellende Billigkeitsprüfung (dazu § 1576 RdNr. 15, 16) sind alle gegen eine Zubilligung von Unterhalt sprechenden Umstände einzubeziehen, insbesondere auch die in der Person des Berechtigten verwirklichten. Die grobe Unbilligkeit kann nur **einheitlich** beurteilt werden. Deshalb scheidet die Anwendung von § 1579 aus, wenn die Voraussetzungen von § 1576 vorliegen.[414] – I. Ü. aber sind die Billigkeitsklauseln der **§§ 1573 Abs. 5 aF, 1577 Abs. 2 S. 2, Abs. 3, 1578 b [UÄndG 2007], 1581** neben der negativen Härteklausel anwendbar, ihre Anwendungsbereiche überschneiden sich nicht: So betrifft § 1577 Abs. 2 S. 2 allein die Anrechnung vom Berechtigten überobligat erzielter Einkünfte, Abs. 3 den Einsatz von Vermögen, § 1581 lediglich die Leistungsfähigkeit des Verpflichteten;[415] § 1578 b [UÄndG 2007][416] ist verschuldensunabhängig ausgestaltet (dazu § 1578 b RdNr. 15). Deshalb erlangen die von § 1579 erfassten Umstände im Rahmen dieser weiteren Billigkeitsklauseln keine Bedeutung (dazu auch § 1578 b RdNr. 47).[417] – Zum Verhältnis zu **§§ 26 Abs. 2, 37 Abs. 2 EheG** s. Anhang zu § 1586 b RdNr. 6.

II. Verwandtenunterhalt

83 Ist ein Anspruch des Berechtigten nach § 1579 ganz oder teilweise ausgeschlossen, führt dies nicht zugleich in entsprechender Anwendung von **§ 1611 Abs. 3** zur Unzumutbarkeit der Inanspruchnahme von Verwandten und dem ggf. teilweisen Ausschluss des Anspruchs auf Verwandtenunterhalt,[418] weil die Voraussetzungen von § 1611 Abs. 1 und der negativen Härteklausel nicht deckungsgleich sind. Vielmehr müssen die Voraussetzungen aus § 1611 Abs. 1 gegenüber den in Anspruch genommenen Verwandten vorliegen.[419]

III. Zugewinn- und Versorgungsausgleich

84 In Entsprechung zur unterhaltsrechtlichen negativen Härteklausel räumt **§ 1381** dem auf Zugewinn in Anspruch genommenen Ehegatten ein Leistungsverweigerungsrecht ein; **§ 1587 c** sieht für den öffentlich-rechtlichen Versorgungsausgleich eine allgemeine Härteklausel vor, die in **§ 1587 h** für den schuldrechtlichen Versorgungsausgleich ihre Ergänzung findet. Weil zwischen diesen Härteklauseln und der unterhaltsrechtlichen negativen Härteklausel wesentliche Unterschiede bestehen, die sich aus der Wirkung des Unterhaltsanspruchs in die Zukunft und die des Zugewinn- und Versorgungsausgleichs in die Vergangenheit ergeben, sind die Voraussetzungen der §§ 1381, 1587 c Nr. 1 deutlich enger als die von § 1579 Nr. 4–8.[420] – S. dazu auch die Härteklausel in **§ 27 VersAusglG.**

E. Verfahren

I. Berücksichtigung

85 Die nach § 1579 erheblichen Umstände sind grundsätzlich im **Ausgangsverfahren** – Zahlungsklage des Berechtigten oder negative Feststellungsklage des Verpflichteten – zu

---

[414] BGH NJW 1984, 1538 = FamRZ 1984, 361, 364.
[415] Zu § 1581 wohl aA *Kalthoener/Büttner/Niepmann* RdNr. 1058, 1049.
[416] *Kalthoener/Büttner/Niepmann* RdNr. 1057; aA *Brudermüller* FamRZ 1986, 1283, 1291.
[417] S. etwa OLG Hamm NJW-RR 2007, 583 = FamRZ 2007, 1106, 1107.
[418] *Göppinger/Wax/Kodal* RdNr. 1501; nunmehr auch § 1361 RdNr. 63; aA *Beckmann* FamRZ 1983, 863, 865.
[419] Eingehend *Maurer* FPR 2005, 331 ff.
[420] BGH NJW 1983, 117 = FamRZ 1983, 32, 34.

beachten, wenn und soweit sie bereits vorliegen.[421] Ihre Nichtbeachtung im Ausgangsverfahren hindert ihre Geltendmachung mit der Abänderungsklage nach § 323 ZPO, §§ 238, 239 FamFG nicht, wenn die nunmehr behaupteten und maßgeblichen Verhältnisse im Zeitpunkt der letzten mündlichen Verhandlung im Ausgangsverfahren noch nicht bestanden haben oder keiner prognostizierbaren Entwicklung zugänglich waren (§ 242,[422] § 323 Abs. 2 ZPO, § 238 Abs. 3 S. 1 FamFG).[423] Treten die für § 1579 maßgeblichen Umstände nachträglich ein, auch die Verfestigung einer nichtehelichen Lebensgemeinschaft,[424] oder entfalten sie fortdauernde Wirkung,[425] sind sie gegen fällige Unterhaltsansprüche mit der **Vollstreckungsgegenklage** und gegen künftige mit der **Abänderungsklage** geltend zu machen.[426] – Auch das **Wiederaufleben** eines Unterhaltsanspruchs (dazu RdNr. 77–81), dessen Erlöschen durch ein gerichtliches Urteil oder einen Vergleich festgestellt worden war, kann für die Vergangenheit erst ab Klageerhebung oder ab Inverzugsetzung (§ 1585 b Abs. 2, dazu dort RdNr. 5–22; s. auch §§ 238 Abs. 3 S. 2. 239 Abs. 2 FamFG) geltend gemacht werden und ist mit der Abänderungsklage nach § 323 ZPO, §§ 238, 239 FamFG zu verfolgen.[427] Im Abänderungsverfahren ist erneut eine umfassende Billigkeitsabwägung unter Einschluss der auch schon bislang bestehenden Umstände durchzuführen.[428] – Wegen der Nichtidentität von Trennungs- und nachehelichem Unterhalt (dazu § 1569 RdNr. 14) ist die Fortsetzung eines während der Ehe begonnenen Verhältnisses zu einem anderen Partner nach der Ehe (dazu RdNr. 13) **keine** Frage des Wiederauflebens des Unterhaltsanspruchs, sondern der erstmaligen Anwendung von Nr. 7 auf diesen. – Keine Bindung nach § 323 Abs. 1 ZPO, § 238 Abs. 2 FamFG tritt hinsichtlich einer **Herabsetzung** des Unterhaltsanspruchs nach § 1579 ein, weil die Billigkeitsabwägung situationsbezogen und deshalb einer Bindung nicht zugänglich ist.[429]

II. Darlegungs- und Beweislast

1. Allgemeines. Die Härteklausel des § 1579 beinhaltet eine **rechtsvernichtende Einwendung** (dazu auch RdNr. 5), die zwar von Amts wegen zu beachten ist, für deren Eingreifen der Verpflichtete aber darlegungs- und beweispflichtig ist.[430] Er muss deshalb für 86

[421] Zu Letzterem BGH NJW 1991, 1290 = FamRZ 1991, 670, 672.

[422] Zur – bejahten – Prognose der Verfestigung der Beziehungen mit einem neuen Partner zu einer sozio-ökonomischen Gemeinschaft s. OLG Düsseldorf FamRZ 1994, 170, 171 f.; doch dürfte eine solche Prognose regelmäßig zu verneinen sein, weil der Fortbestand der Beziehung nicht beurteilt werden kann, es sei denn, der Ablauf der in Aussicht genommenen Mindestdauer steht kurz bevor.

[423] Zu dem einem Anspruch nach § 1573 nachfolgenden Anspruch auf Krankenunterhalt nach § 1572 aA OLG Hamm FamRZ 1992, 842, weil nach Ersterem Unterhalt nur für eine Überbrückungszeit, nach Letzterem dagegen unbefristet geschuldet werde.

[424] AG Hamburg NJWE-FER 1999, 175 = FamRZ 1999, 238, 239.

[425] BGH NJW-RR 1990, 1410 = FamRZ 1990, 1095, 1096 (Prozessbetrug); OLG Koblenz NJW-RR 1997, 1229 = FamRZ 1998, 565; OLG Brandenburg FamRZ 2008, 906.

[426] BGH NJW-RR 1989, 322 = FamRZ 1989, 159; NJW-RR 1990, 1410 = FamRZ 1990, 1095, 1097; NJW-RR 1991, 514 = FamRZ 1991, 542, 543; s. auch OLG Schleswig OLGR 1998, 202 (Nr. 7 [UÄndG 1986]: Der für die Beachtlichkeit einer nichtehelichen Lebensgemeinschaft erforderliche Zeitdauer tritt erst nachträglich ein); OLG Hamm EzFamR aktuell 1998, 106; OLG Köln FamRZ 1998, 1236, 1238; OLG Karlsruhe FamRZ 2003, 50, 51 (Abänderungsklage gegen Versäumnisurteil nur für ab Ablauf der Einspruchsfrist entstandene Umstände, sonst Einspruch); *Graba* Die Abänderung von Unterhaltstiteln RdNr. 162; aA für Nr. 7 [UÄndG 1986] – da rechtsvernichtende Einwendung – BGHZ 98, 353 = FamRZ 1987, 259, 261; FamRZ 1991, 1175 (LS 2); OLG Koblenz FamRZ 2004, 1656, 1657. Stets für Vollstreckungsgegenklage OLG Bamberg FamRZ 1999, 942, 943. Das OLG Köln NJWE-FER 2001, 276 = FamRZ 2001, 1717 unterscheidet danach, ob der Unterhaltsanspruch auf Dauer ausgeschlossen oder nur zeitlich begrenzt ausgeschlossen oder herabgesetzt sein soll; doch ist dies keine taugliche Abgrenzung für die Zulässigkeit der einen oder anderen Klageart, da sich diese Frage meist erst ganz zum Schluss eines Prozesses stellt. S. auch KG FamRZ 1990, 187; OLG Hamm FamRZ 1990, 1001, 1002.

[427] Zu Letzterem BGH NJW 1991, 1290 = FamRZ 1991, 670, 672.

[428] *Wendl/Gerhardt* § 4 RdNr. 766; *Johannsen/Henrich/Büttner* RdNr. 60.

[429] OLG Stuttgart FamRZ 1993, 559, 561.

[430] BGH NJW 1982, 1461 = FamRZ 1982, 463, 464; FamRZ 1984, 364, 368; NJW 1991, 1290 = FamRZ 1991, 670, 672; auch KG NJW-RR 1992, 648 = FamRZ 1992, 571, 572.

alle Tatbestandsvoraussetzungen der Nr. 1–8, die grobe Unbilligkeit und die Versagung, Herabsetzung oder zeitliche Begrenzung des Unterhaltsanspruchs die maßgeblichen Umstände[431] vortragen und nach substantiiertem Bestreiten durch den Berechtigten auch beweisen. – Trotz der Beachtung von Amts wegen trägt der Verpflichtete das Risiko der **Nichterweislichkeit** der vorgetragenen Tatsachen und damit des Nichteingreifens der Härteklausel, aber auch der Herabsetzung oder zeitlichen Begrenzung statt einer Versagung des Unterhaltsanspruchs.[432]

87 **2. Zu einzelnen Härtegründen. a) Nr. 2.** Der Verpflichtete trägt die Darlegungs- und Beweislast dafür, dass der Berechtigte mit einem neuen Partner zusammenlebt und sich diese Beziehung so verfestigt hat, dass das nichteheliche Zusammenleben gleichsam an die Stelle der Ehe getreten ist, es nach seinem Erscheinungsbild in der Öffentlichkeit mithin bewusst als Lebensform auch für die weitere Zukunft gewählt wurde (dazu RdNr. 15–17).[433] Da es keinen Erfahrungssatz dahin gibt, dass ein einmal bestehendes Verhältnis auch fortgesetzt wird, besteht auch keine tatsächliche Vermutung hierfür.[434] Doch können die Grundsätze des **Anscheinsbeweises** angewandt werden, wenn Umstände vorliegen, die nach der allgemeinen Lebenserfahrung für das Bestehen eines solchen Verhältnisses sprechen.[435] Der Berechtigte kann sich auch nicht damit begnügen, konkreten Vortrag des Verpflichteten zu seiner Sphäre zugehöriger Umstände einfach zu bestreiten; aufgrund seiner sekundären Darlegungslast muss er vielmehr substantiierten Vortrag zu den Behauptungen halten,[436] erst dann liegt die Darlegungs- und Beweislast wieder in vollem Umfang beim Verpflichteten. – Dafür, dass der Verwirkungsgrund entfallen und der Unterhaltsanspruch wieder aufgelebt ist (dazu RdNr. 85), trägt der Berechtigte die Darlegungs- und Beweislast.[437]

88 **b) Nr. 4.** Diesen Härtegrund hat der Verpflichtete einschließlich der Mutwilligkeit des Handelns des Berechtigten nachzuweisen.[438] Doch hat der Berechtigte, der einen anderen Partner versorgt, dessen Leistungsunfähigkeit nachzuweisen,[439] weil dies seine Bedürftigkeit betrifft.

89 **c) Nr. 7.** Der Verpflichtete muss nicht nur den Verstoß, sondern auch die Umstände darlegen, die den Schluss auf ein eindeutig beim Berechtigten liegendes Fehlverhalten und damit ein Ausbrechen aus einer intakten Ehe zulassen.[440] Dazu ist nicht jeglichen Vorwürfen gegen den Verpflichteten nachzugehen, weil insoweit nur Verfehlungen von einigem Gewicht von Bedeutung sind (dazu RdNr. 46). Die Vorwürfe und ihre Ursächlichkeit für die Zerrüttung müssen konkret behauptet werden, wozu allein etwa der Vortrag des Berechtigten nicht ausreicht, der Verpflichtete habe selbst in erheblichem Maße gegen seine eheliche Treuepflicht verstoßen und ihn ständig beschimpft und verprügelt.[441] Der Verpflichtete braucht nicht darzulegen und zu beweisen, dass er sich ehegemäß verhalten hat, vielmehr kann er sich auf die Widerlegung der konkret gegen ihn erhobenen Vorwürfe beschränken.[442] Kann er sie nur in Abrede stellen, sind an die Substantiierung seiner Darlegungen keine hohen Anforderungen zu stellen, da es sich im Wesentlichen um die Behauptung sog.

[431] BGH NJW-RR 1989, 1218 = FamRZ 1989, 1054; NJW 1991, 1290 = FamRZ 1991, 670, 672. – Zur **Kindesunterschiebung** s. § 1578 RdNr. 179.

[432] BGH NJW 1991, 1290 = FamRZ 1991, 670, 672; s. auch OLG Köln FamRZ 2003, 767, 768.

[433] Dazu auch OLG Hamm NJWE-FER 1999, 76 = FamRZ 1999, 239 (LS).

[434] BGH NJW 1991, 1290 = FamRZ 1991, 670, 672.

[435] BGH NJW 1985, 2266 = FamRZ 1985, 267, 268.

[436] OLG Koblenz FamRZ 2006, 705 (gemeinsamer Telefaxanschluss).

[437] OLG Hamm FamRZ 2003, 455.

[438] Insoweit aA *Palandt/Brudermüller* RdNr. 6.

[439] AA OLG Düsseldorf FamRZ 1980, 996, 997.

[440] BGH NJW 2001, 3779 = FamRZ 2001, 1693, 1694; für die Geburt eines außerehelichen Kindes während der Trennungszeit: KG FamRZ 2001, 29, 30; OLG Bremen NJW 2004, 1602 = FamRZ 2005, 213, 214; OLG Köln NJW-RR 2006, 218, 219; OLG Thüringen NJW-RR 2006, 584 = FamRZ 2006, 1205, 1206.

[441] BGH FamRZ 1983, 670, 671.

[442] *Häberle* FamRZ 1982, 557, 561; *Lohmann* RdNr. 70, jeweils mwN.

negativer Tatsachen handelt.[443] – Dem Verpflichteten obliegt es, nicht nur das Fehlverhalten des Berechtigten darzulegen und zu beweisen, sondern auch dessen gegen eine grobe Unbilligkeit sprechendes Vorbringen zu **widerlegen.**[444]

§ 1580 Auskunftspflicht

[1] Die geschiedenen Ehegatten sind einander verpflichtet, auf Verlangen über ihre Einkünfte und ihr Vermögen Auskunft zu erteilen. [2] § 1605 ist entsprechend anzuwenden.

Schrifttum: *App,* Auskunftsanspruch eines Ehegatten gegenüber dem Finanzamt bezüglich der Feststellungen im Rahmen einer Steuerfahndung beim getrennt lebenden Ehegatten?, FamRZ 1987, 888; *Arens/Spieker,* Die Maßgeblichkeit steuerlicher Unterlagen und steuerlicher Ansätze für familienrechtliche Ansprüche, FamRZ 1985, 121; *Berning,* Vorlage von Unterlagen, die im Rahmen des Besteuerungsverfahrens anfallen, für Zwecke der Unterhaltsfestsetzung, DAVorm 1986, 197; *Borth,* Immobilie als Renditeobjekt und Unterhaltsbestimmung, FamRB 2004, 331; *Brüne,* Informationspflichten im Unterhaltsrecht, FamRZ 1983, 657; *Büttner,* Durchsetzung von Auskunfts- und Rechnungslegungstiteln, FamRZ 1992, 629; *Eidenmüller,* Discovery und unterhaltsrechtlicher Auskunftsanspruch im deutschen Unterhaltsprozeß – Anpassung durch Qualifikation?, IPRax 1992, 356; *Hoppenz,* Gegenseitige Auskunftspflicht mehrerer Unterhaltspflichtiger oder mehrerer Unterhaltsschuldner, FamRZ 2008, 733; *Kentgens,* Der Auskunftsanspruch im Familienrecht (zugleich Diss. Bochum 1992); *Kleffmann,* Der Selbständige im Unterhaltsprozeß, FuR 1994, 159; *ders.,* Der unterhaltsrechtliche Auskunfts- und Beleganspruch, FuR 1999, 403; *Klingelhöffer,* Contra Auskunftsanspruch? Auskunftspflicht – Grenzen, Alternativen und Schwächen, AnwBl. 2003, 484; *Lell,* Auskunftspflichten unter Ehegatten über ihre Vermögensverhältnisse, Dissertation Regensburg 1982; *Nann,* Der Auskunftsanspruch im Unterhaltsrecht, StWK Gruppe 18, 2435 (3/1992); *Norweiser,* Discovery und materiellrechtlicher Auskunftsanspruch im deutschen Unterhaltsprozeß, IPRax 1992, 67; *Peschel-Gutzeit,* Auskunftsansprüche pro und kontra – Weshalb die Auskunftsansprüche im Familien- und Erbrecht unzulänglich sind, FF 2003, 194 = AnwBl. 2003, 476; *Schlaap,* Die Auskunftspflicht von Unterhaltspflichtigen über Einkommens- und Vermögensverhältnisse ihres Ehegatten, FamRZ 1994, 1914; *Schürmann,* Wie hoch ist das Einkommen? – Die Auskunft im Unterhaltsprozeß, FuR 2005, 49; *Spick,* Die Durchsetzung von Auskunftsansprüchen gegenüber Unterhaltspflichtigen durch den Sozialhilfeträger, DVBl. 1984, 1207; *Tintelnot,* Unterhaltsausgleich nach verheimlichter Besserstellung versus Rechtskraft, FamRZ 1988, 242; *Viefhues,* Auskunftsansprüche zum Unterhalt, ZFE 2003, 203; *Winkler von Mohrenfels,* Abgeleitete Informationspflichten im deutschen Zivilrecht, 1986. S. auch Schrifttum Vor § 1569 und zu § 1605.

Übersicht

[443] BGH NJW 1982, 1461 = FamRZ 1982, 463, 464; auch OLG Stuttgart FamRZ 1997, 419.
[444] BGH NJW 1982, 1461 = FamRZ 1982, 463, 464; FamRZ 1983, 670, 671; auch KG NJW-RR 1992, 648 = FamRZ 1992, 571, 572; OLG Karlsruhe NJW-RR 1999, 153, 154 = FamRZ 1999, 238 (LS).

I. Normzweck

1 Die Vorschrift entspricht inhaltlich § 1605. Sie soll die **geschiedenen** Ehegatten (zu **getrenntlebenden** Ehegatten s. § 1361 Abs. 4 S. 4) in die Lage versetzen, ihre Unterhaltsansprüche durchzusetzen oder unberechtigte Unterhaltsforderungen abzuwehren, ihnen die richtige Bemessung des Unterhaltsanspruchs ermöglichen und Rechtsstreitigkeiten vermeiden helfen.[1] Bei ihrer Anwendung ist das sich aus Art. 2 Abs. 1 GG ergebende **Geheimhaltungsinteresse** des Verpflichteten zu beachten (dazu insbesondere RdNr. 5–10). – S. 2 erklärt **§ 1605** für entsprechend anwendbar. Auf die dortigen Erläuterungen, insbesondere zum Anspruch auf Abgabe der **eidesstattlichen Versicherung** (S. 2, §§ 1605 Abs. 1 S. 3, 260 Abs. 2, 261) und auf eine **erneute Auskunft** (S. 2, § 1605 Abs. 2), wird verwiesen, soweit nachfolgend keine Ausführungen gemacht werden. – § 1580 wird in § 1587 e Abs. 1 (dazu dort RdNr. 2 ff.) für den öffentlich-rechtlichen und in § 1587 k Abs. 1 (dazu dort RdNr. 2) für den schuldrechtlichen **Versorgungsausgleich** für entsprechend anwendbar erklärt (s. auch § 4 Abs. 1 VersAusglG).[2] Weitere für die Vorbereitung der Scheidungsfolgen bedeutungsvolle Auskunftspflichten regeln § 1379 für den **Zugewinnausgleich** und § 242 für den **Hausrat.**[3] – Zur Auskunfts- und Belegpflicht beim **Ausbildungsunterhalt** zum Verlauf der Ausbildung s. § 1574 RdNr. 30, § 1575 RdNr. 23; zur **verzugsbegründenden Wirkung** eines Auskunftsbegehrens s. § 1585 b RdNr. 9; zum Recht auf **ungefragte Information** s. § 1578 RdNr. 67, § 1579 RdNr. 25–27.

II. Rechtsnatur

2 Die Ehegatten schulden einander **Auskunft** und die Vorlage von **Belegen.**[4] Auskunftserteilung und Belegvorlage sind **selbständige** Teile eines **einheitlichen Auskunftsanspruchs,** die zusammen oder auch selbständig geltend gemacht werden können, etwa wenn Auskunft zwar erteilt, sie aber noch nicht belegt ist. – Der **Beleganspruch** ist akzessorisch zum Auskunftsanspruch: Er reicht nur so weit, als Auskunft erteilt werden muss.[5] Zudem wird er durch die **Zumutbarkeit,** entsprechende Belege vorzulegen, begrenzt, etwa wenn diese für die Feststellung des Unterhaltsanspruchs nicht erforderlich sind.[6]

III. Voraussetzungen

3 **1. Auskunftsberechtigte.** Der Anspruch steht **beiden** Ehegatten[7] zu (zur beiderseitigen Geltendmachung s. RdNr. 13, 20).[8] – Er kann nicht auf Dritte **übertragen** werden, weil auch der Unterhaltsanspruch nicht abtretbar ist (§ 400, § 850 b Abs. 1 Nr. 2 ZPO, 95 Abs. 1 Nr. 1 FamFG), geht aber durch cessio legis auf **Sozialleistungsträger** über (§ 94 Abs. 1 S. 1 SGB XII, § 33 Abs. 1 S. 1 SGB II).[9] – Zum Auskunftsanspruch nach dem **Tod** des Verpflichteten und dem Übergang der Unterhaltspflicht auf den Erben (§ 1586 b) s. dort RdNr. 3, 4.

4 **2. Vorbereitung des Zahlungsanspruchs. a) Erforderlichkeit.** Die Auskünfte und Belege müssen erforderlich sein, um einen Unterhaltsanspruch/-verpflichtung (S. 2, § 1605

---

[1] BT-Drucks. 7/650 S. 172.
[2] Dazu BT-Drucks. 16/10411 S. 48.
[3] Zu Letzterem s. *Schwab/Motzer* VIII RdNr. 111 mwN.
[4] Zur Vorlage eines Arbeitsvertrages OLG München FamRZ 1993, 202 f.
[5] Zum Ganzen auch OLG München FamRZ 1993, 202; OLG Karlsruhe Urt. v. 23. 10. 2003 – 16 UF 84/03, juris [37].
[6] OLG Bamberg NJOZ 2005, 4389 = FamRZ 2006, 344.
[7] Auch den Ehegatten, die nach dem bis zum 1. 7. 1977 geltenden Recht geschieden wurden, BGHZ 85, 16 = NJW 1983, 279 = FamRZ 1982, 1189, 1192.
[8] Zur entsprechenden Anwendbarkeit der §§ 1580, 1605 bei der Anwendung ausländischen Sachrechts s. OLG Hamm NJW-RR 1993, 1155 = FamRZ 1993, 69 mwN; OLG Karlsruhe FamRZ 1995, 738, 739 = IPRspr 1994, 193.
[9] S. auch die gleichlautenden, für den Ehegattenunterhalt nicht einschlägigen § 7 Abs. 1 S. 2 UVG, § 37 Abs. 1 S. 1 BAföG, § 94 Abs. 3 S. 2 SGB VIII.

Abs. 1 S. 1) oder aber einen Schadensersatzanspruch wegen der Verletzung der Unterhalts-/ Auskunftspflicht (vgl. §§ 259, 261) **feststellen** zu können. Dies setzt insbesondere voraus:

– Die begehrte Auskunft muss der Geltendmachung oder Abwehr eines **Unterhaltsanspruchs** dienen. Deshalb muss das Auskunftsersuchen deutlich machen, dass sie gerade zur Prüfung der Unterhaltsansprüche geltend gemacht wird.
– Der Ehegatte darf nicht bereits über die mit der Auskunft erstrebten Kenntnisse verfügen. Hiervon wird man im Allgemeinen auch dann ausgehen können, wenn der Ehegatte, der die Auskunft erteilen soll, geltend macht, der die Auskunft begehrende Ehegatte habe während des Zusammenlebens die Finanzen der Familie verwaltet und habe deshalb **eigene Kenntnisse;** denn die während der Trennungszeit möglichen Veränderungen der maßgebenden wirtschaftlichen Verhältnisse rechtfertigen grundsätzlich die Auskunftsverpflichtung. – Dazu, wenn für die **Trennungszeit** bereits Auskunft erteilt worden war, s. RdNr. 18.

b) Unerheblichkeit der wirtschaftlichen Verhältnisse. aa) Bestehen eines Unterhaltsanspruchs. Zwar ist der Auskunftsanspruch nicht davon abhängig, dass eine Unterhaltspflicht **dem Grunde nach** bereits feststeht, weil die Feststellung der wirtschaftlichen Verhältnisse der Ehegatten deren abschließende Prüfung erst ermöglichen soll. Doch müssen die hiervon unabhängigen materiellrechtlichen Voraussetzungen des Unterhaltsanspruchs festgestellt sein,[10] insbesondere also die Tatbestandsmerkmale der **§§ 1570–1573,**[11] **1575–1576.**[12] Die Praxis verfährt idR großzügiger und bejaht einen Auskunftsanspruch bereits dann, wenn die Tatbestandsmäßigkeit des Unterhaltsanspruchs nicht schon **offensichtlich** nicht vorliegt. – Dies setzt auch die **Scheidung** (§ 1569) oder Aufhebung der Ehe (§ 1318 Abs. 2) voraus. Zwar besteht der Auskunftsanspruch nicht erst, wenn die Ehe geschieden oder aufgehoben ist, weil sonst seine Geltendmachung zur Vorbereitung der gerichtlichen Verfolgung des Unterhalts im Verbund mit dem Scheidungsverfahren nicht möglich wäre. Jedenfalls darf aber nicht bereits feststehen, dass die Ehe nicht aufgelöst wird.[13] 5

bb) Relevanz der Auskunft. Der Auskunftspflichtige braucht über seine wirtschaftlichen Verhältnisse nur insoweit Auskunft zu erteilen, als diese für die **Unterhaltshöhe** von Bedeutung sein können[14] und nicht offenkundig unmaßgeblich sind.[15] IdR steht ihm aber nicht zu, eigenmächtig eine Auswahl der von ihm zu erteilenden Auskünfte vorzunehmen, denn die Prüfung, inwieweit Einkünfte bedarfsprägend sind, ist grundsätzlich der Zahlungsstufe vorbehalten.[16] Er braucht die Auskunft nach der Rspr. des BGH aber nicht zu erteilen, weil ein Auskunftsanspruch ausgeschlossen ist, etwa wenn 6

– die wirtschaftlichen Verhältnisse so beschaffen waren, dass sie nicht vollständig zur Bestreitung des Lebensunterhalts der Ehegatten verwandt, sondern teilweise der Vermögensbildung zugeführt wurden und der Verpflichtete seine Leistungsfähigkeit nicht bestreitet

[10] BGHZ 85, 16 = NJW 1983, 279 = FamRZ 1982, 1189, 1192; s. auch OLG Hamburg OLGR 1996, 75. Nach OLG Naumburg Beschl. v. 7. 8. 2002 – 8 WF 170/02, juris [3], entfällt die Auskunftsverpflichtung nur dann, wenn von vornherein zweifelsfrei ein Unterhaltsanspruch nicht besteht.

[11] Zu § 1573 Abs. 4 s. OLG Brandenburg FamRZ 2007, 288 f.; AG Hamburg FamRZ 1995, 555, 556.

[12] BGH NJW 1998, 1065 = FamRZ 1998, 426 f.

[13] OLG Köln FamRZ 1986, 918, 919 mwN (zu § 1587 e). S. insoweit auch BGH NJW 1982, 1646 = FamRZ 1982, 687 f.; NJW 1984, 2040 = FamRZ 1984, 465, 467, wonach nach einer bestandskräftigen Entscheidung zum Versorgungsausgleich wegen dessen Nichtabänderbarkeit ein Auskunftsanspruch nach § 1587 e nicht besteht; dazu aber jetzt § 10 a Abs. 11 S. 1 VAHRG (s. auch § 4 Abs. 1, 2 VersAusglG).

[14] BGH NJW 1982, 2271 = FamRZ 1982, 996, 997 (Geltendmachung eines Pflichtteilsanspruchs durch den Verpflichteten); NJW 1983, 1783 = FamRZ 1983, 674; NJW 1985, 1699 = FamRZ 1985, 791, 792 f. (Einkommensverbesserungen nach der Scheidung); NJW 1993, 1920 = FamRZ 1993, 1065, 1066 (Geltendmachung eines Pflichtteilsanspruchs durch den Unterhaltsberechtigten); OLG Düsseldorf FamRZ 1981, 893, 894; NJW 1982, 831 = FamRZ 1981, 1184, 1189; FamRZ 1998, 1191; OLG München FamRZ 1985, 1264, 1266. S. auch OLG Thüringen NJW-RR 1997, 516 = FamRZ 1997, 1280, 1281: Auskunftsverpflichtung besteht, wenn die Obliegenheit zur Verwertung des Vermögensstamms nicht feststeht.

[15] OLG Koblenz FamRZ 1981, 163, 164. Nach *Mutschler* FamRZ 1976, 219, 220, 221 soll das Auskunftsmit dem Geheimhaltungsinteresse abgewogen sowie der Wahrheitsfindung und der Prozessverhinderung Rechnung getragen werden.

[16] OLG Köln Beschl. v. 8. 11. 2002 – 4 WF 153/02, juris [7].

oder seine **uneingeschränkte Leistungsfähigkeit** zugesteht, weil der Unterhaltsberechtigte dann in der Lage ist, seinen Bedarf aufgrund der ehelichen Lebensverhältnisse aus eigener Kenntnis konkret darzulegen;[17] doch sollte dies auf die Fälle der konkreten Bedarfsfeststellung (dazu § 1578 RdNr. 49–51) beschränkt werden;

– der Berechtigte nicht darlegt/darlegen kann, dass die Auskunft zu einem höheren als dem ohne die Auskunft bereits möglichen Unterhalt führen kann und der Verpflichtete sich bis zur Höhe dieses Betrags nicht auf Leistungsunfähigkeit beruft,[18]

es für eine Anpassung einer Unterhaltsvereinbarung anhand von Wertsicherungsklauseln nicht auf die konkreten Einkünfte ankommt (dazu auch § 1585 c RdNr. 13).[19]

7 **cc) Verwirkung.** Die Berufung auf **grobe Unbilligkeit** nach § 1579 kann idR nicht zu einem Ausschluss des Auskunftsanspruchs führen, weil im Rahmen der Billigkeitsabwägung auch die wirtschaftlichen Verhältnisse des Verpflichteten von Belang sind und auch in diesen Fällen der Unterhaltsanspruch eingeschränkt fortbestehen kann. Der Auskunftsanspruch entfällt vielmehr nur, wenn **ausnahmsweise** unabhängig von den wirtschaftlichen Verhältnissen der Ehegatten oder wegen der guten Einkommens- und Vermögensverhältnisse des Berechtigten von einem völligen Ausschluss des Unterhaltsanspruchs ausgegangen werden kann.[20] – Dies kann nicht angenommen werden, wenn die maßgeblichen Umstände erst durch eine **Beweisaufnahme** ermittelt werden müssen. Auch ist das FamG nicht verpflichtet, vor einer Entscheidung über den Auskunftsantrag Beweis aufzunehmen. Die Offenbarung der wirtschaftlichen Verhältnisse durch den Verpflichteten rechtfertigt sich auch in diesen Fällen durch die ehelichen Bindungen. Hat das FamG aber bereits eine Beweisaufnahme durchgeführt, hat es deren Ergebnisse auch zu verwerten. – Diese Grundsätze sind auch auf einen Auskunftsanspruch nach § 242 über die wirtschaftlichen Verhältnisse des Schuldners zur Vorbereitung einer **Schadensersatzklage** auf Erstattung zuviel bezahlten Unterhalts anwendbar.[21]

8 **dd) Unterhaltsvereinbarung.** Auch die Berufung auf die **Unwirksamkeit** eines vereinbarten Ausschlusses oder die Herabsetzung des Unterhalts wegen Sittenwidrigkeit oder deren **Anpassungsbedürftigkeit** aufgrund der auf § 313 gestützten **Ausübungskontrolle** (dazu § 1585 c RdNr. 57–63) führt idR nicht zu einem Ausschluss des Auskunfts- und Beleganspruchs, weil beides meist nicht ohne die Berücksichtigung der wirtschaftlichen Verhältnisse der Ehegatten beurteilt werden kann.[22]

9 **ee) Rechtskräftige Feststellungen.** Auf die wirtschaftlichen Verhältnisse der Parteien kommt es nicht an, wenn bereits rechtskräftig festgestellt ist, dass eine Unterhaltspflicht nicht besteht. Der die Auskunft Begehrende muss dann zusammen mit der Auskunft auch, wurde auf eine Abänderungsklage das Fehlen einer Zahlungsverpflichtung ausgesprochen, **Abänderung** oder, war eine **Erstklage** auf Unterhaltszahlung abgewiesen worden, Zahlung verlangen[23] und ggf. die entsprechende Klage erheben.[24]

---

[17] BGH NJW 1994, 2618 = FamRZ 1994, 1169, 1170 f. S. auch OLG Hamm FamRZ 1996, 736, 737 für die vertragliche Bemessung des Unterhalts unabhängig von den tatsächlichen wirtschaftlichen Verhältnissen; OLG Zweibrücken FamRZ 1998, 490; OLG Karlsruhe NJW-RR 2000, 1026, 1027 = FamRZ 2000, 1366 (LS).

[18] OLG Frankfurt a. M. FamRZ 1995, 556, 557 m. Anm. *Wagner.*

[19] OLG Zweibrücken FamRZ 2009, 235 f.

[20] BGH NJW 1982, 1645 = FamRZ 1982, 151; NJW 1982, 2064 = FamRZ 1982, 582; NJW 1983, 2243 = FamRZ 1983, 996, 997 f.; s. auch OLG Celle OLGR 1994, 74; OLG Zweibrücken FamRZ 1996, 869 f.; OLG Bamberg FamRZ 1998, 741; NJOZ 2005, 4389 = FamRZ 2006, 344; OLG München FamRZ 1998, 741 f.; OLG Karlsruhe OLGR 2001, 327. Zu § 1611 s. OLG Frankfurt a. M. FamRZ 1993, 1241 f.

[21] BGH NJW 1983, 2318 = FamRZ 1983, 352, 354.

[22] OLG Stuttgart FamRZ 2005, 455, 456; ähnlich AG Rheine FamRZ 2005, 451, 452 m. Anm. *Bergschneider.* Das OLG Köln NJW 1991, 2776 = FamRZ 1991, 451 überprüft die Wirksamkeit der Berufung auf einen Unterhaltsverzicht vollumfänglich.

[23] Zum Verhältnis dieser Klagearten zueinander s. etwa *Schwab/Maurer/Borth* I RdNr. 1006 f. mN aus der Rspr. des BGH.

[24] OLG Köln NJW-RR 1987, 834.

3. Fälligkeit. Dauer. Die Auskunftsverpflichtung der Ehegatten ist entgegen dem Wortlaut von S. 1 nicht erst ab der Scheidung, mithin ab der Rechtskraft des Scheidungsausspruchs (§ 1564 S. 2), fällig, sondern bereits ab Rechtshängigkeit des Scheidungsantrags, um eine umfassende und insbesondere zeitlich lückenlose Regelung aller familienrechtlichen Beziehungen der Ehegatten im **Verbund** (§ 623 Abs. 1 S. 1 ZPO, § 137 Abs. 2 S. 1 FamFG, dazu RdNr. 22) zu ermöglichen.[25] Zudem darf nicht bereits feststehen, dass es gar nicht zur Scheidung kommen wird, weil die Scheidungsvoraussetzungen nicht vorliegen (dazu RdNr. 5). – Zwar erlischt die Auskunftsverpflichtung grundsätzlich mit dem **Tod** des Auskunftspflichtigen.[26] Doch richtet sie sich nach dem Tod des Verpflichteten gegen die **Erben** (dazu § 1586 RdNr. 3). 10

IV. Inhalt und Umfang

1. Grundsätze. Die Verpflichtung entspricht grundsätzlich der Auskunftsverpflichtung zwischen **Verwandten in gerader Linie** nach §§ 1601, 1605 (S. 2). Deshalb wird zunächst auf die Erläuterungen zu § 1605 RdNr. 2 ff. verwiesen. – **Auskunft** ist über alle die wirtschaftlichen Verhältnisse eines Ehegatten prägenden Einkünfte einschließlich Steuerrückerstattungen und sein Vermögen zu erteilen, soweit sie die ehelichen Lebensverhältnisse bestimmt haben (Bedarf, § 1578 Abs. 1 S. 1) und sich auf die Bedürftigkeit des Unterhaltsberechtigten (§ 1577 Abs. 1) und die Leistungsfähigkeit des Verpflichteten (§ 1581) auswirken können. Maßgeblicher Stichtag ist grundsätzlich der Eintritt der Rechtskraft des Scheidungsausspruchs (dazu aber auch § 1578 RdNr. 13),[27] doch kann für den nachehelichen Unterhalt insbesondere auch die Auskunft über folgendes, nach der Scheidung erworbenes Vermögen von Bedeutung sein: Pflichtteilsanspruch;[28] Erträge aus zugeflossenen Kapitalbeträgen,[29] aus Vermietung und Verpachtung[30] sowie aus Unternehmen.[31] – Die Vorlage von **Belegen,** ggf. im Original,[32] wird nur geschuldet, soweit auch Auskunft erteilt werden muss oder musste, zum Vermögen allerdings beschränkt auf **Vermögenserträge.**[33] Belege zum **Bestand** des Vermögens werden nicht geschuldet (§ 1605 Abs. 1 S. 2). Der Auskunftsberechtigte kann nur ein Bestandsverzeichnis (§ 260 Abs. 1) und ggf. die Versicherung seiner Richtigkeit an Eides Statt (§ 261) verlangen;[34] damit wird seinem Auskunftsbedürfnis bezogen auf die Obliegenheit zur Verwertung von Vermögen (§ 1577 Abs. 3; dazu dort RdNr. 17–23 und § 1581 RdNr. 20, 21) genügt. – Ein **Selbständiger** hat seine Einnahmen und Aufwendungen im Einzelnen so darzustellen, dass allein steuerlich beachtliche Aufwendungen von den unterhaltsrechtlich relevanten abgegrenzt werden können (dazu insbesondere § 1578 RdNr. 92, 96, § 1605 RdNr. 11, 12).[35] 11

2. Einkünfte des neuen Ehegatten. Ein Verpflichteter schuldet grundsätzlich **keine** Auskunft über die Einkünfte seines aktuellen Ehegatten, weil diese nicht zur Unterhaltsbemessung herangezogen werden können.[36] – Hiervon sind jedoch **Ausnahmen** zu machen, wenn und soweit die Einkünfte des Ehegatten das unterhaltsrelevante Einkommen des 12

---

[25] BGH NJW 1982, 1645 = FamRZ 1982, 151. Nach KG FamRZ 1981, 156 ist § 1580 lediglich entsprechend anzuwenden; aA AG Charlottenburg FamRZ 1981, 787, 788.

[26] Zu § 1587 e s. BGH NJW-RR 1986, 369 = FamRZ 1986, 253, 254.

[27] Zum Erfordernis, zur Auskunft über das Vermögen den Stichtag, zu dem Auskunft zu erteilen ist, zu nennen, s. OLG Karlsruhe FamRZ 2004, 1048 (LS) = OLGR 2004, 240.

[28] BGHZ 85, 16 = NJW 1983, 279 = FamRZ 1982, 1189, 1192.

[29] OLG Karlsruhe NJW-RR 1990, 712 = FamRZ 1990, 756 f. (Bedürftigkeit des Berechtigten).

[30] OLG Düsseldorf FamRZ 1981, 893, 894 (Bedürftigkeit des Berechtigten).

[31] OLG Celle NJW-RR 1992, 1478 = FamRZ 1992, 1440, 1441 (Leistungsfähigkeit des Verpflichteten).

[32] KG FamRZ 1982, 614 (LS).

[33] Unzutreffend AG Ludwigsburg FamRZ 2000, 1221 f., das eine Pflicht zur Vorlage der Einkommensteuererklärungen und -bescheiden bei abhängig Beschäftigten verneint.

[34] OLG Hamburg FamRZ 1985, 394, 395 mwN.

[35] Dazu auch OLG Hamm FamRZ 1980, 455, 456; OLG Bremen FamRZ 1995, 935, 936; OLG München FamRZ 1996, 738 ff.; OLG Naumburg NJW-RR 2008, 1389 = FamRZ 2008, 2230 (LS).

[36] BGH NJW 1983, 1554 = FamRZ 1983, 680, 682.

Verpflichteten beeinflussen können: Erzielt der neue Ehegatte Einkünfte aufgrund einer unterhaltsrechtlichen **Obliegenheitsverletzung** des Verpflichteten (etwa: die Ehefrau meldet ein Gewerbe an, das aber ausschließlich vom bei ihr angestellten Verpflichteten betrieben wird), hat dieser auch insoweit Auskunft zu erteilen, weil ihm diese Einkünfte zugerechnet werden.[37] – Die Kenntnis des Einkommens des neuen Ehegatten ist für die Aufteilung einer **Steuerrückerstattung** erforderlich.[38] Der Verpflichtete ist auch insoweit zur Vorlage der **Steuerbescheide** verpflichtet. Die seinen neuen Ehegatten allein betreffenden Angaben kann er unkenntlich machen, nicht aber die, die (auch) ihn betreffen, auch wenn hieraus Schlüsse auf das Einkommen seines Ehegatten gezogen werden können.[39] – Folgt man der Rspr. des BGH zur **Dreiteilung** (dazu § 1578 RdNr. 6, 29, 36), hat der Verpflichtete stets dann auch Auskunft über die Einkünfte seines Ehegatten zu erteilen, wenn diese sich auf die Ermittlung des Bedarfs des Berechtigten auswirken können.

13 **3. Zurückbehaltungsrecht.** Der Auskunftspflichtige kann die Auskunftserteilung nicht nach § 273 verweigern, bis ihm der Auskunftsberechtigte seinerseits Auskunft erteilt hat,[40] weil es sich bei dem Auskunftsanspruch lediglich um einen Nebenanspruch zu dem Anspruch auf Unterhaltszahlung handelt und die persönlichen Bindungen auch der geschiedenen Ehegatten eine Auskunftsverweigerung nicht zulassen. Zur **Auskunftswiderklage** s. RdNr. 20.

14 **4. Erfüllung. a) Auskunftserteilung.** Der Auskunftsberechtigte hat Anspruch auf ein „Verzeichnis des Bestands" (§ 260 Abs. 1), also auf Auskunft in einer verkörperten Form. Nach der Rspr. des BGH[41] schuldet der Auskunftspflichtige deshalb eine **systematische Zusammenstellung** aller Angaben, auf die sich sein Auskunftsanspruch bezieht, die geeignet sein muss, dem Auskunftsberechtigten ohne übermäßigen Arbeitsaufwand die Errechnung seines Unterhaltsanspruchs zu ermöglichen.

15 Doch dürften damit die Anforderungen an eine Auskunftserteilung in der Praxis idR überspannt sein. Gibt ein Arbeitnehmer etwa an, außer seinen Erwerbseinkünften keine weiteren Einkünfte mehr zu haben, genügt meist die Vorlage der Verdienstabrechnungen und Einkommensteuerbescheide zur Erfüllung (auch) der Auskunftsverpflichtung. Auch wird ausreichen müssen, dass der Auskunftspflichtige die begehrten Auskünfte zu Protokoll des FamG erteilt. – In diesem Sinne hat sich der BGH[42] im Streit um die Form und die Übermittlung der Auskunft iSd. § 260 Abs. 1, in dem es insbesondere darum geht, ob die Auskunft vom Auskunftspflichtigen unterschrieben sein muss, nunmehr zu Recht für eine pragmatische, den Erfordernissen der Praxis gerecht werdende Lösung entschieden: Für eine wirksame Auskunftserteilung bedarf es nicht der **Schriftform** iSd. § 126, mithin nicht der Unterzeichnung durch den Auskunftspflichtigen. Zudem kann die Auskunft durch einen Rechtsanwalt als Boten übermittelt werden, sofern die Urheberschaft des Auskunftspflichtigen für die vom Boten überbrachte Auskunft feststeht. Dies hat zur praktischen Folge, dass mit den von einem **Prozessbevollmächtigten** im Auskunftsverfahren gemachten Angaben der Auskunftsanspruch erfüllt wird.

16 **b) Auskunft gegenüber dem FamG.** Die Auskunftsrechte des FamG (§ 643 ZPO, §§ 235, 236 FamFG)[43] und ihre Erfüllung durch die Ehegatten führen auch zur Erfüllung der Auskunftsverpflichtung gegenüber dem anderen Ehegatten, weil sie dazu dienen, alle für die Bemessung des Unterhalts erforderlichen Auskünfte und Belege zu ermitteln und zeit-

---

[37] AA OLG Bamberg NJW-RR 1986, 869 = FamRZ 1986, 685, 686 (unter Berufung auf BGH NJW 1983, 1554 = FamRZ 1983, 680, 682).

[38] OLG Düsseldorf FamRZ 1991, 1315, 1314 f.; dazu auch OLG Frankfurt a. M. FamRZ 1982, 725, 727; aA KG NJW 1981, 2471 = FamRZ 1981, 1099, 1100.

[39] BGH NJW 1983, 1554 = FamRZ 1983, 680, 682.

[40] OLG Bamberg FamRZ 1985, 610, 611; OLG Köln FamRZ 1987, 714, jeweils mwN.

[41] So der BGH NJW 1983, 2243 = FamRZ 1983, 996, 998.

[42] BGH NJW 2008, 917 = FamRZ 2008, 600, 601 f. mwN.

[43] Dazu etwa *Schwab/Maurer/Borth* I RdNr. 553 ff.

aufwändige Beweisaufnahmen zu erübrigen.[44] Dieser Zweck kann nur erreicht werden, wenn die Ehegatten die dem FamG erteilten Auskünfte auch untereinander gelten lassen müssen, was jedoch voraussetzt, dass sie dem anderen Ehegatten auch zugänglich gemacht wurden. Dies ergibt sich bereits aus dem Recht auf rechtliches Gehör, wenn und soweit die Auskünfte verwertet oder auch nicht, weil vermeintlich unerheblich, verwertet werden sollen. – Da sich die **prozesskostenhilferechtlichen** Auskunftsrechte des FamG aus §§ 113 Abs. 1 S. 1, 2 FamFG, § 118 Abs. 2 S. 2 ZPO idR mit denen aus § 643 ZPO, §§ 235, 236 FamFG überschneiden, geht der Beschleunigungszweck des Letzteren vor und überdeckt die Einschränkung des **Einsichtsrechts** des Auskunftsberechtigten aus §§ 113 Abs. 1 S. 1, 2 FamFG, § 117 Abs. 2 S. 2 ZPO, soweit die erteilten Auskünfte und Belege die sachlichen Grundlagen des Unterhaltsanspruchs betreffen.[45]

V. Konkurrenzen

1. Treu und Glauben. § 1580 iVm. § 1605 regelt lediglich einen Teilbereich der 17
Auskunftspflichten ausdrücklich. Soweit er reicht, verdrängt er § 242 als lex specialis. Auf § 242 kann jedoch ein Auskunftsbegehren über **weitere Umstände,**[46] die zwar die Unterhaltsberechtigung, nicht jedoch die Einkünfte oder das Vermögen berühren, gestützt werden, vorausgesetzt der die Auskunft Begehrende hat ohne eigenes Verschulden keine Kenntnis über Bestehen und Umfang seines Rechts und ist deshalb auf die Auskunft des Auskunftspflichtigen angewiesen, und dieser kann die Auskunft unschwer erteilen und wird dadurch nicht unbillig belastet. Nach § 242 kann Auskunft verlangt werden etwa über

– den dem Verpflichteten nicht bekannten **vorehelichen Lebensstandard** des Berechtigten im Rahmen von § 1578 Abs. 1 S. 2;[47]
– **Wiederverheiratung;**
– Unterhaltspflicht gegenüber Ehefrau und Kindern aus der **neuen Ehe;**[48]
– Bemühungen um einen neuen **Arbeitsplatz;**[49]
– Verlauf und Abbruch einer **Ausbildung** (dazu näher § 1575 RdNr. 10);
– bevorstehende kostspielige **ärztliche Betreuung;**
– Fortdauer von die **Arbeitsunfähigkeit** begründenden Beschwerden;[50]
– die wirtschaftlichen Verhältnisse zur Ermittlung der **Haftungsverhältnisse** nach § 1606 Abs. 3 S. 1;[51]
– für die Vorbereitung eines **Ausgleichsanspruchs** zwischen mehreren Unterhaltsgläubigern oder -schuldnern erhebliche Umstände (dazu auch § 1569 RdNr .15);[52]
– Umstände, über die **ungefragt** Auskunft zu erteilen ist (dazu § 1579 RdNr. 25–27);
– Kündigung einer **Krankenversicherung,** um eine Eigenversicherung zu ermöglichen; ein Verstoß macht schadensersatzpflichtig.[53]

Nicht jedoch zur Verwendung von **Altersvorsorgebeiträgen;** die Verletzung der Obliegenheit zur zweckentsprechenden Verwendung dieser Mittel führt zur fiktiven Zurech-

---

[44] BT-Drucks. 13/7338 S. 35.

[45] Dadurch dürfte die Entscheidung OLG Hamm FamRZ 1986, 80, 81 zur Nichtverwertbarkeit der vom FamG zur Prozesskostenhilfe eingeholten Auskünfte überholt sein.

[46] BGH NJW 1988, 1906 = FamRZ 1988, 268, 269 mwN.

[47] *Hahne* FamRZ 1985, 113, 117.

[48] OLG Bamberg FamRZ 1986, 492 f.

[49] OLG Braunschweig FamRZ 1987, 284.

[50] Zur letzterem OLG Schleswig FamRZ 1982, 1018.

[51] BGH NJW 1988, 1906 = FamRZ 1988, 268, 269; OLG Zweibrücken FamRZ 2001, 249, 250. Zur Auskunftspflicht der ranggleich für Elternurteil Haftenden s. BGH NJW 2003, 3634 = FamRZ 2003, 1836, 1837 m. Anm. *Strohal.*

[52] BGH NJW 1988, 1906 = FamRZ 1988, 268, 269 f.; OLG Hamm FamRZ 1987, 744 f.; OLG Köln FamRZ 1992, 469, 470; aA OLG Hamm FamRZ 1987, 745. Das AG Bayreuth FamRZ 1992, 715 f. verneint eine Auskunftspflicht, wenn der Auskunftspflichtige bereits dem Kind Auskunft erteilt hat; zur Kenntnis der erbetenen Daten s. RdNr. 4.

[53] OLG Köln FamRZ 1985, 926, 927; OLG Koblenz NJW-RR 1989, 649 = FamRZ 1989, 1111, 1112.

nung der finanziellen Vorteile, die aus einer zweckentsprechenden Verwendung geflossen wären (dazu § 1578 RdNr. 181).

18 **2. Anspruchssperre.** Wegen der **Nicht-Identität** der Ansprüche auf Trennungsunterhalt und auf nachehelichen Unterhalt (dazu § 1569 RdNr. 3) betreffen auch die Auskunfts- und Beleganspruche einen jeweils anderen Gegenstand, sodass zum nachehelichen Unterhalt grundsätzlich auch dann Auskunft verlangt werden kann, wenn Auskunft zum Trennungsunterhalt (§§ 1361 Abs. 4 S. 4, 1605 Abs. 1) innerhalb der Zweijahresfrist erteilt worden war, ohne dass die weiteren Voraussetzungen aus **§ 1605 Abs. 2** vorliegen müssen.[54] Da Voraussetzung für den Auskunfts- und Beleganspruch jedoch ist, dass der Auskunftsberechtigte nicht bereits über entsprechende eigene Kenntnisse verfügt (dazu RdNr. 4), wird er darzulegen und entsprechend § 1605 Abs. 2 glaubhaft zu machen haben, dass und inwieweit seine bisherige Kenntnis nicht ausreicht. – Geht man entgegen der Rspr. des BGH von der Identität der Ansprüche aus, muss der innerhalb von 2 Jahren erneut Auskunft Begehrende glaubhaft machen, dass der Auskunftspflichtige später wesentlich höhere Einkünfte oder weiteres Vermögen erworben hat.

VI. Verfahrensrechtliche Fragen

19 **1. Zulässigkeit einer Auskunftsklage. a) Zuständigkeit.** Bei Rechtsstreitigkeiten über Grund und Umfang der Auskunfts- und Belegpflicht sowie auf Abgabe der eidesstattlichen Versicherung handelt es sich um **Familiensachen,** die in die Zuständigkeit der FamG fallen (dazu Vor § 1569 RdNr. 27).

20 **b) Rechtsschutzbedürfnis.** Das Rechtsschutzbedürfnis für eine Klage auf Auskunftserteilung hängt nicht davon ab, dass sich der Auskunftsberechtigte über die Einkommens- und Vermögensverhältnisse des Auskunftspflichtigen nicht **auf andere Weise** Kenntnis verschaffen kann. Deshalb kann er nicht auf ein Gesuch um Bewilligung von **Prozesskostenhilfe,** das dem FamG nach §§ 113 Abs. 1 S. 1, 2 FamFG, § 118 Abs. 2 S. 2 ZPO Anlass zu Ermittlungen nach § 643 ZPO, §§ 235, 236 FamFG geben könnte (dazu auch RdNr. 16), oder auf die Möglichkeiten des FamG zur **Vorbereitung der mündlichen Verhandlung** aus §§ 113 Abs. 1 S. 1, 2 FamFG, § 273 Abs. 2 Nr. 2 ZPO[55] verwiesen werden. Auch schließt eine **einstweilige Anordnung** nach §§ 620 Nr. 6, 644 ZPO, § 246 FamFG wegen ihres lediglich summarischen Charakters eine Auskunftsklage nicht aus.[56] – Auch die **Auskunftsrechte des FamG** in § 643 ZPO, §§ 235, 236 FamFG lassen ein Rechtsschutzbedürfnis für eine Auskunftsklage der Ehegatten nicht entfallen,[57] zumal es unter der weiteren Geltung des Beibringungsgrundsatzes und der Darlegungs- und Beweislast die vordringliche Aufgabe der Ehegatten und nicht des FamG ist, die maßgeblichen Umstände vorzutragen und in das Verfahren einzuführen. – Das Rechtsschutzbedürfnis des auf Unterhalt in Anspruch Genommenen für eine **Auskunftswiderklage** entfällt nicht deshalb, weil bereits auf die Unterhaltsklage die Bedürftigkeit des Unterhalt Begehrenden geprüft wird,[58] da er auch dann noch ein schützenswertes Interesse an der zuverlässigen Beurteilung der Bedürftigkeit des Unterhaltsklägers haben kann.

---

[54] So OLG Düsseldorf FamRZ 1992, 1313 (LS); FamRZ 2002, 1038, 1039; OLG Hamm FamRZ 1996, 868f.; FamRZ 2004, 377; OLG Koblenz FamRZ 2005, 460, 461; AG Mühldorf FamRZ 1988, 1173; *Soergel/Häberle* RdNr. 8; *Palandt/Brudermüller* RdNr. 3; aA OLG Thüringen NJW-RR 1997, 516 = FamRZ 1997, 1280, 1281; KG FamRZ 2004, 1314 (LS). S. auch OLG Karlsruhe FamRZ 1992, 684f. zum Inlaufsetzen der Zweijahresfrist durch einen die Unterhaltsansprüche nur vorläufig regelnden Vergleich im Verfahren auf Erlass einer einstweiligen Anordnung.

[55] *Soergel/Häberle* RdNr. 4.

[56] Zu § 620 Nr. 6 ZPO s. OLG Düsseldorf FamRZ 1981, 42, 43.

[57] Zu § 10 Abs. 2 VAHRG, § 1587e ebenso OLG Nürnberg FamRZ 1995, 300; OLG Hamm FamRZ 2002, 103; OLG Zweibrücken FamRZ 2004, 1794, 1795; *Johannsen/Henrich/Hahne* § 1587e RdNr. 4; aA OLG München FamRZ 1998, 244f.

[58] OLG Koblenz FamRZ 1993, 1098; aA OLG Frankfurt a. M. FamRZ 1987, 839, 840.

c) Antrag. Da der Antrag einen vollstreckungsfähigen Inhalt haben muss, sind die begehrten Auskünfte und Belege sowie zur Vermeidung einer „Dauervollstreckung" der Zeitraum, für den die Auskunft erteilt werden soll,[59] **bestimmt** zu bezeichnen (§§ 113 Abs. 1 S. 1, 2 FamFG, § 253 Abs. 2 Nr. 2 ZPO); dies darf nicht dem Vollstreckungsverfahren vorbehalten werden. Erforderlich ist auch die bestimmte Bezeichnung der Belege,[60] aus denen sich die Höhe der Einkünfte ergeben soll.[61] 21

2. Gerichtliche Geltendmachung. a) Hauptsache. Der Anspruch kann in einem selbständigen Verfahren **allein**[62] oder im Wege der **Stufenklage**[63] mit dem Antrag auf Versicherung der Vollständigkeit und Richtigkeit gemachter Angaben an Eides statt und einem unbestimmten Zahlungsantrag, ggf. verbunden mit dem Antrag auf Verurteilung zur Zahlung eines Mindestbetrages geltend gemacht werden. Der Auskunftsantrag kann aber auch im Verbund mit dem Scheidungsverfahren[64] gestellt werden, selbständig[65] oder als Stufenantrag. Im ersteren Fall erfolgt die Verurteilung zur Auskunftserteilung im **Verbund,**[66] im letzteren wird nur über den Zahlungsantrag im Verbund entschieden, über den Auskunftsantrag, mit dem keine zusätzlichen Kosten verbunden sind,[67] dagegen vorab durch Teil-Urteil.[68] Stets handelt es sich unabhängig davon, ob der Anspruch selbständig, im Rahmen einer Stufenklage oder im Verbund mit der Scheidungssache betrieben wird, von Gesetzes wegen um eine **Feriensache** (§ 227 Abs. 3 S. 2 Nr. 3 ZPO, § 113 Abs. 1 S. 1, 2 FamFG). 22

b) Abänderungsklage. Der Auskunftsantrag kann auch ins Stufenverhältnis zu einer Abänderungsklage gestellt werden. Für deren Zulässigkeit müssen die Abänderungsvoraussetzungen aus § 323 Abs. 1 ZPO, § 238 Abs. 2 FamFG oder aus § 239 Abs. 2 FamFG, § 313 noch nicht schlüssig dargelegt werden, vielmehr reicht in der Auskunftsstufe aus, dass die geforderte Auskunft unabhängig davon Bedeutung für den Unterhaltsanspruch haben kann, ob die Voraussetzungen für eine Abänderung letztlich vorliegen.[69] 23

c) Summarische Verfahren. Die ganz hM[70] lehnt die Geltendmachung von Auskunftsansprüchen mittels einstweiliger Verfügung ab. Nach § 644 ZPO kann aber im Unterhaltsstreit zur Hauptsache und nach § 620 Nr. 6 ZPO im Scheidungsverfahren mit einem Antrag auf Erlass einer einstweiligen Anordnung **Auskunft** verlangt werden (anders wohl § 246 Abs. 1 FamFG, wonach nur die Zahlungsverpflichtung geregelt werden kann).[71] Dagegen ist in einem selbständigen Auskunftsverfahren keine einstweilige Anordnung auf **Zahlung** von Unterhalt zulässig,[72] nach § 246 FamFG wohl aber in einem selbständigen Anordnungsverfahren. 24

d) Streitwert. Beschwer. Der Streitwert von Auskunftsanträgen wie auch die **Beschwer** im Rechtsmittelrechtszug ist nach freiem Ermessen festzusetzen (§ 12 Abs. 1 S. 1 25

[59] OLG Karlsruhe FamRZ 1983, 631; OLG Frankfurt a. M. FamRZ 1991, 1334 („Auskunft über die Einkommens- und Vermögensverhältnisse durch Vorlage eines geordneten Verzeichnisses zu erteilen"); OLG Celle OLGR 1994, 74. Zur Auslegung einer Urteilsformel ohne zeitliche Bestimmung auf die Zeit zwischen Klagezustellung und Urteilserlass s. OLG Frankfurt a. M. FamRZ 1984, 271, 272.

[60] Nicht ausreichend: „Unterlagen für die Bewertung der einzelnen Positionen", BGH NJW 1983, 1056 = FamRZ 1983, 454, 455; „auf Verlangen einzelne Titel erläutern", BGH FamRZ 1989, 731, 732.

[61] Dazu *Büttner* FamRZ 1992, 629 ff.

[62] Zur gebührenrechtlichen Behandlung s. OLG Düsseldorf JurBüro 1994, 233 = FamRZ 1994, 315 (LS).

[63] Auch in Form einer negativen Feststellungsklage gegen eine einstweilige Anordnung nach § 620 ZPO, OLG Frankfurt a. M. FamRZ 1987, 175. Zur Bewilligung von Prozesskostenhilfe für eine Stufenklage s. die Darstellung bei *Schwab/Maurer/Borth* I RdNr. 164 ff. mwN.

[64] BGH NJW 1982, 1645 = FamRZ 1982, 151.

[65] OLG Frankfurt a. M. FamRZ 1987, 299, 300; aA BGH NJW 1997, 2176 = FamRZ 1997, 811, 812 mwN; OLG Hamm FamRZ 1993, 984 m. abl. Anm. *Vogel* FamRZ 1994, 49 f. mwN; FamRZ 1996, 736, 737.

[66] *Schwab/Maurer/Borth* I RdNr. 322 mwN; aA BGH NJW 1979, 1603 = FamRZ 1979, 690, 692; NJW 1982, 1645 = FamRZ 1982, 151; NJW 1997, 2176 = FamRZ 1997, 811, 812.

[67] OLG Frankfurt a. M. FamRZ 2000, 99 m. Anm. *Weil.*

[68] BGH NJW 1982, 1645 = FamRZ 1982, 151; vgl. auch *Schwab/Maurer/Borth* I RdNr. 322 ff. mwN.

[69] OLG Frankfurt a. M. OLGR 1993, 11; aA OLG Hamburg FamRZ 1982, 935.

[70] S. dazu *Gießler* RdNr. 553 mwN; aA *van Els* FamRZ 1995, 650 ff.

[71] S. dazu *Schwab/Maurer/Borth* I RdNr. 885; *van Els* FamRZ 1995, 650 ff., jeweils m. Hinw. auf die abw. hM.

[72] OLG Hamm NJW-RR 2000, 139.

GKG, § 3 ZPO, § 113 Abs. 1 S. 1, 2 FamFG). Maßgeblich ist das Interesse des **Auskunftsberechtigten** an der Erteilung der Auskunft, das anhand seiner Vorstellungen von der zu erwartenden Leistung, seinen Kenntnissen und seinem Wissen von den den Unterhaltsanspruch bestimmenden Umständen[73] sowie objektiven Gegebenheiten zu schätzen ist und sich auf 1/10–1/5 des Zahlungsantrages beläuft.[74]

26 Für den **Auskunftspflichtigen** – Entsprechendes gilt für Anträge auf **Rechnungslegung** und auf **Versicherung der Vollständigkeit** der erteilten Auskunft an Eides statt[75] – bemisst sich das Interesse, die Auskunft nicht erteilen zu müssen, nach

- seinem sich aus anderen Umständen als aus dem unbestimmten Leistungsantrag ergebenden **Geheimhaltungsinteresse,** wenn dem Verpflichteten durch die Erteilung der Auskunft ein konkreter Nachteil droht;[76] dem Recht auf **informationelle Selbstbestimmung** kommt keine wertbildende Bedeutung zu;[77] oder
- dem für eine sorgfältige Auskunftserteilung erforderlichen **Zeit-** und **Kostenaufwand,**[78] wozu auch die zwangsläufig entstehenden Kosten für die Einholung sachkundigen Rates[79] und die Erstellung noch nicht vorhandener Unterlagen gehören, selbst wenn sie später ohnehin angefallen wären,[80] und bei einer Verurteilung zu einer unmöglichen Leistung oder bei einer nicht vollstreckbaren Verurteilung der Zeit- und Kostenaufwand, der Erfüllung des titulierten Anspruchs und Vollstreckungsversuchen entgegenzutreten,[81] **psychische Belastungen** bleiben außer Betracht.[82, 83]

27 In **Stufenverfahren** richtet sich der Streitwert für den einheitlichen Anspruch (dazu RdNr. 2) nach § 44 GKG (s. auch § 38 FamGKG). Danach ist der jeweils höhere Wert der einzelnen Anträge insgesamt entscheidend. Nach Bezifferung des Zahlungsantrags wird dies idR dessen Wert sein, weil das Interesse des Anspruchstellers an Auskunft und eidesstattlicher Versicherung hinter dem an der Zahlung zurücktritt.[84] – Nicht anwendbar sind § 44 GKG, § 38 FamGKG, wenn, auch als Stufenklage, lediglich Auskunfts- und Versicherungsantrag gestellt werden, weil es an einem unbestimmten Leistungsantrag fehlt; die Streitwerte sind für beide Anträge getrennt festzusetzen und zu addieren (§ 39 Abs. 1 GKG, §§ 3, 5 ZPO, §§ 113 Abs. 1 S. 1, 2 FamFG; s. auch § 33 Abs. 1 FamGKG).[85] Gelangt der Rechtsstreit nicht in die Zahlungsstufe, weil sich nach den vorangegangenen Stufen kein Zahlungsanspruch ergibt und der Anspruchsteller seinen unbezifferten Zahlungsantrag ohne vorherige Konkretisierung zurücknimmt, sind die bislang verbeschiedenen Anträge für die Streitwertberechnung nach § 12 GKG, § 3 ZPO, §§ 113 Abs. 1 S. 1, 2 FamFG, maßgebend,[86] da

---

[73] OLG Hamm OLGR 1996, 263, 264.

[74] Vgl. lediglich BGH NJW-RR 1993, 1154 = FamRZ 1993, 1189; BHG – GSZ – BGHZ 128, 85 = NJW 1995, 664 = FamRZ 1995, 349, 350 (das BVerfG hat die Verfassungsbeschwerde gegen diese Entscheidung nicht angenommen, s. BVerfG FamRZ 1995, 993); NJW 1997, 1016 = FamRZ 1997, 546.

[75] BGH NJW-RR 1989, 550; NJW 1991, 1833 = FamRZ 1991, 791, 792; NJW-RR 1991, 956 f.; NJW-RR 1991, 1467 f.; FamRZ 1992, 663, 664; NJW-RR 1994, 898 (dort auch dazu, was ein Auskunftspflichtiger selbst bewerkstelligen und wozu er sich eines Steuerberaters bedienen kann).

[76] BGH FamRZ 1991, 791; FamRZ 1994, 1519; NJW-RR 1997, 1089 f.

[77] OLG Karlsruhe NJWE-FER 1997, 91 = FamRZ 1997, 303.

[78] StRspr. des BGH, zuletzt BGH FamRZ 2005, 1065; BGHZ 164, 63 = NJW 2005, 3349 = FamRZ 2005, 1986. Zur Berücksichtigung des Kostenaufwands für einen Betreuer s. BGH FamRZ 1998, 365.

[79] BGH FamRZ 1991, 317 f.; zuletzt BGH NJW-RR 2007, 724 = FamRZ 2007, 714 [4].

[80] BGH NJW-RR 1992, 322 = FamRZ 1992, 425, 426; NJW-RR 1992, 1474 = FamRZ 1993, 306, 307.

[81] BGH NJW-RR 1992, 450 = FamRZ 1992, 535, 536; NJW-RR 1993, 1026 = FamRZ 1993, 1423, 1424; OLG Karlsruhe FamRZ 1997, 511, 512.

[82] BGH NJWE-FER 1998, 41 = FamRZ 1998, 364.

[83] Zur Zulässigkeit einer Verfassungsbeschwerde ohne vorherige Ausschöpfung des Rechtszugs, wenn davon ausgegangen werden kann, dass die ordentlichen Gerichte die Mindestbeschwer als nicht erreicht ansehen, BVerfG FamRZ 1995, 1561, 1562.

[84] OLG Bamberg FamRZ 1994, 640 (LS).

[85] OLG Bamberg FamRZ 1997, 40.

[86] Str., ebenso OLG Frankfurt a. M. FamRZ 1987, 1293, 1294; OLG Stuttgart FamRZ 1990, 652 f.; OLG Schleswig FamRZ 1997, 40 f., jeweils mwN auch zur abw. Auffassung; aA etwa OLG Düsseldorf FamRZ 1992, 1095; OLG Hamm OLGR 1996, 263 = FamRZ 1998, 312 (LS); OLG Bamberg FamRZ 1998, 312 (LS).

der Zahlungsanspruch keinen eigenständigen Wert hat.[87] Das Interesse des Klägers am Auskunfts- bzw. Versicherungsantrag beläuft sich in diesen Fällen idR auf einen Bruchteil des Zahlungsbetrages, den er sich vorgestellt hat.[88]

3. Zwangsvollstreckung. Die titulierte **Auskunftsverpflichtung** wird idR als nicht- 28
vertretbare Handlung nach § 888 ZPO, § 95 Abs. 1 Nr. 1 FamFG vollstreckt.[89] Ausnahmsweise kann sie nach § 887 ZPO, § 95 Abs. 1 S. 1 FamFG vollstreckt werden, wenn sie ein Dritter (etwa Steuerberater) nach Prüfung ihm zugänglicher Unterlagen erteilen kann.[90] – Die Auskunftsverpflichtung kann nur bei Verweigerung der Auskunft oder deren erkennbar falscher Erteilung vollstreckt werden; i. Ü. ist der Auskunftsberechtigte auf seinen Anspruch auf Abgabe der **eidesstattlichen Versicherung** der Vollständigkeit einer erteilten Auskunft aus S. 2, §§ 1605 Abs. 1 S. 3, 260 Abs. 2 verwiesen.[91] – Hat der Auskunftsschuldner seine Angaben auch zu **belegen** und dem Gläubiger die tatsächliche Gewalt an den Belegen zu verschaffen, erfolgt die Vollstreckung nach § 883 Abs. 1 ZPO, § 95 Abs. 1 Nr. 1 FamFG.[92] Wurde zur Auskunftserteilung und Belegvorlage verurteilt, ist auch die Belegvorlage als Teil des einheitlichen Auskunftsanspruchs (dazu RdNr. 2) nach § 888 ZPO, § 95 Abs. 1 Nr. 1 FamFG bzw. § 887 ZPO, § 95 Abs. 1 Nr. 1 FamFG zu vollstrecken.[93]

Kapitel 3. Leistungsfähigkeit und Rangfolge

§ 1581 Leistungsfähigkeit

[1] Ist der Verpflichtete nach seinen Erwerbs- und Vermögensverhältnissen unter Berücksichtigung seiner sonstigen Verpflichtungen außerstande, ohne Gefährdung des eigenen angemessenen Unterhalts dem Berechtigten Unterhalt zu gewähren, so braucht er nur insoweit Unterhalt zu leisten, als es mit Rücksicht auf die Bedürfnisse und die Erwerbs- und Vermögensverhältnisse der geschiedenen Ehegatten der Billigkeit entspricht. [2] Den Stamm des Vermögens braucht er nicht zu verwerten, soweit die Verwertung unwirtschaftlich oder unter Berücksichtigung der beiderseitigen wirtschaftlichen Verhältnisse unbillig wäre.

Schrifttum: *Böhmer,* Zur Auslegung des „eigenen angemessenen Unterhalts" in § 1581 BGB, JR 1990, 375; *Böhnert,* Extremer Mangelfall und Ehegattenselbstbehalt, DAVorm 1991, 799; DAVorm 1992, 21; *Büttner,* Zur Mangelverteilung im Unterhaltsrecht, NJW 1987, 1855; *ders.,* Viererlei Maß – Widersprüchliche Bemessung des Existenzminimums bei Sozialhilfe, Pfändung, Prozeßkostenhilfe und notwendigem Selbstbehalt im Unterhaltsrecht, FamRZ 1990, 459; *ders.,* Die Entwicklung der Rechtsprechung zur Höhe des Selbstbehalts beim Trennungs- und Nacheheunterhalt, FPR 2008, 83; *Christian,* Die Berechnung und Geltendmachung des Mangels im Unterhaltsrecht, DAVorm 1984, 523; *Deisenhofer,* Der Unterhalt des minderjährigen Kindes beim Mangelfall, FamRZ 1987, 885; *Derleder, P.,* Zur Berechnung des Ehegattenunterhalts und zu hierbei in Betracht kommenden Billigkeitserwägungen, FuR 1990, 165; *Diener,* Erwiderung auf den Beitrag von *Heistermann,* FamRZ 2006, 742 ff., FamRZ 2006, 1505; *Duderstadt,* Unterhaltsrechtliche Mangelfälle, FamRZ 1987, 548; *ders.,* Der Einsatz des Vermögensstamms des Pflichtigen beim Erwachsenenunterhalt, FamRZ 1998, 273; *van Els,* Zu den Anforderungen an die Erwerbsobliegenheit eines Unterhalts-

---

[87] OLG Stuttgart NJW 1969, 1216, 1217; OLG Hamm OLGR 1996, 263. Zum Ganzen auch *Schwab/Maurer/Borth* I RdNr. 779 ff.

[88] OLG Stuttgart FamRZ 1990, 652 f. [1/3].

[89] Zur Vollstreckung der Auskunftsansprüche zum Versorgungsausgleich aus §§ 1587 e, 1587 k, 1580 nach § 53 g Abs. 3, § 888 ZPO (dazu auch § 95 Abs. 1 Nr. 3 FamFG) s. OLG Stuttgart EzFamR aktuell 1999, 370.

[90] *Büttner* FamRZ 1992, 629, 632 mwN.

[91] OLG Zweibrücken FuR 2000, 290 f.

[92] OLG Köln NJW-RR 1989, 567, 568; OLG Stuttgart FamRZ 1991, 84, 85; *Büttner* FamRZ 1992, 629, 632 mwN; ebenso wohl *Baumbach/Lauterbach/Hartmann* § 883 RdNr. 13; § 887 RdNr. 11 mwN; aA OLG Brandenburg FamRZ 1998, 178 f.; *Zöller/Stöber* § 888 RdNr. 3.

[93] *Büttner* FamRZ 1992, 629, 632 mwN.

verpflichteten, FamRZ 1989, 397; *Ewers,* Zum sog. Erwerbstätigenbonus und seinen Auswirkungen auf die Bedarfsberechnung und die Ermittlung der Leistungsfähigkeit, FamRZ 1988, 268; *Greßmann/Klattenhoff,* Die Geltendmachung von antragsabhängigen Sozialleistungen als unterhaltsrechtliche Nebenpflicht, FuR 1997, 137; *Graba,* Zur Unterhaltsbemessung im Mangelfall, FamRZ 1989, 232; *ders.,* Zum Erwerbstätigenbonus im Unterhaltsrecht, NJW 1993, 3033; *ders.,* Zum Einsatzbetrag im absoluten Mangelfall, FamRZ 2004, 1; *Gutdeutsch,* Vorschläge zur Bedarfsbemessung und Kürzung nach § 1581 BGB bei gleichrangigen Unterhaltsansprüchen von Ehegatten, FamRZ 1995, 327; *ders.,* Herabsetzung des Selbstbehalts bei Zusammenleben, FamRZ 2008, 2240; *Heistermann,* Der notwendige Selbstbehalt – das Ende einer festen Größe im Unterhaltsrecht?, FamRZ 2006, 742; *ders.,* Stellungnahme zu dem Beitrag von *Diener,* FamRZ 2006, 1505; *Hoppenz,* Fiktive Einkommensverhältnisse im Unterhaltsrecht, NJW 1984, 2327; *ders.,* Schulden im Unterhaltsrecht, FamRZ 1987, 324; *v. Krog,* Unterhaltspflicht und selbstverschuldete Leistungsunfähigkeit, FamRZ 1984, 539; *Müller, W.,* Die Arbeitspflicht getrenntlebender oder geschiedener Ehegatten, ZfJ 1988, 169; *Roth-Stielow,* Strafhaft als Unterhaltsschuldner-Schutz?, NJW 1982, 2853; *Schulze,* Bedürfnis und Leistungsfähigkeit im internationalen Unterhaltsrecht, Diss. Heidelberg, 1997; *Spangenberg,* Der Selbstbehalt eines Unterhaltspflichtigen gegenüber geschiedenen Ehegatten, DAVorm 1984, 455; *ders.,* Besondere Mangelfälle, DAVorm 1988, 223; *Wagner-Münch,* Beispiele für Mangelfall-Berechnungen, DAVorm 1990, 915; *Zieroth,* Zur Auslegung des Begriffs „Billigkeit" im Sinne von § 1581 S. 2 BGB, FamRZ 1985, 812; s. auch Schrifttum Vor § 1569.

Übersicht

I. Normzweck

1 Da sich das Maß des Unterhalts nach den ehelichen Lebensverhältnissen bestimmt (§ 1578 Abs. 1 S. 1), richtet sich die Unterhaltshöhe immer auch nach der wirtschaftlichen Leistungsfähigkeit des Verpflichteten im Zeitpunkt der Scheidung (zum Stichtag s. § 1578 RdNr. 13–17). Die gesetzliche Regelung geht davon aus, dass der Verpflichtete idR auch in der Lage ist, den vollen Unterhalt des Berechtigten zu erbringen. Doch wird seine Leistungsfähigkeit in der Mehrzahl der Fälle durch die Trennung, eine erhöhte steuerliche Belastung, Umzugskosten, Prozesskosten und Vermögensauseinandersetzung vielfach beeinträchtigt, während der Bedarf des Berechtigten idR steigt (durch trennungsbedingten Mehrbedarf und zusätzliche Kosten für die Kranken- und Altersvorsorge, s. § 1578 Abs. 2 und 3). Oft sind auch weitere Berechtigte aus einer neuen Verbindung hinzugekommen. In der Mehrzahl der Fälle ist der Verpflichtete ohne Gefährdung seines eigenen angemessenen Unterhalts nicht mehr in der Lage, dem Berechtigten den ihm nach § 1578 zustehenden vollen Unterhalt zu gewähren. Einen gerechten Ausgleich der Interessen der geschiedenen Ehegatten ermöglicht **S. 1**[1] durch die Ausgestaltung des Unterhaltsanspruchs als einen **Billigkeitsanspruch.** – **S. 2** bezweckt die Deckung des **Lebensbedarfs** des Berechtigten wie des Verpflichteten für deren voraussichtliche Lebensdauer.[2] Diesem Zweck dient der Ausgleich der Interessen der Ehegatten durch die „Wirtschaftlichkeit" und „Billigkeit" als Voraussset-

[1] Zu seiner Entstehungsgeschichte s. 1. Aufl. 1978 RdNr. 3–5.

[2] BGH FamRZ 1985, 354, 356; auch BT-Drucks. 7/650 S. 135 mwN, S. 141.

zungen für eine Vermögensverwertung. Ihm ist auch bei der Verteilung der durch sie freiwerdenden Mittel Rechnung zu tragen. Dagegen dient S. 2 nicht auch der Erhaltung des Vermögens für die **Erben** (dazu auch § 1586 b RdNr. 8). – Die Behandlung der Erwerbs- und Vermögensverhältnisse auch des Verpflichteten einschließlich seiner Verbindlichkeiten wird zusammenhängend mit dem **Bedarf** und der Bedürftigkeit zu § 1578 dargestellt. Zu den **Verpflichtungen** und **Obliegenheiten** s. § 1578 RdNr. 138–187, zum **Einsatzzeitpunkt** dort RdNr. 13–17; zu **überobligat erzielten Einkünften** RdNr. 97–102.

II. Dogmatik der Regelung

1. Anwendungsbereich. Systematischer Zusammenhang. Der **persönliche** Anwendungsbereich der Regelung erstreckt sich auf Ehegatten und Lebenspartner. Ihr **sachlicher** Anwendungsbereich umfasst den **nachehelichen** Unterhalt nach einer Scheidung (§ 1569) oder Aufhebung der Ehe (§ 1318) und nach einer Aufhebung einer Lebenspartnerschaft (§ 16 LPartG). Zudem ist die Regelung auf den Anspruch auf **Trennungsunterhalt** nach Trennung der Ehegatten (§ 1361) und der Lebenspartner (§ 12 LPartG) entsprechend anwendbar, weil auch insoweit die vorhandenen Mittel unter Berücksichtigung der Leistungsfähigkeit des Verpflichteten gleichmäßig zu verteilen sind.[3] Nicht anzuwenden ist er auf den **Familienunterhalt** (§§ 1360, 1360 a, § 5 LPartG), für den es nicht um die Verteilung, sondern darum geht, die finanziellen Mittel allen Familienmitglieder, mithin auch dem Verpflichteten selbst, zur Verfügung zu stellen. 2

Die Regelung steht im **systematischen Zusammenhang** mit den Vorschriften zum Rang in § 1582 (Rang zwischen geschiedenem und neuem Ehegatten des Verpflichteten) und § 1584 (Rangfolge der Unterhaltspflicht zwischen geschiedenen Ehegatten und den Verwandten des Berechtigten). Für sie ist grundsätzlich ohne Belang, worauf die mangelnde Leistungsfähigkeit beruht,[4] wenn dem Verpflichteten kein unterhaltsbezogenes Fehlverhalten und damit keine Verletzung seiner unterhaltsrechtlichen Obliegenheiten angelastet werden kann. 3

2. Normaufbau. Die Voraussetzungen der Regelung sind unabhängig von Billigkeitserwägungen,[5] weshalb strikt nach **Voraussetzungen** und **Rechtsfolgen** zu trennen ist: Zunächst ist der **Bedarf** des Berechtigten nach den ehelichen Lebensverhältnisse anhand der wirtschaftlichen Verhältnisse der Ehegatten iSd. §§ 1578 Abs. 1 S. 1, 1578 b Abs. 1 (dazu § 1578 RdNr. 42–137, § 1578 b RdNr. 11–26) und sodann der eigene **angemessene Unterhalt** des Verpflichteten unter Berücksichtigung seiner sonstigen Verpflichtungen zu bestimmen. Ergibt sich danach, dass bei voller Berücksichtigung des Unterhalts des Berechtigten der angemessene Unterhalt des Verpflichteten nicht mehr gewahrt ist, hat der Verpflichtete Unterhalt nur nach **Billigkeit** zu leisten. Der ihm stets zu belassende Betrag wird in der Praxis anhand eines **Selbstbehalts** bestimmt (dazu RdNr. 8–16). – Dagegen dient die Regelung **nicht** dazu, dem Verpflichteten mehr zu belassen, als ihm nach den ehelichen Lebensverhältnissen zukommt (dazu RdNr. 9). 4

III. „Gefährdung des eigenen angemessenen Unterhalts"

1. „Angemessener Unterhalt" und seine Feststellung. Wegen der grundsätzlich gleichmäßigen Teilhabe der Ehegatten an den ehegemeinsamen finanziellen Mitteln (dazu näher § 1578 RdNr. 4–10, 44, 48–58) bemisst sich der „angemessene Unterhalt" des Verpflichteten nach den gleichen Grundsätzen wie der angemessene Unterhalt des Berechtigten, mithin nach den ehelichen Lebensverhältnissen und dem durch Halbteilung ermittel- 5

---

[3] Zum Trennungsunterhalt nach § 1361 s. BVerfG NJW 2002, 2701 = FamRZ 2002, 1397, 1398; BGHZ 166, 351 = NJW 2006, 1654 = FamRZ 2006, 683, 684 (Verhältnismäßigkeit) m. Anm. *Büttner* FamRZ 2006, 765 und *Borth* FamRZ 2006, 852; s. auch OLG Koblenz NJW 2003, 1816, 1818.

[4] Nach BT-Drucks. 7/650 S. 138 f. soll sich § 1581 u. a. darin von § 59 Abs. 1 EheG (dazu Anhang zu § 1586 b RdNr. 3), dem die Regelung nachgebildet wurde, unterscheiden.

[5] *Soergel/Häberle* RdNr. 3.

ten Bedarf (§ 1578 Abs. 1 S. 1; dazu dort RdNr. 4, 5), und nicht nach dem angemessenen Eigenbedarf iSd. § 1603 Abs. 1.[6] Deshalb kann § 1581 S. 1 – allerdings eher untypisch – auch eingreifen, wenn den Ehegatten zwar mehr als der angemessene Selbstbehalt verbleibt, das verfügbare Einkommen aber nicht ausreicht, den beiderseitigen vollen Unterhalt einschließlich des trennungsbedingten Mehrbedarfs zu befriedigen, weil schon dann eine Gefährdung des eheangemessenen Unterhalts vorliegt. – Dagegen ist eine Gefährdung iSv. S. 1 nicht gegeben, wenn die ehelichen Lebensverhältnisse zu einem Bedarf der Ehegatten führen, der unter den Selbstbehalt- bzw. Mindestbedarfsätzen (dazu RdNr. 8–16) liegt,[7] weil die Billigkeitsabwägung nicht dazu dient, den eheangemessenen Bedarf des Verpflichteten zu erhöhen und ihm mehr zur Deckung seines Lebensbedarfs zu belassen, sondern allein dazu, ihn im Rahmen der Billigkeit zu wahren (dazu auch RdNr. 13–15). Zudem liegt kein Anwendungsfall für S. 2 vor, dh. der Vermögensstamm ist zu verwerten.

6 Ob der angemessene Unterhalt des Verpflichteten gefährdet ist, bestimmt sich nach den **finanziellen Mitteln** (s. dazu die umfassende Darstellung § 1578 RdNr. 88–137), die beiden Ehegatten zur Verfügung stehen, und ihren individuellen Lebensverhältnissen. Nur wenn diese Mittel nicht ausreichen, den „legitimen" Bedarf des Verpflichteten zu befriedigen, ist für eine Billigkeitsabwägung und die Festsetzung eines billigen Selbstbehalts (dazu RdNr. 13–15) Raum.

7 **2. Vorrang des Elementarunterhalts.** Erlauben die beschränkten Mittel die Berücksichtigung aller zum gesamten Lebensbedarf iSd. § 1578 Abs. 1 S. 1 und 2, Abs. 2 und 3 gehörenden Bedürfnisse nicht, geht die Befriedigung der **elementaren Bedürfnisse** den weniger dringenden vor.[8] Zu ihnen zählen neben den Kosten für die allgemeine **Lebensführung** einschließlich **Miete** und Nebenkosten auch die für eine angemessene **Krankheitsvorsorge,** idR aber nicht die Kosten für die **Altersvorsorge** und **Weiterbildung.** Aufwendungen für die **Pflegevorsorge** sind nur berücksichtigungsfähig, wenn der Pflegefall bereits eingetreten oder mit einiger Sicherheit absehbar ist. – Aus diesem Vorrang des Elementarunterhalts **folgt,** dass die nicht berücksichtigungsfähigen Vorsorgeaufwendungen nicht vor der Ermittlung des Elementarunterhalts vom verfügbaren Einkommen des Verpflichteten abgezogen werden. Zudem sind die Aufwendungen des Verpflichteten für die **sekundäre Altersvorsorge** weder bedarfsprägend noch die Leistungsfähigkeit mindernd abzuziehen (dazu auch § 1578 RdNr. 79).

IV. Selbstbehalt

8 **1. Grundsätze. a) Opfergrenze.** Der Höhe des Selbstbehalts (notwendiger, angemessener und billiger Selbstbehalt), der dem Verpflichteten zur Deckung seines Lebensbedarfs verbleiben muss, kommt überragende Bedeutung zu. Er bestimmt die den Anspruch des Berechtigten begrenzende Opfergrenze des Verpflichteten. Sie darf, um nicht gegen die Menschenwürde (Art. 1 GG) und das Sozialstaatsprinzip (Art. 20 Abs. 1 GG) zu verstoßen, nicht unter das Existenzminimum absinken, weshalb dem Verpflichteten die zur Sicherung der eigenen Existenz und Bestreitung seines unentbehrlichen Lebensbedarfs erforderlichen finanziellen Mittel belassen werden müssen. Deshalb darf er nicht **sozialhilfebedürftig** sein oder durch Unterhaltsleistungen werden,[9] zudem muss sein **unterhaltsrechtliches Existenzminimum** etwas über dem Sozialhilfebedarf liegen.[10] Zur näheren Bestimmung des

---

[6] BGHZ 109, 72 = NJW 1990, 1172 = FamRZ 1990, 260, 264 mwN auch zur abw. Auffassung.

[7] *Graba* FamRZ 1992, 541 f.; *Göppinger/Wax/Kodal* RdNr. 1579; aA OLG Nürnberg NJW-RR 1996, 770 = FamRZ 1996, 352, 353.

[8] BGH NJW 1981, 1556 = FamRZ 1981, 442, 445.

[9] BVerfG NJW-RR 2002, 73 = FamRZ 2001, 1685 f.; NJW 2002, 2701 = FamRZ 2002, 1397, 1398 f.

[10] StRspr. des BGH, s. etwa BGH NJW 1984, 1614 = FamRZ 1984, 1000; NJW 1989, 524 = FamRZ 1989, 170, 171; BGHZ 109, 72 = NJW 1990, 1172 = FamRZ 1990, 260, 265; BGHZ 111, 194 = NJW 1991, 356 = FamRZ 1990, 849, 850; NJW 1991, 182 = FamRZ 1991, 182, 185; NJW 1993, 2105 = FamRZ 1993, 1186, 1188; NJW 1996, 2793 = FamRZ 1996, 1272, 1273; BGHZ 166, 351 = NJW 2006, 1654 = FamRZ 2006, 683, 684 m. Anm. *Büttner* FamRZ 2006, 765 und *Borth* FamRZ 2006, 852.

Selbstbehalts bietet sich eine Anlehnung an die Regelungen des Sozialhilferechts an (dazu näher RdNr. 13–16).[11]

b) **Systematik.**[12] In Anknüpfung an die Regelung in **§ 1603** wird zwischen angemessenem (Abs. 1) und notwendigem Selbstbehalt (Abs. 2) unterschieden. Einem volljährigen oder minderjährigen verheirateten Berechtigten braucht der Verpflichtete keinen Unterhalt zu erbringen, wenn ihm nicht sein angemessener Unterhalt (Selbstbehalt) verbleibt (Abs. 1). Gegenüber einem minderjährigen unverheirateten und einem privilegierten volljährigen Berechtigten reichen seine Unterhaltspflichten weiter, weshalb er sich nur auf den notwendigen Selbstbehalt berufen kann. **Nicht anwendbar** ist § 1603 Abs. 2 S. 1 auf den Ehegattenunterhalt (§§ 1361, 1581): Wortlaut und systematischer Stellung von § 1581 entspricht es nicht, dem Verpflichteten im Verhältnis zum Berechtigten, dessen Existenzminimum nicht gesichert ist, stets nur den notwendigen Selbstbehalt zu belassen. Dies ist auch unabhängig vom Rang des Ehegattenunterhalts – Gleichrang mit dem Unterhalt minderjähriger unverheirateter Kinder nach § 1609 Abs. 2 S. 1 aF oder Nachrang nach § 1609 Nr. 1–3 [UÄndG 2007] – nicht gerechtfertigt, weil dieser mit dem Lebensbedarf nur mittelbar über die Bedarfsdeckung etwas zu tun hat. Die gesteigerte Unterhaltspflicht aus § 1603 Abs. 2 S. 1 rechtfertigt sich daraus, dass diesen idR die Deckung ihres notwendigen Lebensbedarfs durch eigene Anstrengungen verschlossen ist. Bei Erwachsenen wird dies nur dann ausnahmsweise der Fall sein, wenn sie aus Betreuungs-, Gesundheits-, Alters- oder sonstigen Gründen auf den vollen Unterhalt angewiesen sind (dazu auch RdNr. 16). 9

c) **Verfassungsrechtliche Konformität.** Die Folge dieses Verständnisses des Selbstbehalts, der dem Verpflichteten zu verbleiben hat, ist seine fühlbare Entlastung. Der Berechtigte wird öfter seine Verwandten oder öffentliche Hilfe (nach SGB II, SGB XII, UVG, BAföG) in Anspruch nehmen müssen. Wegen der sich aus § 1569 S. 1 ergebenden nachehelichen Eigenverantwortung der Ehegatten ist dies **verfassungsrechtlich** nicht zu beanstanden, weil die fortwirkende gegenseitige Verantwortung, die den Anspruch auf nachehelichen Unterhalt rechtfertigt, an ihre Grenzen stößt, wenn der Verpflichtete im Regelfall auf das Existenzminimum verwiesen wird.[13] 10

d) **Selbstbehaltsätze.** Selbstbehaltssätze nach Tabellen und unterhaltsrechtlichen Leitlinien (dazu vor § 1578) sind **Anhaltspunkte,** die angesichts des Massenphänomens „Unterhalt“ in einer Vielzahl von Unterhaltsfällen eine möglichst gleichmäßige Handhabung ermöglichen sollen. Sie haben sich bis zum 30. 6. 2005 nach der Düsseldorfer Tabelle für die alten Länder und der Berliner Tabelle für die neuen Länder unterschieden. Im Zuge der Angleichung der Lebensverhältnisse in den alten und neuen Ländern wurden die Selbstbehaltssätze der Berliner Tabelle für das Land Berlin ab 1. 7. 2005 an die der Düsseldorfer Tabelle angeglichen; ab 1. 1. 2008 sind die OLG Brandenburg, Dresden, Thüringen, Naumburg und Rostock gefolgt. 11

Im Allgemeinen wird bei der Bemessung der Selbstbehaltssätze zwischen **Erwerbstätigen** und Nichterwerbstätigen unterschieden.[14] Dies ist nachvollziehbar, soweit mit dem höheren notwendigen Selbstbehalt eines Erwerbstätigen dessen berufsbedingten Nachteile – Mehraufwand, Erwerbsanreiz – pauschal erfasst werden.[15] Damit ist jedoch zweierlei nicht zu vereinbaren: Dass zum einen dem Erwerbstätigen zu dem höheren Selbstbehalt 12

---

[11] BVerfG NJW 2002, 2701 = FamRZ 2002, 1397, 1398 f.; s. auch schon *Dieckmann,* Brühler Schriften zum Familienrecht, Band 1, S. 41, 42.

[12] Zum Ganzen BGHZ 109, 72 = NJW 1990, 1172 = FamRZ 1990, 260, 264.

[13] BGHZ 109, 72 = NJW 1990, 1172 = FamRZ 1990, 260, 265.

[14] BGH NJW-RR 2009, 289 = FamRZ 2009, 307, 309 [24] (Bezug von Krankengeld) m. Anm. *Günther;* dagegen auch für den Ehegattenunterhalt etwa OLG Celle FPR 2008, 326 m. Anm. *Born* = FamRZ 2008, 2228, 2229.

[15] Für den Unterhaltsanspruch minderjähriger und privilegierter volljähriger Kinder mag etwas anderes gelten, weil die gesteigerte Unterhaltsverpflichtung den Einsatz aller finanzieller Mittel verlangt und deshalb der Erwerbsanreiz insoweit auch keine Rolle spielen kann und in der Praxis tatsächlich auch nicht spielt (dazu auch OLG Celle FPR 2008, 326 m. Anm. *Born* = FamRZ 2008, 2228, 2229).

auch noch berufsbedingte Aufwendungen zugute gehalten werden,[16] und zum anderen die Düsseldorfer Tabelle zum angemessenen und billigen Selbstbehalt nicht zwischen Erwerbstätigen und Nichterwerbstätigen unterscheidet,[17] wodurch der Berechtigte wegen der Verkürzung seines Unterhaltsanspruchs benachteiligt wird. – Die Selbstbehaltssätze betragen:

Notwendiger Selbstbehalt Nicht-/Erwerbstätiger	Angemessener Selbstbehalt	Billiger Selbstbehalt
770 €/900 €	1100 €	1000 €

13 **2. Billiger Selbstbehalt.** Nach der ehemaligen Rspr. des BGH galt: Im **Regelfall** (dazu auch Rn. 16) beläuft sich der billige Selbstbehalt auf einen in der Mitte zwischen notwendigem und angemessenem Bedarf liegenden Betrag,[18] den die Düsseldorfer Tabelle, Stand: 1. 1. 2009, folgerichtig auf ([1100 € + 900 €] : 2 =) 1000 € bemisst,[19] und zwar unabhängig von einer Erwerbstätigkeit des Verpflichteten (dies ist jedoch angreifbar, weil dem Erwerbstätigen kein Erwerbsanreiz mehr verbleibt; zur Entwicklung in der Düsseldorfer Tabelle und den Unterhaltsrechtlichen Leitlinien s. 4. Aufl. RdNr. 40).[20] – Die Bestimmung des dem Verpflichteten billigerweise konkret zu belassenden Selbstbehalts richtet sich nach den **individuellen Lebensverhältnissen** der Ehegatten. Dazu sind die ihnen zur Verfügung stehenden finanziellen Mittel und ihre Bedürfnisse abzuwägen. Die Höhe des billigen Selbstbehalts ist deshalb nicht stets gleich, was aber die Annahme einer grundsätzlich nicht zu unterschreitenden Mindestgrenze sowie eines Rahmens, innerhalb dem im Einzelfall der dem Verpflichteten letztlich zustehende Selbstbehalt bestimmt wird, nicht ausschließt. Der angemessene Selbstbehalt iSd. § 1603 Abs. 1 wird dabei weder die untere noch die obere Grenze bilden, sondern allenfalls einen Anhalt bieten können.[21]

14 Im Urteil v. 15. 3. 2006[22] hat sich der BGH von dieser Rspr. abgewandt und entschieden, dass es einer (Hervorhebungen von mir) „**zusätzlichen Grenze der Leistungsunfähigkeit** nach den individuellen ehelichen Lebensverhältnissen ... nicht mehr [bedarf]“, und dies damit begründet, dass „schon bei der Bedarfsbemessung (§ 1578 BGB) nach dem Grundsatz der gleichmäßigen Teilhabe vermieden werden kann, dass ein Ehegatte einen nach günstigeren Verhältnissen bemessenen vollen eheangemessenen Unterhalt erhält, während der Unterhaltsverpflichtete auf einen geringeren Ehegattenselbstbehalt verwiesen ist, ...“. Alle

[16] SüdL Nr. 10.2, 15.2, FamRZ 2008, 231, 232, 233; auch der BGH NJW-RR 2009, 289 = FamRZ 2009, 307, 309 [25] m. Anm. *Günther* setzt sich damit nicht auseinander.

[17] Kritisch zur in der Düsseldorfer Tabelle seit 1. 7. 2007 aufgegebenen Differenzierung zwischen Erwerbstätigem und Nichterwerbstätigem RdNr. 12. Nach den bis 30. 6. 2007 geltenden LL wurde zum Teil zwischen erwerbstätigem und nichterwerbstätigem Verpflichteten unterschieden, etwa Celle, Hamburg, Koblenz, jeweils Nr. 21.4, zum Teil wurde der Selbstbehalt für beide gleichgesetzt, etwa Hamm Nr. 21.4.1, KG Nr. 21.5, Schleswig Nr. 21.4, jeweils Stand 1. 7. 2005.

[18] BGHZ 166, 351 = NJW 2006, 1654 = FamRZ 2006, 683, 684 m. Anm. *Büttner* FamRZ 2006, 765 und *Borth* FamRZ 2006, 852; NJW 2007, 2409 = FamRZ 2007, 1303, 1306. Nach BVerfG NJW 2002, 2701 = FamRZ 2002, 1397, 1398f. hätten zur Bestimmung des notwendigen Selbstbehalts (gemeint: billiger Selbstbehalt) alternativ die Eckregelsätze der Sozialhilfe herangezogen werden können; dazu auch BGH NJW 1989, 523 = FamRZ 1989, 272f.

[19] B. IV., FamRZ 2009, 180, 181, auch für den Trennungsunterhalt; ebenso OLG Koblenz FamRZ 2008, 280.

[20] Nach BGH NJW 2009, 675 = FamRZ 2009, 311, 313 [18] m. Anm. *Borth* ist die Bemessung des billigen Selbstbehalts mit dem Mittel zwischen notwendigem und angemessenem Selbstbehalt nicht zwingend.

[21] BGHZ 109, 72 = NJW 1990, 1172 = FamRZ 1990, 260, 265; NJW 2004, 3106 = FamRZ 2004, 1357, 1358f.; zum Unterhaltsanspruch nach § 1615l s. BGH NJW 2005, 500 = FamRZ 2005, 354, 355; NJW 2005, 502 = FamRZ 2005, 357; aA wohl noch OLG Frankfurt a. M. FamRZ 1984, 282; FamRZ 1984, 593, 594; OLG Koblenz FamRZ 1997, 426.

[22] BGHZ 166, 351 = NJW 2006, 1654 = FamRZ 2006, 683, 685f. m. Anm. *Büttner* FamRZ 2006, 765 und *Borth* FamRZ 2006, 852.

individuellen Lebensverhältnisse der Ehegatten sollen also bereits in die Bedarfsermittlung einfließen. Richtig ist dies aber nur dann, wenn man die ausdrückliche Beschränkung in § 1578 Abs. 1 S. 1 aufgibt und auch nicht ehebedingte Umstände in die Bedarfsprägung aufnimmt.[23]

Doch will dies der BGH offensichtlich selbst nicht, sagt er doch auch (Hervorhebungen von mir): „Das Unterhaltsrecht will den bedürftigen Ehegatten nach der Scheidung wirtschaftlich nicht besser stellen, als er sich ohne die Scheidung stünde. Bei **Fortbestand der Ehe** hätte ein Ehegatte die negative Einkommensentwicklung des anderen Ehegatten wirtschaftlich mitzutragen. Es ist nicht einzusehen, warum die Scheidung ihm das Risiko einer solchen – auch vom unterhaltspflichtigen Ehegatten hinzunehmenden – Entwicklung, wenn sie dauerhaft und vom Schuldner nicht durch in Erfüllung seiner Erwerbsobliegenheit gebotene Anstrengungen vermeidbar ist, abnehmen soll."[24] Dies ist das Kernproblem, das sich wie folgt darstellen lässt: 15

- Schon der Ausgangspunkt des BGH im Urteil v. 15. 3. 2006,[25] dass es einer zusätzlichen Grenze der Leistungsfähigkeit nach den individuellen **ehelichen** Lebensverhältnissen nicht mehr bedarf, trifft nicht zu, jedenfalls soweit er aus den in Bezug genommenen Entscheidungen v. 18. 10. 1989[26] und v. 9. 6. 2004[27] folgert, nur eheliche Umstände könnten eine Anpassung des Selbstbehalts rechtfertigen. Dies war und ist aber gerade nicht der Fall. Beide vorausgegangenen Entscheidungen führen wortgleich aus (Hervorhebungen von mir): „Ist der Verpflichtete nach seinen Erwerbs- und Vermögensverhältnissen bei Berücksichtigung seiner **sonstigen Belastungen** außerstande, ohne Gefährdung seines eigenen eheangemessenen Unterhalts den vollen nach § 1578 BGB geschuldeten Unterhalt zu leisten, so schlägt der Unterhaltsanspruch des Berechtigten in einen Billigkeitsanspruch um, dessen Umfang das Gericht unter Abwägung der beiden Eheleuten zur Verfügung stehenden Mittel sowie der beiderseits **zu befriedigenden Bedürfnisse** nach individuellen Gesichtspunkten zu bestimmen hat."
- Anerkennt man aber, dass nacheheliche Veränderungen den Bedarf zwar mitbestimmen können, dies aber eben nicht für alle, sondern nur für „ehebedingte" Veränderungen gilt, führt dies zu einer klaren Abgrenzung: Ehebedingte Veränderungen sind auf der Bedarfsebene, nicht ehebedingte bei der Bestimmung der Leistungsfähigkeit zu berücksichtigen. So macht es dann aber doch Sinn – und ist aufgrund der dogmatischen Vorgaben in §§ 1578, 1581 sogar zwingend –, zwischen Bedarf und Leistungsfähigkeit zu unterscheiden, weshalb es auch weiter korrigierender „Interventionen" des Selbstbehaltssatzes anhand der individuellen Lebensverhältnisse der Ehegatten bedarf.[28]

3. Abweichungen nach den individuellen Lebensverhältnissen. Diese Standardisierung durch vorgegebene Selbstbehaltssätze verwehrt jedoch nicht **Anpassungen** im Einzelfall, die durch die **individuellen Lebensverhältnisse** sachlich begründet sind,[29] auch nicht die Absenkung des billigen Selbstbehalts bis auf den **notwendigen Selbstbehalt** als Mindestgrenze. Auch der BGH verwehrt dies nicht, spricht er doch davon, dass der billige Selbstbehalt idR dem Mittel zwischen angemessenem und notwendigem Selbstbehalt entspricht.[30] Die Erfahrungen aus der gerichtlichen Praxis lassen befürchten, dass zur Vereinfachung und um der beratenden Praxis Sicherheit zu vermitteln aus dem Grundsatz die 16

[23] In diesem Sinne wohl *Gerhardt* FamRZ 2007, 945 ff.

[24] BGHZ 166, 351 = NJW 2006, 1654 = FamRZ 2006, 683, 686 [unter aa), linke Spalte].

[25] BGHZ 166, 351 = NJW 2006, 1654 = FamRZ 2006, 683, 685 [unter b), linke Spalte].

[26] BGHZ 109, 72 = NJW 1990, 1172 = FamRZ 1990, 260, 265.

[27] BGH NJW 2004, 3106 = FamRZ 2004, 1357, 1358 f.

[28] Im Ergebnis ebenso *Borth* FamRZ 2006, 852, 853, der konstatiert, dass „die Abgrenzung des BGH ... im Übrigen ohne Not [erfolgt]."

[29] Unzutreffend aber das OLG München NJW-RR 2006, 440 = FamRZ 2006, 792, 793, das den Bedarf für ein Rentnerehepaar allgemein mit dem angemessenen Selbstbehalt nach § 1603 Abs. 1 bemessen hat. Eher können die weiteren Erwägungen einer kinderlosen Ehe von „verhältnismäßig kurzer Dauer" – immerhin aber 13 1/2 Jahre – einen billigen Selbstbehalt in Höhe des angemessenen aufgrund der Angemessenheitskontrolle (dazu RdNr. 17–19) tragen.

[30] BGHZ 166, 351 = NJW 2006, 1654 = FamRZ 2006, 683, 684.

Regel ohne Ausnahme wird.[31] – Eine Anpassung kann durch Vorabberücksichtigung der Kosten unter Beibehaltung des Selbstbehalts oder durch dessen Veränderung vorgenommen werden. Ersteres ist bei konkreten Kosten vorzugswürdig, Letzteres mag bei durch Schätzung ermittelten Kosten angemessen sein. – Insbesondere folgende Umstände können eine Anpassung der Selbstbehaltssätze begründen:

- Der Berechtigte kann aus Gesundheits- und/oder Alters- oder sonstigen Gründen durch eigene Erwerbstätigkeit oder aus seinem Vermögen selbst nichts (mehr) zur Bestreitung seines Lebensbedarfs beitragen, weil er **„ähnlich hilflos und bedürftig"** wie ein minderjähriges unverheiratetes Kind ist.[32]
- Für den **Betreuungsunterhalt** aus § 1570[33] ist zu beachten, dass er dem Berechtigten zusteht, weil ihm neben der Betreuung gemeinschaftlicher Kinder keine oder keine umfangreichere Erwerbstätigkeit obliegt, und deshalb eine die Erwerbsobliegenheiten verschärfende Doppelberücksichtigung durch die Erhöhung des Selbstbehalts verwehrt ist.[34]
- Kosten der Ausübung des **Umgang** mit Kindern (dazu § 1578 RdNr. 69).
- Bei **teilschichtig erwerbstätigen Ehegatten** kann ein Mittelwert zwischen den Selbstbehaltssätzen für Erwerbstätige und Nichterwerbstätige angemessen sein.[35] Beim Bezug von Arbeitslosengeld und Krankengeld ist, jedenfalls bei längerer Arbeitslosigkeit oder Krankheit, der Selbstbehalt für Nichterwerbstätige anzusetzen,[36] es sei denn, es fallen Aufwendungen für Bewerbungen an (zum Ganzen auch § 1578 RdNr. 59.
- **Berufsbedingte Aufwendungen,** insbesondere Kosten für die Fahrt mit dem PKW zum Arbeitsplatz sind kritisch zu überprüfen; kann der Arbeitsplatz mit öffentlichen Verkehrsmitteln mit einem nur unwesentlich größeren Zeitaufwand erreicht werden, ist deren Benutzung dem Verpflichteten zumutbar. Die Opfergrenze ist für den Verpflichteten geringer, wenn sein eigener angemessener Unterhalt gefährdet ist. Zum Vorwegabzug berufsbedingter Aufwendungen im Mangelfall s. RdNr. 12, § 1578 RdNr. 59.
- Überobligat, weil aus **unzumutbarer Erwerbstätigkeit** erzielte Einkünfte (dazu § 1578 RdNr. 97–102).[37] Ggf. können die Anforderungen an die Zumutbarkeit einer Erwerbstätigkeit erhöht und dadurch die Erwerbsobliegenheiten verschärft werden (dazu § 1578 RdNr. 140). In diesem Zusammenhang können auch alle Umstände einbezogen werden,

---

[31] In diese Richtung auch *Reinken* FPR 2008, 9, 11, ebenso die Berechnungsbsp. von *Viefhues* FPR 2008, 36ff. – Nunmehr hat auch der BGH (BGHZ 177, 356 = NJW 2008, 3213 m. Anm. *Mleczko* = FamRZ 2008, 1911, 1916 [46] m. krit. Anm. *Maurer* FamRZ 2008, 1919, 1920 XII ZR 177/06) – allerdings eher beiläufig – entschieden, dass „[dem Unterhaltspflichtigen] stets mindestens ein Betrag verbleiben [muss], ... zurzeit mit 1000 € bemessen" wird. Dies deutet darauf hin, dass nach Auffassung des BGH zum nachehelichen Unterhalt aus dem Regel- ein strikter Anwendungsfall wird; dagegen *Maurer* aaO.

[32] Ebenso OLG Köln FamRZ 1980, 1006, 1007 (Alter); OLG Koblenz NJW-RR 2003, 146, 147 = FamRZ 2003, 313 (LS); FamRZ 2005, 1482, 1483 (80jähriger, voll pflegebedürftiger Berechtigter); AG Remscheid FamRZ 2007, 1329 (gesundheitliche Beeinträchtigungen).

[33] OLG Koblenz NJW 2003, 1816f. (LS 3: [„sofern der andere Ehegatte keine ebenfalls unterhaltsberechtigten minderjährigen Kinder betreut"]; ohne weitere Ausführungen hierzu in den Entscheidungsgründen).

[34] AA BGH NJW-RR 2009, 289 = FamRZ 2009, 307, 309f. [26, 27] m. Anm. *Günther*; NJW 2009, 675 = FamRZ 2009, 311, 313 [20] m. Anm. *Borth*; BGH FamRZ 2009, 404, 405 [10] (zum Trennungsunterhalt; für die entsprechende Anwendung von § 1581 auf diesen beruft er sich auf den Verhältnismäßigkeitsgrundsatz), weil sich der Ehegattenunterhalt nach seinem Wesen und Rang vom Kindesunterhalt unterscheidet (für die Betreuung eines 1jährigen Kindes, ohne allerdings auf die sich nach §§ 1570 Abs. 1 S. 1, 16151 Abs. 2 S. 3 ergebenden Erwerbsobliegenheiten einzugehen); ebenso OLG Saarbrücken NJW-RR 2007, 368 = FamRZ 2007, 1329, 1330.

[35] OLG Hamm FamRZ 2004, 1110, 1111 bemisst den notwendigen Bedarf des Berechtigten bei einer Halbtagstätigkeit nach dem Mittelwert aus den Selbstbehaltssätzen für Erwerbstätige und Nichterwerbstätige.

[36] AA OLG Karlsruhe, Beschl. v. 9. 7. 1999 – 2 WF 78/99, juris [14] = FamRZ 2000, 1091 (LS) für das Krankengeld, weil dieses Lohnersatzfunktion hat. Doch sagt dies nichts darüber aus, dass berufsbedingte Nachteile während seines Bezugs nicht entstehen.

[37] BGH NJW 1982, 933 = FamRZ 1983, 146, 150. Zum Kindesunterhalt s. OLG Hamm FamRZ 1999, 43: Überobligate Einkünfte aus einer Nebentätigkeit bleiben unberücksichtigt, wenn der Mindestbedarf des unterhaltsberechtigten Kindes bereits durch die Einkünfte aus der obligaten Tätigkeit gedeckt ist.

die für die Bestimmung des anrechnungsfreien Anteils nach § 1577 Abs. 2 S. 2 Bedeutung erlangen können (dazu dort RdNr. 12).
- **Konkrete Betreuungskosten** für ein gemeinsames oder in die Familie aufgenommenes Kind (dazu aber auch § 1577 RdNr. 12, § 1578 RdNr. 101).[38]
- Die Zuerkennung eines **Betreuungsbonus** zur Abgeltung des durch die Betreuung von – auch nicht gemeinsamen – Kindern hervorgerufenen Mehraufwands für die häusliche Arbeit (dazu auch § 1578 RdNr. 102).[39]
- **Freiwillige Zuwendungen Dritter** (dazu auch § 1578 RdNr. 134, § 1579 RdNr. 63) können ganz oder teilweise angerechnet werden.[40]
- Ersparnisse in der Lebensführung aufgrund **gemeinsamer Haushaltsführung** eines Ehegatten mit einer anderen Person (dazu auch § 1578 RdNr. 135–137),[41] zum nachehelichen Unterhalt jedenfalls dann, wenn der notwendige Bedarf des Berechtigten nicht gedeckt werden kann. Unerheblich ist, ob der Verpflichtete verheiratet ist oder in einer nichtehelichen Lebensgemeinschaft lebt. Maßgeblich ist allein die tatsächliche Entlastung, die keine freiwillige Leistung Dritter darstellt, jedoch die Leistungsfähigkeit des neuen Partners voraussetzt.[42] – Allerdings wird man den Selbstbehalt aufgrund der Ersparnisse nicht entsprechend der Rspr. des BGH zur gesteigerten Unterhaltspflicht aus § 1603 Abs. 2 auf den notwendigen Lebensbedarf nach **sozialhilferechtlichen Grundsätzen** herabsetzen können, weil den Verpflichteten zum nachehelichen Unterhalt angesichts der nachehelichen Eigenverantwortung des Berechtigten keine entsprechenden Obliegenheiten treffen. – Zur **Höhe** der Ersparnisse kann am Verhältnis zwischen notwendigem Selbstbehalt des Verpflichteten und monatlichem Eigenbedarf eines mit ihm in einem gemeinsamen Haushalt lebenden Ehegatten, woraus sich ein hälftiger Anteil[43] für jeden Partner der Gemeinschaft von rund 14% des notwendigen Selbstbehalts (900 € – 650 € = 240 € : 2 = 125 € = 13,89%) ergibt, angeknüpft werden.[44] Dieser hälftige Anteil kann sich nach Maßgabe der Einkünfte der Lebenspartner verändern.

---

[38] OLG Stuttgart FamRZ 2007, 150, 151 m. Anm. *Spangenberg* FamRZ 2007, 1022, 1023.

[39] BGH NJW 1988, 2369 = FamRZ 1988, 265, 267; NJW 2001, 973 = FamRZ 2001, 350, 352; ebenso OLG Hamm FamRZ 1998, 1586, 1587. Das OLG Hamm FamRZ 1994, 1114; FamRZ 1996, 488, 489 berücksichtigt die Kinderbetreuung und die teilweise überobligate Erwerbstätigkeit des Verpflichteten, wenn beide Elternteile je ein etwa gleichaltriges Kind betreuen und der Berechtigte nicht erwerbstätig ist, durch die nur hälftige Berücksichtigung seiner Erwerbseinkünfte.

[40] BGH NJW 1999, 2365 = FamRZ 1999, 843, 847 mwN; NJW 1999, 2804 = FamRZ 2000, 153, 154.

[41] Zu § 1603 Abs. 1, 2 BGH NJW-RR 1998, 505 = FamRZ 1998, 286, 288; NJW 2002, 1646 = FamRZ 2002, 742; NJW 2003, 3770 = FamRZ 2004, 24; NJW 2008, 1373 = FamRZ 2008, 594, 597 f. [33–41] (unter Hinweis auf seine Entscheidungen BGH NJW-RR 1998, 505 = FamRZ 1998, 286, 288; NJW 2002, 1646 = FamRZ 2002, 742; NJW 2003, 3770 = FamRZ 2004, 24); etwa auch OLG Hamm FamRZ 2006, 888 (Herabsetzung des Selbstbehalts um 10–15%); OLG Düsseldorf NJW-RR 2007, 794 = FamRZ 2007, 1039, 1041 (Herabsetzung des Selbstbehalts von 1000 € auf 860 €); OLG Dresden FamRZ 2007, 1476, 1477 (bei arbeitslosem Partner Herabsetzung des Selbstbehalts um 10%); OLG Dresden FamRZ 2007, 1477, 1478 mwN auch zur abw. Auffassung; aA etwa OLG Karlsruhe FamRZ 2005, 2091, 2092 f. (als Vorinstanz zu BGH aaO); Beschl. v. 2. 3. 2006 – 18 WF 4/06, juris [15] = FamRZ 2006, 1147 (LS).

[42] Zum Ganzen BGH NJW 2008, 1373 = FamRZ 2008, 594, 597 f. [35–38].

[43] BGH NJW 2008, 1373 = FamRZ 2008, 594, 598 [37] mwN.

[44] So OLG Nürnberg NJW 2003, 3138 = FamRZ 2004, 300; auch OLG Hamm FamRZ 2005, 53, 54; OLG Stuttgart NJW-RR 2004, 1515 = FamRZ 2005, 54, 55 f. Andere vermindern den Selbstbehalt um 20–25%: OLG Hamm FamRZ 1998, 1508 mwN; NJWE-FER 2000, 249, 250 = FamRZ 2000, 1285 (LS); OLG Nürnberg NJW 2003, 3138 = FamRZ 2004, 300; OLG Düsseldorf Urt. v. 22. 12. 2005 – 4 UF 180/05, juris [51] (25%); OLG München FamRZ 2004, 485; um 27%: OLG Hamm NJW 2003, 223 = FamRZ 2002, 1708, 1709; FamRZ 2003, 1210; um 150 €: OLG Koblenz NJW-RR 2003, 146, 147 = FamRZ 2003, 313 (LS); s. LL der OLG Nr. 21.5: Bremen, Dresden (Nr. 21.5.1 Abs. 2), Düsseldorf (Nr. 21.4), Koblenz, Hamburg, Naumburg (Nr. 21.5.1), Oldenburg, Rostock (Nr. 21.7); ähnlich OLG München FuR 2001, 552, 553: im Mangelfall ist entsprechendes Einkommen des Verpflichteten in Höhe der Ersparnisse anzusetzen; s. auch *Kalthoener/Büttner/Niepmann* RdNr. 493. Das OLG Frankfurt a. M. LL (Nr. 21.5.3), NJW-RR 2005, 1599 = FamRZ 2005, 2090, 2091 lehnt eine Verminderung des Selbstbehalts ab, weil dem Verpflichteten unterhaltsrechtlich neutral die Gewichtung einzelner Ausgaben unbenommen bleibt (dazu auch später).

- Keine Herabsetzung des Selbstbehalts rechtfertigt eine **besonders sparsame Lebensführung** des Verpflichteten, weil er seine finanziellen Mittel auch anders als nach den Unterhaltstabellen vorgesehen einsetzen darf.[45]
- Die verletzte Pflicht zur **ungefragten Information** durch den Verpflichteten (dazu auch § 1578 RdNr. 177, § 1579 RdNr. 25–27).
- Berücksichtigungsfähiger **trennungsbedingter Mehrbedarf** (dazu auch § 1578 RdNr. 66–68).
- Hinsichtlich des monatlichen Schuldendienstes auf eheprägende Verbindlichkeiten kann der Verpflichtete auf einen vernünftigen **Tilgungsplan** verwiesen werden (dazu § 1578 RdNr. 186).
- Nachehelich eingegangene **Verbindlichkeiten,** obgleich sie nicht eheprägend sind, wenn sie für den Verpflichteten unabweisbar sind. Dies kann etwa für durch Finanzierung aufgebrachte ärztliche Behandlungskosten, insbesondere Zahnbehandlungskosten gelten. Nur ganz ausnahmsweise können aber auch PKW-Finanzierungskosten, die nicht durch Ansparvorsorge vermieden werden konnten, angesetzt werden; für sie ist aber stets zu beachten, dass die private Nutzung des PKW idR keine Erhöhung des Selbstbehalts rechtfertigen kann und die berufliche Nutzung bereits durch die berufsbedingten Aufwendungen, welche die Amortisation einschließen, abgegolten ist (dazu auch § 1578 RdNr. 61).
- **Krankheits-, Pflege- und Unterbringungskosten**[46] können unter Berücksichtigung der ersparten Aufwendungen zu einer Erhöhung führen.
- Der Verpflichtete kann seine Leistungsfähigkeit durch **Kreditaufnahme** herstellen (dazu § 1578 RdNr. 183, 184).
- Hat der Verpflichtete gegen seine Erwerbsobliegenheiten verstoßen und werden ihm fiktive Einkünfte zugerechnet, soll das Vorliegen von **Mutwillen** in Entsprechung zu § 1579 Nr. 4, 5 die Herabsetzung des Selbstbehalts rechtfertigen können (zum Berechtigten s. auch § 1578 Rdnr. 140). Doch sollten Bedarf und Leistungsfähigkeit streng getrennt werden (s. auch § 1578 RdNr. 92, 187, 188), zumal hinsichtlich des zu verteilenden Einkommens im Gegensatz zum Berechtigten, dessen Unterhaltsanspruch über § 1579 weiter gekürzt wird, nichts mit einer noch weitergehenden Fiktion gewonnen ist.
- Der gewöhnliche Aufenthalt des Verpflichteten im **Ausland** kann eine Verminderung rechtfertigen.[47]
- In **Mangelfällen** ist der billige Selbstbehalt mit dem notwendigen Selbstbehalt gleichzusetzen, weil der eheangemessene Bedarf diesen Betrag bereits nicht erreicht (dazu RdNr. 19).[48] Dies ist, verweist man den Berechtigten auf einen unter dem notwendigen

---

[45] BGH NJW 1985, 1343 = FamRZ 1985, 582, 583. Zu § 1603 Abs. 2, doch muss dies wegen der geringeren Obliegenheiten erst recht für den nachehelichen Unterhalt gelten: BGH NJW 2006, 3561 = FamRZ 2006, 1664, 1666 m. Anm. *Schürmann*; OLG Hamm FamRZ 2006, 952, 953 (geringere Wohnkosten); FamRZ 2007, 1039; OLG Naumburg OLGR 2007, 585 = FamRZ 2007, 1476 (LS); aA etwa OLG Braunschweig FamRZ 2006, 1759, 1760; OLG Hamm FamRZ 2006, 1704, 1705.

[46] OLG München OLGR 2000, 139 = FamRZ 2000, 1092 (LS): Selbstbehalt bei Heimaufenthalt des Verpflichteten in Höhe der konkreten Heimkosten zuzüglich anfallender Zusatzkosten und Taschengeld); OLG Hamm FamRZ 2006, 124, 125 m. Anm. *Motzer* FamRBint 2006, 25.

[47] OLG Hamm FamRZ 2006, 124, 125 m. Anm. *Motzer* FamRBint 2006, 25: Reduzierung des Selbstbehalts eines in der Türkei lebenden Verpflichteten um 1/3. S. dazu auch den Internationalen Vergleich der Verbraucherpreise ausgewählter Länder FamRZ 2005, 1408 ff.; aktuelle Daten unter www.destatis.de Suchwort: Verbraucherpreise: Internationaler Vergleich der Verbraucherpreise – Fachserie 17 Reihe 10.

[48] OLG Koblenz NJW 2007, 1146 m. krit. Anm. *Schürmann* = FamRZ 2007, 1330, 1331; OLG Bamberg NJW 2007, 3650 = FamRZ 2007, 1891; aA BGHZ 109, 72 = NJW 1990, 1172 = FamRZ 1990, 260, 265 f.; NJW 1992, 1621 = FamRZ 1992, 539, 540 (der, obgleich er zu einem eheangemessenen Bedarf zwischen 800 und 900 DM kommt, dem Verpflichteten mit 1200 DM einen über dem notwendigen Selbstbehalt von 1000 DM liegenden Mindestbedarf, nicht jedoch den angemessenen Selbstbehalt von 1400 DM belässt); NJW 2008, 851 = FamRZ 2008, 497, 498 [9] (billiger Selbstbehalt 1000 € ohne weitere Problematisierung); OLG Hamburg 1993, 1453, 1454; OLG Nürnberg NJW-RR 1996, 770 = FamRZ 1996, 352, 353; OLG Saarbrücken OLGR 2007, 127, 129 = FamRZ 2007, 1738 (LS); OLG Stuttgart FamRZ 2007, 1738, 1740; wohl auch OLG Karlsruhe FamRZ 1993, 1452, 1453; OLG Braunschweig FamRZ 1995, 356, 357 f.;

Bedarf liegenden eheangemessenen Bedarf (dazu § 1578 RdNr. 54–58) und kann er diesen nicht durch eigene zumutbare Einkünfte decken, zur Gleichbehandlung der Ehegatten mE zwingend. Dem Verpflichteten sollte nicht ein mit 1000 € weit über dem Sozialhilfeniveau liegender billiger Selbstbehalt belassen und der Berechtigte (ggf. noch weitergehend) auf Sozialhilfe verwiesen werden. Für Mangelfälle kehrt sich damit das Regel-Ausnahme-Prinzip – der billige Selbstbehalt liegt über dem notwendigen Selbstbehalt und ist nur ausnahmsweise bis auf diesen abzusenken – idR um: Nur wenn der eheangemessene Bedarf den notwendigen Selbstbehalt übersteigt, stellt sich die Frage nach der konkreten Bestimmung des Selbstbehalts.[49]

– Für die Bemessung des Selbstbehalts unerheblich ist der – 2. oder 3. – **Rang** des geschiedenen Ehegatten (§ 1609 Nr. 2, 3) und die sich daraus ggf. ergebende Folge, dass er mit seinem Unterhaltsanspruch ganz oder zT ausfällt, weil nach der gesetzlichen Rangfolgenregelung in § 1609 Vorrang eben zwingend Vorrang und keiner Billigkeitsabwägung zugänglich ist (dazu auch § 1578 RdNr. 11, § 1582 RdNr. 20).

V. Angemessenheit

1. Grundsätze. Allgemein, vor allem aber im Rahmen der Mangelverteilung, sind die ermittelten Unterhaltsbeträge abschließend darauf zu überprüfen, ob die Aufteilung des verfügbaren Einkommens auf die minderjährigen unverheirateten Kinder und den Ehegatten – auch im Hinblick auf die diesem nach § 1577 Abs. 1 und 2 anzurechnenden eigenen Einkünfte[50] – wie auch auf den Verpflichteten[51] insgesamt **billig** und **angemessen** ist.[52] Zudem dient die Angemessenheitskontrolle der Berücksichtigung von Umständen, denen im Rahmen der Unterhaltstatbestände, bei der Ermittlung des Bedarfs, der Bedürftigkeit und der Leistungsfähigkeit bislang keine Bedeutung beigemessen werden konnte. Einzubeziehen sind alle für das Verhältnis der Ehegatten maßgeblichen Verhältnisse, insbesondere ihre aktuellen Einkommens- und Vermögensverhältnisse, ihre Lebensverhältnisse in der Ehe, die ihnen jeweils (noch) zur Verfügung stehenden Mittel, die Ehedauer, ihre Erwerbsbiografie und ggf. bisherige Verständigungen über den Ehegattenunterhalt, etwa vergleichsweise Regelungen.[53] 17

Die Düsseldorfer Tabelle gibt mit dem **Bedarfskontrollbetrag** ein Hilfsmittel zur ausgewogenen Verteilung des Einkommens zwischen dem Verpflichteten, den unterhaltsberechtigten Kindern und dem Ehegatten an die Hand,[54] das indessen nicht ausschließlich sein kann, weil es die Einbeziehung anderer Umstände des Einzelfalls (dazu RdNr. 19) nicht erlaubt. Deshalb sollte die Unterhaltsberechnung abschließend **„erst in einer letzten Stufe"** ohne Anwendung der Bedarfskontrollbeträge auf ihre Angemessenheit überprüft werden (dazu auch § 1582 RdNr. 26).[55] 18

FamRZ 2006, 1759, 1760. OLG Hamm NJW-RR 1991, 520 = FamRZ 1991, 78, 80; FamRZ 2007, 289, 290; OLG Oldenburg NJW-RR 1991, 517 = FamRZ 1991, 473, 475 und OLG Köln FamRZ 1992, 65, 66 legen den angemessenen Selbstbehalt zugrunde.

[49] Ebenso OLG Düsseldorf FamRZ 1989, 982, 983 (als Vorinstanz zu BGHZ 109, 72 = NJW 1990, 1172 = FamRZ 1990, 260, 265 f.); FamRZ 1991, 198, 199; AG Herne-Wanne FamRZ 1995, 1302; Düsseldorfer Tabelle, C., FamRZ 1998, 36; LL Düsseldorf Nr. 42, FamRZ 1996, 475; Hamm, Nr. 33, FamRZ 1998, 807; *Graba* FamRZ 1992, 541, 542 f.; *Göppinger/Wax/Kodal* RdNr. 1579.

[50] BGH NJW 1986, 58 = FamRZ 1986, 783, 786; NJW-RR 1989, 900 = FamRZ 1990, 266, 269; NJW 1996, 517 = FamRZ 1996, 345, 347; NJW 1997, 1919 = FamRZ 1997, 806, 811. Zu § 1577 Abs. 2 auch OLG Düsseldorf FamRZ 1985, 1039, 1040.

[51] BGH NJW 1981, 1609 = FamRZ 1981, 539, 541.

[52] Das OLG Düsseldorf FamRZ 1984, 902; FamRZ 1985, 1262, 1264; FamRZ 1987, 70, 72; FamRZ 1987, 1254, 1257 zieht zur Angemessenheitsprüfung in einem Fall, in dem der Unterhaltsanspruch nach der Anrechnungsmethode zu errechnen ist, die Differenzmethode heran und legt den nach ihr ermittelten Unterhaltsbetrag zugrunde, wenn er den nach der Anrechnungsmethode errechneten übersteigt; doch ist dieses Ergebnis eigentlich nicht vorstellbar.

[53] *Schürmann* NJW 2007, 1147.

[54] A. 6., FamRZ 2009, 180, 181.

[55] Dazu BGH NJW 2000, 3140 = FamRZ 2000, 1492, 1493 (der die Einstufung anhand der Bedarfskontrollbeträge, aber auch eine „Angemessenheitskontrolle im Rahmen einer Ergebnisprüfung erst in einer

19 **2. Einzelfälle.** In die Angemessenheitskontrolle sind zunächst die Umstände einzubeziehen, die auch bei der Festsetzung des **billigen Selbstbehalts** Beachtung finden (dazu RdNr. 16). Allerdings nur, soweit sie den Selbstbehalt nicht beeinflussen konnten; es findet also keine Doppelberücksichtigung statt. Weiter sind insbesondere zu berücksichtigen:

- Das **Kindergeld**[56] (dazu auch § 1578 RdNr. 115, 116, 194–196) – das grundsätzlich nicht die Leistungsfähigkeit des Verpflichteten erhöht, weil es nicht zur Erhöhung der Unterhaltspflichten gezahlt wird – und sein Ausgleich zwischen den Ehegatten. Es wird wie der Steuervorteil aus dem **Kinderfreibetrag** (§ 32 Abs. 6 EStG) zur Sicherung des Existenzminimums des Kindes gewährt (dazu § 1578 RdNr. 31, 115, 116). Soweit und solange dieses durch die errechneten Kindesunterhaltsbeträge, etwa im Mangelfall, nicht gewahrt ist, sind beide in voller Höhe ausschließlich zur Erhöhung des Kindesunterhalts zu verwenden.[57] Lediglich soweit dadurch das Existenzminimum des Kindes überschritten würde, kann es beim Ehegattenunterhalt bedarfsdeckend und die Leistungsfähigkeit erhöhend berücksichtigt werden. Zu beachten ist aber, für welches Kind das Kindergeld bezahlt wird (dazu aber auch § 1578 RdNr. 31): Nur das Kindergeld für Kinder aus der Beziehung der Ehegatten kann auch für den Ehegattenunterhalt herangezogen werden, nicht auch das Kindergeld einschließlich dem Zählkindvorteil aus einer anderen Beziehung oder für Kinder eines anderen Partners. – Nach Inkrafttreten des **UÄndG 2007** am 1. 1. 2008 setzt dies allerdings voraus, dass bei der Feststellung des Ehegattenunterhalts der Kindesunterhalt mit dem Tabellenbetrag vorweg abgezogen worden ist (dazu § 1578 RdNr. 194–196); nach Abzug des Zahlbetrags ist es bereits bedarfsprägend berücksichtigt, damit verteilt und kann nicht noch einmal verteilt werden.
- Der Bezug von **Erziehungsgeld** und **Elterngeld** durch den Berechtigten trotz § 9 S. 1 BErzGG, § 11 S. 1–3 BEEG (dazu § 1578 RdNr. 114),[58] weil bei der Angemessenheitskontrolle wie bei den in § 9 S. 2 BErzGG, § 11 S. 4 BEEG geregelten Ausnahmefällen insbesondere Billigkeitsgesichtspunkte zu beachten sind.
- Der steuerliche **Splittingvorteil** aus einer Folgeehe hat dieser zu verbleiben und steht nicht zur Verteilung nach Billigkeit, weil er auch nur wegen dieser gewährt wird (dazu aber auch § 1578 RdNr. 29).[59]
- Grundsätzlich ist es nicht unangemessen, dem Verpflichteten einen **geringeren** als den Betrag zu belassen, über den der Berechtigte unter Einschluss seiner obligat erzielten Einkünfte und den Unterhalt verfügt.[60] Nach der Halbteilung kann dieser Fall nur aufgrund nicht eheprägender Umstände eintreten, die sich der Berechtigte idR nicht entgegenzuhalten lassen braucht.
- Dass dieses Weniger des Verpflichteten auf der Entwicklung seiner Verhältnisse **nach der Scheidung** beruht, kann eine Angemessenheitskorrektur idR nicht rechtfertigen, weil der Berechtigte keinen Einfluss auf sie nehmen kann (dazu aber auch RdNr. 16). Der BGH hat dies für nach der Ehe begründete **Unterhaltspflichten** angenommen.[61] Inwieweit er daran angesichts seiner Tendenz, auch sie eheprägend zu behandeln, festhalten wird, bleibt abzuwarten. Behandelt man sie als nicht eheprägend, ist eine Korrektur unter Angemessenheitsgesichtspunkten zuzulassen. Zum Ganzen auch § 1578 RdNr. 32–37.

---

letzten Stufe und ohne die von der Tabelle vorgegebenen festen Kontrollbeträge" zulässt); s. auch OLG Braunschweig Beschl. v. 7. 3. 2005 – 1 WF 446/04, juris [7] = FamRZ 2005, 1997 (LS).

[56] BGH NJW 1997, 1919 = FamRZ 1997, 806, 811; s. auch OLG Hamm Urt. v. 24. 8. 1999 – 2 UF 88/99, juris [4] = FamRZ 2000, 1091 (LS).

[57] Ebenso OLG Düsseldorf NJW-RR 1998, 1011 = FamRZ 1998, 851, 854 m. Anm. *Gutdeutsch* FamRZ 1998, 1611, *van Els* FamRZ 1998, 1612; *Strauß* FamRZ 1998, 993, 999 f.

[58] Zum Erziehungsgeld und zu § 1603 Abs. 2 s. BGH NJW 2006, 2404 = FamRZ 2006, 1010, 1012 m. Anm. *Borth*; NJW-RR 2006, 1225 = FamRZ 2006, 1182, 1183 m. Anm. *Luthin*.

[59] AA OLG Düsseldorf FamRZ 2008, 1254, 1256 (bedarfsprägend); ähnlich OLG Hamm FamRZ 2008, 1278, 1279 bis 31. 12. 2007 für das Verhältnis der Kinder aus erster Ehe zur Ehefrau aus zweiter Ehe.

[60] BGH NJW 1983, 1733 = FamRZ 1983, 678, 680; aA OLG Hamm FamRZ 1990, 998, 1001.

[61] BGH NJW 1983, 1733 = FamRZ 1983, 678, 680.

- Für eine Umverteilung nicht zur Verfügung stehen die Mittel aus dem **Ehegattensplitting.** Dieser steuerliche Vorteil wird wegen der Zweitehe gewährt und soll allein deren Grundlage sichern (dazu auch § 1578 RdNr. 29, § 1582 RdNr. 30).
- Gelten **unterschiedliche Selbstbehaltssätze** und müssen sich andere Berechtigte den angemessenen Selbstbehalt des Verpflichteten entgegenhalten lassen, hat dies für den geschiedenen Ehegatten keine unmittelbaren Auswirkungen, weil die seinem Zugriff zugänglichen Mittel mindestens dieselbe Höhe erreichen. Ist der notwendige Selbstbehalt aber niedriger als der billige Selbstbehalt, bleibt dem Verpflichteten mehr als sein notwendiger Selbstbehalt, nämlich die Differenz zwischen billigem und notwendigem Selbstbehalt. Im Mangelfall muss er diesen Rest zur Bestreitung des Unterhaltsanspruchs der minderjährigen unverheirateten Kinder verwenden, bis deren Mindestunterhalt abgedeckt ist.[62] Damit wird der durch den billigen Selbstbehalt benachteiligte Ehegatte nicht erneut benachteiligt, weil der die Nachverteilung ermöglichende Rest sich nur wegen der Anwendung des billigen Selbstbehalt ergibt; ihm gegenüber hat der Verpflichtete nicht mehr, sondern insgesamt weniger als den billigen Selbstbehalt.[63]
- Ein **Mangelfall** darf nicht zu einem höheren Unterhaltsanspruch führen, als er ohne ihn bestehen würde.[64]
- Wie der Verpflichtete die ihm mit dem Selbstbehalt belassenen finanziellen Mittel aufgrund der von ihm gebildeten Schwerpunkte in seiner Lebensführung **einsetzt,** steht ihm grundsätzlich frei.[65] Deshalb kann sein Selbstbehalt insbesondere nicht deshalb gekürzt werden, weil er geringere **Mietaufwendungen** hat als im Selbstbehalt nach der Düsseldorfer Tabelle (Stand: 1. 1. 2009, A. 5.: Warmmiete 450 €/Monat) enthalten.[66] Würde er aber – was schlecht vorstellbar ist – seine verfügbaren finanziellen Mittel für angesichts seiner Unterhaltsverpflichtung missbilligenswerte, etwa luxuriöse Zwecke einsetzen, wird dies zu einer Herabsetzung des Selbstbehalts führen können.

VI. Vermögensverwertung

1. Grundsätze. Sind die Voraussetzungen aus **S. 1** gegeben, obliegt dem Verpflichteten grundsätzlich auch die Verwertung seines Vermögens **(S. 2).**[67] Doch braucht er den Stamm seines Vermögens nicht zu verwerten, soweit die Verwertung **unwirtschaftlich** oder unter Berücksichtigung der beiderseitigen wirtschaftlichen Verhältnisse **unbillig** wäre. Im Rahmen der Billigkeitsabwägung ist auch zu beachten, inwieweit er auf Einkünfte aus dem Vermögen zur Bestreitung anderer Verbindlichkeiten, insbesondere von Unterhaltspflichten, angewiesen ist[68] und die Ehegatten ihren Lebensbedarf während des Zusammenlebens aus dem Vermögen des Verpflichteten bestritten haben.[69] Zur Behandlung von **Privatentnahmen** s. § 1578 RdNr. 96. – Liegen die Voraussetzungen aus S. 1 nicht vor, weil der **eheangemessene Bedarf** unter den maßgeblichen Selbstbehaltssätzen liegt (dazu § 1578 RdNr. 54–58), bedarf es auch keiner Billigkeitsabwägung nach S. 2: Der **Vermögensstamm** ist zu verwerten und für die Bestreitung des Ehegattenunterhalts einzusetzen. Doch ist dem Verpflichteten ein **Schonbetrag** zu belassen, der sich auf die Höhe des dem Berechtigten verbleibenden Vermögensbetrags belaufen kann und entsprechend § 1 Abs. 1 S. 1 Nr. 1 b der Verordnung zu § 90 Absatz 2 Nr. 9 SGB XII den Betrag von 2600 € nicht unterschreiten sollte (dazu auch § 1577 RdNr. 22). – Der Obliegenheit des Verpflichteten 20

[62] OLG Hamm FamRZ 2004, 1110, 1111.

[63] Anders *Göppinger/Wax/Kodal* RdNr. 1580.

[64] BGH NJW 2003, 1112 = FamRZ 2003, 363, 366.

[65] OLG Frankfurt a. M. NJW-RR 2005, 1599 = FamRZ 2005, 2090, 2091.

[66] BGH NJW-RR 2004, 217 = FamRZ 2004, 186, 189 mwN: Die betragsmäßige Festlegung macht gleichwohl Sinn für eine Erhöhung des Selbstbehalts bei höheren Mietkosten; NJW 2006, 3561 = FamRZ 2006, 1665, 1666.

[67] Zu seiner Anwendbarkeit auf den Trennungsunterhalt s. BGH NJW 2005, 433 = FamRZ 2005, 97, 99.

[68] BGH NJW-RR 1986, 66 = FamRZ 1986, 48, 50.

[69] OLG Frankfurt a. M. NJW-RR 1988, 1159 = FamRZ 1988, 1285, 1288.

zur Vermögensverwertung entspricht die des Berechtigten aus § 1577 Abs. 3; wie bei diesem (dazu § 1577 RdNr. 17–23) ist auch hier **Behutsamkeit** angebracht.[70] Da Berechtigte und Verpflichtete grundsätzlich gleich zu behandeln sind, gelten die Erörterungen zu § 1577 Abs. 3 entsprechend.

Bsp. aus der Rspr.: OLG Stuttgart Urt. vom 22. 12. 1978, 18 UF 4/78 (nicht veröffentlicht): Obliegt der geschiedenen Ehefrau nach § 1577 Abs. 3 nicht die Veräußerung eines im Wege der Vermögensauseinandersetzung übernommenen **Wohnhauses,** kann dem Verpflichteten auch nicht die Verwertung von aus der Auseinandersetzung zugeflossenen 20 000 DM angesonnen werden. – **BGH NJW-RR 1986, 656 = FamRZ 1986, 556, 557** (Vorinstanz OLG Schleswig FamRZ 1985, 809 ff.): Das obiter dictum, wonach eine Obliegenheit zur Vermögensverwertung nicht schon deshalb ausscheidet, weil der unterhaltspflichtige selbständige Landwirt durch die Veräußerung von Vieh oder Grundstücken seine Existenzgrundlage und seinen **Beruf** verliert, ist abzulehnen, weil es nicht genügend berücksichtigt, dass es sich dabei um die Existenzgrundlage des Verpflichteten handelt. – **OLG Frankfurt a. M. NJW-RR 1988, 1159 = FamRZ 1988, 1285, 1288: Beleihung** von Grundvermögen. – **BGH NJW 1992, 2771 = FamRZ 1992, 996, 997:** Dem Verpflichteten kann die Verwertung von **Erb-** und **Pflichtteilsansprüchen** nicht zugemutet werden, wenn während des Zusammenlebens der Ehegatten eine Verwertung nicht beabsichtigt war und bei fortbestehender Ehe für den Unterhalt der Familie nicht zur Verfügung gestanden hätte. – **BGH NJW 1994, 935 = FamRZ 1994, 228, 230:** Eine **Leibrente,** die im Tilgungsanteil bereits die Vermögensverwertung bewertet, ist keine Vermögensverwertung iSd. S. 2, weil nur das Rentenstammrecht, nicht aber die Leibrentenzahlungen dem Vermögen zugehören; dazu auch § 1578 RdNr. 119. – **OLG Nürnberg FamRZ 2008, 788, 789** (zu §§ 1360, 1360 a): Ein in ein Pflegeheim aufgenommener Verpflichteter hat bei einer monatlichen Zuzahlung von lediglich 200 € sein Vermögen (Sparvermögen in Höhe von 50 000 €, Eigentumswohnung) zur Bestreitung des Unterhalts seiner thailändischen erwerbslosen und sprachungewandten Ehefrau einzusetzen, weil die weitere Lebensdauer nicht eingeschätzt werden kann und die öffentliche Hand ggf. erst in ferner Zukunft für die Deckung seines Lebensbedarfs aufzukommen hat.

21 **2. Aufteilung.** Das verwertete Vermögen ist so zu verwenden, dass der eheangemessene Lebensbedarf beider Ehegatten möglichst auf **Lebenszeit** gesichert wird.[71] In diese Beurteilung sind, was zu erheblichen Unsicherheiten und praktischen Schwierigkeiten führt, ihre beider zukünftigen Erwerbsmöglichkeiten einzubeziehen. Da der Verpflichtete durch seine Unterhaltszahlungen nicht selbst hilfebedürftig werden darf (RdNr. 8), muss ihm auch von seinem Vermögen als **Schonbetrag** das verbleiben, was zur Abwendung seiner Hilfebedürftigkeit erforderlich ist. Abzustellen ist darauf, welchen Vermögensbetrag er unter Einbeziehung seiner Erwerbsmöglichkeiten benötigt, um seinen eheangemessenen Lebensbedarf zu decken.[72]

VII. Verfahrensrecht

22 **1. Darlegungs- und Beweislast.** § 1581 ist ein **Ausnahmetatbestand.** Wie bei § 1603 Abs. 2 S. 1 und 2 (dazu § 1603 RdNr. 1) muss deshalb der Verpflichtete seine **Leistungsunfähigkeit** einwenden.[73] Er muss die Gefährdung seines angemessenen Unterhalts, das Bestehen, den Umfang und die Erheblichkeit sonstiger Verpflichtungen sowie die Dauer seiner voraussichtlichen Leistungsunfähigkeit[74] darlegen und ggf. beweisen (allgM),

[70] BGHZ 75, 272 = NJW 1980, 340 = FamRZ 1980, 43, 44.

[71] BGH FamRZ 1985, 354, 356.

[72] BGH NJW 1989, 524 = FamRZ 1989, 170, 171 f.

[73] BGH NJW 1980, 2083 = FamRZ 1980, 770; zur Beweislast des Verpflichteten für seine Leistungsunfähigkeit, wenn lediglich der Mindestunterhalt verlangt wird, OLG Karlsruhe NJW-RR 1997, 323 = FamRZ 1997, 1011, 1012.

[74] BGHZ 109, 211 = NJW-RR 1990, 323 = FamRZ 1990, 283, 287 mwN.

ebenso die Voraussetzungen von S. 2. Im Rahmen der **Angemessenheitskontrolle** trägt aber jeder Ehegatte die Darlegungs- und Beweislast für die ihr günstigen Tatsachen.[75] – Zur Darlegungs- und Beweislast für die Höhe **fiktiver Einkünfte** s. § 1578 RdNr. 141, für die Berücksichtigungsfähigkeit von **Schulden** s. RdNr. 16, § 1578 RdNr. 32–38, 188–207.

2. Feststellung der Leistungsfähigkeit. Die die Leistungsfähigkeit des Verpflichteten 23
bestimmenden Einkommensverhältnisse sind zu ermitteln und die vorgelegten Unterlagen nach § 286 Abs. 1 ZPO, § 113 Abs. 1 FamFG auf ihre Vollständigkeit und Richtigkeit zu überprüfen. Seiner Obliegenheit, die Aufwendungen so darzustellen, dass die steuerlich beachtlichen von den unterhaltsrechtlich relevanten abgegrenzt werden können, kommt ein **Selbständiger** (dazu auch § 1578 RdNr. 92–96) insbesondere durch die Vorlage der Bilanz mit Gewinn- und Verlustrechnung, ggf. der Einnahmeüberschussrechnung nach § 4 Abs. 3 EStG sowie der Steuererklärungen und der Steuerbescheide nach. Anhand dieser Unterlagen kann der Tatrichter das maßgebende Einkommen nach § 287 Abs. 2 ZPO, § 113 Abs. 1 FamFG **schätzen,** wenn die weitere Aufklärung und Beweisaufnahme unverhältnismäßig schwierig ist und zum Umfang der Unterhaltsforderung in keinem (rechten) Verhältnis steht.[76] – Praktisch bedeutsam ist dabei immer wieder, dass sich der praktizierte **Lebensstil** des Verpflichteten mit den von ihm dokumentierten Einkünften nicht in Einklang bringen lässt.[77] Dies entbindet den Tatrichter nicht von der konkreten Einkommensermittlung und rechtfertigt nach Auffassung des BGH[78] keine Schätzung, da es keinen Erfahrungssatz gebe, dass die Einnahmen übersteigende Ausgaben auf verschleierte Einkünfte schließen lassen.

§ 1582 Rang des geschiedenen Ehegatten bei mehreren Unterhaltsberechtigten

Sind mehrere Unterhaltsberechtigte vorhanden, richtet sich der Rang des geschiedenen Ehegatten nach § 1609.

Schrifttum: *Berkemann,* Zur Verfassungsmäßigkeit des § 1582 I 2 BGB, JR 1984, 462; *Brandtner,* Unterhaltsreform, gleichrangige betreuende Elternteile und der Bedarf, FamRZ 2007, 2033; *Büttner,* Zur Mangelverteilung im Unterhaltsrecht, NJW 1987, 1855; *Christian,* Die Berechnung und Geltendmachung des Mangels im Unterhaltsrecht, DAVorm 1984, 523; *Graba,* Zur Unterhaltsverpflichtung des geschiedenen Ehegatten gegenüber Ehegatten und Kindern im Mangelfall, FamRZ 1992, 541; *Gutdeutsch,* Unterhaltsreform, gleichrangige betreuende Elternteile und der Bedarf, FamRZ 2007, 2035; *ders.,* Nachrangiger Unterhalt des früheren Ehegatten nach neuem Recht, FamRZ 2008, 661; *ders.,* Vorrang wegen Kindesbetreuung, FF 2008, 488; *Gerhardt/Gutdeutsch,* Die Unterhaltsberechnung bei gleichrangigen Ehegatten nach dem geplanten Recht, FamRZ 2007, 778; *Grandel,* Unterhaltsberechnung bei „gleichrangig" berechtigten Ehegatten außerhalb des Mangelfalls, NJW 2008, 796; *Hampel,* Bemessung des Unterhalts gleichrangig berechtigter Ehegatten, FamRZ 1995, 1177; *Klinkhammer,* Die Rangfolge der Unterhaltsansprüche in der gesetzlichen Entwicklung, FamRZ 2007, 1205; *Niemeyer,* Entscheidungen des Bundesverfassungsgerichts zum Unterhaltsrecht, FuR 1995, 41; *Reinecke,* Mehrheit von Unterhaltsgläubigern und Unterhaltsschuldnern – Mangelfälle, ZAP Fach 11, 189; *Reinken,* Die Rangfolgenregelung nach neuem Recht mit Berechnungsbeispielen für den Mangelfall, FPR 2008, 9; *Schürmann,* Kinder – Eltern – Rang. Die neue Rechtsordnung nach dem Unterhaltsänderungsgesetz, FamRZ 2008, 313; *Schmitt,* Der „Rang" des Geschiedenenunterhalts, 1985 (Schriften zum Bürgerlichen Recht Bd. 94); s. auch Schrifttum Vor § 1569.

Übersicht

[75] *Soergel/Häberle* RdNr. 23.
[76] BGH NJW-RR 1993, 898 = FamRZ 1993, 789, 792 f. m. Anm. *P. Derleder* FuR 1993, 169.
[77] OLG Frankfurt a. M. FamRZ 1992, 64, 65.
[78] BGH NJW-RR 1993, 898 = FamRZ 1993, 789, 792 f. m. Anm. *P. Derleder* FuR 1993, 169 (im Gegensatz zur Vorinstanz OLG Frankfurt a. M. FamRZ 1992, 64, 65).

A. Normzweck

1 § 1582[1] ergänzt § 1581. Er regelte in Abs. 1 aF bis 31. 12. 2007 bei Verweisung i. Ü. auf § 1609 (Abs. 2 aF) allein das Rangverhältnis zwischen den Unterhaltsansprüchen eines geschiedenen und eines neuen Ehegatten[2] und sah eine differenzierte Regelung vor, die im Grundsatz vom **Vorrang des geschiedenen Ehegatten** ausging, um dessen unterhaltsrechtliche Lage durch die Wiederheirat des Verpflichteten nicht wesentlich zu beeinträchtigen. Der Gesetzgeber sah den unterhaltsberechtigten geschiedenen Ehegatten nicht zuletzt deshalb als schutzwürdig an, weil er nach dem ab 1. 7. 1977 geltenden Scheidungsrecht die Auflösung der Ehe gegen seinen Willen nicht auf Dauer verhindern kann. Ihm schien der neue Ehegatte weniger schutzwürdig, weil er bei der Eheschließung um die bestehenden oder möglichen Unterhaltsansprüche des geschiedenen Ehegatten und damit um die wirtschaftliche Hypothek des Verpflichteten wusste oder hätte wissen können.[3] – Zur **Verfassungsmäßigkeit** dieser Regelung s. RdNr. 33 und 4. Aufl. RdNr. 2–6.

2 Der Reformgesetzgeber des **UÄndG 2007** hat im Zuge der Stärkung der nachehelichen Eigenverantwortung mit der Umgestaltung von § 1582 in eine Verweisungsnorm ohne weiteren rechtlichen Inhalt[4] den Rang des geschiedenen Ehegatten in die allgemeine Rangregelung des § 1609 eingegliedert und damit im Grundsatz den **Gleichrang** des geschiedenen mit dem neuen Ehegatten bei Vorrang Kinder betreuender Elternteile herbeigeführt (§ 1609 Nr. 2 und 3, dazu RdNr. 5–7). Damit ist der **relative Vorrang** des geschiedenen Ehegatten und der sich daraus ergebende **Wertungswiderspruch** zwischen § 1582 aF und § 1609 Abs. 2 S. 1 aF (dazu 4. Aufl. RdNr. 20) beseitigt. Zum **Übergangsrecht** s. Anhang zu § 1586 b RdNr. 28.

B. Persönlicher Anwendungsbereich

3 § 1582 bezieht sich auf den Unterhaltsanspruch eines **Ehegatten** aus einer nach dem 30. 6. 1977[5] geschiedenen oder aufgelösten Ehe. Er regelt die Konkurrenz mit Unterhaltsansprüchen anderer Unterhaltsberechtigter einschließlich der nichtehelicher Elternteile nach §§ 1615 l Abs. 3 S. 1, 1609 Nr. 2, 3 (dazu auch RdNr. 12) und eines neuen Ehegatten

[1] Zu seiner Entstehungsgeschichte s. 1. Aufl. RdNr. 3–9.

[2] Zum vor dem 1. 7. 1977 geltenden Recht s. 1. Aufl. RdNr. 3 mwN.

[3] BT-Drucks. 7/650 S. 114.

[4] *Schürmann* FamRZ 2008, 313, 315.

[5] OLG Düsseldorf FamRZ 1980, 1013, 1014; FamRZ 1986, 471; OLG Köln FamRZ 1983, 508; OLG München FamRZ 1989, 1309, 1310; *Soergel/Häberle* RdNr. 1 mwN; s. auch 1. Aufl. RdNr. 3.

(Familien-, Trennungs-, nachehelicher Unterhalt), auch nach deren Übergang auf einen **Sozialleistungsträger** (§ 33 SGB II, § 94 SGB XII).[6]

4 Auch bei **mehrfachen Scheidungen** kommt die Rangregelung in §§ 1582, 1609 zur Anwendung. – Zum Rechtszustand **bis 31. 12. 2007** galt der jeweils nachfolgende Ehegatte im Verhältnis zu allen vorhergehenden geschiedenen Ehegatten als der „neue Ehegatte". Heiratete der Verpflichtete aber nach der Scheidung einer nachfolgenden Ehe einen früheren Ehegatten wieder, wurde dieser dadurch nicht zum „neuen Ehegatten", sondern behielt seinen durch die vormalige Scheidung vermittelten Vorrang aus § 1582.[7] Für **ab 1. 1. 2008** entstandene Unterhaltsansprüche entfällt diese Differenzierung. – **Lebenspartner** sind Ehegatten und Elternteilen gleichgestellt (§§ 5 S. 2, 12 S. 2, 16 S. 2 LPartG) und genießen Gleichrang.[8] Im Folgenden werden „Ehegatte/Ehe" und „Lebenspartner/Lebenspartnerschaft" synonym verwandt. – Zu den nach §§ 1609 Nr. 1, 1603 Abs. 2 S. 1, 2 bevorrechtigten minderjährigen und privilegierten volljährigen **Kindern** gehören neben „ehelichen" und „nichtehelichen" Kinder, wenn die Vaterschaft anerkannt oder gerichtlich festgestellt ist, auch Adoptiv- und in Adoptivpflege aufgenommene Kinder (dazu auch RdNr. 9, 13) des Berechtigten wie des Verpflichteten. Weil maßgeblicher Grund für den Vorrang die Belange des Kindes sind,[9] ist unerheblich, aus welcher Verbindung es stammt.[10] Alle anderen Kinder – minderjährige verheiratete Kinder; volljährige Kinder in allgemeiner Schulausbildung, die nicht im Haushalt eines Elternteils leben; volljährige Kinder in Berufsausbildung und Studium; volljährige behinderte Kinder; volljährige erwerbsfähige Kinder ohne Erwerbseinkünfte[11] – stehen im 4. Rang.

C. Geschiedener Ehegatte

I. Grundsätze

5 Die Neufassung von § 1582 nach dem UÄndG 2007 übernimmt nicht die der Altfassung eigene Differenzierung nach den Unterhaltstatbeständen der §§ 1570 ff. und den sich daraus ergebenden relativen Vorrang des geschiedenen Ehegatten. Sie vereinfacht dadurch bewusst[12] die Rangverhältnisse und verbindet damit eine beabsichtigte Stärkung der Eigenverantwortung[13] des geschiedenen Ehegatten.

6 Zudem beabsichtigt die Neufassung die Stärkung des **Kindeswohls,** um Kinder, die für ihren Unterhalt nicht selbst sorgen können, vor Sozialhilfebedürftigkeit zu schützen.[14] Dem entspricht der mit dem UÄndG 2007 eingeführte Vorrang der minderjährigen und nach § 1603 Abs. 2 S. 2 privilegierte volljährige Kinder (§ 1609 Nr. 1) vor allen Elternteilen, gleich aus welcher Verbindung mit den Verpflichteten sie hervorgegangen sind, und Ehegatten (§ 1609 Nr. 2 und 3).[15] Dagegen gehen sonstige Berechtigte einschließlich nicht

---

[6] OLG Hamburg FamRZ 1996, 1420, 1421 mwN auch zur abw. Auffassung.
[7] AG Bochum FamRZ 1990, 1003.
[8] *Schürmann* FamRZ 2008, 313, 315; *Reinken* FPR 2008, 9.
[9] BT-Drucks. 16/1830 S. 13.
[10] *Reinken* FPR 2008, 9.
[11] *Reinken* FPR 2008, 9, 10; *Schürmann* FamRZ 2008, 313, 319.
[12] BT-Drucks. 16/1830 S. 21.
[13] BT-Drucks. 16/1830 S. 14.
[14] BT-Drucks. 16/1830 S. 13, 23.
[15] Zum bis **31. 12. 2007** geltenden Recht galt nach §§ 1582, 1609 Abs. 2 S. 1 aF: Der relative Vorrang des geschiedenen Ehegatten gegenüber dem neuen Ehegatten besteht auch im Verhältnis zu den minderjährigen unverheirateten und privilegierten volljährigen Kindern (BGHZ 104, 158 = NJW 1988, 1722 = FamRZ 1988, 705, 707). Deshalb bleibt der Vorrang des geschiedenen Ehegatten bestehen, wenn für ihn ein Unterhaltsanspruch zwar besteht, er ihn aber – etwa im Mangelfall aus Rücksicht auf und zum Schutz des Kindesunterhalts – nicht geltend macht, ohne dass es auf den Grund, der für den Verpflichteten wie für dessen neuen Ehegatten unerheblich ist, hierfür ankäme (BGHZ 162, 384 = NJW 2005, 2145 = FamRZ 2005, 1154, 1155 f.; s. auch OLG Hamm FamRZ 1998, 1252; OLG Frankfurt a. M. NJW 1999, 2374 = FamRZ 1999, 1080, 1082; OLG Koblenz NJW-RR 2003, 219 = FamRZ 2003, 611, 612 (Vorinstanz zu

privilegierter volljähriger Kinder den Ehegatten im Rang nach (§ 1609 Nr. 4–7). – Die Begründung mit dem Schutz vor Sozialhilfebedürftigkeit ist vordergründig, lebt doch das Kind nicht isoliert von dem Elternteil, bei dem es wohnt. Wird dieser Elternteil dem Kind nachrangig, und kann er aus welchen Gründen auch immer seinen Bedarf nicht durch eine Erwerbstätigkeit decken, wird er sozialhilfebedürftig und damit de facto auch das Kind, selbst wenn sein Bedarf vom Kindesunterhalt voll abgedeckt wird.[16]

7 **Rechtstatsächlich** führt diese Rangregelung dazu, dass das verfügbare Einkommen des Verpflichteten in einer Vielzahl von Fällen für Elternteile und Ehegatten nicht ausreicht und sie infolge seiner Leistungsunfähigkeit und des Vorrangs aus § 1609 Nr. 1 mit ihrem Unterhaltsanspruch gänzlich ausfallen oder dieser sehr stark beschnitten wird. Dies war in der Praxis zwar bereits jetzt schon so, weil sich die Elternteile idR die Unterhaltsansprüche ihrer Kinder vorgehen lassen und sich dem nur ausnahmsweise verschlossen haben, wenn es sich nicht um gemeinsame Kinder handelte. Mittelbare Auswirkungen hat die neue Rangfolgenregelung auch auf die öffentliche Hand, wenn sie Sozialleistungen erbringt und mangels Leistungsfähigkeit ein Unterhaltsanspruch, der auf sie übergehen könnte, nicht besteht. Allerdings wird der Regressanspruch der Unterhaltsvorschusskassen durch den Unterhaltsanspruch der Elternteile und Ehegatten nicht mehr geschmälert wird. – Diese Problematik kann sich noch durch die Obliegenheit, das betreute Kind in **Fremdbetreuung** (§§ 1570 Abs. 1 S. 3, 1615 l Abs. 2 S. 5 [UÄndG 2007] zu geben, verschärfen, wenn man die Kosten der Fremdbetreuung als Bedarf der Kinder qualifiziert. Doch auch wenn man diese – wohl zutreffender – als Aufwand des betreuenden Elternteils, der ihm eine Erwerbstätigkeit erst ermöglicht, auffasst, wird er benachteiligt: Obwohl sich sein Bedarf nicht unerheblich erhöht, bleibt er mit seinem Unterhaltsanspruch auf das beschränkt, was vom Einkommen des Verpflichteten für ihn „übrig bleibt“. Die Erfahrungen der Praxis zeigen, dass dies in einem nachfolgenden Rang oft recht wenig, wenn nicht gar nichts ist. Das praktische Ergebnis ist dann, dass der kinderbetreuende Ehegatte die Kinder in Fremdbetreuung geben und dafür die Kosten tragen muss, um dann doch mit seinem ggf. noch bestehenden Unterhaltsanspruch einschließlich der Kosten der Fremdbetreuung auszufallen. Der Verpflichtete hat sich dann die Befreiung von nachehelichen Unterhaltsansprüchen durch erhöhte Kosten des Berechtigten und im Ergebnis meist zu Lasten der öffentlichen Hand „erkauft“.

BGH aaO); OLG München Beschl. v. 24. 8. 2005 – 4 UF 282/05, juris [7]; AG Detmold FamRZ 1997, 447; abweichend noch OLG München FamRZ 1999, 251). Dagegen ist durchaus erheblich, ob der Unterhalt für die Vergangenheit überhaupt noch geltend gemacht werden könnte (§ 1585 b Abs. 2; aA BGHZ 162, 384 = NJW 2005, 2145 = FamRZ 2005, 1154, 1156 (ohne Begründung)); dieser gesetzlich geregelte Fall der Verwirkung ist eine von Amts wegen zu beachtende rechtsvernichtende Einwendung (dazu § 1585 b RdNr. 3), die den Unterhaltsanspruch für den betroffenen Zeitraum zum Erlöschen bringt, sodass ein solcher mithin auch nicht mehr besteht. Hat der geschiedene Ehegatte keine Unterhaltsansprüche gegen den Verpflichteten (mehr), rückt der neue Ehegatte in dessen Gleichrang mit minderjährigen unverheirateten und privilegierten volljährigen Kinder (§ 1603 Abs. 2 S. 2) ein (BGHZ 162, 384 = NJW 2005, 2145 = FamRZ 2005, 1154, 1155 mwN; NJW 2007, 2412 = FamRZ 2007, 1081, 1082). Dabei ist unerheblich, ob ein Unterhaltsanspruch mangels Tatbestandsmäßigkeit bereits nicht bestanden hat, er später wieder entfallen ist (zu § 1586 s. BGH NJW 2007, 2412 = FamRZ 2007, 1081, 1082) oder der geschiedene Ehegatte auf ihn gemäß § 1585 c wirksam verzichtet hat. Nach dem UÄndG 2007 hat diese Fragestellung keine Bedeutung mehr, weil die Kinder nach § 1609 Nr. 1 [UÄndG 2007] den Ehegatten und Elternteilen stets vorgehen und deshalb der Fall, dass der nacheheliche Unterhalt nur deshalb nicht (mehr) geltend gemacht wird, um den Bedarf der Kinder zu sichern, nicht mehr eintreten kann. – Der relative Vorrang des geschiedenen Ehegatten in § 1582 aF gegenüber dem nachrangigen Ehegatten besteht auch im Verhältnis zu den minderjährigen unverheirateten und privilegierten Kindern, weshalb der relativ nachrangige Ehegatte den Kindern dann nicht nach § 1609 Abs. 2 S. 1 aF gleichgestellt wird (BGHZ 104, 158 = NJW 1988, 1722 = FamRZ 1988, 705, 707), wenn dem geschiedenen Ehegatten ein Unterhaltsanspruch zustand und/oder er ihn nicht geltend gemacht hat, BGHZ 162, 384 = NJW 2005, 2145 = FamRZ 2005, 1154, 1155 f.; s. auch OLG Hamm FamRZ 1998, 1252; OLG Frankfurt a. M. NJW 1999, 2374 = FamRZ 1999, 1080, 1082; OLG München Beschl. v. 24. 8. 2005 – 4 UF 282/05, juris [7]; AG Detmold FamRZ 1997, 447; abweichend noch OLG München FamRZ 1999, 251.

[16] Hierauf weist *Borth* FamRZ 2006, 813, 817 zutreffend hin; s. auch *Wellenhofer* FamRZ 2007, 1282, 1287 f.

II. Rang

1. Regel-/Ausnahme-Prinzip. Die **Regel** ist: Alle Ehegatten stehen gleichrangig im **3. Rang** (§ 1609 Nr. 3), und zwar unabhängig davon, ob sie vorgehender oder nachfolgender Ehegatte des Verpflichteten sind und worauf sich ihr Unterhaltsanspruch – §§ 1360, 1361, 1571, 1572, 1573, 1575, 1576 – stützt. – Als **Ausnahme**[17] vom 3. Rang stehen im **2. Rang** und gehen damit einem – ehemaligen wie aktuellen – Ehegatten bei Gleichrang untereinander im Rang vor nur Unterhaltsansprüche wegen Kinderbetreuung und wegen langer Ehedauer. Danach stehen im 3. Rang die Ehegatten, deren Ehe nicht von langer Dauer war und die ihren Unterhaltsanspruch nicht aus der Betreuung gemeinsamer Kinder ableiten.[18] 8

2. Ausnahme: 2. Rang. a) „Elternteile". Erfasst werden alle Elternteile, die wegen der Betreuung eines (oder mehrerer) Kinder (dazu RdNr. 4) unterhaltsberechtigt sind oder es nach einer Scheidung wären (§ 1609 Nr. 2). – Voraussetzung ist aber stets, dass das den Unterhaltsanspruch des Elternteils vermittelnde Kind ein **gemeinsames,** auch adoptiertes (§ 1754 Abs. 1, 2; zur Lebenspartnerschaft auch § 9 Abs. 6, 7 LPartG)[19] oder in Adoptivpflege aufgenommenes Kind (§ 1751 Abs. 4, dazu auch dort RdNr. 14) des Berechtigten und des Verpflichteten ist.[20] Bei Ansprüchen wegen der Betreuung von Pflegekindern oder Kindern aus einer anderen Beziehung nach § 1576 handelt es sich jedenfalls nicht um Betreuungsunterhalt iSd. Nr. 2 (dazu RdNr. 13).[21] – Unter Nr. 2 fallen danach: 9

- Ein Elternteil, der seinen Anspruch auf den **Basisunterhalt** aus § 1570 Abs. 1 herleitet, also Elternteile aus einer geschiedenen oder aufgelösten (§ 1318 Abs. 2) Ehe. Unerheblich ist, wenn der Unterhaltsanspruch des den Betreuungsunterhalt vermittelnden Kindes – etwa bei einem volljährigen, nicht privilegierten behinderten Kind (§ 1609 Nr. 4) – selbst nachrangig ist.[22] – Zur Bedarfsprägung des Ehegatten aus einer **Folgeehe** s. RdNr. 29–31, § 1578 RdNr. 36. 10
  - Nach dem Wortlaut von Nr. 1 fallen hierunter auch Elternteile, denen ein **„Annexanspruch"** aus § 1570 Abs. 2 zusteht (dazu dort RdNr. 43–46),[23] weil auch er wegen der Betreuung eines Kindes gewährt wird. Da allerdings
    - rechtfertigender Grund für diesen Anspruch nicht die Betreuungsbedürftigkeit des Kindes, sondern die bisherige Handhabung seiner Eltern ist, die allein eine Erwerbsobliegenheit des betreuenden Elternteils nicht entstehen lässt,
    - jeder Vorrang und Gleichrang die gleich-/nachrangigen Berechtigten in ihren Unterhaltsansprüchen beschneidet und
    - es sich bei der Privilegierung des Betreuungsunterhalts im 2. Rang um die Ausnahme von der Regel (3. Rang) handelt (dazu RdNr. 8), sollte § 1609 Nr. 2 auf die Ansprüche aus § 1570 Abs. 1 beschränkt werden.[24]
  - Auch ein dem Berechtigten neben dem Anspruch auf Betreuungsunterhalt zustehender Anspruch auf **Erwerbslosen**– oder **Aufstockungsunterhalt** (§ 1573 Abs. 1, 2) teilt nicht den Rang des Betreuungsunterhalts, sondern steht im 3. Rang.[25] Auf die Bedarfsbemessung (dazu RdNr. 25–31) hat dies jedoch keinen Einfluss.

---

[17] So auch *Schürmann* FamRZ 2008, 313, 318.
[18] *Reinken* FPR 2008, 9, 10.
[19] BT-Drucks. 16/1830 S. 24; s. auch OLG Hamm FamRZ 1992, 321 f.
[20] Wohl ebenso (Anspruch aus §§ 1570, 1615 l) *Borth* FamRZ 2006, 813, 818; *Schürmann* FamRZ 2008, 313, 316.
[21] *Schürmann* FamRZ 2008, 313, 316 f.
[22] *Schürmann* FamRZ 2008, 313, 317.
[23] So *Borth* UÄndG RdNr. 250; *ders.* FamRZ 2008, 2, 9; wohl auch MünchKomm/*Born* § 1609 RdNr. 18.
[24] Offen gelassen von *Schürmann* FamRZ 2008, 313, 317; kritisch auch *Schilling* FF 2008, 279, 292.
[25] *Maurer* FamRZ 2008, 2157, 2165. Im Ergebnis ebenso *Borth* UÄndG RdNr. 265; *Schürmann* FamRZ 2008, 313, 317 f.; *Schilling* FF 2008, 279, 292; aA *Grundmann/Menne* Das neue Unterhaltsrecht, S. 89 Praxishinweis 5; *Menne* FamRB 2008, 110, 118, der wegen der Einheitlichkeit des Unterhaltsanspruchs nicht auf die Qualifikation des Unterhaltsanspruchs, sondern auf die Person des Unterhaltsberechtigten abstellt.

11 – Ein mit dem Verpflichteten (noch) **verheirateter** Elternteil, der Anspruch auf Familienunterhalt hat (§ 1360), wenn ihm bei unterstellter Scheidung, also fiktiv, ein Anspruch auf Betreuungsunterhalt zustünde (dazu auch RdNr. 29; darauf, dass ihm nach Trennung ggf. ein Unterhaltsanspruch aus § 1361 zusteht, kommt es nicht an. – Hierzu stellt sich die Problematik der Betreuungsbedürftigkeit des betreuten Kindes ähnlich wie zu § 1570 Abs. 2. Dieser Ehegatte kann allerdings nicht auf die nacheheliche Eigenverantwortung verwiesen werden. Vielmehr hat der geschiedene Ehegatte die einvernehmliche Regelung der Haushaltsführung und Erwerbstätigkeit des Verpflichteten (§ 1356) mit seinem neuen Ehegatten hinzunehmen, soweit diese Gestaltung bezogen auf den nachehelichen Unterhaltsanspruch nicht **mutwillig,** dh. verantwortungslos, mindestens leichtfertig ist (zur Parallelproblematik bei der Wahl der Steuerklasse s. § 1578 RdNr. 29).[26] Was in diesem Zusammenhang mutwillig ist, bestimmt sich nach dem Alter und der Betreuungsbedürftigkeit des Kindes unter Berücksichtigung der Absprachen der Ehegatten zu Haushaltsführung und Kinderbetreuung. Dies kann in der Praxis dazu führen, eine gegenüber dem Normalfall verlängerte Betreuungszeit und in deren Folge einen späteren Beginn der Erwerbsobliegenheit zuzugestehen. – Zur Behandlung des **Splittingvorteils** s. RdNr. 27.

12 – Ein **nichtehelicher Elternteil** mit seinem Unterhaltsanspruch aus **§ 1615l Abs. 2 S. 2, Abs. 4, Abs. 1 S. 1** (für die Zeit von 8 Wochen nach der Niederkunft; insoweit deckt er sich mit dem Anspruch aus Abs. 2 S. 2), nicht aber mit dem aus § 1615l Abs. 1 S. 1 (für die Zeit von 6 Wochen vor der Niederkunft), Abs. 2 S. 1,[27] da es sich insoweit um nicht privilegierten Krankheitsunterhalt handelt. Auf die zu § 1582 aF aufgeworfene Frage der unterhaltsrechtlichen Beurteilung vorehelicher Betreuungszeiten für gemeinsame Kinder (dazu 4. Aufl. RdNr. 18) kommt es danach nicht mehr an. – Diese Ansprüche begrenzt der BGH durch die Halbteilung[28] und die Bemessung des Selbstbehalts entsprechend § 1581.[29]

13 Nicht miterfasst werden die Unterhaltsansprüche von Ehegatten, die zwar ein Kind betreuen, aber **kein gemeinsames.** Zu denken ist an Pflegekinder und Stiefkinder. Diese Ehegatten stehen deshalb auch dann, wenn sie sich nicht auf eine Ehe von langer Dauer berufen können (dazu RdNr. 14–18) und die Kinder ausnahmsweise einen Anspruch auf Billigkeitsunterhalt nach § 1576 (dazu dort RdNr. 5–7) vermitteln, nicht im 2. Rang, sondern müssen sich mit dem 3. Rang begnügen. Da dies gegen Art. 6 Abs. 1 GG verstoßen dürfte, sind auch diese Ehegatten in **verfassungskonformer Auslegung** dem 2. Rang zuzuordnen.

14 **b) „Ehe von langer Dauer". aa) Grundsätze.** Erfasst werden sowohl mit dem Verpflichteten in einer noch **bestehenden Ehe** lebende als auch **geschiedene** Ehegatten.[30] Ihr Anspruch auf Familienunterhalt (§§ 1360–1360 b) bzw. – unabhängig vom Anspruchsgrund, sodass etwa auch Ansprüche auf Aufstockungs- oder Billigkeitsunterhalt privilegiert sein können[31] – auf nachehelichen Unterhalt (§§ 1570 ff.) steht mit dem Anspruch kinderbetreuender Elternteile auf Betreuungsunterhalt auch dann im gleichen Rang, wenn er zwar nicht (mehr) auf der Betreuung gemeinsamer Kinder beruht, ihm aber eine Ehe von langer Dauer zugrunde liegt.[32] Zum Gleichrang, wenn dieser Ehegatte gleichfalls gemeinsame Kinder betreut, s. RdNr. 9. – Die maßgebliche Dauer der Ehe iSd. Vorschrift bemisst sich aus

---

[26] AA *Schürmann* FamRZ 2008, 313, 317 (ausreichend ist „die abstrakte Möglichkeit ..., neben der Kindesbetreuung in zumutbarer Weise durch Erwerbsarbeit zum eigenen Lebensunterhalt beitragen zu können").

[27] *Reinken* FPR 2008, 9, 10; ohne Differenzierung insoweit MünchKomm/*Born* § 1609 RdNr. 17, 18.

[28] BGH NJW 2005, 818 = FamRZ 2005, 442 ff.

[29] BGHZ 161, 124 = NJW 2005, 503 = FamRZ 2005, 347, 350 f. m. Anm. *Schilling* und *Graba.*

[30] Für Letztere vom RA-BT durch die Einfügung der Worte „und geschiedene Ehegatten" in § 1609 Nr. 2 Halbs. 1 „klargestellt", BT-Drucks. 16/6980 S. 21.

[31] *Schürmann* FamRZ 2008, 313, 318.

[32] BT-Drucks. 16/1830 S. 24 f.; *Borth* FamRZ 2006, 813, 818. Anders zur Altfassung OLG Oldenburg FamRZ 1999, 518, 519; NJWE-FER 2000, 193; auch 3. Aufl. RdNr. 10 aE.

Gründen der Praktikabilität wegen der Möglichkeit, den nachehelichen Unterhalt im Verbund mit der Scheidungssache geltend zu machen, von der Heirat bis zur **Rechtshängigkeit des Scheidungsantrags.**[33]

Die Vorschrift definiert „Ehe von langer Dauer" wie schon ihre Vorgängerregelung (§ 1582 Abs. 1 S. 2 [1. EheRG]); ebenso § 1578 b [UÄndG 2007], dazu dort RdNr. 21, 32) bewusst[34] **nicht absolut.** Jedenfalls durch den vom RA-BT[35] in § 1609 Nr. 2 [UÄndG 2007] eingefügten Halbs. 2 („bei der Feststellung einer Ehe von langer Dauer sind auch die Nachteile im Sinne des § 1578 b Abs. 1 S. 2 und 3 zu berücksichtigen") wird insbesondere auch die Berücksichtigung **„ehebedingter Nachteile"** ermöglicht.[36] Die Rspr. zu § 1582 Abs. 1 S. 2 [1. EheRG] – wonach nach einer Ehedauer von 15 Jahren von einer „Ehe von langer Dauer" iSd. Vorschrift ausgegangen werden konnte, was nicht ausgeschlossen hatte, aufgrund der konkreten Umstände des Einzelfalles auch eine kürzere Dauer, nicht jedoch unter 12 Jahren, ausreichen zu lassen (dazu § 1578 b RdNr. 38–40; s. auch 4. Aufl. RdNr. 17)[37] – wird man der Neuregelung nicht mehr zugrunde legen können, weil sie angesichts der Erforderlichkeit, alle Umstände des Einzelfalls in die Bestimmung der maßgebenden Ehedauer einzubeziehen, zu schematisch ist. Vielmehr wird man sich an der neueren Rspr. des BGH zu §§ 1573 Abs. 5, 1578 Abs. 1 S. 2 [UÄndG 1986], welche die Beschränkungen des Unterhaltsanspruchs eng mit dem Eintritt ehebedingter Nachteile verknüpft und der Ehedauer eine eher untergeordnete Bedeutung beimisst (dazu § 1578 b RdNr. 21, 38–40), orientieren müssen.[38] 15

Kritisch zu sehen ist, dass die Regelung in Halbs. 2 die eigenständigen Kriterien „Dauer der Ehe" und „ehebedingte Nachteile" miteinander vermengt und die Ehedauer auch über die ehebedingten Nachteile definiert. Dies regeln auch § 1578 b Abs. 1 S. 2, 3 [UÄndG 2007] so nicht, zudem ist es systematisch unzutreffend, weil sich Nachteile zwar aus der Ehedauer ergeben können, diese aber nicht bestimmen. Halbs. 2 ist deshalb so zu lesen, dass für den Gleichrang von Ehegatten und geschiedenen Ehegatten mit kinderbetreuenden Elternteilen neben einer langen Ehedauer insbesondere auch ehebedingte Nachteile und andere Umstände des Einzelfalls Bedeutung erlangen können (dazu RdNr. 17, 18). 16

bb) Maßgebliche Umstände. Der Gesetzgeber des UÄndG 2007 führt aus:[39] 17

„Die innere Rechtfertigung des Vorrangs [der Kinder] ergibt sich aus der Überlegung, dass [sie] die wirtschaftlichen schwächsten Mitglieder der Gesellschaft sind und sie im Gegensatz zu anderen Unterhaltsberechtigten ihre wirtschaftliche Lage nicht aus eigener Kraft verändern können. Dagegen haben die künftig nachrangigen Unterhaltsberechtigten wenigstens potenziell die Möglichkeit, für ihren Lebensunterhalt selbst zu sorgen."

Allgemein wird man deshalb insbesondere dann von einer langen Ehedauer nach den individuellen Verhältnissen vor allem des Berechtigten ausgehen können, wenn er wie ein minderjähriges Kind schon gar nicht die Möglichkeit hat, seine wirtschaftliche Lage zu verändern, oder er auch mit Veränderungen nicht in der Lage ist, seinen Lebensbedarf selbst

---

[33] BGH NJW 1983, 2321 = FamRZ 1983, 886, 888; wohl trotz anderer Terminologie – „im Zeitpunkt der Scheidung" – nicht aA BT-Drucks. 16/1830 S. 24, weil sie nicht zum Ausdruck bringt, dass von der bekannten BGH-Rspr. abgewichen werden soll.

[34] BT-Drucks. 16/1830 S. 24.

[35] BT-Drucks. 16/6980 S. 3, 10.

[36] Nach BT-Drucks. 16/6980 S. 10 wird dies auf in der Expertenanhörung am 16. 10. 2006 geäußerten Wunsch „klargestellt" (die hierfür in Bezug genommene Einzelbegründung zu § 1609 Nr. 2 [BT-Drucks. 16/1830 S. 24] sagt hierzu jedoch nichts aus), weshalb dies ohne diesen ausdrücklichen Hinweis wohl nicht, jedenfalls nicht selbstverständlich gegolten hätte. S. dazu auch *Schürmann* FamRZ 2008, 313, 318.

[37] BGH NJW 1983, 1733 = FamRZ 1983, 678, 680; NJW 1983, 2321 = FamRZ 1983, 886, 888; ebenso OLG Köln FamRZ 1993, 1226, 1227; OLG Hamm NJWE-FER 1997, 76 = FamRZ 1997, 296, 297: Stets ist eine Ehedauer von 8 Jahren nicht ausreichend; OLG Hamm FuR 2001, 550 ff.: 10–15 Jahre; s. auch OLG Stuttgart FamRZ 1981, 1181 (20 Ehejahre); OLG Düsseldorf FamRZ 1984, 1103, 1105 (20 Ehejahre); OLG Karlsruhe FamRZ 1987, 395, 397 (27 Ehejahre); OLG Hamm FamRZ 2004, 1110 (22 Ehejahre). Der Gesetzgeber des 1. EheRG ging davon aus, dass jedenfalls 20 Ehejahre genügen (BT-Drucks. 7/650 S. 143).

[38] Ebenso etwa *Schürmann* FamRZ 2008, 313, 318.

[39] BT-Drucks. 16/1830 S. 23.

zu decken, er mithin **„ähnlich hilflos wie ein Kind"** ist (zu diesem Kriterium bei der Bemessung des Selbstbehalts des Verpflichteten s. § 1581 RdNr. 16), oder ihm eine solche Veränderung nicht mehr **zumutbar** ist.

18 Wann eine „Ehe von langer Dauer" konkret vorliegt, ist aufgrund der **Umstände des Einzelfalles** festzustellen. In die Beurteilung sollen nach der Gesetzesbegründung zum UÄndG 2007[40] insbesondere einbezogen werden können

- die tatsächliche **Ehedauer,** die nach der gesetzlichen Regelung aber durch die „ehebedingten Nachteile" relativiert wird. Nach der Rspr. des BGH im Urteil v. 30. 7. 2008[41] scheint bei langen Ehen deren tatsächlicher Dauer gar keine Bedeutung zuzukommen, maßgeblich sind allein die ehebedingten Nachteile. Lediglich bei kurzen Ehen kann sich die Ehedauer auswirken, allerdings nicht zum Rang, sondern allein dahin, dass trotz ehebedingter Nachteile eine Begrenzung des Unterhaltsanspruchs nach § 1578 b BGB oder § 1579 Nr. 1 BGB erfolgt.[42]
- das **Lebensalter** der Ehegatten im Zeitpunkt der Scheidung,
- **Heirat** bereits in jungen Jahren oder erst im Alter,
- die Dauer der **Betreuung** eines gemeinsamen Kindes,
- das Ausmaß gegenseitiger **wirtschaftlicher Verflechtungen** und Abhängigkeiten wegen der Ausrichtung auf ein **gemeinsames Lebensziel,**[43]
- die Art des **konkurrierenden Unterhaltsanspruchs,** insbesondere wenn sich dieser aus § 1615 l Abs. 2 ergibt.[44]

Hinzukommen können etwa[45]

- die **Aufgabenverteilung** in der Ehe und eine sich daraus ergebende **wirtschaftliche Abhängigkeit,**
- die Betreuung von **Pflegekindern** und Kindern aus einer anderen Beziehung, sofern dies einen Unterhaltsanspruch aus § 1576 begründet,[46]
- die **berufliche Qualifikation** und die Möglichkeit des Berechtigten, diese noch zu verbessern,
- die Lage auf dem **Arbeitsmarkt** und die konkreten Vermittlungschancen für den Berechtigten,
- sein **Gesundheitszustand,**
- sein **Vermögen.**

D. Rechtsfolgen des Ranges

I. Vorrang und Mangelfall

19 **1. Grundsätze.** Der Rangeinteilung bewirkt, dass nachrangig Berechtigte nur zum Zuge kommen, wenn nach der vollständigen Befriedigung der vorrangig Berechtigten noch finanzielle Mittel zur Verteilung übrig bleiben; mit dem Wegfall des relativen Rangs des geschiedenen Ehegatten aus § 1582 Abs. 1 aF nach Inkrafttreten des UÄndG 2007 hat dies nichts zu tun. – Ein **Mangelfall** liegt bereits dann vor, wenn nicht die Unterhaltsansprüche aller Berechtigten

---

[40] BT-Drucks. 16/1830 S. 24 f.

[41] BGHZ 177, 356 = NJW 2008, 3213 m. Anm. *Mleczko* = FamRZ 2008, 1911, 1917 f. [55–67] m. Anm. *Maurer* XII ZR 177/06; s. auch *Schürmann* FamRZ 2008, 313, 318, wonach es sich bei der tatsächlichen Ehezeit „um eine allgemeine, vom Zeitlauf unabhängige Billigkeitsklausel" handelt, die der Ehezeit nur „indizielle Bedeutung" beimisst.

[42] *Maurer* FamRZ 2008, 2157, 2165.

[43] Zu Letzterem bereits BGH NJW 1983, 2321 = FamRZ 1983, 886, 888 (für eine Haushaltsführungsehe, in der das Vertrauen des nichterwerbstätigen Ehegatten auf fortwährenden Unterhalt wegen langjähriger Haushaltsführung und Betreuung gemeinschaftlicher Kinder unter Verzicht auf die eigene berufliche Entwicklung schützenswert ist); auch OLG Koblenz FamRZ 1983, 281, 282 (14-jährige Ehedauer); s. auch *Schürmann* FamRZ 2008, 313, 318.

[44] Zweifelnd insoweit *Schürmann* FamRZ 2008, 313, 318.

[45] Dazu auch *Reinken* FPR 2008, 9, 10.

[46] In die Diskussion eingebracht von *Schürmann* FamRZ 2008, 313, 317.

voll befriedigt werden können. Er kann sich **horizontal** zwischen gleichrangigen und **vertikal** zwischen verschiedenrangigen Berechtigten ergeben (dazu auch § 1578 RdNr. 196). Reicht etwa die **Leistungsfähigkeit** des Verpflichteten lediglich aus, den Unterhalt der erstrangig berechtigten Kinder ganz oder auch nur teilweise zu decken, fallen alle anderen – nachrangigen – Berechtigten mit ihren Unterhaltsansprüchen vollständig aus. In den nachgeordneten Rängen gilt dies entsprechend. – Daraus folgt: Erst wenn die Unterhaltsansprüche vorrangig Berechtigter **vollständig** befriedigt sind, kann es um die Befriedigung nachrangig Berechtigter durch dann noch vorhandene finanzielle Mittel des Verpflichteten gehen.[47] – Zu den Auswirkungen auf den Bedarf des geschiedenen Ehegatten s. RdNr. 27–31.

2. Rangkorrektur. a) Billigkeit. Die Rangverhältnisse aus §§ 1582, 1609 können nicht 20
nach Billigkeit korrigiert werden. Diese zur Altfassung hM[48] scheint durch die Gesetzesbegründung zur Neufassung[49] in Frage gestellt, wenn ausgeführt wird:

„Auch auf der Basis der neuen Rangordnung gilt es, in besonderem Maße auf den Rechenweg Bedacht zu nehmen, um in Mangelfällen und hier insbesondere im Verhältnis vorrangiger Kinder zu nachrangigen Unterhaltsberechtigten, etwa dem betreuenden Elternteil, oder im Verhältnis von Erst- und Zweitfamilien zu gerechten Ergebnissen zu gelangen. Die unter der Geltung des alten Rechts entwickelten Methoden können hierbei entsprechend genutzt und fortentwickelt werden."

Soweit dem entnommen werden könnte, dass der sich aus § 1609 ergebende Rang durch weitere Billigkeitserwägungen wieder „aufgeweicht" werden kann,[50] ist dem zu widersprechen, weil damit **dogmatisch** unterschiedliche Gesichtspunkte miteinander vermengt werden:[51] **Vorrang ist Vorrang** (dazu auch § 1578 RdNr. 11, § 1581 RdNr. 16),[52] erst nach (voller) Befriedigung des vorrangigen Berechtigten kann der nachrangig Berechtigte auf Berücksichtigung hoffen. – Auch der Hinweis des Reformgesetzgebers[53] auf eine **Angemessenheitsprüfung,** um

„das rechnerische Gesamtergebnis im Wege einer „Gesamtschau" daraufhin zu überprüfen, ob im konkreten Einzelfall die Aufteilung des verfügbaren Einkommens auf die minderjährigen Kinder und den oder die Ehegatten insgesamt billig und angemessen ist",[54]

führt nicht weiter, weil die keiner Billigkeitskorrektur zugänglichen gesetzlichen Rangvorgaben nicht einfach überspielt werden können, und nicht auf seine Angemessenheit – Elternteil- und Ehegattenunterhalt – überprüft werden kann, was gar nicht besteht.

Der Ausschluss einer Korrektur gilt selbst dann, wenn eine wirtschaftliche Gefährdung 21
der aktuellen Ehe zu besorgen ist und dieser Ehegatte damit auf die Inanspruchnahme von **Sozialhilfe** verwiesen wird. Eine solche Einschränkung des Vorrangs ist verfassungsrechtlich auch nicht geboten,[55] zumal jeder Eingriff idR zu einer Benachteiligung des durch den Vorrang geschützten unterhaltsberechtigten ehemaligen Ehegatten und dessen Verweisung auf Sozialhilfe führen würde. Zudem bestehen die Fallgestaltungen, für die nach § 1582 aF eine Billigkeitskorrektur zugelassen wurde, nach dem neuen Recht idR nicht mehr: Kinderbetreuende Elternteile gehen nichtbetreuenden Ehegatten schon von Gesetzes wegen vor (§ 1609 Nr. 2), und der Splittingvorteil steht ohnehin nur der aktuellen Ehe zur Verfügung (dazu aber auch § 1578 RdNr. 29). – **Ausnahmen** können im Einzelfall

---

[47] Dazu auch *Scholz* FamRZ 2007, 2021, 2029.

[48] BGH NJW 1985, 2268 = FamRZ 1985, 911, 912; ebenso OLG Düsseldorf FamRZ 1982, 1076; OLG Oldenburg FamRZ 1999, 518 f.; *Soergel/Häberle* RdNr. 14; aA OLG Schleswig FamRZ 1982, 705; FamRZ 1983, 282, 284.

[49] BT-Drucks. 16/1830 S. 24.

[50] *Borth* FamRZ 2006, 813, 818 spricht von „Verwässerung"; s. auch die Kritik von *Schwab* FamRZ 2005, 1417, 1423.

[51] *Borth* FamRZ 2006, 813, 817.

[52] *Schwab* FamRZ 2005, 1417, 1423; *Vossenkämper* FamRZ 2008, 201, 210; *Schürmann* FamRZ 2008, 313, 321; *Grandel* NJW 2008, 796, 797.

[53] BT-Drucks. 16/1830 S. 24.

[54] BT-Drucks. 16/1830 S. 24.

[55] BVerfGE 66, 84 = NJW 1984, 1523 = FamRZ 1984, 346, 350.

zugelassen werden, etwa über § 1579 Nr. 8, wenn in Auslandsfällen keine Sozialhilfe gewährt wird.[56]

22 **b) Parteivereinbarung.** Die Regelung des Rangs durch Parteivereinbarung ist zulässig, solange und soweit sie nicht zu Lasten eines an der Vereinbarung nicht beteiligten Berechtigten und auch nicht eines Sozialleistungsträgers geht.[57] Entsprechende Vereinbarungen kamen in der Praxis insbesondere dahin vor, dass die Ehegatten den Vorrang des Kindesunterhalts vereinbarten (dazu RdNr. 7). Seit dem Inkrafttreten des UÄndG 2007 am 1. 1. 2008 kann ein Bedürfnis für solche Vereinbarungen nur noch für minderjährige verheiratete Kinder und volljährige Kinder, die nicht nach § 1603 Abs. 2 S. 2 privilegiert sind, bestehen; minderjährige unverheiratete und ihnen gleichgestellte volljährige Kinder gehen dem Ehegattenunterhalt – Trennungs- wie nachehelichem Unterhalt – nach § 1609 Nr. 1 ohnehin bereits von Gesetzes wegen vor.

23 **3. Zwangsvollstreckung.** Die Rangfolge nach §§ 1582, 1609 gilt auch in der Zwangsvollstreckung bei der Vollstreckung von **Arbeitseinkommen** (§ 850 d Abs. 2 ZPO [UÄndG 2007], § 95 Abs. 1 S. 1 FamFG).[58] Eine – nach § 850 d Abs. 2 Buchst. a ZPO aF nach billigem Ermessen mögliche – Abweichung von dem gesetzlichen Rangverhältnis ist dem Vollstreckungsgericht verwehrt.

II. Rangwechsel. Entstehen und Entfallen eines Unterhaltsanspruchs

24 Wechselt ein Berechtigter den Rang oder entsteht ein Unterhaltsanspruch nachträglich oder wird erst nachträglich geltend gemacht, hat dies unmittelbar Auswirkungen auf den Unterhalt der anderen bislang gleich- und ggf. nachrangig Berechtigten.

Bsp.: Die Privilegierung eines volljährigen Kindes entfällt (§ 1603 Abs. 2 S. 2), weil es nicht mehr bei seinen Eltern wohnt, studiert oder das 21. Lebensjahr vollendet hat (nunmehr 4. Rang statt 1. Rang). – Der Unterhaltsanspruch eines kinderbetreuenden Elternteils aus §§ 1570, 1615 l entfällt (nunmehr 3. Rang statt 2. Rang). – Aber auch: Ein Anspruch auf Betreuungsunterhalt entsteht mit Eintritt der Betreuungsbedürftigkeit eines Kindes (Unterhalt aus § 1570 statt aus § 1573 Abs. 2: nunmehr 2. Rang statt 3. Rang).

Anders als nach bis zum 31. 12. 2007 geltenden Recht[59] hat es auf den Unterhaltsanspruch der vorrangigen Kinder (§ 1609 Nr. 1) keinen Einfluss, wenn der geschiedene Ehegatte keine Unterhaltsansprüche gegen den Verpflichteten (mehr) hat. Dabei ist unerheblich, ob mangels Tatbestandsmäßigkeit ein Unterhaltsanspruch bereits **nicht bestanden** hat, er später wieder **entfallen** ist[60] oder der geschiedene Ehegatte auf ihn gemäß § 1585 c wirksam **verzichtet** hat. – Für bis zum 31. 12. 2007 entstandene Unterhaltsansprüche bleibt der **relative Vorrang** des geschiedenen Ehegatten aus § 1582 Abs. 1 aF bestehen (§ 36 Nr. 7 EGZPO), auch wenn er sie mit Rücksicht auf die Belange des Kindes etwa im Mangelfall nicht geltend gemacht hat, ohne dass es auf den Grund der **Nicht-Geltendmachung,** der für den Verpflichteten wie für dessen neuen Ehegatten unerheblich ist, ankommt. Dagegen ist durchaus erheblich, ob der Unterhalt für die **Vergangenheit** überhaupt noch geltend gemacht werden könnte (§ 1585 b Abs. 2);[61] dieser gesetzlich geregelte Fall einer Verwirkung ist eine von Amts wegen zu beachtende rechtsvernichtende Einwendung (dazu § 1585 b RdNr. 3), die den Unterhaltsanspruch für den betroffenen Zeitraum zum Erlöschen bringt, ein solcher mithin auch nicht mehr besteht.

---

[56] BGHZ 104, 158 = NJW 1988, 1722 = FamRZ 1988, 705, 707 f. m. Bspr. *Wiedemann* JA 1988, 616.

[57] *Büttner* NJW 1987, 1855, 1856. Ein Verstoß gegen § 1614 (dazu *Schürmann* FamRZ 2008, 313, 319) kann zum nachehelichen Unterhalt wegen § 1585 c nicht vorliegen.

[58] Zur Altfassung OLG Bamberg OLGR 1998, 67.

[59] Dazu noch BGHZ 162, 384 = NJW 2005, 2145 = FamRZ 2005, 1154, 1155; NJW 2007, 2412 = FamRZ 2007, 1081, 1082.

[60] Zu § 1586 s. BGH NJW 2007, 2412 = FamRZ 2007, 1081, 1082.

[61] AA BGHZ 162, 384 = NJW 2005, 2145 = FamRZ 2005, 1154, 1156 (ohne Begründung).

III. Bedarf

1. Grundsatz. Systematisch scheint die Bemessung des Bedarfs des geschiedenen Ehegatten klar: Weil jeder nachrangig Berechtigte nur dann befriedigt werden kann, wenn der Verpflichtete nach vollständiger Befriedigung der vorrangig Berechtigten noch (ggf. teilweise) leistungsfähig ist, ist der Bedarf der vorrangig Berechtigten **unabhängig** von dem der nachrangig Berechtigten festzustellen. Dies gilt jedenfalls insoweit, als der Bedarf der vorrangig Berechtigten unabhängig vom Bedarf der nachrangig Berechtigten ist. Deshalb kann sich die Frage nach dem Rang erst nach der Bestimmung des Bedarfs jedes einzelnen Berechtigten stellen, sodass der Bedarf eines Berechtigten grundsätzlich unabhängig von seinem Rang ist.[62] – Zur Korrektur des Rangs aus Gründen der **Billigkeit** s. RdNr. 20, 21. 25

Bsp.: Einsatzbetrag für erstrangige Kinder bei der Prüfung, ob nachrangig Berechtigte ggf. noch bedient werden können: Betrag aus der entsprechenden Einkommensgruppe der Düsseldorfer Tabelle oder Mindestunterhalt? Tabellenbetrag oder Zahlbetrag? Dazu § 1578 RdNr. 194–196. – Bemessung des Bedarfs des geschiedenen Ehegatten: Bedarfsprägung der Unterhaltsverpflichtung gegenüber dem Ehegatten der Folgeehe (dazu § 1578 RdNr. 36)? Berücksichtigung des Splittingvorteils und des Realsplittingvorteils (dazu RdNr. 30, 31, § 1578 RdNr. 29)?

2. Kindesunterhalt. Der Grundsatz – „Keine Rangkorrektur durch Billigkeit" (dazu RdNr. 20, 21, 25) – schließt nicht gänzlich aus, den Bedarf der vorrangigen Kinder nach der Düsseldorfer Tabelle und dem Einkommen des Verpflichteten zu korrigieren. Hierzu kann Folgendes gelten: 26

- Der Bedarf des Kindes ist immer mit dem **Tabellenbetrag** und nicht lediglich mit dem Zahlbetrag vorweg abzuziehen (sehr str., dazu näher § 1578 RdNr. 194–196).
- Unerheblich wird idR sein, ob die gleichrangigen Kinder aus derselben oder aus **verschiedenen Verbindungen** stammen.[63] Denn auch für Letztere bestimmt sich ihr Bedarf allein nach den finanziellen Verhältnissen des barunterhaltspflichtigen Elternteils.
- Der Bedarf eines Kindes bestimmt sich nach seiner Lebensstellung (§ 1610 Abs. 1), die es mangels eigener Lebensstellung von der des Verpflichteten ableitet. Die Lebensstellung des Verpflichteten wird aber auch von weiteren **Unterhaltsverpflichtungen** ohne Rücksicht auf deren Rang bestimmt.[64] Dabei geht es nur um die Bedarfsbestimmung, nicht auch um den Rang der einzelnen Berechtigten.[65] Daraus ergibt sich weiter:
  - Die Düsseldorfer Tabelle geht bei ihren Sätzen von 3 Unterhaltsberechtigten aus. Allerdings kann dies nur für die nachrangigen Elternteile (2. und 3. Rang) und Kinder (4. Rang) gelten,[66] weil die Lebensverhältnisse der Kinder idR nur mit deren Bedarf eng verwoben sind.
  - Dies *kann* dazu führen, bereits den Bedarf der vorrangigen Kinder unter Berücksichtigung weiterer Unterhaltsverpflichtungen bis auf den Mindestunterhalt iSd. § 1612 a herabzusetzen. Nach Auffassung des BGH[67] wird ab 1. 1. 2008 idR eine Herauf- oder Herabstufung um eine Einkommensstufe ausreichen.

---

[62] BGHZ 175, 182 = NJW 2008, 1663 m. Anm. *Born* = FamRZ 2008, 968, 973 [48] m. Anm. *Maurer*; BGHZ 177, 356 = NJW 2008, 3213 m. Anm. *Mleczko* = FamRZ 2008, 1911, 1914 [31] m. Anm. *Maurer*; s. auch *Maurer* FamRZ 2008, 2157, 2165.

[63] AA *Schürmann* FamRZ 2008, 313, 321.

[64] Dazu auch *Borth* UÄndG RdNr. 272, 275.

[65] So zutreffend *Scholz* FamRZ 2007, 2021, 2029; *Reinken* FPR 2008, 9, 11; aA *Schürmann* FamRZ 2008, 313, 321 (aber auch S. 323).

[66] Ebenso noch Düsseldorfer Tabelle Stand: 1. 7. 2007, A. 1. Abs. 1 S. 2 Halbs. 2; anders die Düsseldorfer Tabelle Stand: 1. 1. 2009, A. 1. Abs. 1 S. 2 Halbs. 3, die den Rang nachgeordneter Berechtigter generell unberücksichtigt lässt [*Klinkhammer* FamRZ 2008, 193, 197 erläutert dies in Fn. 38 mit der „(eingeschränkten) praktischen Bedeutung dieser Frage"].

[67] BGHZ 175, 182 = NJW 2008, 1663 m. Anm. *Born* = FamRZ 2008, 968, 973 [51] m. Anm. *Maurer*; *Klinkhammer* FamRZ 2008, 193, 195 f.

– Dagegen ist nicht schon immer dann der **Mindestunterhalt** anzusetzen, wenn im 2. Rang ein Mangelfall besteht.[68]
– Auch der **Bedarfskontrollbetrag** der Düsseldorfer Tabelle (A. 6.) ermöglicht keine Herabsetzung des Einsatzbetrags für Kinder im 1. Rang.[69] Dogmatisch ist er ein Mittel der **Angemessenheitskontrolle,** mit der ganz zuletzt die Ausgewogenheit der Mittelverteilung überprüft und die rechnerisch ermittelten Unterhaltsbeträge ggf. korrigiert werden, letztlich also eine Frage der Leistungsfähigkeit für die errechneten Unterhaltsbeträge (dazu § 1581 RdNr. 17–19), aber kein Instrument zur Bedarfsbestimmung.[70]

27 **3. Ehegattenunterhalt. a) Grundsatz.** Der Unterhalt ist für jeden Ehegatten gesondert festzustellen.[71] Auch dass Gleichrang zwischen Ehegatten und kinderbetreuenden Elternteilen besteht (§ 1609 Nr. 2) ist für die Bedarfsbemessung, die allein § 1578 folgt, unerheblich.[72] Eine andere Frage ist, inwieweit durch die Rspr. des BGH der Bedarf des geschiedenen Ehegatten durch die Zweitehe geprägt wird (dazu RdNr. 28–31, § 1578 RdNr. 36).

28 **b) Nachfolgender Ehegatte.** Nach der neuesten Rspr. des BGH[73] soll sich der **eheangemessene Bedarf** iSd. § 1578 auch unter Berücksichtigung der nach der Scheidung weiter hinzugetretenen vor- oder gleichrangigen Berechtigten bestimmen. Folgt man dem und fasst darunter auch nachfolgende Ehegatten und nichteheliche Elternteile, wäre der Unterhaltsanspruch des früheren durch den des späteren Ehegatten und umgekehrt geprägt mit der Folge, dass die nach § 1609 Nr. 2 gleichrangigen Berechtigten an dem nach Befriedigung der nach Nr. 1 vorrangigen Kinder zur Verteilung stehenden Betrag zu gleichen Anteilen teilhaben („Dreiteilung“;[74] zu klären wäre dann nur noch, wie man diesen noch verteilungsfähigen Restbetrag ermittelt). Vertritt man dagegen – wie hier (dazu § 1578 RdNr. 36) – zur Bedarfsbemessung die Auffassung, dass diese Unterhaltsverpflichtungen die ehelichen Lebensverhältnisse nicht prägen können, wohl aber umgekehrt, ist zunächst der Bedarf und die Bedürftigkeit jedes Berechtigten zu rechnen und dann der zur Verteilung stehende Betrag im Verhältnis der nicht gedeckten Bedarfe aufzuteilen.[75]

29 Der Bedarf des Ehegatten aus einer **Folgeehe** bemisst sich nach der Rspr. des BGH aufgrund des Anspruchs der Ehegatten auf gleiche Teilhabe am gemeinsam Erwirtschafteten

---

[68] Ebenso LL Nr. 23.1: Celle, Dresden, Frankfurt a. M., Hamburg, KG (Nr. 23.2.1), Koblenz (Nr. 23.2.1); MünchKomm/*Born* § 1609 RdNr. 5; *Scholz* FamRZ 2007, 2021, 2028 f.; *Schürmann* FamRZ 2008, 313, 320 f.; *Wever* FamRZ 2008, 553, 559; aA BGHZ 178, 79 = NJW 2008, 3562 = FamRZ 2008, 2189, 2191 [22] m. Anm. *Graba*; LL Nr. 23. 2: Brandenburg, Braunschweig (Nr. 23.2.1), Bremen, Düsseldorf (Nr. 23.2.1), Hamm (Nr. 23.2.1), Köln (Nr. 23.2), Naumburg, Oldenburg, Rostock, Schleswig (Nr. 23.2.1), SüdL, Thüringen; *Gerhardt* FamRZ 2007, 945, 948; *Reinken* FPR 2008, 9, 11; *Hauß* FamRB 2008, 52; *Klinkhammer* FamRZ 2008, 193, 200.

[69] S. auch OLG Braunschweig Beschl. v. 7. 3. 2005 – 1 WF 446/04, juris [7] = FamRZ 2005, 1997 (LS); aA BGH NJW 2000, 3140 = FamRZ 2000, 1492, 1493, allerdings mit der Einschränkung, dass sowohl die Einstufung anhand der Bedarfskontrollbeträge als auch eine „Angemessenheitskontrolle im Rahmen einer Ergebnisprüfung erst in einer letzten Stufe und ohne die von der Tabelle vorgegebenen festen Kontrollbeträge“ zulässig ist; BGHZ 175, 182 = NJW 2008, 1663 m. Anm. *Born* = FamRZ 2008, 968, 973 [48] m. Anm. *Maurer*; BGHZ 178, 79 = NJW 2008, 3562 = FamRZ 2008, 2189, 2190 [19, 20] m. Anm. *Graba* („... Angemessenheitsbetrachtung anzustellen, welche etwa ... mit Hilfe der Bedarfskontrollbeträge ... vorgenommen werden kann“); *Scholz* FamRZ 2007, 2021, 2028 f.; *Klinkhammer* FamRZ 2008, 193, 197 f.; *Wever* FamRZ 2008, 553, 559; auch LL Bremen (Nr. 23.3).

[70] Insoweit auch *Wever* FamRZ 2008, 553, 560. – Nicht eindeutig *Borth* UÄndG RdNr. 275, 276, der die Funktion des Bedarfskontrollbetrags als Mittel der Angemessenheitsprüfung betont, andererseits aber auch den Einsatzbetrag nach ihm bestimmen will.

[71] Ebenso *Schürmann* FamRZ 2008, 313, 325.

[72] AA etwa *Schürmann* FamRZ 2008, 313, 325.

[73] BGHZ 166, 351 = NJW 2006, 1654 = FamRZ 2006, 683, 686 (unter aa) aE) m. Anm. *Büttner* FamRZ 2006, 765 und *Borth* FamRZ 2006, 852.

[74] So BGHZ 177, 356 = NJW 2008, 3213 m. Anm. *Mleczko* = FamRZ 2008, 1911, 1913 ff. [29–45, 39] m. abl. Anm. *Maurer*; OLG Düsseldorf FamRZ 2008, 1254, 1256; *Gutdeutsch* FamRZ 2006, 1072 ff.; FamRZ 2007, 2035, 2037 f.; FamRZ 2008, 661; *Gerhardt/Gutdeutsch* FamRZ 2007, 778 ff.; aA etwa *Brandtner* FamRZ 2007, 2033 ff.; *Grandel* NJW 2008, 796, 797 ff.; ablehnend auch *Wever* FamRZ 2008, 553, 560 f.

[75] Zu möglichen Berechnungsgängen s. insbesondere *Grandel* NJW 2008, 796, 798 ff.

fiktiv nach dem Verhältnis ihrer beiderseitigen Einkünfte[76] und deren Halbteilung.[77] Doch begegnet dies schon deshalb Bedenken, weil sich die Unterhaltsansprüche aus §§ 1360, 1360 a lediglich auf das Wirtschaftsgeld zuzüglich Taschengeld richten und gerade nicht den vollen eheangemessenen Bedarf iSd. § 1578 umfassen.[78]

Bei der Bemessung des Bedarfs des geschiedenen und des aktuellen Ehegatten ist darauf zu achten, dass der Vorteil aus dem **Ehegattensplitting** ausschließlich der Ehe verbleibt, wegen der es steuerrechtlich eingeräumt wird (dazu aber auch § 1578 RdNr. 29). Dies gilt auch nach Einführung des Gleichrangs durch das UÄndG 2007.[79] Gewährleistet wird dies dadurch, dass auch der Bedarf des aktuellen Ehegatten nach der LStkl. 1 gerechnet wird und eine Berücksichtigung des Splittingvorteils bei der Unterhaltsberechnung gänzlich unterbleibt; damit bleibt der Splittingvorteil, der bei der Berechnung des Unterhaltsanspruchs keine Bedeutung erhalten darf, allein der Folgeehe erhalten.[80] – Dies gilt zudem für sämtliche **Zuschläge** (dazu § 1578 RdNr. 30, 31), die wegen der Folgeehe gezahlt werden.[81] – Auch im **Mangelfall** gilt nichts anderes, weil der Splittingvorteil gerade dann der Zweitfamilie eine wirtschaftliche Grundlage verschaffen kann.[82] Auch kann er nicht über eine **Angemessenheitsprüfung** auf den geschiedenen Berechtigten umverteilt werden (dazu § 1581 RdNr. 17–19). 30

Anderes gilt für den **Realsplittingvorteil** aus der geschiedenen Ehe: Zwar wird er nur wegen der Unterhaltszahlungen an den geschiedenen Ehegatten und dessen Zustimmung zur Durchführung des begrenzten Realsplittings gewährt, doch allein zu dem Zweck, ihn wegen seiner Unterhaltszahlungen steuerlich zu entlasten. Der geschiedene Ehegatte partizipiert an der Entlastung durch einen höheren Unterhalt, seine steuerlichen Nachteile werden ausgeglichen. Soweit dem Verpflichteten aufgrund des Realsplittingvorteils mehr zur Verfügung steht – und nur dann ist seine Durchführung überhaupt sinnvoll –, prägt er auch die ehelichen Lebensverhältnisse der Folgeehe und fließt in die Bedarfsberechnung ein. 31

IV. Bedürftigkeit

Die Neuregelung nach dem UÄndG 2007 sieht die entsprechende Anwendung von § 1577 Abs. 1 nicht mehr ausdrücklich vor. An dessen entsprechender (dazu § 1361 RdNr. 35) Anwendung auf den **Trennungsunterhalt** wird sich dadurch nichts ändern, weil auch dieser Anspruch unter dem Vorbehalt der Bedürftigkeit steht. Anders dagegen für den **Familienunterhalt,** für den Bedürftigkeit nicht erforderlich ist (dazu § 1360 RdNr. 6). Die Anbindung an die Bedürftigkeit führt dazu, dass eine Konkurrenz der Unterhaltsansprüche nicht besteht, wenn der neue Ehegatte sich aus seinen Einkünften und seinem Vermögen selbst versorgen kann (§ 1577 Abs. 3; allgemeiner Grundsatz,[83] s. § 1602 Abs. 2). 32

---

[76] BGH NJW 2004, 674 = FamRZ 2004, 366, 368; NJW 2004, 677 = FamRZ 2004, 370, 372; NJW 2004, 769 = FamRZ 2004, 443, 445; NJW-RR 2004, 721 = FamRZ 2004, 795, 797.

[77] So der BGH bereits zum bis 31. 12. 2007 geltenden Recht, BGH NJW 2004, 674 = FamRZ 2004, 366, 368; NJW 2004, 677 = FamRZ 2004, 370, 372; NJW 2004, 769 = FamRZ 2004, 443, 445; NJW-RR 2004, 721 = FamRZ 2004, 795, 797.

[78] OLG München FamRZ 1999, 251, 252.

[79] AA 17. DFGT Arbeitskreis 3, Nr. 3, Brühler Schriften zum Familienrecht S. 141; scheinbar auch BT-Drucks. 16/1830 S. 24: „Korrekturbedürftig kann eine Mangelfallberechnung insbesondere dann sein, wenn nach ihrem Gesamtergebnis die Erstfamilie (zusätzlich) auf Sozialleistungen angewiesen ist, während die nach der Scheidung gegründete zweite Familie auch unter Berücksichtigung des Selbstbehalts des Unterhaltspflichtigen und des Vorteils aus einem eventuellen Ehegattensplitting einer neuen Ehe im konkreten Vergleich ein gutes Auskommen hat.“

[80] BGHZ 175, 182 = NJW 2008, 1663 m. Anm. *Born* = FamRZ 2008, 968, 971 [35]; ebenso *Borth* UÄndG RdNr. 283; *Schürmann* FamRZ 2008, 313, 323; *Reinken* FPR 2008, 9, 11, 13.

[81] *Schürmann* FamRZ 2008, 313, 322.

[82] *Reinken* FPR 2008, 9, 11.

[83] *Soergel/Häberle* RdNr. 4.

E. Verfassungsmäßigkeit

I. 1. EheRG

33 Die Verfassungsmäßigkeit der Altfassung war wegen der Benachteiligung des neuen Ehegatten von Anfang an umstritten (dazu auch 4. Aufl. RdNr. 2 ff.). Das BVerfG[84] hat nicht nur die bestehende Ehe, sondern auch die Folgewirkungen einer geschiedenen Ehe dem Schutz von Art. 6 Abs. 1 GG unterstellt[85] und S. 2 insoweit als mit dem GG vereinbar angesehen, als der Unterhaltsanspruch des geschiedenen Ehegatten auf § 1570 beruht.[86] Es hat einen Verstoß gegen Art. 3 Abs. 1 GG verneint, weil wegen der widerstreitenden Interessen des geschiedenen und des neuen Ehegatten infolge der Kenntnis des neuen Ehegatten von der unterhaltsrechtlichen Belastung des Verpflichteten hinreichende Gründe für die in S. 2 angeordnete unterschiedliche Behandlung **(„wirtschaftliche Hypothek")**[87] bestünden. Unerheblich sei, wenn auch der neue Ehegatte durch die Betreuung eines Kindes an einer Erwerbstätigkeit gehindert ist und das verfügbare Einkommen des Verpflichteten nicht zur Befriedigung des Mindestbedarfs aller Berechtigten ausreicht. Auch die Beschränkung oder gar der völlige Ausschluss der Gestaltungsfreiheit aus § 1356 auch im Verhältnis zu Kindern aus der neuen Ehe, selbst wenn diese dann wegen der Erwerbstätigkeit beider Eltern fremd betreut werden müssen, sei unbedenklich, zumal Kinder in einer bestehenden Ehe idR unter günstigeren Bedingungen aufwachsen als in einer geschiedenen. Zudem sei die Verweisung des neuen Ehegatten auf die Inanspruchnahme öffentlicher Mittel zumutbar. Deshalb trat der Vorrang auch nicht erst ein, wenn die Deckung des Mindestbedarfs aller Berechtigten gewahrt war.[88] – Zur Verfassungsmäßigkeit des Vorrangs, wenn der neue Ehegatte seinen Unterhaltsanspruch nicht auf die §§ 1569–1574, 1576 und § 1577 Abs. 1 stützen kann **(S. 1),** der geschiedene Ehegatte Anspruch auf **Billigkeitsunterhalt** nach § 1576 hat oder eine **lange Ehedauer** vorliegt (S. 2), hat das BVerfG nicht entschieden, auch nicht zum Vorrang des geschiedenen Ehegatten, wenn sein notwendiger Bedarf gedeckt ist oder auch der neue Ehegatte Kinder aus der geschiedenen Ehe mitbetreut. Obwohl nur zum Vorrang des Betreuungsunterhalts ergangen, kann dem Beschluss entnommen werden, dass das BVerfG auch i. Ü. von der Verfassungsmäßigkeit der Regelung ausging,[89] weil dessen tragenden Gedanken – Kenntnis des neuen Ehegatten von der „wirtschaftlichen Hypothek", deshalb kein Schutz auch bei eigener Betreuung von Kindern und Nichtgewährleistung des Mindestunterhalts – den Vorrang des geschiedenen Ehegatten auch in den anderen Fällen von Abs. 1 begründen konnten. – Der BGH ist von der Verfassungsgemäßheit der Regelung in S. 2 auch insoweit ausgegangen, als der Vorrang allein auf der **langen Dauer der Ehe** beruhte, weil der Unterhaltsanspruch des geschiedenen Ehegatten bei Eingehung der neuen Ehe schon bestand, deshalb das wirtschaftliche Leistungsvermögen des Verpflichteten von vornherein belastet war[90] und zudem das Vertrauen des geschiedenen Ehegatten auf den auch künftigen Erhalt von Unterhalt geschützt wurde.[91] Dies galt auch dann, wenn der geschiedene Ehegatte einen Anspruch auf Aufstockungsunterhalt nach § 1573 Abs. 2 hat, der neue Ehegatte erwerbsunfähig ist[92] und der Verpflichtete auch noch

[84] BVerfGE 66, 84 = NJW 1984, 1523 = FamRZ 1984, 346, 348 ff.; BVerfGE 108, 351 = NJW 2003, 3466 = FamRZ 2003, 1821, 1823; zuletzt noch – auch angesichts der Reformarbeiten am UÄndG 2007 – BGHZ 163, 84 = NJW 2005, 3277 = FamRZ 2005, 1817, 1819 f.

[85] So bereits BVerfGE 53, 257 = NJW 1980, 326 = FamRZ 1980, 326, 333.

[86] Ebenso BGH NJW 1996, 1815 = FamRZ 1996, 796, 798.

[87] Zum Begriff s. *Eherechtskommission* S. 112.

[88] BGH NJW 1986, 2054 = FamRZ 1986, 790, 792.

[89] Ebenso *Griesche* FamGb RdNr. 3; aA *Soergel/Häberle* RdNr. 6; *Palandt/Brudermüller* RdNr. 3; *Johannsen/Henrich/Büttner* RdNr. 5; kritisch auch *Göppinger/Wax/Kodal* RdNr. 1554 ff.

[90] BGH NJW 1985, 1029 = FamRZ 1985, 362, 363; NJW 1986, 2054 = FamRZ 1986, 790, 793; FamRZ 1987, 916, 917.

[91] BGH NJW 1983, 2321 = FamRZ 1983, 886, 888; auch OLG Oldenburg FamRZ 2006, 1842, 1843.

[92] BGH NJW 1985, 1029 = FamRZ 1985, 362; NJW 1985, 2268 = FamRZ 1985, 911, 912.

den Mindestbedarf seines neuen Ehegatten abdecken kann.[93] Darüber hinaus wäre die Verfassungsmäßigkeit des Vorrangs wegen des Vertrauensschutzes des geschiedenen und der Kenntnis des neuen Ehegatten von dieser „wirtschaftlichen Hypothek" auch dann gewahrt worden, wenn dieser Mindestbedarf nicht mehr befriedigt werden konnte. In diesem Zusammenhang unerheblich war insbesondere, inwieweit der Berechtigte zum Scheitern der Ehe oder zu seiner Bedürftigkeit beigetragen hat;[94] dies war abschließend im Rahmen des § 1579 zu klären.

II. UÄndG 2007

1. Kinder zu Elternteilen/Ehegatten. Der Vorrang minderjähriger unverheirateter und nach § 1603 Abs. 2 S. 2 privilegierter volljähriger Kinder (§ 1609 Nr. 1) wird damit begründet, dass diese ihren Lebensbedarf nicht durch eigene **Erwerbstätigkeit** decken können. Doch können dies die sie betreuenden Elternteile eben wegen der Kinderbetreuung auch nicht oder nur eingeschränkt, weshalb sich die Lebensgrundlage für die Familie und damit gerade auch für die Kinder idR nicht verbessert.[95] Die gesetzliche Neuregelung geht mit dem Vorrang dieser Kinder und erst recht mit dem Vorrang auch anderer Kinder des Verpflichteten über den Lebensplan der Ehegatten und die „Schutzbedürftigkeit" des betreuenden Ehegatten hinweg. Warum in diesen Fällen ein Vorrang dieser Kinder begründet sein soll, ist nicht ersichtlich; er dürfte gegen Art. 3 Abs. 1, 6 Abs. 1 GG verstoßen. – Ebenso ist nicht nachvollziehbar, warum zwar **nicht privilegierte,** aber noch in Ausbildung befindliche oder behinderte Kinder, die ggf. gleichfalls ihren Lebensbedarf nicht durch eigene Erwerbstätigkeit decken können, im 4. Rang hinter dem Ehegattenunterhalt stehen. – Zur Behandlung **nicht gemeinsamer Kinder** von Berechtigten und Verpflichtetem s. RdNr. 13. 34

2. Elternteile zu Ehegatten. Das UÄndG 2007 gibt den vom BVerfG geschützten Rechtsgedanken der **„wirtschaftlichen Hypothek"** der Folge- durch die Vorehe gänzlich auf und orientiert sich nahezu ausschließlich am **Kindeswohl** und der **nachehelichen Eigenverantwortung** der geschiedenen Ehegatten, auch wenn in der Gesetzesbegründung ausgeführt wird, „Ausgangspunkt [sei] der Zweck der Regelung, Vertrauensschutz zu gewährleisten".[96] Lediglich bei langer Ehedauer setzt sich die **nacheheliche Solidarität** im Vorrang des Unterhaltsanspruchs des geschiedenen Ehegatten vor anderen Ehegatten durch. 35

Der Neuregelung ist zuzugestehen, dass sie – neben der Privilegierung kinderbetreuender Elternteile (Art. 6 Abs. 4 GG) – mit dem Schutz des Ehegatten, der in einer lang dauernden Ehe gelebt hat, den praktisch wichtigsten Fall zutreffend mit einem Vorrang und sachgerecht mit einem Gleichrang mit betreuenden Elternteilen versehen hat. Mit diesem Vorrang dürften auch die meisten Fälle, gleich auf welcher Anspruchsgrundlage der Unterhaltsanspruch beruht, erfasst werden. Aber nicht alle: Man denke an den Anspruch auf Unterhalt wegen einer Krankheit, die dem Berechtigten die Aufnahme einer Erwerbstätigkeit verwehrt. Oder an den Altersunterhalt nach einer noch nicht lang dauernden Ehe, die ggf. auch wegen der Absicherung im Alter geschlossen worden ist und nach deren Beendigung der Ehegatte nicht mehr auf eine Erwerbstätigkeit verwiesen werden kann. In diesen Fällen dürfte ein Verstoß gegen Art. 3 Abs. 1, 6 Abs. 1 GG vorliegen. Der verfassungsrechtliche Schutz der ehelichen Folgewirkungen findet grundsätzlich ihren Ausdruck bereits in der verfassungsrechtlich nicht zu beanstandenden Regelung der Unterhaltstatbestände durch §§ 1569 ff. Die verfassungsrechtlich zumutbare Grenze sollte dort gezogen werden, wo der Verpflichtete nach Bestreitung des Geschiedenenunterhalts nicht wenigstens den Mindestunterhalt seines neuen Ehegatten befriedigen kann,[97] weil sich sonst der verfassungsrechtliche Schutz im Formalen ohne materiellen Gehalt erschöpft. 36

[93] BGH FamRZ 1987, 916, 917.

[94] Im Ergebnis ebenso *Griesche* FamGb RdNr. 3; aA etwa OLG Hamm FamRZ 1982, 69; OLG Frankfurt a. M. FamRZ 1984, 62; *Palandt/Brudermüller* RdNr. 3.

[95] *Schürmann* FamRZ 2008, 313, 315.

[96] BT-Drucks. 16/1830 S. 24.

[97] OLG Frankfurt a. M. FamRZ 1987, 1155; *Palandt/Brudermüller* RdNr. 3.

§ 1583 Einfluss des Güterstandes

Lebt der Verpflichtete im Falle der Wiederheirat mit seinem neuen Ehegatten im Güterstand der Gütergemeinschaft, so ist § 1604 entsprechend anzuwenden.

I. Normzweck

1 Die Vorschrift (vormals inhaltsgleich § 68 EheG) soll der **Schmälerung der Leistungsfähigkeit** des geschiedenen Ehegatten durch die Vereinbarung der Gütergemeinschaft bei einer neuen Eheschließung und dem auf sie folgenden Überführen von Vermögensgegenständen des Verpflichteten in das Gesamtgut (vgl. § 1416) **vorbeugen.** Im Hinblick auf § 1581 stellt sie klar, was dem Verpflichteten im Mangelfall als Vermögen zugerechnet werden kann, und kann dazu führen, dass von seiner vollen Leistungsfähigkeit auszugehen ist. – Der **Anwendungsbereich** der Vorschrift, die nur geringe praktische Bedeutung hat, erfasst den nachehelichen Unterhalt, auch in seiner Ausgestaltung durch eine Vereinbarung nach § 1585 c, nicht dagegen lediglich vertraglich eingeräumte Unterhaltsansprüche.[1]

II. § 1604 entsprechend

2 **1. Bestehende Gütergemeinschaft. a) S. 1.** Der unterhaltspflichtige Ehegatte wird, ist nicht auch sein neuer Ehegatte unterhaltspflichtig, so behandelt, als ob das **Gesamtgut ihm allein** gehört (Verweisung auf § 1604 S. 1). Die Vereinbarung der Gütergemeinschaft in der Folgeehe kann den Unterhaltsanspruch verstärken oder erst begründen, etwa im Falle des § 1576 oder wenn das Gesamtgut überwiegend oder ganz vom neuen Ehegatten stammt. Doch kann die Haftung für alle Gesamtgutsverbindlichkeiten und der aus dem Gesamtgut zu deckende Bedarf des neuen Ehegatten (vgl. §§ 1420, 1437, 1459) die Leistungsfähigkeit des Verpflichteten (§ 1581) auch mindern. Sondergut (§ 1417) und Vorbehaltsgut (§ 1418) sind nur dem Ehegatten der Folgeehe zuzurechnen, dem diese Gütermassen gehören, und erhöhen allein dessen Leistungsfähigkeit.

3 **b) S. 2.** Ist auch der andere Ehegatte der Folgeehe gegenüber Verwandten oder einem früheren Ehegatten unterhaltspflichtig, führt S. 2 zu einem Gleichrang nach den allgemeinen gesetzlichen Vorschriften,[2] weshalb das Gesamtgut je nach Umfang und Stärke (§§ 1582, 1609) der Unterhaltspflichten **nicht notwendig gleichmäßig** für die jeweiligen Berechtigten herangezogen zu werden braucht.[3]

4 **c) Haftung des neuen Ehegatten.** Neben die Haftung des geschiedenen Ehegatten tritt unabhängig davon, welchem Ehegatten das Recht zur Verwaltung des Gesamtguts zusteht, nach §§ 1437 Abs. 2 S. 1, 1459 Abs. 2 S. 1 die **gesamtschuldnerische** Haftung seines neuen, mit ihm in Gütergemeinschaft lebenden Ehegatten. Diese Haftung endet mit der Beendigung der Gütergemeinschaft (jeweils S. 2).

5 **2. Fortgesetzte Gütergemeinschaft.** Verstirbt der neue Ehegatte, ist § 1583 entsprechend anzuwenden, wenn der Verpflichtete die Gütergemeinschaft mit gemeinsamen Abkömmlingen fortsetzt (§ 1483 Abs. 1). Dagegen haftet das Gesamtgut für Unterhaltsverbindlichkeiten (§ 1488 iVm. § 1604) nicht, wenn der Verpflichtete verstorben ist und der neue Ehegatte – der nach § 1489 auch persönlich haftet (§ 1489 Abs. 2), seine Haftung jedoch auf das Gesamtgut beschränken kann (Abs. 2) – die Gütergemeinschaft mit den gemeinschaftlichen Abkömmlingen fortsetzt. Dann gilt § 1586 b als lex specialis.[4]

---

[1] AllgM, vgl. lediglich AnwK-BGB/*Lier* RdNr. 2 mwN.

[2] RGRK/*Cuny* RdNr. 5.

[3] RGRK/*Cuny* RdNr. 4; *Soergel/Häberle* RdNr. 3; *Griesche* FamGb RdNr. 3; *Johannsen/Henrich/Büttner* RdNr. 2.

[4] *Erman/Dieckmann* RdNr. 2; RGRK/*Cuny* RdNr. 9; AnwK-BGB/*Lier* RdNr. 4; aA *Soergel/Häberle* RdNr. 4.

III. Beendigung der Gütergemeinschaft

Führt der Tod eines Ehegatten nicht zur Fortsetzung der Gütergemeinschaft, sondern zu 6
ihrer Beendigung, findet § 1583 keine Anwendung. Bei der Auseinandersetzung ist die Unterhaltsschuld zunächst zu berichtigen (§ 1475 Abs. 1 S. 2, aber auch Abs. 2). Eine persönliche gesamtschuldnerische Haftung des neuen Ehegatten endet (§ 1459 Abs. 2 S. 2; dazu auch RdNr. 4). Der Anteil des überlebenden unterhaltspflichtigen Ehegatten am Gesamtgut ist in die Beurteilung seiner Leistungsfähigkeit einzubeziehen. Beim Tod des Verpflichteten bestimmt sich die Haftung seiner Erben nach § 1586 b; sein Anteil am Gesamtgut gehört zum Nachlass (§ 1482 S. 1) und bestimmt dessen Leistungsfähigkeit.

§ 1584 Rangverhältnisse mehrerer Unterhaltsverpflichteter

[1] Der unterhaltspflichtige geschiedene Ehegatte haftet vor den Verwandten des Berechtigten. [2] Soweit jedoch der Verpflichtete nicht leistungsfähig ist, haften die Verwandten vor dem geschiedenen Ehegatten. [3] § 1607 Abs. 2 und 4 gilt entsprechend.

Schrifttum: *Beckmann,* Kein Unterhaltsanspruch wegen „grober Unbilligkeit" (§ 1579 Abs. 1 BGB) – dann aber Unterhaltsanspruch gegen die Verwandten?, FamRZ 1983, 863; *Holzhauer,* Der Unterhaltsregreß, FS Ernst Wolf, 1985, S. 223; *Hoppenz,* Kindesunterhalt als verdeckter familienrechtlicher Ausgleich, FamRZ 1985, 437; *Maurer,* Ersatzhaftung von Verwandten bei Ausschluss des Ehegattenunterhalts nach § 1579 BGB?, FPR 2005, 331; s. auch Schrifttum zu § 1569.

Übersicht

I. Normzweck

Es steht nicht im Belieben eines nach §§ 1569 ff. unterhaltsberechtigten Ehegatten, sich 1
an seinen ehemaligen Ehegatten oder an einen nach §§ 1601 ff. unterhaltspflichtigen Verwandten zu wenden. Nach der in **S. 1** angeordneten Rangfolge mehrerer Verpflichteter geht die Haftung des geschiedenen Ehegatten der Haftung der Verwandten grundsätzlich vor. – **S. 2** regelt die Haftung der Verwandten bei Leistungsunfähigkeit des Verpflichteten. – Nach **S. 3** iVm. § 1607 Abs. 2 tritt die Haftung des Verwandten neben die des Ehegatten, wenn die Rechtsverfolgung gegen den vorrangig haftenden Ehegatten im Inland ausgeschlossen oder erheblich erschwert ist. Zudem ordnet die Verweisung auf § 1607 Abs. 2 insoweit den gesetzlichen Forderungsübergang an. – Die Regelung hat nur geringe praktische Bedeutung.

II. Haftung des geschiedenen Ehegatten

1. Grundsatz. Ist der geschiedene Ehegatte leistungsfähig und besteht gegen ihn ein 2
Unterhaltsanspruch, trifft ihn im Vergleich zu den Verwandten eine **erhöhte Verantwortung.** Er ist auch dann vorrangig zur Zahlung von Unterhalt verpflichtet, wenn die Eltern des Berechtigten wohlhabend sind, und unabhängig davon, ob sie ihrer Pflicht, diesem eine

angemessene Ausbildung zu ermöglichen (§ 1610 Abs. 2), nachgekommen sind. Eine Haftung der Verwandten des Berechtigten besteht daneben nur unter den Voraussetzungen des § 1607 Abs. 2 (dazu RdNr. 8–10).

3 **2. Haftung eines nichtehelichen Elternteils.** Das Gesetz regelt weder in § 1615l Abs. 3, Abs. 5 BGB noch in § 1608 BGB[1] noch in § 1584 das Rangverhältnis zwischen geschiedenem Ehegatten und nichtehelichem Elternteil, wenn dem Ehegatten wegen der Betreuung gemeinsamer Kinder noch ein Unterhaltsanspruch aus § 1570, andererseits ihm aber auch ein Unterhaltsanspruch aus § 1615l Abs. 1 S. 1, Abs. 2 und 5 zusteht. Nach wohl hM[2] haften der Ehegatte und der nicht verheiratete Elternteil, um ihrer jeweiligen Verantwortung flexibel Rechnung zu tragen, **anteilig** entsprechend § 1606 Abs. 3 S. 1 BGB, weil so das Alter, die Entwicklung und die Betreuungsbedürftigkeit der jeweiligen Kinder berücksichtigt werden können.

4 Doch besteht die für eine Analogiebildung erforderliche Lücke in der gesetzlichen Regelung nicht, weil sachgerechte Ergebnisse auch nach **Kausalitätsgesichtspunkten** gewonnen werden können. Denn die Haftung eines Ehegatten für den Bedarf des betreuenden Elternteils reicht immer nur so weit, als sie von der Betreuungsbedürftigkeit der ehegemeinsamen Kinder gefordert wird (§ 1570: „solange und soweit"). Sieht man den **Gesamtzusammenhang,** geht es nur vordergründig um den Haftungsrang; weitergehend geht es um die Konkurrenz mit **allen Unterhaltsansprüchen** des Ehegatten, insbesondere auch mit Ansprüchen aus §§ 1572, 1573 BGB, für die nicht auf eine entsprechende Anwendung von § 1606 Abs. 3 S. 1 BGB zurückgegriffen werden kann. – Deshalb haftet der nach § 1615l Abs. 2,[3] 5 erweitert unterhaltspflichtige **Elternteil** wegen seiner Verantwortlichkeit für die Bedürftigkeit des Elternteils[4] grundsätzlich vor dem Ehegatten,[5] soweit durch die Schwangerschaft oder die Kindesbetreuung ein **(Mehr-)bedarf** verursacht worden ist. Für den ohne sie bestehenden **Grundbedarf** haftet allein der Ehegatte, sofern er sich nicht auf § 1579 Nr. 7, 8 berufen kann.[6] Für den gewöhnlichen Unterhaltsanspruch geht § 1615l Abs. 1 BGB allerdings **unwiderlegbar** von der Bedürftigkeit aus, sodass der Unterhaltsanspruch des nicht verheirateten Elternteils vorgeht.[7]

III. Ausnahme

5 **1. Allgemeines. S. 2** regelt eine Selbstverständlichkeit, weil Wesen der Rangverhältnisse gerade ist, dass die Haftung nachrangiger Verpflichteter erst eintritt, wenn und soweit der vorrangig Haftende – aus welchem Grund auch immer (Ausnahme: Haftungsausschluss nach § 1579, dazu RdNr. 6) – zu Unterhaltszahlungen nicht verpflichtet ist. – Die Verwandten des Bedürftigen haften nicht erst dann vorrangig, wenn überhaupt kein, auch kein nach §§ 1581, 1582 verringerter Anspruch gegen den Ehegatten besteht. Ihre Haftung tritt nach S. 2 bereits dann ein, wenn der eigene eheangemessene Unterhalt des nach §§ 1569 ff.

[1] Anders *Brühl* FamRZ 1967, 130, 133; *Brüggemann* FamRZ 1971, 140, 146 f.

[2] Dazu etwa BGH NJW 1998, 1309 = FamRZ 1998, 541, 544; ebenso *Puls* FamRZ 1998, 865, 875; s. auch § 1615l RdNr. 52–57.

[3] OLG Hamm FamRZ 1989, 619, 620; FamRZ 1998, 1254, 1255 f.; OLG Düsseldorf FamRZ 1995, 690; aA OLG Hamm FamRZ 1997, 1538, 1539, weil nach der Neufassung durch das Schwangeren– und Familienhilfeänderungsgesetzes v. 21. 8. 1995 (BGBl. I S. 1050) unwiderleglich vermutet wird, dass einer Erwerbstätigkeit wegen der Kindesbetreuung nicht nachgegangen wird.

[4] BT-Drucksache V/2370 S. 57.

[5] So die bislang ganz hM, OLG Celle FamRZ 1979, 119, 120; OLG Koblenz FamRZ 1981, 92, 93 (für einen geschiedenen Ehemann); OLG Hamm FamRZ 1991, 979; *Gernhuber/Coester-Waltjen* § 59 RdNr. 27–29; *Soergel/Häberle* § 1615l RdNr. 5; aA OLG München FamRZ 1994, 1108, 1109 f.; FamRZ 1997, 613, 614; KG FamRZ 1998, 556, 557.

[6] OLG Zweibrücken NJW 1998, 318 = FamRZ 1998, 554, 555; *Göppinger/Wax/Maurer* RdNr. 981; RGRK/*Mutschler* § 1615l RdNr. 11. S. auch OLG Düsseldorf FamRZ 1995, 690; OLG Zweibrücken FamRZ 1998, 554: Für den Vorrang des nichtehelichen Vaters reicht aus, dass die Nichtvaterschaft zwischen Mutter und Ehegatte nicht streitig ist; aA OLG Hamm FamRZ 1989, 619.

[7] OLG Hamm FamRZ 1991, 979 = NJW 1991, 1763; OLG Düsseldorf FamRZ 1995, 690.

unterhaltspflichtigen Ehegatten iSd. § 1581 (dazu dort RdNr. 5, 6) gefährdet ist.[8] Kann der Ehegatte wenigstens einen Teil des dem Berechtigten zustehenden Unterhalts ohne Gefährdung des eigenen Bedarfs erbringen, bleibt es insoweit bei seiner vorrangigen Haftung nach S. 1;[9] nur wegen des Restes kann und muss sich der Bedürftige an seine unterhaltspflichtigen Verwandten halten. – § 1607 Abs. 2 ist gegen den geschiedenen Ehegatten nicht entsprechend anwendbar.[10] Folgerichtig tritt auch nicht die Ersatzhaftung aus S. 2 ein,[11] weil gerade kein Unterhaltsanspruch gegen den geschiedenen Ehegatten besteht.

2. Verwirkung. Hat sich ein geschiedener Ehegatte seines Unterhaltsanspruchs ganz oder teilweise nach § 1579 begeben, ist gleichwohl **§ 1611 Abs. 3** nicht entsprechend anwendbar.[12] Verwandte können nämlich nicht deshalb entlastet werden, weil ein Unterhaltsanspruch etwa wegen kurzer Ehedauer versagt worden ist. Eine entsprechende Anwendung scheidet aus, weil der Gesetzgeber in Kenntnis der Problematik keine dem § 1611 Abs. 3 entsprechende Regelung getroffen hat und eine solche auch aus verfassungsrechtlichen Gründen nicht geboten ist. Doch ist zu verlangen, dass zusätzlich ein Grund zur Beschränkung des Unterhaltsanspruchs nach § 1611 Abs. 1 auch gegenüber dem nachrangig haftenden Verwandten besteht.[13] 6

IV. § 1607 Abs. 2, 4 entsprechend

1. Schwierigkeiten der Rechtsverfolgung. Die Verwandten haften auch, wenn die Rechtsverfolgung im Inland ausgeschlossen oder erheblich erschwert ist (§ 1607 Abs. 2 S. 1). Im Gegensatz zu der Ersatzhaftung nach S. 2, die kein Rückgriffsrecht auslöst (dazu RdNr. 5), hat der ersatzweise leistende Verwandte einen Ersatzanspruch gegen den unterhaltspflichtigen geschiedenen Ehegatten (**S. 3,** dazu RdNr. 8–11). Die Rechtsverfolgung ist im **Inland** ausgeschlossen, wenn die internationale Zuständigkeit mangels örtlicher Zuständigkeit nach der lex fori (dazu aber auch §§ 23 a, 642 Abs. 3 ZPO, §§ 232 Abs. 3, 105 FamFG) fehlt oder die Zwangsvollstreckung im Inland unmöglich ist. Sie ist **erheblich erschwert,** wenn der Verpflichtete seinen Aufenthalt oder Arbeitsplatz ständig wechselt oder es unterlässt, eine bestehende Erwerbsmöglichkeit auszunutzen. Erforderlich ist weder eine fruchtlose Zwangsvollstreckung noch auch nur eine vergebliche Unterhaltsklage gegen den ehemaligen Ehegatten (zum Ganzen auch § 1607 RdNr. 8–10). 7

2. Gesetzlicher Forderungsübergang. a) Keine Zweckbestimmung beim Übergang. Der Anspruch eines unterhaltsberechtigten gegen den unterhaltspflichtigen Ehegatten geht nach § 1607 Abs. 2 S. 2 auf den nach **S. 3** iVm. § 1607 Abs. 2 S. 1 in Anspruch genommenen Verwandten über, soweit er außer seiner eigenen die vorrangige Verpflichtung des unterhaltspflichtigen geschiedenen Ehegatten erfüllt hat. 8

Auf diesen **gesetzlichen Forderungsübergang** ist grundsätzlich § 412 anwendbar. Mit der Forderung gehen die ihn sichernden Rechte über (§ 401 Abs. 2).[14] Da der Unterhaltsanspruch mit dem Übergang seine eigentliche **Zweckbestimmung** verliert, kann er als bloßer Ersatzanspruch abgetreten, ge- und verpfändet und es kann gegen ihn aufgerechnet werden (§§ 399, 400, 406); das Pfändungsverbot des § 850 b ZPO, § 95 Abs. 1 Nr. 1 FamFG entfällt ebenso wie das Pfändungsvorrecht des § 850 d ZPO, § 95 Abs. 1 Nr. 1 FamFG[15] und das Vorrecht aus § 401 Abs. 2 in der Insolvenz des Verpflichteten (§ 38 InsO 9

[8] OLG Braunschweig Urt. v. 3. 6. 1981 – 1 UF 161/80, juris [23].

[9] BT-Drucks. 7/650 S. 145.

[10] BT-Drucks. 7/650 S. 145: Eine entsprechende Regelung, die es auch im früheren Recht nicht gab, wurde absichtlich nicht ins neue Recht aufgenommen.

[11] *Soergel/Häberle* RdNr. 4.

[12] AA wohl *Palandt/Brudermüller* RdNr. 4.

[13] *Maurer* FPR 2005, 331, 334 f.; ähnlich *Göppinger/Wenz* 4. Aufl. RdNr. 1238, die eine Befreiung von der Unterhaltspflicht nur dann annehmen, wenn die Voraussetzungen des § 1611 Abs. 1 im Verhältnis zum Geschiedenen vorliegen; aA *Beckmann* FamRZ 1983, 863; auch noch 4. Aufl. RdNr. 6; ähnlich *Soergel/Häberle* RdNr. 7, der jedoch eine Analogie im Falle des Nr. 2 ablehnt.

[14] RGRK/*Cuny* RdNr. 12.

[15] RGRK/*Cuny* RdNr. 13; *Göppinger/Wax/van Els* RdNr. 1628; aA § 1607 RdNr. 13.

iVm. § 39 InsO);[16] für die Verjährung gilt weiter § 197 (§ 404; zum Ganzen § 1607 RdNr. 13). Da der Unterhaltsanspruch nur so übergehen kann, wie er beim Verpflichteten bestanden hat, kann sich der geschiedene Ehegatte gegenüber dem Verwandten auf § 1585 b, insbesondere auf dessen Abs. 2 und 3, berufen.[17]

10 **b) Schutz des Berechtigten.** Der Übergang kann nicht zum Nachteil des Berechtigten geltend gemacht werden (§ 1607 Abs. 4).[18] Erfüllt der Verwandte den gegen den geschiedenen Ehegatten bestehenden Unterhaltsanspruch **teilweise,** geht die Forderung des Berechtigten auch nur in Höhe dieses Teils über. Der beim Berechtigten verbleibende Restanspruch geht einschließlich etwa konkurrierender Ansprüche (dazu RdNr. 11)[19] dem übergegangenen Teil bei der Befriedigung aus einer für den Unterhalt geleisteten Sicherheit im Rang vor.

11 **c) Anspruchskonkurrenzen.** Neben dem übergegangenen Anspruch bestehen nicht auch Ansprüche aus **Geschäftsführung ohne Auftrag** oder **ungerechtfertigter Bereicherung;**[20] sie würden dem leistenden Verwandten auch keinen Vorteil bringen, weil der Forderungsübergang gerade nicht bewirkt, dass die Schuld erlischt. Zahlt dagegen ein nicht Unterhaltspflichtiger Unterhalt an einen unterhaltsberechtigten geschiedenen Ehegatten, können ihm Ersatzansprüche aus Geschäftsführung ohne Auftrag oder ungerechtfertigter Bereicherung zustehen.[21]

V. Vertraglicher Unterhaltsanspruch

12 § 1584 findet auch Anwendung, wenn die Ehegatten in einer nur zwischen ihnen und nicht auch im Verhältnis zu den Verwandten geltenden Vereinbarung für die nacheheliche Zeit den **gesetzlichen Unterhaltsanspruch** näher ausgestalten (dazu § 1585 c RdNr. 16, 17). – Wird der Unterhaltsanspruch aber unabhängig vom gesetzlichen Unterhaltsanspruch allein auf **vertraglicher Grundlage** geregelt (dazu § 1585 c RdNr. 18–20), ist § 1584 jedenfalls insoweit nicht anwendbar, als die Unterhaltsverpflichtung ohne Rücksicht auf die Bedürftigkeit des Berechtigten eingegangen wird. Fällt der Berechtigte infolge der Vereinbarung, insbesondere wegen eines Verzichtes, zwangsläufig der Fürsorge seiner Verwandten anheim, kann sie wegen Verstoßes gegen die guten Sitten nichtig sein, wenn nicht verständige Gründe für die Vereinbarung vorliegen.[22] Soweit der vertragliche Anspruch die Bedürftigkeit des Berechtigten ausschließt, besteht kein Unterhaltsanspruch gegen den Verwandten. Zahlt dieser gleichwohl, geht der Anspruch nicht auf ihn über; er ist auf Ansprüche aus Geschäftsführung ohne Auftrag oder ungerechtfertigter Bereicherung verwiesen (dazu auch RdNr. 11).[23] Anwendbar ist dagegen **S. 3,** der einen allgemeinen Rechtsgedanken ausdrückt.[24]

VI. Darlegungs- und Beweislast

13 Nimmt der unterhaltsberechtigte geschiedene Ehegatte einen **Verwandten** auf Unterhalt in Anspruch, muss er die Leistungsunfähigkeit des vorrangig haftenden Ehegatten iSd. § 1581 und die Erschwernisse bei der Rechtsverfolgung (dazu RdNr. 7) darlegen und ggf. beweisen.[25] Der in Anspruch genommene Verwandte muss beweisen, dass der ehemalige

---

[16] RGRK/*Cuny* RdNr. 12.

[17] RGRK/*Cuny* RdNr. 13; ebenso § 1607 RdNr. 14; aA die 3. Aufl. RdNr. 5; *Kropholler* FamRZ 1965, 413, 417; *Stolterfoth* FamRZ 1971, 351.

[18] S. 3 geändert durch Art. 1 Nr. 2 KindUG, § 1607 Abs. 2 ohne inhaltliche Änderung geändert und Abs. 4 eingefügt durch Art. 1 Nr. 5 KindUG.

[19] Dazu *Göppinger/Wax/van Els* RdNr. 1642.

[20] *Göppinger/Wax/van Els* RdNr. 1629; s. auch § 1607 RdNr. 24.

[21] *Göppinger/Wax/van Els* RdNr. 1636.

[22] Zur Sozialhilfe: BGHZ 86, 82 = NJW 1983, 1851 = FamRZ 1983, 137, 138 f. Die dafür maßgeblichen Gründe sind auch im vorliegenden Zusammenhang von Bedeutung; RGRK/*Cuny* § 1585 c RdNr. 67.

[23] RGRK/*Cuny* RdNr. 15.

[24] *Soergel/Häberle* RdNr. 9; aA RGRK/*Cuny* RdNr. 15.

[25] OLG Hamm NJW-RR 1996, 67 = FamRZ 1996, 116, 117; OLG Schleswig OLGR 1996, 123; s. auch *Göppinger/Wax/van Els* RdNr. 1025 mwN.

Ehegatte seine Unterhaltspflicht erfüllt hat oder dass ein anderer Verpflichteter vorrangig haftet.[26] – Zwischen **geschiedenen** Ehegatten hat der Verpflichtete seine Leistungsunfähigkeit iSd. § 1581 darzulegen und zu beweisen. Beruft er sich auf den Haftungsvorrang eines Verwandten des Berechtigten, muss er beweisen, dass dieser vor ihm haftet, mithin dass es diesen Verwandten gibt und der eigene eheangemessene Unterhalt unter Berücksichtigung seiner sonstigen Verpflichtungen oder trotz Fehlens solcher Verpflichtungen gefährdet ist. Dagegen muss der Berechtigte die Leistungsunfähigkeit seiner Verwandten oder die Aussichtslosigkeit der Rechtsverfolgung gegen sie beweisen.[27]

Kapitel 4. Gestaltung des Unterhaltsanspruchs

§ 1585 Art der Unterhaltsgewährung

(1) [1] Der laufende Unterhalt ist durch Zahlung einer Geldrente zu gewähren. [2] Die Rente ist monatlich im Voraus zu entrichten. [3] Der Verpflichtete schuldet den vollen Monatsbetrag auch dann, wenn der Unterhaltsanspruch im Laufe des Monats durch Wiederheirat oder Tod des Berechtigten erlischt.

(2) Statt der Rente kann der Berechtigte eine Abfindung in Kapital verlangen, wenn ein wichtiger Grund vorliegt und der Verpflichtete dadurch nicht unbillig belastet wird.

Schrifttum: *Graba,* Darlehen statt Unterhalt, FamRZ 1985, 118; *Schmeiduch,* Ungekürzte Rente des Ausgleichsverpflichteten bei Abfindung von Unterhaltsansprüchen, AmtlMitt LVA Rheinprovinz 1994, 235.

Übersicht

I. Normzweck

1 Die Entrichtung des laufenden Unterhalts durch eine im Voraus zu entrichtende monatliche **Geldrente** (Abs. 1 S. 1, 2; ebenso § 1612 Abs. 1 S. 1) ermöglicht dem Berechtigten die Bestreitung seines monatlichen Lebensbedarfs. Der Unterhaltsschuldner kann nicht die Gestattung einer anderen Form der Unterhaltsgewährung verlangen (anders § 1612 Abs. 1 S. 2), ohne dass jedoch die Dispositionsbefugnis zu abweichenden vertraglichen Regelungen beschnitten würde. Abs. 2 lässt (wie § 62 Abs. 2 EheG) auf Verlangen des Berechtigten eine **Abfindung** in Kapital zu, weil es zweckmäßig sein kann, die wirtschaftlichen Beziehungen der geschiedenen Ehegatten so bald wie möglich zu lösen. Dagegen kann der Verpflichtete ihn nicht gegen seinen Willen abfinden (dazu RdNr. 9). – Abs. 1 S. 2, 3 gelten für den **versorgungsausgleichsrechtlichen Ausgleichsanspruch** nach § 1587 g Abs. 1 S. 1 (§ 1587 k Abs. 1; dazu dort RdNr. 5, 6) und für den **verlängerten schuldrechtlichen**

[26] Zum Ganzen *Göppinger/Wax/van Els* RdNr. 1024 mwN.

[27] OLG Düsseldorf FamRZ 1982, 611, 613; *Göppinger/Wax/van Els* RdNr. 1026 mwN.

Versorgungsausgleich (§ 3a Abs. 6 VAHRG; dazu dort RdNr. 31) entsprechend (dazu auch §§ 20 Abs. 3, 25 Abs. 4 VersAusglG).

II. Laufender Unterhalt

2 **1. S. 1 und 2. a) Art der Unterhaltsgewährung.** Die Unterhaltsrente ist eine **Geldschuld.** Eine andere Art der Unterhaltsgewährung (etwa Überlassung einer Wohnung[1] oder Leistung von Naturalien; dazu auch Vor § 1569 RdNr. 6, § 1585 RdNr. 3, § 1585c RdNr. 17) können zwar vereinbart (§ 1585c), von Abs. 2 abgesehen aber weder vom Berechtigten noch vom Verpflichteten verlangt werden.[2] Allenfalls in Zeiten allgemeiner Not, in denen lebenswichtige Verbrauchsgüter für Geld nicht oder nicht ohne weiteres zu erwerben sind, ist die Umwandlung in eine Naturalleistungspflicht denkbar. Nimmt aber der Gläubiger statt Geld eine andere Leistung an, tritt Erfüllung ein (§ 364 Abs. 1). Leben Gläubiger und Schuldner in verschiedenen Währungsgebieten, können sich besondere Probleme aus der Frage ergeben, in welcher Währung der Gläubiger den Unterhalt im Inland verlangen kann.[3] – Zur Geltendmachung und Zahlung des **Vorsorgeunterhalts** s. § 1578 RdNr. 210, allgemein zum Vorsorgeunterhalt § 1578 RdNr. 70–82.

3 Im Ausnahmefall, für den der Verpflichtete beweispflichtig ist,[4] kann dem Berechtigten die Entgegennahme seines Unterhalts als **Darlehen** zumutbar sein. Hat er etwa einen Rentenantrag gestellt und bezieht eine Rente, kann ihm bis zur Wirksamkeit des **Versorgungsausgleichs** ein Unterhaltsanspruch aus §§ 1571, 1572 zustehen. Zwar kann er, weil dem gesetzlichen Unterhaltsrecht fremd, keine darlehens- oder vorschussweise Befriedigung **verlangen.** Doch muss er ein Angebot des Verpflichteten auf ein zins- und tilgungsfreies Darlehen unter Verzicht auf Rückzahlung bei Ablehnung des Rentenantrags zur Abwendung seiner Bedürftigkeit und Abtretung seines Rentenanspruchs (§ 53 Abs. 2 S. 1 SGB I) zur Sicherheit annehmen. Seine Nichtannahme führt als Obliegenheitsverletzung zur Zurechnung fiktiver Mittel und zum Entfallen der Bedürftigkeit.[5] – Bezieht der Berechtigte nach Durchführung des Versorgungsausgleichs eine bedarfsdeckende Rente, kann der Unterhaltsanspruch für den Zeitraum, für den Rente bezahlt wird, auch **rückwirkend entfallen.** – Nach Wirksamkeit des Versorgungsausgleichs geleisteter Unterhalt kann nach § 812 Abs. 1 S. 1 (Erfüllung einer Nichtschuld) **kondiziert** werden, soweit der Rentenanspruch des Berechtigten – der sich auf Entreicherung durch Verbrauch nicht berufen kann, weil er entsprechende Aufwendungen aus der Rente erspart hat – auf dem Versorgungsausgleich beruht.[6] – Wurde dem Berechtigten – mit oder ohne Versorgungsausgleich – **nachträglich** für Zeiträume, für die der Verpflichtete bereits Unterhalt bezahlt hat, eine Rente bewilligt und bezahlt, kann der Verpflichtete vom Berechtigten nach **Treu und Glauben** (§ 242) Erstattung in der Höhe verlangen, in der sich der Unterhaltsanspruch bei Bezug der Rente bereits ermäßigt hätte.[7] – Zur Obliegenheit des Berechtigten, seinen Bedarf durch die Aufnahme eines **Darlehens** zu bestreiten, s. § 1578 RdNr. 183, 184.

4 **b) Zeitraum.** Die Unterhaltsrente ist **monatlich** im Voraus zum 1. eines jeden Kalendermonats zu entrichten (S. 2). Eine erst während eines laufenden Monats einsetzende

---

[1] Dazu OLG Düsseldorf NJW-RR 1994, 326 = FamRZ 1994, 1049, 1052; OLG Karlsruhe FamRZ 1995, 1157, 1158.

[2] *Göppinger/Wax/Strohal* RdNr. 113.

[3] *Göppinger/Wax/Linke* RdNr. 3094f.

[4] AA *Graba* FamRZ 1985, 118, 119.

[5] BGH NJW 1983, 1481 = FamRZ 1983, 574, 575; NJW 1989, 1990 = FamRZ 1989, 718, 719; NJW 1990, 709 = FamRZ 1990, 269, 272; OLG Köln NJW 1980, 2817, 2818; OLG Karlsruhe FamRZ 1981, 784, 785; s. dazu auch *Graba* FamRZ 1985, 118ff.

[6] BGHZ 83, 278 = NJW 1982, 2826 = FamRZ 1982, 470.

[7] BGH NJW 1983, 1481 = FamRZ 1983, 574, 575; FamRZ 1989, 718, 719f.; NJW 1990, 709 = FamRZ 1990, 269, 272; auch OLG Frankfurt a. M. FamRZ 1987, 1270, 1271; OLG Hamm FamRZ 1988, 732, 733; OLG Zweibrücken FamRZ 1997, 504, 505.

Unterhaltsverpflichtung (§§ 1585 b Abs. 2, 1613 Abs. 1 S. 2) ist mit Inverzugsetzung in voller Höhe auszugleichen.

c) Gefahr- und Kostentragung. Der Verpflichtete hat seine Schuld durch Übermittlung der Geldrente auf seine Gefahr und seine Kosten am Wohnsitz des Berechtigten im Zweifel in bar zu erfüllen (§ 270 Abs. 1). Vielfach wird jedoch auf ein Konto überwiesen, was meist durch die Annahme einer entsprechenden stillschweigenden Vereinbarung infolge der Bekanntgabe der Kontonummer oder der widerspruchslosen Entgegennahme einer Überweisung gedeckt sein wird.[8] 5

d) Rechtzeitigkeit. Die Rente ist nach allgemeiner Meinung monatlich im Voraus entrichtet, wenn der Verpflichtete das Geld rechtzeitig, also am Monatsersten, **abgesandt** hat (Einzahlung bei der Post, Überweisungsauftrag an die Bank, Übergabe oder Absendung eines gedeckten Schecks), auch wenn das Geld erst später beim Berechtigten eintrifft, weil die „Zeitgefahr" nicht unter § 270 Abs. 1 fällt.[9] Der Verpflichtete kann sich hierauf nach Treu und Glauben jedoch dann nicht berufen, wenn es wegen mangelnder Deckung seines Kontos zu einer verzögerten Überweisung kommt.[10] – Die Parteien können einvernehmlich **andere Regelungen** vereinbaren. – Hält der Verpflichtete den Termin nicht ein, haftet er nach den Vorschriften über den **Verzug** (§§ 287, 288, 246). In jedem Falle sind die Unterhaltsschulden ab **Rechtshängigkeit** zu verzinsen (§ 291).[11] 6

2. S. 3. Der – auch vertraglich vereinbarte – Unterhaltsanspruch erlischt mit der **Wiederheirat,** Begründung einer **Lebenspartnerschaft** oder dem **Tod** des Berechtigten (§ 1586 Abs. 1). Der volle Monatsbetrag wird auch geschuldet, wenn der Berechtigte im Laufe eines Monats wieder heiratet, stirbt oder er eine Abfindung verlangt. Ebenso entsprechend S. 3, wenn der Unterhaltsanspruch aus **anderen Gründen** entfällt, etwa die Betreuung eines Kindes endet oder der Berechtigte eine angemessene Erwerbstätigkeit aufnimmt, die seinen vollen Unterhalt deckt, nicht dagegen, wenn der Unterhaltsanspruch aus Gründen endet, die der Berechtigte zu vertreten hat (§ 1579).[12] 7

3. Befristung. Da der Anspruch auf eine Unterhaltsrente nur solange besteht, wie der Berechtigte bedürftig ist, ist er grundsätzlich zu befristen. Ohne dass zu strenge Anforderungen zu stellen sind, muss der Berechtigte deshalb die Dauer seines Anspruchs darlegen und beweisen. Dagegen scheidet eine Befristung für die Unterhaltsansprüche aus §§ 1571, § 1572 und § 1573 Abs. 2 idR aus,[13] weil insoweit ein Wegfall der Bedürftigkeit des Berechtigten nicht zu erwarten ist (dazu auch § 1578 b RdNr. 44). – In der familiengerichtlichen Praxis ist eine Befristung außerhalb der §§ 1578 b, 1579 wegen der mangelnden Vorhersehbarkeit des Wegfalls der Bedürftigkeit dagegen die Ausnahme.[14] Der Verpflichtete ist dann auf die Geltendmachung seines Auskunfts- und Beleganspruchs sowie ggf. die Erhebung einer Abänderungsklage verwiesen. 8

III. Abfindung

1. Allgemeines. Der Berechtigte, nicht aber der Verpflichtete,[15] kann statt der Unterhaltsrente eine Abfindung in Kapital verlangen,[16] wenn ein wichtiger Grund vorliegt und 9

---

[8] Zum Ganzen *Göppinger/Wax/Strohal* RdNr. 111.

[9] BGHZ 44, 178 = NJW 1966, 46; NJW 1964, 499; OLG Köln FamRZ 1990, 1243, 1244 mwN; FamRZ 1995, 1216; *Göppinger/Wax/Strohal* RdNr. 123 mwN; aA etwa – für einen Vergleich – AG Überlingen FamRZ 1985, 1143.

[10] S. auch AG Überlingen FamRZ 1985, 1143.

[11] BGH NJW-RR 1987, 386 = FamRZ 1987, 352.

[12] AA RGRK/*Cuny* RdNr. 3; *Soergel/Häberle* RdNr. 5.

[13] *Soergel/Häberle* RdNr. 6

[14] Dazu auch AnwK-BGB/*Lier* RdNr. 19.

[15] BGH NJW-RR 1993, 1218 (LS) = FamRZ 1993, 1186, 1187 f.

[16] Zur gleichwohl verwehrten Kürzung nach § 5 Abs. 1 (dazu auch §§ 33–38 VersAusglG) VAHRG s. BGHZ 126, 202 = NJW 1994, 2481 = FamRZ 1994, 1171, 1172 f.; BSG NJW-RR 1995, 840 m. zust. Anm. *Schmeiduch* AmtlMitt LVA Rheinprovinz 1994, 235 und § 5 VAHRG RdNr. 31; s. auch OVG Rheinland-

der Verpflichtete dadurch nicht unbillig belastet wird. Dem kommt jedoch nur eine geringe praktische Bedeutung zu. Mit seinem Verlangen als einer einseitigen empfangsbedürftigen Willenserklärung übt der Berechtigte sein **Gestaltungsrecht** aus (dazu auch RdNr. 13, 17). Die Forderung ist auf Zahlung eines **Geldbetrages** zu richten. Die Übertragung eines bestimmten **Vermögensgegenstandes** kann nicht verlangt werden,[17] doch ist eine entsprechende vertragliche Regelung nach § 1585 c möglich (dazu dort RdNr. 17). – Die Abfindung in Kapital ist keine **außergewöhnliche Belastung** iSv. § 33 a Abs. 1 EStG[18] und berechtigt nicht zum Bezug eines **Familienzuschlags** nach §§ 40 Abs. 1 Nr. 3, Abs. 2 Nr. 3 a BBesG.[19] – Kommt es nicht zu einer Abfindung, bleibt es beim Anspruch des Berechtigten auf eine Unterhaltsrente.

10 **2. Wichtiger Grund.** Er wird meist beim **Berechtigten** vorliegen und wird schon dann bejaht, wenn dieser das Kapital zum Aufbau einer selbständigen Lebensstellung benötigt, etwa zum Kauf oder zur Gründung eines Erwerbsgeschäfts, zur Beteiligung an einem Unternehmen, aber auch wenn der Unterhaltsanspruch auf § 1575 gestützt ist, um die Kosten einer Aus- oder Fortbildung oder Umschulung zu bestreiten,[20] oder wenn er auswandern will. Umstände, die zu einem Wegfall des Unterhaltsanspruchs führen, wie etwa die Wiederheirat des Berechtigten (§ 1586 Abs. 1), scheiden als wichtiger Grund aus.[21] – In der Person oder den Verhältnissen des **Verpflichteten** liegende Umstände rechtfertigen die Annahme eines wichtigen Grundes, etwa ständiger Zahlungsverzug oder die Unfähigkeit zur Sicherheitsleistung (s. § 1585 a; allgM), allgemein: Zu erwartende Schwierigkeiten bei der Durchsetzung der Unterhaltsansprüche infolge eines ausländischen Wohnsitzes des Verpflichteten, ständigen Wohnsitzwechsels oder seiner Beerbung durch mehrere Erben.[22] Ebenso im Hinblick auf den grundsätzlichen Vorrang nach § 1582 eine, auch beabsichtigte, Wiederheirat,[23] im Hinblick auf den Gleichrang nach § 1609 die Geburt eines Kindes aus einer neuen Ehe, eine Annahme an Kindes statt, die Anerkennung einer Vaterschaft etc.[24]

11 **3. Unbillige Belastung.** Die Abfindung muss für den Verpflichteten tragbar sein.[25] Sie darf nicht zu einer Gefährdung seines eigenen eheangemessenen Unterhalts und seiner sonstigen ehebedingten Verpflichtungen etwa aus dem güterrechtlichen oder dem Versorgungsausgleich (§ 3 b Abs. 1 Nr. 2 VAHRG,[26] § 1587 l; dazu auch §§ 23, 24 VersAusglG) führen. In die Beurteilung sind seine gesamten wirtschaftlichen Verhältnisse einzubeziehen. Nach ihnen richtet sich insbesondere auch die Obliegenheit zur Veräußerung von Vermögensgegenständen, die jedenfalls nicht unter Wert erfolgen muss. Da dem Verpflichteten eine stärkere wirtschaftliche Beeinträchtigung nicht zumutbar ist, wird eine Kapitalabfindung nur für vermögende Verpflichtete in Betracht kommen.[27] Dass er die verlangte Abfindung unschwer erbringen könnte, ist aber stets unerheblich.[28] – Würde die Abfindung

---

Pfalz NJW 1989, 2831 = FamRZ 1990, 104, 105 f. Zur Berücksichtigung der Abfindung bei der Bestimmung des Ortszuschlags nach § 40 Abs. 2 Nr. 3 BBesG s. BAGE 55, 379 = AP § 611 Nr. 64 Dienstordnungs-Angestellte m. Anm. *Kaiser*; BVerwG NJW 1991, 2718 = FamRZ 1992, 173, 174 ff.; VGH Baden-Württemberg NVwZ-RR 1992, 497; OVG Rheinland-Pfalz NVwZ-RR 1997, 723.

[17] AG Glückstadt FamRZ 1978, 781.

[18] FG Nürnberg Urt. v. 4. 2. 2003 – I 317/1999, juris [27 ff.]; FG Köln Urt. v. 10. 11. 2004 – 14 K 3586/02, juris [23, 24]; s. auch *Göppinger/Wax/Märkle* RdNr. 4137 mwN aus der Rspr. des BFH.

[19] BVerwG NJW 2003, 1886 = FamRZ 2003, 1385 (LS).

[20] *Soergel/Häberle* RdNr. 9; *Göppinger/Wax/Bäumel* RdNr. 1066; *Schwab/Borth* IV RdNr. 1194. Zu Letzterem aA *Palandt/Brudermüller* RdNr. 5.

[21] RGRK/*Cuny* RdNr. 7; § 1586 RdNr. 7; *Gernhuber/Coester-Waltjen* § 30 RdNr. 148.

[22] RGRK/*Cuny* RdNr. 7.

[23] RGRK/*Cuny* RdNr. 7; aA die hM, vgl. RG DR 1939, 308; *Soergel/Häberle* RdNr. 9; *Gernhuber/Coester-Waltjen* § 30 RdNr. 147.

[24] Vgl. *Göppinger/Wax/Bäumel* RdNr. 1067.

[25] Amtliche Begründung zu § 70 EheG 1938, DJ 1938, 1111.

[26] *Soergel/Häberle* RdNr. 11.

[27] RGRK/*Cuny* RdNr. 8.

[28] RGRK/*Cuny* RdNr. 7; *Göppinger/Wax/Bäumel* RdNr. 1068; aA BT-Drucks. 7/650 S. 146; *Soergel/Häberle* RdNr. 9.

in der geforderten Höhe den Verpflichteten unbillig belasten, ist sie insgesamt abzulehnen und nicht lediglich der Betrag herabzusetzen.[29]

4. Höhe. In die Bemessung der Abfindung fließen neben der Höhe der Unterhaltsrente alle für eine Änderung oder den Wegfall des Anspruchs maßgeblichen Gesichtspunkte ein, insbesondere die voraussichtliche Entwicklung der Bedürftigkeit des Berechtigten und der Leistungsfähigkeit des Verpflichteten, aber auch die Lebenserwartung des Berechtigten, ohne dass insoweit allerdings die Tabellen der Versicherungsgesellschaften ohne weiteres herangezogen werden können, weil sie allein auf die Lebenserwartung abstellen.[30] Die Erwartung einer Wiederheirat des Berechtigten kann sich wegen dessen Eheschließungsfreiheit nur bei bereits konkreten Heiratsplänen die Abfindung mindernd auswirken (s. aber auch RdNr. 14).[31] 12

5. Erlöschen des Unterhaltsanspruchs. Die Umgestaltung (dazu RdNr. 9) von einem Anspruch auf laufenden Unterhalt in einen solchen auf eine Kapitalabfindung tritt mit **Zugang** des Abfindungsverlangens beim Verpflichteten ein (§ 130 Abs. 1), wenn die Voraussetzungen aus Abs. 2 vorliegen. Der Anspruch auf Rentenzahlung, ausgenommen auf den laufenden Monatsbetrag (dazu RdNr. 4), erlischt endgültig mit dem Zugang des Verlangens beim Verpflichteten,[32] vorausgesetzt es ist begründet, nicht erst mit der Rechtskraft eines Urteils, dem Einverständnis des Verpflichteten oder der Zahlung der Abfindung.[33] Stirbt der Verpflichtete nach der Umgestaltung, wird der Anspruch auf Kapitalabfindung zur Nachlassverbindlichkeit (dazu § 1586 b RdNr. 6). 13

6. Nachträgliche Änderung der maßgebenden Verhältnisse. Die Grundsätze über die Änderung der Geschäftsgrundlage gelten nicht (allgM). Deshalb hat eine nachträgliche Änderung der der Abfindung zugrunde gelegten Verhältnisse keine Auswirkungen auf die durch das Abfindungsverlangen geschaffene Rechtslage. Dies gilt auch für ein Eintreten der Voraussetzungen aus § 1579.[34] Hat der Berechtigte aber das Abfindungsverlangen erschlichen, etwa den Aufbau einer neuen Existenz angegeben, während der wahre Grund eine bevorstehende Wiederverheiratung war, kann ein Schadensersatzanspruch aus § 826 gegeben sein, bei vertraglichen Vereinbarungen auch ein Rückforderungsanspruch aus ungerechtfertigter Bereicherung.[35] 14

IV. Verfahren

1. Zuständigkeit. Rechtsstreitigkeiten über den Barunterhalt und eine Abfindung sind **Familiensachen,** für die die FamG zuständig sind (dazu Vor § 1569 RdNr. 27). 15

2. Rechtsschutzbedürfnis. Auch wenn der Verpflichtete die geschuldete Unterhaltsrente stets pünktlich bezahlt besteht ein Rechtsschutzbedürfnis für eine Klage, weil der Berechtigte gleichwohl die Titulierung verlangen kann. Anerkennt der Verpflichtete jedoch sofort, sind, weil er keinen Anlass zur Erhebung der Klage gegeben hat, dem Berechtigten nach § 93 ZPO, § 113 Abs. 1 FamFG die Kosten aufzuerlegen, und ihm ist Prozesskostenhilfe für die Klage mangels Erfolgsaussicht seiner Rechtsverfolgung zu versagen (§ 114 Abs. 1 ZPO, § 113 Abs. 1 FamFG). – Klageveranlassung hat der Verpflichtete allerdings gegeben, wenn er einem Begehren auf Titulierung nicht entsprochen,[36] der Berechtigte sich aber zur Übernahme der Kosten bereit erklärt hat.[37] Dem Berechtigten ist Prozesskostenhilfe zu gewähren, dem Verpflichteten ist sie mangels Erfolgsaussicht seiner Rechtsverteidigung zu versagen. 16

---

[29] *Soergel/Häberle* RdNr. 10; *Göppinger/Wax/Bäumel* RdNr. 1070.

[30] *Gernhuber/Coester-Waltjen* § 30 RdNr. 150.

[31] AA die wohl hM, RGRK/*Cuny* RdNr. 10; *Soergel/Häberle* RdNr. 10; *Göppinger/Wax/Bäumel* RdNr. 1070: Wiederverheiratungsaussichten des Berechtigten sind regelmäßig abfindungsmindernd zu berücksichtigen.

[32] AllgM, etwa AnwK-BGB/*Lier* RdNr. 13; *Göppinger/Wax/Bäumel* RdNr. 1069.

[33] So jedoch *Schwab/Borth* IV RdNr. 1199.

[34] *Soergel/Häberle* RdNr. 13.

[35] HM, s. lediglich RGZ 159, 166 = DR 1939, 308.

[36] Dazu auch BGH NJW 1998, 3116 = FamRZ 1998, 1165.

[37] Zum Ganzen *Schwab/Maurer/Borth* I RdNr. 573 mwN.

17 **3. Abfindung.** Dem Berechtigten obliegt die **Darlegungs- und Beweislast** für das Vorliegen eines wichtigen Grundes und die Höhe der Abfindung, dem Verpflichteten für die Unbilligkeit der Belastung.[38] – Da der Abfindungsanspruch kein Unterhaltsanspruch im engeren Sinne mehr ist (dazu RdNr. 9), sind auf ihn § 708 Nr. 8 ZPO – nach § 86 Abs. 2 FamFG bedarf es keiner Anordnung der vorläufigen Vollstreckbarkeit mehr, da die Beschlüsse mit Eintritt ihrer Wirksamkeit vollstreckbar werden[39] – sowie die Vorschriften über den **Pfändungsschutz** (§ 850 b ZPO, § 95 Abs. 1 Nr. 1 FamFG) und das **-vorrecht** (§ 850 d ZPO, § 95 Abs. 1 Nr. 1 FamFG) nicht anwendbar, auch ist er **abtretbar** und **pfändbar.**[40] In der **Insolvenz** des Berechtigten gehört er zur Insolvenzmasse (§ 35 InsO), in der Insolvenz des Verpflichteten ist er Insolvenzforderung (§ 38 InsO), soweit er im Zeitpunkt der Insolvenzeröffnung bereits fällig war (s. dazu auch Vor § 1569 RdNr. 44).

§ 1585 a Sicherheitsleistung

(1) [1] Der Verpflichtete hat auf Verlangen Sicherheit zu leisten. [2] Die Verpflichtung, Sicherheit zu leisten, entfällt, wenn kein Grund zu der Annahme besteht, dass die Unterhaltsleistung gefährdet ist oder wenn der Verpflichtete durch die Sicherheitsleistung unbillig belastet würde. [3] Der Betrag, für den Sicherheit zu leisten ist, soll den einfachen Jahresbetrag der Unterhaltsrente nicht übersteigen, sofern nicht nach den besonderen Umständen des Falles eine höhere Sicherheitsleistung angemessen erscheint.

(2) Die Art der Sicherheitsleistung bestimmt sich nach den Umständen; die Beschränkung des § 232 gilt nicht.

Schrifttum: *Derleder, P.,* Zum Rechtsschutz gegen den Unterhaltspflichtigen bei Gefahr der Vermögensverschiebung, FuR 1994, 95; s. auch Schrifttum Vor § 1569.

I. Normzweck

1 Der Unterhaltsanspruch des geschiedenen Ehegatten bedarf wegen dem meist vorgegebenen Interesse des Verpflichteten, an seinen geschiedenen Ehegatten keinen Unterhalt mehr zahlen zu müssen, in besonderem Maße des Schutzes vor dessen Zahlungsunwilligkeit und planmäßiger Vereitelung des Anspruchs. Diesem Bedürfnis wurde durch § 62 Abs. 1 S. 3 EheG, wonach Sicherheit zu leisten war, wenn die Gefahr bestand, dass sich der Verpflichtete seiner Unterhaltspflicht entziehen will, nicht ausreichend entsprochen, weil nicht ausgeschlossen werden konnte, dass sich entsprechende Bestrebungen des Verpflichteten der Kenntnis des Berechtigten entziehen und bei Kenntniserlangung die Durchsetzung einer Sicherheitsleistung oft nicht mehr möglich war.[1] Deshalb wird dem Berechtigten ein **materiellrechtlicher Anspruch** auf Sicherheitsleistung eingeräumt. Die Interessen des Verpflichteten werden durch Abs. 1 S. 2, 3 gewahrt. – § 1585 a ist auf den **Trennungsunterhalt** aus § 1361[2] und den **Verwandtenunterhalt**[3] nicht entsprechend anwendbar, weil Zahlungsunwilligkeit und Anspruchsvereitelung während noch bestehender Ehe und zum Kindesunterhalt geringer ausgeprägt sein dürften.

II. Anspruch

2 **1. Voraussetzungen.** Nach Abs. 1 S. 1 hängt der Anspruch des Berechtigten auf Sicherheitsleistung – der nur zur Sicherung, nicht aber zur Erfüllung der Unterhaltsansprüche führen darf – allein davon ab, dass ein Unterhaltsanspruch gegeben ist (anders § 62 Abs. 1

[38] RGRK/*Cuny* RdNr. 13.
[39] BT-Drucks. 16/6308 S. 217.
[40] LG Bremen Rpfleger 1953, 585.
[1] BT-Drucks. 7/650 S. 146.
[2] OLG Düsseldorf FamRZ 1980, 1116.
[3] OLG Düsseldorf FamRZ 1981, 67, 68 f.

S. 3 EheG). Er entfällt nur (Abs. 1 S. 2), wenn entweder kein Grund zu der Annahme besteht, dass die Unterhaltsleistung **gefährdet** ist, oder der Verpflichtete durch die Sicherheitsleistung unbillig belastet würde. Bei unbilliger Belastung entfällt die Pflicht zur Sicherheitsleistung trotz der Gefährdung des Unterhaltsanspruchs, etwa wegen des Verlustes des Arbeitsplatzes aus betriebsbedingten Gründen. Eine **unbillige Belastung** kann vorliegen, wenn die Kreditwürdigkeit eines Selbständigen durch eine Sicherheitsleistung so stark eingeschränkt würde, dass seine wirtschaftliche Existenz gefährdet wäre;[4] doch wird diesem Umstand angesichts der Regelbeschränkung der Höhe der Sicherheitsleistung auf den Jahresbetrag der Unterhaltsrente (dazu RdNr. 3) nur geringe praktische Bedeutung zukommen.

2. Art. Sie bestimmt sich nach den Umständen des Einzelfalles. An die in § 232 aufgeführten Arten der Sicherheitsleistung besteht keine Bindung (Abs. 2). Sicherheit kann deshalb etwa auch durch die Verpfändung von Ansprüchen aus einer Lebensversicherung erbracht werden.[5] Dagegen besteht kein Anspruch auf die Abtretung von Lohn- und Gehaltsansprüchen, weil sie die geschuldete Leistung vorwegnehmen würde;[6] deren Ergebnis kann jedoch auch für künftig fällig werdende Beträge (§ 850 d Abs. 3 ZPO, § 95 Abs. 1 Nr. 1 FamFG) durch Pfändung und Überweisung nach §§ 829, 835 ZPO, § 95 Abs. 1 Nr. 1 FamFG aus einem Zahlungstitel erreicht werden. 3

3. Höhe. Abs. 1 S. 3 sieht idR eine Beschränkung der Höhe der Sicherheitsleistung auf den **einfachen Jahresbetrag** der Unterhaltsrente vor (anders § 62 Abs. 1 S. 4 EheG). Die Sicherheitsleistung ist auf einen geringeren als den Jahresbetrag **herabzusetzen,** wenn sich die Unterhaltsverpflichtung auf einen geringeren Zeitraum als ein Jahr erstreckt.[7] Sie ist heraufzusetzen, wenn konkrete Anhaltspunkte, etwa eine verschwenderische Lebensführung des Verpflichteten, für die Gefährdung der Erfüllung der Unterhaltspflicht sprechen. 4

III. Verfahren

1. Zuständigkeit. Rechtsstreitigkeiten um eine Sicherheitsleistung sind **Familiensachen,** für die die FamG zuständig sind (dazu Vor § 1569 RdNr. 27). 5

2. Antragsgrundsatz. Sicherheitsleistung wird nur auf Antrag (§ 308 Abs. 1 ZPO, § 113 Abs. 1 FamFG) angeordnet, der in einem selbständigen Verfahren, auch als Nachforderungsklage (§ 324 ZPO, § 113 Abs. 1 FamFG), oder im Wege der objektiven Klagenhäufung zusammen mit dem Zahlungsantrag gestellt werden kann. 6

3. Darlegungs- und Beweislast. Der Berechtigte kann vom Verpflichteten ohne weitere Darlegungen Sicherheitsleistung verlangen (s. RdNr. 2). Dagegen muss der Verpflichtete die Voraussetzungen aus Abs. 1 S. 2 darlegen und beweisen. 7

4. Gerichtliche Entscheidung. Vollstreckungsgegenklage. Das FamG setzt die **Höhe** und die **Art** der Sicherheitsleistung fest. Wurde Letzteres unterlassen, ist der Verpflichtete hinsichtlich der Art der Sicherheit frei. – Sind die Voraussetzungen für eine Sicherheitsleistung nachträglich entfallen, kann der Verpflichtete mit der Vollstreckungsgegenklage die **Aufhebung** der Anordnung betreiben.[8] 8

5. Einstweiliger Rechtsschutz. Der Berechtigte ist nur materiellrechtlich von weiteren Voraussetzungen für die Sicherheitsleistung befreit. Sucht er Sicherung durch einen Arrest, hat er auch den **Arrestgrund** aus § 917 ZPO, § 119 Abs. 2 S. 1 FamFG – Vereitelung oder wesentliche Erschwerung der Vollstreckung eines Urteils (Abs. 1) oder Vollstreckung im Ausland (Abs. 2) – glaubhaft zu machen.[9] 9

---

[4] BT-Drucks. 7/650 S. 146 f.

[5] *Soergel/Häberle* RdNr. 3.

[6] BT-Drucks. 7/650 S. 147 f.

[7] BT-Drucks. 7/650 S. 146 f.

[8] AA *Soergel/Häberle* RdNr. 4; *Baumbach/Lauterbach/Hartmann* § 324 RdNr. 3 (Geltendmachung mit der Nachforderungsklage aus § 324 ZPO).

[9] OLG Düsseldorf FamRZ 1980, 1116 f.

§ 1585 b Unterhalt für die Vergangenheit

(1) Wegen eines Sonderbedarfs (§ 1613 Abs. 2) kann der Berechtigte Unterhalt für die Vergangenheit verlangen.

(2) Im Übrigen kann der Berechtigte für die Vergangenheit Erfüllung oder Schadensersatz wegen Nichterfüllung nur entsprechend § 1613 Abs. 1 fordern.

(3) Für eine mehr als ein Jahr vor der Rechtshängigkeit liegende Zeit kann Erfüllung oder Schadensersatz wegen Nichterfüllung nur verlangt werden, wenn anzunehmen ist, dass der Verpflichtete sich der Leistung absichtlich entzogen hat.

Schrifttum: *Bentert,* Unterhalt für die Vergangenheit – Verzug nur durch Mahnung?, FamRZ 1993, 890; *Bergjan/Wermes,* Die Verjährung titulierter Unterhaltsrückstände bereits nach drei Jahren?, FamRZ 2004, 1087; *Borth,* Altersvorsorgeunterhalt für die Vergangenheit ohne ausdrückliche Geltendmachung, FPR 2008, 86; *Büttner,* Schuldrechtsmodernisierung und Familienrecht, insbesondere Verjährung, Verwirkung und Verzug, FamRZ 2002, 361; *Bißmaier,* Der Prozeßkostenvorschuß in der familiengerichtlichen Praxis, FamRZ 2002, 863; *Budde,* Die Stufenmahnung beim nachehelichen Ehegattenunterhalt, FamRZ 2005, 1217; *Gießler,* Verzug mit der Unterhaltszahlungsschuld bei sog. unbestimmter Mahnung, FamRZ 1984, 954; *Mertens,* Unterhaltsrückforderung und Vertrauensschutz, FamRZ 1994, 601; *Schmitz,* Zur Frage, wann eine Mahnung wegen eines künftigen Anspruchs auf nachehelichen Unterhalt auszusprechen ist, FamRZ 1988, 700; *Spangenberg,* Nachehelicher Unterhalt und Verzug, FamRZ 1993, 23. S. auch Schrifttum Vor § 1569.

Übersicht

A. Normzweck

1 Für einen zurückliegenden Zeitraum ist die Befriedigung von Bedürfnissen nicht möglich, weshalb grundsätzlich keine Notwendigkeit besteht, Unterhaltsansprüche für diese Zeit fortdauern zu lassen (**in praeteritum non vivitur,** s. auch § 1613). Zudem soll der Verpflichtete gegen Härten geschützt werden, die sich aus der Inanspruchnahme auf zwar fällige Unterhaltsforderungen, aber für eine Zeit, in der er mit dem Unterhaltsanspruch noch nicht rechnen musste, ergeben können.[1] – Die Interessen des Berechtigten fordern

[1] Dazu OLG Schleswig FamRZ 1989, 1092, 1094.

allerdings **Ausnahmen** vom Ausschluss der Unterhaltsnachforderung für die Vergangenheit dann, wenn er die Handlungen zur Geltendmachung seines Anspruchs vorgenommen hat, die von ihm erwartet werden konnten. So für den **Sonderbedarf** (s. auch § 1613 Abs. 2 Nr. 1) in Abs. 1 und für den **laufenden Unterhalt** ab Verzug und Rechtshängigkeit in Abs. 2 (s. auch § 1613 Abs. 1), Letztere allerdings wieder eingeschränkt durch Abs. 3, der als besondere Ausformung des Rechtsinstituts der Verwirkung an eine illoyal verspätete Geltendmachung des Rechts nachteilige Folgen für den Rechtsinhaber knüpft.[2] – Mit der Änderung von Abs. 2 durch das UÄndG 2007, die zur entsprechenden Anwendung von § 1613 Abs. 1 führt, werden strukturelle Brüche im Unterhaltsrecht beseitigt (dazu RdNr. 9, 13).

B. Sonderbedarf

Zum **Begriff** und zu **Einzelfällen** s. § 1578 RdNr. 83–86. Da § 1585 b Abs. 3 eine 2
eigenständige, § 1613 Abs. 2 Nr. 2 verwandte Regelung zur Verwirkung rückständiger Unterhaltsbeträge ist, nimmt **Abs. 1** nur § 1613 Abs. 2 Nr. 1, allerdings beschränkt auf Halbs. 1, in Bezug und nicht auch dessen Nr. 2 (zum Ganzen s. RdNr. 29). – Wegen Sonderbedarf kann als Ausnahme zu Abs. 2 Unterhalt auch für die **Vergangenheit** verlangt werden, weil es oft tatsächlich ausgeschlossen ist, den Verpflichteten vor dem Entstehen des Sonderbedarfs in Verzug zu setzen oder Klage gegen ihn zu erheben.

C. Rückständiger und laufender Unterhalt

I. Allgemeines

Laufender Unterhalt kann für die Vergangenheit, auch als Schadensersatz wegen Nicht- 3
erfüllung, erst ab Inverzugsetzung des Verpflichteten oder ab Rechtshängigkeit der Unterhaltsklage gefordert werden (Abs. 2, vgl. auch § 1613 Abs. 1), für die Zeit von 1 Jahr vor Rechtshängigkeit ebenso wie **Sonderbedarf** jedoch nur, wenn anzunehmen ist, dass der Verpflichtete sich der Leistung absichtlich entzogen hat (Abs. 3). Unerheblich ist, ob die Ansprüche auf einen **Sozialleistungsträger** übergegangen sind.[3] – Abs. 2, 3 sind **rechtsvernichtende Einwendungen** und als gesetzlich geregelter Fall der Verwirkung (s. auch RdNr. 27) von Amts wegen zu beachten. Sie sind auf vertragliche, den gesetzlichen Unterhaltsanspruch ausgestaltende **Vereinbarungen** entsprechend anwendbar[4] und gelten für den **versorgungsausgleichsrechtlichen Ausgleichsanspruch** nach § 1587 g Abs. 1 S. 1 (§ 1587 k Abs. 1; dazu § 1587 k RdNr. 5, 6)[5] und für den **verlängerten schuldrechtlichen Versorgungsausgleich** (§ 3 a Abs. 6 VAHRG; dazu dort RdNr. 31) kraft Gesetzes entsprechend (dazu auch §§ 20 Abs. 3, 25 Abs. 4 VersAusglG).

Nicht entgegen stehen diese Regelungen folgenden Ansprüchen: 4

– Auf **Rückzahlung** zu Unrecht gezahlten Unterhalts nach rückwirkender Abänderung eines Prozessvergleichs oder eines einseitigen notariellen Schuldanerkenntnisses und nach negativer Feststellungsklage gegen eine einstweilige Anordnung,[6] auch nicht auf Erstattung der nach Durchführung des **Versorgungsausgleichs** zu Unrecht an den Ehegatten

[2] BGHZ 84, 280 = NJW 1982, 1999 = FamRZ 1982, 898; BGHZ 103, 62 = NJW 1988, 1137 = FamRZ 1988, 370, 372 f.; BGHZ 105, 250 = NJW 1989, 526 = FamRZ 1989, 150, 152.

[3] BGH NJW-RR 1987, 1220 = FamRZ 1987, 1014, 1015.

[4] BGHZ 105, 250 = NJW 1989, 526 = FamRZ 1989, 150, 152.

[5] Dazu auch BGH NJW 1985, 2706 = FamRZ 1985, 263, 265; OLG Köln FamRZ 1985, 403 (LS); KG FamRZ 1987, 287, 289.

[6] BGH NJW-RR 1989, 709 = FamRZ 1989, 850; NJW 1990, 3274 = FamRZ 1990, 989, 990, jeweils mwN auch zur abw. Auffassung; OLG Düsseldorf FamRZ 1995, 742, 743; *Mertens* FamRZ 1994, 601 ff.

gezahlter Versorgungsleistungen[7] wegen des ausreichenden Schutzes des Schuldners durch § 818 Abs. 3.
– Auf Erstattung eines dem **begrenzten Realsplitting** zustimmenden Ehegatten (dazu § 1569 RdNr. 15)[8] und auf Freistellung von daraus erwachsenden Steuernachteilen.[9]
– Über die Unterhaltsforderung hinausgehenden Ansprüchen auf Ersatz von **Verzugsschäden.**[10]
– Abs. 3 Ansprüchen auf **Trennungsunterhalt.**[11]

II. Fälligkeit

5 **1. Verzug. a) Allgemeines.** Wie jede Forderung muss auch die Unterhaltsforderung fällig sein, damit sie verlangt werden kann. Ihre Fälligkeit tritt für jeden Monat, für den die allgemeinen Voraussetzungen für den Unterhaltsanspruch vorliegen, stets neu ein. – Auch mit der Erfüllung fälliger Unterhaltspflichten kann man nach § 286 Abs. 1 S. 1, Abs. 2 in Verzug geraten. Dazu muss der Verpflichtete aber seine Unterhaltspflicht dem Grunde und der Höhe nach kennen[12] und gleichwohl verschuldet nicht leisten (§ 286 Abs. 4). – Zu den **Rechtsfolgen** des Verzugs s. RdNr. 3.

6 **b) Mahnung.** Der Berechtigte muss, ggf. durch einen beauftragten Vertreter,[13] die **nicht formbedürftige**[14] Mahnung erklären. Zwar kann sie auch **konkludent** wirksam erklärt werden, wegen der erforderlichen Bestimmtheit allerdings nur in eng begrenzten Ausnahmefällen, etwa wenn der Berechtigte dem Verpflichteten im Rechtsstreit über den Trennungsunterhalt nach Eintritt der Rechtskraft des Scheidungsausspruchs durch sein Verhalten deutlich macht, den für die Trennungszeit verlangten Unterhalt in dieser Höhe auch in der nachehelichen Zeit zu fordern.[15]

7 Die Mahnung muss **bestimmt** und **eindeutig** sein. Deshalb muss die **Höhe** des verlangten Unterhaltsbetrages entweder in der Mahnung beziffert benannt oder aus dem Inhalt der Mahnung im Zusammenhang mit den Umständen des Falles ersichtlich sein.[16] Die Mitteilung der für den verlangten Unterhaltsbetrag maßgeblichen Daten und einer Berechnung ist nicht erforderlich.[17] Unerheblich ist auch die Kenntnis des Verpflichteten von den maßgeblichen Umständen.[18] Wird der begehrte Unterhaltsbetrag **nicht beziffert,** reicht allein die Kenntnis des Verpflichteten von den für die Errechnung des Unterhaltsanspruchs maßgeblichen Umständen und seine Verweisung auf die Einholung fachkundigen Rats nicht aus.[19] – Die Mahnung muss weder den **Zeitpunkt,** ab dem Zahlung begehrt wird, noch eine **Belehrung** über die Folgen der Nichterfüllung enthalten.[20] Wird ein Zeitpunkt nicht ausdrücklich genannt, tritt Verzug mit dem **Zugang** der Mahnung beim Verpflichteten (dazu RdNr. 13), bei Angabe eines – später liegenden – Zeitpunkts erst ab diesem ein. – Eine **Stufenmahnung,** mit der Auskunft und Belege und unbeziffert Unterhalt unter dem

[7] AA OLG Hamm NJW-RR 1994, 1287 = FamRZ 1994, 704.
[8] BGH NJW 1986, 254 = FamRZ 1985, 1232.
[9] BGH NJW 2005, 2223 = FamRZ 2005, 1162, 1163 f.; aA etwa OLG Hamburg FamRZ 2000, 888, 889.
[10] OLG Hamm FamRZ 1995, 613, 614.
[11] OLG Schleswig FamRZ 2000, 1367; ebenso § 1361 RdNr. 76; nicht eindeutig BGHZ 103, 62 = NJW 1988, 1137 = FamRZ 1988, 370, 372.
[12] BGH NJW 1982, 1983 = FamRZ 1982, 887, 890; NJW 1983, 2318 = FamRZ 1983, 352, 354; NJW 1984, 868 = FamRZ 1984, 163.
[13] Zum Kindesunterhalt OLG Düsseldorf FamRZ 2000, 442, 443.
[14] BGH NJW 1993, 1974 = FamRZ 1993, 1055, 1056.
[15] OLG Hamm FamRZ 1995, 1276.
[16] BGH NJW 1982, 1938 = FamRZ 1982, 887, 890; FamRZ 1983, 51, 52; NJW 1983, 2318 = FamRZ 1983, 352, 354; NJW 1984, 868 = FamRZ 1984, 163; NJW 1985, 486 = FamRZ 1985, 155, 157.
[17] AA wohl *Staudinger/Löwisch* § 284 RdNr. 10.
[18] OLG Stuttgart FamRZ 1984, 1234.
[19] BGH NJW 1984, 868 = FamRZ 1984, 163.
[20] OLG Bamberg FamRZ 1988, 1083, 1084; aA OLG Karlsruhe FamRZ 1998, 742 (für eine „Anmeldung" der Unterhaltsansprüche in bezifferter Höhe); OLG Brandenburg FamRZ 2006, 1784 mwN.

Vorbehalt der Bezifferung nach Auskunftserteilung verlangt wird, reicht ebenso wie eine **Stufenklage,** die auch zur Rechtshängigkeit des noch unbezifferten Zahlungsantrags führt (dazu RdNr. 21), stets für den Verzugseintritt aus.[21] – Wird Unterhalt für **mehrere Berechtigte** in einer Erklärung angemahnt – praktisch bedeutsam: der geschiedene Ehegatte verlangt Unterhalt sowohl für sich als auch für die von ihm vertretenen gemeinsamen Kinder –, muss entsprechend den Grundsätzen zur klageweisen Geltendmachung dieser Unterhaltsansprüche[22] aus der Mahnung ersichtlich sein, welcher Unterhaltsbetrag für welchen Berechtigten begehrt wird.[23] – Für den Verzugseintritt muss der Verpflichtete die Bedürftigkeit des Berechtigten **kennen** bzw. bei Anwendung der erforderlichen Sorgfalt auch kennen können.[24] Auf – auch unverschuldete – **Rechtsunkenntnis** oder **-irrtum** kann er sich als in seiner Risikosphäre liegend nur unter strengen Voraussetzungen berufen. Auch auf rechtskräftige Entscheidungen darf er nicht vertrauen, wenn er mit der abweichenden Beurteilung anderer Gerichte rechnen musste.[25]

c) Mahnungsgleiche Handlungen. aa) Prozesshandlungen. Einer Mahnung steht 8
die formlose Übersendung eines **Prozesskostenhilfegesuchs**[26] mit einer **Klageschrift** oder einem Klageentwurf – bei Zustellung der Klageschrift tritt Rechtshängigkeit ein (§§ 253 Abs. 1, 261 Abs. 1 ZPO, § 113 Abs. 1 FamFG; dazu RdNr. 21) – oder eines Antrags auf Erlass einer **einstweiligen Anordnung**[27] gleich. Für die Übersendung eines Antrags auf Erlass einer **einstweiligen Verfügung**[28] ist deren Beschränkung auf den notwendigen Unterhalt und ihre Befristung zu beachten. Die Klageerhebung im **Verbund** mit der Scheidungssache setzt nicht in Verzug, weil der nacheheliche Unterhalt noch nicht fällig ist (dazu RdNr. 12).[29] – Keine Inverzugsetzung bewirken, weil sie keine Erklärung des Berechtigten beinhalten, die Anzeige und die Einleitung eines Strafverfahrens wegen **Unterhaltspflichtverletzung.**[30]

bb) Auskunftsbegehren. Bis zum Inkrafttreten des **KindUG** am 1. 7. 1998 galt: Ein 9
außergerichtliches Auskunftsbegehren steht einer Aufforderung zur Zahlung von Unterhalt grundsätzlich nicht gleich[31] und führt nicht zur Inverzugsetzung hinsichtlich des Unterhalts.[32] Kommt der Unterhaltspflichtige mit der Erteilung der Auskunft in Verzug, kann er nach § 286 Abs. 1 zur Zahlung des ab Verzugseintritt hinsichtlich der Auskunft rückständigen Unterhalts als **Verzugsschaden** verpflichtet sein;[33] doch wird insoweit meist ein „Mitverschulden" des Berechtigten durch Unterlassen einer Stufenklage maßgebende Bedeutung erlangen.[34] Lediglich eine **Stufenmahnung** macht eine Ausnahme von dem Erfordernis, dass der begehrte Unterhaltsbetrag aus der Mahnung ersichtlich sein muss (dazu RdNr. 7), weil der Unterhaltspflichtige nach Treu und Glauben keinen Vorteil daraus ziehen darf, dass der Bedürftige seinen Anspruch nicht beziffern kann. In Anlehnung an die Grundsätze der

---

[21] Dazu BGH NJW 2007, 511 = FamRZ 2007, 193, 196; NJW 2007, 1273 = FamRZ 2007, 453, 455 m. Anm. *Büttner.*

[22] Dazu *Schwab/Maurer/Borth* I RdNr. 526.

[23] OLG Hamm FamRZ 1995, 106, 107.

[24] OLG Hamburg FamRZ 1997, 621, 622; *Staudinger/Engler* § 1613 RdNr. 51.

[25] BGH NJW 1983, 2318 = FamRZ 1983, 352, 355; NJW 1985, 486 = FamRZ 1985, 155, 158.

[26] BGH NJW 1983, 2200 = FamRZ 1983, 892, 894; BGHZ 109, 211 = NJW-RR 1990, 323 = FamRZ 1990, 283, 285; NJW 1992, 1956 = FamRZ 1992, 920, 921.

[27] BGH NJW 1983, 2318 = FamRZ 1983, 352, 355; NJW 1995, 2032 = FamRZ 1995, 725.

[28] *Wendl/Gerhardt* § 6 RdNr. 120.

[29] OLG Düsseldorf OLGR 1993, 40.

[30] BGH NJW 1987, 1549 = FamRZ 1987, 472, 475.

[31] BGH NJW 1985, 486 = FamRZ 1985, 155, 157.

[32] BGH NJW 1984, 868 = FamRZ 1984, 163; im Ergebnis – Ablehnung einer Inverzugsetzung – trifft diese Entscheidung unter Berücksichtigung der – späteren – Rspr. zur Stufenmahnung nicht zu, weil aus dem Auskunftsersuchen deutlich wird, dass der sich aus der Auskunft errechnende Unterhalt ggf. auch gerichtlich geltend gemacht wird.

[33] BGH NJW 1984, 868 = FamRZ 1984, 163, 164; NJW 1985, 486 = FamRZ 1985, 155, 157.

[34] OLG Frankfurt a. M. FamRZ 1985, 732, 733 f.; OLG Hamm FamRZ 1986, 1111; OLG Bamberg NJW-RR 1990, 903 = FamRZ 1990, 1235, 1238; *Gießler* FamRZ 1984, 954, 956.

Stufenklage (dazu RdNr. 7) tritt Verzug auch hinsichtlich des noch unbezifferten Unterhaltsbetrages ein,[35] wenn aus einem Auskunftsersuchen deutlich wird, dass der Bedürftige den sich aus der begehrten Auskunft ergebenden Unterhaltsbetrag auch fordern und ggf. gerichtlich geltend machen wird. Da der Berechtigte mit der Stufenmahnung die Bezifferung des begehrten Unterhaltsbetrages von der Auskunftserteilung abhängig macht, ist für eine Inverzugsetzung durch sie allerdings Voraussetzung, dass ein Anspruch auf Auskunft auch besteht; sie setzt deshalb unabhängig davon, ob materiell ein höherer Unterhalt geschuldet würde, dann nicht in Verzug, wenn ein Auskunftsanspruch vor Ablauf von 2 Jahren seit der letzten Auskunftserteilung deshalb nicht besteht, weil der Berechtigte nicht glaubhaft machen kann oder gemacht hat, dass der Verpflichtete nach der vorherigen Auskunftserteilung wesentlich höhere Einkünfte oder weiteres Vermögen erworben hat (§ 1605 Abs. 2; dazu § 1580 RdNr. 18).[36] Unerheblich ist, ob der Verpflichtete alle für die Berechnung des Unterhalts erforderlichen Daten kannte,[37] weil dies auch bei einer bezifferten Mahnung nicht zu deren Unwirksamkeit führt. – Durch **Art. 1 Nr. 12 KindUG** wurde § 1613 Abs. 1 mit Wirkung ab 1. 7. 1998 u. a. dahin geändert, dass Verwandtenunterhalt bereits ab dem Zeitpunkt gefordert werden kann, zu dem der Unterhaltsberechtigte den Verpflichteten zur **Auskunftserteilung** zum Zwecke der Geltendmachung des Unterhaltsanspruchs aufgefordert hat. Der Gesetzgeber hält den Verpflichteten zum Kindesunterhalt nicht für „schutzwürdig", weil er ab diesem Zeitpunkt mit seiner Inanspruchnahme rechnen musste und nunmehr nicht mehr „ins Blaue hinein" zu hohe Unterhaltsbeträge einfordern muss.[38] Dies gilt aber für alle Unterhaltsansprüche, zumal sich § 1613 Abs. 1 keineswegs auf den Kindesunterhalt beschränkt, sondern für den Verwandtenunterhalt allgemein gilt. Sie ist deshalb auch auf den nachehelichen Unterhalt entsprechend anzuwenden.[39] – Nach der Neufassung von Abs. 2 durch das **UÄndG 2007**[40] mit seiner Verweisung auf § 1613 Abs. 1 treten die Verzugsfolgen auch bereits ab dem Zeitpunkt ein, zu dem der Berechtigte den Verpflichteten zur Auskunftserteilung mit dem Ziel aufgefordert hat, die Geltendmachung seines Unterhaltsanspruchs vorzubereiten. Voraussetzung ist allerdings weiterhin (zur vormaligen Rechtslage s. 4. Aufl. RdNr. 7), dass ein **Auskunftsanspruch** auch besteht. Ein Auskunftsersuchen setzt deshalb weiter dann nicht in Verzug, wenn ein Auskunftsanspruch vor Ablauf von 2 Jahren seit der letzten Auskunftserteilung deshalb nicht besteht, weil der Berechtigte nicht glaubhaft gemacht hat oder glaubhaft machen kann, dass der Verpflichtete nach der letzten Auskunftserteilung wesentlich höhere Einkünfte erzielt oder (weiteres) Vermögen erworben hat (§§ 1580, 1605 Abs. 2; dazu § 1580 RdNr. 18).[41] Aber auch dann nicht, wenn der Berechtigte nur seine Neugier stillen und gar keinen Unterhalt geltend machen will (dazu § 1580 RdNr. 4–9). – Unerheblich ist, ob der Verpflichtete alle für die Unterhaltsbemessung erforderlichen Daten, insbesondere die Einkommens- und Vermögensverhältnisse des Berechtigten kannte,[42] weil dies auch bei einer bezifferten Mahnung nicht zu deren Unwirksamkeit führt (zur Leistungsverweigerung s. dagegen RdNr. 18). Eine **Stufenmahnung,** mit der Auskunft und Belege verlangt und unbeziffert Unterhalt unter dem

[35] BGHZ 109, 211 = NJW-RR 1990, 323 = FamRZ 1990, 283, 285.

[36] OLG Düsseldorf NJW 1993, 1079 = FamRZ 1993, 591, 593; AG Herford FamRZ 2002, 1728, 1729; aA *Kalthoener/Büttner/Niepmann* RdNr. 217.

[37] AA KG FamRZ 1994, 1344.

[38] BT-Drucks. 13/7338 S. 31.

[39] Str., ebenso etwa *Johannsen/Henrich/Büttner* RdNr. 2; *Schwab/Borth* IV RdNr. 568; *Budde* FamRZ 2005, 1217, 1220; s. auch BGH NJW 2007, 511 = FamRZ 2007, 193, 196 (ähnlich § 1613 Abs. 1 S. 1 kann rückständiger Unterhalt bereits ab dem Ersuchen um Auskunft verlangt werden; aA die wohl hM, s. BGH NJW 2007, 1273 = FamRZ 2007, 453, 455 f. mwN und m. Anm. *Büttner* (trotz der beabsichtigten Neuregelung in § 1585 b Abs. 2 UÄndG 2007); OLG Koblenz NJW-RR 2006, 151, 152 = FamRZ 2006, 704 (LS); OLG Saarbrücken NJW 2008, 304 = FamRZ 2008, 791 mwN; *Palandt/Brudermüller* RdNr. 1; *Erman/Graba* RdNr. 1; *Johannsen/Henrich/Büttner* RdNr. 1; *Göppinger/Wax/Kodal* RdNr. 205, 214; *Wendl/Gerhardt* 6. Aufl. § 6 RdNr. 100; *Kalthoener/Büttner/Niepmann* RdNr. 521.1, anders RdNr. 521.2.

[40] Dazu BT-Drucks. 16/1830 S. 21 f.

[41] OLG Düsseldorf NJW 1993, 1079 = FamRZ 1993, 591, 593; AG Herford FamRZ 2002, 1728, 1729; aA *Kalthoener/Büttner/Niepmann* RdNr. 217.

[42] AA KG FamRZ 1994, 1344.

Vorbehalt der Bezifferung nach Auskunftserteilung verlangt wird, reicht auch weiterhin ebenso wie eine **Stufenklage,** die auch zur Rechtshängigkeit des noch unbezifferten Zahlungsantrags führt (dazu RdNr. 21), für den Verzugseintritt stets aus.[43]

cc) Sozialrechtliche Rechtswahrung. Wegen derselben Warnfunktion kommt der 10
einer Mahnung vergleichbaren **Überleitung** der Unterhaltsforderung auf einen Sozialleistungsträger (**Arbeitslosengeld II,** § 33 Abs. 1 und 3 SGB II; **Jugendhilfe,** § 95 Abs. 1 und 3 SGB VIII; zu den Vorgängerregelungen in § 203 SGB III und § 96 SGB VIII, die eine unverzügliche Überleitung verlangten, s. 4. Aufl. RdNr. 8) die gleiche Wirkung zu. Die Überleitung erfasst dann auch die vor der Anzeige der Hilfegewährung fällig gewordenen Unterhaltsbeträge. – **Kraft Gesetzes** auf den Sozialleistungsträger übergegangene Unterhaltsansprüche können für die Vergangenheit geltend gemacht werden, wenn entweder die Voraussetzungen des Bürgerlichen Rechts vorliegen oder aber von der Zeit an, zu welcher er die Gewährung der Hilfe dem Verpflichteten schriftlich mitgeteilt hat (**Sozialhilfe,** § 94 Abs. 4 S. 1 SGB XII; s. auch Unterhaltsvorschuss, § 7 Abs. 2 UVG), ggf. unter Belehrung über die Voraussetzungen seiner Inanspruchnahme (**Ausbildungsförderung,** § 37 Abs. 4 Nr. 2 BAföG). Der Wendung „unter den Voraussetzungen des Bürgerlichen Rechts" bedeutet, ohne dass ihr konstitutive Bedeutung zukäme, dass – was angesichts der Inverzugsetzung durch die schriftliche Mitteilung der Hilfegewährung praktisch nicht sehr häufig sein dürfte – der Sozialleistungsträger selbst die Mahnung nach § 1585 b Abs. 2 aussprechen kann, aber auch, dass ihm für die in der Vergangenheit liegende Zeit eine Mahnung des Bedürftigen zugute kommt (dazu auch Vor § 1569 RdNr. 21); dies entspricht allgemeinen Rechtsgrundsätzen (vgl. §§ 412, 398). – Eine **Rechtswahrungsanzeige,** die an die Stelle der Mahnung tritt, muss den vom Verpflichteten verlangten Unterhaltsbetrag nicht konkret bestimmen (allgemein hierzu RdNr. 7). Ihre bürgerlich-rechtliche Natur[44] führt dazu, dass die Verzugsfolgen eintreten, ohne dass ein in sie aufgenommener zu geringer Betrag den auf den Sozialleistungsträger übergegangenen Teil des Unterhaltsanspruchs verkürzt, und der Sozialleistungsträger kann seiner Rechtsposition nur nach bürgerlich-rechtlichen Grundsätzen verlustig gehen.[45] Deshalb kann er den Unterhaltsanspruch auch in der Form und für die Zeit, für die er ihn erworben hat, wieder an den Berechtigten zurück übertragen (dazu § 94 Abs. 5 S. 1 SGB XII, s. auch § 7 Abs. 4 S. 2 UVG).

dd) Vertragliche Unterhaltsregelung. Die **vertragliche Festlegung** des gesetzlich 11
geschuldeten Unterhaltsbetrages reicht entsprechend Abs. 2 sowohl für dessen Fälligkeit als auch für die Inverzugsetzung des Verpflichteten aus,[46] weil er spätestens mit ihr Kenntnis vom geschuldeten Unterhalt erlangt.

d) Zeitpunkt der Mahnung. IdR hat der Zeitpunkt der Mahnung lediglich für den 12
Eintritt der Verzugswirkungen Bedeutung (dazu RdNr. 13; zur fehlenden Wirkung einer Mahnung zum Familien- und Trennungsunterhalt für den nachehelichen Unterhalt s. RdNr. 15). – Vom Erfordernis der Fälligkeit besteht – abgesehen davon, dass eine einmal erklärte Mahnung auch erst künftig fällig werdende Unterhaltsbeträge umfasst (dazu RdNr. 14) – nur dann eine Ausnahme, wenn der nacheheliche Unterhalt für den Fall der Scheidung im **Verbund** mit der Scheidungssache geltend gemacht wird (§§ 623 Abs. 1 S. 1, 621 Abs. 1 Nr. 5 ZPO, § 137 Abs. 2 Nr. 2 FamFG; zur Wirkung einer **einstweiligen Anordnung** im Scheidungsverfahren s. RdNr. 19). – Dass der **Übergang** des Unterhaltsanspruchs für die Trennungszeit auf den Sozialleistungsträger auch den für die nacheheliche Zeit umfasst (dazu Vor § 1569 RdNr. 14), macht eine neuerliche Mahnung nicht entbehrlich, weil der Unterhaltsanspruch nur in der Höhe und dem Umfang übergehen kann, in der er nach materiellem Unterhaltsrecht auch besteht.

---

[43] Dazu BGH NJW 2007, 511 = FamRZ 2007, 193, 196; NJW 2007, 1273 = FamRZ 2007, 453, 455 m. Anm. *Büttner.*

[44] BGH NJW 1985, 2589 = FamRZ 1985, 586.

[45] Zu Letzterem BGH NJW 1985, 2589 = FamRZ 1985, 586 f.

[46] BGHZ 105, 250 = NJW 1989, 526 = FamRZ 1989, 150, 152.

13 **e) Verzugseintritt.** Der Verpflichtete kommt „durch" die Mahnung in Verzug (§ 286 Abs. 1 S. 1). Bei einer **Zuwenigforderung** tritt Verzug nur in Höhe des geforderten, bei einer **Zuvielforderung** in Höhe des tatsächlich geschuldeten Betrages ein.[47] – Nicht anwendbar ist **§ 286 Abs. 3,** weil über Unterhaltsansprüche keine Rechnung erteilt zu werden pflegt und die Übermittlung einer Zahlungsaufstellung zur Inverzugsetzung nach Abs. 1 führt.[48] Verlangt der Berechtigte, was in der Praxis häufig vorkommt, in der Mahnung Unterhaltszahlungen erst ab einem späteren Zeitpunkt, tritt Verzug erst ab diesem ein.[49] – Infolge der Neufassung von Abs. 2 durch das UÄndG 2007[50] mit seiner Verweisung auf § 1613 Abs. 1 treten die Verzugsfolgen mit Beginn des Monats ein, in den der Zugang der Mahnung beim Verpflichteten fällt. – Zur Rechtslage vor Inkrafttreten des **UÄndG 2007** s. 4. Aufl. RdNr. 11: Die Lücke in der gesetzlichen Regelung ist durch eine entsprechende Anwendung von § 1613 Abs. 1 S. 2 zu schließen. Zum Ganzen näher RdNr. 9.

14 **f) Verzugswirkungen. aa) Grundsätze.** Ab wirksamer Inverzugsetzung hat der Verpflichtete **Unterhalt** – Elementarunterhalt und auch Vorsorgeunterhalt, ohne dass es in der Mahnung eines Hinweises bedürfte, dass auch Vorsorgeunterhalt verlangt werden soll[51] – zu zahlen, zudem ist er ab diesem Zeitpunkt dem Berechtigten zur Zahlung von **Schadensersatz wegen Nichterfüllung** (§§ 287, 288 Abs. 4) und **Zinsen** (§ 288 Abs. 1) verpflichtet.[52] Da der Verpflichtete den Unterhalt infolge der Inverzugsetzung für die **Vergangenheit** schuldet, ist grundsätzlich unerheblich, wann er den Rechtsweg beschreitet (zur **Verwirkung** s. RdNr. 25–30). Für ab Rechtshängigkeit verlangte künftige Unterhaltsrenten (dazu RdNr. 22, 22) ist der Verzugseintritt ohnehin unerheblich. – Der eingetretene Verzug erstreckt sich auch auf die erst **künftig fällig** werdenden Unterhaltsrenten (vgl. §§ 258, 259 ZPO, § 113 Abs. 1 FamFG; dazu RdNr. 12), solange die anspruchsbegründenden Voraussetzungen fortbestehen; einer ständigen Wiederholung der Mahnung bedarf es grundsätzlich nicht.[53] Aufgrund veränderter Verhältnisse ist eine **erneute** Mahnung jedoch bei einem Wechsel des Unterhaltstatbestands sowie dann erforderlich, wenn mehr Unterhalt verlangt wird[54] oder der Verpflichtete auf ein ggf. teilweises Entfallen seiner Unterhaltsverpflichtung vertrauen durfte.[55] – Zur **Abänderungsklage** s. RdNr. 32.

15 **bb) Sachlicher Regelungsbereich der Mahnung.** Die Unterhaltsansprüche auf Familienunterhalt, Trennungsunterhalt und nachehelichen Unterhalt sind deshalb nicht identisch (dazu § 1569 RdNr. 14), weil sie nur unter voneinander abweichenden Voraussetzungen zustehen. Deshalb kann eine Mahnung nur für das Stadium der ehelichen Beziehungen der Ehegatten Verzug begründen, für das Unterhalt verlangt wurde. Eine Mahnung zur Zahlung von Familienunterhalt begründet danach keinen Verzug hinsichtlich des Trennungs- und nachehelichen Unterhalts, die zur Zahlung von Trennungsunterhalt nicht hinsichtlich des nachehelichen Unterhalts (dazu auch RdNr. 12).[56] – Auch eine unmittelbar vor Eintritt der

---

[47] BGH NJW 1982, 1983 = FamRZ 1982, 887, 890; NJW 1983, 2318 = FamRZ 1983, 352, 354; FamRZ 1988, 478, 479; BGHZ 109, 211 = NJW-RR 1990, 323 = FamRZ 1990, 283, 285.

[48] Im Ergebnis ebenso OLG Stuttgart NJW 2002, 1354 = FamRZ 2002, 1563, 1564.

[49] *Kalthoener/Büttner/Niepmann* RdNr. 263.

[50] Dazu BT-Drucks. 16/1830 S. 21 f.

[51] Zum Altersvorsorgeunterhalt während der Trennungszeit nach §§ 1361 Abs. 4 S. 4, 1360 a Abs. 3, 1613 Abs. 1 S. 1 BGH NJW 2007, 511 = FamRZ 2007, 193, 196 m. Anm. *Borth*; dazu – allgemein – auch *Borth* FPR 2008, 86, 87.

[52] BGH NJW 1985, 486 = FamRZ 1985, 155, 158 aE.

[53] BGHZ 103, 62 = NJW 1988, 1137 = FamRZ 1988, 370, 371 (unter 3.) m. krit. Anm. *Schmitz* FamRZ 1988, 700 f.; auch BGH NJW 1983, 2318 = FamRZ 1983, 352, 354; NJW 1987, 1546 = FamRZ 1987, 40, 41; FamRZ 1988, 478, 479; OLG Hamm FamRZ 1989, 634; OLG Schleswig FamRZ 1989, 1092; OLG Karlsruhe FamRZ 1990, 70; OLG Celle FamRZ 1991, 1202; aA etwa *Staudinger/Löwisch* § 284 RdNr. 34, 63; *Derleder* EzFamR BGB § 286 Nr. 3 (Erneuerung nach 6 Monaten).

[54] BGHZ 103, 62 = NJW 1988, 1137 = FamRZ 1988, 370, 371 (unter 3.).

[55] OLG Bamberg NJW-RR 1990, 903 = FamRZ 1990, 1235, 1236.

[56] Zu Letzterem BGHZ 103, 62 = NJW 1988, 1137 = FamRZ 1988, 370, 371 f.; NJW 1992, 1956 = FamRZ 1992, 920, 921 mwN auch zur abw. Auffassung; auch OLG Hamm FamRZ 1998, 1512; FamRZ 2007, 1468.

Rechtskraft des Scheidungsausspruchs erklärte Mahnung wegen nachehelichen Unterhalts setzt nicht in Verzug, weil es nicht pflichtwidrig ist, die Warnfunktion einer zu Zeiten noch nicht eingetretener Fälligkeit ausgesprochenen Mahnung unbeachtet zu lassen.[57] IdR wird dies zu einer – wenn auch ggf. kleinen – zeitlichen Rechtsschutzlücke des Berechtigten führen, wenn er das eine sofortige Klageerhebung im Hinblick auf ein sofortiges Anerkenntnis des Verpflichteten in sich bergende Kostenrisiko (§ 93 ZPO, § 113 Abs. 1 FamFG) vermeiden will, zumal meist auch nur zeitlich verzögert Kenntnis vom Eintritt der Rechtskraft des Scheidungsausspruchs erlangt werden kann. Auch das UÄndG 2007 hat hieran nichts geändert.

g) Beendigung der Verzugswirkungen. In Betracht kommen können insbesondere folgende Fallgestaltungen (zur Verwirkung **rückständigen Unterhalts** s. auch RdNr. 26–29): 16

- Durch die einseitige **Zurücknahme** einer Mahnung, auch in Form einer **Klagerücknahme,**[58] werden deren Wirkungen nicht rückwirkend, sondern lediglich für die Zukunft aufgehoben; zur rückwirkenden Beseitigung der Verzugswirkungen bedarf es eines ggf. durch schlüssiges Verhalten[59] abgeschlossenen **Erlassvertrages** (§ 397), durch den der Berechtigte auf seine Rechte aus der Mahnung verzichtet.[60] Dagegen führt die Zurücknahme oder die ggf. teilweise Abweisung[61] eines Antrags auf Erlass einer **einstweiligen Anordnung** oder **einstweiligen Verfügung** wegen der lediglich summarischen Prüfung weder für die Vergangenheit noch für die Zukunft zu einem Verbrauch einer Mahnung.
- Der Berechtigte kann sein Recht aus einer Mahnung aus besonderen Gründen nach **Treu und Glauben** insbesondere **verwirken.**[62] Etwa wenn er sich mit der Erhebung der Klage in der Hauptsache nach der **Zurückweisung** eines Antrags auf Erlass einer **einstweiligen Anordnung** im Scheidungsverfahren oder eines **Prozesskostenhilfegesuchs,** aber auch nach **Erteilung der Auskunft,**[63] oder, ist die Auskunftsverpflichtung tituliert, mit deren **zwangsweisen Durchsetzung** ungebührlich lange Zeit lässt. Vor Ablauf der Sechsmonatsfrist aus § 204 Abs. 2 S. 1 kann dies aber nicht angenommen werden.[64] – Verwirkt wird der Anspruch auf Unterhalt, wie er nach dem materiellen Recht besteht, sodass weder rückständiger noch künftiger Unterhalt verlangt werden kann.[65] Die Verzugswirkungen treten deshalb erst wieder mit einer **erneuten** Mahnung oder Klageerhebung ein.

h) Verzug ohne Mahnung. aa) Kalenderfälligkeit. Laufender Unterhalt ist monatlich im Voraus zu zahlen (§ 1585 Abs. 1 S. 2), mithin zum Ersten eines jeden Monats (dazu § 1585 RdNr. 4). Damit ist die Leistungszeit kalendermäßig iSd. § 286 Abs. 2 Nr. 1 bestimmt. Allerdings muss der Verpflichtete Grund und Höhe seiner Unterhaltsverpflichtung, etwa aufgrund Mahnung, vertraglicher Vereinbarungen oder nach gerichtlicher Verurteilung, kennen oder aber Unterhaltsleistungen eindeutig und endgültig, auch durch die Einstellung bislang erbrachter Zahlungen (dazu auch RdNr. 18), abgelehnt haben.[66] 17

bb) Leistungsverweigerung. Ist die Leistungsverweigerung **eindeutig** und **endgültig,** macht sie eine Mahnung für zukünftige Unterhaltsbeträge entbehrlich (§ 286 Abs. 2 Nr. 3 18

[57] BGHZ 103, 62 = NJW 1988, 1137 = FamRZ 1988, 370, 371 f.; NJW 1992, 1956 = FamRZ 1992, 920 f. m. Anm. *Bentert* FamRZ 1993, 890 und mwN auch zur abw. Auffassung.

[58] BGH NJW 1983, 2318 = FamRZ 1983, 352, 354; NJW 1987, 1546 = FamRZ 1987, 40, 42.

[59] BGH FamRZ 1988, 478, 479; OLG Hamm FamRZ 1989, 310.

[60] BGH NJW 1987, 1546 = FamRZ 1987, 40, 42; FamRZ 1988, 478, 479; NJW 1995, 2032 = FamRZ 1995, 725, 726; s. auch OLG Koblenz NJW-RR 1998, 794 = FamRZ 1998, 1123 (L2).

[61] BGH NJW 1995, 2032 = FamRZ 1995, 725 f.

[62] BGH NJW 1987, 1546 = FamRZ 1987, 40, 42; FamRZ 1988, 478, 479; NJW 1995, 2032 = FamRZ 1995, 725, 726.

[63] OLG Karlsruhe NJW-RR 2006, 872 = FamRZ 2006, 1605.

[64] BGH NJW 1983, 2318 = FamRZ 1983, 352, 355; NJW 1995, 2032 = FamRZ 1995, 725, 726.

[65] OLG Hamburg FamRZ 1990, 1271, 1273; OLG Düsseldorf FamRZ 1999, 239, 240; aA OLG Düsseldorf FamRZ 1989, 776, 777.

[66] BGH NJW 1983, 2318 = FamRZ 1983, 352, 354; BGHZ 105, 250 = NJW 1989, 526 = FamRZ 1989, 150, 152.

BGB).[67] Sie kann sich aus einer **Erklärung** des Verpflichteten ergeben, für die jedoch eine **Nichtzahlung** (weiteren) Unterhalts nicht ausreicht, wenn der Berechtigte etwa die für die Unterhaltsberechnung erforderlichen Auskünfte nicht erteilt hat.[68] Sie kann weiter in der **unvermittelten Einstellung** bislang regelmäßiger (freiwilliger) Zahlungen[69] oder in der Nichtaufnahme zugesagter Unterhaltsleistungen[70] liegen. In Entsprechung zur Mahnung tritt Verzug dann zu dem Zeitpunkt ein, in dem die Weigerung erklärt[71] oder die Zahlungen eingestellt wurden. – Immer ist bei Zahlungseinstellung eine Mahnung entbehrlich, wenn der Unterhalt **tituliert** war;[72] doch hat diese Fallgestaltung keine eigenständige rechtliche Bedeutung, weil die ehemalige, zum Titel führende Mahnung grundsätzlich fortwirkt (dazu RdNr. 14). – Eine erhebliche Leistungsverweigerung kann auch im **Verlassen des Berechtigten,** ohne ihm ausreichende Barmittel zu belassen, gesehen werden; allerdings muss dem Verpflichteten dann Grund und Höhe des Unterhaltsanspruchs bekannt sein.[73]

19 **cc) Weitere Einzelfälle.** Fraglich ist, ob aus **Treu und Glauben** (§ 242) eine Mahnung entbehrlich sein kann. In Betracht kommen kann dies, wenn der Berechtigte vom Verpflichteten von der Geltendmachung des nachehelichen Unterhalts abgehalten wurde.[74] – Bei vertraglichen **Unterhaltsvereinbarungen** ersetzt der Vertragsschluss Mahnung und Rechtshängigkeit.[75] Zwar reicht die vertragliche Festlegung des **Rechengangs** unabhängig davon aus, wie schwierig er sich gestaltet,[76] doch sind lediglich **Vergleichsverhandlungen,** ohne dass der begehrte Unterhaltsbetrag genannt wurde (s. auch RdNr. 7), nicht ausreichend.[77] – Die **Erklärung des Verpflichteten,** Unterhalt in bestimmter Höhe zahlen zu wollen, erübrigt eine Mahnung.[78] – Der Erlass einer **einstweiligen Anordnung** nach § 620 Nr. 6 ZPO, § 246 FamFG macht eine ausdrückliche Mahnung zum nachehelichen Unterhalt nicht entbehrlich, weil ihr materiellrechtlicher Gegenstand trotz der über den Eintritt der Rechtskraft fortdauernden Wirkung (§ 620f Abs. 1 ZPO, § 56 Abs. 1 FamFG) lediglich der Trennungsunterhalt[79] ist.[80]

20 **i) Verschulden.** Nach § 287 kommt ein Verpflichteter dann nicht in Verzug, wenn er infolge eines Umstandes nicht leistet, den er nicht zu vertreten hat. Praktisch bedeutsam sind die Fälle eines **Rechtsirrtums,** die den Verpflichteten jedoch nur unter strengen Voraussetzungen entlasten können, weil er sich grundsätzlich nicht des Risikos eines solchen Irrtums zu Lasten des Bedürftigen entledigen kann. Für eine Entschuldigung reicht das Vertrauen auf eine in einem rechtskräftigen obergerichtlichen Urteil vertretene Rechtsauffassung nicht aus, wenn mit einer abweichenden Beurteilung anderer Gerichte gerechnet werden musste oder gar sich schon eine abweichende höchstrichterliche Rspr. herausgebildet hat, erst recht nicht das Vertrauen auf eine einstweilige Anordnung.[81]

---

[67] BGH NJW 1983, 2318 = FamRZ 1983, 352, 354; NJW 1985, 486 = FamRZ 1985, 155, 157; NJW 1992, 1956 = FamRZ 1992, 920, 921; NJW 1993, 1974 = FamRZ 1993, 1055, 1056; s. auch OLG Hamm FamRZ 1997, 1402.

[68] OLG Hamm FamRZ 2001, 1616f.

[69] BGH NJW 1983, 2318 = FamRZ 1983, 352, 354.

[70] OLG Köln NJW-RR 2000, 73 = FamRZ 2000, 443, 444.

[71] BGH NJW 1985, 486 = FamRZ 1985, 155, 157.

[72] Zum Prozessvergleich s. OLG München FamRZ 1995, 1293 m. insoweit zust. Anm. *Krause* FamRZ 1996, 307, 308; zur einstweiligen Anordnung s. *Kalthoener/Büttner/Niepmann* RdNr. 227, s. dazu aber auch RdNr. 19.

[73] BGH NJW 1987, 1549 = FamRZ 1987, 472, 475.

[74] OLG Hamm FamRZ 2007, 1468: Allerdings lag in diesem Fall eine Inverzugsetzung durch Mahnung vor, weil der Verpflichtete vom Berechtigten über die Unterhaltsforderung auch der Höhe nach in Kenntnis gesetzt war.

[75] BGHZ 105, 250 = NJW 1989, 526 = FamRZ 1989, 150, 152.

[76] OLG Hamburg OLGR 1996, 91

[77] OLG Düsseldorf OLGR 1993, 40.

[78] OLG Zweibrücken FamRZ 1987, 1301.

[79] *Schwab/Maurer/Borth* I RdNr. 880, 974.

[80] AA OLG Hamm FamRZ 1995, 1488.

[81] BGH NJW 1983, 2318 = FamRZ 1983, 352, 355; NJW 1985, 486 = FamRZ 1985, 155, 158.

2. Rechtshängigkeit. Sie tritt durch die **Zustellung der Klageschrift** an den Verpflichteten (§§ 253 Abs. 1, 261 Abs. 1 ZPO, § 113 Abs. 1 FamFG) oder mit einer, auch konkludenten,[82] **Klageerweiterung** in der mündlichen Verhandlung ein (§ 261 Abs. 2 ZPO, § 113 Abs. 1 FamFG). Es reicht aus, wenn die Klage „demnächst" zugestellt wird (§ 167 ZPO, § 113 Abs. 1 FamFG). – Die Einreichung eines **Prozesskostenhilfegesuchs** und seine Zuleitung an den Verpflichteten (dazu auch RdNr. 8) reicht für den Eintritt der Rechtshängigkeit nicht aus,[83] selbst wenn es zusammen mit der Klage eingereicht wird.[84] Wird es allerdings vom FamG trotz zumutbarer Mahnungen des Berechtigten **verzögerlich** verbeschieden, tritt die Rechtshängigkeit auch bei einer Zustellung mit längerer zeitlicher Verzögerung noch „demnächst" iSd. § 167 ZPO ein.[85] – Zu den Wirkungen der Rechtshängigkeit s. §§ 261, 270 Abs. 3, 498, 693 Abs. 3, 700 ZPO, § 113 Abs. 1, 2 FamFG. Mit Eintritt der Rechtshängigkeit ist der Verpflichtete zudem zur Zahlung von **Prozesszinsen** verpflichtet (§ 291).[86] – Rechtshängigkeit des – noch unbezifferten – Zahlungsantrags tritt auch bereits mit einer – ggf. im Scheidungsverbundverfahren erhobenen – **Stufenklage** ein.[87] Erhöht aber der Berechtigte nach einer Bezifferung des Zahlungsantrags den Unterhaltsbetrag, tritt hinsichtlich des Erhöhungsbetrags Rechtshängigkeit erst mit der Zustellung der Antragserhöhung ein.[88] 21

Die Rechtsfolgen der Rechtshängigkeit, nämlich Unterhalt und Schadensersatz wegen Nichterfüllung verlangen zu können, treten entsprechend der Rechtslage beim Verzug (dazu RdNr. 15) nur für den von ihr erfassten **Streitgegenstand** ein. Die Rechtshängigkeit eines Rechtsstreits zum Trennungsunterhalt zeitigt deshalb nicht auch Rechtswirkungen zum nachehelichen Unterhalt. Dies gilt auch für die Abtrennung der Folgesache nachehelicher Unterhalt nach § 623 Abs. 2 S. 3 ZPO, § 140 FamFG aus dem **Verbund:**[89] Sie erfolgt nur im Zusammenhang mit der Abtrennung der Sorgerechtssache, weil ein Bedürfnis für eine Regelung bereits während der Trennungszeit gesehen wird. Soweit die Unterhaltssache als selbständige Familiensache weiterbetrieben wird, wandelt sich dadurch ihre Rechtsnatur dahin, dass Streitgegenstand nunmehr – jedenfalls auch – Unterhalt für die Trennungszeit ist. Da dieser erstmals mit dem Antrag auf Abtrennung geltend gemacht wird, kann Rechtshängigkeit iSd. § 623 Abs. 2 ZPO, § 137 Abs. 2 S. 1 FamFG frühestens mit dieser Antragstellung eingetreten sein; noch einschränkender tritt Rechtshängigkeit zum Trennungsunterhalt erst mit der Zustellung des Antrags ein. 22

3. „Negative" Mahnung des Verpflichteten. § 323 Abs. 3 S. 2 ZPO, § 238 Abs. 3 S. 1 FamFG sehen die Abänderbarkeit eines Unterhaltstitels ab Inverzugsetzung für den Berechtigten vor. § 323 Abs. 3 S. 2 ZPO äußert sich nicht dazu, wie der Verpflichtete zu behandeln ist, der die Herabsetzung eines in einem Urteil titulierten Unterhaltsbetrages[90] außergerichtlich durch ein Auskunftsverlangen oder durch das Ersuchen um eine einverständliche Herabsetzung vorbereitet. Doch kann für ihn aus Gründen der Gleichbehandlung mit dem Berechtigten und der Prozesswirtschaftlichkeit nichts anderes gelten, um ihm nicht das Kostenrisiko einer sofortigen Klageerhebung nach sofortigem Anerkenntnis des Berechtigten (§ 93 ZPO, § 113 Abs. 1 FamFG) aufzubürden. In entsprechender Anwendung von § 323 Abs. 3 S. 2 ZPO kann auch er Abänderung ab Stellung seines Auskunftsverlangens 23

[82] Dazu OLG Hamm NJW-RR 1995, 1157 = FamRZ 1995, 1276.

[83] Zu Letzterem s. OLG Schleswig FamRZ 1988, 961, 962 f.; AG Weilburg NJW-RR 1995, 3 = FamRZ 1995, 97, 98, jeweils zu Abs. 3 (dazu auch RdNr. 8).

[84] *Göppinger/Wax/Vogel* RdNr. 2829.

[85] OLG Hamm FamRZ 2007, 1468, 1469.

[86] BGH NJW 1985, 486 = FamRZ 1985, 155, 158; NJW-RR 1987, 386 = FamRZ 1987, 352.

[87] BGHZ 109, 211 = NJW-RR 1990, 323 = FamRZ 1990, 283, 285; NJW 1992, 1956 = FamRZ 1992, 920; NJW 2007, 1273 = FamRZ 2007, 453, 455 m. Anm. *Büttner.*

[88] OLG Hamburg FamRZ 1983, 602.

[89] Dazu auch BGH NJW 2008, 3562 = FamRZ 2008, 2193 f. m. Anm. *Maurer* LMK 2008, 271326; NJW 2009, 76 = FamRZ 2008, 2193 f.

[90] Zur rechtsgeschäftlichen Verpflichtung s. *Schwab/Maurer/Borth* I RdNr. 1024.

(dazu RdNr. 9) oder negativer Mahnung verlangen (nunmehr ausdrücklich § 238 Abs. 3 S. 2 FamFG).[91]

III. Verjährung und Verwirkung von Ansprüchen auf rückständigen Unterhalt

24 **1. Verjährung.** Unterhaltsansprüche verjähren nach §§ 197 Abs. 2, 195 innerhalb der **regelmäßigen Verjährungsfrist** von 3 Jahren, auch wenn sie rechtskräftig festgestellt oder aufgrund eines Vergleichs oder Urkunde oder durch im Insolvenzverfahren erfolgte Feststellung vollstreckbar sind (§ 197 Abs. 2, Abs. 1 Nr. 3–5). – Die Verjährungsfrist beginnt mit dem Schluss des Jahres zu **laufen,** in dem der Anspruch entstanden ist und der Berechtigte von den den Anspruch begründenden Umständen und der Person des Verpflichteten Kenntnis erlangt oder ohne grobe Fahrlässigkeit erlangen müsste (§ 199 Abs. 1 Nr. 1, 2). Da die erforderliche Kenntnis des Berechtigten bei Ansprüchen auf nachehelichen Unterhalt in aller Regel vorliegen wird, beginnt der Lauf der Verjährungsfrist für rückständigen Unterhalt stets mit dem Schluss des Jahres, in dem die jeweiligen Monatsbeträge fällig geworden sind. Es verjährt also nicht das **Unterhaltsstammrecht,** sondern nur der zeitlich eingegrenzte **Unterhaltsanspruch.** – Die **Hemmung** der Verjährung aus familiären Gründen (§ 207) tritt für Ansprüche auf nachehelichen Unterhalt nicht ein.

25 **2. Verwirkung. a) Abs. 3. aa) Anwendungsbereich.** Abs. 3 gilt nur für **nicht titulierte** Unterhaltsansprüche. Er erfasst neben den Ansprüchen auf **laufenden Unterhalt** (Abs. 2) auch solche auf **Sonderbedarf** (Abs. 1; dazu auch RdNr. 2, 29).[92] Wie Abs. 2 (dazu RdNr. 11) gilt er auch für **Unterhaltsvereinbarungen,** die den gesetzlichen Unterhaltsanspruch ausgestalten,[93] und für die Geltendmachung übergegangener Unterhaltsansprüche durch einen **Sozialleistungsträger** (dazu RdNr. 3, 10).

26 **bb) Grundsatz.** Nachehelicher Unterhalt kann nur für die Zeit von **1 Jahr vor Rechtshängigkeit** (anders für den Sonderbedarf im Recht des Verwandtenunterhalts § 1613 Abs. 2 Nr. 1 Halbs. 2: auch 1 Jahr vor Inverzugsetzung) verlangt werden (s. auch § 64 EheG), es sei denn, der Verpflichtete hat sich der Leistung absichtlich entzogen (dazu RdNr. 27). Rechtshängigkeit wird durch die **Zustellung der Klageschrift** (§§ 261 Abs. 1, 253 Abs. 1 ZPO, § 113 Abs. 1 FamFG) – auch einer **Stufenklage,** weil damit auch der unbezifferte Leistungsantrag bereits rechtshängig wird[94] – oder die **Aufrechnung** im Rechtsstreit bewirkt.[95] Ein **Prozesskostenhilfegesuch** und seine Zuleitung an den Verpflichteten auch durch förmliche Zustellung reicht nicht aus,[96] doch führt sie zur Inverzugsetzung (dazu RdNr. 8, 21); § 390 S. 2 ist nicht entsprechend anwendbar.[97] Ebenso wenig genügt die Erhebung einer **Vollstreckungsgegenklage** durch den Verpflichteten,[98] weil sie über die Absichten des Berechtigten, deren Offenlegung gegenüber dem Verpflichteten allein Unterhaltspflichten für die Vergangenheit rechtfertigen kann, nichts aussagt. – Wird die Klage **„demnächst"** zugestellt, werden die Wirkungen der Rechtshängigkeit entsprechend § 167 ZPO, § 113 Abs. 1 FamFG auf den Zeitpunkt der Einreichung der Klage vorverlegt. Verzögert sich die Zustellung der Klage aus in der Sphäre des FamG liegenden Gründen, ist sie gleichwohl „demnächst"

---

[91] So schon für das bis zum 30. 6. 1998 geltende Recht OLG Karlsruhe FamRZ 1983, 1156, 1157. S. auch *Schwab/Maurer/Borth* I RdNr. 1064.

[92] *Soergel/Häberle* RdNr. 4.

[93] BGHZ 105, 250 = NJW 1989, 526 = FamRZ 1989, 150, 153; OLG Köln NJW-RR 1997, 449 = FamRZ 1997, 426, 427.

[94] OLG Schleswig OLGR 1997, 231, 232.

[95] Zu letzterem s. BGH NJWE-FER 1997, 15 = FamRZ 1996, 1067, 1068.

[96] OLG Schleswig FamRZ 1988, 961, 962 f.; OLG Frankfurt a. M. Beschl. v. 28. 9. 2001 – 4 WF 78/01, juris (LS); OLG Karlsruhe FamRZ 2002, 1039, 1040; OLG Naumburg FamRZ 2006, 490; AG Weilburg NJW-RR 1995, 3 = FamRZ 1995, 97, 98.

[97] AG Altötting FamRZ 1989, 289, 290.

[98] AA OLG Karlsruhe FamRZ 1988, 400, 401.

erfolgt.[99] – Dagegen erfolgt keine Vorverlegung auf den Eingang eines **Prozesskostenhilfegesuchs.**[100] War nicht bereits zuvor gemahnt, tritt Verzug erst mit Eingang des Gesuchs beim Verpflichteten ein.

cc) Ausnahme. Abs. 3 beinhaltet einen gesetzlich geregelten Sonderfall eines Verstoßes 27
gegen **Treu und Glauben** (§ 242): Die Ansprüche erlöschen nicht, wenn der Verpflichtete die Berufung auf Abs. 3 verwirkt hat, weil er sich der Leistung **absichtlich entzogen** hat. Hierzu braucht er nicht sichere Kenntnis vom Bestehen des Unterhaltsanspruchs zu haben; es reicht aus, dass er mit dessen Möglichkeit rechnete, sein Handeln auf die Hintertreibung der Erfüllung des Anspruchs für den Fall seines Bestehens aktiv oder durch Unterlassen ausrichtete[101] und damit die zeitnahe Geltendmachung des Unterhaltsanspruchs vereitelt oder zumindest wesentlich erschwert hat. An die diesbezüglichen Feststellungen sind keine zu strengen Anforderungen zu stellen, um nicht den Zweck zu vereiteln, einem unredlichen Verpflichteten den Schutz der Einjahresfrist zu versagen. Die Nichterfüllung der vom Schuldner in einem Vergleich übernommenen Verpflichtung, jede Einkommensänderung unaufgefordert anzuzeigen und die aus ihr folgende Unterhaltserhöhung von sich aus vorzunehmen, kann genügen, weil sie nach der Lebenserfahrung den Schluss zulässt, der Schuldner beabsichtige, um erhöhte Unterhaltszahlungen herumzukommen.[102] – Die Berufung des Verpflichteten auf Abs. 3 kann auch **aus anderen Gründen** wegen eines Verstoßes gegen Treu und Glauben verwirkt sein, weil Abs. 3 nur einen Einzelfall regelt und die Anwendung von § 242 nicht ausschließt. Doch wird man eine Verwirkung aus anderen Gründen nur vereinzelt dann annehmen können, wenn Umstände vorliegen, die in der Sphäre des Verpflichteten liegen und denen ähnliches Gewicht wie dem absichtlichen Entziehen der Leistung zukommt.[103]

dd) Aufhebung der Rechtshängigkeitssperre. Die Rechtshängigkeit und mit ihr die 28
Rechtshängigkeitssperre aus Abs. 3 entfällt, wenn die **Klage zurückgenommen** wird (§ 269 Abs. 3 S. 1 Halbs. 1 ZPO, § 113 Abs. 1 FamFG); sie tritt erst wieder mit erneuter Klageerhebung ein. – Entsprechend § 204 Abs. 2 S. 2 entfällt die Rechtshängigkeitssperre auch, wenn der Rechtsstreit infolge einer Vereinbarung der Ehegatten oder des Nichtbetreibens durch den Berechtigten in **Stillstand** gerät. Erklärt der Berechtigte nicht ausdrücklich, das Verfahren nicht betreiben zu wollen, ist an seine letzte Handlung im Prozess, etwa die Einreichung eines Schriftsatzes oder Teilnahme an einem Verhandlungstermin, anzuknüpfen. – Hat der Berechtigte **Stufenklage** erhoben, muss er zum Entfallen der Rechtshängigkeitssperre ohne triftigen Grund untätig geblieben sein.[104] Ein triftiger Grund, die Zahlungsstufe nicht mit einer Bezifferung des unbestimmten Zahlungsantrags anzurufen, kann im Betreiben der Zwangsvollstreckung aus einem Auskunftsurteil liegen.

b) Sonderbedarf. Für ihn kommt neben Abs. 3 nicht auch noch § 1613 Abs. 2 Nr. 1 29
Halbs. 2 zur Anwendung, wonach der Anspruch nach Ablauf eines Jahres seit seiner Entstehung nur geltend gemacht werden kann, wenn zuvor der Verpflichtete in Verzug gekommen oder der Anspruch rechtshängig geworden ist. Die Verweisung auf § 1613 Abs. 2 in Abs. 1 drückt aufgrund ihrer systematischen Stellung nach dem Wort „Sonderbedarf" nur aus, dass zum nachehelichen Unterhalt von derselben Begrifflichkeit auszugehen ist wie zum Verwandtenunterhalt. Zudem werden die Anforderungen an einen Anspruch auf rückständigen Unterhalt gegenüber dem Verwandtenunterhalt durch das weitere Erfordernis, dass sich

---

[99] Zu § 270 Abs. 3 ZPO aF OLG Schleswig FamRZ 1988, 961, 963; SchlHA 2002, 186 = FamRZ 2002, 1635 (LS); SchlHA 2004, 343; OLG Düsseldorf FamRZ 2002, 327.

[100] OLG Hamm OLGR 1999, 157.

[101] Ähnlich *Soergel/Häberle* RdNr. 6.

[102] Zum Ganzen BGHZ 105, 250 = NJW 1989, 526 = FamRZ 1989, 150, 153; aus jüngster Zeit OLG Köln NJW-RR 1997, 449 = FamRZ 1997, 426, 427.

[103] Vom OLG Hamburg Urt. v. 30. 11. 1999 – 2 UF 19/98, juris [12] = FamRZ 2001, 1217 (LS) verneint, wenn der Berechtigte in der Hoffnung auf eine außergerichtliche Einigung versäumt, den Unterhalt innerhalb der Jahresfrist einzuklagen.

[104] OLG Schleswig OLGR 1997, 231, 232.

der Verpflichtete „der Leistung absichtlich entzogen" haben muss, erschwert. Die Neuregelung in § 1613 Abs. 2 Nr. 2 betrifft in ihrem Buchst. a die Geltendmachung von Kindesunterhalt nach Feststellung der Vaterschaft, erweitert in Buchst. b aber die Möglichkeiten beträchtlich, Verwandtenunterhalt für die Vergangenheit auch ohne Inverzugsetzung oder Rechtshängigkeit verlangen zu können. Zwar treffen die dafür maßgeblichen Überlegungen[105] auch auf den Sonderbedarf in der nachehelichen Zeit zu, trotzdem bedarf es ihrer entsprechenden Anwendung nicht, weil die von ihr erfassten Fälle idR bereits unter Abs. 3 subsumiert werden können, der i. Ü. für den nachehelichen Unterhalt Ausdruck einer sachgerechten Interessenabwägung ist.

30 **c) Verwirkung nach allgemeinen Grundsätzen.** Auch wenn Ansprüche auf rückständigen Unterhalt bestehen, weil eine wirksame Inverzugsetzung vorgelegen hat, kann sich der Verpflichtete – entfallen die Verzugswirkungen nicht schon aufgrund einer Vereinbarung oder steht ihnen Abs. 3 entgegen – aus **besonderen Gründen** darauf berufen, nach Treu und Glauben (§ 242) nicht mehr auf Zahlung in Anspruch genommen werden zu können. Dies kann auf vor der Jahresfrist fällig gewordene, ausnahmsweise aber auch für nach dieser Jahresfrist liegende, von Abs. 3 aber nicht ausgeschlossene Ansprüche (dazu RdNr. 27) zutreffen. Ausschlaggebend hierfür ist der **Schuldnerschutz,** um das Anwachsen einer den Verpflichteten erdrückenden Schuldenlast zu verhindern, und für nicht titulierte Ansprüche auch die nach längerem Zeitablauf erschwerte **Aufklärbarkeit** der für die Unterhaltsbemessung maßgebenden Verhältnisse. Danach gilt:

– Verwirkung kann auch während eines **rechtshängigen,** über einen längeren Zeitraum nicht betriebenen Verfahrens eintreten,[106] was praktisch insbesondere in Stufenverfahren vorkommen kann.[107] Auch insoweit wird man von einem Zeitraum von 1 Jahr ausgehen können.
– Für **titulierte** Unterhaltsansprüche kommt eine Verwirkung nach Auffassung des BGH[108] nach einer um etwas mehr als 1 Jahr verzögerten Durchsetzung in Betracht, also weit vor Ablauf der regelmäßigen 3-jährigen Verjährungsfrist aus §§ 197 Abs. 1 Nr. 2 und 3, Abs. 2, 195, um den Schuldner vor einer erdrückenden Schuldenlast zu bewahren. Doch wird es auf den Einzelfall ankommen, der von der Nachlässigkeit des Berechtigten geprägt sein muss. IdR wird das Vertrauen des Verpflichteten auf seine Nicht-Inanspruchnahme nicht schutzwürdig sein, sodass Verwirkung nur in eng begrenzten Ausnahmefällen angenommen werden kann.[109]
– An das **Zeitmoment** sind keine strengen Anforderungen zu stellen, weil auch von einem Berechtigten erwartet werden kann, dass er seine Ansprüche zeitnah durchsetzt.[110] Zwar kann nicht an die Sechsmonatsfrist des § 204 Abs. 2 angeknüpft werden, doch wird idR eine Verwirkung vor Ablauf dieser Frist nicht, vielmehr erst nach Verstreichenlassen einer Frist von **etwas mehr als 1 Jahr** in Betracht kommen.[111] Zum **Trennungsunterhalt** nach § 1361 geht der BGH[112] unter Hinweis auf die Jahresfristen in Abs. 3, §§ 1613 Abs. 2 Nr. 1 Halbs. 2, 1613 Abs. 3 S. 1 davon aus, dass für eine Verwirkung das

---

[105] BT-Drucks. 13/7338 S. 31 (wegen Auslandsaufenthalt des Verpflichteten fehlende oder nur zeitlich verzögert mögliche Geltendmachung von Unterhaltsansprüchen).

[106] OLG Schleswig NJWE-FER 2000, 27 = FamRZ 2000, 889, 890 (zurückliegender Zeitraum von etwas mehr als 1 Jahr); OLG Hamm FamRZ 2000, 1173 f.; OLG Oldenburg NJW-RR 2004, 1303 = FamRZ 2005, 722, 723 f.; KG NJW-RR 2005, 1308, 1309 (Stufenklage); AG Steinfurt FamRZ 1999, 1531 f.

[107] BGH NJW 2007, 1273 = FamRZ 2007, 453, 455 m. Anm. *Büttner.*

[108] BGH NJW-RR 2004, 649 = FamRZ 2004, 531, 532; zum Kindesunterhalt s. auch BGH NJWE-FER 1999, 269 = FamRZ 1999, 1422; auch OLG München FamRZ 2002, 1039 (LS).

[109] So – idR nicht vor Ablauf der Regelverjährungsfrist – OLG Karlsruhe FamRZ 1993, 1456, 1457; OLG Stuttgart FamRZ 1999, 859 f.; OLG Hamburg FamRZ 2002, 327, 328 (Vorinstanz zu BGH NJW-RR 2004, 649 = FamRZ 2004, 531).

[110] BGHZ 152, 217 = NJW 2003, 128 = FamRZ 2002, 1698 f.; NJW-RR 2004, 649 = FamRZ 2004, 531, 532; NJW 2007, 1273 = FamRZ 2007, 453, 455 m. Anm. *Büttner.*

[111] BGH NJW 1983, 2318 = FamRZ 1983, 352, 355; NJW 1995, 2032 = FamRZ 1995, 725, 726; BGHZ 152, 217 = NJW 2003, 128 = FamRZ 2002, 1698 f.; NJW-RR 2004, 649 = FamRZ 2004, 531, 532.

[112] BGHZ 103, 62 = NJW 1988, 1137 = FamRZ 1988, 370, 372.

Verstreichenlassen dieser Frist ausreichen kann, mit ihr allerdings auch die äußerste Grenze erreicht ist.

– Das **Umstandsmoment** ist erfüllt, wenn sich der Verpflichtete darauf einrichten durfte und sich darauf eingerichtet hat, der Berechtigte werde seine rückständigen Unterhaltsansprüche nicht geltend machen.[113] Dies kann der Fall sein, wenn der Berechtigte auf die ihm erteilten Auskünfte über seine Einkommens- und Vermögensverhältnisse seinen Unterhaltsanspruch nicht beziffert oder eine vom Verpflichteten nicht schlüssig begründete Kürzung der Unterhaltszahlungen ohne weiteres hinnimmt,[114] soll aber auch dann bereits der Fall sein, wenn der Berechtigte seine Ansprüche nicht gerichtlich verfolgt, obwohl sie von Anfang an umstritten gewesen sind.[115] Letzteres wird zwar für den Regelfall zutreffen, weil der Berechtigte für die Vergangenheit auf die Unterhaltszahlungen zur Deckung seines Lebensunterhalts idR nicht mehr angewiesen ist. Es trifft aber auch zu, wenn der Berechtigte in der Vergangenheit **Sozialleistungen** erhalten hat; der Sozialleistungsträger ist dann gehalten, für die Durchsetzung der übergegangenen Unterhaltsansprüche Sorge zu tragen. Anders aber, wenn der Berechtigte ein **Darlehen** zur Bestreitung seines Lebensunterhalts aufgenommen hat und dies dem Verpflichteten bekannt war oder bekannt sein musste: Dann hat der Berechtigte in der Vergangenheit nicht nur gelebt, sondern er lebt in ihr infolge der von ihm zurückzuführenden Verbindlichkeiten weiter; die Tilgung von seinen laufenden Unterhaltsansprüchen vorzunehmen ist ihm nicht zumutbar, weshalb allein auf die fehlende gerichtliche Geltendmachung nicht abgestellt werden kann. – In der Sache stellt der BGH aber auch insoweit vornehmlich auf den Zeitablauf ab,[116] der damit zum **Indiz** für das Vorliegen auch des Umstandsmoments wird. Dies hat zwar nicht rechtlich, weil damit die Beweislast nicht umgekehrt wird und der indizierte Umstand nur ein Mittel des Nachweises ist, wohl aber tatsächlich zur Folge, dass der Berechtigte sich rechtfertigen muss, warum er seinen Anspruch nicht bereits früher verfolgt hat.[117]

– Von der Verwirkung unberührt bleibt das **Unterhaltsstammrecht.**[118] Verwirkt wird der **Unterhaltsanspruch** für den betreffenden Zeitraum als solcher, nicht lediglich die Berufung darauf, dass ein einzelnes **Tatbestandselement** nicht vorgelegen hat.[119] Deshalb kommt es für den Zeitablauf nicht auf den Zeitpunkt der Inverzugsetzung, sondern darauf an, für welchen Zeitraum der Unterhaltsanspruch jeweils geltend gemacht wird.[120]

IV. Verfahren

1. Darlegungs- und Beweislast. Stützt der Berechtigte seinen Anspruch auf Unterhalt 31 für die Vergangenheit auf **Verzug,** muss er Fälligkeit und Mahnung darlegen und beweisen, der Verpflichtete dagegen, dass er den zum Verzug führenden Umstand nicht zu vertreten hat (§ 287). Macht der Berechtigte über die Einjahresfrist des **Abs. 3** hinausgehende Ansprüche geltend, hat er auch die Tatsachen vorzutragen und zu beweisen, die nach der Lebenserfahrung den Schluss zulassen, der Verpflichtete habe sich der Leistung absichtlich entzogen. Die daraus folgende Vermutung kann der Verpflichtete durch den Vortrag und den Beweis von Umständen, die den gezogenen Schluss erschüttern, widerlegen.[121]

---

[113] BGHZ 152, 217 = NJW 2003, 128 = FamRZ 2002, 1698, 1699; NJW-RR 2004, 649 = FamRZ 2004, 531, 532; NJW 2007, 1273 = FamRZ 2007, 453, 455 m. Anm. *Büttner.*

[114] OLG Karlsruhe FamRZ 2002, 1039 f.

[115] BGHZ 103, 62 = NJW 1988, 1137 = FamRZ 1988, 370, 373.

[116] Ebenso *Klinkhammer* FamRZ 2002, 1702, 1704; *Büttner* FamRZ 2007, 457.

[117] S. auch *Büttner* FamRZ 2003, 449, 450.

[118] BGH NJW-RR 2004, 649 = FamRZ 2004, 531, 532; OLG Brandenburg FamRZ 2008, 906, 907.

[119] BGH NJW 2007, 1273 = FamRZ 2007, 453, 455 f. m. Anm. *Büttner;* aA OLG Oldenburg NJW-RR 2004, 1303 = FamRZ 2005, 722, 723 f.; KG NJW-RR 2005, 1308, 1309 = FamRZ 2006, 1292 (LS).

[120] BGH NJW 2007, 1273 = FamRZ 2007, 453, 456 m. Anm. *Büttner.*

[121] BGHZ 105, 250 = NJW 1989, 526 = FamRZ 1989, 150, 153 mwN; s. auch OLG Köln NJW-RR 1997, 449 = FamRZ 1997, 426, 427.

32 **2. Abänderungsklage.** Erhebt der Berechtigte eine Abänderungsklage, mit der er eine Erhöhung eines in einem Urteil titulierten Unterhaltsbetrags erstrebt, kann er Abänderung nicht erst ab Zustellung der Klage, sondern bereits ab Inverzugsetzung des Verpflichteten verlangen (§ 323 Abs. 3 S. 2 ZPO, § 238 Abs. 3 S. 2 FamFG; zur Abänderungsklage des Verpflichteten s. RdNr. 23).[122]

§ 1585 c Vereinbarungen über den Unterhalt

[1] Die Ehegatten können über die Unterhaltspflicht für die Zeit nach der Scheidung Vereinbarungen treffen. [2] Eine Vereinbarung, die vor der Rechtskraft der Scheidung getroffen wird, bedarf der notariellen Beurkundung. [3] § 127 a findet auch auf eine Vereinbarung Anwendung, die in einem Verfahren in Ehesachen vor dem Prozessgericht protokolliert wird.

Schrifttum: *Adam,* Die Unwirksamkeit von Ehevereinbarungen, BWNotZ 2006, 29; *Armasow,* Das Urteil des BVerfG vom 6. Februar 2001–1 BvR 12/92 – zum nachehelichen Unterhaltsverzicht und zur Freistellung von Unterhaltsansprüchen, RNotZ 2001, 196; *Baumann,* Steuerrechtliche Folgen von Vereinbarungen über Ehegattenunterhalt nach der Scheidung, RNotZ 2001, 193; *Bergerfurth,* Unterhaltsverzicht und Kindeswohl, ZAP Fach 11, S. 301; *Bergschneider,* Verträge in Familiensachen, 3. Aufl. 2006; *ders.,* Richterliche Inhaltskontrolle von Eheverträgen und Scheidungsvereinbarungen, 2008; *ders.,* Zur Inhaltskontrolle bei Eheverträgen, FamRZ 2001, 1337; *ders.,* Eheverträge und Scheidungsvereinbarungen – Wirksamkeit und richterliche Inhaltskontrolle – Überlegungen für die Praxis –, FamRZ 2004, 1757; *ders.,* Vereinbarungen im Vorfeld der Unterhaltsrechtsreform, FamRZ 2006, 153; *ders.,* Zum Formerfordernis nach der Neuregelung des § 1585 c BGB im Unterhaltsrechtsänderungsgesetz, FamRZ 2008, 17; FamRZ 2008, 748; *Billhardt,* Zum Formerfordernis nach der Neuregelung des § 1585 c BGB im Unterhaltsrechtsänderungsgesetz, FamRZ 2008, 748; *Bosch,* Zur Sittenwidrigkeit von vor der Eheschließung getroffener Vereinbarungen über den Ausschluß des Versorgungsausgleichs und den Verzicht auf Unterhalt, FamRZ 1982, 1216; *ders.,* Unterhaltsverzichtsvereinbarungen, FS Habscheid, 1989, S. 23; *Brambring,* Ehevertrag und Vermögenszuordnung unter Ehegatten, 6. Aufl. 2008; *Büttner,* Grenzen ehevertraglicher Gestaltungsmöglichkeiten, Brühler Schriften zum Familienrecht, Band 10, S. 26 = FamRZ 1998, 1; *Dauner-Lieb,* Richterliche Überprüfung von Eheverträgen nach dem Urteil des BGH vom 11–2–2004 – XII ZR 265/02, FF 2004, 65; *dies.,* Reichweite und Grenzen der Privatautonomie im Ehevertragsrecht, AcP 201 (2001), 295; *Finger,* Unterhaltsansprüche und § 5 VAHRG, JR 2000, 185; *Frey,* Der Verzicht auf nachehelichen Unterhalt, 1988; *Gageik,* Wirksamkeits- und Ausübungskontrolle von Eheverträgen unter Berücksichtigung der aktuellen Rechtsprechung seit der Entscheidung des BGH vom 11. 2. 2004, FPR 2005, 122; *Giesing,* Gerichtlicher Vergleich in Unterhaltssachen, FamRZ 1980, 761; *ders.,* Vereinbarungen über den nachehelichen Unterhalt in der Praxis, NJW 1982, 271; *Goebel,* In guten, nicht in schlechten Tagen? – Sechs Thesen zur richterlichen Kontrolle von Unterhaltsverzichten –, FamRZ 2003, 1513; *Göhler-Schlicht,* Prozessvergleich über nachehelichen Unterhalt im Verfahren über Trennungsunterhalt, FF 2008, 143; *Göppinger,* Unterhaltsverzicht mit Ausnahme „in Fällen der Not", FamRZ 1970, 222; *Göppinger/Börger,* Vereinbarungen anläßlich der Ehescheidung, 8. Aufl. 2005; *Gomille,* Feststellungsklagen über die Nichtigkeit des Ehevertrags, NJW 2008, 274; *Graba,* Die Abänderung von Unterhaltsvergleich und Unterhaltsurteil, NJW 1988, 2343; *ders.,* Die Abänderung von Unterhaltstiteln und Unterhaltsvereinbarungen nach dem Inkrafttreten des UÄndG 2007, FF 2008, 63; *Grziwotz,* Das Ende der Ehevertragsfreiheit?, FamRZ 1997, 585; *Hahne,* Probleme der Abänderungsklage in Unterhaltssachen nach der Rechtsprechung des BGH, FamRZ 1983, 1189; *Heilemann,* Unterhaltsverzicht und Witwen- oder Witwerrente nach dem vorletzten Ehegatten, SGb 1995, 600; *ders.,* Vereinbarungen über die Zahlung nachehelichen Unterhalts und § 5 VAHRG, SGb 1998, 463; *ders.,* Nochmals – Unterhaltsverzicht gegen Kapitalabfindung und § 5 VAHRG, SGb 1999, 553; *Henkel,* Regeln des BGH zur Inhaltskontrolle von Eheverträgen, JR 2005, 109; *Hepting,* Ehevereinbarungen – Die autonome Ausgestaltung der ehelichen Lebensgemeinschaft im Verhältnis zu Eherecht, Rechtsgeschäftslehre und Schuldrecht –, 1984; *ders.,* Zur Zulässigkeit einer durch die Stellung des Scheidungsantrags aufschiebend bedingten Scheidungsfolgenvereinbarung, JZ 1990, 547; *Herb,* Unzulässige Rechtsausübung durch Berufung auf einen nachehelichen Unterhaltsverzicht, NJW 1987, 1525; *ders.,* Vereinbarung des Schuldprinzips in Ehe- und Scheidungsverträgen?, FamRZ 1988, 123; *ders.,* Der Verzicht auf nachehelichen Unterhalt – Insbesondere zu Lasten der Sozialhilfeträger, Dissertation Tübingen 1988; *Herrmann/Grobshäuser,* Steuerliche Aspekte bei Gestaltung von Eheverträgen und Scheidungsfolgenvereinbarungen, FPR 2005, 146; *Heß,* Nachehelicher Unterhalt zwischen Vertragsfreiheit und sozialrechtlichem Allgemeinvorbehalt, FamRZ 1996, 981; *Kanzleiter/Wegmann,* Vereinbarungen unter Ehegatten, 7. Aufl. 2007; *Keilbach,* Sinn und Zweck von salvatorischen Klauseln in Eheverträgen und Scheidungsvereinbarungen, FamRZ 1992, 1118; *Koch,* Sitten-

[122] Zum Rechtszustand vor der Einfügung von S. 2 in § 323 Abs. 3 ZPO durch Art. 3 Nr. 3 Buchst. a KindUG zum 1. 7. 1998 aA OLG Köln FamRZ 1996, 50, 51.

widrigkeit von Unterhaltsverzichten und die Rückgriffsmöglichkeiten inanspruchgenommener Dritter, Diss. Münster 1986; *Koch, E.*, Verzicht auf nachehelichen Unterhalt, JR 1993, 197; *Kornexl*, Ehevertragsgestaltung als Störfallvorsorge, FamRZ 2004, 1609; *Krenzler*, Vereinbarungen bei Trennung und Scheidung, 4. Aufl. 2006; *Langenfeld*, Der Ehevertrag, 11. Aufl. 2005; *ders.*, Ehevertragsgestaltung nach Ehetypen, FamRZ 1987, 9; *ders.*, Handbuch der Eheverträge und Scheidungsvereinbarungen, 5. Aufl. 2005; *ders.*, Möglichkeiten und Grenzen notarieller Vertragsgestaltung bei Eheverträgen und Scheidungsvereinbarungen, 1985 (Sonderheft der DNotZ 1985, 167); *ders.*, Münchener Vertragshandbuch, Band 6, Bürgerliches Recht, 6. Aufl. 2009; *ders.*, Vereinbarungen über den nachehelichen Unterhalt in der Praxis, NJW 1981, 2377; *ders.*, Aktuelle Probleme der Scheidungsvereinbarung, MittRhNotK 1988, 111; *ders.*, Zur Praxis des Ehevertrages, FamRZ 1994, 201; *ders.*, Vereinbarungen zur zeitlichen und höhenmäßigen Begrenzung des Ehegattenunterhalts und des nachehelichen Unterhalts, FPR 2003, 155; *ders.*, Die notariell zu beurkundende Vereinbarung über den nachehelichen Unterhalt nach § 1585 c BGB n. F., FPR 2008, 38; *Lotter*, Nacheheliche Unterhaltsvereinbarungen und die Grenzen der Privatautonomie, 2007; *Ludwig*, Geschiedenenunterhalt und Schuldprinzip aus kautelarjuristischer Sicht, DNotZ 1982, 651; *Meder*, Der Unterhaltsverzicht im Spannungsfeld von Privatautonomie und öffentlichem Interesse, FamRZ 1993, 12; *Münch*, Inhaltskontrolle von Eheverträgen, FamRZ 2005, 570; *ders.*, Unterhaltsvereinbarungen nach der Reform, FamRZ 2009, 171; *Peters-Lange*, Notarhaftung für Unterhaltspflichten nach Scheidung, DNotZ 1997, 595; *Rau*, Unterhaltsvereinbarungen für die Zeit nach Beendigung der Ehe, MittRhNotK 1988, 187; *ders.*, Zur Zulässigkeit des Verzichts auf den nachehelichen Unterhalt, MittRhNotK 1991, 86; *Rauscher*, Ehevereinbarungen: Die Rückkehr der Rechtssicherheit, DNotZ 2004, 185; *Reinecke*, Rechtsprechungstendenzen zu Eheverträgen, FPR 1999, 291; *Reinhardt*, Die Zulässigkeit des Verzichts auf den nach Scheidung der Ehe gegebenen Unterhaltsanspruch, 1965; *Richter*, Zur Wirksamkeit eines Verzichts auf nachehelichen Unterhalt in einem Fall, in dem die Ehefrau nach bis dahin kinderloser Ehe später ein eheliches Kind geboren hat, JR 1986, 18; *Röthel*, Richterliche Inhaltskontrolle von Eheverträgen, NJW 2001, 1334; *Roßmann-Gläser/Roßmann*, Die neue Rechtsprechung des BGH zur Inhaltskontrolle von Eheverträgen, JuS 2005, 425; *Scheld*, Unterhaltsversagung wegen grober Unbilligkeit – Einige Überlegungen zur Anwendbarkeit von § 1579 I Nr. 4 BGB –, FamRZ 1978, 651; *Schubert*, Wirksamkeit von Unterhaltsverzichts- und -freistellungserklärungen, FamRZ 2001, 733; *Schumacher*, Rechtsgeschäfte zu Lasten der Sozialhilfe im Familien- und Erbrecht. Ein Vergleich von Unterhaltsverzicht und Behindertentestament, FamRZ 2001, 983; *Schwab, D.*, Zur gerichtlichen Kontrolle von Eheverträgen und Scheidungsvereinbarungen, in: Recht als Erbe und Aufgabe. Heinz Holzhauer zum 21. 4. 2005, 2005, S. 410; *Schwab, M.*, Vertragsgestaltung im Eherecht aus notarieller und richterlicher Sicht, MittBayNot 2005, 212; *Schwenzer*, Vertragsfreiheit im Ehevermögens- und Scheidungsfolgenrecht, AcP 96 (1996), 88; *Steininger/Viefhues*, Rechtliche Probleme bei der Auslegung der Formbedürftigkeit von Unterhaltsregelungen nach § 1585 c BGB, FPR 2009, 114; *Stresow*, Die richterliche Inhaltskontrolle von Eheverträgen, 2006; *Sturm*, Zur Unwirksamkeit drittbelastender Erbverzichts- und Pflichtteilsverzichtsvereinbarungen aus unterhaltsrechtlicher Sicht, Dissertation FU Berlin 1993; *Terhorst*, Der Schutz der Sozialleistungsträger vor selbstgeschaffenen Versorgungslücken durch einen Verzicht auf Unterhalt und Arbeitsentgelt – Zugleich ein Beitrag zu den Grenzen der Privatautonomie aus sozialrechtlicher Sicht, Dissertation Konstanz 1993; *Thiele*, Die Regelung des Kindesunterhalts gemäß § 630 Abs. 1 Nr. 3 ZPO in der notariellen Praxis, MittBayNot 1990, 137; *Vortmann*, Zur Wirksamkeit des Unterhaltsverzichts von Ehegatten, JA 1986, 401; *Walter*, Schuldprinzip kraft Ehevertrags – Zur Gestaltungsfreiheit bei Unterhaltsvereinbarungen, NJW 1981, 1409; *ders.*, Nochmals: Schuldprinzip kraft Ehevertrags, FamRZ 1982, 7; *Winkler*, Nochmals – Unterhaltsvereinbarungen gegen Kapitalabfindung und § 5 VAHRG, SGb 1999; *Zenker*, Zur Vollstreckbarkeit von Unterhaltsvergleichen mit Anpassungsklausel, FamRZ 2006, 1248, 25; *Zimmermann/Dorsel*, Eheverträge, Scheidungs- und Unterhaltsvereinbarungen, 5. Aufl. 2009. S. auch Schrifttum Vor § 1569.

Übersicht

A. Normzweck

1 Die Vorschrift[1] macht die gesetzlichen Regeln zum nachehelichen Unterhalt **disponibel** und ermöglicht dadurch Ehegatten, über den nachehelichen Unterhalt grundsätzlich unbeschränkt Vereinbarungen zu schließen. Sie dient einer möglichst frühzeitigen und endgültigen vertraglichen Regelung ihrer nachehelichen unterhaltsrechtlichen Beziehungen und kann eine Scheidung erleichtern oder gar erst ermöglichen.[2] Für Vereinbarungen zu den **sonstigen nachehelichen Rechtsverhältnissen** sind die dafür geltenden, die Privatautonomie der Ehegatten ausgestaltenden besonderen Vorschriften maßgebend (dazu RdNr. 3). – Durch das **UÄndG 2007** (dazu Vor § 1569 RdNr. 1) wurden S. 2 und 3 angefügt. – Zur Abschaffung von § 630 ZPO durch das **FamFG** s. RdNr. 3.

[1] Zur Entwicklung von § 72 EheG 1946 (Vorgängerregelung von § 1585 c) s. RGZ 159, 162, zur Entstehung von § 1585 c s. 1. Aufl. RdNr. 2–8.
[2] BT-Drucks. 7/650 S. 149.

B. Anwendungsbereich

I. Sachlicher Anwendungsbereich

§ 1585 c gilt für die **Scheidung einer Ehe** und die **Aufhebung einer Lebenspartnerschaft** (§ 16 Abs. 2 S. 2). Er ist grundsätzlich auch auf die **Aufhebung einer Ehe** (§ 1318 Abs. 1) anzuwenden: Der gutgläubige Verpflichtete kann jedoch bereits nach § 1318 Abs. 2 S. 1 Nr. 1, 2 die vermögensrechtlichen Folgen für die Zukunft ausschließen. Dem bösgläubigen Verpflichteten ist dies verwehrt, selbst wenn auch der Berechtigte die Aufhebbarkeit der Ehe bei der Eheschließung kannte (§ 1318 Abs. 2 S. 1 Nr. 2). – Einer Vereinbarung sind alle Ansprüche auf **nachehelichen Unterhalt** der §§ 1570–1573, 1575, 1576 zugänglich.[3] Allerdings kann die Beurteilung der Nichtigkeit und der Unbeachtlichkeit einer Berufung auf die Vereinbarung je nach Unterhaltstatbestand unterschiedlich ausfallen (dazu RdNr. 28–31, 32–68).[4] – Zur Zulässigkeit von Vereinbarungen zum **Familienunterhalt** s. § 1360 RdNr. 23, zum **Trennungsunterhalt** § 1361 RdNr. 49, 50 und zum **Verwandtenunterhalt** § 1614 RdNr. 6–13. 2

Für **sonstige Scheidungsfolgen** gilt § 1585 c nicht.[5] Die Ehegatten können sich infolge ihrer Vertragsfreiheit grundsätzlich auch über sie vereinbaren und diese Vereinbarung, die ggf. auch Regelungen über nichtvermögensrechtliche Angelegenheiten beinhalten kann, mit der über den nachehelichen Unterhalt verbinden (s. etwa § 630 Abs. 1 Nr. 2 und 3 ZPO). Die sich aus §§ 134, 138 ergebenden Grenzen der Privatautonomie bestimmen sich (auch) danach, dass die gesetzliche Regelung einverständliche Regelungen der Ehegatten anstrebt (etwa §§ 1566 Abs. 1 iVm. § 630 Abs. 1 ZPO). Zu Formerfordernissen s. §§ 1378 Abs. 3 S. 1, 1408 Abs. 1 und 2, 1410, 1587 o Abs. 2 S. 1, auch § 630 Abs. 3 ZPO, § 7 VersAusglG. – Das **FamFG** enthält keine § 630 Abs. 1 ZPO entsprechende Regelung mehr.[6] 3

II. Persönlicher Anwendungsbereich

§ 1585 c gilt nur für Unterhaltsverträge unter Ehegatten/Lebenspartnern. Nicht erfasst werden Vereinbarungen zwischen Ehegatten/Lebenspartnern und **Dritten,** auch und gerade wenn sie ohne oder gegen den Willen des Anderen zur Durchführung des Scheidungsverfahrens und dessen Erleichterung getroffen werden. Zwar sind sie nicht stets unwirksam, doch idR nach § 138 nichtig, wenn sie auf die Entschlussfreiheit eines Ehegatten einwirken (sollen). Ergänzen sie den Unterhaltsvertrag der Ehegatten oder bewirken eine Interzession des Dritten (zB durch Bürgschaft, Verpfändung, Schuldbeitritt oder Schuldübernahme), gilt § 1585 c entsprechend,[7] insbesondere wenn sie mit dem zukünftigen Ehegatten geschlossen werden. 4

C. Rechtsnatur. Zeitpunkt. Form

I. Rechtsnatur

Die Vereinbarung kann den **gesetzlichen Unterhaltsanspruch** ausgestalten oder einen **selbständigen Unterhaltsvertrag** beinhalten.[8] Lässt sie „den Bestand [des gesetzlichen 5

[3] StRspr. des BGH, s. etwa BGH NJW 1985, 1835 = FamRZ 1985, 787; NJW 1985, 1833 = FamRZ 1985, 788, 789; NJW 1995, 1148 = FamRZ 1995, 291.

[4] Zur Auslegung einer Vereinbarung zum Trennungsunterhalt und zum – vom BGH verneinten – Wegfall der vertraglichen Verpflichtung, wenn sich die Erwartung des Verpflichteten auf den Fortbestand der Ehe nicht erfüllt hat, s. BGH NJW 2003, 1734 = FamRZ 2003, 741, 742 m. Anm. *Gerken* und *Weychardt* FamRZ 2003, 1001.

[5] *Soergel/Häberle* RdNr. 4; anders 3. Aufl. RdNr. 1, 3.

[6] BT-Drucks. 16/6308 S. 228 f. [zu § 134].

[7] BGH NJW 1962, 1294.

[8] BGH NJW 1979, 2046 = FamRZ 1979, 910.

Unterhaltsanspruchs] unangetastet" und präzisiert ihn lediglich nach Höhe, Dauer und Modalitäten, bleibt die Eigenschaft des Unterhaltsanspruchs als gesetzlicher Anspruch unberührt, wenn sie dessen Wesen nicht verändert.[9] Dabei kommt es auf den ggf. auch in die Vereinbarung aufgenommenen Willen der Ehegatten, eine eigenständige, vom gesetzlichen Unterhaltsrecht losgelöste Regelung zu treffen, nicht an maßgeblich ist vielmehr allein der vereinbarte Inhalt.[10] Dagegen ist ein selbstständiger Unterhaltsvertrag durch **Schuldumwandlung** (Novation, dazu § 311 RdNr. 28–31) anzunehmen, wenn unter gleichzeitiger Vereinbarung eines Unterhaltsverzichts gesetzlich nicht geschuldete Zuwendungen zur Bestreitung des Lebensbedarfs zusagt werden,[11] losgelöst von der gesetzlichen Regelung und ohne rechtlichen Zusammenhang mit Grund und/oder Höhe des gesetzlichen Unterhaltsanspruchs.[12] **Im Zweifel** liegt eine unselbständige vertragliche Ausgestaltung des gesetzlichen Unterhaltsanspruchs vor,[13] für deren Auslegung auf die gesetzliche Regelung der §§ 1569 ff. zurückzugreifen ist.[14] Allein die Vereinbarung, dass bei Wiederheirat[15] § 1586 nicht zur Anwendung kommt, spricht etwa dann nicht gegen eine unselbständige Vereinbarung, wenn ein Vorrang anderer Berechtigter nach §§ 1582, 1609 in Betracht kommt.

II. Zeitpunkt

6 Die Vereinbarung kann sowohl **vor** als auch **nach der Scheidung** geschlossen werden und braucht nicht in zeitlichem Zusammenhang mit dem Scheidungsverfahren zu stehen.[16] – Da S. 1 nur „die Ehegatten" und nicht auch die „Verlobten" aufführt, werden **vor der Eheschließung** geschlossene Vereinbarungen von § 1585 c nicht unmittelbar erfasst. Für sie gelten die allgemeinen Regeln; danach sind auch sie **zulässig,** auch soweit auf einen künftigen Anspruch aus § 1570 verzichtet werden soll.[17] – Anlässlich eines **Scheidungsverfahrens** getroffene Vereinbarungen werden mit der Rücknahme des Scheidungsantrags grundsätzlich nicht unwirksam.[18] Doch kann sich bei einer später doch noch erfolgten Scheidung das Bedürfnis für eine Anpassung ergeben oder sich die Berufung auf einen Verzicht als rechtsmissbräuchlich erweisen (dazu RdNr. 60).

III. Form

7 **1. Grundsatz: Formfreiheit.** Grundsätzlich bedürfen Vereinbarungen über den nachehelichen Unterhalt **keiner Form.**[19] Sie können deshalb schriftlich, ausdrücklich durch mündliche Absprachen[20] oder auch konkludent eingegangen werden. Letzteres kommt etwa in Betracht, wenn der in einem Urteil oder einer Vereinbarung zum Trennungsunterhalt[21] oder in einer einstweiligen Anordnung nach § 620 Abs. 1 Nr. 6 ZPO, § 246 FamFG titulierte Unterhalt nach Rechtskraft der Scheidung über einen längeren Zeitraum weiterge-

[9] BGH NJW-RR 1987, 1287 = FamRZ 1987, 1021; FamRZ 2009, 219, 220 [11].

[10] BGH FamRZ 2009, 219, 220 [11].

[11] *Göppinger/Wax/Hoffmann* RdNr. 1682.

[12] BGH NJW 1978, 1924 = FamRZ 1978, 674; NJW 1979, 659 = FamRZ 1979, 217, 218.

[13] BGHZ 31, 210, 218; NJW 1969, 919 = FamRZ 1969, 205, 206; NJW-RR 1988, 1026 = FamRZ 1988, 933, 935; BGHZ 160, 186 = NJW 2004, 2896 = FamRZ 2004, 1546, 1547 mwN; KG FamRZ 2005, 1759; s. auch OLG Bamberg FamRZ 1999, 1278, 1279.

[14] OLG Karlsruhe FamRZ 1994, 104, 105.

[15] Eine Unterhaltsvereinbarung aus der Zeit vor dem Inkrafttreten des 1. EheRG – auf die allein § 66 EheG und nicht auch § 242 anzuwenden ist –, derzufolge Unterhalt bis zur Wiederverheiratung zu zahlen ist, führt grundsätzlich nicht auch zum Entfallen des Unterhaltsanspruchs bei Aufnahme einer nichtehelichen Lebensgemeinschaft, BGH NJW-RR 1991, 388 = FamRZ 1991, 673, 674 f. mwN.

[16] Zu Letzterem BGH NJW 1987, 2739 = FamRZ 1987, 691, 692.

[17] Etwa BGHZ 72, 182 = NJW 1979, 43 = FamRZ 1978, 873, 874; NJW 1985, 1833 = FamRZ 1985, 788, 789; NJW-RR 1991, 132 = FamRZ 1991, 306, 307; aA etwa *Bosch,* FS Habscheid, 1989, S. 23, 34 ff.

[18] OLG Hamburg FamRZ 1981, 968, 969.

[19] Aus neuester Zeit s. OLG Bamberg FamRZ 1998, 25, 27.

[20] Dazu auch BT-Drucks. 16/1830 S. 22.

[21] Das OLG Hamm FamRZ 1998, 1520 verlangt insoweit für die Annahme eines Rechtsbindungswillens stets eine ausdrückliche Erklärung.

zahlt wird.[22] – Für die Praxis empfiehlt sich aus Beweisgründen jedenfalls eine **schriftliche** Niederlegung der Vereinbarung.

2. Ausnahme: Notarielle Beurkundung. Abweichend hiervon sieht **S. 2** [UÄndG 2007] wegen der besonderen Schutzbedürftigkeit des „schwächeren" Ehegatten[23] die notarielle Beurkundung vor, wenn die Vereinbarung **vor Rechtskraft der Scheidung** geschlossen wird. Dies entspricht den Regelungen für ehevertragliche Vereinbarungen zum Güterrecht in § 1408 Abs. 1, 2, zum Zugewinnausgleich in § 1378 Abs. 3 S. 2 und zum Versorgungsausgleich in § 1587 o Abs. 2 S. 1 (der noch weiter geht, weil er auch nach rechtskräftiger Scheidung die notarielle Beurkundung vorschreibt; s. auch § 7 Abs. 1 VersAusglG: notarielle Beurkundung bis zur rechtskräftigen Entscheidung über den Versorgungsausgleich).[24] Zu bis zum 31. 12. 2007 geschlossenen Vereinbarungen s. RdNr. 79. – Darüber hinaus ist die notarielle Beurkundung einer Vereinbarung auch **nach Rechtskraft der Scheidung** erforderlich, wenn sie 8

- neben der ausschließlich vertraglichen Unterhaltsregelung (dazu RdNr. 18–20) auch einen **Unterhaltsverzicht** enthält,
- ein **Schenkungsversprechen** (§ 518, dazu RdNr. 19), eine **Leibrente** (§ 761) oder die Verpflichtung zur Übertragung oder zum Erwerb des **Eigentums an einem Grundstück** (§ 311 b) zum Gegenstand hat wegen ihrer Verflechtung zu einer rechtlichen Einheit,[25]
- als scheidungserleichternde Vereinbarung **vollstreckungsfähig** sein soll (§ 630 Abs. 3 ZPO, dazu auch RdNr. 3 aE),[26]
- die notarielle Beurkundung dem **Willen der Parteien** entspricht.[27]

3. Prozessvergleich. Ein gerichtlich protokollierter Prozessvergleich (dazu §§ 160 Abs. 3 Nr. 1, 162 Abs. 1 S. 1 ZPO, § 113 Abs. 1 FamFG) oder eine im Verfahren einer **Ehesache** gerichtlich protokollierte Vereinbarung ersetzt die notarielle Beurkundung (**S. 3** [UÄndG 2007],[28] § 127 a ZPO, § 113 Abs. 1 FamFG). Für ihre Wirksamkeit müssen sich die Parteien in einem Verfahren mit **Anwaltszwang** – in Ehesachen auch im erstinstanzlichen Verfahren vor dem FamG (§ 78 Abs. 2 ZPO,[29] § 114 Abs. 1 FamFG), nach § 114 Abs. 1 FamFG auch in Unterhaltssachen als Familienstreitsachen (§§ 112 Nr. 1, 231 Abs. 1 Nr. 2 FamFG), stets im Rechtsmittelverfahren (im Berufungsverfahren vor dem OLG durch einen zugelassenen [§ 78 Abs. 1 S. 1, Abs. 3 ZPO, § 114 Abs. 1 FamFG], im Revisionsverfahren vor dem BGH durch einen dort zugelassenen Rechtsanwalt [§ 78 Abs. 1 S. 3 ZPO, § 114 Abs. 2 FamFG]) – anwaltlich vertreten lassen.[30] – Ist diese Voraussetzung auch nur für eine Partei nicht erfüllt, hatte und hat die Vereinbarung nach der bis zum 31. 12. 2007[31] geltenden Rechtslage zwar keine prozessualen, insbesondere keine verfahrensbeendenden und keine vollstreckungsrecht- 9

[22] Dazu auch AG Brakel FamRZ 1999, 880, 881, das einen Vertrag bereits infolge jahrelanger Zahlung der außergerichtlich verlangten Unterhaltsbeträge annimmt.

[23] BT-Drucks. 16/1830 S. 22.

[24] Zur – berechtigten – Kritik, dass nicht auch Vereinbarungen zum Verwandten-, Trennungs- und zum Unterhalt nichtehelicher Elternteile der notariell beurkundeten Form unterworfen werden, *Borth* FamRZ 2006, 813, 817.

[25] BGH NJW-RR 2002, 1513 = FamRZ 2002, 1179, 1180.

[26] S. dazu *Schwab/Maurer/Borth* I RdNr. 274–277, 280.

[27] Zu Letzterem OLG Karlsruhe FamRZ 1983, 174 f.

[28] Durch diese vom RA-BT (BT-Drucks. 16/6980 S. 9) eingefügte Regelung soll „sichergestellt werden, dass außer einem Prozessvergleich von den Parteien auch eine formwirksame Vereinbarung über den nachehelichen Unterhalt in Ehesachen im Wege der Protokollierung durch das Prozessgericht abgeschlossen werden kann. Damit soll Rechtssicherheit geschaffen werden für den in der forensischen Praxis nicht seltenen Fall, in dem die Ehegatten in einer Ehesache das Gericht um Protokollierung einer zuvor getroffenen Einigung, beispielsweise eines Unterhaltsverzichts, ersuchen, ohne dass eine Unterhaltssache anhängig ist oder dass Streit oder Ungewissheit über den Unterhalt durch gegenseitiges Nachgeben ausgeräumt wird." In dieser Hinsicht ist die Regelung allerdings entbehrlich.

[29] Nach §§ 114 Abs. 1, 112 Nr. 1, 231 Abs. 1 Nr. 2 FamFG wird in allen Rechtsstreitigkeiten über durch Verwandtschaft und Ehe sowie nach §§ 1615 l, 1615 m begründete Unterhaltsansprüche, also auch zum nachehelichen Unterhalt, Anwaltszwang bestehen.

[30] *Borth* UÄndG RdNr. 235.

[31] Deren Wirksamkeit bleibt unberührt, BT-Drucks. 16/6980 S. 9 f.

lichen, gleichwohl aber materiellrechtliche Wirkungen, wenn dies dem Willen der Ehegatten entspricht (dazu auch RdNr. 7).[32] Demgegenüber kommt in Verfahren mit Anwaltszwang vor Rechtskraft der Scheidung ab dem **1. 1. 2008** ohne anwaltliche Vertretung geschlossenen Vereinbarungen auch keine materiellrechtliche Bedeutung mehr zu.

10 S. 3 [UÄndG 2007] hat keine materiellrechtlichen **Wirkungen,** weil schon S. 2 [UÄndG 2007], § 127 a das Formerfordernis enthält und sich die Nichtigkeit einer formunwirksamen Vereinbarung bereits aus § 125 ergibt.[33] Er wurde eingefügt, um **Rechtssicherheit** dazu zu schaffen, dass in einem Verfahren in Ehesachen auch dann eine Vereinbarung zum nachehelichen Unterhalt geschlossen werden kann, wenn keine Unterhaltssache anhängig ist oder sonst Streit oder Ungewissheit über den Unterhalt bestand.[34] Zwar dürfte dies bereits angesichts der Regelung in § 630 Abs. 1 Nr. 3, Abs. 3 ZPO[35] gelten[36] und auch ein innerer[37] oder mittelbarer[38] Zusammenhang mit der Ehesache vorliegen.[39] Doch fehlte es regelmäßig daran, dass der Vergleich zum Unterhalt in der Ehesache keine verfahrensbeendende Wirkung[40] haben kann. – Nach wie vor kann **„auch“**[41] in Verfahren auf Trennungsunterhalt eine Vereinbarung über den nachehelichen Unterhalt (und umgekehrt) geschlossen werden.[42] IdR wird in Familiensachen auch i. Ü. ein „innerer“ Zusammenhang anzunehmen sein,[43] sodass durch die Protokollierung eines Vergleichs auch die Form von § 127 a eingehalten wird. Voraussetzung ist allerdings, dass der Vergleich „in ein nach den Vorschriften der Zivilprozessordnung errichtetes Protokoll“ aufgenommen wird. Dies setzt – entgegen dem Wortlaut von § 127 a – jedoch voraus, dass die Protokollierung nach den Vorschriften der ZPO (§ 113 Abs. 1 FamFG) auch gesetzlich vorgeschrieben ist, was in fG-Familiensachen (dazu auch § 127 a RdNr. 4) lediglich für Verfahren nach der HausratsV (§§ 13 Abs. 3, 18 a HausratsV), nach §§ 1382, 1383 (§ 53 a Abs. 1 S. 2 FGG) und zum Versorgungsausgleich (§ 53 b Abs. 4 FGG) als echte Streitsachen der fG zutrifft.[44] – Nach Inkrafttreten des **FamFG** s. aber § 36 Abs. 2, 3 FamFG. – Allgemein ist für die Praxis wichtig: Auch wenn eine protokollierte Vereinbarung keine verfahrensbeendende Erklärung enthält, ist sie wirksam.[45]

D. Vertragsinhalte

I. Allgemeine Inhalte

11 **1. Kindesunterhalt.** Scheidungsvereinbarungen regeln oft auch die Unterhaltsansprüche der Kinder mit. Bei einer **einverständlichen Scheidung** nach §§ 1565 Abs. 1, 1566 Abs. 1 soll das FamG dem Scheidungsantrag nur stattgeben, wenn ein vollstreckbarer Titel über die Unterhaltspflicht errichtet worden ist (§ 630 Abs. 1 Nr. 3, Abs. 3 ZPO). Leben die Ehegat-

[32] BGH NJW 1985, 1962 = FamRZ 1985, 166, 167 f.

[33] *Billhardt* FamRZ 2008, 748: „überflüssig“.

[34] RA-BT BT-Drucks. 16/6980 S. 20.

[35] Eine entsprechende Regelung sieht das FamFG (dazu Schrifttum Vor § 1569 RdNr. 27) allerdings nicht mehr vor.

[36] S. schon OLG Hamm NJW 1968, 1241.

[37] So BGHZ 84, 333 = NJW 1982, 2373 = FamRZ 1982, 991, 992; *Palandt/Heinrichs* RdNr. 2; MünchKomm/*Einsele* RdNr. 6 mwN, jeweils zu § 127 a.

[38] BGHZ 142, 84 = NJW 1999, 2806, 2807 f.; aA MünchKommZPO/*Wolfsteiner* § 794 RdNr. 81 („das im Vergleich beurkundete Rechtsgeschäft [muss nicht] den Streitgegenstand betreffen oder sonst in irgendeinem Zusammenhang mit dem Streitgegenstand stehen“).

[39] Ebenso *Billhardt* FamRZ 2008, 748.

[40] MünchKommZPO/*Wolfsteiner* § 794 RdNr. 81.

[41] Dieses Wort übergeht *Bergschneider* FamRZ 2008, 17, 18; FamRZ 2008, 748; wie hier *Billhardt* FamRZ 2008, 748.

[42] *Borth* UÄndG RdNr. 235; *Göhler-Schlicht* FF 2008, 143; aA etwa *Bergschneider* FamRZ 2008, 17, 18; *Kleinwegener* FF 2008, 45.

[43] *Billhardt* FamRZ 2008, 748 mwN.

[44] Dazu auch MünchKommZPO/*Wolfsteiner* § 794 RdNr. 21, 22.

[45] MünchKommZPO/*Wolfsteiner* § 794 RdNr. 81.

ten getrennt, **vertritt** der Elternteil die Kinder, der sie betreut (§ 1629 Abs. 2 S. 2), und macht deren Unterhaltsansprüche als **gesetzlicher Prozessstandschafter** im eigenen Namen geltend (§ 1629 Abs. 3). – Wegen des Verbots, auf **zukünftigen** Kindesunterhalt zu verzichten, sind Vereinbarungen insoweit nur im Rahmen der **Angemessenheit** des Unterhalts (§ 1610 Abs. 1) möglich.[46] Dagegen kann auf **rückständigen** Unterhalt verzichtet werden (§ 1614 Abs. 1). Zu den Einzelheiten s. die Erläuterungen zu § 1614. Da § 1606 Abs. 3 S. 1 abdingbar ist, sind **Freistellungsvereinbarungen** zwischen den Eltern zulässig (dazu § 1614 RdNr. 13). – Vereinbarungen, die lediglich **Wirkungen zugunsten des Kindes** erzeugen (§ 328 Abs. 1), sind zulässig.[47] Angesichts der Vertretungsbefugnis für minderjährige Kinder (§ 1629 Abs. 2 S. 2) besteht für sie ein Bedürfnis meist jedoch nur, wenn auch der Unterhaltsanspruch volljähriger Kinder geregelt wird. – Für die vertragliche Regelung des Kindesunterhalts besteht zwar grundsätzlich **Formfreiheit.** Wird sie aber im Zusammenhang mit dem nachehelichen Unterhalt vor der Rechtskraft der Scheidung getroffen, erfasst ein Verstoß gegen S. 2 auch den Kindesunterhalt (§ 139), weil sein Vorwegabzug (§ 1609 Nr. 1) auch die Höhe des Ehegattenunterhalts beeinflusst.[48]

2. Schuldprinzip. Vereinbart werden kann der Ausschluss eines Unterhaltsanspruchs für den das **überwiegende Verschulden** an der Auflösung der Ehe treffenden Ehegatten.[49] Nachdem für vor dem 1. 7. 1977 aufgelöste Ehen das bisherige Unterhaltsrecht fortgilt (Art. 12 Nr. 3 Abs. 2 S. 1 1. EheRG; dazu Anhang zu § 1586 b RdNr. 5), kann nicht davon ausgegangen werden, die Regelungen des EheG seien nach dem Übergang zum Zerrüttungsprinzip durch das 1. EheRG schlechthin unbillig und eine Vereinbarung deshalb wegen Verstoßes gegen § 138 nichtig.[50] Doch besteht für eine solche Vereinbarung kein rechtes Bedürfnis, nachdem grobe Unbilligkeiten von § 1579 erfasst werden und auch diese Vereinbarung der Überprüfung nach §§ 138, 242, 313 unterliegt. 12

3. Sicherungsklauseln. Die Genehmigungspflicht ist für **ab 1. 1. 1999** vereinbarte **Wertsicherungsklauseln** infolge der Aufhebung von § 3 WährG entfallen (Art. 16 S. 2 EuroG, Art. 9 § 1 EuroEG;[51] zu bis dahin vereinbarten Wertsicherungsklauseln s. 4. Aufl. RdNr. 10). – Richtet sich die Anpassung einer Unterhaltsvereinbarung allein nach einer Wertsicherungsklausel, kann die Anpassung auch ohne Auskunftserteilung betrieben werden, sodass auch kein **Auskunftsanspruch** aus (§ 1580) besteht.[52] – Stellen sie auf vom *Statistischen Bundesamt* ermittelte Indizes ab, etwa auf den Preisindex für die Lebenshaltungskosten, kann aus ihnen **vollstreckt** werden, weil diese Indizes leicht und zuverlässig feststellbar und damit offenkundig iSd. § 291 ZPO, § 113 Abs. 1 FamFG sind.[53] 13

Der vereinbarte Unterhalt kann **gesichert** werden (dazu auch § 1585 a), ohne dass er seine Rechtsnatur als gesetzlicher Unterhaltsanspruch verliert. In Betracht kommen vor allem eine Reallast oder eine Bürgschaft, Lohn- und Gehaltsabtretungen (die aber vorab mit dem Arbeitgeber abgeklärt sein sollten), aber auch Pfandrechte oder eine Sicherungsübereignung. 14

4. Berechnungsgrundlagen. Um für eine spätere Anpassung die Prüfung zu ermöglichen, welche Umstände für die Bemessung des Unterhalts maßgeblich waren (vgl. § 323 Abs. 1 S. 1 ZPO, § 238 Abs. 2 S. 1 FamFG), sollte stets nachvollziehbar niedergelegt 15

---

46 S. dazu auch *Bergschneider* FamRZ 2008, 17.

47 BGH NJW-RR 1986, 428 = FamRZ 1986, 254, 255.

48 Im Ergebnis ebenso *Borth* UÄndG RdNr. 238.

49 *Walter* NJW 1981, 1409, 1412 ff.; *ders.* FamRZ 1982, 7 ff.; *Ludwig* DNotZ 1982, 651, 652; *Frey* S. 22 f.; *Schwab/Borth* IV RdNr. 1278; *Palandt/Brudermüller* § 1569 RdNr. 8. S. auch OLG Hamm OLGR 1998, 211 für eine güterrechtliche Vereinbarung.

50 AA insbesondere wegen den sich aus der Geltung der Dispositionsmaxime ergebenden Schwierigkeiten 3. Aufl. RdNr. 15; *Hepting* Ehevereinbarungen S. 112, 115; *Herb* FamRZ 1988, 123, 126.

51 Gesetz zur Einführung des Euro (Euro-Einführungsgesetz – EuroG) vom 9. 6. 1998 (BGBl. I S. 1242).

52 OLG Zweibrücken FamRZ 2009, 235 f.

53 BGH NJW-RR 2004, 649 = FamRZ 2004, 532 f. mwN. – Zur Vollstreckbarkeit s. auch BGH NJW-RR 2006, 148 = FamRZ 2006, 202 m. krit. Anm. *Zenker* FamRZ 2006, 1248.

werden, von welchen **persönlichen** und **wirtschaftlichen Verhältnissen** die Ehegatten ausgegangen sind. Dabei müssen die Berechnungsgrundlagen nicht unbedingt in die Vereinbarung aufgenommen werden. Es reicht aus, wenn anders – bei einem gerichtlichen Vergleich etwa durch Aufnahme ins Protokoll – ersichtlich wird, wovon die Ehegatten ausgegangen sind. Werden die Berechnungsgrundlagen nicht festgehalten, muss der eine Abänderung Begehrende diese ebenso wie die Abänderungen hiervon darlegen und ggf. beweisen. Erst wenn dies nicht mehr möglich ist, kann eine von den bisherigen Grundlagen losgelöste Neuberechnung stattfinden.

II. Ausgestaltung des gesetzlichen Unterhaltsanspruchs

16 **1. Grundsätze.** Die §§ 1569 ff. bleiben grundsätzlich **unmittelbar** anwendbar.[54] Doch wird das Recht auf Abfindung in Kapital (§ 1585 Abs. 2) und die Geltendmachung rückständigen Unterhalts infolge Inverzugsetzung (§ 1585 b) idR abbedungen sein. Auch andere Regelungen können abbedungen werden, ohne dass der Unterhaltsanspruch dadurch zu einem ausschließlich vertraglichen zu werden braucht. – Der Unterhaltsanspruch bleibt nur **bedingt pfändbar** nach § 850 b ZPO, § 95 Abs. 1 Nr. 1 FamFG und ist **bevorrechtigt** nach § 850 d ZPO, § 95 Abs. 1 Nr. 1 FamFG, §§ 38, 40 InsO bleiben anwendbar, die gesetzlichen **Aufrechnungs-, Abtretungs- und Zurückbehaltungsverbote** (§§ 394, 400) bleiben bestehen. – Zur **Abgrenzung** einer vertraglichen Ausgestaltung gesetzlichen Unterhaltsanspruch von einem selbstständigen Unterhaltsvertrag s. RdNr. 5.

17 **2. Inhalte.** Zum **Anspruchsgrund** können die Ehegatten Vereinbarungen etwa dazu eingehen, ab wann sie trotz der Betreuung eines gemeinsamen Kindes von einer Erwerbsfähigkeit des betreuenden Elternteils und in welchem Umfang ausgehen oder was sie als eheangemessene Erwerbstätigkeit des Berechtigten ansehen (§ 1574 Abs. 2), ebenso zur Ehebedingtheit einer Ausbildung (§ 1575 Abs. 1 und 2) und zu deren Eheangemessenheit (§ 1574 Abs. 3). Sie können eine Befristung nach § 1578 b Abs. 2 [UÄndG 2007] einvernehmlich festlegen und Regelungen zur Bedarfsbestimmung nach § 1578 b Abs. 1 [UÄndG 2007] sowie dazu treffen, wann von einer Nachhaltigkeit einer Erwerbstätigkeit des Berechtigten (§ 1573 Abs. 4) auszugehen ist. – Meist regeln Vereinbarungen, deren Inhalt wie bei ausschließlich vertraglichen Regelungen ggf. durch **Auslegung** nach §§ 133, 137 zu ermitteln ist (zur **Anpassung** s. RdNr. 42–56),[55]

- die **Höhe**[56] und die **Dauer** der Verpflichtung,
- punktuelle **wertbildende Faktoren** des Unterhaltsanspruchs, etwa zur Berücksichtigung bestimmter Positionen beim Bedarf, der Bedürftigkeit und der Leistungsfähigkeit,[57]
- die **Anrechnungsfreiheit** von Einkünften und Einkommensbestandteilen insbesondere eines kinderbetreuenden Ehegatten, um ihm einen Erwerbsanreiz zu schaffen (nach der Surrogat-Rspr. des BGH [dazu § 1578 RdNr. 6–10, 14–16] kommt dem weiteren Gesichtspunkt, die Folgen der Anrechnungsmethode abzumildern, keine praktische Bedeutung mehr zu),
- über den Anwendungsbereich von § 1579 hinausgehende Fallgruppen, die zur **Verwirkung** des Unterhaltsanspruchs führen können,
- die Anwendbarkeit von **§ 1579** dem Grunde und dem Umfang nach,
- die **Leistungsart:** statt einer Geldrente **Naturalleistungen** oder die Überlassung und das Belassen einer **Wohnung,**[58] allgemein die Überlassung eines **Vermögensgegenstands.**

---

[54] RGZ 165, 26, 29; RGZ 166, 378, 380.

[55] OLG Hamburg FamRZ 1996, 292, 293. Zur Verpflichtung der Zahlung von Krankenvorsorgeunterhalt s. OLG Köln FamRZ 1986, 577, 578.

[56] Auch als Prozentsatz vom Einkommen bzw. Gewinn des Verpflichteten, *Göppinger/Börger* RdNr. 231, dann allerdings nicht in vollstreckbarer Form.

[57] Dazu etwa OLG Bamberg FamRZ 1998, 25, 27.

[58] BGH NJW 1962, 2102.

III. Selbstständige Unterhaltsverträge

1. Ergänzende Vertragsauslegung. Zur **Abgrenzung** einer vertraglichen Ausgestaltung gesetzlichen Unterhaltsanspruch von einem selbstständigen Unterhaltsvertrag s. RdNr. 5. – Aber auch auf selbstständige Unterhaltsverträge können die **§§ 1582–1586 b** im Wege der ergänzenden Vertragsauslegung zur Feststellung des Parteiwillens herangezogen werden, wenn der Inhalt der Vereinbarung nicht entgegensteht. Gehen die vertraglichen Ansprüche über die gesetzlichen Ansprüche hinaus, sind insoweit §§ 850 b, 850 c ZPO, § 95 Abs. 1 Nr. 1 FamFG, §§ 38, 40 S. 1 InsO nicht anzuwenden. 18

2. Einzelfälle. Selbstständige Unterhaltsverträge können insbesondere bei Vereinbarung folgender Regelungen vorliegen: 19

- **Leibrente** iSd. §§ 759 ff., durch die das Schuldverhältnis durch Schaffung einer neuen Grundlage eines einheitlichen Rechts umgewandelt wird, das dem Berechtigten auf Lebensdauer eingeräumt ist und dessen Erträge aus regelmäßig wiederkehrenden gleichmäßigen Leistungen in Geld oder anderen vertretbaren Sachen bestehen (dazu § 759 RdNr. 3–19). Sie kann insbesondere in der Vereinbarung gleich bleibender Unterhaltsbeträge unabhängig von der Änderung der Verhältnisse und über den Tod des Verpflichteten hinaus vorkommen (dazu aber auch RdNr. 20),[59] und wird nicht durch die Vereinbarung ausgeschlossen, dass die Rente bei Wiederheirat des Berechtigten erlischt;[60]
- **Schenkung,** die aber kaum gegeben sein wird, da idR ein Entgegenkommen des Berechtigten vorliegen wird,[61] das schon in einem Verzicht auf den gesetzlich zustehenden Unterhalt gesehen werden kann (dazu auch RdNr. 22);
- **wesentlich höherer** als die gesetzlich geschuldeten Leistungen (zur Nichtigkeit nach § 138 s. RdNr. 40);
- Unterhaltsansprüche, obwohl offenkundig die Voraussetzungen aus **§ 1579** vorgelegen haben;[62]
- **Kapitalabfindung,** ohne dass die Voraussetzungen aus § 1585 Abs. 2 vorgelegen haben.[63] Ähnlich der Kapitalabfindung nach § 1585 Abs. 2 (dazu § 1585 RdNr. 13) erlischt der gesetzliche Unterhaltsanspruch idR bereits mit der Wirksamkeit der Vereinbarung, nicht erst mit Zahlung der Abfindung.

Nicht jedoch bei 20

- lediglich **geringfügigen Überschreitungen** der gesetzlich geschuldeten Leistung,
- einem selbst weitgehenden **Ausschluss der Abänderbarkeit** nach § 323 ZPO, §§ 238, 239 FamFG (dazu RdNr. 36, 39) durch die Vereinbarung gleich bleibender Unterhaltszahlungen (zur Leibrente s. RdNr. 19),[64] und
- im Hinblick auf die Regelung in § 1586 b bei der Vereinbarung von Unterhaltszahlungen über den **Tod des Verpflichteten** hinaus.[65]

IV. Unterhaltsverzicht

1. Zulässigkeit. Da die gesetzlichen Regeln zum nachehelichen Unterhalt disponibel sind (dazu RdNr. 1), kann auf den – auch künftigen – Geschiedenenunterhalt auch **vollständig** verzichtet werden (anders §§ 1360 a Abs. 3, 1361 Abs. 4 S. 4, 1614 Abs. 1, 16151 Abs. 3 S. 1), auch soweit der Anspruch auf § 1570 gestützt werden könnte (dazu aber auch 21

[59] RGZ 150, 385, 390; RGZ 166, 40, 48; BGHZ 24, 269, 278; WM 1966, 248; OLG Karlsruhe NJW 1962, 1774; OLG Schleswig FamRZ 1991, 1203.
[60] RGRK/*Cuny* RdNr. 16.
[61] *Soergel/Häberle* RdNr. 10.
[62] *Soergel/Häberle* RdNr. 7; RGRK/*Cuny* RdNr. 13.
[63] RGRK/*Cuny* RdNr. 15.
[64] BGH NJW-RR 1988, 1026 = FamRZ 1988, 933, 935; aA etwa *Soergel/Häberle* RdNr. 7.
[65] AA RGZ 163, 91, 96; RGZ 166, 40, 49 (zum alten Recht); *Soergel/Häberle* RdNr. 7; 3. Aufl. RdNr. 17.

RdNr. 29, 30, 32, 37, 38, 41).[66] Zur **Nichtigkeit** eines Unterhaltsverzichts s. RdNr. 37–41; zum Verstoß gegen **Treu und Glauben,** sich auf ihn zu berufen, RdNr. 59.

22 **2. Rechtsnatur.** Der Verzicht hat als abstrakter **Vertrag** iSd. § 397 Abs. 1 wegen der Endgültigkeit der Vereinbarung idR nicht nur **gestaltenden,** sondern auch (s. § 779) **verfügenden** Charakter (dazu § 397 RdNr. 6), sodass neben den Unterhaltsansprüchen auch das **Stammrecht** erlischt.[67] Wegen ihrer einschneidenden Wirkungen muss die Vereinbarung eines Verzichts **klar** und **eindeutig** sein;[68] dies trifft auf die Vereinbarung nicht zu, für den Fall der Scheidung in erster Linie zu eigener Arbeit verpflichtet zu sein und sich selbst zu unterhalten,[69] oder Ehegattenunterhalt im Hinblick auf die Zahlung von Kindesunterhalt nicht geltend zu machen.[70] Die Nichtgeltendmachung des Unterhaltsanspruchs über einen längeren Zeitraum rechtfertigt nicht die Annahme eines **stillschweigenden Vertragsschlusses,** wenn der Berechtigte keinen triftigen Grund für einen Verzicht hatte oder eine andere Erklärung für die unterlassene Rechtsausübung näher lag.[71] Entfällt das für den Verzicht kausale Schuldverhältnis wegen **Unwirksamkeit,** bedarf es für das Wiederaufleben des gesetzlichen Unterhaltsanspruchs der Kondiktion des Verzichts.[72] – Bei gegenseitigem Verzicht sind **Schenkungen** (dazu auch RdNr. 19) nur schwer vorstellbar, weil beide Ehegatten Gläubiger und Schuldner eines nachehelichen Unterhaltsanspruchs werden können. – Zur Wirksamkeit eines Verzichts durch Ersetzung der Zustimmung des Unterhaltsgläubigers zum **Insolvenzplan** durch das Insolvenzgericht s. § 245 InsO.[73]

23 **3. „Fall der Not".** Die auf den ehemaligen § 65 Abs. 1 EheG zurückgehende, von der Praxis auch jetzt noch verwandte Wendung **„auch für den Fall der Not"** ist nach jetzigem Recht entbehrlich und hat lediglich deklaratorische Bedeutung.[74] – Mit Formulierungen wie „mit Ausnahme des Falles der Not" oder „ausgenommen den Falle etwaigen Notbedarfs"[75] wird der Verzicht unter die auflösende Bedingung des Eintritts der Notlage gestellt[76] (dazu allgemein § 397 RdNr. 6) und lässt den Unterhaltsanspruch in Höhe des **notwendigen Bedarfs** wieder entstehen.[77] Allerdings nur für die Zeit der Notlage, mit deren Entfallen wird der Verzicht wieder wirksam. – „Notbedarf" ist nicht „notdürftiger Unterhalt" iSd. § 65 EheG, der noch unter dem „notwendigen Unterhalt" iSd. § 850 d Abs. 1 S. 2 ZPO, § 95 Abs. 1 Nr. 1 FamFG liegt und nur die unabweisbaren elementaren Bedürfnisse sicherstellen soll,[78] sondern ist mit dem notwendigen Bedarf nach der *Düsseldorfer Tabelle* anzunehmen.

---

[66] Kritisch *Bosch* FamRZ 1982, 1216; *ders.,* FS Habscheid, 1989, S. 35 f. mit dem Vorschlag, bei § 1570 grundsätzlich von der Unwirksamkeit eines Verzichts auszugehen und lediglich ausnahmsweise Wirksamkeit anzunehmen; ihm zustimmend *Büttner* Brühler Schriften zum Familienrecht Band 10 S. 26, 39 = FamRZ 1998, 1, 7 Fn. 44.

[67] RGZ 106, 396, 400; BGHZ 20, 127 = NJW 1956, 790 = FamRZ 1956, 144; NJW 1985, 1835 = FamRZ 1985, 787 (unter 3.); OLG Karlsruhe NJW 1995, 1561 = FamRZ 1995, 998, 999 (deshalb Unwirksamkeit eines Vorvertrags); RGRK/*Cuny* RdNr. 54; ablehnend etwa *Heß* FamRZ 1996, 981, 983 f. mwN.

[68] Zur Auslegung eines Unterhaltsverzichts, der Unterhaltsansprüche bei Erwerbsbehinderung durch Kindesbetreuung offen lässt, wenn der Berechtigte in nichtehelicher Lebensgemeinschaft lebt, aus der ein Kind hervorgegangen ist, das ihn an der Aufnahme einer Erwerbstätigkeit hindert, BGH NJW-RR 1995, 833 = FamRZ 1995, 726, 728. – OLG Schleswig OLGR 2001, 104: Die Vereinbarung eines unter dem gesetzlichen Unterhalt liegenden Betrages ist nur dann ein teilweiser Unterhaltsverzicht für die Zukunft, wenn auch dies dem Willen des Berechtigten entspricht. – OLG Koblenz FamRZ 2007, 479, 480: Die Formulierung „erlischt der Anspruch auf Unterhalt endgültig" ist eindeutig ein Unterhaltsverzicht.

[69] OLG Schleswig NJW-RR 1993, 836 = FamRZ 1993, 72 f.

[70] OLG Schleswig OLGR 1997, 231, 233.

[71] BGH FamRZ 1981, 763.

[72] *Heß* FamRZ 1996, 981, 983; *Göppinger/Wax/Hoffmann* RdNr. 1758; aA *Gernhuber/Coester-Waltjen* § 30 RdNr. 166; 3. Aufl. RdNr. 20 aE.

[73] Dazu OLG Düsseldorf NZI 2008, 689 = FamRZ 2009, 123, 124.

[74] Dazu BSGE 74, 9 = NJW-RR 1994, 1346, 1347.

[75] Dazu BGH NJW 1981, 51 = FamRZ 1980, 1104, 1105 (unter aa).

[76] *Göppinger/Wax/Hoffmann* RdNr. 1768 mwN; aA *Gernhuber/Coester-Waltjen* 4. Aufl. § 30 XII 8 Fn. 18. Ausdrücklich offen gelassen BGH NJW 1981, 51 = FamRZ 1980, 1104, 1105 (unter bb).

[77] BGH NJW 1981, 51 = FamRZ 1980, 1104, 1105 (unter bb).

[78] BGH NJW 1981, 51 = FamRZ 1980, 1104, 1105 (unter aa); ebenso OLG Karlsruhe FamRZ 1985, 1050.

E. Überprüfung von Unterhaltsvereinbarungen

I. Allgemeines

Die Wirksamkeit einer Vereinbarung zum nachehelichen Unterhalt hängt nicht von einer irgendwie gearteten Gegenleistung ab.[79] Schranken ergeben sich nur aus ihrer 24

- **Widerruflichkeit,** die vorbehalten sein muss,[80]
- **Anfechtbarkeit** wegen Irrtums (§ 119) und arglistiger Täuschung oder widerrechtlicher Drohung (§ 123);[81] Letzteres kommt mit der Folge eines Schadensersatzanspruchs aus § 826 insbesondere dann in Betracht, wenn der Berechtigte den Verpflichteten bei Vertragsschluss über sein Absicht, alsbald wieder zu heiraten, getäuscht hat;[82]
- **Gesetzwidrigkeit** (§ 134),[83]
- **Sittenwidrigkeit** (§ 138 Abs. 1; die Sonderbestimmungen in § 72 S. 2 und 3 EheG sind ersatzlos entfallen;[84] § 138 **Abs. 2** ist nicht anwendbar, weil es sich bei dem familienrechtlichen Unterhaltsanspruch nicht um ein Austauschgeschäft handelt),[85]
- **Anpassungsbedürftigkeit** (dazu RdNr. 42–55), sowie
- aus dem Verstoß der Berufung auf die Vereinbarung gegen **Treu und Glauben** (§ 242; dazu RdNr. 59–63) und
- nach **gesetzlichem Forderungsübergang** (§ 398, § 94 Abs. 1 S. 1 und 2 SGB XII, dazu allgemein Vor § 1569 RdNr. 14–19) mangels Rechtsinhaberschaft unabhängig davon, ob die Ehe bereits geschieden war, wenn und soweit der Sozialhilfeträger Leistungen an den Berechtigten erbracht hat.[86]

II. Zur Rechtsentwicklung

Der BGH ging auch vor dem Hintergrund einer **Schwangerschaft** der Frau und der absehbaren Aufgabe ihrer Erwerbstätigkeit zunächst in ständiger Rspr. grundsätzlich vom rechtlichen Bestand einer Vereinbarung zwischen den – auch künftigen – Ehegatten aus, selbst wenn diese neben dem Verzicht auf nachehelichen Unterhalt auch den auf güterrechtlichen und Versorgungsausgleich beinhaltete. Für den nachehelichen Unterhalt sollte sich dies daraus ergeben, dass dieser nicht zum Kernbereich der Ehe gehöre, weil diese nicht dadurch mitbestimmt werde, dass eine „wirtschaftliche Lebensgemeinschaft" entsteht oder die Ehegatten bei Auflösung der Ehe an den während ihres Bestands eingetretenen vermögensrechtlichen Veränderungen teilhaben. Weil der Mann die Frau ohne die Verzichtserklärungen nicht hätte heiraten brauchen und sich auf die Verpflichtungen eines nichtehelichen Vaters hätte zurückziehen oder sich trotz Schwangerschaft hätte scheiden lassen können, sollten lediglich die Schranken der §§ 134, 138 und zum Schutze gemeinschaftlicher Kinder das Verbot, sich nach Treu und Glauben auf den Unterhaltsverzicht zu berufen, eingreifen, unterhaltsrechtlich zudem begrenzt auf den notwendigen Bedarf.[87] 25

---

[79] BGH NJW 1995, 3251 = FamRZ 1995, 1482, 1484 (zum Versorgungsausgleich); NJW 1997, 192 = FamRZ 1997, 156, 157 m. Anm. *Klein* FuR 1997, 90.

[80] KG FamRZ 1999, 1277, 1278.

[81] Dazu OLG Naumburg FamRZ 2002, 456; OLG Brandenburg FamRZ 2003, 76, 766.

[82] BGH NJW 2006, 3282 = FamRZ 2006, 1662, 1663.

[83] Zur Nichtigkeit von Vereinbarungen, nach dem Tode des unterhaltspflichtigen Ehegatten auf eine Geschiedenen-Witwenrente nach § 46 Abs. 3 SGB VI zu verzichten, OLG Hamm FamRZ 1985, 385, 387 f. m. Anm. *Bosch*.

[84] BT-Drucks. 7/650 S. 149.

[85] BGH NJW-RR 1991, 132 = FamRZ 1991, 306 f.

[86] BGHZ 20, 127, 132 = NJW 1956, 790 = FamRZ 1956, 144; OLG Hamm FamRZ 1980, 890, 892 (zu § 90 BSHG aF).

[87] Etwa BGH NJW 1997, 192 = FamRZ 1997, 156, 157 f.; zum Versorgungsausgleich BGH NJW 1997, 126 = FamRZ 1996, 1536, 1537 f.; zum Güterrecht BGH NJW 1997, 2239 = FamRZ 1997, 800 ff.

26 Demgegenüber begegnet das BVerfG[88] auch bei Ehe- und Unterhaltsverträgen einer besonders einseitigen Belastung eines Ehegatten mit vertraglichen **Lasten** (objektive Benachteiligung)[89] und einer erheblich ungleichen **Verhandlungsposition,** die zu einer Verkehrung der Selbstbestimmung in eine Fremdbestimmung führt, mit der vertraglichen Inhaltskontrolle und ggf. Korrektur mittels der zivilrechtlichen Generalklauseln. Solche Verträge müssen deshalb Ausdruck einer **gleichberechtigten Lebenspartnerschaft** und dürfen nicht das Ergebnis einer aus einer ungleichen Verhandlungsposition folgenden einseitigen Dominanz eines Ehegatten sein. **Schwangere** sind zudem davor zu schützen, dass sie durch ihre Lage zu ihren Interessen massiv zuwider laufenden Vereinbarungen gedrängt werden. – Die konkrete **zivilrechtliche Umsetzung** hat das BVerfG nicht vorgegeben, jedoch mit seinem Hinweis auf die zivilrechtlichen Generalklauseln auf die §§ 133, 157 (Auslegung), 138 (Sittenwidrigkeit) und §§ 242 aF, 313 nF (Treu und Glauben, Vertragsanpassung) verwiesen.

27 Im Urteil v. 11. 2. 2004 (das zum besseren Verständnis der Gesamtproblematik und ihrer Auswirkungen auch auf reine **Unterhaltsverträge** im Folgenden ausführlicher dargestellt wird, dazu RdNr. 28–31) hat der BGH[90] seine Rspr. (dazu RdNr. 25) aufgegeben und die verfassungsrechtlichen Vorgaben des BVerfG (dazu RdNr. 26) zivilrechtlich umgesetzt. Er setzt sich in diesem Urteil, auf das er in den nachfolgenden Entscheidungen immer Bezug genommen hat, grundlegend mit der Wirksamkeitsprüfung von **Eheverträgen** und der Geltendmachung der Vertragsklauseln auseinander.

III. Zur Rechtsanwendung

28 **1. Grundsätze.** Seit dem Urteil des BGH v. 11. 2. 2004[91] gilt:

– Die **Disponibilität** der Scheidungsfolgen als Ergänzung des Rechts der Ehegatten auf eigenverantwortliche Regelung ihrer Lebensverhältnisse (§ 1353, 1356)[92] ermöglicht nicht, den Schutzzweck der gesetzlichen Regelung beliebig zu unterlaufen. Vielmehr findet sie ihre Grenze dort, wo eine evident einseitige und durch die individuelle Gestaltung der ehelichen Lebensverhältnisse nicht gerechtfertigte Lastenverteilung entsteht, die hinzunehmen für den belasteten Ehegatten bei angemessener Berücksichtigung der Belange des begünstigten Ehegatten und seines Vertrauens in die Geltung der Vereinbarung bei verständiger Würdigung des Wesens der Ehe unzumutbar erscheint. Darauf ist jede Vereinbarung mittels einer **Gesamtschau der Motive** für die getroffenen Abreden, welche die Gründe und Umstände ihres Zustandekommens aufgrund der individuellen Verhältnisse beim Vertragsschluss und die beabsichtigte wie auch die verwirklichte Gestaltung des ehelichen Lebens berücksichtigt, zu überprüfen.[93]

29 – Zudem hat der BGH folgende **Wertigkeit** der einzelnen Scheidungsfolgen nach deren Wichtigkeit für den von einem Ausschluss bzw. einer Einschränkung betroffenen Ehegatten entwickelt:[94]

---

[88] BVerfGE 103, 89 = NJW 2001, 957 = FamRZ 2001, 343; NJW 2001, 2248 = FamRZ 2001, 985; zur Kritik an der Rspr. des BGH s. auch 4. Aufl. RdNr. 41.

[89] OLG Brandenburg FamRZ 2003, 764, 765; *Schwab* FamRZ 2001, 349.

[90] BGHZ 158, 81 = NJW 2004, 930 = FamRZ 2004, 601.

[91] BGHZ 158, 81 = NJW 2004, 930 = FamRZ 2004, 601 ff. und danach ständig: BGH NJW 2005, 139 = FamRZ 2005, 185, 187; NJW 2005, 2386 = FamRZ 2005, 1444, 1446; NJW 2006, 3142 = FamRZ 2006, 1359, 1360 m. Anm. *Bergschneider*; BGHZ 170, 77 = NJW 2007, 907 = FamRZ 2007, 450, 451 f.; NJW 2007, 2848 = FamRZ 2007, 974, 976 [17] m. Anm. *Bergschneider*; NJW 2007, 2851 = FamRZ 2007, 1310, 1312 [14]; NJW 2008, 1080 = FamRZ 2008, 582, 584 [16–27]; NJW 2008, 3426 = FamRZ 2008, 2011, 2012 f. [9–11, 17, 19] m. Anm. *Bergschneider.*

[92] BGH NJW 2009, 842 m. Anm. *Grziwotz* und *Born* LMK 2009, 274744 = FamRZ 2009, 198, 200 [22] m. Anm. *Bergschneider.*

[93] Dass die Ehegatten im Falle der notariellen Beurkundung ihrer Vereinbarung vom Notar belehrt worden sind (zur Formbedürftigkeit s. RdNr. 8), soll unberücksichtigt bleiben; aA etwa *Langenfeld* DNotZ 2001, 272, 279.

[94] S. auch BGH NJW 2005, 1370 = FamRZ 2005, 691; NJW 2005, 2386 = FamRZ 2005, 1444; NJW 2005, 2391 = FamRZ 2005, 1449, 1450, jeweils Betreuungs-, Krankheits- und Altersunterhalt; zum Versorgungsausgleich BGH NJW 2005, 137 = FamRZ 2005, 26; NJW 2005, 139 = FamRZ 2005, 185, alle m. Anm. *Bergschneider.*

- Zum Kernbereich der Scheidungsfolgen – **1. Rang** – gehören **Betreuungs-** (§ 1570), **Krankheits-** (§ 1572) sowie **Altersunterhalt** (§ 1571) und, als vorweggenommener und diesen jedenfalls auch ersetzender Altersunterhalt, der **Versorgungsausgleich.**
- Diesen nachrangig – **2. Rang** – ist der **Erwerbslosenunterhalt** (§ 1573 Abs. 1 und 4; s. dazu auch § 1573 Abs. 5 UÄndG 1986).
- Von den Unterhaltsansprüchen haben – **3. Rang** – **Aufstockungs-** (§ 1573 Abs. 2 und 3), **Ausbildungs-** (§ 1575) und **Billigkeitsunterhalt** (§ 1576) das geringste Gewicht.
- Der Disposition der Ehegatten am weitesten zugänglich – **4. Rang** – ist der **Zugewinnausgleich,** weil die nacheheliche Solidarität keine wechselseitige Vermögensbeteiligung, die nicht an eine konkrete Bedarfslage anknüpft, erfordert.

Als eine aktuelle Bedarfslage regelnd geht der **Elementarunterhalt** dem **Kranken-** und 30 **Altersvorsorgeunterhalt** (§ 1578 Abs. 2 und 3) vor (Vorrang im gleichen Rang). Der Vorsorgeunterhalt teilt – dogmatisch zwingend – den Rang der Scheidungsfolge, weil die Berechtigung, Vorsorgeunterhalt verlangen zu können, nicht Teil des Unterhaltstatbestands, sondern des (einheitlichen) Lebensbedarfs des Berechtigten ist, unabhängig davon, auf welchen Tatbestand er seinen Unterhaltsanspruch stützt (dazu auch § 1578 RdNr. 43).[95] Der BGH, der den Vorsorgeunterhalt zunächst noch eigenständig und untergeordnet in die Rangfolgenabstufung aufgenommen hatte,[96] führt diesen Nachrang dann nicht durch, wenn die Unterhaltspflicht ehebedingte Nachteile ausgleichen soll. Weil jedoch diese Differenzierung der Unterhaltsrechtsdogmatik nicht gerecht wird, sollte die Frage, ob (auch) Vorsorgeunterhalt verlangt werden kann, im Rahmen der Anpassung der Vereinbarung beantwortet werden.[97] Dies wird in aller Regel dazu führen, dass dann, wenn die Ausübungskontrolle zu einem Unterhaltsanspruch führt, auch Vorsorgeunterhalt geschuldet wird (dazu RdNr. 62).

2. Rechtsinstitute. IdR ist ein Ehevertrag zunächst – sieht man einmal von der ver- 31 fassungskonformen **Auslegung** nach §§ 133, 157 ab, weil wegen des eindeutigen Wortlauts der Vereinbarung meist keine Auslegungsfähigkeit bestehen dürfte – auf seine Unwirksamkeit wegen **Sittenwidrigkeit** (§ 138, dazu RdNr. 32–40; zur **Teilnichtigkeit** s. RdNr. 66) und bei deren Verneinung darauf zu prüfen, ob der Vertrag wegen Änderung der Geschäftsgrundlage **anzupassen** ist (§ 313, dazu RdNr. 42–55), und ob und inwieweit die Berufung auf vertragliche Regelungen gegen Treu und Glauben verstößt (**Ausübungskontrolle,** § 242, dazu RdNr. 56–62).[98]

F. Sittenwidrigkeit

I. Grundsätze

1. Betroffene. Stichtag. Eine Vereinbarung verstößt gegen die guten Sitten, wenn sie 32 dem Anstandsgefühl aller billig und gerecht Denkenden widerspricht. Dabei kann der Sittenverstoß, der sich in aller Regel gegen den Berechtigten richtet, zu Lasten bei der **Vertragsparteien,** also auch des Verpflichteten gehen.[99] – Für einen zu beachtenden Sittenverstoß muss die Vereinbarung bereits bei ihrem Zustandekommen, also im Zeitpunkt des

[95] Zutreffend *Bergschneider* FamRZ 2005, 1452 f.; ausdrücklich auch BGH NJW 2005, 2391 = FamRZ 2005, 1449, 1450.
[96] BGHZ 158, 81 = NJW 2004, 930 = FamRZ 2004, 601, 605.
[97] BGH NJW 2005, 2391 = FamRZ 2005, 1449, 1452.
[98] BGH NJW 2005, 2386 = FamRZ 2005, 1444, 1446 m. Anm. *Bergschneider*; auch BGH NJW 2008, 1076 = FamRZ 2008, 386 ff. (Ausschluss des Zugewinnausgleichs).
[99] BGH NJW 2009, 842 m. Anm. *Grziwotz* und *Born* LMK 2009, 274744 = FamRZ 2009, 198, 200 [19] m. Anm. *Bergschneider,* OLG Celle NJW-RR 2004, 1585 = FamRZ 2004, 1969; OLG Karlsruhe FamRZ 2007, 477.

Vertragsschlusses,[100] zu einer derart einseitigen Lastenverteilung für den Fall der Scheidung führen, dass ihr losgelöst von der künftigen Entwicklung der Ehegatten und ihrer Lebensverhältnisse die Anerkennung der Rechtsordnung ganz oder teilweise zu versagen ist und an ihre Stelle die gesetzliche Regelung tritt. Maßgeblich ist der Gesamtcharakter der Vereinbarung, der sich nach ihrem Inhalt, Beweggrund und Zweck, aber auch ihrer zeitlichen Nähe zu einer zwar nicht beabsichtigten, aber für möglich erachteten Scheidung bestimmt.[101] Dies gilt für alle Unterhaltsansprüche, insbesondere auch für den auf Betreuungsunterhalt nach § 1570 (zur grundsätzlichen Zulässigkeit von Vereinbarungen auch insoweit s. RdNr. 29, 50, allerdings unter gebührender Wahrung des Wohls des Kindes und seiner Interessen [dazu § 1570 RdNr. 1, 39–45]).[102]

33 **2. Beachtliche Umstände.** Da das Gesetz Vereinbarungen über die Scheidungsfolgen **fördert** (§ 1566 Abs. 1 iVm. § 630 ZPO, dazu aber RdNr. 3 aE), sind der Nichtigkeit enge Grenzen gesetzt. Allein der Umstand, dass sich die Vereinbarung allein oder überwiegend zu Lasten eines Ehegatten auswirkt, rechtfertigt deshalb nicht die Annahme der Sittenwidrigkeit mit der Begründung, eine Scheidung werde für diesen infolge seiner dann fehlenden wirtschaftlichen Absicherung unzulässig erschwert. Ebenso wenig das Zurückbleiben der vertraglich vereinbarten Unterhaltshöhe hinter dem Bedarf nach den ehelichen Lebensverhältnissen.[103] Vielmehr müssen **besondere Umstände** hinzutreten, die das Unwerturteil im Einzelfall begründen.[104] Hierfür reicht zwar allein die **Schwangerschaft** der Frau im Zeitpunkt des Vertragsschlusses nicht aus, weil allein aus **objektiven,** für eine Sittenwidrigkeit sprechenden Umständen nicht auf das Vorliegen der erforderlichen **subjektiven** Gegebenheiten (dazu RdNr. 34) geschlossen werden kann;[105] doch ist sie ein **Indiz** für ihre schwächere Verhandlungsposition und Disparität beim Vertragsabschluss, das ein verstärkte richterliche Kontrolle anhand einer Gesamtschau aller maßgeblichen Umstände fordert.[106] – Da auf den Zeitpunkt des Vertragsschlusses abzustellen ist, kommt einer bestimmten **Erwartung** hinsichtlich der Entwicklung einzelner Umstände – etwa der Ertragssituation eines vom Berechtigten betriebenen Gewerbes – keine indizielle Bedeutung für die Sittenwidrigkeit zu;[107] sie ist vielmehr im Rahmen der Vertragsanpassung oder Ausübungskontrolle zu berücksichtigen.

34 Die Sittenwidrigkeit ist auf der Grundlage einer **Gesamtwürdigung** aller Umstände unter Einbeziehung aller **objektiven** und **subjektiven** Gegebenheiten bei Vertragsschluss festzustellen. Als **objektive** Umstände sind zu berücksichtigen:

- Umstände, die eine **Zwangslage** des benachteiligten Ehegatten begründet oder ihn gehindert haben, auf Abschluss und Inhalt des Ehevertrags/Unterhaltsvereinbarung Einfluss zu nehmen.
- Die **individuellen Verhältnisse** der Ehegatten, insbesondere die **Einkommens-** und **Vermögensverhältnisse,** die **Erwerbschancen** des benachteiligten Ehegatten, der ge-

[100] BGHZ 158, 81 = NJW 2004, 930 = FamRZ 2004, 601, 606; NJW 2005, 137 = FamRZ 2005, 26, 27; NJW 2005, 2386 = FamRZ 2005, 1444, 1447; NJW 2005, 2391 = FamRZ 2005, 1449, 1450.

[101] BGH NJW 1985, 1833 = FamRZ 1985, 788, 789; NJW 1990, 703 = FamRZ 1990, 372, 373; NJW-RR 1991, 132 = FamRZ 1991, 306, 307 m. Anm. *Hohloch* JR 1991, 333.

[102] BVerfGE 57, 363 = NJW 1981, 1711 = FamRZ 1981, 745, 749 (s. dazu auch die Kritik von *Bosch* FS Habscheid, 1989, S. 23, 34 ff.); s. nunmehr BVerfG NJW 2007, 1735 = FamRZ 2007, 965, 968 [44] (dort auch zum Anspruch nichtehelicher Eltern auf Betreuungsunterhalt nach § 1615 l BGB).

[103] BGH NJW 2008, 3426 = FPR 2008, 574 m. Anm. *Kesseler* FPR 2008, 577 = FamRZ 2008, 2011, 2012 f. [15] m. Anm. *Bergschneider.*

[104] BGH NJW 1990, 703 = FamRZ 1990, 372, 373; NJW 1997, 126 = FamRZ 1996, 1536 m. Anm. *Grziwotz* FamRZ 1997, 585 und *Dethloff* JZ 1997, 414; NJW 1997, 192 = FamRZ 1997, 156 m. Anm. *Klein* FuR 1997, 90; NJW 2008, 3426 = FPR 2008, 574 m. Anm. *Kesseler* FPR 2008, 577 = FamRZ 2008, 2011, 2012 f. [15] m. Anm. *Bergschneider.*

[105] BGH NJW 2009, 842 m. Anm. *Grziwotz* und *Born* LMK 2009, 274744 = FamRZ 2009, 198, 201 [29–33] m. Anm. *Bergschneider.*

[106] BGH NJW 2006, 3142 = FamRZ 2006, 1359, 1361 m. Anm. *Bergschneider;* NJW 2008, 3426 = FPR 2008, 574 m. Anm. *Kesseler* FPR 2008, 577 = FamRZ 2008, 2011, 2014 [23] m. Anm. *Bergschneider.*

[107] AA OLG Hamm FamRZ 1991, 88 f.; s. auch OLG Stuttgart FamRZ 1998, 1296, 1297 f. (Verpflichtung zu Unterhaltsleistungen in die Leistungsfähigkeit übersteigender Höhe); auch noch 4. Aufl. RdNr. 40.

plante und bereits verwirklichte **Zuschnitt der Ehe** sowie dessen Auswirkungen auf die Ehegatten und auf die bereits vorhandenen und geplanten Kinder.

- Die finanzielle **Leistungsfähigkeit** des Verpflichteten und die Wahrung seines **Existenzminimums** (dazu auch RdNr. 39). Dagegen ist allein die Abweichung vom **Halbteilungsprinzip** unerheblich.[108]
- Die **Ehebedingtheit** der Unterhaltsbedürftigkeit;[109] dies betrifft vornehmlich bereits vor der Ehe aufgetretene **Krankheiten** und offenkundig keine Erwerbsgrundlage versprechende **Ausbildungen.**[110]

Subjektiv sind heranzuziehen

- die von den Ehegatten mit der Vereinbarung verfolgten **Zwecke** und **sonstigen Beweggründe,** die den begünstigten Ehegatten zu seinem Verlangen nach der vertraglichen Gestaltung veranlasst und den benachteiligten Ehegatten bewogen haben, diesem Verlangen zu entsprechen,
- das Ausnützen einer ausgeprägten sozialen und wirtschaftlichen **Abhängigkeit** durch den stärkeren Ehegatten aufgrund eines Arbeitsverhältnisses mit dem schwächeren.[111]

II. Sittenwidrigkeit

1. Vertragsschluss. Starker Druck kann nach dem Gesamtcharakter der Vereinbarung zu ihrer Sittenwidrigkeit führen.[112] Allerdings nur in seltenen Ausnahmefällen, weil nach dem Zerrüttungsprinzip kein Ehegatte mehr die Scheidung auf Dauer verhindern kann (s. § 1568). Die danach noch verbleibenden, rechtlich erheblichen Fälle dürften idR bereits zur Anfechtbarkeit nach § 123 führen. 35

Bsp. aus der Rspr.: OLG Düsseldorf FamRZ 1989, 635, 636 m. Anm. *Bosch*: Die **falsche „Beratung"** durch den vom Berechtigten beauftragten Rechtsanwalt gegenüber dem Verpflichteten, trotz einer nur kurzen Ehezeit entspreche eine weitgehend unabänderliche Vereinbarung auf unbegrenzte Zeit der Rechtslage (anders §§ 1573 Abs. 5, 1578 Abs. 1 S. 2 [UÄndG 1986], 1578 b Abs. 1, 2 [UÄndG 2007]), führt wegen Einseitigkeit zur Sittenwidrigkeit. – Unter der Geltung des Zerrüttungsprinzips führen **nicht** mehr zur Sittenwidrigkeit: **BGH NJW 1962, 1294:** Verlangen einer „Gegenleistung" für die Einwilligung in die Scheidung **Vermögensvorteile.**

BGH NJW 1957, 1188 = FamRZ 1957, 298 f.: Verlangen eines **Schuldanerkenntnisses** vom die Ehe störenden Ehegatten in seine Leistungsfähigkeit bei weitem übersteigender Höhe.

2. Inhalt. Sittenwidrig wird eine Vereinbarung idR nur dann sein, wenn Regelungen aus dem **Kernbereich** (Betreuungs-, Krankheits-, Altersunterhalt und Versorgungsausgleich, dazu RdNr. 29) ganz oder jedenfalls zu erheblichen Teilen abbedungen werden, ohne dass dieser Nachteil durch anderweitige Vorteile gemildert oder durch die besonderen Verhältnisse der Ehegatten, den von ihnen angestrebten oder gelebten Ehetyp oder sonstige gewichtige Belange des begünstigten Ehegatten gerechtfertigt werden. Auch insoweit wird aber die Sittenwidrigkeit der Vereinbarung selten allein aus ihrem Inhalt ohne Berücksichtigung aller bei ihrem Abschluss bestehenden **Umstände** abgeleitet werden können. – Vereinbarungen, die dem **gesetzlichen Unterhaltsrecht** entsprechen – die also einen Inhalt haben, der nicht abstrakt möglich, sondern nach den tatsächlichen Umständen auch durch Urteil konkret ausgesprochen werden könnte – werden stets sittengemäß 36

---

[108] BGH NJW 2009, 842 m. Anm. *Grziwotz* und *Born* LMK 2009, 274744 = FamRZ 2009, 198, 200 f. [22–28] m. Anm. *Bergschneider* (anders OLG Karlsruhe FamRZ 2007, 477 f. m. Anm. *Bergschneider* als Vorinstanz).

[109] BGH NJW 2005, 2386 = FamRZ 2005, 1444, 1447; NJW 2008, 3426 = FPR 2008, 574 m. Anm. *Kesseler* FPR 2008, 577 = FamRZ 2008, 2011, 2012 f. [15] m. Anm. *Bergschneider.*

[110] BGH NJW 2007, 904 = FamRZ 2007, 197, 199 m. Anm. *Bergschneider.*

[111] BGH NJW 2005, 1370 = FamRZ 2005, 691, 692; NJW 2008, 3426 = FPR 2008, 574 m. Anm. *Kesseler* FPR 2008, 577 = FamRZ 2008, 2011, 2013 f. [19–24] m. Anm. *Bergschneider.*

[112] RGZ 114, 338, 342; RGZ 159, 157, 166; RGZ 166, 40, 42 f.

sein,[113] und zwar unabhängig von den subjektiven Gegebenheiten. Doch auch Inhalte, die über den gesetzlichen Regelungsgehalt hinausgehen, sind infolge der Dispositionsfreiheit der Ehegatten nicht stets sittenwidrig. Maßgeblich sind insoweit die subjektiven Umstände, die Sicherung des Lebensbedarfs beider Ehegatten und v. a. das Wohl gemeinsamer Kinder.

Bsp. aus der Rspr.:

- **Vereinbarungen zu Lasten des Verpflichteten** (der vereinbarte Unterhaltsbetrag übersteigt den nach der gesetzlichen Regelung geschuldeten)**: RGZ 145, 152, 153; RGZ 157, 161, 165 f.; RGZ 166, 40, 42, 49:** Die einem Ehegatten versprochenen **Vermögensvorteile** übersteigen unter Berücksichtigung der wirtschaftlichen Verhältnisse des Verpflichteten – ohne die Unterhaltsverpflichtungen gegenüber einem zukünftigen, nachrangigen Ehegatten (dazu aber nunmehr § 1582 [UÄndG 2007] iVm § 1609 Nr. 2 [UÄndG 2007] und § 1582 RdNr. 9–13) – unter Anwendung eines strengen Maßstabs ganz erheblich die für seine Absicherung erforderlichen finanziellen Mittel. – **OLG Karlsruhe NJWE-FER 1998, 147 = FamRZ 1998, 1436, 1437:** Nicht sittenwidrig ist die Vereinbarung, Unterhalt werde auch im Falle der Arbeitslosigkeit oder Einkommensminderung **in voller (bisheriger) Höhe** bezahlt. – **OLG Saarbrücken OLGR 2004, 13:** Dem Verpflichteten ist die Berufung auf einen vereinbarten **Abänderungsausschluss** sowohl bezogen auf die Sittenwidrigkeit als auch die Ausübungskontrolle verwehrt. Maßgeblich ist insoweit aber auf die Höhe des nicht abänderbaren Unterhaltsbetrags und den Bedarf des Berechtigten abzustellen. – **OLG Karlsruhe FamRZ 2007, 477 ff.:** Sittenwidrig: Leibrentenversprechen zu Lasten des Verpflichteten unter Abweichung von der Halbteilung, ohne den notwendigen Eigenbedarf zu wahren, wegen Störung der Vertragsparität (aA **BGH NJW 2009, 842 m. Anm.** *Grziwotz* **und** *Born* **LMK 2009, 274744 = FamRZ 2009, 198, 200 [22] m. Anm.** *Bergschneider*). – **BGH NJW 2009, 842 m. Anm.** *Grziwotz* **und** *Born* **LMK 2009, 274744 = FamRZ 2009, 198, 200 [19] m. Anm.** *Bergschneider.*
- **Vereinbarungen zu Lasten des Berechtigten: BGH NJW 1984, 1951 = FamRZ 1984, 778, 779 f.** (zur Freistellung von Kindesunterhalt): Verzicht auf Unterhalt als „Gegenleistung" für den Verzicht eines umgangsberechtigten und umgangsbereiten Elternteils auf den **Umgang** mit einem gemeinsamen Kind wegen unzulässiger „Kommerzialisierung" des Umgangsrechts (zur Pflicht eines jeden Elternteils zum Umgang, § 1684 Abs. 1). Dies gilt nicht nur für den Kindesunterhalt, sondern auch für den Ehegattenunterhalt, wenn der Verzicht auf das Umgangsrecht das alleinige Motiv für den Unterhaltsverzicht war. – **BGH NJW 1990, 703 = FamRZ 1990, 372, 374:** Nicht sittenwidrig ist das Versprechen zur Zahlung einer **Abfindung** bereits **bei Einreichung des Scheidungsantrags** beim FamG, wenn damit das Auskommen des wirtschaftlich schwächeren Ehegatten gesichert werden soll und die Ehegatten die Vorstellung hatten, ein alsbald bevorstehender Scheidungsantrag werde auch zur Auflösung der Ehe führen. – **BGH NJW 2007, 2851 = FamRZ 2007, 1310, 1312** (**aA** die Vorinstanz OLG Celle FamRZ 2004, 1489, 1492 m. Anm. *Bergschneider*): Vor der Eheschließung vereinbarte Abfindung mit einem **festen Betrag** für jedes Ehejahr. **– OLG Zweibrücken NJOZ 2007, 3547 = FamRZ 2007, 2073, 2074:** Die Beschränkung des Unterhalts auf den sozialhilferechtlichen Grundbetrag (690 €) ist nicht zu beanstanden.

III. Unterhaltsverzicht[114]

37 **1. Kindeswohl.** Wegen der besonderen Bedeutung des Kindeswohls (s. §§ 1570, 1577 Abs. 4 S. 2, 1578 b Abs. 1, 2, 1579 Nr. 1, 1582, 1609 Abs. 1 S. 2, 1586 a Abs. 1 S. 1) kommt den **Interessen der Kinder** auch bei der Beurteilung der Nichtigkeit einer Vereinbarung zum nachehelichen Unterhalt besondere Bedeutung zu. Doch müssen auch insoweit **beson-**

[113] *Münch* FamRZ 2009, 171 mwN.
[114] Allgemein zum Unterhaltsverzicht s. RdNr. 21–23.

dere Umstände (dazu RdNr. 33, 34) vorliegen.[115] Deshalb ist der vollständige Ausschluss der Unterhaltsansprüche sittengemäß, wenn die bei Vertragsschluss kinderlosen Ehegatten auch zukünftig **keine Kinder** geplant oder mit solchen aufgrund ihres Lebensalters auch nicht mehr gerechnet hatten.[116] Und selbst wenn Kinder vorhanden sind[117] oder nach Vertragsschluss geboren werden[118] führt dies allein nicht zur Sittenwidrigkeit des Unterhaltsverzichts. – Auch eine bei Vertragsschluss bestehende **Schwangerschaft** und der Wunsch der Frau, das Kind solle ehelich zur Welt kommen, begründet allein nicht dessen Sittenwidrigkeit, vielmehr müssen weitere, dem unterhaltsberechtigten Ehegatten nachteilige Umstände hinzukommen.[119] Immer aber ist die Schwangerschaft ein **Indiz** für eine auf strukturelle Unterlegenheit, Unerfahrenheit oder wirtschaftliche Bedrängnis gestützte ungleiche Verhandlungsposition (vertragliche Disparität), die Anlass für eine strengere richterliche Inhaltskontrolle gibt.[120] IdR wird die Frau dem Mann in den Vertragsverhandlungen **strukturell unterlegen** gewesen sein, wenn sie sich aufgrund ihrer Vermögenslage, beruflichen Qualifikation und Perspektiven zu Recht zur Fortsetzung der Ehe „unter allen Umständen" genötigt sieht, um sich wirtschaftlich abzusichern. Deshalb greift der Mann, der über die Eingehung der Ehe oder Stellung eines Scheidungsantrags entscheiden kann, grundrechtswidrig und nach § 138 beachtlich in die **Privatautonomie** der Frau ein,[121] wenn sie wirtschaftlich unselbständig ist und sich ihre wirtschaftliche Absicherung in der Ehe durch den Verzicht auf nachehelichen Unterhalt „erkauft".[122] Von Nichtigkeit kann danach stets dann ausgegangen werden, wenn der betreuende Elternteil vorhersehbar eine Erwerbstätigkeit zu Lasten der Kinderbetreuung aufnehmen oder aber Sozialhilfe in Anspruch nehmen muss.[123]

Die Kinderinteressen werden neben ihrer Gesundheit und Entwicklung ganz maßgeblich auch von ihrem **Alter,** das ihre Betreuungsbedürftigkeit indiziert, geprägt. Zwar wird dieser Umstand bislang vornehmlich im Zusammenhang mit der Bestimmung des Bestehens einer Erwerbsobliegenheit und ihres Umfangs im Rahmen von § 1570 erfasst. Nachdem das BVerfG in seinem Beschluss v. 28. 2. 2007[124] die zeitliche Begrenzung des Betreuungsunterhalts bis zu vollendeten **3. Lebensjahr** des Kindes nach § 1615l Abs. 2 S. 3 für den Regelfall nicht beanstandet hat, und auch im Zusammenhang mit der Verwirkung von Unterhaltsansprüchen nach § 1579 Nr. 7 die Erwerbsobliegenheiten verschärft werden (dazu dort RdNr. 72), muss auch im Rahmen der Wirksamkeits- und Ausübungskontrolle von Unterhaltsvereinbarungen das vollendete 3. Lebensjahr ein maßgebliches Kriterium sein,[125] zumal das UÄndG 2007 § 1570 hinsichtlich der zeitlichen Dauer des Betreuungsunterhalts mit § 1615l grundsätzlich deckungsgleich gestaltet hat. 38

2. Drittbezogenheit. Ein ohne verständigen Grund vereinbarter Unterhaltsverzicht ist nichtig, wenn er zur Leistungspflicht eines Dritten führt. Dies kann vornehmlich folgende **Fälle** betreffen: 39

---

[115] BGH NJW 1990, 703 = FamRZ 1990, 372, 373; NJW 1997, 126 = FamRZ 1996, 1536 m. Anm. *Grziwotz* FamRZ 1997, 585 und *Dethloff* JZ 1997, 414; NJW 1997, 192 = FamRZ 1997, 156 m. Anm. *Klein* FuR 1997, 90; auch OLG Bamberg NJW 1991, 2776 = FamRZ 1991, 1060, 1061 f.; OLG Stuttgart FamRZ 1999, 24; aA OLG Hamm FamRZ 2004, 1294 1296 (vor BGHZ 158, 81 = NJW 2004, 930 = FamRZ 2004, 601).

[116] BGH NJW 2005, 1370 = FamRZ 2005, 691, 692; NJW 2005, 2391 = FamRZ 2005, 1449, 1450; s. auch OLG Brandenburg FamRZ 2003, 764, 766; OLG Frankfurt a. M. OLGR 2003, 351; OLG Bamberg OLGR 2005, 205.

[117] OLG Hamm FamRZ 2004, 201 f. m. Anm. *Bergschneider.*

[118] OLG München FamRZ 2003, 376, 377 m. Anm. *Bergschneider.*

[119] BGH NJW 2005, 2386 = FamRZ 2005, 1444, 1447; OLG Braunschweig FamRZ 2005, 2071 f.; OLG Hamm FamRZ 2006, 1034, 1035; anders wohl noch AG Warendorf FamRZ 2003, 609 f.

[120] BVerfG NJW 2001, 2248 = FamRZ 2001, 985; BGH NJW 2005, 2386 = FamRZ 2005, 1444, 1447; OLG Hamm FamRZ 2006, 1034, 1035; ablehnend *Bergschneider* FamRZ 2005, 1449; *ders.* FamRZ 2005, 2072.

[121] Zu Bürgschaftsverträgen s. BVerfGE 89, 214 = NJW 1994, 36 = FamRZ 1994, 151 ff.; NJW 1996, 2021 ff.

[122] So zutreffend *Dethloff* JZ 1997, 414, 415; *Büttner* Brühler Schriften zum Familienrecht Band 10 S. 26, 33 ff. = FamRZ 1998, 1, 4 f.

[123] BSGE 74, 9 = NJW-RR 1994, 1346, 1347; OLG Köln FamRZ 1990, 634 f.

[124] BVerfG NJW 2007, 1735 = FamRZ 2007, 965, 972 [73].

[125] *Bergschneider* FamRZ 2007, 1312, 1313.

– Mag es auch keine Pflicht zur Begünstigung des **Sozialhilfeträgers** geben, weil die Vertragsfreiheit eine Anpassung der gesetzlichen Scheidungsfolgen an das individuelle Ehebild der Ehegatten zulässt und auch die nacheheliche Solidarität dem nicht entgegensteht,[126] so ist eine Unterhaltsabrede doch sittenwidrig, „wenn die Ehegatten damit auf der Ehe beruhende Familienlasten **objektiv** [Hervorhebung von mir] zum Nachteil der Sozialhilfe geregelt haben"[127] und beide Ehegatten **subjektiv** „zumindest grob fahrlässig" handeln.[128] So etwa, „wenn sich aus der Gestaltung der ehelichen Lebensverhältnisse, insbesondere aus der Verteilung von Erwerbs- und Familienarbeit, im Scheidungsfall Nachteile für einen Ehegatten ergeben, die an sich durch den nachehelichen Unterhalt ausgeglichen würden." Auch die Zuwendung von Vorteilen für den Unterhaltsverzicht hindern unter diesen Voraussetzungen die Sittenwidrigkeit nicht, wenn sie die Bedürftigkeit des Berechtigten nicht entfallen lassen.[129] Verzichtet ein erwerbs- und vermögensloser bedürftiger Ehegatte in einer Scheidungsvereinbarung trotz Leistungsfähigkeit des Verpflichteten ganz oder teilweise[130] auf nachehelichen Unterhalt und fällt dadurch für ihn vorhersehbar zwangsläufig der Sozialhilfe anheim, kann die Vereinbarung deshalb auch ohne die Absicht der Ehegatten, den Sozialhilfeträger zu schädigen, nach ihrem sich aus Inhalt, Beweggrund und Zweck zu entnehmenden Gesamtcharakter (dazu RdNr. 32) sittenwidrig sein.[131] Auch dem Verpflichteten muss stets das **Existenzminimum** verbleiben.[132] Keine Verlagerung auf den Sozialhilfeträger liegt aber vor, wenn beide Ehegatten bereits bei Vertragsschluss sozialhilfebedürftig waren.[133] – Allein wegen Sozialhilfebezugs ist ein Verzicht aber nicht nichtig, wenn der Verpflichtete die **Eingehung der Ehe** von einem Verzicht **abhängig gemacht**[134] oder dieser der **Wiederherstellung** der ehelichen Lebensgemeinschaft und der Schaffung einer überschaubaren wirtschaftlichen Grundlage gedient hat.[135] – Wurde die Ehe mit einem ausländischen Partner eines deutschen Ehegatten (auch) der **ausländerrechtlichen Vorteile** wegen eingegangen, kann sich, ist die Vereinbarung nicht aus anderen Gründen unwirksam, die Frage nach deren Sittenwidrigkeit dann stellen, wenn sie zu einer dauerhaften oder doch längerfristigen Inanspruchnahme des Sozialhilfeträgers führen würde.[136]

---

[126] So der BGH NJW 2007, 904 = FamRZ 2007, 197, 199. Doch gibt es die Rechtsfigur der Unwirksamkeit von Verträgen zu Lasten Dritter, die in den vorliegenden Fällen zwar nicht rechtlich, wohl aber in ihren Auswirkungen tatsächlich vorliegt.

[127] BGH NJW 1985, 1833 = FamRZ 1985, 788, 790; NJW 2007, 904 = FamRZ 2007, 197, 199 m. Anm. *Bergschneider*; BGH NJW 2009, 842 m. Anm. *Grziwotz* und *Born* LMK 2009, 274744 = FamRZ 2009, 198, 200 [36] m. Anm. *Bergschneider*; s. auch BGHZ 86, 82 = NJW 1983, 1851 = FamRZ 1983, 137, 138 f.

[128] BGH NJW 2009, 842 m. Anm. *Grziwotz* und *Born* LMK 2009, 274744 = FamRZ 2009, 198, 200 [36] m. Anm. *Bergschneider*.

[129] Zum Ganzen BGH NJW 2007, 904 = FamRZ 2007, 197, 199 m. Anm. *Bergschneider* (Wohnrecht).

[130] Dazu OLG Zweibrücken FamRZ 1983, 930, 931 (geringer Unterhalt wegen der Anrechnung eines zu hohen Schuldendienstes).

[131] BGHZ 86, 82 = NJW 1983, 1851 = FamRZ 1983, 137, 138 ff. (zu § 72 EheG); zuletzt BGH NJW 2007, 904 = FamRZ 2007, 197, 198 m. Anm. *Bergschneider*; s. auch OLG Hamm NJW-RR 1996, 67 = FamRZ 1996, 116, 117; OLG Karlsruhe MDR 2001, 335 = FamRZ 2001, 1217 (LS); OLG Schleswig OLGR 2001, 250; OLG Naumburg FamRZ 2002, 456, 457; OLG Köln FamRZ 2003, 767; OLG Koblenz NJW-RR 2004, 937 = FamRZ 2004, 1495 f. Zur früheren Rspr. zu § 72 EheG, die Schädigungsabsicht forderte, s. 1. Aufl. RdNr. 32. Zu § 1585 c s. BGH NJW 1987, 1546 = FamRZ 1987, 40, 42 f., zuletzt BGH NJW 1992, 3164 = FamRZ 1992, 1403, 1404 f. m. Anm. *Koch* JR 1993, 197; s. auch OLG Köln FamRZ 1995, 929, 930; FamRZ 1999, 920. Das OLG Schleswig OLGR 1998, 209 verlangt, dass die Sozialhilfebedürftigkeit gewollt oder billigend in Kauf genommen wurde.

[132] Das auch durch die Pfändungsfreigrenzen nicht gewahrt ist, weil sie den Verpflichteten nicht vor der Verpflichtung zur Abgabe der eidesstattlichen Versicherung schützen und zudem zum Auflaufen von Zinsen führen kann, BGH NJW 2009, 842 m. Anm. *Grziwotz* und *Born* LMK 2009, 274744 = FamRZ 2009, 198, 202 [37, 38] m. Anm. *Bergschneider*.

[133] BGH NJW 2007, 904 = FamRZ 2007, 197, 199 m. Anm. *Bergschneider*.

[134] OLG Köln FamRZ 1995, 997 f.

[135] OLG Koblenz FamRZ 1995, 171 f.

[136] Ebenso *Bergschneider* FamRZ 2007, 199, 200. Ausdrücklich offen gelassen von BGH NJW 2007, 904 = FamRZ 2007, 197, 199 (weil bereits objektiv keine Unterhaltspflicht bestanden hat, auf die hätte verzichtet

– Der Unterhaltsverzicht dient allein[137] dem **Wiederaufleben** einer den Unterhaltsansprüchen subsidiären **Witwenrente** nach dem ersten Ehemann (§ 46 Abs. 3 SGB VI)[138] oder des Unterhaltsanspruchs gegen den Ehegatten der **geschiedenen Vorehe** nach § 1586a Abs. 1. Im letzteren Fall dürfte idR auch § 1579 Nr. 4, 5 verwirklicht sein (dazu auch § 1579 RdNr. 29).

3. Rechtsfolgen. Sittenwidrigkeit führt zur gänzlichen **Unwirksamkeit** der Verein- 40
barung, nicht nur zur Unwirksamkeit in der das zulässige Maß – ggf. den Mindestbedarf – übersteigenden Höhe (§ 139; zur **Teilnichtigkeit** hinsichtlich einzelner Vertragsgegenstände RdNr. 66).[139] Sie ist vom Berechtigten darzulegen und zu **beweisen.**[140]

41
4. Beispiele aus der Rechtsprechung.

– **Globaler Unterhaltsverzicht: OLG Frankfurt a. M. OLGR 2003, 351, 352:** Nicht sittenwidrig: Ehefrau ist bei Eheschließung 30 Jahre alt, verfügt über eine qualifizierte Ausbildung, Kinder waren nicht geplant und sind aus der Ehe auch nicht hervorgegangen. – **OLG Bamberg OLGR 2005, 205:** Nicht sittenwidrig: Beide Ehegatten sind bei Eheschließung und auch weiter berufstätig, Erwartung der Doppelverdienerehe hat sich erfüllt, deshalb lediglich Aufstockungsunterhalt (§ 1573 Abs. 2). – **BGH NJW 2005, 2391 = FamRZ 2005, 1449, 1451:** Unterhaltsverzicht vor der Eheschließung vereinbart, 2 Kinder während der Ehe geboren: Nicht sittenwidrig, auch soweit auf Betreuungsunterhalt verzichtet wurde. Aber: Ausübungskontrolle führt zu Betreuungsunterhalt. Dies ist im konkreten Fall immerhin fraglich, weil der den Ehevertrag beurkundende Notar ausdrücklich angeregt hatte, „den Unterhaltsverzicht unter eine auflösende Bedingung für den Fall zu stellen, dass Kinder aus der Ehe hervorgehen." Zu fragen ist deshalb weiter, warum es zur Aufnahme dieser Bedingung in den Vertrag nicht gekommen ist. – **OLG Koblenz NJW-RR 2005, 1675 = FamRZ 2006, 1447, 1448 f.:** Nicht sittenwidrig: Vorehelicher Unterhaltsverzicht einer nicht schwangeren **Ausländerin** mit guten deutschen Sprachkenntnissen trotz vereinbarter Gütertrennung und Ausschluss des Versorgungsausgleichs. – **OLG Koblenz FamRZ 2006, 420:** Nicht sittenwidrig: Unterhaltsverzicht mangels Verflechtung der wirtschaftlichen Verhältnisse der Ehegatten. – **OLG Koblenz FamRZ 2006, 428, 429 f.:** Sittenwidrig ist Ehevertrag, durch den Gütertrennung vereinbart, der Versorgungsausgleich ausgeschlossen und auf nachehelichen Unterhalt, ausgenommen wegen Kinderbetreuung, Alter und Krankheit, allerdings beschränkt auf monatlich 1300 DM mit Wertsicherungsklausel bei einem monatlichen Einkommen des Verpflichteten von 20 000 DM. Zudem war die Berechtigte bei Vertragsschluss schwer alkoholabhängig. – **OLG München FamRZ 2006, 1449, 1450:** Sittenwidrig: Unterhaltsverzicht für den Fall der Aufnahme einer eheähnlichen Beziehung und weil kein adäquater Ausgleich für ehebedingte Nachteile infolge der Kinderbetreuung erfolgte. Dies dürfte unzutreffend sein, weil sich daraus kein Druck auf den Berechtigten ergibt. Das OLG macht denn auch Hilfserwägungen, dass auch die Ausübungskontrolle dazu führen würde, dass sich der Verpflichtete nicht auf die vertragliche Regelung berufen könne; dies dürfte gleichfalls unzutreffend sein. – **BGH NJW 2007, 904 = FamRZ 2007, 197, 199:** Nicht sittenwidrig: Ehefrau war bereits vor der Eheschließung krankheitsbedingt nicht in der Lage, selbst für ihren Lebensunterhalt aufzukommen und hat Sozialhilfe bezogen, der Ehemann hatte keine Arbeitserlaubnis und hat im auf die Eheschließung folgenden Monat Sozialhilfe beantragt. – **BGHZ 170, 77 =**

---

werden können); BGHZ 170, 77 = NJW-RR 2007, 907 = FamRZ 2007, 450, 452 m. Anm. *Bergschneider* (die Vereinbarung war bereits aus anderen Gründen sittenwidrig).

[137] Zur sozialversicherungsrechtlichen Unbeachtlichkeit eines Verzichts, wenn er lediglich eine „leere Hülse" darstellt, s. BSGE 74, 9 = NJW-RR 1994, 1346, 1347 f.

[138] BSGE 54, 270 = NJW 1984, 326 = FamRZ 1983, 583, 584 f.; LSG Berlin NJW 1985, 2287 = FamRZ 1985, 1139, 1140.

[139] BGH NJW 1957, 1188 = FamRZ 1957, 298, 299; BGHZ 41, 166, 170 = FamRZ 1964, 245, 246.

[140] BGHZ 86, 82 = NJW 1983, 1851 = FamRZ 1983, 137, 140.

NJW-RR 2007, 907 = FamRZ 2007, 450, 451 f.: Sittenwidrig: Ehevertrag mit globalem **Unterhaltsverzicht,** (entschädigungsloser) **Gütertrennung** und Ausschluss des **Versorgungsausgleichs,** wenn die **ausländische** (russische) Ehefrau (Klavierlehrerin) ohne deutsche Sprachkenntnisse und Erwerbsaussichten im Inland ihr Heimatland im Hinblick auf die Eheschließung endgültig verlässt, im Inland ansässig wird und bei ihr, nachdem bereits „Sensibilitätsstörungen" aufgetreten waren, in dem auf die Eheschließung folgenden Monat Multiple Sklerose festgestellt wird. – **OLG Karlsruhe FamRZ 2007, 477 ff.:** Sittenwidrig: Leibrentenversprechen zu Lasten des Verpflichteten unter Abweichung von der Halbteilung, ohne den notwendigen Eigenbedarf zu wahren, wegen Störung der Vertragsparität (aA BGH NJW 2009, 842 m. Anm. *Grziwotz* und *Born* LMK 2009, 274744 = FamRZ 2009, 198, 200 [22] m. Anm. *Bergschneider*). – **OLG München FamRZ 2007, 1244, 1245:** Sittenwidrig: Beschränkung des Unterhaltsanspruchs auf die Ehedauer von der Heirat bis zur Trennung und bis längstens zum vollendeten 9. Lebensjahr gemeinsamer Kinder. – **OLG Thüringen NJOZ 2007, 3138 = FamRZ 2007, 2079, 2080 f.:** Nicht sittenwidrig: Die Ehefrau hat angesichts des Gesundheitszustands des Ehemannes auf Durchführung des öffentlich-rechtlichen Versorgungsausgleichs verzichtet, der Ehemann hat zur Abgeltung des Trennungs- und nachehelichen Unterhalts sowie des Zugewinnsausgleichs 30 000 DM erhalten, hat aber im Ausgangsverfahren nicht dargelegt, dass er „leistungsunfähig" sei.

- **Teilweiser Unterhaltsverzicht: BGH NJW 2005, 1370 = FamRZ 2005, 691, 692:** Nicht sittenwidrig: Die Berechtigte war zu sehr hohen Bezügen beim Ehemann angestellt und für eine Übergangszeit war eine Abfindung – für jedes vollendete Ehejahr 10 000 DM, jedoch nicht mehr als 80 000 DM – zu zahlen, womit ehebedingte Nachteile bereits weitgehend ausgeglichen waren. – **BGH NJW 2005, 2386 = FamRZ 2005, 1444, 1447:** Nicht sittenwidrig: Bindung der Erwerbsobliegenheit an niedrigere Altersgrenzen als von der Rspr. vorgegeben; ebenso niedrigerer Unterhalt als nach gesetzlicher Bemessung, wenn Existenzminimum gewahrt – 2000 DM bis zum vollendeten 6. Lebensjahr des Kindes, danach 1000 DM – und ehebedingte Nachteile ausgeglichen werden. – **OLG Hamm NJW 2006, 3719 = FamRZ 2006, 1034, 1036 ff.:** Nicht sittenwidrig und auch nicht im Wege der Ausübungskontrolle zu korrigieren: Grundsätzlicher Unterhaltsverzicht, ausgenommen Betreuungsunterhalt und Erwerbslosenunterhalt mit Befristung auf 5 Jahre, wenn Berechtigter in den letzten 5 Jahren vor der Ehe keiner Erwerbstätigkeit nachgegangen ist, begrenzt auf die Hälfte des halben Grundgehaltssatzes der Besoldungsgruppe A 7, 1. Dienstaltersstufe. – **BGH NJW 2006, 3142 = FamRZ 2006, 1359, 1361 f.:** Nicht sittenwidrig: Allein das Abweichen von den gesetzlichen Vorgaben bei der Bemessung des Unterhalts. Sittenwidrig ist aber, wenn die ehebedingten Nachteile der **schwangeren** Ehefrau, die entsprechend dem Lebensplan der Ehegatten ihren Beruf aufgegeben und sich der Kinderbetreuung gewidmet hat, im Ehevertrag nicht angemessen kompensiert sind. Die Entscheidung ist wohl auch davon getragen, dass die vereinbarten Unterhaltsbeträge, die auch nicht durch eine Wertsicherungsklausel abgesichert waren, angesichts der Fortentwicklung des Einkommens des Ehemannes bei weitem nicht adäquat waren. Statt des Verdikts der Sittenwidrigkeit hätte eine Vertragsanpassung wohl besser helfen können. – **OLG Naumburg FamRZ 2007, 473, 475 f.:** Unklare und widersprüchliche sowie sachlich unangemessene Unterhaltsregelung führt zur Ausübungskontrolle. Wendet man das Transparenzgebot des § 307 Abs. 1 S. 2 BGB an,[141] müsste von der Unwirksamkeit der Vereinbarung ausgegangen werden. – **BGH NJW 2007, 2851 = FamRZ 2007, 1310, 1312 [19]** (**aA** die Vorinstanz OLG Celle FamRZ 2004, 1489, 1492): Nicht sittenwidrig: Ehevertrag mit Ausschluss des Zugewinn- und des Versorgungsausgleichs, **Betreuungsunterhalt** (§ 1570) bis zum vollendeten 6. Lebensjahres des jüngsten Kindes, danach – durch Wertsicherungsklausel abgesichert – für jedes angefangene Ehejahr

[141] So *Bergschneider* FamRZ 2007, 476.

bis zur rechtskräftigen Scheidung eine Unterhaltsabfindung von 3000 DM, räumliche Nähe von Wohnung und Arbeitsplatz, Betreuungsbereitschaft der Großeltern. Ansonsten Ausschluss von **Betreuungs-, Alters-, Krankheits-** und **Aufstockungsunterhalt.** – **OLG Zweibrücken NJOZ 2007, 3547 = FamRZ 2007, 2073, 2074:** Nicht sittenwidrig: Die Beschränkung des Unterhalts auf den **sozialhilferechtlichen Grundbetrag** (2facher Eckregelsatz, §§ 85 Abs. 1 Nr. 2, 28 SGB XII, zurzeit 694 €). – **OLG Thüringen NJOZ 2007, 3138, 3140 ff.:** Nicht sittenwidrig: Abfindung von nachehelichem Unterhalt und Zugewinnausgleich mit 30 000 DM bei Erwerbsfähigkeit des Berechtigten ohne Anzeichen für eine Krankheit. – **OLG München Urt. v. 24. 4. 2007 – 4 UF 330/06, juris [22, 24]:** Nicht sittenwidrig trotz Teilzeit der Berechtigten und erheblichem Einkommen des Verpflichteten, wenn trotz Belehrung des Notars kein Rücktrittsrecht oder Ausgleichszahlung vereinbart wurde, die Vereinbarung aber durch die Geburt eines weiteren gemeinsamen Kindes auflösend bedingt ist. – **AG München FamRZ 2007, 1886, 1887 m. zust. Anm.** *Bergschneider*: Nicht sittenwidrig: Unterhaltsverzicht nach Eheschließung mit 41 Jahre jüngerer Ehefrau ausländischer Staatsangehörigkeit. – **BGH NJW 2008, 3426 = FPR 2008, 574 m. Anm.** *Kesseler* **FPR 2008, 577 = FamRZ 2008, 2011, 2012 f. [15] m. Anm.** *Bergschneider*: Sittenwidrigkeit trotz Vereinbarung von Betreuungsunterhalt, wenn die auf wirtschaftliche Sicherung angewiesene Berechtigte bei Vertragsschluss unmittelbar vor der Geburt eines gemeinsamen Kindes stand und keine reale Möglichkeit hatte, sich mit dem Ehevertrag kritisch auseinanderzusetzen.

- **Altersunterhalt (§ 1571): BGH NJW 2005, 1370 = FamRZ 2005, 691, 692:** Im konkreten Fall nicht sittenwidrig: Vertragsschluss in einem Alter der Ehegatten, in dem Altersvorsorge weitgehend abgeschlossen. Zudem konnte Ehefrau während der Ehe infolge der Anstellung beim Ehemann bei sehr guter Dotierung Altersvorsorge betreiben. – **BGH NJW 2005, 2386 = FamRZ 2005, 1444, 1447 f.:** Nicht sittenwidrig: Berechtigter war durch den vereinbarten Betreuungsunterhalt für eine Übergangszeit von 2 Jahren gegen Alter versichert. Zudem hatte sich der Verpflichtete im Ehevertrag zur Zahlung von Beiträgen in die gesetzliche Rentenversicherung verpflichtet. – **BGH NJW 2007, 2851 = FamRZ 2007, 1310, 1312 [20]** (ebenso die Vorinstanz OLG Celle FamRZ 2004, 1489, 1492): Im konkreten Fall nicht sittenwidrig: Die Lebensplanung der Ehegatten sah die Erwerbstätigkeit der Berechtigten trotz Kinderbetreuung vor; der Nichteintritt dieser Erwartung ist nur über die Ausübungskontrolle Rechnung zu tragen. Sittenwidrigkeit nur, wenn die Ehegatten bei Vertragsschluss „einvernehmlich davon ausgegangen wären, dass die [Berechtigte] sich dauerhaft oder doch langfristig völlig aus dem Erwerbsleben zurückziehen und der Familienarbeit widmen sollte", weil ihr nur dann „der Aufbau einer eigenständigen Sicherung gegen die Risiken des Alters auf Dauer verwehrt [wäre] und eine stete Abhängigkeit vom [Verpflichteten] begründet [würde]".
- **Krankheitsunterhalt (§ 1572): BGH NJW 2005, 1370 = FamRZ 2005, 691, 692:** Im konkreten Fall nicht sittenwidrig, auch wegen einer Abfindungszahlung von 80 000 DM. – **BGH NJW 2005, 2386 = FamRZ 2005, 1444, 1447 f.:** Berechtigter war durch den vereinbarten Betreuungsunterhalt für eine Übergangszeit von 2 Jahren gegen Krankheit versichert. – **BGHZ 170, 77 = NJW 2007, 907 = FamRZ 2007, 450, 451 f.:** Multiple Sklerose. – **BGH NJW 2007, 2851 = FamRZ 2007, 1310, 1312 [20]:** Bereits vor der Eheschließung erkennbar gewordene Folgen eines Fahrradunfalls.
- **Erwerbslosenunterhalt (§ 1573 Abs. 1, 4): BGHZ 158, 81 = NJW 2004, 930 = FamRZ 2004, 601, 607; NJW 2005, 1370 = FamRZ 2005, 691, 692; NJW 2005, 2386 = FamRZ 2005, 1444, 1448:** Verzicht (stets?) nicht sittenwidrig, weil das Arbeitsplatzrisiko auf den Berechtigten verlagert wird, sobald er einen nachhaltig gesicherten Arbeitsplatz gefunden hat (§ 1573 Abs. 4). – **BGH NJW 2005, 1370 = FamRZ 2005, 691, 692:** Zum Ausschluss des Anspruchs kann berücksichtigt werden, dass die unterhaltsberechtigte Ehefrau zu sehr hohen Bezügen beim Ehemann angestellt war und für eine Übergangszeit eine Abfindung – für jedes vollendete Lebensjahr 10 000 DM, jedoch

nicht mehr als 80 000 DM – zu zahlen war, womit ehebedingte Nachteile bereits weitgehend ausgeglichen waren. – **BGH NJW 2007, 2848 = FamRZ 2007, 974, 976 [18]:** Nicht sittenwidrig, weil keine einseitige Lastenverteilung: Unterhaltszahlung in Höhe des Gehalts nach A 3, 10. Dienstaltersgruppe, Zuverdienst in dieser Höhe bleibt bei der Unterhaltsberechnung außer Betracht.

- **Aufstockungsunterhalt (§ 1573 Abs. 2): BGHZ 158, 81 = NJW 2004, 930 = FamRZ 2004, 601, 607; NJW 2005, 1370 = FamRZ 2005, 691, 692; NJW 2005, 2386 = FamRZ 2005, 1444, 1448; NJW 2005, 2391 = FamRZ 2005, 1449, 1450; NJW 2007, 2851 = FamRZ 2007, 1310, 1312 [22]:** Verzicht stets bzw. regelmäßig nicht sittenwidrig.
- **Billigkeitsunterhalt (§ 1576): BGHZ 158, 81 = NJW 2004, 930 = FamRZ 2004, 601, 607; NJW 2005, 1370 = FamRZ 2005, 691, 692; NJW 2005, 2386 = FamRZ 2005, 1444, 1448; NJW 2005, 2391 = FamRZ 2005, 1449, 1450:** Verzicht stets bzw. regelmäßig nicht sittenwidrig.

G. Anpassung an geänderte Verhältnisse

I. Allgemeines

42 Wirksame – weil nicht wirksam angefochtene und nicht sittenwidrige – Ehe-/Unterhaltsverträge sind auf ihre Anpassungsbedürftigkeit und -fähigkeit wegen **Änderung der Geschäftsgrundlage** (§ 313) zu überprüfen.[142] Angesichts der vom BGH vorgezogenen **Ausübungskontrolle** (dazu RdNr. 57–63) – weil es Sinn und Zweck einer vertraglichen Vereinbarung zum nachehelichen Unterhalt und damit dem Parteiwillen entspreche, unabhängig von der späteren Entwicklung der Ehe abschließende Regelungen zu treffen – dürfte einer Anpassung keine große praktische Bedeutung zukommen.[143]

43 Dogmatisch überzeugt die Lösung über die Ausübungskontrolle deshalb nicht, weil sie nach § 242 genau die über § 313 zu erreichenden Regelungen herbeiführt und damit der **allgemeinen Norm** Vorrang vor der spezielleren einräumt. Sie entspricht auch nicht den **rechtstatsächlichen Gegebenheiten,** wenn man die Vielzahl von Vereinbarungen bedenkt, die zur Beendigung gerichtlicher Verfahren geschlossen werden und deren Anpassung mittels der Abänderungsklage (§ 323 ZPO, § 239 Abs. 2 FamFG) nach § 313 zu betreiben ist. In einem Urteil v. 28. 2. 2007 behandelt der BGH[144] nunmehr eine ausdrücklich als solche bezeichnete Vertragsanpassung an veränderte Einkommensverhältnisse, allerdings im Rahmen der „Ausübungskontrolle".

II. Vertragliche Grundlagen

44 Sowohl die Anpassungsfähigkeit einer Vereinbarung als auch ihre Anpassung richtet sich nach dem rechtsgeschäftlich beachtlichen **Willen** der Ehegatten.[145] Dies bezieht sich auf ihre aktuelle und nach ihrer Lebensplanung zukünftig beabsichtigte Gestaltung der **ehelichen Lebensverhältnisse** – Erwerbstätigkeit der Ehegatten, Kinderwunsch, Kinderbetreuung, Haushaltsführung, Eigenheim, Vermögensbildung etc. – und wie diese tatsächlich umgesetzt wurde,[146] aber auch darauf, ob und nach welchen **Kriterien** eine Anpassung stattfinden soll.

---

[142] BGH NJW 2005, 2386 = FamRZ 2005, 1444, 1448. BGHZ 158, 81 = NJW 2004, 930 = FamRZ 2004, 601, 606 erwägt diese Möglichkeit nicht.

[143] Ebenso *Borth* FamRZ 2004, 609, 611. Ausdrücklich von „Anpassung" spricht aber BGH NJW 2005, 139 = FamRZ 2005, 185, 187; NJW 2005, 2391 = FamRZ 2005, 1449, 1452; NJW 2006, 3282 = FamRZ 2006, 1662 f.; NJW 2007, 2848 = FamRZ 2007, 974 ff. m. Anm. *Bergschneider.*

[144] BGH NJW 2007, 2848 = FamRZ 2007, 974, 976 f. [20 ff.] m. Anm. *Bergschneider.*

[145] Dazu BGH NJW 1994, 1530 = FamRZ 1994, 696, 698; NJW-RR 1987, 1284 = FamRZ 1988, 43, 44, jeweils mwN.

[146] Dazu BGH NJW 2007, 2848 = FamRZ 2007, 974, 976 f. [23 ff.] m. Anm. *Bergschneider.*

– Haben die Ehegatten ihrer Vereinbarung die **gesetzlichen** Bemessungskriterien zugrunde gelegt, bestimmt sich auch die Anpassung nach ihnen.[147] Sie können insbesondere eigene Kriterien für die Anpassung vereinbaren, etwa die Bindung an eine bestimmte Quote oder an die jeweilige Quote[148] oder an ein bestimmtes Einkommensniveau,[149] aber auch eine Anpassung aufgrund einer Neufestsetzung.[150] Letztlich können sie als **Verzicht** auf Unterhalt auch eine Anpassung ausschließen.

III. Änderung der Geschäftsgrundlage

1. Grundsätze. Die **Ehebedingtheit** von Nachteilen (s. insbesondere § 1578 b Abs. 1 S. 2, Abs. 2 S. 2 [UÄndG 2007] und dazu dort RdNr. 12–14) gewinnt auch bei der Anpassung von Unterhaltsabreden zunehmend an Bedeutung. Nach dem Urteil des BGH v. 28. 2. 2007 „[sollen] durch die richterliche Anpassung von Eheverträgen ehebedingte Nachteile ausgeglichen werden."[151] Soweit daraus geschlossen werden kann, dass **allein** die Veränderung ehebedingter Nachteile eine Anpassung rechtfertigen kann, ist dies zu eng, weil sie auch durch andere Änderungen, etwa erhebliche Einkommensänderungen, veranlasst sein kann. 45

IdR wird ein die gesetzliche **Unterhaltspflicht** ausgestaltender Vertrag in der Erwartung gleich bleibender Verhältnisse geschlossen.[152] Der durch eine **erhebliche** Änderung der Verhältnisse benachteiligte Ehegatte kann seine Anpassung nach **§ 313**[153] auf der Grundlage des **Parteiwillens,** welche die für die Unterhaltsbemessung maßgeblichen Umstände und ihre Bewertung bindend bestimmt, verlangen. Eine Bindung mit der Folge einer Neufestsetzung des Unterhalts entfällt nur bei einer **grundlegenden** Änderung, für deren Berücksichtigung dem Parteiwillen nichts entnommen werden kann.[154] – Die Ehegatten können eine Anpassung **ausdrücklich**[155] oder **konkludent**[156] ausschließen oder wesentlich einschränken. Inwieweit sie eine solche Vereinbarung bindet, richtet sich nach den vertraglichen Grundlagen und den damit verbundenen Erwartungen, auf die sich der jeweils andere Ehegatte redlicherweise einlassen muss. So kann etwa der vertragliche Ausschluss der Abänderbarkeit dort seine Grenze finden, wo die von den Ehegatten subjektiv vorgesehene **Unterhaltssicherung** beider Ehegatten nicht mehr gewährleistet wird.[157] Objektiv ist sie bei der **Sozialhilfebedürftigkeit** bzw. dem **notwendigen Lebensbedarf** der Ehegatten zu ziehen. 46

2. Einzelfälle. a) UÄndG 2007. Allein das Inkrafttreten des UÄndG 2007 und die damit einhergehende Stärkung der nachehelichen Eigenverantwortung und der Verschärfung der Erwerbsobliegenheiten werden idR nicht zu einer Anpassung einer Unterhaltsvereinbarung führen. Denn meist wird sie den auf die Trennung und Scheidung abgestimmten Lebensplan der Ehegatten zum Ausdruck bringen, an dem festzuhalten auch für den Verpflichteten im Regelfall nicht unzumutbar sein wird, zumal die Vereinbarung auf der Grundlage des bis 31. 12. 2007 geltenden Rechts abgeschlossen wurde.[158] 47

b) Anpassungserhebliche Umstände. Haben die Ehegatten zur Anpassung ihrer Vereinbarung nichts bestimmt (dazu auch RdNr. 44), kann sie insbesondere bei nachträglichen 48

---

[147] BGH FamRZ 1979, 210.

[148] BGH NJW 1985, 1026 = FamRZ 1985, 161, 164.

[149] BGH NJW 2007, 2848 = FamRZ 2007, 974 ff. m. Anm. *Bergschneider.*

[150] OLG Zweibrücken FamRZ 1992, 839, 840.

[151] BGH NJW 2007, 2848 = FamRZ 2007, 974, 977 [28] m. Anm. *Bergschneider.*

[152] BGH NJW 1962, 2147; BGHZ 72, 211 = NJW 1979, 210.

[153] BGH FamRZ 1980, 342, 344; BGHZ – GSZ – 85, 64 = NJW 1983, 228 = FamRZ 1983, 22; NJW 1986, 2054 = FamRZ 1986, 790; NJW 1994, 1530 = FamRZ 1994, 696, 698.

[154] Zum Ganzen BGH NJW 1994, 1530 = FamRZ 1994, 696, 698; s. BGH NJW 2007, 2848 = FamRZ 2007, 974 [23, 25] m. Anm. *Bergschneider.*

[155] RGZ 166, 40, 49. S. hierzu auch OLG Nürnberg FamRZ 1996, 296.

[156] RGZ 145, 119, 120; RGZ 165, 26, 31; s. auch BGH NJW 1962, 1294, 1295.

[157] OLG Zweibrücken FamRZ 1982, 302, 303; AG Köln FamRZ 1988, 1175 f.

[158] Ebenso AG Garmisch-Partenkirchen FF 2008, 214, 215 f.

Veränderungen ihrer **wirtschaftlichen Verhältnisse** angepasst werden. Zur Anpassung können die vom BGH[159] für die Abänderbarkeit von **Prozessvergleichen** aufgestellten Kriterien – Richtwert: Abänderung des Unterhaltsbetrags um 10% – herangezogen werden (dazu RdNr. 54).[160] – Nicht angepasst werden kann die Vereinbarung aber dann, wenn die Ehegatten den nachehelichen Unterhalt von der späteren Einkommensentwicklung **abgekoppelt** haben und diese Vereinbarung wirksam ist.[161] – Regelmäßig erheblich ist der spätere Bezug einer **Rente,**[162] es sei denn, die Parteien hätten den Rentenbezug bedacht – wovon ausgegangen werden kann, wenn er kurz bevorsteht –, gleichwohl aber den vereinbarten Unterhalt belassen wollen. – Eine Anpassung ist auch vorzunehmen, wenn die Ehegatten entgegen der späteren Entwicklung bei Vertragsschluss nur mit einer **kurzzeitigen Ehe** gerechnet haben. – Zur Bindung an **Unterhaltsrichtlinien,** Tabellen, Verteilungsschlüssel und sonstige Berechnungsmethoden s. RdNr. 56.

49 Auch der in einer Vereinbarung geregelte Unterhaltsanspruch eines geschiedenen Ehegatten erlischt mit der **Wiederverheiratung** des Berechtigten (dazu § 1586 RdNr. 2), es sei denn, die Ehegatten hätten den Fortbestand des Unterhaltsanspruchs auch für diesen Fall vereinbart. Von Letzterem kann idR aber nur bei ausdrücklicher Regelung ausgegangen werden. – Dagegen erlischt der Anspruch nicht auch von Gesetzes wegen, wenn der Berechtigte in einer **verfestigten Lebensgemeinschaft** lebt. Davon unabhängig ist eine Begrenzung nach § 1579 Nr. 7 [UÄndG 1986], § 1579 Nr. 2 [UÄndG 2007].[163]

50 **c) Existenzgefährdung.** Die Anpassung sowohl selbstständiger vertraglicher Verpflichtungen als auch den gesetzlichen Unterhaltsanspruch ausgestaltender Verträge wegen nachträglich geänderter Verhältnisse ist idR **ausgeschlossen,**[164] wenn sie die Ehegatten auch für eine wesentliche Änderung der Verhältnisse ausgeschlossen haben. Einer Anpassung sind sie nur zugänglich, wenn die Änderung geeignet ist, die Geschäftsgrundlage zu erschüttern und den von den Ehegatten beabsichtigten Endzweck zu **vereiteln,** oder die **Existenz** des Verpflichteten zu gefährden,[165] mithin sein eigener Unterhalt nicht mehr gewährleistet ist.[166]

51 **d) Kapitalabfindung.** Wollen Ehegatten Unterhaltsansprüche in Kapital abfinden, wird das Unterhaltsrechtsverhältnis **endgültig** erledigt, das Unterhaltsstammrecht erlischt. Der Fortbestand der unterhaltsrelevanten Umstände ist nicht Geschäftsgrundlage, sondern Inhalt der Vereinbarung, weshalb eine nachträgliche **Anpassung** an veränderte Umstände, und sei es auch die Wiederheirat des abgefundenen Ehegatten, nicht in Betracht kommt (dazu auch § 1586 RdNr. 7). Etwas anderes kann sich aber ergeben, wenn durch die Kapitalisierung einer Unterhaltsrente lediglich der gesetzliche Unterhaltsanspruch **konkretisiert** und nicht auch i. Ü. auf nachehelichen Unterhalt verzichtet wurde.[167] Mit der Anfechtung der Vereinbarung nach **§ 123** ist der Verpflichtete dagegen nicht ausgeschlossen.[168]

52 **e) Verzicht.** Wurde der Verzicht ohne den Vorbehalt, bei veränderten wirtschaftlichen Verhältnissen erneut Unterhalt verlangen zu wollen, erklärt,[169] ist das **Unterhaltsstammrecht** mit der Wirksamkeit des Verzichts erloschen, sodass der Verzichtende auch bei einer

---

159 Etwa BGH NJW 1992, 1621 = FamRZ 1992, 539.

160 BGH NJW 2005, 2386 = FamRZ 2005, 1444, 1448: Eine Anpassung kommt nur in Betracht, „wenn die Parteien bei Abschluss des Vertrages ausnahmsweise eine bestimmte Relation ihrer Einkommens- und Vermögensverhältnisse als auch künftig gewiss angesehen und ihre Vereinbarung darauf abgestellt haben."

161 BGH NJW 2007, 2848 = FamRZ 2007, 974, 976 [22] m. Anm. *Bergschneider.*

162 OLG Koblenz NJWE-FER 1998, 123 = FamRZ 1998, 765. Zur Gewährung von Unterhalt als Darlehen und zur Erstattung von Unterhaltsbeträgen bei Unkenntnis des Verpflichteten vom Rentenbezug s. Vor § 1569 RdNr. 14, § 1585 RdNr. 3.

163 OLG Düsseldorf NJW 1981, 463 = FamRZ 1981, 1077 m. krit. Anm. *Knütel;* dazu auch § 1586 RdNr. 2. Zum Vorliegen der Voraussetzungen aus § 1579 s. dort RdNr. 12–18.

164 Zum früheren Recht s. auch OLG Karlsruhe NJW 1962, 1174.

165 RGZ 145, 119 f.; RGZ 164, 366, 370; RGZ 166, 40, 49; BSG MDR 1965, 332.

166 OLG Köln FamRZ 1989, 637 f.; OLG Karlsruhe NJWE-FER 1998, 147 = FamRZ 1998, 1436, 1437.

167 BGH NJW 1985, 2706 = FamRZ 1985, 263.

168 Zum Ganzen auch BGH NJW 2005, 3282 = FamRZ 2005, 1662, 1663.

169 Dazu OLG Hamm FamRZ 1993, 973.

unvorhergesehenen Änderung keinen Unterhalt mehr verlangen kann.[170] Doch kann die Berufung auf den Verzicht **rechtsmissbräuchlich** sein (dazu RdNr. 57–63).

3. Beispiele aus der Rechtsprechung. OLG Hamm EzFamR aktuell 1998, 106: Keine maßgebende Änderung bei gestiegener Erwerbsobliegenheit, wenn sie dem Berechtigten bereits bei Vertragsschluss hätte entgegengehalten werden können. – **BGH NJW 2005, 2386 = FamRZ 2005, 1444, 1448:** Eine Anpassung kommt nur in Betracht, „wenn die Parteien bei Abschluss des Vertrages ausnahmsweise eine bestimmte Relation ihrer Einkommens- und Vermögensverhältnisse als auch künftig gewiss angesehen und ihre Vereinbarung darauf abgestellt haben." Doch dürfte dies zu eng sein, weil ohne Wertsicherungsklausel eine auch mit einer Unterhaltsabrede beabsichtigte angemessene zukünftige Absicherung nicht gegeben ist. – **BGH NJW 2007, 2848 = FamRZ 2007, 974, 976 f. [22 ff.]**: Ausschluss einer Anpassung aufgrund von Einkommenssteigerungen des Verpflichteten, vielmehr Bindung der Unterhaltshöhe an die Besoldungsgruppe A 3, 10. Dienstaltersstufe, Zuverdienst in gleicher Höhe bleibt bei der Unterhaltsberechnung außer Betracht; die Ehegatten gingen bei Abschluss des Ehevertrags von einer Erwerbstätigkeit der (schwangeren) Ehefrau auch während der Ehe aus, wozu es allerdings dann nicht gekommen ist. Der BGH weist darauf hin, dass durch den Ehevertrag ehebedingte Nachteile ausgeglichen werden sollen, weshalb die durch eine Erstehe bedingten Nachteile nicht vom Ehegatten der Zweitehe ausgeglichen werden müssten. Dies dürfte immerhin fraglich sein, weil – darum ging es im konkreten Fall – der zweite Ehegatte die Ehefrau immerhin in Anbetracht ihres Kindes aus erster Ehe und mit der sich daraus ergebenden Betreuungsbelastung geheiratet hat. – **OLG Zweibrücken FamRZ 2008, 1453, 1454:** Maßgebende Änderung, wenn Unterhaltsverzicht aus Anlass der Rückkehr eines ausländischen Ehegatten in sein Heimatland geschlossen wurde, dieser Ehegatte aber endgültig wieder nach Deutschland zurückkehrt. 53

IV. Abänderung von Unterhaltstiteln

Bestehen keine anders lautenden Vereinbarungen der Ehegatten (dazu RdNr. 44), kann der in einem **Prozessvergleich** oder in einer **vollstreckbaren Urkunde,** die eine vertragliche Regelung oder ein einseitiges Anerkenntnis festhält, titulierte Unterhalt mit der **Abänderungsklage** nach § 323 ZPO, § 239 FamFG[171] entsprechend den veränderten Umständen nach den materiellrechtlichen Regeln der **Änderung der Geschäftsgrundlage** (§ 313, § 239 Abs. 2 FamFG) und nicht im Wege einer Erstklage aufgrund einer Neuberechnung und -festsetzung angepasst werden.[172] Trotz fehlender Vollstreckbarkeit gilt dies auch für **privatschriftliche Verträge,** wenn die Ehegatten die Anwendbarkeit von § 323 ZPO, § 239 FamFG vereinbart haben.[173] – Die Darlegungs- und **Beweislast** obliegt der Partei, die veränderte Umstände geltend macht.[174] 54

Auf rechtsgeschäftlich errichtete Titel sind die **Präklusionen** aus § 323 Abs. 2, 3 ZPO, § 238 Abs. 2, 3 FamFG nicht anwendbar (vgl. auch § 239 FamFG).[175] Mit der Abände- 55

[170] BayObLGSt 1967, 1 = NJW 1967, 1287; OLG Düsseldorf FamRZ 1984, 171, 172 f.; OLG Hamm FamRZ 1993, 973.

[171] Abänderungsklage und Vollstreckungsgegenklage stehen in einem Ausschlussverhältnis zueinander, OLG München FamRZ 1992, 213 f. Doch können sie im Verfahren im Eventualverhältnis geltend gemacht werden, BGH NJW 1979, 1306 = FamRZ 1979, 573.

[172] BGH NJW 1979, 1656 = FamRZ 1979, 694 m. abl. Anm. *Mutschler* JR 1980, 25 und danach ständig. S. auch die Darstellung bei *Göppinger/Wax/Vogel* RdNr. 2421 ff.

[173] BGH FamRZ 1960, 60, 61; BayObLG DNotZ 1980, 94, 96 mwN; OLG Braunschweig FamRZ 1979, 928, 929; OLG Köln FamRZ 1986, 1018; *Göppinger/Wax/Hoffmann* RdNr. 1739; *Soergel/Häberle* RdNr. 24 aE; MünchKommZPO/*Gottwald* § 323 RdNr. 10.

[174] OLG Hamm OLGR 1998, 326 (Verfestigung der Beziehung zu einem anderen Partner, § 1579 Nr. 2).

[175] BGH-GSZ-Z 85, 64, 73 f. = NJW 1983, 228 = FamRZ 1983, 22, 24 f.; NJW 1985, 64 = FamRZ 1984, 997, 998 f.; NJW 1987, 58 = FamRZ 1986, 790; NJW 1990, 3274 = FamRZ 1990, 989 f.; NJW-RR 1991, 514 = FamRZ 1991, 542; die obergerichtliche Rspr. folgt dem BGH, etwa OLG Karlsruhe FamRZ 1990, 313, 315; OLG Koblenz NJWE-FER 1998, 123 = FamRZ 1998, 765; LG Dortmund FamRZ 1992, 99 f. Zur Kritik s. *Schwab/Maurer/Borth* I RdNr. 1056, 1064.

rungsklage können mithin alle Einwendungen unabhängig davon erhoben werden, ob sie von Anfang an bestanden haben oder erst später entstanden sind. Einen gerechten Ausgleich der Interessen beider Ehegatten gewährleistet die Anpassung nach § 313, der Einwand der Entreicherung sowie § 1585 b Abs. 1 hinsichtlich in der Vergangenheit liegender Unterhaltsbeträge (s. auch § 1613 Abs. 1).

56 Auch wenn die Ehegatten den vereinbarten Unterhaltsbetrag unter ihrer Anwendung errechnet haben, besteht an **Unterhaltsrichtlinien,** Tabellen, Verteilungsschlüssel und sonstige Berechnungsmethoden, haben die Ehegatten nichts anderes vereinbart, **keine Bindung,** weil es sich insoweit lediglich um eine konkrete Bedarfsermittlung ersetzende Hilfsmittel handelt.[176] Deshalb kommt eine Anpassung bei einer Änderung der Verteilungsquote in Betracht,[177] aber auch wenn sich die maßgeblichen Umstände so geändert haben, dass eine Fortschreibung der bisherigen Grundlagen nicht mehr möglich ist.[178]

H. Ausübungskontrolle wegen Rechtsmissbrauchs

I. Grundlagen

57 Entsprechend seiner bisherigen Rspr. setzt der BGH nicht bei einer Anpassung der Vereinbarung nach den Grundsätzen der Änderung der Geschäftsgrundlage (§ 313) an, sondern bei der Beurteilung des Verhaltens des durch sie begünstigten Ehegatten (dazu auch RdNr. 35, 36). Er prüft, ob und ggf. inwieweit sich die Berufung des durch den Vertrag begünstigten Ehegatten auf den Vertragsinhalt **rechtsmissbräuchlich** ist (Ausübungskontrolle). Dafür muss sich aus dem vereinbarten Ausschluss der Scheidungsfolge im **Zeitpunkt** des Scheiterns der Ehe[179, 180] unter Berücksichtigung **aller Umstände** des Einzelfalls eine **evident einseitige Lastenverteilung** ergeben, die hinzunehmen für den belasteten Ehegatten auch bei angemessener Berücksichtigung der Belange des anderen Ehegatten und seines Vertrauens in die Geltung der Vereinbarung sowie bei verständiger Würdigung des Wesens der Ehe unzumutbar ist. Im Einzelnen ist insbesondere zu prüfen, ob

- die tatsächliche einverständliche Gestaltung der ehelichen Lebensverhältnisse unter Berücksichtigung der bestehenden Lebens-, Versorgungs- und Vermögenssituation der Ehegatten sowie ihrer Motive für den Vertragsschluss[181] von der ursprünglichen, dem Vertrag zugrunde liegenden Lebensplanung grundlegend abweicht,
- der benachteiligte Ehegatte seinerseits die eheliche Solidarität verletzt hat.

58 Jedoch bewirkt nicht jede Abweichung die **Unzumutbarkeit** der vertraglichen Regelung, auch wenn sie zu einer einseitigen Lastenverteilung unter den Ehegatten führt. Vielmehr ist für eine Anpassung mit zu berücksichtigen:

- Die **Rangordnung** der Scheidungsfolgen (dazu RdNr. 29, 30): Je höherrangig die vertraglich ausgeschlossene Scheidungsfolge ist, um so schwerwiegender müssen die Gründe

[176] BGH NJW 1984, 1458 = FamRZ 1984, 374, 375 f.; NJW-RR 1987 516 = FamRZ 1987, 257, 258; NJW-RR 1990, 580 = FamRZ 1990, 981, 982; NJW-RR 1994, 1155 = FamRZ 1994, 1100, 1102. S. zum Ganzen auch *Schwab/Maurer/Borth* I RdNr. 1030, 1040.

[177] BGH NJW 1984, 1458 = FamRZ 1984, 374, 375 f.

[178] BGH NJW 1980, 2081 = FamRZ 1980, 771; OLG Düsseldorf FamRZ 1986, 1242, 1243.

[179] BGHZ 158, 81 = NJW 2004, 930 = FamRZ 2004, 601, 606; NJW 2005, 2386 = FamRZ 2005, 1444, 1448; NJW 2005, 2391 = FamRZ 2005, 1449, 1450 f. – S. auch OLG Thüringen NJOZ 2007, 3138 = FamRZ 2007, 2079, 2080 f. für das Zusammenfallen von Scheidung und Scheidungsfolgenvereinbarung; die von *Bergschneider* FamRZ 2007, 2081, 2082 genannten Bsp. für eine Berücksichtigung späterer Veränderungen betreffen die Sittenwidrigkeit (entnervtem Ehegatten wird höchst nachteilige Regelung aufgedrängt) oder Änderung der Geschäftsgrundlage (15 Jahre altes Kind erleidet Unfall).

[180] BGHZ 158, 81 = NJW 2004, 930 = FamRZ 2004, 601, 606; NJW 2008, 1080 = FamRZ 2008, 582, 585 [33]: „Für diese Prüfung sind nicht nur die Verhältnisse im Zeitpunkt des Vertragsschlusses maßgebend." und scheint damit *auch* auf die bei Vertragsschluss bestehenden Umstände abzustellen. Dies ist insoweit zutreffend, als die vormaligen Umstände „Vergleichsgröße" für die Maßgeblichkeit der Veränderungen sind.

[181] BGH NJW 2005, 137 = FamRZ 2005, 26, 27.

sein, die unter Berücksichtigung der zwischenzeitlich einvernehmlich gelebten tatsächlichen ehelichen Lebensverhältnisse für ihren Ausschluss sprechen.

– Auch dass ein Ehegatte ein erheblich höheres **Einkommen** erzielt als der andere kann eine Anpassung grundsätzlich nicht rechtfertigen, weil entsprechende Vereinbarungen gerade im Hinblick auf solche bestehende oder sich künftig ergebende Unterschiede in den wirtschaftlichen Verhältnissen geschlossen werden, es sei denn, in der Vereinbarung sei auf eine bestimmte – bestehende oder künftige – Einkommens- und Vermögensrelation abgestellt worden.[182]

II. Praktische Anwendung

1. Kriterien. Insbesondere folgende Umstände können zu einem Verstoß der Berufung auf einen Unterhaltsverzicht gegen Treu und Glauben führen: 59

– Die ganz besondere Bedeutung, die die gesetzliche Regelung des nachehelichen Unterhalts den **Kindesinteressen** beimisst (dazu RdNr. 37, 38), insbesondere wenn sich die zur Zeit des Verzichts bestehenden oder erwarteten Verhältnisse nachträglich so entwickelt haben, dass überwiegende schutzwürdige Interessen gemeinschaftlicher Kinder der Geltendmachung des Verzichts entgegenstehen.

– Der Berechtigte würde ohne Aufnahme einer Erwerbstätigkeit der **Sozialhilfe**[183] oder der Unterstützung durch **Verwandte**[184] anheim fallen.[185] Rechtsmissbrauch besteht jedoch nur insoweit, als durch den Verzicht der notwendige, nicht auch der eheangemessene[186] **Bedarf** des Berechtigten nicht gewahrt bleibt, wenn nicht Gründe des Kindeswohls höhere Unterhaltszahlungen erfordern.[187] Der Rechtsmissbrauch währt nur **so lange,** als dem Berechtigten eine Erwerbstätigkeit trotz der Betreuung der Kinder nicht zumutbar ist (dazu § 1570 RdNr. 30–55);[188] dies erfordert eine Prognose der künftigen Entwicklung der maßgebenden Verhältnisse,[189] soweit diese genügend sicher beurteilt werden kann.[190]

– Auch die Einkommensverhältnisse eines nichtehelichen **Lebenspartners** und, trotz § 9 S. 2 BErzGG, § 11 S. 4 BEEG, der Bezug von **Erziehungs-/Elterngeld** und die Höhe des bezogenen **Kindergelds.**[191]

2. Beispiele aus der Rechtsprechung. Ein rechtsmissbräuchliches Berufen auf den Verzicht wurde in folgenden **Einzelfällen** angenommen: 60

---

182 BGH NJW 2005, 2386 = FamRZ 2005, 1444, 1448; aA OLG Karlsruhe NJW 2004, 3431 = FamRZ 2004, 1789, 1791.

183 BGH NJW 1992, 3164 = FamRZ 1992, 1403, 1404f.; OLG Hamm NJW-RR 1989, 1413 = FamRZ 1989, 398f.; OLG Köln NJW 1991, 2776 = FamRZ 1991, 451 m. Anm. *Bosch;* OLG Celle NJW-RR 1992, 903 = FamRZ 1992, 447; OLG Düsseldorf FamRZ 1996, 734, 835.

184 OLG Hamburg FamRZ 1991, 1317, 1318; OLG Hamm NJW-RR 1992, 583 = FamRZ 1992, 452, 454.

185 Zur Berücksichtigung dieses Umstandes bei der Prüfung der Genehmigungsfähigkeit des Ausschlusses des Versorgungsausgleichs nach § 1587 o s. OLG Oldenburg FamRZ 1995, 744, 745.

186 BGH NJW 1995, 1148 = FamRZ 1995, 291f. mwN; OLG Stuttgart FamRZ 1999, 24; aA OLG Frankfurt a. M. OLGR 1994, 117, 118f. (Vorinstanz zu BGH aaO.).

187 Zur Gewährung des eheangemessenen Unterhalts bei der Betreuung eines behinderten Kindes, OLG Hamburg NJW-RR 1992, 1351 = FamRZ 1992, 444, 445; ebenso wohl BGH NJW 1995, 1148 = FamRZ 1995, 291. Zur angemessenen Erhöhung des Mindestbedarfs wegen des Wohnraumbedarfs der Kinder s. OLG Stuttgart OLGR 1998, 49, 50; zu berücksichtigen ist aber der durch den Barunterhalt für die Kinder abgedeckte Teil.

188 BGH NJW 1992, 3164 = FamRZ 1992, 1403, 1405 m. Anm. *Koch* JR 1993, 197; NJW 1995, 1148 = FamRZ 1995, 291f.; OLG Frankfurt a. M. FamRZ 1988, 289, 290; OLG Bamberg NJW 1991, 2776 = FamRZ 1991, 1060, 1062; OLG Düsseldorf FamRZ 1996, 734, 736; aA zum eheangemessenen Bedarf OLG Hamburg NJW-RR 1992, 1351 = FamRZ 1992, 444, 445, allerdings mit der Besonderheit der Betreuung eines behinderten Kindes.

189 BGH NJW 1995, 1148 = FamRZ 1995, 291, 292; NJW 1997, 1851 = FamRZ 1997, 671, 673.

190 BGH NJW-RR 1997, 897 = FamRZ 1997, 873, 876.

191 OLG Zweibrücken OLGR 2000, 430 = FamRZ 2001, 228 (LS).

- Die Aufnahme einer Erwerbstätigkeit ist mit dem **Betreuungsbedürfnis** der Kinder nicht in Einklang zu bringen, ohne dass aber auch auf die Belastung der Sozialhilfe abzustellen sein soll, wenn dieser Gesichtspunkt nicht zur Sittenwidrigkeit der Vereinbarung führt (dazu RdNr. 32–42).[192] Dabei soll unerheblich sein, wenn ein Unterhaltsverzicht nach der Scheidung vereinbart wurde.[193]
- Nach vereinbartem Verzicht wurde ein gemeinsames **Kind geboren**[194] oder **pflegebedürftig,**[195] oder es hat sich die Vorstellung der Parteien von der Regelung des **Sorgerechts** geändert.[196]
- Außergewöhnlich gute **Einkommensentwicklung** des Verpflichteten.[197] Solange der notwendige und auch der angemessene Unterhaltsbedarf nicht berührt sind, dürfte Rechtsmissbrauch aber nicht vorliegen.[198]
- Nach wirksamer Vereinbarung eines Unterhaltsverzichts eintretende **Erwerbsunfähigkeit** des Berechtigten.[199] Doch obliegt dieses Risiko typischerweise dem Berechtigten (vgl. etwa § 1573 Abs. 4, dazu dort RdNr. 21–27).[200]
- Entgegen ursprünglicher Erwartung kann der Berechtigte aus der **Vermögensauseinandersetzung** seinen Unterhalt nicht bestreiten und müsste deshalb die Betreuung der Kinder durch die Aufnahme einer Erwerbstätigkeit einschränken.[201] In diesem Zusammenhang kommt den Erwerbsobliegenheiten des Berechtigten nach § 1570 (dazu dort RdNr. 30–55) maßgebliche Bedeutung zu.
- Der im Zuge der Vermögensauseinandersetzung auf den Berechtigten übertragene, seiner Unterhaltssicherung dienende **Vermögensgegenstand** geht unverschuldet unter.[202]
- **Erkrankung** des Berechtigten nach ihrer Art und Schwere und der durch sie bewirkten Veränderung seiner Lebensumstände.[203]
- Der Unterhaltsverzicht liegt zwar bereits 10 Jahre zurück, die Ehe hat aber insgesamt 30 Jahre gedauert und der Berechtigte steht kurz vor Erreichen des **Rentenalters.**[204]
- Nach langjähriger Ehe, aus der mehrere Kinder hervorgegangen sind, soll einschließlich Verzicht auf alle in der Ehe erworbenen Vermögenswerte in bedrängter Lage das Versprechen zu **künftiger ehelicher Treue** untermauert werden.[205]
- Der Unterhaltsverzicht wird mit der **Rücknahme eines Scheidungsantrags** erkauft, gleichwohl aber sofort wieder Scheidungsantrag gestellt.[206]

Dagegen ist dem Verpflichteten die Berufung auf einen vereinbarten **Abänderungsausschluss** sowohl bezogen auf die Sittenwidrigkeit als auch die Ausübungskontrolle verwehrt.[207]

---

[192] BGH NJW 1992, 3164 = FamRZ 1992, 1403, 1404 f. m. Anm. *Koch* JR 1993, 197; noch BGH NJW-RR 1991, 132 = FamRZ 1991, 306, 307 m. Anm. *Hohloch* JR 1991, 333 hat auch auf die Sozialhilfebedürftigkeit des Berechtigen ohne die Unterhaltszahlungen abgestellt. S. dazu auch OLG Düsseldorf FamRZ 1996, 734, 735; OLG Koblenz NJW-RR 2005, 1675 = FamRZ 2006, 1447, 1449.

[193] OLG München FamRZ 2005, 215, 216 (kritisch).

[194] BGH NJW 1985, 1835 = FamRZ 1985, 787 f.; NJW 1985, 1833 = FamRZ 1985, 788, 789; NJW 1995, 1148 = FamRZ 1995, 291; OLG Hamm FamRZ 2004, 201 f. m. Anm. *Bergschneider.*

[195] OLG Hamburg NJW-RR 1992, 1351 = FamRZ 1992, 444, 445.

[196] OLG Frankfurt a. M. FamRZ 1983, 176, 177.

[197] OLG Karlsruhe NJW 2004, 3431 = FamRZ 2004, 1789, 1791.

[198] BGH NJW 2005, 2386 = FamRZ 2005, 1444, 1448; kritisch auch *Bergschneider* FamRZ 2004, 1791 f.

[199] OLG Koblenz FamRZ 2006, 420, 421.

[200] Ablehnend auch *Bergschneider* FamRZ 2006, 421 f.

[201] BGH NJW 1987, 776 = FamRZ 1987, 46, 47.

[202] OLG München FamRZ 1985, 1264, 1265 f. (Betrieb).

[203] BGH NJW 2008, 1080 = FamRZ 2008, 581, 586 [36]. – S. auch OLG Koblenz OLGR 2005, 355, 356 f.: Bei Trennung der Ehegatten war der Berechtigte bereits an Multiple Sklerose erkrankt. Der BGH hat auf die Revision des Ehemannes den Vertrag für sittenwidrig angesehen, BGHZ 170, 77 = NJW 2007, 907 = FamRZ 2007, 450, 451 f. (dazu auch RdNr. 41).

[204] BGH NJW 1987, 2739 = FamRZ 1987, 691, 692; OLG Hamm FamRZ 1986, 471, 472.

[205] OLG Zweibrücken FamRZ 1996, 869, 870.

[206] AA OLG Hamburg FamRZ 1981, 968, 969.

[207] OLG Saarbrücken OLGR 2004, 13.

III. Rechtsfolgen

Hält die Vereinbarung der Ausübungskontrolle nicht stand, ordnet das FamG die Rechtsfolge an, die dem berechtigten Anliegen beider Ehegatten in der nunmehr eingetretenen Situation **ausgewogen** Rechnung trägt. Sie hat sich umso mehr an der gesetzlichen Regelung auszurichten, je zentraler sie dem Kernbereich des gesetzlichen Scheidungsfolgenrechts zuzuordnen ist. – Zur Ausübungskontrolle gehört ggf. auch die Entscheidung, **wie lange** die Berufung auf einen (ggf. teilweisen) Verzicht versagt werden soll: Wird etwa der Versorgungsausgleich durchgeführt und Zugewinnausgleich gewährt, kann es aufgrund einer **Gesamtschau** aller vertraglich geregelten Scheidungsfolgen[208] angemessen sein, den Altersunterhalt zu mindern oder ihn ganz zu versagen. 61

Zum **Betreuungsunterhalt** (§ 1570) betont der BGH[209] nunmehr dessen Funktion, einem Ehegatten die Betreuung der gemeinsamen Kinder – die Kinder waren bei Abschluss des Ehevertrags nicht geplant gewesen – zu ermöglichen. Nach bisheriger Rspr. hätte dem betreuenden Ehegatten Unterhalt nur in Höhe seines notwendigen Bedarfs zugestanden, was regelmäßig die Zuerkennung von **Vorsorgeunterhalt** ausgeschlossen hat (dazu 4. Aufl. § 1578 RdNr. 71). Hiervon scheint der BGH abzuweichen und die Verpflichtung zur Zahlung des Vorsorgeunterhalts auch in Fällen des notwendigen Bedarfs lediglich über die Leistungsfähigkeit des Verpflichteten zu beantworten.[210] – Die Sicherstellung des **notwendigen Bedarfs** führt nicht stets schon dazu, Sittenwidrigkeit zu verneinen, andererseits führt die Unterschreitung des eheangemessenen Bedarfs nicht stets zur Sittenwidrigkeit. Ausschlaggebend zum Altersvorsorgeunterhalt ist (dazu RdNr. 30), inwieweit der vertraglich vereinbarte Unterhaltsbetrag geeignet ist, die durch die Kinderbetreuung eingetretenen **ehebedingten Nachteile** auszugleichen.[211] 62

Die Vertragsanpassung ist auf den **konkreten Nachteil** beschränkt, der sich aus dem zeitweiligen, ggf. teilweisen Verzicht auf eine Erwerbstätigkeit ergibt. Deshalb darf der aufgrund der Anpassung Berechtigte durch diese nicht besser gestellt werden als er stünde, wenn der **ehebedingte** Nachteil nicht eingetreten und er seine vormalige Erwerbstätigkeit weiter ausgeübt hätte.[212] Es muss also **fiktiv** ermittelt werden, welche Einkünfte und Altersvorsorgeanrechte er bei Fortführung seiner Erwerbstätigkeit erworben hätte. Denkt man an eine mögliche **Fortentwicklung** der beruflichen Stellung, die nun nicht mehr realisiert werden kann, müssen auch die dadurch bedingten Nachteile in den Ausgleich einbezogen werden. An Schätzungen wird man dabei nicht vorbei kommen. 63

I. Vertragliche Regelung mehrerer Scheidungsfolgen

I. Gesamtregelung der vermögensrechtlichen Scheidungsfolgen

Vereinbarungen, die **allein** die nachehelichen Unterhaltsansprüche regeln, sind relativ selten und kommen idR nur in einem **gerichtlichen Verfahren** vor. Meist geht es um die Beurteilung von **Eheverträgen,** die neben der Gütertrennung und dem Ausschluss des Versorgungsausgleichs auch einen ggf. teilweisen Verzicht auf nachehelichen Unterhalt vorsehen (dazu auch § 1414 S. 2). Sie kommen in der Praxis insbesondere dann vor, wenn ein (künftiger) Ehegatte Unternehmer oder Inhaber einer Kanzlei oder Praxis ist, um bei Scheitern der Ehe deren Bestand nicht zu gefährden. **Scheidungsfolgenvereinbarungen,** durch die ohne angemessene Gegenleistung neben dem Unterhalt auch auf den Zugewinn- und Versorgungsausgleich verzichtet wird, können unter Berücksichtigung aller Umstände 64

[208] *Borth* FamRZ 2004, 609, 611.
[209] BGH NJW 2005, 2391 = FamRZ 2005, 1449, 1451.
[210] BGH NJW 2005, 2391 = FamRZ 2005, 1449, 1452 unter III.
[211] Zum Ganzen BGH NJW 2005, 2386 = FamRZ 2005, 1444, 1447.
[212] BGH NJW 2005, 2391 = FamRZ 2005, 1449, 1452; NJW 2008, 1080 = FamRZ 2008, 581, 586 [37–38] (keine höhere Erwerbsunfähigkeitsrente ohne Eheschließung).

des Einzelfalls, insbesondere der Dauer der Ehe und der Betreuung von gemeinsamen Kindern,[213] sittenwidrig sein. Zur Berücksichtigung der **Kindesinteressen** und der eintretenden **Sozialhilfebedürftigkeit** infolge des Verzichts s. RdNr. 37–39.

65 Sind die Interessen des Berechtigten durch eine Vereinbarung, die einen Unterhaltsverzicht und Regelungen zum **Versorgungsausgleich** beinhaltet, im Hinblick auf § 1587 o Abs. 2 S. 2–4 (dazu auch § 7 VersAusglG-RegE) nicht gewahrt, ist ihr versorgungsausgleichsrechtlicher Teil nicht genehmigungsfähig und damit nach § 139 idR auch ihr unterhaltsrechtlicher Teil unwirksam (dazu auch RdNr. 66). Dagegen kann eine großzügige Regelung des nachehelichen Unterhalts oder anderer Scheidungsfolgen zur Genehmigungsfähigkeit eines Verzichts auf den Versorgungsausgleich führen (s. § 1587 o RdNr. 29).[214]

II. Teilnichtigkeit

66 Die Sittenwidrigkeit einzelner Klauseln führt grundsätzlich nicht lediglich zur Teilnichtigkeit des Ehevertrags, sondern zu dessen **vollständiger Nichtigkeit,** wenn nicht aufgrund anderweitiger Parteivereinbarungen ausnahmsweise anzunehmen ist, dass er auch ohne die nichtigen Klauseln geschlossen sein würde (§ 139).[215] – Auch die Vereinbarung einer **salvatorischen Klausel** kann Ausdruck der strukturellen Überlegenheit des begünstigten Ehegatten sein, deretwegen eine andere Klausel gerade sittenwidrig ist. Deshalb ist im Rahmen einer Gesamtwürdigung zu prüfen, ob nicht auch die geltungserhaltende Klausel selbst sittenwidrig ist oder eine sittenwidrige Klausel zu einer sittengemäßen in untrennbarem systematischen Zusammenhang steht – etwa der Altersunterhalt zum Versorgungsausgleich –, sich deshalb die Sittenwidrigkeit der einen auf die andere Vertragsklausel erstrecken muss und dies nicht durch eine salvatorische Klausel abgewendet werden kann. Dies kann angenommen werden, wenn der Inhalt einer Vereinbarung für einen Ehegatten ausnahmslos nachteilig ist und seine Einzelregelungen durch keine berechtigten Belange des anderen gerechtfertigt werden können.[216]

J. Vereinbarungen zu den Scheidungsvoraussetzungen

I. Scheidungserschwerende Vereinbarung

67 Dass solche Vereinbarungen zulässig sind, lässt sich der Tendenz des Gesetzes für eine Aufrechterhaltung der Ehe entnehmen: Die Ehe wird auf Lebenszeit geschlossen (§ 1353 Abs. 1 S. 1), das FamG darf im Scheidungsverfahren von den Parteien nicht vorgebrachte Tatsachen nur berücksichtigen, wenn und soweit sie der Aufrechterhaltung der Ehe dienen (§ 616 Abs. 2 ZPO, § 127 Abs. 2 FamFG). Allerdings darf eine Scheidung nicht **ausgeschlossen** werden und die Vereinbarung nicht mit einem Inhalt abgeschlossen worden sein, der den Verpflichteten von der Erhebung eines Scheidungsantrags **abhalten** soll; solche Vereinbarungen verstoßen gegen das Gesetz und sind nach § 134 nichtig.[217]

---

[213] OLG Köln DNotZ 1981, 444 ff. m. krit. Anm. *v. Hornhardt* = FamRZ 1981, 1087 (LS) (20jährige Ehe ohne Erwerbstätigkeit der Ehefrau mit Kindererziehung); OLG Karlsruhe NJW-RR 1991, 452 = FamRZ 1991, 332, 333.

[214] Zum Verzicht auf den Versorgungsausgleich vor der Eheschließung s. auch BGH NJW 1997, 126 = FamRZ 1996, 1536 ff. m. Anm. *Grziwotz* FamRZ 1997, 585 und *Dethloff* JZ 1997, 414.

[215] BGH NJW 2005, 2386 = FamRZ 2005, 1444, 1447 m. Anm. *Bergschneider*; aA scheinbar OLG Braunschweig FamRZ 2005, 2071, 2072. – Zur Teilnichtigkeit eines Verzichts auf Trennungs- und nachehelichen Unterhalt lediglich hinsichtlich Ersterem OLG Koblenz FamRZ 2007, 479, 480, hinsichtlich Letzterem s. OLG Frankfurt a. M. FamRZ 2007, 2082, 2083, jeweils m. Anm. *Bergschneider.* – Zum teilweisen Verzicht auf Trennungsunterhalt auch OLG Hamm NJW 2006, 3012 = FamRZ 2007, 732, 733 m. Anm. *Bergschneider.*

[216] Im Ergebnis ebenso BGH NJW 2006, 2331 = FamRZ 2006, 1097, 1098 m. Anm. *Bergschneider*; NJW 2008, 3426 = FPR 2008, 574 m. Anm. *Kesseler* FPR 2008, 577 = FamRZ 2008, 2011, 2014 [24] m. Anm. *Bergschneider*; aA scheinbar noch BGH NJW 2005, 2386 = FamRZ 2005, 1444, 1447 m. Anm. *Bergschneider* und im Anschluss daran OLG Hamm NJW 2006, 3719 = FamRZ 2006, 1034, 1037.

[217] Zu Letzterem BGH NJW 1990, 703 = FamRZ 1990, 372, 373; OLG Oldenburg FamRZ 1994, 1454, 1455.

II. Vortäuschen eines Scheidungsgrundes

68 Unwahre Angaben der Ehegatten über die Voraussetzungen der Scheidung führen, nachdem § 72 S. 3 Halbs. 1 EheG nicht übernommen wurde und die gesetzliche Regelung Vereinbarungen über die Scheidungsfolgen fördert (§ 1566 Abs. 1 iVm. § 630 ZPO, dazu aber auch Rdnr. 3 aE), idR nicht zur Nichtigkeit einer Vereinbarung zum nachehelichen Unterhalt,[218] die für den die Scheidung beantragenden Ehegatten vielfach nur zur – erschlichenen – Scheidung „ohne Gegenleistung" führen würde. War aber die Ehe zur Zeit der letzten mündlichen Verhandlung im Scheidungsverfahren nicht gescheitert und wird der Scheidungsantrag deshalb abgewiesen, ist auch die im Zusammenhang mit diesem Scheidungsverfahren stehende Vereinbarung nichtig.[219]

K. Verfahren

I. Familiensachen

69 Rechtsstreitigkeiten aus einer den **gesetzlichen Unterhaltsanspruch** ausfüllenden Vereinbarung sind in die Zuständigkeit der FamG fallende Familiensachen (dazu auch Vor § 1569 RdNr. 26). – Dagegen sind Streitigkeiten aus einer den gesetzlichen Unterhaltsanspruch ablösenden **selbstständigen vertraglichen Vereinbarung** bislang keine Familiensachen; für sie sind die Zivilgerichte zuständig.[220] **Ab 1. 1. 2009** zählen auch sie nach §§ 112 Nr. 3, 266 Abs. 1 Nr. 2, 3 FamFG zu den Familiensachen.

II. Gerichtliches Verfahren

70 **1. Allgemeines.** Wesentliche Änderungen sind, gleich ob es sich um die Ausgestaltung des gesetzlichen Unterhaltsanspruchs oder um ausschließlich vertragliche Vereinbarungen handelt, mit der **Abänderungsklage** gemäß § 323 ZPO, § 239 FamFG geltend zu machen (dazu RdNr. 54). Aus außergerichtlichen Vereinbarungen, die die Unterhaltsrente nicht titulieren und die Anpassung aufgrund einer Abänderungsklage nicht ausdrücklich vorsehen (dazu RdNr. 54, 55), kann **Leistungsklage,** auch als Stufenklage, ggf. **Feststellungsklage** erhoben werden. Stets mit der Leistungsklage ist höherer Unterhalt aufgrund einer zulässigen **Wertsicherungsklausel** (dazu RdNr. 13, 14) geltend zu machen.[221]

71 **2. Mangelhafte Eheverträge. a) Klagearten.** Die Sittenwidrigkeit der Vereinbarung oder die Rechtsmissbräuchlichkeit der Berufung auf sie kann idR mit der **Leistungsklage** geltend gemacht werden. Der in Anspruch genommene Ehegatte muss sich dann auf die Vereinbarung berufen mit der Folge, dass ihre Wirksamkeit geprüft und die Ausübungskontrolle durchgeführt werden kann. Der Ehegatte, der trotz des vertraglichen Ausschlusses Ansprüche erhebt, muss alle die den Anspruch stützenden, ihm günstigen, einschließlich der die Sittenwidrigkeit oder die Ausübungskontrolle tragenden Umstände vortragen und ggf. beweisen. – Dies gilt auch für den **Versorgungsausgleich,** der von Amts wegen durchzuführen ist. Der Berufung eines Ehegatten auf den vertraglichen Ausschluss des Versorgungsausgleichs begegnet der andere mit einem Antrag auf seine Durchführung, also mit einem „Leistungsantrag".[222]

72 Der BGH[223] hat auch eine **Zwischenfeststellungsklage,** ggf. als Zwischenfeststellungswiderklage im Verbund mit der Scheidungssache zugelassen, wenn zwar über den Versor-

---

[218] RGRK/*Cuny* RdNr. 40; *Soergel/Häberle* RdNr. 18; *Göppinger/Wax/Hoffmann* RdNr. 1720. Zu § 72 EheG s. die Darstellung bei RGRK/*Cuny, Soergel/Häberle,* jeweils aaO, und 3. Aufl. RdNr. 47.

[219] Ähnlich *Soergel/Häberle* RdNr. 18.

[220] Zuletzt BGH FamRZ 2009, 219 f.; zum Ganzen *Schwab/Maurer/Borth* I RdNr. 58 f. mwN.

[221] Wohl auch *Graba* RdNr. 272.

[222] Dazu auch *Bergschneider* FamRZ 2005, 693.

[223] BGH NJW 2005, 1370 = FamRZ 2005, 691 m. Anm. *Bergschneider;* aA wohl *Gomille* NJW 2008, 274 ff.

gungsausgleich im Zwangsverbund zu entscheiden war, der Ehevertrag aber auch andere Rechtsbeziehungen der Parteien geregelt hatte, für die es auf dessen Wirksamkeit und Inhalt ankam. – Für eine **selbständige Feststellungsklage** ist idR kein Raum,[224] weil der benachteiligte Ehegatte nicht gehindert ist, Leistungsklage zu erheben. Hierzu reicht die gerichtliche Geltendmachung *eines* Anspruchs aus; mit der Zwischenfeststellungsklage kann die Bindungswirkung auch für andere Ansprüche erreicht werden.

73 Für **gerichtliche Vergleiche** gilt: Soll ihre **Sittenwidrigkeit** geltend gemacht werden, muss der ursprüngliche Zahlungs- oder Abänderungsantrag im ehemaligen Verfahren weiterverfolgt werden, da dieses bei Sittenwidrigkeit nicht beendet ist. Dagegen ist die **missbräuchliche Rechtsausübung** in einem selbständigen Verfahren zu verfolgen. Zwar mag auch eine **prozessuale Verbindung** beider Rechtsbegehren dahin, dass die Fortführung des Ausgangsverfahren beantragt und hilfsweise Klage wegen unzulässiger Rechtsausübung erhoben wird, trotz Bedingungsfeindlichkeit möglich sein, weil es sich insoweit um eine innerprozessuale Bedingung handelt.[225] Praktisch wird dies zeitlich und hinsichtlich der Kosten nicht viel bringen, weil bei Nichtfortsetzung des Ausgangsverfahrens die Hilfsklage als Hauptklage abzutrennen und in einem neuen Verfahren zu behandeln ist.

74 **b) Klagenhäufung.** Sie ist für die Scheidungsfolgen Unterhalt und Güterrecht auch in einem selbständigen, von einem Scheidungsverfahren unabhängigen Verfahren ohne weiteres als **objektive** Klagenhäufung möglich (§ 260 ZPO). Da jedoch – Ausnahme: Verbund im Scheidungsverfahren – alle über die Klagenhäufung verbundenen Verfahren derselben Prozessart angehören müssen,[226] scheidet sie für den Versorgungsausgleich als FGG-Streitsache aus. Auch die entsprechende Anwendung der §§ 628 S. 2, 623 ZPO, § 137 Abs. 5 S. 1 Halbs. 2 FamFG (Restverbund nach Abtrennung mehrerer Scheidungsfolgesachen vom Scheidungsverfahren) und §§ 629 a Abs. 2 S. 3, 623 Abs. 1 ZPO, §§ 68 Abs. 3 S. 1, 137 Abs. 5 S. 1 Halbs. 2 FamFG (Restverbund im Rechtsmittelrechtszug) ist verwehrt, weil sich dieser Restverbund aus dem Scheidungsverbund ableitet mit dem Ziel, möglichst alle Scheidungsfolgen mitzuregeln.

75 **c) Darlegungs- und Beweislast.** Wegen der Privatautonomie obliegt die Darlegungs- und Beweislast für die Unwirksamkeit der Vereinbarung, ihre Anpassungsbedürftigkeit bzw. die Rechtsmissbräuchlichkeit der Berufung auf den Ehevertrag dem durch diesen benachteiligten Ehegatten, der sich im Prozess hierauf beruft.[227] Je nach dem Ausmaß der Einschränkungen der gesetzlichen Regelungen sind an den Vortrag des benachteiligten Ehegatten höhere oder geringere Anforderungen zu stellen, ohne dass allerdings wegen einer – nicht gegebenen[228] – widerlegbaren Vermutung für die Unwirksamkeit eine Umkehr der Beweislast anzunehmen ist.

III. Anwaltszwang

76 Ist der Unterhalt im **Verbund** mit dem Scheidungsverfahren geltend gemacht (§ 623 Abs. 1 S. 1 ZPO, § 137 Abs. 2 S. 1 Nr. 2 FamFG), besteht für beide Ehegatten (auch) zum Abschluss eines Prozessvergleichs Anwaltszwang (§ 78 Abs. 1 Nr. 1 ZPO), auch für die Schaffung eines Titels für den Fall einer einverständlichen Scheidung nach §§ 1566 Abs. 1, 127 a, § 630 ZPO.[229] Danach als Prozesshandlung unwirksame Vergleiche können bei entsprechendem mutmaßlichen Willen der Ehegatten als materiellrechtlicher Vertrag wirksam sein, wegen dem Erfordernis der notariellen Beurkundung allerdings nur, wenn diese Willenserklärungen nach Rechtskraft der Scheidung abgegeben wurden (S. 2 [UÄndG

[224] Ebenso OLG Frankfurt a. M. NJW-RR 2007, 289; *Gomille* NJW 2008, 274, 277; aA *Borth* FamRZ 2004, 609, 612; auch noch 4. Aufl. Ergänzungsband 2. Lfg. RdNr. 39 t.

[225] Dazu *Bergschneider* FamRZ 2007, 2081, 2082.

[226] BGH NJW 1978, 44.

[227] Zur Sittenwidrigkeit BGHZ 86, 82 = NJW 1983, 1851 = FamRZ 1983, 137, 140.

[228] *Schwab* DNotZ 2001, 9, 15 ff. und *Borth* FamRZ 2004, 609, 611 sprechen von einer widerlegbaren Vermutung dafür, dass in den Kernbereich der Scheidungsfolgen eingegriffen werde. Doch bedarf es hierzu keiner Vermutung, weil diese Beurteilung sich allein danach richtet, welche Scheidungsfolgen tatsächlich geregelt worden sind.

[229] Zum Ganzen *Schwab/Maurer/Borth* I RdNr. 118 ff. mN aus der Rspr.

2007]; dazu RdNr. 8). – Nach **§ 114 FamFG** besteht auch in selbständigen Unterhaltsstreitigkeiten bereits vor dem FamG Anwaltszwang.[230]

L. Übergangsrecht

Wurde die Ehe nach dem bis 30. 6. 1977 geltenden **EheG** geschieden, bleibt eine Unterhaltsvereinbarung unberührt (Art. 12 Nr. 3 Abs. 2 S. 2 1. EheRG). Ihre materiellrechtliche Zulässigkeit richtet sich, auch wenn in ihr noch weitere Scheidungsfolgen geregelt werden oder sie erst nach dem 30. 6. 1977 geschlossen wird, weiter nach § 72 EheG, Verfahren und Zuständigkeit nach neuem Recht. Auch die Übergangsregelung des UÄndG 1986 erfasst diese Altfälle nicht (Art. 6 Nr. 1 S. 4 Alt. 2 UÄndG 1986).[231] – Zum Ganzen auch Anhang zu § 1586 b RdNr. 7, 8. 77

Nach Art. 6 Nr. 1 UÄndG 1986 kann sich der Verpflichtete u. a. zur Abänderung einer Unterhaltsvereinbarung, auch wenn sie nicht vollstreckbar ist, auf Umstände, die vor Inkrafttreten des **UÄndG 1986** entstanden sind, nur berufen, soweit für ihn die Bindung an die Vereinbarung auch unter besonderer Berücksichtigung des Vertrauens des Berechtigten in die getroffene Regelung unzumutbar ist (S. 1). Auch wenn danach die Änderungen der §§ 1573, 1578[232] oder des § 1579[233] durch das UÄndG 1986 die Abänderung von Unterhaltsvereinbarungen eröffnen können, dürfte infolge des Unzumutbarkeitserfordernisses und weil die bisherige Fassung des § 1579 im Wesentlichen nur auf der Grundlage der Rspr. konkretisiert wurde, eine Abänderungsklage nur in seltenen **Ausnahmefällen** aussichtsreich sein.[234] – Für vor dem Inkrafttreten des **UÄndG 2007** am 1. 1. 2008 abgeschlossene Vereinbarungen gilt das bisherige Recht. Sie sind deshalb auch ohne **notarielle Beurkundung** weiter wirksam.[235] – S. i. Ü. die Erläuterungen im Anhang zu § 1586 b RdNr. 15, 16. 78

Zum **Einigungsvertrag** s. die Erläuterungen zu 4. Aufl. Art. 234 § 5 EGBGB RdNr. 20–26. 79

Kapitel 5. Ende des Unterhaltsanspruchs

§ 1586 Wiederverheiratung, Begründung einer Lebenspartnerschaft oder Tod des Berechtigten

(1) Der Unterhaltsanspruch erlischt mit der Wiederheirat, der Begründung einer Lebenspartnerschaft oder dem Tode des Berechtigten.

(2) [1] Ansprüche auf Erfüllung oder Schadensersatz wegen Nichterfüllung für die Vergangenheit bleiben bestehen. [2] Das Gleiche gilt für den Anspruch auf den zur Zeit der Wiederheirat, der Begründung einer Lebenspartnerschaft oder des Todes fälligen Monatsbetrag.

Schrifttum: *Hambitzer,* Die Bindungswirkung von Unterhaltsvereinbarungen gemäß § 1586 BGB gegenüber Erben, FamRZ 2001, 201; *Sarres,* Unterhaltspflichten und Erbfall – Sonderfall: Abfindungszahlung, FamRB 2002, 316; *Weber,* Unterhaltspflicht und Erbfall – die verkannte Brisanz von Abfindungszahlungen, FPR 2005, 294.

---

[230] BT-Drucks. 166308 S. 223 f.: „Das Unterhaltsverfahren soll wegen der erheblichen Auswirkungen und häufig existenziellen Folgen sowie der ständig zunehmenden Komplexität des materiellen Rechts nicht mehr allein durch die Beteiligten selbst geführt werden. Die Einführung des Zwangs zur anwaltlichen Vertretung bereits im erstinstanzlichen Verfahren dient auch dem Schutz des Beteiligten, insbesondere des Unterhaltsberechtigten, und zur Gewährleistung von Waffengleichheit."

[231] BT-Drucks. 10/2888 S. 38.

[232] Dazu BGH NJW-RR 1989, 898 = FamRZ 1989, 839, 840.

[233] Dazu BGH NJW-RR 1991, 514 = FamRZ 1991, 542, 543.

[234] *Jaeger* FamRZ 1986, 737, 752.

[235] BT-Drucks. 16/1830 S. 39; BT-Drucks. 16/6980 S. 9 f.

I. Normzweck

1 Der nacheheliche Unterhalt soll dem Berechtigten die Aufrechterhaltung eines den Lebensverhältnissen in der geschiedenen Ehe entsprechenden **Lebensstandards** ermöglichen (§ 1578 Abs. 1 S. 1). Mit dem **Tod** des Berechtigten entfällt dieser Zweck, weil der Unterhaltsanspruch höchstpersönlicher Natur ist. Mit einer **Wiederheirat**/Begründung einer **Lebenspartnerschaft** begibt sich der Berechtigte in andere, seine wirtschaftlichen Bedürfnisse prägenden Lebensverhältnisse und erhält zu deren Befriedigung einen Unterhaltsanspruch nach §§ 1360ff., 1361 gegen den neuen Ehegatten. Deshalb **erlischt** bei Wiederheirat und Tod des Berechtigten sein Anspruch auf nachehelichen Unterhalt (Abs. 1; vgl. §§ 67, 69 EheG). Beim Tod ist das Erlöschen endgültig, bei Wiederheirat/Lebenspartnerschaft ist ein **Wiederaufleben** des Unterhaltsanspruchs ausnahmsweise möglich (s. § 1586a). Die bei Wiederheirat/Lebenspartnerschaft oder Tod des Berechtigten bereits **bestehenden Ansprüche** bleiben unberührt (Abs. 2; dazu RdNr. 10). – Zum Verhältnis des nach Abs. 1 erloschenen zum nach § 1586a Abs. 1 wieder aufgelebten Unterhaltsanspruch s. § 1586a RdNr. 8.

II. Wiederheirat des Berechtigten

2 **1. Geltungsbereich. a) Ehe/Lebenspartnerschaft.** Der Unterhaltsanspruch erlischt bei **Wiederheirat** oder Begründung einer **Lebenspartnerschaft** (§ 16 Abs. 2 LPartG), nicht auch schon bei Eingehung einer **verfestigten Lebensgemeinschaft,**[1] selbst wenn eine Eheschließung absichtlich zur Erhaltung des Unterhaltsanspruchs unterlassen wird,[2] weil dem Berechtigten aus einer solchen zwar möglicherweise ein vertraglich geregelter, aber kein gesetzlicher Unterhaltsanspruch zuwächst (zur Ausnahme s. RdNr. 4). Die verfestigte Lebensgemeinschaft findet über §§ 1577, 1579 Nr. 2 Berücksichtigung (dazu § 1578 RdNr. 135–137, 157–161, § 1579 RdNr. 12–18).

3 **b) Unterhaltsrechtsverhältnis nach § 1615l.** Zwar hat die nichteheliche Elternschaft anders als Wiederheirat/Lebenspartnerschaft keine **statusrechtliche** Bedeutung im Verhältnis zwischen den Eltern, wohl aber in ihrem Verhältnis zum Kind. Dies und der Regelungszweck von Abs. 1 scheint es im Ergebnis mit dem BGH,[3] der der Verweisung in § 1615l Abs. 3 S. 1 auf die Vorschriften zum Verwandtenunterhalt und nicht auch auf den nachehelichen Unterhalt im vorliegenden Zusammenhang keine Bedeutung beimisst, zu rechtfertigen, den geschiedenen Ehegatten wegen der anderweitigen **wirtschaftlichen Ausrichtung** und **Absicherung** des Berechtigten entsprechend Abs. 1 zu entlasten. Dem steht jedoch Folgendes entgegen: Für das Verhältnis von Ansprüchen nach § 1570 und § 1615l geht der BGH davon aus, dass diese in analoger Anwendung von § 1606 Abs. 3 S. 1 nebeneinander stehen und die verschiedenen Verpflichteten anteilig haften.[4] Warum dies vorliegend nicht so sein soll, ist nicht ersichtlich. Aber selbst wenn man dieser Auffassung von der anteiligen Haftung nicht folgt,[5] ist keine Notwendigkeit für die entsprechende Anwendung von Abs. 1 ersichtlich: Lediglich für eine verfestigte Lebensgemeinschaft iSd. § 1579 Nr. 2 kann eine wirtschaftliche Neuausrichtung des Berechtigten und damit eine Vergleichbarkeit mit Wiederheirat/Lebenspartnerschaft angenommen werden, nicht jedoch dann, wenn eine solche nicht besteht. Die

---

[1] BGH NJW 1980, 124, 125 = FamRZ 1980, 40, 41; dazu auch *Bosch* FamRZ 1977, 569, 577 Fn. 108. Entsprechende Reformüberlegungen sind nicht Gesetz geworden, *Eyrich* FamRZ 1984, 941, 943f.

[2] AllgM, etwa *Johannsen/Henrich/Büttner* RdNr. 2.

[3] BGHZ 161, 124 = NJW 2005, 503 = FamRZ 2005, 347, 349f. m. Anm. – zust. – *Schilling* und – abl. – *Graba,* der gleichfalls einen Vergleich der Unterhaltsansprüche aus §§ 1615l, 1570 anstellt, aus ihm allerdings die entsprechende Anwendung von Abs. 1 herleitet; aA OLG Stuttgart NJW-RR 2002, 1441 = FamRZ 2003, 701, 702 (Vorinstanz zu BGH aaO), das aus der schwächeren Qualifikation des Unterhaltsanspruchs aus § 1615l gegenüber dem aus § 1570 allerdings den Ausschluss der entsprechenden Anwendung von § 1586 Abs. 1 folgert.

[4] BGH NJW 1998, 1309 = FamRZ 1998, 541, 543f.; NJW 2005, 502 = FamRZ 2005, 357, 358 m. Anm. *Schilling.*

[5] Ablehnend nach wie vor *Göppinger/Wax/Maurer* RdNr. 1275.

entsprechende Anwendung von Abs. 1 ist deshalb **abzulehnen;** der geschiedene Ehegatte hat den Unterhalt nach den ehelichen Lebensverhältnissen zu leisten, soweit seine Unterhaltspflicht nach den §§ 1569 ff. reicht, der nichteheliche Elternteil hat ggf. einen Mehrbedarf sowie jeden schwangerschafts- und geburtsbedingten Bedarf zu befriedigen.

c) Unterhaltsverträge. Die Vorschrift ist auch auf sie anwendbar, wenn und soweit sie den gesetzlichen Unterhaltsanspruch näher ausgestalten (s. § 1585 c RdNr. 16, 17), im Wege ergänzender Vertragsauslegung aber auch auf selbstständige vertragliche Vereinbarungen[6] (s. § 1585 c RdNr. 18–20). Ihre Geltung kann durch eine klare und eindeutige vertragliche Regelung[7] mit der Folge des Fortbestands der Unterhaltsverpflichtung **abbedungen** werden, insbesondere bei der Betreuung gemeinsamer Kinder durch den bedürftigen Ehegatten.[8] Eine solche Vereinbarung kann jedoch bei Verschweigen einer unmittelbar bevorstehenden Wiederverheiratung nach § 138 Abs. 1 nichtig oder nach § 123 anfechtbar sein (dazu § 1585 c RdNr. 24).[9] 4

2. Folgeehe. a) Wirksamkeit. Die neue Ehe muss nach dem nach Art. 13 EGBGB anwendbaren Kollisions- und Sachrecht (für das inländische Recht s. §§ 11 ff. EheG aF und §§ 1303 ff.) wirksam geschlossen worden sein. Auch sog. **hinkende Ehen** (dazu Art. 13 EGBGB RdNr. 31, 123, 124, 166–169) reichen aus, um Doppelversorgungen zu Lasten des Verpflichteten auszuschließen.[10] 5

b) Nichtigkeit. Die sich aus §§ 16–21 EheG aF ergebende Nichtigkeit der neuen Ehe kann nach § 23 EheG aF erst geltend gemacht werden, wenn sie durch rechtskräftiges gerichtliches Urteil festgestellt ist, sodass unterhaltsrechtliche Wirkungen nur für die Zukunft eintreten, weil vor Eintritt der Rechtskraft eine wirksame Inverzugsetzung (§ 1585 b Abs. 2) nicht möglich ist (dazu § 1585 b RdNr. 12). Unterhaltsrechtlich ist die Nichtigkeit aber nur dann beachtlich, wenn der aus der nichtigen Ehe unterhaltsverpflichtete Ehegatte seine Unterhaltsverpflichtung nach § 26 Abs. 2 S. 1 EheG aF wirksam ausgeschlossen hat. Treten dagegen nach § 26 Abs. 1 EheG aF die Folgen der Scheidung ein, kann der Unterhaltsanspruch nur nach § 1586 a wieder aufleben (allgM). – Das Rechtsinstitut der Ehenichtigkeit ist mit Wirkung ab 1. 7. 1998 durch Art. 14 Nr. 1 EheschlRG **abgeschafft** worden, gilt aber für bis zum 30. 6. 1998 abgeschlossene Eheverfahren fort. – Zu den unterhaltsrechtlichen Folgen der **Eheaufhebung** nach § 1318 s. § 1569 RdNr. 2 und § 1318 RdNr. 2–9. 6

3. Kapitalabfindung. Da die Umgestaltung der Rechtslage dahin, dass der Anspruch auf den laufenden Unterhalt erlischt und der auf die Kapitalabfindung nach **§ 1585 Abs. 2** fällig wird, bereits mit dem Zugang des Abfindungsverlangens beim Verpflichteten eintritt (dazu § 1585 RdNr. 13), kann die Wiederverheiratung den Abfindungsanspruch auch dann nicht zum Erlöschen bringen, wenn bei nachgelassenen Ratenzahlungen der Abfindungsbetrag noch nicht (vollständig) entrichtet[11] ist. Zu den Rechtsfolgen bei arglistigem Verhalten des Abfindungsgläubigers s. § 1585 RdNr. 14. 7

III. Tod des Berechtigten

1. Kapitalabfindung. War der Anspruch auf Abfindung (zu seiner Fälligkeit s. RdNr. 7) beim Tod des Berechtigten noch nicht (vollständig) erfüllt, steht er nunmehr dem **Erben** auch insoweit zu, als er infolge der Einräumung von Ratenzahlungen erst nach dem Tod des 8

---

[6] OLG Bamberg FamRZ 1999, 1278, 1279 (§ 1586 entsprechend); RGRK/*Cuny* RdNr. 10.

[7] OLG Bamberg FamRZ 1999, 1278.

[8] OLG Koblenz NJW-RR 2002, 797 = FamRZ 2002, 1040 f. (Verpflichtung zur Zahlung einer „Leibrente bis zu ihrem Tod").

[9] *Soergel/Häberle* RdNr. 2.

[10] RGRK/*Cuny* RdNr. 4.

[11] BGH NJW 2005, 3282 = FamRZ 2005, 1662, 1663 mwN; OLG Koblenz NJW-RR 2002, 797 = FamRZ 2002, 1040 ff.; OLG Frankfurt a. M. FamRZ 2005, 1253 (Vorinstanz zu BGH aaO); aA OLG Hamburg FamRZ 2002, 234, 235 f.; *Schwab/Borth* IV RdNr. 1199; *Soergel/Häberle* RdNr. 6; RGRK/*Cuny* RdNr. 7; *Johannsen/Henrich/Büttner* RdNr. 9; aA LG Verden NdsRpfl 1952, 10.

Berechtigten fällig wird. Dies gilt grundsätzlich auch für eine vertragliche Regelung der Abfindung, weil sie idR Ausdruck einer umfassenden Risikoabwägung ist.[12]

9 **2. Bestattungskosten. Sterbeversicherung.** Eine § 69 Abs. 2 EheG aF entsprechende Regelung, derzufolge der Verpflichtete auch die **Bestattungskosten,** die grundsätzlich dem Erben zur Last fallen (§ 1968), zu tragen hat, soweit dies der Billigkeit entspricht und sie nicht vom Erben zu erlangen sind, wurde bewusst nicht in § 1586 eingefügt,[13] weshalb eine entsprechende Anwendung von § 1615 Abs. 2 ausscheidet.[14] Auch die Beiträge für eine **Sterbeversicherung** hat der Verpflichtete nicht, auch nicht in entsprechender Anwendung von § 1578 Abs. 3 zum Vorsorgeunterhalt, zu tragen, weil solche Beiträge nicht zum Lebensbedarf gehören.[15]

IV. Ansprüche für die Vergangenheit

10 Die vor der Wiederheirat/Lebenspartnerschaft oder dem Tod des Berechtigten fällig gewordenen und rückständig gebliebenen Forderungen einschließlich solcher auf Schadensersatz wegen Nichterfüllung bleiben **bestehen** (Abs. 2 S. 1). Dies gilt auch für den Anspruch auf den zur Zeit der Wiederheirat/Lebenspartnerschaft oder des Todes fälligen Monatsbetrag (Abs. 2 S. 2).

V. Titulierte Unterhaltsansprüche

11 **1. Klageart.** Besteht ein Titel über den Unterhalt, ist der Eintritt der nach Abs. 1 beachtlichen Umstände nicht mit der Abänderungsklage geltend zu machen. Der Feststellung, dass eine Verpflichtung zur Zahlung von Unterhalt nicht mehr besteht, dient vielmehr die **Vollstreckungsgegenklage** nach § 767 ZPO, § 95 Abs. 1 Nr. 1 FamFG, weil mit der Wiederheirat/Lebenspartnerschaft der Unterhaltsanspruch jedenfalls vorübergehend endgültig erlischt.[16]

12 **2. Herausgabe des Titels.** Besteht zwischen den Parteien Einverständnis, dass die titulierten Ansprüche vollständig erfüllt und/oder entfallen sind, oder wurde dies auf eine Vollstreckungsgegenklage bzw. Abänderungsklage festgestellt, ist der Berechtigte entsprechend §§ 785, 797 zur Herausgabe des Titels an den Verpflichteten verpflichtet.[17]

§ 1586 a Wiederaufleben des Unterhaltsanspruchs

(1) Geht ein geschiedener Ehegatte eine neue Ehe oder Lebenspartnerschaft ein und wird die Ehe oder Lebenspartnerschaft wieder aufgelöst, so kann er von dem früheren Ehegatten Unterhalt nach § 1570 verlangen, wenn er ein Kind aus der früheren Ehe oder Lebenspartnerschaft zu pflegen oder zu erziehen hat.

(2) [1]Der Ehegatte der später aufgelösten Ehe haftet vor dem Ehegatten der früher aufgelösten Ehe. [2]Satz 1 findet auf Lebenspartnerschaften entsprechende Anwendung.

---

[12] BGH NJW 2005, 3282 = FamRZ 2005, 1662, 1663 mwN; OLG Frankfurt a. M. FamRZ 2005, 1253 (Vorinstanz zu BGH aaO); *Soergel/Häberle* RdNr. 7; RGRK/*Cuny* RdNr. 12; aA – zur Wiederheirat – OLG Hamburg FamRZ 2002, 234, 235 f. mwN auch zur abw. Auffassung.

[13] BT-Drucks. 7/650 S. 150.

[14] *Soergel/Häberle* RdNr. 8; RGRK/*Cuny* RdNr. 13; aA *Palandt/Brudermüller* RdNr. 1.

[15] HM, etwa *Soergel/Häberle* RdNr. 8; RGRK/*Cuny* RdNr. 13; anders BT-Drucks. 7/650 S. 150.

[16] Etwa OLG Naumburg FamRZ 2006, 1402; *Graba* RdNr. 161; *Johannsen/Henrich/Büttner* RdNr. 7.

[17] Dazu auch OLG Nürnberg FuR 1992, 303 (LS) (keine Prozesskostenhilfe für Klage auf Herausgabe eines Unterhaltstitels, wenn der Verpflichtete nach der Wiederheirat seine Unterhaltszahlungen eingestellt hat und der Berechtigte nicht aus dem Titel vollstreckt).

Übersicht

I. Normzweck

Dass der Anspruch auf nachehelichen Unterhalt mit der **Wiederheirat** endgültig erlischt 1 (§ 1586 Abs. 1), gilt nicht ausnahmslos (anders § 67 EheG): Bei Pflege und Erziehung gemeinsamer Kinder aus der früheren Ehe durch den geschiedenen Ehegatten lebt er als Anspruch auf **Betreuungsunterhalt** nach § 1570 wieder auf (Abs. 1), weil die gemeinsame Elternschaft die Verteilung der durch die Betreuung gemeinsamer Kinder entstehenden Kosten auch nach Auflösung der Folgeehe erfordert. Die Haftung des Ehegatten der geschiedenen Erstehe ist gegenüber der Haftung des Ehegatten aus der geschiedenen Folgeehe **subsidiär** (Abs. 2), weil die Lebensverhältnisse des geschiedenen Ehegatten idR durch die zuletzt aufgelöste Ehe stärker geprägt sind. – Die Vorschrift gilt bei Begründung einer **Lebenspartnerschaft** entsprechend (§ 16 Abs. 1 LPartG). Sie kann allerdings nur bei der Adoption von Kindern des einen durch den anderen Lebenspartner eingreifen (§ 9 Abs. 7 LPartG); gemeinsam können die Lebenspartner kein Kind adoptieren. – **Abs. 1 S. 2 aF,** wonach der geschiedene Ehegatte nach Beendigung der Kinderbetreuung auch Alters-, Krankheits-, Erwerbslosen- und Aufstockungsunterhalt (§§ 1571–1573, 1575) als Anschlussunterhalt verlangen konnte, wurde durch das **UÄndG 2007** (dazu Vor § 1569 RdNr. 1) aufgehoben (dazu RdNr. 9).

II. Wiederaufleben des Unterhaltsanspruchs

1. Voraussetzungen. a) Aufhebung der Ehe. Die Folgeehe muss **geschieden** oder 2 **aufgehoben** worden sein. Ob der Berechtigte die Aufhebbarkeit der Folgeehe gekannt hat (§ 1314 Abs. 1 iVm. §§ 1303, 1304, 1306, 1307, 1311, § 1314 Abs. 2 Nr. 1, 2 und 5[1] [bis 30. 6. 1998 §§ 30–32 EheG]) oder die Täuschung oder Drohung von ihm oder mit seinem Wissen verübt worden ist (§ 1314 Abs. 2 Nr. 3 und 4 [bis 30. 6. 1998 §§ 33 und 34 EheG]), ist für das Wiederaufleben grundsätzlich unerheblich. – Hat allerdings ein Ehegatte der bis 30. 6. 1998 aufgehobenen Folgeehe von seinem Recht aus § 37 Abs. 2 EheG Gebrauch gemacht oder hat der bedürftige Ehegatte gegen den Ehegatten der nach dem 1. 7. 1998 aufgehobenen Ehe keinen Unterhaltsanspruch, weil er die Aufhebbarkeit der Ehe gekannt oder bei ihrer Eingehung selbst getäuscht oder bedroht hat (§ 1318 Abs. 2 Nr. 1; bei beiderseitiger Kenntnis der Aufhebbarkeit wegen Verstoßes gegen §§ 1306, 1307 oder 1311 s. aber auch § 1318 Abs. 2 Nr. 2), kann dies nach § 1579 Nr. 4 zu berücksichtigen sein (dazu auch dort RdNr. 28–31).

b) Nichtigkeit der Ehe. Abs. 1 greift auch ein, wenn die Folgeehe bis 30. 6. 1998 **für** 3 **nichtig erklärt** wurde und die Scheidungsfolgen nach § 26 Abs. 1 EheG eintraten. Mit der Wirksamkeit einer Erklärung nach § 26 Abs. 2 EheG, durch die der Verpflichtete die Scheidungsfolgen für die Zukunft ausschließt, wird er jedoch unanwendbar; die unterhaltsrechtlichen Beziehungen zum geschiedenen Ehegatten aus der Erstehe werden so beurteilt,

[1] IdF von Art. 1 Nr. 2 EheschlG.

als sei die neue Ehe nicht geschlossen worden (allgM). – Zur Rechtslage ab **1. 7. 1998** s. RdNr. 2.

4 **c) Tod des neuen Ehegatten.** Nach dem Gesetzeswortlaut insbesondere von Abs. 2, der das Fortleben des Ehegatten aus der Folgeehe voraussetzt, ist davon auszugehen, dass lediglich die Rechtsfolgen der Auflösung der Ehe durch gerichtliches Urteil ausdrücklich geregelt werden.[2] Da im Falle des Todes des neuen Ehegatten aber dieselbe Bedürfnislage besteht, ist § 1586 a entsprechend anzuwenden.[3] Zur **Konkurrenz** der Haftung des geschiedenen Verpflichteten und der Erben s. § 1586 b RdNr. 2 aE.

5 **d) Betreuungsunterhalt.** Der Berechtigte muss ein Kind aus der früheren Ehe zu betreuen haben und es darf deshalb **keine Erwerbstätigkeit des Berechtigten erwartet** werden können (§ 1570). Der Verpflichtete muss nicht bereits zu einem früheren Zeitpunkt auf nachehelichen Unterhalt in Anspruch genommen worden sein oder hätte genommen werden können.[4] Der Anspruch **entsteht** mit Eintritt der Betreuungsbedürftigkeit des gemeinsamen Kindes, frühestens jedoch mit der Auflösung der Folgeehe (allgM).[5]

6 **e) Kinder aus verschiedenen Ehen.** Betreut der geschiedene Ehegatte Kinder sowohl aus der Erst- wie der Zweitehe und ist er lediglich durch Letztere an einer Erwerbstätigkeit gehindert, haftet für den Unterhalt nach § 1570 der Ehegatte der Zweitehe, weil die Kinder aus der Erstehe nicht kausal für die Bedürftigkeit des Berechtigten geworden sind.[6] Nach der Rspr. des BGH[7] zum Verhältnis nach § 1570 und nach § 1615 l haftender Verpflichteter, auf das er § 1606 Abs. 3 S. 1 entsprechend anwendet, kann davon ausgegangen werden, dass er dies im vorliegenden Fall wohl ebenso beurteilen würde. – Hindert erst die Betreuung von Kindern aus der Folgeehe neben der gemeinsamer Kinder die Aufnahme einer Erwerbstätigkeit, ohne dass bei der Betreuung von Kindern aus nur einer Ehe ein Unterhaltsanspruch nach § 1570 gegeben wäre, besteht wegen dem nach §§ 1570, 1586 a maßgeblichen Kindeswohl (s. auch § 1579) ein Unterhaltsanspruch gegen beide früheren Ehegatten jeweils in **voller Höhe,** nicht nur ein Teilanspruch.[8] Das Verhältnis dieser Ansprüche richtet sich im Innenverhältnis der Verpflichteten zueinander nach Abs. 2 (zum internen Ausgleich auch RdNr. 11, 12).

7 **2. Umfang des Anspruchs.** Er richtet sich nach § 1578, grundsätzlich mithin nach den **ehelichen Lebensverhältnissen der Vorehe.** Doch sind wirtschaftlich ungünstigere Verhältnisse in der **Folgeehe,** die die Lebenssituation des Berechtigten weit stärker oder infolge ihrer ggf. längeren Dauer nachhaltig geprägt haben (können), mit zu berücksichtigen.[9]

8 **3. Konkurrenz.** Zwischen dem ursprünglichen, durch die Schließung der Folgeehe nach § 1586 Abs. 1 erloschenen Unterhaltsanspruch aus der Vorehe und dem – wieder aufgelebten – nach Auflösung der Folgeehe besteht wegen einer möglichen abweichenden Bedarfsbestimmung nach § 1578 Abs. 1 (dazu RdNr. 7) und insbesondere wegen der Haftungsregelung in Abs. 2 (dazu RdNr. 10–12) **keine Identität.**[10] Deshalb entfaltet eine nach der Scheidung der ersten Ehe getroffene, den gesetzlichen Unterhaltsanspruch ausgestaltende **Vereinbarung,** die mit der Wiederheirat unwirksam wurde (dazu § 1586 RdNr. 4), ohne entsprechenden Parteiwillen nicht auch Wirkungen für die Zeit nach Scheidung der Folgeehe.[11]

---

[2] Insoweit aA OLG Saarbrücken FamRZ 1987, 1046.

[3] Im Ergebnis ebenso OLG Saarbrücken FamRZ 1987, 1046; *Soergel/Häberle* RdNr. 2; *Johannsen/Henrich/Büttner* RdNr. 1; *Gernhuber/Coester-Waltjen* § 30 RdNr. 191 Fn. 371; *Bosch* FamRZ 1980, 739, 746; aA *Dieckmann* FamRZ 1977, 161, 162.

[4] So jedoch BT-Drucks. 7/650 S. 151.

[5] S. auch OLG Bremen Beschl. v. 16. 8. 1988 – 5 WF 80/88, juris [2].

[6] *Soergel/Häberle* RdNr. 4; *Göppinger/Wax/Bäumel* RdNr. 1132; *Dieckmann* FamRZ 1977, 161, 167.

[7] BGH NJW 1998, 1309 = FamRZ 1998, 541 ff.

[8] AG Landstuhl NJW-RR 1994, 1352; aA *Soergel/Häberle* RdNr. 4; RGRK/*Cuny* RdNr. 7; *Göppinger/Wax/Bäumel* RdNr. 1132; *Schwab/Borth* IV RdNr. 1228; *Dieckmann* FamRZ 1977, 161, 167.

[9] *Göppinger/Wax/Bäumel* RdNr. 1132 aE; aA *Soergel/Häberle* RdNr. 5; RGRK/*Cuny* RdNr. 4. Offen gelassen von BGH NJW 1988, 557 = FamRZ 1988, 46 f.

[10] BGH NJW 1988, 557 = FamRZ 1988, 46 f.; OLG Karlsruhe NJW 1989, 969 = FamRZ 1989, 184, 185.

[11] Zum Ganzen BGH NJW 1988, 557 = FamRZ 1988, 46 f.; aA das der Entscheidung des BGH aaO vorausgehende Urteil des OLG Zweibrücken FamRZ 1986, 907, 908.

9 **4. Anschlussunterhalt. Abs. 1 S. 2 [1. EheRG]** gewährte einem geschiedenen Ehegatten nach Auflösung der Folgeehe und nach Erlöschen des Anspruchs auf Betreuungsunterhalt nach Beendigung der Betreuung gemeinsamer Kinder aus der Vorehe Alters-, Krankheits-, Erwerbslosen- und Aufstockungsunterhalt (§§ 1571–1573, 1575) als Anschlussunterhalt.[12] Der Reformgesetzgeber hat für diesen Anschlussunterhalt aufgrund der Folgeehe, mit der sich der Bedürftige aus der nachehelichen Solidarität nach der Vorehe gelöst hat, keine Rechtfertigung mehr gesehen[13] und S. 2 aF durch das **UÄndG 2007** mit Wirkung ab 1. 1. 2008 aufgehoben. Unterhaltsansprüche bestehen damit insoweit ggf. nur noch aus der Folgeehe. Dies ist gerechtfertigt, weil es nach Beendigung der Kinderbetreuung keinen Grund mehr gibt, den geschiedenen Ehegatten an den wirtschaftlichen Verhältnissen der Vorehe teilhaben zu lassen, nachdem er sich durch die Wiederheirat in andere wirtschaftliche Verhältnisse begeben hat.[14] Die Streichung von S. 2 aF dient damit unmittelbar der vom Reformgesetzgeber beabsichtigten Stärkung der Eigenverantwortlichkeit geschiedener Ehegatten. – Die Anpassung bis zum 31. 12. 2007 getroffener Regelungen des Anschlussunterhalts aufgrund von S. 2 aF an die ab 1. 1. 2008 bestehende Rechtslage kann mit der **Abänderungsklage** (§ 323 ZPO, §§ 238, 239 FamFG) betrieben werden. Allerdings mit der Einschränkung, dass die Änderung dem Abänderungsgegner „unter Berücksichtigung seines Vertrauens in die getroffene Regelung zumutbar" sein muss (§ 36 Nr. 1, 2 EGZPO, dazu Anhang zu § 1586 b RdNr. 30, 31).

III. Rang der Haftung

10 **1. Vorrangige Haftung.** Grundsätzlich haftet der Ehegatte der letzten aufgelösten Folgeehe vor dem oder den Ehegatten der zuvor aufgelösten Ehen. Es besteht also ein Vorrang der **Primäransprüche** vor den wiederaufgelebten Ansprüchen, gleich ob auch aus der Folgeehe Kinder hervorgegangen sind und ob der Ehegatte durch die Betreuung erstehelicher Kinder an der Aufnahme einer Erwerbstätigkeit gehindert wird.[15] Letzteres ist gerechtfertigt, weil der Ehegatte der aufgelösten Folgeehe „in diese Umstände" geheiratet hat und diese die Lebensbedingungen in der Folgeehe geprägt haben. – Die Entscheidung des BGH[16] zur anteiligen Haftung des ehelichen und des **nichtehelichen** Vaters für den Unterhalt der Mutter entsprechend § 1606 Abs. 3 S. 1 kann angesichts der ausdrücklichen Regelung in Abs. 2 auf den vorliegenden Sachverhalt nicht übertragen werden; doch hätte Abs. 2 dem BGH Gelegenheit geben können, seine Lösung anhand von Kausalitätsüberlegungen zu überdenken. – Als **Ausnahme** hiervon gebieten die Interessen der Kinder schon dann einen Anspruch gegen den Ehegatten aus der Erstehe, wenn der Anspruch aus der Folgeehe **nicht durchgesetzt** werden kann.[17] Da die ursprünglichen mit den wiederaufgelebten Unterhaltsansprüchen nicht identisch sind, erfasst eine **Vereinbarung** zu den Ersteren nicht auch die Letzteren.[18] **Verzichtet** der Ehegatte – auch nur teilweise – auf die Unterhaltsansprüche aus der Folgeehe und wird er dadurch bedürftig, kann er diesen Verzicht nicht dem Ehegatten der Erstehe, zu dessen Lasten er wirkt, wegen Sittenwidrigkeit nach § 138 Abs. 1 entgegenhalten (dazu § 1585 c RdNr. 37–41).

11 **2. Ausgleichsansprüche. a) Nachrangig Verpflichteter.** Zum Ausgleich der Leistungen eines nachrangigen Verpflichteten fehlt eine gesetzliche Regelung. Der BGH hat die

[12] Dazu OLG Bremen Beschl. v. 16. 8. 1998 – 5 WF 80/88, juris [2]; OLG Hamm FamRZ 2004, 1726, 1727; s. auch 4. Aufl. RdNr. 4.

[13] BT-Drucks. 16/1830 S. 22.

[14] Zum mangelnden Vertrauensschutz des geschiedenen Ehegatten s. auch BVerfG NJOZ 2007, 3656 = FamRZ 2007, 1630 f.: „Vor dem 1. 7. 1977 geschiedene Ehegatten, die noch zu Lebzeiten des früheren Ehepartners eine neue Ehe eingegangen sind, haben nach Auflösung der nachfolgenden Ehe keinen Anspruch auf Hinterbliebenenrente aus der Versicherung des vorletzten Ehegatten."

[15] Ebenso *Göppinger/Wax/Bäumel* RdNr. 1132; aA *Dieckmann* FamRZ 1977, 161, 166.

[16] BGH NJW 1998, 1309 = FamRZ 1998, 541, 543 f.; ebenso *Puls* FamRZ 1998, 865, 875.

[17] *Soergel/Häberle* RdNr. 7; aA *Gernhuber/Coester-Waltjen* § 30 RdNr. 191.

[18] BGH NJW 1988, 557 = FamRZ 1988, 46, 47.

Entschädigung des Ehegatten, der neben der Betreuung auch für den Barunterhalt eines Kindes aufgekommen ist, weil der andere Ehegatte diesen zwar geschuldet, aber nicht geleistet hat, auf einen **familienrechtlichen Ausgleichsanspruch** gestützt (dazu § 1606 RdNr. 43–49). In Anlehnung an diese Rechtsfigur und die Regelung in § 1607 Abs. 2 S. 2 steht dem nachrangig haftenden Ehegatten gegen den vorrangig haftenden ein Ausgleichsanspruch zu;[19] dieser braucht nicht den vollen geleisteten Betrag zu erreichen, sondern umfasst entsprechend §§ 426, 840 nur den Anteil, der unter Berücksichtigung aller Umstände, insbesondere der jeweiligen Betreuungspflichten und der Ehedauer, gerechtfertigt erscheint. – Da ein Unterhaltsanspruch grundsätzlich nur gegen den Ehegatten der aufgelösten **Folgeehe** besteht (dazu RdNr. 10), richten sich die maßgeblichen ehelichen Lebensverhältnisse nach dieser Ehe. Sie allein können deshalb auch der Maßstab für den Ausgleichsanspruch sein. Die Lebensverhältnisse in der Erstehe erlangen Bedeutung nur für den Kindesunterhalt. Wer jedoch **Teilansprüche** gegen die Ehegatten aus Erst- und Folgeehe bejaht (dazu Fn. 6), wird an die jeweiligen ehelichen Lebensverhältnisse anknüpfen müssen.

12 **b) Vorrangig Verpflichteter.** Der Ehegatte aus der aufgelösten Zweitehe haftet, besteht ein Unterhaltsanspruch nach § 1570 oder wegen der erstehelichen Kinder aus § 1576 (dazu § 1576 RdNr. 5), vorrangig auf den vollen Unterhalt, selbst wenn der andere Ehegatte (auch) Kinder aus der Erstehe betreut (dazu RdNr. 6). Deshalb stellt sich die Frage, ob und inwieweit er **Ausgleich** vom nachrangigen Verpflichteten dafür erlangen kann, dass er durch Unterhaltsleistungen an den Ehegatten dessen Betreuungsfähigkeit erhält.[20] Auch insoweit fehlt eine gesetzliche Regelung. Für eine Beteiligung des Ehegatten aus der Erstehe besteht kein unabweisbares Bedürfnis, denn es widerspricht nicht dem Gerechtigkeitsempfinden, allein den Ehegatten der aufgelösten Zweitehe die Betreuung der erstehelichen Kinder sicherstellen zu lassen, weil er auch dann voll für den Unterhalt haften würde, wenn nicht auch Kinder aus der Erstehe betreut werden müssten. Ihm steht deshalb kein **Ausgleichsanspruch** in Anlehnung an den familienrechtlichen Ausgleichsanspruch und die Regelung in § 1607 Abs. 2 S. 2 zu; bejaht man ihn doch, ist seine Höhe nach allen Umständen des Einzelfalles, insbesondere nach den jeweiligen Betreuungspflichten und der Ehedauer zu bemessen.

IV. Gerichtliche Feststellungen

13 **1. Erlöschen des Unterhaltsanspruchs.** Ohne dass die konkrete Inanspruchnahme des Ehegatten aus der Vorehe nach Abs. 1 droht, besteht für diesen kein schützenswertes Interesse an der gerichtlichen Feststellung (§ 256 Abs. 1 ZPO, § 113 Abs. 1 FamFG), der Unterhaltsanspruch gegen ihn sei ausgeschlossen und werde nicht wiederaufleben.[21] Soweit der geschiedene Ehegatte, etwa im Hinblick auf § 1579, Beweisschwierigkeiten befürchtet, kann er ein selbständiges Beweisverfahren nach § 485 ZPO, § 113 Abs. 1 FamFG betreiben, wenn der Berechtigte zustimmt oder das Untergehen eines Beweismittels oder eine Erschwerung seiner Benutzung zu befürchten ist.

14 **2. Haftungsrang.** Vor der Inanspruchnahme des Ehegatten aus der Vorehe muss der Berechtigte nicht erst ein Verfahren gegen den Ehegatten aus der aufgelösten Folgeehe führen. Der Rang seiner Haftung nach Abs. 2 kann im Verfahren gegen den Ehegatten aus der Erstehe **inzident** geprüft werden.[22]

---

[19] Ebenso AnwK-BGB/*Schnitzler* RdNr. 10; aA die wohl hM, etwa *Göppinger/Wax/Bäumel* RdNr. 1132 mwN.

[20] Für die, die Teilansprüche bejahen – etwa *Soergel/Häberle* RdNr. 4; RGRK/*Cuny* RdNr. 7; *Göppinger/Wax/Bäumel* RdNr. 1132; *Schwab/Borth* IV RdNr. 1228; *Dieckmann* FamRZ 1977, 161, 167 –, stellt sich diese Frage nicht.

[21] OLG Karlsruhe NJW-RR 1989, 969 = FamRZ 1989, 184, 185.

[22] BGH NJW 1988, 557 = FamRZ 1988, 46, 47; OLG Hamm FamRZ 1986, 364, 365.

§ 1586 b Kein Erlöschen bei Tod des Verpflichteten

(1) [1] Mit dem Tode des Verpflichteten geht die Unterhaltspflicht auf den Erben als Nachlassverbindlichkeit über. [2] Die Beschränkungen nach § 1581 fallen weg. [3] Der Erbe haftet jedoch nicht über einen Betrag hinaus, der dem Pflichtteil entspricht, welcher dem Berechtigten zustände, wenn die Ehe nicht geschieden worden wäre.

(2) Für die Berechnung des Pflichtteils bleiben Besonderheiten auf Grund des Güterstandes, in dem die geschiedenen Ehegatten gelebt haben, außer Betracht.

Schrifttum: *Bergschneider,* Der Tod des Unterhaltsverpflichteten. Praktische Anmerkungen zu § 1586 b BGB –, FamRZ 2003, 1049; *Bömelburg,* Das Schicksal von Unterhaltsansprüchen nach dem Tode des Unterhaltsschuldners unter Berücksichtigung der sich aus § 1586 b BGB ergebenden Besonderheiten, FF 2008, 144; *Bosch,* Die zweifache Rechtsposition der Geschiedenen-Witwe und der Einfluß des Unterhaltsverzichts auf Gewährung der Hinterbliebenenrente, FamRZ 1985, 288; *Dieckmann,* Zur Auswirkung eines Erb- oder Pflichtteilsverzichts auf die nachehelichen Unterhaltsansprüche eines (früheren) Ehegatten, NJW 1980, 2777; *ders.,* Pflichtteilsverzicht und nachehelicher Unterhalt, FamRZ 1992, 633; *ders.,* Kein nachehelicher Unterhaltsanspruch gegen den Erben nach Erb- oder Pflichtteilsverzicht, FamRZ 1999, 1029; *Frenz,* Zum Verhältnis von Pflichtteils- und Unterhaltsrecht bei Ehescheidung, MittRhNotK 1995, 227; *ders.,* Erbrechtliche Gestaltung und Unterhaltsansprüche, ZEV 1997, 450; *Grziwotz,* Pflichtteilsverzicht und nachehelicher Unterhalt, FamRZ 1991, 1258; *Henrich,* Zur Qualifikation von Unterhaltsansprüchen gegen den Nachlaß, FS Gernhuber, 1993, S. 667; *Kahlert,* § 1586 b BGB in der Rechtspraxis – Die passive Vererblichkeit des nachehelichen Unterhaltsanspruchs –, Diss. Münster 1997; *Pentz,* Nachehelicher Unterhalt trotz Pflichtteilsverzichts, FamRZ 1998, 1344; *Probst,* Konkurrenz zwischen Unterhaltsberechtigten und Pflichtteilsberechtigten? – Zur Reichweite der Unterhaltspflicht des Erben für den geschiedenen Ehegatten des Erblassers nach § 1586 b BGB, AcP 191 (1991), 138; *Reul,* Erbverzicht, Pflichtteilsverzicht, Zuwendungsverzicht, MittRhNotK 1997, 373; *Roessink,* Die passive Vererblichkeit des geschiedenen Ehegatten gemäß § 1586 b, Diss. Köln 1990; *dies.,* Zur Berechtigung der Erbenhaftung für den Geschiedenenunterhalt gemäß § 1586 b, FamRZ 1990, 924; *Schindler,* Probleme der Vererblichkeit der Unterhaltspflicht nach § 1586 b I S. 3 BGB, FamRZ 2004, 1527; *Schubel,* Ansprüche Unterhaltsberechtigter bei Tötung des Verpflichteten zwischen Delikts-, Familien- und Erbrecht, AcP 198 (1998), 1; *Strunz,* Konsequenzen des neuen Ehe- und Familienrechts für die Erbschaftssteuer, DVRdsch 1980, 88; *Sturm,* Pflichtteil und Unterhalt – Zur Unwirksamkeit drittbelastender Erbverzichts- und Pflichtteilsverzichtsvereinbarungen aus unterhaltsrechtlicher Sicht, Diss. FU Berlin 1995; s. auch Schrifttum Vor § 1569.

Übersicht

I. Normzweck

1 Der geschiedene Ehegatte ist weder als gesetzlicher Erbe noch als Pflichtteilsberechtigter am Nachlass des anderen beteiligt (vgl. § 1933). Weil die Fürsorge für den sozial Schwächeren, dessen Bedürftigkeit idR ehebedingt ist, als Nachwirkung der Ehe den Tod des Verpflichteten überdauert, **endet** die Unterhaltspflicht gegenüber einem geschiedenen Ehegatten nicht mit dem Tod des Verpflichteten (Abs. 1 S. 1). Die Haftung des Erben[1] unterliegt nicht den Beschränkungen des § 1581 (Abs. 1 S. 2), weil die Leistungsfähigkeit des Verpflichteten mit seinem Tod nicht mehr von Bedeutung ist und die Interessen der Erben und Pflichtteils-

[1] Der die Unterhaltsleistungen für den Berechtigten nicht über das Realsplitting als Sonderausgaben absetzen kann, BFHE 184, 499 = NJW 1998, 1584 = FamRZ 1998, 738 (LS).

berechtigten durch die Regelung des Abs. 1 S. 3 und die Möglichkeit, die Erbschaft auszuschlagen, gewahrt werden. Der Anspruch ist seiner Höhe nach durch den Wert des **fiktiven Pflichtteils** begrenzt (Abs. 1 S. 3);[2] der Güterstand, in dem die Ehegatten gelebt haben, ist ohne Bedeutung (Abs. 2), weil auch der Unterhaltsanspruch unabhängig von ihm ist.

II. Übergang der Unterhaltspflicht auf den Erben

2 **1. Übergang. a) Anwendungsbereich.** In seinem **persönlichen** Anwendungsbereich erfasst **Abs. 1 S. 1** alle Erben, gleich aus welchem Rechtsgrund sie in die Erbenstellung eingerückt sind, also sowohl gesetzliche wie testamentarische und Vertragserben. Auch geht die Unterhaltspflicht auf den **Erbes-Erben** über, um dem nicht erb- und pflichtteilsberechtigten Ehegatten bei fortdauernder Bedürftigkeit ohne Rücksicht auf die Zahl der Erbfälle den Zugriff auf den Nachlass des Verpflichteten zu erhalten.[3] Geregelt werden insbesondere auch die Fälle des Todes des unterhaltspflichtigen Ehegatten, wenn der überlebende Ehegatte vom Erbrecht wegen der Beantragung der Scheidung oder Aufhebung der Ehe durch den verstorbenen verpflichteten Ehegatten ausgeschlossen war (§ 1933 S. 3; dazu RdNr. 13).[4] – Ist Erbe ein selbst noch unterhaltsbedürftiges **Kind,** erlischt sein Anspruch auf eine künftige Unterhaltsrente grundsätzlich mit dem Tod des Verpflichteten (§ 1615 Abs. 1). Bei der Berechnung des Ehegattenunterhalts ist ein Unterhaltsanspruch des Kindes deshalb nicht mehr zu berücksichtigen. – **Sachlich** erfasst die Vorschrift alle Ansprüche nach §§ 1570 ff., auch den aus § 1576, soweit er nicht ohnehin nach Billigkeitsgesichtspunkten auf die Lebenszeit des Verpflichteten zu begrenzen ist. Die Höhe dieser übergegangenen Ansprüche richtet sich nach dem Bedarf (§ 1578; zur Fortschreibung der ehelichen Lebensverhältnisse s. dort RdNr. 13–41) und der Bedürftigkeit (§ 1577) des Berechtigten; zur Leistungsfähigkeit des Verpflichteten nach § 1581 s. S. 2 und dazu RdNr. 8. – Für **Vereinbarungen,** die, wovon mangels konkreter anderer Anhaltspunkte auszugehen ist (dazu § 1585 c RdNr. 5), die gesetzliche Unterhaltspflicht näher ausgestalten, gilt Abs. 1 unmittelbar. Auf ausschließlich vertragliche Unterhaltspflichten ist er dagegen nur dann entsprechend anzuwenden, wenn diese nach dem Willen der Vertragsschließenden über den Tod des Verpflichteten hinaus gelten sollten;[5] ist dies vereinbart und macht der Berechtigte die Nichtgeltung der Haftungsbeschränkung nach S. 3 geltend, ist er insoweit beweispflichtig. Dazu auch 4. Aufl. RdNr. 2. – Nicht erfasst werden der beim Tod des Verpflichteten bereits in einen Anspruch auf **Abfindung** in Kapital umgestaltete ehemalige Unterhaltsanspruch (§ 1585 Abs. 2)[6] sowie der Anspruch auf **rückständigen Unterhalt,**[7] die bereits gewöhnliche Nachlassverbindlichkeiten nach § 1967 sind. – Ausgeschlossen ist die Anwendung von § 1586 b, wenn der Berechtigte vorbehaltlos auf das gesetzliche Erbrecht (§ 2346 Abs. 1) oder den Pflichtteil (§ 2346 Abs. 2) **verzichtet** hat.[8] – Die unterhaltsrechtliche Haftung des **geschiedenen Ehegatten** des Berechtigten geht, betreut dieser noch gemeinsame Kinder, entsprechend § 1586 a der Haftung der Erben vor (dazu auch dort RdNr. 4).

3 **b) Umfang des Übergangs.** Die Unterhaltsverpflichtung geht in dem Umfang **unverändert** mit Einschränkungen lediglich für die Leistungsfähigkeit (Abs. 1 S. 3, dazu

[2] Die Beschränkung der Haftung durch den Erben nach Billigkeit (§ 70 Abs. 2 S. 2 EheG) wurde nicht übernommen, dazu BT-Drucks. 7/650 S. 152 f.

[3] Zu § 70 EheG BGH FamRZ 1985, 164, 165 f.; OLG Köln FamRZ 1983, 1036, 1037 f.

[4] AA scheinbar OLG Zweibrücken FamRZ 1997, 683.

[5] BGHZ 160, 186 = NJW 2004, 2896 = FamRZ 2004, 1546, 1547; OLG Düsseldorf FamRZ 2003, 42, 44. S. auch RGZ 162, 300 f.; OGHZ 1, 213 = NJW 1949, 144; OLG Köln NJW 1949, 145.

[6] *Göppinger/Wax/Bäumel* RdNr. 1060; *Schwab/Borth* IV RdNr. 1199; *Soergel/Häberle* RdNr. 6.

[7] *Göppinger/Wax/Bäumel* RdNr. 1060.

[8] HM, grundlegend *Dieckmann* NJW 1980, 2777, 2778; FamRZ 1992, 633; *Schwab/Borth* IV RdNr. 1235; RGRK/*Cuny* RdNr. 8; *Soergel/Häberle* RdNr. 1; *Palandt/Edenhofer* § 1933 RdNr. 8; s. auch § 1933 RdNr 16; aA für Pflichtteilsverzicht *Grziwotz* FamRZ 1991, 1258 f.; *Pentz* FamRZ 1998, 1344 ff.; *Palandt/Brudermüller* RdNr. 7.

RdNr. 9–11)[9] so auf den Erben über, wie er gegen den Erblasser bestanden hat. Daraus ergibt sich insbesondere:

- Mit dem Übergang der Unterhaltspflicht geht auch der ihr akzessorische **Auskunfts- und Beleganspruch** des Erblassers gegen den Berechtigten auf den **Erben** über, dem dadurch die Überprüfung der fortbestehenden Bedürftigkeit des Berechtigten ermöglicht wird (dazu § 1580 RdNr. 10).
- Dagegen ist der gegen den Erben gerichtete Auskunfts- und Beleganspruch des **Berechtigten** nicht gegenstandsgleich mit dem gegen den Erblasser gerichteten, weil sich die Anspruchsvoraussetzungen des Unterhaltsanspruchs geändert haben (zum Ganzen RdNr. 2). Doch ist auch insoweit die Auskunfts- und Belegpflicht der Unterhaltspflicht akzessorisch, sodass der Erbe dem Berechtigten die Ermittlung seines **Bedarfs** durch Erteilung von Auskünften zu den hierzu maßgeblichen Umständen ermöglichen muss. Zudem steht dem Berechtigten gegenüber dem Erben ein Auskunftsrecht über die Höhe des fiktiven **Pflichtteils** zu, nicht jedoch zum Einkommen des Erben, das für die Unterhaltspflicht unerheblich ist (dazu RdNr. 1). Obwohl die beschränkte Erbenhaftung als Einwendung (dazu RdNr. 7) im Rechtsstreit vom Erben darzulegen ist, ist dem Berechtigten doch die Kenntnis aller seinen Unterhaltsanspruch bestimmenden Umstände zu ermöglichen. 4
- Der Erbe kann sich wie der Erblasser oder auch erstmals auf **§ 1579,** insbesondere dessen Nr. 2, berufen und sich dabei auf neue oder weiter fortgeschrittene Umstände stützen. Tut er dies, ist weiter zu prüfen, ob und ggf. inwieweit bereits der Erblasser auf die Geltendmachung der Einwendung ausdrücklich oder auch konkludent verzichtet hat.[10] Der Erbe kann sich auch auf Umstände berufen, die ausschließlich sein Verhältnis zum Berechtigten und nicht auch das zum Erblasser betreffen.[11] 5

c) Kapitalabfindung. Da sich die Rechtsnatur des gesetzlichen Unterhaltsanspruchs durch den Übergang nicht ändert, kann auch vom Erben Abfindung in Kapital (§ 1585 Abs. 2) verlangt werden.[12] Die Prüfung der Billigkeit bezieht sich auf die Verhältnisse des oder der Erben.[13] 6

d) Rechtsnatur. Die Unterhaltspflicht des Erben ist eine **Nachlassverbindlichkeit,**[14] gegenüber der der Erbe seine Haftung nach den §§ 1975 ff., bei fortgesetzter Gütergemeinschaft nach § 1489 beschränken kann. Bei einer Mehrheit von Erben gelten §§ 2058 ff.[15] – Zur **Geltendmachung** der beschränkten Erbenhaftung im Rechtsstreit s. RdNr. 15. 7

2. Wegfall der Beschränkung des § 1581. Der Wegfall dieser Beschränkung trägt dem Umstand Rechnung, dass mit dem Tod des Verpflichteten sein angemessener Unterhalt nicht mehr gefährdet werden kann und zudem die übrigen Unterhaltsverpflichtungen erlöschen (vgl. §§ 1615 Abs. 1, 1360 a Abs. 3, 1361 Abs. 4 S. 4).[16] Der Berechtigte muss weiter bedürftig sein. Seine Bedürftigkeit kann sich aufgrund des Todes des Verpflichteten erworbener öffentlich-rechtlicher[17] oder privatrechtlicher Versorgungsansprüche mindern oder ganz entfallen.[18] Der Unterhaltsanspruch kann sich auch wegen der lediglich beschränkten Erben- 8

---

[9] BGHZ 157, 395 = NJW 2004, 1326 = FamRZ 2004, 614, 615 m. Anm. *Büttner.*

[10] Zum Ganzen BGH NJW-RR 2003, 505 = FamRZ 2003, 521; BGHZ 157, 395 = NJW 2004, 1326 = FamRZ 2004, 614, 615 m. Anm. *Büttner* (ebenso die Vorinstanz OLG Koblenz OLGR 2002, 11 = FamRZ 2002, 1038 (LS)); zur Fortsetzung der Unterhaltszahlungen durch den Erblasser trotz Kenntnis einer Lebensgemeinschaft des Berechtigten s. auch OLG Celle Urt. v. 21. 12. 2000 – 10 UF 122/00, juris [17].

[11] BGH NJW-RR 2003, 505 = FamRZ 2003, 521.

[12] HM, *Schwab/Borth* IV RdNr. 1233; *Soergel/Häberle* RdNr. 6; RGRK/*Cuny* RdNr. 5.

[13] *Soergel/Häberle* RdNr. 6; RGRK/*Cuny* RdNr. 5.

[14] Zu § 70 Abs. 2 S. 2 EheG im Nachlassvergleichsverfahren s. OLG Frankfurt a. M. FamRZ 1985, 938, 939.

[15] S. hierzu *Palandt/Edenhofer* Vor § 2058 RdNr. 1.

[16] Missverständlich BGHZ 153, 372 = NJW 2003, 1796 = FamRZ 2003, 848, 854 m. Anm. *Hoppenz.*

[17] Zur Aussetzung der Kürzung der beamtenrechtlichen Versorgung der Witwe des Verpflichteten nach § 57 Abs. 1 BeamtVG, wenn diese als Erbin des Verpflichteten dessen früherer Ehefrau nach § 1586 b Unterhalt zahlen muss, s. VGH Baden-Württemberg NJW 1989, 1876 = FamRZ 1990, 102, 203 f.

[18] *Göppinger/Wax/Bäumel* RdNr. 1063.

haftung nach S. 3 mindern (dazu RdNr. 9–11). Unerheblich ist dagegen der Wegfall des Einkommens des unterhaltspflichtigen Erblassers, weil der Unterhaltsanspruch nunmehr nach S. 2 gerade unabhängig vom Einkommen des Erblassers wie des Erben ist und sich seinem Umfang nach nur noch nach dem ehebedingten Bedarf des Berechtigten (§ 1578), dessen Bedürftigkeit (§ 1577) und dem Umfang seines fiktiven Pflichtteilsrechts richtet.[19]

9 **3. Haftungsbegrenzung. a) Rechtsnatur.** Die Haftungsbeschränkung ist nicht von Gesetzes wegen beachtlich, sondern erst nach Geltendmachung durch einseitige empfangsbedürftige **Willenserklärung** des Erben gegenüber dem Berechtigten. Sie kann mit für den Erben bindender Wirkung von den Ehegatten vertraglich abbedungen werden.[20] Die Geltendmachung ist eine von Amts wegen zu beachtende **Einwendung.**[21]

10 **b) Fiktiver Pflichtteil.** Die Haftung des oder der Erben ist der Höhe nach auf den fiktiven Pflichtteil begrenzt (anders § 70 Abs. 2 S. 2 EheG),[22] unabhängig davon, ob dem Berechtigten Unterhalt in voller Höhe oder nur beschränkt zusteht.[23] Der Wert des Pflichtteils richtet sich nach dem tatsächlichen Wert des Nachlasses im Zeitpunkt des Erbfalles (§ 1990).[24] Bei einer bewussten Kürzung des Nachlasses durch den Verpflichteten durch Weggabe von Vermögensgegenständen gilt § 2325 entsprechend, weil der Bedarf des Berechtigten durch die erbrechtlichen Ansprüche wie bei Fortbestand der Ehe sichergestellt werden soll.[25] Dies gilt auch für eine Schmälerung des fiktiven Pflichtteils durch Einsetzung des Erben als Bezugsberechtigten einer Lebensversicherung iSd. §§ 328, 330.[26] – Der (fiktiven) Pflichtteilsergänzung steht eine **Begrenzung** auf das, was dem selbst pflichtteilsberechtigten Erben zur Ergänzung seines Pflichtteils verbleiben muss, entgegen, weil § 2328 auf die Konkurrenz von Pflichtteilsberechtigten beschränkt und nicht auch auf das Verhältnis des Berechtigten als Nachlassgläubiger zum (abstrakt) pflichtteilsberechtigten Erben anwendbar ist.[27] – Dagegen findet § 2329, der im Gegensatz zu § 1586 b keine Nachlassverbindlichkeit begründet, keine Anwendung, weil der Berechtigte nicht pflichtteilsberechtigt ist und nur dem Erben ein Anspruch gegen den Beschenkten eingeräumt wird.[28] Der Berechtigte ist auf Ansprüche nach § 826 gegen den Nachlass, aus §§ 812, 138 gegen den begünstigten Dritten und nach dem Anfechtungsgesetz verwiesen.[29]

11 **c) Ermittlung der Pflichtteilsquote.** Einzubeziehen sind alle Abkömmlinge des Verpflichteten, auch nichtehelich geborene oder aus einer anderen Ehe stammende. Dagegen bleiben Ehegatten aus einer späteren Ehe unberücksichtigt (allgM); ebenso Ehegatten aus einer früheren Ehe, weil sie nur Unterhalt, nicht auch den Pflichtteil verlangen können.[30] Treffen die Unterhaltsansprüche der Ehegatten mehrerer aufgelöster Ehen aufeinander, ist die Haftungssumme für den Ehegatten aus einer früher aufgelösten Ehe stets größer als für

---

[19] *Wendl/Pauling* § 4 RdNr. 60; offen gelassen von BGH NJW 1994, 935 = FamRZ 1994, 228, 230; aA noch 3. Aufl. RdNr. 6.

[20] OLG Celle Urt. v. 21. 12. 2000 – 10 UF 122/00, juris [11].

[21] *Soergel/Häberle* RdNr. 9.

[22] OLG Bamberg FamRZ 1998, 832.

[23] *Dieckmann* FamRZ 1977, 161, 169.

[24] BT-Drucks. 7/650 S. 152.

[25] BGHZ 146, 114 = NJW 2001, 71 = FamRZ 2001, 282 mwN; BGHZ 153, 372 = NJW 2003, 1796 = FamRZ 2003, 848, 854 m. Anm. *Hoppenz*; NJW 2007, 3207 = FamRZ 2007, 1800, 1801 [16]; OLG Koblenz NJW 2003, 439 = FamRZ 2003, 261, 263; *Staudinger/Baumann* RdNr. 35; *Johannsen/Henrich/Büttner* RdNr. 8; aA OLG Celle OLGR 1995, 88, 90 mwN; AG Bottrop FamRZ 1989, 1009 f.; *Dieckmann* FamRZ 1977, 161, 170; RGRK/*Cuny* RdNr. 13 und noch 4. Aufl. RdNr. 10 (weil der Berechtigte nicht den Pflichtteil, sondern nur Unterhalt verlangen und sich der Erbe auf die Dürftigkeit des Nachlasses nach § 1990 berufen kann).

[26] AA OLG Celle OLGR 1995, 88, 89 f.

[27] BGH NJW 2007, 3207 = FamRZ 2007, 1800, 1801 f. [18] mwN.

[28] BGH NJW 2007, 3207 = FamRZ 2007, 1800, 1801 f. [18]; OLG Celle OLGR 1995, 88, 90; OLG Koblenz NJW 2003, 439 = FamRZ 2003, 261, 263 f. mwN.

[29] BGH NJW 2007, 3207 = FamRZ 2007, 1800, 1801 f. [18–21]; OLG Koblenz NJW 2003, 439 = FamRZ 2003, 261, 264.

[30] *Dieckmann* FamRZ 1977, 161, 170.

den Ehegatten aus der später aufgelösten, weil bei der Berechnung des Nachlasses nach § 2311 das vorab abzuziehen ist, was jenem zusteht.[31] Zu den Auswirkungen eines Erb- oder Pflichtteilsverzichts s. RdNr. 2 aE.

III. Güterstand und Pflichtteil

Der fiktive Pflichtteil ist **unabhängig vom Güterstand** zu bestimmen. Die Haftungsquote ist allein nach § 1931 Abs. 1 und 2 festzulegen, die für den überlebenden Ehegatten günstigeren Regelungen aus §§ 1371 Abs. 1, 1931 Abs. 4 sind nicht anwendbar. 12

Bsp.: Die Eheleute A und B werden geschieden, aus der Ehe sind keine Kinder hervorgegangen. A war B unterhaltspflichtig. A stirbt; er wird beerbt von seinen ihn überlebenden Eltern C und D. Der gesetzliche Erbteil für B würde $^1/_2$ betragen (§ 1931 Abs. 1), der fiktive Pflichtteil nach Abs. 1 S. 3 beläuft sich auf $^1/_4$. – Wie zuvor; doch hat A in zweiter Ehe E geheiratet, aus dieser Ehe ist das Kind F hervorgegangen. Der gesetzliche Erbteil von B würde $^1/_4$ betragen, der fiktive Pflichtteil beträgt $^1/_8$.

IV. Haftung des Erben

§§ 1569–1586 b werden durch **§ 1933 S. 3** ergänzt: Ist zwar ein Scheidungs- oder Eheaufhebungsverfahren anhängig, die Ehe aber noch nicht aufgelöst, stehen dem überlebenden Ehegatten Ansprüche auf Unterhalt nach den §§ 1569–1586 b zu, wenn er nach § 1933 S. 1 oder 2 vom Erbrecht nach dem verstorbenen Ehegatten ausgeschlossen ist, weil die Voraussetzungen für eine Auflösung der Ehe gegeben waren und dieser die Scheidung oder Aufhebung beantragt oder dem Scheidungsantrag des überlebenden, unterhaltsberechtigten Ehegatten zugestimmt hatte.[32] Denn der überlebende Ehegatte soll nicht schlechter stehen, als wenn die Ehe geschieden worden wäre (zu den Einzelheiten s. § 1933 RdNr. 5–12). 13

V. Verfahren

1. Zuständigkeit. Auch bei einem Rechtsstreit um nachehelichen Unterhalt gegen den Erben handelt es sich um eine **Familiensache** nach § 23 b Abs. 1 S. 2 Nr. 6 GVG, §§ 621 Abs. 1 Nr. 5 ZPO, §§ 112 Nr. 1, 231 Abs. 1 Nr. 2 FamFG, für die die FamG zuständig sind (dazu auch Vor § 1569 RdNr. 29).[33] 14

2. Geltendmachung der Haftungsbeschränkung. Besteht noch **kein** Titel, ist der Vorbehalt der beschränkten Erbenhaftung als Einwendung im Erkenntnisverfahren des Ausgangsrechtsstreit zu beachten (§ 780 ZPO, § 95 Abs. 1 Nr. 1 FamFG; dazu auch RdNr. 7). Die **Darlegungs-** und **Beweislast** liegt beim Erben.[34] – Die betragsmäßige Festlegung des **Haftungsumfanges** ist nicht Gegenstand des Unterhaltsrechtsstreits, weshalb in ihm nur die beschränkte Erbenhaftung samt dem fiktiven Pflichtteil festzustellen ist.[35] Der Berechtigte muss dann die beschränkte Erbenhaftung mit der Vollstreckungsabwehrklage (§§ 780, 785, 767 ZPO, § 95 Abs. 1 Nr. 1 FamFG) geltend machen.[36] Eine bereits während eines anhängigen Erkenntnisverfahrens mutmaßlich bestehende **Erschöpfung** des Haftungsbetrags muss der Erbe aber in den Unterhaltsrechtsstreit einführen, sodass dann ggf. auch die Haftungssumme in der Entscheidung festzulegen und die Klage abzuweisen[37] ist. – Wegen der Identität der gegen den Ehegatten und seine Erben gerichteten Unterhaltsansprüche kann der Berechtigte einen vor dem Tod des Verpflichteten erstrittenen Titel nach §§ 727, 15

---

[31] *Dieckmann* FamRZ 1977, 161, 169; anders BT-Drucks. 7/650 S. 153, wonach sich der Gesamtnachlass um die für den vorhergehenden Berechtigten zur Verfügung stehende Haftungsquote verringern soll.

[32] Für § 1586 b scheinbar aA OLG Zweibrücken FamRZ 1997, 683.

[33] AG Groß-Gerau MDR 1982, 502.

[34] KG FamRZ 2005, 1759, 1761.

[35] AA OLG Schleswig OLGR 1998, 282 (alternativ); wohl auch *Staudinger/Baumann* RdNr. 53.

[36] OLG Koblenz NJW 2003, 439 = FamRZ 2003, 261, 263.

[37] OLG Schleswig OLGR 1998, 282.

795 S. 1 ZPO, § 95 Abs. 1 Nr. 1 FamFG gegen den Erben **umschreiben** lassen.[38] Gegen eine nach § 727 ZPO, § 95 Abs. 1 Nr. 1 FamFG gegen den Erben erteilte vollstreckbare Ausfertigung kann dieser mit der Erinnerung nach § 732 ZPO, § 95 Abs. 1 Nr. 1 FamFG oder der Klage nach §§ 785, 781, 767 ZPO, § 95 Abs. 1 Nr. 1 FamFG vorgehen. Diese Umschreibungsbefugnis steht der Zulässigkeit einer erneuten Leistungsklage gegen den Erben entgegen, wenn nicht ausnahmsweise ein verständiger Grund für sie besteht, etwa weil mit einer Abänderungs- oder Vollstreckungsgegenklage des Erben zu rechnen ist.[39] – Der unterhaltspflichtige Erbe kann seine Haftungsbeschränkung aus § 1586 b Abs. 1 S. 3 mit der **Vollstreckungsgegenklage** (§ 767 ZPO, § 95 Abs. 1 Nr. 1 FamFG) gegen einen gegen den Erblasser oder den Erben[40] erstrittenen Titel geltend machen. – Die **Abänderungsklage** aus § 323 ZPO, §§ 238, 239 FamFG dient dem Erben dazu, die Veränderung der die Bedürftigkeit des Berechtigten bestimmenden Verhältnisse, etwa nach Bezug einer Geschiedenen-Witwenrente nach § 46 Abs. 3 SGB VI, durchzusetzen.[41] – Haben die Voraussetzungen des § 1579 bereits zum Zeitpunkt der letzten mündlichen Verhandlung im Ausgangsrechtsstreit vorgelegen, wurden sie jedoch nicht berücksichtigt, ist der Erbe mit ihnen präkludiert (§ 323 Abs. 2 ZPO, § 238 Abs. 3 FamFG).[42] Dies gilt sowohl für die Nicht-Darlegung der die Einwendung begründenden Umstände als auch für die Verneinung ihrer Voraussetzungen und für das Übergehen des Vortrags; dies ist im Rechtsmittelrechtszug des Ausgangsrechtstreits geltend zu machen.

Anhang zu § 1586 b: Übergangsrecht zum nachehelichen Unterhaltsrecht

Schrifttum: S. Vor § 1569.

Übersicht

[38] Ebenso BGH FamRZ 1985, 164, 165 (zu § 70 EheG); BGHZ 160, 186 = NJW 2004, 2896 = FamRZ 2004, 1546, 1547 f. m. Anm. *Bergschneider*; EzFamR BGB § 1586 b Nr. 6; OLG Frankfurt a. M. FF 2003, 68; OLG Koblenz FamRZ 2004, 557 f.; OLG Stuttgart FamRZ 2004, 1220, 1221; KG FamRZ 2005, 1759; *Dressler* NJW 2003, 2430; aA etwa OLG Oldenburg FamRZ 2004, 1220; *Johannsen/Henrich/Büttner* RdNr. 12; *Bergschneider* FamRZ 2003, 1049; *Büttner* FamRZ 2004, 616, 617.

[39] KG FamRZ 2005, 1759; AG Tempelhof-Kreuzberg FamRZ 2005, 914.

[40] Zu Letzterem aA *Staudinger/Baumann* RdNr. 54: Vollstreckungsklage *oder* Abänderungsklage.

[41] Dazu *Soergel/Häberle* RdNr. 9; *Bosch* FamRZ 1985, 388, 389 f.

[42] *Büttner* FamRZ 2004, 616, 617.

A. Vorbemerkung

Die Übergangsvorschriften regeln, welche Fassung des nachehelichen Unterhaltsrechts auf 1
Tatbestände anzuwenden ist, die ganz oder zum Teil vor dem Inkrafttreten der gesetzlichen Regelung begründet wurden. Sie sind zum Stichtag 1. 7. 1977 in Art. 12 Nr. 3 **1. EheRG,** zum Stichtag 1. 4. 1986 in Art. 6 Nr. 1 **UÄndG 1986** und hinsichtlich des nachehelichen Unterhalts nach Nichtigkeit oder Aufhebung der Ehe nach dem **EheschlG** um Stichtag 1. 7. 1998 in Art. 226 Abs. 2 und 3 EGBGB enthalten. – Seit Inkrafttreten des **Einigungsvertrags** am 3. 10. 1990 regelt Art. 234 §§ 1, 5 EGBGB (dazu dort 4. Aufl.) das Übergangsrecht für den nachehelichen Unterhalt. – Keine ausdrücklichen Übergangsregelungen enthalten das **KindUG** zum Stichtag 1. 7. 1998 (s. Art. 1 Nr. 2 KindUG) und das **UÄndG 2007** zum Stichtag 1. 1. 2008 (dazu § 36 EGZPO).

B. Erstes Gesetz zur Reform des Ehe- und Familienrechts

I. Texte[1]

1. Art. 12 Nr. 3 1. EheRG: Übergangs- und Schlußvorschriften 2

. . . .

(1) Für die Scheidung der Ehe und die Folgen der Scheidung gelten die Vorschriften dieses Gesetzes auch dann, wenn die Ehe vor seinem Inkrafttreten geschlossen worden ist.

(2) [1]Der Unterhaltsanspruch eines Ehegatten, dessen Ehe nach den bisher geltenden Vorschriften geschieden worden ist, bestimmt sich auch künftig nach bisherigem Recht. [2]Unterhaltsvereinbarungen bleiben unberührt.

(3) [1]Die §§ 1587 bis 1587 p des Bürgerlichen Gesetzbuchs in der Fassung von Artikel 1 Nr. 20 sind auf Ehen, die nach den bisher geltenden Vorschriften geschieden worden sind, nicht anzuwenden. [2]Das gleiche gilt für Ehen, die nach dem Inkrafttreten dieses Gesetzes geschieden werden, wenn der Ehegatte, der nach den Vorschriften dieses Gesetzes einen Ausgleichsanspruch hätte, von dem anderen vor Inkrafttreten dieses Gesetzes durch Übertragung von Vermögensgegenständen für künftige Unterhaltsansprüche endgültig abgefunden worden ist oder wenn die nach den Vorschriften dieses Gesetzes auszugleichenden Anwartschaften oder Aussichten auf eine Versorgung Gegenstand eines vor Inkrafttreten dieses Gesetzes abgeschlossenen Vertrages sind . . .

---

[1] Erstes Gesetz zur Reform des Ehe- und Familienrechts (1. EheRG) v.. 14. 6. 1976 (BGBl. I S. 1421).

3 **2. §§ 58–70, 72 EheG.** Nach Art. 12 Nr. 3 Abs. 2 1. EheRG bleiben in den Fällen, in denen die Ehe nach §§ 41 ff. EheG geschieden worden ist, auch künftig die §§ 58–70, 72 EheG wirksam. Sie lauten wie folgt:

§ 58 [Schuld des Mannes; Schuld der Frau]

(1) Der allein oder überwiegend für schuldig erklärte Mann hat der geschiedenen Frau den nach den Lebensverhältnissen der Ehegatten angemessenen Unterhalt zu gewähren, soweit die Einkünfte aus dem Vermögen der Frau und die Erträgnisse einer Erwerbstätigkeit nicht ausreichen.

(2) Die allein oder überwiegend für schuldig erklärte Frau hat dem geschiedenen Mann angemessenen Unterhalt zu gewähren, soweit er außerstande ist, sich selbst zu unterhalten.

§ 59 [Eigener Unterhalt, Kinder, neuer Ehegatte]

(1) [1] Würde der allein oder überwiegend für schuldig erklärte Ehegatte durch Gewährung des im § 58 bestimmten Unterhalts bei Berücksichtigung seiner sonstigen Verpflichtungen den eigenen angemessenen Unterhalt gefährden, so braucht er nur so viel zu leisten, als es mit Rücksicht auf die Bedürfnisse und die Vermögens- und Erwerbsverhältnisse der geschiedenen Ehegatten der Billigkeit entspricht. [2] Hat der Verpflichtete einem minderjährigen unverheirateten Kinde oder bei Wiederverheiratung dem neuen Ehegatten Unterhalt zu gewähren, so sind auch die Bedürfnisse und die wirtschaftlichen Verhältnisse dieser Personen zu berücksichtigen.

(2) Der Mann ist unter den Voraussetzungen des Abs. 1 von der Unterhaltspflicht ganz befreit, wenn die Frau den Unterhalt aus dem Stamm ihres Vermögens bestreiten kann.

§ 60 [Beiderseitige Schuld]

[1] Sind beide Ehegatten schuld an der Scheidung, trägt aber keiner die überwiegende Schuld, so kann dem Ehegatten, der sich selbst unterhalten kann, ein Beitrag zu seinem Unterhalt zugebilligt werden, wenn und soweit dies mit Rücksicht auf die Bedürfnisse und die Vermögens- und Erwerbsverhältnisse des anderen Ehegatten und der nach § 63 unterhaltspflichtigen Verwandten des Bedürftigen der Billigkeit entspricht. [2] Die Beitragspflicht kann zeitlich beschränkt werden; § 59 Abs. 1 Satz 2 findet entsprechende Anwendung.

§ 61 [Billigkeitsunterhalt bei Scheidung aus anderen Gründen]

(1) Ist die Ehe allein aus einem der in den §§ 44 bis 46 und 48 bezeichneten Gründe geschieden und enthält das Urteil einen Schuldausspruch, so finden die Vorschriften der §§ 58 und 59 entsprechende Anwendung.

(2) [1] Enthält das Urteil keinen Schuldausspruch, so hat der Ehegatte, der die Scheidung verlangt hat, dem anderen Unterhalt zu gewähren, wenn und soweit dies mit Rücksicht auf die Bedürfnisse und die Vermögens- und Einkommensverhältnisse der geschiedenen Ehegatten und der nach § 63 unterhaltspflichtigen Verwandten des Berechtigten der Billigkeit entspricht. [2] § 59 Abs. 1 Satz 2 und Absatz 2 finden entsprechende Anwendung.

§ 62 [Geldrente; Abfindung; Tode der Berechtigten]

(1) [1] Der Unterhalt ist durch Zahlung einer Geldrente zu gewähren. [2] Die Rente ist monatlich im voraus zu entrichten. [3] Der Verpflichtete hat Sicherheit zu leisten, wenn die Gefahr besteht, daß er sich seiner Unterhaltspflicht zu entziehen sucht. [4] Die Art der Sicherheitsleistung bestimmt sich nach den Umständen.

(2) Statt der Rente kann der Berechtigte eine Abfindung in Kapital verlangen, wenn ein wichtiger Grund vorliegt und der Verpflichtete dadurch nicht unbillig belastet wird.

(3) Der Verpflichtete schuldet den vollen Monatsbetrag auch dann, wenn der Berechtigte im Laufe des Monats stirbt.

§ 63 [Geschiedener Ehegatte und Verwandte]

(1) [1] Der unterhaltspflichtige geschiedene Ehegatte haftet vor den Verwandten des Berechtigten. [2] Soweit jedoch der Verpflichtete bei Berücksichtigung seiner sonstigen Verpflichtungen den eigenen angemessenen Unterhalt gefährden würde, haften die Verwandten vor dem geschiedenen Ehegatten. [3] Soweit einem geschiedenen Ehegatten ein Unterhaltsanspruch gegen den anderen Ehegatten nicht zusteht, haben die Verwandten des Berechtigten nach den allgemeinen Vorschriften über die Unterhaltspflicht den Unterhalt zu gewähren.

(2) [1] Die Verwandten haften auch, wenn die Rechtsverfolgung gegen den unterhaltspflichtigen Ehegatten im Inland ausgeschlossen oder erheblich erschwert ist. [2] In diesem Falle geht der Anspruch gegen den Ehegatten auf den Verwandten über, der den Unterhalt gewährt hat. [3] Der Übergang kann nicht zum Nachteil des Unterhaltsberechtigten geltend gemacht werden.

§ 64 [Unterhalt für die Vergangenheit]

Für die Vergangenheit kann der Berechtigte Erfüllung oder Schadenersatz wegen Nichterfüllung erst von der Zeit an fordern, in der der Unterhaltspflichtige in Verzug gekommen oder der Unterhaltsanspruch rechtshängig geworden ist, für eine länger als ein Jahr vor der Rechtshängigkeit liegende Zeit jedoch noch, soweit anzunehmen ist, daß der Verpflichtete sich der Leistung absichtlich entzogen hat.

§ 65 [Selbstverschuldete Bedürftigkeit]

(1) Ein Unterhaltsberechtigter, der infolge sittlichen Verschuldens bedürftig ist, kann nur den notdürftigen Unterhalt verlangen.

(2) Ein Mehrbedarf, der durch grobes Verschulden des Berechtigten herbeigeführt ist, begründet keinen Anspruch auf erhöhten Unterhalt.

§ 66 [Verwirkung]

Der Berechtigte verwirkt den Unterhaltsanspruch, wenn er sich nach der Scheidung einer schweren Verfehlung gegen den Verpflichteten schuldig macht oder gegen dessen Willen einen ehrlosen oder unsittlichen Lebenswandel führt.

§ 67 [Wiederverheiratung des Berechtigten]

Die Unterhaltspflicht erlischt mit der Wiederverheiratung des Berechtigten.

§ 68 [Wiederverheiratung des Verpflichteten]

Bei Wiederverheiratung des Verpflichteten finden die Vorschriften des § 1604 des Bürgerlichen Gesetzbuchs über den Einfluß des Güterstandes auf die Unterhaltspflicht entsprechende Anwendung.

§ 69 [Tod des Berechtigten]

(1) [1] Der Unterhaltsanspruch erlischt mit dem Tode des Berechtigten. [2] Nur soweit er auf Erfüllung oder Schadenersatz wegen Nichterfüllung für die Vergangenheit gerichtet ist oder sich auf Beträge bezieht, die beim Tode des Berechtigten fällig sind, bleibt er auch nachher bestehen.

(2) Der Verpflichtete hat die Bestattungskosten zu tragen, soweit dies der Billigkeit entspricht und die Kosten nicht von den Erben zu erlangen sind.

§ 70 [Tod des Verpflichteten]

(1) Mit dem Tode des Verpflichteten geht die Unterhaltspflicht auf die Erben als Nachlaßverbindlichkeit über.

(2) [1] Der Erbe haftet ohne die Beschränkung des § 59. [2] Der Berechtigte muß sich jedoch die Herabsetzung der Rente auf einen Betrag gefallen lassen, der bei Berücksichtigung der Verhältnisse des Erben und der Ertragsfähigkeit des Nachlasses der Billigkeit entspricht.

(3) Eine nach § 60 einem Ehegatten auferlegte Beitragspflicht erlischt mit dem Tode des Verpflichteten.

§ 72 [Unterhaltsverträge]

[1] Die Ehegatten können über die Unterhaltspflicht für die Zeit nach der Scheidung der Ehe Vereinbarungen treffen. [2] Ist eine Vereinbarung dieser Art vor Rechtskraft des Scheidungsurteils getroffen worden, so ist sie nicht schon deshalb nichtig, weil sie die Scheidung erleichtert oder ermöglicht hat. [3] Sie ist jedoch nichtig, wenn die Ehegatten im Zusammenhang mit der Vereinbarung einen nicht oder nicht mehr bestehenden Scheidungsgrund geltend gemacht hatten, oder wenn sich anderweitig aus dem Inhalt der Vereinbarung oder aus sonstigen Umständen des Falles ergibt, daß sie den guten Sitten widerspricht.

II. Verfassungsrechtliche Konformität

4 Nach Art. 12 Nr. 3 1. EheRG, der vom UÄndG 1986 (Art. 6 Nr. 1 S. 4 UÄndG 1986) und auch vom UÄndG 2007 (§ 36 Nr. 7 EGZPO) nicht angetastet wurde, gilt das neue Unterhaltsrecht der §§ 1569 ff. auch für Ehen, die vor dem 1. 7. 1977 geschlossen wurden. Diese Vorschrift ist mit dem GG vereinbar,[2] auch wenn zum maßgeblichen Zeitpunkt am 1. 7. 1977 schon ein Scheidungsverfahren anhängig war.[3]

III. Fortgeltung der Unterhaltsregelung nach dem EheG

5 Ist eine Ehe vor Inkrafttreten des 1. EheRG geschieden worden, verbleibt es nach Art. 12 Nr. 3 Abs. 2 S. 1 unabhängig davon bei der **bisherigen** Unterhaltsregelung, dass sie nach inländischem **Sachrecht** geschieden wurde.[4] Mit der Verweisung auf das bisherige Recht – nicht auf die bisherigen Vorschriften – sollte erreicht werden, dass die nach ihrem Wortlaut mit Art. 3 Abs. 2 GG nicht vereinbare Regelung in § 58 EheG entsprechend der bisherigen hM verfassungskonform **geschlechtsneutral** ausgelegt werden kann.[5] Dies erfordert folgende textliche Korrekturen: Die Unterhaltspflicht beider Ehegatten richtet sich nach § 58 Abs. 1 EheG,[6] Abs. 2 ist nicht mehr anzuwenden; § 59 Abs. 2 EheG regelt die Vermögensverwertung für beide Ehegatten. Dies gilt auch, soweit auf §§ 58,[7] 59 Abs. 2 EheG verwiesen wird (s. § 61 Abs. 1 EheG). Allerdings ist die **Differenz-/Additionsmethode** einschließlich des Rechtsgedankens der **Surrogation** anzuwenden.[8]

6 Die Vorschriften des EheG gelten in dieser verfassungskonformen Auslegung für den nachehelichen Unterhalt **ausnahmslos.** Insbesondere ist unerheblich, wenn die **Bedürftigkeit** erst nach dem 1. 7. 1977 eingetreten ist.[9] Es besteht kein Anspruch auf **Alters-, Krankheits- und Pflegevorsorgeunterhalt.**[10] Der **allein** oder **überwiegend schuldig geschiedene Ehegatte** erhält keinen Unterhaltsanspruch, auch wenn ihm Unterhalt nach den §§ 1570 ff. zustünde.[11] Sein **Auskunftsanspruch** ergibt sich aus § 242, nicht aus § 1580.[12] Seinem Unterhaltsanspruch kommt kein Vorrang nach § 1582 vor den Ansprüchen eines neuen Ehegatten zu, vielmehr besteht **Gleichrang.**[13] Neben § 66

[2] BVerfGE 47, 95 = NJW 1978, 629 = FamRZ 1978, 173, 176 f.
[3] BVerfGE 57, 361 = NJW 1981, 1771 = FamRZ 1981, 745, 751.
[4] BGHZ 85, 16 = NJW 1983, 279 = FamRZ 1982, 1189, 1191; OLG Nürnberg FuR 1998, 415.
[5] BGH NJW 1979, 1985 = FamRZ 1979, 692.
[6] Vgl. den Hinweis in der 1. Aufl. § 1577 RdNr. 2 über den damaligen Sach- und Streitstand.
[7] Dazu OLG Düsseldorf FamRZ 1999, 1279.
[8] BGH NJW 2006, 1201 = FamRZ 2006, 317, 318 ff. m. Am. *Hoppenz* FamRZ 2006, 611.
[9] OLG Köln FamRZ 1982, 493, 494 f.
[10] OLG Bamberg NJW-RR 1990, 74 = FamRZ 1990, 172, 173.
[11] Vgl. BT-Drucks. 7/650 S. 233.
[12] OLG Düsseldorf FamRZ 1981, 270, 274.
[13] So auch der BGH in einer nicht veröffentlichten Entscheidung vom 27. 6. 1984 (vgl. *Lohmann* 5. Aufl. S. 119); OLG Düsseldorf FamRZ 1980, 1013, 1014; FamRZ 1986, 471; FamRZ 1991, 456; OLG Köln FamRZ 1983, 508; OLG München FamRZ 1989, 1309, 1310.

EheG[14] ist weder § 1578 Abs. 1 S. 2 (jetzt: § 1578 b)[15] noch die **negative Härteklausel** des § 1579 anwendbar,[16] für die Anwendung des § 242 ist kein Raum.[17] Die **Haftungsbeschränkung** des Erben auf den Pflichtteil nach Versterben des Unterhaltsschuldners (§ 1586 b Abs. 1 S. 3) greift nicht ein.[18]

IV. Fortgeltung von Unterhaltsvereinbarungen

Die Regelung in Art. 12 Nr. 3 Abs. 2 S. 2 dient nur der **Klarstellung.** Danach kann sich kein 7
geschiedener Ehegatte, der sich nach bisherigem Recht zu einer Unterhaltszahlung verpflichtet hatte, nach dem 1. 7. 1977 darauf berufen, nach Inkrafttreten des neuen Rechts sei die Geschäftsgrundlage für die Vereinbarung entfallen.[19] Nicht ausgeschlossen ist aber die Berufung auf die Änderung der Geschäftsgrundlage aus anderen Gründen.[20] Die in einer außergerichtlichen Vereinbarung getroffene Regelung, wonach die **Wiederverheiratung** des Unterhaltsschuldners auf die festgesetzte Unterhaltsrente ohne Einfluss sein soll, ist idR auch dann nicht zu beanstanden, wenn der Unterhaltsschuldner durch das Festhalten an dieser Vereinbarung in wirtschaftliche Not geraten würde, weil er auch seiner neuen Ehefrau unterhaltspflichtig ist.[21]

V. Auswirkungen von Unterhaltsvereinbarungen auf den Versorgungsausgleich

Systematisch gehört Art. 12 Nr. 3 Abs. 3 zwar nicht zum Recht des nachehelichen 8
Unterhalts, sondern zum Versorgungsausgleich. Doch begründet er uU den **Ausschluss des Versorgungsausgleichs** aufgrund von Vereinbarungen über den nachehelichen Unterhalt, in deren Rahmen zugleich Vermögensgegenstände übertragen wurden, auch wenn sie vor dem 1. 7. 1977 abgeschlossen wurden. – Zum Verhältnis des nachehelichen Unterhalts zum Versorgungsausgleich s. Vor § 1569 RdNr. 9 ff., zu auf den Ausschluss des Versorgungsausgleichs gerichteten Verträgen s. die Erläuterungen zu § 1408 und § 1587 o (dazu auch §§ 6–8 VersAusglG).

C. Gesetz zur Änderung unterhaltsrechtlicher, verfahrensrechtlicher und anderer Vorschriften (UÄndG)[22]

I. Text des Art. 6 Nr. 1 UÄndG 1986

[1] Ist über den Unterhaltsanspruch vor dem Inkrafttreten dieses Gesetzes rechts- 9
kräftig entschieden, ein vollstreckbarer Schuldtitel errichtet oder eine Unterhaltsvereinbarung getroffen worden, so kann sich der Unterhaltspflichtige auf Umstände, die vor dem Inkrafttreten dieses Gesetzes entstanden sind, nur berufen, soweit die Aufrechterhaltung des Titels oder die Bindung an die Vereinbarung auch unter besonde-

---

[14] Dazu OLG Karlsruhe FamRZ 1998, 831, 832; NJWE-FER 1999, 172 = FamRZ 1999, 1141.

[15] OLG Zweibrücken NJWE-FER 1998, 243 = FamRZ 1999, 1140.

[16] BGH FamRZ 1979, 470; NJW-RR 1986, 71 = FamRZ 1985, 1016 (§ 1579 Nr. 1); NJW-RR 1991, 899 = FamRZ 1991, 1040, 1041 (Nr. 7 aF: Eine nichteheliche Lebensgemeinschaft ist nicht mit einer neuen Ehe, § 67 EheG, gleichzusetzen); aA für einen Unterhaltsanspruch aus § 60 EheG aF nach Scheidung der Ehe aus beiderseitigem Verschulden AG München FamRZ 1995, 1491.

[17] Vgl. BGH NJW-RR 1986, 71 = FamRZ 1985, 1016; NJW-RR 1991, 388 = FamRZ 1991, 673, 674 (Ehedauer 7 Jahre; Dauer der nichtehelichen Lebensgemeinschaft 13 Jahre); OLG Zweibrücken NJWE-FER 1999, 243 = FamRZ 1999, 1140; OLG Hamburg FamRZ 2002, 101; anders für einen Unterhaltsanspruch nach § 61 Abs. 2 EheG AG Blomberg FamRZ 1999, 1140, 1141.

[18] OLG Bamberg FamRZ 1998, 832.

[19] BT-Drucks. 7/650 S. 233.

[20] S. dazu OLG Bamberg FamRZ 1998, 830 f.: Vereinbarung der Unterhaltspflicht ohne Rücksicht auf die Leistungsfähigkeit.

[21] AA OLG Karlsruhe FamRZ 1990, 521.

[22] V. 20. 2. 1986 (BGBl. I S. 301).

rer Berücksichtigung des Vertrauens des Berechtigten in die getroffene Regelung für den Verpflichteten unzumutbar ist. [2] § 323 Abs. 1, 3 und 4 der Zivilprozeßordnung ist entsprechend anzuwenden. [3] Wurde im Zusammenhang mit der Scheidung außer dem Unterhalt auch anderes durch Vereinbarung geregelt, so kann sich der Unterhaltspflichtige auf Umstände im Sinne des Satzes 1 nicht berufen, es sei denn, daß die Regelung im übrigen auch ohne die Regelung über den Unterhalt getroffen worden wäre. [4] Unterhaltsleistungen, die vor dem Inkrafttreten dieses Gesetzes fällig geworden sind oder den Unterhalt für die Ehegatten betreffen, die nach dem bis zum 30. Juni 1977 geltenden Recht geschieden worden sind, bleiben unberührt.

II. Normzweck

10 Aus Gründen der Gerechtigkeit[23] reichen unterhaltsrechtliche Gesetzesänderungen grundsätzlich auch in die **Vergangenheit** (anders allerdings das 1. EheRG, dazu RdNr. 5, 6).[24] Aus Gründen des **Vertrauensschutzes** wurde dieser Grundsatz im Interesse des Unterhaltsgläubigers allerdings stark eingeschränkt.[25]

III. Systematik der Norm

11 Ausdrücklich geregelt werden in S. 1–3 nur die Fälle, in denen bei Inkrafttreten des UÄndG 1986 am 1. 4. 1986 bereits eine **Regelung** des Trennungs- oder des nachehelichen Unterhalts vorgelegen hat, entweder als vollstreckbarer Titel oder auch als nicht vollstreckbare Vereinbarung. Nur insoweit bestand aus Gründen des Vertrauensschutzes auch ein Regelungsbedürfnis, weil sich, war der Unterhaltsanspruch **nicht geregelt,** ein Vertrauen auf den Fortbestand einer Regelung nicht bilden konnte. Für diese Fälle stellt **S. 4** klar, was kraft allgemeiner Grundsätze ohnehin gilt: Auf vor dem 1. 4. 1986 fällig gewordene Unterhaltsansprüche ist das bis dahin geltende Recht anzuwenden.[26]

Bsp.: Entsteht ein Unterhaltsanspruch aus § 1573 Abs. 4 erstmals nach dem 31. 3. 1986, weil die Erwerbstätigkeit nicht nachhaltig gesichert war, und war der nacheheliche Unterhalt nicht geregelt, auch nicht durch eine Vereinbarung nach § 1585 c, so kommt auf diesen Anspruch das neue Recht uneingeschränkt zur Anwendung. Wäre der Unterhaltsanspruch bereits vor dem 1. 4. 1986 entstanden, wäre auf ihn das bis dahin geltende materielle Recht anzuwenden (S. 4).

IV. Satz 1

12 **1. Sachlicher Anwendungsbereich.** Die Übergangsregelung ist auf alle Ansprüche anzuwenden, die **ab Inkrafttreten** der Neuregelung entstehen, auch wenn die Ehe vor dem 1. 4. 1986 geschieden worden ist. Erfasst werden alle zwischen dem 1. 7. 1977 und dem 31. 3. 1986 errichtete **Titel** über Trennungs- (s. § 1361 Abs. 3) oder nachehelichen Unterhalt einschließlich nicht formbedürftiger **Vereinbarungen; Urteile** allerdings nur, wenn sie auch rechtskräftig geworden sind, ansonsten ein der gesetzlichen Neuregelung entsprechendes Ergebnis durch die Einlegung von Rechtsmitteln erreicht werden konnte.

13 **2. Ausnahmecharakter.** Das neue Recht kommt nur ausnahmsweise dann zur Anwendung, wenn der Unterhalt bereits geregelt war.[27] Der Unterhaltsschuldner kann sich nämlich

---

[23] BT-Drucks. 10/2888 S. 38.

[24] RGZ 166, 303 und dazu *Diederichsen* NJW 1986, 1462, 1467.

[25] BT-Drucks. 10/2888 S. 38. *Diederichsen* NJW 1986, 1462, 1470 meint, es sei der Schutz der FamG vor einer zu starken Belastung bezweckt worden.

[26] BGH NJW 1987, 897 = FamRZ 1987, 266, 268; NJW 1987, 893 = FamRZ 1987, 356, 357 mwN; NJW 1988, 2376 = FamRZ 1988, 259, 260; s. auch KG FamRZ 1987, 181; OLG Hamm FamRZ 1987, 707; BT-Drucks. 10/2888 S. 39. Zur Anwendung des neuen Rechts, wenn und soweit das alte Recht nicht verfassungsgemäß war, s. BGH NJW-RR 1988, 70 = FamRZ 1987, 1238.

[27] Der Ausnahmecharakter wird von *Jaeger* FamRZ 1986, 737, 747 betont.

auf vor Inkrafttreten des UÄndG 1986 entstandene Umstände nur berufen, soweit die Aufrechterhaltung des Titels oder die Bindung an die Vereinbarung unter besonderer Berücksichtigung des Vertrauens des Unterhaltsgläubigers in die getroffene Regelung unzumutbar ist, sodass die Unzumutbarkeit für den Unterhaltsschuldner gegen das Vertrauen des Unterhaltsgläubigers auf den Fortbestand der Regelung abgewogen werden muss (dazu RdNr. 17 ff.). – **Unzumutbarkeit** ist vornehmlich wirtschaftlich zu verstehen,[28] weil das Vertrauen des Unterhaltsgläubigers in den Fortbestand der Unterhaltsregelung ganz besonders geschützt werden sollte.[29] Deshalb ist, begehrt er eine Erhöhung der Unterhaltsrente, zugunsten des Unterhaltsschuldners besonders zu berücksichtigen, wenn die Voraussetzungen für die Herabsetzung des Unterhalts nach § 1578 Abs. 1 S. 2 nF vorliegen würden. Stets nicht schutzwürdig ist das Vertrauen des Unterhaltsgläubigers auf den Fortbestand des Unterhaltstitels nach dem Ausspruch der Verfassungswidrigkeit von § 1579 Abs. 2 aF (zur **Klageart** s. RdNr. 14).[30] – Zu ihrer **Geltungsdauer** enthält die Übergangsvorschrift keine Regelung. Deshalb können Titel und Vereinbarungen auch noch lange nach Inkrafttreten des UÄndG 1986 abgeändert werden. Das Vertrauen des Unterhaltsgläubigers wird jedoch, ohne dass auf das allgemeine Rechtsinstitut der Verwirkung zurückgegriffen werden müsste, umso weniger ins Gewicht fallen, je mehr Zeit seit dem 1. 4. 1986 verstrichen ist.[31]

V. Gerichtliche Geltendmachung (S. 2)

S. 2 erklärt § 323 Abs. 1, 3 u. 4 ZPO für entsprechend anwendbar. Zur Geltendmachung 14 nach § 1579 nF erheblicher Umstände muss der Unterhaltsschuldner deshalb **Abänderungsklage** nach § 323 ZPO und nicht Vollstreckungsgegenklage nach § 767 ZPO erheben, um nach § 1579 nF erhebliche Umstände geltend zu machen.[32] Für die Abwehr einer **einstweiligen Anordnung** nach § 620 S. 1 Nr. 6 ZPO bleibt es jedoch bei der negativen Feststellungsklage als zulässigen Rechtsbehelf;[33] auf dieses Verfahren ist Art. 6 Nr. 1 nicht anwendbar, weil ein besonderes Vertrauen des Unterhaltsgläubigers in den Fortbestand der Regelung nicht besteht, da die einstweilige Anordnung nur aufgrund summarischer Prüfung ergeht und nicht materiell rechtskräftig wird. – Infolge der Verweisung auf § 323 Abs. 1 ZPO können mit der Abänderungsklage nur **wesentliche Änderungen** geltend gemacht werden. Hierzu gelten die allgemeinen Grundsätze. – Ausgenommen von der entsprechenden Anwendung wurde ausdrücklich § 323 Abs. 2 ZPO, weil Art. 6 Nr. 1 eine Änderung der tatsächlichen Verhältnisse nicht voraussetzt. Deshalb kann sich der Unterhaltsschuldner nach Maßgabe des S. 1 auch auf **zurückliegende Umstände** berufen.[34] – Unterhaltsurteile können nach dem am 1. 4. 1986 geltenden Recht nur für die Zeit **ab Klageerhebung** abgeändert werden. Dies gilt nach der ständigen Rechtsprechung des BGH, die trotz des stark betonten Vertrauensschutzes auch im vorliegenden Zusammenhang anzuwenden ist,[35] nicht auch für andere Titel iSd. § 323 Abs. 4 ZPO (dazu Vor § 1569 RdNr. 34, § 1585 c RdNr. 37).

VI. Vereinbarungen (S. 3)

Den Erfordernissen der Rechtssicherheit und des Schutzes des sozial Schwächeren würde 15 es nicht gerecht werden, würde stets eine vertraglich geregelte, nicht notwendigerweise titulierte Unterhaltspflicht nach S. 1 auch dann entfallen oder erheblich verringert, wenn die Vereinbarung auch andere Scheidungsfolgen mitregelt.

---

[28] *Göppinger/Wax/Bäumel* RdNr. 845; s. auch OLG Düsseldorf FamRZ 1994, 756, 757.
[29] OLG Hamm FamRZ 1991, 86, 87.
[30] OLG Düsseldorf NJW-RR 1988, 7 = FamRZ 1987, 1267, 1268; s. auch BT-Drucks. 10/2888 S. 39 und *Jaeger* FamRZ 1986, 737, 747.
[31] Im Ergebnis ebenso *Diederichsen* NJW 1986, 1462, 1471.
[32] KG FamRZ 1987, 181; *Jaeger* FamRZ 1986, 737, 741.
[33] Ebenso *Jaeger* FamRZ 1986, 737, 742.
[34] AG Peine FamRZ 1987, 593, 594; s. auch BT-Drucks. 10/2888 S. 38.
[35] *Jaeger* FamRZ 1986, 737, 752; aA wohl *Diederichsen* NJW 1986, 1462, 1470.

Bsp.: Zugewinnausgleich, Hausrat und **Versorgungsausgleich.**[36] – Auseinandersetzung des **Gesamtguts** einer Gütergemeinschaft. – Sonstige **vertragliche Vermögensauseinandersetzungen** ohne güterrechtlichen Charakter.[37] – **Ehewohnung.** – Gemeinsamer Vorschlag zur **elterlichen Sorge**[38] und die Regelung des **Umgangsrechts.** Ggf. auch Absprachen zur Ausübung des **gemeinsamen Sorgerechts.** – Regelung des **Kindesunterhalts** zwischen den Ehegatten.[39]

16 Dies hätte nach § 139[40] vielfach das meist unangemessene Ergebnis zur Folge, dass die Vereinbarung insgesamt unwirksam wäre. Deshalb sieht S. 3 für solche Vereinbarungen einen **weitergehenden Schutz** vor: Die Berufung auf vor dem 1. 4. 1986 entstandene, nach neuem Recht erhebliche Umstände hängt davon ab, dass die Vereinbarung zu den **anderen Scheidungsfolgen** auch ohne die über den Unterhalt abgeschlossen worden wäre. Dies gilt auch für eine sog. **Sukzessivvereinbarung,** wenn also mehrere Vereinbarungen nacheinander getroffen wurden.[41] Diese besondere, die Grundsätze aus § 242 lediglich ausgestaltende Vertrauensschutzklausel ist **verfassungsrechtlich** unbedenklich.[42] – Den fehlenden inneren Zusammenhang hat der Unterhaltsschuldner zu **beweisen,**[43] was allerdings vielfach nicht gelingen wird, wenn etwa Vermögenswerte zur Befriedigung des Lebensbedarfs übertragen worden sind.[44]

VII. Fallgruppen

17 **1. Besondere Härtefälle.** Das BVerfG[45] hat § 1579 Abs. 2 aF teilweise für verfassungswidrig erklärt, soweit die Anwendung der Härteklausel auch in besonders gelagerten Ausnahmefällen ausgeschlossen war. Lag ein solcher Ausnahmefall vor, war das Verfahren auszusetzen.[46] Die Übergangsregelung regelt diese Fallgruppe nicht ausdrücklich,[47] doch ist auch ein Unterhaltsanspruch für die Zeit vor dem 1. 4. 1986 nach § 1579 nF zu beurteilen.[48]

18 **2. Neufassung der negativen Härteklausel.** Die neuen Tatbestände in § 1579 Nr. 4–6 konkretisieren lediglich den Norminhalt der bisherigen Nr. 4 in enger Anlehnung an die bisherige Rspr. des BGH.[49] Deshalb werden sie, ohne dass insoweit auf den besonderen Vertrauensschutz zugunsten des Unterhaltsgläubigers abgestellt werden müsste, meist keine Abänderung bestehender Titel oder Vereinbarungen rechtfertigen. – Doch sind hiervon folgende **Ausnahmen** zu machen:

– Vor 1980, also vor der Rspr. des BGH zu § 1579 Abs. 1 Nr. 4 aF[50] zur **Fehlverhaltensklausel** ergangene Entscheidungen, in denen das subjektiv vorwerfbare Fehlverhalten

---

[36] BT-Drucks. 10/2888 S. 38 f.; 10/4514 S. 25 f.

[37] Hierzu näher *Jaeger* FamRZ 1986, 737, 752.

[38] Vgl. *Jaeger* FamRZ 1986, 737, 753, der darauf hinweist, dass der Verpflichtete die Unerheblichkeit der Sorgerechtsvereinbarung uU nachweisen kann, wenn das FamG unter dem Aspekt des Kindeswohls ohnedies die elterliche Sorge dem gleichen Elternteil übertragen hätte.

[39] *Jaeger* FamRZ 1986, 737, 752 f.

[40] Nach BT-Drucks. 10/4514 S. 26 infolge der Änderung der Geschäftsgrundlage.

[41] Vgl. BT-Drucks. 10/4514 S. 26.

[42] Anders wohl *Diederichsen* NJW 1986, 1462, 1470 f. Dagegen hält *Jaeger* FamRZ 1986, 737, 752 die gesetzliche Regelung für sinnvoll („überzeugender Grundgedanke").

[43] BGH NJW-RR 1989, 898 = FamRZ 1989, 839, 840 mwN.

[44] Bsp. von *Diederichsen* NJW 1986, 1462, 1471.

[45] BVerfGE 57, 361 = NJW 1981, 1771 = FamRZ 1981, 745, 750.

[46] StRspr. seit BGH NJW 1983, 1552 = FamRZ 1983, 676, 677.

[47] S. auch *Richter* JR 1986, 319, 321.

[48] *Jaeger* FamRZ 1986, 737, 739 f. (entsprechende Anwendung); s. auch BT-Drucks. 10/2888 S. 39 (bis zum Inkrafttreten der Neuregelung habe es an einer tragfähigen Entscheidungsgrundlage für den Unterhaltsanspruch gefehlt; auch einen früheren Zeitraum betreffende Unterhaltsleistungen seien daher erst mit der Neuregelung fällig geworden; auf sie sei daher das neue Recht anwendbar).

[49] Dazu *Richter* JR 1985, 133, 135; *ders.* JR 1986, 319 f.; *Diederichsen* NJW 1986, 1462, 1470 u. *Jaeger* FamRZ 1986, 737, 749. Zur Rspr. s. etwa BGH NJW 1986, 2832 = FamRZ 1986, 886, 888; OLG Bamberg FamRZ 1986, 1104.

[50] Auf diesen Zeitpunkt wird in der Stellungnahme des Bundesrats BT-Drucks. 10/2888 S. 48 abgestellt. Enger *Jaeger* FamRZ 1986, 737, 749, der meint, die Rspr. des BGH habe den Gerichten u. Rechtsanwälten schon im August 1979 bekannt sein müssen.

nicht iSd. BGH beurteilt wurde, missachten auch die von Verfassungs wegen gebotenen Grenzen eines verschuldensunabhängigen Unterhaltsrechts. Dies kann eine Abänderung gebieten, weil sich der Unterhaltsgläubiger in solchen Fällen idR nicht auf den Schutz seines Vertrauens berufen kann.[51]

- Dies gilt auch für § 1579 Nr. 7 nF, wenn nach der Scheidung eine **nichteheliche Lebensgemeinschaft** aufgenommen oder fortgesetzt wird und diese zu einer festen sozialen Verbindung geworden ist und die diesbezügliche, erst im Jahre 1983 eingeleitete Rechtsprechung nicht berücksichtigt worden ist. Doch wird hier dem Vertrauen des Unterhaltsgläubigers größeres Gewicht zukommen müssen als bei der Nichtberücksichtigung der Grundsätze zur Fehlverhaltensklausel.[52] Dauert die nichteheliche Lebensgemeinschaft seit dem Vorprozess an, werden vielfach die Voraussetzungen des § 323 Abs. 1 ZPO auch ohne übergangsrechtliche Problematik gegeben sein.[53]
- Die Parteien gingen bei einer Vereinbarung vor dem 1. 4. 1986 auf Grund der damaligen Gesetzesfassung des § 1579 Abs. 2 davon aus, die Härteklausel käme bei einem Anspruch auf **Betreuungsunterhalt** (§ 1570) in keinem Fall zur Anwendung.[54]

3. Erwerbslosen- und Aufstockungsunterhalt. Der Unterhaltsschuldner wird in Übergangsfällen noch seltener als in Neufällen (dazu § 1573 RdNr. 28 ff.) eine zeitliche Begrenzung des Erwerbslosenunterhalts nach § 1573 Abs. 1, 4, 5 aF erreichen können, weil sich hier das Gebot zum Schutz des Vertrauens des Unterhaltsgläubigers weiter verstärkt.[55] Doch ist eine Korrektur nicht in allen Fällen ausgeschlossen: 19

- Sind aus der Ehe **keine Kinder** hervorgegangen und waren die Ehegatten nur verhältnismäßig **kurz verheiratet,** ist dem Unterhaltsgläubiger nach Ablauf einer Schonfrist zumutbar, seinen Unterhalt nicht von dem früheren Ehegatten zu verlangen, wenn seine Bedürfnislage nicht ehebedingt ist.
- Die Ehegatten waren im Zeitpunkt der Scheidung noch **besonders jung.** Meist wird auch hier die Bedürfnislage nicht ehebedingt und die gegenseitigen wirtschaftlichen Abhängigkeiten gering sein.
- Es besteht nur ein Anspruch auf **Teilunterhalt,** oder dem Unterhaltsschuldner bleibt nur wenig mehr als sein **notwendiger Selbstbehalt.**

Für die zeitliche Begrenzung des **Aufstockungsunterhalts** nach § 1573 Abs. 2, 4, 5 aF gelten die gleichen Grundsätze. Wegen seiner geringeren Schutzwürdigkeit (dazu § 1573 RdNr. 39) wird er auch in Übergangsfällen wesentlich häufiger begrenzt werden können. Ist der notwendige Unterhalt des Unterhaltsgläubigers gesichert, kommt auch dem Schutz seines Vertrauens meist keine ausschlaggebende Bedeutung zu.[56] 20

4. Herabstufung vom eheangemessenen Unterhalt. Eine Herabstufung vom eheangemessenen (§ 1578 Abs. 1 S. 1) auf den **angemessenen Lebensbedarf** (§ 1578 Abs. 1 S. 2) wird in Übergangsfällen nicht häufig in Betracht kommen, weil eine Unterhaltsleistung für die Zeit vor dem 1. 4. 1986 nach dem bisherigen Maßstab dem Unterhaltsschuldner idR gerade unter Berücksichtigung des Vertrauens des Unterhaltsgläubigers nicht unzumutbar sein wird. Zur Zulässigkeit der Abänderungsklage gehört zudem, dass die begehrte Herabsetzung wesentlich ist (§ 323 Abs. 1 ZPO).[57] 21

---

[51] Ebenso der Bundesrat BT-Drucks. 10/2888 S. 48.
[52] Vgl. hierzu *Jaeger* FamRZ 1986, 737, 749 f.
[53] *Jaeger* FamRZ 1986, 737, 750.
[54] Vgl. BGH NJW-RR 1991, 514 = FamRZ 1991, 542, 543.
[55] So zutreffend *Jaeger* FamRZ 1986, 737, 747.
[56] Im Ergebnis wohl ebenso *Diederichsen* NJW 1986, 1462, 1470. S. auch AG Mühlheim a. d. Ruhr FamRZ 1986, 1216, 1217.
[57] Dazu *Jaeger* FamRZ 1986, 737, 743.

D. Gesetz zur Vereinheitlichung des Unterhaltsrechts minderjähriger Kinder (Kindesunterhaltsgesetz – KindUG)[58]

22 Das KindUG enthält keine Übergangsregelung. Deshalb bleibt es beim Grundsatz, dass die Änderungen Wirkungen erst ab ihrem Inkrafttreten am 1. 7. 1998 entfalten. Zum nachehelichen Unterhalt brachte das KindUG ausdrücklich lediglich die Änderung in § 1584 S. 3 (dazu dort RdNr. 7–11), mittelbare Änderungen ergeben sich etwa zur Fälligkeit der Unterhaltsforderung (dazu § 1585 b RdNr. 13).

E. Gesetz zur Neuordnung des Eheschließungsrechts

I. Text von Art. 226 EGBGB[59]

23 *(1) ...*

(2) Ist vor dem 1. Juli 1998 die Nichtigkeits- oder Aufhebungsklage erhoben worden, so bleibt für die Voraussetzungen und Folgen der Nichtigkeit oder Aufhebung sowie für das Verfahren das bis dahin geltende Recht maßgebend.

(3) Im übrigen finden auf die vor dem 1. Juli 1998 geschlossenen Ehen die Vorschriften in ihrer ab dem 1. Juli 1998 geltenden Fassung Anwendung.

II. Rechtsfolgen

24 Die §§ 26, 37 EheG, welche die vermögensrechtlichen Folgen einer für nichtig erklärten und aufgehobenen Ehe regeln, lauten:

§ 26 [Vermögensrechtliche Folgen der Nichtigkeit]

(1) Die vermögensrechtlichen Folgen der Nichtigkeit einer Ehe bestimmen sich nach den Vorschriften über die Folgen der Scheidung.

(2) [1] Hat ein Ehegatte die Nichtigkeit der Ehe bei der Eheschließung gekannt, so kann der andere Ehegatte binnen sechs Monaten, nachdem die Ehe rechtskräftig für nichtig erklärt ist, durch Erklärung gegenüber dem Ehegatten die für den Fall der Scheidung vorgesehenen vermögensrechtlichen Folgen für die Zukunft ausschließen. [2] Gibt er eine solche Erklärung ab, ist insoweit die Vorschrift des Absatzes 1 nicht anzuwenden. [3] Hat auch der andere Ehegatte die Nichtigkeit der Ehe bei der Eheschließung gekannt, so steht ihm das in Satz 1 vorgesehene Recht nicht zu.

(3) Im Falle des § 20 stehen dem Ehegatten, der die Nichtigkeit der Ehe bei der Eheschließung gekannt hat, Ansprüche auf Unterhalt und Versorgungsausgleich nicht zu, soweit diese Ansprüche entsprechende Ansprüche des Ehegatten der früheren Ehe beeinträchtigen würden.

§ 37 [Aufhebungsfolgen]

(1) Die Folgen der Aufhebung einer Ehe bestimmen sich nach den Vorschriften über die Folgen der Scheidung.

(2) [1] Hat ein Ehegatte in den Fällen der §§ 30 bis 32 die Aufhebbarkeit der Ehe bei der Eheschließung gekannt oder ist in den Fällen der §§ 33 und 34 die Täuschung oder Drohung von ihm oder mit seinem Wissen verübt worden, so kann der andere Ehegatte ihm binnen sechs Monaten nach der Rechtskraft des Aufhebungsurteils erklären, daß die für den Fall der Scheidung vorgesehenen vermögensrechtlichen Folgen für die Zukunft ausgeschlossen sein sollen. [2] Gibt er eine solche Erklärung

[58] V. 6. 4. 1998 (BGBl. I S. 666).

[59] IdF v. Art. 15 EheschlRG v. 4. 5. 1998 (BGBl. I S. 833).

ab, findet insoweit die Vorschrift des Absatzes 1 keine Anwendung. [3] Hat im Falle des § 30 auch der andere Ehegatte die Aufhebbarkeit der Ehe bei der Eheschließung gekannt, so steht ihm das in Satz 1 vorgesehene Recht nicht zu.

Die §§ 26, 37 EheG bleiben weiter wirksam, wenn die Nichtigkeits- oder Aufhebungs- 25
klage vor dem 1. 7. 1998 erhoben, also bis zum 30. 6. 1998 zugestellt (§ 253 Abs. 1 ZPO) wurde (Art. 226 Abs. 2 EGBGB).[60] I. Ü. gelten die durch das EheschlRG eingefügten Neuregelungen (Art. 226 Abs. 3 EGBGB). Wurde der Aufhebungsantrag erst nach dem 30. 6. 1998 zugestellt, gilt auch für die Aufhebung einer bis zum 30. 6. 1998 geschlossenen Ehe die unterhaltsrechtliche Regelung aus § 1318 Abs. 2.

F. Gesetz zur Änderung des Unterhaltsrechts

Schrifttum: *Borth,* Die Übergangsbestimmungen zur Unterhaltsrechtsreform und die Änderungen der ZPO im UÄndG, FamRZ 2008, 105; *Graba,* Grundzüge der Abänderung von Unterhaltstiteln, FPR 2008, 100; *ders.,* Die Abänderung von Unterhaltstiteln und Unterhaltsvereinbarungen nach dem Inkrafttreten des UÄndG 2007, FF 2008, 63; *Gutjahr,* Die Übergangsregelungen zur Unterhaltsrechtsreform, NJW 2008, 1985; *Jüdt,* Der Vertrauensschutz in Überleitungsfällen, FuR 2008, 427; FuR 2008, 468; FuR 2008, 532; *Maurer,* Der nacheheliche Unterhalt nach dem UÄndG 2007, FamRZ 2008, 2157; *Rasch,* Die Abänderung und Anpassung von Unterhaltstiteln an das neue Recht, § 36 EGZPO, FPR 2008, 15. S. auch Schrifttum Vor § 1569.

I. Text von § 36 EGZPO[61]

Für das Gesetz zur Änderung des Unterhaltsrechts vom 21. Dezember 2007 (BGBl. I S. 3189) 26
gelten folgende Übergangsvorschriften:

– *1. Ist über den Unterhaltsanspruch vor dem 1. Januar 2008 rechtskräftig entschieden, ein vollstreckbarer Titel errichtet oder eine Unterhaltsvereinbarung getroffen worden, sind Umstände, die vor diesem Tag entstanden und durch das Gesetz zur Änderung des Unterhaltsrechts erheblich geworden sind, nur zu berücksichtigen, soweit eine wesentliche Änderung der Unterhaltsverpflichtung eintritt und die Änderung dem anderen Teil unter Berücksichtigung seines Vertrauens in die getroffene Regelung zumutbar ist.*

– *2. Die in Nummer 1 genannten Umstände können bei der erstmaligen Änderung eines vollstreckbaren Unterhaltstitels nach dem 1. Januar 2008 ohne die Beschränkungen des § 323 Abs. 2 und des § 767 Abs. 2 der Zivilprozessordnung geltend gemacht werden.*

…

– *5. In einem Verfahren nach § 621 Abs. 1 Nr. 4, 5 oder Nr. 11 der Zivilprozessordnung können die in Nummer 1 genannten Umstände noch in der Revisionsinstanz vorgebracht werden. Das Revisionsgericht kann die Sache an das Berufungsgericht zurückverweisen, wenn bezüglich der neuen Tatsachen eine Beweisaufnahme erforderlich wird.*
– *6. In den in Nummer 5 genannten Verfahren ist eine vor dem 1. Januar 2008 geschlossene mündliche Verhandlung auf Antrag wieder zu eröffnen.*
– *7. Unterhaltsleistungen, die vor dem 1. Januar 2008 fällig geworden sind oder den Unterhalt für Ehegatten betreffen, die nach dem bis zum 30. Juni 1977 geltenden Recht geschieden worden sind, bleiben unberührt.*

II. Rechtsfolgen

1. Geltungsbereich. Das Gesetz zur Änderung des Unterhaltsrechts ist am 1. 1. 2008 in 27
Kraft getreten (Art. 4 UÄndG 2007). § 36 EGZPO beinhaltet sowohl materiellrechtliche als

[60] Zur rechtlichen Behandlung einer Eheaufhebungsklage alten Rechts, die nach erfolgter Scheidung der Ehe erhoben wird, um den Ausschluss der vermögensrechtlichen Folgen der Scheidung für die Zukunft geltend machen zu können, s. BGHZ 133, 227 = NJW 1996, 2727 = FamRZ 1996, 1209 ff.
[61] IdF v. Art. 3 Abs. 2 UÄndG 2007 v. 21. 12. 2007 (BGBl. I S. 3189).

auch verfahrensrechtliche intertemporale **Übergangsregelungen.**[62] Seinen Schwerpunkt bilden die materiellrechtlichen Übergangsregelungen zum nachehelichen Unterhalt in Nr. 1 und 7 (die man eigentlich eher im EGBGB vermuten würde), deren verfahrensrechtlichen Umsetzung Nr. 2, 5 und 6 dienen.

28 **2. Materiellrechtliche Übergangsregelung.** Die neuen materiellrechtlichen Unterhaltsregelungen gelten auch für **vor dem 1. 1. 2008 geschlossene Ehen.**[63] Dies wird zwar nicht ausdrücklich angeordnet, folgt jedoch bereits aus dem Fehlen einer ausdrücklichen Regelung und mittelbar auch aus der einschränkenden Bestimmung für Unterhaltsregelungen in Nr. 1, der Berücksichtigung der danach beachtlichen Umstände in laufenden Verfahren (Nr. 5, 6) und der Bestimmung, dass zuvor fällig gewordene Unterhaltsleistungen (richtiger: Unterhaltsansprüche) unberührt bleiben (Nr. 7). Dies ist aus Gründen des Vertrauensschutzes von Ehegatten **verfassungsrechtlich** bedenklich, weil sie ihren ehelichen Lebensplan (§ 1356 BGB) ggf. auch im Hinblick auf das ehemals geltende Unterhaltsrecht getroffen haben, durch die Novellierung aber insbesondere zum Betreuungsunterhalt (§ 1570), zur Befristung und Begrenzung des Unterhalts (§ 1578 b BGB) und zum Rang (§§ 1582, 1609 BGB) ganz erheblich in bisher geschützte Rechtspositionen eingegriffen wird. Zudem fehlt eine allgemeine Zumutbarkeitsregelung wie für bestehende gerichtliche wie außergerichtliche **Unterhaltsregelungen,** für die durch die Änderung erheblich gewordene Umstände im Rahmen einer Abänderung „nur zu berücksichtigen [sind], soweit eine Änderung der Unterhaltsverpflichtung eintritt[64] und die Änderung dem anderen Teil unter Berücksichtigung seines Vertrauens in die getroffene Regelung zumutbar ist" **(Nr. 1).** Jedenfalls dies sollte als der Übergangsregelung **insgesamt immanent** zugrunde gelegt werden, sodass sich der Berechtigte, zu dessen Nachteil sich die materiellrechtliche Neuregelung in aller Regel auswirkt, diese stets nur entgegenhalten lassen muss, soweit ihm dies unter Berücksichtigung seines Vertrauens in die bisherige gesetzliche Regelung zumutbar ist, mithin auch bei einer erstmaligen Unterhaltsbestimmung.[65] Neben den subjektiven Erwartungen sind dabei auch die objektiven Umstände, nämlich wie sich der Berechtigte auf seine bestehende finanzielle Situation eingestellt hat, von Bedeutung.[66] – Dieses Verständnis mag die gesetzliche Regelung selbst verfassungsgemäß sein lassen, die verfassungsrechtliche Problematik wird jedoch in die Entscheidung des jeweiligen **Einzelfalls** verlagert.

29 **Praktische Bedeutung** kommt dem v. a. für folgende Fallgestaltungen zu:
- Für den **Betreuungsunterhalt** nach § 1570 [UÄndG 2007] wegen der strengeren Erwerbsobliegenheiten. Doch lässt sich bereits über die Voraussetzungen für einen „Annexanspruch" aus § 1570 II BGB beantworten, inwieweit sich der kinderbetreuende Elternteil auf sein Vertrauen auf den Fortbestand seines Unterhaltsanspruchs nach altem

---

[62] *Borth* FamRZ 2006, 813, 820.

[63] OLG Hamm NJW 2008, 2445 = FamRZ 2008, 1000, 1001 f. – Ausdrücklich BT-Drucks. 16/1830 S. 32: Aus Gründen der Rechtssicherheit und Rechtseinheit sowie der Gerechtigkeit könnten altes und neues Recht nicht auf Dauer nebeneinander fortgelten, um nicht unbillige und damit ungerechte Ergebnisse aufrechtzuerhalten. Auch S. 33: „Die Vorschrift [Nr. 1] hat sowohl prozessualen als auch materiell-rechtlichen Charakter."

[64] Dies entspricht der allgemeinen Auffassung zu § 323 ZPO, dass eine Gesetzesänderung bei Vorliegen ihrer Erheblichkeit für den titulierten Unterhaltsanspruch Gegenstand einer Abänderungsklage sein kann, BGHZ 148, 368 = NJW 2001, 3618 = FamRZ 2001, 1687, 1689 mwN.

[65] Wohl ebenso OLG Köln NJW 2008, 2659 = FamRZ 2008, 2119, das einer Berechtigten im Rahmen ihres Anspruchs auf Betreuungsunterhalt (§ 1570) aus Gründen des Vertrauensschutzes die Beendigung ihrer vor Inkrafttreten des UÄndG 2007 begonnene Berufsfortbildung zugestanden hat. – Dazu und zur verfassungsrechtlichen Rückwirkungsproblematik *Peschel-Gutzeit* Unterhaltsrecht aktuell RdNr. 206–208; *Borth* UÄndG RdNr. 400; *ders.* FamRZ 2008, 105, 109; *Schwab* FamRZ 2007, 1053, 1057; *Maurer* FamRZ 2008, 2157, 2167; *Schilling* FF 2008, 279, 293 („nicht ohne jeden Vertrauensschutz"); aA wohl *Schürmann* FamRZ 2008, 313, 318 (der allerdings hinsichtlich des Merkmals „Ehe von langer Dauer" in § 1609 Nr. 2 UÄndG 2007 von einem „undifferenzierten Vertrauensschutz" spricht und [Fn. 55] sich „alternativ eine differenzierte Übergangsregelung" gewünscht hätte); *Gutjahr* NJW 2008, 1985.

[66] OLG Celle FamRZ 2008, 1449, 1453; s. auch *Borth* UÄndG RdNr. 401; aA wohl BGH NJW 2008, 2644 = FamRZ 2008, 1508 ff. m. Anm. *Borth*; BGH FPR 2009, 128 m. Anm. *Kemper* und *Maurer* LMK 2009, 276248 = FamRZ 2009, 406, 409 [40] m. Anm. *Schürmann*.

Recht berufen kann, ohne dass es eines Rückgriffs auf die übergangsrechtlichen Überlegungen bedarf.[67] – Zur Übergangsfrist im Rahmen der **Erwerbsobliegenheit** s. § 1570 RdNr. 55.

- Für **zeitliche Begrenzungen** des Unterhaltsanspruchs nach § 1578 b, ausgenommen für den Anspruch auf Erwerbslosen- und Aufstockungsunterhalt nach § 1573 Abs. 1, 2, für die § 1573 Abs. 5 [UÄndG 1986] bereits die Möglichkeit einer Befristung vorgesehen hat und die Rspr. des BGH bereits die nunmehr ausdrücklich zu Gesetz gewordene Regelung maßgeblich beeinflusst und vorweggenommen hat (dazu § 1578 b RdNr. 12–14).[68]
- Für die **Herabsetzung** des eheangemessenen auf den angemessenen Bedarf kommt ein Vertrauensschutz dagegen eher nicht in Betracht, da diese Regelung bereits in § 1578 Abs. 1 S. 2 [UÄndG 1986] enthalten war. Stets werden aber die Gesichtspunkte des Vertrauensschutzes in die ohnehin anzustellende Billigkeitsabwägung (dazu § 1578 b RdNr. 31–39) einzufließen haben.[69]
- Dagegen ist die neu eingeführte **Rangordnung** (§§ 1582, 1609 [UÄndG 2007]) zwingendes Recht und nicht durch Vertrauensschutzerwägungen zu relativieren.[70]

Aus Gründen des Vertrauensschutzes des Berechtigten erstrecken sich die Neuregelungen **30** nicht auch auf die bereits vor seinem Inkrafttreten **fällig** gewordenen Unterhaltsansprüche (Nr. 7 Alt. 1) und getroffenen **Vereinbarungen** (Nr. 1 Alt. 3; dazu auch § 1585 c RdNr. 77–79),[71] zudem nicht auf Unterhaltsansprüche aus **vor dem 1. 7. 1977** geschiedenen Ehen (Nr. 7 Alt. 2), die bereits von der Geltung des Unterhaltsrechts nach dem 1. EheRG ausgenommen waren und sich weiter nach §§ 58 ff. EheG richten (dazu RdNr. 5, 6).

3. Verfahrensrechtliche Übergangsregelungen. a) Laufende Unterhaltsverfahren. **31** **Nr. 5** und **6** stellen aus Gründen der Prozessökonomie sicher, dass nach Nr. 1 erhebliche Umstände auch dann noch im laufenden Unterhaltsrechtsstreit berücksichtigt werden können, wenn an sich keine neuen tatsächlichen Umstände mehr eingeführt werden können.

- **Nr. 5** ermöglicht die Einführung von tatsächlichen, nach Nr. 1 erheblichen Umständen auch noch in der **Revisionsinstanz.** Der BGH kann „durchentscheiden", ggf. auch nach Durchführung von **Beweisaufnahmen.** Um ihn nicht zu sehr mit revisionsfremden Beweisaufnahmen zu belasten, steht eine Zurückverweisung in die Tatsacheninstanz aber in seinem Ermessen.[72] **Zurückverweisungen** sind vor allem denkbar, wenn es um die umfangreiche und ggf. zeitaufwändige Aufklärung von Fremdbetreuungsmöglichkeiten (§ 150 S. 2 BGB) oder die Ermittlung von für Befristung oder Begrenzung maßgeblichen Umständen (§ 1578 b BGB) geht.
- Nach **Nr. 6** ist – es handelt sich um eine gebundene, nicht um eine Ermessensentscheidung – die bereits vor dem 1. 1. 2008 geschlossene mündliche Verhandlung auf Antrag wieder zu eröffnen. Eröffnet das erstinstanzliche **FamG** oder das OLG die mündliche Verhandlung wieder, ist dagegen kein Rechtsmittel statthaft. Eröffnet es sie nicht wieder und entscheidet durch Urteil, kann das rechtliche Gehör des betroffenen Ehegatten verletzt sein, sodass ihm, ist kein Rechtsmittel oder sonstiger Rechtsbehelf gegeben, die **Gehörsrüge** nach § 321 a Abs. 1 S. 1 Nr. 1 ZPO offen steht, die zur **Wiedereröffnung** der mündlichen Verhandlung und Fortsetzung des Verfahrens führen kann.
- Für beide Rechtsmittelinstanzen gilt jedoch, dass sich die Antragstellung einer Partei im Rahmen des **Verfahrensgegenstands** im Rechtsmittelverfahren halten muss. Ohne selbst ein Rechtsmittel eingelegt zu haben, kann sie im Revisionsverfahren die Auf-

---

[67] *Maurer* FamRZ 2008, 2157, 2167 f.

[68] *Maurer* FamRZ 2008, 2157, 2167 f.

[69] *Maurer* FamRZ 2008, 2157, 2167 f.; aA OLG Hamm NJW 2008, 2445 = FamRZ 2008, 1000, 1001 f.

[70] BGHZ 177, 356 = NJW 2008, 3213 m. Anm. *Mleczko* = FamRZ 2008, 1911, 1918 [63–67] m. Anm. *Maurer*; *Palandt/Brudermüller* § 36 EGZPO RdNr. 14 (zu Nr. 1); *Maurer* FamRZ 2008, 2157, 2168.

[71] Dazu auch BT-Drucks. 16/1830 S. 33.

[72] BT-Drucks. 16/1830 S. 35: Kleinere Beweisaufnahmen soll das Revisionsgericht selbst durchführen.

hebung des Berufungsurteils und Zurückverweisung auch nicht gestützt auf nach dem UÄndG 2007 maßgebliche Umstände beantragen.[73] Sie ist vielmehr auch im Berufungsrechtszug darauf beschränkt, solche Umstände zur Abwehr des Rechtsmittels einzuführen. I. Ü. muss sie, kann sie nicht mehr Berufung oder Anschlussberufung einlegen, Abänderungsklage erheben.[74]

– Grundsätzlich ist auf die geänderte Rechtslage **hinzuweisen.** Dies betrifft jedenfalls die **Anspruchsvoraussetzungen** aus §§ 1570, 1574 und insbesondere die Möglichkeiten der Fremdbetreuung von Kindern, aber auch die sich aus der geänderten **Rangfolge** ergebenden Änderungen des Unterhaltsanspruchs. Ggf. muss der Berechtigte den Rechtsstreit (teilweise) für erledigt erklären, wenn ab 1. 1. 2008 allein die erhöhten Erwerbsobliegenheiten oder die geänderte Rangfolge zu einem Entfallen oder einer Verringerung des Unterhaltsanspruchs führt. Dagegen ist auf die Möglichkeiten der Begrenzung des Unterhaltsanspruchs aus § 1578 b nicht hinzuweisen (dazu dort RdNr. 56).

32 **b) Abänderungsverfahren. Nr. 1** anerkennt, dass die Änderung der **Gesetzeslage** ein maßgeblicher Grund für die Abänderung eines Unterhaltstitels nach § 323 ZPO, §§ 238, 239 FamFG sein kann (dazu § 1578 RdNr. 212, § 1578 b RdNr. 52). Die Einschränkung auf **wesentliche** Änderungen der Unterhaltsverpflichtung, für welche die allgemeinen Kriterien gelten, ergibt sich bereits aus § 323 Abs. 1 ZPO, §§ 238, 239 Abs. 2 FamFG, § 313.[75] Konstitutiv ist dagegen die weitere Einschränkung, dass die Abänderung des Titels unter Vertrauensgründen zumutbar sein muss (dazu RdNr. 34, 35).[76] – Erfasst werden Urteile, vollstreckbare Vergleiche (Prozessvergleich, § 794 Abs. 1 Nr. 1 ZPO; Anwaltsvergleich, § 796 a ZPO), im vereinfachten Verfahren ergangene Beschlüsse (§§ 649, 653, 654 ZPO), Jugendamts- (§§ 59 Abs. 1 S. 1 Nr. 3, 4, 60 SGB VIII) und notarielle Urkunden (§ 794 Abs. 1 Nr. 5 ZPO), aber auch außergerichtliche Unterhaltsvereinbarungen. Nicht dagegen einstweilige Anordnungen (§§ 620 Nr. 4, 6, 644, 641 d ZPO), die den Unterhalt nicht rechtskräftig verbindlich festlegen und gegen die eine Abänderungsklage nicht gerichtet werden kann.[77] – Wie § 323 ZPO lässt Nr. 1 keine **Fehlerkorrektur** des Ausgangstitels zu (Ausnahmen: die Präklusionsvorschriften sind nicht anzuwenden, § 323 Abs. 4 ZPO).[78] Deshalb ist stets danach zu fragen, ob die geltend gemachten Umstände bereits nach dem Rechtszustand bis 31. 12. 2007 zu dem nunmehr mit der Abänderungsklage erstrebten Erfolg hätten führen können (zu § 1578 b s. RdNr. 31). Andererseits ist nicht ausgeschlossen, im vorangegangenen Rechtsstreit erfolglos geltend gemachte Umstände zum Gegenstand einer Abänderungsklage zu machen, wenn ihnen nunmehr maßgebliche Bedeutung zukommen kann.[79] Wie stets gilt dies nach der Rspr. des BGH[80] jedoch nur für den Abänderungskläger (§ 323 Abs. 2 ZPO); der Abänderungsbeklagte ist mit „Alttatsachen" nicht präkludiert und kann sich auf sie zur Abwehr des Abänderungsbegehrens berufen.

33 Nach **Nr. 2** können die nach Nr. 1 aufgrund des UÄndG 2007 erheblichen Umstände entgegen den Präklusionen aus §§ 323 Abs. 2, 767 Abs. 2 ZPO (s. auch § 238 Abs. 2 FamFG) auch für bereits bei Schluss der mündlichen Verhandlung bestehende Umstände bei

[73] BGHZ 177, 356 = NJW 2008, 3213 m. Anm. *Mleczko* = FamRZ 2008, 1911, 1913 [24–28] m. Anm. *Maurer.*

[74] *Maurer* FamRZ 2008, 1919; *ders.* FamRZ 2008, 2157, 2167.

[75] Ebenso *Rasch* FF 2008, 15, 17.

[76] Dazu OLG Stuttgart FamRZ 2009, 53, 55 m. Anm. *Borth.*

[77] Dazu *Schwab/Maurer/Borth* I RdNr. 871, 973 mwN.

[78] *Rasch* FF 2008, 15, 17. – Einschränkend *Borth* FamRZ 2008, 105, 107: Keine Bindung an rechtsfehlerhafte Beurteilung, „soweit aufgrund der Bestimmungen des neuen Rechts eine vollständige Neubeurteilung dieser Umstände notwendig ist". Für die Beurteilung einzelner Umstände halte ich dies für unzutreffend. Allerdings kann eine Gesamtbeurteilung aller maßgebenden Umstände, von denen einzelne durch die Unterhaltsreform ein anderes Gewicht erfahren haben, unter Einschluss des fehlerhaft gewürdigten Umstands zu einer Abänderung führen.

[79] *Borth* FamRZ 2008, 105, 106, 107.

[80] BGH/98, 353 = NJW 1987, 1201 = FamRZ 1987, 259, 263; NJW-RR 2001, 937 = FamRZ 2001, 1364, 1365.

der erstmaligen Abänderung eines Unterhaltstitels geltend gemacht werden.[81] Die Einbeziehung von § 767 Abs. 2 ZPO ist im Zusammenhang mit einer erstmaligen Abänderung ohne Bedeutung, weil – wohl entgegen der Annahme des Gesetzgebers[82] – die Vollstreckungsgegenklage keine Abänderung eines Titels zulässt, sondern ihm nur die Vollstreckungswirkungen nimmt. – Das Außerkraftsetzen der Präklusionsvorschriften gilt aber nur für Umstände, die erst nach dem UÄndG 2007 unterhaltsrechtliche Bedeutung erlangen, nach der bisherigen Regelung aber noch nicht unterhaltswirksam waren; ansonsten verbleibt es bei der Präklusion.

Praktisch bedeutsam wird dies – wie bereits bisher – vor allem bei einer[83] 34

- Verschärfung der **Erwerbsobliegenheiten** infolge von Möglichkeiten der Fremdbetreuung (§ 1570 Abs. 1 S. 2, 3) und nach § 1574 Abs. 2 S. 1.
- **Herabsetzung** und **Befristung** (§ 1578 b, dazu dort RdNr. 52, 53), insbesondere ihre Erstreckung auf den Krankheits- und Altersunterhalt (§§ 1571, 1572). Außerhalb des Krankheits- und Altersunterhalts ist aber zu beachten, dass der BGH in seiner neueren Rspr. ab dem Jahr 2006 für Beschränkungen, insbesondere Befristungen bereits maßgeblich auf ehebedingt erlittene Nachteile abgestellt und auch bei Ehen von langer Dauer den Unterhaltsanspruch befristet hat (dazu § 1578 b RdNr. 38–40). Spätestens ab dem Jahr 2007 konnte von den Parteien verlangt werden, im Rechtsstreit auf eine Befristung oder Begrenzung hinzuwirken.[84]
- Änderung des **Rangs** (§§ 1582, 1609), insbesondere Vorrang der unverheirateten minderjährigen und der nach § 1603 Abs. 2 S. 2 privilegierten volljährigen Kinder (§ 1609 Nr. 1), Gleichrang kinderbetreuender, auch nichtehelicher Elternteile (§ 1609 Nr. 2).

4. Zumutbarkeit. Was dem von der neuen Rechtslage benachteiligten Ehegatten unter Berücksichtigung seines Vertrauens **zumutbar** ist, richtet sich nach den Umständen des Einzelfalles. Da bereits die bis 31. 12. 2007 geltende Regelung für beide Ehegatten nicht als unzumutbar angesehen werden kann und das UÄndG 2007 eine Verschärfung für den Berechtigten bringt, wird es vor allem um die Frage gehen, wie sich die neuen Bestimmungen auf seinen Unterhaltsanspruch auswirken, und ob und inwieweit es unbillig für ihn ist, sich daraus ergebende Nachteile hinzunehmen. Dabei werden Alter und Gesundheitszustand eine maßgebende Rolle spielen, aber auch, dass im Vertrauen auf den Bestand des festgestellten Unterhaltsanspruchs berufliche – Teilzeiterwerbstätigkeit, langfristige Beurlaubung – oder wirtschaftliche Dispositionen getätigt wurden, und wie die sich daraus ergebenden Belastungen an einen sich verringernden oder entfallenden Unterhalt angepasst werden können.[85] 35

Der Reformgesetzgeber[86] nennt als Beispielsfall die neuen **Rangregelungen,** die zu einem völligen Ausfall des Ehegatten führen können, wenn ihm etwa die Ansprüche von Kindern aus mehreren Beziehungen des Verpflichteten und auch noch die kinderbetreuender Mütter vorgehen; doch sind in diesem Zusammenhang auch die Belange der vom Vorrang bewusst begünstigten Kinder zu wahren.[87] Betroffen ist aber auch die verschärfte **Erwerbsobliegenheit** des Verpflichteten und die Möglichkeiten der **Befristung** und **Begrenzung** des Unterhaltsanspruchs.[88] – Sind die titulierten Unterhaltsansprüche Teil 36

[81] Zur Zulässigkeit der Abänderungsklage nach einer Gesetzesänderung s. BGHZ 148, 368 = NJW 2001, 3618 = FamRZ 2001, 1687, 1689; BT-Drucks. 16/1830 S. 33; dazu auch § 1578 RdNr. 212.

[82] BT-Drucks. 16/1830 S. 34.

[83] Zum Ganzen auch *Borth* FamRZ 2008, 105, 106 f.

[84] Im Ergebnis wohl ebenso *Borth* FamRZ 2006, 813, 821; *Rasch* FF 2008, 15, 16 f.; großzügiger wohl *Borth* FamRZ 2008, 105, 106 f.

[85] *Rasch* FF 2008, 15, 17. Sie will in die Zumutbarkeitsprüfung auch – spiegelbildliche – Verfehlungen des Verpflichteten einfließen lassen; doch geht es darum im vorliegenden Zusammenhang wohl eher nicht, weil weder die alte noch die neue Rechtslage hierauf abgestellt hat.

[86] BT-Drucks. 16/1830 S. 33 f.

[87] *Rasch* FF 2008, 15, 17; ablehnend insoweit auch *Palandt/Brudermüller* § 36 EGZPO RdNr. 14.

[88] Für eine Befristung auch OLG Hamm FamRZ 2008, 1001 f. – Nach *Borth* FamRZ 2008, 105, 106, 108 „ist die Vertrauensschutzprüfung auf der Grundlage der zu Art 6 I, II GG entwickelten Grundsätze zu Schutz

eines umfassenden **Ehevertrags,** führt ihre Korrektur aufgrund der neuen Rechtslage zwar nicht zur Unwirksamkeit des gesamten Vertrags nach § 139, weil die ursprüngliche Unterhaltsvereinbarung nicht unwirksam ist, sondern lediglich angepasst wird.[89] Doch sind in die Beurteilung der Zumutbarkeit alle vertraglichen Regelungen einzubeziehen.

37 **5. Darlegungs- und Beweislast.** Da die Neuregelungen zu Lasten der Berechtigten gehen (sollen), und die gesetzliche Regelung die Zumutbarkeitsfrage als Ausnahme formuliert, trifft die Beweislast und damit das **Beweisrisiko** die Berechtigten.

Untertitel 3. Versorgungsausgleich

§ 1587 Verweis auf das Versorgungsausgleichsgesetz

Nach Maßgabe des Versorgungsausgleichsgesetzes findet zwischen den geschiedenen Ehegatten ein Ausgleich von im In- oder Ausland bestehenden Anrechten statt, insbesondere aus der gesetzlichen Rentenversicherung, aus anderen Regelsicherungssystemen wie der Beamtenversorgung oder der berufsständischen Versorgung, aus der betrieblichen Altersversorgung oder aus der privaten Alters- und Invaliditätsvorsorge.

Schrifttum: *Bahrenfuss,* Aktuelle Reformbestrebungen im Familienrecht, SchlHA 2008, 109; *Bergmann,* Der reformierte Versorgungsausgleich und die Übergangsvorschriften, FuR 2009, 421; *Bergner,* Die reformbedürftige Strukturreform des Versorgungsausgleichs, ZRP 2008, 211; *ders.,* Der reformierte Versorgungsausgleich – Die wichtigsten materiellen Neuerungen, NJW 2009, 1169; *ders.,* Der reformierte Versorgungsausgleich – Verfahrensrecht, Übergangsrecht und altes/neues Recht, NJW 2009, 1233; *Bergner/Schneider,* Die Abfindung von künftigen schuldrechtlichen Ausgleichsansprüchen nach § 1587l BGB, FamRZ 2004, 1766, 1838; *Borth,* Diskussionsentwurf des Bundesministeriums der Justiz für ein Gesetz zur Strukturreform des Versorgungsausgleichs (VAStrRefG) v. 29. 8. 2007 – einführende Stellungnahme, FamRZ 2007, 1773; *ders.,* Der Regierungsentwurf für ein Gesetz zur Strukturreform des Versorgungsausgleichs, FamRZ 2008, 1797; *ders.,* Das Gesetz zur Strukturreform des Versorgungsausgleichs – Darstellung der Änderungen aufgrund der Beratungen im Rechtsausschuss des Deutschen Bundestages, FamRZ 2009, 562; *ders.,* Der Wertausgleich von Versorgungsanrechten, FamRZ 2009, 1361; *Budde,* Die Korrektur des Versorgungsausgleichs wegen grober Unbilligkeit, FuR 2009, 428; *Bundesministerium der Justiz,* Strukturreform des Versorgungsausgleichs: Eckpunkte für einen Ausgleich nach den Regeln des Zugewinnausgleichs auf Stichtagsbasis, FPR 2007, 108; *Deisenhofer,* Unwirksamkeit des Ausschlusses des Versorgungsausgleichs bei Nichtigkeit des Ehevertrags, FPR 2007, 124; *Eichenhofer,* Zukünftiger Anwendungsbereich des schuldrechtlichen Versorgungsausgleichs (künftig: schuldrechtliche Ausgleichszahlungen), FPR 2009, 211; *Elden,* Die externe Teilung als Ausnahmefall im neuen Versorgungsausgleich, FPR 2009, 206; *Engbroks,* Ermittlung des ehezeitbezogenen Ausgleichswertes, BetrAV 2008, 438; *Eulering/Viefhues,* Der reformierte Versorgungsausgleich – praktische Umsetzung durch die Familiengerichte, FamRZ 2009, 1368; *Finger,* Versorgungsausgleich mit Auslandsbezug – Art. 17 Abs. 3 EGBGB, FamRBint 2009, 60; *Flecken,* Erwartungen und Wünsche an die Neuregelung des Versorgungsausgleichs – Standpunkte, BetrAV 2008, 128; *Glockner/Hoenes/Weil,* Der neue Versorgungsausgleich, 2009; *Gunkel,* Der neue Versorgungsausgleich für Betriebsrenten – zusätzliche Aufgaben für die Arbeitgeber, BetrAV 2009, 273; *Gutdeutsch,* Ausgleich der niederländischen Volksrente im Versorgungsausgleich, FamRB 2003, 63; *Hahne,* Überlegungen zur Reform des Versorgungsausgleichs unter besonderer Berücksichtigung der Betriebsrenten, BetrAV 2008, 37; *dies.,* Versorgungsausgleich für Betriebsrente: Was ist – was kommt?, BetrAV 2008, 425; *Hauß,* Der neue Versorgungsausgleich, FamRB 2008, 282; *ders.,* Der Verzicht auf Bagatellausgleiche im neuen Versorgungsausgleichsrecht, FPR 2009, 214; *ders.,* Der neue Versorgungsausgleich, DNotZ 2009, 600; *Hauß/Eulering,* Versorgungsausgleich und Verfahren in der Praxis, 2009; *Häußermann,* Überlegungen des Familiengerichts zur Umsetzung der gesetzlichen Neuregelung des Versorgungsausgleichs – eine Mängelliste, BetrAV 2008, 428; *dies.,* Zehn Fallstricke des neuen Versorgungsausgleichs, FPR 2009, 223; *Holzwarth,* Die Übergangsvorschriften nach dem Entwurf der Bundesregierung für ein Gesetz zur Strukturreform des Versorgungsausgleichs, FamRZ 2008, 2168; *Kemper,* Die Übergangsregelungen des Referentenentwurfs zur Strukturreform des Versorgungsausgleichs, ZFE 2008, 164; *ders.,* Die Reform des Versorgungs-

von Ehe und Familie sowie minderjähriger Kinder vorzunehmen." Doch sind diese Umstände bereits Gegenstand der Billigkeitsabwägungen nach §§ 1570, 1578 b, sodass es vorliegend nur darum gehen kann, wie weit das Vertrauen des Berechtigten auf den Fortbestand des Unterhaltsanspruchs reichen kann.

[89] AA *Rasch* FF 2008, 15, 18.

ausgleichs rückt näher, ZFE 2008, 404; *ders.*, Die Übergangsregelungen des Gesetzes zur Strukturreform des Versorgungsausgleichs, FPR 2009, 227; *ders.*, Der Neue Versorgungsausgleich, ZFE 2009, 204; *Klinck*, Das neue Verfahren zur Anerkennung ausländischer Entscheidungen nach § 108 II S. 1 FamFG, FamRZ 2009, 741; *Koch*, Unterhalt, Zugewinn- und Versorgungsausgleich – sind unsere familienrechtlichen Ausgleichssysteme noch zeitgemäß?, JR 2008, 309; *Merten/Baumeister*, Der neue Versorgungsausgleich in der betrieblichen Altersversorgung, DB 2009, 957; *Münch*, Vereinbarungen zum Versorgungsausgleich und ihre steuerlichen Auswirkungen, FamRB 2008, 57; *Pohl*, Steuerliche Rahmenbedingungen für den Versorgungsausgleich, BetrAV 2009, 100; *Rehme*, Für eine auf den Reformbedarf begrenzte „kleine Lösung" an Stelle von Strukturveränderungen im Versorgungsausgleich, FPR 2007, 117; *ders.*, Rechtliche und rechtspolitische Bedenken gegen das Ausgleichskonzept im Diskussionsentwurf des Bundesministeriums der Justiz v. 29. 8. 2007 für ein Gesetz zur Strukturreform des Versorgungsausgleichs, FamRZ 2008, 738; *ders.*, Der Regierungsentwurf eines Gesetzes zur Strukturreform des Versorgungsausgleichs (VAStrRefG) vom 21. 5. 2008, FuR 2008, 370, 433, 474; *Ruland*, Die vorgesehene Strukturreform des Versorgungsausgleichs, NZS 2008, 225; *ders.*, Der neue Versorgungsausgleich – Strategien und Beratung durch den Anwalt, NJW 2009, 1697; *ders.*, Versorgungsausgleich, 2. Aufl. 2009; *ders.*, Der neue Versorgungsausgleich – eine kritische Analyse, NJW 2009, 2781; *Schmid*, Gibt es einen Königsweg im Versorgungsausgleich?, FPR 2007, 114; *ders.*, Die Strukturreform des Versorgungsausgleichs: Reformbedarf, Gesetzgebungsverfahren, Leitlinien des neuen Rechts, FPR 2009, 196; *Schmid/Eulering*, Der reformierte Versorgungsausgleich: Überblick, Hintergründe, FamRZ 2009, 1269; *Schmucker*, Vereinbarungen zum Versorgungsausgleich nach der Strukturreform des Versorgungsausgleichs, Symposium des Instituts für Notarrecht an der Universität Würzburg 2008, 102; *Stegmann/Bieber*, Scheidungsfolgen im Alter, DRV 2007, 265; *Triebs*, Grundsatz der internen Teilung nach dem Versorgungsausgleichsgesetz, FPR 2009, 202; *Vogts*, Versorgungsausgleich – Bald einfach und gerecht?, rv 2008, 101; *Weil*, Der neue Versorgungsausgleich – Strategien, FF 2009, 149; *ders.*, Ausgleich von „Ost/West-Anrechten", FPR 2009, 209; *Wick*, Vereinbarungen über den Versorgungsausgleich – Regelungsbefugnisse der Ehegatten, FPR 2009, 219; *Wiechmann/Richwien*, Die Empfehlungen der Kommission „Strukturreform des Versorgungsausgleichs", DAngVers 2004, 505; *Wönne*, Abgrenzung von Zugewinnausgleich zu Hausratsverordnung und Versorgungsausgleich unter Berücksichtigung der Strukturreform, FPR 2009, 293.

Übersicht

I. Normzweck

Durch das Gesetz zur Strukturreform des Versorgungsausgleichs (VAStrRefG) vom 3. 4. 2009 (BGBl. I S. 700) besteht der Untertitel 3 nur noch aus der Bestimmung des § 1587, die in einer allgemeinen Verweisung davon spricht, dass der Versorgungsausgleich zwischen den geschiedenen Ehegatten nach Maßgabe des Versorgungsausgleichsgesetzes **(VersAusglG)** stattfindet. Um den Gegenstand des Versorgungsausgleichs näher zu verdeut- 1 lichen, regelt sie darüber hinaus in sachlicher Übereinstimmung mit § 2 Abs. 1 VersAusglG, welche Anrechte dem Versorgungsausgleich unterliegen.

II. Inkrafttreten der Neuregelung

2 Nach Art. 23 VAStrRefG treten die mit der **Strukturreform** des Versorgungsausgleichs einhergehenden Rechtsänderungen zeitgleich mit dem Gesetz zur Reform des Verfahrens in Familiensachen und in den Angelegenheiten der freiwilligen Gerichtsbarkeit (FGG-ReformG) **am 1. 9. 2009 in Kraft.** Gleichzeitig tritt das **bisherige Recht** des Versorgungsausgleichs, wie es in den §§ 1587 bis 1587 p, im Gesetz zur Regelung von Härten im Versorgungsausgleich (VAHRG), im Versorgungsausgleichs-Überleitungsgesetz (VAÜG) und in der Barwert-Verordnung geregelt war, **außer Kraft.**[1]

3 Das bedeutet, dass für **Verfahren,** die **ab dem 1. 9. 2009 eingeleitet** werden, das **neue materielle Recht** des VersAusglG gilt und dass über den Versorgungsausgleich **nach dem neuen Verfahrensrecht** des Gesetzes über das Verfahren in Familiensachen und in den Angelegenheiten der freiwilligen Gerichtsbarkeit (FamFG) zu entscheiden ist.

4 In **Verfahren** über den Versorgungsausgleich, die **vor dem 1. 9. 2009 eingeleitet** worden sind, ist nach § 48 Abs. 1 VersAusglG das bis dahin geltende materielle Recht und Verfahrensrecht weiterhin anzuwenden. Dies gilt jedoch **nicht ausnahmslos.** Trotz der Einleitung vor dem 1. 9. 2009 ist auf diejenigen Verfahren das neue materielle Recht und Verfahrensrecht anzuwenden, die zu diesem Zeitpunkt oder danach ausgesetzt oder zum Ruhen gebracht werden (§ 48 Abs. 2 VersAusglG, Art. 111 Abs. 3 FGG-ReformG), etwa nach den §§ 246 ff., 251, 251 a, 614 ZPO, § 53 c FGG, oder – soweit es den Versorgungsausgleich betrifft – die zu diesem Zeitpunkt oder danach vom Verbund abgetrennt werden (§ 48 Abs. 2 VersAusglG, Art. 111 Abs. 4 FGG-ReformG) oder in denen bis zum 31. 8. 2010 im ersten Rechtszug noch keine Endentscheidung erlassen wurde (§ 48 Abs. 3 VersAusglG, Art. 111 Abs. 5 FGG-ReformG). Die Übergangsregelungen in Art. 111 FGG-ReformG und in § 48 VersAusglG sind daher in der Weise ausgestaltet, dass zeitgleich mit dem neuen Verfahrensrecht auch das neue materielle Recht zum Versorgungsausgleich anzuwenden ist.

III. Auszugleichende Versorgungsanrechte

5 **1. Betroffene Versorgungsanrechte.** § 1587 zählt in Übereinstimmung mit § 2 Abs. 1 VersAusglG auf, welche Versorgungsanrechte dem Versorgungsausgleich unterliegen. Ausdrücklich werden im In- und Ausland bestehende Anrechte, insbes. aus der gesetzlichen Rentenversicherung, aus anderen Regelversicherungssystemen wie der Beamtenversorgung oder der berufsständischen Versorgung, aus der betrieblichen Altersversorgung oder aus der privaten Alters- und Invaliditätsvorsorge genannt. Die Aufzählung ist, wie bisher auch nach § 1587 a Abs. 2, nicht abschließend.[2] Es unterliegen daher auch beispielsweise Anrechte gegenüber ausländischen oder überstaatlichen Versorgungsträgern dem Versorgungsausgleich.

6 **2. Anwartschaften auf Versorgung und Ansprüche auf Versorgungsleistungen.** Wie die Anrechte im Einzelnen beschaffen sein müssen, um in den Versorgungsausgleich einbezogen zu werden, ist in § 2 VersAusglG näher umschrieben. Zunächst fällt terminologisch auf, dass die Neuregelung den bislang lediglich in der Praxis anzutreffenden Begriff des „Anrechts" verwendet, der nach der Legaldefinition in § 2 Abs. 1 VersAusglG Anwartschaften auf Versorgungen und Ansprüche auf laufende Versorgungsleistungen umfasst. Demgegenüber verzichtet das neue Recht auf den Begriff der Versorgungsaussicht, die nach dem bisher geltenden Recht dahin verstanden wurde, dass sich aus ihr nach dem gewöhnlichen Lauf der Dinge ein Anspruch auf Versorgung entwickelte.[3] Unter Aufgabe des Begriffs

[1] Gleiches gilt für die Bestimmung des Art. 4 § 4 VAWMG über die monatliche Bezugsgröße für die Zeit vor dem 1. 7. 1977, die aber nach § 54 VersAusglG weiterhin anwendbar bleibt.

[2] Vgl. RegE BT-Drucks. 16/10144 S. 46.

[3] BGHZ 81, 100, 103 = NJW 1981, 2187 = FamRZ 1981, 856 mwN.

der „Aussicht“ wird durch § 2 Abs. 3 VersAusglG pragmatisch entschieden, dass eine Anwartschaft im Sinne dieses Gesetzes auch dann vorliegt, wenn am Ende der Ehezeit eine für das Anrecht maßgebliche Wartezeit, Mindestbeschäftigungszeit, Mindestversicherungszeit oder ähnliche zeitliche Voraussetzung (vgl. bisher § 1587 a Abs. 7 S. 1) noch nicht erfüllt ist.

In **Übereinstimmung mit dem bisherigen Recht** sind Anrechte auszugleichen, die 7
durch Arbeit oder Vermögen geschaffen oder aufrechterhalten worden sind, der Absicherung im Alter oder bei Invalidität, insbesondere wegen verminderter Erwerbsfähigkeit, Berufsunfähigkeit oder Dienstunfähigkeit, dienen und auf eine Rente gerichtet sind (vgl. zum bisherigen Recht § 1587 RdNr. 9 bis 24); **neu** ist die Regelung in § 2 Abs. 2 Nr. 3 VersAusglG, wonach Anrechte im Sinne des Betriebsrentengesetzes (BetrAVG) oder des Altersvorsorgeverträge-Zertifizierungsgesetzes (AltZertG) unabhängig von der Leistungsform auszugleichen sind, also auch wenn sie auf eine Kapitalleistung gerichtet sind. Wie im Einzelnen die dem Versorgungsausgleich unterliegenden Anrechte von anderen Leistungen abzugrenzen sind, wird zu § 2 VersAusglG näher erläutert.

IV. Die Neuregelung des materiellen Rechts im Überblick

1. Einzelausgleich statt Einmalausgleich. Nach dem bisherigen Recht (vgl. § 1587 a 8
RdNr. 10) gibt es nur einen ausgleichspflichtigen und nur einen ausgleichsberechtigten Ehegatten. Es ist die Summe aller beiderseits erworbenen ehezeitlichen Anrechte zu ermitteln, der hälftige Wertunterschied dieser summierten Anrechte ist vom Ausgleichspflichtigen auszugleichen. Die Regelung in § 1587 b Abs. 3 S. 3 verdeutlicht, dass **im Wege der Verrechnung nur ein einmaliger Ausgleich** vorzunehmen ist (vgl. § 1587 b RdNr. 42) und ein „Hin und Her“ beim Ausgleich nicht möglich ist.

Bei einer solchen Art des Ausgleichs müssen **unterschiedliche Anrechte der Eheleute** 9
miteinander vergleichbar gemacht werden (vgl. § 1587 a RdNr. 435 ff.). Eine Anwartschaft auf eine sich nicht verändernde statische Rente, die nur im Falle der Invalidität gezahlt wird, kann nicht im Verhältnis 1 : 1 mit einer einkommensabhängigen Anwartschaft auf Leistungen im Falle des Alters und der Invalidität verrechnet werden. Anwartschaften unterschiedlicher Qualität werden nach der bisherigen Regelung des § 1587 a Abs. 3 durch Barwertbildung für das ehezeitliche Anrecht und durch Ermittlung der dem Barwert zuzuordnenden gesetzlichen Rente miteinander verglichen. Den für die Barwertbildung maßgebenden Tabellen der Barwertverordnung lagen die Anpassungen gesetzlicher Renten bei Einführung des Versorgungsausgleichs und der diesen Anpassungen entsprechende Rechnungszins zugrunde. Die daraus resultierenden Ergebnisse waren nicht mehr nachvollziehbar, weil sich die Rechnungsgrundlagen gesetzlicher Renten seit 1976 wesentlich geändert haben.[4]

An **die Stelle des vorgenannten Einmalausgleichs tritt nun ein Einzelausgleich,** 10
bei dem unterschiedliche Versorgungsanrechte nicht mehr miteinander verglichen werden müssen. Nach § 1 Abs. 1 VersAusglG erhält jeder Ehegatte die Hälfte jedes ehezeitlichen Anrechts des anderen Ehegatten.

Wenn allerdings beide Ehegatten über auszugleichende **Anrechte gleicher Art bei** 11
demselben Versorgungsträger verfügen, vollzieht **dieser** (und nicht das FamG) nach § 10 Abs. 2 S. 1 VersAusglG den Ausgleich nur in Höhe des Wertunterschieds nach Verrechnung. Die Regelung wird durch § 120 f SGB VI ergänzt, nach der als Anrechte gleicher Art die in der gesetzlichen Rentenversicherung erworbenen Anrechte gelten. Lediglich West- und Ostanrechte (bis zur Herstellung einheitlicher Einkommensverhältnisse) sowie Anrechte in der allgemeinen Rentenversicherung und in der knappschaftlichen Rentenversicherung gelten nicht als Anrechte gleicher Art. Eine Verrechnung wird im Übrigen bei der Vollziehung der Entscheidung nach § 10 Abs. 2 S. 2 VersAusglG auch dann vorgenommen, wenn verschiedene Versorgungsträger zuständig sind und Vereinbarungen zwischen ihnen eine Verrechung vorsehen.

[4] Zu Problemen mit der Barwert-Verordnung vgl. auch § 10 a VAHRG RdNr. 45 f.

12 **2. Ausgleich von Kapitalversorgungen.** Nach der Einführung des Versorgungsausgleichs war es zunächst streitig, ob betriebliche Kapitalzusagen vom Versorgungsausgleich oder vom Zugewinnausgleich erfasst werden (vgl. § 1587 aF RdNr. 10). Der BGH hat hierzu entschieden, nur auf Rentenleistungen bezogene Anrechte seien in den Versorgungsausgleich einzubeziehen. Das galt auch für solche Kapitallebensversicherungen, die zur Befreiung von der ges. Versicherungspflicht abgeschlossen wurden[5] oder die im Rahmen einer betrieblichen Altersversorgung bestanden,[6] auch für ein vom Arbeitgeber als Einmalleistung zugesagtes „Alterskapital"[7] und auch für den Fall, dass zwischen den Ehegatten Gütertrennung vereinbart war.[8] Insoweit hat der Gesetzgeber jetzt eine andere Entscheidung getroffen: Nach der Neuregelung des § 2 Abs. 2 Nr. 3 Halbs. 2 VersAusglG unterliegen sowohl **betriebliche Kapitalzusagen als auch Kapitalversicherungen nach dem AltZertG dem Versorgungsausgleich.**

13 **3. Kurze Ehezeit.** Nach § 3 Abs. 3 VersAusglG findet künftig der Versorgungsausgleich bei einer **Ehezeit bis zu drei Jahren nur auf Antrag** eines Ehegatten statt. Die Regelung geht davon aus, bei in kurzer Ehedauer üblicherweise nur unerheblichen Ausgleichsbeträgen könne ein Ausschluss den Gerechtigkeitsvorstellungen der Ehegatten entsprechen. Andererseits soll verfassungsrechtlichen Bedenken Rechnung getragen werden und daher auf Antrag, den auch der anwaltlich nicht vertretene Ehegatte stellen kann (§ 114 Abs. 4 Nr. 7 FamFG), der Versorgungsausgleich durchgeführt werden.[9]

14 **4. Geringfügigkeit des Ausgleichs.** Nach § 18 VersAusglG soll das FamG vom Ausgleich geringer Werte absehen, kann aber hiervon abweichen, wenn die Umstände des Einzelfalls es erfordern. Die Regelung bezieht sich auf den Ausgleich eines einzelnen Anrechts mit geringem Ausgleichswert (Abs. 2) und auf Fälle, in denen die Differenz der Ausgleichswerte von beiderseitigen Anrechten gleicher Art gering ist (Abs. 1). Anders als im RegE vorgesehen[10] ist also nach Abs. 1 nicht eine Gesamtsaldierung aller Anrechte vorzunehmen, was bekanntlich zu Wertverzerrungen im bisherigen Ausgleichssystem geführt hat, sondern nur Anrechte gleicher Art im Sinne des § 10 Abs. 2 VersAusglG (vgl. RdNr. 11) sind insoweit einander gegenüberzustellen. Gering ist der Wertunterschied nach Abs. 1 oder ein Ausgleichswert nach Abs. 2, wenn er am Ende der Ehezeit bei einem Rentenbetrag als maßgeblicher Bezugsgröße höchstens ein Prozent, in allen anderen Fällen als Kapitalwert höchstens 120 Prozent der monatlichen Bezugsgröße nach § 18 Abs. 1 SGB IV beträgt (§ 18 Abs. 3 VersAusglG).[11]

15 **5. Bestimmung von Ehezeitanteil und Ausgleichswert.** Anders als nach bisherigem Recht obliegt es künftig nach § 5 Abs. 1 VersAusglG **nicht mehr den Familiengerichten,** sondern dem jeweiligen Träger der beim Wertausgleich zu berücksichtigenden Versorgung, den Ehezeitanteil des Anrechts in Form der für das Versorgungssystem maßgeblichen Bezugsgröße zu berechnen. Das kann ein Rentenbetrag, ein Kapitalwert, ein Punktwert (Entgeltpunkt) oder eine sonstige Berechnungsgröße sein. Der Versorgungsträger hat die

---

[5] Vgl. BGHZ 88, 386, 389 ff. = NJW 1984, 299, 300 f. = FamRZ 1984, 156, 157 zur Befreiung nach Art. 2 § 1 AnVNG; OLG Frankfurt FamRZ 1981, 794; OLG Stuttgart FamRZ 1983, 815; aA *Friederici* NJW 1979, 2550, 2552.

[6] Vgl. BGHZ 88, 386, 394 ff. = NJW 1984, 299, 301 f. = FamRZ 1984, 156, 158 f. in Bestätigung der Vorinstanz OLG München FamRZ 1981, 277 f.; OLG Bamberg FamRZ 1981, 279 f.; OLG Frankfurt FamRZ 1981, 280 f.; OLG Saarbrücken NJW-RR 2000, 293; OLG Oldenburg FamRZ 2007, 53.

[7] Vgl. BGH FPR 2003, 23 = FamRZ 2003, 153; vgl. auch OLG Hamm NJW 2007, 1600 f. für das „OpelVersicherungsKonto" und OLG Hamburg FamRZ 2007, 734 f. für das Kapitalleistungssystem der Airbus Deutschland GmbH.

[8] Vgl. BGH NJW-RR 2005, 1379 = FamRZ 2005, 1463.

[9] Vgl. BT-Drucks. 16/11903 S. 101 f. (elektron. Vorab-Fassung).

[10] BT-Drucks. 16/10144 S. 60 f.

[11] Die Bezugsgröße wird jährlich neu festgelegt (vgl. § 2 des Sozialversicherungs-Rechengrößengesetzes 2007 vom 2. 12. 2006, BGBl. I S. 2742); der Grenzwert beträgt bei einem Ende der Ehezeit im Jahr 2009 25,20 € für einen Rentenbetrag und 3024 € für einen Kapitalwert; vgl. zu den Grenzwerten die Übersicht in Beilage zu NJW Heft 30/2009, S. 17 und FamRZ 2009, 103.

nach § 5 VersAusglG benötigten Werte einschließlich einer übersichtlichen und nachvollziehbaren Berechnung sowie der für die Teilung maßgeblichen Regelungen mitzuteilen, wobei ihn das FamG von Amts wegen oder auf Antrag eines Beteiligten auffordern kann, die Einzelheiten der Wertermittlung zu erläutern (§ 220 Abs. 4 FamFG). Das FamG bleibt für die Prüfung der Auskünfte und die Festsetzung der Ausgleichswerte verantwortlich, wird dabei aber durch den Versorgungsträger unterstützt, der dem FamG nach § 5 Abs. 3 VersAusglG einen Vorschlag unterbreitet. Wenn sich der Ehezeitanteil nicht direkt aus einem Kapitalbetrag bestimmt, ist es zusätzlich Aufgabe des Versorgungsträgers, **einen dem Ehezeitanteil entsprechenden korrespondierenden Kapitalwert** anzugeben. Dieser korrespondierende Kapitalwert errechnet sich nach § 47 Abs. 2 VersAusglG unter Zugrundelegung der Kosten, die für die Begründung des auszugleichenden Anrechts aufzubringen sind, wie folgt:

(a) bei Anrechten aus der gesetzlichen Rentenversicherung oder einem öffentlich-rechtlichen Dienstverhältnis nach den Kosten der Entgeltpunkte entsprechend §§ 187, 281 a SGB VI;

(b) bei Anrechten im Sinne des BetrAVG außerhalb des öffentlichen Dienstes nach dem Übertragungswert gem. § 4 Abs. 5 BetrAVG;

(c) bei allen anderen Anrechten einschließlich der Zusatzversorgung des öffentlichen oder kirchlichen Dienstes aufgrund des nach den anerkannten Regeln der Versicherungsmathematik zu ermittelnden Barwerts.

Sowohl den Gerichten als auch den Parteien steht nach künftigem Recht der **kapitalisierte Wert des Ehezeitanteils** der vom Wertausgleich erfassten Versorgungen zur Verfügung, wodurch insbesondere der Abschluss von Vereinbarungen erleichtert wird. 16

6. Vereinbarungen zum Versorgungsausgleich. Nach der bisherigen Regelung des § 1587 o bedürfen im Zusammenhang mit der Scheidung geschlossene Vereinbarungen zum Versorgungsausgleich der Genehmigung durch das FamG; die Genehmigung soll nur verweigert werden, wenn unter Einbeziehung der Unterhaltsregelung und der Vermögensauseinandersetzung offensichtlich die vereinbarte Leistung nicht zu einer dem Ziel des Versorgungsausgleichs entsprechenden Sicherung des Berechtigten geeignet ist oder zu keinem nach Art und Höhe angemessenen Ausgleich unter den Ehegatten führt.[12] Nach der Neuregelung des § 6 VersAusglG **können die Eheleute jede Art der Abweichung** von den gesetzlichen Regelungen des Versorgungsausgleichs vereinbaren, sie können beispielsweise 17

(a) den Versorgungsausgleich ganz oder teilweise ausschließen,

(b) Versorgungsausgleich und Zugewinnausgleich miteinander verrechnen oder ihn in die Regelung der ehelichen Vermögensverhältnisse einbeziehen oder

(c) bestimmen, dass der Versorgungsausgleich den Ausgleichsansprüchen nach der Scheidung (§§ 20 bis 24 VersAusglG) vorbehalten bleibt.

Dabei bedarf eine Vereinbarung über den Versorgungsausgleich, die vor Rechtskraft der Entscheidung über den Wertausgleich bei der Scheidung geschlossen wird, der **notariellen Beurkundung,** die nach § 127 a bei einem gerichtlichen Vergleich durch die Aufnahme der Erklärungen in ein nach den Vorschriften der ZPO errichtetes Protokoll ersetzt wird (§ 7 VersAusglG). Wenn keine Wirksamkeits- und Durchsetzungshindernisse bestehen, etwa weil die maßgebende Versorgungsordnung die von den Ehegatten intendierte Lösung nicht zulässt, ist das FamG an die Vereinbarung gebunden, so dass es keiner Genehmigung mehr bedarf. Allerdings hat das FamG zu prüfen, ob die Vereinbarung einer **Inhalts- und Ausübungskontrolle**[13] standhält (§ 8 Abs. 1 VersAusglG). 18

[12] Vgl. im Einzelnen § 1587 o RdNr. 24 ff.

[13] Vgl. zur Wirksamkeits- und Ausübungskontrolle grundlegend BGHZ 158, 81 = NJW 2004, 930 = FamRZ 2004, 601; BGH NJW 2005, 137 = FamRZ 2005, 26 m. Anm. *Bergschneider*; BGH NJW 2008, 3426, 3428 Tz. 16 ff. = FamRZ 2008, 2011, 2013 zu § 1408 Abs. 2 m. Anm. *Bergschneider;* BGH NJW 2009, 2124 f. Tz. 12 ff. = FamRZ 2009, 1041, 1042 f. m. Anm. *Bergschneider.*

19 **7. Die interne Teilung.** Vorrangig (vgl. § 9 Abs. 2 VersAusglG) erfolgt der Ausgleich der bei beiden Eheleuten bestehenden Anrechte gem. § 10 VersAusglG in Form der internen Teilung: **Jeder Ehegatte erhält die Hälfte jedes einzelnen ehezeitlichen Anrechts** des anderen Ehegatten bei dem jeweils betroffenen Versorgungsträger. Nur soweit nach der internen Teilung Anrechte gleicher Art bei demselben Versorgungsträger auszugleichen sind, vollzieht dieser (und nicht das FamG) nach § 10 Abs. 2 S. 1 VersAusglG den Ausgleich nur in Höhe des Wertunterschieds nach Verrechnung (vgl. RdNr. 11).

20 Die **Anforderungen** an die interne Teilung ergeben sich aus § 11 VersAusglG. Die interne Teilung muss eine gleichwertige Teilhabe der Ehegatten an den auszugleichenden Anrechten sicherstellen. Das für den Berechtigten entstehende Anrecht muss deswegen insbesondere

(a) hinsichtlich der Sicherstellung und der Wertentwicklung mit dem Anrecht des Pflichtigen vergleichbar und eigenständig sein und

(b) dem hälftigen Barwert des Risikoschutzes des Pflichtigen entsprechen. So kann beispielsweise der Ausgleich einer Invaliditätszusage durch eine wertmäßig gleiche Zusage einer Altersrente ersetzt werden. Beim Ausgleich eines Anrechts, das dem BetrAVG unterfällt, entspricht das für den Berechtigten zu begründende Anrecht dem hälftigen Wert des Ehezeitanteils der nach § 2 BetrAVG zu ermittelnden unverfallbaren Anwartschaft des Ausgleichspflichtigen. Mit der Übertragung des Anrechts erlangt der Berechtigte die Stellung eines ausgeschiedenen Arbeitnehmers im Sinne des BetrAVG, so dass für Rechtsstreitigkeiten zwischen dem Berechtigten und dem Versorgungsträger die Arbeitsgerichte zuständig sind.

21 **8. Die externe Teilung.** Bei der externen Teilung wird zulasten des Anrechts der ausgleichspflichtigen Person ein Anrecht in Höhe des Ausgleichswerts bei einem **anderen Versorgungsträger** begründet (§ 14 Abs. 1 VersAusglG). Sie ist mit der Pflicht des Versorgungsträgers der ausgleichspflichtigen Person verbunden, den **Ausgleichswert als Kapitalbetrag** an den Versorgungsträger der ausgleichsberechtigten Person zu zahlen (§ 14 Abs. 4 VersAusglG); dementsprechend setzt das Gericht den zu zahlenden Kapitalbetrag in seiner Endentscheidung fest (§ 222 Abs. 3 FamFG). Prinzipiell steht der ausgleichsberechtigten Person ein **Wahlrecht** zu, ob sie durch die externe Teilung ein für sie bereits bestehendes Anrecht ausbauen lässt oder ob ein neues Anrecht begründet werden soll (§ 15 Abs. 1 VersAusglG). Das Wahlrecht ist nach § 222 Abs. 1 FamFG binnen einer vom Gericht zu setzenden Frist auszuüben; insoweit bedarf es einer Vertretung durch einen Rechtsanwalt nicht (§ 114 Abs. 4 Nr. 7 FamFG). Wird das Wahlrecht nicht ausgeübt, wird ein Anrecht in der gesetzlichen Rentenversicherung oder, soweit es um den Ausgleich eines Anrechts iSd BetrAVG geht, in der Versorgungsausgleichskasse, einer Pensionskasse iSd § 118 a VAG in der Rechtsform eines Versicherungsvereins auf Gegenseitigkeit,[14] begründet (§ 15 Abs. 5 VersAusglG). Eine externe Teilung ist unzulässig, wenn ein Anrecht durch Beitragszahlung nicht mehr begründet werden kann (§ 14 Abs. 5 VersAusglG).

22 Die externe Teilung ist **nur in bestimmten Fällen zulässig:** sie kann zwischen der ausgleichsberechtigten Person und dem Versorgungsträger der ausgleichspflichtigen Person vereinbart werden (§ 14 Abs. 2 Nr. 1 VersAusglG). Bei einem geringen Ausgleichswert kann auch der Versorgungsträger der ausgleichspflichtigen Person die externe Teilung verlangen (§ 14 Abs. 2 Nr. 2 VersAusglG); Voraussetzung hierfür ist, dass der Ausgleichswert am Ende der Ehezeit bei einem Rentenbetrag als maßgeblicher Bezugsgröße höchstens zwei Prozent, in allen anderen Fällen als Kapitalwert höchstens 240 Prozent der monatlichen Bezugsgröße nach § 18 Abs. 1 SGB IV beträgt.[15] Abweichend hiervon gilt für Anrechte iSd. BetrAVG

[14] Eingerichtet auf Grund Art. 9 e des Gesetzes zur Änderung des Vierten Buches Sozialgesetzbuch, zur Errichtung einer Versorgungsausgleichskasse und anderer Gesetze vom 15. 7. 2009, BGBl. I S. 1939.

[15] Der Grenzwert beträgt bei einem Ende der Ehezeit im Jahr 2009 50,40 € für einen Rentenbetrag und 6048 € für einen Kapitalwert; vgl. zu den Grenzwerten die Übersicht in Beilage zu NJW Heft 30/2009, S. 17 und FamRZ 2009, 103.

aus einer Direktzusage oder einer Unterstützungskasse ein Grenzwert in Höhe der Beitragsbemessungsgrenze in der allgemeinen Rentenversicherung nach den §§ 159, 160 SGB VI (§ 17 VersAusglG).[16]

Für **Anrechte aus einem öffentlich-rechtlichen Dienst- oder Amtsverhältnis** gilt, solange der Träger keine interne Teilung vorsieht, weiter die bisher in § 1587 b Abs. 2 für das Quasi-Splitting enthaltene Lösung, dass der insoweit notwendige Ausgleich durch Begründung eines Anrechts bei einem Träger der gesetzlichen Rentenversicherung vorzunehmen ist (§ 16 Abs. 1 VersAusglG). Ausnahmslos gilt dies für Anrechte aus einem Beamtenverhältnis auf Widerruf sowie aus einem Dienstverhältnis eines Zeitsoldaten (§ 16 Abs. 2 VersAusglG). In Art. 5 VAStrRefG ist mit dem Gesetz über die interne Teilung beamtenversorgungsrechtlicher Ansprüche von Bundesbeamtinnen und Bundesbeamten im Versorgungsausgleich die Möglichkeit einer internen Teilung von Anrechten dieses Personenkreises geschaffen worden. 23

9. Fehlende Ausgleichsreife. Unter dem Begriff „fehlende Ausgleichsreife" (§ 19 VersAusglG) werden Fallgestaltungen zusammengefasst, in denen ein Wertausgleich bei der Scheidung nicht stattfindet und die nach bisherigem Recht in verschiedenen Vorschriften geregelt waren. Von den bisherigen Regelungen zum schuldrechtlichen Ausgleich gem. § 1587 f bzw. gem. § 2 VAHRG verbleibt nach Inkrafttreten des VersAusglG nur der Tatbestand des § 1587 f Nr. 4, der allerdings nach neuem Recht etwas erweitert wird: ein dem Grund oder der Höhe nach nicht hinreichend verfestigtes Anrecht, insbesondere ein noch verfallbares Anrecht iSd. BetrAVG[17] ist nicht ausgleichsreif und unterliegt einem möglichen schuldrechtlichen Ausgleich nach der Scheidung. 24

Nicht ausgleichsreif ist ferner ein Anrecht, das auf eine abzuschmelzende Leistung gerichtet ist, wie es häufig im Zusammenhang mit Besitzstandsregelungen bei Verminderungen von Versorgungen in Betracht kommt,[18] sowie ein Anrecht, dessen Ausgleich für die ausgleichsberechtigte Person unwirtschaftlich wäre.[19] Allgemein sind auch Anrechte, die gegenüber einem ausländischen, zwischenstaatlichen oder überstaatlichen Versorgungsträger bestehen (vgl. bisher §§ 3 b Abs. 2, 3 a Abs. 5 VAHRG), nicht ausgleichsreif und können nur schuldrechtlich ausgeglichen werden. Die mangelnde Ausgleichsreife der letztgenannten Anrechte bewirkt auch eine Sperrwirkung für den Ausgleich anderer Anrechte dieser Eheleute, wenn deren Ausgleich für den anderen Ehegatten unbillig wäre (§ 19 Abs. 3 VersAusglG). 25

Die bisherigen Regelungen in **§ 1587 f Nr. 1 und 3 entfallen zukünftig,** weil es nach neuem Recht keine Beitragszahlungen zur gesetzlichen Rentenversicherung mehr gibt. Da nach neuem Recht grundsätzlich jedes Anrecht intern geteilt wird und es daher nicht mehr zu einer Summierung von zu übertragenden und zu begründenden Anrechten beim Berechtigten kommt, ist die rentenrechtliche Bestimmung über die Beachtung des Höchstbetrags (§ 76 Abs. 2 S. 3 SGB VI)[20] als entbehrlich aufgehoben worden, so dass auch **§ 1587 f Nr. 2 obsolet** geworden ist. 26

10. Ausgleichsansprüche nach der Scheidung. Die Bestimmungen über die Ausgleichsansprüche nach der Scheidung (§§ 20 bis 26 VersAusglG) einschließlich der Weiterzahlung der schuldrechtlichen Ausgleichsrente nach dem Tod des Ausgleichspflichtigen stimmen inhaltlich weitgehend mit den bisherigen Regelungen des schuldrechtlichen Ver- 27

---

[16] Sie beträgt im Jahr 2009 64 800 €.

[17] Zur Unverfallbarkeit dem Grunde und der Höhe nach vgl. §§ 1 b, 2 Abs. 5 BetrAVG.

[18] Vgl. etwa im Zusammenhang mit § 69 e BeamtVG OLG Celle FamRZ 2002, 823, 825; OLG Bremen FamRZ 2003, 929, 930; OLG München FamRZ 2003, 932; OLG Karlsruhe FamRZ 2003, 1928 f.; OLG Koblenz FamRZ 2005, 110, 111; *Deisenhofer* FamRZ 2002, 288; offen gelassen von BGH NJW 2004, 1248, 1250 = FamRZ 2004, 259, 261; BGH NJW-RR 2007, 1010, 1011 Tz. 9 = FamRZ 2007, 994, 995 m. Anm. *Borth* FamRZ 2007, 995 f.

[19] Vgl. zur bisherigen Regelung des § 1587 b Abs. 4 § 1587 b RdNr. 48 ff.

[20] Vgl. hierzu nach bisherigem Recht § 1587 b RdNr. 55 ff.

sorgungsausgleichs (§ 1587 g bis § 1587 n bzw. § 3 a VAHRG) überein. Allerdings wurden einige Streitpunkte klargestellt:

28 Streitig war bisher insbesondere die Frage, ob der Beitrag zur Krankenversicherung der Rentner und zur Pflegeversicherung bei der Berechnung einer schuldrechtlichen Ausgleichsrente zu berücksichtigen ist. Bekanntlich hatte der BGH zunächst in verschiedenen Entscheidungen einen nettobezogenen schuldrechtlichen Ausgleich nicht beanstandet,[21] dann aber befunden, auch der schuldrechtliche Ausgleich habe vom Bruttobetrag der Anrechte auszugehen;[22] sich hieraus ergebenden Härten könne mit der Härteklausel des § 1587 h begegnet werden.[23] Die Bestimmung des § 20 Abs. 1 S. 2 VersAusglG stellt nunmehr klar, dass die **auf die schuldrechtliche Ausgleichsrente entfallenden Sozialversicherungsbeiträge** oder vergleichbare Aufwendungen bei der Berechnung abzuziehen sind.

29 Weiterhin war bisher nicht geregelt, **welche Rechnungsgrundlagen für die Berechnung des Zeitwerts einer Abfindung** gem. § 1587 l BGB maßgebend sind.[24] Grundlage für die Ermittlung des Zeitwerts ist zukünftig nach der Begründung zu § 24 VersAusglG der vom jeweiligen Versorgungsträger zu ermittelnde, auf das Ende der Ehezeit bezogene Kapitalwert bzw. korrespondierende Kapitalwert.[25] Dieser Kapitalwert ist bei einer bestehenden Anwartschaft bis zum Zeitpunkt der Zahlung der Abfindung aufzuzinsen. Im Unterschied zu der bisherigen Regelung kann eine Abfindung nach neuem Recht auch noch in der Leistungsphase verlangt werden. In einem solchen Fall kommt es zu einer Abzinsung des auf das Ende der Ehezeit bezogenen Kapitalwerts. Neben der Auf- bzw. Abzinsung dürften auch **die nachehezeitlichen Änderungen der biometrischen Rechnungsgrundlagen** zu berücksichtigen sein.

30 Die Berechnung einer Abfindung wird, wie schon bisher, häufig in Betracht kommen, **wenn ausländische, überstaatliche oder zwischenstaatliche Anrechte dem schuldrechtlichen Ausgleich** überlassen werden, weil der entsprechende Anspruch mehrheitlich mit dem Tod des Verpflichteten erlischt. Für die Berechnung der Abfindung steht in diesen Fällen keine Auskunft des Versorgungsträgers zur Höhe des auf das Ende der Ehezeit bezogenen Kapitalwerts zur Verfügung. Maßgebend für die Höhe der Abfindung ist bei den vorgenannten Anrechten entweder das ehezeitliche Deckungskapital oder, wenn ein solches nicht vorhanden ist, der versicherungsmathematische Barwert bezogen auf den Zeitpunkt der Zahlung.

31 **11. Härteregelungen.** Nach den bisherigen Bestimmungen der §§ 4 und 5 VAHRG, die nach der besonderen Übergangsvorschrift des § 49 VersAusglG für Verfahren gelten, in denen der Antrag beim Versorgungsträger vor dem 1. 9. 2009 eingegangen ist, gelten **Sonderregelungen** für den Fall des Todes des Ausgleichsberechtigten nach kurzem Rentenbezug und für den Fall der Zahlung nachehelichen Ehegattenunterhalts durch den Ausgleichspflichtigen. Diese Bestimmungen werden nach neuem Recht sowohl hinsichtlich des Anwendungsbereichs als auch hinsichtlich der Art der Anwendung geändert.

32 Die Anwendung der neuen Sonderregelungen **kommt gem. § 32 VersAusglG nur beim Ausgleich der so genannten Grundversorgungen** in Betracht. Das sind Anrechte der gesetzlichen Rentenversicherung einschließlich der Höherversicherung, der Beamtenversorgung oder einer anderen Versorgung, die zur Versicherungsfreiheit nach § 5 Abs. 1

[21] Vgl. BGH NJW-RR 1986, 365, 367 = FamRZ 1986, 338, 341; BGH NJW-RR 1990, 388, 390 = FamRZ 1990, 380, 382.

[22] Vgl. BGH NJW 1994, 1214 = FamRZ 1994, 560, 561.

[23] Vgl. BGH NJW 1994, 1214, 1215 = FamRZ 1994, 560, 562; BGH NJW-RR 2005, 1665, 1666 f. = FamRZ 2005, 1982, 1983; BGH NJW 2006, 366, 368 = FamRZ 2006, 323, 325 und im selben Verfahren nachfolgend OLG Stuttgart NJW-RR 2006, 1014, 1015 f. = FamRZ 2006, 1610 f.; BGH NJW-RR 2006, 577, 579 = FamRZ 2006, 321, 323; BGH NJW-RR 2007, 1444, 1446 Tz. 20 = FamRZ 2007, 1545, 1547; OLG Celle FamRZ 1995, 812, 814 f.; OLG Celle FamRZ 2002, 244, 247; OLG Hamm NJW 2004, 1602, 1603 f. = FamRZ 2004, 1213, 1214; OLG Köln NJW-RR 2005, 518, 520 f. = FamRZ 2004, 1728, 1730; OLG Frankfurt FamRZ 2005, 623, 626.

[24] Vgl. hierzu *Bergner/Schneider* FamRZ 2004, 1766, 1838.

[25] Vgl. BT-Drucks. 16/10144 S. 65 f.

SGB VI führt, der berufsständischen Versorgung oder einer anderen Versorgung, die nach § 6 Abs. 1 Nr. 1 oder Nr. 2 SGB VI zu einer Befreiung von der Sozialversicherungspflicht führen kann, der Alterssicherung der Landwirte sowie der Versorgungssysteme der Abgeordneten und Regierungsmitglieder im Bund und in den Ländern.

Die Regelung über die **Härtekorrektur wegen Todes des Ausgleichsberechtigten** 33 (bisher § 4 VAHRG) wird zugunsten des Verpflichteten geändert: Die Kürzung wird nach § 37 VersAusglG rückgängig gemacht, wenn der Berechtigte die Versorgung aus dem im Versorgungsausgleich erworbenen Anrecht **nicht länger als 3 Jahre** bezogen hat. Der Anspruch auf Hinterbliebenenrenten ist im Unterschied zum derzeitigen Recht bei der Feststellung der Dreijahresfrist nicht zu berücksichtigen.[26]

Demgegenüber wird die **Härteregelung im Hinblick auf die Unterhaltsansprüche** 34 **des Berechtigten** zuungunsten des Verpflichteten verändert: Während nach bisherigem Recht die Kürzung einer gezahlten Rente unabhängig von der Höhe des gezahlten Unterhalts entfällt, unterbleibt zukünftig im Falle der Zahlung nachehelichen Ehegattenunterhalts eine Kürzung **nur in Höhe der Unterhaltszahlung** (§ 33 Abs. 3 VersAusglG). Darüber hinaus muss die Wertgrenze des § 14 Abs. 2 Nr. 2 VersAusglG (vgl. RdNr. 22) überschritten sein, damit die laufende Versorgung entsprechend angepasst werden kann (§ 33 Abs. 2 VersAusglG). Wegen der engeren Bindung der Aussetzung der Kürzung an die Höhe der jeweiligen Unterhaltspflicht entscheidet über die Anpassung und deren Änderung das FamG (§ 34 Abs. 1 VersAusglG) und nicht mehr der Versorgungsträger.

12. Unmittelbare/mittelbare Berechnung des Ehezeitanteils. Nach bisherigem 35 Recht bestimmte sich die Höhe des Ehezeitanteils der beim Versorgungsausgleich zu berücksichtigenden Versorgungen nach § 1587 a Abs. 2: Danach war für jede Versorgungsart eine bestimmte Berechnung des Ehezeitanteils vorgesehen. Die Neuregelung in §§ 39 und 40 VersAusglG **unterscheidet nur zwischen zwei Berechnungsmethoden** einer bestehenden ehezeitlichen Anwartschaft auf Versorgungsleistungen, nämlich der rückwirkenden endgültigen Berechnung des Ehezeitanteils **(retrospektive Methode oder unmittelbare Bewertung)** und der auf den Ehezeitanteil der zukünftig erreichbaren Versorgungsleistung gerichteten Methode **(prospektive Methode oder zeitratierliche Bewertung).**[27]

Die retrospektive Methode gilt nach § 39 Abs. 2 VersAusglG insbesondere für 36
(a) Renten, die sich nach Entgeltpunkten, Leistungszahlen, Steigerungszahlen, Rentenpunkten oder ähnlichen Rechnungsgrundlagen bestimmen,
(b) Versorgungsleistungen, denen ein Deckungskapital oder eine vergleichbare Deckungsrücklage zugrunde liegt,
(c) Versorgungsleistungen, die sich nach dem Bausteinprinzip errechnen,
(d) Versorgungsleistungen, die ausschließlich beitragsabhängig oder zeitabhängig ermittelt werden.

Die Anwendung der retrospektiven Berechnungsmethode hat den Vorteil, dass eine spätere Korrektur des zum Ende der Ehezeit bestimmten Werts nur in seltenen Fällen in Betracht kommt.

Die prospektive Methode ist nach § 40 VersAusglG bei der Berechnung des Ehezeitanteils 37 anzuwenden, wenn die unmittelbare Bewertung gem. § 39 VersAusglG nicht möglich ist. Das kommt vor allem dann in Betracht, **wenn nachehezeitliche Berechnungsgrundlagen die Höhe des Ehezeitanteils beeinflussen.** Dies ist beispielsweise bei einer beamtenrechtlichen Versorgungsanwartschaft der Fall, bei welcher der Ruhegehaltssatz und das hieraus resultierende Ruhegehalt wegen des nicht vorhersehbaren Eintritts in den Ruhestand nicht endgültig ermittelt werden kann. Bei Anwendung der prospektiven Methode errech-

[26] Vgl. BT-Drucks. 16/10144 S. 76.

[27] Die retrospektive Methode knüpft – abgesehen von den seltenen Fällen einer ausschließlichen Zeitabhängigkeit – regelmäßig an Beitragszahlungen an, während die prospektive Methode beitragsunabhängige Versorgungen erfasst; dementsprechend kann auch zwischen beitragsabhängigen und beitragsunabhängigen Versorgungen unterschieden werden.

net sich der Ehezeitanteil durch Quotierung der auf das Ende der Ehezeit bezogenen erreichbaren Versorgungsleistung mit dem Verhältniswert von ehezeitlicher versorgungsfähiger Zeit zu wahrscheinlich erreichbarer versorgungsfähiger Zeit.

38 Die prospektive Methode gilt außer für die vorstehend genannten beamtenrechtlichen und beamtenähnlichen Versorgungsanwartschaften insbesondere für einkommensabhängige betriebliche Versorgungsanwartschaften, wobei aber bei Letzteren zunächst die unverfallbare Anwartschaft nach § 2 Abs. 1 BetrAVG zu ermitteln ist. **Der Ehezeitanteil der in Betracht kommenden betrieblichen Anwartschaft** errechnet sich damit nach der Formel

Unverfallbare Anwartschaft
X
Betriebszugehörigkeit bis zum
Ende der Ehezeit
:
Ehezeitliche Betriebszugehörigkeit

39 Bei Anwendung dieser Formel kommt es zu einer Änderung der bisherigen Art der Berechnung, wenn es sich um eine betriebliche Gesamtversorgung oder eine limitierte betriebliche Versorgung handelt. Die Berechnung einer diesen Versorgungen zuzuordnenden unverfallbaren Anwartschaft ist in § 2 Abs. 5 BetrAVG vorgeschrieben, so dass eine Berechnung nach der so genannten VBL-Methode[28] entfällt.

40 Bei Anwartschaften, deren Ehezeitanteil prospektiv zu bestimmen ist, wird sich häufig eine nachehezeitliche Änderung des zum Zeitpunkt des Ehezeitendes errechneten Werts ergeben, so dass von den Eheleuten bei Eintritt des Versicherungsfalls zu prüfen ist, ob eine Abänderung der früheren Entscheidung in Betracht kommt.

41 **Bei bereits eingewiesen Renten** sind die Rechnungsgrundlagen der gezahlten Rente in beiden vorgenannten Fällen bekannt, so dass für die Berechnung des Ehezeitanteils der zum Zeitpunkt der Entscheidung gezahlten Renten im Ergebnis eine retrospektive Methode zur Anwendung kommt.

42 **13. Wegfall des Rentnerprivilegs.** Im Zusammenhang mit der Strukturreform des Versorgungsausgleichs kommt es auch zu Änderungen des SGB VI und des BeamtVG. Dabei ist insbesondere der **Wegfall des so genannten Rentner– oder Pensionärsprivilegs** (§ 101 Abs. 3 SGB VI, § 57 BeamtVG) für den ausgleichspflichtigen Ehegatten nach Durchführung des Wertausgleichs von Bedeutung. Nach bisherigem Recht unterbleibt aufgrund der vorgenannten Bestimmungen die Kürzung einer zum Zeitpunkt der rechtskräftigen Entscheidung zum Versorgungsausgleich gezahlten Versorgung des Ausgleichspflichtigen so lange, bis der Berechtigte Leistungen aus dem durchgeführten Versorgungsausgleich bezieht. Diese Regelung war im Übrigen aufgrund der Bestimmung des § 1 Abs. 3 VAHRG auch für diejenigen Versorgungen maßgebend, die bei einem öffentlich-rechtlichen Versorgungsträger bestehen. Demgegenüber werden nach neuem Recht auch laufende Rentenleistungen ohne Rücksicht darauf, ob der Berechtigte bereits Leistungen aus dem durchgeführten Versorgungsausgleich bezieht, nach der Wirksamkeit der Entscheidung zum Versorgungsaugleich gekürzt.

V. Das neue Verfahrensrecht im Überblick

43 **1. Verfahrensgrundzüge.** Mit Wirkung zum 1. 9. 2009 ist das Verfahrensrecht für die Scheidungs- und Folgesachen und weitere Angelegenheiten der freiwilligen Gerichtsbarkeit in einem **einheitlichen Gesetz,** dem Gesetz über das Verfahren in Familiensachen und in den Angelegenheiten der freiwilligen Gerichtsbarkeit **(FamFG)**, geregelt,[29] wobei der Versorgungsausgleich Familiensache i. S. des § 111 Nr. 7 FamFG ist. Dieses Verfahrensrecht ist

[28] Vgl. hierzu BGHZ 172, 177 = NJW-RR 2007, 1297 = FamRZ 2007, 1238; BGH FamRZ 2005, 1458.

[29] Art. 1 des Gesetzes zur Reform des Verfahrens in Familiensachen und in den Angelegenheiten der freiwilligen Gerichtsbarkeit (FGG-Reformgesetz) vom 17. 12. 2008, BGBl. I S. 2586.

in Verfahren anzuwenden, die seit dem Inkrafttreten zum 1. 9. 2009 eingeleitet worden sind oder deren Einleitung seit diesem Zeitpunkt beantragt wurde. Bis zum 31. 8. 2009 eingeleitete Verfahren sind nach der **Übergangsregelung** des Art. 111 Abs. 1 S. 1 FGG-Reformgesetz[30] grundsätzlich – einschließlich eines etwaigen Rechtsmittelzugs[31] – nach dem bisherigen Recht zu behandeln. Trotz der Einleitung vor dem 1. 9. 2009 ist auf diejenigen Verfahren das neue Verfahrensrecht anzuwenden, die zu diesem Zeitpunkt oder danach ausgesetzt oder zum Ruhen gebracht wurden (Art. 111 Abs. 3 FGG-Reformgesetz), etwa nach den §§ 246 ff., 251, 251 a, 614 ZPO, § 53 c FGG, oder – soweit es den Versorgungsausgleich betrifft – die zu diesem Zeitpunkt oder danach vom Verbund abgetrennt wurden (Art. 111 Abs. 4 FGG-Reformgesetz, § 48 Abs. 2 VersAusglG) oder in denen bis zum 31. 8. 2010 im ersten Rechtszug noch keine Endentscheidung erlassen wurde (Art. 111 Abs. 5 FGG-Reformgesetz, § 48 Abs. 3 VersAusglG). Dabei ist die Übergangsregelung in § 48 VersAusglG in der Weise ausgestaltet, dass zeitgleich mit dem neuen Verfahrensrecht auch das neue materielle Recht zum Versorgungsausgleich anzuwenden ist (vgl. RdNr. 3 f.). Die **örtliche Zuständigkeit** für die Versorgungsausgleichssachen richtet sich nach § 218 FamFG. Nach der FGG-Reform ist das Verfahren insgesamt im FamFG geregelt; das 6. Buch der ZPO ist gleichzeitig aufgehoben worden. Die allgemeinen Vorschriften der ZPO und diejenigen über das Verfahren vor den Landgerichten sowie einige besonders aufgezählte Bestimmungen sind nur noch nach Maßgabe des § 113 FamFG in Ehe- und Familienstreitsachen, die weitgehend mit den früheren ZPO-Familiensachen übereinstimmen, anwendbar. Das Verfahren in Ehesachen ist in §§ 121 bis 132 FamFG und das Verfahren in Scheidungs- und Folgesachen in §§ 133 bis 150 FamFG geregelt; hinzu treten anstelle der §§ 53 b ff. FGG die besonderen Verfahrensvorschriften für den Versorgungsausgleich in §§ 217 bis 229 FamFG. Der **Untersuchungsgrundsatz** ergibt sich aus § 26 FamFG.

2. Verfahrensverbund und isoliertes Verfahren. a) Allgemeines. Ist im Zusammenhang mit der Ehescheidung über den Wertausgleich zu entscheiden, hat dieses gleichzeitig, dh. im Verbund zu geschehen (§ 137 Abs. 1 FamFG); die Entscheidung ergeht nach dem neuen Verfahrensrecht nur noch durch Beschluss (142 Abs. 1 FamFG). Die Folgesache des Wertausgleichs wird nach § 137 Abs. 2 S. 2 FamFG) – bis auf bestimmte Ausnahmefälle[32] – von Amts wegen vom FamG eingeleitet. Der Anspruch auf schuldrechtliche Ausgleichsrente, über den das FamG nach § 223 FamFG nur auf Antrag entscheidet, kann nur dann Folgesache sein, wenn der Antrag spätestens zwei Wochen vor der mündlichen Verhandlung im ersten Rechtszug in der Scheidungssache anhängig gemacht wird (§ 137 Abs. 2 Satz 1 FamFG). Der Charakter der Folgesache Versorgungsausgleich wird nicht von einer etwaigen Abtrennung vom Scheidungsverfahren berührt (§ 137 Abs. 5 S. 1 FamFG).[33] Die Vorschriften über den Verfahrensverbund gelten auch für mehrere abgetrennte Folgesachen (vgl. § 137 Abs. 5 S. 1 FamFG) sowie für die in die Rechtsmittelinstanz gelangten Scheidungs- und Folgesachen; sind – wie häufig – nur Folgesachen angefochten, besteht der Verbund nach § 137 Abs. 5 FamFG allein zwischen diesen fort. Die Vorschriften über den Verfahrensverbund gelten nicht für Verfahren auf Aufhebung und auf Feststellung des Bestehens oder Nichtbestehens einer Ehe.[34] 44

b) Anwaltszwang. Der Anwaltszwang ist ohne wesentliche sachliche Änderung gegenüber § 78 ZPO jetzt in § 114 FamFG geregelt. Wie bisher gilt für das Versorgungsausgleichsverfahren als **Folgesache** für die Ehegatten in allen Rechtszügen Anwaltszwang (§ 114 Abs. 1, 2 FamFG),[35] selbst wenn der Versorgungsausgleich abgetrennt 45

---

[30] IdF. von Art. 22 des Gesetzes zur Strukturreform des Versorgungsausgleichs vom 3. 4. 2009, BGBl. I S. 700.

[31] Vgl. BT Drucks. 16/6308 S. 359.

[32] Vgl. etwa Art. 17 Abs. 3 S. 2 EGBGB.

[33] BGH NJW 1981, 233, 234 = FamRZ 1981, 24.

[34] Zur früheren Ehenichtigkeitsklage vgl. BGH NJW 1982, 2386 = FamRZ 1982, 586.

[35] Vgl. BGH NJW 1991, 1743 f. = FamRZ 1991, 679, 680 zum früheren Recht; vgl. zur Wirkung des Handelns eines nicht postulationsfähigen Rechtsanwalts im Fall des § 1408 Abs. 2 S. 2 BGH NJW-RR 1987, 322, 323 = FamRZ 1987, 365, 366 f. m. Anm. v. *Bosch*.

wird.[36] Dagegen besteht für die weiteren Beteiligten des Versorgungsausgleichsverfahrens kein Anwaltszwang in der ersten und zweiten Instanz, unabhängig davon, ob sie öffentlichrechtlich oder privatrechtlich organisiert sind. Vom Anwaltszwang für die Rechtsbeschwerde vor dem BGH sind nach § 114 Abs. 3 FamFG Behörden und juristische Personen des öffentlichen Rechts einschließlich der von ihnen zur Erfüllung ihrer öffentlichen Aufgaben gebildeten Zusammenschlüsse unter bestimmten Voraussetzungen befreit: sie können sich als Beteiligte durch eigene Beschäftigte oder Beschäftigte anderer Behörden oder juristischer Personen des öffentlichen Rechts einschließlich der von ihnen zur Erfüllung ihrer öffentlichen Aufgaben gebildeten Zusammenschlüsse vertreten lassen, wobei die zur Vertretung berechtigten Personen vor dem BGH die Befähigung zum Richteramt haben müssen. Die Bestimmung des § 114 Abs. 3 FamFG enthält abweichend zu der früher geltenden Rechtslage (4. Aufl. Vor § 1587 RdNr. 19)[37] ein umfassendes Behördenprivileg.[38] Sonstige Beteiligte unterliegen im Verfahren vor dem BGH dem Anwaltszwang (§ 114 Abs. 2 FamFG). Im **selbständigen** Versorgungsausgleichsverfahren müssen sich die Ehegatten und ein privatrechtlicher Versorgungsträger lediglich im Verfahren der Rechtsbeschwerde vor dem BGH durch einen dort zugelassenen Rechtsanwalt vertreten lassen.

46 **c) Abtrennung und Aussetzung des Versorgungsausgleichsverfahrens.** Das Gericht darf die Folgesache vom Verbund abtrennen (und damit dem Scheidungsantrag vorweg stattgeben), wenn in der Folgesache Versorgungsausgleich vor der Auflösung der Ehe eine Entscheidung nicht möglich ist (§ 140 Abs. 2 S. 2 Nr. 1 FamFG) oder das Verfahren nach § 221 Abs. 2, 3 FamFG ausgesetzt ist,[39] weil ein Rechtsstreit über den Bestand oder die Höhe eines Anrechts vor einem anderen Gericht anhängig ist (§ 140 Abs. 2 S. 2 Nr. 2 FamFG). Darüber hinaus darf die Folgesache auf Antrag abgetrennt werden, wenn sich der Scheidungsausspruch so außergewöhnlich verzögern würde, dass ein weiterer Aufschub auch unter Berücksichtigung der Bedeutung der Folgesache eine unzumutbare Härte darstellen würde (§ 140 Abs. 2 S. 2 Nr. 5 FamFG).[40] Bei einer langen Verfahrensdauer genügt der bloße Wiederverheiratungswunsch eines Ehegatten hierfür nicht, wenn der andere Ehegatte ein Interesse daran hat, dass zugleich über die Folgesache entschieden wird.[41] Das neue Recht ermöglicht jedoch auch eine Abtrennung unter wesentlich erleichterten Voraussetzungen. Denn nach § 140 Abs. 2 S. 2 Nr. 4, Abs. 4 FamFG genügt es, dass seit der Rechtshängigkeit des Scheidungsantrags, im Fall einer Scheidung nach § 1565 Abs. 2 seit Ablauf des Trennungsjahrs, drei Monate verstrichen sind, die Ehegatten die erforderlichen Mitwirkungshandlungen für den Versorgungsausgleich vorgenommen haben und übereinstimmend die Abtrennung beantragen. Nach der Abtrennung kann eine einheitliche Entscheidung nach § 137 Abs. 1 FamFG nicht mehr ergehen. Die Abtrennung erfolgt nach § 140 Abs. 6 FamFG durch gesonderten Beschluss, der nicht selbständig anfechtbar ist.[42] Ist eine Verbundentscheidung nur wegen einer Folgesache angefochten und das Rechtsmittel innerhalb der Frist des § 145 Abs. 1 FamFG nicht auf Teile der Verbundentscheidung erstreckt worden, die eine andere Familiensache betreffen, wird der Scheidungsausspruch rechtskräftig, so

[36] BGH NJWE-FER 1998, 91 = FamRZ 1998, 1505, 1506; BGH NJW 1981, 233 = FamRZ 1981, 24; BGH NJW 1979, 766 = FamRZ 1979, 232.

[37] Vgl. BT-Drucks. 10/2888 S. 23; BGH NJW 1989, 2135 f. = FamRZ 1989, 371 f.; vgl. auch BGH NJW 1993, 1208, 1209.

[38] Vgl. BT-Drucks. 16/6308 S. 224.

[39] Zu den Grenzen dieser Aussetzungsbefugnis vgl. OLG Hamm FamRZ 1982, 180 und § 221 FamFG.

[40] Vgl. zur Auflösung des Verbundes nach § 628 Abs. 1 Nr. 3 ZPO a. F. BGH NJW 1987, 1772, 1773 = FamRZ 1986, 898, 899; BGH NJW 1991, 1616 f. = FamRZ 1991, 687 f.; OLG Frankfurt NJW-RR 1988, 774 = FamRZ 1988, 966 f.; OLG Bamberg FamRZ 1988, 531; *Borgmann* FamRZ 1985, 321, 329.

[41] OLG Stuttgart FamRZ 2001, 928, 929 (Zugewinnausgleich); OLG Schleswig NJOZ 2004, 3043, 3045 = MDR 2004, 514 (nachehelicher Unterhalt).

[42] Vgl. zur früheren Rechtslage bei Ablehnung der Abtrennung BGH NJW 2005, 143 f = FamRZ 2005, 191 f.; OLG Düsseldorf FamRZ 1978, 123 und FamRZ 2002, 1574; OLG Karlsruhe FamRZ 1978, 362; OLG Zweibrücken FamRZ 1986, 823 f.; OLG Oldenburg NJWE-FER 2001, 58, 59; aA OLG Hamm NJW-RR 1987, 896 = FamRZ 1986, 1121; OLG Frankfurt FamRZ 1979, 62.

dass auch ohne förmliche Abtrennung nur noch über die Folgesache zu entscheiden ist.[43] Das Verfahren über den Wertausgleich wird nicht durch die Eröffnung des Insolvenzverfahrens über das Vermögen des ausgleichspflichtigen Ehegatten unterbrochen, weil das vom Versorgungsausgleich betroffene Rentenstammrecht nicht zur Insolvenzmasse gehört.[44]

3. Beteiligte. Im Recht der freiwilligen Gerichtsbarkeit gilt nicht der Parteibegriff der 47
ZPO, sondern der Beteiligtenbegriff. Dabei wird nach bisherigem Recht zwischen der materiellen und formellen Beteiligung unterschieden. Materiell Beteiligte, in deren Rechte die Entscheidung unmittelbar eingreift, sind vom FamG zum Verfahren hinzuzuziehen, also formell zu beteiligen.[45] Wird die formelle Beteiligung der Träger der ges. Rentenversicherung oder der Versorgungslast unterlassen und lediglich die hierfür nicht genügende Zustellung der Entscheidung vorgenommen, liegt ein wesentlicher Verfahrensmangel vor, der zwar nicht zur Unwirksamkeit der Entscheidung führt, aber – wenn er geltend gemacht werden soll – zur Anfechtung im Rechtsmittelwege zwingt.[46] Das neue Verfahrensrecht des FamFG übernimmt die Begrifflichkeit des formell und materiell Beteiligten nicht, sondern unterscheidet zwischen **Beteiligten kraft Gesetzes** – dem Antragsteller im Antragsverfahren (§ 7 Abs. 1 FamFG) – **und** solchen **kraft Hinzuziehung** (§ 7 Abs. 2 und 3 FamFG).[47] Die Hinzuziehungspflicht allgemein, aber im Besonderen hinsichtlich derjenigen Personen, deren Recht durch das Verfahren unmittelbar betroffen wird (§ 7 Abs. 2 Nr. 1 FamFG), und die Benachrichtigungspflicht des Gerichts gemäß § 7 Abs. 4 FamFG wollen sicherstellen, dass die dem Gericht bekannten Beteiligten zu dem Verfahren hinzugezogen oder in die Lage versetzt werden, einen Antrag auf Hinzuziehung zu stellen.[48] Die allgemeine Regelung des § 7 FamFG wird für das Versorgungsausgleichsverfahren durch § 219 FamFG ergänzt. Nach dieser Bestimmung sind neben den Ehegatten die Versorgungsträger, bei denen ein auszugleichendes Anrecht besteht und bei denen ein Anrecht zum Zweck des Ausgleichs begründet werden soll, sowie in bestimmten Fällen die Hinterbliebenen und die Erben der Ehegatten zu beteiligen. Das entspricht im Wesentlichen dem bisherigen Rechtszustand (vgl. § 53 b FGG RdNr. 4 bis 6), wobei freilich zu beachten ist, dass sich die Zahl der zu beteiligenden Versorgungsträger durch das Prinzip des Einzelausgleichs beträchtlich erhöhen wird.

4. Auskunftspflicht. Das Gericht kann nach § 220 Abs. 1 FamFG über Grund und 48
Höhe der Anrechte bei den Personen und Versorgungsträgern, die nach § 219 FamFG zu beteiligen sind (RdNr. 47), sowie sonstigen Stellen, die Auskünfte geben können, Auskünfte einholen. Daneben erhalten die Versicherten von ihrem Rentenversicherungsträger auf Antrag Auskunft über die Höhe ihrer auf die Ehezeit entfallenden Rentenanwartschaft (§ 109 Abs. 3 SGB VI). Das Gericht kann auch – im Unterschied zur bisherigen Rechtslage[49] – anordnen, dass die Ehegatten oder ihre Hinterbliebenen **Mitwirkungshandlungen gegenüber den Versorgungsträgern** zu erbringen haben, die für die Feststellung der in den Versorgungsausgleich einzubeziehenden Anrechte erforderlich sind (§ 220 Abs. 3 FamFG). Neu ist die ausdrücklich formulierte Pflicht der Versorgungsträger, die nach § 5 VersAusglG benötigten Werte (vgl. hierzu RdNr. 15) einschließlich einer übersichtlichen und nachvollziehbaren Berechnung sowie der für die Teilung maßgeblichen Regelungen mitzuteilen, wobei sie das Gericht von Amts wegen oder auf Antrag eines Beteiligten auffordern kann, die Einzelheiten der Wertermittlung zu erläutern (§ 220 Abs. 4 FamFG). Die Auskunft nach § 220 FamFG kann durch **Festsetzung von Zwangsgeld,** darüber hinaus auch durch ersatzweise oder originäre Zwangshaft erzwungen werden (§ 35 Abs. 1

[43] Vgl. *Diederichsen* NJW 1986, 1462, 1467 f.
[44] Vgl. OLG Frankfurt FamRZ 2004, 1043.
[45] Vgl. *Jansen/Müther* FGG § 6 RdNr. 6; *Michaelis/Sander* DAngVers. 1987, 285, 288.
[46] Vgl. BGH NJW 1980, 2418, 2419 = FamRZ 1980, 989, 990; OLG Frankfurt FamRZ 1986, 1009 mwN; zur Auswirkung bei der Rechtskraft von Verbundurteilen vgl. RdNr. 27.
[47] Vgl. BT-Drucks. 16/6308 S. 177 ff., 252; *Borth* FamRZ 2007, 1925, 1927 f.
[48] Vgl. BT-Drucks. 16/9733 S. 289.
[49] Vgl. hierzu OLG Brandenburg FamRZ 1998, 681; OLG Frankfurt FamRZ 2006, 556 f.

FamFG). Eine besondere vorherige Androhung ist – zur Beschleunigung des Verfahrens[50] – nicht mehr erforderlich; allerdings hat das Gericht nach § 35 Abs. 2 FamFG bei Anordnung der geforderten Handlung auf die Folgen einer Zuwiderhandlung hinzuweisen.

49 Von den verfahrensrechtlichen Auskunftspflichten gegenüber dem Gericht sind die in § 4 VersAusglG geregelten materiell-rechtlichen **Auskunftsansprüche der Ehegatten untereinander** und ihrer Hinterbliebenen zu unterscheiden, für deren Verfolgung ein Rechtsschutzinteresse nicht deshalb zu verneinen ist, weil das Gericht verfahrensrechtlich nach §§ 220, 35 FamFG vorgehen kann.[51] Soweit diese Ansprüche der Vorbereitung eines Verfahrens zum Versorgungsausgleich dienen, sind sie Familiensache gemäß § 111 Nr. 7 FamFG und im Rahmen eines Verbundverfahrens Folgesache,[52] wobei über sie vorab zu entscheiden ist, damit über den Hauptanspruch im Verbund entschieden werden kann.

50 **5. Rechtskraft und Wirksamkeit.** Nach § 45 FamFG tritt die formelle Rechtskraft solange nicht ein, bis das Verfahren durch ungenütztes Verstreichen der Rechtsmittelfrist, durch Rechtsmittelverzicht oder eine nicht mehr anfechtbare Entscheidung über ein Rechtsmittel zum Abschluss gekommen ist. Auch durch ein an sich nicht zulässiges Rechtsmittel wird die Rechtskraft der Ehescheidung/Versorgungsausgleichsentscheidung bis zur Rechtskraft der Entscheidung über das Rechtsmittel hinausgeschoben.[53] Entscheidungen, die Anrechte übertragen oder begründen, haben rechtsgestaltende Wirkung. Die Wirksamkeit tritt aber erst mit der Rechtskraft der Versorgungsausgleichsentscheidung ein (§ 224 FamFG), die – im Verbund – ihrerseits von der Rechtskraft des Scheidungsausspruchs abhängt (§ 148 FamFG). Wird gegen eine Verbundentscheidung nur hinsichtlich einzelner Folgesachen Rechtsmittel eingelegt, tritt die Rechtskraft des Scheidungsausspruchs bereits nach Ablauf der in § 145 Abs. 1 FamFG bezeichneten Frist ein.[54] Die Entscheidungen über den Wertausgleich und die schuldrechtliche Ausgleichsrente unterliegen auch der materiellen Rechtskraft.[55] Dabei äußert die Entscheidung über den Wertausgleich für das spätere Verfahren über die schuldrechtliche Ausgleichsrente allerdings keine Bindungswirkung, auch nicht hinsichtlich einzelner Elemente, weshalb es regelmäßig an einem Interesse fehlt, bereits im Verfahren über den Wertausgleich Feststellungen über Anrechte, die dem späteren schuldrechtlichen Versorgungsausgleich unterliegen werden, zu treffen.[56] Ähnliches gilt für das Verhältnis des Anspruchs auf eine schuldrechtliche Ausgleichsrente (§ 20 VersAusglG), der mit dem Tod des Verpflichteten erlischt (§ 31 Abs. 3 VersAusglG), zu dem eigenständigen Anspruch gegen den Versorgungsträger oder die Witwe oder den Witwer (§§ 25, 26 VersAusglG). Für feststellende Entscheidungen über den verlängerten schuldrechtlichen Versorgungsausgleich (jetzt: Teilhabe an der Hinterbliebenenversorgung) als einem möglichen künftigen Rechtsverhältnis fehlt es daher vor dem Tod des ausgleichspflichtigen Ehegatten regelmäßig an dem erforderlichen Feststellungsinteresse.[57] In der Begründung seiner Ent-

[50] Vgl. BT-Drucks. 16/6308 S. 193.

[51] Zum bisherigen Recht OLG Frankfurt FamRZ 2000, 99; aA für den Regelfall OLG München FamRZ 1998, 244; OLG Oldenburg FamRZ 1999, 1207, 1208.

[52] Vgl. zu § 1587 e BGH NJW-RR 1986, 369 = FamRZ 1986, 253, 254.

[53] Vgl. § 45 S. 2 FamFG; zum bisherigen Recht GmS-OGB BGHZ 88, 353 = NJW 1984, 1027 = FamRZ 1984, 975; im Anschluss daran BGHZ 109, 211, 212 f. = NJW-RR 1990, 323, 326 = FamRZ 1990, 283, 286 f.; BGH FamRZ 2008, 2019, 2020 = NJW-RR 2008, 1673 f. Tz. 6 f.; vgl. auch *Borgmann* FamRZ 1985, 321, 336.

[54] Vgl. BT-Drucks. 10/2888 S. 15 und 29; BGH NJW 1998, 2679, 2680 = FamRZ 1998, 1024, 1025; *Jaeger* FamRZ 1985, 865, 869.

[55] BGH NJW 1982, 1646, 1647 = FamRZ 1982, 687 f.; BGH NJW 1984, 2364 f. = FamRZ 1984, 669 f.; BGH NJW-RR 1989, 130 = FamRZ 1989, 264.

[56] BGH NJW-RR 1995, 321, 322 f. = FamRZ 1995, 293, 295; BGH NJW-RR 1995, 323, 324 = FamRZ 1995, 157, 158; BGH NJW-RR 1995, 961 = FamRZ 1995, 1481, 1482; BGH NJW-RR 2004, 865, 866 = FamRZ 2004, 1024, 1025; vgl. auch OLG Hamm FamRZ 1994, 1526, 1527, FamRZ 1994, 1528, 1530 und NJW-RR 2008, 452 = FamRZ 2008, 898; zur Unzulässigkeit einer Beschwerde, die auf Fehler in dem dem schuldrechtlichen Ausgleich vorbehaltenen Teil der Entscheidung gestützt wird, OLG Düsseldorf FamRZ 2008, 1194.

[57] BGH NJW-RR 1997, 67, 68 = FamRZ 1996, 1465 f.

scheidung über den Wertausgleich hat das FamG jedoch Anrechte, die dem schuldrechtlichen Ausgleich vorbehalten bleiben, nach § 224 Abs. 4 FamFG ausdrücklich zu benennen.

6. Rechtsmittelverfahren. Gegen Endentscheidungen der FamG findet nach § 58 Abs. 1 FamFG nur noch die **Beschwerde** und gegen die Entscheidung des Beschwerdegerichts nach § 70 Abs. 1 FamFG nur noch die **zugelassene Rechtsbeschwerde** statt. Die durch das Zivilprozessreformgesetz (vom 27. 7. 2001, BGBl. I S. 1887) allgemein eingeführte Möglichkeit, die Zulassung des Rechtsmittels durch das Revisions- bzw. Rechtsbeschwerdegericht auf Nichtzulassungsbeschwerde (§ 544 ZPO) herbeizuführen, ist nicht in das FamFG übernommen worden. Die Frist von einem Monat zur Einlegung der Beschwerde (§ 63 Abs. 1, 3 FamFG) beginnt mit der schriftlichen Bekanntgabe des Beschlusses an die Beteiligten. Kann die schriftliche Bekanntgabe an einen – erstinstanzlich hinzugezogenen – Beteiligten nicht bewirkt werden, beginnt die Frist spätestens mit Ablauf von fünf Monaten nach Erlass des Beschlusses (§ 63 Abs. 3 S. 2 FamFG). Die neue Regelung will im Zusammenhang mit der Hinzuziehungs- und Benachrichtigungspflicht des Gerichts (vgl. § 7 Abs. 2 bis 4 FamFG) erreichen, dass die entsprechenden Personen auch tatsächlich beteiligt werden und auf das Verfahren Einfluss nehmen können. Andererseits soll die Entscheidung im Interesse der Rechtsklarheit und Rechtssicherheit in Rechtskraft erwachsen können, mag auch eine zu beteiligende Person nicht zu dem Verfahren hinzugezogen worden sein. Ihr gegenüber soll die Beschwerdeauffangfrist von fünf Monaten nicht ausgelöst werden. Vielmehr soll sie gehalten sein, ihre Rechte innerhalb der Frist geltend zu machen, die für den letzten (hinzugezogenen) Beteiligten abläuft.[58] Eine Begründung des Rechtsmittels ist lediglich für die Rechtsbeschwerde zwingend erforderlich (§ 71 Abs. 2 FamFG), während die Beschwerde nach § 65 Abs. 1 FamFG nur begründet werden „soll". Eine Änderung gegenüber dem bisherigen Rechtszustand besteht auch darin, dass die Beschwerde nach § 64 Abs. 1 FamFG bei dem Gericht einzulegen ist, dessen Beschluss angefochten wird. Das beruht auf der nach § 68 Abs. 1 S. 1 FamFG beruhenden Möglichkeit, einer begründeten Beschwerde abzuhelfen, die allerdings in Familiensachen – wie auch nach früherem Recht – bei der Anfechtung von Endentscheidungen allgemein verschlossen ist (§ 68 Abs. 1 S. 2 FamFG). Im Hinblick darauf, dass das Gericht nach § 39 FamFG zu einer Rechtsbehelfsbelehrung verpflichtet ist, sollten sich aus dieser Änderung indes keine Probleme ergeben. Die Beschwerdeberechtigung ist unabhängig von dem gestellten Antrag zu beurteilen.[59] 51

Das Beschwerdegericht ist an **Sachanträge** des Rechtsmittelführers nicht gebunden, sondern hat eine der Gesetzeslage entsprechende Entscheidung zu treffen.[60] Jedoch gilt der Grundsatz des Verbots der reformatio in peius auch beim Versorgungsausgleich zugunsten des Rechtsmittelführers.[61] Bei der Verletzung eines von Amts wegen zu beachtenden Verfahrensgebots ist das Verbot der Schlechterstellung allerdings nicht zu beachten, wenn die verletzte Verfahrensnorm ein größeres verfahrensrechtliches Gewicht hat.[62] Legt ein Versorgungsträger Rechtsmittel ein, wirkt sich das **Verbot der Schlechterstellung** regelmäßig nicht aus, weil wegen des ungewissen künftigen Versicherungsverlaufs nicht zuverlässig vorausgesagt werden kann, ob eine Abänderung dem Versorgungsträger zum Vorteil oder Nachteil gereicht.[63] Dies ist nur anders, wenn während des Verfahrens ein Ehegatte stirbt und sich eine Änderung der Entscheidung nur noch zu Lasten des Versorgungsträgers aus- 52

[58] Vgl. BT-Drucks 16/9733 S. 289.

[59] BGH FamRZ 2005, 1240, 1241.

[60] BGHZ 92, 5, 10 f. = NJW 1984, 2879, 2880 = FamRZ 1984, 990, 991; ergänzend BGH NJW-RR 1988, 130, 131 = FamRZ 1988, 49, 51.

[61] Vgl. BGHZ 85, 180, 185 ff. = NJW 1983, 173, 174 f. = FamRZ 1983, 44, 46; BGH NJW 1986, 1494, 1495 = FamRZ 1986, 455, 456 f.; OLG Frankfurt FamRZ 2005, 623, 625 (zum schuldrechtlichen Versorgungsausgleich).

[62] BGH NJW 2008, 153, 156 Tz. 30 = FamRZ 2007, 2055, 2058 zur Änderung eines titulierten Vomhundertsatzes in einen Zahlbetrag.

[63] Vgl. BGHZ 92, 5, 12 = NJW 1984, 2879, 2881 = FamRZ 1984, 990, 992; BGH NJW-RR 1986, 290 = FamRZ 1986, 250.

wirken könnte.[64] Nach neuem Recht sind sowohl die Anschlussbeschwerde (§ 66 FamFG in Nachbildung des § 567 Abs. 3 ZPO) als auch die Anschlussrechtsbeschwerde (§ 73 FamFG in Nachbildung des § 574 Abs. 4 ZPO) ausdrücklich vorgesehen, so dass das Rechtsschutzbedürfnis nicht mehr zu verneinen ist. Das Beschwerdegericht darf bei einem Rechtsmittel gegen eine in zulässiger Weise ergangene Teilentscheidung über den Versorgungsausgleich nicht über andere nicht angefallene Teile mitentscheiden.[65] Wer von der Einlegung einer Beschwerde absieht, kann auch keine Rechtsbeschwerde einlegen oder sich der Rechtsbeschwerde eines anderen Beteiligten anschließen, es sei denn, die Beschwerdeentscheidung ändert die angefochtene Entscheidung zu seinen Ungunsten ab.[66] Ein dem Gericht gegenüber erklärter **Rechtsmittelverzicht** ist als Prozesshandlung unwiderruflich.[67] Inhalt und Tragweite eines gegenüber dem Gericht erklärten Rechtsmittelverzichts sind danach zu beurteilen, wie die Verzichtserklärung bei objektiver Betrachtung zu verstehen ist.[68]

53 **7. Abänderungsverfahren.** In den Bestimmungen der §§ 225, 226 FamFG wird die Möglichkeit einer **Abänderung des Wertausgleichs** bei der Scheidung geregelt, wobei sich diese Bestimmungen auf **Erstentscheidungen** beziehen, die **unter Anwendung des** durch die Strukturreform geänderten **neuen materiellen Rechts** ergangen sind. Sie treten an die Stelle des § 10a VAHRG, wobei sie die Rechtslage in mehreren Beziehungen neu gestalten. Einer Abänderung unterliegen nach § 225 Abs. 1 FamFG nur noch **Anrechte iSd. § 32 VersAusglG,** das sind diejenigen aus der gesetzlichen Rentenversicherung einschließlich der Höherversicherung, aus der Beamtenversorgung oder einer anderen Versorgung, die zur Versicherungsfreiheit nach § 5 Abs. 1 SGB VI führt, aus einer berufsständischen oder einer anderen Versorgung, die nach § 6 Abs. 1 Nr. 1 oder 2 SGB VI zu einer Befreiung von der Sozialversicherungspflicht führen kann, aus der Alterssicherung der Landwirte und aus den Versorgungssystemen der Abgeordneten und der Regierungsmitglieder im Bund und in den Ländern. Mit der Einschränkung der Abänderungsmöglichkeit auf die genannten Anrechte entfällt auch die bisherige Möglichkeit, im Rahmen des § 10a VAHRG jeden denkbaren Fehler der früheren Entscheidung zu korrigieren (vgl. § 10a VAHRG RdNr. 2, 15). Es werden auch die Abänderungsgründe in § 10a Abs. 1 Nr. 2 und 3 VAHRG beseitigt. Noch verfallbare Anrechte der betrieblichen Altersversorgung (vgl. § 19 Abs. 1 und 2 Nr. 1 VersAusglG) sind schuldrechtlich auszugleichen. Im Übrigen geht das neue Recht davon aus, dass alle Anrechte, die teilungsreif sind, vom Wertausgleich bei der Scheidung erfasst werden.

54 Voraussetzung der Abänderung ist es, dass es nach dem Ende der Ehezeit zu rechtlichen oder tatsächlichen Veränderungen gekommen ist, die auf den Ausgleichswert des Anrechts zurückwirken und zu einer **wesentlichen Wertänderung bei diesem – jeweilig betroffenen – Anrecht** führen (§ 225 Abs. 2 FamFG). Nach Abs. 3 ist die Wertänderung dann wesentlich, wenn sie mindestens fünf Prozent (bisher zehn Prozent) des bisherigen Ausgleichswerts beträgt und bei einem Rentenbetrag als maßgeblicher Bezugsgröße ein Prozent (bisher 0,5 Prozent), in allen anderen Fällen als Kapitalwert 120 Prozent der am Ende der Ehezeit maßgeblichen monatlichen Bezugsgröße nach § 18 Abs. 1 SGB IV übersteigt.[69] Unabhängig vom Erreichen dieser Grenzwerte bleibt die Abänderung auch dann zulässig, wenn durch sie eine für die Versorgung des Ausgleichsberechtigten maßgebende Wartezeit erfüllt wird (Abs. 4).

---

[64] Vgl. BGH NJW 1986, 185, 186 = FamRZ 1985, 1240, 1241f.; BGH NJW-RR 1986, 1199f. = FamRZ 1986, 894, 895; BGH FamRZ 1990, 1339, 1341.

[65] Vgl. BGH NJW 1983, 1311, 1313 = FamRZ 1983, 459, 460.

[66] Vgl. BGH NJW 1980, 1960, 1961 = FamRZ 1980, 773; BGH NJW 1983, 1858f. = FamRZ 1983, 683, 684; BGH NJW 1984, 2414 = FamRZ 1984, 670; BGHZ 92, 207, 212f. = NJW 1985, 968 = FamRZ 1985, 59, 60.

[67] BGH NJW 1985, 2334 = FamRZ 1985, 801, 802.

[68] Vgl. BGH NJW 1981, 2816f. = FamRZ 1981, 947f.; die Wirksamkeit hängt nicht von der ordnungsmäßigen Protokollierung ab, BGH NJW 1984, 1465f. = FamRZ 1984, 372f.

[69] Der Grenzwert beträgt bei einem Ende der Ehezeit im Jahr 2009 25,20 € für einen Rentenbetrag und 3024 € für einen Kapitalwert; vgl. zu den Grenzwerten (bisher zu §§ 3b, 10a VAHRG) die Übersicht in Beilage zu NJW Heft 30/2009, S. 17 und FamRZ 2009, 103.

55 In § 226 FamFG sind weitere bei der **Durchführung eines Abänderungsverfahrens** zu beachtende Voraussetzungen geregelt. Das Antragsrecht ist in Übereinstimmung mit § 10 a Abs. 4 VAHRG in Abs. 1 ausgestaltet. Abweichend von § 10 a Abs. 5 VAHRG ist der Antrag frühestens sechs Monate vor dem Zeitpunkt zulässig, ab dem ein Ehegatte voraussichtlich eine laufende Versorgung aus dem abzuändernden Anrecht bezieht oder dies auf Grund der Abänderung zu erwarten ist (Abs. 2); damit soll eine möglicherweise mehrfache Abänderung einer Erstentscheidung vermieden werden. Auch im Änderungsverfahren ist die Härteklausel (§ 27 VersAusglG) – bezogen auf nachträglich entstandene Umstände – entsprechend anzuwenden (Abs. 3). In Übereinstimmung mit § 10 a Abs. 7 S. 1 VAHRG wirkt die abändernde Entscheidung ab dem Ersten des Monats, der auf den Monat der Antragstellung folgt. Der bislang in § 10 a Abs. 7 S. 2 VAHRG vorgesehene Schutz des Versorgungsträgers ist in § 30 VersAusglG geregelt. Abs. 5 übernimmt im Wesentlichen die in § 10 a Abs. 10 VAHRG enthaltene Regelung (vgl. § 10 a VAHRG RdNr. 107). Im Unterschied hierzu ist indes vorgesehen, dass im Falle des Todes des antragstellenden Ehegatten das Gericht die übrigen antragsberechtigten Beteiligten darauf hinzuweisen hat, dass das Verfahren fortgesetzt wird, wenn dies von einem antragsberechtigten Beteiligten innerhalb eines Monats durch Erklärung gegenüber dem Gericht verlangt wird. Stirbt der Antragsgegner, ist das Verfahren gegen dessen Erben als Prozessstandschafter fortzusetzen.

56 § 227 FamFG behandelt sonstige Abänderungen. Abs. 2 sieht in sachlicher Übereinstimmung mit § 10 a Abs. 9 VAHRG vor, dass **Vereinbarungen** der Ehegatten über den Versorgungsausgleich der Abänderung nach §§ 225, 226 FamFG unterliegen, wenn die Abänderung nicht ausgeschlossen worden ist (vgl. § 10 a VAHRG RdNr. 102 f.). Für **sonstige Abänderungsfälle,** die sich nach neuem Recht nur noch auf Ausgleichsansprüche nach der Scheidung (§§ 20 bis 26 VersAusglG) beziehen können – dabei handelt es sich um die früheren Ansprüche aus dem schuldrechtlichen Versorgungsausgleich einschließlich der Abtretung und aus dem verlängerten schuldrechtlichen Versorgungsausgleich (jetzt Teilhabe an der Hinterbliebenenversorgung) –, nimmt Abs. 1 auf die allgemeine Vorschrift des 48 Abs. 1 FamFG Bezug, die für die Abänderung aller rechtskräftigen Endentscheidungen mit Dauerwirkung gilt, wenn sich die zugrunde liegende Sach- und Rechtslage nachträglich wesentlich geändert hat.

57 Für die **Abänderung von Entscheidungen** über den öffentlich-rechtlichen Versorgungsausgleich, die **nach dem** – bis zum 31. 8. 2009 geltenden – **bisherigen Recht** getroffen worden sind, gelten die Übergangsvorschriften der §§ 51, 52 VersAusglG. Sie sehen bei einer **wesentlichen Wertveränderung,** die sich auf den Ausgleichswert **eines einzelnen Anrechts** beschränken kann, eine „Totalrevision" der Erstentscheidung nach neuem Recht, also nach den Vorschriften der §§ 9 bis 19 VersAusglG vor. Die Totalrevision erlaubt jedoch nicht die Einbeziehung von Anrechten, die noch nicht Gegenstand der abzuändernden Entscheidung waren.[70] Eine Wertänderung ist zum einen wesentlich, wenn die in § 225 Abs. 2 und 3 genannten Voraussetzungen vorliegen (§ 51 Abs. 2 VersAusglG; s. RdNr. 54).

58 Eine andere Fallgruppe betrifft Erstentscheidungen, in denen **Anrechte der berufsständischen, betrieblichen oder privaten Altersversorgung durch Umrechnung** (§ 1587 a Abs. 3 oder 4 a. F.) in den Ausgleich einbezogen wurden und bei denen zu prüfen ist, ob es hierdurch zu wesentlichen Wertverzerrungen gekommen ist. In diesen Fällen wird der vor der Umrechnung ermittelte Wert des Anrechts dem Wert gegenübergestellt, der sich ergibt, wenn man den dynamisierten Wert der Erstentscheidung mithilfe der aktuellen Rentenwerte der gesetzlichen Rentenversicherung auf den Zeitpunkt der Antragstellung im Abänderungsverfahren hochrechnet. Der insoweit – ohne Einholung einer Auskunft – ermittelbare Unterschiedsbetrag stellt eine wesentliche Änderung dar, wenn er mindestens zwei Prozent der zum Zeitpunkt der Antragstellung maßgeblichen Bezugsgröße nach § 18 Abs. 1 SGB IV beträgt (§ 51 Abs. 3 VersAusglG). Dieser Änderungsmöglichkeit unterliegen Anrechte, die bislang nach § 1587 b Abs. 2, § 1 Abs. 3 VAHRG durch Quasi-Splitting ausgeglichen worden sind. Ist im Erstverfahren nur ein Teilausgleich nach § 3 b Abs. 1 Nr. 1

[70] Vgl. BT-Drucks. 16/10144 S. 89.

VAHRG vorgenommen worden, ist eine Abänderung des Wertausgleichs nach § 51 Abs. 4 VersAusglG ausgeschlossen und der Berechtigte darauf verwiesen, insoweit Ausgleichsansprüche nach der Scheidung gem. §§ 20 bis 26 VersAusglG geltend zu machen.[71] Dabei ist der Wert eines bereits durchgeführten Teilausgleichs mithilfe der aktuellen Rentenwerte der gesetzlichen Rentenversicherung zu bestimmen (§ 53 VersAusglG).

59 **8. Sonstige Einzelbestimmungen.** In § 221 FamFG werden ohne wesentliche sachliche Änderungen gegenüber dem früheren Recht (vgl. § 53 b Abs. 1 FGG, § 53 c FGG) die Pflicht des Gerichts übernommen, die Angelegenheit mit den Ehegatten in einem Termin zu **erörtern** (Abs. 1), und die Möglichkeit beibehalten, das **Verfahren auszusetzen,** wenn ein Rechtsstreit über den Bestand oder die Höhe eines in den Versorgungsausgleich einzubeziehenden Anrechts anhängig ist oder aus der Sicht des Gerichts anhängig gemacht werden sollte (Abs. 2 und 3).

60 § 222 FamFG befasst sich mit verfahrensrechtlichen Erfordernissen im Zusammenhang mit der Durchführung der **externen Teilung** (vgl. RdNr. 21). Er bestimmt, dass die Wahlrechte in § 14 Abs. 2 und § 15 Abs. 1 VersAusglG in den vom Gericht festzusetzenden Fristen ausgeübt werden und der Nachweis erbracht wird, dass der für die Begründung von Anrechten ausgewählte Versorgungsträger mit der vorgesehenen Teilung einverstanden ist. Die diesbezüglichen Erklärungen des Ehegatten unterliegen nicht dem Anwaltszwang (§ 114 Abs. 4 Nr. 7 FamFG).

61 § 224 Abs. 1 und 2 übernimmt die bisherigen Regelungen in § 53 g Abs. 1 und § 53 b Abs. 3 FGG, dass **Endentscheidungen,** die den Versorgungsausgleich betreffen, erst **mit Rechtskraft wirksam** werden und **zu begründen** sind. Neu ist die Bestimmung in § 224 Abs. 3 FamFG, nach der das Gericht es in der Beschlussformel festzustellen hat, wenn in den Fällen des § 3 Abs. 3 (Versorgungsausgleich bei einer Ehezeit bis zu drei Jahren), des § 6 (Vereinbarung über den Versorgungsausgleich), des § 18 Abs. 1 und 2 (kein Versorgungsausgleich wegen Geringfügigkeit) und des § 27 VersAusglG (Beschränkung oder Wegfall des Versorgungsausgleichs) ein Wertausgleich bei der Scheidung nicht stattfindet. Insoweit lehnt sich die Bestimmung an § 53 d S. 1 FGG an. Während nach bisherigem Recht eine entsprechende Entscheidung nur dann in materielle Rechtskraft erwuchs, wenn sie hinsichtlich der Wirksamkeit einer Vereinbarung nach § 1408 Abs. 2 oder § 1587 o eine Prüfung vornahm (vgl. § 53 d FGG RdNr. 2),[72] soll die Entscheidung nach Abs. 3 wegen ihrer materiellen Prüfung nach den Vorstellungen des Gesetzgebers allgemein in materielle Rechtskraft erwachsen.[73] Ferner wird in Abs. 4 die Pflicht des Gerichts begründet, Anrechte, die im Wertausgleich bei der Scheidung noch nicht ausgeglichen werden können, in der Begründung der Entscheidung zu benennen (vgl. RdNr. 50).

62 Auf Vorschlag des BRates ist in § 229 FamFG eine Bestimmung aufgenommen, nach der das Gericht und die nach § 219 Nr. 2 oder 3 FamFG beteiligten Versorgungsträger an einem zur **elektronischen Übermittlung** eingesetzten Verfahren teilnehmen, um die im Versorgungsausgleich erforderlichen Daten auszutauschen. In einem solchen – bundeseinheitlichen – Übermittlungsverfahren mit Pilotcharakter, dem sich die beteiligten Seiten freiwillig anschließen können, können den Versorgungsträgern die Auskunftsersuchen und den Gerichten die Auskünfte übermittelt sowie Entscheidungen zugestellt und automatisch erzeugte Eingangsbestätigungen als Zustellungsnachweise elektronisch übermittelt werden.[74]

VI. Das neue Kostenrecht

63 Mit der Zusammenfassung des Verfahrensrechts in einem einheitlichen Verfahrensgesetz, dem FamFG, ist durch Art. 2 FGG-ReformG zugleich das Gesetz über Gerichtskosten in

---

[71] Zum Hintergrund für diese Regelung vgl. BT-Drucks. 16/10144 S. 90 und BT-Drucks. 16/11903 S. 116 f. (elektronische Vorab-Fassung).

[72] Vgl. BGH NJW 2009, 677 f. Tz. 10–12 = FamRZ 2009, 215 f. in Abgrenzung zu BGH NJW 1991, 1743, 1744 = FamRZ 1991, 679, 680 zu § 53 d FGG; OLG Celle NJW-RR 2009, 74, 75.

[73] Vgl. BT-Drucks. 16/10144 S. 96.

[74] Vgl. BT-Drucks. 16/11903 S. 118 ff. (elektronische Vorab-Fassung).

Familiensachen (FamGKG) geschaffen worden. Dabei handelt es sich nach dem Vorbild und unter Übernahme der Gebührentabelle des GKG um ein eigenständiges umfassendes Kostengesetz, das nach der Übergangsvorschrift in Art. 111 FGG-ReformG erst für Verfahren anzuwenden ist, die seit dem Inkrafttreten zum 1. 9. 2009 eingeleitet oder anhängig geworden sind. Bis zum 31. 8. 2009 eingeleitete Verfahren sind einschließlich eines etwaigen Rechtsmittelzugs grundsätzlich nach dem bisherigen Recht zu behandeln (zu Ausnahmen vgl. RdNr. 43). Das Gesetz enthält besondere Wertvorschriften für Ehesachen in § 43, für Verbundverfahren in § 44 und für den Versorgungsausgleich – ohne Unterscheidung, ob er selbständige Familiensache oder Folgesache ist – in § 50. Dabei stimmt § 43 FamGKG inhaltlich mit der bisherigen Regelung in § 48 Abs. 2, 3 GKG überein. Es bleibt auch beim Grundsatz, dass im Verbundverfahren die Werte der Folgesachen (mit Ausnahme der in § 137 Abs. 3 FamFG genannten Kindschaftssachen des § 151 Nr. 1 bis 3 FamFG) nach § 44 Abs. 2 S. 2 FamGKG dem Wert der Ehesache hinzugerechnet werden. In Versorgungsausgleichssachen beträgt der Verfahrenswert nach § 50 Abs. 1 für jedes Anrecht 10 Prozent, bei Ausgleichsansprüchen nach der Scheidung (§§ 20 ff. VersAusglG) für jedes Anrecht 20 Prozent des in drei Monaten erzielten Nettoeinkommens der Ehegatten, mindestens jedoch 1000 €. In Verfahren über einen Auskunftsanspruch oder über die Abtretung von Versorgungsansprüchen beträgt der Verfahrenswert 500 € (Abs. 2). Sind diese Werte nach den besonderen Umständen des Einzelfalls unbillig, kann das Gericht einen höheren oder niedrigeren Wert festsetzen (Abs. 3). Wird das Versorgungsausgleichsverfahren als selbständige Familiensache betrieben, entsteht für das Verfahren im Allgemeinen nach Nr. 1320 des Kostenverzeichnisses (Anlage 1 zu § 3 Abs. 2 FamGKG) eine Gebühr von 2,0 und im Verfahren auf Erlass einer einstweiligen Anordnung nach Nr. 1420 eine solche von 1,5.

Von den allgemeinen Vorschriften über die Kosten in Abschnitt 7 (§§ 80 ff. FamFG) ist 64
für die Familiensachen insbesondere von Bedeutung, dass § 81 Abs. 1 S. 3 FamFG insoweit stets eine **Kostenentscheidung** verlangt, die – anders als der frühere § 13 a FGG – auch die Kostenpflicht hinsichtlich der Gerichtskosten mit umfasst. Nach dem Grundsatz des § 81 Abs. 1 S. 1 FamFG kann das Gericht die Kosten des Verfahrens nach billigem Ermessen den Beteiligten ganz oder zum Teil auferlegen. Dabei sind in § 81 Abs. 2 FamFG Konstellationen aufgeführt, in denen sich die Kostenentscheidung am Verfahrensverhalten orientieren soll. Das in § 20 a Abs. 1 S. 1 FGG enthaltene Verbot einer isolierten Anfechtung der Kostenentscheidung ist nicht in das FamFG übernommen worden.[75] Die Kosten eines ohne Erfolg eingelegten Rechtsmittels sollen dem Beteiligten auferlegt werden, der es eingelegt hat (§ 84 FamFG). Im Zusammenhang mit einem Verbundverfahren besteht die Sonderregelung des § 150 FamFG, die sich im Grundsatz (Kostenaufhebung, Abs. 1) an der bisherigen Bestimmung des § 93 a ZPO orientiert. Weitergehend als bisher wird in § 150 Abs. 2 FamFG auch geregelt, wer die Kosten bei einer Rücknahme sowie bei einer Abweisung oder Rücknahme beiderseits gestellter Scheidungsanträge zu tragen hat. Neu ist auch die ausdrückliche Regelung, dass Drittbeteiligte in einer Folgesache, die nicht nach § 140 Abs. 1 FamFG abzutrennen ist, also zB die Versorgungsträger in Versorgungsausgleichssachen, ihre außergerichtlichen Kosten selbst zu tragen haben (§ 150 Abs. 3 FamFG). Eine abweichende Kostenverteilung kann das Gericht bei Unbilligkeit einer Entscheidung nach Abs. 1 bis 3 im Hinblick auf eine Versöhnung der Ehegatten oder auf das Ergebnis in einer als Folgesache geführten Unterhalts- oder Güterrechtssache vornehmen (§ 150 Abs. 4 S. 1 FamFG). Dabei kann es auch das nicht genügend entschuldigte Fernbleiben von einem Informationsgespräch nach § 135 Abs. 1 FamFG berücksichtigen (Abs. 4 S. 2); schließlich soll es seiner Entscheidung eine Vereinbarung der Beteiligten über die Kosten ganz oder teilweise zugrunde legen (Abs. 4 S. 3). Dieselben Grundsätze sind nach § 150 Abs. 5 FamFG anzuwenden, wenn über Folgesachen nach Abtrennung gesondert entschieden wird.

---

[75] Vgl. BT-Drucks. 16/6308 S. 216.

Titel 8. Kirchliche Verpflichtungen

§ 1588

Die kirchlichen Verpflichtungen in Ansehung der Ehe werden durch die Vorschriften dieses Abschnitts nicht berührt.

Schrifttum: *Becker,* Der so genannte Kaiser-Paragraph (§ 1588 BGB), FS Dieter Schwab, 2005, S. 269; *Boehmer,* Einführung in das bürgerliche Recht, 1965, S. 119; *Bosch,* Staatliches und kirchliches Eherecht in Harmonie oder im Konflikt?, 1988, davon Teilabdruck in FamRZ 1988, 665; *Bosch/Hegnauer/Hoyer,* Ziviltrauung vor religiöser Trauung: sinnvoll oder überholt?, FamRZ 1997, 1313; *Coester-Waltjen,* Einige Überlegungen zum Eheschließungsrecht, FS Walter Rolland, 1999, S. 67; *Conrad,* Die Grundlegung der modernen Zivilehe durch die französische Revolution, ZRG germ. Abt. 67 1950, 336; *ders.,* Die Einführung der Zwangszivilehe in Preußen und im Reich, FS Lehmann I, 1956, S. 113 ff.; *Liermann,* Evangelisches Kirchenrecht und staatliches Eherecht in Deutschland, in: Existenz und Ordnung, FS Erik Wolf, 1962, S. 109; *Müller-Freienfels,* Ehe und Recht, 1962, S. 114; *Neuhaus,* Staatliche und kirchliche Eheschließung in rechtsvergleichender Sicht, FamRZ 1955, 305; *ders.,* Zum Verhältnis von staatlichem und religiösem Eherecht, FamRZ 1966, 121; *K. W. Nörr,* Bürgerliches Eheauflösungsrecht und Religion, JZ 1966, 545; *Pawlowski,* Das Studium der Rechtswissenschaft, 1969, S. 309; *Pirson,* Staatliches und kirchliches Eherecht; in *Listl/Pirson,* Handbuch des Staatskirchenrechts I (1994) § 28, S. 787–825; *Schwab,* Grundlagen und Gestalt der staatlichen Ehegesetzgebung bis zum Beginn des 19. Jh., 1967; *ders.,* Kirchliche Trauung ohne Standesamt – Die stille Beerdigung eines historischen Konflikts – , FamRZ 2008, 1121; *ders.,* Neues im Familienrecht – Ein Zwischenbericht –, FamRZ 2009, 1; *Waldstein,* Ist der Zwang zur Trauung vor dem Standesbeamten grundrechtskonform? in: Aus Österreichs Rechtsleben, FS Hellbling, 1981, S. 401. Weit. reiche Lit.-Hinw. zur obligatorischen Zivilehe bei *Gernhuber/Coester-Waltjen* § 11 I. Zur abendländischen Entwicklung von der freien Ehe über die Kirchen-Ehe zur Zivilehe eingehend *E. Schumann* S. 1 ff. und *Grziwotz* Nichteheliche Lebensgemeinschaft, S. 4 ff. (s. je Lit. Nach § 1302).

1 Durch den „Kaiser-Paragraphen" – so genannt nach seinem auf Vorschlag Kaiser Wilhelm I. ins Reichspersonenstandsgesetz von 1875 aufgenommenen Vorgänger (§ 82)[1] – nimmt der konfessionsneutrale Staat zur Kenntnis,[2] dass die Ehe kirchliche Verpflichtungen erzeugen kann; um deren Einhaltung kümmert er sich allerdings nicht. Damit ist zugleich klargestellt, dass die BGB-Vorschriften über das Eherecht nur die „bürgerliche Ehe" betreffen.[3] Die praktische Bedeutung der Vorschrift ist gering.[4] Kirchliche Ehehindernisse beachtet der Standesbeamte nicht.[5] Nach § 67 PStG aF mussten die Verlobten vor einer kirchlichen Einsegnung nachweisen, dass sie standesamtlich getraut sind. Andernfalls beging der Religionsdiener eine (sanktionslose) Ordnungswidrigkeit,[6] außer bei lebensgefährlicher Erkrankung eines Verlobten oder anderem schweren sittlichen Notstand. Das zum 1. 1. 2009 in Kraft getretene neue Personenstandsgesetz[7] enthält ein dem bisherigen § 67 PStG entsprechendes „Verbot der kirchlichen Voraustrauung" nicht mehr.[8] Danach stehen staatliche

---

[1] *Dölle* I § 5 II 4 m. Fn. 61. Mit Math. 22, 21 („Gebet dem Kaiser, was des Kaisers ist …") hat die Bezeichnung entgegen *Schultz* MDR 1963, 962 nichts zu tun.

[2] Östliche Staaten ignorierten demgegenüber oft bewusst die religiöse Seite der Ehe; vgl. *Dölle* I § 16 III 2 b (S. 190).

[3] Vgl. *Mugdan* IV 1206 f. dort S. 1193 ff. ausführliche Diskussion zum Für und Wider von Zivil- oder Kirchenehe. Vgl. auch BAG AP § 616 Nr. 61 (Bl. 446) m. Anm. *Mayer-Maly:* tarifvertragliche Regelungen werden von § 1588 nicht berührt.

[4] Nach *Becker* S. 269 ff., hat sie eher symbolische Bedeutung.

[5] Vgl. *Mugdan* IV 1207.

[6] Nach *Gernhuber/Coester-Waltjen* § 11 I 3 verstieß die Vorschrift gegen Art. 4 GG; dag. *Pirson* 806 f.; für unzeitgemäß hielt sie *Renck* NJW 1996, 907, 908; nach der rechtsvergleichenden Übersicht von *Bosch/Hegnauer/Hoyer* FamRZ 1997, 1313 sollte erwogen werden, das notwendige Zusammenwirken des Staates mit den Religionsgemeinschaften in Bezug auf die Eheschließung deutlich herauszustellen. Zu OLG Nürnberg vgl. *Bosch* FamRZ 1988, 1047, 1048 ff. Für Wiedereinführung einer Geldbuße hingegen *Dölle* I § 16 III 3.

[7] Gesetz zur Reform des Personenstandsrechts (Personenstandsrechtsreformgesetz) vom 19. 2. 2007, BGBl. I S. 122.

[8] Eine Vorschrift zur Konkurrenz von staatlicher Eheschließung und kirchlicher Trauung wurde für entbehrlich gehalten. Die bisherige Regelung der §§ 67, 67 a PStG habe heute – zumindest im Verhältnis zu

Eheschließung und kirchliche Trauung rechtlich nebeneinander;[9] Rechtsfolgen im zivilrechtlichen Bereich entfaltet indes nur die vor dem Standesbeamten geschlossene Ehe. – Die Verweigerung der kirchlichen Trauung durch einen Ehegatten war nie ein Scheidungsgrund.[10] Ein Glaubenswechsel eines Ehegatten kann auch nicht mehr wegen seiner verletzenden Form einen Aufhebungsgrund abgeben.[11] Über das staatliche Eheschließungs- und Scheidungsrecht können die Parteien nicht disponieren (o. § 1353 RdNr. 4 aE).[12] Gläubige Katholiken können eine Scheidung nicht durch die Verabredung ausschließen, ganz nach kanonischem Eherecht leben zu wollen. Jüdische Eheleute können sich nicht zur rituellen Scheidung nach mosaischem Recht verpflichten.[13] Eine Täuschung über die Konfessionszugehörigkeit des Partners kann (theoretisch) einen Aufhebungsgrund nach § 1314 Abs. 2 Nr. 3 bilden. Im übrigen hat die Freiheit der religiösen Überzeugung auch der Ehepartner zu achten (o. § 1353 RdNr. 30). Die obligatorische Zivilehe gehört nicht zu den durch Art. 6 GG geschützten Verfassungsgrundsätzen.[14] Die Frage nach ihrer Ersetzung durch eine fakultative Kirchenehe ist zuweilen aufgeworfen worden.[15] Zur für Ausländer zulässigen Kirchenehe siehe Art. 13 Abs. 3 EGBGB.

---

den beiden großen Kirchen – keine praktische Bedeutung mehr. Die Aussage der Eheschließungsvorschrift in § 1310 lasse keinen Zweifel daran, dass nur die standesamtliche Eheschließung eine Ehe im Rechtssinne begründen könne und damit Vorrang vor einer kirchlichen Trauung oder sonstigen religiösen Eheschließungsfeierlichkeit habe, vgl. BT-Drucks. 16/1831 S. 33. Zur Kritik: *Schwab* FamRZ 2008, 1121 ff. Der Bundesrat hat der Verordnung zur Ausführung des PStG zugestimmt, dabei aber eine Entschließung gefasst, in der die Bundesregierung aufgefordert wird, einen Gesetzentwurf vorzulegen, mit dem die Streichung des Verbots der religiösen Vorausstrauung zurückgenommen wird, vgl. BR-Drucks. 713/08 S. 30 f., bzgl. der Entschließung abgedr. in FamRZ 2008, 2251 f.. Vgl. hierzu auch *Schwab* FamRZ 2009, 1, 3 f.

[9] Von den christlichen Kirchen gehen allerdings Initiativen für einen für wünschenswert gehaltenen Gleichklang von religiöser und staatlicher Eheschließung aus; vgl. Ordnung für kirchliche Trauungen bei fehlender Ziviletheschließung – Verordnung des Erzbischofs –, Amtsblatt der Erzdiözese Freiburg Nr. 33 vom 21. 11. 2008, abgedr. in FamRZ 2009, 18.

[10] Vgl. *Mugdan* IV 734 f.

[11] Zum Übertritt zu den „Zeugen Jehovas“ als Eheverfehlung nach § 43 EheG aF s. BGH FamRZ 1963, 168; dazu *Müller-Freienfels* JZ 1964, 305, 344.

[12] BGHZ 97, 304, 307; *Hattenhauer* ZRP 1985, 200 und FamRZ 1989, 225; *Kronisch* ZRP 1985, 312; *Knütel* FamRZ 1985, 1089 ff.

[13] RGZ 57, 250, 255 f.

[14] HM: *Staudinger/Thiele* RdNr. 3.

[15] Dafür *Waldstein,* FS Hellbling, 1985, S. 401 ff.; vgl. *Pirson* S. 807.

Gesetz zum zivilrechtlichen Schutz vor Gewalttaten und Nachstellungen (Gewaltschutzgesetz – GewSchG)

vom 11. Dezember 2001 (BGBl. I S. 3513)

Schrifttum: *Baer,* Effektiver Rechtsschutz durch das Gewaltschutzgesetz: ein neues Regulierungsmodell für ein komplexes Problem, Beziehungsgewalt und Verfahren/Interdisziplinäre Studien zu Recht und Staat 32 (2004), 113; *Barton* (Hrsg.), Beziehungsgewalt und Verfahren: Strafprozess, Mediation, Gewaltschutzgesetz und Schuldfähigkeitsbeurteilung im interdisziplinären Diskurs, 2004; *Borchert,* Stalking – Ein rechtliches Phänomen, FPR 2004, 239; *Brudermüller,* Zuweisung der Wohnung zum Schutz vor Gewalt, FS Blank, 2006, S. 109; *ders.,* Zuweisung der Mietwohnung bei Ehegatten, Lebenspartnern, Lebensgefährten, FuR 2003, 433 und ZFE 2003, 164 und WoWiMietR 2003, 250; *Brudermüller,* Regelungen der Nutzungs- und Rechtsverhältnisse an Ehewohnung und Hausrat: Rechtsprechungsübersicht FamRZ 2003, 1705 und FamRZ 2006, 1157; *Carl/Veitland/Gallo,* Die Vollstreckung nach dem Gewaltschutzgesetz und andere Vollstreckungsmaßnahmen, die im Beisein von Kindern erfolgen oder gegen diese gerichtet sind, DGVZ 2006, 145; *Eisenberg,* Das betroffene Kind im Verfahren nach dem Gewaltschutzgesetz-Entwurf, ZBlJugR 2001, 176; *Finger,* Zuweisung der Ehe-/Partnerschaftswohnung; GewSchutzG, FuR 2006, 241; *ders.,* Zum Entwurf eines Gesetzes zur Verbesserung des zivilgerichtlichen Schutzes bei Gewalttaten und Nachstellungen sowie zur Erleichterung der Überlassung der Ehewohnung bei Trennung, WoWiMietR 2001, 313; *Fricke,* Gewaltschutz und Kinderrechte, Kindschaftsrechtliche Praxis 2004, 43; *Giers,* Der Antrag nach dem Gewaltschutzgesetz, FamRB 2005, 303; *Harnacke,* Neue Aufgaben für Gerichtsvollzieherinnen und Gerichtsvollzieher: das Gewaltschutzgesetz, DGVZ 2002, 65; *Hecht,* Erfahrungen mit dem Gewaltschutzgesetz aus Sicht der Berliner Interventionszentrale bei Häuslicher Gewalt (BIG): ein Praxisbericht, FPR 2005, 13; *Heinke,* Auch eine verheiratete Frau kann selbst entscheiden: zum Verhältnis von § 2 GewSchG zu § 1361 b BGB, Streit 2005, 70; *Heinke,* Gewaltschutzgesetz: Probleme bei der Umsetzung, Streit 2004, 157; *Hoppenz(/Müller),* Familiensachen, 8. Aufl. 2005; *Hübner,* Die Wohnungszuweisung: die Möglichkeiten auf gerichtlichem Wege die Überlassung der Wohnung zu erlangen: nach dem BGB, dem Lebenspartnerschaftsgesetz und dem Gewaltschutzgesetz, 2002; *Jungbauer,* Anwaltliche Gebühren für Verfahren nach dem Gewaltschutzgesetz, JurBüro 2003, 172; *Kay,* Polizeiliche Eingriffsmöglichkeiten bei häuslicher Gewalt, FPR 2005, 28; *Löbmann,* Das Gewaltschutzgesetz aus richterlicher Perspektive: Ergebnisse einer empirischen Untersuchung zu Einstellungen und Verhalten von Richterinnen und Richtern in Niedersachsen, Praxis der Rechtspsychologie 2005, 85; *Löhnig,* Zivilrechtliche Probleme des neuen § 238 StGB, FamRZ 2007, 518; *ders.,* Darlegung der Voraussetzungen des Anspruchs auf Wohnungsüberlassung, FPR 2005, 36; *ders.,* Zivilrechtlicher Gewaltschutz: Gesetze zur Ächtung von Gewalt in Erziehung, Familie, Partnerschaft und im sozialen Nahbereich, 2. Aufl. 2004; *Lossen,* Antragsmuster zum Gewaltschutzgesetz, Streit 2002, 76; *Machulla-Notthoff,* Das Gewaltschutzverfahren – Fallstricke in der anwaltlichen Praxis, ZFE 2007, 55; *Menne,* Gesonderte Rechtsanwaltsvergütung für einstweilige Anordnungen in isolierten Familiensachen: Neuerungen im Gebührenrecht durch das Gewaltschutzgesetz, Rpfleger 2003, 641; *Meysen,* Brücken vom Gewaltschutzgesetz zur Kinder- und Jugendhilfe, Das Jugendamt 2004, 61; *Motzer,* Das Gewaltschutzgesetz – ein Spagat zwischen Deliktsrecht und Familienrecht, FS Schwab, 2005, S. 375; *Müller,* Das neue Gewaltschutzgesetz, FF 2002, 43; *Naucke-Lömker,* Überblick über die Umsetzung des Gewaltschutzgesetzes in den Bundesländern, FPR 2002, 641; *Oberloskamp,* Der Schutz von Kindern nach dem Gewaltschutzgesetz und Kinderrechteverbesserungsgesetz einerseits und den Vorschriften der §§ 1666, 1666 a BGB andererseits, FPR 2003, 285; *von Pechstaedt,* Zivilrechtliche Abwehrmaßnahmen gegen Stalking, NJW 2007, 1233; *Peschel-Gutzeit,* Häusliche Gewalt und Opferschutz im Spiegel der Justiz, Rechtsmedizin 2006, 82; *Rinio,* Zur Strafbarkeit des Stalking: Gewaltschutzgesetz schließt eine Regelungslücke, Kriminalstatistik 2002, 531; *Rupp (Hrsg.),* Rechtstatsächliche Untersuchung zum Gewaltschutzgesetz, Bundesanzeigerverlag 2005; *Schulz,* Die gerichtliche Zuständigkeit in Verfahren nach dem Gewaltschutzgesetz, FuR 2002, 97; *Schumacher,* Mehr Schutz bei Gewalt in der Familie, FamRZ 2002, 645; *dies.,* Der Regierungsentwurf eines Gesetzes zur Verbesserung des zivilgerichtlichen Schutzes bei Gewalttaten und Nachstellungen sowie zur Erleichterung der Überlassung der Ehewohnung bei Trennung, FamRZ 2001, 953; *dies.,* Die Wohnungsüberlassung nach dem Gewaltschutzgesetz unter mietrechtlichen Gesichtspunkten, NZM 2001, 572; *Schumacher/Janzen,* Gewaltschutz in der Familie, 2003; *Schweikert,* Das neue Gewaltschutzgesetz: seine Umsetzung und die dafür notwendigen Rahmenbedingungen, NJ 2003, 617; *dies.,* Wer schlägt, der geht: das geplante Gewaltschutzgesetz – Hintergrund, Chancen und offene Fragen, Streit 2001, 51; *Schweikert/Baer,* Das neue Gewaltschutzrecht, 2002; *Viefhues,* Einstweiliger Rechtsschutz bei Maßnahmen nach dem Gewaltschutzgesetz innerhalb und außerhalb eines Scheidungsverfahrens, FPR 2005, 32; *Weinreich,* Das Stiefkind in der HausratsVO und im Gewaltschutzgesetz, FPR 2004, 88; *Will,* Gewaltschutz in Paarbeziehungen mit gemeinsamen Kindern, FPR 2004, 233; *Ziegler,* Das Gewaltschutzgesetz aus zivilrechtlicher Sicht, 2005.

Vorbemerkung

Normzweck

Durch das Gewaltschutzgesetz wurde einerseits eine kodifizierte Rechtsgrundlage für gerichtliche Schutzanordnungen bei Verletzungen von Körper, Gesundheit oder Freiheit einer Person bzw. bei Drohungen mit solchen Verletzungen sowie bei bestimmten unzumutbaren Belästigungen geschaffen. Andererseits wurde für die Fälle, in denen das Opfer mit dem Täter einen auf Dauer angelegten gemeinsamen Haushalt führt, eine Anspruchsgrundlage für die – zumindest zeitweilige – Überlassung der gemeinsam genutzten Wohnung normiert. Das Verfahrens- und das Vollstreckungsrecht wurden entsprechend angepasst, damit die Opfer schnell und einfach zu einem effektiv durchsetzbaren Titel kommen. Das Gesetz zum zivilrechtlichen Schutz vor Gewalttaten und Nachstellungen (Gewaltschutzgesetz – GewSchG) war als Art. 1 des Gesetzes zur Verbesserung des zivilgerichtlichen Schutzes bei Gewalttaten und Nachstellungen sowie zur Erleichterung der Überlassung der Ehewohnung bei Trennung vom 11. Dezember 2001 – BGBl. I S. 3513 – Bestandteil des Aktionsplans der damaligen Bundesregierung zur Bekämpfung von Gewalt gegen Frauen vom 1. Dezember 1999.[1] Dabei wurden insbesondere die Erfahrungen in Österreich mit dem zum 1. Mai 1999 in Kraft getretenen Bundesgesetz zum Schutz vor Gewalt in der Familie („Gewaltschutzgesetz“, öBGBl. vom 30. Dezember 1996, S. 5065[2]) herangezogen. 1

Die Kommentierung beschränkt sich auf das Gesetz zum zivilrechtlichen Schutz vor Gewalttaten und Nachstellungen (Gewaltschutzgesetz – GewSchG). 2

§ 1 Gerichtliche Maßnahmen zum Schutz vor Gewalt und Nachstellungen

(1) [1] Hat eine Person vorsätzlich den Körper, die Gesundheit oder die Freiheit einer anderen Person widerrechtlich verletzt, hat das Gericht auf Antrag der verletzten Person die zur Abwendung weiterer Verletzungen erforderlichen Maßnahmen zu treffen. [2] Die Anordnungen sollen befristet werden; die Frist kann verlängert werden. [3] Das Gericht kann insbesondere anordnen, dass der Täter es unterlässt,

1. die Wohnung der verletzten Person zu betreten,
2. sich in einem bestimmten Umkreis der Wohnung der verletzten Person aufzuhalten,
3. zu bestimmende andere Orte aufzusuchen, an denen sich die verletzte Person regelmäßig aufhält,
4. Verbindung zur verletzten Person, auch unter Verwendung von Fernkommunikationsmitteln, aufzunehmen,
5. Zusammentreffen mit der verletzten Person herbeizuführen,

soweit dies nicht zur Wahrnehmung berechtigter Interessen erforderlich ist.

(2) [1] Absatz 1 gilt entsprechend, wenn

1. eine Person einer anderen mit der Verletzung des Lebens, des Körpers, der Gesundheit oder der Freiheit widerrechtlich gedroht hat oder
2. eine Person widerrechtlich und vorsätzlich
   a) in die Wohnung einer anderen Person oder deren befriedetes Besitztum eindringt oder

---

[1] Vgl. BT-Drucks. 14/2812.

[2] Vgl. dazu BT-Drucks. 14/5429 S. 25; *Haller,* Das Private wird politisch: Gewalt gegen Frauen und das österreichische Gewaltschutzgesetz, Innere Sicherheiten (hrsg. v. Wolfgang Stangl), Jahrbuch für Rechts- und Kriminalsoziologie – 2002, 2003, 193 ff.

b) eine andere Person dadurch unzumutbar belästigt, dass sie ihr gegen den ausdrücklich erklärten Willen wiederholt nachstellt oder sie unter Verwendung von Fernkommunikationsmitteln verfolgt.

[2] Im Falle des Satzes 1 Nr. 2 Buchstabe b liegt eine unzumutbare Belästigung nicht vor, wenn die Handlung der Wahrnehmung berechtigter Interesse dient.

(3) In den Fällen des Absatzes 1 Satz 1 oder des Absatzes 2 kann das Gericht die Maßnahmen nach Absatz 1 auch dann anordnen, wenn eine Person die Tat in einem die freie Willensbestimmung ausschließenden Zustand krankhafter Störung der Geistestätigkeit begangen hat, in den sie sich durch geistige Getränke oder ähnliche Mittel vorübergehend versetzt hat.

Übersicht

I. Hauptantrag

1 **1. Zuständigkeit.** Wenn die Beteiligten einen auf Dauer angelegten Haushalt führen oder innerhalb von 6 Monaten vor der Antragstellung geführt haben, ist das **AG (FamG)** zuständig,[1] §§ 23 a Nr. 7, 23 b Abs. 1 S. 2 Nr. 8 a GVG, und zwar ausschließlich, § 621 Abs. 1 Nr. 13 ZPO. Ob die Beteiligten verheiratet sind, spielt keine Rolle. Daher sind auch bei Ehegatten, die länger als 6 Monate keinen gemeinsamen Haushalt mehr führen, nicht die Familiengerichte sondern die allgemeinen Zivilgerichte zuständig.[2] In der Regel kann ein Gewaltschutzantrag damit nicht zum Scheidungsverbund anhängig gemacht werden, da Scheidungsantrag regelmäßig erst nach Ablauf des Trennungsjahres gestellt wird, § 1566 BGB. Nur wenn eine Härtefallscheidung nach § 1565 Abs. 2 BGB geltend gemacht wird und die Parteien noch keine 6 Monate getrennt leben, kann ein Gewaltschutzantrag zum Scheidungsverbund anhängig gemacht werden. Der Gesetzgeber wollte die Angelegenheiten des vorbeugenden Opferschutzes nach dem Gewaltschutzgesetz, soweit der soziale Nahbereich betroffen ist, den FamG zuweisen.[3] Für die Bestimmung des Begriffs des „auf Dauer angelegten gemeinsamen Haushalts" ist auf die Definition im Mietrecht, § 563 Abs. 2 S. 2 BGB, zurückzugreifen.[4] Dort heißt es in der Gesetzesbegründung: Unter dem Begriff „auf Dauer angelegter gemeinsamer Haushalt" ist eine Lebensgemeinschaft zu verstehen, die auf Dauer angelegt ist, keine weiteren Bindungen gleicher Art zulässt und sich durch innere Bindungen auszeichnet, die ein gegenseitiges Füreinandereinstehen begründen und die über eine reine Wohn- und Wirtschaftsgemeinschaft hinausgehen. Damit entspricht

[1] Vgl. auch OLG Rostock Beschluss vom 21. Dezember 2006 – 10 WF 222/06.
[2] OLG Hamm FamRZ 2004, 38 f.; OLG Nürnberg MDR 2003, 336; anders: AG Biedenkopf FamRZ 2003, 546.
[3] Vgl. BT-Drucks. 14/5429 S. 30.
[4] Vgl. BT-Drucks. 14/5429 S. 34 unter Verweis auf BR-Drucks. 439/00 S. 92 f.

der Begriff den Kriterien der bisherigen Rechtsprechung zur „eheähnlichen Gemeinschaft", ohne dass es allerdings auf das Vorliegen geschlechtlicher Beziehungen zwischen den Partnern ankommt. Sowohl die hetero- oder homosexuelle Partnerschaft wie auch das dauerhafte Zusammenleben alter Menschen als Alternative zum Alters- oder Pflegeheim, die ihr gegenseitiges Füreinandereinstehen zum Beispiel durch gegenseitige Vollmachten dokumentieren, können daher grundsätzlich diese Kriterien erfüllen.[5] Ebenso eine Lebensgemeinschaft von Eltern mit ihren erwachsenen Kindern[6] oder Wohngemeinschaften von Studierenden.[7]

Die **örtliche** Zuständigkeit ergibt sich aus § 64 b Abs. 1 FGG, §§ 12 bis 16, 32 und 35 ZPO. Danach ist sowohl eine Zuständigkeit am Wohnsitz des Antragsgegners, als auch am Ort der unerlaubten Handlung sowie am Ort der gemeinsamen Wohnung gegeben. Zwischen diesen verschiedenen Gerichtsständen hat das Opfer die Wahl.[8] Während der Anhängigkeit einer Ehesache ist für Gewaltschutzverfahren unter den Ehegatten ausschließlich das Gericht der Ehesache zuständig, § 621 Abs. 1 Nr. 13, 621 Abs. 2 S. 1 Nr. 5 ZPO. Wird während der Anhängigkeit einer Familiensache nach dem Gewaltschutzgesetz bei einem anderen Familiengericht eine Ehesache rechtshängig, so ist das Verfahren nach dem Gewaltschutzgesetz von Amts wegen an das Gericht der Ehesache zu verweisen oder abzugeben, § 621 Abs. 1 Nr. 13, 621 Abs. 2 S. 1 Nr. 5, 621 Abs. 3 ZPO. 2

Im übrigen sind die **allgemeinen Zivilgerichte** zuständig, also streitwertabhängig AG oder LG. Die **örtliche** Zuständigkeit richtet sich in diesem Fall nach den allgemeinen Regeln, insbesondere §§ 12 ff., 32, 35 ZPO. Ist zwischen der Familienabteilung und der Zivilabteilung eines AG die funktionale Zuständigkeit streitig, entscheidet entsprechend § 36 ZPO das OLG; § 281 ZPO findet keine Anwendung.[9] 3

Verfahren, die ab dem **1. September 2009** anhängig werden: Sämtliche Gewaltschutzsachen (Verfahren nach §§ 1 und 2 GewSchG) sind Familiensachen, für die die AG (FamG) nach §§ 23 a Abs. 1 Nr. 1, 23 b GVG nF, §§ 111 Nr. 6, 210 FamFG zuständig sind. Die örtliche Zuständigkeit, die im Wesentlichen den bisherigen Regelungen entspricht, ergibt sich aus § 211 FamFG. 4

2. Verfahren. Das Gericht wird in jedem Fall nur auf **Antrag**[10] der verletzten Person tätig. 5

Soweit die **Familiengerichte** zuständig sind, richtet sich das Verfahren grundsätzlich nach den Vorschriften des **FGG,** §§ 621 Abs. 1 Nr. 13, 621 a Abs. 1 ZPO und insbesondere § 64 b FGG. Im Rahmen des FGG braucht der Antrag die erforderlichen Maßnahmen nicht zu konkretisieren. Es gilt der Amtsermittlungsgrundsatz, § 12 FGG. 6

Indessen richten sich Art und Umfang der Ermittlungen nach der Lage des Einzelfalls. Das BayObLG hat insofern zutreffend ausgeführt: Der Amtsermittlungsgrundsatz verpflichtet das Gericht nur, die zur Aufklärung des Sachverhalts dienlichen Beweise zu erheben. Das bedeutet aber nicht, dass allen denkbaren Möglichkeiten zur Erforschung des Sachverhalts von Amts wegen nachgegangen werden müsste. Eine Aufklärungspflicht besteht vielmehr nur insoweit, als das Vorbringen der Beteiligten und der festgestellte Sachverhalt bei sorgfältiger Überlegung dazu Anlass geben. Der Amtsermittlungsgrundsatz enthebt die Beteiligten insbesondere im Antragsverfahren nicht der Pflicht, an der Aufklärung des Sachverhalts mitzuwirken. Ihre Darlegungslast erhöht sich in gleichem Maße, als das Gericht auf ihre Mitwirkung angewiesen ist. Dies gilt insbesondere für Vorgänge aus dem höchstpersönlichen Lebensbereich.[11] 7

---

[5] BR-Drucks. 439/00 S. 92 f.

[6] AG Hamburg-Barmbek FamRZ 2004, 473 f. gegen *Schumacher* FamRZ 2002, 645, 650 f.

[7] *Schumacher* FamRZ 2002, 645, 650.

[8] BT-Drucks. 14/5429 S. 35.

[9] Vgl. OLG Rostock, Beschluss vom 21. Dezember 2006 – 10 WF 222/06; auch OLG Nürnberg MDR 2003, 336. – Dagegen will AG Hamburg-Barmbek dies als Frage der sachlichen Zuständigkeit sehen.

[10] Vgl. OLG Köln FamRZ 2003, 319.

[11] BayObLG FamRZ 1998, 1242 mwN (im Rahmen eines Erbscheinerteilungsverfahrens).

8 Soweit dagegen die **allgemeinen Zivilgerichte** zuständig sind, unterliegt das Verfahren den Regeln der **ZPO.** Obwohl § 1 GewSchG dem Gericht aufgibt, die erforderlichen Maßnahmen zu treffen, und dem Gericht damit ein allgemeines Ermessen einräumt, entbindet dies die Parteien insoweit nicht von der Stellung bestimmter Anträge, § 253 Abs. 2 Nr. 2 ZPO.[12] Über diese Anträge darf das Gericht nach § 308 Abs. 1 ZPO nicht hinausgehen.[13] Im Rahmen der gestellten Anträge obliegt dem Gericht die fallbezogene Konkretisierung des Erforderlichen. Der Antragsteller muss mit seinem Antrag nur das Rechtsschutzziel angeben, eine bestimmte erforderliche Maßnahme braucht dagegen nicht bezeichnet zu werden.[14]

9 Verfahren, die ab dem **1. September 2009** anhängig werden: Mit der Vereinheitlichung der Zuständigkeit ist auch ein einheitliches Verfahrensrecht vorgesehen; sämtliche Gewaltschutzsachen sind **Angelegenheiten der freiwilligen Gerichtsbarkeit.**[15] Damit gelten grundsätzlich die allgemeinen Regelungen des **FamFG,** soweit sich aus §§ 210 ff. FamFG keine Besonderheiten ergeben. Beispielsweise gilt nach § 26 FamFG Amtsermittlung, die Beweiserhebung ist in §§ 29 ff. FamFG geregelt. Das Gericht entscheidet grundsätzlich durch Beschluss, § 38 FamFG. Auf eine gütliche Einigung der Beteiligten soll das Gericht in Gewaltschutzsachen nicht hinwirken, § 36 Abs. 1 S. 2 FamFG. Nach § 212 FamFG ist in Verfahren nach § 2 GewSchG das Jugendamt auf seinen Antrag zu beteiligen, wenn ein Kind im Haushalt lebt. Das Gericht soll nach § 213 FamFG das Jugendamt anhören, wenn ein Kind im Haushalt lebt. Nach § 213 Abs. 2 FamFG hat das Gericht in diesen Fällen dem Jugendamt die Entscheidung mitzuteilen; dem Jugendamt steht ein eigenes Beschwerderecht gegen den Beschluss zu. Nach § 215 FamFG soll das Gericht in Verfahren nach § 2 GewSchG in der Endentscheidung die zu ihrer Durchführung erforderlichen Anordnungen treffen.

10 **3. Voraussetzungen.** Schutzanordnungen nach § 1 Abs. 1 setzen voraus, dass der Täter vorsätzlich den Körper, die Gesundheit oder die Freiheit des Opfers widerrechtlich verletzt hat. Nach der verfahrensrechtlichen Konzeption[16] des Gewaltschutzgesetzes setzt das Tätigwerden des Gerichts einen materiell-rechtlichen Anspruch nach §§ 823, 1004 analog BGB auf Unterlassung der Beeinträchtigung der genannten Rechtsgüter voraus.[17] Insoweit stimmen die Voraussetzungen nach § 1 GewSchG und § 823 BGB überein.

11 Das Rechtsgut **Körper** umfasst dabei auch psychische Gewalt, wenn sie sich beim Opfer körperlich auswirkt, etwa durch Schlafstörungen.[18] Das Rechtsgut **Gesundheit** betrifft auch psychische Gewalt, die eine solche Intensität erreicht, dass sie zu medizinisch feststellbaren psychischen Gesundheitsschäden/Störungen führt.[19] Das Rechtsgut **Freiheit** umfasst auch kurzzeitiges Einsperren[20] einer Person, nicht aber bloßes Aussperren aus der Wohnung.[21] Denn eine Freiheitsverletzung scheidet nach allgemeiner Meinung aus, wenn jemand zwar daran gehindert wird, an einen bestimmten Ort zu gelangen, nicht aber daran, seinen aktuellen Standort zu verlassen.[22] – Nicht geschützt ist dagegen die allgemeine Handlungsfreiheit des Opfers als solche.[23] Daher vermögen insbesondere bloße Beschimpfungen, Belästigungen und Beleidigungen keine Schutzanordnungen nach dem GewSchG zu begründen.[24]

---

[12] BT-Drucks. 14/5429 S. 18.
[13] Vgl. BT-Drucks. 14/5429 S. 22.
[14] Vgl. BVerfGE 86, 49 zu § 938 ZPO, dem § 1 GewSchG hinsichtlich des Ermessens nachgebildet ist, vgl. BT-Drucks. 14/5429 S. 18.
[15] BT-Drucks. 16/6308 S. 169.
[16] Vgl. BT-Drucks. 14/5429 S. 17 f.
[17] BT-Drucks. 14/5429 S. 28.
[18] BT-Drucks. 14/5429 S. 19.
[19] BT-Drucks. 14/5429 S. 19, 28; OLG Rostock FamRZ 2007, 921.
[20] Brandenburgisches OLG NJW-RR 2006, 220 (mit Anm. *Götsche* FamRB 2005, 330): 10 Minuten in der Küche eingesperrt.
[21] Offen gelassen OLG Köln FamRZ 2003, 1281.
[22] Vgl. statt aller § 823 BGB RdNr. 93 (wie im Falle der Freiheitsberaubung, § 239 StGB).
[23] Vgl. OLG Rostock FamRZ 2007, 921.
[24] Vgl. OLG Rostock FamRZ 2007, 921.

Auch die Voraussetzungen für die **Verletzungshandlung** und deren **Widerrechtlichkeit** entsprechen denen nach § 823 Abs. 1 BGB. Auf Vorbringen zu den Ursachen des Konflikts kommt es bei tätlichen Auseinandersetzungen nicht entscheidend an.[25] **12**

Vorsatz bedeutet nach allgemeinen Grundsätzen Wissen und Wollen der Verletzung des geschützten Rechtsguts; dolus eventualis ist ausreichend. Vorübergehend verminderte Zurechnungsfähigkeit – etwa zufolge Alkoholgenusses – lässt den Vorsatz unberührt.[26] **13**

Verschulden ist (aus Gründen des Opferschutzes[27]) allerdings nicht in allen Fällen erforderlich. § 1 Abs. 3 stellt ausdrücklich klar, dass Schutzanordnungen auch dann verhängt werden können, wenn die Taten in einem vorübergehenden Zustand der Unzurechnungsfähigkeit begangen wurden, in den sich der Täter durch Alkohol oder andere berauschende Mittel versetzt hat. Daran fehlt es aber, wenn die Tat im Zustand einer geistigen Grunderkrankung begangen wird, ohne dass sich der Täter zuvor in einen vorübergehenden Krankheitszustand durch die in § 1 Abs. 3 genannten Mittel versetzt hat.[28] **14**

Nach § 1 Abs. 2 können Schutzanordnungen auch verhängt werden, wenn der Täter widerrechtlich mit der Verletzung der in Absatz 1 genannten Rechtsgüter gedroht hat (Nr. 1), das Hausrecht des Opfers verletzt hat (Nr. 2 a) oder durch wiederholtes Nachstellen oder durch Verfolgung mit Fernkommunikationsmitteln das Opfer unzumutbar belästigt (Nr. 2 b). **15**

Nur ernstliche[29] **Drohungen,** nicht aber bloße Beschimpfungen oder Verwünschungen, ermöglichen eine Schutzanordnung. Die Ursachen der Konflikte im täglichen Zusammenleben der Parteien, die zu den Drohungen geführt haben, sind unerheblich.[30] Das geschützte **Hausrecht** umfasst das Eindringen – ein Versuch ist nicht ausreichend[31] – in die Privatwohnung, das Haus oder das sonstige befriedete Besitztum; abweichend von § 123 StGB sind die Geschäftsräume des Opfers nicht geschützt.[32] **Unzumutbare Belästigungen** durch wiederholtes Nachstellen oder Verfolgung unter Verwendung von Fernkommunikationsmitteln sind beispielsweise[33] die wiederholte Beobachtung und Überwachung einer Person, die ständige demonstrative Anwesenheit des Täters in der Nähe des Opfers, die „körperliche" Verfolgung, Annäherung, Kontaktversuche, Telefonterror, Belästigung durch Hinterlassung von Mitteilungen unter Einsatz von Fernkommunikationsmitteln wie Telefon, Telefax, Internet oder Mobiltelefon.[34] Dagegen fällt die Zerstörung von Sachen des Opfers – etwa das Zerstechen von Autoreifen – nur unter §§ 823, 1004 analog BGB (Eigentumsverletzung).[35] **16**

In dem Fall der **unzumutbaren Belästigung** durch Nachstellen/Fernkommunikationsmittel kann eine Schutzanordnung nach § 1 Abs. 2 S. 1 Nr. 2 b nur ergehen, wenn sich das Opfer ausdrücklich gegen die Belästigung **verwahrt** hat. Eine unzumutbare Belästigung liegt nach § 1 Abs. 2 S. 2 nicht vor, wenn die Handlung der **Wahrnehmung berechtigter Interessen,** etwa zur Ausübung des Umgangsrechts mit gemeinsamen Kindern, dient. In diesem Fall kann eine Schutzanordnung aber die berechtigten Interessen des Täters konkret bezeichnen oder den Kontakt zum Opfer nur unter Vermittlung einer dritten, dazu bereiten Person zulassen.[36] **17**

---

[25] Vgl. OLG Stuttgart FamRZ 2004, 876.

[26] Vgl. BT-Drucks. 14/5429 S. 28.

[27] Vgl. BT-Drucks. 14/5429 S. 28.

[28] AG Wiesbaden FamRZ 2006, 1145 mit Anm. *Nagel* ebenda.

[29] Vgl. BT-Drucks. 14/5429 S. 29; Schleswig-Holsteinisches OLG NJW-RR 2004, 156 f.; OLG Rostock FamRZ 2007, 921 zur Ernsthaftigkeit der Ankündigung, das Haus des Opfers mit einem Radlader zusammenzuschieben.

[30] Schleswig-Holsteinisches OLG NJW-RR 2004, 156 f.

[31] Vgl. AG Flensburg ZKJ 2006, 476.

[32] BT-Drucks. 14/5429 S. 29.

[33] BT-Drucks. 14/5429 S. 29.

[34] Drei e-mails binnen drei Minuten, in denen der Ehemann seiner getrennt lebenden Ehefrau seine Liebe zum Ausdruck bringt, stellen keine unzumutbare Belästigung dar, AG Flensburg ZKJ 2006, 476.

[35] BT-Drucks. 14/5429 S. 29.

[36] BT-Drucks. 14/5429 S. 29.

18 Werden über die in § 1 Abs. 1 und 2 geschützten Rechtsgüter hinaus **weitere Rechtsgüter des Opfers verletzt,** etwa das Eigentum, das allgemeine Persönlichkeitsrecht oder sonstige durch § 823 Abs. 1 oder Abs. 2 BGB geschützte Rechtsgüter, so richtet sich der gerichtliche Schutz des Opfers ausschließlich nach §§ 823, 1004 analog BGB. Entsprechendes gilt, soweit ausschließlich die allgemeine Handlungsfreiheit des Opfers beeinträchtigt wird.[37] Allerdings kann das Gericht auch in diesem Rahmen nach allgemeinen Grundsätzen die in § 1 vorgesehenen Schutzanordnungen treffen.[38]

19 **4. Darlegungslast.** Wer eine Schutzanordnung nach dem Gewaltschutzgesetz begehrt, hat die behaupteten **Verletzungshandlungen/Drohungen** im Einzelnen **konkret** nach Zeit, Ort, Beteiligten, Ablauf und Folgen darzulegen. Darlegungserleichterungen hierzu kennt das GewSchG nicht. Soweit – wie in der Praxis häufig anzutreffen – lediglich vorgetragen wird, der Täter habe das Opfer ständig misshandelt, bedroht und auf das Übelste beschimpft, handelt es sich um unsubstantiierten Sachvortrag.

20 **5. Beweiserleichterungen.** Das GewSchG greift die zu den zivilrechtlichen Unterlassungsansprüchen nach §§ 823, 1004 (analog) BGB von der Rechtsprechung entwickelten Beweiserleichterungen[39] auf. Unterlassungsansprüche nach §§ 823, 1004 (analog) BGB setzen voraus, dass weitere Beeinträchtigungen drohen. Zwar wird dies – entsprechend der verfahrensrechtlichen Konzeption – im GewSchG nicht ausdrücklich wiederholt. Dem GewSchG liegt jedoch die Rechtsprechung zugrunde, dass eine **tatsächliche Vermutung** dafür spricht, dass **weitere Beeinträchtigungen** zu befürchten sind, wenn es bereits einmal zu Gewalttaten gekommen ist.[40] In diesem Fall obliegt dem Täter die – schwierige – Widerlegung dieser tatsächlichen Vermutung, wobei die Rechtsprechung an eine solche Widerlegung hohe Anforderungen stellt.[41] – Weitergehende Beweiserleichterungen – etwa hinsichtlich der ersten Verletzung/Drohung – sieht das GewSchG nicht vor; insbesondere indiziert eine Verletzung des Opfers nicht, dass diese auf einen vom Opfer bezeichneten Täter zurückgeht. Dafür ist im Zweifel die volle Überzeugung des Gerichts erforderlich.

21 **6. Rechtsfolgen.** Der Schwerpunkt der Regelungen des GewSchG liegt – dem verfahrensrechtlichen Ansatz entsprechend – auf der Rechtsfolgenseite, nämlich der Ermächtigung an das Gericht, **notwendige und erforderliche Schutzmaßnahmen** anzuordnen.[42] Dem Tatrichter wird aufgegeben, die erforderlichen Maßnahmen zur Vermeidung weiterer Verletzungen zu treffen, um die besondere Verantwortung auch der Zivilgerichte bei der Bekämpfung von Gewalttaten und unzumutbaren Belästigungen zum Ausdruck zu bringen.[43] Dies erfordert eine sorgfältige tatrichterliche Abwägung der Interessen des Opfers, des Täters und ggf. Dritter (Recht gemeinsamer Kinder auf Umgang mit beiden Elternteilen). Die wiederholte einfache Beleidigung oder beleidigende Körperverletzung, üble Nachrede oder sonstige Rufschädigung rechtfertigt regelmäßig nur deren Verbot. Sind nur einzelne Elemente des Persönlichkeitsrechts verletzt, kann ein Verbot nur darauf erstreckt werden.[44]

---

[37] Vgl. OLG Rostock FamRZ 2007, 921.

[38] BT-Drucks. 14/5429 S. 32.

[39] BT-Drucks. 14/5429 S. 19, 28 unter Hinweis auf BGH NJW 1987, 2225 und BayObLG NJW-RR 1987, 463.

[40] BT-Drucks. 14/5429 S. 19; anders für tätliche Übergriffe im außerhäuslichen Bereich OLG Saarbrücken NJW-RR 2006, 747 mit Anm. *Vahle* DVP 2006, 478: die Notwendigkeit von Schutzmaßnahmen könne nicht allein aufgrund der wegen der Erstbegehung unwiderlegt vermuteten Wiederholungsgefahr bejaht werden. Vielmehr müssten konkrete Anhaltspunkte für eine „konfliktbelastete" Täter-Opfer-Beziehung vorliegen, etwa länger andauernde, nachhaltige persönliche Zerwürfnisse mit wiederholten, ernstgemeinten Gewaltandrohungen.

[41] BT-Drucks. 14/5429 S. 19, Brandenburgisches OLG NJW-RR 2006, 220; vgl. auch (für eine Widerlegung) OLG Saarbrücken NJW-RR 2006, 747 mit Anm. *Vahle* DVP 2006, 478; OLG Koblenz EzFamR aktuell 2003, 151.

[42] BT-Drucks. 14/5429 S. 17.

[43] BT-Drucks. 14/5429 S. 18.

[44] Vgl. LG Oldenburg Beschluss vom 4. September 2007 – 5 T 874/07.

Ein globales Verbot von Belästigungen, Beleidigungen etc. ist insoweit nicht geboten, im übrigen aber auch im Hinblick auf eine eventuelle Vollstreckung problematisch.[45]

§ **1 Abs. 1 S. 3** enthält eine **beispielhaft Aufzählung** von in Betracht kommenden Schutzmaßnahmen. So kann das Gericht insbesondere anordnen, dass der Täter die Wohnung des Opfers nicht betreten darf (Nr. 1).[46] Ferner kann das Gericht dem Täter verbieten, sich in einem bestimmten Umkreis der Wohnung des Opfers aufzuhalten (Nr. 2); der einzuhaltende Abstand richtet sich nach den örtlichen Verhältnissen, etwa der Bebauungsdichte.[47] Auch kann das Gericht dem Täter verbieten, sich an bestimmten, vom Opfer regelmäßig aufgesuchten Orten aufzuhalten (Nr. 3); dabei kann es sich um beruflich oder privat frequentierte Orte des Opfers, etwa Arbeitsplatz, Kindergarten, Schule, aber auch um öffentlich zugängliche Orte handeln.[48] Schließlich kann das Gericht dem Täter verbieten, Kontakt zum Opfer aufzunehmen (Nr. 4). Dieses Kontaktverbot kann sich auf alle Telekommunikationsmittel (Telefon, Mobiltelefon, Telefax, Internet/e-mail etc.) erstrecken.[49] Darüber hinaus kann das Gericht dem Täter verbieten, Zusammentreffen mit dem Opfer herbeizuführen (Nr. 5); hierzu gehört auch die Anordnung, bei zufälligen Zusammentreffen mit dem Opfer unverzüglich einen näher zu bestimmenden Abstand zum Opfer einzunehmen.[50] 22

Macht der Täter die **Wahrnehmung berechtigter Interessen** (§ 1 Abs. 1 S. 3 aE) geltend – etwa Umgang mit gemeinsamen Kindern –, kann das Gericht nach Abwägung aller beteiligten Interessen den Umgang einschränken (betreuter Umgang oder nur unter Einschaltung dritter, zur Vermittlung bereiter Personen) oder den konkret bezeichneten Kontakt bei Ausübung des Umgangs zulassen.[51] 23

Der Maßnahmenkatalog in § 1 Abs. 1 S. 3 ist nicht abschließend. Das Gericht kann mehrere der aufgezählten Maßnahmen kumulativ oder auch andere Maßnahmen, die es zum Schutz des Opfers für erforderlich hält, anordnen.[52] Es sollte der Schwerpunkt der tatrichterlichen Tätigkeit sein, unter Berücksichtigung der jeweiligen Besonderheiten des konkreten Einzelfalles und unter Abwägung aller beteiligten Interessen, aber auch des Verhältnismäßigkeitsgrundsatzes,[53] durch gezielte Anweisungen den Schutz des Opfers sicherzustellen.[54] Die Anordnungen müssen – schon im Hinblick auf einen vollstreckungsfähigen Inhalt[55] – hinreichend konkret gefasst werden. Ein allgemeines Verbot, das Opfer nicht zu bedrohen oder zu belästigen, umfasst nicht das Verbot der Kontaktaufnahme durch Telekommunikationsmittel.[56] 24

---

[45] Vgl. *Zöller/Stöber* ZPO § 890 RdNr. 8.

[46] In der Praxis häufig im Anschluss an einen „Platzverweis" nach – landesrechtlichem – Polizeirecht oder in Zusammenhang mit einer Wohnungszuweisung nach § 2 GewSchG. Zur Abgrenzung von Platzverweis und gerichtlichen Maßnahmen nach dem GewSchG vgl. VG Augsburg Beschluss vom 28. Oktober 2005 – Au 5 S 05 1581; VG Karlsruhe Beschluss vom 24. August 2004 – 6 K 2228/04 – zur Möglichkeit der Verlängerung des Platzverweises, um dem Opfer „Luft" zur Einholung zivilrechtlichen Rechtsschutzes zu verschaffen; VG Lüneburg Streit 2003, 127; VG Karlsruhe Beschluss vom 2. September 2002 – 11 K 3268/02. Der polizeiliche Wohnungsverweis stellt lediglich eine flankierende, kurzfristige Maßnahme dar, um der Polizeibehörde in Fällen häuslicher Gewalt eine erste kurzfristige Krisenintervention zu ermöglichen und Opfern bereits vor bzw. bis zur Erreichbarkeit zivilrechtlichen Schutzes beizustehen. Die Verlängerung eines auf zwei Wochen befristeten Wohnungsverweises um weitere zwei Wochen zum Zweck der Überbrückung des Zeitraums bis zur Entscheidung des Familiengerichts begegnet daher erheblichen Bedenken unter dem Gesichtspunkt einer fehlerfreien Ermessensausübung gemäß §§ 1, 3 PolGBW, vgl. VG Karlsruhe FF 2008, 123 mit Anm. *Müller* FF 2008, 125.

[47] BT-Drucks. 14/5429 S. 29.

[48] Vgl. BT-Drucks. 14/5429 S. 29.

[49] Zur Strafbarkeit des Stalking vgl. den durch das Gesetz zur Strafbarkeit beharrlicher Nachstellungen (40. StrÄndG) vom 22. März 2007, in Kraft getreten am 31. März 2007, neu eingefügten § 238 StGB.

[50] BT-Drucks. 14/5429 S. 29.

[51] BT-Drucks. 14/5429 S. 29.

[52] BT-Drucks. 14/5429 S. 29.

[53] Vgl. hierzu OLG Stuttgart FamRZ 2004, 876.

[54] BT-Drucks. 14/5429 S. 29.

[55] Vgl. *Zöller/Stöber* ZPO § 890 RdNr. 8.

[56] Vgl. OLG Karlsruhe FamRZ 2008, 291.

25 **7. Befristung.** Schutzanordnungen nach dem GewSchG sind – aus Gründen der Verhältnismäßigkeit[57] – nach § 1 Abs. 1 S. 2 1. HS in der Regel zu befristen.[58] Die Bemessung der Frist obliegt dem Tatrichter unter Berücksichtigung der Umstände des Einzelfalls[59] sowie Anzahl, Dauer und Schwere der jeweiligen Rechtsgutsverletzungen.[60] Sind auch nach Ablauf der ursprünglich bestimmten Frist weitere Beeinträchtigungen zu besorgen, kann die Frist nach § 1 Abs. 1 S. 2 2. HS verlängert werden, auch mehrfach.[61]

26 **8. Wirksamkeit.** Soweit die **FamG** zuständig sind, werden Hauptsachenentscheidungen in Gewaltschutzverfahren – abweichend von § 16 FGG – erst mit (formeller) Rechtskraft wirksam, **§ 64 b Abs. 2 S. 1 FGG.** Das Gericht kann jedoch die sofortige Wirksamkeit und die Zulässigkeit der Vollstreckung vor der Zustellung an den Antragsgegner anordnen, § 64 b Abs. 2 S. 2 FGG. In diesem Fall werden die Entscheidungen auch in dem Zeitpunkt wirksam, in dem sie der Geschäftstelle des Gerichts zur Bekanntmachung übergeben werden; dieser Zeitpunkt ist auf der Entscheidung zu vermerken, § 64 b Abs. 2 S. 3 FGG.

27 Soweit die **allgemeinen Zivilgerichte** zuständig sind: Wirksamkeit nicht eigens geregelt. Die Zwangsvollstreckung findet nach §§ 704 Abs. 1, 705 ZPO aus rechtskräftigen oder für vorläufig vollstreckbar erklärten Endurteilen statt. Die vorläufige Vollstreckbarkeit in Gewaltschutzverfahren richtet sich nach § 709 ZPO.

28 Verfahren, die ab dem **1. September 2009** abhängig werden: Die Endentscheidung in Gewaltschutzsachen wird nach § 216 FamFG mit der Rechtskraft wirksam. Das Gericht soll die sofortige Wirksamkeit anordnen. Mit der Anordnung der sofortigen Wirksamkeit kann das Gericht auch die Zulässigkeit der Vollstreckung vor Zustellung an den Antragsgegner anordnen. In diesem Fall tritt die Wirksamkeit mit Übergabe der Entscheidung an die Geschäftsstelle zur Bekanntmachung ein; dieser Zeitpunkt ist auf der Entscheidung zu vermerken.

29 **9. Vollstreckung.** Endentscheidungen in der Hauptsache nach § 1 GewSchG werden grundsätzlich **nach den Vorschriften der ZPO**[62] vollstreckt, §§ 95 f. FamFG iVm. den Vorschriften der ZPO (§ 64 b Abs. 4 FGG iVm. insbesondere §§ 885, 890, 891 und 892 a ZPO). Die Zwangsvollstreckung zur Erzwingung von Unterlassungsanordnungen setzt danach grundsätzlich eine schuldhafte Zuwiderhandlung voraus, für die gegebenenfalls Vollbeweis zu führen ist. Die Vollstreckung erfolgt im Parteibetrieb, da es dem Opfer überlassen bleiben soll, ob und wann die Möglichkeiten der Vollstreckung ausgeschöpft werden sollen.[63] Die Vollstreckung kann aus rechtskräftigen oder für sofort wirksam/vollstreckbar erklärten Entscheidungen der Familiengerichte (§ 64 b Abs. 4, Abs. 2 FGG), aus rechtskräftigen oder vorläufig vollstreckbaren Endentscheidungen der allgemeinen Zivilgerichte (§§ 704 Abs. 1, 705, 709 ZPO) und gerichtlichen Vergleichen[64] (§§ 64 b Abs. 4 FGG, 794 ZPO) betrieben werden; für Verfahren, die ab dem 1. September 2009 anhängig werden, ergeben sich die Vollstreckungstitel aus § 86 FamFG. Gemäß § 87 Abs. 2 FamFG (§§ 64 b Abs. 4 FGG, 750 Abs. 1 S. 1 ZPO) muss die Entscheidung spätestens bei Vollstreckungsbeginn dem Antrags-

[57] BT-Drucks. 14/5429 S. 29.

[58] Vgl. auch OLG des Landes Sachsen-Anhalt ZFE 2005, 35; OLG Köln FamRZ 2003, 1281; OLG Koblenz EzFamR aktuell 2003, 151.

[59] Vgl. Brandenburgisches OLG ZKJ 2006, 375 (üblicherweise für eine Zeit von bis zu 6 Monaten); OLG Köln FamRZ 2003, 1281; OLG des Landes Sachsen-Anhalt FPR 2003, 376 (bis zur Beendigung des Hauptsacheverfahrens).

[60] BT-Drucks. 14/5429 S. 28.

[61] BT-Drucks. 14/5429 S. 28.

[62] Vgl. OLG Saarbrücken Beschluss vom 25. Mai 2004 – 9 WF 57/04.

[63] BT-Drucks. 14/5429 S. 36.

[64] Vgl. dazu OLG des Landes Sachsen-Anhalt Beschluss vom 25. Juli 2006 – 8 WF 75/06; OLG Karlsruhe Beschluss vom 7. Juni 2004 – 16 WF 220/03. – Zwar kann ein Vergleich nach überwiegender Meinung keine wirksame Androhung von Ordnungsgeld enthalten, macht sich indessen das Gericht einen Vergleich zu eigen, der eine Verpflichtungserklärung des Täters enthält, für den Fall der Zuwiderhandlung ein Ordnungsgeld zu zahlen, entspricht dies der Androhung eines Ordnungsgeldes durch das Gericht, OLG Frankfurt NJW-RR 2006, 1441.

gegner zugestellt werden. Das FamG kann bei besonderer Eilbedürftigkeit nach § 216 Abs. 2 FamFG (§ 64 b Abs. 2 S. 2 FGG) anordnen, dass die Vollstreckung schon vor Zustellung an den Antragsgegner zulässig ist. Die Zwangsvollstreckung zur Erzwingung von Unterlassungen aufgrund einstweiliger Anordnungen ist nur bei Vorliegen einer vollstreckbaren Ausfertigung des Vollstreckungstitels zulässig.[65] Bei einer Schutzanordnung nach § 1 GewSchG kann das Opfer – unbeschadet der Vollstreckungsmöglichkeit nach § 890 ZPO – nach § 96 Abs. 1 FamFG (§ 892 a ZPO) zur Beseitigung jeder andauernden Zuwiderhandlung einen Gerichtsvollzieher zuziehen; dieser kann zur Brechung von Widerstand Gewalt anwenden sowie Polizei oder Zeugen hinzuziehen, § 96 Abs. 1 S. 2 FamFG (§ 892 a S. 2 ZPO). So kann beispielsweise der gewalttätige Täter, dem ein Betretungs-/Näherungsverbot auferlegt wurde, aus dem Eingangsbereich der Wohnung entfernt werden.[66] Zur Beschleunigung der Vollstreckbarkeit dürfte es sich empfehlen, diese Befugnisse des Gerichtsvollziehers im Tenor der Schutzanordnung deklaratorisch ausdrücklich klarzustellen. Verpflichtet eine Schutzanordnung nach § 1 den Täter lediglich dazu, die eheliche Wohnung zu verlassen (und nicht zur Räumung, vgl. dazu § 2), richtet sich die Vollstreckung nach § 888 ZPO.[67] – Versöhnen sich die Parteien nach einer Schutzanordnung und wohnen sie wieder zusammen, so hat der Antragsteller den Titel herauszugeben; das Opfer darf den Titel nicht für den Fall zurückhalten, das es während der Befristung nach § 1 Abs. 1 S. 2 noch einmal beabsichtigen sollte, gegen den Täter zu vollstrecken.[68]

Verfahren, die ab dem **1. September 2009** anhängig werden: Für die **Vollstreckung** gelten – sowohl im Verfahren der einstweiligen Anordnung als auch im Hauptsacheverfahren – die allgemeinen Vorschriften, die insbesondere durch §§ 95 f. FamFG ergänzt werden. Dabei ermöglicht etwa § 95 Abs. 1 Nr. 3 FamFG für die Räumung einer Wohnung in Gewaltschutzsachen nunmehr eine Ersatzvornahme. § 96 Abs. 1 FamFG entspricht dem bisherigen § 892 a ZPO, § 96 Abs. 2 entspricht inhaltlich dem bisherigen § 885 Abs. 1 S. 3 und 4 ZPO. 30

10. Streitwert. Soweit die **FamG** zuständig sind: §§ 100 a Abs. 2, 30 Abs. 2 KostO: in der Regel **3000 €;**[69] nach Lage des Falles niedriger[70] oder höher, jedoch nicht über 500 000 €. 31

Soweit die **allgemeinen Zivilgerichte** zuständig sind: § 3 ZPO; es bietet sich an, den Wert entsprechend den Regelungen der KostO festzusetzen.[71] 32

Bei mehreren Anträgen (Hauptanträgen oder einstweiligen Anordnungen) sind die Werte zu addieren.[72] 33

Verfahren, die ab dem **1. September 2009** anhängig werden: Der Verfahrenswert beläuft sich in der Hauptsache nach § 49 FamGKG für Verfahren nach § 1 GewSchG auf 2000 €; nach besonderen Umständen des Einzelfalles können nach § 49 Abs. 2 FamGKG höhere oder niedrigere Werte festgesetzt werden. 34

11. Kosten. Soweit die **FamG** zuständig sind: § 100 a Abs. 3 KostO (Gerichtskosten);[73] § 13 a FGG (außergerichtliche Kosten). 35

Soweit die **allgemeinen Zivilgerichte** zuständig sind: §§ 91 ff. ZPO. 36

Verfahren, die ab dem **1. September 2009** anhängig werden: § 80 ff. FamFG. 37

---

[65] OLG Karlsruhe FamRZ 2008, 291.

[66] BT-Drucks. 14/5429 S. 35.

[67] Vgl. AG Gladbeck FamRZ 1992, 589; OLG Köln FamRZ 1983, 1231.

[68] KG FamRZ 2006, 49 mit Anm. *Müller* FamRB 2005, 263.

[69] Vgl. OLG Nürnberg MDR 2008, 773; OLGR Zweibrücken 2008, 367; OLG Koblenz FamRZ 2005, 1849 mit Anm. *Müller* FamRB 2005, 330; OLG Dresden FamRZ 2003, 1312.

[70] Vgl. OLGR Naumburg 2006, 284.

[71] Vgl. LG Flensburg NJW-RR 2004, 1509.

[72] OLG Nürnberg MDR 2008, 773; OLGR Zweibrücken 2008, 367; OLG Dresden FamRZ 2006, 803; OLG Koblenz FamRZ 2005, 1849 mit Anm. *Müller* FamRB 2005, 330. Anders OLG Hamm AGS 2004, 79: es sei nicht nach jeder Maßnahme unterschieden zu addieren.

[73] Vgl. OLG Dresden FamRZ 2003, 1312: erledigt sich das Verfahren, nachdem nur eine einstweilige Anordnung erlassen wurde, sind keine Gerichtskosten angefallen, da Entscheidungen iSd. § 100 a Abs. 1 KostO nur abschließende Sachentscheidungen sind. Eine Regelung, wonach für einstweilige Anordnungen in Gewaltschutzsachen Gebühren zu erheben wären, enthält die KostO nicht.

38 **12. Rechtsmittel.** Soweit die **FamG** zuständig sind: befristete Beschwerde, **§§ 621 e Abs. 1, 621 Abs. 1 Nr. 13 ZPO.** Rechtsbeschwerde ist nicht statthaft, §§ 621 Abs. 1 Nr. 13, 621 a Abs. 1, 621 e Abs. 2 ZPO.

39 Soweit die **allgemeinen Zivilgerichte** zuständig sind: **Berufung, §§ 511 ff. ZPO. Revision, §§ 542 ff. ZPO.**

40 Verfahren, die ab dem **1. September 2009** anhängig werden: Entscheidungen in Gewaltschutzsachen – bei einstweiligen Anordnungen nach Entscheidung aufgrund mündlicher Erörterung, § 57 S. 2 Nr. 4 FamFG – sind durch die **Beschwerde,** §§ 58 ff. FamFG, anfechtbar. Die Beschwerdefrist beträgt nach § 63 FamFG bei einstweiligen Anordnungen zwei Wochen, in der Hauptsache einen Monat. Das Gericht, dessen Beschluss angefochten wird, ist nach § 68 Abs. 1 S. 2 FamFG zur Abhilfe nicht befugt. **Rechtsbeschwerde** ist nach § 70 FamFG statthaft, wenn sie das Beschwerdegericht zugelassen hat. Die Rechtsbeschwerde ist nach § 70 Abs. 2 FamFG bei grundsätzlicher Bedeutung, zur Fortbildung des Rechts oder zur Sicherung einer einheitlichen Rechtsprechung zuzulassen. § 75 FamFG sieht die Möglichkeit der Sprungrechtsbeschwerde vor.

II. Einstweilige Anordnung/Einstweilige Verfügung

41 **1. Zulässigkeit und Verfahren.** Die Zuständigkeit der Familiengerichte oder der allgemeinen Zivilgerichte für den einstweiligen Rechtsschutz richtet sich nach der Zuständigkeit hinsichtlich der Hauptsache.

42 Soweit die **FamG** zuständig sind, sind in isolierten Gewaltschutzverfahren auf Antrag[74] **einstweilige Anordnungen nach § 64 b Abs. 3 S. 1 FGG** zulässig, sobald ein Verfahren nach dem Gewaltschutzgesetz anhängig oder ein Antrag auf Bewilligung von Prozesskostenhilfe für ein solches Verfahren eingereicht ist. Einstweilige Anordnungen können insoweit als Maßnahmen des vorläufigen Rechtsschutzes nur innerhalb eines Hauptverfahrens ergehen;[75] isolierte Anträge auf Erlass einer einstweiligen Anordnung sind unzulässig. Für das Verfahren verweist § 64 b Abs. 3 S. 2 FGG auf §§ 620 a bis 620 g ZPO. – Im Rahmen des Scheidungsverbunds sind – soweit die Zuständigkeit des Familiengerichts gegeben ist – einstweilige Anordnungen zum GewSchG nach § 620 Nr. 9 ZPO zulässig.

43 Soweit die **allgemeinen Zivilgerichte** zuständig sind, sind im Bereich des GewSchG **einstweilige Verfügungen** nach **§§ 935, 940 ZPO** zulässig. Im Gegensatz zu den familiengerichtlichen Gewaltschutzverfahren ist hier ein Hauptsachverfahren nicht Voraussetzung; einstweilige Verfügungen können auch isoliert beantragt werden. Der Verfügungsbeklagte hat aber die Möglichkeit, ein Hauptsacheverfahren zu erzwingen, §§ 936, 926 ZPO. Das Verfahren richtet sich nach §§ 935 ff., 936, 916 ff. ZPO.

44 Verfahren, die ab dem **1. September 2009** anhängig werden: **Einstweilige Anordnungen** sind nach §§ 214, 49 ff. FamFG auf Antrag möglich. Ein dringendes Bedürfnis für ein sofortiges Tätigwerden des Gerichts liegt nach § 214 Abs. 1 S. 2 FamFG in der Regel vor, wenn eine Tat nach § 1 GewSchG begangen wurde oder aufgrund konkreter Umstände mit der Begehung zu rechnen ist. Im Gegensatz zur bisherigen Rechtslage ist die **Anhängigkeit eines Hauptsacheverfahrens oder** die Einreichung eines diesbezüglichen **Antrags auf Verfahrenskostenhilfe nicht** (mehr) **erforderlich.** Das Verfahren der einstweiligen Anordnung ist nach § 51 Abs. 3 S. 1 FamFG ein selbständiges Verfahren, auch wenn eine Hauptsache anhängig ist. Der Gegner kann nach § 52 FamFG die Einleitung eines Hauptsacheverfahrens erzwingen. Der Antrag auf Erlass einer einstweiligen Anordnung gilt im Falle des Erlasses ohne mündliche Erörterung nach § 214 Abs. 2 FamFG zugleich als Auftrag zur Zustellung durch den Gerichtsvollzieher unter Vermittlung der Geschäftsstelle und als Auftrag zur Vollstreckung; auf Verlangen des Antragstellers darf die Zustellung nicht vor der

---

[74] Vgl. OLG Köln FamRZ 2003, 319; OLG Hamm Beschluss vom 30. Juni 2006 – 11 WF 181/06.

[75] Vgl. OLG des Landes Sachsen-Anhalt Beschluss vom 2. Juni 2006 – 14 WF 88/06; OLG Köln FamRZ 2003, 319; auch OLG Köln FamRZ 2003, 548 für die gleichlautende Formulierung in § 621 g S. 1 ZPO.

Vollstreckung erfolgen. Das Gericht kann nach § 53 Abs. 2 FamFG anordnen, dass die Vollstreckung der einstweiligen Anordnung vor Zustellung an den Verpflichteten zulässig ist; in diesem Fall wird die einstweilige Anordnung mit dem Erlass wirksam. Das zuständige Gericht ergibt sich aus § 50 FamFG.

2. Voraussetzungen. Das Regelungsbedürfnis für eine einstweilige Anordnung nach 45
§ 64 b Abs. 3 FGG ergibt sich unmittelbar aus § 1 Abs. 1 S. 1, Abs. 2 GewSchG. Die einstweilige Anordnung muss erforderlich sein, um weitere Verletzungen/Drohungen zu verhindern. Entsprechendes gilt für Verfügungsanspruch und Verfügungsgrund für einstweilige Verfügungen nach §§ 935, 940 ZPO.

Verfahren, die ab dem **1. September 2009** anhängig werden: § 49 Abs. 1 FamFG: so- 46
weit dies nach den für das Rechtsverhältnis maßgebenden Vorschriften gerechtfertigt ist und ein dringendes Bedürfnis für ein sofortiges Tätigwerden des Gerichts besteht. Letzteres liegt nach § 214 Abs. 1 S. 2 FamFG in der Regel vor, wenn eine Tat nach § 1 GewSchG begangen wurde oder auf Grund konkreter Umstände mit der Begehung zu rechnen ist.

3. Glaubhaftmachung. Die für den Erlass einer einstweiligen Anordnung erforderli- 47
chen Tatsachen sind nach §§ 64 b Abs. 3 S. 2 FGG, 620 a Abs. 2 S. 3 ZPO ebenso glaubhaft zu machen[76] wie diejenigen für den Erlass einer einstweiligen Verfügung nach §§ 936, 920 Abs. 2, 294 ZPO. Zur Glaubhaftmachung nach §§ 64 b Abs. 3 S. 2 FGG, 620 a Abs. 2 S. 3 ZPO können im Einzelfall auch Polizeiberichte und ärztliche Zeugnisse ausreichen; besondere Anforderungen an deren Form sind dabei nicht festgelegt, so dass in besonders eiligen Fällen Erkenntnisse auch durch telefonische Rückfragen gewonnen werden können.[77]

Verfahren, die ab dem **1. September 2009** anhängig werden: § 51 Abs. 1 S. 2 FamFG. 48

4. Regelungsgegenstand. Soweit die **FamG** zuständig sind: Die vom Gericht zu 49
treffenden erforderlichen Regelungen sind nach den allgemeinen Grundsätzen des Rechts der freiwilligen Gerichtsbarkeit in dessen pflichtgemäß auszuübendes Ermessen gestellt.[78] Der Regelungsgegenstand der einstweiligen Anordnung muss aber stets die Grenzen des Verfahrens in der Hauptsache wahren.[79] Zur Abwendung einer akuten Gefahr können ausnahmsweise und bei besonderer Dringlichkeit Maßnahmen ergehen, die grundsätzlich der Hauptsache vorbehalten sind.[80] Ist die Hauptsache (durch die im Rahmen der Ermittlungen gewonnenen Kenntnisse des Gerichts) schon entscheidungsreif, darf eine einstweilige Anordnung nicht mehr ergehen.[81]

Soweit die **allgemeinen Zivilgerichte** zuständig sind: Das Gericht bestimmt nach § 938 50
Abs. 1 ZPO die erforderlichen Anordnungen nach freiem Ermessen.[82]

Verfahren, die ab dem **1. September 2009** anhängig werden: § 49 FamFG. 51

5. Wirksamkeit und Vollstreckung. Soweit die **FamG** zuständig sind: Das Gericht 52
kann nach § 64 b Abs. 3 S. 3 FGG anordnen, dass die Vollziehung der einstweiligen Anordnung vor ihrer Zustellung an den Antragsgegner zulässig ist. Damit soll sichergestellt werden, dass Schutzmaßnahmen auch bei Abwesenheit des Antragsgegners vollzogen werden können.[83] Wird die einstweilige Anordnung ohne mündliche Verhandlung erlassen, wird sie auch mit Übergabe an die Geschäftsstelle zum Zwecke der Bekanntmachung wirksam; der Zeitpunkt der Übergabe ist auf der Entscheidung zu vermerken, § 64 b Abs. 3 S. 4

---

[76] Zur Glaubhaftmachung einer Verletzungshandlung iSd. § 1 GewSchG, die zuvor vom Antragsteller gegenüber der Polizei verneint wurde, vgl. AG Flensburg JurBüro 2005, 55.

[77] BT-Drucks. 14/5429 S. 36.

[78] BT-Drucks. 14/5429 S. 36.

[79] *Dose,* Einstweiliger Rechtsschutz in Familiensachen, 2. Aufl., RdNr. 275.

[80] *Dose* (Fn. 79).

[81] OLG Frankfurt FamRZ 2000, 1037.

[82] Zur fallbezogenen Konkretisierung des Erforderlichen im Rahmen der gestellten Anträge vgl. BVerfGE 86, 49.

[83] BT-Drucks. 14/5429 S. 36.

und 5 FGG. Die einstweilige Anordnung ist in diesem Fall nach § 64 b Abs. 3 S. 6 FGG von Amts wegen durch den Gerichtsvollzieher unter Vermittlung der Geschäftstelle zu vollziehen. Auf Verlangen des Antragstellers darf die Zustellung nicht vor der Vollziehung erfolgen, § 64 b Abs. 3 S. 6 2. HS FGG, um zu verhindern, dass der Antragsteller durch die Bekanntgabe der einstweiligen Anordnung zur Unzeit gefährdet wird.[84] – Die einstweilige Anordnung tritt nach §§ 64 b Abs. 3 S. 2 FGG, 620 f ZPO bei Wirksamwerden einen anderweitigen Regelung sowie dann außer Kraft, wenn der Hauptsacheantrag zurückgenommen[85] oder rechtskräftig abgewiesen oder für erledigt[86] erklärt wird. Die Vollstreckung richtet sich gem. § 64 b Abs. 4 FGG nach den Vorschriften der ZPO, insbesondere nach §§ 885, 890, 891 und 892 a ZPO. Für die Verhängung eines Ordnungsgeldes nach § 890 ZPO wegen Zuwiderhandlung gegen eine Unterlassungsanordnung nach dem Gewaltschutzgesetz ist auch bei einstweiligen Anordnungen der Vollbeweis für die behauptete schuldhafte Zuwiderhandlung zu erbringen.[87]

53 Soweit die **allgemeinen Zivilgerichte** zuständig sind: Einstweilige Verfügungen sind mit Erlass des Beschlusses bzw. Verkündung des Urteils ohne weiteres vollstreckbar, §§ 936, 929 ZPO. Vollziehung vor Zustellung der einstweiligen Verfügung an den Verfügungsbeklagten ist nach §§ 936, 929 Abs. 3 ZPO möglich.

54 Verfahren, die nach dem **1. September 2009** anhängig werden: Das Gericht kann nach § 53 Abs. 2 FamFG anordnen, dass die Vollstreckung der einstweiligen Anordnung vor Zustellung an den Verpflichteten zulässig ist; in diesem Fall wird die einstweilige Anordnung mit dem Erlass wirksam. Die Vollstreckung richtet sich nach §§ 53, 95 f. FamFG in Verbindung mit den allgemeinen Vorschriften des ZPO. Die Vollstreckung kann nach § 55 FamFG ausgesetzt werden.

Aufhebung bzw. Änderung einer einstweiligen Anordnung richtet sich nach § 54 FamFG, das Außerkrafttreten nach § 56 FamG.

55 **6. Streitwert.** Soweit die **FamG** zuständig sind: § 24 S. 3, S. 1 RVG: **500 €.**[88]

56 Soweit die **allgemeinen Zivilgerichte** zuständig sind: § 53 Abs. 1 Nr. 1 GKG, § 3 ZPO: in der Regel nach einem **Bruchteil der Hauptsache;** insoweit könnte § 24 RVG entsprechend herangezogen werden. Wird die begehrte Schutzwirkung schon mit dem Erlass der einstweiligen Verfügung erreicht, ist der Streitwert mit dem Wert der Hauptsache festzusetzen.[89]

57 Verfahren, die ab dem **1. September 2009** anhängig werden: nach § 41 FamGKG ist in der Regel von der Hälfte des für die Hauptsache bestimmten Wertes auszugehen.

58 **7. Kosten.** Soweit die **FamG** zuständig sind: Die im Verfahren der einstweiligen Anordnung entstehenden Kosten gelten als Kosten der Hauptsache, §§ 64 b Abs. 3 S. 2 FGG, 620 g ZPO. Die einstweilige Anordnung enthält daher keine Kostenentscheidung. Nach §§ 64 b Abs. 3 S. 2 FGG, 620 g 2. HS, 96 ZPO können in der Endentscheidung die Kosten der einstweiligen Anordnung getrennt verteilt werden.

59 Soweit die **allgemeinen Zivilgerichte** zuständig sind: §§ 91 ff. ZPO.

60 Verfahren, die ab dem **1. September 2009** anhängig werden: §§ 51 Abs. 4, 80 ff. FamFG.

61 **8. Rechtsmittel.** Soweit die **FamG** zuständig sind: Gegen Entscheidungen auf Grund mündlicher Verhandlung (stattgebend oder ablehnend) ist nach §§ 64 b Abs. 3 S. 2 FGG, 620 c S. 1 ZPO die sofortige Beschwerde gegeben. Daneben besteht die Möglichkeit der Abänderung nach §§ 64 b Abs. 3 S. 2 FGG, 620 b Abs. 1 ZPO. Wird über die Abänderung

[84] BT-Drucks. 14/5429 S. 36.
[85] Vgl. AG Neustadt FamRZ 2004, 1392.
[86] OLG Hamm FamRZ 2006, 50.
[87] KG FPR 2004, 267.
[88] Vgl. OLGR Zweibrücken 2008, 367; OLG Koblenz FamRZ 2005, 1849 mit Anm. *Müller* FamRB 2005, 330; OLG Dresden FamRZ 2003, 1312; im Ergebnis auch OLG Karlsruhe FamRZ 2004, 895.
[89] LG Flensburg NJW-RR 2004, 1509.

ohne mündliche Verhandlung entschieden, so ist auf Antrag auf Grund mündlicher Verhandlung erneut zu beschließen, §§ 64 b Abs. 3 S. 2 FGG, 620 b Abs. 2 ZPO. Dagegen steht dann nach §§ 64 b Abs. 3 S. 2 FGG, 620 c S. 1 ZPO wiederum die sofortige Beschwerde offen. Wurde die einstweilige Anordnung ohne mündliche Verhandlung erlassen oder abgelehnt, steht die Möglichkeit der Abänderung des Beschlusses nach §§ 64 b Abs. 3 S. 2 FGG, 620 b Abs. 1, Abs. 2 ZPO mit der anschließenden sofortigen Beschwerde offen. In den Fällen der §§ 64 b Abs. 3 S. 2 FGG, 620 b, 620 c ZPO kann die Vollziehung der einstweiligen Anordnung nach § 620 e ZPO ausgesetzt werden.

Soweit die **allgemeinen Zivilgerichte** zuständig sind: Wird die einstweilige Verfügung **62** ohne mündliche Verhandlung (§ 937 Abs. 2 ZPO) durch Beschluss erlassen, findet gem. §§ 936, 924 ZPO der Widerspruch statt. Wird die einstweilige Verfügung nach mündlicher Verhandlung durch Urteil erlassen oder zurückgewiesen, findet Berufung statt, § 511 ZPO. Wird der Antrag auf Erlass einer einstweiligen Anordnung ohne mündliche Verhandlung (§ 937 Abs. 2 ZPO) durch Beschluss zurückgewiesen, findet nach allgM[90] gem. § 567 Abs. 1 Nr. 2 ZPO sofortige Beschwerde statt. – Rechtsbeschwerde oder Revision sind ausgeschlossen, §§ 574 Abs. 1 S. 2, 542 Abs. 2 ZPO.

Verfahren, die ab dem **1. September 2009** anhängig werden: Entscheidungen in Gewalt- **63** schutzsachen – bei einstweiligen Anordnungen nach Entscheidung aufgrund mündlicher Erörterung, § 57 S. 2 Nr. 4 FamFG – sind durch die **Beschwerde,** §§ 58 ff. FamFG, anfechtbar. Die Beschwerdefrist beträgt nach § 63 FamFG bei einstweiligen Anordnungen zwei Wochen, in der Hauptsache einen Monat. Das Gericht, dessen Beschluss angefochten wird, ist nach § 68 Abs. 1 S. 2 FamFG zur Abhilfe nicht befugt. **Rechtsbeschwerde** ist nach § 70 FamFG statthaft, wenn sie das Beschwerdegericht zugelassen hat. Die Rechtsbeschwerde ist nach § 70 Abs. 2 FamFG bei grundsätzlicher Bedeutung, zur Fortbildung des Rechts oder zur Sicherung einer einheitlichen Rechtsprechung zuzulassen. § 75 FamFG sieht die Möglichkeit der Sprungrechtsbeschwerde vor.

§ 2 Überlassung einer gemeinsam genutzten Wohnung

(1) Hat die verletzte Person zum Zeitpunkt einer Tat nach § 1 Abs. 1 Satz 1, auch in Verbindung mit Abs. 3, mit dem Täter einen auf Dauer angelegten gemeinsamen Haushalt geführt, so kann sie von diesem verlangen, ihr die gemeinsam genutzte Wohnung zur alleinigen Benutzung zu überlassen.

(2) [1] Die Dauer der Überlassung der Wohnung ist zu befristen, wenn der verletzten Person mit dem Täter das Eigentum, das Erbbaurecht oder der Nießbrauch an dem Grundstück, auf dem sich die Wohnung befindet, zusteht oder die verletzte Person mit dem Täter die Wohnung gemietet hat. [2] Steht dem Täter allein oder gemeinsam mit einem Dritten das Eigentum, das Erbbaurecht oder der Nießbrauch an dem Grundstück zu, auf dem sich die Wohnung befindet, oder hat er die Wohnung allein oder gemeinsam mit einem Dritten gemietet, so hat das Gericht die Wohnungsüberlassung an die verletzte Person auf die Dauer von höchstens sechs Monaten zu befristen. [3] Konnte die verletzte Person innerhalb der vom Gericht nach Satz 2 bestimmten Frist anderen angemessenen Wohnraum zu zumutbaren Bedingungen nicht beschaffen, so kann das Gericht die Frist um höchstens weitere sechs Monate verlängern, es sei denn, überwiegende Belange des Täters oder des Dritten stehen entgegen. [4] Die Sätze 1 bis 3 gelten entsprechend für das Wohnungseigentum, das Dauerwohnrecht und das dingliche Wohnrecht.

[90] Der Begriff „ein das Verfahren betreffendes Gesuch" ist danach seit RGZ 6, 390, 391; RGZ 47, 364, 365 „offenbar nicht im engeren Sinne, als Gegensatz zu dem Gegenstande einer Entscheidung, sondern als gleichbedeutend mit „den Rechtsstreit" zu nehmen.".

(3) Der Anspruch nach Absatz 1 ist ausgeschlossen,

1. **wenn weitere Verletzungen nicht zu besorgen sind, es sei denn, dass der verletzten Person das weitere Zusammenleben mit dem Täter wegen der Schwere der Tat nicht zuzumuten ist oder**
2. **wenn die verletzte Person nicht innerhalb von drei Monaten nach der Tat die Überlassung der Wohnung schriftlich vom Täter verlangt oder**
3. **soweit der Überlassung der Wohnung an die verletzte Person besonders schwerwiegende Belange des Täters entgegenstehen.**

(4) Ist der verletzten Person die Wohnung zur Benutzung überlassen worden, so hat der Täter alles zu unterlassen, was geeignet ist, die Ausübung dieses Nutzungsrechts zu erschweren oder zu vereiteln.

(5) Der Täter kann von der verletzten Person eine Vergütung für die Nutzung verlangen, soweit dies der Billigkeit entspricht.

(6) [1] Hat die bedrohte Person zum Zeitpunkt einer Drohung nach § 1 Abs. 2 Satz 1 Nr. 1, auch in Verbindung mit Abs. 3, einen auf Dauer angelegten gemeinsamen Haushalt mit dem Täter geführt, kann sie die Überlassung der gemeinsam genutzten Wohnung verlangen, wenn dies erforderlich ist, um eine unbillige Härte zu vermeiden. [2] Eine unbillige Härte kann auch dann gegeben sein, wenn das Wohl von im Haushalt lebenden Kindern beeinträchtigt ist. [3] Im Übrigen gelten die Absätze 2 bis 5 entsprechend.

Übersicht

I. Hauptantrag

1 **1. Zuständigkeit und Verfahren.** Ein Anspruch auf Überlassung der Wohnung nach § 2 setzt nach § 2 Abs. 1 voraus, dass das Opfer zum Tatzeitpunkt mit dem Täter **einen auf Dauer angelegten gemeinsamen Haushalt geführt** hat. Für die Bestimmung des Begriffs ist – wie für die Frage der Zuständigkeit nach §§ 23 a Nr. 7, 23 b Abs. 1 S. 2 Nr. 8 a GVG – auf die Definition der Mietrechtsreform zurückzugreifen.[1] Dies führt zu einer Zuständigkeit des AG **(FamG)**.

2 Ob die Parteien verheiratet sind, spielt keine Rolle. Jedoch ist für Ehegatten in den Fällen, in denen die Wohnungsüberlassung im Hinblick auf eine beabsichtigte Scheidung begehrt wird, **§ 1361 b BGB lex specialis.**[2] Dies gilt insbesondere auch dann, wenn die Ehegatten sich auf Grund der Gewalttat getrennt haben bzw. wenn mindestens ein Ehepartner die Trennung begehrt. Die Wohnungsüberlassung nach § 1361 b BGB ist in der Regel weiterreichend als die nach § 2 GewSchG; sie dauert grundsätzlich bis zur Scheidung.[3]

3 **Fehlt es an einem auf Dauer angelegten gemeinsamen Haushalt,** können sich Ansprüche auf Wohnungsüberlassung bei Gewalttaten/Drohungen aus den allgemeinen schuldrechtlichen Grundsätzen ergeben, wonach Gläubiger und Schuldner sich bei der Abwicklung des Schuldverhältnisses so zu verhalten haben, dass die Person, das Eigentum und

---

[1] BT-Drucks. 14/5429 S. 30.
[2] BT-Drucks. 14/5429 S. 21.
[3] BT-Drucks. 14/5429 S. 21.

sonstige Rechtsgüter des anderen Teils nicht verletzt werden.[4] Diese Ansprüche fallen in die Zuständigkeit der allgemeinen Zivilgerichte.

Da die FamG für Ansprüche auf Wohnungsüberlassung nach § 2 zuständig sind, richtet sich das **Verfahren** grundsätzlich nach den Vorschriften des **FGG,** §§ 621 Abs. 1 Nr. 13, 621 a Abs. 1 ZPO und insbesondere § 64 b FGG. Nach § 64 b Abs. 2 S. 4 FGG finden darüber hinaus §§ 13 Abs. 1, 3 und 4; 15; 17 Abs. 1 S. 1 und Abs. 2 **HausrVO** entsprechende Anwendung. Vor einer ablehnenden Entscheidung nach § 2 GewSchG ist nach **§ 49 a Abs. 2 FGG** das **Jugendamt** zu hören, wenn Kinder im Haushalt der Beteiligten leben. 4

Verfahren, die ab dem **1. September 2009** anhängig werden: Sämtliche Gewaltschutzsachen (Verfahren nach §§ 1 und 2 GewSchG) sind Familiensachen für die die AG (FamG) nach §§ 23 c Abs. 1 Nr. 1, 23 b GVG nF, §§ 111 Nr. 6, 210 FamFG zuständig sind. Die örtliche Zuständigkeit, die im Wesentlichen den bisherigen Regelungen entspricht, ergibt sich aus § 211 FamFG. 5

Verfahren, die ab dem **1. September 2009** anhängig werden: Mit der Vereinheitlichung der Zuständigkeit ist auch ein einheitliches Verfahrensrecht vorgesehen; sämtliche Gewaltschutzsachen sind **Angelegenheiten der freiwilligen Gerichtsbarkeit.**[5] Damit gelten grundsätzlich die allgemeinen Regelungen des **FamFG,** soweit sich aus §§ 210 ff. FamFG keine Besonderheiten ergeben. Beispielsweise gilt nach § 26 FamFG Amtsermittlung, die Beweiserhebung ist in §§ 29 ff. FamFG geregelt. Das Gericht entscheidet grundsätzlich durch Beschluss, § 38 FamFG. Auf eine gütliche Einigung der Beteiligten soll das Gericht in Gewaltschutzsachen nicht hinwirken, § 36 Abs. 1 S. 2 FamFG. Nach § 212 FamFG ist in Verfahren nach § 2 GewSchG das Jugendamt auf seinen Antrag zu beteiligen, wenn ein Kind im Haushalt lebt. Das Gericht soll nach § 213 FamFG das Jugendamt anhören, wenn ein Kind im Haushalt lebt. Nach § 213 Abs. 2 FamFG hat das Gericht in diesen Fällen dem Jugendamt die Entscheidung mitzuteilen; dem Jugendamt steht ein eigenes Beschwerderecht gegen den Beschluss zu. Nach § 215 FamFG soll das Gericht in Verfahren nach § 2 GewSchG in der Endentscheidung die zu ihrer Durchführung erforderlichen Anordnungen treffen. 6

2. Voraussetzungen. Liegt eine Tat nach **§ 1 Abs. 1 S. 1** vor, ist die Überlassung der Wohnung an das Opfer an **keine weiteren Voraussetzungen** geknüpft,[6] § 2 Abs. 1. Insbesondere ist – anders als bei § 1361 b BGB – nicht vorausgesetzt, dass die Wohnungsüberlassung zur Vermeidung eine unbilligen Härte erforderlich ist.[7] Schützenswerte Belange des Täters finden (nur) über den Ausschlusstatbestand nach § 2 Abs. 3 Nr. 3 GewSchG Berücksichtigung.[8] Durch den Verweis auf § 1 Abs. 3 wird klargestellt, dass eine Wohnungsüberlassung auch dann ohne weitere Voraussetzungen in Betracht kommt, wenn der Täter die Tat nach § 1 Abs. 1 S. 1 in einem vorübergehenden Zustand der Unzurechnungsfähigkeit begangen hat.[9] 7

Liegt lediglich eine **Drohung nach § 1 Abs. 2 S. 1 Nr. 1,** wiederum auch in Verbindung mit Abs. 3 (vorübergehende Unzurechnungsfähigkeit) vor, setzt eine Wohnungsüberlassung nach § 2 Abs. 6 voraus, dass dies erforderlich ist, um eine **unbillige Härte** zu vermeiden. Eine unbillige Härte kann nach § 2 Abs. 6 S. 2 auch dann gegeben sein, wenn das Wohl von im Haushalt lebenden Kindern beeinträchtigt ist. Auf einen Katalog von Härtegründen wurde – wie bei § 1361 b BGB – auf Grund der Vielgestaltigkeit der Lebensverhältnisse ausdrücklich zugunsten des auslegungsbedürftigen Rechtsbegriffs der „unbilligen Härte" verzichtet.[10] Ist zweifelhaft, ob das Wohl von im Haushalt lebenden Kindern 8

[4] BT-Drucks. 14/5429 S. 19 f.
[5] BT-Drucks. 16/6308 S. 169.
[6] BT-Drucks. 14/5429 S. 30, 31.
[7] BT-Drucks. 14/5429 S. 31.
[8] BT-Drucks. 14/5429 S. 31.
[9] BT-Drucks. 14/5429 S. 31.
[10] BT-Drucks. 14/5429 S. 32 iVm. S. 33 iVm. S. 21.

beeinträchtigt ist, sollte das Jugendamt entsprechend §§ 621 Abs. 1 Nr. 13, 621 a Abs. 1 ZPO, 49 a FGG gehört werden.

9 **3. Regelungsgegenstand.** § 2 GewSchG ist eine eigenständige allgemeine materiellrechtliche Grundlage für Wohnungsüberlassungen.[11] Er ermöglicht jedoch **grundsätzlich nur eine vorläufige Regelung** über die Wohnungsbenutzung. Endgültige Regelungen sind sodann auf der Grundlage des für die Wohnungsbenutzung maßgeblichen Rechtsverhältnisses zu treffen.[12] Wohnungsüberlassungen nach § 2 GewSchG können nicht zu einem Eingriff in das der gemeinsamen Nutzung der Wohnung durch Täter und Opfer zugrunde liegende Rechtsverhältnis führen.[13] Nicht Gegenstand des Verfahrens nach dem Gewaltschutzgesetz kann der Antrag sein, dem Täter die Benutzung der Wohnung zusammen mit dem Opfer einzuräumen.[14]

10 **4. Befristungen.** Ist das Opfer in Rechtsgemeinschaft mit dem Täter oder der Täter allein oder in Rechtsgemeinschaft mit einem Dritten an der Wohnung berechtigt, so ist die Wohnungsüberlassung gem. **§ 2 Abs. 2** zu befristen.[15]

11 **§ 2 Abs. 2 S. 1** (iVm. S. 4) bestimmt, dass die Dauer der Wohnungsüberlassung zu befristen ist, wenn dem **Opfer zusammen mit dem Täter** das Eigentum, das Erbbaurecht, der Nießbrauch, das Wohnungseigentum, das Dauerwohnrecht oder das dingliche Wohnrecht zusteht oder das Opfer die Wohnung mit dem Täter gemietet hat. Auf wie lange die Dauer der Wohnungsüberlassung in diesen Fällen zu befristen ist, ist nicht ausdrücklich bestimmt. Dies richtet sich nach den **Umständen des Einzelfalls,** etwa Dauer des Mietvertrages, Kündigungsfristen sowie welche Rechtsverhältnisse der Benutzung der Wohnung durch Opfer und Täter zugrunde liegen.[16]

12 Stehen die genannten Berechtigungen an der Wohnung **dem Täter allein oder zusammen mit Dritten** zu, so ist die Wohnungsüberlassung nach § 2 Abs. 2 S. 2 auf bis zu höchstens **6 Monate** zu befristen. Die Bestimmung der Frist durch das Gericht hat dabei die Gegebenheiten auf dem örtlichen Wohnungsmarkt zu berücksichtigen.[17] Die Befristung kann nach § 2 Abs. 2 S. 3 um höchstens 6 weitere Monate verlängert werden, wenn sich das Opfer in der ersten Befristung Ersatzwohnraum nicht beschaffen konnte und überwiegende Belange des Täters – etwa schwere Erkrankung[18] – oder des Dritten nicht entgegenstehen. – Dagegen ist die Neubegründung eines Mietverhältnisses mit dem Opfer grundsätzlich nicht vorgesehen.[19]

13 Eine über die Dauer von einem Jahr hinausgehende Überlassung der Wohnung ist nur auf der Grundlage von § 1666 BGB zur Abwendung der Gefährdung des Wohls eines in der Wohnung lebenden Kindes möglich.[20]

14 **5. Ausschluss des Anspruchs.** Der Anspruch auf Wohnungsüberlassung ist nach **§ 2 Abs. 3** ausgeschlossen, wenn weitere Verletzungen nicht zu besorgen sind, es sei denn, dass dem Opfer wegen der Schwere der Tat das weitere Zusammenleben mit dem Täter nicht zuzumuten ist (Nr. 1), wenn das Opfer nicht innerhalb von drei Monaten nach der Tat die Überlassung der Wohnung schriftlich vom Täter verlangt (Nr. 2) oder soweit der Wohnungsüberlassung besonders schwerwiegende Belange des Täters entgegenstehen (Nr. 3). Der Katalog der Ausschlussgründe ist **abschließend.**[21]

---

[11] BT-Drucks. 14/5429 S. 30.
[12] BT-Drucks. 14/5429 S. 30, auch zu weiteren Einzelheiten.
[13] BT-Drucks. 14/5429 S. 20; auch nicht bei polizeilichem Platzverweis, vgl. AG Ludwigsburg NZM 2005, 302; OLG Koblenz EzFamR 2003, 151.
[14] Brandenburgisches OLG NJW-RR 2006, 220.
[15] Vgl. BT-Drucks. 14/5429 S. 31.
[16] BT-Drucks. 14/5429 S. 31; vgl. OLG Koblenz EzFamR aktuell 2003, 151.
[17] BT-Drucks. 14/5429 S. 31.
[18] BT-Drucks. 14/5429 S. 31.
[19] BT-Drucks. 14/5429 S. 31.
[20] BT-Drucks. 14/5429 S. 20.
[21] BT-Drucks. 14/5429 S. 31.

Nach **§ 2 Abs. 3 Nr. 1** ist eine Wohnungsüberlassung ausgeschlossen, wenn weitere Verletzungen nicht zu besorgen sind, es sei denn, dass es sich bei der Verletzungshandlung um eine besonders schwere Gewalttat gehandelt hat, die dem Opfer das weitere Zusammenleben mit dem Gewalttäter unzumutbar macht, selbst wenn weitere Gewalttaten nicht mehr zu befürchten sind. Dabei ist insbesondere an Fälle der schweren Körperverletzung sowie an andere schwere Delikte oder Verbrechen (Vergewaltigung, Totschlagsversuch) zu denken.[22] 15

Nach **§ 2 Abs. 3 Nr. 2** ist der Wohnungsüberlassungsanspruch ferner ausgeschlossen, wenn das Opfer nicht innerhalb von drei Monaten nach der Tat die Überlassung der Wohnung schriftlich vom Täter verlangt hat. Damit soll einerseits dem Opfer ausreichend Zeit zur Überlegung zur zukünftigen Gestaltung der Wohnverhältnisse eingeräumt werden, andererseits aber auch innerhalb eines angemessenen Zeitraums Klarheit hinsichtlich der Wohnung geschaffen werden.[23] Dadurch wird zugleich klargestellt, dass der Anspruch auf Wohnungsüberlassung auch dann geltend gemacht werden kann, wenn das Opfer die Wohnung zunächst verlassen – und etwa Zuflucht im Frauenhaus gesucht – hatte.[24] Den Zugang des schriftlichen Überlassungsverlangens hat im Zweifel das Opfer zu beweisen. 16

Schließlich ist der Anspruch auf Wohnungsüberlassung nach **§ 2 Abs. 3 Nr. 3** auch insoweit ausgeschlossen, als besonders schwerwiegende Belange des Täters entgegenstehen, etwa Behinderung oder schwere Erkrankung.[25] Dies ermöglicht auch, anstelle eines vollständigen Ausschlusses den Anspruch auf Wohnungsüberlassung – unabhängig von § 2 Abs. 2 – zu befristen.[26] 17

6. Unterlassungsanordnungen. In den Fällen der Wohnungsüberlassung hat der Täter nach **§ 2 Abs. 4** alles zu unterlassen, was geeignet ist, die Ausübung des Nutzungsrechts zu erschweren oder zu vereiteln. Kontakt-, Näherungs- und Belästigungsverbote sind dabei auf § 1 zu stützen.[27] Das Gericht kann aber auch etwa die **Kündigung oder die Veräußerung der Wohnung** – als mindestens relatives Verfügungsverbot iSd. §§ 135, 136 BGB – untersagen.[28] Zugleich hat sich der Täter aller **tatsächlichen Handlungen** zu enthalten, die das Benutzungsrecht erschweren oder vereiteln würden.[29] 18

7. Nutzungsvergütung. Gem. **§ 2 Abs. 5** kann der Täter vom Opfer für die Wohnungsüberlassung eine Nutzungsvergütung verlangen, soweit dies der Billigkeit entspricht. Eine **Billigkeitsvergütung** wird in der Regel in den Fällen zu entrichten sein, in denen der Täter ein auf einem Mietvertrag oder einer dinglichen Berechtigung beruhende (Mit-)Nutzungsbefugnis an der Wohnung hat.[30] Ein Antrag auf Nutzungsvergütung kann auch noch nach Beendigung des Hauptsacheverfahrens gestellt werden, zumal dann, wenn das Hauptsacheverfahren infolge Antragsrücknahme des Gegners endet.[31] 19

8. Wirksamkeit, Vollstreckung und Kosten. Hinsichtlich Wirksamkeit und Kosten ergeben sich grundsätzlich keine Besonderheiten zu § 1, soweit dort das FamG (insbesondere auch für Verfahren, die ab dem **1. September 2009** anhängig werden) zuständig ist. Entscheidungen der FamG auf Überlassung der Wohnung zur alleinigen Nutzung nach § 2 werden grundsätzlich nach **§ 885 ZPO** vollstreckt. Nach § 885 Abs. 1 S. 3 ZPO können einstweilige Anordnungen nach dem Gewaltschutzgesetz, die einen Räumungstitel darstellen, während ihrer Geltungsdauer mehrfach vollzogen werden. Eine entsprechende Rege- 20

---

[22] BT-Drucks. 14/5429 S. 31.

[23] BT-Drucks. 14/5429 S. 31.

[24] BT-Drucks. 14/5429 S. 31; vgl. auch LG Freiburg FamRZ 2005, 1252 (zu § 1361 b BGB): Durch Quartiernahme im Frauenhaus hat das Opfer nicht die Absicht, die Ehewohnung endgültig zu verlassen, sondern eindeutig Rückkehrwillen.

[25] BT-Drucks. 14/5429 S. 31.

[26] BT-Drucks. 14/5429 S. 31.

[27] BT-Drucks. 14/5429 S. 31.

[28] BT-Drucks. 14/5429 S. 31 iVm. S. 33.

[29] BT-Drucks. 14/5429 S. 31 iVm. S. 33.

[30] BT-Drucks. 14/5429 S. 31 f.

[31] OLG Hamm FamRZ 2006, 50.

lung für Hauptsacheentscheidungen (Räumungstitel) nach § 2 fehlt trotz vergleichbarer Problematik, wenn sich der Täter nach einer Räumung erneut Zugang zur Wohnung verschafft. Die Gesetzesbegründung geht allerdings davon aus, dass die Regelung des § 885 Abs. 1 ZPO auch die mehrfache Vollziehung eines auf Räumung lautenden Hauptsachetitels während seiner Geltungsdauer ermöglicht.[32]

21 Für Verfahren, die nach dem 1. September 2009 anhängig werden, ermöglicht etwa § 95 Abs. 1 Nr. 3 FamFG für die Räumung einer Wohnung in Gewaltschutzsachen nunmehr eine Ersatzvornahme. § 96 Abs. 1 FamFG entspricht dem bisherigen § 892 a ZPO, § 96 Abs. 2 entspricht inhaltlich dem bisherigen § 885 Abs. 1 S. 3 und 4 ZPO.

22 **9. Streitwert.** Gem. **§§ 100 a Abs. 2, 30 Abs. 2 KostO** in der Regel **3000 €;**[33] nach Lage des Falles niedriger[34] oder höher, jedoch nicht über 500 000 €. Für Verfahren, die nach dem **1. September 2009** anhängig werden nach § 49 FamFG 3000 €; nach besonderen Umständen des Einzelfalles können nach § 49 Abs. 2 FamGKG höhere oder niedrigere Werte festgesetzt werden.

23 **10. Rechtsmittel.** Befristete Beschwerde, **§§ 621 e Abs. 1, 621 Abs. 1 Nr. 13 ZPO.** Rechtsbeschwerde ist nicht statthaft, §§ 621 Abs. 1 Nr. 13, 621 a Abs. 1, 621 e Abs. 2 ZPO.

24 Verfahren, die nach dem **1. September 2009** anhängig werden: Entscheidungen in Gewaltschutzsachen – bei einstweiligen Anordnungen nach Entscheidungen aufgrund mündlicher Erörterung, § 57 S. 2 Nr. 4 FamFG – sind durch die **Beschwerde,** §§ 58 ff. FamFG, anfechtbar. Die Beschwerdefrist beträgt nach § 63 FamFG bei einstweiligen Anordnungen zwei Wochen, in der Hauptsache einen Monat. Das Gericht, dessen Beschluss angefochten wird, ist nach § 68 Abs. 1 S. 2 FamFG zur Abhilfe nicht befugt. **Rechtsbeschwerde** ist nach § 70 FamFG statthaft, wenn sie das Beschwerdegericht zugelassen hat. Die Rechtsbeschwerde ist nach § 70 Abs. 2 FamFG bei grundsätzlicher Bedeutung, zur Fortbildung des Rechts oder zur Sicherung einer einheitlichen Rechtsprechung zuzulassen, § 75 FamFG sieht die Möglichkeit der Sprungrechtsbeschwerde vor.

II. Einstweilige Anordnung

25 Grundsätzlich ergeben sich keine Besonderheiten zu einstweiligen Anordnungen bei § 1.

26 Einstweilige Anordnungen auf Überlassung der Ehewohnung zur alleinigen Nutzung nach §§ 214, 49 FamFG (64 b Abs. 3 FGG), 2 GewSchG können nach **§§ 96 Abs. 2 S. 1 FamFG, 885 Abs. 1 S. 3 ZPO** während ihrer Geltungsdauer mehrfach vollstreckt werden, wenn sich der Täter nach einer Räumung erneut Zugang zur Wohnung verschafft. Eine erneute Zustellung des Titels ist nicht erforderlich, §§ 96 Abs. 2 S. 2 FamFG, 885 Abs. 1 S. 4 ZPO. Nimmt das Opfer den Täter wieder in die Wohnung auf, muss der Täter über §§ 54 FamFG (64 b Abs. 3 FGG, 620 b ZPO – ggf. iVm. der Aussetzung der Vollziehung der einstweiligen Anordnung nach § 55 FamFG (§ 620 e ZPO) – eine gerichtliche Abänderung der einstweiligen Anordnung herbeiführen, um zu verhindern, dass er bei einem erneuten Zerwürfnis auf der Grundlage des ursprünglichen Titels durch den Gerichtsvollzieher aus der Wohnung gesetzt werden kann.[35]

27 **§ 940 a ZPO** stellt für Ansprüche auf Wohnungsüberlassung außerhalb von auf Dauer angelegten gemeinsamen Haushalten klar, dass hier im Wege der **einstweiligen Verfügung** die Räumung von Wohnraum auch bei einer konkreten Gefahr für Leib und Leben des Antragstellers angeordnet werden kann.[36]

---

[32] BT-Drucks. 14/5429 S. 34 f.; ebenso – ohne Begründung – KG FamRZ 2006, 49 (50) mit Anm. *Müller* FamRB 2005, 263. AM: *Zöller/Stöber* ZPO § 885 RdNr. 37.

[33] Vgl. OLGR Zweibrücken 2008, 367; aM: OLG Nürnberg MDR 2008, 773 (in der Regel sechsfacher Monatsmietwert).

[34] Vgl. hierzu OLGR Zweibrücken 2008, 367.

[35] BT-Drucks. 14/5429 S. 35.

[36] BT-Drucks. 14/5429 S. 35.

Der **Streitwert** beläuft sich nach § 24 S. 3, S. 2 RVG, § 53 Abs. 2 S. 2 GKG auf 2000 €.[37] Für Verfahren, die ab dem **1. September 2009** anhängig werden, ist nach § 41 FamGKG in der Regel von der Hälfte des für die Hauptsache bestimmten Wertes auszugehen. 28

§ 3 Geltungsbereich, Konkurrenzen

(1) Steht die verletzte oder bedrohte Person im Zeitpunkt einer Tat nach § 1 Abs. 1 oder Abs. 2 Satz 1 unter elterlicher Sorge, Vormundschaft oder unter Pflegschaft, so treten im Verhältnis zu den Eltern und zu sorgeberechtigten Personen an die Stelle von §§ 1 und 2 die für das Sorgerechts-, Vormundschafts- oder Pflegschaftsverhältnis maßgebenden Vorschriften.

(2) Weitergehende Ansprüche der verletzten Person werden durch dieses Gesetz nicht berührt.

1. Geltungsbereich. Das Gewaltschutzgesetz findet dann keine Anwendung, wenn eine unter elterlicher Sorge, Vormundschaft oder unter Pflegschaft stehende Person von den Eltern oder von einer auf Grund ihrer Eigenschaft als Vormund oder Pfleger sorgeberechtigten Person verletzt wird.[1] Werden **minderjährige Kinder Opfer häuslicher Gewalt von Eltern oder sorgeberechtigten Personen,** richtet sich der Schutz der Kinder ausschließlich nach §§ 1666, 1666 a, 1696 BGB bzw. nach den Regelungen des Vormundschafts- oder Pflegschaftsrechts,[2] insbes. §§ 1915, 1837 BGB iVm. §§ 1666, 1666 a, 1696 BGB. Diese gehen als spezielle Normen den allgemeinen Unterlassungsansprüchen im Eltern-Kind-Verhältnis und den Vorschriften des GewSchG vor.[3] Minderjährige Kinder, die Opfer von Gewalt bzw. Nachstellungen im Sinne des § 1 GewSchG durch einen Elternteil werden, haben kein Antragsrecht nach dem GewSchG gegen diesen Elternteil.[4] 1

Wird das **Kind** dagegen **Opfer von Gewalt bzw. Nachstellungen Dritter,** besteht insoweit ein zweispuriger gerichtlicher Rechtsschutz, sowohl nach dem GewSchG als auch nach §§ 1666, 1666 a BGB. Dabei ermöglicht § 1666 BGB auch ein Eingreifen von Amts wegen, unabhängig von einen Antrag.[5] 2

Werden andererseits **Eltern oder andere Sorgeberechtigte Opfer** von Gewalt bzw. Nachstellungen durch unter ihrer Sorge stehende minderjährige Kinder, findet das GewSchG Anwendung, da die für das Sorgerechts-, Vormundschafts- oder Pflegschaftsverhältnis maßgebenden Vorschriften keine speziellen Gewaltschutzvorschriften zugunsten der Sorgeberechtigten enthalten.[6] Eine gerichtliche Intervention nach dem GewSchG erfolgt dabei nur, wenn sorgerechtliche Maßnahmen der Eltern – etwa auch eine anderweitige Unterbringung des Kindes in Ausübung des Aufenthaltsbestimmungsrechts – nicht geeignet oder nicht ausreichend sind, um weitere Verletzungen abzuwenden.[7] 3

2. Konkurrenzen. Weitergehende Ansprüche des Opfers wegen der Verletzung der in § 1 GewSchG genannten Rechtsgüter, etwa auf Schadensersatz (beispielsweise Kosten einer ärztlichen Behandlung) und Schmerzensgeld nach §§ 823, 847 BGB,[8] oder auf Wohnungsüberlassung nach § 1361 b BGB werden durch das GewSchG nicht berührt. Ebenfalls nicht 4

[37] Vgl. OLGR Zweibrücken 2008, 367; OLG Nürnberg Beschluss vom 30. April 2008 – 7 WF 459/08; OLG Koblenz FamRZ 2005, 1849 mit Anm. *Müller* FamRB 2005, 330; AM: OLG Nürnberg MDR 2008, 773.

[1] Vgl. BT-Drucks. 14/5429 S. 32.

[2] Vgl. BT-Drucks. 14/5429 S. 32.

[3] Vgl. BT-Drucks. 14/5429 S. 32.

[4] KG Berlin FPR 2004, 267 f.

[5] Vgl. BT-Drucks. 14/5429 S. 32.

[6] BT-Drucks. 14/5429 S. 32.

[7] BT-Drucks. 14/5429 S. 32.

[8] Vgl. OLG Saarbrücken NJW-RR 2006, 747 mit Anm. *Vahle* DVP 2006, 478; OLGR Saarbrücken 2005, 553.

ausgeschlossen sind Ansprüche wegen Verletzung weiterer Rechtsgüter des Opfers, etwa des Eigentums, des allgemeinen Persönlichkeitsrechts oder sonstiger durch § 823 Abs. 1 oder Abs. 2 BGB geschützter Rechte. In diesen Fällen kann das Gericht auf der Grundlage von §§ 823, 1004 BGB analog auch die in § 1 GewSchG vorgesehenen Anordnungen treffen. Die dort vorgesehenen Maßnahmen sind nicht auf die vom GewSchG erfassten Fälle beschränkt.[9] Gleiches gilt bei fahrlässiger Verletzung des Opfers.[10]

§ 4 Strafvorschriften

[1] Wer einer bestimmten vollstreckbaren Anordnung nach § 1 Abs. 1 Satz 1 oder 3, jeweils auch in Verbindung mit Abs. 2 Satz 1, zuwiderhandelt, wird mit Freiheitsstrafe bis zu einem Jahr oder mit Geldstrafe bestraft. [2] Die Strafbarkeit nach anderen Vorschriften bleibt unberührt.

1 Der Verstoß gegen gerichtliche Schutzanordnungen nach § 1 GewSchG ist eigens strafbewehrt, ohne dass ein darauf gerichteter Antrag erforderlich ist. Das Strafgericht ist bei der Überprüfung der Rechtmäßigkeit der Anordnung nicht an die Entscheidung des Familiengerichts/Zivilgerichts gebunden. Die Strafbewährung stellt sicher, dass die Polizei- und Ordnungsbehörden eingreifen können (Ingewahrsamnahme des Störers).[1] Die Strafbarkeit des Täters nach anderen Vorschriften bleibt unberührt. Seit 31. März 2007 ist insbesondere das sog. Stalking nach dem durch das Gesetz zur Strafbarkeit beharrlicher Nachstellungen (40. StrÄndG) vom 22. März 2007 neu eingefügten § 238 StGB[2] strafbar.

2 Ob eine gegenüber dem Angeklagten vollstreckbare Anordnung vorliegt, ist nach den hierfür geltenden zivilrechtlichen Grundsätzen zu beurteilen.[3] Ein im Verfahren nach § 1 geschlossener (vollstreckbarer) Vergleich ist keine vollstreckbare Anordnung im Sinne des § 4 und damit keine Grundlage für eine Straftat nach § 4, da ein Vergleich keinen einseitigen hoheitlichen Akt des Gerichts darstellt.[4] Ein Vergleich setzt auch eine vorangehende einstweilige Anordnung außer Kraft.[5] Nimmt das Opfer den Täter nach einer Schutzanordnung nach dem Gewaltschutzgesetz einverständlich wieder in die Wohnung auf, ist das Verweilen des Täters in der Wohnung ebenfalls nicht mehr gemäß § 4 strafbar.[6]

3 Im Hinblick auf die Strafvorschrift des § 4 S. 1 wird durch einen vollstreckbaren Vergleich in einem Gewaltschutzverfahren das Rechtsschutzbedürfnis für ein neues Verfahren auf Erlass einer Anordnung nach § 1 im Falle einer Zuwiderhandlung gegen die Verpflichtung aus dem Vergleich daher nicht beseitigt, wenn dadurch die Grundlage für eine Bestrafung geschaffen werden kann.[7]

4 Die abstrakte Vollstreckbarkeit einer vollstreckbaren Anordnung reicht für eine Bestrafung nach § 4 nicht aus.[8] Die wirksame Zustellung einer im Beschlusswege ergangenen einstweiligen Verfügung ist Voraussetzung für eine Strafbarkeit nach § 4.[9*]

5 Um die Gefahr einer unberechtigten Strafverfolgung auszuschließen, sollte in Gewaltschutzverfahren, die dem FGG unterliegen, bei Antragsrücknahme in der Hauptsache durch klarstellenden Beschluss ausgesprochen werden, dass das Verfahren dadurch beendet ist und etwaige einstweilige Anordnungen außer Kraft treten.[10*]

---

[9] BT-Drucks. 14/5429 S. 32.
[10] Vgl. BT-Drucks. 14/5429 S. 32.
[1] Vgl. BT-Drucks. 14/5429 S. 32 f.
[2] Vgl. dazu zu zivilrechtlichen Problemen *Löhnig* FamRZ 2007, 518.
[3] Vgl. BGH FamRZ 2007, 812.
[4] OLG München Beschluss vom 11. März 2008 – 4 St RR (0)18/08, teilweise abgedruckt ZFE 2008, 234.
[5] OLG München Beschluss vom 11. März 2008 – 4 St RR (0)18/08, teilweise abgedruckt ZFE 2008, 234; OLG Saarbrücken Beschluss vom 25. Mai 2004 – 9 WF 57/04.
[6] OLG Hamm ZfJ 2005, 488.
[7] LG Kassel FamRZ 2006, 561.
[8] BGH FamRZ 2007, 812 gegen OLG Oldenburg NStZ 2005, 411.
[9*] BGH FamRZ 2007, 812.
[10*] Vgl. AG Neustadt FamRZ 2004, 1392.

Verstöße gegen § 4 können die Verhängung einer kurzen Freiheitsstrafe rechtfertigen, wenn das Verhalten des Täters zeigt, dass er nicht bereit ist, Schutzanordnungen nach dem Gewaltschutzgesetz einzuhalten, und sich auch durch Ordnungsgelder oder Geldstrafen nicht davon abhalten lässt, unerwünschte Kontakte zum Opfer aufzunehmen.[11] **6**

Auch wenn wegen derselben Handlung bereits eine Kriminalstrafe verhängt wurde, ist die Festsetzung von Ordnungsmitteln als Maßnahme der Zwangsvollstreckung zivilgerichtlicher oder familiengerichtlicher Entscheidungen nach § 890 ZPO zulässig.[12] Bei der Höhe des Ordnungsgeldes ist die strafgerichtliche Verurteilung zu berücksichtigen.[13] **7**

---

[11] AG Flensburg Streit 2005, 124.
[12] OLG Schleswig FamRZ 2007, 300.
[13] OLG Schleswig FamRZ 2007, 300.

Rechtstatsachen zum Familienrecht[1]

Übersicht

I. Bevölkerung

1. Altersgruppen und Familienstand

2.10 Bevölkerung am 31.12.2005 nach Altersgruppen und Familienstand

Alter von ... bis unter ... Jahren	Ledig				Verheiratet				Verwitwet				Geschieden			
	männlich		weiblich		männlich		weiblich		männlich		weiblich		männlich		Weiblich	
	1 000	%	1 000	%	1 000	%	1 000	%	1 000	%	1 000	%	1 000	%	1 000	%
unter 15	5 975,5	*100*	5 674,3	*100*	0,0	*0,0*	0,0	*0,0*	0,0	*0,0*	0,0	*0,0*	0,0	*0,0*	0,0	*0,0*
15 – 20	2 478,0	*99,9*	2 342,1	*99,4*	1,7	*0,1*	13,7	*0,6*	0,0	*0,0*	0,1	*0,0*	0,0	*0,0*	0,1	*0,0*
20 – 25	2 370,0	*96,3*	2 138,1	*89,4*	87,8	*3,6*	241,7	*10,1*	0,1	*0,0*	0,7	*0,0*	3,5	*0,1*	11,8	*0,5*
25 – 30	1 983,4	*80,7*	1 564,1	*65,4*	437,6	*17,8*	753,0	*31,5*	0,8	*0,0*	3,6	*0,2*	37,2	*1,5*	72,3	*3,0*
30 – 35	1 460,6	*57,4*	1 015,2	*41,3*	960,5	*37,7*	1 262,9	*51,4*	2,7	*0,1*	10,0	*0,4*	121,0	*4,8*	170,3	*6,9*
35 – 40	1 380,5	*40,3*	883,8	*27,1*	1 747,7	*51,0*	2 002,6	*61,4*	7,9	*0,2*	25,5	*0,8*	292,5	*8,5*	350,7	*10,7*
40 – 45	998,4	*27,1*	602,5	*17,2*	2 217,4	*60,2*	2 348,5	*67,0*	16,6	*0,5*	55,8	*1,6*	452,6	*12,3*	498,2	*14,2*
45 – 50	584,7	*18,1*	344,3	*11,0*	2 155,8	*66,8*	2 214,2	*70,9*	27,2	*0,8*	95,4	*3,1*	459,8	*14,2*	467,7	*15,0*
50 – 55	352,1	*12,5*	214,9	*7,6*	2 033,4	*72,4*	2 050,4	*73,0*	40,4	*1,4*	148,0	*5,3*	383,7	*13,7*	396,7	*14,1*
55 – 60	220,9	*9,1*	134,4	*5,5*	1 848,0	*76,4*	1 781,5	*73,2*	55,8	*2,3*	210,0	*8,6*	293,3	*12,1*	309,5	*12,7*
60 – 65	171,0	*7,5*	111,7	*4,7*	1 808,9	*78,8*	1 678,8	*70,7*	87,9	*3,8*	323,8	*13,6*	226,4	*9,9*	261,5	*11,0*
65 – 70	160,5	*6,2*	135,0	*4,8*	2 067,5	*80,5*	1 815,6	*64,7*	154,7	*6,0*	614,9	*21,9*	184,9	*7,2*	241,2	*8,6*
70 – 75	83,3	*4,9*	114,6	*5,6*	1 368,1	*80,2*	1 092,3	*53,2*	167,9	*9,8*	711,5	*34,7*	87,6	*5,1*	134,5	*6,6*
75 – 80	48,4	*3,9*	129,6	*7,1*	941,1	*75,9*	695,3	*38,3*	204,6	*16,5*	890,8	*49,1*	45,2	*3,6*	100,1	*5,5*
80 und mehr	45,7	*4,4*	236,4	*9,0*	618,5	*59,3*	434,1	*16,5*	344,8	*33,1*	1 840,2	*69,8*	33,7	*3,2*	127,5	*4,8*
Insgesamt	**18 313,1**	*45,4*	**15 641,1**	*37,2*	**18 293,9**	*45,3*	**18 384,7**	*43,7*	**1 111,5**	*2,8*	**4 930,4**	*11,7*	**2 621,5**	*6,5*	**3 142,0**	*7,5*

[1] Quelle: Statistisches Jahrbuch 2007 für die Bundesrepublik Deutschland, Statistisches Bundesamt Wiesbaden.

2. Privathaushalte nach Zahl der Personen, Länder und Gemeindegrößenklassen

2.13 Privathaushalte nach Zahl der Personen, Ländern und Gemeindegrößenklassen *)

Jahr / Gemeinden mit ... bis unter ... Einwohnern / Land	Privathaushalte insgesamt	Davon mit ... Person(en)					Bevölkerung in Privathaushalten	Personen je Haushalt
		1	2	3	4	5 und mehr		
	1 000							Anzahl
	Früheres Bundesgebiet [1]							
27. 5. 1970	21 991	5 527	5 959	4 314	3 351	2 839	60 176	*2,74*
	Deutschland [2]							
April 1991	35 256	11 858	10 863	6 017	4 742	1 777	80 152	*2,27*
April 1993	36 230	12 379	11 389	5 995	4 698	1 770	81 428	*2,25*
April 1994	36 695	12 747	11 624	5 902	4 669	1 753	81 763	*2,23*
April 1995	36 938	12 891	11 858	5 847	4 596	1 746	81 894	*2,22*
April 1996	37 281	13 191	12 039	5 770	4 556	1 725	82 069	*2,20*
April 1997	37 457	13 259	12 221	5 725	4 537	1 715	82 235	*2,20*
April 1998	37 532	13 297	12 389	5 643	4 527	1 676	82 118	*2,19*
April 1999	37 795	13 485	12 554	5 645	4 444	1 666	82 251	*2,18*
Mai 2000	38 124	13 750	12 720	5 598	4 391	1 665	82 473	*2,16*
April 2001	38 456	14 056	12 904	5 502	4 346	1 647	82 575	*2,15*
April 2002	38 720	14 225	13 060	5 487	4 315	1 633	82 823	*2,14*
Mai 2003	38 944	14 426	13 169	5 462	4 268	1 618	82 892	*2,13*
März 2004	39 122	14 566	13 335	5 413	4 218	1 590	82 855	*2,12*
2005	39 178	14 695	13 266	5 477	4 213	1 527	82 675	*2,11*
	2005 nach Gemeindegrößenklassen							
unter 5 000	5 594	1 576	1 943	983	801	291	13 161	*2,35*
5 000– 20 000	9 418	2 985	3 282	1 471	1 237	442	21 272	*2,26*
20 000–100 000	10 590	3 812	3 728	1 482	1 145	424	22 567	*2,13*
100 000 und mehr	13 576	6 322	4 313	1 541	1 029	370	25 676	*1,89*
	2005 nach Ländern							
Baden-Württemberg	4 881	1 742	1 587	669	631	252	10 783	*2,21*
Bayern	5 787	2 143	1 855	814	702	273	12 549	*2,17*
Berlin	1 896	961	579	202	114	40	3 401	*1,79*
Brandenburg	1 218	410	454	214	116	24	2 551	*2,09*
Bremen	357	172	115	35	24	10	662	*1,86*
Hamburg	939	457	292	97	67	26	1 739	*1,85*
Hessen	2 870	1 043	988	399	324	116	6 134	*2,14*
Mecklenburg-Vorpommern	834	302	304	137	72	18	1 705	*2,05*
Niedersachsen	3 763	1 411	1 286	480	429	156	7 990	*2,12*
Nordrhein-Westfalen	8 402	3 016	2 905	1 182	930	370	18 077	*2,15*
Rheinland-Pfalz	1 872	663	626	280	223	80	4 075	*2,18*
Saarland	502	187	175	72	51	17	1 046	*2,08*
Sachsen	2 186	870	784	314	180	39	4 303	*1,97*
Sachsen-Anhalt	1 188	419	431	208	105	25	2 461	*2,07*
Schleswig-Holstein	1 359	487	503	178	137	53	2 861	*2,11*
Thüringen	1 123	410	382	195	108	27	2 338	*2,08*

*) Aktuellere Angaben lagen bei Redaktionsschluss noch nicht vor.
[1]) Ergebnis der Volkszählung.
[2]) Ergebnisse des Mikrozensus. – Bevölkerung in Privathaushalten.

2.14 Mehrpersonenhaushalte 2005 nach Haushaltsgröße und Zahl der Kinder im Haushalt *)

Haushalte mit ... Personen	Insgesamt	Und zwar										
		ohne Kinder	mit ... Kind(ern) ohne Altersbegrenzung					mit ... Kind(ern) unter 18 Jahren				
			zusammen	1	2	3	4 und mehr	zusammen	1	2	3	4 und mehr
	1 000											
2	13 266	11 610	1 657	1 657	X	X	X	844	844	X	X	X
3	5 477	242	5 235	4 626	609	X	X	3 188	2 843	345	X	X
4	4 213	38	4 175	125	3 918	132	X	3 472	784	2 613	75	X
5 und mehr	1 527	/	1 522	27	107	1 061	328	1 414	210	293	714	197
Insgesamt	**24 483**	**11 894**	**12 589**	**6 435**	**4 633**	**1 193**	**328**	**8 918**	**4 681**	**3 250**	**789**	**197**

*) Ergebnis des Mikrozensus. – Bevölkerung in Privathaushalten. – Aktuellere Angaben lagen bei Redaktionsschluss noch nicht vor.

2.15 Privathaushalte 2005 nach Altersgruppen und Familienstand des Haupteinkommensbeziehers *)

Alter des Haupteinkommensbeziehers von ... bis unter ... Jahren	Insgesamt	Davon					Einpersonenhaushalte	Davon			
		ledig	verheiratet		verwitwet	geschieden		ledig	verheiratet getrennt lebend	verwitwet	geschieden
			zusammenlebend	getrennt lebend							
	1 000										
	Insgesamt										
unter 25	1 955	1 817	108	20	/	10	1 283	1 268	11	/	/
25 – 45	14 095	6 170	5 880	597	90	1 358	4 849	3 974	313	22	539
45 – 65	12 630	1 547	7 767	508	831	1 977	3 378	1 171	352	575	1 280
65 und mehr	10 497	659	4 831	160	4 152	696	5 185	601	147	3 819	617
Insgesamt	**39 178**	**10 193**	**18 585**	**1 285**	**5 074**	**4 041**	**14 695**	**7 014**	**824**	**4 417**	**2 440**
	dar. mit weiblichem Haupteinkommensbezieher										
unter 25	950	893	35	13	/	8	645	637	5	/	/
25 – 45	4 190	2 229	828	301	69	762	1 667	1 397	88	14	169
45 – 65	3 534	569	1 035	217	653	1 060	1 667	428	126	462	651
65 und mehr	4 525	421	175	69	3 402	458	4 057	395	65	3 169	427
Zusammen	**13 199**	**4 112**	**2 074**	**600**	**4 125**	**2 288**	**8 036**	**2 856**	**284**	**3 645**	**1 250**

*) Ergebnis des Mikrozensus. – Bevölkerung in Privathaushalten. – Siehe auch »Definitionen« am Anfang dieses Kapitels. – Aktuellere Angaben lagen bei Redaktionsschluss noch nicht vor.

2.16 Privathaushalte 2005 nach Haushaltsgröße und monatlichem Haushaltsnettoeinkommen *)

Privathaushalte mit ... Person(en)	Insgesamt	Mit einem monatlichen Haushaltsnettoeinkommen von ... bis unter ... EUR								Sonstige Haushalte [1]
		unter 500	500 – 900	900 – 1 300	1 300 – 1 500	1 500 – 2 000	2 000 – 2 600	2 600 – 4 500	4 500 und mehr	
	1 000									
	Früheres Bundesgebiet [2]									
1	11 323	830	2 515	2 907	1 268	1 758	859	509	125	552
2	10 332	60	405	1 170	788	1 996	2 015	2 496	671	731
3 und mehr	9 077	19	121	421	332	1 169	1 831	3 303	1 099	780
Zusammen	**30 732**	**910**	**3 041**	**4 498**	**2 387**	**4 923**	**4 705**	**6 308**	**1 896**	**2 063**
	Neue Länder [3]									
1	3 372	350	1 128	1 056	300	294	106	61	13	64
2	2 934	17	191	460	341	840	557	374	70	84
3 und mehr	2 139	/	55	187	138	390	479	651	140	97
Zusammen	**8 446**	**370**	**1 374**	**1 703**	**779**	**1 525**	**1 142**	**1 086**	**222**	**245**
	Deutschland									
1	14 695	1 180	3 643	3 963	1 568	2 053	965	570	138	616
2	13 266	78	596	1 630	1 128	2 836	2 571	2 871	741	816
3 und mehr	11 217	22	177	608	470	1 559	2 311	3 954	1 239	877
Insgesamt	**39 178**	**1 280**	**4 415**	**6 201**	**3 166**	**6 448**	**5 847**	**7 395**	**2 118**	**2 309**

*) Ergebnis des Mikrozensus. – Bevölkerung in Privathaushalten. – Aktuellere Angaben lagen bei Redaktionsschluss noch nicht vor.
[1]) Haushalte, in denen mindestens eine Person in ihrer Haupttätigkeit selbstständiger Landwirt/selbstständige Landwirtin ist, sowie ohne Angabe.
[2]) Ohne Angaben für Berlin-West.
[3]) Einschl. Angaben für Berlin.

3. Paare ohne Kinder und Familien

2.17 Paare ohne Kinder und Familien 2005 nach Lebensformen *)

Lebensform	Insgesamt	Paare ohne Kinder	Familien zusammen	Davon mit Kindern unter 18 Jahren [1]	Davon nur mit Kindern 18 Jahre und älter
	1 000				
Insgesamt	**23 952**	**11 376**	**12 576**	**8 901**	**3 675**
davon:					
Ehepaare	18 903	9 673	9 230	6 654	2 576
Lebensgemeinschaften	2 477	1 703	774	684	90
Alleinerziehende	2 572	X	2 572	1 563	1 009

*) Ergebnisse des Mikrozensus – Bevölkerung (Lebensformenkonzept). – Siehe auch »Definitionen« am Anfang dieses Kapitels. – Aktuellere Angaben lagen bei Redaktionsschluss noch nicht vor.
[1]) Und ggf. weiteren Kindern im Alter von 18 Jahren und mehr.

4. Nichteheliche Lebensgemeinschaften

2.18 Nichteheliche Lebensgemeinschaften *)

Jahr	Insgesamt	Ohne Kinder	Mit Kindern zusammen	Davon mit Kindern unter 18 Jahren [1]	Davon nur mit Kindern 18 Jahre und älter
	1 000				
	Früheres Bundesgebiet [2]				
April 1996	1 296	1 029	267	227	40
April 1997	1 352	1 068	285	248	36
April 1998	1 415	1 107	308	269	39
April 1999	1 464	1 134	329	289	41
Mai 2000	1 499	1 146	353	310	43
April 2001	1 555	1 184	372	326	46
April 2002	1 621	1 216	404	357	47
Mai 2003	1 691	1 246	445	394	51
März 2004	1 755	1 299	456	400	56
2005	1 775	1 311	464	405	59
	Neue Länder [3]				
April 1996	505	266	239	222	18
April 1997	527	285	242	223	19
April 1998	539	294	245	225	20
April 1999	564	302	262	240	22
Mai 2000	584	315	268	244	24
April 2001	598	316	282	254	28
April 2002	620	321	299	268	30
Mai 2003	634	336	298	269	29
März 2004	657	348	309	277	32
2005	642	336	306	276	30
	Deutschland				
April 1996	1 801	1 295	506	449	58
April 1997	1 879	1 352	527	471	56
April 1998	1 954	1 401	553	494	59
April 1999	2 028	1 436	592	529	63
Mai 2000	2 083	1 462	621	554	67
April 2001	2 153	1 500	654	580	74
April 2002	2 241	1 538	703	625	78
Mai 2003	2 325	1 583	743	663	80
März 2004	2 412	1 647	765	677	88
2005	2 417	1 647	770	682	89

*) Ergebnisse des Mikrozensus – Bevölkerung (Lebensformenkonzept). – Siehe auch »Definitionen« am Anfang dieses Kapitels. – Aktuellere Angaben lagen bei Redaktionsschluss noch nicht vor.
[1]) Und ggf. weiteren Kindern im Alter von 18 Jahren und mehr.
[2]) Ohne Angaben für Berlin-West.
[3]) Einschl. Angaben für Berlin.

5. Eheschließungen, Geborene, Gestorbene

2.22 Eheschließungen, Geborene und Gestorbene

Jahr / Land	Ehe-schlies-sungen	Lebendgeborene insgesamt	Lebendgeborene und zwar männlich	Lebendgeborene und zwar nichtehelich [1]	Totgeborene [2]	Gestorbene [3] insgesamt	Gestorbene und zwar männlich	Gestorbene und zwar im 1. Lebensjahr	Gestorbene und zwar in den ersten 7 Lebenstagen	Überschuss der Geborenen (+) bzw. Gestorbenen (–)
	Grundzahlen									
1950	750 452	1 116 701	578 191	117 934	24 857	748 329	375 323	67 175	.	+ 368 372
1960	689 028	1 261 614	648 928	95 321	19 814	876 721	446 999	44 105	24 900	+ 384 893
1970	575 233	1 047 737	537 922	75 802	10 853	975 664	482 696	23 547	15 958	+ 72 073
1980	496 603	865 789	444 148	102 921	4 954	952 371	455 924	10 779	5 582	– 86 582
1990	516 388	905 675	465 379	138 755	3 202	921 445	425 093	6 385	2 488	– 15 770
2000	418 550	766 999	393 323	179 574	3 084	838 797	388 981	3 362	1 594	– 71 798
2001	389 591	734 475	377 586	183 816	2 881	828 541	383 887	3 163	1 498	– 94 066
2002	391 963	719 250	369 277	187 961	2 700	841 686	389 116	3 036	1 507	– 122 436
2003	382 911	706 721	362 709	190 641	2 699	853 946	396 270	2 990	1 494	– 147 225
2004	395 992	705 622	362 017	197 129	2 728	818 271	383 388	2 918	1 446	– 112 649
2005	388 451	685 795	351 757	200 122	2 487	830 227	388 554	2 696	1 330	– 144 432
davon (2005):										
Baden-Württemberg	50 272	94 279	48 279	18 232	337	94 074	43 760	308	146	+ 205
Bayern	59 617	107 308	55 146	24 145	355	119 326	55 661	374	185	– 12 018
Berlin	12 058	28 976	14 941	13 279	122	31 985	14 332	98	51	– 3 009
Brandenburg	11 504	17 910	9 125	10 628	81	26 069	12 450	73	29	– 8 159
Bremen	2 960	5 489	2 894	1 872	19	7 419	3 462	29	10	– 1 930
Hamburg	6 976	16 179	8 233	5 189	42	17 374	8 003	74	36	– 1 195
Hessen	28 669	53 369	27 315	11 587	201	58 548	27 570	209	99	– 5 179
Mecklenburg-Vorpommern	9 743	12 357	6 244	7 842	50	17 384	8 494	42	17	– 5 027
Niedersachsen	40 687	66 993	34 281	17 403	236	82 976	38 786	302	169	– 15 983
Nordrhein-Westfalen	85 528	153 372	79 082	34 869	593	186 427	87 823	704	367	– 33 055
Rheinland-Pfalz	20 265	32 592	16 716	7 327	107	42 784	20 008	124	50	– 10 192
Saarland	5 069	7 484	3 841	1 855	34	12 312	5 840	32	19	– 4 828
Sachsen	17 156	32 581	16 639	18 655	102	48 908	22 532	110	42	– 16 327
Sachsen-Anhalt	10 980	17 166	8 674	10 684	66	29 277	14 002	53	30	– 12 111
Schleswig-Holstein	17 131	23 027	11 779	6 857	80	29 669	13 760	96	45	– 6 642
Thüringen	9 836	16 713	8 568	9 698	62	25 695	12 071	68	35	– 8 982

Jahr / Land	Ehe-schließungen	Lebend-geborene	Gestorbene [3]	Überschuss der Geborenen (+) bzw. Gestorbenen (–)	Nichtehelich Lebend-geborene [1]	Gestorbene Säuglinge im 1. Lebensjahr [4]	Gestorbene Säuglinge in den ersten 7 Lebenstagen [5]	Totgeborene [2] je 1 000 Lebend- und Totgeborene
	je 1 000 Einwohner				je 1 000 Lebendgeborene			
	Verhältniszahlen							
1950	11,0	16,3	10,9	+ 5,4	105,6	60,2	.	21,8
1960	9,5	17,3	12,0	+ 5,3	75,6	35,0	19,7	15,5
1970	7,4	13,5	12,6	+ 0,9	72,3	22,3	15,2	10,3
1980	6,3	11,0	12,1	– 1,1	118,9	12,6	6,4	5,7
1990	6,5	11,4	11,6	– 0,2	153,2	7,1	2,7	3,5
2000	5,1	9,3	10,2	– 0,9	234,1	4,4	2,1	4,0
2001	4,7	8,9	10,1	– 1,1	250,3	4,3	2,0	3,9
2002	4,8	8,7	10,2	– 1,5	261,3	4,2	2,1	3,7
2003	4,6	8,6	10,3	– 1,8	269,8	4,2	2,1	3,8
2004	4,8	8,5	9,9	– 1,4	279,4	4,1	2,0	3,9
2005	4,7	8,3	10,1	– 1,8	291,8	3,9	1,9	3,6
davon (2005):								
Baden-Württemberg	4,7	8,8	8,8	+ 0,0	193,4	3,2	1,5	3,6
Bayern	4,8	8,6	9,6	– 1,0	225,0	3,5	1,7	3,3
Berlin	3,6	8,5	9,4	– 0,9	458,3	3,4	1,8	4,2
Brandenburg	4,5	7,0	10,2	– 3,2	593,4	4,1	1,6	4,5
Bremen	4,5	8,3	11,2	– 2,9	341,0	5,3	1,8	3,4
Hamburg	4,0	9,3	10,0	– 0,7	320,7	4,6	2,2	2,6
Hessen	4,7	8,8	9,6	– 0,8	217,1	3,9	1,9	3,8
Mecklenburg-Vorpommern	5,7	7,2	10,1	– 2,9	634,6	3,4	1,4	4,0
Niedersachsen	5,1	8,4	10,4	– 2,0	259,8	4,5	2,5	3,5
Nordrhein-Westfalen	4,7	8,5	10,3	– 1,8	227,3	4,6	2,4	3,9
Rheinland-Pfalz	5,0	8,0	10,5	– 2,5	224,8	3,8	1,5	3,3
Saarland	4,8	7,1	11,7	– 4,6	247,9	4,3	2,5	4,5
Sachsen	4,0	7,6	11,4	– 3,8	572,6	3,4	1,3	3,1
Sachsen-Anhalt	4,4	6,9	11,8	– 4,9	622,4	3,1	1,7	3,8
Schleswig-Holstein	6,1	8,1	10,5	– 2,3	297,8	4,1	2,0	3,5
Thüringen	4,2	7,1	11,0	– 3,8	580,3	4,0	2,1	3,7

[1]) Seit 1.7.1998 von nicht miteinander verheirateten Eltern.
[2]) Ab 1.4.1994 Änderung der Berichtsgrundlage; siehe hierzu »Definitionen« am Anfang dieses Kapitels.
[3]) Ohne Totgeborene, nachträglich beurkundete Kriegssterbefälle und gerichtliche Todeserklärungen.
[4]) Ab 1960 unter Berücksichtigung der Geburtenentwicklung in den vorangegangenen 12 Monaten.
[5]) Bezogen auf die Lebendgeborenen des Berichtszeitraums.

2.23 Eheschließende nach dem bisherigen Familienstand sowie Heiratsziffern Lediger *)

Alter von … bis unter … Jahren	Eheschließende 2005					Heiratsziffern Lediger					
	Familienstand vor der Eheschließung			insgesamt	dar. Ausländer/-innen	1910/11	1938	2002	2003	2004	2005
	ledig	verwitwet[1])	geschieden[2])								
	Anzahl					Eheschließende Ledige je 1 000 Ledige gleichen Alters					
Männer											
unter 18	18	–	–	18	10	*0*	*0*	*0*	*0*	*0*	*0*
18 – 19	485	–	–	485	147	*0*	*0*	*2*	*1*	*1*	*1*
19 – 20	1 078	–	–	1 078	322	*1*	*2*	*4*	*3*	*3*	*2*
20 – 21	2 367	–	5	2 372	610	*4*	*6*	*7*	*6*	*6*	*5*
21 – 22	3 921	–	14	3 935	841	*25*	*28*	*11*	*10*	*9*	*8*
22 – 23	5 837	5	49	5 891	1 117	*60*	*29*	*16*	*15*	*13*	*12*
23 – 24	7 884	1	77	7 962	1 381	*98*	*57*	*21*	*19*	*18*	*16*
24 – 25	10 433	–	157	10 590	1 595	*138*	*113*	*27*	*25*	*24*	*22*
25 – 26	12 912	1	208	13 121	1 803	*163*	*169*	*33*	*31*	*30*	*29*
26 – 27	14 325	5	315	14 645	1 732	*169*	*191*	*38*	*37*	*37*	*35*
27 – 28	16 411	1	498	16 910	1 770	*176*	*204*	*44*	*43*	*43*	*42*
28 – 29	17 221	12	653	17 886	1 716	*167*	*216*	*50*	*49*	*49*	*47*
29 – 30	18 952	11	857	19 820	1 702	*165*	*214*	*57*	*56*	*57*	*56*
30 – 31	17 465	9	997	18 471	1 539	*148*	*206*	*57*	*54*	*56*	*56*
31 – 32	17 172	22	1 292	18 486	1 565	*142*	*192*	*56*	*55*	*54*	*59*
32 – 33	16 277	21	1 543	17 841	1 380	*124*	*170*	*54*	*54*	*53*	*56*
33 – 34	16 248	30	2 032	18 310	1 219	*112*	*158*	*53*	*50*	*52*	*54*
34 – 35	15 232	23	2 477	17 732	1 089	*98*	*141*	*49*	*48*	*48*	*50*
35 – 40	53 598	234	17 701	71 533	3 654	*71*	*110*	*37*	*37*	*40*	*39*
40 – 45	21 598	428	21 733	43 759	1 899	*34*	*62*	*21*	*21*	*24*	*22*
45 – 50	7 651	614	17 385	25 650	1 026	*18*	*33*	*14*	*13*	*15*	*14*
50 – 55	3 337	817	12 903	17 057	596	*9*	*18*	*9*	*9*	*10*	*10*
55 – 60	1 456	953	8 061	10 470	437	*5*	*9*	*6*	*6*	*7*	*7*
60 und mehr	1 374	4 114	8 941	14 429	456	*0*	*0*	*0*	*0*	*0*	*0*
Insgesamt	**283 252**	**7 301**	**97 898**	**388 451**	**29 606**	X	X	X	X	X	X
dar. Ausländer	22 852	294	6 460	29 606	X	X	X	X	X	X	X
Frauen											
unter 16	–	–	–	–	–	*0*	*0*	*0*	*0*	*0*	*0*
16 – 17	64	–	–	64	21	*2*	*3*	*0*	*0*	*0*	*0*
17 – 18	294	–	1	295	117	*7*	*12*	*1*	*1*	*1*	*1*
18 – 19	3 138	–	1	3 139	633	*21*	*39*	*10*	*9*	*8*	*7*
19 – 20	4 576	–	12	4 588	880	*45*	*60*	*15*	*13*	*12*	*10*
20 – 21	6 818	–	28	6 846	1 284	*75*	*96*	*21*	*19*	*17*	*15*
21 – 22	9 527	1	88	9 616	1 529	*116*	*142*	*28*	*26*	*23*	*22*
22 – 23	12 290	5	192	12 487	1 858	*140*	*157*	*35*	*33*	*31*	*28*
23 – 24	15 310	5	372	15 687	2 030	*162*	*207*	*43*	*40*	*39*	*36*
24 – 25	17 993	13	580	18 586	2 190	*175*	*223*	*51*	*49*	*48*	*45*
25 – 26	19 759	16	876	20 651	2 399	*174*	*233*	*60*	*57*	*56*	*53*
26 – 27	19 890	30	1 100	21 020	2 264	*165*	*231*	*65*	*63*	*62*	*60*
27 – 28	20 333	18	1 407	21 758	2 131	*155*	*218*	*69*	*67*	*68*	*67*
28 – 29	19 336	27	1 674	21 037	2 089	*133*	*198*	*73*	*70*	*73*	*70*
29 – 30	18 126	36	2 031	20 193	1 947	*124*	*178*	*74*	*73*	*76*	*74*
30 – 31	16 043	51	2 284	18 378	1 851	*101*	*151*	*70*	*68*	*71*	*72*
31 – 32	13 723	48	2 539	16 310	1 622	*87*	*129*	*65*	*64*	*63*	*67*
32 – 33	12 202	48	2 786	15 036	1 406	*73*	*106*	*59*	*60*	*59*	*61*
33 – 34	11 429	44	3 346	14 819	1 262	*63*	*92*	*54*	*52*	*57*	*57*
34 – 35	10 130	81	3 573	13 784	1 120	*52*	*76*	*49*	*47*	*50*	*51*
35 – 40	31 046	451	21 581	53 078	4 031	*38*	*51*	*34*	*33*	*37*	*36*
40 – 45	10 787	671	21 798	33 256	2 222	*18*	*25*	*18*	*18*	*21*	*19*
45 – 50	4 329	727	16 289	21 345	1 429	*10*	*14*	*12*	*12*	*14*	*13*
50 – 55	2 036	694	10 582	13 312	938	*5*	*6*	*8*	*9*	*10*	*10*
55 – 60	767	493	5 307	6 567	385	*2*	*3*	*5*	*5*	*6*	*6*
60 und mehr	723	1 069	4 807	6 599	245	*0*	*0*	*0*	*0*	*0*	*0*
Insgesamt	**280 669**	**4 528**	**103 254**	**388 451**	**37 883**	X	X	X	X	X	X
dar. Ausländerinnen	27 223	782	9 878	37 883	X	X	X	X	X	X	X

*) 1910/11 und 1938 Reichsgebiet, jeweiliger Gebietsstand.

1) Einschl. Personen, deren früherer Ehegatte für tot erklärt worden ist.

2) Einschl. »Frühere Ehe aufgehoben«.

2.24 Durchschnittliches Heiratsalter nach dem bisherigen Familienstand der Ehepartner

Jahr	Durchschnittliches Heiratsalter in Jahren							
	Männer				Frauen			
	insgesamt	Familienstand vor der Eheschließung			insgesamt	Familienstand vor der Eheschließung		
		ledig	verwitwet	geschieden		ledig	verwitwet	geschieden
1985	29,8	26,6	56,9	38,9	26,7	24,1	48,3	35,6
1990	31,1	27,9	56,9	40,5	28,2	25,5	47,3	37,1
1995	33,2	29,7	59,3	43,0	30,3	27,3	48,9	39,3
2000	35,0	31,2	60,8	44,4	31,9	28,4	50,2	40,8
2001	35,9	31,6	62,0	45,2	32,6	28,8	51,5	41,7
2002	35,4	31,8	60,4	44,5	32,3	28,8	50,0	40,9
2003	35,8	32,0	60,9	44,9	32,5	29,0	50,7	41,3
2004	36,2	32,4	61,2	45,3	33,0	29,4	50,8	41,8
2005	36,5	32,6	61,3	45,8	33,3	29,6	50,9	42,4

2.25 Geborene nach dem Alter der Mutter sowie Geburtenziffern

Alter der Mutter in Jahren [1])	Geborene 2005					Geburtenziffern		
	Lebendgeborene				Totgeborene [4])			
	ehelich [2])	nichtehelich [3])	insgesamt	dar. mit ausländischer Staatsangehörigkeit		2003	2004	2005
	Anzahl					Lebendgeborene je 1 000 Frauen nebenstehenden Alters		
14 und jünger	–	72	72	5	–	*0,0*	*0,0*	*0,0*
15	3	381	384	33	1	*0,9*	*0,8*	*0,8*
16	20	1 189	1 209	92	8	*3,0*	*2,8*	*2,6*
17	125	2 865	2 990	197	25	*7,1*	*6,4*	*6,2*
18	728	4 539	5 267	371	27	*13,1*	*12,3*	*11,2*
19	2 351	7 104	9 455	586	46	*22,1*	*20,9*	*20,2*
20	4 544	8 778	13 322	868	61	*30,6*	*29,2*	*29,1*
21	7 046	9 909	16 955	1 064	65	*39,2*	*37,5*	*36,6*
22	9 954	10 422	20 376	1 279	83	*47,9*	*45,7*	*43,1*
23	13 858	11 132	24 990	1 508	109	*54,5*	*53,1*	*51,0*
24	17 920	11 076	28 996	1 667	97	*62,2*	*61,9*	*58,6*
25	21 723	12 099	33 822	1 847	107	*71,5*	*70,3*	*67,5*
26	24 798	11 620	36 418	1 872	120	*79,2*	*78,4*	*76,1*
27	28 111	11 384	39 495	1 941	126	*85,2*	*85,2*	*83,5*
28	30 272	11 021	41 293	1 894	131	*90,7*	*90,2*	*87,8*
29	32 584	10 180	42 764	1 990	145	*94,3*	*95,0*	*92,1*
30	33 283	9 261	42 544	1 884	120	*94,8*	*95,4*	*94,1*
31	34 410	8 944	43 354	1 901	127	*91,4*	*94,2*	*94,0*
32	33 198	8 156	41 354	1 639	121	*84,7*	*87,8*	*88,5*
33	33 310	7 960	41 270	1 432	138	*77,0*	*80,4*	*80,6*
34	32 380	8 082	40 462	1 270	139	*67,0*	*70,4*	*71,7*
35	28 689	7 178	35 867	1 192	117	*58,2*	*60,3*	*60,9*
36	25 735	6 420	32 155	993	151	*47,2*	*49,7*	*50,9*
37	20 669	5 583	26 252	766	106	*36,6*	*39,1*	*39,6*
38	16 508	4 471	20 979	584	86	*27,3*	*29,2*	*30,8*
39	12 393	3 556	15 949	481	72	*20,0*	*21,8*	*22,8*
40	8 707	2 565	11 272	342	62	*13,8*	*15,2*	*16,1*
41	5 469	1 743	7 212	223	42	*9,1*	*9,5*	*10,1*
42	3 275	1 113	4 388	146	27	*5,5*	*5,8*	*6,2*
43	1 831	696	2 527	90	10	*3,2*	*3,3*	*3,6*
44	971	330	1 301	48	4	*1,6*	*1,7*	*1,9*
44 und jünger	**484 865**	**199 829**	**684 694**	**30 205**	**2 473**	***1 338,7*** [5])	***1 353,5*** [5])	***1 338,3*** [5])
45 und älter	808	293	1 101	56	14	*0,0*	*0,0*	*0,0*
Insgesamt [6])	**485 673**	**200 122**	**685 795**	**30 261**	**2 487**	***42,5*** [7])	***42,7*** [7])	***42,0*** [7])
dar. Geborene mit ausländischer Staatsangehörigkeit	21 644	8 617	30 261	X	297	.	.	.

[1]) Ermittelt als Differenz zwischen Geburtsjahr und Berichtsjahr; z. B. 2005: Alter der Mutter 15 = Geburtsjahr 1990, 16 = 1989 usw.
[2]) Seit 1.7.1998 von miteinander verheirateten Eltern.
[3]) Seit 1.7.1998 von nicht miteinander verheirateten Eltern.
[4]) Ab 1.4.1994 Änderung der Berichtsgrundlage; siehe hierzu »Definitionen« am Anfang dieses Kapitels.
[5]) Summe der altersspezifischen Geburtenziffern (= Zusammengefasste Geburtenziffer; siehe auch »Definitionen« am Anfang dieses Kapitels).
[6]) Einschl. Alter der Mutter unbekannt.
[7]) Allgemeine Fruchtbarkeitsziffer.

2.26 Ehelich Lebendgeborene 2005 nach der Geburtenfolge und der Ehedauer der Eltern *)

Ehedauer von ... bis unter ... Jahren	Lebendgeborene von miteinander verheirateten Eltern						
	insgesamt	davon als ... Kind geboren [1])					
		1.	2.	3.	4.	5.	6. oder weiteres
	Anzahl						
0 – 1	92 061	77 965	12 079	1 622	291	63	41
1 – 2	63 137	47 133	14 390	1 341	207	44	22
2 – 3	59 606	30 486	26 573	2 161	287	59	40
3 – 4	54 176	19 304	30 664	3 633	448	93	34
4 – 5	45 081	12 552	26 690	5 003	669	120	47
5 – 6	38 232	8 891	21 899	6 275	937	178	52
6 – 7	29 227	5 543	15 909	6 324	1 135	231	85
7 – 8	22 691	3 719	11 268	5 951	1 344	309	100
8 – 9	17 937	2 578	8 221	5 328	1 325	346	139
9 – 10	13 918	1 732	5 714	4 595	1 381	332	164
10 – 11	10 795	1 316	3 932	3 731	1 264	327	225
11 – 12	8 704	922	2 930	3 110	1 146	364	232
12 – 13	6 983	687	2 126	2 444	1 020	400	306
13 – 14	5 533	463	1 443	1 999	935	376	317
14 – 15	4 493	355	1 122	1 612	802	308	294
15 – 16	3 744	257	831	1 251	719	345	341
16 – 17	2 713	175	514	872	560	271	321
17 – 18	2 066	136	346	623	463	233	265
18 – 19	1 414	76	182	468	317	160	211
19 – 20	1 078	56	121	306	254	145	196
20 – 25	1 852	60	163	437	397	274	521
25 und mehr	146	10	8	20	24	17	67
Insgesamt [2])	**485 673**	**214 452**	**187 148**	**59 117**	**15 932**	**4 996**	**4 028**

*) Seit 1.7.1998 von miteinander verheirateten Eltern.
[1]) Unter Berücksichtigung sämtlicher in der jetzigen Ehe lebendgeborenen und legitimierten Kinder.
[2]) Einschl. Ehedauer unbekannt.

2.27 Lebendgeborene nach der Staatsangehörigkeit und dem Familienstand der Eltern

Jahr	Insgesamt	Lebendgeborene mit deutscher Staatsangehörigkeit							Lebendgeborene mit ausländischer Staatsangehörigkeit		
		zusammen	Vater oder Mutter oder beide deutsch					Eltern ausländisch [2])	Eltern ausländisch		
			Eltern verheiratet			Eltern nicht verheiratet					
			Eltern Deutsche	Vater Deutscher, Mutter Ausländerin	Mutter Deutsche, Vater Ausländer	Mutter Deutsche [1])	Vater Deutscher, Mutter Ausländerin		zusammen	Eltern verheiratet	Eltern nicht verheiratet [3])
	Anzahl										
1995	765 221	665 507	506 847	23 948	23 498	111 214	X	X	99 714	88 052	11 662
1996	796 013	689 784	513 624	27 192	26 205	122 763	X	X	106 229	93 292	12 937
1997	812 173	704 991	514 864	29 438	28 246	132 443	X	X	107 182	93 792	13 390
1998	785 034	684 977	481 736	31 052	28 859	143 330	X	X	100 057	86 270	13 787
1999	770 744	675 528	457 588	32 523	30 000	155 417	X	X	95 216	79 999	15 217
2000	766 999	717 223	441 500	36 206	32 410	163 086	2 764	41 257	49 776	39 193	10 583
2001	734 475	690 302	410 663	37 718	32 498	167 680	3 143	38 600	44 173	34 463	9 710
2002	719 250	677 825	390 764	41 000	33 509	170 915	4 069	37 568	41 425	31 714	9 711
2003	706 721	667 366	374 321	43 483	34 685	173 305	4 753	36 819	39 355	30 018	9 337
2004	705 622	669 408	366 219	45 841	35 912	178 992	5 581	36 863	36 214	27 012	9 202
2005	685 795	655 534	347 336	46 003	35 025	181 105	5 909	40 156	30 261	21 644	8 617

[1]) Vater Deutscher, Ausländer oder ohne Angabe.
[2]) Kind hat die deutsche Staatsangehörigkeit nach § 4 Abs. 3 Staatsangehörigkeitsgesetz erworben; einschl. nicht verheirateter ausländischer Mütter ohne Angabe zum Vater.
[3]) Mutter Ausländerin, Vater Ausländer oder ohne Angabe.

2.28 Sterbetafeln in abgekürzter Form *)

Vollendetes Altersjahr x [1])	Männlich							Weiblich						
	Deutschland			früheres Bundesgebiet		neue Länder		Deutschland			früheres Bundesgebiet		neue Länder	
	1901/10	1932/34	2003/05	1949/51	2003/05	1952/53	2003/05	1901/10	1932/34	2003/05	1949/51	2003/05	1952/53	2003/05
	Von 100 000 Lebendgeborenen erreichen das Alter x (Absterbeordnung)													
0	100 000	100 000	100 000	100 000	100 000	100 000	100 000	100 000	100 000	100 000	100 000	100 000	100 000	100 000
1	79 766	91 465	99 549	93 823	99 544	94 018	99 572	82 952	93 161	99 636	95 091	99 626	95 383	99 674
2	76 585	90 618	99 510	93 433	99 504	93 529	99 538	79 761	92 394	99 602	94 749	99 594	94 965	99 632
5	74 211	89 654	99 457	92 880	99 450	93 066	99 490	77 334	91 535	99 557	94 270	99 547	94 573	99 598
10	72 827	88 793	99 398	92 444	99 393	92 693	99 423	75 845	90 753	99 509	93 937	99 498	94 259	99 549
15	72 007	88 244	99 333	92 097	99 329	92 368	99 351	74 887	90 270	99 460	93 701	99 450	94 067	99 496
20	70 647	87 298	99 092	91 466	99 098	91 779	99 055	73 564	89 490	99 351	93 295	99 348	93 657	99 363
25	68 881	86 032	98 746	90 531	98 760	90 913	98 666	71 849	88 390	99 225	92 711	99 225	93 108	99 214
30	67 092	84 715	98 399	89 518	98 417	90 133	98 292	69 848	87 139	99 092	92 039	99 093	92 484	99 081
35	65 104	83 234	98 001	88 428	98 026	89 299	97 838	67 679	85 754	98 908	91 221	98 910	91 691	98 898
40	62 598	81 481	97 417	87 102	97 482	88 130	97 069	65 283	84 135	98 606	90 225	98 609	90 636	98 585
45	59 405	79 285	96 399	85 342	96 453	86 511	95 707	62 717	82 211	98 069	88 901	98 079	89 310	98 021
50	55 340	76 322	94 661	82 648	94 932	84 065	93 475	59 812	79 620	97 133	86 991	97 146	87 380	97 086
55	50 186	72 147	91 975	78 562	92 383	80 012	90 291	55 984	76 038	95 719	84 225	95 713	84 674	95 778
60	43 807	66 293	88 074	72 852	88 563	74 222	86 059	50 780	70 984	93 634	80 166	93 595	80 818	93 934
65	36 079	58 106	82 460	64 999	83 027	66 146	80 240	43 540	63 712	90 736	73 875	90 689	75 032	91 153
70	27 136	47 059	74 273	54 394	74 953	55 013	71 661	34 078	53 184	86 320	63 994	86 342	65 615	86 548
75	17 586	33 479	62 476	40 700	63 256	41 107	59 434	23 006	39 132	78 946	49 605	79 122	51 639	78 662
80	8 987	19 122	47 181	25 106	47 923	24 748	44 071	12 348	23 500	66 965	31 787	67 300	33 234	66 060
85	3 212	7 732	29 350	11 321	29 942	10 592	26 671	4 752	10 323	48 400	15 225	48 802	15 750	46 957
90	683	1 966	13 391	3 175	13 799	2 781	11 289	1 131	2 868	26 221	4 815	26 517	4 796	24 665
	1 000fache Wahrscheinlichkeit vom Alter x bis x+1 zu sterben													
0	202,34	85,35	4,51	61,77	4,56	59,82	4,28	170,48	68,39	3,64	49,09	3,74	46,17	3,26
1	39,88	9,26	0,39	4,16	0,39	5,20	0,35	38,47	8,23	0,33	3,60	0,32	4,39	0,41
2	14,92	4,50	0,20	2,46	0,21	2,18	0,19	14,63	3,98	0,20	2,15	0,21	1,65	0,13
5	5,28	2,32	0,13	1,21	0,13	0,98	0,15	5,31	2,15	0,12	0,99	0,12	0,96	0,11
10	2,44	1,33	0,08	0,70	0,09	0,59	0,09	2,56	1,14	0,09	0,47	0,10	0,38	0,06
15	2,77	1,57	0,23	1,04	0,23	0,91	0,23	3,02	1,30	0,16	0,68	0,15	0,65	0,19
20	5,04	2,83	0,70	1,88	0,65	1,77	0,94	4,22	2,27	0,29	1,15	0,28	1,07	0,32
25	5,13	2,97	0,70	2,23	0,72	1,88	0,68	5,37	2,70	0,24	1,35	0,24	1,32	0,21
30	5,56	3,24	0,69	2,28	0,69	1,68	0,75	5,97	3,01	0,33	1,65	0,34	1,54	0,28
35	6,97	3,94	1,01	2,76	0,95	2,36	1,29	6,86	3,48	0,50	1,99	0,50	2,00	0,46
40	9,22	4,82	1,62	3,52	1,49	3,05	2,15	7,71	4,22	0,84	2,55	0,82	2,71	0,87
45	12,44	6,58	2,90	5,16	2,65	4,77	3,94	8,54	5,46	1,50	3,68	1,49	3,76	1,55
50	16,93	9,39	4,81	8,50	4,48	8,23	5,94	11,26	7,91	2,48	5,46	2,52	5,39	2,34
55	23,57	14,18	7,29	12,75	7,09	12,53	8,17	16,19	11,53	3,71	8,13	3,78	7,92	3,23
60	32,60	21,72	11,01	18,91	10,81	19,49	11,70	24,73	17,46	5,49	12,91	5,56	12,10	4,90
65	47,06	34,04	17,09	29,06	16,79	30,89	18,13	39,60	28,53	7,88	22,24	7,76	19,96	8,07
70	69,36	54,01	27,61	45,79	26,88	46,45	30,69	62,06	47,61	13,80	39,11	13,48	35,70	14,74
75	106,40	87,40	45,49	75,08	44,98	76,43	48,43	98,31	80,33	24,94	68,11	24,46	68,02	26,33
80	157,87	136,68	72,00	121,37	71,43	127,19	75,97	146,50	126,51	47,26	114,02	46,59	114,83	49,95
85	231,60	207,69	119,03	190,15	117,65	201,23	129,25	217,39	193,66	90,24	173,62	89,47	178,42	95,84
90	320,02	287,73	193,96	282,56	191,49	287,17	207,84	295,66	273,64	163,93	259,16	161,76	265,80	173,08
	Lebenserwartung in Jahren im Alter x													
0	44,82	59,86	76,21	64,56	76,48	65,06	75,06	48,33	62,81	81,78	68,48	81,85	69,07	81,55
1	55,12	64,43	75,56	67,80	75,83	68,18	74,38	57,20	66,41	81,08	71,01	81,16	71,40	80,82
2	56,39	64,03	74,58	67,08	74,86	67,54	73,40	58,47	65,96	80,11	70,26	80,19	70,71	79,85
5	55,15	61,70	71,62	64,47	71,90	64,87	70,44	57,27	63,56	77,14	67,61	77,22	68,00	76,88
10	51,16	57,28	66,66	59,76	66,94	60,12	65,48	53,35	59,09	72,18	62,84	72,26	63,22	71,92
15	46,71	52,62	61,71	54,98	61,98	55,32	60,53	49,00	54,39	67,21	57,99	67,29	58,34	66,95
20	42,56	48,16	56,85	50,34	57,12	50,66	55,70	44,84	49,84	62,28	53,24	62,36	53,59	62,04
25	38,59	43,83	52,04	45,83	52,31	46,12	50,91	40,84	45,43	57,36	48,55	57,43	48,89	57,13
30	34,55	39,47	47,21	41,32	47,48	41,50	46,10	36,94	41,05	52,43	43,89	52,51	44,20	52,20
35	30,53	35,13	42,40	36,80	42,66	36,86	41,30	33,04	36,67	47,52	39,26	47,60	39,56	47,29
40	26,64	30,83	37,63	32,32	37,88	32,31	36,60	29,16	32,33	42,66	34,67	42,74	34,99	42,44
45	22,94	26,61	33,00	27,93	33,22	27,87	32,08	25,25	28,02	37,88	30,14	37,95	30,47	37,66
50	19,43	22,54	28,56	23,75	28,74	23,60	27,79	21,35	23,85	33,22	25,75	33,29	26,09	33,00
55	16,16	18,69	24,31	19,85	24,46	19,66	23,67	17,64	19,85	28,67	21,50	28,75	21,84	28,42
60	13,14	15,11	20,27	16,20	20,40	15,99	19,71	14,17	16,07	24,25	17,46	24,34	17,75	23,92
65	10,40	11,87	16,47	12,84	16,59	12,62	15,95	11,09	12,60	19,94	13,72	20,04	13,91	19,57
70	7,99	9,05	13,00	9,84	13,09	9,65	12,54	8,45	9,58	15,82	10,42	15,91	10,52	15,47
75	5,97	6,68	9,96	7,28	10,02	7,04	9,58	6,30	7,09	12,05	7,68	12,11	7,65	11,74
80	4,38	4,84	7,35	5,24	7,40	5,03	7,02	4,65	5,15	8,72	5,57	8,77	5,48	8,47
85	3,18	3,52	5,27	3,72	5,32	3,58	4,96	3,40	3,70	6,06	4,02	6,09	3,90	5,85
90	2,35	2,63	3,68	2,66	3,73	2,60	3,46	2,59	2,72	4,04	2,89	4,09	2,74	3,86

*) 1901/10 und 1932/34 Reichsgebiet, jeweiliger Gebietsstand; 1949/51 früheres Bundesgebiet ohne Berlin (West) und das Saarland; 1952/53 Gebiet der ehem. DDR ohne Berlin (Ost); bis 1949/51 allgemeine Sterbetafeln; 2003/05 früheres Bundesgebiet ohne Berlin-West und neue Länder ohne Berlin-Ost.

[1]) Es beziehen sich: Das Alter 0 auf den Zeitpunkt der Geburt, die anderen Altersangaben auf den Zeitpunkt, an dem jemand genau x Jahre alt geworden ist.

2.29 Gestorbene nach Altersgruppen und Familienstand sowie Sterbeziffern *)

Alter von … bis unter … Jahren	Gestorbene 2005						Sterbeziffern	
	ledig	verheiratet	verwitwet	geschieden	insgesamt	dar. Ausländer/-innen	2004	2005
	Anzahl						Gestorbene je 1 000 männliche bzw. weibliche Personen nebenstehenden Alters	
Männlich								
0 – 1	1 541	–	–	–	1 541	165	*4,5*	*4,3*
1 – 5	338	–	–	–	338	25	*0,2*	*0,2*
5 – 10	234	–	–	–	234	29	*0,1*	*0,1*
10 – 15	273	–	–	–	273	29	*0,1*	*0,1*
15 – 20	1 066	1	–	–	1 067	66	*0,5*	*0,4*
20 – 25	1 539	48	1	2	1 590	125	*0,7*	*0,6*
25 – 30	1 376	218	1	38	1 633	173	*0,7*	*0,7*
30 – 35	1 318	592	4	147	2 061	233	*0,8*	*0,8*
35 – 40	2 027	1 323	16	525	3 891	264	*1,2*	*1,1*
40 – 45	2 885	2 882	59	1 396	7 222	352	*2,1*	*2,0*
45 – 50	3 219	5 073	146	2 628	11 066	528	*3,6*	*3,5*
50 – 55	3 434	8 384	341	3 713	15 872	665	*5,7*	*5,7*
55 – 60	3 002	12 064	674	3 852	19 592	1 169	*8,4*	*8,4*
60 – 65	4 213	20 400	1 843	5 026	31 482	1 397	*13,2*	*13,0*
65 – 70	5 036	34 840	4 509	5 518	49 903	1 657	*20,4*	*19,8*
70 – 75	3 412	39 202	7 719	3 888	54 221	1 292	*33,8*	*32,5*
75 – 80	2 628	46 184	13 577	2 833	65 222	1 025	*54,0*	*53,9*
80 – 85	1 724	37 796	17 496	1 652	58 668	768	*91,4*	*90,0*
85 – 90	743	17 931	12 723	726	32 123	361	*145,7*	*145,1*
90 und mehr	798	11 392	17 835	530	30 555	280	.	.
Insgesamt [1]	**40 806**	**238 330**	**76 944**	**32 474**	**388 554**	**10 603**	*9,5*	*9,6*
dar. Ausländer [1]	1 670	6 807	1 099	1 027	10 603	X	.	.
Standardisierte Sterbeziffern [2]	X	X	X	X	X	X	*7,9*	*7,8*
Weiblich								
0 – 1	1 155	–	–	–	1 155	135	*3,7*	*3,4*
1 – 5	264	–	–	–	264	18	*0,2*	*0,2*
5 – 10	194	–	–	–	194	26	*0,1*	*0,1*
10 – 15	229	–	–	–	229	25	*0,1*	*0,1*
15 – 20	453	1	–	–	454	32	*0,2*	*0,2*
20 – 25	488	63	–	5	556	57	*0,3*	*0,2*
25 – 30	409	150	3	20	582	63	*0,3*	*0,2*
30 – 35	442	378	12	103	935	97	*0,4*	*0,4*
35 – 40	604	1 034	35	283	1 956	134	*0,6*	*0,6*
40 – 45	799	2 120	81	732	3 732	201	*1,0*	*1,1*
45 – 50	811	3 476	291	1 136	5 714	265	*1,9*	*1,9*
50 – 55	903	4 964	607	1 567	8 041	400	*2,9*	*2,9*
55 – 60	819	6 261	1 207	1 783	10 070	580	*4,4*	*4,3*
60 – 65	1 158	9 437	2 978	2 480	16 053	542	*6,2*	*6,4*
65 – 70	1 939	13 796	7 545	2 996	26 276	555	*9,8*	*9,5*
70 – 75	2 544	14 415	14 263	2 965	34 187	561	*17,5*	*16,9*
75 – 80	4 964	17 200	31 472	3 884	57 520	656	*32,1*	*31,6*
80 – 85	8 693	15 346	63 752	5 298	93 089	717	*62,8*	*62,1*
85 – 90	5 821	5 686	56 720	3 723	71 950	506	*115,4*	*113,8*
90 und mehr	8 459	3 507	92 075	4 675	108 716	554	.	.
Insgesamt [1]	**41 148**	**97 834**	**271 041**	**31 650**	**441 673**	**6 124**	*10,3*	*10,5*
dar. Ausländerinnen [1]	860	2 453	2 231	580	6 124	X	.	.
Standardisierte Sterbeziffern [2]	X	X	X	X	X	X	*9,3*	*9,2*

*) Ohne Totgeborene, nachträglich beurkundete Kriegssterbefälle und gerichtliche Todeserklärungen.
– Sterbefälle nach Todesursachen siehe Tabellen 9.3.1 und 9.3.2, S. 242 ff.

[1] Einschl. der Fälle unbekannten Alters bzw. Familienstandes.
[2] Unter Zugrundelegung des Altersaufbaus der männlichen bzw. weiblichen Bevölkerung von 1995.

2.30 Gestorbene Säuglinge nach dem Alter *)

Alter [1]	2004 Insgesamt männlich	2004 Insgesamt weiblich	2004 insgesamt	2004 Davon Eltern miteinander verheiratet	2004 Davon Eltern nicht miteinander verheiratet	2005 Insgesamt männlich	2005 Insgesamt weiblich	2005 insgesamt	2005 Davon Eltern miteinander verheiratet	2005 Davon Eltern nicht miteinander verheiratet
	nach dem Alter									
0 Tage [2])	440	373	813	680	133	433	337	770	647	123
1 Tag	161	117	278	238	40	127	104	231	192	39
2 Tage	70	46	116	96	20	85	50	135	116	19
3 Tage	51	29	80	69	11	52	22	74	58	16
4 Tage	35	24	59	53	6	21	20	41	34	7
5 Tage	22	28	50	47	3	34	12	46	42	4
6 Tage	27	23	50	43	7	16	17	33	29	4
In den ersten 7 Lebenstagen	**806**	**640**	**1 446**	**1 226**	**220**	**768**	**562**	**1 330**	**1 118**	**212**
7 bis unter 28 Tage	263	183	446	375	71	232	171	403	355	48
0 bis unter 1 Monat	1 081	833	1 914	1 619	295	1 012	734	1 746	1 483	263
1 bis unter 12 Monate	548	456	1 004	835	169	529	421	950	777	173
Im 1. Lebensjahr	**1 629**	**1 289**	**2 918**	**2 454**	**464**	**1 541**	**1 155**	**2 696**	**2 260**	**436**
	Gestorbene je 1 000 Lebendgeborene [3])									
Insgesamt	***4,5***	***3,8***	***4,1***	***4,8***	***2,4***	***4,4***	***3,4***	***3,9***	***4,6***	***2,2***

*) Gestorbene Säuglinge nach Todesursachen siehe Tabelle 9.3.1, S. 242.

[1]) Differenz zwischen Sterbetag und Geburtstag; z. B. 1 Tag = am Tag nach der Geburt gestorben.

[2]) Am Tag der Geburt gestorben.

[3]) Unter Berücksichtigung der Geburtenentwicklung in den vergangenen 12 Monaten.

II. Gerichtliche Eheauflösungen

1. Rechtskräftige Entscheidungen

2.31 Gerichtliche Ehelösungen

Jahr	Rechtskräftige Urteile auf Ehelösungen: insgesamt	Nichtigkeit der Ehe	Aufhebung der Ehe	Ehescheidungen zusammen: absolut	je 10 000 Einwohner	je 10 000 bestehende Ehen [1])	davon Entscheidung in der Ehesache nach BGB Scheidung vor einjähriger Trennung	nach einjähriger Trennung	nach dreijähriger Trennung	aufgrund anderer Vorschriften	Abweisung der Klage
1995	170 000	45	530	169 425	*20,7*	*86,8*	3 342	151 301	13 976	806	317
1996	176 203	39	614	175 550	*21,4*	*90,0*	3 227	157 107	14 395	821	283
1997	188 483	54	627	187 802	*22,9*	*98,9*	2 931	167 782	16 284	805	309
1998	192 954	50	488	192 416	*23,5*	*102,1*	2 976	171 133	17 358	949	289
1999	190 760	X	170	190 590	*23,2*	*99,0*	2 916	168 641	18 112	921	267
2000	194 630	X	222	194 408	*23,7*	*101,3*	3 527	171 668	18 316	897	254
2001	197 750	X	252	197 498	*24,0*	*103,4*	3 390	175 272	17 856	980	293
2002	204 606	X	392	204 214	*24,8*	*107,9*	3 072	182 225	17 889	1 028	386
2003	214 274	X	299	213 975	*25,9*	*113,8*	3 950	186 618	22 169	1 238	322
2004	214 062	X	371	213 691	*25,9*	*114,6*	4 260	184 004	24 402	1 025	309
2005	202 072	X	379	201 693	*24,5*	*108,8*	4 013	172 308	24 320	1 052	323

[1]) Jeweils bezogen auf die verheirateten Frauen am Jahresanfang.

2. Scheidungen

2.32 Geschiedene Ehen 2005 nach Ehedauer, Antragsteller und Kinderzahl

Ehedauer in Jahren [1]	Geschiedene Ehen					Davon			
	insgesamt	davon Antragsteller			je 10 000 geschlossene Ehen	ohne	mit		
							1	2	3 und mehr
		Mann	Frau	beide		minderjährige(n) Kind(er/n) [2]			
0	59	26	32	1	*2*	51	6	1	1
1	1 273	473	709	91	*32*	1 101	148	20	4
2	5 052	1 826	2 834	392	*132*	4 088	814	133	17
3	8 315	2 870	4 799	646	*212*	6 010	1 909	346	50
4	10 520	3 623	6 110	787	*270*	7 044	2 793	590	93
5	12 877	4 513	7 433	931	*308*	8 320	3 450	985	122
6	12 453	4 422	7 130	901	*289*	7 284	3 663	1 303	203
7	11 490	4 136	6 551	803	*275*	6 226	3 420	1 597	247
8	10 642	3 775	6 035	832	*252*	5 291	3 197	1 846	308
9	9 413	3 406	5 314	693	*220*	4 219	2 854	1 989	351
10	8 958	3 156	5 086	716	*208*	3 600	2 732	2 202	424
11	8 193	2 917	4 657	619	*186*	3 081	2 406	2 248	458
12	7 638	2 740	4 310	588	*173*	2 637	2 181	2 283	537
13	7 476	2 622	4 192	662	*165*	2 428	2 077	2 349	622
14	7 007	2 476	3 966	565	*154*	2 056	1 996	2 327	628
15	7 563	2 657	4 284	622	*146*	2 099	2 150	2 553	761
16 bis 20	31 344	11 568	17 147	2 629	*603*	8 828	9 338	9 989	3 189
21 bis 25	20 230	7 815	10 863	1 552	*410*	10 353	6 033	2 946	898
26 und mehr	21 190	8 636	10 929	1 625	.	17 727	2 440	779	244
Insgesamt	**201 693**	**73 657**	**112 381**	**15 655**	*4 037* [3]	**102 443**	**53 607**	**36 486**	**9 157**
Nachrichtlich:									
Früheres Bundesgebiet [4]	173 553	64 172	95 576	13 805	*4 137* [3]	88 205	44 483	32 442	8 423
Neue Länder	28 140	9 485	16 805	1 850	*3 558* [3]	14 238	9 124	4 044	734

[1]) Ermittelt als Differenz zwischen Eheschließungsjahr und Berichtsjahr; z. B. 2005: Ehedauer 0 = Eheschließung 2005, 1 = Eheschließung 2004 usw.
[2]) Im Zeitpunkt der Urteilsverkündung.
[3]) Summe der 2005 geschiedenen Ehen, die eine Ehedauer von 0 bis 25 Jahren verzeichneten, bezogen auf jeweils 10 000 geschlossene Ehen gleicher Ehedauer.
[4]) Einschl. der Angaben für Berlin.

III. Sozialleistungen

1. Vergleichende Übersicht

8 Sozialleistungen

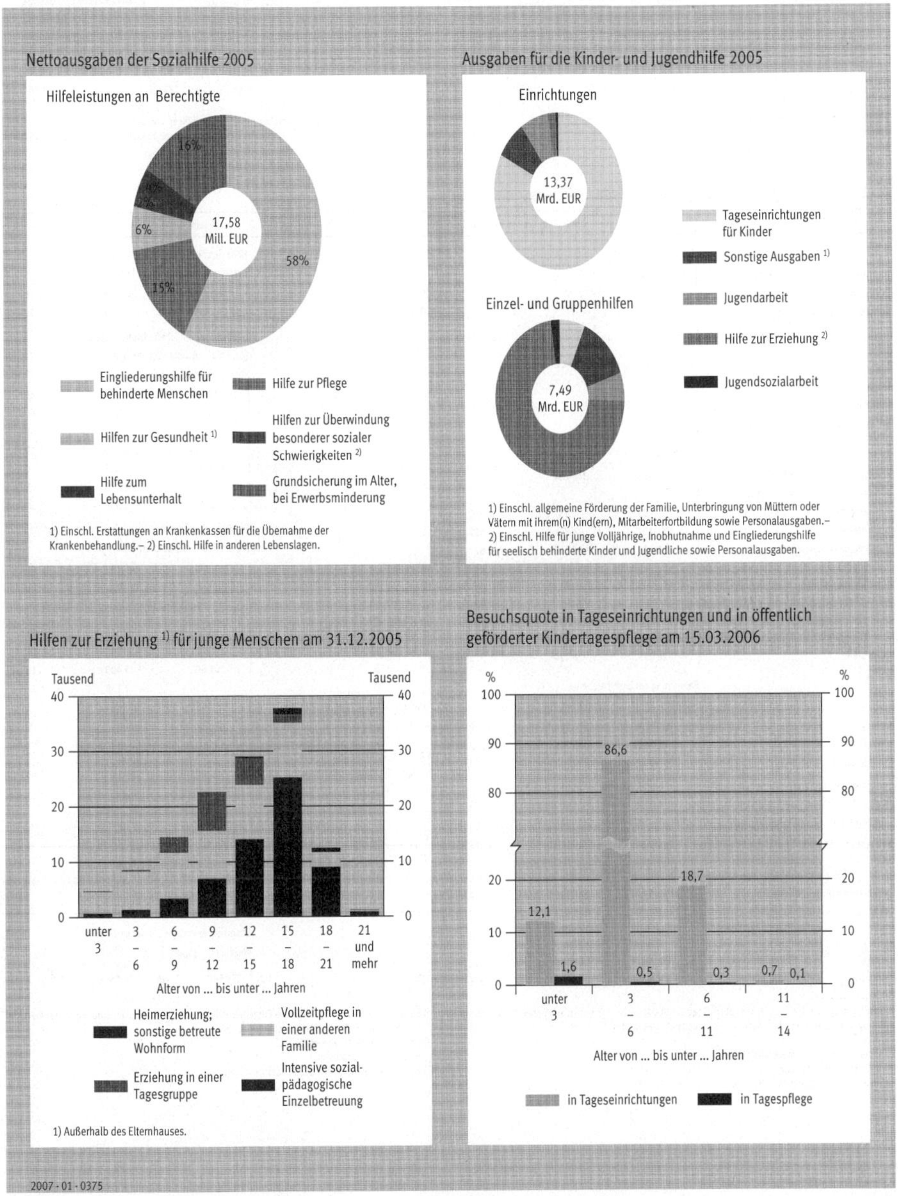

2. Erziehungsgeld

8.10 Kindergeld *)

Jahr	Berechtigte [1]) insgesamt	Berechtigte [1]) Deutsche	Berechtigte [1]) Ausländer/-innen	Kinder, für die an die Empfangsberechtigten Kindergeld gezahlt wurde [1]) insgesamt [2])	davon waren 1. Kinder	2. Kinder	3. Kinder	4. Kinder	5. und weitere Kinder	Ausgezahlte Beträge
	1 000									Mill. EUR
2005	9 186	8 106	1 081	15 212	9 124	4 501	1 171	291	124	29 325
2006	9 206	8 106	1 099	15 234	9 153	4 504	1 166	289	123	29 787

*) Ohne Angaben für Bedienstete von Bund, Ländern und Gemeinden/Gv.
[1]) Stand: Dezember.
[2]) In den Summen können sich Abweichungen durch Rundungen ergeben.

Quelle: Bundesagentur für Arbeit, Nürnberg

8.11 Empfänger und Empfängerinnen von Erziehungsgeld 2005 *)

Gegenstand der Nachweisung	Insgesamt [1])	Frauen [1])	Männer [1])
	Staatsangehörigkeit		
Deutsch	439 676	.	.
EU/EWR-Ausland	69 058	.	.
Sonstiges Ausland einschl. staatenlos	24 514	.	.
Insgesamt	**533 248**	**516 095**	**17 153**
	Wohnsitz/gewöhnlicher Aufenthaltsort		
Deutschland	532 583	.	.
EU/EWR-Ausland	564	.	.
Sonstiges Ausland einschl. staatenlos	101	.	.
	Familienstand		
Verheiratet und zusammenlebend	358 453	345 636	12 817
In eingetragener Lebenspartnerschaft zusammenlebend	159	157	2
Allein stehend	75 221	74 764	457
Eheähnliche Gemeinschaft	99 415	95 538	3 877
	Anzahl der Kinder [2]) [3])		
1	277 201	267 360	9 841
2	169 899	165 232	4 667
3	59 149	57 479	1 670
4 und mehr	26 999	26 024	975
	Beteiligung am Erwerbsleben (während des Erziehungsgeldbezugs) [4]) [5])		
Abhängig beschäftigt	254 588	250 124	4 464
mit Teilzeit	17 581	15 772	1 809
ohne Teilzeit	237 007	234 352	2 655
Selbstständig	5 448	4 648	800
mit Teilzeit	4 833	4 100	733
ohne Teilzeit	615	548	67
Nichterwerbstätig [6])	259 557	249 563	9 994
	Bezugsdauer des Erziehungsgeldes		
nur bis einschl. 6. Lebensmonat	111 835	108 131	3 704
über den 6. Lebensmonat hinaus	421 413	407 964	13 449
	Art des Erziehungsgeldbezugs		
Budget	64 730	62 538	2 192
Regelbetrag	468 518	453 557	14 961
	Höhe des monatlichen Erziehungsgeldes in EUR (während der ersten sechs Lebensmonate)		
300	106 236	102 856	3 380
450	5 599	5 275	324
	Höhe des monatlichen Erziehungsgeldes (nach dem sechsten Lebensmonat) [5]) [7]) von … bis unter … EUR		
unter – 100	17 448	17 051	397
100 – 200	32 162	31 466	696
200 – 300	32 173	31 479	694
300	296 594	286 396	10 198
301 – 400	4 088	3 981	107
400 – 450	1 810	1 753	57
450	37 138	35 838	1 300
	Empfänger/-innen von Erziehungsgeld (ab dem 13. Lebensmonat)		
Zweitanträge	**355 786**	**343 132**	**12 654**
	Inanspruchnahme von Elternzeit [7]) mehr als … bis zu … Wochenstunden		
Abhängig Beschäftigte [5]) [8]) (mit)	13 064	12 001	1 063
bis zu 19	9 711	8 959	752
19 – 25	1 602	1 480	122
25 – 30	1 316	1 138	178
mehr als 30 [9])	435	424	11
	Dauer der Elternzeit [7])		
bis zum 12. Lebensmonat	47 922	46 797	1 125
über den 12. Lebensmonat hinaus	199 622	197 189	2 433

Gegenstand der Nachweisung	Insgesamt [1])	Keine Elternzeit trotz Anspruch [10])	Zusammen	Frauen	Männer
	Elternzeitberechtigte Empfänger/-innen von Erziehungsgeld [7])				
Insgesamt	254 588	7 044	247 544	243 986	3 558

*) Bewilligte Erstanträge nach dem 4. BErzGG (ab 1.1.2004). – Ohne Angaben aus Baden-Württemberg.
[1]) Bezogen auf die Antragstellung im ersten Lebensjahr des Kindes.
[2]) Ab dem 1. Lebensmonat.
[3]) Kinder, die dauernd im Haushalt leben.
[4]) Ab Erziehungsgeldbezug.
[5]) Einschl. Auszubildende und Beamte.
[6]) Einschl. Studenten, ohne Fälle von Entgeltersatzleistungen, z. B. Kranken- oder Verletztengeld.
[7]) Die Mutterschutzfrist wird hier nicht eingerechnet.
[8]) Ohne ruhendes Arbeitsverhältnis.
[9]) Härtefall/Berufsbildung.
[10]) Nur soweit Angaben aus den Ländern vorlagen.

3. Kinder- und Jugendhilfe

8.16.1 Institutionelle Beratung

Gegenstand der Nachweisung	Hilfen für junge Menschen		Und zwar								
			Beratung/Therapie setzt an						Art des Trägers		Durchschnittliche Dauer der Beratung in Monaten
	insgesamt	je 1 000 junge Menschen¹)	bei den jungen Menschen	bei den Eltern	in der Familie	im sozialen Umfeld und außerdem bei den jungen Menschen, Eltern o.i.d. Familie	bei den jungen Menschen und außerdem bei den Eltern oder i.d. Familie	bei den Eltern und außerdem in der Familie	öffentliche Träger	freie Träger	
2004	304 972	*12,9*	32 012	115 167	36 782	20 752	83 032	17 227	128 298	176 674	*7*
2005	309 357	*13,2*	34 072	120 349	35 085	21 661	80 467	17 723	129 190	180 167	*7*
2005 nach dem Geschlecht											
Männlich	173 657	*14,5*	15 185	69 305	20 023	12 244	46 475	10 425	74 606	99 051	*7*
Weiblich	135 700	*11,9*	18 887	51 044	15 062	9 417	33 992	7 298	54 584	81 116	*7*
2005 nach dem Alter											
Alter von ... bis unter ... Jahren											
unter 3	14 980	*7,1*	577	9 550	1 688	889	1 064	1 212	6 512	8 468	*6*
3 – 6	44 865	*19,8*	1 474	23 924	4 251	3 942	8 319	2 955	18 936	25 929	*7*
6 – 9	64 879	*27,0*	2 341	27 334	6 700	4 632	20 004	3 868	28 030	36 849	*7*
9 – 12	59 595	*25,0*	2 875	21 568	7 140	3 744	20 703	3 565	25 707	33 888	*8*
12 – 15	54 245	*20,8*	4 371	18 299	7 643	3 643	16 734	3 555	23 450	30 795	*7*
15 – 18	43 660	*15,0*	8 938	13 332	5 819	3 016	10 500	2 055	17 925	25 735	*6*
18 – 21	16 005	*5,6*	6 968	4 126	1 261	1 073	2 192	385	5 514	10 491	*6*
21 – 24	6 211	*2,1*	3 604	1 281	329	381	539	77	1 754	4 457	*7*
24 – 27	4 917	*1,7*	2 924	935	254	341	412	51	1 362	3 555	*7*
2005 nach der Staatsangehörigkeit											
Deutsche	280 985	.	30 460	110 307	31 804	18 546	73 729	16 139	114 774	166 211	*7*
Nichtdeutsche²)	22 777	.	2 960	7 461	2 832	2 474	5 719	1 331	11 617	11 160	*7*
Unbekannt	5 595	X	652	2 581	449	641	1 019	253	2 799	2 796	*6*
2005 nach der Geschwisterzahl											
Keine Geschwister	75 373	.	6 908	33 839	8 351	4 958	17 266	4 051	33 460	41 913	*7*
1 Geschwister	132 044	.	11 554	52 326	15 362	7 956	36 595	8 251	55 857	76 187	*7*
2 Geschwister	55 401	.	5 706	19 610	6 786	3 953	16 014	3 332	22 676	32 725	*7*
3 Geschwister und mehr	27 201	.	3 640	8 211	3 081	2 762	7 932	1 575	10 910	16 291	*8*
Unbekannt	19 338	X	6 264	6 363	1 505	2 032	2 660	514	6 287	13 051	*5*
Nachrichtlich:											
Früheres Bundesgebiet³)	249 194	*13,1*	24 071	101 704	28 776	17 567	61 898	15 178	109 292	139 902	*7*
Neue Länder	42 558	*12,1*	7 431	10 329	4 781	3 283	15 228	1 506	8 402	34 156	*7*

¹) Bevölkerungsstand: Jahresdurchschnitt.
²) Einschl. Staatenloser.
³) Ohne Angaben für Berlin.

8.16.2 Betreuung einzelner junger Menschen

Gegenstand der Nachweisung	Insgesamt¹)			Unterstützung durch Erziehungsbeistand			Unterstützung durch Betreuungshelfer/-innen			Soziale Gruppenarbeit		
	junge Menschen am 31.12.	junge Menschen mit beendeter Hilfe	junge Menschen mit begonnener Hilfe	junge Menschen am 31.12.	junge Menschen mit beendeter Hilfe	junge Menschen mit begonnener Hilfe	junge Menschen am 31.12.	junge Menschen mit beendeter Hilfe	junge Menschen mit begonnener Hilfe	junge Menschen am 31.12.	junge Menschen mit beendeter Hilfe	junge Menschen mit begonnener Hilfe
2004	24 840	26 082	28 596	13 995	11 962	13 361	4 220	5 334	5 747	6 625	8 786	9 488
2005	25 847	26 033	28 192	14 684	11 952	13 241	4 342	5 322	5 608	6 821	8 759	9 343
2005 nach dem Geschlecht												
Männlich	17 147	18 030	19 355	9 273	7 233	7 925	3 083	3 919	4 070	4 791	6 878	7 340
Weiblich	8 700	8 003	8 857	5 411	4 719	5 316	1 259	1 403	1 538	2 030	1 881	2 003
2005 nach dem Alter												
Alter von ... bis unter ... Jahren												
unter 15	12 877	7 972	11 925	7 121	4 285	6 877	796	529	843	4 960	3 158	4 205
15 – 18	8 584	10 258	10 365	5 752	5 075	4 919	1 607	1 905	2 382	1 225	3 278	3 064
18 – 21	3 813	6 734	5 286	1 672	2 424	1 377	1 604	2 370	2 113	537	1 940	1 796
21 und mehr	573	1 069	616	139	168	68	335	518	270	99	383	278
2005 nach der Staatsangehörigkeit												
Deutsche	22 264	22 439	24 323	13 181	10 900	11 996	3 720	4 525	4 763	5 363	7 014	7 564
Nichtdeutsche²)	3 583	3 594	3 869	1 503	1 052	1 245	622	797	845	1 458	1 745	1 779
2005 nach dem Träger der Betreuung												
Öffentliche Träger	10 492	9 699	10 328	6 279	4 749	5 397	1 783	2 042	1 992	2 430	2 908	2 939
Freie Träger	15 355	16 334	17 864	8 405	7 203	7 844	2 559	3 280	3 616	4 391	5 851	6 404
Nachrichtlich:												
Früheres Bundesgebiet³)	20 605	20 413	22 337	11 565	8 902	10 087	3 458	4 432	4 648	5 582	7 079	7 602
Neue Länder	3 960	4 453	4 480	2 767	2 629	2 693	655	709	672	538	1 115	1 115

¹) Junge Menschen, die Hilfe verschiedener Art erhalten haben, wurden bei jeder Hilfeart gezählt.
²) Einschl. Staatenloser.
³) Ohne Angaben für Berlin.

8.16.3 Sozialpädagogische Familienhilfe

Gegenstand der Nachweisung	Familien am 31.12. mit andauernder Hilfe			Familien mit beendeter Hilfe				Familien mit begonnener Hilfe		
	insgesamt	betreut durch öffentliche Träger	betreut durch freie Träger	insgesamt	betreut durch öffentliche Träger	betreut durch freie Träger	durchschnittliche Dauer in Monaten	insgesamt	betreut durch öffentliche Träger	betreut durch freie Träger
2004	27 413	11 646	15 767	17 774	7 495	10 279	*16*	20 760	8 974	11 786
2005	29 978	11 710	18 268	18 324	7 114	11 210	*16*	21 976	8 704	13 272
2005 nach der Bezugsperson und Zahl der ständig in der Familie lebenden Kinder/Jugendlichen										
Eltern	9 801	3 969	5 832	5 658	2 280	3 378	*16*	7 164	2 943	4 221
mit … Kind(ern)										
1	2 562	1 029	1 533	1 631	659	972	*14*	2 090	849	1 241
2	3 094	1 255	1 839	1 179	478	701	*17*	1 557	645	912
3 und mehr	4 145	1 685	2 460	2 166	871	1 295	*19*	2 757	1 123	1 634
Elternteil mit Stiefelternteil/Partner/-in	4 892	1 839	3 053	3 106	1 141	1 965	*16*	3 622	1 418	2 204
mit … Kind(ern)										
1	1 289	492	797	918	312	606	*14*	1 059	427	632
2	1 685	622	1 063	1 098	421	677	*15*	1 301	504	797
3 und mehr	1 918	725	1 193	1 090	408	682	*18*	1 944	487	775
Allein erziehender Elternteil	14 644	5 634	9 010	9 131	3 506	5 625	*16*	10 685	4 127	6 558
mit … Kind(ern)										
1	5 396	1 988	2 972	3 839	1 435	2 404	*15*	4 313	1 569	2 744
2	4 960	1 988	2 972	3 006	1 162	1 844	*17*	3 551	1 438	2 113
3 und mehr	4 288	1 674	2 614	2 286	909	1 377	*18*	2 821	1 120	1 701
Großeltern/Verwandte	364	149	215	230	95	135		275	119	156
mit … Kind(ern)										
1	208	85	123	137	53	84	*16*	172	73	99
2	98	40	58	60	28	32	*16*	65	29	36
3 und mehr	58	24	34	33	14	19	*15*	38	17	21
Pflegefamilie	277	119	158	199	92	107	*15*	230	97	133
mit … Kind(ern)										
1	139	60	79	116	51	65	*15*	129	52	77
2	67	29	38	44	22	22	*18*	46	20	26
3 und mehr	71	30	41	39	19	20	*13*	55	25	30
2005 nach der Staatsangehörigkeit										
Deutsche	25 915	9 966	15 949	16 057	6 179	9 878	*16*	19 056	7 479	11 577
Nichtdeutsche [1])	3 229	1 409	1 820	1 795	737	1 058	*16*	2 305	985	1 320
Deutsche/Nichtdeutsche [1])	834	335	499	472	198	274	*17*	615	240	375

[1]) Einschl. Staatenloser.

8.16.4 Erzieherische Hilfen außerhalb des Elternhauses

Gegenstand der Nachweisung	Hilfen		Erziehung in einer Tagesgruppe		Vollzeitpflege in einer anderen Familie			Heimerziehung; sonstige betreute Wohnform				Intensive sozialpädagogische Einzelbetreuung
	insgesamt	je 10 000 junge Menschen	zusammen	dar. Unterbringung in einer Tagesgruppe in einer Einrichtung	zusammen	davon Unterbringung bei/in Großeltern/Verwandten	davon Unterbringung bei/in Pflegefamilie	zusammen	davon Unterbringung in einem Heim	davon Unterbringung in einer Wohngemeinschaft	davon Unterbringung in eigener Wohnung	
Begonnene Hilfen 2005												
Männlich	25 234	*21,1*	5 788	5 526	5 117	756	4 361	13 478	11 414	1 585	479	851
unter 18 Jahren	24 172	*32,1*	5 788	5 526	5 067	744	4 323	12 620	10 954	1 366	300	697
18 Jahre und mehr	1 062	*2,4*	X	X	50	12	38	858	460	219	179	154
Deutsche	22 965	X	5 189	4 961	4 825	706	4 119	12 220	10 358	1 438	424	731
Nichtdeutsche	2 269	X	599	565	292	50	242	1 258	1 056	147	55	120
Weiblich	19 332	*16,9*	1 929	1 791	5 155	791	4 364	11 559	9 236	1 727	596	689
unter 18 Jahren	18 308	*25,6*	1 929	1 791	5 099	782	4 317	10 751	8 824	1 533	394	529
18 Jahre und mehr	1 024	*2,4*	X	X	56	9	47	808	412	194	202	160
Deutsche	17 664	X	1 762	1 635	4 842	741	4 101	10 449	8 345	1 575	529	611
Nichtdeutsche	1 668	X	167	156	313	50	263	1 110	891	152	67	78
Insgesamt	**44 566**	***19,0***	**7 717**	**7 317**	**10 272**	**1 547**	**8 725**	**25 037**	**20 650**	**3 312**	**1 075**	**1 540**
Beendete Hilfen 2005												
Männlich	23 823	*19,9*	5 216	4 969	4 474	808	3 666	13 259	10 677	1 474	1 108	874
unter 18 Jahren	18 469	*24,5*	5 184	4 940	3 516	559	2 957	9 282	8 194	842	246	487
18 Jahre und mehr	5 354	*12,1*	32	29	958	249	709	3 977	2 483	632	862	387
Deutsche	21 735	X	4 736	4 506	4 191	754	3 437	12 040	9 722	1 346	972	768
Nichtdeutsche	2 088	X	480	463	283	54	229	1 219	955	128	136	106
Weiblich	17 926	*15,7*	1 754	10 621	4 569	821	3 748	10 925	8 094	1 496	1 335	678
unter 18 Jahren	12 812	*17,9*	1 742	1 611	3 598	586	3 012	7 164	6 023	844	297	308
18 Jahre und mehr	5 114	*11,9*	12	10	971	235	736	3 761	2 071	652	1 032	370
Deutsche	16 391	X	1 636	1 510	4 263	761	3 502	9 885	7 340	1 373	1 172	607
Nichtdeutsche	1 535	X	118	111	306	60	246	1 040	754	123	163	71
Insgesamt	**41 749**	***17,8***	**6 970**	**6 590**	**9 043**	**1 629**	**7 414**	**24 184**	**18 771**	**2 970**	**2 443**	**1 552**

8.16.5 Erzieherische Hilfen außerhalb des Elternhauses am 31.12.

Gegenstand der Nachweisung	Junge Menschen		Erziehung in einer Tagesgruppe		Vollzeitpflege in einer anderen Familie			Heimerziehung; sonstige betreute Wohnform				Intensive sozialpädagogische Einzelbetreuung
						davon Unterbringung bei/in			davon Unterbringung in			
	insgesamt	je 10 000 junge Menschen	zusammen	dar. Unterbringung in einer Tagesgruppe in einer Einrichtung	zusammen	Großeltern/ Verwandten	Pflegefamilie	zusammen	einem Heim	einer Wohngemeinschaft	eigener Wohnung	
	Junge Menschen am 31.12.2000											
Männlich	78 442	*64,2*	11 845	11 316	24 966	4 934	20 032	40 164	34 428	4 134	1 602	1 447
Weiblich	58 920	*50,6*	4 089	3 801	24 027	4 702	19 325	29 559	23 223	4 049	2 287	1 245
Insgesamt	**137 342**	***57,6***	**15 934**	**15117**	**48 993**	**9 636**	**39 357**	**69 723**	**57 651**	**8 183**	**3 889**	**2 692**
	nach dem Alter											
von ... bis unter ... Jahren												
unter 1	1 011	*13,2*	18	9	687	44	643	306	282	24	–	–
1 – 3	3 830	*24,5*	186	83	2 992	269	2 723	652	614	38	–	–
3 – 6	8 039	*33,7*	386	300	6 116	749	5 367	1 537	1 485	52	–	–
6 – 9	13 916	*57,2*	2 600	2 450	7 807	1 207	6 600	3 509	3 378	131	–	–
9 – 12	25 072	*90,6*	7 022	6 782	9 736	1 914	7 822	8 266	7 936	330	–	48
12 – 15	31 338	*109,6*	4 682	4 517	10 009	2 465	7 544	16 311	15 341	951	19	336
15 – 18	36 985	*135,8*	1 040	976	8 914	2 552	6 362	25 843	20 722	4 015	1 106	1 188
18 – 21	15 955	*55,9*	–	–	2 593	420	2 173	12 312	7 386	2 413	2 513	1 050
21 und mehr	1 196	*2,2*	–	–	139	16	123	987	507	229	251	70
	nach der Staatsangehörigkeit											
Deutsche	127 596	–	14 612	13 838	46 620	9 184	37 436	63 988	53 090	7 485	3 413	2 376
Nichtdeutsche	9 746	–	1 322	1 279	2 373	452	1 921	5 735	4 561	698	476	316
	Junge Menschen am 31.12.2005 [1]											
	Männlich											
Zusammen	**74 906**	***62,5***	**12 516**	**11 870**	**25 616**	**4 140**	**21 476**	**35 388**	**31 460**	**3 030**	**898**	**1386**
	nach dem Alter											
von ... bis unter ... Jahren												
unter 1	570	*16,0*	4	3	446	22	424	120	112	8	–	–
1 – 3	1 912	*26,1*	61	29	1 569	117	1 452	282	262	20	–	–
3 – 6	4 496	*38,7*	176	145	3 539	389	3 150	781	745	36	–	–
6 – 9	8 356	*67,7*	2 042	1 937	4 293	568	3 725	2 021	1 932	89	–	–
9 – 12	14 081	*115,2*	5 208	4 986	4 381	673	3 708	4 459	4 298	161	–	33
12 – 15	17 677	*131,9*	3 811	3 641	4 962	920	4 042	8 692	8 276	408	8	212
15 – 18	20 577	*137,9*	1 168	1 094	4 957	1 194	3 763	13 746	11 918	1 503	325	706
18 – 21	6 595	*45,3*	42	32	1 360	247	1 113	4 795	3 538	731	526	398
21 und mehr	642	*2,2*	4	3	109	10	99	492	379	74	39	37
	nach der Staatsangehörigkeit											
Deutsche	69 250	–	11 213	10 631	24 380	3 885	20 495	32 472	28 934	2 759	779	1 185
Nichtdeutsche	5 656	–	1 303	1 239	1 236	255	981	2 916	2 526	271	119	201
	Weiblich											
Zusammen	**56 099**	***49,0***	**4 027**	**3 704**	**24 748**	**3 978**	**20 770**	**26 418**	**22 164**	**2 956**	**1 298**	**906**
	nach dem Alter											
von ... bis unter ... Jahren												
unter 1	464	*13,7*	12	7	367	18	349	85	79	6	–	–
1 – 3	1 772	*25,5*	50	29	1 481	125	1 356	241	228	13	–	–
3 – 6	4 103	*37,1*	102	74	3 362	371	2 991	639	615	24	–	–
6 – 9	6 187	*52,9*	757	706	4 031	551	3 480	1 399	1 333	66	–	–
9 – 12	8 548	*73,8*	1 746	1 644	4 254	703	3 551	2 535	2 430	105	–	13
12 – 15	11 355	*89,2*	1 033	952	4 843	884	3 959	5 401	5 031	355	15	78
15 – 18	17 224	*121,8*	310	282	5 032	1 087	3 945	11 454	9 395	1 632	427	428
18 – 21	5 877	*42,3*	13	8	1 278	224	1 054	4 237	2 764	680	793	349
21 und mehr	569	*2,0*	4	2	100	15	85	427	289	75	63	38
	nach der Staatsangehörigkeit											
Deutsche	52 054	–	3 670	3 376	23 445	3 742	19 703	24 150	20 312	2 703	1 135	789
Nichtdeutsche	4 045	–	357	328	1 303	236	1 067	2 268	1 852	253	163	117
	Insgesamt											
Insgesamt	**131 005**	***55,9***	**16 543**	**15 574**	**50 364**	**8 118**	**42 246**	**61 806**	**53 624**	**5 986**	**2 196**	**2 292**
	nach dem Alter											
von ... bis unter ... Jahren												
unter 1	1 034	*14,9*	16	10	813	40	773	205	191	14	–	–
1 – 3	3 684	*25,8*	111	58	3 050	242	2 808	523	490	33	–	–
3 – 6	8 599	*37,9*	278	219	6 901	760	6 141	1 420	1 360	60	–	–
6 – 9	14 543	*60,5*	2 799	2 643	8 324	1 119	7 205	3 420	3 265	155	–	–
9 – 12	22 629	*95,0*	6 954	6 630	8 635	1 376	7 259	6 994	6 728	266	–	46
12 – 15	29 032	*111,1*	4 844	4 593	9 805	1 804	8 001	14 093	13 307	763	23	290
15 – 18	37 801	*130,1*	1 478	1 376	9 989	2 281	7 708	25 200	21 313	3 135	752	1 134
18 – 21	12 472	*43,8*	55	40	2 638	471	2 167	9 032	6 302	1 411	1 319	747
21 und mehr	1 211	*2,1*	8	5	209	25	184	919	668	149	102	75
	nach der Staatsangehörigkeit											
Deutsche	121 304	–	14 883	14 007	47 825	7 627	40 198	56 622	49 246	5 462	1 914	1 974
Nichtdeutsche	9 701	–	1 660	1 567	2 539	491	2 048	5 184	4 378	524	282	318

[1] Bevölkerungsstand: Jahresdurchschnitt 2005.

IV. Adoptionen

8.16.6 Andere Aufgaben der Kinder- und Jugendhilfe

Gegenstand der Nachweisung	Deutschland			Früheres Bundesgebiet [1]			Neue Länder [1]		
	2003	2004	2005	2003	2004	2005	2003	2004	2005
Kinder und Jugendliche am Jahresende unter Amtsvormundschaft	42 978	40 489	39 758	32 830	30 534	30 172	7 680	7 349	7 175
davon unter:									
gesetzlicher Amtsvormundschaft	10 217	9 554	9 311	7 623	7 076	6 853	2 230	2 059	2 020
bestellter Amtsvormundschaft	32 761	30 935	30 447	25 207	23 458	23 319	5 450	5 290	5 155
bestellter Amtspflegschaft	26 760	26 049	26 957	20 656	20 040	20 833	4 423	4 309	4 400
Beistandschaft [2]	683 416	684 062	689 766	549 988	549 966	556 641	67 164	68 344	71 567
Zur Adoption vorgemerkte Kinder und Jugendliche am Jahresende	801	878	771	633	715	603	168	156	157
Vorgemerkte Adoptionsbewerbungen am Jahresende	10 476	9 984	9 324	9 200	8 602	7 988	1 149	1 187	1 123
Vorgemerkte Adoptionsbewerbungen auf je ein/einen zur Adoption vorgemerktes Kind/Jugendlichen	13	11	12	15	12	13	7	8	7
Vaterschaftsfeststellungen während des Jahres	105 973	105 818	X	58 496	59 271	X	37 536	37 663	X
dar. durch freiwillige Anerkennung	97 669	97 546	X	52 661	53 375	X	35 353	35 603	X
Gerichtliche Maßnahmen zum vollständigen oder teilweisen Entzug der elterlichen Sorge	8 104	8 527	8 686	6 820	7 043	7 189	1 052	1 268	1 240

[1] Jeweils ohne Angaben für Berlin.

[2] Beistandschaften nach § 1712 BGB.

8.16.7 Adoptierte Kinder und Jugendliche

Gegenstand der Nachweisung	Adoptierte Kinder und Jugendliche		Verwandtschaftsverhältnis zu den Adoptiveltern			Staatsangehörigkeit der Adoptiveltern		
	insgesamt	je 10 000 Kinder und Jugendliche [1]	verwandt	Stiefvater/ Stiefmutter	nicht verwandt	Deutsche	Nichtdeutsche [2]	Deutsche/ Nichtdeutsche [2]
2004	5 072	*3,4*	379	2 793	1 900	4 265	158	649
2005	4 762	*3,2*	309	2 592	1 861	4 011	155	596
2005 nach dem Alter								
Alter von ... bis unter ... Jahren								
unter 1	61	*0,9*	4	8	49	54	1	6
1 – 3	1 132	*7,9*	30	65	1 037	1 071	20	41
3 – 6	707	*3,1*	34	285	388	643	18	46
6 – 12	1 434	*3,0*	95	1 062	277	1 166	53	215
12 und mehr	1 428	*2,6*	146	1 172	110	1 077	63	288
2005 nach der Staatsangehörigkeit								
Deutsche	3 309	.	122	1 886	1 301	3 122	49	138
Nichtdeutsche [2]	1 453	.	187	706	560	889	106	458
2005 nach dem Geschlecht								
Männlich	2 400	*3,2*	149	1 274	977	2 044	79	277
Weiblich	2 362	*3,3*	160	1 318	884	1 967	76	319
Nachrichtlich:								
Früheres Bundesgebiet [3]	4 065	*3,3*	283	2 302	1 480	3 364	142	559
Neue Länder	609	*3,2*	14	280	315	580	8	21

[1] Bevölkerungsstand: Jahresdurchschnitt.

[2] Einschl. Staatenloser.

[3] Ohne Angaben für Berlin.

8.16.8 Adoptierte Kinder und Jugendliche 2005 nach Staatsangehörigkeit

Staatsangehörigkeit ——— Zum Zweck der Adoption ins Inland geholt	Insgesamt	Männlich	Weiblich	Davon (Sp. 1) im Alter von ... bis unter ... Jahren				Davon (Sp.1) Verwandtschaftsverhältnis zu Adoptiveltern		
				unter 3	3 – 6	6 – 12	12 und mehr	verwandt	Stiefvater/ Stiefmutter	nicht verwandt
Europa	**4 033**	**2 035**	**1 998**	**1 064**	**599**	**1 250**	**1 120**	**195**	**2 278**	**1 560**
dar. zum Zweck der Adoption ins Inland geholt	218	123	95	83	50	45	40	32	34	152
Bundesrepublik Deutschland	3 309	1 651	1 658	926	509	1 056	818	122	1 886	1 301
Griechenland	3	2	1	1	–	1	1	1	2	–
Italien	6	4	2	–	2	3	1	1	4	1
Österreich	11	6	5	1	4	4	2	–	10	1
Polen [1])	53	22	31	10	8	15	20	3	31	19
Portugal	–	–	–	–	–	–	–	–	–	–
Spanien	4	3	1	–	2	1	1	1	3	–
sonstige EU-Länder	54	29	25	9	7	21	17	2	32	20
EU-Länder	3 440	1 717	1 723	947	532	1 101	860	130	1 968	1 342
dar. zum Zweck der Adoption ins Inland geholt	29	11	18	7	9	7	6	4	6	19
Bosnien und Herzegowina	21	9	12	3	1	4	13	3	12	6
Bulgarien	25	10	15	14	6	1	4	–	5	20
Kroatien	21	9	12	5	1	4	11	2	9	10
Rumänien	42	23	19	2	2	11	27	2	34	6
Russische Föderation	257	149	108	54	41	65	97	21	125	111
Serbien und Montenegro	43	18	25	8	2	15	18	11	20	12
Türkei	39	24	15	13	7	7	12	14	8	17
Ukraine	109	57	52	15	6	34	54	3	74	32
sonstige europäische Länder	36	19	17	3	1	8	24	9	23	4
Afrika	**142**	**77**	**65**	**38**	**17**	**34**	**53**	**23**	**46**	**73**
dar. zum Zweck der Adoption ins Inland geholt	68	43	25	31	8	11	18	14	6	48
Äthiopien	21	15	6	14	2	2	3	2	1	18
Kamerun	11	8	3	–	–	3	8	1	8	2
Marokko	16	12	4	5	4	4	3	3	5	8
Tunesien	3	1	2	2	–	1	–	–	–	3
sonstige afrikanische Länder	91	41	50	17	11	24	39	17	32	42
Amerika	**156**	**76**	**80**	**39**	**31**	**41**	**45**	**10**	**62**	**84**
dar. zum Zweck der Adoption ins Inland geholt	81	46	35	31	24	19	7	5	8	68
Bolivien	4	2	2	2	–	2	–	1	1	2
Brasilien	24	10	14	1	4	9	10	4	14	6
Chile	1	1	–	–	–	–	1	–	1	–
Guatemala	4	1	3	2	2	–	–	–	–	4
Kolumbien	44	22	22	14	14	7	9	1	11	32
Mexiko	2	–	2	–	–	1	1	–	2	–
Paraguay	–	–	–	–	–	–	–	–	–	–
Peru	9	5	4	2	1	2	4	–	6	3
Vereinigte Staaten	11	5	6	7	–	3	1	1	3	7
sonstige amerikanische Länder	57	30	27	11	10	17	19	3	24	30
Asien	**420**	**207**	**213**	**47**	**60**	**106**	**207**	**81**	**199**	**140**
dar. zum Zweck der Adoption ins Inland geholt	179	93	86	37	51	42	49	49	25	105
Afghanistan	13	8	5	2	–	1	10	7	2	4
Armenien	5	4	1	–	–	2	3	–	5	–
Indien	34	16	18	6	10	9	9	5	4	25
Israel	3	2	1	1	–	1	1	–	2	1
Kambodscha	2	1	1	2	–	–	–	–	–	2
Korea, Republik	1	1	–	–	–	–	1	–	–	1
Pakistan	3	3	–	1	–	–	2	2	1	–
Philippinen	27	12	15	1	1	13	12	9	17	1
Sri Lanka	13	9	4	3	–	2	8	8	–	5
Thailand	110	57	53	8	28	41	33	10	57	43
Vietnam	27	11	16	1	3	2	21	9	9	9
sonstige asiatische Länder	182	83	99	22	18	35	107	31	102	49
Sonstige	**11**	**5**	**6**	**5**	**–**	**3**	**3**	**–**	**7**	**4**
dar. zum Zweck der Adoption ins Inland geholt	1	1	–	–	–	–	1	–	1	–
Insgesamt	**4 762**	**2 400**	**2 362**	**1 193**	**707**	**1 434**	**1 428**	**309**	**2 592**	**1 861**
dar. zum Zweck der Adoption ins Inland geholt	547	306	241	182	133	117	115	100	74	373

[1]) Seit dem 1.05.2004 Vollmitglied der EU.

Sachverzeichnis

Bearbeiterin: Magdalena Sobon

Die fett gedruckten Zahlen bezeichnen die Paragraphen, ohne zusätzliche Bezeichnung ist das BGB gemeint, die mageren bezeichnen die Randnummern.